镇江市志

（1983~2005）

第一册

镇江市地方志编纂委员会
镇江市史志办公室

ZHENJIANG SHIZHI

方志出版社

图书在版编目（CIP）数据

镇江市志：1983～2005/镇江市地方志编纂委员会编. -- 北京：方志出版社，2014.3
ISBN 978-7-5144-1196-6

Ⅰ. ①镇… Ⅱ. ①镇… Ⅲ. ①镇江市—地方志—1983～2005 Ⅳ. ①K295.33

中国版本图书馆CIP数据核字（2014）第026753号

镇江市志（1983～2005）

编　　者：镇江市地方志编纂委员会
责任编辑：王笃银

出 版 人：冀祥德
出 版 者：方志出版社
地址　北京市朝阳区潘家园东里9号（国家方志馆四层）
邮编　100021
网址　http://www.fzph.org
发　　行：方志出版社发行中心
（010）67110500
经　　销：各地新华书店
法律顾问：北京高文律师事务所
印　　刷：南京凯德印刷有限公司

开　　本：889×1194　1/16
印　　张：194
字　　数：5360千字
版　　次：2014年3月第1版　2014年11月第1次印刷
印　　数：0001~4000册

地图审图号：苏S（2014）112号

ISBN 978-7-5144-1196-6/K·973　定价：1000.00元

《镇江市志（1983 ~ 2005）》编审机构与人员

一、编审机构

镇江市地方志编纂委员会

2005 年 7 月

主　　任　许津荣

副 主 任　黄选能　邵振羽　徐郭平　解信鹏　胡宗元　胡　振

委　　员　孙晓南　任振棣　周凤霞　陈泰龙　宋敬伟　宦祥保　曹当凌　宋成玺　曹锁金　滕玉林　陆开法　朱宏瑗　尹名年　裔玉乾　刘国荣　柏晓宏　孙广平　马　进　孙　杰　周祝全　潘文瑜　朱邦治　张建华　贾　拓　戴永胜　王　禹　杨国祥　傅雪元　刘爱玲　孙爱军　陈恒明　张仁海　卢道富　沈大银　杜秀芹　王　华　郭　建　王桂宏

镇江市地方志编纂委员会

2013 年 8 月

主　　任　朱晓明

副 主 任　张洪水　王　萍　赵庆荣　朱开宝　胡　振

委　　员　丁羽如　陈林海　顾大福　林　枫　岳卫平　曾文兵　徐建锋　朱云峰　薛　峰　何培树　赵　珏　柏晓宏　尹卫民　王荣正　秦双林　陈可可　丁　锋　赵志新　刘吉顺　周文娟　殷国兴　王　欣　张国云　潘法强　徐伟珍　徐　强　汪　峰　李江苏　李　刚　姚　华　蔡　萍　贺丽娟　马国进　凌荣春　安　江　董有成

二、编纂人员

主　　编　胡　振

副 主 编　张国平　傅雪元　沈红亮　杨国祥　刘爱玲　孙爱军　陈恒明

聘用副主编　俞祖泉（2006.7 ~ 2013.12）　陆潮洪（2006.7 ~ 2012.2）　戴午林（2006.7 ~ 2007.8）

总　　纂　胡　振

副 总 纂　张国平　杨国祥　刘爱玲

聘用编辑（按姓氏笔划为序）

李学峙　李昌元　季镇仲　林小玲　茅政平　俞祖泉　徐　徐　真启琮　魏长顺

总纂编辑　翁红霞　孙燕宾　戴　芸

总纂校对（按姓氏笔划为序）

刘爱玲　孙燕宾　张国平　李学峙　李昌元　杨国祥　沈红亮　季镇仲　林小玲　茅政平　俞祖泉　胡　振　徐　徐　真启琮　翁红霞　裴　伟　戴　芸　魏长顺

分志参编人员（按姓氏笔划为序）

丁秋波　毛向阳　王　平　刘爱玲　孙爱军　孙燕宾　严志清　严杰姣　张政权　李学峙　杨正宏　杨　兵　杨国祥　陆潮洪　陈恒明　林小玲　俞祖泉　姚丽华　翁红霞　顾　华　傅雪元　缪　丹　戴　芸

英 文 目 录　刘爱玲

其他编务人员（按姓氏笔划为序）

于　薇　王真根　吴蘅萍　宋修鉴　杨　雯　赵　杭　赵见林　赵茂龙　赵昱霖
赵秋萍　倪红阳　殷演俊　常开林　蔡树梅

三、分志供稿人员（按姓氏笔划为序）

丁伟民　丁剑平　丁道富　于松波　于　勇　马　联　马　静　孔小安　孔　波　尹乃强
尹　宁　尹协玲　尹协玲　尹红敏　方　明　毛生海　毛志伟　毛清臣　王卫东　王义发
王飞扬　王友春　王天顺　王月英　王　卉　王　正　王永庆　王永宏　王永萍　王伟群
王兴和　王兴荣　王　军（妇联）　王　军（统计局）　王　刚　王庆生　王网汉　王　芳
王利平　王　宏　王志新　王社宁　王建伟　王建明　王建泉　王　栋　王树德　王洪富
王荣福　王　峻　王祥建　王祯安　王　琛　王联东　王　超　王　勤　王照龙　王　群
王瑞卿　王　蕾　邓学才　冯鸿鸣　冯　斌　卢广辉　卢　军　卢克俊　史永锋　史　宏
史寿胜　叶兆国　左建香　左勤育　田立人　田铁民　白汉明　石　玉　石　炜　石铁流
任　牧　任俊祥　任钧汉　关文刚　刘　飞　刘　生　刘　迅　刘亚群　刘希美　刘志奇
刘建图　刘　泓　刘荣清　刘勇洲　刘鸿生　华志刚　华　震　印钢林　吕伟琪　吕联泰
孙之祐　孙国艾　孙实泽　孙晓光　孙乾贵　孙　彬　孙　萍　孙德举　孙嘉林　庄网锁
庄家驹　成向阳　朱才高　朱　红　朱兴国　朱延生　朱纪平　朱宏瑗　朱　彤　朱志新
朱国夫　朱　明　朱　婧　朱竞林　朱　然　朱殿月　江　华　江继祥　汤光强　纪　成
许传安　许志耕　许和清　许　林　许洪金　邬建国　严华方　严玥玥　严　青　严　娟
严高生　何宇武　何庄临　何琪峰　佘建朋　佘顺宝　佘殿福　余有贵　余　峰　冷春光
吴卫星　吴丹青　吴凤龙　吴仲辉　吴建明　吴林宝　吴金义　吴智平　宋余麒　宋成玺
张久成　张长华　张长哎　张长林　张　乐　张仁君　张加强　张平良　张禾瑛　张兴淮
张苏明　张彤明　张国平　张昌龄　张明华　张　松　张峥嵘　张春俊　张炳文　张　浩
张海峰　张莉丽　张跃彬　张银生　张　辉　张照强　张播铭　张　曙　张翼达　李小虎
李光辉　李君玫　李学峙　李建国　李昌元　李泽兵　李金华　李庭林　李星涛　李清华
李　强　杜效傅　束国玉　杨以荣　杨正宏　杨加留　杨　坚　杨志远　杨杏云　杨秀雄
杨连夫　杨建国　杨恒兴　杨峰华　杨惠民　杨景旭　杨朝阳　杨道俊　杨　飚　汪　勉
沈为民　沈长林　沈红生　沈国秀　沈忠华　沈彦军　沈春英　沈晓东　沈晓昆　沈　涛
沈　荷　沈　聪　肖　源　肖军荣　苏　然　迟永普　邵卫国　邵金富　邵锡华　邹永东
陆　煊　陆筠泉　陆潮洪　陈　工　陈小春　陈　云　陈文伟　陈方荣　陈永福　陈正群
陈　兴　陈光宇　陈迎春　陈启跃　陈　明　陈林瑞　陈青剑　陈　峰　陈晓荣　陈　晖
陈根生　陈爱民　陈　梅　陈　琳　陈德富　单明忠　周小平　周心明　周文娟　周玉勤
周其中　周建群　周炳生　周家宁　周福全　周　静　周　霞　孟阿荣　孟昭陈　季镇仲
宗加伟　宗正龙　宗　容　居小虎　居秋生　岳永贵　岳晓敏　巫少群　巫晓政　於光辉
於志洪　林小玲　林　忠　欣士敬　武卫华　罗凌俊　罗　悦　范小明　范国富　范梅源
茅政平　郁　宏　郑定国　金璐明　侯晓强　俞祖泉　姚文丹　姚宏敏　姚　亮　姜玉才
姜光忠　姜欣宇　姜　浩　施仁新　施和福　柏晓宏　柳惠中　段丽清　洪定康　洪　涛
洪　琦　胡　云　胡丹萍　胡兆怀　胡延康　胡西华　胡宗源　胡　健　胡梅艳　胡　新
胡福乾　荆全林　赵　忆　赵　红　赵俊华　赵康琪　赵　斌　郝翌番　郦国晨　钟树稷
倪克强　倪献国　凌继堂　唐　云　唐建国　唐晓华　夏　军　夏毅力　奚向红　奚采平

徐伟珍　徐　刚　徐安康　徐金贵　徐　钢　徐　徐　徐海燕　徐　强　徐新宇　殷　伟
殷　红　殷作智　殷　明　殷　勇　耿国光　耿林祥　莫仲钧　袁小荣　袁　平　郭礼生
郭　华　郭荣才　陶　平　陶牧勤　陶　淇　翁红霞　顾　云　顾　华　高　山　高立峰
高国成　崔扬高　戚玉清　戚俊平　曹树高　曹　凤　盛　伟　盛桂银　章存保　章邦勇
笪远毅　黄　伟　黄伯龙　黄良俊　黄　俊　龚伦翕　龚瑞卿　傅伟峰　傅雪元　彭　快
彭海源　曾　平　葛少华　葛庆茹　董　健　蒋云峰　蒋　炎　蒋俊跃　蒋　珑　谢一慧
谢　文　谢　伟　谢华明　谢松山　谢疆平　道书元　韩云辰　裘剑峰　解志忠　解志勇
鲍起玲　蔡可训　蔡建刚　蔡　俊　蔡顺钟　蔡晓伟　裴　伟　樊申生　樊华勇　黎建新
薛玉刚　薛伟玉　薛伟忠　薛　蕾　戴木土　戴劲松　戴　芸　戴志恭　戴秀兰　戴和森
戴洪庚　戴晓东　戴　韵　魏传杰

四、分志审稿人员（按姓氏笔划为序）

于光勤　尹名年　方　明　毛清臣　王冬生　王永萍　王永新　王建宏　王　欣　王金华
王　珏　王　涛　王祥义　王梅芳　戈　矛　卢克俊　卢道富　史玉林　史国平　田铁民
任一鸣　任振棣　刘亚群　刘吉顺　刘希美　刘贤忠　刘国荣　刘　亮　刘海东　刘晓东
吕振亚　孙中良　孙志安　孙国艾　孙　杰　孙德举　汤才顺　朱开宝　朱纪斌　朱利荣
朱宏瑗　朱绮云　江明华　许　志　许宝庆　许能斌　何　卫　冷剑桦　吴海平　张中才
张　末　张甫华　张　迎　张建华　李少华　李　军　李明洪　李柏椴　杜晓镇　杨志伟
杨　咏　沈红亮　迟永普　陆应祥　陆秋莉　陆　煊　陈　凯　陈林海　周国年　周宜一
宗加伟　岳卫平　武白苹　罗　悦　林　海　郑　毅　金璐明　侯晓强　俞波涛　宦祥宝
胡龙海　贺平泉　赵立源　赵康琪　倪克强　原　丁　唐成海　夏　军　徐　萍　殷作智
秦双林　秦荣强　袁茂林　袁　平　郭必东　郭瑞龙　钱伯安　陶卫忠　陶建明　顾小俊
顾雄林　高　广　高逸民　高国成　崔海柱　戚　研　笪远毅　黄继明　彭慧敏　蒋　宁
蒋建军　蒋新民　谢立新　褚　祎　管晓阳　黎建新　薛玉刚　薛国荣　鞠　伟

五、复审、终审人员

复　　审　张乃格　缪小咏　吉　祥　张定岐　程天龙　张昌龄　朱延生
终　　审　王　健　张远鹏　吴福林　李　江　陈泰龙　毛生海　笪远毅

六、图照供稿人员（按姓氏笔划为序）

于汇文　王利平　石小刚　刘善教　朱镇鹏　许　林　何宪政　吴　眉　宋建设　张小军
张孝才　张彦彪　张桂安　志　林　李一中　杨瑞彬　陈大经　陈柏华　周在兴　巫少群
杭建国　施云桂　唐淑萍　徐初晖　徐雪峰　袁曾亭　康新民　章晓斌　童　琦　魏　競
鞠长宏（地图测绘编制）
说明：其他未署名图照均由各相关单位提供

七、《镇江市志（1983～2005）》验收与批准出版单位

江苏省地方志办公室　中国共产党镇江市委员会　镇江市人民政府

镇江市政区图
横梁镇
新集镇
扬
新城镇
朴席镇
仪征市
真州镇
东沟镇
青山镇
瓜州镇
玉带镇
龙袍镇
靖安
世业镇
润扬大桥
润州区
南京长江四桥
桥头农场
稻课
营春
祝里
龙潭
铜山
下蜀镇
桥头
高资茶场
高资
正东
宝华
句容林场
六里
沙地
巢凤
宝华镇
栖霞
西斛
鲍亭
南京林业大学林场
句容林场
亭子
朝丰
石马
长山
空青
华山
高仑
韦岗
(属润州区)
倒池
省句东林场
光明
汤山
云塘
官桥
边城镇
青山
九华茶场
后塘
薛村
双杨
下蜀
黄梅
西井
幸福水库
幸福
唐庄
赤冈
行香
高
东山
江宁区
姚徐
句容水库
里巷
白兔镇
句容经济开发区管委会
句容市
龙山湖
古隍
鲁溪
河桥
石狮
黄梅
崇明
华阳
钱家边
南宫
淳化
新生
新坊
高庙
袁相
团结
宝堰镇
城盖
茅山镇
槐道
丁庄
张庙
墓东
曲阳
荣炉
湖熟
徐巷
长城
胜利
赤山湖管委会
赤山
长里岗
赤山湖
庄里
林梅
古村
朝阳
经戴
芦亭
东湖
天乐
玉晨
百丈
郭庄镇
后白镇
中山
端王
王庄
茅山风景区管委会
东进林场
百里
方溪
禄口
曹村
红旗
南京禄口国际机场
天王镇
潘冲
浮山
磨盘林场
方山茶场
薛埠镇
农林
金山
东屏镇
李塔
马埂
溧水县
斗门
永阳镇
竹园
上杆
磨盘山林场
中山湖
南京市
沪陕高速
扬溧高速公路
沪宁高速
沪蓉高速
宁杭高速
常合高速公路
南京绕城高速
宁高速公路
南京机场高速公路
图例
省辖市政府驻地
县级市、区政府驻地
乡镇、街办驻地
行政派遣区级、镇级
村委会、社区
乡镇公路
主要道路
省辖市界
县区界
乡镇、场圃界
高速公路
国道
省道
高铁
沪宁城际铁路
京沪铁路
水域 河流
场圃
机场
资料截止日期 2014年4月
镇江市土地勘测事务所 编制
镇江市测绘管理办公室 监制

审图号：苏S（2014）112号

资料截止日期2014年4月

镇江市土地勘测事务所 编制　　镇江市测绘管理办公室 监制

镇江市城区图

审图号：苏S（2014）112号

长江运河相约的地方

——中国镇江

市树　市花

1985 年 3 月，镇江市一届人大第三次会议决定广玉兰为市树

1985 年 2 月，镇江市一届人大常委会第十二次会议决定腊梅为市花。1994 年 11 月，市三届人大常委会第十三次会议重新决定杜鹃花为市花

城市名片之二

①

③

④

城市性质

国家历史文化名城，长三角重要的港口、风景旅游城市。

① 润扬长江公路大桥

② 金山湖风景区

③ 大港港区

④ 市区鸟瞰

国家历史文化名城

1986 年，国务院公布镇江为第二批国家历史文化名城：镇江……春秋时称朱方、谷阳，秦称丹徒，三国时孙权筑京城后称京口，北宋始称镇江，为府治。全市有全国重点文物保护单位 13 处：焦山碑林、丹阳和句容南朝陵墓石刻、镇江英国领事馆旧址、昭关石塔、大运河（包括大运河镇江段、虎踞桥、江河交汇处、新河街一条街、西津渡古街等 5 个点）、甘露寺铁塔、隆昌寺、城上村遗址、葛城遗址、铁瓮城遗址、宋元粮仓遗址、春城土墩墓群、烟墩山墓地等。

① 古城新韵
② 南朝陵墓石刻
③ 西津古渡
④ 京杭大运河

①

②

4

① 金山
② 焦山
③ 茅山
④ 北固山

中国优秀旅游城市

拥有金山焦山北固山国家 AAAAA 级旅游风景名胜区和宝华山、南山两个国家森林公园。江苏省有 13 所全国重点开放寺观，镇江就占有 4 所：金山江天禅寺、焦山定慧寺、宝华山隆昌寺、茅山道院。

②

④

国家园林城市、国家森林城市

2002 年镇江获得江苏省园林城市称号，2003 年被建设部评为全国园林绿化先进城市，2006 年，建设部命名镇江市为“国家园林城市”，2014 年，全国绿化委员会、国家林业局授予镇江市“国家森林城市”称号。

①

②

①南山西入口
②南徐新城
③林中晨练

全国社会管理综合治理长安杯

2013 年 5 月，镇江市获得全国社会管理综合治理工作最高奖项“长安杯”。“长安杯”是全国社会管理综合治理工作的最高奖项，获得参评资格的城市，必须连续三届（每四年一届）被中央综治委评为“全国社会管理综合治理优秀地市”。镇江市自 2005 年获得“全国社会治安综合治理工作先进集体”称号、2009 年获得“全国平安建设先进县（市、区、旗）”称号以来，2013 年再次获得 2009 ~ 2012 年度全国平安建设先进县（市、区、旗）称号，并因此成为全国 58 个获“长安杯”的单位之一。

① 长安杯
② 社区巡逻
③ 平安锣
④ 阅警式

国家环境保护模范城市

2000 年以来，镇江市通过环境卫生整治、企业退城进区、火力发电厂脱硫改造、搬迁位于主城区污染企业等工程，逐步改善了城市环境面貌。2004 年，镇江市成为国家环保模范城市。此后镇江市持续努力，对照国家环保模范城市的考核要求不断向更高层次发展。经过 6 年多的努力，创模成果得到了进一步巩固和深化，全市社会、经济、环境实现了全面协调可持续发展。城市环境基础设施更加健全，管理更加完善。2012 年 1 月，镇江市正式通过国家环保模范城市复核，并重新被授予“国家环境保护模范城市”称号。镇江市成为全国按照“十二五”创模新规顺利通过复核的第一个地级市。

① 鸟的天堂
② 江滩湿地
③ 日落倦鸟
④ 保护母亲河

①

②

③

城市名片之七

①

②

③

全国科技进步先进市

2011 年，镇江市第八次蝉联全国科技进步先进市称号，所辖县（市）全部通过全国科技进步考核。截至 2011 年初，全市科技进步贡献率达 55.5%，全社会研发投入占 GDP 比重达 2.2%。高新技术产业产值占比达 42.5%，列全省第二位。省级以上科技计划项目立项近 500 项，获拨款超 2.5 亿元。成功引进和建设 11 家省级以上研发、检测机构，新增孵化面积超 50 万平方米，建成 7 家省级商务公共服务平台。新“331 计划”成效显著，新引进领军团队 71 个、领军人才 263 名，新入选国家“千人计划”8 名。引进本科以上人才 1.2 万名，培养高技能人才 8000 名。

① 海洋多功能船
② 科技创新暨人才工作会议
③ 中船设备公司
④ 大亚木业
⑤ 江苏申模成为国家重点新产品

国家知识产权示范城市

2012 年 5 月，镇江市成为 23 个首批国家知识产权示范城市之一，并获批成为全国首批专利保险试点市、全国第 4 个国家知识产权投融资服务试点市。

镇江市把创新驱动作为核心战略，在知识产权创造、运用和管理方面进行探索，坚持把企业作为知识产权工作的中心，提高企业知识产权综合管理能力，提升企业创造运用能力和培育知识产权优势企业；坚持发挥专利对产业发展助推作用，镇江万人有效发明专利达 6.75 件，建设专利流转平台，让专利创造的优势转化为产业发展和企业经营的优势；坚持把知识产权人才培养作为重中之重，建立多层次的知识产权培训模式和知识产权人才培养模式，在江苏大学、江苏科技大学分别建设国家知识产权（江苏）培训基地和江苏省知识产权培训基地。

① 知识产权示范城市授牌仪式
② 院士报告会
③ 保护知识产权印刷企业监管
④ 大全太阳能

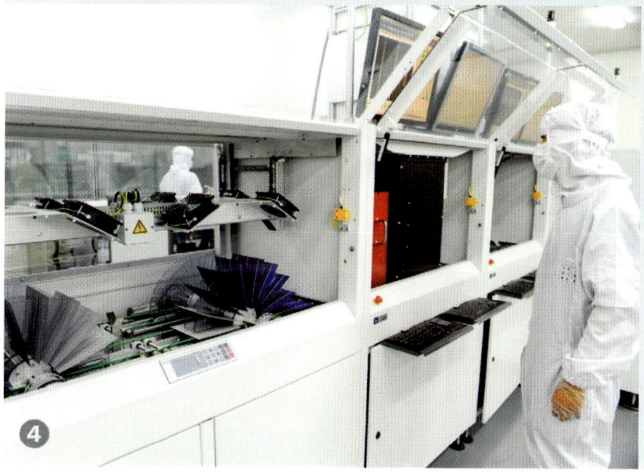

国家生态市

2012年12月，镇江市通过生态市考核验收成为国家生态市。

① 森林城市
② 画里乡村
③ 恋歌
④ 南山秋色

①

②

① 知识产权示范城市授牌仪式
② 院士报告会
③ 保护知识产权印刷企业监管
④ 大全太阳能

城市名片之九

全国双拥模范城

1994 年、1997 年、2000 年、2004 年、2008 年、2012 年，镇江市连续六次获得全国双拥模范城称号。

① 镇江舰水兵文化艺术节文艺演出
② 七创双拥模范城动员大会
③ 子弟兵义务扫雪
④ 双拥演出

①

4

国家生态市

2012 年 12 月，镇江市通过生态市考核验收成为国家生态市。

① 森林城市
② 画里乡村
③ 恋歌
④ 南山秋色

城市名片之十一

中国人居环境奖

2012年，镇江市获得江苏人居环境奖。2013年9月底，镇江市通过中国人居环境奖创建现场考查，2014年1月，镇江市获得中国人居环境奖。中国人居环境奖是全国人居环境建设领域的最高荣誉奖项，目的是鼓励和推动城市高度重视人居环境的改造与建设，在环保、生态、大气、水质、绿化、交通多方面为居民提供良好的生活工作环境，以适应城市居民由小康向更高层面迈进的需要，并提升城市乃至国家的现代形象。

① 山水城市
② 香江花城住宅小区
③ 阳光世纪花园
④ 社区欢乐鼓

城市名片之十二

焦山俯瞰

①

②

卯流水
太广场
或外滩在长高
市口广场
山湖江门表演

城市风光

ZHENJIANG SHI ZHI

城市风光

①长江湿地
②城市山林
③西津渡文化街区
④滨江大道骑行
⑤青山绿水金山寺

城市交通

②

③

城市风光

① 长江湿地
② 城市山林
③ 西津渡文化街区
④ 滨江大道骑行
⑤ 青山绿水金山寺

北固湾一瞥

泰州大桥

2

3

①泰州大桥
②建设发展中的镇江新区一角
③金港大道
④京沪高铁
⑤苏南运河镇江段

① 惠龙港码头

② 交通大建设

③ 243 省道

④ 镇江铁公空客运交通综合枢

①

④

⑤

②

③

① 丰收的田野
② 江苏省农林科技示范园——生物技术研发区
③ 温室大棚无土栽培迷你蕃茄
④ 游客在采摘草莓
⑤ 长江渔业资源增殖放流
⑥ 云阳镇迈村生态农业——迎春茶场

① 恒神碳纤维
② 索普全景
③ 大全太阳能
④ 嘉新京阳水泥

① 万达广场夜景
② 金陵润扬大桥酒店
③ 惠龙国际钢材物流中心
④ 红星美凯龙
⑤ 大润发超市
⑥ 热闹的年货大街

①

②

301A区

220

年货大街
收银台

① 镇江中学校园
② 江苏大学三山楼
③ 江苏科技大学综合楼
④ 崇实女子中学开学典礼
⑤ 增华阁作文大赛
⑥ 小学生走进地震监测台网中心
⑦ 镇江第一中学

④

⑤

⑥

①

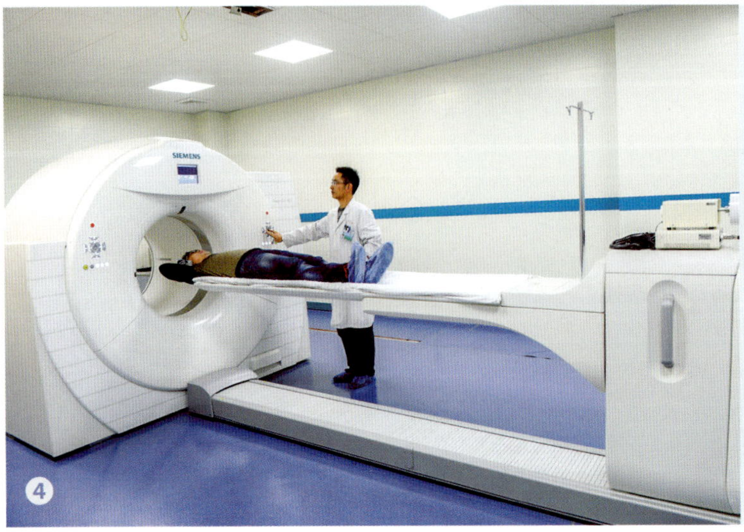

④

⑤

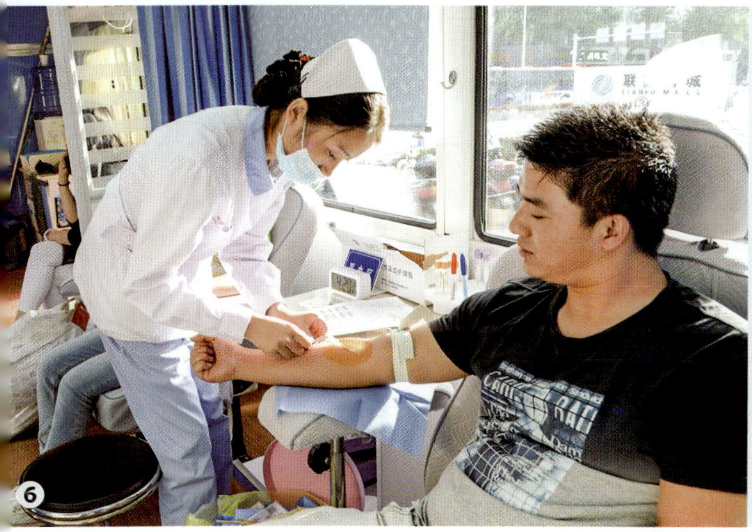

① 江苏大学附属医院
② 第一人民医院
③ 第三人民医院
④ PET-CT
⑤ 名医面对面
⑥ 义务献血

① 探秘“瘗鹤铭”文化活动
② 镇江艺术剧院
③ 金山佛教广场
④ 镇江博物馆
⑤ 镇江市图书馆新少儿馆
⑥ 文宗阁复建开放

文宗阁

镇江市第二届“千台万人”乒乓球比赛
总决赛
红双喜
DHS
①

2013
红牛
②

③

① “千台万人” 乒乓球比赛
② 2013 年半程马拉松比赛
③ 迎新年万人长跑
④ 中超联赛
⑤ 国际铁人三项赛

金山湖一角

① 昭关龙舞
② 美丽森林我的家
③ 广场轮滑

KAILAS

①

③

① 银行理财服务
② 西津寻渡
③ 公共自行车
④ 节日的街头

文明民生

飘舞的黄丝
情系陈静　爱在
绿意户外网网友
1800元
山水自驾网网友
1800元
京口区象山镇政府
1000元
文化（大学）中国网友
14142元
无锡沃王镇江分公司
2754元
镇江网友之家网友
16000元
镇江市农机局
2134.20元

①

②

③

① 飘舞的黄丝带”慈善活动
② 龙舟赛
③ 舒展
④ 青年骨髓捐献志愿者行动
⑤ 大爱镇江颁奖典礼
⑥ 与老屋合个影

江河交汇

序　一

历经八年耕耘、六易其稿,《镇江市志(1983～2005)》即将出版,这是镇江地方志编修的重要成果,可喜可贺!

从1983年撤地设市,到2005年“十五”计划收官的23年,是镇江取得巨大发展的历史阶段。地区生产总值增长42倍,改革开放全面深化,经济结构加快调整,城乡面貌显著改善,人民生活发生了翻天覆地的变化。一个山青水秀、开放文明、富裕和谐的新镇江,日益显现出独特的魅力。

《镇江市志(1983～2005)》用翔实的史料,记录了这段波澜壮阔的发展历程。阅读此书,能让人真切体味时代变迁的气息,触摸社会进步的脉搏,感受镇江大地的巨变。它的出版,不仅为全市人民提供了宝贵的市情资料,也向国内外朋友打开了一扇了解镇江的文化之窗。感谢全体编修人员为之付出的智慧和辛劳。

志书的意义在于存史鉴今。当前,镇江正面临苏南现代化示范区建设的重大机遇,我们要善于从历史中汲取力量,更好地推进发展、开创未来,努力谱写更加精彩的历史篇章!

中共镇江市委书记
镇江市人大常委会主任　杨省世
2013年12月

序　二

《镇江市志(1983～2005)》编纂工作自2006年3月启动以来,历时八年,六易其稿,终于付梓面世了。这是全市人民的一件可喜盛事,也是镇江经济社会发展的又一丰硕成果,值得庆贺!

国有史,邑有志。地方志是一地之古今,一方之全史,铭刻着一个地方的历史轨迹。镇江自古就有编史修志的优良传统,自南朝宋至民国初的1400多年间,先后编修府志、县志及各种专志数十种,全景展现了镇江的自然、政治、经济、文化和社会风貌,构成了一部横跨千年、蔚为壮观的历史长卷,为历代"存史、资治、教化"发挥了重要作用。新中国成立后,市委、市政府高度重视编史修志工作,1992年首部社会主义新方志《镇江市志》问世;20年后的今天,作为续篇的《镇江市志(1983～2005)》又出版发行,使得镇江的发展脉络在新的历史时期代代传承、生生不息。

《镇江市志(1983～2005)》以1983至2005年为时间跨度。这23年,镇江人民迎着改革开放的春风,意气风发,励精图治,取得了令人瞩目的成就。2005年与1983年相比,全市现价地区生产总值增长42倍,财政收入增长38倍,城镇居民人均可支配收入、农村人均纯收入分别增长13.8倍和9.56倍,全面建设小康社会的步伐不断加快;建成区面积由34平方公里拓展到132平方公里,城市化水平超过59%,成为长三角地区重要的港口、风景旅游和区域中心城市之一。该志以536万字、500多幅图照的鸿篇巨制,翔实记录了这段非凡的历史进程,全面展现了这一阶段镇江改革开放的奋斗史、经济建设的发展史、各行各业的创业史,是一部镇江的"百科全书",也是23年来全市人民众志成城、拼搏进取的真实写照。它的出版,为专家学者研究镇江提供了翔实资料,为各级党委政府科学决策提供了可靠依据,也为海内外各界人士了解镇江打开了一扇"窗口"。

修志八年,众手成书。在此志编纂过程中,省地方志编纂委员会高度重视,悉心指导;全市各级、各部门全力参与,高质量完成了基层和专业志的编写;社会各界积极建言献策,提供了许多有价值的资料;全体修志工作者任劳任怨、辛勤笔耕、默默奉献,有力确保了志书质量,留下了权威的地情文献。

历史是最好的教科书,读史以明智,知史可鉴今。透过史志,镇江的建设与发展历历在目,可赞可颂;展望未来,更让人信心百倍、豪情满怀。在全面加快现代化建设的今天,希望全市广大干部群众珍惜这一宝贵的文化成果,潜心读志、悉心用志,从历史中汲取力量、受到启迪,不断激发热爱家乡、建设家园的激情和干劲,全力投入到各项工作中去,加快把镇江建设成为令人向往的现代化山水花园城市!

中共镇江市委副书记
镇江市人民政府市长　朱晓明
镇江市地方志编纂委员会主任
2013年12月

凡　例

一、本志以马克思列宁主义、毛泽东思想、邓小平理论、“三个代表”重要思想和科学发展观为指导，坚持实事求是的思想路线和求实存真的原则，全面、客观、系统记述镇江市1983年至2005年历史发展进程，力求做到思想性、科学性和资料性的统一。

二、本志记述上限为1983年，下限为2005年。对断限前的地情，设史事纪略卷，扼要记述，并在相关卷中进行简要追溯。前志拾遗补正时间断限从前志。特殊情况下，为保持某事件记述的完整性，适当延长记述内容时间。随文图照因图片收集等客观因素，部分图片的拍摄时间超下限。彩色图照时间下延至2014年。

三、本志记述地域范围，按现行行政区划，记述全市情况。记述内容立足全市，以市区为重点，兼顾辖市（区）。

四、本志根据学科分类的一般原则，结合现行社会分工，合理划分门类，设置卷章。全志设49卷，由总述、史事纪略、大事记、各门类分志、专记、人物、前志拾遗勘误卷目和附录等组成。分志设卷、章、节、目四个基本层次，部分分志增设子目，目与子目，分别用“一、二、三……”和“1. 2. 3. ……”编排。

五、本志体裁含述、记、志、传、图、表、录等，志文一般采用章节体，少数采用条目体；“大事记”以编年体为主，辅以纪事本末体。

六、本志“人物”设“传、简介、表”三个层次，并遵循“生不立传”原则。

七、本志采用语体文，全志除总述和分志概述外，一般用记述文体，只记事实，不作评论。

八、本志行文用字以2013年国务院公布的《通用规范汉字表》为准。标点符号以2012年实施的中华人民共和国国家标准《标点符号用法》（GB/T15834－2011）为准。数字用法以2011年实施的中华人民共和国国家标准《出版物上数字用法》（GB/T15835－2011）为准。计量单位以国务院公布的《关于在我国统一实行法定计量单位的命令》（1993年版）为准，考虑到读者使用习惯，适当使用常见非法定计量单位。本志纪年，中华人民共和国成立前使用历史纪年，年号相同的，在同一自然段首次出现时使用历史纪年括注公元纪年，其后直接使用历史纪年；中华人民共和国成立后，使用公元纪年。事件、人物生卒年份等不适宜用历史纪年的用公元纪年。

九、本志行文中“全市”指镇江现行行政区划；“市区”，2002年4月前指京口、润州两区，2002年4月后指丹徒、京口、润州三区；1983年实行市管县体制前，按当时实际情况运用。运用“镇江”这一名称，系泛指不同时期的行政实体。

十、本志统计数据以统计部门的数据为准；统计部门没有的，以主管单位的统计数据为准。

十一、本志资料取自文件、档案、报刊、正史、旧志、专著等文献，经鉴别核实后入志，一般不注出处，重要资料酌情注明出处。

十二、本志资料征集、整理和志稿编纂、照片拍摄、审定人员不在相关志文中署名，一律在《〈镇江市志（1983～2005）〉编审机构与人员》中列出。

总　目

第一册

第二册

第三册

第四册

CONTENTS

ROLL 5 ENVIRONMENTAL PROTECTION

ROLL 6 LAND AND MINERAL RESOURCES MANAGEMENT

ROLL 7 WATER CONSERVANCY

ROLL 8 COMMUNICATIONS AND TRANSPORTATION

ROLL 9 PORT

ROLL 10 CONSTRUCTION AND MANAGEMENT OF URBAN AND RURAL

ROLL 25 THE LOCAL PEOPLE'S GOVERNMENT

ROLL 26 ZHENJIANG COMMITTEE OF THE PEOPLE'S POLITICAL CONSULTATIVE CONFERENCE

ROLL 27 DEMOCRATIC PARTIES · ASSOCIATION OF INDUSTRY AND COMMERCE

ROLL 28 LABOR UNION · THE COMMUNIST YOUTH LEAGUE · WOMEN'S FEDERATION

ROLL 29 INSTITUTION AND STAFFING · PERSONNEL AFFAIRS · LABOR AFFAIRS

ROLL 30 LAW SYSTEM

目 录

第一册

第一卷 政 区

第二卷 自然环境

第三卷 风景名胜

第四卷 人 口

第五卷 环境保护

第六卷　国土和矿产资源管理

第七卷　水　利

第八卷 交通运输

第九卷 港口 口岸

第十卷 城乡建设和管理

第十一卷　开发园区

总　述

“何处望神州？满眼风光北固楼。”

南宋大词人辛弃疾这神思激越的呵天一问，把无数神往的目光聚焦到横枕大江、石壁嵯峨的镇江北固山麓；一代伟人毛泽东书写了这名篇名句。辛词毛书，旷世绝唱，引无数人竞相前来瞻仰镇江千古江山的迷人风韵。

一

滚滚长江东逝水，巍巍两岸诸峰青。镇江，地处长江中下游平原，在江苏省西南部长江下游的南岸，北纬31°37′～32°19′，东经118°58′～119°58′。东南接常州，西邻南京，北与扬州隔江相望。楚的雄浑，吴的妩媚，在这里激荡交融；长江之浩荡，运河之秀气，组成了“十字黄金水道”。镇江的地貌“一水横陈，连岗三面”。以宁镇山脉、茅山山脉组成“山”字形构造骨架，地形西高东低，南高北低。气候属北亚热带季风气候，四季分明，雨量充沛，常年平均气温15.5℃。2005年末，镇江辖有丹阳、句容、扬中三市和丹徒、京口、润州三区以及镇江新区，总面积3847平方公里，户籍人口267.61万人，其中市区102.01万人。

镇江的历史悠久厚重。钟灵毓秀的镇江，由伟大的长江、运河所哺育，地处中国最富庶的长江三角洲，是吴文化的发祥地和国家历史文化名城之一。根据镇江南山莲花洞古人类牙齿和古脊椎动物化石的发掘，距今约10万年以前，镇江地区即有古人类活动的踪迹，是华夏人类最早的繁衍生息地之一。西周时为宜侯封地，春秋时叫朱方，战国时叫谷阳，秦时改名丹徒，东汉末，三国时孙权移治于京口，筑铁瓮城。南朝宋时称南徐，隋唐时名润州，一度称丹阳。北宋政和三年（1113年），改润州为镇江府，镇江之名沿用至今。辛亥革命后称丹徒县，民国17年（1928年），改名为镇江县。民国18年至镇江解放前，镇江是民国政府江苏省省会（民国26年至民国34年镇江沦陷期间，省政府迁往苏北）。1949年4月23日，镇江解放，设镇江市，镇江又是专员公署（地区行政公署）所在地。1983年，江苏省实行市管县体制后，镇江市为省辖市。

镇江的山水旖旎秀丽。江山如画的镇江具有“城市山林”和“大江风貌”的独特韵味。山川有灵气，林壑皆清幽，以“三面翠环起伏，一面大江横陈”之势，构成了“真山真水”的美丽画卷。金山绮丽“寺裹山”、焦山雄秀“山裹寺”、北固险峻“寺冠山”，三山的美景独步天下；天下第一江山、天下第一泉、万里长江第一塔、律宗第一山宝华山、第一福地茅山，众多的“天下第一”蜚声世界。截至2005年，镇江有国家重点风景名胜区1个、国家AAAA级旅游风景区5个，省级风景名胜区3个；国家森林公园2个；省级自然保护区2个。西津渡古街、三国铁瓮城、南朝陵墓石刻、梦溪园旧址、焦山碑林、伯先路近代建筑群等，以厚重的历史和人文之美久负盛名；古运河风光带、南山风景区、南山国家森林公园、宝华国家森林公园、圌山风景区、云台山风景区等，以山水之胜和瑰丽的景色闻名遐迩。芙蓉楼、多景楼、北固楼、杜鹃楼风格称奇，“京口画楼三百所”；文宗阁、增华阁、云台阁、楞伽台、读书台文脉绵绵，“半城山水半城诗”。镇江金山江天寺、焦山定慧寺、宝华山隆昌寺、茅山道院等均为国务院批准的全国重点开放寺观，在国内、东亚、东南亚宗教界有着重要的地位和广泛的影响，同时也是著名的旅游胜地。

镇江的物产富饶丰盛。江山锦绣，物华天宝，镇江自古繁华，历史上就是江南的鱼米之乡。盛产水稻、小麦、油菜、棉、麻、桑、茶和各种瓜果蔬菜及多种淡水产品，农林牧渔全面发展。镇江秀丽的江山孕育了丰富的矿产资源，金属矿产有铁、铜、锌、钼、铅、银、金、铼、镉等10余种，矿床47处：非金属矿产有石灰石、膨润土、白云石、大理石、耐火黏土、石膏、石墨、硅石等，膨润土矿储量居全国第三；化工非金属矿产有硫铁矿、岩盐、泥炭、磷、钾盐石等。地热资源丰富，包括地下热水和地温异常两类。镇江动植物种类多样，有麻栎、枹树、黄连木、山槐、枫杨、青冈栎、苔楮、石楠、黑松、杉木、泡桐等树木及药用植物700多种；有鸟类100多种，野生动物20多种，被列为国家一级保护动物的有白鳍豚、白鲟、鹤、丹顶鹤、扬子鳄、中华鲟等，被列为国家二级保护动物有雁、天鹅、鸳鸯、鹰、虎纹蛙、中华虎凤蝶等。水域有青、草、鲢、鲤等家养鱼和鲥、鳗、鮰等非人工养殖鱼；长江鱼类有90多种，其中鯯鱼、鲥鱼、鳗鱼、鮰鱼、河豚等为名贵品种、珍稀动物。

镇江的人文群星璀璨。镇江是吴文化的重要发祥地之一，以浓郁的吴、楚人文历史闻名于世，长期以来成为演绎民族历史的重要舞台，许多改写中国历史的大事件都曾在这里发生，众多风流千古的人物在这里留下了不朽佳话。在镇江这块土地上，“江山代有才人出”，遍布政治、军事、经济、科技、文化、教育诸领域，名公巨卿，鸿儒硕彦，世代迭出。焦山崖壁上的“瘗鹤铭”，是中国书法史上的“大字之祖”；沈括所著的《梦溪笔谈》，被誉为“十一世纪的科学坐标”；祖冲之在镇江完成的“大明历”，代表着当时世界历法最高水平。中国第一部诗文总集《昭明文选》，中国第一部文学理论专著《文心雕龙》，中国第一部笔记体小说《世说新语》，中国第一部天文仪器专著《新仪象法要》，中国第一部造园学专著《园冶》，中国第一部文化通史《中国文化史》，中国第一部医学史名著《中国医学史》，中国第一部甲骨文著录《铁云藏龟》，中国第一部体系完整的语法书《马氏文通》，中国第一部古桥专著《中国古桥技术史》，中国近代史上第一部提倡向西方学习科技、建议改革的专著《海国图志》，中国高校第一部战史教科书《兵法史略学》，都出自镇江。至于中国文学史上的宗师巨匠，李白、王昌龄、杜牧、许浑、张祜，范仲淹、王安石、苏轼、秦观、陆游、辛弃疾、文天祥、郑板桥、龚自珍等，都在镇江寄情抒怀，留下脍炙人口、久唱不衰的瑰丽篇章，给镇江平添了许多迷人的色彩。此外还有音乐家戴颙在南山创出千古名曲《广陵》《止息》；书画家米友仁父子创出了泼墨青岚技法的“米家云山”。近代如桥梁专家茅以升、语言学家吕叔湘、美术家吕凤子、教育家匡亚明都是镇江人。这些闪耀的群星使得镇江的天空更加五彩斑斓。

镇江的交通便捷畅达。镇江自古就是中国南北交通的要津，“地雄吴楚东南会，水接荆扬上下游”，向有“银码头”之称。铁公水空四通八达，是国家级水路主枢纽城市和省级公路主枢纽城市。在陆路上，京沪铁路、沪宁高速公路穿市而过；润扬长江公路大桥将苏南、苏北连通在一起；312、104国道和122、238等省道，构成镇江与省内外密集的公路网络。在水路上，长江与京杭大运河在这里交汇，秦淮河、太湖湖西、长江沿江三个水系在这里集聚。镇江拥有长江自然岸线270公里，有内河航道70条，水运航线597公里。苏南运河镇江段长42.74公里，常年通行500吨级船队。镇江港是国家一类开放口岸，全国主枢纽港之一。在空路上，镇江距南京禄口机场80公里，距常州奔牛机场60公里，镇江的地理位置和区域发展优势非常突出。

金焦风浪滔滔过，皆作中华号角声！从1983年到2005年，23年在历史的长河里仅为一瞬，但奋力前行的镇江人加快发展，真抓实干，取得了政治、经济、文化、科技、社会、生态等领域巨大的成绩，经济实力快速增长，社会保障日臻完善，人民生活水平明显提高，城市品位显著提升，走出了一条产业和人才强市、科技和文化立市、创新和开放兴市的发展新路子。

二

党的十一届三中全会，开创了以改革开放为标志的新的历史时期。1983年，镇江市实行市管县行政体制，以改革的精神开创各项工作的新局面。新体制有效地克服过去城乡分离、条块分割的弊端，恢复和发展城乡间内在的经济联系，有效地发挥中心城市的辐射作用。改革后的镇江辖丹徒、丹阳、扬中、句容四县和城区、郊区两区（1984 年分别更名为京口区、润州区），全市有 86 个乡和 3 个县属镇；1984 年实行政社分设，全市共设 70 个乡和 24 个镇，到 1996 年已发展为 63 个镇和 27 个乡。2005 年，全市乡镇行政区划调整为 41 个镇 10 个街道，调整后乡镇的平均面积由 55.46 平方公里增至 89.27 平方公里，平均人口由 3.23 万人增至 5.21 万人。

农村的改革从 1983 年起进入推进和延伸阶段，镇江逐步对农林牧渔业建立联产承包责任制，并由农田水面山林联产承包向四荒（荒山、荒地、荒滩、荒水）资源的开发承包发展，各地相继出现许多自筹资金开发四荒资源的个人和企业。1985～1988 年，在进一步完善家庭联产承包责任制的基础上，推进“统分结合”的双层经营管理体制，既发挥农户家庭经营的积极性，又发挥集体统一服务的优越性。乡镇工业也迅速发展起来，农村中各具特色的专业村、专业户大批涌现。1989～1991 年，农村全面进入治理整顿阶段，全市实施“1552”农业开发工程，用 10 年时间，改造 100 万亩中低产田，开发 50 万亩岗坡旱地，建设 50 万亩吨粮田，复垦 20 万亩土地后备资源，并列入江苏省农业现代化试验区。1992 年起，全市农村贯彻邓小平视察南方重要讲话和中共十四大精神，调整优化农村经济结构和农业内部结构，因地制宜推进农业综合开发。1994 年，全市实施“3658”育龙工程，通过舞活壮大 36 条龙，用 5 年时间，每年带动 8 万农户致富。1995 年，全市大力推进农村现代化试点示范建设，同时探索项目化管理推动龙头企业的建设和发展。1996 年起，全市农业适度规模经营迈出较大步伐，并在农业产业化经营上得到快速发展。从 2000～2005 年，农村的改革着力于大力发展产业化经营，实现农村经营体制创新，促进农业产业升级，加快农村第三产业发展，发展农村经济合作组织，扎实推进新型城镇化和城乡发展一体化，实现农业可持续发展，同时积极开展乡镇企业结构调整，实现农村工业的创新和飞跃。镇江的乡镇工业从小到大，由弱到强，1983 年，镇江 70% 的乡镇企业实行承包经营责任制。1984 年，全市乡镇企业推行“一包三改”（一包，承包责任制；三改，改干部任免制为选聘制、改工人录用制为合同制、改固定工资制为浮动工资制）。1985 年，全市 95% 以上的乡镇企业实行承包经营责任制，形成“六定”（定产值、产销率、利润、工资总额、资金周转天数、税后利润留成率）联利计酬的特色。从 1985～2005 年，镇江的乡镇工业通过发展股份合作制，组建企业集团，创建股份有限公司，实行公有民营等产权制度改革，不断地发展、壮大、提高。1985 年，全市有 5076 家乡镇工业，实现工业产值 21.95 亿元，占全市经济总量三分之一。至 1995 年，乡镇企业占据了“三分天下有其二”的地位。2000 年，工业产值达 619.6 亿元；2005 年，工业产值 1217.24 亿元。

农村经济体制改革的健康发展，为城市经济体制改革提供了借鉴。1983 年，镇江市企业按照“整顿、改革、放权、搞活”的要求，将扩大自主权的改革迅速推向全市各工业、交通、财贸、建筑业等企业。1984 年，在企业整顿验收合格的基础上，市区 10 家企业首批进行厂长负责制和工资总额与经济效益挂钩试点。从 1986 年开始，全市企业改革的中心是推行“两包一挂”承包经营责任制（两包即包国家上缴利润、包“七五”技改任务，一挂即工资总额与效益挂钩），打破企业好坏一个样的“大锅饭”，并且市属 244 家全民集体工商企业，率先在全省实行浮动工资制。1989 年，在全市范围内推行以优化劳动组合为主要内容的劳动用工制度改革。1990 年，市区企业进行联合兼并，一批优势企业突破“三不变”（即所有制不变、行政隶属关系不变、财政解缴渠道不变），兼并弱势企业 13 家。全市形成各类联合体 151 个，企业集团 29 个，推进了生产要素的流动与优化。在市内联合兼并的同时，还积极发展跨地区、跨所有制的“挂、靠、联”，壮大了企业的规模。进入 20 世纪 90 年代，企业改革由放权让利的浅层次推向产权制度改革的核心层次，镇江市按照“产权清晰、权责明确、政企分开、管理科学”的现代企业制度方向，对国有大型企业进行规范的公司制改制，对中小企业进行联合、兼并、租赁、拍卖、破产、嫁接、合资、国有民营、股份合作等改造改制。1992 年的“破三铁、立三制”（破铁交椅、铁饭碗、铁工资，立干部能上能下的选聘制、工人能进能出的合同制、工资能高能低的浮动制）等改革措施，使国有企业管理体制和经营体制发生深刻变化。1995～2000 年，企业改革力度加大,以企业产权制度改革为重点,资产重组为抓手,加快企业制度创新和机制转换,国有大中型企业改革与脱困“三年两任务”顺利完成,中小企业产权制度改革进一步深入。2000~2005年,改革进入解决深层次矛盾的攻坚阶段,重点转向制度创新、组织创新和机制创新上来,绝大部分企业建立比较完善的现代企业制度,公有资产集中到支柱产业和重点企业,初步形成比较合理的混合所有制经济结构。同时,个体、私营、外资等非公有制经济蓬勃发展,以公有制为主体,多种经济成分共同发展的格局基本形成。1983~2005年,城市的宏观经济管理体制的改革也全面推进,财税、金融、外贸、计划、投资、价格、流通、住房、社会保障、医疗制度等,都进行了重大改革,如医疗制度的改革是全国“两江”(镇江、九江)试点城市,率先在全国试点并取得经验,受到国务院领导的肯定。与经济体制改革相适应,党政机构、行政管理体制、干部人事制度等上层领域的改革,也取得显著成效

与改革齐头并进的是全方位、多层次、宽领域的对外开放格局基本形成。1983年实行市管县新体制后,镇江有了统一对外开放的职能部门,对外开放的强劲春风给镇江注入新的生机和活力。1987年,镇江港口对外开放。1988年,国务院批准镇江为沿海开放城市,揭开了镇江对外开放崭新一页。1989年,镇江全境对外开放。同年,镇江首次开展自营进出口业务,采取“切块承包,省市联营”的形式,逐步形成条块结合、“双轨承包”的出口创汇体系,结束了镇江不直接经营外贸进出口业务的历史。1992年,镇江提出“深层次思考、高层次改革、全方位开放”的要求,把开放型经济确定为全市加快经济发展的战略重点,自营出口、补偿贸易、组建外贸集团、招商引资、兴办“三资”企业、对外工程承包和劳务合作等开放工作迅速展开。1993年,丁卯和大港被省政府批准为江苏省镇江经济开发区,仅用3年时间,就引进项目684个,总投资200亿元,其中外资项目69个,合同利用外资22亿美元。1997年,镇江与世界104个国家和地区有贸易往来,出口总额7.09亿美元。1995~2000年,全市外贸出口年均增长24.4%,注册外资100亿美元,实际到位40亿美元。外经合同额、营业额年均递增率分别为16.9%、15.4%。2005年,全市外贸出口额20.35亿美元,出口额1000万美元以上的企业达35家。全市外资企业从业人员10万余人,外资企业销售占全市工业企业销售总额三分之一,出口占全市出口50%。全市实际利用外资6亿美元。外经营业额1.6亿美元。而作为改革开放产物的镇江经济开发区,也成为全市外向型经济的主要基地和最大的经济增长点。

三

新中国成立以后,镇江的经济经历了重要的发展阶段,通过在实践中不断总结经验教训,逐步形成有镇江特色的经济发展战略并加以实施。1983年起,镇江新时期发展战略的目标是到2000年工农业总产值翻两番,把深化农村改革和发展乡镇工业作为突破口,把城市工业结构调整作为战略转变,实施以港兴市战略和科技兴市战略。1995年,镇江市提出跨世纪经济发展战略,即港口型经济战略、外向带动战略、规模经济战略和科教兴市战略。2001~2005年,镇江把握新世纪的发展趋势,提出并实施科教兴市战略、港口型经济战略、双轮驱动战略、城市化战略和环境优化战略,促使各种生产要素向镇江集聚,实现镇江经济新的起飞。镇江的综合经济实力在23年里迅速提升。1997年,镇江的综合经济实力列入全国80强,人均地区生产总值位于全省第5位,在全国221个地级市中列第63位;丹阳、句容、扬中、丹徒四县(市)全部进入全国百强县。2005年,镇江地区生产总值871.67亿元,其中第一产业达到38.69亿元,第二产业528.16亿元,第三产业304.82亿元。人均生产总值达到3.26万元,超过全省平均值33个百分点,位居全省第5位。工业与农业增加值占全市生产总值比重相差50个百分点。工业与农业从业人员占全部从业人员比重相差14个百分点,标志着镇江已经从延续几千年的以农业为主体的社会,跨越到以工业为主体的社会,由一

个生产力较低的传统农业、行业分散的低水平工业、服务效益差的第三产业的城市，稳步发展为现代农业初具规模、工业产业形成明显特色、三产服务业迅猛发展的长江三角洲重要港口、风景旅游和区域中心城市。

农业生产向现代农业迈进。1983～1990年，农村实行以家庭联产承包责任制为基础、统分结合、双层经营新体制，提高农民生产积极性，农业全面发展。“七五”期间，粮食总产量年均为12.1亿公斤，与“六五”期间相比，年增长率保持6%，粮食商品率35%，保障了城市供应；油料总产年均4.13万吨，食油由需要外调转变为自给自足。多种经营也发生了根本性的变化。1990年，镇江在全省率先掀起以丘陵山区开发为特色的大规模农业开发热潮。1994年，镇江市进入国家农业综合开发行列。在农民自愿基础上，实施土地流转，发展适度规模经营；引导农民以市场为导向，通过贸工农一体化，产加销一条龙的形式，使农业生产与大市场有效对接。2000年，全市大力发展高效农业，建设一批农副产品标准化生产示范区，提高农业现代化生产水平和农产品质量，创建农产品品牌，增强市场竞争能力，提升农产品附加值；镇江还建立一批科技示范园区，引进推广新产品、新品种、新技术，推进农业结构调整，增加农民收益。截至2005年，镇江农业历经国家农业综合开发四期工程，总投资3.4亿元，共改造中低产田3.33万公顷，建设优质粮食基地1333公顷，优质林果基地667公顷，优质花卉苗木基地333公顷；实施多种经营项目23项，总投资7979万元；建设优势农产品基地8000公顷。全市农业总产值达到27.6亿元。至2005年，全市建成国家、省、市三级标准化生产示范区24个，无公害农产品产地面积7.93万公顷；建成各类科技示范园区84个，经营面积4000公顷，辐射面积超过4万公顷。全市粮食种植面积16万公顷，总产量95万吨；全市养殖业产值9.6亿元，占农业总产值34.7%，形成一批高效规模畜禽养殖户；全市高效渔业面积946.5公顷。全市农业科技贡献率达到55%，居全省第四位，比全国平均水平高出近10个百分点。全市拥有农机总值6.34亿元，农机总动力达129.6万千瓦，粮食生产的耕翻、播种、植保、排灌、收割、脱粒6项机械化综合作业水平达80.2%，农副产品加工、烘干、保鲜、贮运，果蔬、茶叶、花卉种植及林、牧、副、渔等其他各业的机械化水平都有很大提高。农业的产业化经营和项目化管理取得突破，全市形成2家国家级农业龙头企业、13家省级龙头企业、37家市级龙头企业和近百家县级龙头企业组成的龙头企业队伍。全市农村有农民专业合作社、专业协会等农民合作经济组织133家，农民经纪人1.2万人。农民合作经济组织经营面积4000公顷，成为连接农户与市场的桥梁。2005年，农民人均纯收入5916元，是1985年的10.56倍。

工业经济向规模经营集群。从1983年起及整个“七五”期间，镇江乡镇工业“异军突起”，给镇江的工业经济带来新鲜的活力。1988年，镇江乡镇工业总产值118.79亿元，成为镇江工业的“半壁江山”。1991年开始，外向型经济逐步成为镇江工业的“牛鼻子经济”。1993年，镇江外商投资企业达千家，实际到位资金2亿美元，在全省排名第四。1998年，全市1000万美元以上的外商投资项目达81个，协议利用外资35.8亿美元，名列全省前列。“九五”期间，镇江工业以大投入推动大发展，大重组形成大规模，大调整带动大跨越，工业面貌发生显著变化，经济总量明显扩张，全市完成工业增加值、实现销售、实现利税分别是1995年的1.64、1.66和1.64倍。“十五”期间，民营经济领跑发展。到2005年，全市民营经济实现工业增加值475.1亿元，占全市地区生产总值比重52.5%；创税收38.9亿元，占全市比重48.6%；完成投资201.3亿元，占全市固定资产投资比重49.8%，从业人员50万人。23年来，镇江工业的发展，就是从传统和分散不断地走向规模和优化的过程，这个过程有以下三个特征：一是产业走向集群化。“七五”期间，镇江加大冶金、轻工、化工、纺织工业投资，形成一批主导产品；“八五”“九五”期间重点培植化工、造纸、铝业、建材四大支柱产业，构建起具有地方特色的产业体系，初步形成以金东纸业（江苏）有限公司135万吨造纸项目为主体的造纸产业，以江苏索普（集团）有限公司10万吨醋酸和镇江奇美塑料有限公司、镇江国亨塑料有限公司工程塑料为主体的化工产业，以嘉新京阳水泥有限公司156万吨水泥为主体的建材产业，以大亚科技集团公司铝箔、镇江鼎胜铝业公司涂层热轧、华东制罐有限公司制盖为主体的铝制品产业。“十五”期间，进一步调整产业结构，形成机械、化工、造纸、材料工业、电力设备、交通设备、食品、电子、信息八大重点产业和化工、纸业、工程电器、汽摩及零部件、五金工具、眼镜、醋业、特种船舶及船用设备、建材十大产品集群。到2005年，八大产业总产值占全市总产值79%，机械、化工、造纸三大支柱产业总产值占全市工业总产值54%。镇江成为世界主要的锚链生产基地；亚洲最大的造纸基地、钻头和全钢锯片基地；全国最大的醋酸和工程塑料粒子生产基地，全国知名的食醋生产基地。二是企业走向规模化。在这段时期，镇江加大规模企业培育力度，国有企业在加大优势企业增量投入同时，通过授权、兼并、联合、收购等资产重组方式，促进存量资产向优势企业集群，外资、大企业相继进入，民营企业规模迅速壮大。截至2005年，全市共有规模以上工业企业1773家，其中列入国家520家重点集团企业2家（索晋、大亚），上市公司3家（索普、大亚、恒顺）。工业销售超亿元企业202家，其中销售超50亿元企业2家，超20亿元企业6家，超10亿元企业18家；实现利税72.4亿元，占全市规模以上工业的75.3%。三是发展走向持续化。1991年始，市区化工企业陆续退城入区，搬迁镇江焦化煤气集团、镇江船厂、镇江大东造纸厂等工业骨干企业，加强技术改造，提高企业资源集约化使用水平。2001～2005年，规模以上工业增加值平均增长26%，同期能源总消费增长16%；工业用水量平均降低12%，重复利用率75.5%；工业固体废料利用率95%，年综合利用量达400万吨；综合利用放散煤气1.1亿立方米，节约能源8万吨标煤；粉煤灰、煤渣利用率接近100%，生产新墙体材料10亿块，节约能源4.7万吨标煤，节约土地113公顷，综合利用产值8亿元。量质齐升，镇江的工业经济进入良性循环、持续发展阶段。

第三产业向现代服务业跨越。1983～2005年，是镇江第三产业日新月异的时期。传统服务业稳步发展，生产服务业强劲增长，现代服务业迅速崛起。首先是商业贸易迈进新格局，镇江商贸流通体制改革走在全省前列，率先在商业零售企业实行“四放开”（经营、价格、分配、用工）；率先推行连锁经营试点。商品经营由传统体制转变为名、特、优、新产品总代理、总经销为主体；商业业态多样化，连锁经营、加盟超市、直销商场、货仓式销售、配送中心和专卖店、便民店等现代营销方式发展势头强劲。“十五”期间，累计有10家外来商贸企业进入镇江开设专业商场、大型卖场。2004年，全市建成各类专业市场235个，市场总成交152亿元。其中成交额亿元以上的市场31个，单个市场最高年交易额上升到20亿元。2005年，全市实现社会消费品零售总额201.32亿元，市区年销售亿元以上的商场达10家。除大型购物中心、仓储式超市外，零售商业业态标准确定的8种主要零售业态都有较好发展。国有资本逐步从商贸流通领域退出，形成以民营经济为基础、外来商业为补充的新局面。市区形成以大市口为中心、多个区域商业中心相呼应、遍布城乡的中小网点为补充的新格局。其二是交通运输业呈现新发展。1983年后，交通运输市场出现多元竞争格局，促进专业运输企业不断创新营运方式。在公路客运上大力开拓跨区、跨省客运班线，发展快客运输，公路客运可通达上海、浙江、福建、江西、河南、安徽、湖北、山东、北京、广东等10个省、市；开展各类特种货运项目，发展多元运输，开辟国内集装箱和国际集装箱中转业务、化工危险品、大件货物、油品等一定规模的特色运输。到2005年，全市有营运性客车3758辆，开通省际、市际客运线路144条，与长三角地区的15个城市互通快客班车，初步形成省际、市际和市内三级客运网络，基本建成长三角地区4小时交通圈，县际客运初步形成辖市（区）1小时交通圈，农村客运初步形成县城、乡镇、行政村客运网络。人流量和运输量也大幅增长，2005年，完成公路客运量6712万人，客运周转量307083万人公里。全市有货物运输户8266户，拥有营业性货运车辆13362辆，吨位56965吨，厢式货车、特种货车、专用货车占货运车辆比重达41%。全社会货运量5231万吨，货运用转量298091万吨公里。全市拥有水路运输户23户，船舶保有453艘。全市建成大港、新桥和金山物流基地，物流配送网络覆盖北京、广东等全国10多个省、市。其三是新兴服务业新崛起。1983

~2005年，镇江迅速崛起的新兴服务业主要有金融业、信息产业、产权交易、劳务中介、律师代理、房地产业、旅游业等。2005年，镇江工商、农业、建设、中国银行逐步转变为商业银行，全市银行机构达619个。全市金融机构本外币各项存款余额803.96亿元，各项贷款余额560.50亿元。镇江市保险公司16家，人寿险公司6家，县(市)级保险机构40家，乡镇级保险机构140多家；专业代理公司5家，兼业代理网点200多个。镇江证券业机构6个，交易总量达到115.27亿元。2005年，全市从事软件应用开发的企业50多家，经省级认定的企业8家，经省级认定的软件产品24个，2家企业通过系统集成资质三级认证。全市软件产业销售收入达10亿元。镇江软件园挂牌，入园企业29家。房地产业发展迅猛，由于镇江动员社会力量，多层次、多渠道、多形式实施旧城改造和房屋开发。到2005年，全市共有房地产开发企业227家，其中市区房地产开发企业154家，投资总额97亿元。1983~2005年，镇江建筑业从大量引进国内外先进技术和装备，发展到自主生产设备，提高建筑业的施工能力和市场竞争能力。全市建筑业经营方式从劳务分包为主向总承包为主转变，工程承包范围从房屋建筑和交通领域发展到港口、水利、园林、电力、通信、市政等众多领域。建筑市场由市内开拓到省内、国内和国外，完成内蒙古自治区、山东、江西、云南、辽宁等省、区的一系列大项目建设。镇江建工建设集团公司、镇江第二建筑公司、江苏电建三公司、中交二航二公司等企业在非洲、中东、东南亚、欧洲等地区承建各种类型工程。镇江建筑业逐步发展成集设计、勘探、建筑安装、房地产开发、建筑装饰装修、建筑制品、建筑机械生产、物资采购供应等工艺于一体，能满足各类工程建设需求、门类齐全、专业配套的产业体系。现代建筑业的爆破与拆除、幕墙建筑、建筑防腐等特色建筑领域在全省拥有较大品牌知名度和行业影响力，很多关键性施工技术在全省乃至全国处于领先地位。2005年，全市有建筑企业257家，从业人员11万人，完成总产值135.19亿元，房屋竣工面积412.89万平方米，其中住宅面积182.44万平方米。在这段时期，旅游业直线上升成为镇江第三产业的重要支柱。金山、焦山、北固山“三山”旅游成为镇江最负盛名的旅游热线。南山风景区、西津渡古街吸引了大批游客。2005年，全市接待国内外游客1197.62万人次，旅游总收入118.15亿元，创汇1.79亿美元。

科技进步向高新技术推进。1983年以前，镇江工业科技主要是引进新设备、新技术，开发新产品，改造和提升传统产业，截至1988年，镇江已建成喷气纺纱机、铝型材、冷藏汽车等41个引进项目，完成沥青摊铺机等16个项目的引进、消化、吸收。共引进国外先进设备、工器具1992台(套)，引进先进生产线63条。科技进步向高新技术推进，促进镇江市产业升级和结构优化。“八五”“九五”期间，镇江科技进步方式发展为合资与合作并举、引资与引智同步。累计兴办92家厂办科研所，80%以上技术开发项目都与高校、科研院所联合开发，新产品产值率、销售率、利税率分别达总产值的15%、17%、27%。“七五”“八五”期间，全市科技进步贡献率分别达23%、39%。“十五”期间，工业主要实施以计算机应用为主的信息化示范工程、推广计算机辅助设计和辅助测试、计算机控制和信息管理、治理“三废”(废水、废气、废渣)等先进技术。2005年，科技对工业的进步贡献率分别达到50%，全市工业高新技术产品实现销售收入347.5亿元，利税63.4亿元，占全市工业品销售收入和利税的27.89%和64.88%。全市高新技术产业化水平跻身全省第五位。农业主要以科技开发园区为基地，实施高效农业科技开发。在这段时期，农业历经4次较大幅度的品种引进和改良，带来农业总产量的增长幅度为16.43%，其中品种改良的直接效益占60%以上。农业生产引进轻型栽培技术、测土配方施肥技术、病虫草综合防治技术等。采用新型生产技术的现代化高标准农田达到总面积1.33万公顷，占全市农田总面积12%。全市共有17个市级以上农业科技示范园区。2005年，科技对农业进步的贡献率达到56%。1997~2005年，镇江5次获全国科技进步先进城市称号；扬中市、丹阳市两次获得全国科技进步先进县(市、区)称号；句容市、丹徒区、京口区、润州区被评为全省科技进步先进县(市、区)。

四

1983～2005年，镇江把自然生态、历史文化和现代气息有机融合在一起，城市建设日新月异，拉开了城市框架，完善了城市功能，提升了城市品位。

道路交通快速发展。1983～1988年，市区先后拓宽改造中山路、电力路、解放路、镇焦路（后改为东吴路）、斜桥街、南门大街、正东路、电力路、丁卯桥路等20多条城市主、次干道。新建宗泽路、谷阳路、花山路、桃花坞路、黄山南路等道路。从1990年起，在继续搞好市区干道拓宽改造的同时，镇江加大城市外围道路建设及与高速公路的连接。1991年建成312国道95.46公里镇江段，完成104国道51公里句容段的拓宽改造，标志着镇江交通建设进入大规模新建国道、省道干线为主的新阶段。312国道建成后大大缩短镇江与沪宁沿线城市行程里数，提高镇江道路的通行质量。1993年底，实施县乡通油路工程，全部实现县通乡公路黑色化。1995年底，全省第一条地方铁路——镇江至大港地方铁路全线24.9公里建成通车。1996年，沪宁高速公路全线建成投入运营，公路全长274公里，其中镇江段为81.5公里，把镇江的城区、港区、开发区以及四个县（市）连成紧密的现代公路网络。镇江完成苏南路网改造全部工程，实现镇广线、葛丹新线的改造，增添沿江公路、镇广公路等新通道。对镇扬、镇句、宁镇、黄七、镇宝、镇丹、镇澄、丁长等8条进出口道路，全部实施改造或新建。至此，镇江境内公路通车总里程数达3290公里，其中等级公路2415公里。1992～1997年，镇江的城市建设以西区为重点，改造和新建老城区街巷及住宅小区道路，共对323条街巷的266条道路进行改造，总面积16.73万平方米。2005年，建成润扬公路大桥以及位于312国道、222省道和沿江新线交叉处的三层“蝴蝶形”镇南互通式公路立交。“十五”期间，镇江以构筑现代化大城市为目标，加快骨干道路建设，新建和拓宽改造长江路、南徐大道、檀山路、跑马山路、金桥大道等主次干道，建设、改造道路94条，长度达152公里，总投资55亿元。打造城东、城西和沿江三条城市发展轴，形成较为完善的城市交通格局。截至2005年，全市实有道路1412公里；城市建成区面积86.1平方公里；形成南徐新城区、北部滨水区、世业洲国家旅游度假区等新兴区域，初步实现“显山、露水、透绿、现蓝”。

水路建设连通世界。1986年，镇江老港区实施“中口袋”整治方案（“中口袋”方案就是放弃焦南航道，另辟一条新的进港航道，在老港区码头前形成一个口袋形的船舶靠泊、调头区），共挖泥536万立方米，使镇江老港区的功能得以继续发挥。1996年，龙门港工程开工，两年后建成，镇江港口成为拥有高资港区、龙门港区、老港港区、谏壁港区、大港港区5个港区，13个万吨级泊位，与50多个国家和地区通航的综合性、多功能、现代化枢纽港。“十五”期间，又相继建成31个码头泊位，总计投入10亿多元。至2005年，镇江港口共有码头泊位173个，其中万吨级泊位25个，千吨级泊位38个，码头总长12186米，设计吞吐量达6055万吨；有27个泊位对外开放，其中万吨级18个，与世界71个国家和地区的288个港口建立外贸运输业务。1997年，苏南运河镇江段整治工程在全省率先完成整治任务，建成国家四级航道42.74公里，成为镇江水运的一条主通道和国家内河第一条样板航道。

电力建设先行发展。“七五”期间，镇江投入1.19亿元，进行电网建设和改造。新建35千伏以上变电所14座。“八五”期间，新建、扩建35千伏以上变电所12座。“九五”期间，全市城网和农网分别累计投资4亿元和5.27亿元。“十五”期间，完成电网投资35.56亿元，新增35千伏及以上主变容量216.9万千伏安、新增35千伏及以上线路979.7公里。2005年，镇江拥有35千伏以上变电所106座、主变容量5000.9兆伏安、35千伏及以上输电线路2583公里，全市基本形成以220千伏电网为主网架、10千伏及以下输变电网覆盖全市城乡的输配电网络。电力客户118万户，用电总量97.18亿千瓦时，供电量、售电量分别达到79.07亿千瓦时和72.4亿千瓦时。

公用事业快速提升。市区自来水生产能力不断提高。1990 年,扩建金山水厂,日供水能力 20 万吨。1995 年,新建日供水能力 15 万立方米的金西水厂一期工程和日供水 2.5 万立方米的谏壁水厂一期工程;“十五”期间,建成金西水厂二期工程,改扩建大港、谏壁和丹徒乡镇水厂。2005 年,全市年供水 7753 万立方米,全市自来水普及率达 100%。并建有污水处理厂 3 座,日处理污水 38 万吨。市区污水处理能力达 14.7 万吨/日,生活污水集中处理率达 65% 以上。主城区新建和改造 5 座雨水排涝泵站,排水能力达 40.5 立方米/秒。城市燃气发展迅速。先后建成 2 万立方米、5.4 万立方米煤气储气柜及管网配套工程,220 吨液化气贮配站及液化气掺配加热工程。管道液化气逐步形成规模。“十五”期间,实施“西气东输”工程,建成天然气门站。2005 年,市区有各类燃气管道 1046 公里,燃气用户 25 万户,燃气普及率为 83.98%。公交客运能力不断提高。“十五”期间,全市公交投入 6789.8 万元,新购公交车 369 辆。2005 年,市区有公交车辆 582 辆,营运线路 44 条,线路总长 644 公里。先后建成宗泽路、林隐路、金山、宝塔山等停车场 4 座。市区有出租汽车公司 23 家,出租汽车 1254 辆,从业人员 3000 人。建成区绿地率达 36.22%,绿化覆盖率达 38.68%,人均公共绿地达 10.49 平方米。多层次、多渠道、多形式实施旧城改造与新区开发,先后对老城区危旧房相对集中的 8 个片区进行改造,建成李家山、桃花坞等 31 个住宅小区,造型新颖、配套齐全、布局合理、色彩和谐的住宅楼成为镇江的新景观。

五

1983～2005 年,镇江的各项社会事业协调发展,人民生活水平不断提高,公共卫生显著改善,社会保障逐步完善,精神面貌进一步提升,社会治安持续稳定,镇江进入现代文明繁荣的新时期。

教育事业量质齐升全面发展。1990 年,全市普及小学教育。1995 年,全市普及九年制义务教育,人口覆盖率达到 100%,比省平均目标提前三年完成。继 1986 年丹阳、扬中两县和荣炳、界牌、东昌、联合、蒋乔五乡镇分别获省政府颁授的全省基础教育先进县、乡称号后,1997 年,丹阳、句容两市又被省政府评为全省基础教育先进县(市)。1990～2005 年,全市教育事业费政府拨款年平均递增 18%,占全市年度财政支出比例中,9 个年份高于 20%,7 个年份高于 10%。2005 年,全市人均教育经费达 331 元。全市有普通高校 5 所,在校大学生 6.41 万人;普通中小学 345 所,在校生(含幼儿园、特殊教育学校)37.05 万人;职业学校 29 所,在校生 4.45 万人。全市九年制义务教育入学率、巩固率和毕业率均接近 100%,初中毕业生升学率 98.6%。2005 年底,镇江市通过省“高水平、高质量普及九年制义务教育”的评估验收。全市除 3 个乡镇外,其他乡镇均通过省、市实施教育现代化工程示范乡镇或先进乡镇验收。全市创建四星级、三星级普通高中 20 所,占高中总数 63.33%。国家级、省级以上重点职业高中 17 所,省示范初中 58 所,省级实验小学 65 所,省级示范性实验幼儿园 65 所,省级特殊教育现代化学校 3 所。

群众性体育活动丰富多彩。2005 年,全市有国家级体育传统项目学校 1 所,省级 11 所,市级 45 所。镇江乒乓球运动学校被国家体育总局授予全国最高水平体育后备人才培养基地称号。工矿企业普遍建立职工体协,一些大中型企业成立单位体育运动协会,开展多种形式群体活动和竞赛活动。农村体育开展创建全国体育先进县和省体育先进乡镇活动,全市有 5 个乡镇被评为全国亿万农民健身活动先进乡镇,18 个乡镇被评为江苏省亿万农民健身活动先进乡镇。全市 47 个乡镇,573 个行政村建有万村体育健身工程,其中二类以上场地 208 个。农村各类体育指导员 1972 人,晨(晚)练点 711 个。全市 90% 以上乡镇成立农民体协。丹阳的篮球、扬中的自行车、句容的武术成为地方特色体育项目,丹阳市获国家体育局授予的全国篮球城市称号。全市 70% 的城市社区建有全民健身工程(点),建有全民健身工程 22 个,工程点 203 个。镇江全民健身周活动连续 9 年分别受到国家体育总局和省体育局表彰，获国家体育总局授予的全国乒乓球重点城市、全国象棋之乡称号。截至2005年末，镇江向江苏省优秀运动队或部队体工队输送优秀运动员136名，选手中获奥运奖牌4人次，世界冠军4人次，亚洲冠军7人次。

城乡医疗卫生水平不断提高。至2005年，镇江市区建成江滨医院门诊楼和外科大楼，第一人民医院医技楼和外科大楼，第二人民医院外科大楼，第三人民医院门诊楼，第四人民医院妇产科大楼、实验楼和中心血站综合楼等。市直医疗机构新增百万元以上具有现代化水平的医疗仪器设备120多台(套)。改善农村卫生基础设施，70%的县级卫生防疫、妇幼保健机构和乡镇卫生院消灭危房，达到房屋基本配套；80%的卫生院装备B超、纤维胃镜等医疗设备；70%的村卫生室达到甲级标准。建立完善的卫生科技人才培养体系，一批新技术、新项目和研究成果达到省内、国内先进水平，市一院的心脏外科在省内具有较高知名度。全市有卫生机构920个，医院病床8099张，卫生技术人员13485人。职工医疗保险覆盖面达100%，完善医保制度体系。农村合作医疗覆盖面达91.6%，镇江市、句容市创建成国家卫生城，丹阳和扬中市分别创建成全国卫生城；全市创建成1个国家级卫生镇、8个省级卫生镇、32个省级卫生村；98%农村居民用上自来水，卫生户厕覆盖率80.2%。

人民生活水平基本达到小康。城市居民人均可支配收入和农民人均收入分别由1985年的835元和560元增加到2005年的1.24万元和5916元，年均增长分别为14.44%和12.72%。2005年，城镇职工基本养老和失业保险覆盖面接近98%，城市失业登记率控制在3.5%以内；农村人口养老参保率达40%，城乡低保基本实现"应保尽保"。城镇和农村人均住房面积分别由1985年的11.69平方米和20.66平方米提高到25.7平方米和43.85平方米。截至2005年底，全市互联网用户达14.73万户，移动电话用户数106.1万户，固定电话用户突破百万户达到140.98万户；电话普及率由2001年的23.81部/百人发展到2005年的34.4部/百人。全市私家汽车总量达到4.85万辆。

文化事业形成欣欣向荣局面。1986年，镇江建成第一座卫星地面接收站。1989年，市、县微波网建成，电视信号覆盖全市四县(市)和两区。1998年，镇江到所辖各县(市)光缆全部开通，实现省、市、辖市(区)光纤联通。镇江电视台发送5个频道节目，其中自办2套；有线电视台发送25套节目，其中自办3套；镇江市区有线电视用户达8万户。"十五"期间，全市广播电视覆盖率达100%，辖市(区)至镇光纤联网达96%，镇至村光纤联网达91%，有线电视入户率77%；建成有线数字电视一期工程；2002年，镇江市新闻网站——金山网开通。建立镇江焦山碑刻博物馆、镇江革命历史博物馆、茅山新四军纪念馆、新四军韦岗抗战纪念馆、焦山碑刻博物馆、梦溪园沈括故居纪念室等。2005年，全市有全国重点文物保护单位3处，省级文物保护单位19处，市、辖市(区)文物保护单位172处，镇江市文物控制单位35处。加强农村文化中心建设。全市所有镇(街道)都有文化站，构成市及辖市(区)、镇(街道)群众文化网络。丹阳市被命名为全国文化先进市。句容市被命名为江苏少儿故事之乡。丹阳皇塘镇、丹徒上党镇被命名为江苏民间艺术之乡。"白蛇传传说"和"恒顺香醋酿造技艺"入选为首批国家级非物质文化遗产名录。市文化部门通过作品观摩、会演、展览、评奖、研讨和批准创作假等方式，促进文学艺术作品产生，《世界科技发展史画库》获全国"五个一工程"奖，扬剧《铁面情》等14个作品获江苏省"五个一工程"奖。截至2005年，全市有市级文艺家协会会员2393人，省级文艺家协会会员685人，国家级文艺家协会会员102人；有7所公共图书馆，藏书总量142.3万册(件)，图书流通68.5万人次；有623件文艺创作作品获省以上展览或演出金奖、优秀奖等。

社会主义精神文明不断加强。1984年，城乡相继开展创建文明单位、文明村镇、文明行业、文明社(小)区、文明市民等群众性创建文明活动，社会公德、职业道德、家庭美德等中华民族道德传统深入到社会各阶层。"八五"期间，镇江市涌现市级文明单位245个，省级文明单位62个。

“九五”“十五”期间，建成江苏省文明单位标兵单位11个，全国文明单位(含荣誉奖)11个，全国文明村(含荣誉奖)6个，全国文明行业3个。2004~2005年，全市获市以上文明单位称号的单位536个。江苏恒顺集团、镇江供电公司、茅山新四军纪念馆、镇江计量所获全国文明单位称号，镇江供电公司获全国精神文明建设先进单位荣誉奖，谏壁发电厂、镇江百盛商城等6个单位获全国荣誉奖。扬中市新坝镇、丹阳市新桥镇获全国文明镇称号；丹阳市埤城镇常兴村、句容市茅山镇、丹徒区黄墟镇获全国精神文明建设先进村镇荣誉奖；20个镇、38个村获江苏文明村(镇)称号。

社会综合治安秩序持续稳定。2005年，镇江创建“平安镇江”品牌，社会治安和社会综合治理取得“进全国、双第一、三连冠、满堂红”成果。“进全国”，镇江被中央综治委命名为全国社会治安综合治理优秀城市。“双第一”，全市平安创建工作名列全省第一，被省委、省政府首批命名为社会治安安全市；社会治安综合治理工作名列全省第一，被省综治委评为社会治安综合治理先进市。“三连冠”，全市社会治安综合治理工作连续三年以总分第一的成绩排在全省前列。“满堂红”，辖市(区)全部进入省“社会治安安全县(市、区)”行列。全市“四五”普法工作扎实推进，成效显著，被评为全国“四五”普法工作先进城市。在中国社科院2004年发布的《中国城市竞争力报告》中，镇江在秩序和安全数据上名列首位。

江河交汇处，最美是镇江。从1983~2005年，这段时期是镇江实现富民强市、为基本实现现代化打下良好基础的关键时期，也是改革开放取得重大进展、经济运行质量迅速提高、城乡面貌发生显著变化、各方面取得骄人业绩的时期。镇江人民抢抓机遇，奋力作为，先后荣获国家卫生城市、中国优秀旅游城市、国家环境保护模范城市、全国科技进步先进城市、全国双拥模范城等众多荣誉称号。展望未来，镇江有信心、有魄力去实现更为宏伟的目标，争取在市场化、信息化、城市化、国际化四大进程中处于全省先进水平，崛起于长江三角洲城市之群，建成经济繁荣、社会进步、环境优美、人民幸福的现代化强市。

——— 小资料 ———

[清]周镐·京江二十四景册页简介

周镐,字子京,镇江人。清嘉庆、道光年间镇江画坛名流,为“京江画派”后期的“殿军”人物。其绘画形式简洁,强调主观表现,注重山水的真实性,富有创造力。该组画成于清道光二十二年(1842 年),系为由建兴泉永兵道赵霖所绘。二十四景其中一幅“五州积雪”画右下角题有“道光壬寅春月,笠农二先生雅正”。因赵霖号笠农,排行老二,故称赵霖为笠农二先生。该画现藏于镇江博物馆,系国家二级藏品。该画不仅是珍贵的艺术藏品,且是道光年间镇江名城形象的缩影,对研究镇江历史具有较高的价值。

[清]周镐·京江二十四景名称

1. 林开古驿	2. 山绕瓮城	3. 蓉楼话雨	4. 京畿晓发
5. 梦溪秋泛	6. 范桥流水	7. 城南赛社	8. 刁坞藏春
9. 浮玉观涛	10. 狮岩消夏	11. 北固晚钟	12. 海门泛月
13. 西津晓渡	14. 江上救生	15. 半江红树	16. 鹤林古木
17. 竹林听泉	18. 招隐听鹂	19. 龙洞吟秋	20. 兽窟危亭
21. 八公早梅	22. 岘山策蹇	23. 九华层云	24. 五州积雪

史事纪略

卷 目

远古至汉代

镇江地貌轮廓大约在2亿年前燕山运动以后就大致形成，市区北临长江，其他三面均被宁镇山脉余支抱合，植被以温带、暖温带落叶、常绿阔叶混交林和森林草原为主，气候属于湿润型气候，自然条件和地理因素都有利于古人类活动。

根据南山莲花洞古人类牙齿化石和古脊椎动物化石的发掘，距今约10万年以前镇江地区即有古人类活动。新石器时代，先民们开始原始农业生产，句容宝华丁沙地遗址出土的器物说明，距今6000年以前，当地先民熟练掌握制陶技术。夏、商、周三代，宁镇地区孕育、发展着青铜时代文化——湖熟文化(因20世纪50年代首先在江宁湖熟镇发现而命名)，考古专家论定处于宁镇山脉的湖熟文化遗址是荆蛮族人遗留文化遗址。在《史记》《国语》等古代文献里均有“太伯、仲雍二人乃奔荆蛮”的史实记载。他们从西北到江南，带来周族先进农业生产方式和文化，与荆蛮族人一起开发江南。在现今镇江市范围内，经考古发现湖熟文化遗址19处，形成较为密集聚落群，出土的大量石器、陶器、青铜器等证明其经济、政治、文化都有长足发展。

西周，镇江一带是周康王所封宜侯的领地。1954年出土的西周青铜器“宜侯夨簋”内的铭文，是迄今关于镇江历史最早文字记载，距今3000多年。春秋时镇江是吴国疆土，周灵王二十七年(公元前545年)“齐庆封奔吴，吴与之朱方”，“朱方”即是镇江最早见于历史文献记载的地名。春秋战国时期，镇江地处吴头楚尾，诸侯争战，镇江成为军事要地，由于战争进退，使臣奔命，也促进了江南与中原地区的物资往来和文化交流。

秦始皇统一六国后，废除分封制，改为郡县制，镇江属于会稽郡。公元前210年，秦始皇第五次东巡，在这里开凿一条人工河道，以便东幸巡游，加强对东南地区政治、军事控制。

西汉时期，丹徒先后是荆王刘贾和吴王刘濞的封地。汉高祖十一年(公元前196年)，刘贾在平定淮南王黥布的作战中遇害，镇江鼓楼岗有刘贾衣冠冢。汉景帝前元三年(公元前154年)吴王刘濞因汉景帝欲削弱其会稽、豫章两郡，联合同姓王发动“七国之乱”，刘濞败亡丹徒，后为东瓯王所杀。东汉末年，孙坚及其子孙策在江南开始发展壮大自己的地方势力，初步统一江东。建安五年(公元200年)孙策率部西进，讨伐黄祖，至丹徒暂驻，一日出丹徒城打猎，为刺客所害，此后孙氏大业由孙权所继承。

秦汉时，全国政治中心在西北，长江下游一带尚未完全开发，但由于镇江濒临长江，山川形势险要，战事频仍，军事地位已逐渐显现。

【莲花洞人与土著居民】 1981年，润州区蒋乔乡檀山白龙岗莲花洞考古出土一枚古人类缺齿根的右下臼齿，属晚期智人化石。伴出的有猕猴的一个碎头骨，一个下颌骨，最后鬣狗的两块上颌骨残片段，王氏水牛的一具较完整的左下颌骨，野兔的一枚牙齿，鹿的两个残破的左角等动物化石20种，其中哺乳动物18种。

莲花洞人属于旧石器时代晚期智能人，其体质形态上的原始性质已基本消失，与现代人相比，没有明显区别。这一时期，人们获取食物方式主要以狩猎和采集为主，辅之以捕捉鱼类等水生动物。发掘时伴出的动物化石说明狩猎对象主要是数量多、攻击性低、容易捕获的小型动物。洞穴堆积物化石层以棕色、棕褐色为主的亚黏土，反映出当时气候环境为温湿偏凉的亚热带，与现今镇江地区较为一致或者温度稍低。生活环境应为低山丘陵地带。

西周时期，这里的土著居民是荆蛮族人。《史记》等史籍记载商周时期“泰伯仲雍乃奔荆蛮”的史实。泰伯、仲雍来到荆蛮族人居住地方后，顺应荆蛮人断发文身习俗，“荆蛮义之，从而归之千余家”，后太伯自号为句吴。镇江地区出土的大量器物说明，这里的土著居民，3000年前已经进入奴隶制阶段，生产力进入青铜时代，农业和手工业已分开。人们所使用的生产工具以石器为主，不仅种植水稻，粳稻也已普遍种植，人们已经驯养水牛、猪、鸡鸭等家畜家禽。狩猎和捕鱼的工具，不光有石器、骨器、而且有青铜箭镞和青铜鱼钩。陶器制作方面出现几何印纹硬陶器和原始青瓷器烧制技术。

【宜侯夨簋】　1954年6月，丹徒大港聂家村村民在烟墩山翻地时掘出西周时期青铜器12件，其中一件是宜侯夨簋，器底有铭文。郭沫若、唐兰、陈梦家等著名专家均撰文考证。宜侯夨簋铭文有126字，残17字，计12行，可辨认的118字，内容大意是：在四月丁未的早晨，(康)王率领夨等在宗庙里瞻仰周武王、成王讨伐商朝和讨伐东南诸国的壁画后，将原来封为虞侯的夨，改封为宜侯。还赏赐他酒器和弓、矢等武器；赐他土地，有山边田、井田等三种，宅邑(相当于城镇)三十五处；又赐他在宜的殷朝王人十七姓(族)，赐甸人七百，在宜地庶人(耕作奴隶)六百又六十夫(户)。夨为感谢王恩，并纪念他的父亲虞公，制作了这件簋。

铭文的内容是研究西周奴隶制、井田制和研究吴国历史文化的重要实物资料。铭文中与吴和镇江有关的史料主要有：

1.“虞侯夨”。唐兰考证：虞侯夨就是周章，武王时封他为虞侯，康王时改封为宜侯。对虞侯是不是周章，专家有不同看法，但从历史文献记载和宜侯夨簋出土可以说明西周时镇江是吴国封地，夨簋铭文应是句吴最早的文献资料。

2.“侯于宜”。夨由虞侯改封为宜侯，“宜”应为地名，“宜”的地望在哪里，唐兰和郭沫若一致考定在江苏省长江以南的丹徒县一带。丹徒春秋时名朱方，战国时名谷阳，名朱方前，史无记载，因此，“宜”当为丹徒一带西周时地名。

3.“锡宜庶人六百又六十夫(户)”。郭沫若考定“庶人即农人，在古乃耕作奴隶”(《夨簋铭文考释》)，“宜庶人”，即宜地土著人。这句的意思是赐给他宜地土著人六百六十户。这段文字可以说明，西周时长江下游镇江地区一带的土著民族，已被周王朝视为耕作奴隶。

图1　宜侯夨簋铭文

4.“锡土，厥川三百……”这是和土地有关的锡与，所缺字是量词，郭沫若认为是“万”。川即山川，即山田三百万亩，这里反映的地貌特征，正与丹徒、大港一带的低山岗丘环绕的一片片沃野平川的地貌特征一致。

铭文中的上述史料说明，铭文应是句吴最早的文献资料；铭文记述的内容应是“宜”地即镇江地区一带的情况；3000年前镇江是宜侯夨封地。

宜侯夨簋的出土，对吴国早期都邑问题提出新的认识。据考古发现：在武进以北的宁镇、皖南两地区所发现的铜器多是春秋早期以前的，而常州以南的太湖流域出土的铜器主要是春秋中期以后的。这说明，吴国最早活动范围主要在宁镇、皖南地区，后由宁镇地区向太湖流域扩展。宜侯夨簋的出土印证了这一看法。学术界对这个问题主要有两种意见：一种认为，泰伯奔吴而定居于无锡梅里，因为梅里泰伯城是吴国最早都邑，肯定了史籍记载的准确。这是传统看法。另一种认为，从考古发现来论证，泰伯奔荆蛮之地应是宁镇地区，具体地讲是在今丹徒一带。近几年这种说法逐渐得到一些人的首肯。

古文献上有关泰伯奔吴的史料，记载泰伯仲雍传了十九世，到“寿梦立，吴国始益大，称王”，寿梦的儿子诸樊立,"诸樊元年"集解引《世本》曰:"诸樊徙吴也",才定都吴(即苏州)。而泰伯仲雍传至寿梦,总计十九世,这十九世没有任何文字记载,形成一段历史空白,宜侯夨簋的出土弥补了这一空白。宜侯夨簋的出土及宁镇地区考古发掘的材料证明:"泰伯仲雍奔荆蛮",先在宜地聚居,建立句吴,镇江地区应是吴国早期政治、经济中心。后来转而向太湖地区发展,到公元前5世纪时,即"诸樊元年"迁都至苏州建立了强大的吴国。镇江地区应是吴文化发祥地。

【庆封奔吴与朱方之役】 周灵王二十七年(公元前545年),齐国权臣庆封逃往鲁国,齐景公派使者责备鲁国不该收留叛臣,庆封闻讯又急忙逃到吴国。吴王余昧收留他,"吴予庆封朱方之县,以女妻之,富于在齐。"朱方是军事要冲,北面临江,地势险要,"吴王与之朱方",是利用他为吴国伺察楚国及其他诸侯国动静。

图2 宜侯夨簋

周景王七年(公元前538年),楚灵王命大夫屈申率诸侯之师,围攻朱方。不久朱方被攻克,庆封被活捉,其族尽灭。在这次战争中,吴国没有以主力与楚国交战,而是"丢卒保车",舍弃庆封,保存军事实力。

【丹徒故城】 秦汉时期,镇江市区属丹徒县西乡,市区东面的丹徒镇是丹徒县县城。晋《太康地志》云:"吴王濞反,走丹徒,越人杀之于此城南。"可见汉时丹徒县确有城。其县治设在丹徒镇的时间较长,历经秦、汉、六朝,直到隋灭陈后,才将延陵(即丹徒县)县治并入京口,从此丹徒与京口合二为一。丹徒镇旧有城隍庙、东岳庙,这是作为县城才有的庙宇。1980年,在丹徒镇医院附近金家山发现一座西汉墓,出土一方"丹徒右尉"铜印,汉时万户以上大县才设左、右尉,可见丹徒当时已是万户以上大县。

丹徒故城北临长江,北魏郦道元《水经注》记载的《地理志》曰:"毗陵郡县,旧会稽之属丹徒县也,北二百步有故城,本毗陵郡治也。旧去江三里,岸稍毁,遂至城下。城北有扬州刺史刘繇墓志,沦于江,江即北江也。"镇江最早的长江渡口"徒儿浦"即在此,这就是秦以前即有的丹徒水道,南通云阳(丹阳),北通长江,过江入邗沟,是秦汉时期沟通大江南北的水上要道。

魏晋南北朝

东汉末大乱到隋代统一,历时约400年,史称"魏晋南北朝"。这一时期江南地区战争相对较少。镇江地处长江南岸,优越的地理、交通条件,使镇江地位愈显重要。东吴孙权十分看重镇江战略地位,把政治、军事中心从吴郡迁至京口(东吴时称"京城",今镇江市区)。西晋"永嘉之乱"后,北方居民大批南渡,迁居今江苏境内,十有八九定居京口。北方移民超过本地居民,一方面带来先进生产技术,加快了经济发展;一方面也涌进不少人才,京口成人文荟萃之地。东晋形成偏安局面后,京口社会比较安定,经济进一步发展,农业增产,手工业发达,商业和交通运输业活跃,京口也成六朝时期著名都会,一度成为全国政治、军事、文化中心。《宋书·文帝纪》云:"京口衿带江山,表里华甸,经涂四达,利尽淮海,城邑高明,土风淳壹,苞总形胜,实唯名都。"

六朝时期的帝王(除东晋外)的兴起,均与镇江有着千丝万缕关系。东吴开国皇帝孙权,其祖父孙钟从浙江富春迁居丹阳,其兄孙策在镇江开创江东大业,孙权筑城于京(后称京口),京口成为孙权创建东吴霸业的基地。南朝宋开国皇帝刘裕，其曾祖父刘混于西晋末南迁，侨居于丹徒京口里，刘裕是土生土长的京口人，后投身北府兵。京口是他举事、发迹的龙兴之地。齐、梁两代的萧氏，东晋初南渡侨居于丹阳，齐、梁两代帝王死后，均葬于丹阳。陈朝开国皇帝陈霸先长期镇守京口，许多建功立业的重大事件都与京口息息相关，京口是陈朝霸业的发祥地。

京口地处南北要冲，东西通衢，又是首都建业的藩屏，其军事地位显赫。杜佑《通典》："自孙吴以来，东南有事，必以京口为襟要，京口之防或疏，建业之危立至。"东晋政府为加强北疆防守，在京口设置军事机构——都督军府，亦称北府军府。凡授徐州（或徐兖二州）刺史者常兼授都督府将军职。谢玄在京口招募一批骁勇之士组成一支北府兵，京口的北府和北府兵在各个时期，都是各派政治集团所倚重的军事力量。

此时的京口文化、艺术、科学及宗教发展也很迅速。刘义庆编著的《世说新语》是六朝志人小说的代表，对后世小说创作和发展产生极大推动作用。刘勰完成中国文学批评巨著《文心雕龙》，梁昭明太子萧统主持选编中国现存最早诗文总集《文选》。京口诗坛也异常活跃，出生寒微的鲍照继承和发扬汉乐府传统精神，成为当时代表进步倾向的优秀诗人。也有反映宫廷荒淫生活的宫体诗人，如徐摛、徐陵父子，这一时期也有江淹、何逊等一些很有创作成就的诗人。他们都为当时和后世诗歌发展作出非常大的贡献。

这一时期，自然科学也有发展，特别在算学、天文、医学、化学等方面都有一些突出成就。宋、齐之间杰出科学家祖冲之，他求出的圆周率，已达小数点后的七位数；在医学方面，东晋葛洪和梁陶弘景都是著名医学家，在化学方面，葛洪和陶弘景在长期炼丹实践中掌握多种矿、植物的化学性能，观察并记载众多化学现象，对古代的实验化学作出杰出贡献。

书法艺术方面也不乏其人，东晋时大书家王珣在中国书法史上具有重要的地位和影响，现存的《伯远帖》被乾隆称为"三希"之一，是国宝级文物。焦山的《瘗鹤铭》碑，被誉为"大字之祖"。东晋时隐居京口的戴颙传习其父戴逵书画及雕塑艺术，造诣颇精，在音乐方面也有佳作传世。

六朝时期，以京口为治所的南徐州所接收之移民最杂、最多，而其后南朝杰出人才，亦多产于是区，则品质又最精。这一时期，世居、侨居、宦居、隐居的名人辈出，他们在各个领域为推动中国历史发展，作出重要贡献，也为镇江历史留下最为灿烂辉煌、骄傲自豪的一页。

【孙权徙治京口】 三国时，孙权继承父兄大业，据有江东六郡。建安十三年（208 年），"权始自吴迁于京口而镇之"。此前，孙策十分重视京口战略地位，曾安排心腹大将孙河"屯京"。建安九年孙河遇害。孙河的侄子孙韶，年仅十七收集孙河旧部，缮治京城，加强防御。孙权对孙韶十分欣赏，"即拜承烈校尉，统孙河部曲，食曲阿、丹徒二县，自置长吏，一如河旧"。并行都督之权，统军政于一体。

孙权徙治京口后，即筑铁瓮城。建安十三年至十六年（211 年），孙权把京口作为创业江东基地。"建安十三年，孙权由吴郡徙京口"后，即"筹划赤壁之战"。赤壁之战之前，诸葛亮来京口与周瑜在江边蒜山上共同筹划赤壁之战。据《太平寰宇记》载：蒜山又名算山，"蒜山，陆龟蒙题曰算山，以周瑜、武侯议拒曹操谋算于此。"当时处于劣势的孙刘联军，面对总兵力达二十四万的曹军，他们找出其弱点和不利因素，采取协同作战方式，用火攻，于是就有了火烧赤壁的计划。建安十六年孙权从京口徙至秣陵。

【南徐州的侨置】 西晋末年，北方少数民族纷纷入侵中原，引发中原人民大批南迁。"永嘉之乱"之后，中原人民南迁经历 100 多年时间，南迁到南方的人称为侨人，都没有编入国家户籍，称为"浮浪人"。规模较大的南迁有五次，第一次是永嘉初年，这次南迁以滞留淮南者为多，也有少数过江的，如山东士族徐邈、河北士族祖逖等都"南渡江，家于京口"。第二次是东晋成帝初年，这次流民多居于江南的宁、镇、常一带。特别是第五次刘宋时期，流民南渡江者最多，约占西晋北方人的八分之一，约占刘宋时期南方人的六分之一。

为控制侨人及维护侨人士族利益，东晋政府在侨人集中地方，陆续建立许多与侨人旧土同名的侨州、侨郡、侨县，安置从北方来的侨人。其中以徐州寄治京口。东晋渡江之初，从徐州、兖州、青州南下侨民在京口界内设置徐州、兖州，徐、兖州均寄治京口。咸和元年(326 年)，兖州流民首领郗鉴出任兖州刺史，加领徐州刺史时移治广陵(今扬州)，至苏峻叛平，还治京口，以后兖州常治广陵，徐州乃治京口。

义熙七年，东晋大将刘裕领兵北伐一度收复徐、兖、青、司、豫、梁等失地，为与江南侨置州郡相区别，便在北方徐州前面加“北”字，称北徐州，南方的仍称徐州，“分淮北为北徐州，淮南但为徐州”。至永初元年(420 年)，刘裕代晋称帝，“诸旧郡县以北为名者，悉除；寓立于南者，听以南为号。”第二年，取消北徐州之“北”字，而在江南侨置的徐州前面加“南”字，至此，镇江正式命名为南徐州。其所辖基本如东晋：南东海、南琅琊、南东平、南兰陵、临淮、淮陵、南彭城、南沛、南清河、南下邳、南东莞、南昌平、南济阴、南濮阳、南太平、南泰山、南济阳、南鲁等十八个侨郡。宋文帝元嘉八年(431 年)“更改以江北为南兖州，江南为南徐州，治京口，割扬州之晋陵、兖州之九郡侨在江南者属焉”。自此以京口为治所，以镇、常地区为主要辖境的南徐州，历经宋、齐、梁、陈四朝而未改。

侨居江苏境内有 26 万人，其中侨居于南徐州有 22 万人，州内侨居和原住人口总数为 42 万人，侨居人口超过原住人口 2 万多人。

【北府与北府兵】 北府是东晋政府设于京口的徐州(或徐兖二州)都督府，也称北府军府和北中郎将府。其时，都城迁建康，侨置于京口或广陵的徐州都督府，其军事辖区包括徐州、淮南一带，均在建康之北，是东晋政府的北疆地带，故称“北府”。北府原设于广陵，自郗鉴开始移于京口。地处前沿的徐兖二州军事地位十分显要，凡授徐兖二州刺史者，通常都兼授都督府将军职，如征北将军、北中郎将等，以指挥徐兖二州及扬州的晋陵等地区的军事。东晋一朝领过徐兖刺史或都督徐州军事者，多为朝廷命臣、皇室亲贵，或是流民集团首领、北府宿将等军事实力派。特别是郗鉴，他是东晋朝廷的特殊功臣，平定王敦之乱、苏峻之乱立下汗马功劳。咸和四年(329 年)苏峻之乱平定后，郗鉴官至侍中、司空，并以徐兖刺史身份镇京口，他从咸和三年至咸康五年(339 年)去世的十一年间，一直驻守京口，北府在他精心经营下，成了维系东晋朝廷安危的一支重要力量。

东晋中叶谢安掌政后，为抵御北方日益强大的前秦侵扰，宁康二年(374 年)由谢安之侄谢玄招募徐兖二州骁勇组成一支精锐军队，“玄募骁勇之士，得彭城刘牢之等数人，以牢之为参军，常领精锐为前锋，战无不捷，时号为‘北府兵’”。这支在京口组成的北府兵，使北府如虎添翼，在其后的秦晋淝水之战中，东晋依靠这支军队，以少胜多，打败前秦。

东晋以建康为都后，京口一直是建康的屏障，清顾祖禹《读史方舆纪要》记载：“杜佑《通典》云，京口因山为垒，缘江为境，建业之有京口，犹洛阳之有孟津。自孙吴以来，东南有事，必以京口为襟要，京口之防或疏，建业之危立至。”设于京口的北府和北府兵，成为各种政治集团看重的力量。大司马桓温曾说过：“京口酒可饮，兵可用”，他总不肯把徐州刺史及北府军府让给别人，曾自领过“徐兖二州刺史”。宋武帝刘裕曾投身北府兵，在平定孙恩、卢循起义，征讨桓玄之乱中，北府兵起过举足轻重作用。《读史方舆纪要》中云：“晋南渡以后，北府之兵常为天下雄；祖逖自京口纠合骁健，击楫渡江，威行河、朔；刘牢之以北府兵摧洛涧，斩梁成，则苻秦夺气；刘裕以乌合数百人奋起京口，直入金陵，而伪楚奔亡。则兵非不可用也。”

由于北府军府和北府兵，京口的政治、军事地位变得十分重要，成为维系东晋朝廷安危的重地。

【刘裕代晋称帝】 刘裕(363—422 年)，字德舆，其高祖在“永嘉之乱”后，由彭城(今江苏徐州)迁居丹徒县京口里，家世属低级士族，到刘裕这代已降为自食其力的平民阶层。刘裕出生后，母亲即去世，其叔母断了自己孩子的奶而哺乳他，因此乳名叫寄奴。

刘裕投身北府兵,开始为冠军将军孙无终司马,后任刘牢之参军。刘裕在北府军中作战勇敢,而且他的部队"法令明整,所至莫不亲赖焉"。隆安五年(401 年),孙恩由海路入江,突袭京口,刘裕奉命由娄县(今江苏昆山市东北)火速赶赴京口。孙恩率众登上蒜山,刘裕不顾双方兵力悬殊及远涉疲劳,鼓足士气,奔袭山顶。两军在山顶展开一场血战,孙恩大败。刘裕因战功显赫,被擢升为建武将军、下邳太守。

桓玄称帝后,刘裕奉命屯驻山阴,他暗自密谋,想俟机平定桓玄,恢复晋室大业。刘裕通过何无忌串联广陵守将桓弘的中兵参军刘毅,檀凭之、孟昶、向弥、魏咏之、诸葛长民等。元兴三年(404年)二月,刘裕以游猎为名,与何无忌在京口城外结合一百多人,何无忌穿着传诏服,捧着诏书为前导,一班人马紧跟其后,涌入城内,齐声大呼,"奉诏捉拿桓修",直入军府杀了桓修。同时孟昶、刘毅等在广陵起事,杀了青州刺史桓弘,到京口与刘裕会师。起义者公推刘裕为盟主,发布檄文声讨桓玄,以恢复晋室为号召,要"上凭祖宗之灵,下罄义夫之力,翦馘逋逆,荡清京辇"。京口人士追随者一千多人,并向建康进发。桓玄闻之派大将吴甫之、皇甫敷率兵抵抗。双方在江乘遭遇,刘裕手执大刀,冲锋陷阵,桓军大败,吴甫之被杀。刘裕攻入建康,桓玄土崩瓦解,之后刘裕乘胜追击,将其消灭,迎还晋安帝复位。义熙四年(408 年),晋廷征刘裕入辅,开始掌握东晋朝政大权。

义熙九年(413 年),刘裕攻灭割据成都的谯纵,义熙十三年大举北进,灭掉建都长安的后秦,收复大片土地。元熙二年(420 年)六月,通过禅让,代晋称帝,建立宋朝,改元永初。

宋初,又夺得青、兖二州,西至关中,大致拥有黄河以南的土地,疆域在东晋南朝时期是最大的。刘裕称帝前后,对内打击豪强,杀了奴客纵横的京口刁逵,把刁氏万顷土地和大量家财分给贫民,以后又杀了隐匿人口的余姚大族虞亮,以图限制兼并。他推行"土断",清理侨人户籍,取消特权,废除一部分屯田池塞,禁止豪强封锢山泽等进步政策。他将京口故宅改建为丹徒宫,将自己躬耕丹徒时的"耨耜之具颇有存者,皆命藏之以留于后"。并给其妻兄臧焘写信,要他主持复兴本地教育事业。刘裕称帝三年后,病逝。

【数学、天文学家祖冲之】 祖冲之(429—500 年),字文远,是宋、齐之间杰出的科学家。他祖籍范阳遒(今河北省涞水县)人,西晋末年,其先祖与族人南渡侨居于京口、建康一带。宋孝武帝大明五年(461 年),任南徐州从事、公府参军,在其任上,他求出精确度很高的圆周率,编制新的《大明历》,并上表要求颁行。

中国古代算学发展标志是圆周率计算,魏晋时期的刘徽,提出计算圆周率的科学方法,计算出圆周率为 3.14。祖冲之在此基础上,经过反复研究,计算,求出圆周率六位准确数值"以圆径一亿为一丈,圆周盈数三丈一尺四寸一分五厘二秒七忽,朒数三丈一尺四寸一分五厘二秒六忽,正数在盈朒二限之间",即在 3.1415927 和 3.1415926 这两个数值之间,精确程度很高。直到近千年后的公元 1427 年,中亚的一个数学家阿尔卡西(AI - KASHL)才打破祖冲之圆周率的六位准确数值,求出十六位准确数值。

祖冲之还用两个分数值来表现圆周率,一个是密率,一个是约率,"密率圆径一百一十三,圆周三百五十五,约率圆径七,周二十二"。即密率为 355/113,约率为 22/7。祖冲之的密率数值,到公元 1573 年,才由德国数学家鄂图(VAIENTLN OTTA)求出,比祖冲之晚一千多年。另外,祖冲之"又设开差幂、开差立,兼以正圆参之,指要精密,算氏之最者也"。可见,他除在对球体积的计算之外,在开差幂、开差立(即二次、三次代数方程求解正根)等方面也有很深的研究和杰出的成就。日本著名数学史家三上义夫建议把"密率"叫做"祖率",祖冲之的研究结果受到国际数学界高度重视。

在天文历法方面,祖冲之也有很高成就。刘宋时期,使用的是何承天编制的元嘉历,"冲之以为尚疏,乃更造新法",经过深入研究,终于"更创"大明"新历"。大明历有两项重大的改革:一是把岁差应用于历法。东晋虞喜求得春分、秋分点每五十年在黄道上西移一度,祖冲之经过长期观察，证实岁差的存在，并把它运用到大明历中。二是改进闰法。旧的历法中采用 19 年中有 7 个闰月，闰月较多，每 200 年就差一天，于是他改为 391 年中有 144 个闰月，这样更符合天象的实际，疏密适宜，误差很小。另外，祖冲之还在大明历中定出比较精确的每年日数为 365.2428 的数值，这是中国宋朝以前最符合实际的一个数值。他还首次引进历法中的“交点月”的概念，求出交点月的日数为 27.21223 日，与近代测得的交点月的日数 27.21222 相差甚微。

大明历编成后，祖冲之于大明六年(462 年)上表要求颁行，但遭到宋孝武帝的宠臣戴法兴的百般阻挠，在祖冲之生前大明历始终未能施行。祖冲之死后，经过他儿子祖暅的努力，终于在梁武帝天监九年(510 年)颁布实施。

祖冲之在机械制造方面，也卓有成效，曾造过指南车、仿木牛流马、千里船、水碓磨等，特别是他创造的千里船，用机械转动，能日行千里。

【南朝京口艺文】 六朝时期，京口名人辈出。刘义庆编著《世说新语》，是中国志人小说先驱；刘勰完成中国第三部文学批评巨著《文心雕龙》；梁昭明太子萧统花费十年心血，选编中国现存最早的诗文总集《文选》；徐陵编撰中国第三部诗歌总集《玉台新咏》。

刘义庆(403—444 年)，父亲刘道怜是刘裕二弟，刘义庆过继给叔父临川王刘道规作嗣子，袭封为临川王。他“性简素，寡嗜欲，爱好文义”，他的著作甚丰，著有《世说》《集林》《徐州先贤传》等。《世说》是最有价值的一部著作，它主要掇拾汉末到东晋士族阶层人物的遗闻轶事，在客观上给人们展示出一幅魏晋时代豪门士族以及文人的风俗画。《世说新语》的艺术成就十分突出，是记述轶闻隽语的笔记小说的先驱，也是后来小品文的典范。书中不少故事，或成为后世戏曲小说的素材，或成为后世诗文常用的典故，在中国文学史上具有重要地位，鲁迅先生称它为“名士的(底)教科书”。

臧荣绪(415—488 年)，祖籍东莞莒(今山东莒县)，其祖南渡后侨居京口。他自幼纯笃好学，特别喜爱《五经》，与朋友关康之一起隐居于京口，人称“京口二隐”。他埋头钻研典籍，穷本溯源，著书立说，写成《晋书》十函。在臧荣绪之前，编撰晋史的已有十七家，这些晋史或失之过简，或专详东晋，或兼记西晋，真正囊括两晋，做到各体具备、内容翔实的便是臧荣绪的《晋书》。唐初重修《晋书》，即以臧书为蓝本。

刘勰(465—532 年)，祖籍东莞莒(今山东省莒县)人。其先祖于“永嘉之乱”时南渡移居京口。“勰早孤，笃志好学，家贫不婚娶”，直到他三十岁时，梦见孔子，坚定了著书立说决心，于是“搦笔和墨”开始撰写《文心雕龙》，《文心雕龙》完成后，当时文坛领袖沈约，大为器重，认为“深得文理”，并“常陈诸几案”。《文心雕龙》一书提出“文变染乎世情，兴废系乎时序”的见解，分析文风嬗变和各种文体产生、发展历史原因。评论历代文学家，阐述文学创作方法和文学批评观点。《文心雕龙》作为中国第一部有着完整理论体系和严密结构的古代文学理论著作，在中国被广泛重视，且有韩、日、英、意、德五种文字译本，已形成一门独立学科“文心学”。

萧统(501—531 年)，梁武帝长子。萧氏祖籍兰陵(今山东省苍山县)，东晋南渡后，侨居南徐州晋陵郡南兰陵(今镇江丹阳市)。天监元年(502 年)立为太子，未即位即夭折，谥号“昭明”。萧统在京口南郊招隐山筑读书台，又建增华阁，据宋《群芳备祖》云：“招隐寺方丈有阁号增华阁，梁昭明选文于中。”在此，他“引纳才学之士”，选编中国第一部诗文总集。他主张凡入选的作品均应“事出于沈思，义归于翰藻”，亲自撰写长序。《文选》收入先秦至梁八九百年间 130 多位作者的 752 篇各种体裁的文学作品，几乎全部是中国古代文化典籍中的精品，同时还慧眼独具地发现并收入一些在当时被冷落的作品，使它们不至于被埋没在历史长河中，如陶潜的《归去来辞》。后因蜡鹅事件，被废黜，悒郁而死。

【南朝京口诗人】 南北朝时，京口诗坛灿烂辉煌，其中，不乏中国文学史上著名的大家，如“元嘉三大家”之一的鲍照及其妹鲍令晖，“江郎才尽”的江淹，“阴何”并称的何逊，被称为“徐庾体”的徐摛、徐陵父子，还有王僧孺等著名诗人。

鲍照(415—470年)，祖籍东海郯(今山东省郯城县)人，其祖南渡后侨居京口。他出生寒族，少有文思，20余岁献诗于临川王刘义庆，得到赏识，被任命为临川国侍郎。以后作过秣陵令、永嘉令、临川王子项参军。后子项因谋反赐死，他也死于乱军之中。鲍照在诗、赋、骈文诸方面的创作均有成就，犹以诗歌著称，与谢灵运、颜延之并称"元嘉三大家"。他的诗继承和发扬汉魏乐府民歌传统精神，描写广泛的社会生活，包括边塞战争，征夫戍卒的生活，对受压迫人民表示深刻的同情。最能反映鲍照反抗现实的精神和艺术上独创性的，还是他的七言和杂言的乐府诗，《拟行路难》十八首是杰出代表作。所拟的《行路难》，本是北方牧民的歌曲，鲍照以革新精神改造这种形式，变逐句用韵为隔句用韵，并且可以自由换韵。自他之后，七言体在南北朝文人诗歌中日益繁荣起来。他的七言及五言乐府等作品，对唐代李白、高适、岑参、杜甫等诗人有较大影响。

江淹(444—505年)，南北朝梁代文学家，字文通，祖籍济阳考城(今河南省兰考县)人，其祖南渡后侨居京口。他出生下层士族，父江康之曾任县令。江淹"少孤贫"，喜好文学，有才名，"起家南徐州从事，转奉朝请。宋建平王景素好士，淹随景素"。后历仕宋、齐、梁三代，梁时官至金紫光禄大夫，封醴陵侯。江淹一生创作数量不少，诗文赋俱有名，从现存作品看，大都作于早、中年的宋末、齐初。其晚年不再愿"精意苦力"，故才思减退，不再有创作激情，世有"江郎才尽"之说。他的诗善于摹拟。著名的《杂体诗三十首》分别摹拟自汉至宋的30个诗人的代表作。这些诗虽然缺乏艺术上的独创性，但却能体会和表达不同诗人的风格特征。如《陶征君·田居》《休上人·怨别》都曾被后人误为陶渊明、汤惠休的作品。

何逊(480—518年)，字仲言，祖籍东海郯(今山东省郯城县)人，其祖南渡后，侨居京口。何逊八岁能赋诗，二十岁举南徐州秀才，但他一生仕途颇不得志，梁武帝天监中，曾任建安王萧伟水曹行参军，兼记室、安成王萧秀参军事，兼职尚书水部郎。因此，后人也称其为"何水部"。一度与吴均为梁武帝所宠信，不久即失意。后因母去世离职服丧，期满，任庐陵王萧续记室。卒于江州，享年不足四十。何逊今存诗不多，只有90余首，梁元帝萧绎曾著论曰："诗多而能者沈约，少而能者谢朓、何逊。"后世因又多以谢、何并论。何逊的诗多为赠答诗与行旅诗两类，无论离愁别绪、游子孤怀，都能融入自然景色的描写之中。在情景契合上，比谢朓的写景诗更进一步，黄庭坚评价云："句法妙何逊。"何逊的诗，对唐人五言律绝的完成有着直接的影响。沈德潜指出："水部名句极多，然渐入近体"。杜甫一直强调自己是"颇学阴何苦用心"，可见杜甫对何逊诗的推崇与承袭。

徐陵(507—583年)，字孝穆，祖籍东海郯(今山东省郯城县)人，其祖南渡后侨居京口。徐陵是梁代著名诗人徐摛之子，"八岁能属文，十二岁通老、庄义，既长博涉史籍，纵横有口辩"。他历仕梁、陈两代。萧纲被立为太子时，徐陵为东宫学士，入陈后，至尚书左仆射、南徐州大中正、左光禄大夫、太子少傅。至德元年卒，时年七十六岁。早年，他和父亲徐摛及庾肩吾、庾信父子，一起出入于梁太子萧纲门下，醉心于"宫体诗"的写作。后徐陵受命选编东周至南朝梁的诗歌选集《玉台新咏》，又称《玉台集》。《玉台新咏》所收多数为艳诗，即宫体诗。徐陵《玉台新咏序》说："撰录艳歌，凡为十卷"。书中也收录不少非宫体诗，特别是《古诗为焦仲卿妻作》(即《孔雀东南飞》)这样的长篇叙事诗。书中选录枚乘、曹植、阮籍、左思、庾信等著名诗人的一些佳作，如曹植的《弃妇》和庾信的《七夕》。汉魏六朝的别集、总集，保存下来的为数寥寥，后世借以考见这段时期诗歌的，最为可用的为《文选》和《玉台新咏》。《文选》是诗文并选，《玉台新咏》是专选诗歌，《玉台新咏》是《诗经》《楚辞》之后保存至今最古的诗歌总集，可以用来校订别的集子，有较高的校雠价值。《玉台新咏》收录不少梁中叶以后诗歌，这些诗歌对唐诗发展有直接的影响，可较清楚看出近体诗成熟过程，对后世的七言诗创作和唐代绝句的发展都有一定的影响。

【葛洪、陶弘景与道教】 道教是中国土生土长的一种宗教，奉先秦道家老聃为教祖。东晋时葛洪为适应当时需要，撰写《抱朴子》，对战国以来神仙方术加以整理阐述，丰富道教思想理论体系。《抱朴子》共70卷,分内、外两篇,内篇言道,外篇属儒,葛洪认为:“道者儒之本也,儒者道之末也。”内篇以道家思想为核心,记载仙道方术与炼丹学诸问题,创立了道教思想理论体系。外篇专论儒家治世学说。葛洪在道教方面主张养心颐神,采炼丹药,认为这样可以禳祸得福,益寿延年。他反对牺牲祭祀和符水治病之法,主张以药石治病,这从医学上说是有进步意义的。

宋齐之间,道教经典大出,顾欢加以搜求,编为《真迹》;陶弘景又重新编次增饰,成为现存的《真诰》20卷。陶弘景通阴阳五行,风角、星算、地理、医术、本草,隐居句容茅山,他主《上清经》说,开道教茅山宗,是南朝道教上清派的主要人物。他继承老庄思想和葛洪的方术理论,融合佛教和儒家观点。他曾去浙江宁波阿育王塔受佛戒。在茅山道观中建有佛、道二堂,隔日轮番朝礼,佛道双修,为东晋南北朝时道教中兴的代表人物。他撰写的另一重要道书《真灵位业图》是构造道教神仙谱系的著作,他把封建王朝的官僚等级制度引入道教,实际上是为官僚等级制度制造宗教依据,使道教与封建统治阶层的需要进一步契合。

南朝时期,道教在南方广泛传播,三吴及滨海地区特别盛行。士族大姓,世奉道教的人很多。由于茅山道教的影响,京口一带的道教快速发展,宫观遍布城乡。特别是在葛洪、陶弘景等人的推动下,茅山也成了江南有名的道教圣地,被列为道教的“第八洞天,第一福地”,在中国道教史上占有极高的地位。

葛洪(约284—364年),字稚川,号抱朴子,丹阳郡句容人,少好神仙异养之法,从郑隐受炼丹术。东晋初,任咨议、参军等职。因参与镇压石冰起义,赐关内侯。晚年闻交趾产丹砂,求为勾漏令,携子侄至罗浮山炼丹并从事著述。一生著作较多,主要有《抱朴子》《金匮药方》《肘后救卒方》《西京杂记》等。他在长期炼丹实践中,积累不少朴素的化学知识。《肘后救卒方》一书的内容包括各科医学,其中有对结核病、恙虫病的世界最早记录。他对化学、医学的发展有一定的贡献。

陶弘景(456—536年),字通明,号华阳隐居,丹阳郡秣陵(今南京)人,仕齐拜左卫殿中将军。入梁隐居句曲山(茅山)。武帝礼聘不出,但“国家每有吉凶征讨大事,无不前以咨询,月中常有数信,时人谓为‘山中宰相’”。他的思想脱胎于老庄哲学和葛洪的神仙道教,并杂有儒家和佛教观点。工草隶,行书尤妙。对历算、地理、医药等都有一定研究。道教著作有《真诰》《真灵位业图》。曾整理古代《神农本草经》,增收魏晋间名医所用新药,成《本草经集注》。另有《补阙肘后百一方》《药总诀》等。

【焦山《瘗鹤铭》】 《瘗鹤铭》是镇江焦山碑林中的一块六朝石刻,这块有着篆、隶遗韵的碑刻,被誉为“大字之祖”,是中国古代书法艺术宝库中的稀世瑰宝。

此铭原在焦山西麓雷轰石壁上,后雷轰石崩塌,坠落江中。清康熙五十二年(1713年),时任苏州知府的陈鹏年募工从江中打捞起5块残石,现真迹存5石,计94字,其中完整的为82字,有残缺的12字。《至顺镇江志》录载前人考证的《瘗鹤铭并序》的四种版本,认为“府治临本最为全备”:“《瘗鹤铭并序》:华阳真逸撰。鹤寿不知年也,壬辰岁,得于华亭,甲午岁,化于朱方。天其未遂吾翔寥廓耶,奚夺之遽也?乃裹以元黄之币,藏乎兹山之下。仙家有立石旌事,篆铭不朽。词曰:‘相此胎禽浮邱著经乃徵前事出于上真秦欲无言纪尔岁辰言门去鼓华表留声我唯仿佛事亦微冥尔其何之解化惟宁后荡洪流前固重扃右割荆门未下华亭爰集真侣瘗尔作铭上皇山樵人逸少书条山徵士丹阳外仙尉江阴真宰立石。’”

《瘗鹤铭》,唐代《润州图经》有记载,但未被人重视。北宋著名文学家、金石家欧阳修对其进行考证,始受到学者和书家的重视和推崇。宋黄庭坚云:“瘗鹤铭者,大字之祖也。”南宋曹士冕在《法帖谱系》中云:“焦山瘗鹤铭笔法之妙,为书家冠冕。”《瘗鹤铭》的字体结构有草书圆劲之势,有汉隶瘦挈之笔,又有篆书之筋脉,揭示了中国书法艺术由隶书向楷书进化的演变过程,流传于世的这种碑刻实物,实属凤毛麟角。它与陕西汉中的《石门铭》被誉为“南北二铭”“碑中之王”。

《瘗鹤铭》何人所书,众说纷纭,铭文托名华阳真逸撰,上皇山樵书,未著年月。千百年来,莫衷一是，至今未有定论。归纳起来，主要有以下几种说法：一是晋王羲之书。如黄庭坚认为："若《瘗鹤铭》断为右军书，使人不疑。"二是南北朝陶弘景书。宋人黄伯思在《东观余论》中说："仆今审定文格字法，殊类陶弘景。"并考证"壬辰者，梁天监十一年也，甲午者十三年也"。陶弘景"正在华阳矣。"三是唐顾况、颜真卿、王瓒书。但持陶弘景说者为多，清人马子严云："近观陶隐居诸刻，反复详辨，乃知此铭真陶所书。前辈所称者众矣，惟黄长睿之说得之矣。此不复辨。"

【南朝陵墓石刻】 南朝陵墓石刻位于丹阳、句容境内，是齐、梁两代帝王陵墓和王侯墓。齐、梁的萧氏原籍为兰陵（今山东省枣庄市峄县东），东晋南渡后，在南徐州晋陵郡境内侨置兰陵郡，此后这一地区便被称为南兰陵。齐高帝萧道成的高祖淮阴令萧整南渡后侨置于此，因此萧整的后代遂为南兰陵人。齐、梁两代帝王死后，都归葬丹阳的胡桥、荆林、访仙一带。

丹阳境内齐、梁陵墓计11座，分布在丹阳市境内的荆林、建山、胡桥、埤城、前艾等乡镇。其11座陵墓分别是：齐宣帝萧承之永安陵、齐高帝萧道成泰安陵（石兽已毁）、齐武帝萧赜景安陵、齐景帝萧道生修安陵、齐明帝萧鸾兴安陵、齐前废帝郁林王萧昭业墓、齐后废帝海陵王萧昭文墓、梁文帝萧顺之建陵、梁武帝萧衍修陵、梁简文帝萧纲庄陵、建山金田村陵墓（墓主待考），另有皇陵墓区的门户陵口。这些陵墓及陵口，除齐高帝萧道成泰安陵外，均有石刻。石刻主要有：石兽20只，石础、石柱、石龟趺各一对。石兽分别为天禄（双角）、麒麟（独角）、辟邪（无角）。

按照齐、梁帝制，皇帝陵前左右分别设置天禄、麒麟各一。诸王侯墓前，设置辟邪一对，并有雌雄之分。

石兽形状各有特色，整体造型丰伟，有的姿势如踞；有的步履雄健，气宇轩昂；有的勇猛威武，各具神韵。石兽雕刻线条流畅，刀法洗练，它代表了南朝石雕艺术坚实、浑厚、雄秀、优雅的风格。

石兽最大的一对在皇陵墓区入口处的陵口萧港河两岸，河东的天禄，身长4米、残高3.6米、体围3.9米；河西的麒麟，身长3.95米、残高2.9米、体围3.6米。

句容境内南朝陵墓石刻一处，即梁南康简王萧绩墓石刻，位于句容市原石狮镇，有神道石柱和石兽各一对。墓前的石兽为两只辟邪，一雌一雄。石兽北面为一对神道石柱，柱身圆形，有24道直刳瓜棱形条纹。石柱标首罩一圆盖，座顶立一辟邪，昂首望天。柱身上端嵌一块扁方形的神道碑额，上刻"梁故侍中中军将军开府仪同三司南康简王之神道"。

丹阳、句容境内的南朝陵墓石刻分别于1988年1月、1996年11月被国务院公布为全国重点文物保护单位。

隋 唐

隋统一南北后，改南徐州为润州。隋拓宽和疏浚江南运河，"南北渡者皆以京口为通津"。润州成为扼守江南运河入江口的重要交通要冲，水运辐射突破以往向北仅循邗沟入淮的局限，达到黄河、海河流域，自隋大业九年（613年），至唐武德四年（621年）年间，农民起义烽烟四起，江南地方发生新的兼并战争，为争夺润州而发生的战事不下十余起。

入唐后，润州地方安定，经济繁荣。开元中润州成为江淮转输要地。安史之乱后，朝廷依赖江淮财赋支持，这里漕运地位尤显重要。"至德之后，中原用兵，刺史皆治军戎，遂有防御、团练、制置之名。要冲大郡，皆有节度之额；寇盗稍息，则易以观察之号"。当时润州，就是这样的"戎旅之地""要冲大郡"。至德宗建中初年，浙江东西二道合并，治润州，又置镇海军，节度使驻润州。此后，镇海军节度使、润州刺史常兼诸道转运使头衔，浙西安危，系于润州。润州成为浙西道政治、经济、军事中心。时任镇海军节度使、润州刺史、浙西、浙江东西道观察使的多为名臣猛将。据查考，宰相职级(平章事、门下三司、仆射等)高官达16位,其中既有像韩滉、李德裕这样的良将名相,也有像李锜、周宝这样的庸臣昏吏。

唐中叶以后,润州地方经济进一步发展,农业、手工业发达,商业繁荣。据翦伯赞主编的《中国史纲要》指出:"在旧江南东西道采访使境内修建的大型水利工程,约有五十多处,其中润州的练塘能灌溉丹阳、金坛、延陵三县之田;升州句容县的绛岩湖……都能溉田数千顷至万顷。"农民还修建许多堤堰和斗门,辟划成大量湖田、渚田,扩大耕地面积,润州粮食生产有很大增长。《旧唐书·李翛列传》云:"浙西重镇,号为殷阜,乃以翛为润州刺史、浙西观察使,令设法鸠聚财货。淮西用兵,颇赖其赋。"润州手工业更是发达,金银器制造业、铜器和钱币制造业、丝织业、酿酒业、造船业等应有尽有。金银器是朝廷"宣索"的主要地区之一,丝织品更是上乘的贡品。在江南道中,润州进贡的各种精致丝织品达6种,仅次于越州、宣州,在全国名列第三,超过唐前期名列前三位的定州、扬州、成都。朝廷一次就令润州进奉专供皇帝使用的"文彩怪丽"的丝织品千匹。在数量、质量上在全国都是可数的。唐时,全国的"铜矿主要分布在河东、淮南、江南和剑南,蔚州的飞狐(今河北涞源)和润州的句容,产量最大",所以润州也是唐代六大冶州之一,钱币铸造量非常大,伏牛山铜器更是闻名遐迩。

因手工业和商业的发展,城池也有所扩大。唐太和年间(827—835年)观察使王璠筑夹城,唐乾符年间(874—879年)镇海军节度使周宝筑罗城作为外郭,"城周回二十六里十七步,高九尺五寸"。润州壮丽的山川,钟毓了许多著名的诗人,其土著和侨寓润州的有成就的诗人有40多人,著名的有储光羲、顾况、许浑、张祜、李绅、韦庄等。江山名胜也吸引大批著名诗人游历,如王昌龄、孟浩然、李白、杜牧等,他们的咏颂润州的光辉诗篇,也为唐代润州留下鲜明艺术形象。

唐时,润州不仅道、佛教盛行,且由于通商贸易,波斯、阿拉伯人带来了伊斯兰教。相传唐贞观二年(628年),润州城中仁安坊阜民街建有清真寺。西亚的袄教(也称拜火教)也传到润州,在朱方门里(今东门坡)建有火袄庙。处于江河要津的润州,民族融合得到增强,中西文化开始受到影响。

【隋灭陈京口之战】 开皇元年(581年),隋文帝杨坚即位,时江南为南朝的陈。隋文帝欲并吞江南,统一全国。开皇元年二月,隋文帝一方面陈兵金陵、京口北岸,派开府仪同三司贺若弼为吴州总管,镇广陵(今扬州);和州刺史韩擒虎为庐州总管,镇庐江(今安徽合肥),为渡江灭陈做军事上准备。另一方面又与陈虚与委蛇,"与陈邻好甚笃,每获陈谍,皆以衣马礼遣之。"

贺若弼在广陵经常对京口等江南沿江地区实施误陈、疲陈策略,制造种种假象,迷惑陈军,使陈军造成错觉,放松警戒。每逢收割季节,就在江边集结人马,制造攻陈气氛,使老百姓无法收割。还经常派遣隋兵去纵火,烧毁粮仓,消耗其财力。

开皇九年(589年)正月初一,大雾垂江,贺若弼自广陵引兵渡江,在江中酹酒宣誓,誓死克敌。贺若弼渡江后,一举攻克京口,活捉南徐州刺史黄恪。为防御三吴陈兵北上增援,贺若弼又分兵一路,占领曲阿(今丹阳),阻断增援陈兵通道。贺若弼军纪严明,对老百姓秋毫无犯;在京口俘获六千多俘虏,都予以释放,并给予路费与粮食。隋军所到之处,一路披靡。攻克京口后,贺若弼大军乘胜挺进,至金陵活捉萧摩诃,从北掖门进入陈都。贺若弼血战牵制陈军,韩擒虎军从横江渡江后一路顺利,毫无阻挡地先入皇宫捉获陈后主。此前"当贺若弼度京口,彼人密启告急,叔宝饮酒,遂不之省。颖至日,犹见启在床下,未开封。此诚可笑,盖天亡之也。"

【大运河的贯通与整治】 开皇九年(589年)隋灭陈统一中国,建都长安,为加强中央对地方控制,便于漕挽和军事运输,隋王朝着手大规模兴役修河,利用天然河流和旧有渠道,开凿一条以洛阳为中心,沟通南北的大运河。

在浚凿通济渠、邗沟、永济渠后,于大业六年(610年)冬十二月,"敕穿江南河,自京口至余杭,八百余里,广十余丈,使可通龙舟。”“敕穿江南河”是对秦汉以来京口至吴会的水道进行的一次大规模治理。秦汉时京口已有经丹阳通吴会的丹徒水道,“于吴则通渠三江五湖,此渠皆可行舟,有余则用灌浸”。古代的三江指松江、娄江、东江,位于太湖以东。此次江南河的敕穿,是由京口入江的镇江河段,是与江北运河相对接的江南运河主航道地位,“自是以后,南北渡江者皆以京口为通津”。

隋大运河贯通,提高了京口在江河水运中枢纽地位,它南北纵贯,雄踞于江河交汇中心,沟通东西南北,启闭浙门户。

隋唐以前,扬州、镇江之间江面,“旧阔四十里”,江中瓜洲唐时隶属于润州(今镇江),江北入江口为扬子桥,“自隋以前扬子镇尚临江,炀帝开邗沟至扬子即入江……至唐时,江滨始积沙二十五里”,瓜洲始与北岸相连,江北岸线向南扩展二十余里,江面束狭一半,宽仅二十里。扬子桥入江口被堵塞,济运十分不便。漕运船只要由润州“陆运至扬子,斗米费钱十九”,即水运至瓜洲,再陆运转驳至扬子。开元二十六年(738 年),润州刺史齐澣在瓜洲主持开挖一条二十五里长的伊娄河(也称新河),使来往船只可以从京口埭(即大京口)直接渡江,经伊娄河达扬子。这是苏北大运河由瓜洲入江之始。在开挖伊娄河同时,齐澣还在伊娄河上建造二斗门船闸,其型制和工作原理已类似现代船闸,这是江苏境内现在已知的大运河上最早平水船闸雏形。

【李锜叛乱】 唐宪宗元和初年,浙西藩镇李锜在润州发动叛乱。

李锜(740—807 年)是李国贞之子,淮安王神通之孙。靠父荫当了凤翔府参军,贞元年间出任杭、湖二州刺史。贞元十五年(799 年)二月迁润州刺史,兼诸道盐铁转运使。

李锜利用手中的权力大肆搜刮钱财,并对朝中权贵进行贿赂,每年还进献很多奇珍异宝给皇帝,得到皇帝的欢心。

他对同僚官属非常蛮横,只要不合他的心意,即遭打骂,甚至被杀。他扩召州兵,挑选其中身强力壮、射箭准的人编成一队,叫做“挽硬随身”;又挑选长着络腮胡子的胡、奚等少数民族的人组成一队,叫做“蕃落健儿”,作为他的牙军卫队,出入随从,这些人的待遇比其他州兵多出十倍。掌书记李绅知道“锜浸不法,宾客莫敢言,绅数谏不入,欲去不许。”

顺宗永贞元年(805 年),朝廷在浙江东西两道置镇海军,任李锜为镇海军节度使,免除他的诸道盐铁转运使。宪宗即位后,于元和二年(807 年)对各地的藩镇采取一些强硬措施,有些藩镇有所收敛。李锜也假意上疏自请还朝。李锜拥兵自强,朝廷已有所觉察,于是宪宗同意他还朝,诏拜为左仆射,即派中使到京口对将士进行慰劳,并催其上路。李锜上表给皇帝说有病,要求年底入朝。皇帝再次下诏,李锜眼看事情败露,迁怒于留后王澹,密令牙兵把他杀掉,并残忍分食其肉。

此前,李锜已命镇海军所属润州以外的“五州”(常州、苏州、湖州、杭州、睦州)镇将伺察刺史的动静。李锜命令各镇将杀掉本州刺史,一道响应举兵,并命牙将庾伯良领兵三千驻守石头城(南京),又命兵马使张子良、李奉仙、田少卿领兵三千攻打宣、池、歙三州。

消息传到长安,唐宪宗“制削李锜官爵及属籍,以淮南节度使王锷统诸道兵马为招讨处置使,征宣武、武宁、武昌兵并淮南、宣歙兵俱出宣州,江西兵出信州,浙东兵出杭州以讨之。”

常州刺史颜防先发制人,杀了镇将李深,传檄苏、杭、湖、睦四州刺史共同讨伐叛贼。湖州刺史辛秘暗中招募本地子弟兵数百人,夜袭镇将赵惟忠营地,杀了赵惟忠。“而苏州李素为镇将姚志安所执,钉舷上,献于锜,锜败而免。”

奉李锜之命出兵宣、池、歙三州的张子良、李奉仙、田少卿知道李锜必败,就与牙将裴行立一同商量反戈事宜。裴是李锜外甥,知道李锜的密谋不可能成功,于是与三将相约,三将回兵,裴为内应。三千人马回头扑向京口城。裴行立在城内举火呼号内应,生擒李锜。

李锜被擒,因为他罪大恶极、仇人太多,“左右以幕缒而出之”,即用布套将他蒙起来,用长绳子从城头吊出城外,装上囚车,押送到京城。后李锜父子被腰斩于长安城外。他搜刮来的金银玉帛等钱财一起分给润州老百姓,代替当年税赋,老百姓非常高兴。

【李德裕三任润州刺史】 李德裕(787—850年),字文饶,赵郡(今河北省赵县)人。文宗时为相。他出生世家大族,祖父李栖筠,曾为御史大夫。父李吉甫,位居宰辅。一门祖孙三代均为宰相。

李德裕少有壮志,学习刻苦,但不喜科举,以门荫入仕,历任西川节度使、兵部尚书等职。文宗、武宗时,多次为相,因牛李党争,也多次被贬逐。大中二年(848年)被放逐崖州(今属海南省),次年病死任所。

他曾先后三次在润州为官,出任润州刺史、浙西观察使、镇海军节度使等职。

最长的一次是穆宗长庆二年(822年)至文宗大和三年(829年)历时七年。在此期间,他整饬军纪、民风,保障社会安定。当时正值王国清乱后,前任观察使窦易直害怕兵乱,把府库钱财赏赐给将士收买军心,但将士却越来越骄横。同时税赋又收不上来,府库十分空虚。他首先从自我做起,勤俭节约,把节省下来的钱用以供养士兵,虽然将士们拿不到多少钱,但做得很公平,大家毫无怨言。

当时江南迷信盛行,老百姓生病请巫婆、庙祝,得了重病,即使是父母,子女也不敢收养,只得抛弃。为此,他找一些年纪大的敢说话的人进行开导,宣传孝慈之道,同时“敕违约者,显置以法。数年恶俗大变”。他还废除淫祠一千零十所,拆除私邑山房一千四百六十间,除对纪念前代名臣贤哲的祠庙给予保存外,其余的一律予以清除。这样不仅节约大量土地,也使得盗贼无处躲藏。

在润州期间,他注重发展生产,敢于为百姓说话,减轻人民负担。他曾多次上书,奏请免除国家常赋以外的临时摊派。敬宗童年即位,挥霍无度,下诏要浙西造银盝子妆具进贡,李德裕立即上奏,指出造妆具“度用银二万三千两,金一百三十两,物非土产,虽力营索,尚恐不逮”,请求罢免。但是不到一个月,征贡的官员仍不断地催奉,李德裕再次上奏,朝廷反而又下诏书,要求进贡盘绦缭绫一千匹。为此他又上疏,援引前朝事理,力求豁免。敬宗终于收回成命,为百姓减轻了负担。大和三年(829年),李德裕被诏入朝,离开了润州。

大和九年(835年),李德裕授浙西观察使、镇海军节度使,第二次来润州。他刚到润州,奉诏安排宫人杜仲阳(即杜秋娘)于道观,不料却因此遭到诬陷,说他“尝赂仲阳,导王为不轨”。旋即被贬他处。

开成元年(836年)十一月,李德裕复浙西节度使,第三次来润州。次年五月又调任淮南节度使,至会昌元年(841)武宗即位后再度入相。

他先后在润州为官十年,对地方建设有诸多贡献。

他兴建甘露寺和甘露寺铁塔。相传甘露寺始建于孙吴甘露年间,原在山下,李德裕将其移建山上。1960年文物考古工作者在修复甘露寺铁塔时,在地宫中出土唐李德裕题记碑,碑文证实,塔为李德裕所建。李德裕为祝祷提拔他的穆宗皇帝“冥福”,特地把上元县(今南京)长干寺和禅众寺出土的舍利,用金棺、银椁、石函套装,建塔瘗藏。其时上元隶属润州。

李德裕在润州喜用南零水(中泠水)沏茶,清香甘冽。后在朝为相时,有次有人到润州去,李德裕请他回来时带一瓶中泠泉的泉水。此人把这件事忘了,船到建业(南京)才想起,急忙从长江里舀了一瓶水,带回京城。“李饮后,叹讶非常,曰:‘江表水味,有异于顷岁。此颇似建业石头城下水’,其人谢过,不敢隐。”由此可见,李德裕对润州的怀念。

【润州漕运】 唐时随着江南经济不断发展,南粮北运渐成定制,大规模的官办漕运成润州水运主体。唐初,朝廷对南方粮食依赖不大,贞观、永徽年间,“禄廪未广,每岁转运不过二十万石便足”。唐玄宗以后,“国用渐广,漕运数倍,犹不能支”,至“开元二十五年运米一百万石”,江南漕运渐具较大规模。此后,经润州北上的东南漕路日益重要。太湖、钱塘江流域的漕粮、贡赋举凡由此。开元年间,开凿瓜洲伊娄河,越江漕路更为便捷。

唐玄宗在开元中叶以后进行一系列改革,解决了长安粮食供应问题。关中粮储充足以后,唐王朝从开元二十五年起,实行回造纳布和和籴制度。江南郡县的租粟和脚钱一律折价纳布,运往关中,用来向当地人民和籴米粟,作为漕运的补充,大批东南租布由大运河经润州北上。天宝以后,唐与少数民族冲突加剧,军费开支大为增加。每年要用粮食一百九十万石,绢布一千万匹,当时有大量江淮租布运往河北清河等地,以应河北、东北戍兵之需。

江南运河还输送各地土贡。润州是江南道浙西观察使的治所,其所辖的润、常、苏、杭、湖、睦六州的土贡都在润州集结北运,仅润州土贡就有各类纺织品、药材、铜器、鲜鱼等。其他如:"会稽则罗、吴绫、绛纱;南海玳瑁、象齿、珠琲、沉香……吴郡方文绫"等。其时江南运河在浙江境内可与通广东的水道相连,广东、海南至关中的漕粮、贡赋也通过大运河转输。润州成为南北漕运必经之路,江河交汇咽喉之地。

天宝十四年(755 年)爆发"安史之乱",北方社会经济遭受严重破坏。唐王朝依赖江南漕米支撑。上元元年(760 年)叛将史朝义使淮运阻绝,唐王朝只好开通襄商运输线。租庸盐铁、江淮粟帛,集结润州,再溯江而上,由沔州(今武汉)入汉水,经襄阳至商州,运往长安。

安史之乱被平后,广德二年(764 年),转运使刘晏对漕运进行整顿,疏通运河,首先疏通淤塞的瓜洲伊娄河,使"由润州陆运至扬子斗米费钱十九,晏命囊米而载以舟,减钱十五"。其次,又命修葺丹阳练湖,"禁引溉,自是河漕不涸",改善了江南运河润州段的状况。此后愈演愈烈的藩镇叛乱,使润州的漕运地位变得更为重要。润州漕运的集运,对唐王朝命运有着生死攸关的影响。兴元元年(784 年)前后,朱泚称帝和李怀光之乱时,镇海军节度使韩滉充江淮转运使,"献绫罗四十担诣行在,又运米百艘以饷李晟",韩滉发运关中的军粮采用武装押送,"李晟方屯渭北,滉运米馈之,船置十弩,以相警捍,贼不能剽。始漕船临江,顾僚吏曰:'天子蒙尘,臣下之耻也',乃自举一囊,将佐争负之"。"时关中兵荒,米斗直钱五百,及滉米至,减五之四"。元和年间,润州也是输供江南财富的敛集中心,"时宿师于野,馈运不集。浙西重镇,号为殷阜,乃以翛为润州刺史、浙西观察使,令设法鸠聚财货。淮西用兵,颇赖其赋"。从贞元年间到唐末,润州刺史、镇海军节度使(治于润州)常兼诸道转运使,如贞元十年,润州刺史王纬兼诸道转运使;贞元十五年,润州刺史李锜充诸道转运使;乾符四年,润州刺史高骈充诸道转运使。吕祖谦在《历代制度详说》中说:"唐时漕运大率三节:江淮是一节,河南是一节,陕西至长安是一节……此三节最重者京口……京口是诸郡咽喉处。"

唐末,由于藩镇割据等原因,运河漕运复萎,王业荡然。五代十国时期,漕运停顿。北宋建立后,润州运河漕运又重新活跃。

【润州手工业和商业】 唐代润州手工业比较发达,商业也较繁荣。手工业以金银器、铜器及钱币制造业、丝织业为主,另外还有酿酒业和造船业。精美的金银器为皇室所宠爱,伏牛山铜器、方纹绫等皆为上乘的贡品。

润州是唐代皇室"宣索"金银器的主要地区之一。据《旧唐书·李德裕列传》云:"去二月中奉宣令进盝子,计用银九千四百余两。其时贮备都无二三百两,乃诸头收市,方获制造上供。昨又奉宣旨,令进妆具二十件,计用银一万三千两,金一百三十两。"润州不产金银,这些巨额金银原料,都是"差人于淮南收买,旋到旋造,星夜不辍"。显然这些银妆具都是在润州制造的。其进奉的数量也是惊人的,一年就要近万两,唐代年产银量也只有二十余万两。

唐中期以后,润州官立作坊及民间金银器加工和制作工艺达到很高水平。新中国成立以来,镇江出土大批唐代金银器。1960 年,甘露寺铁塔塔基出土金棺、银椁共四件,金棺银椁的雕刻工艺非常精湛;1982 年在市区丁卯桥出土窖藏银器 950 件,器型主要有瓮、盒、盆、杯、碗、碟、龟形"玉烛"酒令筹筒、钗、镯等,银器壁薄而重量轻,纹饰錾刻深,凸雕为线刻浮雕,有应用小车床削切、抛光、旋刻等加工痕迹,显示出制作工艺的高超。这批窖藏银器绝大多数未经使用,又是出土于居住地区之中,应是当地手工作坊制作。当时考古发现南方唐代金银器总数有 1100 余件,此处即占九成,可见数量之大。

润州是唐代六大冶州之一,位列第三。全国“银、铜、铁、锡之冶一百六十八,陕、宣、润、饶、衢、信五(疑为“六”之误)州,银冶五十八、铜冶九十六、铁山五、锡山二、铅山四”。润州不产银,但铜矿资源丰富。据《弘治句容县志》载:“铜山在县北六十里凤坛乡,周围二十里,高八十七丈,以旧出铜,故名。”另外,溧水、江宁、市区南郊招隐山附近均有铜矿。

伏牛山铜器,唐时被列为贡品,主要为铜镜。伏牛山即今金山,据《光绪丹徒县志》金山条曰:“一名金鳌峰,一名伏牛山。”其注云“皆以形言,唐志贡伏牛山铜器、鲟鲊。古铸镜必于江海之上,故镜背多波浪、水藻、鱼鸟之纹,唐时铸镜于此”。另据《光绪丹徒县志·纪闻》引《镜龙记补》云:“天宝三载,扬州进水心镜一面……吕晖遂移炉于扬子江心(一作金山),以五月初五午时铸之。帝诏有司掌此镜七载。”可见,水心镜原由扬州制造,天宝三年(744年)后移至伏牛山制作,遂成润州的贡品。从镇江出土的铜镜看,多为唐时润州制作。种类繁多,颇具特色,主要有瑞兽镜、葡萄蔓枝镜、瑞兽葡萄镜、瑞兽鸾鸟镜、对鸟镜、雀绕花枝镜、瑞花镜、神仙人物故事镜、盘龙镜、八卦镜、万字镜、素面镜以及特种工艺镜等,几乎包括唐代所流行的各式镜类,有的还属于稀世珍品。如出土的开元十年(722年)月宫镜,其铭文很长,有三圈铭文带,内圈铭文28字,中圈铭文52字,外圈铭文62字,计142字,为唐镜之最。内圈铭文有如此字样:“此镜亦子之匠思开元十年五月五日铸成东吕质之”等,唐代纪年铭文镜极少见,其“五月五日”正与《镜龙记补》中所说的“五月初五”铸之相吻合,当为润州制作的贡品。贴金花鸟镜为特种工艺镜,技术要求高,也反映了润州铜器制作与金银器制作的密切联系。

除铜镜之外,润州还生产杯、盆、瓶、佛像等多类铜器,其造型、工艺都非常精湛。

润州还是唐代铸钱之所,唐初,钱币稀少,私铸钱一时猖獗,充斥市坊。为抵制私铸钱,扩大官铸钱,“开元二十六年(738年)宣、润等州初置钱监。两京用钱稍善,米粟价益下”。据《新唐书·食货志》记载,天宝年间,“天下炉九十九,绛州三十,扬、润、宣、鄂、蔚皆十”,每年共铸“开元通宝”三十二万七千缗。润州设置的十个铸炉,每炉役丁匠30名,每炉用铜21200斤,白蜡3700斤,黑锡540斤。每年开炉十个月(六、七月停作),计铸钱33000缗,占全国总量的十分之一。至会昌五年(845年),朝廷为整顿钱币流通秩序,又在全国22个州铸造新开元钱,史称“会昌开元”。以前铸造的开元钱,背面没有文字,会昌开元背面有铸地的州名,润州铸造的会昌开元,直径为2.3厘米,背面穿孔上方镌有“润”字。“润”字钱在江南地区广为流通。会昌年间,官铸钱也以润州为最多。

图3 1982年1月,江苏丹徒丁卯桥唐代银器窖藏出土银鎏“论语玉烛”龟形酒筹筒

唐代润州丝织业也著称于世,一般民间织品以火麻、苎布为主,唐代后期丝织业有很大发展。开元、天宝年间,润州土贡丝织品仅是方纹绫、水波绫、罗、绵绢等,当时的绫,因其薄而属上乘丝织品,但品种不多,数量有限,绫岁贡仅10~20匹,罗和绵绢的数量较多,据《太平寰宇记》记载:“岁贡十匹,圣节三百匹,大礼年分添造五十匹。绵绢,圣节三百匹。”而长庆年间丝织品品种上增加了“衫罗、水纹、方纹、鱼口、绣叶、花纹等绫”。当时进贡特殊丝织品,全国有63个州共91个品种,江南道占15个州,计32个品种,为全国之首。在江南道中,润州占有6个品种,仅次于越州、宣州,在全国名列第三。超过唐前期名列前三位的定州、扬州、成

都。在数量上也很可观,唐敬宗宝历年间,一次就令润州进奉“罗纱袍段及可幅盘条缭绫千匹”,而且是专供皇帝使用的“立鹅、天马、盘条、掬豹”等“文彩怪丽”的丝织品。可见润州丝织品纹饰之珍奇、织工之精细。

润州的酿酒业和造船业也很有名。唐贞元年间,朱泚、李怀光叛乱时,德宗移居奉天(今陕西凤翔),时驻润州的镇海军节度使韩滉,“以为朝廷有永嘉南走事……造楼舰三千柁以舟师,由海门大阅,至申浦乃还”。在很短的时间内造三千艘楼船,可以想见润州造船业的生产规模和技术力量是非常可观的。酿酒业历史更是久远,元《至顺镇江志》云:“晋桓温云:‘北府酒可饮’,谢元度曾莅此镇,与亲旧书称:‘京口酒美可饮’。”《舆地志》:“京口出酒,号曰京清,埒于曲阿。”唐诗人李白诗云:“南国新丰酒,东山小妓歌。”而且酒的品牌甚多,如锦波、浮玉、第一江山等,有十多种。

润州交通便利,地处南北要冲、浙西门户,商业也很繁荣。有大市、小市的专营场所,在穿越市区中心的市河两岸,列肆设店,形成沿河商业带。当时的渌水桥(今四牌楼)附近,是非常繁华的商业中心,杜牧诗云:“渌水桥边多酒楼”,陈辅诗云:“渌水桥边驻短篷”,李白诗曰:“云阳上征去,两岸饶商贾”,均反映了润州当时商业繁华景象。

【润州土著及侨寓诗人】 唐朝是中国古典诗歌发展全盛时期。据陈尚君《唐诗人占籍考》统计,《全唐诗》和《全唐诗补编》中收录的唐代诗人,一籍有 20 人以上的计有 11 个州,润州占第二位,计有 43 人,比较著名的就有三十多位,有像储光羲、顾况、许浑、张祜、韦庄等这样一些在中国文学史上著名的诗人。

润州的诗人大部分都生活在盛、中唐时期。元《至顺镇江志》中记载的土著有:马怀素、丁仙芝、储光羲、陶翰、申堂构、萧颖士、包融、包佶、包何、皇甫冉、皇甫曾、刘太冲、刘太真、权德舆、许浑、孙处玄、殷遥、张潮、殷璠、张祜等;侨寓的有:李绅等;因志书年代久远,缺失的还有:顾况、戴叔伦、刘眘虚、韦庄等。这些人大部分是进士出身,有功名,甚至官至宰相。还有父子、兄弟齐名的。侨寓润州的也都是当时润州刺史、镇海军节度使的幕僚。

储光羲,开元、天宝年间山水田园诗派的重要诗人之一。风格质朴淡雅,后代不少评论家认为其诗得陶渊明诗真朴的一面,可置于王维、孟浩然、韦应物、柳宗元诸大家间。顾况,苏州人,建中二年(781 年),在镇海军节度使(治所在润州)韩滉幕中任判官。晚年定居茅山(今镇江句容),入道教,自号华阳真逸。顾况工诗善画,在诗歌创作上追求不同凡俗的境界。他的诗中常常具有神异奇特的想象和纵横开阖的气势,这尤其表现在古体歌行中。这种风格,对李贺等人奇幻险怪的诗风产生重要影响。游国恩主编的《中国文学史》指出:“中唐大历前后的诗歌呈现一种过渡状况。元结、顾况等人用诗歌反映现实,是杜甫的同调,也是新乐府运动的先驱。”

开元、天宝年间,流行于江南地区、以吴越诗人为主的吴越诗派,其核心人物是被称为“吴中四士”的贺知章、包融、张旭、张若虚。另一说“吴中四杰”贺知章、包融、张旭、刘眘虚。包融、刘眘虚均为京口人。包融则长于五言古诗,有“青(清)幽语奇,颇多剪刻”之评。他与殷遥、孟浩然交厚,他和两个儿子均为著名诗人。《唐才子传》云:“二子佶、何纵声雅逸,齐名当时,号三包。”刘眘虚,字挺卿,开元进士,官至夏县令。少时即善作文,其诗以写自然景物为多,“然空灵秀异,独出冠时,陶翰、祖咏辈皆不及也。性笃于交游,浩然既没,犹贻诗江滔,求其遗文传之。”

“大历十子”是大历年间流行的诗派,其十子之一的皇甫冉,是丹阳人,其诗与弟皇甫曾齐名。天宝十五年进士,官至左拾遗,转右补阙。十五岁时即被张九龄叹赏,称其有江淹、徐陵之风。其诗多写景、应酬之作,也有少数反映安史之乱社会现实的作品,代表作《巫山峡》最负盛名。

在中唐诗人中,张祜是一名家。张祜,字承吉,生于苏州,后定居于丹阳。他与杜牧友善,诗风与性格多相似。杜牧赠祜诗云:“谁人得似张公子,千首诗轻万户侯。”张祜诗作很多,十卷本的诗集,七绝和五律最多,早年,多作齐梁宫体绝句,晚年诗格有变化,多题咏名胜、史迹的诗,有许多诗都脍炙人口,如《题金陵渡》《宫词》等。

许浑是晚唐诗坛上的著名诗人,也是以李商隐为代表的温李诗派的重要成员。许浑,字用晦,润州丹阳人。大和六年(832 年)进士,大中三年(849 年)拜监察御史,历任虞部员外郎,睦州、郢州刺史。他淡泊名利,性爱林泉,晚年退隐,居京口丁卯桥。自编其诗集,名为《丁卯集》。他长于五、七言律诗,颇为杜牧、韦庄等称重。《金陵怀古》是晚唐怀古诗的代表作。《唐诗鼓吹》选许浑七言律诗有三十一首之多。

韦庄,长安杜陵(今陕西西安)人,韦应物四世孙。因黄巢义军占领长安而流寓江南,在润州撰写长篇叙事诗《秦妇吟》,呈献给镇海军节度使周宝,周宝看重其才学,留为幕僚。后仕蜀,官至宰相。《秦妇吟》全诗 1369 个字,是唐代篇幅最长的叙事诗。他也是著名的花间派词人,善用白描,著有《浣花集》。

宋 代

入宋后,宋太祖赵匡胤把统一天下矛头直指南唐,时润州、金陵都处于南唐边防前线。太祖开宝七年(974 年)九月,赵匡胤发兵三路进攻南唐,进攻润州的是受宋廷之命的吴越王钱俶,次年四月,钱俶亲自领兵五万,攻克润州。十一月,宋军攻克金陵,李煜投降,南唐灭亡。

北宋统一后,重视农业,兴修农田水利,疏浚河道。哲宗元祐四年(1089 年),知府林希奏复吕城堰,置上下闸,以后京口、瓜洲、奔牛皆置闸。哲宗绍圣二年(1095 年),整治武进、丹阳、丹徒县界沿河堤岸,后又完成京口、奔牛的澳闸。大观四年(1110 年),因常、润岁旱河浅,留滞运船,又加以浚治。同时收回真宗赐给茅山道观的练湖以调剂夹岗一段运河的盈涸。这时,江心沙田普遍开垦,增加了圩田数量。

镇江运河漕运重新活跃,两浙漕船及东南杂运皆取道镇江大运河越江北上,镇江通漕极为繁忙。仁宗天圣年间,开凿新河入江口(即小京口,今京口闸河道),分流漕船,以减轻大京口压力。政和六年(1116 年),因风涛为患,舟船常有覆溺,特在长江边浚治一条旧河作为避风港。南宋建都临安后,镇江是各路物资途经运河到临安必经之地,成为江、河、海运输枢纽,同时也是重要军事港口,所以对运河修治十分重视。乾道至嘉定年间,屡次浚治江口至城南一带河床,嘉定六年(1213 年)郡守史弥坚浚渠修闸,自江口至南水门共长一千八百六十九丈。这些水利措施的实施有力促进镇江农业和交通发展。

交通便利,也促进商业和手工业发展。小京口河道和甘露港河道穿城而过,“民居商肆,夹渠而列”。其时,造船、酿酒、丝织等手工业进一步发展。特别是造船业,其种类有战舰、马船、扬子江船、多桨战船等,其中大船可载 2000 人。工人造船技术水平也较高,据《宋会要辑稿》载:“临安之浙江、龙山、绍兴之西兴、渔浦四渡,舟船仿镇江都统制司所造扬子江见用渡船样打造,以便往来,仍乞下镇江都统制司,时暂差借高手工匠 20 人应付差事。所有材料、工食、往来之费,乞于本司椿管钱内支出。”其他与造船相关的缆索、桐油、木材加工等行业也很兴盛。丝织业形成较大规模。据《文献通考》记载,北宋中期润州织罗务岁贡御花罗一万匹,当时一人 12 天只能织一匹,岁贡一万匹,在当时是规模比较大的手工生产。

文化教育方面,“宋庆历中,令诸路、军、州,各立学,学者二百人以上,更置县学。教授之职,则委运司及掌吏择幕僚,州、县官或举人有德艺者充”。范仲淹知润州时,亲立学校,赐闲田作教育经费,礼聘处子李觏以教士子。南宋淳祐九年(1249 年)开设有一定规模的淮海书院,这是镇江最早的书院,宋理宗赐“淮海书院”题额。宝祐元年(1253 年)镇江知府徐乘创建濂溪书院。辛弃疾知镇江时,非常重视文化教育,拨薛村的官田作为学校经费,又修复纪念范仲淹、沈括的部分遗迹。

镇江山川壮丽，风景秀美，为文人墨客所艳羡，汴宋时，士大夫有“生居洛阳，死葬朱方”之语。其时镇江城内外有许多私家园林，如刁约的藏春坞、丞相陈升之的宅第、沈括的梦溪园、米芾的海岳庵等。沈括退居梦溪园撰写科学巨著《梦溪笔谈》；米芾得京口山水之助，创立“米氏云山”；苏颂告老还乡在镇江编著《新仪象法要》；大词人柳永在走完穷愁潦倒的一生后归葬北固山下；临终时三呼“渡江”的民族英雄宗泽的忠魂常留于京岘山上；苏轼十多次到镇江，结交一批情深意笃的师友，留下许多流传千古的佳话。

南宋时，镇江成为抗金前线，著名爱国诗人陆游、辛弃疾都曾任职于镇江，抗金复国，并留下气势雄伟、脍炙人口的诗词佳作。

【刁约退隐藏春坞】 藏春坞是北宋仁宗时学士刁约的园宅。刁约(994—1077 年)，字景纯，天圣八年(1030 年)进士，历诸王宫教授。知扬州时，有归隐山林之志，于是辞官回到润州，修葺自家住宅后园，名之为藏春坞。

藏春坞“在范公桥东，宋判三司盐铁院刁约所居之后圃也”，即今东门丁家巷一带，与后来沈括所建梦溪园毗邻。据《京口耆旧集》说：“至景纯，益葺园曰藏春坞。坞西临流为屋，曰逸老堂；又西有山阜，植松其上，曰万松岗。凡当世名能文者皆有诗，故藏春坞之名闻天下”。欧阳修、王安石、司马光、苏轼等都有藏春坞的题咏之作。

藏春坞在刁约死后便废为前军寨。“淳熙末，郡守张子颜尝筑亭三楹于废址，取欧阳公修所题《藏春坞》诗‘水浮花出人间去’之句，榜曰‘浮花’，寻也废”，于今已无踪迹可寻。

【天文、药物学家苏颂】 苏颂(1020—1101 年)是北宋著名天文、药物学家，字子容，祖籍福建泉州同安，后迁居丹徒。宋《嘉定镇江志》云：“宅在化龙坊，与陈升之宅相近”。苏颂于仁宗庆历二年(1042 年)中进士，历任各级地方官，又在朝廷任集贤阁校理、礼部尚书等职。元祐七年(1092 年)入阁拜相，这时他已 73 岁高龄。他官历仁、英、神、哲、徽宗五朝，从政长达五十六年，为人为官，言行品德为当代和后世称颂。

苏颂平生好学，他在集贤阁任职九年，得以博览皇家藏书，他在天文、药物学等方面取得杰出成就，成为中国古代著名科学家。

在天文学方面，他主持制作水运仪象台以及撰有成书于润州的《新仪象法要》。哲宗元祐元年(1086 年)，他奏请制作水运仪象台，把浑仪、仪象和报时装置结合在一架仪器中，并利用水作动力。受命后，他对汉以来各种天文仪器进行分析，综合各家之长进行精心设计，并挑选精通算术的韩公廉做助手。至元祐七年(1092 年)，水运仪象台终于制成竣工。水运仪象台中有多项发明创造在当时处于世界领先地位，水运仪象台是欧洲中世纪天文钟的祖先；四游仪窥管跟踪天体运转，实际上是现代转运仪的雏形；天衡系统是近代钟表的先驱；浑天仪屋顶盖板可自由移动，这是世界上最早设计的天文台观察室自动启闭屋顶。所以英国科技史学家李约瑟在《中国科学史》中说：“我们借此机会声明，我们以前关于钟表装置……完全是十四世纪早期欧洲的发明的说法是错误的……中国在许多世纪以前，就有装有另一种擒纵器的水力传动机械的时钟”。“苏颂把时钟机械和观测用浑仪结合起来，在原理上完全成功，因此可以说，他比罗伯特·胡克先行六个世纪，比方和斐先行七个半世纪”。

《新仪象法要》定稿于绍圣年间(1094～1096 年)，《新仪象法要》是对水运仪象台的设计、施工图纸加以总结整理而成的一部专著，正文以图为主，介绍水运仪象台的总体和各部件结构，各图附文字说明。这些图是中国现存最古老最系统的机械设计图。书中还附有两套共五幅星图，这是根据北宋元丰年间(1078～1085 年)，一次恒星观察的资料绘制的，共绘有恒星 1462 颗，而西欧在十四世纪文艺复兴前观察的星数是 1022 颗。因此，早于欧洲近 400 年，并且多 440 颗星。

在药物学方面，苏颂曾奉命整理校定历代医药典籍，编著《图经本草》和《嘉祐补注神龙本草》。

《图经本草》是当时最新最全的药物志和药物图谱，它对每种药物都绘有图样，注明效用、产地、采集时间等。李时珍对《图经本草》评价很高，认为它“考证详明，颇有发挥”，他在《本草纲目》中多处引用《图经本草》的成果，可惜现已亡佚，只是有关典籍中存录一些片段。

苏颂定居润州八年，在完成他的科学著作后，于徽宗建中靖国元年（1101 年）五月逝世于润州。

【沈括择居梦溪著笔谈】 沈括（1031—1095 年），字存中，杭州钱塘人。他是北宋著名政治活动家，中国历史上博学多才的科学家。皇祐六年（1054 年）以父荫任为沭阳主簿，嘉祐七年（1062 年）登进士第。神宗时任翰林学士、权三司使，积极参与王安石新法规划和推行，变法失败后一再遭贬。后知延州，为加强对西夏防御，而筑永乐城，因朝廷特派大臣徐僖专权独断，城为西夏所攻陷，被朝廷以“措置乖方”的罪名罢官，并限制居住自由，从此退出政治舞台。晚年定居润州梦溪园，著《梦溪笔谈》。沈括一生著作甚丰，除《梦溪笔谈》外，还有《忘怀录》《良方》《灵苑方》《清夜录》《乐论》《茶论》等多种著作。

沈括之所以择居润州，在其《自志》中道：“元祐元年，道京口，登道人所置之圃，恍然乃梦中所游之地。翁叹曰：‘吾缘在是矣’。于是弃浔阳之居，筑室于京口之陲”。筑园时，他将宅前的小河名之为“梦溪”。1985 年市地方志办公室在征集资料时发现一块梦溪石刻，刻有“梦溪”二字，旁署“皇宋乙丑，中元日建”。乙丑为神宗元丰八年（1085 年），此石当为他初为梦溪命名，开始建园时所刻。说明他在元丰八年就已筑梦溪园，为日后卜居润州做准备了。

梦溪园从其《自志》描述的情形看，环境很幽雅，山清水秀，树木葱郁，修竹萧疏，有轩堂草舍、亭阁萧斋。他在梦溪园“深居绝过从”，以更多时间将平时与人谈述中的以及他一生中所见所闻所想的一些东西整理记录下来，最后编著成一部名垂千古的《梦溪笔谈》。

过度写作生涯耗尽沈括的精力和体力，继妻张氏死后，他日渐羸弱衰老，绍圣二年（1095 年），病卒于梦溪园中，终年六十五岁。

《梦溪笔谈》二十六卷，连同《补笔谈》三卷、《续笔谈》一卷，合计三十卷。其内容涉及各个领域。特别是自然科学方面，有不少达到当时世界先进水平。如“十二气历”的发明，地磁角的发现，对隙积术、会圆术以及水蚀和山岳成因等原理的创见，石油的命名及作用的预言等。在人文科学方面也有很突出的成就。日本著名数学家三上义夫说“像沈括这样的人物，全世界算学史上简直罕有，只是在中国历史上产生了如此一个人”。英国的李约瑟博士认为“沈括可说是中国整部科学史上最卓越的人物”，《梦溪笔谈》“是中国科学史上的里程碑”。

【米芾与“米氏云山”】 米芾（1051—1107 年）是北宋大书画家，初名黻，字元章，号襄阳漫仕、鹿门居士等。世居太原，迁襄阳，后定居润州。据说米芾的母亲阎氏是神宗赵顼的乳母。神宗即位后，米芾得以“藩邸旧恩”，补授县尉，历知雍丘、涟水军使、太常博士、知无为军等中下级官职。宣和年间擢书画学博士，临摹宣和殿所藏书画极工，迁礼部员外郎，人称米南宫。后出知淮阳军，徽宗大观元年（1107 年）卒于任所，终年五十七岁。

据元《至顺镇江志》载，米芾在润州有三处住所，一是宝晋斋，“在千秋桥西”，是他收藏古代碑帖书画之所，其中有许多晋人稀世珍宝；二是净名斋，“在北固山”；三是海岳庵，“故址在东涉利门里南山上”。

据《宋史·米芾列传》记载：“芾为文奇险，不蹈袭前人轨辙。特妙于翰墨，沉著飞翥，得王献之笔意。画山水人物，自成一家，尤工临移，至乱真不可辨。精于鉴裁，遇古器物书画则极力求之取，必得乃已”。他的突出成就主要是书画两道，行、草书能取人之长，尤得力于王献之，用笔俊迈，与苏轼、黄庭坚、蔡襄合称“北宋四大家”。他的画自创一派，用“泼墨”法，以水墨点染，传出烟云变幻、树石掩映的江南山水之神韵，人称之谓“米氏云山”或“米家山”。他自创画派，主要是师法自然，得之于润州山水之助，米芾在其自题《海岳庵图》云：“先自潇湘得画境，次为镇江诸山”。其子米友仁在自题《潇湘奇观图跋》中亦云：“先公居镇江四十年，作庵于城之东高岗上，以海岳命名……此画乃庵上所见。大抵山水奇观,变态万千,多在晨晴晦雨间,世人鲜复知此。”米友仁书画酷似其父,世称“小米”。

米芾平时行为怪异,人称“米颠”。他“好洁成癖,至不与人同巾器。所为谲异,时有可传笑者”。他一生痴迷异石砚台,在无为州州治中,有一块奇丑的巨石,他看了非常高兴,立即整肃衣冠,向石头揖拜,连呼“石兄!石兄!”。他爱穿唐人服装,头戴高帽子,常引得路人驻足围观。

米芾死后,葬于何处,也莫衷一是。宋《嘉定镇江志》记载:“礼部郎中米芾墓在黄鹤山”。芾之父母“皆葬于此山”。蔡肇《米元章墓志铭》曰:“以大观三年六月某日葬丹徒长山下”,而程俱《题米元章墓》云:“异归,葬丹徒五州山之原,遵治命也。”

【京岘长留宗泽魂】 镇江东郊有座岗峦起伏、气象雄伟的京岘山,北宋末年抗金民族英雄宗泽长眠于此。

宗泽(1060—1128年),字汝霖,婺州义乌(今浙江义乌)人,据《至顺镇江志》载,宗泽是“汉汝南太守资之裔。五代之乱,其祖避地江南,子孙因家于润”。元祐六年(1091年)进士及第,历县尉、县令、知州、通判等官,其间以廉能著称。徽宗宣和元年(1119年),他六十一岁,领祠禄,主管南京鸿庆宫,为道士林灵素所陷,被削职,羁置于镇江府,闲居京口四年,其间夫人陈氏病殁,葬于京岘山,他结庐于京岘山的龙目湖(此湖久已淹没无存)旁居住。他曾有《葬妻京岘山结庐龙目湖上》的小诗:“一对龙湖青眼开,乾坤倚剑独徘徊。白云是处堪埋骨,京岘山头梦未回。”此诗尽管是葬妻之作,但报国无门的悲愤溢于言表。

靖康元年(1126年),宗泽复职知磁州。高宗赵构在南京即位,宗泽被任命为东京留守,兼开封府尹。他加强京城守卫力量,激励全城军民斗志,招募河东义军,联络陕西、京东宋军旧部,军威大振。他起用当时为秉义郎的岳飞为将,屡败金兵。他深感抗击金兵、恢复失地时机已到,二十四次上书,力谏高宗还朝,但每为奸臣黄潜善、汪伯彦等从中百般阻挠,致使他一片爱国热忱和恢复失地愿望,付之东流。他忧愤成疾,疽发于背。宗泽病重时,将士们到卧室内探视,他打起精神,鼓励他们:“‘吾以二帝蒙尘,积愤至此。汝等能歼敌,则我死无恨!’众皆流涕曰:‘敢不尽力!’诸将出,泽叹曰:‘出师未捷身先死,长使英雄泪满襟。’翌日,风雨昼晦。泽无一语及家事,但连呼‘过河’者三而薨。”东京的人听到他逝世消息,无不为这位抗金民族英雄号恸。

宗泽儿子宗颖在军中也受到士兵爱戴,宗泽死后,将士们请求朝廷由其子继任父职,朝廷不允许,任命无能的杜充继任。杜充一反宗泽抗金路线,失去人心,宗泽儿子多次规劝,杜充不听,百万义军都离他而去,从此中原完全沦陷于金人之手。

宗泽死后,追谥忠简,敕令岳飞与其子一同扶枢运送京口,与其夫人陈氏合葬于京岘山。其墓门前石柱上刻有一副对联:大宋濒危撑一柱,英雄垂死尚三呼。

【韩世忠夫妇金山战兀术】 南宋初年,宋金战争频繁,金兵一时南下,一时北返,宋高宗赵构则亡命奔逃,当时镇江是宋金对峙前线,处于战火纷飞之中。

建炎三年(1129年)十月,金国主将兀术率十万金兵再次南下,打到临安后,掳掠了金银财帛从杭州沿运河北撤。建炎四年(1130年)四月,时任浙西制置使的韩世忠,率领八千士兵,驾大海船,在镇江扼住兀术退路。

韩世忠是延安人,十八岁参军,在西北边境与西夏人作战,勇冠三军,立过不少功劳。其夫人梁红玉,淮安人,家庭中落后,沦落镇江为娼。据南宋罗大经《鹤林玉露》记载:有次农历初一,梁红玉在五更天,到府衙等候朝贺。忽然在廊柱下看到一只蹲伏着的老虎,她惊恐万分,急忙走开,等人多的时候,再去一看,原来是个士兵。她用脚踢醒他,问他的姓名,知道他叫韩世忠。她心里感到很奇怪,回家后,告诉她母亲,认定这个韩世忠不是等闲之辈,后以身相许,结成夫妻。

韩世忠估计敌人到镇江后,必然要登上江滨高地观察地形及宋军虚实,于是派兵士百人埋伏于金山附近龙王庙中,又派百余人埋伏在江边,等敌人来时击鼓为号,内外夹攻。后来,果然有五人骑马闯入庙中，庙内伏兵十分高兴，忘了击鼓而先行出击，以致只抓了两个人，“逸其三中，有绛袍玉带，既坠而复驰者，诘之，乃兀术也。”

金兵未到镇江之前，韩世忠将水师移驻焦山。金兵来到镇江，韩世忠立即率军拦击，两军在江中大战。韩世忠夫人梁红玉身着戎装，亲自在金山上击鼓助战，宋兵听到咚咚战鼓声，士气大振，越战越勇，把金兵困在江南，始终不得渡江。兀术看到情况不妙，便使人向韩世忠行贿，“尽归所掠假道，不听，请以名马献，又不听”。兀术只好沿江向西退去，韩世忠乘胜追击，一直追到黄天荡。

黄天荡江面宽阔，江水很深，韩世忠以八千兵士巧妙堵击兀术十万大军，金兵困在黄天荡内四十八天动弹不得。金朝派孛堇太一率军南下救援兀术，太一的援军到达长江北岸，又被韩世忠的水军隔开。韩世忠命身强力壮的士兵，站在高大的海船上，用带着大钩的铁索，将金兵的小船钩沉。兀术无计可施，要求会见韩世忠，让他退逃。韩世忠说：“还我两宫，复我疆土，则可以相全。”“两宫”指被掳的徽、钦二帝。过了几天，兀术又要求会见，韩世忠引弓就射，骇得兀术急忙逃去。

后来兀术用重金征求破舟之计，有人献计说：海船高大，没有风行不动，可以趁没有风的时候用火攻。又有人献计：可以利用老鹳河故道，凿一条大渠连通江口。兀术得计后，凿通了贯江的大渠，等到一个没有风的日子，金兵乘小船，用火箭射向宋军的大船，引起大火，金兵乘乱从凿通的老鹳河逃往建康，渡江逃遁。

这次大战，没有全歼金兵，梁红玉责怪韩世忠防守不力，“奏疏言世忠失机纵敌，乞加罪责。”朝廷上下无不为之震惊，敬佩其深明大义的英勇行为。梁红玉助夫有功，先后被封为安国夫人、杨国夫人，梁红玉桴鼓战金兵的故事也传为千古佳话。后人在金山建有韩蕲王庙，纪念韩世忠这位抗金英雄。

【陆游镇江任通判】 陆游（1125—1210 年）是南宋爱国主义诗人，字务观，号放翁，山阴（今浙江绍兴）人。当时民族矛盾极其尖锐，朝廷内部斗争十分复杂，他在政治上坚决主张抗金，一直受到投降派压制，仕途的曲折与强烈的民族意识和倨傲不屈的胸襟，使他成了一个著名的爱国主义诗人。

隆兴元年（1163 年），孝宗即位后，力主抗金人士受到重用。陆游在朝廷任枢密院编修官，和当时政要人物过从甚密，并参与一些主战派活动。后因一场无谓纠纷，陆游被调任镇江府通判。隆兴二年（1164 年）二月，陆游正式到任。尽管他在政治上受到沉重打击，内心十分苦闷，但他也意识到镇江面临抗战前线，形势非常险要，正是一个用武之地。三月初一，张浚奉命巡视江淮。张浚是抗金老将，也是陆游父辈，陆游初到镇江，即遇到这位抗金老将，非常高兴。张浚巡视期间，从建康到扬州，往来镇江，“馆于予廨中，盖无日不相从”，他们“相与论议”，分析北伐经验教训，共商抗金大计。他们“招徕山东、淮北忠义之士，以实建康、镇江两军，凡万二千余人”。增置战舰，修缮城堡，添置弓矢器械。四月初六张浚奉命还朝，并先后被罢了江淮都督府和右丞相，不久，朝廷即与金人签订“隆兴和议”。

张浚解职后，在回家途中去世，陆游得知这个消息，非常悲伤，他在诗中道：

张公遂如此，海内共悲辛。逆虏犹遗种，皇天夺老臣。深知万言策，不愧九原人。风雨津亭暮，辞君泪满巾。（《送王景文》）

北固山多景楼重修落成，陆游面对壮丽河山，睹物思人，思绪万千，挥笔写下脍炙人口的《水调歌头・多景楼》：

江左占形胜，最数古徐州。连山如画，佳处缥缈著危楼。鼓角临风悲壮，烽火连空明灭，往事忆孙刘。千里曜戈甲，万灶宿貔貅。 露沾草，风落木，岁方秋。使君宏放，谈笑洗尽万古愁。不见襄阳登览，磨灭游人无数，遗恨黯难收，叔子独生千载，名与汉江流。

这首词，怀古喻今，抒发他对抗战主将张浚的怀念。张孝祥书写了陆游的这首词，并刻于崖石上。

同年闰十一月，许昌韩元吉到镇江，韩元吉是当时有名诗人，陆游调任镇江通判告假还乡时，元吉在临安作诗送他：

前年边马饮江水，烽火瓜洲一水间。正使楼船多战士，要须京岘作重关。平戎得路可横槊，佐郡经时应赐环。把酒赋诗甘露寺，眼中那更有金山。（《送陆务观得倅镇江还越》）

调任江西的元吉到镇江探母，异地故人重逢，欣喜若狂，他们“相与道旧故，问朋游，览观江山，举酒相属”（《京口唱和序》）。十一月二十九日，雪后初晴，陆游邀请何德器（时在镇江粮料院）、张玉仲等诗友，陪同韩元吉登上焦山，踏雪观赏被誉为大字之祖的《瘗鹤铭》，并登高置酒，趁着酒兴，陆游以秀润挺拔的大字，遒健奔放的文笔书写了诗人一行的游踪：

陆务观、何德器、张玉仲、韩无咎。隆兴甲申闰月二十九日，踏雪观《瘗鹤铭》，置酒上方。烽火未息，望风樯战舰在烟霭间，慨然尽醉。薄晚泛舟，自甘露寺以归。明年二月壬午，圜禅师刻之石。务观书。

至今石刻犹存于焦山摩崖上，成为焦山著名碑刻之一。

同年元夕，知府招元吉观雪赏梅，陆游陪同，他们游览金山、北固山及南郊诸山等名胜，于酒酣耳热之际，陆游写下了《金山观日出》《念奴娇·招无咎游金山》等诗词。陆游和他在镇江盘桓两个多月，写诗词三十多首，陆游将他们唱和的诗词编成《京口唱和集》，他在序中道：“游之日，未尝不更相和答，道群居之乐，致离阔之思，念人事之无常，悼吾生之不留。又丁宁相戒以穷达死生毋相忘之意，其辞多宛转深切，读之动人。呜呼，风俗日坏，朋友道缺，士之相与如吾二人者亦鲜矣”。甚至在后来的梦中还梦见元吉在京口“日夜酬唱兼诗骚”（《梦韩无咎如在京口时既觉枕上作短歌》）的情景。

同年七月，陆游调任隆兴府判军州事。离任时，同僚们在玉山浮玉亭为他饯行，他赋《浪淘沙·丹阳浮玉亭席上话别》小词一首，抒发缠绵悱恻的离情，最后结句：“安得千寻横铁锁？截断烟津。”暗喻保卫祖国大好河山愿望。

陆游在镇江三年时间，是他一生中一段重要时期，直至晚年退居山阴，还念念不忘在镇江时的一段“楼船夜雪瓜洲渡”（《书愤》）的生活。根据《入蜀记》和他诗集中的记载，后来，陆游还到过镇江两次，都是路过，作短暂逗留，但也可看出他对镇江的深深眷恋。

【辛弃疾暮年知镇江】　辛弃疾（1140—1207 年）是南宋杰出爱国词人，字幼安，自号稼轩居士，山东济南人。他自幼即怀有杀敌报国雄心壮志，悉心攻读诗书，练就一身武艺。他先后几次出任江南地方军政长官。他曾上书《美芹十论》和《九议》，阐述抗金主张和战略战术，但主和派常占优势，辛弃疾得不到重用，甚至长期置闲，郁郁不得其志。但闲置的生涯，幽思激愤的处境，却成就了一代最杰出的爱国词人。

嘉泰三年（1203 年），主战派首领韩侂胄掌握朝政，起用一批主张抗金老臣，闲居二十年的辛弃疾于第二年三月，被任命为镇江知府。

辛弃疾对镇江非常熟悉，曾在京口与扬州之间从事过抗金活动，他的岳父家亦在镇江。他的岳父范邦彦，原是金的蔡州新息县令，据元《至顺镇江志》记载：“绍兴中，率众开蔡州以迎宋师，遂南徙于润。授湖州签判，改镇江签判。”他与妻兄范如山很投缘，如山的儿子范炎后来成了辛的女婿。

辛弃疾此时虽已六十四岁，但豪情壮志不减当年，他到任镇江后，抓紧战备，在镇江制造万领红衲（军装），并在当地招募上万强悍善战的土丁以备战。他制订训练计划，对招募的新兵进行严格训练。他以重金收买谍报，派间谍深入敌方，刺探军情，对敌方兵骑之数，屯兵之地，将帅姓名都了如指掌，为抗金复国认真准备。

辛弃疾在忙于戎务时，写作较少。但一次在巡视江防时，他登上北固山，面对浩瀚大江和全国日益高涨抗战激情，他心潮澎湃，挥笔写下千古传唱的《永遇乐·京口北固亭怀古》：

千古江山，英雄无觅孙仲谋处。舞榭歌台，风流总被雨打风吹去。斜阳草树，寻常巷陌，人道寄奴曾住。想当年,金戈铁马,气吞万里如虎。　元嘉草草,封狼居胥,赢得仓皇北顾。四十三年,望中犹记,烽火扬州路。可堪回首,佛狸祠下,一片神鸦社鼓。凭谁问:廉颇老矣,尚能饭否?

这首词气势磅礴,慷慨激昂,一扫赋闲时苍凉沉郁的调子。这是辛弃疾到镇江任职后,被前线的斗争生活,特别是被当时全国高涨的抗战激情所激发,从而创作出的在思想上和艺术上都十分成功的杰作。

同样在这里,他还写下一首在思想上和艺术上与《永遇乐》媲美的《南乡子·登京口北固亭有怀》:

何处望神州?满眼风光北固楼。千古兴亡多少事,悠悠,不尽长江滚滚流。　年少万兜鍪,坐断东南战未休。天下英雄谁敌手?曹刘,生子当如孙仲谋。

正当他在镇江任所运筹帷幄时候,南宋政府忽然发下诏令,将辛弃疾降职处分,由朝议大夫衔降为朝散大夫。据说是"以通直郎张潩不法,弃疾坐谬举之责也"。谬举之责就是举荐人不当责任,这是表面原因,实质还是党争倾轧。

宋开禧元年(1205年),辛弃疾处境越来越不妙。三月间,因为张的案子被牵连降职;六月间,接到调任隆兴府诏书。手头事务刚刚移交完毕,七月初,朝廷又以好色、贪财等罪名,诏令罢免辛弃疾官职。空怀抱负,壮志未酬的辛弃疾告别镇江治所的时候,他登上郡治的尘表亭,望着西沉红日,东去大江,挥笔写下《生查子·题京口郡治尘表亭》:"红日又西沉,白浪长东去。不是望金山,我自思量禹。"金山虽说可以引人遐想,但辛弃疾并不钦羡金山,遥望金山他怀念的却是大禹造福人民的旷世功劳。

元 明

元明时期,镇江社会相对稳定,地方经济发展较快。元代海运兴起,镇江与欧亚各国贸易往来和文化交流日益频繁,成为一个重要口岸和工商业发达城市。

元世祖至元时,朝廷实行民族歧视和民族压迫政策,当时镇江路及所属各县主要官员,包括掌管财务、税收、贸易的官员几乎全由蒙古人和色目人担任。只有儒官训导、教谕之类由汉人担任。老百姓更是惨受压迫,但也有个别非汉族官员比较同情百姓疾苦,如元代中叶蒙古籍著名诗人萨都剌,在镇江担任录事司达鲁花赤期间,就能维护穷苦汉民利益。当时少数民族及少数民族人口之多在镇江超过任何一个朝代。元《至顺镇江志》记载,至顺年间(1330~1333年),镇江录事司(相当于今市区)人口统计:土著"九千四百六十九"户,"四万八千五百三十七"口;而侨寓镇江的蒙古、畏吾尔、回回、也里可温、河西、契丹、女真及北方的汉人则有"三千三百九十九"户,"八千九百七十八"口。

明代嘉靖年间倭寇侵扰和崇祯年间东林党余波对镇江产生一定影响。倭寇侵扰是东南沿海一大祸患,这些日本海盗,经常登陆,焚掠村庄,攻袭城池,到处杀人放火,给人民造成很大伤害。熹宗时,太监魏忠贤为首的阉党残害忠良,东林党人与之斗争。据吴伟业《复社纪事》记载,复社中镇江府社员有十三人之多。被魏忠贤排挤还乡的笪继良,在镇江知府印司奇支持下于鹤林寺建天心书院讲学,听讲的官员及文士有数百人。崇祯年间,在镇江知府程峋支持下,有不少原东林党人聚集镇江商议营救上书指斥大臣杨嗣昌的黄道周,可见东林党在镇江有比较牢固的社会基础。

元明时期,各民族相互往来,通商贸易,促进镇江工商业发展。元时,镇江丝织业有相当规模,设置了官营手工业作坊管理机构"织染提举司,设两局以集造作",所设两局即织染局和生帛局,并有专门在这些局院里劳作的官工匠"匠户",仅丹徒一县就有三百多匠户。明代,棉纺业也有发展,棉纺织业生产工具大有改进,出现脚踏纺车和搅车。特别是“句容式的搅车和太仓式的搅车一人可当四人”。当时棉纺织业成为普遍的家庭副业,棉纺织业发展带动了浆染业发展,镇江浆染业中翠红色独步东南。造船业也有长足发展,不仅能造各种形式运粮船和驿船,而且能造用于海上交通的“海风船”和海上战船。随着造船业发展,修船业和与之相关的木材业、桐油业、麻绳、铁锚、铁钉制造业也很兴盛。镇江逐渐成为长江南岸造船基地之一。

镇江商业也很繁盛,元代在城里形成大市、小市、米市、马市、菜市五大集市,并形成五条街、上河街、税务街等七条商业街。据元《至顺镇江志》记载:官府一年征收的商税,仅酒、醋课两项就多达“三十九万八十四贯六厘”中统钞。至元二十四年,实征“竹木课二千七十八贯一厘”。明代朝廷允准漕丁随船携带土宜,镇江同全国各地土特产交流日益频繁。当时中国与日本之间开辟两条固定交通航线,一为“中国路”,一为“南海路”,镇江处于这两条航线交叉点,成了一个重要口岸,镇江商品开始源源流入国外市场。随着商品数量增多,商业资本也非常活跃,在全国出现很多商人,当时镇江城各地商贾云集,有粤商、闽商,有赣商、浙商,更多的则是辗转于各地的徽商。他们组成各种商帮,从事长途贩卖,也使镇江成为一个重要的商品集散地。

元代镇江学校,除儒学外,特设有蒙古字学。宗教庙宇,除原有佛寺、道观外,又新建喇嘛庙名帝师寺。基督教第二次在中国得到传播,城内外兴建大兴国寺等七座基督教教堂。其时,镇江中外文化交流也已开启,意大利旅行家马可波罗曾游过中国各大城市,在他的游记中,对镇江工商业的繁盛作了生动、具体描述;朝鲜诗人李齐贤陪同留居大都的前高丽王南下杭州,往返经过镇江,游览名胜古迹,留下许多歌颂镇江的优秀诗词;明代日本画家雪舟先后两次游金山,成化八年(1472 年)画了一幅《大唐扬子江心金山龙游禅寺之图》;日本使臣中心叟来游金山,作有七律《吊郭璞墓》,这些都是镇江中外文化交流的佐证。

【宋元焦山之战】 宋元之际,在镇江焦山展开一场宋元大战,是一场大规模水战。

宋德祐元年(1275 年),元军沿江东下,三月初一,元军征南都元帅、中书左丞相阿术占领镇江。四月,阿术军驻瓜洲,控制长江天险,临安危在旦夕。

此时宋保康承宣使张世杰,在浙右调兵遣将,四处出击,收复平江、安吉、广德、溧阳诸城,呈现“兵势颇振”的好形势。临安朝廷下诏命张世杰和张彦分道出击元军,张世杰决定在焦山与元军决战。

此时,双方形势明显是元强宋弱,江东一带均为元军主力,战斗力较强。宋军则是屡败于元军,疲于奔命的军队。

七月一天,陈兵在焦山南北的宋船不下万艘,声势很大,“令以十舟为方,碇江中,非有号令毋发碇”,以示决一死战的决心,实际上一开始就限制了战船灵活性,形成被动挨打局面。

元军阿术集结大批战船泊于瓜洲,阿塔海、董文炳集结战船泊于西津渡。万户张弘范等率战船千艘,西掠珠金沙,控制上游,对宋军形成四面包围。阿术登上南岸石公山(焦山对面的象山),看到宋军舳舻相连,旌旗蔽江,决定用火攻。

宋军在四面包围中奋起应战,大战从早晨一直打到下午。这时江风大起,阿术带领一千多强健善射兵士,分乘巨舰,从两翼夹射火箭,宋船篷帆着火,烟雾弥天,慌乱中,宋军被烧死溺死者不计其数,张世杰在慌忙中也忘记发解碇命令,士兵死战,欲走不能,任其处于被动挨打的困境。张弘范、董文炳又率精锐兵士横冲直撞,宋军终于大败。张世杰再也无法指挥,只得率余众向东逃逸,董文炳追至夹滩,张世杰又与之再战,终究溃兵难胜,只得飞帆下海。董文炳追至圌山,因船小不敢出海再追,俘获宋军七百多艘战船,俘虏万余人。

经此一战,宋军元气大伤,不能再作大规模抵抗。十一月,元军分三路南下,直逼临安,南宋政权危在旦夕。

【萨都剌的廉声能绩】 萨都剌(1272—1355年),蒙古族(一说回族)著名诗人,字天锡,号直斋,他于泰定四年(1327年)中进士后,即授镇江录事司达鲁花赤(掌印、断事的主管官)。

萨都剌一到任就着手抓城市管理,整顿市场,整肃民风,镇江社会秩序得到好转。他整顿市场时,首先使市场做到买卖公平,并验校度量衡器,使"市物者各得其平"。由于镇江"其民具五方之俗",有祈求鬼神去灾致福风俗,有巫人举木偶在街头"言祸福动人",骗取老百姓钱财。萨都剌进行严厉打击,并"焚木偶于庭,毁其祠"。

萨都剌为维护老百姓利益敢于与上司抗争,保护老百姓利益。天历己巳年(1329年),镇江遭受大灾荒,百姓"嗷嗷饥甚",官府仅拿出一点粮食以平价出售,老百姓仍然买不起,萨都剌非常愤慨地叹道:"民命如缕,纵斗米三钱,钱从何出?"于是他立即向上呈报,要求开仓救济,由于他"意气恳激",终于得到批准。接着,他又劝说大户出钱出粮救济灾民,使百姓得以生存。贫民张成等四户人家,住宅靠近官仓,知府要他们把房子拆掉迁到其他地方去。萨都剌对知府说:"在这灾荒年头,穷人勉强糊口都很困难,拆掉他们的房子,赶他们走,这不是置他们于死地吗!这难道是父母官应该做的事吗?"可是知府仍不肯收回成命,萨都剌把家里白金壶拿到当铺里当一百串钱,分给这四户贫民,叫他们到别处去租房子居住。知府听说此事,内心很惭愧,停止了强迫拆迁。

郡守有个宠奴,十分骄横狡黠,惯于欺压百姓。有一次市民家里宴请客人,有歌妓陪酒。他借知府名义闯入席中,要强行带走歌妓,未能得逞。他跑到录事司向萨都剌诬告那家人辱骂郡守,萨都剌了解事实真相后,大声斥退这个宠奴。这个宠奴又跑到郡守那里去告状,郡守勃然大怒,立即把萨都剌叫到府署来,责问他说:小民辱骂郡守,有人报告,你为什么置之不理?萨都剌不急不慢地说:按照詈法规定,只有被骂的官长亲自听到,才能办骂人者的罪。你是堂堂的三品官怎么能与百姓为一个歌妓而争高下,这件事要是传出去,一定会影响你的声誉吧?郡守听了这番话感到很惭愧。

萨都剌是个"家无田,囊无储",靠俸禄为生的清官,但他还能拿出自己的俸禄为下属解决困难。有一位淮安籍的府吏张士谦,家境十分贫寒,其父兄相继去世,无钱殡葬。他带病前去吊唁,并拿出自己俸禄给张士谦作父兄的安葬费用。

萨都剌在镇江任上三年,尽心尽职,使镇江"吏不犯,民不欺","在官廉声能绩烜赫中外",他离任时,老百姓依依不舍。俞希鲁根据老百姓所说的一些事记录下来,写了《送录事司达鲁花赤萨都剌序》一文,以彰显萨都剌的"廉声能绩"。

【基督教在镇江传播】 元代镇江基督教传播者是镇江路副达鲁花赤马薛里吉思。马薛里吉思是位虔诚的基督教徒,他虽贵为郡首,仍恪守教规,立志传播基督教,且全家人受洗入教。有天,他做了一个梦,"梦中天门开七重,二神人告云:'汝当兴寺七所',赠以白物为记"。后来,他就辞去官职,立志建寺传教。至元十八年(1281年),他在铁瓮门夹道巷捐出自己的住宅建了镇江第一座也里可温教堂——大兴国寺。后又在西津竖土山建两座寺:一座云山寺,一座聚明山寺,在这两座寺下面开辟了也里可温公墓。又在丹徒县开沙建四渎安寺,登云门外黄山建高安寺。在大兴国寺旁边又建甘泉寺,还在杭州荐桥门建大普兴寺。当时丞相完泽把马薛里吉思建七座教堂的情况奏报给朝廷,皇帝下玺书护持,"乃拨江南官田三十顷,又益置浙西民田三十四顷,为七寺常住。"镇江除这六座教堂外,通吴门外福田山的大法兴寺,"亦也里可温寺也"。

在元朝廷支持下,也里可温一度在镇江很兴旺。据《至顺镇江志》记载,当时侨寓镇江的有"三千八百四十五"户、"一万五百五十五"口,也里可温有"二十三"户、"一百六"口。《马可·波罗游记》中也说:"其地且有聂思脱里派基督教之礼拜堂两所,建于基督诞生后之1287年。"聂思脱里派基督教徒即"也里可温"。

元武宗至大四年(1311年),皇帝命名将马薛里吉思在西津竖土山建造的两座教堂(云山寺和聚明山寺)改为金山下院,赐名为"金山寺般若禅院"。集贤学士赵孟頫(元代著名书画家)奉敕撰碑。碑文上说:皇帝派遣使臣驰谕江浙等处行中书省,斥责也里可温擅作十字寺于金山寺地,责令拆除十字架。命前画塑白塔寺工刘高,前往各寺院将寺殿屋壁重新绘塑佛菩萨天龙图像。官具用物归还金山。皇帝还一再降诏,护持金山,玺书中令"也里可温子子孙孙勿争,争者坐罪以重论",并说也里可温倚势修盖十字寺,金山田地为也里可温所夺,已二十七年,如今复得二寺为金山下院。翰林学士潘昂霄双奉敕撰碑,碑文中直接点马薛里吉思的名,说"至元十六年,也里可温马薛里吉思者,绾监郡符,势张甚。掇危峰秀绝之所,屋其颠,祠彼教,曰银山寺,营隙为侪类葬区"。把原来认为是"忠君爱国"的马薛里吉思斥之为依仗官势、霸占佛门庙产的歹徒。还说:"西竺之道,九十有六,唯吾佛为正法,以法之正,容有邪有外耶。"直接把也里可温说成是邪教外教。

从元至元十四年(1277 年),马薛里吉思受命为虎符怀远大将军、镇江府路总管府副达鲁花赤开始,到至大四年(1311 年)止,基督教在镇江传播 34 年。

【明武宗巡幸镇江】 正德十五年(1520 年)闰八月,明武宗朱厚照南征,在南京举行受俘仪式后,巡幸镇江。当时镇江住着两位大学士,一位是致仕还乡的大学士杨一清;一位是告老还乡的东宫师傅、大学士靳贵。

武宗先临幸杨一清府第。其府第在城内簧祐街,即今大市口小观音桥巷内钱家山下,名曰"待隐园"。杨一清(1454—1530 年),明朝著名大臣,字应宁,号邃庵,祖籍云南安宁人。因父葬于丹徒,便落籍丹徒。他从小聪慧过人,"年十四,举乡试,登成化八年进士"。初以副使督学陕西,弘治十五年(1502 年),升都察院左副都御史,巡抚陕西,因不附宦官刘瑾,得罪去官。起复后,总制延绥、宁夏、甘肃三镇军务。后策动监军太监张永揭发刘瑾罪恶,刘瑾获罪被诛。不久升为兵部尚书,武英殿大学士,参与机务。又因江彬专权,他便辞职归京口。

武宗到来,杨一清非常高兴,他设御宴于茂祉堂,由御使监厨,太监上菜,杨一清坐在武宗身旁侍酒,君臣欢饮终日。席间杨一清乞请留诗,武宗特制诗十二章,称赞杨一清功绩和咏叹临幸欢乐,杨一清也一一奉和。在和诗中,且从容讽劝武宗不要再继续巡游江浙各地,"帝遂不为江浙行",免除了江浙人民负担。席间,杨一清还向武宗引见焦山僧人妙福,武宗与妙福谈经论佛,非常投缘,便任命妙福为"三山都纲"。后来妙福在焦山建水晶庵,杨一清应其请求,仿效苏轼留下玉带作镇山之宝。

嘉靖三年(1524 年),杨一清以兵部尚书、左都御史总制陕西三边军务。最后进为首辅,但被张璁构陷,落职闲居在家,后发疽病而死,葬于镇江蒋乔卢湾村,现墓道、石马等仍存。杨一清在镇江丁卯桥建有石淙精舍,在黄鹤山下建有鸿鹤山庄。

当武宗来看望告老还乡的靳贵时,靳贵刚刚病故,殡于堂上。靳贵(1464—1520 年),字允道,明丹徒人,弘治三年(1490 年)进士第三,授翰林院编修,以东宫出阁讲学,兼司经局校书,与修《大明会典》后,升左谕德兼侍讲。正德九年(1514 年)进文渊阁大学士,参与朝政,加太子太保、户部尚书、武英殿大学士。他为人静重简默,平时不爱讲话,但在朝堂上能侃侃直言。他看到当时政治环境复杂,主动要求致仕。他的府第在今南门大街靳家巷内,家中有堂,名师俭堂,教育子孙要持节俭之道。

武宗没有忘记这位东宫师傅,命随侍词臣作祭文,均不满意,便亲制祭文,奠曰:"朕居东宫,先生为傅。朕登大宝,先生为辅。朕今南巡,先生已矣。呜呼哀哉!"表达武宗对这位东宫师傅的悼念之忱。

【计成择居镇江撰《园冶》】 计成是明代杰出造园专家,苏州松陵(吴江)人,字无否。中年时,他择居镇江,开始总结造园经验和技艺,编著了中国造园学最早的名著《园冶》。

计成"少以绘名,性好搜奇,最喜关仝、荆浩笔意,每宗之"。青年时期,游历名山大川,特别是北京、河北一带的皇家园林,湖南、湖北一带丰富的自然山水,开阔了他的眼界,为他日后从事造园,打下坚实基础。

计成壮游归来,便择居润州,他认为"环润皆佳山水"。自六朝以来,即有戴颙的戴公园、宋武帝的丹徒宫、郗鉴的太尉府;唐代有许浑的丁卯桥村舍、李德裕的李卫公园;特别是宋、明两代更是园圃甲第云屯,刁约的藏春坞、沈括的梦溪园、苏颂宅、米芾的海岳庵、陈升之宅、靳贵的乐志园、杨一清的石淙精舍等,这些对计成有着巨大吸引力。

有次他看见有人用奇巧山石在竹林之间堆叠的山呆板无生机,他借此机会,为他们叠了一座峭壁山,从此,他造园叠石的名声不胫而走,传遍大江南北。

明天启三年(1623 年),计成应武进吴玄的邀请前去造园。吴玄曾当过江西布政使,住处原是元朝温国罕达的旧花园,园地仅有 15 亩,内有 10 亩建宅,5 亩造园,并要求仿宋代司马光在洛阳所筑的独乐园。此园地形高低悬殊,古木参天,虬枝拂地。计成匠心独运,就地取景,因地制宜,境界全出。此园名为东第园,园建好后吴玄十分高兴,他对计成说:全园虽仅四百步,但江南胜景,尽收眼底了。

明崇祯五年(1632 年),计成在苏北仪征为汪士衡造寤园,此园与吴玄东第园一南一北并称于大江南北。此后,他又为扬州的郑元勋建影园,南京的阮大铖建石巢园。

计成在与豪门巨族造园时,积累不少经验,他将造园经验和技法撰写成书,于崇祯七年(1634年)成稿,初名《园牧》,后经曹元甫建议改为《园冶》。由阮大铖作序,郑元勋题词。初版于崇祯八年(1635 年),郑元勋在《题词》中云:"古人百艺,皆传于书,独无传造园者何",这"造园"一词是中国典籍中最早使用的词。

此书因受阮大铖牵连,在清代一度成为禁书。后传入日本,日本人给予高度评价,并尊《园冶》为世界造园学最古名著,书名译为《巧夺天工》。1931 年,中国经造学社的朱启钤在日本购回残本,经补充校订,于 1931 年出版。《园冶》在国内出版,引起学术界广泛重视,被认为是一部最系统、最全面的论述园林学的专著。

【镇江工商业与贸易】 元明时期,镇江交通运输业发展,促进镇江工商业的发展。尤其是海运兴起,使镇江同欧亚各国贸易往来和文化交流日益加强。

元代意大利旅行家马可·波罗曾游历过镇江城,他在《马可·波罗游记》中说:"镇江府城是一蛮子城市,居民是偶像教徒,臣属大汗,使用纸币。恃工商为活,产丝多,以织数种金锦丝绢……"简洁概括了元代镇江以丝织业为主的手工业生产情况。为满足蒙古贵族消费和供应官府急需,当时镇江设置管理手工业和官营手工业作坊的机构叫织染提举司,下设织染局和生帛局,在局内劳作的官工匠叫做"匠户",匠户都掌握专门的手工艺技术,他们长期在官营手工作坊或工场内工作,昼夜不得休息,又不能自由离开或改业。当时仅丹徒就有三百户这样的工匠。所以镇江丝织品产量高,花色品种比较丰富。据元《至顺镇江志》记载:元代镇江织染局、生帛局等官营手工业部门每年仅"缎匹岁额五千九百一匹",产量居全国同行业之首。建康路(南京)东织造局是当时产丝量最大部门,岁造缎也只有 4527 匹。镇江除缎匹外,还有纻丝 1940 匹、暗花 1167 匹、素 737 匹、丝绸 3997 匹、胸背花 331 匹、斜纹 3666 匹等,可谓品种繁多。各种丝织品色彩绚丽,仅褐色就有枯竹褐、秆草褐、橡子褐、驼褐等,另外还有明绿、鸦青等颜色。这些丝织品,不仅销售国内,而且还远销海外。明代,棉纺织业也很发达,句容的工匠改进搅车,提高生产力。搅车的样式很多,搅车是专供轧花去籽用的,一般搅车用一人,其生产量可当三人,句容式的搅车一人可当四人。当时棉纺织业已成为普遍的家庭副业,也是当时产量最多销路最广阔的手工业。

丝织业的发达,带动了浆染业发展。当时京口浆染业中翠红色独步东南,闽商"货湖丝者,往往染翠红而归织之"。就是说,闽商有购湖丝者,往往先到镇江染成翠红,再带回织绸。

镇江造船工业,元明时期也有长足发展。据明万历《镇江府志》记载:镇江有 3 处造船场,一在城西江口镇,一在通户门里樱桃园,一在小围桥西木场巷。其中江口镇造船场一直在使用,另两处则逐渐废弃。江口镇造船场位置大致在今镇屏街至蒜山一带以北江边港湾。当时不仅能造出行驶于江河的内河船舶,也能造出漂洋过海的大型海船。元代因海运需要,需要造一种既能行驶于江河,又能经得住海上风浪的运粮船。镇江人罗璧于至元十九年(1282年)奉命造60艘“平底船”,经海上运粮北上。这种平底船即为元明时俗称为“沙船”的航海船,它底平、身宽、头方、体大,既能行驶于大海不至于倾覆,也能顺利通过有沙滩阻挠的江河而不至于搁浅,被广泛应用于江南漕粮的江海转输。据《论郑和下西洋》一书记载,郑和七下西洋,其所用船有相当一部分由镇江府奉命承造。

镇江不仅能造海船,也能造各种运粮船和驿船。明宣德年间,江南直隶共造浅船1351艘,镇江卫造178艘。明清时驿船多由镇江地方船厂制造和维修。造价因船而异,普通船船长4.15丈、宽8.6尺,每艘造价40两白银。而通津递运所(驿站的一级机构)所用大座船,长7.6丈、宽1.35丈,其造价每艘白银140两。其他如次座船、平船、摇船的造价在60~120两不等。造价昂贵的驿船,不仅造工精细,船内配套生活设施也齐全,有卧舱、书房、厨房、货舱,生活用品也应有尽有。

民间造船业也不断发展,民用船直接服务于商业运输。这类造船场规模较小,设有船篷、木楼(趸船),以备造船、修船之需。与此相应的各类为造船、修船服务的商业、手工业也逐渐涌现,如木材、桐油、麻绳、铁锚、铁钉等行业。

元代镇江商业很繁荣,这与农业和手工业发展,海运开启和漕运沟通有很大关系。特别是海运开启国内外海上运输大门,为商品流通开辟众多国内外市场。各族相互往来,通商贸易,促进了商业发展。《马可·波罗游记》里写道:“所见有富商大贾,野味及适于生活之百物皆饶”。当时经营的主要商品有粮食、茶叶、盐、酒、鱼、竹木、绸缎和珠宝。南方的各种粮食作物、丝麻棉织品、笔墨纸张、桐油、各色水果等;北方的红枣、柿饼、芝麻等,应有尽有。市场有大市、小市、米市、马市、菜市等。江南地区的商品,以各种丝织品为大宗,包括镇江地产的丝绸还外销高句丽等地。

明代镇江还担负着大宗商品转输功能。由于镇江粮运相对集中,有众多粮食供应市场,因而各地米商都在镇江采购粮食运往各地。镇江鲇鱼套是江苏最早的木材集散中心,明代中叶,有江南木业鼻祖之称。上江的竹木排筏,沿长江东流而下,停泊于镇江的江滨港湾,再由商贾由长江输入运河,销售于江浙等省的木材市场。当时江南商业最发达的城市是苏州、杭州、南京等,镇江仅次之,但居南北交通要冲地位的则无过于镇江。

清　代

入清以后,江南是清政府统治初期很不稳定地区之一,加之地处沿海,有些人与浙、闽的南明政权和海上抗清力量有着一定联系,因此,各地反抗斗争也此起彼伏。

镇江地处江南,清兵南下时被清军轻易取得,但周围反抗斗争却先后不绝,不久也归于失败。只有来自海上南明部队的不断奇袭,成为清政府统治江南的威胁。张名振曾从海道溯长江三破镇江,郑成功联合张煌言大举北伐,直逼南京,占领镇江等四州三府二十四县。他们的行动使清统治者大为震惊。此后,经历康、雍、乾盛世,镇江经济得到恢复和发展。

其时,镇江是长江中下游重要物资集散地,是江南漕运咽喉,有“银码头”之称。手工业主要还是以丝织业、造船业为主,丝织业出现大型手工工场,造船业已成规模,特别是制造海上战船,相对集中于镇江。据乾隆《镇江府志》记载:“京口战船为防海而设,原系江宁、苏、松、常、镇、扬州六府三十六州县承造承修。缘修造事务弊害多端,康熙十年,允工科给事中李宗孔请于六府府佐及八旗官员内,各委廉能官一员,在镇江驻防之地修造。通计‘沙船’‘唬船’三百只,建厂高资港地方。”乾隆时镇江醋在全国有了地位,后来恒顺酱园所制香醋和百花酒名闻遐迩,香醋并获南洋劝业会金奖。镇江商品在国内打开众多销售市场,镇江丝绸业在扬州形成垄断经营局面,扬州缎子街店铺所经营的绫罗绸缎俱来自镇江,扬州城中南货海味商号多属镇江帮。雍正年间即有镇江人在上海县开设卜春记浙闽广货店,甚至北京城中也有专卖南货海味的镇江商号。

在文化方面也颇具特色,特别是诗坛画苑非常活跃。明末清初时有以冷士嵋为代表的遗民诗人。乾隆时诗坛领袖沈德潜曾寓居镇江,选编《古诗源》一书,他还发现了均为布衣的“京口三诗人”。乾隆鼎盛时期出现王文治这样的大家。其后又出现前、中、后七子。如沈德潜所说:“润州故多诗人。”画坛更是异军突起,出现以张崟为代表的独辟蹊径的“京江画派”,及为人所称道的“潘画王题”“张松顾柳”等。另外在小说、戏曲、文艺理论等方面均有一定影响的作品问世。

康熙、乾隆祖孙两代 12 次南巡,经过和逗留于镇江。镇江名胜古迹留下他们的足迹和墨迹。他们所到之处,事先建筑各式各样的离宫别苑,镇江金山、焦山建有行宫。每次南巡,浪费无度,也给镇江人民带来沉重负担。

乾嘉之后,清政府统治日益衰败。道光二十年(1840 年),英国侵略者发动第一次鸦片战争,镇江遭受一次浩劫。道光二十二年六月,英军发动扬子江战役,面对野蛮侵略军,镇江各族军民英勇抵抗,得到恩格斯高度评价。

鸦片战争结束,镇江又经历长达十二年的国内战争,前五年太平天国革命军占领镇江,遭到清军围攻;后七年清军重新占领镇江,受到太平军包围,直至同治三年(1864 年)天京沦陷。

咸丰七年(1857 年),英法等国发动第二次鸦片战争,清政府迫于压力,先后与英、法签订《天津条约》与《北京条约》。根据《天津条约》规定,“镇江一年后立口通商”。

镇江辟为商埠后,经济社会发生重大变化。外国洋行接踵而至,大量倾销洋货;国内各地商帮也纷至沓来,设行设庄经营。外国洋行设立的前后,宁波、广东、山西、陕西等商业行帮都在镇江设立会馆。本帮行栈商号也逐步发展,形成资金雄厚、生意兴隆的绸布业、江绸业(京江绸)、木材业、江广业(南北杂货)、钱庄业等五大行业。另外米业、航运业也有很大发展。由于交通便捷,镇江成为全国办理转口贸易业务的最大口岸,根据镇江海关资料统计,进出口贸易最盛的光绪三十三年(1907 年),营业额曾超过 3500 万两白银。

光绪二十年(1894 年)镇江近代工业开始发展,先后创办丝厂、电厂、自来水公司、造纸厂、面粉厂、火柴厂等。除电厂、水厂、面粉厂、火柴厂尚能维持下去外,其余都自生自灭,镇江近代工业虽然在清末一度兴起,但基础很薄弱。

【张名振三破镇江】 清初,镇江及江南为清军所占,各地反清斗争此起彼伏。东南沿海及西南一隅,明朝官绅先后迎鲁王于绍兴,复立唐王于福州,拥立桂王于肇庆,建立三个政府,打着反清复明旗帜,不时进行武装袭击。当时被鲁王封为定西侯的张名振曾三破镇江,使得清廷丧魂落魄,寝食不安。

张名振随鲁王转战于东南沿海。绍兴失陷后,赴舟山,舟山不守,“名振与煌言奉王南依成功”。郑成功对张名振并不了解,第一次相见时,“不为礼,名振袒背示之,涅‘赤心报国’四字,深入肤”,之后郑成功才愿意以兵力资助张名振对清作战。短短三年里,张名振四入长江,三次攻破镇江。

顺治九年(1652 年),张名振向郑成功请兵北上,郑成功给他兵二万,粮船三艘,战船若干,派兵部尚书张煌言为监军。他们首先于金塘山斩杀叛将金允彦,遥祭舟山牺牲将士,并召旧部,直入长江,攻克镇江,登上金山。于平阳沙大战清军,杀死清兵万人。后得郑成功令,返回厦门。

顺治十一年(1654 年)正月,张名振再次率海船数百艘,经吴淞进入长江,直达镇江,十三日攻克镇江,缴获清军大炮,烧毁清军在金山和瓜洲的战船,将舟师驻扎在金山江面,并等待内应援军到来。因“时上游有蜡书为回应”,即内地有蜡丸密书来约,愿为内应。

第二天，张名振与张煌言登上金山，寺僧看到十年不见的大明故国衣冠，都激动得热泪盈眶。从十三日等到二十日，终不见援军到来，相反等到的却是郑成功要他们班师回去。张名振十分悲愤，正月二十一日，张名振、张煌言等，戴上纱帽，穿起青袍，在山顶上备下祭筵，向西南方遥望明孝陵，奠祭明太祖朱元璋。与祭兵士全都挂孝，哭声震天，场面甚为悲壮。张名振更是悲愤，他挥笔写下《予以接济秦藩，师泊金山，遥拜孝陵有感而赋》的七律一首，并题诗于壁。张名振布施十担米、十担盐给金山寺，祈求佛祖保佑"大明中兴"，然后收兵出海而去。

当年四月，张名振第三次攻打崇明，溯江而上，再入镇江，略瓜洲，至仪征，检阅部队，烧毁清军战船六百余艘，直逼燕子矶（南京）而去。一路所向披靡，屡战屡胜，最后凯旋。

【郑成功收复镇江】　顺治十五年（1658年），南明朝延平郡王郑成功奉永历帝诏，牵制清军向云南、贵州方向进攻，趁江南武备空虚，大举入江北伐。郑成功亲为统帅，张煌言为监军，率17万大军乘海船8000艘北上，其中水军5万人，骑兵5万人。另外还有8000名身穿盔甲、手持砍刀专门对付清军骑兵的"铁人"。但队伍行至羊山海面，遭遇特大飓风，全军不得不回到舟山休息整编。

顺治十六年（1659年）五月，大军再度北上，到镇江焦山。阴历六月十三日，郑成功率将士们在焦山祭告天地、祭告先帝。8000艘战船环绕焦山，祭告及誓师仪式场面壮观，气势宏伟，"祭天诸舟环集，旗盖袍服用红色，望之如火。癸卯祭地望祀岳渎用黑色。甲辰吉服，祭太祖毕，缟素祭崇祯隆武帝，望之如雪。恸哭誓师，三军皆泣下。"

祭拜仪式结束后，郑成功即召集诸将商议战事。当时瓜、镇清军防守非常严密，在谈家洲（北固山西北江中）上设有大炮，有重兵把守。在焦山和金山之间有大铁链拦住江面，俗称"滚江龙"。在镇江与瓜洲之间用大木为长堤，绝流而守，谓之"木城"，又叫"木浮营"。于是郑成功决定由张煌言率部先入，水师提督罗蕴章所部协助。

当日，由材官张亮率水兵砍滚江龙，张亮率海船4艘，船体上都蒙上一层厚棉絮，扬帆直下，清军炮弹（铁沙）打落在被棉絮裹着的船体上，毫无作用。海船靠近滚江龙时，船上跳下一批熟谙水性的水兵，用利斧砍断铁链，这时张煌言率师挺进，两岸炮声震天，波涛立起，张煌言舟行其间，且进且退，直逼木城。随后，郑成功自督亲军，与中提督甘辉、左提督翁天祐直捣瓜洲；右提督马信、前锋镇统领余新夺取谈家洲。

守谈家洲的是清军镇江营都司罗明升，当马信、余新率众登洲后，他带领2000守兵负隅顽抗，但炮兵都已逃窜，又得不到南岸援助，最后，被郑军打死。

占领瓜洲、谈家洲后，便兵分两路，张煌言率偏师自水道直取南京观音门，并阻击金陵援军，使郑成功得以专心攻打镇江。当时镇江守城的是清巡抚蒋国柱、提督管效忠、副将高谦、知府戴可进，他们列炮城上，关闭南北水关，并火速修书向江宁告急。江南经略洪承畴派将军罗托率骑兵1000人来援。由于罗军骄躁，加之疲于奔命，而郑军海师疾走如飞，见骑兵就挥刀砍杀，这时炮声突起，炮弹横飞，罗军骑兵几乎全军覆灭，其余清军都退守城西阳彭山。郑军海师乘胜占领金山、蒜山。

第二天，清军又增援2000人屯守阳彭山。郑成功命周全斌来接战，敌大败，管效忠背着军旗狼狈逃往江宁，4000多人的部队，只剩下140人活着逃走。蒋国柱也逃往丹阳，后又逃往常州，高谦带10余个残兵败将退入城中。

郑军海师将镇江城团团围住，高谦、戴可进不得不大开城门迎降，这天是阴历六月二十三日，郑成功"树五色帜，震曜形势，张紫盖入城。兵五百人，前后翼之"。郑成功的部队入城后，军纪严明，"兵民解辫发，日晡市开"，商店照常营业。二十四日，郑成功在京岘山设宴犒劳士卒，二十五日，举行盛大祝捷阅兵式。并任命周全斌和援剿后镇黄昭等守镇江，冯澄世为常镇道兵都事，李征知镇江府。同时郑成功向周全斌等人发布《诫谕》，强调新形势下厉行的"城市政策"。

郑成功还优待降官，接见归正士绅，当时镇江有一位明亡后隐居茅山的遗民毛一驹，郑成功还特地派人邀其出山，共襄大业。

七月初，郑成功拥战舰数千，扬帆西上，进攻江宁（南京）。结果惨败于金陵城下，而又退回镇江。

从六月二十三日攻克镇江，到七月二十八日因攻打金陵失利而退出镇江，郑成功在镇江共36天。

【镇江“通海”之狱】 郑成功因金陵失利退出镇江后，清军在江南各地追查所谓“通海”大案，一时有所谓“江南十大案”之称。定案在顺治十八年（1661年）辛丑，所以又称通海之狱为辛丑之狱。在这次大案中，镇江“衣冠之族”惨遭灭门的达83家之多。

清兵重占镇江后，即增加驻防旗兵，圈占民房，进行报复。常州诗人邵长蘅在《京口行》中写道：“此时官军都入城，苦死鸡犬无留生。讵有童男贯高槊，似闻节妇悬衣桁。呜呼此事真可吁，屠戮岂异犬与猪。上功尽拟侯王相，烈焰翻将玉石俱。”

当时，只要被指认为“通海”的，男的抓到就被杀头，女的抓到就发配到关外给披甲人（满洲骑兵）为奴。镇江所谓“通海”犯家属，纷纷自尽，知道姓氏的有19人之多。其中死得最壮烈的如尤元豹之妻何氏，在丈夫被捕后自杀几次都没有成功，捉拿家属的官兵一进门，她又跳井，被救起塞进轿里，抬到近监狱时，她用自己的头发勒紧脖子，从轿里跳出，坠地而死。王汲的妻子余氏，在被捕前拒绝侧室某氏欲冒名顶替代为发配请求，她说“洁其身置人以污，不仁”，并于当夜上吊自杀。

更有甚者，竟有姓名相同而受祸的，据清初镇江古文家何絜《史节妇王氏传》一文记载：王氏的丈夫史廷谟是丹徒秀才，辛丑大狱黑名单上有一个名叫史今修的人，清官找不到这个人，就去查阅秀才名册，发现史廷谟的弟弟叫今范，一个族兄叫今琦，于是就认定史廷谟就是史今修。把弟兄三人一起抓起来，经过严刑拷打也未逼出口供，结果把三人都杀了。廷谟的妻子王氏跳井自杀，死时手里还拿着一支笔，准备到阎王那里去告状。今琦的妻子张氏和今范的妻子道氏都被押送到北京，道氏自尽，临死时对张氏说，只恨没有像王氏那样早点死！张氏听了，也在同一天服毒自杀了。清初诗人孙枝蔚《秋胡行》诗序云：“己亥九月，江上乱既定。闻镇江郡人有以姓名相同，被祸最烈者，与客骇叹竟日。”

郑成功攻打镇江，城陷时，一起商议迎降事宜的，确有乡绅在内。计六奇《明季南略》卷十六云：“时高谦、戴可立（进）与乡宦笪重光、杨鼎、陈士鼎、王纪俱在城上商之，纪齿爵俱尊，对可立（进）曰：‘老公祖亦随机可也’。”意思是劝戴可进不要抵抗。当时镇江有个年轻书生，叫罗纶，郑成功进兵镇江时，他拜见张煌言，张煌言很器重他，他的族叔罗蕴章是郑军的左镇，他就加入了郑军。“不数日成功东奔，纶在金山犹疑阳败，已望见大艟过焦山，乃乘小艇径奔成功船，大呼曰：‘我罗总兵侄也’。超登曰：‘公何以费十年之力，辜天下望？’成功不答，纶大恸曰：‘兵势尚强，奈何以小衄挫志，彼战胜而惰，转帆复进，南都必破。失此事机，后欲再振其可得乎’，持成功手顿足号恸不已，成功默然竟令左右扶去。”郑成功没有采纳他的意见，他只好赶回家中，扶了老父，随罗蕴章撤退到厦门。

上述牵涉的几位乡绅虽未在镇江被捕，但都先后于外地被捕殉难，只有笪重光幸免。笪重光当时虽参与议降，但后被考工司张九征拉过去，据李光地所撰《张九征传》云：“海寇犯京口，守师战溃，有司将开门纳款，征极言乌合之众，外强内弱。大兵云集，旦夕殄灭。谓御史笪重光曰：‘吾辈虽非守土官，无城社责，然受国恩一也，朝廷土地且我桑梓，忍见其涂炭乎’。光曰：‘奈吾侪儒生何’？征曰：‘有文事者，必有武备，吾筹之熟矣’。遂指画方略，登陴誓守，以待援军”。高谦、戴可进决定迎降后，“重光、九征闻之，急下城，牡已启，贼拥入，重光缒城去，九征微服出东门走常州。”事平后，笪重光目睹辛丑大狱83家家破人亡惨状，悔恨内疚之心不能免。他后半生隐居五洲山、茅山，过着与世隔绝的生活。

【太平宰相张玉书】 张玉书（1642—1711年），字素存，号润浦，镇江人。“性端重，寡言笑，读书过目成诵，年十一，入县庠第一，试卷出，士子即争相传诵。”顺治十八年（1661年）进士，自编修升侍讲学士、内阁学士。康熙二十九年（1690年）任文华殿大学士兼户部尚书。

张玉书博学多才，熟谙水利。康熙二十七年（1688年），奉命勘察高邮州海口等地河道，提出增减各处水坝建议；康熙三十一年，奉命检查河工，提出与河道总督靳辅不同的意见。康熙四十六年，随康熙亲往清河口视察河工，又一次提出引汶水入运河，“淮水敌黄，黄水趋海”建议，这些意见，受到朝廷的重视和采纳，对治理黄河、运河起了重要作用。

康熙三十五年（1696年），张玉书随康熙亲征噶尔丹，“预参帏幄”，是从征的唯一汉臣。

张玉书因学识渊博，被康熙委派修纂多种书籍。由他担任总裁修成的有：《三朝国史》《大清会典》《大清一统志》《平定三逆方略》《平定朔漠方略》《政治典训》《治河方略》等书。特别是《佩文韵府》，他亲自采辑经史，补原纂所未备，花费很多精力。《康熙字典》由他担任总阅官。《明史》也一度由他任总裁。

康熙皇帝也很喜欢镇江籍的大学士张玉书，每次南巡都要召他随行，一起共商国是，品评诗词文章。康熙四十年（1701年），康熙南巡，“御舟次高资港，玉书奏言，‘前去镇江不远，请幸江天寺，留驻数日’”，康熙听了很高兴，多留一日，畅游金山。康熙皇帝很喜欢镇江山水，著名的金、焦、北固三山和南郊诸寺，都留下他的足迹和诗文。尤其是风景秀丽的金山寺，曾使这位皇帝流连忘返，他认为“江山之奇，未有逾于此者”。

张玉书丁母忧，康熙皇帝还“遣官赐祭，并赐御书‘松阴堂’榜”。张玉书一生清廉自守，生活俭朴，常吃素，不纳姬妾，“初玉书丧偶年三十五，遂独处一室，终其身”。这些对一个位极人臣的宰相来说，都是难能可贵的。他历官50年，“谨慎廉洁，居政地二十年，远避权势，门无杂宾，从容密勿，为圣祖所亲任”，一生没有政治上的大起大落，人称太平宰相。其睿智、博学、不忘乡情的传说，脍炙人口。康熙四十九年（1710年），张玉书告病辞官，但康熙仍慰留在朝。康熙五十年，以70高龄随康熙出巡热河，病死塞外，谥文贞。

【书掩诗名的王文治】 王文治（1730—1802年），字禹卿，号梦楼，又号无余，江苏丹徒人。清代著名诗人、书法家。

王文治“生有夙慧，十二岁能诗，即工书”。24岁取中拔贡，到北京应廷试，与姚鼐、朱孝纯等结为好友。乾隆十九年（1754年）十月，琉球国中山王世子尚穆因其父王崩逝，遂遣其陪臣上表请袭封。乾隆二十年，清廷派翰林院侍讲全魁、编修周煌充正副使，前往琉球册封。其时王文治因其文采、书法小有名气，全魁聘其入幕偕行。乾隆二十五年，王文治以一甲第三名及第，授为编修，擢升侍读。乾隆二十九年，外放为云南临安知府。3年后“因事镌级，乞病归”。

回到丹徒后，卜居寿邱山麓梦溪旁，建柿叶山房，并自号梦楼，日夕以吟咏为乐。乾隆三十六年（1771年），42岁的王文治掌教杭州崇文书院，先后有4年之久。赋闲在家的王文治不是没有出山的机会，但他都放弃了。晚年好佛，嘉庆七年（1802）四月二十六日，王文治坐座室中而逝，终年73岁。

王文治有多方面才艺，诗书画印琴棋，无一不精。其书法尤其出众和著名，其书风神俊逸，与诸城刘墉、钱塘梁同书齐名，当时有“浓墨宰相（刘墉）、淡墨探花（王文治）”之誉。王文治的帖派书法达到清代中叶的最高水平。

世人普遍认为他是以工书而名海内，但“其诗超拔不群，特为书名所掩耳”。在乾嘉诗坛上，洪亮吉将他与袁枚、蒋士铨、赵翼并称为“袁王蒋赵”四大家。马桐芳《憨斋诗话》则从师承上分析四家风格：“王梦楼诗格近赵诒山，工夫深纯，精神绵密，细筋入骨，高唱凌云，七言律大抵学《唐诗鼓吹》，亦当时之铮铮者。”聂铣敏《蓉峰诗话》云：“江左诗人，俱擅风流，王梦楼前辈文治，又别开一派，有修洁自喜之到。”《续修四库全书总目》乾隆乙卯刊二十四卷本《梦楼诗集》的提要也对王文治的诗作了较高评价：“文治早负诗名，能尽古今之变，而自成一体。其深纯精粹，远过时流。其时袁枚早年引退，以诗鸣江浙间，气焰之盛，天下翕然宗之。文治继其后，而声华与相上下。枚称其诗如细筋入骨，高唱凌云，其工力之深，才力之足以相敌，即此可见，故枚亦推重之而无间言”。王文治的诗在乾嘉诗坛的地位却被他的书名所掩，在一般文学史著作上很少有人提及，这不能不说是件憾事。

【鸦片战争镇江保卫战】 道光二十二年（1842 年），英国侵略军攻占上海，越过江阴，直逼镇江。

这次英军投入大小军舰 76 艘，大炮 724 门，海陆士兵 12000 多人。最高指挥官是英政府全权代表璞鼎查，总司令兼海军司令巴加，陆军司令郭富。清政府及其在江南的扬威将军奕经、署理两江总督牛鉴等，一心求和。牛鉴亲临镇江，动员当地绅商出白银十二万两做“赎城费”，企图贿赂英军不攻镇江。因未募集到，牛鉴溜回南京。

道光二十二年六月初六（1842 年 7 月 13 日），英军先遣队“伯鲁多”号和“复仇”号两舰导航，逼近镇江圌山，圌山炮台驻军发现英舰立即开炮射击，击中英舰后舱，迫其后退。六月初七下午，英军派遣“摩士底”号等 9 艘军舰袭击圌山关。圌山守军仅 80 余人，炮弹十分缺乏，圌山关旋即失守，炮台和营房被摧毁殆尽。

六月初八，英军驶抵焦山口，遭到象山炮台守军炮击。英军派士兵强行登陆。焦山守军与英军展开一场白刃战，打死打伤英军多人，但终因寡不敌众，除两人泅水回城报信外，驻守焦山的蒙古旗兵 100 人全部壮烈牺牲。海龄得报后，亲临北门城楼指挥，并命协统武忠阿带领青州兵驰赴接应。英军占领焦山炮台后，即炮轰象山炮台。英军在炮火掩护下，派兵驾驶小舢板登岸，又被参将张富、游击张章明、王贵等击退。此时，参赞大臣齐慎率领官兵扼守城东北山梁江岸，也击退英军登陆者。英军见两路守兵反击猛烈，不得不退回圌山关。

六月初十，英军 5 艘战舰集中火力，炮击象山炮台。援镇军齐慎、刘允孝各部在城东北江岸炮击英军，因射程太近，无法击中。海龄即将旗营官兵调入城内，将一向骁勇著称的四百名青州兵调离东码头，入城添布四门昼夜严加防守。齐慎、刘允孝仍率兵分驻于阳彭山和银山。

六月十一日，英舰开始陆续集中于镇江江面，并封锁长江和运河间航线。六月十四日，英军以 4 个旅兵力，分 3 路攻打镇江城。第一旅由萨勒顿少将率领，计 2310 人，在炮兵掩护下，攻打驻守镇江城外阳彭山、银山的齐慎和刘允孝部；第二旅由叔得少将率领，计 1832 人，在海军配合下攻打北固山，并准备进攻北门；第三旅由巴特雷少将率领，计 2155 人，攻打西门。是时，镇江城内守军有旗兵 1583 人（包括 400 名青州兵）；西南郊汉军有 2700 人，他们是后来陆续从外省调来的部队。这支日夜兼程临时集中的部队，不谙镇江的地形，其武器除少量的抬炮和火绳炮外，均为长矛大刀。

早晨 7 时，英军第二旅，在北固山后峰登陆，在英舰重炮掩护下攻打北门。防守北门的是英勇善战的青州兵，他们向敌军猛烈开火。敌人乘城上旗兵集中注意力防御正面进攻时，从侧面搬来三架云梯，在十三门（是依城另作小城突出垣外的虚台即瞭望台）下架云梯攀城。城上守军发现后，用火弹枪射击，后来敌人蜂拥而上，城上守军和英军进行搏斗，激战持续一个多小时。北门城墙最后被敌炮轰塌十余丈，英军从轰塌处涌向城头。

萨勒顿率领的第一旅，在天亮前就在金山对面的江岸登陆，进攻驻扎在城外阳彭山、银山的齐慎、刘允孝部队。齐、刘二部因远道来援，又粮草供应不上，经过一番激战而溃败，齐、刘二人见城内一片火海，知城池已破，乃退到辛丰镇。

西门是英军攻城主战场。北门和西南郊开战后不久，英军第三旅即开始攻打西门，先由两个团占据护城河边民房，向城楼守军射击。同时，一支船队载着 100 多名海军陆战士兵沿运河至西门，企图偷袭西门，被城上守军发现后，居高临下的炮火一阵猛击，不到 10 分钟击伤 16 名海军和 8 名炮兵，指挥官海军少校克鲁其也身负 3 处重伤，英军狼狈逃去。后英军又增派海军陆战队 200 多人，配合陆军向西门扑来。他们架起云梯，遭到守军的猛烈射击，打得英军死的死，伤的伤。中午，英军派出一支工兵，用火药包炸开外城门，敌军从缺口处攻入外城。同时，占领北门的第二旅又蜂拥而至，打开内城门，在敌强我弱形势下，镇江城失陷。

城虽陷，但守军浴血奋战的斗志依然不减，在城内万寿宫、高桥、小教场、范公桥等地与英军进行激烈巷战。仅在高桥就打死打伤英军40多人，英军司令也险遭击毙。

守城将领副都统海龄看到大势已去，最后返回都统衙门自缢殉职，其妻及次孙亦焚火自尽。多数旗兵家属全家投水或集体自焚，不愿受侵略军凌辱。英军入城后，抢掠财富，杀人放火，强奸妇女，无恶不作。

六月二十六日，英军驶往南京，留叔得率1旅驻守镇江，命传教士郭士立为镇江行政总管，办公于镇江府署。

英军占领镇江后，最害怕的是人民在夜间对他们进行突然袭击。因此英军只有白天进城，晚上就龟缩到江心的船舰上。他们在船舰上也同样得不到安宁，船民、渔民、盐民自动组织起来，夜间袭击敌船，叫“摸桩”。摸到英军后，就将其抛入江中淹死。

八月二十八日，英军全部撤离镇江，他们侵占镇江城总计76天。恩格斯在《英人对华的新远征》一文中，高度赞扬镇江军民抵抗侵略的英雄气概：“驻防旗兵殊死奋战，直到最后一人……如果这些侵略者到处都遭到同样的抵抗，他们绝对到不了南京。”

【太平军与清军镇江之战】 咸丰三年(1853年)二月二十二日，太平天国左殿一指挥罗大纲、木一总制吴如孝等率领太平军2万余人，进攻镇江，基本上没有遇到抵抗，就攻入西门和北门，占领镇江。

太平军占领镇江后，加强守备，拆除南门外虎踞桥，以西门作为进出通道；在古城楼上盖高及丈余的望楼；并动员群众增筑新城，自北固山向西沿长江至运河口，再沿运河向南抵西门，并筑炮垒6座，以加强镇江防御能力。

不久，清钦差大臣向荣率清军1.5万余人驻扎于孝陵卫，建立江南大营，围困天京；钦差大臣琦善率清军1.7万人，在扬州城外建立江北大营，围困扬州。两个大营南北呼应，企图阻止太平军东下。二月底，向荣派江南提督邓绍良率兵进攻镇江，从此，太平军开始了镇江保卫战。

咸丰三年三月三十日，邓绍良会同京口副都统文艺率清军与太平军战于镇江南门外观音山，太平军佯装退却，绕到釜鼎山后抄清军后路，消灭清军300多人。后来向荣给邓绍良增川、粤、浙兵2300名，并命总兵和春等统水师合攻镇江，此后，水陆战斗不断。

六月十三日，太平军利用中午酷暑、清军守备松懈之际进行袭击，将清军设于京岘山的7座军营全部烧毁，清军退保丹阳，邓绍良受到革职处分。由和春任江南提督，接统陆军。在此后一年里，清军屯兵于镇江城四周，进行水陆围困，太平军不仅打退清军进攻，还常常主动出击，屡创清军。

咸丰四年(1854年)七月，当时负责镇江军务的清军提督余万清收买太平军中内奸。十月初五，天京派天官正丞相杨正潮、尚书李春发率军东援镇江，余万清事先看到天京发出的军书，调动水陆各军到高资与向荣的部队夹击杨正潮的援军，同时派兵堵住城内太平军吴如孝派出的接应部队，致使太平军东援的2000多人全军覆没，杨正潮死难。

咸丰五年(1855年)，江苏巡抚吉尔杭阿在上海镇压小刀会起义后，将全军西调，进攻镇江。他挖濠筑墙，围困太平军。一次太平军冲出城与清军大战于宝盖山，清军佐领额哲赫中炮死亡，嵩林也受重伤。清军受挫后，在京畿岭附近挖地道，运送炸药，企图炸毁西南城墙，但被巡城士兵发现，掷火球先期引爆，清军企图未能得逞。同年冬，天京3次派北王韦昌辉东援镇江解围，皆因兵力不足，未成。

咸丰六年(1856年)二月，燕王秦日纲率陈玉成、李秀成等东援镇江、瓜洲。在汤头、下蜀一带与清军大战。陈玉成先期乘坐小艇，冲破清军舰船、炮火的封锁进入镇江，与守城的吴如孝取得联系，进行内外夹攻。二月十一日夜，李秀成率领精锐部队切断汤头清军后路，陈玉成、吴如孝率部击败清军堵截,赶到高资与秦日纲援军会师。太平军前后夹攻清军,击毁清军营盘16座。

当日,李秀成、陈玉成等又乘胜进攻驻扎在九华山的吉尔杭阿的大营,吉尔杭阿拼命抵抗。太平军避实就虚,秦日纲等率军连夜从金山渡江,攻打江北大营,再克扬州,将扬州一带粮食运往瓜洲、镇江。后又率大军南渡,攻打驻扎于高资的清军。吉尔杭阿率军从九华山来救援,中了太平军埋伏,被困于烟墩山,他左冲右突,企图杀出重围,但已溃不成军,四月二十九日,吉尔杭阿走投无路,开枪自杀,驻守高资的候补道江宁知府刘存厚自刎,京口副都统绷阔投江死。

五月初一,秦日纲大军进攻九华山大营,清军看到太平军大兵压境,争相逃命,不战自溃。清军提督余万清慌忙从后营出逃,被长矛刺伤。后张国梁从六合赶来救援,太平军受挫于东郊丁卯桥。五月十一日,秦日纲返天京,翼王石达开率太平军攻打江南大营,大破江南大营,清钦差大臣向荣败逃丹阳,七月向荣死于丹阳。后太平军又攻占溧水、句容县城,完全解除天京、镇江之围。

咸丰六年八月,天京发生内讧,清军卷土重来。石达开自天京出走,削弱了太平军力量,溧水、句容相继失守,天京、镇江再度受围。太平军几度东援和突围,均未成功。咸丰七年(1857年)十一月,清军占领镇江城外磨笄山、宝盖山、银台山营地,镇江城西、东、南门相继被攻破。十一月十二日,吴如孝率领守军会合李秀成的援军突围回天京,历时四年零九个月的镇江保卫战结束。

【镇江开埠与租界】 道光二十九年(1849年)一月至咸丰二年(1852年)六月,英国驻上海领事阿礼国,先后3次向英国香港总督兼驻华公使塞尔·乔治·文翰提出:镇江是中国南北交通枢纽和长江下游的战略要地,建议把通商口岸福州和宁波换成杭州、苏州和镇江。后英、法联军发动第二次鸦片战争,迫使清政府签订《天津条约》等不平等条约。《天津条约》第十款规定"准将自汉口溯流至海各地,选择不逾三口,准为英船出进货物通商之区"。尽管当时镇江太平军活动频繁,但后来他们仍迫不及待地选定汉口、九江、镇江3处为通商口岸,并注明"镇江一年后立口通商"。

咸丰十一年(1861年)正月初十,英国参赞巴夏礼和舰队司令和普乘兵船来镇勘察地形,十二、十三日,在镇江与京口副都统巴栋阿、镇江知府师荣光、丹徒知县田祚等商谈开辟租界、设立领事馆和建造商行栈署事宜。十四日,巴夏礼到镇江府署议立镇江租界的永租契约,由于常镇道兼镇江关道江清骥十五日才能赶到任,条约即由镇江知府师荣光代与巴夏礼签订。

根据租界契约,英租界的范围和租金为:"山下一段自小码头起往东沿一带横长一百四十丈,自江边直进一带深二十四丈,共计一百十二亩。每亩地丁银一钱一分七厘五毫,漕米七升八合八勺,共计银十三两一钱六分,米八石八斗二升六合"。"山下一段深长均照各旧庙舍原基地面约三十亩,因系山地每十亩作为一亩完粮,共计银三钱五分三厘,米两斗三升七合。以上两段地基共地银十三两五钱一分三厘,米九石零六升三合,每石折价银三两,永租于英国"。"自本年起,每年四月由英领事官将前项银两、米价一并清交常镇道署收存"。二月二十四日,巴夏礼又到常镇道署声称原地面不够建造署栈之用,要求扩大面积,于是又议定续约,将租界向东延伸至镇屏山巷,向南延伸到银山门街。

英租界设立后,在交通要道筑起栅栏,不准中国人自由出入,连江边不在租界范围内的马路也被关闭。租界内设有工部局,掌握租界内的行政,包括税收、治安、卫生等事项,并制定各种规章制度。工部局设有巡捕房等警察机构,英、印巡捕手持短棍或枪支巡岗,中国行人经常遭其非法拘留、罚款和殴打。

咸丰十一年四月初一(1861年5月10日),镇江正式开埠,成为长江下游由海入江的第一个通商口岸。接着,美国、法国、德国、丹麦、荷兰、奥匈、日本、瑞典、挪威等国根据本国与清政府订立的条约,在镇江开设20多家洋行。同年四月二十七日镇江海关正式开关,根据不平等条约规定,由外国人负责控制进出口税率和税务。

镇江开埠之初,正是太平天国战争期间,战事不断。同治三年(1864年)太平天国战火熄灭后,英人在云台山麓建造领事馆(今博物馆馆址),委任专职领事驻镇管理英国的通商交涉事务,并兼代法、德、丹麦、奥匈、瑞典、挪威等国驻镇江领事，管理兼代国在镇江的商务事宜。同治五年(1866年)，美国在银山门南马路(今伯先路)建成领事馆后，即委派专职领事到镇，并兼比利时领事，一度还兼瑞典、挪威、日本领事。

【镇江铁路开通】 光绪二十二年(1896年)，镇江人刘鹗上书直隶总督王文韶，建议兴筑津镇铁路。原计划"由天津沿运河过德州，与山东济南府德国经营之铁路(胶济铁路)相接，过山东而入江苏，达清江浦，至镇江止。长凡一千八百里"(孙荫培《最新中国铁路全志》)。几经周折，最后津镇铁路改道成津浦(南京浦口)铁路，原因是"镇江人士有保守思想，无世界眼光，由商会电吁邮传部，请予改道。而在京京官，多赞成其议"(张立瀛《镇江古今谈》)。据柳曾符《刘鹗的生平》说："因火车不能渡江，实际只能通到镇江对岸的瓜洲。因此，一些镇江京官大哗，说镇江本来是长江水陆码头，鱼米之乡，市面繁庶。这样一来，无形中镇江市面要移到瓜洲，镇江人就没饭吃了！于是群起而反对，并声言开除刘鹗'乡籍'，以致功败垂成。"

光绪二十三年(1897年)，淞沪铁路开办时，英国借口东清铁路归沙俄修筑，胶济铁路归德国修筑，京汉铁路借款于比利时、德国，按最惠国待遇应利益均摊为由，向清政府索取修筑沪宁等5条铁路的特权。同年3月，清政府与英国签订沪宁铁路借款草约25条，并委派英国工程师巴克里勘察路线。

光绪二十九年(1903年)沪宁铁路开始修建，1908年初上海至镇江段通车。沪宁铁路最大工程即是镇江城西的宝盖山隧道，本来是可以避开宝盖山修隧道的，但为使车站靠近英租界而修建了宝盖山隧道。该隧道光绪三十一年七月开工，长406米，全部采用混凝土结构，洞内铺设双轨，于光绪三十四年初竣工。光绪三十三年，该工程曾发生事故，因山石崩裂，压死20多名工人。

沪宁铁路在镇江地区内的车站，自东向西设有吕城站、陵口站、丹阳站、新丰站、镇江旗站、镇江站、高资站、桥头站、下蜀站、龙潭站。其中镇江站(城西老站)被列为大站，镇江站始建于1906年，站房建筑面积363.77平方米，站场设施简陋。光绪三十四年(1908年)正月初四《时事报》载火车时刻表，每天从上海和镇江发出5对列车，车次是"一号"至"十号"，其中五号是快车，上午十一点二十三分从镇江开出，傍晚五点三十六分到达上海，需时六小时十三分。

镇江站向北铺设一条直达镇江港区支线，是用于港口航运与铁路衔接的专用线，镇江港成为长江下游唯一可以铁、水直接换装的港口。

沪宁铁路设总管理处，由英方5人、华方1人组成委员会，下设车务、机房、会计、材料4个总管和1个稽查员，均由英国人担任。宣统元年(1909年)，废除沪宁铁路总管理处，以华人为总办，但未能从根本上改变被英人控制状况。

镇江是长江下游重要口岸和物资集散地，沪宁铁路通车后，业务很繁忙。据宣统元年《邮传部第三次统计表》统计，镇江站建成后的第一年(1908年)货运量达到62098担，客运达到405704人次；第二年货运量猛增到205534担，客运量达到638893人次。

沪宁铁路的建成，给镇江带来新的陆路运输方式，使千百年来交通运输格局开始发生深刻变化。

【镇江经济文化】 清代镇江社会经济进一步发展，商业繁荣，交通运输业发达，手工业日益繁盛。市场上不仅有众多农产品，也有丰富的手工业产品。丝织业出现"拥有一千台织机，三四千工人的大型手工工场"。造船业及为船舶修造服务的商业、手工业规模也逐步扩大，特别是木业、桐油业、麻绳业更是繁盛。酿酒业、酱醋业、印刷业、毡袜业等产品种类繁多，产量成倍增长，不仅充实本地市场，还转输到全国各地。

镇江被辟为通商口岸后，开始有了轮船、铁路、码头，使镇江成为中国办理转口贸易业务的最大口岸，同时也促进镇江近代民族工业发展。英、美、德、日等国先后在镇江设有洋行、商栈，并建有码头。英国首先设立太古洋行、怡和洋行、麦迪洋行以及华昌公司、亚细亚火油公司等，在租界的江边建有太古、怡和码头以及印中航运公司码头。美、日、德等国也设立美最时洋行、锦隆洋行、大阪公司以及美孚、德士古、壳牌石油公司等,日本设立了日商大阪公司码头。他们在此经营江海航运,进行江海贸易。据光绪二十九年(1903年)镇江海关报告,有11个国家轮船来往镇江贸易,当时长江航线上,“通商各国船只之多,固以上海为巨擘,其次当以镇江为最”。英、美等国为进一步向中国倾销商品,逼迫清政府实行有利于外商的“子口税”,即货物在中国国内转口贩运,除一次性缴纳按价值百分之二点五的子口税外,免征一切内地税。因此,自开埠起,在镇江办理子口单的业务越来越多。据《中国近代对外贸易资料》记载,光绪元年,中国总共签发子口单440085张,其中镇江一口就签发130036张,居汉口、九江、上海、宁波、福州诸口之首。

经镇江进口的外商洋货主要是“洋药”(鸦片)、棉布、棉纱、洋糖、玻璃、煤油等,而经镇江出口的主要是生丝、红枣、芝麻、桐油、牛皮、猪鬃、金针菜、大豆和花生等农副产品。同治九年(1870年)这些农副产品出口量比开埠前增长1倍。光绪二十年(1894年),出口关税额超过400万两关平银,是同治五年的7倍多。在镇江历年输入的洋货中,“洋药”(鸦片)进口一直占有很大比重,光绪元年至光绪十年间,鸦片进口一直在1万担以上,在全国31个口岸中仅次于广州、上海。最高年份是光绪九年,达11514担,占当年全国进口数的17%。光绪元年,经镇江转口的洋糖占全国进口总数的一半。煤油输入量也很大,光绪二十一年比光绪十六年增加1倍,光绪二十二年美国输入的煤油达300多万加仑。

镇江不仅转口贸易业务量大,而且本地商业也非常繁盛,逐步形成生意兴隆的绸布、江绸、木材、江广、钱庄等五大行业。其江绸(地产京江绸)业、木材业历史悠久,钱庄业是新兴行业。特别是镇江开埠后,南北商品进出口大增,金融活动日趋活跃,钱庄业应运而生。同治五年(1866年),就有了晋源钱庄,在此后的十七八年中,镇江钱庄逐步发展到60余家。其中有8家在苏州、杭州等地设有分庄,光绪十七年(1891年)成立镇江钱业公所(辅宜堂)。由于镇江钱庄业发达,培养了不少人才,后来中国金融业的巨头有不少都是镇江籍的人,所以素有“无镇不行”之美誉。

光绪二十年(1894年)前后,由于生丝大量出口,在镇江开始出现以机器生产的缫丝厂,光绪二十年(1884年),四经、大纶丝厂率先开办,这是镇江近代民族工业的先驱。光绪三十年创办大照电灯公司及开成罐铅笔厂,光绪三十三年创办机器面粉厂和造纸厂,宣统二年(1910年)又有了火柴厂等一批工厂。这些工厂虽是加工型的轻工业,但为镇江近代民族工业发展奠定了基础。其时镇江传统手工业也有所发展,特别是江绸业发展很快,机房达千余户,年产值折银450万两,这一时期是江绸业发展的顶峰时期。

清代镇江文化也很兴盛,特别是诗、书、画坛非常活跃,出现许多优秀诗人和书画家。清初有以冷士嵋为代表的遗民诗人,康乾时期有“京口三诗人”之称的余京、鲍皋、张曾;有为书名所掩、被洪亮吉誉为“袁(枚)、王(文治)、蒋(士铨)、赵(翼)”的乾嘉诗坛的四大家之一的王文治。清末还有著名的词人庄棫,与杭州的谭献齐名,人称“庄谭”。在诗词理论著述方面有陈廷焯著的《白雨斋词话》,这是后期常州词派的一部重要词论专著。在书坛也有像王文治这样的清代著名大书家,以及笪重光这样的大书画家。画坛更有独辟蹊径的,以张崟为代表的京江画派。小说方面主要有刘鹗写的被誉为清末四大谴责小说之一的《老残游记》,同时刘鹗也是中国甲骨学的开山之祖。他的《铁云藏龟》的问世,使得甲骨文字广为世人所见。在戏曲方面有著有《红楼新曲》《奇花鉴》《同心言》《盂兰梦》等戏曲的严保庸。

镇江被辟为通商口岸后,传入西方先进的科学文化。各国派来一批批传教士、医生、教师,他们在镇江开设教堂、医院、教会学校。从同治六年(1867年)到光绪十年(1884年),先后有浸礼会、长老会、美以美会等在镇江开设教堂,大力传教,广收教徒。光绪十年美国教会开办妇幼医院,后又开办镇江女塾(崇实女中前身),光绪二十九年又办润州学堂。这些医院、学堂虽是为外国人服务的,但也带来先进的科学文化知识,促进了镇江科学文化发展。

【京口诗坛】 清代诗歌创作继唐、宋之后重新呈现出一个中兴局面。其作品数量之多，作者之众是前代所无法比拟的。清代京口诗坛也复如此。

清初，京口诗坛主要有冷士嵋、何絜、程世英、谈允谦、钱邦芑等人。他们是明末遗民，其诗多抒写故国之思与亡国之痛。其中冷士嵋成就最高，一向被认为是清朝京口诗坛的开山宗师。

乾雍时期，有被誉为“京口三诗人”的余京、鲍皋、张曾。三人均为布衣。沈德潜游焦山，看到余京的诗，极为赞赏，特地亲往造访，两人相与定交。自此余京诗名才被世人重视。余京死后，沈德潜不仅撰写墓志铭，而且手订其稿，为其诗集作序。有《江干诗集》四卷。鲍皋一生耽溺于诗，不事科举。博陵尹嘉铨赏其诗资助刊行，皋诗乃日振。桐城刘大櫆携鲍诗游京师，为之延誉，鲍诗之名愈著。著有《海门诗钞》八卷，附《外集》四卷。张曾家贫，放浪京口、维扬间，又客京师大学士英廉家三载。沈德潜读张曾诗后，“特赏曾诗，为制序，又手书其所著四律锓板以行”，使这位穷诗人的诗集得以传世。年轻时与鲍皋齐名，时人以“张鲍”并称。有《石帆诗集》八卷。三人的诗溯源六朝而出入三唐，各自独树一帜，自成一家，对京口诗坛产生较大影响。

乾隆时期为京口诗坛鼎盛时期，“一时擅吟咏者颇多”。且出现王文治这样的大家，其主要的代表人物还有李御、程梦湘、鲍之钟等。王文治被洪亮吉誉为乾隆诗坛“袁（枚）、王（文治）、蒋（士铨）、赵（翼）”的四大家之一。袁枚读了王文治的诗云：“方知功夫之深纯，精神之绵密，细筋入骨，高唱凌云，能兼此二者，当代又有几人哉！”

乾嘉之后，还有前、中、后七子继之。乾嘉间为前七子应让、吴朴、鲍文逵、顾鹤庆、王豫、钱之鼎、张学仁，他们结成七子诗社，合刻《京江七子诗钞》。王豫曾先后辑印《江苏诗征》《京江耆旧集》《于喁集选》等，保存许多湮没不传的诗人姓名和作品。嘉道间为中七子，有杨铸、张学仲、张世清、赵元益、朱士龙、张崇兰、施峻。中七子没有合集，但他们的专集，多有传世。后七子为咸道同光时人，有杨履泰、刘炳勋、张正廉、解为干、夏铭、严允升、周伯义。他们也刻有合集《京江后七子诗钞》。前、中、后三七子，才气纵横，不乏诗书画全才，他们相互切磋唱和，是镇江诗坛的诗人群体。在这三七子的诗歌中，张崇兰是中七子中佼佼者，在这个时期中起到承上启下作用。

镇江诗坛还有许多女诗人，鲍皋的妻子陈蕊珠也是诗人，夫妻常相唱和。其女鲍之兰、鲍之蕙、鲍之芬，人称京口鲍氏三女史，其母女四人有《课选楼合稿》传世。鲍之蕙还是袁枚的女弟子，袁枚的女弟子还有句容的骆绮兰，她工诗善画，性情洒脱，参与男子的游宴与唱和，其他还有茅蕊仙、王琼、王玳梁、殷月楼等女诗人。

【京江画派】 京江画派是清代中晚期形成于镇江地域范围内的一个地方画派，时称京江派。蒋宝龄在《墨林今话》中云：“下笔便思千古，有京江派之目”。由于地域性传统，京江画派的成就主要集中在山水画领域，他们逮明窥宋，又面向自然；他们师法造化，自以为法，虽在个性上略有差异，然“气象雄伟，落笔浓重”为其共有特征。在清中晚期，江南画坛仍以“四王”派系的正统派为主流，但正如沈曾植在《寐叟题跋乙集》中所云：“画学极衰在乾嘉之际，南沿石谷、北仿麓台，神明都尽，规范仅存，方且衣钵自矜，笑古人而忘己拙。张夕庵父子起自京口，独沿文沈，以上追宋元。二潘蔡顾和之，臂筝笛耳喧云和独鼓，令人神襟为之一畅。”可见，京江画派不为时风众势所左右的作风已经为世人所共识。这是继“扬州八怪”之后对画坛单调格局的又一次冲击，也是京江画派难能可贵之处。

京江画派的形成，与镇江悠久的绘画传统有着密切渊源关系。北宋米芾定居镇江后，受镇江山水之助，开创“米氏云山”。元代“米氏云山”仍得到京江画坛的普遍推崇，郭天锡就是其中佼佼者。元末明初，京江画坛对画风的取舍已变得宽松。明代中叶，杜堇的山石、树木明显受到浙派的影响。两宋院体传统此时已渗入京江画坛。清初，京江画坛各种画风兼容并蓄。“米氏云山”作为一种地域性传统样式被继承下来，笪重光借用“米氏云山”，又以一种写意性笔法削减样式化负面效果。康雍年间，京江画坛呈现出流派掺杂、风格交混局面。乾隆中期以后，京江画坛已从因袭之风中脱离，逐渐形成以本邑山水为对象的绘画题材与写生风格，形成独具特色的艺术风格。

京江画派代表人物为张崟。他幼承父亲指授，父亲张自坤广泛搜罗名家字画，叔父张若筠亦是当地收藏书画首富之一。张自小耳濡目染，饱览古代书画珍品，故其画擅绝一时。“花卉竹石佛像皆超绝，而尤擅山水，出入文沈，远跻宋元”。他不仅烂熟于前人技法，同时也得到当时书画名家王文治、潘恭寿悉心指导。潘恭寿是京江画派先驱人物，山水秀绝一时。他们的传道授业，为张崟的脱颖奠定了坚实基础。后来家道中落和隐居生活，为张崟更多的面对真山真水，攫取绘画原型创造了契机，最后开创以“师法造化，自以为法”为宗的独辟蹊径的京江画派。丁淇在其《京江画征录》中云：“张崟画格多自出，不蹈袭前人，气象雄伟，真足涵盖一切，同时诸家索然气尽，时称京江派，先生实首创之”。

京江画派还有潘恭寿、蔡嘉、顾鹤庆、潘思牧、周镐等一批骨干画家。潘恭寿、潘思牧为二兄弟，潘恭寿、蔡嘉作为京江画派的先驱活跃于康雍乾三朝，他们的艺术创作是京江画派风格形成的基础；顾鹤庆、潘思牧则活跃于张崟同期，是京江画派发展时期重要画家。周镐等则为京江画派后期最具影响力人物。至道咸间京江画派已形成流传有序阵容。

【著《老残游记》的刘鹗】 刘鹗（1857—1909 年），字铁云，别号洪都百炼生，丹徒人。刘鹗性聪颖，八岁从镇江著名学者赵彦俑读书，他青年时代对功名举业不屑一顾，而留心于经世济民之学。二十六岁在扬州拜太谷学派传人李龙川为师，并欲“以养天下为己任”。光绪十三年（1887 年），他在上海开石昌书局，为中国最早的石印书局之一。他还行过医，开过店，先后帮助河南巡抚吴大澂、山东巡抚张曜治理黄河水患，治河成功后，把叙功所得官衔让给哥哥刘梦熊，他自己却去经商。

光绪二十二年（1896 年），刘鹗上书直隶总督王文韶，请筑津（天津）镇（镇江）铁路，但目光短浅的镇江士绅和在京的京官哗然，认为：这条铁路的修建对镇江无益，只能对镇江对岸瓜洲有好处。因而群起反对，甚至声称要开除刘鹗乡籍。于是津镇铁路改道为津浦（浦口）铁路。

修筑铁路未能参与，转而又谋划开矿活动。当时他提出利用外资开矿筑路主张，他在给罗振玉信中写道：

蒿目时艰，当世事自无一可为，近欲以开晋铁谋于晋抚，俾请于朝，晋铁开则民得养而国富也。国无素蓄，不如任欧人开之，我严定其制，令三十年而全路矿归我。如此则彼之利在一时，而我在百世矣。

但是刘鹗愿望不但没有实现，反而换来 顶“汉奸”帽子，遭人弹劾。

光绪二十六年（1900 年），八国联军入侵北京，大肆烧抢，尸骸遍地。此时刘鹗在上海，毅然斥产捐款，带着银两，率队去北京赈恤。在京期间，他掩埋尸体、治疗病人。他听说俄国管辖区内朝阳门有座大仓库，以前是内务府主管的，俄国人准备把粮食烧掉，腾仓放武器。刘鹗托人与俄军洽购仓粮，赈恤饥民，北京饥民赖以存活者甚多。

北京赈灾结束后，他把精力投入到兴办实业上，重新筹办河南福公司煤矿、泽浦铁路和西北煤矿。与人在保定设锅炉房，与罗振玉在湖北合办《教育世界》杂志，与贾子咏筹办北京自来水厂，议办陇汉铁路与大清银行，与日本人郑永昌筹划在东三省制炼精盐，与日本人中岛真雄商办肥料厂，与上海江南制造局总办毛庆蕃合伙出资在苏州办起太谷学派的学校“归群草堂”。

光绪三十三年（1907 年），刘鹗和朋友集资，购得浦口荒地以及江中芦洲，全力经营。不久因建津浦铁路，浦口一时地价大涨。但此事却为原外务部员外郎陈浏所觊觎，竟弹劾刘鹗“因铁路筑造有欺，私集洋股，揽买土地”。当时正值袁世凯以军机大臣掌握权柄，袁与刘在山东共过事，有宿怨。于是乘机扩大事态，连同刘鹗在北京买太仓米赈饥民一事，以“在京盗卖仓米”罪名，密电两江总督端方将刘鹗逮捕解京，端方有意纵刘脱逃，但未能成功。后以汉奸罪流放新疆迪化（乌鲁木齐),次年七月,因脑溢血暴死于新疆,终年五十三岁。

刘鹗不光创实业办洋务,而且还是中国研究甲骨学第一人,对中国甲骨学有特殊贡献。他数年间收购到6490多片甲骨,他为甲骨文考释,并有《说龟》之作数则,是第一个考释甲骨文字的人。他选拓1000多片影印出版中国甲骨文的第一部著录《铁云藏龟》。《铁云藏龟》的问世,使得甲骨文广泛为世人所见。

刘鹗名播天下,更多是赖以他写的小说《老残游记》。《老残游记》成书,缘于偶然,他为用稿费资助友人,谁知却一炮打响,后来被誉为清末四大谴责小说。刘鹗亦以"近代著名小说家"而闻名。

中华民国

宣统三年八月(1911年10月),孙中山领导的辛亥革命推翻清皇朝,结束了中国2000多年封建帝制。镇江,得辛亥革命风气之先,于宣统三年九月十八日(1911年11月8日)胜利光复,并涌现出辛亥革命先驱、曾参与同盟会领导工作的"上将军"赵伯先等一批杰出人士。

民国8年(1919年),北京发生"五四"运动的消息传来,镇江人民积极投入反帝爱国运动,并随之兴起镇江新文化运动。随着政治形势发展,国民党、共产党镇江地方组织于民国13年相继建立。民国14年五卅惨案发生后,镇江人民又开展抵制洋货运动,进行示威游行和"三罢"(罢工、罢学、罢市)斗争,各界捐款建立"五卅演讲厅"。在大革命洪流中,镇江工人、农民运动逐步高涨,并引起毛泽东关注。民国16年,北伐军进驻镇江,受到群众夹道欢迎,也促进镇江英租界收回。民国17年5月,中共镇江县委成立后,准备镇江暴动未果。民国17年12月,江苏省政府从南京迁至镇江,镇江成为江苏政治中心,民国21年发生轰动全国的刘煜生事件。为扑灭革命烈火,屠杀共产党人,国民党于民国19年至民国22年间两次设立临时军法会审处,审讯、杀害一大批共产党人和革命志士,北固山成为"镇江的雨花台"。

抗日战争爆发后,镇江人民积极投入抗日救亡运动,各地纷纷建立地方抗日武装。民国26年(1937年)12月8日,日军占领镇江后,杀人放火,抢掠财物,奸淫妇女,对镇江人民犯下滔天罪行,爱国人士张怿伯撰写《镇江沦陷记》,录下日军在镇江暴行。民国27年4月,陈毅、粟裕率新四军东进苏南抗日,创建茅山抗日根据地。6月17日,在镇江韦岗打胜江南第一仗。在艰苦的抗战岁月里,新四军紧紧依靠人民,用铁的纪律宣传群众,用胜利的战斗鼓舞群众,广泛开展抗日民族统一战线,领导和组织人民开展反清剿、反清乡斗争,加强政权建设,开展大生产运动和发展文化教育,使茅山抗日根据地不断巩固和发展。

抗日战争胜利后,根据中共中央部署要求,民国34年(1945年),镇江党政军人员大部北撤,只留下少数人员组成留守组织,继续坚持斗争。在白色恐怖中,留守人员采取机动灵活的斗争策略,顽强抗击国民党的"清剿",建立地下交通线,组织开展学生爱国民主运动,开展城市斗争,做好迎接镇江解放的各项准备。民国38年4月21日,百万雄师渡江南下,23日镇江全境解放。与此同时,总前委、华东局移驻丹阳,在此完成指挥淞沪战役、接管上海的艰巨任务。解放后,镇江军管会、镇江市委、市政府组织人员搞好城市接管,抓好城市经济恢复和发展,开展抗洪救灾、剿匪肃特等工作,积极筹备并召开镇江市首届各界人民代表会议,迎接新中国诞生。

【新军起义】 清宣统三年八月十九日(1911年10月10日),武昌起义后,各地纷纷响应。同年九月,镇江同盟会会员、新军三十六标一营管带林述庆等赴上海了解情况,回镇后即侦察地形,考察象山、焦山各炮台,制定作战计划。

正当林述庆积极酝酿起义之际，在同盟会中部总工会工作的镇江籍人士李竟成等于九月初八到镇江策动起义。李竟成等利用各种关系，争取到象山炮台和两兵舰参加起义，还策动巡防营第五营、瓜洲水师营、新水师营及徐淮军巡防营一同起义。通过说服动员，镇江承志学堂校长曹秉仁，镇江商团团长刘润泉，陆军警察分队驻在所所长张立瀛等学、商、警界人士愿意参加光复活动；镇江自治公所议事会长杨振声、董事会董事长吴泽民、商会会长于立三等表示设法做常镇道林景贤和京口副都统载穆的劝降工作。至此，光复镇江的准备工作基本就绪。大家一致推举林述庆为镇江军政府都督兼起义总指挥，李竟成为参谋长。

宣统三年九月十七日（1911 年 11 月 7 日）清晨，第三十五、第三十六标 5 个营 3000 余名新军先后到达集中地点京岘山。下午 4 时，军队集合，李竟成宣告军政府成立；林述庆发表起义宣言，交待起义军纪律。

九月十八日清晨，林述庆以镇江军政府名义，向京口副都统载穆发出照会，令其在接到照会后 1 小时内缴械投降。此时，城内江防营、水师营、巡防营及虎威、建威舰都悬挂白旗，加入起义；镇江道府、县署官员逃匿一空，镇江商会全体绅董联合要求旗兵顺应民情，免遭战火。在此情况下，载穆见大势已去，以“民军入城，不扰旗营”为条件，愿意缴械投降，随即旗营悬挂白旗，下令旗兵将所有军械、马匹和各衙门的 13 颗印信送到自治公所，载穆在缴械后于十九日夜自缢。当日中午，民军进城，兵不血刃，镇江光复。

【赵声归葬竹林寺】 赵声（1881—1911 年），原名毓声，字伯先，丹徒大港人。幼年从父就读，聪颖过人，富正义感。17 岁考取秀才。21 岁到南京，先后在江南水师学堂、陆师学堂读书，开始接触民族民主革命思想。光绪二十八年（1902 年）陆师学堂毕业后，东渡日本，考询军政，并结识黄兴等革命志士。回国后在家乡创办洪溪阅书报社、体育会及小学堂，宣传救国主张，启发民智。后应南京两江师范学堂之聘担任教员，匿名作《保国歌》七字唱本，宣传革命。光绪二十九年，发生拒俄反法运动，他和章士钊等在南京北极阁召开大会，号召人民起来革命救国，遭清吏通缉，避走湖南。光绪三十年后，在南京任南洋新军第 33 标标统时，带领部众到明孝陵致祭朱元璋，激发民族思想，全军感泣，放火烧了曾国藩像，因而几次受到两江总督端方追捕。光绪三十一年，在南京加入同盟会，并在新军中发展会员。宣统元年（1909 年），赵声身份暴露不能存身，应孙中山之召去香港参加同盟会领导工作，筹划广州起义。宣统二年，应孙中山电召去槟榔屿参加同盟会首脑会议，被推为内部总长，准备第二次广州起义。宣统三年三月，起义爆发，赵声、黄兴分任正副指挥。由于种种主客观原因，起义失败。赵声感愤成疾，回到香港，四月八日，赵声突发阑尾炎，手术无效，十九日逝于香港，时年 31 岁。其遗体葬香港茄菲公园的一座山巅上。

中华民国临时政府成立后，追赠赵声为“上将军”。民国元年（1912 年）5 月 18 日，孙中山派赵声胞弟赵光赴香港将赵声灵柩护送回镇。5 月 20 日至 24 日，镇江各界陆续召开追悼大会，25 日万人送殡，将赵声烈士灵柩安葬于镇江南郊竹林寺。

【江苏省会迁镇前后】 民国 16 年（1927 年）4 月，国民政府在南京成立，5 月，在南京成立江苏省政府。民国 17 年夏，江苏省政府拟迁移。同年 7 月 17 日，江苏省政府委员会举行会议，并经投票，结果：镇江 6 票、扬州 2 票、苏州 1 票。会议决议：定镇江为省会，即日起由各厅处派员前往调查筹备，并呈报国民政府备案；丹徒县改名镇江县。民国 17 年 2 月 4 日，省会正式迁镇。镇江开始历时 12 年（抗战前 8 年，抗战后 4 年）江苏省省会历史。

省会迁镇后，镇江开启市政建设，民国 18 年（1929 年）2 月，江苏省政府制定《发展省会及各县市政方案》。同年 9 月，成立江苏省会建设委员会，负责实施省会建设的设计及工程，并开始拆城、填河、筑路和改建桥梁。先后建成中山路、中正路（今解放路）等主干道及桥梁和排水设施，建成全省第一条柏油马路；集资建成的江边水厂是省内较早建立的城市集中供水系统。兴建体育场、图书馆、测候所（气象台）、无线广播电台；兴办高等学府——江苏省立医政学院和军事院校——电雷学校等。也发生过轰动全国的重大事件《江声日报》事件和《闲话扬州》事件。

民国21年(1932年)7月21日,国民党江苏省政府逮捕镇江《江声日报》经理兼主编刘煜生。《江声日报》曾对农民悲惨遭遇给予同情并积极宣传抗日,遭到当局忌恨。江苏省政府抓住《江声日报》副刊《铁犁》中刊载的几篇文章大做文章,并据此逮捕刘煜生。镇江报界纷纷发表声明谴责,接着,上海、南京、北平等地新闻记者和律师在全国各大报纸发表文章,抗议并抨击江苏省政府非法逮捕报人行为。江苏省政府主席顾祝同不顾国人谴责,于民国22年1月21日在镇江将刘枪杀。

刘煜生遇害后,中国民权保障同盟在上海召开大会,宋庆龄和鲁迅等参加会议。蔡元培在会上宣读谴责江苏省政府主席顾祝同蹂躏人权的宣言,宋庆龄在会上号召全国新闻界罢工一天,以抗议政府践踏人权和新闻自由的暴行。在全国一片抗议声中,国民党不得不将顾祝同免职调离,行政院发了《保护新闻事业人员》通令,以搪民愤。

《闲话扬州》是时任江苏省教育厅编审主任易君左的一本游记小品,全书对扬州的历史文化作了充分肯定,对扬州的风景名胜赞不绝口,只是在"扬州人的生活"部分,对一些落后社会现象和不良生活习惯作了一些批评和议论,文字比较戏谑和过激,因而引起扬州人愤慨,并以"丑化扬州风土,侮辱扬州人格"为由,向镇江地方法院控告。经过多方调解,易君左辞职、登报道歉,原告撤回诉讼而了结。易君左《闲话扬州》,惹起扬州闲话,成为旧中国文坛一段趣话。

【赛珍珠与镇江】 赛珍珠(Pearl S. Buck,1892—1973),著名女作家,美国西弗吉尼亚州(West Virginia)人。父赛兆祥(Absalom Sydenstricker),德国裔。母凯丽(Caroline Stulting,也译为卡洛琳),荷兰裔。他们是第一对举家来镇江传教的长老会传教士夫妇。赛氏光绪6年(1880年)10月来华,此后侨居镇江30多年。赛珍珠出生在美国希尔斯波罗(Hillsboro),5个多月大时随父母来华,1892年12月14日抵达上海,后去清江浦(淮安),1896年初,全家迁镇江定居。民国10年(1921年)10月19日,凯丽在镇去世。1923年,赛兆祥迁居南京。他们曾在镇江租界及附近辗转多处居住,最后定居登云山。其居所保存至今,为省级文物保护单位。赛珍珠在镇江生活十数年,除受父母教育辅导外,还接受家塾教育,师从孔先生。赛珍珠在美以美会女子中学堂(崇实女中)学习时曾兼教低年级生英文和生理保健课程,1914年大学毕业后在润州中学、崇实女中任英文教师,一直到1917年婚后离镇。赛珍珠在润州中学教过的知名学生有徐国懋、戴安邦等,在女子中学教过的学生有尹珍珠等。赛珍珠与第一任丈夫布克(Buck,也译为卜凯、巴克、勃克、白克,农业传教士)在庐山相识,1917年5月31日在镇结婚。赛珍珠自幼随家人与保姆游历镇江,经常接触城郊农民和底层市井社会,曾称"镇江,我的中国故乡"。伦道夫—梅肯女子学院1914年年鉴中亦载赛珍珠生源地为"中国镇江",并收录其回忆文章。赛珍珠的早期短篇小说《祖先的束缚》与其镇江执教生活有关;1933年《自传随笔》多写童年看到的镇江景物; 1954年自传《我的几个世界》以及1972年随笔集《中国的过去和现在》中均有大段的镇江回忆。她的《战斗的天使》《异邦客》是为父母写的传记,其中多写镇江生活。代表作《大地》是"大地上的房子三部曲"的第一部,写作于南京。这部反映中国普通农夫传奇生活的小说,在美国出版后风靡世界,是有着最多语种译本的文学作品。1938年12月,赛珍珠因"对中国农民生活史诗般的描述,这描述是真切而取材丰富的,以及她传记方面的杰作"获诺贝尔文学奖。获奖作品7部,除"三部曲"外还有两部传记、两部小说。她还翻译了七十回本《水浒传》。1973年3月6日,赛珍珠在美国丹比(Danby)去世,3月9日葬费城(Philadelphia)青山农场(Green Hills Farms),临终前还惦念镇江和长眠于此的亲人。美国总统尼克松在她逝世后发表声明,称颂她是"一座沟通东西方文明的人桥"。

【茅山抗日根据地】 民国27年(1938年)5月,中共中央指示新四军在配合友军正面战场作战同时,抓紧有利时机,东进苏南,开展敌后游击战争,创建以茅山为中心的抗日根据地。

根据中共中央指示精神,为了解苏南敌后情况,确定新四军战场位置,新四军军部委托陈毅组建先遣支队，深入苏南敌后进行战略侦察。新四军先遣支队到达苏南后，及时完成侦察任务。为扩大战果，粟裕根据侦察掌握情况，果断决定在镇句公路距镇江15公里的韦岗伏击日军车队。战斗仅半个小时，击毙日军少佐土井、大尉梅泽武四郎等15人，伤8人，击毁敌军车4辆，缴获长短枪10余支和一批军用物品。韦岗伏击战是新四军江南敌后抗战第一仗，揭开了苏南抗日战争序幕。

韦岗战斗后，新四军第一、第二支队分别进入茅山地区，以营为单位广泛开展抗日游击战，灵活机动打击敌人，两个月内连续取得大小百余次战斗胜利，迅速打开苏南敌后抗战局面，为建立茅山抗日根据地打下了基础。

日军受到新四军不断打击后，调整部署，增加据点，增强兵力，对茅山地区进行大规模的扫荡。新四军也进行反扫荡战斗，共粉碎敌人大小扫荡二三十次，并收复、解放部分集镇和农村，先后在镇江敌后地区建立起10余处小块游击基地，拥有人口近40万人。民国28年(1939年)下半年，茅山抗日根据地控制的人口增加到140余万人，并开辟许多新抗日基地，使茅山抗日根据地逐渐连成一体。同时新四军有部分人马先后北渡长江，进入扬州、泰州地区进行抗日游击战争，形成足跨长江两岸，随时可以向北发展的有利态势。

新四军在根据地积极扶持发展地方抗日武装。陈毅一到茅山就与管文蔚领导的丹阳抗日自卫总团取得联系，并授予管部“丹阳抗日游击队”番号，任命管为纵队司令。对一般零散武装、帮会武装和一些自发的抗日武装，采取各种不同办法扶持帮助，促使其不断发展壮大，最后改编上升为新四军主力部队。同时团结争取地方各界人士共同抗日，如民族资本家纪振纲、曾任国民党句容县第三区区长的樊玉琳、教育界名流巫恒通等先后都走上抗日道路。对那些打着抗日旗号、勾结日伪、阻碍抗战、残害群众的土匪武装进行坚决打击，获得广大人民群众拥护和信赖。许多开明绅士称新四军为“王者之师”。在此基础上，各界相继成立抗日自卫委员会，镇江、句容、金坛、丹阳四县成立抗敌自卫委员会(简称四县抗敌总会)，陈毅亲自参加成立大会并发表长篇讲话。

新四军在广泛开展抗日游击战过程中，积极开展党建工作。民国27年(1938年)，新四军第一支队到达宝堰镇前隍村后，建立了茅山地区第一个党支部——庄湖头村党支部，不久又成立中共苏南特委。之后，相继建立中共句容县委、中共丹南县委、中共镇丹县委、中共丹北县委。经过一年多工作，在新四军第一、二支队活动范围内建立3个特委、14个县(工)委。因此，中共中央东南局决定成立苏皖区党委。苏皖区党委成立后，在苏南16个县和苏北3个县范围内发展4000多名党员、建立19个县(工)委、40个区委、300个支部，发展壮大了根据地抗日进步力量。

民国二十九年(1940年)，随着国民党顽固派加紧推行反共政策，千方百计限制、破坏新四军抗日活动，苏南新四军活动被限制在茅山周围数十里狭小范围内。新四军江南指挥部和苏皖区党委采取坚决反击、向外发展方针。当时，江南指挥部兵力已不可能在大江南北同时对付顽固派进攻，陈毅当机立断，决定部署渡江北移。在得到中共中央批准后，粟裕率领的新四军江南指挥部及主力二团、新六团近2000人冲破日伪重重阻击，经扬中渡江北上，与挺纵和苏皖支队会合，投入开辟苏中抗日根据地斗争。

苏南新四军主力渡江北上后，苏南军政委员会和苏皖区党委采取“积极稳重”方针，巩固原有阵地，整顿发展地方武装，积极扩充主力，开展以破坏、扰乱敌人为主的游击战。除坚持茅山地区斗争外，还开辟长滆、太(湖)滆(湖)和宜(兴)武(进)锡(无锡)地区，使敌后抗日根据地得到巩固和发展。

【近代镇江金融业】 清咸丰十一年(1861年)镇江开埠后，钱庄业逐渐兴起，最多时发展到60多家，其中规模较大、资金雄厚的有义善长钱庄和鸿源钱庄等，还有经收镇江关税的官银号裕通银号。在金融界，镇江钱庄信用度很高，尤其在上海，有口皆碑。镇江钱业公所设在上海的润昌栈(申庄)，信用卓著，曾受到外滩外国银行重视。这一时期，镇江“洋货”的扩散和土产的汇聚，皆依赖钱庄周转资金，信用放款总额最高时达白银1500万~2000万两以上，资金来源80%从上海、苏州转贷。业务范围一度远及苏北淮河、里下河地区以及鄂、赣、皖、湘等省的数十个城市，成为大江南北特别是苏北地区货币资金的调节机构，故有“银码头”之称。清光绪二十年(1894年)前后，香港汇丰银行和华俄道胜银行、中国创办的第一家银行中国通商银行、大清户部银行、信义工商储蓄银行先后在镇江设立机构，至宣统末年陆续歇业。

民国以后，银行业迅速发展，民国元年至民国26年(1912~1937年)间，江苏、交通、中国、中国实业上海商业储蓄、江苏省农民、中央、淮海实业和江苏典业等9家银行，先后在镇江设有18个分支机构，营业总额在2亿银元以上。其中总行设在镇江的江苏省农民银行分支行、处达78个。钱庄业则由盛转衰，民国18年有钱庄45家(其中市区32家)，至民国28年只剩5家。民国21年，典当业有21家，另有邮政储金汇业分局1家，保险机构34家，信用合作社最多时超过142家。这些典当、保险和信用社至抗战前夕全部关闭停业。

抗战胜利后，镇江典当业有25家(其中市区15家)，钱庄9家(其中市区7家)，信用社10多家。至民国37年(1948年)止，江苏、交通、中国、上海商业储蓄、江苏农民、中央和新设的中国农民、上海绸业、复兴实业等12家银行以及中央信托局、邮政储金汇业局和中央合作金库在镇江设有21个分支机构。其时中国银行、交通银行分别为特许国际汇兑银行和发展实业银行；中国农业银行业务区域已覆盖苏州、无锡、常州、扬州、淮阴、盐城和南通大部分地区；江苏农民银行在全省复建原有机构。这一时期镇江各类金融机构达70多家，成为全省金融中心之一。

由于长期以来钱庄业兴旺发达等原因，镇江金融业人才辈出。全国著名银行家中，镇江籍人士屡见不鲜。有创办上海商业储蓄银行的陈光甫，先后充任交通银行总经理的唐寿民、赵棣华，分别担任过中南银行和金城银行总经理的胡笔江和徐国懋等。在全国各地和香港等银行任各级职员的也不计其数，所以当时有“无镇不行”之说。1927年初，蒋介石率国民革命军东进江西、浙江，直逼上海。以陈光甫和虞洽卿为首的江南财团予以支持。1927年3月，蒋介石到南京后，即聘请陈光甫出任苏沪财政委员会主任委员。他创立的上海商业储蓄银行彻底扬弃“官商”传统，代之以更专业化的金融创新和服务意识。有人将他媲美于美国金融大亨摩根，誉之为“中国摩根”。

【“紫石英”号事件】 民国38年(1949年)4月20日上午10时许，英国护卫舰“紫石英”号溯江而上，进入镇江，并在中国人民解放军某部榴弹炮三团江防阵地前游弋。三团当即鸣炮警告，“紫石英”号竟然炮击三团阵地。三团奋起还击，“紫石英”舰中弹30余发，后挂起白旗，驶向南岸，在太平洲搁浅。英方又派“伴侣”“伦敦”“黑天鹅”号前来援救，均被我军击退。

4月21日，人民解放军开始渡江，因“紫石英”舰停泊位置影响渡江作战，便令其西移。该舰不予理睬，榴炮三团开炮示警，一发炮弹射入弹药舱，虽未爆炸，但吓得英舰连忙乘着上涨江水，向西移动，移至谏壁东窑村江面，抛锚检修。

4月30日，中国人民解放军总部发言人李涛将军发表声明：斥责丘吉尔要求英国政府派航空母舰去远东“实行武力报复”的狂言；驳斥英国首相艾德礼声言英舰有权进入中国长江的谬论；申明中国人民解放军有理由要求英国政府承认错误，并进行道歉和赔偿。

5月24日，原英国驻华使馆海军副武官、后任“紫石英”号舰长的克仁斯带着英国远东舰队总司令布良特海军上将给镇江前线司令袁仲贤将军的电函，来到设在市政路的中国人民解放军镇江前线司令部与镇江前线司令部委派的上校康矛召进行谈判。从5月至7月，双方先后进行11次谈判，由于英方缺乏谈判诚意，不想赔礼道歉，镇江前线司令员袁仲贤将军严正指出“英国军舰侵犯中国内河及闯入人民解放军阵地行为，是中国人民不可原谅的”“在英舰未履行其应负的责任之前，不准备讨论其安全驶离问题”。同时中方本着人道主义精神为受伤英军治疗，为船员运送邮件和必需品。

英国派驱逐舰“黑天鹅”号在长江口活动，伺机配合“紫石英”号逃走。人民解放军镇江前线最高指挥部命令沿江部队：如果“紫石英”逃走，可不予拦截。

7月30日晚9时，“紫石英”舰趁“江陵解放”号客轮经过该舰驶往上海之际，模仿客轮桅灯，企图尾随“江陵解放”轮潜逃。解放军监视哨发现后，立即通知25军驻大港炮兵。9时15分，大港炮兵向“紫石英”舰发炮，警告其停驶，英舰随即还击我炮兵。双方发生激烈炮战。“紫石英”舰赶上“江陵解放”号并强行傍该轮左侧行驶，“江陵解放”号在炮战中不幸中弹沉没，乘客伤亡惨重。“紫石英”舰驶至圌山龟山头时又遭到炮击，带着创伤逃出长江。

【镇江解放】 民国38年（1949年）4月8日，人民解放军第20军一部在地方武装配合下，向新老洲高桥发起攻击，于9日解放该洲。13日，国民党向高桥反扑。终因寡不敌众，该洲又陷敌手。16日，解放军进行反击，经两昼夜激战，再克该洲，控制从镇江东线南渡的“跳板”。4月19日17时许，人民解放军第34军炮兵向世业洲发起攻击，次日午后解放该洲。控制从镇江西线南渡的“跳板”。至此，镇江已完全置于人民解放军火力控制范围之内。

4月21日，毛泽东主席发布向全国进军命令，中国人民解放军立即开始渡江作战。担任主攻扬中的第20军第59师第175团当日即占领东新港十九圩塘滩头阵地，打开国民党军队百里江防缺口。后续部队迅速跟进，4月22日清晨攻占扬中县城三茅镇。并乘胜追击，歼灭国民党军第51军2000余人。至中午，扬中解放。

4月22日，国民党江苏省政府主席兼第一绥靖区司令官丁治磐，看到江防已破，再守无望，遂下令驻守镇江的第四军军长王作华连夜率部向南溃逃。

人民解放军西路第34军一部于4月21日0时渡江，直插高资镇，控制京（宁）沪铁路高资至龙潭段。东路第20军第58、第59、第60师从扬中渡江，顺利控制京沪铁路镇江至常州段。第26军从高桥渡江，在镇江县大港镇登岸，未事修整即向埤城方向前进。

4月22日23时，人民解放军第20军部队进驻丹阳县城。沿丹金公路向南溃逃的国民党省保安团1个营，于23日凌晨被人民解放军追击部队全歼。至4月23日，丹阳全境解放。

在人民解放军强大攻势下，国民党句容县县长陈天秩深明大义，带领保安团人员接受人民解放军改编，句容于23日和平解放。

人民解放军华东警备第七旅在渡江前夕攻克镇江对岸的施家桥、扬子桥、六圩、瓜洲和虹桥5个国民党军据点，歼灭国民党军2100余人，扫清渡江作战障碍。4月22日深夜，警备七旅开始从瓜洲、六圩渡江。4月23日凌晨，先头部队在鲇鱼套登陆，并占领火车站等要点。

此时国民党军政人员已全部南逃，先头部队即动员联和轮船公司协平轮驾驶员夏阿毛等开船到江北迎接解放军，后又动员镇江商会组织所有船只担任解放军人员和物资的运输工作。与此同时，后续部队也在六圩搭乘刚刚宣布起义的国民党海军4艘炮舰驶往镇江。10时，大部队抵达南岸镇江江边，镇江解放。从镇江溃逃的国民党军第四军，在南逃途中被人民解放军全部歼灭。

中华人民共和国

新中国成立后，镇江人民发扬艰苦创业革命精神，用3年时间完成民主革命遗留任务。同时，开展土地改革、抗美援朝和镇压反革命运动，实现国民经济全面恢复；接着又用4年时间，顺利实现对农业、手工业和资本主义工商业的社会主义改造，胜利完成由新民主主义阶段向社会主义初级阶段过渡，从而确立国营经济在国民经济中的领导地位，促进工农业生产和整个国民经济发展，顺利完成第一个五年计划。

1956年到1965年，由于社会主义建设经验不足，在“左”倾思想影响下，出现经济建设上急于求成的“大跃进”和人民公社化运动及反右斗争扩大化等“左”倾错误。此期间随着形势变化曾作过纠正“左”倾错误的努力，尤其是20世纪60年代初对国民经济实行“调整、巩固、充实、提高”方针，并给被划为“右派分子”的大多数人摘掉“右派”帽子。这些措施，使镇江国民经济得到顺利恢复和发展，农村水利建设、工农业生产、科教文卫等也取得很大成绩，为以后发展奠定了重要基础。

1966年5月至1976年10月的“文化大革命”中，镇江既受到“左”倾错误影响，又受到来自林彪、江青反革命集团的干扰和破坏。镇江市区工农业总产值年递增率比1950～1957年的年递增率低4.82个百分点。尽管如此，经过干部群众努力，镇江农田水利建设得到加强，粮食生产保持稳定增长。

1978年后，全党工作重点转移到经济建设上来，改革开放开始起步。改革首先从农村家庭承包经营开始突破，随之从城市经济体制上进行大胆改革，从港口开放到城市开放。1983年1月，经国务院批准，镇江自3月份起实行市领导县新体制，镇江市改为省辖市，下辖丹徒、丹阳、扬中、句容4县。从此，市委、市政府带领全市人民解放思想，锐意改革，扩大开放，使镇江进入新中国建立以后国民经济发展最快、城乡面貌变化最大、人民生活改善最好时期。

【土地改革】　1950年3月到1951年10月，镇江地区农村开展土地改革运动，彻底废除封建土地所有制，解放农村生产力，建立以贫雇农为核心的农村基层政权。

1950年2月，全区结合春耕生产开展农村土地占有基本情况、经营方式和阶级关系等方面调查研究。3月上旬，中共镇江地委确定以丹徒县上党区为土改典型试验区，以丹阳的柳茹乡、句容的延福乡、扬中的积善乡为土改典型试验乡。随后各县（市）委也确定1至2个乡为土改试验乡。至10月上旬，全区土改典型试验工作结束。

10月中旬，地委在全区第一批100多个乡（镇）范围内开展土改运动。土改工作队进村后，分五个步骤开展工作：一是宣传发动、组织力量；二是划分阶级成分，先划地主成分，后划农民内部成分；三是没收地主土地和五大财产（房屋、耕畜、农具、家具、粮食），征收富农土地；四是分配胜利果实，先分土地、后分财产；五是总结复查，组织生产。到12月上旬，第一批131个乡土改工作告一段落，占全区乡（镇）总数的21%。至1951年2月底，全区第二批462个乡（镇）土改工作基本结束，所余第三批12个乡土改至5月上旬基本结束。其后颁发土地证。至1951年10月，全区发证工作基本结束。

土改中，丹阳、丹徒、句容、扬中县及镇江郊区没收征收土地47213公顷、耕畜5500头、农具23.13万件、房屋65711间、家具23.22万件、粮食198.96万公斤，其他财产折合稻谷65万公斤；土改得益户22.9万户。

【镇压反革命运动】　1950年12月至1953年底，在全市范围内开展以打击土匪、恶霸、特务、反动党团骨干分子和反动会道门头子为重点的镇压反革命运动。

1951年1月16日，镇江市军事管制委员会颁发布告，责令国民党、三青团、青年党和民社党骨干分子及一切特务分子于1月21日至27日向政府自新登记，并交出组织名单、文件档案、武器弹药等。全市3万多名群众分别组织367个规劝组，对登记对象逐一规劝，宣传政策，打消他们思想顾虑，分化瓦解敌人。7天中登记反动党团骨干分子和特务分子805人，缴获长短枪13支、子弹900余发和大批反动证件。市公安部门按照中华人民共和国惩治反革命条例规定，分别于3月16日、17日和4月27日，集中逮捕一批罪大恶极、怙恶不悛的反革命分子。“镇反”期间，召开公判或宣判大会47次，受教育群众11万人次。4月29日，召开5万人参加的宣判大会，体现“镇压与宽大相结合”政策。

1953年起,全市先后两次取缔一贯道、一心天道龙华圣教会、达摩道、先天大道、同善社、峻化聚善堂、中华理教会、济公坛、先天道、洪山善堂、中华道义会、无极道等29个反动会道门组织,逮捕罪恶严重的道首和办道人员137名,登记一般道首181名和办道人员1096名,声明退道者万余人。

镇江市区"镇反"运动,至1953年底基本结束。根据群众强烈要求,对罪大恶极、坚持反动立场的反革命分子予以逮捕,按照"坦白从宽、抗拒从严"精神,分别对罪犯作出杀、缓、关、管、放五种处理办法。共捕各类反革命分子786名。经过法院审理,判处死刑、立即执行152名;判处死刑、缓期执行7名;判有期徒刑590名;管制37名。受到打击处理的土匪56名、恶霸206名、特务327名、反动党团骨干分子146名、反动会道门头子87名、其他反革命分子373名。"镇反"期间,在群众协助下,破获武装匪特案8起,缴获长枪8支、短枪4支、子弹771发。

【"三反""五反"运动】 1951年10月,中共中央决定在全国开展增产节约运动,促进经济建设。在运动中,揭发出大量贪污盗窃现象,而贪污盗窃又与党和政府内部存在的严重官僚主义紧密相连。因此,中共中央在1951年12月1日和8日分别发出《关于实行精兵简政,增产节约,反对贪污,反对浪费和反对官僚主义的决定》及《关于反贪污斗争必须大张旗鼓地去进行的指示》,强调必须把"三反"斗争看作像镇压反革命运动一样重要,要大张旗鼓发动广大群众。

镇江地区及各县于12月下旬陆续开展"三反"运动,至1952年6月底,全区"三反"运动基本结束。"三反"运动分学习动员、围歼"老虎"、核实定案、巩固成果四个阶段进行。全区参加"三反"运动共计9796人,其中地专机关1487人,镇江市4848人。

"三反"运动中,地专机关经检举、揭发和本人交代,共有各类贪污分子85人,定案结果是:贪污千万元以上、亿元以下的中贪污分子19人,其中受刑事处分的8人;百万元以上、千万元以下的小贪污分子41人,其中受刑事处分的5人;百万元以下有轻微贪污行为者22人;完全无贪污事实者2人;尚未查清者1人。定案贪污总数为7.95亿元,追回赃款赃物(折价)3.16亿元,占定案贪污总数的39.75%。镇江市区揭发大贪污分子39人、中贪污分子254人,定案结果:大贪污分子1人、中贪污分子48人,小贪污分子151人(共定小贪污分子368人),百万元以下有贪污行为者77人,完全无贪污事实者9人,尚未查清者7人。追回赃款赃物(折价)12.69亿元,占定案贪污总数的52%。其他各县贪污分子占学习人数的7%至12%左右。

"三反"运动中,暴露出大量的贪污盗窃与社会上不法资本家的行贿、偷税漏税、盗骗国家财产、偷工减料、盗窃国家经济情报的"五毒"行为密切相连。1952年1月26日,中共中央发出《关于在城市中限期展开大规模的坚决彻底的"五反"斗争的指示》,要求向违法资本家开展一场大规模的"五反"运动。

镇江市区"五反"运动从1952年1月中旬开始,至6月底结束。"五反"运动历经准备工作,全面开展,核实定案三个阶段。中共镇江市委决定设立"五反"指挥部,按行业组成6个基层指挥所,各辖一个工作队。市委从各有关部门和企事业单位调集干部、职工积极分子600余人,经过培训,编入各个"五反"工作队。同时,对180多名各同业公会干部和400多名基层工会干部进行培训。5月10日,"五反"运动正式开始。整个运动采取"两路推进,一气呵成"的办法进行:一路集中大户(有职工30人以上的工厂和7个店员以上的商店)、中户(有职工10人以上、30人以下的工厂和店员4人以上、10人以下的商店)共411户于人民大礼堂,按行业组成18个小组,由市长率工商、税务局长坐镇指挥,采用"发动群众检举、资本家互助互评、家属规劝"三管齐下方法解决重点对象的问题。另一路将家庭户、小户按行业编成小组,由市委宣传部、统战部负责人挂帅,以第二、三、四、五、六指挥所为基础,实行统一领导,采用"召开大会号召坦白、各户填表报评、集体定案过关"的办法解决问题。

从1952年6月1日起,运动转入核实定案阶段。根据中央规定政策,参照外地对违法工商业户划分类型标准，结合镇江具体情况确定：大、中户违法所得在50万元以下，小户及家庭工商业户违法所得在20万元以下者为守法户；大、中户违法所得在300万元以下者、小户及家庭户违法所得在200万元以下者为基本守法户；同时确定半守法半违法户、严重违法户、完全违法户的衡量标准。经核查定案，市区参加“五反”的私营工商业户共5320户，其中守法户1338户，占25.15%；基本守法户3323户，占62.46%；半守法半违法户555户，占10.43%；严重违法户77户，占1.45%；完全违法户27户，占0.51%。

“五反”中，清出违法所得187.78亿元，经核实定案为134.41亿元，占工商户坦白交代所得金额的71.58%。“五毒”在镇江的主要表现是偷税漏税、偷工减料和盗窃国家资财。根据上级指示，为体现“过去从宽、今后从严”精神，除盗窃国家资财全部退缴国库外，对偷税漏税、偷工减料两项违法所得，只追补1951年违法所得金额，实际退补数为72.35亿元，占定案数53.83%。

【农业社会主义改造】　1952年开始，农业社会主义改造在土地改革基础上，经过农业生产互助组——初级农业生产合作社——高级农业生产合作社三个阶段，把广大农民组织起来，走合作化道路，逐步完成全区农业社会主义改造。

1951年底，镇江地区计有常年性互助组450个、季节性互助组16343个，互助组农户占总农户数的16.9%。为推动全区互助合作运动发展，1952年6～7月，各县(市)相继举办3期互助组组长训练班。到年底，丹阳、丹徒、句容、扬中县及镇江郊区组织起来的互助组23797个，其中常年互助组3527个、季节性互助组20270个，加入互助组农户169848户，占总农户数的45.22%，并涌现出一批先进农业生产互助组和丰收模范。

1952年7月，地委派出工作组到丹阳县横塘乡，试办镇江专区第一个初级农业生产合作社。该社15户、67人，于当年8月26日建成。秋收后又由15户扩大到51户，占全村农户的83.6%。1953年上半年，全区先后完成11个初级社试办。至此，全区10个县(同年1月，武进、金坛、溧阳3县划入镇江专区)共办初级社16个(武进、金坛各3个，丹阳、溧阳各2个，其余6县各1个)，入社农户643户，达到县县有初级社。1954年底，全区办有初级社4103个，入社农户占总农户数的12%。1955年春，丹阳、丹徒、句容、扬中县及镇江郊区办有初级社1617个，入社农户49452户，占农户总数14%。

1955年8月，全区农村普遍掀起办农业社高潮。仅在9、10月，就有50%以上的农户入初级社，到年底，入社农户占总农户的90%以上。

1955年11月5日，毛泽东主席南巡途中，火车专列停靠镇江，在火车专列上听取镇江地委书记陈西光和专员高俊杰关于镇江专区农业合作化运动的专题汇报。此时，江苏省委决定有步骤地在全省试办高级社。同年12月，地委在丹阳县横塘乡的第一个初级社试办全专区第一个高级社，接着，该乡又试办3个高级社，全乡实现高级社化。同时，各县(区)委都进行高级社试点。至1956年3月，全区建高级社2819个，入社户数717478户，占总农户数的67.7%。到年底，全区有高级社4233个、初级社678个，合计入社农户占总农户数的97.65%；镇江郊区及丹徒、丹阳、句容、扬中县有高级社1482个，入社农户达90%。

【农村人民公社】　1958年8月，中共中央决定在全国农村普遍建立人民公社。8月31日，镇江地委发出《关于大办人民公社的部署意见》，要求各级党组织做好规划，在秋收前基本实现农村人民公社化。到9月18日，全区4085个农业合作社，合并建成145个人民公社，参加的农户1059392户，占农户总数的99%。镇江市区及丹徒、丹阳、句容、扬中县建成人民公社49个，入社农户达99.98%。镇江市区建立黄山园艺场、象山园艺场、畜牧繁殖场等国营带集体性质场圃。

人民公社的特点是“一大二公”。所谓大，就是将原来的高级农业合作社，几十个、上百个地合并成一个人民公社，并由原来以从事农业生产为主变为工农商学兵为一体的基层行政、经济组织；所谓公，就是将经济条件不同、贫富差别明显的合作社并在一起，集体的一切财产归公社，社员个人私有生产资料如自留地、饲料地、林木、十边隙地,有的甚至将社员的耕牛、农具、母猪等,也转为公社所有。公社内实行统一核算、统一分配;推行村村办食堂,集体用餐,提出“放开肚皮吃饭,鼓足干劲生产”等口号。12 月 2 日,镇江市区共办食堂 2752 个,吃饭人数 35.7 万多人,基本实现食堂化,并任意扩大供给制范围。共产风、浮夸风、瞎指挥风、强迫命令风和干部特殊化风“五风”严重泛滥,给农村工作、农民生活和农业生产造成混乱和破坏。

针对出现的问题,中共中央采取一系列措施予以纠正。1958 年 12 月至 1959 年 2 月,地委先后三次召开人民公社整顿会议,派出整顿工作队下乡试点。1959 年 3 月 26 日制定《关于人民公社管理体制的若干具体政策的规定(草案)》,明确人民公社实行统一领导、分级管理制度,以生产大队为基本核算单位。同时,对规模较大社队作适当调整,全区由 145 个公社调整为 234 个公社,大队由 1666 个调整为 3458 个,生产队由 16775 个调整为 30609 个。对“一平二调”进行清理退赔。全区原有农村常年食堂 32296 个,将其中 12585 个改为农忙时的季节性食堂。

1959 年 8 月,中共中央在庐山召开八届八中全会,会议通过《为保卫党的总路线、反对右倾机会主义而斗争》等决议,批判所谓“以彭德怀为首的反党集团”,提出“反右倾、鼓干劲”,掀起新生产高潮。各地在反右倾推动下,“左”倾错误再度泛滥。

1960 年 11 月和 1961 年 3 月,中共中央先后发出《关于农村人民公社当前政策问题的紧急指示信》(简称《十二条》)和《农村人民公社工作条例(草案)》(简称《农业六十条》),同时部署整风整社,下决心纠正共产风、浮夸风、强迫命令风、生产瞎指挥风和干部特殊化风,进一步确立以生产大队所有制为基础的三级所有制,实行土地、劳力、耕牛、农具固定到生产大队,逐步恢复、健全高级社时的民主管理和经营管理,解散公共食堂。镇江地区人民公社由 232 个调整为 319 个,大队由 3603 个调整为 4576 个,生产队由 36186 个调整为 42306 个。基本上恢复高级农业合作社时规模及经营管理制度,普遍建立“三包一奖”“四固定”(包工包产包财务,超产奖励;固定土地、牲畜、农具、车辆)、评工记分等制度,生产秩序逐步走上轨道。1962 年 2 月,根据中共中央指示全区基本实行以生产队为基本核算单位。1962 年 4 月 29 日,地委农工部统计,全区 4650 个大队实行以生产队为基本核算单位的 4614 个,占 99.2%;未实行的 36 个,占 0.8%。其中丹阳 4 个大队、丹徒 2 个大队仍保留以大队为基本核算单位,丹徒县江心公社仍保留公社一级核算。

“文化大革命”期间,少数地方一度出现并队、搞大队核算、联队核算、没收生产队山林和社员自留地等违反《农业六十条》政策现象。在学大寨运动中,一度取消评工记分,推行“大寨式”记工,取缔农贸市场,限制家庭副业等,对农民积极性发挥和农业生产发展均造成不良影响。直到 1978 年,才恢复定额管理、“三包一奖”“一年早知道”“两基本”(基本工、基本肥)等劳动管理制度。

中共十一届三中全会后,农村经济体制改革兴起,全面推行家庭联产承包责任制。1983 年 10 月,中共中央、国务院颁发《关于实行政社分开建立乡政府的通知》,根据文件精神,镇江市对农村人民公社进行五个方面改革,即把政社合一的政权职能分离出来,建立乡(镇)人民政府;把人民公社改为相对独立的集体所有制经济组织,成立人民公社经济联合委员会;把生产大队改为行政村,建立村民委员会,生产队或自然村改建为村民小组;同时进行供销社、信用社改革;在干部任用上,政府实行民选制,各经济组织实行民选制和聘用制。至 1983 年 9 月,组建乡(镇)党委和政府 89 个,村民委员会 1278 个(另有 138 个生产大队)。1984 年末,村民小组为 14273 个。1985 年,各乡(镇)经联委先后被撤销。

【镇江经济发展】 新中国成立前,镇江经济凋零,工农业生产落后,商品匮乏。新中国成立后,镇江经济、社会有了很大发展。

新中国成立初期,经过 3 年经济恢复和第一个五年计划实施,工农业生产很快恢复和发展。1957 年,镇江市区工农业总产值 7066 万元(1980 年不变价),比 1949 年增长 3.26 倍,其中工业增长 4.4 倍,农业增长 29.3%。人均工农业总产值 330 元,比 1949 年增长 2.78 倍。

1958年“大跃进”开始，违背客观经济规律，盲目冒进，造成国民经济比例严重失调和人力、财力、物力巨大浪费。1961年，调整农、轻、重比例关系，关停一批工厂，使各业生产有了恢复。1965年，镇江市区工农业总产值1.66亿元，比1957年增长1.35倍；人均工农业总产值706元，比1957年增加376元，增长1.1倍。1958～1965年，工农业总产值每年平均递增9.96%，比前八年的平均递增速度下降7.53个百分点。其中工业产值年递增10.4%，比前八年下降10.28个百分点；农业产值年递增4.07%，比前八年增加1.17个百分点。

“文化大革命”期间，经济工作再一次受到干扰和影响。1976年，镇江市区工农业总产值7.77亿元，比1965年增长3.68倍。1967～1976年，市区工农业总产值平均每年递增13%，比1950～1957年的递增率低6.9个百分点。

中共十一届三中全会后，实行改革开放，促进工农业生产发展。1985年，镇江市地区生产总值32.04亿元(现行价)，工农业总产值63.41亿元。市区的地区生产总值11.67亿元，工农业总产值23.46亿元，占全市工农业总产值的37%；人均工农业总产值5689元，比全市人均2576元高3113元，年均递增速度和人均数在全省11个市中均居第五位；人均国民生产总产值2831元，居全省第五位。

【镇江城市建设】　民国时期，镇江是江苏省政府所在地。解放前夕，镇江城市建成区面积8平方公里，城市道路总长63.96公里，除1946年建成的大西路为全省第一条柏油马路外，其余均为碎石路面，自来水日产能力0.48万立方米，有人力车1394辆，路灯1504盏，公共绿地150.3亩。

镇江解放后，镇江市军管会接管省会市政工程局，1949年8月成立镇江市建设局。城市建设本着先普及、后提高，少花钱、多办事的原则，有计划有重点地展开道路桥梁的恢复改建和新建工作，尤其致力于改善居住区的生活环境。1953～1957年(“一五”计划时期)，城市建设按照“重点养护，个别改善，照顾一般”的原则进行，1953年，建成新中国成立后第一条主干道和平路。1954～1956年，改建解放桥和新西门桥；集资新建沿江驳岸和防浪墙，垫高江边、新河等4条马路，并建成五摆渡泵站；公共汽车正式运营。5年中完成非生产性建设投资额占基本建设投资总额的37.1%。

1958年，沿江建成长3630米的江堤，标高为吴淞高程9米。主要干道开始加铺沥青面层，同时治理大西路以南的山巷、小街及小码头等雨涝地区。受“大跃进”影响，城建布局开始失控。1958～1962年(“二五”计划时期)，非生产性建设占基本建设投资完成额9.23%，比“一五”计划时期减少接近28个百分点。随着以“调整”为中心的八字方针的贯彻，1963年起设立城市维护和建设专项资金，城市建设出现生机。市内主要干道加浇沥青面层，街巷道路加铺片石路面。城市日供水能力扩大到1.5万立方米，公交营运车增加到13辆。“文化大革命”期间，工业建设相对集中在城区及风景区周围，工业布局混乱。1966～1970年(“三五”计划时期)，非生产性建设投资所占比例下降到8.42%，1971～1975年(“四五”计划时期)进一步降到5.67%，为历史最低点。“文化大革命”期间先后建成运河路、环城路等，形成“小环城”道路网，桥梁全部得到改造，部分积水区得到整治，城市日供水能力增加4万吨，公共交通新增营运线路3条。

中共十一届三中全会以后，城市建设重新走上按规划进行轨道。1983年3月，镇江实行市管县体制后，镇江市城乡建设委员会对建筑业、市政公用事业、环境保护事业、房地产业、园林绿化事业和城市规划、勘测设计、城市改造及综合开发等行业实行归口管理。城市建设大规模展开，逐步实行城市基础设施有偿使用和“谁受益，谁投资”的社会集资办法，扩大资金来源。1976～1980年(“五五”计划时期)基本建设投资完成额中，非生产性建设所占比例开始回升到16.1%，1981～1985年(“六五”计划时期)达到23.5%。城市管理成立专门机构，逐步实行法制化管理。城市建设的科学研究和情报工作也不断加强。城市绿化有明显进展，1982年成立市绿化委员会，制定绿化专业规划，在普遍绿化同时，以银杏、宝华玉兰等为基调树种，以腊梅、白玉兰等为骨干树种，形成色叶树、花、灌木为主的格调。绿化面积385.5公顷。1985年，市区总面积215平方公里，城市建成区面积达24.42平方公里。有宽6米以上车行干道52公里;下水道146.89公里,排涝泵站10座;公共汽车126辆,营运线路14条,日客运量15万人次;自来水日供水能力15.2万立方米;煤气日平均供气量9539立方米,路灯5080盏;公共厕所160座。

到1985年底,市属各县(丹徒县除外)县城建设均达到一定规模。丹阳县城区面积5.67平方公里,有水泥、沥青路面70余条,总长27.73公里,自来水日供水量1.7万立方米,绿化覆盖率20.8%。句容县城区面积2.55平方公里,自来水日供水量1万立方米,有水泥、沥青路面的道路27条,总长近10公里,人均占有绿地1.5平方米,绿化覆盖率为7%。扬中县城区面积4.1平方公里,20条道路总长14.5公里,自来水供水量1万立方米。

【市领导县体制的实行】 1982年12月7日,中共中央、国务院发出《关于省、市、自治区党政机关机构改革若干问题的通知》,对现行行政体制进行改革。1983年1月18日,国务院批准江苏省人民政府《关于改革地市体制、调整行政区划的报告》。"撤销镇江地区行政公署,将原镇江地区的高淳、溧水两县划归南京市;宜兴县划归无锡市;武进、金坛、溧阳三县划归常州市;丹徒、丹阳、扬中、句容四县划归镇江市。镇江市改由省管辖。"改革后的镇江市总面积为3843平方公里,其中市区215平方公里;总人口为242.8万人,其中市区33.9万人。实行市领导县体制后,镇江市委常委会由王一香、孙秉谦、王敏生、邓鸿勋、吴明政、王云海、王忠保、彭光8人组成,王一香主持工作;孙秉谦、王敏生、邓鸿勋、吴明政任副书记。市人大、市政府、市政协分别由夏岩、邓鸿勋、赵建平主持工作。

1983年3月1日,市级机关按市领导县新体制正式开展工作。原地、市有关部门进行合并或合署办公。市委、市政府根据省委要求,做好与南京、常州、无锡等市对有关县的划归交接事宜,同时部署市级机关各部门搞好机构设置和领导班子建设。3月31日至4月5日,镇江市第八届人民代表大会第一次会议隆重召开。邓鸿勋代表市政府作题为《振奋精神,勇于改革,开创镇江市社会主义建设新局面》的政府工作建议报告。大会选举产生夏岩为主任的市人大常委会班子和邓鸿勋为市长的市政府领导班子。市政协六届一次会议也于3月29日至4月6日召开,大会选举产生赵建平为主席的市政协领导班子。至5月19日,市级机关各部门机构设置和领导班子组建工作基本完成。市委设置7个工作部门,市政府设置35个工作部门。设置8个相当于二级局的处、局及8个工业公司。

同时,进行配套改革,主要是县级机构改革与实行政社分设。镇江市根据中央和省委要求,对所辖四县的机构设置、领导班子配备等开展一系列配套改革工作。1983年9月1日起建立市辖区机构。撤销金山、北固两区,设置城区;同时设置郊区,谏壁镇划归郊区领导。1984年10月19日,城区、郊区分别更名为京口区、润州区。到1984年底,将公社改建为乡,对具有一定条件的集镇设立镇。同年9月25日至29日,实行市领导县新体制后的中共镇江市第一次代表大会召开,选举产生中共镇江市第一届委员会,孙秉谦任市委书记,镇江市市领导县行政体制顺利完成。

——小资料——

［清］周镐·京江二十四景图——林开古驿

驿站为古代提供传递官府文书、转运物资以及来往官员更换交通工具和食宿休息的地方。驿站有水路、陆路以及水陆驿三种。据光绪《丹徒县志》载："京口驿站在大西门北前，旧制滨河朝西。"又同书卷七载："皇华亭在京口驿，为迎送客使之所。"京口驿为水旱驿，有水旱夫役420人、马70匹、快船20艘、大小房屋近百间，有吹鼓亭、仪门、辕门、驿役、文书房、轿班房、马房、差房、戏台等。

大事记

卷 目

1983 年

1 月 26 日，中国第一头试管奶牛在镇江驸马庄奶牛场出生，体重 48 公斤。

2 月 5 日，经江苏省人民政府批准并报教育部备案，镇江市职业大学成立。

2 月 27 日，镇江市召开 1982 年度劳动模范、先进集体表彰大会，授予 203 个单位先进集体和 114 名个人劳动模范称号。

3 月 1 日，经国务院批准，撤销镇江地区，实行市管县体制，镇江市改为省辖市，辖丹徒、丹阳、句容、扬中 4 县。

3 月 5 日，镇江博物馆在象山以南和山顶（又称合山）发现 1 组 4 座清代的快炮台。

3 月 15 日，中国人民解放军海军司令员叶飞到镇江视察，并参观市博物馆举办的《茅山抗日根据地革命文物展览》。

3 月 29 日 ~4 月 5 日，市一届人大一次会议召开。

3 月 29 日 ~4 月 6 日，市政协一届一次会议召开。

4 月 9 日，经国务院批准，镇江市金山江天寺、焦山定慧寺，句容县宝华山隆昌寺为汉族地区佛教全国重点寺院，句容县茅山道院为道教全国重点宫观。

4 月 18 日，国家计委顾问、中国造船公司董事长柴树藩等人到镇江了解交通运输情况。

5 月 12 日，丹阳县丹凤公社岳家村岳逸民献出宋代民族英雄岳飞家族宗谱——《曲阿（丹阳）培棠岳氏宗谱》，其中详细记载岳飞及其后裔的有关情况，内有岳飞临刑前的审讯录，岳飞致秦桧书以及以前尚未发现的岳飞诗数首。

5 月 20 日，中共江苏省委书记韩培信到镇江了解市级机关机构改革情况。

5 月 26 日，中共中央政治局委员、书记处书记宋任穷到镇江了解机构改革情况。

7 月 12 日，镇江煤田地质机械厂研制的 JSX—Z 型超声成相测井仪获全国煤炭系统科技一等奖及国家科技进步三等奖，填补中国利用超声技术进行物探测井的空白。

8 月 1 日，丹徒县肾脏医院开诊，这是全国第一家县级治疗肾脏疾病的专科医院。

同月，长江第二次洪峰于上月 13 日过境时，适逢下游农历初三潮汛顶托，镇江高潮水位达 8.30 米，仅低于 1954 年最高水位 8 厘米；全市先后发生险情 775 处，破漫小圩 24 个，淹没农田 300 公顷。经干部、群众奋起抗洪，控制了险情，至 8 月 14 日水位恢复正常。11 月 25 日，市政府对在抗洪抢险斗争中取得显著成绩的 145 个先进集体和 499 名先进个人给予表彰。

9 月 1 日，经省人民政府批准，撤销金山、北固山两区设置城区（后称京口区）；撤销谏壁区和郊区，设置新的郊区（后称润州区）。城区、郊区均为县级建制。

9 月 4 日凌晨，为贯彻全国人大常委会《关于严惩严重危害社会治安的犯罪分子的决定》，城乡集中进行打击刑事犯罪第一次行动。截至 7 日，全市共抓获各类刑事犯罪分子 882 名，捕获率 97.7%。

9 月 15 日，中共镇江市委党校第一期干部培训班、进修班开学。按照中共中央统一部署，干部教育由原来短期轮训转变为正规培训。

9 月 18 日，中国旅游品、工艺品镇江展销馆举行落成开业典礼，省委书记韩培信、轻工业部副部长季龙剪彩。展销馆建筑面积1.1万平方米,可供展面积7000平方米,大楼有6层,底层为对外营业的大厅,2~6层为展览大厅。开业当天就接待顾客5000多人,成交额达706.44万元。

9月21~23日,江苏省省长顾秀莲到镇江了解港口建设和工业生产情况,并到丹阳县界牌公社听取农村工作汇报。

10月3日,由江苏省船舶设计研究所(驻镇江)设计、镇江船厂制造的"长江中下游短途双体客轮"下水。该轮总长50米,总宽13.1米,载客1000人,同时可载货50吨,是江苏省制造的最大新型双体客轮。

10月13日,"文化大革命"中被破坏的赵伯先烈士铜像重竖于伯先公园。塑像由浙江美术学院雕塑系设计制造,高2.8米,重370公斤,含铜量达98.8%以上。

10月19~22日,日本津市缔结友好城市先遣访华团一行3人,在团长、津市副市长牧隆寿率领下访问镇江市,商谈1984年5月建立友好城市签字仪式的有关事宜。

10月24日,15时15分,镇江焦化厂专用铁路的内燃机车在站内因制动失灵,与铁路局3节待装车辆相撞,内燃机车和3节车辆严重损坏,2名随车乘务人员在撞车前跳车,被牵引的车辆碾压身亡。

10月,在1979~1982年全国民间文学作品评奖会上,镇江市作者收集整理的《肴肉不当菜》《镇江民间故事》分别获三等奖和集体荣誉奖。

12月2日,市总工会会同市委组织部、市经委、市企业整顿办公室召开民主评议干部经验交流会。市纸浆厂党委、市汽车钢圈厂党支部、省镇江船厂工会、镇江建筑工程公司工会在会上介绍民主评议干部的经验。至1984年,全市有151家企业开展民主评议干部的活动。

同月,市台湾同胞联谊会(简称台联)成立。

同年,句容县大卓乡光里庙城头山遗址出土大量新石器时代土陶器、瓷器及商、西周、春秋时期的遗物。

同年,市生产资料公司受国家物资总局综合管理司的委托,在镇江召开由23个省、市、自治区,70家兄弟公司参加的全国性物资调剂会,成交金额达3002.8万元。调剂物资范围由原先的积压物资和三类物资扩大到凡国家允许进入市场的物资和生产资料、生产生活交叉商品及超储积压物资,这是物资调剂史上一个突破。

同年,镇江市饮服公司、深圳特区发展公司和香港翡翠城股份有限公司合资兴办的香江酒楼在深圳开业,经营镇江名菜名点。

同年,根据中央关于"政社分开"的通知,全市恢复乡镇建制,公社改乡、镇。至年底,全市共有93个乡镇(其中:润州区7个乡、2个镇;丹阳县19个乡、11个镇;丹徒县19个乡;句容县18个乡、5个镇;扬中县6个乡、6个镇)。全市共有1409个村民委员会。

1984年

1月16日,九三学社镇江市直属小组成立。同年7月4日,成立九三学社镇江市委员会,选举委员3人。

1月17~19日,市区连降大雪,长达47小时,积雪厚达35厘米,为镇江解放以来最大的一次降雪。95%工厂一度停产,长途通信线路部分中断72小时,89条供电线路一度断电,自来水厂停水8小时,倒塌房屋855间,伤43人,经济损失2000多万元。中共镇江市委、市人民政府召开紧急会议,部署抗灾斗争,到20日止,生产、生活恢复正常。

同月,中国民主促进会江苏省委镇江市直属小组成立。1985年4月27日,成立民主促进会镇江市支部,选举委员3人。

2月2日,江苏省委书记韩培信在市委领导陪同下,到谏壁发电厂看望春节坚持生产的职工。

2 月 9 日,中共中央总书记胡耀邦等一行在省委书记韩培信陪同下到镇江,在金山宾馆接见了市委领导王一香等人,询问经济建设、人民生活及镇江历史掌故,并特别强调环境保护工作。

2 月 19 日,应日本三重县津市市政府的邀请,副市长黄选能、市对外友好协会会长吴明政率镇江市友好考察团一行 5 人,赴日本进行为期半个月的考察。

2 月 25 日,市辖四县的党政领导班子调整结束,提拔 24 人担任领导职务,占县级领导干部的 63.1%。在县委常委中,具有大专文化程度的占 50%,平均年龄 43 岁,比原平均年龄降低 8.8 岁。领导班子中有女干部 4 人,非党干部 3 人。

同月,谏壁发电厂第一期供热工程建成,开始向附近的镇江化工厂、树脂厂等单位供气。

3 月 15 日,国务委员、国家经委主任、中央财经领导小组副组长张劲夫一行,到镇江视察大港港区和谏壁发电厂等重点工程。

3 月 25 ~ 31 日,市政协一届二次会议召开,贯彻落实中共中央领导同志关于政协委员和党外人士"要知情出力,落实政策"的讲话精神。

3 月 26 ~ 31 日,市一届人大二次会议召开。

同月,全国政协副主席肖华到镇江视察并游览金、焦、北固山等风景区。

4 月 5 日,全国土木工程界著名专家学者茅以升、李国豪、吴中伟、王竹亭等 50 余人,到镇江市一泉饭店参加《中国大百科全书 · 土木工程卷》编委会成立大会。

4 月 10 日,钱伟长、叶开源等 6 位教授组成的答辩委员会,一致通过江苏工学院研究生王振民的固体力学博士学位答辩论文,建议授予王振民为力学博士。

4 月 18 日,市无线电厂、无线电元件厂、元件二厂、元件四厂及丹徒县蒋乔乡幸福大队队办厂,分别收到中共中央、国务院、中央军委为发射运载火箭作出贡献的贺电和慰问信。

4 月 20 日,镇江人民广播电台成立,并开始播音。

4 月 22 日,全国人大常委会副委员长、中国民主建国会中央委员会主任委员胡厥文到镇江视察市民建工作并推动落实市工商联伯先路原址归还问题。

4 月 23 日,为纪念镇江解放 35 周年,市体委与有关部门联合举行火炬接力赛。有 35 个单位、近 400 名运动员参加,由 35 位离退休老干部手持火炬带领前进,沿途观众有 10 万余人。

4 月 27 日,市哲学社会科学联合会第一次代表大会开幕,通过会章,选举理事 51 名组成理事会。该联合会由 24 个会员单位组成,会员约 4200 名。

4 月 28 日,徐州—上海 50 万伏高压输电线镇江架线工程开工。长江南岸铁塔建在海拔 140 米的五峰山上,北岸塔高 210 米,两塔跨距 1820 米,为当时中国塔身最高、跨距最长的跨越工程,由世界银行贷款。1988 年 9 月全线架通。

5 月 4 ~ 7 日,中共江苏省委书记韩培信到镇江和市委常委研究市级机关整党问题。

5 月 8 日,南京博物院、中山大学、镇江博物馆、丹徒县文教局联合组成考古发掘队,发掘大港北山顶 3 处土墩墓,至 8 月 3 日结束,出土文物百余件。其中有铭文的铜器 15 件。这批铜器分属东周吴、徐两国。"尸祭缶"盖周围铭文 30 多字,记载了吴国三代四王的姓名,与《史记》《吴越春秋》等史籍所载吴国世系完全相同;鸠杖、杖镦和悬鼓环座上皆铸有周身布满花纹的跪坐人像。这是首次发现反映勾吴"断发文身"习俗的实物形象。

5 月 21 日,市花山湾发现古城遗址 1 座。城墙依山加土夯筑,整体平面略成梯形,周长 2300 米。这是中国迄今发现遗迹范围较大的一座古城。

5 月 29 日,市个体劳动者协会成立。至 1984 年 4 月底,全市共有个体劳动者 16449 户,从业人员 20368 人。

6 月 1 日,市少年宫建成开放,总建筑面积 5284 平方米,内设 36 个活动室,同时可接待少年、儿童千余人。

6月3日，省级文物保护单位、宋抗金名将宗泽墓修复。1985年8月15日，宗泽第28世孙宗光漾等6人从浙江义乌到镇江祭扫。

6月11日，镇江市和日本三重县津市缔结友好城市的签字仪式举行，镇江市市长邓鸿勋和津市市长冈村初博分别代表双方市政府在友好协议书上签字。当日下午，日本津市代表团去焦山种植象征中日友谊长青的雪松两株，并立碑纪念。

6月11～15日，全国政协副主席、社会学家费孝通教授等一行9人，到镇江调查镇江市小城镇建设和乡镇工业发展情况。14日，费孝通教授在河滨饭店向市、县、区负责人作题为《农村经济的发展与小城镇的建设》的学术报告。10月26～31日，费孝通再次到镇江，考察扬中县乡镇工业。

7月20日，江苏省首届伤残人运动会在镇江市举行，镇江市代表队获团体总分第四，共得金牌10枚、银牌1枚、铜牌3枚。

8月18日，日本津市少年足球队一行28人到镇江，市少年足球队与客队进行两场友谊比赛。

8月20日，机械工业部与联合国工业发展组织共同举办的中小型农机制造培训班在江苏工学院开学，学员来自亚太地区的11个国家，培训时间为3个月。

8月31日，镇江大东造纸厂铁塔牌邮封纸和丹阳酒厂封缸酒获国家优质产品银质奖。

9月21日，300多位来自美国、日本的旅游者，乘耀华号远洋轮到镇江游览，停靠大港港区，这是该港区停靠的第一艘国际航线的万吨旅游船。

9月25～29日，实行市管县体制后的中共镇江市第一次代表大会召开，会议代表384人，会议听取和审查市委工作报告和市纪委工作报告，选举产生新的市委和市纪委领导成员以及省第七次党代会的代表41人。

9月27日，为庆祝中华人民共和国成立35周年，《镇江市建设成就展览》在展销馆开幕。

10月31日，镇江市精神病医院副主任医师严善明科研成果显著，获国家科委嘉奖；1985年获全国“五一”劳动奖章。论文《DSm—Ⅲ对中国精神病学的影响》《早发性与迟发性双相情感性疾病的异质性研究》，被收入《中国医学百科全书精神病分册》，并被美、英、北欧等精神病学刊物转载。

同月，镇江输送到省队的体操运动员吴杰在埃及亚历山大举行的“和平杯”国际体操比赛中，夺得3枚金牌、3枚银牌和1枚铜牌。

同月，江苏省政府、省军区在镇江市召开民兵青年业余综合学校现场会，推广丹徒县创办民兵业余综合学校的经验。

11月5日，市政协一届三次会议召开，进行政协主要人员更迭。

11月8日，江苏省吴文化研究学术讨论会在镇江市召开，代表50余人参观镇江博物馆《吴文化青铜器展览》。

11月13～18日，全国抗日根据地讨论会、江苏省中共党史学会1984年年会在镇江市召开。全国中共党史研究会顾问王首道、中共中央党史研究室主任胡绳、江苏省委书记韩培信及80多位党史学界专家学者与会。会上交流研究各抗日根据地的学术成果。

11月15日，市地方志编纂委员会着手编修《镇江市志》。

11月27日，省长顾秀莲视察镇江市茅山地区，赞扬茅山地区近年来取得的成就，要求加快茅山老革命根据地的经济建设步伐，使老区人民尽快富裕起来。

11月29日，全国人大常委会副委员长姬鹏飞到镇江视察。

同月，丹徒县输送的国家篮球队运动员张月琴因参加第23届国际奥林匹克运动会（中国女篮获得铜牌），被国家体委授予体育运动一级奖章。

12月8日，江苏省省长顾秀莲到镇江市铝加工厂、林机厂和矿机厂视察。

12月9日，市电子研究所研制成功微机通信线路自动测试管理系统，在国内处于领先地位，并获市科技进步奖。

12 月 10 日，镇江市第一家中外合资企业——京侨饭店开业。

12 月 11 日，丹阳县旦阳牌封缸酒获全国酒类质量大赛甜黄酒类金杯奖，老陈酒获铜杯奖。

12 月 15～17 日，全国人大常委会委员、外事委员会副主任、新华社顾问曾涛到镇江视察，提出要宣传镇江，加强大港建设，积极开发“三山一郊”的旅游资源，搞好文物管理，防治城市污染。

同月，丹徒县五峰山一带发现非金属矿——沸石，蕴藏量约 200 万吨以上，具有开发利用价值。

同年，镇江市第一家农民办的饭店——润州区七里甸乡红光村办的红光饭店开业，建筑面积 3250 平方米，有床位 283 张及配套的会议室、饮食厅、卖品部等设施。

同年，日本著名记者、《朝日新闻》社采访部主任本多胜一到镇江调查日军侵占镇江、句容时大屠杀情况。1985 年，在日本《朝日新闻》上发表《占领镇江县城》等连续报道，揭露日军侵华暴行。

1985 年

3 月 5 日，中国致公党镇江市支部成立，共有党员 24 名。

3 月 20 日，镇江恒顺酱醋厂的金梅牌香醋和镇江麻油厂生产的甘露牌麻油获法国国际美食及旅游委员会金牌奖。

3 月 21 日，黑龙江省伊春市与镇江市结成友好城市的协议书签署。

3 月 22～25 日，市政协一届四次会议召开。

3 月 23～27 日，市一届人大三次会议召开。主要议题为讨论全市经济和社会发展目标及主要任务，并补选市长、副市长、人大常委会委员各 1 人，评出广玉兰为市树。

同月，经国务院、中央军委批准，镇江市上升为全国甲类开放地区。

4 月 7～16 日，以市长高德正为团长、市人大常委会主任夏岩为顾问的镇江市政府友好代表团一行 5 人，访问日本津市。

4 月 16 日，经市科委批准，镇江市第一家民办科研开发机构——镇江市三能光电应用研究所建立。

5 月 6 日，香港总督尤德夫妇一行 20 人访问镇江。

5 月 12 日，电子工业部部长张庭到镇江视察电容器厂、光电元件厂。

5 月 13 日，市职业大学、市机械局职工大学和市电子公司职工大学三校合并，仍名镇江市职业大学。

5 月 22 日，冶金部部长李东冶专程视察镇江市船山石灰石矿。

5 月 23 日，市区已有 26 个基层职工物价监督站成立，共有 93 名监督员。1986 年 4 月 26 日，市成立职工物价监督总站。1987 年 9 月，全国总工会、国家物价局评镇江物价监督总站为全国职工物价监督先进单位。

5 月 26 日，市第八届运动会（按原地区运动会届次排列）在镇江闭幕，共举行棋类、田径、乒乓球和中小学篮、排、足球 6 个比赛项目，有 3 人打破两项省纪录。

5 月 27 日，省人民政府批准《镇江市城市总体规划》，确定镇江为省重要内河港口、历史文化古城和风景游览城市。

5 月 28 日，镇江文物精华展览在北京中国历史博物馆开幕，共展出从旧石器时代到明清时代文物精品 206 件。彭冲、赛福鼎、钱昌照、陈再道、赵朴初、华罗庚等参加开幕式。8 月 30 日闭幕，参观者约 30 万人次。

5 月 29 日，云台山上市工人疗养院发现墙壁开裂和地面裂缝，山内人防工事和山下局部地区也发现鼓胀，经勘察为云台山滑坡前兆。6 月 26 日上午，市委、市政府紧急现场办公会决定，山上住户立即撤迁，充分做好水、电、路、通讯等应急措施。至 7 月 6 日，在此范围内的 95 户、297 人全部疏散。经8个月施工、治理,滑坡险情基本消除。

6月16日,镇江与日本津市结为友好城市一周年,津市市长冈村初博率政府代表团到镇江友好访问。

同日,中顾委委员江渭清视察市皮革制鞋厂。

同月,扬中县计划免疫工作通过省、市卫生部门抽查,成为华东地区达标的9县之一。四苗(卡介苗,麻疹疫苗,小儿麻痹糖丸,百日咳、白喉、破伤风三联苗)覆盖率和建卡率、单苗接种率均达卫生部部颁标准。

7月23日,市政府召开全市文物普查总结表彰大会,向42个先进集体、93位先进个人颁奖。

8月15日,江苏省人大常委会主任储江等到镇江检查乡镇工业发展情况。

9月1日,韦岗战斗胜利纪念碑和新四军茅山抗日斗争历史陈列馆揭幕大会在新华剧院举行,中顾委委员江渭清、惠浴宇,全国政协常委管文蔚,省委副书记沈达人,省、市有关部门负责人,以及在茅山地区战斗、工作过的新四军老战士百余人和镇江市代表千余人出席。会后江渭清、惠浴宇、管文蔚等赴韦岗为纪念碑揭幕,次日又赴句容为茅山陈列馆揭幕。

9月9日,市人民政府召开大会庆祝第一个教师节。

9月12日,市劳动路经拓宽改建,成为市区贯通东西向的主要干道。原中山路(东起环城路、西至电力路、运河路)更名为中山东路;原劳动路(东起电力路、运河路、西接镇句路)更名中山西路。

9月15日,自1981年至今,全市青壮年职工初中文化补课累计64963人,合格率78.33%;初级技术补课累计合格43561人,合格率达63.97%,基本完成中央《关于加强职工教育工作的决定》中规定的任务。

10月5日,镇江电视发射台微波电视机房建成,开始自办电视新闻。

10月6日,全国政协副主席、中国佛教协会会长赵朴初为金山江天禅寺大雄宝殿重建奠基,日本国日中友协佛协会会长大西良庆夫人参加奠基仪式。

10月7日,江苏省省长顾秀莲到镇江视察大港港区和大港汽渡码头。

10月9日,镇江焦化厂利用常规焦炉试制成一级、特级铸造焦,获国家科技进步二等奖和冶金工业部重大科研成果一等奖。

10月10日,1983年3月动工兴建的市第三自来水厂正式投产,日产水5万立方米。至此,全市日生产水能力达15万立方米,供水紧张情况有所缓和。

10月11日,市新生食品厂生产的太妃乐口福,恒顺酱醋厂生产的香醋、酱菜和市纸品包装装潢工艺研究所生产的镇江特产系列等包装均被全国首届双跃杯优秀食品包装竞赛评为一等奖。

10月16日,丹徒县大港至高桥汽车轮渡码头建成。该汽渡南接镇常公路,北经高桥达苏北城乡,运输路程比绕道瓜洲渡口可缩短14公里。该工程由市、县交通部门和大港、高桥两乡集资建造,投资360万元。

10月17日,中国人民解放军第三五九医院骨科主任医师邬华彬在全国小儿麻痹后遗症学术研究会上,当选为会长。

10月18日,江苏省地质部门在省内首次发现圌山、上党一带大型珍珠岩矿床,储量近1000万吨。

10月25~26日,煤炭工业部部长于洪恩到镇江视察伏牛山煤矿,并参观矿办烂花厂、刺绣厂。

同月,著名教育家吕凤子诞辰100周年纪念会在丹阳县举行,省内外200多名书画家、学者与会。同日,丹阳正则画院和吕凤子纪念室落成剪彩。

11月8~21日,夏良震副市长率镇江市经济考察团一行5人赴日本三重县津市作友好访问。

11月17日,镇江恒顺酱醋厂在商业部召开的全国商业系统表彰会上获先进企业称号。

11 月 21 日,镇江蓄电池厂、丹阳棉纺厂、句容工程机械厂、扬中农机厂、丹徒化肥厂、市五交化公司等 12 个单位试行工资总额同经济效益挂钩,上缴税利同工资总额浮动比例为 1 : 0.07。

11 月 29 日,大港港区第一期工程竣工,经交通部和省人民政府验收后启用,总投资 10043 万元。

同月,中共中央政治局委员、书记处书记习仲勋到镇江视察,并游览金山、焦山。

12 月 2 ~3 日,镇江市政府与中国科学院自然科学研究所联合召开纪念沈括逝世 890 周年大会,并举行梦溪园——沈括纪念室落成揭幕仪式。全国政协副主席茅以升、方毅等分别题写园名匾额。市人民政府定该园为市级文物保护单位,改东河边(巷)为梦溪园巷。

12 月 14 日,市茅山老区经济开发指导小组召开第一次会议,确定市属各工业局(公司)和茅山老区 19 个乡镇结成"对子",大力支持老区发展乡镇工业。

同月,镇焦路拓宽工程竣工。拓宽后全路长 3000 米,宽 28 ~30 米(其中车行道 18 米,两侧人行道 5 ~6 米),工程造价约 380 万元。

同年,全市有 10 项科技成果获国家级科技进步奖,其中二等奖 4 项,三等奖 6 项。另丹阳棉纺厂 21 支纯棉纱获国家金质奖,镇江立新化工厂 80% 水合肼、林业机械厂 3ME—2A 型迷雾喷粉机同获国家银质奖。

同年,镇江籍参加云南边防保卫战的指战员共 919 人,其中京口区战士邵志才在战斗中一人独守 255 高地,被誉为孤胆英雄,获一等功。

同年,润州区五洲山茶场和句容县下蜀茶厂联合生产的"镇江金山翠芽"茶,在 1985 年全国名茶展评会上,以"品质优异、风格独特"被评为全国十大名茶之一。

1986 年

3 月 10 日,镇江港"中口袋"整治改造方案——引航道工程开工,11 月 15 日通航。引航道全长 4 公里,挖泥量 536 万立方米,共投资 1500 万元,比原焦(山)南航道缩短 9 公里,被列为交通部 1986 年十大优质工程之一。

3 月 19 ~26 日,市政协一届五次会议召开。

3 月 21 ~27 日,市一届人大四次会议召开。

5 月 9 日 ~12 日,应市文化局邀请,著名丹徒籍京剧表演艺术家张君秋回家乡观光并与文化界人士座谈。

5 月 11 日,国务院沿海经济开发区顾问、新加坡前第一副总理吴庆瑞一行 6 人到镇江参观市博物馆、金山寺等处。

6 月 10 日,省政协委员、市民盟盟员、高级农艺师严忠婉等姐弟遵照父亲严惠宇生前遗愿,将古字画 172 件捐赠市博物馆,市政府颁发奖金 1 万元,严忠婉等将此款捐献给市一中设立严惠宇奖学金。

6 月 13 日,1978 年始建的全省最大的一座现代化粮食中转库在镇江市丹徒镇建成,并通过验收。该库总容量为 2.5 万吨,有高 38 米、直径 6 米的筒库 30 个。粮食进出仓均为电动控制、机械输送,能自动测温、检查。

6 月 15 ~16 日,中共中央政治局委员、中央书记处书记、中央纪委书记乔石到镇江视察新新工厂等处。

7 月 1 日,中山西路拓宽工程竣工通车,道路全长 2164.7 米,宽 40 米。

7 月 4 日,由镇江矿山机械厂、发动机厂、跃进机械厂、机械配件厂、句容工程机械厂和镇江市机械研究所组成的镇江第一家联合企业——镇江市路面机械制造总厂成立,为生产公路建设所需的路面机械开拓新领域。

8 月 11 ~24 日,市长高德正率镇江市赴上海经济学习洽谈团一行赴沪。洽谈团在沪期间共签订合作项目66项,预计可形成产值1.12亿元。在沪期间上海市市长江泽民会见洽谈团全体成员。

8月29日,镇江地面卫星电视接收站安装完毕,开始接收并试播由卫星转送的中央电视台节目。

10月16日,镇江农业系统第一个引进外资、开发水产养殖的合作项目——镇江、香港合资镇江润联水产养殖有限公司成立。根据协议,将在丹徒县大港镇建立水产养殖基地。

10月20日,被誉为全国"眼镜之乡"丹阳县兴办的华阳眼镜市场开业。

10月25日,市消费者协会成立。至1987年底,共检查企业97家,受理投诉611件,销诉601件,为消费者挽回经济损失29.17万元,罚没金额33.71万元。

10月26日,以田中富议长为团长、篆田耕一为副团长的日本津市议会代表团抵达镇江进行为期3天的友好访问。

12月3日,江苏省人民政府批准句容县茅山风景名胜区为省级风景名胜区。

12月19日,国务院批准镇江市为第二批国家历史文化名城。

12月28日,上午9时许,由于受资产阶级自由化思潮影响,江苏工学院1000余名学生举着"声援上海学生""打倒官僚""反对涨价"等横幅上街游行。镇江市其他高校也各有二三百名学生加入游行队伍,导致市区6条主要干道堵塞,公交车辆绕道或停驶。28日晚和29日晚,高校校园出现一些大字报和标语,经疏导后平息。

12月31日,江苏省人民政府批准设立镇江市口岸管理委员会,列为市政府工作部门。

同年,国家体委和江苏省人民政府命名丹阳县为体育先进县。

1987年

1月6日,坐落在三茅宫附近的镇江新汽车站竣工启用。车站总面积4.5万平方米,候车大厅面积1700平方米,是江苏省面积最大的长途汽车客车站。日发班次最高可达800车次,客流量最高可达4万余人次。

1月10日,镇江灯彩艺术展在北京举行,全国人大常委会副委员长彭冲、中国人民解放军海军原副司令员梅嘉生等前往参观。

3月12日,交通部新闻发言人宣布:镇江港正式对外国籍船舶开放,镇江港务监督与卫生检疫所相继设立,成为长江下游继南京港、南通港、张家港之后的第四个对外开放港口。

3月18日,来自日本的巴拿马籍大连商人号万吨轮停靠大港码头,成为港口开放后停靠的第一艘外国籍船舶。

3月20日,柬埔寨国家元首诺罗敦·西哈努克亲王偕夫人访问镇江,游览金山公园,并在金山寺做佛事。

3月25~29日,市政协一届六次会议召开。

3月27~31日,市一届人大五次会议召开。

6月11日,以冈村初博市长为团长的日本三重县津市代表团一行15人到镇江进行为期3天的访问。

6月18日,中国造船史上第一艘万吨级海洋救助打捞船"芝罘号"在镇江船舶修造厂建成下水。该船船体长100米,宽27米,型深7.2米,排水量10875吨。

6月29日,谏壁发电厂10号机组9时10分顺利实行并网发电。至此,该厂装机总容量共162.5万千瓦,成为全国装机容量最大的火力发电厂。

7月,镇江市第二建筑公司参加几内亚共和国农村渔业发展部办公楼及别墅工程项目的国际投标中标。该项目成为镇江市建筑企业参加国际投标中标承建的第一个"外资外建"工程项目,该建筑由镇江市勘察设计院设计。

8 月 7 日，镇江市老年大学成立。

8 月 26 日，镇江市伤残人运动员赵斌在全国第二届伤残人运动会男子截肢 A3 级铅球比赛中，以 10.27 米成绩超 10.26 米伤残人世界纪录，并夺得该级别的铅球、铁饼和标枪 3 枚金牌。

9 月 1 日，镇江海关成立。至此，作为一类开放口岸必备的检查、检验机构全部建立。

9 月 1～11 日，应日本国三重县津市政府和市议会的邀请，市人大常委会主任孙秉谦率镇江市人大代表团一行 5 人赴日访问。

9 月 3 日，为纪念抗日战争胜利 42 周年，陈毅铜像揭幕仪式在句容新四军茅山抗日斗争历史陈列馆举行。

10 月 1 日，全国政协副主席、著名桥梁专家茅以升到镇江与家乡人民共度国庆、中秋佳节。

10 月 16～20 日，全国曲艺家协会主席、著名曲艺家骆玉笙（艺名“小彩舞”）到镇江。19 日下午，市文化局举行座谈会，会上骆演唱电视剧《四世同堂》主题歌。

11 月 12 日，以议长冈木文男为团长的日本津市议会代表访问团一行 10 人抵镇江进行友好访问，并于 13 日在南郊风景区首次对外开放时参观游览。

12 月 15 日，南京博物院与镇江博物馆联合在高资赵家团山遗址，挖掘商周时代的古文化遗址及各种文物。在遗址地下，首次发现当时人的居住遗址。

12 月 31 日，横贯市区东西的主干道中山东路拓宽工程竣工。至此，全长 3936 米、宽 40 米的中山路全线贯通。

同月，国务院批复江苏省人民政府，同意撤销丹阳县，建立丹阳市。1988 年 2 月 1 日，在丹阳召开撤县建市庆祝大会。

1988 年

1 月 5～9 日，市政协二届一次会议召开。

1 月 6～11 日，市二届人大一次会议召开。

1 月 17 日，镇江焦山碑林和丹阳南朝陵墓石刻被列入第三批全国重点文物保护单位。

3 月 14 日，镇江市被国家体委批准为全国乒乓球重点城市。

3 月 18 日，国务院《关于扩大沿海经济开放区范围的通知》规定，镇江市及所辖的丹阳、丹徒、句容、扬中四县（市）为新的沿海经济开放区。

3 月 20 日，镇江—香港班轮开通，这是镇江口岸开通的第一艘货运班轮。

6 月 11 日，镇江至上海的 339 次列车首发上海，结束新中国成立后镇江没有始发列车的历史。

7 月，由市勘察设计院设计、市第二建筑公司独立承包的西非贝宁文化中心竣工。该中心具有中国古典建筑风格，经中国文化部外联局验收，被评为优良工程，得到文化部和贝宁人民共和国有关官方的一致好评。该工程总造价为 140 万美元，建筑面积为 2509.78 平方米。

10 月 3～6 日，中国镇江国际经济合作洽谈会在一泉宾馆开幕，来自日本、美国、加拿大等 19 个国家和地区的 200 多名外商，以及省市领导、各有关方面负责人共 800 余人出席开幕式。洽谈会共签订出口贸易合同 122 份，成交额 5390 万美元，其中现货交易 1125.74 万美元。

10 月 10 日，中国人民解放军某集团军 12 名江苏籍老山前线英模在镇江市举行报告会，驻镇部队及全市各单位代表 1000 余人听取英模事迹报告。

11 月 6 日，市科技市场管理办公室成立。

11 月 6～7 日，镇江市在全省率先建立人才市场，并举办首届人才、智力交流大会，标志着镇江市人才工作冲破计划体制下统分、通包、统配模式，开始建立计划管理与市场调节结合的机制。

11 月 30～12 月 17 日，市长陈璧显参加中国外交协会组织的中国市长代表团对美国进行友好访问和实地考察。

12月11日，江苏省语言学会、市社科联、市语言学会和市逻辑学会联合举办的《马氏文通》出版90周年纪念座谈会在镇江举行，省内知名语言学家及有关人士100余人参加。《马氏文通》作者马建忠系镇江人，清末著名语言学家。

12月21日，中国科学院东海研究站与丁岗华墅村丹徒县实验厂共同研制的水下立体声音响设备，在第37届布鲁塞尔尤里卡国际发明博览会上获金奖。

同年，镇江港务局全年货物吞吐量达1100.8万吨，跨入全国千万吨级大型港口行列。

1989年

1月5日，中国致公党镇江市委成立，选举产生第一届委员会。

1月15日，镇江煤炭工业公司副经理、高级工程师张百川和江苏丘陵地区镇江农科所副所长、研究员杨图南获第三批国家级有突出贡献的中青年专家称号。

2月9日，国家主席杨尚昆由南京军区司令员向守志上将、政委傅奎清中将和省委书记韩培信、省长顾秀莲等陪同，从扬州到镇江视察，与镇江市人民共度新春佳节。

2月17日，丹阳市、扬中县被林业部授予全国平原绿化先进单位称号，其农田林网率分别达71.3%和85%。

3月4～7日，美国亚利桑那州坦佩市代表团应邀访问镇江。

3月15～20日，市二届人大二次会议召开。

3月15～21日，市政协二届二次会议召开。

3月28日，应日本津市政府的邀请，市长陈璧显率领镇江市政府代表团赴日参加津市建市100周年和两市缔结友好城市5周年庆祝活动。

3月31日，镇江市第一家股份制试点企业——镇江汽车股份有限公司正式成立。其股份由国家股、企业股、社会股和个人股构成，实行董事会领导下的经理负责制，辖有5个直属厂。

4月6日，著名爱国人士、教育家马相伯诞辰150年纪念会在丹阳举行。江苏省天主教爱国会、丹阳市政协、中共丹阳市委统战部、台北丹阳同乡会、马氏亲属暨各界人士40余人参加纪念会，台北同乡会赠马相伯先生遗像一帧。

同月，镇江市首家在海外合资企业——泰国东星制刷厂有限公司在曼谷投产。该公司总投资20万美元。由省畜产进出口分公司、镇江制刷厂投资49%，泰国锦兴隆两合公司投资51%，并由市制刷厂提供技术设备，计划年产50万打油漆刷，全部投放国际市场。

5月，丹剧《砻糠记》选场被选入中央电视台和江苏电视台《江苏地方戏荟萃》。

5～6月，在首都发生“六四政治风波”的影响下，自5月17日起至6月上旬，镇江市部分大、中专学生多次游行、请愿以及静坐、演讲。5月23日一些学生不听劝阻，无票强行乘火车赴京。6月5日、6日，一些学生强行冲进市政府大院，提出市政府发“声援”电和“下半旗”等无理要求，遭到拒绝。在各单位积极进行思想政治教育的同时，市政府于6月15日宣布解散“学生自治会”等非法组织。6月16日市公安局发布通告，限令煽动、制造事端的组织者及首要分子在7天内到市公安局登记交代，争取宽大处理。至此，镇江局面转入稳定。

7月25日，镇江通信枢纽大楼破土动工。大楼主体14层，另塔楼5层，顶端高101.4米，总面积11256平方米。

8月13日，下午3时许，镇江市发生罕见飓风，造成5座50万伏输电铁塔倒塌，1641根电线杆折断，123条10千伏级以上输电线路遭到破坏，市区一度停电停水；6万株树木折倒；部分交通道路中断；13对长话线和27对农话线阻断；2101户、3551间民房倒塌；江面上10艘船只沉没；5.3万亩棉花和4400亩作物受灾；2人死亡、1人失踪、1人重伤。

9月6日，自8月开始“扫黄”以来，市有关部门先后出动480余人次，突击检查230个书店、书摊、没收淫秽、色情、凶杀、封建迷信书刊2.6万余册,封存待审书刊7万册。

9月24日,全国劳模宦继和、李金华、石耘、谭三林、郭克生和全国先进工作者杨图南、王广盛等7人赴京参加全国劳模和先进工作者表彰大会。

9月26日,市区南北走向的重要干道——电力路拓宽工程,全线竣工通车。全长1450米,宽40米。

9月27日,美国坦佩市代表团迪克·纽海塞先生一行抵达镇江。28日与镇江市政府领导会谈,就加强扩大两市之间经济文化教育等方面的合作交换意见。市领导还与美国客人就修复镇江赛珍珠故居一事进行磋商。

9月29日,镇江市焦山定慧寺方丈茗山、金山江天禅寺方丈慈舟随中国佛教协会赴美弘法团前往美国,参加"万佛圣域三坛大戒"。

同月,句容县被水利部评为全国水利建设先进县。

10月1日,镇江市新建工人文化宫落成开放。该宫于1986年9月动工兴建,建筑面积13652平方米,具有举办展览、开展科技文体活动、提供会议场所、综合服务等多种功能。

10月10日,镇江华东铝加工厂引进多国贷款和设备,经4年时间建成第一期重点技术改造工程的6条生产线,经国家验收,成为华东地区最大的铝加工基地。

10月16～19日,以日本津市议会副议长篆田耕一为团长的代表团到镇江市参加两市缔结友好城市5周年纪念活动。

10月30日,在无锡市举行的全国击剑锦标赛中,江苏省击剑队的丹徒籍运动员梁琴夺得女子重剑冠军。

11月12日,中共党员、第六届全国政协副主席、九三学社中央名誉主席、中国科技协会名誉主席、著名桥梁专家茅以升因病于11月12日在京逝世,终年94岁。茅以升是镇江人。生前十分关心家乡的建设和发展。中共镇江市委、市人大、市政府、市政协联合发去唁电,并派副市长应国根等4人专程赴北京参加吊唁。

11月15日,国家计委正式批准大港二期工程,继续兴建万吨级木材、化肥、钢材、散杂泊位各1个,江船泊位2个,年设计吞吐能力为264万吨。

12月6～10日,中共镇江市第二次代表大会召开。

1990年

1月17日,镇江师专政史系教授郭孝义获首届国家级普通高等学校优秀教学成果奖。

1月21日,国务院总理李鹏在江苏视察时途经镇江视察,调查了解治理整顿、深化改革的情况。

3月12～18日,市政协二届三次会议召开。

3月12～18日,市二届人大三次会议召开。

3月23日,由中国佛教协会、香港大屿宝莲寺赠送给宝华山隆昌寺的天坛大佛佛母(石膏体,为香港天坛大佛的五分之一,高5.4米,重70吨),从承制单位南京晨光机械厂起运,顺利安座在大雄宝殿佛台上。

4月26～28日,镇江市举行1990年商品交易会。来自全国各地17省、市、自治区的2000多名客商参加交易会,成交额8.13亿元。

7月1日,第四次全国人口普查登记工作全面展开,历时10天。全市常住人口总数为2604229人,其中男性1323438人,女性1280791人。

7月12日,台北板桥妙云宫进香团一行87人,专程到句容茅山道院进香寻祖,受到茅山道院道众热烈欢迎。这是茅山道院恢复以来首次接待的大型台湾进香团。

8月5日，由镇江市与上海市铁路局合资修建、联合经营的地方铁路——镇江至大港铁路一期工程(6.8公里)破土动工。

9月29日，宁镇公路正式通车。交通部副部长邓光迪、省长陈焕友、副省长季允石为通车仪式剪彩。宁镇公路全长59.37公里，其中一级公路23.82公里，其余为二级公路。

同月，丹徒籍运动员梁琴在第十一届亚运会上与队友共同夺得女子团体重剑冠军，个人获重剑铜牌。

10月6～9日，'90中国镇江对外经济技术洽谈会开幕，江苏省副省长季允石和市委书记俞兴德为开幕式剪彩，来自日本等近20个国家和地区以及镇江市各界共800多人参加开幕式。通过洽谈，签订合同的总投资6879万美元，利用外资3011万美元。

10月6日，金山江天禅寺举行佛像开光仪式，同时举行大雄宝殿落成和藏经楼奠基典礼。新建大雄宝殿比1948年被大火烧毁的原址后移8米，呈正方形，边长24米，高25米，总面积800平方米。中国佛教协会副会长周绍良和市委书记俞兴德为大雄宝殿落成剪彩，海内外上千名僧众参加开光仪式。

10月7日，焦山定慧寺天王殿落成。中国佛教协会副会长周绍良和市委书记俞兴德为落成剪彩。同时为藏经楼举行奠基仪式。天王殿始建于明朝宣德年间，后因蚁蛀造成梁柱倾斜，遂于1984年动工重建。

12月25日，镇江焦化厂铸造焦煤气工程竣工投产。该工程总投资6000万元，工程设计能力11.7万吨，日供应煤气6.96万立方米，全市将增加近万个居民煤气新用户。

同月，句容县被国务院表彰为粮食生产先进县。

1991年

1月2～3日，市政府全体组成人员(扩大)会议召开，通过《关于完善决策程序的办法(试行)》和《关于提高政府机关工作效率的若干意见》，对新形势下改进政府工作提出要求。

1月4～15日，市长钱永波率镇江市经济友好代表团赴日本国三重县津市，进行友好访问和经济考察。

1月9日，市政府、市政协在镇江举行茅以升诞辰95周年纪念会，中国文史出版社同时为《桥梁专家茅以升》一书举行首发式，全国政协副主席王任重发来贺电，茅以升长女茅于美等亲属及各界人士400余人参加。

1月10日，市区新增万户管道煤气用户点火计划完成，管道煤气用户达2.2万多户。

1月20日，由中国包装总公司华东制罐总厂和美国百慕大联合投资有限公司共同投资兴办的华东联合制罐有限公司正式签约，总投资2000万美元，中外双方各占50%股份。

1月22日，'91江苏对外经济贸易洽谈会在香港举行，镇江市外资外经洽谈团共达成合同、意向20项，利用外资金额9210.1万美元。

2月24～27日，中共镇江市二届三次全委(扩大)会议召开，表彰句容县等71个1990年度"五杯"竞赛先进单位，提出后十年的奋斗目标。27日下午，召开二届三次全委会议，审议通过市委工作报告和会议决议，原则同意《镇江市国民经济和社会发展第八个五年计划(草案)》，递补2名市委委员。

3月1～6日，市政协二届四次会议召开。会议审议通过市政协常委会工作报告和提案工作报告，协商讨论市政府工作报告等有关报告，恢复科协界为政协组成单位。

3月5日，由市政府与内蒙古电视台合作拍摄、再现鸦片战争镇江保卫战悲壮史实的5集电视连续剧《京江祭》在镇江举行首映式。

3月14日，镇江市印刷机械厂气泵系列产品获国家重大科技成果三等奖。

3 月 15 日，市委、市政府召开深化双增双节、开展“科技、质量、品种、效益年”活动大会，提出要把以科技进步为动力、提高产品质量、增加花色品种作为经济工作的主题。

3 月 20 ~ 25 日，市二届人大四次会议召开。

4 月 3 ~ 5 日，’91 镇江商品交易会举行，来自全国各地的 5000 多名客商和部分外商、国外商社代表参加，总成交额 10.66 亿元。

4 月 17 日，中共中央政治局常委、书记处书记李瑞环到镇江视察。

4 月 21 日，镇江港航道整治工程通过交通部、省政府的竣工验收。工程总概算 3807 万元，于 1986 年 3 月批准实施，1990 年 9 月全面竣工。

4 月 24 日，镇江金山饭店被省旅游局批准为二星级旅游饭店，成为镇江市第一家星级饭店。

4 月 27 日，镇江汽车股份有限公司及所属企业划归中国汽车工业总公司。

5 月 3 ~ 5 日，市科技工作会议召开。市长钱永波作题为《增强合力，狠抓落实，认真组织实施“八五”科技发展计划》的报告，副省长吴锡军到会讲话。会议表彰 1990 年度镇江市科技进步先进单位和优秀科技工作者。

5 月 6 日，轻工业部部长曾宪林视察镇江纸浆厂等企业。

5 月 8 日，国家“七五”重点攻关项目、中国最大吨级自航自卸煤船—3000 吨级的“华宁一号”在谏壁船厂建成下水。

5 月 18 日，江苏省农村社会经济调查队公布农业生产经济效果排名表，扬中县列全省 65 个县（市）榜首。

5 月 22 日，中宣部副部长、文化部代部长贺敬之视察镇江文化工作。

6 月 7 日，中国残疾人联合会主席邓朴方到镇江检查残疾人工作。

6 月 9 ~ 12 日，应市政府和市对外友协的邀请，日本津市友好城市访华团一行 11 人在市长冈村初博带领下访问镇江。同时抵镇江访问的还有日本国津山市友好访华团、日本国柴田町第 9 次访华团。10 日，在工人文化宫举行中日友好市民联欢会。

6 月 12 日，全市连降暴雨，平均总降雨量 223.4 毫米。水位暴涨，少数公路交通中断，汛情紧张。

6 月 12 ~ 13 日，纺织工业部部长吴文英视察镇江色织总厂、纺织厂、合成纤维厂等企业。

6 月 14 日，市委、市政府召开紧急会议，动员全市人民投入抗洪救灾。

6 月 19 日，江苏省省委书记沈达人、南京军区参谋长张宗德、政治部副主任隋绳武和省军区司令员章昭薰等一行察看句容县灾情。

6 月 20 日，江苏省省长陈焕友等察看丹阳市、丹徒县部分重灾区。

6 月 21 ~ 24 日，长江中下游五省一市防洪治水会议在镇江召开。会议讨论长江中下游防洪综合治理、河道整治及管理、城市防洪等问题，交流防汛工作经验。

6 月 27 日，由老红军常玉清、原镇江地委领导王一香等联名倡议，市委、市政府组织实施，全市人民捐资 150 万元兴建的革命历史博物馆开馆，并展出“镇江革命斗争史陈列”。

6 月 30 日，全市又降暴雨，降雨量超过 200 毫米，汛情再度告急。

7 月 2 日，市委、市政府召开紧急电话会议，动员全市人民立即行动起来，迎战洪涝灾害。

7 月 3 ~ 9 日，市区云台山西北坡连续 4 次大面积中深层滑坡，冲毁 98 间民房，未造成人员伤亡。

7 月 9 日，市委、市政府召开部委办局负责人会议，再次紧急动员迎战特大洪涝灾害。会议要求在继续抓好排涝抢险的同时，把沿江及城市防汛作为重点来抓。

7 月 12 日，市委、市政府组织抗洪救灾总指挥部全体成员、县（市）区及有关部门负责人集中收听省委、省政府电话会议。会后要求全市进入全面实战决战，抗击特大洪涝。

7月13日，上午10时，镇江市长江最高水位达8.22米，比历史最高纪录仅差0.16米。

7月16日，江苏省省委书记沈达人到镇江视察、指导抗洪救灾工作；18日，省人大常委会主任韩培信到镇江察看灾情，指导抗洪救灾。

7月24~26日，市委召开工作会议，部署抗洪救灾工作和下半年经济工作。

7月25日，市二届人大常委会第二十五次会议举行，决定授予赵小梅等319人市劳动模范称号。10月21日，市委、市政府召开全市劳动模范表彰大会。

7月29日，至是日，市接受救灾捐赠办公室累计募集134.8万元、7000多美元、53万日元和20万公斤粮票。

7月30日，市领导分7路走访慰问驻镇部队，对他们在抗洪救灾中的大力支持表示衷心感谢。

8月9日，省少儿象棋、国际象棋赛收盘，镇江选手获6块金牌、5块银牌。

8月14日，江苏省省委书记沈达人带领省有关部门负责人赴句容县现场办公，帮助解决生产自救中的实际问题。

9月1日，全市因洪涝灾害受损的10多万平方米危险校舍全部修复，35万中小学生按时开学。

9月5~6日，市政府全体组成人员（扩大）会议举行，贯彻全省市委书记、市长会议和市委工作会议精神，总结前8个月特别是抗洪救灾以来的工作，要求把提高经济效益作为当前工作的中心，增强镇江市综合发展和防灾抗灾的实力。

9月9日，镇江市隆重集会庆祝教师节，表彰并奖励陆海天等98位镇江市优秀教育工作者，冷静等27位受国家和省表彰的镇江市教育工作者和教育先进集体的代表也在会上领取奖章、证书。

9月13日，市经委、人民银行镇江分行和各专业银行会同有关部门对82个市及市以上固定资产投资和技术改造项目进行对账清查，查出拖欠款项1.37亿元。镇江市"三角债"清理就此开始。

9月16日，镇江市召开抗洪救灾表彰大会，丹徒县委、县政府等189个先进集体，蒋丰华等339名先进个人受到表彰。

9月18日，市文化局、公安局共同破获一起特大非法出版活动案，查出非法书刊150余万册，非法经营额555.4万元，涉及全国28个省、市、自治区。

9月20~22日，镇江市科技协作恳谈会、新品展示会暨'91秋季商品交易会召开，省、市有关部门领导及来自全国各地的700多名专家、3000多名客商参加。"三会"共签订250项科技协作合同、14项长期合作协议，与高校、科研院所建立40个科技合作联合体，商品成交额7.55亿元，其中新产品成交1.67亿元。

10月5日，已故著名爱国民主人士冷遹故乡的丹徒县黄墟中学被命名为冷遹中学。命名及冷遹铜像揭幕仪式在该校举行。

10月15日，国务院副总理吴学谦、国务院台湾事务办公室主任王兆国到镇江视察，实地察看合资企业项目并听取有关情况汇报。

10月29日，国家"八五"计划重点工程、全国骨干通信线网之一沪宁光纤电缆通信镇江境内工程全面展开，境内线路总长118公里。

10月31日，镇江锚链厂AM3级锚链获国家金质奖。次月，镇江锚链厂制成全国最大规格制链机组，结束中国进口大规格闪光焊接锚链的历史。

11月6日，以町长平野博为团长的日本宫城县柴田町代表团访问镇江。

11月6~8日，丹阳市举行'91中国丹阳首届黄酒节，省、市领导和1600多名海内外来宾与会。黄酒节期间产品成交额2.7亿元，实现外贸收购额6369万元，吸引外商投资450万美元。

11月8~10日，市委召开工作会议，分析当年经济工作情况，着重研究进一步搞活大中型骨干企业问题。

11月13日，镇江市参加全国"七五"星火计划成果博览会的12个项目中，市色织总厂的"GP

装饰布”等3项获金奖，市第二轻工机械厂的“聚氨酯泡沫塑料加工成套设备”等4项获银奖。

11月16日，镇江市6位有突出贡献的科技人员杨图南、吴汉章、九敦立、屈伯明、冯启基、张志清获政府终身津贴。

11月17日，全国人大常委会副委员长彭冲到镇江考察。

11月22日，镇江医学院附属医院为镇江市首例连体女婴施行分离手术成功。

11月25日，市长钱永波率镇江代表团访问陕西省宝鸡市。

11月29日，全国人大常委会副委员长费孝通到镇江视察中国农科院镇江蚕研所、扬中县新坝镇等。

11月30日，大东土地开发填土工程动工。工程结合焦南航道的清淤，将围滩造地1000亩。

12月1日，在广州举行的第三届全国新技术新产品展销会上，镇江市第二轻工机械厂“聚氨酯泡沫塑料加工成套设备”等3个产品获金奖，市电磁线厂“太空棉”等2个产品获银奖。

12月10日，市政府、市政协联合召开镇江市历史文化名城建设研讨会，提出到20世纪末，把镇江初步建设成具有历史文化特色，布局合理、设施完善、交通有序、环境洁净、绿树成荫的现代化、园林化的新型城市。

12月13日，《镇江市企业全员劳动合同制试行办法》颁发，镇江冶炼厂等19家企业首批试行。

12月20日，交通部部长黄镇东视察镇江，察看了扬中大桥桥址，21日与江苏省省长陈焕友等在镇出席宁沪二级公路镇江段通车典礼并剪彩。

12月23日，市政建设重点项目南门大街北段拓宽工程竣工并通车。

12月27日，镇江市关心下一代工作委员会成立。该委是在党委领导下，以退居二、三线的老同志为主体，有关部门领导参加的群众性工作组织。

1992年

1月1日，《镇江市城市管理暂行规定》即日起施行。

1月6日，市区整治古运河工程开工。首期工程包括中山桥至解放桥1.5公里河段。

1月7日，丹阳市农民书法家郦汾阳书法展在中国革命博物馆展出，全国人大常委会副委员长廖汉生为展览剪彩。

1月9～11日，市二届人大常委会举行第二十八次会议，听取和审议市政府关于制定社会商业网点规划等项报告。

1月16～19日，市委二届四次全委扩大会及全委会召开，学习和贯彻中共十三届八中全会及省委八届四次全委(扩大)会议精神，部署全年工作，重点研究农业和农村工作。

1月18日，镇江华东铝加工厂等8家企业与主管局签订协议，成为全市首批“放开经营”试点企业。

1月22日，中共中央总书记江泽民由江苏省委书记沈达人、省长陈焕友、南京军区政委史玉孝等陪同到镇江视察，先后察看镇江锚链厂、路面机械总厂等。

1月25日，京杭运河陵口段通航。该项整治工程1990年2月15日开工，总投资7000多万元。

1月27日，位于李家山的2万平方米救灾房“广厦村”交付使用。

1月28日，市中百二店等6家商业零售企业开始实行经营、价格、用工、分配四放开试点经营。

1月29日，润州区被评为全国平原绿化先进单位。

同月，句容县经济技术开发区成立，包括华阳、宝华、桥头三个区块，规划开发面积20平方公里。

2月15日，市二届人大常委会举行第二十九次会议，通过市二届人大五次会议主席团和秘书长名单、财政预算审查委员会建议名单及列席人员名单，同时审议国民经济、社会发展计划并通过部分人事任命。

2月16日，市首届体育舞蹈暨交谊舞大赛决赛在市体育馆举行，陈健民、徐文娟等分获4个组别的第一名。

2月19日，江苏省省血防工作会议在镇江召开。丹阳市人民医院等2个集体、张家楷等6人获全国血防工作先进称号。

2月22日，市委发布《加强农业社会化服务体系建设的意见》及《加快农业综合开发的若干意见》，确定未来10年农业工作总体框架和战略目标。

2月25～3月1日，市政协二届五次会议召开。

2月27～3月2日，市二届人大五次会议召开。审议通过《镇江市人民代表大会议事规则》。

3月1日，省、市政协等8个单位在镇江举行著名工商业者陆小波诞辰110周年纪念会，各界人士600多人参加。

3月15日，镇江市的全国人大代表李德桃、李荣琪、宦继和、吴斌荣赴京参加全国人大七届五次会议。

3月17日，镇江冶炼厂在全市率先实行全员劳动合同制。

3月19日，江苏省省委书记沈达人视察镇江丁卯工业区。

3月24日，《镇江市住房制度改革方案》发布。7月1日，在市区范围内开始实施。

3月25日，连接扬中县与武进县的扬中幸福大桥合龙，跨径145米，净宽8.5米。

3月27～29日，'92镇江春季商品交易会召开，总成交额9.12亿元。

同月，镇江市伤残人运动员赵斌在全国第三届伤残人运动会上打破男子截肢A3级铅球世界纪录及标枪、铁饼全国纪录。被团市委、市青联授予"镇江市青年标兵"称号。

4月1日，中国南沿海光缆工程沪宁段传输设备安装在镇江开工。

4月9日，市二届人大常委会举行第三十次会议，决定接受钱永波辞去镇江市市长职务的请求并决定方之焯为代市长，任命贡家荣为副市长。

4月11日，市第三次惩治腐败廉政建设工作会议召开，开始清理干部"两房"（违反规定用公款购买商品房，用公款超标准装修住房）问题。至5月底，清理"两房"工作基本结束，收回违规房屋44套，清收超标准装修款13.4万元。

4月14日，市区解放路南段拓宽工程开工。9月28日竣工通车。

4月16日，市丁卯工业区更名为镇江经济技术开发区。6月18日，市委、市政府宣布将开发区面积从5.73平方公里扩大到20平方公里左右。

4月20日，整治市区古运河二期疏浚工程（平政桥至中山桥的2.144公里河段）开工。

4月21～22日，市委召开工作会议，贯彻中央2号文件和省委工作会议精神，就加快改革开放步伐和经济发展作出全面部署。

4月24日，市委书记钱永波率镇江市人民政府代表团一行5人出访美国亚利桑那州坦佩市。

4月27日，日本津市各界代表友好访华团和第二次津地区医师会访华团访问镇江。

4月30日，律宗第一道场——句容县宝华山隆昌寺举行建国后首次盛大的水陆法会。

5月4日，镇江市首届青年十杰评选揭晓，他们是王士同、王广盛、王正亮、王伟、孙双金、杨桂平、赵斌、殷小平、郭桂荣、黄国林。以后每两年于"五四"前后评选一次。

5月8日，江苏省丹阳经济开发区成立，启动区面积1.5平方公里。

5月9日，海军副司令员陈明山中将视察驻镇江海军4822工厂。

5月13～14日，市二届人大常委会举行第三十一次会议，听取《中华人民共和国水法》实施情况以及水利工作、房改工作情况的汇报。

5月14日，国家专利局局长高卢麟到镇江视察。

5月15日，镇江市第一座公共保税仓库在大港外贸港区建立。

5月20日，市区宝塔北路拓宽工程开工。9月28日竣工通车。

5月22日，市长虹通信技术研究所与香港国际贸易发展有限公司签订协议，合资创办镇江市首家私营合资企业凯声电讯技术有限公司。

5月22～24日，省委组织部在镇召开经验交流会，推广镇江市农村开展“双带”（党组织带领群众发展壮大集体经济，党员带头发展商品经济）活动经验。

5月28日，上海—镇江经贸恳谈会在镇江举行，成交外贸出口商品1.14亿元。

6月1日，市商业局属291家零售企业全部实施经营、物价、用工、分配四放开经营。

6月2～5日，辽宁省本溪市政府代表团在市长于国磐带领下访问镇江。

6月5日，丹徒县高资经济技术开发区成立，规划面积7.5平方公里。

6月12日，扬中县建立全市首家乡镇企业集团——镇江化工仪表电器集团。

6月15日，国家计委批复同意香港京阳实业有限公司在句容县独资建设年产156万吨水泥项目，首期工程计划投资1.73亿美元。

6月16日，市恒顺酱醋厂金山牌香醋等镇江市5种食品获’92香港国际食品博览会金、银奖。

6月18日，中共中央政治局常委乔石视察镇江，参观华东制罐总厂等。

同月，镇大铁路一期工程及物资货场专用线（计6.8公里）建成通车。

同月，市供销社成建制地改建为经济实体——市供销社集团。

7月1～4日，全市经济工作会议召开，结合镇江实际贯彻落实邓小平南方谈话精神和加快经济发展等问题。

7月3日，最高人民检察院副检察长梁国庆到镇江检查工作。

7月4日，镇江农科所副所长吴汉章等47人获市政府特别奖。

7月14～16日，市二届人大常委会举行第三十二次会议，听取关于《中华人民共和国企业法》实施情况的汇报，任命张吉生为镇江市副市长。

7月26日，省少儿乒乓球赛在淮阴市结束，镇江市获4个组别中的8项冠军。

7月28日，市地产开发总公司成立，同时推出市区20幅黄金地块公开招商。

7月29日，印度尼西亚金光集团分别与镇江纸浆厂、大东造纸厂签订合资经营项目，合资总额1.5亿元。

7月30日，省政府、省军区命名镇江市为双拥模范城，命名扬中县、润州区为双拥模范县（区）。

8月4～13日，镇江市对外经济贸易洽谈会在澳门举行，外贸成交1500余万美元，洽谈利用外资项目14个，外经项目4个。

8月8日，由镇江锚链厂、上海船用锚链厂、润州造船厂合并组成的镇江锚链总厂成立。

8月10日，全市农村工作会议召开，研究部署进一步搞好农村结构调整、深化农村改革问题，决定将农作物种植布局从指令性计划改为指导性计划。

8月18～22日，代市长方之焯率各县（市）区领导、市有关部门负责人组成的考察团赴苏州、无锡市学习考察。

8月22日，市委、市政府颁发《关于加快发展第三产业若干问题的决定》。

8月25日，《中国古典文学名著——三国演义（第三组）》特种邮票原地首发式在镇江举行。

8月26日，市商业局系统改建为镇江商业集团。

8月28日，市粮食局系统改建为镇江粮食集团。

8月30日，经国家科委批准，镇江、扬州两市正式列入“苏锡常火炬高新技术产业开发带”。

9月1日,全市开展的“九十年代镇江精神”大讨论初步形成共识:团结奋进,顽强崛起,科学文明,强市富民。

9月3日,经贸部部长李岚清到镇江视察,参观市经济技术开发区、华东联合制罐有限公司等。

9月9日,国家税务局局长金鑫到镇江视察税务工作。

9月10日,全国清理整顿书报刊和音像市场工作小组在镇江召开查处“9·18”非法出版案表彰会,中宣部副部长刘忠德、新闻出版署副署长桂晓风等专程到镇江参加。

9月15日,江苏省省委书记沈达人视察丹阳市。

9月15~17日,市二届人大常委会举行第三十三次会议,听取有关上半年国民经济和社会发展计划、财政预算执行情况,农业社会化服务体系建设及科技兴市战略实施情况等报告。

9月19日,江苏省省长陈焕友到镇江考察,视察市经济技术开发区、大东造纸厂涂布纸生产线等。

9月22日,由镇江职业大学、教育学院、电视大学合并组成的镇江市高等专科学校挂牌成立。

9月29日,市区环境污染大户市黄山水泥厂搬迁。

9月30日,北宋科学家《梦溪笔谈》作者沈括塑像在东门广场揭幕。12月13日,市政府决定将东门广场更名为梦溪广场。

同月,市首届农副产品恳谈会召开,成交农副产品3414万元。

同月,扬中县经济技术开发区开始开发建设,启动区面积1.5平方公里。

10月4日,镇江市大港经济开发区成立,开发区面积41.68平方公里。

10月6日,全省第一家规范化股份制企业镇江百货股份有限公司成立。

10月8~15日,镇江市举办“金山之光”艺术节,集内外贸、科技洽谈为一体,共成交内贸商品29.7亿元,签订利用外资项目93个,签订科技合作项目514项。

10月9日,镇江市代表钱永波、陈耀南、赵亚夫赴京出席中共十四届党代会。

10月12日,市物资局改建为物资集团总公司。

10月15日,由市多管局研制、句容县下蜀茶场生产的高级绿茶“镇江金山翠芽”获中国首届农业博览会金奖。次年7月29日,该茶场生产的“镇江金山翠芽”绿茶获第95届国际农业博览会(意大利)二等奖。

10月20日,镇江邮电局通信枢纽大楼竣工。

10月27日,京口、润州两区行政区划调整,改以古运河为界,东为京口区,西为润州区。11月1日起运行。

10月29日,美国姐妹城市协会主席纽海塞及坦佩市代表团访问镇江。

10月31日,镇江市友好交流馆(赛珍珠旧居)开馆。

11月5日,市残疾人联合会殷红入选“全国助残十佳”。

11月11日,日本爱知县工会友好访华团、纪念中日邦交正常化20周年访华团及福岛地区中小企业家代表团访问镇江。

11月17~19日,市二届人大常委会举行第三十四次会议,审议关于社会治安综合治理情况等项报告。

11月23日,国务院副总理姚依林视察镇江。

11月25~28日,市委召开二届八次全委扩大会及全委会,提出进一步解放思想、建设经济的思路和措施。

12月2日,总投资15亿多元的沪宁高速公路镇江段(81.52公里)开工,该路段于1996年9月15日建成通车。

12月23日,市冶金系统在全市率先实行全行业全员劳动合同制。

12 月 31 日，省爱国卫生运动委员会命名镇江市为省卫生城市。

1993 年

1 月 1 日，镇江广播电视新大楼落成，经济广播电台开播。《镇江日报》由 4 开 4 版扩为 4 开 8 版。

1 月 3 日，全市农业和农村工作会议召开，传达贯彻中央和省农村工作座谈会精神，要求各地切实加强农业和农村工作的基础地位。

1 月 5 日，江苏省七届人大六次会议选举产生八届全国人大代表 137 名，镇江市方之焯、李金华、陈次昌、潘一乐当选。

1 月 9 日，代市长方之焯和镇江军分区司令员贾寿元等一行去海军 4822 工厂慰问“镇江舰”官兵。

1 月 12 日，市科技授奖大会召开，27 名获国务院政府特殊津贴的科技人员及其他科技先进个人受到市政府表彰。

1 月 13 日，市政府决定将每年 11 月 19 日定为文物保护日。

1 月 15 日，23 时 15 分，312 国道 223 公里 +900 米处（丹阳市横塘镇钱家村附近）发生特大车祸，“安徽 01—50845”客车翻入路边水塘，车上 52 人中死亡 30 人。

1 月 18 日，全国节能小热电试点项目大东热电站二期扩建工程开工。

1 月 25 日，市政府发布《关于股份制试点企业的暂行办法》。

1 月 26 ~ 27 日，全国人大常委会副委员长彭冲视察镇江，察看大港、扬中长江大桥工地、扬中县三茅镇建设村。5 月 20 日，彭冲到镇江视察茅山老区。

1 月 28 日，全国政协副主席、中国佛教协会会长赵朴初视察句容县宝华山隆昌寺。2 月 9 日到 10 日，赵朴初到镇江视察，参观金山寺、天下第一泉等。

同月，海军政治委员魏金山中将一行 8 人视察海军镇江舰艇士官学校。

同月，312 国道丹阳吕城段发生重大交通事故，死亡 4 人，重伤 4 人，烧毁 1 辆大客车。

2 月 5 日，市政府召开全体组成人员（扩大）会议，讨论通过提交市人代会审议的《政府工作报告》，代市长方之焯作题为《乘风破浪，脚步扎实，努力实现国民经济既快又好地持续发展》的报告。

2 月 8 日，市乒乓馆落成，市乒乓球运动学校同时成立。

2 月 15 日，国内最大、最豪华的旅游船在谏壁船厂开工建造，总造价为 4000 万元。

2 月 16 ~ 19 日，全市经济工作会议召开，研究部署加快改革开放和经济建设的目标和措施，要求全市力争在资金筹集、股份制经营、搞活分配上实现突破。

2 月 18 日，计划投资 1.5 亿元、建筑面积 5 万平方米的镇江供销社大厦（即镇江国际饭店）奠基。1997 年 9 月 30 日，该饭店落成并举行试营业庆典。

2 月 21 日，市委、市政府决定设立“金山之光新闻奖”，每年评选一次。3 月 26 日首届评选揭晓，27 篇新闻作品获奖。

2 月 24 日，总投资 2.48 亿元的大港二期工程经 3 年建设于上年 12 月 29 日竣工，即日起正式投产启用。

3 月 1 日，市纪委和市监察局合署办公。

3 月 3 ~ 10 日，市政协三届一次会议召开。会议选举产生第三届政协领导，黄选能连任政协主席。

3 月 5 日，外经贸部批准设立镇江国际经济技术合作公司，享有对外劳务合作和工程承包签约权。

3 月 5 ~ 10 日，市三届人大一次会议召开。会议选举钱永波为市人大常委会主任，方之焯为市长，李载华为市中级人民法院院长，郑宏章为市人民检察院检察长。

3月14日，在'93华东出口商品交易会上，镇江交易团出口贸易成交2425万美元，达成和签订意向书的外资项目5个、外经项目1个。

3月15日，省“八五”重点交通建设项目之一的京杭运河吕城段(2.429公里)航道工程开工。

3月18日，镇江恒顺酱醋厂与美国环球资源公司投资1250万美元合资创办的镇江恒顺酱醋有限公司开业。

3月19日，市委宣传部部署开展全市“确立社会主义市场经济观念”大讨论。

3月23日，市工商局在句容县查获一批走私外烟，共7397条，总值50余万元，为镇江市数额最大的一宗走私卷烟案。

3月30日，镇江'93深圳招商会在深圳举行，签订合同10项，合同利用外资945万美元。

3月31日，'93镇江春季商品交易会开幕，至4月2日结束，总成交15.17亿元。

4月5日，市烈士陵园革命烈士纪念碑重建工程竣工，碑高30米，碑体题词“革命烈士永垂不朽”为张爱萍将军手书。

4月7日，中日友谊梅樱园在东郊鼎石山开园，镇江市与日本津市共同决定每年4月7日为梅樱园植树节。

4月15日，以市政协主席黄选能为团长的镇江市友好代表团一行5人出访土耳其伊兹米特市。

4月22日，美国南爱尔蒙特市市长访问团到镇江访问。

4月24日，日本国三重县日中友好协会会长冈本文男一行6人访问镇江。

4月30日，船山石灰石矿续建二期工程通过国家验收，成为全国生产规模最大的石灰石矿。

5月3日，市委、市政府作出《关于开展向朱留坤、周忠同志学习活动的决定》。

5月8日，市长方之焯一行5人应邀出访美国亚利桑那州坦佩市。

5月13日，总投资2亿多美元、合同利用外资5124万美元的镇江市两大合资项目(年产2万吨醋酸纤维素切片和100万吨硅酸盐水泥项目)在香港签约。

5月18日，镇江市共青团第十二次代表大会召开。

5月23日，全国健美锦标赛在铜陵举行，镇江选手崔武生获女子57公斤级冠军。

5月24日，宁杭公路句容县黄梅新塘段发生一起重大运输剧毒品车辆倾翻事件，约3吨浓度为33%的氰化钠溶液流入庄里河造成严重污染。

5月27日，市委、市政府向54名在1992年度科技进步和经济建设中有突出贡献的集体和个人颁发政府特别奖，奖金达21.5万元。

同月，市残疾人康复活动中心落成。中心大楼面积1300多平方米，主体5层楼。

6月7日，全国小学数学奥林匹克竞赛结束，镇江市学生成功获一等奖，夏天等28人获二、三等奖。

6月8日，江苏省造纸业最大的两家合资企业——镇江金河、镇江大东纸业有限公司开业。省长陈焕友等到镇江参加庆典。

6月21日，市政府召开第四次常务会议，研究当前经济工作和社会保险等问题，决定成立社会保险局。

6月22日，镇江船舶学院更名为华东船舶工业学院，中共中央总书记江泽民为该校题写新校名。

6月28日，重点市政建设项目金西水厂正式供水，日供水2.5万至3万立方米。

6月30日，镇江焦化煤气集团成立，为直属市政府的“无主管企业”。

7月1日，全市开始实施新财会制度、新统计方法。

7月3日，金山江天禅寺迎请中国佛协所赠的清乾隆年间龙版大藏经。该经书共5084卷，国内现存两部。

7月24~25日,市委常委扩大会议、市政府全体(扩大)会议分别召开,传达省委经济工作会议精神,强调贯彻中央决策,正确处理好宏观调控与加快发展的关系。

7月26日,镇江市推行机关企事业单位、社会团体统一代码标识制度。

8月18日,沪宁高速公路镇江段F—1项目开工,工程造价5000万元,工期27个月,由交通部二航三公司承建,它标志着沪宁高速公路的全面开工。

8月22日,由镇江影剧服装工艺厂承制的第七届全运会开幕式大型团体操5300套服装通过七运会组委会验收。

9月10日,市委工作会议召开,对开展反腐败斗争和当前经济工作作出部署。

9月12日,全国人大常委会副委员长、全国总工会主席倪志福到镇江视察。

9月14~21日,镇江市在澳门举行经贸洽谈活动,各类商品合同成交800多万美元。

9月21~24日,市三届人大常委会召开第四次会议,通过镇江市城市总体规划编修方案等决议,任命李宝库为副市长。

9月25日,丹阳市皇塘镇被命名为省级星火科技密集区。

9月28日,全市最大的室内小商品市场——镇江招商市场开业。

10月1日,镇江市首家三星级旅游涉外饭店镇江宾馆开业。

10月6日,镇江商业大厦局部竣工开业。

10月8日,大港经济技术开发区举行银河工业园奠基仪式,该园由新加坡银河集团成片开发。

10月8~12日,'93中国镇江"三国名城"旅游观光活动举行。共接待海内外来宾8784人,签订招商项目合同397个,投资12.86亿美元,协议外资4.72亿美元;商品成交27亿元。

10月14日,市委、市政府发出《关于取消和停止执行一批涉及农民负担项目的通知》,决定取消和停止执行35个项目。

10月15~19日,江苏省第二届扬剧艺术节在镇江举行。

10月17日,以森锦一为团长的日本津市议会代表团访问镇江。

10月18日,首届镇江十佳民警评选揭晓,张网春等10人入选。

10月21日,镇江市代表毕增立、姜明、宦继和、陈留庚赴京参加中国工会十二大。

10月23日,焦山定慧寺方丈茗山大师在中国佛教协会第六届代表会议上当选为副会长。

10月28日,江苏省省政府批准镇江经济技术开发区为省级开发区。规划面积8.73平方公里,起步区面积4.93平方公里,12月27日正式挂牌。

10月29~30日,中共中央政治局委员、国务院副总理李岚清视察镇江。

10月30日,第74届中国出口商品交易会在广州闭幕,镇江市商品合同成交额1017.25万美元。

11月6日,以市委书记马波为首的宝鸡市政府代表团到镇江进行为期一周的考察。

11月12日,镇江船山石灰石矿年产100万吨水泥合资项目获国家计委批准。

11月15日,丹阳经济开发区被省政府批准为省级开发区。

11月21日,镇江市接插件总厂等6家企业获江苏省高新技术企业称号。

11月22日,国家口岸办授予镇江港口岸"共建社会主义精神文明口岸"称号。

11月25日,《镇江市城市总体规划修编》在镇通过省级专家论证。

11月26日,江奎电子实业有限公司、汉奎电子有限公司总经理王伟被评为全国优秀青年企业家。

11月30日,市"八五"重点建设项目——镇江焦化厂5号炉铸造焦煤气工程通过省级验收,总投资6988万元。

12 月 7 日，丹阳市建山乡七峰山采石场发生意外爆炸，致 4 人死亡、3 人受伤。

12 月 8 日，在交通部《全国港口主枢纽总体布局规划》审查会上，镇江港被列为全国 39 个主枢纽港之一。

12 月 10 日，省见义勇为基金会发出第一笔奖金 1 万元，奖励与纵火歹徒搏斗致残的丹阳市皇塘镇农民高新大。

12 月 12 日，'93 中国高新技术、新产品博览会闭幕，镇江市获 10 项金奖、10 项银奖，得奖比例在全省名列前茅。

12 月 14 日，丹徒县被省政府、省军区命名为"双拥模范县"。

12 月 16 日，扬中、丹徒、句容 3 县的经济开发区被省政府批准为省级开发区。

12 月 24～25 日，市政府举行全体（扩大）会议，提出 1994 年政府工作的主要思路。市长方之焯作了题为《深化改革，加快发展，确保新的一年工作再上新台阶》的讲话。

12 月 31 日，全国人大立案重点环保项目——谏壁发电厂出灰工程竣工，正式切断向长江排出粉煤灰。

1994 年

1 月 6～8 日，中共镇江市二届九次全委（扩大）会召开，市委书记钱永波作题为《加快改革开放，争取更大发展》的报告。

1 月 7～8 日，共青团江苏省十届二次全会在镇江举行。

1 月 8 日，镇江市物资经纪有限公司成立，这是镇江市第一家期货代理业务公司。

1 月 12 日，镇江市民营经济开发区在润州区西郊成立。

1 月 16 日，国家海关总署批准设立镇江海关驻丹阳办事处。

1 月 18 日，镇江市举行首次工业企业拍卖，计推出 7 家企业 11 个项目，成交 6 个项目。

1 月 20 日，省政府办公厅公布省工业三资企业 50 佳，镇江市华东联合制罐有限公司、镇江江奎电子实业有限公司、镇江长江饲料有限公司、江苏玛维斯德塑料有限公司榜上有名。

2 月 1 日，在公安部全国电话表彰大会上，镇江市公安局润州分局被评为全国优秀公安局，张网春、张志坚被评为全国优秀人民警察。

2 月 20 日，中共中央政治局委员、国务委员兼国家体改委主任李铁映到镇江视察，听取市领导关于改革和经济建设情况汇报，视察华东制罐总厂等企业。

2 月 24 日，市政府召开第十二次常务会议，决定以谏壁镇为中心建设重化工基地。同时决定授予冈村初博等 8 名日本友好人士"镇江市荣誉市民"称号，授予松本筑峰等 2 人"文化贡献奖"。

2 月 25 日，市政府发布《镇江市人民警察巡察暂行规定》和《镇江市城市管理规定》，于 3 月 1 日起施行，并成立镇江市公安巡警支队，上街综合执法。

同月，经国家教委批准，江苏工学院更名为江苏理工大学。该校名由赵朴初题写。

3 月 1 日，镇江市开始实行国务院规定的每周平均 44 小时工时制。

3 月 1～6 日，市政协三届二次会议召开。

3 月 3～7 日，市三届人大二次会议召开。会议选举昌万海为市人大常委会副主任。

3 月 14 日，'94 华东出口商品交易会闭幕。镇江交易团完成出口成交 2317 万美元。

3 月 19 日，镇江市确定首批 25 家企业为市直工业公司制改制试点。

3 月 23 日，世界银行"苏南环保"项目签约，将支持镇江项目贷款 4000 万美元，用于城市污水和工业污染源治理。

同月，镇江市相继在鼓楼岗、青云门、大市口等处发现"铁瓮城"南垣、唐代作坊和南朝坊市墙遗迹及数百件文物。

同月，镇江市被列为全省国有资产管理综合改革试点城市。

4月6日，二十一世纪乐园在市区东郊孟家湾动工，全国政协副主席胡绳等为乐园奠基剪彩（该工程于1996年10月建成开业）。

4月11日，镇江市与日本国津市缔结友好城市10周年纪念大会在镇江影剧院举行。

4月13～15日，国务委员彭珮云等到镇江考察，部署职工医疗制度改革试点工作。

4月15日，江苏（丹阳）飞达工具集团公司董事长朱国平当选江苏省首届十佳明星青年乡镇企业家。

4月18日，镇港合资的重大项目——镇江商业城奠基(1996年5月1日建成开业)。

4月19～23日，最高人民法院原院长郑天翔到镇江考察。

4月20～24日，全国政协副主席费孝通到镇江考察乡镇工业发展情况。

4月21日，全国政协副主席、中国社科院院长胡绳视察扬中县。

5月4日，市武警支队司令部参谋朱留坤、丹阳堂皇床上用品集团董事长兼总经理荆玉堂入选江苏省十大杰出青年。

5月8日，镇江市两个国家级火炬项目——扬中县电缆厂的低烟无卤电缆、镇江电器设备厂的CT全封闭绝缘开关柜投产。

5月11日，市工会第十次代表大会召开。

5月12日，市三届人大常委会第九次会议决定任命孙谦为镇江市副市长。

5月19日，国务院批复同意扬中撤县建市。10月6日，扬中举行撤县建市、扬中大桥通车（1992年5月8日开工建设）、实现小康县、建设生态县综合庆典。

5月21～22日，国务院总理李鹏视察镇江，察看江奎电子有限公司、龙山鳗业联合公司等。

5月23日，镇江市在香港举行经贸洽谈会，至28日结束。贸易成交1408万美元，协议利用外资近3000万美元。

5月24～26日，全省企业工作会议在镇江召开，省委书记陈焕友到会并讲话。

5月25日，镇江市金河、大东两家纸业公司6种纸产品获中国首届纸张、纸制品暨印刷器材博览会金、银、铜奖。

6月9日，由驻镇省交通工程总公司与香港康登实业有限公司合资1000万美元的江苏康通机械化交通工程有限公司开业。省政协主席孙颔等参加揭牌仪式。

6月13～14日，民政部部长多吉才让到镇江视察。

6月23日，镇江市刘梅等10名小学生获全国“四好少年”称号。

6月25日，由化工部规划院编制审定的《镇江市沿江重化工区总体发展战略规划》编定。规划要求在“九五”至2010年期间，以谏壁镇为中心，向东西两翼发展，兴建占地8平方公里、沿长江岸线长达10公里的重化工工业区，总投资51亿元。

7月6日，共青团中央书记处第一书记李克强到镇江考察共青团工作。

7月12～15日，市委工作会议召开，向1993年度在科技和经济建设中做出突出贡献的集体和个人颁发政府特别奖，市委副书记、市长方之焯作题为《抓住主要矛盾，做好“善”字文章，促进全市经济快速高效发展》的经济工作报告。

7月13日，镇江市业余曲艺工作者王长庚被中华全国总工会、中国曲艺家协会授予“全国职工故事家”称号。

7月14日，镇江市被民政部、中国人民解放军总政治部批准为“国家级双拥模范城”。

7月29日，由省计经委、交通厅和市政府委托邀请的50余位建港专家评审通过镇江龙门口新港区总体布局规划，预计总投资5.1亿元。

8月2日，国家统计局评选出全国首批80家小康县，丹阳市、扬中县分列第34位、51位。

8 月 4 日，市化工厂等 10 家企业被列入省政府现代企业制度百家试点单位。

8 月 7 日，卫生部部长陈敏章到镇江检查职工医疗制度改革准备情况。

8 月 15 日，市委、市政府作出《关于加快经济开发区建设的决定》，提出 8 条具体措施。

8 月 18 日，3 月 10 日动工的中山西路、电力路交叉道口拓宽改造工程竣工通车。

8 月 23 日，镇江市农民面塑家沈建国、符国俊的 10 件面塑作品入选文化部主办的“中国民间艺术一绝大展”。

8 月 28 日，市区电话网(含丹徒县)由 6 位号码升至 7 位号码。次年 10 月 15 日，丹阳、句容、扬中电话号码升 7 位，全市统一长途区号电话网建成。

8 月 29 日，中共镇江市二届十次全委会召开，讨论通过三届市委、市纪委委员组成原则，讨论第三届党代会工作报告内容，研究今后五年全市的奋斗目标、工作思路和主要措施。

同月，江苏太白集团、镇江钛白粉股份有限公司成立。镇江钛白粉股份有限公司为全市首家股份有限公司。

9 月 2 日，京杭运河丹徒辛丰段(3.19 公里)整治工程开工，这是省“八五”计划期间重点交通建设项目，计划 1996 年完成。

9 月 9 日，市国家税务局、地方税务局挂牌成立。

9 月 16 日，’94 镇江“金山之光”艺术节灯会在金山公园及百花洲景区开展。同日(当地时间 15 日)，镇江中秋灯会在美国纽约开幕。

9 月 26 日，镇江市妇女儿童活动中心——好世界娱乐城开业。该工程于 1993 年 3 月 2 日奠基，是全省以股份制形式建成的妇女儿童活动中心，总面积 2.5 万平方米，总投资 3000 万元。

9 月 27 日，丹阳市界牌镇被国家教委表彰为全国农村教育综合改革先进单位。

10 月 1 日，镇江市现代书画家作品展和镇江市文物精品展在日本津市举行。

10 月 3 ~4 日，江苏省代省长郑斯林视察镇江。

10 月 5 ~10 日，全国人大常委会原副委员长彭冲视察镇江。

10 月 6 日，西藏自治区拉萨市党政代表团访问镇江。

10 月 8 日，中国镇江第二届“金山之光”艺术节开幕，至 12 日结束。其间，举办了科技恳谈、商品交易和经贸洽谈活动，共签订科技合作协议 432 项，成交商品 63.48 亿元，协议利用外资 6.3 亿美元。

10 月 14 日，中共镇江市委二届十一次全委会举行。会议审议通过中共镇江市第三届党代会的议程(草案)，原则通过二届委员会提交第三届党代会审议的工作报告和市纪委工作报告，通过出席省第九次党代会的代表候选人建议名单。

10 月 14 ~16 日，卫生部、劳动部在镇召开镇江市、九江市职工医疗制度改革试点方案专家论证会。国务委员彭珮云、卫生部部长陈敏章、劳动部副部长刘雅芝等参加会议。

10 月 15 日，镇江籍棋手张国凤获全国象棋个人锦标赛女子冠军。

10 月 18 日，市三届人大常委会第十二次会议决定，任命张学东为镇江市副市长，免去李宝库镇江市副市长职务。

10 月 19 ~21 日，全国政协原副主席杨成武视察镇江。

10 月 25 ~28 日，中共镇江市第三次代表大会召开。

11 月 1 ~3 日，全国人大常委会原副委员长廖汉生到镇江视察。

11 月 14 日，市三届人大常委会第十三次会议决定任命周大平为镇江市副市长，并代理市长职务；决定接受方之焯辞去市长职务的请求，决定免去陈文湘副市长职务。

11 月 15 日，镇江市郭道鹏等 4 人获“全国乡镇企业家”称号。

11 月 16 日，市三届人大常委会第十三次会议命名杜鹃花为镇江市新市花。

11 月 22～23 日,市残联第二次代表大会召开。大会选举新一届市残联主席团成员,黄选能当选为名誉主席,张学东当选为主席。

11 月 23 日,交通部部长黄镇东等视察沪宁高速公路镇江段。

11 月 25 日,镇江市特大“绿色工程”——利用世界银行贷款总投资 2.6 亿元的污水截流工程首标合同签字。

12 月 4 日,国务院批复同意镇江、九江两市实施职工医疗改革试点方案。

12 月 9 日,《镇江市职工医疗保险暂行规定》公布,职工医疗改革试点在镇江市正式实施。

12 月 20 日,以镇江化工厂为核心的江苏索普集团成立。28 日,江苏船山集团成立。

12 月 25 日,由市委组织部、市人事局等主办的镇江市企业家人才市场开业并举办首届交易洽谈大会。

12 月 27 日,苏南运河镇江吕城段工程通过省交通厅验收。工程全长 2.7779 公里,总投资 3022 万元。

同月,镇江市商业联合会成立。它是政府和商业企业之间的中介组织。

1995 年

1 月 6 日,市委、市政府发布进一步扩大对外开放的 9 条政策和措施。

1 月 10～11 日,中共镇江市委三届二次全委扩大会议举行。市委书记方之焯作题为《振奋精神抓落实,加快发展上水平》的报告。

1 月 10～12 日,国务委员彭珮云到镇江检查指导职工医疗制度改革试点工作。6 月 15 日至 19 日,彭珮云率国务院有关部委领导再次到镇江对医改试点进行中期评估。

1 月 17 日,市政府召开全体(扩大)会议,要求全市加快发展规模经济,增强综合实力,把镇江的整体经济推上一个新台阶。

2 月 8 日,全省政法工作会议在镇江召开,省委书记陈焕友到会讲话。

2 月 14～18 日,市政协三届三次会议召开。

2 月 15～19 日,市三届人大三次会议召开,选举周大平为镇江市市长。

2 月 15 日,’94 江苏著名商标揭晓,镇江市 4 家企业的 4 件商标入选。即恒顺酱醋厂的金山牌(醋和酱菜)、恒丰醋厂的北固山牌(香醋、陈醋)、长江水泥厂的北固牌(水泥)、江苏哈哩哈里食品有限公司的哈哩哈里牌(膨化食品)。

2 月 28 日,句容县公安局天王派出所所长张网春获全国公安系统英雄模范称号;丹徒县公安局刑警队副队长丁庭柱、镇江市交警支队一大队民警韩虎先获全国优秀民警称号。

3 月 10 日,以市区东部花山湾六朝古城遗址为中心,规划占地面积 11.9 公顷的古城公园开始兴建。

3 月 14 日,’95 华东出口商品交易会闭幕,镇江市出口商品成交总额 3300 万美元。

3 月 15 日,江苏大海集团股份有限公司股票在山东淄博证券交易自动报价系统上市。

3 月 16 日,丹徒县通过国家科技先进县的评审验收。

3 月 22 日,镇江市汽车工业办公室成立。

3 月 23～24 日,全国人大常委会副委员长费孝通到镇江视察。

3 月 25 日,镇江市首届体育节开幕,至 11 月 18 日结束,历时 8 个月。

3 月 30 日,市歌舞团演员孙静获全国第二届民歌大赛金奖。

4 月 1 日,国内贸易部部长陈邦柱到镇江视察粮油供应连锁店。

4 月 2 日,全国人大常委会副委员长李锡铭到镇江视察。

4 月 3 日,市委、市政府发出全面动员,要求全民动手,力争建成全国卫生城市。

4月6日，国务院批准句容县撤县设市。9月26日，句容举行撤县建市庆典暨'95金秋招商会。

4月7日，市委发出《关于当前领导干部廉政建设的几项补充规定》。

4月10日，宝塔山公园建成揭牌。

4月11日，镇江市图书馆被文化部授予"全国文明图书馆"和"国家一级图书馆"称号。

4月15日，日本津市代表团访问镇江。

5月4日，国内第一艘36吨浮吊船在首钢镇江谏壁船厂建成下水。

5月25日，全国人大常委会副委员长王汉斌等到镇江视察。

5月27日，镇江人民广播电台新闻台开播。

5月30日，船山水泥厂获中国水泥协会授予的全国水泥产品质量百佳企业称号。

6月9日，市政府全体（扩大）会议召开，提出年内创建全国卫生城市的目标，并动员全市人民踊跃捐资建设丁卯桥路。

6月10日，国家海关总署署长钱冠标到镇江视察。

6月14日，拉萨市孔繁森事迹报告团先后到镇江、丹阳、句容作报告。

6月16日，经国家环保局批准，扬中市成为全国唯一的国家生态区建设试点市。

6月20日，8时至21日8时，全市持续降雨，降水量160.1毫米。

6月22日，市三届人大常委会第十七次会议决定免去孙谦镇江市副市长的职务，任命李堂堂为镇江市副市长。

6月26日，《镇江市城市社会管理处罚暂行规定》正式施行。

7月1日，丹徒龙山鳗业联合公司等6家单位入围中国最大经营规模1000家乡镇企业。

7月5日，全省首部城乡型土地利用总体规划——京口区土地利用总体规划被国家土地局评为全国科技优秀成果一等奖。

7月7~9日，江苏省省长郑斯林等到镇江检查防汛情况。

7月9日，全市党员交纳110万元特别党费兴建苏南抗战胜利纪念碑。9月1日，举行苏南抗战胜利纪念碑揭碑仪式。该碑坐落于茅山北麓望母山顶，总高36米，宽5米，碑名由张爱萍题写。

7月21日，《镇江市深化城镇住房制度改革实施方案》出台。

7月24日，国家体委主任伍绍祖等到镇江视察第三届全国城市运动会射箭比赛筹备情况。

7月25日，市委召开全市经济工作会议。市委书记方之焯作《加大落实力度，解决突出问题，努力实现镇江经济更快更好地发展》的报告。

8月11日，《镇江市市民守则》颁布。

8月15日，人事部确定全国机关、事业单位保险制度改革在镇江试点。

8月16日，全市实施第三次工业普查。

8月24日，市三届人大常委会第十八次会议任命刘永忠为镇江市副市长。

8月30日，《镇江市国土总体规划》通过省级验收。

9月6日，坦桑尼亚前总统、南方中心主席朱利叶斯克·尼雷尔访问镇江。

9月13日，全国合资企业500强揭晓，镇江市申日烤鳗有限公司等3家企业上榜。

9月22日，全省实施龙头带动战略、发展贸工农一体化经验交流会在镇江召开。

10月8日，加拿大拉克-梅岗蒂克市政府代表团访问镇江。

10月9日，国务院副总理邹家华到镇江视察谏壁发电厂和苏南运河辛丰段。

10月11日，第三届全国城市运动会射箭比赛在镇江开赛。

10月12日，第三届中国综合实力百强县评价揭晓，丹阳、扬中、丹徒、句容4县（市）全部入选。

10月15日，市委书记方之焯率市代表团赴宝鸡市学习考察。

10月22日,全国人大常委会副委员长布赫到镇江视察。

10月30日,朝鲜劳动党江原道委员会代表团访问镇江。

11月1日,以西藏自治区副主席、拉萨市委书记洛桑顿珠为团长的拉萨市党政代表团访问镇江。

11月3日,丹阳邮票拼贴画家韩荣庆、丹阳正则绣传人吕存等9人入选全国首届“民间工艺美术家”。

11月6日,由新加坡华人支显宗捐资310万元新建的丹徒县支显宗中学和扩建的支显宗小学落成。市政府授予支显宗镇江市荣誉市民称号。

11月7~9日,’95中国丹阳第三届黄酒节暨经贸恳谈会举行。协议利用外资1.3亿美元,商品成交额14.2亿元,外贸供货额1.1亿美元。

11月8日,在全国第二届农业博览会上,镇江市茶叶获得6项奖,其中五洲山茶场的“镇江金山翠芽”获金奖。

11月12日,镇江市争取世界银行苏南环保贷款的8个项目全部获得世行批准,贷款总额4242万美元。

11月16日,镇江籍棋手张国凤获亚洲象棋锦标赛女子冠军。

11月20日,扬中长江大桥出让51%的股份给马来西亚杰乐斯工程有限公司,吸引外资7000万元。次年2月8日,中马合作经营正式运营。

11月24日,扬中市新坝镇获民政部授予的全国“中国乡镇之星”称号。

同月,林业部批准建立镇江市南山国家森林公园,面积1000公顷。

12月1日,市委、市政府召开市直工业资产重组会议,推进市直工业的结构调整。

12月6日,市科技大会召开,并提出“九五”争创全国“科教兴市”先进城市的目标。

12月10日,新华社、人民日报社、解放军报社联合刊发长篇通讯《军中孔繁森——林正书》,介绍解放军某部镇江干休所原政委林正书的先进事迹。

12月18日,镇江大港地方铁路全线通车,全长24.9公里,于1990年8月6日动工,总投资达1.2亿元,是全省第一条地方铁路。

12月24日,由全市共青团员缴纳“特殊团费”20万元兴建的青年广场竣工。

12月25~29日,中共镇江市委三届三次全委会及其扩大会议召开,讨论通过《镇江市国民经济和社会发展“九五”计划和2010年远景目标》,市委书记方之焯作题为《在更高层次上高效快速协调发展,向全面实现小康和现代化目标奋进》的报告。

12月26日,丁卯桥路拓宽改造工程竣工通车,全长5公里,路幅宽60米,3月25日开工,总投资1.38亿元。

12月30日,全国爱国卫生运动委员会授予镇江市1995年度全国卫生城市称号。

1996年

1月14日,“八五”镇江十大成就和’95镇江十件大事评选揭晓,邮电事业大发展和4县(市)全部进入全国百强县分列榜首。

1月16日,镇江市隆重纪念茅以升诞辰100周年。社会各界200多人参加市政府、市政协联合举行的纪念大会。茅以升塑像揭幕仪式在镇江交通技工学校隆重举行。

1月18~19日,市政府召开全体(扩大)会议,号召全市干部群众振奋精神,奋力拼搏,加快市区现代化建设步伐。

1月21~24日,国务委员彭珮云率国务院有关部门以及中组部和全总负责人近60人到镇江,对一年来的医改试点工作进行检查、总结和验收。

1月26日,镇江市艺术中心落成开业,建筑面积6880平方米,总投资2300万元。

2月8日,龙门港区一期工程开工。计划投资3000万元,建成3000吨级外江泊位1个、500吨级内河泊位2个,设计年吞吐量60万吨。

2月14日,镇江市1996年度火炬、星火计划项目通过省级评审并经省科委下达,计有火炬计划10项(内含国家级3项),总投资1.6亿元;星火计划23项(其中申报国家级6项),总投资11192万元。

2月26日~3月4日,市政协三届四次会议召开。

2月29日~3月4日,市三届人大四次会议召开。审议通过《镇江市国民经济和社会发展"九五"计划和2010年远景目标的决议》。

3月16日,投资2000万美元的健力宝饮料项目在丁卯经济开发区落户。

3月24~28日,全国人大常委会副委员长费孝通到镇江考察。

3月27日,丹阳市、丹徒县被评为全国科技实力百强县(市)。

3月28日,国家重点工程之一的苏南运河镇江大泊段整治工程主体工程竣工。

4月3日,镇江市慈善基金会成立。

4月8日,省委书记陈焕友到扬中市检查工作,对发展工农业生产和农村现代化建设作重要指示。

4月8~11日,全国职工医疗保障制度改革扩大试点工作会议在镇江举行。

4月9日,江苏省人民政府批准镇江市建立省级高新技术产业开发园。开发园内将重点发展电子、生物技术、新材料技术、信息、微电子技术和机电一体化技术。

4月21日,镇江市及所辖市县全部获"全国平原绿化先进单位"称号。

5月12日,在大连市举行的第四届全国残疾人运动会上,镇江市残疾人运动员赵斌两破铅球世界纪录。

5月16日,化工部部长顾秀莲视察镇江索普集团技改项目。

5月31日,全国首家县级儿童医院——丹阳市儿童医院开业。

6月3日,以朝鲜江源道行政经济委员会副委员长李青日为团长的江源道友好代表团访问镇江。

6月6日,镇江市股份合作制试点政策出台,市直工业18户股份合作制试点企业全面进入改制实施阶段。

6月10日,镇江市在全省挂牌第1号大案、全市人民瞩目的"4·20"残害学童案侦破。

6月16日,镇江市被交通部确认为国家级水路主枢纽城市和被省交通厅确认为省级公路主枢纽城市。

6月19日,江苏省省长郑斯林等视察沪宁高速公路镇江段。

6月28日,被列为市政府1995年工作重点的苏南路网改造工程葛丹线和沿江新线竣工通车。

7月6~7日,交通部部长黄镇东视察沪宁高速公路镇江段。12月11日,黄镇东视察苏南运河镇江段整治工程。

7月9日,市级党政机构改革全面实施,机构精简34.8%,人员精简20.2%。

7月15日,零时许,高桥、谏壁两乡镇遭龙卷风袭击,直接经济损失1800余万元。

7月17日,镇江市举办首届足球节。

7月26日,年生产能力4.5万吨、居全国之首的"健力宝"生产线在镇江旅游经济开发区投产。

7月27日,市委、市政府、军分区授予王彦波"爱民模范"、张晓玲"模范军嫂"荣誉称号。

7月28日,镇江市首家以建筑、开发为主导产业的省级集团江苏正华建设开发集团挂牌成立。

8月3日,省委书记陈焕友、省长郑斯林到镇江察看抗洪抢险情况。

8月5日，年存栏毒蛇60吨、具备生产开发蛇类系列产品能力的全国最大毒蛇饲养繁殖基地——镇江双龙有限责任公司在丹徒县高资茶场建成投产。

8月8~9日，市政府召开全体（扩大）会议，要求政府机关工作人员“树勤政廉洁、高效创新政府形象，兴优质服务、团结协作为政之风”。

8月11~15日，德国曼海姆市第一副市长艾格尔夫妇到镇江考察访问。

8月12日，宝华山升格为国家级森林公园。

8月13日，句容市、扬中市被国家科委评为全国科技工作先进县（市），至此，镇江市所辖县（市）全部进入全国科技工作先进县（市）行列。

8月27日，镇江市首家股票“江苏索普”上市发行。

8月30日，镇江日报社大楼落成。

9月1日，《镇江市区1996年度房改政策调整方案》出台实施。10月10日市属4县（市）全面调整房改政策。

9月9日，年产值逾10亿元的中国荷兰合资镇江霍力克电器有限公司在扬中成立。

9月10日，镇江市教育现代化建设重点工程——市职业教育中心暨镇江市第一职业高级中学建成揭牌。

9月12日，马里共和国总统阿尔法·奥马尔·科纳雷和夫人在中国政府相关人员陪同下到镇江参观访问。

9月15日，泰国中华总商会主席郑明如一行访问镇江。

9月19~20日，民革镇江市第六次代表大会召开。尢敦立任主委。

9月20日，镇江市邮政枢纽大楼竣工启用。

9月24日，中共中央政治局委员、国务委员李铁映到镇江检查工作。

9月28日，中国农业发展银行镇江分行成立。

10月8日，西起官塘桥路、东至丁卯桥路的谷阳路建成通车，全长2.66公里。

10月8~12日，第三届“金山之光”艺术节召开。全市223个利用外资项目签约，总投资9.83亿美元，协议利用外资7.26亿美元；签订国内合资合作项目合同126个，总投资12.01亿元，协议利用外地资金6.52亿元；签订科技合作项目338个；成交商品总额31.6亿元。

10月16日，镇江船厂为厦门港务局建造的中国第一艘港口环保船在镇江试航成功。

10月17~18日，民盟镇江市第九次代表大会召开。滕子明任主委、伏镇钧为名誉主委。

10月18日，国务院正式批准在大港建立江苏金东纸业有限公司年产135万吨造纸项目可行性研究报告，总投资151亿元，合资期限50年，外方占股80%。

10月20日，镇江市区离退休职工活动中心对外开放。

10月22~23日，民进镇江市第三次代表大会召开。解信鹏任主委。

10月29~30日，农工民主党镇江市第六次代表大会召开。顾忆贻任主委。

10月30日，镇江市组团赴广交会参展，出口成交3120万美元。

10月31日，中共中央政治局常委、书记处书记胡锦涛考察丹徒龙山鳗业联合公司。

11月4日，以议长神崎裕康为团长的日本津市议会访华团到镇江访问。

11月7~8日，九三学社镇江市第四次代表大会召开。罗启富当选为主委。

11月14日，在’97中国旅游年推出的16条旅游专线和35个王牌景点中，镇江被列入“江南水乡游”专线，宋元古街榜上有名。

11月19~20日，民建镇江市第八次代表大会召开。邵振羽当选为主委。

11月20日，镇江市英国领事馆旧址被列入全国重点文物保护单位，句容市石狮乡南朝梁南康简王萧绩墓石刻、丹阳市南朝陵墓石刻被列入全国重点文物保护单位。

11 月 25 日，镇江籍选手朱峰获世界青年羽毛球锦标赛男单冠军。

11 月 26 日，致公党镇江市第三次党员大会召开，顾可梁当选为主委。

11 月 27 日，由中国林业科学院研究所、中国医学科学院和句容市森林白蚁防治研究所共同研制开发的白蚁中药保健品“玉驹胶囊”获林业部唯一的国家星火计划优秀项目。

同月，全市首家地方性证券交易机构——镇江市信托投资公司江苏证券交易营业部开业。

12 月 19 日，丹阳市山林服装有限公司“行球”牌系列服装被中国社会调查事务所授予“中国公认名牌”称号。

12 月 20 日，丹阳棉纺织厂获全国优秀思想政治工作企业称号。

12 月 21 ~ 24 日，镇江市创建“爱婴市”通过省级验收。全市爱婴医院建成率达 100%。

1997 年

1 月 1 日，零时起，镇江市区禁放烟花爆竹。

1 月 5 日，中共中央政治局常委、全国人大常委会委员长乔石在省委书记陈焕友等陪同下视察龙山鳗业联合公司、江奎电子实业有限公司。

1 月 7 日，市委三届五次全体会议举行。会议通过《镇江市 1996 ~ 2000 年社会主义精神文明建设规划纲要》。

1 月 10 日，江苏索普集团公司热电厂 9000 千瓦发电机组和谏壁大化工项目供热工程完工，2 号机组并网发电。

1 月 10 ~ 12 日，国务委员彭珮云率国务院医改考察调研组到镇江考察调研医改试点工作。

1 月 15 日，一种利用地热资源进行蔬菜反季节种植的“地热日光温室”栽培技术，经市蔬菜研究所科技人员两年多试验栽培，在全省首先获得成功。

1 月 18 日，集科技示范和新品种生产推广为一体的“菜篮子”基地——镇江市无公害蔬菜园艺场成立。

1 月 24 日，江苏省省委书记陈焕友等到镇江慰问苏南运河镇江段越河口整治工程建设者。

1 月 30 日，镇江口岸再次被国家口岸办公室评为“全国文明口岸”和“全国先进口岸”。

1 月 31 日，丹阳市获全国基本普及九年义务教育和基本扫除青壮年文盲“全国双基工作先进县（市）”称号。

2 月 2 日，列全国最大建筑企业 500 强第 20 位的中国第十九冶金建设公司镇江分公司挂牌，落户大港开发区。

2 月 14 日，镇江市恒顺酱醋厂被中国质量管理协会授予全市唯一的全国质量效益型先进企业称号。

2 月 22 ~ 25 日，市政协三届五次会议召开。

2 月 23 ~ 26 日，市人大三届五次会议召开。会议选举戚中立为市人大常委会副主任。

3 月 20 日，镇江首家民营企业集团——镇江市华仁集团有限责任公司成立。

3 月 21 日，镇江市自学考试办公室被国家教委评为全国先进集体。

3 月 28 日，位于丹徒县高资镇的华东地区大型液化石油气基地——镇江中海马日石油气有限公司开业，总投资近 1 亿元。

4 月 12 日，镇江市艺术学校揭牌。

4 月 13 日，镇江市首批 13 名美容师通过国家职业技能鉴定，获得技术等级证书。

4 月 14 日，以日本国三重县津市商工会议所副会头富岛利男为团长的津市经济考察团一行 17 人到镇江考察。

4 月 15 日，以日本津市议会小仓昌行为团长的津市议会代表团访问镇江市人大常委会。

4月20日，市残疾运动员赵斌获1997年澳大利亚国际残疾人综合锦标赛男子A3级标枪第一名，铁饼、铅球第二名。

4月22日，江苏飞达集团首次参加在德国科隆举办的国际博览会，成交额达1300多万美元。

4月24日，江苏丹工实业总公司、镇江市电器设备厂、句容市工具厂、丹徒龙山鳗业联合公司等34家乡镇企业被江苏省国际咨询评估公司评级为AAA级企业资信。

4月26日，国内首条年产1.6万立方米定向刨花板成套设备生产线由镇江林机厂制造完成。

4月28日，镇江市第一家种子集团在句容成立。

5月1日，镇江市房地产交易市场成立，首届房产交易交换展示会开幕。

5月2日，江滨医院肺科副主任医师郑金旭被团中央、劳动部、人事部等6单位联合授予全国青年岗位能手称号。

5月3日，江苏理工大学毛罕平获第四届省十大杰出青年及新长征突击手标兵称号。

5月4日，镇江籍国手邬娜获第四十四届世界乒乓球赛混合双打冠军、女单季军。

5月6日，奇美外商投资公司以同一字号一年内在镇江连续兴办5家合资企业，总投资达1.02亿美元。

5月11日，18时30分至20时30分，茅山、荣炳、宝堰、行宫、延陵、全州、河阳等乡镇遭罕见冰雹及龙卷风袭击，农作物成灾面积3.62万亩，直接经济损失1000余万元。

5月12日，交通部二航三公司承建的上海合流污水治理工程3.2标项目获得1996年度全国市政工程质量最高奖——市政工程金杯奖。

5月14日，由市第一人民医院张国辉医师主持的市首例肺动脉瓣导管扩张手术获得成功。

5月19日，镇江市城区东南部考古发现大片汉—三国文化遗址。

5月20~22日，以日本国冈山县仓敷市议会议长安田忠弘为团长的仓敷市议会代表访华团访问镇江。

5月23日，1996年度江苏省报纸好新闻评选揭晓，镇江日报社送评的14件作品共获10项奖，其中3件作品获一等奖。

5月25日，镇江市旅荷服装设计师方勇在荷兰获得该国1997年度福朗士高档女装设计大赛人奖。

5月27日，镇江电视台《命运交响曲——一对盲人夫妇的故事》获1995~1996年度全国对外宣传节目"中国彩虹"政府奖中篇专题节目优秀奖。

同月，以省委书记陈明义为团长的福建省党政代表团到镇江参观考察龙山鳗业联合公司。

6月3日，全省首家石材企业集团江苏玉笋石材集团在句容市下蜀镇成立。

6月5日，位于丁卯开发区内占地42亩的镇江市社会福利中心落成并举行庆典仪式。

6月6日，全省首家为冶金行业培养高等学历人才的专门基地——江苏理工大学冶金学院在镇江市挂牌。

6月7日，镇扬长江公路大桥项目建议书通过中国国际咨询公司专家组论证。

6月11日，江苏长江电器集团、华鹏集团入围省级重点乡镇企业集团。

6月14日，镇江市政府与国家轻工总会在京签订协议在镇江大港合作建设中国纸业市场、造纸博物馆。该项目总投资1.5亿元人民币，建筑面积6.1万平方米。国家轻工总会会长于珍、镇江市市长周大平出席签字仪式。

6月18日，"金山牌"恒顺香醋系列再次获得全国食醋行业中唯一的一项金奖，酱菜系列获酱菜类最高荣誉银奖。恒顺姜汁醋获名牌产品称号。

6月23日，以澳大利亚全国贸易署专员戴斯·渥许为团长的澳大利亚堪培拉友好和贸易代表团访问镇江。

7 月 12 日，以市政协主席黄选能为团长的镇江市经济考察团一行 4 人赴美国亚利桑那州坦佩市访问。

7 月 15 日，丹阳市公安局被授予全国百佳优秀公安局称号。

7 月 28 日，镇江焦化厂万红根等被省政府授予 1996 年江苏省有突出贡献中青年专家称号。至此镇江市有 29 人获此称号。

8 月 11 日，以韩国益山市华侨协会副会长许崇喜为团长的韩国益山市代表团一行 12 人访问镇江。

8 月 18 日，镇江市最大的木材市场——谏壁木材市场建成开业。

8 月 18 ~ 20 日，受第 11 号台风影响，镇江市全境遭大风、暴雨袭击，市区降雨量 109. 9 毫米，丹阳遭遇 11 级阵风。1 人在台风引起的事故中死亡。

8 月 19 ~ 21 日，市三届人大常委会第三十次会议举行。审议市政府《关于职工医疗制度改革试点工作的情况报告》。

8 月 22 ~ 23 日，以市长周大平为团长的镇江市政府代表团访问加拿大魁北克省等地。

8 月 25 日，中国地市报新闻奖评选揭晓，《镇江日报》的 5 件作品获奖。

8 月 27 日，中国纺织总会会长石万鹏等到镇江考察。

8 月 28 日，镇江市首条公交汽车无人售票线在 4 路线开通。至 1999 年 12 月 8 日，市区公交线路全部实现无人售票。

8 月 29 ~ 30 日，首次代表国家队参战的镇江籍选手范瑛在日本名古屋举办的第六届“东亚希望杯”乒乓球赛中获女子团体冠军。

8 月 31 日，镇江市首家合资兴办的幼儿园——大地幼稚园开学。该园占地 1000 平方米，投资近 200 万元。

9 月 3 日，由市委宣传部、市科协组织编绘，江苏科学技术出版社出版的《源与流——世界科技发展史画库》获全国第六届精神文明建设“五个一工程”奖。

9 月 8 日，谷阳路跨古运河大桥竣工，桥长 73 米，宽 32 米，总投资 400 多万元。

9 月 9 日，镇江市党的十五大代表方之焯、胡志贤、杨图南赴京参加党的十五大。

9 月 15 日，中国驻德大使卢秋田夫妇一行访问镇江。

9 月 16 日，镇江市首家再就业服务中心——市机械局再就业服务中心揭牌。

9 月 28 日，镇江市注册会计师协会成立。

9 月 30 日，镇江市建设和交通两大系统职工合力建设的交通新干线——谷阳路南北全线贯通。

10 月 9 ~ 10 日，由江奎公司承担实施的《信息压缩和数字视频技术产品及 CAD 系统》重大科技成果产业化工程项目通过国家级验收。次年 6 月 12 日，江奎集团 DVD 影碟机通过国家级鉴定。

10 月 13 日，周春发、郑金旭等当选为镇江市首届十佳文明市民标兵，周克明、贾又敏等获首届优秀文明市民称号。

10 月 15 ~ 20 日，1997 年全国首届“创新杯”少儿乒乓球赛在镇江市举行。镇江市选手夺得 2 枚金牌、3 枚银牌。

10 月 16 日，镇江市人大常委会授予新区管委会主任孙家庆等 9 人镇江市人民奖章。

10 月 20 日，镇江市首家省级旅游集团——江苏世纪旅游集团成立。

10 月 21 日，江苏省省长郑斯林视察苏南运河镇江段。

10 月 26 日，苏南运河四级航道通航典礼隆重举行，国务院副总理邹家华出席并剪彩。苏南运河镇江段全长 42. 6 公里，整治工作历时 8 年，总投资近 5 亿元。

10 月 28 日，镇句路拓宽改造工程（牌湾至七里甸）竣工通车。该路宽 40 米，长 4. 34 公里。

10 月 29 日,镇江市交易团在'97 秋季中国出口商品交易会上共成交 2060 万美元。其中出口主产品、系列化妆品和新产品在交易会上成交 1500 多万美元,占总成交量的 75%。

10 月 30 日,由镇江市化工局改制的专司国有资产运作的特殊法人——镇江市华耀资产经营(控股)公司成立。这是镇江市首家以企业主管局转成的国有资产授权经营公司。

10 月 31 ~ 11 月 8 日,'97 江苏省对外经济贸易洽谈会在香港举行。镇江市赴港招商签约投资项目 31 个,总投资额 3.35 亿美元,协议利用外资 3.06 亿美元,签订外经项目 1 个,成交贸易额达 2000 多万美元。

11 月 8 日,镇江市特教中心挂牌。

11 月 14 日,全国政协副主席丁光训等视察苏南运河镇江段。

11 月 15 日,国际罗克韦尔公司亚太地区经理卡尔专程访问镇江,授予镇江美驰轻型车系统有限公司国际罗克韦尔公司世界质量奖称号。

11 月 21 日,联合国计划开发署援助我国实施小企业改革与发展项目在镇江市启动。

11 月 22 日,镇江被评为省级绿化先进城市。

11 月 25 ~ 30 日,"健力宝杯"1997 年全国重点乒乓球单位乒乓球赛在镇江市举行。镇江市选手夺得 4 枚金牌。

12 月 1 日,为纪念南朝著名文学理论家刘勰及其著作《文心雕龙》而建的文苑、文心阁在镇江南山落成。

12 月 2 日,全国规模最大台资水泥项目京阳水泥有限公司一号窑点火成功。

12 月 3 ~ 4 日,国务委员彭珮云第 8 次率国家有关部委人员到镇江进行医改调研。

12 月 7 日,市宴春酒楼生产的蟹黄汤包被中国烹饪协会认定为"中华名小吃"。

12 月 14 日,分别主编《中国谚语集成·江苏卷》和《中国歌谣集成·江苏卷》的镇江市著名民间文艺家王骧、郭维庚获文化部最高成果奖。

12 月 15 日,镇江市政府全体(扩大)会议举行。会议讨论通过将在 1998 年市四届人大一次会议上提交的《政府工作报告》。

12 月 16 日,镇江市长江水泥厂在国内率先采用水幕除尘新技术获得成功。

12 月 18 日,经国务院批准、国家计委批复同意、由台湾嘉新水泥公司和镇江船山石灰石矿在镇江合资建设的年产 100 万吨的江苏联合水泥有限公司项目启动。

12 月 19 日,镇江市首家中外合资生产型企业——江苏玛维斯德塑料有限公司通过 ISO 9002 质量体系认证。

12 月 26 日,镇江市首家肿瘤康复中心在镇江医学院附属医院成立。

同年,丹阳、句容两市获省"教育工作先进市"称号。

1998 年

1 月 1 日,《镇江市双拥工作规定》颁布施行。

1 月 2 日,市委、市政府表彰丁根宝等 10 名勤政廉政干部、贾又敏等 10 名职业道德建设标兵、镇江供电局等 10 个行风建设先进单位。

1 月 4 日,江苏索普集团醋酸工程正式投产,日产醋酸 303 吨。

1 月 11 日,京口闸水利枢纽改造工程竣工,总投资 2600 万元。

1 月 15 ~ 20 日,市政协四届一次会议召开。会议选举产生以周大平为主席的新一届政协领导成员。

1 月 16 ~ 21 日,市四届人大一次会议召开。会议选举产生以方之焯为主任的新一届人大常委会组成人员和以周大平为市长的新一届市政府领导成员,选举郑宏章为市中级人民法院院长,下大庆为市人民检察院检察长。

1月25日，正茂集团镇江锚链厂11号锚链机组试机成功，其生产能力跃居世界首位。

2月1日，由市蔬菜副食品办公室、江苏理工大学和京口区蔬菜研究所联合研制的国产化植物工厂全面建成。

2月10日，镇江日报社记者贾又敏获省优秀新闻人才最高奖戈公振新闻奖。3月，又入选第二届江苏省“十大女杰”，获“全国巾帼建功标兵”称号。

2月19日，由丹阳市党员捐资修建、坐落于丹阳市城河路宝塔弄5号的上海战役总前委旧址纪念馆落成开馆。

3月13日，镇江—扬州长江公路大桥获国务院批准立项建设。大桥全长5.51公里，总投资44.6亿元。

3月19~20日，19日20时至20日16时，镇江市出现罕见暴雪，降雪量30多毫米，造成全市直接经济损失3亿多元。

同月，市政府发布文件决定成立镇江新区。6月30日，新区及所辖大港、丁卯、化工3个开发总公司成立大会召开。

同月，国内首家佛教专业律学院宝华山隆昌寺律学院成立。

4月7~9日，全国党建研究会在镇江召开邓小平党建理论研讨会暨第三次理事会。会议围绕邓小平党建理论指导党的建设这个主题进行专题研讨。中共中央政治局原常委、中央组织部原部长宋平出席会议，省委书记陈焕友到会讲话。

4月12日，句容市获江苏省消除碘缺乏病合格市称号。

4月14日，中共中央政治局常委、全国人大常委会委员长李鹏视察苏南运河镇江段。

4月16日，全市经济工作座谈会召开。市委书记方之焯在会上强调要保持全市经济持续健康发展。

4月17日，镇江市商业银行成立。9月28日挂牌运营。

4月28日，镇江市第一个大型装饰材料专业市场——镇江装饰城开业。

4月30日，’98广州春交会闭幕，镇江市成交金额2700万美元，比上届增长28%。

5月1日，市保险同业公会成立，4家保险公司签订《镇江市保险行业公约》。

5月4日，镇江医学院附属医院副院长郑金旭入选第五届江苏省十大杰出青年。

5月4~6日，共青团镇江市第十三次(届)代表大会召开。胡宗元当选为团市委书记。

5月5日，美国嘉吉饲料(镇江)有限公司投产，总投资1860万美元，年生产规模25万吨。

5月6日，镇江市第一所全日制民办普通高中——镇江市江南高级中学成立。

5月13~24日，由市长周大平等率领的市城建城管工作考察团赴青岛、威海、烟台、大连、沈阳五市进行学习考察。

5月22日，交通部部长黄镇东等视察镇江—扬州长江大桥预选桥位。

6月8~9日，江苏省省委书记陈焕友等到镇江视察。

6月16日，《镇江公路枢纽总体布局规划》通过省交通厅和市政府的联合审批。

6月23日，长江镇江段全线超警戒水位，时间长达95天，镇江遭受历史罕见的特大洪灾。至8月24日，长江北固山潮位达8.37米。

6月24~25日，市政府召开全体(扩大)会议，总结上半年全市经济工作，讨论中小企业产权出让等重要改革措施。

6月24日~7月8日，以市委书记方之焯为团长的代表团赴意大利、西班牙和法国考察访问。

6月29日，《镇江市中小企业产权出让暂行办法》颁布实施。

7月1日，江苏省省长郑斯林等一行到镇江检查防汛工作；30日，南京军区司令员陈炳德中将、省军区政委魏长安少将等到镇江检查防汛工作。

7月1~3日,日本仓敷市议会代表团访问镇江。

7月6日,中共中央政治局常委、中央纪委书记尉健行视察镇江。

7月10日,中国最大的年产15万吨工程塑料PS塑料生产企业镇江奇美化工油仓有限公司投产。

7月17日,丹阳市获文化部授予的“全国文化先进县”称号。

7月18日,全国珠算式心算邀请赛在广西桂林举行,市珠算协会孔鑫、徐晏晏、薛丹婷3位选手代表江苏队参赛,囊括一、二、三名全部奖杯。

7月27日,丹徒县、句容市、丹阳市、扬中市被省政府、省军区命名为双拥模范城(县)。

8月1日,长江大通流量最高达82100立方米/秒,为新中国成立后仅次于1954年的第二大流量。

8月16日,中国包装技术协会评出中华包装精品,镇江市有7个产品入选。

8月20~21日,市委召开三届八次全委(扩大)会议,要求振奋精神求发展,保速增效实现全年经济增长目标,并对年底前的工作提出要求。会议还通过全委决议。

8月28日,正茂集团镇江锚链厂生产海洋系泊链,填补国内空白。

8月30日,镇江市获“1999年度全国科教兴市先进城市”称号。

9月1日,镇江市4件作品获首届中国国际民间艺术博览会金奖。

9月2日,’98镇江对外经贸深圳洽谈会结束,签约项目55个,总投资5.3亿美元,协议利用外资3.75亿美元。

9月5日,全省“五个一工程”颁奖,镇江市获得5项大奖。

9月9日,镇江市国家公务员过渡工作全面完成,国家公务员制度基本建立。

9月10日,市仲裁委员会挂牌成立。

9月12日,正茂集团镇江锚链厂废水达标排放通过市级验收,成为首批38家限期达标排放企业中的第一家。

9月17~18日,市委书记方之焯、市长周大平率经济考察团赴苏州、无锡市考察学习。

9月23日,镇江恒顺酱醋厂获得全市唯一的江苏省质量管理标兵企业称号。

9月29日,中国驻法国大使吴建民夫妇访问镇江。

9月30日,镇江市六大城市基础设施建设工程——朱方路二期改造工程、正东路拓宽改造工程、虹桥港泵站工程、民用煤气扩建工程、西区道路大修工程、跃进路拓宽改建工程竣工。

10月2日,国家经贸委在北京主持召开镇江市中小企业改革与发展试点联席会议,对该项实施方案予以充分肯定,要求迅速实质性运作。

10月9日,全市第三产业工作会议召开,提出第三产业发展战略:建立商贸流通中心,辐射苏北,连接苏南。

10月12~14日,’98镇江国际经贸洽谈会召开,共签约62个外资项目,总投资2.57亿美元,协议利用外资1.41亿美元。

10月14日,镇江市首次面向全国公开选拔8名副处级干部。次年4月5日张志军(聘用)等6人任职。

10月16日,镇江邮电局分立为镇江邮政局、镇江电信局。

10月17~21日,市长周大平率镇江市友好经贸洽谈团赴韩国益山市、日本仓敷市及澳大利亚访问。

10月19日,由农业部、南京农业机械化研究所与镇江脱粒机厂联合研制的自走梳脱式联合收割机研制成功并作现场演示。

10月26日，镇江汽车制造厂与跃进汽车集团公司合资组建江苏跃进农用车有限公司。

10月27日，全市首家老年公寓京口康乐老年公寓建成。

10月28日，连接镇江至大港的镇大公路开工，全长21.8公里，计划于2000年5月竣工。

11月6日，位于句容茅山的世界最大太上老君露天神像开光。老子像高33米，其中底座高5米，正座高28米，重106吨，耗资2000万元。

11月8日，江苏恒顺集团3万吨香醋技改工程竣工，恒顺集团形成6万吨香醋生产能力。

11月10～11日，市委召开三届九次全委（扩大）会议，贯彻落实中共十五届三中全会精神和省委九届九次全委（扩大）会议精神，进一步明确镇江市农业和农村跨世纪发展的目标、任务和主要措施，动员全市党员、干部和群众为在全省率先基本实现农村现代化而努力奋斗。

11月16日，《镇江市事业单位全员聘用合同制暂行办法》出台。

11月19日，国家轻工业局局长陈士能到镇江考察金东纸业工程等。

11月20日，全省第三届烹饪技术比赛在南京举行，镇江市贸易局、接待办、金聚德、汇萃园4支代表队参赛，共获金奖7枚、银奖8枚、铜奖12枚。

11月25日，镇江江奎集团被批准为全国博士后工作站试点企业。

11月27日，市第一人民医院建成镇江市第一座无菌病房。

11月30日，市委书记方之焯率县（市）区领导及有关部门负责人赴苏北考察农村经济。

12月1日，根据《镇江市进一步深化住房制度改革实施方案》，镇江市停止住房实物分配，逐步实行住房分配货币化。

12月7日，纪念镇江先后遭受英国、日本侵略历史的“警世碑”在市烈士陵园揭碑。

12月8日，市检察院孙复龙、省少管所（句容）张文彬入选全省十大杰出青年卫士。

12月11日，润州区通过省级验收，成为全市第一个省级村民自治模范区。

12月12日，由上海汽车工业（集团）总公司、跃进汽车集团公司和意大利泰克西股份有限公司共同投资的华东泰克西汽车铸造有限公司在镇江新区开业奠基。次年4月28日开始试产，成为全国最大的汽车发动机缸体生产基地。

12月18日，镇江等54个城市获得中国优秀旅游城市称号。

12月22日，市直私营企业工会联合会成立。

12月24日，第四届江苏省乡镇企业名牌产品评选揭晓，镇江市12个产品入围。

12月29日，镇江市评选首届十佳杰出青年农民。

同月，第十三届亚洲运动会在泰国曼谷举行，镇江籍运动员梁琴、邬娜分别与队友共同获得重剑女子团体冠军、乒乓球女子团体冠军。

1999年

1月2日，国家经贸委主任盛华仁等视察江苏索普集团醋酸工程。

1月6日，全省首家县级粮食批发市场丹阳市粮食批发市场开业。

1月14日，江苏大海集团董事长朱忠汉等12位镇江企业家被农业部命名为全国优秀乡镇企业家。

1月16日，全市最大的再就业基地自立市场开业，首批吸纳500多名下岗失业职工进场经营。

1月21日，江苏省省委决定镇江市为“三讲”（讲学习、讲政治、讲正气）教育试点城市，市委就“三讲”召开座谈会，征求原地市职老同志和部分省、市党代表建议。

1月25～28日，市政协四届二次会议召开。

1月26～29日，市四届人大二次会议召开。会议选举胡志贤为市人大常委会副主任。

2月8日，镇江市中小企业信用担保中心成立，这是全国第一家该类机构。

2月17日，镇江市大型春节文艺晚会《'99春天序曲》在市体育馆举行。

2月28日，德国曼海姆市代表团访问镇江。

3月1日，市委、市政府出台《1999年市直工业改革工作意见》，全面推进企业改革。

3月2日，江苏省省政府、省军区在丹阳市召开命名表彰会，授予丹阳市蒋墅镇八姑娘民兵班“学雷锋模范民兵班”称号。

3月6～7日，新疆维吾尔族自治区民营经济人士代表团到镇江考察。

3月14日，以新加坡工业联合总会会长刘镇强为团长的新加坡贸易投资考察团到镇江考察。

3月23～25日，原全国人大常委会副委员长费孝通到镇江考察农业、农村问题。

3月24日，盐城市赴苏南考察学习团到镇江参观考察。

3月25日，水利部部长汪恕诚等视察扬中市江堤建设情况。

3月28日，茅山新四军纪念馆新馆落成。省委、省政协、南京军区、省军区等军、地领导和新四军老战士、各界群众逾千人参加揭幕仪式。

3月31日，市产业链推进工作会议提出全市着重围绕纸业、汽车配件、电子信息、化工构建产业链。8月11日召开的市产业链工作会议进一步提出全市要着重建设造纸、化工、汽车和电子信息四大产业链。

同月，市第一人民医院成功开展全市第一例骨髓移植手术。

同月，扬中市新坝镇通过省级检查，成为全市第一个省级卫生镇。

4月1日，镇江市艺术剧院姚恭林获省文联授予的“江苏省首届德艺双馨会员”称号。

4月8日，省委常委、省军区司令员蒋文郁少将等省、市领导检阅镇江预备役高炮团。

4月9日，《镇江市信息化建设规划(1999～2010年)》通过省信息中心和有关高等院校的专家评审。

4月10日，第八届茅以升科技教育基金颁奖大会在镇江举行。

4月10～11日，由21位党外知名专家组成的国务院参事考察团到镇江考察。

4月13日，省科委下达江苏省1999年星火计划项目，镇江市“GZ高温轴流风机”等12个项目入选。

4月13～15日，中国海峡两岸交流协会会长汪道涵夫妇到镇江视察台资企业。

4月15日，全国经贸委系统对外经济暨茧丝绸工作会议在镇江召开。

4月16～25日，全国象棋团体锦标赛在福建漳州举行，镇江籍选手张国凤与队友代表江苏省队获女子团体冠军。

4月22日，全市“三创”动员大会召开，提出创建国家卫生城市、创建省级文明城市和巩固创建中国优秀旅游城市成果的目标。

5月8日，中国驻南斯拉夫联盟共和国大使馆遭以美国为首的北约导弹袭击，《光明日报》丹阳籍记者许杏虎及夫人等3名新闻工作者殉职。18日，市委、市政府作出决定，在全市范围内开展向许杏虎烈士学习活动。

5月10日，省首批农村电网改造重点项目之一河阳110千伏变电所建成投运。

5月10～12日，总工会第十一次代表大会召开，选举陈苏为市总工会新一届主席。

5月11日，江苏恒顺集团公司“金山”牌香醋被列入国家第三批重点保护名优产品名单。

5月21日，以市长赵汉龙为团长的韩国益山市政府代表团和以议长权锡宗为团长的益山市议会代表团访问镇江。

6月3日，京杭运河船闸扩容工程之一谏壁二线船闸开工建设，工程总投资2亿元，工期两年半。

6月4日，中国社科院法学研究所研究员王家福应邀到镇江为全市200多名县处级领导干部做法制讲座。

6月16日，美国彩虹电视台采访团到镇江采访拍摄有关赛珍珠的电视专题片。

6月17日，市政府24次常务会议做出决定，坚持每年为外商投资企业办十件实事。

6月21日，全国人大常委会原副委员长彭冲到句容参观茅山新四军纪念馆。

6月24日，长江镇江段发生两起沉船事故，两艘货船分别在大港码头和龙门港附近水域沉没。

6月25日，镇江市预备役学校在市职教中心内成立。

6月29日，全国青年文明号评选揭晓，镇江市工行中山路办事处储蓄所、供电局官塘变电所、金西水厂中心控制室、省交通工程总公司淮江高速公路项目经理部入选。

6月30日，中国联通镇江分公司正式开业。

7月1日，市公安交警支队、巡警支队合并成立市公安交通巡逻警察支队。

7月2日，西津渡古街保护建设工程全面启动，当年投资390万元。

7月5~6日，市委书记方之焯率市各有关部门负责人考察温州市个体私营经济发展情况。

7月7~12日，第八届全国"娃娃杯"少儿乒乓球赛在镇江举行。全国29支代表队近300名12岁以下小选手参加男女团体和男女单打8个项目的比赛。八叉巷小学一队选手获甲组男女团体和男女单打4项冠军。

7月18日，中国人民解放军陆军船艇学校更名为中国人民解放军镇江船艇学院。

7月23日，被列为江苏省IP电话（网络电话）试点之一的镇江市调试成功IP电话。

7月26~28日，全市经济工作会议召开。会议要求全市着眼于培植跨世纪的竞争优势，努力实现速度、结构、质量、效益的统一。

7月27~28日，由国家经贸委、联合国开发署等联合召开的中小企业社会服务体系建设国际研讨会在镇江召开。全国政协副主席孙孚凌等出席会议。

8月4日，第十三届江苏省农机、汽车订货会在镇江举行。镇江市企业总成交额1.5亿元。

8月5日，1998年度省政府科技进步奖评选揭晓，镇江市有13个项目获二、三等奖。

8月8日，全市第一个花园别墅住宅区镇江阳光世纪花园破土动工。

8月10日，江苏长江电器集团中标三峡建设工程左岸电站14套高压封闭母线采购项目，合同金额2200万元。

8月25日，镇江市第三次哲学社会科学优秀成果奖评选揭晓，共评出一等奖5项、二等奖10项、三等奖40项。

8月26日，市政府全体（扩大）会议召开，提出在全市大力弘扬创新精神，加强两个文明建设。

8月31日，《镇江市信息化建设规划（1999~2010年）》颁发。

9月1日，镇江市命名79人为市学术技术带头人。

9月8日，镇江市首次实行工业企业原辅材料招标采购。

9月11日，焦山定慧寺万佛塔落成开光，匾额由中国佛教协会会长赵朴初题写。

9月17日，全省首家市级农民技术协会镇江市草莓协会在草莓之乡句容市白兔镇成立。

9月22日，总投资7500万元的镇江市第一座大型三层互通式镇南立交桥竣工通车。

9月29日，镇江市十大杰出行业标兵评选揭晓，丹阳地税局副局长丁万万等10人入选。

10月3日，法国海外省留尼旺省顶磅市市长曾宪建（华裔）到镇江访问。

10月6日，全国人大常委会副委员长铁木尔·达瓦买提视察镇江。

10月7~10日，'99中国江苏名品新品精品交易会在南京举行，镇江市工商企业总成交额28.86亿元。

10月9日，由市艺术剧院创作演出的大型音乐剧《快乐推销员》在南京参加国庆50周年江苏省优秀剧目展演；12月，该剧获江苏省第四届音乐舞蹈节优秀剧目和其他5个单项奖。

10月13日，国家保密局局长毛林坤到镇江考察保密工作。

10月14日，全市经济工作座谈会召开，提出要实施“双轮驱动”，在开放型经济和个体私营经济发展方面求突破。

10月16日，市政府为民办实事项目之一虹桥港整治工程开工。工程总投资1500万元，次年4月竣工。

10月18日，镇江海关设立走私犯罪侦查支局，负责查缉涉税走私犯罪案件。

10月21日，镇江市和日本津市各界人士800余人聚会于一泉宾馆，纪念两市缔结友好城市15周年。

10月26日，镇江市政府表彰残疾人运动员赵斌等十大优秀残疾人。

10月30日，镇江市18个产品入选1999年江苏省乡镇企业名牌产品。

同月，丹阳市获“江苏省文明城市”称号；镇江市获“省创建文明城市工作先进单位”称号。

11月1日，民政部部长多吉才让到镇江视察民政事业。

11月3日，镇江市林业机械厂“BX445刀轴式刨片机”等57项镇江产品被认定为1999年度江苏省高新技术产品。

11月7日，全国象棋个人赛在镇举行。国家体育总局授予镇江市“全国象棋之乡”称号。

11月9日，江苏省江海贸易学校（原粮食学校）并入华东船舶工业学院。

11月20日，镇江出入境检验检疫局成立，由原镇江进出口商品检验局、动植物检疫局、卫生检疫局合并后重新组建。

11月23～24日，市人大常委会主持召开镇江市历史文化名城研讨会，研究名城保护、旅游开发等问题。

12月8日，句容龙舞队获中华舞龙大赛金奖，并参加19日晚在北京天安门广场举行的“迎澳门回归”大型联欢活动。

12月9日，镇江国际饭店、镇江宾馆被国家旅游总局批准为“四星级旅游涉外饭店”，成为镇江市首批四星级饭店。

12月12日，沪宁铁路句容市宝华镇东河道口监护员、共产党员王祖修为救穿越道口的两名群众英勇献身。后被省人民政府追认为革命烈士。

12月15日，镇江市贸易局代表队在全国第四届烹饪技术比赛中获两枚金牌，创历史最好成绩。

12月16日，江苏省冶金经济管理学校并入江苏理工大学，成立江苏理工大学冶金学院。

12月17日，镇江国税局稽查分局邓志祥、镇江市公安局鹤林派出所沈玉军入选江苏省人民满意公务员。

12月17～18日，镇江市第十一次妇女代表大会召开，周凤霞当选为市妇联主席。

12月21日，镇江市人大常委会授予江奎实业集团公司总经理王伟等7人镇江市人民奖章。

12月22日，以议长荒木俊为团长的日本仓敷市议会代表团到镇江考察访问。

12月24日，市政府为民办实事重点工程金西水厂二期工程主体工程竣工。

12月26日，镇江市被科技部授予“1997～1998年度全国科教兴市先进市”称号。

12月28日，南京博物院等单位在句容放牛山发现23件旧石器时代早期文化遗存。

12月30日，沪宁高速公路镇江段发生29辆汽车追尾相撞事故，造成3人死亡、3人重伤。

同月，扬中市通过国家验收，成为首批国家级生态示范区。

同年，镇江恒顺酱醋厂“恒顺”商标被国家工商局认定为国家驰名商标。

同年，长江路拓宽改造工程开工。一期工程东起解放路与东吴路交叉口，西至平政桥，全长1280米。

2000 年

1 月 4～5 日，中共镇江市委三届十一次全委扩大会议召开，市委书记方之焯作题为《继往开来，再创辉煌》的工作报告。会议分析面临形势，明确全年目标任务并部署各项工作。

1 月 7 日，镇江市镇（润）扬大桥投资经营管理有限公司成立，负责镇江—扬州长江公路大桥的建设与经营管理。

1 月 8 日，市区梦溪广场地下人防工程竣工投用，建筑面积 2500 平方米。

1 月 12 日，全国双拥模范城（县）命名大会在北京召开，镇江市连续第三次获全国双拥模范城称号。

1 月 17 日，江苏省省委书记回良玉到镇江检查工作。

1 月 19～20 日，市政府全体扩大会议召开，市长周大平作题为《强化竞争优势，加快创新发展》的报告。

1 月 24～27 日，市政协四届三次会议召开。

1 月 25～28 日，市四届人大三次会议召开。

同月，市四届人大常委会第十二次会议决定，任命黄宝荣为镇江市副市长。

同月，市农村信用合作社联合社成立。

2 月 18 日，全市法院开展法官评定制度，首批 532 名法官接受等级证书。

2 月 29 日，德国驻华大使于倍寿夫妇到镇江访问，并出席德国艺术家帕尔特海姆在焦山江面举行的艺术品长江放漂活动。

3 月 4 日，市第一人民医院被评为全国卫生系统先进单位。

3 月 7 日，镇江商业城等 23 家商贸企业被命名为首批市级百城万店无假货活动示范店。镇江商业城、镇江展销馆分获全国、省级百城万店无假货示范店称号。

3 月 15 日，江苏省第一笔高新技术风险投资 400 万元投向镇江金阳高碳材公司。

3 月 20 日，市政府部署清理供销社社员股金和社会集资工作。部分不法分子借机煽动群众，于 21 日下午、22 日先后聚集在黄山天桥和南门天桥铁路阻止列车通行。

3 月 22 日，根据中共中央和江苏省委的部署，全市开始在县、局级领导班子和领导干部中开展以“三讲”为主要内容的党性党风教育。

3 月 25 日，国务院侨办主任郭东坡到镇江视察金东纸业（江苏）有限公司等。

3 月 30 日，市四届人大常委会第十三次会议决定，接受孙家庆因工作变动辞去副市长职务的请求。

同月，镇江港老港港区开始整体搬迁。

4 月 2～4 日，《文心雕龙》国际学术研讨会在镇江召开。

4 月 4 日，镇江市第一中学乒乓球队获 2000 年世界中学生乒乓球锦标赛男女团体、男女个人 4 项冠军。

4 月 11 日，扬中市被命名为全国首批国家级生态示范区。

4 月 15 日，国家环境保护局局长解振华到镇江视察。

4 月 20 日，市委、市政府举行万人大会，表彰全市十佳农民经纪人和百名优秀农民经纪人。

5 月 6 日，交通部部长黄镇东到镇江视察筹备中的长江公路大桥工程。

5 月 8 日，镇江市土地交易中心成立。

5 月 13 日，江苏省邮电管理局确认句容市为电话市，镇江市为苏州、无锡之后又一个电话大市。

5 月 27 日，镇江籍象棋特级大师张国凤获得中国女子象棋大师赛冠军。

5 月 29 日,中共中央政治局委员、国务院副总理吴邦国视察镇江。

6 月 6 ~8 日,镇江市在上海举行国际经贸洽谈活动,集中签约 36 个项目,项目总投资 1.76 亿美元,协议外资 1.41 亿美元。

6 月 19 日,镇江市唯一的民办普通高校金山学院经省政府批准筹建。

6 月 20 日,镇江市高新技术产业开发园区成立。

6 月 28 日,镇江市长江水上搜救中心成立。

6 月 30 日,镇江民间口技表演者张松林模拟声表演获得首届中华民间绝技大赛金奖。

7 月 4 日,省科技进步奖在镇评审,镇江市有 11 个项目获得二、三等奖。

7 月 13 日,世界银行和国家环保局在镇江试点,实行工业企业环境行为信息公开化制度。

7 月 23 日,劳动和社会保障部部长张左己到镇江调研医改和劳动保障情况。

7 月 26 日,镇江市 6 项作品入选江苏省第四届精神文明建设"五个一工程"奖。

7 月 27 ~28 日,市政府全体(扩大)会议召开,提出要优化全市发展环境。

8 月 3 ~5 日,"北大清华百名博士江苏行"考察团抵镇江考察,与镇江有关单位举行恳谈活动。

8 月 9 日,联合国教科文组织亚太区文化专员理查德·英格哈特到镇江考察西津渡古街。

8 月 18 日,交通银行镇江分行开通全市首家自助银行。

8 月 21 日,丹徒县委书记张庆生被评为全国国防后备力量建设新闻人物。

8 月 22 日,镇江市建立留学人员创业园,英国剑桥大学博士后唐燕平进园创办盈科银网有限公司。

8 月 26 日,整治古运河四期工程(塔山桥—周家河口)竣工。

9 月 1 日,由镇江电信局改建而成的江苏电信公司镇江分公司成立。

9 月 3 日,市委出台有关文件决定,提拔干部、发展党员均需实行公示制度。

9 月 7 日,市五洲山茶场生产的"镇江金山翠芽"在第二届国际名茶评比中获得金奖。

9 月 18 日,中共中央政治局委员、国务院副总理钱其琛到镇江视察。

9 月 19 日,镇江籍运动员梁琴和队友获得第 27 届奥运会女子重剑团体铜牌。

9 月 20 ~22 日,镇江国际经贸洽谈会召开,全国人大常委会副委员长丁石孙,省人大常委会主任陈焕友等领导到镇江参加。全市签约 74 个项目,总投资 7.24 亿美元,协议外资 6.06 亿美元。

9 月 27 日,以市长尼尔·吉利亚诺为团长的美国坦佩市友好代表团访问镇江。

9 月 28 日,镇大公路建设、镇澄路(江工段)拓宽改造工程竣工通车,镇江公路客运中心站一期工程竣工。

9 月 30 日,镇江市老年公寓开业。公寓主楼建筑面积 8000 平方米,有床位 200 张。

10 月 1 日,以州长阿勒布斯拜为团长的新疆伊犁哈萨克自治州党政代表团到镇江考察。

10 月 14 日,中共中央政治局常委、国务院副总理李岚清视察镇江。

10 月 18 日,镇江市银行同业公会成立。

10 月 20 日,连接镇江至扬州的润扬长江公路大桥开工,中共中央总书记江泽民等为大桥奠基。

10 月 22 ~30 日,由市长周大平率领的镇江市政府考察招商团赴浙江台州、温州考察。

10 月 28 日,首届镇江国际友城艺术展(演)活动在镇江博物馆举行。

11 月 1 日,市检察院朱毅被评为全国优秀公诉人。

11 月 29 日,镇江市四届人大常委会第十八次会议决定,接受周大平辞去镇江市市长职务的请求,任命张卫国为镇江市副市长,代理镇江市市长。

11 月 30 日,镇江市首届"十大杰出青年光彩之星"评选揭晓。朱辉明、肖国强、吴光明、吴永金、陈建平、胡中华、胡兰生、姚志强、徐为民、鄂秀萍 10 人当选。

12月1日，市级行政事业性收费全面实行“票款分离”管理办法。

12月17日，国家质量技术监督局局长李传卿到镇江视察“打假”工作。

12月18日，中华人民共和国镇江海事局成立。

12月27日，“镇江风”历代名篇朗诵演唱会在镇江影剧院举行，知名艺术家鲍国安、陶玉玲、石小梅等参加演出。

12月28～29日，中共镇江市委三届十二次全委（扩大）会议召开，市委书记方之焯作题为《立足新苏南，实现新跨越，为率先基本实现现代化奠定坚实基础》的报告。

12月，位于市区仓巷的张云鹏故居被联合国教科文组织评为亚太地区文化遗产保护杰出项目奖。

同月，镇江至温州的K847次列车开通始发。

2001年

1月1日，镇荣公路上会段发生客车相撞重大交通事故，造成9人死亡、19人受伤。

1月6日，金山景区被评定为国家AAAA级风景旅游区。

1月8日，市政府全体（扩大）会议召开，代市长张卫国作题为《突出重点，狠抓落实，实现“十五”发展“开门红”》的报告。

1月9日，镇江市商标协会成立。

1月9～10日，市四届人大常委会第十九次会议召开，选举孙燕丽为镇江市副市长。5位公民首次旁听会议。

1月13～17日，市政协四届四次会议召开。会议选举张克敏为市政协第四届委员会副主席。

1月14～18日，市四届人大四次会议召开。会议选举张卫国为市长，选举许晓霞、陆朝银为市人大常委会副主任。

2月2日，镇江市又有6家企业的6件商标被认定为江苏省著名商标，全市拥有江苏省著名商标26件。

2月6日，江苏恒顺醋业股份有限公司4000万A股在上海证券交易所上市。

2月10日，沪宁高速公路214公里处（丹阳市河阳镇境内）发生数十辆汽车追尾的特大交通事故，造成4人死亡、40多人受伤，30多辆汽车严重损坏。

2月17日，镇江市司法鉴定委员会成立。

2月21～22日，全市农村工作会议召开，要求做好农村税费改革、区划调整和县乡机构改革等重大改革。

2月24日，省科技厅下达2001年省火炬计划项目，镇江市31个项目入选。

2月25日，镇江市与陕西省渭南市签订对口支援和经济合作协议，并无偿援助渭南市110万元。

2月27日，交通部、江苏省政府联合在镇江现场办公，研究解决润扬大桥建设中的有关问题。交通部部长黄镇东、江苏省副省长季允石等参加。

2月28日，扬州市政府考察团到镇江考察外资、外经工作。

3月1日，中共江苏省委决定：张卫国任中共镇江市委书记；方之焯调任江苏省人大常委会副主任，不再担任镇江市领导职务。

3月9日，市委、市政府发布《镇江市中小企业振兴纲要（2002～2005）》。

3月10日，镇江万方超市五条街店开业，这是全市第一家24小时营业的超市。

3月16日，第11届华交会闭幕，镇江市交易团成交1735万美元。

3月18日，中国农科院蚕业研究所与华东船舶工业学院合并。

同月，各县（市）区实行乡镇行政区划调整。

4月2日，国内最大斗轮式挖泥船在镇江船厂建成下水。

4月6日，全国政协副主席王文元到镇江视察。

4月10日，2001年中国东西部合作与投资贸易洽谈会在西安结束，镇江市有贸易、经济合作、科技合作10个项目签约。

4月18日，市委、市政府部署社会治安综合治理和整顿规范市场经济秩序工作。

4月25～27日，全国纠风工作会议在镇江召开。中央纪委副书记、监察部部长何勇强调纠风工作要标本兼治务求实效。国务委员、国务院秘书长王忠禹到会讲话。

4月26日，市统计局发布上年11月1日开始的第五次全国人口普查主要数据，全市总人口为289.76万人。

4月28日，华东泰克西汽车铸造有限公司试产，成为全国最大的汽车发动机缸体生产基地。

5月4日，镇江籍乒乓国手秦志戬与队友杨影获得第46届世乒赛男女混合双打冠军。

5月11～13日，市委、市政府举行镇江高新技术产业发展与城市功能定位专家论证会活动。

5月22日，镇江市历史文化名城研究会成立。

5月24日，市委三届十三次全会召开，原则通过《镇江市社会主义精神文明建设十五规划纲要》。

5月28日，中小企业发展国际研讨会在镇江召开。

5月30日，镇江对外经贸深圳洽谈会举行，协议利用外资2.7亿美元。

6月1日，中国佛教协会副会长、江苏省佛教协会会长、镇江焦山定慧寺方丈茗山法师圆寂，世寿88岁。

6月2日，中华环保世纪行“保护长江生命河”记者采访团到镇江采访。

6月5日，中共中央政治局常委、国务院副总理李岚清视察镇江。

6月13日，市四届人大常委会第二十二次会议决定，任命史和平为镇江市副市长，代理镇江市市长。

7月9～11日，2001年中国镇江对外经贸（上海）洽谈会举行，批准项目总投资1.6亿美元，协议外资1.5亿美元。

7月14日，市政府全体（扩大）会议召开。中心议题是学习、贯彻省委、省政府召开的苏南区域发展座谈会精神，围绕全年目标狠抓落实。

7月26日，镇江市药品监督管理局成立。

8月1日，市委宣传部、市新闻工作者协会表彰镇江市十佳新闻工作者、10位镇江市优秀新闻工作者和第三届镇江新闻奖10篇获奖作品的作者。

8月1～7日，镇江市党政代表团一行80余人赴深圳、中山、珠海、上海、苏州、昆山6城市学习考察。13日，市委召开全市领导干部大会通报考察情况，提出要创造一流业绩、实现跨越发展。

8月3日，交通部部长黄镇东视察润扬大桥建设情况。

8月5日，润州区被评为全国“三五”普法先进县（市、区）。

8月8日，金东纸业（江苏）有限公司二号涂布机投产，公司以年产100万吨铜版纸的规模跃居世界第一。

8月22日，全市县乡机构改革工作会议召开，部署有关机构改革工作。

8月24日，镇江市首届社区艺术节开幕。

8月29日，中共镇江市第四次代表大会召开，提出“创造一流业绩，实现跨越发展”的目标，选举产生新一届市委委员和市纪委委员。9月2日召开的市委四届一次全委会选举产生市委领导人员：张卫国为书记，史和平、吴树南、刘永忠、郭礼荣为副书记。

8月31日，全国政协副主席张思卿到镇江调研文化产业。

9月18～21日，全国人大常委会副委员长王光英，全国政协副主席王兆国、孙孚凌分别视察镇江。

9月21日，全市城建四大重点工程，即大市口广场建设、长江路二期改造、镇宝路改造、两路出新（中山路、解放路）竣工。

9月24～25日，市委书记张卫国、代市长史和平率领镇江市考察招商团赴温州招商，签订意向性合作项目61项，吸引资金15亿元。

10月5～6日，市委书记张卫国、代市长史和平率领镇江市党政代表团赴连云港市考察，签订两市挂钩合作协议。

10月9～10日，2001中国镇江旅游节暨经贸科技洽谈会隆重举行。签订合作项目385项，其中经贸项目99项、旅游项目12项、农业项目27项、科技项目247项，协议利用外资6.29亿美元。

10月10日，西津渡街历史保护建设项目获得联合国教科文组织亚太地区2001年文化遗产保护比赛优秀奖。

10月16日，全国"三个代表"重要思想与马克思主义哲学研讨会在镇江举行。

10月26日，江苏大学举行成立庆典。该校由原江苏理工大学、镇江医学院、镇江师范专科学校合并组建。

10月29日，镇江市信息产业局成立。

11月2～3日，国家经贸委、外经贸部、联合国开发计划署和市政府联合在北京举办中小企业发展国际论坛。

11月6日，茅山风景区被评定为国家AAAA级风景旅游区。

11月8日，市城建档案馆通过国家一级城建档案馆考评。

11月12日，丹阳市新桥镇被列为全国创建文明小城镇示范点之一。

11月15日，江苏省药科学校并入中国药科大学，成立中国药科大学镇江校区。

11月22日，镇江市药品集中招标采购中心成立并举行首次药品集中招标会。

11月22～26日，省委常委、省军区司令员蒋文郁少将视察镇江人武工作。

11月24日，全国人大常委会副委员长彭珮云视察镇江。

12月13日，镇江市首届十大杰出（优秀）青年卫士评选揭晓。王晓琴、朱毅、于金书、丁道兵、刘芳、王晓雪、陈武、李春、阮金奇、周峰当选。

12月16日，江苏索普（集团）公司醋酸二期工程开工，总投资10.17亿元，年产醋酸15万吨。

12月19日，镇江市天然气有限责任公司成立。

12月29日，京杭运河扩容工程中的首建工程谏壁二线船闸建成通航。

2002年

1月11日，镇江国税局稽查局邓志祥入选全国十大杰出青年卫士。

1月13～14日，中共镇江市委四届二次全委（扩大）会议召开。会议研究确定全市两个文明建设总体要求，审议通过全会决议和《中共镇江市委关于贯彻执行〈中共中央关于加强和改进党的作风建设的决定〉的意见》。

1月15日，市委书记张卫国会见法国雷蒙德集团总裁安顿·雷蒙。

1月18日，市四届人大常委会第二十六次会议决定，接受刘永忠、孙燕丽、江里程辞去镇江市副市长职务的请求，任命陈建设为副市长。

1月20日，丹徒县、句容市、丹阳市、扬中市被省政府、省军区命名为双拥模范城（县）。

1月21日，中国农科院镇江蚕业研究所家蚕品种资源特殊性状研究及种质的创新与利用项目获得国家科技进步二等奖。

1 月 27 ~ 30 日，市政协四届五次会议召开，选举杜正起为市政协第四届委员会副主席。

1 月 28 ~ 31 日，市四届人大五次会议召开。

3 月 1 日，市政府全体（扩大）会议召开。会议主题是动员全市上下在争创一流、跨越发展的关键之年，按照乘势而上，再攀新高的要求，狠抓落实，完成市委四届二次全委（扩大）会和市四届五次人代会提出的各项目标任务。

3 月 5 日，市纪委四届二次全体会议召开。会议主题是“围绕中心，服务大局，坚定不移地把党风廉政建设和反腐败斗争推向深入”，深化落实党风廉政建设责任制。4 月 9 日，市委以第 47 号文件印发《中共镇江市委、市政府领导班子成员党风廉政建设责任分解》的通知。

3 月 27 日，国家税务总局局长金人庆调研镇江经济发展和税收情况。

3 月 30 日，中共中央统战部副部长、国家民委主任李德洙到镇江视察宗教工作。

4 月 2 日，镇江市政府与上海铁路局签署沪宁铁路镇江段三线迁建的有关文本。11 月 4 日开始实施，第一个项目上隍货场开工建设。

4 月 4 日，国家邮政局发行《镇江二十四景》邮资明信片。

4 月 7 日，镇江—西安科技恳谈会在西安举行，签订 11 项科技合作和项目开发协议，总投资 1930 万元。

4 月 8 ~ 10 日，镇江对外经贸深圳洽谈会举行，协议利用外资 8.06 亿美元。

4 月 10 日，全市党政领导信访接待日制度开始实施。

4 月 18 日，市委书记张卫国率领镇江市经贸代表团赴印度尼西亚招商。

4 月 23 日，全省文明城市创建工作会议在镇江召开。

4 月 27 日，人事部部长张学忠到镇江考察。

4 月 30 日，镇江市丹徒区成立大会召开，丹徒县撤县设区。

5 月 4 日，镇江市承办全国女子足球联赛第二阶段镇江赛区比赛。

5 月 4 ~ 6 日，中共中央政治局委员、中国社会科学院院长李铁映视察镇江。

5 月 17 日，全国人大《中华人民共和国食品卫生法》执法检查组在全国人大常委会副委员长彭珮云率领下到镇江检查。

5 月 18 日，镇江市举行“百名博士携手镇江”系列活动。至 6 月上旬，来自 12 个国家和地区的 129 人分 3 批到镇江考察访问。

5 月 29 日，市四届人大常委会召开第二十九次会议，审议并通过《关于合并镇江市大港地区、丁卯地区人民检察院，成立镇江市经济开发区人民检察院的决定》等事项。

6 月 6 日，镇江对外经贸香港洽谈会召开，协议利用外资 3.24 亿美元。

6 月 10 日，以市委书记张卫国为团长的镇江市经贸考察团一行 10 人赴台湾进行经贸考察及招商。

6 月 14 日，江苏省省人大常委会主任陈焕友率领省人大视察组视察润扬大桥建设情况。

6 月 19 日，江苏省省政协主席曹克明率领省政协视察组视察润扬大桥建设情况。

6 月 26 日，南京军区政委雷鸣球中将视察镇江。

6 月 27 ~ 29 日，中共镇江市委四届三次全委（扩大）会议召开，号召全市奋力加速冲刺，促进经济起飞。

7 月 2 ~ 3 日，镇江市赴浙江省台州市举行私营个体经济招商会，签订招商项目 48 个，吸引浙江投资 15.4 亿元。

7 月 5 日，国家火炬计划江苏沿江对俄合作高新技术产业化基地——镇江机电一体化产业园在镇江揭牌。

7 月 25 ~ 26 日，市四届人大常委会召开第三十次会议，审议市中级人民法院院长郑宏章、市人民检察院检察长卞大庆的述职报告等事项。

7月29日，镇江港撤销长江普客班轮站点，停止办理一切长航客运业务。

7月31日，印度驻沪总领事馆在镇江举行中印贸易与投资洽谈会。

同月，市长史和平率领镇江市政府经贸考察团出访德国、法国、巴西。

8月3日，长江路风光带一期拓宽改造工程获得江苏省最佳人居环境奖。

8月13日，市政府全体(扩大)会议举行，总结工作，要求全市抢抓机遇，加速冲刺，以实际行动迎接党的十六大召开。

8月14日，镇江市第三次获得全国科技进步先进城市称号。

8月15日，全国歌剧(音乐剧)观摩演出在哈尔滨市举行，镇江艺术剧院音乐剧《快乐推销员》获得优秀剧目奖。

8月16～17日，中共中央政治局常委、国务院副总理李岚清视察镇江。李岚清对镇江经济发展及城市建设取得的长足进步给予充分肯定，并对镇江进一步发掘优势、营造特色等作重要指示。

8月23～27日，镇江市党政代表团考察访问西藏达孜县。

8月27日，市人大常委会授予为镇江经济和社会发展做出杰出贡献的张炳芳、王志光、王建国、朱国平、叶有伟、黄君励、许昭宏、万红根、赵亚夫、蔡兰、薛翠娣、郑金旭、耿金文、文雁才、张志坚15人“镇江市人民奖章”。

9月6日，文化部部长孙家正视察镇江。

9月7日，镇江交通广播电台开播。

9月8日，越南同奈省友好经济代表团访问镇江。

9月11日，市委、市政府、军分区授予扬中老共产党员鲍元瑞“义务国防教育模范”荣誉称号。

9月17日，共青团镇江市第十四次代表大会召开，选举产生新一届共青团镇江市委员会和出席省第十二次团代会代表。

9月20日，京口区被评为全国社区建设示范区。

9月23日，镇江市留学人员创业园暨光电子工业园奠基。

9月25日，镇江市举行城市建设重点工程竣工典礼，长江路三期、中山西路等12条路出新，金山景区整治改造、火车站广场整治出新、一泉路拓宽改造等重点工程如期竣工。

9月28日，丹徒区行政中心迁址丹徒新区。

9月，丹徒区委书记、丹徒区人民武装部党委第一书记李茂川被评为全国国防后备力量建设十佳新闻人物。

10月4日，扬中市八桥镇万福村被省委、省政府、省军区命名为“心系国防模范村”。

10月12～18日，2002中国镇江经贸旅游洽谈会举行。签订外资投资项目协议56个，协议利用外资6.94亿美元；签订内资项目协议51个，总投资31.78亿元。

10月13日，联合国工业发展组织镇江采购配套工业交易中心(SPXS)成立。

10月14日，焦山定慧寺新山门落成，定慧寺新住持心澄方丈升座。焦山碑林扩建维修竣工。

10月16日，镇江市与日本仓敷市在镇纪念缔结友好城市关系5周年。市政府授予中田武志等6位日本人镇江市荣誉市民称号。12月，市政府授予意大利人毕阿萨镇江市荣誉市民称号。

10月18～19日，镇江市隆重纪念美国女作家、诺贝尔文学奖获得者赛珍珠诞辰110周年，召开纪念大会、学术研讨会，举行赛珍珠邮票首发式等。中国镇江赛珍珠研究中心成立。

10月22日，镇江市通过创建江苏省园林城市省级考评验收。

10月29日，镇江市被评为全国创建文明城市先进城市。句容市茅山镇、丹阳市埤城镇常兴村分别被评为全国创建文明村镇先进镇、村。

10月30日，镇江市及丹阳市、句容市、扬中市获得江苏省文明城市称号。

同月,市委书记张卫国被南京军区评为“党管武装好书记”。潘镇平、顾克敏荣获中国烹饪大师称号,周鹤鸾获中国烹饪名师称号。

同月,“全国文物保护单位”焦山碑林维修扩建工程竣工。工程总投资400多万元,占地面积由3500平方米增加到近7000平方米,碑刻由300多立方米增加到400多立方米。

11月2~3日,首届江苏城市发展论坛在镇江举行。

11月6日,镇江音乐剧《快乐推销员》赴京参加向十六大献礼全国优秀文艺作品展演。

11月12日,华夏银行南京分行与镇江市交通投资公司签署协议,融资2亿元参与镇江城市建设。

11月19日,市委召开全市领导干部会议,传达、学习、贯彻中共十六大精神。

11月22日,镇江市申报的国家火炬计划镇江光电子与通信器件产业基地,通过科技部火炬中心组织的专家评审。

11月23日,国家火炬计划丹阳新材料产业基地建设启动。

11月29日,市委四届四次全委(扩大)会议召开,号召全市用党的十六大精神统一思想和行动,在全面建设小康社会的伟大实践中跨越前进。会议通过《中共镇江市委关于学习贯彻党的十六大精神的意见》及关于递补市委委员的决议。

11月30日,朝鲜江原道友好代表团访问镇江。

同月,扬中跨江二桥动工兴建。工程全长6549米,其中桥长1761米,桥宽17米,预计总投资1.8亿元。

12月5~6日,省人大常委会主任陈焕友等视察镇江经济建设和社会事业。

12月11日,全省妇女儿童工作会议在镇江召开。

12月12日,镇江籍象棋国际特级大师张国凤在第12届亚洲象棋锦标赛中以6胜1平的成绩夺得冠军。

12月17日,第二届中国县域经济基本竞争力(A级)百强县(市)排行榜揭晓,丹阳市位居第27位。

12月18日,镇江电信指挥中心竣工。主体高26层,局部高29层。

12月20日,2003年城建重点工程项目黄山南路拓宽改造工程开工。工程全长1.82公里,总投资1.49亿元。

12月23日,扬中市被评为全国文化先进市。

12月25日,江苏省暨镇江市文化科技卫生“三下乡”活动集中行动启动仪式在句容市茅山镇举行。

12月27日,生态大道南徐路竣工通车。道路全长5.2公里,宽100米。总投资3.7亿元,于3月16日开工建设。

12月31日,镇江市新闻网站金山网(http://www.jsw.com.cn)开通。

2003年

1月2日,中共镇江市委四届五次全体(扩大)会议召开。会议总结2002年工作,研究确定2003年镇江的“三个文明”建设总思路、总要求。市委书记张卫国作题为《与时俱进,奋力开拓,努力实现镇江发展的新跨越》的报告。

1月13日,镇江市被评为全省社会治安综合治理先进城市。

1月16~21日,市政协五届一次会议召开。会议选举产生新一届市政协领导机构,主席周大平,副主席张克敏、陈冬姣、解信鹏、吕顺洪、杜正起、宋余庆、赵杰文、赵庆荣、卢章平、潘一乐。

1月18~23日,市五届人大一次会议召开。会议选举产生省十届人大代表37名;新一届市人大常委会主任张卫国，副主任吴树南、邵振羽、胡志贤、陆朝银、李壮云、郑宏章、卞大庆、陈苏，委员23名；市长史和平，副市长张吉生、张学东、黄宝荣、陈建设、李国忠、李茂川、王萍；市中级人民法院院长帅巧芳，市人民检察院检察长蒋伟亮。

1月21日，江苏丹化集团与奥地利克诺斯邦公司签约，合资1.05亿欧元组建江苏克诺双凤木业有限公司。

1月24日，江苏省省委书记李源潮视察镇江。

2月10日，江苏省佛教协会名誉会长、镇江市佛教协会会长、金山江天禅寺方丈慈舟法师圆寂，世寿89岁。

2月11日，市政府全体（扩大）会议召开，提出全市要创新思路、狠抓落实，努力实现跨越发展。

2月12日，中央党史研究室主任孙英到镇江考察。

2月20日，京口区科技工业园开工，起步区3平方公里。

2月25日，江苏大学副校长、镇江市政协副主席、民革镇江市委主委宋余庆推荐为全国政协委员。

2月28日，中国镇江赛珍珠研究会成立。

3月2日，江苏省省委决定，史和平任中共镇江市委书记，张卫国不再担任书记、常委、委员职务（张卫国在2月召开的省人代会上当选为江苏省副省长）。

3月28日，镇江国际经贸（上海）洽谈会举行。

3月31日~4月1日，市五届人大常委会第一次会议召开，决定接受张卫国辞去镇江市人大常委会主任职务的请求。

4月1日，丹阳师范学校并入镇江市高等专科学校。

4月6日，在山东淄博进行的“嘉周杯”中国象棋大师冠军赛女子组决赛中，镇江籍选手张国凤获胜夺冠。

4月10日，镇江市被命名为省级园林城市。

4月14日，由日本KYB萱扬工业株式会社投资1440万美元的凯迩必机械工业（镇江）有限公司开工奠基。

4月18日，市五届人大常委会第二次会议召开，决定接受史和平辞去镇江市市长职务的请求，任命许津荣为镇江市副市长，代理市长职务。

4月26日，市委、市政府出台《关于加快实施〈沿江产业带规划〉的意见》，在融资、用地、税费等方面提出加快沿江产业带建设的政策扶持意见；对规划中的各项目标任务进行细化分解，落实到具体部门和地区。

4月28日，江奎集团国家级企业技术中心揭牌成立。

同月，市城市管理行政执法局成立。

5月13日，市五届人大常委会第三次会议召开，听取关于“非典”防治工作情况通报，接受张吉生、李国忠辞去副市长职务的请求，任命江里程、徐郭平为副市长。

5月16日，江苏省省长梁保华到镇江视察润扬大桥建设情况。

6月11日，解放路高架桥、征润洲污水处理厂两大城市建设重点工程竣工。

6月12日，江苏赛博电子有限公司年产300万台彩电项目投产。

6月13日，镇江市通过创建国家环境保护模范城市省级验收。

6月15日，以市委书记史和平为团长的镇江市党政代表团赴宁波等地考察。17日，在宁波市举行镇江（宁波）投资洽谈会。19日，在上海市举行镇江（上海）投资洽谈会。

6月17日，南京军区司令员朱文泉到镇江视察。

6月17~18日，市五届人大常委会第四次会议，审议国家有关防洪和环境保护等法律法规实施情况报告，并通过《关于批准镇江市新行政中心选址方案》的决定，即批准南徐路方案为镇江市新行政中心规划定点方案。

6月23日，镇江港大港港区三期工程通过国家发展改革委员会立项批复。9月，大港三期工程建设启动。

6月24日，市委、市政府发布《关于国有大中型骨干企业产权制度改革的实施意见》。

6月29日，学府路（梦溪广场至江苏大学）拓宽改造工程竣工通车。

6月30日，昆山市与丹徒区合作建设的昆山开发区丹徒工业园开园。

同月，镇江市外国语学校挂牌成立。

7月1日，市党政学习考察团赴广东省东莞、深圳学习考察和招商。4日，在深圳举行镇江（深圳）经贸洽谈会。

7月5日，丹徒区丁岗镇南朱村村民赵吉仁为抢救落水儿童英勇牺牲。8月24日，省政府追认他为革命烈士。

7月17日，市政府全体（扩大）会议召开。会议主题是总结上半年工作，安排部署下半年任务，要求全面完成年初预定的各项目标。

7月18日，以市委书记史和平为团长的市党政代表团赴苏州、无锡学习考察。

7月26～27日，市委四届六次全委（扩大）会议召开，市委书记史和平作《立志两率先，奋力两步走，争当苏南后起之秀》报告。会议通过市委《关于学习贯彻"三个代表"重要思想，努力实现"两个率先"奋斗目标的决定》，决定增补杜正起等4人为市委委员。

7月29日，312国道镇江段拓宽改造工程开工。

7月29～31日，市五届人大常委会第五次会议，审议关于2003年上半年国民经济社会发展计划和财政预算执行情况和市司法局、文化局、农林局、人防办主要领导的述职报告，并通过市人大6项制度及人事任免事项。

8月7日，沪宁高速公路镇江段扩建工程启动，工程计划10月开工，2006年竣工。

8月17日，中共中央政治局常委、中央纪委书记吴官正视察镇江。

8月21日，江苏省政协主席许仲林率苏南片区省政协委员视察镇江。

8月22日，江苏19所高校参与的"江苏高校校长沿江行"活动到达第一站镇江。

8月25日～9月4日，"江苏大学杯"全国男排锦标赛在镇江举行。

8月26日，由市委书记、市人大常委会主任覃卫东率领的广东省韶关市党政学习考察团到镇江考察。

8月28日，江苏大亚集团投资5.5亿元的高密度纤维板生产线项目投产。

9月3日，市农产品质量检验测试中心挂牌成立。

9月5日，市委、市政府部署开展"建设平安镇江，创建最安全地区"活动。

9月9日，市委、市政府出台《关于市属事业单位转企改制工作的试行意见》，事业单位转企改制试点工作启动。

9月10日，市委书记史和平率市经贸代表团赴台湾、东南亚地区进行招商考察。

9月23～30日，"恒顺醋业杯"2003年全国乒乓球锦标赛在镇江举行。镇江赛区被国家体育总局评为"全国体育竞赛最佳赛区"。

9月24～25日，市五届人大常委会召开第六次会议，讨论通过《关于设立镇江市人大常委会新区工作委员会的决定》和《关于设立京口区、润州区人大常委会街道工作委员会的决定》以及有关人大常委会的7项制度。12月10日，市人大常委会新区工作委员会成立；12月24日，京口区人大常委会四牌楼、正东路、大市口、健康路4个街道工作委员会成立；12月30日，润州区人大常委会和平路、宝塔路、京畿路、中华路4个街道工作委员会成立。

9月25日,交通部、江苏省政府在镇江召开润扬大桥现场办公会,交通部部长张春贤、省长梁保华等参加。

9月28日,大型购物中心太和广场开业。

10月9日,第五届中国特产文化节在句容市举行。

10月14日,市行政服务中心成立并开始试运行。

10月15日,江苏省军区司令员陈一远少将,省委常委、省军区政委吴齐少将到镇江指导工作。

10月19日,大型历史文献片《独领风骚——诗人毛泽东》封镜仪式暨新闻发布会在镇江碧榆园宾馆举行。

10月19~21日,2003中国镇江金秋经贸洽谈会举行,签订正式合同项目280个,合同外资5.07亿美元,引进内资66.07亿元。

10月20日,镇江民间文化艺术馆开馆。

10月22~24日,句容市全国生态示范区建设试点通过国家级验收。

10月25日,镇江市第一位骨髓志愿捐献者戚熙娟赴北京捐献骨髓。11月底在京成功捐髓。

10月26日,世界旅游组织副秘书长戴维德·威利尔斯到镇江考察旅游资源。

10月27日,全长66公里的镇江至溧阳高速公路开工建设。2007年10月建成通车。

10月28日,全长100.9公里的扬中环岛公路建成通车。

11月3日,江苏省省委常委、省军区政委吴齐少将到镇江检查省军区预备役陆军高炮师第二团工作。6日,吴齐少将检查镇江军分区各项工作。

11月9日,镇江—法国中小企业经贸洽谈会在镇江一泉宾馆举行。

11月10日,在西安举行的全国射击系列赛中,江苏队镇江籍运动员董念在女子飞碟多项比赛中获冠军。

11月15日,全国人大常委会副委员长、全国妇联主席顾秀莲视察镇江。

11月18日,广西柳工集团在润州区设立柳工工业园,投资3亿元。

11月19日,镇江焦化煤气集团和中化国际贸易股份公司合资4000万美元的中化镇江焦化有限责任公司成立。

11月20日,江苏省省委书记李源潮视察镇江沿江开发工作。

11月25~26日,市五届人大常委会第七次会议召开,审议修编的镇江市城市总体规划(2002~2020)等,经讨论,通过《关于镇江市城市总体规划的决议》等事项。

11月26日,镇江市第一家韩国企业投资的韩国UNID公司在镇江新区投产。

11月28日,美国JP摩根集团在扬中签约,投资1.3亿美元建设石化仓储项目。

12月8~9日,中共中央政治局原常委、国务院原副总理李岚清视察镇江。在江苏大学,李岚清为学生题词:"刻苦学习,报效祖国"。

12月12~13日,中共镇江市委四届七次全体(扩大)会议召开,市委书记史和平作题为《改革创新,团结奋进,全力夺取"两率先、两步走"的新胜利》的报告,会议讨论通过《中国共产党镇江市第四届委员会第七次全体会议决议》和《中共镇江市委、镇江市人民政府关于加快提高城乡居民收入的意见》。

12月15日,中国红十字会会长彭珮云视察镇江。

12月16日,中国银行业监督委员会镇江监管分局挂牌成立。

12月19日,韩国全罗道议会代表团访问镇江。

12月23日,市政府全体组成人员(扩大)会议召开,代市长许津荣作题为《创新提升,务实推进,努力开创"双率先、两步走"的新局面》的报告,总结2003年工作和部署2004年的政府工作。

12月24日,国家爱国卫生运动委员会命名镇江市为国家卫生城市。

12月26～27日，“2003香港青年江苏行”访问团一行200多人访问镇江。

12月28日，外交部部长李肇星考察镇江。

12月30日，市政府与上海铁路局签订迁建沪宁铁路镇江段三线项目资产划交协议书。

同月，镇江市通过“创建国家环境保护模范城市”国家级考核。

同月，金东纸业（江苏）有限公司通过验收，成为全国首批国家环境友好企业之一。

2004年

1月8日，镇江市环境卫生管理体制进行改革，市城管局将环境卫生管理方面的相关人、财、物全部移交给京口、润州两区政府。

1月8～9日，全国拥军优属拥政爱民工作会议在北京召开，镇江市连续第四次获得全国双拥模范城称号。

1月8～10日，市政协五届二次会议召开。

1月10日，省委、省政府决定，对镇江新区（镇江经济开发区）比照国家级开发区赋予相应经济审批权和行政级别。

1月10～13日，市五届人大二次会议召开。会议补选江苏省第十届人民代表大会代表。会议投票选举史和平为市人大常委会主任，选举许津荣为镇江市市长。

1月13日，镇江市被评为全省社会治安综合治理先进城市。

1月22日，镇江“三山”风景区被国务院列为国家重点风景名胜区。

1月24日，全国人大常委会副委员长何鲁丽到镇江视察。

2月11日，镇江市获得2001～2002年度全国科技进步先进市称号，这是镇江市第四次获得该项称号。

2月20日，市委、市政府召开大会，表彰2002～2003年度镇江市“三个文明”建设中涌现的52个有功单位和62名突出贡献个人。

2月28日，市人大常委会首次组织拟提请市人大常委会任命的人员参加任前考试。

2月29日，参加全国促进农村青年转移就业工作会议的共青团中央书记处第一书记周强及各省、市代表200多人到镇考察“康桥工程”情况。

3月1日，市人大常委会召开第九次会议，讨论并通过市人大常委会2004年工作要点和人事任免事项。

3月4日，市政府发布经修正的《镇江市城市房屋拆迁管理办法》。

3月6日，扬中市举办首届江鲜美食文化节。

3月23日，江苏省省委书记李源潮视察镇江。

3月25日，法国纺织工业联合会经贸代表团访问镇江，就工业基础设施、产业配套等情况进行考察。

3月30～31日，市人大常委会召开第十次会议，审议旅游产业发展的课题研究报告，通过《关于切实解决失地农民的后顾之忧，促进经济发展、社会稳定议案的决议》等。

4月1日，市区企业职工养老保险基金收支开始实行统筹管理，社会养老保险不再市、区分级管理运行。

4月14日，市委、市政府在句容召开以“清洁城镇，清洁村庄；美化环境，美化家园”为主题的农村“双清双美”现场动员会。

4月17日，润扬大桥南汊悬索桥钢箱梁桥面成功合龙。省长梁保华等现场观看合龙过程。

4月19日，镇江至北京的1478次列车从镇江始发。

4月27日，全国财政国库工作会议在镇江召开，来自31个省、市、自治区和部分地（市）财政部门的负责人参加。

4月28日，国务院常务会议听取了监察部、发展改革委等部门对江苏铁本钢铁有限公司违规建设钢铁项目（部分位于扬中市西来桥镇）查处情况的汇报，责成江苏省和有关部门对有关责任人作出严肃处理。29日，江苏省委、省政府和银监会对涉及失职违规的8名政府和有关银行的相关责任人分别给予党纪、政纪处分及组织处理。

5月7日，市委、市政府召开全市领导干部会议，学习贯彻国务院常务会议精神及省委书记李源潮关于铁本事件的一系列讲话精神。市委、市政府要求全市各级领导干部，从铁本项目违规建设事件中积极吸取深刻教训，进一步全面贯彻落实科学发展观。

5月9日，京口公安分局被评为2003年度全省优秀公安局。

5月10日，镇江市召开清理固定资产投资项目工作会议，贯彻国务院办公厅有关通知、国家和省有关会议精神，着手对固定资产投资项目进行清理。

5月12日，中国人民银行金融稳定工作会议在镇江举行，来自全国人民银行9大区分行及部分中心支行的50多名代表参加会议。

5月13日，镇江市—连云港市友好合作交流会在连云港举行。镇江市向连云港市赠送援助资金480万元，两市还就一批合作项目举行签字仪式。

5月18日，7项城建重点工程竣工典礼举行。7项工程包括跑马山路、檀山路、谷阳新城西环路、谷阳北路、禹山北路、东吴路及经十二路。12月28日，2004年第二批城建重点工程竣工典礼举行，“六路一园”顺利竣工，包括滨江旅游专线、江滨大道、象山大道、松村路、京口路、黄山东路和蒜山游园建设工程。

5月20日，由镇江市创作的江苏省第一部原创音乐剧《快乐推销员》获得由文化部颁发的第十一届文华新剧目奖和编导奖。

5月25日，市人大常委会召开第十一次会议，审议关于《中华人民共和国义务教育法》实施情况的报告，通过《关于批准镇江市2003年市本级财政决算的决定》等。

5月28日，华东船舶工业学院更名为江苏科技大学。

6月1日，市委、市政府出台《关于进一步加快民营经济发展的若干意见》并正式施行。

6月4～5日，美国、加拿大、俄罗斯、瑞士等15个国家驻沪总领馆官员一行56人到镇江考察访问。

6月11日，江苏光电子技术中心在镇江奥雷光电公司揭牌成立。

6月12日，2004年“江苏万人游香港”旅游专列在镇江首发。

6月12～13日，中共中央政治局原常委、国务院原副总理李岚清到镇江，察看镇江市的城建重点工程以及润扬大桥、镇江博物馆、西津渡古街等。

6月15～19日，市委书记史和平率镇江经贸代表团在香港举办系列招商引资和旅游推介活动。

6月16日，江苏省船舶工业行业协会在江苏科技大学正式成立，全省近百家船舶工业企业成为首批会员，江苏科技大学校长吴立人教授当选为会长。

6月23日，镇江市国际友好城市韩国益山市企业家经贸交流团到镇江考察访问。

6月25日，中共镇江市委四届九次全体（扩大）会议举行，市委书记史和平作题为《树立和落实科学发展观，坚定不移地向着“两个率先”目标奋进》的报告。

7月2日，市委常委会讨论通过《中共镇江市委常委会讨论干部任免事项投票表决办法（试行）》等五个干部人事制度改革文件，并从当日起开始执行。

7月9～10日，镇江市工会第十二次代表大会召开，399名代表出席会议。经选举，陈苏继续当选为新一届市总工会主席。

7月12日，第12届亚洲象棋锦标赛在马来西亚吉隆坡闭幕，镇江籍象棋国际特级大师张国凤夺得桂冠，她还再获亚洲象棋协会颁发的象棋国际特级大师称号。

7月14日，市政府召开全体（扩大）会议，深入学习贯彻胡锦涛视察江苏时重要讲话和省委十届七次全会精神，按照市委四届九次全会要求，总结上半年工作，部署下半年任务。

7月19日，第四届亚洲稻鸭共作研讨会在镇江召开，150余名国内外专家参加研讨。

7月20日，镇江市在丹阳召开开展党务公开工作动员部署会，对全市开展党务公开工作进行动员部署。

7月22日，镇江市首家股份制医院——位于市区黄山南路的镇江中山医院开业。

7月25日，全国政协副主席丁光训到镇江视察丹阳城市建设和沃尔夫集团。

同月，江苏省民族民间文化保护工程全面启动，镇江市以《白蛇传》为代表的口述文学被省文化厅列入第一批省级民族民间文化保护名录。

8月10日，全国第四届葡萄学术研讨会在镇江举行。

8月14日，市委、市政府印发《镇江市加强和改进未成年人思想道德建设行动计划》。

8月23日，以市委书记、市人大常委会主任史和平为团长的市经济友好代表团一行8人，赴南非、埃及、希腊、西班牙、法国等5国开展经贸考察和友好访问，为期19天。

8月28日，首届"江苏优秀住宅"颁奖大会在南京举行。镇江市恒顺房地产开发公司开发的恒美嘉园、荣信房地产开发公司开发的米山人家、无锡红豆置业镇江分公司开发的香江花城获江苏优秀住宅金奖。

9月1日，由镇江民营企业家捐资350万元兴建的镇江市飞达光彩学校竣工，首批招收580名学生，绝大部分是外来务工人员的子女。

9月3日，镇江市在土地市场专项整治中，撤并不符合国务院规定设立的41个开发区（园区），收回土地9063.3公顷。

9月6日，镇江市第三届农民艺术节在丹阳市文化城开幕。

9月8日，江苏省省长梁保华、副省长王湛率省有关部门负责人到句容茅山等地走访慰问教师。

9月10日，江苏大学教授陈钧获得中国教科文卫工会授予的全国师德先进个人称号。

9月17日，奥地利雷欧本市代表团一行31人在市长康拉德的带领下访问镇江。

9月19日，由镇江市历史文化名城研究会会长钱永波总主编、190万字共10册的《中国历史文化名城镇江研究丛书》由江苏人民出版社出版。

9月20日，由劳动和社会保障部医疗保险司、社会保险事业管理中心、社会保险研究所、中国社会保险学会医疗保险分会和市医疗保险局主办的中国医疗保险制度改革论坛在镇江举行。全国人大常委会原副委员长彭珮云等出席论坛。

9月26～28日，2004中国镇江金秋经贸洽谈会召开，签订正式合同项目273个。其中，外资项目118个，合同利用外资5.84亿美元；内资项目155个，可引进内资51.59亿元。签订科技合作正式合同44个。

9月27日，镇江市赛珍珠文化系列活动开幕。活动期间，举行《赛珍珠专题书画》揭幕、《赛珍珠在镇江纪念册》首发、《赛珍珠在镇江》电视专题片首映、中央电视台与镇江电视台合拍的《寻找赛珍珠》电视片开机仪式等。镇江市赛珍珠研究会与美国赛珍珠国际基金会通过会谈，就进一步加强交流与合作达成协议。

9月29日，江苏大学附属医院成功进行镇江市首例肝、肾联合移植手术。

9月29～30日，市人大常委会召开第十四次会议，审议关于城市长效管理工作情况，通过相关决定和事项。

10月7日,以市长许津荣为团长的镇江市经贸友好代表团赴日本东京、名古屋、津市、仓敷等9个城市开展经贸招商和友城访问活动。

10月16日,镇江籍著名桥梁工程专家、科学家、教育家和社会活动家茅以升铜像在镇江市第二中学揭幕。镇江市第二中学增挂茅以升中学校牌。李岚清为茅以升中学题写校名。

10月20日,镇江市知识产权局成立。

10月28日,扬中长江二桥竣工通车、扬中市建县百年设市十年庆典、经贸洽谈会开幕式举行。

10月29日,市委、市政府召开推进动员会,推动市属事业单位转企改制工作全面推开。

10月30日,应市委、市政府邀请,国家宗教事务局局长叶小文到镇江作《宗教问题与执政能力》的报告。

11月2日,由江苏省省政协主席许仲林率领的省政协视察团到镇江视察高新技术产业和科技创新情况。

11月3日,第96届中国出口商品交易会在广州结束,镇江交易分团有78家各类进出口企业参展,成交额1.49亿美元。

11月4日,以克里斯纳·拉格·劳为团长的印度工业联合会卡纳迪卡省工业代表团访问镇江。

11月10日,国家统计局首次发布中国综合实力百强城市信息,镇江市名列第49位。

11月11日,以西班牙国会议员、巴列亚斯省议会议长法黑达为团长的西班牙巴列亚斯省友好经贸代表团到镇江访问。

11月12日,镇江市首家农业科普示范基地在京口区瑞京农科园挂牌。

11月14日,中德(江苏)心脏中心在市第一人民医院成立挂牌,这是继北京、上海、厦门、昆明之后的第五家中德心脏中心。

11月16日,江苏省省委副书记、省长梁保华带领省有关部门负责人,到其加强党的基层组织建设工作联系点句容市后白镇调研。

11月17日,中央军委原副主席张震到茅山参观新四军纪念馆和瞻仰苏南抗战胜利纪念碑。

11月24日,南京军区政治部主任孙大发中将视察镇江军分区全面建设情况。

11月25日,镇江市醋业协会正式成立。

12月4日,市燃气公司开始对主城区的燃气用户实施天然气置换,丁卯片区成为第一个天然气置换片区。

12月5日,市城建档案馆被建设部、国家档案局授予全国城建档案工作先进集体称号。

12月6日,市军供站第三次获民政部和解放军总后勤部联合表彰的军供工作正规化建设先进单位称号。

12月10日,全国第一个专为意大利企业设立的工业集中区——前沿(镇江)意大利制造暨孵化基地在丹徒新区正式开工。

12月14日,江苏省质量技术监督气体流量计量检测中心在镇江丁卯挂牌成立。

12月15日,沪宁铁路三线镇江段全线拆除正式实施,全长17.32公里。这段铁路建于1908年。

12月18日,镇江市公共卫生体系建设两项工程启动,市第三人民医院迁建开工、市疾控中心和卫生监督所综合业务楼奠基。

12月20日,镇江市国家环境保护模范城市授牌暨表彰大会举行,国家环保总局副局长汪纪戎代表环保总局向市长许津荣授牌。

12月22日,省政协主席许仲林、副省长张卫国等省人大代表赴江苏大学、镇江市实验高中、江南学校、中山路小学,视察镇江市教育改革与发展情况。

12 月 24 ~25 日,中共镇江市委四届十次全体(扩大)会议召开。会议总结 2004 年工作,研究确定 2005 年“全面提升、全力争先”工作总要求,市委书记史和平作题为《提高执政能力,提升发展水平,全面加快“两率先、两步走”进程》的工作报告。

12 月 25 日,市委、市政府召开市委、市政府领导班子及其成员述职述廉大会,并组织对述职述廉情况进行民主测评。

12 月 27 日,市消费者协会被评为全国消保维权先进单位;市消协副会长兼秘书长孙玲清被评为全国消保维权先进个人,并获全国“3 · 15”荣誉奖章。第四届全国各族青年团结进步表彰大会上,市五条街民族学校荣获“全国各族青年团结进步奖”。

12 月 28 日,市政府国有资产监督管理委员会成立。

12 月 29 ~30 日,镇江市妇女第十二次代表大会召开。

12 月 31 日,根据国务院和省、市政府关于开展第一次全国经济普查的通知精神,镇江市以该日为普查登记的标准时点,对全市境内全部法人及其所属产业活动单位和个体经营户基本情况进行登记。

2005 年

1 月 1 日,江苏省省长梁保华到镇江视察润扬长江大桥建设工地,慰问城乡部分生活困难户。

1 月 4 日,地处南山风景区的上铁水泥厂搬迁工程启动,新厂址在丹徒高资经济开发区。

1 月 5 ~6 日,市人大常委会召开第十六次会议,听取关于落实沿江开发规划实施情况审议意见的报告,讨论市人大常委会工作报告(讨论稿),通过有关决定、办法和人事任免事项。

1 月 9 日,坐落于市区中山东路的“烂尾楼”——原金狮大厦复工,由江苏诚信空调设备公司以 2980 万元收购后改建为京凌大厦。

1 月 10 日,浙江省湖州市委书记徐福宁、市长黄萌率领湖州市党政代表团到镇江考察。

1 月 12 ~15 日,市政协五届三次会议召开。

1 月 13 ~16 日,市五届人大三次会议召开。

1 月 20 日,市委召开全市保持共产党员先进性教育活动动员大会,对镇江市在党内开展以实践“三个代表”重要思想为主要内容的保持共产党员先进性教育活动,进行全面动员部署。全市党员分两批进行:第一批党员先进性教育活动自 1 月 20 日至 6 月 10 日基本结束;第二批党员先进性教育活动自 6 月下旬开始至 10 月底基本结束。

1 月 26 日,由仓敷市副市长有安敬率领的日本仓敷市经济考察团访问镇江。

1 月 29 日,市政府全体(扩大)会议召开。会议主题是学习贯彻市委四届十次全会精神,围绕市五届三次人代会审议通过的《政府工作报告》,部署做好 2005 年政府各项工作。

同月,以 2004 年 12 月 31 日为登记时点,全市开展第一次全国经济普查工作。

2 月 5 日,来自德国的“钢琴王子”理查德 · 克莱德曼到镇江进行钢琴演出。7 月 26 日,美国“钢琴公主”琳达 · 珍蒂在市体育馆举行音乐演奏会。

2 月 19 日,以日本美作町町长宫本俊朗为团长的日本美作町友好访华团到镇江访问。

2 月 21 日,2004 年镇江经济国际化年度人物评选揭晓,金东纸业(江苏)有限公司总经理吴省芳等 10 人入选。

2 月 27 日,市第一人民医院急诊科护理组等 5 个岗位被授予全国“巾帼文明示范岗”称号,江苏移动通信有限责任公司镇江分公司黄卫华被评为全国巾帼建功标兵。

3 月 10 日,镇江市警方破获全市首例网络赌球案,该案投注总额高达百万元。

3 月 17 日,大全集团离散制造企业信息集成及其在开关电气行业应用项目成为国家“863”计划项目。

3月20日，省社科联主席、南京大学党委书记、博士生导师、著名经济学家洪银兴教授到镇江举行科学发展观专题讲座。

3月23日，市人大常委会召开第十七次会议，通过关于接受张学东辞去镇江市副市长职务等决定。

3月28～29日，全国政协副主席、民进中央副主席张怀西率民进中央有关负责人到镇江调研医疗保险制度改革情况。

4月1日，市慈善总会成立。至2005年底，社会各界捐款总额达3392万元，救助622人。

4月2日，中国银行业监督管理委员会主席刘明康到镇江考察，参观部分城建项目及重点企业。

4月11日，沃尔玛公司全球高级副总裁、亚洲区总裁及首席执行官钟浩威到镇江考察。

4月16日，印尼中华总商会总主席陈大江一行到镇江考察访问。

4月20日，镇江市重点建设工程金桥大道竣工通车。

4月21日，南京军区司令员朱文泉中将到镇江视察。

4月29日，镇江博物馆新馆（2002年12月31日奠基）建成开馆。镇江博物馆新展厅占地5300平方米，主体建筑分三层，其中底层为旅游工艺品商场、茶社和电子监控中心，二、三楼为展厅、学术报告厅及贵宾接待室。12月26日，镇江博物馆被国家旅游局批准为国家AAAA级风景旅游区。

4月30日，润扬长江公路大桥通车典礼在扬州举行。正在江苏考察工作的中共中央政治局常委、全国人大常委会委员长吴邦国出席通车典礼并为大桥开通剪彩。

4月30日～5月1日，中央政治局原常委、国务院原副总理李岚清到镇江视察。

5月2日，镇江、扬州两地万余名市民观润扬大桥，游镇扬山水旅游活动启动。5月5日，镇扬城际旅游公交开通，首日运送乘客2000多人次。这条从镇江焦山公园开往扬州平山堂的城际旅游公交线路，连接两市主要的商贸中心、旅游景区、交通站点。

5月3日，原中共中央总书记、国家主席、中央军委主席江泽民视察润扬长江大桥和金山景区。

5月4日，市第一人民医院成功施行全省首例全心心脏移植手术。

5月8日，省、市重点工程大港三期工程开工。该项目由国投镇江港有限公司承建，工程总投资为14亿多元。

5月11～17日，以市委书记史和平为团长、市长许津荣为副团长的镇江市党政代表团一行70余人赴上海、浙江学习考察和合作交流。

5月19日，江苏省省政协主席、党组书记许仲林率省委政协工作调研组到镇江调研，征求新时期进一步加强政协工作的建议和意见。

5月21日，以市长罗布顿珠为首的拉萨市代表团一行到镇江考察。

5月23日，在全国社会治安综合治理先进集体、先进工作者表彰大会上，镇江市被中央综治委命名为全国社会治安综合治理优秀地市。

5月26日～6月3日，市长许津荣率市经贸代表团赴台湾开展经贸招商活动。

5月31日，由穆罕默德·夏斐少将率领的巴基斯坦海军高级代表团到江苏科技大学访问。

6月1～3日，全国人大常委会委员、安徽省委常委、合肥市委书记孙金龙，合肥市市长郭万清率合肥市党政代表团一行到镇江考察。

6月3日，全国人大常委会《中华人民共和国律师法》执法检查组到镇江，就律师依法履职、执业环境、执业权利、队伍建设等情况进行检查。

6月8日，总投资达5000万美元的怀特（中国）驱动产品有限公司在润州区开工建设。9月25日，一期工程建成投产。

6月9日，由索普船厂制造的全市第一条万吨级出口油轮“玛丽亚·科索里奇”号下水。

6月16～17日，市委书记史和平、市长许津荣率镇江市党政代表团赴南京、扬州学习考察。

6月22日，市人大常委会召开第十九次会议，通过关于任命陈杰为镇江市副市长等决定。

6月24日，经过国家商标评审委员会裁定，堂皇集团“堂皇”商标成为镇江市第二件中国驰名商标。

6月28日，镇江市与意大利布莱西亚市签订友好·经贸合作协议，双方结成友好合作城市。镇江市市长许津荣和布莱西亚市市长保罗·考斯尼代表双方签字。

7月3日，民政部部长李学举到镇江考察社区建设情况。

7月8日，中共镇江市委四届十一次全会举行。会议强调在培育规模经济、招商引资、发展服务业、城市建设、“三农”建设上加大工作力度，按时序抓好各项工作。

7月15日，市政府全体(扩大)会议举行。会议主题是贯彻市委四届十一次全会精神，总结上半年工作，部署下半年任务。

7月23日，国务院侨务办公室主任陈玉杰一行到镇江考察工作。

7月29日，镇江食品药品监督管理局在原镇江药品监督管理局基础上组建成立。

8月1日，国电谏壁发电厂33万千瓦以大代小技改工程11号机组正式进入试生产。

8月17日，镇江国际工业物流中心在润州区蒋乔镇开工，将建设成为一座超大型的全国性现代化工业品专业市场，计划总投资16亿元。

8月18日，中国盐业镇江盐化有限公司成立庆典在丹徒新区举行，60万吨真空制盐项目开工剪彩。

8月18～19日，江苏省省长梁保华到镇江考察指导工作。

8月22日，市政府决定从当日起对市区“三小车”(残疾人车、正三轮摩托车、人力三轮车)进行依法整治，取缔无牌证“三小车”非法上路与营运。回收“三小车”2700辆，339辆残疾人车统一置换新车，900辆人力三轮车实行以旧换新。

8月23日，宁夏石嘴山市考察团一行到镇江考察学习。

8月25日，京口公安分局健康路派出所被授予“全国优秀公安基层单位”称号，市公安交巡警支队润州大队民警郑文卫、润州公安分局宝塔路派出所社区民警滕庆联被授予“全国优秀人民警察”称号。

8月29日，市委书记史和平带领市党政代表团赴西藏达孜县考察访问。

8月30日，市委、市政府隆重举行纪念抗日战争胜利60周年大会暨苏南抗战胜利纪念碑二期工程竣工典礼。

9月5～22日，以市委书记史和平为团长的市经贸招商考察团赴美国、加拿大开展经贸招商活动。

9月10日，由新加坡国际企业发展局局长李奕贤带领，28位新加坡企业界人士与政府官员组成的新加坡经贸代表团到镇江考察投资环境。

9月11日，中共丹徒区委书记张洪水入选全国国防后备力量建设十佳新闻人物。

9月23日，凯迩必液压工业(镇江)有限公司在镇江新区丁卯片区举行竣工典礼。

9月25～27日，2005中国镇江金秋经贸洽谈会召开。洽谈会期间，共签订正式合同项目246个。其中：外资项目78个，合同利用外资5.83亿美元；内资项目168个，合同引进内资56.36亿元。签订科技合作合同65个。

9月28～30日，市人大常委会召开第二十一次会议，审议副市长江里程、黄宝荣和发改委、城管局主要负责人的述职报告并进行测评。

10月1日，沪宁高速镇江段八车道全线通车。312国道镇江段拓宽改造工程全线贯通。

10月3日，水利部部长汪恕诚到镇江考察水利工作。

10 月 4 日，中共中央政治局委员、全国人大常委会副委员长王兆国到镇江视察。

10 月 9 日，镇江与日本仓敷市、津市和韩国益山市在镇江联合举办中日韩（镇江）国际友好城市艺术文化节。

10 月 13 日，中共中央总书记、国家主席、中央军委主席胡锦涛视察镇江，先后察看了镇江农科所农业综合开发（句容）科技实验园、镇江新区港南花苑拆迁安置小区、江奎集团等。

10 月 14 日，全市新一轮的乡镇（街道）行政区划调整启动。

10 月 19 日，市委、市政府发布《关于提高行政效能优化投资环境的十项规定》，进一步提高行政效能、优化投资环境。

10 月 21 日，市计量所通过中国实验室国家认可委员会专家评审组的现场评审，成为全市首家通过国家级评审的标准实验室。

10 月 24 日，省政协主席许仲林带领在江苏的全国政协委员，到镇江就沿江开发情况进行专题视察。

10 月 26 日，以藤田阳三议长为团长的日本福冈县议会代表团访问江苏期间到镇江进行友好访问。

10 月 29 日，中共中央政治局委员、国务院副总理曾培炎经镇江前往润扬长江大桥视察。

同月，以市长近藤康雄为团长的日本津市经济代表团访问镇江。

11 月 1 ~6 日，全国政协原副主席任建新到镇江考察。

11 月 2 日，全国人大常委会副委员长、九三学社中央主席韩启德到镇江调研医疗保险制度改革情况。

11 月 3 日，以韩国益山市副议长梁钟圭为团长的益山市议会代表团一行到镇江访问。

11 月 12 日，在全国文化先进社区命名及经验交流会上，京口区四牌楼街道江滨新村第一社区被中央文明办和文化部命名为“全国文化先进社区”。

11 月 17 日，经国家环保总局审定，中电电气集团有限公司被认定为“国家环境友好企业”。

11 月 23 ~25 日，中共中央政治局原常委、全国政协原主席李瑞环到镇江视察，先后察看了镇江市的城市建设、润扬长江大桥以及旅游事业发展情况。

12 月 6 日，全国人大常委会副委员长、全国妇联主席顾秀莲到镇江出席长三角地区妇联主席联席会，并考察索普集团、江奎集团。

12 月 8 日，全市第一家面向社会服务的法医临床、法医病理司法鉴定机构江苏大学司法鉴定所在该校北固校区挂牌成立。

12 月 14 日，市长许津荣会见全球最大的物流地产投资企业美国普洛斯（中国）公司副总裁兼华东区总经理沈晋初一行。

12 月 18 日，投资 1.2 亿元、建筑面积 3.5 万平方米的金太阳国际家居广场首期正式开业。

12 月 20 日，市五届人大常委会召开第二十三次会议，决定接受徐郭平辞去镇江市副市长职务的请求，任命冯士超为镇江市副市长。

12 月 21 ~22 日，中共镇江市委四届十二次全会召开。会议回顾总结镇江“十五”发展历程和 2005 年工作，部署“十一五”发展和 2006 年工作。会议通过决议，号召全市创造“十一五”发展的新辉煌。

12 月 25 日，中共镇江市委发布《关于制定镇江市国民经济和社会发展第十一个五年规划的建议》。

12 月 28 日，镇江市城市建设重点工程中山北路、万古一人路、镇荣路北延段、宗泽路和健康广场竣工。

第一卷

政区

卷目

在6000年前，就有先民生活在镇江这片土地上。

《尚书·禹贡》中记载中国古代有冀、兖、青、徐、扬、荆、豫、梁、雍九州，镇江一带地域属扬州。直到东晋末年，丹徒、曲阿、延陵等县仍属扬州。

商末周初，太伯、仲雍奔吴，给包括镇江在内的江南大地带来先进的中原文化和生产技术。距今约3000年前，宜侯的领域就在镇江一带。

秦朝初年，先后设立延陵、曲阿、丹徒等县，和丹阳、江乘县均属会稽郡。

隋开皇十五年(595年)，以延陵、曲阿、永年三县置润州。宋政和三年(1113年)，改润州为镇江府。直到清朝灭亡时镇江府存在近800年。

民国时期，镇江境内各县均由省直管。

中华人民共和国建立后，由镇江专署(行署)管辖镇江境域内的各个市、县，直到1983年镇江成为省辖市，实行市管县，才形成现今镇江市的行政区划格局。

第一章　建　置

第一节　置润州前沿革

今镇江市地域在《尚书·禹贡》中属扬州，乃荆蛮之地。距今6000年前，先民就生活在分布于长江南岸的依山傍水的台形原始聚居地上。1989年，丹阳凤凰山遗址新发现新石器时代马家浜晚期文化遗存。凤凰山位于丹阳城南2.5公里，是香草河、简渎河之间的近似椭圆形、长约350米、宽约250米、面积近6万平方米、高出周围4～5米的台形土岗。凤凰山遗址出土大量文物，将镇江文明史提前到约6000年前。

西周时，周王朝实力扩展到长江下游一带，太伯、仲雍"奔荆蛮"，带来先进的中原文化。公元前1043年前，周武王封周章于吴地，国号为吴，镇江一带均属之。周康王(公元前1020～公元前996年在位)改封虞侯为宜侯。1954年，大港烟墩山的西周早期墓葬中出土带有长篇铭文的青铜器——宜侯夨簋，记载周康王改封宜侯的经过，"宜"在丹徒或其附近。经郭沫若、唐兰、李学勤等著名学者的考证，宜地在今镇江一带，属吴国范围之内。镇江有文字可考的行政建制已有3000年的历史。

春秋时期(公元前770年～前476年)，今镇江一带名朱方和延陵，属吴。周灵王二十五年(公元前547年)，吴王余祭封其弟季札于延陵(今丹阳一带)。周灵王二十七年(公元前545年)，吴王封庆封于朱方。

战国时期(公元前475～前221年)，周元王三年(公元前473年)越灭吴，今镇江一带尽归越。周赧王九年(公元前306年)楚灭越，置云阳邑(今丹阳一带)，朱方改名谷阳。秦王嬴政二十四年(公元前223年)，秦灭楚，设会稽、鄣郡。次年置延陵县，属会稽郡。秦始皇二十六年(公元前221年)秦完成统一大业，实行郡县制，改云阳邑为云阳县，不久改名曲阿县。秦始皇三十七年，改谷阳为丹徒县，改金陵邑为秣陵县，又在秣陵县境内设置丹阳县(今江宁直至高淳一带)、江乘县(县北部为今南京市栖霞区至句容市下蜀镇一带）。今镇江市境内为曲阿县、丹徒县以及秦丹阳县、江乘县所属的今句容一带，均属会稽郡。

汉初，分江乘县之东境分设胡孰、句容两县，先属会稽郡、后属会稽郡西部分出设立的鄣郡。武帝元封二年（公元前109年）改鄣郡为丹阳郡。此后直至南北朝时期，句容县均属丹阳郡。

汉高祖五年（公元前202年），改延陵为毗陵，毗陵、丹徒、曲阿以及句容一带属楚国。六年属荆国、十二年改属吴国。汉景帝前元三年（公元前154年）废吴国，四年属江都国。汉武帝元狩二年（公元前121年），江都国除，毗陵、丹徒、曲阿属会稽郡，句容一带属丹阳郡（郡治在今安徽宣城）。新王莽始建国元年（公元9年）改毗陵为毗坛、曲阿为凤美。东汉光武帝建武元年（公元25年），复称毗陵、曲阿，与丹徒一起仍属会稽郡，句容一带属丹阳郡。汉顺帝永建四年（129年）分会稽郡浙江以西置吴郡，毗陵、曲阿、丹徒均属吴郡。东汉建安十三年（208年），吴侯孙权自吴（今苏州）移治京口（今镇江），建安十六年（211年），又迁秣陵，次年改秣陵为建邺。京口设京口镇，与丹徒、曲阿、毗陵属吴郡。

吴嘉禾三年（234年），分吴郡无锡以西为屯田，置毗陵典农校尉，治所设毗陵（今常州市），改曲阿为云阳县，改丹徒为武进县，二县均属毗陵典农校尉，而句容县仍属丹阳郡管辖，北部为江乘典农都尉，南部为湖熟典农都尉。

晋太康二年（281年），废毗陵典农校尉，置毗陵郡，云阳、武进复称曲阿、丹徒，另分曲阿、丹徒二县东部地域置武进县，分曲阿延陵乡置延陵县。曲阿、丹徒、武进、延陵、毗陵、无锡、暨阳均属毗陵郡，郡治丹徒（后一度迁治毗陵），这是丹徒作为郡治的开始。

永嘉五年（311年），改毗陵郡为晋陵郡，辖丹徒、曲阿、延陵、武进、晋陵、无锡、暨阳、南沙8个县，郡治由晋陵县迁丹徒县。因永嘉之乱，北方士民大批南渡，占地聚居。建武元年（317年），设立侨置郡、县，保持北方原州、郡、县名，于京口侨置徐州、兖州。大兴元年（318年），徙晋陵郡治、并徙丹徒县治于京口。大兴三年，以句容、江乘二县的部分地域设怀德县。太宁年间（323～325年），侨置南东莞郡，与兰陵郡均隶属于南徐州（州治在京口）。咸和三年（328年），晋陵郡治还徙丹徒。咸康元年（335年），在句容。县侨置南琅玡郡。义熙九年（413年），晋陵郡治复还晋陵。

南宋元嘉中，设南徐州，系郡上一级机构，治所设于京口。南徐州辖晋陵及15个侨郡（南东海、南琅玡、南兰陵、南东莞、临淮、淮陵、南彭城、南清河、南高平、南平昌、南济阴、南濮阳、南泰山、南济阳、南鲁）。元嘉八年（431年），分长江以北为南兖州，江南为南徐州，南徐州治所仍在京口，今镇江一带属南徐州之南东海郡，郡治郯县（京口西）。元嘉三十年（453年），以南兖州并入南徐州，半年后又分立为二州。大明七年（463年），吴郡划属南徐州，泰始四年（468年），义兴郡（今宜兴一带）划属南徐州，至此南徐州共辖17个侨郡。南朝齐郡名、郡治与南朝宋同。南东海郡辖郯、祝其、襄、利城、西隰、丹徒、武进7县。南朝梁天监元年（502年），改武进县为兰陵县。改南东海郡为兰陵郡，南朝陈复为南东海郡，郡治均在京口。

第二节　州、府、路、郡沿革

隋开皇九年（589年），改扬州为蒋州，废南徐州为延陵镇，移治京口为延陵县，丹徒县并入延陵县，延陵县与句容县属蒋州。改晋陵郡为常州，兰陵县并入曲阿县，曲阿县属常州。开皇十五年，罢延陵镇，以蒋州之延陵、永年，常州之曲阿三县置润州，州治京口，成为历史上第一次3县隶属于润州的格局。同年分曲阿县金山乡置金山府（后改金山县，即今金坛）。大业三年（607年）废润州，改扬州为江都郡，曲阿、延陵、句容3县均属江都郡。

唐武德二年（619年），以曲阿县置云州，原兰陵地域复置武进县。武德三年，复置润州，延陵县分为丹徒、延陵二县，丹徒县属润州。自唐至宋，润州州治均在丹徒县。以延陵县与句容县置茅州。武德五年,改云州为简州。武德七年,废茅州,延陵县、句容县改属扬州(蒋州)。武德八年,废简州,金山县并入延陵县,曲阿属润州,九年改原扬州之金陵县为白下县,与延陵、句容、丹徒、曲阿都属润州。贞观元年(627 年),分天下为 10 道,润州属江南道,领丹徒、曲阿、句容、延陵等县,州治在丹徒县。开元二十一年(733 年),分江南道为江南东道、江南西道和黔中道,润州属江南东道,并为江南东道治所,润州辖丹徒、曲阿、句容、延陵及江宁等县。天宝元年(742 年),改润州为丹阳郡,改曲阿县为丹阳县,与延陵县、丹徒县、句容县同属丹阳郡,治所在丹徒县。至德二年(757 年),以句容、江宁二县置昇州。乾元元年(758 年),置浙江西道,丹阳郡复称润州,辖丹徒、丹阳、延陵、金坛四县。句容县属昇州,昇、润二州均属浙江西道。润州为浙江西道节度使治所。宝应元年(762年),昇州废,二县复归润州。建中元年(780 年),浙江东西二道合并,治润州(今镇江);置镇海军,节度使驻润州。元和二年(807 年),升浙江东西道为镇海军节度使,润州均属其管辖。光启三年(887 年),复置昇州,句容县属昇州。

五代(907 ~960 年)时,润州先属吴国,后属南唐,均领丹徒、丹阳、延陵等县,句容则属昇州江宁府(金陵府)。

宋开宝八年(975 年),改镇海军为镇江军节度,郡守称知润州军州事,这是镇江得名之始。天禧二年(1018 年)句容改属江南东路江南府。宋熙宁五年(1072 年),废延陵县为镇。政和三年(1113 年),改润州为镇江府,这是镇江作为行政建制得名之始。镇江府辖丹徒、丹阳、金坛等县。润州州治、镇江府治均在丹徒。建炎三年(1129 年),江宁府改称建康府,句容县属之。绍兴五年(1135 年),置沿江安抚使司于镇江府。润州、镇江府均属浙西路。

元至元十二年(1275 年),置江阴镇江安抚使司,属浙江行省浙西道,次年改为镇江路总管府。至元十四年,建康府改称建康路。至元十八年,改属淮东道,至元二十年仍为镇江路,辖丹徒、丹阳、金坛三县。镇江路设录事司管理镇江城区。至元二十六年,改淮东道仍为浙西道。天历二年(1329 年),建康路改称集庆路,句容县归其管辖。

元至正十六年(1356 年)三月,朱元璋攻占镇江,改镇江路为江淮府。同年十二月,复改江淮府为镇江府。江淮府、镇江府府治均在丹徒。同年,朱元璋军攻占集庆路,改集庆路为应天府。句容县属应天府。应天府、镇江府均属南直隶省管辖。

清顺治二年(1645 年),南直隶改为江南省,改应天府为江宁府,句容县属之,镇江府仍领辖丹徒、丹阳、金坛三县,府治丹徒,江宁府、镇江府均属江南省管辖。顺治十八年,江宁府、镇江府隶属于江南右布政使司。康熙六年(1667 年),江南右布政使司改称江苏布政使司,江宁府、镇江府仍然属其管辖。雍正八年(1730 年)辖县增溧阳。

乾隆十八年(1753 年),设常镇通海道,镇江府属之。乾隆二十五年,江苏增设江宁布政使司,句容县属其下的江宁府。

咸丰三年(1853 年)二月,太平军攻占镇江城,太平天国改江苏省镇江府为天京省镇江郡,句容县直属天京省。

咸丰七年(1857 年),清军重新占领镇江城,恢复镇江府建制。同治三年(1864 年),清军攻占天京后,恢复江宁府,句容县仍归其管辖,直至清末。光绪三十年(1904 年),增设太平厅(今扬中市),设太平厅抚民府治太平洲。宣统三年(1911 年)10 月改称太平县,属镇江府,这是扬中作为县一级建制之始。宣统三年,划分江苏为 5 道,其中江宁府归江宁道,镇江府归常镇道管辖。

明、清镇江府治所均在丹徒。

宣统三年(1911 年)八月十九日(10 月 10 日),辛亥革命爆发。九月十八日(11 月 10 日),革命党人策动清廷驻镇江新军起义,由起义官兵为主要力量组成的镇江民军接管镇江,镇江光复,建立镇江军政府。

第三节　民国时期镇江专署级建制沿革

1911年12月29日，中华民国成立。1912年1月中旬，江苏撤道裁府，今镇江地域内各县直属江苏省管辖。民国3年(1914年)5月，袁世凯北京政府令全国地方行政区域分为省、道、县3级，江苏省划分为金陵、沪海、苏常、淮扬、徐海5道。金陵道辖江宁、句容、丹徒、丹阳、扬中(民国3年初太平县改称扬中县)等11个县，道署治于江宁(今南京市)。民国16年4月，国民政府定都南京，废金陵道，各县再次归省政府直接管辖。民国17年7月，改丹徒县为镇江县。民国18年，江苏省会迁到镇江，省政府驻镇江县城。民国22年3月，江苏省设立13个行政督察区(12月改为9个行政督察区)，第一行政督察区专员公署驻镇江，下辖镇江、丹阳、句容、扬中、金坛、溧水、高淳7个县。民国24年9月，江苏省划分为10个行政督察区，镇江、丹阳、扬中、溧阳等县属第一行政督察区，专员公署驻溧阳，句容县属第十行政督察区管辖。民国25年2月，增设江宁行政督察区，句容县改属该行政区管辖。

民国28年1月，国民政府江苏省江南行署在安徽屯溪成立，不久移驻溧阳县山丫桥。江南行署先后委任过镇江县、丹阳县的留守行政长官，流动于日伪占据地区以外的地域及苏皖边区，江苏省第一督察区行政公署驻溧阳，镇江、丹阳、句容等县均属之。抗战胜利后重建江苏省第一行政督察专员公署，辖镇江、丹阳、句容等9个县，民国37年公署移驻丹阳，直至解放。抗战期间，国民党扬中县政府属淮南行署管辖，后属江苏省第五行政区督察专员公署管辖。民国38年1月25日，扬州解放，扬中县归中共苏皖边区(4月21日改称苏北行政区)第二行政区(驻扬州)管辖。

抗日战争期间，镇江境内先后建立由中国共产党领导的专署级和县级抗日民主政权。民国30年2月，在丹北地区成立镇澄区行政督察专员公署，4月，改称江南第四行政督察专员公署，下辖扬中、丹阳、镇江、武进、澄西5个县抗日民主政府。同年5月，在茅山地区成立江南第五行政督察专员公署，下辖句容、镇江、江宁等县抗日民主政府和丹南办事处，10月，江南第五、第六行政督察专员公署合并为苏南行政督察专员公署，下辖句容、镇江、江宁、溧水、溧阳等县抗日民主政府及丹南、丹金武2个行政办事处。民国31年5月，丹北地区的江南第四行政区督察专员公署改称苏南第四行政督察专员公署，辖区增江镇办事处。民国32年3月，茅山地区的苏南行政督察专员公署改称苏南区行政公署，民国33年2月又改称苏南第一行政区专员公署，辖句容、镇句、江宁、茅东等县抗日民主政府。民国33年12月，苏南第四行政区专员公署改称苏中第五行政区专员公署，下辖扬中、镇句、山南、山北、澄西、武进等县抗日民主政府和江镇办事处。民国34年2月，苏南第一、第三行政区专员公署合并，仍称苏南第一行政区专员公署，下辖句容、镇句、茅东、江宁、溧水、溧阳、横山、高淳8县抗日民主政府，直至抗日战争胜利。

抗日战争胜利后，民国34年10月，江苏省政府迁返镇江。民国38年2月5日，江苏省政府在苏州设立办事处，原驻镇的省政府及大部分机构在苏州办公。至民国38年4月23日以前，全省分为九个行政督察区，镇江、丹阳、句容等九县属第一行政督察区，行政督察专员公署驻丹阳。扬中则隶属于专员公署驻江都县的第五行政督察区。

民国38年4月21日，苏皖边区政府改称苏北行政公署，扬中县则隶属于第二行政区(驻扬州)。同年4月26日，苏南行政公署成立，扬中县归其下辖的镇江行政区(分署)领导。

附：民国26年7月7日，抗日战争全面爆发，12月8日镇江沦陷。民国27年1月，伪镇江自治会成立，8月撤销，成立伪丹徒县公署，民国29年9月改名为伪镇江县政府。民国32年3月，改组伪镇江县政府为伪镇江清乡特别公署，不久复为伪镇江县政府。民国34年8月15日，日本无条件投降，伪镇江县政权解体覆灭。

丹阳、句容、扬中各县情况如下：丹阳，民国26年12月3日组成伪丹阳县自治会，10月成立伪丹阳县公署,民国29年6月改称为伪丹阳县政府;句容,民国26年12月5日沦陷,民国27年3月组成伪句容县维持会,8月改为伪句容县公署,民国29年3月改称伪句容县政府;上述两县伪政权均随日本无条件投降后解体;扬中,民国27年2月伪扬中县自治维持会设立,民国29年1月改称伪扬中县自治会,民国31年8月改称伪扬中县政府。民国34年7月15日,扬中县抗日武装击败日伪军,日军退出扬中,日伪政权解体。

第四节　中华人民共和国建立后镇江专员公署(行署、省辖市等)沿革

1949年4月23日,镇江解放,镇江县分设为镇江市及丹徒县。4月26日,苏南行政公署在无锡市成立,下辖镇江、常州(武进)、苏州、松江4个行政区(分署)。镇江行政区(分署)辖镇江市及丹徒、丹阳、句容、扬中、江宁、溧水、高淳等8市县,专员公署驻镇江。1949年12月2日,华东局决定将句容及其他5县划归直辖市南京市管辖。1950年1月1日,华东局撤销命令,句容县仍由镇江分署管辖。

1953年1月1日,江苏省人民政府建立,镇江专员公署(即原苏南行政公署镇江分署)隶属于省政府领导。镇江专区划进武进、金坛、溧阳3县。1956年2月,武进、扬中县划出,宜兴、仪征、六合、江浦县划入。1956年11月,扬中县划入,12月,仪征、六合、江浦划出。1958年7月,丹徒县并入镇江市(1962年3月县、市再次分设)。1958年9月,镇江专区改称常州专区,专署改驻常州,镇江市、丹徒、丹阳、句容、扬中均由常州专署管辖。1959年9月,专署驻地迁回镇江,复称镇江专员公署,现全市各辖市(区)范围均归其管辖。

1967年3月,镇江专区军事管制委员会成立,次年3月镇江专区革命委员会成立。1971年2月,改称镇江地区革命委员会,地区革命委员会驻地仍在镇江市,丹徒、丹阳、句容、扬中、武进、金坛、宜兴、高淳、溧水、江宁、溧阳11县(市)归其管辖。同月,江宁县划属南京市。1978年7月,镇江地区革命委员会撤销,设立镇江地区行政公署,下辖县、市未作调整。

1983年,江苏省实行市管县体制,撤销镇江地区行政公署,3月1日,镇江市人民政府成立,镇江市直属省人民政府领导,成为省辖市。市区划分为城区(1983年8月由原金山区、北固区合并成立)和郊区(1983年9月由原郊区和谏壁区合并成新的郊区)2个区。丹徒、丹阳、句容、扬中4个县和城区、郊区由镇江市管辖。原镇江地区管辖的其他县分别划给南京、常州、无锡3个市管辖。1984年10月,镇江郊区人民政府更名为润州区人民政府。

随着各县经济、文化、社会事业的飞速发展,1987年12月丹阳首先撤县建市,1994年7月、1995年6月扬中、句容相继撤县建市。1998年6月镇江新区设立,2002年4月丹徒撤县建区,成为市区的组成部分,到2005年底,镇江市区面积达1082平方公里,建成区面积为86.1平方公里。

到2005年底,镇江市共辖丹阳、句容、扬中3个市,市区设丹徒、京口、润州3个区及镇江新区。

第二章　行政区划

第一节　撤县设市(区)

1983年3月1日以前,原地辖镇江市、丹徒县、丹阳县、句容县、扬中县均属镇江地区管辖。1983年3月1日,经国务院批准,撤销镇江地区,实行市管县体制,镇江市改为省辖市,辖丹徒、丹阳、句容、扬中4县。1983年9月1日经省政府批准,镇江市设置城区(由原金山区、北固区合并组

成)、郊区(由原谏壁区、郊区合并组成)2 个县级建制区。1984 年 10 月,城、郊两区分别更名为京口区、润州区。至此,镇江市辖 4 县 2 区的格局正式形成。

1987 年 12 月 15 日,国务院以国函〔1987〕201 号文批复,批准撤销丹阳县,设立丹阳市(县级),由省直辖,以原丹阳县的行政区域为丹阳市的行政区域。丹阳市政府驻云阳镇。在江苏省的县级市中,除原先设立的泰州市(1962 年 5 月设立)、常熟市(1983 年 1 月设立)外,丹阳县是全省第七家撤县设市的县级市,在苏南各县中是第三家撤县设市的。

1994 年 7 月 5 日,江苏省人民政府以苏政发〔1994〕56 号文通知,同意撤销扬中县,设立扬中市(县级),以原扬中县的行政区域为扬中市的行政区域,仍由镇江市管辖,实行计划单列。市政府驻三茅镇。

1995 年 4 月 6 日,经国务院批准,民政部以民行批〔1995〕26 号文批复,6 月 12 日,江苏省人民政府以苏政发〔1995〕68 号文通知,同意撤销句容县设立句容市(县级),以原句容县的行政区域为句容市的行政区域,仍由镇江市管辖,实行计划单列。市政府驻华阳镇。

1998 年 6 月,镇江市人民政府的派出机构——镇江新区管委会设立。6 月 30 日,镇江新区成立大会举行。新区成立时,包括大港、丁卯、化工 3 个片区,总面积 79.69 平方公里。随着形势发展的需要,随着邻近的丹徒县(区)、京口区乡镇撤并及调整,新区管辖的范围逐步扩大,面积也有较大增加。2005 年 12 月,镇江市委、市政府决定将丹徒区的丁岗、大路、姚桥 3 个镇划给京口区管辖,该 3 个镇委托镇江新区代管(实际划入时间为 2006 年 1 月)。镇江新区实际管辖丁岗镇、大路镇、姚桥镇和大港街道、丁卯街道,新区已连为一个整体,面积达 218.9 平方公里。

2002 年 4 月,经国务院批准丹徒撤县设区。4 月 22 日,省政府以苏政发〔2002〕55 号文通知,批准同意丹徒县撤县设区,区人民政府驻谷阳镇。丹徒区成为镇江市区的组成部分。至此,镇江市辖丹阳市、句容市、扬中市和丹徒区、京口区、润州区及镇江新区。

第二节　县(市)区区划调整

从 1983 年 3 月 1 日实行市管县体制以后,直至 2005 年底,镇江市管辖的丹阳、句容、扬中 3 个县(市)的地域范围及县级行政区划体制没有发生变化。行政区域变化最大的是丹徒县(区),京口、润州二区也有一定的变化。

1983 年 3 月 1 日省辖镇江市设立时,镇江市区由城区和郊区组成。1984 年 10 月,城、郊 2 区分别更名为京口区、润州区,京口区下辖正东路、健康路、大市口、四牌楼、宝塔路、中华路、和平路、京畿路 8 个街道办事处,润州区下辖谏壁镇、韦岗镇、象山乡、汝山乡、七里甸乡、官塘桥乡、丹徒乡、蒋乔乡、渔业乡等 2 个镇 7 个乡。

1992 年 10 月,镇江推进城乡一体化,对市区的京口、润州 2 区行政区划作较大调整:以古运河为界,河东为京口区、河西为润州区。京口区辖正东路、健康路、大市口、四牌楼 4 个街道和象山乡、汝山乡、丹徒镇、谏壁镇。润州区辖宝塔路、中华路、和平路、京畿路 4 个街道和七里甸镇、韦岗镇、官塘桥乡、蒋乔乡、渔业乡。同月,将丹徒县大港镇的行政区域划入京口区,另设立镇江市人民政府的派出机构——镇江经济开发区大港地区管理委员会,大港镇委托其代管。

1997 年,撤销丹徒县谏壁乡,其原辖行政区域分别划归京口区谏壁镇和开发区大港镇。同时将丹徒县的大路镇、丁岗镇的部分行政村也划给大港镇管辖(详见第四节)。

1998 年,设立镇江新区,代管大港镇、派设大港、丁卯 2 个街道办事处。

2002 年,丹徒撤县设区,区人民政府驻谷阳镇,丹徒区成为镇江市区的组成部分。丹徒区下辖姚桥、大路、辛丰、黄墟、丁岗、上党、上会、宝堰、荣炳、谷阳、高资、高桥、江心、世业等 14 个乡镇。

2005年12月，丹徒区的丁岗、姚桥、大路3个镇划归京口区（由镇江新区代管）管辖，丹徒区下辖辛丰、宝堰、上党、谷阳、高资、高桥、世业7个镇。1985年末，丹徒县面积868平方公里，2005年末，丹徒区面积减少为611平方公里。

2005年末，京口区面积341平方公里，其中镇江新区面积82平方公里（如果包括大路、丁岗、姚桥在内，则为218.9平方公里）。润州区面积130平方公里。镇江市区面积达1082平方公里。

第三节　撤乡设镇、乡镇合并

1983年3月，实行市管县体制，镇江市辖丹阳、丹徒、句容、扬中4个县，市区分为城区（由金山、北固二区合并）和郊区、谏壁区（1983年9月合并为郊区）。丹阳县辖城镇及司徒、延陵、珥陵、导墅、陵口、吕城、访仙、界牌、新桥、后巷、埤城、河阳、全州、行宫、松卜、云林、横塘、里庄、皇塘、蒋墅、运河、折柳、窦庄、建山、胡桥、荆林、大泊、城郊等29个人民公社和练湖农场。丹徒县辖姚桥、大路、大港、高桥、丁岗、谏壁（乡）、辛丰、黄墟、三山、上党、上会、宝堰、荣炳、高资、江心、世业、石桥、西麓、石马、丹徒、蒋乔等21个人民公社。句容县辖城镇及天王、下蜀、白兔、茅山、黄梅、石狮、环城、大卓、宝华、亭子、东昌、陈武、行香、春城、茅西、后白、郭庄、三岔、二圣、葛村、磨盘、袁巷等23个人民公社。扬中市辖城镇（1983年6月改为三茅镇）及新坝、联合、丰裕、兴隆、永胜、油坊、八桥、三滔、三茅（乡）、幸福（1983年7月更名为西来桥）、长旺等12个人民公社。市区区以下辖正东路、健康路、大市口、四牌楼、宝塔路、中华路、和平路、京畿路等8个街道办事处，象山、七里甸、官塘桥、渔业4个人民公社，另外谏壁区未设下一级基层组织。1983年6月，丹徒县的蒋乔、丹徒2个人民公社划归镇江市郊区管辖，丹徒县管辖的公社减少为19个。

1983年9月，撤销人民公社建制，成立乡镇人民政府。镇江市各区县所辖的人民公社中，除谏壁镇（即原谏壁区与镇江市郊区合并后称镇）、丹阳县的城镇、扬中县城镇（此前已于6月更名为三茅镇）、句容县城镇，其余85个人民公社均改称乡人民政府。

1983年11月，丹阳县撤销万顷洋农场，设立万顷乡，城郊乡改称丹凤乡。同年12月镇江市郊区象山乡分设为象山乡、汝山乡。1984年6月，丹徒县石马乡划出船山、红旗两个村民委员会，连同船山矿区建立韦岗镇，隶属郊区。

1984年底，镇江市共有8个街道、5个镇、89个乡。

随着改革开放和现代化建设的发展，镇江城市化建设进程也随之加快。撤乡设镇以及乡镇撤并成为这一时期行政区划变化的主旋律，集镇城市化及中心城镇的飞跃发展进入新的阶段。

1985年1月，丹阳县分胡桥、荆林、建山、访仙、陵口5个乡的部分地域新建前艾乡。丹阳县下辖乡镇达到31个。1985年5月，丹阳县的司徒、埤城、界牌、新桥4个乡率先撤乡建镇。同年7月、9月，延陵与珥陵先后撤乡建镇。同年导墅、陵口、吕城、访仙4个乡也撤乡建镇。至1985年底，丹阳县包括城镇在内共有11个镇、20个乡。

扬中县除1983年6月原县城镇改为三茅镇外，1985年8月、11月经镇江市人民政府批准，新坝、兴隆、油坊、八桥、西来桥5个乡先后撤乡建镇。1985年底扬中县辖6个镇、6个乡。

句容县除城镇外，1985年11月，经省人民政府批准，天王、下蜀、白兔、茅山4个乡撤乡建镇。至年底句容县辖5个镇18个乡。

丹徒县至1985年底为19个乡。

镇江市区有8个街道、2个镇（谏壁、韦岗）、7个乡（七里甸、丹徒、蒋乔、官塘桥、渔业、象山、汝山）。

1985年底，镇江市辖4县2区，下辖8个街道、24个镇、70个乡以及国营练湖农场。

1985 年镇江市行政区划一览表

表 1-1

县(区)	乡镇街道数(个)	镇	乡	街 道
丹徒县	19	–	姚桥、大港、辛丰、宝堰、上党、高资、石桥、大路、高桥、丁岗、江心、谏壁、黄墟、三山、西麓、上会、荣炳、石马、世业	–
丹阳县	31	城镇、司徒、延陵、珥陵、导墅、吕城、陵口、访仙、界牌、新城、埤城	河阳、全州、万顷、行宫、松卜、云林、横塘、里庄、皇塘、蒋墅、运河、折柳、窦庄、后巷、建山、胡桥、前艾、荆林、大泊、丹凤	–
句容县	23	城镇、下蜀、白兔、茅山、天王	黄梅、石狮、环城、大卓、宝华、亭子、东昌、陈武、行香、春城、茅西、后白、郭庄、三岔、二圣、葛村、磨盘、袁巷	–
扬中县	12	三茅、新坝、兴隆、油坊、八桥、西来桥	联合、丰裕、三茅、三渲、长旺、永胜	–
京口区	8	–	–	正东路、健康路、大市口、四牌楼、宝塔路、中华路、和平路、京畿路
润州区	9	谏壁、韦岗	象山、汝山、丹徒、蒋乔、官塘桥、七里甸、渔业	–

到 2000 年末，镇江市共有 10 个街道、81 个镇、8 个乡。保留乡建制的是句容市的三岔、磨盘、亭子，丹徒县的石马，镇江市区的象山、汝山、官塘桥、金江(原润州区渔业乡于 1997 年 5 月更名为金江乡)等 8 个乡。撤乡建镇的是：丹阳市的后巷(1988 年 1 月)、皇塘(1988 年 3 月)、麦溪(1988 年 4 月撤销松卜乡设立麦溪镇)、横塘(1989 年 9 月)、蒋墅(1989 年 9 月)、运河(1990 年 12 月)、窦庄(1991 年 12 月)、荆林、大泊、里庄(以上 1992 年)、河阳、行宫(以上 1994 年)、折柳、云林(以上 1995 年)、胡桥、全州、前艾、建山(以上 1999 年)；句容市(县)的后白(1992 年 3 月)、东昌(1992 年 3 月)、黄梅(1993 年 11 月)、葛村、郭庄(以上 1994 年 1 月)、袁巷、宝华、春城、二圣、行香、茅西、陈武、石狮、大卓(以上 1999 年)；扬中市(县)的长旺、联合(以上 1992 年 12 月)、丰裕(1993 年 3 月)、永胜(1993 年 9 月)、三跃(1993 年 10 月，原三渲乡于 1988 年改名为三跃乡)；丹徒县的辛丰、宝堰、上党(以上 1987 年 4 月)、大港、高资、姚桥(以上 1987 年 5 月)、大路、高桥、丁岗、上会(以上 1989 年 4 月)、石桥、黄墟(以上 1995 年 12 月)、荣炳、三山、西麓、世业(以上 1999 年 12 月)、江心(2000 年 2 月)；市区的七里甸、蒋乔(以上 1987 年 12 月)、丹徒(1989 年 10 月)。

撤销的乡为丹阳的万顷乡，恢复万顷洋农场(1986 年 8 月)。

合并的有丹阳的丹凤乡，于 1986 年 9 月与县城镇合并，成立云阳镇；扬中的三茅乡连同联合镇的新民、新胜两个村于 1993 年 10 月划归三茅镇；句容的环城乡于 1991 年 3 月与华阳镇合并(原句容城镇于 1989 年更名为华阳镇)；丹徒的谏壁乡于 1997 年撤销，其原辖区域一分为二，分别并入京口区谏壁镇、大港镇。

1996 年国营练湖农场更名为江苏省练湖农场。

至 2000 年底，丹阳市辖 29 个镇、扬中市辖 11 个镇，句容市辖 19 个镇 3 个乡，丹徒县辖 16 个镇 1 个乡，镇江市区有 6 个镇、4 个乡、10 个街道(镇江新区于 1998 年 6 月设立大港、丁卯 2 个街道)。

2000 年镇江市行政区划一览表

表 1-2

县(市)区	镇	乡	街　道
丹 阳 市	陵口、珥陵、访仙、司徒、延陵、埤城、新桥、界牌、后巷、吕城、导墅、云阳、麦溪、里庄、皇塘、横塘、蒋墅、河阳、运河、窦庄、大泊、荆林、行宫、折柳、云林、胡桥、前艾、建山、全州	-	-
丹 徒 县	姚桥、高桥、辛丰、丁岗、上党、上会、宝堰、大路、高资、黄墟、石桥、荣炳、三山、西麓、世业、江心	石马	-
句 容 市	下蜀、白兔、茅山、天王、华阳、后白、东昌、郭庄、黄梅、葛村、袁巷、春城、宝华、二圣、茅西、大卓、陈武、行香、石狮	三岔、磨盘、亭子	-
扬 中 市	新坝、三茅、兴隆、油坊、八桥、联合、西来桥、丰裕、长旺、三跃、永胜	-	-
京 口 区	丹徒、谏壁	象山、汝山	正东路、健康路、大市口、四牌楼
润 州 区	蒋乔、韦岗、七里甸	金江、官塘桥	中华路、宝塔路、和平路、京畿路
镇江新区	大港	-	大港、丁卯

2001 ~2005 年,是乡镇变化较大的时期。2001 年、2005 年两次进行的乡镇区划调整都以乡镇撤并为主要调整形式。通过撤并,使中心镇、建制镇的规模扩大,乡镇城市化建设速度加快。特别是 2005 年的乡镇区划调整,都是以镇为单位(除京口区象山乡以外),实行地域相邻、整建制合并,原则上不跨区域,不打破镇与镇之间的界限。通过调整,重点中心镇的人口达到 4 万 ~6 万人,面积达到 60 平方公里以上,其中 100 平方公里以上的有 16 个,为加快乡镇城市化进程创造有利条件。

2001 年 3 月,镇江市乡镇区划进行较大调整,全市调减乡镇 22 个。丹阳市调减乡镇 6 个,即云阳、大泊、荆林、前艾 4 个镇合并为云阳镇,胡桥镇、埤城镇合并为埤城镇,建山镇、后巷镇合并为后巷镇,云林镇、珥陵镇合并为珥陵镇。丹徒县调减乡镇 3 个,即石马乡、高资镇合并为高资镇,石桥镇、姚桥镇合并为姚桥镇,西麓镇、三山镇合并为谷阳镇。句容市调减乡镇 5 个,即石狮镇、华阳镇合并为华阳镇,亭子乡、下蜀镇合并为下蜀镇,三岔乡、二圣镇合并为二圣镇,茅西镇、后白镇合并为后白镇,磨盘乡、天王镇合并为天王镇。扬中市调减乡镇 5 个,即丰裕镇、三茅镇合并为三茅镇,联合镇、新坝镇合并为新坝镇,三跃镇、兴隆镇合并为兴隆镇,长旺镇、油坊镇合并为油坊镇,永胜镇、八桥镇合并为八桥镇。京口区调减乡镇 1 个,即汝山乡、丹徒镇合并为丹徒镇。润州区调减乡镇 2 个,即韦岗镇、蒋乔镇合并为蒋乔镇,撤销金江乡建制,其原辖区域划归和平路街道,另外官塘桥撤乡建镇。2001 年底,丹阳市辖 23 个镇、丹徒县辖 14 个镇、句容市辖 17 个镇、扬中市辖 6 个镇,京口区辖 1 个乡、2 个镇、4 个街道,润州区辖 3 个镇、4 个街道。镇江新区辖 1 个镇、2 个街道。全市共有 66 个镇、1 个乡、10 个街道以及 5 个开发区、练湖农场。

2001 年镇江市行政区划一览表

表 1-3

县(市)区	镇(乡)	街　道
丹 阳 市	陵口、珥陵、访仙、司徒、全州、延陵、埤城、新桥、界牌、后巷、吕城、导墅、云阳、麦溪、皇塘、横塘、蒋墅、河阳、运河、窦庄、里庄、行宫、折柳	-
丹 徒 县	姚桥、大路、辛丰、黄墟、丁岗、上党、上会、宝堰、荣炳、谷阳、高资、高桥、江心、世业	-

续表 1-3

县(市)区	镇(乡)	街 道
句 容 市	华阳、宝华、下蜀、白兔、行香、东昌、陈武、黄梅、后白、二圣、茅山、天王、袁巷、郭庄、葛村、大卓、春城	–
扬 中 市	新坝、三茅、兴隆、油坊、八桥、西来桥	–
京 口 区	丹徒、谏壁、象山	正东路、健康路、大市口、四牌楼
润 州 区	蒋乔、七里甸、官塘桥	中华路、宝塔路、和平路、京畿路
镇江新区	大港	大港、丁卯

2003 年 6 月,句容市陈武镇与东昌镇合并为边城镇,镇政府驻陈武。丹阳市云阳镇划出镇下辖的城南、城北 2 个街道单位。句容市从华阳镇划出 15 个居民委员会设立崇明街道,与华阳镇分离。这 3 个街道都不是乡、镇、街道级的行政建制单位。

2003 年镇江市行政区划一览表

表 1-4

辖市(区)	镇(乡)	街 道
丹 阳 市	陵口、珥陵、访仙、司徒、全州、延陵、埤城、新桥、界牌、后巷、吕城、导墅、云阳、麦溪、皇塘、横塘、蒋墅、河阳、运河、窦庄、里庄、行宫、折柳	城南、城北
句 容 市	华阳、宝华、下蜀、白兔、行香、边城、黄梅、后白、二圣、茅山、天王、袁巷、郭庄、葛村、大卓、春城	崇明
扬 中 市	新坝、三茅、兴隆、油坊、八桥、西来桥	–
丹 徒 区	姚桥、大路、辛丰、黄墟、丁岗、上党、上会、宝堰、荣炳、谷阳、高资、高桥、江心、世业	–
京 口 区	丹徒、谏壁、象山	正东路、健康路、大市口、四牌楼
润 州 区	蒋乔、七里甸、官塘桥	中华路、宝塔路、和平路、京畿路
镇江新区	大港	大港、丁卯

2005 年 8 月,又一次乡镇撤并工作在镇江市内展开(此项工作延续到 2006 年 2 月)。这次乡镇撤并规模大、涉及面广,经过这次乡镇行政区划调整,全市已没有乡政府建制。

2005 年 8 月,句容市由 16 个镇合并为 10 个镇。黄梅镇、大卓镇合并为黄梅镇;白兔镇、行香镇合并为白兔镇;茅山镇、春城镇合并为茅山镇;后白镇与二圣镇合并为后白镇;郭庄镇、葛村镇合并为郭庄镇;天王镇、袁巷镇合并为天王镇;边城镇、宝华镇、下蜀镇未作变动。崇明街道重新并入华阳镇。句容市共辖 36 个居民委员会、158 个村民委员会。

2005 年 11 月,丹阳市由 23 个镇调整为 13 个镇。司徒镇、河阳镇、全州镇合并为司徒镇;延陵镇、行宫镇、麦溪镇合并为延陵镇;云阳镇、横塘镇合并为云阳镇;导墅镇、里庄镇合并为导墅镇;皇塘镇、蒋墅镇合并为皇塘镇;吕城镇、运河镇合并为吕城镇;陵口镇、折柳镇合并为陵口镇;访仙镇、窦庄镇合并为访仙镇。珥陵镇、新桥镇、界牌镇、后巷镇、埤城镇没有变动。丹阳市共辖 64 个居民委员会、225 个村民委员会。

2005 年 11 月,扬中市兴隆镇合并到三茅镇,新坝、油坊、八桥、西来桥等 4 个镇没有变动,扬中市共辖 5 个镇,镇下辖 11 个居民委员会、85 个村民委员会。

2005 年 12 月,丹徒区的丁岗、姚桥、大路 3 个镇划给京口区管辖(委托镇江新区代管);上党镇、上会镇合并为上党镇;宝堰镇、荣炳镇合并为宝堰镇;辛丰镇、黄墟镇合并为辛丰镇;高桥镇、江心镇合并为高桥镇;谷阳镇、高资镇、世业镇没有变动。调整变动后,丹徒区共辖 7 个镇,镇下辖 13

个居民委员会、88 个村民委员会。

2005 年末,京口区下辖 5 个镇 4 个街道,其中丁岗、姚桥、大路 3 个镇委托镇江新区代管。原象山乡、丹徒镇合并为象山镇(2006 年 2 月成立),谏壁镇及正东路、健康路、大市口、四牌楼 4 个街道没有变动。京口区共有 56 个居民委员会、10 个村民委员会。

2005 年 12 月,润州区撤销蒋乔镇、官塘桥镇,合并设立蒋乔镇,驻地设在官塘桥;撤销七里甸镇,设立七里甸街道;撤销京畿路、中华路 2 个街道,合并成立金山街道,驻地设在京畿路。宝塔路、和平路街道没有变动。区划变动后,润州区辖 1 个镇、4 个街道,下辖 68 个居民委员会、15 个村民委员会。

2005 年末,镇江新区代管大路、姚桥、丁岗 3 个镇(《镇江乡镇概览》载:上述三个镇是 2006 年 1 月划入的)。原大港镇与大港街道合并成立大港街道,丁卯街道未作变动。新区共管辖 3 个镇、2 个街道。下辖 15 个居民委员会、51 个村民委员会。

截至 2005 年 12 月末,全市共有 51 个镇(街道),其中镇 41 个、街道 10 个(丹阳市云阳镇下辖的云阳镇街道办事处不包括在内)。下辖 263 个居民委员会,632 个村民委员会。另有经济开发区 4 个,工业园 1 个,民营经济管委会 1 个以及练湖农场。

2005 年镇江市行政区划一览表

表 1-5

辖市(区)	镇	街 道
丹 阳 市	陵口、珥陵、访仙、司徒、延陵、埤城、新桥、界牌、后巷、吕城、导墅、云阳、皇塘	-
句 容 市	华阳、宝华、下蜀、白兔、边城、黄梅、后白、茅山、天王、郭庄	-
扬 中 市	新坝、三茅、油坊、八桥、西来桥	-
丹 徒 区	辛丰、上党、宝堰、谷阳、高资、高桥、世业	-
京 口 区	象山、谏壁	正东路、健康路、大市口、四牌楼
润 州 区	蒋乔	宝塔路、和平路、七里甸、金山
镇江新区	大路、姚桥、丁岗	大港、丁卯

2005 年镇江市辖市(区)开发区情况表

表 1-6

辖市(区)	开发区成立时间	成立时名称	备 注
丹阳市	1992 年 5 月	丹阳市经济技术开发区	1993 年 11 月更名为江苏省丹阳经济开发区
句容市	1992 年 2 月	句容县工业开发区	1993 年 12 月更名为江苏省句容经济开发区
扬中市	1993 年 12 月	江苏省扬中市经济开发区	-
丹徒区	1992 年 6 月	高资经济技术开发区	1993 年 12 月更名为江苏省丹徒经济开发区
京口区	2002 年	镇江市京口科技工业园	2004 年上半年,原京口科技工业园和市旅游经济开发区重新申报为京口工业园
润州区	1993 年 2 月	镇江市润州区经济技术开发区	1994 年 10 月更名为镇江市民营经济开发区,2004 年 2 月更名为镇江润州民营经济发展管理委员会(简称民发委)

第四节 乡、镇、街道区划调整

1983 年 3 月 1 日,镇江市实行市管县体制以后,乡、镇、街道之间的区划调整绝大多数为整建制的撤、并,极个别的为分(如 1983 年 12 月市区的象山乡分为象山、汝山 2 个乡),或者由几个乡镇的部分地域新设乡镇(如1985年1月丹阳县分胡桥、荆林、建山、访仙、陵口的部分地域设立前艾乡)(详见第三节)。乡、镇、街道之间下辖的村(居)、组调整比较少。

现按时序记述如下：

1983年6月,丹徒县三山人民公社的严岗大队划归镇江市区的官塘桥人民公社,该县谏壁人民公社的月湖、粮山2个大队划归谏壁镇管辖。

1989年3月,句容县二圣的张庙、滕村划归三岔乡管辖。

1991年3月,句容县大卓乡的杨塘岗村划归华阳镇管辖。

1992年10月,镇江市区的京口区、润州区行政区划调整时,其下属的街道作如下调整:原京口区健康路街道的南站、林隐路2个居民委员会和正东路街道的南门外大街、天桥路、矿机路、六普、运河新村、周家河6个居民委员会全部划给润州区的宝塔路街道管辖。

1993年9月,扬中县联合镇的新民、新胜两个村划归三茅镇。

1997年5月,撤销丹徒县谏壁乡,其原辖区域分别划归京口区大港镇和谏壁镇:其中孩溪、新竹、甸上3个村划归大港镇管辖,其余的蔡家、李华、东陶、雩山、黄丝湾、雩北、马湾、上元等8个村与谏壁镇合并。同时将丹徒县丁岗镇的魏家墩、段家、巷岗、唐巷、厚角、部家等6个村及大路镇的勤廉、勤余2个村划归大港镇管辖,三山乡的平山、秀山、大山3个村划归润州区官塘桥乡,将润州区官塘桥乡的驸马庄村、缪家甸村和蒋乔镇的诈输村及马山村的大地巷村民小组划归丹徒县的西麓乡。这次区划调整统一自9月1日正式实施。

2001年3月,京口区丹徒镇渣泽村、凤凰山村划归镇江新区丁卯街道办事处管辖。

2003年10月,将句容市后白镇的天乐、蔡门、后河、茅陈4个村划归茅山镇管辖。

此后,镇江市的乡、镇、街道区划进入相对稳定阶段。

第五节　勘　界

20世纪90年代以前,镇江市与相邻城市之间,市内各县市区之间界线均为习惯线,没有进行过正式勘定。遵照国务院、省政府全面勘定行政区域界线工作的通知精神,1997年,镇江市开始进行勘界工作。市政府成立勘界工作领导小组,各级民政部门成立勘界机构,全市配备专职勘界人员31名。

勘界任务　镇江市际界线4条:南京与镇江行政区域界线(简称宁镇线);常州与镇江行政区域界线(简称常镇线);扬州与镇江行政区域界线(简称扬镇线);镇江与泰州行政区域界线(简称镇泰线)。市际边界线交会点4个:南京、扬州、镇江三市边界线交会点(简称宁扬镇三交点);南京、常州、镇江三市边界线交会点(简称宁常镇三交点);常州、镇江、泰州三市边界线交会点(简称常镇泰三交点);扬州、镇江、泰州三市边界线交会点(简称扬镇泰三交点)。

镇江市内县际界线7条:京口区、润州区、镇江新区与丹徒县(区)行政区域界线(简称镇徒线);镇江市润州区与句容市行政区域界线(简称镇句线);丹徒县(区)与丹阳市行政区域界线(简称徒丹线);丹徒县(区)与句容市行政区域界线(简称徒句线);丹徒县(区)与扬中市行政区域界线(简称徒扬线);丹阳市与扬中市行政区域界线(简称丹扬线);京口区与润州区行政区域界线(简称京润线)。市内县际边界线交会点3个:镇江市(润州区)、丹徒县(区)、句容市边界线交会点(简称镇徒句三交点)2个;丹徒县(区)、丹阳市、扬中市边界线交会点(简称徒丹扬三交点)。

界线勘定　1997年起,省勘界工作领导小组先后下达扬镇、镇泰、宁镇、常镇边界线和宁扬镇三交点、宁常镇三交点、常镇泰三交点、扬镇泰三交点的勘界任务。相关各方经认真勘察,多次协商,于2001年9月10日、25日和12月,分别签订《泰州市人民政府与镇江市人民政府联合勘定的行政区域界线协议书》《常州市人民政府与镇江市人民政府联合勘定的行政区域界线协议书》《南京市人民政府与镇江市人民政府联合勘定的行政区域界线协议书》。扬州、镇江勘界过程中,双方对以长江划界的勘界标准有分歧。扬州市认为,长江划界应以长江水面中心线划界,镇江市认为,长江划界应按勘界政策,以长江、夹江主航道中心线划界。经省勘界工作领导小组协调,两市最终同意以省勘界办公室提供的1∶10000地形图上长江中心线为两市行政区域界线,并于2001年12月25日签订《扬州市人民政府和镇江市人民政府联合勘定的行政区域界线协议书》;分别于2001年8月28日、2001年9月10日、2002年12月1日签订《常州、镇江、泰州三市联合勘定边界线交会点协议书》《南京、常州、镇江三市联合勘定边界线交会点协议书》《南京、扬州、镇江三市联合勘定边界线交会点协议书》和《扬州、镇江、泰州三市联合勘定边界线交会点协议书》。至此,宁扬镇泰之间的市际界线和三交点勘界任务全面完成。

1997年起,镇江勘界工作领导小组先后下达镇徒线、镇句线、徒句线、徒扬线、丹扬线、徒丹线、京润线和镇徒句三交点、徒丹扬三交点的勘界任务。镇句线、京润线是法定线,勘界中得到确认。镇徒线、徒句线、徒扬线、丹扬线、徒丹线经界线双方协商贯通。2001年,相关人民政府分别签订联合勘定行政区域界线协议书,7条县际界线勘界工作全面完成;相关县(市)区勘界办公室通过核图及实地踏勘,确定镇徒句Ⅰ号和Ⅱ号两个三交点及徒丹扬三交点的位置。2001年,相关人民政府分别签订联合勘定边界线交会点协议书,县际界线交会点勘界工作全面完成。

档案管理　镇江市全面勘界工作形成的成果档案(一式多份具有同等法律效力,永久保存),分别存放于有关市、县(市)区民政局,并上报省民政厅、国家民政部。勘界成果档案是依法治界的依据。根据国务院勘界工作领导小组办公室、国家档案局颁发的《关于印发〈勘界档案管理暂行规定〉的通知》,勘界档案在民政机关档案部门保管一定时间(5~20年)后,移交同级国家综合档案馆。

2005年镇江市勘界情况统计表

表1-7

界线类别	界线名称	界线长(公里)	界线合计(公里)	界桩数(颗)	界桩合计(颗)	勘界完成时间
市际界线	镇泰线	35.70	597.02	2	41	2001.9
	宁镇线	239.645		8		2001.12
	常镇线	245.174		31		2001.12
	扬镇线	76.501		–		2001.12
市际三交点	常镇泰三交点	–	–	3	7	2001.8
	宁常镇三交点	–	–	1		2001.9
	宁扬镇三交点	–	–	3		2002.12
	扬镇泰三交点	–	–	–		2002.12
县际界线	镇徒线	182.168	465.943	15	36	2001.9
	镇句线	4.857		–		2001.9
	徒丹线	128.10		11		2001.9
	徒句线	100.179		7		2001.9
	徒扬线	31.399		3		2001.9
	丹扬线	13.55		–		2001.9
	京润线	5.69		–		2002.1
县际三交点	镇徒句三交点	–	–	2	5	2001.9
	徒丹扬三交点	–	–	3		2001.9
累　计	–	1062.963		89		–

———小资料———

［清］周镐·京江二十四景图——山绕瓮城

画面上的瓮城是指三国时期所筑的铁瓮城，并引伸镇江郡城和府垣。镇江城的特点是“因山为垒，缘江为境”，即三面环山，一面临水，山在城中，城在山中的独特风格。此画是从铁瓮城内北侧高处（今烈士陵园）向南眺望的景观，迎面居中系铁瓮城南门，上为鼓楼，两侧为明清府城垣，远处南郊群山、岗峦起伏连绵，是一幅描绘当年镇江城的山水画。

第二卷

自然环境

卷 目

镇江市位于江苏省西南部，长江下游南岸，地跨北纬31°37′～32°19′，东经118°58′～119°58′。东、南接常州市，西邻南京市，北与扬州市、泰州市隔江相望。东西最大直线距离95.5公里，南北最大直线距离76.9公里。全市总面积3847平方公里(2002年最新航拍)，占全省总面积的3.74%，2005年底，全市总人口267.61万人，占全省总人口的3.6%，是全省面积最小、人口最少的市。

镇江地势西高东低，地貌类型多样，地质现象丰富，地层齐全，伴生多种矿藏，已发现矿床(点)47处，金属矿产10余种，非金属矿产中石灰石、膨润土等储量丰富，居全省前列。

全境属北亚热带季风气候的温暖亚带，四季分明，温和湿润，热量丰富，雨量充沛，无霜期长，气候条件适宜多种作物生长繁殖。

全境土壤类型丘陵地带以黄棕壤为主，平原地带主要为水稻土，两类土壤约占全市土壤的95%以上。天然植被主要是落叶、常绿阔叶混交林，现有植被主要为人工栽培的用材林、薪炭林、各种经济林和农田植被。

镇江市水资源比较丰富，长江流经市境长度逾100公里，全市共有河流63条，总长702.34公里，给沿河土地及作物灌溉和工业生产及人民生活用水提供便利。

1983～2005年，时有发生的自然灾害仍然威胁和影响着当地经济建设和人们的正常生活秩序，其中以洪涝灾害影响最大，其次为旱灾，城市斜坡地质灾害影响在全省颇为突出。

第一章　地质　地貌

第一节　地　质

一、地质概况

镇江市在距今大约7亿年以前的元古代震旦纪，地壳开始下沉为扬子海的一部分，其后5亿年间，地壳以下沉为主，海水时进时退，形成石灰岩、白云岩、页岩、砂岩、砾岩及煤层等地层，沉积总厚度近8000米。到中生代三叠纪末期(大约距今1.95亿年)，地壳发生一次大的造山运动(印支运动)，镇江地壳上升从海底隆起成为陆地。接着在第二次造山运动(燕山运动)，岩层发生褶皱，出现一系列北东——北北东向的复式褶皱；断裂继续加强，产生一系列纵向与横向的断裂，导致岩浆岩断裂入侵，形成大片火山岩覆盖区，火山岩最大沉积厚度计达3300米，后期伴随含矿热液活动，在境内多处聚集，形成铁矿及各种多金属矿藏。中生代以后，地壳活动渐趋稳定，奠定镇江市基本轮廓，造成如今宁镇山脉的雏形，新生代第三纪(距今6000万年以后)，地壳继续相对稳定，地表不断遭受剥蚀、切割作用，形成低山丘陵地貌。有些因岩性软弱，被夷为平原沟谷，北部断裂带发育成长江。进入第四纪(最近300万年)，镇江市继续遭受风化剥蚀，随着长江的发育，地面长期经受河流侵蚀、切割、堆积作用，形成沿江地带海拔标高20～30米的Ⅰ级阶地和海拔标高50～60米的Ⅱ级阶地(可以云台山、跑马山、狮子山、北固山、象山为代表)，这些阶地又在流水冲刷切割作用下形成残丘、岗地。

镇江地区内的主要褶皱和断裂有宁镇褶皱隆起带、丹句凹陷带、茅山褶皱断裂带、沿江(幕府山—焦山)断裂带、东昌大断裂,此外,还有仑山北麓断裂、大路—界牌断裂、镇江—黄墟断裂、下蜀—船山断裂、东阳—安基山断层、乔家门断裂等次一级断裂分布。受茅山断裂和幕府山—焦山断裂影响,镇江曾多次遭受地震袭击。据现有资料表明,自东晋元帝大兴三年(320 年)以来,镇江至少发生达 70 多次有感地震,其中震中在镇江或边缘的 5 级以上地震有 5 次,最大震级为明建文元年(1399 年)4 月 29 日和民国 2 年(1913 年)4 月 3 日的 5.5 级。在全省地震综合烈度分区中,镇江属Ⅶ度区,是省内地震活动较多的地区。

镇江属扬子地层区的镇江小区,从元古界至新生界的地层出露基本齐全,总厚度约 1.2 万米,第四系松散沿积层广泛覆盖于基岩之上,沿江一带最为发育,最厚处达 130 米。震旦系上统上部至中奥陶系地层以海相镁质碳酸盐岩(白云岩)为主,夹少量石灰岩,是白云石的产生层位,分布在谏壁以东地区。泥盆纪至下石炭系主要为陆相、海陆交互相的砂岩、泥岩,该层内贮存陶瓷黏土、玻璃用硅石等,市区五州山、十里长山、高骊山一带有分布。石炭系中统至二叠系下统为一套海相灰岩,是区内石灰石矿的产出层位,其中以石炭系灰岩质量为最好,船山石灰石矿即属此。二叠系下统上部至二叠系上统,主要为海陆交互相含煤碎屑岩,市属各煤矿均属于此层。三叠系下统为海相灰岩,多呈薄层状,是区内石灰石矿物的又一重要贮存部位,宁镇山脉、茅山山脉均有分布,市区南郊、十里长山南部也有出露。三叠系中统下部为咸化海至潟湖相碳酸盐沉积岩,是石膏矿的产出部位,分布于市区中山西路地下和九华山一带。

境内岩浆活动主要发生在中生代燕山期,表现为多期次强烈喷发和侵入,分布广泛,出露较少。主要侵入岩岩体有:石马岩体分布在巢凰山、五州山、十里长山、韦岗之间,韦岗铁矿即分布于该岩体西南接触带。高资岩体分布于西起下蜀,东至象山西侧。与之有关的矿产有下蜀西南的铜山钼铜矿、五州山铁矿点、四摆渡铜铅锌点、三茅宫牌湾铁矿点、金山铜矿化点等。九华山岩体西起九华山,东至谏壁西南侧,有九华山八公洞和狮子山铁、铜矿点,付角铜矿化点。谏壁岩体分布于丹徒镇、谏壁镇至青龙山沿江一带,已知矿产有谏壁钨钼矿床。火山岩分布在茅山、上党、北固山和圌山一带,其形成地质年代为白垩系下统,主要岩性有玄武岩、火山角砾等,上党的燕子窝、马鞍山等地还有古火山口遗迹。

二、地质特点

1. “山”字型构造　著名地质学家李四光 1965 年曾对宁镇山脉进行过系统的研究:1928 年前后,在南京、镇江一带,初次发现宁镇山脉这个大致东西向的弧形构造。它的弧顶位于镇江一带,向北凸出,在它的南面相当辽阔的平原中出现一条茅山山脉,这条山脉的伸展方向大致是南北向的,它和宁镇山脉一起形成一个构造体系。这个构造体系的特点,基本上和乌拉尔山脉及其以南的复杂的弧形山系所形成构造体系相符合,规模较小,方向相反。这个构造体系的南北向的组成部分称为山字型构造的脊柱,它前面的弧形地带称为前弧。宁镇山脉—茅山“山”字型构造和横跨欧亚大陆的山字型构造规模相差很大,前弧凸出的方向相反,并且还有许多不同之点。

2. 沿江大断裂　焦山、象山是沿江大断裂的产物。据研究,焦山、松山、寥山和象山原本是一个隆起的背斜,沿江大断裂发生后,这个绵延东西的背斜的北翼沉降陷落下去,平均陷落 40 米以上:长江南岸保留的基本上是背斜的南翼,如镇江的象山、南京的幕府山等。北翼陷落得不均匀,焦山、松山、寥山陷落的幅度较小,成为沿江大断裂唯一保留的北翼。从焦山、象山相对应的岩性和相反的倾角(焦山岩层倾向北东,倾角 60°,象山岩层倾向南东,倾角 54°),可见它们实系同一倾伏背斜。这个大断裂发生在 1.36 亿年前的晚侏罗纪末期,也称长江大断裂,长江就是在这个断裂的基础上发育形成的。

3. 古冰川遗迹　地质学家在丹阳嘉山的高桥中学附近和埤城尧巷的钻孔中找到距今 17 亿年前的地层,地层中的岩性既有冰川海洋沉积的特征(如砾石成分复杂,有近源的,又有远源的;分选差,大小悬殊,少数漂砾直径大于1米;砾石形态复杂,并可见到冰川特有的象形石,如元宝石、熨斗石、斧形石等),又有大陆冰川痕迹(如砾石表面常可见到擦痕、刻槽、压坑、压裂等)。该地层形成于地质史的早震旦纪晚期。在7亿年前,镇江、南京一带都处于冰海环境,气候异常寒冷。海面上冰筏漂浮,陆地上有大面积冰川覆盖。丹阳埤城一带是冰海中的一座孤岛,孤岛上也有着厚厚的冰川。这是地球史上最早的冰川期,地质上称为"南沱冰期"。

中国震旦纪冰川遗址仅在湖南、湖北、云南等地有发现,而在距镇江市区仅30公里的埤城就发现震旦纪古冰川遗址,是很珍贵的。

4. 巨型石灰石矿藏　1919年,地质学家丁文江在丹徒赣船山发现大面积厚层优质石灰岩,他和同事们把这种浅色的石灰岩命名为黄龙灰岩。这层灰岩的厚度大多在80~90米,质地很纯,其中CaO(氧化钙)的含量达54.42%,MgO(氧化镁)的含量0.44%,是上好的水泥、熔剂原料,地质时代确定为中石炭纪。1931年,李四光教授把它上面的一组灰黑色的灰岩命名为船山灰岩,船山灰岩的厚度也很厚,质地很纯,CaO(氧化钙)的含量达54.52%,MgO(氧化镁)的含量0.72%,完全能满足建材、冶金工业的要求。这些石灰岩,连同奥陶灰岩和青龙灰岩是镇江石灰石矿藏的主体,其中船山石灰石矿就是正在开采的特大型矿山。

5. 标准地层　镇江的地层齐,还有不少以镇江地名命名的标准地层。

丹阳埤城附近发现的地层命名为"埤城群"。据对丹阳埤城附近的纪庄、后朱巷等地钻孔中岩石的同位素年龄测定是17.71±5.21亿年,是华东地区最古老的地层之一,对华东地区的古地理环境和地质变迁的研究,具有十分重要的意义。

1987年,德国科学家李希霍芬以句容仑山的名字命名"仑山灰岩"。仑山灰岩是奥陶系地层的一部分,也是中国地质界研究最早、研究程度最深、成果最多的地层之一。

20世纪早期,丁文江和李四光两位地质学家又先后命名"黄龙灰岩""船山灰岩"。这些地层的名称至今仍旧为国内特别是南方地区所沿用。

1931年,朱森把句容高骊山南坡的石炭系地层创名为"高骊山砂岩";1935年,李毓尧命名的志留系"高家边页岩"和"茅山砂岩"是以句容岗山附近的高家边村和大茅山为地层名称的。

此外还有以句容下蜀命名的第四系地层——"下蜀黄土"。

20世纪60~70年代,对葛村、圌山、上党和句容亭子扬冲的碎屑岩和火山岩作系统研究,并把江南地区的类似地层以圌山、上党、扬冲的地名命名,合称为"葛村组"。

三、市区工程地质

市区工程地质条件比较复杂,其特征是地形起伏大,地貌单元多,下蜀系黏性土分布面积广,被掩埋的古冲沟和古河塘分布错综复杂,长江漫滩相沉积软土与粉细砂层分布广泛,厚度大,人工填土成分复杂,山体滑坡、古运河岸坍岸、长江江岸坍塌等动力地质现象时有发生。

1. 地层类型

岩石地层　市区附近新鲜岩石出露地比较少见,岩石地层之上大都覆盖着2~3米残积土,地表为植被覆盖,主要分布在南郊、东郊,如九华山、十里长山、汝山、横山等岩石山岭的山坡和山脚。城区岩石出露地表面积极小,仅有云台山、金山、北固山、焦山等一些风景点的古建筑建立在岩石地基上。岩性主要有石英砂岩、玄武岩、灰岩、白云岩等,岩溶现象偶有出现。

下蜀土地层　下蜀土出露地层分布在标高20米以上的土岗丘地带。土类以黄色亚黏土为主,可塑—硬塑,偶见棕红色软塑亚黏土,层厚3~40米,底部常见绿色亚黏土与基岩接触,压缩性中等或低,允许承载力20~25吨/平方米,是良好的天然地基地层。填土层以下为下蜀土地层,分布在丘陵土岗边坡地带及古运河两岸,在下蜀黏土之上覆盖3~9米厚度的素填土或杂填土层。市区杂填土分布面积大,自金山—牌湾—中山桥—南水桥以北,东门广场—江滨新村一线以西为

碎砖杂填土亚黏土分布区，老填土的压缩性一般高—中等，允许承载力 10～13 吨/平方米，可作为天然地基使用。

被掩埋的古冲沟和古河塘地层　这类地层分布于丘岗之间的低洼地带及旧护城河、梦溪河、古关河、运粮河一带以及被掩埋的大小不等的池塘地区，填塞河塘的物质大多为碎砖杂填土，少数为垃圾杂填土，河塘底部有厚度不等的淤泥层，古冲沟中有厚度 5～20 米左右的近代沉积物如淤泥、淤泥质土、泥炭、粉细砂等。这类地层由于土的物理性质有较大差异，压缩性大，承载力低，受沟底形状控制，易产生不均匀沉降，不宜作天然地基。

长江漫滩地层　漫滩地层分布于解放路、正东路两侧及大西路一线至沿江地带，层厚 40～60 米，标高小于 10 米，土类以轻亚黏土、亚黏土及淤泥质土为主，间夹粉细砂层。软塑—流塑，呈互层或千层饼构造，承载力 7～10 吨/平方米，其上多覆盖有房渣杂填土、工业废料杂填土、煤渣杂填土、生活垃圾杂填土等，厚度 3～9 米。

煤渣杂填土和生活垃圾杂填土不适宜作天然地基，其他填土堆积十年以上，承载力达到 8～12 吨/平方米时，可作为天然地基。

2. 岩土类型和工程地质分布

镇江市区各类地层形成的岩土类型可分为岩石、风化岩石、碎石亚黏土、下蜀系亚黏土、黄色亚黏土、暗绿色亚黏土、灰色亚黏土、灰色轻亚黏土、粉细砂、碎砖杂填土、亚黏土填土、淤泥质亚黏土、灰色淤泥、生活垃圾杂填土、泥岩等 16 个土类。其中分布较广、影响较大的 8 个土类是碎石亚黏土、下蜀系亚黏土、黄色亚黏土、灰色轻亚黏土、粉细砂、亚黏土填土、淤泥质亚黏土、灰色淤泥。

工程地质分布分为三区：

条件较差区　本区为长江沿岸漫滩区和掩埋的古冲沟、古河塘区，为低承载力、高压缩较弱地基，岩性以淤泥质轻亚黏土为主，夹粉细砂、淤泥、泥炭等，淤泥质土承载力 7～10 吨/平方米，可能发生流沙的地区占全市总面积的 13.3%。

条件中等区　分布于长江以南的山前地带，标高 10～65 米，为黄土类土分布区，岩性以黏土、亚黏土为主，地基承载力一般 12～20 吨/平方米，易发生滑坡等现象，边坡不稳定性是本区工程地质的主要问题。

条件较好区　分布于基岩山区一带，为碳酸盐岩岩组及碎屑岩岩组分布区，岩性以灰岩、砂页岩为主，新鲜岩石承载力 10～100 吨/平方米，但强风化层承载力骤减，局部易发生岩溶陷落等工程地质问题。

四、矿产资源

1. 金属矿产资源

镇江矿产资源丰富，现已发现的金属矿产资源有铁、铜、铅、锌、钼、钨、金、银、铼及镉等 10 余种，矿床（点）47 处。按金属矿产分类来看，黑色金属主要为铁，已知矿床（点）22 处，大多为矿点，镇江韦岗铁矿为中型矿，另外还有盘龙岗、巢凰山、高资 3 处小型矿床，共探明铁矿储量 2026.09 万吨，其中韦岗铁矿 1657.4 万吨。有色金属有铜、铅、锌、钼、钨等 5 种，矿产地 16 处，其中中型 1 处、小型 5 处、矿点 10 处。铜探明储量 3.4299 万吨，铅探明储量 3.3828 万吨，钨探明储量为 0.36 万吨。贵金属主要为金、银矿床（点）6 处，其中石宕冲、九华山与铜山为小型，其余为矿点；银矿见于丁耙岗金矿、九华山北坡金银矿、四摆渡铁矿及老人峰多金属矿中，为伴生银。稀有元素为铼、镉，铼矿产地在铜山，镉矿产地在三摆渡、老人峰等 2 处，皆为与铁、铜、钼或多金属矿相伴生的小型矿床。

2. 非金属矿产资源

镇江非金属矿产资源非常丰富，按其用途分类可分为冶金辅助原料类、化工非金属类、建材及其他非金属类等三大类非金属矿产资源。

冶金辅助原料类 有白云石、石灰石、耐火黏土、硅石、型砂及红柱石等6种。矿产地18处，其中大型3处，中型8处，小型6处，矿点1处。石灰石含矿层位较多，主要为石炭系黄龙组、船山组，为致密状厚层灰岩，二叠系栖霞组底部臭灰岩，主要分布于丹徒区与句容市，矿床6处，其中大型2处，中型1处，小型3处。白云石分布于丹徒区与句容市，矿床7处，其中大型1处，中型3处，小型3处。耐火黏土有中型、小型矿点各1处，主要分布于丹徒区十里长山和句容市高骊山。冶金用硅石及石英岩状砂岩，硅石矿床仅1处，为句容市高骊山硅石矿，探明储量517万吨，规模达中型。红柱石是一种含铝的无水硅酸盐矿物，主要用于生产耐火材料，分布在句容市宝华镇铜山，探明储量99.34万吨，为中型矿床，未开采。

化工原料类 有硫铁矿、岩盐、泥炭、磷及含钾岩石5类，有矿床(点)32处，其中中型矿床11处，小型矿床8处，矿点13处。硫铁矿矿床(点)3处，除丹徒区石马为矿床点外，其余2处皆为小型矿点，探明储量103.42万吨。岩盐矿床仅1处，即丹徒区荣炳盐矿，其含矿层位为早第三系阜宁组，矿石含氯化钠76%、硫酸钠2%，总厚度大，预测资源储量达161亿吨左右(含金坛矿区)。

建材及其他类 有水泥用石灰岩、水泥配料用黏土、陶土、水泥配料用砂(页)岩、膨润土、珍珠岩、沸石、硅石、建筑用石料、石膏、玄武岩、大理岩、方解石、闪长玢岩、透辉石、红柱石等16种，矿床(点)111处，其中大型矿床7处、中型矿床37处，其余均为矿点。这类矿产在非金属矿产资源中占绝对优势。水泥用灰岩资源分布广泛，是江苏省重要的水泥原料基地之一，含矿地层有石炭系黄龙组、船山组，二叠系栖霞组，三叠系青龙组，奥陶系下统仑山组、红花园组、大湾组，震旦系陡山墟组及灯影组。其中以黄龙组、船山组质量最好，是重要的含矿地层。膨润土是由蒙脱石矿物组成的一种黏土岩，主要分布在句容市甲山、乌山、镇江新区圌山3处，探明储量15325.80万吨，其中甲山膨润土探明储量达15105.7万吨，为江苏省第一，全国第三。珍珠岩是良好的轻质建材原料，分布在镇江新区的圌山及丹徒上党的土山，矿层赋存于侏罗系大王山组上部，一般含矿数层，矿层呈似层状，探明储量1010.38万吨，其中圌山达994万吨，化学成分：二氧化硅70.43%，三氧化二铁0.83%，膨胀系数一般在10毫升/克以上。沸石分布在圌山、上党土山，前者为小型矿床，后者为矿点，探明储量272.36万吨。沸石与珍珠岩、膨润土共生，以膨润土为主。一般沸石珍珠岩矿体的两侧及浅部与珍珠岩、膨润土矿体呈渐变过渡关系。矿石质量较好，斜方沸石含量69%以上。

3. 地热资源

镇江温泉资源及地热资源丰富，分为地下热水与地温异常两类。

地下热水 在镇江韦岗铁矿区内，是江苏省地质三队20世纪70年代后期勘探发现。当时施工的601、603钻孔，钻达398.18米和395.2米时，分别出现热涌水，其中603孔且见冲出地表高达17米的水柱，水温为46℃，水温梯度值为7.5℃/100米，其后在诸多钻孔中都发现热水和水温异常。该队提供的孔口水温等值线图，43℃等值线长>300米，异常轴向为北西西向，其涌水量经过601与603孔抽水试验，当二孔同时降低自流水位14.56米时，涌水量为2243吨/天。矿区正常生产水温48℃，涌水量为3000吨/天左右，其水质类型为硫酸钙型水，矿化度为1.2~1.45克/升，硫酸根含量800毫克/升，pH值为7，偏硅酸含量为73.3毫克/升，氟3.7毫克/升，氡100埃曼/升，符合医疗用矿泉水硅酸盐标准，同时按放射性分级为弱~中等放射性水，定名为氡、偏硅酸医疗用矿泉水。该热水已开始用于温泉浴室，也用于鳗鱼的冬季养殖。

地温异常 位于上党镇东南3.5千米的伏牛山煤矿，沪宁高速公路南侧。异常出现在该矿井下-510米中断，经中国矿业大学实测地温为40℃，计算其地温梯度为4.4℃/100米。由于各测温点均位于上二叠统煤系中，其含水性差，故未见热水出露。该异常轴北北东向，长5千米，宽3千米。由于地温偏高,矿井需加大通风量以降温。

上述两处地热点,出现在一条北西向直线上,区域上存在北西向断裂带,为同一含热构造带。结合伏牛山煤矿、古洞煤矿深部开采时,都存在强大的地应力(地压),加上阻水的逆掩推覆构造的存在,在该地区地温异常之下存在富水的青龙组灰岩,已为钻探资料所证实。因此,沿这一北西向含热构造带开展地下热水的普查,前景看好。

第二节　地　貌

在江苏省地貌分区中,镇江市大部分地区都属宁镇扬丘陵与岗地大区的宁镇—茅山低山丘陵,沿江洲滩属长江新三角洲平原区,丹阳东南部则属太湖平原区。镇江市地貌走势为西高东低。全市境内山头林立,共有山头114个,其中市区62个,句容市45个,丹阳市7个,扬中市全境为平原圩地。宁镇山脉在境内呈稍向北突出的东西向展布,略成弧形,弧顶拐点在市区南郊一带。在此以西,山体宽大,高度可达300米以上,境内主要山峰的高度:大华山437米、宝华山396.4米、九华山(句容)433.4米、高骊山425.5米、十里长山349米、五州山306米等。在拐点以东,山体窄小,并逐渐倾伏,止于丹阳嘉山到常州市武进孟河一带。茅山山脉略作南北走向,是秦淮河水系和太湖水系的分水岭,主要山峰高度可达300米左右,这些山峰是:丫髻山410.6米、大茅峰372.5米、马山362.8米、瓦屋山357米、方山307.6米、凉帽山307米、二茅峰290.6米等。镇江市东北部为长江沿岸沙滩洲地与丹阳东部平原,东南部是丹阳南部平原,都属于长江三角洲的边缘部分,由长江挟带泥沙沉积而成。西南部为赤山湖平原。

镇江市区地貌南高北低,北部沿江分布着心滩、洲滩、边滩以及冲积平原,海拔高度5~7米。市区南部为低山残丘,自西向东分布着五州山、十里长山、东山、南山之九华山、黄山、观音山、鸡笼山、磨笄山、檀山(蛋山)等,市区东郊零星分布着一些残丘,有汝山(禹山)、横山、京岘山、雩山等,除五州山、十里长山高度超过300米,其余山丘高度均在100~200米之间。城区内分布着金山、焦山、北固山、云台山、象山等高度低于100米的孤丘,总体上形成一水横陈、连岗三面的独特地貌。

镇江市地貌根据其成因和形态不同,可分为低山丘陵、岗地和平原三大类型,全市以低山丘陵和岗地为主,占全市土地总面积51.1%,平原相对较少,只占35.2%。

低山丘陵包括两部分,一是宁镇低山丘陵,主要分布在句容和丹徒、润州二区以及丹阳东北的沿江地带,呈阶梯状结构;最低一级为黄土堆积阶地,高20~30米;第二级为50~60米高的基座阶地;第三、四、五级分别为120~130米、220~240米、340~360米的剥蚀面。二是茅山低山丘陵,主要分布在丹徒南端、句容东部,成七级阶梯状展布,山麓常有洪积扇分布。

岗地分布最广,已形成岗、塝、冲结合。可分为3小类高岗,一般位于河谷上游,河谷深度较大,高坡较陡,海拔40~60米,相对高度20~30米,具有低丘形态。坡地坡度较大部在6~9度,流水切割强烈,岗、塝、冲分界明显,约各占1/3。平岗分布于低山丘陵与平原交会处,海拔20~40米,相对高度10~20米,岗顶宽平,塝地和缓,一般2~3度,坡较长,冲谷平缓,岗坡起伏较小,切割较慢,沟谷多呈掌状发育。缓岗多位于河谷下游缓坡地区,分布广泛。高度小,海拔15~30米,相对高度5~15米。岗地起伏平缓,一般只有1~2度。

平原包括四大块,一是滨江低地沙洲平原,由长江近代沉积物淤积而成,包括长江中的沙洲和沿江低地。江中沙洲自西向东主要有世业洲、征润洲、和畅洲(今江心洲)、顺江洲(今丹徒区高桥镇辖境)以及太平洲(今扬中市辖主岛)。这些沙洲表面呈垄状,有微缓起伏,一般高2.5~4米,相对高差0.5~1.2米,沿江低地大都是由沙洲与江岸相连而形成。二是丹阳东部高亢平原,主要指陵口、吕城一带,地面高度在海拔5~8米,微向南北两侧倾斜,当地称为“高沙平原”,地势高亢平坦,中部保存较好,边缘已成缓岗、冲沟。三是丹阳南部平原,为洮滆平原的一部分,位于太湖西侧，地面稍有起伏，河道较密。四是赤山湖平原，位于句容西南，由秦淮河上游各支流夹带泥沙冲积而成，地势低平，海拔 6 ~ 8 米。平原上散布零星小丘，水面占 20% 以上。

一、宁镇山脉

宁镇山脉主体蜿蜒于南京、镇江之间，其余脉西延入安徽省，东延至常州市新北区孟河镇的黄山。宁镇山脉镇江段东西长近 100 公里，山体略向北突出，呈弧形展布，山脉属低山丘陵，总体是西高东低，海拔 200 ~ 400 米，镇江市境内最高峰为大华山，海拔 437 米。

宁镇山脉地层发育齐全，岩浆岩类型多，从前震旦系至第四系都有发育，地质构造现象典型，属扬子地层区的镇江小区。

镇江境内的宁镇山脉构造格架由近东西向的龙潭—仓头复背斜、范家塘复向斜、宝华山—巢凰山复背斜组成。构造线在镇江一带向北突出，呈弧形展布。

宁镇山脉岩浆活动主要发生在燕山期，其次为喜马拉雅期。燕山期的岩浆活动具有多旋回、多阶段和多样化的特点，形成规模甚大的宁镇山脉火山侵入—杂岩体。

镇江市侵入岩类型齐全。主要有安基山杂岩体、高资杂岩体、新桥杂岩体，石马杂岩体和谏壁杂岩体。安基山杂岩体在句容境内，东起亭子，西止鸡笼山，南界在胄王山、九华山一线，向北分为两支，一支向北东延展至磁山头，与高资杂岩体相接；另一支向西延展至东昌一带。高资杂岩体呈东西向分布，西起仓头，经下蜀、高资、石马延展至镇江城区西侧。新桥杂岩体呈东西向展布，西起馒头山，东至姐妹桥，长 6. 5 公里，宽窄不一，形态不规则，总体上呈西宽、东窄的楔形体，基岩面积约 5. 6 平方公里。石马杂岩体，主要分布在石马、徐湾，向南延展至条状山，向西延展至句东林场，呈北东向延伸，长 12 公里，宽窄不一，中部最宽 7 公里，基岩面积 34 平方公里。谏壁杂岩体，位于宁镇山脉东段，分布于镇江城区—谏壁—大港一带，总体呈东西向展布，长 28 公里，宽窄不一，基岩面积约 60 平方公里。

镇江火山岩分布较广，主要见于句容、上党、圌山、北固山一带。熔岩类岩石有安山岩、石英安山岩、石英粗面岩及安山流纹岩等，主要分布在石山头、亭子、车家边、韦岗、马鞍山等地。火山碎屑岩有火山集块岩、火山角砾岩及凝灰岩三种，主要分布在亭子、石山头、东昌、马鞍山、东贪、圌山等地。沉火山碎屑岩有沉火山角砾岩及沉凝灰岩两种，主要分布在亭子、石山头、马鞍山、圌山等地。

二、茅山山脉

茅山山脉略作南北向延伸，分布于丹徒、句容、溧水、高淳、金坛和溧阳之间，南北长约 90 公里，东西宽约 10 公里，在镇江市境内投影面积 296 平方公里。茅山山脉南端边界达高淳县的游山，南接天目山脉；北至丹徒区的华山，以洛阳河连接宁镇山脉，洛阳河南的龙山、虎耳山等为茅山余脉的北端缘地。整个山体大致呈“S”形，略作南北走向，它与宁镇山脉共同组成一个倒“山”字形构造。山体一般高度为 200 ~ 300 米，在镇江境内超过 300 米的山岭有大茅峰、丫髻山、瓦屋山等 6 座。整个山体南北两部分较高，中间较低，呈马鞍形，是太湖水系和秦淮河水系的分水岭。

茅山山脉地质构造单元属于南京凹陷，自元古代至中生代三叠纪的漫长地质时代里，一直处于沉陷状态，沉积地层完整，各种地层几乎皆有。其造山时期始于中生代的燕山运动，使原来沉积地层普遍发生褶皱隆起，并伴随着强烈的断裂作用和岩浆活动，从而奠定当今茅山山脉的基础。中生代燕山运动之后，经历一次准平原化过程，山地被侵蚀夷平，谷地和盆地堆积由碎屑物构成的砂岩、砂砾岩和砾石层。在第三纪末以来的新构造运动（茅山运动）的影响下，使其进一步发生褶皱、断裂和抬升，全面发生玄武岩的喷溢和间歇性隆升，并产生东西两侧的逆掩断层以及局部块状断裂,最后完成燕山运动所形成的茅山的基本山形。

玄武岩喷溢主要分布在茅山山脉的南端,大多覆盖在上述的砂岩、砂砾岩和砾石层之上,成为熔岩高地,茅山南麓就有玄武岩组成的高地。

继玄武岩喷溢之后,茅山又经历一次下蜀系黄土堆积过程,黄土普遍堆积在砾石层和玄武岩高地上,以及一系列山地的坡麓和山谷中,茅山东西两侧有大面积的分布,在流水的切割下,岗地破碎,大都形成岗、塝、冲交替的特点。

三、长江三角洲冲积平原与沙洲

长江三角洲冲积平原是指滨江低地沙洲和丹阳市的高亢平原及洮滆平原,由长江及其支流的沉积物冲积而成,地势平坦开阔,海拔5~10米。滨江低地沙洲包括沿江低地和江中的沙洲。沿江低地大都是由古沙洲与江岸相连接而形成。江中沙洲自西向东有世业洲、征润洲、和畅洲(今江心洲)、新民洲、顺江洲(今高桥镇)以及太平洲(今扬中全境)。这些沙洲表面呈垄状,有微缓起伏,一般高2.5~4.0米,相对高差0.5~1.2米。丹阳东部的高亢平原,在陵口、吕城一带,地面高度在海拔5~10米之间,微向南北两侧倾斜,当地称为"高沙平原"。丹阳南部平原,为洮滆平原的一部分,主要位于太湖西侧,是内河平原,地面稍有起伏,河道较多,以水田为主。

长江流经镇江境内,自上游句容大道河口向东至扬中九圩港,全长103.7公里,江面宽一般为1.5公里左右,分镇扬与扬中两个河段。其间自大道河口至五峰山为长52.0公里的镇扬河段,中有仪征水道、世业水道、六圩弯道与和畅洲汊道;过五峰山向东至九圩港为长51.7公里的扬中河段,中有嘶马弯道(北岸)、扬中夹江水道(在夹江水道中包括常州新北区一段)和姚桥、大路、兴隆、九曲河口四处弯道。在这两个河段中散布着许多沙洲,有坍有涨,有分有合,形成上、中、下三大块洲组,上洲组各沙洲演变成现在的世业洲、征润洲,中洲组各沙洲演变成现在的和畅洲、新民洲、顺江洲,下洲组各沙洲演变成现在的太平洲。其中征润洲、新民洲、顺江洲为滨岸之洲,另外三洲为江中之洲。

征润洲1975年洲尾已伸入和畅洲右汊,1975~1986年,洲尾下延2.6公里,淤积滩面(0米线以上)达35.7平方公里;1993年洲面积已达36.9平方公里,2.67米高程以上可利用面积达14.3平方公里;1997年滩尾已延伸到丹徒港。

和畅洲1977年东北部的鹅颈被江水切断,北汊分流急剧扩大,到1984年洲头崩退610米。经过治理,1987年北汊分流比稳定在50%,1988年北汊分流比开始上升,1991年达54.8%。至1997年和畅洲洲头下移,远距焦山达6公里左右,和畅洲现名江心洲。

新民洲位于和畅洲北汊对岸,洲滩北端与邗江沙头接壤,原名"难民洲""亡命洲",1960年改称新民洲。同年8月在新民洲建立镇江市国营共青团农场,2002年划归镇江市京口区管理。

顺江洲原位于和畅洲东北,系开沙之尾的一部分。洲上地势低洼,土质肥腴,利于稻、麦、豆棉生长。1983年以来属丹徒县(区)管理,先后改称为高桥区、高桥乡、高桥公社、高桥镇。

太平洲也就是现在的扬中市,四面环江,扬中人民逐年对江堤进行整修,1949~1955年以修复堤身为主,重点培修加固险要地段;1956~1977年逐步加高加固;1977~1978年突击大修;1981~1985年重点维修巩固。1990年末,全洲120.17公里江堤全面达标,通过省、市验收,达标率达90%以上。1994年以后全面加固长江大堤,基本达到能抵御百年一遇的大水,1998年长江全流域发生百年一遇的大水,镇江段各洲有惊无险,其中江心洲有险无灾。

四、城区山丘简介

城市山林是镇江市区自然环境的概括,也是镇江城区的自然特色。沿江三山矗立,东、南、西三面群山环绕,城区山冈星罗棋布,形成"山在城中,城在山中"的独特风貌。2005年在城区及近郊

150 平方公里范围内,有大小山体 62 座,山体面积达 20.25 平方公里,占总面积的 13.5%。这些山体中最高的五州山超过 300 米,山体面积近 4 平方公里;而在城区核心地带的小山丘最低的玉山仅仅 18 米,面积仅 0.001 平方公里,许多山丘开发得已经消失或者快要消失了。62 座山丘的简况见表 2-1。

2005 年镇江市城区自然山体一览表

表 2-1　　单位:米、平方公里

山体名称	位　　置	高度	面积	备　注
金山	城区西北部,金山公园内	43	0.01	仅指山体
焦山	城区东北部,焦山公园内	71	0.12	仅指山体
北固山	解放路、东吴路交叉口,北固公园内	56	0.10	-
黄鹤山	南山风景区内,磨笄山西	82	-	-
磨笄山	南山风景区内,观音山北	100	0.27	-
夹山	南山风景区内,招隐山东	145	0.04	-
招隐山	南山风景区内,九华山东	150	0.20	-
八公崖	南山风景区内,招隐山南	137	0.10	-
九华山	南山风景区内最高峰	185	-	-
回龙山	南山风景区内	88	-	-
观音山	夹山东北	111	0.33	-
黄山	南徐大道中段南侧	156	0.55	-
云台山	西津渡街区内最高峰	68	0.13	-
宝盖山	云台山南	62	0.08	-
狮子山	牌湾中山西路南侧	51	0.02	-
太古山	中山西路中段北侧	40	0.01	-
阳彭山	中山西路广东山庄北侧	30	0.008	-
蒜山	长江路西津渡西侧	24	0.002	-
花山	东吴路花山湾	30	0.11	-
润州山	润州山路北部	28	0.03	-
风车山	宝盖路中段南侧	23	0.01	-
鼎石山	塔山路塔山桥旁	34	0.09	-
象山	焦山公园南部	49	0.08	-
汝山	城区东部汝山湾	114	0.25	-
京岘山	京岘山路南侧	81	0.90	-
合山	东吴路东段南侧	36	0.07	-
焦顶山	东吴路包家湾	54	0.20	-
横山	丁卯片区东南部	140	0.75	-
跑马山	牌湾朱方路南侧	56	0.48	-

续表 2-1

山体名称	位　置	高度	面积	备　注
茶砚山	南徐大道西端	36	0.05	–
彭公山	蒋乔集镇西北部	85	0.13	–
小牛山	喻家湾旁	57	0.21	–
凤凰山	北湾村东侧	46	0.15	–
东山	蒋乔小花山变电所东南侧	128	0.48	–
嶂山	蒋乔大花山村南侧	116	0.35	–
五州山	润州区西南与丹徒区交界	307	3.75	–
虎头山	南门天桥东侧	52	0.05	–
四平山	官塘桥路中段东侧	72	0.20	–
莱山	四平山东侧	110	0.15	–
檀山	檀山村东侧	82	0.32	–
马鞍山	长山提水站南侧	110	0.24	–
唐颓山	中山桥京口饭店内	–	0.005	–
镇屏山	大西路北、迎江路东	22	0.005	–
钱家山	小观音楼巷旁	17	0.002	–
月华山	鼓楼岗、千秋桥之间	28	0.005	–
日精山	中山东路东段 359 医院内	20	0.004	–
寿邱山	梦溪园巷梦溪园西侧	21	0.006	–
庄泉山	黄山西路东段南侧	25	0.024	–
玉山	长江路中段蒜山西部	18	0.001	–
大学山	梦溪园路中段中山东路端	28	0.02	–
岘山顶	九华山西侧、岘山的西峰	127	0.17	–
鸡笼山	城区西南石头岗东侧	101	–	–
雩山	城区东郊	126	–	–
登云山	中山西路何家门西北侧	27	0.025	–
刺山	官塘桥路三里岗西侧	75	0.21	–
鸡笼山	官塘桥镇区西北侧	109	0.40	–
安基山	南山风景区胜利水库东南侧	46	0.10	–
龙脉团山	城区西郊龙脉桥东北侧	19	0.01	–
老山	京岘山西南	77	0.04	–
摇金山	小牛山东南	36	0.07	–
怡和山	中山西路西段	51	0.16	–
官山	驸马庄村东侧	43	–	–

第二章 水文 水资源

镇江是水资源较为丰富的城市，长江和大运河在这里交汇，秦淮河、太湖湖西、沿江三个水系（简称“三大水系”）在这里集聚。全市有101座水库，骨干河流64条，总长702.34公里，河网密度0.18公里/平方公里，水面面积占总面积的13.7%，是全省水面面积较少的一个市。全市水资源主要有地表水、过境水、地下水、回归水等四种形式。地表水以河流（含人工运河）、水库（含人工水库）、塘坝及降雨为主；过境水以长江来水为主；地下水沿江一带较为丰富，平原次之，坡麓、岗坳、相对较贫乏；回归水是指在工农业生产和生活用水中，可循环使用的一部分水量。

根据1998年4月镇江市水利局委托镇江市水文水资源勘测局进行镇江市水资源开发利用现状调查分析，全市可利用水资源量现状年（1990年）为7.11亿立方米，平水年为7.99亿立方米，中等干旱年为3.0亿立方米，特殊干旱年为0.86亿立方米。现状年人均可利用水资源拥有量415.5立方米。

2005年《镇江市水资源公报》主要内容如下：镇江市多年平均降水量（有记载以来截至2005年的加权平均值）1079.3毫米。最大值1900.3毫米（1991年），最小值457.6毫米（1978年）。2005年平均面雨量971.4毫米，平均降水日102天。2005年，镇江市水资源总量116211.3万立方米。其中，地表水资源量为93038.4万立方米（不包括过境水量）。其中，秦淮河水系地表水资源量为29105.4万立方米，占地表水资源量31.3%；沿江水系为27251.6万立方米，占地表水资源量29.3%；太湖湖西水系36681.4万立方米，占地表水资源量的39.4%。地下水资源量为23172.9万立方米，其中浅层地下水资源量为18935.1万立方米，深层地下水资源量为4237.8万立方米。引用过境水量354128万立方米，其中秦淮河水系4864万立方米、沿江水系326030万立方米、太湖湖西水系23234万立方米。全市水库集水面积580平方公里，总库容33183万立方米，总灌溉面积2.83万公顷。2005年，16座报汛水库年初蓄水5651万立方米，年末蓄水6428万立方米。

2005年，镇江市总供水量为399720.3万立方米，其中地表水源398657.6万立方米，占总供水量99.7%，地下水源1062.7万立方米，占0.3%。同年，全市总用水量为405345.1万立方米（包括循环用水量5624.8万立方米）。其中取用地表水404282.4万立方米，地下水1062.7万立方米（占总用水量的0.3%）。在各项用水量中（不包括循环用水量），农田灌溉用水为101912.2万立方米、林木渔业用水3255万立方米、工业用水量为279626.1万立方米、城镇生活用水15836.1万立方米、农村生活用水量4715.7万立方米，分别占25.1%、0.8%、69%、3.9%、1.2%。全市人均用水量554立方米，农田灌溉用水量7620立方米/公顷，城镇人均生活用水量341升/日，农村201升/日。

第一节 长江镇江段

长江镇江段，西起上游大道河口，向东再折向南至九圩港，全长103.7公里，江面宽一般1.5公里。南部江岸位于宁镇山脉北麓，沿江除少量沙滩淤地外，多为土质坚硬的黄土台地，并有基岩露头，不易冲刷，因而岸线变动不大。而江中洲地和沿岸淤滩地段则易受上游来水和潮汐涨落影响，不断变化。境内长江段东端距出海口约250公里，属感潮河段，昼夜两潮，每次涨潮历时近3小时，落潮历时9小时。长江镇江段主航道上起大道河口，下至泡子洲尾，由镇扬河段和扬中河段组成。长江自然岸线总长近270公里（包括汊江、岛屿和老港池内岸线），其中-10米以下的深水岸线近90公里。从大道河口到泡子洲尾，整个河道内，河槽宽窄相间，分汊和弯道兼备，略呈藕节状。自西向东，汊道有世业洲、江心洲、太平洲；弯道有高资、六圩、大港、嘶马；此外还有征润洲、新民洲等较大的边滩。主流河床平面形态呈连续“S”状。江流西自仪征水道而下，向东至世业洲分为两汊，右汊为主汊，主流沿高资、六摆渡下泄，经龙门口与左汊汇合进入六圩弯道，此段主泓偏靠六圩、沙头河口一侧，继而进入江心洲分汊段，左汊为主汊，主流偏谏壁下泄，在青龙山与右汊水流汇合后进入大港单一河床，此后，主流偏靠右侧，过大港、马鞍矶，主流渐渐向左偏移，经五峰山进入扬中河段后分汊。主流进入左汊偏左，顶冲嘶马凹岸，并由东流转而偏南，沿太平洲左缘下泄；而五峰山东侧的扬中夹江（右汊）沿太平洲右缘与主流会合于泡子洲头。在镇扬河段和扬中河段长江干道之右（南）岸滨临宁镇山脉北麓，沿岸有一系列低矮山丘，如金山、云台山、北固山、象山、汝山、青龙山、五峰山等，除龙门口一带和江心洲为冲积滩地外，其余都为下蜀黄土阶地，抗冲性强，岸线稳定，对水流起着主导和挑流作用，河滩地多较狭窄。左（北）岸为极广阔的冲积平原。两岸地质地貌差异较大，因此河床往往随北岸冲坍变异而产生演变。镇扬、扬中两河段均属感潮河段，长江径流在造床中仍起主导作用，但由于潮汐作用，河床变形较无潮河段强烈，上世纪特别是下半个世纪，变化最大的是六圩弯道。

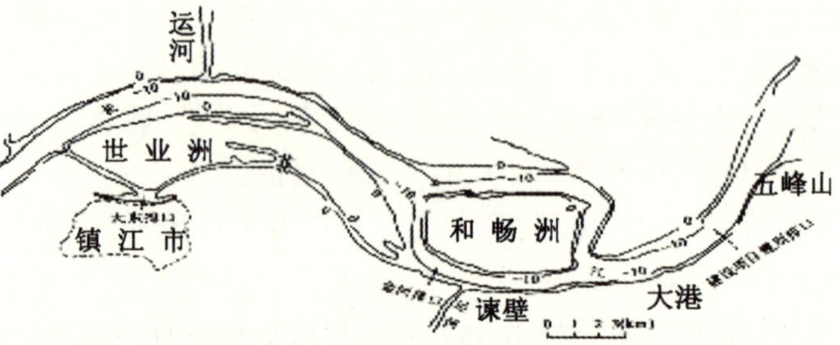

图 2-1　长江镇江市区段河势形态图

长江镇江市区段是长江下游最具代表性的江段，在长约 30 公里的区域内有沙洲、边滩、弯道、河道和单一河道等多种河势形态。该段主要有征润洲等沙洲边滩，长期的淤积作用使征润洲面积已达 36 平方公里，洲尾向下游延伸至和畅洲南汊进口。洪水时滩地淹没，水深较浅，水流滞缓。枯水季节，受出露滩地的分割，水流散乱。

长江镇江段为镇江提供主要的水源，水量充沛。全市境内的大多数河道供排水系统工程都基于长江水源。据统计，长江年平均流量为 2.9 万立方米/秒，历年最大流量为 9.260 万立方米/秒，最小流量 4620 立方米/秒。镇江地处长江下游沿江近海，承受着大量上游来水，大水年份，上游来水量大势猛，持续时间长。

全市长江干流江域面积 232.9 平方公里，长江是工农业生产、城市生活的主要地面水源，并为发展航运、水产、沿岸建设港口提供极为优越的条件。东部河西地区河道交叉成网，江南大运河和九曲河是引、排、航的骨干河道，其中大运河在境内全长约 42 公里，在谏壁镇与长江汇合。西部地区起引、排、调节的河道有句容河，它汇集赤山湖上游的南、中、北河的水流入秦淮河。西部河流流经丘陵区，多建中小型水库。全市库容在 10 万立方米以上的水库 101 座，总库容量 3.73 亿立方米。

镇江地处长江南岸，河流纵横交错，沿江蜿蜒的宁镇山脉和贯穿南北的茅山山脉形成天然的分水岭，将全市划分为三大水系，即秦淮河水系、太湖湖西水系和沿江水系。

1. 秦淮河水系　镇江市境内的秦淮河水系面积为 951.31 平方公里，占秦淮河流域面积的 36%，是秦淮河水系的东源和北源。东源有南河、中河和北河；北源有句容河、汤水河。东源的南河、中河和北河来水均汇集于赤山湖，再与北源的句容河、汤水河汇合，向西汇入秦淮河干流。赤山湖位于秦淮河流域的句容市城西南 16 公里处。2005 年湖面面积 7.8 平方公里，集水面积 806.13 平方公里，正常蓄水位 8.40 米，相应总蓄水量 501 万立方米，注入秦淮河。

2. 太湖湖西水系　镇江市境内的太湖湖西水系位于太湖湖西流域的西部，包括丹阳、丹徒和句容的部分地区，面积为 1591.52 平方公里。京杭大运河是镇江市湖西水网的纽带，东西向有鹤溪河、永丰河、中心河、胜利河及香草河等；南北向有九曲河、丹金漕河、通济河、简渎河；湖西地区主要河道 28 条，全长 367.36 公里。其中县际 8 条，长 170.79 公里。

3. 沿江水系　镇江市境内的沿江水系包括扬中全部及京口、润州、句容、丹阳、丹徒部分地区，面积约1051.59平方公里，其中江心各洲面积为295.2平方公里。本水系的各河港(除扬中市各港)均源出于宁镇山脉东北部及其余脉的低山丘陵，直入长江。主要河道有太平河、捆山河、古运河、运粮河、虹桥港、便民河等河港。扬中的主要骨干河港有扬中三茅大港、团结港、东新港、红旗港等28条。

附:1983～2005年长江镇扬段、扬中段河势演变图

1983年、1998年、2005年镇扬段长江图，见图2-2、图2-3、图2-4;1998年、2003年扬中段长江图见图2-5、图2-6。

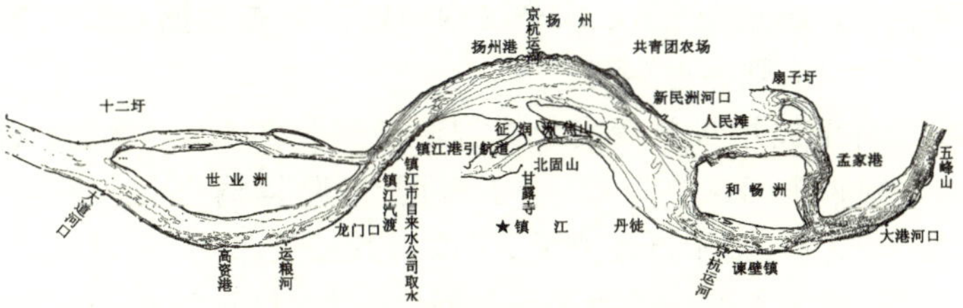

图2-2　1983年镇扬段长江图

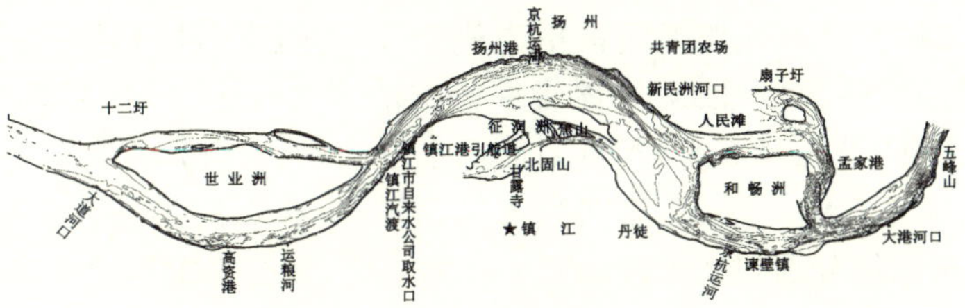

图2-3　1998年镇扬段长江图

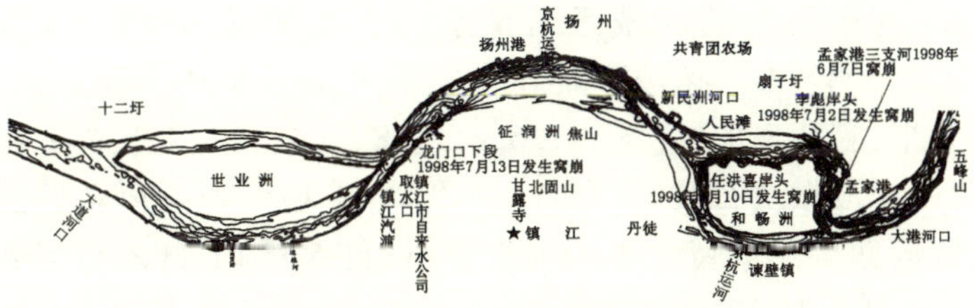

图2-4　2005年镇扬段长江图

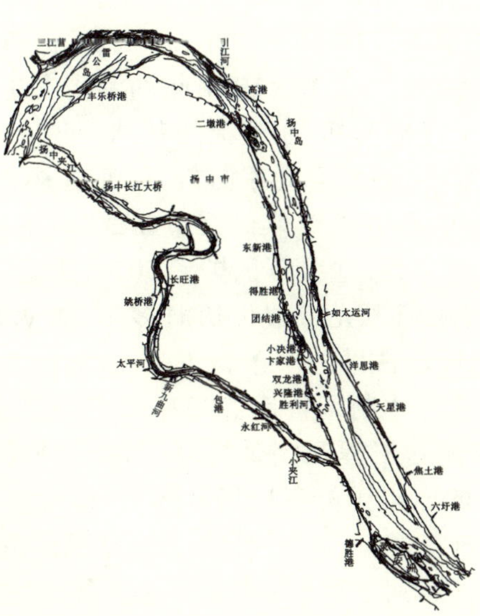

图2-5　1998年扬中段长江图

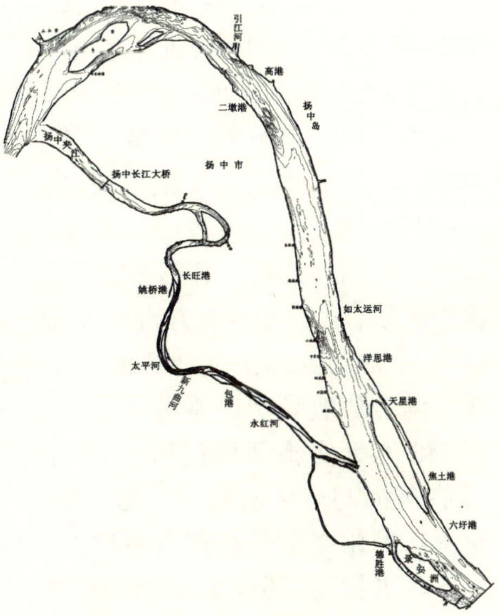

图2-6　2003年扬中段长江图

第二节　运河镇江段

镇江市境内的大运河是京杭运河江南河段的入江河段，古称“徒阳运河”。这段河道本系“凿山通道并无水源”“祇恃引江入河”的江南运河咽喉，也是“夹岗如连山”，历年“时浚时淤”难以浚治的人工河段。原河线自镇江京口闸南下，蜿蜒向东经南门宝塔湾、丁卯桥、谏壁越河，向南穿辛丰镇、新丰铁路桥、沿练湖东侧，绕丹阳西门、南门至城东七里桥，沿沪宁铁路陵口、吕城两镇至常州市武进县界止，共长60公里，河道浅窄多弯。新中国建立后在谏壁西侧另辟通江入口，则自谏壁口至丹（阳）武（进）交界处全长42.74公里（交通部门第二次全国内河航道普查数据）河段，为今江南运河徒阳段。原京口至谏壁一段长16.7公里，则称古运河。

江南河段“徒阳段”，自秦代开凿至隋代全线沟通连接长江起，一直是江浙南北水运和区域性引排的主干河道，清末直到新中国建立以前，由于海运、铁路运输兴起，经运河北上的水运渐转衰退，又因疏于浚治，致河床淤浅。新中国建立后，多次对其拓浚整治，引排航能力有较大提高，并在谏壁入江口处建成节制闸、船闸和抽水站等工程，使该河段更好地发挥引排航运等综合效益，成为太湖湖西地区引提长江水源、排泄境内洪水的重要工程。但历次的拓浚，河道断面均未达到规划设计要求，尤其是辛丰镇至新丰铁路桥河段更为狭窄，严重阻碍引排和航运。20世纪80年代末，交通部门确定按国家四级航道标准，对其逐段进行整治。京杭运河“徒阳段”丹阳站1983～2005年间最高水位为7.33米（1991年6月14日）；最低水位2.67米（1986年3月6日）。平均高水位为5.84米，平均低水位为2.99米。23年间高水位超过7.00米的年份有2次，分别为1991年及2003年，这两年的最高水位分别列高水位的第一和第二位，另有5次超过6米。

京口闸至谏壁一段长16.7公里的运河称古运河，其中平政桥至南水桥长4.15公里，系元末明初修筑的环城运河段。古运河是镇江城区引排水的主要河道，1983年以前（1955～1960年、1966～1967年、1971～1973年）多次拓浚这段节节淤塞、引排不畅的河道。经整治的河道，京口闸至新西门桥河底高程0米，底宽8米，边坡1∶1.6～1∶1.8，其余为1∶2左右。在高程4.7～5.4米以下块石护坡到河底，部分地段做块石驳岸，为防止河坡坍塌，隔一段距离做护槛一道。

1991年，江苏地区遭遇罕见的特大洪涝灾害袭击，自5月21日入梅起到7月15日的56天时间里，全省连降暴雨。从6月30日至7月11日的12天内镇江市面平均雨量达1050毫米，为同期多年平均值的4.45倍。由于连续暴雨，境内河、湖、库水位居高不下，又逢长江洪水压境（大通流量63800立方米/秒）和淮水南泄（淮河入江流量11000立方米/秒）。运河排洪受阻，丹阳水文站6月14日出现1983～2005年间第一洪水位7.33米。1991年的洪涝灾害，促进城市水利建设进程。镇江市政府决定成立整治古运河工程指挥部，在整治的基础上建成古运河风光带。自1992年至今，古运河完成主城区段5.6公里（平政桥至周家河口）的河道整治，周家河以南段整治业已启动。主城区段经过整治，整齐划一的石驳挡墙取代残垣断壁，新拓宽疏浚的通江河道取代狭窄闭塞的臭水沟，河道直线顺直，曲线优美，过水面积扩大50%，古运河曾经丧失的功能逐步恢复，城市防洪能力得到明显提高。古运河风光带建设历时多年，成就斐然。两岸20万余平方米的公共绿地让昔日的一泓死水变为镇江古城的一条青玉带，宝塔山公园、河滨公园和珍珠广场恰似数颗明珠镶嵌其上。城市水利管理体制调整后，2002～2003年，镇江市水利局共投资383万元实施新西门桥至虎踞桥段灯光配套工程和完善提高工程。2005年，投资546万元，将古运河与市区南北主干道解放路交叉处的原市民健身广场改建成“珍珠广场”。这是镇江市纪念诺贝尔文学奖获得者赛珍珠系列活动内容之一。城中十里运河已成十里画廊，古运河基本具备防洪排涝、环保生态、休憩游览功能。古运河中段（周家河口至丹徒闸）整治工程也于2006年开始启动，将采用更高标准。

第三节　地表径流

地表径流是水资源的主要来源，地表径流与降雨量、降雨时空分布、地面蒸发、河湖库塘底水、植被和土壤含水等因素有关。全市总面积3610平方公里(不含辖区内长江水面积)。据镇江市水资源开发利用规划资料，1990年全市平均面雨量为1089毫米，相应产生径流量为10.157亿立方米。按全市人口计算人均占有水量为393立方米，远低于全国人均占有水量2690立方米，也略低于江苏省人均占有水量408立方米的水平。不同保证率的径流量为：保证率50%，选用1974年雨型计算全市平均面雨量为1044.8毫米，相应产生径流量为13.3亿立方米；保证率75%，选用1961年雨型计算全市平均面雨量为885毫米，相应产生径流量为9.126亿立方米；保证率95%，选用1978年雨型计算全市平均面雨量为449毫米，相应产生径流量为1.637亿立方米。

20世纪90年代镇江市各水系不同保证率地表径流量表

表2-2

<table>
<tr><th colspan="3">水系名称</th><th>沿江</th><th>湖西</th><th>秦淮河</th><th>小计</th></tr>
<tr><td colspan="3">集水面积(平方公里)</td><td>1060</td><td>1590</td><td>960</td><td>3610</td></tr>
<tr><td rowspan="12">不同保证率的径流量</td><td rowspan="3">90年代现状</td><td>P</td><td>1087.4</td><td>1076.7</td><td>1103.2</td><td>1089.10</td></tr>
<tr><td>R</td><td>348</td><td>244</td><td>269</td><td>287</td></tr>
<tr><td>W</td><td>3.689</td><td>3.883</td><td>2.585</td><td>10.157</td></tr>
<tr><td rowspan="3">保证率50%</td><td>P</td><td>1027.2</td><td>990.2</td><td>1117.2</td><td>1044.8</td></tr>
<tr><td>R</td><td>410</td><td>309</td><td>421</td><td>380</td></tr>
<tr><td>W</td><td>4.346</td><td>4.916</td><td>4.038</td><td>13.30</td></tr>
<tr><td rowspan="3">保证率75%</td><td>P</td><td>809.3</td><td>917.3</td><td>928.9</td><td>885.2</td></tr>
<tr><td>R</td><td>211</td><td>315</td><td>196</td><td>240.70</td></tr>
<tr><td>W</td><td>2.237</td><td>5.009</td><td>1.880</td><td>9.126</td></tr>
<tr><td rowspan="3">保证率95%</td><td>P</td><td>464.3</td><td>535.3</td><td>497.3</td><td>449.0</td></tr>
<tr><td>R</td><td>59</td><td>51</td><td>20</td><td>43.30</td></tr>
<tr><td>W</td><td>0.625</td><td>0.821</td><td>0.191</td><td>1.637</td></tr>
</table>

说明：1. 小计栏中R、P值为平均值；
2. P—降雨量(毫米)，按水文年度统计(当年10月至次年9月)；
3. R—径流深(毫米)；
4. W—径流量(亿立方米)

第四节　地下水　回归水

镇江市位于宁镇山脉东端，属扬子准地台，下扬子台褶带的北东段。区内地层出露较全，自震旦系至第四系皆有分布，前第四系地层总厚约12000米，且有中新生代碎屑岩与火山岩沉积与侵入。其基本构造为宁镇弧形构造，新华夏构造和东西向构造三种构造体系。特定的地貌、水文、地质环境形成区内水文地质条件和地下水的分布。全市地下水并不丰富，且分布不均匀，大片的火山岩区和碎屑岩区为贫水区，地下水主要为第四系冲积层中的孔隙水、基岩中的裂隙水(单井涌水量平均少于100立方米/日)和裂隙岩溶水(单井涌水量平均1000立方米/日左右)。地下水资源总量(年可开采量)约3285万立方米,其中孔隙水占80%。沿江一带地下水较为丰富,平原次之,坡麓、岗坳相对较贫乏。全市利用地下水量很少。地下水分布情况:

沿江圩区有潜水含水层和承压水含水层。潜水含水层埋深1~2米,单井涌水量为10~100吨/日,矿化度小于1克/升。承压水含水层埋深45~78米,含水层厚度在30~66米,系长江古河床孔隙承压水。

茅东平原(丹阳平原为主),潜水含水层埋深1~2米,单井涌水量为10~100立方米/日,但分布面不广。

秦淮河平原(句容圩区),潜水含水层埋深1~2米,单井涌水量为10~100立方米/日,矿化度1克/升,水质较好。

宁镇丘陵山区(句容、丹徒沿江山丘区),潜水含水较贫乏,一般在山麓与平圩过渡地带,相对低洼及河谷处潜水较易聚集。句容县亭子等地段赋存有裂隙水和裂隙岩溶水,1981年,在亭子公社十二村曾打成一口深为120米的井,用6英寸泵抽出水量每小时36立方米。

茅西丘陵区(句容县沿茅山部分),潜水含水较贫乏,水质尚好,可供生活饮用。三茅峰等西北向断裂带,裂隙水较富集,单孔涌水量约500立方米/日,可供开采使用。

镇江市地下水资源分布汇总表

表2-3

<table>
<tr><th>地下水类型</th><th colspan="2">分区名称</th><th>主要岩性</th><th>面积(平方公里)</th><th>允许开采量(立方米/日)</th></tr>
<tr><td>Ⅰ孔隙水</td><td colspan="2">孔隙水分布区</td><td>第四系黏土、粉沙</td><td>3362</td><td>800531</td></tr>
<tr><td rowspan="9">Ⅱ碳酸盐岩类岩溶水分布区</td><td colspan="2">Ⅱ1 四摆渡—跑马山灰岩块段</td><td>三叠系中下统及二叠系下统灰岩</td><td>5.60</td><td>3361</td></tr>
<tr><td colspan="2">Ⅱ2 乔家门—大花山灰岩块段</td><td>周充组、青龙组灰岩、石炭系灰岩</td><td>3.30</td><td>1068</td></tr>
<tr><td rowspan="3">Ⅱ3 大兴庄—凌家湾灰岩块段</td><td>大兴庄含水带</td><td rowspan="3">三叠系中下统及二叠系下统灰岩、石炭系黄龙—船山灰岩</td><td rowspan="3">23.70</td><td>1000</td></tr>
<tr><td>官塘桥含水带</td><td>1290</td></tr>
<tr><td>凌家湾含水带</td><td>1175</td></tr>
<tr><td colspan="2">Ⅱ4 谏壁—大港白云灰岩块段</td><td>震旦系白云灰、泥灰岩</td><td>43</td><td>5000</td></tr>
<tr><td colspan="2">Ⅱ5 十里长山南麓灰岩块段</td><td>三叠系青龙灰岩</td><td>5.30</td><td>3900</td></tr>
<tr><td colspan="2">Ⅱ6 小力山—古洞灰岩块段</td><td>船山—黄龙灰岩</td><td>13.10</td><td>1836</td></tr>
<tr><td colspan="2">Ⅱ7 其他地段</td><td></td><td>168</td><td>48142</td></tr>
<tr><td rowspan="3">Ⅲ基岩裂隙水分布区</td><td colspan="2">Ⅲ1 孟家湾—谏壁火成岩块段</td><td>中酸性侵入岩体</td><td>45</td><td>2000</td></tr>
<tr><td colspan="2">Ⅲ2 高资开发区火成岩块段</td><td>中酸性侵入岩体</td><td>25</td><td>1986</td></tr>
<tr><td colspan="2">Ⅲ3 资源贫乏区</td><td>碎屑岩类</td><td>370</td><td>3270</td></tr>
<tr><td>合计</td><td colspan="2">–</td><td>–</td><td>–</td><td>874559</td></tr>
</table>

回归水利用量以1990年为例,全市利用回归水量6.75亿立方米,其中沿江1.27亿立方米,湖西4.11亿立方米,秦淮河1.37亿立方米。

第五节　水　文

一、降雨

据水利部门实测资料，镇江市多年平均降水量（有记载以来截至2005年的加权平均值）1079.3毫米，最大值1900.3毫米（1991年），最小值457.6毫米（1978年），多年平均雨日113～116天。2005年平均面雨量971.4毫米，平均降水日102天。由于季风活动的强弱和热带风暴、台风的影响，年降雨量四季分配不匀，一般各季雨量占年平均雨量的比例分别是：春季（3～5月）占24%；夏季（6～8月）占44%；秋季（9～11月）占20%；冬季（12～次年2月）占12%。而且，降雨量年际变化大，年倍比系数（最大年降水量比最小年降水量）在3.2～3.8之间，句容水文站年倍比系数最大，为3.83。汛期（6～9月）是全年降雨较集中的时期，全市多年平均汛期降雨量657.5毫米，年际变化更大。汛期降雨量倍比系数（最大汛期降雨量比最小汛期降雨量）在5.89～9.04之间，句容水文站汛期降雨量年倍比系数最大，为9.04。全市多年平均梅雨量193.8毫米，单站最大梅雨量674.1毫米（镇江水文站1954年），单站最小梅雨量仅22.8毫米（句容水文站1978年）。由于受诸多因素影响，全市常出现时间短、强度大的暴雨，如1974年7月27日句容（水文站）1小时降暴雨92.6毫米，3小时降暴雨190.1毫米。

1983～2005年部分年份的降雨情况：

1992年是新中国成立以来仅次于1978年的大旱年，镇江市平均雨量为502毫米，为多年均值的76.35%，平均雨日36天。

1994年是近百年来的第2个大旱年，全年降水量偏少，其中5～9月只有多年同期均值的51.6%。

1998年7月，北山、大吴塘、凌塘、西麓4座水库先后日降雨量超过100毫米，其中大吴塘水库22日日雨量达193毫米。

2000年，大运河、句容河、香草河等境内主要河道因降雨偏少，汛期水位均低于警戒水位。5月1日，全市16个报汛水库总蓄水量为8318万立方米。因久旱少雨，总蓄水量不断下降，5月25日降至7906万立方米。后因降雨，6月5日才增加到9761万立方米。

2002年，镇江市汛期降雨量总体偏多，长江潮位较正常年份略高。境内的大运河、句容河、香草河等主要河道因降雨偏多，水位略高于多年平均值。

2003年，镇江市汛期降雨量总体偏多，超过多年均值二成，镇江站长江潮位总体低于2002年同期。全市7月4日开始持续降雨，7月16日镇江高潮位为7.87米，为全年最高，汛期超警戒水位天数为33天；境内主要河道大运河、句容河、香草河因汛期降雨偏多，超过警戒水位天数多于2002年。

2004年，镇江市汛期降雨量总体偏少，比多年均值少一成；境内主要河道大运河、句容河、香草河等，因汛期降雨偏少，平均水位较低。6月14日入梅后连续普降大到暴雨，导致内河水位暴涨，因2004年汛期总降雨量偏少，但前期梅雨量偏多，造成全市6月中下旬部分地区出现暴雨洪水和内涝。

2005年，镇江市汛期降雨量总体偏少，面平均雨量569.7毫米，比多年均值（657.5毫米）下降13.4%，低于上年同期（590.9毫米），最大为675毫米（镇江站），最小为469毫米（九曲河站）。汛期平均雨日为42.1天，少于上年同期（48.3天），最多为48天（镇江站），最少为31天（扬中站）。全市6月26日入梅，6月29日出梅，梅雨期仅有4日（1954年以来全市多年平均梅雨期为22日），为典型的“枯梅”，是1954年以来梅雨期最短的年份之一（梅雨期最短为1978年，3日；其次为

1958年,4日)。全市面平均梅雨量为59.9毫米,是1954年以来全市多年平均梅雨量(239.9毫米)的2成半(25.0%),也是历史上第4位梅雨量最少的年份。因全年汛期降雨偏少,全市境内的主要河道,如大运河、句容河、香草河等,平均水位都低于上年同期,超过警戒水位的天数也少于上年。全年汛期前期降雨量偏少,全市遭受1978年以来最为严重的旱情威胁。

二、蒸发

全市水利系统观测水面蒸发量有句容水文站(原为镇江地区山区代表站),武进县小河新闸水文站(原系镇江地区沿江和东部水网地区代表站)。根据以上两站多年观测结果,句容站(25年平均)年均蒸发量为945.5毫米,小河新闸站(24年平均)年均蒸发量为925.4毫米。最大月蒸发量一般发生在7~8月,句容站(1964年7月)为201毫米,小河新闸站(1966年8月)为199.3毫米。最小月蒸发量一般发生在每年的1月份。

三、水位

长江潮位的最高潮位出现在汛期,最低潮位一般出现在每年的1月。镇江潮位站多年年平均潮位为4.4米,实测最高潮位8.59米(1996年8月1日),最低潮位1.24米(1959年1月22日),警戒水位由6.80米调整为7.00米(江苏省防办2004年12号函批复,2004年7月6日起执行)。江河湖库最高潮位出现在5~9月,最低水位出现在12月~次年2月,水库最低水位一般出现在灌溉用水期。谏壁闸闸外(长江)最高水位8.34米(1996年8月1日),最低水位1.52米(1967年2月5日);闸内(大运河)最高水位7.47米(1991年7月11日),最低水位1.96米(1978年12月15日),警戒水位5.60米。九曲河闸闸外(长江)最高水位7.97米(1996年8月1日),最低水位1.14米(1979年1月30日);闸内(九曲河)最高水位6.80米(1991年7月12日),最低水位2.07米(1990年12月24日),警戒水位5.60米。大运河(丹阳站)最高水位7.47米(1972年7月3日),最低水位2.20米(1970年1月18日),警戒水位5.60米。香草河(旧县站)最高水位9.24米(2003年7月6日),最低水位2.50米(1979年2月8日)。赤山闸闸内最高水位13.80米(1991年7月11日),最低水位5.35米(1980年4月26日),警戒水位11.00米;闸外最高水位13.63米(1991年6月15日),最低水位5.65米(1980年4月26日),警戒水位9.50米。7座中型水库的水位情况见表2-4。

镇江市中型水库水位特征值一览表

表2-4

名　称	汛期控制水位(米)	最高水位(米)/出现日期	最低水位(米)/出现日期
北山水库	52.00	54.24/1991年6月14日	39.77/1998年9月22日
句容水库	26.50	29.20/1972年7月3日	干涸/1978年9月8日
仑山水库	54.50	55.12/1972年7月3日	干涸/1978年9月9日
二圣桥水库	15.00	17.59/1991年6月16日	干涸/1978年9月6日
茅山水库	28.00	29.69/1991年6月15日	干涸/1968年5月18日
墓东水库	29.50	30.65/1991年6月14日	-
凌塘水库	26.00	27.63/1972年7月9日	17.00/1967年9月1日

1992年至2005年部分年份的水位相关情况:

1992年,因雨水稀少,汛期内全市内河未超警戒水位,大运河丹阳站最高水位4.98米(8月14日);长江北固山站最高水位7.47米(7月16日)。到10月1日,全市16座报汛水库仅蓄水4303

万立方米。

1993 年，由于上游来水量上升缓慢，镇江高潮位到 7 月 5 日才超警戒水位。长江镇江潮位站汛期超 7.50 米。潮汛共出现两次，一次为 7 月 21 日 7.54 米，一次为 8 月 20 日 7.77 米。大运河丹阳站汛期最高水位 5.33 米，未超过警戒水位，最低水位 3.47 米。5 月初全市 16 座报汛水库总蓄水量 8597 万立方米，到 6 月 30 日达到 10257 万立方米，到 9 月中旬末蓄水仍有 8250 万立方米。

1994 年长江上游来水量一直偏小，镇江潮位 6 月 27 日出现年最高水位 7.31 米，全年超 6.80 米警戒水位只有 8 天。内河各水情站均未超警戒水位，大运河丹阳站汛期最高水位 4.88 米（8 月 23 日），最低水位 3.62 米（5 月 19 日）。在开机补水的情况下，全市 16 座报汛水库中仍有仑山水库、固江口水库、幸福水库、大吴塘水库等 4 座水库水位低于死库容水位。

1995 年，受长江中上游来水影响，5～6 月上旬，长江镇江站潮位基本正常，从 6 月 13 日起连续 5 天超警戒水位，6 月 23 日第二次超警戒水位，并于 6 月 25 日到 7 月 16 日高潮位都超过 1954 年同期潮位。7 月 13 日出现全年最高潮位 8.02 米，汛期超警戒水位天数达 45 天；大运河丹阳站汛期最高水位 5.67 米，最低水位 3.67 米，超警戒水位天数 3 天；通济河旧县站最高水位 5.77 米，最低水位 3.39 米；句容河赤山闸新闸闸上最高水位 10.47 米，未超过警戒水位，最低水位 7.54 米，闸下最高水位 9.89 米，最低水位 5.75 米，仅有 2 天超过警戒水位。

1996 年 5～6 月，长江镇江站潮位基本正常，从 7 月 2 日起到 9 月 3 日止，其间，除小潮汛期间有 2 次、5 天低于警戒水位外，其余都超警戒水位，超警戒水位天数 58 天，其中 8 月 1 日（阴历 6 月 17 日）镇江出现 8.59 米超历史最高潮位 0.21 米的新纪录（镇江历史最高潮位 8.38 米，1954 年）；大运河丹阳站汛期最高水位 6.19 米（7 月 6 日），最低水位 3.52 米（5 月 1 日），超警戒水位天数 4 天；通济河旧县站最高水位 7.10 米（7 月 6 日），最低水位 3.29 米（5 月 1 日）。句容河赤山新闸闸上最高水位 12.10 米（7 月 6 日，这一天超警戒水位），最低水位 7.79 米（9 月 26 日），闸下最高水位 12.06 米（7 月 6 日），最低水位 7.09 米（6 月 2 日），超警戒水位天数 18 天。

1997 年 5～7 月上旬，由于上游来量少、水位低，长江镇江潮位相应偏低，7 月 17 日达 6.82 米，第一次超警戒水位。受 11 号台风和天文大潮的影响，8 月 19 日镇江高潮位达到 8.15 米，为全年最高潮位。汛期超警戒水位天数为 28 天。大运河丹阳站汛期最高水位 4.81 米，最低水位 3.32 米；通济河旧县站最高水位 4.80 米，最低水位 3.22 米；句容河赤山闸闸上最高水位 9.79 米，最低水位 7.83 米，闸下最高水位 8.97 米，最低水位 6.29 米。5 月 1 日 16 座报汛水库总蓄水量为 8513 万立方米，5 月 16 日达 8917 万立方米，是全年最多的一天。由于大量用水及持续少雨，10 月 1 日总蓄水量减少为 5426 万立方米。

1998 年 3 月 18 日，长江镇江高潮水位 6.03 米，30 日出现 6.05 米，是有记录以来同期最高水位，6 月 23 日起突破警戒水位达 6.95 米，8 月 24 日出现全年最高潮位 8.37 米（农历七月初三），是新中国建立后第三高水位。全年超警戒水位 95 天，比 1954 年少 27 天；超 7.50 米 80 天，比 1954 年多 9 天；超 8.00 米 40 天，比 1954 年多 13 天；超 8.30 米高水位 5 天，持续时间比 1954 年长 2 天。大运河丹阳站汛期 8 时最高水位 5.91 米（6 月 28 日），最低水位 3.60 米（5 月 8 日），超警戒水位 4 天；通济河旧县站汛期 8 时最高水位 6.19 米（6 月 28 日），最低水位 3.88 米（5 月 9 日）。句容河赤山新闸闸上汛期 8 时最高水位 11.19 米（7 月 1 日），最低水位 6.88 米（5 月 9 日），超警戒水位 1 天；闸下汛期 8 时最高水位 11.19 米（7 月 1 日），最低水位 6.69 米（5 月 10 日），超警戒水位 36 天。5 月 1 日全市 16 座报汛水库总蓄水量为 10945 万立方米。7 月 1 日 16 座报汛水库总蓄水量为 11555 万立方米，是全年汛期蓄水量最多的一天。以后随灌溉用水而逐渐减少，10 月 1 日 16 座报汛水库总蓄水量为 7813 万立方米。

1999 年 6 月 28 日，长江镇江潮位自达 6.99 米（警戒水位 6.80 米）后，一直居高不下。7 月 12

日镇江潮位超过 8.00 米，其后在上下游共同作用下，7 月 15 日（农历六月初三）出现全年最高潮位 8.17 米，10 月初，镇江潮位仍在超警戒水位以上。汛期镇江潮位超警戒水位时间长达 83 天。7 月 22 日，长江大通流量达 83900 立方米/秒，为新中国建立后仅次于 1954 年的第二大流量。因 6 月 22 至 27 日大雨，大运河丹阳站 6 月 28 日 8 时最高水位 6.62 米，超警戒水位（5.60 米）1.02 米，由于沿江闸站抢排及时，6 月 30 日 8 时水位降至 5.44 米，全年超警戒水位以上天数 2 天。丹阳站汛期 8 时最低水位 3.39 米（5 月 21 日）。通济河旧县站汛期 8 时最高水位 7.26 米（6 月 28 日），最低水位 3.35 米（5 月 22 日）。句容河赤山新闸闸上汛期 8 时最高水位 12.06 米（6 月 29 日），最低水位 8.11 米（6 月 7 日），超警戒水位以上天数 2 天；闸下汛期 8 时最高水位 11.28 米（6 月 29 日），最低水位 6.37 米（5 月 8 日），超警戒水位以上天数 8 天。全市 16 座报汛水库总蓄水量 5 月 1 日为 6937 万立方米，6 月 1 日为 6928 万立方米，7 月 1 日为 10442 万立方米，8 月 1 日为 9905 万立方米，9 月 1 日为 10967 万立方米，10 月 1 日为 8863 万立方米。其中北山水库最高水位 52.49 米（9 月 1 日），超汛控水位 0.49 米；二圣桥水库最高水位 15.70 米（6 月 29 日），超汛控水位 0.70 米。

2000 年因上游来水较小，汛期长江镇江潮位较低，超警戒水位天数仅 7 天。8 月 31 日受台风影响，镇江潮位 7.35 米，为全年最高。大运河、句容河、香草河等境内主要河道因降雨偏少，汛期水位均低于警戒水位。5 月 1 日，全市 16 个报汛水库总蓄水量为 8318 万立方米。5 月 25 日降至 7906 万立方米。后因降雨，6 月 5 日涨至最大为 9761 万立方米。此后又持续下降，到 8 月 19 日降至全汛期最低为 6952 万立方米。以后因台风雨和农业用水减少等因素，蓄水量有所回升。到汛期结束，总蓄水量为 7025 万立方米。

2001 年因上游来水较小，长江镇江站潮位相应较低。6 月 24 日出现全年最高潮位 6.64 米。镇江站潮位总体上略低于 1994 年同期，汛期未超过警戒水位，大运河、句容河、香草河等主要河道汛期水位均低于警戒水位。同时由于沿江各闸站及赤山翻水站在汛期中不断引抽水的影响，相应河道的水位维持在多年平均水位上下。5 月 1 日，全市 16 个报汛水库总蓄水量为 8536 万立方米，为汛期最大。后因久旱少雨，总蓄水量直线下降，到 8 月 4 日降至 4455 万立方米，远远低于同期多年平均水库总蓄水量，为汛期最小。整个汛期各水库总蓄水量净减 3653 万立方米。

2002 年汛期全市降雨量总体偏多，长江潮位较正常年份略高。受 16 号台风和长江洪峰的共同影响，9 月 8 日镇江高潮位达 7.79 米，为全年最高，汛期超警戒水位时间为 51 天；境内的大运河、句容河、香草河等主要河道因降雨偏多，水位略高于多年平均。5 月 1 日，全市 16 座报汛水库总蓄水量为 6241 万立方米，到 10 月 1 日，蓄水量为 7449 万立方米。汛期蓄水量与多年同期基本持平。

2003 年汛期降雨量总体偏多，超过多年均值 20%，镇江站长江潮位总体低于上年同期。全市 7 月 4 日始持续降雨，7 月 16 日镇江高潮位为 7.87 米，为全年最高，汛期超警戒水位天数为 33 天；境内主要河道大运河、句容河、香草河因汛期降雨偏多，超过警戒水位天数多于上年。5 月 1 日，全市 16 座报汛水库总蓄水量为 9523 万立方米，到 10 月 1 日，蓄水量为 8641 万立方米，汛期净减 882 万立方米，汛期蓄水量远高于上年同期。

2004 年汛期降雨量总体偏少，比多年均值少一成；镇江站长江潮位总体低于上年同期，汛期未超警戒水位（警戒水位按 7.0 米统计）；16 座报汛水库汛期蓄水量远小于上年同期，最大总蓄水量也小于上年同期。7 月 5 日镇江出现全年最高潮位为 6.93 米。境内主要河道大运河、句容河、香草河等，因汛期降雨偏少，平均水位都低于上年同期，超过警戒水位天数也少于上年。6 月 14 日入梅后连续普降大到暴雨，导致内河水位暴涨，大运河、香草河、赤山湖及句容河水位高于上年同期。因汛期总降雨量偏少，但前期梅雨量偏多，造成全市 6 月中下旬部分地区出现暴雨洪水和内涝，同时7月以来是农业用水高峰,沿江各节制闸均适时开闸引、排水。5月1日,全市16个报汛水库总蓄水量为7993万立方米,到10月1日,蓄水量为6626万立方米,整个汛期报汛水库总蓄水量净减1367万立方米。

2005年,汛期长江大通来水5414亿立方米,比多年平均同期来水量(5536亿立方米)少2.2%,比上年同期来水量(4921亿立方米)多10%;大通站最大流量为59200立方米/秒(9月8日),比历年最大流量平均值(59580立方米/秒)小380立方米/秒;大通站最高水位为13.72米(9月7日),比历年汛期最高水位平均值(13.74米)低0.02米。长江镇江站汛期潮位总体略高于上年同期。受第9号台风麦莎影响,8月份出现全年最高潮位7.61米(8月7日)。汛期超过警戒水位(7.00米)的天数为15天。扬中站:全年最高潮位为7.23米(上年为6.42米),汛期超过警戒水位(5.60米)以上天数为63天(上年为31天),多于上年同期。因全年汛期降雨偏少,全市境内的主要河道,如大运河、句容河、香草河等,平均水位都低于上年同期,超过警戒水位的天数也少于上年。汛期前期降雨量偏少,全市遭受1978年以来最为严重的旱情威胁,沿江各节制闸均适时开闸引水抗旱。其中谏壁闸汛期引水量82620万立方米;九曲河闸引水量24870万立方米,排水量3450万立方米;沿江两闸总引水量为107490万立方米,总排水量为3450万立方米;赤山闸排水量1762万立方米,抽水站引水量1206万立方米。16座报汛水库汛期蓄水量远小于上年同期,最大总蓄水量也小于上年同期;5月1日,全市16个报汛水库总蓄水量为5336万立方米,低于2004年同期(7993万立方米),以后因持续干旱,总蓄水量持续下降,到7月6日降至全年最小量4404万立方米,以后水库总蓄水量随着降雨又有所回升,到9月16日涨至全年最大6785万立方米(上年为12121万立方米),到10月1日蓄水量为6223万立方米,仍低于上年同期(6626万立方米),整个汛期报汛水库总蓄水量净增887万立方米。

四、流量

长江镇扬、扬中两河段无实测流量资料,镇江的长江流量采用安徽境内大通水文站实测流量为代表。大通出现的最大流量为9.26万立方米/秒(1954年8月1日),出现的最小流量为4620立方米/秒(1979年1月31日)。全市的河、库引排流量大小,与降雨强度、历时以及河、湖、库、塘的底水有关。河、湖、库最大流量均出现在每年汛期。谏壁闸最大引水流量474立方米/秒(1967年7月18日),最大排水流量543立方米/秒(1972年7月3日);多年平均年引水量2.8529亿立方米,最大年引水量9.1084亿立方米(2004年),多年平均年排水量0.3191亿立方米,最大年排水量1.3069亿立方米(1967年)。九曲河闸最大引水流量497立方米/秒(1998年9月9日),最大排水流量523立方米/秒(2003年7月5日);多年平均年引水量3.473亿立方米,最大年引水量7.4672亿立方米(1992年),多年平均年排水量1.3361亿立方米,最大年排水量7.8578亿立方米(1991年)。

第三章　土壤　生物资源

第一节　土　壤

一、土壤类型

镇江市地貌类型复杂,成土母质多样,气候、水文、生物等自然条件的地区差异较大,再加上人类长期的利用、改造,使土地逐步成为耕种土壤,使土壤类型更复杂。丘陵地区土壤质地比较黏重，通透性较差，酸性至微酸性，肥力较低。洮滆平原土壤质地重壤至轻黏，通透性较差，微酸性，肥力中等。孟河平原土壤质地中壤，粉砂含量较高，通透性好，结构差，微酸性，跑水、跑肥，肥力较低。沿江洲地土壤质地中壤至重壤，微碱性，肥力较高。土壤分布具有明显的地域性规律，低山丘陵地区随着山坡由陡变缓，砾石含量渐少，土层渐厚，土壤属地带性的黄棕壤，主要土种有香灰土、粗骨土和黄砂土。比较平缓的岗坡地，则分布着以旱耕熟化的黄刚土。在丘陵塝冲田和平田、洲地、圩区分布大面积的水稻土，沿江冲积平原分布灰潮土，城镇附近有部分菜园土。此外在石灰岩的山坡和山脚有棕色石灰土以及零星分布的紫色砂页岩发育而成的紫色岩土。全市土壤面积总和为25万公顷。1984年，镇江市第二次土壤普查时抽样分析，土壤耕作层有机质含量平均1.84%、全氮0.16%、全磷（五氧化二磷）0.4%、速效磷7.3PPM、全钾（氧化钾）2.57%、速效钾80PPM、有效锌0.48PPM、水溶性硼0.28PPM、代换性锰6.74PPM。土壤酸碱度丘陵地区的水稻土pH值6.0～6.5、旱作土壤pH值5.5～6。沿江和洮滆平原土壤肥力较高，孟河平原缺磷缺钾；丘陵地区土壤肥力较差有机质和氮、磷硼、钾、硅等元素都较贫缺。全市分5大土类、34个土种。

1. 水稻土　水稻土是全市的最主要土类，分布广、面积大，面积16.32万公顷，占全市土壤总面积的65%，分布于丘陵之冲、平原、圩区洲地。水稻土根据水分和发育阶段不同，分淹育型、渗育型、潴育型、潜育型、脱潜型、漂洗型6个亚类。

淹育型水稻土　分布于句容、丹阳、丹徒、京口、润州等市区的岗田。其土壤母质为下蜀黄土，质地粉质中壤或粉质重壤。分黄白土、黄土、小粉土三个土种，易跑土、跑水、跑肥。

渗育型水稻土　分布于江心洲、沿江及孟河平原，其土壤母质为老的河港及长江近代冲积物，渗育层发育较厚，一般在40厘米以上。结构体表面有胶膜，含铁锰结核和锈斑锈纹，质地为中壤或重壤，渗水性能好。分黄沙土、黄夹沙土、漏沙土、沙底黄土、灰沙土、粉沙土、狗头沙土等土种。

潴育型水稻土　主要分布于丘陵冲田和洮滆平原的高平田。其成土母质为次生下蜀黄土或底为黄土状冲积物、上部覆盖湖积物，铁锰结核和锈斑锈纹较多，质地较黏重。分为马肝土、黄马肝土、灰马肝土、黄泥土及黄刚泥土等土种。

潜育型水稻土　分布于句容丘陵冲田下缘低洼区和水库坝以下的下口田以及赤山湖圩区荡田。因地下水位较高，其土体长期受水渍，处于还原状态，质地较黏重，土体内水多气少。分青泥条土和青泥土两个土种。

脱潜型水稻土　分布于洮滆平原和赤山湖圩区的低平田和低洼田。脱潜型水稻土是经过脱沼、水耕熟化发展而成。土层深厚，质地黏重。分为乌泥土和乌栅土两个土种。

漂洗型水稻土　分布于洮滆平原和赤山湖圩区的平田，起源于湖积物，质地粉沙，犁底层以下有大于10厘米厚度的白土层，粗粉粒含量较高，养分含量较低。分黄泥白土和河白土两个土种。

2. 潮土　潮土是长江近代冲积物上发育的旱作土类，面积0.71万公顷，占全市土壤面积2.86%。由于受水的流速影响，分布、质地、层次差异多样，有不同厚度的沙黏夹层，沉积层节理明显，土壤以灰棕色或灰黄色为主。分淤黏土、淤沙土，堆填土和江淤土等四个土种。

3. 黄棕壤　黄棕壤是北亚热带的地带性土壤，是在暖温带落叶阔叶林下发育而成的棕壤和在中亚热带常绿阔叶林下发育而成的黄壤的过渡类型。分布于宁镇丘陵和茅山丘陵的山腰和山麓。面积7.43万公顷，占土壤总面积29.7%。本区黄棕壤的发育成土母质有两类，一类是低山丘陵地区的石英沙岩、沙页岩、沙砾岩、花岗岩和变质岩等酸性岩石的风化残积物和坡积物。这类黄棕壤特性是：表土有厚约1厘米的枯枝落叶层，表土层厚约10～20厘米，呈暗灰色粒状团块结构，有机质含量2.0%～2.5%。心土层呈黄棕色，有时呈红棕色，质地黏重，呈酸性反应，pH值5.0～6.0，一般呈棱块状结构，结构表面被覆有棕色或暗棕色胶膜，或土体中含铁锰结核，母质层中带有基岩本身的色泽。低山丘陵区的黄棕壤因自然植被破坏，水土流失严重，土层较薄，质地较粗，多砾石或石屑，一般称粗骨土，有的地区发育为黄砂土，可作为砂矿开采。土地利用以林地、茶、桑、果园为主。在海拔200～300米的宝华山、五州山上发育肥力较高的香灰土，宜于林业。根据母质不同，分香灰土、粗骨土、黄沙土、死黄土、黄刚土、老红土6个土种。

4. 石灰土　石灰土是岩性土类，由石炭系、二叠系、三叠系中统及下统时期的碳酸盐类岩石风化而成，主要分布在低山丘陵的山腰和山麓，海拔高度多在70米以上。面积4733公顷，占土壤面积1.89%。开发利用较差，生长灌木、草类及稀疏的松树，只有棕色石灰土一个土种。

5. 紫色岩土　紫色岩土仅仅在句容市境内的丘陵地区有零星分布，由紫色沙页岩或赤沙岩风化而成的紫色土和赤沙土，面积740公顷，占总面积0.29%。

二、土壤资源分级

土壤资源是土地资源的组成部分。按照生产条件、养分含量、土壤物理性状、产量水平等因素，全市土壤分为8个等级，其中Ⅰ、Ⅱ级相当于全国一级地，Ⅲ、Ⅳ级相当于全国二级地，Ⅴ、Ⅵ、Ⅶ、Ⅷ级分别相当于全国三、四、五、六级地。

1. Ⅰ级地　面积0.47万公顷，占耕地面积2.54%。主要土壤是黄沙土、黄夹沙、黄泥土等水稻土，土壤质量高，地下水位中100厘米以下，耕层厚度大于17厘米，熟化层厚度达30厘米左右，土壤质地为中壤或重壤土，具有良好的保水供肥能力，耕层有机质含量大于2.5%，速效磷15PPM，速效钾大于150PPM，pH值7.0～8.0。

2. Ⅱ级地　面积4.49万公顷，占土壤面积17.96%。主要有黄沙土、马肝土、黄泥土、黄夹沙、沙底黄沙土、灰沙土等水稻土土种。土壤质量较高，地下水位在80～100厘米，耕层厚度15～17厘米，土壤肥力中等偏上，有机质含量2.0%左右，pH值7.5左右。

3. Ⅲ级地　面积最大，分布最广，共有面积7.29万公顷，占总面积29.17%。主要有粉沙土、马肝土、黄泥土、黄马肝、灰马肝、刚黄泥土、黄泥白土、黄夹沙、黄土、灰沙土、河白土等水稻土土种。土壤质量中等，地下水位70～80厘米，土壤爽水性较差，麦季有渍害。土壤肥力中等，耕层有机质含量1.5%左右，耕层厚13～15厘米。土壤微酸性或微碱性。

4. Ⅳ级地　面积4.53万公顷，占总面积18.12%，其中耕地面积4.38万公顷，林地、园地0.15万公顷。主要有黄白土、马肝土、狗头沙、小粉土、黄泥白土、河白土等水稻土土种，还有部分死黄土、黄刚土、淤黄土等旱地土壤。地下水位较高，一般在60～70厘米。肥力较低，耕层有机质含量1.0%～1.5%。土壤紧实，通气条件不良，耕层浅，渍害重，质地多黏重。水田有泛浆板结现象，旱地少水缺肥。

5. Ⅴ级地　面积2.73万公顷，占总面积10.93%，其中耕地面积1.73万公顷，园、林地1.02万公顷。主要有丘陵地区的黄刚土、死黄土，水稻土中的黄白土、小粉土、黄土、狗头沙等土种。水田地下水位在60厘米以上，渍害严重。耕层深度一般为10厘米左右。土壤肥力很低，耕层有机质含量大多数低于1.0%，缺少速效性的磷、钾类。

6. Ⅵ级地　面积3.64万公顷，占总面积14.47%，多为非耕地。一部分为沿江滩地的江淤土，多为芦苇地，另一部分为丘陵岗地的死黄土、黄刚土等。土质瘠薄，土体结实，透水透气性能差，不适宜耕作，多为林地。

7. Ⅶ级地　面积1.16万公顷，占总面积4.66%。主要土壤有粗骨土、黄沙土、棕色石灰土。土层薄，一般坡度大，不适宜农耕，多用于林业、牧业。

8. Ⅷ级地　面积0.71万公顷，占总面积2.82%。主要土壤是香灰土、粗骨土。多发布在海拔150米以上的低山顶或山坡，地势高，土层薄，土体中石块多，有的甚至岩石裸露。有少量林、牧地，多数为荒坡、荒山。

以上8个等级土壤中，Ⅰ～Ⅲ级地的耕地面积约占总耕地面积的三分之二，为高产粮田。Ⅳ～Ⅷ级地的耕地面积仅占耕地总面积的三分之一，属于中、低产粮田。

从各辖市、区的土壤分级来看，Ⅰ、Ⅱ级地的比重最高的是扬中市，达51.92%；丹阳市30.82%，丹徒区24.38%，京口、润州、新区是34.69%，句容市2.29%。句容市土壤等级偏低，Ⅲ～Ⅷ级地占该市土地总面积80%以上。

第二节　植被与植物

镇江市属北亚热带季风湿润气候，地形复杂，生态多样，植物种类繁多，植被类型复杂，植物资源丰富。根据调查，仅木本树种就有74科183属394种和变种。从植物区系方面看，镇江市属北极植物区中国——日本植物亚区的华东地区向华北地区的过渡地带，具有亚热带向温带区系过渡的特征，南北成分兼而有之，而热带、亚热带成分居多。

镇江市典型地带性植被类型为落叶、常绿阔叶混交林，由于人类经济活动的长期影响，目前仅有零星残存。现状植被以栽培植被占优势，尤以农作物（包括大田作物、蔬菜作物）植被居多，次生植被分布面积较小。

一、植被特征与类型

原生植被几无残存，栽培植被占优势。据《江苏省志·生物志·植物篇》资料，镇江市的植被特征呈栽培植被在植被中占绝对优势，其面积占全市总面积的50%以上，而各种次生植被面积仅占10%左右。栽培植被又以农作物（包括大田作物、蔬菜作物）植被为主。各类次生植被中，次生森林面积远大于次生灌丛、草丛面积，次生针叶林面积远大于次生阔叶林面积。

镇江市的植被类型较为复杂多样，其自然植被分为针叶林、落叶阔叶林、落叶与常绿阔叶混交林、竹丛、灌丛、草丛和水生植被等7个类型；栽培植被则包括大田作物型、蔬菜作物型、经济林型、果园型及绿化型5个类型。

1. 自然植被

针叶林　又可分为常绿针叶林和落叶针叶林。前者有马尾松林、黑松林、湿地松和火炬松林、杉木林、侧柏林等，后者则有水杉林、池杉林等。水杉为中国特有的亚热带落叶针叶树种，本市各地都有栽培，大多栽植于平原圩区。

落叶阔叶林　有栓皮栎林、麻栎林、白栎林、小叶栎林、黄檀林、枫香林、刺槐林和朴树占优势的落叶阔叶杂木林。

落叶、常绿阔叶混交林　有短柄枹树和青冈栎林、黄檀和石栎林。

竹林　有毛竹林、刚竹林，淡竹林。

灌丛　有牡荆灌丛、白栎和短柄枹灌丛、一叶萩和圆叶鼠李灌丛。

草丛　有黄背草草丛、白茅草丛、矛叶荩草草丛。

水生植被　有沉水水生植被（常见的有狐尾藻、菹草、苦草、竹叶眼子菜、黑藻、金鱼藻等）、浮水水生植被（主要的有浮萍、紫萍、满江红、槐叶萍、芡、野菱、荇菜 、水鳖、眼子菜、空心莲子草等）、挺生水生植被（主要的有芦苇、莲、菰、慈姑、荸荠等）。

2. 栽培植被

大田作物型　主要由水稻（籼稻、粳稻、糯稻、杂交稻）、小麦、大麦、元麦、荞麦、山芋、玉米、大豆、蚕豆、豌豆等粮食作物和油菜、花生、芝麻、棉花、苎麻、西瓜等经济作物构成。

蔬菜作物型　主要组成种类有青菜、白菜、紫菜薹、瓢儿菜、包菜、花菜、雪里蕻等白菜类，萝卜、胡萝卜等根菜类，莴苣、芹菜、菠菜、茼蒿、苋菜、蕹菜、芥菜、菊花脑等绿叶菜类，洋葱、大蒜、韭菜等葱蒜类,茄子、西红柿、辣椒等茄果类,黄瓜、冬瓜、南瓜、苦瓜、丝瓜、笋瓜等瓜类,四季豆、豇豆、毛豆、扁豆、蚕豆、豌豆等豆类,马铃薯、芋等薯芋类,藕、茭瓜、慈姑、荸荠、水芹等水生蔬菜类等。

经济林型 主要有桑园、杞柳、茶园。桑园主要分布于市属各市的镇、村具有灌溉条件的旱地和岗坡田地块,市属各区分布较少。2005 年全市桑园面积 2046.7 公顷,仅为 1983 年的 40.5%。茶园主要分布在气候温暖湿润、土壤呈微酸性的丘陵岗地,以句容市分布最多。2005 年镇江市茶园面积为 3943 公顷,比 1983 年增加 34.57%。杞柳主要分布于沿江圩区的低地和江中滩地,是柳编副业的主要原料,扬中市分布面积最大。

果园型 有桃园、梨园、葡萄园、青梅园、柿园、板栗园、山楂园、草莓园等。

绿化型 市区街道绿化树种主要有悬铃木、槐树、水杉、女贞、泡桐、枫杨、榉树、龙柏、樟树、垂柳、圆柏、梓树、榆、三角枫、五角枫、广玉兰(镇江市市树)、杜鹃(镇江市市花)、桂花、银杏等。此外镇江市特有树种宝华玉兰也有种植。郊县四旁绿化有水杉、泡桐、刺槐、楝树、香椿、臭椿、杨、柳、榆、榉树、杉木、悬铃木、栎树等。

二、常见植物

镇江市地域内常见的植物种类有:

1. 苔藓植物 20 种:角苔、平叉苔、蛇苔、石地线、地线、小石藓、、缩叶藓、毛尖紫萼藓、葫芦藓、银叶直藓、尖叶匍灯藓、东业泽藓、钟帽藓、虎尾藓、川滇蔓藓、细叶小羽藓、羽枝青藓、深绿绢藓、圆枝棉藓、灰藓。

2. 蕨类植物 21 科 29 种:瓶尔小草、阴地蕨、芒蕨、铁角蕨、毛轴碎米蕨、鞭叶铁线蕨、华东蹄盖蕨、华中铁角蕨、针毛蕨、蕨、刺齿凤尾蕨,阔鳞鳞毛蕨、紫萁、井栏边草、野鸡尾、贯众、抱石莲、瓦苇、有柄石苇、苹、槐叶草、满江红(绿苹)等。

3. 裸子植物 7 科 20 种:铁树、银杏、金钱松、雪松、红松、马尾松、黄山松、湿地松、五针松、白皮松、美国黄松、杉木、柳杉、水杉(国家一级保护稀有种植物)、柏木、侧柏、圆柏、龙柏、铺地柏、罗汉松等。

4. 单子叶被子植物 22 科 194 种:菹草、小叶眼子菜、泽泻、慈姑、水鳖、黑藻、苦草、苦竹、方竹、毛竹、刚竹、紫竹、箬竹、篌竹、淡叶竹、羊茅、鼠茅、早熟禾、臭草、甜茅、雀麦、短柄草、芦竹、芦苇、鹅观草、小麦、黑麦、大麦、毒麦、牛筋草、穇子、虎尾草、狗牙根、燕麦、小糠草、兔尾草、鼠尾粟、看麦娘、粟草、长芒草、水稻(籼稻、粳稻、糯稻、杂交稻)、秕谷草、菰(茭白)、柳叶箬、铺地黍、稷、细柄黍、野黍、求米草、稗子、雀稗、马唐、紫马唐、短叶马唐、狗尾草、荩草、狼尾草、野古草、荻、五节芒、白茅、斑茅、金茅、高粱、苏丹草、白羊草、细柄草、扭鞘香茅、橘草、黄背草、薏苡、玉米、荩草、甜根子草、油芒、鸭嘴草、牛鞭草、假俭草、光高粱、裂稃草。荆三棱、水葱、水毛花、猪毛草、荸荠、飘拂草、山蔺、水虱草、香附子(三棱草)、球形莎草、碎米莎草、高秆莎草、水莎草、球穗扁莎、水蜈蚣、珍珠茅、江苏苔草和中华苔草等各种苔草、柔营、棕榈、蒲葵、鱼尾葵、棕竹、筋头竹、菖蒲、石菖蒲、大藻(水浮莲)、芋、马蹄莲、天南星、半夏、掌叶半夏、浮萍、品藻、紫萍、无根萍、谷精草、鸭跖草吊竹梅、水竹叶、雨久花、鸭舌草、凤眼莲(水葫芦)、灯芯草、水茅草、地杨梅、直立百部、百合、卷丹、浙贝母、山慈姑、郁金香、葱、洋葱、韭菜、薤、蒜、小根蒜、风信子、天门冬、文竹、石刁柏、芦荟、菝葜、土茯苓、牛尾菜、凤尾兰、玉竹、华重楼(七叶一枝花)、天目藜芦、囊丝黄精、宝铎草、百子莲、土麦冬、麦冬、阔叶小麦冬、玉簪、紫萼、萱草、黄花菜、吊兰、粉条儿菜、万年青、吉祥竹,石蒜、水仙、文殊兰、朱顶兰、葱莲、君子兰、晚香玉(夜来香)、龙舌兰,葱莲,薯蓣(野山药)、鸢尾、蝴蝶花、马蔺、射干、香雪兰、唐菖蒲,芭蕉、鹤望兰,姜,美人蕉、大花美人蕉,建兰、密花舌唇兰、小舌唇兰、虾脊兰、头蕊兰、十字兰、白芨、绶草、石斛等。

5. 双子叶被子植物　115 科 779 种：三白草、蕺菜(鱼腥草)、金粟兰、及己、毛白杨、小叶杨、垂柳、杞柳、河柳、杨梅、化香树、枫扬、胡桃、薄壳山核桃、白桦、江南桤木、昌化鹅耳枥、板栗、茅栗、锥栗、麻栗、石栎、白栎、槲栗、青冈、苦槠、榆、榔榆、朴树、小叶朴、紫弹树、糙叶树、榉树、刺榆、水蛇树、柘树、桑、葫芦桑、鸡桑、构树、薜荔、爬藤榕、天仙果、无花果、大麻、华中艾麻、苎麻、花点草、大叶苎麻、糯米团、百蕊草、杜衡、细辛、马兜铃、虎杖、何首乌、杠板归、拳参、萹蓄、红蓼、蓼蓝、酸模叶蓼、水蓼、长花蓼、小蓼、虫枝蓼、中轴蓼、穗下蓼、稀花蓼、戟叶蓼、长戟叶蓼、细刺毛蓼、尼泊尔蓼、蚕茧草、荞麦、酸模、羊蹄、菠菜、甜菜、藜、灰绿藜、地肤、青葙、鸡冠花、苋、皱果苋、刺苋、牛膝、莲子草、千日红、光叶子花、紫茉莉、商陆(白母鸡)、粟米草、蕃杏、马齿苋、土人参、落葵、石竹、鹅不食、太子参、漆姑草、麦瓶草(灯笼草)、蝇子草、剪秋罗、瞿麦、粘毛卷耳、莲、睡莲、芡、莼(莼)、金鱼藻、牡丹、芍药、天葵、唐松草、林阴银莲花、短梗箭头、白头翁、威灵仙、毛叶威灵仙、短柱铁线莲、毛果铁线莲、毛茛、小毛茛、扬子毛茛、禺毛茛、石龙芮、茴茴蒜、乌头、黄药子、山木通、梅花藻、还亮草、飞燕草、木通、鹰爪枫、日本小辟、黄芦木、南天竹、十大功劳、木防己、蝙蝠葛、千金藤、荷花玉兰(广玉兰)、玉兰、宝华玉兰、厚朴、辛夷、白兰花、含笑花、华中五味子、鹅掌楸、腊梅、樟树、紫楠、山胡椒、狭叶山胡椒、江浙钓樟、庐山乌药、花菱草、白屈菜、博落回、虞美人、紫堇、伏生紫堇、刻叶紫堇、黄堇、延胡索、白花菜、醉蝶花、大白菜、青菜、卷心菜、花椰菜、塌棵菜、芸苔(油菜)、擘蓝、芥菜、雪里蕻、诸葛菜、芜菁甘蓝、凤花菜、碎米荠、水田碎米荠、播娘蒿、鼠耳芥、糖芥、紫罗兰、北美独行菜、荠、葶苈、萝卜、菘蓝、臭荠、景天、景天三七、珠芽景天、瓦松、晚红瓦松、虎耳草、华茶蔗、扯根菜、绣球、太平花，溲疏、枫香、牛鼻栓、檵木、蚊母树、悬铃木、法国梧桐、桃、樱桃、樱花、日本樱花、李、毛樱桃、梅、榆叶梅、麦李、杏、蔷薇、小果蔷薇、缫丝花、玫瑰、月季花、芳香月季、金樱子、木香、苹果、花红、海棠花、梨、垂丝海棠、豆梨、棠梨、野山楂、湖北山楂、枇杷、草莓、蛇梅、委陵菜、三叶委陵菜、翻白草(鸡咯咯)、蛇含、绣线菊、珍珠梅、野珠兰、白鹃梅、火棘、石楠、毛叶石楠、木瓜、龙牙草、地榆、棣棠、鸡麻、高粱泡、山莓、茅莓、山合欢、合欢、云实、皂荚、决明、短叶决明、望江南(金角子)、紫荆、光叶马鞍树、槐树、苦参、野百合、草木樨、小苜蓿、南苜蓿、大豆、野大豆、毛野扁豆、鹿藿、宁油麻藤、野葛、刀豆、蚕豆、菜豆(四季豆)、绿豆、赤豆、野豇豆、豇豆、眉豆、扁豆、豌豆、豆薯、歪头菜、华东木蓝、苏木蓝、紫藤、鸡血藤、洋槐、锦鸡儿、紫云英、黄檀、田皂荚、落花生、小叶三点金草、小槐花、山蚂蟥、山豆花、铁马鞭、胡枝子、鸡眼草、杭子梢、酢浆草、天竺葵、蒺藜、石椒草、芸香、白鲜、野花椒、花椒、崖椒、日本常山、吴茱萸、枸橘(枳)、佛手、香圆、温州蜜柑、苦树、臭椿、香椿、楝树、瓜子金、地锦草、斑地锦、大戟、续随子、泽漆、蓖麻、铁苋菜、油桐、乌桕、石岩枫、野梧桐、野桐、白叶野桐、山麻杆、重阳木、一叶萩、叶下珠、水马齿、黄杨、细叶黄杨、毛叶黄栌、黄连木、盐肤木、木蜡树、野漆树、冬青、枸骨、卫茅、扶芳藤、南蛇藤、苦皮藤、野鸦椿、三角枫、茶条(女儿红)、五角枫、鸡爪槭、羽扇槭、青榨槭、建始槭、无患子、栾树、倒地铃、青风藤、细花泡花树、红枝柴、凤仙花、枳椇、铜钱树、马甲子、枣、多花勾儿菜、鹊梅藤、猫乳、冻绿、长叶冻绿、圆叶鼠李、葡萄、毛葡萄、蛇葡萄、光叶蛇葡萄、爬山虎、乌蔹梅、黄麻、长蒴黄麻、甜麻、田麻、光果田麻、糯米椴、南京椴、鄂椴、扁担杆、锦葵、圆叶锦葵、华东葵、蜀葵、中棉、陆地棉(棉花)、木槿、木芙蓉、洋麻、秋葵、黄蜀葵、冋麻、梧桐、马松子、猕猴桃、猫人参、茶、山茶、黄海棠(旱莲草)、金丝桃、地耳草、赶山鞭、柽柳、桧柽柳、五蕊柽柳、紫花堇菜、堇菜、三色堇、箭叶堇菜、心叶堇菜、长萼堇菜、蔓茎堇菜、毛果堇菜、紫花地丁、山拐枣、柞木、秋海棠、四季海棠、仙人掌、昙花、芫花、结香、胡秃子、牛奶子、木半夏、水苋菜、耳基水苋、多花水苋、节节菜、千屈菜、紫薇、石榴、喜树、紫树、珙桐、八角枫、瓜木、金锦香、乌菱、野菱、倒挂金钟、柳叶菜、月见草、待霄草、水龙、丁香蓼、露珠草、狐尾藻、小二仙草、中华长春藤、常春藤、刺萩、五加、天胡荽、楤木、变豆菜、破子草、窃衣、野胡萝卜、胡萝卜、香根芹、峨参、芫荽、明党参、泽芹、异叶茴芹、小茴香、旱芹、细叶芹、水芹、鸭儿芹、大齿山芹、红柴胡、蛇床、短毛独活、骨缘当归、紫花前胡、杭白芷、四照花、山茱萸、杜鹃、满山红、椭叶南烛、乌饭树、紫金牛、朱砂根、仙客来、点地梅、珍珠菜、过路黄、星宿菜、轮叶排草、狼尾花、老鸦柿、柿、野柿、君迁子、白檀、老鼠矢、野茉莉、垂珠花、赛山梅、白蜡树、雪柳、金钟花、紫丁香、茉莉、迎春、桂花、女贞、小蜡、水蜡树、蜡子树、醉鱼草、大叶醉鱼草、龙胆、笔龙胆、江浙獐牙菜、荇菜、夹竹桃、络石、萝藦、飞来鹤、徐长卿、白薇、毛白前、隔山消、夜来香、菟丝子、蕹菜、甘薯、牵牛、紫牵牛、打碗花、篱天剑、马蹄金、粗糠树、麦家公、附地菜、细茎斑种草、多苞斑种草、弯齿盾果草、马鞭草、黄荆、莸、臭牡丹、大青、尖齿大青、华紫珠、豆腐柴、石蚕、筋骨草、黄芩、喜荫黄芩、耳挖草、光紫黄芩、半枝莲、水苏、夏枯草、夏至草、活血丹、丹参、益母草、宝盖草、野芝麻、鼠尾草、一串红、华荠宁、石荠宁、地笋、风轮菜、光风轮菜、牛至、薄荷、留兰香、白苏、紫苏、罗勒、溪黄草、大叶香溪草、广椭圆叶糙苏、鬈菜、马铃薯、西红柿、茄子、枸杞、辣椒、烟草、酸浆、毛蕊花、胡麻草、毛果短冠草、金鱼草、紫花泡桐、泡桐、鹿茸草、阴行草、山萝花、玄参、通泉草、弹刀子菜、毛地黄、地黄、石龙尾、母草、婆婆纳、水蔓青、蚊母草、梓树、美国梓树、胡麻、茶菱、野菰、黄花狸藻、白接骨、穿心莲、水蓑衣、九头狮子草、爵床、透骨草、车前、平车前、茜草、虎刺、六月雪、蓬子菜、猪秧秧、麦仁珠、鸡矢藤、白花蛇舌草、黄毛耳草、水杨梅、栀子花、接骨草、接骨木、荚迷绣球、琼花、荚迷、忍冬(金银花)、金银木、郁金忍冬、糯米条、败酱、白花败酱、狭叶败酱、斑花败酱、续断、绞股蓝、盒子草、南赤爬、南瓜、笋瓜、西葫芦、王瓜、瓠瓜、苦瓜、丝瓜、冬瓜、西瓜、黄瓜、香瓜、菜瓜、葫芦、瓠子、栝楼、党参、四叶参、兰花参、轮叶沙参、苦叶沙参、桔梗、袋果草、半边莲、下田菊、雏菊、万寿菊、菊花、除虫菊、野菊、菊花脑、甘菊、风毛菊、金光菊、翠菊、大波斯菊、车轮菊、母菊、香矢车菊、胜利蓟、泽兰、白鼓钉、野马追、一枝黄花、马兰、鸡儿肠、紫菀、一年蓬、小白酒草、野塘蒿、鼠曲草、旋复花、天名精、金挖耳、虾须草、苍耳、豚草、豨签、醴肠、向日葵、菊芋、大丽花、鬼针草、茼蒿、茵陈蒿、青蒿、艾蒿、芦蒿、奇蒿(刘寄奴)、苦蒿、臭蒿、牡蒿、石胡荽、三七草、兔儿伞、千里光、狗舌草、金盏花、华东蓝刺头、苍术、白术、牛蒡、飞廉、刺儿菜、蓟、线叶蓟、水飞蓟、泥胡菜、红花、华麻花头、杏香兔儿风、大丁草、稻搓菜、鸦葱、笔管草、毛连菜、蒲公英、苦苣菜、莴苣、生菜、黄鹌菜、苦荬菜、蓝芙蓉、颖冬等。

镇江生长的外来植物有湿地松、火炬松、雪松、五针松、水杉、日本柳杉、罗汉松、珙桐、蜀桧、中山柏、福建柏、龙柏、红豆杉、深山含笑、杜英、日本樱花、金合欢、香榧、红枫、墨西哥落羽杉、龙爪槐、意杨、金丝垂柳、翠柏、刺槐、川楝、悬铃木、樱桃、红花继木、茶梅、红瑞木、马褂木、红叶李、棕榈、广玉兰、猕猴桃、巨峰葡萄、刺梨、果桑、甜柿、无性系茶叶等。由国外传入的水花生、豚草、加拿大一枝黄花等植物繁殖快、危害大,必须引起重视。

在上述各种植物中,列为国家一级保护的植物有珙桐、红豆杉、金钱松、银杏、苏铁;列为国家二级保护的植物有宝华玉兰、榉树、秤锤树、喜树、厚朴、香樟、翠柏等。

第三节 动 物

根据动物地理区划,镇江市动物区系应归属东洋界华中区的东部丘陵平原亚区,其动物属亚热带林灌、草地——农田动物群。镇江市地处华中区的北缘,紧接古北界华北区的黄淮平原亚区。由于华中、华北两区东部缺乏天然屏障,气候差异又是渐变的,因此镇江市的动物种类有东洋和古北两界相互渗透的特点。

镇江市常见的主要动物分为无脊椎动物和脊椎动物两大类。无脊椎动物包括原生动物、多孔动物、腔肠动物、扁形动物、环节动物、软体动物、节肢动物;脊椎动物有鱼类、两栖类、鸟类、爬行类和哺乳类动物。

一、无脊椎动物

原生动物 即单细胞动物,是生活在淡水环境中的浮游动物,如草履虫、变形虫、轮虫等。

多孔动物　指淡水中的海绵，已知者仅有针海绵、盘海绵。这类动物生长在河滨的砖石或桥梁的支柱上。

腔肠动物　在池塘中最普通的为水螅。

扁形动物　大多为寄生于人或禽畜体内的如日本血吸虫、钩绦虫等。

原腔动物　有人蛔虫、十二指肠钩虫、丝虫等人体寄生虫，小麦线虫等。

环节动物　有蚯蚓、蚂蟥、水蚯蚓等。

软体动物　腹足类有各种田螺、蜗牛、蛞蝓、钉螺等；瓣鳃类有各种蚌、河蚬等。

节肢动物　是无脊椎动物中最重要的一类，种类多、数量大、与人类生活密切相关。据统计，节肢动物的种类数占整个动物种类的85%。

镇江市分布的节肢动物包括甲壳纲、蛛形纲、多足纲、昆虫纲。

甲壳纲　有各种水蚤、似铃壳虫、多肢轮虫等。虾、蟹类有米虾、白虾、沼虾、克氏螯虾，中华绒螯蟹、锯齿溪蟹，丰年虫等。

蛛形纲　有蜘蛛、蝎子、蜱、疥螨、红蜘蛛等。

多足纲　有蜈蚣、蚰蜒、马陆、山蛩虫等。

昆虫纲　是节肢动物中最大的一纲，种类繁多，已知的节肢动物种类达一百万种左右。镇江市常见的有：

缨尾目　如衣鱼（蠹虫）。

蜉蝣目　各种蜉蝣。

蜻蜓目　如红蜻、黄蜻、黄翅蜻、玉带蜻、黑色印叶箭蜓、齿背灰蜻等。

蜚蠊目　有蜚蠊（蟑螂）、地鳖等。

螳螂目　有中华螳螂、小刀螂、薄翅螳螂等。

等翅目　昆虫通称白蚁，镇江主要存在的是家白蚁和黑翅大白蚁。

竹节虫目　竹节虫。

直翅目　包括蝗、蚱蜢、纺织娘、绿螽斯、台湾油葫芦、斗蟋、蟋蟀、灶马、非洲蝼蛄、华北蝼蛄等。

革翅目　蠼螋。

同翅目　有蟪蛄、蚱蝉、黑尾叶蝉、蜡蝉、稻灰飞虱、棉蚜、麦长管蚜、桃蚜、菜蚜、菊长管蚜、豌豆长管蚜等。

脉翅目　草蜻蛉。

半翅目　通称椿象，有土蝽、负子蝽、仰蝽、水黾、九香虫、稻绿蝽、谷蝽、驼蝽、长蝽、红蝽、猎蝽、花蝽、盲蝽、臭虫等。

食毛目　鸡虱。

虱目　虱子。

缨翅目　俗称蓟马，如稻蓟马。

鞘翅目　通称甲虫，有行夜虫、龙虱、豉虫、叩头虫、谷蠹、萤火虫、皮蠹、金龟子、蜣螂、斑蝥、黄粉、天牛、豆象、二星瓢虫、七星瓢虫、米象、谷象等。

鳞翅目　包括蛾和蝶两大类，主要有透翅蝶、三化螟、二化螟、豆天蛾、黄尾毒蛾、金星尺蛾、棉铃虫、白灯蛾、家蚕、中华虎凤蝶、麝凤蝶、乌凤蝶、碧凤蝶、蓝凤蝶、金凤蝶、琉璃蛱蝶、红星蛱蝶、大红蛱蝶、蓝地蛱蝶、猫蛱蝶、稻眼蝶、东方粉蝶、菜粉蝶、合欢黄蜂蝶、稻弄蝶、红灰蝶、丫纹小灰蝶等。

双翅目　包括蚊、蝇、虻等，主要有中华按蚊、白纹伊蚊、骚乱伊蚊、贪食库蚊、淡食库蚊、牛虻、中国家蝇、大家蝇、厕蝇、大头金蝇、丝光绿蝇、麻蝇、黑尾麻蝇等。

蚤目　通称跳蚤，如人蚤、猫栉头蚤、犬栉头蚤等。

膜翅目　有意大利蜂、蚂蚁、黄蚁、大胡蜂、泥蜂、圆形蜂等。

二、脊椎动物

鱼类　镇江市位于长江下游，临近大海，与长江相贯通的河流较多，鱼类资源丰富，共分19个科。有一些是溯江洄游的种类，如鲟科的中华鲟、鳀科的长颌鲚（刀鱼）和鲥鱼。还有白鲟科的白鲟，银鱼科的居氏银鱼，鳗鲡科的鳗鲡，鲤科的鲤、鲫、鳡鱼、青鱼、草鱼、鳊、团头鲂、三角鲂、鲹鲦、红鳍鲌、短尾鲌、翘嘴红鲌、银飘鱼、逆鱼、黄尾鲴、银鲴、大鳍刺鳑鲏、高体鳑鲏、鳙、鲢，胭脂鱼科的胭脂鱼，鳅科的花鳅、泥鳅，鮠科的黄颡鱼，鲶科的鲶，胡子鲶科的胡子鲶，鳉科的青鳉，合鳃科的黄鳝，鮨科的鳜鱼、鲈鱼，塘鳢科的沙鳢，鳢科的乌鳢，刺鳅科刺鳅等。

两栖类　有蝾螈类的东方蝾螈，蟾蜍科的中华大蟾蜍，雨蛙科的无斑雨蛙、中国雨蛙，蛙科的日本林蛙、泽蛙、黑斑蛙、金线蛙、虎纹蛙、中国林蛙，姬蛙科的小弧斑姬蛙、饰纹姬蛙、北方狭口蛙等。

爬行类　有龟科的大头乌龟、乌龟、黄喉水龟、黄缘闭壳龟，鳖科的鳖，壁虎科的多疣壁虎，石龙子科的石龙子，蜥蜴科的北方草蜥、白条草蜥，游蛇科的黑脊蛇、黄脊游蛇、赤练蛇、双斑锦蛇、王锦蛇、红点锦蛇、黑眉锦蛇、虎斑游蛇、小头蛇、乌梢蛇、绞花林蛇、中国水蛇，蝰科的蝮蛇，鼍科的扬子鳄等。

鸟类　有鸊鷉科的小鸊鷉，鹭鸶科的鹭鸶，鹭科的苍鹭、草鹭、绿鹭、池鹭、牛背鹭、白鹭、夜鹭、大麻鳽，鸭科的鸿雁、豆雁、白额雁、灰雁、针尾鸭、绿脸鸭、花脸鸭、绿翅鸭、罗纹鸭、斑嘴鸭、白眉鸭、琵嘴鸭、秋沙鸭，鹰科的鸢、赤腹鹰、雀鹰、松雀鹰，隼科的小隼、游隼、红隼，雉科的鹌鹑、环颈雉，秧鸡科的普通秧鸡、小田鸡、黑水鸡，鸻科的凤头麦鸡、灰头麦鸡、金眶鸻，鹬科的针尾沙锥、扇尾沙锥、丘鹬，燕鸻科的普通燕鸻，鸥科的黑尾鸥、银鸥、红嘴鸥、普通燕鸥，鸠鸽科的山斑鸠、珠颈斑鸠、大斑鸠，杜鹃科的大杜鹃、四声杜鹃、鹰头杜鹃、中杜鹃，鸱鸮科的红角鸮、鵰鸮、长耳鸮、短耳鸮，夜鹰科的夜鹰，翠鸟科的翠鸟、蓝翡翠，戴胜科的戴胜，啄木鸟科的斑啄木鸟、星头啄木鸟、黑枕绿啄木鸟，百灵科的云雀、小云雀，燕科的家燕、金腰燕，伯劳科的红尾伯劳、虎纹伯劳、牛头伯劳、棕背伯劳，黄鹂科的黑枕黄鹂，椋鸟科的丝光椋鸟、灰椋鸟、八哥，鸦科的长尾蓝鹊、灰喜鹊、喜鹊、秃鼻乌鸦、寒鸦、大嘴乌鸦、白颈鸦，鹟科的红胁蓝尾鸲、灰背鸫、乌鸫、斑鸫、棕头鸦雀、画眉、红嘴相思鸟、短翅树莺、山树莺、大苇莺、白眉鹟、乌鹟、寿带鸟，山雀科的大山雀、长尾山雀，文鸟科的树麻雀、山麻雀，雀科的燕雀、黄雀、红交嘴雀、黑头蜡嘴雀、黑尾蜡嘴雀、金翅雀、黄胸鹀、黄喉鹀等。

生活在镇江市城内的哺乳类动物种类不多，一部分哺乳动物已进行驯化饲养，野生哺乳动物已越来越少。镇江常见的和曾经见到过的哺乳动物有：蹄蝠科的大蹄蝠，蝙蝠科的伏翼、棕蝠、南蝠，菊头蝠科的菊头蝠，猬科的普通刺猬，鼩鼱科的麝鼩，中鼬科的黄鼬、狗獾、猪獾、鼬獾，灵猫科的大灵猫，猫科的豹猫、豹、虎，犬科的狼、豺、狐，啮齿目仓鼠科的东方田鼠，鼠科的巢鼠、小家鼠、褐家鼠、黄胸鼠、大足鼠、社鼠、黑线姬鼠，豪猪科的豪猪，松鼠科的淡腹松鼠，豚鼠科的豚鼠，河狸科的河狸，硬毛鼠科的河狸鼠，兔形科的野兔，猪科的野猪，鹿科的河麂（牙獐），鼠海豚科的江豚，白鱀豚科的白鱀豚等。上述动物中的大型、中型动物如虎、豹、大灵猫、狼、豺、河麂、白鱀豚等或已消失，或者很稀见，有的则被列为国家重点保护动物。

在上述各种动物中，被列为国家Ⅰ级保护动物的有白鱀豚、白鲟、鹳、丹顶鹤、大鸨、扬子鳄、中华鲟；Ⅱ级保护动物有豺、雁、天鹅、鸳鸯、鹰、隼、鵰鸮、鹰鸮、虎纹蛙、中华虎凤蝶等。

第四章　气　候

镇江地处北亚热带的北部地区，具有明显的亚热带季风气候特点，冬季受大陆吹来的寒冷而干燥的偏北风影响，夏季受来自海洋温暖湿润的偏南风控制，春秋两季为冬季风和夏季风转换季节。镇江的气候特点是：四季分明，雨量集中，冬冷夏热，春温多变，秋高气爽，雨热同季，光照充足。

镇江属于亚热带湿润季风气候，由于兼受西风带、副热带和热带辐合带天气系统影响，天气气候复杂，灾害性天气频繁，主要的灾害性天气有旱涝、连阴雨、暴雨、台风、冰雹、寒潮和低温冻害等。

第一节　气温　日照　湿度　风

一、气温

1983～2005年，镇江年平均气温为15.8℃，扬中15.5℃，丹阳15.5℃，句容15.4℃，与1954～1985年间的年平均气温15.4℃、15.1℃、14.9℃、15.1℃相比，温度分别升高0.4℃、0.4℃、0.6℃、0.3℃。镇江市年平均气温最高的年份是2004年，为16.6℃，年平均气温最低的年份是1984年，为14.9℃，最高年与最低年之间的年际温差为1.7℃。

1月份是全年最寒冷的月份，镇江市1月平均气温为2.9℃，与1954～1985年间的1月份平均气温（2.3℃）相比，升高0.6℃，升温明显。1月份平均气温最高的年份是2002年为5.3℃，1月份平均气温最低的年份是1984年为0.7℃。极端最低气温为－9.2℃，出现在1991年的12月28日。7月份是全年最炎热的月份，镇江市7月平均气温为27.9℃，与1954～1985年间的7月平均气温（27.8℃）相比，升高0.1℃。7月平均气温最高的年份是1994年，高达30.3℃；平均气温最低的年份是1999年，为25.6℃；最高年和最低年平均气温之差达4.7℃。极端最高气温为39.5℃，出现在2001年的7月2日。气温的年较差（最热月与最冷月平均气温之差）为25.0℃。

1983～2005年镇江市各年份气温情况一览表

表2-5　　　　单位：℃

年份	年平均气温	1月平均气温	7月平均气温	年极端最高气温/日期	年极端最低气温/日期
1983	15.6	2.9	27.4	37.6/8月3日	－6.3/2月19日
1984	14.9	0.7	28.1	35.8/6月5日	－6.8/1月23日
1985	15.2	2.2	27.7	35.9/7月16日	－6.8/12月9日
1986	15.3	2.6	26.5	36.2/7月27日	－8.1/1月5日
1987	15.5	4.1	26.3	35.6/6月4日；8月3日	－6.5/2月4日
1988	15.7	3.7	30.0	38.6/7月9日	－5.4/12月17日
1989	15.6	4.0	26.5	36.1/8月12日	－4.5/1月15日
1990	16.4	2.5	29.7	37.4/7月9日	－9.1/2月1日
1991	15.5	3.3	27.5	37.2/7月23日	－9.2/12月28日
1992	15.8	3.0	28.7	38.2/7月29日	－4.8/1月15日

续表 2-5

年份	年平均气温	1 月平均气温	7 月平均气温	年极端最高气温/日期	年极端最低气温/日期
1993	15.5	1.6	26.8	36.5/7 月 12 日;7 月 13 日	-7.3/1 月 17 日
1994	16.5	3.5	30.3	37.7/9 月 7 日	-6.0/1 月 19 日
1995	15.5	3.2	27.8	38.2/9 月 7 日	-4.1/2 月 3 日
1996	15.2	2.7	26.4	35.5/7 月 25 日	-6.1/1 月 9 日
1997	15.9	2.0	27.0	37.6/6 月 5 日	-6.7/12 月 5 日
1998	16.5	2.4	28.8	36.6/7 月 13 日	-7.2/1 月 19 日
1999	15.7	4.4	25.6	35.8/9 月 10 日	-7.1/12 月 22 日
2000	16.1	2.2	28.6	36.7/7 月 15 日	-7.8/1 月 28 日
2001	16.3	3.6	29.4	39.5/7 月 2 日	-6.1/12 月 26 日
2002	16.5	5.3	28.3	39.2/7 月 15 日	-4.9/12 月 26 日;12 月 28 日
2003	15.9	2.3	27.7	38.7/8 月 2 日	-6.4/1 月 5 日
2004	16.7	3.0	29.1	37.9/7 月 21 日	-7.6/1 月 25 日
2005	16.1	1.7	28.3	37.0/8 月 11 日	-6.8/1 月 1 日;1 月 2 日

1983～2005 年镇江市各年份四季气温情况一览表

表 2-6

年份	入春日期	入夏日期	入秋日期	入冬日期	冬季气温情况	夏季气温情况
1983	3 月 31 日	5 月 19 日	9 月 18 日	11 月 23 日	正常	正常
1984	3 月 28 日	6 月 16 日	9 月 22 日	11 月 24 日	异常偏低	正常
1985	4 月 6 日	6 月 8 日	9 月 22 日	11 月 28 日	正常	正常
1986	4 月 1 日	5 月 30 日	9 月 11 日	11 月 25 日	偏低	正常
1987	4 月 3 日	6 月 2 日	9 月 16 日	11 月 28 日	正常	偏低
1988	3 月 10 日	4 月 29 日	9 月 25 日	11 月 24 日	正常	正常
1989	3 月 11 日	5 月 29 日	9 月 20 日	11 月 13 日	正常	偏低
1990	3 月 19 日	5 月 8 日	9 月 16 日	11 月 30 日	正常	偏高
1991	4 月 4 日	5 月 20 日	9 月 16 日	11 月 24 日	正常	正常
1992	3 月 10 日	5 月 26 日	9 月 20 日	11 月 26 日	正常	正常
1993	3 月 30 日	6 月 7 日	9 月 16 日	11 月 18 日	正常	正常
1994	3 月 17 日	5 月 21 日	9 月 19 日	12 月 2 日	正常	偏高
1995	3 月 19 日	5 月 28 日	9 月 11 日	11 月 20 日	偏高	正常
1996	4 月 4 日	6 月 9 日	9 月 13 日	11 月 12 日	正常	正常
1997	3 月 5 日	5 月 3 日	9 月 30 日	11 月 30 日	正常	正常
1998	4 月 3 日	5 月 18 日	9 月 18 日	12 月 2 日	偏高	正常
1999	4 月 4 日	5 月 30 日	9 月 21 日	11 月 15 日	异常偏高	偏低
2000	3 月 14 日	5 月 19 日	9 月 25 日	11 月 20 日	正常	正常
2001	3 月 18 日	5 月 14 日	9 月 29 日	12 月 4 日	偏高	正常
2002	3 月 7 日	5 月 24 日	9 月 21 日	11 月 23 日	异常偏高	正常
2003	3 月 23 日	5 月 29 日	10 月 2 日	11 月 8 日	正常	正常
2004	3 月 26 日	5 月 24 日	10 月 1 日	12 月 5 日	偏高	偏高
2005	3 月 30 日	5 月 9 日	9 月 22 日	12 月 2 日	正常	偏高

二、日照

1983～2005年,镇江年平均日照时数为2003.6小时,比1954～1985年间的年平均日照时数减少60.4小时,年平均日照百分率45%,比1954～1985年间的年平均日照百分率减少1%。日照年际间多寡相差甚大,最多的年份是1988年,为2231.8小时;最少的年份是1999年,为1689.7小时,其极端年际差为542小时。年日照百分率最多为50%(1988年、1992年),最少38%(1999年)。一年之中,日照百分率8月最高,为49%,3月最低,为39%。

三、湿度

1983～2005年,镇江年平均相对湿度为74%,年相对湿度最大为78%,出现在1985年、1998年和1999年;年相对湿度最小为69%,出现在1995年和2005年。月相对湿度高值出现在7月(80%)和8月(81%);月相对湿度低值出现在12月(70%)。

四、风

镇江市常年主导风向为偏东风,1983～2005年平均风速为2.4米/秒。春季平均风速最大,为2.7米/秒,夏季为2.5米/秒,冬季和秋季分别为2.3米/秒和2.2米/秒。由于经济高速发展,建筑物不断增多,受小气候影响,风速较1954～1985年间的平均风速小。镇江市极大风力为13级(40米/秒),出现在1989年8月13日。

1983～2005年镇江市各月份平均风速及最大风速表

表2-7　　单位:米/秒

月份	1	2	3	4	5	6	7	8	9	10	11	12
平均风速	2.3	2.5	2.7	2.7	2.6	2.5	2.5	2.5	2.4	2.1	2.1	2.1
最大风速	10.0	11.3	11.3	12.0	11.0	12.0	16.7	12.7	10.7	9.3	12.0	10.0

第二节 降水 雾 霜

一、降水

1983～2005年,年平均降水量镇江1096.3毫米、扬中1057.4毫米、丹阳1076.8毫米、句容1091.3毫米。年降水量最多的年份是1991年为1951.3毫米(句容)、1919.9毫米(镇江);年降水量最少的年份是1994年,仅为579.8毫米(镇江)。降水量主要集中在夏季,夏季平均降水量为520.0毫米,占全年总降水量的47.4%,春季、秋季和冬季的平均降水量分别为251.0、189.5和135.4毫米,分别占全年总降水量的22.9%、17.3%和12.4%。

镇江的暴雨形式主要是梅汛期暴雨和台风暴雨,1983～2005年,年平均暴雨(前一天20时～当天20时降水量≥50毫米)日数为3.3天,年平均大暴雨(日降水量≥100毫米)日数为0.26天,暴雨主要集中在5到9月,占全年总暴雨日数的93.3%,其中夏季(6到8月)期间暴雨日数占全年总暴雨日数的76.6%,大暴雨全部出现在夏季。一年中出现暴雨最多的为7天(1991年和2003年),最少的1994年出现暴雨为0天。一日最大降水量出现在2003年7月5日,量值达215.3毫米。年平均降水日数为144.6天,年降水日数最多是1987年和1990年,都是163天,年降水日数最少的是1983年,为110天。最长连续降水日数为15天,分别出现在1985年和1992年,过程雨量分别为87.3毫米和117.3毫米,最长连续无降水日数为36天,出现在1988年。

1983～2005 年,镇江出现初雪的平均日期为 12 月 17 日,最早出现初雪的是 1993 年 11 月 21 日,最迟出现初雪的是 1998 年 1 月 15 日。出现终雪平均日期为 2 月 24 日,最早出现终雪的是 1993 年的 1 月 14 日,最晚出现终雪的是 1992 年的 4 月 15 日。初雪终雪间日数平均为 95 天,最长的 1995～1996 年为 128 天,最短的 1993 年仅为 4 天。1983～2005 年,平均降雪日数为 9.2 天,最多的年份有 21 天(1985 年),最少的为 2 天(2001 年),最大积雪深度为 34 厘米,出现在 1984 年 1 月 19 日。年平均积雪日数为 6.1 天,年最多积雪日数为 18 天,出现在 1984 年,年最少积雪日数为 1 天,分别出现在 1986 年和 1995 年。

二、雾

1983～2005 年,镇江年出现大雾平均日数为 23 天,最多为 37 天(1986 年),最少 8 天(2005 年),各月都有大雾天气出现,8 月份出现的次数最少,10 月到 12 月和 1 月到 4 月出现大雾的次数较多,这 7 个月大雾出现的次数占全年总雾日数的 75%。

三、霜

1983～2005 年,镇江的平均初霜日出现在 11 月 15 日,最早出现初霜的是 1986 年 10 月 30 日,最迟出现初霜的是 1994 年 12 月 4 日,终霜日平均出现在 3 月 18 日,最早出现终霜的是 1992 年 2 月 24 日,最迟出现终霜的是 1987 年 4 月 15 日。全年平均无霜期为 240 天,无霜期最长的是 267 天,出现在 1998 年 3 月 2 日～11 月 22 日,无霜期最短为 213 天,出现在 2005 年 3 月 10 日～10 月 30 日。

第五章　自然灾害

第一节　地质灾害

镇江是一座天然的山水城市。万里长江滨城而过,沿江三山矗立,内外群山环绕,古运河蜿蜒,整个城市镶嵌在山水之间,形成山在城中、城在山中的独特城市山林风貌。随着经济发展,人口增加,大量建筑依山而建,造成地质环境破坏严重,地质灾害隐患遍布,山体滑坡频繁发生,严重威胁着人民群众的生命财产安全。自 1991～2005 年,镇江市内发生各类地质灾害 400 多起,冲毁民房 3730 多间,50 多个工厂停工停产,5 所小学停课,7500 多居民被迫异地安置,直接和间接经济损失超过 2 亿元。因预报准确,撤离及时,措施到位,未发生一起人员伤亡事故。

1991 年 11 月,镇江市政府成立镇江市斜坡地质灾害指挥部,设在镇江市地质矿产局,明确地质环境管理和地质灾害防治工作职能,建立健全市、区、街道、居委会四级斜坡地质灾害监测预报网。1998 年 11 月,市政府下发《批转市斜坡地质灾害指挥部等部门〈关于加强城市山林保护停止在市区山体上进行工业民用新建扩建工程的意见〉的通知》,1999 年 4 月,市政府下发《镇江市地质环境监督管理办法》,将斜坡地质灾害防治工作摆上重要议事日程。特别是进入 21 世纪,先后治理 35 处地质灾害,总投入达到 3342.98 万元。全市斜坡地质灾害得到有效控制,呈逐年下降趋势。但由于镇江市区山头林立,且大多山体由垂直节理发育的下蜀黄土组成,这种土体地表水易于渗透,易于软化,易形成滑坡、崩塌,所以滑坡隐患面广量大,开展斜坡地质灾害防治工作将是一项长期而艰巨的工程,加之不少滑坡区域居民稠密,防治难度大、成本高。

一、滑坡地质灾害

镇江市地质灾害的规模较小，按照国土资源部颁发的《地质灾害防治管理办法》中的规定划分，镇江地质灾害类型有崩塌、滑坡、地面塌陷和危岩四类。其中滑坡类地质灾害较多，多数分布在下蜀黄土覆盖丘陵区，如云台山、跑马山、北固山、焦山、宝盖山等山体，这些山体的地质灾害点数累计为119个，占镇江总地质灾害点数的51.3%。地质灾害多分布在沿江一带的岗地斜坡(包括古城墙)地带，如风车山、阳彭山、烈士陵园和东吴路等地。还有少数地质灾害分布在古运河沿岸和南部基岩丘陵区。

镇江市滑坡地质灾害与降雨量多少有着密切联系，降雨量大则滑坡地质灾害多。1991年年降雨量达1919.9毫米，全市出现190多处灾害点，其中7月3～9日，连续暴雨诱发市区云台山西北坡连续4次大面积中深层滑坡，下滑土方4万多立方米，冲毁民房98间。1998年降雨量为1507.8毫米，其中6、7月降雨量分别为215.9毫米和401.8毫米，连续降雨量分别为106.5毫米和167.7毫米，6月发生地质灾害2处，7月发生地质灾害达20多处。当连续降雨量大于100毫米时，山体就会出现一定数量的地质灾害，当连续降雨量大于300毫米时，则会发生大规模的滑坡地质灾害。

2003年7月上旬，受特大暴雨袭击，镇江发生103处山体滑坡，冲毁民房113间，损坏房屋468间，累计492户1800余名居民被迫撤离住所。镇江市斜坡地质灾害防治领导小组迅速启动应急预案，成立面上灾情收集协调通报、突发事件应急处理和机动保障三支队伍，领导临阵指挥，全力参与防治，划定险坡地段，明确专人监控，撤离险坡居民，进行应急处理和妥善安置，未发生一起人员伤亡事故。灾后，镇江市政府迅速开展滑坡地质灾害整治，加强组织领导，多方筹措资金，开展治理工程招投标，实行定人监理，确保工程质量，还绿于山，造福于民。

2003～2005年镇江市滑坡地质灾害治理情况表

表2-8

地质灾害地点	治理方案	治理时间	工程造价(万元)
江南学校东侧边坡	壁板式锚杆挡墙、抗滑柱	2003.8～2004.8	79.68
镇江博物馆新展厅后山坡	锚杆格构、排水绿化	2003.9～2004.1	281.87
金山慈寿塔东侧	壁板式锚杆挡墙	2003.10～2004.1	62.42
万家庄165号	挡土墙	2003.12～2003.12	7.77
伯先公园齐云亭后坡	抗滑柱、浆砌块石护坡	2003.12～2004.3	44.65
宝盖山24号、28号	挡土墙、护坡	2003.12～2004.2	4.45
中山西路107号	挡土墙	2003.12～2004.2	8.38
东大院19号、25号	挡土墙	2003.12.18～2004.1.20	7.59
中山西路130号	挡土墙、护坡	2003.12.26～2004.1.20	4.57
黄山支路21号	挡土墙	2003.12.20～2004.1.20	5.87
中山西路汽车站	锚杆格构、排水绿化	2003.12.20～2004.1.22	19.30
宝盖山小学西侧	抗滑桩挡墙	2003.12.20～2004.4.18	11.48
宝盖山73号	挡土墙	2003.12.20～2004.1.12	10.24
二道巷25号、29号、31号	挡土墙	2003.12.25～2004.3.2	18.85
伯先公园花圃东侧	挡土墙、护坡	2004.1.10～2004.3.12	39.52
伯先公园动物园东侧	-	-	3.50
王家湾35～41号	挡土墙	2004.1.20～2004.4.28	70.46

续表 2-8

地质灾害地点	治理方案	治理时间	工程造价(万元)
牌湾街 227 号	挡土墙	2004. 4. 28 ~ 2004. 5. 18	3. 19
二道巷 17 号	-	2004. 4. 28 ~ 2004. 5. 18	1. 94
茅家塘 1—26 沿线瑞芝里 10 号	挡土墙	2004. 5. 10 ~ 2004. 7. 25	90. 66
机床厂宿舍	抗滑柱	2004. 9. 20 ~ 2005. 1. 5	12. 03
京岘山 38 号	挡土墙	2004. 11. 2 ~ 2004. 12. 20	10. 82
互助巷	挡土墙排水修缮	2004. 11. 2 ~ 2004. 12. 20	1. 10
焦山索道上站南侧	桩、锚杆、格构梁、复绿	2004. 12 ~ 2005. 6	638. 34
凤凰岭挡墙	锚杆格构	-	5. 00
金田小区花园新村 1 号楼	挡土墙、抗滑柱	-	15. 31
象山危岩崩塌	锚杆砼墙	2004. 12 ~ 2005. 4	164. 95
北固山数帆亭滑坡	桩、锚杆砼墙	2004. 12 ~ 2005. 5	161. 20
跑马山(原三维服装厂)	降坡 44 至 34 米,搬迁灾民户 61 户	2005. 6 ~ 2005. 12	1174. 10
邮局巷 5—1 号	挡墙、修坡、绿化	2005. 10 ~ 2005. 11	3. 00
京畿路居委会	挡墙、护坡、居委会危房拆迁	2005. 4 ~ 2005. 5	10. 00
焦山别峰庵后边坡	锚杆砼墙	2005. 7 ~ 2005. 9	12. 35
二马路 4 号	危石清理、挡墙	2005. 7 ~ 2005. 9	28. 76
检察院侦察中心后山	桩、锚杆、砼墙	2005. 8 ~ 2005. 10	132. 43
云台山冰仓巷	整坡、桩、锚杆格构、梁、绿化	2005. 11 ~ 2006. 5	197. 19

二、废弃矿山环境

镇江矿产资源丰富,多数矿山采用露采方式,矿山露采具有低投入、高产出、低成本、高收益的特点,但也造成环境污染、景观破坏和水土流失,影响人民群众生命财产安全和人类居住生态环境。镇江有露采宕口 275 个,其中生产宕口 255 个,废弃宕口 20 个。在地域分布上,丹阳市、句容市和丹徒区矿山宕口数量多,分布广,具体为:丹阳市 99 个、句容市 81 个、丹徒区 37 个、镇江新区 23 个宕口、京口区 15 个宕口。废弃宕口市区 4 个,句容市 9 个,京口区 5 个,润州区 2 个。镇江露天采矿 275 宕口中 269 个属于集体和私营企业开采,大多规模小、投资少、经济效益好,由于监管不到位,很多露采矿山开采不规范,开采边坡度过大,固体废料随意堆放,复垦整治滞后。2003 年,全市露采矿山占地面积为 1235. 8 万平方米,其中恢复整治面积为 20. 2 万平方米,仅占矿区破坏面积的 3. 8%。特别是已关闭的矿区破坏面积为 109. 02 万平方米,绝大部分没有及时治理复垦。主要原因:一是采矿权人思想观念落后,资源忧患意识淡薄,注重矿产资源开发的经济效益,而忽视矿山生态环境保护与生态恢复治理;二是制度不落实,监管不规范,在矿山生态环境保护与治理中,存在着多头管理和管理不到位现象,影响矿山生态环境的有效保护和恢复治理工作的全面实施;三是资金筹集难,多数闭坑、停采矿山和经济效益较差的矿山企业,治理资金不落实,造成治理工作难以开展。

矿山区域布局不合理,影响其他资源的保护与开发。矿区内除主导资源即矿产资源外,还有人们赖以生活的土地、大气、水、地表景观等其他自然资源。由于矿山分布不合理,加上小型矿山开采技术不规范,影响其他资源的保护与开发。尤其是建筑石料等矿产资源的大量开采,与其他资源的开发利用与保护之间的矛盾十分突出。采矿活动带来的噪音、粉尘及毁林严重影响周围的环境和地下水资源,造成生态环境的严重破坏,妨碍旅游业的发展,也影响全市经济的可持续发展。全市有 55 家矿山 96 个宕口位于各类自然保护区、风景名胜区、旅游度假区、地质遗迹保护区、历史文化保护区、水资源保护区、重要基础工程设施保护区（如铁路、高速公路、国道、省道等交通干线和重要水利、电力设施）及城镇周边等禁采区内，严重影响自然景观、旅游资源、文物资源、水资源、森林资源和重要基础工程设施的保护、城镇发展及人居环境的改善。

第二节　水灾（洪涝）

镇江的水灾多发生在夏秋两季，春涝也比较常见。全市大水也多发生在夏秋两季，主要是梅雨大，或陡降暴雨或江潮顶托所致。大水年份，低洼圩区常发生洪、涝、渍等灾害；山丘地区则加剧水土流失，冲毁农田和库塘等水利设施，带来巨大损失。镇江为北亚热带南部季风湿润气候区。全市多年平均面雨量1044.5毫米。汛期（6至9月）降水量658.4毫米，占全年的60%以上。梅雨和台风（热带气旋）是形成镇江市洪涝的主要天气。一般每年的6月下旬至7月中旬为梅雨季节，阴雨天气多，持续20天左右，多年面平均梅雨量242.3毫米。

1983～2005年的23年中，大水年份有6年，平均4～5年就有1年发生水灾。因暴雨引发的局部内涝几乎年年都会发生，其中1991年、2002年、2003年、2004年因暴雨引起的洪涝影响尤其突出。

一、洪水

1. 1983年，长江镇江段遭遇仅次于1954年的长江洪水，长江大通站洪峰流量达7.45万立方米/秒。自6月29日镇江潮位超过6.80米警戒水位，历时47天，7月13日镇江最高潮位达8.30米；扬中受洪潮相遇影响，沙家港最高水位达7.56米，超过1954年洪水位0.15米；丹阳超瓢港水位7.20米。全市1.33万公顷农田一度积水，成灾面积560公顷，毁坏涵闸43座、桥梁17座，倒塌房屋1874间、严重损坏3614间，受淹居民645户，受伤3人，死亡6人。由于全市沿江的江、港、洲、堤普遍加高加固，仅破决散滩小圩24个（包括扬中等地坍江在内），淹没农田296.67公顷，其中丹徒姚桥耿家湾等地发生坍江，崩坍进深100～150米。

2. 1991年，全年降水量1919.9毫米，发生百年一遇的特大洪涝灾害。由于入梅早（5月18日入梅，7月16日出梅，入梅比常年提早32天，出梅迟5天），梅期长（共60天，是常年的2.6倍）。梅雨总量827毫米（扬中站）～1212毫米（二圣桥站），是1880年有资料记载以来梅雨总量最多的一年，为正常年份梅雨总量的4～5倍。汛期全市平均降雨量1386毫米（最大二圣桥水库1560毫米，最小扬中站1128毫米），为多年汛期平均值的2.11倍，相当于1954年同期降雨量的1.17倍。汛期内有四次大范围降雨：6月13日前后、6月30日至7月3日、7月10日前后、8月7日。从6月30日至7月11日的12天内普降大暴雨，全市平均降雨量1050毫米，为同期多年平均值的4.45倍。最大1日暴雨量204毫米（6月13日北山水库）。6月13～14日降雨量200毫米，7月1～4日降雨量160毫米，7月6～11日325毫米，8月7日和8日又遭受两场大暴雨（其中50毫米以下降水60站次，50～100毫米27站次，100毫米以上11站次）。由于连续暴雨，境内河、湖、水库水位居高不下，上游洪水压境，淮水南侵（淮河入江流量11000立方米/秒），加之海潮顶托，洪、涝、潮"三害"同时相遇，镇江站潮水位从7月7日起超过警戒水位，历时59天，扬中共有90天超过警戒水位。7月14日（农历六月初三日），镇江最高潮位8.22米，扬中最高潮位7.53米。6月15日赤山闸闸上水位13.63米、闸下水位13.64米，7月11日赤山湖水位再度上涨，闸下句容河水位达13.80米，超过1949年以来出现的最高洪水位1米；6月14日宝堰站水位10.40米，超过1949年以来最高洪水位0.38米；通济河旧县站水位8.83米，超过历史最高水位0.32米；丹阳站最高水位7.33米。自6月12日以后，全市16座报汛水库均超过汛期控制水位（有10座水库超过建库以来出现的最高洪水位，其中包括北山、仑山、二圣桥、茅山、墓东等5座中型水库），3次滞蓄洪水2.3亿立方米。

全市外洪内涝，洪涝夹击，危山、危石、危房“三危”并发，江、河、湖、库、山险象环生，全面告急，城乡普遍受灾，大面积农田被淹，建筑物损坏，房屋倒塌，村庄被洪水围困，镇江城区山体滑坡严重，给全市交通运输、江河堤防、工农业生产和人民生命财产带来严重损失。洪涝灾害造成直接经济损失6.74亿元，其中农业4.04亿元，工交企业2.70亿元，间接经济损失7.55亿元。全市倒塌房屋10195户、18792间，损坏房屋12609户、23234间；因灾死亡25人、重伤29人、轻伤78人。农作物受淹4.6万公顷，占全市农作物总面积的1/3，其中水稻3.85万公顷，棉花2060公顷。稻麦绝收1.1万公顷。因洪涝而毁坏的水利工程有堤防282处、长4.36万米，小水库33座，泵站157座，塘坝1.7万座，渠道7.7万米，涵3578座，渡槽144座，小水电站3座，农桥166座，水文设施6座，防汛通讯电杆1012根（线路长3.95万米）。家禽家畜死亡近4万只（头），冲毁鱼塘3200公顷。吹断树木9.3万棵，吹断其他“三杆”（电线杆、电话杆、广播线杆，以下简称“三杆”）1608根。被洪水围困村庄369个、4.08万户、15.18万人，其中丹徒荣炳凡石桥等村庄被洪水围困达1个月以上。全市受灾最严重的地区有句容的葛村、三岔、郭庄、石狮、后白、二圣，丹阳的珥陵、延陵、行宫、云林、全州、麦溪，丹徒的荣炳、宝堰、世业、江心等16个乡镇（当年全市共有91个乡镇）。镇江城区的云台山、跑马山、狮子山、宝盖山、北固山、风车山、阳彭山、焦山等21座山体以及古运河两岸发生滑坡、崩塌、危崖石块跌落及泥石流等斜坡地质灾害点190多处，其中大面积灾害52处，灾害点长轴断面总长近3000米，灾害区面积5万多平方米，殃及范围15万平方米；冲垮、埋没居民房屋222户、555间，冲毁工厂、学校、幼儿园围墙100多处、1万多平方米，53家工厂企业停产、半停产，20家商业网点停业、半停业；市区一些风景名胜和文物古迹遭到严重破坏，金山、焦山、北固山和南郊滑坡面积9435平方米。

3. 1995年洪水坍江。（参见第七卷第四章第一节第二目1995年洪水坍江）

4. 1996年6月3日~7月20日为梅雨期，入梅早，梅雨期长，梅雨期降水量多，灾情严重。7月2日，受上游降雨及天文潮影响，镇江潮位6.82米，超过6.80米的警戒水位。7月19日潮位8.23米，为仅次于1954年和1983年的高潮位。六月初三（7月18日）汛后，沿江水位跌幅不大，7月28日起又逐日上涨，上游洪水下泄，下游海潮顶托，加之受8号台风外围影响，8月1日，长江镇江段出现全面超历史特高潮位，镇江市区高潮水位达8.59米，超历史最高潮位0.21米（1954年水位8.38米）。扬中沙家港高潮位8.04米，超历史最高潮位0.51米。

全市十多处主堤之外的挂耳圩及外圩小岛被淹没，面积近667公顷。部分通江涵闸出现漫顶、闸门变形等险情；江港洲堤多处出现渗漏、塌塘等险情。坍江地段新筑退堤和堤身矮小单薄地段形势十分危急，沪宁铁路部分路段列车被迫限速运行；城区沿江一线内涝严重，大东纸业公司、江南化工厂等厂矿企业受淹被迫停产或半停产，省军区船队防洪墙被冲倒，致使省商站五库、丹徒土产公司仓库等被淹，损失惨重。7月31日20时，谏壁节制闸8号闸门崩溃，其他闸门也出现不同程度险情，对太湖流域安全构成威胁。全市堤防渗漏104处计16155米，漏洞131个，浪洞500个，塌塘15个，病涵、病闸、病站53座。丹徒的江心、大路、姚桥等地江岸发生崩坍16次、洗坍5次，坍失面积近26.67公顷。给全市带来经济损失3.45亿元。

润州区蔬菜受淹面积233公顷，山体滑坡4处，住房进水1200户，倒房4户9间，蒋乔镇六摆渡江小圩有51户217人受灾，住房积水深达1米多；句容市梅汛期暴雨6场，总降水量588.7毫米，其中7月5日降水量110.5毫米，倒塌民房108户196间，3267公顷农作物被淹，303公顷鱼塘淹没，道路、桥梁、涵闸、堤坝多处被冲损，960万块砖坯被毁，直接经济损失980万元；扬中市出现4次暴雨，总降水量462.1毫米，666.67公顷蔬菜受淹，25户46间民房倒塌，70户98间民房损坏，2万只家禽死亡，1座涵洞损坏，直接经济损失260万元。

5. 1998年3月中旬，长江干流出现历史同期最大春汛，沿江各地发生自1954年以来又一次全流域大洪水，汛期早、来势猛、持续时间长，大通流量高出常年同期3倍。3月镇江降雨量是多年平均值的3倍。6月6日句容下蜀桥头农场、6月7日丹徒高桥三支河口两地均发生坍江。6月23

日镇江长江全线超警戒水位，此后沿江水位一直居高不下，先后经受8次洪峰、7次大潮汛的考验。大通来量持续偏高，日最大量超过7万立方米/秒的天数达68天，其中超过8万立方米/秒的天数为12天，8月1日，大通流量一度达到82100立方米/秒，仅次于1954年的最大流量。上游洪峰下泄，下游海潮顶托，镇江沿江高潮位持续时间长，从6月23日开始，长江镇江段水位全线超警戒水位，历时95天，北固山潮位超8.00米天数达40天，比1954年多13天；超8.30米天数比1954年多2天。8月24日，北固山潮位达8.37米，仅比1954年低0.01米。6～8月镇江降水量755.6毫米，7月下旬降水量超过400毫米。6月24日～7月6日，梅雨期间和7月下旬，全市先后出现集中降雨，进一步加重防汛抗洪的压力。沿江各地出现严重的外洪内涝灾情，发生岸线崩塌17处，累计坍失面积33.3公顷。丹徒江心、世业、高桥三个江心洲和句容的下蜀、宝华以及扬中的丰乐桥、润州的龙门港等地多处发生坍江、管涌和江堤渗漏等险情。镇江市区出现50处山体滑坡，其中严重的5处。高水位和暴雨造成江水倒灌，城市内涝，严重积水，城区被淹地段12处。全市农作物受灾面积13345公顷，受灾人口30.5万人，倒塌房屋856间，损坏房屋2068间，死亡大牲畜165头，直接经济损失8794万元。7月27日，句容下蜀长江段水位8.92米，超过警戒水位1.2米。

6. 1999年，太湖湖西地区特大洪涝和长江大水。6～7月，太湖地区出现超历史的特大洪涝，7月8日，太湖水位5.08米，超历史最高水位0.29米，且居高不下。6月28日，镇江市湖西地区大运河丹阳水位一夜猛涨2米。汛期降雨量明显偏多，受3号台风外围影响，入梅早、出梅迟。6月7日入梅，到7月21日出梅，梅雨期共44天，比常年平均期长21天。梅雨期累计面平均降雨量338.5毫米，是多年面平均降雨量的1.45倍。梅雨期区域性大暴雨和特大暴雨多，太湖地区普降大暴雨，全流域平均梅雨量达670毫米。6月27日，墓东水库日降雨量163毫米，累计最大梅雨量为531毫米(九里铺)。6月29日，全市16座报汛水库中15座超汛限水位，开启溢洪闸溢洪；赤山闸闸上水位超警戒水位1.06米。丹阳低洼平原地区受淹受涝农田超过1万亩。

继1998年长江发生仅次于1954年的全流域大洪水后，1999年，镇江市沿江地区又发生大洪水。7月22日长江大通流量8.39万立方米/秒，超过1998年8月1日的大流量记录，是1949年以来的第二大流量，仅次于1954年的9.26万立方米/秒的流量，超过7万立方米/秒有26天。自6月28日北固山潮位开始超警戒水位，累计达83天，超8.00米高水位的天数为13天，7月15日，北固山高潮位达8.17米。由于长时间大流量冲刷，高水位浸泡，沿江堤防出现管涌3处、岸线崩坍2处、小型涵闸闸门损坏出险1处。降水量206毫米，扬中城区多处受淹，地势低洼的江洲小区积水最深处达50厘米。

二、暴雨

1. 1987年7月3日～5日，连续暴雨，总降水量178毫米，内河水位猛升，全市圩堤46处滑坡，洪水冲毁坝埂51处，流失土壤25万立方米，损坏涵洞10座，冲毁大型渔场5个，倒塌房屋637间。

2. 1989年8月28日17时许，镇江城区开始下雨，不到3小时降雨量86毫米。由于强度大，城区低洼地区严重积水，城郊结合部近山的工厂企业受山洪冲击，损失严重：中成药厂积水深超过1.00米，无线电厂400台彩电受潮，市供销社农资仓库进水，22吨化肥溶于水中，镇江水泥厂前窑车间进水，市属14家企业直接经济损失达100万元以上；郊区44公顷大白菜秧、10.67公顷鸡毛菜大部被毁，和平路街办有1020户民宅进水。

3. 1993年7月14日晚，丹阳遭到暴风雨袭击，风力9～10级，倒塌民房10户15间，损坏民房151户218间，重伤1人，轻伤3人；吹倒“三杆”76根，棉花倒伏206.67公顷。8月1日晚9时丹徒高桥遭7～8级大风及暴雨袭击，持续30分钟，降雨量超过20毫米，倒塌民房2户6间，形成危房4户10间，玉米、大豆倒伏18.67公顷，6.67公顷葡萄落果。9月27日凌晨丹徒高桥遭受暴风雨袭击,历时40分钟。倒伏玉米16公顷、黄豆73.33公顷、水稻53.33公顷,房屋受损2户2间,刮倒树木400棵。

4. 1994年5月2日扬中遭暴雨袭击,24小时降雨量104.6毫米,400公顷小麦倒伏,33户61间房受损。

5. 1995年6月~7月,镇江市数次遭受暴雨袭击。6月20日8时~21日8时,全市降水量160.1毫米,市区部分低洼地区积水,桃园新村、小码头、牌湾、八角亭、市委党校、天桥等地部分受淹,牌湾暴雨积涝,水深过膝。世业洲降水量185毫米,近333.33公顷水稻受涝,80公顷抛秧被冲光,266.67公顷菜地被淹。7月26日13时53分,镇江市区遭受狂风暴雨袭击,历时70分钟,降水量88.2毫米,黄山路、解放路南段、丁卯桥路、东吴路、长江路等地区路面积水最深处约1米,造成短时交通中断。桃花坞新村、新河新村、黄山路、北水关、荷花塘等地部分民居住宅进水;大东造纸厂的厂外供电线路遭雷击而供电中断,机组全部停机;七里甸、蒋乔一带133.33公顷低洼蔬菜受淹;新民洲农场短时风力11级,153.33公顷玉米、大豆倒伏50%以上,部分房屋损坏倒塌。

6. 1999年6月15日23时至16日7时的8个小时,世业镇连降暴雨,降水量150毫米。266公顷抛秧稻全部浮在水面,400公顷旱谷遭水淹,积水深度80毫米。句容后白、葛村、春城266公顷秧田、333公顷西瓜受影响,10间房屋倒塌;镇江新区降水量140毫米,20公顷水稻被淹,15户民宅进水,40米围墙倒塌。6月26日~28日,镇江连降暴雨,丹徒2260公顷水稻、17公顷蔬菜、10公顷旱谷受灾,倒房18户35间;句容赤山湖地区2666公顷农田受淹;丹阳9个乡镇(当年共有29个乡镇)6500公顷农田受淹,15间房屋倒塌,141间房屋损坏;6月28日镇江市区跑马山、云台山狮子山、北固山等山体发生滑坡、坍塌险情。8月30日4时至8时世业洲又遭受暴雨袭击,400公顷玉米受灾,损失较重。

7. 2000年6月23日镇江暴雨,24小时降水量106.3毫米。市区多处积水:黄山路沪宁铁路立交桥下积水深度超过30厘米;矿机路孔家巷小学一带部分路段积水深度达1米,全校800余名师生不能进校上课。

8. 2001年7月31日,受热带风暴(桃芝)影响,丹阳、扬中普降暴雨、大暴雨,7月31日8时~8月1日8时,丹阳降水量75.2毫米;7月31日20时~8月1日8时,扬中降水量162.3毫米,过程降水量206毫米,扬中城区多处受淹,地势低洼的江洲小区积水最深处达50厘米。

9. 2002年6月19~24日,丹阳、句容分别出现暴雨,截至24日,丹阳过程降雨量197.8毫米,2266.6公顷蔬菜受淹。6月20~21日,句容出现连续暴雨,降雨量208.9毫米,茅山水库累计降雨量354毫米,二圣水库234毫米,赤山闸243毫米。句容境内河、湖、水库水位猛涨,句容54座在册水库中26座超警戒水位,赤山湖最高水位13.04米(警戒水位8.4米)。大片农田受淹,后白、天王、葛村、郭庄、二圣、茅山、春城、袁巷等乡镇受灾严重,受淹水田6666.6公顷,受淹旱地3866.6公顷,冲毁农田1466.6公顷,冲毁鱼池800公顷。受淹村庄41个,农户3600户,人口1.8万人,倒塌房屋1685间,其中居民住房1416间;冲毁水工建筑物52处,堤防出险62处。受淹村庄41个,农户3600户,人口1.8万人,倒塌房屋560间,堤防出险62处,冲毁水利设施52座。

10. 2003年6月21日入梅后,全市出现7个暴雨日。进入7月后的11天,天天有雨,连续雨日之长、降雨量之大、暴雨之多均创历史之最,到7月12日梅雨期结束,全市平均梅雨量568.9毫米,7月1~10日,市区出现5个暴雨日,累计雨量542.9毫米,占当年梅雨量的78%。7月4日傍晚至5日上午,镇江市遭受历史上罕见的特大暴雨袭击,全市平均降雨量228毫米,最大降雨量在吴塘水库,达312毫米。境内流域性河道和水库水位急剧上涨,主要水库水位普遍接近或超过汛控水位。全市16座报汛水库有4座超历史最高水位,1座达到历史最高水位,11座泄洪。7月5日,大运河丹阳水位最高7.28米,通济河旧县水位8.92米(超历史最高水位0.03米),赤山闸上、下分别为12.86米、13.31米。持续暴雨造成全市大面积内涝和堤防渗漏,多处出现险情。丹徒上会东滨涵，荣炳村子电站，大路捆山河，句容陈家圩、房家坝、二干河，丹阳简渎河（珥陵、延陵段）、通济河（景家渡段），共青团农场东江堤等多处堤防先后出险。塔山水库大坝出现缺口，五州山水库坝体发生6处渗漏，城区古运河特教中心和丹徒集镇附近出现滑坡险情。市区山体滑坡103处，转移居民312户。截至7月12日，全市农作物受灾面积65750公顷，成灾面积40490公顷，农、林、牧、副、渔直接经济损失3.3亿元。受淹企业3796个，部分停产企业2328个。公路中断76条次，损坏路基29.6千米，供电线路中断23条次，损坏堤防77处，毁坏水闸38处，毁坏桥涵2902座，损坏机电泵站103座。全市受灾乡镇57个（2003年全市共66个乡镇）、村917个，进水乡镇14个，积水乡镇7个，城镇受淹4800户，农村受淹76500户，全市受灾93.4万人，紧急转移11471人，受伤人数151人，因灾死亡4人，失踪1人。毁坏房屋24100间，倒塌房屋7400间。直接经济损失10.45亿元。句容有8个镇（当年句容共有16个镇）受灾，受灾人口10.5万人，成灾人口3.2万人，被困人口0.21万人，紧急转移人口0.04万人，被困村庄9个；倒塌房屋0.018万间，倒塌居民住房0.012万间，损坏房屋0.046万间。

11. 2004年6月14日入梅，7月16日出梅。梅雨期降雨日为16天。全年共发生4次暴雨，6月14～16日全市面平均降雨量57.7毫米。6月18日傍晚至19日8时，全市普降暴雨，面平均降雨量57.2毫米，其中丹阳市降雨量达109.5毫米。6月25日1～7时，全市降雨161毫米，其中沿江179毫米、湖西174毫米、秦淮河149毫米，最大点雨量为北山水库的212毫米，最小点雨量为李塔水库的94毫米。

受降雨影响，镇江市区三茅宫小区、林隐路、南徐路、新河路、丁卯桥路江奎公司段、张王庙沟、团结河等片区积水严重，普遍深达50厘米左右。镇江新区团结河、捆山河水位全线上涨，局部地区漫顶，218省道龙泉桥下积水深达1.20～1.50米；港中路铁路立交桥下积水深为0.8米，公路交通中断。润州区农田受淹面积253公顷，老港区江边水厂蓄水池出现100米长的裂缝，宽约10厘米，由于采取措施及时，未造成事故。丹阳河阳、练湖一带农田受灾面积2133公顷。丹徒11座小二型水库、3座小一型水库溢洪，全区5333公顷农田受淹，500户农户房屋进水。6月25日13时左右，捆山河大路段发生一处缺口，初时仅为10厘米左右的小洞，不到15分钟，堤防决口迅速扩大到20多米。抗洪抢险军民500余人奋战27小时，共打钢管桩80根、回填土方1400立方米，26日18时决口被封堵。句容固江口水库水位一天猛涨2.02米，北山、仓山、句容、幸福、固江口等水库均溢洪。扬中市区部分街道积水深0.35米，农田积水普遍深0.25米。

12. 2005年7月10日夜～11日上午，镇江市区出现当年最强的一场区域性暴雨，暴雨造成多处积水，其中黄山南路、七里甸、九里街等地势低下、低洼处严重积水水深达30～50厘米，对行人出行、车辆通行造成一定困难。镇江市区部分山体出现滑坡险情。镇江劳动新村65号后山坡，一棵数米高的大树几近倾倒。云台山伯先公园后山山体也呈现滑坡隐患（2005年全年基本上是属于干旱少雨年份，所以这场暴雨被称为当年最强的一场区域性暴雨，而非多年来最强的一场雨）。

第三节　旱　灾

1983～2005年23年中，大旱、偏旱灾发生9次，其中大旱的年份就有1994年、2001年、2004年、2005年4个年头。

1988年10月17日～1989年1月5日的84天内，镇江降水量只有16毫米，出现百年一遇的冬旱。

1990年7月5日后，雨水稀少，高温晴热，7月下旬出现伏旱。8月仍然少雨，伏旱接秋旱，是1978年大旱以来的伏、秋旱最严重的一年。全市除一些保生活用水的塘坝外，其他塘坝先后干涸。94座小水库中干涸的19座，到死水位的25座，其余的水库蓄水量只有正常蓄水量的20%。7座中型水库的蓄水量只可维持半个月。3.33万公顷水稻一度受旱，其中干白的1.64万公顷，萎蔫枯焦的8867公顷，棉花和其他旱谷作物全部受旱。

1992年春、夏，镇江发生特大旱情。由于1991年特大洪涝灾害使水库、塘坝、涵闸等蓄水工程均受到不同程度的毁坏，严重影响冬春蓄水。1992年入春以后，特别是4、5两个月雨水明显偏少，仅为常年的一半，丘陵山区蓄水严重不足，到6月上旬水稻栽插前，全市101座水库总蓄水量9000万立方米，只占应蓄水的50%；塘坝蓄水4000万立方米，占应蓄水量的40%，且蓄水分布极不均匀，严重影响水稻栽插进度。入夏以后，6～7月镇江降雨量192.3毫米，仅为常年同期值的一半左右，特别是梅雨期的降雨量只有常年的14%，使得水库、塘坝蓄水很少，到7月下旬，全市16座报汛水库的蓄水量仍然只有常年的一半。同时内河水位偏低，大运河丹阳最低水位3.67米（6月9日），通济河最低水位3.31米（6月13日），句容河赤山闸闸上最低水位7.38米（5月1日），闸下最低水位6.67米（6月12日）。8月12日16座报汛水库总蓄水量仅有3670万立方米，其中大吴塘、固江口、虬山、李塔等4座水库水位先后低于死库容，丘陵山区80%塘坝干涸。全市农作物受旱面积5.89万公顷，成灾面积1.25万公顷，绝收面积1333.33公顷，7.1万人饮水发生困难，旱情仅次于大旱的1978年。

1994年，镇江市遭受百年罕见的特大干旱。1～7月，全市未下过一场日降雨量在25毫米以上的透雨。5～9月降雨量294毫米，为多年平均值的43.7%，其中梅雨期短，降水量少，只有29毫米，仅为常年平均值的5%。在高温盛夏的7月份降雨量镇江市区只有31毫米，仅相当于多年平均值的16.4%，降雨量比大旱的1978年还少近一半。入夏以来全市35℃以上的高温天气达到35天。5～8月平均气温27℃，比历年同期平均值高2.2℃。7月，平均气温30.9℃，高于大旱年份的1961年和1978年，是镇江市1924年有气温记录以来的最高值。日照时数279.6小时，比历年平均值多70.7小时，月蒸发量290.9毫米，超过常年平均值（216.7毫米）的34.2%。1994年年平均气温16.8℃，比常年平均值高1.4℃，是全市1924年以来的最高值。全年降水量534.6毫米，只有常年的50.7%，全年没有出现过一场区域性暴雨。全市曾3次实施人工降雨，但降雨量太少，一些丘陵地区基本上没有下到雨。7月初旱情日趋严重，丘陵地区6万余个塘坝干涸，96座小型水库中有48座干涸，另外的小水库水位都降至死水位以下，7座中型水库除墓东水库外均及时翻水补库。到8月上旬，全市9.6万个塘坝全部干涸，近80座小型水库都在死库容线以下，其余16座小型水库可用水之和也只有500万立方米。水稻受旱面积4.6万公顷，其中成灾面积1万公顷；旱谷受旱面积2万公顷，成灾1.33万公顷，亩产减少2/3；1万亩棉花基本绝收。林、桑、茶、菜受旱面积6266.67公顷，新植1333.33公顷茶园、666.67公顷桑园中80%枯死；5333公顷水面水产损失惨重。天王、白兔、上党、丁岗等地区的176个村、16万人饮水发生困难，严重困难的有6万人。

1995年气候异常，气温偏高，雨雪稀少，且降雨强度小，难以形成地表径流，导致河湖、水库蓄水量最少时仅3500万立方米，只有正常年景的三分之一，而且70%集中在7座中型水库，94座小型水库绝大部分干涸。丘陵地区8万多个塘坝，85%干涸无水。2～4月降水量为常年的63%，由于上年干旱未能彻底解除，丘陵地区水库、塘坝蓄水不足，旱情比较重，到4月底，21个乡镇（全市有90个乡镇）近7万群众饮水困难，对春耕春播构成威胁。5月上、中旬，句容、丹徒等丘陵地区水库塘坝蓄水量严重不足，仅为常年的20%，4000公顷水稻因缺水或无水而难以落谷，受旱三麦3.67万公顷，油菜2.07万公顷。9～11月秋旱出现，市区降水量只有35.3毫米，仅为常年同期值的14.9%。

2001年大旱。开春以来持续干旱少雨，汛期降雨偏少，尤其是7月底以前，出现春夏连旱。6月17日入梅，6月26日出梅，梅雨期比多年平均值少13天，梅雨期降水量只有22.9毫米，为常年值的10.8%。3～10月累计降水量573.2毫米，仅为常年同期降雨量的64%；5月连续18天无降雨，为历史之最。同年，镇江长江潮位较低，高潮位均低于警戒水位，6月24日上游来水较多，加上天文潮共同作用，镇江北固山潮位站出现当年最高潮位6.64米，是20世纪80年代以来第一年最高潮位低于6.80米的警戒水位。春旱连伏旱，伏旱连秋旱。句容旱情尤为严重，52955个塘坝干涸,21 座中型和小(一)型水库形成死库容。全市农作物受灾面积 7.25 万公顷,成灾面积 1.79 万公顷(水稻 1.21 万公顷、经济作物 5800 公顷),干枯绝收面积 9787 公顷;最多时 103 万人饮水困难,6.88 万头大牲畜饮水无保障。直接经济损失 1.6 亿元,其中农业经济损失 0.78 亿元。

2004 年大旱。从 7 月到 11 月上旬,总降雨量持续偏少,7 月面平均降雨量 79.6 毫米,相当于同期多年平均值的 45.2%;8 月上旬降雨量仅 20 毫米,9 月、10 月两个月的降雨量之和为 33.1 毫米,为常年的 22%。7～10 月的 4 个月降水量仅为 188.5 毫米,只有常年 7～10 月平均降雨量 470.3 毫米的 40%。入夏以来本市出现 15 天高于 35℃的高温天气,7 月 19～30 日连续 12 天高温酷热,蒸发量大,丘陵地区出现较为严重的旱灾。8 月初,16 座报汛水库蓄水量为 8989 万立方米,占应蓄水量的 78%,其他小水库及塘坝实际蓄水量只有 50%,有的已经干涸。全市农作物受灾面积 1.43 万公顷,其中旱地 1.24 万公顷,水田 0.19 万公顷,主要分布在句容市的春城、二圣、茅山、天王、黄梅,丹徒区的丁岗、上会、荣炳、谷阳,京口区的丹徒镇等地区。全市成灾面积 4.47 万公顷,绝收面积 1334 公顷,直接经济损失 2.85 亿元。

2005 年大旱。根据 24 个报汛站雨量统计,1～6 月,全市面平均降雨量 311.7 毫米,比多年平均值 507.1 毫米偏少 38.5%。5 月以后全市降水量明显偏少,加上入梅迟,出梅早,梅雨量偏少,6 月全市仅下 2 场雨,面平均降雨量 30.7 毫米,远少于常年量。入梅前,16 座报汛水库蓄水量 4522 万立方米,相当于汛控水位时蓄水量的 38%,是 2000 年以来同期最小蓄水量。水库蓄水量已少于大旱的 1978 年和百年一遇特大干旱的 1994 年的蓄水量。全市遭受 1978 年以来最严重的旱情。丘陵地区塘坝普遍干涸见底。受旱面积 2.67 万公顷,其中严重受旱面积 1 万公顷,数十个自然村、5 万多人面临饮水困难,直接经济损失 1.276 亿元。

第四节　其他自然灾害

一、大风　台风　龙卷风　冰雹

1983 年 5 月 19 日中午,扬中三茅、兴隆、联合、永胜等公社部分大队遭受雹灾。雹点密度大,最密地区雹坑大于 900 个/平方米,最大雹坑直径 5 厘米。1965 公顷三麦、油菜、秧田受灾,重灾区 195.6 公顷,夏收作物基本失收;损坏房屋 2092 间,折断树木 3080 棵。

1987 年 8 月 23 日,受副热带高压边缘偏西气流影响,镇江出现雷雨大风,14 时市区最大风速 18 米/秒,丹徒 18 米/秒,瞬时风速 10 级以上。市区马家山建筑工地未竣工房屋倒塌,死 1 人、伤 2 人,郊区 1 名 8 岁儿童被大风刮进池塘淹死。丹徒上会地区倒塌房屋 48 间,猪舍 20 间,390 棵大树被吹倒,因房屋倒塌死 3 人、伤 2 人。

1989 年 8 月 13 日,镇江市区、丹徒、句容等地遭受罕见的飑线大风和雷雨袭击,丹徒最大风速大于 40 米/秒,市区最大风力达 11 级。全市共倒塌房屋 3682 间,损坏房屋 9755 间,刮倒树木 7.7 万棵,刮断"三杆"2505 根,5 座高压线支撑塔倒塌,67 条长话线和 27 对农话线路中断。市区停水、停电 5 小时以上;中华路、和平路、双井路为重灾区,许多 10 米以上高大悬铃木横卧街心,压断电线、封死路面,8 条道路交通被堵;部分企业一度停产。全市倒伏水稻 1800 公顷,棉花 2666.67 公顷,死亡 2 人,失踪 1 人,受伤 240 人,沉船 10 艘。

1990 年 8 月 31 日下午,15 号台风在穿越太湖后正面袭击本市,持续 48 小时之久,最大风力 9 级,江面上风力更大。加之冷空气南下影响,风狂雨猛,过程降雨量最大点为 159 毫米。全市倒伏水稻 2.32 万公顷、刮倒"三杆"3020 根,倒塌房屋 4502 间,死亡 4 人,受伤 16 人。市区 800 公顷菜田受淹,10 千伏以上供电线路跳闸断电 40 处,丹阳城乡 41 条线路断电,大港水域 3 艘机动船沉没。全市倒房 4502 间,伤 16 人,死亡 4 人,直接经济损失 2.2 亿元。此次台风的危害程度超过

1962 年的 14 号台风。

1992 年 5 月 6 日,16 ~ 17 时句容、扬中遭受大风袭击,句容最大风力 9 级以上,桥头中学围墙被风刮倒,4 名学生被砸伤,二圣境内倒塌民房 7 户 10 间;扬中三茅一带狂风大作,为扬中长江大桥开工典礼施放的 16 只直径 3 米的大气球拉线全部被大风刮断。同年 8 月 31 日,受 16 号台风影响,市区出现 5 ~ 6 级大风,阵风 7 级,长江江面阵风 8 级,镇扬汽渡被迫停航,积压车辆近 4000 辆,滞留旅客近 3 万人。9 月 23 日受 19 号台风影响,最大风力达 9 级,全市普降中到大雨,水稻倒伏 3.94 万公顷;8000 公顷棉花倾斜倒伏,幼铃脱落严重,引起早衰;倒塌民房 150 户 357 间,损坏 299 户 397 间;吹倒"三杆"90 根,吹倒树木 395 棵。

1994 年 5 月 10 日,本市境内遭受暴风雨,风力 9 级以上,丹徒站最大风速 24 米/秒。全市共损坏房屋 425 户 800 间;1 万公顷三麦,4200 公顷油菜,2000 公顷蚕豆和豌豆,2 万公顷丰产片、丰产方和种子田、试验田农作物严重倒伏;220 根"三杆"被吹倒,2 万公顷树木被吹断,18.67 公顷果树受损;扬中新坝臧家港长江江面 19 艘船被掀翻沉没,5 人失踪,3 人受伤。7 月 5 日 14 时 20 分 ~ 16 时 20 分丹徒世业洲遭受暴风雨袭击,风力 9 ~ 10 级。倒塌房屋 242 间,砸死砸伤家禽 2500 只,刮断树木 236 棵,2 艘农用水泥船沉没,另外 8 艘船损坏,旱玉米倒伏 39 公顷,瓜果蔬菜受损 35.67 公顷;扬中、句容也遭到这次暴风雨的袭击。7 月 12 日市区受 6 号台风外围影响,9 处供电低压线路断线,10 处进户线断落,近 2 万户居民一度断电。

1995 年 8 月 8 日,市区出现风速达 19.4 米/秒的大风,五峰山船厂 1 台 150 吨的行吊车被吹入江中,造成 1 人死亡。11 月 7 日受强冷空气影响,镇江市出现大风降温天气,丹徒气象站瞬时风速达 20 米/秒,市区阵风 7 级。扬中市永胜地段江面上 7 艘行驶的铁驳船相继沉没,18 人落水,其中 15 人获救,另 3 人失踪。谏壁船厂附近江面 1 艘装沙船沉没,10 名船员落水,经抢救全部获救。

1996 年 4 月 9 日,长江江面狂风骤起,最大风速 17.5 米/秒,五峰山水域 7 艘运沙船沉没,19 人落水,其中 7 人下落不明。7 月 15 日零时许,高桥、谏壁一带遭受龙卷风袭击,风从谏壁孩溪村过江后入经高桥三洲、安丰、康泰、乾德、四方桥、镇扬等村一线,风带宽约 200 米,长 4000 米以上,中心风力 12 级以上,并伴有大暴雨。两乡镇有 637 户 2093 间房屋倒塌,7800 人受灾,其中重灾 810 户 2600 余人,倒断"三杆"550 根,倒断树木 1 万余棵。因灾死亡 1 人、受伤 110 人,高桥地区一度断水、断电,直接经济损失 1800 万元。

1997 年 7 月 11 日 18 时 30 分 ~ 19 时 10 分,句容白兔镇受暴风雨和冰雹袭击,受灾面积 166.67 公顷,其中损失 50% 以上的 66.67 公顷,损坏民房 8 间,毁坏窑场 2 个,刮倒电杆 13 根。7 月 16 日 14 时 07 分,丹徒世业洲受暴风雨袭击,风力 8 级,阵风 10 级,降雨 85 毫米,淹没玉米 500 公顷、水稻 66.67 公顷,刮倒树木 18 棵。镇江市区最大风力 11 级,降水量 109.9 毫米。全市农作物受灾面积 1.8 万公顷,成灾面积 7333.33 公顷,其中受损 30% ~50% 为 3666.67 公顷,50% ~80% 为 2666.67 公顷,绝收 1000 公顷。倒塌房屋 683 间,损坏房屋 1384 间,刮倒树木 10375 棵,电杆 608 根,沉没渔船 11 艘,损坏砖坯 200 多万块,因灾死亡 2 人。市区主干道倒伏行道树 46 棵,多处出现涝情,最深处积水 50 厘米以上,千余住户房屋受淹。长江镇江段水位 7.5 米,超过 1954 年高潮位,扬中沙家港最高水位 7.63 米,300 多米挡浪墙被冲坍,雷公岛、西沙岛出现江堤裂缝、下坍等险情。

8 月 18 日 21 时 30 分,11 号台风在浙江温岭登陆后,逐渐影响本市,此时天文潮开始逼近最高水位。镇江北固山水位不断上涨,风急浪高。19 日 7 时北固山潮位 8.15 米,超警戒水位 1.35 米。风力普遍达到 8 ~ 9 级、阵风 10 级,丹阳最大风力 11 级。台风过境时沿江险情频发,受风浪冲刷危及堤身安全的堤段长 8.55 千米,新建挡浪墙倒塌 570 米。扬中西来桥、永胜等地的部分外围堤出现漫水;丹阳界牌永红闸闸门上漫水 50 厘米;丹徒大路闸北孔砼面板穿孔漏水;市区新河西岸汀堤坍塌,省军区船队进水。市区 6 条高压线路、72 条低压线路和 40 台变压器先后跳闸,变电所开关跳停 17 台次。扬中市受 11 号台风影响,东北江堤毁坏严重,浪洞地段 31 千米,严重地段洞深 2

米以上，冲毁干砌块石护坡3200平方米，江砌块石挡浪墙570米。雷公嘴、西沙洲堤溃决，淹没鱼塘240公顷、房屋23间。永胜林家圩头道江堤决口12米，淹没鱼塘2公顷，房屋6间。西来桥胜利河至福星河段近2000米江堤块石护坡、楼板护坡全被冲毁，堤身一半冲坍。倒塌房屋45间，损坏房屋487间，毁坏林木1682棵、80公顷，吹倒"三杆"81根。包括毁坏的水利设施在内，直接经济损失695万元。

1998年5月1日20时许，丹阳市皇塘、蒋墅、里庄一带遭受龙卷风袭击，倒塌民房176间，损坏房屋1716间，损坏厂房1200平方米，1人死亡，33人受伤；农作物受灾面积4500公顷，成灾面积1246公顷；倒断"三杆"553根，损坏变压器1台，家用电器200多台，倒断树木1100棵；死亡家禽3.03万只；直接经济损失515万元。6月27日凌晨，丹阳市里庄、导墅一带又遭受龙卷风袭击，倒塌房屋357间，损坏房屋158间，伤31人，农作物受灾32.33公顷，死亡大牲畜164头，倒断"三杆"261根，损坏家用电器100多台。直接经济损失330万元。

7月30日晚扬中市西来桥遭受暴风雨袭击，损坏房屋112间，倒塌房屋14间，倒断树木102棵，倒断"三杆"45根，电线受损2500米，损坏电视机15台、冰箱1台、电话机15部、太阳能热水器2台。直接经济损失15.6万元。

8月20日下午，丹徒上党、上会一带遭受冰雹袭击，倒塌房屋47间，伤3人，倒断树木2800余棵、电杆49根，部分用户电话、供电中断，农作物受灾1267公顷。直接经济损失60万元。

1999年5月5日16时30分左右，丹阳蒋墅遭受龙卷风和冰雹袭击，最大风力达10级，三麦受灾面积1533公顷，其中倒伏333公顷，绝收66公顷；蔬菜、油菜各受灾233公顷；倒塌简易房400平方米，损坏砖坯12万块，折断电杆8根。5月10日12时40分至13时05分，丹徒世业镇也遭受冰雹袭击，26公顷油菜、三麦受损，减产10%。

2000年7月12日、19日，两次雷雨大风袭击句容，风力7～8级，12个乡镇（当年句容共有22个乡镇）共倒塌房屋194间，损坏房屋354间；刮倒树木586棵、电杆74根；253公顷在田农作物受损，其中33公顷绝收；损坏砖坯320万块；1人遭雷击身亡。

2001年3月11日，丹阳胡桥遭龙卷风袭击，刮倒10千伏电杆4根，26档近2千米低压线遭到损坏，4台变压器遭雷击毁坏，该地区一度供电中断。7月31日受热带风暴（桃芝）影响，丹阳、扬中普降暴雨、大暴雨。（参见第二卷第五章第二节第二目暴雨）

2003年6月6日15时左右，丹徒上党镇南部自西南向东北方向下了最大直径达20毫米的冰雹，44.7公顷油菜、52.2公顷三麦、43.7公顷西瓜、100.6公顷旱谷、33.1公顷水稻秧苗受灾，直接经济损失110万元。

7月19日21时许，丹阳蒋墅、吕城地区受到龙卷风和雷雨大风袭击，蒋墅江南食用菌公司的206间菇房、10间珍稀食用菌车间、36间办公和生活用房被毁，1辆轿车被砸，15万袋菌种报废，经济损失337万元；新天苗木公司1360棵青枫被拔起，4000米遮阳网和生产设施被毁，经济损失230万元。吕城倒塌房屋41间，1人被砸死。7月22日14～16时，句容天王镇遭到9～10级雷雨大风袭击，波及7个村、1个场圃，受灾人口5000人，损坏房屋2560间，农作物倒伏200公顷，刮倒"三杆"200根，刮倒树木7000棵，2人受轻伤。

2004年7月8日15时50分，原官塘桥镇秀山村廖家组发生龙卷风，龙卷风持续10分钟，造成165人受灾，9人受伤住院，其中2人为重伤。

2005年，镇江先后遭受4次台风影响，分别是5号台风（海棠）、9号台风（麦莎）、13号台风（泰利）、15号台风（卡努），其中卡努破坏力最大。9月11～12日，全市受15号台风卡努正面袭击，出现大到暴雨，并伴有8～11级大风。全市受灾人口35840人，成灾人口17783人，转移安置37人；作物受灾面积2046公顷，成灾面积1479公顷，绝收面积50公顷；损坏房屋194间，倒塌房屋196间；直接经济损失1306万元，农业经济损失855万元。

二、大雾

1986年1月22日下午，镇江突然出现历史上少见的大雾，交通受阻，客货汽车停运；4艘汽车（渡）船在江中迷失方向，不能靠岸，经过8小时紧张寻找导航，才安全靠岸。

1992年1月26～27日，连续2天出现大雾，镇扬汽渡停航，积压车辆3100辆，滞留旅客2.2万人次。11月29日～12月1日连续出现3天大雾，交通运输受阻，仅镇扬汽渡就积压车辆3400辆，滞留旅客2.4万人次。

1993年1月1日早晨大雾，镇扬汽渡停航3小时30分钟，积压待渡车辆994辆，滞留旅客1.3万人次。4月17上午大雾，两岸待渡车辆近千辆，滞留旅客1.2万人次，9时20分镇扬汽渡才恢复通航。11月15～16日连续两天早晨出现大雾。共计积压车辆2130辆，滞留旅客2.7万人次。

1994年1月6日和11日、2月7日，镇江市均出现大雾，镇扬汽渡3次都停航6小时以上，3次大雾积压汽车均在800辆左右，积压旅客约2万人次。1月10日大雾使南门汽车站停开130个班次，滞留旅客5800人次。11月9日上午大雾，镇扬汽渡停航5小时，积压汽车700辆，滞留旅客1.5万人。

1997年12月27～31日，市区连续5天大雾锁城，镇扬汽渡停航，高速公路镇江段部分时段封闭，部分客运班次停开，滞留旅客约4500人，部分苏北长途客运班次绕道行驶。

1999年11月22～24日，镇江连续3天大雾，沪宁高速公路镇江段连续3天11时前全线封闭，汽车客运每天停开55个班次；镇扬汽渡每天11时后才开航，仅客运就有120个班次受到影响。12月1日20时左右，大雾再次笼罩本市，22时市区能见度只有50米、郊区30米，高速公路仅20米，高速公路全线关闭。

2000年11月25日凌晨，镇江出现大范围浓雾，2时45分渡口轮渡停航，待渡车辆排到金西水厂，12时45分通航；傍晚浓雾又起，19时20分再次停航。26日7时浓雾渐散，8艘渡船全部投入运行，到9时待渡车辆还分两列排成1.6千米的长队。沪宁高速公路镇江段二度关闭，直到26日9时02分才重新开通。

2001年2月10日凌晨，镇江出现大范围浓雾。5时许，沪宁高速公路211～214千米处发生数十辆汽车追尾事故，死亡4人，伤40人，30多辆汽车受损。

2002年1月13～15日，连续3天大雾，沪宁高速公路镇江段连续3天上午封路；镇扬汽渡停航，每天都有300辆以上汽车滞留，最多一天滞留汽车700辆，江天集团3天共停发550班次汽车客运线路。

2004年，镇江出现大雾日数20天。大雾期间高速公路多次封闭。

2005年10月26日、27日凌晨到上午，镇江市连续两天出现大雾天气；11月8日和12日镇江市又出现大雾天气，均对水陆交通造成不利影响。

三、大雪　寒潮

1984年1月17～19日，句容降雪量29.2毫米，最大积雪深度27厘米，大雪持续40多小时。县乡公路10条干线中断，电线、电话、广播杆共倾倒3600根，供电、邮电、广播一度中断，倒塌房屋360多间，树木断头断枝6万多根。

1989年2月21～25日，市区降雪量62.5毫米，积雪深度9厘米，22日下雪时打雷。由于雪大路滑，过江汽渡停航一天，滞留旅客逾千人次。

1991年12月25日起，镇江市普降暴雪，至27日雪深19厘米，28日，市区最低气温－9.2℃，为66年中同期最低值。26日，全市各汽渡因大雪停航，长途客运汽车一半班次停开。市区管道煤气生产出故障，供气不足；自来水管道损坏冻裂40余处，水表损坏180只（不含用户，下同），水表阀门损坏 14 只，主输水管漏水 3 处。

1993 年 11 月 20 日，镇江遭受强寒潮袭击，20 日 2 时～21 日 2 时 24 小时降温 10.5℃，连续 5 日最低气温在 0℃以下，11 月 24 日市区最低气温 -3.2℃，为历史同期第二个低值年。

1996 年 1 月 17 日暴雪，积雪深度 15 厘米。2 月 17 日再降暴雪，积雪深度 11 厘米，并伴有冰冻，市区交通受阻，客运公司应发汽车 741 班次，因冰雪停发 616 班次，滞留旅客近万人，给春运工作带来不利影响。

1998 年 3 月 19 日 20 时～20 日 16 时，镇江出现自 1949 年以来的罕见暴雪，降雪量超过 30 毫米，局部地区达 41.2 毫米，最大积雪深度 19 厘米，降雪量和积雪深度均为历史同期最大值。气温骤降 20℃，最低气温 -2℃。倒塌房屋 472 间，损坏房屋 479 间，倒塌塑料大棚 40 公顷，损坏砖瓦坯 812 万块，压倒树木 0.64 万棵，倒断电杆 125 根，砸伤 30 人，冻死家禽 0.87 万只、大牲畜 18 头；沪宁高速公路镇江段全线封闭，每天停开客运班车 100 班次以上，客流量减少 70%；30667 公顷油菜减产 4 成，茶叶、草莓、蔬菜、花卉等经济作物成灾面积 4866.67 公顷；早播麦主茎冻死 50%～70%，晚播麦主茎也有 2 成被冻死。直接经济损失超过 3 亿元。

2000 年 1 月 24～25 日，镇江首场大雪，积雪深度 13 厘米，路面严重冰冻。高速公路镇江段从 24 日 17 时至 25 日 11 时关闭，312 国道 287 公里处坡道结冰，车辆无法上坡，24 日晚堵车 4 小时多。截至 25 日 16 时，市区发生各类交通事故 33 起。句容 25 日积雪深度 10 厘米，27 日地面最低温度 -14.3℃，路面严重积冰，境内高速公路关闭 18 小时。

2005 年全市全年共出现两次寒潮天气，分别是 3 月 10～11 日、12 月 4～5 日，使三麦、油菜遭受不同程度的冻害。

四、雷击　高温　低温连阴雨

1. 雷击　2002 年 8 月 25～26 日，扬中境内多处发生雷击事件。新坝镇联合村华扬居民区一幢房屋的三层楼部分山墙被雷电击毁；三茅镇永固桥架厂围墙被雷击倒；西来桥广播站机房内的设备和线路遭雷击损坏；石油公司 2 台电脑、10 台加油机电脑被击毁；7 户农户的电视机、冰箱等家用电器遭雷击损坏。

2004 年 7 月 13 日，市广电局微机房遭雷击，部分设备损坏，经济损失达 12 万元。11 月 9 日傍晚，丹阳横塘镇出现雷暴，14 户居民家中彩电被击坏。

2. 高温　2003 年 7 月 24 日～8 月 3 日，句容连续 11 天出现高温天气。8 月 2 日，最高气温 39.2℃，大于或等于 35℃的高温日数 17 天。7 月底～8 月初，镇江持续 11 天高温，8 月 2 日达到 38.7℃，中暑病人人数增加，仅江苏大学附属江滨医院 8 月 1 日报告，连续 4 天有 5 例中暑病人经抢救无效死亡，送医院抢救的病人中，中暑病人占到 70%。空调病患者人数激增。

2004 年高温日数偏多，为 17 天。7 月 19～30 日、8 月 6～9 日，连续两段高温，使全市供电紧张，多条线路拉闸限电。

3. 低温连阴雨　1992 年 3 月，气温比常年低 1.1℃，14～28 日连续 15 天出现低温连阴雨天气，对农作物造成严重影响。

1993 年 5 月上、中旬连续阴雨 12 天，降雨量 126.8 毫米，比常年同期降雨量 63.1 毫米多一倍。10 月 26 日～11 月 21 日连续 16 天出现阴雨天，降水量 106.3 毫米。

1996 年 3 月 14～30 日，镇江市连续阴雨 17 天，对农作物造成不利影响。10 月 31 日～11 月 12 日再受连阴雨影响，给秋收秋种带来困难。

2002 年 2 月下旬～3 月，共降水 24 天，4～5 月中旬持续阴雨寡照，8 月 6～17 日连阴雨持续，均对农作物带来不利影响。

第三卷
风景名胜

卷　目

镇江北临长江，东西南三面山峦起伏，“一水横陈，连岗三面”的独特自然环境自古就赋予其具有水墨山水的天然景观，是座天然的风景名城。镇江城中多佳景，城北，金山、焦山、北固山，或屹立江中，或雄峙江岸，由长江组合成天然三山图；城南，起伏的南山中掩映着鹤林、竹林、招隐诸寺，并由西向东嵌入城中，构成“城市山林”景观；古运河，从镇江进入江南，由北往南折东，逶迤城中，汇入江南运河。清代镇江著名画家周镐曾绘有“京江二十四景”。

经过前人的长期开拓、打造，镇江名胜古迹如林，风光绚丽多姿，尤以展示“大江风貌”的三山国家级风景名胜区和“城市山林”为特色的南山国家森林公园而著称，令游人流连忘返。改革开放以后，镇江市生态环境得到修复和改善，风景区的基础设施建设、景点建设进一步加强，旅游服务设施更加完善，其速度之快、成就之大为历史上罕见。鉴于清代画家周镐画有清“京江二十四景”图，2005 年评出镇江新二十四景。镇江辖市句容市、丹阳市还有茅山风景区、宝华山风景区、丹阳南朝陵墓石刻等风景区。

清“京江二十四景”

林开古驿	山绕瓮城	蓉楼话雨	京畿晓发	梦溪秋泛	范桥流水
城南赛社	刁坞藏春	浮玉观涛	狮岩消夏	北固晚钟	海门泛月
西津晓渡	江上救生	半江红树	鹤林古木	竹林听泉	招隐听鹂
龙洞吟秋	兽窟危亭	八公早梅	岘山策蹇	九华层云	五州积雪

镇江新二十四景

金山塔影	中泠映月	蓉楼听雨	大江浮玉	碑廊探幽	炮台思古
甘露朝晖	南山叠翠	招隐听鹂	竹林烟雨	西津寻渡	昭关夕照
蒜山春晓	架天长桥	春江潮平	生态大道	运河疏柳	梅樱花雨
圌山雪霁	茅山秋韵	宝华含黛	瓦屋苍烟	天禄沧桑	江楼帆影

第一章 “三山”风景名胜区

镇江市“三山”风景名胜区位于长江南岸，由金山、焦山、北固山三个景区组成。金山在西、焦山在东、北固山在中，之间相隔 10 里。古代金山、焦山均在江中，东西互望，北固山兀立江岸，金山、焦山、北固山“三山”与长江组成一幅以长江为纽带的各自独立、各具特色、水光山色交相辉映的壮丽景观。沧桑岁月给这里留下大量的人文景观和历史文化遗产，景区内现有全国文物保护单位 2 个、省文物保护单位 6 个、市文物保护单位 22 个。镇江解放后，经多次修缮庙宇，整治危山危岩，种植花草树木，增添服务设施，建立公园管理体制，使景点建设初具规模。近 30 年间，“三山”风景名胜区的建设得到发展。20 世纪 70 年代末开始，金山寺大雄宝殿、藏经楼、一泉鉴亭、七峰亭、江天一览亭，焦山定慧寺大雄宝殿、天王殿、碑林、古炮台，北固山凤凰池、清晖亭、太史慈墓、中山纪念林塔等一大批名胜古迹得到复建、修缮和保护。1988 年，镇江“三山”被列为江苏省风景名胜区。90 年代，景区按规划有序建设，景区扩大。金山的芙蓉楼、百花洲、镜天园，焦山的万佛塔、新山门、鹤园、象潭瀑布，北固山的“望月望乡”诗碑、临江亭、甘露长廊、连沧观等新景点陆续建成。

从20世纪90年代后期至2005年，景区建设开始注重人文、服务、环境和生态。味精厂、焦化厂、造船厂先后搬迁，金山、焦山和北固山周边环境相继改善。园内增加以植物造景为主的景点，扩大绿化面积，提高绿化水平，江滨湿地得到更好的保护。建立游客服务中心，新建一批反映景区内文化内涵的景点，如“白蛇传”彩石浮雕、祖冲之文化墙、金山文化博览园、康熙乾隆下江南展示馆，扩建焦山碑林。对景区进行灯光亮化，夜晚漫步在江边，也能欣赏到“三山”美丽夜景。2004年，“三山”风景名胜区被国务院列为国家重点风景名胜区。

第一节　金山景区

金山位于市区西北部，距市中心约4公里，海拔43.7米，占地面积10公顷。

金山，原是长江中的一个岛屿，屹立于扬子江中，“万川东注，一岛中立”，有“西浮玉”之美称。明《一统志》赞之为“胜概天下第一”。后由于沧桑变迁，长江易道，清咸丰四年（1854年），征润洲的淤沙扩大到金山一带。同治年间（1861～1875年），这个“千载江心寺”才开始与南岸陆地相连，光绪五年（1879年）涨滩已与南岸连接。光绪末年（1908年），金山全部与陆地相连。江上风光变为陆上胜境，上金山不再登舟驾船，“打马上金山”盛行一时。

金山名甚多。晋代因其孤立江心，名为“泽心”；东晋淝水一战，囚氐人于此，遂改称“氐父”；又因其形若碧玉浮水，南朝时有“浮玉”美名；相传唐时裴头陀掘土得金，故称“金山”；宋初又曾名紫金山，真宗时改名“龙游山”。

金山以绮丽著称，金山寺建筑规模宏伟，寺宇金碧辉煌，鳞次栉比，山顶一塔耸立峰巅，直指云天，无论近观远眺，总见寺而不见山，其别具一格的建筑艺术，使金山向有“寺裹山”之誉。金山的“山被寺裹”“塔拔山高”的建筑艺术，先后被北京颐和园的万寿山、承德避暑山庄的“天宇咸畅”及扬州瘦西湖的“小金山”等借鉴。

金山自古就是全国著名旅游胜地。景区内寺观楼台、回廊曲桥、古亭名泉、湖光山色极其雅致。依山而建的金山江天禅寺，是中国禅宗东南四大丛林之一；山上山下名胜古迹甚多，每一处古迹，甚至一泓池泉、一方碑碣都有神话、传说或历史故事，特别是白娘子水漫金山、梁红玉擂鼓战金山、妙高台东坡赏月起舞、七峰亭岳飞详梦等为金山披上一层神秘色彩，以“神话山”名闻中外。历代文人游山赏景时留下了许多诗词、楹联、字画。

民国37年（1948年）4月，金山寺遭遇一场大火，寺院几成废墟。解放后，几经整修，景区有所恢复。1985年金山寺大雄宝殿重建工程奠基动工，从此拉开金山大规模建设的序幕，1990年10月，大雄宝殿落成，金碧辉煌的“寺裹山”景象重新显现。1992年，在中泠泉塔影湖畔复建芙蓉楼。同年，国家主席江泽民视察金山，并亲自为新建的芙蓉楼题写楼名。1994年，市政府成立金山西区开发区建设指挥部，把塔影湖、映山湖、百花洲建成联成一片的新景区，金山倒映湖中，湖中游船荡漾，岸边桃红柳绿，在湖水与荷花的映衬下充满诗情画意，成为深受国内外游客喜欢的景区。1996年，建设镜天园，架设“飞虹”桥跨一泉路与百花洲相通，将分隔东西的金山、中泠泉连成一片。2000年，金山获国家首批AAAA级旅游风景区称号。自1998年开始，金山寺每年举办“迎新年，金山撞钟”活动。2001年开始，举办一年一度的“金山文化旅游节”。自2004年开始的荷花展，也是金山深受欢迎的夏季节假日活动。

江天禅寺（江天寺）　始建于东晋，初名泽心寺。唐朝起通称金山寺，宋代以来称龙游寺。清康熙二十二年（1683年）改称江天禅寺。清代，与四川的宝光寺、文殊院，浙江的高明寺并称中国东南“四大丛林”。千年古刹历经兴毁，清咸丰年间，毁坏严重，光绪间重建。民国37年（1948年）4月又遭火灾，大雄宝殿、藏经楼、妙高台等殿宇房屋二百余间被毁。解放后，曾几经整修，在“文化大革命”间又受到破坏。中共十一届三中全会后，落实宗教政策，寺庙归还僧人。先后已整修或建成

图 3-1 金山鸟瞰(2004 年摄)

玉鉴堂、楞伽台、玉佛殿、慈寿塔、观音阁、大雄宝殿、藏经楼、妙高台、祖堂、韦驮殿等建筑,重新展现当年金山寺盛况。寺庙为全国汉族地区佛教重点寺院。

山门 位于天王殿前,坐东朝西。建于民国初年,上悬“江天禅寺”匾。山门外有石狮1对,置铜香炉1尊。

天王殿 初建不详,明正德、清顺治间两次重建。1855 年毁于兵祸,同治己巳(1869 年)重建。塑弥勒佛,旁置四大金刚。“文化大革命”中被全部砸毁,后修复。前壁嵌“东晋古刹”四个大字。

大雄宝殿 位于天王殿后台基上。自古以来,屡毁屡建。1948 年 4 月 6 日毁于大火。1985 年由江天禅寺住持慈舟等募资兴建,1990 年 10 月落成。殿高 25 米,边长 24.15 米,为金山历代所建最高最大的宝殿。宝殿正面供奉三尊大佛,两旁为十八罗汉像,上部四面的斗拱上有五十六尊形态各异的罗汉,三尊大佛的座下有二十四诸天像。大殿前后的外墙壁上,镶嵌着六幅高僧木雕人物图像,两侧外壁刻“庄严国土”“利乐有情”。

蕲王殿 位于大雄宝殿左侧,为纪念南宋抗金名将韩世忠(封蕲王)建。

龙井 位于天王殿南侧殿通道。据《金山志》载:南宋住持宝印参禅入定,梦游龙宫,受龙王之请“三禁”,而在寺中凿井,水亦佳,名曰龙井。明洪武年间,进士黄淮题“中泠”二字刻在井栏上。而后明人都穆改题“东南第一泉”,由都文奎题写“第一泉”三字镶嵌在井旁廊壁上。明宣德间,曾在龙井旁建第一泉亭。

观音阁 又名观音殿、大士阁,因阁中供奉观音像而命名。位于大雄宝殿后山崖上,东邻楞伽台、西接慈寿塔。明永乐八年(1410 年)郑和创建,清同治年间再建。阁内陈列金山寺的珍贵文物,其中周鼎、铜鼓、玉带、金山图为“金山四宝”。

楞伽台 又名书经楼,位于金山东南侧山腰。宋元丰年间,苏轼的老师张安道授给他一部《楞伽经》,并要他印送结缘。金山住持佛印说“印施有尽,若书而刻之则无尽”。因此苏轼就住在金山抄经,后雕板藏于金山。南宋乾道四年(1168 年),寺僧宝印创建楞伽台于方丈室右,并于台畔写经处筑“楞伽室”,以纪念东坡书经之事。自宋至清,几经兴废。清光绪五年(1879 年),寺僧六安移建于禅堂楼上。民国时霜亭又移至东南角上今址,扩建几层楼台,台外有廊。镇江解放后,廊中建一亭,大厅内挂有清代书法家王文治的对联“窗前沧海凭开眼,台上楞伽可印心”。

妙高台 位于楞伽台西,又名晒经台,宋元祐初年(1086 年)寺僧佛印凿岩创建。苏轼《妙高台》诗云:“弱水三万里,不如金山去。清风半帆耳,中有妙高台”。后几经兴废,明代、清代相继重建。1948 年毁于大火。1995 年原址重建。妙高台历史上很有名,苏轼中秋夜闻歌起舞,梁红玉击鼓战金山的故事都发生在这里。

夕照阁 位于观音阁西下。内存清乾隆历次游金山书题碑刻 8 块。

奎文阁 又名文魁阁,在观音阁南。南宋高宗赵构游金山时孝宗扈从并赋诗,地方官刻石留念。后人建此阁。后久废。清同治八年(1869 年)重建。

七峰亭 位于金山西北半山腰,七峰阁,相传为纪念岳飞所建,后改建为亭,六角木柱。1979 年重修。“七峰亭”匾额系茗山书。

古仙人洞 位于金鳌岭下,道教遗迹。洞深 6.6 米。传古有仙人吕洞宾在此修行,故名。后洞内曾设观音像，又称白衣洞。洞口石壁有半亭1座。

法海洞　原为裴公洞，位于金山北侧，慈寿塔下，曾名蟒洞。裴公，唐代高僧，人称裴头陀，民间传说为法海。自幼出家江西庐山，后来到金山。其时满山荒芜，只得在此洞参禅打坐。曾燃指一节，立志修复古刹，最终金山果然建成名山大寺。后人雕法海石像于洞中，"文化大革命"中被毁，1978年重塑。

慈寿塔　位于金山西北角。创自齐梁，宋时为双塔。至明隆庆三年（1569年）在原北址重建一塔，改名慈寿塔。清咸丰三年（1853年）毁于战火。金山住持隐儒自行募修耗银29600两，于光绪二十六年（1900年）八月建成，仍名慈寿塔。慈寿塔外的花墙上有"天地同庚"四个大字，是清光绪年间八岁书童李远安的手笔。镇江解放初维修时改木制栏杆为钢筋混凝土结构。"文化大革命"期间遭到破坏，后多次修葺整饰。

江天一览亭　又名留云亭。位于山巅妙高峰、慈寿塔南。与慈寿塔一北一南组成一组标志性建筑。宋朝始建，因亭高留云故名。清康熙帝游金山时书"江天一览"四字，勒石亭内。咸丰三年（1853年）亭毁于战火。同治十年（1871年）复建，时两江总督曾国荃将康熙帝字摹刻石置于亭内，改名"江天一览"亭。镇江解放后曾多次整修，在"文化大革命"中碑毁，1977年重新勒石亭内。

白龙洞　位于金山西北麓。原名龙洞、珠洞，俗称蟒洞、龙门。洞深7米，仅容一人拱身进出。民间故事认为此洞与"白娘子水漫金山寺"有关。洞内有白娘子、小青塑像，高约一米。洞壁篆书"古白龙洞"。洞上有亭一座。2003年在白龙洞旁东建一大型彩石浮雕。展现"白蛇传"中故事。

金山"四宝"之周鼎　为体圆双耳三足鼎。道光二十二年（1842年）从陕西岐山县出土。高68厘米，口径65厘米，鼎口外缘有饕餮纹，内刻铭文134字。清光绪年间，湖北汉阳叶志诜赠与金山。据考证，此鼎为周宣王北伐成功后铸造，赏赐给遂启祺的，故名周遂启祺鼎，距今已有2700多年。

金山"四宝"之金山铜鼓　是清代镇江知府魁元在广东获得后，送给金山的。铜鼓高30厘米，直径52.3厘米，重12公斤，为古代云南少数民族使用的铜器。

金山"四宝"之玉带　这是苏轼留给金山的玉带，宽约7厘米，长约70厘米，上缀24块米色玉。清初被焚毁4块，乾隆皇帝到金山时令人补齐，上刻乾隆五言诗一首，跋23字。跋言"玉带曾遭回禄，缺数版，为补足制匣，仍置镇山门以成佳话"。

金山"四宝"之金山图　为明代著名画家文徵明所画，画卷中金山屹立于大江之中，山色青碧，佛寺宝塔，方亭曲桥隐现于山中，从中可以一睹当年金山的建筑风貌。

御码头　位于朝阳洞北。有13级台阶，作半月式，两侧护有石栏。康熙、乾隆南巡游金山时都由此登岸，故名御码头。左右原有钟鼓楼，清咸丰年间被毁。后复建。

朝阳洞　位于金山东北山腰日照岩下，因古时洞内有石琢观音像，又称观音洞。洞额刻"朝阳"两字，洞上崖壁书有"日照岩"三字，洞深5.5米。

玉带桥　位于白龙洞旁。明万历年间建，桥长16米，桥栏为白色大理石砌成，形如东坡玉带，故名。石桥栏上"玉带桥"三字为明代镇江知府吴扐谦所写。"文化大革命"中被毁，后修复。

信矶　位于朝阳洞北，又名至信矶，或称戏鼋石，相传古时石下江中有一老鼋，与僧嬉戏，每当僧人击木鱼呼之，即应声而出，故名。

钓鱼台　在信矶旁，原名盘陀石，相传为苏东坡钓鱼处。故名。

鹘山　位于金山寺东北角，相传古时有雄雌两海鹘栖于上，遂名鹘山，又名鹘峰、鹘岭。又因石之形状如瞻礼参拜样，故引善财童子在妙高峰参访德云比丘的典故，而又名为善财石。又因金山之岭名称妙高峰。原凸出于江涛之中，清光绪年间随金山上陆。

百花洲　位于金山与塔影湖之间，与一泉景区隔塔影湖相对。除东南一角外，四面环水，面积1.86公顷。1978年初建时为金山公园花房，有温室、盆景园、苗圃，1994年改建为景点。沿湖筑有花架、长廊、观景平台和游船码头。园内有百花仙子雕塑以及花堂、修艺堂、清风轩、石牌坊等建筑，植有银杏、松、香樟、冬青、玉兰、红枫、紫荆、杜鹃、月季、海棠、樱花等花木。

镜天园 位于金山与百花洲之间。1975年，政府划拨土地在此建种苗场三队，与百花洲之间有一泉路相隔。1996年按规划建设为景区，面积1.6公顷。景区取沈括《夜登金山寺》“楼台两岸水相连，江北江南镜里天”诗意，名镜天园。西荷花塘上架廊桥，将金山与镜天园相连，桥名“金泉”。西面架“飞虹”桥跨一泉路与百花洲相通。至此，金山、镜天园、百花洲、一泉连成一体。园内有映日亭、太湖石小品和大片草坪，配植雪松、龙柏、枇杷、五针松、桂花、竹、海棠、樱花等景观植物；北侧河边建长廊，植柳树、桃花、迎春，是市民、游人休憩活动之场所。

塔影湖 云根岛 位于金山之西。湖开凿于1958年，因湖中可看到金山与宝塔的倒影，故名塔影湖。1994年后曾两次大规模清淤整治，沟通水系。湖水清澈，周围绿树成荫，游人喜在此荡舟赏景。云根岛在湖东北，枕湖连岸，原为江中一排奇石。又名石排山、笔架山和三岛。岛上建有攒尖小亭，名“云根风月亭”。岛侧传有东晋著名文学家、训诂学家郭璞的衣冠冢，现仅剩一巨石为其标志。

图3-2 塔影湖和云根岛(2004年摄)

天下第一泉 位于金山之西，塔影湖畔，原在江中。唐刘伯刍评全国泉水为七等，而以扬子江南泠水居榜首。此后历代名士文人纷纷慕名而至，烹泉品茗，元诗人萨都剌也有“山中好景无多地，天下知名第一泉”的诗句。唐时泉尚在江中，江水受云根岛阻挡，分为三泠(水曲为泠)，而泉在中泠之下，故名中泠泉，或名南泠泉。该泉有名，除水质好外，还因取之不易。传说要在子、午二时，用铜瓶或铜葫芦缒到江中一定深度取水，否则即非中泠泉真味。清末中泠泉上岸，曾一度迷失，后于清同治八年(1869年)被候补道薛书常等发现，遂用石块围砌方池，由常镇通海道沈秉成写记立碑。光绪年间，镇江知府王仁堪修池周石栏，并书“天下第一泉”五个大字，刻石嵌在方池的南石壁上。池南建亭，名为鉴亭，取“水清如镜、以镜为鉴”之意。亭外拓地2.67公顷，种植荷花。抗日战争时期，泉池被破坏。后曾多次整修。20世纪50年代，周围搞建筑，泉路受阻。池底仅有气泡冒出。1992年恢复泉水，整修大门、水陆堂等建筑。

图3-3 天下第一泉(2004年摄)

中泠阁 位于中泠泉前。又名水陆堂，几经毁建，镇江解放初筑为两层，2000年按原貌重建，歇山顶，四角起翘，高10.9米，面积307平方米。楼下西侧壁嵌有沈秉成书“中泠泉”石刻、沈秉成《中泠泉记》及薛书常识、陈兆熊书《中泠泉辨》石刻。

芙蓉楼 位于塔影湖西，与天下第一泉相邻，与金山隔湖相望。1992年复建于此。芙蓉楼是镇江历史名楼之一，原建于铁瓮城西。始建于东晋。唐朝诗人王昌龄在此写下《芙蓉楼送辛渐》。1991年，市政府于金山西塔影湖畔重建芙蓉楼。1991 年奠基,1992 年 9 月建成。楼为二层仿古建筑,高 17 米,面积 908 平方米,红窗黛瓦。原国家主席江泽民题写的“芙蓉楼”匾额悬挂在二楼正中。陈从周题“襟山带江”匾置于临湖二楼。楼内饰三组大型壁画《芙蓉图》《蓉楼话雨》《平明送客图》。王昌龄《芙蓉楼送辛渐》“寒雨连江夜入吴,平明送客楚山孤。洛阳亲友如相问,一片冰心在玉壶”诗句刻在楼内屏风上。芙蓉楼楼前建有临水露台,楼南建有掬月亭、回廊,亭外湖中有三座晶莹玲珑的白石石幢。楼北建有冰心榭,是举行“茶艺”最佳处。芙蓉楼、天下第一泉与塔影湖相融,形成金山西区新景观。

金山公园 金山风景区由金山寺与金山公园组成。民国 25 年(1936 年),江苏省建设厅曾规划筹建金山公园,后因日军入侵而未能实施。镇江解放后,于 1953 年于金山东南拨地 21.7 公顷,建金山公园。先后曾修筑百花厅、三思桥、扇面亭;相继建成溜冰场、露天舞台、展览馆、紫竹林饭店、茶社等公共服务设施。1976 年后,重新整饬园景、园容,扩建金鱼馆、盆景园,建儿童乐园;又开辟腊梅岭、桂花岭、竹园、枇杷园等景点,使游览面积逐年增加。1978 年,在金山西侧塔影湖畔建成占地 1.86 公顷公园花圃,名百花洲。特别是 1986 年后,按照市政府建设金山西区规划,金山公园迎来新的发展期。1988 年建造荷香村。至 1993 年,先后修整中泠泉、鉴亭,建芙蓉楼,整治塔影湖,建成一泉景区。1994 年,建设金山与中泠泉之间的百花洲将其改造成游览景区。1996 年,在金山河西、百花洲东的原种苗场三队 1.6 公顷的用地上,建“镜天园”,东架金泉桥,与金山寺相连,西架飞虹桥,与百花洲相通;映山湖与塔影湖水系沟通。从此,金山、镜天园、百花洲、天下第一泉 4 个部分连成一体,景区范围扩大,湖光山色秀美,形成新的金山园林胜景。

第二节 焦山景区

焦山,位于市区东北江中,与南岸象山、合山夹江对峙,距市中心东北约 4.5 公里,海拔 70.7 米,周长 2000 米,可游览面积达 30 余公顷。系现时长江下游唯一一座四面环水的观光游览岛屿。

焦山名甚多。因东汉末年焦光隐居于此而名焦山。又因古时唯樵夫出入此山,又名樵山。后因所处地理位置十分重要,遂更名谯山(谯为登高望远之意)。山分东、西两峰,状如雄狮盘踞,故又名双峰山、狮岩。满山茂林修竹如碧玉浮江,亦有“浮玉山”的美称。古时,此处乃长江入海口,有两座名为松寥山和松山的小岛,如两尊石阙分峙守卫,故也常称为“海门”。

焦山造园风格属典型的江南寺庙园林,鼎盛时全山有大小 15 座寺庵,且古寺深藏掩隐山中,远远看去,只见山不见寺,形成与金山相对、独特的“山裹寺”的园林景观特色。焦山,寺庙殿宇壮观肃穆,香火日旺,宗教文化丰厚,历经 1800 年之久。寺院以相传始建于东汉的定慧寺规模最大,气势最为壮观。定慧寺原名普济禅院,宋代名普济禅寺,南宋因火焚重建改名“焦山寺”,清康熙取佛家“因定发慧”禅意名“定慧禅寺”。定慧寺为国务院正式颁布的汉族地区全国重点开放寺庙之一。定慧寺周围还有海西庵、海若庵、香林庵、自然庵、别峰庵等 13 庵,通称十三房,形成“一寺十三房”格局。焦山的 16 株古树名木,尤其珍贵,最古老的有六朝柏,还有宋朝槐、明朝银杏等。

图 3-4 焦山鸟瞰(2004 年摄)

焦山历来为军事要地。南宋建炎四年(1130 年),宋将韩世忠曾率师驻扎焦山堵击金兵。清道光二十二年(1842 年),英舰侵入长江,曾遭焦山与象山炮台守军的英勇抵抗。民国 26 年(1937 年)冬,日军侵占镇江,炮击焦山,海西庵、鹤寿堂、枕江阁等处,焦山书藏、周代青铜无专鼎等珍贵文物被毁。

因焦山地处江心,历来以船摆渡作为交通工具。镇江解放初,焦山摆渡只有 8 条私人木船。1954 年,市政府从后三江营调“义渡”船于焦山渡口。1968 年,增添两条机动船。20 世纪 80 年代,更新为“浮玉”一号、二号宽体船,并投资建设大型龙船,以备游江及节假日用。

1953 年,焦山辟为公园,面积 21.1 公顷。1975 年,将焦山公园东南部划出,成立绿化种苗场。1979 年,为迎接鉴真和尚干漆像回国“探亲”,省政府拨款 30 万元,修建定慧寺,工程修缮建筑面积 2500 平方米,添置法器陈设近 400 件。

1986 年,落实国家宗教政策,定慧寺由市宗教事务局管理。1988 年,焦山碑林、古炮台归镇江市文管会管理。至此,焦山形成由园林、交通、宗教、文化四个部门分管的管理体制。自 1991 年以后,由政府投资,对焦山、象山进行大规模的山体滑坡治理和防洪设施建设,使焦山具备抵御自然灾害的能力。1994 年至 2002 年,园林部门对焦山东南部的绿化种苗场进行开发建设,先后建成鹤园、木樨园、枫杨文化广场;在象山北麓拓宽道路,建停车场、游客服务中心等旅游服务设施。1995 年,在象山与焦山间架起长 610 米高 65 米过江游览索道;定慧寺兴建万佛塔、新山门;扩建碑林,焦山的面貌焕然一新。2003 年,焦山获国家 AAAA 级旅游风景区称号。自 1999 年开始的一年一度“焦山金秋桂花节”,每年都有数万人前来赏桂,成为焦山的特色活动之一。

焦山景区由焦山与焦山对岸的象山渡口组成。

一、象山渡口

象山渡原为过江上焦山的渡口,现已建成象山景区,与焦山,形成两山隔江互望、景观相对应、互为一体的焦山风景区整体景域。

象潭飞瀑 位于焦山对岸、象山脚下公园入口处,1996 年建。潭为 1958 年开铁矿形成,水潭长约 60 米,宽 30 米,深达数十米,水碧清,名象潭。潭南面为象山峭壁,上修人工瀑布,潭北建八柱双顶亭,名观瀑亭,为观飞瀑最佳处,亦是隔江观赏焦山的最佳处。

过江游览索道 位于象山脚下至焦山西峰江上。建于 1995 年。索道长 610 米,高 65 米,为固定抱索、脉动循环吊厢式索道,4 组吊厢,每组 3 个。过江时间 10 分钟,在吊厢中可俯瞰长江和焦山美景。

待渡舫 位于与焦山相对的象山渡口。1986 年由游客候船室改建而成。待渡舫长 32 米,宽 8.4 米,砖木结构,粉墙黛瓦,仿明清船舫式样,舫后部为二层。入口处悬著名园林学家陈从周书“象山古渡”匾额。从焦山往南江中看,待渡舫在悬崖的映衬下,如正在江中行驶的画舫。

二、焦山

不波亭 定慧寺老山门,是“海不扬波”亭的简称。老山门位于定慧寺天王殿前西侧,是一座古色古香的门楼,朱漆彩画。南北两边有墙,中间大门通道,旁立明朝石狮 1 对。门楼左右悬挂清光绪年间巴州廖纶的楹联:“长江此天堑,中国有圣人”。进入山门,迎面照壁上刻有明嘉靖元年(1522 年)天水胡缵宗题“海不扬波”四个大字。亭建于清康熙四十八年(1709 年),镇江解放后曾几度整修。“文化大革命”中被毁,1979 年重新恢复。山门东西有门,东通定慧寺,西通华严阁,可登山。

新山门 在老山门东侧,由天王殿前、放生池向南略偏东直抵江边码头,与天王殿、大雄宝殿同一轴线。2002 年 10 月 4 日落成。新山门由码头、防洪墙、石牌楼、照壁墙、吉祥如意桥、山门殿、钟鼓楼、亭桥、焦公亭、茗公亭、放生池等组成。

从码头上岸，便见到石牌楼，楼宽18米，高12米，用花岗石料建成。正上方镌刻茗山书“焦山胜境”四个大字，顶歇山式，两边置吻。四柱三开，柱置方形须弥座上，小石狮护柱。须弥座四面雕龙、凤，梅、兰、竹、荷花、牡丹等纹饰，甚精致。石柱正面刻：“妙音、观世音、梵音、海潮音，江音尽是广长舌；天色、月光色、塔色、云树色，山色无非清净身。”“云影山光天接地，风平浪静月沉江”联。石牌楼北面镌刻茗山撰句，金山寺住持慈舟书的两副对联：“天上人间皆净土，溪声山色总禅机”“泉声、鸟声、钟鼓声，声声是幻；山色、云色、草木色，色色皆空”。牌楼前置一对高达2米大石狮。

图3-5　焦公亭和茗公亭(2005年摄)

石牌楼后有砖砌照壁，正面刻“庄严国土”，背刻“利乐有情”。经过照壁两旁的吉祥如意桥，为山门殿。殿前两侧八字形墙壁上分书“礼敬诸佛”“恒顺众生”八个金色大字。山门殿为仿明清建筑，内供哼哈二将镇守山门。山门殿后，东西两边建钟鼓楼，楼阁两层，红柱黛瓦，伸入放生池中。钟楼、鼓楼间有广场，广场后有三座汉白玉拱桥通天王殿。两边桥上设方亭，名“焦公亭”“茗公亭”。

定慧寺　位于焦山南麓。建于东汉兴平元年(194年)，初名普济庵。清康熙年间更名为定慧寺。历史上定慧寺规模很大，鼎盛时有僧众3000人。寺周围还有十几家小庵，直至抗战前夕尚留存海若庵、海西庵、香林庵、自然庵、别峰庵等13庵，通称十三房。镇江解放后，均并入定慧寺。抗日战争时期，部分寺宇毁于日军炮火。解放初曾予修葺。“文化大革命”中受到严重破坏。1979年后，定慧寺开始整修恢复。现定慧寺有山门殿、钟鼓楼、天王殿、大雄宝殿、藏经楼、海云堂、禅堂、斋堂、伽蓝殿等主要建筑200多间。

天王殿　明正统年间建，清光绪二十九年(1903年)重建。1983年，因柱朽又重建。殿前墙嵌“横海大航”四个篆体大字。殿东侧有两株800多年的银杏树，至今枝繁叶茂。殿后墙外壁西侧嵌清名将彭玉麟画梅花刻石。

大雄宝殿　位于天王殿后。始建于唐朝。宋景定四年(1263年)大殿焚毁，德慎和尚依原貌重建。经历代不断修缮，宋代重建的大雄宝殿保存至今，已700多年。经“文化大革命”后，大殿门窗残破，梁柱倾斜。1976年牮正，1979年再修缮，使大雄宝殿基本恢复原貌。修缮后的大雄宝殿为重檐庑殿式结构，正脊较短，两端置吻，翘角屋檐，上饰奇数吉祥瑞兽。殿内顶部有圆形藻井，饰有彩绘图案，弥足珍贵。大殿正中梁上有康熙所书“香林”匾额。殿前柱悬赵朴初与茗山法师楹联。殿内两侧供奉的十八罗汉，各俱形态，尤为生动。殿前两侧银杏，龄440年。

藏经楼　在大雄宝殿后，旧为藏经殿，始建于明正统十年(1445年)。正统十二年(1447年)，英宗赠大藏经全部。清康熙二十八年(1689年)，改建为阁。咸丰年间被毁，同治五年(1866年)重建。1968年因塌山阁毁，1995年由住持茗山募资重建。楼高15.8米，二层，总建筑面积746平方米，钢筋混凝土结构，仿明宫廷式样。现楼上藏经，楼下为禅堂。

御碑亭　位于天王殿左前。建于清乾隆十六年(1751年)，光绪十九年(1893年)重修。原天王殿前曾建东、西两亭，皆树乾隆题碑于其中，现仅存东亭。亭内置乾隆第一次游焦山写下的《游焦山歌》碑。

东泠泉　在祖师殿侧院内，又名烧丹井、炼丹泉、香泉等，明代方豪欲与金山中泠泉相配，故取名东泠泉。

茗山纪念堂 位于定慧寺东，天王殿与碑林之间。为纪念定慧寺高僧茗山法师而建，2004 年落成。纪念堂面积 88 平方米，建于圆形莲花须弥座上。屋顶饰白色喇嘛塔，中置茗山坐姿青铜像。堂后设展室介绍茗山生平事迹。东西两侧院墙壁各嵌茗山书“以戒为师”“悲智双运”大字和其他书法作品。大门上方悬中国佛教协会会长一诚题“人天师表”匾额。茗山（1914—2001 年），定慧寺住持、江苏省佛教协会会长、中国佛教协会副会长，佛学、诗词、书法造诣皆高，在海内外佛教界有较大影响。

焦山行宫 位于定慧寺东、焦山碑林南。乾隆二十五年（1760 年）建于焦山海云堂旧址。行宫除殿堂、寝宫、朝房外，尚建有镜江楼（上行宫）、罨画窗、竹楼等。道光年间即已倾圮，至同治年间已全废。现焦山行宫实为自然庵与文殊阁旧址，内有蝴蝶厅、北极阁、黄叶楼、文殊阁等建筑。庭院内有青翠的竹林、古老的银杏和枫杨，建有假山、池、亭、桥，环境幽雅。1992 年，在观澜阁内建行宫塑像，并辟有展室，展示康熙、乾隆南巡时游焦山的有关资料。

观澜阁 位于行宫东、碑林南。建于清道光二十七年（1847 年），属自然庵。古时阁濒长江，惊涛拍岸，波澜起伏，故名。阁为二层，楼上东、西、南三面皆窗，视野开阔，可观江景，并有长廊与黄叶楼相衔。咸丰十一年（1861 年），英国暂设领事馆、税务司于自然庵，松寥阁、观澜阁亦被英领事占居，直至同治三年（1864 年）。1997 年房危，重建。

碑林 位于定慧寺东侧。北宋庆历八年（1048 年）建宝墨亭。明代碑刻有增，改亭为宝墨轩。自清以来集碑达 200 余方，因屡遭兵火，损毁严重，中华人民共和国成立时，仅存碑刻 100 余立方米，且多残缺。1960 年为保护碑刻，将宝墨轩旧址、海云庵及西边石壁庵、香林庵扩建为碑林，将《瘗鹤铭》移此建亭保护，并搜集镇江地区自南朝至清朝（420—1911 年）历代碑刻 330 多立方米，砌入室内和回廊墙壁。1984 年，由市文管会投资，市园林整修，碑刻增至 460 余立方米。1988 年，国务院公布焦山碑林为全国重点文物保护单位。2002 年，碑林进一步扩建，在原有碑林的基础上，向东北方向增扩 2500 平方米，占地面积由 4000 余平方米增加到 7000 平方米，并专为《瘗鹤铭》设立展室。除《瘗鹤铭》外，著名的碑刻还有唐《魏法师碑》，宋《章岷墓志》《禹迹图》，元《赵孟頫书赤壁赋》，明刻宋米芾临《兰亭禊帖》《杨继盛游焦山诗》，清《澄鉴堂法帖》、乾隆的《自金山放舟至金山叠苏轼韵》等。

枫杨广场 位于乾隆行宫、文昌阁东。广场内有 510 年古枫杨树，古朴苍翠。2001 年，在广场东北角建祖冲之科技成果浮雕。浮雕呈弧形，宽 14 米，高 2.4 米。中间用算筹与隶书表达祖率在 3.1415926 ~ 3.1415927 之间，左刻太阳系行星图，右刻祖冲之像。南朝宋大明五年（461 年），祖冲之在南徐州（镇江）任从事史、公府参军时，完成“圆周率”“大明历”两大科技成果。

文昌阁 位于枫杨广场西，原为文殊阁的一部分。同治三年（1864 年）毁于火。光绪五年（1879 年）彭玉麟倡捐建文昌阁，后损。1984 年修复，2003 年再行修缮出新。阁为三层，砖木结构，东西朝向，红窗黛瓦。底层为门洞，壁嵌清修建文殊阁及文昌阁的碑记。

木樨园 位于焦山东部，因园内有大片桂花林，因桂花又称木樨，故名。原为绿化种苗场苗圃和长江新淤积荒地。1999 年、2000 年分两期建成，面积 1.75 公顷。因焦东植桂，长势甚好，便大量种植。中心区为桂花林，植有金桂、银桂、丹桂、四季桂、状元红、金珠桂等多个品种千株。园东部多野趣，小桥流水，建桂雨轩、漂台供游人饮茶、垂钓。园西建四柱花岗石亭、叠落式水池、太湖石假山，配植红枫、桂花、广玉兰、杜鹃等花木；北侧建 30 米桂花文化长廊，南侧排列数十株径 30 多厘米，高 20 多米笔直水杉，临河有百米紫藤花架。1999 年开始，每年中秋桂花盛开时举办的中秋焦山桂花节，有数万人前来赏桂。园利用借景手法将万佛塔、文昌阁、鹤园、枫杨广场等景点融合在园林空间之中。

鹤园 位于焦山东南处。传王羲之曾在焦山放鹤、瘗鹤，并写下瘗鹤铭，故园以鹤命名，纪其事。该地原为种苗场苗圃，1994 年，建成以植物造景为主的园区，占地 2.67 公顷。园周围环水，岸边植柳，有桥两座与外相连。园内有池塘、曲桥、草坪、仙鹤塑像，广植紫薇、樱花、海棠、桃、广玉兰、松、柏、红枫、迎春柳等花木，环境幽静，为游客休憩之佳处。

焦山古炮台　位于焦山东麓。以黄泥、砂、石灰捣制的三合土筑成。清道光年间为加强长江防务，在焦山建炮台。道光二十二年（1842年）英国军舰侵入长江，曾遭焦山炮台守军英勇抵抗，炮台亦毁坏。同治十三年（1874年）水师提督彭玉麟填塘、平柳淤，迁玉峰、海门、友竹、碧山、云声等庵重建。炮台面东兼南，呈扇面形，内设炮八尊。炮台后筑营墙、兵房、火药库。前营门向南，至江边下码头，后营门向北，对松寥山。抗日战争期间又遭日军破坏。解放后，遗址曾多次整修。1984年恢复中间两炮位。2005年更换被白蚁蛀空木柱，修复2号、4号弹药库，恢复2—8号炮位门头。古炮台现为江苏省重点文物保护单位。

松寥山　焦山东北江中两座小岛，一名松山，一名寥山，是焦山余支，因其分峙江中，形若门阙，而古人又以此为长江入海的门户，故称海门岛，俗称磕箩山。除此，两岛还有很多名称，近焦山的一座，海拔12.1米，称松山、瘗鹤山；较远的一座海拔23.5米，称夷山、小焦山，又因鹰鹘栖息，鸟粪覆盖，故有鹰山、鸟粪山、雀屎山等名。对江中的松寥山，唐代李白写下"石壁望松寥，宛然在碧霄。安得五彩虹，架天作长桥。仙人如爱我，举手来相招"的诗。近有湿地渐与焦山相连，两座小岛已经上岸。

江防遗址　1. 焦山西峰快炮台。位于索道站北。光绪二十六年（1900年）两江总督张之洞为加强武备，削平西峰上行宫故址建。台座为混凝土所筑，呈椭圆形，直径4.8米，横径6.8米，炮台南有青砖砌筑通道。该台地处峭壁，长期以来杂草丛生，鲜为人知，迨至1997年夏始被发现，保存尚属完好。2. 焦山东峰快炮台。位于吸江楼旁。民国19年（1930年）建。混凝土筑成，呈圆形，内径6米，内壁有12个弹龛，旁有青砖砌筑通道。1937年，日军侵占时，东西峰炮台均向日军开炮，重创从北固山下来犯日军。后遭日军飞机轰炸，炮台及周围工事被毁。3. 山北江防炮堡。位于焦山北部半山及山顶，共5处，为钢筋混凝土碉堡。建于1949年淮海战役后，国民党军队企图用来阻止解放军渡江。1949年4月23日，镇江解放，驻焦山海军陆战队部分官兵起义，碉堡内机关炮3门复装于炮艇，支持渡江战役。

罗汉洞　又称安隐洞。在华严阁东北。民国26年（1937年）开凿。洞口壁上嵌有苏轼石刻画像和焦山十六景题咏诗。洞内供释迦牟尼石像。（"焦山十六景"为：山门松影，定慧潮音、枯木品泉、华严月色、香林花圃、海云墨宝、自然问道、危楼观日、别峰果园、西崖远景、安隐栖禅、东麓新林、江亭礼佛、岩洞寻仙、石屋藏铭、庵院槐荫。）

焦公纪念堂　位于天王殿西侧，老山门后。曾名英济明应公祠、焦公祠、焦仙祠。宋祥符年间始建于大雄宝殿右，清顺治十年（1653年）重建于海西庵内，民国26年（1937年）被日军毁。1991年由焦光后裔焦静秋等重建。堂内供焦公石像，堂前有石牌坊，正中上书"三诏坊"，两旁分书"自在""解脱"。

中日友好纪念碑　位于华严阁东。1985年建，为1米见方的卧式台历形纪念碑石，上刻"1984年6月11日"及"中国镇江·日本津市缔结友好城市纪念"字和纪念徽章。碑两旁各有一棵中日双方官员合栽的友谊树——雪松。

华严阁　位于焦山西南麓，是一座两层临水建筑。为清代僧元湝创建，后毁。民国20年（1931年），定慧寺方丈慧莲率二百僧众运石至焦山，建临水华严阁。新中国建立后，曾几经修饰。1979年，中国佛教协会会长赵朴初为其题"无尽藏"匾。华严阁临江，为焦山赏月佳处，"华严月色"历来为焦山美景之一。但江水已远离阁前。

摩崖石刻　位于焦山西南麓沿江登山路边的山崖上。石刻保存自南朝至近代历代名人题刻约百余处。其中唐《金刚经偈句》、宋陆游《踏雪观瘗鹤铭》、赵孟頫题"浮玉"石刻弥足珍贵。由于滑坡危岩，1992年和1995年对摩崖石刻进行整治抢救。随着工业发展，酸雨增加，崖体又为石灰岩，石刻风化迅速，亟待保护。

三诏洞 位于焦山西麓、登山路畔。又名焦光洞，洞高4米，深约6米，洞前筑亭。洞中有焦光塑像，身着隐士服，脚着芒草鞋，手持书卷，神态超逸。焦光，汉末高士，相传曾隐居于樵山岩洞中，皇帝三下诏书请其出山，都拒不应诏，甘贫乐道、廉洁自持。后人为纪念他，遂把樵山改为焦山，把他隐居过的岩洞称之为“三诏洞”。清光绪二十四年（1898年）焦光后裔焦尔昌重新整修，并亲题石刻。“文化大革命”中，像被毁，1979年重塑。

百寿亭 位于焦山西北麓。系清代一范姓施主见别峰庵在山之别峰，登山至庵道路崎岖，乃捐资建一花岗石栈道。别峰庵主感念其恩，在罗汉岩建百寿亭为之祈福。亭依岩而建，栈道穿亭而过，内置四条石，刻形态各异之篆体寿字百个。亭内有石凳，可供登山者憩息。

壮观亭 位于焦山西南山腰。明天顺八年（1464年）始建。六角亭。此处面对浩浩西来的长江，是观长江、西眺金山北固山及江边景色的好地方。故取唐代大诗人李白“大江茫茫去不还，登高壮观天地间”诗意，将亭命名为“壮观亭”。在壮观亭的石柱上刻有对联：“江天共一览，心迹喜双清”“砥柱镇中流，此处好穷千里目；海门吞夜月，何人领取大江秋”，描绘的就是亭中所见的美景。

六朝柏 桧柏，位于壮观亭前。相传六朝时植。后人有诗云：“一株夭矫六朝松，多是坂埋与石封。不用点睛亦飞去，前生原是在天龙。”故称六朝柏。实是唐代所种，已逾千年。胸径62厘米，树干半空，现属省级保护古树。但近几十年，因受环境影响，生长已呈颓势。

别峰庵 位于山上北隅，地处山顶两峰间别出之峰，故称别峰庵。创建于北宋，庵前有古树，可眺望金山、北固山。“文化大革命”中被破坏，1981年重新修复。别峰庵是一座方形四合院，庵北侧有清著名书画家郑板桥书屋。1993年整修，板桥书屋小斋三间、花树一庭，内分书屋、客厅、卧室。门扉上留有郑板桥题写的楹联：“室雅何须大，花香不在多”，更显分外精巧雅致。1993年整修书屋时，在四合院内正中房内另增设“郑板桥陈列室”。

吸江楼 原位于焦山东峰绝顶。曾名汲江楼、吸江亭、四面佛亭、四面楼等。创建于宋。民国31年（1942年），就原址再建，二层方形，仍塑四面佛像。“文化大革命”中佛像被砸。1979年秋危楼拆除。次年春，按原二层八角形设计重建。1981年10月1日竣工开放。当代书法家沈迈士为楼书“江山胜概”横匾。吸江楼为观赏日出佳处。陆游曾有在此观赏日出所见描写“水天皆赤，真伟观也”。1998年，为建万佛塔而移建于塔东侧快炮台遗址旁，立《移建吸江楼记》碑刻，记云：“焦山汲江楼创建于宋，向为观赏日出佳处，陆游曾有‘水天皆赤，真伟观也’之赞句，楼踞山巅，久历风雨，屡毁屡建。1981年按清式复建落成。1997年，中国佛教协会副会长、焦山定慧寺方丈茗山大和尚年届耄耋，喜逢政通人和国运昌盛，遂发心愿，重建佛塔，将吸江楼北移于此，于1998年6月28日移建竣工。”

万佛塔 位于焦山巅东峰。因塔内供奉佛像一万余尊，故名。元大德二年（1298年）江浙佥省周文英曾在西峰建塔，后毁，山上600多年无塔。此塔1998年3月破土动工，1999年9月11日建成开光。1999年12月18日正式对外开放。塔高42米，建筑面积583平方米，钢筋混凝土结构，具江南明清风格，“万佛塔”匾额为全国政协副主席、中国佛教协会会长赵朴初题写。万佛塔七层八面，上有天宫，下有地宫，朱栏碧瓦，飞檐彩绘；每层中心柱供奉缅甸玉佛，壁龛供金佛。天花板上绘飞天彩画。外墙饰有护法诸天像。塔廊内外，供奉着玉质、木质、石质、陶质等大小佛像一万余尊，外廊墙壁为唐三彩瓷砖壁画。塔下地宫，绘有唐三彩壁画万方礼佛图。塔顶装红色航标灯，可为长江行船导航。塔四周建有塔院墙围护，呈现佛塔的庄严、祥和和神秘感。塔院门厅悬挂赵朴初题“谨当随喜”匾额。塔院大门两侧墙上嵌有“海不扬波”“中流砥柱”八个大字。

破体碑亭 位于定慧寺山门东南侧江堤上，亦称日本书道文化交流亭。1993年，由镇江对外友好协会与日本东洋书道艺术协会合建。亭为花岗石亭，顶为圆锥形，四柱半敞开。正面镌刻“破体碑亭”，内立日本破体书法家松本筑峰书李白诗句“仙人如爱我，举手来相招”碑。后壁嵌10块破体书法作品石刻。

良宽亭　位于鹤园内，与观澜阁隔河相对。1997年，由镇江市对外友好协会、日本全国良宽协会建。八柱方亭，亭前置日式石灯笼1对。亭内置山石状碑，正面嵌沙门良宽书《答书笺》诗，背面用中、日文刻沙门良宽生平。沙门良宽（1758—1831年），日本曹洞宗僧人，精通佛学、书法、汉诗与日本和歌，书法学王羲之、怀素，受《瘗鹤铭》影响尤深。

第三节　北固山景区

图3-6　北固山鸟瞰（2004年摄）

北固山位于市区北侧江滨，距市中心以北约2公里，海拔58.5米，由南至北的前、后、中三峰组成。因其形势险固，早在三国时就有“北固山”之名。南朝梁时改为“北顾山”，唐称“金陵山”，俗称“土山”。甘露寺，就高踞在滨江壁立的后峰之上。与金焦两山不同，形成“寺冠山”的特色。

北固山山势险固，峰峦秀逸，立于山巅，可北临扬子，东望焦山，西眺金山，南观城区及南山。前峰，古称正峰，东吴孙权曾在此筑铁瓮城。吴治所迁镇时，其宫殿也建在此。后为周瑜帅府。“自晋以来，郡治皆其上”，是府署或州署所在，一直到清末。1966年，在此建市烈士陵园。1995年，发现铁瓮城遗址，2000年列为省级文保单位。中峰，古称北固峰。明弘治初（约1488年）建玄武殿，后称北固山房。清咸丰初（约1851年）毁，光绪八年（1882年）重建。民国时期拆建为省会气象台，“文化大革命”中被丹徒兽医药厂占用，1982年改设为中国画院。后峰，即北峰，又名别岭，为北固山主峰。临江壁立，峭壁如削，景点多集中于此。古甘露禅寺就雄踞其上，刘备招亲传说就发生于此，且现在许多景点皆与之有关，因此世人又戏称为三国文化名山。北固山前、中、后峰由甘露岭（又称龙埂）相连，明嘉靖年间，凿断前峰与中峰间的一段，现唯有中、后峰连接。古有“武圣岩、石帆峰、走马涧、卧龙洞、秋月潭、凌云亭、五岳塔、真柱石”等甘露八景。

1959年，中、后峰辟为公园，名北固山公园。1983年更名为甘露寺公园，1987年更名为北固公园。“文化大革命”中，公园遭严重破坏。山下东侧1.1万平方米绿地被省交通工程公司占用。1969年，西侧大片风景区被江苏省镇江船厂占用。1980年后，公园始作整修，增添各种服务设施。20世纪90年代初，随着三国文化热的兴起，北固山跟三国有关的景点得到进一步整修和恢复。新建370米古城墙、山西麓至江边的景区。1994年建成东麓的荻路及通铁塔、中山纪念林塔两便道台阶。2002年，北固山下船厂拆迁。2005年拆迁后留下的大部分空地，被改造成绿化景观带。

北固胜境　位于北固山公园入口处，面南，为门厅，1988年建成。五开间正脊歇山仿古建筑，黑色琉璃筒瓦，正脊设龙纹正吻，脊端、四戗角置瑞兽，面积278平方米。厅外两照壁嵌有著名园林学家陈从周书“控楚负吴”“襟山带江”石刻，2003年拓宽东吴路被拆。门厅檐口正上方悬丹阳顾莲邨题书“北固胜境”四字匾额。门厅正上方悬苏州祝嘉书“环山飞翠”匾额，下置著名书法家沙曼翁书辛弃疾词《永遇乐·京口北固亭怀古》碑刻。厅内廊柱挂清道光年间无锡县令曾承显原题联(今人书):“形势拓南徐,对秣陵树色,瓜步江光,何处平分吴楚;画图开北固,有米老庵存,卫公塔在,依然映带金焦”。厅后廊柱上挂李破石书清代沈德潜诗联:“峰巅片石留三国,槛外长江咽六朝”。大门外置石瑞兽赑屃1对。

试剑石　位于中峰西侧山脚、公园入口,又名恨石。石为两块,高者1.5米,矮者减半,中皆有裂缝如削,石上“试剑石”三字可辨。相传刘备、孙权曾以石试剑,暗卜成败。1992年,石旁立“孙刘结盟”花岗石雕像,二人相对,握剑向上,呈向天祈祷状。

凤凰池　位于中峰西侧山下、公园入口,试剑石西。传明太祖朱元璋曾临池上召选儒生。古时池水经甘露港通江,春夏潮满池,可泊船。后滩涨,甘露港湮没,池亦渐小,尚可资荡舟,池中有亭,名凤凰亭。民国时,亭池年久荒废。解放初曾整修,“文化大革命”中又被江苏省镇江船厂占用,逐渐湮没。1984年开始,凿池引水,周围用黄石堆砌,恢复凤凰池,池长约60米,宽3米到6米不等,呈“7“字形,蜿蜒曲折。池东有试剑石,池畔有文天祥脱险纪念碑。

文天祥京口脱险纪念碑　位于凤凰池边。1991年12月立,为一2米多高巨石。正面刻“文天祥镇江脱险渡口遗址”,背面刻宋德祐二年(1276年)文天祥在镇江脱险的经历和立碑纪事。

太史慈墓　位于中峰南麓。清同治九年(1870年)修城时发现,遂修墓立碑,题“东吴将子义太史公之墓”。光绪十七年(1891年)重建墓门。抗日战争前,曾修葺一新。解放初,因塌山被泥土湮没,后仅存墓后一块半圆形水泥靠壁。1985年重修,墓前碑刻篆书“东莱太史慈之墓”。太史慈,东吴名将。“孙策酣战太史慈”故事脍炙人口,辅助孙权屡建战功。后在合肥战张辽时受伤,死于京口,葬北固山。

鲁肃墓　位于太史慈墓东。史志记载有两说。一说为“横江将军鲁肃墓在小渎山苦竹里”。另一说为“王伯阳冢在京口,东有大冢传是鲁肃墓”。据光绪五年编《丹徒县志》记,“北门外直指庵后”(今大学山)上亦有鲁肃墓,附近有望肃楼。明清时期经修葺,墓前曾立有刻名巨碑。现墓为1993年8月从大学山迁建于此。鲁肃,三国时东吴名将,曾提出联刘抗曹、鼎足江东等重大策略,建安二十一年(217年)病逝。

汉阙　位于中峰龙埂南端。1988年建。仿汉式花岗岩石阙,高达4米,立于方形台阶之上。正面刻著名书法家沙曼翁书辛弃疾词《南乡子·登京口北固亭有怀》,两侧面刻“与造物游”“得青云路”篆字。

中山纪念林塔　位于中峰。民国19年(1930年),江苏省造林委员会及镇江各界为纪念孙中山造林遗训而建。塔顶为方锥形,塔身四面均有“中山纪念林”字样。四周石阶,塔基部每面镌刻孙中山造林遗训。因有损毁,1986年10月重建。

凌虚亭　位于北固山中峰北侧,1989年建。

王宗培墓　位于中峰中山纪念林塔附近。为土坟包墓,坟前墓碑刻“王宗培烈士之墓”。王宗培,镇江西乡牌岗村人。民国14年(1925年),“五卅”惨案发生后,他积极参加镇江掀起的反帝爱国群众运动,为抗议政府甘心媚外的外交政策,于1925年7月26日愤而投江自杀。镇江“五卅”外交后援会特地举行大型追悼会,建墓于此。

气象台旧址　位于北固山中峰山上,占地约160平方米,平顶,呈“凸”字形,二层楼上的当中为四层向上拔起。底层碑石刻有“中华民国二十三年十月七日江苏省建设厅,北固山气象台奠基”“中华民国三十六年七月重修”字样。

龙埂　又名甘露岭。原北固山前、中、后峰皆由龙埂相连,全长550米。明嘉靖年间,因倭寇侵扰,为固守镇江城池,挖断龙埂,形成前、中峰断开的现状。镇江解放后,曾拓宽修整。1980年又进行修复。

清晖亭　又作晴晖亭,位于后峰铁塔西侧。原亭毁于民国时期,1958年重建,有东南西北四门。

铁塔　位于后峰东南、清晖亭东侧，是江苏境内唯一的一座铁塔。唐宝历中（825～826年）李德裕始建石塔，又名卫公塔。北宋元丰元年（1078年）改建九级铁塔。明万历十年（1582年）被大风刮倒，遂改修为七级。清道光二十二年（1842年）鸦片战争期间，英军曾盗塔未成，破坏塔顶。同治七年（1868年）正月初一晚，塔尖折断。光绪十二年（1886年），上四级被雷击落，余下三级。解放初只剩须弥座及一、二级。1960年修复时，将倒地的原五、六级加上去，共四级。须弥座及一、二级为宋代原物，三、四级是明朝重铸。塔呈八角形，八面四门，青石塔基。修复时还曾对塔基地宫进行过挖掘，出土阿育王舍利子和金棺银椁及唐李德裕撰《重瘗长干寺阿育塔舍利记》石刻等一批文物。1982年铁塔被列为江苏省文物保护单位。

中美友好碑　位于铁塔附近。1989年立。为一米见方的汉白玉碑，用中英文刻“友谊树”“中国镇江市·美国坦佩市”“1989年3月6日”，左上方饰两只和平鸽，右下方饰梅花、仙人掌、棕榈纹。碑前两旁各有一棵中美双方官员合栽友谊树——龙柏。

《望月望乡》诗碑　位于中美友好碑北。1990年立。为纪念唐代日本友好使者阿倍仲麻吕，由镇江市对外友好协会、日本书道院、日中友好文化交流协会建。阿倍仲麻吕（698—770年），汉名晁衡，日本奈良时代遣唐留学生。717年来中国，在唐朝为官50年，与李白、王维等为诗友。碑正面刻阿倍仲麻吕《望月望乡》诗中文：“翘首望东天，神驰奈良边。三笠山顶上，想又皎月圆”。由中国书法家协会代主席沈鹏和日本书道院院长田中冻云分别用中文、日文题写。碑背面刻碑记。1990年12月2日，田中冻云率120人团参加揭幕仪式。

长廊　位于清晖亭北门至“天下第一江山”石刻前上坡路边，长约60米。历史上毁建多次，《京口山水志》云：长廊高下，依山结构，吴琚书“天下第一江山”勒石此间。现长廊为1993年复建，24根方形木柱，下置花岗石柱基，上盖青瓦，飞檐斗拱，为仿汉式长廊。廊西侧还立有两碑，一碑为《重修镇江内外城记》，另一碑上有“鸿胪寺”“经历金国……杨嵩”“丹徒知县徐□桓、县丞孙应□”等字迹，碑文大多模糊不清。

图3-7　“天下第一江山”碑（1990年摄）

“天下第一江山”碑　位于后峰东侧长廊壁上、甘露寺东券门对面。为每字近一米见方的擘窠大字，刻在长方形条石上。相传三国时，刘备曾对北固山以“天下第一江山”相誉，南朝梁武帝亲书此六字，后佚。南宋书法家吴琚重题。清康熙四年（1665年），由镇江通判程康庄临摹刻石嵌在廊壁上，后传被雷击破。“文化大革命”中，“一江山”三字毁。1976年重新补全。

甘露寺　位于后峰顶，面南。创建年代众说不一。至少已有一千余年，几经兴废，屡建屡毁。寺原在山下，宋大中祥符三年（1010年），真宗下诏移建山上，殿宇辉煌，规模宏大。现存甘露寺是光绪十六年（1890年）由镇江观察黄祖络修建的。寺前有东西向路，砌券门，东券门上刻“南徐净域”，两侧刻清末民国镇江著名书法家苏涧宽书联：“地窄天宽江山雄楚越，沤浮浪卷栋宇自孙吴”。

“宏开鹫岭”碑　嵌于祭江亭南上坡长廊壁上，字大1米见方，“鹫”字缺左上角。明朝书法家米万钟书。

北固亭 位于后峰东北角。又名凌云亭、祭江亭、浴日亭等。始建于东晋咸康年间(340年前后)。原为方亭、木结构。清道光三十年(1850年)换成石柱。石柱上刻有楹联:“客心洗流水,荡胸生层云”“此身不觉出飞鸟,垂手还堪钓巨鳌”。清末康有为游此题为“江山第一亭”。南宋著名爱国诗人辛弃疾登亭抒怀,在此写下《南乡子·登京口北固亭有怀》《永遇乐·京口北固亭怀古》。相传三国时,孙权妹妹孙尚香听到丈夫刘备死讯,曾到此设奠遥祭,投江殉情,后人便把此亭称为“祭江亭”。

多景楼 位于北固亭西、后峰临江绝壁之上。宋熙宁间(1070年前后),僧应夫于临江亭故址建多景楼,取名借李德裕《临江亭》诗“多景悬窗牖”句义。后数移其址。清光绪十六年(1890年)重建于后峰今址,计三层,面江而立,四面回廊,凭栏四望,景色壮丽。抗日战争期间被毁。1959年重建为二层。多景楼为古代长江沿岸的名楼之一,匾题“天下江山第一楼”辑自米芾多景楼诗手迹。苏轼、欧阳修、沈括、陈亮、陆游、刘过、萨都剌等名人都曾在这里留下过著名的诗篇。清康熙年间,又名春秋楼。俗称梳妆楼、相婿楼,皆附会于“刘备甘露寺招亲”的传说。

狠石 位于多景楼西。又名石羊,狠石。形似羊,大小亦如羊,左侧腹壁刻有“狠石”二字。相传三国时,刘备、孙权曾踞此石共商抗曹之计。唐代罗隐诗云:“紫髯桑盖此沉吟,狠石犹存事可寻。汉鼎未安聊把手,楚醪虽满肯同心?”该石历史上更毁多次。“文化大革命”中又遭破坏。现石是1985年从市南官塘桥移来的一只石羊。

御碑亭 位于后峰甘露寺西。清光绪二十七年(1901年)建,中置刘坤一亲摹光绪皇帝御制碑文。

溜马涧 位于后峰西侧。又名走马涧、驻马涧。相传刘备招亲时,孙权与之争胜,二人沿此涧跃马扬鞭,山上山下几度纵横,因而得名。临江崖壁上有明人题刻“勒马”二字,崇祯时夜郎人朱云熙书“溜马涧”碑。清光绪二十年(1894年),穆克登布题“古走马涧”石额。1993年,沿崖壁建游览道,165级台阶,两边置铁链。

临江亭 位于后峰西侧山腹,溜马涧游览道旁,1994年建。为正圆五柱,亭顶重檐花岗石亭。正面上方镌刻“临江亭”三字。正柱刻唐代诗人储光羲咏临江亭诗句联“潮生建业水,风散广陵烟”;“落霞明楚岸,夕露湿吴台”。

摩崖题记 位于后峰五圣岩下。石崖上有李宁斋题“第三笑啼岩”,庞时雍题“云房风窟”。旁有观音洞,深约10米,高宽约3米,元至顺前曾有僧结庐奉观音像。

秋月潭 位于观音洞旁,崖壁上刻“秋月潭”三字。宋嘉定间,镇江知府史弥坚见北固山下有陂泽,扩为潭,连通江归水澳,藏江防兵船。后潭缩小。清蔡之定诗曰:“观音洞口潺潺水,流尽秋潭月半痕”。现崖下仅存一小水潭。

连沧观 位于北固山北麓江边。原名望海楼,建于山前峰,米芾、沈括曾登楼赋诗。南宋时胡世将取李白《永王东巡歌》“丹阳北固是吴关,画出楼台云水间,千岩烽火连沧海”之诗意,改名连沧观,后废圮。一说得名于王存“连山涌沧江”诗句。1992年迁建于此。建筑呈“凸”字形,砖木结构,各面皆窗,飞檐翘角。连沧观背靠悬崖峭壁,面临大江,既是沿江景观,又是品茶观大江景色的好地方。

北固新绿 位于北固山西麓,北缘江边。为北固山西区新建绿化景观区。2002年北固山下船厂拆迁,2004年、2005年两次对此地块进行绿化。景观由四园两林组成:桂花园、玉兰园、海棠园、竹园、雪松林、水杉林。总面积8.3万平方米。江边设滨江游览区。整个工程共栽植香樟、龙柏、紫薇、广玉兰、倒槐、棕榈等乔木3355株,茶梅、杜鹃、紫荆、黄杨等灌木2300株,竹类7.5万株,草坪4.5万平方米,投资约1000万元,使北固山景区与长江路风光带协调地融合在一起。

第二章 南山风景名胜区

镇江南部青山延绵，群山中近城区的诸山为镇江南山风景名胜区。南山，原为市郊，镇江人一直称风景区为南郊；现在城南，北缘距市中心约2.5公里。风景名胜区东起镇宝路，南至官塘桥，西迄小九华山，北达林隐路。规划面积18平方公里，其中核心景区面积3.67平方公里。

景区内重峦叠翠，茂林修竹，山深水秀，泉涌溪流。山不高却深邃，水不多而通幽。前人誉之为“城市山林”。山上有松、杉、竹、栎等树木160余种，林间有黄鹂、绶带、画眉等飞禽70多种，数目与种类之多，居沪宁沿线风景区之首。南山历来是镇江闻名的游览胜地。藏于群山中的鹤林、竹林两古寺皆创建于东晋，招隐寺建于南朝宋。南山清幽，历代文人多爱游历，留下无数诗文，尤其是南朝文士流连题咏，盛极一时。这里景观四季，四季皆美，史迹丰富，故事优美；这里有泉可饮，有洞可探，有寺可栖，有花可赏。尤以“鹤林烟雨”和“招隐红叶”为其特色。

历史上南山屡遭劫难，太平天国和抗日战争期间，这里都经历战火。镇江解放前为国民党军队驻扎。“文化大革命”前，鹤林寺已被工厂占用。“文化大革命”中，竹林寺划归林场，招隐寺则建造镇江专区电信局二站。炸山采石，伐木毁林，拆毁殿宇，泉眼堵塞，风景资源破坏严重。

1979年1月始筹建南郊公园。3月，镇江市革委会发文制止风景区开山采石，先后关停33处采石宕口。10月，召开保护南郊风景区资源会议。1980年成立南郊风景区复建办公室，省建委拨专款保护和复建南郊风景名胜。1984年2月，省政府批准南郊为省级风景名胜保护区。市政府下令南郊19个采石宕口全部停业。同时聘请上海同济大学土建系园林专业师生会同市园林处制订总体规划。1985年11月，市林场划归园林处，与南郊公园合并，成立南山风景名胜区管理处，进一步加强复建和管理工作。1986年10月，省政府批准《镇江市南山风景名胜区总体规划》。1988年后，始用南山风景名胜区名称。1995年11月，林业部批准南山为国家森林公园。

1997年6月，市政府专门召开会议，研究开发建设南山。从此，南山开始新一轮保护和建设，加强特色花卉杜鹃花种植，实施环境整治，筑绕山公路、游览道路、建停车场等旅游服务基础设施建设。新建文苑、山水清音池、黄鹤山景区等景区和景点。召开《文心雕龙》《文选》等国际学术研讨会。南山春秋两季开展的登山活动、2000年起举办的一年一度的市花（杜鹃）节赏花都深受市民喜爱。

南山牌楼位于竹林路中部，南山风景区总入口处，1999年4月竣工。牌楼高12.9米、宽24.8米。采用四柱三跨式，清式重檐风格，上覆绿色琉璃瓦。牌楼正上方匾额镌“南山”二字。正面柱楹联：“南村烟树重重出，北郭春潮渺渺流”，为清笪重光诗句。柱背楹联为“日临河岳云俱色，春入江城树自花”，为清潘自牧手迹。牌楼后20米景观处还建有高3.1米、宽11米清式照壁。照壁表面以釉面砖装饰彩画，左侧绘制南山导游图，右侧绘南山胜境图，中间书《南山赋》。

第一节 文苑景区

文苑在南山风景名胜区北都，位于竹林景区东侧，占地面积4公顷。是为纪念南朝著名文学理论家刘勰及其著作《文心雕龙》而建的纪念公园。1997年初至2001年8月，相继建成文心阁、学林轩、学生文化广场、盆景园。种植乔灌木1万多株，草坪4000多平方米。文苑门前建精巧门亭、拱桥，园内分为中、东、西三部分，以中部文心阁为主体，东有学林轩、水榭，西有小河一条，园中小河环绕，香樟成荫，南面山坡竹林与竹林寺贯通相隔。

亿年乾坤石 位于文苑入口门亭拱桥后。2004 年移入。为产自天目山北麓、成岩年代距今 2.4 亿年的太湖石。主石宽 5.5 米、高 4.6 米、厚 2.8 米、重 68 吨。溶洞、溶沟和石芽罗列有序，串联相通。尤其顶部，状如蛟龙探海，天龟仰眺，神牛俯抵。观全石，犹如硕大透雕石屏。

文心阁 位于文苑中部，为二层歇山式，门首有四川大学教授、文心雕龙研究专家杨明照题匾“文心阁”。两边是茗山书“丹青初炳而后渝，文章岁久而弥光”联句。迎门壁嵌青石镂刻刘勰线描画像，阁内陈设《文心雕龙》各时期版本及资料，文心阁后墙外壁上，嵌鲁迅论《文心雕龙》石刻。阁后有雕龙池，池内建知音亭，亭内置《文心雕龙知音篇》碑。亭下水中锦鲤成群游动，周围修竹、花架。

图 3-8 文心阁(2003 年摄)

学林轩 位于文苑东侧，为厅堂与廊亭结合的半环形建筑，又与水榭歌台形成一个相对独立的空间。轩内置刘勰青铜像，后壁为彩瓷壁画，两边的廊房及亭内饰有油画、国画，以艺术的形式展示镇江科技、文化和中外文化交流方面 50 多位名人的形象及其成就。学林轩院内的墙壁嵌唐代诗人许浑像和毛泽东书许浑诗《谢亭送别》《秋日赴阙题潼关驿楼》石刻。

百年牡丹 位于学林轩院内花坛。坛前刻石：“公元二〇〇一年十一月，丹徒镇人氏蒋克绍捐赠百年牡丹一株，为其曾祖父所植，幸存于日寇兵燹，蒋氏人家视作珍璧，精心莳植，枝繁叶茂。蒋宅扩建不为利动，为觅新居，奔走西东。唯文苑风景独好，择吉地而安其家，实为幸事，是为记。”

千年紫薇 位于文心阁东侧。2004 年春，3 株古紫薇为从浙江引进。树龄分别为 1000 年、880 年、460 年，胸围为 132 厘米、186 厘米、150 厘米。春季开花时，红花满枝，且花期长久。

《文心雕龙》国际学术研讨会纪念碑 位于文心阁、学林轩之间。碑基座为山石状，嵌“文心雕龙国际学术研讨会·2000 年”刻石。碑身为 5 本《文心雕龙》线装书形，中间一本为打开状。背为扇面样，上刻王元化、杨明照、张光年等中国大陆和港、澳、台地区以及美国、日本、韩国、马来西亚等国家近百位参加会议学者签名。

赵伯先墓 位于竹林寺东侧文苑后，占地 6400 平方米。赵声(1881 ~ 1911 年)，字伯先，丹徒大港人，近代民主革命先驱，曾领导著名的广州起义。根据他生前遗愿，民国元年(1912 年)由香港迁葬于镇江南郊，墓碑刻“大烈士赵百先之墓”。后于墓前池中建纪念亭，亭内立烈士骑马石像，通以曲桥，中竖牌坊。镇江解放后曾修葺，1967 年毁。1981 年为纪念辛亥革命 70 周年，由省拨专款重点修复，重竖墓碑，除石像外，基本恢复原貌。墓前有石供桌，两旁有石狮，墓道长 60 米，墓道前竖石牌坊，石牌坊正中刻有“浩气长存”四个大字，坊柱上对称镌有“巨手劈成新世界，雄心恢复旧山河”和“绿竹径回环，劲节雅似君子德；黄花岗缥缈，忠魂是有古人游”的联语。坊前有一条小河穿过，上建有三座石拱桥，为伯先墓入口，可从文苑花墙入。赵伯先墓于 1982 年被列为江苏省级文物保护单位。

第二节 竹林景区

竹林寺 位于南山风景名胜区夹山北麓。始建于东晋，初名夹山禅院，唐时为鹤林寺下院，后圮废。明崇祯年间(1635 年前后)，僧林皋居草庐募化二年，重建寺庙，后又独立。因四周修竹环抱,故改名竹林寺。清康熙三十八年(1699年),康熙帝南巡时曾留驻竹林寺,亲题寺匾。雍正十一年(1733年)诏令重建,殿宇僧舍259间,建筑规模宏大,为寺鼎盛时期。咸丰六年(1856年),太平军与清兵在南郊作战时,寺毁于战火。咸丰八年(1858年)僧雪峰再建,刚砌成百间,两年后又毁。同治三年(1864年)僧旭雯率徒又建,然规模已不如前。抗日战争期间,寺被日本侵略军烧毁部分。"文化大革命"中破坏殆尽。1981年开始,部分修复。寺依山而建,一组石阶,一层平台,上下五层,层层登高,第三层平台两旁建东西客堂各5间。

金刚殿 即天王殿,为竹林寺山门。始建于明崇祯年间,清雍正时重建,咸丰年间又毁。1981年落地翻建。门额嵌有"竹林禅寺"石刻。

林公泉 位于寺后山崖下。为明林皋法师开凿,故有此名。相传林皋当年以竹笕引水入釜,烹茶待客。崖壁嵌清末状元陆润庠题"林公泉"石刻。1982年疏整,泉依山崖,每雨后听泉,石缝中滴漏之声如磬。

挹江亭 位于林公泉后山崖上,1982年重建,六角亭。石柱有联:"来时觉幽奥,到此豁心胸。"登亭北望,大江如练,故名挹江。

康有为石刻 位于林公泉右崖壁上。刻"碧岩"二大字,落款有"南海康有为"字样。

马家坟 位于赵伯先墓南。民国25年(1936年),旅日华侨马席珍葬其母贾氏于此,并建墓林。冷御秋、沈百先书题楹联,张群撰写墓表。"文化大革命"中遭破坏,后修复。因其植物景观较好,雪松、广玉兰、龙柏、珊瑚等常绿树较多,现辟为树木观赏园。

柳诒徵墓 位于观音山麓、马家坟对面。原墓在润州区官塘桥乡朱家岗村。1995年3月,由镇江市政协将墓迁建于此。墓碑刻"柳诒徵翼谋、吴素鸾夫人之墓"。墓后有镇江市政协、镇江市文管会迁建柳诒徵墓碑,两边为周谷城与慈舟书诗碑。柳诒徵墓旁有其父母墓。柳诒徵(1880—1956年)镇江市人,中国现代著名文学家、史学家、教育家、图书馆事业家。

第三节　招隐景区

"城市山林"山门牌楼 位于招隐景区入口处。1988年建,四柱三开,砖木结构,翘檐,覆黛瓦。正面上刻米芾书"城市山林",前有石狮一对,为招隐景区山门。

山水清音池 位于城市山林牌楼后,2005年建。"山水清音"取自"何必丝与竹,山水有清音"诗意。山水清音池水面2900平方米,池北筑有355平方米小岛,岛上建和畅轩、友于亭,东西两侧有清水桥、戴公桥与岸相连。池西有高情胜气轩,山坡遍植杜鹃、翠竹。池南筑湖石假山,桃花涧溪水经山石落入池中,水声悦耳。

图3-9 招隐景区(2003年摄)

杜鹃园 位于山水清音池东南,招隐山西坡。早在唐代便有南山栽培杜鹃花记载,且山坡野生杜鹃花数量众多。1994年杜鹃花被确定为市花后,此处开始大量栽植,现园面积1.2公顷,有紫、粉、白、红各色杜鹃花1.5万多株。园内杜鹃丛中建"云锦茅屋"。与园相对,建映山厅。厅门柱悬清代张锡琪诗联:"灼灼娇含雨,夭夭笑舞风"。

招隐坊 位于招隐山北麓,"城市山林"山门牌楼建前,此即为山门。坊上石刻,上额"宋戴颙高隐处",下额"招隐"

二字。内联“读书人去留萧寺，招隐山空忆戴公”；外联“烟雨鹤林开画本，春咏鹂唱忆高踪”。初建于明万历四十一年（1613年），清道光二十年（1840年）再建。民国时期修，1970年毁，1981年重建。

选亭　位于招隐牌坊南。2002年建。为八柱歇山式，十字脊翘檐仿古亭。中立“选亭记”碑。碑前有仿青铜萧统坐像。亭前立文选国际学术研讨会纪念碑，形为宽2.2米、高1.2米长方形斜面上置汉白玉匾。匾上刻“第五届文选国际学术研讨会”“中国·镇江·二〇〇二年十月”。

虎跑泉　位于招隐坊后、听鹂山房左，又名万古常清池。相传为东晋法安禅师开凿，群虎跑（刨）地出水，故名。后泉亭湮没，明嘉靖年间袁继祖重建方池，围以石栏，名之为“万古常清池”，池后立碑，上刻明代镇江郡守程峋书“虎跑泉”三字。民国初再修，不久亭倾。1981年又重疏泉，建亭。泉上有长方形亭，名“万古常清亭”。泉下又筑一池，凿石为龙首，泉自口出，名虎跑下泉或龙吐水。

图3-10　虎跑泉（2003年摄）

听鹂山房　位于虎跑泉右。为纪念南朝著名艺术家戴颙而建。戴颙（378—441年），精书画、雕刻、音乐。南朝宋时隐居招隐山。曾创琴曲新弄15部、长弄1部，又综合“何尝”“白鹄”两曲为一调，音极清旷。戴颙隐居招隐山时，常携双柑斗酒桐琴，独坐林中，听黄鹂歌啭，操琴谱曲，故名听鹂山房。山房始建年代不详，清光绪十八年（1892年）重建，民国时期仅剩门楼，“文化大革命”中被毁。1981年秋重新迁建于今址，粉墙黛瓦，旁有回廊。门联云“泉韵每清心，自有山林招隐逸；莺声犹在耳，好携柑酒话兴亡”。院外置“戴颙鼓琴”铜像，并以长廊与鹿跑泉、如斯亭相接。

鹿跑泉　位于听鹂山房右。唐学士蒋防有记，因与虎跑名对，故名鹿跑。泉旁有亭，明万历年间知府林华取论语“逝者如斯夫”之意，名如斯亭。不久改观泉亭，又名鹿泉亭。亭圮已久，泉也早涸。1982年春疏浚，枯竭之泉又涌出泉水，同时建三角形如斯亭。

招隐寺　位于南郊招隐山中、虎跑泉南，招隐山原名兽窟山。南朝宋景平元年（423年），昙度禅师创寺于山巅，时戴颙隐居山中。戴颙故后，其女舍宅为寺，故称招隐寺。宋代，金山寺高僧普慈住持该寺，又曾以其法号为寺名。明嘉靖年间，移建山之东麓。万历二十六年（1598年），为与鹤林寺对称，改名鹿泉寺。清咸丰年间毁于战火。光绪时期重建。民国12年（1923年）再建于今址。抗日战争期间毁去部分。“文化大革命”中因建造镇江专区电信局通信二站，就地取材，拆除大雄宝殿改盖机房。至此，招隐寺已无寺。1980年以来，经规划建设，招隐寺诸多景点、古迹已得到保护和恢复。

图3-11　听鹂山房（2005年摄）

读书台　位于招隐山腰、招隐寺南上部。始建于南朝梁普通元年（520年），南朝著名文学家、梁武帝太子萧统曾读书其中。萧统（501—531年），字德施，谥号昭明，是梁武帝萧衍长子。嗜读书，才名并集，以选编《文选》而著称于世。读书台原在山顶狮子窟，后移山腰今址。二层楼阁式，与增华阁有天桥相连。太平天国战争中被毁，清光绪年间复建。民国 12 年(1923 年)重建，1980 年落地重建。现为平房，面阔三间，青瓦歇山顶，有前廊。台中原有萧统用古案一张，“文化大革命”中遗失，后重新仿制。长 1.61 米，宽 0.6 米，厚 0.1 米，厚处镌刻“普通元年，岁在庚子”八字。案后置萧统读书雕像。读书台前有一庭院。台东山墙嵌“重修招隐山昭明读书台记”石刻。

增华阁　位于读书台右。萧统曾在此编纂中国现存最早的诗文总集《文选》。原亦在山顶狮子窟后，后移建于山腰今址。咸丰三年(1853 年)毁，民国 11 年(1922 年)复建。1981 年修缮。原阁为单层五间，1998 年 3 月在原址重建，重建后的增华阁为两层仿古建筑，重檐花格门窗，朱柱飞檐，面积为 261 平方米，阁内正中有壁画。2002 年新建连接读书台的长廊，廊壁嵌 12 块反映萧统生平砖雕画“萧统画廊”。

济祖殿　位于读书台左侧。民国 12 年(1923 年)始建，1980 年修复。原内置济颠和尚铜像，久废。

退居寮　位于增华阁右侧。民国时期招隐寺方丈辉山法师退居养性之所。1980 年落地重建。

玉蕊亭　位于退居寮后山腰。唐会昌年间李德裕在玉蕊花旁筑玉蕊亭，立石刻诗，亭以花名。旧址在虎跑泉右，毁于清咸丰年间战事。民国 13 年(1924 年)移建山巅，后又迁至山腰今址。1981 年修缮亭顶，亭六角攒尖，彩椙飞檐，石柱镌联：“绝顶共攀跻，此地来骚人墨客；三山相揖让，何处访玉树琼枝”。亭后立《移建玉蕊亭记》石刻。玉蕊花，古之奇花，唐朝仅长安、润州有。唐末，长安玉蕊湮灭，仅招隐存。唐李德裕任润州刺史时，常游招隐寺，于玉蕊花花下饮酒赋诗，特为观花建亭，名“玉蕊亭”。宋元明清都有对招隐玉蕊花的记载，最晚的文字记录见于清陈淏子《花镜》一书，说明至少在清康熙中期，招隐还存玉蕊花。

韶华楼　位于读书台西侧。原系用于国防通信的微波站房，半地下建筑。由于停用多年，房屋破烂不堪，影响景观。2005 年进行改造，将原坡顶屋面改建成卷棚歇山顶，加固墙体，新建地面仿古歇山顶入口。将微波站更名为韶华楼。门两边有于文清书李白诗句联：“五岳寻仙不辞远，一生好入名山游”。楼内展字画、奇石、根雕。

图 3-12　鸟外亭(2005 年摄)

鸟外亭　位于招隐山巅。因其“高出飞鸟，危依云边”，故名鸟外亭。始建年代不详，清初尚存，咸丰年间毁于战火。1983 年重建，圆形亭内设石凳、石桌。2004 年又改建为直径 9.6 米、高 14.2 米的钢筋混凝土结构，二层仿古圆亭。登亭可闻亭外飞鸟啁啾，可眺南山、北江，城市面貌尽收眼底。

狮子窟　位于招隐山东南峭壁，又名招隐洞。有三窟，主窟高 2 米，深 5 米，由于洞外怪石林立，有一巨石形似狮，故名。与鸟外亭合称“兽窟危亭”，为清朝京口二十四景之一。南朝梁时，窟后建读书台、增华阁，明末清初，窟前曾有“种竹堂”“南徐山庄”“访秋亭”等名胜。清咸丰年间毁于战火，清王连城《狮子窟》诗云：“涉险寻若兰，墙阴遍古藤。山堪招大隐，鸟不避孤僧。怪石高于屋，禅心冷似冰。上方天色暝，墟落见秋灯”。2004 年，整修狮子窟，建访秋亭，辟幽径，重建鸟外亭。

莲花洞　位于招隐山与回龙山之间的白龙岗北坡。明万历三十八年(1610 年)鹤林寺僧人发现开辟。系石灰岩溶蚀而成,深约 7 米,洞口颇大,渐深渐小。洞口有一巨石,为天然屏障,形似莲萼,故名莲花洞。1981 年,在洞内考古发掘时,曾发现古人类牙齿和动物化石,经鉴定距今约 10 万年以上。

逆流泉　位于莲花洞前山谷。传春秋时齐国庆封逃到吴国后,居此开凿。因其水自东向西流,故名逆流。泉水甘冽,清澈见底,掬而饮之,清爽滑润。

第四节　鹤林景区

鹤林寺　位于磨笄山北麓。始建于东晋,初名竹林寺。传说南朝宋开国皇帝刘裕微时常劳作休息寺内,时有黄鹤飞舞其上,及其即位后,遂改寺名为鹤林寺,后毁。唐时,范围较大,出山门,就到镇江城门之一的鹤林门。南宋绍兴年间重建,咸淳年间迁建山南。明永乐十年(1412 年)又毁,僧人得月就原古竹院稍加修缮为寺,即今址。弘治八年(1495 年)重建,万历二十四年(1596 年)又建,清康熙四年(1665 年)再建。咸丰年间毁于战火,同治、光绪年间相继修复。“文化大革命”前后破坏严重。古有鹤林八景:逢僧处(古竹院)、香花桥、寄奴泉、杜鹃台、濂溪祠、米芾墓、马祖塔和太傅松,现多湮没。尚有杜鹃楼、米芾墓等。寺内只有空空的大殿和极少建筑,破坏严重,亟待修复。

杜鹃楼　位于鹤林寺大殿后侧。楼为二层,供登临赏花。始建于元延祐三年(1316 年),清乾隆年间重修,清光绪二十二年(1896 年)再建,年久失修,现为小学使用。楼前原有杜鹃花坛栽植杜鹃,历史悠久。但近年疏于管理,花坛中已无花。

米芾墓　原在鹤林寺山门前,现在鹤林寺西南黄鹤山东北麓。米芾,北宋著名书画家,居鹤林寺多年。相传他曾对寺僧说,死后魂魄愿为鹤林寺的伽蓝神,永守山门。故死后,建墓于鹤林寺前。明书法家米万钟曾于墓前书立“宋礼部员外郎米芾元章之墓”古碑。1946 年 7 月重修,镇江解放后再修。20 世纪 70 年代中毁,1987 年易地在黄鹤山东北麓重建。从山脚到墓址有 60 级台阶墓道,分 4 段,中有平台 3 座。第二平台上竖有石坊 1 座,上方横额“米芾墓”。石坊四根柱,其中两根淡黄色是原墓残存的石坊柱。墓碑碑文由著名书法家启功书。

黄鹤山　位于磨笄山西,海拔 82 米。传说南朝宋武帝刘裕未发迹时于此山劳作栖息,常见黄鹤飞舞其上,故名黄鹤山。现山顶建有鹤林阁,西侧建黄鹤山景区,北麓有“五义士”墓、米芾墓。

八公洞山头　又名八公崖,位于招隐山南,海拔 137 米。相传昭明太子读书招隐寺时,有八太监随侍。太子死后,八太监先后卒而葬于此。因太监称“公公”,故名八公洞。原有八寺庵,早圮。山下有八公洞水库。

第三章　西津渡古街名胜区

西津渡古街,位于市区西部云台山北麓。云台山,古名蒜山。又因原与金山隔江遥相对峙,对应金山而称银山。银山、银台山,音变为“云台山”。传诸葛亮和周瑜同登蒜山,共同谋算破曹大计——火烧赤壁,故又称算山。云台山之所以享有盛名,一是因为蒜山高大平坦,可宴游、可陈兵、可大战、可潜藏、可卜居,故历来为兵家必争之地。二是由于山麓为古渡口,曾名蒜山渡、蒜山津、西津渡、金陵渡,昔日舟船竞驶,樯桅如林。三是因为云台山南麓建有伯先公园,半人工,半自然,绿树成荫,泉池叮咚,点缀其间,风景优美,堪称园林佳景。

西津渡古街,得名于西津渡。西津渡,因渡口在城西 7 里,故名。渡位于蒜山麓,又名蒜山渡、蒜山津;西津渡,唐代镇江名金陵,故又称金陵渡。

李白、孟浩然、张祜、苏轼、米芾等都在此候船待渡,并留下许多诗篇。如张祜诗云:“金陵津渡小山楼,一宿行人自可愁。潮落夜江斜月里,两三星火是瓜洲。”元代意大利著名旅行家马可·波罗曾从这里登岸,开始进入镇江游历。

西津古渡是自六朝以来唐、宋、元、明、清历代的重要渡口。唐朝起已有驻军监守,设营巡逻。南唐时,烈祖李昪未发迹前守镇江,扬州朱瑾作乱,就是得到西津渡监马仁裕的密报,李自西津渡江去广陵平乱,而代替杨吴,取得南唐江山。宋起,西津渡设都巡检一员,士兵两百,列“杭越之钱塘、西兴,扬润之瓜洲、西津”为重防要地。直至清末,都驻有守军。

西津渡古街,由小码头街及义渡码头街、义渡局巷、利商街、长安里、吉瑞里、德安里等组成。小码头街东至大西路,西至长江路与小铁路交接处,东西走向,全长 480 米,宽 3 米,原为在山壁上开凿的栈道。古街分为两部分,一为古街东南部分,二为古街西北部分。东南部分自银山门、五十三坡至清中晚期渡口,约 120 米,开在云台山北麓山腰,有通向渡口的街道,街两侧有英国领事馆旧址和在原英租界旧址建立的镇江博物馆以及石塔、救生会、观音洞。西北部分,自渡口向西,接新河路古渡口,是一条热闹的商业街,楼肆商行,市廛繁盛,石板路上深深的车辙印,保留着古街道的风貌。

为重现昔日西津渡古街风貌,1983 年在古街南入口上坡处建西津渡街券门,将义渡码头街更名为西津渡街。小码头西津渡古街恢复工程第一次于 1986 年 11 月 26 日开工,1987 年 9 月 17 日竣工,工程力求保持原有古街特有的风貌,尽可能恢复原样。整个工程共完成条石路面 1063. 75 平方米,条石台阶 375. 01 平方米,花岗石路肩 423. 15 平方米,弹石路边 1029. 7 平方米。1998 年进行第二次恢复工程,复建金陵渡小山楼,建成西津渡碑林等,昭关石塔、观音洞、救生会 3 个项目获联合国教科文组织亚太地区 2001 年文化遗产保护优秀奖。第三次恢复工程在 2003 年,市城投公司接手西津渡历史街区保护更新工程,西津渡古街保护建设加快。至 2005 年,西津渡保护更新工程完成两条主街巷市政管线的建设和救生会等景区的保护性维修,基本建成“西津雅苑”古建筑群落和蒜山游园。

“西津渡街”券门　西津渡古街南部上坡处,券门石额上镌刻赵朴初题写的“西津渡街”,背面为“吴楚要津”;向前,东侧有五十三坡,西侧云台山腰有镇江英国领事馆旧址。

英国领事馆旧址　1858 年,第二次鸦片战争后,镇江被辟为通商口岸,云台山下为英租界,西津渡街上的云台山腰建英国领事馆。英国领事馆办公楼为东印度式,坐北向南,依山而建在三个不同的台地上,西高东低,建筑面积约 460 平方米,东立面二三层券廊,每层 5 个拱券,顶端有白色横额,刻有“1890”,整体二层,局部三层,面阔各层不同,1927 年,收回英租界。1957 年,在原英租界旧址成立镇江博物馆。20 世纪 80 年代被江苏省人民政府为近、现代历史遗迹及革命纪念建筑重点文物保护单位,1996 年被国务院批准为第四批全国重点文物保护单位。

为改善博物馆的陈列条件,更好地发挥其名城窗口和爱国主义教育基地的作用,先向南扩大至原美国领事馆旧址等处。2002 年,对镇江博物馆进行整修、扩建、改造,即在原馆舍的南面伯先路小学校址和江照庵一带 5000 平方米建设新展厅;同时,对老馆区的基础设施和环境景观进行综合改造。2004 年底,3500 平方米新展厅建设和老馆区改造工程全面完成。全馆占地面积 2 万余平方米,馆舍面积 1.07 万平方米。新展厅占地 5300 平方米,主体建筑分三层,其中底层为旅游工艺品商场、茶社和全馆的电子监控中心,二楼、三楼为展厅、学术报告厅及贵宾接待室。一座国内鲜见的花园式博物馆于 2005 年 4 月 29 日正式对外开放。同年 12 月,被国家旅游评审委员会评定为国家 AAAA 级风景旅游区。

图 3 13　英国领事馆旧址(2005 年摄)

渡口券门　古街建有四道券门,其中石塔东一道,石塔西四道,其中三道镌刻。过市博物馆,经过幽长弯曲街道,一个转弯,迎面为第一道券门,即石塔东的一道,这一道券门迎面上石刻着“同登觉路”,券门后便是古街最高处,这里有一组建筑,中为石塔、右为救生会、左为观音洞,过石塔,为下坡,有石塔西三道券门,由高向低、由东向西建在通往渡口的中铺长条石、长条石两侧为台阶的坡道上,由高向低的券门的石额上分别刻着“共渡慈航”“飞阁流丹”和“层峦耸翠”。“层峦耸翠”和“飞阁流丹”为两面镌刻,为王勃《滕王阁序》名句,也是行走在西津渡古街所见之景的真实描述。

石塔　因石塔塔基两侧刻有“昭关”二字,又称昭关石塔。石塔是一座元代过街喇嘛塔,塔置于四根立柱的石台上,南北砌塞,东西通行。塔高约 5 米,分塔座、塔身、塔颈,塔身、十三天和塔顶全用青石分段雕成。石塔始建于元世祖至元年间,明万历十年(1582 年)重修塔基架。数百年来,历经风雨侵蚀,塔基已严重开裂。1959 年、1980 年相继修整。2001 年,市建委和文管会投入 30 万元,历时 80 天,石塔于 2001 年 11 月竣工,遵循修旧如旧的原则,对石塔进行落架大修,较好地保护这处重要的历史遗产。塔下立“重修西津渡过街石塔记”。

救生会　1949 年前的京口救生会旧址。京口救生会,创自宋乾道间,起于康熙四十七年(1708 年),是专门用于江上救生的民间慈善机构。救生会设在京口昭关晏公庙旧址。清咸丰间,兵燹后,房屋、船只全毁。同治三年(1864 年),复造江船八艘,在昭关觅地起造屋楼房两间作为会所,后又毁,又于光绪二十一年(1895 年)冬重建,“京口救生会”门额上刻有“光绪乙未冬”。1999 年,在旧址办中国镇江救生博物馆。

观音洞　天然岩洞扩凿而成。建于宋代,清咸丰九年(1859 年)重建。2000 年办观音文化展展示馆。

古渡口　出西津渡街最西一道券门,便是渡口;渡口侧,有一同治七年(1868 年)重建的待渡亭,亭内一侧墙上嵌一清“京江二十四景”之一的“西津晓渡”。待渡亭旁有一组台阶由上而下,通向义渡码头(后改名为西津渡街)。台阶下东为义渡局巷,为义渡局旧址所在。

古街西段　过古渡口向前,仍是一长长由坡渐缓的街道,即西津渡古街西部分。街两侧,为明清砖木结构的飞檐雕花丹红色两层小楼,面街的各家店面经营着镇江各种特色商品。沿古街西部分两侧还建有“长安里”(民国元年)“吉瑞里”(1914 年)“德安里”等街巷。漫步在石板路上,风情独具。英籍著名女作家韩素音不禁赞叹:“漫步在这条古朴典雅的古街道上,仿佛是在一座天然历史博物馆内散步。”

蒜山游园　位于长江路南侧、西津渡历史街区北侧,总建筑面积 5800 平方米(含山体),其中蒜山游园园区约 4800 平方米。总投资 350 万元,拆迁面积 3200 平方米。工程于 2004 年 12

月底竣工。整个游园以蒜山为中心，分为东西两块，主要建设内容为山体整治、绿化、水系、雕塑、游步道、铺装广场、水榭、廊亭、灯光亮化等。为保存传统民居建筑形式和风貌，维修蒜山民居800平方米。建成的蒜山游园东有京江亭、秋娘像，西有二翁亭、雪舟“唐土胜景画卷”（局部）砖雕。

第四章　圌山风景区

圌山风景区，由圌山及五峰山（因其山五峰突起，“一”字横陈，形似笔架，称五峰山）组成，两山相连接，宛如一条长龙俯卧长江边。圌山，位于市区东部的镇江新区大路、大港两镇境内，距市中心20多公里，主峰海拔258米，绵延长达4公里，呈西北、东南走向，总面积为10平方公里。圌山滨江屹立，山势险峻，江窄流急，是防守镇江的第一道隘口，历来为江防要塞。其一脉插入江中，酷似畅饮长江之巨龟，故名龟山头。唐以前，这里还是海口，唐朝设谯山戍，是海防重镇。宋设圌山寨，韩世忠曾扼守于此，大败金兵。明嘉靖年间设山营把总。清道光年间建圌关炮台。

圌山巍峨挺拔，水光山色，风景诱人，从山脚至山顶有18弯，全山有36处悬崖，72个险洞。登峰远眺，江天苍茫，峰回云绕，寺幽林静。大小72洞，各具特色，都有一些民间传说，耐人寻味。东乡及江北有黄明节（清明后一日）登山的习俗。清代有“圌山八景”及纪诗。

20世纪90年代，市政府开始进行圌山保护、开发。1993年6月15日，召开第一次保护圌山会议，布置调查圌山风景资源的状况。7月20日，丹徒县建委、计经委、文化局、环保局、地矿办等部门人员到大路镇调查圌山的山石开采情况，并到圌山实地考察风景资源。8月下旬向县委提交《保护圌山风景名胜规划》。8月12日下午，镇江市委书记钱永波视察圌山，要求好好保护、开发。9月7日，召开第二次保护圌山会议。会议认为：应逐步关闭圌山的采石宕口，做好采石工人的迁移安置工作。9月11日上午，镇江市政协主席黄选能考察圌山风景旅游资源遭受破坏的情况。下午在大路镇召开座谈会，与会者一致同意将黄选能的全面保护、整体抢救圌山的建议作为市政协主席提案送交市政府，将保护圌山摆上市政府的议事日程。1994年，圌山风景区被批准为市级风景区。

图3-14　圌山风景区（1998年摄）

报恩塔（圌山塔）　位于圌山巅。明崇祯元年（1628年）吏部陈观阳建。陈出身贫寒，勤学苦读，终成事业，故建塔以报母恩（一说报乡恩），他把塔形建成如椽巨笔，以激励寒士读书学文。塔砖石砌造，高约31米，七级八面，有砖砌腰檐，塔尖为一葫芦状铜顶，塔立山巅，直刺云天，愈显圌山凌云之势。因自江口溯江西上，圌山塔为沿岸第一座，被称为“万里长江第一塔”。又传塔砖为众人搬运上山，集众手而成，因有“万人塔”之称。

箭洞　为圌山72洞之冠，位于主峰东南、报恩塔下的一座拔地而起的崖面上。远看形似山脊被一箭洞穿，故名“箭洞”。洞顶高数丈，横空如桥梁，远远望去，又像一钩新月，正从云雾中冉冉升起，故又名“飞云梁”。地质上称天生桥。

绍隆寺　坐落在第四峰南麓。约建于唐代。清康熙南巡至此，改为金山下院，并题书“灵觉宝寺”匾额。之后，金山寺历代住持年迈后到此养老，或圆寂后骨灰移此建塔。民国27年(1938年)，日本侵略军曾火烧寺院。“文化大革命”中，受严重破坏，这里古木参天，怪石嶙峋，风景优美，气候宜人，堪称疗养旅游佳处。1981年起对外开放，1983年殿宇30余间整修一新，1984年大殿新塑佛像，后又从外地请来佛像、大钟。1989年新建法华楼，1997年建天王殿等。寺内方丈室有一块约两平方米土地颇奇异，泥土会慢慢凸起，铲平后不久，又凸起如故。这一现象给绍隆寺平添些许神秘色彩。

西林寺　位于圌山西南半山腰，因从山麓到山顶，西林寺恰好是这段路程的一半，又称半山寺。有五间大殿，大殿旁建千佛楼。“文化大革命”中大部被拆除，仅存三间平房。

楞严寺　位于圌山山顶圌山塔旁。据志载，楞严寺有房屋99间半，内有大雄宝殿，500尊罗汉。1938年春，遭日本侵略军烧毁，仅存遗址。

韩阙　为南麓通向龟山的山口，传韩世忠屯兵于此时开凿。现还留有很多韩军古迹，如韩桥、烽火台等。

圌山炮台　位于圌山北滨江处，清道光二十年(1840年)建。圌山炮台有三处：大矶头、二矶头、二矶头右侧斜坡下。炮台均用黄泥、石灰、红沙捣成三合土模板分层浇筑而成。在第一次鸦片战争和抗日战争中，圌山炮台都曾抗击过外国侵略军的进攻。古炮台遗址和营房残迹犹存，为江苏省文物保护单位。

第五章　茅山风景名胜区

茅山是江苏省级风景名胜区。茅山风景区是以低山丘陵自然景观为主，革命斗争史迹与人文景观相结合的省级风景名胜区。位于句容市东南部，距镇江市区48公里。海拔372.5米，南北长8公里，东西宽4公里。古名冈山。因其形若“句”“已”字，故改名句曲山或已重山。又因坐落在邑之东隅，亦称东方山。相传西汉时，有茅氏三兄弟居山修道成仙，遂有三茅山、茅君山之名，简称茅山。茅山风景秀丽，峰峦叠翠，清泉潺湲，松柏峻拔，修竹挺秀，有9峰、26洞、19泉之胜。茅山既为江南名山，又是道教圣地，号称“第一福地，第八洞天”。抗日战争时，还是新四军苏南抗日游击根据地的中心。

茅山风景区南起石墩头、金牛洞，北至乾元观、北镇街，面积32平方公里，包括6个景区和一条风景走廊。保护区面积28平方公里。

图3-15　茅山鸟瞰图(1986年摄)

1998年建成老子神像。在原址上重建新四军纪念馆。1999年成立茅山风景区管委会，2001年10月10日在茅山举办2001年中国·镇江(句容)茅山文化旅游节,举行印宫三天门道乐演奏、慈航殿落成暨慈航神像开光仪式。2001年11月,茅山风景区成为国家旅游局公告第二批43家国家AAAA级旅游风景区(点)。2002年,建成茅山喜客泉,举办第二届茅山旅游文化节暨经贸洽谈会、全国著名书画家联谊笔会暨大型书画作品展、茅山旅游形象大使评选。2003年举办第三届中国茅山旅游文化节。2004年举办第四届中国茅山旅游文化节。茅山风景区获省文明旅游示范点称号。2005年,举办第五届茅山旅游文化节暨旅游发展高层论坛,茅山新四军纪念馆被列入全国红色旅游经典景区,完成苏南抗战胜利纪念碑二期工程、茅山道院栖真楼建设、华阳洞开发一期工程。

茅山道院　茅山是道教上清派的发源地。唐、宋是茅山道教的极盛时期,有宫观庵院257房,殿宇厅堂多达5000间,其中最大的有九霄万福宫、元符万宁宫、崇禧万寿宫,德祐观、仁祐观、玉晨观、白云观和乾元观。太平天国战争时期,许多殿宇毁于兵燹。抗日战争时期,茅山道众积极投入"抗日救亡"运动。民国27年(1938年)9月,日本侵略军扫荡茅山,宫观几被焚尽,20多名道士惨遭杀害。镇江解放初,合"三宫五观"为茅山道院。"文化大革命"中又被毁。中共十一届三中全会以后,党的宗教政策得到贯彻落实,茅山道院的九霄万福宫等处逐步修复,同时新建盘山公路,修复九曲十八弯的登山小路。

九霄万福宫　位于大茅峰顶,简称顶宫。始创于汉永平三年(公元60年),再建于元延祐三年(1316年),名圣祐观。明万历二十六年(1598年)改今名。现已恢复灵官殿、藏经楼、太元宝殿等。宫中有豢龙池,又称"神龙仙都",因清泉不断渗流,池水丰盈,大旱不涸,为顶宫的惟一水源。殿后有三天门和飞升台,相传为茅盈升天之处,也是道士拜符上表之所。

元符万宁宫　位于大茅峰北积金山上,简称印宫。初建于唐,兴盛在宋。相传宋时因该宫道士刘混康治愈皇太后孟氏心痛之疾,宋哲宗令其扩建,亲书匾额,赠予8件珍宝:"九老仙都君"玉印一颗、"上清宗坛"玉圭一笏、哈砚一座、"合明天帝曰敕"玉符一道、《辽王诗简》一卷、玉剑一柄、《上清大洞秘录》十二轴和《上清大洞券简词》十二卷轴等。前四宝"文化大革命"中被抄,现已归还道院,后四宝早已失传。现宫内仅存石牌坊、灵官殿、三清殿及一房道院等。

崇禧万寿宫　位于积金山侧丁公山脚下。南北朝时名曲林馆,后为陶弘景的华阳下馆,唐朝改建太平观,宋初易名崇禧观,元代改为宫。清时毁于太平天国战事。遗迹现被水库所没。《茅山志》载,原宫中藏有元赵孟頫碑碣两块,宋理宗"玉气凝润鹤情超辽"八字书榜等。宫前有东西楚王涧,传为战国时期楚威王游憩之地。

华阳洞　位于茅山中部老虎岗西侧,崇禧宫前楚王涧旁,为茅山最大的石灰岩洞,与茅山齐名。传"三茅真君"于洞中得道,陶弘景亦曾隐居在内,清康熙帝南巡时书题"华阳洞天"。现洞口壁上"华阳洞"三字,传为苏东坡手迹。洞壁石刻很多,据《茅山志》载:"此洞极深远,有五便门达于洞外。"由于出水口被堵,长期为泥土淤塞。1985年开始勘测清淤,以期早日恢复旧观,开放游览。华阳洞西洞口整修后于2005年5月对游客开放。

玉柱洞　位于华阳洞北28米处。全长约20米,洞口一段较狭小,至后部则出现一个宽、高4米左右的厅,两侧各有一个耳洞。洞中立一石柱,两头粗,中间细,由石钟乳和石笋相向生成。周围可容一人绕行。玉柱洞之名由此而来。

仙人洞　位于玉柱洞北56米处。洞总长达900余米,可分下、中、上洞三部分。其中以中洞自然景观保存完整,景点相对集中于"仙人四厅一室"的五个地方。洞顶钟乳石密布,造型奇特。唐僧、沙和尚、观音、八仙的形象栩栩如生,天公造物,令人赞叹。

喜客泉　位于大茅峰西北坡。其上有较厚实的堆积物,地下水循岩层流出。游客至旁,踏动堆积物,气体与泉水同时涌出,如吐玉珠,喜迎客人,故名喜客泉。

新四军茅山抗日斗争历史陈列馆(茅山新四军纪念馆)　位于茅山主峰西麓,是一座黄墙碧瓦、古朴庄重的建筑物。20世纪70年代后期,中共镇江地委、镇江地区行政公署为真实地反映茅

图 3-16　茅山新四军纪念馆(2008 年摄)

山抗日根据地在整个抗日战争中的地位和作用,学习革命前辈前仆后继、英勇奋斗的革命精神,决定在此建馆,并于 1985 年 9 月 3 日抗日战争胜利 40 周年时正式揭幕。陈列馆由门厅和三个不同结构的陈列室组成,门上有国防部原部长张爱萍题写的馆名。陈列内容反映茅山根据地开辟、坚持和发展的过程,还展出部分革命烈士的照片、名录和当年新四军使用及缴获的武器。

1998 年又在原馆址基础上进行重新翻建,建筑面积达 3700 平方米。馆内有配合展出的各种珍贵文物和历史资料 2000 余件。馆内《新四军苏南抗日斗争历史陈列》分五大部分:苏南人民奋起抗击日本侵略军、茅山抗日根据地的开辟、新四军东进北上、苏南抗日根据地的艰苦坚持、苏南人民夺取抗日斗争的胜利。陈列采用声、光、电多媒体等现代科技手段,以及图表、灯箱、蜡像、雕塑等不同形式,真实、形象、生动地再现陈毅、粟裕、谭震林等老一辈无产阶级革命家的光辉业绩和当年抗日军民浴血奋战的悲壮场面。2005 年,茅山新四军纪念馆被列入全国红色旅游经典景区。

图 3-17　苏南抗战胜利纪念碑(1995 年摄)

苏南抗战胜利纪念碑　1995 年 9 月 1 日,在茅山下的望母山巅,建成苏南抗战胜利纪念碑。碑高 36 米,宽 6 米,镌刻的 9 个贴金大字的碑名由原国防部长张爱萍题书。1997 年秋冬发现“碑前放鞭炮,空中响军号”的奇观。

第六章　宝华山风景名胜区

宝华山位于句容市西北部,距镇江市区 32 公里。属宁镇山脉,面积约 7 平方公里,其主峰大华山海拔 437.2 米,为句容市境内最高峰。周围 36 峰拱卫,形若莲花,故有华山之称,俗呼花山。为别西岳华山,称大华山。南朝梁高僧宝志登山结庵,为彰其开山之功,遂改名宝华山。为中国佛教名山之一,有“律宗第一山”之称。并兼林麓之美,峰峦之秀,洞壑之深,烟霞之胜,号称四大奇秀。山间常年云雾缥缈,环境优美,盛夏气候宜人,为避暑佳境。

山中文物古迹颇多,有王羲之的“鹅”字、唐伯虎的画、岳飞手书《满江红》和相传可煮千斤米饭的大锅三口,有王安石钓鱼矶,韩世忠将台和康熙、乾隆二帝的行宫(毁于太平天国战争)以及康熙帝的御碑亭和乾隆帝的枕头、龙头拐杖等。另外,宝华山的自然植物资源也很丰富,1981 年 8 月经国务院批准,在宝华山建立省级自然保护区。

2002 年,宝华山隆昌寺举行建寺 1500 周年庆典。2003 年,宝华山国家森林公园被批准为国家 AAAA 级旅游区。

隆昌寺　原名千华寺,又叫千华社。掩隐于宝华山中,如花之含萼,莲之有房。自宝志创寺以来,已逾 1400 余年。一度湮没,明万历三十三年(1605 年)扩建,神宗亲题“护国圣华隆昌寺”额,遂有隆昌之名。清康熙四十二年(1703 年),康熙帝临山改慧居寺。后复用隆昌名至今。抗日战争

图 3-18 隆昌寺(2010 年摄)

时曾遭毁坏,“文化大革命”中又被毁,幸主要古建筑尚在,已逐步恢复。

据《宝华山志》载:“宝华律宗为金陵四百八十大梵刹之最上者。”雍正十一年(1733 年)清世宗令宝华山律院住持、律师赵京放皇戒(即受御戒),宝华山的名望随之日高。该院先后受戒 70 余期,全国大多僧尼均来此受戒,以为正宗。不仅闻名全国,而且享誉海外。日本、泰国、缅甸、印度等国不少僧侣曾来此朝佛受戒。镇江解放后,1955 年和 1957 年两次举行受戒活动,受戒僧尼达 1000 多人。“文化大革命”开始后中断。一说得名于王存“连山涌沧江”诗句。1992 年 9 月重新开坛受戒,其后又分别于 1996、1999、2001、2003、2005 年秋季开坛受戒。6 次开坛受戒,总数 3752 人。宝华山隆昌寺成功举办传戒法会,培养一批佛子僧才,加强佛教界的国际交往,提高隆昌寺的知名度。

隆昌寺规模宏大壮观,民间传说原有殿宇九百九十九间半。现尚有大雄宝殿、韦驮殿、铜殿、无梁殿、戒坛、大悲楼、大寮、布萨堂等数百间。

铜殿 位于大雄宝殿右上方。建于明万历三十三年(1605 年),神宗生母慈圣皇太后捐金两千,以励其成。为楼阁式,重檐,外有石柱方亭。结构精巧,雕刻细腻。殿高 7 米,阔 4.5 米,深 4 米。其梁、栋、栌、桷、窗、瓦、屏、楹悉花铜为之,后壁嵌铜一方(长约 1 米、宽约 0.3 米),故名铜殿。原内供观音大士像,四壁刻画有如来诸菩萨及帝释天人像等。殿前丹墀石栏围护,有石阶上下。清康熙四十六年(1707 年),康熙帝南巡再登宝华,书题铜殿额“莲界云香”。乾隆十六年(1751 年),乾隆帝南巡亦题匾“宝网常新”。抗日战争中,铜皆无存。1990 年,对铜殿、无梁殿作抢救性修复,给铜殿盖上铜瓦;无梁殿翻盖屋面,修复、清理砖雕。2005 年 5 月,由江苏省文化厅、句容市博物馆牵头,对铜殿、无梁殿及铜殿前铜台再一次作保护性维修。

无梁殿 殿为 2 座,分立于铜殿左右。建于明万历三十三年(1605 年)。左供文殊,右奉普贤。单檐歇山顶,3 间 2 层楼阁式,无梁无柱,不用寸木,内部纯系砖垒拱券,外部是仿木结构殿堂形砖雕,出檐短,起翘低,似北京北海无梁殿。夹墙内有石级上下,仅容一人。门窗皆呈圆拱形,上雕云纹和龙戏珠等。

拜经台 位于宝华山西部峰顶,又名晒经台、会君台。上有巨石如台,相传乃梁武帝会宝志处。民国时,张治中将军曾在此著文追述民国 21 年(1932 年)上海“一·二八”之役,悼念为国捐躯的将士,并勒石为巨碑,立于拜经台上,以志纪念。后为日军所毁。

戒公池 山中诸池以戒公池最有名。池位于隆昌寺前,是寺院的主要水源。池水因得山泉不断渗入补充,水量充盈,且水位稳定,大旱不涸,久雨不盈。池中有一怪石突出水面,形似象鼻,故名象鼻石。传说它能随池水长缩,水盈则长,水落则缩。

乌龙洞 为山中九洞之一(其余为潮音洞、白虎洞、黄花洞、志公洞、品洞、东华洞、西华洞、古僧洞)。位于华山西南,外狭内宽,其深莫测。相传洞中曾有乌龙变作僧形要求受戒,故有此名。

第七章　南朝陵墓石刻

丹阳是南朝齐(479～502年)、梁(502～557年)两代帝王的家乡,帝王死后或帝王父、兄弟死后归葬丹阳,其陵墓分布在丹阳市胡桥、建山、前艾、荆林、埤城、陵口等6个乡镇,有11处。先后有齐高帝(萧道成)、齐武帝(萧赜)、鬱林王(萧昭业)、海陵王(萧昭文)、齐明帝(萧鸾)、齐东昏侯(萧宝卷)、齐和帝(萧宝融),梁武帝(萧衍)、梁简文帝(萧纲)及梁元帝(萧绎)、梁敬帝(萧方智)建有陵寝。所有帝王陵墓前及陵口均存有巨大的雕刻石兽,称丹阳南朝陵墓石刻。

按照齐、梁帝制,皇帝陵前设置石兽名"天禄"(双角)在左边,"麒麟"(独角)在右边。诸王侯陵前设置辟邪(无角)一对,并有雌雄之分。一般体型大的重约20吨左右,于墓前对称放置。石兽整体造型丰伟,有的姿势如踞;有的步履雄健;有的气宇轩昂;有的勇猛威武,各具神韵。石兽形状各有特色,有的昂首张口,目瞋雄视,耸腰突胸,双翼前部雕卷云纹,中有细鳞,鳞上雕缀小花,后为长翎;有的角上缀满鳞纹,身上浅刻长毛卷曲纹,尾长曳地,回折向左或向右;有的足呈四爪或五爪,蹯下攫一小兽;有的颌下垂长须,翼与胸前长毛,浑然一体;有的脊背隆起,作通贯首尾连珠状饰纹。石兽雕刻线条流畅,刀法洗练,它代表南朝石雕艺术坚实、浑厚、雄秀、优雅的风格。

1988年,丹阳南朝陵墓石刻被批准为全国重点文物保护单位。1996年11月,国务院批准公布第四批全国重点文物保护单位,将句容梁南康简王萧绩墓石刻纳入丹阳南朝陵墓石刻。南朝陵墓石刻共12处。

陵口石刻　位于丹阳陵口镇东,萧梁河畔。陵口石刻为1对石兽,雄踞陵口镇东500米萧梁河东西两岸。东为天禄,双角,身长4米,残高3.6米,颈高2米,体围3.9米;西为麒麟,独角,身长3.95米,残高2.9米,颈高1.7米,体围3.6米。均为公兽。石兽精雕细刻,纹饰华美,是现存南朝石刻中最大的1对。

萧梁河原名萧港,齐梁陵墓多在此河道两岸。齐梁时,王子公卿谒陵,自都城建康秦淮河沿破岗渎东下,过二十四埭,入南兰陵萧港至各陵,石兽守护在萧港入口处,成为陵墓区入口的标记。1956年因京杭运河拓宽,南临运河的麒麟,沿萧梁河岸平行北移450米,安放在混凝土基座上。1977年疏浚萧梁河时,麒麟又西迁70米。

永安陵石刻　位于丹阳东北,埤城镇胡桥北狮子湾。陵墓主人萧承之,齐高帝萧道成父。萧承之卒于刘宋元嘉二十四年(447年)。南齐建元元年(479年),齐高帝萧道成即位,追尊其父萧承之为宣皇帝,母为孝皇后,合葬陵寝名永安陵。陵南向,现已平。陵前现存石兽1对,东为天禄,西为麒麟。母天禄昂首挺胸,形象威武,身长2.95米,高2.75米,颈高1.4米,体围2.75米;双角今已残断,颔下垂须卷曲于胸际;有翼,翼面作卷云纹,中有细鳞;后有长翅,足4爪,右前足爪下攫1小兽。麒麟头已失,余部尚完好。身长2.9米,残高2.42米,颈高1.38米,体围2.4米。天禄于1979年8月向南平行移动1米,安放在混凝土基座上。永安陵石兽西边的赵家湾,旧有齐高帝萧道成泰安陵,现已平。陵前原有2石兽残躯,相距18.5米,毁于1968年。

景安陵石刻　位于云阳镇前艾庙田家自然村附近。陵墓主人是齐武帝萧赜,齐高帝萧道成子,43岁继位(483年),齐第二任皇帝,在位12年,卒于南齐永明十一年(493年)七月,谥武皇帝。九月丙寅葬于景安陵。陵现已平。陵前现存石兽1对,东为天禄,西为麒麟,均为公兽。天禄身长3.15米,高2.8米,颈高1.55米,体围3米。因其体长,高颈斜出,双目平视,显得俊逸秀美。麒麟身长2.7米,残高2.2米,颈高1.4米,体围2.51米。四足已失。因风化剥蚀,雕饰模糊,但形态矫健。1956年,两兽均保持原方向后移1.5米,安放在混凝土基座上。

水经山南朝佚名陵石刻　位于丹阳东北埤城镇水经山村东南数十米处。陵墓主人是鬱林王萧昭业(推测)。墓东向,今已平。墓前存2尊石辟邪,南北向对列,南为母兽,北为公兽,均似狮子。造型体长而颈短,作蹀躞状,两兽动势对称,形象健壮饱满,充满活力。南辟邪身长1.85米,高1.45米,颈高0.65米,体围1.62米;北辟邪身长2米,高1.51米,颈高0.73米,体围1.65米。1978年5月提升入座。此陵推测为南齐建武元年(494年)第三任皇帝20岁继位后被废的齐前废帝鬱林王萧昭业墓。

烂石弄南朝佚名墓石刻　位于丹阳后巷镇建山烂石弄北。陵墓主人是海陵王萧昭文(推测)。陵墓坐落在建山乡烂石弄公路边。墓今已平。墓前有2尊石辟邪,南北对列。南辟邪现已碎,北辟邪较完好。形似狮,身长1.58米,高1.54米,颈高0.75米,体围1.7米。张口吐舌,作蹲踞状,其形态为南朝石刻中所仅见。1977年5月提升入座。此墓推测为齐后废帝海陵王萧昭文墓,海陵王萧昭文是鬱林王萧昭业弟,鬱林王萧昭业被废后海陵王萧昭文继位(494年),为南齐第四任皇帝。继位后4个月萧昭文又被废。

图3-19　南朝齐明帝萧鸾兴安陵石刻(2005年摄)

兴安陵石刻　位于云阳镇荆林三城巷东北500米处。陵墓主人是齐明帝萧鸾(494年)。陵墓北距梁文帝建陵石刻约60米。南齐建武元年(494年),萧鸾废帝海陵王,自立为帝,时年43岁,在位5年。永泰元年(498年)卒,谥明帝,葬兴安陵。现陵已平。陵前现存石兽1对,两兽间隔一小沟。北兽仅残存部分前躯。南兽为公麒麟,4足全失,独角已残,身长3.02米,残高2.7米,颈高1.35米,体围2.78米;兽身雄健,颈项短肥,头上昂,4小翼组成1大翼,形状别致,装饰味浓厚。1957年南兽麒麟扶正入座。1985年1月,北兽残躯向东北方向平行移动12.5米,加固入座。

修安陵石刻　位于丹阳埤城镇胡桥集镇东1公里处仙塘湾鹤仙坳。陵墓主人是齐明帝萧鸾之父萧道生。萧道生是齐高帝萧道成的次兄,齐明帝萧鸾的父亲,他卒于南齐建武元年(494年),萧鸾称帝后,其父萧道生与其妃江氏,分别被追尊为景皇帝、懿后,合葬陵寝名修安陵。陵墓方向为南偏东23°,于1965年11月发掘。墓室全部用模印画砖砌成,为“三顺一丁”砌法。因早年被破坏,清理出土的陶、瓷、石、铁类器物俱残损,较完整的有由模印画砖组合的壁画“羽人戏虎”“竹林七贤”等5幅,均是不可多得的珍品。

图3-20　南朝齐景帝萧道生修安陵石刻(2005年摄)

陵墓南面510米处有石兽1对,现保存尚好。东为雌天禄,西为雄麒麟。天禄身长3米,高2.75米,颈高1.54米,体围2.52米,双角残断。麒麟身长2.9米,高2.42米,颈高1.38米,体围2.4米;独角,角上饰满鳞纹。两兽均胸突腰耸,瞋目张口,长尾垂于趾间,内收后外旋。两兽相对,动势协调对称。1979年8月,两兽均向东平行移动1米,安放在混凝土基座上。1985年5月按原样复制的天禄,作为镇江文物精华在中国历史博物馆展出,复制品现存放在该馆。

金王陈南朝佚名陵石刻 位于丹阳后巷镇建山金家、王家、陈家附近。陵墓主人是萧宝卷(推测),齐明帝萧鸾子,萧鸾死后继位(499年),时年16岁,在位4年,为荒唐皇帝,萧衍联合齐将攻入建康城,萧宝卷被宦官杀死。萧衍掌权后,授意宣德太后剥夺萧宝卷帝号,追封为东昏侯。1968年发掘。墓室内有“羽人戏龙”“羽人戏虎”“竹林七贤”等砖刻壁画。陵前800米处有石兽1对,东为天禄,西为麒麟,均为公兽。天禄身长2.38米,高2.25米,颈高1.2米,体围2米;头部已残,失去3足,身上雕饰已漫漶不清。麒麟身长2.13米,高1.9米,颈高1.05米,体围1.65米;吻部及足已失。两兽相距23米,均昂首挺胸,张口伸舌,非常生动。1977年4月提升入座。此陵有齐明帝萧鸾子后被废的齐废帝、东昏侯萧宝卷陵之说。

建陵石刻 位于丹阳云阳镇荆林三城巷东北。陵墓主人是萧顺之,齐高帝萧道成的族弟、梁武帝萧衍之父,追尊为文皇帝即梁文帝。梁天监元年(502年),被追尊为文皇帝,庙号太祖。与妻张皇后合葬之陵寝名建陵。陵前神道进口依次列有石兽、方形石础、石柱和石龟各1对,计8件,是南朝诸陵中遗存石刻最多的1处。石兽南为麒麟,北为天禄,两兽相距16米。麒麟独角已残缺,四足尽失,身长3.05米,残高2米,颈高1.25米,体围2.7米;天禄双角及4足已无,身长3.1米,残高2.3米,颈高1.5米,体围2.76米。两兽均为公兽,挺胸昂首,动势对称。1957年扶正入座。方形石础边缘有“T”形榫眼,础上结构无存,难以辨明原来石刻的形制。

图3-21 南朝梁文帝萧顺之建陵石刻(2005年摄)

石柱分上、中、下3部分。下为双螭座,方石四周浮雕纹饰已模糊不清。方石上雕有一对环绕相对的螭龙,口内衔珠,头有双角,4足,修尾。中为柱身,柱表饰凹槽纹和束竹纹,柱身上部有一矩形石额,刻有隶书“太祖文皇帝之神道”。石柱置于神道两侧,石额相对,刻文一为正书顺读,一为反书逆读。柱顶原有覆莲状顶盖,盖上立1小兽,现俱坠落在地。石额现藏文化馆内。现今南柱自上而下裂为二,一半尚挺立。北柱已倾圮。

龟趺之丰碑现已无,仅存趺座。趺座形如巨龟,雕刻简朴有力,形象逼真。1982年发现趺座四周铺设有宽约70厘米人字形的砖面走道,高出原地平19厘米,两排竖砌砖块收边。石柱柱础四周也发现有宽38.8厘米的类似走道。

修陵石刻 位于丹阳云阳镇荆林三城巷刘家庄附近,南距梁文帝建陵石刻约360米处。陵墓主人是梁武帝萧衍,在39岁时,迫使齐和帝(萧宝融)禅位称帝,在位48年。萧衍是南朝梁的创立者,太清三年(549年)被侯景幽囚而死,与德后郗氏合葬,陵寝名修陵。陵前仅存1公天禄,位于神道北侧,南向。身长3.1米,高2.8米,颈高1.45米,体围2.23米;双角顺颅顶后伏,中部起节;双翼,前为阴刻涡纹,后续浮雕翎羽。兽体骨劲肉丰,4足粗壮,足5爪,右前足攫有1小兽,威武非凡。1957年扶正入座。

庄陵石刻 位于丹阳云阳镇荆林三城巷刘家庄附近,南距梁武帝萧衍修陵石刻约60米处。陵墓主人是梁简文帝萧纲,梁武帝萧衍之子,47岁时(550年)被侯景立为帝,在位3年。萧纲于梁大宝二年(551年)被侯景所杀。梁承圣元年(552年),与简皇后合葬陵寝,名庄陵。陵前有萧港,直通陵口。陵前存一天禄,北向,仅有前躯,体形硕大,身高3.16米,左前足5爪上张,足下所连石板残部厚26厘米。天禄举颈昂首,纹饰与齐明帝兴安陵石刻大体相同。1985年1月扶正入座。

梁南康简王萧绩墓石刻　位于句容城西北华阳镇石狮村。陵墓主人是萧绩,梁武帝萧衍之第四子。天监八年(509年)萧绩被封为南康郡王,卒于大通元年(527年),谥号"简",也称南康简王。墓前有石刻辟邪两只,东为雌兽,身长3.85米,高3.4米;西为雄兽,身长3.75米,高3.33米。每只约重30吨,是南朝陵墓最大的石兽。其姿态皆为环眼、虎鼻、阔口长舌,顶至脊背和前胸都有圆浑的凹沟,有双翼,前为鳞羽,后为长翎,长尾垂地前伸,足趾五爪,遍体浅刻纹饰,身躯硕壮,作前迈状,气势雄武。在北面为一对神道石柱,石柱标首罩一圆盖,座顶立一木辟邪,昂首望天;柱身圆形,周围有24道直刳瓜棱形条纹。柱身上端嵌一块扁方形的神道碑额,上镌刻:"梁故侍中中军将军开府仪同三司南康简王之神道";柱下有一块刻有兽面纹的小方石。石柱下部是柱础,整体雕饰两条形似蜥蜴的螭龙,当属古代传统的吉祥兽类。

第八章　其他风景名胜

镇江其他风景名胜位于市区的主要有伯先公园、宝塔山公园、河滨公园、梦溪园、三国城、二十一世纪乐园、古城公园等。辖市主要有:丹阳九里季子庙景区;句容市城区有新世纪广场、玉清广场、葛仙湖公园、句容河风光带、句容博物馆等,此外还有江苏农业科技示范园、边城仑山湖国际度假村、怡景湾度假村、九龙山庄、颜真卿墓和南部建设中的赤山湖旅游区等;1998年建成的扬中国土公园,2004年建成的扬中环太渔乐园,该园是江岛风光类自然风景旅游区,是集长江鱼类养殖、绿色农产品种植、生态田园体验、餐饮休闲于一体的渔家乐农庄。

第一节　伯先公园

伯先公园坐落于镇江城西云台山东南麓。为纪念近代民主革命先烈赵声(伯先)而建立,面积7.3公顷,是市区内的一座纪念性公园。民国15年(1926年)老同盟会会员冷御秋倡议建立赵声公园。由著名园林专家陈植设计,民国20年6月竣工,后更名伯先公园,并将公园前的南马路改名为伯先路。镇江解放后,市人民政府拨专款重修公园建筑。1979年国家名誉主席宋庆龄题"伯先公园"四字,勒石嵌于公园大门右侧。1980年10月,原孙中山秘书田桓亲书《赵伯先简介》,刻嵌在公园大门左侧。

公园依山势而造,犹如一把巨型太师椅。从大门到山顶的由低向高的中轴线上,山麓平地有赵伯先铜像,山腰腹部有"五卅"演讲厅,山顶有伯先祠、二翁亭,西侧有绍宗藏书楼。赵伯先塑像是公园中心纪念物,背后有荷花池,池周围是湖石假山,池中置喷泉,四周树木缠绕。公园南北有登山道路,一直抵山顶伯先祠,路边有儿童乐园、动物园、茶社、书场、花房等。整个公园树木繁盛,品种多,有松、杉、柏、银杏、广玉兰等植物150余种。

伯先铜像　位于公园一号平台上,面对大门。公园主体建筑。民国20年(1931年)6月2日落成揭幕。著名文史学者、邑人柳诒徵在铜像基座上题写"赵公伯先之像"六字,并写铭文。民国26年后,日军侵占镇江,铜像、铭文被毁。民国33年重修铜像。民国37年,柳诒徵重写铭文。"文化大革命"中,赵伯先铜像又被毁。现铜像为1983年由浙江美术学院新铸。像高2.8米,重370公斤,全身戎装、腰佩指挥刀、手持望远镜,挺胸正视前方。著名书法家萧娴题"赵公伯先之像"。

凌烟阁　位于大门后右侧平台铜像前坡上。建于民国15年(1926年),为二层砖木结构。

1997年落地重建。2000年为赵伯先纪念馆。馆名由伯先公园设计者陈植题，门柱悬全国人大常委会副委员长、民革中央主席何鲁丽书“缅怀先烈，启迪后人”联。

荷池假山　位于伯先铜像后。此处树木葱茏，山体被劈为弧形，下凿荷花池。池周叠湖石、筑假山，池中有喷泉、游鱼。假山峰峦壁洞、错落有致。虽为人工，因与山壁相联、依山势而建，犹如天成，更彰显自然之美，为园林假山之精品。荷花池、假山，组成相映成趣的景观。

“五卅”演讲厅　位于假山上方第二平台，与赵伯先铜像在同一中轴线上。民国14年（1925年）5月30日，上海发生“五卅”惨案，为此镇江民众迅速掀起反帝爱国风暴。为纪念镇江人民爱国壮举，经社会各界协商，用对藏有日货、英货奸商之罚款建演讲厅。民国14年8月奠基，1926年落成。演讲厅为长方形重檐歇山式建筑。长28米，宽19米，二层。内部为斜坡型会堂式，有讲台、排椅、跑马楼，楼上下座位可容纳500余人。厅外回廊南北墙基各嵌有白云石碑一块，上刻“中华民国十四年八月镇江各界纪念五卅惨案建筑此厅永示不忘”的碑文。“五卅”演讲厅于1982年被列为江苏省重点文物保护单位。

绍宗藏书楼　位于公园内山顶南部平台上。建于民国22年（1933年），为西式二层楼房，中间顶部有阁楼。楼四周为庭院，院门柱嵌有石刻“绍宗国学藏书楼”“中华民国二十二年立”。东面墙脚嵌有“上海扬子建业公司设计及承造，中华民国二十一年二月”石刻。咸丰年间金山文宗阁被毁后，镇江有识之士皆有恢复重建愿望，“绍宗”即表此意。后由吴兆曾、冷御秋、丁传科等筹办建成。藏书达8万余册，多为珍贵书籍。1992年被列为镇江市文物保护单位。

伯先祠　位于云台山顶。始建于民国20年（1931年），为纪念赵伯先烈士而建，祠内曾供有烈士牌位，挂有于右任、何香凝、何应钦、陈果夫、柳诒徵等人题写的匾联。“文化大革命”中，祠被毁。1970年拆除，仅存台基。现已规划重建。

蒜亭　北宋时期，云台山（蒜山）之顶有蒜山亭，又名二翁亭，是金山寺（金山称浮玉）僧人建。“二翁”指林希、杨杰（曾主政润州的官员），两人共同登山观江景，有和诗，后人为纪念此事，因此命名为“二翁亭”。2003年，西津渡街区扩建，在云台山下游廊复建“二翁亭”，并附会以周瑜、诸葛亮共谋破曹之计的传说。又在原临江石碛（即俗称“小蒜山”）上建“蒜亭”。

齐云亭　位于公园内山南麓。建于民国19年（1930年），原名腋岚亭、齐云轩亭，为六角木亭。1992年因山体滑坡拆除，现已规划原址重建。

第二节　宝塔山公园

宝塔山公园位于镇江市区东南鼎石山，因园内僧伽塔，故名宝塔山。鼎石山，海拔35.3米。1981年，拨专款修复，立“古僧伽塔”石额。1983年7月开始筹建宝塔山公园，曾名鼎石山公园，又名中日友谊梅樱园，1995年改为现名。初建时公园面积为3.7公顷。1993年，与日本国津市合作开辟梅花园与樱花园。

图3-22　宝塔山公园（2005年摄）

1993 年 4 月 7 日,“中日友谊梅樱园”建成对外开放,日本津市组织 170 余人文化、艺术交流团参加开园仪式。双方在园内种植梅花、樱花,定每年 4 月 7 日进行中日友谊梅樱园植树活动。园内又相继建成龚自珍诗碑、红梅阁、祈天池、学子亭、楠香斋等纪念建筑和景点。2001 年公园扩建,面积由 3.7 公顷扩大到 6.7 公顷,遍植七个国际友好城市的市树、市花,新建友谊广场、睡莲池、玫瑰园等景点,成为镇江市对外友好交流的主题公园。

僧伽塔　位于鼎石山上。明万历年间(1593 年前后),儒生张凤翼自城内寿邱山将塔迁建于此,塔高 32.5 米,八面七层,系砖塔。内有旋式楼梯,置僧伽像。清嘉庆年间(约 1796 年)塔圮,后修复。清光绪中期(1891 年前后),塔内起火,毁楼板塔顶,久未修葺。1962 年发掘塔基地宫,得鎏金小塔等文物。1981 年拨专款修塔,1983 年修复,立“古僧伽塔”石额,刻“重新修建僧伽塔记”。现塔院西屋供都天大帝张巡塑像,名张巡纪念馆。

龚自珍诗碑　位于鼎石山西麓,建于 1995 年,为一方形砖壁,上刻著名书法家沈鹏题“龚自珍诗碑”五字。下倚两块自然不规则状石碑,一块刻钱永波撰龚自珍简介,一块刻李宗海书龚自珍诗:“九州生气恃风雷,万马齐喑究可哀。我劝天公重抖擞,不拘一格降人材。”龚自珍(1792—1841 年),清代著名思想家、文学家,浙江杭州人。因不满时政,道光十九年(1839 年)辞官南归,晚年在云阳书院讲学。此诗为作者过镇江,逢都天庙会,“见赛玉皇及风神、雷神者,祈祠万数,道士乞撰青词”而作。

祈天池　位于山顶僧伽塔下东面。1995 年凿建,以表向天祈求实现心中美好愿望之意。池水面积近 900 平方米,水经山间的落水涧流入山下 120 平方米的喜雨潭。池边有红梅阁、楠香斋、樱花小筑环抱。

楠香斋　位于祈天池东面。为明代楠木结构民居,面阔三间,进深七架,面积 94 平方米,房前建临水平台。楠木厅原位于市内大西路 98 号,因仓巷片区开发建设,难以原地保护。1996 年 2 月,经专家论证后,按原样迁建于此。房南侧墙壁嵌镇江市文管会立“楠香斋迁建记”碑。

红梅阁　位于祈天池北侧。清咸丰年间,名将冯子材驻镇江,因爱月华山红梅,于山上建红梅阁,后毁。1995 年,为梅樱园增色,于祈天池畔重建。匾额“红梅阁”三字,系光绪年间赵光荣书。

樱花小筑　位于祈天池南侧。为纪念日本仓敷市与镇江市友好交流 16 周年,中日邦交正常化 25 周年,由仓敷市日中友好协会与镇江市对外友好协会合建。建筑是按比例缩小的具有日本风格和仓敷特色的“藏”,名为“樱花小筑”。旁有小型纪念碑,上刻“中国镇江市—日本国仓敷市缔结友好城市关系,一九九七年十一月十八日立”。

市长诗碑　位于鼎石山南侧半山腰。1994 年 6 月立。2 米高,自然山石状。上刻“津市·镇江友好十周年纪念”及镇江市市长方之焯与日本津市市长冈村初博分别用中文和日文题写的诗。中文诗为:“京江东流远,水连津邑头。迎来樱花树,友谊满山楼”。日文诗的大意为:春天的阳光明媚、温暖,梅樱园的情感之树培育着友谊。

学子亭　位于鼎石山东麓小岗上。由驻镇江市六高校共建,1996 年落成。亭基高达 2 米,亭阶为书形 6 册,亭基两侧为翻开的书,书页上镌刻着镇江 12 位文化及科学界巨子:祖冲之、刘勰、许浑、苏颂、米芾、沈括、计成、刘鹗、巴玉藻、马相伯、柳诒徵、茅以升的传略及像。六角亭顶塑六条龙,朝着亭尖的球形人造卫星。

友好广场　位于公园东南处。2001 年建。广场上褐色大理石铺世界地图,并标出镇江市的七个国际友好城市。广场周边植美国玫瑰、加拿大红枫、日本樱花、翠竹和松柏。旁有黄石假山、睡莲池。假山上筑两方亭连成一体的“和亭”。假山正面嵌镇江市政府立“和亭建造记”碑,碑记载:亭为纪念镇江市与日本仓敷市结为友好城市五周年、中日恢复邦交 30 周年而建,双亭连成一体表示友谊和好。

第三节 河滨公园

河滨公园位于市中心新西门桥与中山桥之间古运河东侧、双井路西侧的运河边。为20世纪30年代城墙拆除后利用新西门桥与中山桥之间城墙基而建。因濒临运河,取名河滨公园,面积0.7公顷,建于民国24年(1935年),由著名造园专家陈植设计。据《江苏省会辑要》记载:"河滨公园,新西门城垣拆除后,自新西门桥至竹竿巷段,以城基辟为广场,围以墙垣……"公园呈长条形,园内遍植花木,铺设游园小路,点缀花棚、假山、雕塑等。

抗日战争期间,公园曾沦为日军牧马场,林木花草被破坏殆尽。

抗战胜利后,民国36年(1947年)夏,省府当局在公园内建有在苏抗战殉国军校同学纪念塔,塔面镶有镌刻100多名在抗日等战役中阵亡人员名单及其军校学籍的石碑。

镇江解放后,园林部门曾多次修缮,先后辟有民众教育馆、中苏友协、政协活动室以及儿童活动场所等。在苏抗战殉国军校同学纪念塔改成中苏友好纪念塔,公园面貌有所改观。20世纪60年代中后期,塔毁。

1983年,对公园进行改建,南部为旅游综合服务部,中部筑假山、花架、凉亭和书场,北面为儿童活动场所。2000年,镇江市政府投资210万元进行大规模改造,拆除围墙,变公园为敞开式。南侧建老年活动中心,改建老年活动广场;中段新开辟儿童活动区,增设儿童娱乐、活动器材;新增水上平台、游船码头,绿地沿运河方向向两边扩展,使公园成为闹市区中不可多得的闹中取静多功能休闲娱乐、活动锻炼场所。

第四节 梦溪园

梦溪园位于市区东侧东河边(后更名为梦溪园巷)。北宋伟大科学家沈括晚年曾定居于此,并著述《梦溪笔谈》。

据传沈括30岁时曾梦遇一地,小山小溪,花木似锦,心欲觅而居之。一次途经镇江,偶见一处恰如所梦,购而筑之,故取名梦溪园,沈括晚年遂定居镇江。梦溪园建成于宋元丰八年(1085年)七月,缘溪依山而筑,有梦溪泉、百花堆、壳轩、深斋、花堆阁、岸老堂、萧萧堂、远亭、苍峡亭、竹坞、杏嘴等。沈括在此居住8年。沈括逝世后,园渐荒芜。南宋嘉泰四年(1204年),辛弃疾为镇江知府,曾修葺之。后为伍姓居住,至元代归李氏,以后又转属严氏,人们遂称其地为梦溪严家巷。20世纪60年代,严氏祠堂遭火,仅剩门楼。

1985年,为纪念沈括逝世890周年,在原址一角修建两进六间青砖平房和一方小庭园,占地2亩,初步恢复梦溪园。园门上端,有茅以升题"梦溪园"门额。第一进为清代硬山式平瓦房,面西,入第一进,正中是沈括画像,右侧陈列室中有原貌沙盘模型,收藏有宋代原物"梦溪"古石,古石赤褐色,石上刻有"皇宋乙丑""中元日建",四周挂有沈括生平及大事年表。第二进为清式厅房,为沈括纪念室,面南,厅房对面青砖照壁上嵌李一氓题"梦溪园"三字石刻。沈括纪念室内,中为一座沈括全身坐像,内悬挂方毅、钱三强、钱伟长分别所题"梦溪园""通才硕学""学坛巨擘"3块金字匾。四周陈列反映沈括一生科学成就的实物和图片,并有《梦溪笔谈》的多种版本。两进之间为一庭院,内布置假山几座,一泓溪水,古井翠竹,铺设小路,石径花墙,中嵌"溪水入梦"石额,种植梅、兰、桂、竹等10多种花木,古朴雅致。

第五节　季子庙风景区

图 3-23　九里季子庙(2005 年摄)

季子庙风景区系国家 AA 级风景名胜区。位于丹阳市区西南 12 公里处的九里集镇。九里因距离古延陵县城 9 里而得名，是一座具有数百年县治历史的古镇。古季子庙距今有 2000 年历史，建筑规模超过茅山顶宫，有“江南第一庙迹”之称。此庙在历史上曾屡建屡毁，最后一次是在民国 28 年(1939 年)毁于抗日战火。

2000 年，季子庙重建。主要建筑有大殿、戏楼、48 间廊房、十二生肖殿、阴阳殿、128 尊神像。景区内除季子庙看点外，还有十字碑、沸井、季河桥、消水石、百年古桑、荷亭等景点。十字碑，亦称季子碑，铭文“乌乎有吴延陵君子之墓”，相传为古代思想家、教育家孔子所书；沸井被誉为“天下奇观”，共 6 眼，3 清 3 浊、彼此毗邻、沸腾不息，有“九里归来不看泉”之说。江苏、浙江、安徽、上海等地区流行着“上茅山，徊九里”的习俗。

第六节　二十一世纪乐园　三国城

一、二十一世纪乐园

位于京口区东郊汝山乡，是新中国成立以后镇江市新建的最大乐园，由中国光大集团、镇江旅游经济开发区等 16 家单位投资兴建，占地 52 公顷。1994 年 4 月 6 日奠基，6 月 26 日正式施工，是一座集娱乐、观光、度假、餐饮为一体的综合性、现代化大型游乐场。园内栽植乔灌木、花卉 18.31 万株，有 40 个品种，绿化面积 22.5 万平方米，铺草坪 17.85 万平方米。1995 年 2 月 12 日，二十一世纪乐园部分开放。一期工程建成欧式花园、世纪城堡、世界景观、热带森林、沙滩浴场等十大景区、100 多个景点，投入资金 1.6 亿元。1996 年 10 月 1 日，乐园正式开园迎宾。1999 年，二十一世纪乐园新增激流勇进、泰式观光长廊等景点 10 余处，铺植草坪 1.2 万平方米。

位于镇江二十一世纪乐园的巨蛋于 1999 年 12 月建成，总建筑面积 7600 平方米，外网架高 48 米，圆周最大直径 37 米，重达 417 吨，蛋壳没有一根支柱和横梁，全凭自身力量达到平衡而支撑。2004 年 11 月 6 日，镇江“巨蛋”及二十一世纪乐园建筑物分别以 405 万元和 249.3 万元拍卖成功。

二、三国城

1993 年建，建成的吴王花园是镇江三国城旅游区吴国景区中的一个王室花园，中国历史上的三国时期孙刘联盟与当时的吴王花园密切相关，内有都督府、礼宾殿、祭台、算亭、歌舞台、相婿殿、古城墙等景点，整个建筑群体具有汉代风格。1993 年，中央电视台《三国演义》电视剧组在该花园拍摄，把刘备招亲等历史情景重现于电视荧屏。1994 年 9 月 28 日，镇江三国城吴王花园开放，同时对外开放的还有三国人物蜡像馆、电视连续剧《三国演义》道具服饰展等。2004 年，在原三国城新建镇江市传染病医院。

第九章　风景名胜区管理和建设

第一节　管理机构

镇江解放前,金、焦、北固和南郊诸山等风景区无统一管理机构。解放后,由人民政府建设部门陆续接收。1951 年,市政府派员到焦山,组织、领导僧人学习党的方针政策,保护庙产。1953 年,建立金山公园、焦山公园。1954 年,成立镇江市园林管理所,隶属市政府建设科,佘开福为第一任所长。金山公园归园林管理所领导。1955 年,成立镇江市园林焦山办事处,茗山任主任,亦隶属市政府建设科。1959 年,将北固山中、后峰辟为公园,名"北固山公园";金山江天禅寺、焦山定慧寺划属园林部门领导。1972 年,园林管理所改为园林管理处,隶属市建设局。下设政工组、工代会,辖金山、焦山、北固、河滨、人民(伯先)五公园,以及绿化队、种苗场、花鸟商店、修建队等。1979 年,市革委会发文筹建南郊公园,由公园接管招隐山一带景点。1980 年 11 月,园林管理处改为直属市革会领导,归口建委。1982 年以后,园林管理处升为二级局建制,设办公室、组宣科、保卫科、管理科、规划基建科、园艺绿化科,下辖金山、焦山、北固、河滨、伯先、南山等六公园以及绿化队、种苗场、花鸟公司、古建队等。1987 年 5 月,市园林管理处改为园林管理局,为二级局。2001 年 6 月,市园林管理局由政府部门管理改为市政府直属事业局,是市政府授权行使风景园林、城市绿化行政管理的职能部门。

由于历史的原因,金山风景区和焦山风景区实行的是多头管理体制。1986 年,为落实国家宗教政策,金山江天禅寺、焦山定慧寺分别脱离金山公园、焦山公园,由市民族宗教事务局管理。1988 年,焦山的碑林、摩崖石刻、古炮台由市文管会管理。至此,金山风景区由金山公园和江天禅寺共同管理,经营等问题由两单位协商解决。焦山风景区则由焦山公园、定慧寺、碑林管理处和渡轮公司四单位管理,经营等问题由四家协商解决。按照 1999 年新修编的《镇江"三山"风景名胜区总体规划》,"三山"风景名胜区还包括云台山景区的西津渡古街名胜区,该区由市城市建设投资公司规划、建设和管理;镇江博物馆由文化部门管理;伯先公园由园林局管理。

第二节　规划建设

1983 年,"三山"风景名胜区被定为江苏省风景名胜区后,园林部门制订"三山"风景名胜区规划。1988 年 6 月,市政府批准园林管理局会同南京工学院(现东南大学)设计院制定的《镇江市"三山"风景区规划》。1999 年,由园林管理局会同镇江市规划设计研究院新修编的《镇江"三山"风景名胜区总体规划》,2000 年获省政府批准。为保证规划的实行,市政府制定公布《"三山"风景名胜区管理条例》。除风景名胜区规划外,镇江市还出台一系列与景区有关的城市建设规划:《镇江城市总体规划》《镇江城市绿地系统规划》《镇江主城重要山体保护规划》《八公洞景区概念性规划》等,这些规划对风景名胜区的保护、规划、建设和管理起进一步完善、促进和加强的作用。

依据《镇江"三山"风景名胜区总体规划》,从 1999 年后,市政府采取一系列举措加强对景区的保护和建设:投资 2.2 亿元搬迁北固山下的镇江船厂,使北固景区的现有面积扩大近一倍;搬迁焦化煤气集团,将象山片区近 40 公顷土地作为景区发展用地,纳入焦山景区;整治滨江水域,将金山景区周边的千亩鱼塘退渔还湖,再现"水漫金山"的景观;全面展开对云台山景区西津古渡的开发建设;在风景名胜区规划区内搬迁污染企业 18 家,截流流入风景区水域的城市污水,使污染得到进一步控制;保护森林,注重景区绿化、植物造景,对焦山、北固山、伯先公园进行林相改造,加快沿江风光带建设,改善景观与生态环境。同时依据规划,加强对景区原有名胜古迹的维护,又建设一大批新的景点和服务设施,使整个景区获得持续健康的发展。

一、景区规划

1. 1963 年《镇江市园林规划》 《镇江市园林规划》的指导思想为:充分利用各公园的自然特色和历史文化内涵,对公园进行规划建设,以适应城市建设发展和游人增加的需求。

金山的规划为:拟以现有公园为基础,向西扩展,与塔影湖、第一泉联成一个整体。公园由金山、绿苑、塔影湖三个部分组成。金山供游人玩赏文物古迹;绿苑沟通东西,辟为绿地,划成 4～5 个区,供开展各种活动,节日时容纳大量游客;一泉、塔影湖供游人散步、划船、品茗、赏花。具体规划为:公园大门前移,江天寺大门前建桥与一泉沟通,第一草坪、第二草坪与南大岸果园之间建三角亭桥使三面连通。沟通金山河、塔影湖水系,形成金、焦、北固水上游览路线。恢复妙高台、七峰阁,整理开放佛印山房、古朝阳洞。开发建设一泉、百花洲、笔架山、南湖岸。分别对沿水堤岸、妙高峰、南大岸、绿苑、塔影湖区域进行绿化,以适当植物进行林相改造。园外沿路植法桐,沿堤岸植柳,车站前建绿化广场。

焦山的规划为:将焦山建为游览避暑胜地。公园分为华严阁、摩崖石刻、三诏洞至山顶的山地风景区,以宝墨轩碑林为中心的文物古迹区,果树、花卉、绿地游览区,寺前水区与东部蔬芦生产区组成的滩地,定慧寺及附近的宗教区等五部分。具体规划为:贯通全山道路,开发东部路线;整修三诏洞,改建瘗鹤铭碑亭,恢复镜江楼、文物馆;象山渡口建候船室和码头。按焦山不同区域分别种植石榴、荷花、翠竹、桂花,发展果树和干果树木,各庵旧址形成园林小品。象山、合山至九里街地区进行绿化。

北固山的规划为:将中峰、后峰及龙埂东西两区合为一个整体,并分为 5 个部分:后峰为文物古迹区、中峰为烈士瞻仰区、山下西区为活动绿地、山下东区为休闲区、前峰乌龟山一带辟为果园区。具体规划为:建公园大门,将园区与外界隔开;恢复山后各景及石帆楼,开拓凤凰池,在前峰建芙蓉楼;拓修山上道路,整修山后沿江驳岸道路;利用中峰气象台设置烈士灵堂,利用后峰三大厅建米芾、宗泽、陆秀夫纪念馆;东部地区建槐荫精舍、荷风亭。按不同区域分别种植红枫、乌桕、垂柳、玉兰、樱花、腊梅等。

南郊的规划为:以兽窟山之招隐为中心,与夹山下之竹林及其东北伯先墓为园林范围,用简易建筑和绿化沟通招隐与竹林之间的联系。在原有的绿化基础上增强招隐的秋色、竹林的万竹千松景象。名胜古迹方面,先修复旧有的,再逐步充实。具体规划为:恢复鸟外亭、听鹂山房、观帆阁;整修增华阁、读书台、狮洞、挹江亭、凝翠亭;清理虎跑泉、鹿跑泉、林公泉,建林隐亭、紫竹亭,拓修环山道路。

伯先公园的规划为:充分发挥公园位于市区中心应有的作用,拟定为市区文化娱乐公园。具体规划为:整修山道和排水系统,防止水土流失;隔绝后山通道,以便管理;修理伯先祠、绍宗藏书楼,对外开放;演讲厅用于演出,小方厅为乒乓室,大门两侧设置小卖部、照相室、花木商店等;恢复翠绿茶社,供游人品茗、小憩。

河滨公园的规划为:以纪念塔为中心开辟小型广场,供市民晨练和儿童活动;收回沿岸坡地,平整后再砌驳岸;拆除破烂花房,建管理室。

2. 1984 年《南山风景名胜区总体规划》与 1995 年《镇江南山国家森林公园总体规划》 1984 年,园林管理处会同上海同济大学园林专业师生制订《南山风景名胜区总体规划》。1985 年规划通过评审。1986 年 10 月,江苏省人民政府批准同意南山风景名胜区规划保护范围为 18 平方公里。同年成立南山风景名胜区管理处,以进一步加强景区的复建和管理工作。1995 年,经林业部批准建立南山国家森林公园。同年 10 月,园林管理局会同江苏林业勘察设计院制订《南山国家森林公园总体规划》。

1984年《南山风景名胜区总体规划》规划面积为18平方公里，其中风景名胜区管辖范围为10.65平方公里，外围保护区7.44平方公里。具体范围以黄七路、林隐路、镇宝公路和驸马庄周边外放50米为保护区的北、东、南界，西界则以各边缘山脊连线划定。

竹林寺、招隐寺、鹤林苑、兽窟危亭、莲洞吟秋、幽栖古道、九华古道、伯先墓园、回龙湖等风景点及其周围为一级保护区，要严格保护，区内一切建设项目均需按总体规划报市政府批准。古寺名泉、云山林海、丽水桃村三景区及其外围为二级保护区，区内一切项目均需按总体规划报市政府批准。风景名胜区管辖范围内的其他区域为三级保护区，可依据规划进行不破坏影响风景的生产活动，一切建设项目需按规划要求，报风景名胜区管理机构批准。外围区域属风景影响区域，为四级保护区，任何带有破坏影响的单位或生产活动都要迁出或转产。规划还按照区域特点和景观特色，进行功能区和景区的划分。

《镇江南山国家森林公园总体规划》的规划范围与1984年《南山风景名胜区总体规划》一致，为10.56平方公里。依据国家对森林公园建设的总要求，充分利用南山现有的自然风景、人文景观和建设基础，运用园林艺术手法美化景观，进行林相改造。适应对外开放和市民旅游需求，建成环境优美、生态平衡，融山水、森林为一体的休闲游览地。

规划景区有8个。1. 览胜区：磨笄山与黄鹤山深入市区，可登高远眺，将其开发成城市绿地性质的景区。2. 古寺名泉区：该景区自然景观条件优越，历史人文景观丰富。包括招隐寺、竹林寺、九华古道、幽栖古道、伯先墓、马家坟、塘口新姿和泉、亭。3. 植物观赏区：在伯先墓到马家坟范围内，地形平缓，土层深厚，规划为植物观赏园。分为草本花卉区、树木观赏区、盆景区、纪念林地和苗圃基地。4. 动物观赏区：作为远期规划，在珍珠水库地段设置。近期可先开发特种经济动物观赏点，饲养经济效益较高的动物。5. 八公洞景区：将现有八公洞水库稍作扩大，修驳岸。西侧建游乐场及服务设施，水库边建亭、廊，形成相对安静的休憩环境。6. 枣林景区：分为老年康乐中心、山地运动区和牧场区三部分。7. 回龙度假旅游区：回龙山、馒头山、傅角山环绕回龙湖，低山平湖，场地开阔，景观壮美，在此建回龙湖度假游乐中心。8. 桃花村景区：在回龙湖东，于现桃花村开辟大片桃园，园中点缀亭、廊、花架，供游客休憩。

依据《南山风景名胜区总体规划》和《南山国家森林公园总体规划》，自1985年以后，镇江市政府关闭南山10.56平方公里范围内的采石宕口52座，逐年减少地下水的开采，恢复南山水资源及相关景观原貌。搬迁风景名胜区内的镇江水泥厂、上铁水泥厂、上铁采石厂、镇江采石公司、第二建材厂等污染企业。建成南徐大道、官塘桥路、312国道及檀山路等风景名胜区四周的景观大道，改善生态环境和游览景观环境。依据两个规划，景区先后恢复和修建竹林寺、招隐寺、黄鹤山、高崇寺、观音山的许多老景点，还新建碧榆园、文苑、八公洞、塘口新姿、鹤林阁、山水清音池等新景点，修筑各种旅游服务基础设施，并建成集观光、休闲于一体的南山农业观光园。景区利用丰富的人文、景观资源，举办杜鹃花节、登山节、长寿节，召开《文心雕龙》《昭明文选》国际学术会议，开辟农业观光、农家乐等旅游项目。随着南山风景名胜区知名度的不断提高，来此旅游的人数已从2000年的32.6万人上升到2005年的52.6万人。

3. 1988年《镇江市"三山"风景区规划》　镇江市"三山"风景区的性质确定为：与城市紧密结合的临江京口三山风景名胜区。根据省市有关文件应属于省级风景区。

"三山"风景区的主体由金山、焦山、北固山三个独立景域构成，并含云台山、合山、象山及江边芦滩等过渡景域。按照独立与整体统一的原则，在总体形态上，它们依赖长江和苏北路—镇焦路，连成一条沿江风光带；在总体布局上，则分块考虑各自内部功能分区，而以明确的游览路线，合理的服务设施分布及共同的景观意念，设计手法，求得整体的协调。

保护范围的界定，拟根据景观资源的分布与价值、景域的完整性因素，划为一至四级。其中一级保护区即景区,系指原金山、北固山、焦山、云台山公园为基础,经过充实、开发后的详细规划区。二、三、四级保护区则是保护景区建设,使风景游览不受外界因素干扰,而在界区外设立的保护范围。一级保护区:金山景区面积为45.09公顷,其中陆地面积为25.95公顷;北固景区分为南北两区,拟将其范围扩大,共占地24.9公顷;云台山景区占地面积13.5公顷;焦山景区包括象山及焦山公园两块,总面积为36公顷,其中水面为8公顷。以上四景区共占地约119.49公顷。二级保护区的总面积为261.5公顷。三级保护区的面积为8.88平方公里,苏北路接新河路以南10米,以及滨江绿地、江心芦滩也一并划入保护区范围。四级保护区(视觉保护通道)的面积为7.5平方公里。风景区的风景容量,按每年旅游天数300天计算,环境年容量为858.6万人次。

具体规划为:金山景区着重突出"秀"字。东区以原金山寺为中心,形成以佛教事迹与文物建筑胜迹为主的文化、宗教游憩区。扩大周围水面,取得"水漫金山"的意境。西区则结合天下第一泉等景点,以映山湖及湖畔绿化为过渡,与西区形成一个完整的景域。

北固山的特色为"雄"字。它位于"三山"风景区的中部,是联系金焦二山的过渡段。因离市区最近,所以兼有城市绿化的功能。侧重开发山下西部和滨江地区,把前峰烈士陵园也纳入总体规划。从而形成山上以自然景观为主,山下以文化活动和游憩为主的两大功能区。

焦山景区以"雅"字为规划指导思想。据此,对原有景点适当加以调整与补充,构成格调高雅的文化活动区。侧重开发东部景域,加强植物景观。此外,焦山西侧的芦滩以及南面的象山、合山也将作为景区的一部分,予以统筹考虑。

云台山景区分为三部分,即伯先公园、观音洞大街及蒜山,将作为由金山向北固过渡的景域。侧重开发观音洞古街及蒜山。古街区以古迹瞻仰、民俗博览为主要内容;蒜山宜结合苏北路,建成沿街景点,并为市民提供新的休憩场所。

绿化总体规划为:根据景区地带性森林基本类型属北亚热带落叶常绿阔叶混交林这一特征,在塑造风景林群落时尽可能以樟科、山茶科、木兰科及金缕梅科的常绿树种充实。对云台山、北固、焦山现有针阔混交林,采取综合措施予以改造。保留北固前峰针叶林,中、后峰补植以马尾松、湿地松、火炬松为主的针叶林,恢复焦山景区的竹林。江滨公园、合山公园、滨江林阴绿带规划为针阔和阔叶混交林。植物色彩上,金山景区强调"金黄",北固景区显示"苍黛",焦山景区突出"碧翠",云台景区创造"素雅",使之各具特色。

规划的实施为近远结合,分期实施。近期至1995年,远期至2005年。

近期着重解决的问题为:1. 将占用景区用地或在规划范围内的生产单位全部迁移完毕,亟待迁移的厂家有北固山下的船厂、金山西区的木跟厂与百花洲宾馆、焦山南岸的轮联厂。2. 规划景区范围,规划所需用地全部征妥。3. 较为彻底的治理景区周围环境污染现象。4. 苏北路—镇焦路按规划要求铺拓完毕。5. 开辟和贯通三山水上旅游路线。6. 进行各景区开发整顿工作,三山新区(包括金山西区、北固山西区、江滨区、烈士陵园区、焦山东区、渡口区以及云台山)各景点开发基本完成,各项设施配套完毕。7. 各级交通游览线路全部建成,并形成网络。8. 在景区管理方面,设立"三山"风景区集中管理机构,市政府授予主管部门及景区管理机构以明确的权限,防止多头扯皮现象,以保证景区的统一规划建设和管理。

1988年《镇江市"三山"风景区规划》为制定1999年《镇江三山风景名胜区总体规划》和以后长江路风光带的建设提供很好的思路。

4. 1999年《镇江"三山"风景名胜区总体规划》　规划期限为1999~2010年。镇江"三山"风景名胜区的性质确定为:与城市紧密结合的,以"天下第一江山"称著的,滨江京口"三山"风景名胜区。

1999年《镇江"三山"风景名胜区总体规划》规定保护范围为:景区7.2平方公里、外围保护地带20.49平方公里。景区由四个相对独立的景区与滨江绿带及相关水域构成。

金山景区。东、北至水产养殖场，西至天下第一泉，南至塔影湖南岸，面积100.4公顷。

北固山景区。北固山景区被东吴路所断，分为南北两区。北区即现北固山公园，东至航道工程处，西至解放路，北至江边，南至东吴路，占地19.6公顷；南区为铁瓮城及周围，北至东吴路南侧，南至鼓楼岗，西至第一楼街，东至马口铁铸件厂，占地14.2公顷。景区总面积为33.8公顷。

云台山景区。东至伯先路，西至小铁路，南至京畿路，北至长江路。面积约25.1公顷。

焦山景区。包括南岸渡口象山和焦山两区。渡口象山区，东至焦化厂煤码头，西至纺织厂，南至象山南麓，占地约13.8公顷；焦山区为焦山岛全部范围，占地70.6公顷。总面积为84.4公顷。滨江绿带及水域是“三山”风景名胜区的重要组成部分，是连接四个独立景区的纽带，总面积为476.3公顷，其中滨江绿带为43.2公顷。

为保护景区建设，景观不受外界因素干扰，在风景区外围设定保护地带。范围为：东至焦化厂铁路专用线，西至镇扬路，南至沿江干道及以南部分区域，北至征润洲，总面积20.49平方公里。该区域可安置一些住宅、机关、学校、宾馆等建设项目，但建筑形式和环境绿化要严格服从风景名胜区规划要求。

为保证三山间通畅的视觉联系及强化整体环境效应，规划中专门设立平面及空间综合视觉保护区，面积约为7.5平方公里。在这一区域内，建筑高度应严格限制在视觉保护线内。

具体规划为：

金山景区：以映山湖为界，分东西两大区。其中西区包括商业服务设施、划船休憩、儿童乐园、药用植物观赏、花卉苗圃、天下第一泉、古墓拜谒及办公管理八个功能区；东区则以宗教活动（金山寺）、公共活动、办公管理等三区。上述十一个功能区含游憩观赏、游乐集会、宗教朝拜、文物展览、划船游泳、品茶饮食等多项活动。规划后的金山景区将增加16个景点，大部分集中在西区。建筑量将增加5000平方米。绿化方面，逐步改造现有单种纯林，广植银杏、枫香、金钱松、乌桕、柿树、腊梅、迎春、棣棠等金黄色调树种；沿湖大量配置垂柳、池杉、落羽杉、枫杨、花桃、樱花等耐湿植物。浅水区与东区水面相连，种植荷花睡莲等。

焦山景区：包括渡口、山上、山下古炮台、服务、后勤管理、苗圃果园、水生湿生植物观赏区及北部江滩（含松寥山）等九个功能区。游客可按各自兴趣进行宗教瞻拜、碑林赏墨、登山观景、品茶美食、植物观赏、文物观摩、凭吊英烈、野餐漫步等各种游览活动。新景点与建筑主要集中在东区，包括复原或重建古建在内，面积达5000平方米；东区开发后，将使景区的活动范围扩大至36公顷。绿化规划为：以现存竹林为基础，恢复竹类风景林，以淡竹、刚竹为主，配置紫竹、方竹、斑竹、凤尾竹。山林部分，遍植鸡爪槭、红枫、盐肤木、柿树、山楂、重阳木等秋季观叶观花树种。东区将利用现有苗圃基础，开辟植物观赏区。保存芦苇，充分利用，适当点缀芦竹、垂柳、池杉等耐湿植物。

北固山景区：恢复原有米芾故居海岳庵、凤凰池、试剑石、太史慈墓等山下景点，使之更符合原有风貌；恢复江滨公园，使景区沿江向西延伸；结合凤凰池、试剑石等景点，增建亭廊、台榭等小品；开发前峰烈士陵园、铁瓮城，使南北山峰关系更为紧密。新建景点与建筑全部集中于山下，连修复古迹在内共增景点12个，总建筑量8000平方米。建筑及景点顺应山势江流。绿化规划为：在前峰北坡补植常绿阔叶乔木和落叶花灌木，在“中山纪念林”周围栽植以柏树类为主的针叶林，后峰山上增辟落叶、常绿阔叶混交林。山下配置色彩明快的花灌木，如桂花、红叶李、腊梅、紫薇、白玉兰、月季、杜鹃等。滨江林阴绿带则配置垂柳、香樟、水杉、池杉、红梅、鸡爪槭、合欢等树木，形成阔叶混交绿化带。

云台山景区：分为公园区、古街区及蒜山。公园区仍以市内公园为主，古街区则以古迹瞻仰、民俗博览为主，蒜山宜结合长江路建成沿街景点，并提供新休憩场所。连复建在内，增加4个景点，其中大部分在西津渡古街。绿化规划为：注重林相改造，补植重阳木、广玉兰、香樟、栾树、榆、冬青、石楠、雪松、马尾松等多种乔木组成的针阔叶风景林。市工人疗养院恢复樱花路，并形成片区。博物馆、小码头四周栽植银杏、白皮松、朴树、桂花等乔灌木。

二、景区建设

1. 金山景区　1989年4月，金山公园西荷花塘恢复种植荷花。1990年10月，金山江天禅寺大雄宝殿、焦山定慧寺天王殿重建工程竣工。1992年9月30日，芙蓉楼在金山塔影湖畔建成，二楼正面悬挂江泽民题“芙蓉楼”匾。1995年10月，著名历史建筑金山妙高台在原址重建。同年，金山景区完成灯光亮化夜景工程。1996年9月金山西区开发建设项目全部完成，建成芙蓉楼、百花洲、镜天园，使景区面积由18公顷扩大到41.56公顷，形成东部以山为主体，西部以湖为中心的园林格局。1997年4月，金山公园塔影湖、映山湖、金山河水系沟通整治工程竣工。2000年9月28日，金山一泉中泠阁重建工程竣工。2003年5月，金山公园建成游客服务中心、金山广场。

2. 焦山景区　1984年9月，焦山公园修复文昌阁、焦山碑林、古炮台等文物古迹。1989年10月1日，焦山碑林扩建后对外开放。1991年10月29日，焦公纪念堂在焦山重建。1992年3月，国家文物局拨款整治抢救焦山摩崖石刻。1993年10月25日，焦山“板桥书屋”整修如旧，于郑板桥诞辰300周年纪念日重新对外开放。1994年10月，焦山公园建成以植物造景为主的鹤园。1995年6月，焦山第二期整治抢修摩崖石刻工程竣工，清理发现被淹没于岸壁间的题刻多方。1995年12月，焦山公园建成过江游览索道。1999年9月，焦山公园利用原有地势和桂花资源建成木樨园。9月11日，焦山定慧寺万佛塔落成开光。2002年10月14日，焦山定慧寺新山门与焦山碑林扩建工程竣工。2003年10月，焦山公园先后建成游客服务中心、停车场、枫杨广场。2005年6月6日，地处焦山风景区的焦化煤气厂搬迁工作正式启动。同年9月26日，焦山盆景园建成并对外开放。

3. 北固山景区　1985年6月，北固山重修太史慈墓、凤凰池工程竣工。1991年2月，国家文物局将北固山铁瓮城遗址列为国家文物考古重点项目，同年夏天对遗址进行第一次考古发掘。1990年12月2日，阿倍仲麻吕《望月望乡》诗碑在北固山揭幕。日本书道院院长田中冻云率120人访华团专程参加揭幕仪式。1993年9月，为迎接“三国名城旅游观光节”，北固山修复甘露长廊、古溜马涧游览道、古城墙、秋月潭、云房风窟等景点。2002年9月，北固山下西侧造船厂搬迁，原占用土地归还北固山景区。2005年10月30日，北固山西区（原造船厂旧址）绿化景观工程开工。

4. 南山景区　1988年8月，南山风景名胜区进行道路、供水、供电等基础设施建设。1995年3月，南山招隐景区建成杜鹃园。1997年3月，南山风景名胜区黄鹤山公园建成。公园内绿地面积30万平方米，有米芾墓、五义士墓、鹤林阁、濂溪池等景点。同年12月，为纪念南朝著名文学理论家刘勰及其著作《文心雕龙》，南山风景名胜区建成纪念性公园文苑。1998年10月，南山风景名胜区修建连接树木观赏园、文苑、竹林寺、招隐寺四景区的山林游览道，重建增华阁。2004年9月，南山风景名胜区修复“狮窟探幽”景点。2005年1月4日，地处南山风景名胜区的上铁水泥厂搬迁工程正式启动。同年8月，南山招隐景区建成山水清音池。

5. 西津渡古街景区　1987年9月17日，西津渡古街修建工程竣工。1999年7月，开展西津渡古街维修保护工作。2002年1月22日，西津渡古街昭关石塔获联合国教科文组织亚太地区2001年文化遗产保护优秀奖。2004年12月，西津渡历史街区蒜山游园建成。

6. 其他景区建设　2000年12月31日，伯先公园赵伯先纪念馆开馆。2001年6月2日，伯先公园举行建园七十周年庆典活动。

第四卷

人口

卷目

20 世纪 80 年代，计划生育被列为基本国策，镇江严格执行人口控制政策，提倡晚婚晚育、少生优生和一对夫妇只生一个孩子，人口失控问题得到有效控制。1983 年，镇江市人口 244.28 万人。全市人口出生率 11.13‰，人口自然增长率 4.76‰，较 70 年代平均人口出生率 18.5‰下降 7.4 个千分点，较 70 年代平均人口自然增长率 12.98‰下降 8.2 个千分点。

"七五"计划期间，计划生育工作不断加强和完善，实行独生子女奖励政策及无计划生育处罚政策，严禁计划外生育二孩和多孩，严禁未到法定婚龄青年提前婚育，人口控制工作取得进展。全市由夫妻和独生子女组成的三口之家逐渐增多，1990 年第四次人口普查资料显示：全市一对夫妇一个子女户 20.58 万户，占三人户 25.74 万户的 79.96%，占全市总户数 73.22 万户的 28%。但受人口变化周期影响，60 年代出生人口逐步进入婚育年龄，人口出生进入高峰期。1990 年全市总人口 258.13 万人，人口出生率 14.38‰，人口自然增长率 7.84‰。

"八五""九五"计划期间，计划生育工作法制化建设逐步加强，同时随着全市经济和社会事业蓬勃发展，人民生活水平不断提高，家庭人口下降，人口扶养负担减轻，生活质量提高效果初步显现，人口素质稳步提高，少生、优生观念得到社会普遍认同。2000 年第五次人口普查资料显示：全市高中文化以上人口 57.49 万人，比 1990 年增加 24.96 万人；人口平均预期寿命 73.83 岁。全市家庭总户数 91.03 万户，其中 3 人户家庭占 38.63%，同时第五次人口普查统计，镇江市有 43 个民族，少数民族 16256 人。2000 年全市户籍总人口 266.67 万人，人口出生率 8.7‰，人口自然增长率 0.81‰。

"十五"计划期间，人口与计划生育工作全面走向法制化轨道建设，婚育文明和新型生育文化进一步深入人心，对流动人口计划生育实行"属地化管理，市民化服务"，全市计划生育率稳定在 99% 以上。人口再生产形成稳定的低出生、低死亡、低自然增长的现代型类型，人口与经济及城市化进程协调发展。2005 年全市人口出生率 8.04‰，人口自然增长率 2.09‰；每万元 GDP 人口密度 0.26 人，较 1983 年每万元 GDP 人口密度 8.5 人减少 8.24 人；劳动力资源丰富，全市总人口 267.61 万人，其中从业人口 148.46 万人；人口由乡村向城镇转移，同年非农业人口 115.46 万人。随着经济发展，外省市到镇江经商、务工、务农的流动人口日渐增多，2005 年全市暂住人口 34.77 万人，较 1992 年增加 30.92 万人。

第一章　人口状况

第一节　人口总量

1983 年，镇江市户籍人口 244.28 万人，其中市区户籍人口 39.27 万人。

1990 年 7 月 1 日第四次人口普查资料显示，镇江市总人口为 2604229 人，其中市区即京口、润州两区户籍人口 49.53 万人。在普查的总人口中，常住镇江、户口在镇江的为 2464186 人，占 94.62%；常住镇江、户口在外县（市）的为 95035 人，占 3.65%；人住镇江不满一年、离开户口登记地一年以上的为 5915 人，占 0.23%；人住镇江、户口待定的为 38853 人，占 1.49%；原住镇江、在国外工作或学习、暂无户口的为 240 人，占 0.01%。第四次人口普查全市总人口与第三次人口普查

(1982 年 7 月 1 日零时)的总人口 2411131 人相比,8 年间增加 193098 人,增长 8.01%,平均每年增长 24137 人,年平均增长率为 0.97%。

2000 年 11 月 1 日第五次全国人口普查,实际登记的全市总人口为 2844856 人,比 1990 年增加 240627 人,增长 9.24%,年平均增长率为 0.86%,比全省平均增长率 0.83% 高 0.03 个百分点。比全市 1982 年至 1990 年平均增长率低 0.11 个百分点。

总人口中,居住镇江、户口在镇江的人口 2293923 人,占 80.63%;居住镇江半年以上、户口在外市(县)的人口 473417 人,占 16.64%;居住镇江不满半年、离开户口登记地半年以上的人口 35021 人,占 1.23%;居住镇江、户口待定的人口 40890 人,占 1.44%;原住镇江、在国外工作学习、暂无户口的人口 1605 人,占 0.06%。

普查登记人口中,京口区 427272 人,润州区 268391 人,丹徒县 375973 人,丹阳市 877232 人,扬中市 301672 人,句容市 594316 人。

2002 年丹徒县撤县,镇江市区下辖丹徒、京口、润州 3 区。至 2005 年底,市区户籍人口(含镇江新区)达 102.01 万人;全市户籍总人口为 267.61 万人,较 1983 年末增加 23.33 万人。

1983～2005 年镇江市户籍人口统计表

表 4-1

年份	总人数(人)	总户数(户)	年份	总人数(人)	总户数(户)
1983	2442830	664298	1995	2632716	881136
1984	2450687	668433	1996	2647954	903042
1985	2461874	703427	1997	2654117	919217
1986	2479749	721912	1998	2656352	933913
1987	2505228	752723	1999	2661699	945680
1988	2535038	794898	2000	2666720	958230
1989	2561772	819861	2001	2665849	963351
1990	2581316	834078	2002	2671300	973449
1991	2590482	843766	2003	2671864	985159
1992	2599107	849596	2004	2672064	993842
1993	2615437	863551	2005	2676136	1000931
1994	2624551	873375	–	–	–

1983～2005 年镇江市各辖市(区)户籍人口统计表

表 4-2　　单位:万人

年份	京口	润州	新区	丹徒	丹阳	句容	扬中
1983	39.27		–	46.65	76.36	55.92	26.09
1984	39.73		–	46.62	76.46	56.18	26.09
1985	41.25		–	45.96	76.53	56.37	26.08
1986	29.62	12.58	–	46.04	76.92	56.56	26.25
1987	30.55	12.52	–	46.17	77.68	57.08	26.52
1988	31.53	12.56	–	46.38	78.59	57.73	26.71
1989	32.25	12.65	–	46.49	79.47	58.33	26.99

续表 4-2

年份	京口	润州	新区	丹徒	丹阳	句容	扬中
1990	32.68	12.64	–	46.56	80.08	58.90	27.27
1991	33.19	12.62	–	46.54	80.15	59.08	27.47
1992	29.07	20.96	–	42.73	80.08	59.47	27.60
1993	25.53	20.95	4.50	42.54	80.53	59.79	27.70
1994	26.23	20.88	4.65	42.48	80.53	60.00	27.69
1995	26.85	21.31	4.31	42.20	80.77	60.17	27.66
1996	27.77	21.98	4.50	41.58	80.96	60.28	27.73
1997	29.75	22.79	5.90	38.13	80.91	60.28	27.65
1998	30.37	23.08	5.82	38.03	80.43	60.29	27.62
1999	31.59	23.43	6.12	37.19	80.09	60.20	27.55
2000	32.93	23.44	6.18	36.75	80.27	59.58	27.52
2001	33.08	23.31	6.42	36.71	80.31	59.43	27.32
2002	33.94	23.20	6.49	36.41	80.37	59.44	27.28
2003	34.19	23.48	6.67	36.17	80.25	59.19	27.24
2004	34.77	23.71	6.79	36.11	80.16	58.43	27.24
2005	34.84	23.94	16.19	27.04	80.30	58.02	27.28

第二节　人口分布

一、人口密度

1983～2001 年，镇江市区域面积长期保持在 3843 平方公里，2002 年航拍后，面积调整为 3847 平方公里。由于实行计划生育国策，全市人口增长得到有效控制。1990 年，全市人口密度为每平方公里 672 人，比 1985 年增加 31 人；1995 年，全市人口密度为每平方公里 685 人，比 1990 年增加 13 人；2000 年，全市人口密度为每平方公里 694 人，比 1995 年增加 9 人；2005 年，全市人口密度为每平方公里 696 人。

由于城市化进程加快，市区人口密度增长高于全市平均水平。1990 年，市区人口密度为每平方公里 849 人，比 1985 年增加 43 人；1995 年，市区人口密度为每平方公里 875 人，比 1990 年增加 26 人；2000 年，市区人口密度为每平方公里 918 人，比 1995 年增加 43 人；2005 年，市区人口密度为每平方公里 943 人。

1983～2005 年镇江市及市区人口与经济人口密度统计表

表 4-3

年份	土地面积（平方公里）		地区生产总值（亿元）		人口总数（万人）		人口密度（人/平方公里）		经济人口密度（人/万元）	
	全市	市区	全市	市区	全市	市区	全市	市区	全市	市区
1983	3843	1082	20.48	10.11	244.28	85.91	636	794	11.93	8.50

续表 4-3

年份	土地面积（平方公里）		地区生产总值（亿元）		人口总数（万人）		人口密度（人/平方公里）		经济人口密度（人/万元）	
	全市	市区	全市	市区	全市	市区	全市	市区	全市	市区
1984	3843	1082	26. 10	12. 90	245. 07	86. 34	638	798	9. 39	6. 69
1985	3843	1082	32. 04	15. 51	246. 19	87. 21	641	806	7. 68	5. 62
1986	3843	1082	36. 30	17. 05	247. 97	88. 24	645	816	6. 83	5. 18
1987	3843	1082	43. 90	19. 89	250. 52	89. 24	652	825	5. 71	4. 49
1988	3843	1082	53. 89	23. 40	253. 50	90. 47	660	836	4. 70	3. 87
1989	3843	1082	58. 93	27. 04	256. 18	91. 39	667	845	4. 35	3. 38
1990	3843	1082	65. 32	28. 89	258. 13	91. 88	672	849	3. 95	3. 18
1991	3843	1082	72. 11	31. 28	259. 05	92. 35	674	854	3. 59	2. 95
1992	3843	1082	101. 91	43. 91	259. 91	92. 76	676	857	2. 55	2. 11
1993	3843	1082	165. 46	79. 35	261. 54	93. 52	681	864	1. 58	1. 18
1994	3843	1082	221. 29	101. 47	262. 46	94. 24	683	871	1. 19	0. 93
1995	3843	1082	281. 72	125. 90	263. 27	94. 67	685	875	0. 93	0. 75
1996	3843	1082	319. 35	133. 50	264. 80	95. 83	689	886	0. 83	0. 72
1997	3843	1082	345. 77	151. 43	265. 41	96. 57	691	893	0. 77	0. 64
1998	3843	1082	370. 22	163. 27	265. 64	97. 30	691	899	0. 72	0. 60
1999	3843	1082	392. 40	174. 48	266. 17	98. 33	693	909	0. 68	0. 56
2000	3843	1082	423. 25	192. 79	266. 67	99. 30	694	918	0. 63	0. 52
2001	3843	1082	466. 84	217. 65	266. 58	99. 52	694	920	0. 57	0. 46
2002	3847	1082	513. 46	244. 59	267. 13	100. 04	694	925	0. 52	0. 41
2003	3847	1082	587. 67	284. 93	267. 19	100. 51	695	929	0. 45	0. 35
2004	3847	1082	711. 97	324. 26	267. 21	101. 38	695	937	0. 38	0. 31
2005	3847	1082	871. 67	389. 68	267. 61	102. 01	696	943	0. 31	0. 26

二、农业和非农业人口分布

1983 年全市总人口 244. 28 万人，其中非农业人口 44. 15 万人。随着镇江社会经济发展，城镇规模及地域不断扩大，农村人口持续转入城镇，非农业人口不断增长。

1990 年 7 月 1 日第四次人口普查，在总人口 2604229 人中，农业户口 1981312 人，占 76. 08%；非农业户口 583824 人，占 22. 42%；其他户为 39093 人。居委会 498786 人，村委会 2083721 人，其他 21722 人。

2000 年 11 月 1 日第五次全国人口普查，全市 2 区 1 县 3 市（县级市），103 个乡（镇、街道），其中街道 10 个，建制镇 80 个、乡 9 个、其他乡级单位 4 个。普查结果显示，镇江市人口城镇化水平为

50.42%，比全省城镇化平均水平高8.17个百分点。人口城镇化水平在各省辖市中，位居第5位。全市市人口1085409人，比1990年增长115.74%；镇人口349057人，比1990年增长104.53%；县人口1410390人，比1990年减少26.94%。

2001年、2005年两次进行乡镇区划调整，撤并乡镇，中心镇、建制镇规模得到扩大。区划调整前的2000年镇江市总人口266.67万人，其中非农业人口100.87万人，占人口总数37.83%。同年，镇江市区非农业人口51.87万人，占市区总人口23.38%。区划调整后的2005年镇江总人口267.61万人，其中非农业人口115.46万人，占人口总数43.14%。同年，市区非农业人口增加到68.13万人，占市区总人口66.79%。

1983～2005年镇江市农业和非农业人口分布情况统计表

表4-4　　单位：万人

年份	全市		市区		丹徒		丹阳		句容		扬中	
	非农人口	农业人口	非农人口	农业人口	非农人口	农业人口	非农人口	农业人口	非农人口	农业人口	非农人口	农业人口
1983	44.15	200.14	29.42	9.85	2.32	44.33	6.76	69.60	4.07	51.85	1.58	24.51
1984	66.00	179.08	31.93	7.80	6.20	40.42	15.12	61.34	8.12	48.06	4.63	21.46
1985	71.10	175.09	33.68	7.57	6.67	39.29	16.62	59.91	8.71	47.66	5.42	20.66
1986	50.44	197.54	32.85	9.35	2.16	43.88	8.62	68.30	4.84	51.72	1.97	24.28
1987	52.12	198.40	33.90	9.17	1.96	44.21	9.10	68.58	5.04	52.04	2.12	24.40
1988	65.48	188.02	35.75	8.34	2.40	43.98	15.33	63.26	7.05	50.68	4.71	22.00
1989	70.86	185.33	36.71	8.19	4.76	41.73	16.79	62.68	7.65	50.68	4.94	22.05
1990	71.85	186.28	36.82	8.50	5.11	41.45	16.96	63.12	7.87	51.03	5.09	22.18
1991	73.12	185.93	37.32	8.49	5.16	41.38	17.48	62.67	7.99	51.09	5.17	22.30
1992	75.02	184.89	38.63	11.40	4.51	38.22	18.20	61.88	8.30	51.17	5.38	22.22
1993	85.37	176.17	39.62	11.36	4.58	37.96	18.93	61.60	8.80	50.99	13.44	14.26
1994	80.44	182.02	40.58	11.19	4.71	37.77	20.04	60.49	9.14	50.86	5.95	21.71
1995	83.76	179.51	41.73	10.73	4.77	37.43	20.49	60.28	9.54	50.63	7.23	20.43
1996	87.22	177.58	43.72	10.53	4.85	36.73	20.96	60.00	10.12	50.16	7.57	20.16
1997	90.21	175.20	45.45	12.70	4.49	33.64	21.50	59.41	10.57	49.71	7.89	19.76
1998	91.92	173.72	47.00	12.27	4.78	33.25	21.19	59.24	10.86	49.43	8.10	19.52
1999	97.06	169.11	50.17	10.97	5.05	32.14	21.87	58.22	11.50	48.70	8.48	19.07
2000	100.87	165.80	51.87	10.67	5.27	31.48	21.80	58.47	13.21	46.37	8.71	18.81
2001	102.65	163.93	52.64	10.18	5.96	30.75	21.92	58.39	13.28	46.15	8.85	18.47
2002	104.95	162.18	53.61	46.43	–	–	22.37	58.00	13.91	45.53	8.95	18.33
2003	117.48	149.71	63.74	36.76	–	–	27.07	53.18	18.96	40.23	7.71	19.53
2004	110.69	156.52	63.67	37.69	–	–	20.91	59.25	19.05	39.39	7.06	20.18
2005	115.46	152.15	68.13	33.88	–	–	20.36	59.94	19.94	38.09	7.03	20.25

说明：2002年后丹徒划入镇江市区

第三节　人口变动

一、人口自然变动

改革开放后,镇江贯彻执行计划生育政策,人口出生率逐步下降,人口失控问题得到有效遏制。1983～1985年,全市年均人口自然增长率3.50‰。1986～1990年,受人口变化周期影响,20世纪50年代后期、60年代初第二次人口生育高峰中出生的人口陆续进入生育年龄,同时80年代初婚姻法修改,部分不到晚婚年龄的人口提前进入婚育行列,5年间全市年均人口自然增长率8.12‰,形成镇江第三次人口生育高峰。1991年后,计划生育工作法制化建设逐步健全完善,少生、优生、提高生活质量的婚育新观念深入人心,人口出生不断下降,人口增长低速平稳,1991～1995年年均人口自然增长率4.36‰,1996～2000年年均人口自然增长率2.18‰。

根据镇江市第四次人口普查统计,全市1989年7月1日至1990年6月30日共出生人口44312人,其中:男性22817人,女性21495人;死亡人口17145人,其中:男9270人,女7875人。人口出生率17.10‰,死亡率6.62‰,自然增长率10.48‰。

根据镇江市第五次人口普查统计,1999年11月1日至2000年10月31日,全市出生人口20815人,出生率为7.32‰;死亡人口17525人,死亡率为6.16‰;自然增长人口3290人,自然增长率为1.16‰。与1990年人口普查相比,出生率下降9.78个千分点,死亡率下降0.46个千分点,自然增长率下降9.32个千分点。

2001～2005年,全市年均人口自然增长率1.22‰;2004年出现人口负增长,当年出生户籍人口为20419人,死亡人口为22323人,自然增长率为－0.71‰。

1983～2005年镇江市及市区人口自然变动情况统计表

表4-5

年份	全市				市区			
	年末总人口（万人）	人口出生率（‰）	人口死亡率（‰）	人口自然增长率（‰）	年末总人口（万人）	人口出生率（‰）	人口死亡率（‰）	人口自然增长率（‰）
1983	244.28	11.13	6.37	4.76	85.91	11.57	6.28	5.29
1984	245.07	9.06	6.58	2.48	86.34	9.49	6.41	3.08
1985	246.19	9.99	6.73	3.26	87.21	9.79	6.61	3.18
1986	247.97	13.46	6.57	6.89	88.24	12.15	6.19	5.96
1987	250.52	15.35	6.47	8.88	89.24	13.14	6.20	6.94
1988	253.50	14.69	6.60	8.09	90.47	13.61	6.21	7.40
1989	256.18	15.32	6.44	8.88	91.39	13.45	6.95	6.50
1990	258.13	14.38	6.54	7.84	91.88	12.18	6.23	5.95
1991	259.05	11.92	6.48	5.44	92.35	10.26	6.08	4.18
1992	259.91	11.45	6.74	4.71	92.76	11.47	6.16	5.31

续表 4-5

年份	全市				市区			
	年末总人口（万人）	人口出生率（‰）	人口死亡率（‰）	人口自然增长率（‰）	年末总人口（万人）	人口出生率（‰）	人口死亡率（‰）	人口自然增长率（‰）
1993	261.54	11.17	6.30	4.87	93.52	10.96	6.32	4.64
1994	262.46	10.36	6.64	3.72	94.24	10.65	6.30	4.35
1995	263.27	9.69	6.61	3.08	94.67	9.28	6.09	3.19
1996	264.80	10.01	6.56	3.45	95.83	11.30	6.40	4.90
1997	265.41	8.89	6.39	2.50	96.57	10.64	6.34	4.30
1998	265.64	8.60	6.96	1.64	97.30	9.30	6.23	3.07
1999	266.17	8.53	6.03	2.50	98.33	10.17	5.59	4.58
2000	266.67	8.70	7.89	0.81	99.30	8.74	7.16	1.58
2001	266.58	7.45	5.41	2.04	99.52	7.36	5.40	1.96
2002	267.13	7.47	5.69	1.78	100.04	7.30	5.57	1.73
2003	267.19	6.75	5.87	0.88	100.51	6.75	5.50	1.25
2004	267.21	7.64	8.35	-0.71	101.38	7.45	6.27	1.18
2005	267.61	8.04	5.95	2.09	102.01	7.33	5.40	1.93

二、户籍人口变动

1990 年第四次人口普查资料显示，按人口普查时住地和 1985 年 7 月 1 日常住地分，五年全市迁入 13.26 万人，其中有江苏省其他县、市迁入 9.17 万人，占 69.16%；外省迁入 4.08 万人，占 30.77%；其他 39 人。迁入人口中，以务工经商人员为最多，共计 4.38 万人，占 33.01%；其他依次为婚姻迁入 2.03 万人，占 15.31%；学习培训 1.56 万人，占 11.79%；工作调动 1.53 万人，占 11.54%；分配录用 0.78 万人，占 5.9%；投亲靠友 0.74 万人，随迁家属 0.72 万人，退休退职 0.43 万人，其他 1.09 万人。

2000 年第五次人口普查资料显示，1995 年 11 月至 2000 年 10 月，省内迁入人口为 3.03 万人，外省迁入人口 0.94 万人。迁入人口中，务工经商 1.1 万人，占 27.64%；学习培训 0.62 万人，占 15.71%；拆迁搬家 0.58 万人，占 14.56%；婚姻迁入 0.47 万人，占 11.85%；随迁家属 0.39 万人，投亲靠友 0.27 万人，分配录用 0.16 万人，工作调动 0.14 万人，其他 0.24 万人。

1983～2005 年镇江市迁入迁出人口变动情况统计表

表 4-6

单位：万人

年 份	1983	1984	1985	1986	1987	1988	1989	1990	1991	1992	1993	1994	1995	1996	1997	1998	1999	2000	2001	2002	2003	2004	2005
镇江市迁入人数	5.34	3.86	4.79	5.02	3.58	3.90	4.68	4.68	4.35	30.57	7.80	5.25	5.50	5.87	11.69	8.30	16.43	0.87	10.58	9.29	4.35	5.01	5.65
其中:省外迁入	0.86	0.66	0.69	0.64	0.65	0.71	0.56	0.44	0.44	0.54	0.55	0.73	0.65	0.99	0.90	0.98	1.09	1.26	1.43	1.67	1.35	1.54	1.60
镇江市迁出人数	4.90	4.17	4.45	4.91	3.22	3.02	4.35	4.62	4.72	30.76	7.93	5.18	5.34	5.37	12.76	8.76	16.76	8.19	1.12	9.22	4.81	4.98	5.07
其中:迁往省外	0.60	0.50	0.54	0.62	0.41	0.50	0.52	0.52	0.55	0.58	0.41	0.48	0.53	0.76	0.66	0.85	0.81	1.10	1.15	1.53	1.53	1.86	1.50
市区迁入人数	2.68	1.14	1.60	3.04	1.53	1.53	1.33	2.57	2.48	28.23	4.58	2.65	2.57	2.39	8.35	1.83	12.65	4.81	6.36	4.56	1.24	1.42	2.18
其中:省外迁入	0.50	0.29	0.37	0.29	0.32	0.30	0.26	0.18	0.21	0.21	0.28	0.28	0.30	0.35	0.44	0.38	0.48	0.52	0.41	0.61	0.11	0.14	0.18
市区迁出人数	2.06	0.80	0.70	2.31	0.89	0.87	0.85	2.41	2.20	24.33	4.53	2.04	2.09	1.07	5.89	1.27	11.24	3.60	6.29	3.96	0.90	0.91	1.08
其中:迁往省外	0.15	0.12	0.12	0.15	0.17	0.14	0.16	0.16	0.16	0.25	0.18	0.19	0.22	0.27	0.25	0.31	0.28	0.33	0.31	0.55	0.13	0.14	0.17
丹徒迁入人数	0.54	0.49	0.52	0.36	0.43	0.29	0.66	0.41	0.31	0.25	0.23	0.27	0.25	0.29	0.25	0.22	0.30	0.22	0.48	0.25	0.39	0.45	0.45
其中:省外迁入	0.08	0.08	0.07	0.07	0.05	0.06	0.05	0.05	0.04	0.04	0.03	0.04	0.03	0.04	0.04	0.04	0.03	0.05	0.05	0.05	0.31	0.35	0.36
丹徒迁出人数	0.80	0.63	0.86	0.59	0.68	0.42	0.90	0.50	0.50	4.06	0.50	0.49	0.50	1.00	3.39	0.56	1.13	0.65	0.51	0.51	0.56	0.46	0.39
其中:迁往省外	0.30	0.08	0.11	0.09	0.08	0.07	0.07	0.06	0.06	0.05	0.05	0.05	0.05	0.06	0.06	0.05	0.04	0.05	0.06	0.07	0.52	0.42	0.35
丹阳迁入人数	0.68	0.81	1.11	0.51	0.46	0.75	0.50	0.36	0.37	1.08	1.36	1.14	1.20	1.40	1.68	4.65	1.69	1.79	1.97	2.51	1.41	1.44	1.64
其中:省外迁入	0.16	0.16	0.13	0.15	0.12	0.21	0.12	0.08	0.09	0.14	0.14	0.13	0.16	0.16	0.15	0.14	0.15	0.17	0.20	0.18	0.25	0.28	0.30
丹阳迁出人数	0.79	0.93	1.24	0.65	0.42	0.51	0.42	0.40	0.67	0.98	1.23	1.35	1.23	1.43	1.63	4.93	2.01	1.77	2.08	2.54	1.57	1.40	1.63
其中:迁往省外	0.20	0.17	0.17	0.25	0.05	0.20	0.20	0.20	0.22	0.13	0.10	0.13	0.14	0.10	0.10	0.09	0.17	0.15	0.18	0.17	0.19	0.25	0.28
句容迁入人数	1.07	1.09	0.99	0.77	0.87	1.01	1.91	1.08	0.93	0.28	1.33	0.88	1.05	1.26	1.05	1.12	1.27	1.49	1.47	1.66	1.04	1.23	0.72
其中:省外迁入	0.07	0.08	0.07	0.07	0.11	0.10	0.08	0.09	0.06	0.04	0.06	0.24	0.09	0.36	0.21	0.34	0.37	0.47	0.72	0.77	0.48	0.42	0.26
句容迁出人数	0.83	0.96	1.05	1.02	0.93	0.89	1.92	1.07	1.12	0.28	1.34	0.92	1.03	1.32	1.36	1.37	1.71	1.63	1.73	1.75	1.37	1.80	1.31
其中:迁往省外	0.09	0.09	0.09	0.10	0.08	0.06	0.06	0.06	0.06	0.04	0.05	0.08	0.07	0.29	0.21	0.33	0.27	0.50	0.56	0.70	0.49	0.85	0.40
扬中迁入人数	0.37	0.33	0.57	0.34	0.29	0.32	0.29	0.26	0.25	0.72	0.30	0.31	0.43	0.54	0.37	0.48	0.51	0.39	0.30	0.31	0.27	0.47	0.66
其中:省外迁入	0.05	0.05	0.05	0.06	0.05	0.04	0.05	0.04	0.04	0.12	0.04	0.04	0.07	0.09	0.05	0.09	0.06	0.06	0.04	0.06	0.20	0.35	0.50
扬中迁出人数	0.42	0.36	0.60	0.34	0.30	0.33	0.26	0.24	0.24	1.11	0.33	0.39	0.49	0.55	0.48	0.64	0.66	0.53	0.60	0.46	0.41	0.41	0.66
其中:迁往省外	0.06	0.04	0.05	0.03	0.03	0.03	0.03	0.04	0.04	0.12	0.04	0.03	0.05	0.05	0.05	0.07	0.05	0.06	0.04	0.03	0.20	0.20	0.30

第四节　人口构成

一、民族构成

镇江市第四次人口普查统计,全市共有35个民族,其中汉族人口2592537人,占99.55%;少数民族人口11692人,占0.45%。少数民族人口中,男性5705人,女性5987人。少数民族人口中(百人以上民族),回族9259人,占0.36%;蒙古族1142人,占0.04%;满族251人,占0.01%;壮族187人,占0.007%;布依族179人,占0.007%;苗族175人,占0.007%。市区有23个民族,其中汉族人口484846人,占98.09%;少数民族人口9451人,占1.91%。少数民族人口中,男性4880人,女性4571人;少数民族人口中(30人以上民族),回族8031人,蒙古族1076人,满族181人,壮族35人,朝鲜族33人。

第五次人口普查统计,镇江市共有43个民族,比1990年增加8个。汉族人口2828600人,占99.43%;少数民族人口16256人,占0.57%,少数民族人口比1990年增加4564人,增长39.04%,占总人口比重比1990年上升0.12个百分点。少数民族人口中,男性7629人,比1990年增长33.72%,占少数民族人口比重46.93%,下降1.86个百分点;女性8627人,增长44.10%,占少数民族人口比重为53.07%,上升1.86个百分点。少数民族人口中(百人以上民族),回族9472人,占0.33%;蒙古族1811人,占0.06%;苗族926人,占0.03%;土家族898人,占0.03%;满族588人,占0.02%;布依族424人,占0.015%;彝族379人,占0.013%;壮族374人,占0.013%;侗族278人,占0.001%;朝鲜族234人,占0.008%;拉祜族137人,占0.005%;维吾尔族136人,占0.005%。市区有35个民族,其中汉族人口684832人,占98.44%;少数民族人口10831人,占1.56%。少数民族人口中,男性5638人,女性5193人;少数民族人口中(30人以上民族),回族8164人,蒙古族714人,满族382人,苗族179人,土家族145人,朝鲜族95人,拉祜族90人,壮族60人,彝族59人,布依族57人,维吾尔族52人,侗族44人。

二、性别构成

随着人们生活质量不断提高,社会保障制度不断完善,以及妇女地位日益提高等因素的共同影响,群众生育观念发生很大变化,性别歧视现象得到明显改观。1983年至2005年期间,全市户籍总人口性别比(女性为100,下同)最高的是1988年,达103.96;最低的是2005年,为101.95,相差2.01个百分点。

镇江市第四次人口普查资料表明,男性人口占总人口比重为50.82%,全国第一、二、三次人口普查男性所占比重分别为51.82%、51.33%、51.5%。分地区性别构成(男性),市区为53.60%,丹徒县49.49%,句容县51.24%,扬中县为49.34%,丹阳市为50.05%;分民族性别构成(男性),汉族为50.83%,蒙古族为56.83%,回族为50.63%,藏族为84%,苗族为17.14%,彝族为8.33%,壮族为22.46%,布依族为20.11%,满族为47.41%,土家族为24.14%(少数民族中不足50人的未作计算)。

全市总人口中,男女性别比为103.33,其中0岁婴儿性别比为105.96,0～54岁各年龄组的性别比均超过100,其中超110的有16、17、18、44、46～52岁共11个年龄组,50岁年龄组性别比为最高,达117.42;从55岁起到98岁止性别比基本小于100,随年龄增大而性别比逐步降低;98岁及以上只有女性,其中百岁老人有2人。

第五次人口普查统计,男性人口1448120人,占总人口的比重为50.90%;女性人口1396736人,占总人口的比重为49.10%。总人口男女性别比为103.68,比1990年上升0.35个百分点。

1983～2005年镇江市及市区人口性别构成情况统计表

表4-7　　　　　　　　　　　　　　　　　　　　　　　　　　单位:万人

年份	全市			市区		
	男	女	性别比(女=100)	男	女	性别比(女=100)
1983	123.91	120.38	102.93	43.81	42.10	104.06
1984	124.49	120.58	103.24	44.05	42.29	104.16
1985	125.26	120.93	103.58	44.58	42.63	104.57
1986	126.21	121.76	103.65	45.13	43.11	104.69
1987	127.62	122.90	103.84	45.67	43.57	104.82
1988	129.21	124.29	103.96	46.31	44.16	104.87
1989	130.45	125.73	103.75	46.88	44.51	105.32
1990	131.38	126.75	103.65	47.13	44.75	105.32
1991	131.71	127.34	103.43	47.39	44.96	105.40
1992	132.29	127.62	103.66	47.60	45.16	105.40
1993	132.98	128.56	103.44	48.03	45.49	105.58
1994	133.41	129.05	103.38	48.36	45.88	105.41
1995	134.03	129.24	103.71	48.59	46.08	105.45
1996	134.85	129.95	103.77	49.15	46.68	105.29
1997	134.99	130.42	103.50	49.45	47.12	104.94
1998	135.12	130.52	103.52	49.77	47.53	104.71
1999	135.29	130.88	103.37	50.28	48.05	104.64
2000	135.45	131.22	103.22	50.74	48.56	104.49
2001	135.31	131.27	103.08	51.00	48.52	105.11
2002	135.84	131.29	103.47	51.33	48.71	105.38
2003	135.29	131.90	102.57	51.42	49.09	104.75
2004	135.06	132.15	102.20	51.70	49.68	104.07
2005	135.10	132.51	101.95	51.94	50.07	103.73

三、年龄构成

1. 人口年龄类型　随着贯彻实行计划生育基本国策,全市少年儿童人口比重不断下降。同时人民生活水平不断提高,医疗保健事业逐步改善,人口健康水平有很大提高,老年人口逐渐增加,增长速度逐步加快。1990年第四次人口普查,镇江14岁以下少年儿童534857人,占全市人口比重20.54%;65岁以上老年人口175893人,占全市人口比重6.75%。2000年第五次人口普查,镇江14岁以下少年儿童474518人,占全市人口比重16.68%;65岁以上老年人口248733人,占全市人口比重8.74%。普查登记百岁及以上人口23人,比1990年增加21人;其中男性5人,增加5人;女性18人,增加16人。全市人口年龄类型进入老年型。

2. 人口年龄比重　镇江市第四次人口普查资料表明,全市20～24岁、25～29岁、35～39岁年龄组所占比重最高,分别为11.47%、10.47%、9.37%,三个年龄组人口占总人口31.31%。

0岁乳婴组43734人,占总人口1.68%;1~6岁学龄前儿童组204122人,占总人口7.84%;7~12岁学龄儿童组181929人,占总人口6.99%;13~15岁劳动力后备组111359人,占总人口4.28%;16~59岁男劳动年龄903689人,16~54岁女劳动年龄800141人,合计1703830人,占总人口65.43%。全市平均年龄为31.5岁,年龄中位数为29.4岁。人口再生产类型,0~14岁人口占总人口20.54%,15~49岁人口占60.73%,50岁及以上占18.73%,全市人口再生产类型逐步趋于静止型。

第五次人口普查统计,0~14岁人口为474518人,占总人口比重为16.68%;15~59岁人口为2021503人,比重为71.06%;60岁及以上人口为348835人,比重为12.26%。全市人口平均年龄为36.07岁,比1990年上升4.57岁。年龄中位数为35岁,上升5.6岁。

3. 扶养人口年龄构成　第四次人口普查统计,被扶养人口计900399人,占总人口34.57%,其中:0~15岁少年儿童573721人,占总人口22.03%;男60岁以上、女55岁以上老年人口326678人,占总人口12.54%。扶养系数:按国内标准计算,总扶养系数为52.84%,其中老年扶养人口系数19.17%,儿童扶养人口系数为33.67%。

第五次人口普查统计,劳动适龄(男16~59岁,女16~54岁)人口1994660人,占总人口的68.00%,比1990年增加2.57个百分点。总抚养比为47.05%,比1990年下降5.80个百分点。随着计划生育工作发展,人口出生下降,儿童扶养系数逐步下降,老年扶养人口系数逐步上升。儿童抚养比为25.91%,较1990年下降7.76个百分点;老年抚养比为21.13%,上升1.96个百分点。

1990年镇江市第四次全国人口普查人口年龄构成情况统计表

表4-8

年龄组(岁)	人口数(人)			占总人口的比重(%)			性别比(女=100)
	合计	男	女	合计	男	女	
总　计	2604229	1323438	1280791	100.00	50.82	49.18	103.33
0~4	198845	102305	96540	7.64	3.93	3.71	105.97
5~9	159145	82471	76674	6.11	3.17	2.94	107.56
10~14	176867	91333	85534	6.79	3.51	3.28	106.78
15~19	230228	119968	110260	8.48	4.61	4.23	108.80
20~24	298779	150572	148207	11.47	5.78	5.69	101.60
25~29	272655	137761	134894	10.47	5.29	5.18	102.13
30~34	210761	108757	102004	8.09	4.18	3.92	106.62
35~39	243995	125987	117968	9.37	4.84	4.53	106.80
40~44	195940	101984	93956	7.53	3.92	3.61	108.54
45~49	129188	68652	60536	4.96	2.64	2.32	113.41
50~54	107813	56736	51077	4.14	2.18	1.96	111.08
55~59	107140	53375	53765	4.11	2.05	2.06	99.27
60~64	97020	48291	48729	3.73	1.85	1.87	99.10
65~69	78535	37462	41073	3.02	1.44	1.58	91.21
70~74	50234	21524	28710	1.93	0.83	1.10	74.97

续表 4-8

年龄组（岁）	人口数(人)			占总人口的比重(%)			性别比（女=100）
	合计	男	女	合计	男	女	
75~79	27869	10648	17221	1.07	0.41	0.66	61.83
80~84	13790	4299	9491	0.53	0.17	0.36	45.30
85~89	4584	1132	3452	0.18	0.04	0.13	32.79
90~94	803	166	637	0.03	0.01	0.02	26.06
95~99	76	15	61	-	-	-	24.59
100 岁及以上	2	-	2	-	-	-	-

1990 年镇江市区第四次全国人口普查人口年龄构成情况统计表

表 4-9

年龄组（岁）	人口数(人)			占总人口的比重(%)			性别比（女=100）
	合计	男	女	合计	男	女	
总 计	948267	489620	458647	100	51.63	48.37	106.75
0~4	63089	32293	30796	6.65	3.41	3.25	104.86
5~9	58232	30190	28042	6.14	3.18	2.96	107.66
10~14	62721	32422	30299	6.61	3.42	3.20	107.01
15~19	82427	43741	38686	8.69	4.61	4.08	113.07
20~24	108782	58314	50468	11.47	6.15	5.32	115.55
25~29	102500	53489	49011	10.81	5.64	5.17	109.14
30~34	84297	43874	40423	8.89	4.63	4.26	108.54
35~39	89460	46531	42929	9.43	4.91	4.53	108.39
40~44	71482	38056	33426	7.54	4.01	3.52	113.85
45~49	47695	25498	22197	5.03	2.69	2.34	114.87
50~54	40557	21400	19157	4.28	2.26	2.02	111.71
55~59	39471	19926	19545	4.16	2.10	2.06	101.95
60~64	34155	17056	17099	3.60	1.80	1.80	99.75
65~69	28091	13232	14858	2.96	1.40	1.57	89.06
70~74	18435	7750	10685	1.94	0.82	1.13	72.53
75~79	10058	3879	6179	1.06	0.41	0.65	62.78
80~84	4850	1491	3359	0.51	0.16	0.35	44.39
85~89	1658	407	1251	0.17	0.04	0.13	32.53
90~94	280	62	218	0.03	0.007	0.02	28.44
95~99	27	8	19	0.003	0.0008	0.002	42.11
100 岁及以上	-	-	-	-	-	-	-

2000 年镇江市第五次全国人口普查人口年龄构成情况统计表

表 4-10

年龄组（岁）	人口数（人）			占总人口的比重（%）			性别比（女=100）
	合计	男	女	合计	男	女	
总　计	2844856	1448120	1396736	100.00	50.90	49.10	103.68
0～4	107046	55676	51370	3.76	1.96	1.81	108.38
5～9	158307	82527	75780	5.65	2.90	2.66	108.90
10～14	209165	107558	101607	7.35	3.78	3.57	105.86
15～19	177874	92096	85778	6.25	3.24	3.02	107.37
20～24	195561	100390	95171	6.87	3.53	3.35	105.48
25～29	255999	129091	126908	9.00	4.54	4.46	101.72
30～34	317807	161022	156785	11.17	5.66	5.51	102.70
35～39	298809	153613	145196	10.50	5.40	5.10	105.80
40～44	206893	107246	99647	7.27	3.77	3.50	107.63
45～49	245825	127369	118456	8.64	4.48	4.16	107.52
50～54	196377	101747	94630	6.90	3.58	3.33	107.52
55～59	126358	66337	60021	4.44	2.33	2.11	110.52
60～64	100102	52514	47588	3.52	1.85	1.67	110.35
65～69	92185	44749	47436	3.24	1.57	1.67	94.34
70～74	74475	34459	40016	2.62	1.21	1.41	86.11
75～79	49032	20584	28448	1.72	0.72	1.00	72.36
80～84	23211	8335	14876	0.82	0.29	0.52	56.03
85～89	7722	2292	5430	0.27	0.08	0.19	42.21
90～94	1846	447	1399	0.06	0.02	0.05	31.95
95～99	239	63	176	0.01	-	0.01	35.80
100 岁及以上	23	5	18	-	-	-	27.78

2000 年镇江市区第五次全国人口普查人口年龄构成情况统计表

表 4-11

年龄组（岁）	人口数（人）			占总人口的比重（%）			性别比（女=100）
	合计	男	女	合计	男	女	
总　计	1071636	552573	519063	100.00	51.56	48.44	106.46
0～4	41650	21490	20160	3.89	2.01	1.88	106.60
5～9	53527	27756	25771	4.99	2.59	2.40	107.70
10～14	67231	34305	32926	6.27	3.20	3.07	104.19
15～19	78733	41307	37426	7.35	3.85	3.49	110.37
20～24	83625	45391	38234	7.80	4.24	3.57	118.72

续表 4-11

年龄组（岁）	人口数（人）			占总人口的比重（%）			性别比（女=100）
	合计	男	女	合计	男	女	
25～29	97048	49860	47188	9.06	4.65	4.40	105.66
30～34	115477	60009	55468	10.78	5.60	5.18	108.19
35～39	112378	59381	52997	10.49	5.54	4.95	112.05
40～44	84427	44098	40329	7.88	4.12	3.76	109.35
45～49	90563	46911	43652	8.45	4.38	4.07	107.47
50～54	71427	37241	34186	6.67	3.48	3.19	108.94
55～59	46535	24194	22341	4.34	2.26	2.08	108.29
60～64	37804	19533	18271	3.53	1.82	1.70	106.91
65～69	34502	16795	17707	3.22	1.57	1.65	94.85
70～74	26801	12610	14191	2.50	1.18	1.32	88.86
75～79	17583	7428	10155	1.64	0.69	0.95	73.15
80～84	8683	3160	5523	0.81	0.29	0.52	57.22
85～89	2840	887	1953	0.27	0.08	0.18	45.42
90～94	705	185	520	0.07	0.02	0.05	35.58
95～99	91	31	60	0.008	0.003	0.006	51.67
100岁及以上	6	1	5	0.001	0.0001	0.0005	20.00

四、文化构成

改革开放后，镇江教育事业蓬勃发展，全市普及小学至初中九年义务教育，大力发展普通高中、职业高中、成人教育及高等教育，人口文化程度不断提高。镇江市第四次人口普查资料表明，全市6周岁及以上总人口2381355人，其中：大学本科18283人（在校生6324人）占0.77%；大学专科29534人（在校生4013人），占1.24%；中专42034人（在校生7416人），占1.77%；高中235497人（在校生27021人），占9.89%；初中823507人（在校生97295人）占34.58%；小学833915人（在校生249620人）占35.02%；文盲、半文盲398585人，占16.74%。

6～14岁总人口311983人中，小学文化程度人口为250629人，占80.33%；文盲、半文盲15671人，占5.02%。

全市15周岁及以上总人口2069372人，男1047329人，女1022043人。其中文盲、半文盲382914人，占18.50%；男84472人，占4.08%；女298442人，占14.42%。文盲性别比为28.3∶100，即100个女性文盲相应有28个男性文盲。15～19周岁人口为230228人，其中文盲、半文盲1850人，占0.8%；20～29周岁人口为571434人，其中文盲、半文盲9856人，占1.72%；30～39周岁人口为454716人，其中文盲、半文盲46831人，占10.30%；40～49周岁人口为325218人，其中文盲、半文盲57835人，占17.79%；50周岁及以上人口为487866人，文盲、半文盲267543人，占54.84%。

第五次人口普查统计，6岁及以上的人口中，接受大学（指大专以上）教育的143497人，接受高中(含中专)教育的431362人,接受初中教育的1088126人,接受小学教育的829087人。每10万人拥有各种受教育程度的人数:大学程度人口5044人,高中程度人口15163人,初中程度人口38249人,分别比1990年增加3323人、4506人和6627人;小学程度人口29143人,减少2878人。

15岁及以上文盲人口59511人,文盲率6.73%,比1990年下降11.77个百分点。男性人口文盲率为2.35%,女性人口文盲率为11.24%,分别比1990年下降5.72个百分点和17.96个百分点。

全市受大学教育文化人口中,女性人口为48223人,占该教育程度人数比例为33.61%;受高中教育女性人口为175936人,占该教育程度人数比例为40.79%。

五、职业构成

1983年后,镇江城市化进程发展迅速,农村剩余劳动力持续向城镇转移,同时农业机械化程度提高,农业在业人口不断下降。第二产业及第三产业迅猛发展,产生大量就业机会,从业人员不断增加。

根据第五次人口普查表抽样登记,15岁及以上在业人口占15岁及以上人口比重为72.18%,比1990年下降7.8个百分点。

在业人口中,第一产业在业人口占37.30%,第二产业在业人口占38.17%,第三产业在业人口占24.53%。与1990年相比,第一产业在业人口比重下降13.43个百分点,第二产业在业人口比重上升3.92个百分点,第三产业在业人口比重上升9.51个百分点。

在业人口中,专业技术人员占6.76%,办事人员和有关人员占4.48%,商业、服务业人员占14.00%,比1990年分别上升0.36个百分点、2.55个百分点和4.69个百分点。国家机关、党群组织、企业、事业单位负责人占3.31%,农、林、牧、渔、水利业生产人员占37.66%,生产、运输设备操作人员及有关人员占33.95%,不便分类的其他从业人员占0.02%,分别下降0.73个百分点、4.18个百分点、2.63个百分点和0.06个百分点。

在业人口中,大学文化程度占5.67%,比1990年上升3.53个百分点;高中占17.49%,上升3.51个百分点;初中占47.51%,上升5.94个百分点;小学及以下占24.96%,下降5.45个百分点。

不在业人口中,第五次人口普查登记人数占15周岁以上总人口比例为27.82%,比第四次人口普查占比上升11.94个百分点。不在业人口中,在校学生占17.64%,比第四次人口普查下降6.7个百分点;料理家务人员占28.28%,比第四次人口普查下降12.9个百分点;离退休人员占24.53%,比第四次人口普查上升5.3个百分点;丧失工作能力占14.18%,比第四次人口普查上升2.6个百分点;从未工作正在找工作人员占4.53%;失去工作正在找工作人员占6.49%;其他人员占4.35%。

1990年镇江市第四次全国人口普查在业人口职业构成情况统计表

表4-12　　单位:万人、%

职业分类	各种职业人口		男		女	
	人数	占比	人数	占比	人数	占比
合计	165.51	100.00	87.27	52.73	78.24	47.27
各类专业技术人员	10.59	6.40	5.97	56.41	4.61	43.59
国家机关党群组织企事业单位负责人	6.39	3.86	5.77	90.28	0.62	9.72
办事人员和有关人员	3.19	1.93	2.38	74.47	0.81	25.53

续表 4-12

职业分类	各种职业人口		男		女	
	人数	占比	人数	占比	人数	占比
商业工作人员	8.48	5.12	5.52	65.13	2.96	34.87
服务性工作人员	6.94	4.19	3.92	56.42	3.02	43.58
农林牧渔劳动者	69.24	41.84	27.22	39.31	42.02	60.69
生产工人、运输工人和有关人员	60.54	36.58	36.39	60.10	24.16	39.90
不便分类的其他劳动者	0.14	0.08	0.11	77.17	0.03	22.83

第五节　暂住人口

暂住人口是指离开常住户口所在地，在镇江市行政区域内居住三日以上的人员。1992 年始，镇江市公安局建立暂住人口申报登记制度。当年，全市外来暂住人口 38522 人，其中务工人员 18238 人，占暂住总人口 47.3%；经商人员 6068 人，占 15.8%。随着经济建设和社会事业发展，外省市到镇江市务工、经商、从事服务业等工作的流动人口日渐增多，2005 年外来人口增至 347708 人，其中务工人员 150664 人，占 43.3%；经商人员 34433 人，占 9.9%；服务业人员 26552 人，占 7.6%。

1992～2005 年镇江市及市区暂住人口统计表

表 4-13　　单位：人

年份	总数		男		女		实发暂住证	
	全市	市区	全市	市区	全市	市区	全市	市区
1992	38522	17299	–	–	–	–	19882	10080
1993	98197	37852	–	–	–	–	38687	19444
1994	154845	41584	93629	30853	61216	10731	57752	29196
1995	128555	41762	76507	–	52048	–	64514	28925
1996	185236	61648	111887	43672	73349	17976	91827	–
1997	177282	64041	107346	43673	69936	20368	96019	–
1998	176636	–	117127	–	59509	–	87965	–
1999	168845	–	106755	–	62090	–	84562	–
2000	178242	66210	113961	48744	64281	17466	103057	48206
2001	206132	71791	132230	53709	73902	18082	102594	46029
2002	272005	96068	179635	69967	92370	26101	114140	57662
2003	301192	131009	196305	91591	104887	39418	126042	66212
2004	326926	139955	215478	96831	111448	43124	149330	82170
2005	347708	144211	225971	97888	121737	46323	203782	89584

说明：1992、1993 年度暂住人口未作男、女统计，1993 年度数据为该年度上半年统计数据

1992～2005 年镇江市暂住人口分类统计表

表 4-14　　　　单位：人

年份	务工	务农	经商	服务	因公出差	借读培训	治病疗养	当保姆	投靠亲友	探亲访友	旅游观光	其他
1992	18238	–	6068	2524	–	–	–	107	2208	–	–	9377
1993	38558	–	11889	5148	–	–	–	212	3401	–	–	38989
1994	61749	2812	12459	5923	39332	7970	1190	436	18371	1339	125	3139
1995	57878	3743	11021	5140	16088	10171	707	169	17866	934	256	4582
1996	72868	3690	14454	10586	22840	19049	4006	499	24582	4873	1245	6544
1997	80392	3329	15188	11371	16599	18055	2850	368	19232	3399	1700	4799
1998	70097	3653	19612	11894	25116	17285	3640	791	13554	3554	5333	2107
1999	69170	4116	21103	13762	22084	14954	3353	523	11049	1644	3964	3123
2000	77667	4475	18428	13016	28657	6582	1443	409	18488	1175	3018	4884
2001	82885	5422	21370	15275	30571	9904	725	880	14686	2958	15313	6143
2002	102514	5713	36299	21374	51159	13281	3328	804	12085	3562	19187	2699
2003	109644	5722	31532	28022	43200	20367	2080	5911	9006	8964	30354	6390
2004	12392	6740	34248	26549	48392	17956	2647	6346	8987	10950	32191	7957
2005	150664	8688	34433	26552	41231	13115	2978	1578	11765	11191	34574	10939

1992～2005 年镇江市区暂住人口分类统计表

表 4-15　　　　单位：人

年份	务工	务农	经商	服务	因公出差	借读培训	治病疗养	当保姆	投靠亲友	探亲访友	旅游观光	其他
1992	8662	–	1916	1055	–	–	–	56	760	–	–	4850
1993	16170	–	4001	1837	–	–	–	64	1824	–	–	13956
1994	28030	1772	5123	2494	698	1231	23	50	901	240	124	842
1995	–	–	–	–	–	–	–	–	–	–	–	–
1996	31968	2292	5150	3201	1809	5881	933	254	3759	3267	882	2223
1997	37527	1756	6474	4281	1118	3605	754	153	1935	1884	1661	2893
1998	–	–	–	–	–	–	–	–	–	–	–	–
1999	–	–	–	–	–	–	–	–	–	–	–	–
2000	38104	1960	8501	5612	4771	1017	555	297	981	738	1436	2219
2001	39144	2113	7861	6073	5806	2002	529	576	1035	1767	1134	3751
2002	48042	1716	12167	11152	10790	2433	676	507	1537	2264	3772	1012
2003	59063	2440	16973	14445	13811	3164	1223	894	2536	5888	8113	2459
2004	69382	2113	12859	11846	17589	2446	1441	1129	3248	4745	9202	3953
2005	73617	2722	13650	14047	10307	2892	2681	969	3451	4653	10306	4916

1992～2005年镇江市暂住人口来自地区统计表

表4-16　　单位：人

年份	省内		省外		港澳台	国外
	市	县	市	县		
1992	27378		11144		–	–
1993	75869		22320		8	
1994	27784	47824	32583	46642	9	3
1995	19489	44886	18558	45213	338	71
1996	36816	67149	35713	45186	286	86
1997	29173	68580	28874	50340	275	40
1998	28867	68965	23852	54531	286	135
1999	33239	58677	22151	54317	360	101
2000	29281	52312	40575	55412	528	134
2001	32972	61263	27246	65891	6728	12032
2002	52060	84326	40202	73100	7029	15288
2003	69980	95113	41067	82458	4064	8510
2004	64547	94927	48029	86988	16718	15717
2005	53566	105896	46983	108707	17874	14682

1992～2005年镇江市区暂住人口来自地区统计表

表4-17　　单位：人

年份	省内		省外		港澳台	国外
	市	县	市	县		
1992	13308		3991		–	–
1993	29278		8568		6	
1994	12861	16118	2823	9777	5	–
1995	–	–	–	–	–	–
1996	9913	32210	4628	14853	32	12
1997	8847	32784	5905	16300	173	32
1998	–	–	–	–	–	–
1999	–	–	–	–	–	–
2000	9863	27336	8207	20777	22	5
2001	12858	28185	9670	21030	25	23
2002	16942	40110	12116	26505	304	91
2003	23515	48557	15087	43310	400	140
2004	25190	50185	19175	44899	345	161
2005	23381	54813	20893	44580	372	172

1992～2005年镇江市及市区暂住人口暂住时间统计表

表4-18　　单位:人

年份	一个月以下		一个月至一年		一年以上	
	全市	市区	全市	市区	全市	市区
1992	7635	3628	12823	5545	18064	8126
1993	23503	5011	42076	20691	32618	12150
1994	49544	3861	48844	18583	56457	19140
1995	24822	-	51300	-	52433	-
1996	45673	9450	72090	27767	67473	24431
1997	35590	11978	70353	27867	71339	24196
1998	48853	-	73858	-	53925	-
1999	46643	-	63604	-	58598	-
2000	43388	11020	78455	31159	56399	24031
2001	68130	17372	71717	29368	66285	25051
2002	124079	31154	74258	36122	73668	28792
2003	122355	44423	102417	49525	76420	37061
2004	123473	45627	126210	58329	77243	35999
2005	116728	43843	142558	55283	88422	45385

第六节　人口调查

1983年至2005年期间,根据国家统一部署,镇江于1987年、1995年进行全市1%人口抽样调查,1990年、2000年进行全市人口普查。

一、人口抽样调查

1987年7月1日,镇江市进行1%人口抽样调查,全市选派111名调查工作人员,采用分层次、多阶段抽样方法,确定京口区3个街道办事处的6个居民委员会、丹阳县6个乡(镇)的16个村(居)民委员会为调查点,进行抽样调查,实际调查登记7869户、27910人。

1995年(10月1日0时),镇江市开展1%人口抽样调查,市人口普查办公室在京口区、丹徒县、丹阳市的33个乡(镇)、街道开展人口抽样调查工作。计调查203个小区,实际调查登记8298户、28142人,其中:京口区4个乡(街道)、24个调查小区,共计1342户、4677人;丹徒县11个乡(镇)、65个调查小区,共计2922户、9780人;丹阳市18个乡(镇)、114个调查小区,共计4034户、13685人。

二、人口普查

按照国务院《第四次全国人口普查办法》提出的各项要求,镇江市于1990年进行第四次人口普查,全市抽调15487人参与人口普查各阶段工作。镇江市第四次人口普查(1990年7月1日零时)表明,全市总人口为2604229人。其中:男性人口为1323438人(占总数50.82%);女性人口为1280791人(占总数49.18%)。人口性别比为103.33,较第3次人口普查的102.42上升0.91个百分点。人口密度由1982年第三次人口普查每平方公里627.4人增加到677.6人。

2000 年,镇江市开展第五次人口普查,市统计、公安、计划生育、宣传等有关部门联合行动,万余名普查员走村入巷,深入居民家中普查登记。普查中重点清查居无定所人口,对建筑工地、服务场所、个体私营企业、各类批发集贸市场等流动人口集聚场所进行清理,通过医院出生人口登记、计生登记、民政结婚登记及死亡登记等相关资料进行印证充实,确保普查真实准确。镇江市第五次人口普查(2000 年 11 月 1 日)表明,全市总人口 284.49 万人。全市 6 家单位和 42 人分别被评为国家级人口普查先进集体和先进个人,25 家单位和 328 人分别被评为省级先进集体和先进个人。

第二章　人口婚姻与家庭状况

第一节　人口婚姻状况

镇江市第四次人口普查资料表明,全市 15 岁及 15 岁以上人口 2069372 人,男性人口 1047329 人,占 50.61%;女性人口 1022043 人,占 49.39%。其中:未婚人口 443305 人,占 21.42%;有配偶人口 1483456 人,占 71.69%;丧偶人口 133175 人,占 6.44%;离婚人口 9436 人,占 0.45%。

按性别分,未婚中男性占 60.02%,女性占 39.98%;有配偶人口中,男性占 49.85%,女性占 50.15%;丧偶人口中,男性占 26.21%,女性占 73.79%;离婚人口中,男性占 72.50%,女性占 27.50%。

图 4-1　2004 年,举行青年军官集体婚礼

有配偶人口,已婚率为 832‰;法定年龄前的事实婚姻人口共 13421 人,其中 15～21 岁的男性 8204 人(其中初中、小学文化程度 7659 人,占 93.66%),占有配偶男性人口 11.09‰;15～19 岁的女性 5217 人(其中初中、小学文化程度 4788 人,占 91.28%),占有配偶女性人口 7.02‰。

丧偶人口 133175 人,其中 15～19 岁丧偶人口 6 人,20～24 岁丧偶人口 112 人,25～29 岁丧偶人口 356 人,30～34 岁丧偶人口 559 人,35～39 岁丧偶人口 1374 人,40～44 岁丧偶人口 2631 人,45～49 岁丧偶人口 3936 人,50 岁以上丧偶人口 124201 人,占 93.26%。在丧偶人口中,15～39 岁各年龄呈男性丧偶人口高于女性丧偶人口趋势(男 1450 人,女 957 人),40 岁及以上女性丧偶人口呈大大高于男性丧偶人口趋势(男 2041 人,女 97308 人),性别比为 2.10∶100,男性死亡率高于女性,女性寿命长于男性。

离婚人口 9436 人,其中男 6841 人占 72.5%,女 2595 人占 27.5%,女性再婚率高于男性。在离婚人口中,29 岁及以下离婚人口为 1013 人,占 10.74%,其中男性 571 人,女性 442 人。

根据第五次人口普查统计(普查长表抽样统计),全市 15 岁及以上人口中,未婚人口占 15.10%,比 1990 年下降 6.32 个百分点;初婚有配偶的占 75.70%,再婚有配偶的占 2.22%;有配偶的人口比重,比 1990 年上升 6.23 个百分点;离婚的占 0.88%,上升 0.43 个百分点;丧偶的占 6.10%,下降 0.34 个百分点。

15 岁及以上未到法定婚龄人口中,已婚人口占 0.71%,比 1990 年下降 3.89 个百分点。其中男性已婚比重为 0.69%,下降 3.83 个百分点;女性已婚比重为 0.74%,下降 4.00 个百分点。

30～49 岁人口中,未婚人口占 1.95%,比 1990 年下降 0.74 个百分点。其中男性未婚人口占同龄人口比重 3.51%,下降 1.46 个百分点;女性未婚人口占同龄人口比重为 0.35%,上升 0.14 个百分点。

1990 年镇江市第四次全国人口普查未婚人口统计表

表 4-19　　单位:人

年龄分组	未婚人口			性别比(女=100)
	合　计	男	女	
总计	443305	266074	177231	150.13
15～19	224017	118981	105036	113.28
20～24	167810	100633	67177	149.80
25～29	23856	20268	3588	564.88
30～34	6953	6658	305	2182.95
35～39	6657	6463	194	3331.44
40～44	4431	4264	167	2553.29
45～49	2890	2784	106	2626.42
50 以上	6681	6023	658	915.35

2000 年镇江市第五次全国人口普查未婚人口统计表

表 4-20　　单位:人

年龄分组	未婚人口			性别比(女=100)
	合　计	男	女	
总计	34360	20648	13712	150.58
15～19	16252	8299	7953	104.35
20～24	12253	7325	4928	148.64
25～29	2848	2245	603	372.31
30～34	782	677	105	644.76
35～39	442	407	35	1162.86
40～44	358	340	18	1888.89
45～49	424	405	19	2131.58
50 以上	1001	950	51	1862.75

说明:两次普查的口径不同,第四次全国人口普查未婚人口状况是全面调查,第五次人口普查未婚人口状况是抽样调查

第二节　人口家庭状况

随着镇江经济社会的变革和发展,人民生活水平提高,住房条件改善,尤其是实行计划生育的基本国策,家庭结构逐步发生变迁,年轻夫妇婚后大都与父母分居,传统几代同堂的大家庭逐步减少,由夫妻和独生子女组成的三口之家逐渐增加并成为家庭主要形式。随着独生子女就业、结婚增多,两个老年夫妻生活的空巢家庭也逐渐增多。同时婚姻和家庭观念发生变化,由未婚或已婚、离婚成年男女组成的单身家庭、离婚母亲或父亲带着孩子生活的单亲家庭、婚后夫妻双方选择不育的“丁克”家庭等也出现或增加。

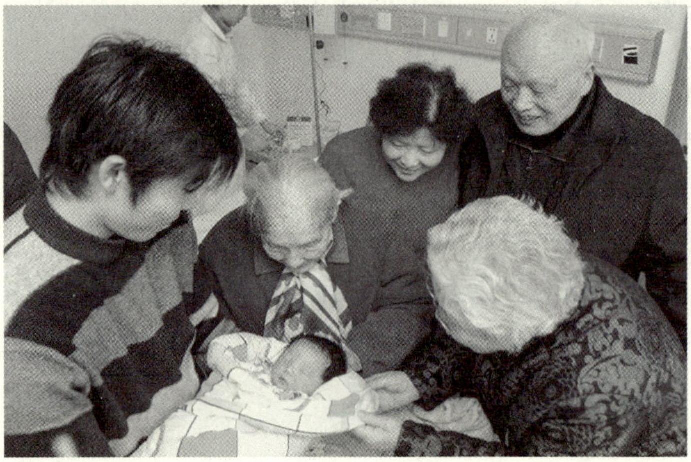

图 4-2 五代同堂(2003 年摄)

镇江市第四次人口普查资料表明,全市家庭户总数为 732235 户,占总户数 737758 户的 99.25%,平均每户 3.41 人。户规模以三人户为最多,达 257365 户,占总户数 35.15%;其中一对夫妇一个子女户 205799 户,占三人户 79.96%。家庭户为二代户类型,二代户 451423 户,占家庭户总数 61.65%;其中以三口之家户数最多,达 250295 户,占 55.45%。此外,五代户有 6 户,其中有一户达 10 人以上。

在总户数中,单人户 62789 户,其中未婚 15160 户,有配偶 14198 户,丧偶 30392 户,离婚 2633 户;14 岁及以下单人户 406 户。有 60 岁以上老人的家庭户有 205628 户,占总家庭户的 28.08%;其中单身老人户 29349 户、一对老夫妇户 26523 户。

根据第五次人口普查登记,全市总户数为 910277 户,增加 172519 户。其中家庭户 874022 户,比 1990 年增加 141787 户。家庭户平均人口为 3.05 人,比 1990 年减少 0.36 人。家庭户中,三人户家庭占 38.63%,上升 9.04 个百分点;二人户家庭占 22.73%,上升 3.48 个百分点;一人户家庭占 9.80%,上升 1.23 个百分点;四人户家庭占 15.12%,下降 9.12 个百分点;五人户家庭占 10.26%,下降 1.57 个百分点;六人及以上户家庭占 3.46%,下降 3.06 个百分点。一代户占 28.92%,上升 11.26 个百分点;二代户占 50.13%,下降 12.97 个百分点;三代户占 20.03%,上升 1.41 个百分点;四代及以上户占 0.92%,上升 0.30 个百分点。

1990 年、2000 年镇江市家庭户类别统计表

表 4-21 单位:户

户规模	1990 年						2000 年					
	家庭户数	一代户	二代户	三代户	四代户	五代户及五代户以上户	家庭户数	一代户	二代户	三代户	四代户	五代户及五代户以上户
合计	732235	61671	451423	131694	4351	6	874022	252738	438110	175091	8057	8
1 人户	62789	–	–	–	–	–	85657	85657	–	–	–	–
2 人户	100232	61671	35927	–	–	–	198634	162129	36505	–	–	–
3 人户	257365	–	250295	4274	–	–	337641	3238	327966	6347	–	–
4 人户	177482	–	131882	40570	69	–	132162	982	64925	66123	132	–
5 人户	86647	–	28764	52318	712	–	89714	438	7112	80601	1563	–
6 人户	29788	–	4100	21978	1236	1	21990	103	1073	16686	4124	4
7 人户	10674	–	411	7884	1180	1	4923	37	276	2938	1669	3
8 人户	4292	–	41	2955	689	3	2331	25	123	1839	344	–
9 人户	1744	–	3	1107	323	–	618	15	61	352	189	1
10 人及 10 人以上户	1222	–	–	608	142	1	352	24	69	205	54	–

第三章　计划生育

1983年，镇江实行市管县体制后，镇江市计划生育委员会成立（下称“市计生委”）。各县（区）及各乡（镇）街道成立办事机构并配备专职干部，明确领导分管。市直各单位和农村村委（城市居委）成立计划生育领导小组。制定出台独生子女奖励政策及无计划生育处罚政策。同年全市总出生人口25959人，其中符合计划生育出生人数23830人，占总出生人口的91.8%。1989年，市政府与各县（市）区签订计划生育目标管理责任状。市委、市人大、市政府、市政协领导班子成员与各地重点管理乡（镇）建立计划生育工作联系点制度。同年，全市总出生人口39047人，其中符合计划生育出生人数37530人，占总出生人口96.11%。20世纪80年代，全市人口年均出生率12.9‰，自然增长率6.45‰，较70年代分别下降5.69与5.78个千分点。完成“六五”“七五”人口规划，全市人口增长进入有效控制阶段。

1990年《江苏省计划生育条例》公布，1992年《镇江市计划生育管理实施办法》印发，同年市计生委下发《镇江市特殊情况照顾生育第二个孩子的审批办法》，生育政策更趋规范与稳定。1994年10月颁发《镇江市流动人口计划生育管理办法》，加强流动人口计划生育管理工作。同年全市人口自然增长率下降到3.72‰，1995年为3.08‰，全市人口自然增长率进入低生育水平（标准为人口自然增长率低于4‰）。

1996年推行计划生育工作实现“两个转变”，即由孤立地抓计划生育向与经济、社会发展紧密结合，采取综合措施解决人口问题转变；由社会制约的行政手段为主向建立利益导向和社会制约相结合，宣传教育、综合服务、科学管理相统一的管理机制转变（下称“两个转变”），计划生育工作更加注重以人为本，优质服务。各级财政对计划生育投入逐年加大，市级财政对市与所属区人均计划生育经费由1996年的2.7元逐步增加到1999年的4.3元。1999年，全市总出生人口14861人，其中符合计划生育出生人数14795人，占总出生人口99.56%。

2001年，《中华人民共和国人口与计划生育法》公布。镇江市委、市政府加强计生工作调研和政策研究，不断加强全市计划生育工作法制化建设，至2005年制发人口计生工作相关文件共18个。全市各级党委政府把人口计生工作与经济社会发展统筹考虑，切实担负起领导责任。各级财政保证计划生育人均经费投入到位，全市计划生育人均经费由2001年的4.54元提高到2005年的16.45元。各级人口计生部门探索行政调控与市场调节相结合的工作模式与方法，推广“属地化管理，市民化服务”，共同做好流动人口计生综合管理工作，同时发挥城镇社区组织对城镇计划生育工作管理作用。2005年，全市总出生人口13161人，其中符合计划生育出生人数13139人，占总出生人口99.83%。同年人口出生率4.84‰，人口自然增长率为-0.75‰，实现“十五”人口和计划生育目标任务。

第一节　机　构

一、行政机构

1983年9月成立市计生委，为市政府职能部门，局级单位，内设秘书科、宣传科、业务科。1993年6月，成立由市委副书记、市长为组长，市委副书记、市政府副市长、市政府秘书长、市计生委主任任副组长，28个部门负责人组成的计划生育领导小组。2004年11月，市计生委更名为镇江市人口和计划生育委员会（下称“市人口计生委”），下设办公室、宣传法规处、科学技术处、规划统计处。同年，市计划生育工作领导小组更名为镇江市人口和计划生育领导小组。市人口计生委主要职责是贯彻中央、省有关计划生育的方针、政策，管理全市计划生育工作，按照上级人口计划要求，控制人口增长，提高人口质量。

二、事业单位

1. 计划生育指导所　1983年7月，镇江市计划生育宣传技术指导所成立，为市计生委下属科级事业单位。同年丹阳县、句容县先后成立计划生育宣传技术指导站。1989年，镇江市计划生育宣传技术指导所更名为镇江市计划生育指导所（下称“市计生指导所”）。同年12月，丹徒县高桥镇成立全市第一个乡级计划生育服务室。计生指导所（站）主要承担基层培训、技术指导、项目促进等工作，同时开展优生优育、不孕不育特色专家门诊。至1996年全市各县（市）、区、乡（镇）计划生育技术服务站（室）基本建成。

“十五”期间，全市投入300多万元用于计划生育技术服务阵地建设，改善育龄群众计划生育服务环境。2005年末，全市建有68个计划生育服务所（站）。其中市级指导所1个，县级站3个，区级站3个，乡镇中心服务站12个，乡镇一般服务站49个。全市12个乡镇计划生育中心服务站通过省级评审验收。丹阳市被评为“全国优质服务先进县”，扬中市新坝镇中心服务站被评为“全国优质服务工作先进集体”。

2. 计划生育药具管理站　1985年8月，镇江市避孕药具管理站（下称市药具站）成立，为市计生委科级事业单位，主要负责全市避孕药具计划的编制、汇总、审核、平衡和订货、分配工作；管理全市避孕药具包干经费；对各县（市）、区药具管理站进行业务指导和目标考核等。省计生委避孕药具站从1985年开始对市实行避孕药具、经费包干，计价调拨，包干指标为每年20万元。1987年开始，省实行按照各县（市）、区每年服药人数确定包干经费，年底按考核要求一次兑清，在保证库存前提下，节余经费归己，用于业务建设。20世纪90年代，流动人口增多，市药具站委托医药商店和有关商店，对外有价销售，90年代后期为满足流动人口避孕药具需求，进行暂住地登记和免费发放避孕药具。

3. 计划生育培训中心　1995年11月，市计生委投入1000万元、建筑面积4000平方米的计划生育培训中心大楼建成并启用，为市计生委下属科级自收自支事业单位，集培训计生干部与服务为一体。中心大楼于1998年9月30日转让。

三、计划生育协会

1984年8月，镇江市计划生育协会（下称市计生协会）成立。至1991年底，全市从县（市）、区到乡（镇）、街道及农村村委会、城镇居委会、企事业单位都成立计生协会，形成协会组织网络。全市各级协会主要工作是协助计生行政部门广泛动员群众参与计划生育宣传与教育，在群众中大力开展生产、生活、生育服务。至2005年，全市协会宣传服务对象967428人次，项目资金扶持3622户，计划生育系列保险投保11258人份，投保金额11020.42万元。在民主参与、民主监督方面，提交书面意见、建议1533条。2005年，全市有协会组织机构1597个，其中县（市）乡（镇）村（居）有1074个，企事业协会520个（其中三资企业245个），流动人口协会3个。团体会员137个，会员小组14993个；会员251804人，协会理事12920人，专职工作人员1636人。协会专兼职干部培训3671期，15万余人次。

第二节　人口婚育政策和管理

一、人口婚育政策

1. 晚婚晚育与少生优生政策　1983年,镇江市明确规定计划生育的要求是晚婚、晚育、少生、优生。晚婚指男女双方按婚姻法年龄推迟三年,即男二十五周岁、女二十三周岁以上登记结婚者。少生是一对夫妇生育一个孩子,严禁计划外生育二孩和多孩,严禁未到法定婚龄的青年提前婚育。至2005年,这一基本婚育与少生优生政策未变化。

2. 照顾生育政策　实行"一对夫妇只生育一个孩子"政策后,对确有实际困难的夫妇,有计划地照顾生育二胎。主要规定:第一个孩子经检查为非遗传性残疾,无法治疗或者经治疗仍不能成长为正常劳动力或者将严重影响婚配的;二等乙级以上因公致残的军人、武装警察、公安民警、见义勇为人员,或者一方为烈士独生子女,只有一个孩子的;一方系丧偶者,另一方未生育的;一方系离婚者且只有一个孩子或者依法生育过两个孩子,另一方未生育的;双方均未生育,依法收养后又怀孕的;一方为两代独生子女或者夫妻双方均为独生子女,只有一个孩子的;一方从事井下作业连续五年以上,并仍从事井下作业,只有一个女孩的。

女方为农村居民的夫妻,符合下列条件之一的,可申请再生育一个孩子:一方为独生子女,只有一个孩子的;只生育一个孩子,男方其他兄弟均无生育条件的;男方到无兄弟的女方落户并赡养女方父母,只有一个女孩的(此规定只适用于女方姐妹中一人);男方无兄弟且只有一个姐姐或者妹妹,只有一个女孩的;一方以海洋捕捞为业五年以上,并仍从事海洋捕捞业,只有一个女孩的。其他特殊情形申请再生育一个孩子的,由设区的市计划生育行政部门审批。

全市有计划照顾生育二孩数占出生总数的比例1983年至1984年年均1.74%,1985年至1989年每年8.38%,1990年至2005年平均每年照顾生育二孩比例控制在5%左右。

3. 奖励政策　主要奖励规定:实行晚婚可享受晚婚优待假12天。初婚女青年婚后晚育者,享受优待产假14天,产假期间领取独生子女证者,再享受保健假20天。凡领"独生子女证"的,每年发给儿童保健费40元,直至孩子满十四周岁为止。独生子女入托儿所、幼儿园,免收保育费和学杂费;免收小学至初中毕业的学杂费;免费医疗至十六周岁。

1992年起,晚婚晚育夫妻在原有产假基础上增加女方产假30天,男方护理假7天。2003年起,对晚婚夫妻延长婚假10天。对晚育的,延长女方产假30天,给予男方护理假10天。独生子女父母办理退休手续时,凡单位未实行养老保险的,按照其退休前月工资的5%每月增发退休金;凡实行养老保险的,由所在单位一次性奖励不低于2000元。

2004年,农村实行计划生育特困家庭全部纳入低保范围,并在一般低保标准基础上提高20%,享受低保待遇;对享受低保的农村计划生育特困人员,由财政安排专款资金,办理合作医疗保险,并享受定点医疗机构优惠治疗待遇。

2005年,镇江市对农村部分计划生育家庭实行奖励扶助制度,奖励扶助对象为:全市领取《独生子女父母光荣证》且子女在1963年1月1日以后出生的年满60周岁的农村居民及年满50周岁只生育一个孩子且孩子已死亡而又未再生育和收养孩子的农村居民,按每人每月不低于50元标准发放奖励扶助金直至奖励扶助对象亡故为止。2005年奖励扶助对象5493人,发放奖励扶助金314.9万元。同年,市人口计生委与市财政局联合下发《镇江市人口与计划生育公益金管理救助暂行办法》,全年全市对计划生育困难家庭进行救助133户,总金额4.6万元。

1983～2005年镇江市晚婚情况统计表

表4-22

年　份	23周岁及以上初婚人数(人)	晚　婚　率(%)	
		全　市	市区
1983	–	86.22	96.96
1984	15330	84.47	89.93
1985	17159	76.37	89.68
1986	19902	70.96	80.40
1987	22029	70.97	81.78
1988	23600	75.29	88.58
1989	23228	76.23	90.14
1990	21365	76.22	91.22
1991	21017	77.66	90.53
1992	20119	78.84	89.58
1993	19663	80.30	92.99
1994	17679	80.97	93.34
1995	13419	76.09	93.64
1996	7340	60.22	80.34
1997	6455	55.74	74.43
1998	5746	54.18	72.48
1999	6015	51.33	76.07
2000	6363	55.22	76.10
2001	7375	56.37	79.02
2002	7576	57.07	75.88
2003	6925	57.17	76.45
2004	6893	57.99	77.28
2005	6482	61.45	77.42

说明:晚婚率是当年23周岁及以上初婚人数与初婚总人数之比

1983～2005年镇江市独生子女领证统计表

表4-23

年　份	领证人数(人)	领证率(%)	
		全市	市区
1983	–	92.76	98.04
1984	151100	37.96	46.86
1985	169114	39.45	50.26
1986	190112	41.45	53.40
1987	213337	43.88	53.56
1988	238987	46.00	57.73
1989	259019	47.64	58.32
1990	278049	49.48	59.41
1991	302502	51.93	64.42

续表 4-23

年　份	领证人数(人)	领证率(%)	
		全市	市区
1992	320283	54.24	81.60
1993	339982	56.17	69.47
1994	356519	58.29	71.19
1995	347385	56.72	67.30
1996	354751	57.26	65.99
1997	356512	57.65	69.92
1998	337364	55.38	69.83
1999	320983	52.76	66.92
2000	290638	47.64	65.74
2001	285015	42.50	65.28
2002	244366	40.57	65.08
2003	228955	38.50	65.89
2004	212091	36.38	68.21
2005	218993	38.16	66.24

说明:1. 统计数据来源于市人口计生委;
2. 1983 年独生子女领证率与 1984 年以后的统计口径有区别;
3. 独生子女领证率是历年全部独生子女领证人数与已婚育龄妇女人数之比

4. 惩处规定　对无计划怀孕和生育者给予惩处。凡无计划怀孕,执意生育者,孕、产期间的检查费、医药费、手术费自理,产假期间工资不发,哺乳期的哺乳时间按事假处理。不享受困难补助、托幼补助。对已享受独生子女待遇的奖励和优待全部退还。对未经批准生育二胎的,夫妇双方停发两年奖金,并扣发双方工资百分之十的超计划生育费,期限七至十年。对生育三胎和三胎以上的夫妇双方停发四年奖金,并扣发双方工资百分之二十的超计划生育费,期限七至十年。对未经批准生育二胎或二胎以上的夫妇,取消双方的调资和晋级各一次。三年内不能参加评选先进,无计划生育的子女不得享受儿童统筹医疗或亲属劳保待遇。党员、团员、干部不按计划生育的,除按上述规定实行经济处罚外,还要视情节给予必要的党纪、团纪和政纪处分。

1998 年 8 月,江苏省计生委、监察厅等联合下发《关于开展计划外生育费专项治理的工作意见》,镇江市清理 1995 年 1 月 1 日至 1998 年 6 月 30 日计划外生育人数 3994 人,其中未达法定婚龄早育的 2213 人,占 55.4%;计划外一孩 750 人,占 18.78%;计划外二孩 10 人,占 0.25%;未经批准生育二孩 121 人,占 3.03%;非法抱养及非婚生育 198 人,占 4.96%;先孕后领结婚证生育一孩 702 人,占 17.58%。征收计划外生育费 2235.29 万元,其中含 1995 年以前计划外生育和 1995 年以后待征收的 846.12 万元。

二、计划生育管理

1. 农村计划生育管理　1983 ~ 1987 年,农村计划生育管理主要根据人口出生数的调查情况,由上而下层层下达人口出生指标,每年对人口指标实施情况进行指导、检查、评比。这一时期,全市各乡(镇)逐步成立计划生育服务室,负责计划生育管理工作和技术工作。

1988 ~ 1995 年,农村计划生育工作推行目标管理责任制,层层签订目标管理责任书,同时开展争创计划生育先进县(市)、合格县(市)活动,对晚婚率、出生率、计划生育率、措施落实率、经费投入人均达标数、服务阵地和服务网络等进行考核。1992 年 12 月对 99 个乡镇 222 个点进行检查,丹阳市后巷镇,句容县的4个村经济指标达标,但计划生育未达到要求被一票否决。

1996~2005年,继续开展争创计划生育示范县(市)、先进县(市)、合格县(市)活动,加强计划生育工作法制化建设。依照法律法规及村民自治章程推进农村计划生育工作的民主决策、民主管理、民主监督。通过村级计划生育协会组织,对婚姻、生育、避孕节育等婚育行为,实行自我教育、自我管理、自我服务、自我监督的计划生育管理机制。同期计划生育事业经费投入不断加大,1996年,全市人均经费投入2.7元,2000年增加到4.6元,2005年达16.45元。

1983~2005年镇江市辖市(区)计划生育统计表

表4-24 单位:%

年份	晚婚率				独生子女领证率				计划生育率				避孕节育率			
	丹阳	句容	扬中	丹徒	丹阳	句容	扬中	丹徒	丹阳	句容	扬中	丹徒	丹阳	句容	扬中	丹徒
1983	88.59	60.38	97.31	91.19	97.43	80.49	97.42	86.51	94.09	82.78	92.96	91.97	98.17	94.04	98.60	96.92
1984	92.25	57.90	96.62	88.51	44.10	24.48	44.59	33.29	97.16	93.29	98.30	96.01	91.48	93.06	94.60	93.19
1985	82.75	51.10	96.25	77.57	45.30	25.88	45.86	33.48	98.62	98.31	99.35	98.55	91.89	92.56	92.86	92.68
1986	71.23	52.48	94.84	68.94	47.20	27.10	46.03	36.53	99.13	98.54	99.60	98.47	90.80	89.06	91.34	90.35
1987	70.28	51.61	95.37	67.08	49.66	29.40	49.82	39.55	99.47	97.62	99.46	98.49	91.17	89.96	90.65	91.03
1988	74.53	59.88	93.35	68.97	51.30	31.60	52.22	39.91	99.45	98.29	99.53	98.15	91.15	90.16	91.70	91.30
1989	78.02	58.10	92.89	74.26	40.02	32.08	55.42	41.73	99.23	88.36	99.77	96.54	91.66	89.84	91.84	91.23
1990	74.25	62.03	92.33	75.28	54.81	36.57	57.27	42.30	99.24	97.60	99.73	98.07	92.57	91.47	92.75	92.63
1991	74.56	66.09	93.52	77.56	56.24	38.12	60.19	44.56	96.32	97.75	99.55	97.89	93.72	92.60	93.69	94.06
1992	77.79	67.70	92.42	76.73	58.05	40.76	63.17	46.61	99.12	99.47	99.61	98.78	94.47	93.66	94.09	94.05
1993	77.26	71.58	91.68	77.52	60.29	41.23	64.81	47.82	99.23	99.74	99.63	99.13	99.33	98.53	99.63	98.97
1994	79.53	77.51	71.71	91.06	61.43	50.08	45.44	66.26	98.82	99.36	99.62	99.59	95.04	96.45	94.94	96.37
1995	73.62	68.64	85.02	71.70	59.64	46.37	65.97	46.92	99.28	98.89	99.72	99.46	95.77	95.51	96.29	96.87
1996	64.87	57.93	60.16	55.59	59.24	44.16	66.80	45.84	99.06	98.80	99.64	98.78	95.62	95.51	96.56	96.39
1997	55.75	52.40	45.45	47.89	63.55	44.23	64.89	45.78	99.27	98.32	98.90	96.96	96.68	95.12	96.51	97.24
1998	53.37	51.11	44.05	46.02	62.56	41.98	58.45	38.51	99.58	99.68	98.78	98.37	95.83	95.13	96.03	96.58
1999	50.06	46.30	43.06	45.85	60.83	54.61	40.60	32.42	99.62	99.50	99.38	99.37	95.41	93.80	95.41	96.09
2000	47.14	42.28	55.68	46.31	57.46	30.31	53.34	21.08	99.85	99.71	99.97	99.57	94.28	93.89	94.16	94.05
2001	53.15	49.12	55.25	49.76	45.07	29.28	50.73	16.79	99.67	99.33	99.06	99.66	92.82	93.66	92.23	93.96
2002	57.36	50.31	54.90	49.78	41.31	26.94	47.63	15.13	99.75	99.03	99.48	99.42	92.38	93.05	92.19	93.94
2003	57.74	51.62	55.09	48.32	37.82	24.50	44.43	12.56	99.81	99.78	99.71	99.88	92.03	93.01	92.59	93.80
2004	59.39	52.45	57.00	-	34.34	21.87	42.04	-	99.82	99.91	99.90	-	91.62	93.27	92.72	-
2005	62.23	55.29	63.99	-	31.58	26.86	39.79	-	99.83	99.63	99.94	-	91.82	93.43	92.96	-

说明:1. 统计数据来源于市人口计生委;

2. 1983年独生子女领证率与1984年以后的统计口径有区别;

3. 1996年数字为上半年统计数;

4. 2002年丹徒县划入市区

2. 城镇人口计划生育管理 1983～1995年，城镇计划生育管理工作主要采取“单位负责、条包块管、以条为主、条块结合”管理机制。城镇各国家机关、社会团体、企事业单位承担本单位计划生育工作责任，包落实各项节育措施，包无计划外生育，包政策兑现。城市区级所属街道办事处及居委会主要强化块管职能，重点抓好“五种人”（纯居民、个体户、半家户、空挂户、网点职工）和流动人口管理，对“五种人”加强宣传教育，确保各项措施落实。同时建立常住人口和婚育状况、孕情、节育措施落实等账册，每年至少进行两次清底和检查。

1996后，镇江市区社区体制实行改革，原201个居委会调整为107个社区，社区成为城市计划生育管理工作重要平台，形成“属地管理、单位负责、居民自治、社区服务”管理新机制。2000年开始，将计划生育服务项目渗透融合于社区卫生服务中心。2002年，京口区蔡家山社区、润州区迎江社区为试点，建立城市育龄妇女信息系统，实施现住地管理，进一步落实企业法定代表人负责制，因地制宜开展社区育龄人群的知识普及、知情选择等服务，强化服务阵地，完善技术服务网络，积极探索社区计生管理服务新途径，并在全市社区推广有关工作经验。2004年，市计生委下发《关于推行计划生育居民自治工作的意见》与《计划生育居民自治制度》，城镇人口与计划生育工作逐步健全依法行政、科学管理新机制。城区计划生育经费投入逐步加强，市区人均经费投入，由2002年的3.21元增加到2005年的6.35元。市区“十五”期间晚婚率年均为77.21%，比“九五”期间提高1.33个百分点。计划生育率2005年市区99.97%，比全市高出0.14个百分点。

3. 流动人口计划生育管理 1987年，市计生委、公安局、城乡建设委员会与镇江工商局联合印发《关于加强对流动人口计划生育管理的联合通知》，对流动人口比较集中的相关单位加强管理。随着市场经济发展，镇江流动人口不断增加。1990年第四次人口普查资料显示，全市流动人口占全市总人口6.1%，计划外生育占全市同期计划外生育的8%。1994年，镇江市政府下发《镇江市流动人口计划生育管理办法》，对流动人口计划生育工作的组织领导、管理网络、规范化管理等都进行规范与完善。全市建立流动人口登记制度，发放《江苏省计划生育证明》，进行查验工作，建立流动人口统计与育龄妇女信息系统，实行管理季报制度，强化宣传教育。流动人口计划生育实行流入地与流出地共同管理，采用“谁用工谁负责、谁受益谁负责、谁的地段谁负责”办法。对比较固定用工单位，流动人口计划生育管理纳入单位目标责任制，实行一票否决权。私营企业主、个体经营和养殖、种植、捕捞大户人员按“谁受益谁负责”原则，雇主是责任人，雇员违反计划生育规定，收缴雇主执照、摊贩证和承包权并对责任人按规定处罚。乡（镇）、街道对辖区内流入育龄人员负责进行宣传教育，查验换发证明，签订合同并建立账册，组织有关单位提供避孕药具和节育技术服务，督促流入人员每季度向户籍所在乡（镇）、街办计生机构汇报情况。对流出镇江市育龄人员户籍地乡（镇）政府、街道办事处负责进行宣传教育，与流出三个月以上育龄人员签订晚婚晚育或计划生育合同，发放《江苏省流动人口计划生育证明》，与外出团体负责人签订计划生育责任书并发展协会会员或成立计生协会，与流出人员或团体建立定期联系制度。依靠基层综合治理小组及计生协会，发挥“三自”（自我教育、管理、服务）作用。

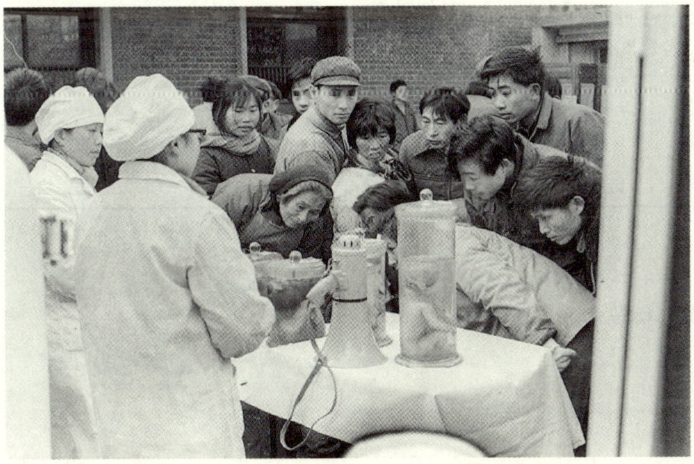

图4-3 宣传计划生育政策（1999年摄）

做好咨询、节育技术与药具供应等无偿服务。镇江市计划生育指导所及各县（市）区计划生育指导站为外来育龄妇女的计划生育定点服务单位，免费为她们开展咨询、宣传、技术等各项服务。

2001～2005年，全市用于流动人口计划生育管理服务经费170余万元，各级技术服务机构为流动人口提供服务15.8万人次，帮助流动人口解决实际困难1400余件。

1983～2005年镇江市计划生育情况统计表

表4-25

年份	出生总数（人）	计划生育			一孩		二孩		多孩	
		人数（人）	率（%）		人数（人）	出生率（%）	人数（人）	出生率（%）	人数（人）	出生率（%）
			全市	市区						
1983	25959	23830	91.80	98.58	23602	90.92	2186	8.42	171	0.66
1984	22164	21402	96.56	99.22	20961	94.57	1162	5.24	41	0.19
1985	24526	24218	98.74	99.53	22763	92.81	1757	7.16	6	0.02
1986	33267	32932	98.99	99.64	29564	88.87	3693	11.10	10	0.03
1987	38252	37807	98.84	99.38	34051	89.02	4184	10.94	17	0.04
1988	37027	36660	99.01	99.73	34411	92.93	2609	7.05	7	0.02
1989	39047	37530	96.11	99.68	35314	90.44	3696	9.46	37	0.1
1990	35972	35525	98.76	99.86	33928	94.32	2014	5.60	30	0.08
1991	30817	30145	97.82	99.84	28263	91.71	2532	8.22	22	0.07
1992	28266	28070	99.31	99.80	26651	94.29	1609	5.69	6	0.02
1993	26446	26315	99.50	99.92	25098	94.90	1346	5.09	2	0.01
1994	25159	25001	99.37	99.96	23937	95.14	1215	4.83	7	0.03
1995	23465	23317	99.37	99.83	22194	94.58	1261	5.38	10	0.04
1996	21091	20608	97.71	100.00	19849	94.11	1231	5.84	11	0.05
1997	18410	18184	98.77	99.80	17269	93.80	1134	6.16	7	0.04
1998	15829	15739	99.43	99.82	15024	94.91	797	5.04	8	0.05
1999	14861	14795	99.56	99.70	14104	94.91	750	5.05	7	0.05
2000	14759	14730	99.80	99.91	14002	94.87	755	5.12	2	0.01
2001	13665	13605	99.56	99.84	12983	95.01	673	4.92	9	0.07
2002	13574	13510	99.53	99.87	12871	94.82	690	5.08	13	0.10
2003	13201	13178	99.83	99.94	12454	94.34	739	5.60	8	0.06
2004	14504	14484	99.86	99.93	13663	94.20	819	5.65	22	0.15
2005	13161	13139	99.83	99.97	12260	93.15	887	6.74	14	0.11

说明：1. 统计数据来源于市人口计生委；
2. 1996年市区计划生育率为上半年统计数；
3. 计划生育率指符合计划生育政策出生人数与出生总数之比

第三节　计划生育服务

一、避孕节育服务

1983年，全市育龄夫妇计划生育以上环、结扎为主，育龄妇女落实避孕措施中上环占55%左右，结扎占30%左右，药具占10%左右，年流引产率10%左右。

1985 年至 1993 年，镇江市、句容县、丹阳市、扬中市相应成立计划生育指导所站。1993 年，市、县、乡三级基本上建立计划生育技术和宣传教育相统一的服务阵地，全市有 70 个乡镇计划生育服务站配备小型 B 超机、电视机、录放机等设备。同时，不断引进避孕节育新技术、新方法，避孕节育环在原有 O 型环基础上，拓展到 V 型环、宫型环、T 型环和含铜环等，采用皮下埋植、产时上环、产后 42 天上环等新方法、新技术，避孕药具增加长效避孕药、探亲避孕药等。这一时期，育龄妇女落实避孕措施中上环占 60% 左右，结扎占 25% 左右，药具占 12% 左右，每年流引产率 5% 左右。

20 世纪 90 年代后期至 2005 年，计划生育服务工作注重以人为本，科学发展。至 1997 年，全市 74 个乡镇建立计生服务站，建立村级服务室 1016 个。同年，在全市范围内对已婚育龄妇女开展避孕节育和生殖保健方面的初级保健服务。1999 年，全市基本建立健全计划生育优质服务四级服务网络，形成以市、县级服务所、站为龙头，乡镇中心站为骨干，乡镇服务站为依托，村服务室为基础的计划生育服务体系。进入 21 世纪，镇江市各级计划生育技术服务机构按照国务院《计划生育技术服务管理条例》要求，全部免费为育龄人群进行计生技术服务，还拓展到为流入的育龄妇女免费进行孕情和环情检查，为下岗女职工免费进行生殖健康检查，为新婚夫妇免费进行优生检测。推行计划生育服务“五大工程”，即实行出生缺陷干预工程，实施育龄妇女避孕节育知情选择工程，开展对已落实各种避孕节育措施的已婚育龄妇女随访服务工程，开展生殖道感染综合防治工程，推行青少年生殖健康和男性生殖健康宣传教育工程。“十五”期间，全市开展染色体检查 10464 例，TORCH（可导致先天性宫内感染及围产期感染而引起围产儿畸形的病原体）筛查 4571 人，发放营养素福施福 17940 盒，一孩出生缺陷干预率达 80% 以上，照顾二孩出生干预率达 100%；全市避孕节育知情选择率 96.7%；避孕节育随访服务率 95% 以上；全市有 42 万育龄妇女在生殖道感染防治工程中受益，防治率达 87%。20 世纪 90 年代后期至 2005 年，育龄妇女落实避孕措施中上环占 65% 左右，结扎占 10% 左右，药具占 20% 左右，每年流引产率 1% 左右。

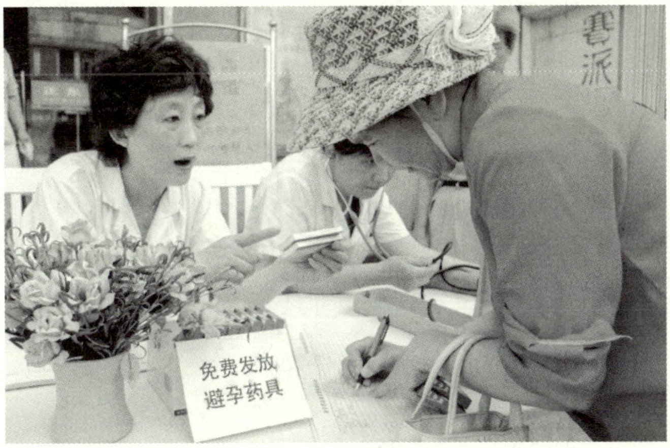

图 4-4　免费发放避孕药具（2002 年摄）

1983～2005 镇江市避孕节育措施落实情况统计表

表 4-26

年份	已婚育龄妇女人数（人）	应落实节育措施妇女人数（人）	已落实节育措施人数（人）			节育率（%）	
			男女结扎人数	上环人数	使用药具及其他人数	全市	市区
1983	-	-	-	-	-	97.01	98.00
1984	398044	391035	123767	206778	39558	92.98	94.78
1985	428656	424162	123985	225357	45555	92.12	90.73
1986	458675	454865	123151	247495	43515	90.30	90.09
1987	486131	482812	122998	272205	45678	90.69	90.38
1988	519546	515145	122019	296373	53881	90.90	90.42
1989	543717	507573	120808	322067	53695	91.33	92.28

续表 4-26

年份	已婚育龄妇女人数(人)	应落实节育措施妇女人数(人)	已落实节育措施人数(人)			节育率(%)	
			男女结扎人数	上环人数	使用药具及其他人数	全市	市区
1990	559235	526831	120493	346157	51092	92.58	92.42
1991	582471	550128	118581	372360	43049	91.67	92.92
1992	590492	560417	114739	388438	51731	93.97	93.33
1993	605304	578883	112421	418588	43330	94.88	93.92
1994	611593	587772	105811	438330	40157	95.54	95.26
1995	612403	588976	97911	451915	36693	95.77	94.78
1996	619514	600210	93830	466003	35120	96.04	95.08
1997	618445	595214	85658	474152	33596	95.95	94.21
1998	609152	582110	75124	470818	32396	94.94	93.03
1999	608339	577897	69608	473198	33451	94.73	93.00
2000	610043	572588	61019	473692	36445	93.63	91.18
2001	607096	565559	53463	473564	37198	92.94	91.59
2002	602280	558570	44977	473136	39322	92.55	91.12
2003	594704	551466	38241	468587	43672	92.57	91.48
2004	582923	539513	30487	456540	49189	91.99	91.37
2005	573897	531434	25017	449536	56198	92.48	91.70

说明:1. 统计数据来源于市人口计生委;
2. 1983 年节育率统计数与 1984 年以后的统计口径有区别;
3. 节育率指已落实节育措施人数与已婚育龄妇女人数之比

二、计划生育科研

1986 年 6 月,市计生委参与省计生委《棉酚》科研协作组开展口服棉酚避孕临床效果的研究,获国家计生委“参加完成六五国家科研攻关工作”荣誉证书。1987 年,市计生委参与省计生委“复方十八甲”长效口服避孕药协作组科研并获得国家科学技术进步二等奖。1992 年在全市全面推广新型宫内节育器,全年为育龄妇女采用宫型环和 T 铜环 3 万多例,开展皮下埋植避孕新方法,市计生指导所被省计生委列入推广新型避孕节育技术重点单位。1993 年,市计生指导所完成“药物流产”科研任务,开展四种新型宫内节育器临床对比研究和皮下埋植避孕随访研究工作。1995 年,市计生指导所参与省计生科研课题主要有:对 800 例新式环携带者和 350 例皮下埋植对象的随访;对育龄妇女哺乳期排卵情况测定;上环后并发症的处理和 300 例宫腔电脑测环仪的临床使用等。

1995 ~ 1998 年,市计生指导所承担国家计生委项目《产后排卵恢复时间及影响因素的研究》和省级科研项目《三球头 Tcu220 宫内节育器临床研究》,科研数据为产后 42 天上环提供可靠的理论数据,获得省计生委表彰。1999 年申报并完成市科委《镇江市育龄妇女放置活性“165”O 型宫内节育器及 Tcu380A 随机对比二年临床研究》项目。

“十五”期间,承担国家“十五”攻关课题及省、市科研项目 16 项。《镇江市人口预测、预报与社会经济可持续发展研究》获市政府科技成果三等奖;先后完成《TORCH 感染对优生优育危害性及其控制的研究》《镇江市育龄妇女生殖道感染综合防治研究》《激素替代治疗更年期症状临床研究》《镇江市育龄妇女避孕节育知情选择干预研究》《镇江市育龄妇女避孕节育随访服务以及不良反应监测》等科研项目。2005 年，与江苏大学联合申报《生育健康的神经心理生理机制及其应用》项目，课题研究期三年。市人口计生委多次被评为镇江市科技先进集体。

第四节　宣传教育

20 世纪 80 年代，镇江市宣传贯彻中共十二大提出的“实行计划生育是我国的一项基本国策”的精神。通过计划生育工作会议、计划生育政策报告会、摄制计划生育专题片等形式广泛宣传晚婚晚育，提倡一对夫妇只生育一个孩子，少生优生、优育优教、男女平等、生男生女一个样等科学文明进步的婚育观念。同时开展普及人口理论，普及节育知识，普及优生优育知识等活动。

90 年代以后，重点宣传具有中国特色的人口和计划生育理论思想，进行基本国情、国策教育，进行人口形势和人口发展战略宣传。举办计划生育管理新机制理论讲座，开展党校人口理论教育工作，通过电视台播放政论片“人口纵横”，报刊开设计划生育专栏，宣传国家奋斗目标与控制人口的要求，宣讲可持续发展中人口的地位和作用、人口与经济发展的矛盾，结合省市县乡村情实施基本国情、国策具体化、经常化宣传教育。

图 4-5　向农村计划生育家庭发放奖励扶助金(2005 年摄)

进入 21 世纪，计生宣教工作坚持改革创新，以开展婚育新风进万家活动和关爱女孩行动为载体，因地制宜开展系列宣传教育活动，构建新时期人口与计划生育理论宣传、群众宣传、新闻宣传和社会宣传的主体化宣传体系。婚育新风进企业、进中等以上学校、进军营、进社区、进村(居)入户活动中全市各地文艺演出达 300 余场(次)，以群众喜闻乐见的形式广泛宣传以人为本的时代气息与人的全面发展，宣传并传播青春期、新婚期、孕产期、育儿期、更年期生殖保健知识，宣传预防性病、艾滋病知识，开展政策、法律法规教育，提倡文明健康生活方式，倡导家庭美德和社会公德，累计受教育群众 40 万人次。2002 年，《中华人民共和国人口与计划生育法》颁布，计划生育宣传加强人口与计划生育普法教育。2003 年，美国霍普金斯大学公共卫生学院、南京人口学院和镇江市计生委共同合作在丹阳市开展“生殖健康/计划生育领导战略能力建设”国际科研项目，2005 年，丹阳市人口计生委在全国县处级计生干部培训班上就项目试点情况作专题介绍，试点经验在全市计生系统进行推广。

第五节　人口规划与统计

一、人口规划编制和执行

镇江市计生部门分时期制定人口五年规划和年度人口计划，层层下达落实到基层。各辖市(县)区人口计划一般采取上下结合办法制定落实，即把上级下达人口计划指标与基层调查摸底符合政策生育应安排的出生人数结合起来制定年度人口计划。根据国家计生委要求，20 世纪 90 年代后期开始，县以下不再下达年度人口计划。

“六五”期间,江苏省政府下达镇江市人口规划指标是:1985 年末总人口 250 万人,人口出生率 15‰,自然增长率为 6‰。至 1985 年底,全市实际总人口 246.2 万人,人口出生数由 1981 年的 3.9 万人下降到 1985 年 2.45 万人,人口出生率由 15‰下降到 9.95‰。全面完成“六五”人口规划。

“七五”期间,省政府规划镇江市总人口控制在 259 万人(含机械增长),出生率 16‰。其间,出现人口生育第三次高峰期,镇江每年结婚人数增加超过四分之一,人口规划实现难度较大,经过多方努力仍然较好完成“七五”人口规划。期末实际总人口 259 万人,五年平均出生率 14.65‰。

“八五”期间,省政府规划镇江市总人口控制在 270 万人(含机械增长),出生率 12.29‰,人口自然增长率 5.21‰。全省开展创建计划生育先进与合格县(市)活动,扬中市达先进二档,丹阳市、丹徒县、句容县达合格县(市)要求,全市完成省下达的计划生育各项指标。期末实际总人口 263.3 万人,五年平均出生率 10.65‰,平均自然增长率 4.1‰。

“九五”期间,省政府规划镇江市总人口控制在 274 万人(含机械增长),出生率 9.58‰,人口自然增长率 2.19‰。扬中市获省计划生育示范县称号,丹阳市、句容县、丹徒县获先进县称号。期末实际总人口 266.84 万人,五年平均出生率 6.41‰,平均自然增长率 1.5‰,全市人口增长进入低生育水平。

“十五”期间,全省人口规划指标体系调整变动比较大,并将其纳入创建示范、先进、合格县(市)区活动中。扬中市、丹阳市、润州区获得示范县(市)区称号,句容市、丹徒区、京口区获得先进县(市)区称号。镇江市全面实现省政府下达的计划生育各项指标,人口自然增长率稳定在 2‰左右,继续稳定在低生育水平,跨入全省计划生育先进地区行列。

二、人口统计管理

20 世纪 80 年代,镇江市人口和计划生育统计的指标主要有:人口出生、死亡、自然增长、出生孩次、计划类型、避孕节育、女性初婚、四项手术等指标。

1989 年开始,镇江各地均将统计数据误差率列入目标责任制考核内容,加强育龄妇女管理信息系统建设,提高统计数据准确率。同年 11 月,市计生委被省计生委指定为全省三个计划生育信息网络观测市之一,全市设 387 个信息观测点,形成较为完善的人口和育龄妇女信息管理体系。

20 世纪 90 年代,统计指标体系增加育龄妇女生育率、期内避孕措施节育率、知识普及率、知情选择率、群众满意率、出生婴儿性别比、人均经费投入等。1990 年,市计生委在句容下蜀镇试点建立计划生育基层统计“四账一卡”,即人口计划、四项手术、未婚青年、总人口四本账和避孕药具登记卡,试点后在全市进行推广。1997 年,全市计划生育统计工作统一配备计算机、统一登记信息卡、统一录入、统一审核,全面建立育龄妇女信息管理系统。2000 年,全市育龄妇女信息系统开始由单机版向网络版转换,市、县(区)、乡三级计划生育局域网成功实现联网。

进入 21 世纪,指标体系增加优质服务率、各级计生服务机构工作量指标、计生事业指标等。城区的计划生育统计由传统单一的由下而上统计改变为以居住地为主、上下结合,多渠道收集、多部门配合的统计方法。2004 年,市政府召开人口信息发布会,首次向社会公开发布镇江市出生人口预测情况。

第五卷

环境保护

卷目

20 世纪 80 年代以后，镇江市国民经济得到较快发展，1985 年，成为拥有以电力、化工、建材、轻工、冶金、机械等门类较齐全的中小型工业城市。但是工业布局不尽合理，一些工厂夹杂在居民住宅和文化教育区内，污染纠纷不断。焦化、造纸、钛白、印染等工厂沿江、河分布，造成长江内江水质有机物耗氧型污染，尤其以挥发酚最为严重。运河市区段水质处于严重缺氧状态，枯水期常有黑臭现象。南山采石、水泥、陶瓷等厂（场）的发展，造成该区大气环境混浊，污染严重，南郊风景区人文景观遭到破坏。1987 年 12 月，国家环保局局长曲格平视察镇江时，对城市降尘和环境管理作专门题词："既镇江又镇尘，把镇江建设成清洁优美的新型城市"。

镇江市先后编制实施《镇江市环境保护规划》（1985 年）《镇江生态市建设规划》（2004 年），这两个"规划"成为环境保护工作和生态市建设行动纲领。优化城市经济建设布局，实现经济、社会效益双赢。启动主城区工业企业"退城进区"战略，位于居民集中区和风景名胜区的镇江船厂、焦化厂、钛白粉厂、镇江水泥厂、上铁水泥厂等 40 余家污染企业，相继实现整体搬迁。同时，加强各类工业园区建设，鼓励引导企业进区建厂，开展清洁生产和循环经济建设。通过工业布局和结构调整以及总量控制、环保目标责任状、环保预审、达标排放、排污收费、环境影响评价等一系列管理措施，强化环境基础设施和环保队伍建设。在经济、社会发展的同时，环境污染加重的趋势得到遏制，部分环境质量指标得到明显改善。1986 年，针对建设项目环境管理特点，赋予环保第一审批权，在全国率先推出《镇江市建设项目环境保护预审制度》，所有建设项目未通过环保预审，有关部门不予立项和工商注册。2000 年，镇江市在全国率先实行工业企业环境行为信息公开化制度，逐年推行，由市直企业扩大到各辖市（区），公示领域拓展到"三产"行业。实行公示动态化，对整改成效好的企业，及时上调其环境行为标志色（分五级，即绿、蓝、黄、红、黑），给取得蓝色以上标志色企业授牌。

进入 21 世纪，镇江市委、市政府为加快环境建设和生态保护的步伐，在经济快速增长的同时，全市环境质量基本保持稳定。经过考核验收、公示和审核，2004 年 12 月，国家环境保护总局正式授予镇江市"国家环境保护模范城市"称号。镇江市是第八批全国生态示范区建设试点地区之一。2004 年 6 月，市政府成立生态市建设工作领导小组，全市开展创建生态市工作，力争 2012 年实现基本建成国家生态市目标。

第一章　环境管理

第一节　管理机构

1983 年 3 月，镇江市实行市管县体制，镇江市环保局为二级局建制。1984 年 10 月，市环保局列入市政府组成部门序列，为一级局建制。1985 年 11 月 1 日成立镇江市环境保护委员会，委员会由市政府领导和 20 多个部门负责人组成，与市环保局合署办公。1983 年镇江市京口、润州区，1984 年丹阳、句容、扬中、丹徒县分别设城乡建设环境保护局，1985 年先后组建环境保护局，列政府组成部门序列。1999 年 4 月，设镇江市环境保护局新区办事处，2004 年，更名为镇江市环保局新区分局。2001 年 7 月，市环保局内设办公室、计划处、污染控制处、自然生态保护处、政策法规处、科技外经处等 6 个处室，至 2005 年底，先后增加组织人事处、放射源安全管理处。

2004 年 3 月，京口、润州两区环保局改为市环保局派出机构，分别更名为镇江市环保局京口分局、镇江市环保局润州分局，由市环保局垂直管理。

2005 年镇江市环境保护局直属事业单位情况一览表

表 5-1

机构名称	成立时间	主要职能
环境监测中心站	1983 年组建镇江市环境监测站，1986 年 6 月更名为镇江市环境监测中心站	对本市大气、水体等各种环境要素实施例行监测；对新建项目、限期治理项目进行竣工验收监测，为社会提供环境技术服务
环境监察支队	1988 年成立镇江市排污收费监理站，1993 年更名为市环境监理站，2002 年 10 月更名为镇江市环境监察支队	市排污收费监理站自 1993 年 8 月更名为市环境监理站后，其主要职能由原单一排污收费扩大到全面实施环境监督管理
环境科学研究所	1988 年 6 月成立镇江市环境监测科学研究所，1989 年 11 月更名为镇江市环境科学研究所	开展环境科学研究、建设项目环境影响评价及相关咨询服务
环境保护宣传教育中心	1990 年 12 月	组织社会各界开展环保宣传活动和协调环境新闻报道工作。协调组织中小学、幼儿园环境教育和全市干部及企业单位负责人的环保培训
环境信息中心	1992 年 11 月	负责全市环境信息的收集、加工、整理、发布、归档等工作；组织实施全市环境信息机构规范化建设
环境工程设计室	1997 年 7 月	环境工程专项设计
固体有害废物管理中心	2002 年 2 月	负责全市固体有害废物的调查、登记、处理、综合利用等监督管理

1983 年，环境保护被列为国家基本国策，镇江市建立、健全环境管理机构，其工作职能由单一“三废”治理向规划布局、新污染控制等深层次多方位开展。20 世纪 90 年代，在实行“三同时”（一切新建、扩建和改建项目的污染防治措施必须与主体工程同时设计、同时施工、同时投产使用）、环境影响评价、排污收费、污染源限期治理、环境保护目标责任制等国家和省一系列环保法律、法规的基础上，不断推出行之有效的行政规章和行政措施。1996 年和 1999 年分别在全国率先实施建设项目环境保护预审制度、企业环境行为信息公开化制度，得到省环保厅和国家环保总局肯定。

第二节　环境规划与计划

市环保局先后于 1983 年 8 月修订《“六五”期间环境保护规划》、1984 年 6 月制订《镇江市环境保护“七五”规划》、1990 年 8 月制订《镇江市“八五”环境保护规划》、1994 年 8 月制订《镇江市环境保护“九五”计划》、2000 年制订《镇江市环境保护“十五”计划和 2015 年远景规划》，对各规划（计划）期均提出环境保护基本目标、具体指标和实施内容，有些对污染物排放总量提出控制指标，有些还提出重点治理项目和污染集中控制项目。

“六五”期间以废水、废气防治为主，并建议搬迁、转产、撤并污染严重的一批企业。“七五”规划制定的基本目标中有：按“三同时”原则严格控制新污染的产生，污染严重的企业得到治理，农村生态环境不再继续恶化，突出水污染问题的解决，使全市环境状况有明显好转。实施内容中首次提出筹建生活污水处理厂。“八五”规划提出的目标有：工业污染物排放的增长率低于工业产值的增长率,污染物处理率逐年提高,1995 年长江镇江段水质达国家地面水二级标准,市区交通噪声基本实行全面控制,建设项目“三同时”执行率 100%。“九五”计划对工业污染防治和环境综合整治提出的目标任务是:工业废水处理率 85%、达标率 70%,城市污水处理率 40%,工业粉尘年排放量较 1955 年 3086 吨有所削减,工业废气处理率在 75% 以上,提出一批重点治理工程项目及一批污染集中控制项目。“十五”计划提出总体目标是:到 2005 年,可持续发展战略得到较好贯彻,基本建立适应社会主义市场经济体制的环境保护政策和管理体系,完善环境与发展综合决策的各项制度,使环境污染和生态破坏状况得到有效控制,各环境要素的环境质量全面达到环境功能区标准,努力创建国家环境保护模范城市,并向生态城市方向发展。

具体环境质量指标要求:

根据环境空气功能区划分,句容宝华山国家森林公园、镇江南山森林公园、句容茅山风景名胜区达到空气质量一级标准,镇江市区、丹阳云阳镇、扬中三茅镇、句容华阳镇、丹徒西麓镇达到环境空气质量二级标准。

地表水中长江及集中式水源水水质达到地表水环境质量二类标准;长江内江、除丹阳市区段以外的京杭运河、丹徒县通济河和团结河、丹阳市九曲河和丹金溧漕河、扬中市主要内河达到三类标准;其他河段达到四类标准。

声环境中全市区域环境噪声控制在 56 分贝以内,交通干线噪声控制在 70 分贝以内,各环境功能区基本达到相应标准。

废水污染物排放指标控制在:废水排放量 17097 万吨、化学耗氧量 54962 吨、石油类 86 吨、悬浮物 11593 吨、挥发酚 13107 吨。

主要废气污染物排放量控制在:烟尘 59084 吨、工业粉尘 18293 吨、二氧化硫 108000 吨。

固体废弃物各项指标控制在:工业固体废弃物产生量 280 万吨、综合利用量 196 万吨、处置量 2 万吨、储存量 82 万吨;生活垃圾产生量 42.94 万吨、综合利用量 1000 吨、处置量 42.84 万吨。基本做到不向环境排放。

2005 年编制完成的《镇江市环境保护“十一五”规划》是《镇江市国民经济和社会发展的第十一个五年规划》的专项规划,主要阐明镇江市“十一五”环境保护的主要目标、任务、重大工程项目及保障机制。目标为:城市环境质量进一步提升,重点地区环境污染得到有效控制,城乡人居环境达到明显改善,一批重要生态功能区得到保护。环保监管能力建设进一步加强,确保生态市建设得到突破性进展,并取得阶段性成果,促进镇江市生态市和全面小康社会建设目标的实现。

镇江市“十一五”环境保护规划指标体系一览表

表 5-2

类别	指标名称	单位	2005 年	2010 年
环境质量指标	1. 城市集中式饮用水源水质达标率	%	100	100
	2. 地表水功能区水质达标率	%	100	100
	3. 城市全年空气环境质量达二级标准的天数	天	312	330
	4. 酸雨频率	%	<15	<15
	5. 城市区域环境噪声	dB	55	<55
	6. 城市道路交通噪声	dB	68	<70
	7. COD 年排放量	万吨	4.49	<4
	8. 氨氮年排放量	万吨	0.32	0.31

续表 5-2

类别	指标名称	单位	2005 年	2010 年
污染防治指标	9. SO_2年排放量	万吨	9. 37	<7. 50
	10. 颗粒物年排放量	万吨	4. 79	4. 55
	11. 危险及医疗废物安全处置率	%	100	100
	12. 放射性废物安全处置率	%	100	100
	13. 城市污水处理率	%	85	90
	14. 城市生活垃圾无害化处置率	%	100	100
	15. 烟尘控制区覆盖率	%	100	100
	16. 城市机动车尾气排放达标率	%	>80	>90
	17. 重点污染源工业废水排放达标率	%	98	95
	18. 重点污染源工业废气排放达标率	%	97	95
	19. 单位 GDP SO_2排放量	千克/万元	10. 76	4. 41
	20. 单位 GDP COD 排放量	千克/万元	4. 96	2. 35
循环经济指标	21. 工业固体废物综合利用率	%	92	95
	22. 单位 GDP 能耗	吨标煤/万元	1. 02	0. 82
	23. 单位 GDP 水耗	立方米/万元	303	<250
	24. 工业用水重复利用率	%	75. 60	>75
	25. 自然保护区面积占国土面积比例	%	8. 06	>8
	26. 省级以上自然保护区达到规范化建设要求的比例	%	–	100
	27. 达到国家生态市建设标准	个	0	1
	28. 达到国家环保模范城市建设标准	个	1	4
	29. 森林覆盖率	%	11. 80	20
	30. 建成区绿化覆盖率	%	38	>40

第三节　管理制度

一、环保目标责任制

1985 年,镇江市推行污染治理单位与环保局签订承包合同。1988 年,市环保局提出在环境管理中实施环境保护目标责任制,经市环境保护委员会扩大会议认证、审议后向市政府提出建议,市政府常务会议讨论研究通过。同年 9 月,镇江市召开第五次环保会议,市长陈璧显公布本届政府(1988～1992 年)市长任期环境保护目标。会上,市长与相关主管部门负责人分别签订任期环保目标责任状。会后,5 个重点污染行业的主管部门对责任目标内容进一步分解、落实,得到市环保局认可后与下属工厂签订责任状并经公证处公证。1989 年,市政府再与所属县(市、区)签订责任状并制订出台各级环保目标考核办法。至此,初步形成市政府—市主管部门—各工厂企业和各县(市)—县(市)主管部门—乡、镇等环保目标责任体系。1989 年,环境保护目标责任制在全省全面推广,6 月 25 日,副省长张绪武与市长陈璧显在镇江举行市长环保目标责任状签订仪式，明确本届政府（1989～1992年）环境保护职能和市长肩负的环境保护责任。此后1993～1997年、1998～2002年、2003～2007年，三届政府市长继续与省长签订环保目标责任状，其内容从单纯限期治理、污染搬迁，发展到污染物排放总量控制、环境综合整治、循环经济和生态市建设等等。

二、排污许可证制度

1989年，镇江试行排污许可证制度。首先在谏壁工业区的镇江化工厂、镇江树脂厂、镇江纸浆厂3家水污染重点企业试点。1990年，试点范围扩大到长江内江一线16家主要水污染企业，当年向16家试点企业颁发排污许可证（临时），使市区主要水域污染点的污染负荷控制量达85%以上。

1992年6月7日，镇江市政府颁布《镇江市水污染物排放许可证管理办法》，规定对水污染防治实施统一监督管理的机构、办理排污申报程序和申报内容、监测考核要求以及奖惩办法。

1995年11月10日，市环保局发布《关于实施污染物申报登记通告》，要求凡在镇江市行政区域内从事生产、经营或者其他公共社会活动时，直接或间接向环境排放废水、废气、粉尘、固体废弃物（不包括建筑垃圾）等污染物或产生噪声、放射性、电磁波等公害的单位和个体经营者，必须在规定时限内到市、区环保局，办理排放污染物申报登记手续，领取排污申报登记注册证。根据排污申报登记的范围和进度要求，市区75家重点污染源单位及大中型企业被列入第一批排污申报登记单位，于年底完成排污申报登记工作，其余排污单位分别被列入第二批、第三批排污申报登记范围，全面申报登记工作要求于1996年9月份完成。至年底，全市约7000家企业（含个体）办理排污申报登记。

1997年5月16日，镇江市污染物排放申报登记工作最先通过省级验收并代表江苏省就此项工作接受国家环保总局的验收。1999年10月，镇江市环保局被国家环保总局评为全国排污申报登记工作先进集体。

2002年7月，市环保局开始核定市区700多家上一年排污申报单位的污染物排放总量，确定30家重点排污单位，其中COD（化学需氧量）和SO_2（二氧化硫）排放总量分别占全市2001年排污申报量的81.45%和83.99%，11月底完成许可证核发工作。

三、污染物排放总量控制

1989年，镇江市环保局在3家水污染重点企业试行排污许可证制度时即实行水污染物总量控制，1990年扩大到16家工厂，水污染物总量控制指标COD从1项增加到5项。1990年，《镇江市“八五”环境保护规划》对水污染防治方面提出：1995年前，市区COD排放总量维持在1986年水平。加强污染源监督管理，对污染物由浓度控制逐步过渡到总量控制。

1991年，实行水污染物总量控制，水污染重点企业从1990年16家增至28家，水污染物总量控制指标再增加8项，并在有水污染的企业试行，使市区水污染物总量控制单位的等标负荷占全市区总等标污染负荷90%以上。

2000年，市政府把污染物总量控制作为环境与经济发展的重要指标，列入市长环境保护目标责任状，作为市长政绩考核的重要内容。责任状要求当年总量控制的（包括COD、烟尘、二氧化硫、氮氧化物、总悬浮颗粒物等主要污染物）14项污染物排放量比上年均有所减少。此后，污染物总量控制均被列为市长环保目标责任状的年度目标任务考核的重要内容。

2000 年、2005 年镇江市主要污染物排放情况统计表

表 5-3

名　称	2000 年排放量	2005 年排放量
烟尘(吨)	33768.06	28877.05
粉尘(吨)	7052.99	8849.36
二氧化硫(吨)	61030.61	79140.02
化学耗氧量(吨)	15233.71	13154.04
石油类(吨)	89.78	51.33
悬浮物(吨)	10858.00	2604.82
挥发酚(千克)	10960.00	21090.00
氰化物(千克)	2120.00	2960.00
砷(千克)	40.00	40.00
六价铬(千克)	640.00	570.00
总磷(吨)	–	95.41

四、建设项目环保预审制

1996 年 8 月 7 日,镇江市委、市政府下发《关于切实加强环境保护工作的意见》,在“实行环保第一审批权”中规定:建立新建项目预审制。所有新建项目(包括工业项目和非工业项目)立项前,必须办理预审手续,征得环保部门同意后,才能履行其他手续。未经环保部门审核或经审核不同意的建设项目,有关部门不予立项、批地、贷款、供电、供水以及登记注册、发放营业执照。同年 9 月,先后下发《批转市计委、经委、环保局〈建设项目环境保护预审制度〉的通知》《关于转发市计委等六部门〈建设项目审批程序〉的通知》。《建设项目环境保护预审制度》的颁布实施,形成以项目预审为龙头,环境影响评价和“三同时”验收为重点的建设项目全过程管理程序,使建设项目管理制度得到进一步完善和加强,对有效控制新污染源起到极大推动作用。2002 年,共预审项目 972 个,有 42 个项目被依法否决。省环保厅在全省推广该项制度,2000 年 4 月 15 日,国家环保总局局长解振华到镇江视察时,给予肯定。

五、环境行为信息公开化制度

工业企业环境行为信息公开化是政府对工业企业的环境行为进行评价和分级,并定期将评级结果向社会公布,使企业的环境行为处于公众和社会舆论的监督之下,迫使企业自觉地加强环境管理,提高污染治理水平,改善环境行为,以提高企业公众形象和市场竞争能力的有力举措。经过两年多调查研究,镇江市环保局与南京大学环科院联合研究开发出工业企业环境行为信息公开化指标评价体系。2000 年 6 月 19 日,市政府下发《转发市环保局〈关于在镇江市工业企业实施环境行为信息公开化制度的意见〉的通知》(以下简称《通知》),同时成立镇江市实施工业企业环境行为信息公开化制度领导小组。市环保局就实施该项制度拟定《企业环境行为分级标准》《镇江市企业环境行为评判分级指标体系》,以镇环〔2000〕104 号文通知各有关单位。同年 7 月 26 日,市政府召开新闻发布会,首次公布市区 91 家工业企业 1999 年度环境行为信息评级结果,以绿、蓝、黄、红、黑色五个等级由新闻媒体向社会公布。省环保厅分别于 7 月和 8 月在镇江召开现场会、研讨会,并于 11 月初开办由 13 个省辖市和 2 个县级市参加的工业企业环境行为信息公开化制度培训班,在全省推广该项制度。年底，世界银行和国家环保总局在镇江召开世界银行中国城市工业污染管理与环境信息公开化项目研讨会，充分肯定镇江推出的该项制度，要求在江苏省试点，逐渐向全国推广。2001 年，部分企业从 2000 年的黑色、红色等级，转为黄色、蓝色等级。该项制度实施范围从市区 91 家企业扩展到全市 258 家，2002 年增至 410 家。2003 年“6 · 5”世界环境日，全市各辖市（区）同步向社会公布 410 家企业 2002 年度环境行为评定结果。同年 12 月，市各级环保部门实施企业环境行为信息公开化动态管理，对 6 家企业变更环境评级等级并登报公布。

2004 年 1 月，镇江市企业环境行为信息公开化领导小组决定将企业环境行为信息公开化制度实施范围扩大到三产服务业，首先在餐饮、宾馆、医院、商场等主要企、事业实施。同时对三产服务业环境行为评级程序、环境行为信息公开周期等相关事项作出规定。

镇江市企业环境行为分级标准一览表

表 5-4

环境行为标志	环境行为分级标准
黑色	企业污染物排放严重超标，对环境造成严重影响，或发生过特大污染事故
红色	企业做了控制污染的努力，但环境行为未达到国家污染控制标准，或发生过重大污染事故
黄色	企业污染物排放达到国家标准，但超过总量控制指标，或有过其他违法行为
蓝色	企业的环境行为优于有关污染控制标准，并且达到环境管理的要求
绿色	企业通过 ISO 14000 认证或应用清洁生产技术，达到先进水平

2004 年“6 · 5”世界环境日，公布市区 44 家宾馆、饭店，10 家医院，5 家商场超市环境行为评级结果，其中蓝色 39 家，黄色 20 家。

2004 年 12 月 28 日，江苏省环境保护委员会对镇江市环保局“在全国率先开展环境行为信息公开化制度，成效突出”，授予环境保护重大贡献奖。金东纸业有限公司、江奎激光声像发展公司、江苏中电设备制造公司、丹阳市中超化工有限公司 4 家企业获江苏省环境行为信息公开化绿色企业称号。

2005 年“6 · 5”世界环境日，公布市区 173 家工业企业、101 家三产服务业环境行为评级结果。工业企业：绿色 11 家、蓝色 123 家、黄色 24 家、红色 14 家、黑色 1 家。三产服务业：绿色 1 家、蓝色 57 家、黄色 38 家、红色 5 家。

六、清洁生产

1996 年 11 月，省环保局按照“利用世行项目在我省化工、造纸、建材等行业开展清洁生产审核试点”要求，确定镇江市的江苏索普集团公司、镇江金河纸业有限公司、丹徒县水泥厂等 3 家为省级清洁生产试点企业。1997 年 12 月 17 日，三家企业通过省级验收。

1998 年，镇江市在华东制罐有限公司、华东铝加工厂、镇江市硫酸厂、镇江市江南化工厂、镇江金益集团、镇江水泥厂 6 家企业开展市级清洁生产审计试点工作。按照《企业清洁生产审计手册》规定的程序要求，至年底，6 家企业全部通过市级验收。1999 年，全市列入省级备案的清洁生产审计试点企业 12 家。2001 年，列为清洁生产审计的企业扩大到 40 家。2002 年，清洁生产审核试点工作继续推进，全市 15 家企业（单位）开展清洁生产审核，试点范围扩展到服务业，新华电宾馆、同庆楼酒店列入其中，同时 10 家企业被列为省级试点单位。

2003 年，《中华人民共和国清洁生产促进法》1 月 1 日正式实施。按照该法规定，全市推进清洁生产工作由市经贸委员会负责协调，市环保局配合，重点负责对“应当实施清洁生产审核”

企业的监督管理。当年，由市经贸委牵头，筛选确定全市第5批25家（次）清洁生产试点名单，并全部通过由市经委组织的验收。2004年，全市开展清洁生产审核企业28家（次），其中镇江精细化工有限公司被省环保厅列入强制性清洁生产审核名单（第一批），后因该企业破产关闭而终止。

2005年，省环保厅下达第二批强制性清洁生产审核名单（苏环控〔2005〕74号），镇江市的江苏太白集团公司、丹阳金象化工厂、江苏万发化纤有限公司、江苏美乐车圈有限公司等4家企业被列入其中，年底均通过市经贸委组织的验收。

国家环境友好企业创建和评选，是在清洁生产审核基础上的发展和提高。至2005年，金东纸业（江苏）有限公司、中电电气集团有限公司（扬中生产基地）相继获国家环境友好企业称号。

七、ISO 14000 认证

1996年10月17日，省政府办公厅转发省环保局、计经委《关于推行清洁生产审计的实施意见的通知》要求：省属以上工业企业在实施清洁生产审计的基础上，逐步实施ISO 9000质量管理体系系列标准和ISO 4000环境管理体系系列标准，并实现污染物排放总量控制目标。市环保局2000年分三次举办共有300多人参加的ISO 14000环境管理体系认证宣传贯彻培训班，为企业实施ISO 14000环境标准体系认证提供舆论引导和理论基础。

2002年，全市15家企业通过ISO 14000认证并获得证书。2004年，镇江新区、丹阳经济开发区、丹阳市新桥镇兴新工业园在镇江市率先通过ISO 14000认证。至2004年底，全市通过ISO 14000认证并获得证书的企业有36家，获得环境标志的企业有4家，其中江苏中电设备制造公司和江苏克诺双凤地板有限公司同时获得环境管理体系认证和环境标志证书。镇江市获省环保厅授予的江苏省环境标志推进奖。江苏中电设备制造公司获江苏省环境标志先进单位称号。

八、乡镇（社区）污染控制报告会制度

乡镇（社区）污染控制报告会制度是镇江市推行适合乡镇（社区）污染控制的环境管理新手段。污染控制报告会是组织乡镇（社区）内企业、公众、政府主管部门定期举行的面对面会议，由政府主管部门通报乡镇（社区）区域环境状况、企业汇报其环境行为现状和改善措施、公众进行评议，三方共同讨论乡镇（社区）内与环境管理相关各项事务，最终达成一致协议并由公众参与监督协议执行。2000年，该项制度在丹阳市3个乡镇进行试点，2001年扩大到7个乡镇（经济开发区）实行污染控制报告会制度，有34家污染企业参会，报告本企业污染状况及改进措施，公众对这些企业进行监督、评议，并对2000年参会的16家企业一年来的承诺进行跟踪监督、评议。2002年4月5日，中央电视台《东方时空》栏目到丹阳市采访，制作专题片。

2004年9月起，镇江市环保局在全市推行乡镇（社区）污染控制报告会制度，提出加强宣传和组织落实工作，制定实施工作方案、污染控制报告会的会议周期、召开现场观摩会和培训会等4条具体意见，并附有《乡镇（社区）污染控制报告会制度实施工作程序》。

第四节　环境信访和环境案件处理

一、环境信访

镇江市环境信访从20世纪80年代局部的点源污染逐步增加到区域性环境污染投诉，从工矿企业的“三废”污染逐步扩展到“三产”行业油烟、噪声以及建筑施工、铝合金加工扰民举报。随着

城市规模不断扩大，一部分原来相对偏僻的企业周围居民日益增多，污染纠纷开始显现，加上少数企业忽视环境保护工作，违法排污扰民致使信访量剧增。来信来访量从“九五”期间8853件增加到“十五”期间19526件，“十五”期间废气污染引起信访量9220件（“九五”期间2887件），占环境信访问题的47%；废水3838件（“九五”期间1415件）；“十五”期间，全市人大共提建议91项，政协提案128项，市各级环保部门对所有建议和提案认真研究，仔细分析，并按要求及时处理，处理结果满意与基本满意率100%。

“九五”和“十五”期间镇江市环境信访统计表

表5-5　　单位：件

时间	废水	废气	噪声	其他	合计
“九五”	1415	2887	4063	468	8853
“十五”	3838	9220	5738	762	19526
增长(%)	171	219	41	63	121

二、环境案件处理

1985年1月3日，“大庆412号”油轮在江苏石油公司谏壁油库第十七号油罐装油时，油库操作人员擅离职守，长达5个多小时无人计量，流油失控，溢油199.095吨，严重污染水体和大气环境，使南水塘鱼类全部死亡，两名肇事者分别被处有期徒刑两年和一年，市环保局对谏壁油库罚款5万元。

1989年2月25日，句容县第三化工厂生产氢氟酸产生的废渣、污水流入丹徒县宝堰镇鲁溪村鲁溪河，致使养鱼承包户1万多尾鱼苗和4000多尾成鱼死亡。市环保局作出由该厂赔偿损失1.1万元的处理意见，由市中级人民法院强制执行。该厂无力支付，市中级人民法院执行庭将第三化工厂3吨氢氟酸产品给某化工厂，产品销售款作为经济赔偿。

2001年3月6日，菱花集团镇江味精厂污水处理设施在恢复生产后擅自闲置，高浓度有机废水直接排放，严重超过国家排放标准。市环保局责令该企业恢复使用水污染处理设施，行政处罚罚款10万元，上报省环保厅批复同意后执行。

2002年5月30日和7月25日，镇江精细化工有限责任公司将部分未经处理的有机废水直接超标排放。市环保局对该企业作出责令恢复正常使用水污染处理设施、罚款3万元行政处罚。

2003年10月14日，镇江钛白粉股份有限公司“化纤造纸钛白粉替代进口技术改造项目”在需要配套建设的环保设施未完善、部分环保设施未能做到“三同时”情况下，其主体工程即投入使用，大量未经处理的高浓度酸性废水直排孩溪河，严重污染。市环保局对该企业作出责令停止使用、罚款5万元的行政处罚。

第二章　环境监测

第一节　监测能力

至2005年，镇江市环境监测站形成完善的组织机构，有效运行的管理体系，环境良好的实验室条件，较高素质的专业队伍，中、高级技术人员38人，占总人数55.9%，成为镇江市环境监测系统技术中心、数据中心和网络中心。2000年5月被江苏省环保厅命名为“标准化监测站”，2002年12

月获中国实验室国家认可委员会颁发的实验室认可证书。

市环境监测站1989年、1991年分别被评为省和国家环保系统优质实验室，1993年通过省级计量认证，1998年、2003年通过省级计量认证复查换证。

2001～2005年，增加环境监测投入，以环境监测能力建设为重点，巩固环境监测标准化建设成果，推进环境监测现代化建设，提高环境监测装备水平。加强硬件建设，5年共投资1028万元。增加或更新环境监测设备160台套，实验室分析仪器化率达到70%以上；建成市区3个空气自动监测站，形成覆盖市区的空气环境质量自动监控网络体系；建成镇江金山水厂取水口集中式饮用水源地自动监测站，同步实施市区空气质量日报、预报和水源地水质周报发布工作。

2005年，市监测站实验室认可监测项目由2000年137项增加到176项，其中水和废水由60项增加到81项，气和废气由36项增加到60项，噪声和振动由9项减少为6项，生物由10项减少为2项，土壤和固废由22项增加到26项，装饰材料由0项增加到1项。

第二节 监测点位分布

一、水环境监测点位

1. 饮用水源水 至2005年，镇江市区集中式饮用水源水采样点1个，即镇江金山水厂取水口（北纬32°13′34″，东经119°23′46″）。

2. 长江镇江段 长江镇江段共有监测断面5个（其中外江3个，内江2个）。

长江镇江段监测断面点位布设表

表5-6

河段名称		断面名称	控制级别	具体位置	功能
长江镇江段	外江	龙门口	国控	北纬32°13′5″，东经119°22′51″，外江镇扬汽渡上游200米	对照
		焦山尾	国控	北纬32°14′0″，东经119°30′55″，外江焦山尾沙洲末端	控制
		青龙山	国控	北纬32°11′26″，东经119°37′26″，外江青龙山白云石矿	削减
	内江	三号码头	省控	北纬32°13′17″，东经119°26′36″，内江镇江港港池中段	控制
		大东造纸厂	市控	北纬32°13′45″，东经119°27′50″，内江大东造纸厂	控制

3. 苏南大运河镇江段 苏南大运河镇江段含镇江段和丹阳段。其中镇江段又分为古运河段和大运河段，古运河段设置3个监测断面，大运河段设置2个监测断面。丹阳段设置5个监测断面。各个监测断面设一个采样点。

苏南大运河镇江段监测断面点位布设表

表 5-7

河流	河段	断面名称	控制级别	具　体　位　置	功能
古运河	镇江段	京口闸	国控	北纬 32°13′8″，东经 119°26′10″，京口闸北侧	对照
		南水桥	国控	北纬 32°11′50″，东经 119°28′00″，南水桥东侧	控制
		丹徒镇	国控	北纬 32°11′10″，东经 119°32′6″，罗村桥西侧	控制
大运河	镇江段	三岔河	省控	北纬 32°9′45″，东经 119°33′20″，越河大桥北侧	控制
		辛丰镇	国控	北纬 32°6′58″，东经 119°33′58″，辛丰镇桥南侧	控制
	丹阳段	王家桥	省控	北纬 32°4′10″，东经 119°33′54″，大泊砖瓦厂下游 50 米	控制
		人民桥	省控	北纬 31°59′59″，东经 119°34′52″，丹阳市人民大桥	控制
		宝塔湾	省控	北纬 31°58′32″，东经 119°35′53″，丹金河口下游 100 米	控制
		陵口	省控	北纬 31°56′42″，东经 119°39′8″，陵口印染厂上游 50 米	控制
		吕城	市控	北纬 31°56′36″，东经 119°44′59″，吕城大桥下游 50 米	削减

4. 地下水　由于市政建设和道路拓宽等原因，原镇焦路、大觉寺、石头岗部队、蚕研所测点 2004 年后废弃。2005 年，市区地下水监测点调整为 7 口，其中承压水井 6 口，潜水井 1 口。

2005 年镇江市区地下水监测点位布设表

表 5-8

监测点名称	具　体　位　置	类别	控制级别
牌湾	北纬 32°12′30″，东经 119°25′15″	潜　水	市控
乳品二厂	北纬 32°10′49″，东经 119°23′44″，乳品二厂水泵房	承压水	市控
蚕种场	北纬 32°11′10″，东经 119°23′27″，大门东侧水泵房	承压水	市控
锚链厂	北纬 32°10′47″，东经 119°27′32″，水泵房	承压水	省控
柴油机厂	北纬 32°9′36″，东经 119°27′52″，水泵房	承压水	市控
乳品一厂	北纬 32°10′15″，东经 119°27′17″，厂内水泵房	承压水	市控
省第二监狱	北纬 32°11′40″，东经 119°28′25″，省第二监狱外对面水泵房	承压水	市控

二、环境空气监测点位

1. 环境空气　2005 年，市区有环境空气监测点 3 个。

2005 年镇江市区环境空气监测点位布设表

表 5-9

监测点名称	具　体　位　置	控制级别
镇江市监测站	北纬 32°12′20″，东经 119°25′43″	省控
职教中心	北纬 32°12′54″，东经 119°29′29″	省控
新区办事处	北纬 32°11′18″，东经 119°40′50″	省控

2. 降尘　2005 年,市区有 7 个省控降尘监测点。

2005 年镇江市区降尘监测点位布设表

表 5-10

监测点名称	具 体 位 置	控制级别
螺旋桨厂	北纬 32°12′4″,东经 119°27′36″,螺旋桨厂内大门西侧	省控
金山公园	北纬 32°12′57″,东经 119°24′9″,金山公园内	省控
烈士陵园	北纬 32°12′57″,东经 119°27′6″,烈士陵园东侧	省控
体育学校	北纬 32°11′50″,东经 119°28′3″,体育学校东侧	省控
气象台	北纬 32°12′19″,东经 119°27′32″,气象台内	省控
镇江市监测站	北纬 32°12′20″,东经 119°25′43″,镇江火车站东侧	省控
中药厂	北纬 32°12′15″,东经 119°24′44″,中药厂内	省控

3. 降水　2005 年,市区有 3 个省控降水监测点。

2005 年镇江市区降水监测点位布设表

表 5-11

监测点名称	具 体 位 置	控制级别
螺旋桨厂	北纬 32°12′4″,东经 119°27′36″	省控
镇江市监测站	北纬 32°12′20″,东经 119°25′43″	省控
气象台	北纬 32°12′19″,东经 119°27′32″	省控

第三章　环境质量

第一节　水环境质量

一、镇江市区饮用水源水质

市区金山水厂、金西水厂为集中式供水厂,2005 年日供水能力 21. 24 万立方米,城区自来水普及率 100%。两水厂共用位于镇扬汽渡下游 1500 米的金山取水口,是市区主要水源地。1989 年,市环境监测站对金山取水口水源水从每月定期监测一次,每月必测 pH 值、生化需氧量、高锰酸盐指数、溶解氧、氟化物、挥发酚、石油类、粪大肠菌群、氨氮 9 项。评价标准执行《地表水环境质量标准》(GB3838—2002 Ⅲ类标准)。

1989～2005 年金山取水口水源水质监测结果统计表

表 5-12　　　　单位:毫克/升

年份	pH 值	生化需氧量	高锰酸盐指数	溶解氧	氟化物	挥发酚	石油类	氨氮	粪大肠菌群(个/升)
1989	7. 83～8. 05	1. 20	2. 40	8. 00	0. 20	0. 001	–	0. 007	–
1990	7. 72～8. 26	1. 60	2. 30	8. 10	0. 21	0. 001	–	0. 005	–

续表 5-12

年份	pH 值	生化需氧量	高锰酸盐指数	溶解氧	氟化物	挥发酚	石油类	氨氮	粪大肠菌群(个/升)
1991	–	1.80	2.30	8.40	0.16	0.002	–	0.130	–
1992	–	1.10	2.80	8.40	0.17	0.001	–	0.340	–
1993	–	1.90	2.00	8.40	0.18	0.001	–	0.130	–
1994	–	2.40	1.90	7.40	0.20	0.001	–	0.140	–
1995	7.51 ~ 8.17	1.40	2.30	7.80	0.19	0.001	–	0.110	–
1996	–	1.20	2.40	7.70	0.26	0.001	–	0.005	–
1997	–	0.90	2.80	7.40	0.23	0.001	–	0.012	–
1998	–	1.10	2.30	7.70	0.28	0.001	–	0.007	–
1999	–	1.60	2.10	8.10	0.28	0.001	–	0.015	–
2000	6.57 ~ 8.09	2.10	2.80	8.10	0.38	0.001	–	0.006	–
2001	7.80 ~ 8.09	1.90	2.50	8.47	0.28	0.001	0.02	0.180	3012
2002	7.16 ~ 8.06	2.00	2.40	7.49	0.10	0.001	0.01	0.190	1793
2003	6.78 ~ 7.98	1.10	2.70	7.24	0.25	0.001	0.01	0.270	6817
2004	7.16 ~ 8.02	1.30	2.20	7.96	0.26	0.001	0.02	0.320	6800
2005	7.07 ~ 8.02	1.40	2.10	8.60	0.23	0.002	0.02	0.170	7342
GB3838—2002 Ⅲ类标准	6 ~ 9	≤4	≤6	≥5	≤1.0	≤0.005	≤0.05	≤1.000	≤10000

金山取水口水源水 1989 ~ 2005 年各评价因子中，均未超标，该取水口水源水水质满足《地表水环境质量标准》(GB3838—2002) Ⅲ类标准。

二、长江镇江段水质

按照镇江市地表水划分，征润洲沙滩将长江城区段分割为外江和内江。外江设 3 个国控断面，内江设省、市控断面各 1 个。市环境监测站从 1986 年开始逢单月进行监测，其项目有水温、pH 值、电导率、溶解氧、高锰酸盐指数、BOD_5(生化需氧量)、氨氮、石油类、挥发酚、汞、铅、六价铬、氰化物、阴离子表面活性剂、硫化物、砷、镉、粪大肠菌群、化学需氧量、总磷、总氮、铜、锌、氟化物、硒共 25 项。水质评价标准：长江外江执行《地表水环境质量标准》(GB3838—2002) Ⅱ类标准，内江执行Ⅲ类标准要求。

1. 外江水质及评价　从 3 个国控断面监测结果看，外江水质良好，历年均达到国家(GB3838—2002)地表水Ⅱ类标准。

1983 ~ 2005 年长江镇江段(外江)水质监测结果统计表

表 5-13　　单位：毫克/升

年　份	pH 值	生化需氧量	高锰酸盐指数	溶解氧	挥发酚	石油类	氨氮	粪大肠菌群(个/升)
1983	–	–	3.10	–	0.007	–	0.210	–
1984	–	–	3.80	–	–	–	0.470	–

续表 5-13

年　份	pH 值	生化需氧量	高锰酸盐指数	溶解氧	挥发酚	石油类	氨氮	粪大肠菌群（个/升）
1985	–	–	3.00	–	0.001	–	0.090	–
1986	–	1.90	3.17	8.33	0.002	–	0.157	–
1987	–	2.70	2.73	8.07	0.002	–	0.127	–
1988	–	1.20	3.17	7.63	0.007	–	0.126	–
1989	–	1.10	3.20	7.27	0.002	–	0.217	–
1990	–	0.80	2.53	7.03	0.001	–	0.140	–
1991	7.09 ~ 8.19	3.20	3.20	7.90	0.001	0.04	0.120	–
1992	7.77 ~ 8.48	2.70	2.70	8.00	0.001	0.07	0.170	–
1993	7.78 ~ 8.54	2.80	2.50	7.60	0.001	0.15	0.140	–
1994	7.73 ~ 7.82	2.40	2.40	7.80	0.001	0.18	0.110	–
1995	7.00 ~ 8.22	2.30	2.10	7.70	0.002	0.09	0.100	–
1996	7.83 ~ 8.43	1.60	2.50	8.20	0.001	0.02	0.004	–
1997	7.90 ~ 8.33	1.00	2.40	8.00	0.001	0.05	0.009	–
1998	7.50 ~ 8.08	1.00	2.40	8.30	0.001	0.04	0.003	–
1999	7.38 ~ 8.23	1.10	2.20	7.90	0.001	0.02	0.005	–
2000	6.60 ~ 8.08	1.20	2.40	8.70	0.001	0.02	0.008	–
2001	7.80 ~ 8.09	1.90	2.40	8.47	0.001	0.02	0.130	3012
2002	7.16 ~ 8.06	2.00	2.70	7.49	0.001	0.01	0.210	1793
2003	6.78 ~ 7.98	1.10	2.60	7.24	0.001	0.01	0.300	6817
2004	7.16 ~ 8.02	1.30	2.30	7.96	0.001	0.02	0.320	6800
2005	7.07 ~ 8.02	1.40	2.20	8.60	0.002	0.02	0.140	7342
GB3838—2002 Ⅱ类标准	6 ~ 9	≤3	≤4	≥6	≤0.002	≤0.05	≤0.500	≤10000

2. 内江水质及评价　内江设 2 个断面，1986 年、1990 年、1993 年、1996 年溶解氧不达标，水体呈缺氧状态，同时主要污染物高锰酸盐指数、氨氮均超标。从 2000 年开始，内江水质明显好转，总体上达到国家地表水Ⅲ类标准。这主要是在“十五”期间，城市污水截流管网、征润洲 10 万吨/日污水处理厂建成投入运行，该区域内大量生活污水和工业废水经城市管网进入污水处理厂，象山颜料厂、第二化工厂、钛白粉厂等重污染企业迁出该区，内江水体较“九五”期间有明显改善。

1983 ~ 2005 年长江镇江段（内江）水质监测结果统计表

表 5-14　　单位：毫克/升

年份	pH 值	生化需氧量	高锰酸盐指数	溶解氧	挥发酚	石油类	氨氮
1983	–	–	7.20	–	0.042	–	1.51
1984	–	–	7.20	–	0.034	–	1.44
1985	–	–	9.50	–	0.047	–	1.29

续表 5-14

年份	pH 值	生化需氧量	高锰酸盐指数	溶解氧	挥发酚	石油类	氨氮
1986	–	13.90	19.05	3.15	0.190	–	2.66
1987	–	1.40	3.05	7.20	0.005	–	0.41
1988	–	2.20	3.95	7.45	0.013	–	0.34
1989	–	2.30	5.10	5.15	0.012	–	0.90
1990	–	3.50	8.10	4.55	0.009	–	1.18
1991	7.05 ~ 7.99	2.60	5.20	6.20	0.006	0.15	0.64
1992	6.84 ~ 8.19	2.80	4.80	5.60	0.005	0.20	0.86
1993	7.19 ~ 7.74	4.40	6.60	4.60	0.006	0.36	1.17
1994	7.05 ~ 7.82	3.80	4.40	5.50	0.006	0.34	0.64
1995	6.67 ~ 7.96	3.80	4.60	5.40	0.013	0.14	0.97
1996	6.54 ~ 7.84	3.50	6.10	4.40	0.006	0.11	0.005
1997	6.34 ~ 7.74	3.20	4.20	5.20	0.002	0.14	0.032
1998	6.67 ~ 8.05	2	3.00	6.60	0.001	0.04	0.012
1999	6.28 ~ 8.03	5.30	3.50	5.10	0.001	0.07	0.017
2000	6.61 ~ 8.11	3.10	3.60	7.10	0.001	0.10	0.018
2001	7.30 ~ 8.10	1.10	2.30	–	0.001	0.01	0.19
2002	6.50 ~ 8.00	1.90	3.60	–	0.001	0.02	0.32
2003	6.50 ~ 7.96	1.40	2.80	–	0.002	0.02	0.38
2004	3.68 ~ 8.06	3.60	2.40	–	0.003	0.02	0.47
2005	7.15 ~ 8.08	1.30	2.40	7.15	0.002	0.05	0.21
GB3838—2002 Ⅲ类标准	6 ~ 9	≤4	≤6	≥5	≤0.005	≤0.05	≤1.00

三、苏南大运河镇江段水质

运河镇江段分古运河段和大运河段共设置 10 个断面。镇江市环境监测站、丹阳监测站逢单月进行监测，监测项目为水温、pH 值、电导率、溶解氧、高锰酸盐指数、生化需氧量、氨氮、石油类、挥发性酚、汞、铅、六价铬、氰化物、阴离子表面活性剂、硫化物、砷、镉、粪大肠菌群、化学需氧量、总磷、总氮、铜、锌、氟化物、硒共 25 项。

水质评价标准：古运河执行《地表水环境质量标准》（GB3838—2002）Ⅳ类标准，大运河执行Ⅲ类标准。

评价项目选用溶解氧、高锰酸盐指数、生化需氧量、氨氮、挥发酚、石油类 6 项指标。

1. 古运河水质及评价　2000 年以前，镇江市区古运河段三个监测断面的水污染物，溶解氧、生化需氧量、高锰酸盐指数、氨氮、挥发性酚、石油类等平均浓度值均达不到国家Ⅳ类水质标准，说明该段水体处于严重的缺氧有机污染状态。2000 年以后，除 2000 年高锰酸盐指数、2001 年氨氮和挥发性酚超标外，其余年份水体基本达到国家Ⅳ类水质标准。市区污水截流管网和10万吨/日污水处理厂建成投入运行，该区域内大量工业和生活污水通过管网排入污水处理厂处理，古运河清淤整治工程实施，使污染物排放量大幅度削减，古运河水质改善，基本上达到国家Ⅳ类地表水标准。

1983～2005年镇江古运河水质监测结果统计表

表5-15　　单位：毫克/升

年份	生化需氧量	高锰酸盐指数	溶解氧	挥发酚	石油类	氨氮
1983	–	17.40	2.60	0.034	–	5.61
1984	–	23.40	3.10	0.041	–	4.66
1985	–	24.50	1.80	0.105	–	8.82
1986	44.90	20.30	–	0.125	–	6.86
1987	30.80	14.50	–	0.147	–	6.81
1988	26.20	12.00	–	0.050	–	6.25
1989	24.90	11.50	–	0.092	–	6.42
1990	17.30	9.20	–	0.034	–	4.20
1991	20.00	11.80	–	0.047	–	4.33
1992	27.40	16.40	–	0.057	–	7.61
1993	21.20	13.40	–	0.020	–	5.49
1994	8.30	9.00	–	0.011	–	6.38
1995	20.00	12.00	–	0.023	–	6.95
1996	22.00	13.00	–	0.027	–	0.05
1997	27.20	15.80	–	0.022	–	0.134
1998	13.20	9.60	–	0.005	–	0.052
1999	23.50	14.00	–	0.007	–	2.02
2000	18.70	11.00	–	0.008	–	0.116
2001	11.40	8.60	4.00	0.019	0.09	5.56
2002	3.70	5.90	5.36	0.003	0.04	0.97
2003	2.50	5.20	4.30	0.004	0.06	1.26
2004	4.60	6.10	4.62	0.003	0.07	1.04
2005	2.50	7.00	5.34	0.005	0.10	1.13
GB3838—2002 Ⅳ类标准	≤6	≤10	≥3	≤0.010	≤0.50	≤1.50

2. 大运河水质及评价　2000年以前大运河出现超标的污染物项目，主要为氨氮、挥发性酚，表明有机污染严重，水体达不到国家Ⅲ类地表水标准。2001～2003年，氨氮、挥发性酚污染物仍有超标现象，但到2004年以后大运河水体基本上达到国家Ⅲ类地表水水质标准。"十五"期间，金河纸业等沿岸工业企业加大污水综合整治力度，以及丹阳石城污水处理厂投入运行，工业废水的处理率和达标率大幅度提高，改善了大运河水质。

1986～2005 年大运河镇江段水质监测结果统计表

表 5-16　　单位:毫克/升

年份	生化需氧量	高锰酸盐指数	溶解氧	挥发酚	石油类	氨氮
1986	–	3.4	–	0.010	–	1.50
1987	–	3.7	–	0.009	–	1.20
1988	1.80	3.00	–	0.018	–	1.49
1989	1.80	2.90	–	0.006	–	1.20
1990	2.30	3.00	–	0.005	–	1.25
1991	2.92	3.42	–	0.004	–	0.71
1992	1.84	3.30	–	0.003	–	1.57
1993	2.24	3.36	–	0.003	–	1.13
1994	2.48	3.54	–	0.007	–	1.34
1995	3.64	4.68	–	0.015	–	2.56
1996	2.68	4.68	–	0.006	–	0.014
1997	1.56	4.62	–	0.002	–	0.019
1998	1.60	3.06	–	0.001	–	0.007
1999	1.96	3.54	–	0.001	–	0.007
2000	1.68	3.48	–	0.002	–	0.009
2001	2.20	4.90	6.74	0.005	0.08	2.00
2002	2.30	5.00	6.17	0.005	0.07	1.49
2003	2.50	4.40	5.80	0.009	0.06	1.41
2004	2.90	4.80	6.16	0.004	0.04	0.93
2005	2.00	4.30	6.26	0.004	0.03	0.79
GB3838—2002Ⅲ 类标准	≤4	≤6	≥5	≤0.005	≤0.05	≤1.00

四、地下水

1. 地下水水质监测　地下水每年 2 月枯水期和 8 月丰水期各监测 1 次,监测项目 18 项,分别为:总硬度、氨氮、硝酸盐氮、亚硝酸盐氮、挥发酚、总氰化物、砷、汞、六价铬、镉、氟化物、细菌总数、总大肠菌群、pH、高锰酸盐指数、锰、铁、铅。地下水评价标准选用以人体健康基准值为依据,主要适用于集中式生活饮用水水源及工、农业用水的《地下水质量标准》(GB/T14848—93)Ⅲ类标准。

2. 地下水水质分析评价　潜水中总大肠菌群总数每年均超标,1995 年、1996 年、2001 年硝酸盐氮略超标外,其余项目 2001～2005 年均未超标。承压水中总大肠菌群在 1996 年、1997 年、2002 年、2003 年达标外,其他年份均超标。氨氮除 2000 年略超标外,其他年份均达标,其他项目均未超标。

1986～2005年镇江市区地下水(潜水)监测结果统计表

表5-17 单位:毫克/升

年份	pH值	硝酸盐氮	亚硝酸盐氮	高锰酸盐指数	氟化物	挥发酚	铅	氨氮	总大肠菌群(个/升)
1986	–	15.20	0.018	2.30	0.19	0.002	–	0.20	–
1987	–	18.60	0.020	2.40	0.23	0.002	–	0.25	–
1988	–	12.00	0.044	2.80	0.15	0.001	–	0.44	–
1989	–	12.50	0.071	3.40	0.18	0.001	–	0.48	–
1990	–	11.30	0.032	2.60	0.18	0.001	–	0.49	–
1991	–	7.83	0.013	–	–	–	–	0.46	–
1992	–	16.00	0.022	–	–	–	–	0.52	–
1993	–	13.50	0.018	–	–	–	–	0.85	–
1994	–	18.40	0.018	–	–	–	–	0.97	–
1995	–	21.40	0.010	–	–	–	–	0.40	–
1996	–	22.40	0.005	–	0.15	0.012	–	0.62	5020
1997	–	20.60	0.007	–	0.16	0.007	–	0.06	10973
1998	–	17.50	0.010	–	0.06	0.010	–	0.07	13560
1999	–	16.60	0.009	–	0.13	0.009	–	0.02	5486
2000	–	18.60	0.006	–	0.43	0.006	–	0.25	1576
2001	7.42	21.10	0.004	1.30	0.01	0.001	0.002	0.035	2350
2002	6.85	5.13	0.006	0.78	0.02	0.001	0.002	0.050	4200
2003	8.05	6.15	0.006	0.97	0.127	0.001	0.001	0.097	8400
2004	6.69	5.53	0.078	1.05	0.325	0.001	0.001	0.095	702
2005	6.67	0.94	0.046	1.35	0.215	0.001	0.001	0.015	669
GB/T14848—93	6.50～8.50	≤20	≤0.020	≤3.00	≤1.00	≤0.002	≤0.050	≤0.20	≤3.00

1986～2005年镇江市区地下水(承压水)监测结果统计表

表5-18 单位:毫克/升

年份	pH值	硝酸盐氮	亚硝酸盐氮	高锰酸盐指数	氟化物	挥发酚	铅	氨氮	总大肠菌群(个/升)
1986	–	0.90	0.002	–	0.22	0.001	–	0.04	–
1987	–	0.95	0.003	–	0.30	0.001	–	0.07	–
1988	–	0.72	0.002	–	0.21	0.001	–	0.03	–
1989	–	0.94	0.003	–	0.22	0.001	–	0.07	–
1990	–	0.80	0.002	–	0.20	0.002	–	0.06	–
1996	–	0.82	0.002	–	0.18	0.001	–	0.08	3.00

续表 5-18

年份	pH 值	硝酸盐氮	亚硝酸盐氮	高锰酸盐指数	氟化物	挥发酚	铅	氨氮	总大肠菌群(个/升)
1997	–	0. 77	0. 002	–	0. 22	0. 001	–	0. 02	3. 00
1998	–	0. 91	0. 002	–	0. 04	0. 001	–	0. 02	12. 60
1999	–	0. 71	0. 002	–	0. 16	0. 001	–	0. 02	21. 00
2000	–	0. 91	0. 002	–	0. 46	0. 001	–	0. 22	14. 50
2001	7. 46	1. 53	0. 003	0. 72	0. 010	0. 001	0. 002	0. 026	153. 00
2002	7. 21	1. 46	0. 002	0. 59	0. 021	0. 001	0. 002	0. 031	2. 40
2003	7. 73	1. 42	0. 004	0. 60	0. 204	0. 001	0. 001	0. 071	3. 00
2004	7. 45	1. 20	0. 002	0. 61	0. 257	0. 001	0. 001	0. 043	3. 30
2005	7. 05	0. 55	0. 002	0. 74	0. 277	0. 001	0. 002	0. 011	529. 00
GB/T14848—93	6. 50—8. 50	≤20	≤0. 02	≤3. 00	≤1. 00	≤0. 002	≤0. 050	≤0. 20	≤3. 00

说明：1991 ~ 1995 年缺资料数据

第二节　环境空气质量

1983 ~ 2005 年，环境空气自动化监测水平提高，经调整，设置环境空气监测点 3 个，降尘测点 7 个，降水测点 3 个。根据镇江市空气环境功能区划分，执行国家《环境空气质量标准》（GB3095—1996）二级标准。

1983 ~ 2005 年镇江市区环境空气主要污染物指标状况分析：

二氧化硫　二氧化硫浓度监测结果表明，镇江市区在 1992 年以前均超过 0. 06 毫克/立方米的国标二级标准，1993 ~ 2005 年二氧化硫浓度均达标。

1983 ~ 2005 镇江市区二氧化硫浓度监测结果统计表

表 5-19　　单位:毫克/立方米

年　份	二氧化硫		国家标准	环境空气质量评述
	均　值	污染指数		
1983	0. 063	1. 05	0. 06	超标
1984	0. 060	1. 00	0. 06	达标
1985	0. 090	1. 50	0. 06	超标
1986	0. 092	1. 53	0. 06	超标
1987	0. 113	1. 88	0. 06	超标
1988	0. 088	1. 47	0. 06	超标
1989	0. 066	1. 10	0. 06	超标
1990	0. 086	1. 43	0. 06	超标
1991	0. 081	1. 35	0. 06	超标
1992	0. 086	1. 43	0. 06	超标
1993	0. 027	0. 45	0. 06	达标

续表 5-19

年　份	二氧化硫		国家标准	环境空气质量评述
	均　值	污染指数		
1994	0.031	0.52	0.06	达标
1995	0.055	0.92	0.06	达标
1996	0.053	0.88	0.06	达标
1997	0.059	0.98	0.06	达标
1998	0.033	0.55	0.06	达标
1999	0.030	0.50	0.06	达标
2000	0.024	0.40	0.06	达标
2001	0.024	0.40	0.06	达标
2002	0.045	0.75	0.06	达标
2003	0.036	0.60	0.06	达标
2004	0.048	0.80	0.06	达标
2005	0.033	0.55	0.06	达标

二氧化氮　2001～2005 年，镇江市区二氧化氮浓度范围为 0.020～0.039，表明这 5 年二氧化氮浓度变化不大，均达标。

1983～2005 年镇江市区二氧化氮浓度监测结果统计表

表 5-20　　　　单位：毫克/立方米

年份	氮氧化物		国家标准	二氧化氮		国家标准	环境空气质量评述
	年均值	污染指数		年均值	污染指数		
1983	0.034	0.68	0.05	–	–	–	达标
1984	0.031	0.62	0.05	–	–	–	达标
1985	0.045	0.90	0.05	–	–	–	达标
1986	0.043	0.86	0.05	–	–	–	达标
1987	0.050	1.00	0.05	–	–	–	达标
1988	0.056	1.12	0.05	–	–	–	超标
1989	0.052	1.04	0.05	–	–	–	超标
1990	0.054	1.08	0.05	–	–	–	超标
1991	0.061	1.22	0.05	–	–	–	超标
1992	0.060	1.20	0.05	–	–	–	超标
1993	0.043	0.86	0.05	–	–	–	达标
1994	0.046	0.92	0.05	–	–	–	达标
1995	0.057	1.14	0.05	–	–	–	超标
1996	0.056	1.12	0.05	–	–	–	超标
1997	0.049	0.98	0.05	–	–	–	达标
1998	0.039	0.78	0.05	–	–	–	达标
1999	0.052	1.04	0.05	–	–	–	超标
2000	0.049	0.98	0.05	–	–	–	达标

续表 5-20

年份	氮氧化物		国家标准	二氧化氮		国家标准	环境空气质量评述
	年均值	污染指数		年均值	污染指数		
2001	–	–	–	0. 038	0. 480	0. 08	达标
2002	–	–	–	0. 035	0. 440	0. 08	达标
2003	–	–	–	0. 030	0. 380	0. 08	达标
2004	–	–	–	0. 039	0. 490	0. 08	达标
2005	–	–	–	0. 020	0. 250	0. 08	达标

可吸入颗粒物　2001～2005 年，镇江市区可吸入颗粒物浓度范围，2001～2004 年为0. 108～0. 151 毫克/立方米，均超标，2005 年浓度为 0. 090 毫克/立方米，达到国家二级标准。按要求 2000 年以前空气中只监测总悬浮颗粒物，1983～2000 年均超标，说明镇江市区尘污染较重。

1983～2005 年镇江市区可吸入颗粒物浓度监测结果统计表

表 5-21　　单位：毫克/立方米

年　份	总悬浮颗粒物		国家标准	可吸入颗粒物		国家标准	环境空气质量评述
	年均值	污染指数		年均值	污染指数		
1983	0. 352	1. 76	0. 20	–	–	–	超标
1984	0. 659	3. 30	0. 20	–	–	–	超标
1985	0. 788	3. 94	0. 20	–	–	–	超标
1986	0. 527	2. 64	0. 20	–	–	–	超标
1987	0. 618	3. 09	0. 20	–	–	–	超标
1988	0. 639	3. 20	0. 20	–	–	–	超标
1989	0. 438	2. 19	0. 20	–	–	–	超标
1990	0. 452	2. 26	0. 20	–	–	–	超标
1991	0. 533	2. 67	0. 20	–	–	–	超标
1992	0. 489	2. 45	0. 20	–	–	–	超标
1993	0. 299	1. 50	0. 20	–	–	–	超标
1994	0. 337	1. 69	0. 20	–	–	–	超标
1995	0. 347	1. 74	0. 20	–	–	–	超标
1996	0. 281	1. 41	0. 20	–	–	–	超标
1997	0. 229	1. 15	0. 20	–	–	–	超标
1998	0. 208	1. 04	0. 20	–	–	–	超标
1999	0. 214	1. 07	0. 20	–	–	–	超标
2000	0. 239	1. 02	0. 20	–	–	–	超标
2001	–	–	–	0. 151	1. 510	0. 10	超标
2002	–	–	–	0. 132	1. 320	0. 10	超标
2003	–	–	–	0. 108	1. 080	0. 10	超标
2004	–	–	–	0. 123	1. 230	0. 10	超标
2005	–	–	–	0. 090	0. 900	0. 10	达标

降尘　镇江市区自然降尘量从1986年开始监测,2001~2005年,市区降尘背景值为10.3吨/平方千米·月(背景值是镇江市螺旋桨厂清洁对照点采集的降尘数据)。

2001~2005年镇江市区降尘量监测结果统计表

表5-22　　单位:吨/平方千米·月

年份	降尘		地方标准	环境空气质量评述
	年均值	污染指数		
2001	12.20	0.92	13.30	达标
2002	12.50	0.94	13.30	达标
2003	13.20	0.99	13.30	达标
2004	12.80	0.96	13.30	达标
2005	11.90	0.89	13.30	达标

说明:按1991年国家环境保护局《环境质量报告编写技术规定》第二节标准:降尘量在当地清洁点实测的基础上,淮河以南城市增加3吨/平方千米·月为评价标准

从降尘监测结果看出,市区自然降尘量浓度均达标。

降水　1986~2005年,镇江市区降水监测统计pH值范围为3.00~8.38,酸雨频率0.0~35.5%。2001~2002年,酸雨频率上升,2003年以后呈下降趋势。镇江市降水致酸作用的阴离子中硫酸根浓度最高,反映降水受硫酸性物质污染较重。降水对酸性物质中和作用阳离子中钙离子高,表明降水受尘污染较重。2001~2005年,市区降水化学组分中硫酸根离子浓度平均值在8.09~19.02毫克/升之间,钙离子浓度平均值在2.38~4.20毫克/升之间,表明降水受含硫大气污染物影响较大。

1986~2005年镇江市区降水监测结果统计表

表5-23

年份	酸雨出现频率(%)	降水pH值范围	降水pH值均值
1986	13.40	4.01~	-
1987	23.00	4.29~	-
1988	27.30	3.84~	-
1989	35.50	3.88~	-
1990	16.90	4.62~	-
1991	33.30	3.58~8.28	-
1992	21.10	3.69~8.22	-
1993	12.90	4.19~7.67	-
1994	5.70	4.12~8.32	-
1995	7.50	4.18~8.10	-
1996	6.20	3.83~7.84	-
1997	4.00	4.36~8.01	-
1998	4.90	4.66~7.65	-
1999	22.10	4.20~8.27	-

续表 5-23

年　份	酸雨出现频率(%)	降水 pH 值范围	降水 pH 值均值
2000	31.30	4.15～7.84	–
2001	15.70	4.61～7.90	5.55
2002	23.00	4.30～7.73	5.09
2003	9.20	3.00～7.83	5.43
2004	0	5.80～7.82	6.41
2005	0	5.62～8.38	6.60

2001～2005 年镇江市区降水中其他化学组分年度均值一览表

表 5-24　　单位:毫克/升　电导率:毫西/米(mS/m)

年份	电导率	硫酸根	硝酸根	氟离子	氯离子	铵离子	钙离子	镁离子	钠离子	钾离子
2001	5.60	19.02	4.01	0.28	2.74	1.86	3.65	0.86	1.46	1.09
2002	10.60	12.30	3.15	0.13	1.35	2.59	2.60	0.22	0.65	0.61
2003	4.99	9.64	3.22	0.18	1.15	2.08	2.38	0.20	1.48	1.29
2004	5.47	8.09	3.46	0.23	1.56	1.76	3.81	0.18	0.90	0.94
2005	7.42	13.33	3.61	0.32	1.58	2.57	4.20	0.32	0.64	0.44

第三节　声环境质量

一、区域环境噪声

至 2005 年,市区区域环境噪声布设测点 241 个,网格间距 500 米×500 米,覆盖面积 60.2 平方公里。区域环境噪声评价执行《城市区域环境噪声标准》(GB3096—93)。2005 年市区声环境质量有所改善,环境噪声等效声级均值昼间 54.6dB(A),较 2004 年下降 1.7 dB(A)。在各类区域声环境中,1 类区超标率 12.8%,2 类区超标率 2.3%,其他区均达标。

2005 年镇江市区各类别环境噪声昼间监测结果一览表

表 5-25

区域类别	监测点位(个)	超标点位(个)	超标率(%)	均值 dB(A)	国标 dB(A)
1	39	5	12.80	51.40	55
2	86	2	2.30	54.30	60
3	93	0	–	55.50	65
4	23	0	–	57.60	70

说明:dB(A)分贝是指在噪声仪测量噪声的时候以等效声级 A 计级,所测量实际噪声值

二、交通干道噪声

交通噪声评价采用国家《城市区域环境噪声标准》(GB3096—93)中 4 类标准。

2005 年,镇江市区主干道共布设监测点 106 个,5 月份进行一次昼间监测,市区机动车平均流量 598 辆/小时,中山西路最大车流量达到 1751 辆/小时。

1997～2005年，镇江市区主要干道噪声平均等效声级均未超过国家4类标准70 dB(A)。

1986～2005年镇江市区主要干道噪声一览表

表5-26　　　　单位：dB(A)

年份	机动车流量(辆/小时)	等效声级(Leq)
1986	264	82.00
1987	396	80.00
1988	508	77.80
1989	441	79.60
1990	503	77.60
1991	514	76.90
1992	671	71.60
1993	429	73.60
1994	780	72.60
1995	1060	73.00
1996	877	71.60
1997	717	69.70
1998	578	67.00
1999	1254	69.80
2000	893	69.00
2001	540	67.80
2002	560	67.50
2003	680	66.60
2004	687	68.20
2005	598	67.60
(GB3096—93)4类标准		70.00

说明：leq，平均声级，监测时段之内所有测量的噪声具体数值的Log平均数

第四节　固体废物

一、一般工业固体废物产生量及构成

一般工业固体废物主要来源于火力发电、矿山开采、化工生产、金属冶炼等行业，其中火力发电产生的粉煤灰占产生量一半以上。

2001～2005年镇江市区一般工业固体废物分类情况一览表

表5-27　　　　单位：万吨

年份	年产生量	冶炼矿渣	粉煤灰	炉渣	煤矸石	尾矿	其他
2001	225.83	6.71	127.39	23.53	-	42.92	25.28
2002	301.84	5.97	169.72	46.13	-	42.99	37.03
2003	335.97	10.43	196.06	47.33	6.84	50.87	24.44
2004	361.19	12.23	196.67	58.08	8.01	55.53	30.67
2005	374.47	13.47	199.96	49.10	-	62.42	49.52

二、危险固体废物产生量

2004 年,镇江市区危险固体废物产生量为 11602.3 吨,其中医疗危险固废 404.3 吨,占危险固废总量的 3.3%,其余为工业危险固废。在工业危险固废中,含油废物、有机溶剂废物和废酸产生量较大,占总量 80% 以上。

第四章　环境污染防治

第一节　水环境综合整治

"十五"期间,镇江市实施一系列污水治理相关的配套工作,如污水截流工程、城市污水处理厂建设、工业污染源治理、863 水环境综合治理等大规模水污染综合整治工作,使水环境改善得到明显的成效。2001 年 6 月,全国人大环资委率中华环保世纪行"保护长江生命河"记者团抵达镇江,对镇江水环境治理工作予以肯定并报道。

一、污水截流处理工程

1990 年,镇江市着手规划实施水污染综合治理污水截流工程,按照地形、水系分布,结合排水分区,形成区域性污水处理系统,并建设相应的污水处理厂。主城区污水控制系统和大港污水控制系统均成功实施。镇江市主城区与大港新区污水截流处理系统服务范围面积达到 42.07 平方公里,占建成区面积 58.1%;服务人口 46.05 万人,占市区人口 76.23%。

1. 主城区污水截流工程　"七五"期间,镇江市环保局和南京大学环科系共同承担"七五"国家科技攻关环保项目《镇江市水污染治理方案及工程预可行性研究》。1990 年 11 月,提交课题研究报告。1991 年 5 月,市委、市人大、市政府、市政协两次召开大会通过论证,决定采纳该水污染治理方案,后改称镇江市污水截流工程 。至 2002 年 2 月,镇江市主城区污水截流工程共铺设污水截流管道 38.82 公里。新建 7 座污水提升泵站和占地 10 公顷的污水处理中试场 1 座,污水截流能力 30 万立方米/日。至此,沿古运河、运粮河、长江内江建成的截流系统正式运转,每天截流的污水由各级泵站提升,经江滨总泵站输送到征润洲污水处理厂,处理达标后排入长江水体。

2. 征润洲污水处理厂　随着长江保护力度加大与新标准出台,1994 ~ 2001 年,镇江市建设的污水氧化塘处理工艺及时进行调整,2002 年,投资 1.22 亿元在征润洲建成 1 座日处理 10 万吨(采用 CAST 工艺)污水处理厂,将截流后的污水进行二级生化处理,保障城市污水达标排放。随着建城区的扩大,在新建、改造道路过程中不断扩大城市生活污水截流范围,并在东部丁卯片区筹建污水处理厂。

二、古运河水变清工程

古运河平政桥至塔山桥段长 5.17 公里,沿两侧 36 个排污口铺设污水截流管道,切断水污染物流入古运河渠道。从 2000 年开始,市水利部门实施古运河水变清工程,进行"引水、换水" 。改造丹徒闸,建设丹徒南闸;疏浚古运河河道全线;利用长江涨落潮水位,开放古运河通江水闸进行换水,使排入古运河水体污染物总量得到严格控制,古运河水质达到一般景观要求的Ⅳ类标准。

三、水污染点源控制工程

"十五"期间,镇江市专门下发《关于强化镇江市工业污染源达标排放长效管理的若干意见》,

全力保障水污染点源达标排放。

1. 水污染点源控制 市环保局对各排污单位污染物排放进行现场监理,市环境监测站对污染物排放进行监测。对重点排污单位每月监理、监测一次,充分运用现代化手段,对重点单位进行不间断远程动态化监控,保证水污染物排放处于受控状态。自2000年6月开始,严厉打击各环境违法行为活动,检查企业212家,立案查处100家,其中关闭、取缔8家,停产治理7家,处罚85家,下达整改通知书117家。

截至2005年,市环保局为监督、考核各排污单位污染物排放情况,对镇江市区152家重点单位进行排污口规范化整治,共计整治废水排污口135个,安装污水流量计51台,环保黑匣子29台,立标志牌464块。同时,把25台污水流量计、25台环保黑匣子、8台COD在线监测仪等监控设备接入市环保局计算机信息系统,使污染源监控手段向自动化迈进一步。镇江市“污染源远程监测网络系统”联入《国家环境监理信息系统》,并被定为全国首批七个试点城市之一。

2. 新建项目管理 根据新建项目污染防治工作实际,镇江市在全国率先推行建设项目环境保护预审制,规定所有建设项目在立项前都必须到环保部门进行预审,履行环境保护的审批手续。在项目管理上对污染重,经济、社会效益差的项目坚决否决,对规模大、技术含量高、污染能得到有效控制的企业给予积极支持(扶持),并促进地方经济逐步走上规模化、高技术、集约化发展道路。造纸业是镇江市传统支柱经济产业,也是重点污染行业,COD排放量一度占全市60%以上。通过引进金东纸业年产135万吨造纸项目,关停小规模造纸厂,对其余造纸厂进行技术改造,造纸业规模增长近20倍,污染物排放总量反而下降,COD排放量只有原来的1/4。2002年共审批项目365个,其中5个被否决。建设项目环境保护“三同时”执行率保持100%。

第二节 大气环境综合整治

一、烟尘控制区建设

1983年,镇江市开始创建烟尘控制区,经历点源治理、区域控制和综合整治三个阶段。通过工业污染源达标排放、建设项目环保“三同时”管理,污染物排放总量控制、城市清洁能源区建设等工作,基本解决原有烟尘排放超标污染源。2004年度,市区烟控区炉、窑、灶烟气黑度复测达标率分别为99.6%、100%和100%;锅炉、窑炉烟尘排放复测达标率分别为98.14%和98.41%,达到烟控区要求。至2004年末,镇江建成城市烟尘控制区累计面积88.48平方公里,为城市环境空气质量改善提供良好条件。

2005年,市政府先后下发《镇江市烟尘控制区管理办法》《镇江市清洁能源区商业和饮食、娱乐、服务业燃烧设施废气污染防治办法》《镇江市锅炉评等升级考核办法及型煤推广有关规定》等地方烟尘控制的规范性文件,使该项工作规范、有序和有可操作性。积极发展集中供热。建设城市燃气供应基础设施,结合市区天然气工程实施,加快燃料结构转变,至2005年末,镇江主城区天然气利用全部覆盖。城市烟尘控制区建设的进展,大大地改善人民群众生活环境质量。

二、谏壁发电厂重点污染源治理

镇江谏壁发电厂是中国自行设计、自行安装、自行完善高温高压凝汽式火力发电厂,总装机容量162.5万千瓦,是镇江市废气排放大户。根据现状与环保要求,该厂及时制定大气污染治理控制计划和目标,通过大气污染治理控制工程实施,有效地限制和削减大气污染物排放。

经过多方论证,谏壁发电厂对9号炉电除尘器进行彻底改造,后经省电力环境监测站测试除尘器效率达99.76%、烟尘排放浓度为55.4毫克/标准立方米。改造后年减少烟尘排放2800吨;2001年10

月和2002年4月对4号、6号炉进行改造，经测试除尘器效率提高到95%以上，烟尘排放浓度进一步降低，改造后每年减少烟尘排放量2000吨以上。同时加大控制进厂煤质力度，最大限度降低二氧化硫排放。谏壁发电厂稳步开展30万吨机组脱硫的前期工作，完成“十五”期间减排二氧化硫总量的要求。2002年底，30万吨机组脱硫项目（湿法-石灰石技术）顺利通过国家电力公司电力规划院主持的审查，基本上确定施工方案。2005年，该项目顺利通过省环保厅的验收。

三、机动车尾气治理

自2001年起，市区从把好尾气检测关、查禁排气超标车辆以及控制、淘汰、更新市区老旧低档机动车等多方面入手，对机动车尾气排放动态测控。同时，根据国家环保总局、公安部文件精神，从2001年9月起，镇江市对187种化油器类轿车禁止销售，公安车管部门停止办理注册登记手续，有效控制尾气污染源。市环保局、公安局在长江路、朱方路、镇宝路、丁卯桥路设置路检点，每月由市交巡警支队会同市环境监测站进行一次路检。到2005年，车辆路检合格率达到85%。按照《中华人民共和国大气污染防治法》《机动车运行安全技术条件》相关要求，对尾气不达标的一律不予通过年检，直到调试达标。不断加强出租车管控检测，确保出租车尾气排放保持达标状态；严禁外地牌号摩托车、农用车、拖拉机进入市区。

第三节　固体废物管理和利用

一、固体废物管理

2002年2月，成立镇江市固体有害废物管理中心，规范各种工业固体废物的处置和综合利用。在国家《固体废物污染环境防治法》颁布前，2003年出台《镇江市危险废物管理办法》。同年建成第一个医疗和工业危险固体废物集中焚烧处置中心，形成日焚烧危险固废10吨的处置能力。2005年，建成镇江市一般工业废物集中处置场，规范填埋一般工业固体废物。

二、固体废物利用和处置

1. 一般工业固体废物利用和处置　“八五”期间，全市加强煤尘治理。1993年末，主要发电企业谏壁发电厂铺设高浓度输灰管，新建泵房，切断向长江排灰。1996年，在江苏省率先通过无渗漏检查。加强粉煤灰综合利用。2000年，该厂分别向福建厦门海仓公路大桥和润扬大桥供应一级粉煤灰35万吨和4万吨，当年销售干灰60万吨、湿灰100万吨，灰渣6万余吨，成为华东地区最大的粉煤灰供应基地。到“十五”期末，镇江市粉煤灰综合利用率达90%以上，实现当年基本零堆存目标。

2001～2005年镇江市区一般工业固体废物产生、排放和堆存情况一览表

表5-28　单位：万吨

年份	年产生量	年综合利用量	利用往年量	综合利用率（%）	年处置量	年处置率（%）	当年堆存量	排放量
2001	225.83	222.79	53.17	79.85	12.51	5.80	43.70	0
2002	301.84	259.51	5.92	84.32	16.87	6.70	31.38	0
2003	335.97	315.48	17.05	89.37	25.44	8.90	12.10	0
2004	361.19	410.73	83.46	92.37	33.92	9.50	0	0
2005	374.47	425.31	83.58	92.85	32.73	8.74	0.01	0

2. 危险固体废物利用和处置　至2005年，镇江市固废管理中心与市区44家危险固废产生单位签订处置合同，市区危险固废利用量4111吨，处置量6592.3吨。2005年危险固体废物集中处置单位有主要从事焚烧处置工业和医疗危险固废的镇江新宇固体废物处置有限公司和主要从事润滑油和废溶剂油处置的镇江同庆固体废物处置公司。

第五章　生态保护与环境建设

镇江具有丰富自然资源、独特景观资源、优秀文化和旅游资源。然而，随着经济快速发展，带来土壤和水质污染、资源退化、风景点破坏等问题，严重影响区域环境质量。镇江从20世纪70年代后期即着手工业污染治理并注重对土地资源、山石资源、森林资源、野生珍稀动植物资源以及江河水域保护。80年代，全市农业生态和自然资源保护有所发展，先后建立三山、南山风景名胜保护区和以保护珍稀植物为主的宝华山自然保护区。90年代加大城乡环境综合整治力度，为创建国家环保模范城市和规划实施生态市建设奠定基础。

第一节　珍稀动植物保护

一、珍稀动物保护

1983年5月，镇江市政府根据年初国务院关于《严格保护珍贵稀有野生动物的通令》精神，发布相应布告，要求认真执行国务院《通令》中的各项规定。

1984年6月23日下午，扬州市邗江县渔民陈学宽在江中捕获一条重245公斤的中华鲟到镇江市大港水产收购站高桥收购点出售。当晚一鱼贩以低价购买，次日上午被宰杀的中华鲟在高桥镇销售。下午，市环保局根据群众举报，现场调查鉴定，确系国家一级保护物种——中华鲟。事后，市政府批复同意市环保局《关于捕杀中华鲟事件的调查和处理意见的报告》，分别对事件有关人员予以行政处分。

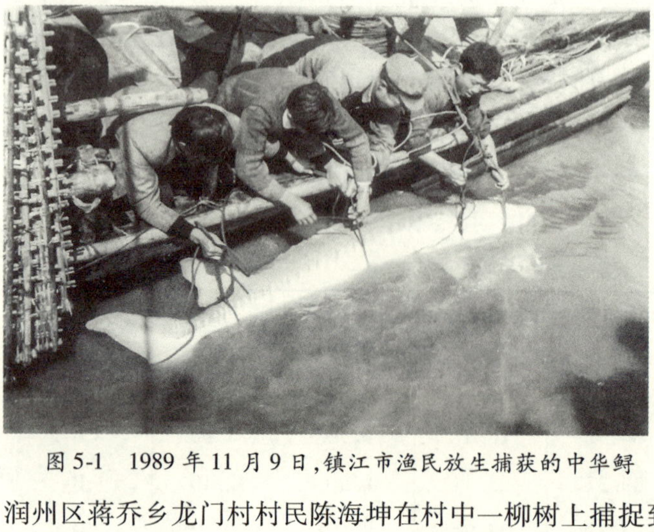

图5-1　1989年11月9日，镇江市渔民放生捕获的中华鲟

同年7月13日，镇江市政府办公室下发《关于严格保护长江珍贵稀有野生动物的通知》，针对“近几年来，曾发生过中华鲟等珍稀动物被捕杀的违法事件”，要求各地坚决贯彻执行国务院1983年《通令》精神，要像保护大熊猫那样来保护中华鲟。1984年10月8日，1988年10月23日和1989年11月9日，镇江润州区、扬中县和大港渔民先后在长江中捕获到中华鲟，经向环保、渔政部门报告确认后，均及时送至江中心放生。

1990年10月4日下午4时，镇江市润州区蒋乔乡龙门村村民陈海坤在村中一柳树上捕捉到一只罕见小动物，经市环保局技术人员现场鉴定，与1987年国务院环委会公布的国家一类野生保护动物——懒猴（别名“蜂猴”“风猴”）特征相符。市政府责令市多管、园林等部门妥善保护。

1994年4月30日，由镇江市多管、环保、渔政等部门联合建立的长江珍稀野生动物展馆落成，对外开放。展馆除展出珍稀野生动物实物标本及大量图片资料外，还有镇江市政府文件以及人民群众保护野生动物照片。1996年10月，镇江市建成中国江苏白鳘豚保护站。1997年11月农业部组织的长江流域豚类同步监测行动中，在镇江市和畅洲北汊水域发现白鳘豚两头。1998年初，镇江市正式提出在长江镇江段和畅洲左汊水域建立“江苏镇江长江豚类省级自然保护区”报告，同年12月通过专家论证，2001年11月通过省级评审。2002年8月30日，镇江市政府根据市农林局和环保局的申请，作出《关于同意建立镇江市豚类自然保护区的批复》，并提交省政府审批为省级自然保护区。2003年12月，省政府批复同意。2004年9月，农业部批准总投资430万元的“江苏镇江长江豚类省级自然保护区”建设项目，其中国家国债资金330万元，地方配套资金100万元。

江苏镇江长江豚类省级自然保护区，位于镇江市丹徒区江心洲北汊夹江，总面积约57.3平方公里，其中核心面积约10.9平方公里，缓冲区面积约25.7平方公里，实验区面积约20.7平方公里。保护区管理处与镇江渔政管理站合署办公。

二、宝华山自然保护区

1981年8月，经江苏省人民政府批准在句容宝华山建立宝华山自然保护区，保护区在隆昌寺四周，东至黄泥宕，西到乌龟桥，南至西老鸦山，北到贵人峰，面积约1.4平方公里。1984年经国务院批准为省级自然保护区。这里是中国北亚热带常绿落叶阔叶混交林带的东北边缘。因地形封闭，水热条件较好，地带性植被保存完整，有蕨类、裸子和被子植物124科、352属、529种。进入林区，古木参天，这里生长有糯米椴、紫楠、青冈、三叶槭等珍稀树种，其中宝华玉兰最为珍贵，全世界只在宝华山有自然生长。宝华玉兰是著名植物学家郑万钧于民国21年（1932年）在宝华山发现并命名，它是研究气候、植被变迁的活化石。宝华玉兰在20世纪80年代仅保存母株26株，1981年开始人工繁殖，到2005年培育苗木10万株以上。

第二节　小城镇和乡村生态环境综合整治

1992年7月7日，省环委会下发《关于加强小城镇和农村生态环境综合整治的通知》，要求各县（市）在“八五”期间实施乡村环境综合整治“611”工程，即抓好600家重污染乡村企业的限期治理，100个小城镇和100个生态村的环境综合整治。镇江市29家重污染乡镇企业、5个小城镇、6个生态村被列入其中。1996年1月通过省级验收。经省环委会考评，镇江市环保局为优秀省辖市环保局；扬中市环保局为先进县（市）环保局，丹阳市司徒镇被评为先进小城镇，扬中市新坝镇建设村被评为先进生态建设示范村，镇江市药用玻璃厂、丹阳市金属制品厂被评为先进乡镇企业。

镇江市严格执行《国务院关于环境保护若干问题的决定》，市、县（市）区政府相继成立关停取缔污染企业督查领导小组，并对全市范围内“十五小”企业进行全面调整，70家小电镀、小化工、小造纸等污染企业被限期于9月30日前关停取缔。

“九五”初期，省政府下达在全省范围内开展创建环境与经济协调发展示范镇、百佳生态村、清洁文明生产乡镇企业的“三创建”活动通知。1999年底，扬中市新坝镇，丹阳市新桥镇、界牌镇通过省级考核，并授予江苏省环境与经济协调发展示范镇称号。扬中市新坝镇治安村，丹阳市新桥镇洪楼村、司徒镇谭巷村，句容市郭庄镇金星村，丹徒县黄墟镇龙山村，京口区汝山乡东风村被授予江苏省百佳生态村称号。有5家乡镇企业被授予清洁文明生产乡镇企业称号。

进入21世纪，全省实施环境优美乡镇和生态村建设。2005年，句容市茅山、后白、二圣和丹阳市新桥、界牌、后巷、吕城7个镇通过市级考核验收。京口区象山乡通过省环保厅组织的省级考核验收。全市14个村通过由市环保局、建设局、农林局、爱卫会组成的考核组对其进行的创建生态村工作考核验收。

2000年初，扬中市生态示范区建设获国家环保总局命名和表彰，2004年，扬中市建成镇江市级环岛森林公园。

2000年，句容市向省政府提出创建国家级生态旅游示范区申请。

2002年，丹徒区被国家批准为第七批全国生态示范区建设试点地区，至2005年，12项基本要求和26项考核指标全部达到一类区标准，同年12月通过省环保厅考核。

2004年，丹阳市编制的全国生态示范区建设规划通过专家评审。

第三节　创建环保模范城市

2000年12月，镇江市委、市政府向国家环保总局提交创建国家环境保护模范城市申请。2001年4月26日，市政府印发《镇江市创建国家环境保护模范城市工作方案》（以下简称"创模"），提出指导思想与创建原则、主要目标与任务分解、实施步骤和主要措施，提出争取用两年时间，实现"创模"目标。

遵照镇江"创模"工作方案，市环保、建设、公安、经贸委等部门组织专门班子，针对"创模"工作重点和难点问题开展专项整治。2001年9月，编制"创模"环境综合整治计划，同年12月8日，通过国家环保总局及中科院、北师大等单位的9位专家评审。该项计划的目标是：通过环境综合整治，全面控制污染，强化环境基础设施建设，加强环境管理，力争2002年前环境质量全面达标，"创模"指标全面实现。

计划包括总纲和四个专项计划及十大工程。四个专项计划是：水环境综合整治，环境空气综合整治，自然保护区建设，绿色示范街区创建。十大工程是：污水截流处理，古运河水变清，水污染点源控制，谏壁发电厂大气污染控制，污染企业搬迁改造，清洁能源，机动车尾气污染控制，固体废物集中处理，自然保护区建设，绿色示范街区创建。重点创建内容有：2001年底建成污水截流工程；已建成的污水截流管线及征润洲氧化塘投入运作，2002年底完成10万吨/日处理规模截流污水配套处理厂建设。谏壁发电厂等电厂烟尘和二氧化硫排放量在2000年的基础上每年削减5%；谏壁发电厂电除尘器更新改造，逐步淘汰小机组，2002年上一台脱硫设施。镇江船厂等6家企业易地搬迁、转产或停产。2001年，对1256辆低档出租车更新换代，发展使用清洁能源的双燃料汽车、电动汽车等交通工具，配套建设清洁燃料加气站。建设工业固体废弃物专用贮存场；建立危险废弃物集中处理设施和贮存中转场，成立危险废物处理中心。2000～2002年，新增绿地面积4.88平方公里。环保监察支队建成污染源远程监测网络系统，将相关企业安装的51台污水流量计、29台环保黑匣子、8台COD在线监测仪连入系统，实现污染源远程监控自动化。建成烟尘远程监控系统，对主城区5公里范围内的烟尘排放点进行点位监控。新增噪声显示牌4块，对交通主干道和部分绿色社区的噪声进行瞬时监控。

图5-2　2004年，镇江市获国家环保模范城市授牌仪式

2003年6月13日，镇江创建国家环保模范城市通过省级技术考查，12月10日，通过环保总局组织的技术核查。12月27～28日，国家环保总局、省环保厅以及中国社科院可持续发展研究中心、中国环

境监测总站、省环境监测中心等部门有关人员组成国家环境保护城市考核组，对镇江市创建国家环境保护模范城市工作进行考核验收。考核组认为：镇江市以大气污染和水污染为重点，强化城市环境基础设施建设，在产业结构调整、城市功能布局、工业污染防治以及扩大公众参与等方面成绩显著，各项考核指标达到“创模”验收标准。

2004 年 12 月 20 日，国家环保总局在镇江召开国家环境保护模范城市授牌暨表彰大会。国家环保总局副局长汪纪戎为镇江市获国家环境保护模范城市授牌，并向市委、市政府领导颁发组织奖奖杯、证书。市委、市政府对在“创模”工作中做出突出贡献的先进集体和个人进行表彰奖励。授予 22 个单位二等功、44 个单位三等功、42 个单位为先进单位。34 人记二等功、87 人记三等功，140 人被授予先进个人。

2002 年镇江市创模指标体系及目标一览表

表 5-29

类别	指 标	标 准	2000 年现状	2002 年目标
基本条件	城市环境综合整治定量考核	名列全国或全省前列	全省第 5 名	名列全省前列
	通过卫生城市验收	通过卫生城市验收	通过国家卫生城市省级调研	通过卫生城市验收
	环境保护投资指数	>1.5%	>1.5%	>2%
社会经济	人均 GDP	>1 万元	1.7 万元	2 万元
	经济持续增长率	高于国家平均增长水平	11.1%	符合要求
	人口自然增长率	<国家计划指标	2‰	1.5‰
	单位 GDP 能耗	<全国平均水平	1.155 吨标煤	<全国平均水平
	单位 GDP 用水量	<全国平均水平	40 吨/万元	40 吨/万元
环境质量	空气污染指数	<100	84	80
	集中式饮用水水源地水质达标率	>96%	96.43%	97%
	城市水功能区水质达标率	100%且市内无超五类水体	50%	100%
	区域环境噪声平均值	<60dB(A)	55.8 dB(A)	55 dB(A)
	交通干线噪声平均值	<70dB(A)	69 dB(A)	68.5 dB(A)
环境建设	自然保护区覆盖率	>5%(包括风景名胜区、森林公园)	2.2%	>5%
	建成区绿化覆盖率	>30%	34.65%	36%
	城市生活污水处理率	>50%	23.3%	70%
	工业废水排放达标率	100%	100%	100%
	城市气化率	>90%	95.43%	96%
	生活垃圾无害化处理率	>80%	100%	100%
	工业固体废物综合利用率	>70%并无工业危险废物排放	80%	80%
	烟尘控制区覆盖率	>90%	100%	100%
	噪声达标区覆盖率	>60%	62.8%	63%

续表 5-29

类别	指　标	标　准	2000 年现状	2002 年目标
环境管理	城市市委、市政府听取环保工作汇报和政府例会环保工作频次	>1 次/年	2	4
	环境保护机构	独立建制	独立建制	独立建制
	公众对城市环境的满意率	>60%	-	>80%
	执行主要污染物排放总量削减计划，按期完成总量削减计划。按照《国务院关于环境保护若干问题的决定》，执行新污染项目环保一票否决规定，并纳入城市社会经济发展计划之中。	完成	完成	完成

第四节　生态市建设

镇江市是第八批全国生态示范区建设试点地区之一。2004 年 6 月，市政府成立生态市建设工作领导小组，市领导及 40 个政府部门负责人为领导小组成员，市环保局负责日常工作。

《镇江市生态市建设规划》（以下简称《规划》），由镇江市政府和南京大学环境科学研究所共同编制，2004 年通过评审修改后，年底定稿。《规划》列有总则、镇江生态市建设条件、镇江生态市建设的优势和不利因素、镇江市生态区划、生态农业、生态林业、生态工业、生态服务业建设、环境污染综合整治、生态资源保护、生态城镇建设、生态社会规划、规划实施保障体系与行动计划共 13 章 81 条。各阶段目标如下：

近期（2003 ~ 2007 年），启动期：巩固国家环保模范城市建设成果，解决当前突出的生态环境问题，改善环境质量，调整产业结构和布局，优化城镇体系结构与功能布局，通过一批重点工程实施，打造出镇江生态市基本框架，建成国家级生态示范区，实现小康社会。

图 5-3　2004 年，镇江市生态建设规划大纲评审会

中期（2007 ~ 2010 年），创建期：生态市建设取得突破性进展，生态破坏和环境污染基本得到遏制，城乡人居环境得到明显改善，城乡复合生态系统健康安全，产业结构和布局基本合理，循环经济体系基本建立，建成生态市雏形。

远期（2010 ~ 2020 年），建成期：分为基本建成期和全面建成期两个阶段。

基本建成阶段（2010 ~ 2012 年），推进新型工业和循环经济，生态产业初具规模；环境质量进一步改善，区域生态安全格局初步形成，资源保护与开发进一步协调，环境基础设施进一步完善，生态文化建设初见成效，生态社会初步成型，80% 以上指标达到国家生态市建设标准，基本建成生态市，基本实现现代化。

全面建成阶段(2012～2020年),达到国家生态市建设标准,环境基础设施完善,环境质量全面改善,城乡人居环境和谐优美,区域景观格局优化,资源保护与开发协调有序,建成具有镇江特色的循环经济体系,增强城市综合竞争力,提升镇江市城市品位、城市形象,全面实现现代化,建成生态市。

镇江生态建设指标本着与国家生态市指标体系相一致,与国家生态示范区指标体系相一致,与江苏生态省建设规划纲要指标相衔接,与镇江市社会经济发展规划、小康社会指标、镇江城市总体规划相衔接,以及考虑镇江社会经济和环境特点等几项原则,共设近、远期指标41项,经济发展指标10项、环境保护指标21项、社会进步指标10项。2005年9月30日,镇江市第五届人大常委会第二十一次会议经过审议,决定批准《镇江生态市建设规划纲要》。

第六章　环境科技与宣传教育

第一节　环境科学研究及成果

1982年6月,市环保局创刊《镇江环保》(季刊),与全国大专院校、科研单位交流,1984年经江苏省科学技术委员会495号文件批复为内部发行,持江苏省内部期刊登记证022号,中国科学院情报研究所及中科院环境化学研究所信息库收纳《镇江环保》文摘20余篇。1988年,该刊由江苏省环境科学学会和镇江市环保局合办,易名为《污染防治技术》,国内统一刊号为CN32－1244/X。该刊物给环境保护科技工作者发表各自见解、研究成果提供一个讲坛。在推行先进的环境保护污染防治技术、建立环境治理技术市场,促进生产力发展等方面起到积极交流作用。

1990年1月,市环保局印发《镇江市环境科学技术研究管理办法》,同年3月,市政府颁布《镇江市环境保护奖惩暂行办法》。同年10月,市环保局制订《镇江市"九五"环境科技规划》。1991年2月制订《镇江市环境保护"九五"计划和2010年长远规划》。市环保局在区域环境综合整治、污染防治、环境监测等方面取得多项科研成果。1989～2005年,镇江市环保系统共获省科技进步奖3项,其中二等奖2项,三等奖1项;市科技进步奖11项,其中二等奖4项,三等奖7项。

1989～2005年镇江市环保系统获省以上科技成果一览表

表5-30

编号	课题名称	编写单位	成果情况
1	《镇江市工业污染源调查与评价报告》	市环保局	1989年江苏省环保局科技进步二等奖
2	《镇江市环境质量报告书》(1986～1990)	市环境监测站	1991年江苏省环保局优秀环境质量报告书
3	《江苏省地面水污染监测技术规范》	市环境监测站	1992年江苏省环保局科技进步二等奖
4	《焦南航道堵坝工程对水环境影响评价和对策研究》	市环保局	1992年江苏省环保局科技进步三等奖
5	《工业企业环境行为信息公开化制度》	市环保局与南大环科院合作	2004年江苏省环境保护委员会重大贡献奖
6	《工业污染控制的信息公开化及其在江苏省的应用研究》	市环保局与南大环科院合作	2005年国家环保总局环境保护科技成果证书

科技成果的推广应用是环境科技工作中的重要环节,《镇江市水污染防治方案及治理工程可行性研究》将城市污水处理技术路线、水污染治理和城市景观建设相结合,正确处理供排水矛盾,建立水质模型及应用等方面的研究,丰富和发展城市水污染控制理论和技术。该研究成果1993年通过世界银行正式评估,1994年世行贷款生效,使镇江市区污水截流工程进入全面实施阶段,2003年随着征润洲日处理10万吨城市污水处理厂建成,该研究课题项目圆满完成。

第二节　环境宣传教育

镇江市环境宣传教育起步于20世纪70年代初,主要开展科普知识讲座,举办各种培训班,介绍工业化国家曾发生的污染公害事件和生态破坏事例。80年代,环境宣教由普及环境科学知识、宣传国家环境保护法规,逐步发展到配合环境保护中心工作。宣传教育形式日趋多样化,在"六五"世界环境日等特定宣传日,利用讲座、竞赛、咨询、展览、文化艺术、新闻媒体等多种形式宣传环境保护这一基本国策。初步形成环保部门与教育部门、党委宣传部门及新闻媒体联合行动的全市环境宣传教育网络体系。90年代,环境宣传教育深入到乡村、社区,环境宣传教育社会化呈现良好态势。

一、宣传活动

图5-4　"6·5"世界环境日广场签名活动

1. "6·5"世界环境日　1985年4月,国家环保局要求全国各地环保部门积极参加联合国确定的"6·5"世界环境日宣传活动。1986年世界环境日主题是"环境与和平",5月27日,市环保局、镇江电视台、镇江钛白粉厂联合举办"环境与和平"知识竞赛。

1991、1993、1994、1995、2000、2001和2005年"6·5"世界环境日,市环保局分别与《镇江日报》社、市委宣传部、团市委、市教委、市属主管局联合,突出各年度世界环境日主题,开展有奖征文、环保灯谜、野生动物保护、环保法律咨询服务、环境小卫士宣传、百米长卷绘画、环保文艺演出等一系列宣传活动。2000和2001年世界环境日,市政府均召开纪念大会,市领导结合镇江实际提出环保任务要求,并对环保先进单位和个人进行表彰。

2. 环境法制宣传　1983年10月,市环保局编绘、印发《中华人民共和国环境保护法(试行)》图解。次年,市环保局举办市、县环保干部法制学习班,由三位常年法律顾问讲解《中华人民共和国水法》条款。此后,市环保局与法律顾问联合举办企业厂长"环保法"集训班、厂矿企业法人代表法制学习班。

1988年4月和1989年11月,市环保局、市环境科学学会编写《中华人民共和国大气污染防治法》《中华人民共和国噪声污染防治条例》宣传资料,印发全市。1990年12月5日,国务院作出《关于进一步加强环境保护工作的决定》。1991年1月,市环保局、市环科学会、市环境宣传教育中心编写"决定"宣讲材料(十讲),分期在《镇江日报》刊登。

1993年,镇江市人大常委会等11个单位联合开展《中国环境法制讲座》培训,全市各级领导、企业法人近千人参加培训，通过考试，获得由全国人大城乡委颁发的结业证书。

在 1992～1994 年开展的全国环境保护宣传教育活动中，镇江市环保局和团市委荣获国家级环保宣教先进单位，3 人被评为国家级环保宣教先进个人。

1997 年，邀请省环保局局长为近 200 名县处级和中青年干部作环保法专题讲座；为江苏船山集团公司 120 名中层干部进行环保法制培训。2005 年 6 月 5 日前后，市环保局与市人大常委会城建环保委联合举办镇江市"谏电杯"《江苏省长江水污染防治条例》知识竞赛活动，6 个辖市（区）和镇江新区代表队参赛，扬中市代表队获一等奖。同年 8 月 24～26 日，市环保局举办为期 3 天的环保法律法规培训班，市区部分企业负责人共 112 人参加培训。

3.《镇江日报》环保系列宣传　为宣传党和国家环保方针、政策、法律法规及本地区环保状况，1987 年 7 月，市环保局和《镇江日报》社共同开办《环保之窗》专栏，每半月一期，每期约 1000 字，至 1993 年 12 月，共出刊 152 期。1987 年 12 月，国家环保局局长曲格平到镇江视察环保工作时对这一宣传形式给予较好评价。1991 年 9 月，在《环保之窗》出刊 100 期之际，国家环保局副局长金鉴明为该刊题词。

1992 年 3 月 21 日，市环保局与镇江日报社在《镇江日报》开辟"环保意识大家谈"征文活动，历时两个月，收到稿件 100 余篇，刊用 40 篇，评出一等奖 2 名，二等奖 4 名，鼓励奖 10 名。

4. 环境保护影视片　镇江市环保局先后与市电视台合作，完成环保宣传电视片（资料片）《镇江市首次中、小学生环保夏令营纪实》（1986 年），《镇江环保在前进》电视资料片（1987 年），《镇江环境宣传教育掠影》（1988 年），反映镇江污染状况的专题电视片——《名城之思》（1989 年）。2002 年，记录镇江市创建国家环保模范城市专题资料片《奋力打造绿色平台》。

1991 年 9 月，镇江市环保局与中央电视台、天津电影制片厂合作拍摄，由全国政协副主席王任重题写片名的电视剧《消逝的山村》（上、下集）在镇江举行首映式。同年 10 月 1 日在中央电视台播出。

二、教育

1. 中小学环境教育　1982 年，镇江市第一中学在高中一年级开设环境保护选修课，二年级建立课余环境保护科技活动组。谏壁中学组织成立环保兴趣小组；茅山中学为保护茅山自然资源和生态环境，成立环保候补队。

1985 年，镇江市中华路小学少先队员对流经市区古运河两侧污染状况进行调查，写出《我们对保护大运河的建议》调查报告，获全国少先队员小论文"创造杯"奖。1990 年 1 月 9 日，该校成立运河环保小卫士宣传队，并协同运河畔农贸市场管理所、运河管理办公室与河岸有关的 2 个街道办事处、5 个居委会签订"护河公约"。

1990 年 5 月 16 日，经市环保局、教育局、市环科学会教育专业组协调，并经市领导批准在市区 8 所小学、4 所中学组建环境小卫士分队。中山路小学小卫士创办《环境与主人》小报；中华路小学小卫士设计的《大运河小卫士活动方案》被编入 1991 年江苏教育出版社出版的《小学德育教育指导》一书中。

1991 年初，市环委会决定成立镇江市中小学环境教育专业委员会，1996 年 4 月 30 日，市环委会因人事变动和增加大中专院校环境教育内容，决定调整中小学环境专业委员会组成人员并更名为镇江市环境教育专业委员会。

1996 年 12 月，市环保局、市教委、市轻工局、金河纸业有限公司、镇江师范学校等 5 家单位联合在镇江师范学校建立镇江首家青少年环境教育基地和教育馆。馆内分疮痍篇、行动篇、家乡篇、校园篇 4 个部分，共设 30 块展牌、6 个展柜，图文并茂，融科学性、知识性、趣味性为一体。

2. 专业教育　1986 年，市环保局与市教育局分别在市区第十六中学、丹徒县三山中学联办

“环境监测与管理”和“环境保护”职业高中班。至 1989 年,两校共招 7 个班、323 名学生。200 余名毕业生走上基层环保工作岗位。

1997 年,江苏大学成立生物与环境工程学院,同年开设环境工程本科专业和环境工程硕士点。1999 年开始招收环境工程领域研究生。2003 年获批环境工程博士点。2005 年获批环境科学与工程一级学科硕士点。

2000 年,华东船舶工业学院设环境工程专业,隶属材料科学与工程学院。

第三节　环保“四创”活动

2000 年,国家环保总局、国家教委联合下发在全国开展创建绿色学校(幼儿园)通知。2001 年 2 月,市教委、市环保局《关于确认镇江市首批绿色学校(幼儿园)的通知》中,确认绿色学校(幼儿园)共 21 所。此后,市教委、市环保局逐年检查、考核,定期发布年度绿色学校(幼儿园)名单,2002 年 31 所,2003 年 26 所,2004 年 23 所,2005 年 23 所。被授予省级绿色学校(幼儿园)称号为 2001 年 7 所、2002 年 7 所、2003 年 7 所、2004 年 8 所、2005 年 11 所。

图 5-5　中华路小学的“绿色天使”环境卫士队保护古运河(2002 年摄)

2003 年 3 月 26 日,国家环保总局、教育部下发《关于表彰第二批全国“绿色学校”创建活动先进单位和个人的决定》。全国获 2002 年度“绿色学校”称号的学校共 179 所,镇江中华路小学、丹阳云阳中学名列其中。

2004 年 3 月 15 日,省环保厅根据省委、省政府《关于加强生态环境保护和建设的意见》,决定在全省范围内广泛深入开展“环保‘四进’”(进企业、进社区、进村镇、进学校)活动。市环保局分别与相关部门联合发文,在全市开展创建绿色企业、社区、村镇、学校的环保“四创”活动。同年 12 月 20 日,首批绿色称号单位揭晓:镇江新华电宾馆有限公司、丹阳市东亚大酒店、丹阳市东进大酒店、扬中宾馆、扬中国际饭店、句容宾馆、句容市正龙大酒店等 7 家饭店获市级“绿色饭店”称号;镇江市区的阳光世纪花园紫荆苑、桃花山庄、京河社区、三茅宫第二社区,丹阳市凤凰小区,句容市崇明街道桃花社区,扬中市的三茅镇建设社区、扬中经济开发区新扬社区等 8 家社区获镇江市“绿色社区”称号;丹徒县黄墟镇、丹阳市珥陵镇新庄夏甲村、句容市后白镇古村、句容市茅山镇、扬中市新坝镇新坝村、扬中市油坊镇邻丰村等 6 家村镇获镇江市“绿色村镇”称号。2005 年,丹阳市界牌镇界中村等 8 家村镇获镇江市第二批“绿色村镇”称号。

第六卷
国土和矿产
资源管理

卷 目

1983 年 3 月,镇江实行市管县体制后,建设用地项目越来越多,用地规模越来越大,部分地区乱占滥用土地现象时有发生。1985 年,设在市农业局内的土地管理办公室建立。1986 年,《中华人民共和国土地管理法》公布,土地管理有法律依据。1987 年以后,镇江市、县(市)区以及乡镇土地管理部门相继设立,围绕"十分珍惜、合理利用土地和切实保护耕地"的基本国策,对土地实施全方位管理,全市土地管理初步走上依法管理、科学管理轨道。

1987~1988 年,全市开展非农业用地清查、土地补充调查、土地详查补充调查、土地更新调查等,进行土地权属调查和界定,颁发"国有土地使用证""集体土地使用证"。在农业用地清查中,对 52.89 万个用地单位(户)、21.12 万亩用地清查,清查出 8558 个单位(户)违法占地 1.69 万亩,初步遏制违法占地和违法批地现象。

20 世纪 90 年代初,编制土地利用总体规划和专项规划,划定农田保护区。在"一要建设,二要吃饭"方针指导下,因地制宜,统筹兼顾,合理利用土地资源,有效遏制浪费土地资源的现象。对盲目发展砖瓦窑业进行查处,毁坏农田现象得到有效制止。1995 年,开展清理整顿土地隐形市场,堵住土地资产流失的源头,确立由代表政府垄断的出让国有土地的一级市场,转让土地使用权的二级市场。严格按用地计划、审批程序、国家规定的审批权限审批建设用地,对国家重点工程建设用地,如沪宁高速、312 国道改扩建、西气东输、大港三期、污水处理等国家交通、能源、城市基础设施等重点工程抓紧依法上报审批,保障其建设用地。

进入 21 世纪,通过市场配置方式,推行国有土地使用权招标、拍卖,加强国有土地资产管理。2000 年 5 月,镇江市土地交易中心成立,镇江土地市场逐步完善,以公开招标方式出让国有土地使用权成为出让土地使用权的主渠道。2001 年 7 月,市国土管理局更名为市国土资源局,并划入原市地质矿产局行政管理职能、原市建设委员会承担的测绘管理职能和原市计划委员会制订国土规划及与土地利用总体规划有关的职能。2004 年底,市、县两级国土资源主管部门领导干部实行垂直管理体制;市辖区国土资源主管部门改为市国土资源局派出机构。落实暂停审批农用地转用的决定,治理整顿土地市场。2004 年,对开发园区用地进行专项清理,共撤销 41 个开发园区,占总数 83.7%,核减面积 13.6 万亩。

2005 年,镇江市出台《关于切实加强土地集约利用工作的意见》,提高全市土地集约利用水平,促进全市经济社会全面、协调、可持续发展。随着各项土地法规的颁布和实施,土地使用制度改革逐步完善,土地管理工作步入法制化、规范化、科学化轨道。

第一章　地权制度

第一节　土地所有权制度

1982 年,镇江市对全市土地资源利用现状进行详查,至 1994 年完成,大体分清集体土地和国有土地权属界线。全市国有土地 85.13 万亩,占全市土地总面积的 14.75%,其中京口区 3.15 万亩、润州区 7.44 万亩、丁卯经济开发区 0.49 万亩、大港经济开发区 1.6 万亩、丹徒县 18.47 万亩、句容市 26.77

万亩、扬中市 17. 70 万亩、丹阳市 9. 51 万亩。集体所有制土地 491. 84 万亩，占土地总面积的 85. 25%，其中京口区 13. 18 万亩、润州区 12. 46 万亩、丁卯经济开发区 1. 13 万亩、大港经济开发区 5. 77 万亩、丹徒县 98. 40 万亩、句容市 181. 34 万亩、扬中市 31. 95 万亩、丹阳市 147. 61 万亩。

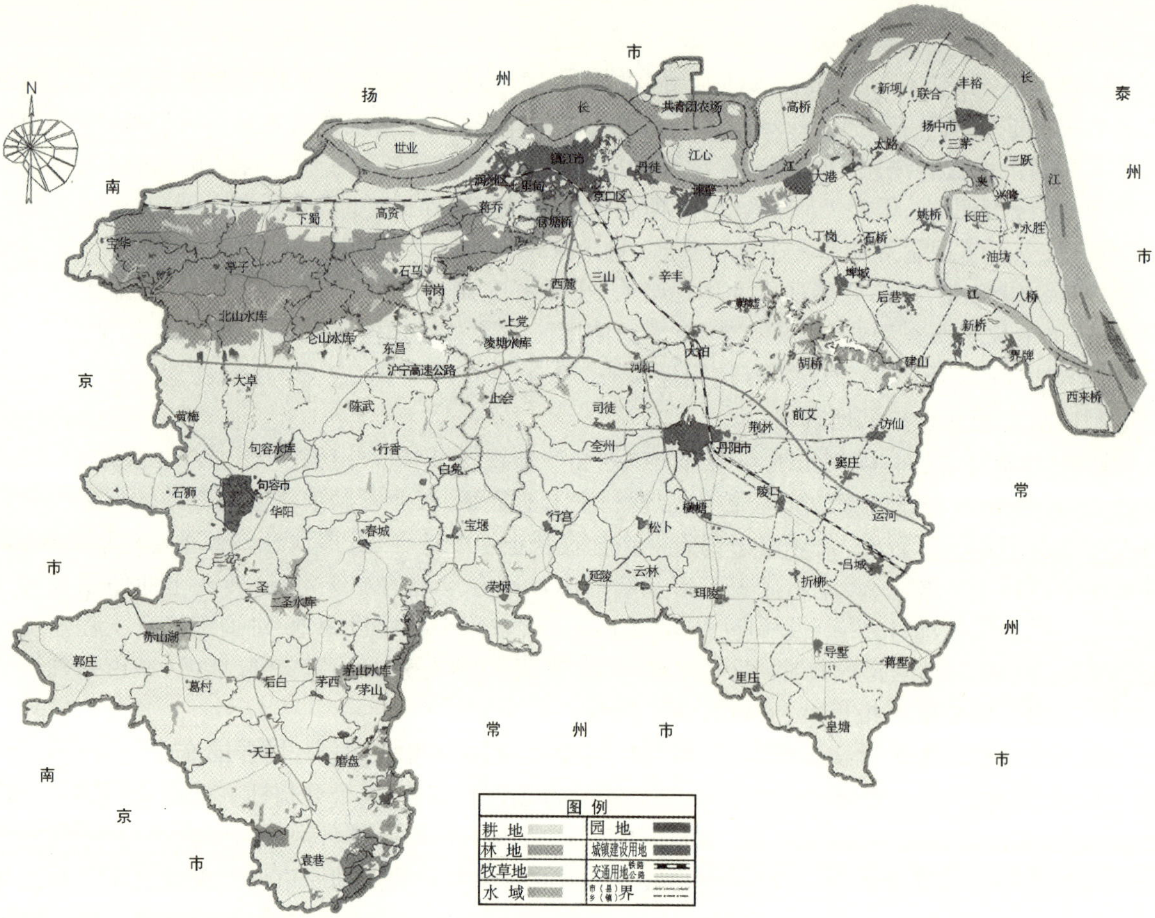

图 6-1　1996 年镇江市土地总面积图

一、集体所有制土地

下列土地属集体所有：国家依法确认的农村集体所有的耕地、园地、水域等，农民使用的自留地、自留塘、饲料地及农村居民住宅建设用地等，乡（镇）村办企业建设用地，公共设施、公益事业建设用地以及乡村水利、道路用地等，农村集体经济组织以土地使用权作为联营条件同全民所有制企业、城市集体所有制企业共同兴办的联营企业用地，法律规定属于集体所有的其他土地。集体所有土地的所有权分别由乡（镇）、村、组农村集体经济组织的农民集体所有。

二、国家所有制土地

1995 年，镇江市政府印发《镇江市确认国有土地权属规定的通知》，明确本市行政区域范围内经依法征用、划拨、出让和解放初期接收、没收、沿用或通过继承、接受、转让地上附着物等方式合法使用的土地为国有土地。

国有土地使用者应当向市、县（市）土地管理部门申请登记，经核查后，由同级政府批准或授权批准，发给国有土地使用证书，确认国有土地使用权。跨县（市）的国有土地，由镇江市土地管理局组织有关县（市）进行确权发证。确认国有土地使用权的合法权源证件为：一、县以上人民政府批准征用、划拨和出让土地的文件或建国以来颁发的房(地)产权证、1987 年以后颁发的房屋所有权证;二、人民法院对有关土地使用权所作出的终审判决书、裁定书、调解书等法律文书;三、1984 年 5 月 20 日《镇江市〈国家建设征用土地条例〉实施细则》施行前,城市规划和建设主管部门批准的建设报勘和选址定点有关文件;四、单位合并、分立、终止,经县以上有权部门批准的文件和移交清册;五、其他能充分证明土地权属来源的材料、图件。

对 1984 年 5 月《镇江市〈国家建设征用土地条例〉实施细则》施行前,持有土地来源的协议,签约面积与实际占地面积基本相符,界址无争议的,予以确认土地使用权;无土地权属证件,但用地界址无争议的,对个人的土地使用权,可由居民委员会出具证明,单位土地使用权应由其主管部门出具证明,经土地管理部门核准后,予以确认土地使用权。对 1984 年 5 月《镇江市〈国家建设征用土地条例〉实施细则》施行后至 1987 年《中华人民共和国土地管理法》施行前使用的土地,无土地权属证件和规划报勘等文件,但土地利用合理、界址无争议、不影响城市规划的,由城市规划与土地管理部门补办手续后,予以确认土地使用权;无土地权属证件,但有合法报勘或选址定点文件,用地界址无争议的,经提供用地过程书面材料,由土地管理部门补办用地手续后,予以确认土地使用权。对《中华人民共和国土地管理法》施行后,凡未经土地管理部门批准的用地,依照有关法律、法规查处及补办手续后,再予确定土地使用权。

第二节　土地使用权制度改革

一、集体土地

1978 年 12 月,中共十一届三中全会后,镇江市农村推行家庭联产承包责任制。实行家庭联产承包责任制后,土地仍归集体所有,集体支配,由农户(承包户)实际占有和分散耕种,自主经营。从 1985 年开始,镇江市农村实行统分结合、双层经营机制,完善家庭联产承包经营的配套措施。1987 年底,全市 1420 个村有 1377 个村建立和健全村合作经济组织,其中村经济合作社 624 个,村经济联合社 589 个,工商联合公司 164 个。1997 年底,全市有户均 20 亩、劳均 15 亩以上的规模经营单位 2340 个,经营土地面积 67428 亩,其中村办农场 148 个,13984 亩;种田大户 1914 个,38264 亩;厂办农场 84 个,3932 亩;站办农场 40 个,6923 亩;股份合作制农场 154 个,4325 亩。列入农村现代化试点示范镇 4 个,28 个村经营土地面积 12967 亩。

1990 年起,镇江市开展非农业用地的有偿使用工作。1991 年,京口区象山乡、句容县后白乡、丹阳市云林乡进行农村宅基地有偿使用试点。1992 年,35 个乡镇 304 个行政村开展农村宅基地有偿使用,以制约早占、多占宅基地。根据省政府文件精神,从 1993 年 1 月起,全面实行农村集体土地、非农业用地有偿使用,除农民个人建房外,对于城镇居民和国有企业、大集体企业、乡镇企业使用集体土地一律实行有偿使用,逐年收取费用。凡经批准使用的集体土地,均按不同的地理位置、用地时间、利用状况及用途,按不同标准收费,为土地复垦开发和乡村基础设施建设积累资金。实行集体土地有偿使用后,很多单位感到多占土地带来的经济压力,纷纷退出闲置和不合理使用的土地。

二、国有土地

20 世纪 90 年代实行土地有偿使用,是城镇国有土地使用制度改革的核心。其具体内容之一是对行政划拨的国有土地,每年向土地使用者收取土地使用税。征税对象为在城市、县城、建制镇、工矿区范围内使用土地的单位和个人,征税标准为每平方米税额:大城市 0.5 ~10 元,中等城市 0.4 ~8 元,小城市 0.3 ~6 元,县城、建制镇、工矿区 0.2 ~4 元。在配合税务部门征收国有土地使用税同时,镇江市、县土地管理部门按照有关规定,对新使用国有土地使用权暂不具备出让用地条件的机关、事业等单位,实行有偿划拨供地,一次性交纳划拨土地使用费,并逐步向有偿、有限期出让用地过渡。所有国有土地的有偿划拨金,作为土地复垦开发整治以及农业综合开发资金,标准为:城镇国有土地 30 元/平方米;国有荒山、荒地、荒滩 7.5 元/平方米;城镇以外的其他国有土地 15 元/平方米;党政军机关、非经营性事业单位办公用房、职工住房用地暂免交。

从 1992 年开始,镇江市逐步制定国有土地有偿使用办法,逐年收取国有土地使用费(党政机关、学校、幼儿园、医院、财政拨款的行政事业单位、福利性企业单位以及直接用于农业生产和交通、军事设施、监狱、劳改单位等用地免交)。所收费用除按规定比例上交县(市)、市、省外,留给乡镇的土地使用费,作为土地复垦开发整治基金。

1. 土地使用权出让　根据《中华人民共和国土地管理法》《中华人民共和国城镇国有土地使用权出让和转让暂行条例》,1992 年 7 月,镇江市制定《镇江市国有土地有偿使用暂行办法》《镇江市外商投资开发经营成片土地暂行办法》。1997 年 4 月,印发《镇江市国有土地使用权出让和转让暂行办法的通知》,全面实行国有土地有偿使用,培育土地市场。土地使用权出让由市、县(市)政府负责,具体地块出让方案,由国土管理部门会同城市规划、建设、房产、物价、财政等部门依据年度建设用地供地计划、土地利用总体规划、城市总体规划共同拟订,报市、县(市)政府批准或经市、县(市)政府审核报上级政府批准后,由国土管理部门具体实施。土地使用权出让方案包括出让地块的面积、位置、界址、用途、出让年限、建设规划要求、出让底价、出让方式等内容。出让国有土地使用权由县(市)以上政府按照国家建设用地批准权限审批。土地使用权出让应当签订出让合同,出让合同由市、县(市)国土管理部门(以下简称出让方)与土地使用者(以下简称受让方)签订。根据城镇建设发展需要,农村集体土地经依法征用转为国有土地后,其使用权方可出让。土地使用权出让实行价格评估制度,按照分等定价,收取费用。镇江市区土地级别分为路段级别和片区级别:路段级别分 5 级;片区级别分 6 级。在对城镇土地进行分等定级基础上,拟订基准地价,由省政府批准后公布。

土地使用权出让的最高年限分别是:一、公寓、住宅用地 70 年;二、工业、教育、科技、文化、卫生、体育用地 50 年;三、商业、旅游、娱乐用地 40 年;四、综合或其他用地 50 年。

土地使用权出让,可采取协议、招标、拍卖的方式。商业、金融、旅游、娱乐、服务、商品房用地,有条件的可采取拍卖、招标方式;暂不具备条件的,可采取协议方式,出让金不得低于省政府规定的最低保护价。1992 年,开展经营性用地有偿出让试点,并与外商签订土地使用权出让合同吸引外资,当年市区划拨国有土地 33 万平方米,收取有偿划拨费 150 万元。1993 年,全市正式签订国有土地出让合同 56 份,出让面积 121.5 万平方米,出让金额 8281 万元,出让金到位率 52.9%。1994 年 11 月,由市土地管理局代表政府与合资企业镇江环球房地产开发公司举行出让斜桥街地块使用权签字仪式,出让地块面积 19868.4 平方米,出让金额 1091.08 万元。1995 年,全市出让土地面积 464.4 万平方米;同时为盘活土地存量,帮助污染企业搬迁,将原有场地进行房地产开发,补办出让土地 39569 平方米,所得土地收益按镇江市政府规定,返还企业用于搬迁。

2002 年 3 月 25 日,省政府批准省国土资源厅、省物价局《关于公布全省协议出让国有土地使用权最低价的请示》,明确镇江市城镇国有土地使用权出让最低价。

2002 年镇江市城镇国有土地使用权出让最低价格表

表 6-1

地　区	适用范围	协议出让最低价(元/平方米)
镇江市	京口区、润州区、镇江新区丁卯经济开发区	180
京口区	丹徒镇、谏壁镇、象山乡	150

续表 6-1

地 区	适用范围	协议出让最低价(元/平方米)
润州区	七里甸镇、蒋乔镇、韦岗镇、官塘桥	150
丹徒区	丹徒新区	140
	其他乡镇	120 ~ 130
扬中市	三茅镇	150
	其他乡镇	125 ~ 135
句容市	华阳镇	130
	其他乡镇	120 ~ 125
丹阳市	云阳镇	145
	其他乡镇	125 ~ 135
镇江市经济开发区	镇江新区大港经济开发区	140
	丹阳经济开发区	135
	扬中经济开发区	140
	句容经济开发区	125
	丹徒经济开发区	130

2. 国有土地使用权转让　包括出售、交换和赠与。土地使用者必须按出让合同规定的要求开发利用土地后方可转让土地使用权。土地使用者通过转让方式取得的土地使用权,其使用年限为土地使用权出让合同规定的使用年限减去已使用年限后的剩余年限。转让时,地上建筑物、其他附着物所有权随之转让。土地使用权和地上建筑物、其他附着物所有权分割转让的应经土地管理局和房产管理部门批准。

3. 土地使用权出租　指土地使用者将土地使用权单独或者随同地上建筑物、其他附着物租赁给他人使用,并收取租金的行为。土地使用者将地上建筑物作为主要条件与其他单位和个人进行合资、合作,从事生产、经营获取收益的,比照土地使用权出租办法。出租土地使用权,出租人必须按规定的标准和租赁年限,向市、县(市)土地管理局一次性缴纳土地使用权出让金。1999 年 5 月,镇江市政府出台《镇江市土地年租金征收管理暂行办法》,该办法所称土地年租金,是指对出租或改变为经营性用途的国有划拨土地或出租集体非农建设用地由政府收取的土地出让金的另一种形式。文件规定:将行政划拨土地使用权改变用途,用于商业、金融、旅游、娱乐等经营活动的;随同地面建筑物出租的;以土地使用权作为联营条件进行经营的;企业改制后,土地使用权以租赁方式取得的;将集体非农建设用地出租的都应当缴纳土地年租金。土地年租金按下列标准收取:1. 镇江市区国有划拨土地年租金,按本办法的附件一标准执行;2. 改变土地用途的年租金,按上述标准 70% 收取;3. 土地使用权既出租又改变用途的,按出租土地年租金标准收取;4. 市区中山路、解放路、环城路、正东路、健康路、东吴路、电力路、朱方路、南门大街、斜桥街两侧的土地年租金上浮 20%;5. 多层建筑的土地年租金,第一层按房屋建筑面积的 100% 征收,第二层按 80% 折算征收;第三层按 50% 折算征收;第四层按 30% 折算征收;第五层及五层以上的按 20% 折算征收。市区土地年租金按照低标准起步,定期进行调整。截至 2005 年,全市土地年租金征收仍执行该标准。

1999年镇江市市区年租金征收标准表

表6-2 单位:元/年·平方米

土地级别	商服金融旅游娱乐用地	工业运输仓储用地	其他用地
一	32.00	8.00	6.00
二	22.20	5.60	4.00
三	15.20	3.90	2.80
四	10.40	2.70	1.90
五	7.20	1.80	1.20
六	4.80	1.20	0.80

说明:1. 商服金融旅游娱乐用地包括:商业、餐饮宾馆服务业、金融证券保险业、经营流通企业、加油站、机动车销售修理业、旅行社、娱乐设施、经营性机动车停车场等;

2. 工业运输仓储用地包括:工矿企业生产及辅助用地、运输场站及船舶停靠场所和各仓库、油库、物资堆场(库)及辅助设施用地;

3. 其他用地是指除上述两类用地以外的用地

4. 土地使用权抵押 是指土地使用者提供可供抵押的土地使用权作为按期清偿债务的担保行为。抵押人到期未能履行债务或者在抵押合同期间宣告解散、破产的,以及抵押人在清偿债务前死亡而无继承人或受赠人的,抵押权人有权依照国家法律、法规和抵押合同的规定处分抵押财产。因处分抵押财产而取得土地使用权的,土地使用者应当自权利取得之日起十五日内,到市、县(市)土地管理局办理变更土地登记手续。涉及地上建筑物、其他附着物抵押的,同时到房产管理部门办理登记或注销手续。

第三节 土地市场

1993年10月,镇江市对市规划范围内国有土地使用者以及用集体土地进行建设的土地使用者,擅自将土地使用权转让、出租、抵押的土地隐形市场进行清理整顿。至年底,清理出擅自转让土地136宗,面积102.04万平方米,其中擅自联营联建土地17宗,面积6.099万平方米;擅自出租2670宗,收缴土地使用权出让金480万元,签订交款协议的土地使用权出让金524.25万元。按照界址清楚、权属合法的要求,给75宗出租土地颁发土地出租许可证。

1995年6月,镇江市委、市政府出台《关于进一步加强土地管理深化土地使用制度改革的若干规定》,明确要求规范土地出让行为,加强土地市场管理。2000年2月,镇江市政府出台《关于进一步深化城市国有土地使用制度改革加强土地市场建设和管理的决定》,明确建立由政府垄断土地一级市场,放开搞活土地二、三级市场,按照公正、公平、公开的原则依法规范土地交易行为,强化土地税费征收、管理,为房地产开发、金融、旅游、娱乐、商业等经营性用地的招标、拍卖提供场所,维护政府和土地使用者的合法权益;任何单位和个人都不得进行土地私下交易,一切土地交易行为必须依法进入土地市场。建立镇江市土地交易中心,与江苏省土地市场镇江土地交易中心合署办公,从2000年5月1日开始挂牌运行。土地交易中心的主要职责:受市国土、物价部门委托定期公布市区土地级别及基准地价;受市国土部门委托定期发布土地交易信息和土地招投标公告;负责土地交易准入资格审查;负责土地交易中的有关政策、程序咨询;参与编制土地招投标、拍卖方案;承办国有土地使用权招标、拍卖出让的具体实施工作。镇江市区凡符合下列条件之一的国有土地,都应当进入土地市场交易。1. 通过出让方式取得土地使用权,且符合下列条件的土地:按合同约定已经支付全部土地出让金,并领取国有土地使用权证,按出让合同约定进行土地投资开发,其中房地产开发项目应已完成开发投资总额的25%以上,属于成片开发土地的,已形成工业用地或其他建设用地条件;转让房地产时房屋建成的还应当持有房屋所有权证书;2. 政府需要储备的国有土地;3. 私有房产(含经济适用房、房改房等)交易中连同土地使用权转让的;4. 已通过准入资格审查,允许入市交易的其他土地。同时,建立土地收购储备制度,政府垄断土地一级市场。根据国家建设的需要和城市建设统一规划、统一开发、统一管理的要求,市区范围内一切原通过划拨方式取得使用权的国有土地和已经出让给单位或个人使用的土地需要出让或转让的,一律由市国土部门依法采取预约收购或直接收购等方式进行储备,按计划进入土地交易中心公开挂牌交易。土地储备的对象为:1. 使用人不明的国有土地;2. 征地撤组农转非后剩余的国有土地;3. 因单位搬迁(含污染企业搬迁和退城进区企业原生产用地)、解散、撤销、破产、产业结构调整或者其他原因调整出的原划拨国有土地;4. 经土地使用权人申请,准入土地市场交易的国有土地;5. 驻镇部队需要盘活的国有土地;6. 以出让方式取得土地使用权后无力继续开发,又不具备转让条件的国有土地;7. 明显低于市场价格的拟转让的国有土地;8. 土地使用期限已满被市政府依法收回的国有土地;9. 市政府依法收回的荒芜、闲置两年以上的国有土地;10. 土地违法案件经依法查处后,国土部门依法收回的国有土地。并明确规定从本决定发布之日起至2000年4月30日,在镇江市区范围内冻结房地产、商业、金融、旅游、娱乐、服务业等经营性用地的审批供应。在此期间,市计划、规划、国土、建设、房管等相关部门停止受理(办理)上述各类经营性用地项目的相关批准手续。2000年4月,镇江市政府下发《批转镇江市土地市场领导小组办公室〈镇江市市区国有土地使用权招标拍卖出让方案编制暂行办法〉的通知》,明确规定市各有关部门要按照各自的职责分工,相互配合、支持,共同做好市区国有土地使用权招标拍卖出让工作。从2000年5月1日起,国有土地出让必须严格按照市政府批准的土地出让方案,全部进入土地交易中心招标、拍卖出让,按照规定程序组织实施。在本决定发布前,已取得计委立项和领取建设工程规划许可证,但未取得用地批文的用地项目,一律进入土地市场参加招标、拍卖,原建设单位在同等条件下可优先受让。

2000年5月,镇江市土地交易中心成立后,即以公开招标方式出让市区一宗0.39公顷国有土地使用权,出让底价387万元,成交价470.99万元。2001年6月,采用拍卖方式出让3宗地块,出让面积62.07亩,成交价3590万元,溢出金额1560万元。2001年7月,镇江市委、市政府出台《关于进一步完善城市建设市场化经营若干问题的意见》,同年9月,镇江市政府出台《关于印发〈镇江市国有土地收(预)购储暂行办法〉的通知》,至此,镇江市土地市场建设已初步完善。2002年7月,丹徒区拍卖位于丹徒新区祥和广场东西两侧两宗商住用地,面积分别为73320平方米和96260平方米,7家房地产开发商参加竞买,杭州永安房地产开发有限公司分别以2210万元和2910万元的价格独家竞得,高出起拍价420万元;同年8月拍卖出让京口区星星村、民主村、小米山茶场、西荷花塘4宗共计852.17亩国有土地使用权,以5.718亿元的价位出让,溢出底价1.638亿元,增长43.5%。2003年,采用挂牌出让方式,成功出让9宗急需变现的破产和改制企业国有土地使用权,出让成交价2.8亿元,溢出底价4110万元,其中一宗面积2.83亩的商业性用地,出让价每亩452万元;市玻璃厂地块在挂牌竞买中,以8060万元成交,比原企业自行商定地价高出3060万元。2004年,全市采用招标拍卖挂牌出让经营性用地1.55万亩,成交金额63.07亿元,经营性用地市场出让率100%,其中市区出让土地6572亩,成交金额41.89亿元。句容市出让土地成交金额13.4亿元,上缴财政净收益5.2亿元。丹徒区经营性用地纳入市区统一出让,成交金额7.9亿元,最高地价每亩60多万元。丹阳市和扬中市经营性用地市场出让成交金额均超亿元以上。2005年初,市政府对全市经营性用地交易计划实行指令性下达,控制利用新增建设用地从事房地产开发,严格土地交易出让程序,参加江苏土地市场网,发布土地交易信息,接受社会监督。全年全市经营性用地入市交易计划为8000亩,其中丹阳市1100亩、句容市1000亩、扬中市600亩、市区5300亩(丹徒区900亩、镇江新区800亩、市直3600亩)。全市出让经营性用地6615.3亩,土地成交金额30.36亿元。其中市区市场出让3111.05亩,土地成交金额18.24亿元;丹阳市市场出让868.05亩,土地成交金额4.04亿元;句容市市场出让1867.05亩,土地成交金额5.6亿元;扬中市市场出让220.05亩,土地成交金额1.6亿元;丹徒区出让乡镇经营性用地549亩,土地成交金额0.88亿元。

第二章　土地利用规划

1990年以前,镇江市在水利规划、农田整治规划中有专项土地规划。1990年,镇江市开始编制1990~2000年土地利用总体规划和专项规划。1992~1996年,镇江市和各县(市)区、各乡镇土地利用总体规划编制全部完成。1992年11月~1996年12月,扬中县、丹阳市、丹徒县、句容县、京口区、润州区土地利用总体规划先后通过验收。1994年5月,镇江市土地利用总体规划验收通过。

根据"一要吃饭,二要建设"的用地方针,确保2000年全市耕地272.26万亩,其中基本农田240万亩的目标。经过论证和分析比较,最终选定丙方案(见表6-4)。

第一节　土地利用总体规划

一、市级规划

由镇江市土地利用总体规划办公室、南京师范大学地理系、镇江市农业区划办公室联合进行编制。镇江市土地利用总体规划的各个专项规划编制聘请11名联络员和联络员所在单位负责具体编制,1993年11月底完成。1994年3月提交镇江市土地利用总体规划领导小组扩大会议进行讨论通过,1994年5月由镇江市土地利用总体规划办公室正式呈报镇江市人民政府进行审议。同年9月,江苏省人民政府审查通过《镇江市土地利用总体规划》。镇江市土地利用总体规划包括《镇江市土地利用总体规划》《镇江市土地利用总体规划说明书》《镇江市土地利用总体规划编制说明》以及彩色1:10000《镇江市土地利用现状图》《镇江市土地利用规划图》《镇江市土地利用总体规划分区图》《镇江市四荒资源分布图》《镇江市四低资源分布图》《镇江市耕地粮食产量分级分布图》《镇江市开发区和重点工程建设用地规划示意图》各1份;完成《镇江市土地需求量预测》《镇江市土地后备资源及其开发利用》《镇江市土地利用战略》的专题研究。

根据规划,镇江市1990年土地利用总量为575.36万亩,到2000年在总量不变情况下,耕地减17.06万亩,园地增7.66万亩,林地增0.77万亩,牧草地增1.62万亩,居民点及工矿用地增11.35万亩,交通用地增5.51万亩,水域减1.35万亩,未利用地减8.5万亩。

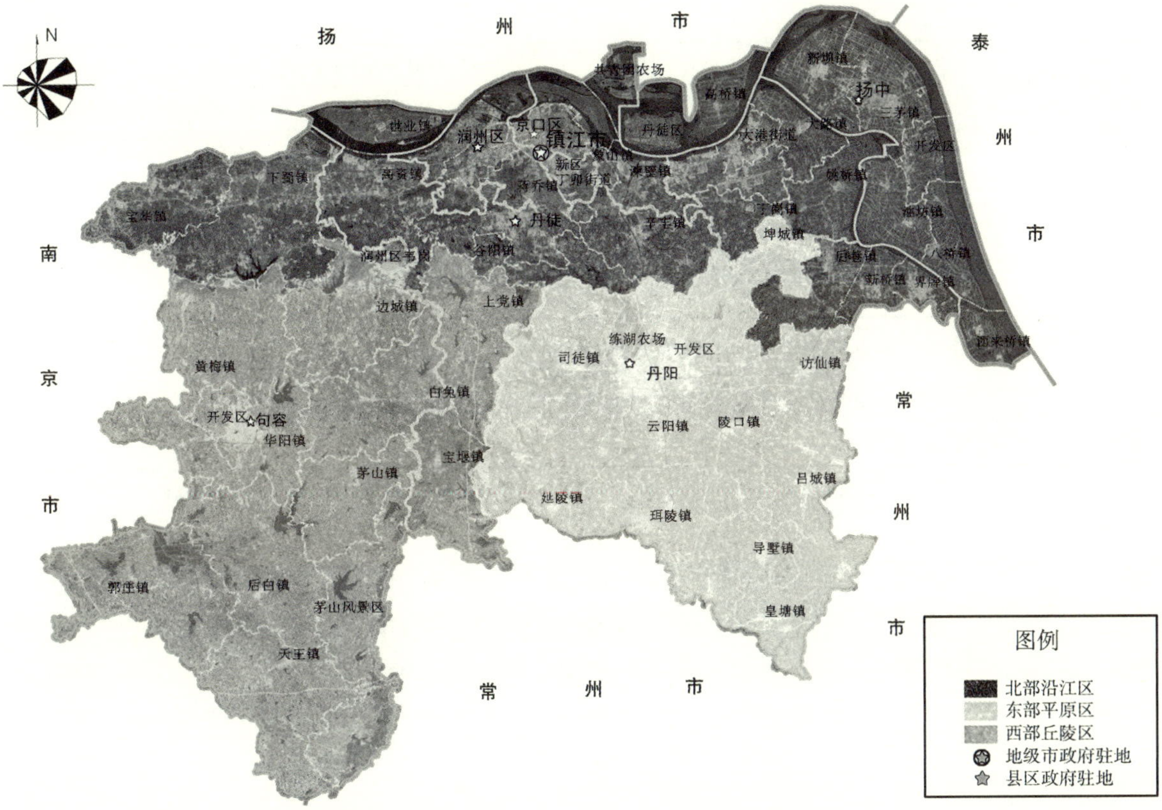

图 6-2　镇江市土地利用总体规划——综合分区图

1990 年镇江市土地利用状况表

表 6-3　　单位：%

土地利用分区	耕地	园地	林地	牧草地	居民点及工矿用地	交通用地	水域	未利用地	合计
沿江片区	37.30	2.75	6.90	2.06	13.50	2.91	33.74	0.84	100
湖西片区	62.16	5.09	0.51	0	10.78	2.88	18.41	0.17	100
丘陵片区	53.48	2.50	11.45	1.98	10.26	1.74	14.37	4.22	100
全　市	50.29	3.01	8.26	1.67	11.29	2.27	20.67	2.54	100

说明：表内系各类土地占本片区土地利用总面积的%

在编制镇江市土地利用总体规划时，初步设计有三种不同方案：

2000 年镇江市土地利用总体规划三种方案表

表 6-4　　单位：%

土地利用种类	1990 年土地利用现状	2000 年三种方案		
		甲方案	乙方案	丙方案
耕地	50.29	49.28	46.29	47.32
园地	3.01	4.10	4.25	4.34
林地	8.26	8.26	8.27	8.39
牧草地	1.67	1.60	1.58	1.95
居民点及工矿用地	11.29	12.01	14.08	13.26

续表 6-4

土地利用种类	1990 年土地利用现状	2000 年三种方案		
		甲方案	乙方案	丙方案
交通用地	2.27	2.52	3.29	3.23
水域	20.67	20.51	20.49	20.44
未利用地	2.54	1.72	1.75	1.07
合计	100	100	100	100

说明:表内数据系各类土地占本片区土地利用总面积的%

1990～2000 年镇江市土地利用总体规划用地需求平衡情况表

表 6-5

土地利用种类	1990 年		1995 年		2000 年	
	万亩	占比(%)	万亩	占比(%)	万亩	占比(%)
耕地	289.32	50.29	283.24	49.23	272.26	47.32
园地	17.34	3.01	21.35	3.71	25.00	4.34
林地	47.53	8.26	47.89	8.32	48.30	8.39
牧草地	9.58	1.67	10.33	1.80	11.20	1.95
居民点及工矿用地	64.96	11.29	70.60	12.27	76.31	13.26
交通用地	13.06	2.27	16.09	2.80	18.57	3.23
水域	118.93	20.67	118.08	20.52	117.58	20.44
未利用地	14.64	2.54	7.78	1.35	6.14	1.07
合计	575.36	100	575.36	100	575.36	100

二、县(市)、区级规划

由各县(市)、区规划办公室和有关高等院校联合进行,市规划办公室进行业务指导。除句容县和南京农业大学土地管理学院联合编制外,其他各县(市)、区都和南京师范大学地理系联合编制。1992 年 10 月,《扬中县土地利用总体规划》率先完成;1993 年 8 月,《丹徒县土地利用总体规划》完成;12 月,《丹阳市土地利用总体规划》《句容县土地利用总体规划》完成;1994 年 8 月,《京口区土地利用总体规划》完成;1996 年末,《润州区土地利用总体规划》完成。县(市、区)分别完成土地利用总体规划、土地利用总体规划技术说明、彩色 1∶50000 土地利用现状图和土地利用总体规划图各 1 份;完成专题研究报告 14 份。同时完成 2 项专项规划,即《丹阳市经济技术开发区用地规划》《扬中县农田保护区规划》。

三、乡(镇)级规划

须与集镇的村镇建设规划相互协调,除扬中县将各乡(镇)实施两项规划合并编制试验外,其他各县(市)、区的两项规划都分别进行编制。乡(镇)级土地利用总体规划编制分两个阶段进行操作,首先编制以行政村为中心单元的村土地利用规划,确定耕地的保护率和编制基本农田保护规划,编制 1/2500 或 1/5000 土地利用现状工作草图等;其次在行政村规划基础上编制乡(镇、场)土地利用总体规划。全市 37 个乡、44 个镇、1 个场共完成土地利用总体规划和说明书 82 份,绘制彩色 1/10000 土地利用总体规划现状图 82 份,部分乡、镇、场还绘制土地后备资源开发复垦示意图、农田保护规划图、农村居民点用地调整规划图等。

四、土地利用总体规划修编调整

1997 年，镇江市对土地利用总体规划进行修编。修编以《镇江市国民经济和社会发展第九个五年计划和 2010 年远景目标》为依据，以上一轮土地利用总体规划和基本农田保护规划为基础，以切实保护耕地、提高土地利用率为重点，在规划期对省下达的三项控制指标，即：建设占用耕地 9.07 万亩、补充耕地总量 13.5 万亩、净增耕地面积 0.8 万亩进行落实，实现全市耕地总量动态平衡。其中基本农田保护规划，按照“面积不能少，位置不能乱”的原则，与 1995 年制定的基本农田保护规划和村镇建设规划相衔接；土地复耕开发整理规划，到 2010 年，通过复耕开发整理，增加耕地 13.5 万亩，其中通过后备资源复垦开发增加耕地 3.5 万亩，通过土地整理增加耕地 9.99 万亩。中心村建设占用耕地按照省政府关于村镇建设用地与复垦开发相挂钩“占一补一”要求自行解决。

1996～2010 年镇江市土地利用结构调整规划表

表 6-6　　单位：公顷

类别		1996 年		2000 年		2010 年	
		面积	比重（%）	面积	比重（%）	面积	比重（%）
土地总面积		385410.77	100.00	385410.77	100.00	385410.77	100.00
耕地		185242.91	48.06	185360.72	48.10	185776.24	48.20
园地		13017.91	3.38	13124.58	3.40	13395.28	3.48
林地		31176.53	8.09	31569.87	8.19	32465.33	8.42
牧草地		2620.87	0.68	2480.86	0.64	2161.24	0.56
居民点及工矿用地	小计	50649.67	13.14	51016.34	13.23	51755.22	13.43
	城镇	7109.25	1.85	8609.25	2.23	11548.13	3.00
	农村居民点	32657.58	8.47	31324.25	8.13	28657.58	7.44
	独立工矿	7391.40	1.92	7591.40	1.97	8058.07	1.94
	特殊用地	3491.44	0.90	3491.44	0.90	3491.44	0.90
交通用地	小计	8025.80	2.08	8659.13	2.25	10141.96	2.63
	铁路	492.79	0.13	612.79	0.16	992.79	0.26
	公路	2813.90	0.73	3140.57	0.81	3753.92	0.97
	农村道路	4547.50	1.18	4720.83	1.23	5183.64	1.34
	机场	4.33	-	4.33	-	4.33	-
	港口码头	167.28	0.04	180.61	0.05	207.28	0.06
水域	小计	82053.25	21.29	81386.58	21.12	79845.08	20.72
	水利设施	18062.63	4.69	18195.96	4.72	18602.63	4.83
	滩涂	848.10	0.22	848.10	0.22	848.10	0.22
	其他	63142.51	16.38	62342.52	16.18	60394.35	15.67
未利用土地		12623.84	3.28	11812.69	3.07	9870.42	2.56

1997～2010年镇江市各类用地指标平衡表

表6-7　　　　　　　　　　　　　　　　　　　　　　　　　　单位:公顷

地类	规划基期年面积	调整后地类								期内减少
		耕地	园地	林地	牧草地	居民点及工矿用地	交通用地	水域	未利用土地	
耕地	185242.91	–	357.73	83.25	–	5349.44	1583.73	1009.19	83.33	8466.67
园地	13017.91	673.27	–	–	–	35.36	–	6.00	–	714.63
林地	31176.53	81.28	85.50	–	–	128.26	10.55	4.00	–	309.39
牧草地	2620.86	336.22	76.67	33.33	–	10.83	2.55	–	–	459.62
居民点及工矿用地	50649.67	2768.81	186.57	1455.80	–	–	408.35	1.03	–	4820.56
交通用地	8025.80	26.03	–	–	–	6.30	–	–	–	32.33
水域	82053.25	2907.35	133.33	–	–	188.06	68.37	–	–	3297.11
未利用土地	12623.84	2207.04	252.20	25.81	–	208.06	74.92	68.72	–	2836.75
期内增加	–	9000.00	1092.00	1598.19	–	5926.11	2148.49	1088.94	83.33	–
规划目标年面积	–	185776.24	13395.28	32465.33	2161.24	51755.22	10141.96	79845.08	9870.42	–

1997～2010年镇江市土地用途分区面积情况表

表6-8　　　　　　　　　　　　　　　　　　　　　　　　　　单位:公顷

土地分区		合计	市区	丹徒区(县)	句容市	扬中市	丹阳市
农用地区	耕地	185776.24	6682.47	37405.43	70991.28	12833.33	57863.73
	其中:基本农田保护区	166000.00	3200.00	33946.67	63993.33	11073.32	53786.67
	一般农地	47994.87	3403.16	6604.84	26532.57	2288.57	9165.73
	后备资源开发区	9000.00	333.33	1933.33	2866.67	1000.00	2866.67
	其他	19776.24	1454.02	4808.67	6997.94	2438.55	4077.06
建设用地区	城镇建设区	19606.20	5977.18	300.00	5053.98	2726.87	5548.17
	村镇建设区	28657.58	4122.01	7171.63	7086.16	1007.27	9270.51
	其他	13633.38	4751.54	2786.93	2160.13	742.46	3192.32
其他用地区	生态景观保护区	3862.45	742.60	133.33	1993.12	993.40	–
	水域	79845.07	9277.87	18353.92	20656.63	12987.39	18569.26
	其他	9870.42	1553.87	2343.29	4385.90	453.21	1134.15

说明：该表市区未包括丹徒区

2000年,镇江市开展土地利用总体规划调整完善工作。规划调整完善时,原上级下达的耕地保有量、基本农田保护面积、补充耕地数量和净增耕地数量不得变动;新增规划建设用地置换指标和农用地整理折抵指标,规划期内置换指标和折抵指标7万亩,其中规划建设用地置换指标6.5万亩,规划农用地整理折抵指标0.5万亩。

2005年,镇江市成立土地利用总体规划修编领导小组,开展新一轮土地利用总体规划(2006～

2020 年)修编前的准备工作。

第二节　土地利用专项规划

20 世纪末,镇江市各专项用地规划主要有:

《人口规划预测》。全市人口控制在 280 万人,比“八五”期末增加 10 万人(其中自然增长 9 万人)。

《基本农田用地预测》。全市耕地面积必须保持 230 万亩,粮田最低警戒线保持 200 万亩;按复种指数 180% 计算,粮食种植面积不得少于 305 万亩,加上油料作物、棉花、麻类、花生、芝麻、绿肥、蔬菜等,总播种面积为 414 万亩。

《镇江市区蔬菜用地发展预测》。全市规划蔬菜供应城市人口 50 万人,人均菜地 0.03 亩,用地面积为蔬菜保护区 10113 亩、控制区 3967 亩、开发区 7000 亩。

《重大工程(总投资 3000 万元以上项目)建设用地预测》。规划“八五”后期有 13 项,“九五”期间有 14 项。预测用地 3 万亩(镇扬长江公路大桥和京沪高速铁路建设用地未预测)。

《镇江市区建设用地预测》。规划城市建设区 48 ~ 50 平方公里,人均用地控制在 90 ~ 95 平方米,用地约需 2.85 万亩。

《交通用地规划》。公路实现“一主四化”,即:高速公路为主骨架,高速公路配套高级化、市通县公路二级化、国道和省道超二级化、县乡公路黑色化,公路里程 1500 公里,需征地 16637 亩;航道重点整治苏南运河丹阳、吕城、辛丰河段,计里程 9.16 公里,加上谏壁复线船闸,共计需征地 886 亩;港口新增 29 个泊位,需征地 1180 亩;地方铁路需征地 1400 亩。

《水利建设用地规划》。“八五”期间,建设项目 62 个,用地 7706 亩;“九五”期间,建设项目 58 个,用地 19534 亩。

《乡镇工业用地预测规划》。乡镇工业产值达 1000 亿元(平均年递增 29.71%),需要用地 18.5 万亩(平均年递增 14.43%)。

《土地后备资源规划预测》。适宜种植的耕地为 170877 亩,在总耕地面积中的中、低产田(三年平均亩产 600 公斤以下为中、低产田)数量较大,对中、低产耕地以及园地、林地、水地实行综合治理;对荒山、荒地、荒滩、荒水结合冬春绿化、水利建设、村镇建设、国土整治进行开发。

《多种经营用地规划》。茶园达到 10 万亩、果园达到 5 万亩、林地达到 65 万亩,林木覆盖率提高到 20% 以上,实现平原绿化市,建成 5 万亩板栗基地,2 万亩意杨基地,2 万亩杞柳编业基地,百万株银杏四旁基地,5 万亩用材林基地,20 万亩蚕桑生产基地等。

第三章　建设用地管理

1986 年以前,镇江市对土地征用、划拨没有集中统一管理,滥用浪费土地现象比较严重。《中华人民共和国土地管理法》公布后,镇江市加大对土地管理力度,完善征用、拨用、使用土地审批制度,实行行政的、法律的、经济的综合管理,用地管理步入正常轨道。

第一节　用地审批

20 世纪 80 年代中后期,市土地管理部门对土地实行计划管理。1989 年,镇江市建设用地计划正式纳入全市国民经济和社会发展计划之内。用地计划根据江苏省计经委下达的用地控制指标，由市土地管理部门会同市计划部门进行综合平衡，分解到各县（市）、区，再由县（市）、区平衡分解下达至各乡（镇）。用地计划实施专项管理，指标当年有效，并按照规定权限审批使用，征（使）用耕地3亩以下、非耕地10亩以下者，由县（市）、区人民政府批准，报镇江市土地管理局备案；征（使）用耕地3亩以上、15亩以下，蔬菜地3亩以下，其他土地20亩以下者，由县（市）区人民政府审核，报镇江市人民政府审批；征（使）用耕地15亩以上，蔬菜地3亩以上，非耕地20亩以上，由县（市）及镇江市人民政府审核，报江苏省人民政府批准；征（使）用耕地1000亩以上，非耕地2000亩以上者，由江苏省人民政府审核，报国务院批准。1988～1993年，镇江市审批国家建设用地1561项，21074.261亩，其中耕地17009.037亩。

1994年，土地审批权限调整，征用耕地3亩以上、30亩以下，蔬菜地3亩以下，其他土地10亩以上、50亩以下由市人民政府审批；征用耕地3亩以下，其他土地10亩以下由县（市）人民政府审批。1994～1997年，镇江市审批国家建设用地1394项，32585.061亩，其中耕地27943.471亩。

1999年1月起，对征用基本农田、基本农田以外的耕地超过525亩的、其他土地超过1050亩的由国务院批准；对征用由国务院批准规定以外的土地的，由省、自治区、直辖市人民政府批准，并报国务院备案。国家征用土地由县级以上地方政府予以公告并组织实施。

第二节　征地补偿

国家建设需要划拨国有土地，不付给土地补偿费，征用农田则给予经济补偿。1986年以前，一般按照土地产出量计算补偿，1987年1月起，按照1986年6月25日全国人大常委会通过的《中华人民共和国土地管理法》规定，土地补偿费改为该土地被征用前3年平均产值3～6倍计算。1989年，按照《江苏省土地管理法实施条例》规定，征用土地经济补偿费调整为：耕地按该土地年产值的6倍计算；鱼塘、藕塘、养殖场、果园及经济林木的土地按该土地年产值的5倍计算；林地、柴地、滩地、苇塘和其他有收益的非耕地，按土地年产值3倍计算；宅基地，按邻近耕地计算；无收益的非耕地，适当给予补偿。

1992年7月，镇江市对本市征地经济补偿费标准作规范，水田平均每亩补偿金额：丹阳市3600～4200元、句容县2700～3900元；计划内菜地每亩补偿金额：丹阳市4800～6000元、句容县6000～9000元，对其他不同土地类别分别规定补充标准。

对国家建设征用土地除给予土地补偿费外，还要给予青苗补偿费。对征用土地上的房屋和其他建筑物，采取拆迁处理，按房屋结构、面积、新旧程度的实际情况进行评估，由用地单位给予合理补偿。

1987年，《江苏省〈国家建设征用土地条例〉实施办法》规定，征（使）用农村集体土地，要付给劳力安置补助费。1988年，对征用耕地的安置补助费为该耕地被征用前三年平均每亩年产值的3倍；人均耕地不足1亩的自4倍起算，人均耕地每减少0.1亩安置补助费相应增加1倍，最高不超过年产值的10倍。征用房屋和其他建筑物的基地以及无收益的非耕地，不支付劳力安置补助费。1993年后，镇江市的安置费以人为单位，按0.95万元～1.35万元/人（含城市人口增容费0.35万元/人）的标准计算劳力安置补助费。

征地后人均实际占有耕地不足0.5亩的村民小组，其多余劳动力应予以安置。凡被安置的劳动力必须是被征地村民小组常住户口、身体健康，男性16～45周岁，女性16～35周岁。1993年12月份以后，调整为男16～35周岁，女16～30周岁，文化程度为初中，安置工作基本实行“谁用地谁安置”，建设单位安置确有困难的，委托劳动部门有偿统筹安置，相应的安置补助费返还给吸收劳动力的单位。

因国家建设征用土地而造成被用地单位的耕地全部被征用后，农业人口人均耕地不足0.1亩的村民小组，经县级以上人民政府审核后，报省政府批准，原有的农业人口可以转为非农业人口（简称“农转非”）。1989～1997年，全市陆续办理2个村、69个组的“撤组转户”，农转非11311人、征地带劳14317人。

从2004年1月1日起，对全市征地补偿标准予以调整。2004年，镇江市征用耕地（菜地）土地补偿标准，为该耕地（菜地）被征用前三年平均年产值（下同）的10倍。耕地被征用前三年平均年产值的最低标准，京口、润州、镇江新区丁卯片区为每亩1600元，在册菜地为每亩3000～3500元；其他地区为每亩1400元，在册菜地为每亩1800～2000元。征用精养鱼池按耕地12倍计算，其他养殖水面按7倍计算；征用果园或其他经济林地按12倍计算；征用其他农用地按10倍计算；征用未利用地按5倍计算。征用农民集体所有的非农建设用地按耕地前三年平均年产值10倍计算。被征地农民基本生活保障资金，按收支两条线的原则纳入财政专户管理，专项用于被征地农民的基本生活保障。

2004年镇江市被征地农民基本生活保障标准表

表6-9

地区	年龄段	保障标准（元/月）	
		养老金（参加保障的人员到达养老年龄时方可领取）	生活补助费
京口润州	第二年龄段	170	140
	第三年龄段	170	70
	第四年龄段	170	120
	第五年龄段	170	-
其他地区	第二年龄段	140	120
	第三年龄段	140	60
	第四年龄段	140	100
	第五年龄段	140	-

说明：第二年龄段为女性满16周岁不满35周岁，男性满16周岁不满40周岁；第三年龄段为女性满35周岁不满45周岁，男性满40周岁不满50周岁；第四年龄段为女性满45周岁不满55周岁，男性满50周岁不满60周岁；第五年龄段（养老年龄）为女性满55周岁，男性满60周岁及其以上人员

到2005年底，标准未变。

第三节　地价管理

随着土地使用制度改革，地价逐渐与经济发展及物价水平相吻合。镇江市与南京大学城市与资源学系合作，借助地理信息系统（GIS）技术，于1991年11月完成镇江市区50.14平方公里和丁卯经济技术开发区首次土地定级和估价工作。主城区划分出6个土地级别，丁卯经济技术开发区划分出4个土地级别，测算出1991年镇江市城区土地基准地价。

1991 年镇江市城区土地基准地价表

表 6-10

地区	级别	基准地价(元/平方米)		分布范围
		地价	幅度	
主城区	一	1382	1300～1400	大市口地区:北至八叉巷,南至永安路,东至南门大街,西至双井路口
	二	1225	1080～1300	大市口地区:北至弥陀寺巷,南至健康路口,东至梳儿巷,西至电力路口,除一级地区以外的部分;大西路(迎江路口至宝塔路)、伯先路、火车站广场地区
	三	913	700～1080	解放路以东片:北至医政路,南至解放桥巷,东至环城路;解放路以西片:北至会莲庵街、苏北路,南至运河路,西至利商街、二马路;梦溪广场地区,牌湾
	四	500	300～700	中山路北:北至江边,东至桃花坞,西至金山路。中山路南:东至京岘山路,西至二道巷,南至天桥路、南徐路,黄山路。金山公园地区
	五	200	130～300	东至焦化厂铁路专线,西至镇扬路,南至黄七路,北至江边。宝盖山
	六	90	50～130	黄鹤山,磨笄山及上述级别以外地区
丁卯工业区	一 二 三 四	150	–	–

1997 年 10 月,根据省国土管理局、物价局《关于公布、执行江苏省城镇基准地价的通知》,镇江市土地分为 6 级,丹阳市、句容市、扬中市的城镇分为 4 级。地价基准日为 1997 年 6 月 30 日,其基准地价见表 6-11。

1997 年镇江市城镇基准地价表

表 6-11　　单位:元/平方米

地区	一级			二级			三级			四级			五级			六级		
	商业	住宅	工业	商业	住宅	工业	商业	住宅	工业	商业	住宅	工业	商业	住宅	工业	商业	住宅	工业
镇江	3100	1800	800	2200	1500	700	1300	1000	600	1000	850	500	700	600	400	500	350	250
丹阳	1200	720	480	1020	490	400	600	420	350	420	360	280	–	–	–	–	–	–
句容	1080	480	360	840	360	300	540	280	260	420	360	200	–	–	–	–	–	–
扬中	1200	720	480	1020	490	400	600	420	350	420	360	280	–	–	–	–	–	–

2003 年,镇江市国土资源局与南京师范大学地理科学学院合作,开展镇江市市区土地定级和基准地价更新研究,完成《镇江市市区土地价格调查》以及对应的土地级别分布范围表。

2005 年 7 月,镇江市政府根据《镇江市市区土地价格调查》成果,下发《关于公布镇江市市区土地基准地价的通知》,基准地价有效期为 2005 年 7 月 31 日至 2007 年 7 月 30 日。

2005 年镇江市区土地基准地价表

表 6-12　　单位:元/平方米

土地级别	综合用地	商业用地	住宅用地	工业用地
一	4790	4800	2350	-
二	3380	3400	1770	-
三	1750	2300	1220	500
四	960	1290	750	390
五	460	720	480	310
六	330	470	300	250

2005 年镇江市市区综合用地定级分布范围表

表 6-13

土地级别	分片编号	分布范围
一	1-1	大市口地区:北至万古一人巷,南至水陆寺巷,东沿中山东路两侧至环城路,向西沿中山西路两侧至物资大厦
二	2-1	东沿环城路至青年广场,南沿运河路南侧和沪宁铁路一线,北至长江路,西沿电力路西侧到火车站
三	3-1	东到江滨新村沿花山湾新村至焦化厂铁路专用线西侧,南沿官塘桥路南部、沪宁铁路南部和七里甸镇政府,西从金山风景区沿沪宁铁路线南侧一线到润州区政府,北接长江
四	4-1	东从润州船厂西侧至京岘山东侧到经九路东侧、南自纬二路到九华山电视发射台至龙脉团山遗址,西自无线电厂、工艺厂至金山风景区,北临长江
五	5-1	东从润州印刷厂西侧到丹徒镇政府穿过丁卯开发区,南到官塘桥镇政府和蒋乔镇政府,西从三国旅游城到杨小圩至长江路西线,北临长江
	5-2	谏壁镇政府和谏壁发电厂周围
六	6-1	五级以外的地区

2005 年镇江市市区商业用地定级分布范围表

表 6-14

土地级别	分片编号	分布范围
一级	1-1	北至万古一人巷、南至水陆寺巷、东沿中山东路两侧环城路、向西沿中山西路两侧至物资大厦
二级	2-1	东沿环城路东侧至青年广场,南至运河路南侧和黄山西路一线,北至长江路,西沿电力路西侧到火车站
三级	3-1	东到江滨新村沿花山湾新村至宝塔山公园南侧,南沿沪宁铁路南侧和七里甸镇政府,西沿和平路西侧和镇句路西部一线到润州区政府,北接长江。
四级	4-1	东沿焦化厂铁路专用线东侧、印刷厂东侧一线,南到新南徐路南侧一线,西沿长江路一线,北接长江
五级	5-1	东沿宗泽路和学府路东部直至丹徒镇政府,南从精神康复医院到官塘镇政府至蒋乔镇政府,西沿镇溧高速公路至长江,北接长江
	5-2	沿谏壁镇中心十字路向南北和东西方向延伸
六级	6-1	五级以外的地区

2005 年镇江市市区住宅用地定级分布范围表

表 6-15

土地级别	分片编号	分布范围
一级	1－1	大市口地区：北至长江路，南到正东路南侧，东至环城路，西从港务局到双井路至运河路一线
二级	2－1	东自江滨中学至桃花坞新村东侧，南从京岘山路到运河，沿中山西路南侧至火车站，西从中华路到十六中、沪宁铁路一线，北临长江
三级	3－1	东到焦化厂至印刷机械厂，南到天桥路沿沪宁铁路至卫校，西到二道巷和伯先公园，北临长江
四级	4－1	东从润州船厂西侧到宗泽路，沿谷阳路东侧至韦家湾，南沿新南徐路南侧，西至润州路西侧和营房街西侧，北临长江
五级	5－1	东从润州船厂东侧沿汝山西侧经江苏大学沿经十四路西侧至仇家北侧，南从镇大铁路专用线到南山风景区及镇溧高速公路西线，西从煤田勘探五队沿镇溧高速公路西侧至大五分子，北从大五分子至一泉宾馆，北沿长江一线
六级	6－1	五级以外的地区

2005 年镇江市市区工业用地定级分布范围表

表 6-16

土地级别	分片编号	分布范围
一级	1－1	东至环城路东侧、南至运河路、西至电力路，北至长江路
二级	2－1	东至环城路以东到桃花坞新村，南至天桥路北侧至黄山西路，西从火车站西侧至润州山路、伯先路、迎江路一线，北至长江
三级	3－1	东至市九中至焦化厂铁路专用线西侧，南至天桥路南侧、林隐路、旧南徐路一线，西至跑马山路、二道巷和和平路，北至长江
四级	4－1	东沿焦化厂铁路专用线东侧至宗泽路西侧、谷阳路西侧，南沿镇大铁路至新南徐路南侧，西至御桥港到金山风景区，北临长江
五级	5－1	东自润州印刷机械厂西侧至陈家湾、宗泽路东侧和经九路一线，南至镇大铁路南侧、八公洞水库南侧、蚕研所南侧，西沿镇溧高速公路东部一线，北临长江
	5－2	大港镇的兴港路两侧分布
六级	6－1	五级以外的地区

2003～2005 年镇江市区实际出让土地价格表

表 6-17　　单位：元/平方米

年　份	出让面积(平方米)	工业用地平均价格	商业服务业用地平均价格	住宅用地平均价格
2003	3738838	208	1162	919
2004	5124151	187	809	1009
2005	4232912	231	1102	872

第四节　土地规费

1991 年江苏省人民政府为规范土地规费收取工作，由省物价局、财政厅、土地管理局发出文件，规定保留的收费项目、收费范围和标准；其后，又增设土地价格评估费、土地开发资金、造地补偿费等各种项目。

2005 年镇江市国土资源系统收费标准表

表 6-18

序号	收费项目名称	收费标准	收费依据
1	水利建设基金—农业重点开发建设资金	非农业建设新征（拨、使）收土地征收 2400 元/亩，其中茅山老区 2000 元/亩	苏财综〔1999〕90 号 苏政办发〔2002〕77 号
2	新增建设用地有偿使用费	京口区、润州区 28 元/平方米；丹阳市、扬中市 17 元/平方米；丹徒区 14 元/平方米；句容市 12 元/平方米	财综字〔1999〕117 号
3	耕地开垦费	9 元/平方米，其中占用基本农田的加收 40%	苏政发〔1999〕87 号
4	土地复垦费	2000 元/亩（若承担复垦任务，验收合格后，收费全额退回）	苏政发〔1999〕8 号 苏财综〔1993〕199 号 苏价涉〔1993〕219 号
5	土地闲置费	以划拨方式取得土地使用权的，自建设用地批准书颁发之日起满一年未动工建设的，按每年每亩 4000 元征收；以出让方式取得的，自国有土地有偿使用合同生效满一年未动工开发建设的，按每年不超过土地出让金的 20% 计征，其中工业用地按土地出让金的 15% 计征，经营性用地和其他用地按 10% 计征；已开发建设面积不足总面积三分之一的，或已投资不足总投资 25% 且未批准终止开发建设满一年的建设用地应认定为闲置土地，并根据供地方式分别计征	苏价服〔2004〕494 号 苏国土资发〔2004〕437 号 苏财综〔2004〕167 号 镇价服〔2005〕92 号 镇财综〔2005〕18 号
6	土地登记费	1. 党政机关、人民团体、全额预算管理事业单位每宗地收 10 元；2. 企业、自收自支单位土地使用面积在 1000 平方米（含 1000 平方米）以下每宗地收 110 元，每超过 500 平方米以内加收 40 元，最高不超过 4 万元；3. 差额预算管理事业单位土地使用面积在 2500 平方米（含 2500 平方米）以上每宗地收 160 元，每超过 500 平方米以内加收 20 元，最高不超过 1 万元；4. 城镇私房用于生产经营的土地使用面积在 500 平方米（含 500 平方米）以下每宗地收 90 元，每超过 100 平方米以内加收 20 元，最高不超过 200 元；5. 城镇居民住房（私房）土地使用面积在 100 平方米（含 100 平方米）以下每宗土地收 18 元，每超过 50 平方米以内加收 5 元，最高不超过 35 元	苏价房〔1999〕134 号 苏财综〔1999〕81 号
7	证书工本费　地质成果资料	公益性资料 10 元/人·天·卷；开发性资料 20 元/人·天·卷；图件 5～10 元/幅；人工检索 2 元/档，微机检索 0.4 元/档；复印档案资料收费按成本计价	苏价涉字〔1991〕194 号 苏价费〔1996〕260 号 苏财综〔1996〕88 号
	证书工本费　国有土地使用证	50 元/证	镇价房〔2000〕224 号

续表 6-18

<table>
<tr><th>序号</th><th colspan="2">收费项目名称</th><th>收费标准</th><th>收费依据</th></tr>
<tr><td>8</td><td colspan="2">新菜地开发建设基金</td><td>10000 元/亩</td><td>苏价房〔1999〕15 号</td></tr>
<tr><td rowspan="2">9</td><td rowspan="2">土地有偿使用费</td><td>国有土地有偿使用费</td><td>城镇国有土地 30 元/平方米，城镇以外的其他国有土地 15 元/平方米；国有荒山、荒滩、荒地 7.5 元/平方米</td><td rowspan="2">苏价涉〔1994〕306 号
苏财综〔1994〕183 号
苏土计〔1994〕128 号
苏政办发〔2002〕115 号</td></tr>
<tr><td>非农用土地有偿使用费</td><td>0.2～0.7 元/平方米·年（农民建房除外）</td></tr>
<tr><td>10</td><td colspan="2">土地出让价款</td><td>按出让价格收取，只有保护价，没有上限</td><td>财综字〔1995〕10 号
财综字〔1996〕1 号</td></tr>
<tr><td>11</td><td colspan="2">土地年租金</td><td>根据不同行业、不同的用地位置收取</td><td>苏政办发〔1998〕50 号</td></tr>
<tr><td>12</td><td colspan="2">土地市场交易服务费</td><td>对土地使用权进行出让的，向受让方收取 1～1.5 元/平方米；对土地使用权进行转让的，向交易双方收取 2～3 元/平方米，双方各承担一半；对土地使用权进行出租的，向交易双方收取 0.8～1.2 元/平方米，双方各承担一半；对土地使用权进行抵押的，按宗差别收费，双方各承担一半，具体为土地抵押额在 200 万元（含 200 万元）以下为 2000 元，土地抵押额在 200 万元～500 万元之间为 4000 元，土地抵押额在 500 万元～1000 万元之间为 6000 元，土地抵押额在 1000 万元～3000 万元之间为 8000 元，最高不超过 20000 元</td><td>苏价服〔2004〕258 号
苏国资发〔2004〕209 号
苏价服〔2005〕64 号
苏国资发〔2005〕89 号</td></tr>
<tr><td>13</td><td colspan="2">征地包干服务费</td><td>城镇规划区以内 50 公顷以下的为征地拆迁补偿费用的 3%，50 公顷以上的为 2%；城镇规划区以外 50 公顷以下为 2%，50 公顷以上的为 1%</td><td>苏价房〔2000〕319 号
苏国资发〔2000〕121 号</td></tr>
<tr><td>14</td><td colspan="2">土地评估费</td><td>土地价格总额 100 万元以下（含 100 万元），4‰；101 万元～200 万元，3‰；201 万元～1000 万元，2‰；1001 万元～2000 万元，1.5‰；2001 万元～5000 万元，0.8‰；5001 万元～10000 万元，0.4‰；10000 万元以上部分，0.1‰</td><td>苏价房〔1996〕296 号</td></tr>
<tr><td>15</td><td colspan="2">征（拨、使）用土地管理费</td><td>征地费用的 1.4%～3%</td><td>苏价涉〔1995〕155 号
苏价服〔2001〕281 号</td></tr>
<tr><td>16</td><td colspan="2">临时用地使用费</td><td>国家集体建设临时用地 1.5 元/年·平方米；城乡各类经营性临时用地 3 元/年·平方米</td><td>苏价涉〔1995〕155 号</td></tr>
<tr><td>17</td><td colspan="2">土地用途变更费</td><td>县城（含县城）以上城市：2 元/平方米
乡镇以下：1 元/平方米</td><td>苏价涉〔1995〕155 号</td></tr>
<tr><td>18</td><td colspan="2">土地出让业务费</td><td>土地出让金总额的 2%</td><td>苏价涉〔1995〕155 号</td></tr>
<tr><td>19</td><td colspan="2">土地测绘费</td><td>按 1∶500 比例 0.22 元/平方米</td><td rowspan="2">测财字〔2002〕3 号</td></tr>
<tr><td>20</td><td colspan="2">新征用地控制、地形测绘、勘界测绘费</td><td>300 元/亩</td></tr>
<tr><td>21</td><td colspan="2">建设用地拨地定桩费</td><td>2594.32 元/件（四个点）</td><td>测财字〔2003〕3 号</td></tr>
<tr><td>22</td><td colspan="2">测量标志迁建费</td><td>详见文件</td><td>苏测〔2006〕55 号</td></tr>
</table>

第四章　土地开发与保护

第一节　土地复垦开发

1987年，镇江市土地管理局成立后，对农村荒地进行有组织、有计划、有准备（包括人力、物力、财力）、立专项予以开发。1988年8月，根据国家经济委员会和国家土地管理局《关于调查土地复垦资源的通知》以及江苏省人民政府关于贯彻国家经济委员会、国家土地管理局对复垦土地资源调查通知精神，镇江市对全市土地复垦资源进行测算。测算结果表明，可供开发复垦的土地资源占全市土地总面积的7.8%。全市可供开发复垦的土地包括工矿、交通、水利挖压的废弃地，丘陵荒坡地，疏林灌木地，零星废沟塘和宅基废弃地，湖荡低洼滩地和江河滩地，已围待垦滩地等。可围垦的滩涂以及抛荒三年以上的闲置地约21.33万亩，其中适宜作为耕地的3910亩，适宜种植林、茶、桑、果地7917亩，适宜养殖的3061亩，适宜作其他用途的304亩。

1989年1月1日，国务院《土地复垦规定》施行。首次规定土地复垦实行"谁破坏，谁复垦"的原则，并从土地复垦的规划与实施、土地复垦后的土地权益和收益分配等内容做出规定。当年，镇江市土地管理局在新桥、界牌、建山召开土地开发复垦现场会，推动土地开发复垦工作。会后制订全市土地开发复垦规划，确定指令性计划和目标考核标准。7月，镇江市土地开发复垦项目立项报省，省立项项目3个，即句容县茅山地区河湖滩地及窑场废弃地复垦，丹阳市农村成片宅基地复垦，丹徒县上下湖滩地废弃地复垦，省拨复垦资金35万元。市立项项目2个，即扬中县老宅基地复垦，镇江市土地开发公司建设用地开发，市筹复垦资金17万元。

1990年，省立项土地复垦项目4个，即句容县茅山老区综合开发，润州区滩涂、废弃地开发，扬中县雷公嘴江滩开发，丹徒县湖滩地综合开发，省拨复垦资金45万元，镇江市配套资金12万元。江苏省人民政府于1990年4月5日在丹阳新桥、界牌、后巷召开土地复垦开发流动现场会。5月，镇江市土地管理局组织全市土地复垦开发对口检查活动，提出开发机构、开发任务、开发资金、优惠政策"四个落实"。各县（市）相应制订土地开发复垦的优惠办法，鼓励集体和个人对开发复垦的资金投入。当年全市完成复垦开发任务1.25万亩，其中耕地5040亩。

1991年，省立土地复垦开发项目6个，总面积4450亩，省拨复垦资金40万元。3～10月，镇江市土地管理局对全市土地后备资源进行详查，并绘制成图，建立台账。查清全市"三荒"土地有207240亩，其中荒山93000亩，荒地44775亩，荒滩69465亩。各县（市）、区可开发复垦土地资源：丹阳市2万亩，句容县8万亩，丹徒县5.9万亩，扬中市2.2万亩，润州区2.18万亩，京口区1545亩。全市完成复垦开发任务12060亩，其中耕地5608亩。

1992年，省立土地复垦开发项目4个，即丹徒县世业、上会、江心乡荒废地复垦开发，句容县荒坡岗地开发，丹阳市丘陵坡地、水利废弃地复垦开发以及镇江市郊大东滩围滩建设用地开发，省拨开发复垦资金35万元。全市完成复垦开发1.3万亩，其中耕地5250亩。镇江市土地管理局分别在丹徒县上会镇元庄村和丹阳市界牌镇召开现场会，表彰自1988年以来的2个土地开发复垦先进市（县）、10个先进乡镇、15名先进个人。9月，镇江市土地管理局被国家土地管理局表彰为全国土地复垦开发先进单位。

1993年，省立土地复垦开发项目7个，即句容县荒山、荒滩开发，镇江市世业芦滩开发，丹阳市废弃地复垦开发，丹徒县荒山荒坡综合开发，扬中县荒废地复垦开发，另追加丹徒、句容县省立项目各1个，省拨复垦开发资金54万元。镇江市政府根据市土管局上报土地复垦开发方案，组织市有关部门领导及技术人员对省立项目进行科学论证及评估，逐项验收，均达到合格标准。

1994 年 4 ~ 10 月，镇江市土管局组织对全市由市批准的非农业建设征而未用闲置土地检查。全市共抽查云阳、三茅、高资、华阳等 28 个乡镇、344 宗地，面积 5221 亩。其中荒芜闲置 73 宗，面积共计 786.6 亩，共收缴荒芜闲置费 35 万元。本年度省立复垦项目 4 个，即丹阳市行宫、大泊、导墅坡滩地复垦开发，丹徒县高桥、西麓坡滩地开发，句容茅山老区岗坡地开发，扬中联合、新坝、雷公嘴荒废地复垦，4 个项目共计 4400 亩，省拨资金共计 50 万元。

1995 年，省立土地复垦项目 3 个，即句容市荒山岗坡地开发，丹徒县荒山岗坡地、滩地复垦开发，润州区城郊接合部复垦开发，省拨开发复垦资金 70 万元。全市完成复垦开发任务 12038 亩，其中耕地 3509 亩。同年，根据省政府"关于对荒芜闲置耕地进行查荒灭荒活动"的通知精神，进行查荒灭荒。通过检查，发现全市荒废耕地较为严重的是各个开发区。在做大量工作的基础上，对每一宗荒芜土地具体落实复耕措施，至年底，荒芜的耕地得到复耕，并收取荒芜费 11 万元。1996 年，省土地立复垦项目 2 个，即扬中市的老宅基地复垦 700 亩，句容市丘陵坡地开发 1000 亩，省拨资金 70 万元。全年共复垦开发土地 12717 亩，其中耕地 5355 亩。1997 年，省立土地复垦项目 2 个，即扬中市的江滩开发和老宅基地复垦，句容市句容河废弃地复垦整治，省拨资金 60 万元。全年共完成土地复垦开发 11154 亩，其中耕地 5109 亩。

1988 ~ 1997 年，全市完成省、市立复垦项目 54 个，总面积达 32059 亩。全市土地开发复垦面积共 122210.6 亩，其中耕地 47360 亩。投入专项资金 1999.37 万元，其中省投入 389 万元，市投入 140 万元，县（市）、区投入 325.4 万元，乡镇投入 103.25 万元，单位自筹 1041.72 万元。

1999 年 2 月 4 日，国土资源部发布《关于切实做好耕地占补平衡工作的通知》，明确落实耕地占补平衡的法定义务，要求各地严格制定措施，确保耕地占补平衡落到实处，并严格项目督察制度和监测制度，全面稳步推进耕地占补平衡工作。2000 年 2 月 2 日，江苏省政府办公厅转发江苏省国土管理局《关于全省耕地占补平衡的实施意见的通知》，提出全省耕地占补平衡的实施意见，明确各地耕地占补平衡的责任，要求建立耕地占补平衡项目库，建立占用耕地指标储备，实现建设占用耕地先补后占，严格落实耕地占补平衡任务。同年 12 月 29 日，国土资源部印发《农业综合开发土地复垦项目管理暂行办法的通知》，进一步加强和规范农业综合开发土地复垦项目的管理。2003 年，国土资源部发布《全国土地开发整理规划（2001 ~ 2010）》指出，土地开发整理包含土地整理、土地复垦和土地开发三项内容。土地复垦项目的实施按照《江苏省土地开发整理项目和资金管理暂行办法》进行管理。镇江市严格按照国土资源部、省国土管理局文件要求，加大土地复垦开发力度。从 2005 年开始，镇江市从江苏省盐城市购买调剂耕地指标，以实现耕地占补平衡任务。

1999 ~ 2005 年镇江市土地复垦开发整理面积情况表

表 6-19

年份	项目个数（个）	总面积（亩）	新增耕地面积（亩）	验收耕地面积（亩）	从盐城调剂耕地补充面积（亩）
1999	-	15000.00	2867.20	2867.20	-
2000	-	35384.00	6484.60	4056.81	-
2001	68	22407.84	5933.14	3322.69	-
2002	62	25613.90	7340.58	4973.75	-
2003	111	46041.49	12009.40	9358.86	-
2004	148	74480.53	15192.11	13744.30	-
2005	117	62731.20	13974.93	12268.82	5434.00

第二节 基本农田保护

新中国成立后，镇江市开展大规模土地整治工作，提高土地利用效率，减除水旱等自然灾害，加强对农田的保护。各级土管机构成立后，贯彻“十分珍惜和合理利用每寸土地，切实保护耕地”的基本国策。坚持依法管地，对建设用地实行计划管理，严格控制非农业建设用地规模；加强土地执法监察，制止和查处越权批地、违法用地等行为，有效遏制乱占滥用耕地的势头，但耕地面积不断减少的形势仍很严峻。市政府从1991年开始采取划定全市基本农田保护区的重大措施，增强农田保护力度。

1993年12月，江苏省第八届人大常委会通过《江苏省基本农田保护条例》，规定市、县政府应根据省下达的控制指标，划定各乡镇的基本农田保护区。丹阳市被省政府确定为基本农田保护区划定试点单位。1994年3月，丹阳市政府选定云林、新桥、珥陵、界牌、皇塘5个不同类型的乡镇进行基本农田保护区划定试点工作。各试点乡镇政府根据上级下达指标，结合本地的经济发展情况，以行政村为单位，具体划定基本农田保护区。主要做到五个定：一是定面积。首先依据计划生育部门提供人口自然增长率分别预测2000年和规划高峰年的人口；其次根据对未来消费结构的分析研究，采取营养水平推算法，确定粮食总需求量；再就粮食单位产量和近年来农业复种指数，确定基本农田的面积。试点的5个乡镇基本农田保护指标为13.16万亩，占总耕地面积的85%。二是定位置。把现有耕地总量分为两大块。即基本农田保护区和建设预留区。首先依据建设用地规划确定建设预留区域范围，再按基本农田相对集中、成方连片的要求，划定基本农田保护区域，然后按线状地物划分基本农田保护片，注上片块号，编绘到土地利用现状图上，制出基本农田保护图。5个乡镇共划定基本农田保护片472块。三是定质量。由农业部门按土壤资料，分等定级，5个乡镇有上等田44469亩，占33.7%；中等田78346亩，占59.3%；下等田9223亩，占7%。四是定标志。以保护片为单位，共埋设标志牌472块，界址桩850根；行政村所在地设置标志牌73块；乡镇政府所在地设置大标志牌5块。五是定规划。乡镇政府分别与村民委员会签订基本农田保护责任书，明确责任权利和义务，并以改造中低产田、建设吨粮田为目标，以田、林、路、渠相配套为基础，制定出基本农田保护区建设规划。

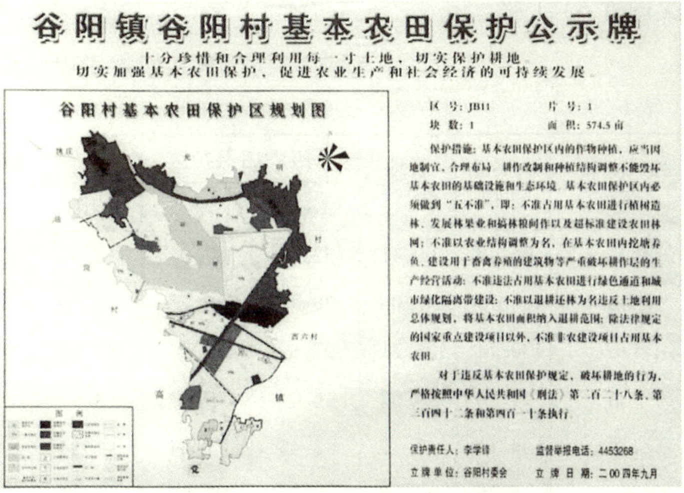

图6-3 2004年基本农田保护公示牌

1995年初，镇江市开展基本农田保护区的划定工作。市土管、农业、粮食、区划办、计生委等部门根据对国家的贡献不减少、粮棉油等主要农产品基本自给、因地制宜的原则，以严格服从省下达的指标为前提，统筹考虑现有人均耕地水平、耕地后备资源数量、农作物单产水平、经济发展速度对建设用地的需求，现有建设用地的潜力等因素，科学分解保护面积指标。2月13日，市政府召开全市基本农田划定工作会议，下发《关于做好基本农田保护区划定工作的通知》，正式下达基本农田保护面积指标。在划定过程中，坚持4条原则。一是切实保护耕地的原则。尽可能保护好高产、稳产农田和其他必须保护的耕地，以满足人口高峰年对耕地的需求。二是“两区”同步划定的原则。根据人口增长及经济发展对农产品的总量需求，以及土地生产力可能达到的水平，划定必要数量的基本农田保护区，实行长期保护；同步划定建设规划区，按人均100平方米标准核算，以利村、镇建设的发展。三是双轨并行的原则，划定由上而下和由下而上相结合，双轨并行。基本农田保护控制指标由省、市、县（市）、乡（镇）逐级下达，以乡（镇）行政辖区为基本核定单位；基本农田保护区的保护与管理实行由下对上逐级负责的保护方法。四是坚持局部利益服从全局利益，眼前利益服从长远利益的原则。到1995年6月底，全市行政区域内90个乡镇、2个农场全面完成划定工作，并通过县级政府验收；到9月中旬，各县（市、区）划定工作通过市政府验收。全市共划定一级基本农田保护区1374片，7712块，面积249万亩；二级农田保护区面积82万亩（其中耕地33.8万亩），耕地保护率达98%；设立耕地保护标志5229块，完成图件6341张。

1995年镇江市基本农田保护指标完成情况表

表6-20　　　　单位：万亩

县（市、区）名称	农用地面积	耕地总面积	一级农田保护区		二级农田保护区			2000年前建设预留地		
			耕地	%	农用地	耕地	%	农用地	耕地	%
丹徒县	66.79	60.11	52.30	87.01	13.11	6.66	11.08	1.38	1.15	1.91
丹阳市	104.75	91.06	78.48	86.20	24.10	10.77	11.83	2.17	1.81	1.99
句容市	130.74	106.71	93.69	87.80	34.88	11.21	10.51	2.17	1.81	1.70
扬中市	21.76	20.07	16.04	79.92	3.90	2.75	13.70	1.82	1.28	6.38
京口区	4.11	3.42	2.45	71.64	1.54	0.87	25.44	0.12	0.10	2.92
润州区	6.25	3.76	2.77	73.67	3.35	0.89	23.67	0.13	0.10	2.66
丁卯开发区	0.66	0.62	0.51	82.26	0.11	0.08	12.90	0.04	0.03	4.84
大港开发区	4.03	3.48	2.84	81.61	1.07	0.54	15.52	0.12	0.10	2.87
合计	339.09	289.23	249.08	86.12	82.06	33.77	11.68	7.95	6.38	2.21

1997年，镇江市政府在制定新一轮的《镇江市土地利用总体规划》时，对镇江市基本农田保护区面积及项目作少量的调整。

1997年镇江市基本农田保护区面积汇总表

表6-21　　　　单位：万亩

县（市、区）	基本农田保护区		一般农田
	总量	其中：耕地	1997～2010年
市　区	4.80	4.80	2.18
丹徒县	50.92	48.90	7.20
丹阳市	80.68	80.68	6.12
句容市	95.99	95.99	10.50
扬中市	16.61	15.59	3.66
合　计	249.00	245.96	29.66

基本农田保护区划定以后，为依法规范基本农田的保护、管理，一是建立保护耕地领导责任制。各级政府将基本农田的保护纳入国民经济和社会发展规划，并层层签订目标管理责任状，明

确保护目标与责任,定期检查。二是加强计划管理,建立必要的保护和管理制度。根据土地利用总体规划制定年度用地计划,严格控制非农业建设占用耕地,凡不符合总体规划、占用基本农田的,一律不予批准用地;确因建设需要的,必须按规定报省政府、国务院批准。三是加强基本农田的建设,制定基本农田建设规划,以改善农田水利基本建设条件,改造中低产田,优化基本农田生态环境。

2005 年镇江市基本农田保护区面积汇总表

表 6-22　　单位:万亩

辖市(区)	基本农田面积
丹徒区	40.39
京口区	1.50
润州区	1.80
镇江新区	12.03
丹阳市	76.77
句容市	95.99
扬中市	16.61
合计	245.09

第五章　地政地籍管理

第一节　土地调查与统计

一、土地资源调查

1982 年初,镇江市开展土地资源利用现状详查工作。镇江市农业区划办公室以全国《土地资源调查技术规程(草案)》、江苏省《土地资源调查补充规定(草案)》和 1984 年 9 月全国农业区划委员会发布的《土地利用现状调查技术规程》为依据,结合本地区实际情况开展全面土地调查与统计工作,1987 年 10 月全部完成,查清全市各乡镇、行政村土地面积、分布及利用状况。经调查,全市总面积 3835.7 平方公里,其中陆地面积 3025.1 平方公里,占总面积 78.9%;水面 810.6 平方公里,占 21.1%(包括长江水面 223.8 平方公里,占总面积 5.8%)。

1987～1990 年,在市、县土地管理局相继建立后,全市组织进行以权属调查为重点、土地利用现状动态变更为主要内容的土地补充调查。扬中、句容、丹徒三县共调查 2536.8 平方公里土地的权属和利用状况,查清 194.15 万亩耕地的分布,签订 4578 份权属协议书,确定三县 730.4 公里境界线,53 个乡(镇)、803 个行政村的权属界线,分别占全市乡(镇)、村数的 58% 和 57%。1992～1993 年,在丹阳市、京口区、润州区进行土地利用现状调查(土地更新调查),完成 8 个乡镇、两个县级国营农场、376.7 公里的县区境界线和 595 个行政村的权属界线调绘和地类调查工作,签订土地权属协议书 3171 份。

二、土地统计

在全面完成市辖行政区内县级土地详查、土地补充调查和土地更新调查基础上，1993年3月全市组织土地详查市级汇总工作，1994年11月通过省成果鉴定与验收。镇江市与相邻3个地级市的10个县(市、区)接壤，市辖91个乡镇，2个开发区和2个县级国营农场，市际边界线长420.1公里，市内县际境界线1114.4公里。编绘6幅县(市、区)土地利用现状图；91幅乡(镇)土地利用现状图；分幅乡(镇)土地权属图91幅；图幅面积接合图98幅。对1421个行政村进行确界，签订7280份权属协议书。通过详查，大体上分清集体土地和国有土地的权属界线。全市土地总面积为5769660.4亩，合3846.44平方公里，人口密度675.9人/平方公里，人均耕地1.09亩。土地利用结构为：耕地面积占49.12%，水域面积占20.89%，居民及工矿用地占12%，林地占8.09%，园地占3.35%，未利用地占3.09%，交通用地占2.31%，牧草地占1.15%。

全市土地总面积中，国有土地面积851311.6亩(包括长江水域)，占土地面积的14.75%，其中京口区3.15万亩，占3.8%；润州区7.44万亩，占8.75%；丁卯经济开发区0.49万亩，占0.58%；大港经济开发区1.60万亩，占1.89%；丹徒县18.47万亩，占21.51%；句容市26.77万亩，占31.45%；扬中市17.70万亩，占20.85%；丹阳市9.51万亩，占11.17%。全市国有土地中：耕地37471.9亩，占4.81%；园地21149.9亩，占2.12%；林地134669.4亩，占15.82%；牧草地5372.4亩，占0.63%；城镇用地53400亩，占6.3%；特殊用地41100亩，占4.95%；交通用地42353亩，占4.99%；水域495511亩，占58.02%；未利用土地及其他20283.9亩，占2.36%。集体土地面积4918348.8亩，占土地面积的85.25%；其中句容市181.34万亩，占36.9%；丹阳市147.61万亩，占30%；丹徒县98.40万亩，占20%；扬中市31.95万亩，占2.52%；大港经济开发区5.77万亩，占1.17%；丁卯经济开发区1.13万亩，占0.23%。各县(市)、区的集体所有制土地占本县(市)、区的土地总面积的情况分别为：丹徒占84.19%、丹阳占93.95%、句容占87.14%、扬中占64.36%、京口占80.05%、润州占62.62%、丁卯占69.26%、大港占78.23%。在全市集体所有制土地面积中：耕地285.57万亩，占58.38%；园地15.23万亩，占3.05%；林地34.06万亩，占6.92%；牧草地9.04万亩，占1.83%；交通用地8.82万亩，占1.79%；农民宅基用地46.9万亩，占9.57%；水域69.38万亩，占14%；未利用地及其他22.84万亩，占4.46%。

2003年，全市基本农田中的耕地高产田约39000公顷，占25%；中产田约70000公顷，占45%；低产田约47000公顷，占30%。2004年6月10日，镇江市开展基本农田保护检查工作。全市基本农田保护区68个，基本农田保护片1372个，保护块7712个，基本农田保护总面积156158公顷，其中耕地面积136300公顷；共树立公示牌282块，其中新建210块，修缮72块，埋设界桩18360根；市、县级政府与乡镇政府签订责任书68份，乡镇政府与村委会签订责任书879份，47万农户与各村委会签订责任书。

截至2005年10月31日，镇江全市土地总面积5768239.4亩，其中耕地2511509.5亩，占总面积的43.54%；园地258958.1亩，占总面积的4.49%；林地454862.3亩，占总面积的7.89%；牧草地23566.4亩，占总面积的0.41%；其他农用地741139.0亩，占总面积的12.85%；居民点及工矿用地937688.2亩，占总面积的16.2%；交通运输用地92520.4亩，占总面积的1.6%；水利设施用地155498.4亩，占总面积的2.70%；未利用地87566.2亩，占总面积的1.52%；其他土地504930.4亩，占总面积的8.75%。1997年、2000年和2005年全市各辖市(区)的土地资源利用情况见表6-23、表6-24、表6-25(1983～1996年，全市无土地资源利用情况统计数据)。

1997 年镇江市土地资源利用详细情况表

表 6-23　　单位:亩

土地分类		镇江市	京口区	润州区	镇江新区	丹徒县	丹阳市	扬中市	句容市
农用地	耕地	2741387.10	46906.10	35893.70	40402.40	557227.50	860825.10	185547.60	1014584.70
	园地	189272.80	1564.00	6116.90	535.40	18704.70	109374.10	714.50	52263.20
	林地	468737.70	10354.90	30282.00	7277.40	69883.40	29286.00	10239.60	311414.40
	牧草地	46995.30	0	27.10	0	3531.80	100.00	0	43336.40
	其他农用地	731850.70	9503.10	21004.40	25311.70	119475.30	257892.60	46540.60	252123.00
建设用地	居民点及工矿	780447.30	40010.60	47311.40	29075.10	131371.90	217300.60	90945.70	224432.00
	交通运输用地	59102.60	1644.50	3732.30	3540.50	11266.20	18723.50	1738.40	18457.20
	水利设施用地	167764.70	2391.30	3670.00	550.20	32385.00	26011.60	6179.70	96576.90
未利用地	未利用地	75467.70	3704.10	10942.90	1100.00	29344.40	12869.40	630.50	16876.40
	其他土地	507213.50	69296.00	35971.40	11760.60	148020.70	38775.30	153801.20	49588.30
辖区总面积		5768239.40	185374.60	194952.10	119553.30	1121210.90	1571158.20	496337.80	2079652.50

2000 年镇江市土地资源利用详细情况表

表 6-24　　单位:亩

土地分类		镇江市	京口区	润州区	镇江新区	丹徒县	丹阳市	扬中市	句容市
农用地	耕地	2710462.80	38355.20	34822.10	55461.20	540907.50	854470.30	181301.80	1005144.70
	园地	187939.90	1339.00	6555.50	699.80	18292.40	107669.20	665.00	52719.00
	林地	467558.70	9190.00	29243.30	8320.20	70167.80	29992.90	9848.00	310796.50
	牧草地	46851.00	0	27.10	0	3509.10	100.00	0	43214.80
	其他农用地	735971.60	11907.40	23819.10	11329.40	129170.20	258645.80	47566.50	253533.20
建设用地	居民点及工矿	799467.20	39482.90	47243.50	32611.40	133809.80	223832.50	94222.00	228265.10
	交通运输用地	68442.60	2072.00	3503.10	5067.20	13663.00	18908.30	2436.50	22792.50
	水利设施用地	167344.10	2250.70	3625.00	723.10	32255.70	25794.20	6167.00	96528.40
未利用地	未利用地	75422.40	3663.50	10172.80	1236.60	29867.40	12741.30	622.90	17117.90
	其他土地	508779.10	69255.00	35940.60	11963.30	149568.00	39003.70	153508.10	49540.40
辖区总面积		5768239.40	177515.70	194952.10	127412.20	1121210.90	1571158.20	496337.80	2079652.50

2005 年镇江市土地资源利用详细情况表

表 6-25　　　　单位:亩

土地分类		镇江市	京口区	润州区	镇江新区	丹徒区	丹阳市	扬中市	句容市
农用地	耕地	2511509.50	25704.90	26632.60	41332.40	527870.80	812257.40	164298.00	913413.40
	园地	258958.10	2871.40	6426.90	2860.60	18522.10	109260.60	3536.80	115479.70
	林地	454862.30	10836.70	28720.90	8079.30	70884.70	30854.30	5001.80	300484.60
	牧草地	23566.40	–	27.10	–	3509.10	–	34.00	19996.20
	其他农用地	741139.00	11485.70	20730.40	10863.80	129577.50	274123.60	42144.30	252213.70
建设用地	居民点及工矿	937688.70	56372.10	57608.00	43595.20	147736.00	258123.00	104978.00	269276.40
	交通运输用地	92520.40	2703.80	6684.00	6779.20	16799.00	25281.10	5997.30	28276.00
	水利设施用地	155498.40	2253.10	3460.00	720.80	31536.40	14504.00	6720.10	96304.00
未利用地	未利用地	87566.20	2428.20	8817.40	1217.60	28595.30	7867.00	3991.50	34649.20
	其他土地	504930.40	62859.80	35844.80	11963.30	146180.00	38887.20	159636.00	49559.30
辖区总面积		5768239.40	177515.70	194952.10	127412.20	1121210.90	1571158.20	496337.80	2079652.50

第二节　地籍调查

1991 年,镇江市土地管理局开展城镇地籍调查工作,到 1994 年底共完成地籍调查面积 27.9 平方公里,占应调查面积的 56.4%。1997 年,丹阳、扬中、句容三市完成城镇初步地籍调查,面积 24.3 平方公里;完成 7 个建制镇地籍调查,面积 8.7 平方公里;完成 6 个建制镇的权属调查,面积 9.4 平方公里;市区完成 16 平方公里权属调查。

1998 年,镇江市国土管理局开展镇江市区一期地籍调查工作,调查区东至焦化厂铁路,南至南徐路,西至运粮河、一泉宾馆,北至长江边。采用全解析法完成数字化地籍调查,总面积 27.61 平方公里,其中国有土地面积 24.2 平方公里,集体土地面积 3.41 平方公里。调查区共 8 个街道,289 个街坊,宗地数 22999 宗。二期地籍调查向外围扩展,东至谷阳路、宗泽路,南至南山风景区,西至七里甸,北至一期接边,属城郊接合部,2001 年 1 月完成,调查区面积 14.30 平方公里,其中国有土地 6.6 平方公里,集体土地 7.7 平方公里,调查区内 5 个街道,91 个街坊,宗地数 6253 宗。

至 2005 年底,全市完成 7 个辖市(区),共 97.80 平方公里;建制镇 52 个,共 177.67 平方公里;行政村 794 个,共 282.94 平方公里的地籍调查。

第三节　登记发证

1988 年 10 月 ~1989 年 11 月,镇江市开展城镇国有土地使用权申报登记工作,全市应申报登记单位约 26400 个(户),已申报登记单位 3639 个,个人 22447 户,占应申报总数 98.4%,申报面积 21267.6 万平方米,宗地 32271 宗,未登记的主要是私房。同时,各县(区)先后开展对农民宅基地的申报登记、乡镇村企业单位建设用地申报登记等工作。1990 年,镇江市土地管理机关在对登记户收缴登记费后，先发登记证明，暂准使用土地；然后进行检验证件，实地测量核实。1991 年起，对权属合法、界址清楚、面积准确标准的，报请镇江市人民政府批准，分批发给《镇江市国有土地使用证》或《镇江市临时用地证书》。到 1993 年，完成水利、部队、“三资”企业和重点工程用地确权发证，共颁发国有土地使用证 5426 本（宗），面积 4665 万平方米。1995 年，对教育、铁路、供电、工商、银行系统用地确权发证，共计 15800 宗。1997 年 10 月至 12 月，对全市所有土地证书进行查验，共查验宗地 31387 宗，查验后办理变更手续 2500 宗。

2005 年镇江市土地登记发证统计表

表 6-26　　单位：本

行政区划	国有土地使用权	集体土地所有权	集体土地使用权	
	已发证数	已发证数	已发证数	其中宅基地已发证数
合　计	111456	1426	296145	283585
京口区	25811	23	11107	11007
润州区	13600	88	16000	15940
镇江新区	3331	20	1123	1123
丹徒区	936	274	17112	16836
丹阳市	46925	401	202159	191648
扬中市	13277	127	21876	21056
句容市	7576	493	26768	25975

1992～2005 年镇江市区单位土地登记汇总表

表 6-27　　单位：本

年份 区域	1992	1993	1994	1995	1996	1997	1998	1999	2000	2001	2002	2003	2004	2005
京口区	9	26	32	9	66	37	88	82	182	183	159	239	250	235
润州区	5	12	13	7	85	35	114	90	147	186	230	278	298	235
镇江新区	–	–	–	–	7	3	33	38	33	77	36	76	106	120
丹徒新区	–	–	–	–	–	–	–	–	–	–	–	–	17	14

第四节　土地监察

1987～1988 年，镇江市开展对 4 县（市）农业用地清查工作，清查对象是非农业用地，清查 52.89 万个单位（户），用地 21.12 万亩。其中全民和城市集体所有制单位 1463 个，用地 1.5 万亩，占 7.2%；乡镇村企业单位 9562 个，用地 5.25 万亩，占 24.8%；民房等个人用地总户数为 51.79 万户，用地 14.37 万亩，占 68%。清查中发现违法用地单位 8558 个，违法占地 1.69 万亩（其中耕地 0.61 万亩）。在违法用地单位中，全民和城市集体所有制单位 440 个，占耕地 3530.5 亩；乡镇村企业单位 2381 个，占耕地 1197 亩；个人 5737 户，占耕地 1397.9 亩。处理违法用地 39410 件，其中退回耕地 451.13 亩，拆除建筑 18067 平方米，罚款金额 27.18 万元，受行政处分 9 人。

1988～1991 年，全市立案查处土地违法案件 730 起，占地 821.32 亩，结案率 95.3%。1989 年，查处全省11个违法用地大案之一的“刘家大院”案,《人民日报》《新华日报》等10多家新闻单位都作报道。此外,当年没收扬中县三茅镇的5幢违法占地建造的楼房,查处丹徒县上党镇违法建造的商品房,对17名党员干部和近百名村干部超面积占地建房作严肃处理,其中9名党员干部受到党纪处分。同时,清查各级政府机关越权批地行为,清查越权批地案件1357件。

1997年,对1991年以后的非农建设用地进行全面清查。全市三项建设非农用地面积9.88万亩(46145宗),其中国家建设用地8005亩(3091宗),农村集体建设用地10754亩(1657宗),农村建房用地8070亩(41397宗)。经核实,全市依法批准的用地8.11万亩(其中耕地4.75万亩),占实际用地面积的17.9%。水利、交通违法用地7721亩,占违法用地量的43.6%。申请法院强制执行的违法用地案件12起。其中大港经济开发区一些单位和个人建窑烧砖,侵占耕地,市国土局经过调查取证,下达停工整改通知和行政处罚决定书,对12个拒不接受处理的窑场,申请法院强制执行,归还土地百余亩;违法用地单位自行拆除建筑物9起。

图6-4　2003年,市政协领导检查全市土地利用情况

1998年,全市用地清理立案查处历年隐漏案件506宗(不含清查补办),其中农民建房407宗,结案率100%。全年立案23宗,其中市国土局直接立案查处6起,下达停工通知书4起,下达处罚决定书5宗,依法收取罚没款30万元。同时,对窑业用地继续进行专项治理,下发《关于对全市窑业用地进行专项治理的通知》,年底,共拆除窑场18座(个),退还耕地100余亩,其中大港新区赵魏村两座窑厂实施行政处罚,在该窑厂拒不自行拆除的前提下,依法申请法院强制执行,全部拆除。

1999年,查处丹阳市政府越权批地和低价出让案;扬中市三茅镇中桥村非法倒卖土地案;句容市葛村镇葛东、葛西村占用基本农田挖塘养鱼案;丹徒县黄墟民营开发区用地案;丹徒县大路镇218省道拓宽未批先用案。案件查处率和结案率分别为95%和90%。2000年,查处违法用地35宗,面积220.64亩,全年共收缴罚没款30万元,申请法院强制执行1宗。2001年,查处各类违法案件364起,结案333起,6人受到行政纪律处分,收缴罚没款24万元及规费收缴86万元。2002年,在土地批租专项治理中,查处违法违规用地160宗,自纠率100%,追缴规费近4000万元。2003年,查处土地违法案件70宗,面积1891亩,收缴罚没款292万余元。2004年,查处各类违法行为326起。对开发区(园区)用地进行治理整顿,全市原有各类经济开发区(园区)49个,规划面积29.54万亩,实际建成面积8.91万亩。通过治理整顿,共撤销41个开发区(园区),占总数83.7%,核减面积13.6万亩,其中需要复垦土地3.1万亩,其余全部退回集体耕种。保留设立7个开发区(园区),按省政府分配本市各开发区(园区)规划总面积10.5万亩指标落实到位。

2005年,巩固全市土地市场治理整顿工作成果,制定《重大国土资源违法案件会审制度》《国土资源动态巡查责任制实施细则》,明确规定对违法用地案件必须做到依法查处到位,规范结案到位。全市查处土地违法案件371起,面积557.33公顷,拆除建筑物4407平方米,没收构建物5035平方米,收回土地42.24公顷,收缴罚没款2421万元。同时,根据省厅相关政策规定,对全市1999~2004年期间发生的违法用地补办项目进行核查核减,通过梳理归类,对照政策标准,准确界定违法用地性质类型,加快查处,对522宗近1.56万亩未批先用等历史遗留违法用地上报省厅,予以补办完善用地手续。137 名违法用地责任人受到党纪、政纪处分。当年有 365 宗 1.02 万亩违法用地完善用地手续。

第六章　矿产资源和测绘管理

第一节　矿产资源管理

一、矿产资源补偿费征收

1986 年 3 月,第六届全国人民代表大会常务委员会通过《中华人民共和国矿产资源法》;1994 年 2 月,国务院发布《矿产资源补偿费征收管理规定》,自 1994 年 4 月 1 日起施行。1995 年 2 月,镇江市政府发布《镇江市矿产资源补偿费征收管理办法》,规定:凡在本市开采矿产资源的企业、事业和个人(以下统称采矿权人),必须缴纳矿产资源补偿费。收购未缴纳矿产资源补偿费矿产品的单位和个人,为代扣代缴矿产资源补偿费的义务人。以前的"矿产资源费"同时更改为"矿产资源补偿费"。

矿产资源补偿费按矿产品销售收入的一定比例征收,具体比例按照 1994 年国务院第 222 号令《矿产资源补偿费征收管理规定》执行。对不直接进入市场销售或无市场价格的矿产品,其矿产资源补偿费按以下标准征收:1. 砖瓦用黏土 5 元/万块(标准砖瓦);2. 瓶装矿泉水 0.01 元/瓶(500 毫升);3. 水泥配料用黏土 0.20 元/吨;自产自用水泥用灰岩,按本地市场平均价格计征。企业缴纳的矿产资源补偿费列入管理费用。

矿产资源补偿费征收具体工作由地矿部门负责,财政部门对征收工作进行监管。市属国有矿山企业、集体矿山企业及跨市、县(市)行政区域的各类矿山企业的矿产资源补偿费,由市地矿局负责征收;矿区范围属县(市)行政区域范围内的矿产资源补偿费,由所在县(市)地矿部门征收;按照规定不设地矿机构的行政区域范围内(包括开发区)的乡镇、村办集体、个体矿山企业的矿产资源补偿费,由市地矿局直接征收或由市地矿局委托征收,统一上缴后按规定分配使用。长江采砂的矿产资源补偿费,由市地矿局负责征收。矿产资源补偿费由采矿权人按月缴纳,采矿权人应于每月 10 日前缴清上月的矿产资源补偿费。矿产资源补偿费纳入国家预算,实行专项管理,全额上缴国库。2000 年,全市征收矿产资源补偿费 100 余万元。2005 年,全市征收矿产资源补偿费 200 万元。

二、限制开山采石

2001 年 10 月 23 日,镇江市国土资源局、公安局、工商行政管理局、安全生产管理局和供电局联合下发《关于贯彻省人大常委会〈关于限制开山采石的决定〉的意见》,明确划定禁采区,下列区域、地段为禁采区范围:1. 城市规划区(市级);2. 县级以上自然保护区、风景名胜保护区;3. 军事设施、供电设施等重要设施保护范围内;4. 铁路、高速公路、国道、省道、城市出入口通道、重要旅游线路两侧直观可视范围内;5. 镇江市境内长江、运河两侧自然地形的第一层山脊及水土流失重点防治区。禁采区不得开办新的开山采石企业,对禁采区内原有的开山采石企业,由各县(市)、区人民政府负责,按照市统一制定的计划,在三年内分批予以关闭,其中城市规划区内以及严重影响景观的采石企业必须在半年内予以关闭。确因特殊需要继续开采的,必须经市矿产资源管理秩序治理整顿领导小组初审后,报省人民政府批准。2001 年,镇江市政府下发《关于公布禁采区内首批关闭采矿企业(宕口)名单的通知》,明确禁采区内的采石场在 2004 年 10 月 1 日前,分期分批予以关闭,对其他持有合法证照的采石场加强管理限量开采。至 2005 年,共关闭采石企业 78 家、宕口 153 个,十多名部门领导违反禁采令受到党纪、政纪处分。

规划限采区、开采区。限采区为甲山膨润土矿,在限采区内限制矿产开发,必须以科学开采、保护环境为原则,限定矿山数量、开采范围、开采方式,逐步压缩开采规模,不得新建矿山。可采区包括:句容矽锅顶水泥灰岩规划开采区,丹徒、句容熔剂用灰岩规划开采区,丹徒冶金用白云岩规划开采区。在可采区内对矿产资源开发制定可开采规划,鼓励和允许进行集约化、规模化采矿活动。

在新建和扩建矿山中,除必须符合矿产资源法及有关法律法规、提交包括有水土保持方案的开发利用方案外,还需符合矿山准入原则(开采空间原则、开采方式原则、规模原则、资源利用率原则、环境保护原则、安全生产原则)。

三、砖瓦窑业整治

2003 年 7 月,市政府办公室下发《转发市国土资源局等部门〈关于进一步开展全市砖瓦窑业整治工作的意见〉的通知》,对全市四类砖瓦窑厂实施关停整治:1. 对小主窑、小立窑、18 门以下简易轮窑以及没有土源、用地不符合土地利用总体规划的窑厂必须立即关闭拆除,此类对象的关闭工作于 2003 年 9 月底前全部完成;2. 对违法占地建窑的,立即责令停工、接受处罚,经审核对其中符合办窑条件的,必须进行整改,完善用地手续,此项工作于 2003 年 10 月底前结束;3. 对产品不符合国家《新型建材及制品发展导向目录》要求、工艺落后、设备陈旧、质量不达标、不符合环境要求的砖瓦企业,从现在起到 2004 年 7 月的 1 年内完成整改,到期整改后仍达不到要求的一律关闭拆除;4. 凡在城市规划区、自然保护区、风景名胜区、基本农田保护区、国道、省道、铁道、高速公路及大运河两侧直观可视范围内的窑厂,从 2003 年 7 月起到 2005 年 7 月的两年中分批全部关闭。为确保整治工作落到实处,全市对已有的砖瓦窑企业开展全面的清理整顿,规范审批程序。市政府从 2003 年 7 月至 2004 年 7 月底的一年内,暂停全市所有新办砖瓦窑厂的申办审批。其后确需新办砖瓦窑的,按规范的审批程序报批。首先由新办窑址所在地的行政村向国土部门提出申请,由辖市(区)国土资源局对拟新办窑址是否符合办窑条件进行初审后报市国土资源局审核。对其中符合要求的,由市国土资源局出具砖瓦企业选址意见书。经国土资源管理部门同意定点新办的,由各地采用招标、拍卖或挂牌方式竞价出让新办砖瓦窑厂的采矿(黏土)权。竞标成功者凭成交确认书到各有关部门办理相关手续。严禁占用基本农田建窑,厂区用地要按建设用地进行管理。对没有办理临时用地手续、无采矿许可证的,工商行政管理部门不得发放工商营业执照,税务部门不予办理税务登记,供电部门不予供电。同时依据国家、省有关规费征收政策,加大对砖瓦窑的临时用地管理费、复垦保证金、矿产资源补偿费、采矿权使用费等规费的收缴力度;实行砖瓦窑临时用地手续和采矿许可证年审制度,凡不符合建窑规定、材料不齐全、规费不到位、不按规定取土和复垦的砖瓦窑企业,将停止用地供应和停发采矿许可证;未通过采矿许可证年审的砖瓦窑企业,工商行政管理部门不得为其办理工商营业执照的年检年审。

加强对开山采石、砖瓦窑用地的跟踪检查,设立专项整治举报电话,防止已经关、转的宕口、砖瓦窑厂死灰复燃,禁止非法开采、违法取土、毁田取土。同时,按照《江苏省采矿权招标、拍卖、挂牌出让管理暂行办法》的规定,编制全市矿产资源规划,加快采矿权市场建设,明确采矿权有偿出让的老矿山,资源储量必须在 50 万吨以上;新建、在建矿山,资源储量必须在 100 万吨以上,否则不得设置出让采矿权;并且除特殊老矿山以外,采矿权有偿出让的开采量必须在三年以上。通过充分运用行政、经济、法律等手段依法管理,确保全市矿业的健康发展,促进矿产资源利用与社会经济的和谐协调发展。

第二节　测绘管理

《中华人民共和国测绘法》(以下简称《测绘法》)自1993年7月1日施行,并于2002年8月29日修订施行。2005年,《江苏省测绘条例》公布施行,为镇江市测绘行政管理工作奠定基础,也使测绘行政工作进入法制化、正常化管理轨道。

1993年,镇江委托中国煤田航测遥感局航测队承担全市范围内的土地控制测量任务,采用卫星全球定位系统(GPS)施测。市区面积约100平方公里(不含共青团农场),同年10月提供成果资料。1993年8月,丹徒完成土地控制测量任务,面积840平方公里;同年10月,丹阳、句容完成,面积2400平方公里。1994年12月,中国煤田航测遥感局航测队提出两套成果资料(一套为中央子午线120°的北京坐标,一套为中央子午线119°30′的地方坐标),共测定GPS测量D级点260点。

统一镇江独立坐标系。原镇江地区除国家坐标系外,有84镇江坐标系、镇江地籍坐标系、丹徒坐标系等多个地方独立坐标系,均不符合《中华人民共和国测绘法》第二章测绘基准和测绘系统的规定。为适应"数字镇江"建设,与规划部门协调,建立镇江坐标系,并于2005年12月19日通过省测绘局相关专家论证,成为全省首家报省测绘局批准设立地方统一的独立坐标系。

统一测绘资质。测绘资质每5年复审换证,其他年份为年度注册,从技术人员、仪器设备、管理体系、档案管理、产品质量考核达标5个方面严把测绘质量申报标准,有一条不符合要求的不得复审换证,2005年,全市通过复审换证的测绘持证单位27个,其中甲级2个、乙级4个、丙级16个、丁级5个,取消兴华监理公司和丁岗水利测绘队的测绘资质。

统一地图市场管理。1987年8月,出版第一张《镇江市区地图》(比例为1∶25000);1994年8月,出版《镇江市城区图》(比例为1∶16000,范围包括京口和润州大部分地区);1996年3月,出版《镇江市市郊图》(比例为1∶50000,范围包括:京口、润州区,大港和高资有插图);2002年12月,重新出版《镇江市地图》(比例为1∶12万);2003年10月,京口、润州、新区和丹徒区的部分开始基础测绘,面积350平方公里,测图(DLG)和建立1∶500数据库60平方公里、1∶1000正射影像图(DOM)330平方公里。由省国土资源厅信息中心牵头在镇江试点的《基础测绘及城乡一体化地籍信息管理系统》由南师大和省测绘局信息中心共同研制开发。平均每年可提供各类图件500份以上。通过开展地图市场执法检查,共查处违规地图案件50余起,下发《江苏省测绘局行政处罚决定书》30余件。

加强测量标志管理。1990年,全市共有各类各等级测量标志586个,由于建设和人为破坏毁坏244个,到2005年,第二轮测量标志普查时测绘标志为342个。

——小资料——

[清]周镐·京江二十四景图——蓉楼话雨

蓉楼，即芙蓉楼，又名千秋楼，是镇江古代名楼之一。唐代王昌龄作有《芙蓉楼送辛渐》诗句“洛阳亲友如相问，一片冰心在玉壶”，千古传唱。《京口记》云：“晋王恭为刺史，改创西南楼名万岁楼，西北楼名芙蓉楼。”芙蓉楼在今月华山上，凤凰岭饭店西北，昔日山下西麓为古运河。

第七卷

水利

卷目

镇江位居长江流域下游，沿江蜿蜒的宁镇山脉和贯穿南北的茅山山脉形成天然分水岭，将全市划分为三大水系，即秦淮河、太湖湖西和沿江水系。镇江属北亚热带气候，四季分明，雨热同季，境内地貌复杂，平原、圩区、低山丘陵、岗地交错，平原地区河道易淤，圩区常受洪水威胁，低山丘陵和岗地则常受山洪和干旱袭击，镇江成为水旱灾害频繁发生地区。

1983 年市管县后，镇江"小辖区大水利"特点得以充分发挥，以长江镇扬河段和扬中河段整治、江港洲堤堤防达标为重点的防洪保安体系，以中小型水库除险加固、塘坝改造、大中型提水站更新改造建设为主要内容的水源工程体系，以大中型抽水站、各类闸站工程、枢纽工程为骨干的引排水体系，以水政水资源、水环境建设为主线的水行政执法体系，以多渠道多元化投融资为主要环节的水利资金筹集体系，以水利工程管理法制化、规范化、科学化为主要措施的管理体系已基本形成。

2000 年以前，全市水利工作抓住镇扬河段整治、农田水利建设、堤防达标等重点工程，同时整治句容河、通济河、九曲河、太平河、便民河，先后战胜 1996 年 8 月镇江超历史特高潮位、1998 年长江全流域大洪水、1999 年太湖地区大洪水的袭击。

进入 21 世纪，以"水安全、水资源、水环境、水文化"为重点，坚持科学发展观，以"民生水利""人水和谐""依法治水"为新时期治水理念，加快水利现代化进程。到 2005 年，全市 317.3 公里江港洲堤基本达到 50 年一遇防洪标准，重点堤防全部实施块石、混凝土护坡，防汛公路全部建成，管理设施配套到位；长江镇扬河段、扬中河段护岸治坍工程全面完成，河势基本稳定；和畅洲口门控制工程（潜坝）、国家治理太湖工程（湖西工程）、九曲河河道整治及九曲河水利枢纽工程、谏壁抽水站增容除险改造工程全面完成；城市防洪及水环境整治工程全面实施，丹徒闸、丹徒南闸工程、运粮河至虹桥港闸防洪墙及风光带工程、光明河和张王庙沟整治工程、古运河亮光工程、珍珠广场工程、滨江旅游风光带工程、国家"863"水环境专项治理等相继完成；北部滨水区建设全面启动。

经过 20 多年的江河综合治理，全市江岸线渐趋稳定，江港洲堤基本达标，涵闸农桥基本配套，形成挡得住、排得出、引得进、船运通畅的江河港网络。

第一章　江河整治

镇江境内长江从上游大道河口至九圩港全长 103.7 公里，其间有世业、和畅、太平、泡子等 4 个江中沙洲，征润、高桥两个边洲。大道河口至五峰山为镇扬河段，长 52 公里，由仪征水道、世业洲汊道、六圩弯道、和畅洲汊道及大港水道组成。五峰山向下分汊为扬中大江和扬中夹江水道，统称为扬中河段。扬中大江段从五峰山向东至九圩港长 51.7 公里，其间有嘶马弯道（北岸）；夹江水道从五峰山至常州德胜港长 54 公里（包括常州市段），其间有大路、兴隆、姚桥、九曲河口 4 个弯道。受上游来水和潮汐涨落共同影响，江中沙洲和沿岸淤地不断变化，加之夹江分汊和弯道，坍江淤涨时有发生，严重影响河势稳定。经近几十年的规划与治理，至 2005 年止，江港洲堤防洪标准已达 50 年一遇。流域性通江河道堤防加高培厚，桥梁涵闸配套，提高防洪保安、引排功能。

第一节　长江治坍护岸

一、镇扬河段整治

1983 年,国家计委批复镇扬河段应急治理工程。1984 年 4 月,在镇江市长江镇扬河段整治指挥部统一部署下,沿江各县(市)紧密配合,对长江崩岸段进行应急整治,至 1985 年 11 月完成和畅洲头、沙头河口护岸等应急工程。

1986 年 4 月,国务院批准镇扬河段整治工程可行性研究报告。在先前应急工程的基础上,相继实施龙门口、六圩弯道、沙头河口、和畅洲头、和畅洲东北角及孟家港护岸工程。到 1993 年,共新建护岸长 16.86 公里,加固护岸长 20.1 公里,加固丁坝 4 条,抛石 428 万吨,工程总经费 6783.21 万元,1993 年 7 月通过国家验收,全部工程质量优良。

1998 年 9 月,水利部批复实施长江镇扬河段二期整治工程,共安排控制河势工程 7 处,稳定河势工程 6 处,整个工程分 6 年建设。1998 年长江特大洪水后,先后实施十二圩至新冒洲段、六圩弯道、世业洲头、龙门口、沙头河口、和畅洲头及西侧、和畅洲北缘、孟家港等新建护岸和加固工程。2000 年 9 月,省、市水利部门召开镇扬河段 1998、1999 年度技术验收会,经过现场勘查及评审,认为长江镇扬河段护岸工程施工方法合理、计量严格、定位可靠,抛石护岸、扎石沉树位置准确,符合设计要求,竣工后经汛期大洪水考验,工程运行良好。

2001 年 12 月,长江水利委员会主持召开《长江镇扬河段二期整治工程和畅洲左汊口门控制工程单项初步设计报告》审查会,并于 2002 年 2 月批复同意实施和畅洲左汊口门控制工程(即"潜坝工程")。潜坝主坝体长 1102 米,纵向采用变坡布置形式。深槽部分坝顶高程为 -20 米,向边滩部分逐步过渡到 -3 米,主坝坝顶宽 10 米。主坝体左侧与人民滩连接,堤顶高程 7 米,右侧与和畅洲洲堤采用土堤连接,堤顶高程 6.5 米。坝上游坡比 1∶2.5,坝下游坡比 1∶3。主坝体采用充砂塑枕为材料,抛石护底,坝上游宽 20~60 米,坝下游宽 80~190 米,主坝体与左右岸连接段土堤长分别为 344 米、100 米;加固和畅洲头及大窝塘上下肩已建护岸工程段 1785 米。概算总投资 7872 万元,其中国债 3078 万元,省补 1645 万元,镇江市配套 3149 万元。2002 年 6 月工程开工,2003 年 2 月完成抛石护底及坝体抛塑枕工程,4 月完成和畅洲头及大窝塘上下肩已建护岸加固工程,7 月完成抛石护底工程和南岸截流堤工程,2003 年 9 月完成塑枕坝体工程;2004 年 11 月完成潜坝下游抛石护底下延工程;2005 年 5 月完成管理设施。完成工程量:抛石 394616 立方米;充砂塑枕筑潜坝 656581 立方米;两岸连接堤充砂塑枕 30500 立方米;南岸截流堤土方 28286 立方米;浆砌块石护砌 8885.1 立方米;铺设土工布 18290 平方米。2005 年 12 月,省水利厅受长江水利委员会委托,主持竣工验收,核定主体工程潜坝施工质量为合格等级。

图 7-1　2003 年和畅洲左汊潜坝工程抛枕前对塑枕进行检查

塑枕潜坝总体运行状况良好,工程稳定,有效遏制左汊分流比不断扩大势头,2003 年 9 月实测分流比为 71.81%,比 2002 年 9 月下降 3.67 个百分点。2005 年多次测量,左汊分流比控制在 72%左右,达到预期效果。

二期整治工程(包括潜坝单项)新建护岸11450米,加固5035米,抛石147.88万立方米,抛塑枕68.35万立方米,扎石沉树6.27万立方米,工程总经费2.17亿元,由中央安排6000万元。

经过整治,镇扬河段河势基本趋于稳定,岸线大幅崩塌现象已不再出现。

二、扬中河段整治

扬中河段自五峰山向下游分汊为扬中大江段和扬中夹江段。其中大江段分为上过渡段、嘶马弯道、下过渡段、潜洲顺直段和汇流段五个分段;夹江段由大路弯道、兴隆弯道、姚桥弯道、九曲河弯道组成。长江扬中河段因弯道多,时有坍塌,岸线极不稳定。直到20世纪90年代陆续实施丁坝、平顺抛石、扎石沉树、沉排等防汛急办护岸工程,对岸线稳定起到一定效果,但未进行系统整治,河段内未护岸地段尤其是夹江段四个弯道仍处于自然演变状态,坍塌经常发生。1983年后,加大扬中河段整治力度。1997年,镇江市水利局编制《扬中河段整体整治工程的可行性研究报告》。1998年3月,省水利厅批复镇江市水利局,同意实施扬中河段总体整治工程。镇江市水利局负责勘测设计,丹徒县、扬中市、丹阳市水利局负责相关河段、弯道施工。1998年3月,扬中河段全面整治正式开工。

1. 丹徒相关河段整治　大路、姚桥弯道护岸工程由丹徒县负责施工。1998年姚桥弯道首先整治,在小沙圩至三圩埭新建护岸716米,加固护岸105米;在耿家湾新建护岸280米,加固护岸5米。两处加固使用块石9.58万吨,耗资438万元(省补175.2万元、市补131.4万元、县自筹131.4万元)。1999年,整治大路弯道,从北港开始分三段(北港至马家埭、马家埭至伏元、伏元至二十五圩)进行抛护,与已建护岸连成整体,新建护岸2400米,加固护岸530米,使用块石18.91万吨,耗资926万元(省补278万元、市补259万元、县自筹389万元)。1986~2005年,在长江大水年份,对坍江崩岸地段实施应急抢险工程。其中大路弯道共新建护岸1547米,加固护岸1345米,使用块石7.77万吨,耗资209万元。姚桥弯道新建护岸3223米,加固护岸1905米,使用块石16.99万吨,耗资398.25万元。工程实施后,大路、姚桥弯道逐步趋于稳定。

2. 扬中相关河段整治　扬中市实施的护岸工程:1991~1995年,逐年对10多处坍势严重地段进行整治,共抛石护坎12.73公里,扎石沉树4250立方米,使用块石15万吨。上述治理措施仍为防汛应急抢险。

1998年汛期受长江大洪水冲刷,新坝镇丰乐桥村江岸崩坍1公里,最大坍进30米;长旺镇猫沙新圩江岸崩坍1.4公里,最大坍进40米;西来桥镇双山村600米江岸坍进20多米;八桥小决港段370米;兴隆弯道段1200米坍势有新的发展。为控制坍势,在汛期先行采取紧急抛石,在4.31公里的坍江地段抛石27.34万吨。以后在兴隆弯道,永胜镇新四圩、小决港、团结港口,西来桥镇幸福大圩,八桥林家圩等坍江地段按扬中河段整体治理方案开始系统整治,实施抛石平护和抛石护坎治理,新建护岸2802米,使用块石25.68万吨。2001~2005年,对坍势较严重的兴隆弯道、永胜小决港、新坝华威、向阳德载圩、油坊六圩港等地段共8880米江岸进行系统整治,抛石64.35万吨。23年中,扬中市沿江护岸总共投入6916万元(扬中自筹3158万元),其中1998~2005年投入5863万元,占总投入85%。工程实施后,扬中沿江坍江得到有效控制,河势基本稳定。1990年以后,扬中再未修筑退堤,河势趋于稳定。

3. 丹阳相关河段整治　九曲河弯道护岸工程由丹阳市实施,弯道内20世纪70~80年代已建护岸集中在弯道中下游的丹阳境内,但其上下段均未建护岸,1998年长江大洪水后,70年代建设的两座丁坝及上下游已建护坡护岸工程已基本坍失。2001年,九曲河弯道护岸工程新建水下抛石护岸800米,新建堤脚块石护岸200米,水下抛石2.97万立方米,陆上堤脚抛石960立方米,工程总经费225万元,其中省以上补助112.5万元,镇江市补助22.5万元,丹阳自筹90万元。但在施工过程中,发现三圩港段原实施护岸工程有多段损坏,增加修补护岸长60米,增加水下抛石1590

立方米，增加经费 16.4 万元。2001 年底工程全部完成。

第二节　堤防建设

20 世纪 80 年代初期，镇江江港洲堤堤防险工险段仍不断出现，80 年代决堤破圩事件多因坍江造成；沿江穿堤建筑物多建于 20 世纪 70 年代以前，设计标准不高，老化失修。1983 年以后加大江港洲堤建设力度，标准质量不断提高。至 2005 年末，全市建成堤防总长 317.3 公里，其中江堤 208.6 公里，洲堤 60.6 公里，闸外港堤 48.1 公里，各类穿堤建筑物 569 座。

2005 年镇江市江港洲堤情况统计表

表 7-1

地区	堤防长度（公里）				堤防现有标准				已护砌	穿堤建筑物（座）		
	合计	江堤	港堤	洲堤	顶高（米）	顶宽（米）	平均内坡比	平均外坡比	（公里）	涵	闸	站
全　市	317.30	208.60	48.10	60.60	–	–	–	–	129.60	378	29	162
句容市	5.70	5.70	–	–	11.4	6	1∶2.0	1∶3	5.70	4	1	4
丹徒区	85.80	22.48	21.22	42.10	10.2～11.2	5～6	1∶2.5	1∶3	27.00	96	–	41
润州区	19.30	13.30	6.00	–	10.85	6	1∶2.5	1∶3	3.70	11	–	2
城　区	12.70	12.70	–	–	9.80	6	1∶2.5	1∶3	12.70	–	5	–
京口区	15.20	15.20	–	–	10.85	6～7.5	1∶2.5	1∶3	1.20	10	–	8
镇江新区	42.80	36.32	6.48	–	10.05～10.55	6	1∶2.5	1∶3	2.80	87	5	23
丹阳市	15.70	14.60	1.10	–	9.8	6	1∶2.5	1∶3	13.30	17	4	14
扬中市	120.10	88.30	13.30	18.50	10.05～10.35	6	1∶2.5	1∶3	63.20	153	14	70

说明：城区范围是由镇江市城市水利管理处管辖的地段

一、堤防达标工程

1985 年初，水利部长江流域规划办公室颁发新的长江干流堤防防洪设计水位标准，镇江为 8.85 米。镇江市据此将堤防设计标准修订为：江堤堤顶高程为设计水位加高 2 米，顶宽 5 米，内坡 1∶2.5，外坡 1∶3；洲港堤堤顶高程为设计水位加高 1.5 米，顶宽 4～5 米，内坡 1∶2～2.5，外坡 1∶3。1987 年汛后，镇江市提出长江堤防建设和管理“双达标”的要求。沿江各地开展江港洲堤加高加固、填塘固基、接长涵洞、清除违章建筑、划定水利工程管理范围等“双达标”建设，到 1990 年底，沿江有达标任务的 25 个乡镇中 18 个通过“双达标”验收，其中扬中县 12 个乡镇全部达标。1997 年，江苏省水利厅颁发《江苏省江海堤防达标建设修改设计标准》，镇江市据此又对江港

图 7-2　镇江境内长江大堤（2007 年摄）

洲堤堤防建设标准作修改，确定堤防建设设计标准：主江堤顶高程为设计洪水位加 2.0 米超高、堤顶宽度 6 米、堤防坡度迎水坡 1∶3、背水坡 1∶2.5；港堤距主江堤 250 米内超高 2.0 米、250 米之外超高 1.5 米、堤顶宽度 5 米、坡比迎水坡 1∶3、背水坡 1∶2.5；洲堤堤顶超高 1.5 米、堤顶宽度 5 米、坡比迎水坡 1∶3、背水坡 1∶2.5；堤防迎风顶浪段进行块石护砌或混凝土护坡，护坡下限平滩面，上至堤顶或接挡浪墙。沿江各地江港洲堤堤防建设自此按新标准开始新的配套建设。

1997 年，省委、省政府提出用 3 年时间将长江堤防建成高标准防洪屏障的要求，镇江市按省委、省政府提出的要求，开始新一轮工程建设。与此同时，镇江市委、市政府于 1997 年 12 月发文，成立镇江市长江整治和江堤达标工程建设总指挥部，指导和督促长江整治和江堤达标工程建设，各县（市）区长江整治和江堤达标工程建设指挥部也相继成立。

1998 年长江流域特大洪水暴露出全市堤防标准质量不高、堤防渗漏管涌频频出现、病涵病闸老化失修等问题。按省委、省政府提出的要求，省水利厅先后对镇江下达江堤达标工程任务，从 1998 年冬季到 2000 年底，累计完成土方 594.78 万立方米，其中扬中市 190.69 万立方米，丹徒县 327.78 万立方米，丹阳市 48.2 万立方米，润州区 16.33 万立方米，京口区 11.78 万立方米。在土方达标基础上，各类建筑物工程全面展开：江堤迎风顶浪段护砌，穿堤涵洞加固接长或翻建，通江节制闸除险加固，堤身灌浆防渗等等，累计完成混凝土护坡 104.94 公里，挡浪墙 82.65 公里，涵闸工程 377 座，灌浆 20.03 公里。

二、干堤加固工程

经过堤防达标建设，长江防洪能力明显提升，但部分地段背水坡后深塘较多、护砌长度不足，部分闸站老化失修，达不到设计标准，镇江主城区段长江防洪体系未达标。2000 年开始，中央和省动用国债加大投入，建筑物补助标准提高到 50%。2000～2003 年，省水利厅 9 次发文批复，共下达镇江混凝土护坡 25.38 公里，挡浪墙 9.91 公里，混凝土防洪墙 1 公里，小型涵闸翻建加固 24 座，灌浆 75.08 公里，填塘固基 149.98 公里，翻建丹徒闸、虹桥港闸、丹阳永红闸，新建扬中二墩港闸等任务。镇江在全市开展“爱我镇江、保我家园”水利工程捐资活动。镇江市江堤达标、干堤加固工程历时 5 年，全部工程项目按设计要求完成。共完成投资 4.85 亿元，土方 2007 万立方米，混凝土 38.31 万立方米，除险加固或翻建新建小型涵闸 392 座，节制水闸 9 座，灌浆 92.6 公里，填塘固基 149.9 公里。沿江堤防及各类配套建筑物基本达标。

第三节　流域河道整治

20 世纪 70 年代末到 80 年代初，镇江市曾开展大规模河道整治，达到引水有河港，排水有出路，“蓄引提调”统筹兼治。1983～2005 年，共整治大运河、通济河、胜利河、中心河、丹金漕河、超飘港、太平河、捆山河、古运河、光明河、运粮河、句容河、便民河等流域性河道 13 条，辖（市）区、镇（县乡际河道）53 条。新建虹桥港闸、京口闸、丹徒闸、丹徒南闸、赤山闸、九曲河闸、二墩港闸、永红闸 8 座闸站；除险加固、改扩建闸站 19 座，重点除险加固、改扩建的闸站有：谏壁闸、大路闸、姚桥闸、龟山闸、沙家港闸、万福桥闸、栏杆桥闸、穿心港闸、团结港闸、何家大港闸等。2000～2005 年，完成对谏壁抽水站、长山提水站、长江提水站三座大型泵站的全面除险加固、改造扩建。

一、秦淮河流域河道整治

秦淮河流域面积 2631 平方公里，其中句容市境内 960 平方公里。秦淮河上游有句容河、溧水河两源。其中在句容市境内主要有句容河、汤水河等 9 条，总长 178.73 公里。到 20 世纪 80 年代初,一个能防、能排、能引、能蓄和辅以提引补给的新水系已基本形成。1983 年后,对句容境内河道进行综合治理,在中上游,拓宽疏深河道,兴建梯级坝堰;在下游,进行裁弯取直,疏河筑堤,桥涵闸配套,并在其源头修建中小型水库 38 座,总库容 2.55 亿立方米,控制来水面积 360 平方公里。90 年代以来,加大整治力度,提高防洪标准和"蓄、引、提、调、排"的综合能力和管理水平。

1. 句容河整治 句容市境内句容河干河由土桥渔场至北山水库全长 44.59 公里。赤山闸至周戴段长 9 公里,是句容、江宁两市(区)界河。1989 年,省水利厅将该河段除险加固工程列入省重点农水补助项目,工程完工后堤防标准达到:堤顶高程为赤山闸 15.5 米、周戴 16 米,顶宽 5 米,内坡 1∶2.5,外坡陡坡段适当削缓;堤内脚深塘填筑起 10 米宽平台;险工地段采取堤外脚加做浆砌块石挡墙护脚(长 2564 米)、干砌块石护坡(长 890 米)、木桩加固外坡脚(长 140 米);并接长涵洞 6 座。河堤防洪能力提高到 20 年一遇。

1991 年冬,省水利厅将句容河整治工程再次列为省重点基建项目。一期工程从周戴至小蒋庄北,长 2.7 公里,土方 110 万立方米。1993 年春复工完竣(其中穿越江宁祝庄圩段的西堤由省水利厅直接组织机械进行加固)。同期完成官庄圩排涝站新建、新生排涝站增容扩建及杜家圩涵洞和杜家圩、黄泥坝两座排涝站重建等工程。二期工程由小蒋庄北至赤山北麓,长 6.38 公里,土方 160.25 万立方米,全部采用机械施工。整治后标准达到:赤山闸至江宁县界河底高程 3 米,底宽 20 米,坡比 1∶3;堤顶高程 15 米,顶宽 6 米,内、外坡比均为 1∶2.5;平台高程 8.5 米,宽 15 米;赤山闸至周戴河底高程 4 米,底宽 15 米,坡比 1∶3;堤顶高程 15 ~ 15.5 米,顶宽为赤山闸至三岔镇 10 米,三岔镇至周戴 6 米,内、外坡比均为 1∶2.5;平台高程 9 ~ 10 米。平台宽赤山闸至三岔镇 15 米。配套工程涵洞 6 座、排涝站 6 座,机泵全部更新为大功率轴流泵。排涝能力由 5.6 立方米/秒提高到 13.1 立方米/秒。句容河中段治理工程 2002 年全面竣工,总体防洪能力由原来 20 年一遇提高到 50 年一遇。

2. 赤山闸、陈家边站工程 赤山闸、陈家边站位于句容河与赤山湖引河交汇处,是控制性枢纽工程。原工程分别建于 1975 年和 1962 年,闸站老化严重,需拆除重建。2003 年,省水利厅批复赤山闸、陈家边站除险加固工程实施。节制闸共 5 孔,每孔净宽 6 米,设计流量 300 立方米/秒;泵站机组 4 台套,装机总量 520 千瓦,设计总流量 11 立方米/秒;闸站上游建公路桥,宽 5.5 米。2003 年 10 月 1 日 ~2005 年 7 月 25 日施工,共完成土方挖填 13.1 万立方米,混凝土及钢筋混凝土 1.26 万立方米,石方 789.8 立方米,钢筋制作安装 660 吨,钢结构件制作安装 170 吨,绿化面积 2.3 万平方米,完成闸站主副厂房 830.17 平方米,以及电气、自动化监控系统。工程完成后,有效地提高赤山湖防洪、调水和蓄水能力。工程经费省补 1516 万元。

二、湖西流域河道整治

湖西地区有主要河道 28 条,总长 367.36 公里,其中县际 8 条,长 170.79 公里。江南运河和九曲河为湖西河网北接长江的两大通道,西南部的通济河、胜利河等源出茅东低山丘陵,可通过大运河、九曲河排入长江。20 世纪 70 至 80 年代初,湖西地区开挖新河,整治老河,整修堤防,兴建桥涵,工程标准有较大提高。80 年代后对防洪安全、工农业用水、航运等提出更高要求。从 80 年代末开始,按照水利部太湖地区综合整治方案,湖西地区加大整治力度。

1. 通济河整治工程 1991 年冬,通济河工程开始整治,由丹阳、丹徒共同拓浚官舍至埝坡桥段,长 5.64 公里,总土方 82.85 万立方米,其中丹徒完成土方 47.5 万立方米;16 座配套建筑物于次年 5 月基本完成。河底高程零米,底宽 6 米,边坡 1∶3,河堤顶高程 11.3 ~11.7 米。由于工程坝高坡陡,全部人工开挖。

2. 九曲河整治工程 九曲河河道整治一期工程从大运河口至新西家桥河段、肖梁河全段拓浚,共拓浚河道 21.6 公里,工程于 1998 年 12 月开工,1999 年 5 月完工,沿线配套建筑物 1999 年底完成；二期工程为新西家桥至老节制闸9.8公里河段拓浚，1999年12月开工，2000年4月完工，沿线配套建筑物2000年底完成。2003年10月通过省水利厅工程竣工验收。

3. 九曲河枢纽工程　九曲河枢纽工程包括：净宽24米节制闸、80立方米/秒泵站及12(16)×190×2.5米套闸各一座，工程总投资中，省以上投资10833万元，市县配套4643万元。2002年2月10日开工，2003年5月，镇江市水利局主持闸站工程水下部分阶段验收，2004年5月和6月，省水利工程建设局分别主持泵站机组启动验收、套闸水下部分阶段验收。

图7-3　九曲河水利枢纽(2005年摄)

4. 谏壁抽水站增容除险改造工程　湖西引排谏壁抽水站增容除险改造工程包括：更换主机泵，更新主变压器、站用变压器及一、二次接线和高低压电气部分设备，改造辅机系统和液压启闭机系统，站身、工作桥维修，增设微机监控系统，主副厂房改造及管理设施建设等。2003年10月开工建设，2005年全部建成。

图7-4　改造后的镇江市谏壁抽水站站房外景(2005年摄)

5. 谏壁节制闸工程　谏壁节制闸是苏南运河通江的重要口门控制工程，1996年7月30日，谏壁节制闸8号孔闸门下扉门崩毁，经采取沉船杀流方案封堵成功，但谏壁节制闸8号孔闸门及其他14孔闸门都存在不同程度险患。江苏省水利厅把谏壁节制闸除险加固工程列入当年省重点除险加固工程。除险加固内容包括：拆除原有15孔上下扉闸门，更换成钢质平板直升门(3.94米×6.2米)，上接钢筋砼胸墙；将原有8吨螺杆式启闭机全部更换成液压启闭机；拆除原有工作桥，新浇启闭机大梁；凿除常水位线以下闸墩表面风化层，然后喷高标号砂浆保护；对长江侧闸墩两侧原缺损部分，增补180毫米厚钢筋砼；拓宽检修桥、局部加固公路桥；修复闸底板伸缩缝止水嵌料、运河侧被冲毁的护坡等。工程于1996年12月开工，1997年3月15孔钢闸门安装完工。1997年4月，15台套液压启闭机制作、安装、调试结束。1997年4月通过省水利厅验收。2005年，省水利厅、市水利局决定对该闸防冲槽外至入江口的长江侧引河(长1224米)进行清淤，并对阻水严重的两座建筑物进行拆除改造(该工程于2006年全部完成)。

三、沿江流域河道整治

1. 太平河河道整治　太平河涉及丹徒县、丹阳市(从2005年12月归镇江新区管辖)，全长21.76公里，其中丁岗镇纪庄输水隧洞南口至丹阳市后巷镇北魏村夹江口为东段(又称团结河)，长16.24公里；输水隧洞北口至谏壁孩溪村附近接长江为西段(又名新竹河)，长3.4公里。中间为纪庄地下隧洞输水渠道，长2.12公里，东西两头通江。由于上游水土流失严重，太平河河床淤高，河堤陡窄，堤防损坏较为严重。1990年冬，由丹徒、丹阳共同整治太平河，其中团结闸至长江口长10.86公里，土方50万立方米，两地各承担50%；团结闸以上至隧洞南口，长5.8公里，土方33.7

万立方米,由丹徒县承担。团结闸以西河底高程 2 米,底宽 4 米;团结闸以东河底高程 1 米,底宽 6 米,边坡 1∶2.5～3.0。丹徒完成土方 58.5 万立方米,丹阳完成土方 26 万立方米。2002 年 7 月太平河上东岸桥重新扩建完成,该桥宽 4 米、长 35 米、载重 10 吨。共完成配套建筑物 20 座。

2. 便民河河道整治　便民河位于镇江市西北部,濒临长江南岸,西始南京市栖霞区拦江桥(与句容宝华镇交界处),东至太平桥(与大道河连接处)。干河在句容市境内长 17.7 公里(下蜀镇 9.8 公里,宝华镇 7.9 公里),支河长 43 公里。该河防洪标准低,不足 20 年一遇,险工险患多。由于便民河两头通江,支流河汊多,杂草丛生,成钉螺孳生地,被省定为血吸虫易感染地区。为根治水患,同时控制螺情,消灭钉螺孳生地,1998 年汛后,省政府决定结合水利防洪工程,控制钉螺蔓延,消灭钉螺孳生地,实施防洪工程和血防工程综合治理。工程于 1998 年 11 月初动工,堤防按 50 年一遇防洪标准、堤顶高程 10.9 米加高加固;重点渗漏地段进行防渗灌浆;18 座病涵实施翻建改造;6 座排涝站实施改造加固;干河及 4 条支河与干河交汇处迎水坡进行整坡,铲除有螺土面积 15 万平方米并深埋;用 C20 混凝土和 M10 浆砌块石护砌,护砌高程从 4.5 米护至 9.2 米,2001 年全部完工,共完成土方 145 万立方米、石方 4.3 万立方米、混凝土 1.5 万立方米。拆迁房屋 1020 间,挖压土地 2008 亩,2002 年 3 月通过市水利局初验,同月 11 日通过省卫生厅、水利厅、农林厅组织的工程验收,工程质量合格。整治工程效果显著,便民河防洪标准提高到 50 年一遇,钉螺面积下降 85.6%。

第二章　农村水利建设

第一节　蓄引提调水工程

一、水库除险加固

2005 年,全市实有水库 101 座,总库容 1000 万～1 亿立方米中型水库 7 座,100 万～1000 万立方米小(一)型水库 30 座\[丹徒区军民水库 2005 年除险加固后升为小(一)型水库\],10 万～100 万立方米小(二)型水库 64 座。

1. 中型水库除险加固

1983～2005 年,7 座中型水库先后进行除险加固,提高防洪标准,并且都建有水库水位、雨量自动测报系统等。

图 7-5　北山水库(2004 年摄)

北山水库　1980～1990 年,翻建迎水坡块石护坡、对大坝实施劈裂帷幕防渗灌浆、更换溢洪闸木闸门为钢闸门、对溢洪闸陡坡进行加固,将梯形陡坡改为矩形,两侧局部建钢筋混凝土挡墙,底板贴钢筋混凝土面层、拆除坝后输水明渠;1990～2005 年,对大坝迎水坡块石护坡护至坝顶,大坝长 260 米,坝顶高程 61.5 米(吴淞基面,下同)(含挡浪墙高 1 米),最大坝高 23.5 米,坝顶宽 6 米,水库设计洪水标准 50 年一遇,相应设计洪水位 54.42 米,校核洪水标准 2000 年一遇,相应洪水位 56.46 米(1991 年 6 月 14 日出现历史最高水位 54.24 米)。配三孔溢洪闸 1 座,灌溉涵洞、隧洞各 1 座,隧洞出口处有提水站、发电站各 1 座。

句容水库　1984～1985年，对溢洪闸进行加固，更换启闭机，改建陡坡、消力池，加固非常溢洪道，建溢洪闸启闭房，拓宽交通桥，坝顶增建浆砌块石挡浪墙，墙高1米。坝顶高程31.8米，挡浪墙顶高程32.8米，最大坝高11.8米，坝顶宽6.0米。水库设计洪水标准为50年一遇，相应设计洪水位28.91米，校核洪水标准为1000年一遇，相应洪水位30.15米(1992年7月3日出现历史最高水位29.20米)。1986～2005年，溢洪闸启闭机房改建，进口浆砌块石护砌修复，迎水坡块石护坡灌浆勾缝，溢洪闸更换为钢闸门，重建低涵出口陡坡、消力池，配置柴油发电机组1套。

仑山水库　主坝长574米，东、西副坝长1196米，坝顶高程59米，最大坝高23.5米，坝顶宽6米，有双孔溢洪闸1座，闸净宽5米，非常溢洪道1座，灌溉涵洞3座，水力发电站1座。水库设计洪水标准为50年一遇，相应设计洪水位56.15米，校核洪水标准为1000年一遇，相应校核洪水位56.98米(1991年6月14日出现历史最高水位55.16米)。1980～1990年，在主坝埋设及修复18根测压管、1根压力管，将反滤设施向西延伸120米，对主坝背水坡塌方段用干砌块石拱防护加固；1990～2005年，将低涵混凝土闸门更换为铸铁闸门，新建溢洪闸启闭机房，溢洪闸混凝土闸门更换为钢闸门。

二圣桥水库　大坝长1520米，坝顶高程22米(另加浆砌块石挡浪墙高1米)，坝顶宽6米，最大坝高12米，块石护坡齐坝顶，配有3×3.3米溢洪闸1座，底宽40米的非常溢洪道1座，灌溉涵洞2座，补库提水站与水力发电站各1座。水库设计洪水标准为50年一遇，相应设计洪水位17.51米，校核洪水标准为1000年一遇，相应校核洪水位18.84米(1991年6月15日出现历史最高水位17.59米)。1980～1990年，完成大坝迎水坡块石护坡翻修，对挡浪墙前址加固，大坝背水坡建排水沟，水力发电站增容、迁址重建；1990～2005年，拆除浮体式溢洪闸，改建平板直升式溢洪闸1座，低池出口进行除险加固。

茅山水库　大坝长1524米，坝顶高程32.5米(另加挡浪墙高1米)，坝顶宽5.2米，最大坝高15.8米，配有溢洪闸1座，非常溢洪道1座，灌溉涵洞2座，补库电力提水站1座。水库设计洪水标准为50年一遇，相应设计洪水位29.82米，校核洪水标准为1000年一遇，相应校核洪水位30.73米(1991年6月15日出现历史最高水位29.70米)。1980～1990年，完成加高、平整大坝顶，建挡浪墙及沙石坝顶路面；1990～2005年，完成溢洪闸上游护坡加固、1号启闭机墩重建，翻护大坝南端230米块石护坡，新建大坝反滤排水沟1128.3米，北涵启闭机校正、更换闸门插销，新建1公里混凝土防汛道路。

墓东水库　大坝长1029米(含东坝长454米)，坝顶高程34.5米，坝顶宽6.8米，最大坝高15米，配有溢洪闸1座、涵洞2座。水库设计洪水标准为50年一遇，相应设计洪水位31.63米，校核洪水标准为1000年一遇，相应校核洪水位32.74米(1991年6月14日出现历史最高水位30.70米)。1980～1990年，完成大坝迎水坡块石护坡翻修、加高接长，新建东副坝块石护坡；1990～2005年，完成大坝背水坡压重、固脚戗台，低涵闸门更换为铸铁闸门，高涵进口接长75米。

凌塘水库　大坝长720米，坝顶高程32米(青岛基面)，坝顶宽6米，坝顶建挡浪墙高1米，最大坝高12米，配有三孔溢洪闸1座、非常溢洪道1座、灌溉涵洞2座、水力发电站1座。水库设计洪水标准为50年一遇，相应设计洪水位28.17米，校核洪水标准为1000年一遇，相应校核洪水位29.45米(1972年7月3日出现历史最高水位27.63米)。1980～1990年，将北涵卧式闸门控制改为直升门控制，北涵涵管接头漏水和沉陷缝漏水用环氧树脂砂浆补强，并对洞身段坝体灌浆，大坝实施劈裂灌浆，建成坝顶砂石路面，背水坡坝脚建547米排水沟；1990～2005年，完成大坝迎水坡块石接长、块石护坡灌浆勾缝，南涵闸门槽、启闭机房加固改造，溢洪闸门更换为钢闸门、启闭机房拆建，增设50千伏安变压器1台，溢洪道陡坡、明渠护坡灌浆勾缝，背水坡反滤接长96米。

2005 年镇江市中型水库基本情况表

表 7-2

名　称	所在乡镇	集水面积（平方公里）	库容（万立方米）			控制水位（米）		灌溉面积（万亩）			国有土地使用面积（公顷）
			总库容	防洪库容	兴利库容	冬春	汛期	合计	自流	提水	
合计	–	309.7	20823	10924	9899	–	–	33.7	20.9	12.8	2813.6
北山水库	句容市黄梅镇	59.5	4980	2379	2601	53.0	52.0	10.5	4.5	6.0	452.5
句容水库	句容市华阳镇	45.8	2670	1464	1206	27.3	26.5	3.9	2.4	1.5	374.8
仑山水库	句容市边城镇	24.5	2613	1040	1573	54.5	54.5	6.0	6.0	–	263.0
二圣桥水库	句容市后白镇	103.5	5695	3479	2216	16.0	15.0	4.2	2.0	2.2	1046.3
茅山水库	句容市茅山镇	33.5	2153	1161	992	28.5	28.0	4.5	2.0	2.5	338.4
墓东水库	句容市茅山镇	17.4	1176	530	646	30.0	29.5	3.0	3.0	–	129.1
凌塘水库	丹徒区上党镇	25.5	1536	871	665	26.5	26.0	1.6	1.0	0.6	209.5

2. 小水库除险加固

小水库安全问题一直是防汛薄弱环节。1998 年长江流域遭遇大洪水后，省水利厅下达镇江市 32 座小水库 63 个除险项目任务。其中大坝土方加固 1 项，改建加固溢洪道（闸）18 项，翻建加固输水涵洞 18 项，兴建维修大坝护坡 8 项，兴建大坝反滤设施 9 项等。1998 年底至 2000 年 8 月，小水库除险工程基本结束。2000 年 10 月对各除险工程进行终验，验收情况如下：共完成除险项目 70 个，其中涵洞 21 个、溢洪设施 19 个、大坝护坡 8 个、大坝反滤 10 个、管理房 9 个 1624 平方米、溢洪道交通桥 1 个、溢洪闸上游建拦污栅 1 个、大坝建挡浪墙 1 个；大坝块石护坡灌浆勾缝 21500 平方米。共完成土方 15.89 万立方米、浆砌块石 14694 立方米、干砌块石 7010 立方米、混凝土 5441 立方米。

2004 年底至 2005 年 10 月，镇江市水利局对 60 座小型水库大坝进行安全鉴定，除句容市宝华黄坑水库为二类坝外，其余小水库均为三类坝。《镇江市小型水库除险加固工程总体实施方案》中提出用 5 年时间，对全市 59 座小型水库全面除险加固。2005 年，省水利厅批复对军民、丰产、塔山、马埂、潘冲、金山、东进、德胜、上会、东固 10 座水库进行除险加固，2005 年底 6 座水库竣工（另 4 座 2006 年竣工）。其余水库仍为病险水库，镇江市政府提出从 2005 年起，用 5 年时间基本完成所有小型水库除险加固任务。

2005 年镇江市小型水库基本情况表

表 7-3

序号	水库所在地	数量（座）	集水面积（平方公里）	库容（万立方米）		灌溉面积				养鱼面积（亩）
				总库容	兴利库容	设计（万亩）	到达（万亩）	其中		
								自流（万亩）	提水（万亩）	
小（一）型	合　计	30	180.30	9697	5105	19.80	10.13	4.49	5.41	10812
	京口区	1	1.50	77	59	0.60	0.28	0.28	–	147
	润州区	1	2.40	114	82	0.36	0.36	0.03	0.03	174
	丹徒区	12	40.60	2316	1176	5.63	3.65	2.00	1.65	3126
	丹阳市	2	38.50	1128	787	2.00	1.86	0.06	1.80	1366
	句容市	14	97.30	6062	3001	11.21	3.98	2.12	1.93	5999

续表 7-3

序号	水库所在地	数量（座）	集水面积（平方公里）	库容（万立方米）		灌溉面积				养鱼面积（亩）
				总库容	兴利库容	设计（万亩）	到达（万亩）	其中		
								自流（万亩）	提水（万亩）	
小（二）型	合　计	64	88.10	2728.90	1453.70	8.98	4.84	2.32	2.45	3950
	润州区	2	2.00	40	23	0.16	0.11	0.10	0.01	95
	丹徒区	18	21.20	654.90	322.70	1.40	1.10	0.60	0.50	1298
	镇江新区	3	3.60	50	26	0.25	0.14	0.10	0.04	105
	丹阳市	7	8.20	214	106	0.88	0.49	0.30	0.19	254
	句容市	34	53.10	1770	976	6.29	3.00	1.22	1.71	2198

二、人、畜饮水工程

镇江55.8%的土地地处丘陵山区，易旱易涝。严重干旱年份，农田缺水灌溉，人畜饮水发生困难。1994年大旱，小型水库、塘坝大部分干涸，句容天王、白兔，丹徒上党、丁岗等乡镇176个村、16万人饮水困难，各级政府组织车辆连续半个多月向灾区送水。全市丘陵地区干旱年份人畜饮水困难地区有35个乡镇、122个行政村、8.88万人、10万头牲畜受影响。

1996年，市人大三届四次会议提出“力争三年，确保五年解决镇江市丘陵山区严重缺水村的人畜饮水困难”议案。1996～1998年，先后在句容白兔上荣村、东昌东庄、宝华仓头、亭子石墨，丹徒西麓长山、谏壁凤凰山各打成一口出水深井，解决部分地区水源问题。1999年，市政府加大解决力度：43个严重缺水村中21个村采用地表水方案解决，由镇江市水利局负责；22个村由镇江市地矿局打深井解决；69个困难村由镇江市水利局采用综合措施解决。市水利局采用蓄引地表水方案解决缺水问题，其中句容市16个村、丹徒县2个村、润州区2个村、镇江新区1个村。确定采取集镇自来水延伸或水库直供水到村达户的有黄梅的陈巷、南社、九华村，袁巷上杆村，葛村祁庄，上党东沛与李何村，蒋乔东山村等8个村；采用新建改造当家塘坝及小水库解决的有春城吴甲村、磨盘李塔村、葛村刘庄村、白兔长岗村、天王农林村、宝华鲍亭村、行香北窑村、亭子石墨村与胄王村、茅西曹村等10个村；采取兴建提水泵站补水到塘的有蒋乔马山村、大港巷岗村、葛村百里村。到2001年底水源工程完成，新建和改造塘坝58座，新增蓄水量110万立方米，新建和改造泵站3座，增加动力107千瓦，接通自来水或直供水到户2392户，解决20830人、10026头牲畜饮水问题，解决农田灌溉7200亩。22个有地下水源的严重缺水村由地矿部门打深井，并由水利部门配套蓄水、提水工程，到2003年底基本解决水源问题。其他69个困难村，通过冬春大搞塘坝建设和新增改造翻水线路、采用蓄引提调等方法解决水源问题。新建蓄水塘坝208座，增加蓄水265.1万立方米，解决32个村的问题；通过30余条翻水线路从长江、大运河、胜利河、秦淮河、北山水库等向缺水地区补给水源，解决33个村的问题；另有4个村通过集镇自来水延伸或水库直供水解决。

三、重点提水站改造

1. 长山提水站　长山提水站位于长山、马鞍山北麓，蒋乔沟西村（现属润州区），始建于1978年12月，1980年2月建成，5月正式投入运行。到2005年，有14年投入抗旱，共开机2.01万台时，提取长江水6598万立方米，解决谷阳、高资、蒋乔等乡镇和2个国营场圃共51个行政村7万亩农田灌溉用水和生产、生活用水。该站经多年运行，部分工程设施老化，运行效率下降。1992年对出水池两侧山体滑坡进行整治；1993年疏浚长山干渠19.9公里，完成土方7.82万立方米，维修配套建筑物34座;1994年建成长山灌区重点配套工程张寺渡槽(主渡槽长256米);1997年变电所更新9台6KV－2N－28A/10真空断路器,更新2台24SH－13(B)型水泵叶轮总成,大修6台550千瓦电机,大修土建管道、闸门、拦污栅、进水闸门等。2002年,进行沟西站出水池及倒虹吸加固维修,进水闸门更新止水橡皮、止水木及部分滑块,更新GW_2－35/630油开关1台套,增加高低压计量柜各1台,更新水泵轴承6组、水泵叶轮2组,更新电缆300米及接地网,更换配电元器件及压力管道维修;2004年对环山渠道进行混凝土衬砌。同年由于修建公路穿越引水河,从312国道至进水闸总长298米河道被覆盖,建2孔钢筋混凝土箱式涵(单孔尺寸:宽2.5米,高2米,上拱半径1.25米),涵底板高程1.5米。该站存在问题:引水河日渐淤塞,水质污染严重,引水河隧道段影响低潮位供水,工程效能难以发挥。

2. 句容长江提水站　始建于1978年,原名北山提水站,1988年10月改名为长江提水站。该站为镇江市丘陵山区提调长江水的最大提水站,是句容北山片扎根长江、跨流域提调长江水的两级高扬程提水工程,共安装32SH－19型单级双吸离心泵15台,其中一级站8台套,净扬程28米,流量15.7立方米/秒;二级站7台套,净扬程27.5米,流量14.13立方米/秒。1980年曾提水入库1286万立方米抗旱。1994年特大干旱,提水站于7月31日～9月27日运行7659台时,提调长江水2100万立方米。由于开机年份少,运行次数少,管理维修经费不足,2005年省水利厅组织安全鉴定,长江提水站一、二级站均为三级泵站。同年,镇江市水利局编制长江提水站除险加固工程可行性研究报告上报省水利厅,主要项目是:长江提水站一级站设计流量改为8.8立方米/秒,拆除原8台套机泵,新安装6台套机泵,装机容量为3780千瓦;二级站流量改为8.5立方米/秒。拆除原7台套机泵,新安装6台套机泵,装机容量为3780千瓦,两级站的桥式起重机更新为10吨级并更换相应轨道、更新泵站的变电电气设备及辅机设备、增加消防设备及泵站微机监控系统。泵站规模为中型。对一、二级站出水渠道进行防渗护砌;对管理用房、进站道路等管理设施更新改造(注:省水利厅2006年批复该报告。工程于2006年11月开工,主体工程于2007年竣工。总投资2781万元,其中省补1391万元,自筹1390万元)。

第二节　标准农田建设

1983年以来,全市农田水利建设主要以建设"高产、高效、优质"农业为目标,以丰产方作为标准农田示范方。丰产方建设从百亩丰产方发展到20世纪90年代中期出现的万亩、十万亩丰产方示范带,以及沪宁高速公路沿线两边1～2公里范围内高标准农田示范带。示范农田建设要求:沟、渠、林、路统一规划,桥、涵、闸、站、机全面配套,达到农田网络化、田块平整规格化、灌排独立化、沟渠永久化(水泥预制块衬砌)、片区林网化、机耕道路沙石化、配套建筑物预制拼装化、管理规范化。田块两头有灌溉渠和深达1.2米以上的排水沟,以控制地下水位,防止渍害。田块两头有小涵洞与渠沟相连,用闸门控制,每个田块均可单独灌水与排水。

一、县(市、区)标准农田建设

1. 丹阳市　标准农田建设起步早,规模大。1983年4月,水利部在江苏召开南方十四省(市)农田水利工作座谈会,与会人员到丹阳界牌参观"基本农田全面规划、拉格成方、沟渠配套、农田林网化"建设现场,界牌乡万亩标准农田规划建设获江苏省农田水利优秀规划一等奖。1987年冬至1990年,相继在珥陵、横塘、云阳片和窦庄片(原窦庄、运河全部、访仙、珥陵部分)建成两个6666.67公顷稳产高产农田。建成全州、司徒、河阳片4846.67公顷标准农田。同年,丹阳获省水利厅农田水利建设二等奖。1995年冬到1997年,丹阳建成丹金线(珥陵、横塘、云阳)6666.67公顷丰产方。2002年,丹阳建成后巷镇前巷村现代化农田66.67公顷,至2005年,丹阳共建成标准农田4万公顷,占全部耕地80%,其中建设高标准农田2.13万公顷。

2. 丹徒县(区)　1991年开始,丹徒在上会东会村丹句公路两侧建成73.33公顷丘陵山区高标准农田示范方。1994年在西麓的白露、西麓两村与三山乡陆村建成万亩示范方。至1999年,丹徒县建设高标准农田示范方18个,总面积1466.67公顷。

3. 句容县(市)　句容县以丘陵山区小流域治理、中低产田改造、农业综合开发为重点,建设标准农田和示范带。国家安排粮食发展专项资金,以国家投入为主,县、乡镇两级财政配套,推进中低产田改造工程。这期间小流域治理规模较大的工程有春城的袁相冲、东下冲,茅山镇的五塘冲,天王镇的金山水库库下片等。1994年,句容被列为国家农业综合开发区,是江苏省20个丘陵山区县(市)中3个重点县之一。句容市共实施农田基本建设冲片259处,其中丘陵冲田、塝坡197处,圩区62片,千亩以上大冲、大片有46处,治理总面积1.23万公顷,其中中低产田改造和标准农田建设规模较大、标准较高的有三十六宕冲、二圣万亩圩等。

二、沪宁高速公路两侧农田示范带建设

1997年冬,镇江市按照高标准农田的要求,对沪宁高速公路两侧农田进行"统一规划,明确标准,落实措施,精心设计,按县实施",分别由句容市、丹徒县、丹阳市组织实施。

句容市西起黄梅镇南巷村,东至白兔镇上荣村的高速公路长27.16公里,沿公路两侧各500米总面积4.07万亩,实施山、水、田、林、路综合治理。1997年10月至1999年11月,示范带建设完成土方460万立方米,改造塘坝78座,增加蓄水260万立方米,整治规格化农田1233.33公顷,开发岗坡地320公顷,增加耕地面积33.33公顷,造林73.33公顷,植树45万多株,初步建成大卓水蜜桃基地166.67公顷,陈武乡草坪基地和白兔镇银杏采叶林基地。

丹阳市高速公路两侧高标准农田建设与高速公路建设同步进行。

沪宁高速公路及镇江下引线穿越丹徒上党镇,1997~1998年,丹徒县在上党镇莱村开始建设农业示范方。拉框隔方,开河筑渠,排灌分开,修筑机耕大道2.8公里,衬砌渠道4.5公里,田间配套建筑物650座。2000年又实施以蒲村为中心,向东延至莱村,向西延至义村的166.67公顷连片高标准农田建设,新建机耕大道4公里,新开排灌水沟渠8公里,衬砌渠道2公里,田间配套桥涵闸220座,在沪宁高速丹徒段两侧建成高标准农田233.33公顷。

第三节　县、乡(镇)河道疏浚

20世纪80年代末到90年代初,每年平均疏浚5~20条县级河道,60~80条乡(镇)级河道,3~5年一个轮回。到90年代初,县级河道平均淤积深度在1~2米左右,乡(镇)级河道平均淤积深度在0.7~2.0米左右。1990年底,市水利局对县、乡(镇)河道疏浚提出"统一规划,逐年实施,全面疏浚"的要求,每年疏浚县级河道5~20条,乡(镇)级河道50~80条。扬中市疏浚整治三茅大港、新坝大港、六圩港、思议港、团结港、长旺港等12条县级河道,前进河、丰收河、新联河、向阳河、扬子河、红旗河等15条乡(镇)河道;丹阳市疏浚香草河、简渎河、鹤溪河、新河等8条县级河道,王龙河、跃进河、永丰河、幸福河、煤炭河、战备河、越渎河、丰收河、中心河等45条乡(镇)河道;丹徒县疏浚江南运河(丹徒段)、长山提水站引河、中心河、胜利河、幸福河等12条县级河道,沙腰河、高资港、高桥南北大河、江心大套河、世业中心河、姚桥河、西麓水库溢洪河等25条乡(镇)河道。到1999年底,所有县级河道及80%以上乡(镇)河道都疏浚一遍以上,河道排灌能力和水环境有明显改善。

进入21世纪后,县、乡(镇)河道疏浚标准进一步提高,要求县级河道:平原地区平均底宽大于6米;圩田地区平均底宽大于5米。乡(镇)级河道:平原地区平均底宽大于3~6米;圩田地区平均底宽大于3~5米。2005年底,全市共有县级河道89条,总长度607.94公里,乡(镇)级河道838

条，总长度2299.73公里。至2005年，共疏浚县、乡(镇)河道287条，其中县级河道69条，乡(镇)级河道218条，疏浚总长度945.25公里，部分河道已建成沿河风光带。

第四节　村庄河塘整治

图7-6　疏浚整治后的扬中市新坝镇治安村村庄河塘(2006年摄)

20世纪80年代后乡镇企业迅速发展，农村河塘日益被污染。全市有村庄河塘8545条(座)，一般淤积深度在1～2米，总淤积量3578.80万立方米(其中村庄河道3391条，长度1564.65公里，水面面积1971.87公顷，淤积量1659.59万立方米，水塘5154座，水面面积1707.8公顷，淤积量1919.21万立方米)。2005年，镇江市把农村村塘疏浚整治作为为民办实事、办好事的重要内容，提出整治要求和标准。治理原则：因地制宜，统一规划，分步实施，与县、乡(镇)河道沟通，与中心村建设、农村道路建设相衔接，实施农村生态环境综合整治。建设标准：按照省政府“两清一建”(清理淤泥，拆除坝埂，沟通水系，改善水质；清理垃圾杂物，整治河坡，改善环境；建立制度，明确责任，长效管理，巩固成果)标准指导村庄河塘疏浚整治工作。全市确定40个村庄河塘疏浚整治典型村。扬中市制定“千河疏浚”计划，每年整治河塘沟渠1000条以上。丹阳市把2005年作为村庄河塘疏浚整治水利建设年，对丹阳全市各类河道全面疏浚、清理和绿化。丹徒区按照“每镇一村全部清，每村一河(塘)重点清”要求，确定全区118个河塘为重点整治对象。各地树立一批标准高、进度快、效果好的河塘疏浚整治典型村(到2006年底，全市有任务的649个行政村全部完成河塘整治)。

第三章　城市水利建设

镇江城区处在长江与京杭大运河交汇处，一江横陈，群山环抱，独特的地理位置也给城市防洪保安带来威胁。南有山洪下泄，北有江潮侵袭，加之城区河道众多，古运河穿城而过，汛期防洪任务十分繁重。1998年底开始对城区沿江堤防进行全面达标建设，到2004年底，从焦南坝到江南桥，沿江防洪屏障建成。1995～2005年，建成沿江防洪墙12.7公里，新建京口闸、虹桥港闸、丹徒闸、丹徒南闸等闸站工程；整治古运河、虹桥港、运粮河(金山桥至长江入江口段)、光明河、张王庙沟等，建成古运河、虹桥港、沿江等风光带以及42.8万平方米绿地(含古运河主城区段水面)。共投入经费28269.76万元(省以上补助5324.57万元，市筹22945.19万元)。

第一节　防洪排涝工程

一、防洪墙建设

防洪墙主要是运粮河口至虹桥港闸防洪墙工程。省水利厅2002年、2003年分别批复，对从运粮河口至虹桥港闸全长6.1公里长江堤防进行达标加固，堤顶高程为10.8米(9.8米另加1米挡浪板)，堤顶宽6米。工程主要结构形式采用浆砌块石护坡、钢筋混凝土空箱、生态护坡等形式。2002年12月18日该工程开工。工程共拆迁非居住房屋建筑面积11954.46平方米、居住房屋建筑面积4215.14平方米，构筑物栈桥建筑面积4413.97平方米，沿江石驳挡墙1306.3平方米。完成土方67万立方米、石方3.4万立方米、混凝土2万立方米。2004年汛前主体工程完成，其中水下工程于2004年6月通过主管单位验收，于当年汛期发挥防洪效益。

2004年12月~2005年1月，该工程景观配套附属工程(内江风光生态走廊)实施。工程具体范围为运粮河两岸及江心花园，十号码头至平政桥，全长2.4公里。完成工作量：花岗岩、鹅卵石、连锁砖等堤顶铺装1.1万平方米，文化浮雕铺设36块，管理房、护堤屋4座，踏步11座，花台38座，新增绿化2万平方米，安装大理石栏杆1652米、花岗岩栏杆550米，照明灯具108套。建成海狮迎桂、八仙过海、竹报平安、丰收果林、同心堤、游船码头等景点。

二、重点闸站建设

1. 京口闸水利枢纽工程　京口闸桥、闸、站三位一体改造工程1996年10月18日~2001年实施，主体工程1997年汛前投入使用，质量等级评定为优良。京口闸水利枢纽工程的节制闸为单孔钢结构闸门，净宽8.4米，闸底板高程-1.15米(黄海高程)。泵站装机两台套，容量2×155千瓦；新建跨河桥1座。厂房地面以上建筑为5层。工程地下空箱式翼墙设计获江苏省水利科技进步奖。工程控制灌排面积17万公顷，节制闸设计过水流量80立方米/秒，泵站设计流量2×3立方米/秒。工程具防洪、挡潮、排涝、冲污、航运及改善城市环境等多种功能。

2. 虹桥港闸站工程　虹桥港是市区三条排洪干河之一，流域汇水面积4.4平方公里，保护面积1.2平方公里，原有一座简易滚水闸坝。虹桥港闸站工程1999年1月~2002年4月实施，该工程与河道整治相结合。虹桥港闸防洪标准按100年一遇设计，山洪防治标准20年一遇，闸站中心线布置在原滚水闸中心线以南12米处。闸站总长82米，其中闸室长12米、宽13.2米，节制闸与泵站对称分布在河道中心线两侧，闸站结合，共3孔，中孔为闸孔，两边孔为站孔。自排排洪能力50立方米/秒，水泵抽排能力为6立方米/秒。节制闸以北为2级堤防，以南为3级堤防，节制闸和排涝泵站为2级建筑物。

3. 丹徒闸、丹徒南闸工程　1997年原丹徒闸经鉴定为“严重病险水闸”。翻建丹徒闸，新建丹徒南闸工程于2000年9月~2001年底主体工程实施。该工程由两座孔宽8米的节制闸组成，丹徒闸上建宽20米的公路桥1座，两座水闸设计排洪流量200立方米/秒。两闸配置100千伏安变压器1台及低压配电柜1组。主要工作量：主体混凝土7200立方米、挖填土10.5万立方米、浆砌块石1200立方米、钢闸门制作安装40吨启闭机两台套。该工程与京口闸联合调度，可有效控制古运河水位，改善古运河水质。

第二节　河道整治及水环境建设

一、河道整治

1. 古运河河道整治　古运河由长江入口(平政桥)至谏壁三汊河口，全长16.69公里。1992~2005年完成平政桥至周家河口5.6公里河道综合整治。其中拓浚清淤于2000年8月底完成，河坡护砌、建筑物配套、绿化等工程2000年9月开工，2001年底主体工程基本结束，整治后过水面积扩大50%，两岸20多万平方米的公共绿地成为一条青玉带，河滨公园、珍珠广场、宝塔山公园依次排列。2003年，完成新西门桥至虎踞桥段灯光配套工程，古运河风光带建成十里画廊，

图 7-7　古运河新貌(2004 年摄)

古运河已具备防洪排涝、环保生态、休憩游览功能。

2. 虹桥港河道整治　虹桥港南起缪家门,北至长江,水系来水主要为东、南、西三面山水,宗泽桥以下干河长 1.98 公里,宗泽桥以上有东西两条支流。虹桥港河道整治工程 1999 年 10 月 16 日 ~2001 年 5 月实施。整治范围从宗泽桥到虹桥港闸站,全长 1290 米,主要工程项目为:裁弯顺直河道走向,拆迁各类建筑物 9800 平方米;拓宽疏浚河道,两岸堤防按三级堤防标准达标,拓宽河底,象山桥以东 4 ~5 米,以西 8 ~10 米;宗泽桥至象山桥段块石护砌,河底混凝土护底,象山桥至虹桥港闸段混凝土护坡护底;3.9 万平方米坡地全部种草植树。

3. 光明河整治　光明河是城西运粮河、御桥港的一条重要支流,也是城西南片区 3.97 平方公里唯一排水通道。光明河整治工程于 2003 年 12 月 ~2004 年主汛期前实施。工程长度 1.91 公里,建设项目包括拓浚整治光明河干河、南汊河道;新建光明河涵站,加固改造老光明闸,扩建黄七路涵洞等。工程中拆迁建筑面积 3803 平方米,新增绿化面积 4.8 万平方米。

4. 张王庙沟整治　张王庙沟南起珍珠水库下游,经张王庙村穿沪宁铁路以地下水道进入古运河,全长 2.6 公里。工程整治范围为南徐大道以北至古运河出口,长 1791 米,工程结构形式按现有排水沟走线布置,采取明暗沟结合,以箱涵为主,其中穿越沪宁铁路至古运河段增设直径 2 米圆涵,采取顶管方式施工。工程中拆迁面积 3252.5 平方米。工程 2005 年 1 月 11 日开工,6 月底竣工。

二、北部滨水区建设

北部滨水区建设是打造“南山北水”城市发展战略的重要组成部分。北部滨水区建设范围指含老港池在内的沿江临水城市可开发区域,西起润州路,东至航信路,南至长江路至禹山北路,含水面及长江滩地在内,总面积 61.6 平方公里,其中可控制利用陆地面积 24 平方公里。通过水利工程建设、水体改造及港口功能转换等重大城市建设,形成以湖面为主体的风景游览区。在用地建设上划分为以金山风景区为核心的金山片区,面积约为 8 平方公里;位于长江和内江之间的征润洲片区,面积约为 8 平方公里;内江南岸面积约为 8 平方公里的东部片区。滨水区水环境治理工程是滨水区建设先导工程,包括金山湖整治和“四闸一坝”内江整治等一系列工程建设。

1. 金山湖整治工程　工程实施面积为 1.08 平方公里,包括扩大湖面 0.68 平方公里、防洪排涝、水系沟通、退渔还湖及防洪工程;湖区景观及配套设施工程;环湖道路工程等,将金山湖建成综合性开放式风景游憩地。

2. 内江整治工程　工程包括引航道、运粮河、二摆渡、七摆渡等闸站工程,焦南坝加固和扩建工程,内江清淤工程和滨江旅游专线南、北线工程。2005 年,市政府出台《镇江市收回北部滨水区国有水域渔业使用权补偿安置政策》,对北部滨水区 2225 名渔民实施安置。同年确定工程范围内 27 座码头搬迁实施期限。北部滨水区需要搬迁 154 家企业。

第四章　防汛抗旱

长江镇江段属于感潮河段，汛期常遇长江洪水、大潮、台风的并袭。沿江沙洲、岛屿，坍江时有发生，非法采砂对堤防造成严重威胁，防汛抗洪任务艰巨。西南部丘陵山区多雨年份山洪暴发，农田受淹；少雨年份极易发生旱灾，旱情严重时水库干涸，农作物因缺水枯萎，人、畜饮水困难。

图 7-8　2005 年，镇江市防汛抢险机动队参加省防汛抢险演练

市防汛防旱指挥部（以下称市防指）为常设机构，在防汛重点地区分别建立铁路、沿江地区、城区、秦淮河流域、通济河流域、太平河流域六个联防指挥部。对省重点防洪城市、省直流域工程、省大江大河市级防汛、全市 101 座水库、64 条主要骨干河道堤防明确防汛行政责任人和技术负责人。市级防汛物资常年储备保持品种、数量、规格质量三落实，并成立抗灾抢险机动队，针对镇江城市特点制订防汛防旱、防地质灾害及防台风预案。

第一节　防汛排涝

1983～2005 年发生水灾的年份有 9 年，其中灾情严重年份有 6 次。

一、1991 年百年一遇大水

1991 年 6 月，镇江遭遇百年一遇大水，汛期平均雨量 1386 毫米（最大二圣桥水库 1560 毫米，最小扬中站 1128 毫米），为多年汛期平均值的 2.11 倍。镇江站潮水位从 7 月 7 日起超过警戒水位（6.8 米），历时 59 天，扬中有 90 天超过警戒水位。6 月 12 日以后 16 座报汛水库均超过汛期控制水位（其中 10 座水库超过建库以来最高洪水位），3 次运用滞蓄洪区滞蓄洪水 2.3 亿立方米。

全市出现外洪内涝、洪涝夹击、“三危”（危山、危石、危房）并发局面。江、河、湖、库、山险情迭起，城乡普遍受灾，大面积农田被淹，房屋倒塌，村庄被洪水围困，镇江城区山体滑坡严重。全市直接经济损失达 6.74 亿元，其中农业 4.04 亿元，工交企业 2.7 亿元，间接经济损失 7.55 亿元；受涝面积 4.6 万公顷，其中水稻 3.85 万公顷，棉花 2060 公顷；冲毁鱼塘 3200 公顷。因洪涝而毁坏的工程有内河堤防 282 处，长 43.6 公里，水库 33 座、水闸 497 座、泵站 157 座、塘坝 1.7 万座、渠道 77 公里、涵洞 3578 座、渡槽 144 座、小水电站 3 座、农桥 166 座、水文设施 6 座、通讯电杆 1012 根（线路长 39.5 公里）。倒塌房屋 1.88 万间，损坏房屋 2.32 万间，因灾死亡 25 人，重伤 29 人，轻伤 78 人。6 月 15 日凌晨 5 时 30 分，丹徒县宝堰镇境内通济河最高水位达 10.40 米，超新中国建立以来最高洪水位 0.38 米，宝堰镇境内胜利河南岸与丹阳市交界的刘庄圩双丰涵西面圩堤决口达 40 多米，内外水位差 3 米以上，洪水迅即淹没刘庄及周围近万亩农田、鱼塘。根据市、县防汛防旱指挥部堵口方案，从 6 月 17 日着手封堵缺口。省军区先后调动 83544 部队、83423 部队 300 多名官兵支援，军民合力抢运土方 3000 多立方米，灌草包 1 万多只，抢打双排木树桩 154 根。到 21 日，40 米宽缺口封堵合龙。强降雨造成山洪暴发,严重内涝。致使369个村庄(4.08万户、15.18万人)被洪水围困,其中丹徒凡石桥等村庄被洪水围困1个多月。受灾严重的地区有句容的葛村、三岔、郭庄、石狮、后白、二圣,丹阳的珥陵、延陵、行宫、云林、全州、麦溪,丹徒的荣炳、宝堰、世业、江心等16个乡镇。镇江城区云台山、跑马山、狮子山、宝盖山、北固山、风车山、阳彭山、焦山等21座山体和古运河两岸发生滑坡、崩坍、塌陷等斜坡地质灾害190多处,灾害面积5万平方米,殃及范围15万平方米,冲垮、埋没居民房屋222户555间,53个工厂企业停产或半停产,20个商业网点停业或半停业。城区一些风景名胜和文物古迹遭到严重破坏,金山、北固山、焦山和南郊滑坡面积9435平方米。但全市主江堤无一处决口,无一座水库垮坝,铁路和公路畅通,重要设施和工程基本安全,社会秩序安定。

在抗洪抢险中,句容县葛村乡农民、县人大代表周宜顺潜水堵塞涵洞时牺牲(6月13日),扬中县新坝镇农民韦志清潜水堵涵洞时牺牲(7月26日),二人均被省政府追认为革命烈士。

二、1995年洪水坍江

受长江中下游大范围暴雨影响,1995年7月3日8时大通流量达75500立方米/秒,是新中国成立以来第二大流量。7月8日20时,大通站最高水位达15.75米。在大流量冲刷、高水位浸泡下,沿江险情迭出。7月2~9日,丹徒江心乡南号村北江堤先后发生4次管涌、2次堤防溃决等险情,决口总长度180余米,淹没农田133.33公顷;7月7日,丹徒高桥镇孟家港自来水厂取水口附近江岸崩坍,使"五五"江堤(头道堤防)崩决300米,淹没耕地800余亩;7月18日,扬中西来桥镇北胜新四圩江岸坍塌,坍长30米,坍宽12米,头道江堤大半坍落江中;8月6日,扬中八桥镇自来水厂取水口江岸发生崩坍,178米长的取水管道坍断140米,坍窝上下游长约160米,进深60多米,窝塘边缘距主堤约50米。同时发生句容市大道河口下游坍岸、丹徒世业乡二道沟出水涵东坍坎、姚桥和大路坍江等较大险情。沿江共坍岸23处,堤防渗漏42处,涵、闸、站出险22处。

洪涝灾害发生后,市委派出工作组分赴7个重点防汛地区,市防指调运抢险船只1150吨位,汽渡船4艘,汽车132辆,草包25万只,麻袋12万只,木材25立方米,编织袋15万只,石料18.8万吨。中国人民解放军驻镇江73057部队派出231名官兵参加堵决口;市武警支队出动76人、消防支队出动35人、陆军船艇学院派出100人组成抢险突击队参加抢险。7月7日高桥镇发生猛烈坍江,中国人民解放军驻镇江73057部队、市武警支队分别出动270人、60人投入抢险。

三、1996年长江特高潮位

1996年7月28日起,沿江水位逐日上涨,上游洪水下泄、下游海潮顶托,加之受8号台风外围影响,7月31日晚20时,谏壁节制闸8号闸门崩溃,其他闸门也出现不同程度险情;8月1日本市出现全面超历史的特高潮位,其中镇江高潮位达8.59米,超历史最高潮位(1954年8.38米)0.21米。全市十多处主江堤之外的挂耳圩及外圩小岛被淹没,面积近万亩,部分通江涵闸站出现漫顶、闸门变形等险情;江港洲堤多处出现渗漏、塌塘等险情。坍江地段新筑退堤和堤身矮小单薄地段形势危急,沪宁铁路被迫限速运行,城区沿江一线严重内涝,大东纸业、江南化工等企业受淹被迫停产或半停产,省军区船队防洪墙倒塌,致使省商站五号仓库、丹徒县供销社土产公司仓库等被淹。全市汛期堤防渗漏104处、长16155米,漏洞131个,浪洞500个,塌塘15个,病涵、病闸、病站53座。江心、大路、姚桥等地江岸发生崩坍16次、洗坍5次,坍失面积近26.67公顷。全市工交运输业、农林牧渔及水毁等损失3.45亿元。

汛情和灾情发生后,市委、市政府以防汛抗灾为中心,进行全面紧急动员和部署。镇江军分区、中国人民解放军驻镇江73057部队、舟桥旅、船艇学院、市武警支队等共出动1135人、汽车71辆分赴江心、世业、高桥、姚桥等地支援抢险,省军区在扬中设立指挥所,同时紧急增援4个连重点保卫扬中江防。采取沉船堵孔等多种措施,经过6天6夜连续奋战,谏壁节制闸8号孔抢险、封堵成功。

四、1998年长江流域大洪水

1998年3月中旬,长江干流出现历史同期最大春汛,大通流量高出常年同期3倍,3月份镇江降雨量是多年均值的3倍。6月23日,镇江长江全线超警戒水位。此后,先后经受8次洪峰袭击。大通来量持续偏高,日最大流量超过70000立方米/秒的天数达68天,其中超过80000立方米/秒的天数达12天,最高达82100立方米/秒(8月1日)。北固山潮位超警戒水位95天,超8米水位40天,比1954年多13天。6月24日~7月6日和7月中下旬,全市先后出现集中降雨,受暴雨袭击及长时间大流量冲刷、高水位浸泡,全市各地多处出现险情,沿江发生岸线崩坍17处,仅丹徒江心洲就坍江8次,累计坍失面积33.3公顷。江洲堤防和通江河道堤防渗漏、管涌等险情迭出,句容市下蜀裕课电站、下蜀引河西站等病险穿堤建筑物险象环生,丹阳大吴塘水库、丹徒凌塘水库、句容固江口水库均出现险情,市区出现50多处山体滑坡和局部内涝。镇江军分区,陆军船艇学校,中国人民解放军驻镇江83423部队、83444部队、83545部队,359医院,镇江武警支队,苏州武警支队等4000多名官兵参加抗洪斗争。全市投入抗洪救灾资金4253万元,参加抗洪救灾军民21.5万人次。7月31日,南京军区某集团军成立镇江防汛抗洪指挥部,该集团军负责句容通江河堤、丹徒世业、江心两个江心洲和扬中等险要地段抗洪抢险任务。汛期内,润州区撤离430人,扬中撤离88人,丹徒县撤离9664人,全市累计撤离10182人。

五、2002年洪涝

2002年,长江汛期超警戒水位51天,局部地区连降暴雨,形成严重内涝和堤防险情。6月19日,句容华阳镇以南9个乡镇普降大暴雨,3日面平均降雨量达272毫米,最大点雨量茅山水库达361毫米,最大1小时降雨量超过100毫米,茅山地区大小水库涨库溢洪,茅陈水库大坝出现1米左右塌坑,由于处理果断,避免塌坝危险。赤山湖地区成为一片泽国。市防汛防旱指挥部紧急调运防汛块石10万吨、木材10立方米、编织袋3万只。赤山湖地区闸站、堤防,茅山地区水库由于抢护到位,未出现溃堤、垮坝;9月1日,扬中兴隆镇朝霞村段北侧内河堤凌晨4时20分左右发生决口,到凌晨5时许,决口最宽达到12米。扬中市防指及兴隆镇立即组织力量进行抢险。镇江市政府领导赶到现场指挥抢险,累计投入机动车辆400多辆次,土方、石料1800余立方米。在河堤决口处沉船4艘,沉农用卡车2辆,决口封堵成功。

六、2003年罕见特大暴雨

2003年6月21日入梅后,全市出现7个暴雨日。7月又连降11天雨,雨日之长、雨量之大均创历史之最。7月4日傍晚至5日上午,遭受罕见特大暴雨袭击,平均雨量228毫米,境内流域性河道和水库水位急剧上涨,造成大面积内涝和堤防渗漏。丹徒上会东滨涵、大路捆山河,句容陈家圩、房家坝、二干河,丹阳简渎河延陵段、通济河景家渡段,市区共青团农场东江堤等先后出险。丹徒塔山水库大坝决口,润州五洲山水库坝体6处渗漏,古运河特教中心段和丹徒镇段出现滑坡险情。市区山体滑坡103处,转移城市居民312户。全市农作物受灾面积14.09万公顷,严重成灾面积6.99万公顷。受淹企业3806家、全停产企业1468家、部分停产企业2338家。公路中断76处,毁坏路基226.7公里;供电线路中断23次;损坏堤防96处,长14.2公里;非流域性堤防缺口6处;毁坏水闸75处、损坏桥涵2982座、损坏机电泵站103座。全市94.2万人受灾,重灾人口44.3万人。被洪水围困3.25万人,紧急转移12121人;城镇受淹居民户4800户,农村76500户,毁坏房屋21400间、倒塌房屋7500间;受伤人数151人,因灾死亡4人,失踪1人,直接经济损失10.50亿元。

7月5日晚12时,丹徒大路捆山河孔家港段堤防决口20米,3个半自然村受淹,100多户受灾、淹没农田133.33公顷。险情发生后,丹徒区大路镇防指组织民工100多人,在100多名部队指战员的全力支援下,采用木桩、钢管桩搭架、草包叠筑封堵,终于完成决口处堤防抢险。7月5日,句容市房家坝以上出现新中国成立以来最大的洪水,房家坝西堤漫水,上阳村汪洋一片,229户居民家中积水1至3米。驻句容部队出动4台冲锋舟赶赴救援,受淹群众全部撤离。

谏壁抽水站在暴雨后立即开机排水,共排水8489.73万立方米。谏壁节制闸排水2800万立方米,正在建设之中的湖西引排九曲河水利枢纽紧急启动已建成的部分设施抢排3050万立方米。市抗排公司出动50多台套机泵帮助重灾区排水。市水利局充分发挥水库蓄洪和错峰作用,仅16座报汛水库就滞蓄洪水7000多万立方米。

第二节 防旱抗旱

1983~2005年发生旱灾严重年份有9次,其中大旱有4个年份。

一、1994年特大干旱

1994年高温酷暑、夏秋连旱,镇江遭受罕见特大干旱。年降雨量645.5毫米,35℃以上高温天气35天,蒸发量创历史之最(7月份蒸发量为290.9毫米),汛期最高潮位7.31米。至8月上旬,全市塘坝全部干涸,近80座小型水库水位在死库容线以下,尚可放水灌溉的16座水库可用水只有500万立方米。从8月初起,大运河、通济河、胜利河水位明显下跌,部分平原圩区电站无水可抽。水稻受旱面积60多万亩,30万亩旱谷普遍受旱,林、桑、茶受旱面积6267公顷,8万多亩水产损失惨重;天王、白兔、上党、石马、黄墟、丁岗等乡镇176个村、16万人饮水发生困难,严重困难的6万多人。面对严重干旱,市领导率领5个工作组分赴各地督促指导抗旱。谏壁闸、九曲河闸全部开启,28座骨干提水站全部投入运行,共翻引江水11.8亿立方米;水库共向灌区供水7690万立方米。各部门定点帮助磨盘、茅山、茅西、袁巷、天王、葛村、亭子、黄梅、上党、石马、辛丰、黄墟、丁岗等乡镇抗旱,解决15万亩水稻灌溉和10万人饮用水困难。全市共投入劳力38.54万人次,电力12.7万千瓦时,柴油4000吨,机械动力10.7万马力,抗旱资金1.4亿元。镇江市各单位向茅山老区受灾乡镇捐款93万元、捐物资折合人民币7万元。句容、丹徒、丹阳县(市)有关单位职工也积极开展向灾区“献爱心”活动,捐款200多万元。

二、2001年大旱

2001年大旱是1994年后的又一个大旱年,空梅少雨,春夏连旱。全市平均梅雨量22.9毫米(历年平均梅雨量212.4毫米),5月连续18天无降雨,气温高,蒸发量大,塘坝干涸,80%小型水库死库容,北固山潮位站最高潮位6.64米。大运河、句容河、香草河汛期均低于警戒水位。农作物大面积受旱,严重受旱面积1.79万公顷(水稻1.21万公顷,经济作物0.58万公顷)。7月底有10.3万人、6.88万头牲畜饮水困难。市防指派出3个抗旱工作组,赴旱情严重的丘陵山区督查指导抗旱工作。驻镇部队和武警出动消防车为灾区送水,解决人、畜饮水困难。沿江各涵闸日夜抢潮引水,仅谏壁、九曲河两闸引水10.91亿立方米,为建闸以来引水最多的一年。骨干翻水站开足马力翻水抗旱,全市开启泵站580处,共计5.3万千瓦,机动抗旱设备1.74万台套,翻水近1.6亿立方米。7月13日至8月8日,进行火箭人工增雨作业以缓解旱情,省调拨旱地龙2吨,支援镇江抗旱。全市共投入抗旱经费4711万元。

第三节　抗击台风

一、1997 年抗击 11 号台风

1997 年 8 月 18 日 21 时 30 分，11 号台风在浙江省温岭市登陆，并逐渐影响镇江市。19 日上午 7 时，北固山高潮位达 8.15 米，风力 8～9 级，阵风 10 级，丹阳最大风力 11 级。台风过境时，受风浪冲刷危及堤身安全堤段长 8.55 公里，新建挡浪墙倒坍 570 米。扬中西来桥胜新四圩、兴隆东新港码头、永胜甘泉圩外围堤出现漫水。丹阳界牌永红闸闸门上漫水 0.5 米，丹徒大路闸北孔混凝土面板穿孔漏水。市区新河西岸江堤坍塌，省军区船队办公区进水。市区 6 条高压线路、72 条低压线路和 40 台变压器相继断线跳闸，变电所开关跳停 17 台次。船艇学院 150 名官兵冒雨顶风，乘登陆艇到丹徒高桥洲帮助加固新民堤段；中国人民解放军驻镇江 73057 部队 200 名官兵在新河西岸构筑起临时挡洪堰 100 米；市防指调运 2 万只编织袋至扬中。10 万军民，共同努力，到 19 日 21 时，各地险情得到控制。

二、2005 年抗击 9 号（麦莎）台风

2005 年 8 月 5～7 日，9 号台风全面影响本市，狂风大作，普降暴雨，市区降雨 80.8 毫米，风速 21.1 米/秒。在台风暴雨袭击下境内频频出现险情。主城区部分地区出现内涝，树木被拔起，房屋被刮坏，广告牌被刮倒，道路交通受阻。长江堤防部分地段出现坍塌险情。6 日下午 4 时，扬中西来桥曙光圩江堤出险，自来水厂取水口段长约 2000 米，1.04 万平方米江堤混凝土护坡出现松动、起翘断裂现象。市、县领导赶赴现场组织抢险。共出动 3000 人，挑筑土方 5000 立方米，动用钢管 8 吨、铁丝 2 吨、石子 500 吨、塑料编织带 3 万只、树桩 5000 根、彩条布 4000 平方米、土工布 650 平方米。经过奋力抢险，险情得到控制。

1983～2005 年镇江市历年水旱灾害情况简表

表 7-4

大水年份	偏水年份	基本风调雨顺年份	大旱年份	偏旱年份	旱涝交错年份	强台风年份
1983（长江大水）	2002 年（句容、丹徒局部暴雨）	1984	1994	1990	1995	1997 11 号台风
1991（特大洪水）	2003 年（罕见特大暴雨）	1985	2001	1992	2002	2005 9 号（麦莎）台风
1995（洪水坍江崩岸）	2004 年（洪水内涝）	1986	2004	1995	2004	–
1996（谏壁节制闸出险）	–	1987	2005	1997	–	–
1998（长江流域性大水）	–	1988	–	2002	–	–
1999（太湖湖西及长江大水）	–	1989	–	–	–	–
–	–	1993	–	–	–	–
–	–	2000	–	–	–	–

第五章 水 政

第一节 执法体系

1988年,《中华人民共和国水法》颁布施行。1989年,市辖各县(市)组建水利公安派出所负责查处水事违法案件。1990年,镇江市水利局水政水资源科成立,负责水行政执法。1994年5月,为遏制愈演愈烈的长江非法采砂,在全省率先成立水政监察队。1995年,水利公安派出所改建为水行政执法专业队伍。同年9月,市水政监察队人员全部纳入市城市防洪管理处管理,内设水政科,承担城市防洪管理范围内水政监察任务。1996年6月,镇江市水政监察支队成立,编制8人,为具有法人资格的水行政执法专职队伍。1998年5月,市水政监察支队与市水利局水政水资源处合署办公。2005年,水行政执法体系有镇江市水政监察支队,下属长江河道管理处、谏壁抽水站管理处、城市水利管理处和丹阳市、润州区、句容市、扬中市、丹徒区8个水政监察大队,专、兼职水政监察员200人。

第二节 行政执法

1988年,《中华人民共和国水法》颁布施行,水行政执法步入正轨。1990~2005年,共查处各类水事违法案件4787件(其中打击非法采砂2207件),判刑3人,拘留27人,罚款709.87万元,没收非法所得361.73万元。

1990~2005年镇江市水行政处罚情况统计表

表7-5

年 份	查处各类水事违法案件(件)		处罚情况			
	总件数	打击非法采砂数	判刑(人)	拘留(人)	罚款(万元)	没收非法所得(万元)
1990	128	–	3	27	0.84	92.00
1991	154	–	–	–	9.90	121.50
1992	390	–	–	–	13.00	–
1993	171	–	–	–	1.80	4.20
1994	343	–	–	–	3.96	5.27
1995	258	80	–	–	4.94	33.80
1996	179	–	–	–	21.04	8.60
1997	331	20	–	–	12.75	69.36
1998	580	400	–	–	3.70	17.70
1999	313	210	–	–	36.08	9.30
2000	189	120	–	–	16.90	–
2001	164	120	–	–	6.00	–
2002	253	169	–	–	68.00	–
2003	312	246	–	–	128.00	–
2004	573	567	–	–	185.96	–
2005	449	275	–	–	197.00	–
合计	4787	2207	3	27	709.87	361.73

一、打击长江非法采砂

长江镇扬河段江底蕴藏大量优质黄砂，1990年起，大量非法采砂船蜂拥而至，最多时大型采砂船有50多艘，小型吸砂船有1000余艘。非法采砂不但造成长江河势恶化，也给航运安全带来严重威胁，乱采滥挖往往导致严重坍江发生。为打击非法开采，1995年下半年市政府决定对镇江长江采砂实行集中统一管理体制，组建江砂资源开发总公司，负责对江砂资源统一开采、经营、管理和协调工作，严禁未经批准集体和个人从事采砂活动，建立水上公安分局，增强打击非法采砂力量。但由于暴利的驱使，非法采砂仍以各种形式、任何时间出现。1996年1月6日，江心洲对面人民滩因非法采砂导致崩坍出一个宽620米、长340米、面积达20公顷大窝塘。1996年10月，省政府发出《关于我省境内长江河道暂停采砂活动的通知》，1998年下发《关于我省境内河道继续禁止采砂的通知》，省人大九届四次会议通过《关于在长江江苏水域严禁非法采砂的决定》。据此法律法规，市水行政主管部门及市水政监察支队加强巡查、严厉打击非法采砂的力度。1999～2000年，全市水政监察队伍出动人员3842人次，抓获非法采砂船282艘次，摧毁采砂设备176台套，罚款7.7万元。通过严厉打击，基本稳定镇江长江水域一度乱采滥挖的混乱局面。

二、整治太平河非法码头

2004年10月，太平河非法建设小码头增多，严重影响河道行洪和河堤安全。市水政监察支队会同丹阳市、丹徒区水政监察大队深入现场，下达《责令停止水行政违法行为通知书》，限期拆除非法码头。到2005年11月底，丹阳市8家非法码头中3家自行拆除，5家协助拆除；丹徒区6家非法码头协助拆除完毕，2家固定码头停营停运。

三、强拆镇江新区非法码头

2004年2月，大港祝赵村王龙富和赵红专未经水行政主管部门批准，擅自在青龙山白云石矿第三化工厂长江边填埋江滩，建成面积约1.9万平方米的违章码头。2005年11月3日，镇江市水利局会同水上公安、新区公安分局51名民警、35名保安、35名新区干部、20名市水政监察队员加上水政一号执法艇和水上公安执法艇对违章码头进行彻底摧毁，对全市取缔沿江非法码头起到示范效应。

第三节　水资源管理和保护

一、管理

20世纪90年代后，加强用水取水管理，逐步实行严格的取水许可制度。1993年9月，国务院《取水许可制度实施办法》实施，全市开始进行取水登记和发放取水许可证工作。1994年，发放取水许可证553份，其中工业用水374份，农业用水179份。1995年，换发水利部版取水许可证，共换发415份。1996年，安装取水计量设施92台套，1999年安装251台套。2000年，新审批取水单位21家，2001年共发放取水许可证1532份，全市取水计量设施已安装455台套。

二、保护

随着社会经济的不断发展，水资源污染愈发突出，水资源环境保护越来越重要。1995年4月，镇江市水资源监测中心成立，按季发布《镇江水质简报》。1998年4月，《镇江市水资源开发利用现状调查分析报告》通过省水利厅评审验收。2000年6月，《镇江市水资源保护规划》编制完成。

2001 年 2 月,首次发布《镇江市主要河道水库及取水口水环境质量年报》(2000 年度)。10 月完成《镇江市水功能区划报告》,12 月市政府批准实施该报告。全市划出一级水功能区 6 个(含保留区 5 个、保护区 1 个),二级水功能区 126 个(含饮用水源区 31 个、景观娱乐用水区 7 个、工业用水区 38 个、农业用水区 30 个、渔业用水区 17 个、过渡区 3 个)。2004 年 4 月,开展入河排污口普查登记工作(2005 年共普查登记入河排污口 372 处),6 月开展水功能区确界立碑工作,7 月底 5 处水功能区碑安装到位。

第四节 水费征收

1985 年开始征收水费。1990 年 3 月,镇江市水利工程水费管理所成立,负责征收市属企业水利工程水费、水资源费、河道堤防工程占用补偿费。1985 年,取用水利工程的水开始交纳水费,属行政事业性收费。工业消耗水 7 厘/立方米,循环用水 1.3 厘/立方米,城镇生活用水 2 厘/立方米,农业用水 0.5 厘/立方米或 5 角/亩。1990 年调整为工业消耗水 3 分/立方米,循环用水 9 厘/立方米,农业用水秦淮河流域 6.7 厘/立方米或 2 元/亩;太湖沿江 1.9 厘/立方米或 1.6 元/亩;水库灌区 6.7 厘/立方米或 4 元/亩;从事水产养殖按水面 5 元/亩或按总产值 1% ~2% 收取。1994 年开征水利工程维护费和水资源费。1996 年调整水费标准,工业消耗水 4 分/立方米,循环用水 1.5 分/立方米,城镇生活用水 1.5 分/立方米;通航用水按船只吨位 5 分/吨;农业水费太湖沿江和秦淮河地区 0.5 ~1.3 分/立方米或 4 元/亩,水库灌区 1.6 分/立方米或 8 元/亩;水产养殖 15 元/亩,水库河沟养殖 3 元/亩,冲污水费 4 分/立方米。所收水费上缴省 30%;上缴市 5% 管理费用,其中 2‰ 上缴省。1997 年停征水利工程维护管理费。1999 年开始征用河道堤防占用补偿费。2001 年 1 月 1 日开始,由行政事业性收费改为经营性收费,供水纳入价格范畴,水作为水商品进入市场,费用纳入供水成本。

1985 ~2005 年镇江市水费征收情况表

表 7-6 单位:万元

年份	收费项目					合计
	水利工程水费		水资源费	河道堤防占用补偿费	水土保持设施补偿费	
	小计	其中:水利工程维护管理费				
1985	9.60	-	-	-	-	9.60
1986	15.70	-	-	-	-	15.70
1987	16.80	-	-	-	-	16.80
1988	21.60	-	-	-	-	21.60
1989	22.50	-	-	-	-	22.50
1990	68.00	15.80	-	-	-	68.00
1991	109.00	16.00	-	-	-	109.00
1992	120.00	12.00	-	-	-	120.00
1993	131.00	26.90	-	-	-	131.00
1994	136.10	39.50	5.60	-	-	141.70
1995	107.80	24.30	10.00	-	-	117.80
1996	140.10	15.80	17.30	-	-	157.40
1997	130.00	-	13.90	-	-	143.90

续表 7-6

年份	收费项目					合计
	水利工程水费		水资源费	河道堤防占用补偿费	水土保持设施补偿费	
	小计	其中:水利工程维护管理费				
1998	125.60	–	188.80	–	–	314.40
1999	117.80	–	102.00	98.00	–	317.80
2000	226.10	–	105.10	111.50	–	442.70
2001	314.30	–	102.90	114.30	–	531.50
2002	276.60	–	108.50	115.90	–	501.00
2003	295.00	–	132.00	119.30	–	546.30
2004	280.10	–	211.90	113.50	–	605.50
2005	384.00	–	646.50	194.60	14.00	1239.10
合计	3047.70	150.30	1644.50	867.10	14.00	5573.30

第六章　水利管理

第一节　水利改革

一、城市水利体制改革

为推行水务改革,实行“城乡一体化”,1995 年成立镇江市城市防洪管理处,负责主城区长江沿岸防洪保安、闸站建设和河道整治。为逐步推进“水务一体化”改革,变“多龙治水”为“一龙治水”,2002 年 6 月将市建设局的古运河管理处划归市水利局管理,将市水利局所属市城市防洪管理处调为副处级建制,两机构合署办公。7 月成立镇江市水利投资公司,为隶属于市水利局的副处级全民事业单位,实行企业化管理,主要职责是:筹集城市水利建设资金,实行统筹统还;对融资项目负责资金调度、效益评估和收费管理等;受市政府委托管理、开发授权范围内的国有资产和资源;根据城市防洪总体规划和工程建设进度,保证建设资金的足额到位。2003 年 9 月 26 日将城市防洪管理处更名为镇江市城市水利管理处,负责主城区沿江防洪保安、闸站建设、河道整治和风光带建设。

镇江市水利投资公司通过市场化运作,到 2005 年底累计融资 2.12 亿元,获得政府授予市场化运作土地 97 公顷,共上市 22.13 公顷(含 2005 年、2006 年)。获得省发改委批准将金山湖整治列为省重点工程,省国土厅批准国拨农用地转用指标,使征润洲村等 118.87 公顷土地作为镇江北部滨水区建设首批资金平衡用地,市水利投资公司市场化运作土地保有量达 200 公顷。征润洲土地收回工作按照“统一规划、统一管理、统一利用”的要求,依照“依法收回,适当补偿”的原则,到 2005 年底大部分土地已依法收回,实行统一规划和开发。2005 年底,市水投公司投资 1.2 亿元(其中土地开发投资 4000 万元,工程投资 8000 万元),确保主城区滨江带国家级“863”镇江水环境专项课题研究及示范工程实施。

二、基本建设程序和监督机制改革

1. 建设程序改革　1998 年前,水利工程建设作为政府投资项目,由水利部门负责实施并具体管理,即直接组织工程建设,同时又负责行政监管,往往导致监管失效。1998 年,水利部下发《水利工程建设程序管理暂行规定》。镇江市水利工程建设摒弃以往边设计、边施工、边变更设计模式,执行工程设计严格按照可行性研究、初步设计、施工图设计三阶段进行。市水利局先后完成城市防洪、三大水系、重点流域等中、长期规划。工程项目审批逐步完善,委托有资质的单位和专家进行专业技术咨询或技术会商后进行批准。工程建设严格按照先招标后实施、先验收后使用的原则实施。通过改革,市水利局变建设者为管理者,重点项目建设法人由下属单位或辖市(区)水利部门组建。

1998 ~ 2005 年,镇江市依法必须招标的项目(标段)共 100 多项,总中标额超过 10 亿元,通过招标节约投资 7% 左右,公开招标率 100% 。招投标严格执行规定程序,邀请纪检监察人员监督,委托公证部门法律证明,中标结果及时公布,接受社会监督。在积极引导全市水利企业通过公平竞争方式参与水利工程建设同时,欢迎外地优秀施工企业参与。句容市三座中型水库施工标报名投标企业达 90 余家次。2005 年,30 多家外地、外行业建设企业参与本市水利工程建设。

2. 监督机制改革　1989 年,镇江市水利工程质量监督站成立,负责全市重点水利建设项目质量、安全监督工作。对堤防、闸站、水库等重点工程,质监部门专门制定下发"工程质量监督计划",从质量监督人员、监督方法内容、质量标准、质量资料、质量评定、工程验收要求等方面作出明确规定,质量监督责任明确到人,有效地杜绝"豆腐渣"工程。从 1995 年开始镇江市水利工程建设试行监理制度,至 1998 年,全市重点水利工程建设全部执行建设监理制。2000 年后,质量监督站逐步加大现场监督频次,发现问题及时要求整改,不符合设计及规范要求的立即停工整顿,并要求建设单位委托有资质单位进行质量实体检测。

三、管理单位体制改革

镇江市已建成的各类水利工程体系大部分由 31 家国管单位进行管理,面广量大的小型水利工程由镇水利管理服务站管理。多年来,水利工程管理中存在的问题有水利工程管理体制不顺,管理单位职能不清、权责不明、事企不分,经济效益差,职工收入低;水利工程老化失修,运行管理和维修养护经费筹集渠道不畅、资金不足。根据国务院办公厅《关于水利工程管理体制改革实施意见》和省政府办公厅《关于我省水利工程管理体制改革工作的实施意见》通知要求,从 2003 年开始全市进行水利工程管理体制改革。2004 年 3 月,市政府下发《镇江市水利工程管理体制改革实施意见》,明确改革目标、改革原则和改革步骤。逐步建立符合市情、水情和社会主义市场经济要求的水利工程管理体制和运行机制,即:职能清晰、权责明确的水利工程管理体制;管理科学、经营规范的水管单位运行机制;市场化、专业化和社会化的水利工程维修养护体系。2004 年 9 月底前完成分类定性、定岗定编、经费测算和内部改革工作。改革方案以"两定两费(水管单位定性质〈公益性、非公益性〉、人员定编定岗;落实职工人员经费、工程维修保养经费)"为重点。市长江河道管理处、市城市水利管理处、市谏壁抽水站管理处、市抗排队 4 家为纯公益性事业单位。到 2005 年底,其他水管单位体制改革相继进行。改革前 31 个管理单位有编制数 874 人、在职人员 746 人,改革后核定编制 783 人。改革后,纯公益性事业单位及准公益性事业单位的公益性部分的"两费"由财政负担。

第二节　水利科技

1983 年市管县后,市水利系统坚持"科教兴水"理念,大力培养和引进水利科技人才,制订水利科技奖励政策,广泛采用新技术、新工艺、新材料。到 2005 年止,市直水利系统共有职工 631 人,专科学历以上 187 人,其中硕士生 6 人,本科生 131 人;高级职称 34 名,中级职称 138 名。全系统有突出贡献的中青年专家3名,拔尖人才9名,其中省“333”第三层次培养对象、市学术技术带头人3名,市级科技骨干4名。2000年3月,市水利局下发《镇江市市直水利系统科技奖励暂行办法》,对重点项目和获得省以上奖励的项目实行重奖。到2005年底,市直水利系统科教奖励基金达50多万元。从2001年起,在重点工程经费、水资源费、水利工程水费中提取一定比例作为科研课题项目补助。1983～2005年,市水利局及直属单位获市以上奖励31项。

一、高新技术应用

1997年,镇江市长江测绘研究院引进国内第一套单频RTK实时码差分GPS接收机3台套,1998年引进实时相位差分GPS接收机3台套。该研究院应用GPS与测深仪相结合的办法采集水下地形测量数据,利用先进导航测量软件实行现场成图,及时进行对比分析,提出险工险段监测报告,对河床局部冲淤变化、冲刷坑的部位和高程、深泓线变化、岸堤变化等进行定量分析,提供险工险段的险情,并向防汛指挥部门建议采取相应的对策:如抛石护岸、修筑子堤等。对重点护岸险工段,每年进行1～2次1:1000～1:2000堤防险工测量。长江镇江段1～3年施测一次1: 10000水下地形,特大洪、枯水年适当增加测次。1998年,长江大洪水后,及时进行1:10000长程水道地形测量,施测范围从三江口至江阴,长约200公里,应用静态GPS施测两岸控制,实时差分水道测量系统施测水下部分,一个月完成施测任务,大大缩短成图周期,提高水道地形图时效性。1999年末,市长江河道管理处与河海大学联合研制长江镇扬河段地理信息系统。该系统可以进行河床冲淤演变分析、河床演变动态、多媒体演示,还可以对堤防工程规模、形成、投资、工作量、设计与建设年份进行查询监控。2002年引进RDI公司生产的声学多普勒流速仪(ADCP)测流系统,该系统能够测量不同水层(可达128层)的三维流速和流向,比传统测流方法提高效率几十倍。同年还引进当时精度最高的Seabat8125多波束测深系统。整套系统包括光纤罗经、姿态传感器、声速剖面仪、RTK相位差分GPS接收机、计算机及功能强大的系统软件等一套高精度、高可靠性、全覆盖的水下地形测量系统。使用Seabat 8125多波束测深系统对长江抛石护岸工程施工前后、施工期间监测,其全覆盖、高精度测量成果,多种输出测量资料(平面图、套比图、断面图、方量计算成果)为检测工程质量以及了解险工地段河床变化提供有效监测手段。

1983～2005年,水利系统为引进高新技术设备共投入资金1200万元。

二、信息化建设

2000年,镇江市水利系统计算机网络中心投入运行。该网络(以下简称水利网)以市水利局为中心,连接各辖市(区)、市属各水利管理单位计算机城域网,网络为星型拓扑结构。水利网中枢设备选用加拿大北方电讯网络公司的Passport系列多业务交换设备,网络中心采用三层交换,配备磁盘阵列并组成双机集群备份。随着遥控技术的发展,2002年建成7座中型水库及赤山闸上、下游水位、雨量遥测系统。2004年,丹阳市、丹徒区、句容市、扬中市、高资仓库、城市水利管理处6个分中心接入水利网。该网络中心配备两台防火墙,网络中心实施防雷工

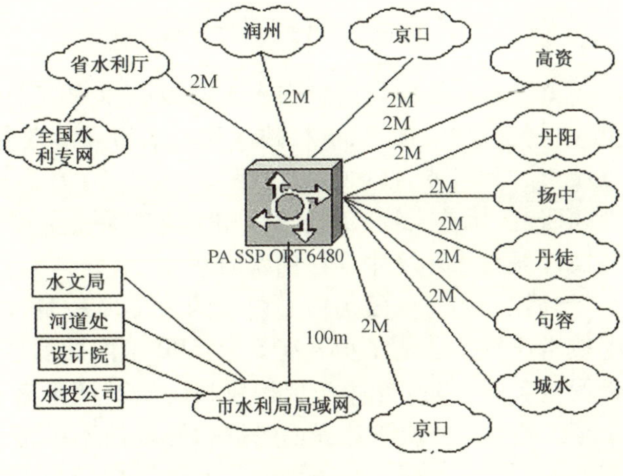

图7-9 水利网主干示意图

程。中心通过二层交换与市水文水资源勘测局、市水利局、市长江河道管理处、市工程勘测设计院、市水利投资公司进行网络互联。2004 年，市防办编制《镇江市防汛指挥决策支持系统实施规划》，一期工程于 2005 年底基本建成，包括综合数据库、防汛 GIS 系统、汛情监视与预警、基于 WEB 的防汛信息发布、洪水预报演进淹没、防汛抢险指挥 GPS 应用、防汛会商系统建设，以及遥感、调度、评估子系统的接口设计等。一期电子地图，Oralce 数据库、ArcGis 开发平台以及系统开发投入 200 万元。至 2005 年镇江潮位站、旧县、谏壁闸、谏壁抽水站、九曲河闸、丹阳、句容等遥测雨量、水位站以及 1 个中继站、1 个分中心站，实现降雨量、江河水库水位遥控遥测、实时查询和发布。

水利网通过省水利厅实现与全国各水利系统单位、市各辖市（区）和直属单位专线互联互通。

三、堤坝白蚁防治

图 7-10　修复后的镇江北固山湿地一角（2007 年摄）

1983～1985 年，每年防治水库 10 座左右。以句容市水利局为主，镇江市水利局配合，在吸取外省水库白蚁防治经验的基础上，开始研制毒饵袋诱杀白蚁药剂，1985 年立项获批准。JSSO－ⅠⅡ型灭蚁灵毒饵袋于 1988 年 11 月经省水利厅组织鉴定，并在全省推广。1989 年，二圣桥水库白蚁防治通过省水利厅组织的蚁害达控达标验收，成为镇江市第一座蚁害达控的水库。同年，还对高桥江堤进行白蚁防治，1990 年 12 月在南星圩挖出 1 个直径 1.6 米、体积 2.8 立方米大型蚁巢。1991 年 4 月，省水利厅在高桥召开全省堤坝白蚁防治工作会议。由于灭蚁灵药剂中有些主剂被禁用，句容市堤坝白蚁防治中心于 1997 年进行白蚁防治药物更新研制工作，2000 年，新药“蚁克星”在中试阶段取得明显效果。2001 年，“蚁克星”灭蚁饵剂通过省水利厅鉴定，成为堤防白蚁防治主型药剂。2002 年开始，对句容河、中河、北河堤防进行白蚁防治。1983～2005 年，全市有 82 座水库和 58 公里堤防先后发现白蚁危害并进行防治，包括 7 座中型水库和 15 公里长江堤防。

四、水环境整治研究及示范工程

镇江水环境质量改善与生态修复技术研究及示范（下称“镇江水环境专项”）是国家“863”重大科技专项的项目，被科技部列入水污染治理专项中的城市水环境改善专题全国“10＋1”试点城市，“镇江水环境专项”工程 2003 年 10 月启动，市水投公司是该项目业主单位。该工程是课题研究、示范工程、依托工程相结合的系统工程。项目总投资 6200 万元。课题研究主要是针对镇江城市水环境中存在的水质恶化、水量失衡、生态失调等问题，开展以控污截源、泥沙控制、水量调控和生态修复为核心内容的水环境质量改善与生态修复技术研究，共开展 5 个方面、28 项技术研究。示范工程共有 8 项：500 米内湖滨岸带基地及生态修复示范工程、800 米内湖隔离带示范工程、1000 米生态堤构建和硬质护坡生态化改造技术示范工程、800 米滨江带构建技术示范工程、20 公顷自然湿地保护和修复技术示范工程、200 米运粮河生态滤床构建技术示范工程、1000 米古运河生态修复示范工程和 4.67 公顷金山湖水体生态修复与湖滨带的构建技术示范研究工程。依托工程主要是北部滨水区建设。中共中央政治局原常委、国务院原副总理李岚清和科技部、水利部、江苏省领导及省科技厅、环保厅、财政厅、水利厅等负责人多次视察“镇江水环境专项”，并给予高度评价。

第三节　工程管理

一、管理体制

1983年市管县后，镇江市水利局内设工程管理科（原镇江市堤闸管理所并入）、机电排灌科。1986年初，两科合并为工程管理科。当时许多水利工程尚未配套完工，水管单位一边接手管理，一边继续完善工程建设标准。该阶段建设处于主导地位，国家核拨事业费可维持正常运转，经营管理处在低标准，有限利用水土资源进行养殖、种植等经营活动。1994年6月，工程管理科与基建农水科合并为水利工程科。1997年底，水利工程科分设为工程管理处与规划建设处，工程管理处与市防办合署办公，负责全市水利工程管理与全市防汛防旱日常管理工作。水利工程实行“事业单位企业管理”模式，多数水管单位失去财政定额补贴，普遍推行经营管理责任制，水管单位的水土资源、技术优势得到一定的开发和利用。至2004年，以管养分离、定岗定编、高效科学为主体的新型水利管理体制基本形成。

二、用地确权划界

镇江市江、港、洲、堤进行多次达标建设和加高加固，各类泵站、抽水站进行除险加固，疏浚河道，新建一批闸站、水库等水利工程。少数农民为扩大土地耕种范围、部分水利工程用地被乱垦乱种，河道内乱建码头；乡镇企业向河道倾倒垃圾，有的引排水灌溉渠道甚至被填埋。水利工程用地受到严重蚕食和侵害，有些水利工程土地权属不清。1992年2月，国家土地管理局、水利部联合发出《关于水利工程用地确权有关问题的通知》。同年8月，镇江市土管局、镇江市水利局对水利工程用地确权联合下文进行具体部署：明确水利工程使用和管理范围内用地必须申报领证。明确水利工程用地范围是：水库的坝身、护坝地、水面、水力发电、泄洪和输水设施及其配套的河道、渠道堤身、护坝地、配套建筑物等工程占地；江、港、洲、河、湖堤防的坝身、迎背水坡侧的护坝地及配套建筑物等工程占地；市和县、辖市、区级国有水利工程处（队）施工设备存放用房、抗排队器械设备以及防汛抢险物料存放场地、仓库等占地；水闸和滚水坝闸、堤身及其上、下游引河堤身、护堤地及配套建筑物等工程占地；排、灌站站房、进出水引河、沟、渠、堤身、护堤地及管理维护配套设施占地。10月，水利工程用地确权划界全面展开。1995年，丹阳、句容、扬中县（市）集体所有水利工程用地确权划界基本结束，共申报登记土地1100余宗，面积4000余公顷，分别领取国有土地、集体土地使用证。

1998～2000年，全市开展新一轮江堤达标、干堤加固以及水库除险加固，江港洲堤、水库以及新建的闸站工程用地有新的变化。2000年8月，市政府下发《关于加强长江堤防管理工作的意见》，进一步明确江堤使用范围、管理范围。丹阳市、句容市、丹徒区、润州区的江堤使用范围迎水坡脚外为≥20米、背水坡脚外为5米；管理范围迎水坡脚外为滩地和水域、背水坡脚外为10米。扬中市、京口区、新区、主城区（指镇江市水利局直接管理的区域）的使用范围迎水坡脚外为20米、背水坡脚外为5米；管理范围迎水坡脚外为滩地和水域、背水坡脚外为10米。市直属单位及各辖市（区）对达标后堤防管理范围进行勘测、丈量，重新进行确权划界。到2002年底，全市317.3公里江港洲堤管理范围工程用地基本完成确权划界，丹阳、扬中等辖市（区）领取重新确权的集体土地使用权证。城区防洪堤防、闸站、河道等水利工程管理范围内的用地确权划界工作也全面展开。京口闸枢纽工程、谏壁抽水站、丹徒闸和丹徒南闸分别完成确权划界并领取土地使用权证。到 2005 年,全市 31 家国管水利工程管理单位申报登记土地 43 宗、面积 16.63 平方公里,其中扬中市 30 宗、7.46 平方公里;丹阳市 6 宗、1.20 平方公里;丹徒区 7 宗、7.98 平方公里。

三、管理设施配套

随着江港洲堤达标建设和干堤加固工程建设的进行,全市堤防达到 50 年一遇标准,部分达到 100 年一遇标准。2000～2002 年,省、市共投资 3424 万元(其中省补 1712 万元)进行管理设施配套建设。新增主要管理设施包括:观测设施 113 台套(其中市直 32 台套)、专用车船 21 艘(辆)(其中市直 10 艘、辆)、计算机网络设备 19 台套(其中市直 5 台套)、护堤屋 56 座、生物防护面积 216.67 万平方米(其中市直 29.84 万平方米)以及江堤里程碑(界碑)布设、堤防隐患探测设备等。2003 年,扬中市投资 2770 万元,按照四级公路标准建成 109 公里环岛堤顶公路,江堤外坡滩地建成以意杨、垂柳、青杨等树种为主的长江防浪林带,在三茅镇二墩港到国土公园段对江堤进行立体绿化,使堤防既能防洪保安,又有美化绿化景观。扬中市堤防管理获省水利厅表彰。

第八卷

交通运输

卷目

1983 年镇江实行市管县后，一个以市区为中心，辐射县（市）区，外接干线，内连城乡的公路交通网络逐步形成，公路运输进入快速发展时期。高速公路从无到有，国道、省道、城市进出口道路标准显著提升，县乡村道不断增加，形成四通八达的公路网。市区长途客运班线从 1985 年的 36 条发展到 2005 年的 530 条，旅客运输量从 1800 万人次增加到 2251 万人次。旅游客运业逐渐兴起，年承接游客达 1 万车次、28 万人次的规模。开放公路货运市场，形成各种经济成分的货运市场。23 年中，全市交通基础设施建设共投入 143 亿元，其中 2005 年投入是 1983 年的 193 倍。沪宁、扬溧、宁常、宁杭高速公路镇江段先后建成，312 国道、104 国道镇江段扩建，苏南路网改造，使高等级路面交织成网。2005 年，全市公路里程 6109 公里，是 1983 年的 6 倍；高级路面公路里程 3199 公里，其中高速公路总里程 105 公里，一级公路 299 公里，二级公路 612 公里；公路密度 158.8 公里/百平方公里，列全省第一。交通部门通过市场化运作方式，先后投资 20 多亿元，改建南徐大道、官塘桥路、润州路、团山路、檀山路、金桥大道、戴家门路等城市进出口道路。2003 ~ 2005 年底，完成农村公路建设 1870 公里，全市 937 个建制村全部通达等级以上公路。

2005 年 4 月 30 日，润扬长江公路大桥建成通车，该桥属特大跨径的悬索桥和斜拉桥的组合桥，当时为中国第一、世界第三。扬中长江大桥、二桥建成通车，扬中至高港汽渡的建设，使扬中市形成“南桥北渡”的对外交通格局。至 2005 年，全市公路桥梁达到 785 座、48299 延米。

作为全国水运主枢纽港城市，镇江水上客运曾有过鼎盛时期，20 世纪 80 年代，镇江至苏北及长江区间最多时有 12 条航线。镇江水路运输变化巨大，航道建设步伐加快，镇江航道建设以四级航道为标准，全面整治苏南运河镇江段，对丹金溧漕河、九曲河、香草河、句容河、高资河等 9 条河段拓浚和养护。运河入江口的谏壁增建二线船闸。苏南运河镇江段被交通部评为全国第一条文明样板航道。20 世纪 90 年代后，随着公路建设发展，长江汽渡开通，水路客运逐渐被公路客运所替代。2001 年 10 月，申汉、申渝长江客轮停航。2002 年 10 月 17 日，镇江最后一个客班，镇江——六圩班停航。水上货运方面从单一的内河运输发展为江海河运输，海运公司是省内第一个发展近海运输的地方企业，运力由 3500 吨发展到近 2 万吨，航线由沿海发展到日本、韩国、菲律宾等国家。辖区内经营单位虽然从传统的内河运输向江海货运发展，但全市总的运量仍呈下降趋势。镇江港口以大港港区为龙头，形成龙门港、高资港、谏壁港以及内河港区为组合的港口群体。2005 年，镇江港吞吐量达 6542 万吨。铁路各站场保证旅客输送和物资运输。

23 年来，镇江交通的发展使原有的交通枢纽功能转化为公、铁、水、空综合运输体系的新优势，镇江交通在区域和“长三角”社会经济发展中的枢纽地位更加突出。

第一章　铁路交通

第一节　车　站

1983 年，南京铁路分局在镇江市境内沿线自东向西设有吕城、陵口、丹阳、新丰、三山、镇江南、镇江、六摆渡、高资、桥头镇、下蜀等 11 个车站、1 个渣泽乘降所和 1 个石榴园线路所，分属镇江直属站和丹阳车务段管辖。此后，铁路机构不断调整，1993 年，镇江综合厂（原宁铁采石场）从镇江工务段划出，划归镇江站。2003 年 12 月 24 日，丹阳车务段撤销，原丹阳车务段下辖的下蜀、高资、六摆渡、三山、丹阳、陵口、吕城 7 个中间站划归镇江直属站。2005 年，境内铁路机构有镇江站、镇江南站、丹阳站、吕城站、陵口站、三山站、六摆渡站、高资站、下蜀站等 9 个车站，站区设镇江工务段、铁路公安派出所、车站卫生所、南京电务段领工区、铁通镇江分公司等单位，并隶属相关系统。

镇江站　位于京沪线 K1214 公里 888 米处，站址位于镇江市中山西路。1977 年 12 月建成的客运站，总面积 9093 平方米，站房面积 4869 平方米。车站主体大楼呈“山”字型，象征镇江的金山、焦山、北固山。塔楼有 7 层，高 28 米，与金山慈寿塔遥遥相对，楼顶两面设有大型晶体钟，主楼底层中部是进站大厅，两侧各有一个 979 平方米的候车大厅，分别供上、下行旅客候车，可同时容纳 2000 人候车。中间是软席候车室，两端分别是进出口处、行李房和售票处。站内有 3 座站台、2 座地道及以“城市山林”“镇江三山”为主题的两座大型假山群和水池。客站设有 6 股到发线和 1 股存车线。20 世纪 80 年代初，车站内有为旅客、货主服务的电子时刻表、电子秤与行包急用微机、制票复核系统联机等当时较先进的设备；日均办理客货列车 180 对，其中停靠列车直快 30 列、普快 18 列，特快 2 列、普客 4 列，通过特快 10 列。2005 年，镇江站是上海铁路局南京分局管辖的一等站，年发送旅客 400 万人。同年，停靠镇江站 109 趟旅客列车。

图 8-1　镇江火车站外景（1997 年摄）

镇江南站　位于京沪线 K1217 公里 772 米处，站址位于镇江市解放路，2005 年是上海铁路局南京分局管辖的二等站，办理货运业务。管辖 2 个货场，占地面积 26. 67 万平方米，室内仓库面积 1. 2 万平方米，货场月台 8 座，到发线 8 条，调车线 8 条，装卸线 4 条，专用线 8 条，年发送货物 90 万吨。

丹阳站　位于京沪线 K1242 公里 722 米处。丹阳新客站工程 1987 年 11 月开工，新站正面为“吕”字形，为庭院式框架混合结构，可容纳旅客 950 人候车。1989 年 1 月，落成启用。2005 年，丹阳站是上海铁路局南京分局管辖的二等站，办理客货运业务。候车室总面积 1654 平方米，软席候车室 207 平方米，售票厅面积 208 平方米，行包房面积 408 平方米，年发送旅客 100 万人。拥有 1 万平方米货场，室内仓库 6000 平方米，7 条装卸线和 3 条专用线，年发送货物 29 万吨。

下蜀站、高资站、六摆渡站、陵口站、吕城站、三山站　均为上海铁路局南京分局管辖四等中间站。到 2005 年，六摆渡站、吕城站只办理货运业务，不办理客运业务；下蜀站、高资站、陵口站、三山站客货运业务均不办理。

第二节　线　路

京沪线沪宁段　1905年4月,沪宁铁路分四段同时开工。1908年7月,全线竣工通车。沪宁铁路起自上海北站,经昆山、苏州、无锡、常州、丹阳、镇江等地,终止于南京下关,全长311.04公里。进入20世纪80年代,随着铁路运量猛增,沪宁铁路运能与运量矛盾凸显。"十一五"期间,铁路发展进入快车道,1997~2005年先后经历五次大提速。从1997年4月1日零时铁路第一次大提速开始,至2004年4月18日零时第五次大提速实施,列车最高时速逐步提高到140公里、160公里、200公里,线路基础达到时速200公里的要求。2005年7月,沪宁线进行电气化改造(2006年7月,电气化线路投入运行),电力机车逐步取代内燃机车成为主要牵引动力。

沪宁铁路镇江段三线迁建　沪宁铁路镇江段三线是指从南站经西站至六摆渡间的老沪宁铁路,总长17.318公里(正线7.495公里,站线9.823公里)。1978年,沪宁铁路复线开通后,"三线"改作货运支线。2002年4月2日,上海铁路局与镇江市政府签订《关于迁建沪宁铁路镇江段三线有关问题的会议纪要》,达成新建上隍、大港两个货场、改造南货场、整修镇大铁路线四个协议。2003年12月30日,双方签订《迁建沪宁铁路镇江段三线项目资产划交协议书》,上海铁路局将搬迁后的镇江西站、货场以及"三线"土地资产共38.47万平方米无偿划交镇江市政府,镇江市政府将镇大铁路全线的实物资产(含土地)无偿划交上海铁路局。2004年12月15日,最后一趟货车从西货场驶出,"三线"迁建完成,宝盖山隧道近200米铁路作为历史见证保留。

镇大铁路　1990年8月动工,1992年6月与镇江南站正式接轨并试运营,1995年12月全线开通。西从镇江南站出岔接轨,向东沿丁卯开发区南缘延伸,穿过谏壁镇,进入大港码头,全线长24.9公里,沿线设交接站、上隍站、大港站3个车站,是江苏省内第一条地方铁路。经营权经历多次变更,1995年由镇江市和南京铁路分局联合经营,1997年底,移交镇江市地方铁路公司统一管理,2004年1月,移交国铁运营(参见第九卷第三章第五节企业)。

信号　2001年,在镇江南站、镇江站安装使用调度指挥管理信息系统(DMIS),通过计算机实时反映列车实际运行状态。2002年,铁路运输管理信息系统(TMIS)在镇江南站投入试运行,实现对列车、车辆、机车等实时跟踪。

道口、天桥　1997~2000年,先后对沪宁铁路线镇江段23处无人看守道口进行改造,由平交道口改为下穿立交道口,消灭铁路无人看守道口。2005年7月,铁路镇江站西侧铁路人行天桥建成。天桥长75米、宽4米,最大跨度为33米,桥梁底离钢轨面高度为7.96米,桥两端建步行梯,桥上两侧设高2.5米防抛钢丝网。

第三节　客货运输

一、货物运输

1983~2005年,境内铁路货场历经变化,形成镇江南和丹阳两个综合型铁路运输货场,主要办理整车、零担、集装箱、国际联运等业务。

2005年,镇南货场包括南货场、上隍货场以及镇大支线(交接站、上隍站、大港站),主要办理铁路整车、集装箱、危险品等货物运输。货场占地面积32.5万平方米,仓库面积9600平方米,设计到发作业能力400万吨,使用面积87612平方米,货位712个。货场装卸作业线8道,专用线6家、11道,其中冷库、五矿、东碳各1道,索普、木专各2道,大港港务4道。调车机3台,各型装卸机械51台,最大起重能力36吨。同年,丹阳货场由丹阳站货场和丹阳第二货场组成,总面积13.30万平方米，一次性堆货量1.56万吨，年办理量194.18万吨，折合货位609个。

1983～2005年镇江市境内铁路货物发送量统计表

表8-1　　单位：万吨

年份	货运量	年份	货运量
1983	262	1995	318
1984	281	1996	298
1985	304	1997	367
1986	309	1998	298
1987	302	1999	292
1988	261	2000	383
1989	315	2001	380
1990	326	2002	437
1991	304	2003	472
1992	313	2004	557
1993	330	2005	264
1994	308		

二、旅客运输

镇江客运站、丹阳客运站均承担售票、候车、行包等旅客运输功能。

1988年6月11日，首开镇江至上海始发旅客快车339/340次1对，结束镇江火车站建站82年来无始发旅客列车的历史。

1996年11月6日，计算机售票系统开通，售票速度比手工操作大为加快。售票窗口实现联网售票，发售至全国各站的车票，并依托计算机网络推出的异地售票、返程票、电话订票、送票上门服务等项目。

2000年12月1日，新增镇江至温州K847/K848次旅客列车，沿途停靠丹阳、常州、无锡、望亭、苏州、上海、杭州东、义乌、金华、温州等23个车站，全程需14小时30分钟。

2004年4月18日，铁路第五次大提速，经市政府和车站申请，由铁道部批准，4月19日将原镇江始发至天津的1478次旅客列车延伸至北京。

1983～2005年镇江市境内铁路旅客发送量统计表

表8-2　　单位：万人

年　份	旅客发送量	年份	旅客发送量
1983	488	1995	523
1984	535	1996	479
1985	556	1997	421
1986	563	1998	424
1987	619	1999	458
1988	712	2000	436
1989	662	2001	493
1990	569	2002	507
1991	550	2003	426
1992	573	2004	484
1993	589	2005	511
1994	584		

第二章　公路交通

第一节　公路建设

1983 年,镇江全市公路里程 1021 公里,公路密度 24.78 公里/百平方公里;1992 年底,镇江市万人拥有公路 5.51 公里。2005 年底,全市公路里程达 6109 公里,公路密度 158.8 公里/百平方公里;全市万人拥有公路 22.86 公里。23 年中公路里程增长 5 倍,公路等级不断提高,多座跨长江大桥、跨运河大桥和公路立交桥建成。2005 年,全市高速公路 105 公里,一级公路 299 公里,二级公路 612 公里;高级路面公路 3199 公里,占公路总里程的 52.36%,次高级路面公路 661 公里,占公路总里程的 10.8%。公路桥梁达 785 座、48299 延米,桥梁数比 1983 年翻一番多,总长度增加 5 倍。

镇江市公路建设主要实施六大类工程:第一类国道拓建工程,1991 年建成新 312 国道宁镇段和镇常段;1984 ~2002 年先后两次对 104 国道镇江段进行改造和整治;两路均达到二级公路标准。2003 ~2005 年扩建 312 国道镇江段达一级公路标准。第二类苏南路网改造工程,1992 ~1996 年,引进世界银行贷款,改造原 321 省道常溧线丹阳皇塘段和句容天王段、原 222 省道镇广线丹阳段、沿江线(原镇澄线),新建葛丹线、沿江新线等二级公路 101 公里,形成镇江市干线公路网。第三类高速公路工程,1996 年建成沪宁高速公路镇江段及支线 81.56 公里,2002 年后,扬溧高速、宁常高

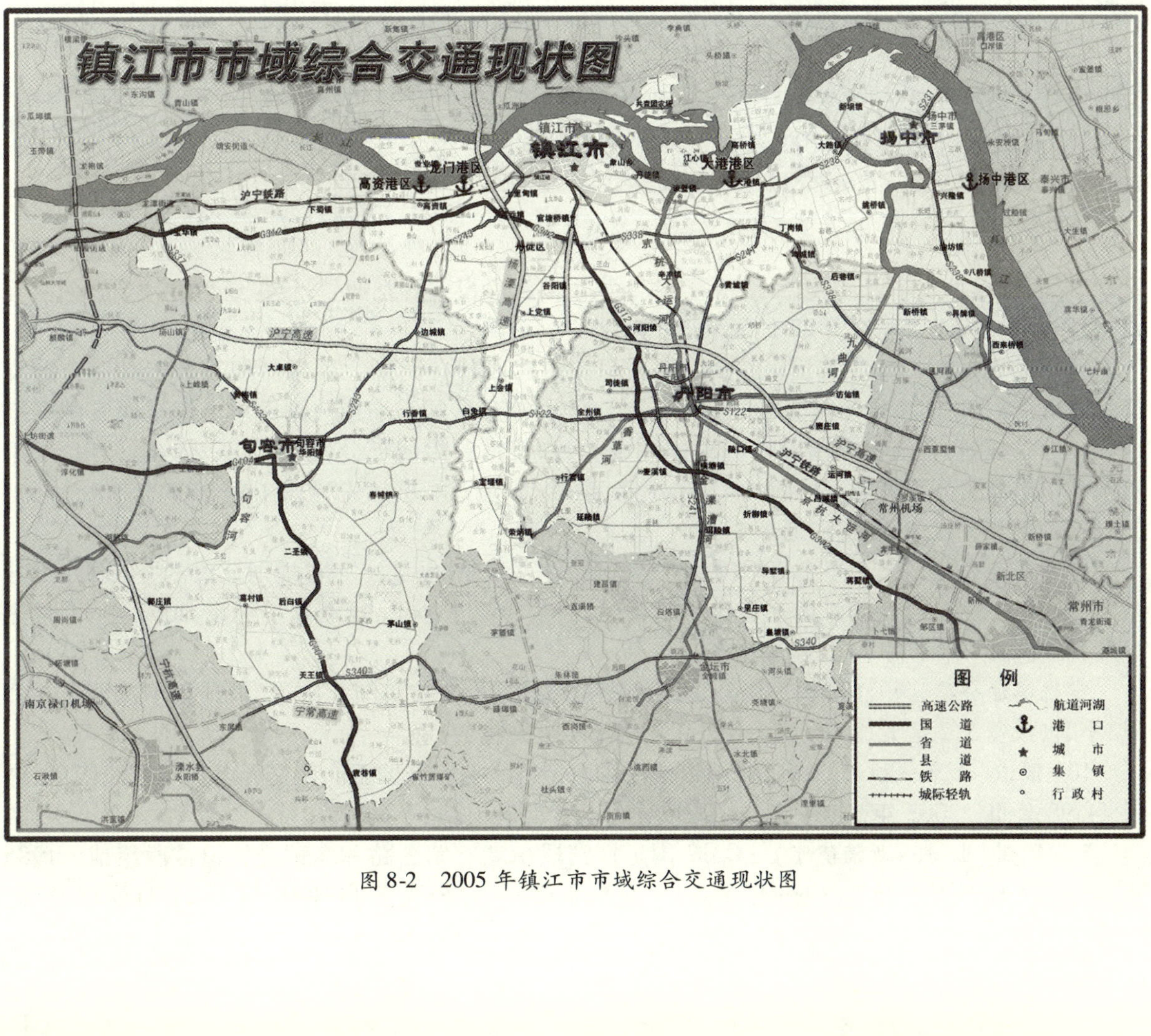

图 8-2　2005 年镇江市市域综合交通现状图

速、宁杭高速公路镇江段相继开工建设。第四类干线公路网化工程,1998～2002年对原101省道、218省道、224省道、321省道镇江段和县道句蜀线、镇荣线等6个路段总里程217.503公里进行改造。第五类城市进出口道路改善工程,按照城市道路标准,建成引资大道、南徐大道、檀山路、润州路、金桥大道,并开工建设戴家门路、跃进路二期、团山路、长山路等工程。第六类农村公路通达工程,2003～2005年,在农村公路建设新高潮中,新改建农村公路1870公里,实现县通乡二级化、乡通乡三级化、乡至行政村四级水泥路,农村公路行政村通达率100%,937个建制村全部通上等级以上公路。

一、国、省干线公路

1987年,镇江境内有2条国道:G104、G312,5条省道:S101、S218、S222、S224、S321。2001年干线公路网调整后,境内有3条国道:G104、G312、G055,9条省道:S122、S231、S238、S241、S243、S337、S338、S340、S204(沪宁高速公路镇江支线)。2005年增加一条省道S203(扬溧高速公路)。

图8-3 2005年10月,扩建后的沪宁高速公路镇江段

沪宁高速公路(G055国道 上海—成都) 江苏省第一条高速公路,全长274公里,江苏境内248.6公里,镇江段全长81.52公里,其中主线东起丹阳运河镇,西至句容黄梅镇,长71.28公里,支线(S204省道)10.25公里。工程于1992年12月2日开工,1996年9月15日建成通车,总投资15亿元。该高速公路全立交、全封闭、双向4车道(预留6车道);设计时速120公里。2003年11月～2005年10月1日沪宁高速公路江苏段进行拓宽改造,工程采用“两侧拼接为主、局部分离”设计方案,扩建为8车道,扩建后路基宽42.5米。镇江段设句容互通、丹徒枢纽、镇江枢纽、河阳互通、丹阳互通,扩建工程投资22亿元。

扬溧高速公路 S203省道全长65.95公里。镇江段起自润扬大桥南接线与沪宁高速公路交叉处的丹徒枢纽,向南进入常州境内,南连宁杭高速公路,是国家高速公路网中上海至西安的联络线和江苏省规划的“五纵九横五联”公路网中的“五纵”重要组成部分,镇江段长23.41公里,采用双向6车道高速公路标准,设计时速120公里,投资13亿元。镇江先导段工程2003年11月开工(全线2007年9月30日建成通车)。

宁常高速公路 是上海至洛阳国家重点公路的一部分,也是江苏省规划建设的“五纵九横五联”公路网中的共线段,镇江段在句容天王镇境内,长16.77公里,投资8.4亿元,2003年11月先导段开工(2007年9月30日建成通车)。

宁杭高速公路 镇江段长7.6公里,在句容市郭庄镇境内,双向6车道,设计行车速度120公里/小时,投资3.2亿元,2005年5月开工(2008年建成通车)。

104国道(北京—福州) G104国道镇江段由宁杭线句容城区至溧阳交界段和句淳线组成,全长44.98公里。2002年,G104宁杭线段改建为沥青混凝土路。

312国道(上海—新疆伊宁) G312国道镇江段由老宁镇公路和老镇澄线镇常段组成。1986年12月27日宁镇段开工,1989年11月1日镇常段开工,全线于1991年12月21日建成通车。

2003年,省政府批准实施G312镇江段拓宽改造工程,总投资14.5亿元,工程于2003年7月29日开工,2005年10月1日建成通车,全长94.94公里,全线按一级公路标准建设。

图8-4　312国道镇江段(2005年摄)

122省道　S122镇江段由宁杭线黄梅新塘至句容段、丹句线和丹访线组成,起于宁杭线南京句容交界处,终于丹阳常州交界处,全长66.22公里。

231省道　S231镇江扬中段为扬中三二线,起点二墩港扬高汽渡码头,终点三茅镇江洲广场,全长3.49公里,1999年按一级公路标准建成通车。

238省道　S238镇江段由原S218大港—轮船港段和扬中市县道西来线组成,起点大港,止于幸福大桥,全长46.44公里。1999～2001年间分段进行改造,除西来线为二级公路外,其余线段均为一级公路。

241省道　S241镇江段由原218省道葛大段、葛丹线、G312重线、原101省道、丹金线组成,起点大港,终点丹金线丹阳金坛交界处,全长48.35公里。

图8-5　243省道镇江段(2007年摄)

243省道　S243镇江段由润州路镇江段和镇句路组成,起点镇扬汽渡江北码头,止于句容铃塘与104国道相接,全长47.61公里。

337省道　S337镇江句容段为汤龙公路北段,全长5.61公里。2003年6月开工改建,二级公路标准,沥青混凝土路面,2005年8月竣工。

338省道　S338镇江段由老镇澄线高桥至西葛村段、沿江新线、镇南立交桥、镇南立交至三里岗段、官塘桥路三里岗至南门天桥段和南徐大道组成,起点镇江常州交界处,终点南徐大道与镇句线相交处,全长49.10公里。其中,南徐大道为100米宽的城市道路、镇南立交至三里岗段为一级公路、其余为二级公路。

340省道　S340镇江段由丹阳皇塘段和句容天王段组成,全长25.12公里,皇塘段为一级公路标准,天王段为二级公路标准。

二、县乡村公路

1. 县乡公路

县乡公路建设按照"民需民办""民办公助"方针,执行"民工建勤"政策。建设资金来源包括省专项补贴、市补贴(养路费收支计划中县乡公路修建补助及养路费超收分成补助)、县自筹(手扶拖拉机养路费)、乡(镇)自行解决县乡公路占用的土地、青苗补偿等费用,修筑路基土方采用民工建勤方式酌情给予补贴等。县乡公路建设由县(市)区交通局编制计划,报市交通局审批,由县(市)区交通局组织实施,市交通局进行验收。一部分纳入公路养护计划,由各县(市)区公路管理站(处)养护;另一部分由县(市)区交通部门组织养护。

1984～1990年,全市完成县乡公路建设409.32公里,投入经费2500多万元。全市92个乡(镇)1989年底实现乡(镇)乡通公路目标。1990年开始实施乡(镇)通油路工程,到1992年底,全市共同投资978.85万元,建成县乡油路144.34公里,实现乡(镇)通油路的目标。1993年开始全面实施县乡公路黑色化目标。工程经费前两年采取市县各50%,后三年由市交通局每公里补贴5万元。1992年至1997年底,全市投资5517.1万元,完成公路建设总长450.71公里。

1992～1997年镇江市县乡公路黑色化工程完成情况表

表8-3

指　标	1992年	1993年	1994年	1995年	1996年	1997年	合计
里程(公里)	19.80	98.50	127.21	128.92	58.37	17.90	450.71
计划投资(万元)	166.40	957.00	1559.60	1556.00	830.90	303.80	5373.70
完成投资(万元)	162.90	1061.00	1571.01	1587.50	830.90	303.80	5517.10

2. 农村公路

1998年底,全市1163个行政村中有162个行政村不通公路。其中丹阳37个、句容58个、扬中1个、丹徒48个、镇江郊区18个。1988～2000年,实施省政府提出的作为全省公路建设的三大战略性工程之一的江苏省县乡公路通达工程计划,1999年市交通局给各县(市)区交通局、大港分局下达修建388公里四级乡村公路计划。1999年底,全市基本实现村村通公路,但仍有不少砂石路、土路、等外级路。

2003年4月,江苏省召开农村公路建设等五件实事会议。镇江市计划用3年时间改造农村公路1822公里,实现县通乡二级化、乡通乡三级化、乡通村四级化。充分利用老路,一般路基宽度6.5米,路面宽度3.5米,水泥混凝土路面。农村公路建设资金除茅山老区享受省15万元/公里补贴外,其余地方自筹。镇江市以项目化运作方式,筹集资金1.87亿元,补贴县通乡30万元/公里、乡通乡15万元/公里、乡通行政村10万元/公里。

3. 地方干线公路

句蜀公路　(X304)老句蜀公路从句容人民路至下蜀太平桥,全长34.5公里。新句蜀公路自句容市北环线至下蜀镇太平桥,全长30.1公里,全线为二级公路。

镇荣公路　(X102)即原镇宝公路向南延伸到荣炳,原起点在镇江市天桥,现起点森普公司门口,终点荣炳与金坛西旸交界处,全长36.617公里,森普公司至沪宁高速公路上党出入口9.66公里为城市干道一级标准,其余为二级公路标准。

句郭公路　(X303、机场路)句容段起点104国道铃塘转盘,终点郭庄。句容至张朝8.16公里为二级公路,计划2006年纳入S243镇江至禄口机场路句容段改造工程。

句茅公路　新建公路(X302),起点句容东南环与农民街交叉口处,经春城、茅山,终点石墩头与常溧线相交,全长21.91公里,二级公路标准。

丹西公路　起点丹阳市河阳镇南与G312相交,经司徒镇,终点珥陵镇北与S241相交,全长31.549公里,一级公路标准,设计车速100公里/小时。

宁茅公路　起点宁溧公路(X307)句容与江宁湖熟交界处,终点茅山,全长39.14公里。其中郭庄至后白段为二级公路,后白至茅山段为三级公路。

扬中环岛堤顶公路　(Y010)经过开发区、三茅镇、新坝镇、兴隆镇、油坊镇、八桥镇,四级公路标准,全长100.7公里。

1983～2005年镇江市公路情况一览表

表8-4 单位:公里

年份	总里程	按行政等级分						按技术等级分						按路面状况分			
		国道	省道	县道	乡道	村道	专用公路	高速公路	一级公路	二级公路	三级公路	四级公路	等外公路	高级 水泥混凝土	高级 沥青混凝土	次高级	中低级
1983	1021	–	353	330	225	–	114	–	–	30	171	507	313	–	–	–	–
1984	1045	–	353	332	247	–	114	–	–	47	171	514	313	–	–	–	–
1985	1080	–	353	332	276	–	120	–	–	231	215	508	126	23	–	301	757
1986	1163	115	234	332	369	–	114	–	–	234	223	586	120	32	–	301	831
1987	1187	127	226	330	434	–	70	–	–	235	224	610	118	53	–	300	834
1988	1237	127	226	330	484	–	70	–	–	234	226	657	120	79	–	306	852
1989	1284	127	226	338	524	–	70	–	8	234	226	697	119	88	–	343	853
1990	1337	127	262	329	550	–	70	–	8	262	226	722	119	93	–	443	801
1991	1371	126	262	329	584	–	70	–	8	262	246	736	119	96	–	484	791
1992	1432	137	225	395	594	–	81	–	8	335	257	736	96	154	42	513	723
1993	1450	137	225	407	605	–	76	–	8	359	311	695	77	176	42	620	612
1994	1450	137	225	407	605	–	76	–	8	383	310	688	61	181	42	740	487
1995	2896	137	225	455	2020	–	58	–	39	424	336	1340	757	256	43	1013	1584
1996	3019	137	307	455	2051	–	68	71	65	425	336	1343	779	259	139	1013	1608
1997	3301	137	305	457	2330	–	74	71	75	453	387	1441	874	361	195	1113	1632
1998	3740	208	231	468	2760	–	73	71	86	465	405	1503	1210	561	225	1119	1835
1999	3998	208	240	525	2885	–	141	82	136	475	396	1613	1297	512	353	1096	2037
2000	3998	208	240	525	2885	–	141	82	141	474	396	1608	1297	588	294	1079	2037
2001	4370	208	299	446	819	2571	26	82	146	537	343	1541	1721	801	426	1164	1979
2002	4696	208	299	451	825	2886	26	82	175	565	328	1772	1775	286	1027	1174	2209
2003	4861	208	299	728	832	2768	26	82	198	593	383	2102	1504	1804		1094	1936
2004	5738	208	300	730	1773	2700	26	82	204	675	387	2650	1740	3009		728	2001
2005	6109	211	326	728	1901	2917	26	105	299	612	379	2749	1965	3199		661	2249

三、城市进出口道路建设

20世纪80年代，镇江市东南西北四个方向仅各有一条公路进出，即镇澄路、镇宝路、镇句路和镇扬路，等级低、路况差。至1989年，陆续完成黄七路、镇宝路、镇句路、周家河路、丁长路、镇扬路、天桥路、镇澄路、金山西路等市郊公路50多公里，使其达到拓宽改造工程一级、二级公路标准，水泥混凝土和沥青表处高级次高级路面。从1995年丁卯桥路再次拓宽为60米开始，按城市道路标准改建丁长路、谷阳路、338省道官塘桥路三里岗天桥段（引资大道）、338省道南徐路（生态大道）、243省道润州路和朱方路三茅宫七里甸段、学府路、檀山路、金桥大道等进出口道路。（参见第十卷第二章第一节第二目主要干道）

四、公路桥梁

1983年全市公路桥梁243座、7909延米，2005年为785座、48299延米。镇江市跨长江公路桥梁有4座，分别是润扬长江公路大桥、扬中长江大桥、扬中长江二桥、幸福大桥。

1983～2005部分年份镇江市公路桥涵一览表

表8-5

年份	全市公路桥梁		其中交通部门管养桥梁		交通部门管养涵洞
	数量（座）	长度（米）	数量（座）	长度（米）	数量（道）
1983	243	7909	222	7225	–
1995	521	15195	331	12005	6954
2000	681	26388	461	21182	6812
2001	698	31508	454	23325	5622
2002	704	32057	456	23768	5618
2003	710	32230	462	23941	6195
2004	738	34679	470	25699	6216
2005	785	48299	573	41902	9133

1. 润扬长江公路大桥 “十五”期间建成的全国最大的现代化组合型桥梁，连接镇江、扬州，联通京沪、宁通、沪宁、宁杭、扬溧等高速公路。大桥由北接线、北接线高架桥、北引桥、北汊斜拉桥、世业洲高架桥、南汊悬索桥、南引桥、南接线、南接线延伸段9个部分组成，全长35.66公里。南汊悬索桥塔高215米，主跨1490米，时为中国第一、世界第三的特大跨径悬索桥。北汊桥采用三跨双塔双索面钢箱梁斜拉桥。世业洲高架桥全长1414米，为预应力钢筋混凝土连续箱梁桥。润扬大桥全线采用双向6车道（南延伸段4车道）高速公路标准，设计行车速度100公里/小时，南延伸段120公里/小时。大桥设计抗震烈度7度。设计荷载汽–20，挂–120。通航净空高：悬索桥为

图8-6 润扬长江大桥（2006年摄）

50米，斜拉桥为18米，悬索桥可通行5万吨级散装货轮。大桥在镇江境内全长21749米，占项目总长61%；主桥在镇江境内3841米，占主桥总长74%。镇江境内设置世业洲互通、镇江西（金桥大道）互通、丹徒开发区（312国道）互通、镇江南（上党）互通及与沪宁高速公路相交的丹徒互通。工程项目总投资58.1亿元，2000年10月20日开工，2005年4月30日建成通车。

2005年润扬长江公路大桥工程所属镇江境内桥梁一览表

表8-6　　单位：米

桥梁名称	长	宽	桥梁跨径分类	桥梁类别
北引桥	1693.00	32.50	特大桥	非立交
斜拉桥	756.80	37.50	特大桥	非立交
世业洲高架互通	3938.36	37.40	特大桥	互通式立交
悬索桥	1490.00	37.40	特大桥	非立交
南引桥	560.00	32.50	大桥	非立交
南高架桥	1458.00	32.50	特大桥	非立交
跃进路互通	2583.42	32.50	特大桥	互通式立交
南徐桥	158.28	30.50	大桥	分离式立交
宁镇路桥	488.28	30.50	大桥	分离式立交
团结河桥	52.26	34.50	中桥	分离式立交
跨G312桥	86.31	34.50	中桥	分离式立交
嶂山桥	44.52	34.50	中桥	分离式立交
镇江南C匝道桥	185.21	15.50	大桥	分离式立交
龚家湾桥	607.40	27.00	大桥	分离式立交
长山灌渠桥	44.52	27.00	中桥	非立交
姚庄立交桥	166.16	27.00	大桥	分离式立交
官庄桥	307.40	27.00	大桥	非立交
方便分离立交桥	44.52	27.00	中桥	分离式立交
镇句路桥	640.98	30.50	大桥	分离式立交
徐吴桥	86.24	27.00	中桥	非立交
上党C匝道桥	185.21	15.00	大桥	互通式立交
凌塘分离式立交桥	166.16	27.00	大桥	分离式立交
小金河桥	232.52	27.00	大桥	非立交
丹徒互通C匝道大桥	158.00	17.25	大桥	互通式立交
丹徒互通D匝道大桥	240.50	10.00	大桥	互通式立交
丹徒互通E匝道大桥	295.14	8.50	大桥	互通式立交
丹徒大桥	1210.50	28.00	特大桥	互通式立交

2. 扬中长江大桥　工程于1992年6月开工，1994年10月6日建成通车，桥长1170米，宽15.4米，净空高10米，30孔，其中主桥5孔通航。连同两端接线公路，总投资1.52亿元，其中捐款2501.29万元，集资3894.48万元，是全省第一座由县级地方政府筹集资金建造的跨江大桥。1995年，扬中长江大桥管理处和马来西亚杰乐斯工程责任有限公司签订协议，合作经营扬中长江大桥，按13725万元总投资额，扬中占投资额49%，马方占投资额51%，双方合作期为25年，大桥产权仍属扬中。

3. 扬中长江二桥　扬中长江公路二桥是扬中市第二座由地方筹集资金建设的长江大桥，它北接扬中本岛，南接西来桥镇。路桥总长6.55公里，其中桥长1761米，宽17米。荷载标准为汽－超20，挂－120。主桥设计采用Y型钢结构组合体系，主跨为120米，通航净高18米，通航主孔净宽110米，副孔2个，通航净宽90米，设计抗震烈度为7度。堤内引桥为40米跨径的连续箱梁，基础均为钻孔灌注桩。北接线长3.06公里，为一级公路，路基宽29米，沥青砼路面宽23.5米。南接线长1.72公里，为二级公路，路基宽12米，沥青砼路面宽9米，两岸均与238省道接线。工程于2002年11月开工建设，2004年11月28日建成通车，投资2.2亿元。

4. 幸福大桥 位于238省道44公里+442米处，跨越扬中西来桥与常州夹江，全长149.8米，1991年10月建成。T型梁，桩柱式墩台。7孔，跨径总长145.0米，最大跨径25.0米。净空高12.9米。桥面宽9.0米，行车道宽7.0米。荷载标准汽－20，挂－100。

5. 其他跨航道桥梁 截至2003年初，辖区航道上共有跨河桥梁618座，其中干线航道桥梁111座、支线航道桥梁507座。截至2005年，跨苏南运河镇江段桥梁共有19座，其中谏壁节制闸桥和谏壁船闸1桥两座公路桥河道不通航，其余跨航道的17座桥梁中有11座公路桥，6座其他桥梁。

2005年跨苏南运河镇江段桥梁一览表

表8-7

名称	地点	桥长（米）	建成年月	桥型	桥孔数（孔）	跨径总长（米）	最大跨径（米）	净空高（米）	桥面宽（米）	行车道宽（米）	荷载标准
谏壁节制闸桥	108县道（老镇澄线）	143	1979.10	桁架梁	3	108	36	11	13	10	汽－20挂－100
谏壁船闸1桥	108县道	83	1979.10	T型梁	3	75	25	9.50	13	10	汽－20挂－100
陵口大桥	202县道	135	1992.10	空心板梁	3	120	42	7.20	11	7	汽－超20挂－120
吕城大桥	208县道	106	1992.10	T型梁	3	102	62	5.70	10	9	汽－20挂－100
丹阳人民大桥	201县道	123	1993.11	钢管系杆拱	3	109.20	69.2	11.60	12	11	汽－超20挂－120
丹阳云阳大桥	云阳路	162.50	1993.1	系杆拱	－	－	70	7	24.50	－	汽－20挂－100
沿江线公路桥	338省道	347	1994.11	箱型梁	11	274.80	76	12.80	15	14	汽－20挂－100
辛丰公路桥	001县道	148	1995.1	双曲拱	1	70	70	8	9	6	汽－20挂－100
镇大铁路桥	－	64.50	1995.1	－	－	－	－	7	6	－	－
沪宁高速公路丹阳大桥	055国道	1344.28	1996.9	箱型梁	61	1338.6	70	7	26	22	汽－超20挂－120
丹阳北二环公路桥	241省道	154	1996.10	系杆拱	5	153	73	6.90	25	21	汽－20挂－100
谏壁船闸2桥	108县道	88	2000.12	T型梁	3	75	25	9.50	13	10	汽－20挂－100
镇大公路桥	101县道	418.20	2000.9	系杆拱	18	413	73	7	25	22	汽－20挂－100
丹阳南二环公路桥	122省道	168	2000.12	钢管系杆拱	5	150	70	7.10	17	16	汽－20挂－100
辛丰铁路桥	－	174	1971.1	－	－	－	－	7	13.3	－	－
丹阳管道桥	－	100	1996.1	－	－	－	－	7	40	－	4.0千牛/平方米
辛丰人行桥	－	96	1996.1	－	－	－	－	7	4.9	－	－
陵口镇中山桥（人行桥）	－	141	1991.1	－	－	－	－	7	4.4	－	－
吕城镇新泰定桥（人行桥）	－	65	1994.1	－	－	－	－	7	5	－	－

说明：沪宁高速公路丹阳大桥2005年9月扩建，桥梁全宽42.5米，净宽38.5米。荷载标准汽－超20挂－120

2005 年镇江辖区其他干线航道桥梁分类表

表 8-8　　单位:座

所跨河流	公路桥	铁路桥	机耕桥	人行桥
丹金溧漕河	6	–	1	–
九曲河	9	1	9	–
句容河	6	–	5	–
香草河	7	–	3	5
常金北线	5	–	4	6
高资河	1	1	4	–
三茅大港	8	–	5	1
通济河	3	–	4	–
小计	45	2	35	12

2005 年镇江辖区其他干线航道桥梁情况表

表 8-9

数量	名称	建成年份	管理单位	距航段起点里程(公里)	是否达标	水上过河建筑物净高(米)	结构形式	用途分类	通航孔数(个)	净宽(米)	上底宽(米)	侧高(米)
一	丹金溧漕河											
1	黄埝大桥	1995	丹阳水利局	2.14	是	5.13	梁桥	普通公路桥	1	39.00	39.00	5.13
2	东方红桥	2001	丹阳交通局	7.01	是	5.32	梁桥	普通公路桥	1	55.20	55.20	5.32
3	珥陵公路桥	1992	丹阳交通局	7.72	否	4.79	梁桥	普通公路桥	1	27.00	27.00	4.79
4	跃进桥	1995	丹阳交通局	9.08	是	5.00	梁桥	机耕桥	1	38.80	38.80	5.00
5	二级公路桥	1991	丹阳交通局	13.24	否	8.09	梁桥	普通公路桥	1	27.70	27.70	5.09
6	横塘大桥	2001	丹阳交通局	13.99	是	5.00	梁桥	普通公路桥	1	38.96	38.96	5.00
7	邓家桥	2001	丹阳云阳镇政府	17.29	是	5.00	梁桥	普通公路桥	1	54.65	54.65	5.00
二	九曲河											
1	铁路桥	1959	上海铁路局	0.40	否	3.60	梁桥	铁路桥	1	18.00	18.00	3.60
2	华昌大桥	2000	丹阳水利局	1.48	否	3.64	梁桥	机耕桥	1	19.80	19.80	3.64
3	101 省道公路桥	2000	镇江公路处	2.25	是	4.50	梁桥	普通公路桥	1	28.50	28.50	4.50
4	路巷桥	2000	丹阳水利局	2.45	否	3.64	梁桥	机耕桥	1	19.80	19.80	3.64
5	荆林大桥	1968	丹阳交通局	3.90	否	2.38	拱桥	机耕桥	1	18.00	14.00	2.13
6	东顶桥	2000	丹阳水利局	6.18	否	3.64	梁桥	机耕桥	1	19.80	19.80	3.64
7	高速公路桥	1996	沪宁高速镇江处	7.30	是	6.00	梁桥	高速公路桥	1	27.00	27.00	6.00
8	木桥	2000	丹阳水利局	8.20	否	3.64	梁桥	机耕桥	1	19.80	19.80	3.64
9	新东阳桥	1982	丹阳水利局	9.35	否	4.00	梁桥	普通公路桥	1	10.50	10.50	4.00
10	晓丽桥	2000	丹阳水利局	11.36	否	3.64	梁桥	机耕桥	1	19.80	19.80	3.64
11	访仙大桥	1993	丹阳访仙镇政府	13.98	否	4.34	梁桥	普通公路桥	1	18.20	18.20	4.34
12	新西家桥	2000	丹阳水利局	15.80	否	3.64	梁桥	机耕桥	1	23.50	23.50	3.64
13	土桥	2000	丹阳水利局	17.50	否	3.64	梁桥	机耕桥	1	23.50	23.50	3.64

续表 8-9

数量	名称	建成年份	管理单位	距航段起点里程(公里)	是否达标	水上过河建筑物净高(米)	结构形式	用途分类	通航孔数(个)	净宽(米)	上底宽(米)	侧高(米)
14	新闸桥	1987	丹阳交通局	18.55	否	2.70	拱桥	普通公路桥	1	18.00	14.00	2.35
15	高南桥	2000	丹阳水利局	19.75	否	3.64	梁桥	普通公路桥	1	23.50	23.50	3.64
16	沿江公路高桥桥	1995	镇江公路处	20.45	是	4.53	梁桥	普通公路桥	1	24.00	24.00	4.53
17	顾巷桥	2000	丹阳水利局	21.48	否	3.64	梁桥	机耕桥	1	23.50	23.50	3.64
18	新桥	2001	丹阳公路处	24.10	否	3.79	梁桥	普通公路桥	1	20.35	20.35	3.79
19	江口桥	2000	丹阳水利局	1.15	是	4.58	梁桥	普通公路桥	1	28.00	28.00	4.58
三	句容河											
1	赤山友谊桥	2001	句容水利局	0.80	是	5.47	梁桥	机耕桥	1	30.00	30.00	5.47
2	赵家桥	2001	江宁交通局	3.10	是	5.12	拱桥	普通公路桥	1	32.00	17.00	3.60
3	漕河坝桥	1980	句容水利局	9.80	是	4.99	拱桥	机耕桥	1	21.50	17.00	3.40
4	前辛桥	1988	句容水利局	11.80	是	4.50	拱桥	机耕桥	1	20.40	17.00	3.40
5	方便桥	1978	句容水利局	12.80	是	6.40	拱桥	机耕桥	1	21.20	17.00	3.40
6	三台阁桥	1980	句容水利局	14.70	是	4.80	拱桥	机耕桥	1	26.40	17.00	3.40
7	新兆文桥	2001	句容公路处	15.00	是	5.64	梁桥	普通公路桥	1	19.00	19.00	5.64
8	兆文桥(旧桥)	1992	句容公路桥	15.05	是	5.64	拱桥	普通公路桥	1	19.00	19.00	5.64
9	南门桥	1979	句容水利局	16.40	是	4.90	拱桥	普通公路桥	1	27.20	17.00	3.40
10	句容河桥	1978	句容水利局	17.00	是	5.70	拱桥	普通公路桥	1	28.80	17.00	3.40
11	东门桥	2000	句容水利局	18.30	是	7.30	拱桥	普通公路桥	1	37.50	17.00	3.40
四	香草河											
1	九里桥	1973	丹阳交通局	3.30	否	2.75	拱桥	机耕桥	1	18.00	14.00	2.50
2	蒋庄桥	1973	丹阳水利局	4.60	否	2.60	拱桥	人行桥	1	18.00	14.00	2.35
3	岗下桥	1973	丹阳交通局	5.35	否	2.34	拱桥	机耕桥	1	18.00	14.00	2.09
4	前进桥	1972	丹阳交通局	6.79	否	2.05	拱桥	机耕桥	1	18.00	14.00	1.80
5	蒋甲桥	1973	丹阳水利局	8.25	否	2.74	拱桥	人行桥	1	18.00	14.00	2.49
6	黄连岗桥	1982	丹阳水利局	8.94	否	2.22	拱桥	人行桥	1	18.00	14.00	1.97
7	云头桥	1980	丹阳水利局	10.15	否	2.20	拱桥	人行桥	1	18.00	14.00	1.95
8	绕庄桥	1973	丹阳交通局	13.55	否	2.57	拱桥	人行桥	1	18.00	14.00	2.27
9	101 省道公路桥	2001	镇江公路处	16.70	是	4.50	梁桥	普通公路桥	1	28.50	28.50	4.50
10	香草河大桥	1991	丹阳交通局	18.60	是	5.26	梁桥	普通公路桥	1	27.50	27.50	5.26
11	向阳桥	1996	丹阳交通局	19.45	否	2.49	拱桥	普通公路桥	1	18.00	14.00	2.19
12	何甲桥	2000	丹阳交通局	19.95	否	2.17	梁桥	普通公路桥	1	18.50	18.50	2.17
13	华南桥	1989	丹阳交通局	20.25	否	2.27	拱桥	普通公路桥	1	18.00	14.00	1.97
14	东方红桥	1998	丹阳交通局	21.20	否	2.16	梁桥	普通公路桥	1	15.00	15.00	2.16

续表 8-9

数量	名称	建成成份	管理单位	距航段起点里程(公里)	是否达标	水上过河建筑物净高(米)	结构形式	用途分类	通航孔数(个)	净宽(米)	上底宽(米)	侧高(米)
15	团结桥	1992	丹阳交通局	22.05	否	2.00	梁桥	普通公路桥	1	19.00	19.00	2.00
五	常金北线											
1	蒋墅桥	1990	丹阳交通局	1.97	否	3.02	拱桥	普通公路桥	1	18.00	14.00	2.82
2	北环大桥	2001	丹阳交通局	2.57	否	2.93	梁桥	普通公路桥	1	19.00	19.00	2.93
3	新桥	1970	丹阳水利局	3.90	否	2.79	拱桥	机耕桥	1	11.00	7.00	2.59
4	后亭桥	1984	丹阳交通局	5.80	是	3.67	拱桥	机耕桥	1	18.00	14.00	3.37
5	华东桥	1968	丹阳水利局	8.01	否	2.87	梁桥	人行桥	1	8.30	8.30	2.87
6	大华侨	1985	丹阳交通局	8.10	是	3.50	拱桥	机耕桥	1	18.00	14.00	3.20
7	沙伦桥	1970	丹阳水利局	10.00	否	2.44	拱桥	人行桥	1	18.00	14.00	2.14
8	导墅东桥	1990	丹阳交通局	10.80	否	2.62	梁桥	普通公路桥	1	11.00	11.00	2.60
9	导墅新桥	1988	丹阳水利局	11.15	是	3.59	拱桥	人行桥	1	18.00	14.00	3.34
10	导墅公路桥	1969	丹阳交通局	11.35	否	3.08	拱桥	普通公路桥	1	18.00	14.00	2.83
11	导墅南桥	1969	丹阳水利局	11.43	否	2.47	拱桥	人行桥	1	18.00	14.00	2.02
12	劳动桥	1967	丹阳水利局	12.60	否	2.76	拱桥	人行桥	1	18.00	14.00	2.51
13	下琴桥	1984	丹阳交通局	14.60	是	3.89	拱桥	机耕桥	1	18.00	14.00	3.69
14	里庄桥	1988	丹阳交通局	17.65	否	2.73	梁桥	普通公路桥	1	16.00	16.00	2.73
15	解放桥	1970	丹阳水利局	20.40	否	2.67	拱桥	人行桥	1	18.00	14.00	2.27
六	高资河											
1	高资港桥	1974	高资港务处	1.47	否	2.00	拱桥	机耕桥	1	14.00	14.00	2.00
2	铁路桥	1974	上海铁路局	2.15	否	2.60	梁桥	铁路桥	1	34.00	34.00	2.60
3	东方桥	1970	高资镇政府	2.65	否	1.30	拱桥	机耕桥	1	14.00	14.00	1.30
4	312 国道桥	1988	镇江公路处	4.39	是	4.44	梁桥	普通公路桥	1	20.00	20.00	4.44
5	工农桥	1964	高资镇政府	4.70	否	2.00	拱桥	机耕桥	1	14.00	14.00	2.00
6	徐家桥	1970	高资镇政府	4.98	否	1.70	拱桥	机耕桥	1	14.00	14.00	1.70
七	三茅大港											
1	沙家港闸桥	1961	扬中水利局	1.50	否	3.00	梁桥	机耕桥	1	6.00	6.00	3.00
2	太平大桥	2002	扬中交通局	2.30	否	1.20	梁桥	普通公路桥	1	28.00	28.00	1.20
3	金星桥	1983	扬中交通局	2.80	否	2.80	拱桥	机耕桥	1	7.00	7.00	2.80
4	新风桥(彩虹桥)	1984	扬中交通局	2.99	否	3.20	拱桥	普通公路桥	1	14.50	14.50	3.20
5	翠竹桥	2002	扬中交通局	3.55	否	1.00	梁桥	普通公路桥	1	14.70	14.70	1.00
6	建设桥(新)	2002	扬中交通局	4.00	否	1.00	梁桥	普通公路桥	1	16.00	16.00	1.00
7	建设桥(老)	1973	扬中水利局	4.10	否	2.60	拱桥	人行桥	1	7.00	7.00	2.60
8	扬子大桥	1986	扬中建委	4.60	否	3.50	梁桥	普通公路桥	1	14.00	14.00	3.50
9	三茅大桥	1971	扬中水利局	4.95	否	2.20	拱桥	普通公路桥	1	7.00	7.00	2.20

续表 8-9

数量	名称	建成年份	管理单位	距航段起点里程(公里)	是否达标	水上过河建筑物净高(米)	结构形式	用途分类	通航孔数(个)	净宽(米)	上底宽(米)	侧高(米)
10	江洲大桥	2002	扬中公路处	5.68	是	3.50	梁桥	普通公路桥	1	19.00	19.00	3.50
11	前进桥	2002	扬中公路处	5.80	否	0.70	梁桥	普通公路桥	1	11.60	11.60	0.70
12	友好桥	1984	扬中水利局	7.08	否	2.70	拱桥	机耕桥	1	7.00	7.00	2.70
13	东方红闸桥	1970	扬中水利局	8.13	否	3.40	梁桥	机耕桥	1	6.00	6.00	3.40
14	二墩港闸桥	2002	扬中水利局	8.35	否	3.40	梁桥	机耕桥	1	6.90	6.90	3.40
八	通济河											
1	荣登桥	1995	丹徒交通局	0.70	是	4.10	拱桥	普通公路桥	1	18.00	14.00	2.80
2	文革桥	1968	丹阳行宫乡政府	3.40	否	2.30	拱桥	机耕桥	1	14.00	14.00	2.30
3	景家桥	1983	丹阳行宫乡政府	6.10	否	3.30	拱桥	机耕桥	1	22.20	14.00	2.80
4	王家渡桥	2000	丹阳行宫乡政府	8.20	否	2.80	拱桥	机耕桥	1	14.00	14.00	2.80
5	后亭桥	1980	丹徒宝埝镇政府	10.57	是	4.30	拱桥	机耕桥	1	29.20	14.00	2.80
6	宝堰公路桥	2000	丹徒交通局	10.84	是	5.90	拱桥	普通公路桥	1	28.00	28.00	5.90
7	向阳桥	–	丹徒交通局	11.31	是	4.70	拱桥	普通公路桥	1	29.40	14.00	2.80

截至 2005 年,镇江市公路桥梁中有互通式立交桥 17 座,分离式立交桥 45 座,非立交百米以上大桥 11 座。

2005 年镇江市互通式公路立交桥一览表

表 8-10　　单位:米

桥梁名称	路线名称	中心桩号	桥梁长度	桥梁宽度	建造年月
镇江枢纽 C 匝道桥	沪蓉线(沪宁高速)	218k+952	564.40	12.75	2005.9 建
镇江枢纽 B 匝道桥	沪蓉线(沪宁高速)	221k+292	142.24	42.50	1996.9 建,2005.9 改建
丹徒互通主线跨 C 匝道桥	沪蓉线(沪宁高速)	224k+276	64.04	48.52	1996.9 建,2005.9 改建
句容互通 1 号立交桥	沪蓉线(沪宁高速)	236k+585	140.00	8.00	1996.9 建,2005.9 改建
句容互通 2 号立交桥	沪蓉线(沪宁高速)	236k+967	120.00	14.00	2005.9 建
句容互通 4 号立交桥	沪蓉线(沪宁高速)	237k+014	28.04	33.30	2005.9 建
句容互通 3 号立交桥	沪蓉线(沪宁高速)	237k+215	172.00	42.50	2005.9 建
镇江互通跨线桥	沪宁高速镇江支线	1k+739	66.00	32.00	1996.9 建
横塘立交桥	312 国道	229k+649	340.00	25.50	1995.5 建,2005 拓宽
乔家门立交桥	312 国道	266k+355	155.00	25.50	1990.3 建,2005 拓宽
唐家庄立交桥	312 国道	273k+985	56.00	25.00	1989.12 建,2005 拓宽
新村立交桥	312 国道	281k+425	46.00	25.50	1989.12 建,2005 拓宽
六里立交桥	312 国道	286k+740	20.00	25.50	1989.12 建,2005 拓宽
新汤龙公路大桥	312 国道	300k+984	406.00	25.00	1989.12 建,2005 拓宽
镇南立交桥	338 省道	222k+876	1390.80	12.00	1999.9 建
天王立交桥	340 省道	156k+490	109.00	14.30	1993.10 建
吕城立交桥	208 县道(高吕公路)	21k+400	18.50	12.00	1992.10 建

2005 年镇江市分离式公路立交桥一览表

表 8-11　　单位:米

桥梁名称	路线名称	中心桩号	桥梁长度	桥梁宽度	建造年月
西董庄分离式立交桥	沪蓉线(沪宁高速)	190k +211	57.48	42.50	1996.9 建,2005.9 改建
三城巷分离式立交桥	沪蓉线(沪宁高速)	198k +937	53.48	42.50	1996.9 建,2005.9 改建
后河阳分离式立交桥	沪蓉线(沪宁高速)	214k +014	25.49	42.50	1996.9 建,2005.9 改建
镇宝路分离式立交桥	沪蓉线(沪宁高速)	224k +556	55.08	46.50	1996.9 建,2005.9 改建
长岗 1 号立交跨线桥	沪蓉线(沪宁高速)	230k +916	24.49	42.50	1996.9 建,2005.9 改建
长岗 2 号立交跨线桥	沪蓉线(沪宁高速)	231k +540	94.04	5.00	2005.9 建
西岗立交跨线桥	沪蓉线(沪宁高速)	232k +907	86.04	8.00	2005.9 建
闵门村立交跨线桥	沪蓉线(沪宁高速)	233k +475	86.04	12.00	2005.9 建
达巷立交跨线桥	沪蓉线(沪宁高速)	234k +732	86.04	12.00	2005.9 建
勿得立交跨线桥	沪蓉线(沪宁高速)	235k +425	86.04	8.00	2005.9 建
石山头分离式立交桥	沪蓉线(沪宁高速)	240k +149	86.04	17.00	2005.9 建
黄岗分离式立交桥	沪蓉线(沪宁高速)	240k +595	86.04	8.00	2005.9 建
万家分离式立交桥	沪蓉线(沪宁高速)	242k +962	78.08	10.00	2005.9 建
吴岗分离式立交桥	沪蓉线(沪宁高速)	244k +614	78.10	25.50	2005.9 建
柳桥分离式立交桥	沪蓉线(沪宁高速)	246k +321	57.44	42.50	1996.9 建,2005.9 改建
大伏村分离式立交桥	沪蓉线(沪宁高速)	248k +310	86.04	8.00	1996.9 建,2005.9 改建
盘山分离式立交桥	沪蓉线(沪宁高速)	250k +653	88.04	9.50	2005.9 建
琅琊界分离式立交桥	沪蓉线(沪宁高速)	252k +989	90.10	10.00	2005.9 建
坦克通道	沪蓉线(沪宁高速)	253k +534	60.08	29.32	2005.9 建
西巷分离式立交桥	沪蓉线(沪宁高速)	253k +675	89.04	8.00	2005.9 建
东巷分离式立交桥	沪蓉线(沪宁高速)	253k +939	93.10	10.00	2005.9 建
史家岗桥	沪宁高速镇江支线	0k +605	55.00	23.00	1996.9 建
西六桥	沪宁高速镇江支线	5k +585	25.00	23.00	1996.9 建
简渎河桥	312 国道	233k +337	69.80	25.50	1991.8 建,2005 拓宽
香草河大桥	312 国道	238k +050	157.40	25.50	1991.10 建,2005 拓宽
船山矿东立交桥	312 国道	272k +168	40.00	21.50	1989.12 建,2005 拓宽
船山矿西立交桥	312 国道	272k +500	28.00	23.00	1989.12 建,2005 拓宽
高资茶场通道	312 国道	272k +657	7.00	25.40	1989.12 建,2005 拓宽
苏家边通道桥	312 国道	289k +516	6.00	25.00	1989.12 建,2005 拓宽
深坑通道桥	312 国道	290k +013	6.00	25.00	1989.12 建,2005 拓宽
丹大立交桥	241 省道	19k +145	80.00	12.00	1994.10 建
左家湖立交桥	101 县道(镇大公路)	6k +175	46.00	60.00	2000.12 建
太上皇桥	101 县道(镇大公路)	8k +715	49.00	25.00	2000.9 建

续表 8-11

桥梁名称	路线名称	中心桩号	桥梁长度	桥梁宽度	建造年月
铁路立交桥	101 县道(镇大公路)	9k +348	140.00	25.00	2001.3 建
龙山路立交桥	101 县道(镇大公路)	13k +735	66.10	25.00	2001.3 建
镇大铁路立交桥	101 县道(镇大公路)	14k +533	25.40	25.00	2001.3 建
镇澄路立交桥	101 县道(镇大公路)	16k +230	66.10	25.50	2001.3 建
白兔立交桥	102 县道 (镇荣公路)	21k +630	103.00	15.00	2000.12 建
吴岗立交桥	304 县道(句蜀公路)	9k +596	76.10	15.00	2005.9 建
下蜀立交桥	304 县道(句蜀公路)	28k +448	73.30	15.00	2001.11 建
铁路立交桥	309 县道(新大公路)	9k +052	368.60	12.00	2002.6 建
达巷立交桥	013 乡道(东高公路)	1k +900	86.00	11.00	1996 建,2004 改建
石山头立交桥	014 乡道(行石公路)	8k +900	86.00	16.00	1996.6 建,2004 改建
东沛分离式立交桥	020 乡道(上伏公路)	2k +500	87.10	17.00	2004 建
通江线铁路立交桥	008 专用公路(通江线)	2k +299	530.00	12.00	2005 建

2005 年镇江市非立交百米以上公路大桥一览表

表 8-12　　单位:米

桥梁名称	路线名称	中心桩号	桥梁长度	桥梁宽度	建造年月
九曲河大桥	沪蓉线(沪宁高速)	197k +563	140.10	42.50	1996.9 建,2005.9 改建
洛阳河大桥	沪蓉线(沪宁高速)	239k +368	105.06	42.50	1996.9 建,2005.9 改建
解巷河大桥	沪蓉线(沪宁高速)	245k +691	104.06	42.50	1996.9 建,2005.9 改建
莱金河大桥	沪宁高速镇江支线	7k +814	117.40	23.00	1996.9 建
黄梅桥	122 省道	25k +913	118.00	16.00	1973.9 建 1990 拓宽 1999 大修
香草河桥	122 省道	67k +886	126.00	17.00	2000.12 改建
九曲河桥	122 省道	76k +376	115.48	17.00	2000.12 改建
江洲大桥	238 省道	17k +750	100.00	34.00	1996.10 建
古运河桥(新)	101 县道(镇大公路)	7k +948	126.10	25.00	2000.9 建
燕舞桥	103 县道(谏辛公路)	0K +541	113.00	9.00	1978.10 建、2001 维修
莺歌桥	108 县道(镇澄公路)	13K +100	129.00	12.00	1977.12 建

五、汽渡

扬中栏杆桥汽渡　位于扬中栏杆桥与丹徒大路新港之间,1960 年 5 月 7 日首次通渡,为镇江市第一个汽渡。1975 年、1992 年分别进行改(扩)建,1989 年以前是扬中对外公路交通唯一通道,累计完成渡运总航次 45 万航次,渡运各种客货车辆 640 万辆,旅客 5400 万人次。1994 年底随着扬中长江公路大桥建成通车正式撤渡。

镇扬汽渡　位于镇江市润州区鲇鱼套村和对岸瓜洲之间,1978 年 7 月 1 日建成通渡。20 世纪 80 年代和 90 年代两岸码头分别进行改(扩)建,实施 24 小时运行。21 世纪后,两岸码头再次进行扩建,镇江码头待渡区段长 280 米,路幅宽 100 米,双向 8 车道。2005 年,镇扬汽渡拥有 3 艘 14 车渡、5 艘 18 车渡、1 艘 20 车渡和 3 艘 28 车渡共 236 个车位，日渡运能力达万辆。1986 ~ 2005 年，镇扬汽渡计航行 186.28 万航次，渡运车辆 3387.23 万辆（1978 ~ 2005 年），渡运货物 8690.05 万吨位、旅客 1412.18 万人次。

图 8-7　镇扬汽渡——待渡的渡船（2005 年摄）

大港汽渡　位于镇江大港镇西侧 005 乡道，1984 年由镇江市交通局、丹徒县交通局、镇江市航道处、大港镇政府、高桥镇政府、大港水产养殖场入股合资 360 万元建成，1985 年 10 月投入渡运。有永久性码头 2 座，趸船栈桥码头 1 座，14 车渡 4 艘。1995 年实行昼夜通渡，日渡运能力 4000 辆。

轮船港汽渡（西来、界牌汽渡）　1985 年 5 月 1 日开通轮船港——西来渡运航线。1987 年建界牌超瓢港码头，1988 年 6 月 10 日通渡。后进行拓宽改造，设计日通渡能力 3000 辆次，总投资 400 万元。2004 年 10 月，扬中二桥建成通车后，轮船港至西来汽渡停渡。只有 1 艘 8 车渡通渡轮船港至丹阳界牌。

孩溪汽渡　位于 006 乡道江孩线，1987 年在起讫点谏壁镇和江心洲兴建汽渡码头，1989 年通渡，1 艘 4 车渡，1995 年 1 月，换成 1 艘 8 车渡。

高世汽渡　位于 027 乡道高世线，1989 年在丹徒区高资镇和世业镇建设汽渡码头，1990 年 3 月通渡，1 艘 4 车渡。1995 年 1 月，换成 1 艘 8 车渡。

扬高汽渡　位于 231 省道，1992 年在扬中市二墩港和泰州市高港建设汽渡码头，宽 34 米，1994 年 6 月通渡。由扬中汽车轮渡管理处和高港港务局共同筹建，总投资 1500 万元。1998 年渡口实行 24 小时通渡，日正常 35 个航次，日平均车流量 1200 辆左右。至 2005 年，有渡船 4 艘，日渡运能力 2500 辆次，单航次 10 ~ 15 分钟到达彼岸。

大东滩汽渡　2001 年在原镇江大东造纸厂北面和江对面征润洲建设汽渡，主要运输镇江水业总公司污水处理厂车辆及工作人员，属专用汽车轮渡，有 4 车渡 1 艘。

第二节　公路站场

2005 年，镇江市拥有客运站场 22 个（其中一级站 1 个、二级站 6 个、三级以下站 15 个），站务人员 570 人，日发班次 2939 班次，日发送量 32803 人次。

一、市区客运站

位于朱方路三茅宫的镇江汽车新站于 1984 年 8 月开工，1987 年 1 月 6 日建成投入使用，总面积 2.43 万平方米，站房主体面积 4510 平方米。原镇江汽车站改为汽车南站，镇江市公路客运服务中心于同年组建完成。中心还设立中山西路服务处和三茅宫服务处。至 1990 年底，全市客运站场（包括自办站、代办站、招呼站）497 个，其中市区 81 个。1994 年，中山西路客运站、黄山路客运站、东门客运站等 3 个公用型公路客运站点对外开放，接纳各类营运客车进站经营。

其中中山西路客运公用站为“镇江—扬州”线的主要发车点，两市中巴车也于 11 月全部进驻该站经营；东门公用站则是在梦溪广场利用国际集装箱中转站场地兴建，主要发后巷、界牌、扬中等线路，并增发南京、淮阴等市际线路。1996 年 9 月，关闭东门客运站，开放东宫（后迁至南水桥）、运河路、三茅宫 3 个公用站，所有中巴车全部进站经营，日均发送 5000 ~ 6000 人次。同年 9 月，镇江汽车新站、南门汽车站、中山西路汽车站实行微机联网售票，翌年各辖市县汽车站也全部实现微机售票。1997 年，客运市场实施站、车、线立体管理，使市区 5 个公用站日均发送量由 2000 人次增加到 7000 人次，初步实现“车进站、人归点”目标，其实际效果列全省第二位。同时运河路、南水桥、中山西路、三茅宫、黄山等公用站进行局部改造、改建，并初步实现微机联网售票。1998 年，南门汽车站快客候车区建成。2000 年 12 月，镇江公路客运中心站按国家一级汽车客运站标准建成营运，原三茅宫镇江汽车站关闭；同年大港客运公用站建成营运。

2002 年，关闭南水桥、黄山客运公用站，形成以客运中心站、南门站为主，中山西路、运河路公用站为辅的客运站点新布局。2003 年 12 月，镇江市开始按照《江苏省汽车客运站标准化建设体系》逐步实施客运站标准化建设工程，所有二级以上公路客运站都进行标准化改造。

2005 年镇江市区客运站场布局一览表

表 8-13　　　　单位：平方米

客运站场名称		地点	等级	占地面积	建筑面积	停车场面积	候车厅面积
镇江公路客运中心站	主站	火车站东	一	10500	8169	4660	3082
	辅站	火车站西	二	3120	1435	900	833
镇江南门汽车客运站	–	解放路	二	6550	2290	2800	1351
镇江运河路汽车客运站	–	运河路	三	3700	920	3160	320

镇江公路客运中心站　位于火车站东，1999 年 1 月开工，2000 年 12 月 28 日建成开业，站场面积近 9000 平方米，毗邻镇江火车站，是镇江辖区公路客运主枢纽，可实现公路铁路的“零距离”换乘。2005 年，该站进行标准化改造，配备全省联网微机售票系统、电子导乘系统、条形码检票系统、自动危检系统、电子监控系统和 LED 电子显示屏等现代化设施，日发班次 722 班，日均旅客发运量 8000 人，初步形成以长途为主、长短结合、区内直达换乘、公铁衔接和公铁分流的客运综合服务体系，长途客运辐射浙、皖、鲁、鄂、沪、渝、陕、闽等省市。位于镇江火车站西邻的中山西路汽车客运站隶属于镇江汽车客运站，建于 1987 年 9 月，日发班次 130 班，日均旅客发运量 750 余人。

图 8-8　镇江南门汽车快客站（2005 年摄）

镇江南门汽车客运站　位于镇江市解放路 25 号，候车室面积 1351 平方米。该站按交通部二级汽车客运站建造，站务设施齐全，实现微机联网售票、微机检票，使用自动化播音系统、危检仪等先进设施，主要发送沪宁高速及跨省市际公路快速客运，镇江辖市（区）、乡镇短途农公班线客运，日发班车 600 余班，日均旅客发运量 6000 余人次。

镇江运河路汽车客运站　位于运

河路12号，隶属于镇江民通客运旅游有限公司，各种站务设施完备，实现站运分离和电脑售票，主要经营发往丹徒荣炳、丹阳后巷（含界牌）和常州武进的客运班线，日发班次200余班，日均旅客发送量1200余人次。

二、辖市（区）客运站

丹阳公路客运中心　隶属镇江江天汽运集团，建于1995年5月，地处丹阳市华阳路72号。属二级站，有各类公交车辆145辆、出租车42辆；运行城市公交线路3条，城乡一体化线路11条，线路覆盖丹阳大部分乡镇。

丹阳汽车站　始建于1950年底，位于丹阳市丹凤北路224号，站房面积380平方米，站内配备有广播系统、有线电视等配套设施，日发班次231班，日均客流量1500人。另有丹阳西门站，位于丹阳市第六中学对面，隶属丹阳汽车站管理，主要发售镇江及部分苏北方向班次车票，日均客流量400余人。

丹阳汽车东站　建于1996年，位于丹阳市中山路157号，整体站房面积650平方米，配备有广播系统、有线电视、电子显示屏、自动危检仪等设施，日发班次150余班，日均旅客流量1000余人。

句容汽车站　又名句容长途汽车站。1951年，在现句容汽车站附近建立客运中心站。1958年，改名为句容县汽车站，位于宁杭路1号，设施简陋。1979年，车站建成新停车场，并于1983年兴建新汽车站，于1987年全部竣工，新站隶属于镇江江天汽运集团有限责任公司，占地24679平方米，停车场面积2970平方米，候车室960平方米，售票厅425平方米。属二级站。2005年拥有各种大中型客车104辆、出租车50辆，其中现代、金龙、宇通高档车达65%以上，客运班线总数达80多条，日发班次312班，日发旅客3000多人次。

句容客运汽车站　位于宁杭北路4号，隶属于华通客运有限公司，建于1980年，1987年新建客运车站落成，候车室480平方米、售票处246平方米、停车场800平方米和综合办公大楼1338平方米。2002年，拥有客车292辆，经营线路34条，日发607班次，年客运量1011.6万人次、旅客周转量13198.1万人公里。

扬中汽车站　位于扬中江洲路，隶属于江苏省镇江江天汽运集团，始建于20世纪50年代初期。1989年12月，按二级客运站标准建设并竣工投入使用，车站占地13975平方米，站房面积2500平方米。属二级站。2005年，日营运班次230余个，开行班线40余条，经营线路除本省外，辐射皖、浙、沪、鲁、鄂、宁、陕、闽等省、市，车站服务设施配套齐全，配备空调候车室，实行江苏省内微机联网售票、检票和电子屏幕显示系统等现代化管理。

丹徒区客运中心　位于丹徒新区原自来水厂，占地面积1.4万平方米，总投资400多万元，于2005年12月正式启用，日发送能力为600人次。

三、乡镇（农村）客运站

始建于20世纪80年代末。1987年，丹阳建成行宫、访仙汽车站。1991年，建成丹阳里庄、导墅、蒋墅和句容葛村4个车站。1994年，丹阳皇塘、珥陵、后巷、窦庄等乡镇设立临时站点。1995年，丹阳新桥、界牌、窦庄、访仙、后巷、里庄、导墅、吕城、皇塘、蒋墅等乡镇汽车站改建成公用型车站，向社会开放，实行委托承包经营，自主经营，独立核算、自负盈亏。进入21世纪后，全市14个中心乡镇均建成农村客运站，总建筑面积8.3万平方米，基本实现中心乡镇有等级站，城乡公交一体化线路有候车亭。

2005 年镇江市农村客运站基本状况一览表

表 8-14

辖市(区)	站名	日发送能力(人次)	建筑面积(平方米)			站级
			占地面积	站房面积	停车场面积	
丹阳市	延陵客运站	400	2000	200	1800	五级
	皇塘客运站	800	2000	250	1750	四级
	界牌客运站	800	2000	330	1670	四级
	后巷客运站	1000	2500	100	2400	四级
	司徒客运站	–	3333	450	2000	三级
句容市	茅山客运站	800	4000	800	3200	四级
	天王客运站	–	5000	1200	3800	三级
扬中市	西来桥客运站	350	742	144	516	五级
	八桥客运站	–	5000	1200	3800	三级
丹徒区	新区客运站	600	14000	403. 60	2491. 70	三级
	荣炳客运站	600	2016	200	1816	四级
	高桥客运站	300	2008. 30	290. 80	1715. 50	五级
	黄墟客运站	200	800	154	646	四级
京口区	姚桥客运站	600	2173. 60	269. 20	1904. 40	四级

四、货运站

20 世纪 80 年代以来,镇江市所有县级以上汽车站都建立货运站,专营货运配载、运输代办、零担货运等业务。1987 年,成立镇江市货运汽车配载服务部,并与上海、南京等地签订相互配载协议。1990 年 6 月,包括镇江在内的江苏、安徽、江西 3 省 18 地市交通局局长在镇江达成《南京经济区域配载网络协议》,结成区域货运配载网络。1991 年,镇江市成立国际集装箱中转站。1992 年 10 月,在原有货运汽车配载服务部的基础上,建立相对独立的运贸结合的经营实体——镇江市货运中心,并在上海、广州等地设立营业部,开展货运综合服务。1994 年,由镇江市港务联运总公司主办,市运管处和港站运输指挥部主管,以市直专业企业为主体,在长江路老港区建成有 200 多平方米交易大厅的镇江市港口货运交易市场,为各类港口疏运物资、社会零散物资组织配载交易和提供车货信息,并于 3 年后拓展航空货运代理业务。1995 年,在牌湾附近,以铁路镇江站和 312 国道为依托,建成一个松散型的联托运市场。1998 年 9 月,由镇江市港务联运总公司和镇江港务局二公司联营的大港货物运输交易中心挂牌运转,发展会员单位数十家,其中 6 家会员企业进入中心经营。中心立足于开发区的各大企业运输业务,当年为金东公司接运物资数万吨,为嘉吉公司运输饲料近万吨,并为市直专业交通运输企业组织货源。"九五"期末,成立镇江公路枢纽规划编制领导小组,编制客货运站场建设计划,并通过省、市两级评审。随着该计划的逐步实施,形成丹阳麦溪、丹徒高资、镇江三茅宫等几个货运交易市场。2002 年 5 月 18 日,全市第一家物流中心——金山物流中心正式营业,大港、界牌物流基地先后建成。至 2005 年底,全市拥有超过 7000 平方米规模的货运站 6 个,货运站场总面积近 6 万平方米,重点物流基地 7 个。

第三节 公路运输

一、旅客运输

1. 普通客运 1983年前后，镇江公路客运仍以省内班线为主。至1985年，经营的省内线路33条，跨省线路仅3条，总营运里程6532公里，全年客运量约2536万人。1993年10月，开通的丹阳界牌至宝应、淮阴线是镇江市首条由乡镇直达外市的班线。以后经过对营运线路的不断优化调整，初步形成省际、市际和市内三级客运网络，并与“长三角”地区15个城市互通快速客运班车。1995年，客运线路增至545条，其中省际班线106条、市际班线172条、县际班线267条。长途客运班线通达北京、上海、浙江、福建、江西、安徽、河南、湖北、山东、广东等10个省市。镇江至上海、南京、苏州、无锡、常州等客运班线实现快速直达，基本建成通往“长三角”地区4小时交通圈；县际客运初步建成辖市、区1小时交通圈；农村客运初步建成连接县城至乡镇、乡镇到行政村的客运网络，行政村客运班车通达率97.5%。2005年，市区客运班线有530条，其中省际班线103条、市际班线285条、县乡班线142条。正常日发班次1820班、发送旅客3.8万人次。全年客运量6712万人、307083万人公里。客运班车的正点率、正运率、正班率均接近100%。

2. 旅游客运 改革开放以来，全市旅游客运逐渐作为独立的业务项目从公路客运中分离出来。至2005年，市区符合省际旅游客运经营条件的客运企业7家，拥有旅游客车52辆，作为镇江客运主力的江天汽运集团，可供旅游使用的客车30余辆，其中多为中档车，高档车偏少，没有高等二级以上豪华客车。车型结构上，33座左右的中型车偏多，50座以上大型车和20座以下小型车偏少，不能适应团队小型化、个性化的发展要求。2004年，出台旅游客车更新奖励办法，在专营旅游客车缴纳的客票附加费中提取30%设立旅游客运发展基金，用于扶持旅游客车的更新。2005年5月，随着润扬长江公路大桥通车，开通连接镇江焦山、金山和扬州瘦西湖、平山堂景区的城际旅游公交车。2005年，全年承接旅游客运1万车次，运送人数28万人次。

1983～2005年镇江市公路旅客运输量一览表

表8-15

年份	客运量（万人）				旅客周转量（万人公里）			
	合计	交通部门	非交通部门		合计	交通部门	非交通部门	
			小计	其中个体（联户）			小计	其中个体（联户）
1983	2536	2536	–	–	51813	51813	–	–
1984	2666	2666	–	–	59334	59334	–	–
1985	3307	3040	267	1	77713	76292	1421	6
1986	3255	2958	297	15	84807	82583	2224	478
1987	3196	2923	273	18	94617	92326	2291	455
1988	3087	2718	369	38	94155	88503	5652	1210
1989	3064	2654	410	39	95832	88878	6954	1325
1990	2867	2425	442	69	96918	89326	7592	1529
1991	3020	2566	454	79	107596	98888	8708	2780

续表 8-15

年份	客运量(万人)				旅客周转量(万人公里)			
	合计	交通部门	非交通部门		合计	交通部门	非交通部门	
			小计	其中个体(联户)			小计	其中个体(联户)
1992	3764	2511	1253	103	198367	101702	96665	3595
1993	2770	1929	841	364	127858	95213	32645	15343
1994	3584	1258	2326	883	147553	68490	79063	27875
1995	4271	1003	3268	679	181537	54518	127019	24544
1996	4638	1095	3543	1114	180959	53491	127468	36547
1997	4833	1190	3643	1232	183730	53689	130041	40357
1998	4909	1059	3850	912	196182	49923	146259	36514
1999	5045	1110	3935	1596	220995	54550	166445	79576
2000	5175	1231	3944	1613	232367	62608	169759	62059
2001	5390	1369	4021	1077	243985	68856	175129	41429
2002	5615	1892	3723	1350	249803	77506	172297	56080
2003	5704	2267	3437	531	253218	84514	168704	21913
2004	6168	3077	3091	339	283110	109019	174091	11378
2005	6712	3131	3581	362	307083	115105	191978	12323

说明:非交通部门运输量根据抽样调查推算而得

二、货物运输

1. 一般货运　1983 年前后,全市公路货运除厂矿企业自备车和农村拖拉机外,基本由交通部门陆运企业统揽经营,业务以港站物资疏运和市内短途运输为主。1984 年,运力有载货汽车 672 辆、3637 吨位,当年货运量 608 万吨。随着运输市场实行开放,邮政和厂矿企业自备车参与货运,个体运输迅猛发展。1985 年,个体运输户有载货汽车 39 辆、163 吨位,拖拉机 701 辆、713 吨位,厂矿企业自备货车 3000 多辆。1986 年,全市非交通部门的货运车队 55 个、拥有货车 378 辆;农村运输专业户 1.6 万多户、拖拉机 1.4 万多辆;两者年货运量 1738 万吨,占全社会运量的 75%,而专业运输企业运量 565 万吨,占总运量的 25%。1988 年,专业运输企业积极推行内部改革,镇江市运输公司改制成立独立法人的镇江市第一、二、三运输公司和大件公司。第一运输公司除开发出口散货运输业务外,在主要货源单位派员驻点,为物资单位提供及时、快速、安全、高效的运输服务,并以订立运输合同的方式巩固和扩大货源阵地;三公司则开拓土方运输和更新自卸车以增强短途散货运输能力;大件公司拓展长途、超长途的大件运输。镇江客运分公司从 1984 年起开辟零担货运业务,到 1991 年,在镇江境内设有 8 个零担站、2300 平方米零担仓库,月零担货运进出口量达 3000 吨,零担线路有跨省线路 11 条、省内线路 31 条。进入 21 世纪,镇江公路货运市场主要由私营企业和个体户担当主力,经营范围涉及外贸运输、冷藏运输、国际集装箱运输、粮食运输、散装水泥运输、液体槽罐运输、工程土方运输、危险品运输等。镇江市公路货运量、货物周转量由 1983 年的 1095 万吨、12441 万吨公里,上升至 2005 年 4574 万吨、208876 万吨公里。

1983～2005 年镇江市公路货物运输量一览表

表 8-16

年份	货运量(万吨)				货物周转量(万吨公里)			
	合计	交通部门	非交通部门		合计	交通部门	非交通部门	
			小计	其中个体(联户)			小计	其中个体(联户)
1983	1095	1095	–	–	12441	12441	–	–
1984	1070	1070	–	–	13183	13183	–	–
1985	2266	551	1715	946	40050	14166	25884	13750
1986	2303	565	1738	1379	41481	14922	26559	17457
1987	2711	572	2139	1661	49908	15100	34808	19321
1988	2479	545	1934	1377	53779	16114	37665	18699
1989	2764	550	2214	1579	53680	15189	38491	17719
1990	2828	523	2305	1590	53359	13542	39817	19668
1991	3058	501	2557	1895	49744	13882	35862	15833
1992	5249	502	4747	2743	151970	16298	135672	30190
1993	2492	483	2009	995	91095	15970	75125	20306
1994	2808	443	2365	1410	98085	12447	85638	17341
1995	3271	462	2809	1502	97331	11543	85788	16203
1996	3109	450	2659	1004	93055	11572	81483	9931
1997	3132	411	2721	970	92874	10133	82741	13330
1998	3054	376	2678	907	93930	7335	86595	15347
1999	3259	334	2925	1132	129964	6013	123951	17115
2000	3343	314	3029	1278	156563	6089	150474	38383
2001	3460	279	3181	1231	172219	4979	167240	61289
2002	3632	201	3431	1385	178882	4013	174869	40420
2003	3856	179	3677	1461	180336	3250	177086	41263
2004	4283	90	4193	1675	192429	2740	189689	45135
2005	4574	80	4494	1781	208876	2445	206431	48983

2000～2005 年镇江市公路货运(私营企业)情况表

表 8-17

年份	私营企业(家)	从业人员(人)	雇工(人)	注册资金(万元)	营业收入(万元)
2000	47	506	–	3296	44395
2001	88	205	2754	4821	52335
2002	161	400	372	5443	2015
2003	212	533	1460	7806	–
2004	17	26	56	901	–
2005	48	130	311	2800	–

2000～2005年镇江市公路货运(城乡个体户)情况表

表8-18

年份	城乡个体户(户)	从业人员(人)	注册资金(万元)	营业收入(万元)
2000	3228	3815	5815	29942
2001	3629	4244	7133	32610
2002	2902	4580	9015	33789
2003	4052	4199	19171	-
2004	178	184	933	-
2005	1034	1079	6279	-

图8-9　宝华物流的特种货运车(2005年摄)

2. 特种货运　镇江特种货运以化工产品为主,货种包括酸碱醇苯等,分气体、液体、固体三种,主要分布在奇美化工、江苏索普、石油公司、制药厂、钛白粉厂、染料化工厂、第二化工厂、硫酸厂、化工局危险品五库等厂矿企业和中转储运单位,20世纪90年代,年总运量在26万吨以上,其中属于级别较低的七级化工物品23.5万吨、二级化工物品1万吨、三级化工物品1.5万吨。随着江苏索普集团、江南化工厂、镇江钛白粉厂等一批新老化工企业的新建和扩建,特种运输货运量成倍增长,主要由生产厂家或用户自备车完成,其中索普集团有铁路专用线通达厂区,仅部分由社会个体运输户承运。2001年,全市参运户数146家,2002年整合为26家,拥有运输车402辆。2004年,强制淘汰全部移动式槽罐车,并全部实现公司化经营。至2005年,公司化经营的私企30家、运输车463辆,其中厢式及槽罐车等封闭式车辆227辆,并全部安装GPS全球定位系统。

三、运输辅助业

20世纪80年代,汽车维修仍然由50年代成立的镇江汽车公司第五车队修理厂(1981年改名为江苏省汽车运输公司镇江客运分公司汽车修理厂)和江苏省扬州汽车修配厂共同承担全市汽车大修和配件生产任务,年生产能力达到大修客车140辆、修理和装配客车60辆。随着出租车、私家车先后出现,全社会民用汽车拥有量逐年增长,维修车辆结构逐年转变。1987年,镇江市汽车维修行业管理处成立。1990年,镇江客运分公司汽车修理厂开始研制中型客车。同年,汽车维修呈现国营、集体和个体联户一起上的格局,全市有汽车维修厂、站(含维修点)630余家,年维修能力为大修2093辆次,占全社会民用汽车拥有量的14.3%。1991年,镇江客运公司汽车修理厂获省生产中型客车许可证。

1999年,镇江东联丰田汽车销售服务有限公司成立,成为落户镇江的第一家汽车品牌4S专营店。1993～2000年,镇江客运公司汽车修理厂生产"江天J6609型"19座和"江天J6609型"23座中巴客车3000余辆。至2000年底,全市形成以一类企业为骨干、二类企业为基础、三类业户(实施整车维修的企业,按场地大小、人员数量及素质水平和设备能力等经营规模分为一类、二类;三类为实施汽车专项维修、快修等业户）为补充的注重发展特色维修、提供特色服务、提高维修档次的维修服务救援网络，先后建成东风、解放、依维柯、上海大众、一汽轿车、丰田、跃进、富康、本田、长安、夏利、五十铃、奥迪、切诺基等15种车型的特约维修站。全市有各类汽车维修业户996家，维修从业人员6720名，年大修能力797辆次。2000年以后，汽车维修行业逐渐向规模化、专业化、集约化发展。2005年，全市4S店21家，新增自动变速箱专项修理企业1家，维修业户一类26家、二类171家、三类767家；年大修能力3958辆次、维护能力55598辆次。

1993年11月15日，江苏省首家A级汽车综合性能检测站——丹阳市汽车综合性能检测站建成投入试运行，对营运车辆技术状况和维修竣工出厂车辆质量进行社会监控。1994年11月，市第一汽车运输公司设立镇江市汽车综合性能检测站，是市区第一家汽车综合性能检测站。至2005年底，全市有汽车综合性能检测站5家，全部于2004年完成B级升A级改造，统一使用符合国家和交通部的新标准、由镇江市研制的《汽车综合性能和车辆技术监测系统》，年检测能力90510辆次。

改革开放之前，汽车驾驶员培训主要由运输企业自行承担。1979年10月，江苏省汽车运输公司镇江客运分公司创立驾培学校，与镇江华东铝加工厂驾培学校、省交通技工学校驾培班成为镇江最早的一批驾驶员培训学校，以培训企业需求的驾驶人员为主，社会学驾人员为辅。20世纪90年代末，全市驾培业户14家。2004年7月，驾培行业移交给交通部门管理，行业管理部门引入IC卡学时管理技术，对教练员队伍进行素质强化管理。2005年底，全市驾培业户35家，其中市区20家、丹阳6家、句容4家、扬中3家、丹徒2家，其中一类企业3家、二类企业13家、三类企业19家。企业规模在500万元固定资产以上的有3家，年培训量达3000人次以上的有2家。经营性质有国有、私营、股份制等。全市有教练车753辆，其中大型客货车66辆、轿车310辆、吉普377辆。行业从业人员1116人，其中理论教员46人，实际操作教员770人。

20世纪80年代初，镇江的搬运装卸业基本实现半机械化和机械化。80年代中期，各企业通过整顿，采取定额管理、超额分成的责任制。1990年4月，市区100多个作业点、3000多人组成的装卸队伍接受运管部门全面调查，符合条件的人员拿到“务工许可证”和“搬运装卸作业证”，搬运装卸市场逐步规范。1995年，全市搬运装卸业户发展到281家、从业人员8877人、操作量3503万吨，其中市区68家、5009人、2663万吨。“九五”期间，搬运装卸业提高装卸作业机械化程度、改进装卸工艺。散装粮食、煤炭、焦炭、矿石等大宗散装货物装卸基本上采用连续作业机械；集装箱、件杂货物的装卸，配置高效率、经济性能好的专用设备。进入21世纪后，搬运装卸行业存在的空间逐步缩小，一部分企业转向货运企业和物流企业，或成为企业内部的一个生产环节，至2005年底，全市搬运装卸业户减到44户，从业人员1352人。

四、运输工具

1. 客车　1985年前，镇江公路长途客运车辆主要为江苏662、661D型普通客车，营运车辆375辆、18405客位。至1992年，逐步以亚星663、6970型中档车取代普通车，中档车71辆，比例达到当年总量473辆的15%。至1998年，客运车辆以亚星6970、6980中档车型为主。1999年以后，陆续以江淮、现代、大宇、金龙、宇通、桑塔纳等高档车投入运行。2005年，共有874辆营运车辆，高档车218辆，比例约为25%，普通客车基本被淘汰。

2. 货车　1984年，镇江交通部门营运货车有672辆、3637吨位。至1990年，货运车型主要以自卸车和10吨式挂车通用型普通车为主，缺少5吨以下、10吨以上车种。1999年，全社会营业性货运车辆有汽车733辆、3896吨位，拖拉机4044辆、4052吨位，其他机动车3523辆、3109吨位，其中专业运输企业营运汽车减少至335辆、2535吨位。2005年，全社会营业性普通货车增加到12717辆、49949吨位（其中个体运输户5377辆、16034吨位），专用汽车645辆、7016吨位（其中厢式及槽罐车等危险品运输车463辆),其他机动车2729辆,个体拖拉机4150辆,交通专业运输企业货车下降到96辆、672吨位。

五、运输企业

截至2005年,全市道路货运企业和个体运输户有8571家,其中镇江市区1087家,原隶属交通部门的专业运输企业有镇江市第一、二、三汽车运输公司,大件运输公司和货运公司5家,后陆续改制为民营企业,其他民营企业和个体户平均车辆规模1.62辆,一线一户式、单车承包、挂靠经营等传统经营方式普遍存在。上规模的私营企业有镇江市金山物流中心,进场客户62家,年交易量100多万吨;大港物流基地,年集装箱吞吐量2500标箱;镇江十野物流有限公司,在全国设有21家分支机构,提供铁、海、航空多式联运服务,是全省十大物流企业之一。

1. 江苏省镇江江天汽运集团有限责任公司　公司前身为1949年8月建立的国营镇江长途汽车公司,以后企业名称多次变更,至1999年7月,整体改制定名为江苏省镇江江天汽运集团有限责任公司,2004年8月,国有股权全部退出,改为民营企业。该公司是江苏省大中型运输企业,2002年被交通部评为国家二级道路旅客运输企业,公司主营旅客运输(汇集长途、快速、旅游包车、城市公交、出租、快件货运业务)。2005年,公司有各类客车627辆,其中营运客车569辆,城市公交车58辆,客运线路256条,自备二级以上(含二级)车站6个。公司下设11个分公司,10个控(参)股公司,兼营汽车修理、汽车配件、润滑油销售、汽车运输技术咨询、饮食服务、驾驶员培训、代理国内旅游及广告业务。年营业收入3.29亿元,员工2472人,总资产7.51亿元。

2. 镇江市运输公司　公司成立于镇江解放初期,是市区主要担负疏通港站、短途运输的龙头企业。1983年,有各类汽车320台、2268车吨位,职工2800余人。1983年,国营车队并入组成镇江市汽车运输公司。1986年,因划小核标单位而解体,其基层单位均独立为一级法人企业,成为第一、二、三汽车运输公司,大件运输公司和汽车修理厂。

第三章　水路交通

1983年,随着水资源综合开发利用的深入开展及苏南运河重点整治和全面整治,镇江市辖区航道条件明显改善。根据全国第二次航道普查资料,截至2003年初,镇江市辖区内河共有航道70条,通航里程597.19公里,其中等级航道10条,通航里程183.89公里;等外级航道60条,通航里程413.30公里。辖区建有复线船闸1座,助航标志21座,跨干线航道桥梁111座,内河港口8个,干线航道码头67座,船舶停泊锚地6个。1981～2005年,谏壁船闸船舶通过量520万艘,货物通过量4亿吨。

第一节　航　道

一、苏南运河镇江段

苏南运河是流经镇江市最主要的内河干线河流。1990～2001年,镇江市相继对苏南运河镇江段按国家四级航道标准实施重点整治和全面整治及新建谏壁二线船闸,对全市乃至“长三角”地区的社会经济发展起到促进作用。

图 8-10　1997 年 10 月,整治后的苏南运河镇江段与沪宁高速公路交会处

苏南运河镇江段自谏壁长江口门起,经京口、丹徒、丹阳与常州交界处的荷园里进入常州市,全长 42.74 公里。1982 年,国家计委批准苏南运河续建工程,苏南运河镇江段航道分三期七段进行整治。1988 年,丹阳陵口段整治被列为国家"七五"期间交通建设重点工程项目。1990 年 2 月,对丹阳陵口段 16.99 公里的"流沙河"段进行重点整治,该段地处湖西高平原地区,系粉砂土质,地下水位高,水土流失严重,岸坡易坍塌,航道易淤塞,历来是苏南运河全线最浅、最窄的一个"卡脖子"河段,工程采用轻型井点降控地下水位,用土工布为滤层的混凝土预制块护岸结构等措施,首次利用世界银行部分贷款并按照 FIDIC(菲迪克)合同条款要求对工程建设进行全面监督和管理,1992 年 4 月竣工。1992 年 10 月至 1997 年 9 月,分二、三期工程对其他 23.46 公里航道进行全面整治。吕城段工程 1992 年 10 月开工,采用筑坝断航施工方案;辛丰段工程 1994 年 8 月开工,先是围堰施工受阻,后采用筑坝断航施工方案;丹阳市河段两岸工厂多、房屋密集,又处于 6 个支流河口与运河交汇,工程耗资大;1995 年,大泊段和越河口段工程相继开工,该段岸高坡陡,土质复杂,土方量大,工程采用筑坝断航施工方案,于 1997 年 4 月完成;完善段工程(含丹阳陵口段)于 1994 年 12 月 ~1997 年 9 月实施,包括驳岸维修、护坡、小挡墙和锚地工程等。

苏南运河整治工程累计挖土 2383.72 万立方米,建护岸 83784 米,改(新)建跨河桥梁 17 座(其中包括其他部门建设的 5 座桥梁),设立两岸标志标牌 906 块(座、根),新建年吞吐量 100 万吨级内河港口 1 座,并对运河全线进行绿化美化。

1976 ~2001 年苏南运河镇江段整治工程实绩统计表

表 8-19

序号	整治河段(工程名称)	整治时间	整治里程(公里)	征地(亩)	拆迁房屋(平方米)	开挖土方(万立方米)	新建护岸			改(新)建桥梁(座/米)
							合计(公里)	驳岸(公里)	护坡(公里)	
一	谏壁船闸	1976.2 ~1980.11	2.49	1010	5812	320	1.88	0.94	0.94	2/180
	谏壁二线船闸	1999.6 ~2001.12	–	261	40200	278	–	–	–	2/227.14
二	陵口段	1990.2 ~1992.4	16.99	1726	5664	635.46	33.92	0.07	33.85	2/275
三	吕城段	1992.10 ~1994.7	2.78	163	20050	90.21	5.56	0.80	4.76	2/170
四	辛丰段	1994.8 ~1996.5	3.19	280	31265	202.13	3.74	0.89	2.85	2/226
五	丹阳市河段	1994.12 ~1997.4	3.74	650	24653	226.75	7.92	5.34	2.57	3/380
六	大泊段	1995.7 ~1996.11	7.82	729	3608	328.1	15.63	–	15.63	–
七	越河口段	1995.11 ~1997.6	5.94	384	3693	174.93	10.96	0.20	10.76	–

续表 8-19

序号	整治河段（工程名称）	整治时间	整治里程（公里）	征地（亩）	拆迁房屋（平方米）	开挖土方（万立方米）	新建护岸			改（新）建桥梁（座/米）
							合计（公里）	驳岸（公里）	护坡（公里）	
全面整治后期的完善工程		1994.12～1997.9	–	103	304	128.14	4.18	0.75	3.43	–
1	丹阳市河段	1994.12～1995.4	–	4	–	10.18	0.36	–	0.36	–
2	辛丰段	1995.1～1996.11	–	74	34	54.05	2.18	–	2.18	–
3	江口段	1996.12～1997.9	–	25	270	46.03	1.57	0.68	0.89	–
4	陵口段	1997.6～1997.8	–	–	–	17.88	0.07	0.07	–	–
合　计			42.95	5306	135249	2383.72	83.78	8.99	74.79	12/1458.14

说明：1. 建设谏壁二线船闸的两座桥梁中一座为船闸工作桥，另一座为建设谏壁船闸的镇澄公路桥的延伸段桥梁；

2. 吕城段的整治里程中，包括代常州市整治的 0.35 公里运河

二、镇江谏壁船闸

图 8-11　2001 年 12 月，谏壁二线船闸建成通航

镇江谏壁船闸是由谏壁船闸和谏壁二线船闸组成的复线船闸。1980 年，苏南运河上第一座船闸——谏壁船闸建成，该船闸按通航 2×1000 吨级船舶的国家三级船闸标准兴建，年设计通过能力 2100 万吨；同时按底宽 40 米和 50 米的标准开挖长 800 米和 1400 米的上、下游引航道，建护岸 1.877 公里，新辟江口段运河 2.494 公里；配套建成通过下闸首和谏壁节制闸的公路桥各一座。工程征地 1010 亩，拆迁房屋 5812 平方米，开挖土方 320 万立方米，耗资 1769.37 万元（其中交通部投资 990 万元，其余为省内地方投资）。1980～1997 年，谏壁船闸通过量年平均增长率 23%，1998 年、1999 年分别达 3703 万吨、4155.7 万吨，大大超过谏壁船闸 2100 万吨的年设计通过能力。1998 年，省建委批复在原谏壁船闸以东、两闸纵轴线距 80 米处利用部分世界银行贷款新建二线船闸，该船闸是江苏省跨世纪五大交通战略工程之一。工程按Ⅲ级通航建筑物、Ⅱ级水工建筑物主体结构、四级航道标准建设，并预留三级航道发展余地，闸首为整体坞式钢筋混凝土结构，闸室为钢筋混凝土双铰鱼腹式底板，重力式钢筋混凝土墙身，尺度 23×230×4 立方米，最大设计船型为 1000 吨级，年设计通过能力 2333 万吨，同时建有引航道（含驳岸）、靠船墩、上下游远调站和公路桥（镇澄公路桥延伸段）、跨闸室人行桥等附属工程。1999 年 6 月开工，2001 年底竣工，投资 16208.62 万元，其中世行贷款 7075 万元，经江苏省计委组织竣工验收，工程质量评定为优良等级。

1983～2005年镇江谏壁船闸船舶通过量一览表

表8-20

年　份	船舶通过数（艘）	船舶通过量（万吨）	货物通过量（万吨）	开放闸次（次）	闸次优良率（%）
1983	124864	541.52	398.03	6207	100
1984	148418	637.24	477.72	6937	100
1985	145794	661.92	493.21	6608	100
1986	73134	334.60	233.80	3630	100
1987	257680	723.50	505.10	7051	100
1988	170747	962.26	603.76	7568	100
1989	171995	1005.38	647.97	7618	100
1990	187207	1031.93	592.88	7670	100
1991	108289	646.00	396.97	6423	100
1992	204031	1314.40	814.65	9253	100
1993	242364	1659.60	1043.83	10340	100
1994	202974	1470.82	916.32	8220	100
1995	201941	1631.80	970.73	7002	100
1996	105585	922.46	586.29	4364	100
1997	235360	2402.32	1434.67	9648	100
1998	322499	3703.33	2521.73	11634	100
1999	330298	4155.69	2905.51	12641	100
2000	339273	4678.67	3026.31	12325	100
2001	312095	5199.53	3237.11	12068	100
2002	302244	5958.47	3852.48	17784	100
2003	298180	6606.75	4036.46	18558	100
2004	300954	7658.84	4808.97	18358	100
2005	258485	7659.23	4961.50	19649	100
合计	5014411	61566.26	39466.00	231556	100

三、内河航道

2003年，镇江市航道部门参加第二次全省内河航道普查，专门对全市辖区内所有已进行航道定级的内河航道和以前尚未定级、但近年内进行航道建设或有航运开发价值的内河航道进行普查，普查内容主要包括航道概况、现状、里程及尺度、枢纽、过(临)河建筑物情况和航道管理、养护情况等，普查的标准时间为2002年12月31日。截至2005年，辖区内河有干线航道10条、支线航道60条，通航里程共计597.19公里。

2005 年镇江市辖区航道及临、跨、过河建筑物基本情况一览表

表 8-21

名称	航道等级	起讫地点	辖区通航里程（公里）	通航水位（米）		最低通航水位保证率（%）	航段维护类别	航标配布类别	桥梁（座）	跨河架空电线（根）	跨河管道（条）	水下过河管道（条）	水下过河电缆（根）	港口码头（座）	抽排水站（座）	枢纽（座）
				最低	最高											
京杭运河	4 级	谏壁江口—丹阳东战备河东	42.74	闸内 2.5 闸外 1.83	闸内 7.1 闸外 7.6	98	一类	一类	17	57	11	1	2	28	55	1
丹金溧漕河	5 级	七里桥口—丹金闸	18.36	2.82	6.94 ~ 6.31	90	一类	一类	7	29	–	–	1	3	16	–
九曲河	6 级	扬中夹江口—道士庄	27.85	闸内 2.82 闸外 1.48	闸内 6.66 闸外 6.92	90	一类	一类	19	60	1	–	2	13	35	1
句容河	6 级	句容城发电厂—友谊桥	19.16	6.15	10.74 ~ 10.3	90	三类	未配	11	39	–	–	–	–	10	–
香草河	6 级	丹阳船厂—通济河	22.35	2.82	6.66 ~ 6.36	90	二类	未配	15	37	7	–	–	4	9	–
新孟河	6 级	九圩港—荫沙口	3.87	1.43	–	90	二类	未配	–	1	–	–	–	–	–	–
常金北线	7 级	回龙桥—港口村	21.65	2.88	5.96 ~ 5.44	90	二类	未配	15	59	2	–	1	3	16	–
高资河	7 级	南墩桥—马桥口江口	6.40	2.33	7.23	80	一类	一类	6	44	1	–	–	4	–	–
三茅大港	7 级	二墩港—沙家港	9.38	3.12	5.50	90	二类	未配	14	49	7	–	–	10	1	2
通济河	7 级	宝堰镇—张家桥	12.13	2.92	6.03	90	一类	未配	7	23	–	–	–	2	10	–
丹阳市	等外级	37 条(其中太平河、胜利河流经丹阳、丹徒两地)	235.84	–	–	–	–	–	308	751	16	–	9	11	215	4
扬中市	等外级	12 条	68.71	–	–	–	–	–	119	561	43	–	–	11	–	12
句容市	等外级	5 条	57.47	–	–	–	–	–	27	58	2	–	–	1	–	1
丹徒区	等外级	5 条	28.73	–	–	–	–	–	26	47	–	–	–	–	–	–
镇江市区	等外级	3 条	22.55	–	–	–	–	–	27	85	6	–	–	2	2	1
合计	–	–	597.19	–	–	–	–	–	618	1900	96	1	15	92	369	22

说明：辖区“枢纽”中，支线航道中的太平河、老运河、思议港 3 座枢纽不具有通航功能

四、内河码头和停泊锚地

2003年初，辖区航道内有码头（港）92座，其中干线航道67座（苏南运河28座、丹金溧漕河3座、九曲河13座、香草河4座、常金北线3座、高资河4座、三茅大港10座、通济河2座），支线航道25座。锚地6个。2005年，苏南运河镇江段有43座码头，锚地6个。详见表8-22，表8-23。

2005年苏南运河镇江段沿线码头一览表

表8-22

码头名称	地理位置（里程桩号：公里＋米）	建成时间（年）	码头岸线长度（米）	码头前沿线与航道中心线距离（米）	作业机械（吨/台）	备注
客渡码头	K1＋200	2001	100	100	–	
船舶修理厂码头	K2＋000	1994	15	54	–	
谏壁农工商码头	K3＋550～K3＋750	未建	200	128	–	
京口工业园码头	K4＋662	未建	200	–	–	
镇江伊斯特物流码头	K4＋630～K4＋810	2005年在建	180	70	–	
沿江公路桥码头	K5＋270	2002	100	38	–	
松林山石矿码头	K5＋325	1997	60	55	–	
镇江新晟装卸运输码头	K5＋270～K5＋370	2005年在建	100	70	–	
镇江鑫运码头	K5＋370～K5＋470	2005年在建	100	70	–	
辛丰中天码头	K6＋030～K6＋075	2003	45	70	–	
辛丰村码头	K7＋680～K7＋780	2004	100	70	–	
辛丰亨威轴承公司码头	K7＋760～K7＋880	2005	120	70	–	
辛丰夏家砖瓦厂码头	K9＋450	1995	90	60	–	
辛丰建材厂码头	K9＋430	1997	–	40	–	支线口
辛丰镇砖瓦厂码头	K10＋080	1995	40	35	–	
辛丰律润建材码头	K10＋065～K10＋150	2005	85	70	–	
辛丰苏润码头	K10＋400	2003	–	80	–	支线口
黄墟沪江建材厂码头	K10＋700	1995	70	35	–	
黄墟晓新建材厂码头	K11＋080～K11＋150	1995	70	35	–	
黄墟砖瓦厂码头	K12	1995	50	35	–	
辛丰四联建材厂码头	K11＋980～K12	2004	20	100	–	
辛丰闸丰建材厂码头	K12＋330～K12＋380	2003	50	70	–	
辛丰湖马建材厂码头	K12＋760～K12＋820	2003	60	70	–	
大泊建材厂码头	K13＋100	1995	120	40	–	
百瑞吉码头	K5＋590～K5＋690	2005年在建	100	70	–	
晓星码头	K13＋780～K13＋880	1993	100	54	5/2	
现代码头	K13＋650～K13＋700	2003	50	70	5/2	
练湖砖瓦厂码头	K14＋400～K14＋440	1993	40	54	5/2	
双马码头	K16＋960～K16＋990	1993	30	52	5/2	
龙江钢铁码头	K18＋840～K18＋890	1993	50	54	5/2	
金港码头	K19＋250～K19＋310	1993	60	54	5/2	
练湖建材厂码头	K19＋360～K19＋426	1993	66	54	5/2	
龙源热电厂码头	K19＋400～K19＋475	1993	75	70	5/2	

续表 8-22

码头名称	地理位置（里程桩号:公里+米）	建成时间（年）	码头岸线长度(米)	码头前沿线与航道中心线距离(米)	作业机械(吨/台)	备注
丹阳新港码头	K20+000～K20+420	1993	420	70	5/10	
航道码头	K22+500～K22+540	1989	40	35	–	
旅游码头	K22+878～K22+968	1993	90	35	–	
嘉诚码头	K24+162～K24+300	2005 年在建	138	70	5/3	
陵口卢家码头	K34+048～K34+118	2004	70	70	5/2	
长旺码头	K38+700～K38+770	2003	70	70	5/2	
铸造厂码头	K39+778	1995	–	120	5/1	
吕城港码头	K40+600	1993	68	60	5/4	
虎墅河码头	K41+517	1993	40	65	5/1	
吕城供销社码头	K41+667～K41+687	1993	30	54	5/1	

说明:此表摘自江苏省交通厅航道局编印的《京杭运河志(苏南段)》,辖区航道仅苏南运河镇江段建有停泊锚地6个

2005 年苏南运河镇江段停泊锚地一览表

表 8-23

名　称	地　点	主要功能	型　式	设计标准(米)			护岸形式	水域面积(平方米)
				岸线长度	平均有效宽度	河底高程		
谏壁古运河口锚地	谏壁船闸上游引航道西岸	待闸停泊	顺岸凹入式	285	100	0.00	驳岸	34000
辛丰锚地	辛丰镇西岸	航行经过停泊	顺岸凹入式	335	57	0.00	驳岸	20064
黄墟锚地	沪江砖瓦厂码头以北	待港停泊	顺岸凹入式	120	18	1.00	混凝土护坡	2610
丹阳老运河锚地	丹阳港对岸老运河口门内	待港停泊	挖入式	2×310	50	0.00	混凝土护坡	15500
香草河锚地	丹阳城南香草河口门内	航行经过停泊	挖入式	2×160	40	0.00	混凝土护坡	6400
荆林锚地	丹阳城南东岸	航行经过停泊	顺岸凹入式	101	35	1.00	主岸线驳岸,两端八字型岸线混凝土护坡	4725
合计	–	–	–	1781	–	–	–	83299

五、标志标牌

1. 助航标志　1997 年 9 月,在苏南运河镇江段设有 22 座管线标。玻璃钢质航标被广泛应用于水陆航标,并配以发光标牌。长江夹江、新孟河及镇江老港的浮标体大多改建成 4 米双船浮,电源采用 500 安时锌空电池。截至 2001 年 6 月,镇江辖区航道设有航行标志和信号标志 40 座,其中水上航标 18 座,岸标(含信号标)22 座;发光标志 36 座,指向牌 4 座,其中分布在苏南运河 19 座、丹金溧漕河 1 座、高资河 1 座、九曲河 1 座、长江扬中夹江 12 座、镇江老港 3 座,新孟河 3 座;长江扬中夹江、新孟河、镇江老港共 18 座航标移交交通部长江航道局管理,其中,在苏南运河谏壁口门处所设的 1 号标因与长江航标有重叠,于 2004 年撤除。

镇江市辖区内河航道助航标志一览表

表 8-24

序号	航　线	名　称	建设时间（年月）	航标号	位　置	岸别	灯器（毫米）	能源（安伏）	功率（伏/瓦）	周期（秒）	闪光	光色	标高（米）	尺寸（毫米）	备注
1	京杭运河	通行信号标	1980. 12	–	1 号闸上闸口	–	–	–	–	–	–	–	–	–	谏壁船闸
2	京杭运河	通行信号标	1980. 12	–	1 号闸下闸口	–	–	–	–	–	–	–	–	–	谏壁船闸
3	京杭运河	界限标	1980. 12	–	1 号闸上闸墙	–	–	–	–	–	–	–	–	–	谏壁船闸
4	京杭运河	界限标	1980. 12	–	1 号闸下闸墙	–	–	–	–	–	–	–	–	–	谏壁船闸
5	京杭运河	通行信号标	2001. 12	–	2 号闸上闸口	–	–	–	–	–	–	–	–	–	谏壁船闸
6	京杭运河	通行信号标	2001. 12	–	2 号闸下闸口	–	–	–	–	–	–	–	–	–	谏壁船闸
7	京杭运河	界限标	2001. 12	–	2 号闸上闸墙	–	–	–	–	–	–	–	–	–	谏壁船闸
8	京杭运河	界限标	2001. 12	–	2 号闸下闸墙	–	–	–	–	–	–	–	–	–	谏壁船闸
9	京杭运河	侧面浮标	1985	1 号标	谏壁江口	右	155	–	6/4	4	单闪	红	–	标体径 1200，1987 年改 4 米双船浮，1997 年改 2440	2004. 7 撤
10	京杭运河	示位标	1979	2 号标	谏壁江口	右	300	太阳能 200	12/8	8	4 闪	红	13. 81	–	遥测
11	京杭运河	侧面标	1986. 5	3 号标	丹阳老运河口	右	155	太阳能 100	12/8	4	单闪	红	7. 50	–	遥测
12	京杭运河	横流标	1980	4 号标	香草河口	右	155	太阳能 100	12/8	4	顿光	红	7. 00	–	遥测
13	京杭运河	左右通航标	1996. 5	5 号标	香草河口	红、白	155	太阳能 100	12/8	6	3 闪	绿	8. 50	–	遥测
14	京杭运河	左右通航标	1996. 5	6 号标	九曲河口	红、白	155	太阳能 100	12/8	6	3 闪	绿	8. 50	–	遥测

续表 8-24

序号	航线	名称	建设时间（年月）	航标号	位置	岸别	灯器（毫米）	能源（安伏）	功率（伏/瓦）	周期（秒）	闪光	光色	标高（米）	尺寸（毫米）	备注
15	京杭运河	侧面标	2000.9	7 号标	越河口	右	155	太阳能 100	12/8	4	单闪	红	7.50	–	遥测
16	丹金溧漕河	示位标	1986	–	七里桥口	左	155	太阳能 100	12/8	8	4 闪	白	10	–	遥测
17	高资河	示位标	1996.5	–	高资河入江口	右	155	太阳能 100	12/8	8	4 闪	红	10	–	遥测
18	九曲河	示位标	1974	–	九曲河入江口	左	155	太阳能 100	12/8	8	4 闪	白	10	–	遥测
19	京杭运河	指向牌	1997.9	–	22K+960	右	–	–	–	–	–	–	–	5750×3350	–
20	京杭运河	指向牌	1997.9	–	23K+245	左	–	–	–	–	–	–	–	5750×3350	–
21	京杭运河	指向牌	1997.9	–	24K+950	右	–	–	–	–	–	–	–	5000×2900	–
22	京杭运河	指向牌	1997.9	–	25K+640	左	–	–	–	–	–	–	–	5000×2900	–
23	镇江老港	侧面浮标	1986.11	镇江港 1 号标	镇江港引航道西港区	左	85	500 安时锌空电池	–	4	单闪	白	–	标体径 1800	2001.6 移交长航
24	镇江老港	侧面浮标	1986.11	镇江港 2 号标	镇江港西港区	右	85	500 安时锌空电池	–	4	单闪	红	–	标体径 1500	–
25	镇江老港	侧面浮标	1986.11	镇江港 3 号标	镇江港西港区	左	85	1988 年改 1800	–	–	–	–	–	–	2001.6 移交长航
26	长江	侧面浮标	1963	夹江 1 号标	武进夹江下游与长江交汇处	左	85	500 安时锌空电池	–	4	单闪	白	–	4 米双船浮	2001.6 移交长航
27	长江	侧面浮标	1963	夹江 2 号标	武进夹江下游与圩塘汽渡左侧汊河口	右	85	500 安时锌空电池	–	4	单闪	白	–	标体径 1200，1987 年改 1800，1996 年改 4 米双船浮	2001.6 移交长航
28	长江	侧面浮标	1963	夹江 3 号标	扬中幸福夹江与武进夹江交界处	右	85	500 安时锌空电池	–	4	单闪	红	–	标体径 1200，1987 年改 4 米双船浮	2001.6 移交长航
29	长江	侧面浮标	1963	夹江 4 号标	扬中夹江五圩口	右	85	500 安时锌空电池	–	4	单闪	红	–	原为标体径 1500 左右通航标，1987 年改右岸侧面标，1996 年改 4 米双船浮	2001.6 移交长航

续表 8-24

序号	航线	名称	建设时间（年月）	航标号	位置	岸别	灯器（毫米）	能源（安伏）	功率（伏/瓦）	周期（秒）	闪光	光色	标高（米）	尺寸（毫米）	备注
30	长江	侧面浮标	1963	夹江 5 号标	扬中夹江界牌	右	85	500 安时锌空电池	–	4	单闪	红	–	标体径 1500，1987 年改 4 米双船浮	2001.6 移交长航
31	长江	侧面浮标	1963	夹江 6 号标	扬中夹江九曲河口下游 1.87 公里	右	85	500 安时锌空电池	–	4	单闪	红	–	标体径 1500，1987 年改 4 米双船浮	2001.6 移交长航
32	长江	侧面浮标	1963	夹江 7 号标	扬中夹江姚桥河口下游 1.166 公里	右	85	500 安时锌空电池	–	4	单闪	红	–	标体径 1500，1987 年改 4 米双船浮	2001.6 移交长航
33	长江	侧面浮标	1963	夹江 8 号标	扬中夹江沙家港码头下游 0.776 公里	右	85	500 安时锌空电池	–	4	单闪	红	–	标体径 1200，1987 年改 4 米双船浮	2001.6 移交长航
34	长江	侧面浮标	1963	夹江 9 号标	扬中夹江沙家港码头上游 0.916 公里	左	85	500 安时锌空电池	–	4	单闪	红	–	标体径 1200，1987 年改 1500	2001.6 移交长航
35	长江	侧面浮标	1963	夹江 10 号标	扬中夹江沙家港码头上游 1.44 公里	右	85	500 安时锌空电池	–	4	单闪	红	–	标体径 1500，1987 年改 4 米双船浮	2001.6 移交长航
36	长江	侧面浮标	1963	夹江 11 号标	扬中夹江沙家港码头上游 1.875 公里	左	85	500 安时锌空电池	–	4	单闪	白	–	标体径 1500，1987 年改 4 米双船浮	2001.6 移交长航
37	长江	侧面浮标	1963	夹江 12 号标	扬中夹江大路口上游 1.78 公里孙家场	右	85	500 安时锌空电池	–	4	单闪	白	–	标体径 1500，1987 年改 4 米双船浮	2001.6 移交长航
38	长江	示位标	1974	新孟河 1 号标	扬中夹江新孟河入江口	左	155	500 安时锌空电池	–	4	单闪	白	–	标体径 1500，1987 年改 4 米双船浮	2001.6 移交长航
39	长江	侧面浮标	1963	新孟河 2 号标	新孟河口下游 0.487 公里	右	70	500 安时锌空电池	–	4	单闪	红	–	标体径 1200，1987 年改 4 米双船浮	2001.6 移交长航
40	长江	侧面浮标	1963	新孟河 3 号标	新孟河口下游 1.077 公里	右	70	500 安时锌空电池	–	4	单闪	红	–	标体径 1200，1987 年改 1500，1994 年改 4 米双船浮	2001.6 移交长航

说明：表内京杭运河、丹金溧漕河、高资河、九曲河（表序 1 ~ 22）的助航标志为 2005 年统计数字；表内镇江老港、长江（表序 23 ~ 40）的助航标志为 2001 年统计数字

2. 标牌　镇江辖区航道标牌主要分布在苏南运河沿线。1990～1992年，实施的陵口段航道重点整治工程中，该段共设置各类航道标牌463块（根），其中：里程牌17块、百米桩153根、航道界桩262根、指向牌5块、警告牌14块、地名牌11块、示位航标1座。在苏南运河镇江段全面整治后期，按《京杭运河苏南段航道标牌设置规定》，分别由省交通厅航道局和海事局统一组织对苏南运河全线的标志标牌进行设置，共设置各类标牌899块（座、根），其中航道标牌169块，安全标志牌59块，航道界桩671根（另有7座助航标志见上表）。2001年底，随着谏壁二线船闸的建成，作为船闸的辅助设施又增设4座航行标志。

航道标牌　航道标牌分三类十一种共169块。其中采用表面贴反光膜的防锈合金板（厚2毫米）制作，在标牌上分别用中英文字标明标牌内容，并用热轧无缝钢管作立柱架设在岸边的指向、提示和专用柱式标牌83块；采用钢筋混凝土预制埋设在地面（当驳岸顶标高超过7.0米时，可采用铝合金反光膜板附着在墙面上）的里程牌86块。

2005年镇江段运河航道标牌设置情况一览表

表8-25

序号	标牌类别和名称	数量（块）	标牌		主柱		位置	
			型式	尺寸（米）	型式	标牌下缘距地面高度（米）	标牌与航道中心线夹角（米）	标牌外缘距河口距离（米）
一	指向类标牌	112	–	–	–	–	–	–
1	苏南运河起讫点牌	2	矩形	5.75×3.35	双柱	3.00	60～90	≮0.25
2	四叉指向牌	2	矩形	5.75×3.35	双柱	3.00	60～90	≮0.25
3	三叉指向牌	2	矩形	5.00×2.90	双柱	3.00	60～90	≮0.25
4	前方地点距离牌	3	矩形	4.50×1.50（三块）	双柱	3.00	60～90	≮0.25
5	城、镇及港口地名牌	12	矩形	2.00×1.20	F杆	4.00	60～90	伸进河口≯1.50
6	县、市分界牌	5	矩形	2.00×1.20（二块）	F杆	4.00	0	伸进河口≯1.50
7	里程牌	86	矩形	0.60×0.70	–	埋设在地面	0	≮0.50
二	桥梁净空提示类标牌	30	矩形	2.50×2.20	F杆	4.00	90	伸进河口≯1.50
三	专用类标牌	27	–	–	–	–	–	–
1	下一港口（锚地）预告牌	5	矩形	2.50×1.70	单柱	3.00	60～90	≮0.25
2	架空管线标志牌	20	等边三角形	3.00×3.00×3.00	双柱	3.00	60～90	≮0.25
3	河底管线标志牌（禁止抛锚）	2	等边三角形	3.00×3.00×3.00	双柱	3.00	60～90	≮0.25
合计	–	169	–					

航道界桩　航道两侧设置预制钢筋混凝土航道界桩671根（包括陵口段原设置的界桩262根），明示征用土地产权。

安全标志牌　按国标《内河交通安全标志》规定标牌尺寸放大近2.4倍的标准，在镇江段运河的谏壁江口起点和运河与各主要干线航道交叉口以及港区、城镇复杂水域分别设置贴反光膜铝合金板的左舷会船标5块、交通管制标2块、禁止(解除)追越标7块、限制停泊标17块、锚泊区提示标2块、禁止(解除)高音喇叭标4块、渡口提示标14块、自来水取水口标1块、禁止明火标1块等内河交通标志牌共53块,并同时设置应急电话标6块,共59块。

第二节　水路运输

一、客运

"七五"时期,快捷、方便的公路客运迅猛发展,水路客运逐步被公路班车取代。1983年,水上客运量为171万人次,旅客周转量3444万人公里,1990年分别下降至72万人次、1615万人公里;1995年为44万人次、693万人公里;1999年为23万人次、389万人公里。沙家港、高港、泗源沟等短途客班和具有百年历史的镇江至淮阴的运河长途客班相继停开。2001年10月,申汉、申渝长江大轮客班停航。1978年,镇扬汽渡开通,镇江至六圩轮渡班次逐渐减至每日一班,旅客只剩二、三十人,2002年10月17日停开。至此,镇江市区水上客运航线数降为零。

二、货运

1. 河运　1984年前,镇江水上货运基本沿袭计划经济运行模式,1984年,全社会营业性水上货运量为470万吨,全部由国营、集体水上运输企业分担承运,货种以煤炭、建材为大宗。1985年,随着运输市场的开放,水上个体运输户开始出现,当年京口、润州两区的个体船户船只93艘、2537吨位,年货运量3万吨、227.1万吨公里。以后水上个体运输户得到快速发展。1988年,镇江个体运输户拥有船舶717艘、16249吨位、9830马力。1989年,全社会水上货运量增至634万吨,专业运输企业的运量几乎没有增加。1990年,随着国家宏观调控实施,在采取紧缩需求、压缩基建等措施的影响下,运输市场急剧萎缩,完全成为买方市场。镇江市水上货运量从上年的634万吨下跌到477万吨,其中专业运输企业从上年的498万吨下跌到398万吨。镇江轮船公司经营的申镇扬定期货班、苏锡镇货班、淮阴至镇江小货班、芜湖至上海黄砂运输、南京至上海的油运等均有不同程度的减产。为摆脱困境,专业运输企业多方寻求新货源,开辟新市场。1988年,丹徒航运公司多方筹集资金从四川购置540匹马力拖轮1艘和4艘680吨半甲板驳加入长江干线运输市场,成为全省县级航运企业第一家拥有长江等级驳的企业。镇江长江轮船运输公司于2000年筹资430万元新增3500吨顶推船组,投入长江干线运输,2001年,与镇江高资电厂和供煤方三方合资650万元组建镇江三鑫水上运输有限责任公司,建造一组3512吨级顶推船组,购买一组3512吨级二手船组进行煤运,开创全省水运企业与电厂联营的第一例。2002年,新增3个船组,使总运力增加到2万多吨。2005年与扬州电厂联营成立润华公司,获得稳定的电煤运输市场份额,并于当年合资建造5000吨级顶推船组。

23年来,镇江货运市场水路货运量逐年下降。1983年为528万吨、95498万吨公里;2005年下降至393万吨、89215万吨公里,而且其中专业运输企业只占122万吨、49574万吨公里,其余主要由个体运输户完成。

2. 海运　1987年9月,镇江市轮船公司率先在全省创建第一家地方海运公司,开创江海直达运输业务,并以280万元购进二手散装海轮1艘,功率2200马力,总长83.5米、载重量3300吨,命名为"甘露"号,于1988年1月投入运营;在海南成立海南船务有限公司,航行于广州、蛇口、马尾、海口、上海、南京、南通等港口,完成14个航次、海运量5.85万吨、10822万吨公里,当年营业收入445万元,实现当年投产当年得益。1991年8月23日,新建1艘2300吨级"江天"号海轮下水投入营运,该轮总长83.1米、型宽12.8米,属近海散装杂货船型,航线为国内沿海,当年完成近海货运量18.29万吨、30679.7万吨公里,实现营业收入1149.5万元,并数年获丰硕利润。

1993年,镇江轮船公司与江苏港航集团公司、中国外轮镇江分公司三方出资建立镇江苍龙国际贸易运输有限公司,经营国际海上贸易运输和代理业务,购置二手船"力恒"号海轮,更名为"润州"号,为9500载重吨散装货轮,总长126米,同年6月6日开始营运,这是镇江市第一艘万吨级海轮,后又购买一艘二手海轮改名为"润发"号。1995年,镇江轮船公司全额收购苍龙公司股权,同时采取招标承包方式将两轮交由南京华盛公司承租经营,首航曼谷航线,载货8700吨,营收17.3万元。1997年,收回自营,业务交由海运公司代理。1998年,苍龙公司歇业。"润州""润发"号出售,偿还银行贷款。

1994年,海运公司"甘露"号进入船龄超使用期,转售给浙江某水产公司,所得价款中以50万元投入"江天"轮改造,1995年期租给韩国青云商船株式会社,航行于中、日、韩之间。2000年筹资570万元,新增7000吨级"江源"号海轮1艘,并开辟镇江至菲律宾定期货运航线。2001年、2002年,该公司先后购进7000吨级"江捷"号和7100吨级"江维"号,运力增至2.5万吨,年货运量达6.8万吨、8478.5万吨公里。2003～2004年,公司先后建造载重3800吨级的柴、汽油品运输船1艘和6000吨级散装货船1艘投入营运。2004年,货运量8.4万吨、9374万吨公里。

3. 联运　1981年7月,江苏省镇江联运服务公司成立,主要依托港口,实行铁水、水铁衔接货物联运,1985年整批联运量98万吨,"七五"期间全市货物联运量稳定在每年150万吨左右。其中市区老港占三分之二,统一由联运企业经营,有码头栈桥42座、泊位58个、沿江岸线2600米、仓库8000平方米、各种装卸机械100余台、运输车辆近百辆,并有3股铁路专用线伸向港区货场。水铁联运量高峰为1989年,达47.8万吨。1990年,铁水联运量达47.2万吨。后由于老港淤浅日趋严重,港区整体迁至龙门新港,铁路专用线相应拆除,铁水、水铁联运功能萎缩。1995年,镇江大港铁路建成后,铁水、水铁联运逐渐由镇大铁路取代,成为水泥、矿石、化肥等大宗外贸进出口物资的联运干线,仅水泥一项常年联运量达50万吨左右,并呈大幅度增长趋势。到2000年前后,随着综合服务物流业的兴起,联运业务逐步包含在物流业务的运输过程中。

1983～2005年镇江市全社会水路货物运输量一览表

表8-26

年　份	货运量(万吨)				货物周转量(万吨公里)			
	合计	交通部门	非交通部门		合计	交通部门	非交通部门	
			小计	其中个体(联户)			小计	其中个体(联户)
1983	528	528	0	0	95498	95498	0	0
1984	577	577	0	0	106744	106744	0	0
1985	800	484	316	92	131707	124592	7115	3775
1986	730	502	228	177	152929	138462	14467	11681
1987	701	530	171	115	158191	149222	8969	5153
1988	681	552	129	104	168743	160017	8726	4707
1989	634	498	136	102	150316	144317	5999	3734
1990	477	398	79	45	119991	116514	3477	1878
1991	512	413	99	56	127463	123650	3813	2149
1992	619	461	158	72	146732	136654	10078	6541
1993	676	465	211	88	186296	137561	48735	3001

续表 8-26

年份	货运量(万吨)				货物周转量(万吨公里)			
	合计	交通部门	非交通部门		合计	交通部门	非交通部门	
			小计	其中个体(联户)			小计	其中个体(联户)
1994	548	397	142	73	131899	120817	11082	2655
1995	631	334	297	56	214404	121189	93215	6363
1996	408	220	188	76	144762	120967	23795	11068
1997	432	205	227	45	147549	105960	41589	7138
1998	353	185	168	21	96347	81768	14579	1831
1999	382	152	230	27	101302	55576	45726	1921
2000	374	158	216	22	91231	66212	25019	1787
2001	419	152	267	11	104000	63624	40376	2713
2002	316	131	185	21	76516	52086	24430	1495
2003	326	148	178	18	77344	59480	17864	1365
2004	349	159	190	–	82029	66937	15092	–
2005	393	122	271	–	89215	49574	39641	–

说明:非交通部门运输量根据抽样调查推算而得

至2005年,镇江全社会水上运输工具拥有量为机动船367艘、70192吨位,其中交通部门21艘、12900吨位;驳船219艘、105770吨位,其中交通部门105艘、49045吨位。在轮驳船总数中,由个体运输户组合成的22家民营企业拥有的各类船舶达372艘、10万吨位以上。船型全部为江苏省定型船型,动力为国产定型内燃机,货驳为钢质定型船型。

三、主要运输企业简介

1. 镇江轮船运输公司 公司前身为1949年6月建立的苏南建华轮船运输公司镇江办事处,系接收原国民政府镇江水产公司、南京中国轮业公司、镇江联和公司以及私营江泰、福运轮局中的官僚资本船舶和资产组建而成。1987年,在全省率先成立海运公司,开创江海直达运输业务。1992年,公司更名为镇江船务总公司,购置1艘368千瓦顶推轮船和2艘1670吨钢驳组成顶推船组开辟煤炭、黄砂运输业务。1999年,公司一分为三,单独成立海运公司、长江运输公司和合金材料厂(原保养厂)。至2003年底,海运公司拥有船舶4艘、净载重吨21550吨位;长江公司拥有轮船34艘、净载重吨23694吨位。2004年,3家企业分别进行改制,国有资产全部撤出,海运、长江公司均为负资产,分别由原企业领导层重新集资、工商注册成立新公司。长江公司当年货运量为48.30万吨、22805.40万吨公里。2005年,货运量为39.7万吨、14024万吨公里,主要货种为煤炭。

2. 镇江市海运公司 公司成立于1987年9月17日,为集体所有制,独立核算、自负盈亏,隶属于镇江轮船公司,注册资金80万元。先后拥有散杂货轮、油轮9艘,最大吨位为万吨级,累计总运力5.5万吨。1991年,公司申请国际航线,从事近海国际运输。该公司并与江苏省海运公司签订代理协议,由省海运公司全面负责其安全生产、对外联络和通讯、运费结算、港口费用支出的管理,1992年1月22日获江苏省交通厅和交通部批准。1994年底,完成船舶入级,并取得D类航线证书,主要从事中、日、韩之间的航线运输。1999年,企业内部改革后,该公司成为独立法人公司,直属市交通局领导。2000年5月,通过交通部安全管理体系(SMS)审核,从事东南亚国际运输。2004年,公司进行改制,国有资本退出,更名为镇江市海运有限责任公司。

3. 镇江市长江运输公司　公司为1999年由船务总公司分立重组的法人实体。2000年，筹措资金新造两艘1750吨级钢驳、购买1艘二手机动船进行改造，组建898/377船组，同时租用南京华夏公司两艘1000吨级钢驳组建633/374船组，另购买3艘1050吨二手钢驳组建537/367船组，发展长江、内河货运。2001年开始，依托电厂发展电煤运输，与高资电厂和供货方组建三鑫公司，新造一组3512吨级顶推船组，购买一组3512吨级船组，后因供货方退出而停止。2004年，改制为民营有限责任公司。2005年，公司与扬州电厂联营成立润华公司，建造5000吨级顶推船组投入煤运，运力增至3万吨。此外与镇江兴源公司及货主单位共同出资300万元建造专用运输船从事沥青运输，同时利用原六圩装卸站从事装卸业务。

4. 镇江轮联运输公司　公司是1965年由镇江专区所属客货轮船合作社、轮木船合作社的机动船队和木船合作社的轮木结合船舶联合组成。有轮船60艘，木驳493艘、16402吨位，为独立经营核算的集体所有制企业，客货运输兼营，以货运为主，拥有17条货运航线和以溧阳、金坛、高淳、丹阳为起点的9条客运短途航线。客运业务于1982年全部撤停，专营货运。1997年开始，丹阳、丁山、溧阳、武进、金坛等分公司先后划归当地政府管理，公司保留原镇江部分，更名为镇江河海实业总公司，经营货运，年货运量不足60万吨。2003年，企业进行改制并改为现名，有船舶30艘，净载重28358吨。公司于2004年改制为民营企业，更名为镇江轮联运输有限责任公司，由企业领导层以10万元收购，重新投资进行工商注册经营。2005年，货运量为40.8万吨，货种全部为煤炭。

5. 镇江市航运公司　公司前身是镇江木船社，1965年撤社建立集体所有制的公司。年货运量最高的1984年达58.48万吨。1988年起，业务仅保留联运、小机船货运和焦山客渡。至1995年，生产工具仅剩小马力船8艘、176马力和辅助船7艘、290马力。1996年以后，除保留焦山客渡外，货运业务全部停止，依靠市交通局每月拨款8.5万元，维持职工生活。2005年3月7日正式宣布破产终结。

6. 镇江市港务联运有限责任公司　1999年12月，公司由原镇江市港口装卸运输公司和镇江市联运公司合并而成，为国有控股中型企业。主要经营港口装卸、联运、汽车货运、配载、集装箱修造、铁公水客票联售等业务，年港口吞吐量近200万吨，货物代办量125万吨，汽车货运量80万吨。1998年，六摆渡龙门港建立新港区，至2001年9月实施由镇江老港区至龙门港的整体搬迁，有3000吨级多功能江海泊位2个、500吨级多功能泊位2个、800多平方米标准仓库和2000多平方米货场，逐步具备大批量散装物资的装卸、仓储、运输一条龙服务，以及大件设备、钢材、袋装物资的装卸、运输服务功能。2005年，企业年货物吞吐量130万吨。

第四章　交通管理

1983年实行市管县后，镇江市交通局市直及代管单位18个，职工人数25533人，其中市直11个单位：公路管理处、航政管理处、交通监理处、港站联运指挥部、汽车公司、轮船公司、轮联公司、运输公司、联运服务公司、航运公司、氧气厂；代管的4个单位是：省交通工程公司、省船厂、省船研所、省交校；另外铁路镇江站、长航港务局、铁路工务段一度由市交通局代管。

20世纪80年代中后期，市交通局所属单位是：市公路管理处，市航道管理处，市运输管理处，市港航监督处，市交通职工学校，市港务管理处，客运分公司，轮船公司，轮联公司，市航运公司，市联运公司，市港口装卸运输公司，市大件起重运输公司，市第一、二、三运输公司，市汽车修理厂，市氧气厂，市交通物资总公司，镇江船厂；代管单位为省属交通工程公司、省船研所、省交校、省镇扬汽渡、省机料站。1991年，成立镇江市国际集装箱中转站（1996年划归江天集团）。1992年，成立交通建设管理处,船舶电器厂整建制划归交通系统。1993 年,大港地区成立新区交通分局。1997 年,成立交通工程质量监督站和交通工程招标办公室。市港口联运总公司,汽车运输一、二、三公司,大件公司,氧气厂,船舶电器厂改制为民营企业。2001 年 10 月,成立镇江市交通投资建设发展公司。2003 年,原市公路处所属市路桥总公司、市航道处所属的港航工程公司在事企体制改革后与原管理处脱钩,成为独立的经营性事业单位。2004 年,镇江船厂、江天集团、长江公司、海运公司、轮联公司等改制为民营企业。镇江市航运公司 2005 年破产。

第一节　规划与投资

一、交通规划与设计

随着国家宏观调控力度加大,交通基础设施建设前期工作显得十分重要,交通规划设计工作得到高度重视,其中公路部分,分别编制《镇江市农村公路建设规划》《镇江市县道公路网规划》《镇江市干道公路网布局规划》《镇江市高速公路网规划》和《镇江市"十一五"交通发展规划》,延续编制的有《镇江市公路枢纽建设规划》《镇江市干线公路网调整规划》和《镇江市乡道公路网规划》。

二、建设投资

1983～2005 年,全市交通基础设施建设投资逐年上升,其中公路建设投资从 2001 年开始占 90% 以上。

1983～2005 年镇江市交通建设投资完成情况表

表 8-27　　单位:万元

年　份	合　计	公路	航道	地方港口	客货运站	车船更新改造及其他
1983	1371	51	–	59	79	1182
1984	2219	80	–	89	115	1935
1985	3440	125	–	76	139	3100
1986	4347	581	–	900	–	2866
1987	6276	2979	–	733	107	2457
1988	9311	6475	315	351	75	2095
1989	7695	4273	1148	968	–	1306
1990	8742	3710	1776	–	269	2987
1991	21152	18002	2548	67	169	366
1992	17046	8665	2043	27	229	6082
1993	36201	23055	2107	–	135	10904
1994	59432	35962	6120	290	205	16855
1995	98894	77298	12561	–	180	8855
1996	103353	78820	15000	2288	832	6413
1997	46758	35479	4141	2972	–	4166
1998	38260	29814	1606	1004	600	5236
1999	57908	45574	5527	–	1200	5607

续表 8-27

年　份	合　计	公路	航道	地方港口	客货运站	车船更新改造及其他
2000	67545	52210	6570	73	1226	7466
2001	69114	62862	5011	154	–	1087
2002	94766	89045	4087	439	40	1155
2003	149838	148357	1481	–	–	–
2004	261664	258040	795	–	682	2147
2005	265121	258508	388	110	2250	3865

20 世纪 90 年代以后，镇江交通建设需求不断提升，建设规模呈跳跃式增长，建设筹资从“依靠规费”到“立足规费、广开渠道”再到“全民办交通”。

“六五”期间，交通基础设施以养护和维护为主。建设养护资金来源于养路费、航养费、船舶过闸费、搬运装卸事业基金、货物港务费和车辆购置附加费，建设资金基本能满足需求。1984 年，实施 104 国道水泥路面改造工程和宁镇二级公路建设的前期准备工作。“七五”期间，实现市县通沥青混凝土路、乡乡通公路的目标；新建和扩建汽车客、货运站；1986 年，312 国道南京至镇江段开工建设。在此期间，虽然增加水陆运输货物附加费，但由于建设规模扩大近 3 倍，资金紧张状况开始显现。“八五”期间，312 国道等续建工程相继竣工。1992 年，沪宁高速公路镇江段开工，利用世行贷款对苏南路网实施改造，扬中长江大桥开工；1995 年，丁卯桥路开工，后相继拓宽改造丁长路、谷阳路等进出口道路。为满足建设资金需求，江苏省开征高等级公路建设资金、越江通道建设资金、汽车客票附加费、车辆通行费；镇江市开征交通基础设施建设费、交通建设资金和高速公路建设资金。“九五”期间，全市实施高速公路联网畅通、干线公路网络化、苏南运河航闸扩容、港站枢纽开发和乡村通达五大交通战略性工程。全市公路“五纵五横”（五纵：218 省道、葛丹线、镇广线、镇宝线、镇句线，五横：312 国道、沿江公路镇江段、沪宁高速镇江段、101 省道、321 省道）主骨架基本建成。1996 年，苏南路网改造和沪宁高速公路镇江段竣工，谷阳南路开工，当年竣工；1997 年，新建镇南立交桥、104 国道大修整治工程开工；1998 年，干线公路网化工程开工，镇江至大港一级公路开工建设；1999 年，镇南立交桥竣工；2000 年，镇江至扬州的润扬长江公路大桥开工。“九五”期间，为满足交通建设资金需求引进外资，开创全省公路建设史的先河。“十五”期间，沪宁高速公路拓宽成 8 车道；自 2003 年起，实施农村公路建设改造“办实事”工程，到 2005 年改造农村公路 1870 公里；实施城市进出口道路提升工程，按城市道路标准，建成南徐大道、檀山路、金桥大道、跃进路二期、戴家门路等生态景观大道，城市范围得到延伸扩大。镇江市公路客运中心站建成使用，镇江南门汽车站、运河路汽车站、中山西路汽车站改造完成。镇江交通发展进入大提速时期。而“八五”时期开征的高等级公路建设资金、越江通道建设资金、地方重点交通建设资金、交通基础设施建设费、交通建设资金和高速公路建设资金等六项资金取消。在用好用足收费还贷等政策的基础上，积极争取省级扶持和地方各级政府支持，在全市开创利用土地市场化运作手段，筹集交通城建工程建设资金、农村公路改造市级配套资金近 20 亿元。

第二节　公路管理

镇江市公路管理处是负责全市（区）公路建设、养护、路政管理和养路费、车辆通行费征收，具有行政执法职能的副处级全民事业单位。在行业上受市交通局和省交通厅公路局的双重领导。

1983 年 3 月，镇江地区公路管理处更名为镇江市公路管理处。2001 年，组建市公路路政支队。

2002 年，市公路系统直属路桥工程总公司、市公路管理处材料供应站，312 国道镇江段公路管理站所属的工程处、工贸处、养护处整合组成新的镇江市路桥工程总公司，隶属于镇江市交通局，2003 年 6 月 30 日，事企脱钩工作全部结束。

2005 年，市公路管理处下辖 312 国道镇江段公路管理站（镇江公路管理站）、海威交通工程监理咨询有限公司、市天王立交桥收费站、市沿江葛丹公路葛村收费站 4 个直属单位。对句容、丹阳、丹徒、扬中 4 个市（区）公路管理处实行业务领导；对句容五里墩收费站、扬中大桥收费站、122 省道丹阳收费站实行行业管理。

一、路政管理

路政管理是由交通主管部门授权和依法保护公路、公路用地、公路设施，维护公路合法权益，促进公路事业发展所进行的行政执法管理。1983～2005 年，路政管理分为三个阶段：第一阶段为 1988 年以前，路政工作主要是清除路障，清除违章建筑，清除打谷晒场，公路标志设置管理，实现“四无”（无违章建筑、路面路肩无挖掘、无打谷晒场和路障、路肩边坡无种植）“一齐全”（标志、中心线醒目齐全）和协查养路费。第二阶段为 1988 年至 1997 年，明确公路建筑红线控制标准，配备专用管理设备，全市路政管理工作步入法制化、规范化的轨道。第三阶段为 1998 年以后，贯彻执行《中华人民共和国公路法》，全市公路路政管理部门加强路政队伍建设，加大以法治路力度，维护路产路权，深化文明公路创建和公路环境整治，保证公路交通环境的安全、舒适、快捷。

1983～2005 年，镇江市先后出台 13 个地方规章。1990 年后，句容、丹阳、丹徒、扬中及润州区政府也分别发布相应通告、通知等十多个。地方行政措施的出台，使路政管理由部门行为转变为政府行为，营造公路路政管理的法治环境。1990～1997 年，公路部门在全市建立完善公路系统内部处、站、工区三级路政群管网络，强化路政队伍建设，规范路政执法，推行执法责任制和公示制。1996～2000 年，全市共发生路政执法案件 3586 起，其中立案查处 1703 起，申请强制执行 123 件，平均年结案率 81.02%；行政复议案件 34 件，未有撤销和变更案件；行政诉讼案件 6 件；共审批挖掘、占用公路 111601 平方米，禁止 75 处，查处 4051 平方米；审批道口搭接 213 处，禁止 19 处；清除违章建筑 192 处、4699 平方米；清除障碍物 40980 立方米；清除摊点 6021 平方米；清除非标悬挂物 7142 块。2001 年后，细化路政执法监督制度，进一步规范执法行为，保障公路安全畅通。2001～2003 年，发生路政执法案件 36650 起，其中立案查处 25172 件，查处率 100%，强制执行 3297 件，年平均结案率 99.6%；审批挖掘、占用公路 46836 平方米，查处 263 平方米，禁止 11 处；清除障碍物 36657 立方米；清除摊点 6838 平方米；清除非标悬挂物 7841 块，有效控制公路建筑红线，保障路产路权和公路安全畅通。

1. 治理超限运输车辆　“八五”前，仅局限于根据全市国、省干线公路桥梁状况档案，做到及时审批，收费合理，控制过分超限损坏桥梁和交通事故。1993 年，在 312 国道镇江段横塘工区、浮桥工区和 104 国道句容段宁杭工区等处设立超限运输车辆稽查点，对通过上述路段的超限车辆进行管理。1994 年，市公路部门印发《超限运输车辆协议书》，以协议的形式办理车主超限车辆行驶公路审批手续。1995～1999 年，全市审批超限运输车辆 29141 辆，检查超限运输车辆仅 1077 辆。2000 年，在句容公路处、312 国道站、丹阳公路处实施超限运输检查试运行，共检查超限运输车辆 1379 辆。通过检查，超限车辆有所下降，超限率由 80% 下降到 70% 左右，初步抑制超限运输行为。2001 年，全市全年查处超限运输车辆 15484 辆，辖区内国、省干线非法从事超限运输车辆明显减少，路政管理示范路段实载货车超载率下降到 30% 以下。2002～2005 年，共检查车辆 78220 辆，查处超限车辆 58325 辆，卸驳载约 23 万吨，挽回路产损失 1139.8 万元，全市国、省干线超限运输车辆已由 2001 年的 30% 逐步下降并控制在 5% 左右，遏制违法超限运输，有效保障公路的好路率。

2. 公路标志、标线管理　1987年，省政府将交通标志、标线等安全设施的设置与管理等交给公安部门统一管理，1995年，省政府又将公路标志、标线的设置和管理连同划拨的专项经费由公安部门一并移交给交通部门。1996年，省交通厅颁发《江苏省公路交通标志标线管理暂行办法》，2000年，市公路部门对全市县道以上的公路标志、标线进行全面的普查和建档工作，对部分干线公路增设完善交通安全设施，按规范更新设置标志、标线，达到干线公路标志、标线清晰、齐全、规范。2001年以后，公路安全设施、公路标志、标线成为公路部门的日常路政管理工作，由省公路局补助交通安全设施和公路标志、标线更新完善经费，及时对全市干线公路的交通安全设施进行增补、更换，消除安全隐患。

3. 创建文明样板公路活动　1983年，创建成句容境内宁杭线51公里全省第一条文明路；1986～1987年，镇丹线25公里和镇常公路镇江段创建成市级文明路；1989年，葛新公路、三栏公路也建成文明公路。1994年11～12月，由市监察局牵头，全市县(市)区、乡(镇)政府及有关部门统一行动，在312国道开展创建文明样板路活动，以公路路政人员为骨干组成的六部门60余人的联合执法队伍上路执法，共出动17辆车对312国道镇江段全线进行两次整治，拆除违章建筑、各类棚点、非交通广告牌，铲除路边店加油站等各类灯箱，拔除水泥柱、杆，清除路边堆积物；公安部门在312国道增加21名干警和105名联防队员，查处各类违法犯罪人员188名；土管部门收回土地使用证43份，并清退部分资金；工商部门取缔10家无证工商个体户。312国道镇江段公路交通环境得到净化，并建成省级文明样板路。1995年，104国道文明建设样板路通过交通部验收，成为本市第一条部级文明样板路。321省道和312国道通过省验收和复查，创建和保持省级文明样板路。沿江线也由市公路管理处自检合格，为市级文明样板路。2000年7月6日，312国道镇江段通过交通部文明样板路检查组验收。2003年，继续加大对公路集镇段的整治力度，消除“卡脖子”现象，彻底解决公路“肠梗阻”问题，并实施整治成果长效管理，巩固完善G104句容段、G312镇江段部级文明样板路成果，顺利完成S122、S241、S238镇江段122.6公里省级文明样板路创建。至2005年，全市除高速公路和312国道(省管公路)外，建成部级文明样板路104国道44.98公里，建成省级文明样板路省道7条、218.05公里。

二、公路养护

公路养护由市公路部门负责管理，具体由句容、丹阳、丹徒、扬中、镇江(312国道镇江段公路管理站)5个公路管理站(处)组织实施。1983年，全市养护公路里程885公里；至2005年底，养护公路里程1671.14公里(包括由高管处养护的沪宁高速公路)，其中国道211.17公里，省道325.89公里，县道584.75公里，乡道549.34公里。养护桥梁573座、41902.11延米(包括由产权单位养护的沪宁高速、扬溧高速公路桥梁，专用公路桥梁5座、470延米)。1983～2005年，公路保养经费50848万元。

1983～2003年，公路养护实行的是计划模式，即由市公路部门下达计划，县(市)区公路管理站(处)实施养护。2003年6月实行公路体制改革，原属公路部门的养护工区、道班等划归当地交通部门，公路养护不再是市公路管理处下达计划、县(市)区公路管理站(处)实施养护的模式，社会上的其他企业也可参与公路养护，初步实现由行政和计划管理向合同管理转变，并在全省率先实行养护从业人员市场准入制、养护经费分项管理制。自2003年起，实行招投标制度，由市公路部门实施合同管理，市及各县(市)区公路管理部门负责质量监理；县道由各县(市)区公路管理站(处)负责招投标进行养护。通过全面实行养护社会化，公路养护质量明显上升，好路率显著提高。2003年，全市国、省干线公路好路率88.7%，2005年96.8%，县道好路率为77.8%。

1988～2002 年部分年份镇江市公路养护工区、道班一览表

表 8-28

年份	养护工区(个)	养护道班(个)
1988	25	104
1992	29	124
1995	23	69
1998	20	66
2002	20	66

说明:至 2002 年底,全市有养护道工 564 人,手扶拖拉机、拖式沥青洒布车、压路机、割草机、切割机等各种养护机械 187 台(套)

1983～2005 年,全市实施公路大中修工程 374 项。其中 1984～1995 年,全市拓宽改造老桥 40 多座;1999～2005 年改造危桥 47 座。

1983 年,全市公路绿化里程 951.7 公里,绿化率 90%;2003 年末,全市绿化公路里程 1224 公里;到 2005 年,全市管养公路绿化 2358.72 公里,绿化率 93.21%。2001 年始,建设公路绿色通道。至 2005 年,国、省干线公路建成绿色通道 290.96 公里。

1990 年,省公路部门下发《江苏省公路标准化、美化实施标准(试行)》的通知,实施标准化、美化(GBM)工程(使公路"畅、洁、绿、美"),标准总体要求公路基本达到路景物交织协调,构成流畅、安全、舒适、优美的公路交通环境。2000 年,全市实施 GBM 工程路段 430.90 公里。

三、规费管理

养路费征收标准由省计经委、交通厅、财政厅、物价局制定,并经多次调整。镇江市公路养路费部分年份征收金额如下:1983 年 1292.62 万元,1990 年 5261.85 万元,1995 年 7487.43 万元,2000 年 9975 万元,2005 年 22151 万元。

1983～2005 年镇江市养路费征收统计表

表 8-29　单位:万元

年份	征收计划	实际征收金额	超计划(%)
1983	1171	1292.62	10.35
1984	1217	1416.18	16.40
1985	1732	2140.12	23.56
1986	2362	2931.12	24.11
1987	2931	3451.46	17.80
1988	3600	4365.91	21.28
1989	4516	5043.04	11.67
1990	5043	5261.85	4.34
1991	5163	5803.51	12.41
1992	5600	6229.30	11.24
1993	6158	6690.10	8.60
1994	6555	6961.96	6.21

续表 8-29

年份	征收计划	实际征收金额	超计划(%)
1995	6831	7487.43	9.61
1996	8500	8560.26	0.71
1997	9174	9229.33	0.60
1998	8400	8930.65	6.32
1999	9378	9386.00	0.09
2000	9769	9975.00	2.11
2001	11390	11587.00	1.73
2002	12569	13046.00	3.80
2003	13050	14676.00	12.46
2004	15710	18461.00	17.51
2005	19000	22151.00	16.59

1992 年 4 月 2 日,镇江市第一个收费站 312 国道戴家门收费站开征车辆通行费。1994 ~2004 年,相继设立天王立交桥收费站、沿江葛丹公路葛村收费站、扬中大桥收费站、句容五里墩收费站、镇大公路长岗收费站、122 省道丹阳收费站、扬中二桥收费站、句茅公路茅山收费点。1998 年 4 月,312 国道戴家门收费站随同宁沪二级公路江苏段移交给宁沪高速公路股份有限公司。2004 年 9 月,撤销长岗收费站。1994 ~2005 年,共收取车辆通行费 122070.74 万元,其中 1994 年为 1204.14 万元,2005 年达 19822.30 万元。

1994 ~2005 年镇江市车辆通行费收入统计表

表 8-30　　　　单位:万元

地点	合　计	1994 年	1995 年	1996 年	1997 年	1998 年	1999 年	2000 年	2001 年	2002 年	2003 年	2004 年	2005 年
天王站	42889.86	1204.14	2825.96	3716.15	3927.86	3165.84	4331.11	4476.77	3370.94	3790.08	3600.79	4202.52	4277.70
大桥站	28080.62	-	1330.14	1879.14	2056.00	2051.65	2100.95	2396.14	2292.68	2662.97	2865.11	3322.43	5123.90
葛村站	20292.56	-	-	820.95	1594.06	2494.39	2264.59	1895.68	1459.38	1706.94	2105.16	2815.52	3135.90
五里墩	21975.58	-	-	-	-	-	2181.96	2400.86	2215.10	2248.87	2758.59	4151.89	5618.30
长岗站	3574.44	-	-	-	-	-	-	-	898.05	1216.71	1459.68	撤　站	-
丹阳站	5257.68	-	-	-	-	-	-	-	-	738.86	1203.53	1648.78	1666.50

说明:句茅公路茅山收费点收入并入五里墩收费站;扬中二桥收费站收入并入扬中大桥收费站

第三节　水路管理

镇江市航道管理处负责全市内河航道的建设、养护、管理和航道规费征收工作,受市交通局和江苏省交通厅航道局双重领导,副处级全民事业单位,主要管理和执法依据《江苏省内河交通管理条例》等。主要职能是:依据国家、省有关法律法规和市有关规定行使职能工作。1. 参加编制航道发展规划,拟订航道技术等级,组织航道建设计划的实施;2. 与航道有关的河流综合开发、水资源综合利用的有关事宜;3. 对辖区范围内航道及设施实施建设、管理和养护;4. 审批与通航有关的拦河、跨河、临河建筑物的通航标准和技术要求;5. 组织开展航道科学研究、先进技术交流和职工培训;6. 负责对航道养护费、船舶过闸费的征收和使用管理等。1983 年 4 月,原镇江地区航道管理处改名为镇江市航政管理处,并接管原地区交通监理处的港航监督职能。1988 年 7 月,撤销原镇江市航政管理处,分别成立镇江市航道管理处、镇江市港航监督处。航道管理处下辖省谏壁船闸管理所、市航道管理站、镇江港整治研究所、疏浚工程大队、船舶修理厂、航道工程队,并领导丹阳、扬中、丹徒、句容 4 个航道站的业务。1998 年,疏浚工程大队、船舶修理厂、航道工程队、镇江港整治研究所合并为镇江市港航工程公司。2001 年,扬中市航道管理处划归长江航务局领导。2003 年 5 月,港航工程公司从航道管理处机构中分离,隶属市交通局,2005 年后易名为镇江市天顺交通工程有限公司。

全市内河交通安全、水上救助统一管理监督的职能由镇江市地方海事局承担,受镇江市交通局和江苏省地方海事局双重领导。1988 年 7 月,成立江苏省镇江市港航监督处,副处级行政事业单位。1992 年 4 月,江苏省镇江市船舶检验处成立,与镇江市港航监督处实行"二合一"办公体制。1993 年 7 月 1 日,苏南运河镇江段全面实行水上交通管制,增设镇江市谏壁港航监督所水上交通管制站。1996 年 9 月,组建镇江市水上交通稽查支队。2000 年 10 月,交通部和省政府实行水上安全监督管理体制改革,镇江市港航监督处主要负责除长江镇江段水域以外的辖区内陆通航水域水上交通安全监督管理,负责本辖区船舶检验、船员管理,防止船舶水污染和水上搜救,水上交通事故调查处理等管理职能。2001 年 7 月,市港航监督处和市船舶检验处分别易名为镇江市地方海事局和镇江市船舶检验局,下辖城区地方海事处、城区船舶检验处和丹阳市地方海事处、丹阳市船舶检验处以及谏壁、高资、云阳、高桥 4 个海事所。扬中市、句容市和丹徒县 3 个县(市)原港航监督机构撤销。

一、航道管理

1. 航政管理　1983 年 4 月,镇江市航政管理处接管原地区交通监理处的港航监督职能,负责航政管理的全部职能。自 1987 年起,航道和港航监督部门分设,航道部门按照有关航道等级、技术标准审批临河、跨河、过河建筑物,查处违章建筑物设施,维护通航标准。1983 ~ 2005 年,累计审批临跨过河建筑物 322 件,拆除违章房屋 1028 平方米、码头吊机 9 处,桥梁 15 座,渔网渔簖 1350 处,清除堆场、垃圾 15349 方等;海事部门负责船舶签证、检验、港航监督、海事处理等职能,确保航道行船安全畅通。自 1992 年陵口段创建文明航道起,至 2001 年 5 月苏南运河镇江段创建成全国文明样板航道,创建文明航道活动成为新时期航道管理的常态性措施,航政管理逐步制度化、规范化。

依据法律法规对标志标牌的配布类型、设置和维护进行规范化管理。2001 年 7 月,江苏省交通厅制订《江苏省内河航标细则》,进一步规定航标维护正常率必须达到 99% 以上;获悉航标碰损、移位、失常时应在获悉后 24 小时内修复;并查处危害标志标牌的违法行为等。在管理中,航道沿线设置的各类助航标志、安全标志和航道标牌,一律按国家标准制作,做到位置适当、醒目美观、准确规范、养护经常。维护检查每月不少于 4 次,其中,市航道部门负责人每年至少查标 2 次,航道站长每月查标 1 次,全省每年组织互查 1 次,根据检查结果维护或例行维护。2003 年 9 月,对分布在苏南运河、丹金溧漕河口、高资河口、九曲河口的 9 座航标改建成太阳能电源并安装遥测系统,该系统使航标管理人员可用手机、电话机、微机等任何一种方式遥测所设置的水陆航标的电池电压、工作电流、闪光次数、周期、太阳能充电电流;航标灯若发生故障,遥测系统则能自动报警,遥测装置既能提供手机、电话机接收的语音信号,也能提供微机接收的数字信号,实现省、市、县三级智能化管理。

2. 船闸管理　航道部门依据现行法律法规,围绕安全畅通的目标,制定、规范船闸运行管理的规章制度和操作规程,对各岗位职责、安全运行、设备维护、行政执法、文明服务等都有章可循,做到技术状况良好,操作实施有序。1981 ~ 2005 年,共开放船闸 242983 闸次,船舶通过量和货物通过量分别提高 23 倍和 24 倍,闸次优良率均达 100%,连续 25 年保持安全运行无重大事故的良好成效。

3. 航道养护　1983年以来,镇江航道部门按航道普查后的航道维护标准和规划要求,每年制定养护工程计划报省交通厅航道局,按计划要求投入资金进行航道扫床及对航道和设施进行养护。具体由镇江市港航工程公司等分段疏浚、拓宽、整治,维修护岸,改建碍航桥梁,拆除违章码头、吊机,清除各种违章堆放物、垃圾等,打捞碍航沉船、沉物,砌筑护坡,绿化美化岸线边坡。20世纪90年代后,个体民营工程船舶成为航道维护工程的一支补充力量,通过招投标参与航道养护。2003年5月,实行市航道体制改革,原属航道部门的养护单位划归地方交通部门,航道养护遂面向全社会实行招投标制度。2003年9月16日,根据江苏省交通厅《关于调整省地方海事局和厅航道局有关无主沉船打捞职责的通知》,辖区内河航道清障打捞工作由航道部门调整为由地方海事部门负责。

1980～2002年部分年份镇江航道部门挖泥船一览表

表8-31

年份	挖泥船(每小时立方米/艘)			
	链斗	抓斗	绞吸	小计
1980	120/4	127/8	60/1	307/13
1985	40/1	90/2	70/1	200/4
1990	–	150/3	80/1	230/4
1995	–	150/3	160/2	310/5
1998	–	150/3	80/1	230/4
2000	–	150/3	80/1	230/4
2001	120/1	150/3	80/1	350/5
2002	–	40/1	–	40/1

1983～2005年镇江市航道养护情况一览表

表8-32

年份	疏浚		扫床		清障打捞			航标维护		
	疏浚总量(万立方米)	其中干线航道(万立方米)	总量(千米)	其中干线航道(千米)	沉船(艘/吨)	沉石暗礁(吨)	暗桩(根)	正位率(%)	发光率(%)	正常率(%)
1983	21.27	2.18	859.80	448.60	55/542	65.10	–	99.70	98.20	–
1984	31.10	2.86	602.10	289.10	51/862	237.50	2	99.90	99.60	–
1985	29.95	4.24	582.30	354.90	31/624	299.50	63	100	99.60	–
1986	34.38	23.57	706.20	289.40	34/753	364.60	33	99.80	98.70	–
1987	32.19	21.70	807.70	248.20	28/729	164.60	45	100	99.70	–
1988	27.86	17.81	583.40	304.60	28/935	10.00	121	100	99.69	–
1989	37.26	16.06	630.40	308.70	34/965	116.00	12	100	99.50	–
1990	34.29	15.55	568.20	277.30	25/642	64.00	12	100	99.60	–
1991	43.75	14.50	582.10	283.90	18/757	257.60	129	100	99.70	–

续表 8-32

年份	疏浚		扫床		清障打捞			航标维护		
	疏浚总量（万立方米）	其中干线航道（万立方米）	总量（千米）	其中干线航道（千米）	沉船（艘/吨）	沉石暗礁（吨）	暗桩（根）	正位率（%）	发光率（%）	正常率（%）
1992	60.81	20.02	575.80	284.40	46/1223.50	101.50	5	100	99.90	-
1993	57.94	21.18	599.80	298.40	48/1305	306.50	21	100	100	-
1994	47.24	21.11	588.00	297.50	39/1775	79.00	506	98.00	100	-
1995	43.04	17.48	565.70	406.70	39/1666	47.50	116	99.80	98.00	-
1996	34.77	16.64	567.00	402.90	30/1671	430.70	1180	100	99.85	-
1997	30.21	12.19	513.70	354.70	16/865	723.20	15	100	100	-
1998	22.60	10.84	459.50	335.40	29/1785	70.30	5	99.90	99.90	-
1999	18.77	12.24	405.80	286.50	26/2115	31.10	6	100	100	-
2000	70.76	54.68	405.80	286.50	12/668	-	-	100	100	-
2001	65.18	63.62	352.70	263.20	16/1127	1.50	414	-	-	100
2002	26.20	5.07	352.70	263.20	16/1015	28.70	-	-	-	99.98
2003	13.54	11.75	352.70	263.20	56/2730	24.00	-	-	-	100
2004	8.25	5.17	352.43	263.10	12/2290	28.00	-	-	-	99.50
2005	24.68	23.15	358.83	263.50	16/4230	26.00	-	-	-	100
总计	816.04	413.61	12372.66	7073.90	705/31979.50	3476.90	2685	-	-	-

二、航道规费

1994 年，江苏省内河航道养护费征收规定：县以上专业航运企业的营业性船舶及其承运排筏和其他浮运物体的航养费，按其运费收入的 8% 计征；拖轮、推轮等按每月每千瓦 10 元计征；客轮按每月每总吨位 7 元计征；货轮、挂机船等按每月每总吨位 12 元计征；客、货轮等非机动船按每月每总吨位 3.5 元计征；排筏和其他浮运物体按其通过江苏省航段里程，每立方米(吨)每公里 5 厘计征。1998 年 1 月，江苏省航养费征收标准降为运费收入的 6%。2005 年，江苏省开通电脑联网收费系统进行航道规费征收。1983～2005 年，累计征收航养费 14963 万元，过闸费 20167 万元。

1983～2005 年镇江市航道规费征收情况一览表

表 8-33

年份	航养费（万元）	过闸费（万元）	建设资金（万元）
1983	141.21	37.11	-
1984	154.78	40.94	-
1985	198.58	51.66	-
1986	260.01	47.19	-
1987	300.38	63.00	-
1988	317.55	80.01	-

续表 8-33

年份	航养费(万元)	过闸费(万元)	建设资金(万元)
1989	320.98	95.01	–
1990	286.25	110.83	–
1991	310.98	201.56	–
1992	544.08	485.12	–
1993	881.58	569.03	–
1994	1078.46	496.09	198.78
1995	1047.58	539.72	586.91
1996	906.87	323.14	421.50
1997	1042.63	813.79	454.54
1998	972.09	1346.84	232.55
1999	861.40	1572.26	–
2000	786.45	1659.35	–
2001	691.82	1758.05	–
2002	631.62	1908.98	–
2003	820.00	2315.00	–
2004	1079.11	2737.68	–
2005	1328.61	2914.54	–
总计	14963.03	20166.91	–

1994 年 7 月 13 日,江苏省规定船舶过闸费货驳不分实载、空载均按船舶核定准载吨位或核定总吨位计征。征收标准为:货驳每吨每次按船舶核定准载吨位 0.25 元、按船舶核定总吨位 0.45 元;挂机船、货轮、渔轮、工作船、人力船每吨每次按船舶核定准载吨位 0.35 元、按船舶核定总吨位 0.60 元;拖船、挖泥船、打捞船、泥驳、宿舍船等每吨每次按船舶核定总吨位 0.05 元,抽(戽)水机船每艘每次 0.50 元;排筏和其他浮运物每立方米(吨)每次 0.25 元,客班轮(包括客驳、客货轮)每吨(级)每次 0.20 元。2005 年,江苏省简化收费分类方法,规定京杭运河苏南段及其他船闸:拖轮、货轮及其他机动船为 0.7 元/次总吨位;驳船及其他非机动船为 0.5 元/次立方米。

第九卷

港口　口岸

卷目

镇江港辖区全长65公里，北岸上自泗源沟，下至三江营；南岸上自大道河口，下至落成洲洲头。地处长江与京杭大运河两条黄金水运主通道十字交汇处，长江B级航区末端，辖区内通海航道（包括仪征水道、焦山水道、口岸直水道和泰兴水道）水深均保持在-10.5米以上，能常年通航2.5万吨级海轮。镇江港拥有270公里的长江自然岸线，其中深水岸线长87公里；规划港口岸线130公里；开发利用港口岸线29公里。2005年，港区陆域面积4.98平方公里。

1988年之前，镇江港属交通部管辖。交通部每年下达运输计划，货物中转、旅客往来业务繁忙。1983年，全港货物吞吐量650.37万吨，旅客运量25.1万人次。1986年，由交通部投资兴建的大港港区一期工程正式投产。同年底，经国务院批准，镇江港对外国籍船舶开放，镇江港的服务对象由单纯的国内航运市场转向国内和国外两个航运市场。1987年，中华人民共和国镇江海关（简称镇江海关）、中华人民共和国镇江边防检查站（简称镇江边检站）、中华人民共和国镇江港务监督（简称镇江港监）等口岸各涉外检查、监管部门先后建立健全，进出境检查监管各项业务全面展开并逐步完善。当年，镇江口岸进出口商品检验总额分别为0.68亿美元、2.38亿元；检疫出入境船舶10艘次，检查出入境人员1269人；镇江海关实现税收77万元，其中关税36万元。1988年，镇江港实行交通部和地方政府双重领导、以地方政府为主的港口管理新体制。1989年，全港货物吞吐量达到1438.71万吨，跃居全国内河港口第3位，跻身全国港口前10位；口岸外贸运量达到64.3万吨。1993年2月，历时三年多的大港二期工程竣工并投产，镇江港新增4个万吨级泊位。同年，全港货物吞吐量达到1827.47万吨，口岸外贸运量198.1万吨，完成集装箱运输1.06万标准箱，跻身于长江集装箱运输大港行列。同年11月，在交通部召开的《全国港口主枢纽总体布局规划》审查会上，镇江港被列为全国43个主枢纽港之一。1995年12月，江苏省第一条地方铁路——镇江至大港地方铁路全线通车。“九五”期间，镇江市实施港口型经济发展战略，一批大工业项目在沿江落户，给港口生产提供货源支撑，口岸外贸运输生产得到较快发展。1999年，口岸外贸运量达到246.6万吨，集装箱运输3.63万标准箱。2000年，全港货物吞吐量达到2355.73万吨。旅客运输因陆路交通的迅猛发展逐年萎缩，2001年为3万余人次，日航班仅保留一条申汉线。1999年至2001年，经营亏损达120万元。2002年7月，长江普客班轮全面停止停靠镇江港客运站，镇江港客运站撤销。

2001年，港口管理体制改革进一步深化，镇江港下放给地方政府管理。镇江市政府结合地方社会经济实际，利用港口调整城市规划和产业布局，实施沿江开发战略，镇江港进入新的发展阶段，港口规模日益扩展，基础设施建设投入逐年加大，综合实力显著增强。至2005年底，拥有万吨级泊位25个，千吨级泊位38个，设计年通过能力达6055万吨。镇江口岸各项服务功能配套齐全，通过海上运输，与71个国家和地区的288个港口建立外贸运输业务关系；通过铁路大陆桥国际联运，与12个国家有外贸运输往来；通过空运，与130个国家和地区的4553个城市建立空运快件运输业务联系。2005年，全港货物吞吐量达到5953.5万吨，其中外贸运量1012.3万吨，集装箱运输17.77万标准箱。镇江口岸进出口商品检验总额为2.65亿美元，其中出口检验总额为1.27亿美元；检疫出入境船舶1276艘次，检查出入境人员24150人次；镇江海关实现税收23.35亿元，其中关税4.02亿元。

第一章　港口与口岸管理

镇江港于1986年12月对外国籍船舶开放，开放初期规模为4个万吨级码头泊位，为国家一类开放口岸。1986年底，镇江市口岸管理委员会（简称市口岸委）正式建立。1988年3月，镇江港开始实行交通部和镇江市人民政府双重领导体制。同年5月，市口岸委受市政府授权，在全国率先实行口岸单位归口协调管理，归口协调管理的单位有镇江海关、镇江港监、镇江港务局等13家单位。镇江口岸各单位坚持以口岸外贸运输生产和地方经济建设为中心，科学实施港口规划，依法行政，积极实施查验监管制度改革，开展共建文明口岸及创建文明单位等活动。1993年，镇江口岸被评为江苏省唯一的全国文明口岸；1996年，镇江口岸又被评为全国先进口岸，并连续多年被评为江苏省文明口岸。2001年，港口管理体制改革进一步深化，镇江港下放给镇江市人民政府管理。2004年11月，镇江市口岸和港口管理局（简称市口港局）正式组建，归口协调管理单位22家。至2005年底，镇江港有18个万吨级、9个千吨级码头泊位对外开放；获得交通部核发的《港口设施保安符合证书》的港口设施14个，共有泊位27个，其中万吨级以上泊位16个。

第一节　管理体制沿革

镇江港务管理局（简称镇江港务局）成立于1952年，隶属交通部，集港口管理和生产于一身。1984年，长江航运体制改革，镇江港务局隶属于长江航务管理局。

1986年12月8日，经国务院批准，镇江港对外国籍船舶开放，镇江海关等口岸涉外管理单位先后建立完善。同年底，市口岸委正式建立，列入市政府工作部门，为正处级建制，内设机构有办公室、计划调运科和涉外管理科，主要负责管理和协调全市口岸工作。

1988年3月，镇江港务局改为隶属镇江市人民政府和交通部双重领导，行业、投资、财务等管理以交通部为主，人事、劳动等管理以地方政府为主。2001年，港口管理体制改革进一步深化，镇江港务局下放给地方管理。港口资产除由国家开发投资公司（简称国投公司）管理的资产外，全部无偿划拨给地方管理，其债权债务一并转移。同年9月，镇江港务局使用的中央级基本建设经营性基金转为国家基本金，由国投公司代行出资职能。同年，市口岸委更名为市口岸管理办公室（简称市口岸办），内设机构有秘书处、外贸运输管理处和涉外管理处。

2003年，镇江港务局撤销，组建镇江市港务管理局（简称市港务局），为行使港口行政管理的职能部门，正处级建制，事业编制，依照国家公务员管理，主要负责全市沿江港口管理。2004年11月，市口岸办和市港务局撤销，重新组建镇江市口岸和港口管理局（简称市口港局），为市政府工作部门，正处级建制，内设7个处室。主要职责为贯彻执行国家、省有关口岸和港口工作的方针、政策和法律法规，编制和组织实施全市口岸开放规划、港口总体规划、年度计划，对全市沿江港口的岸线、陆域、水域等实施统一行政管理，督促指导口岸检查检验机关各司其职，贯彻涉外政策、纪律和国家安全教育及检查处理，监管全市港口建设市场秩序，建设、维护和管理全市港口公用基础设施，管理协调口岸外贸运输工作，管理监督长江港口安全生产和环境保护，负责本地区一、二类口岸及货主码头开放或关闭的审核报批等工作。

第二节　口岸开放管理

一、镇江口岸开放管理

1986年12月8日,经国务院批准镇江港对外国籍船舶开放,为国家一类开放口岸。初期开放规模为大港一期工程建成的4个万吨级码头泊位。1987年12月,镇江口岸开办铁路(陆路)出口就地封关业务,出口物资在镇江口岸办完相关手续后,可直接通过铁路(陆路)出境。1988年,开通镇江至香港的定期班轮。1989年5月,与上海空港(机场)建立业务联系,小量快件和鲜活商品如鳗鱼等,可在镇江口岸办好手续后,从上海空港直接登机出运;同年底开办铁路(陆路)就地进口转关业务。

1990年,全市首家企业(谏壁油库)自备码头经审批对外开放;1992年,中国人民解放军4822部队工厂(五峰山船厂)码头对外开放。1993年,大港港区二期工程的4个万吨级、2个千吨级码头泊位对外开放。1994年2月,镇江口岸对从事国际航线的中国自有及自营集装箱班轮的进出口联检进行改革,除入境检疫外,各联检单位不再登轮办理手续,由船方或代理上门办理,简化手续,方便船、货双方。1995年3月,国务院第175号令《国际航行船舶进出中华人民共和国口岸检查办法》出台,明确规定除有卫生检疫对象或动植物检疫对象或其他特殊情况,口岸检查机关可不登轮检查,由港监召集联席会议研究解决船舶进出口岸的有关问题。镇江口岸已积累这方面经验,当年7月1日起顺利实施国务院175号令。

1997年,镇江口岸委制订《镇江口岸货主码头对外开放管理的意见》,加强企业自备码头管理。至2001年,京阳水泥厂等9家企业9个万吨级、4个千吨级码头泊位经批准对外开放。2003年12月,规划总面积2.53平方公里的大港国家级出口加工区封关运作,到2005年进区企业14家。2005年9月,全口岸对外开放码头和海关监管场所的闭路电视远程监控系统投入使用,镇江口岸涉外管理进一步规范化、制度化和现代化。镇江口岸电子政务工程亦于2005年9月起正式运行,镇江海关、镇江出入境检验检疫局(简称镇江检验检疫局)、镇江边检站、中华人民共和国镇江海事局(简称镇江海事局)4家查验单位及镇江中联理货有限公司在同一个服务平台上操作,实现企业网上一次申报,5家同时受理一次办结,提高通关速度和办事效率,降低企业运行成本。至2005年底,镇江口岸有18个万吨级、9个千吨级码头泊位对外开放。

二、周边口岸开放代管理

1991年,扬州市高港港被江苏省政府批准为二类开放口岸,高港港临时接靠外轮的检查检验工作及代理、理货等业务均由镇江口岸承担。1992年,扬州口岸被批准为一类开放口岸,镇江口岸有关单位不再承担扬州口岸涉外业务。1998年5月,常州港经江苏省政府批准为二类开放口岸,该口岸综合协调工作由镇江市口岸委和常州市口岸办共同负责;检查检验及开放水域监管工作,除海关和商检由常州市承担外,其他由镇江口岸各查验单位承担。2001年4月,常州口岸被批准为国家一类开放口岸,镇江口岸亦不再承担该口岸涉外业务。

第三节　港口规划

1993年11月,镇江港被选为国家主枢纽港之一。此后,镇江港务局开始编修《镇江港总体布局规划》。1997年3月,镇江市政府召开市级预审会,编修方案获得通过。1999年10月,交通部和江苏省政府在镇江市联合召开《镇江港总体布局规划》审查会议,要求对原规划进行修改、补充和完善。2003年1月,《镇江港总体布局规划(2001~2020年)》正式上报部、省。2006年1月,交通部和江苏省政府联合发文，批复同意《镇江港总体规划》。该规划结合镇江城市总体规划、沿江产业带规划及各港区水、陆域综合条件，集疏运方式和服务对象，根据货种、流量、流向，科学合理确定各港区功能规模等。

高资港区　主要承担煤炭、水泥等散货及石油、液体化工、建材运输，以临江工业开发为主，相应发展部分公用作业区。

龙门港区　主要承担集装箱、钢材、木材、杂货运输，兼顾旅客运输、港口支持系统及市船舶工业区。

谏壁港区　主要承担煤炭、石油化工、粮食等物资运输，为临港工业开发服务。重点发展电力、粮油加工、精细化工、燃油储运等。

大港港区　主要承担集装箱、金属矿石及其他散杂货运输，并为镇江新区临港工业开发服务，逐渐以集装箱运输为主，转移大宗散货。

高桥港区　主要承担原材料等大宗散货运输，并为临港工业开发和江海中转服务。

扬中港区　主要为扬中市临港工业开发和物流业发展服务。

老港港区将根据城市总体规划逐步调整为城市生活和旅游客运服务。

规划分期实施的序列为：重点建设大港港区和龙门港区；充实完善高资港区和谏壁港区；起步建设高桥港区和扬中港区。近期实施重点是加快续建大港港区三期、四期工程，提升金属矿石、煤炭、磷矿、水泥、集装箱等进出口物资的港口通过能力；在实施龙门港区（东区）老港搬迁客货运码头起步工程基础上，由西向东实施一、二期改扩建工程；在高资工业港区、谏壁工业港区和大港港区实施一批临江工业企业专用码头工程。中期，重点续建龙门（西区）深水泊位；高桥港区在镇江新区临江工业企业专用码头发展基础上，积极为规划的公用港区创造建设开发条件；加强扬中兴隆、西来桥规划港区的开发。根据预测，到2010年，全港货物吞吐量将达11480万吨，客运量10万人次；2020年将达17800万吨，客运量15万人次。客运主要为过江轮渡、陆岛轮渡和国际国内旅游客运。

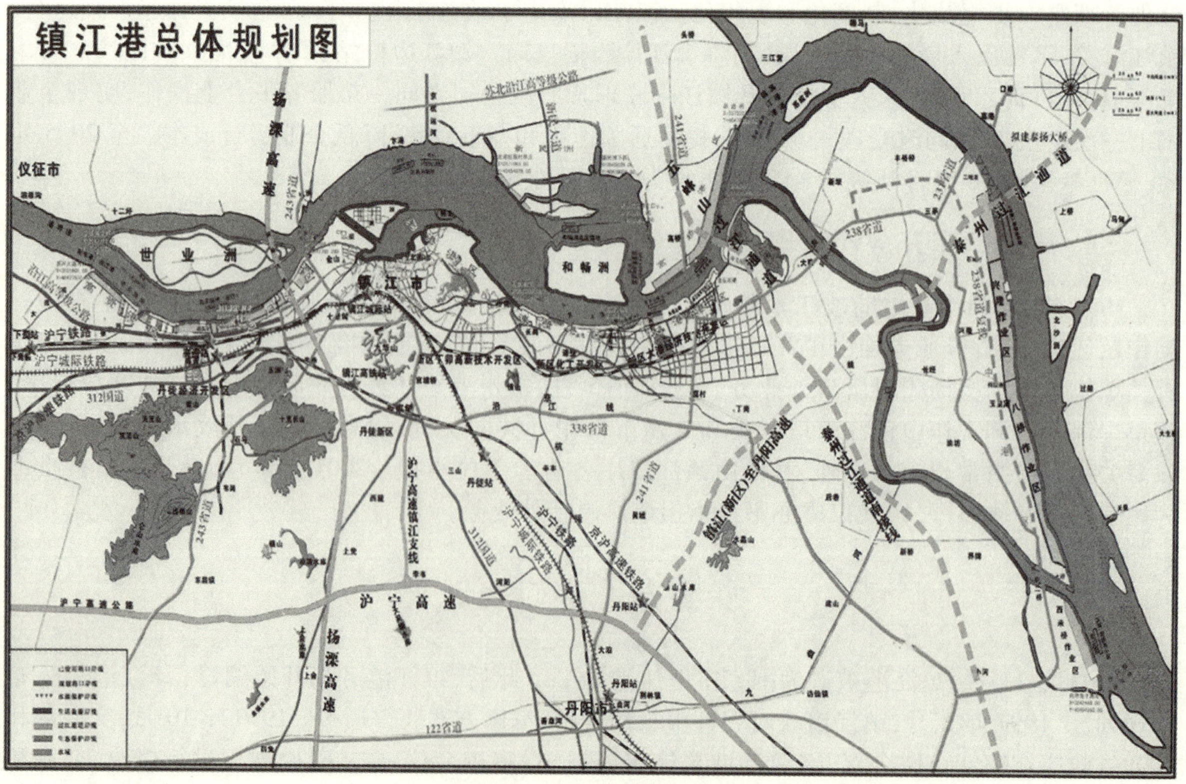

图9-1　镇江港总体规划图

第二章　港口建设

1983 年,镇江港码头泊位为内河、内贸港口,以货物中转业务为主。至 1985 年底,全港大、中、小码头泊位 252 座,其中千吨级泊位 8 个,万吨级泊位 6 个(谏壁发电厂 1 个、6904 油库 1 个、大港一期工程建成尚未投产的 4 个),不少小码头占用深水岸线。港口生产机械化和半机械化水平达到 95%,部分装卸作业靠手搬肩扛。1986 年,国务院批准镇江港对外开放,港口建设步入发展快车道,1989 年大港港区二期工程开工建设,1993 年正式投产。1995 年,镇江至大港地方铁路建成通车,港口具备江河海、铁公水联运的优势条件及能够接卸散货、件杂货和集装箱等各类货物的能力,港口辐射范围进一步拓展。2000 年,镇江老港区因淤塞严重和城市改造需要,整体搬迁至龙门港区。随着外向型经济发展,货主码头建设亦快速发展。至 2005 年,全港拥有 7 个港区,各类码头泊位 173 个,总设计能力 6055 万吨,港口装卸全部实现机械化或半自动化,年货物吞吐量达到 5953.5 万吨。

第一节　码头泊位建设

1983 年,沿江自上而下,镇江港分为高资、镇江老港、谏壁和大港 4 个港区,公用码头主要分布在老港区和大港港区。

图 9-2　2005 年镇江大港港区码头

1985 年 11 月,大港港区一期工程竣工,1986 年 1 月正式投产。工程总投资 1 亿元,占地面积 43.13 公顷,占用岸线 7359 米。设计年货运量 130 万吨,年吞吐量 236.5 万吨。建成 2.5 万吨级泊位 4 个,2 千吨级泊位 1 个,内河小码头 7 个,锚地浮码头 3 个。大港港区二期工程于 1989 年 12 月开工建设,总投资 2.48 亿元,码头总长 1075 米,设计年通过能力 264 万吨。主要建成 2.5 万吨级木材、化肥、钢杂(兼集装箱)、散杂泊位各 1 个,5 千吨级江船泊位 2 个,改建 1 个 2 千吨级江船泊位,增建内河板桩码头 318 米,1993 年 2 月正式投产,可停靠远洋船舶,成为镇江港的主要外贸港区。至 1994 年底,大港港区有码头泊位 51 个,总长 4750 米(万吨泊位 10 个、万吨级浮筒泊位 2 个),其中镇江港务局有码头泊位 33 个,长 3415 米;货主码头泊位 18 个,长 1335 米。2005 年为消除内河板桩码头主要结构和附属设施损坏的安全隐患,缓解主泊位压力,实施该码头改造修复工程,码头改造为 7 个 1000 吨级散杂泊位,全线总长 450 米,新增固定吊 7 台。2005 年 5 月,大港港区三期工程正式开工。该项目由国投镇江港有限公司承建,工程概算总投资为 14.12 亿元。工程位于大港港区一、二期工程上游(中间相隔大港汽渡),占地面积 116.93 公顷,码头前沿设计水深为 -14 米至 -15.1 米,码头泊位长 1128 米,设计年吞吐能力 1160 万吨。建设规模为 1 个 5 万吨级集装箱泊位、1 个 3 万吨级多用途泊位、1 个 5 万吨级通用散杂货泊位、1 个 7 万吨级散货专用泊位和 2 个 5000 吨级长江驳船泊位及 12 个 500 吨级内河船舶泊位。先期开工建设 1 个 7 万吨级散货卸船泊位和 2 个 5000 吨级散货装船泊位码头，2005 年累计完成投资 2.68 亿元。

镇江港货主码头主要分布在高资港区、谏壁港区及 1989 年以后逐渐形成的扬中港区、高桥港区。高资港区主要有建于 1984 年的江苏船山矿业股份有限公司(简称船山矿)5 千吨级石灰石专用码头，该码头主要向宝钢集团有限公司(简称宝钢)供应石灰石。“九五”至“十五”期间，京阳水泥有限公司、镇江李长荣综合石化工业有限公司、江苏镇江发电有限公司等企业在高资港区建成专用码头泊位 17 个，其中万吨级以上泊位 6 个，3 个万吨级泊位对外开放，成为镇江港又一主要外贸港区。谏壁港区位于长江与苏南运河交汇处的谏壁镇，是镇江港最早建设的工业港区，以电力、石化工业的原、辅料进口为主。港区有镇江石油公司谏壁油库、镇江谏壁发电厂、江苏索普(集团)有限公司、镇江市港龙石化港务有限责任公司等企业专用码头泊位 12 个，总长 1347 米。其中，万吨级以上泊位 3 个。扬中港区、高桥港区企业自备码头亦建成于“九五”至“十五”期间。2005 年底，全港已拥有 7 个港区，比 1983 年新增龙门、扬中和高桥三个港区。共有百吨级以上各类码头泊位 173 个，其中千吨级 38 个，万吨级 25 个(含 8 个 3 万吨级)，年设计能力 6055 万吨。

2005 年镇江港各港区码头泊位一览表

表 9-1

港区名称	码头名称	泊位性质	投产年份	泊位用途	码头前沿水深(米)	码头长度(米)	泊位数(个)	靠泊吨级(吨)	设计能力(万吨)	结构型式
	合计	–	–	–	–	12866.5	173	–	6055	–
高资港区	船山矿码头	货主	1984	通用散杂	10	74	1	5000	250	高桩梁板
	润扬公司码头	公用	1986～1996	通用散货	2.5～8	540	17	500～3000	180	高桩梁板
	句容华港码头	公用	1989～1996	通用散货	1.9～6.4	146	10	100～1000	75	高桩梁板
	马石油东海液化气码头	货主	1997	液化气	11	210	1	10000	10	高桩梁板
	京阳水泥 1#码头	货主	1997	水泥	14	220	1	30000	180	高桩梁板
	京阳水泥 2#码头	货主	1997	通用散杂	14	135	1	5000	30	高桩梁板
	镇江电厂煤码头	货主	2000	煤炭	11	117	1	20000	112	高桩梁板
	长燃站趸船码头	货主	2000	成品油	5.80	35	1	3000	3	浮码头
	李长荣石化码头	货主	2000	液体化工	13	256	1	30000	440	高桩梁板
	京阳水泥板桩码头	货主	2003	水泥原料	2.50	180	3	400	80	板桩码头
	镇江电厂煤码头	货主	2005	煤炭	14.25	303	1	35000(兼 50000)	460	高桩梁板
	镇江电厂大件码头	货主	2005	件杂	14.25	105	1	2000	–	高桩梁板
	金海宏业一期码头	货主	2005	液体化工	2.20	132	2	500	65	高桩梁板
	金海宏业一期码头	货主	2005	油类	14.05	273	1	50000	175	高桩梁板
	建华管桩码头	货主	2003	管桩出运	5	122	1	1000	46.50	高桩梁板
				砂石	5	120	2	2000		高桩梁板

续表 9-1

港区名称	码头名称	泊位性质	投产年份	泊位用途	码头前沿水深（米）	码头长度（米）	泊位数（个）	靠泊吨级（吨）	设计能力（万吨）	结构型式
龙门港区	镇江港务有限公司客运码头	公用	1994	工作船	8	91	1	3000	11 万人次	浮码头
	市港联公司码头	公用	1997	通用件杂	9. 10	70	1	3000	60	高桩梁板
	市港联公司码头	公用	1997	通用散货	9. 10	88	2	500	–	高桩梁板
	镇江船厂船舶舾装码头	货主	2002	船舶舾装	12	150	1	20000	–	高桩梁板
	市港联公司码头	公用	2003	通用散货	9. 10	70	1	3000	45	高桩梁板
	镇江港务有限公司通用码头	公用	2003	多用途	11	238	1	30000	170	高桩梁板
	润州区政府鲇鱼套码头	货主	–	–	2. 20	23	3	400	10	板桩码头
老港港区	镇江焦化集团焦化煤气码头	货主	1970	煤炭	4	60	1	2000	12	高桩梁板
		货主	1970	煤炭	3	22	1	100	1	高桩梁板
	镇江市象山油库油码头	货主	1974	成品油	5	24	1	500	2	板桩码头
	江苏金象集团虹桥码头	货主	1981	通用散杂	1. 80	80	3	280	10	板桩码头
	京口区丹徒运输公司	货主	1994	通用散货	2. 20	30	1	400	2	板桩码头
	江南化工厂码头	货主	2001	液体化工	8. 20	33	1	400	18	板桩码头
	镇江市象山油库油码头	货主	2003	成品油	5	31	1	500		板桩码头
	七里甸镇政府征润洲码头	货主	–	–	1. 80	110	3	200	5	高桩梁板
	润州区政府镇东物资码头	货主	–	–	1. 80	8	1	250	2	高桩梁板
	润州船厂船舶停靠码头	货主	–	船舶舾装	2. 50	120	3	500	–	高桩梁板
	长江运输公司码头	货主	–	–	3	40	1	500	20	高桩梁板
	镇江燃料公司象山煤场码头	货主	–	煤炭	3	40	1	500	20	高桩梁板
	省供销贸易总公司码头	货主	–	通用散杂	–	20	1	80	5	高桩梁板
谏壁港区	镇江新型建筑材料厂焦湾码头	货主	1962	通用散货	1. 8	35	2	250	5	高桩梁板
	谏壁发电厂煤码头	货主	1964	煤炭	3	164	2	2000	150	高桩梁板

续表 9-1

港区名称	码头名称	泊位性质	投产年份	泊位用途	码头前沿水深(米)	码头长度(米)	泊位数(个)	靠泊吨级(吨)	设计能力(万吨)	结构型式
谏壁港区	谏壁发电厂灰码头	货主	1964	出灰	1	85	1	1000	10	高桩梁板
	谏壁发电厂油码头	货主	1980	成品油	8	75	1	5000	10	高桩梁板
	谏壁发电厂煤码头	货主	1982	煤炭	9	225	1	35000	300	高桩梁板
	镇江石油公司油库 2#	商贸	1984	成品油	12	90	1	10000	200	高桩梁板
	镇江市粮食中转库粮库码头	货主	1984	通用散货	2.3	60	1	200	18	高桩梁板
			1984	通用散货	2.8	140	2	400	–	高桩梁板
	镇江市树脂厂树脂运河码头	货主	1989	通用散货	1.5	20	1	200	2	高桩梁板
	谏壁发电厂煤码头	货主	1990	煤炭	3	109	1	5000	120	高桩梁板
	镇江石油公司油库 1#	商贸	1990	成品油	13	180	1	25000	151	高桩梁板
	京口区谏壁运输二站江口码头	货主	1995	通用散货	3	60	2	600	4	高桩梁板
	市长江装卸运输公司运河码头	货主	1995	通用散货	2.8	50	2	800	5	高桩梁板
	索普(集团)公司化工码头	货主	1996	液体化工	5	110	1	3000	109	高桩梁板
	索普(集团)公司化工码头	货主	1996	通用散杂	5	99	1	3000	8	高桩梁板
	港龙石化有限责任公司码头	商贸	2000	液体化工	12	217	1	25000	150	高桩梁板
		商贸	2000	液体化工	–	–	1	400	–	高桩梁板
		商贸	2000	液体化工	–	–	1	200	–	高桩梁板
	太白集团码头	货主	2000	液体化工	2.2	146	2	500	29	板桩码头
	中盛粮油有限公司食用油码头	货主	2003	食用油	6.60	65	1	3000	28	高桩梁板
	谏壁发电厂工作船码头	货主	–	工作船	4	100	2	1000	–	高桩梁板
	二航三公司出桩码头	货主	–	通用散杂	5	90	1	3000	10	高桩梁板
	宏泉物流有限责任公司码头	货主	–	通用散杂	2.2	60	1	500	25	高桩梁板

续表 9-1

港区名称	码头名称	泊位性质	投产年份	泊位用途	码头前沿水深（米）	码头长度（米）	泊位数（个）	靠泊吨级（吨）	设计能力（万吨）	结构型式
大港港区	青龙山白云石矿 2#	货主	1960	白云石矿	7	50	1	3000	40	高桩梁板
	青龙山白云石矿 1#	货主	1973	白云石矿	7	40	1	2000	40	高桩梁板
	五峰山船厂码头	专用	1978	船舶舾装	9	90	1	3000	-	高桩梁板
	五峰山船厂码头	公用	1979	通用件杂	11	180	1	10000	100	高桩梁板
	镇江港务有限公司内河港池 1～7#	公用	1985	通用散杂	3	386	7	100	106	板桩码头
	镇江港务有限公司 2#泊位	公用	1985	散货	11	182	1	25000	90	高桩梁板
	镇江港务有限公司 3#泊位	公用	1985	木材	11	182	1	25000	80	高桩梁板
	镇江港务有限公司 4#泊位	公用	1985	件杂	11	182	1	25000	60	高桩梁板
	镇江港务有限公司 5#泊位	公用	1985	粮食	11	187	1	25000	66	高桩梁板
	镇江港务有限公司 1～1#泊位	公用	1993	散货	11	220	1	25000	80	高桩梁板
	镇江港务有限公司 1～2#泊位	公用	1993	散货	11	88	1	2000	60	高桩梁板
	镇江港务有限公司 6～1#泊位	公用	1993	散货	11	100	1	5000	45	高桩梁板
	镇江港务有限公司 6～2#泊位	公用	1993	散货	11	99	1	5000	45	高桩梁板
	镇江港务有限公司 8#泊位	公用	1993	木材	11	182	1	25000	55	高桩梁板
	镇江港务有限公司 9#泊位	公用	1993	木材	11	182	1	25000	64	高桩梁板
	镇江港务有限公司内河港池 8～11#	公用	1993	通用散杂	3	430	4	100	34	板桩码头
	镇江港务有限公司 7#泊位	公用	1993	多用途	11	232	1	25000	51	高桩梁板
	物资储运公司码头	商贸	1995	液体化工沥青	7	226	2	5000	60	高桩梁板
	五峰山船厂码头	专用	1995	船舶舾装	9	60	1	5000	-	高桩梁板
	金东纸业 1#	货主	1999	煤炭	11	180	1	20000	151	高桩梁板

续表 9-1

港区名称	码头名称	泊位性质	投产年份	泊位用途	码头前沿水深（米）	码头长度（米）	泊位数（个）	靠泊吨级（吨）	设计能力（万吨）	结构型式
大港港区	金东纸业 2#	货主	1999	多用途	11	190	1	20000	30	高桩梁板
大港港区	奇美化工 1#	货主	1999	液体化工	11	132	1	5000	35	高桩梁板
大港港区	奇美化工 2#	货主	2000	液体化工	11	170	1	5000	98	高桩梁板
大港港区	国亨化工码头	货主	2000	液体化工	12	170	1	5000	128	高桩梁板
大港港区	镇江市大港热电厂煤码头	货主	2005	煤炭	2.2	122.5	2	500	15	重力式
高桥港区	长燃站码头	货主	1996	成品油	5.80	35	1	3000	2.50	浮码头
扬中港区	大路工业公司采石码头	货主	1969～1971	金属矿石	8～17	800	14	600	80	板桩码头
扬中港区	扬中港务处码头	公用	1976	通用散货	2.50	190	8	100～1000	60	板桩码头
扬中港区	扬中市长旺热电厂码头	货主	1989	煤炭	3.50	25	2	2000	15	板桩码头
扬中港区	扬中市水泥厂沙家港水泥码头	货主	1994	通用散货	2.20	150	5	500	15	板桩码头
扬中港区	江苏神威集团八桥神威码头	货主	1996	通用散货	3.50	50	1	2000	15	板桩码头
扬中港区	西来桥作业区码头（铁本）	货主	2003	通用散货	13	440	2	30000	512	高桩梁板
扬中港区	沿江乡镇砂石料码头、润扬大桥工程码头等	–	–	–	–	418	–	–	–	板桩码头

第二节　老港区搬迁和龙门港区建设

镇江老港区位于镇江市区长江路一线，曾经是镇江港的管理中心、通讯中心、客货集散中心。以电力路为界，以东属镇江市港务局港区，以西属镇江市交通局港区。1985 年，东区有镇江港务局码头 22 座，码头岸线长 1747 米，码头多采用趸船浮码头加钢引桥结构，最大靠泊能力 3 千吨级（3 号客运码头），主要承担长江船舶客货运输任务，作业的主要货种为杂货与黄沙。西区码头岸线长 2631 米，泊位 59 个（另有两座趸船式客运码头），最大靠泊能力 1000 吨级，港区仓库 7000 平方米，堆场 12 万平方米。

20 世纪以来，长江主泓道不断北移，南岸镇江老港港区淤积日趋严重，征润洲尾滩不断淤涨，至 1984 年已长达 12.5 公里，延伸至丹徒口，进出港的焦南航道越来越长，封堵成倒套形港湾。凡下行船舶须绕过焦山进入焦南航道后进港，申汉班轮每次进出港需多绕道 18 公里，每年进出港船舶因绕道航行而增加的成本达 200 万元。焦南航道和港池维护性挖泥量逐年剧增，到 1984 年多达

385万立方米。1983年，镇江市人民政府和交通部长江航务管理局联合邀请江苏省交通厅、水利厅等部门及有关院校专家，共同制订整治和改造老港区的“中口袋”方案，主要是在老港区与长江主泓道之间的征润洲上，新开一条总长4.06公里、底宽120米、标高－4.5米（黄海高程，下同）的双向引航道，供所有大小船舶进出港使用。下游筑坝长542米，完全切断焦南航道，完成“口袋”底的封堵，并在坝上建泄洪闸，单孔宽10米，底板面标高－1.0米，日均过闸流量27.7立方米/秒，最大为102立方米/秒，既可泄洪，又可利用上游来水冲刷港内泥沙。港外筑拦沙堤，自引航道北侧到焦南堵坝全长7.5公里。工程分三期进行，第一期为引航道工程；第二期为拦沙堤工程；第三期为封闭焦南航道工程。一期工程于1986年3月10日开工，同年11月15日正式通航。上海开往武汉的“江汉4号”轮首航新航道，仅用15分钟，比原经焦南航道进港缩短1个多小时；镇江至六圩轮渡亦缩短航程13公里。1987年3月，实施二、三期续建工程，至1990年9月，“中口袋”方案全面竣工，工程总投资3807万元，挖泥536万立方米。但由于陆域狭小，水域转角不理想等因素制约，工程未达到预期效果。雨水正常年份，泄洪闸几乎无洪可泄，无法冲刷港内泥沙。潮涨时，滚滚长江水夹带着大量泥沙涌入引航道和港池，在水流缓慢的“口袋”里迅速下沉，其淤积的速度超过“中口袋”方案实施前，致使港池日益变浅变小。1992年8月长江枯水期，港池狭小，船只拥挤，先后发生3次严重堵港，港区装卸作业被迫停产12天。长江客班轮也因港池水浅调头困难，由定期改为不定期停靠镇江港，以致后来不得不在引航道口外设立趸船过驳。老港区生产也逐年萎缩，1993年货运量仅有77.4万吨，旅客运量7.4万人次。

1994年5月，镇江市人大常委会作出《关于镇江市区港口改造建设规划的决定》，7月，镇江市政府组织省、市有关专家审查通过《镇江港龙门港区总体布局规划》。龙门港区位于镇江西郊六摆渡，货运港区在运粮河以西175米至以东537.5米区间，占用长江岸线712.5米，港区距沪宁铁路、沪宁二级公路2公里左右，距京杭运河的南、北入江口分别为30公里和15公里，距后来建成的润扬长江大桥1.5公里，距市中心约6公里。1994年11月，镇江港务局自筹资金500万元，在龙门港区（时称金山港区）建成简易客运码头，以保证长江客班轮停靠。1997年，镇江市交通重点工程龙门港区一期工程竣工，建成3000吨级长江泊位1个、500吨级内河泊位2个以及配套的辅助设施和813米长、按二级公路标准设计施工的进港道路，总投资3500万元。

1999年3月，镇江市人民政府实施长江路拓宽改造工程。该工程占用镇江港老港区所有长江岸线和部分房屋土地，老港区整体搬迁至龙门港区，具有悠久历史的老港区生产性功能全面中止。1999年底，镇江港务局选址龙门新港区，自筹资金2650万元，分阶段实施老港搬迁并建应急工程和主体工程，2001年3月15日正式投产。正式投产后的龙门港区占地13.3公顷，建有码头泊位4个，其中3000吨级件杂泊位1个，2000吨级散货通用泊位2个，工作船泊位1个，占用岸线570米，设计年通过能力60万吨。2001年11月，镇江市交通局在原有的3000吨级码头东侧再扩建1座3000吨级码头和堆场8000平方米，配置5吨门机1台及相关装卸器具，总投资670万元。2003年，市港务局在龙门港简易码头基础上，投资3104万元实施万吨级泊位改造。改造后的码头为3万吨件杂通用泊位，长238米，高桩梁板式结构，设计年吞吐量170万吨，龙门港区成为镇江港又一新江海港区。

图9-3　2005年的龙门港

第三节 港口配套设施建设

1983年，镇江港口配套设施比较落后。全港有各种大、中、小型装卸及传输机械230余台，数量偏少，功率偏小，效率偏低；堆场15.86万平方米，仓库7.82万立方米。1986年，大港一期工程竣工投产，设备有1艘15吨浮吊，1台台时效率900吨的装船机，10吨门机4台、5吨门机2台、5吨40米桥吊3台，固定吊、流动吊若干；仓库、堆场计18.47万平方米。1991年从日本引进大型机械40吨集装箱装卸桥，保证口岸集装箱运输业务顺利发展。1992年5月，镇江港建成面积2100平方米的江苏省第一座公共型保税仓库。1993年，大港二期工程投产，与之配套的有12台大型机械设备和2座1.89万平方米大型仓库及22万平方米堆场。1994年，投资1860万元购置港口第一艘大马力全回转拖轮，为万吨级以上远洋船舶安全停靠码头提供方便。同年9月，大港港区1号散货泊位投产，配备有350吨/台时装卸桥2台、进口推扒机3台、900吨/台时装船机1台，使该泊位的年吞吐量达到150万吨以上。1995年，大港港区自来水厂扩建，日供水量由原来的5000立方米提高到25000立方米。同年底，大港港区铁路专用线投入运营，实现港区内铁水联运，车船直取。1999年，建成7416平方米水泥熟料专用仓库，进一步扩大港口出口水泥的通过能力。2000年，从国外进口集装箱正面吊车1台，新建集装箱堆场8000平方米。至2003年，全港主要公用码头有各类大、中型装卸机械349台(套)，港作船舶21艘/1.09万千瓦，生产用仓库46.55万立方米，堆场56.97万平方米，铁路专用线5070米。2004～2005年，投资2.13亿元，建成大港港区铁路复线，实现24小时全天候作业。再购大功率全回转拖轮1艘，进一步保障海轮靠离码头的方便和安全。建成镇江、大港、龙门三港区的中心(微)机房及全港信息网络系统。

随着港口规模扩大和功能拓展，港口锚地建设不断得到延伸和完备。1983年，投资300万元的船山石灰石矿锚地开工建设，配有75米锚趸1艘，1985年12月正式投产。至1985年底，全港有大、小锚地6处，总面积1.76平方公里，主要锚泊长江内河千吨级以下小型船舶或船队。1986年12月开工建设为大港港区配套使用的青龙山海轮靠泊锚地，备有3只万吨级浮筒。镇江口岸开放后，进出港船舶逐年增多。1996年达到1568艘次，其中外轮376艘次，对锚地的需求不断增加。2002年12月，在落成洲建成进出境远洋船舶联检专用锚地，长2100米，宽640米。至2005年，全港有高资、定易洲、荷花池、落成洲4个锚地。另外还有船山矿、和畅洲北汊、青龙山3处无人驳锚地，总面积2.49平方公里，可同时锚泊和靠泊万吨级以上海轮8艘和1000～5000吨级江驳73艘。

第三章 口岸物流与旅客运输

1983年，全港完成货物吞吐量650.37万吨，其中谏壁发电厂、青龙山矿、镇江焦化厂和谏壁油库等货主码头的吞吐量占52%。港口年吞吐量20万吨以上的主要货种仅有煤炭、非金属矿石、石油、矿建材料4种。"七五"期间，镇江港对外开放，大港一期工程建成投产，镇江港内外贸并举，港口步入发展快车道。1990年4月，镇江港开通国际集装箱运输业务；1991年，镇江至香港的定期班轮开通，同时开办国际联运铁路(陆路)出口就地封关业务。1993年，全港货物吞吐量达到1827.47万吨，其中外贸吞吐量198.1万吨；集装箱运量1.06万标准箱；年吞吐量20万吨以上的货种7个。1994年后，市场竞争逐步取代国家指令性运输计划，至1999年港口吞吐量一直在1700万吨～1900万吨间徘徊。随着外向型经济的发展及企业经营体制改革的深化，港口生产企业应对市场竞争能力逐步增强，2000年，全港货物吞吐量达到2355.73万吨，外贸运量达到341.9万吨，集装箱运量达 5.73 万标准箱。2002 年，国投镇江港有限责任公司和镇江港务集团有限公司成立，在市场经济的浪潮中赢得更大发展空间。2005 年，全港货物吞吐量达到 5953.5 万吨，其中外贸吞吐量 1012.3 万吨；年吞吐量 20 万吨以上的货种有 10 个，其中煤炭和金属矿石年运量分别为 1503.3 万吨、2099.7 万吨。集装箱运量 17.77 万标准箱。

1985 年，镇江港长江客运量 43 万人次，客运航线 8 条。1990 年后，因铁路、公路、航空运输的迅猛发展及镇江港老码头的淤积，镇江港水路客运量逐年大幅下滑。2001 年旅客运量仅 1.3 万人次，同年长江普客班轮全面停止停靠镇江港，次年 7 月，镇江港客运站撤销。

第一节　货物运输

煤炭　煤炭是镇江港第一大传统货种。20 世纪 80 年代初，其运量以镇江谏壁发电厂用煤为主。该厂运煤船沿江下行进港卸煤后，产生大量回空运力。1984 年，长江港航分开，镇江港务局改变经营思路，从原来主要为长航一家服务，扩大到为地方船队和个体企业服务，充分利用回空运力发展中转联运业务，开辟自营或联营的浦(口)谏(壁)煤、汉(口)谏(壁)煤等运输专线。随着地方经济发展，沿江大企业不断兴建，电厂生产规模不断扩大，煤耗增多，进港煤炭逐年增加。1995 年，煤炭及其制品吞吐量达到 591.2 万吨，占全港总吞吐量的 36%。“九五”以后，沿江大企业不断兴建，煤耗增多。2002 年，兖州煤业将镇江港定为“长三角”地区煤炭中转销售基地，港口煤炭吞吐量进一步攀升，2005 年达到 1503.3 万吨。

金属矿石　1987 年，镇江港开始承接武汉钢铁厂由宁波港海进江进口铁矿石中转业务，后又为马鞍山钢铁厂中转铁矿石。到 1990 年，镇江港共为两钢厂中转铁矿石 381.8 万吨，成为宁波港水水中转铁矿石的理想港口。1991 年，镇江港与宁波港、宁波北仑船务有限公司、华东冶金炉料有限公司一起成立宁波至镇江铁矿石运输联合质量控制小组，压缩专线轮在港停泊时间，提高运输质量；与重庆钢铁厂建立中转业务。1993 年，镇江港确立以武汉钢铁厂为首的二大钢铁业集团在港口中转的铁矿石为支柱货源，以年中转量 250 万吨位列长江下游港口之首。1994 年，镇江港又开辟芜湖、新余等地中、小钢厂的铁矿石中转业务。此后，随着沿江钢铁企业发展，进口铁矿石需求不断增加，镇江港中转铁矿石优势地位更加凸现，年吞吐量一直位于长江港口前列。2000 年以后，江苏淮钢集团有限公司、溧阳市钢铁厂等钢厂陆续将镇江港作为铁矿石中转基地，大批铁矿石进口贸易商亦选择镇江港为落地港。2005 年，全港金属矿石年吞吐量 2099.7 万吨。

非金属矿石　非金属矿石是镇江港主要货种之一。镇江市境内高品质石灰石储量达到 34 亿吨，船山石灰石矿和青龙山白云石矿一直是华东地区冶金工业辅料的主要采供地。20 世纪 80 年代初，镇江港年发运量仅有 25 万吨。宝钢建成投产后，镇江港发运量占宝钢年用量近 90%。1987 年，镇江港与上海轮船公司、宝钢、镇江船山矿等共同签署专线运输协议，确保船山矿月供宝钢 10 万吨石灰石。磷矿是镇江港另一非金属矿石货种，2000 年中转出口 93 万吨，占当年全国出口总量的 80% 以上。同年，港口建成磷矿出口专用仓库，并与货主贵州黔磷公司共建磷矿加工厂一座，进一步增强对货主的吸引力，先后有 16 家内地企业选择从镇江港出口磷矿，使镇江港成为中国中西部地区磷矿出口的主要出海港。2002 年，国家开始对资源性物资出口实行限制政策，港口磷矿中转出口业务逐步减少。通过开拓市场，四川、湖南等地元明粉开始大量在镇江港通过水水中转出口，2002 年达到 52.8 万吨。有效遏制港口非金属矿出口下滑态势，镇江港亦成为中国出口元明粉的第一大港。2005 年，镇江港非金属矿吞吐量达到 681.5 万吨。其中元明粉出口量仍居全国港口之冠。

水泥　水泥也是镇江港主要货种之一。1990 年，镇江港出口 1 万吨水泥首获成功，1991 年猛增到 53.2 万吨，成为长江港口第一。1996 年，镇江港首次接卸出口水泥熟料，1999 年与安徽海螺集团在港口联手建成水泥熟料专用仓库 7416 平方米。“十五”期间，镇江嘉新京阳水泥厂水泥出

口逐步加大；安徽海螺集团2005年水泥熟料在镇江港恢复出口中转并快速增长。2005年，港口出口水泥626.3万吨，比上年增加444.8万吨。

钢铁　1983年至2000年，镇江港有少量废钢及一些废钢船进口，最多年份是1993年72.3万吨。2000年，国家重点工程项目“西气东输”，确定镇江港为进口天然气钢管的国内唯一中转港，又在港口建成进口钢管防腐加工生产线并很快投产。2001年，镇江港钢铁及其制品吞吐量突破100万吨，比上年增加57万吨。2001年至2003年，港口接卸进口天然气钢管72万吨。2002年，上海宝钢选择从镇江港中转进口废钢。2003年，港口钢铁吞吐量达到178.4万吨，2004年开始回落，2005年仅54.9万吨。

化肥及农药　1988年，镇江港首次接卸进口化肥，灌包靠人工作业。1993年，机械化灌包作业取得成功，提升接卸能力。1995年，进口化肥和农药等37.1万吨，居长江沿线港口第一。但1996年至2002年一直处于低迷和震荡中，2002年仅有4万吨，2003年跃到44.3万吨。后开始下滑，2005年为24.6万吨。

化工原料及制品、轻工医药产品　化工原料及制品、轻工医药产品均为江苏索普集团、江苏太白集团有限公司、镇江奇美化工有限公司、镇江国亨化学有限公司、镇江金东纸业有限公司等大型企业所需原料的进口和成品的出口，2001年后，该类货运量随经济发展不断增长。2005年，化工原料及制品吞吐量95.7万吨，轻工医药产品吞吐量72.2万吨。

1983～2005年镇江港主要货种吞吐量统计表

表9-2　　单位：万吨

年份	煤炭	石油	金属矿石	钢铁	矿建材料	水泥	木材	非金属矿石	化肥及农药	粮食	化工原料及制品	轻工医药产品
1983	266.60	36.40	–	5.70	47.60	2.60	4.10	68.60	1.50	0.30	–	–
1984	356.20	42.80	0.70	6.40	49.50	0.40	5.70	70.20	0.20	0.90	–	–
1985	383.60	41.60	7.00	8.10	51.00	1.10	0.80	84.50	0.80	0.80	–	–
1986	426.80	64.20	10.90	9.50	58.70	0.60	2.30	146.70	0.40	23.10	–	–
1987	457.90	72.40	125.40	13.90	57.20	0.30	19.70	148.80	0.40	19.50	–	–
1988	505.00	69.40	172.10	11.30	60.60	0.40	62.00	175.30	7.90	22.10	–	–
1989	609.60	83.80	207.50	7.00	38.00	0.20	56.80	166.40	4.40	6.00	–	–
1990	586.90	53.80	229.60	8.30	32.90	13.00	20.80	174.30	3.60	3.90	–	–
1991	574.40	48.60	217.10	12.60	30.40	53.20	17.00	209.90	3.00	7.00	1.20	0.70
1992	584.50	53.90	287.00	32.10	45.90	32.60	36.50	259.10	0.90	11.20	2.10	1.30
1993	602.40	95.40	450.60	72.30	42.10	9.80	19.30	271.50	5.40	25.10	2.00	1.60
1994	579.60	34.40	518.30	49.20	43.60	2.30	6.80	266.60	7.00	19.90	3.50	2.00
1995	591.20	32.70	542.00	46.60	50.00	2.70	1.00	286.90	37.10	8.40	6.10	2.10
1996	611.70	20.90	595.40	56.40	55.10	13.60	0.10	280.40	16.60	2.40	5.30	6.20
1997	567.40	52.20	617.40	51.00	49.50	43.70	–	283.40	8.60	0.40	5.30	7.00
1998	572.60	47.80	451.50	33.20	48.70	130.80	1.30	307.00	16.20	1.70	29.00	17.90
1999	679.70	28.20	375.20	19.10	42.60	87.80	–	325.20	9.60	12.60	48.20	39.10
2000	817.20	26.20	467.00	43.00	27.40	64.20	1.40	498.60	19.20	10.40	61.40	69.90
2001	842.70	14.80	367.00	100.50	19.30	46.30	0.80	621.00	12.30	5.10	46.10	94.00
2002	1040.00	33.10	421.70	122.10	29.90	130.20	–	584.00	4.00	3.60	64.90	111.40
2003	1156.50	35.30	503.30	178.40	38.40	123.80	0.20	633.50	44.30	0.40	87.40	123.90
2004	1536.70	56.10	1639.80	133.20	56.80	181.50	0.20	702.90	30.40	–	94.30	140.50
2005	1503.30	92.40	2099.70	54.90	317.50	626.30	0.30	681.50	24.60	1.30	95.70	72.20

第二节 集装箱运输

1990年4月，镇江港务局第二港务公司首次过驳卸载由美国总统公司进口的化工原料集装箱，镇江港集装箱装卸业务以此为起点，快速发展。1991年10月，大港二期工程建成2.5万吨级钢杂集装箱专用泊位1个。同年12月，从日本引进1台大型集装箱装卸桥设备。1992年3月，首次启用集装箱专用泊位和装卸桥，为镇江至香港的集装箱班轮“苏发”轮顺利进行集装箱作业。同年6月，新开镇江至上海国际集装箱支线班轮。1993年4月，镇江港务局第三港务公司正式挂牌，专业从事集装箱运输生产作业。至年底，全港集装箱运量首次突破1万标准箱，达到1.06万标准箱，镇江港跻身于长江集装箱运输大港行列。1994年，镇江口岸新辟镇江—日本、镇江—香港集装箱班轮航线，每月两个航班。当年，镇江港为长江三峡工程中转特种集装箱物资，全年箱量1.25万标准箱。1995年，镇江港务局添置集装箱正面吊1台，并与镇江外轮代理公司合资成立集装箱拆装箱中心，增强接卸能力。1997年后，由于受上海建设国际航运中心和镇江市外贸箱生成量不足影响，镇江港国际直达航班基本取消。1998年，为应对市场变化和进出口箱量连续下滑态势，镇江港开通至上海的内贸集装箱支线班轮。2000年，隶属于镇江港大港港务总公司的集装箱公司整建制划出单列，成立集装箱公司，并购置第二台集装箱装卸桥，装卸速度和效率极大提高。2001年，镇江港务局与中谷新良海运公司联营，开通每旬一班直达深圳的“良川”号内贸集装箱干线班轮，并启用集装箱信息化管理系统。当年，镇江港集装箱中转量5.6万标准箱。2005年5月，集装箱月吞吐量首次突破1万标准箱。同年11月，镇江港获准开展内外贸集装箱同船运输业务。至年底，镇江港有集装箱支线航班每周40个，内贸线航班每周2个，全港集装箱年运量17.77万标准箱。

图9-4 镇江港集装箱堆场生产场景（2005年摄）

第三节 外贸运输

镇江口岸外贸运输，原以上级部门分配计划为主。1986年，完成外贸运量8.5万吨。1987年3月18日，第一艘外轮“大连商人”号装载大冶钢厂进口的1.07万吨废钢抵达大港港区，成功进行过驳作业。同年镇江港外贸吞吐量为21.35万吨。1988年，省远洋公司“雨花”轮担任首航任务的镇江至香港定期班轮航线开通。同年，镇江口岸外贸运输代理市场开始放开经营，各货运、外轮代理企业在市场竞争中不断发展。1991年，原以船舶代理为主业的镇江外轮代理公司各项业务均创新高，货物代理量实现翻番。以货物代理业务为主的中外运镇江分公司，代理各类中外籍船舶83艘次，远超历史。以优质服务、价格合理、公平竞争等为理念的口岸外贸运输代理市场逐步建立完善。当年，口岸外贸运量84.3万吨，是1986年的10倍。其中川、鄂、皖等省和淮、盐、扬、常等市通过镇江口岸出口货物有12.36万吨。1992年后，国家下达的外贸货运计划逐步减少。1993年，大港港区二期工程竣工和沿江一批企业自备码头建成投产后，镇江港外贸货物接卸能力大大增强。同时镇江市及周边地区纷纷进口钢材、废钢、化肥、生铁、饲料和木材等，外贸运输市场得到发展。全年完成外贸运量236万吨，在全国201个一类开放口岸中排列第20位。1995年，镇江至大港地方铁路全线建成通车，镇江口岸形成铁、公、水、江、河、海综合运输新格局。2000年，全港外贸运量341.9万吨。进入21世纪以后，港口年外贸运量快速增加，外贸货源品种多元化格局基本形成。2002年，港口外贸货物吞吐量608.9万吨。2005年1012.3万吨。

第四节 旅客运输

一、长江客运

镇江港长江旅客运输一直以老港区为主，历史悠久，也曾经有过辉煌。20世纪80年代初有客运航线8条以上，长江客运量年均40万人次左右。80年代中后期，随着陆路交通的发展，港口客运量逐年下降。至1990年，镇江港务局旅客运输量仅有13.8万人次。此后，铁路、公路和航空运输加快发展，港口客流量以年均20%的速度持续下滑。同时，老港区淤积日益严重，危及船舶停靠码头安全。1992年，长江客班轮因港区淤积不定期中断停靠镇江港，前后累计达1个多月。1994年11月，镇江港客运码头由老港区迁至龙门港区。由于龙门港区远离市区，交通不便等，旅客深感不便。镇江港务局投资500万元修建客运码头进港道路，提高服务质量，但仍难逆转客运大幅下滑趋势。到2001年，镇江港客运站每天航班只剩一条申汉线，年旅客运量3.3万人次，经营亏损，难以为继。同年10月，最后一班“江汉59”号客轮离开龙门港码头，镇江港长江客运业务全面告停。2002年7月，经市政府批准，镇江港客运站正式撤销。

2001年，镇江港务局开始转营镇江至瓜洲和镇江至世业洲的客渡。也因旅客日稀，亏损经营，先后于2004年和2005年歇业停航。

二、国际游船接靠

改革开放后，镇江港进出的海内外游客逐年增多。1985年，“耀华”号远洋游轮首靠大港港区，来自美国和日本的300多位游客到镇江游览。至1986年底，镇江港接待国外游客4500余人。1986年，镇江港对外开放，尤其是大港二期工程建成投产后，接靠大型国际旅游船的条件更加完善。在大港港区停靠过的豪华旅游船有：1990年“东方维纳斯”轮、1991年“探险者精神”、2005年“飞鸟”号等，这些游轮大多来自日本国。至2005年，镇江港接待海外游客3万余人。

1983～2005年镇江港客货吞吐量一览表

表9-3

年 份	旅客运量(万人次)	货物吞吐量(万 吨)	其中:外贸吞吐量(万 吨)	集装箱量(万标准箱)
1983	25.20(仅出港)	650.37	-	-
1984	21.20(仅出港)	760.35	-	-
1985	43.00	814.02	-	-
1986	39.10	983.05	13.20	-
1987	34.20	1157.90	26.70	-
1988	28.00	1315.99	48.90	-
1989	18.60	1438.71	64.30	-
1990	13.80	1327.41	46.30	0.05
1991	13.70	1335.35	84.30	0.18

续表 9-3

年 份	旅客运量(万人次)	货物吞吐量(万 吨)	其中:外贸吞吐量(万 吨)	集装箱量(万标准箱)
1992	12.90	1558.03	109.40	0.27
1993	11.90	1827.47	198.10	1.06
1994	11.40	1736.38	187.70	1.25
1995	10.10	1805.24	188.10	1.90
1996	8.80	1898.73	215.50	1.32
1997	7.80	1916.59	262.00	1.19
1998	6.10	1883.28	288.90	1.45
1999	5.40	1902.56	246.60	3.63
2000	4.60	2355.73	341.90	5.73
2001	3.30	2385.15	450.80	7.32
2002	1.30	2805.80	608.90	10.16
2003	–	3201.10	638.00	13.29
2004	–	4982.70	793.00	16.38
2005	–	5953.50	1012.30	17.77

第五节　企　业

1983 年,镇江港物流企业主要有镇江港务局下属各企业、江苏省外运公司镇江分公司、镇江外轮代理公司、中国外轮理货镇江分公司等。1988 年,经营或兼营船代、货代业务的企业可以放开经营,代理企业有所增加,业务上形成相互竞争态势。1995 年,镇江至大港地方铁路全线建成通车,镇江市地方铁路公司成立并负责营运。随着国家经济转轨变型及港口管理体制的变革、现代企业制度的推行和现代物流业的发展等,港口物流企业发生较大变化。有的实行政企分开,有的资产重组实行股份制,私营及个体企业亦进入港口物流行业。2003 年,市地方铁路公司停产歇业。2005 年,镇江港主要物流企业有镇江港务集团公司、镇江中远物流有限公司、江苏中外运有限公司镇江分公司、江苏远东国际货代公司镇江分公司、镇江中理外轮理货有限公司等。

镇江港务管理局　1983 年,镇江港务局为隶属交通部长江航务管理局的政企合一机构(正处级),下辖港务一公司、港务二公司、轮驳公司、物资公司、外轮理货公司、外轮服务公司。20 世纪 90 年代中期前,港务局每年货物运输由交通部下达计划,旅客运输以长江客运班轮为主。1985 年,完成货物吞吐量 588.3 万吨,旅客运输 43 万人次。1988 年,完成货物吞吐量 1100.8 万吨,实现利税 517.6 万元,港务局首次被交通部授予全国交通系统经济效益先进企业称号。同年,镇江港务局实行镇江市政府和交通部双重领导以镇江市政府领导为主的管理体制。1994 年后,货运市场竞争逐步取代指令性计划,港口货源市场结构发生变化,镇江港务局面临较大的市场和经营困难,1994 年到 1998 年五年累计亏损超 1 亿元。镇江港务局深化体制改革,精简机关科室,分流人员,分离隶属的医院、小学,对港区通信业务和职工交通班车实行社会化管理;对下辖公司实施资产重组,组建港务总公司;完善资产经营责任制,优化营销队伍,多渠道争取货源;开展多种经营,开辟内贸集装箱装卸中转业务;实施投资改造和技改投入,增强港口发展后劲和竞争力。2001 年,全局扭亏为盈,完成货物吞吐量 2216.5 万吨。2003 年,全局完成货物吞吐量 3046.1 万吨,实现营业收入 2.2 亿元,利润 550 万元。同年,镇江港下放给地方政府管理,实行政企分开,镇江港务管理局撤销,组建镇江市港务管理局,为市政府港口行政管理职能部门。原镇江港务局资本金中,由市政府持有的国有资本组建成独资镇江港口有限责任公司，使用的中央级基本建设经营性基金转为国家基本金，由国家开发投资公司（简称国投）代行出资人职能。

镇江港务集团有限公司　2004年5月，镇江港口有限责任公司和国投交通公司按51.2：48.8的出资比例，共同组建镇江港务有限公司，注册资本20145.58万元。2004年底，双方经过股权协商，在镇江港务有限公司净资产不变的基础上，股比变更为43.75：56.25，由国投交通公司控股，并作为战略出资人参与港口建设和管理。2005年1月，镇江港务有限公司更名为镇江港务集团有限公司，下辖大港分公司、集装箱分公司、龙门分公司、轮驳分公司、中理公司、外轮服务公司、代理分公司、商务中心计8家子公司，职工3489人。当年，中转进口铁矿石1000万吨，为长江港口第一；完成货物吞吐量3303.8万吨、外贸运量781.7万吨、集装箱9.8万标准箱，实现总营业收入4.28亿元。公司荣获省口岸工作先进集体，职工蒋正福获交通部劳动模范称号。

镇江中远物流有限公司（中国镇江外轮代理有限公司）　1986年7月，南京外轮代理公司镇江办事处成立，租借房办公，至1991年5月搬入东吴路76号至今。1987年11月，经交通部和市计经委批准，中国外轮代理公司镇江分公司正式挂牌，为副处级中央国有企业，是当时镇江口岸唯一的国际航行船舶代理单位。1988年7月，船代、货代业务放开经营。公司及时跟进，成立货运部、集装箱中转业务部等，开展货代业务，积极参与口岸代理市场竞争。1993年4月，公司更名为中国镇江外轮代理公司（简称镇江外代）。1994年8月，经中国远洋（集团）总公司批准，镇江外代升格为正处级。同年新开辟日本、中国香港两条航线，每月3个班轮，增开内支线至8个航班，集装箱出口重箱量3241标准箱，为上年的371.9%。1998年3月，根据中国外轮代理公司统一部署，设立质量管理办公室。同年11月，通过IS0 9002版质量体系认证，成为镇江口岸首家通过IS0质量保证体系认证的代理企业。12月，成立镇江外代物业中心，吸纳下岗分流职工再就业，主要为全公司生产、生活等提供后勤保障。1999年6月，镇江外代与镇江港务局成立联合船务代理公司，经营中远系统以外及与公司没有建立业务关系的国际航行船舶的代理业务。2000年11月，调整经营战略，经外经贸部和省外经委批准，与物业中心共同出资，成立镇江外代国际货运有限公司，专营国际货运代理业务。2003年7月，根据中远物流上海区域公司有关文件精神，镇江外代国际货运有限公司更名为镇江中远物流有限公司，主要从事第三方国际物流、国际船舶代理、货运代理、集装箱运输代理以及国际多式联运、空运及其他相关业务，与镇江外代"两块牌子、一套班子"。同年，建立TCSS客户满意测评体系，进一步提高服务质量。2005年，公司完成船舶代理842艘次，货运代理349.74万吨，集装箱代理23391标准箱。

江苏中外运有限公司镇江分公司　该公司前身是中国外运江苏公司镇江公司（简称镇江外运），成立于1974年，隶属于中国对外贸易运输集团总公司，是当时镇江市唯一获经贸部批准的有国际货运代理权的企业。1986年、1992年分别成立由交通部批准具有国际船舶代理资质的中国船务代理公司镇江公司和由海关总署批准具有代理报关资质的镇江报关公司（均隶属于镇江外运）。1987年至1998年，镇江外运共代理进出口货物1371.14万吨，代理中外籍船舶841艘次。公司业务由起初单一的集港运输，发展成为有海运、陆运、空运、大陆桥集装箱运输、国际多式联运、报关报验等多种方式的货运代理体系和国际船舶代理业务的综合物流企业。1999年，与世界著名的班轮公司丹麦马士基航运公司、美国总统轮船公司、韩国韩进海运公司、日本邮船公司等携手合作，扩大镇江—上海—世界各地的集装箱内支线班轮服务。内支线班轮每月增至24个航班，成为镇江口岸最大的内支线班轮代理公司。2000年4月，成立中国外运江苏公司镇江物流分公司（原中国外运江苏公司镇江公司继续存在）。2001年，各项代理业务均比2000年有大幅度增加，主营业务收入达到2243万元。2002年2月，中国外运江苏公司镇江物流分公司更名为中国外运江苏公司镇江分公司。2002年11月，中国外运股份有限公司（隶属于中外运集团）成立，并于2003年2月在香港联交所H股上市，江苏中外运有限公司镇江分公司也应运而生，且更具活力，各项业务量连年攀升。2005年,公司完成船舶代理842艘次,货运代理461.66万吨,集装箱代理22622标准箱。

镇江地方铁路管理局(公司)　镇江至大港地方铁路(简称镇大铁路)西起国铁沪宁线镇江南站,东至大港港区,全长24.9公里,沿途设镇南、上隍、大港3个货运站及多个企业岔口。镇大铁路总投资1.2亿元,是镇江市自筹、自建、自管的地方铁路,实行分段建设,分期收益,独立核算,由镇大铁路建设工程指挥部负责实施。该铁路1990年8月破土动工。首期工程5.1公里,于1992年5月竣工,并成立镇江市地方铁路公司(简称地铁公司)负责营运。1995年12月18日,镇大铁路全线贯通,并与南京铁路公司联合经营。镇大铁路从1996年1月至1997年底进行为期两年的试运营,其间,分别完成货运量31.5万吨和65万吨。1996年3月,镇江市政府决定,撤销镇大铁路建设指挥部,保留镇江市地方铁路公司,增挂镇江地方铁路管理局牌子(副处级)。1997年3月,地铁局从隶属于市交通局变为归口市口岸委。1998年1月,镇大铁路开始自主经营、自负盈亏。由于受亚洲金融危机影响,大宗货源减少等,到年底仅完成货运量35万吨,营收243万元。1999年有所回升,货运量40.9万吨,营收312万元,与盈亏临界点100万吨左右距离甚远。之后,货源不足、资金短缺、债务沉重等困难日益加剧。到2002年10月,累计经营性亏损、生产性债务、欠缴职工社保基金等1600余万元,不得不向市政府提出申请,要求2002年12月31日起停产歇业。2003年,镇江市政府作出地铁与国铁3号线、两货场相互无偿划拨置换,市地铁公司停产歇业,所有人员按《中华人民共和国劳动法》处置裁员的重大决策。同年底,地铁公司136名职工绝大部分办理内退、协保和解除劳动关系手续,资产划拨置换也如期完成,镇江地方铁路管理局(公司)也不复存在。

2005年镇江港主要企业基本情况一览表

表9-4

企业名称	成立时间	经济性质	主要业务内容	固定资产总值(万元)	年末职工数(人)	营业收入(万元)	利税总额(万元)
中国镇江外轮代理有限公司	1987年11月	国有	国际船舶、货物运输代理等	3529.00	82	623.50	316.00
镇江市外轮供应有限公司	1987年12月	有限责任公司	国外船舶伙食免税品供应等	469.00	15	828.00	24.00
江苏远东国际货运代理有限公司镇江分公司	1992年12月	国有	海运空运货物进出口代理等	–	40	1390.00	10.30
中石化长江燃料有限公司镇江分公司	1997年7月	国有	船舶燃、润油料供应等	3680.81	88	20438.00	36.34
江苏中外运有限公司镇江分公司	2003年2月	国有控股	船舶、货物、集装箱运输代理等	3345.00	80	623.50	316.00
镇江中联理货有限公司	2004年1月	国有	船舶、货物、集装箱理货等	54.46	43	518.76	170.94
镇江港务集团有限公司	2004年5月	国有	港口货物集装箱运输、船舶拖带服务、客货运输代理等	98149.00	3489	36807.00	5028.00
镇江中理外轮理货有限公司	2004年11月	国有	船舶货物、集装箱理货等	440.94	86	703.75	271.15

第四章　海　关

1987年1月，国家海关总署决定设立镇江海关。3月，镇江海关筹备处成立，其间，镇江地区海关业务暂由南京海关派员协办。9月1日，镇江海关正式挂牌，为正处级行政机构，隶属南京海关，同时受镇江市人民政府监督指导，核定人员编制130人，内设1室3科。主要职责是根据《中华人民共和国海关法》，负责监管全市进出境运输工具、货物和物品，征收关税和其他税费，查缉走私，编制海关统计等。1988年4月，出台促进镇江市外向型经济发展的16项改进措施。1990年，开办减免税业务，依据国家有关政策，为符合条件、手续齐全的企业、货主办理减免税审批。1991年，镇江海关监管进出口货物90.4万吨、进出境船舶230艘次，并成为无欠税海关。同年审批减免税1002.69万元。随着地方外向型经济快速发展和沿江企业自备码头开放的增加，海关监管点呈现"点多线长"的局面，至1993年船舶监管点多达12处。当年镇江海关推出10项新措施进一步服务促进关区外向型经济发展，关税收入达1.08亿元；船管科与外运公司海运部被国家口岸办公室授予结对共建精神文明先进单位；开始全面运用H883报关自动化系统。1995年11月，镇江海关驻丹阳办事处成立。同年推进口岸船舶监管制度改革，出台《国际航行船舶简化监管手续试行方案》。1999年10月，镇江海关走私犯罪侦查支局成立（正处级），先后查处一批走私大案要案。进入21世纪，镇江海关加快改革步伐，加大服务力度。2001年初，开始正式实施"两水两路"和跨关区快速通（转）关监管模式。2002年10月，开通沪宁高速公路直通式转关运输镇江新区监管点，实现出口货物"一次申报、一次查验、一次放行"。2004年3月，H883系统升级换代为H2000系统，通关科技水平进一步提升。2005年，顺利完成省内海关区域通关一体化（属地报关、口岸验放）试点任务，实现"丹阳报关、大港放行"，向"场站对接，快速分流，多点报关、多点放行"的模式推进。2005年，镇江海关全年监管进出境货物1089万吨、运输工具1888艘（辆）；全年征税20.35亿元，审批减免税5.78亿元。镇江海关全面质量管理体系通过中国质量中心ISO 9001：2000质量体系认证。

第一节　海关监管

一、货运监管

截至2005年，镇江地区有20余个海关监管点，95%以上的监管货物都是通过船舶进出境，各监管码头沿江分布，主要监管区在大港港区。监管货物主要为大宗散货，如进口的铁矿砂、元明粉、木浆、苯乙烯、毛豆油、铝等，出口的文化纸、煅烧石油焦、除草剂、水泥等，镇江本地产的出口货物占本口岸总出口比重不大。镇江海关对进出境运输工具的监管主要包括国际航行船舶监管和国际联运列车的监管。

1987年3月18日，镇江海关在大港港区办理第一艘进港船舶"大连商人"号货轮联检。同年12月9日，镇江口岸出境列车首发，海关办理就地封关。1989年1月16日，镇江市外轮供应公司开办的免税品商店开业，镇江海关制定《镇江海关对镇江免税品商店物品监管的实施细则》，加强管理。1990年4月4日，首次由中国香港直发镇江的铁路整车货物运抵镇江，在镇江海关监管下将货物卸到指定仓库。1991年10月6日，首次在二类口岸高港监管巴拿马籍"室女星座"号货轮。1992年7月1日，对镇江外运公司两个出口货物装货点（905库铁路专用线、铁路南站高站台）试行义务监装员监装制度。1994 年，推进船管制度改革，制订《镇江海关对国际航行船舶简化监管手续试行方案》，简化船舶及人员进出境申报手续等。同年，开通长江内支线集装箱联运中转业务，加快货物通关速度，为货主节省运输费用。1996 年 3 月 6 日，对无主货物三个集装箱处理，查获进口“洋垃圾”50 吨。1999 年 11 月 25 日，公开销毁扬州市外贸公司出口 100 箱假冒“龙虎牌”清凉油和镇江市外贸公司出口的 16.6 吨假冒“钻石”牌砂布，总价值 10.4 万美元，中央电视台等 16 家新闻单位进行现场采访报道。1993 年至 1999 年期间，镇江海关年监管货物在 180 万吨到 300 万吨之间。2000 年，镇江海关出台实施《对监管场所审批和管理试行办法》。2001 年，自主开发《进口液态货物信息化监控系统》和进出境商品资料数据库，初步构筑物流监控信息化平台，通关速度明显提高，企业通关成本大幅降低，被海关总署评为海关科技进步三等奖。同年 12 月 26 日，镇江海关大港查验点暨集装箱查验场落成并投入使用，实行集装箱集中查验管理，有效缩短通关时间，较好满足进出口企业快进快出的需求。2002 年，开发运用《查验作业电子台账系统》《海关监管场所信息管理系统》《船舶动态信息管理系统》等科技含量高、监管效能好的新监管方式和手段。2003 年，在监管工作中变传统的“码头—现场—工厂”三点两线的查验方式为“码头—工厂”两点一线的查验方式，加快货物通关速度。2005 年 1 月 10 日，镇江地区进出口货物电子舱单录入方式由 EDI（电子数据交换）方式全部转为电子口岸方式。同年 1 月 25 日，镇江海关电子政务系统物流监控管理分系统（WLJKV2.0）与中联理货数据联网开通。镇江海关监管货物数量从 2000 年的 303.7 万吨增加到 2005 年的 1089 万吨，监管运输工具从 1050 艘（辆）增加到 1888 艘（辆）。

1987～2005 年镇江海关进出境货物、运输工具监管统计表

表 9-5

年　份	货物（万吨）	运输工具（艘、辆）
1987	4.20	24
1988	50.50	141
1989	60.60	161
1990	47.90	139
1991	90.40	230
1992	103.00	262
1993	204.60	822
1994	187.40	841
1995	193.00	817
1996	181.00	765
1997	265.00	647
1998	280.00	862
1999	259.00	973
2000	303.70	1050
2001	478.00	1377
2002	567.00	1648
2003	659.00	1904
2004	785.00	1943
2005	1089.00	1888

二、通关管理

20世纪90年代中后期起，镇江海关深化通关管理改革，提升通关现代化管理水平。1992年，试运行H883通关自动化报关系统。1993年，在货管、征税、统计岗位开始全面运用H883报关自动化程序，并及时将货管、征税、统计、查验、放行作业的5个环节合并为审单、验放2个程序。1996年，推行报关单数据检查分析系统、加工贸易和统计等H883子系统及企业档案数据库。1998年9月1日“金关工程”辅助项目—LIC、RTX许可证电子管理和进、出口结关三个系统正式运行。2000年12月1日，顺利切换使用H883/EDI5.0修订版通关程序，有效提高通关效率。2001年，推进通关作业改革，“两水两路”跨关区快速通（转）关监管模式于1月1日起正式实施，快速转关和便捷通关措施出台。同年4月，镇江海关牵头组织市外经贸局等部门，开展对申领“中国电子口岸IC卡”企业集中联合审查工作，全年完成360多家企业入网资格审查工作。最先投入使用的出口收汇核销子系统顺利开通运行，电子口岸初具雏形。2002年10月10日，正式开通沪宁高速公路直通式转关运输镇江新区监管点，基本实现主要通关业务向直通点转移，实现转关运输业务的“一次申报，一次查验，一次放行”，解决长期以来货物“一地报关、一地验放”的问题，使镇江口岸成为上海口岸和南京口岸的延伸。2004年3月1日，H2000系统正式切换运行。该系统是原H883系统的升级换代系统，采用先进体系结构，集中式数据库，标准化软件技术，基于计算机网络运行的信息处理系统，能适应全国范围海关通关管理要求。2005年4月20日，作为南京关区试点单位，镇江海关在丹阳办事处与大港现场之间开始试点“属地报关、口岸放行”区域通关模式。4月21日，在镇江最大的进出口企业金东纸业公司实行首票“无纸通关”，即利用中国电子口岸及现代海关业务信息化管理系统功能，直接对企业联网申报的进出口货物报关电子数据进行无纸审核、验放处理，在南京关区率先走出这一步。

三、加工贸易保税监管

随着对外开放不断发展，镇江的加工贸易在对外贸易中占有越来越重要地位。1990年1月1日，镇江海关开始承接全市进出口企业保税货物进境监管业务。通过开展“核销月”活动等，业务量连年增长。1995年，全年核销保税合同1015份，补税金额979.7万元。1996年7月，加强对部分不规范企业管理，正式启用保证金台账管理程序办理业务，减低税收流失风险。同时，加大前期验厂和中期核查力度，把监管重心前移，在保税科增设核查组，对初次申办加工贸易业务的企业实行百分之百验厂，对不具备加工生产能力的一律实行“否备制”。2000年以后，随着全市加工贸易业务量大幅增加，镇江海关各项业务改革措施出台速度加快。2002年，探索实行加工贸易“大手册”管理，大大提高企业通关速度。2003年12月，镇江出口加工区管委会与镇江海关签订《关于组建镇江出口加工区协助海关监管队的合作备忘录》，明确协管队的工作任务是在出口加工区海关业务现场协助海关进行卡口值勤、查验货物、区域巡逻、施封关封等海关监督工作。同月，海关总署、发改委、财政部、商务部、税务总局、工商总局、质检总局、外汇局等国家八部委联合验收。2004年，镇江海关以提高管理服务效能、推动本地区加工贸易转型升级为目标，推进以“数字化、网络化”为特点的“E管理”。结合镇江地区加工贸易企业的实际，选择标准版“E账册”作为主要联网监管模式，3月16日为江苏领先电子有限公司发放首本电子账册。同年6月，镇江海关在出口加工区设立监控科和备案科，正式办理海关业务，并在全省海关中率先完成出口加工区H2000系统试点工作，不断提高科技管理服务效能。2005年1月11日，镇江海关实现加工贸易货物外发加工审批网上申报。9月23日，成功核发首本保税仓库电子账册。12月，镇江出口加工区分拨仓货物首次报关。2005年，推行加工贸易中期核查分区专管制度，以企业为单元，划定区域核查专管的专管员。到年底，镇江海关完成加工贸易单耗数据库试点工作，并开始在全省海关推广。

1990～2005 年镇江海关加工贸易备案情况表

表 9-6　单位:份、亿元、万美元

年　份	备案合同	备案金额
1990	122	0.70
1991	233	1.70
1992	467	3.70
1993	874	4.55
1994	853	6.57
1995	892	8.10
1996	1097	9.43
1997	910	9.54
1998	808	10360.00
1999	888	11824.00
2000	883	27316.00
2001	832	24142.00
2002	886	41241.00
2003	1068	58909.00
2004	980	50899.00
2005	1166	108404.00

说明:1990～1997 年备案金额为亿元,1998～2005 年备案金额为万美元

第二节　税收征管

一、征税

在对进出口货物征收关税的同时也代征进口环节税,如增值税、消费税、船舶吨税等。1987～2005 年,镇江海关每年征收的税款呈不断上升趋势,从 2002 年开始逐渐稳定在 20 亿元左右。其中,代征进口环节税款占所收税款比重一直高于关税款,代征进口环节税以增值税和消费税为主,船舶吨税占很小比例。镇江口岸的主要税源商品本地化、集中化和单一化的状况十分明显。尤其 20 世纪 90 年代后期起,镇江口岸的进口货物及税收额度集中来源于少数几家企业,如金东纸业、奇美化工等。镇江口岸重点税源商品品种比较稳定,主要为苯乙烯、丙烯腈、石油沥青等化工品以及木浆、毛豆油、矿砂等。1993 年,镇江海关税收达 1.38 亿元。1995 年,受镇江口岸进口应税货值减少、应税商品结构变化等影响,实际征收关税和进口环节税共 1.55 亿元,比上年下降 26.6%,也是建关 8 年来首次出现的税收下降年。1997 年,为适应实施《WTO 估价协定》和通关作业改革后海关估价工作需要,加强镇江口岸进出口商品审价工作,成立镇江海关进出口商品审价工作小组,全年审价补税 367 万元。1999 年,建立镇江口岸常见商品资料库,采取归类双人复核制,配置专职审价员。同年,随着镇江市大型外资企业金东纸业、奇美化工等生产步入正轨,进出口贸易亦随着东南亚金融风暴的消退而好转,给镇江海关带来大量税源,全年征税 9.09 亿元。2001 年,苯乙烯跃为镇江口岸进口总值最高(1.2 亿元)的商品。2003 年 6 月,镇江海关开始开展税款“网上支付”业务,将中国电子口岸网上支付系统与银行内部业务系统相连接,改变传统

的报关人员在企业、海关、银行间多次往返支付税费方式，达到海关、银行、企业"三赢"，在南京关区属首家，在全国海关处于较为领先地位。当年镇江海关通过网上支付方式征收税款3.85亿元，占全年税收总额的19.1%。2005年，镇江市实行税款网上支付企业34家，全年入库税款金额11.33亿元，占江苏省海关办理网上支付税款入库额总量的21.9%，在全省名列前茅。

二、减免税审批

1990年1月，镇江海关开始开展技改、科教用品、旅游宾馆等特定减免税项目审批业务，在此之前镇江地区减免税审批业务由南京海关办理。镇江海关办理减免税业务范围较广，主要为外商投资企业进口的生产设备，本地大专院校、科研院所进口的科研、教学仪器设备，属于特定减免税的科教文用品，医院等卫生医疗机构进口的医疗设备等。1987～2005年，镇江海关办理减免税业务以外商投资企业进口的生产设备为主，占减免税总金额的90%以上。镇江海关办理审批另一个重要项目是进口科教用品的减免税。在此期间为江苏大学、江苏科技大学等办理减免税审批业务466票，合计减免税款2554万元。1987～2005年，减免税政策变动比较频繁，每年审批减免税金额呈波动态势，在1998年和2004年分别达到两个峰值12.4亿元和10.6亿元。镇江地区外贸进出口额在此之间一直呈现增长态势，故镇江海关办理的减免税额整体也呈上升趋势。

1987～2005年镇江海关税收征管情况表

表9-7　　单位：万元

年　份	税收合计	关税	进口环节税	减免税
1987	77	36	41	14
1988	575	215	360	149
1989	1021	407	614	947
1990	1324	487	837	226
1991	3908	2241	1667	1003
1992	5538	2566	2972	2132
1993	13781	5261	8520	10831
1994	21195	6063	15132	14450
1995	15550	4422	11128	11430
1996	20725	5975	14750	43403
1997	22441	5926	16515	32223
1998	31343	10183	21160	124218
1999	81869	25267	56602	25814
2000	105898	25044	80854	42830
2001	93694	21951	71743	30360
2002	212114	48703	163411	19921
2003	201300	41000	160300	30502
2004	251200	46200	205000	106043
2005	222300	40200	182100	57780

第三节　海关统计

海关统计是海关四大职能之一。国务院规定，对外公开发表中国进出口贸易数字以海关统计为准。中国从1999年1月起，地方政府部门以海关统计数据口径对各地区进出口完成情况进行检查和考核，制定进出口调控目标。镇江海关统计的主要任务是对镇江口岸进出口业务和镇江地区进出口贸易情况进行综合统计，运用统计调查和统计分析方法，科学、准确地反映镇江口岸和镇江市对外贸易的运行态势，及时提供统计信息和咨询服务，实施统计监督。镇江海关编制各类统计报表和统计月报，以及统计分析类简报，不仅供海关内部使用，有的还向地方党政主要负责人和外经贸主管部门提供。镇江海关统计应用和统计分析主要有以下形式：《镇江海关业务统计月报》，主要记录当月镇江口岸进出口货值和货运量、集装箱量、进出境船舶艘次、验放行李物品人次、征收关税和进出口环节税量、审批减免税笔数和金额、加工贸易备案合同量及金额、核销手册量、稽查征税量、查处走私违规案件数量及案值、报关单量、新办企业注册数等，是海关业务最基础的统计数据，能直接反映出镇江海关履行海关监管职能的情况。《镇江海关贸易统计月报》是海关内部刊物，除送海关各业务部门外，还向市政府主要领导、外经贸局、统计局提供。贸易统计月报不仅能准确反映镇江地区外贸企业在镇江口岸进出口的情况，也可以准确反映镇江地区外贸企业在全国其他口岸进出口的情况，是市外经贸部门和地方统计部门对辖市（县）、区进出口完成情况进行检查和考核的重要依据。《镇江海关工作专报》（《海关情况》）是镇江海关专向市委、市政府主要领导同志和有关部门提供的统计分析简报，主要内容是镇江地区进出口情况的分析、减免税情况的分析、商品结构的分析以及国家政策调整后对镇江地区对外贸易影响的分析等。除上述三类载体，镇江海关每月还就江苏省内部分单一进出口商品的变化情况进行分析预警并向上级海关报送，最后由海关总署汇总成《海关要情》向国务院办公厅报送。

第四节　缉　私

1987年，镇江海关建立后，查缉走私职能由关内调查部门履行。1999年10月，镇江海关走私犯罪侦查支局成立（后更名为镇江海关缉私分局），负责查办关区内走私犯罪、违规案件，行政级别为正处级，隶属于南京海关走私犯罪侦查局（后更名为南京海关缉私局），内设1室4科。镇江海关先后查处一批走私大案要案，维护镇江口岸进出口秩序健康发展。1993年3月，处理河北粮油进出口公司违规大案，案值近5000万元。河北粮油进出口公司委托镇江外代向镇江海关申报易货贸易进口柴油3.26万吨，申报原产地不详，违反国家对易货贸易的管理规定。此案经海关总署审理批准后，予以补税330万元，罚款200万元。1996年初，查获华润公司等走私进口毛豆油7500吨的特大案件。1998年，镇江海关查获并处罚货运渠道走私大要案2起，案值达1800万元。2000年2月，镇江海关缉私指挥中心成立。同年4月，立案侦查“84·4”镇江物资交易中心化工品特大走私案件，走私化工原料1.9万余吨，货值1.17亿元，涉税2500万余元。2002年，立案侦查“86·5”“86·6”特大走私冻海产品专案，案值2.23亿元，涉税3081万元。2005年，为不断推进海关与缉私警察深度融合，成立风险分析监控分中心，建成业务、反走私、廉政风险分析“三位一体”的神经中枢，构建风险管理工作机制。

1987～1995 年镇江海关查缉走私、违规案件情况表

表 9-8

年　份	查缉违规案件(起)	查缉走私案件(起)	走私案件案值(万元)
1987	-	-	-
1988	1	5	0.18
1989	13	13	274.90
1990	4	3	1.56
1991	6	3	1.87
1992	-	3	8.00
1993	7	-	-
1994	3	5	1.13
1995	3	5	12635.00
1996	10	2	7160.00
1997	12	2	1800.00
1998	25	5	2000.00
1999	24	6	180.00
2000	28	6	180.00
2001	60	21	1040.00
2002	44	17	5.00
2003	13	3	27620.00
2004	36	2	3748.00
2005	43	2	3900.00

第五章　出入境检验检疫

1983 年 1 月，成立于 1974 年的镇江进出口商品检验处，更名为南京进出口商品检验局镇江处，1984 年 4 月更名为江苏进出口商品检验局镇江处，1985 年 5 月更名为镇江进出口商品检验局（简称镇江商检），为正处级单位，隶属于江苏商检局。主要职责是对镇江地区的进出口商品依法实施检验。时镇江市外向型经济刚起步，全市出口生产企业仅 306 家，且所有企业均无进出口经营权，因此进出口商品种类不多、数量有限。1986 年，镇江商检全年检验进口商品 323 批次、3480 万美元，检验出口商品 4074 批次、10876 万美元。1987 年 1 月，经国家动植物检疫总所批准成立南京动植物检疫所镇江分所，为正科级事业单位。主要职责是依法对进出镇江口岸的动植物及其产品实施检疫和检疫处理。1992 年 6 月更名为镇江动植物检疫局，升格为正处级（简称镇江动植检）。1987 年 2 月，经省编委、省卫生厅批准，成立镇江卫生检疫所，为副处级事业单位，隶属于市卫生局。主要开展对出入境船舶、交通工具检疫，进行卫生监督、卫生处理以及出入境人员传染病监测性体检。1989 年，更名为镇江进出口食品卫生监督检验所，并与市卫生局脱钩单列。1991 年更名为镇江卫生检疫局(简称镇江卫检),并升格为正处级事业单位。镇江商检从1987年至1991年,人员由25人增至65人,其中初、中、高级专业技术人员由17人增加到52人,建成多门类的综合性实验室。1993年,设立丹阳进出口商品报检组,接受丹阳地区进出口商品的检验业务。1999年11月,经国家出入境检验检疫局批准,镇江商检、卫检、动植检"三检合一",组建成立中华人民共和国镇江出入境检验检疫局(简称镇江检验检疫局),为正处级涉外行政执法部门。合并后实行"一次报检、一次采样、一次检验检疫、一次卫生处理、一次出证、一次收费"的检验检疫管理新模式,消除重复检验,简化程序,提高效率,降低收费,受到企业、货主、船方等普遍欢迎。与此同时成立驻镇江港口办事处,加强港口检验检疫依法监管职能,保障镇江港进出境人员和货物的安全。2000年镇江检验检疫局在全省系统率先通过ISO 9001∶2000质量体系论证。2003年成立出口加工区办事处,并及时封关运作。2004年,成立丹阳办事处,改善丹阳市投资环境。"科技兴检"取得丰硕成果,多次受到国家局、省局和镇江市表彰。综合技术中心通过中国实验室国家认可委员会(CANL)现场认可评审。先后培养"333"学科带头人1名,第1、2、3层次学科带头人各3名、2名、2名。2005年,镇江检验检疫局下设9个处室、2个副处级办事处和2个事业单位,职工104人(其中公务员73人,事业编制人员31人)。全年检验检疫出入境货物5.1万批次,货值26亿美元;检疫截获动植物疫情544批次,其中截获有害生物368种次、危险性有害生物99种次,检出有毒有害物质12次;检疫查验出入境船舶1276艘次,截获媒介疫情349艘次,检疫出入境人员25324人次。连续19年荣获江苏出入境检验检疫系统"文明单位"称号,连续5年被评为江苏省文明行业。

第一节 进出口商品检验

一、进口商品检验

1983年,共检验进口商品101批,金额2030万元,品种主要有纸张、木材、机械设备、仪器、仪表等6种。口岸开放后,进口商品批次、金额等逐年增加。1989年6月至8月,镇江商检局首次对3船84045包、净重19950吨的进口美国棉花进行衡重取样验残口岸检验工作,完成3船进口美国棉花检验任务,对外出证索赔127万美元。1993年,镇江商检局涉外资产评估事务所成立。镇江某企业与香港某公司合资建厂,香港某公司以生产设备作为投资,报价为171.7美万元。经镇江商检局资产价值评估,仅有90.4美万元。镇江商检局及时出具资产价值评估证书,使企业少付81.3万美元。1993年,检验进口商品390批,金额1.91亿美元。主要品种有木材、钢材、矿石、机电产品、成套设备、化工品等10多种。1994年,地方引进大项目,从国外进口大量设备。镇江商检局成立重大项目领导小组和工作小组,为企业提供检验检疫服务。检验金东纸业三期工程进口设备420批、5.4亿美元,为企业挽回经济损失300余万美元。2000年10月,润扬长江大桥正式开工兴建。镇江检验检疫局严把进口设备和材料关,保证大桥工程进口设备的质量和进度,受到大桥建设指挥部好评。2001年,镇江检验检疫局承担"西气东输"国家重点建设工程进口钢管检验任务,当年共检验进口钢管8万余吨,价值5000多万美元。2001~2005年,镇江检验检疫局共检验进口钢管56批、66.8万吨,占"西气东输"工程用钢管的40%,占整个工程进口钢管的2/3。2004年4月,镇江检验检疫局在对来自朝鲜的一货轮所载2720吨废钢进行检验检疫时,发现该轮3个货舱内全是粉末状渣土。该局组织专家进行检验鉴定,确定该船货物为环保不合格产品,及时出具检验不合格证书,移交镇江海关作退运处理。2005年,检验进口商品2879批,金额达1.37亿美元。主要商品有化工原料、矿产品、纺织原料及机电产品、成套设备等等。

1983～2005 年镇江检验检疫局进口商品检验情况统计表

表 9-9

年份	批次	金额(万美元)	不合格批次	不合格金额(万美元)
1983	101	2030	26	53.90
1984	156	2310	29	84.90
1985	258	3441	34	96.00
1986	323	3480	70	61.68
1987	661	6785	50	121.60
1988	548	5266	77	55.00
1989	455	6400	57	281.00
1990	336	7600	33	52.00
1991	239	10235	56	91.00
1992	340	12477	44	88.00
1993	390	19100	22	512.00
1994	216	15862	36	102.00
1995	133	14224	43	154.00
1996	237	13930	47	167.00
1997	324	29734	60	227.00
1998	224	21632	54	201.00
1999	504	27759	61	214.80
2000	591	26525	20	230.00
2001	1387	62108	12	231.00
2002	1977	88540	59	908.00
2003	2199	93896	52	878.00
2004	2089	11054	121	1075.00
2005	2879	13749	148	1805.00

二、出口商品检验

1983 年,镇江地区出口商品品种有 122 个,其中《种类表》内法定检验商品 73 个,全市报检 1683 批,金额 8849 万元。1989 年,出口商品法定检验品种增加到 333 个,大宗商品主要有服装、玩具、粮油食品、轻工产品、五金工具、鞋类等。1988 年,镇江商检局开始办理普惠制签证业务,至 1991 年,共签发普惠制证书 340 份。镇江检验检疫局广泛宣传普惠制的好处,普惠制签证数量逐年递增。1993 年,签发普惠制证书 700 余份,1999 年,签发普惠制证书 4875 份、11625 万美元,可为出口企业减免关税 930 万美元。2000 年,签发普惠制证书 6506 份、18223 万美元,可为出口企业减免关税 1800 余万美元。

1994 年 1 月,出口商品生产企业质量体系(ISO 9000)苏皖评审中心在镇江商检局成立办事处,负责开展对出口商品生产企业质量体系论证评审工作。镇江商检局向企业进行广泛宣传发动,1995 年,在丹阳、扬中、句容成立“出口商品生产企业推行 ISO 9000 系列标准,加强进出口商品质量管理工作委员会”(简称工作委员会)。1996 年,在丹徒县成立工作委员会。1995～1996 年,镇江商检局举办5期ISO 9000标准培训班,57人获评审员资格证书。1994～2005年,60余家进出口企业通过ISO 9000质量管理体系论证。镇江商检局帮助江苏赛搏电子有限公司改善内部管理,提高产品质量,企业通过ISO 9000质量管理体系论证,出口电视机质量大幅提高。镇江香醋远销世界各地,是中国知名品牌。镇江商检局创新检验监管模式,改进检验方法,指导企业进行技术改造,提高产品质量和管理水平,香醋检验周期由原来的平均6天缩短到平均2天。镇江检验检疫局对全市285家出口生产企业实行分类分级动态管理,方便重点企业产品出口。注意收集和传递国外技术壁垒最新信息,及时发出出口商品如乳胶手套、儿童手风琴等风险预警,帮助生产厂家及早应对。2002年,出台9项扶持措施和10项服务承诺,深化检务改革,全年远程电子报检、电子签证率均100%。2003年,成立证单中心,实行"一个窗口"服务,每份证单处理时间比原先缩短2/3。推行"绿色通道",江苏飞达集团等7家企业经国家总局批准,享受出口产品在口岸免检直接放行待遇。对口岸集装箱实施直通式检疫查验,提高集装箱通关效率,降低企业成本。2005年,检验出口商品48729批,金额12749万美元。

1983～2005年镇江检验检疫局出口商品检验情况统计表

表9-10　　单位:万元、万美元

年份	批次	金额	不合格批次	不合格金额
1983	1683	8849	48	113
1984	2348	16215	30	186
1985	3618	28785	45	215
1986	4074	36545	48	254
1987	4165	23762	50	289
1988	4212	19443	71	392
1989	4475	31567	80	439
1990	5560	51854	114	905
1991	6390	61147	78	840
1992	6983	73417	36	719
1993	7718	89328	53	943
1994	8041	17364	44	102
1995	8749	21512	39	142
1996	9379	24222	29	189
1997	10482	29014	35	82
1998	10837	23061	36	100
1999	14363	27438	27	49
2000	19495	39667	34	52
2001	23989	54916	9	17
2002	29319	62282	8	21
2003	34285	68454	10	28
2004	39290	10028	21	33
2005	48729	12749	48	50

说明:1983～1993年金额单位为万元,1994～2005年金额单位为万美元

第二节 卫生检疫

港口开放初期,卫生检疫主要开展对出入境船舶、交通员工和出境人员检疫查验、预防接种和签证工作。随着出入境船舶和进出口贸易不断增加,卫生检疫工作范围不断扩大,逐步开展口岸卫生监督、病媒生物本底调查、出入境集装箱及废旧物资检疫查验、船舶和货物熏蒸除鼠、除虫和消毒等卫生处理工作,对出入境人员进行健康体检等。1990 年前后,指导镇江港务局成功创建"无鼠害港口"。1992 年,负责筹建扬州口岸卫生检疫机构。1995 年,负责筹建常州口岸卫生检疫机构。1998 年,成立常州办事处,承担常州二类开放口岸的卫生检疫工作。2001 年至 2003 年,对镇江口岸全长 60 公里码头岸线不同生态环境中的鼠形动物及体表寄生虫种群生态和出血热抗原携带情况进行专项调查研究,取得 30 多项新记录和新数据,对口岸鼠害控制,防止发生鼠传疾病提供科学依据。2003 年"非典"期间,斯里兰卡籍船长在大港港区突然死亡。卫生检疫人员及时赶到现场,科学开展流行病学调查,排除"非典"原因,避免港口因"恐非"可能造成的重大损失。2005 年,在全国出入境卫生检疫工作中首家建立出国劳务人员艾滋病防治模式,与外经贸局、公安局、卫生局建立联防体系,以健康教育为切入点,以"疾病预防保证金"为经济制约措施,建立对外派劳务人员有效的艾滋病健康干预模式。1987 年至 2005 年底,镇江检验检疫局共检疫查验出入境船舶 8879 艘次,签发除鼠/免予除鼠证书 355 份,检疫入出境交通员工 141916 人次,截获媒介疫情 467 艘次。对出入境人员体检 54867 人次,预防接种各种传染病疫苗 30850 人次,检出肺结核、性病、肝炎等传染病 567 人,检出 HIV 感染者 2 例。颁发口岸储存场所卫生许可证 54 份,口岸食品生产经营许可证 66 份,口岸服务行业卫生许可证 24 份,从业人员健康证 477 份。先后对相关口岸卫生许可证单位实施卫生监督 507 次。

1987～2005 年镇江口岸出入境人员传染病监测情况统计表

表 9-11

年份	出入境人员体检(人次)	预防接种(人次)	传染病检出(例)	HIV 感染检出(例)
1987	–	10	–	–
1988	–	12	–	–
1989	175	37	1	–
1990	758	938	10	–
1991	1500	1500	20	–
1992	2900	2000	25	–
1993	3992	3013	32	–
1994	5299	2800	45	–
1995	3911	3218	34	–
1996	4150	3150	41	–
1997	4253	3240	40	–
1998	4200	4210	45	–
1999	4790	5057	54	–
2000	3200	302	48	–
2001	4024	324	56	–
2002	3001	289	35	–
2003	2400	156	12	–

续表 9-11

年份	出入境人员体检(人次)	预防接种(人次)	传染病检出(例)	HIV 感染检出(例)
2004	2700	261	16	-
2005	3609	333	53	2

1987～2005 年镇江口岸出入境船舶检疫查验情况统计表

表 9-12

年份	检疫出入境船舶（艘次）	签发除鼠/免予除鼠证书（份数）	检疫出入境交通员工（人数）	截获媒介疫情（艘次）
1987	10	2	200	1
1988	30	3	620	1
1989	45	8	900	1
1990	80	12	1800	2
1991	120	10	2000	1
1992	210	15	3000	2
1993	303	18	3500	3
1994	165	9	2300	1
1995	343	12	6000	3
1996	420	15	7000	4
1997	360	15	5900	3
1998	320	10	6000	3
1999	231	8	4500	2
2000	760	26	8635	4
2001	853	28	9860	6
2002	963	31	10986	8
2003	1125	35	20146	28
2004	1265	48	23245	45
2005	1276	50	25324	349

第三节　动植物检疫

镇江口岸对外开放初期，动植物检疫主要是依据国务院 1982 年颁布的《中华人民共和国进出口动植物检疫条例》，对镇江口岸进出口动植物及其产品实施检疫和检疫处理。至 1990 年，主要检疫的动植物及其产品有木材、废钢船、棉花、鱼粉、种子等，截获有害生物 118 种次，截获危险性有害生物 2 种次。1992 年，《中华人民共和国动植物检疫法》正式实施，口岸动植物检疫对象扩大到种子、苗木、竹木草柳制品、木质包装、大米、进境奶牛、出口皮毛制品、进出境船舶、集装箱等。当年检疫进出境货物 204 批次、26 万余吨，分别是 1991 年的 5 倍和 2 倍。同年，帮助结对单位镇江畜产品进出口公司储存保管 10 吨干肠衣度夏，免遭 200 多万元重大经济损失。随着《中华人民共和国动植物检疫法》贯彻，检疫工作面从最初的口岸、港口检疫向公路直通点、出口加工区和产地检疫等扩展，检疫重点从注重口岸检疫查验向监管与查验并重转移，检疫工作中截获的有害生物也呈逐年递增趋势。1996 年后，建立并不断完善港口 24 小时值班制度，使到港船舶和进出口货物及时得到检疫，为快装快卸提供保证。2004 年，顺利完成动植物标本室建设工作，收集、整理、制作林木害虫、仓库害虫、媒介生物、有害生物危害等各类标本 200 多种，成为对外展示技术水准，对内把关参照的重要载体。2004 年，中鑫控股有限公司在丹阳建立进境奶牛隔离检疫场。在镇江检验检疫局检疫人员严密监管指导下，检疫场于同年 9 月完工并通过国家质检总局验收，成为全省能一次隔离检疫大动物最多(3800 头)的隔离场。2005 年 5 月，2938 头奶牛从澳大利亚运抵隔离场，时值江苏及国内一些地方突发口蹄疫疫情，疫点之一无锡距隔离场仅 100 公里。镇江检验检疫局周密部署，严格检疫，圆满完成镇江口岸首次大批量进口奶牛隔离检疫任务。1987 ~ 2005 年，进境检疫截获有害生物 1731 种次，其中危险性有害生物 297 种次。

1987 ~ 2005 年镇江口岸截获进境动植物疫情和有毒有害物质情况统计表

表 9-13

年份	检疫的主要动植物产品	截获有害生物（种次）	截获危险性有害生物（种次）	检出有毒有害物质（次数）
1987	木材	15	–	–
1988	木材、废钢船	32	–	–
1989	木材、棉花、鱼粉	37	1	–
1990	木材、饲料、鳗鱼	34	1	–
1991	木材、种子、鳗鱼	40	–	–
1992	种子、竹木草柳制品、鳗鱼、船舶、集装箱	41	1	–
1993	种子、竹木草柳制品、饲料、船舶、集装箱	32	1	–
1994	种子、竹木草柳制品、饲料、大米、船舶、集装箱	52	2	–
1995	种子、竹木草柳制品、饲料、大米、船舶、集装箱	53	1	–
1996	种子、竹木草柳制品、蔬菜、饲料、船舶、集装箱	76	7	–
1997	种子、竹木草柳制品、蔬菜、鬃毛类、木质包装、船舶、集装箱	74	8	–
1998	种子、竹木草柳制品、蔬菜、鬃毛类、木质包装、船舶、集装箱	59	27	–
1999	种子、竹木草柳制品、蔬菜、鬃毛类、木质包装、船舶、集装箱	54	10	–
2000	种子、竹木草柳制品、蔬菜、木质包装、皮毛制品、水产品、船舶、集装箱	75	22	–
2001	种子、竹木草柳制品、蔬菜、木质包装、皮毛制品、水产品、船舶、集装箱	54	10	–
2002	种子、竹木草柳制品、蔬菜、木质包装、皮毛制品、船舶、集装箱	171	27	–
2003	种子、竹木草柳制品、蔬菜、木质包装、皮毛制品、船舶、集装箱	210	32	–
2004	种子、竹木草柳制品、木质包装、皮毛制品、船舶、集装箱	254	48	–
2005	种子、苗木、竹木草柳制品、木质包装、大米、奶牛、皮毛制品、船舶、集装箱	368	99	12

第四节　检验科技

1991 年，建成综合检测中心，在原先单一的化矿检验室基础上又新建油品实验室、金属材料实验室、食品实验室和纸张检测所。拥有各类检测仪器设备 111 台(套),固定资产 177 万元。承担镇江地区化矿、油品、矿产品、金属材料及其制品、食品、纸张、纸浆等进出口商品的品质检验和港口查验业务。受理品种 80 余种,自检项目 290 多个,其中化矿、粮油实验室、金属材料实验室 1991 年 10 月通过国家商检系统华东片的二级实验室考核,1996 年局食品实验室通过东南大区二级实验室考核。1997 年,检测中心根据 ISO/IEC 导侧 25 建立检验实验室质量管理体系,于 1998 年 1 月正式运行。同年 12 月,通过中国进出口实验室认可委员会(CCIBLAC)的现场评审。其中化矿、金属材料、粮油食品、纸张包装 4 个实验室的 132 个标准获其认可,打通与国际实验室间检验结果相互认可之门。1998 年 6 月,受国家局委托,与新日本检定协会成功进行磷矿汞含量检测技术交流,镇江检测人员娴熟的技术被新日本检定协会须贺井部长赞誉为"无懈可击"。2000 年,艾滋病初筛实验室在国家总局组织的考核中被评为全国优秀艾滋病初筛实验室,成为全国 15 个优秀艾滋病初筛实验室之一。2004 年 7 月,镇江检验检疫局综合技术中心通过中国实验室国家认可委员会(简称 CANL)评审组现场认可评审。CIICARBON 公司是美国著名公司,具有一流的生产、检测设备和高级技术人员,是美国 ASIM 组织焦炭专业委员会的成员之一。2002 年,该公司与镇江外贸部门签订 8 万吨~10 万吨焦炭贸易合同,但同时对镇江检验检疫局实验室的检测能力心存疑虑。同年 12 月该公司派专人并携带考核样品来镇江,经过现场考核,镇江检验检疫局检测中心的检测数据与该公司数据完全一致,检测能力获得该公司正式认可。

1994 年至 2005 年,镇江检验检疫局先后获 11 项国家局成果,其中获得国家局"科技兴检"一等奖 1 项、二等奖 1 项、三等奖 2 项和优秀科技论文二等奖 1 项。其中《甲霜灵残留酶联免疫检测试剂盒研制》和《食品中大肠菌群快速检测方法的研究及试剂的开发》分获国家局"科技兴检"一、二等奖,达到国际先进水平。

第六章　边防检查

1986 年底,镇江口岸开放,边防检查业务由南京港边防检查站派员办理。1987 年 2 月,镇江边防检查站(简称镇江边检)成立,为正团级建制,隶属省边防局,内设办公室、检查科、调研科,下设一个监护连;1999 年增设监护二连。其职责是依照《中华人民共和国出境入境边防检查条例》对口岸出入境船舶和人员实施边防检查,打击偷渡等违法犯罪活动。

第一节　船舶与人员检查

镇江边检对口岸出入境船舶检查的主要内容有:对船舶的重点部位实施船体检查,对一定范围内的入出境人员所携带的行李物品及船舶所运载的货物实施检查。随着口岸开放的扩大和地方外向型经济发展,到港船舶增多,边防监管任务加重。完善监管措施,从驻船到船梯口设岗监护,到成立巡逻队在港口码头实行 24 小时不间断巡逻,对远洋集装箱轮和挂方便旗等船舶进行重点检查,严把偷渡犯罪关。一些"三无"船舶(小货郎船)经常偷偷向外轮靠帮供货,进行非法交易活动,扰乱口岸外轮供应秩序。镇江边检多次联合海事、海关等部门开展联合整治活动,有效遏制小货郎船蔓延。人员检查对象主要为船员、旅客及登外轮工作人员。镇江边检每年举办登外轮人员培训班,为港口企业及有关单位登外轮作业的工作人员进行涉外纪律教育,办理临时和长期登轮证,改善检查措施。

1993 年大港二期工程开放后,到港船舶增多,镇江边检全面加强业务建设和连队建设。1994 年,检查监护中外籍船舶 349 艘次,检查出入境旅客员工 9670 人次,比 1991 年分别增加 17% 和 250.8% 。镇江边检被评为市文明单位。监护连正规化建设名列全省第二。1997 年,开展"学济南交警""学红站"等活动,取得显著成绩。在全省边检业务考核中荣获第一,军事比武获团体冠军。同年开通边检信息管理系统,边检工作走上现代化、规范化之路。1999 年,为增加边检工作透明度,编发《警务公开手册》,聘请 5 名行风监督员。举办口岸登外轮作业单位人员涉外纪律培训班 6 期 87 人次,办理登轮证 2000 多份。当年,3 个基层单位被省边防总队评为基层标兵单位和先进单位,镇江边检被评为省文明单位。2001 年,完成作战指挥中心、机关检查厅和大港业务值班室等规范化和信息化建设。2004 年,打造"精品服务窗口"品牌,实行卡口协管加闭路电视监控和小分队巡查处警相结合的监护模式,实现警力后撤,服务前行,承诺跟上的新型监管体制,推出方便港口企业作业的 8 条便民措施和 7 个"零目标",切实做到口岸开放到哪里,边防服务就跟进到哪里、延伸到哪里。同年 4 月底,承担多年的常州口岸边检业务交由常州边检站接管。2005 年,全年检查入出境船舶 1239 艘次,人员 24150 人次。完成镇江口岸首次靠泊运载进口活体牲畜(奶牛)"万盛快航"轮和镇江船厂首次出口船舶"哈瓦克"号边检工作。获全国精神文明建设先进单位称号。

1987～2005 年镇江边防检查出入境人员情况统计表

表 9-14 单位:人

年份	出入境人员总数	出入境旅客	出入境员工	出入境外国人	海港出入境人数
1987	1269	2	1267	–	–
1988	2899	3	2896	–	–
1989	3230	–	3230	–	–
1990	3202	3	3199	–	–
1991	2757	–	2757	–	–
1992	3154	55	3099	–	–
1993	5816	8	5808	–	–
1994	9670	2	9668	–	–
1995	6065	16	6049	–	–
1996	7911	13	7898	743	1269
1997	7230	4	7226	1556	2899
1998	11047	3	11044	1730	3230
1999	11193	247	10946	1630	3202
2000	10486	13	10473	1278	2757
2001	25349	13	25336	2899	3154
2002	23641	1	23640	3417	5816
2003	25974	17	25957	4630	9670
2004	26919	2	26917	3206	6065
2005	24150	484	23666	3121	7911

1987～2005 年镇江边防检查船舶情况统计表

表 9-15　单位:艘

年　份	艘　次	年　份	艘　次	年　份	艘　次
1987	69	1994	349	2001	924
1988	108	1995	345	2002	1241
1989	156	1996	436	2003	1490
1990	171	1997	424	2004	1428
1991	129	1998	555	2005	1239
1992	191	1999	621	-	-
1993	331	2000	644	-	-

第二节　重大案件处置

镇江边检多次直接破获或参与破获远洋船舶偷渡案件。2000 年 3 月 6 日,镇江边检在对中国籍远洋轮“梦境”号实施入境检查时,发现该轮申报的船员和实际人数不符。经过调查,揭开一宗有组织、有计划利用远洋船舶,采用揭换海员证照片等手段,组织他人偷渡至日本的重大团伙偷渡案。3 月 21 日,镇江边检组织力量在停泊于大港码头的柬埔寨籍“光辉顶峰”轮上,抓获 6 名朝鲜族偷渡人员和正欲逃离大港的偷渡组织者申明哲。通过对案件深入审理、取证,相继抓获在船上接应的韩国“蛇头”张济远和远在天津遥控指挥的涉案“蛇头”郑德龙。2002 年,“富源”轮特大团伙偷渡案是公安部挂牌督办案件,列为全国反偷渡第一案。省边防总队组织警力侦查,横跨 11 个省市,行程 20 余万公里,历时近一年终于成功告破。镇江边检对此案 46 名犯罪嫌疑人进行监视居住,派出警员协助总队进行侦破工作长达 10 个月,先后出警 4 万余人次,克服警力严重不足困难,有效防止犯罪嫌疑人逃跑、串供、自杀等现象发生。7 人受到省边防总队通令表彰,其中 3 人记三等功,4 人获嘉奖。

第七章　出入境海事管理

1983 年,长江镇江水上交通安全管理机构为交通部长江航政管理局镇江航政处,隶属于长江航政管理局南京分局,行政级别为正科级。1984 年 9 月,船检办事处脱离镇江航政处,成立中华人民共和国镇江船检处,隶属于南京船检分局。1987 年 1 月,镇江港务监督(简称镇江港监)设立,为正处级事业单位,内设机构有办公室、政工室、监督科,下设大港监督站和大沙监督站。1989 年 8 月,原镇江航政处更名为交通部镇江长江港航监督局(简称镇江港监局),隶属交通部长江航政局南京分局。1991 年 8 月,镇江港监局从南京分局划开,直属长江港监局领导,原南京分局下属的高港处及其所辖航段一并划归镇江港监局。自此,镇江港监局辖区包括镇、扬、常、泰 4 市的长江段。1992 年 1 月成立镇江引航站。1997 年 6 月,镇江引航站划归长江引航中心。2000 年 11 月,以镇江港监局为主,划入部分镇江、扬州、泰州地方港监管理人员,组建成镇江海事局,并于 2000 年 12 月 18 日正式挂牌。同日,扬州海事局成立,并于 31 日正式从镇江海事局分开。2001 年 1 月 18

日，泰州海事处、常州海事处成立，并于3月底从镇江海事局分开。至2005年底，镇江海事局内设办公室、党工部、船管中心、政务中心、督察处、财务处、后勤服务中心7个部门，下设高资、征润洲、大沙、大港、扬中五个海事处（派出机构）。

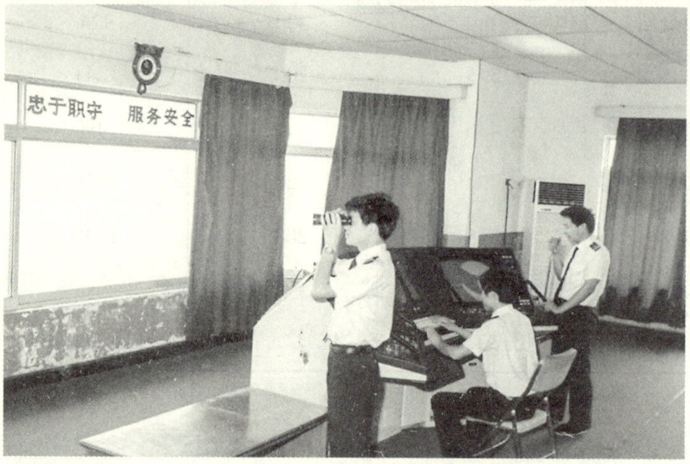

图9-5　1990年，镇江大沙监督站建成长江干线第一个船舶雷达交管系统（VTS）

随着镇江口岸到港中外籍远洋船舶逐年增多，海事管理现代化步伐加快。2001年，利用VPN方式实现局机关与下属单位联网，监管效率大幅提高，辖区分布的16个签证点全部实现电子签证。2003年，建成覆盖局机关及基层站点并与海事专网连接的宽带网路。同年7月，利用局域网资源建设首个大沙闭路电视监控系统，之后陆续建设大道河、船山矿、大港、轮船港等5个闭路电视监控点。2005年，完成AIS（船舶自动识别系统）建设，建成南浏交管系统长江镇江段船舶交管系统（简称VTS）及配套的大沙雷达站房、征润洲雷达站房和圌山VHF中继站站房。到2005年底，镇江海事局建成覆盖辖区重要航段的“两站一中心”VTS监控系统。2005年被评为“全国精神文明建设先进单位”。所属五个海事处均为江苏海事系统“文明执法达标窗口”，其中大沙海事处获得“全国五一劳动奖状”“全国交通系统文明执法示范窗口”等称号；交管中心和大港海事处分获全国和省“青年文明号”称号。

第一节　船舶监管

镇江海事局对辖区履行水上交通安全监管、防止船舶污染水域、组织水上搜救和服务地方经济的职能，同时担负对到港国际航行船舶实行主权国监督管理职责。辖区分为通航管区与陆域辖区两个部分。其中通航管区范围为：上起长江仪征水道新河口沿岸标与仪征十二圩测点连线，下至长江口岸直水道嘶马树锥形岸标与对岸垂直联线的长江干线水域。辖区通航水域总里程180公里，设标航道里程126公里。其中长江主航道65公里，长江捷水道61公里；其他通航水域里程54公里。辖区岸线总里程为275公里，水域总面积105平方公里。陆域辖区范围为镇江市行政区划内沿江陆域岸线、码头、停泊点、装卸点等。1980年，镇江港监开始对进出镇江港的外国籍船舶实施监督管理。1984年11月，在大沙监督站建立全国内河第一个船舶交通管制模式。1992年，镇江港监局开始实行“四个24小时”工作制。即接到引航申请24小时之内派出引航员；对长135米以下的船舶实施24小时引航；对进出境船舶实施24小时联检；对到港船舶进行24小时签证，为港口和船方服务。同年成立镇江引航站，组建适应港口外贸运输生产需要的引航员队伍。

一、船舶安全检查

镇江海事局（镇江航政处）从1982年进行船舶安全检查工作。1985年，履行船旗国监督管理职责，对进出镇江港国内航行船舶开展安全检查。1986年，镇江港对外开放后，进行港口国监督检查。1994年，中国加入亚太地区港口国备忘录。1995年，港口国监督程序出台，船舶安全检查工作开始规范化和国际化，并逐步培养一批高素质的船舶安全检查员。2000年，为降低中国籍船舶在国外港口的滞留率,提升中国航运业的国际声望,国家海事局决定在全国海事系统建立降低滞留率目标责任制。根据责任制要求,镇江海事局严格执行《关于对国际航行船舶实施开航前检查的规定》,开始履行船舶开航前检查职责。2001 年后,船舶安全检查改变过去以检查证书为主模式,突出对船员尤其是驾驶部船员操作能力的检查,提升船舶航行的安全系数,促进中国船员技术提升。随着对船舶货物积载要求提高,增加对危险品货物积载的检查和集装箱的开箱检查。

1983～2005 年镇江港船舶安全检查情况一览表

表 9-16

年　份	检查艘次	滞留艘次	滞留率(%)	缺陷数量(个)	单船缺陷(个)
1983	411	8	1.94	4885	11.88
1984	431	11	2.55	5249	12.17
1985	443	12	2.70	5387	12.16
1986	462	14	3.00	5967	12.91
1987	475	13	2.73	5478	11.53
1988	493	10	2.00	5837	11.84
1989	542	11	2.00	5964	11.00
1990	563	9	1.60	5782	10.27
1991	574	9	1.56	5643	9.83
1992	598	9	1.50	6128	10.28
1993	621	15	2.40	6324	10.18
1994	641	13	2.00	6501	10.14
1995	632	12	1.90	6348	10.04
1996	648	11	1.70	6441	9.94
1997	653	12	1.80	6352	9.73
1998	704	12	1.70	6984	9.92
1999	713	11	1.54	7432	13.40
2000	722	12	1.66	7654	10.60
2001	741	14	1.88	7856	10.60
2002	775	13	1.64	7985	10.30
2003	789	15	1.90	8289	10.51
2004	927	23	2.50	9030	9.74
2005	960	27	2.80	9436	9.83

二、船舶登记管理

1987 年 1 月,镇江港务监督依据交通部《船舶登记章程》开始履行对内河船舶的所有权、国籍的登记职责。《船舶登记章程》适用于中国全民、集体、中外合资企业以及公民个人所有的 50 总吨以上(含 50 总吨)的海上机动、非机动运输船舶。50 总吨以下的海上机动、非机动船舶由地方交通部门参照《船舶登记章程》从简制定船舶登记办法执行。1986 年,交通部对《船舶登记章程》进行修订,更名为《中华人民共和国海船登记规则》,并于1988年1月1日起实施。内河船舶登记仍沿用《船舶登记章程》。1994年6月,国务院颁布《中华人民共和国船舶登记条例》(以下简称《船舶登记条例》),自1995年1月1日起施行,《船舶登记章程》和《海船登记规则》同时废止。2001年,根据《船舶登记条例》和国家海事局授权,镇江港监局开始负责辖区内海船登记工作,从船籍港角度强化船舶国籍登记许可工作,为船舶悬挂中国国旗航行提供依据;强化船舶所有权、船舶抵押和船舶租赁等船舶关系的登记管理,为船舶产权纠纷提供第三方确认公证。随着市场经济及水运业快速发展,船舶种类及所有制成分日趋多样化,2005年,开始使用新版船舶登记B/S系统,船舶登记工作进入规范化和数字化管理。

三、船舶签证管理

镇江海事局负责为进出镇江港的国内航行船舶办理签证手续,保障进出港船舶作业和航行安全。1997年,加强船舶签证管理,实施进出港船舶报港制,并与码头单位合作避免船舶逃避签证。2000年,面对船舶较多而管理力量相对不足状况,实施分级分类管理模式,同时督促辖区内航运企业建立安全管理体系。2001年,创新对进出港船舶签证模式,采取信誉管理,建立船舶进出港"绿色通道",为安全状况一直保持较好的船舶提供方便快捷服务。2005年,建立集装箱船舶进出港"绿色通道",改一航次一签证为办理定期进出港签证服务。

四、国际航行船舶进出口岸管理

1987年3月18日,来自日本巴拿马籍货轮"大连商人"号在镇江港监引水员引领下停靠镇江港大港码头,成为镇江港对外开放后停靠的第一艘外国籍货轮。镇江海事局按照《外国籍船舶航行长江水域管理规定》,对出入境船舶实施由海事牵头,海关、边防、卫检等参加的联检制度。1995年,国务院《国际航行船舶进出中华人民共和国口岸检查办法》出台,镇江海事局依法对进出镇江口岸的国际航行船舶实施安全检查。1996年,根据中国加入《国际海上人命安全公约》《国际船舶防污染公约》等公约,开始履行港口国监督检查职责。1997年,改革国际航线船舶进出口岸管理制度,取消联检,改由代理分别向联检单位申请办理有关手续。2000年以后,镇江海事局作为镇江口岸联检牵头单位,每季度组织召开一次口岸单位联席会议,就船舶进出口岸管理工作进行协调磋商。2003年,参加镇江口岸电子平台建设,对国际航行船舶进出口岸实行网上申报审批。

20世纪90年代中期,到镇江港的船舶主要为巴拿马、利比里亚、中国香港、朝鲜、希腊等。进入21世纪后,到港船舶主要以巴拿马、巴哈马、中国香港、新加坡、柬埔寨、圣文森特、塞浦路斯、挪威居多。进出镇江港的"三超船舶"(即超吃水、超长度、超吨位)逐渐增多,镇江海事局严格把关,促进镇江港口经济发展,对"三超船舶"实行"一船一议,一船一批"制度,保证大型船舶安全进出镇江港。"十五"期间,"三超船舶"由2001年的52艘增加到2005年的157艘,其中最大载重吨77633吨,最大吃水10.7米,最长船长254.027米。

1996～2005年国际航行船舶及外轮靠泊镇江港情况统计表

表9-17　　单位:艘次

年　份	合　计	国　轮	外　轮
1996	719	310	409
1997	636	190	446
1998	795	194	601
1999	1042	265	777
2000	1380	208	1172

续表 9-17

年 份	合 计	国 轮	外 轮
2001	1247	180	1067
2002	1597	258	1339
2003	1759	224	1535
2004	1854	228	1626
2005	1859	202	1657

五、船舶防污染管理

1983 年来,船舶防污染管理一直是镇江海事管理业务中的重要组成部分。管理的对象从几吨级的内河挂桨机到十万吨级的超大型油轮;管理内容从单一防止船舶油类污染到防油类、有毒液体、船舶垃圾、船舶废气等方面;管理方式由简单的船舶防污安全检查到船舶防污器材配备、防污应急操作、船舶防污染计划、安全管理体系等多种手段。随着全市工业发展和沿江开发战略的实施,越来越多的易燃、易爆、有毒和有污染等特性的危险货物通过船舶运输进入镇江口岸,镇江海事局加强对危险货物申报监管,在行政许可受理审核过程中,对船舶未按规定办理申报手续,未持有有效的安全适航、适装和防污染证书,货物未达到安全适运要求,单证不全或港口码头不符合安全作业条件等,禁止船舶进、出港口或不批准载运危险货物。对剧毒化学品名录中的物品,则坚决禁止水路运输。1987 年,依据《中华人民共和国海洋环境保护法》《中华人民共和国水污染防治法》和中国 1983 年 7 月 1 日加入的《国际船舶防污染公约》,开始履行防止船舶污染水域的监管职责。主要包括防污染文书审核管理、污染事故调查处理和日常防污染操作监督检查、船舶油类记录簿等防污染文书的核发等。1993 年 4 月,俄罗斯籍“谢绍夫”轮在大港港区擅自将混有大量油污的舱底水排入长江,被处罚款 6000 元;1994 年 7 月,泰国籍“盛泰”轮在大港港区排放舱底水造成污染,罚款 6000 元;1995 年 7 月,英国籍“戈伯利”轮在高港港区排放压舱水,罚款 4000 元。1998 年,奇美化工有限责任公司落户镇江后,镇江海事局对载运丙烯腈船舶进港审批实施“一船一议,一船一案”,并派海巡艇实行全航段护航,确保航行安全。2001 年起,对丙烯腈等 B 类物质的船舶进港审批实行主办人员、部门领导和分管局长的三级审批制度。在危险品船抵港后,海事执法人员即对在港作业的丙烯腈船舶逐艘次进行现场检视,及时指导船方、码头规范操作,保障船舶在港安全作业。2002 年 4 月,巴拿马籍船“雾瑟”号在奇美化工码头卸货前,货舱破损,发生 300 升苯乙烯泄漏事故,船舶及船长被行政处罚 15.6 万元。2003 年,《剧毒化学品名录》公布后,镇江市政府对丙烯腈船舶进港安全高度重视,组织市口岸办、新区管委会等相关单位和业主参加协调会议,落实各项管理要求。在载运丙烯腈船舶禁止进入内河的过渡期内,由市政府牵头联合审批,共同把关。并由市政府决策,企业投资建立码头闭路电视监控系统。同年出台《防止船舶污染水域应急预案》。2004 年,国家《危险化学品管理条例》出台,明确剧毒危险品不得通过内河运输。当年 6 月 1 日,停止载运丙烯腈船舶进口岸审批工作。

第二节 通航管理

一、通航秩序监管

长江镇江段是长江下游最复杂的航段,分汊和弯道较多,河槽或宽或窄,水流情况复杂,船舶十分密集。1984 年 10 月,出台《镇江水上交通管制实行规定》,对称之为“老虎口”的尹公洲航段实行以“三禁止”(禁止相互会让、禁止追越和禁止齐头并进)为主要内容的“定线制”。1986 年颁布实施《太平洲捷水道船舶、木排航行及停泊管理规定》和《镇江港水上交通管理试行规定》。对船舶横驶区、禁止追越区、大小船舶航行路线、悬挂特殊信号等明确界定,在镇江全辖区实行“定线制”。1995 年 6 月,交通部批复同意长江航务管理局制定的《长江下游分道航行规则》,1996 年 1 月开始实施。长江镇江段全辖区正式施行分道航行的船舶“定线制”,以“上行船舶走缓流,下行船舶走主流”,进江海轮上行可以沿上行推荐航路航行等为基本原则。长江镇江段除尹公洲航段外,其他航段严格建立深水航路的上下行通航分道和中间分隔带(线),在仪征水道、焦山水道上半段、丹徒直水道的深水航路北侧设立小型船舶上行船舶推荐航路,在焦山水道下半段、口岸直水道的深水航路南侧设立小型船舶上行特定航路,实现长江镇江段船舶分道航行,消除航路交叉而引发的水上交通事故隐患和险情。尹公洲航段内有两个连续 90 度转弯,呈“Z”字形;有两处航道宽度长年不足 300 米,枯水期仅 230 米左右;受航道走势影响,在尹公洲头、洲尾水域和谏壁河口、裕龙洲口水域存在较强的横流、扫湾水和花水,下行船舶在尹公洲头易落湾遇险;过往船舶船型复杂,海船与内河船,外轮与国轮,大船与小船,先进船与落后船并存;长江与运河两股船流亦在该水域叠加,船舶众多,最高日流量达到 5000 艘次。20 世纪 90 年代初,该航段每年发生水上交通事故达 180 余起,占长江全线的 1/3,是出名的“老虎口”。该航段为水上安全监管的重中之重,1996 年起就被确定为全年单向控制段,由大沙监督站专门安排监督艇常年进行安全维护。大沙监督站于 2001 年 6 月更名为大沙海事处,是长江下游唯一设在水上的海事处。该处通过定点驻守,开办水上安全流动学校等措施,使该水域等级事故逐年下降,2005 年获全国五一劳动奖状,是全国海事系统唯一获此殊荣的基层海事处。2005 年 10 月,交通部正式批准《长江江苏段船舶定线制规定》施行。

二、水上水下施工作业监管

20 世纪 80 年代至 90 年代,水上水下施工作业数量很少,规模也不大,镇江海事部门人员和艇力配置也相对较弱,对水上水下施工作业监管较少。1999 年,交通部关于《水上水下施工作业通航安全管理规定》出台,明确海事部门对水上水下施工作业通航安全的管理内容。2000 年以后,镇江海事局提前介入工程作业安全论证和对重大工程实行安全评估等,并要求施工申请方发布航行警告,将相关施工信息向社会公布,便于航行船舶了解。2002 年,《内河交通安全管理条例》(修订版)规定,在内河通航水域或者岸线上进行可能影响通航安全的作业或者活动,需要进行可行性研究时,应当征求海事管理机构意见,进一步强化该局对水上水下施工作业管理的职能。2004 年,《中华人民共和国行政许可法》出台后,镇江海事局根据该法对许可事项监督管理的要求,加强对水上水下施工作业许可前现场安全核查和许可后事后监管工作。在水工建筑工程可行性论证阶段,镇江海事局开始委托有关机构对通航水域的水工作业、水工建筑物进行通航安全技术论证,邀请有关航运专家对通航安全论证意见进行评审,水上水下施工作业管理工作逐步走向科学化、规范化和程序化。

三、重要项目监管

1985 ~ 1987 年,镇江港大港港区 1、2 期工程码头泊位建设期间,所有艇力和执法人员对施工作业现场水域进行安全监管,适时提供安全维护和服务,保障 1、2 期工程建设顺利完成。

1987 年 9 ~ 11 月,长江镇江五峰山水域架设过江超高压电缆,实行白天封航、夜间通航的方法,上下游各设 3 道警戒线,保证此项工程顺利竣工。

2000 年 10 月 20 日 ~ 2005 年 4 月 30 日,润扬长江大桥从施工前水下地质勘探到通车后的桥下通航,镇江海事局会同扬州海事局在江苏海事局指导下,专门成立大桥现场安全监管维护指挥中心，制订一系列安全维护和监管方案，与大桥施工单位密切配合，派艇派员日夜巡视守卫在江面上，确保施工期间桥区水上安全。

2005 年，镇江港大港港区 3 期工程上马，镇江海事局对工程安全通航环境进行评估，对施工期间通航安全环境进行调研、评估，制订和实施安全维护方案，保证通航、施工双安全。

第三节　海事处理

一、海事调查

海事处理工作分为海事调查和海事处理两个相对独立的环节。20 世纪 80 年代到 90 年代中期，海事处理主要是调查事故原因，解决当事人之间的民事侵权纠纷，即海事调解。90 年代后期，更加强调海事处理在海事预防方面的作用。通过调查事故，查明原因，督促相关方采取针对性措施以预防类似事故的重复发生。进入 21 世纪以后，中国引进国外海事处理的先进理念，加强海事处理工作制度和机制建设，修改《内河交通安全管理条例》和《内河交通事故调查处理规定》，出台《水上交通事故调查结案管理规定》《海事调查官管理规定》等。2002 年 8 月，国务院 355 号令发布的《中华人民共和国内河交通安全管理条例》，取消海事管理机构关于事故民事纠纷调解的职能。镇江海事局认真执行这些法规，分级建立相对固定的海事调查官队伍。2005 年，镇江海事局有持证中级海事调查官 4 人，初级海事调查官 13 人，按照授权调查不同等级的水上交通事故。

1984～2005 年部分年份长江镇江航段船舶交通事故统计表

表 9-18

年　份	事故(件)	碰撞事故(件)	死亡或失踪(人)	沉船(艘)	经济损失(万元)
1984	51	38	9	20	70.30
1985	31	29	16	27	58.40
1986	54	40	13	36	97.60
1987	51	38	6	37	146.50
1992	108	74	22	54	497.00
1993	110	70	45	60	653.00
1994	106	74	42	64	5432.00
1995	91	69	34	68	1321.00
1996	83	56	30	39	1343.00
1997	67	47	40	37	2171.00
1998	55	34	30	33	976.00
1999	49	34	34	40	1019.00
2000	26	20	20	19	722.50
2001	30	15	12	22	444.00
2002	29	21	26	22	921.70
2003	13	11	10	7	291.20
2004	11	9	5	13	1105.80
2005	7	6	9	7	230.00

说明：1983 年和 1988 年至 1991 年统计数据遗失

二、重大案例

1997年1月10日，浙江省宁波市金兰轮船有限公司所属“东吉”轮与安徽省远洋运输公司所属“如意2号”轮在长江口岸水道左侧杜家圩附近水域发生碰撞事故，致使“如意2号”轮当即沉没，船上21人全部落水，其中9人获救，死亡失踪12人，“东吉”轮船首破损。

2000年7月2日，安徽省蒙城县航运公司所属“皖阜拖5号”轮与湖北省黄石市鄂东海运有限责任公司所属“黄鹤20”轮在长江焦山水道定易洲4号红浮附近水域发生碰撞事故，造成“皖阜拖5号”轮当即沉没，船上9名船员落水，其中5人获救，4人失踪。

2002年9月4日，中海发展油运公司所属油轮“明池”号与广东海电船务有限公司所属散货船“新达江”轮在长江焦山水道定易洲1号甲水域发生碰撞事故，造成“明池”轮船首严重破损，事故直接经济损失约300万元。

2005年1月10日，南京连润运输贸易有限公司所属“连润88”轮与个体船舶“镇江万新243”轮在长江91—1号红浮水域发生碰撞事故，造成“镇江万新243”轮沉没，船上4人落水，其中2人死亡，2人失踪。

三、水上搜救

长江镇江段航道弯曲，水流复杂，水上交通事故突发性强。1999年，镇江市政府牵头，以海事、交通、港口、环保、民政、卫生等为成员单位的镇江长江水上搜救中心成立，由一名副市长任总指挥，办公室设在镇江海事局。镇江海事局加大硬件投入，从德国、挪威等国引进先进的船舶交通管理系统和设备。2002年，出台《镇江长江水上重特大事故应急预案》，调动一切社会资源，加强水上重大突发事件的应急处置能力。2004年，组织搜救104次，获救人员50人，救助船舶113条，减少直接经济损失约1.04亿元；2005年，组织搜救324次，获救人员111人，救助船舶438条，减少直接经济损失约2.66亿元。截至2005年末，搜救中心有成员单位21家。

第八章　口岸保障服务

镇江口岸开放后，逐步建立健全口岸保障服务体系。主要部门有：长江镇江航道处、长江引航中心镇江引航站、长江航运公安局镇江分局、中国船级社镇江办事处、中石化长江燃料公司镇江分公司、镇江市外轮供应有限公司、镇江国际海员俱乐部和镇江港务集团外轮服务有限公司等。各单位改善服务设施，提高服务质量和保障水平，实现经济效益和社会效益双赢。

第一节　航道维护与管理

一、维护区域

长江镇江航道处原名镇江航道段，成立于1957年3月。管辖范围：上自南京的西方角（现南京大桥东），下至江阴的鹅鼻嘴。1987年，镇江航道段更名为镇江航道处，为正科级事业单位，隶属长江南京航道局，下设江阴、高港、镇江3个航道站，分别管理相关水道。管辖范围调整为：上自仪征新河口，下至江阴黄田港，维护干线航道里程136.6公里，维护各类副航道、小轮航道、专用航道等105.1公里。主要职责：对辖区内的长江干线航道及航道设施实施建设、管理、养护和征收航道养护费(下称航养费)。

2005 年长江镇江航道处管辖水道情况表

表 9-19

航道性质		里程(公里)	起点	讫点	管辖单位
主航道	江阴水道	24.10	连成洲	黄田港	江阴航道站
	泰兴水道	22.00	褚港	连成洲	江阴航道站
	口岸直水道	40.00	五峰山	褚港	高港航道站
	丹徒直水道	17.00	尹公洲	五峰山	高港航道站
	焦山水道	20.00	镇扬渡口	尹公洲	镇江航道站
	仪征水道	31.00	仪征新河口	镇扬渡口	镇江航道站(1987 年交南京航道处 15 公里)
	龙潭水道	22.00	–	–	1987 年交南京航道处
	草鞋峡水道	11.70	–	–	1989 年交南京航道处
经济航道	天申桥缓流	26.80	–	–	江阴航道站
	落成洲缓流	27.60	–	–	高港航道站
	丹徒缓流	11.40	–	–	高港航道站
	定易洲缓流	12.70	–	–	镇江航道站
	龙潭缓流	19.70	–	–	1987 年交南京航道处
	乌龙庙缓流	3.70	–	–	1987 年交南京航道处
捷水道	仪征捷水道	16.70	仪征十二圩	镇扬渡口	镇江航道站
	太平洲捷水道	43.90	五峰山	西来桥	高港航道站
进港航道	焦南航道	10.20	–	–	镇江航道站(1987 年 1 月停报)
副航道	江阴水道北槽	24.10	–	–	江阴航道站
专用航道	镇江港引航道	4.50	–	–	镇江航道站(1986 年 11 月停报)

二、航道航标维护

长江镇江航道技术维护等级为一级,航标按一类配布。航道维护长年保持在较高水平,维护尺度水深 10.5 米,宽度 200 ~ 500 米,水深保证率一直为 100%,航标维护正常率长年保持在 1000‰。1986 年,长江镇江航道处首次配备大型航标工作船"航霞"轮。1987 年,镇江老港区整治引航道开通后,每年投入 10 万元 ~40 万元,义务维护引航道和港池,保证各类船舶安全进出港,直至老港区搬迁为止。1991 年 6 ~7 月,镇江遭遇特大洪灾,长江水位暴涨,该处及时补充被洪水冲走的航标 44 座,找回并修复被冲毁的航标,节约资金 16 万元,被长江航道局授予抗洪先进单位称号。1993 年 9 月,长江正处于高水位季节,超高超大型集装箱轮"SHIP STOWAGE PLAN"号要通过大港五峰山跨江高压电缆下水域,高压线最低点距主航道江面 49 米,而船高有 54 米,只有改变航线才能通过。镇江航道处依据准确的航道、水文资料,会同海事部门精心设计航线和船舶通过方案,并派员随船指导,使该外轮按照设计航线,在高压线距江面 68 米处顺利通过。1997 年,镇江航道处承担长江航道局"长江航道电子示意图"重点科研项目并研制成功,被称为"长江航道第一

图 9-6 20 世纪 80 年代航标维护艇

图 9-7 21 世纪航标维护船

图”。1998 年 6 月，造价 478 万元、功率 378 千瓦的双体航标工作船“航润”轮建成下水，同时全球卫星定位系统（GPS）投入使用。2001 年 2 月，润扬长江公路大桥进入北汊桥桥墩施工阶段。镇江航道处专门成立大桥桥区设标领导小组，组建大桥航道站，新建“宁道标 205”航标工作船，全天候驻守，设置航标 12 座，按照规定对桥区航道进行大比例水下地形图和流速流向测量，保证行轮安全，为大桥施工安全提供科学的航道数据和良好服务。2003 年 3 月，为打造长江航道江苏段水上高速公路，镇江航道处精心设计施工方案，历时 150 多天，调整设置水标 114 座，建设岸标 13 座，把长江航道分为深水航道、推荐航路、特定航路，第一次把小型船舶和大型高速船舶分航道行驶，发挥黄金水道的功效。同年 9 月增添 2600 千瓦的航标船“航旭”轮，增强航道维护实力。2005 年，为与长江口深水航道对接，满足 3 万吨级海轮从长江口直达南京港，镇江航道处实施完成长江下游航道 -10.5 米向上延伸工程，更换大型浮鼓 19 座，调整标志 9 座。同年完成航标维护 76872 座天，航标维护正常率 1000‰，10.5 米水深保证率 100%，测量面积完成 1458 换算平方公里。镇江航道处被长江航务管理局评为“镇江航区文明样板航道”，并获江苏省文明单位荣誉称号。

20 世纪 80 年代航标灯源为半导体航标灯。90 年代后，航标逐步改为直径 2400 毫米的浮鼓，灯源使用耗电小、寿命长的发光二极管（LED）航标灯；进入 21 世纪后，航标开始采用直径 3050 毫米的大型浮鼓，太阳能一体化航标灯也逐步得到推广，长江航标灯进入节能和环保的绿色时代。2005 年，长江镇江航道设 214 座航标，其中水标 191 座，岸标 23 座。

三、航养费

1983 年，交通部变长江航道事业经费差额预算为经济承包责任制。1985 年，镇江航道处开始实施“一业为主，多种经营”的策略，在做好航道保标、保深、保畅通的大前提下，开展为沿江企业提供测量设标等外包工程建设。1992 年，镇江航道处开始开征长江干线航养费，辖区内设镇江、江阴、泰州三个征稽站，当年征稽额 76 万元。1998 年、2005 年先后增设扬州、常州两个征稽站。2005 年，随着到港船舶增加和沿江经济开发发展，外包工程收入达 500 万元，航养费征收 4400 万元。

第二节　长江引航

1992 年 1 月，镇江引航站成立，隶属交通部镇江长江港务监督局。主要职责是：对外代表国家行使引航主权，对外国籍船舶实行强制引航；对内为中国籍船舶提供引航和技术咨询服务。担负进出镇江、扬州、泰州、常州 4 港口中外籍船舶的引领任务。1997 年 6 月，长江引航管理体制改革，成立长江引航中心（简称中心），镇江引航站归中心管理，为正科级全民事业单位。2001 年 4 月，经交通部批准，升格为副处级。2002 年 4 月，实行长江分段引航，常州港引航任务划给新成立的江阴引航站。该站为港航企业和中外籍船舶服务。2000 年，该站有引航员 15 人，全年完成引领中外籍船舶 1236 艘次，其中外轮 1069 艘次。与 1992 年相比引航员增加 1.1 倍，完成引领船舶总量增加 4.9 倍，外轮增加 5.4 倍。实现安全引航 1000 天的目标，获长江航务管理局"首届十大杰出青年文明号"称号。进入 21 世纪以后，港口外贸运输量快速增长，镇江引航站年引领船舶艘次、航行里程、引领总吨、净吨均以两位数递增。引领"三超"船舶（超长、超大、超吃水）日益增多，其中有长 251 米、载重吨 8.25 万吨的进入镇江港的最大货轮"河北彩虹"号，有长 305 米的最长最大的外轮吊拖船队"上海银幕/帝娜"号及豪华游船"太平洋维纳斯"号等。2005 年，镇江引航站有引航员 21 人，全年引领各类船舶 3683 艘次，其中外轮 3671 艘次，特种船舶 310 艘次，总吨 2630 万吨，净吨 1226 万吨，总行程 62 万公里。引航员年人均引领 205 标准艘次，月人均休假仅 1.2 天，全年多项引航生产指标、引航费收入及引航员工作量均创历史新高。该站荣获"全国青年文明号"、江苏省"口岸工作先进集体"等称号。

1992～2005 年镇江引航站引航业务完成情况统计表

表 9-20

年　份	引航船舶（艘次）	外　轮（艘次）	总　吨（万吨）	净　吨（万吨）	里　程（万公里）	引航员（人）
1992	210	168	145	102	5.80	7
1993	376	272	286	154	9.50	8
1994	413	280	326	197	11.30	12
1995	511	340	345	206	13.70	13
1996	620	387	496	285	16.40	16
1997	667	433	473	264	17.80	17
1998	904	670	651	342	23.40	16
1999	1136	902	811	395	27.30	15
2000	1236	1069	900	476	29.00	15
2001	1491	1383	1274	694	41.00	15
2002	1736	1736	1608	864	42.00	15
2003	2121	2121	1792	946	51.00	15
2004	2375	2375	2046	1097	56.00	21
2005	3683	3671	2630	1226	62.00	21

第三节 水上治安

长江航运公安局镇江分局前身是镇江港客运派出所,成立于1956年,隶属镇江港务局。1985年8月,交通部公安字〔1985〕76号文批复,成立镇江港公安局,仍隶属镇江港务局,事业编制,内设机构1室、5股、2所。1992年,设立大港第二派出所。2004年5月,长航公安管理体制改革,镇江港公安局和泰州港派出所合并为长江航运公安局镇江分局,机构性质为国家行政机关(副处级),公安民警纳入行政编制,公安业务工作实行长航公安局和镇江市公安局双重领导,以长航公安局领导为主。内设5个处室;直属单位有国内安全保卫支队、治安管理支队、刑事侦查支队、水上消防支队;派出机构有镇江派出所、扬州派出所、泰州派出所、常州派出所。镇江分局行使跨区域的中央管理水域公安管理事权,管辖范围:长江南岸自句容市大道河至常州市得胜港71号红浮,北岸自仪征市泗源沟至泰兴市界河口,全长138公里横跨4市的长江干线水域。主要职责是负责侦破辖区水域内的各类刑事案件,预防、制止和打击各类刑事犯罪活动;实施长江管理水域内治安行政管理工作,查处治安案件,保障客货运输安全;负责反恐、反劫船等工作;负责辖区水域航行、停泊、作业的中外民用船舶、水上设施、泵船、码头的消防监督管理工作;负责对沿江辖区内的货主码头实施治安管理;协助管理辖区水域外籍船舶、船员、旅客等出入境管理工作,查处涉外案件。1985年至2004年,分局破获刑事案件2036起,其中重特大案件234起,抓获刑事作案人员4375人;查处行政治安案件26417起,处罚2653人次;查纠辖区水域及港区交通违章78139起,其中重特大交通事故1072起;破案率由69.8%上升至87.6%。2005年,长航公安局镇江分局重点打击水运物流犯罪活动,先后破获盗窃物资犯罪案件151起,侦破涉案金额430余万元的原油盗窃案;破获刑事案件41起,抓获犯罪嫌疑人21名,成功打掉一个盗、销一条龙的特大犯罪团伙;强化消防监督管理,对43起严重违法行为立案查处,整改火灾隐患457起;查处各类违章船舶4299艘次。同年经江苏省高院批复,长航公安局镇江分局所辖水域内的刑事案件,统一由镇江市京口区人民检察院起诉,镇江市京口区人民法院受理。2005年底,长航公安局镇江分局被长江航道管理局评为文明样板航道单位,被长江航运公安局评为执法质量优秀单位。泰州派出所被交通部公安局授予交通公安优秀基层单位称号。

第四节 船舶检验

1986年,中国船级社镇江办事处成立,同时挂中华人民共和国镇江船舶检验局牌子,隶属中国船级社南京分社,单位性质全民事业,编制13人。主要承担镇江口岸及周边市(县)的船舶及船用产品检验业务。镇江办事处为镇江口岸及地方逾百家船舶、航运及相关配套企业产品做好检验服务等工作。1987年,全程检验由中国自行设计、镇江船厂建造的当时国内最大的100米海洋救捞工程泥驳"芝罘"号。1989年,受省标准局委托,按照美国海岸警卫队《开式链环焊接钢链和索制造验收规范》,对镇江锚链厂产品CG浮筒链索进行型式试验鉴定取得成功。1990年,第一次与美国船级社(ABS)联合检验谏壁船厂制造的出口新加坡500吨甲板驳,ABS对镇江办事处的检验质量表示认可和赞赏。1994年3月,取得国际船级社协会(IACS)质量委员会批准签发的质量体系合格证书,实现与国际质量体系的接轨。至2005年,镇江办事处共检验建造船舶223艘、营运船舶1442艘、船用产品227.21万件。2005年,完成入级建造船舶检验3艘,结束镇江办事处无入级建造船舶检验的历史。1995年、2002年先后荣获总社先进基层党组织和江苏省"青年文明号"称号。

1986～2005 年中国船级社镇江办事处业务统计表

表 9-21

年份	船舶检验									船用产品	
	建造船舶			营运船舶			公正检验				
	数量（艘）	吨位（万吨）	检验费（万元）	数量（艘次）	吨位（万吨）	检验费（万元）	数量（艘次）	吨位（万吨）	检验费（万元）	数量（万件）	检验费（万元）
1986	8	0. 85	1. 36	63	9. 70	1. 65	-	-	-	0. 98	8. 90
1987	12	0. 82	3. 62	65	7. 75	1. 50	-	-	-	6. 31	11. 22
1988	11	1. 26	10. 46	52	3. 47	0. 81	-	-	-	0. 59	8. 48
1989	16	1. 40	6. 05	53	3. 64	1. 53	3	0. 10	0. 05	1. 99	110. 07
1990	12	8. 63	8. 70	42	4. 53	1. 87	1	0. 30	0. 27	9. 48	128. 36
1991	16	5. 17	15. 77	50	5. 15	2. 48	4	4. 02	1. 09	8. 60	105. 75
1992	21	1. 94	26. 23	59	6. 36	3. 79	5	4. 24	1. 26	1. 47	22. 76
1993	17	1. 03	2. 20	65	9. 82	4. 79	3	1. 26	1. 03	1. 58	27. 85
1994	14	0. 98	44. 31	82	35. 96	44. 20	2	0. 19	4. 11	1. 60	29. 86
1995	13	0. 72	57. 66	78	33. 33	47. 33	3	1. 25	5. 12	7. 83	96. 62
1996	9	0. 82	48. 72	63	20. 44	35. 07	6	3. 87	9. 50	7. 31	84. 15
1997	8	0. 45	39. 65	58	19. 55	34. 55	5	1. 23	4. 57	2. 49	82. 45
1998	8	0. 34	38. 28	55	17. 75	31. 26	4	0. 27	1. 85	1. 24	84. 37
1999	5	0. 19	21. 77	71	12. 22	44. 55	2	0. 87	2. 07	72. 20	153. 47
2000	9	0. 52	19. 15	98	23. 95	53. 33	-	-	-	10. 50	154. 84
2001	8	0. 57	35. 19	85	21. 58	60. 09	-	-	-	10. 60	180. 68
2002	6	0. 29	24. 82	74	18. 95	47. 37	-	-	-	51. 80	690. 82
2003	12	0. 75	53. 84	84	12. 85	55. 24	-	-	-	1. 40	272. 08
2004	9	0. 56	47. 60	146	42. 41	68. 46	-	-	-	9. 12	274. 11
2005	9	0. 93	15. 17	99	21. 41	149. 91	2	2. 74	1. 05	20. 12	520. 42

第五节　船舶供应与海员服务

一、燃料供应

1986 年 11 月，长江燃料供应总站镇江站成立，为全民企业，隶属于中国长江航运集团。有职工 15 人，固定资产 80 余万元，主要经营交通系统柴油、机油等计划供应。1997 年 7 月，长江燃料供应总站镇江站更名为中国交通长江燃料有限公司镇江分公司。2001 年 11 月，中交长江燃料有限公司和中国石化销售有限公司共同投资组建中石化长江燃料有限责任公司，镇江公司更名为中石化长江燃料有限公司镇江分公司（以下简称长燃镇江分公司）。公司为港口及长江运输船舶供应燃润料等多项业务。1991 年 8 月，公司将唯一的供油船从镇江老港 2 号码头移至定易洲锚地，开始游推式水上供应，先后开辟 3 个水上固定加油站，燃润料供应从 1991 年的 0. 66 万吨上升到 1992 年 1. 2 万吨。经营范围由交通系统内部专项油供应转为面向社会成品油经营。1998～1999 年，加强企业基础管理，供应成品油 4. 51 万吨，固定资产增加到 809 万元。

进入21世纪,公司不断提高服务质量,拓宽服务功能,实行全天候、全方位供应,既可定点供应,也可送油到户;功能上实行全品种供应,除成品油外,供应润料、淡水、日常生活用品、食品、图书等,并为客户代购船舶配件,提供天气预报和咨询服务等。2004年,公司被省海事部门等考核认定为首批进入长江水上服务区建设单位,设立仪征、高桥、高资3个水上加油综合服务区。全年共完成成品油经营总量4.16万吨。2005年,公司增设扬高和六圩两个水上服务区。至此,公司有四星级加油站1座,三星级加油站2座,职工88人,固定资产4146万元。2005年,完成成品油经营总量5.66万吨。

二、船舶服务

1987年,成立镇江市外轮服务公司,隶属于镇江港务局。主要经营船舶物料、淡水供应、船舶垃圾接收、压舱水(含残油、污水)接收处理等。公司坚持“船方至上,服务第一”,健全各项规章制度,为船方提供24小时服务。1992年1月,古巴籍“依塔波”轮在镇江港装运出口大米,公司急船方所急,及时提供垫舱物料,保证港口首船出口大米顺利装运,当年接船145艘次,其中外籍轮55艘次。1994年,外籍豪华邮轮“东方维纳斯”号先后多次停靠镇江港,每次外服公司都按照船方要求,把航行途中积存的大量生活垃圾清运出船,进行消毒处理,受到船方称赞,当年接船200艘次,其中外籍轮98艘次。1999年,口岸企业自备码头对外开放增多,外服公司专门成立货主码头服务小组,先后与金东纸业、京阳水泥等签订船舶垃圾接收协议,拓宽公司业务范围,2000年接船403艘次,其中外轮280艘次。2003年,公司拓展业务,为扬州港、泰州港、南京港提供外籍船舶服务。2005年,公司更名为镇江港务集团外轮服务有限公司。同年,公司服务海轮1280艘次,服务内贸船舶1万余艘。

三、其他商品供应

1986年底,镇江市外轮供应公司(简称镇江外供)设立,与市友谊公司合署办公,独立核算,自负盈亏,企业性质为全民,隶属市商业局。主要为中外船舶供应伙食、免税品、日常生活用品、船用物料、船舶配件、救生设备、家用电器及垫舱物料回收等。至1996年底,累计供应外轮、国内远洋轮500余艘,创汇折合人民币492万元,免税品销售124.5万元。1999年,镇江外供与友谊公司分离,开始独立经营。镇江外供制定立足本港、开拓周边,立足伙食供应、扩大免税品销售的经营方针,同年供应船舶150余艘,伙食销售70余万元,免税品销售11万美元。2001年,公司由国有企业改制为全体员工参股的股份制民营企业——镇江市外轮供应有限公司,负债超百万元。公司变压力为动力,负重拼搏,打造品牌。同年,在全国外供系统首家通过ISO 9001:2000国际管理体系认证。2002年,公司在上海浦东设立分公司,作为母公司在上海的配货中心和对外联络窗口,提高信息化管理水平,完善公司网站,建立网上报价系统,完善客户档案数据库和供船资料数据库。全年销售收入580万元。其中伙食用品销售180万元,免税品销售400万元。2003年,公司克服“非典”疫情对外轮供应市场造成的前所未有冲击,供应船舶284艘,销售收入620万元,其中伙食用品销售收入120万元,免税品销售收入500万元。2004年,完成ISO 9001:2000换版认证,管理水平和质量进一步提高。2005年,公司加入中国外供协会开展的“供船优质服务质量年”活动,完善质量管理体系,建立质量追究责任制度,杜绝任何假冒伪劣商品上船,客户满意度达到99.8%,全年供应镇江港中、外远洋船舶356艘,外埠供应船舶633艘次,销售收入1050万元。

四、海员服务

1988年4月,镇江国际海员俱乐部(以下简称镇江海俱)成立,为副处级全民事业单位性质,隶属镇江港务局，主要负责到港中外籍海员的接待和宣传服务工作。营业用房是由大港港区一座建筑面积998平方米的三层圆形停车库改造而成，主要经营餐饮、工艺美术品等，为海员免费提供报刊、宣传品阅览和棋牌、台球等休闲娱乐活动。镇江海俱拓宽经营渠道，调整商品结构，在为海员服务同时，尝试向社会开放，实行经营承包责任制，经济运行情况逐年转好。1992年，接待中外海员5070人次，营收63.5万元。1994年，由镇江港务局投资，占地1.17万平方米，建筑面积0.4万平方米的新海俱动工，1995年部分建成并投入使用。1995年，接待中外海员4300人次，其中外籍海员1800人次，港台海员450人次。1996年，新海俱进一步完善，形成集客房、餐厅、舞厅、游泳池、商务中心等于一体的综合型服务经营体系。全年接待中外海员4500人次，其中外籍海员1900人次，港台海员360人次。1997年，镇江市外轮服务公司挂靠镇江海俱，两单位资源整合，镇江海俱经营范围和服务项目进一步拓展。2001年，与长江旅游公司联合成立镇江海俱营业部，组织海员沿江观光游。2003年至2004年，先后吸引社会资金260万元，自筹资金45万元，更新改造客房、酒店、夜总会等，实施亮化工程，形成大港地区一流的接待环境。2005年，镇江海俱改属镇江港务集团有限公司，坚持品牌创建，提升服务水平和服务质量，全年共接待中外海员5100人次，赠送对外宣传材料、报纸、刊物等400余份，实现营业收入370万元。

——小资料——

[清]周镐·京江二十四景图——京畿晓发

京畿，即京畿岭，原名金鸡岭，为银山(云台山)与宝盖山二山之间的峡谷，后渐成为交通要隘，两旁山岩壁立，形势险要。路中设有关寨，专人防守，定时启闭，为通往京城、溧阳等地的镇江西大门。关于“京畿晓发”之说，传为京畿岭原名金鸡岭，因镇江是富山丽山之地，遍地皆宝。金鸡岭西有金山、北有银山，还有西津之畔的玉山，南面有宝盖山，金鸡守护在岭上。每日黎明，金鸡高唱，关寨门大开，人群如流，争向觅宝之路。两山之间，建有“借天不借地”的过街楼，可以互相通行，并成为银山八景之一。

第十卷

城乡建设和管理

卷目

1983年3月，镇江实行市管县体制，设立镇江市城乡建设委员会，对城市建设、工程建设、乡镇建设，建筑业、市政公用事业、房地产业以及环境保护、园林绿化、城市规划、勘测设计、城市改造、综合开发等实行归口管理；对征地拆迁、工程定额、工程招投标、建筑市场管理、工程造价、工程质量监督实行统一管理。城市管理成立专门机构，实行法制化管理。其后有关管理机构几经调整，至2005年底，由镇江市建设局、规划局、城市管理局、人民防空办公室、房产管理局、园林管理局、市政公用事业管理局、给排水管理处、燃气管理办公室以及各辖市（区）建设管理部门分别管辖全市城乡建设工作。

1983年后，镇江市先后编制三轮城市总体规划，并经省政府批准。2001～2003年规划城市性质最后明确为国家历史文化名城，长江三角洲重要的港口、风景旅游城市和区域中心城市。中心城的布局由一城两区（主城和高资、大港）组团型结构逐步发展为“一城两翼”、T型发展的空间结构。依据总体规划的要求，先后编制分区规划、专项规划以及历史文化名城规划。各辖市（区）分别制订本地城乡建设规划。

20世纪90年代开始加快镇江新区及丹徒新城区建设，启动南徐新城区、北部滨水区、世业洲国家旅游度假区建设，使城市面貌发生较大变化，2005年城市化水平达59.1%，超过进入小康社会标准55%的指标。镇江市区面积由1983年180平方公里增加到2005年1082平方公里。全市建成区面积由1983年34.06平方公里增加到2005年132.2平方公里，其中镇江市区由1983年23.4平方公里增加到2005年86.1平方公里。3辖市建成区面积之和由10.66平方公里增加到46.1平方公里，2005年，各辖市建成区面积分别为丹阳市28.2平方公里、扬中市8.7平方公里、句容市9.2平方公里。至2005年，镇江市区各城市进出口道路和市内道路都初现现代化风貌。途经镇江的沪宁高速、扬溧高速建成通车，312国道拓宽改造成功。镇江市区官塘桥路、南徐大道、檀山路、润州路、金桥大道、镇大公路、新镇荣公路等建成。城区中山路、解放路、长江路等面貌焕然一新。润扬长江公路大桥，扬中长江一桥、二桥建成。至2005年，全市共有水厂21座，总供水能力达55万立方米/日，自来水普及率达97.2%。镇江市燃气事业从无到有，2004年起天然气逐步置换人工煤气。2005年，市区燃气普及率83.9%，丹阳、扬中、句容三市分别达到96.1%、99.1%、94.9%。全市城镇居民人均住房建筑面积25.7平方米；农村全面完成草危房改造任务，农村居民人均钢筋、砖木结构住房面积达43.8平方米。城市绿化覆盖率38.7%。镇江市先后获国家卫生城市、国家环保模范城市、国家园林城市等称号。至2005年，通村公路全部实现等级化，97%行政村通客运班车；农村人口饮用卫生水覆盖面95%以上。环境保护力度加大。随着全面停止向长江排污、污水截流工程逐步实施和市区污染企业搬迁、清洁能源区施行等，空气、水、声、固体废物排放、生态保护等环境质量指标均有较大改善。2005年，环境质量综合指数达83.8，超过小康社会指标80的标准。

城市管理实行分级管理、条块结合、以块为主综合管理方法，持续开展市容环境综合整治活动。2001年，镇江市区在城市管理体制上实行重心下移，形成市、区、街办（镇）、社区（居委会）四级管理体系，试行城市道路保洁、公厕管护、垃圾清运企业化运作，形成以事定费、以费定人、以人定责的运作机制，城管水平不断提高。城管和公安等部门加强主次干道和街巷的社会治安、安全交通、环境卫生等人性化的管理力度；城市保洁推行“三位一体”（组织清扫保洁队伍，实施街巷清扫保洁，居民生活垃圾收集，垃圾一级清运，减少中间环节，杜绝二次污染），24小时清扫和百米一岗保洁制，新建的 18 条城市道路保洁权试行市场化运作，取得良好效果。

第一章　城市规划

1983 年后，镇江市先后编制三轮城市总体规划、分区规划和两轮名城保护规划，四轮近期建设规划，以及一系列专项规划、详细规划，初步形成全覆盖规划体系。城市规划管理机构、运作机制、法律法规日益健全。

第一节　规划编制

一、总体规划

1.《镇江市城市总体规划（1985～2000）》　该总体规划是第一部由省政府批准实施的镇江市城市总体规划。1978 年着手编制，1982 年省建委组织专家进行鉴定，1983 年进行补充修改。1985 年 5 月 27 日省人民政府正式批准。

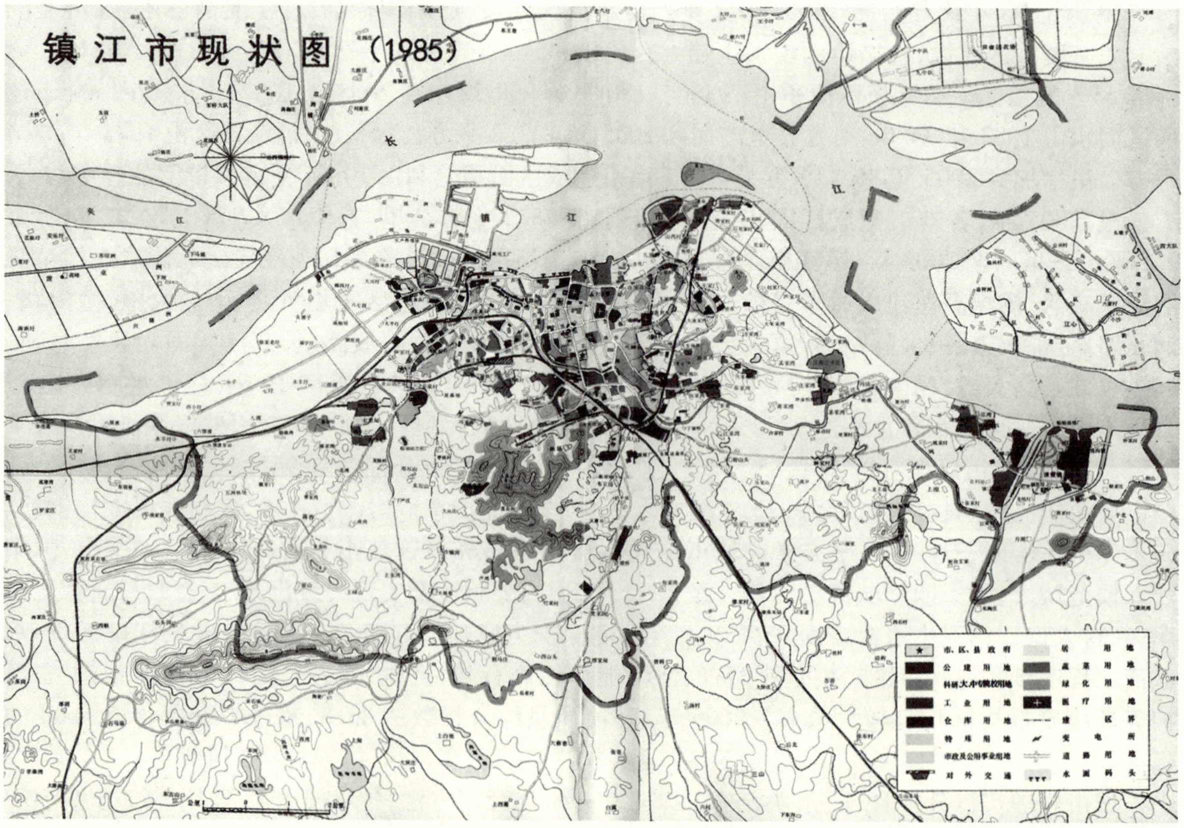

图 10-1　1985 年镇江市现状图

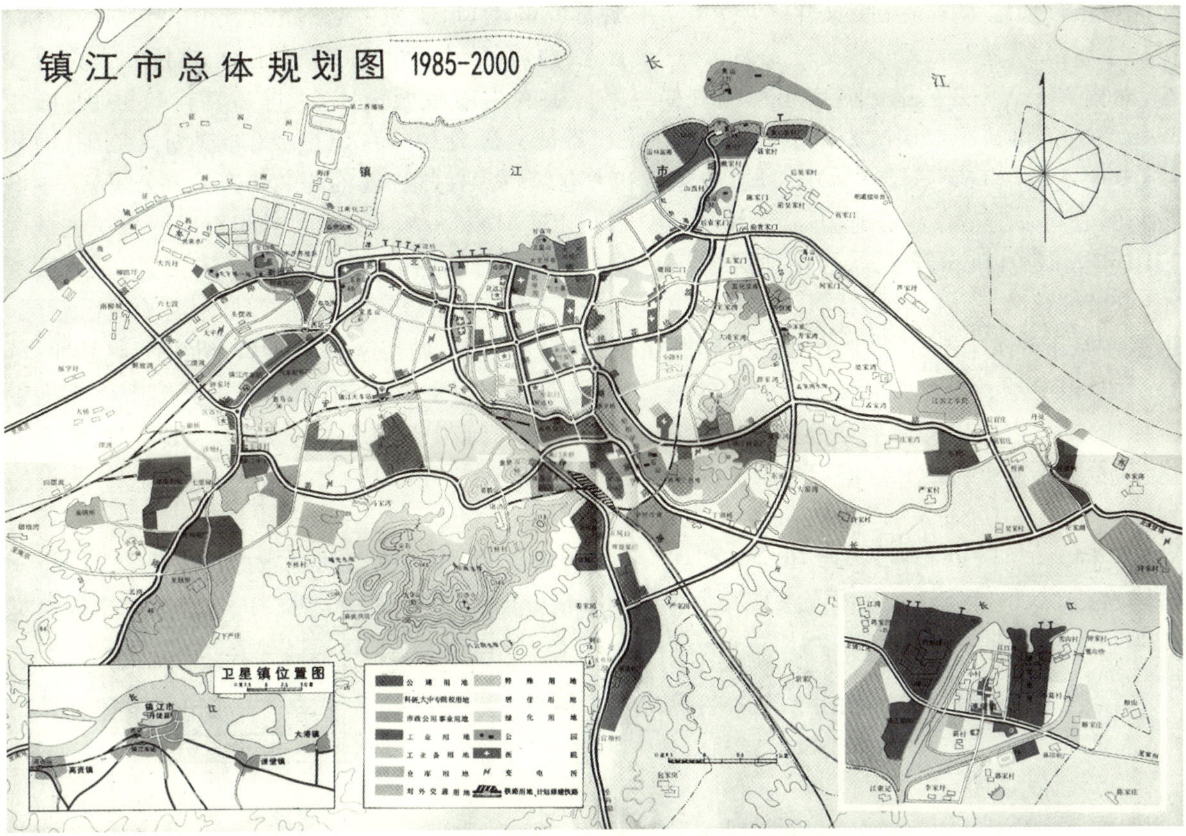

图 10-2 《镇江市城市总体规划图(1985 ~ 2000)》

该规划期限为 1985 ~ 2000 年。城市性质定为江苏省重要的内河港口、历史文化古城和风景旅游城市。城市布局和规模:采用一城两镇布局形式,即主城和高资镇、大港镇。主城即镇江中心城区。布局以旧城为中心,适当外延。1990 年末,非农业人口 36 万人,建成区用地规模 32.4 平方公里,2000 年末,非农业人口 44 万人,建成区用地规模 45.8 平方公里。大港镇是以港口、工业为主,外贸、商业为辅的现代化小城镇。2000 年末,人口 4 万人,建设用地面积 4.53 平方公里。高资镇为交通发达的内河港口卫星镇。

2.《镇江市城市总体规划(1993 ~ 2010)(修编)》 1992 年 5 月,镇江市城市总体规划进行全面修编,11 月完成总体规划修编纲要,次年 9 月完成规划方案,并通过市人大常委会审议,1994 年 12 月 27 日省政府批准《镇江市城市总体规划(1993 ~ 2010)(修编)》。该规划期限为 1993 ~ 2010

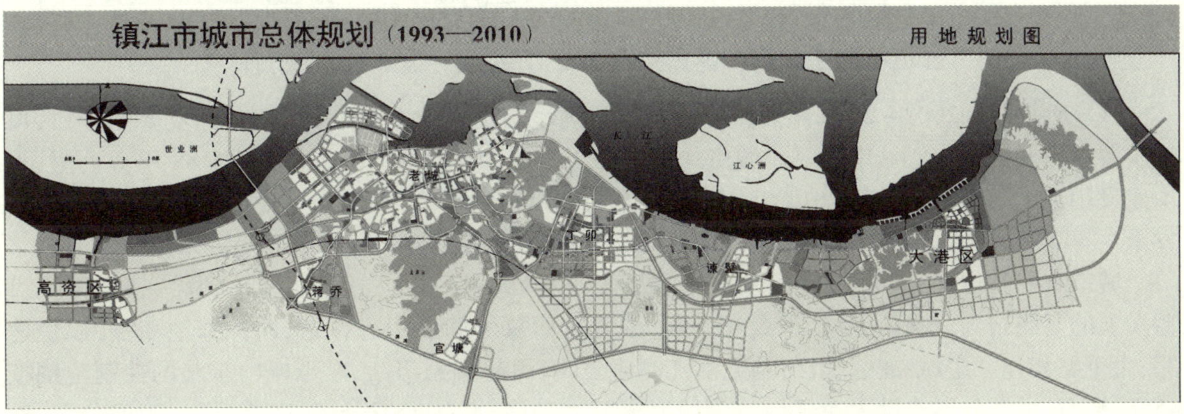

图 10-3 《镇江市城市总体规划(1993 ~ 2010)——用地规划图》

年。城市性质定为国家历史文化名城，长江下游重要的港口、工贸、风景旅游城市。规划区范围：包括主城区、大港区、高资区及丹徒县的石马、上党、西麓、三山、辛丰、黄墟、丁岗、姚桥和大路等乡镇，面积724.9平方公里。城市布局与规模：第一层次为市域城镇体系，即市辖行政区域（面积3843平方公里）；第二层次为城镇圈，由中心城和丹徒县部分相邻乡镇组成（即规划区范围，面积724.9平方公里）；第三层次为中心城，由主城和大港、高资两区组成（面积259.5平方公里）。主城与两区之间以生态农业用地相隔，以快速交通干道相连形成“一城两区”的空间布局形态。主城区2010年人口规模65万人，建设用地规模68平方公里。布局结构形态采取组团式布置，分老城组团：全市的行政、商贸、金融、信息、科技和文化中心；丁卯组团：以高新技术产业为主的城市新区，也是主城东部次中心；谏壁组团：电力、重化工基地；官塘组团：城市南部出入口，机械工业基地；蒋乔组团：以电子、食品、加工工业等为主的一、二类工业区等五个组团，组团间利用自然山体作为生态绿地分隔，以便捷交通干道连接。大港区：2010年人口规模12万人，建设用地规模14平方公里，为长江下游重要的外贸港口、镇江市基础工业基地。高资区：2010年人口规模8万人，建设用地规模8.4平方公里，为以建材、冶金为主的工业和港口新区。

3.《镇江市城市总体规划（2002～2020）》　2001～2003年对《镇江市城市总体规划（1993～2010）》进行新一轮修编，经市人大常委会审议同意报省审批，省政府于2005年4月21日以苏政复〔2005〕23号文批复同意。

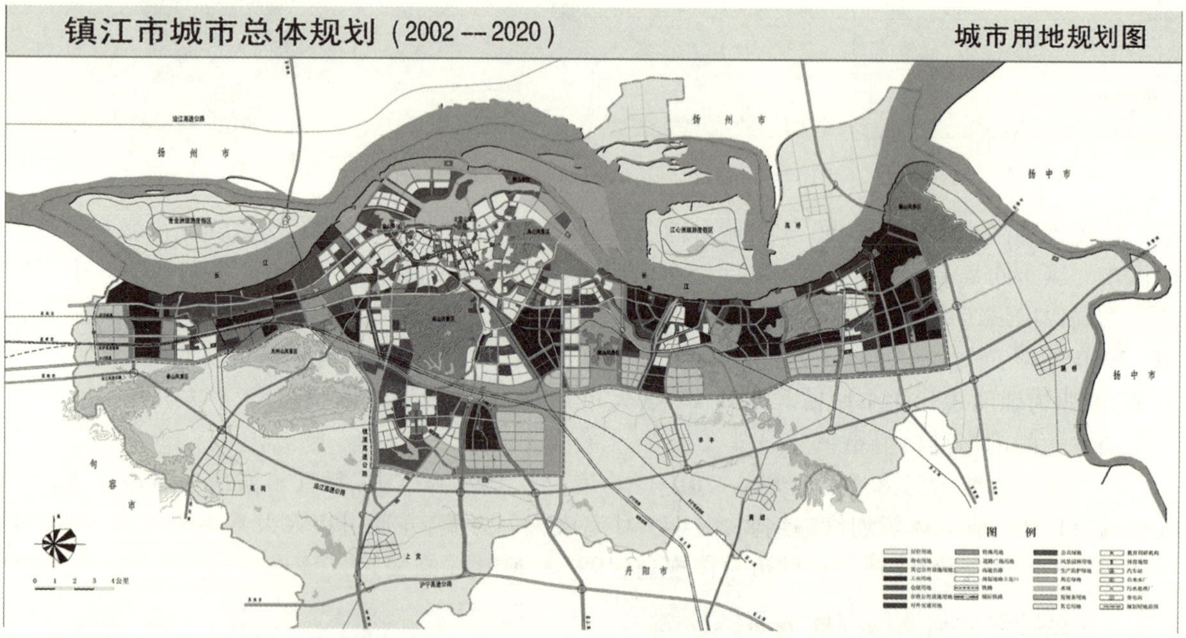

图10-4　《镇江市城市总体规划（2002～2020）——城市用地规划图》

该规划期限为2002～2020年。城市性质定为国家历史文化名城、长江三角洲重要的港口、风景旅游城市和区域中心城市之一。城市规模：至2005年，人口80万人，建设用地88平方公里，人均建设用地110平方米。至2010年，人口91万人，建设用地105平方公里，人均建设用地115平方米。至2020年，人口105万人，建设用地126平方公里，人均建设用地120平方米。

城市布局与规模：中心城区由原来“一城两区”的“组团型”结构逐步发展成为“一城两翼”、T型发展的空间结构。包括主城、东翼和西翼，主城与两翼之间以生态绿地、防护绿地相隔，以快速路、主干路相连。主城：北起长江，南至沿江高速公路，西起戴家门路、东至横山东路的控制范围按85万人、80平方公里建设用地规划。主城形成五大功能分区：老城分区、南徐分区、丁卯分区、谷阳分区和南山风景名胜区。老城分区：主城核心区，城市主中心，城市商业金融和旅游服务中心，由老城区和北部综合旅游区两部分组成。按30万人、25平方公里建设用地规划。南徐分区:城市次中心,由行政、文化、体育、商务为主的市级公共设施和生活居住构成的多功能复合型新城区。按20万人、20平方公里建设用地规划。丁卯分区:城市东部地区中心,以高新技术产业、科技信息服务和生活居住为主的城市新区。按20万人、20平方公里建设用地规划。谷阳分区:城市南部地区中心,以高新技术产业、第三产业和生活居住为主的城市新区。按15万人、15平方公里建设用地规划。南山风景名胜区:城市中心绿地,建设现代度假旅游区和城市森林公园,规划控制用地12平方公里。东翼:由谏壁分区和大港分区两部分组成,重点利用港口和岸线资源优势,建设现代基础产业带及配套一定规模的城市生活区。按12.5万人、31平方公里建设用地规划。西翼:由高资分区(含龙门和高资)组成,重点利用港口、岸线资源和交通区位优势,建设现代基础产业带和区域物流中心及配套适量规模的城市生活区。按7.5万人、15平方公里建设用地规划。

二、分区规划

1. 1989年分区规划　1989年下半年,镇江市第一次编制分区规划,1991年10月完成分区规划图、分区规划说明和实施细则。规划期限:1987~2005年。规划范围:北起长江,南至丁卯,西起三摆渡,东至孟家湾;面积52.4平方公里,规划建成区面积40.35平方公里,具体划分为五个区,即城中区、城东区、城西区、城南区、丁卯区。

2. 1994年分区规划　第二轮《城市总体规划》编制完成后,1993年1月即开始编制分区规划,11月编制完成。规划成果采用五图一书,即每个区一份说明书和五张图纸。规划期限:1993~2010年。规划范围:总体规划中心城范围126.1平方公里。规划建成区面积88.87平方公里。规划范围内分老城、禹山、金山、鹤林、塔山、龙门、七里、蒋乔、官塘、丁卯、谏东、谏西等12个分区。

3. 2005年分区规划　2004年依据上报的《镇江市城市总体规划(2002~2020)》开始编制《镇江市分区规划》,到2005年11月完成。规划期限:2002~2020年。规划范围:总体规划一城两翼范围138平方公里。主城分老城分区、丁卯分区、谷阳分区、南徐分区、南山风景名胜区;西翼为高资分区;东翼为谏壁分区和大港分区。

三、专项规划

1. 历史文化名城保护规划

《镇江历史文化名城保护规划(1987)》　1986年12月,国务院公布镇江为全国第二批历史文化名城。1987年根据建设部对历史文化名城要求,编制《镇江历史文化名城保护规划》。名城保护规划分三个层次:

(1)城市总体风貌和历史文化环境的保护。重点保护镇江"城市山林"整体风貌。保护市区丘陵山岗,保护沿江水域,对城市建筑高度控制要保持城市空间轮廓的协调与完善;在旧城改造建设中,保护城市地方特色,保护传统民居街坊和历史建筑;旧城区内工业企业实行关、迁、并、转,不得再安排新的工业项目。

(2)划定历史文化名城风貌保护区。古城风貌区:保护范围西起迎江路,东至宝塔路,北到长江路,南至宝盖路,面积0.6平方公里,是以江南古城传统街市风貌的保护区。历史文化博览区:保护范围为迎江路、长江路、伯先路、京畿路、车站路、和平路围合的范围,面积0.57平方公里,是以历史文物古迹、传统民居和近代历史建筑为主的保护区。古运河风光带:自京口闸到谏壁三叉河,全长约17公里,重点保护地段为京口闸至鼎石山,长5.17公里,保护区面积1.1平方公里。这是京杭大运河在镇江的历史遗存,具有丰富历史文化内涵。三山风景名胜区:是以金山、焦山、北固山为主体,以山水为主题,与城市紧密结合的临江风景区,景区面积0.9平方公里,保护区面积8.88平方公里。南山风景名胜区:是以自然景观与人文景观相结合,以"城市山林"为特色的毗邻城市的风景区，景区面积 10.5 平方公里，保护范围 18.1 平方公里。

（3）文物古迹的保护。对文物保护单位划定保护范围和建设控制地带，提出控制要求。对尚未列入文保单位的文物古迹、历史建筑应加强保护，符合条件的应分期分批公布为文物保护单位。

《镇江历史文化名城保护规划（2002～2020）》　此次历史文化名城保护规划，与《镇江市城市总体规划（2002～2020）》同步编制。在上一轮名城保护规划基础上进行修编，主要调整内容：

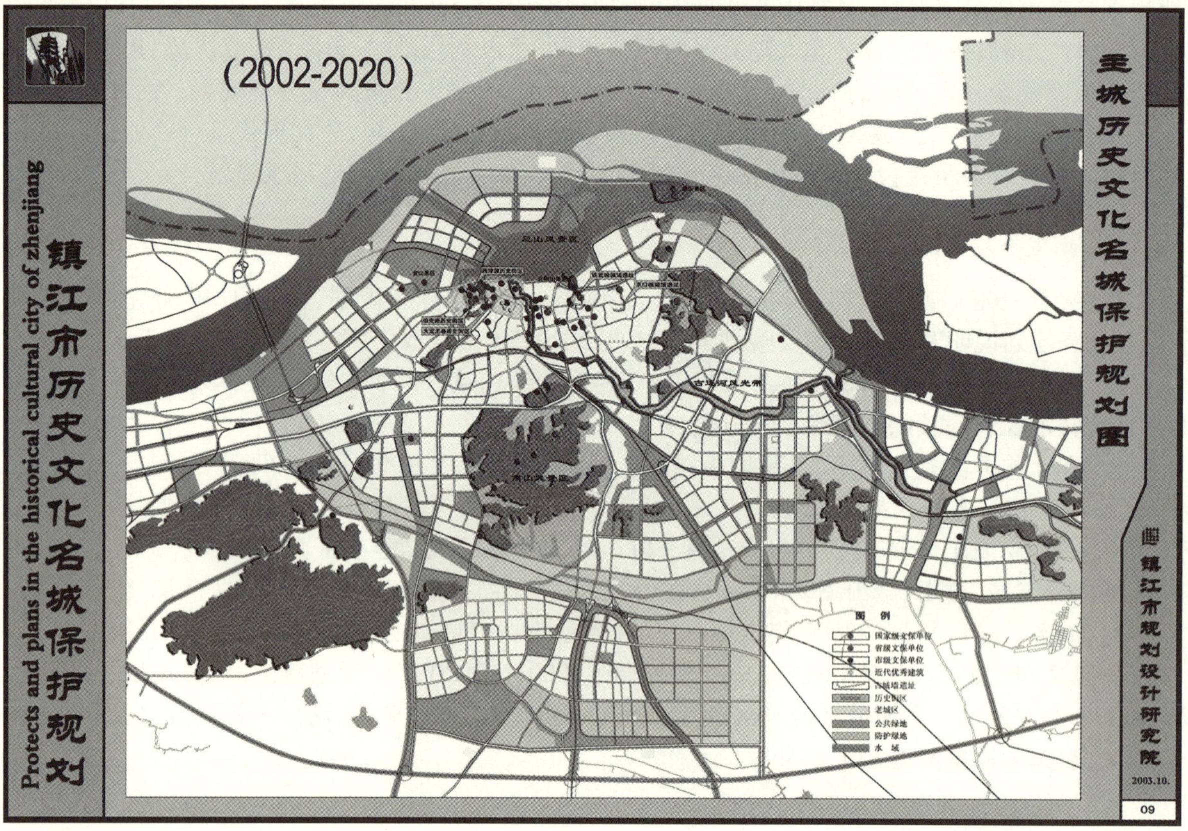

图 10-5　《镇江市历史文化名城保护规划（2002～2020）——主城历史文化名城保护规划图》

（1）在历史文化名城保护规划框架中除传统历史文化物质要素外，增加非物质历史文化遗存保护内容，提出对名人资源、民间文化、传统工艺和地方物产保护、展示和开发的规划要求。（2）在城市风貌保护中划定三个历史街区。西津渡历史街区：北至长江路沿江，南至云台山，东至迎江路，西至运粮河，面积 14 公顷，其中保护区 6 公顷。是以历史文物遗址为主历史街区。伯先路历史街区：东起大西路，北至云台山，西接京畿路，南至宝盖路，面积 15.6 公顷，保护区 3.4 公顷。是以近代建筑为特色历史街区。大龙王巷片历史街区：位于大西路以南，宝盖路以北，伯先路以东，山巷以西，面积 10.5 公顷，保护区 5.3 公顷，是以传统街巷格局、风貌见长历史街区。（3）提出对古村镇、古树名木、地下文物、近现代优秀建筑保护的规划要求。

2. 城市综合交通规划　1993～1995 年编制综合交通规划，1995 年 4 月经省级专家评审通过。主要包括：（1）公路规划：兴建沪宁高速公路；规划建设镇扬大桥；贯通省道与高速公路的联系；拓宽改造镇句路、镇宝路、312 国道，新建葛丹线；远期在大港五峰山建镇扬第二大桥，以强化镇江区域交通中的作用。（2）铁路规划：合理调整布局，拆除老沪宁线与江边支线和高家门油库－采石场专用线，新建六摆渡专用线；规划高速铁路经过镇江市区方案。（3）水运规划：完善和扩建大港港区，规划三期工程，使大港成为以集装箱为主的长江外贸港口；搬迁长航客运码头至龙门口西侧；开发高资、大道河岸线，建设龙门口至高资河岸线为新港区作客货运码头；扬中岸线作为备用岸线。(4)内河航运规划:积极疏浚大道河、大运河等航道,适应苏南运河船舶流量增长的需要;在谏壁船闸东侧修建复线船闸。(5)航空港规划:拟在沿江公路以南、沪宁高速公路以北、312 国道以东地区选择控制机场建设用地。(6)市域交通规划:充分利用高速公路、国道、省道为市域境内骨干道路网,完善市县村公路网。规划到 2010 年公路通车里程达 3070 公里,密集度为 0.8 公里/平方米。(7)绕城公路环规划:从世业洲镇扬大桥到蒋乔,通过 312 国道至官塘桥,然后向东沿伸向沿江公路、218 省道向北接五峰山长江大桥(远期)。(8)主城道路规划:拆除市区老沪宁线;规划打通云台山路、万古一人路、黄山西路、黄山东路、跑马山路等主要干道;加强城市区际联系,规划东西向区际联系干道,规划城市停车场。

3. 绿地系统规划　1993 年,编制《镇江市绿地系统规划》,规划范围主城区,规划期至 2010 年,规划绿地总面积 7.43 平方公里,人均 11.4 平方米。其中公共绿地 5.37 平方公里,人均 8.2 平方米。分为:

老城组团　重点发展城市公共绿地和风景旅游点。结合镇扬大桥开辟大桥公园。使老城组团绿地总面积达 387.6 公顷。

丁卯组团　沿运河、团结河 T 型水系发展绿化。沿丁卯变高压走廊及镇大铁路线发展防护绿地,使组团规划绿地总面积达 122.7 公顷。

谏壁组团　在现有谏壁公园基础上扩建翻水河公园,规划三叉河公园。组团规划绿地总面积 146.3 公顷。

官塘组团　在四明河两侧规划游憩公园。组团规划绿地达 49.5 公顷。

蒋乔组团　结合龙脉团山文物古迹保护点和农科站用地规划区级公园和南岗公园,建成凤凰山区级公园。组团规划绿地 36.5 公顷。

4. 市政公用设施规划

给水工程规划　1985 年《城市总体规划》中到 2000 年规划扩建、新建水厂:改造苏北路水厂为 3.0 万立方米/日;扩建金山水厂,使其达到 18 万立方米/日;新建长岗水厂,为 5 万立方米/日;增建桃花坞、磨笄山调节水库。1993 年修编的《城市总体规划》中给水工程规划确定,到 2010 年主城将拥有地面水厂 5 座,其中老城区 3 座,总规模为 55 万立方米/日;谏壁镇水厂和孩溪水厂,总规模分别达 5.0 万立方米/日和 20.0 万立方米/日。2002 ~ 2020 年《城市总体规划》中按中期(2010 年)和远期(2020 年)规划用水量分别为 50 万立方米/日、68 万立方米/日,规划控制征润洲取水口、黄岗取水口、龙门取水口。规划期末各水厂的供水规模规划分别为金山水厂 40 万立方米/日,金西水厂 30 万立方米/日,大港水厂 20 万立方米/日。

排水工程规划　1985 年《城市总体规划》中排水工程规划提出,近期为合流制,远期(2000 年)逐步过渡到分流制为主、两种体制并存的混合型体制;新建四个污水处理厂;增建排水及污水管道。1990 年编制《镇江市排水规划》,主要依据 1989 年分区规划。规划按旧城区和新区划分成三个污水汇水区域,并对旧城区污水截流管道走向,污水处理厂选址作出安排。1993 年修编的《城市总体规划(1993 ~ 2010)》中排水工程规划提出,城市排水采用雨污分流制排放体系;主城划分老城、丁卯、谏壁三个污水系统,各设污水处理厂 1 个,总处理能力 65 万吨/日。在 2002 ~ 2020 年的《城市总体规划》中排水工程规划提出近期完善污水截流工程,远期逐步过渡到雨污分流制;近期城市污水处理率达 75%、远期达 95%;规划污水处理厂 7 座,总处理规模 66 万吨/日。

供电规划　1993 ~ 2010 年的《城市总体规划》供电电源为华东电网,规划建设高资电厂补充调节主城用电。新建五州山 220 千伏变电站,规划要求老城区内 110 千瓦变电所尽可能采用地下式布置。2002 ~ 2020 年的《城市总体规划》中,预测全社会用电量 2020 年达 102 亿千瓦时;最高用电负荷 2050 兆瓦。新建镇江电厂至上党开关站 500 千瓦双回线路;新建 5 座 220 千瓦变电所;16 座 110 千瓦变电所。

电信规划 1985年,全市共有邮电支局(所)137个,电报电路56路,长话343路,农话中继电路436.5路,市话容量达10000门。1993~2010年《城市总体规划》电信规划提出:市话普及率:2000年达33.8部/百人,2010年达53.5部/百人;积极发展移动通信和无线寻呼业务,移动电话2000年1万户,2010年2万户,无线寻呼机2000年1.5万户,2010年3.5万户。2002~2020年的《城市总体规划》电信规划目标是:大力发展智力网业务;加速发展数据及多媒体业务,努力推进电子商务、电子政务;优化网络结构,逐步实现电话网、有线电视网、数据通信网的一体化。到2020年长途电话交换容量增至5万端口,交换机容量100万门,电话74万用户,数据、多媒体用户40万和50万,其中宽带用户占95%。

燃气工程规划 1991年年供气量1500万立方米,居民用户3.2万户。液化气用户1万户,综合气化率31.5%。《镇江城市总体规划(1993~2010)》燃气工程规划提出近期2000年气化率70%,远期2010年80%以上。2002~2020年《镇江市城市总体规划》的燃气工程规划提出气化率:2010年98%,2020年100%。实施国家"西气东输"工程规划,以天然气逐步代替人工煤气,规划天然气用户普及率:2010年95%,2020年98%。

环卫设施规划 1993~2010年的《镇江市城市总体规划》环卫设施规划中提出:2010年垃圾无害化处理率100%;新建江边、五州山垃圾填埋场;并提出垃圾中转站、车辆冲洗站、公共厕所、垃圾焚烧处理厂规划。2002~2020年《城市总体规划》环卫设施规划中提出:垃圾无害化处理率2010年98%,2020年100%。逐步实现城市生活废弃物处理减量化、无害化、资源化。

公共客运交通规划 2000年,编制《公共客运交通规划》。该规划依据1993~2010年的《镇江市城市总体规划》,以优先发展公共交通为长期战略目标,规划到2010年:建立以大运量快速交通及公共汽车交通方式为主体,出租车相补充的多方式、多层次、高效能的城市客运交通格局。2010年公交出行比例16%以上,公交日客运量54.3万人次;车辆万人拥有率10标台。开行30条公交线路,总长318.6公里。

5. 防灾规划

防洪规划 1993年,《城市总体规划》对防洪提出的规划原则和目标:城区防洪标准为50年一遇洪水,长江干流防洪水位为黄海高程8.85米。《镇江市城市总体规划(2002~2020)》中,将防洪标准提高为100年一遇;防洪堤标准按黄海高程9.94米。

消防规划 《镇江市城市总体规划(2002~2020)》中提出消防规划目标和消防安全布局,在现状7个消防站基础上,规划新增20个消防站。建设和完善城市供水管网消防栓系统,建立消防通讯指挥系统。

人防规划 《镇江市城市总体规划(2002~2020)》人防工程规划的总体目标和人防工程总体布局是规划建设人防指挥工程,医疗救护工程、配套工程、人员隐蔽工程。并提出地下空间开发利用与人防工程相结合要求。按战时人口疏散比例为20%,至2020年,人防工程总需求量84万平方米。

抗震规划 镇江属7度设防区。在2002年《城市总体规划》中,对抗震设防区划、避震疏散、次生灾害防治、建筑工程抗震、生命线系统抗震等分别提出规划要求和规定。

6. 风景名胜区规划

《南山风景名胜区总体规划》 1985年同济大学编制的《南山风景名胜区总体规划》,1986年省政府批复同意。南山风景名胜区面积10.56平方公里,外围保护区面积7.44平方公里。规划以自然风景为主,城市山林为特色,对风景区道路交通、景区建设、旅游服务设施等做统筹安排。(参见第三卷第九章第二节第一目景区规划)

《三山风景名胜区总体规划》 《三山风景名胜区总体规划》由市规划设计研究院和园林管理局于2005年共同编制完成(2008年4月,经国务院同意,建设部城建司行文批复)。三山风景名胜区面积 17.23 平方公里。规划确定名胜区性质、范围和外围保护地带及布局，从可持续发展角度出发，将自然景观、人文景观、生态理念融为一体，形成以内江为核心，由金山、焦山、北固山为主体，环江景区链状布局结构的滨江风景区。

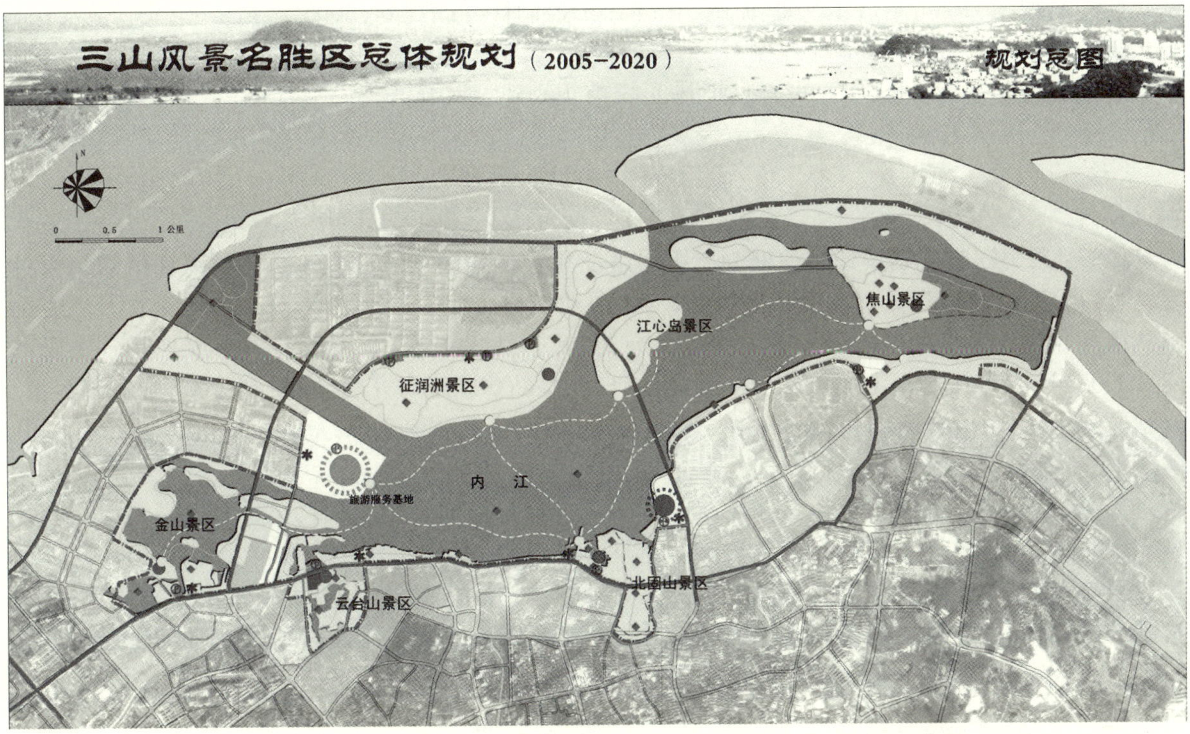

图 10-6　《三山风景名胜区总体规划(2005～2020)——规划总图》

四、近期建设规划

1. 1985～1990 年近期建设规划　1990 年规划非农业人口 36 万人，建成区 32.4 平方公里。规划建设以配套补缺为主，调整生产和生活用地比例，完善城市基础设施。

2. 1992～2000 年近期建设规划　2000 年非农人口 50 万人，建成区面积 47.54 平方公里，新增建设用地 16.68 平方公里。加强城市基础设施建设，控制和改善城市生态环境质量，保护历史文化名城，调整和优化城市工业布局，加速老城区改造和新区开发。

3. 2002～2005 年近期建设规划　人口规模：2005 年人口 80 万人；用地规模：2005 年用地 88.0 平方公里，人均 110.0 平方米。规划建设重点：以"强化沿江，突出生态，打造新城，保护名城，优化环境，提升品位"为主线，拉开城市框架，拓展城市空间，近期内形成"三横九纵，十字双环"的城市骨架道路系统；完善城市绿地系统建设，凸现"大江风貌"和"城市山林"城市特色，构筑城市生态环廊，保护江中绿洲，努力建设生态镇江；完善城市公共设施建设，强化城市功能，提升区域中心城市地位；完善基础设施建设，提高城市现代化公共服务水平；稳步实现老城的有机更新，延续历史文脉，保护历史文化名城，全面开发建设新城区，拓展城市发展空间，壮大城市规模。

五、详细规划

1991 年，建设部颁布《城市规划编制办法》，正式将以规划控制及规划管理为目的的控制性详细规划列为城市详细规划编制阶段中的一个层次。镇江市先后完成下列控制性详细规划：镇江市中心区控制性详细规划(1991 年)；大港兴港路北控制性详细规划(1993 年)；城中区控制性详细规划(1994 年)；镇江市老城控制性详细规划(1995 年)；镇江市龙门新区控制性详细规划(1995 年)；

丁卯桥路两侧用地控制性详细规划(1996年);丁长路两侧控制性详细规划(1996年);谷阳路二期控制性详细规划(1996年);东西两个居住区、长江路、南徐路控制性详细规划(2000年);长江大桥两侧用地控制性详细规划(2000年);镇江出口加工区控制性详细规划(2004年);南徐新城中心区控制性详细规划(2004年);镇江主城主要山体保护控制性详细规划(2005年)。

2000年以后,完成涉及企业改制、污染企业搬迁、城市土地经营、上市地块等32个控制性详细规划。同时还编制大量修建性详细规划,满足城市规划建设实施需要。

第二节　规划管理

1983年,镇江市规划设计管理处为二级局事业单位。1985年7月,该处下设镇江市规划设计室、镇江市市政设计室、镇江市勘察测量队,均为事业性质企业管理独立单位。1987年6月更名为镇江市规划设计管理局。1996年6月更名为规划局,升为一级局,为市政府城市规划行政主管部门。2005年末,市规划局下属单位有规划设计研究院、勘察测绘研究院、雕塑创作室、城建档案馆、规划监察支队、京口分局、润州分局、镇江新区分局、丹徒分局和信息中心。

一、规划审批

1983年后,镇江市城市规划编制逐步走上正轨。1985年编制第一部城市总体规划,1993年、2002年分别进行修编,均按法定程序经市人大审议通过,并报省政府批复实施。依据总体规划,又编制分区规划、近期建设规划、专项规划、控制性详细规划和大量修建性详细规划,根据审批权限,分别由市政府和规划局审查批准,有效指导和规范城市建设活动。

二、规划实施

依据《中华人民共和国城市规划法》《建设项目选址规划管理办法》《城市国有土地使用权出让规划管理办法》《江苏省规划管理技术规定》等国家、部、省法律法规、规章,城市规划管理不断规范。1990年,建设项目规划管理由"规划建筑报勘"制改为"一书两证"行政许可制。2005年,镇江市全面推行规划公示制度,并制订《镇江市实施〈江苏省城市规划公示制度〉方案》《镇江市城市规划制定公示的规定》《镇江市建设工程规划许可证公示牌设置管理办法》《镇江市建设项目选址规划管理办法(试行)》《重要的修建性详细规划实施管理批前公示相关工作流程》等项制度,使规划管理工作走上公开、公正、合理、科学化轨道。

三、规划监督

加强城市规划管理,依法查处违法建设,1990、1991两年查处违法建设上千起。1992年,规划局配合创建省级卫生城市活动,8~9月,对主城区11条主、次干道上的318户违法建设,分三次对不自拆和自拆不彻底的棚亭196座、房屋82间共3240平方米进行拆除。2001年,规划监察大队执行每星期五为"拆违日"制度,依法及时拆除违法建筑物。2003年根据《镇江市城市管理相对集中行政处罚权试行办法》(市政府21号令),将城市建成区内主、次干道两侧、广场四周未取得建设工程规划许可证的违法建设行为移交市城市管理行政执法局处理。2004年8月19日,全市开展"百日拆违"活动,拆除违建房屋5884户(间)130863平方米。2004年,制定并推行《镇江市规划局贯彻〈中华人民共和国行政许可法〉法律文书格式文本》,严格按程序依法实施规划监督检查。2005年4月,京口、润州两区成立"拆违办",分管所辖区域内个人违法建设的查处,形成市、区两级拆违队伍统一调动和违法建筑拆除时既有分工、又相互配合的长效管理体制和机制,全年查处违法建设2100起,拆除面积约10万平方米。

第三节　城市测绘

镇江市城市测绘由镇江市勘察测量队承担。1992 年 12 月，市勘察测量队更名为镇江市勘察测绘院，2000 年 6 月又更名为勘察测绘研究院。该院 2001 年通过 ISO 9001 ~ 2000 版质量体系标准认证，2002 年 11 月获建设部工程勘察专业类岩土工程、工程测量双甲级资质证书。

一、控制测量

1983 ~ 1993 年，完成市区一级导线布设、三四等三角网加密、丹徒四等测边网控制、韦岗高资四等控制加密等成果。1985 年 4 月至 1987 年 6 月，进行城市四等水准测量。测区范围：北起焦山、南止五凤口、东起航道信号台、西至蚕种场，路线总长 120 公里。

二、城市测量与地图编绘

1979 ~ 1984 年先后分二期开展航测工作，共完成 1∶2000 地形图 214 幅，160 平方公里。从 1985 年底开始，分片分区施测镇江市区 1/500 基本图，至 1991 年底，共完成 1/500 地形图 28 平方公里，编绘 1/1000 地形图 20 平方公里。1988 年，市规划局委托省地矿局测绘大队测绘 1/2.5 万比例尺镇江市地形图，成图面积 1025 平方公里。

1990 年上半年，市编绘规划建成区 1/5000 地形图。1996 年完成 220 平方公里 1/1000 航测数化地形图。2000 年，完成 1/1000 数化地形图 250 平方公里。2002 年，完成 1/1000 航测图修测 230 平方公里及丹徒新区、京口区、润州区和镇江新区 1/1000 测图 100 平方公里。2004 年，完成 252 平方公里 1/2000 数字地形图编绘；120 平方公里 1/2000 正射影像图制作；世业洲 35 平方公里 1/1000航测数字地图测量；镇江市数字高程模型（DEM）和正射影像图（DOM）制作；城市 GPS 控制测量点（500 点）修正补建；城市三维可视化系统研究；编辑出版《镇江市影像地图集》。2005 年，完成高资开发区 1/1000 航测成图 30 平方公里，丹徒新区航测成图 32 平方公里，镇江新区 1/1000 航测成图 62 平方公里，丹徒新区、世业洲地形图编绘 90 平方公里等政府指令性任务。

《镇江市影像地图集》项目获中国城市规划协会城市勘察优秀工程一等奖；《丹徒区行政中心 1/1000 全数字航测地形图》项目获省优秀测绘工程二等奖。

三、城市测绘管理

根据 1984 年市政府印发的《镇江市城市测绘管理暂行规定》，1984 年 4 月，由镇江市规划设计管理处负责城市测绘管理。组织镇江城市测绘大地控制网改造，建立镇江坐标系统，1986 年 12 月，镇江市城市测绘实行统一坐标和统一高程系统。1993 年 6 月，镇江市编委正式批准市规划局成立测绘管理科，加强城市测绘管理。市规划局在市区多次组织开展航测工作，组织镇江行政区域城市规划用地形图测绘和地下管线综合普查，先后完成从 1/25000 ~ 1/500 等各种比例航测地形图和数字化地图，开展规划测绘项目技术设计的审批和成果验收管理工作，监督检查建设工程放验线和竣工测量，组织城市地图和影像图编制。2004 年编辑出版首部《镇江市影像地图集》。

第四节　城建档案

一、档案管理

镇江市城建档案馆成立于 1982 年 5 月，负责全市城建档案的接收、整理、保管和利用等工作，接收和保管本市具有永久和长期保存价值的城建档案与相关资料，征集、收集各门类城建档案资料，利用声像、影视等手段，加强历史文化名城有关档案资料的积累，为城市规划、城市建设、管理、科研等工作提供服务。1998年，镇江市城建档案馆被建设部评定为国家二级城建档案馆，2001年升格为国家一级城建档案馆。

城建档案馆从建馆初期就建立城建档案工作网络，全市共建立四条城建档案工作网络：一是建委系统下属各单位；二是建委直属单位；三是全市产生城建档案单位；四是县（市）区城建档案室。在市建委系统内建立城乡建设档案系统网络。以后不断扩大到系统外，从市区扩大到县、镇，形成市县贯通、纵横交错的工作网络。

二、馆藏利用

馆藏档案最早的有清代和民国时期，大多数为镇江解放后。1991年新馆建成后，对全库档案进行密封消毒，以后又添置微波消毒仪，安装烟雾报警器和监控系统，以保证档案永久安全。2005年底，镇江市城建档案馆馆藏档案资料51567卷册，主要是工程档案和规划档案，另有底图17287张，照片17723张，录音带62盒，光盘236盘，录像带389盒，图书资料7898册。共分18个大类，99个属类，305个小类。

城建档案馆先后编印《镇江市城建档案利用效益汇编》三辑，并为城市规划、建设、管理，为编史修志和解决产权纠纷、建设纠纷、用地普查、房产发证、工作考查提供查询服务。至2005年底共接待查档9852人次，供档32248卷（册）。

利用城建档案开展镇江市的城建档案学术活动，编制1989～2005年《镇江市城乡建设大事记》、1982～2005年《镇江市城建档案馆馆务事记》，以及三辑《城建档案利用事例选编》、历年的《城市建设剪报》《城建文摘》（每年六期）《镇江城建档案》（每年四期）；有供志书用的《镇江城建档案资料》和年鉴用的资料，以及《镇江市交通旅游图》《镇江市城市建设档案志》《镇江市城建档案馆指南》等，《古城掠影——民国时期镇江城市建设》获得省编研成果一等奖。

镇江市城建档案馆四次获江苏省城建档案先进集体称号和两次全国城建档案工作先进集体称号，2005年获市政府科技进步先进集体称号。

第二章　市政建设

1983年，镇江市建委成立。1984年成立隶属于建委的市政公用事业管理处，1987年更名为市政公用事业管理局，市政建设的业务范围包括市区道路、街巷、桥梁、路灯、排水、防汛排涝工程的建设及养护管理。

1985年，市区仅有城市道路41条，总长56.78公里。进入21世纪，城市道路建设改变几十年来一直保持的“三横”（苏北路、大西路、中山路）、“三纵”（宝塔路、电力路、解放路）格局。先后建成包括城市出入口道路工程在内的如官塘桥路、南徐路、檀山路、润州路、金桥路等69项城市道路重点工程，总长152.16公里，总面积591.09万平方米。整治出新道路19条，总长41.21公里，面积139.08万平方米。至2005年底，市区有主次干道142条（其中主干道90条），总长416.58公里；街巷293条，城市广场17个。

第一节　道路　街巷

一、道路建设

1983年,完成金山路改造工程,1984年改造京畿路、双井路、大西路、环城路等11条道路,1985年完成中山东路(大市口至中山桥段)和镇焦路拓宽工程后,市区有城市道路41条,总长56.78公里,基本形成以市区主干道为骨架,片区道路为网络,与出境公路贯通相连的交通运输体系。

1986年,完成中山西路(铁道口至牌湾)、运河路拓宽改造工程和苏北路、建设支路、林隐路等翻建工程。1987年,拓宽中山东路,完善运河南路,集资修建黄七路、大东路。1988年,改造新河西岸,完成中山路铁道口至新马路交叉口的拓宽改造。1989年,完成电力路拓宽改造工程和修建天桥路。1990年,完成天桥路、金山西路、新河路、跑马山路、花山湾支路、太古山路的拓宽改造。1986~1990年,共计新建拓宽改造道路13条,总长175公里。

1991年,集资改造宝塔山路,拓宽南门大街北段;1992年,拓宽解放路南段和宝塔北路,改造黄山西路;1993年,拓宽解放路北段;1994年,拓宽南门大街南段、中山东路、电力路交叉口道路,翻建运河路;1995年,全面实施丁卯桥路。这期间新建和拓改道路11条,新增道路总长10.3公里。

1996年,建成谷阳路和大东新路,改建镇句路;1997年,新建竹林路,完成谷阳路北段和镇句路牌湾至七里甸段的拓宽工程;1998年,新建南山路,完成正东路、朱方路的拓宽工程,改造和平路、车站路、金山路、新河路;1999年,拓宽改造南门外大街,大修宝盖路、大西路、义士南路、牛皮坡、老山路等;2000年,实施长江路一期拓宽改造工程,江滨大道、铁城路(古城路)改造工程等。这期间新建和拓宽改造12条道路,总长18.58公里。

2001年,城市建设突出"引资大道""珍珠项链""城市客厅""两路(中山路、解放路)出新"四大工程。"引资大道"官塘桥路(原名镇宝路),是镇江人以生态理念和审美情结建设的一条城市主干道,从谷阳南路口至南门天桥,全长2.8公里,宽40米,由市建设局和市交通局共同承建,道路两侧建设大面积的绿化带,绿地面积8万平方米,绿地率达44.5%。由市建设局负责实施A段工程,从天桥至煤矿医院,长1公里,拆迁面积1.46万平方米,绿地面积2万平方米,绿地率33%。同时对沿途30幢建筑进行整体出新,新建天桥桥头绿化广场4000平方米,点缀飞檐小亭,白石栏杆。由市交通局负责实施的B段工程,从煤矿医院至谷阳南路口,长1.8公里,拆迁面积7800平方米,绿地面积6万平方米,绿地率50%。对沿途70幢建筑进行整治出新,新建绿化广场1.3万平方米。同时对官塘桥集镇的镇容镇貌进行整治改造。"珍珠项链"长江路拓宽改造二期工程,从电力路口至新河桥,全长1900米,宽40米,拆迁房屋5万平方米,由市建设局负责实施。在一期建成传统文化广场、滨江风情区和茶文化广场三大区域组成的长江路风光带的基础上,二期工程重点建成春江潮广场和平政桥桥头临江景区。

2002年,建成"生态大道"南徐路,全长5.2公里,宽100米,穿过五座山体,该工程是镇江城市基础建设史上建设标准最高、投资金额最多、拆迁面积最大的工程。同年市建设局完成长江路三期拓宽改造工程。该工程东起二人医,西至润州路,跨越铁路、运粮河、塔影湖,全长3000米。建新新河桥和塔影湖桥各1座。现在长江路东起解放路,西至润州路,全长5.9公里,宽40米,双向四车道沥青路面,快慢车道设3.75米的绿岛分隔带。

2003年,市建设局有11项城建重点工程竣工,其中道路工程有跑马山路建设工程,全长2.33公里,路宽70米;东吴路拓宽改造工程,全长2.63公里,宽40米;禹山北路建设工程,全长3.3公里,宽40米;古城路建设工程,全长1.16公里,宽20米;和平路向北延伸工程,长160米,宽30米。

同年竣工的城市道路工程还有：市建设局与京口区共同负责实施的谷阳路北线工程，长1100米，宽50米；市交通局负责实施的“园林大道”檀山路建设工程，全长3.6公里，宽80米，双向六车道，贯穿老城区、南徐新城区和丹徒新区，沿途有招隐红叶、竹林青丝、鹤林烟雨、荷塘月色等景点，如同天然园林；“水景大道”润州路拓宽改造工程，全长5.9公里，宽40米，从镇扬汽渡到宁镇路（朱方路）口，润州路曾是联接苏南、苏北的主要通道，与扬州隔江相望，原路宽20米，路旁的河道是条泄洪沟，水草丛生，蚊蝇乱飞。润州路拓宽改造时，路景因地制宜，遵循“自然生态”“可视景观”“文化山水”的思路，充分利用跃进河的水体营造“水景大道”亲水、近水、临水、露水的特色，形成“山水画江南”的道路景观。

2004年，镇江城市三条发展轴，七条道路建成通车，城西发展轴：由市建设局负责建设的跑马山路，南起南徐路，跨越沪宁铁路正线，北接中山西路，全长2387米，路宽45～50米，道路两侧建设10～15米的绿化带，绿化面积7.2万平方米。同期铺设14种36根地下市政管线，建设一座长600米跨越沪宁铁路的高架桥。沿江发展轴：东段的禹山北路由市建设局建设，西起九里街，东至谷阳路北段，全长3.3公里，路宽40米，道路两侧设置10米宽的绿化带。同期铺设8种19根地下市政管线，拓宽改造通往焦化厂的铁路专用线道口，新建2座通水桥涵，谷阳路北接线由市建设局和京口区政府共同建设，南起宗泽路交叉口，北至禹山北路交叉口，全长1100米，宽50米，两侧绿化带各15米，中间分隔带3米，快慢车道分隔带10米。城东发展轴：南起沿江公路，北至学府路。由市建设局负责建设的古城路，全长1.16公里，宽20米，同时铺地下管线10种。古城路是联接城市东区江滨新村、花山湾和桃花坞路三大居民小区和学府路的主要道路。由丹徒区负责建设的谷阳西路，北接312国道，南至丹徒区政府，全长4800米，路宽50米，道路绿化面积20万平方米；江滨大道东起东吴路，西至大东支路，全长2.1公里，路宽33米，其中快车道14米，人行道各3米，慢车道各4米，两侧绿化岛各2.5米。这是沿江风光带连接甘露寺和焦山景点的又一重要通道。同期新建沧浪桥1座。

2005年，“人文大道”金桥路建成通车。金桥路原名跃进路，位于城区最西部，与润州路形成十字交叉，西接润扬大桥。金桥路主题定位为“千年南徐，百里京江”。金桥路最西端的斜坡上，立有一块“天下第一江山”大字的巨型石。路西段高速引线隔离带上，立有一排八根文物石柱，每根石柱高3.5米，直径66厘米。在每隔50米一根的石柱顶部各放置一只放大的镇江出土的珍贵文物——青铜器复制品，分别是宜侯夨簋、凤纹尊、鸠盖壶、鸳鸯尊、夔门鼎、雷纹鬲、勾连纹尊、虎钮錞于。路的中段立有“千年南徐”“百里京江”两幅巨型壁画，壁画尺寸都是高2550毫米，象征镇江有文字记载的2550年历史；长38.48米，象征镇江3848平方公里的土地面积。《千年南徐》绘有41位镇江历史名人肖像画；《百里京江》是一幅青山绿水画，包括各县区的长江岸线，从下蜀、孟河长200余里，沿途山峦起伏，景色优美，画的下部镌刻“京江四十八景”。该路全长1.6公里，路宽60米，双向六车道，绿化面积5万平方米。同期完成的还有“南山北水一线牵”的黄山北路、黄山中路工程。黄山北路南起中山西路，北至宝盖路，全长680米，路宽33～40米；黄山中路东起黄山南路，西至九里山路，全长640米。另外还有中山北路，东南起牌湾，西北至长江路，全长1020米，宽40米，其中快车道15米，慢车道宽5米，人行道宽3.5米，两侧绿岛隔离带宽4米，绿化面积14500平方米。工程拆迁量3.3万平方米，拆除老的金山桥，新建一座长42米的新桥。

截至2005年，镇江城市道路建设改变几十年来一直保持的“三横”（苏北路、大西路、中山路）、“三纵”（宝塔路、电力路、解放路）的格局。先后建成69项城市道路重点工程，总长152.16公里，道路总面积591.09万平方米，同时整治出新道路19条，总长41.21公里，面积139.08万平方米。新建和整治出新的城市道路，具有现代风格和“水、山、学、文”的特色。

2005 年镇江市市区主次干道一览表

表 10-1

序号	道路名称	起讫地点	长度(米)	路幅宽度(米)	面积(平方米)	路面结构	始建年份	改建年份
1	解放路	长江路至天桥	2305.50	42	120036.30	混凝土、沥青	1929	1993
2	大西路	解放路至伯先路	1926.80	18.50	34372.99	沥青	1964	-
3	宝塔路	宝盖路至长江路	1028.60	4~18	15579.80	沥青、混凝土	1965	-
4	中华路(缸瓦厂)	电力路至宝塔路	227	19	4313	沥青	1966	-
5	迎江路	大西路至长江路	218	16	3962	沥青	1966	-
6	伯先路	大西路至朝阳楼	415	7~16.90	5417.65	沥青	1970	2000
7	电力路	长江路交叉口至中山路	1450	40	54589	混凝土、沥青	1972	1989
8	健康路	中山路至解放路	962	15	15895.06	沥青	1979	-
9	市政路	解放路至中山路	517.80	6~13	6135.40	沥青	1980	-
10	中山东路	梦溪路至电力路	1771.30	40	90551	混凝土、沥青	1983	1987
11	黄山路	南徐路至黄山路转盘	1090	17	18237	混凝土	1983	1987
12	中山西路	电力路至牌湾广场	2165	40	97814.21	混凝土、沥青	1984	1986
13	双井路	大西路至中山路	594.80	17	10433.50	沥青	1984	-
14	京畿路	京畿路广场至朝阳楼	550	13	7150	沥青	1984	-
15	一泉路	长江路至一泉宾馆	716.60	12	10181	沥青	1984	2002
16	黄山南路(新)	南徐路至中山西路	1820	40	71180	沥青	1984	2003
17	黄山西路	黄山路转盘至美坡	1052	20.50	21566	混凝土	1984	1992
18	中华路	长江路至宝塔路	739	18	13966.68	沥青	1992	-
19	长江路(老)	长江路(二院)至小码头道口	180	19.30	3285	沥青	1995	1995
20	朱方路	牌湾广场至宁镇路口	4340	40	69696.40	混凝土、沥青	1997	-
21	车站路	京畿岭广场切点至金山路(含京畿岭广场)	561	12.60	8067.70	沥青	1998	-
22	和平路	车站路至长江路	670.40 180	28 30	30079	混凝土、沥青	1998	-
23	环城路	南水桥至江滨广场(含梦溪广场)	2600	37	96200	沥青	1998	-
24	新河路	小码头道口至长江路(新新河桥)	370	15.70	5809	沥青	1998	-
25	金山路	车站路至金山门口	1156.60	10~28	17035.60	沥青	1998	-
26	宝盖路	新马路至京畿路	1132	12	16455.83	沥青	1999	-
27	正东路	东门广场切点至解放路与正东路切点	982	30~34	-	混凝土、沥青	1999	-
28	长江路	解放路至润州路	5900	40	236000	沥青	2000	2002
29	长江路(老)	迎江路至蒜山	317	12.70	4025.90	沥青	-	-
30	东吴路	解放路至焦山大门(含江滨广场)	4107	40	164280	沥青	1984	2003
31	永安路	正东路至解放路金聚德	634	10.36	4517.30	沥青、混凝土	1996	-
32	烈士路	解放路至鼓楼岗	624	4.50	2776.80	沥青	1984	-
33	医政路	解放路至蔬菜公司	486	5	2430	沥青、混凝土	1997	-

续表 10-1

序号	道路名称	起 讫 地 点	长度(米)	路幅宽度(米)	面积(平方米)	路面结构	始建年份	改建年份
34	塔山路	丁卯桥路至学府路	660	26	12927	混凝土	1991	-
35	滨水路	东吴路至大东后门	260	7.80	2028	沥青	1993	-
36	花山路	环城路至古城路	1179.20	15	17687	沥青	1991	-
37	桃花坞路	环城路至老山路	1405.80	23.36	19200	沥青	1985	2003
38	老山路	桃花坞路至竹林山庄	646.50	22.10	1428.60	沥青	1999	-
39	南门大街北段	中山路至正东路	590	14	8964.40	混凝土	1991	-
40	南门大街南段	正东路至虎踞桥	638.50	14	10202.80	混凝土	1994	-
41	斜桥街	大西路至中山路	581.04	14	8522.15	混凝土	1993	-
42	风车山路	环境监察站至二中	368	4.5~10	2755	沥青、混凝土	1982	2002
43	人民街	大西路至中华路	191	10.76	1947.90	沥青	1993	-
44	小米山路	老山路口至红旗桥宗泽路	1200	24	6275.20	混凝土	-	2004
45	何家门	中山路至登云路	453	2.40~3.80	1508	沥青、混凝土	1982	-
46	邮电支路	中山路至火车站出口	367	4~6	1915	沥青、混凝土	-	-
47	新河西岸	新河桥至江南桥	871.30	7	5235.80	沥青	1997	-
48	润州山路南段	中山路至王家湾小区	966.70	3~9.82	4471	沥青	1989	2002
49	润州山路北段	润州电影院至锁厂	255	4.50	1329	沥青	1997	-
50	矿机路	天桥路至丹徒路	593	6	3858	混凝土	1967	-
51	林隐路	天桥至南徐路	2464	8~20	28837	沥青、混凝土	1972	-
52	运河支路	林隐路至运河路	-	-	-	混凝土	(70 年代)	-
53	广东山庄	中山路至广东山庄 67 号	308	6	1747.20	混凝土	1996	-
54	南门外大街	运河路至六普广场	287.80	36.60	10533.40	混凝土、沥青	1999	-
55	城东垃圾场	涵洞至垃圾场大堤	760	6	4560	混凝土	1998	-
56	天桥路	天桥至青年广场	873	40.10	35007.30	混凝土、沥青	1989	-
57	运河路	南水桥至电力路切点	2882.60	25.35	64732.90	沥青	1992	-
58	天桥支路	天桥路至解放路	423	19.70	8632.06	混凝土	1988	-
59	新马路	双井路至电力路	302	8~14	4785.20	沥青	1965	-
60	义士路北段	中山路至新西门桥	369	9.50	3505.50	沥青	1984	-
61	义士路南段	中山路至运河路	282.50	4	1130	沥青	1999	-
62	谷阳路北段	丁卯桥路至学府路	2050	29+3	65728	沥青	1997	-
63	谷阳路南段	丁卯桥路至官塘桥路	3270	29+3	84992	沥青	1996	-
64	丁卯桥路	青年广场至团结河桥	4867	60	151789	沥青、混凝土沥青	1996	-
65	江滨路	东吴路至 18 路、118 路公交终点站	351	30	10530	混凝土、沥青	1997	-
66	桃西路	桃园至长江路	912	7	6384	沥青	1996	-
67	花山支路	润州区建设局至桃花坞路	561	7.50	3676.30	混凝土	1988	-

续表 10-1

序号	道路名称	起 讫 地 点	长度(米)	路幅宽度（米）	面积（平方米）	路面结构	始建年份	改建年份
68	牛皮坡	京畿路广场至铁路货场大门	155.50	5	777.50	混凝土	1999	–
69	城隍庙街	中山东路至凤凰岭饭店	115.50	7	1110.20	沥青	1996	–
70	寿邱街	中山东路至南门大街北	248.50	13	3452	混凝土、沥青	–	–
71	都天庙	塔山路至特教中心	382	5～6	2328	沥青	2001	–
72	古城路南段	东吴路至桃花坞路	1160	20	33840.44	沥青	2003	–
73	陈家门	九里街金象集团至涵洞	1870	6	11600	沥青	2003	–
74	跑马山路	南徐大道至中山西路	2387	45～50	103950	沥青	2003	–
75	南徐大道	官塘桥路至朱方路	5170	91	470470	沥青	2002	–
76	学府路	梦溪广场至谷阳路	4250	40	172000	沥青	2002	–
77	润州路	镇扬汽渡至四摆渡	5200	28	145600	沥青	2003	–
78	檀山路	南徐路与跑马山交接处至312 国道	3600	38	136800	沥青	2003	–
79	竹林路	南徐路至南山大门 至八公洞	497 1609	20.60 6	20438.20	混凝土、沥青	2000	–
80	京岘山路	学府路至桃花山庄	1900	14～15	–	沥青	2003	–
81	官塘桥路	南徐路至高速入口处	5000	40	200000	沥青、混凝土	2003	–
82	禹山路	小米山路至谷阳路北段	3300	40	132000	沥青	2003	–
83	山巷	中华路至宝盖路	510	–	–	–	2003	–
84	宗泽路	米山路至谷阳路北段	1876	30	54200	沥青	1994	2005
85	京口路	学府路至桃花山庄	1900	30	57000	沥青、花岗石	2003	–
86	花山路东段	古城路至米山路	380	23～30	10640	沥青、花岗石	2005	–
87	江洲路	虹桥港至江滨路	1650	20	30960	沥青、花岗石	2005	–
88	谷阳路北段	学府路至禹山北路	1713	38	62031	沥青、SB 砖	–	2004
89	江滨路	东吴路至大东支路	2100	33	28840	沥青	2005	–
90	长江路西段	润州路至戴家门	3500	50	175000	沥青	–	2005
91	黄山东路	黄山南路至健康路西延段	650	24～40	–	沥青、花岗岩	–	2004
92	金港大道	通港路至圌山路	5150	60	309000	沥青	2003	
93	黄山北路	中山西路至长江路	1700	27～33	–	沥青、SB 砖	2005	–
94	北府路	新黄山南路至九华山路	640	35	20848	沥青、SB 砖	2005	–
95	古城路北段	东吴路至江滨路	619.88	20～21	12397.60	沥青、面包砖	2005	–
96	万古一人路	解放路至第一楼街	500	30	11986	沥青、SB 砖	2005	–
97	中山北路	长江路至朱方路	1020	40	40825	沥青、SB 砖	2005	–
98	京江路	润州路至江滨路	–	–	–	–	2005	–
99	鸿鹤桥路	丁卯路至岗子下	700	14	7840	沥青	2005	–
100	经十二路	学府路至沿江公路	4500	50	225000	沥青	2005	–

续表 10-1

序号	道路名称	起 讫 地 点	长度(米)	路幅宽度(米)	面积(平方米)	路面结构	始建年份	改建年份
101	太平路北段	长江路至运粮河路	1086	6～8	-	混凝土、沥青	2005	-
102	太平路南段	运粮河路至朱方路	760	6～8	-	混凝土、沥青	2004	-
103	招隐山路	竹林寺至招隐寺	1300	6.50	8500	沥青	2005	-
104	金山湖路	长江路至江鲜街	1200	6～8	-	混凝土、沥青	2005	-
105	江鲜街	航道路至江南桥	800	6	-	混凝土、沥青	2005	-

二、主要干道

镇江市区路宽20米以上的主干道分为城市主干道和城市进出口道路,20世纪80年代至90年代,城市主干道以拓宽改造为主,进入21世纪,新建道路越来越多,规模越来越大。到2005年底,少数未拓宽改造的主干道也进行出新和完善。

1. 城市主干道

中山路(中山东路、中山西路)　中山路全长3936米,路宽40米,双向4车道。中山东路长1771米,其中大市口至中山桥段于1984年10月11日～1985年2月5日施工,大市口至梦溪路段于1987年12月31日建成;1985年9月12日原劳动路拓宽改建,并更名为中山西路,长2165米,1986年7月1日竣工通车。

中山桥同时拓宽改建,1986年1月20日建成通车。桥梁与古运河斜交角16°30′,长45.35米,桥面宽43.59米,车行道宽30米,人行道宽5.35×2米。该桥三跨分别为12.46米、19.56米、12.46米,结构为钢筋混凝土筒支式T型梁桥,下部结构为48根直径25毫米钢筋混凝土钻孔灌注桩。设计荷载汽20吨,拖100吨。

图 10-7　中山北路(2004 年摄)

中山北路(南段)　中山北路南段南起牌湾,与中山西路相接,北至长江路,长1020米,宽40米。2004年12月28日开工,2005年12月底竣工。在新建中山北路时,拆除1960年改建的原金山桥,重建新的金山桥宽40.60米,长42.00米。

长江路　长江路是市区第一条按园林景观标准设计的城市干道。长江路拓宽改造一期工程1999年12月动工,2001年1月8日竣工通车。一期工程东起解放路口,西至电力路口,长1000米,路面宽40米。机动车道与非机动车道之间设置3.75米绿化分隔带,道路北侧沿江建设宽15～40米滨江绿化风光带。镇江老港实施整体搬迁。工程开挖土方75000立方米,摊铺沥青路面28000平方米,铺设花岗岩人行道8000平方米;地下埋设水、气、电、通讯等14种23条管线;配置新型路灯52组,庭院灯、草坪灯115组;安装白玉石栏杆900米;种植大树726株,各类苗木8.5万株,铺设草坪1万平方米。工程由镇江市建设委员会组织实施。

二期工程从电力路口至镇江市第二人民医院,长1900米,宽40米。二期工程续建长江路风光带，建成面积约 1.8 万平方米的春江潮广场，广场主景点是承天台和主广场，绿化率 61%，移植大树名木 100 多株。工程拆除老平政桥，重建新平政桥。

三期工程东起市第二人民医院，西至润州路，跨越运粮河、塔影湖，长 3000 米，路面宽 40 米。双向 4 车道沥青路面，快慢车道间分设宽 3.75 米绿化分隔带。同期建成新的新河桥、塔影湖桥。

图 10-8　长江路夜景(2004 年摄)

电力路　1988 年 8 月 15 日～1989 年 9 月 30 日电力路实施拓宽改造。电力路全长由原来 1314 米延长为 1450 米，路宽由原来 9.1～16.3 米统一拓宽为 40.0 米。改造后路面横断为三块板，完成混凝土路面 17119 平方米、沥青路面 28645 平方米、人行道 10789 平方米，埋设地下管线 13 条。架设供电线 2000 米。施工前拆迁各种网点 97 个、居民房屋 670 户，拆迁面积 42879 平方米。该工程由镇江市市政设计院设计，镇江市市政工程公司施工。迎江桥同时进行扩建，在原迎江新桥西侧新建半幅新桥，宽 24 米。全桥宽 42.10 米，长 44.64 米。

图 10-9　20 世纪 80 年代电力路

图 10-10　20 世纪 90 年代电力路

塔山路　塔山路于 1990 年 10 月～1991 年 9 月拓宽改造。塔山路原路宽 12.3～15.1 米，改造后路宽统一为 26 米，其中机动车道 14 米，两侧非机动车道各宽 3 米，人行道各宽 3 米；长 660 米。完成混凝土路面 6980 平方米，沥青路面 4532 平方米，道板人行道 2981 平方米，砌筑块石挡墙 1368 立方米(长 297 米)，铺设排水管道 699 米。该工程由镇江市规划设计院设计，镇江市市政工程公司等 9 个单位参加施工。

解放路　解放路南段南起解放桥，北至大市口，全长 1031.7 米。1992 年 4 月 14 日～9 月 28 日施工。拓宽后路幅宽 42 米，其中机动车道宽 14 米，两侧非机动车道各宽 7.5 米，人行道各宽 6.5 米。解放路北段从大市口向北直至长江路东端，长 1273.8 米，拓宽改造后路宽 42 米。北段工程于 1993 年 4 月开工，同年 11 月 26 日竣工。南段、北段均由镇江市规划设计院设计，市政工程总公司施工。

解放桥同步进行拓宽，该工程保留老桥，在原桥东侧平行新建一座姊妹桥，新桥纵轴线与古运河成 40 度斜交，桥长 51.04 米、宽 20.05 米，桥台基础为直径 700 毫米双排 7×2 根灌注桩，主体为双 V 型钢架片与横隔梁组合成框架结构。设计荷载汽 20 吨、挂 100 吨。1992 年 7 月 20 日开工，

1993 年 3 月 20 日竣工通车。

图 10-11　20 世纪 80 年代解放路

图 10-12　20 世纪 90 年代解放路

解放路高架桥跨沪宁铁路，北起解放路，南接官塘桥路、南徐大道、天桥路、林隐路，形成五路平交路口。2002 年 7 月 18 日开工，2003 年 6 月 11 日竣工通车。桥总长 650 米，其中主桥长 410 米，桥宽 28 米，由 9 跨 25 米简支空心板梁、3 跨 45 米现浇箱梁、1 跨 50 米简支架 T 型梁组成。

东吴路　东吴路原名镇焦路，西起解放路，向东转北至象山（焦山公园大门），长 4107 米。1984 年 6 月～1985 年 12 月拓宽改造，施工后路宽 30 米，其中车行道宽 18 米，人行道各 6 米。2003 年再次改造，路面宽 40 米，快、慢车道均为沥青路面，人行道铺设花岗岩。

学府路　学府路西起梦溪广场，东至丹徒镇西王龙桥，全长 6.4 公里。原为老 312 国道镇澄路、镇常路，二级公路，路基宽 12 米，沥青路面宽 9 米。1991 年镇澄路西起梦溪广场，东至谏壁镇越河街段更名为丹徒路，2002 年丹徒镇王龙桥西段更名为学府路。学府路改造分两段实施，第一段西起二十一世纪乐园，东至江苏大学东大门，全长 2.148 公里，路基宽 22 米，沥青混凝土路面宽 15 米。2000 年初开工，10 月底竣工。第二段西起梦溪广场，东至二十一世纪乐园，全长 4.3 公里，按城市主干道二级标准建设，路基宽 40 米，行车道宽 15 米，沥青混凝土路面。2002 年 8 月 28 日开工，2003 年 6 月 28 日竣工。

丁卯桥路　丁卯桥路拓宽改造工程东起团结河桥，西至青年广场，全长 4867 米。拓宽后，道路采用三块板型式，路面宽 60 米，其中机动车道宽 24 米，两侧非机动车道沥青路面各宽 7 米，人行道宽 8 米，绿岛宽 3 米，成为镇江第一条路宽 60 米城市道路。道路沿线周家河桥、丁卯桥、团结河桥一并拓宽为 60 米。沿路设置港湾式公交站台 14 座。有 72 个单位、10 万多人为丁卯桥路建设捐资 650 万元。1995 年 3 月 8 日开工，1995 年 12 月 26 日竣工通车。工程分别由市政工程总公司和

图 10-13　拓宽后的丁卯桥路（2004 年摄）

公路部门承建,其中公路部门完成4840米×24米的机动车道和有关桥梁施工。

谷阳路　谷阳路总长5320米。一期工程长2660米,路宽32米。该路是市区二环路的一段,西南起自三里岗与官塘桥路相接,向北转东至丁卯桥路。道路按汽车一级专用线标准施工,其中机动车道为双向四车道,宽21米;中间设3米绿岛;两侧分别为各宽4米的非机动车道。在四明河、沪宁铁路、镇大铁路处分别建设桥梁:跨沪宁铁路高架桥长491.5米,为24墩、23跨的简支梁连续桥面结构桥,桥面距地面最大高差为13米,属特大型桥梁;跨四明河、镇大铁路桥分别长20米、36米,三座桥梁宽度均为32米。跨沪宁铁路桥的正线部分由铁路部门承担,其余工程由镇江交通部门实施。工程于1995年3月中旬开工,同年10月8日竣工通车。

1997年,分别实施谷阳路向北、向南延伸工程。向北延伸至学府路与宗泽路相交。工程由城建部门实施,道路按汽车一级专用线标准施工,北段长2050米,宽32米,路面为沥青混凝土结构,机动车道宽21米,中间设3.00米绿岛,两侧分别为各宽4.00米的非机动车道。在大运河处新建1座长71米、宽32米桥梁。该路南端延伸到高速公路镇江引线路口,向南延伸工程长610米,宽40米,机动车道宽21.0~22.5米,路面结构为水泥混凝土,中间设置1.5~3.0米绿化分隔带;两侧非机动车道各宽6.00米,人行道各宽2米。工程由交通部门实施,于9月30日竣工通车。

朱方路　朱方路原名镇句路,东北起于牌湾铁道口与车站路相接,西南止于宁镇公路出入口的时界山,全长4340米,其中牌湾至七里桥长3150米。1997年,该路拓宽改造一期工程从牌湾至七里甸广场,长2450米,宽40米,同时拓宽改造沪宁铁路立交桥、陆家桥箱涵。北段自牌湾至三茅宫广场的路面工程由城建部门实施,长1780米,宽40米。在牌湾广场新建2000平方米公共绿地。南段自三茅宫至七里甸,长670米,路面宽40米,按城市道路标准施工。由铁路立交桥拓宽、改建陆家桥箱涵以及道路接线3部分组成。铁路立交桥由原来3孔拓宽为5孔,中孔改建为宽15米机动车道、两侧边孔分别为5米和7米非机动车道和人行道。桥净空高4.85米。10月28日建成通车。

朱方路二期改造工程于1998年3月6日开工,同年9月30日竣工。工程起于七里甸广场,止于七里桥,长700米,宽40米,包括长68米的中桥1座,水泥混凝土路面9300平方米,沥青混凝土路面12000平方米,人行道6300平方米。

南徐大道　南徐大道原名黄七路,东接官塘桥路,西与镇句路相接,全长5.2公里,属于338省道一部分。1984年,黄七路路基拓宽至23米,1982~1984年间铺筑水泥混凝土路面,宽11米,两侧为砂石路面慢车道。1988年,黄七路更名为南徐大道。南徐大道系黄七路改建工程,按一级公路、城市Ⅰ级干道标准建设,总宽100米,双向8车道宽30米,两侧非机动车道各5.5米,两侧人行道各3米,机非分隔绿化带各3.5米,中央绿化带16米,人行道外绿化带各15米,道路穿越磨笄山、黄鹤山、黄山、吴家山、茶砚山等山峦,坦荡逶迤与周边自然环境相和谐,依山造景、植物造景,绿化面积36万平方米,占道路总面积的60%,又称生态大道。全部为沥青混凝土路面。工程于2002年3月16日开工,12月27日竣工验收,总投资3.9亿元。南徐大道2004年获建设部优秀园林工程奖。该工程首次采用土地市场化运作筹资建设。

图10-14　南徐大道(2004年摄)

正东路　正东路拓宽改造工程西起解放路,东至梦溪广场，长982米。路面拓宽为30至34米，其中机动车道为宽14米的水泥混凝土路面，两侧各宽5米，为沥青混凝土路面，其余为两侧人行道。1998年2月开工，同年9月30日竣工通车。

京口路　京口路原名京岘山路，东起宗泽路，西至学府路，长3200米、路宽30米。全路绿化率40%。工程拆迁于2003年4月20日开始，2004年12月28日竣工通车。

松村路　松村路南起老山路与桃花坞路交叉口，北至禹山北路，长1200米。拓宽后路面宽24米，其中车行道宽16米，两侧人行道各宽4米。2004年4月开工，12月28日竣工。结合道路改造，建成面积4000平方米党校广场。

图10-15　江滨大道(2004年摄)

江滨大道　江滨大道东起东吴路北段，西至大东支路，长2100米，宽33米，其中快车道14米，两侧绿化隔离带、慢车道、人行道分别宽2.5米、4米、3米。跨御桥港建长600米、宽33.6米沧浪桥1座。按城市次干道Ⅰ级标准施工。2003年6月20日开工，2004年10月28日竣工。工程由京口区、市建设局分别负责实施。

黄山南路·黄山北路　黄山南路北起中山西路，南至南徐大道，长1820米，路宽40米，双向4车道，机动车道宽15米，两侧绿化带、非机动车道、人行道分别宽4米、3米、5米。该路整治出新与拓宽改造同步进行。工程由润州区负责承建，2003年4月1日开工，同年12月31日竣工通车。

黄山北路南段南起中山西路，北至宝盖路，长1700米；北段即原宝塔路，自宝盖路至长江路，长1000米。全路宽27～33米，交叉路口加宽至40米，其中快车道14米，两侧绿岛各宽2.5米，慢车道各宽4.2米、人行道各宽2.8米。工程分别由建设局、房管局负责建设，2005年南段建成，北段于2005年8月10日开工(次年9月竣工)。

黄山中路　黄山中路起于黄山南路，终于九华山路，长640米，路宽35米。2005年建成通车。

黄山东路　黄山东路西接黄山南路，东连健康路西延段。该路按城市次干道Ⅱ级标准实施。路宽24～40米，长650米。2004年4月18日开工，同年12月28日竣工。

图10-16　跑马山路(2004年摄)

跑马山路·檀山路·谷阳西环路　三条路连通镇江老城区、南徐新城、丹徒新区，构成镇江市区交通城西发展轴，全长10787米。北段跑马山路北起中山西路，跨越沪宁铁路，南至南徐路，长2387米，宽45～50米，快、慢车道之间设置4米宽绿化隔离带，道路两侧建设10～15米的绿化带。同步建长600米跨沪宁铁路桥，桥梁与路幅同宽。2003年7月动工，2004年5月18日建成通车。中段檀山路北起南徐路，南至312国道,长3600米,宽50米,双向6车道。按城市一级干道标准施工,2003年3月28日开工,同年12月18日竣工通车。南段谷阳西环路北接312国道,南至丹徒新区广场,长4800米,宽50米。2004年4月竣工。

禹山北路　禹山北路西起东吴路九里街,东至谷阳北路,长3300米,路宽40米,道路两侧设置10米宽绿化风光带,全路绿化率45%。2003年4月开工,12月底道路主体工程竣工。

古城路　古城路是连接江滨新村、花山湾和桃花坞小区的道路,北起东吴路,南至京口路,长1160米,宽20米。该路为一块板形式,快、慢车道为沥青混凝土路面。2003年3月开工建设,同年9月底竣工通车。

滨江旅游线　滨江旅游线起于虹桥港,迄于江滨大道,长1650米,宽20米,其中宽14米的车行道为沥青混凝土路面、两侧人行道各宽3米。2004年12月28日竣工。

宗泽路　宗泽路起于小米山路,西南与谷阳北路相接,长1876米,宽30米。1994年新建。

金港大道　金港大道东起大港圌山路,西至通港路,长5150米,宽60米,水泥路面。2003年11月26日建成通车。

兴港东路·兴港西路　原名兴港路。东段东起圌山路,西至港中路,长4300米;西段东起港中路,西至大港汽渡,长3300米;均宽40米。1997年两段分别更名为兴港东路、兴港西路。

通港路　通港路北起兴港西路,南至葛村,该路是218省道在大港地区内的一段,路长5160米,宽40米,1993年命名为通港路。北段工程道路长700米,宽40米,沥青混凝土路面;同时建成桥梁1座,长39米,宽40米,三跨简支梁结构。2004年开工,2005年4月28日竣工通车。该路段的建成结束通港路不通港状况。

长香路　丹徒新区到开发区长山南路,长约2500米,主车道宽20米,中央绿化带宽8米,采用城市主干道I级标准设计。一期工程2004年12月28日竣工。

西环路　是丹徒新区连接檀山路、沟通镇江主城区的主要通道,长4800米,路幅宽50米,两旁绿化带宽30米,属城市Ⅰ级标准道路。

2. 市区进出口道路

1982年以前,镇江市东西南北四个方向仅各有一条公路进出市区,即镇澄路、镇宝路、镇句路、镇扬路。20世纪80年代中后期开始改建、新建包括原来四条路在内的一些道路(如黄七路、周家河路、金山西路),从1995年丁卯桥路拓宽为60米的主干道开始,城市进出口道路建设进入高潮。按城市道路标准改建丁长路、谷阳路、官塘桥路(引资大道)、南徐大道(生态大道)、学府路、金桥路等进出口道路。

宁镇公路　宁镇公路为312国道一段,镇江段长36.415公里,由南京、镇江交界处的东阳进入句容境内。东阳至唐驾庄段28.05公里为二级公路,路基宽12.5米,路面宽9米,两侧各设1米宽硬路肩和0.75米土路肩;时界山至高资段8.37公里为一级公路,路基顶宽26米,快车道2×8米,慢车道2×3.75米,中间绿化分隔带1.5米。1986年12月27日开工,1990年9月29日竣工。

镇常公路　镇常公路又称沪宁二级公路镇江东段,是312国道的一段。镇江段西起戴家门,东至丹阳康家村,全长59.05公里。路基宽12米,路面宽9米,其中20公里为沥青混凝土路面,其余为水泥混凝土路面。设计时速80公里/小时。1989年11月1日开工,1991年12月21日建成通车。

沿江公路　沿江公路镇江段以丹徒纪庄为起点,途经丁岗、埤城、后巷、高桥,终点是常州小河,全长26.3公里,超二级公路标准,路基宽15米,路面宽12米。

沪宁高速公路镇江接线工程　工程自谷阳路与镇宝路交叉口至沪宁高速公路镇江支线起点,长2148米,按一级公路和城市道路标准建设,路面宽40米,同时建桥梁1座、涵洞7座。1997年2月开工,9月28日竣工。镇江市公路管理处实施。

镇荣公路　镇荣公路镇宝路段一期工程起自官塘桥缪家甸,终于沪宁高速公路丹徒互通,长

11143 米，1995 年 4 月开工建设，1997 年 12 月 29 日建成通车。路基宽 24.4 米，路面宽 16 米，路面为水泥混凝土结构。由丹徒县自行设计、建造。镇荣路北延段拓宽改造工程长 2607 米，2005 年 10 月 11 日竣工。

图 10-17　官塘桥路（2005 年摄）

官塘桥路　官塘桥路原名镇宝路，全长 5303 米，总投资 8029.9 万元。该路拓宽改造一期工程于 2001 年 3 月 18 日开工，从谷阳路西南端口至天桥西端，长 2800 米，路面宽 40 米。按城市一级干道标准建设，为沥青混凝土路面，道路两侧设近 8 万平方米绿化带，绿地率 44.5%。在天桥桥头新建 4000 平方米的绿化广场，点缀以飞檐小亭，白石栏杆。由镇江市建设局负责实施从天桥至煤矿医院 1000 米的 A 段工程，镇江市交通局负责实施煤矿医院至谷阳路口 1800 米的 B 段工程。2005 年，进行谷阳路口经官塘桥至高速公路入口的道路出新工程，道路全长 2503 米。全路于 2005 年 8 月 28 日竣工。这条路被称为“引资大道”。

润州路　1996 年镇扬路更名为润州路，起点鲇鱼套公路汽渡码头，至三茅宫广场，全长 3.18 公里。原镇扬路 1983 年路基拓宽至 23 米，1984 年又延伸拓宽 100 米，路基宽 20 米。1987 年、1988 年改建为水泥混凝土路面，中幅宽 15 米，两侧各建 3.5 米沥青路面慢车道。2003 年 3 月 27 日 ~12 月 31 日，实施润州路拓宽改造工程，其中增加朱方路三茅宫广场至四摆渡为老路出新段。按城市干道一级标准建设，渡区至运粮河桥段道路总宽 40 米，运粮河桥至七里甸桥段路幅宽 34 米，七里甸桥至四摆渡段路幅宽 40 米，双向四车道宽 15 ~17.5 米，朱方路为原有的水泥混凝土路面，其余为沥青混凝土路面。镇扬汽渡码头渡区一并拓宽成 100 米，同时拓宽运粮河桥，改造跃进河、将三茅宫环形广场改为丁字路三角形广场，又称园林水景路，总投资 2.1 亿元。

金桥大道　金桥大道原名跃进路，东起跃进桥，接金山西路与润州路相交，西至六摆渡，全长 5.55 公里。1998 年 9 月 30 日建成跃进路拓宽改造一期工程（半幅），沥青混凝土路面 3.25 公里，水泥混凝土路面 1.44 公里，沥青表处路面 0.86 公里及红旗桥、龙门桥和 28 道涵洞，投资 1500 万元。2004 年 9 月至 2005 年 4 月，建成金桥大道一期工程，由润州路连接润扬长江公路大桥，为润扬大桥配套工程，长 1.6 公里，城市主干道一级标准，沥青混凝土路面，路宽 60 米，双向六车道宽 22 米，各类管线一次性预埋入地，改建桥梁 2 座，同时整治 1.2 公里跃进河水景，整治出新沿线沿河建筑，绿化面积达 5 万平方米，总投资 2.5 亿元（2006 年跃进路

图 10-18　金桥大道（2008 年摄）

更名为金桥大道,东与润州路相连,西止于戴家门路,全长 2.64 公里。金桥大道二期工程于 2006 年 6 月 28 日开工,2007 年 5 月 1 日竣工,长 1.04 公里,按公路一级标准设计,路宽 27.5 米,投资 1.41 亿元)。

葛大公路　葛村至大港公路拓宽改造工程长 2131 米,路面宽 40 米。1996 年完成路基工程,1997 年 6 月 30 日完成路面工程。葛大公路与大港开发区主道路、葛丹公路相连接。

镇大公路　镇江至大港一级公路全长 21.8 公里,起点为丁卯桥路团结河,经长岗向南转东,终点为大港通港路。1998 年 9 月 28 日开工,2000 年 8 月 31 日建成通车。累计总投资 2.1 亿元,由上海中桥基建投资集团、英国汉森投资公司、镇江市交通投资公司三方共同投资建设,是镇江市第一条引进外资建设的道路。

镇江禄口机场快速通道　镇江禄口机场快速通道起自镇扬汽渡,利用润州路、金桥大道、戴家门路,从戴家门交叉口新建道路,跨越五州山,于伏龙岗接拓宽改造后的 243 省道,经新建的句容东南环路至钤塘,经三岔跨赤山湖支流,再经郭庄上跨宁杭高速公路后从江宁进入禄口机场,全长 80 公里,镇江段按平原微丘一级公路标准设计。一期工程(五里墩至钤塘段)长 7.4 公里,路基宽 40 米,1998 年底建成通车。

镇江至溧阳高速公路　镇江至溧阳高速公路全长 65951 米,起点位于润扬大桥南接线,南至溧阳接宁杭高速。计划工期 4 年。道路采用双向 6 车道标准,设计时速 120 公里。其中镇江段长 23.41 公里,设上会、宝堰互通和荣炳服务区。2003 年 10 月 27 日开工(2007 年 9 月 30 日建成通车)。

三、街巷

1985 年,市区有街巷 307 条,总长 100.3 公里,街巷总面积 22 万平方米,其中有 110 条街巷改建成水泥、沥青路面,长 11.1 公里,面积 4.63 万平方米,占街巷道路总长的 11%,总面积的 21.05%,其余多为片石路和片石道板路以及少量土路。

图 10-19　城西老巷(2002 年摄)

到 2005 年底,镇江市区有街巷 293 条,总长 183.66 公里,街巷面积 61.21 万平方米。在城市建设过程中,一些街巷随着老城片区改造相继消失,如果子巷、月朗巷、小八叉巷等 47 条街巷;同时连年的城市片区开发也催生一些新的新村小区,如江滨新村、桃花坞新村、花山湾新村、桃园新村等小区。

1985～2005 年镇江市区消失的街巷情况表

表 10-2

1. 药师庵巷	2. 大爸爸巷	3. 小爸爸巷
4. 马家巷	5. 敏翔里	6. 新成里
7. 月朗巷	8. 果子巷	9. 胭脂巷
10. 曹家巷	11. 小八叉巷	12. 马棚巷
13. 磨刀巷	14. 王通寺巷	15. 大教场
16. 丹徒县委	17. 醋巷	18. 双井路巷

续表 10-2

19. 解放里	20. 卫东新村	21. 草巷
22. 吴先生巷	23. 磨盘巷	24. 松花巷
25. 永安路支巷	26. 正东路支巷	27. 马三房巷
28. 马祠巷	29. 丁家巷	30. 三台栈巷
31. 松盛园巷	32. 学沟巷	33. 大学山
34. 贻成巷	35. 中山东路南巷	36. 钱家山
37. 义士路支巷	38. 电力路支巷	39. 邹家巷
40. 盛园巷	41. 小闸口	42. 新河路巷
43. 义渡局巷	44. 吴家门	45. 陋园巷
46. 王三园巷	47. 牛皮巷	

2005 年镇江市区街巷（小区）道路情况表

表 10-3

序号	道路名称	长度（米）	路幅宽度（米）
1	江滨新村一期	1268.40	2.00
2	江滨新村二期	7968.44	5.00
3	江滨新村三期	4138.90	5.42
4	小圩子路	985.00	6.30
5	三廊庙	613.00	3.67
6	九里街支巷	597.50	3.62
7	象山桥一村	184.00	5.00
8	陈家门小学工厂	230.00	4.00
9	绿竹巷	1391.60	4.68
10	鼓楼一村	1271.50	1.44
11	鼓楼二村	775.00	2.25
12	鼓楼三村	582.70	1.70
13	鼓楼岗	356.30	2.10
14	鼓楼四村	66.00	2.00
15	千秋桥北	290.70	2.13
16	千秋桥街	926.00	1.74
17	甘露苑东侧	113.90	6.50
18	剪子巷	1060.00	3.84
19	中街	844.40	1.74
20	万古一人巷	457.00	24.75
21	老北门	585.00	4.88
22	置业新村	476.50	3.75
23	青云门	1503.44	4.06
24	府学新村	342.40	5.50
25	城隍庙东	206.80	3.87

续表 10-3

序号	道路名称	长度(米)	路幅宽度(米)
26	凤凰岭人行道	104.00	8.75
27	文昌宫	365.00	2.75
28	五条街菜场(中山东路88号)	336.60	2.47
29	第一楼街	693.10	-
30	北京华联南侧	70.50	6.00
31	医政路-东吴路	251.00	6.00
32	会莲庵街	996.80	1.70
33	北固山下	308.20	1.36
34	北水关	852.96	2.88
35	太平寺巷	333.87	4.04
36	钓鱼巷	382.50	2.63
37	道署街	360.20	12.06
38	仓巷	508.30	3.82
39	东西城根	251.00	2.38
40	小门直街	349.00	2.35
41	马厂街	501.30	2.67
42	拖板桥	295.00	1.17
43	黄花亭	376.10	2.05
44	上河边	284.50	2.00
45	得胜街	280.50	1.58
46	胜利路	644.90	2.00
47	虹桥街	552.50	1.70
48	河北街	373.70	2.38
49	荷花塘街(东)	413.00	1.48
50	三阳巷	488.00	1.71
51	小盛家巷	887.40	1.43
52	粮米仓巷	714.72	1.40
53	大埂街	267.60	1.69
54	上河边(西)	550.00	2.83
55	新河街	591.50	2.83
56	荷花塘街(西)	436.80	-
57	龙亭巷	218.00	1.67
58	水炉巷	133.40	1.41
59	西家湾	458.00	1.28
60	仙鹤巷	211.90	10.67
61	西府街	637.90	2.71
62	宋官营	396.20	8.90
63	牌坊巷	692.10	3.68
64	弥陀寺巷	1643.00	4.23
65	演军巷	509.50	4.90

续表 10-3

序号	道路名称	长度(米)	路幅宽度(米)
66	市政路支巷(球友西侧)	86.60	2.03
67	白莲巷	483.00	2.25
68	山门口支巷	18.00	2.05
69	将军巷	172.00	–
70	宝塔巷	212.30	8.40
71	腰刀巷	458.00	2.66
72	中山路幼儿园南	75.00	3.60
73	水陆寺巷	441.50	3.42
74	经折巷	497.10	5.09
75	娄巷	272.00	1.75
76	古更楼巷	614.05	2.82
77	观音桥巷	852.60	3.22
78	蛤蟆院	293.20	2.94
79	火坛楼巷	560.00	7.05
80	尚友新村	250.00	6.00
81	梦溪园巷	471.80	4.53
82	东门坡	532.20	3.15
83	笪家山	253.20	3.22
84	中营街	1650.60	12.80
85	梳儿巷	420.00	2.73
86	网巾桥	386.50	–
87	贺家弄	2152.40	2.82
88	靳家巷	202.20	5.25
89	尤唐巷	469.90	1.96
90	张家巷	217.00	1.75
91	解放桥巷	559.60	5.09
92	南马路	524.70	3.83
93	棒棰营	1074.00	2.87
94	古通巷	874.30	2.80
95	酒海街	1304.50	3.60
96	下河头	1328.80	2.26
97	簸箕巷	414.30	2.43
98	庙巷	626.00	2.29
99	花巷	177.00	3.98
100	石头巷	889.00	2.01
101	桃花坞二区	1361.40	2.43
102	桃花坞四区	760.80	3.12
103	桃花坞六区	726.60	3.72
104	桃花坞八区	1410.60	3.00
105	桃花坞十区	2209.60	2.85

续表 10-3

序号	道路名称	长度(米)	路幅宽度(米)
106	桃花坞十二区	1308.80	3.17
107	桃花坞七区	770.80	2.54
108	八角亭	1155.10	2.57
109	桃花坞三区	1333.40	3.08
110	桃花坞五区	1339.50	2.31
111	大鹏宿舍楼	225.50	2.62
112	花山湾一区	2291.50	2.74
113	花山湾五区	1585.10	3.03
114	花山湾三区	1255.50	2.00
115	花山湾七区	1832.60	2.72
116	花山湾九区	1329.70	2.68
117	花山湾二区	901.50	2.07
118	花山湾四区	1712.70	2.18
119	花山湾六区	2249.70	2.81
120	花山湾八区	1174.50	2.71
121	花山湾十区	1103.30	2.19
122	花山湾象山茶场	1702.10	3.08
123	东吴路 188 号前	313.50	2.50
124	气象里	642.90	2.53
125	京岘山	1153.20	2.76
126	滨河路	904.30	5.81
127	山门口街	264.20	9.00
128	吴园对巷	160.00	2.00
129	金山新村	555.00	7.00
130	江南新村	4371.00	5.00
131	琴园巷	830.00	2.00
132	航运新村	2332.00	4.00
133	金山巷	485.00	-
134	新河新村	533.00	2.00
135	建设新村	435.00	-
136	民主街	818.00	5.00
137	运粮河路	1928.00	5.00
138	东长安里	149.00	2.00
139	小街	460.00	2.00
140	染坊巷	190.00	1.50
141	吉安里	74.00	1.50
142	同兴里	41.00	1.00
143	龙江巷	139.00	2.50
144	广肇公所巷	131.00	1.50
145	小白龙巷	164.00	1.50

续表 10-3

序号	道路名称	长度(米)	路幅宽度(米)
146	贾家巷	319.00	2.00
147	三善巷	152.00	2.50
148	大孙家巷	373.00	2.00
149	芦州会馆巷	259.00	-
150	吉康里	136.00	2.00
151	魏同兴巷	469.00	2.00
152	板壁巷	399.00	2.00
153	民国春街	239.00	2.00
154	三元巷	131.00	2.00
155	万家巷	290.00	2.00
156	火星庙巷	254.00	2.00
157	节约巷	189.00	2.00
158	雁儿河巷	145.00	2.00
159	丰和巷	216.00	1.50
160	生产巷	215.00	-
161	寿康里	148.00	24.00
162	布业公所巷	116.00	1.50
163	皮坊巷	134.00	2.50
164	大夫桥	174.00	2.50
165	篾篮巷	234.00	2.00
166	清真寺街	508.00	3.00
167	爸爸巷	304.00	2.00
168	同鑫里	174.00	2.00
169	支水巷	175.00	2.00
170	宝盖巷	150.00	1.50
171	九如巷	772.00	2.00
172	杨家门	463.00	2.00
173	杨家门南巷	184.00	3.00
174	三多巷	160.00	2.00
175	曹家坡	482.00	2.00
176	行宫巷	41.00	2.00
177	土地祠	267.00	2.00
178	德仁里	144.00	2.00
179	薛家巷	457.00	2.00
180	太和里	296.00	2.00
181	东麒麟巷	548.00	2.00
182	西麒麟巷	118.00	2.00
183	福莲巷	106.00	1.50
184	平安里	223.00	2.00
185	梅花巷	343.00	2.00

续表 10-3

序号	道路名称	长度(米)	路幅宽度(米)
186	花华巷	136.00	2.00
187	互济巷	202.00	3.00
188	宝塔路横街	489.00	2.80
189	王家巷	1602.00	2.50
190	丹阳码头	378.00	3.00
191	王家横巷	180.00	7.00
192	太平庵巷	474.00	2.00
193	西柴院	1306.00	4.00
194	瓦瓷山	86.00	2.00
195	小孟湖	495.00	4.00
196	桃西路	912.00	7.00
197	新河西岸	872.00	2.00
198	五十三坡	489.00	2.00
199	小码头街	675.00	2.80
200	吉瑞里	160.00	2.00
201	德安里	25.00	2.00
202	登山巷	63.00	2.00
203	南星巷	70.00	2.00
204	西长安里	241.00	2.00
205	利群巷	207.00	1.50
206	利商街	267.00	2.00
207	西津渡街	345.00	3.00
208	小刘李巷	251.00	2.00
209	荣庆新村	115.00	2.00
210	荣庆里	75.00	1.00
211	缸瓦厂	164.00	7.00
212	溧阳码头	203.00	10.00
213	浴池巷	178.00	2.00
214	同德里	660.00	5.00
215	西更楼巷	405.00	2.00
216	小杨家巷	224.00	2.00
217	大杨家巷	176.00	1.50
218	又新街	241.00	2.00
219	于祠巷	64.00	1.50
220	柴炭巷	331.00	4.00
221	戥儿巷	289.00	2.00
222	西坞街	232.00	2.50
223	镇屏街	303.00	2.00
224	镇屏山下	213.00	2.00
225	公估巷	115.00	1.50

续表 10-3

序号	道路名称	长度(米)	路幅宽度(米)
226	二马路	152.00	2.50
227	中华路后街	184.00	2.00
228	日新街	167.00	2.50
229	东坞街	268.00	2.00
230	盆汤巷	309.00	2.00
231	小营盘	397.00	2.50
232	鱼巷	76.00	2.50
233	春江里	64.00	1.50
234	姚一湾	558.00	2.00
235	潮水沟	326.00	3.50
236	太保巷	324.00	2.00
237	招商东巷	155.00	2.00
238	打索街	376.00	2.50
239	陶家门	114.00	2.00
240	十八进	581.00	8.00
241	邮局巷	81.00	2.00
242	互助巷	127.00	2.00
243	西下坡	146.00	2.50
244	老牌湾路	833.00	40.00
245	太古山	1962.00	4.00
246	劳动新村	773.00	3.00
247	王家湾	2352.00	3.00
248	润州山	535.00	5.00
249	登云路	437.00	5.00
250	何家门支巷	1617.00	3.25
251	阳彭山铁路	392.00	3.00
252	广东山庄宅前路	918.00	4.00
253	北五省会馆	814.00	2.00
254	梅园巷	223.00	3.00
255	登云新村	142.00	3.00
256	山巷底	670.00	2.50
257	铁路边	190.00	2.00
258	黑桥	15.00	3.00
259	黑桥西	426.00	2.00
260	西体分场	118.00	2.50
261	灵鹫巷	331.00	2.00
262	宝盖山	447.00	2.00
263	苗家巷	421.00	3.00
264	岗子下	790.00	5.00

续表 10-3

序号	道路名称	长度(米)	路幅宽度(米)
265	东岳巷	683.00	5.50
266	三官塘	353.00	3.00
267	凤鸣新村	1306.00	3.50
268	黄山支路	326.00	2.50
269	黄山新村	782.00	4.00
270	车站西	1647.00	5.00
271	古西门街	652.00	2.00
272	跑马山	1116.00	8.00
273	二道巷	525.00	4.00
274	牌湾街	476.00	4.00
275	中山西路 107#	307.00	4.00
276	中山西路 103#	207.00	5.00
277	葡萄架	993.00	2.50
278	二道井	173.00	2.50
279	露石街(三茅宫)	583.00	4.00
280	朱方支路	615.00	5.00
281	李家山	5011.00	3.00
282	三茅宫	5485.00	4.00
283	京畿路后街	118.00	3.00
284	京畿巷	403.00	1.75
285	西大院	531.00	1.75
286	东大院	221.00	2.50
287	地藏庵	42.00	2.00
288	福寿巷	110.00	2.00
289	宝盖巷	187.00	2.00
290	宝盖新村	1017.00	2.50
291	励家塘前	666.00	2.50
292	励家塘后	580.00	1.50
293	福建会馆	617.00	1.50

说明:该表所列道路路面结构均为道板

第二节　城市桥梁隧道

1983 年,市区有 15 座桥梁和 3 座立交隧道。到 2005 年底,市区有跨江河桥梁 31 座,跨铁路、公路立交桥 7 座,铁路隧道 3 座,其中:跨越古运河的有平政桥、京口闸桥、迎江桥、老西门桥、新西门桥、中山桥、解放桥、虎踞桥、南水桥、塔山桥、丁卯桥、潘家湾桥(谷阳桥)、丹徒闸桥;跨越新河、运粮河的有新新河桥、老新河桥、金山桥、运粮河桥、跃进桥;跨越长江的有润扬大桥;跨越镇江港引河的有江南桥;跨越虹桥港的有沧浪桥、象山桥、宗泽桥、禹山桥、聆江桥;跨越御桥港的有七里甸桥；跨越团结河的有团结河桥；跨越周家河的有金家桥（锚链厂桥）、周家河桥；跨越四明河的有官塘桥；以及人工湖南侧的一泉桥（又叫塔影湖桥），这些桥梁都是钢筋混凝土结构。跨越沪宁铁路的有南门天桥、解放路高架桥、跑马山立交桥、沪宁铁路镇江站人行天桥；跨越312国道的有镇南立交桥。磷肥厂、黄山路、朱方路的3座隧道与沪宁铁路复线形成立交。其他还有黑桥、小码头地下人行立交通道等。镇江市区和东、南、西三个方向，通往外部的道路上，都有桥梁相连，形成内外沟通的城市道路网。

图10-20　1997年12月，竣工的镇南立交桥鸟瞰

图10-21　南门高架桥（2005年摄）

2005年镇江市区部分桥梁情况表

表10-4

序号	桥梁名称	河道名称	所在道路名　称	结构	长宽度（米）长×宽	建造年份	改建年份
1	老新河桥	运粮河	新河路	钢梁混凝土双曲拱桥	35.70×11.20	1908	1970
2	中山桥	运河	中山东路	混凝土梁桥	45.35×43.59	1932	1986
3	丁卯桥	运河	丁卯桥路	混凝土梁桥	-	-	1988
4	京口闸桥	运河	京口闸	钢筋混凝土板梁	12.50×7.60	1938	1998
5	解放桥	运河	解放路	V形钢架连续梁桥	51.04×20.05	1930	1993
6	七里甸桥	御桥港	朱方路	∩形混凝土双曲拱桥	15×6	1966	1998
7	迎江桥	运河	电力路	钢筋混凝土梁板	44.64×42.10	1973	1989
8	虎踞桥	运河	南门大街	石拱桥	30×9.90	明代	1999
9	老西门桥	运河	大西路	预应力空心板梁桥	36.74×18.30	1937	-
10	平政桥	运河	长江路	非预应力空心板简支梁	64×40	1905	2001
11	官塘桥	四明河	官塘桥路东	-	-	-	2001
12	象山桥	虹桥港	东吴北路	钢筋混凝土梁板桥	25.80×14.40	1947	2003
13	跃进桥	运粮河	跃进路	-	-	-	2005
14	老宗泽桥	虹桥港	宗泽路	-	25×14	-	2005
15	禹山桥	虹桥港	禹山路	-	73×32	-	2005
16	团结河桥	团结河	丁卯桥至长岗	混凝土节制闸桥	-	1983	-
17	江南桥	镇江港引河	新河西岸路	混凝土T形梁	121.34×10	1979	-
18	锚链厂桥（金家桥）	周家河	官塘桥路	单跨式简支空心板梁	12×40	1991	-
19	塔影湖桥	塔影湖	长江路	先张法空心梁板桥	280×40	2002	-
20	潘家湾桥（谷阳桥）	运河	谷阳北路	钢筋混凝土梁桥	73×32	1997	-

续表 10-4

序号	桥梁名称	河道名称	所在道路名　称	结构	长宽度(米)长×宽	建造年份	改建年份
21	新新河桥	运河	长江路	混凝土双提篮系杆拱桥	81×40	2002	-
22	金山桥	运粮河	中山北路	预应力混凝土空心板	42×40.60	2005	-
23	润扬大桥	长江	-	-	长35.66公里	2005	-
24	周家河桥	周家河	丁卯桥路	钢筋混凝土梁桥	13×(24+18+18)	1994	-
25	丹徒闸桥	运河	学府路	钢筋混凝土板梁	-	1994	-
26	沧浪桥	虹桥港	滨江旅游专线	钢筋混凝土梁桥	宽20米	2004	-
27	聆江桥	虹桥港	滨江旅游专线	钢筋混凝土梁桥	长234.78	2005	-

2005 年镇江市立交、隧道情况表

表 10-5

序号	桥梁名称	所在道路名　称	结构	长宽度(米)长×宽	建造年份	改建年份
1	镇句路立交隧道	七里甸	5 孔分隔隧道	26×18	1970	1997
2	黑　桥	跨越原沪宁铁路	预制梁板桥	20×2.79	1913	2001
3	南门天桥	天桥支路跨沪宁线	混凝土框架预应力空心板梁桥	65.62×31	1978	-
4	解放路高段高架桥	天桥北路	预制梁板桥	800×28	2002	-
5	跑马山立交桥	跑马山路	预应力空心简支连续桥梁	486.2×45	2003	-
6	镇江站人行天桥	沪宁线下 K237+750	等截面预应力空心板梁桥	75×4	2005	-
7	镇南立交桥	312 国道、镇丹线、沿江线交会处	蝴蝶结形互通公路立交	总长1390米	1999	-
8	小码头地下人行立交桥	长江路、新河路交接处	立交箱涵	全长12米	1991	-
9	磷肥厂立交隧道	磷肥厂	混凝土整体现浇单孔箱	28.03×6	1976	-
10	黄山路立交隧道(黄山铁路桥)	黄山路	混凝土现浇双孔箱	19.2×12.76	1975	-

第三节　广场与绿化

一、城市广场

20 世纪 70 年代开始，随着城市发展，道路拓宽，相继开辟梦溪广场、火车站广场、青年广场等。

2001～2005 年，城市建设围绕营造生态城市，优化人居环境，构建现代化大城市框架，凸显“城市山林、大江风貌”地域特色，先后建成 14 座集休闲、健身、绿化于一体，富有现代城市景观气息的城市广场和游园、街头绿地等。

图 10-22　大市口广场(2004 年摄)

图 10-23　火车站广场新貌(2001 年摄)

2005 年镇江市城市广场一览表

表 10-6　　单位:万平方米

序号	广场名称	面　积	建设时间(年)	备　注
1	梦溪广场	0.60	1973	2003 年整治出新
2	火车站广场	1.20	1978	2001 年整治出新
3	青年广场	1.20	1995	–
4	新区广场	9.90	1998	–
5	大市口广场	1.90	2001	–
6	春江潮广场	1.80	2002	–
7	东吴广场	1.00	2003	交通性质的十字路口
8	润州广场	1.36	2003	–
9	山巷广场	0.50	2003	–
10	京口广场	1.55	2003	–
11	花山广场	0.50	2004	–
12	健康广场	0.70	2005	–
13	珍珠广场	0.40	2005	–
14	牌湾广场	0.50	2005	交通性质的十字路口

二、游园和街头绿地

1. 游园

蒜山游园　2004 年建成,位于长江路南侧,西津渡街北侧的蒜山游园,总建设面积 5800 平方米,其中园区 4800 平方米,拆迁面积 3200 平方米,工程于 2004 年 11 月开工,12 月底竣工。整个游园以蒜山为中心,分为东西两块,包括山体整治、绿化、水系、雕塑、游步道铺装、广场、水榭、廊亭、灯光亮化等。同时维修传统民居建筑 800 平方米。

2. 街头绿地

南门天桥街头绿地　位于南门天桥西,折转南和北,2001 年建成,占地 4000 平方米,点缀飞檐小亭、白石栏杆等。

官塘桥街头绿地　位于谷阳路南路口，2001 年兴建官塘桥路时，同时开辟的 1.3 万平方米街头绿地广场。

中山桥东绿岛　中山桥东的一棵大银杏树矗立在绿岛中。1987 年马路拓宽前，该树在京口饭店围墙内，曾是承庆禅寺的古树。

黄鹤山绿地　1997 年建黄鹤山绿地 30 万平方米，内有“米公石榻”“寄奴梦鹤处”“濂溪池”“濂溪书屋”及“鹤林神女升仙桥”等多处胜景。

北固山西区绿化景观　该绿化景观工程于 2005 年 10 月 30 日开工，总面积 8.3 万平方米，其中道路铺装面积 1.2 万平方米。总体布局分滨江游览区、山林过渡区、休憩观赏区、停车服务区、沿路景观带。其中绿化景观由四园两林组成：桂花园、玉兰园、海棠园、竹园，雪松林、水杉林。本着自然化、生态化、整体化和人性化宗旨，通过乔木、灌木和草坪合理配置，形成具有良好园林绿化景观的公共绿地。共栽植各类乔木 3355 株，灌木 2300 株，球类造型 200 余株，竹类 7.5 万株，地被植物及草坪 4.6 万平方米。

三、城市绿化

1985 年，市区有绿地面积 385.5 公顷，其中公共绿地 69.52 公顷，专用绿地 149.26 公顷，生产用地（主要是苗圃）16.47 公顷。另有绿岛、街心花坛 69 个，人均公共绿地 2.07 平方米，绿化覆盖率达 16.75%。1986～1990 年，新增建成区绿地面积 114 公顷，人均公共绿地 2.68 平方米，绿化覆盖率 24.1%。1991～1995 年，新增绿地 27.94 公顷（含公共绿地 15.23 公顷），建成区绿化覆盖率 31.8%，建成区绿地率 30.2%，人均公共绿地 4.8 平方米，其中 1995 年全年植树 5 万株，新增绿地 12 万平方米。1995 年底，市区人均公共绿地达 4.8 平方米，绿化覆盖率为 31.8%。

1996 年，市区新增绿地面积 35.2 万平方米（含新增公共绿地 9.2 万平方米）。建成丁卯桥路绿化带，东吴宾馆、金山水厂、镇江中学、谏壁油库被省命名为“园林式”单位。1997 年，新增绿地 68.6 万平方米，其中新增公共绿地 34.2 万平方米。在开展创建绿化达标单位和园林式单位活动中，有 34 个单位绿化达标。同时组织市区 18 家房地产开发企业开展创建绿化达标住宅小区和园林式住宅小区活动，市区新建小区新增绿地 2.47 万平方米。1998 年，新增公共绿地 53.8 万平方米，1999 年新增绿地 41.3 万平方米，其中公共绿地 13 万平方米。建成宝盖山二期 1 万平方米公共绿地；完成古运河三期 C 段整治及中山桥至解放桥风光带建设，和中山路、电力路、解放路绿地提档升级改造工程；实施正东路绿化、改造梦溪广场、东吴广场绿化以及小区绿化 2.2 万平方米。2000 年实施长江路风光带一期工程、大市口广场标志性绿化工程、团结河风光带（三期）和焦东公共绿地改造工程、古运河风光带（四期）和南水桥至解放桥精品建设工程以及居住区华润新村二期，谷阳新村的绿化工程。全年新增绿地面积 75.4 万平方米，创省级园林式单位 7 家，市绿化达标单位 12 家。

2001 年，新增绿地 83.17 公顷，新增公共绿地 20.79 公顷。新增市级园林式单位 30 家，绿化达标单位 12 家。城市绿化建设，重点实施三大城市形象工程：“城市客厅”大市口广场；“珍珠项链”长江路二期工程；“引资大道”从南门天桥至谷阳路南路口长 2.8 公里；同时，结合中山路、解放路两路出新，对绿岛绿化进行改造。2002 年，城市绿化以创建园林城市和优化人居环境为目标，全年新增绿地面积 265.8 公顷，新增公共绿地 94.78 公顷，全民义务植树尽责率 85% 以上。着力实施“显山”工程，长江路三期建设展现金山寺、塔影湖露水露山景观；南徐路，是镇江的“生态大道”，是“显山”标志性工程，道路中央绿化带宽 16 米，非机动车道间绿化带宽 3.5 米，人行道外侧还有各 20 米宽的绿化带，全长 5.17 公里，绿地总面积 30 万平方米，绿化比例占整个道路面积 53%，沿途串起黄山、黄鹤山、磨笄山、老虎山等风光景点，形成一条绿色葱茏的城市风光大道，达到"车在树中行,路在草中延,人在花中游,鸟在林中飞"的人与自然和谐共处的美好意境。同时抓好赛珍珠旧居、谏壁船闸、丹徒闸等竣工项目绿化配套工程。居住区抓好江南颐和家园、银杏花园、瑞泰花园等地的绿化。

图 10-24　南徐路绿地(2004 年摄)

2003 年,市区新增绿地 280 公顷,新增公共绿地 80 公顷,人均公共绿地新增加 1 平方米。道路绿地建设包括跑马山路、檀山路、谷阳新城西南环路、经十二路、禹山北路等近 16 万平方米;东吴路、古城路等 6 条路拓宽改造,新增绿地 16 万平方米;润州路遵循"自然生态""可视景观""文化山水"的设计思路,充分利用跃进河的水体营造"亲水、近水、露水"的特色,形成"山水画江南"道路景观;丹徒新区新增绿地 8 万平方米;镇江新区新增绿地 32 万平方米。金东纸业等 4 家企业被评为省级园林式单位。2004 年,新增绿地 120 万平方米、公共绿地 30 万平方米。城市绿化围绕"显山露水,透绿现蓝",以创建生态园林城市为重点,不断完善城市生态功能。建成滨江旅游专线、江滨大道、松村路、京口路、象山大道、黄山东路、蒜山游园"六路一园"绿化工程。

2005 年,市区新增绿地 118.4 公顷,公共绿地 41.56 公顷,建成区绿地率 36.22%,绿化覆盖率 38.68%,人均公共绿地 10.49 平方米。先后实施北固山绿化广场、健康广场、滨江旅游专线、大桥公园、镇江新区中心商贸区绿地、丹徒生态观光园、大港河风光带;建成金桥大道,312 国道 B 段、中山北路等园林景观路;涌现我家山水、香江花城、恒美嘉园、永安新城及幸福城等园林式居住区。同时改造 8 个老住宅区和斜桥街、梦溪园、仙鹤巷等街巷的绿化,累计新增绿地 5.3 万平方米。

第四节　城市雕塑

1974 年,在环城路和镇焦路(东吴路)及大东支路交叉中心设置三个女青年雕塑 1 组,1986 年建成的中山桥桥头设置石刻天禄各一座。

20 世纪 90 年代开始,在城市干道和广场建设的同时设置一些城市雕塑。1992 年在梦溪广场建成沈括花岗岩石雕像,该广场面积 1.75 公顷,中心岛直径 80 米,周围道路宽 80 米。雕塑有沈括雕像及浑仪、浮漏两座浮雕,1992 年 9 月底落成。这组塑像是镇江市区最大的雕塑,主雕高 8 米,基座 3 米,总高度为 11 米。两侧设置浮雕各一座,分

图 10-25　1992 年建成的沈括雕像

别为浑仪、浮漏，两座浮雕均高2.5米，宽3米，共用石材60余立方米。

1995年，青年广场建成“科学兴市”不锈钢雕塑1座，并立“踊跃捐资丁卯桥路，万众一心开发新城”碑刻1块。同年丁卯桥路的周家河桥、丁卯桥、团结河桥分别建成“日月山川”“年年有余”“日新月异”小型雕塑3组。2001年建成大市口广场主景浮雕瀑布墙，长48米、高3.5米，四幅浮雕以镇江的过去、现在和未来为主题，分别反映镇江得天独厚的地理位置、区位优势和源远流长的历史文化。2002年，建成长江路风光带的历史文化区设置六根石柱，镌刻有反映镇江深厚历史文化底蕴的浮雕。2003年10月，建成润州广场中心浮雕灯柱九根，创意分别为城市山林、人杰地灵、水漫金山、千年漕运、西津古渡、辛亥先驱、文化使者、江南首站、世纪腾飞，浓缩润州千年的人文和自然景观。

2005年4月，建成金桥大道雕塑石柱，雕塑石柱以“千年南徐、百里京江”为主题，路西端立着一块镌刻“天下第一江山”的巨型磐石，路西段耸立八根反映镇江历史文化的雕塑石柱，每根石柱高3.5米，直径66厘米。在每隔50米一根的石柱顶部各放置一个镇江出土的青铜器雕塑，它们分别是宜侯夨簋、凤纹尊、鸠盖壶、鸳鸯尊、夔门鼎、雷纹鬲、勾连纹尊、虎钮錞于。2005年6月27日，珍珠广场改建工程竣工，该广场因纪念赛珍珠而命名。广场台阶上平台设置用枣红色大理石壁砖砌成的新主景“大地”门型书状构架，像两页翻开来正在阅读的书本，象征着书籍是开启知识的大门。正面南侧一页镌刻赛珍珠获得诺贝尔文学奖的著作《大地（THE GOOD EARTH）》中文译本的封面，左上镌刻赛珍珠头像；北侧一页是三条赛珍珠语录，最上面一条是“镇江，我的第二故乡”；其余两条是赛珍珠在1938年诺贝尔文学奖颁奖典礼上的演讲片段。反面两页分别用中英文镌刻赛珍珠的生平简介。文字和头像均为烫金色，显得庄重大方。这一组雕塑由近200块60厘米×60厘米的壁砖砌成，每一面高420厘米，上宽440厘米，下宽300厘米。原广场平台上放置的石刻杜鹃仙女移到招隐景区的杜鹃园安置。同年建成的金山桥，两面栏杆设置有汉白玉雕成的浮雕石柱。

图10-26　青年广场中央的不锈钢雕塑（2002年摄）

第五节　老城区改造

1988年以后，市区累计改造老城区街巷道路20.73万平方米，使一大批老城深处的街巷土路、弹石路和破损的混凝土路等低等级道路被改造一新，结束晴天扬灰、雨天积水的“行路难”历史。2000～2005年，根据市政府“三年大变样、四年新提升”的城建目标，累计完成街巷改造10.03万平方米，其中：2000年完成街巷改造2.25万平方米，2001年完成街巷改造1.35万平方米，2002年完成街巷改造1.04万平方米，2003年完成街巷改造1.11万平方米，2004年完成街巷改造1.28万平方米，2005年完成街巷改造3万平方米。此外，市政府有计划地把老城区整治列入为民办实事项目，2000年改造河北街片区，东至解放路，南至大西路，西至运河边，北至长江路边，包括主巷37条、支巷70条、主干道2条，道路面积8.04万平方米；南门大街片区，东至环城路边，南至运河路，西至解放路、北至正东路，包括主巷20条，支巷93条、干道3条，道路面积8.45万平方米。2003年，改造长江路片区，东至解放路，西至新河桥，道路面积8.04万平方公里。2005年，实施象山一村、车站西一村两处低洼积水区改造工程和润州山路3号、桃园小区、三茅宫二区、江滨新村、小东庄、黄山新村、京岘山38号等10处老城区整治工程。

1988～2005年镇江市区街巷改造和老小区整治情况表

表10-7

年份	改造面积（平方米）	工程量（平方米）			投入资金（万元）	街巷名称
		道板路	水泥路含抹边	沥青路		
1988	–	–	–	–	–	新河西岸、网巾桥、大盛家巷、鱼巷、花山路、23和24军干休所等15条街巷
1989	8749	5070	2627	1052	31.51	杨家门、东门坡、梳儿巷、清真寺街、盆汤巷、山巷底、黄花亭、小白龙巷、三多巷、东坞街、板壁巷、马场街等
1990	15403	8936	3994	2473	60.51	虹桥门、陶家门、道署街、王家巷、山巷、九如巷、花华巷、箧篮巷、大龙王巷、同鑫里、同德里、太平寺巷等
1991	25183	12259	9883	3041	69.43	春江里、西长安里、绍安里、福安里、生产巷、千秋桥北、北固山下、经折巷、太平庵支巷、得胜街、万古一人巷等
1992	2722	1943	779	–	10.68	励家塘、经折巷南巷、贻成巷、新建里、寿康里、北五省会馆、山巷底、牌坊巷、松花巷、小刘李巷等
1993	5182	3581	1481	120	24.39	五十三坡、九如巷支巷两条、西麒麟巷、东麒麟巷、薛家巷支巷、皮坊巷、金山巷、杨家门南巷、广肇公所、盛源巷等
1994	608	95	421	–	4.19	张家巷、绿竹巷、丁家巷等
1995	2339	2313	26	–	20.74	蛤蟆院、尤唐巷、新河街、大埂街等
1996	10180	2639	4819	2722	85.84	丰和巷、大巷、贻成巷、哈蟆院、西荷花塘、何家门、张家巷、丁家巷、利商街、三善巷、东麒麟巷、西麒麟巷等
1997	5459	2636	1435	1388	36.96	马场街、粮米仓、荷花塘街、三阳巷、上河边、虹桥街、北固山下、得胜街、北水关、河北街等
1998	15229	8612	5239	1378	96.54	张江巷、贺家弄、道署街、江滨新村菜场附近6条、余福里、弥陀寺巷6号、小观音楼巷、宝盖山路等
1999	15802	8276	2187	5339	121.08	黑桥主路、鼓楼岗、登云新村、民主街、励家塘前、靳家巷、簸箕巷、尤唐巷、下河头、棒棰营主路及南小附近等
2000	22494	11810	7892	2764	155.67	尤唐巷及支巷、新建里、勤俭街主巷、贻成巷、铁路巷、西荷花塘、余福里、胜利路、仓巷、将军巷、琴园巷、姚一湾
2001	13550	5614	4403	3533	124.20	劳动新村、风车山支路、登云路、行宫巷、节约巷、大夫桥、建设新村、小刘里巷、东门坡、宋官营、互济巷、跑马山

续表 10-7

年份	改造面积（平方米）	工程量（平方米）			投入资金（万元）	街巷名称
		道板路	水泥路含抹边	沥青路		
2002	10443	2617	3878	3948	102.00	剪子巷、中街、青云门至府学新村、东门坡主巷、宝盖新村、润州山路及通赛珍珠故居路、二中（人防至二中）等
2003	11151	2551	4237	4363	119.30	仙鹤巷、网巾桥、鼓楼二村、花山湾七区29幢、山巷底一片、运河路新华书店旁、弥陀寺巷主巷西段、宝盖新村一片等
2004	12752	3204	6232	3316	126.30	黑桥西一片、福建会馆、会莲庵街37号、宋官营34～37号、花山湾支路及北路、广东山庄67号、太古山2幢3幢、松花巷等
2005	30010	9378	15766	4866	315.00	福寿巷、宝盖巷、润州山路8幢一片、李家山一区、中华路后街80号、花山湾八区27号一线、小观音楼巷、牌坊巷等
合计	207256	91534	75299	40303	1504.34	–

在老城改造开发中，西津渡街、大西路的改造开发以及北湖滨水区建设是三项重要的工程。

西津渡街　西津渡街区北濒长江，南临云台山，西起玉山大码头，中轴线长1800米，环绕云台山沿小码头街由西向东转南延伸至伯先路、京畿路到中山北路，保护规划面积约52公顷。市城市建设投资公司在改造占地10.67公顷的小码头街区时，以弘扬西津渡文化为核心，以传承历史文脉、复兴街区风貌、提升街区功能为目标，在保护中复兴，在保护中传承，实现街区可持续发展。原街区居民自愿选择，可走可留，可修可换，享有充分的选择权，并鼓励留住居民改住经商、培育商机。累计置换民居400户近1.5万余平方米。西津渡街经过十多年的改造已基本恢复历史原貌，有传统商铺近百间，分区经营地方土特产、传统手工制品、工艺装饰品及古玩字画、古旧物资、餐饮茶楼、演艺书场等，成为镇江古街老巷改造的成功典范。

大西路新商业街　从20世纪80年代起，大西路成为一条“老街”。因为大西路有历史文化、历史建筑、传统手艺，是“古市井一条街”。进入21世纪，经过改造的大西路，东起老西门桥，西至伯先路已完成保护性开发，规划中的“望京天地”“旺角广场”等一批商业网点初具规模，大西路两侧商业总面积超过2.5万平方米，人均商业面积6.85平方米，这里“老字号”齐全，特色摊点众多，商家店面有29大类131家。

北湖滨江区开发　俗称“北湖”，其核心区域在老港池（俗称内江）内。2005年建设的北部滨江区指润州路、长江路、东吴路、禹山北路以北，以内江为核心的沿江临水区域，含老港池及长江滩地，总面积61.6平方公里。根据建设计划，北部滨江区将在运粮河、引航道、焦南坝三处通江水道上建设和恢复“四闸一坝”（引航道节制闸、焦南闸、二摆渡闸、七摆渡闸和焦南坝），实现内江水体8.8平方公里的封闭水面。北部滨江区水环境治理建设包括引航道水利枢纽工程、焦南坝扩大主体工程，金山湖湖面扩大和景观工程，江南闸主体工程，征润洲泵站主体工程，环湖路、外环路一期工程，运粮河、二摆渡、七摆渡闸站工程，以及8万平方米安置房工程。北湖全部项目建成后，可实现内江水体变换、调蓄、防洪，改善湖水质，改观水生态，改变水景观，做活“水文章”；北湖范围内征润洲、焦西滩等大片湿地真正成为“城市之肾”。

第三章 公用事业

1987年5月，建委所辖镇江市市政公用事业管理处更名为镇江市市政公用事业管理局，管辖市自来水公司、公交公司、煤气公司、路灯管理处、环境卫生管理处、节约用水办公室等10个单位。1993年6月30日，煤气公司和焦化厂合并成立镇江焦化煤气集团，成为直属市政府“无主管企业”；同时成立镇江市液化气公司，为局属单位。1997年12月，市自来水公司和排水管理处从市政公用局划出，成立镇江市给排水管理处，负责给水、排水、污水处理、节水、排涝等公用事务。1998年1月，液化气公司划归建委，1998年5月，环境卫生管理处划归城市管理局领导。2005年，市政公用事业管理局的隶属单位有公交总公司、市政总公司、市政设施管理处、路灯管理处、客运管理处、市政配套公司、市政监察大队等。

第一节 公共交通

1983年，全市有公交线路13条，车辆118台，停车场1座，面积2.1万平方米，职工1363人，日客运量15.3万人次。1985年以后，公交车提档升级，硬件设施得到改善，营运范围和线网密度以及站点覆盖率不断增加，线路营运结构逐步趋于合理。1997年8月，开通首条无人售票线4路线，2002年1月1日，在全省第一家实施IC卡电子收费系统。公交还承担离休干部、伤残军人、盲人免费乘车，学生和现役军人市区优惠乘车。2005年8月，成立市公交总公司和江天汽车公司合资经营的镇江市镇扬城际客运有限公司。截至2005年末，市区有公交线路44条，车辆582台，停车场4座、面积6.8万平方米，职工1734人。

一、营运线路

1983年之前，公交线路共有10条。1983年5月，开通东门至上党的21路，解放军359医院至东昌和下蜀的22路、23路。1984年4月，开通火车站至大港的24路，线路里程为29公里。1985年末，共有14条公交线路，营运线路总长208.73公里，年客运量5630.4万人次。

图10-27 1997年8月28日，首条无人售票线4路线开通

1986年开通钢铁厂至大东造纸厂的11路，后又更改为东吴新村至李家山。1988年，3路车起终点调整为火车站至谏壁；开通火车站至南郊的15路。1991年，开通东门至丁卯开发区的14路。1992年，开通火车站至驸马茶场的25路公交车；6月首次开通双层客车，起终点站为渡口至焦山；同年10路和12路合并为10路。1995年，开通首条花山湾至四摆渡105路小公共汽车有人售票线。

1996年9月，镇江市开始整顿客运秩序，镇江公交至南京、丹阳班线停开，苏北客运班线统一纳入新汽车站进站经营,原先承包的中巴车全部实行小公共汽车专线营运,对21、22、23、24路公共汽车实行限车限班运行。市政府的整顿措施,包括将聚集在市区经营的社会中巴清理出客运市场,公交的客运量得到迅速回升。原先承包的中巴车全部实行小公共汽车专线营运,陆续开辟机床厂(青年广场)至三茅宫汽车站的101路;船艇学校至渡口的102路;金山至焦山的104路;11月,15路的起、终点改为火车站至水泥厂。

图10-28　2005年5月,镇扬城际旅游公交开通

1997年4月,开通谏壁至龙山线;8月28日,镇江公交首条无人售票线路4路线开通。1998年,101路线从青年广场延伸至南郊;4月,新开31路(三茅宫至丁卯新区);11月,新开32路(火车站至船艇学校)的夜班无人售票车线路;同月,新开17、18路线,又将15路延伸至南郊;1路、2路、10路改为无人售票车。1999年5月,11路线从东吴新村延伸至江滨中学;22路延伸至韦岗;8月,24路从大港港区延伸至国亨化学;10、32路线从船艇学校延伸至松盛花苑;开通第二条无人售票线路2路;同年,8路、15路、18路均改为无人售票线。2000年,新开16路线中客无人售票车;又将15路线从火车站延伸至金江乡,17路从西站延伸至火车站,18路从宝塔山公园迁至江滨路;5月新开首条焦山——金山的旅游专线车;随后新开12路、19路无人售票线;11月,新开辟有人售票车6路线。

2001年1月,22、23路起点站从解放军359医院迁至第三人民医院,并设立镇江首条双拥专线车,从三人医至石头岗部队,途经解放军359医院。2002年4月,又将部分车次延伸至小衣庄部队;16路从陈家门延伸至象山油库;32路从松盛花园延伸至宗泽路停车场;19路延伸至长岗;新开33路、34路线路及35路无人售票夜班线,又新开9路线、14路线、25路线。2002年3月,105路从四摆渡延伸至蚕研所;18路线延伸至船院西校区,6月在大港新区开通108路;17路延伸至林隐路停车场;新开102、106、108路中客无人售票车。2003年,新开29路有人售票车从江滨公园至东方村,8路延伸至吉贝尔药业。

2004年1月,首条空调无人售票车001开通,三茅宫至长岗,新开9路无人售票车,由江滨公园至谏壁,原9路更名为116路由江滨公园至陶瓷城,采用中客运行。5月,新开118路松盛园至瑞丹花苑。9月,新开28路从渡口至鼎胜铝业,原28路改为龙山线。2005年5月,开通大桥公园至三山(金山、焦山、北固山)假日专线,开通镇江至扬州的城际公交旅游专线。新开丹徒新区夜班专线,从火车站至瑞丹花苑。8月,新开20路有人售票线,从松盛园至新区小学。12月,新开126路无人售票线(大港环形线),11路延伸至阳光世纪花园小区我家山水,101路延伸至丁卯美林湾。

2005年镇江市公共交通情况一览表

表10-8

线路	起讫站	全长（公里）	班车运行时间		间隔时间（分钟）	沿途停靠站点
			首班	末班		
1 W	丁卯开发区—迎江桥	8.30	5:40 6:10	18:50 19:25	3～5	丁卯开发区、新区广场、公交总公司、丁卯桥、金田房产、宝塔山公园、青年广场、江苏科技大学、梦溪广场西站、市政府、大市口南站、大市口北站、外国语学校（四牌楼）、电力路、迎江桥
2 W	火车站—金山公园	7.70	5:40 6:00	22:30 23:00	5～6	火车站、恒顺酱醋厂、中山桥、大市口西站、大市口北站、外国语学校（四牌楼）、宝塔路、人民街、伯先公园、西站、和平路、江南新村、金山公园
3 W	火车站—谏壁	18.60	5:40 5:40	22:00 22:00	4～6	火车站、恒顺酱醋厂、中山桥、大市口东站、梦溪路、梦溪广场北站、江苏科技大学、青年广场、宝塔山公园、金田房产、丁卯桥、公交总公司、小窑湾、东郊宾馆、职教中心、汝山、江苏大学（前）、江苏大学（后）、王龙桥、丹徒镇、丹徒化肥厂、长岗、索普集团、化工开发区、纸浆厂、谏壁镇、谏壁
4 W	火车站—焦山公园	7.40	5:50 6:20	22:00 22:00	5～6	火车站、恒顺酱醋厂、中山桥、大市口西站、大市口北站、江滨医院、甘露寺、江滨路、东吴路、江滨新村、检察院（国检局）、象山桥、民主村、陈家门、焦山公园
5 W	京谷大厦—乔家门	10.10	5:40 6:10	18:30 19:00	8～10	京谷大厦、大市口东站、中山桥、恒顺酱醋厂、润州山路、火车站、牌湾、二道巷、朱方路、三茅宫、七里甸、好美家装饰城、四摆渡、润州中学、民营开发区、白湾、蒋乔工业园区、蒋乔肾病医院、乔家门
6 W	迎江桥—瑞丹花苑	16.50	6:00 6:00	18:20 19:00	10～15	迎江桥、长江路、江滨公园、江滨医院、大市口北站、大市口南站、市政府、梦溪广场南站、青年广场、天桥支路、天桥、吕家湾、五凤口、严岗村、三里岗、官塘桥、森普公司、铭基商贸城、缪家甸、台商工业园区、新区管委会、瑞泰花园、人民广场、瑞丹花苑
8 WZ	吉贝尔药业—金山公园	13	6:00 6:40	18:30 19:10	10～15	吉贝尔药业、纬一路、消防支队、高新园区（丁卯开发区）、新区广场、公交总公司、丁卯桥、金田房产、宝塔山公园、青年广场、江苏科技大学、梦溪广场南（北）站、梦溪路、花山路、东吴新村、江滨路、甘露寺、江滨公园、长江路、中华路、迎江路、二人医、江南新村、金山公园

续表 10-8

线路	起讫站	全长（公里）	班车运行时间		间隔时间（分钟）	沿途停靠站点
			首班	末班		
9 W	江滨公园—谏壁	20.90	5:50 6:10	18:10 19:00	15~20	江滨公园、江滨医院、大市口北站、大市口东站、青云门、梦溪路、梦溪广场东站、京口区政府、镇江高专、丹徒区人民医院、恒美嘉园、恒顺翠谷、颐和家园、东郊宾馆、小窑湾、新区广场、丁卯开发区、四季经典、张许村、陶瓷城、长岗、上隍村、上隍货场、蔡家村、月湖街、燕舞桥、谏壁镇、谏壁
10 W	党校—渡口	11.80	5:40 6:20	18:50 19:25	4~5	党校、松盛花苑、桃花山庄、船艇学院、桃八区、桃花坞路、梦溪广场西站、市政府、大市口南站、大市口西站、中山桥、恒顺酱醋厂、润州山路、火车站、牌湾、二道巷、朱方路、三茅宫、润州区政府、润州法院、太平圩、跃进桥、润州路、渡口
11 W	李家山新村—我家山水	7.60	5:40 6:00	22:00 22:00	8~10	李家山新村、电控厂、华东铝加工厂、黄山支路、恒顺酱醋厂（中山桥）、大市口西站、大市口东站、青云门、花山路、东吴新村、东吴路、象山大道、江滨新村中学、阳光世纪花园、山水广场、我家山水
12 WZ	宝塔山公园—三茅宫小区	11.40	6:20 7:00	18:10 18:55	10~15	宝塔山公园、青年广场、东方花苑、解放桥、市图书馆（解放路南站）、大市口北站、江滨医院、江滨公园、长江路、电力路、山巷广场、宝塔路、宝盖路、伯先公园、京畿路、二道巷、朱方路、三茅宫、润州区政府、仲家圩、三茅宫小区
14 W	宗泽路停车场—江滨公园	8.50	6:00 6:30	18:40 19:10	15~20	宗泽路停车场、宗泽路、袁家湾、刘家湾、长江村、何家门、夏家门、袁家门、禹山北路、检察院（国检局）、东吴路、花山路、古城路、中医院、桃八区、桃花坞路、梦溪路、青云门、大市口东站、大市口北站、江滨医院、江滨公园
15 WZ	金江乡—南山风景区	11.10	6:00 6:35	18:00 18:35	10~15	金江乡、江南桥、新河路、江南新村、金山桥、西站、牌湾、火车站、恒顺酱醋厂（中山桥）、大市口西站、青云门、梦溪路、梦溪广场南站、江苏科技大学、青年广场、天桥路、磨笄山、竹林路
16 WZ	象山油库—黄山南路	10.70	6:30 6:30	18:10 18:30	10~15	象山油库、唐家村、徐家村、陈家门、袁家门、禹山北路、党校、松盛花苑、桃花山庄、老山路、京口路、药科大学、京口区政府、梦溪广场东站、梦溪广场西站、市政府（解放路南站）、大市口南站、中山桥、恒顺酱醋厂、锻压机床厂、黄山南路

续表 10-8

线路	起讫站	全长（公里）	班车运行时间		间隔时间（分钟）	沿途停靠站点
			首班	末班		
17 W	林隐路停车场—龙门港区	14.40	5:45 6:25	18:00 18:40	15~20	林隐路停车场、黄鹤山、南徐大道、黄山南路、庄泉村、中山西路、润州山路、火车站、牌湾、西站、和平路、江南新村、金山公园、桃西路、太平支路、鲇鱼套、大桥村、小桥、五摆渡、爱乡路、龙门村、西大圩、六摆渡、龙门港监处、龙门港区
18 W	松盛园—江苏科大西校区	11.90	6:00 6:35	18:20 19:10	10~15	松盛园、东吴新村、花山路、梦溪路、梦溪广场南站、江苏科技大学、青年广场、天桥支路、磨笄山、黄鹤山、林隐路、红太阳装饰城、润州工商分局、江苏科技大学南校区、车管所、营房街、七里甸、好美家装饰城、四摆渡、小牛村、蚕种场、江苏科技大学西校区
19 W	火车站—长岗	12.40	5:40 5:40	22:00 22:00	4~6	火车站、恒顺酱醋厂、中山桥、大市口西站、大市口南站、市政府、梦溪广场西站、梦溪广场东站、京口区政府、镇江高专、丹徒区人民医院、恒美嘉园、恒顺翠谷、颐和家园、职教中心、汝山、江苏大学(前)、江苏大学(后)、王龙桥、丹徒镇、丹徒化肥厂、长岗
20	松盛园—新区小学	31.80	6:00 6:30	18:00 19:10	25	松盛园、东吴新村、花山路、青云门、大市口南站、解放路南站、市图书馆、解放桥、东方花苑、青年广场、宝塔山公园、金田房产、丁卯桥、公交总公司、新区广场、丁卯开发区、四季经典、张尹徐、张许村、武将村、陶瓷城、长岗、上隍村、上隍货场、蔡家村、月湖街、电力三公司、钱家湾、甸上、新竹、百里庄、周郭、双堡里、投资服务中心、银山路、银环路、赵声路南站、世纪花苑、新区医院、新区小学
21 W	迎江桥—上党	22.90	5:40 5:50	16:20 19:25	10~15	迎江桥、电力路、一人医(中山桥)、大市口西站、大市口东站、青云门、梦溪路、梦溪广场南站、青年广场、宝塔山公园、金田房产、丁卯桥、公交总公司、潘宗村、美林湾、陈家村、三里岗、官塘桥、森普公司、铭基商贸城、缪家甸、光明村、蔡巷、西麓、贺家山、严家山、义村、上党
22	三人医—东昌	28.30	5:40 6:50	16:20 17:20	定班	中医院、桃花坞路、梦溪路、青云门、大市口东站、中山桥、恒顺酱醋厂、火车站、牌湾、三茅宫、七里甸、好美家装饰城、四摆渡、乔家门、石头岗、公交拥军站、新甸、焦汾村、石马、黄埝岗、韦岗、韦岗温泉、句容水泥厂、小衣庄、东昌
23(1)	三人医—下蜀	27.30	5:40 6:50	16:10 17:20	定班	中医院、桃花坞路、梦溪路、青云门、大市口东站、中山桥、恒顺酱醋厂、火车站、牌湾、三茅宫、七里甸、好美家装饰称、四摆渡、喻家湾、三人医、东茶场、项家窑、夹山、高资茶场、赵家窑、唐驾庄、高资小区、高资、高资中学、桥头、财校、茶场、下蜀

续表 10-8

线路	起讫站	全长（公里）	班车运行时间		间隔时间（分钟）	沿途停靠站点
			首班	末班		
23 W（2）	三人医—高资中学	32.40	5 :40 6 :30	18 :00 19 :00	10 ~ 15	中医院、桃花坞路、梦溪路、青云门、大市口东站、中山桥、恒顺酱醋厂、火车站、牌湾、三茅宫、七里甸、喻家湾、三人医、东茶场、项家窑、夹山、高资茶场、赵家窑、唐驾庄、高资、高资中学
24	火车站—国亨化学	20.90	5 :40 6 :00	18 :10 19 :30	12 ~ 15	火车站、恒顺酱醋厂、一人医、迎江桥、江滨公园、江滨医院、大市口北站、大市口南站、解放路南路、市政府、梦溪广场西站、江苏科技大学、青年广场、宝塔山公园、金田房产、丁卯桥、公交总公司、新区广场、丁卯开发区、四季经典、张许村、陶瓷城、长岗、化工开发区、谏壁、莺歌桥、六九〇四、长龙山、粮山、甸上、南谢村、西严村、纪庄、圌村、西葛村、葛村、陈家窑、赵魏村、唐家湾、大港镇、港口路南路、赵声路北站、港中新村、大港港区、聂家村、港韩路、韩桥、国亨化学
25	京谷大厦—驸马庄	20.40	定班	定班	定班运行	京谷大厦、大市口东站、中山桥、恒顺酱醋厂、火车站、牌湾、朱方路、三茅宫、七里甸、好美家装饰城、四摆渡、锻压机床厂、镇江佳峰、蒋家门村、乔家门、樟山果园、沟西村、长山灌区、划子桥、长山巷（北）、长山巷、姚庄、皇都寺、西环路、驸马庄茶场、驸马庄
28 W	江滨公园—鼎胜铝业	25.30	6 :00 6 :00	18 :30 18 :30	25	江滨公园、江滨医院、大市口北站、大市口南站、市政府、梦溪广场西站、梦溪广场东站、京口区政府、镇江高专、丹徒区人民医院、恒美嘉园、恒顺翠谷、颐和家园、职教中心、汝山、江苏大学（前）、江苏大学（后）、王龙桥、丹徒镇、丹徒化肥厂、长岗、化工开发区、纸浆厂、谏壁镇、燕舞桥、月湖街、高王庙、李华村（北）、李华村（南）、谏辛公路、鸿泰钢铁公司、鼎胜铝业
龙山线	谏壁—龙山	5	6 :30 7 :00	18 :00 18 :30	30	谏壁—龙山

续表 10-8

线路	起讫站	全长（公里）	班车运行时间		间隔时间（分钟）	沿途停靠站点
			首班	末班		
29	江滨公园—东方村	30.70	6:00 6:30	18:00 19:10	20~25	江滨公园、江滨医院、大市口东站、梦溪路、梦溪广场东站、京口区政府、镇江高专、丹徒区人民医院、恒美嘉园、恒顺翠谷、颐和家园、职教中心、江苏大学(前)、王龙桥、丹徒镇、长岗、化工开发区、谏壁、六九〇四、粮山村、谏壁石油总公司、谏壁油库、江心汽渡、孩溪村、船山村、高鹏药业、祝赵村、白云石矿、朱家湾、岱向桥、大港汽渡、新区广电中心、港口路南路、赵声路北站、港中新村、农贸市场、圌山中学、港中新村二区、港中新村三区、港中桥、大港开发总公司、龙泉村、金东纸业、横山村、东方村
31 W	丁卯开发区—三茅宫	10.90	18:50 19:25	23:10 22:40	8~15	丁卯开发区、新区广场、公交总公司、丁卯桥、金田房产、宝塔山公园、青年广场、江苏科技大学、梦溪广场西站、市政府、解放路南站、大市口南站、大市口西站、中山桥、恒顺酱醋厂、火车站、牌湾、二道巷、朱方路、三茅宫
32 W	党校—火车站	6.20	18:55 19:30	21:35 22:00	10~15	党校、松盛花苑、桃花山庄、船艇学院、桃八区、桃花坞路、梦溪路、青云门、大市口东站、大市口西站、中山桥、恒顺酱醋厂、润州山路、火车站
33 WZ	花山湾—镇江中学	7.40	18:55 19:25	21:30 22:00	15	花山湾、干休所、花山路、青云门、大市口东站、大市口西站、中山桥、恒顺酱醋厂、火车站、牌湾、二道巷、朱方路、三茅宫、镇江中学
34 WZ	金山公园—林隐路停车场	9.20	18:15 18:50	21:30 22:00	15	金山公园、金山桥、西站、伯先公园、宝盖路、登云路、一人医、中山桥、大市口西站、大市口东站、青云门、梦溪路、梦溪广场南站、江苏科技大学、青年广场、天桥支路、磨笋山、林隐路停车场
35 WZ	金山公园—林隐路停车场	9.70	18:45 19:15	21:30 22:00	15	金山公园、江南新村、二人医、迎江路、中华路、长江路、江滨公园、江滨医院、大市口北站、大市口西站、中山桥、恒顺酱醋厂、中山西路、庄泉村、黄山南路、南徐大道、黄鹤山、林隐路停车场、
101 W	美林湾—三茅宫	13.10	6:20 6:50	18:00 18:40	10~15	美林湾、美林湾西站、美林湾北站、潘宗村、公交总公司、丁卯桥、金田房产、宝塔山公园、青年广场、江苏科技大学、梦溪广场西站、市政府、解放桥、农机公司、运河路公用站、恒顺酱醋厂、火车站、牌湾、二道巷、朱方路、三茅宫、三茅宫小区

续表 10-8

线路	起讫站	全长（公里）	班车运行时间		间隔时间（分钟）	沿途停靠站点
			首班	末班		
102 WZ	一泉村—宝塔山公园	9. 30	5：50 6：30	18：00 18：40	10～15	一泉村、一泉小学、竹轩宾馆、一泉路、金山公园、江南新村、二人医、迎江路、人民街、宝塔路、外国语学校（四牌楼）、斜桥街、山门口街、健康路、市政府、梦溪广场西站、江苏科技大学、青年广场、宝塔山公园
104 WZ	金山公园—焦山公园	9. 20	6：00 6：40	18：00 18：40	7～9	金山公园、金山桥、西站、伯先公园、宝盖路、登云路、一人医、中山桥、大市口东站、青云门、花山路、东吴新村、东吴路、江滨新村、检察院（国检局）、象山桥、民主村、陈家门、焦山公园
105 WZ	花山湾—江苏科大西校区	10. 40	5：40 6：15	18：40 19：15	10～15	花山湾、干休所、花山路、青云门、大市口东站、中山桥、恒顺酱醋厂、火车站、牌湾、二道巷、朱方路、三茅宫、七里甸、好美家装饰城、四摆渡、小牛村、蚕种场、江苏科大西校区
106 WZ	宗泽路停车场—三茅宫	12. 2	6：20 7：00	18：00 18：40	20～25	宗泽路停车场、袁家村、东郊宾馆、小窑湾、公交总公司、丁卯桥、金田房产、宝塔山公园、青年广场、天桥路、磨笄山、黄鹤山、南山、黄山、江苏科大南校区、枣林村、车管所、坡岗村、茶砚山、七里甸、三茅宫
116 WZ	陶瓷城—江滨公园	10. 80	6：10 6：50	18：00 18：40	15～20	陶瓷城、张许村、丁卯开发区、新区广场、小窑湾、东郊宾馆、颐和家园、恒顺翠谷、恒美家园、丹徒区人民医院、镇江高专、京口区政府、梦溪广场东站、梦溪路、青云门、大市口东站、大市口北站、江滨医院、江滨公园
空调 001 线	三茅宫—长岗	16. 70	6：30 6：30	18：00 18：00	9～12	三茅宫、朱方路、二道巷、牌湾、火车站、恒顺酱醋厂、中山桥、大市口西站、大市口南站、市政府、梦溪广场西站、梦溪广场东站、京口区政府、镇江高专、丹徒区人民医院、恒美家园、恒顺翠谷、颐和家园、职教中心、汝山、江苏大学（前）、江苏大学（后）、王龙桥、丹徒镇、丹徒化肥厂、长岗
118 WZ	松盛园—瑞丹花苑	16. 70	6：00 6：30	18：00 18：50	12～20	松盛园、东吴新村、花山路、青云门、大市口东站、中山桥、恒顺酱醋厂、润州山路、火车站、中山西路、跑马山路、南徐大道、车管所、钱檀山、秧坝村、檀山路、诈输村、长山灌区、蔬菜基地、下黄山、金谷东路、大港中学、丹徒区法院、龙山路、瑞丹花苑

续表 10-8

线路	起讫站	全长（公里）	班车运行时间		间隔时间（分钟）	沿途停靠站点
			首班	末班		
126	宏达化工—东方村	13.50	7:00 7:00	18:00 18:30	10~15	宏达化工、化工大道、高鹏药业、祝赵村、白云石矿、朱家湾、岱向桥、大港汽渡、新区广电中心、港口路南路、世纪花苑、赵声路南路、金港花园、投资服务中心、银山鑫城、港中路、烟墩山路、华阳、康飞公司、东方路、横山村、东方村
108	大港汽渡—东方村	14.50	7:10 7:10	18:10 18:40	–	大港汽渡、新区广电中心、新区管委会、农贸市场、圌山中学、港中新村二区、港中新村三区、大港开发总公司、龙泉村、金东纸业、横山村、东方村
镇扬城际公交旅游专线	焦山公园—平山堂	55	6:00 6:00	19:00 19:00	30	焦山公园、北固山公园、大市口、第一人民医院、西津渡、金山公园、金桥大道（经润扬大桥至扬州）、江海学院、世纪家园、时代超市、京华大酒店、文昌阁、瘦西湖、平山堂
丹徒新区公交夜班专线	火车站—瑞丹花苑	24.50	19:00 19:30	21:30 22:00	30	火车站、恒顺酱醋厂、中山桥、大市口西站、大市口南站、市政府、梦溪广场南站、青年广场、天桥支路、天桥、吕家湾、五凤口、严岗村、三里岗、官塘桥、森普公司、铭基商贸城、缪家甸、台商工业园区、新区管委会、瑞泰花园、人民广场、龙山路、丹徒区法院、大港中学、金谷东路、驸马庄、千禧路东站、驸马山庄、千禧路西站、长山巷、姚庄、皇都寺、西环路、瑞丹花苑

说明：1. W 为无人售票线、WZ 为中客无人售票、K 为空调线路；
　　2. 31 路、32 路、33 路、34 路、35 路为夜班线路

二、营运车辆

1983 年，公交车车辆总数为 118 台，车辆类型全部是常州客车厂的普通公共汽车。1992 年，公交车辆数为 179 台，车辆类型由常州客车、扬州女神中巴车和华西中巴车组成。1997 年，购置常州客车厂的 18 台弗来西宝牌无人售票车。1998 年，购置车辆 77 台，1999 年，购置车辆 68 台，车辆总数为 237 台，车型全部由常州无人售票车和扬子中客车组成。2000 年，购置车辆总数 52 台，首次增添 3 台空调车，投入在 10 路线上营运。2001 年，购置车辆 75 台。2002 年，购置车辆 109 台。2003 年，购置车辆 51 台，其中 11 辆空调车，车辆总数为 470 台，车

图 10-29　公交车（2004 年摄）

型主要是由常州无人售票车和扬州亚星旅游车组成。2004 年,购置车辆 81 台,其中空调车为 24 台。2005 年,购置车辆 51 台,其中空调车 30 台,车辆总数为 582 台,主要车型为常州无人售票车、扬州亚星空调车和苏州金龙车。

三、票制　票价

1983 年,公交票制采用 0.05 元起乘,0.05 元进级。1986 年 5 月 1 日调整票价:市区线路月票由 5 元调为 7 元;市郊线路通用月票由 9 元调为 11 元。客票:市区线路(1、2、4、7、8 路)恢复原来 3 站递增制,即 0.05 元乘 3 站,0.10 元乘 6 站,0.15 元乘 9 站,最高票价为 0.20 元;郊区线路:0.05 元乘 2 站,0.10 元乘 4 站,以此类推。1988 年 6 月 1 日再次调整票价:市区线路月票为 8 元,市郊通用月票为 12 元,学生月票仍为成人月票的 50%,市郊零票价按 0.025 元/人・公里调整,21、22、23、24 四条线路按 0.033 元/人・公里调整,全部实行 0.10 元起售,0.05 元进级。1989 年 11 月 25 日,21、22、23、24 四条线路票价参照农村公交线票价进行调整,票价由 0.033 元调整为 0.055 元/人公里,仍为 0.10 元起售,0.05 元进级。

1990 年 9 月 15 日调整票价:市区月票由每张 8 元调整为 12 元,郊区月票由每张 12 元调整为 14 元,学生月票价格不动。人公里票价市区由 0.0301 元调为 0.038 元,郊区由 0.045 元调为 0.0537 元。票价起点仍为 0.1 元,7 路和 11 路因线路长度不足 6 公里,为 0.05 元进级,其余各条线路均为 0.1 元进级。1993 年 6 月 1 日,公交线路票价实行 0.2 元起乘,0.2 元进级。1994 年 8 月 15 日,公交线路票价实行 0.3 元起乘,0.2 元进级。1995 年,1、2、4、7、8、11、14 路全程 0.5 元,长度在 10 公里以内实行一票制;长度在 10 公里以上的 3、5、9、10、21、22、23、24 路等,实行 0.5 元起售,0.5 元进级。10 月,对全市盲人实行免费乘车。1997 年,月票调整为市区成人月票 30 元/张,学生月票 15 元/张;郊区成人月票 45 元/张,学生月票 22 元/张;8 月 28 日,首条无人售票线 4 路开通,上车投币 1 元,一票制。1999 年底,市区线路实现无人售票化。4 月,镇江市区离休干部实行免费乘车,伤残军人免费乘坐市区部分无人售票公共汽车。

2000 年,公交线路除长线外全部实行无人售票化;6 月,统一公交线路起步价为 1 元,月票调整为市区成人月票 40 元/张,学生月票 20 元/张;市郊成人月票 60 元/张,学生月票 30 元/张;无人售票空调车在 10 路试运行,票价 2 元,一票制。2002 年 1 月,正式实施公交 IC 卡电子收费系统,取消纸质月票。IC 卡,分 A 卡(电子钱包),B 卡(市区成人月票)40 元/张,C 卡(郊区成人月票)60 元/张,D 卡(市区学生月票)20 元/张,E 卡(市郊学生月票)30 元/张;8 月,镇江公交长线 21 路、23 路实行分段计价式无人售票票价。2003 年 4 月,全市离休干部实行免费乘车。2005 年 9 月,现役军人凭证实行半价优惠乘坐公交车(长线除外),伤残军人凭证免费乘坐所有线路公交车。

1983～2005 年镇江市公交年客运量及客运收入情况一览表

表 10-9

年　份	客运量(万人次)	客运收入(万元)
1983	5350.10	413.46
1984	5330.30	449.47
1985	5630.40	511.95
1986	5513.90	539.02
1987	5868.00	593.60
1988	5715.10	742.96
1989	5467.00	827.30

续表 10-9

年　份	客运量(万人次)	客运收入(万元)
1990	5112.60	862.35
1991	5147.30	1005.80
1992	5207.21	1444.66
1993	4362.70	1555.75
1994	3928.14	1726.19
1995	3578.48	1893.83
1996	4097.23	2231.06
1997	4757.56	2938.53
1998	4984.65	3570.27
1999	6033.04	4457.54
2000	7881.06	5126.68
2001	8362.25	5905.03
2002	7085.97	6943.96
2003	7212.43	7300.68
2004	7889.41	8303.21
2005	8422.06	9085.44

四、场站设施

1983 年,公交停车场只有东门 1 处,随着公交车辆、线路增加,1985 年建设宝塔山停车场,面积 1 公顷,火车站广场增添公交办公用房 200 平方米。1998 年宝塔山停车场因发生大面积滑坡丧失停车场功能而停用。1988 年、1989 年谏壁、中山东路 2 个回车场先后竣工,面积分别为 2072.9 平方米、888.4 平方米。

1990 年,迎江桥、三茅宫 2 个回车场先后竣工,面积分别为 1755.6 平方米、668 平方米。同年征用丁卯村土地建设丁卯停车场,占地面积 1.95 公顷。1993 年初竣工,该停车场具备停车、保修、加油、办公、仓储等综合功能。2000 年 4 月,金山停车场建成启用,占地面积 0.64 公顷,具备停车和小修功能。2001 年 12 月,宗泽路停车场启用,面积 1.34 公顷,该停车场具有停车、修理、办公和仓储等综合功能。

2002 年 12 月,林隐路停车场启用,面积 2.25 公顷,该停车场具有停车、修理、加油、办公和仓储等综合功能。原总公司(正东路 2 号)停车场集办公、修理、停车等多项功能,2001 年 2 月,总公司搬迁至丁卯桥路 209 号。

2005 年末,共设立不锈钢灯箱广告公交站棚 338 座。

第二节　城市其他客运

一、出租汽车

1. 出租车公司

1980 年,镇江市公共交通公司在全市率先开办出租汽车业务,共有 2 辆上海牌轿车,2 辆国产面包车承办包车业务。1985 年,增开镇江至扬州、江都、淮阴和真武庙旅游班车;同年镇江市客车服务公司有 3 辆大客车经营出租汽车业务;此外,还有个体户经营出租汽车业务。1985 年底,市区有出租汽车 20 辆,其中大客车 16 辆,轿车 2 辆,面包车 2 辆。市公交公司 1987 年 3 月购置 10 辆拉达轿车,2 辆菲亚特轿车,从事出租业务。1991 年,市公交公司购买 10 辆小公共汽车于 12 月 25 日投入营运,这 10 辆车全部采用承包租赁方式,实行招手即停,就近上下车。

1992 年 5 月,镇江市公共交通公司成立镇江市公共交通公司出租汽车公司,同年 6 月更名为镇江市出租汽车公司,这是市内第一家正规出租汽车公司挂牌营业运行。随后,市经协委新购轿车 25 辆,旅游局购车 15 辆,客运分公司购车 40 辆,公交公司购车 20 辆,京口区小客车服务公司购车 10 辆,8 月底前投入试营运,9 月底进入正常营运。

1993 年,镇江市区出现私人经营出租车和企业职工内部承包经营出租车。1994 年,有出租汽车 93 辆,其中市公交公司 10 辆、客车服务公司 10 辆、江天公司 12 辆、外事 4 辆、旅游 15 辆,其余都是个体户。1995 年,隶属市物资公司的大发出租汽车公司成立,大发公司起初购置 10 辆面包车(又称“黄面的”)上路营运,不久增加到 66 辆“黄面的”。同期相继成立的其他出租汽车公司,共有 29 家, 765 辆出租车。到 1996 年 11 月,出租车已发展到 1058 辆。1997 年,市区有 35 家出租汽车公司,87 户个体经营户,共有出租车 1261 辆。到 1999 年,大发公司“黄面的”增加到 219 辆。“黄面的”可载 7 人,起步价 5 元,深受乘客欢迎。但是“黄面的”安全性能差,档次和品位低,市政府决定从 1999 年 3 月 31 日起“黄面的”全部淘汰停运。

图 10-30　1995 年由“黄面的”起步的出租车行业

2000 年 12 月,通过资产重组、兼并,独立核算的出租汽车公司有 26 家,个体经营户 69 户,车辆总数 1258 辆。2005 年底,市区出租汽车公司 23 家,个体经营户 57 户,计出租汽车 1254 辆。

2. 车辆更新

20 世纪 90 年代,镇江市区出租汽车档次低,车型单一,外观破旧,安全性能差。为提升出租汽车档次和品位,要求从 2000 年起用 3 年时间将出租汽车全部更新。当年,市区出租汽车就更新为以夏利、奥拓为主。2001 年,市政府出台《关于加快市区出租汽车更新的意见》,规定:更新车辆发动机排气量必须在 1.4 升以上。对按此规定和要求进行更新的出租车辆,市政府给予奖励。奖励标准:(1) 凡更新车辆达到排气量要求的,每车奖励 3 万元;(2) 按首轮经营权期限截止日期,凡提前实施更新的,每提前一个月奖励 1000 元,此项奖励最多不超过 2 万元;(3) 凡在年内更新车辆,可直接获得下一轮经营权;(4) 下一轮经营权期限为 8 年。奖励期限至 2001 年 12 月 31 日结束。凡逾期不更新的,将不再享受奖励政策;经营权到期,必须更新而逾期不更新的,将视为自动放弃新一轮经营权,其经营权指标将由市政府收回公开拍卖。征缴方式:(1) 奖励资金在车辆更新缴纳下一轮有偿使用费时冲抵;(2) 获得新一轮经营权时须一次性缴纳费用的 50%,余款在今后的经营权期内按平均数每季度缴纳;(3) 首轮经营权有偿使用费未缴纳到位的,须在获得新一轮经营权时一次性缴清。市区 1254 辆出租汽车全部更新为发动机排量在 1.4 升以上的桑塔纳、富康、捷达,其中还有 2 辆红旗,1 辆帕萨特。

3. 经营模式

出租汽车企业以股份制公司为主,企业性质有国有公司、集体公司、个体经营者三种。2005 年出租车在 100 辆以上的公司有 3 家。经营模式：主要是合作经营，车辆产权及营业权证归企业所有，车辆由司机出资购买并交 6000 元押金给企业，企业与司机订立承包经营合同，司机通过个人承包方式取得合同期内车辆经营使用权，自主经营，自负盈亏；企业提供证件办理、电台服务、安全教育、事故处理、保险理赔、代缴税费等服务。

2005 年镇江市出租汽车公司情况一览表

表 10-10

公司名称	性　质	车辆数（辆）
镇江江天汽车出租有限责任公司	股份	129
镇江环宇汽车有限公司	私营	119
镇江大众汽车出租有限公司	私营	115
镇江市南江汽车销售有限公司	私营	90
镇江奔驰汽车客运有限责任公司	私营	72
镇江市社科出租汽车有限责任公司	私营	72
镇江大发汽车出租有限责任公司	私营	72
镇江华东汽车客运有限公司	私营	63
镇江金山汽车客运有限责任公司	私营	54
镇江新星汽车客运有限责任公司	私营	52
镇江安达汽车客运出租有限公司	集体	43
镇江金泽汽车出租有限公司	港资	40
镇江索普汽车出租有限公司	股份	36
镇江市丹徒区神马汽车出租中心	私营	36
镇江金海汽车运输有限责任公司	私营	30
镇江天元汽车出租有限公司	私营	30
镇江市可达汽车出租中心	集体	27
镇江康宝汽车出租有限责任公司	私营	26
镇江扬子的士服务有限责任公司	私营	25
镇江华贸汽车出租有限责任公司	私营	24
镇江市京口巨龙出租汽车中心	集体	20
镇江新运公交运输有限公司出租汽车分公司	集体	17
镇江市大港云雀汽车出租有限责任公司	集体	5
个体经营户 57 户	个体	57
合　计	–	1254

4. 出租汽车行业管理

行业管理机构　1992 年 8 月，镇江市城市客运管理处成立，与镇江市市政公用管理局监察队合署办公，两块牌子一套班子，隶属镇江市市政公用事业管理局。1995 年 5 月，市城市客运管理处划出，单独设立，仍隶属于镇江市市政公用事业管理局。从 1995 年起，行业管理经费来源从收取的客运管理费中列支，每辆车收取管理费 60 元/月。1998 年为 36 元/月。从 1999 年 7 月 1 日起收取管理费制度取消，改为政府在出租汽车有偿使用费中拨款为主要经费来源。1999 年，每辆车 80 元/月，2003 年 4 月 1 日调整为 100 元/月，2005 年 1 月 1 日调整为 140 元/月。2005 年末，管理机构在编人员 33 人。

出租汽车经营权管理　1997年以前,镇江市出租汽车营运证通过行政审批取得。1997年,市政府出台《关于停止城市出租汽车发展行政审批等有关事项的通知》,成立城市客运市场管理领导小组,设立出租汽车管理办公室,制定《关于改革出租汽车营运证审批制度,加强城市出租汽车市场管理的意见》,统一出租汽车营运证的扎口管理,实行城市客运出租汽车经营权的有偿使用。对新增客运出租汽车一律通过拍卖竞价取得经营权。每辆竞拍底价5万元,经营权期限为5年,竞拍中标之日起3个月后开始计算;对现有的客运出租汽车一律按新增出租汽车经营权竞拍底价购买使用权;自1997年1月1日起每年征缴1万元有偿使用费。以后每年初向社会发布新年度有偿使用费征缴标准,5年为一计征期,已缴纳城市增容费可凭收据充抵有偿使用费,剩下的分5年逐年平均交付,也可以一次交付。凡一次缴纳5年有偿使用费的,不再按每年新的有偿使用费标准追加收费。

1997年5月28日,出租汽车经营权证首次公开拍卖,拍卖基价5万/辆,最后每车营运权证以11.2万元竞拍115辆,华贸公司10辆,环宇公司5辆,同年12月,天津汽车销售公司江苏镇江分公司以8.2万元/证拍得90辆营运权证。2000年12月,市政府印发《关于推进出租汽车客运市场准入制度改革意见》(简称《意见》),市政公用局根据市政府《意见》精神制定出台实施意见,明确规定:①营运证使用权,进行定向拍卖,新一轮有偿使用费8万元,8年期满后由政府收回,以公开竞拍的方式出让;②新一轮更新车辆时,车辆发动机排气量必须在1.4升以上,并实行统一的出租汽车起步价;③所收有偿使用费集中交市财政局,部分拨给客管处作经费来源。2004年6月22日,省政府批准同意镇江市继续实施出租汽车经营权有偿出让,按每车最高不超过8万元收取有偿使用费,有偿使用期限为8年。

运价管理　1995年11月20日,市物价局和客管处印发《关于整顿出租车收费的通知》,对基价公里、起租费和计费办法进行调整。出租车基价由现行5公里调整为3公里。出租车行驶3公里内起租费标准为:高档轿车12元,超豪华和豪华型车10元,标准型7元,普通型车6元,微型车和面的5元,机动三轮客车4元。超过3公里的改为每百米按车公里收费标准的十分之一收费,不足百米的按百米计收;超过5公里的以每百米按车公里收费标准的十分之一点五收费,即加收50%空驶补贴,不足百米的按百米计收。往返用车不收空驶补贴。

1998年10月14日对基价作调整,起租里程仍为3公里:豪华型(发动机排量2.8升以下,2.0升以上,含2.0升)如奔驰、红旗10元;标准型(发动机排量在2.0升以下,1.4升以上,含1.4升)如桑塔纳为8元;普通型(发动机排量在1.4升以下,0.95升以上,含0.95升)如富康、夏利为7元;微型车(发动机排量在0.95升以下)如奥拓为6元;面包车为5元,公里租价分别为:2.3元、1.6元、1.4元、1.2元、1元。

2001年2月19日对运价进行调整:各种车型起租价统一为6元,起租基价里程仍为3公里,单程用车超过4公里的按超出4公里以上实际行驶里程加收50%空驶费。车公里租价作出调整:豪华型为1.6元;标准型为1.6元;普通型调整为1.2元;微型车仍为1.2元。2005年10月1日零时起,出租车起步价统一由6元调整为7元,其他计费标准和方法仍按原规定执行。

设施、标志、票据管理　1995年开始,出租汽车上路营运必须安装计价器、无线电对讲机、车顶灯、安全防护网;出租汽车在车门小三角窗处张贴运价标准,在挡风玻璃右上侧张贴营运证副本,在副驾驶座前张贴禁烟标志等。向乘客出具地税局统一印发的定额手撕发票;2001年,出租汽车更新时统一使用白色坐垫套。市区共设置出租汽车停靠站点142个。

营运数据管理　市出租汽车营运情况数据开始采用现场人工采集。2004年7月之后采用现代化手段进行数据采集,按时抽查,以公司为单位,抽查20%车辆,进行IC卡数据下载,得出当月及当年营运数据。2005年,全市出租汽车总营运次数3129056次,客运量6258112人,营业收入2993.83万元。

市场监督管理　客运管理处下设违章投诉处理科和稽查科，职责分别是：保护消费者和经营者的合法权益，及时处理违章、投诉和上级有关部门转来的来信、来访；对全市客运出租汽车的文明经营、服务质量及车辆和驾驶员的有关证件进行稽查和监督，打击非法营运。到2005年12月共查处435辆次非法营运“黑车”。建立行风监督员制度，聘请15名人大代表、政协委员、新闻工作者为行风监督员，及时给行业管理工作提出意见和建议。

收费管理　2000年，镇江市物价局、财政局，印发《关于暂定城市客运车辆办证工本费标准的批复》。规定城市客运车辆经营许可证30元/证、营运证正本20元/证、营运证副本10元/证·年、服务证10元/证·年。2000年4月3日，市物价局和市政公用局公布《城市出租汽车企业收费管理暂行办法》，出租汽车企业服务管理费每车每月调整为900元。

2003年“非典”时期，出租汽车管理服务费从900元/月下调为550元/月，时间为5个月。7月2日，根据省政府《关于防治非典型性肺炎期间对部分行业实行税费减免等优惠政策的意见》要求，决定对镇江市出租汽车经营权证有效期无偿延长5个月。

2004年，市物价局、市政公用局印发《关于调整城市客运出租汽车企业管理服务费标准的通知》，规定每车每月为810元。同年10月29日，市政府《关于出租汽车管理有关问题的会议纪要》，对出租汽车收费项目作如下调整：客票附加费标准下浮到48元/座·月；核定营业额下浮到6000元/车·月，实际地方税征收总额保持360元/车·月；火车站广场停车收费标准为80元/车·月。2005年3月7日，市政府专题会议纪要第16号《关于出租汽车收费有关事项》，决定取消出租汽车运输管理费、客运管理费，暂停对出租汽车收取客票附加费。3月18日开始，进入火车站广场的出租汽车不再缴纳停车费。

二、人力三轮车

1. 服务公司　1983年，三轮车服务处划归京口区城建环保局，有人力三轮车109辆，机动三轮车34辆，职工220人。同时云台、迎江、北固三家装卸公司共有三轮车180辆。1985年成立镇江市客车服务公司，有人力三轮车116辆，机动三轮车34辆，大客车和其他车种共3辆，职工216人。1987年对市区三轮车进行整顿，确定总量控制在693辆之内。随着外来人口，本市下岗、无业人员增加，市区实际营运的三轮车曾经超过2000辆。1997年划归市城市管理局管理。经过调整，2005年，市区有人力三轮车客运公司7家，分属5个主管部门，共有人力三轮车900辆。

2005年镇江市区人力三轮车情况一览表

表10-11

企业名称	主管部门	实有车辆(辆)
镇江市京口旅游观光车服务处	江天集团	189
镇江市云台装卸运输公司	京口区交通局	194
镇江市迎江装卸运输公司	京口区交通局	80
镇江市北固装卸运输公司	京口区交通局	104
镇江市润州装卸运输公司	润州区交通局	90
镇江市旅游观光车服务部	京口区公安分局	33
镇江市方正广告公司三轮车服务部	市城管局	210

2. 经营管理　三轮车从1956年起到1961年都是独家经营，1961年成立三轮车服务站到1979年先后归市交通局、市城建局领导，性质集体。1980～1984年，云台、迎江、北固3家装卸公司有180辆车参与营运，2005年有7家公司(部、处)营运，均实行集体所有，租赁营运，执行物价管理

部门核定的人力三轮车租赁指导价。市城管局三轮车管理办公室,凭镇江市交警支队核发的牌照号段颁发营运证。营运证实行年度审核制。在日常营运过程中做到人、车、证相符。根据《镇江市市区人力三轮客车营运管理暂行办法》,城管、公安分别根据各自的职责对市场实行统一监管。

各有关公司(部、处)分别到税务部门购置统一票据,并缴纳税金。

第三节　城市路灯

一、建设与管养

1. 路灯建设

1983年,镇江市区路灯总盏数4500盏,电缆线路总长195.23公里,控制箱45台(套),路灯用电总容量720.90千瓦,以后每年新增路灯数百盏,到1994年底,路灯总盏数为8247盏,用电总容量1517.20千瓦。1995年开始,城市路灯建设进入新的发展时期,至1998年共有路灯14274盏,其中新增路灯6027盏。进入21世纪,城市路灯进入迅猛发展时期,每年平均增加3000盏,2005年底,市区拥有路灯33846盏,电缆线路总长1242.14公里,杆式变压器64台,箱式变压器35台,路灯控制箱211台,专用电房36座,路灯用电总容量7920.99千瓦。

主次干道路灯　1983年,市区主干道路灯共1090盏,造型单一,光源较差。经过23年发展建设,在新建和拓宽改造的33条道路以及城市进出口道路上全部安装新颖别致的路灯,其他道路路灯也得到更新改造。1988年,中山东路安装路灯184盏,1992年,解放路南段安装路灯216盏。2000年6月20日,镇江市路灯管理处首次通过竞标,承接从团结河至长岗3.59公里路灯工程,共装灯202盏,同年12月,长江路风光带拓宽改造一期安装路灯603盏。

图10-31　新型路灯(2003年摄)

2001年,中山东路、解放路"两路"美化亮化工程中改造安装路灯713盏,并采用新光源,亮度提高4.5倍。镇宝路东段全线2.86公里,安装双挑臂双光源路灯604盏,工程总造价300多万元。2002年,长江路二期工程安装路灯536盏,庭院灯12套。电力路、中山西路等"六路"整治出新,安装路灯1100盏。同年底,南徐大道风光带共安装路灯510盏,庭院灯249盏,草坪灯250盏,工程总造价947万元。2003年完成学府路、南门高架桥、东吴路等16条道路路灯新建工程和改造,全年新增路灯4242盏。到2005年底,镇江市区主次干道、桥梁共装有路灯19411盏,比1983年增长17.8倍。

广场路灯　2000年以前,市区梦溪广场、青年广场、大市口、火车站、解放路和正东路交叉口、电力路和中山东路交叉口等广场和道路交叉口共建高杆灯12组。梦溪广场高杆灯高26米,其高度当年居全国第三。东吴路和梦溪路交叉口高杆灯采用平衡式升降技术,填补镇江市路灯科研项目空白,曾参加全国建设系统成就展。2000年8月,镇大公路与丹徒路交叉口安装高30米升降高杆灯,是全省第一盏具有世界领先水平的高杆灯。随着路灯技术发展,高杆路灯已不能适应城市发展需要,逐步退出历史舞台。2000年后,市区先后拆除9组高杆灯,仅保留镇大公路、镇南立交桥3组高杆灯。取而代之的是广场灯、庭院灯、礼花灯等造型新颖美观,具有现代化气息的新型灯具。到2005年,大市口广场、春江潮广场、花山湾广场、三茅宫广场、梦溪广场等10多个街心广场共安装广场灯、庭院灯、礼花灯、草坪灯共246组、1470盏。

街巷路灯　1983年,镇江市区街巷有路灯3420盏,当年首次在桃园、花山湾、太古山3个住宅小区安装路灯196盏,几乎全为白炽灯。1989年起,新型节能灯逐步取而代之。为解决镇江市区无灯区和无灯点照明问题,集中对市区69处无灯区安装路灯1090盏,并采用不锈钢灯具。同时组织房地产开发商集资为8个无灯住宅小区安装路灯87盏,此后路灯随着住宅小区建设而配套发展。2000年后,每年实施住宅小区路灯配套项目20余项,灯型多以别致、美观的庭院灯为主。米山人家、香江花城等住宅小区路灯已成为镇江路灯的经典之作。到2005年,市路灯管理处为179个住宅小区安装路灯5605盏。至年底,镇江市区街巷共有路灯7360盏。

住宅小区路灯　小区建设始于20世纪80年代初期,1983年在桃园、花山湾、太古山三个住宅小区首次进行路灯设施配套建设,共安装路灯196盏。在以后的20多年间,镇江市房地产飞速发展,住宅小区如雨后春笋,路灯作为住宅小区配套设施的重要组成部分,随着住宅小区建设而配套发展,逐步形成设计、施工、安装、管理体系,也成为住宅小区的亮点。特别是2000年以后,随着房地产业建设迅猛发展,路灯配套也加快建设步伐,每年实施住宅小区路灯配套项目20余项,按照设计要求,灯型多以别致、美观的庭院灯为主,极具现代化气息。米山人家、香江花城等住宅小区配套路灯都成为镇江路灯的经典之作。据统计,从1983年到2005年底,镇江市路灯管理处共为179个住宅小区实施路灯设施配套,安装路灯5605盏。

2. 路灯管养

1983年,镇江市区路灯管养范围东起宝塔山,西至三茅宫,南起南门天桥,北至长江路。管养方式主要靠职工巡检,设备仅有一台由东风卡车改装的工程车,路灯维修由人工爬杆作业。随着改革开放和城市的发展,镇江市路灯管养范围不断增加,镇江市区路灯设施管护也在逐步理顺。1989年,有工程车4辆,1997年,建成路灯监控中心,1999年,工程车增加到9辆。2000年4月25日,市建委牵头协调供电局、市政公用局,确定路灯专用变压器仍作为公用变压器,由供电部门负责维修养护和管理。2003年起,市建设局与市政公用局对市区道路、桥梁路灯实施养护承包计划,进行路灯管养考核。2004年1月20日,将谏壁船闸桥面路灯纳入镇江市路灯管理范围。2005年11月,将镇江市区2001年至2004年由其他单位新建的长江路二期、跃进路、跑马山路等32条道路路灯共8779盏,移交给市路灯管理处统一管理养护。当年工程车达到16辆。市区路灯设施管养范围东起丹徒镇王龙桥,西至七里甸桥,南起官塘桥路,北到镇扬汽渡,另外谏壁船闸桥面路灯也在范围内。路灯设施管养面积增加1倍,路灯总盏数增加7.54倍,电缆线路总长增加6.37倍,路灯用电总量增加10.98倍。

二、科技应用

1. 路灯控制　20世纪80年代,镇江市路灯控制停留在光控、时钟控制和人工手动开关灯结合的状态,每隔几天调整一次开关灯时间。1990年,市路灯管理处应用微电脑自动时钟控制系统,该系统根据镇江市的经纬度自动存储全年日出、日落时间,每天自动控制开关灯。1992年,在解放路北段拓宽改造中,首次设路灯控制中心进行照明控制。1997年10月,市路灯管理处与丹东三安公司联合开发、安装、运行“城市路灯监控管理系统”,到2005年已建成监控调度中心1个,安装控制节点89个,使市区路灯遥控率40%。该系统采用集散式控制方式提高路灯控制实时性,根据季节、气候以及节假日的特殊需要控制全年路灯开关,提高亮灯一致性,避免钟控器走时不准或失控带来的误差。

2. 灯型与光源　20世纪80年代初,镇江市的路灯光源以白炽灯为主,只有少量的高压钠灯和高压汞灯,路灯线路也是架空线占绝大多数。20世纪80年代末至90年代初,市区主次干道已全部采用高压钠灯或高压汞灯，地下电缆线路逐渐增多，灯杆出现纵向一次成形的锥形杆，灯具的式样也开始增多。2000 年以后实施路灯一路一景。2001 年，解放路、中山东路路灯全部采用金卤灯新光源，亮度提高 4.5 倍。2003 年，镇江市区多条道路使用密封式、截光性能良好的进口灯具，路灯灯型广泛应用金卤灯、LED 灯等新光源，草坪灯、庭院灯、景观灯大量应用，城市路灯成为美化城市、亮化城市的一道靓丽的风景线，使得名城夜景更加美丽。

第四节　城市燃气

1982 年 8 月，镇江市煤气公司成立，供应人工煤气和液化石油气两种气源，隶属于市城建局。1992 年更名为镇江市煤气总公司。同年 7 月，成立镇江市液化石油气管理办公室，由市政公用局生产技术科挂液化石油气管理办公室牌子，负责全市液化气站、库的行业管理和许可经营管理等工作。1993 年 6 月，煤气总公司分为镇江市煤气总公司和镇江市液化气公司，分别经营管道人工煤气、液化石油气。同时成立镇江焦化煤气集团，集团是市政府直属企业，也是市首批无主管部门改革试点企业，向市政府实行经营总承包，对焦炭生产和城市煤气供应统一管理，全面负责。1998 年，液化气公司更名为镇江市燃气总公司。2001 年 12 月，镇江市天然气有限责任公司成立，该公司由镇江市燃气办、燃气总公司、煤气总公司共同出资注册，隶属市建设局，实行董事会领导下的总经理负责制。该公司是一个由国家控股，承担公益性建设任务的现代企业，主要承担镇江市"西气东输"工程建设和管理。2003 年 9 月，组建镇江市燃气有限责任公司，归口市建设局，同时注销镇江市煤气总公司、燃气总公司、天然气有限责任公司。到 2005 年底，市区提前完成 11.35 万户天然气置换任务。

一、管道煤气、天然气

1981 年 1 月，市计委将镇江焦化厂焦炉煤气作为城市煤气气源，兴建城市煤气工程，3 月，市城建局委托马鞍山钢铁设计院设计管道煤气供配设施；12 月 9 日，煤气试用工程开工。1982 年 1 月 24 日，焦化厂至九里街宿舍区 382 户居民首先使用焦化厂直供管道煤气；同年 2 月 25 日，省政府正式批准镇江城市煤气工程，其建设资金来源：一是 1982 年国家补助 200 万元，二是节能贷款 100 万元，三是表具、户内管道、灶具由用户自筹，四是集资。10 月 1 日煤气工程正式开工；11 月 15 日公布煤气用户集资办法。标准为：工业用户 1 立方米/日按 100 元集资，团伙户按 1 立方米/日 80 元集资，机关、医院 1 立方米/日按 50 元集资，民用户、房管宿舍、机关宿舍每户按 250 元集资，个人或私房按实际预算收费。1984 年 3 月，建成 2.2 万立方米低压湿式气柜和附属设施投入使用。同年 4 月置换镇焦路、环城路、中山路、正东路、健康路、城隍庙、东门坡、东河边、尚友新村、船院、二监宿舍、359 医院生活区，为 2818 户通气点火。1985 年，市区管道煤气有中、低压管道 348.46 公里，调压站 14 座，煤气用户 9712 户（其中营事团伙 13 户、工业 1 户），年供气量 384.18 万立方米，城市气化率为 7.9%。

图 10-32　20 世纪 80 年代煤气试用工程开工

1990 年，在跑马山新建容积为 5.4

图 10-33 市区液化石油气储罐(2004 年摄)

万立方米的湿式气柜 1 座,一次储存能力 8 万立方米/日,完成贯通市区主供气管网工程和其配套设施,使供气能力达 6.96 万立方米/日。1992 年底,煤气年销售量 1938 万立方米。1993 ~ 1997 年又陆续新建九里街 5.4 万立方米储气柜 1 座,煤气储气能力达 13 万立方米/日。同时新建供应能力为 1.5 万户的强制气化厂 1 座,日掺配能力达 13 吨煤气液化气掺配站 1 座,到 1997 年,煤气年销售量 2746 万立方米。

1998 年,市煤气总公司水煤气顶替焦炉煤气工程建成投产,使煤气供应能力达到 18.5 万立方米/日。同年,市液化气公司与法国道达尔公司共同投资兴建丁卯新区 10 万立方米液化气空混工程,包括丁卯空混厂 25 公里中低压管网和配套 1000 吨太平圩仓储工程。该工程 10 月开工,1999 年 9 月建成,11 月正式营业供气,解决丁卯开发区国家安居工程居民户和华东铸造中心等新区工业用户用气,也为大港、谏壁、丹徒新区、江苏理工大学提供充足气源。至 2002 年,镇江市区气源厂(焦化厂)有焦炉 6 座,煤气发生炉 5 座,储气柜 3 座,一次储存能力为 13 万立方米,日最大供气量达 22.5 万立方米。2000 立方米的液化气储罐场 1 座和供气能力为 5.5 吨/小时的空混厂 1 座,同年“西气东输”工程全面启动。

2004 年,镇江开始使用天然气。天然气主管道压力为 35Mpa,高、中、低压管线长为 1100 公里,燃气设施有门站 1 个,高中压调压站 4 个,低压调压站近 200 个。同时建成上党天然气门站,铺设天然气主干管道 36 公里;置换民用户 2.24 万户。2005 年,市区供气气源实现由人工煤气向天然气的平稳过渡,铺设各类燃气管道 120 多公里,新建天然气高中压调压站计量站 3 座,中中压调压站 2 座,压缩天然气减压站 2 座,日卸气量 8 万立方米,低压调压站 200 座,完成配套工程 190 多项和门站至镇江新区、丹徒新区、扬中天然气主干管道建设,并正式通气。市区置换天然气民用户 95102 户,团体用户 499 户,年销售天然气近 1 亿立方米。年末,市区有各类燃气管道 1046 公里,年供气总量 61669 万立方米,燃气用户 245758 户,用气人口 85.8 万人,燃气气化率为 83.9%。

二、液化石油气

20 世纪 80 年代,液化石油气供应进入镇江市场,先后建 10 吨液化气储罐站 1 座,200 吨规模的金山液化气储配站 1 座,瓶装液化气用户近 8000 户,年销售量约 700 吨左右液化石油气。1992 年,建成太平圩液化石油气储配站,作为煤气的补充,当年液化气销售量 639 吨。1993 年 6 月,液化气公司成立后,在桃园新村和丁卯开发区建成液化气强制气化小区,1994 年建成黄七路邮电小区和桃园新村液化气管道供气工程,实施液化气管道集中供气。1995 年,建成管道煤气掺配液化气工程和金山小区液化气工程;1996 年建成三茅宫小区管道液化气工程。1997 年 10 月建成 5 台直径为 3 米的煤气发生炉和配套设施工程,使西区部分居民小区用上管道液化气。2005 年末,有液化石油气储罐站 28 家,瓶装液化气供应点 42 个,液化石油气年销售总量 56106 吨。燃气供气覆盖京口区、润州区、镇江新区、丹徒新区、扬中和世业洲。

1985～2005年部分年份镇江市区燃气情况表

表10-12

年份	燃气用户(户)				燃气年销售量(万立方米、吨)				管道总长(公里)	气化率(%)
	合计	管道煤气	石油液化气	天然气	合计	管道煤气	石油液化气	天然气		
1985	17421	9712	8000	-	1084	384	700	-	348	7.90
1990	14054	14054	-	-	723	723	-	-	-	-
1995	48633	48633	-	-	2622	2622	-	-	-	-
2000	141431	73935	67496	-	3049	3049	-	-	-	95.43
2001	144605	77764	66841	-	3231	3231	-	-	-	96.14
2002	206324	81441	124883	-	49224	3693	45531	-	542	96.74
2003	232305	84236	148069	-	56600	4101	52499	-	727	97.10
2004	237554	92901	124153	20500	61216	4234	56942	40	866	81.76
2005	245758	6961	125205	113592	61669	2802	56106	2761	1046	83.90

第四章　城市水业

20世纪80年代末期，长江内江“中口袋”方案建成后，内江呈封闭状况，沿内江企业生产污水和居民生活污水直排内江，造成内江水质急剧恶化，江边水厂被迫停产，沿江企业生产用水一度告急。1990年，市政府成立镇江市污水截流工程指挥部，同年11月28日组建镇江市给排水总公司，镇江市给排水总公司、市污水截流工程指挥部办公室(下称市污水截流办)，是两块牌子一套班子。市污水截流办负责污水截流工程、污水处理厂工程建设和管理；市给排水总公司负责污水截流、污水处理工程世行贷款、国债专项资金和市内配套资金筹措运作。1997年12月，成立市给排水管理处，隶属市建委，主管城市供水、排水、污水处理、节约用水等行业。2003年8月，市污水截流办对口并入市给排水管理处，市污水截流办终止运作。2004年4月，市给排水总公司更名为镇江市水业总公司。

2005年末，市区自来水总供水能力40万立方米/日，供水管道总长676.52公里，用水普及率100%；市区排水管道总长542.27公里，排涝能力43立方米/秒，污水处理率75.92%；市区节水量1300万立方米，计划用水率86.7%，工业用水重复利用率66%。

第一节　城市供水

一、水厂建设及供水能力

1983年，镇江市城区供水主要依赖于金山、江边两座地面水厂和南门、谏壁两座地下水深井车间，日供水能力为9.8万立方米，管网总长244公里，郊区几乎没有自来水。

1985年10月，金山水厂二期扩建工程竣工，新增日供水能力5万立方米；1989年10月，金山水厂三期扩建工程投产，至此金山水厂日供水能力17.5万立方米。1990年，自来水日供水能力20

万立方米，除金山水厂外，江边水厂日供水 2.5 万立方米，年制水量 6413.83 万立方米，供水量 6206.92 万立方米，售水量 5779.66 万立方米，管网总长 419.14 公里，自来水用户 21044 表户，供水普及率 97%。1991 年 12 月 24 日，日供水 15 万立方米的金西水厂一期工程开工，工程占地 7.47 公顷，总投资 1.77 亿元，上海市政工程设计院设计，镇江市第四建筑公司承建，分水源工程、净水工程、水库唧站工程和输水管道工程，采用折板反应平流沉淀工艺，全套引进国外先进的自动化技术控制设备。水源口位于征润州村金山水厂取水口，设计能力 60 万立方米/日，这里取水条件好，水域污染少。1994 年 12 月，市水利局、市自来水公司、谏壁镇 3 家共同出资建成谏壁自来水厂，谏壁深井水厂停止生产。1995 年 6 月 12 日，金西水厂一期工程竣工投产，至此市区有金山、金西、江边、谏壁 4 座地面水厂；江滨新村、桃花坞、花山湾、丁卯开发区 4 座增压泵站，日供水能力 34.5 万立方米，管道总长 500 公里，供水区域 65 平方公里，用户 2 万多表户，用水人口 44 万人，供水普及率 99.97%。1997 年 3 月 27 日，为镇江市民服务 63 年的江边水厂因内江水源污染停产报废。1998 年 9 月，日供水 15 万立方米的金西水厂二期工程开工，占地 1.57 万平方米，工程包括净水厂工程、管道工程及水库唧站工程。2000 年 6 月 18 日建成投产，市区日供水能力增加到 47.5 万立方米，城区供水管网总长 609 公里。供水面积约 100 平方公里，用水人口 54.21 万人。

2001～2005 年，改造和新铺长江路二期自来水管道 1305 米，镇宝路（引资大道）自来水管道 2700 米，完成解放路高架桥、学府路、古城路、黄山南路等输水管道建设。在全省率先推行“一户一表，水表出户”。改造费用一楼按每户 400 元，上楼每层另加收 50 元，5 年内完成一户一表改造 82746 户。启动沿江公路乡镇供水项目，建成世业水厂，实施区域供水。通过统一规划，将供水区域由城区向乡镇拓展延伸。

2005 年，镇江所辖三市、三区和镇江新区饮用水水源：市区、丹阳、扬中以长江水为主，水源口由征润洲、黄岗、二墩港取水口和龙门港备用取水口组成；句容以水库水为主，以房家坝水库和北山水库为取水水源；乡镇水厂以内河水为主，少量取用地下水。同年底，征润洲取水口已建成 60 万立方米/日取水规模，供水区域为镇江市区和句容部分乡镇，面积约 900 平方公里，用水人口约 135 万人；黄岗取水口是镇江东区主要水源地，取水规模 50 万立方米/日，源水供给东区水厂和丹阳市水厂，供水面积约 1500 平方公里，用水人口约 110 万人；二墩港取水口为扬中市水厂水源地，取水规模为 20 万立方米/日，用水人口约 28.5 万人；龙门口（港）取水口为镇江备用水源地，主要为镇江西区和句容市提供水源。随着区域供水范围扩大，原有以水库水和内河水为水源的水厂逐步关闭，由长江水替代，水库水、内河水、深井水作为备用和应急水源。投资 1600 多万元丹徒新区水库唧站正式供水，使丹徒新区与主城区全部联网，受益人口 5 万多人。该工程设计供水量近期 5 万立方米/日，远期 10 万立方米/日，一期工程建有厂外 5.7 公里管道和厂内 7500 立方米清水池 2 座，增压泵站（含配电房、加氯间）1 座，安

图 10-34　金西水厂（2004 年摄）

装4台机组。同年还投资1000万元,供水管网延伸到镇江化工区以及润州区部分边远村镇。

随着润扬大桥开通,世业洲被列为国家级旅游开发区。镇江市水业总公司和镇江市自来水公司合股成立镇江市世业供水有限公司,新建世业水厂。该厂占地2.13公顷,设计总规模为2万立方米/日,一期规模为1万立方米/日。2005年5月开工,年底建成试供水。生产上采用电脑集中监控,应用变频技术控制出水压力,保证安全供水,节省能耗物耗,达到国家水质标准。

2005年底,城市供水范围东到谏壁索普集团,南到丹徒区谷阳镇,西到戴家门,北到征润洲,东南到三山镇,西南到蒋乔镇石头岗中国人民解放军驻镇73056部队,西北到润州工业园区,东北到焦山定慧寺、润州船厂。供水面积约200平方公里,用水人口75万人。同年实施大港供水工程,该工程还惠及丹徒区黄墟、辛丰及沿江各镇。

1983~2005年镇江市市区自来水供售水量及用户情况一览表

表10-13

年份	年供水量（万立方米）	年售水量（万立方米）					管道总长（公里）	自来水用户（户）	自来水普及率（%）
		年售水量	工业用水	生活用水	商业用水	宾馆用水			
1983	3196.20	2903.90	2075.62	828.28	–	–	244.00	14599	91.30
1984	3312.82	3069.80	2092.25	977.55	–	–	–	16385	91.10
1985	3625.41	3379.95	2189.12	1190.84	–	–	317.39	18184	92.49
1986	4334.10	4060.23	2483.00	1577.20	–	–	–	19337	92.24
1987	4908.83	4583.15	2788.17	1794.98	–	–	–	20494	92.30
1988	5417.67	5014.74	2933.50	2081.24	–	–	–	20239	92.50
1989	5567.80	5202.68	2947.08	2255.60	–	–	401.02	20598	95.39
1990	6206.92	5779.66	3289.43	2490.23	–	–	419.14	21044	97
1991	6662.25	6070.00	3243.00	2827.00	–	–	500.00	21480	82.36
1992	7077.19	6432.49	3345.00	3087.00	–	–	–	20652	89.31
1993	7418.97	6774.31	3804.80	2969.51	–	–	–	20191	99.22
1994	7867.37	7124.24	3362.15	3762.09	–	–	–	19844	99.97
1995	8688.00	7450.32	3010.67	4439.65	–	–	500.00	20063	99.97
1996	8661.86	7458.00	3364.00	4094.00			525.00	20281	99.97
1997	8484.00	7568.54	2908.22	3692.13	721.08	247.11	–	19848	100
1998	8657.64	7445.37	2889.67	3684.03	652.52	219.15	–	21300	100
1999	7948.00	7000.17	2566.39	3578.34	642.19	213.25	–	26096	100
2000	8223.60	7000.03	2517.86	3608.71	637.99	235.47	609.00	35609	100
2001	7929.00	6543.00	2296.96	3376.69	613.90	255.65	609.00	47252	100
2002	7405.98	6083.86	2213.60	2861.85	645.93	326.48	–	70960	100
2003	7717.70	6025.63	2085.14	2846.89	677.81	415.79	–	87743	100
2004	8318.70	5914.33	1953.26	2874.45	654.33	432.29	–	108139	100
2005	7753.00	5662.17	1859.55	2742.08	683.81	376.73	676.52	149418	100

说明：1996年以前生活用水中包括商业、宾馆用水

二、企业自备水厂

20 世纪 80 年代,市区镇江印染厂、纺织厂、江南化工厂、辅机厂、锚链厂等一批中小型企业建有自备水厂,日供水能力一般为 0.3 万 ~1.5 万立方米。到 1984 年,市区除谏壁发电厂外,有地面自备水厂企业 17 家,日供水能力从 0.003 万立方米到 5 万立方米不等,合计日产水 16.845 万立方米。2000 年,市区取长江水的大、中型企业自备水厂有镇江焦化煤气集团公司、华东铝加工厂、大东纸业、镇江印染厂、镇江船舶辅机厂、南京给水电力段镇江水厂、镇江中泠啤酒公司 7 家,年取水量在 700 万 ~800 万立方米。

2005 年,市区企业自备水厂有:大东纸业、船山集团、焦化集团、韦岗铁矿、索普集团、船舶辅机厂、金东纸业、解放军 4822 厂、鹤林水泥有限公司、针织厂、金河纸业、金益集团共 12 家,年取水量 4634.09 万立方米,其中工业用水 4604.09 万立方米。

三、供水科技成果

1983 年前市自来水公司就有技术革新领导小组。1983 年后经省市科技部门认定,并推广应用的科技成果有:折板絮凝池的开发与研究、城市供水信息遥测遥讯项目、BHG 型全自动变频调速恒压供水设备、DIS—1 型壁挂式高层楼房全自动供水设备、金西水厂自动化控测系统、小区增压供水自动化控制、长江原水膜分离处理工艺研究、供水调度系统的研究、供水管网地理信息管理系统开发研究、供水服务信息系统研究开发、用户档案信息管理系统研究开发、金西水厂 MABS 双吸在线检测和性能提高、自来水可直接饮用的研究、超滤膜生产饮用水的工程应用研究、供水管网实时模拟系统研究、城市供水管网安全可靠性评估与更新改造优化策略等 16 项。

20 世纪 80 年代后期,公司与科研单位和大专院校联合开发计算机科研系统,1988 年与原陆军船艇学校联合开发镇水财务管理信息系统;1989 年与江苏理工大学微机综合应用实验室合作研制开发水费营收信息系统;1991 年与航空航天部北京遥测技术研究所(704 所)联合开发城市供水三遥供水调度系统;当年还成立镇江市水处理工程技术研究所,1995 年引进水厂生产实时控制系统。1997 年后,自行开发设备管理信息系统、档案管理信息系统、与银行联网水费营收新系统、纯水用户管理信息系统等。1998 年取得丙级市政(给水)工程设计资质证书后,镇江市水处理工程技术研究所更名为镇江市水处理设计研究所。2005 年 8 月委托山东正元地理信息工程公司对市区直径 300 毫米以下管网进行探测,并将数据信息输入原有供水管网地理信息管理系统(GIS)。

第二节　城市排水

1986 年,镇江市市政工程管理处实行“建养”分开,划分为市政养护管理处和市政工程公司,城市排水职能划归市政养护管理处。1995 年 10 月,排水职能从市政养护管理处分出,成立事业单位性质的镇江市排水管理处,负责城市排水设施建设的规划、设计、施工及排水设施养护、维修、疏通,城市雨水、污水收集、输送、处理、排放,城市防汛排涝、河塘治理,排涝泵站建设、管理,低洼积水区和老小区排水管网改造等。1997 年 12 月,排水管理处隶属市给排水管理处。

一、排水设施建设

1983 ~1985 年,城市排水建设的重点是管网配套。1983 年完成中山西路(劳动路)东段下水道配套工程,解放路南段下水道改造工程及金山路、黄山西路、花山路主干下水道兴建工程;增建阳彭山下水道 315 米;改造西府街地区(东自斜桥街,西至双井路,南起中山东路,北至西府街)下水道1504米。1984年铺设中山路拓建工程建下水道3922米；江滨小区下水道1298米；苏北路下水道1374米，黄山西路下水道1104米，镇焦路（东吴路）下水道2877米，双井路下水道728米，桃花坞下水道1104米，花山路下水道525米，润州山路下水道199米。1984～1985年，共铺设城市下水道23公里，相当于中国成立前下水道长度总和。

1986年，完成中山西路下水道工程（元件四厂至牌湾），新建砼管1736米和长江路（平政桥至解放路）排水设施大修工程，新铺设砼管890米，建检查井134座；改造天桥支路下水管道，铺设砼管50米，建明沟24套，雨水井32座。1987年，改造东吴路（象山桥至纺织厂段）排水设施，铺设混凝土管1190米，建雨水井116座，检查井23座，出水口1座。1990年建设天桥路（天桥至南门外大街）、金山西路（金山公园至润州路）、塔山路排水设施，共新建砼管3634米，检查井69座，雨水井175座。

1991年，南门大街北段（中山东路至正东路）下水道新铺各种口径混凝土管道1662米，新建检查井68座。1992年，拓宽解放路南段（大市口至解放桥）下水道实施雨污水分流，新铺和改造各种管径下水道2589米，砌窖井和雨水井263座；宝塔北路下水道，重铺排水管道1011米，新建检查井35座，雨水井45座。同时还完成李家山新村等20条街巷排水管道改造。1993年，在拓宽解放路北段（大市口至长江路）、斜桥街、南门大街（正东路至虎踞桥）等工程中，共新铺雨污分流管道6621.3米，建雨污水检查井123座，雨水井94座。当年完成街巷3700米下水道的改造，完善运河路（中山东路至解放桥）排水设施，铺设直径400毫米混凝土管983米，直径300毫米混凝土管731米，砌筑检查井47座，雨水井71座。1994年，在中山路、电力路交叉口道路新铺大口径雨污分流管道1064米，砌窖井和雨水井148座。1994～1995年，在新建丁卯桥路时，先后铺设污水管道4709.95米，雨水管道9836.91米，雨水连接支管2588.4米。1995年，市区排水管道总长为589公里。

1996年，谷阳路新铺各种口径混凝土管495.8米、雨水管道64.5米，检查井15座，雨水井11座。谷阳北路新铺各种口径混凝土雨水管3555米，污水管152米，新建检查井154座，雨水井205座，出水口3座。此外还改造广东山庄排水设施。1997年，完成朱方路（牌湾铁道口至七里甸广场）下水道整治，铺排水管道2.45公里，建雨水泵站和头摆渡泵站各1座；整治二道巷排水；改造竹林路、太古山路、医政路、润州路、马家山路、新河西岸等下水道829米。1998年，改造和平路下水道，除铺设各类管道1457.83米，实施雨污分流外，还对邻近车站路、新河路、金山路下水道进行整治，增加部分雨水井和连接支管。同年，对正东路排水进行改造，铺设污水管1005米，雨水管1472米，砌检查井121座，雨水井59座；完善南山风景区南山路（马家坟至八公洞）排水设施，新铺混凝土管22米，新建排水明沟2033米，管涵7座。1999年，改造伯先路等地段下水道1694米；对运河路（南水桥至解放桥）下水道增加连接支管，增设方井、窖井、雨水井84座。2000年，官塘桥路铺设南门天桥到煤矿医院段排水管道2645米，新建雨水井126座，出水口2座。

2001年起在拓宽长江路一、二、三期工程（解放路至平政桥至润州路）中，铺设污水管道5152米，建检查井171座，虹吸井2座。2002年，实施学府路拓宽（梦溪广场至谷阳路）排水工程，铺设混凝土下水管道15870米，建各种检查井、雨水井共1651座。2003年，完成黄山南路（中山西路至南徐路）、东吴路（解放路至九里街）、京口路（学府路至石马湾路）、檀山路、古城路（东吴路至桃花坞路）和平路北延段（和平路北端至长江路）排水工程，新建排水管道共24639.6米，检查井、雨水井共957座。梦溪路和江滨路（大东新路至东吴路北段）共铺各种排水管道6689米，建检查井、雨水井222座。2004年，重点是中山北路（牌湾路口至长江路）工程，新建排水管道3653米，检查井、压力井281座。同时还完成黄山东路（黄山南路至健康路西延段）铺设玻璃钢管下水道679米，建检查井16座，雨水井43座；新建江滨旅游专线一期排水工程（甘露寺至虹桥港），铺设管道2569米；整治小米山路（桃花坞东段至禹山路北段）排水工程，铺设各种排水管道1828米，建检查井42

座。在桃花坞路、梦溪路至小米山路段，建混凝土雨水管433.2米，污水管853.1米，检查井75座，雨水井52座。2005年，完成跑马山路（中山西路至南徐大道）建箱涵1397.5米，铺设排水管道4202米，检查井144座；禹山北路（东吴路至谷阳北路）铺设各种管道8528米，建检查井235座；万古一人路（解放路至千秋桥北段）铺设各种管道921米，建检查井20座。同年开工的项目还有：塔山西路（丁卯桥路至岗子下街）下水道工程和宝塔南路与黄山北路下水道对接工程。2005年末，市区排水管道总长542.27公里，其中雨水管道433.42公里，污水管道108.85公里。

二、街巷排水改造

20世纪80年代完成鼓楼岗片区下水道1897米；改善东至山巷，西至丰和巷，南至大龙王巷，北至大西路的万家巷片区排水设施，该地区排水管网基本形成；改造东起宝塔路，西至镇屏街，南至大西路，北至中华路的天主街片区及周边下水道。同时还翻建改造西府街、梳儿巷、何家门、西荷花塘、大埂街、利群巷等31条街巷下水道，总长15024米。1988年，经市政府批准，在市区开征排水设施有偿使用费。凡向城市排水系统排水管道、排水沟渠和河道等排放污水的企事业单位及个体工商户均须交纳排水设施有偿使用费，收费标准每吨0.08元，排水量按自来水用水量80%计算。使用费按月全额缴存市财政，作为城市排水设施更新改造专项资金。城市居民、消防、市政绿化、水炉业、浴室业、民政福利事业单位免征排水设施有偿使用费。

1991～1995年，共疏通下水道479.9公里；清淤3010吨，加铺缺损雨水井盖960只；更换沟井盖、沟头盖共1191只。1996～2005年，共实施179条街巷排水管网改造，铺设管道总长17994.7米。2005年，改造江滨新村一期、桃花坞七区、京岘山38栋、三茅宫小区、桃园小区、润州山路38栋、黄山新村等7处老小区，新建排水管道4073.98米，检查井662座，雨水井394座。

三、市区防汛排涝

镇江市区北部濒临长江，城内古运河、运粮河、新河、虹桥港、西荷花塘一带易受江洪和山洪的袭击。面对严峻的防汛排涝形势，镇江市区采取整治河道、兴建排涝泵站等措施防汛排涝。

1. 整治河道　1990年后，整治古运河市区段5.6公里，完成河道拓浚土方76.8万立方米，浆砌块石挡土石墙7.65万立方米，浇筑混凝土0.37万立方米，沿河拆迁房屋4.6万平方米，安置居民500户，拆除3个阻水码头，改建2个取水泵站，新建绿地19.35万平方米。同时整治黎明河、周家河、新河、运粮河、孩儿河，保证水系畅通，使过水面积扩大50%。

图10-35　江滨泵站（2004年摄）

2. 排涝泵站　1990年后，市区新建和改造15座雨污水泵站，更新老泵站设备，泵站排涝能力从27个秒流量，提高到2005年43个秒流量，基本能满足城区排涝需求。

2005 年镇江市市区排涝泵站一览表

表 10-14

序号	泵站名称	排涝能力				备　注
		机泵（台）	功率（千瓦）	抽排能力（立方米/秒）	汇水面积（公顷）	
1	头摆渡泵站	3	1160	5.71	93.50	始建 1971 年 扩建改造于 1998 年
2	建设新村泵站	2	102	0.77	24.75	1973 年建 1999 年后停用
3	民主街泵站	2	110	0.67	37.50	1965 年建造 1999 年底停用
4	新河桥泵站	4	330	3.66	–	2001 年 11 月建成
5	桃园泵站	4	220	2.40	16.00	1984 年建造 2004 年改造
6	农药厂泵站	2	105	0.71	8.00	1980 年建 2003 年停用
7	迎江路泵站	4	428	1.02	12.00	2003 年 10 月建成
8	姚一湾泵站	1	45	0.22	6.88	1992 年改建 1999 年停用
9	平政桥泵站	2	300	2.22	15.00	2000 年 10 月建成
10	解放路泵站	4	1120	7.40	75.00	1975 年建 2000 年完成改造
11	江滨泵站	5	648	6.20	82.37	1987 年建成 2002 年停用
12	大东泵站	6	860	8.20	82.37	2002 年建成取代江滨泵站
13	焦南泵站	4	590	6.00	–	原为市合纤厂建 2005 年交排水部门后改造
14	江南新村泵站	2	150	1.10	–	1999 年建成
15	南水桥泵站	6	480	1.98	–	1999 年建成

四、积水区改造

20 世纪 80 年代，治理完成的积水区有：修建解放路北段（医政路至万古一人巷）块石拱圈沟 370 米，铺设万古一人巷水泥管 476 米，千秋桥街水泥管 1174 米，使东至鼓楼岗新村，西至解放路北段，南至千秋桥街以南，北至江边，75 公顷汇水范围下水道，组成千秋桥街、万古一人巷、医政路东西向和解放路南北向排水管网，使雨污水经解放路泵房排入长江，基本解决汇水范围内的积水。清淤整治西荷花塘，该塘是西区最大蓄水河塘，新铺设下水道 358 米，修建块石护坡挡墙、安装栏杆；建成梳儿巷排水干沟 568 米，该巷原是关河的一段，地势低洼，填河筑路后雨污水无法排泄，由北向南引雨、污水至下河头，出南水关入运河。修建何家门路心方沟 287 米，何家门原地处市郊，河塘较多，雨污水自然流淌排泄。70 年代河塘填没，雨污水秽积。方沟建成后，引雨、污水入三官塘下水道，使该地区 9 公顷范围内的排水得以解决；同时改造大埂街片区下水道，引各街巷雨污水向北至长江路流入长江，解决该地区严重积水状况。

2003 年 6 月 24 日至 7 月 10 日，市区出现 6 次强降雨，同时长江水位从 6 月 24 日的 4.85 米攀升到 7 月 8 日的 7 米以上，黎明河地区，因黄山南路道路施工，过水断面缩小，暴雨造成黄山天桥下积水深达 1 米；孩儿河沿线，因暴雨河水猛涨，河水倒灌，化粪池外溢，使岗子下街 53、54 号及矿机路小区积水深达 1 米，200 多户人家进水；林隐路及花鸟市场及电缆厂等处积水 1.5 ~2 米；三茅宫小区，由于四圩泵站排涝能力不够，路面积水殃及店面、民宅；小米山地区因排水设施不配套，银泉小区积水深达 0.8 米；周家河地区，因河口报废，水闸未拆除，雨水不能及时排泄，造成大面积积水（7 月 5 日中午该水闸被炸除）；正东路、南门大街、梳儿巷路面积水达 0.4 米；下河头、桃花坞二区 74 户住宅进水深达 0.5 米；其他受灾地区还有学府路部分路段、金山西路 17 号 5 幢楼房 130 户、第一楼街、松盛路等 30 多处。

2003 年，市政府调度资金，从 8 月开始实施：黄山东路排水工程（黎明河中段），该工程西起黄山南路，东至健康路西延段，向北折向沪宁铁路，建双孔混凝土箱涵 18 米和 30 米各 1 座；铺设污水管道 318.6 米，雨水管道 424 米；周家河明沟改造工程，铺设下水管道 257.2 米，砌窨井检查井共 25 座；三茅宫小区积水整治工程，铺设排水管 979.2 米，砌检查井 40 座，雨水井 53 座，疏通管道 2986 米，清明沟 320 米，清淤泥 1425.41 立方米；孩儿河及下游暗沟清淤工程，打捞漂浮物、垃圾、杂物 800 立方米，清淤泥 1333 立方米。

2004 年，改造低洼积水区 8 处：黎明河二期整治工程，该工程穿越沪宁铁路涵洞，进入中山西路马家山居民区，全长 322.4 米，引积水排入古运河。清淤泥 3428 立方米，砌两岸石墙 802 平方米，石墙上浇混凝土盖板 336 立方米，绿化 1896 平方米；京岘山明沟清淤工程，京岘山明沟最宽排水断面 10 平方米，东面八角亭一带雨水污水都进入该沟，向西南穿越学府路、江苏科技大学流入古运河。该段先后清淤泥杂物 2688 立方米，恢复明沟排水功能；金山西路 17 号排水工程，重建混凝土管道 43 米和集水方井 4 座；桃花坞二期排水工程，新铺混凝土管 117 米，建雨水井 32 座，检查井 1 座；银泉小区排水工程。该区位于桃花坞路东段与小米山路交界处，新铺混凝土管 436 米，建雨水井 65 座，检查井 23 座；健康路排水工程，位于中山路小学与镇江四中之间，新铺下水道 193 米，建雨水井 25 座，检查井 7 座；孩儿河清淤工程清淤 1094 立方米，加宽河的断面挖土方 3673 立方米；小圩子路积水区整治工程，该路地处江滨新村三期以东，东吴新苑以西，铺雨水管道 367 米，污水管道 77.6 米，建雨水井 21 座，检查井 20 座。

2005 年，改造积水区 6 处：岗子下街 54 号大院，铺设排水管道 211 米，建检查井 25 座，雨水井 12 座，修混凝土路面 684.215 平方米；绿竹巷排水明沟工程，清淤 764 立方米，铺下水管 35 米，建护坡 92 米；象山乡村庄九组排水整治工程，位于象山大道西，江滨中学北，江滨大道南，新铺下水道 1083 米，建检查井 58 座，雨水井 92 座，修混凝土路 477.31 平方米；车站西一村排水工程，新铺混凝土管 416 米，建检查井 19 座，雨水井 22 座；八角亭积水区，位于桃花坞路南，通往京口路，新铺下水管 886.6 米，清除河道淤泥 1720 立方米，建检查井 36 座，雨水井 32 座，恢复混凝土路面 1369.5 平方米；象山桥一村积水区，位于象山桥东北角，新铺下水道 455 米，建检查井 27 座，雨水井 60 座。

第三节　污水治理

20 世纪 90 年代以前，镇江城区每天形成 15 万 ~20 万立方米的工业和生活污水，直接排入古运河、运粮河、内江等 6 条穿城水系。1990 ~2003 年，镇江实施污水截流工程和污水处理厂工程，这是利用世界银行贷款建设的环保项目，也是利用国债专项资金建设的城市基础实施。2004 年，以污水截流和污水处理等项目为主要内容的水环境治理工程获江苏省人居环境范例奖。

一、污水截流

1994 年 11 月 2 日，镇江市污水截流工程开工，该工程对市区 39.66 平方公里范围内的城市污水进行截流，通过污水提升泵站输送到征润洲氧化塘进行氧化处理，再利用长江充沛的水量深水稀释排放。工程包括内江、古运河、运粮河三个截流系统，设计规模日截流污水30万吨。工程包括铺设污水截流管道38.82公里，新建7座污水提升泵站和1座污水处理中试场。服务范围东起焦化厂铁路专用线，西至润州路，南自南徐路，北到长江边，工程概算30639万元。该工程经国家计委、国家环保总局批准，世界银行评估通过，由中国市政华北设计研究院设计，南京工苑监理公司监理。2003年11月30日全部建成，共铺设内江、古运河、运粮河3个截流系统共12条总长38公里的污水截流管道；建成江滨、虹桥港、南水桥、解放路、平政桥、新河桥、迎江路7座污水提升泵站和占地100公顷的征润洲氧化塘污水处理中试场，达到日截流污水30万吨，日处理污水4万~8万吨（冬季4万吨，夏季8万吨）的能力。经处理排放的水质，达到国家规定标准。同时市水利部门适时从港池引水、换水，保持古运河水位。古运河水质有明显的改善，水体生态逐步得到恢复。

图10-36　污水输水管施工现场（2000年摄）

二、污水处理

1. 大港新区污水处理工程　2001年6月18日开工建设。该工程由镇江新区开发总公司投资，深圳中兴环境工程技术有限公司总承包，一期工程占地2.67公顷，建有日处理1万吨的污水处理厂1座，污水提升泵站5座，污水输送管道6.4公里。该项目2003年8月试运行；2004年9月经市环保局环保监测中心检测，指标全部合格。2005年9月，镇江市水业总公司收购大港新区污水处理系统。收购后，首先采用CAST工艺改造污水处理厂，使污水处理能力达到2万吨/日，出水水质达到国标B标准。同时完善污水收集管网，加强对入网企业污水水质管理；服务范围，包括主城区、台商工业园、机电工业园、出口加工区、商贸区和生活区。对下水道采用雨污水分流，沿道路两边埋设雨、污水管。雨水经收集后就近排入受纳水体，污水排入城市污水管道，使排水管网服务面积达到16平方公里。在2001年已建5座污水提升泵站的基础上，新建5座泵站：东方河泵站，位于新区横山路与东方河交汇处东南角，规模4500吨/日，配有潜水泵3台套；通港路泵站，位于通港桥与通港路东北角，规模500吨/日，主要解决港中新村七区部分学校和小区的生活污水；港中路泵站，位于港中路与港中南路交会口西北角，规模3800吨/日，主要收集大港中心商贸区和生活区污水；固废泵站，位于固废公司旁，规模500吨/日；汽巴精化泵站，位于港韩路南汽巴精化北围墙外，规模500吨/日。这5座泵站为大港新区水环境的良性循环，提供可靠的保证。

2. 征润洲污水处理厂　2002年2月开工建设，2003年6月基本建成。该厂位于征润洲污水处理中试场北侧，防洪大堤内，占地8.72公顷，规模为日处理污水20万吨，一期工程日处理污水10万吨，概算投资1.4亿元。采用CAST生物除磷脱氮工艺。实际投资12226万元。2003年6月至2004年5月试运行期间，完成污泥驯化、设备调试、满负荷运行等工作，处理效果稳定、可靠，出水水质符合国家《污水综合排放标准》（GB8978—1966）一级标准，COD、SS仅为国家允许排放标准的一半。

3. 丹徒新区污水处理厂　2004年8月开工，该厂位于丹徒新区谷阳镇西麓村以南，中心河北

图 10-37　征润洲污水处理厂(2004 年摄)

岸,占地 4 公顷,总规模 4 万吨/日。2004 年 3 月,镇江市水业总公司从丹徒区接收污水特许经营权,丹徒新区污水处理厂第一阶段工程按土建 2 万吨/日,设备 1 万吨/日的标准实施。2005 年 12 月 28 日竣工,建成百乐克生化池 2 座,紫外线消毒池、匀质池各 1 座,以及进水泵房、脱水泵房、鼓风机房、细格栅间、仪表间等。自控系统以中控室为主,现场控制为辅,整个系统分为三级,即中央控制站、PLC 控制站、现场控制,对过程参数、设备状况、能耗物耗自动控制,无人值守,由生产信息数据库对全厂生产信息集成统一管理。同时建成的配套项目还有厂区雨污水和中水管网、监控系统等。

第四节　节约用水

1984 年 9 月,镇江市节约用水办公室从市自来水公司服务所分出,在市自来水公司内部为节水科,对外是市节水办。1987 年 12 月 17 日,节水办从市自来水公司划出,成为镇江市市政公用事业管理局的一个下属事业单位。1998 年 1 月,镇江市给排水管理处成立,节水办划归镇江市给排水管理处。2002 年 8 月,市节水办一分为二:一部分划出仍用镇江市节约用水办公室名称,归市水利局领导,承担全市节约用水和地下水资源管理职能;留下的一部分更名为镇江市城区节约用水办公室,仍属市给排水管理处领导。

一、节水管理

20 世纪 80 年代,节水办设立后开始对月用水量 1 万立方米以上的 28 个单位实行计划用水,并进行考核;1981 年发展到用水量 0.5 万立方米以上的 52 个单位;1983 年,市节水办对考核单位主要用水车间和设备实行计量管理,取消生活用水包费制,实行节奖超罚。并进行以提高工业用水重复利用率为重点的节水新技术、新工艺、新方法推广应用。并协助镇江钛白粉厂、江南化工厂等试用“水平衡管理方法”获得良好效果。1984 年,计划用水考核户增加为 75 个单位,初步控制工业用水浪费现象。1985 年,对全市日用水量万立方米以上的工业用水大户进行水平衡测试。1990 年,计划用水考核户发展到用水量 0.1 万立方以上单位 266 个,其中用水量 0.5 万立方米以上的单位 113 个。用水单位先后投资 323.81 万元,完成技改项目 91 项,累计形成节水能力 1473.61 万立方米。90 年代,累计投资 1000 万元用于技术改造和技术推广。2000 年,计划用水 500 立方米/日的考核单位为 432 户。累计完成水平衡测试企事业单位 107 家。

进入 21 世纪,城市节水管理工作,从抓计划、定额考核转变到建立健全节水科学管理指标体系;开发镇江市节水管理信息系统;启动省级节水型企业创建活动,推广先进节水型器具,加强对企业节水技术服务等。2004 年 10 月,捷诚车载电子信息工程有限公司(原镇江无线电厂)通过创建“江苏省节水型企业”验收,该公司工业用水重复利用率为 67%,间接冷却水循环率大于 95%,万元产值取水量递减率、水表计量率、企业用水设施损失率等全部达标,水平衡测试报告符合国颁标准,被省节约用水办公室授予“江苏省节水型企业”称号。2005 年,完成水平衡测试企事业单位增加到120家。市区计划用水考核单位超过500户,其中镇江城区有334户,计划用水率达80%。当年节水量1300万立方米。镇江外贸冷库、镇江华晨华通路面机械有限公司、华东联合制罐有限公司、镇江液压件厂有限责任公司等4家企业获江苏省节水型企业称号。

二、深井水利用

镇江深井水开采和利用始于20世纪60年代末。1983年,市区有深井58口,1985年实际使用的有51口,1987年为59口,这些深井分布在42个企事业单位,井的深度在104.78~242.86米之间,直径在150~500毫米之间,日出水量为55525.63立方米。90年代以后,市节水办加强地下水资源管理,通过整顿凿井市场,规范取水管理,实施凿井许可证和取水许可证制度,严格执法,违法违章凿井和取水状况得到根本好转,地下水位回升,基本杜绝地下水的污染。随着自来水事业发展,供水管网不断延伸,部分深井报废,深井数和地下水开采量逐年减少。地下水开采量由1989年的466万立方米下降到1998年的161万立方米,深井数由1990年的85口下降到2000年的55口。

三、节水效果

20世纪80年代,镇江市把提高工业用水重复利用率作为节水工作重点,落实节水措施。“六五”期间,全市累计节水总量1340万立方米,1991年节水总量850.56万立方米,计划用水率为87%,年减少污水排放约500万立方米。工业用水重复利用率逐年上升,从1983年23.7%,1985年45.47%,1990年50.03%,1995年55.06%,2000年62%,到2005年的75.6%。万元产值取水量从1983年270立方米/万元,下降到1985年150.54立方米/万元,1990年100.06立方米/万元,1995年52.13立方米/万元,到2000年38.95立方米/万元。2002年起共组织实施节水改水项目17个,总投资1730.73万元。2001~2005年,万元产值取水量年平均下降率为10%。2005年,城镇人均生活用水量341升/人·日,农村为201升/人·日。

第五章　城市管理

20世纪80年代,镇江城市管理工作坚持实行专业队伍和群众管理相结合的管理体制,实行分级管理,条块结合,以块为主的城市市容环境综合管理。进入90年代,城市管理坚持统一领导,条包块管,以块为主,专群结合的原则,持续开展市容环境综合整治活动,解决古运河两岸环境卫生等城市管理中的重点和难点,提高市容环境卫生质量。1993年获江苏省城市建设管理优秀城市称号。1994年,以环境综合整治为重点,市容包装为突破口,标本兼治,建管并重,整体推进。1995年获全国卫生城市称号。

2000年以后,城市管理工作,围绕争创“沪宁线上管理最好城市,365天卫生天天保持干净的城市”目标和“硬环境上水平,软环境创一流”要求,在管理体制上,形成市、区、街办(镇)、社区(居委会)四级管理体系;在运作机制上,推行城市道路保洁、公厕管护、垃圾清运等市场化运作;在考核机制上,把城市管理各项任务,纳入部门单位年度目标,形成以事定费、以费定人、以人定责检查考核运行机制。

第一节　机构沿革

1981年10月成立镇江市城市管理委员会,1984年12月,市城管委设立城管监察队,1988年

5月镇江市城市管理委员会改为市城市管理办公室。1991年11月，恢复市城市管理委员会，下设城市管理办公室。同时在丹徒县大港、高资、宝堰等城镇、市区8个街道和象山、七里甸、谏壁等乡镇政府设有相应的管理机构，形成三级管理网络。1992年7月明确市城管办为城市市容和环境卫生管理行政主管部门。1995年6月，市城管办、创建办、爱卫办"三办"合一，成立镇江市城市社会管理委员会，作为市政府社会综合管理机构，对全市城市社会管理实施组织指挥、协调和检查监察。委员会下设规划管理监察处、市容环境卫生监察处、市场秩序管理监察处、城市客运秩序管理监察处。1996年7月，城市社会管理委员会更名为城市管理委员会。1997年6月，设立隶属于市城市管理委员会的镇江市城市管理综合执法稽查支队，1998年改名为市城市管理监察支队。

2001年5月，城市管理委员会更名为市城市管理局。2003年"三定"时划入的职能有：市政管理、绿化管理方面的行政处罚权；城市规划、环保、公安、工商管理方面的部分行政处罚权；与行政处罚相对应的各项行政检查权和行政强制措施权。转变的职能是：对辖区城市管理行政执法工作由业务指导转变为直接领导和管理。同年4月，镇江市城市管理行政执法局挂牌，和市城管局合署办公，实行两块牌子、一套班子运作，建立"统一领导、垂直管理、公安保障"新型城管行政执法体制。下设市容管理处、公共环境卫生管理处、政策法规处、执法管理处等。派出机构有城市管理行政执法局丹徒分局、京口分局、润州分局、新区分局、南山分局；直属机构有城市管理行政执法支队、环境卫生管理处、户外广告及灯光设置管理处、城镇垃圾处理费征收处、临时摊点设置管理处、特种垃圾及渣土管理处。

第二节　市容管理

一、广告灯光管理

1995年8月，成立镇江市户外广告及标志设置综合管理办公室，1998年5月更名为镇江市户外广告及灯光设置管理所。1999年，结合国庆50周年和世纪庆典，在谷阳路、丁卯桥路等城市进出口主要干道两侧悬挂各类灯笼4456只，景点户外广告箱42只，霓虹灯标语5条。配合古运河风光带建设，设置各类夜景灯饰110盏。1999～2000年，共审查各类灯光广告1042件，发放许可证796张。先后端掉"老军医"窝点3处，铲除"牛皮癣"小广告3万多张，挖出乱贴乱画不法经营商、广告商150多家，拆除各类烟草广告3128个，建成省级"无烟草广告城市"。2001年，"两路整治"（中山东路、解放路）投资100万元，设置立杆灯箱基础位300余座，7月通过招投标投入40万元委托上海市政公用事业研究所设计建立镇江市夜景灯光控制系统，对市区50处夜景灯光实行统一启闭管理，后又有26处纳入灯光控制中心。2001年，镇江市户外广告及灯光设置管理所又更名为镇江市户外广告及灯光设置管理处，该处依据国务院101号令《城市市容和环境卫生管理条例》及《镇江市户外广告设置管理办法》《镇江市户外广告泊位使用权出让暂行办法》实施管理。2001～2005年，在市区268栋临街建筑物上安装夜景装饰，投资1700多万元，95%的建（构）筑物设置夜景灯光终端遥控装置，使夜景灯光布局更趋合理。重大节日和重要活动，夜间亮灯率在90%以上。清除破旧过时的户外广告1149块，更换不规范用字的店牌字号617处，修复各类残缺、损坏、脏污的广告、店牌字号、布幔条幅3650条（块），城市容貌基本达到明亮、规范、整洁的要求。2005年，按照《镇江市城区户外广告设置规划》要求，审批、发放许可证255张。

二、综合治理

1985年7月，为响应省政府在全省开展创建"优美环境、优良秩序、优质服务"（下简称创"三优"）竞赛，镇江市成立创"三优"竞赛活动指挥部及办公室，实施市容卫生检查执法为主的创"三优”活动。从1986年起，市区开展军民、警民、厂街共建文明路、卫生路活动，实行城市道路综合治理目标管理和条包块管，市区中山路、解放路、大西路基本达到《镇江市文明路》标准，1987年8月被京口区政府命名为文明路、双拥路。三条路沿街762个单位（户）基本落实“门前三包、门内达标”，同时建成双井路、健康路、新河路、镇焦路四条卫生路。共评出省、市、区（局）级文明单位和创建“三优”先进单位186个。1991年以后，市政府发布实施城市环境综合整治长效管理意见，城市主要干道市容环境卫生基本得到巩固，基本清除违章占道经营现象。饮食食品卫生管理得到加强，有效控制食物中毒事件发生。根据市政府关于在全市开展住宅楼“民选楼长”活动的要求，市区2337幢住宅楼，选出1775位“民选楼长”，促进文明社区建设。结合节假日和全市重要活动，治理脏乱差“死角”片区，拆除违章亭棚，取缔违章摊点。在城郊接合部加大对夜间偷倒工程渣土和二次装潢垃圾查处和跟踪查找运输抛洒滴漏行为。用市场化运作、项目化操作方式，公开招投标，多方筹集资金，建设立杆灯箱和夜景灯光无线遥控及终端监控系统。1993年，在搞好市场建设的同时，注重规范管理，落实“六簿三档一证一卡”（指违法违章处理簿、市场检查簿、咨询服务簿、市场统计计分簿、政策宣传簿、协管员考核簿；经营者、市场协管员、市场建设档案；经营许可证；信誉卡）管理制度。加强夜市和瓜果市场管理，成立夜市和瓜果市场管理领导小组，各区成立联合管理办公室，夜市管理办公室，开设南门大街、双井路夜市街，负责管理、协调和监督。辖区内156座厕所、401座垃圾箱实行定人管护、定期消毒；聘请200多名义务清扫员，做到定人、定段、定时清扫；违法建筑得到有效控制，农贸市场、露天摊点管理进一步加强，“三灭一禁”（灭鼠、灭蝇、灭蟑，禁养家禽家畜），传染病防治、噪声烟尘控制等都取得一定成效。

2001年以来，中山路、解放路、电力路、长江路、运河路、健康路沿街楼宇和门面店牌字招，灯箱广告，沿街117幢建（构）筑物，580家网点门面都进行美化亮化；拆除大型广告牌34块，公交站台广告10块，店牌字招280块，落地灯箱90只，路灯杆和电线杆箱129只，跨街路桥9座；78座楼宇设置单体灯光，落地立杆灯箱230只，规范门楼店招441块。先后与23所学校、40家企业实施城管共建活动。建立行风监督员制度。聘请10名行风监督员，参与城管执法活动。运用市场运作的方法，筹资70多万元在全市108个社区设置便民信息栏449块；投资50万元在小区单元楼道内设置便民信息牌8092块。实行定人、定片、定责管理，对乱写乱画小广告行为实施查处。

第三节　环境卫生

一、管理与经费

1979年8月，镇江市环境卫生管理处从卫生局划归城建局领导。1987年5月，隶属于市政公用事业管理局，1996年按照国务院《城市市容和环境卫生管理条例》，建立“二级政府，三级管理”环卫体制。新体制保留市环境卫生管理处，设立京口区和润州区环境卫生管理所，分别隶属两区城管局。市环卫处负责垃圾中转站（含）以上环卫作业任务；区环卫所负责垃圾中转站以下各辖区内环卫作业任务，其中京口区环卫所管理道路清扫保洁面积57万平方米，管护公厕85座；润州区环卫所管理道路清扫保洁面积7万平方米，管护公厕111座。

1998年4月29日，市环卫处从市政公用事业管理局划归镇江市城市管理委员会领导。2004年1月，市政府下发《关于环境卫生管理体制改革的意见》，决定环卫管理重心下移，实行属地管理改革，将城市垃圾转运及汽车运输作业全部交由京口和润州区环卫所承担，区环卫所人、财、物实行由区政府负责管理。

2000～2005年镇江市市区环卫经费投入情况表

表10-15　　　　　　　　　　　　　　　　　　　　　　　　　　　　单位:万元

年　份	人员经费	设备购置费	设施建设费	合　计
2000	514.50	20.00	330.00	864.50
2001	613.00	29.50	60.00	702.50
2002	693.00	225.00	283.00	1201.00
2003	750.00	129.00	2057.00	2936.00
2004	705.00	60.50	2037.00	2802.50
2005	702.00	3.00	-	705.00

二、职工队伍

1985年,镇江市环卫职工人数为756人,按城市人口计,环卫职工配比率为2.37‰。1995年,职工人数超过1000人,1995年前,镇江市区环卫作业机械化程度不高,85%以上是人工操作。2005年,市、区及乡(镇)三级环卫部门专业队伍共有在职职工2238人,按环卫实际服务人口计,配比率为2.39‰。

2005年镇江市市区环卫专业人员情况表

表10-16

人　员　分　类	市环卫处	区级环卫所	乡(镇)环卫所
一、生产工人占全员职工总人数(%)	71	81.5	92
其中:1. 直接生产工人占全员职工总人数(%)	62	69	86
2. 辅助生产工人占全员职工总人数(%)	9	12.5	6
二、管理与工程技术和服务人员占全员职工总人数(%)	27	17	7.5
其中:1. 管理与工程技术人员占全员职工总人数(%)	24	14	5
2. 服务人员占全员职工总人数(%)	3	3	2.5
三、其他人员占全员职工总人数(%)	2	1.5	0.5
合　计(%)	100	100	100

在职环卫专业队伍由正式工、劳动合同制工和农民工三部分构成,其中农民工1985年225人,占职工总数29.8%;1995年537人,占职工总人数53.2%;2000年1371人,占职工总数56.4%;2003年1479人,占职工总数62.1%;2005年1483人,占职工总数66.3%。2005年,市、区、乡(镇)三级2238名环卫专业队伍在职职工年龄结构:20～30岁占10%;31～40岁占62%;41～50岁占16%;50岁以上占12%。

2000年4月至2001年6月,市环卫处、京口和润州区环卫所共有183名在职初级、中级和高级技术工人分期分批接受半脱产岗位技术培训,并顺利通过市、区人事部门组织的晋级考核,合格率100%。

2005年,市、区、乡(镇)三级2238名环卫专业队伍在职职工文化结构:大学占3.8%;高中占20.2%;初中占28%;文盲占2%(全为50周岁以上)。技术结构:初级工占75.7%,其中83.1%为乡镇环卫职工;中级技术工占8.8%、高级工占12.7%、高级技师占0.5%,中级工的96%为市环卫处职工,高级工的97.3%全部为市、区级环卫职工;具有专业技术职称人员占2.3%,其中86%集中在市环卫处。

三、作业服务

1. 道路清扫保洁　20世纪80年代,对道路清扫要求,路面扫清,无明显污物;路牙铲清,无淤积泥土；沟头扫清，无堵塞现象；交界扫清，无漏扫地段；垃圾收清，无裸露垃圾堆积。1990 年起实行每天“两大扫、巡回扫”，重新制定作业质量标准：两大扫必须分别在上午 7 点、下午 5 点前结束，随即转入巡回保洁。做到路面、树穴、线杆、绿岛净，无塑料袋、纸屑、植物枝叶、碎砖瓦砾、石屑黄沙、煤灰等污物；路边雨水窨井盖沟眼掏清、无堵塞，路面无积水；道路两侧边缘路牙、淤泥铲清，道路交界处向前延伸 10 米清扫保洁等。

1997 年 3 月，依据建设部颁布的《城市环境质量标准》规定，市、区两级环卫部门共同研究制定《镇江市城市道路清扫保洁质量标准》（下简称《标准》），《标准》区别城市道路不同保洁等级，人和车辆流量密度划分为四个保洁等级和相应的作业质量标准。同时规定重要道路、繁华道路应全天巡回保洁，气温 30℃以上时，平均每天洒水 2 次；每天作业时间内，保持车行道、人行道、边沟、下水口、树穴等整洁。

镇江市区道路路面废弃物控制指标表（1997 年起执行）

表 10-17

保洁等级	果皮（片/1000 平方米）	纸屑塑膜（片/1000 平方米）	烟蒂（个/1000 平方米）	植物枝叶（平方米/1000 平方米）	污积水（平方米/1000 平方米）	其他（处/1000 平方米）
一级	≤4	≤4	≤4	≤1	无	无
二级	≤6	≤6	≤7	≤2	≤0. 5	≤2
三级	≤8	≤9	≤11	≤3	≤1	≤5
四级	≤10	≤12	≤15	≤4	≤1. 5	≤8

2004 年 4 月，市区道路清扫保洁作业项目开始市场化运作，由市政府环境卫生行政主管部门公开向社会有资质的企业招标，择优确定中标企业。5 月经对投标企业资质、中标后实施方案等综合评比，最终 2 家企业（镇江永盛物业公司和徐州洁士物业公司）中标，承担 13 条道路共 146. 25 万平方米路面清扫保洁作业量，使市区新建、拓建的主次干道环境卫生作业服务实现全覆盖。

1985～2005 年部分年份镇江市区城市道路清扫面积表

表 10-18

年　份	面积（平方米）	年　度	面积（平方米）
1985	640000	1996	1305094
1988	788000	1999	2186820
1989	837300	2000	2186820
1990	962019	2003	2268300
1992	1020000	2004	2768300
1994	1054000	2005	4230800

2. 生活垃圾清运　1985 年，镇江市区生活垃圾清运量 73354 吨，1990 年前，城区生活垃圾清运作业质量主要以“清”为主。市区生活垃圾收集清运以人工沿街摇铃和垃圾箱（池）人工装运、汽车转运为主要作业方式；1992 年开始，作业方式改以街巷居民生活垃圾以建垃圾箱供投放为主，由环卫工人每天上、下午各装运一次，主、次干道两侧居民及单位生活垃圾以投放设置在道路两侧的可移动式圆形垃圾桶内，每天定时由环卫专用侧叉车进行装运。1995 年，实行环境卫生管理路段长承包责任制，将 32 条主要道路卫生清扫保洁管理，承包给市级机关 53 个部门，责任承包部门主要领导为路段长，路段长及责任部门具有对沿路单位“门前三包，门内达标”工作检查、督促、协调职能。“门前三包”责任状签订率上升到 90%，同时在城郊接合部 14 个行政村建立清扫保洁队伍。为量化作业质

量标准，重新修改为“垃圾箱（房）内的垃圾每日收运不得少于两遍，每天下午下班时垃圾箱（房）内滞留的垃圾不得超过50公斤”。全市垃圾清运量为134169吨。1997年3月起执行建设部颁发的《城市环境卫生质量标准》中有关“垃圾收运”作业质量标准。同年，市政府出台《镇江市城市生活垃圾袋装管理暂行规定》，在市区范围内全面实施生活垃圾袋装收集，封闭原敞口式垃圾箱和5000余个楼道垃圾井，采取建垃圾房、以车代房、上门收集三法并用，新建改建垃圾收集房516座，所有集贸市场推行垃圾袋装化。1998年，市区主、次干道移动式圆形垃圾桶拆除后，即改为沿街由环卫工人负责收集运输生活垃圾。2000年，市区主、次干道生活垃圾实行小型机动车定时收集，此后逐年扩大收集范围，街巷居民生活垃圾仍以人工装车收集为主。2001年，用市场化运作手段，加大环卫改革力度，对道路清扫、垃圾清运、公共厕所进行内部公开招标和承包，同时将部分马路清扫、公厕保洁推向市场，公开向社会发包。清扫道路面积达到218万平方米。2003年，成立两个环卫保洁公司，一个垃圾处理服务中心，加速环卫作业市场化、产业化进程，当年清扫道路面积226.8万平方米。2004～2005年，新建的学府路、禹山北路、南徐路等13条城市道路146.25万平方米清扫保洁、垃圾清运等道路保洁作业，通过竞拍把道路清扫保洁权转让给中标的专业清洁公司承包，有效地降低运作成本，提高作业质量和机械化程度。京口区对江滨新村清扫保洁项目实行对外公开招标，提升环卫作业设施和管理水平，打破政府对环卫管理大包大揽格局。2005年，市区清扫道路面积达到423万平方米，垃圾收运量达241007吨，行业垃圾16万吨，无害化处理率100%。

1985～2005年部分年份镇江市区生活垃圾收运量统计表

表10-19

年　份	收运量（吨）	年　份	收运量（吨）	年　份	收运量（吨）
1985	73354	1992	131000	2001	177400
1986	108000	1994	139400	2003	140502
1989	113254	1996	144860	2004	165343
1990	126800	1999	173600	2005	241007

3. 生活垃圾无害化处置　1995年前，镇江市区城市生活垃圾全部进入江南桥垃圾填埋场处置，由于当时国家尚无垃圾填埋场建设标准，场内无防渗措施及污水处理设施，生活垃圾处理属简易堆埋。1995年1月，镇江市首座按建设部颁（CJJ17—84）技术标准建设的城东垃圾填埋场正式启用，生活垃圾处置严格执行卫生填埋技术处理工艺，每月由市卫生防疫站进行卫生监测，根据“检测报告”场区地面水、地下水、大气、土壤，垃圾渗沥液、填埋气体排放等指标均在国家建设部颁规定的允许值范围内，符合生活垃圾无害化处理要求。

1985～2005年镇江市区生活垃圾无害化处置量统计表

表10-20

年份	总量（吨）	其中行业垃圾（吨）	年份	总量（吨）	其中行业垃圾（吨）	年份	总量（吨）	其中行业垃圾（吨）
1985	314130	240776	1992	287900	156900	1999	330535	156935
1986	297359	189354	1993	269500	149000	2000	341753	171023
1987	359340	249340	1994	331100	191700	2001	357616	180216
1988	300876	190859	1995	287569	153400	2002	356020	183900
1989	263303	150049	1996	281570	136710	2003	338035	197533
1990	258500	131700	1997	255600	110000	2004	354013	188670
1991	271770	140360	1998	317000	176000	2005	400807	159800

4. 粪便(渣液)清运处理　1983年,农村实行联产到户承包责任制,城区粪便收集清运量由1982年132160吨减至69670吨。针对城市粪便出路难的矛盾,城区启动将旱式公厕改建为水冲式公厕,使得城市粪便出路难的矛盾逐年缓和。1995年,城市粪便清运量仅27580吨。环卫作业渐从收集清运粪便转为定期疏通公厕化粪池管道及清理池渣。1996年,镇江市城区的粪便92%经三格化粪池预处理后,上清液排入市政地下污水网,8%旱式厕所及居民马桶的粪便,由环卫工人收运进入桃花坞贮粪场,再用槽车运至郊区供菜农作肥料或作鱼塘饲料。1996年至2005年6月,城区粪便均进入位于运河路的大型贮粪场,粪便经场内三格密封池厌氧、腐熟、灭菌预处理后,上清液排入市政污水管网,进城市污水处理厂处理。2004年7月,市发展与改革委员会批准立项,在城东垃圾填埋场毗邻二期工程西北角一侧场地新建一座城市粪便无害化处理场,2005年7月1日,镇江市首座城市粪便无害化处理场正式投入使用。至此,市区所有粪便及厕所化粪池的渣液,全部由机动吸粪车运至粪便处理场,统一无害化处理。

1985~2005年镇江市区粪便(渣液)清运处理量统计表

表10-21

年　份	数量(吨)	年　份	数量(吨)	年　份	数量(吨)
1985	69670	1992	42500	1999	21332
1986	64102	1993	33000	2000	23417
1987	62500	1994	29843	2001	19950
1988	55000	1995	27580	2002	19700
1989	41602	1996	26310	2003	21000
1990	46378	1997	24720	2004	15000
1991	43615	1998	22905	2005	23000

说明:从1993年起,表列数据主要指化粪池清渣污量

5. 公共厕所保洁管护　1985年,城区公厕全部是贮粪式,针对贮粪式公厕建设等级低、厕内设施简陋,为保持厕内外环境清洁,市环卫处制定《公厕打扫、消毒灭蝇作业规范》和《岗位责任制》,要求公厕每年内外墙壁粉刷出新一次、贮粪池清掏渣滓两次,每天打扫两次,4~10月每天上、下午喷洒药剂消杀灭蝇各一次。1988年6月,市环卫处在全省率先制定《公共厕所清洁卫生竞赛标准》,实行百分制考核。1996年,区环卫所承担公共厕所保洁管护后,仍按此执行。2003年,依据建设部《洁净城市考核标准》,重新制定公共厕所卫生标准:公厕外男女公厕标志明显,墙体无"小广告",环境整洁,无乱堆杂物,保洁工具放置整齐。公厕周围5米范围,无垃圾、粪便、污水等杂物;公厕内地面平整,无坑凹;蹲位隔断完好,无乱刻乱画;便具完好,无残缺;晚间照明亮灯率100%。规定每年对公厕完好状况全面检查一次,发现损坏及时修补。

四、环卫设施设备

1. 主要设施

公共厕所　1985年,镇江市城区公共厕所132座,其中仅镇焦路卡子门、双井路、镇江影剧院3座公共厕所为水冲式,水冲公厕率2.12%。1986年,20座水冲式和20座旱式造型各异、通风采光良好的公厕建成投入使用,同年公厕总数达142座。1989年末,城区有公厕168座,其中水冲式公厕42座,占公厕总数24.9%。1990年3月,为加快城区陈旧简陋公厕改造步伐,组织动员社会力量参与图纸设计和承担公厕翻、改建任务,其中市开发办公室10座,市建筑管理处56座,市环卫处49座,当年8月全部竣工并验收合格。1990年底,市区拥有公厕192座,其中水冲式114座,占总数59.4%,总建筑面积7085平方米,平均36.9平方米/座。1993年,市区公厕207座,其中水冲式

公厕195座，占当年公厕总数94.3%。1994年起市区因旧城改造、道路拓建和房屋开发等建设需要，每年都有数量不等的公厕被拆除，1996年，市区公厕总量196座，按公厕建设等级划分一类公厕2座，二类公厕36座，三类公厕158座。2000年，公厕减至186座。2001～2003年，市区新建20座水冲式公厕，总量上升为206座。2004～2005年，市区拆除7座，2005年，市区公厕199座，总建筑面积7735.2平方米，平均36.87平方米/座。

垃圾箱（房、桶）　1985年，镇江市区拆除腐蚀严重且残缺不齐的铁质长方形、可移动垃圾箱，采用人工沿街摇铃方式收运生活垃圾。1988年7月，购置3台东风型多功能密封垃圾运输车及其配套铁质圆形垃圾桶200只，9月，垃圾桶全部安置在市区主次干道。1990年，市区小街小巷全面改露天敞口式垃圾箱（池）为砖砌密封式垃圾箱，有40%以上的垃圾箱体外贴面砖，并配置木质或铁质门挡。年末，市区共有垃圾箱729只。1995年，城区生活垃圾箱逐步改造为垃圾收集房，年末共设置474座，其中京口区232座，润州区242座。2000年，市区拥有垃圾箱（房）762只，其中京口区353只，润州区388只，镇江新区（大港）21只。2005年，投资8.25万元添置垃圾桶、果皮箱165只，市区垃圾箱（房）总数达791只，其中密闭式占89.6%。主城区主要干道设置与机动车配套作业的垃圾桶42只。主城区主要干道设置与机动车配套作业的垃圾桶42只。主、次干道设置圆形移动式垃圾桶141只。其中京口区106只，润州区35只。集镇仍以砖砌垃圾箱（池）为主。

垃圾转运站　1985年，城区设置垃圾转运站4座，分别位于主城区五条街、下河头、京口闸、桃园新村，使用面积共计400平方米。1990年，市区拥有垃圾转运站9座，其中机械化垃圾中转站4座，地槽式垃圾转运站5座，使用面积共计1575平方米。1991～2000年，增加润州山、金星村（矿机路）2座垃圾转运站，将原五条街垃圾转运站迁建于东门坡，东门坡垃圾中转站，面积340平方米，负责东至环城路、南至正东路、西至古运河、北到镇焦路的市中心地带生活垃圾中转。1993年，京口闸垃圾中转站迁到中华支路，更名为中华支路中转站，面积608平方米；三茅宫中转站，面积268平方米，两座中转站均采取密封式集装箱中转，年转运垃圾12万吨，消纳各种垃圾14.9万吨，其中建筑垃圾2.85万吨。1994年，新建李家山、下河头两座垃圾中转站。2005年，市区共设置垃圾转运站14座，总使用面积3138.9平方米，其中除桃园新村垃圾转运站是高站台式人工装车外，其余全为机械化吊装式和压缩式垃圾转运站。2005年，新建三座垃圾中转站，投资50万元对东门坡中转站进行更新改造；投资11.75万元修建垃圾房、中转站。

果壳箱　镇江市区于1977年开始设置由市环卫处自制的水泥制作的果壳箱40只，放置在中山路、解放路、双井路、大西路4条主干道两侧。此后陆续自制铁皮果壳箱或购置陶瓷质动物造型和水磨石质香炉型果壳箱。1986年3月设置铸铁果壳箱80只，1988年增加铸铁狮子造型果壳箱40只，1990年8月增加陶瓷质果壳箱50只，放置于正东路、电力路、镇句路等地段。城区共设置果壳箱143只于大西路、电力路、正东路、中山路、解放路、双井路、镇句路等7条主要街道。1991～1995年间，根据建设部颁《城市环境卫生设施设置标准》（CJJ27—89）有关设置要求，每年购置数量不等的果壳箱，力求符合创建卫生城市考核标准，至1996年7月，城区道路共设置果壳箱1128只，其中京口区483只、润州区645只。1996～2005年共购置圆柱形木制果壳箱、可分类投放的长方形不锈钢果壳箱200只，分别用于更换残缺果壳箱和放置于城区主要街道两侧。2005年，市区道路两侧共设置果壳箱774只，其中京口区399只，润州区375只，基本达到建设部颁CJJ27—2005环卫设施设置标准。

垃圾处置场　1984年12月，征用江南桥北首的芦滩水面300亩（20万平方米），辟建城市生活垃圾填埋场。因受资金和技术条件限制，垃圾填埋场底无防渗措施、无垃圾填埋气体导排及垃圾渗沥液处理设施，生活垃圾处置属于简易填埋法，达不到无害化处理要求，虽实施定时喷洒消毒药剂，但对周围环境污染较大。至1990年底，市区生活垃圾消纳处置全部依赖大东滩和江南桥两处填埋场。

1992年4月,京口区象山乡原七一农机站东北一侧长江滩涂作为建设新垃圾填埋场场址,1993年8月12日填埋场一期工程填埋库区投入使用。1995年8月,与其配套的污水处理系统分别通过市政公用事业局和市城乡建设委员会验收,9月1日投入运行。城东垃圾填埋场总占地面积83公顷,其中一期工程平均填埋深度4.8米,填埋库容110万立方米,使用年限约10年,一期工程设计和建设依据《城市生活垃圾卫生填埋技术标准(CJJ17—88)》,填埋库区有平面和垂直防渗,有渗沥液、填埋气体导排系统和有地下水监测井、污水预处理厂等配套设施。至2000年,多次通过创建卫生、环保模范、园林绿化、文明城市、管理优秀城市考核检查。二期工程占地63公顷,于2002年初开工建设,分两阶段建设,其中近期阶段工程占地32公顷,总填埋库容180万立方米,总投资7710万元,设计日处理能力500吨以上,使用年限8~10年。2003年5月底,主体项目工程竣工并投入使用,成为迄今为止镇江市设计标准最高、建设规模最大、投资最多的生活垃圾卫生填埋场,主体工程包括临江大堤围堰、进场道路、人工防渗、污水收集、填埋气体导排、渗沥液预处理和地下输送管道等系统。经江苏省建设厅组织的专家考核评审组评定为生活垃圾无害化处理一级卫生填埋场,直至2005年仍位列苏南各市前列。

粪便处理场　2004年7月,市发展与改革委员会批准立项,在城东垃圾填埋场一期已封场区内(毗邻二期工程西北角一侧)新建一座占地2000平方米,日处理能力50吨,总投资361.7万元的城市粪便无害化处理场,采用固液分离、污泥脱水+絮凝技术工艺处理,工程于2005年5月30日竣工、验收,7月1日正式投入使用,结束镇江市无城市粪便无害化处理场的历史。

2. 主要设备

20世纪80年代后,市区的环卫机械设备逐年更新、添置,环卫作业机械化程度逐渐提高,环卫工人作业劳动强度逐步降低。1986~1990年,市区共添置各种环卫机械设备31台(辆)。

1986~1990年镇江市环卫设备添置统计表

表10-22　　单位:台(辆)

设备名称	数　量	设备名称	数　量
CA15垃圾运输车	3	大津产三峰牌地盘	1
EQ140洒水车	4	波罗乃茨轿车	1
EQ140垃圾运输车	7	门式垂直垃圾提升机	4
BJ130粪罐槽车	2	空气压缩机	3
NJ131粪罐槽车	1	1.25角向磨光机	1
TJ133C客货两用车	1	GN25点焊机	1
BJ121箱式货车	1	2.8KW电动机	1

1991年以后,市区环卫机械设备根据标准化和系列化、节能化的配置要求,陆续购置垃圾自卸车、推土机、自吸式粪罐车。1995年末,共拥有垃圾自卸式运输车23辆,自吸式粪罐运输车4辆,冲洒两用洒水车4辆,推土机5台。1996~2000年,添置中型扫路机2台、高压冲洒水车2辆、后倾压缩式垃圾运输车2辆。2000年末,市、区两级环卫部门共配置各种环卫专用机械车辆42辆,其中自卸式运输车22辆,农用运输车12辆,后倾压缩式垃圾运输车2辆,高压冲洒水车2辆,洒水车2辆,中型扫路机2台。2005年,通过市场化运作,环卫职工自己筹资80万元,购置小型垃圾清运车37辆。至2005年末,市、区两级环卫部门共拥有环卫机械92台(辆)。

2005年镇江市市区环卫机械设备统计表

表10-23 单位:台(辆)

设备名称	数 量	设备名称	数 量
自卸式垃圾运输车	28	推土机	4
压缩式垃圾运输车	11	压实机	1
冲洒两用车	8	南宁产垃圾压缩机组	4
自吸式粪罐车	6	宁波产垂直式压缩机组	2
农用式垃圾运输车	12	无锡产卧式压缩机组	1
垃圾填埋场消毒车	1	电动吊斗提升机	2
垃圾填埋场驳土车	6	通勤及工具车	3
中型扫路机	3	合 计	92

说明:按市区实际环卫服务人口计,环卫专用车辆配比率为1.23辆/万人,低于2辆/万人国颁配置标准

五、渣土管理

1989年前,市区特种垃圾和工程渣土管理由市环卫处负责;1989年,由市城市管理办公室设立的市特种垃圾管理服务站对生活垃圾以外的各类垃圾进行管理,组织代运、处置消纳。1995年,市特种垃圾管理服务站与市建筑渣土管理办公室合并成立市城市建筑渣土管理办公室,隶属于镇江市城乡建设委员会;1997年,更名为市特种垃圾渣土管理所,隶属于镇江市城市管理委员会;2001年改为市特种垃圾渣土管理处,隶属于市城市管理局。2002年,渣管处借助互联网,把行政许可范围、政策依据、许可条件、许可程序、报送材料等在渣管网上公布,把行政许可办理情况、政策减免等事项向社会公布,接受业主和社会监督。渣管处内部各科室联网工作,对外网络全天开放,可网上查阅法律法规,了解办理程序、申报业务、查询投诉、下载各类表格,监控建筑垃圾运输车辆等。

2004年,市城管行政执法支队成立直属三大队,与渣管处合署办公。渣管处制定20多项规章制度,以制度规范建设、施工、弃置单位的行为。并对主城区建筑垃圾运输单位和运输车辆实行准入制,规定从事建筑垃圾运输单位和运输车辆的条件及年审制度。年审合格核发"建筑垃圾运输单位资格证书"和"建筑垃圾准运证"后才能投入营运。同年12月,市城管局、城管行政执法局、公安局、交通局、环保局、质监局联合下发通告,要求在主城区从事建筑垃圾运输车辆安装使用全密封机械装置或密封苫盖装置。为推动这项工作开展,在规定时间内进行车辆改造,市财政给予经费补贴。从2005年4月开始实施,当年主城区改造建筑垃圾运输车辆120余辆,市财政补贴经费40万元。

2005年,渣管处与移动公司、星网公司合作,采用GPS/GPRS数字无线通讯技术,对主城区从事建筑垃圾运输车辆都安装GPS车载终端设备,实施24小时监控,实现对建筑垃圾运输车辆的全程跟踪监管。

第四节 城管执法

一、城管执法体制

1984年,城管监察队负责城市管理综合行政执法;1985年7月组建专群结合的城管监察大队;1991年11月成立镇江市城市管理监察大队以及京口中队和润州中队,大队隶属市城管办领导;两

区中队由市、区城管办双重领导，以区城管办为主。1997年，成立镇江市城市管理综合执法稽查支队，1998年改组为城市管理监察支队。2003年4月，镇江市城市管理行政执法局、镇江市城市管理行政执法支队、镇江市公安局城管分局挂牌成立。

二、执法成效

1988年8月，城管监察大队拆除中山西路跑马山路口10户无证经营、违章搭建的棚亭；11月拆除烈士陵园25年来形成的80多间、1782平方米的违章建筑；12月拆除黄山南路全线64户违章建筑，清理119处违章占道堆放。1989年，查处中山路、烈士陵园违章建筑1636起，拆除违章棚亭500多个。新辟商业网点16处。

1992年1月，《镇江市城市管理暂行规定》开始施行。年底组织城市专业管理部门齐抓共管，共查处违章占道21304起（其中取缔无证摊贩14924起），发出违章限期整改通知书3605份，清理占道堆物作业1209起，整顿非机动车辆乱停乱放1889起，清理三轮车坑害顾客35起，清除卫生死角677处，清理街头乱钉乱挂广告牌1889起，强行拆除违法建筑625间、7762平方米。实行堵疏结合，发放临时占道许可证608份。同年，组建汽车站联合管理办公室，整顿汽车站站容站貌，强化镇句路沿线市容卫生管理，并按照四无（无无证经营、无违章占道、无乱停车辆、无站内拉客住旅馆）的要求，取缔无证经营76起，违章占道105起，纠正乱停车辆246辆次，车辆实行划线凭牌定点停放，改变车站脏乱差面貌。1993年，以清理中山路、解放路、正东路、大西路等主要干道和窗口地段违章占道经营为重点，查处各类违章45976起，其中占道经营4200起，占道堆物作业3132起，乱搭乱建422起，乱贴乱挂207起，非机动车乱停乱放1035起。同年，市城管办和京口、润州两区城管办会同市规划部门查处违法建设，拆除中山路、正东路、天桥路、环城路、镇句路、苏北路等15条主要干道违法建设305处；拆除花山湾、中营地区、林隐路违法建设99处。

1997年6月，镇江市城市管理综合执法稽查支队开展“清盲流、拆棚屋”活动，对铁路沿线，大东滩、花山湾、岗子下、宝盖山等地段进行11次大规模清理，共清理外来人口36200人次，劝返300人，强制遣返2900人；对其居住的200多间棚屋进行强制拆除，拆除违建3万平方米，建成11个无违法建设小区；取缔违章占道摊点2700多户次，纠正违章2800多起，没收非法经营工具2200多件，安置无证占道经营人员1140人，查处收缴无证三轮车200多辆。1998年查处取缔市区违章占道经营摊点群120处，处罚违章占道经营4000多人次；查处取缔非法营运三轮车2500多辆，查获假冒营运牌照82个，销毁“白布”车250辆；查处小区违章搭建3000多平方米；组织伏击城郊接合部夜间偷倒建筑垃圾行为40多次，查处偷倒120多起。

1999年根据《中华人民共和国行政处罚法》《中华人民共和国行政复议法》《中华人民共和国行政诉讼法》规定，推行城管执法责任制，严格执法程序、完善执法文书，规范案卷管理，对各县（区）城管执法工作，进行执法业务检查指导，促进全市城管依法行政，严格执法，综合治理城市“顽症”。开展市区人力三轮车治理，实行营运证管理制度，纠正违章人力三轮车150辆；开展占道经营整治，实行“统一发证，分级管理，总量控制”的占道经营管理体制，查纠各类违章占道经营万余人次。依法查处违章占道棚亭，拆除河滨公园布料市场1000多平方米违章棚亭。查处违法建设926起，面积31万平方米；查处违章偷倒渣土垃圾单位（个人）100多家（人）；市区两级城管坚持夜间巡查执法，全年累计处理各类违章4000多起。

2000年，年审客运三轮车和发放营业牌照690辆，货运三轮车1600辆，查处各类违章三轮车1700辆，销毁无证照“黑车”832辆。2001年，坚持“堵”与“疏”，教育与处罚，巡查督促与阵地控制“三个结合”，城管、公安、工商等部门联合执法，严管重罚，强化管理，主干道违章占道现象得到有效控制。跑马山、九里街农贸市场外溢整治，成为当年城管工作的亮点；运河路、山门口、斜桥街、环城路等地段马路洗车现象得到有效遏制；人力三轮车营运秩序得到规范；“黄帽子”队伍在做好

“门前三包”代包工作同时,加强自行车停放管理,市容市貌明显好转;拆除16条主干道临街两侧的违章搭建2800多平方米;强化渣土管理、坚持现场跟踪、督查、查处三到位,查处无证运输、抛洒滴漏和乱倒偷倒等行为600多起。新开辟弃置场5个。

2002年6月5日,国务院法制办公室《关于在江苏省镇江市开展相对集中行政处罚权试点工作的复函》,同意在镇江市开展相对集中行政处罚权试点工作,并明确相对集中行使市容环境卫生、城市规划、绿化、市政、环境保护、工商、公安交通等7个方面的具体职权。6月20日,江苏省法制办出台《关于在镇江市开展相对集中行政处罚权试点工作的通知》,进一步明确具体职责和权限。此后行政执法管理加大严管执法力度,全年查纠市容和环境卫生管理方面各类违规违章9200余起,其中违章占道经营300多起、5000多人,取缔无证占道者2000多人次,查处偷倒乱倒渣土行为900多起,查处乱贴乱画的违规违章案件2000多次,查处非法营运三轮车1000多辆,取缔违章手工洗车点50个,受理一般程序行政案件483起,处罚违法违规相对人1336人。在完善城管法制体系方面,制定《镇江市户外广告及标志设置管理规定》《镇江市容貌标准》《镇江市临时摊点设置管理暂行规定》《镇江市环卫作业质量考核试行办法》《镇江市清理乱贴乱画实施方案》《镇江市街巷生活小区清扫保洁暂行规定》等6项地方性行政措施和内部规范性文件。在规范内部规章制度方面,实行行政执法公示制、错案追究制、重点路段包干责任制、依法行政目标管理考核制、执法人员定期培训上岗制等。2003年,城管行政执法制定《镇江市市容和环境卫生管理规定》《镇江市城市管理相对处罚权试行办法》《镇江市城市管理综合执法实施方案》等23个地方规范性文件,组织培训18期800多人,同年6月1日,语音警示系统(俗称“呼死你”)在城市管理行政执法中启用,系统自动向搜集来的违法号码发起呼叫,最多可同时呼叫60路。

2004年,按照“突出个性,注重特色”的总体要求,与同济大学合作编制《镇江城市户外广告设置规划方案》,对市区中山东路、中山西路、长江路、电力路、健康路等主次干道沿街楼宇、店牌字招、灯箱广告,按照“谁收益谁负担”原则,普遍进行出新改造。对13条示范路按照“路上、墙上、顶上”要求进行立体整治。全年共查处违章设置户外广告案件735起,发放行政处罚告知书625份,查处补办手续397件,整治拆除乱钉、违章设置、乱挂过街横幅广告1500多条。对中华路、林隐路、南门大街等13条重点道路进行规范化治理,巩固良好环境秩序。在“拆违”行动中,重点对禹山北路、润州路、梦溪路、桃花坞路等路段进行专项执法,通过自拆、助拆和强拆先后拆除违法建设343处,面积1.09万平方米;协助京口、润州及镇江新区拆除违法建设3632户共5.6万平方米。实施废旧回收行业整治,与公安、经贸、工商和供销等部门联合,组织专项执法行动,取缔105个无证照回收站点,纠正129户违章堆放经营行为,清除室外占道面积9340平方米,取缔无证照室内经营场地1500多平方米,清理废旧金属、塑料、玻璃等制品4800吨,拆除违章搭建棚亭38个、800平方米。在重点整治主次干道和主要广场基础上,采用堵疏结合整治占道经营,建立90个政府摊点群,安排1651个临时摊点,实行统一规划定点,统一设置标准,统一发证收费,统一检查考核。

2005年,专项整治“三小车”(载客的残疾人车、正三轮摩托车、人力三轮客车)。登记“三小车”3787辆,并对629辆“三小车”非法营运、乱停乱放以及占道经营等违法违章行为进行查处。成立人力三轮车管理办公室,出台《镇江市市区人力三轮车管理暂行规定》,对人力三轮车运营实施日常管理。对临时摊点规范管理,重点规范老山路、弥陀寺巷、三茅宫和江滨新村二号路等摊点群,对农机公司西侧、高家门、棒棰营、酒海街和绿竹巷等25个摊点群256个疏导点进行整治,加大对山门口、斜桥街、梦溪路等烤吧治理力度。按照堵疏结合、科学设置原则,建立92个摊点群,设置1343个临时摊点,市区主次干道摊点划入指定区域经营。扶持“放心早餐”工程,对主干道两侧天禾早餐、广玉兰早餐和可可早餐等125个早餐点进行规范管理。开展乱贴乱画专项整治活动,对市区71条主次干道实行16小时保洁制和路段分工负责制,确保市区主次干道乱贴乱画清理率达95%。清理各类小广告185万多张(处),端掉20多个非法涂写小广告窝点。2005年,累计执法纠违7.9万起,办结简易程序案件2.98万宗,一般程序案件608宗,拆除职能范围内违法建筑65户、3320平方米,协助三区拆除违法建筑45户、5393平方米。实现市区"城管110"24小时全覆盖,市、区城管执法部门应急机动中队24小时处于备勤状态。同时制定城管《突发事件应急预案》《城管110接处警考核细则》,促进"城管110"工作制度化、规范化。

第六章　镇村规划和建设

1983年,镇江市城乡建设委员会设村镇科。1984年,村镇科改为乡镇科,1989年改为乡镇建设科,1996年7月后改为村镇建设处。

2000年,镇江市按照生产发展、生活宽裕、乡风文明、村容整洁、管理民主的要求推进村镇建设,修编村镇规划,整治农村环境,发展村镇生产,提升农业经济,推进村民集中居住,使村镇建设快速发展。2001～2005年,村镇基础设施建设投入资金4亿多元,新增道路面积205万平方米,人均道路面积达27平方米;新增绿化面积80万平方米,人均绿化面积上升到5.1平方米;新增排水管网101公里;新增农村用水人口60万人左右,农村供水普及率达98.3%。人均居住面积达43.89平方米,高于全省平均水平。丹阳新桥镇被建设部评为全国村镇建设文明集镇,丹阳云阳镇、皇塘镇,丹徒大港镇,句容茅山镇,扬中新坝镇被评为江苏百家名镇,丹阳新桥镇、界牌镇,扬中新坝镇、兴隆镇、油坊镇、八桥镇,丹徒高资镇、黄墟镇,句容后白镇、天王镇、茅山镇被命名为江苏省新型示范小城镇 。

第一节　镇村规划

村镇规划遵照"适度集聚,节约土地,有利生产,方便生活"的原则,引导村镇建设节约利用土地资源,配套完善基础设施,提高生活服务、公益事业建设水平,改善环境面貌,推进社会主义新农村建设。全市村镇规划经过第三轮至第四轮编修,基本达到节约利用土地,兼顾民风习俗,集聚适度有序,保护村庄特色,防止"千村一面"的要求。

一、乡镇总体规划

20世纪80年代初期,根据中央"关于积极发展小城镇"指示精神,镇江市各县(市)先后开展第一轮乡镇总体规划编制。规划编制坚持以改造旧集镇为主,走调整、利用、改造、发展的路子,逐步将农村集镇建设成为城乡结合、工农结合、布局科学、结构合理、紧凑集中、协调发展、精神文明和物质文明相结合的政治、经济、科普、文化的农村先进基地。1984年底,全市乡镇总体规划编制完毕,行政村总体规划编制完成97%,自然村建设规划编制完成89%,各县(区)均成立乡镇总体规划审批小组,对规划进行审批。

90年代中期进行第二次修编。这次乡镇规划修编依据《中华人民共和国城市规划法》《村庄和集镇规划建设管理条例》《村镇规划标准》以及各县(市)上位总体规划。各乡镇修编的规划内容一般由总体规划文本、总体规划说明、总体规划附图三大部分组成。在总体规划说明部分,又分设镇村体系规划、镇区总体规划、镇区规划目标、镇区用地规划布局、镇区各项专业规划、镇区近期建设规划、总体规划实施措施七章。各城镇规划均明确镇区的近期、远期发展规模、用地、人口以及国民经济发展目标等。

2001年和2005年,镇江市进行两次乡镇行政区划调整,由89个乡(镇)调整到66个,后又调整为41个。调整后的乡镇陆续进行新总体规划(第三轮)修编工作。

二、镇村布局规划

2005年,根据江苏省政府《关于做好全省镇村布局规划编制工作的通知》,针对镇江镇村分布散乱,基础设施建设滞后,资源利用重复浪费,环境生态质量较差,经济社会发展和人民日益增长物质文化需求不相适应等问题,依据《江苏省镇村布局规划技术要点》《省村庄建设规划导则》,开展镇村布局规划编制工作。

编制镇村布局规划,充分考虑到社会、经济、文化发展实际、土地整合及生产耕作、地形地貌、交通位置、人口规模、设施配套、村庄特色和历史文化遗存保护以及正在实施的乡镇行政区划调整等诸多要素,本着节约土地,有利于推进城市化和因地制宜、分类指导的总体要求,科学控制村庄规模,将全市7379个自然村规划撤并为1816个农村居民点,农村人口减少到81.7万人,平均规模由现状每个自然村197人规划调整为450人,扣除城镇建设用地增加部分,规划实施后可节约建设用地29.1万亩。其中300人以下的居民点674个,占总数37.1%;301~800人的居民点1014个,占总数的55.9%;801~2000人的居民点115个,占总数的6.3%;2000人以上的居民点13个,占总数的0.7%。保留的居民点中,历史文化遗存村庄33个,特殊地形地貌村庄29个。2005年10月,镇江镇村布局规划通过省建设厅抽查验收,得到省建设厅充分肯定。镇村布局规划均按照法定程序通过人大审议,并由当地人民政府审批公布实施。

三、村庄规划

从1997年5月起,根据镇江市《关于认真落实村庄规划修编工作的通知》,全市中心村开展规划修编工作。中心村规划编制在各乡镇人民政府领导下进行,规划内容一般由村域现状、规划依据、指导思想、规划目标、总体布局、专项规划、近期建设规划和规划实施措施等部分组成。规划的技术成果一般不少于"四图一书"(村庄地理位置图、村庄现状图、村庄规划图、行政村专项规划图和规划说明书),并按《镇江市编制村庄规划技术要点》确定规划内容、深度和图纸数量。2005年镇村布局规划编制后,全市用三年左右的时间,逐步编制1609个居民点的村庄规划。

第二节 镇村建设

一、镇村演变

1983年3月,全市共有乡镇级人民公社89个,另有谏壁区(未设下一级基层机构);9月撤销人民公社建制,改设85个乡、4个镇。1985年后,乡镇区划几经调整,1985年有70个乡、24个镇。1994年,全市有行政村1423个,自然村8655个。1997年,乡镇总数89个,其中建制镇63个。1998年有行政村1352个,自然村8638个。1999年,全市共有89个乡镇,其中集镇8个。2001年2月,根据省委、省政府实施城乡可持续发展战略,按照集镇化和规模化发展要求,对全市乡镇行政区划又一次进行调整,由89个乡镇调整为建制镇66个、乡1个,乡镇平均面积由42.54平方公里调整到56.51平方公里,人口由2.19万人提高到2.91万人。2003年调整为65个镇、1个乡。2005年再次进行乡镇行政区划调整,调整为41个镇,调整后镇的平均面积由55.46平方公里扩大到89.27平方公里,人口由3.23万增加到5.21万人。全市有行政村607个,自然村7379个,自然村密度2.25个/平方公里,人均村庄建设用地达202.6平方米。

二、镇村建设概貌

1983年以后，农村改水工作成为村镇建设的一项重要内容。到1984年底，村镇有日产600～2000吨规模的自来水厂19座，村庄压力罐式自来水设施16座，有33个集镇、178个村庄用上自来水，受益人口由1983年16.51万人上升至25.75万人。1984年，农村铺装混凝土、碎石、沥青路面88.5公里，修筑土路277.3公里，铺装混凝土预制板人行道6450平方米，铺设上、下水管道18100米。1986年，乡镇水厂数量达38座，村级水站31座，受益人口达60万人，供水普及率24%。2003～2005年新建乡镇水厂14座，乡镇自来水厂达76座，自来水普及率达98.3%。村镇基础设施建设发展更快，全市累计建成通车农村公路1872公里，其中县通乡道路78.92公里，乡通乡道路386.36公里，乡通行政村道路1405.284公里，人均道路面积27平方米，县通乡、乡通乡道路全部达到二级以上标准，乡通行政村道路全部达到四级以上标准。村镇绿地面积人均5.1平方米。

1. 丹阳市镇村建设　1985年以后，乡、镇、村大办工业，家庭联产承包责任制不断完善，市场经济快速发展，村镇经济实力得到加强，农村基础设施得到改善，旧集镇和村庄得以迅速改造，一批新型小城镇崛起。2005年，丹阳小城镇人口26.84万人，村庄人口53.46万人，城市化水平33.4%。建设用地面积33669万平方米，其中公共建筑面积达813.9万平方米，生产建筑面积为2723万平方米；有农贸市场42个，小商品市场24个，自来水厂27座，铺设排水管道735公里，道路总长2870公里，桥梁1219座；有线电视入户15.97万户，安装电话26.2万部，普及率达90%；装置路灯9674盏，新建公共厕所192座，绿化覆盖面积达1852万平方米。

2. 句容市镇村建设　1985年，多数村庄筑大道连接公路，改建老式桥梁，使汽车能开进村。同时所有自然村都用上电灯和电动生产设备，少数村庄用上自来水。随着农村家庭联产承包责任制的推行和村镇工业的兴办，村镇经济实力增强，农村基础设施改善。2005年，句容小城镇、村庄人口有48.04万人，城市化水平35%。村镇建设用地43669公顷，建成公共建筑1231.75万平方米，生产建筑3750万平方米，自来水厂16座，燃气供应站26个、存储规模1260立方米，道路总长1953.16公里，境内航道6条76.63公里；邮电支局(所)30处，固定电话用户16.2万户，小灵通用户3.4万户，移动电话用户12.9万户；有线电视用户13.26万户，计算机联网用户7860户，电脑每百户家庭拥有40台；新建公厕48座，农村改厨、改厕、改圈面积60%以上，绿化覆盖面积47公顷。

3. 扬中市镇村建设　1982年，村镇建设按规划发展。1991～2000年，村镇基础设施，公共设施、生产建筑、居民建房均具备一定规模。2005年，扬中小城镇人口14.98万人，村庄人口12.3万人，城市化水平54.9%。村镇建设用地面积达4110公顷，其中建成公共建筑114万平方米，生产建筑299万平方米，农贸市场21个，自来水厂8座，道路总长1476公里，桥梁953座，铺排水管网52公里；有线电视入户34286户，安装电话6.8万部，普及率95%，装置路灯3188盏；新建公共厕所83座，绿化覆盖面积为273万平方米。

4. 丹徒区镇村建设　2005年，小城镇人口7.21万人，村庄人口28.86万人，城市化水平25%。全区村镇建设用地面积91.63公顷，建成公共建筑19.98公顷，生产建筑53.54公顷，农贸市场18个，专业市场15个，自来水厂20座，排水管网140.24公里，道路总长1911.2公里，桥梁529座；有线电视入户3.9万户，安装电话7.71万部；装置路灯2809盏，新建公共厕所192座，绿化覆盖面积达24.82公顷。

三、农民住宅建设

镇江乡镇分为沿江、平原和丘陵三种类型，所占比例分别为44:29:27；因此镇江地域内的农村房屋建筑风格也不同。中共十一届三中全会以后，普遍实行土地承包责任制，农民生活迅速改善。1984年底，共有3.4万户盖新房，占农户总数54.6万户的6.2%，建筑面积275.51万平方米，其中楼房 111.78 万平方米，占 40.6%。丹阳县进行宅基地使用证试点工作，农民住房有合法产权证。

1. 丹阳农民住宅建设　1981 年后农村拆平房建楼房。1985 年，农村人均居住面积 22.2 平方米，1996 年人均居住面积增加到 44.72 平方米。2005 年有农房面积 4444.05 万平方米，其中楼房 2188.37 万平方米。混合结构 2255.68 万平方米，人均居住面积为 50.16 平方米。

2. 句容农民住宅建设　1983～1997 年，新建二层楼房越来越多，少数建造 3 下 3 上 2 间 1 平台，前有阳台或走廊，前后开门有凉台，人均住房面积 28.33 平方米。进入 21 世纪，农房建筑结构大部分为套房式楼房，2005 年，小城镇房屋建筑中楼房占 81.6%，砖混结构占 84.1%，沿街大多是 2～6 层，最高为 8 层，达到或超过小城镇和城市住房标准。

3. 扬中农民住宅建设　20 世纪 80 年代初，农村建房进入第一个高峰期，农房主要以砖瓦平房为主，人均住房面积 25 平方米。80 年代中期，农民建房向小楼房发展，造型多为三间上下条式统间结构。80 年代后期到 90 年代初，农民建房进入第二个高峰期，人均住房面积为 39 平方米。90 年代中后期，农民建房进入第三次高峰期，房屋结构为小套间模式，使用红砖实心墙，二层楼板，局部三层，带卫生间，外走廊，室内简易装修，外墙以马赛克、有色瓷砖、水洗花石或面砖装饰，屋顶以琉璃瓦、波心瓦为主，有女儿墙，铝合金门窗，人均住房面积 50 平方米。2000 年后随着农村生活水平达到小康，农民住房向小洋楼发展，建起“别墅式”“园林式”的住宅。采用混合框架结构，全现浇和半框架各占 50%，抗震达 7 度设防要求。楼外砌叠围墙，墙内栽花植树，人均住房面积 55 平方米。2005 年实有农房面积 2559 万平方米，其中楼房 1186 万平方米，混合结构 1227 万平方米，砖木结构 146 万平方米。

4. 丹徒农民住宅建设　1983 年以后形成建楼房热，出现不少“将军楼”（独立小院 2～3 层楼房）。到 1985 年，全县翻建新建房屋占总数的 78.5%，人均住房面积 22.4 平方米。2001～2005 年，农村新建房屋的有 5784 户，建房面积 64.52 万平方米，其中楼房 46.62 万平方米，人均住房面积 35.82 平方米。

四、小城镇综合整治

1994 年 7 月，市政府印发《镇江市小城镇环境综合整治考核评比办法》。1996 年印发《镇江市 1996 年度小城镇环境综合整治考核评比办法》。丹阳确定 8 个乡镇、句容确定 7 个乡镇为综合整治试点单位，从村镇规划、供水、燃气、市政工程、环境卫生、环境保护、园林绿化、乡镇建设、综合管理 9 个方面进行整治。丹阳新桥、句容袁巷、扬中新坝、丹徒姚桥等 10 个乡镇被授予镇江市小城镇环境综合整治优秀乡（镇）称号。

五、村庄环境整治

镇江市政府根据江苏省建设厅 2004 年 8 月 9 日《关于在全省开展康居示范村创建活动的通知》以及《关于在全省开展城乡建设统筹发展“十百千”创建活动》的要求，制定创建目标：经过十年左右的努力，确保全省创建 10 个城乡协调发展、空间布局合理、基础设施配套、生态环境优良的“城市化示范县（市）”；100 个建设集聚功能合理、特色鲜明、环境优美的“城市化示范镇”，1000 个乡村风情浓郁、人居环境优良、有利农业生产、方便农村生活的“康居示范村”。丹阳市选择 22 个村庄进行试点，成立农村环境整治工程村庄环境整治试点办公室，操办农村道路通达工程、农村教育培训工程、农民健康工程、农村环境整治工程、农村文化建设工程五件实事。实施农村河道和村庄河塘疏浚，推广农村清洁能源、农村改厕、规划建设等各种类型的农村居住示范点工作。通过重点整治，改变村庄的卫生状况和村容村貌。埤城镇常兴村、新桥镇群楼村、新坝镇华威村获江苏省首批省级“康居示范村”称号。

第十一卷

开发园区

卷目

镇江市开发园区由镇江新区、辖市(区)经济开发区组成。

镇江新区属丘陵地貌,处于长江和京杭运河交汇的十字黄金水道,地理位置独特,内有100多公里长江黄金岸线,万吨装卸深水港口、沪宁铁路、沪宁高铁、京沪高铁、沪宁高速公路、312国道穿境而过。润扬、扬中、泰州三座长江大桥东西相望。南京禄口国际机场一小时内可达。开发园区辖区总面积293.4平方公里,已开发园区总面积45.08平方公里,与世界100多个国家和地区建立贸易关系,世界许多知名企业与外商纷纷进园投资兴业,带动镇江经济跨越发展。

1993年10月,经江苏省人民政府批准,成立省级镇江经济技术开发区,常设机构为镇江经济技术开发区管理委员会,驻地丁卯。同年,江苏省人民政府批准设立丹阳、句容、扬中、丹徒四个辖市(县)省级经济开发区。

1993年,全市开发区共引进外商和港澳台商投资项目159个,总投资27亿元,其中外商投资项目93个,协议外资1.73亿美元。累计进区项目352个,总投资44.3亿元,其中外商投资企业161家,总投资5.06亿美元,有68家外商投资企业开业投产。土地批租是利用外资搞开发建设的主要形式,全年成片批租土地2.87平方公里。开发区重视基础设施建设,累计投入建设资金5亿多元,铺设主次干道约60公里,起步区内基本完成“五通一平”(通水、通电、通路、通讯、通排水,平整土地)。开发区狠抓招商引资,在北京、西安、上海、贵州、泉州、成都、广州、厦门等国内城市和新加坡、马来西亚、韩国、美国、加拿大、泰国、中国香港、中国台湾等国家和地区参加、举办多种形式的招商活动,均取得较好效果。开发区积极搞好农村工作。本着优化结构、注重效益、多种经营、全面发展的指导思想,取得粮食生产和多种经营双丰收。历经三年创业与发展,镇江开发园区经济步入良性循环。1997年,全市开发区引进项目势头强劲。全年新引进项目108个,总投资131.8亿元,其中外商投资项目30个,协议利用外资20.04亿美元,占全市新批项目协议利用外资总额的90%;实际利用外资1.89亿美元,占全市实际利用外资总额的37.4%。1998～2001年,全市5个省级经济开发区进一步加大招商引资和综合投资环境建设力度。外商投资总量上升,进区项目档次提升,引进项目技术新、科技含量高。市高新技术园区引进的奥雷光电产品填补国内空白。2003年3月10日,国务院批准在镇江新区设立镇江出口加工区,年底封关运作。

2001年以后,全市新批1000万美元以上的大项目大多落户在开发区,其中有总投资3亿美元的PTA项目,总投资5亿美元的大亚木业工业园项目,以及总投资1亿欧元(1.22亿美元)的克诺斯邦高中密度板40万立方米项目。

2004年,镇江市以镇发〔2004〕58号文确定镇江市开发区(园区)清理整顿和规划面积分配方案:保留中国镇江出口加工区、省级镇江经济开发区、省级丹阳经济开发区、省级句容经济开发区、省级丹徒经济开发区;保留由市政府批准设立的京口科技工业园和润州民营经济开发区,并分别更名为镇江京口工业园和镇江润州工业园;将国家农业部批准的扬中市新坝科技园区整合归并至扬中经济开发区,原市政府批准的丹徒新区工业园整合归并至丹徒经济开发区;撤销丹阳市兴新(汽配)工业园等39个园区。撤并土地面积9000余公顷。省政府核定镇江市各开发区(园区)规划面积70平方公里。具体分配为:镇江经济开发区(含镇江出口加工区)26平方公里;丹阳经济开发区12平方公里;句容经济开发区(含宝华工业区)9平方公里;扬中经济开发区(含新坝科技园区)6平方公里;丹徒经济开发区(含丹徒新区工业园)9平方公里;镇江京口工业园和镇江润州工业园各4平方公里。

2005年,全市开发区积极应对和化解开发区清理整顿、土地报批从紧、资金缺口加大等宏观调控和经济紧运行带来的不利因素影响，以“抓大项目、抓大投入、抓大环境”为突破口，全市5个省级开发区和京口、润州2个工业园，当年进区外商投资项目221个，新批1000万美元以上外资项目102个，其中领取工商营业执照35家，有53%落户在镇江经济开发区；实现全社会固定资产投入134.6亿元，其中基础设施投入28.4亿元，比上年增长10.4%；业务总收入881.4亿元，增长20.0%；财政收入24.2亿元，增长37.9%；合同注册外资15.5亿美元，增长19.5%；实际到账外资和港澳台资3.6亿美元（商务部确认数）；自营出口完成7.5亿美元，增长209%。外资规模质量同步提高。开发区外商投资项目单体规模上升。新批项目平均合同注册外资755万美元，比上年增加78万美元；新批总投资1000万美元以上外资项目有94个，比上年增加14个，投资总额32.4亿美元，其中超亿美元及合同外资和港澳台资超3000万美元项目有6个，项目涉及电子、信息、化工产业及房地产业等，工业性投资具有一定的科技含量。全市开发区实际利用外资和港澳台资占全市比重为63%，比上年增加5个百分点，其中丹阳经济开发区比上年增加19个百分点，句容经济开发区比上年增加14个百分点。各开发区开始由形态开发向功能开发转变，重点是转向完善配套设施建设和功能的开发。镇江经济开发区筹划建设保税物流中心，各开发园区制定和实施发展生产服务业、现代物流业的规划和措施，从而加速全市城市化的进程。镇江新区内的造纸、化工、精细化工成为镇江市的支柱产业，带动港口服务业发展，开拓发展电子信息、汽车零部件、工程设备、生物医药等高新技术产业。国家级镇江出口加工区，出口加工机电类产品组件，整机组装、轻型机械、汽车零部件、电子信息产品。

辖市（区）省级工业开发园区各有特色产业，其中江苏丹阳经济开发区，南部和老区发展眼镜产业链、五金工具业、柳制品加工，北部生产轻型机械装备、汽车零部件。特色产业有亚洲之最的金刚石锯片生产基地、中国之最的眼镜生产基地、木地板生产基地、眼镜批发与零售市场。江苏句容经济开发区，主导产业有光电子、休闲运动器材、医疗器械、生物医药。江苏扬中经济开发区，有国家级产业基地，国家电力电器产业园、沿江工业物流园。特色产业有工程电器、新材料（硅能源）、机械。江苏丹徒经济开发区，园区内有公共和专业港口，带动造船、港机设备、港口联动产业，主产品有轻型机械设备、汽车零部件、高新技术新材料、食品加工。京口工业园区是华东地区最大的铝板、铝箔生产基地，初步形成以金属压延、电器设备制造、机械制造为主导产业，产业特色明显、功能配置齐全的省级工业园区。润州区民营经济发展管理委员会引进美佳机电、立华电气、华兴通讯等高科技电子电器项目。

2005年，省级镇江经济开发区自营出口47816万美元；省级丹阳经济开发区自营出口18476万美元；省级句容经济开发区自营出口1145万美元；省级扬中经济开发区自营出口3604万美元；省级丹徒经济开发区自营出口878万美元。京口和润州2个工业园自营出口分别为1204万美元、1523.65万美元。

第一章　镇江新区

镇江新区（镇江经济开发区）位于镇江市东郊，是由1992年设立的镇江经济技术开发区和镇江大港经济开发区合并组成，1998年6月正式成立，驻地大港镇。该区是比照国家级开发区享有相应经济审批权限和行政级别的省级开发区。镇江新区管理委员会和江苏省镇江经济开发区管理委员会合署办公，对新区实施统一领导和管理，下辖大港镇和大港、丁卯两个街道。2005年，新区总面积217.85平方公里，人口19.42万人。

至1995年底，累计投入基础设施建设资金约3亿元，10多平方公里首期开发面积实现“六通一平”（道路、给水、排水、电力、通讯、燃气及土地平整）。先后建成25公里的城市道路，两个110千伏变电所并网供电，装机容量2.1万门的程控电话国际联网，大港3万立方米水厂、丁卯6000千瓦热电厂、数十万平方米建筑建成投入使用，批准进区项目134个，总投资63.19亿元，其中外资和港澳台资项目45个，合同利用外资和港澳台资1.1亿美元，实际到位外资和港澳台资3048万美元，为新区开发建设事业的持续发展奠定良好基础。

1996年，奇美、国亨、嘉吉、金东、华东泰克西等一批大项目先后落户新区。到2002年末，新区累计投入17亿元进行基础设施和企业配套工程建设。建成区内、区际高等级公路50多公里，在82平方公里的新区范围内，25平方公里区域实现“六通一平”。

2003年，新区提出“三年大变样”新目标，开始二次创业。截至2005年，累计基础设施建设投入22.6亿元，新建道路总长83.25公里，房屋拆迁面积70.6万平方米，绿化面积141.2万平方米；工业销售收入369.52亿元，财政总收入47.24亿元。累计有来自32个国家和地区的企业投资镇江新区，落户项目1200多个，其中外资和港澳台资项目312个，实际到位外资和港澳台资25.11亿美元。投资额1000万美元以上的项目有110个，投资额超亿美元的项目4个。法国道达尔、罗地亚、瑞士汽巴精化、荷兰壳牌、意大利菲亚特、美国嘉吉、阿文美驰、新加坡亚洲浆纸业、西班牙银峰、日本三菱、日本凯迩必、韩国东洋化学、中国台湾奇美、国乔、联华神通集团、统一集团等世界500强和国际著名企业集团都已在新区投资兴业。镇江新区成为全球单厂规模最大的高档铜版纸生产基地、中国最大的工程塑料粒子基地、中国最大的汽车发动机缸体生产基地。

第一节　管理体制

镇江新区发展过程分为两个阶段，第一阶段（1990～1998年），丁卯、大港作为江苏省镇江经济开发区的两个部分，一块牌子两套班子先后独立建设；第二阶段（1998～2005年），镇江新区成立后，丁卯、大港作为江苏省镇江经济开发区的两个片区，在江苏省镇江经济开发区与镇江新区两块牌子一套班子的体制下共同运作。

一、江苏省镇江经济开发区（1992～1998年）

1990年10月10日，成立镇江市丁卯桥工业新区开发建设指挥部，建设丁卯桥工业新区。1991年3月22日，成立镇江市丁卯桥工业新区开发公司。同年11月15日，成立镇江市丁卯桥工业区管理委员会，为市政府的直属事业单位（相当县处级），归口市计划委员会。

1992年4月13日，镇江丁卯桥工业区更名为镇江经济技术开发区。同年5月24日，镇江市丁卯桥工业区管理委员会更名为镇江经济技术开发区管理委员会。

1993年10月16日，省政府批准镇江经济技术开发区为省级经济开发区。规划总面积8.73平方公里，其中丁卯片区范围为东起三环路，西至二环路，南起镇大铁路，北至古运河。

图11-1　镇江新区产业园（2008年摄）

1996年3月7日，省政府同意江苏省镇江经济开发区（丁卯）建立省级高新技术产业开发区，规划面积控制在

3 平方公里以内。

1998 年 3 月 28 日，镇江经济开发区丁卯街道办事处成立。管辖范围为丁卯、潘宗、张许、润南、渣泽 5 个行政村和马家山居委会。

二、江苏省镇江经济技术开发区大港地区(1992～1998 年)

1992 年 9 月 24 日，镇江市政府批准建立镇江经济技术开发区大港地区管理委员会，为镇江市政府直属事业单位(相当县处级)。同年 11 月 23 日，镇江市大港经济技术开发区发展总公司成立，与镇江经济技术开发区大港地区管委会实行两块牌子，一套班子。

1993 年 10 月 16 日，省政府批准镇江经济技术开发区大港地区为省级经济开发区。东起绍隆寺路，西至通港路，南起银河路，北至兴港路。

1997 年 7 月 29 日，省政府批准，撤销丹徒县谏壁乡，与京口区谏壁镇合并，原谏壁乡的孩溪、新祝、甸上 3 个行政村和丹徒县丁岗镇的魏家墩、段家、巷岗、唐巷、厚角、部家 6 个行政村及大路镇的勤廉、勤余 2 个行政村划归大港镇管辖。同年 9 月 29 日，镇江化工开发有限责任公司成立，由镇江市化学工业局和大港经济开发区管委会联合组建。

1998 年 3 月 28 日，镇江经济开发区大港街道办事处成立。管辖范围为大港、港东、韩桥、龙泉、横山、宏成、聂家、赵庄等 8 个行政村。

三、镇江新区(1998～2005 年)

1998 年 2 月 25 日，以大港、丁卯、化工三个片区为基础，设立镇江新区管理委员会，同时保留镇江经济开发区的牌子。同年 5 月 14 日，镇江新区大港开发总公司、镇江新区丁卯开发总公司、镇江新区化工开发总公司、镇江新区国有资产经营管理公司成立。上述四个机构隶属于镇江新区管理委员会，暂定为事业性质，实行企业化管理，逐步向企业过渡。同年 5 月 15 日，撤销镇江经济技术开发区管理委员会、镇江经济技术开发区(大港地区)管理委员会、镇江市沿江化工区建设办公室，重新组建江苏省镇江经济开发区管理委员会，为市政府派出机构，与镇江新区管理委员会实行两块牌子、一套班子，机构规格暂定为正处级。

2000 年 6 月 15 日，江苏省镇江高新技术产业开发园区管理委员会成立，与镇江新区丁卯开发总公司两块牌子，一套班子。同年 8 月 22 日，大港、化工两个开发总公司合署办公。2001 年 3 月 11 日，京口区丹徒镇横山村和凤凰山村划归镇江新区管理，两村合计耕地面积 3885 亩，农业人口 2286 人。2002 年 7 月 31 日，大港、丁卯、化工开发总公司和新区国有资产经营管理公司合并设立镇江新区经济开发总公司。

2003 年 10 月 30 日，镇江出口加工区管理委员会成立，为市政府派出机构，与镇江新区管理委员会实行两块牌子、一套班子，统一行使对出口加工区的行政管理职能。

2004 年 1 月 10 日，省委、省政府决定赋予镇江新区(镇江经济开发区)国家级开发区相应经济审批权和行政级别。2005 年 12 月 29 日，市政府决定将京口区丁岗、大路、姚桥三个镇委托镇江新区管理。

第二节　规划布局

1991 年 11 月，镇江经济技术开发区(丁卯片区)的总体规划按照国际化、现代化都市功能的要求，委托上海城市规划设计院以及江苏省规划设计院设计。开发区控制性规划总面积为 20 平方公里，分工业区、新城区(生活区)、高科技工业园区 3 大投资区。其中第一期工程开发为 5.73 平方公里。1992 年 10 月，大港开发区在成立后的两个多月时间里，及时调整修订开发区总体规划，确定1.5平方公里的工业起步区，并通过初审。

1993年9月，大港开发区总体规划通过专家评审。根据该规划，大港开发区在10年内将围绕市委、市政府提出的“以港兴市”的战略目标，把大港建成集国际港口、金融商贸、基础产业和风景旅游为一体的现代化港口城区，使大港开发区真正成为镇江市对外开放的窗口、改革的试验区和新的经济生长点。

1998年2月，镇江新区成立，管辖大港、丁卯、化工3个片区。新区规划总面积79.69平方公里(含水域)，其中大港片区57.98平方公里，丁卯片区13.42平方公里，化工片区8.29平方公里。

大港片区：腹地平坦，地质承载力大，拥有全国内河第三大港和良好的长江岸线，特别适合兴建各种大运输量、大耗水量的大型、特大型企业。规划建设以港口运输为依托，以工业规模经济为主导，集出口加工区、仓储区和贸易金融区为一体的现代化港口新城区。

丁卯片区：规划安排兴建各种无污染的高新技术项目。建成一个以中外合资企业为投资主体，以民营企业和私营企业为重要组成部分，以高科技产业为主导，以现代化工业群体为基础的经济繁荣、生活舒适、交通便捷的现代化园林式新城区。

化工片区：规划安排兴建各种化工项目和化工上下游项目，以精细化工为主导，以现代化工业为主体的化工基地。

1999年6月30日，化工开发区成立后，会同镇江市规划设计研究院及新区国土规划建设局对片区内7.82平方公里的范围，按照使用功能以地块特性加以区分，制订控制性详规，通过路网规划；会同市勘察院完成1∶500地形图测绘工作，并相应做好1∶500及1∶1000地形图的数化工作；对区内主干道绿化带进行园林化设计，绿化面积要求均在30%以上；拆迁安置房在前期货币安置的情况下，与大港镇联合，按照中心小城镇建设标准，完成总体设计。

2001年，在已批复镇江新区规划纲要的基础上，提高规划层次与深度。委托镇江市规划设计研究院编制近期建设区域8.7平方公里(生活区3.4平方公里，工业区5.3平方公里)控制性详细规划。邀请东南大学规划设计专家参与指导该项工作，部分成果达到修建性详细规划的深度。兴港东路388公顷以及港口三期工程后方139公顷工业区控制性规划于10月底完成。开发区坚持以规划为龙头，完善基础设施建设，加强公用事业管理，做好进区项目规划定点及详规设计，完成开发区环境评审与环保规划。

2002年，新区委托上海同济大学专家完成国家级留学人员创业园规划设计，委托天津天辰设计院专家完善国际化学工业园规划设计，委托苏州规划设计院专家完成机电科技工业园(包括台商工业园)规划设计。

2003年，新设民营经济园、中心商贸区和出口加工区。委托镇江市规划设计研究院完成出口加工区和中心商贸区规划设计。

截至2005年，新区建成国家级出口加工区、国家级留学人员创业园、国家级光电子产业基地、国家级绿色化工基地、省级高新技术产业园区等一批特色园区和产业基地，形成“三园两区”产业区域布局。“三园”：即国际化学工业园、高新技术产业园和机电科技工业园，“两区”：出口加工区和中心商贸区。为招商引资提供良好的硬件环境，为新一轮发展提升积蓄巨大的能量和动力，为国内外资本和各类产业项目的进入提供有效载体。

第三节　基础设施建设

新区成立以来，区内20平方公里实现道路、给水、排水、污水、电力、通讯及土地平整等“六通一平”。2005年末，全区累计投资39.6亿元，开发土地面积7.05平方公里。

一、市政建设

1. 道路　镇江新区基础建设以路为先导,配套工程雨水、污水管道同步建设。截至2005年,全区建成道路55条,总长83.25公里。

大港片区　金港大道:西起通港路、东至横山路,全长5150米,宽60米,道路横断面为三块板。兴港路:西起大港汽渡,东至圌山路,全长7600米,宽31米,道路横断面为三块板。港中路:因地处大港中心地带而得名。该路北起临江路,南至港南路,全长4970米,宽31米,道路横断面为三块板。五峰山路:北起兴港路,南至金港大道,全长2071米,宽33米,道路横断面为三块板。粮山路:北起临江西路,南至老镇澄公路,全长1977米,宽20米,道路横断面为二块板。通港路:北起临江路,南至沿江公路葛村收费站,全长5160米,宽40米,道路横断面为三块板。临江西路:西起谏壁油库,东至兴港路,全长5062米,宽19米,水泥混凝土路面。化工大道:因南北贯穿化工区而得名。该路南起镇大公路,北至临江西路,全长3018米,以孩溪路为界,北段路宽21米,道路横断面为二块板。长度超千米的其他道路还有镇大公路、临江路、圌山路、韩桥路、韩峰路、银河路、烟墩山路、赵声路、横山路、东丰路、龙泉路、东海路、吉祥街、宏成路、港南路共15条。

2004年,大港片区实施通港路、兴港路、港中路、港口路、赵声路、东丰路共6条道路整治出新工程,投入8990万元。同年2月施工,11月竣工交付使用。工程建设实现三线(信息、供电、天然气管线)入地,花岗岩人行道板和路牙。同时,投资2600万元实施通港路北段及桥梁工程,其中道路长700米,宽40米,沥青混凝土路面;桥梁长39米,宽40米,为三跨简支梁结构,结束"通港路不通港"的历史。

丁卯片区　纬一路:全长2398米;纬二路:全长1366米;纬三路:全长1841米;纬四路:全长1310米;纬五路:全长1872米;纬六路:全长479米;南纬一路:全长1421米;南纬二路:全长1479米;南纬三路:全长967米;经三路北延:全长815米;南经三路:全长1323米;南经四路:全长1332米;经五路:全长1417米;经七路:全长1689米;南经七路:全长1147米;经八路:全长1579米;经九路:全长1260米。

2. 桥梁　新区大港片区紧邻长江,水网密集,孩溪河、东风河、赵魏河等分布其间,主要桥梁横跨上述河流。20世纪90年代初大多是简易的石板桥、拱桥等,承载能力低、跨度小、桥面窄,仅通人畜和人力车。建区后,依照规划修建新桥梁。新建桥梁大多为钢筋混凝土简支梁桥,桥梁下部结构为钢筋混凝土钻孔桩,桩顶设盖梁,上部结构采用钢筋混凝土预制梁或板,吊装成桥。至2005年底,共有桥梁14座,主要包括临江西路孩溪河桥、孩溪路孩溪河桥、临江路东风河桥、通港北路东风河桥、港口路东风河桥、赵声路东风河桥、兴港路东风河桥、吉祥街东风河桥、东丰路东风河桥、港中路东风河桥、赵声路赵魏河桥、银河路东方河桥、横山路跃进河桥、韩桥路韩桥河桥,总长度515米,面积11071平方米。

3. 河道　区内有大港河、跃进河、北山河、新竹河、团结河等河流16条,总长约26.4公里。2003～2005年,为确保河流的排涝泄洪功能,方便人民群众生活,方便农作物灌溉,方便沿河设施建设,打造优美的人居环境,新区先后投入资金118.9万元实施河道改造工程,疏浚整治大港河、东支河、北山河、跃进河,计长7.9公里,土方量12.41万立方米。2003年,投入7000余万元对全长4.2公里的大港河,实施综合治理出新工程(包括征地拆迁1400万元)。河道南起中心商贸区,北至长江,分三段全线开工。拆迁居民房屋76户,搬迁企事业单位7家,拆迁沿河临时房屋50户,堤顶高度由5.5米提高到7.35米,河道宽度由18米拓宽到32米。实施清淤改造和整治美化后的大港河,底清、面洁,两岸柳树成荫、桃竹相映,成为周边群众休憩游玩的场所。

4. 绿化　随着建成区道路的建设和公共休息地的设置,街旁绿地数量和规模大幅增加,布局更加合理，种植最广的是草坪类，品种有高羊茅、马尼拉、白三叶等；其次灌木类，品种有樱花、紫薇、红叶李、海棠等；再次乔木类，品种有香樟、栾树、女贞、广玉兰等。截至2005年底，绿化面积达141.2万平方米，其中大港片区为82.6万平方米，丁卯片区为58.6万平方米。

5. 公用管架　2003年以来，新区为区内国际化学工业园区配套实施公用管架一期、二期工程，总投资5000万元，总长5.2公里，为进区化工企业提供公用外管廊，方便企业的原材料输送。

二、公用设施

1. 供水　1993年投资800万元在港务局5000立方米水厂的基础上，扩建增容一座2万立方米的水厂。1995年，新水厂投入运行，日供水2.5万立方米，出厂水管道为DN（公称直径）700毫米，城市主供水管道为DN1000毫米。其水质、水压均符合国家标准。

1996年4月成立大港自来水公司。从1997年日均供水3000立方米到2005年日均供水3万立方米，增长近10倍。近10年来，原大港开发区管委会及新区管委会先后投资近亿元铺设道路配水管，网长度达60公里，用户近17000户。

2. 供电　1997年，新区大港片区只有3条10千伏线路和1条35千伏线路。1998年，镇江供电局对大港地区的配电网络进行改造，截至2005年，新区大港片区共有架空线路17条，线路总长度159.72公里，其中架空线路达117.07公里，电缆线路达42.65公里；公用配变增至192台，专变160台，通过电网改造工作，线路柱上开关已增至40台，环网柜13台，环网线路条数增至10条，大大提高供电的灵活性，减少停电范围。到2005年，区内建有220千伏变电站2座，110千伏变电站4座，3×6000千瓦和2×6000千瓦热电厂各一座，进区企业实现双回路供电。

1999~2002年，丁卯片区完成一、二期农网改造，累计改造8个行政村，新架设农村综合变压器21台，改造农村低压供电线路约80公里，淘汰农村原有的机械表，新安装电子表2810只。其中改造农业线路近11公里，有效改善农村居民的用电条件。在完成一、二次农网改造基础上，丁卯业务部新上及增容变压器近百台，改造线路约40公里，改善供电条件，保证供电质量。

3. 供气供热　1998年，市燃气公司（当时的名称为镇江市煤气总公司）沿丁卯路、镇大公路铺设中高压管网，建成中高压调压站1座，口径从DN200毫米到DN600毫米的各类管道共95公里。2004年，“西气东输”建成投产，用气品种从煤气、石油液化气（空混），又新增天燃气。2005年，新区年用气量近8000万立方米。

2003年，新区热电厂开工建设，总投资1.3亿元，占地11公顷，设计总容量为5路4机，2004年10月分阶段投入运行，可提供压力10公斤的蒸汽100吨/小时，同时完成发电1.5千瓦/小时。建成管道15公里。

4. 排水排污　按照污染排放相对集中、低污染或无污染企业分别布局的规划，区内建成三个工业园区：国际化学工业园、机电科技工业园、丁卯高新技术产业园。实行集中供热，污水集中处理。2001年4月，开工建设大港污水处理厂，设计规模为2万吨/日，一期工程1万吨/日，占地2.7公顷，2002年12月建成，2003年5月进水运行，共有1#、2#、3#、4#、5#、东方河泵站、新宇固废泵站、汽巴精化泵站、通港路泵站、港南泵站10座污水提升泵站，拥有钢筋混凝土管、钢管、铸铁管以及增强型塑料管等多种材质的污水收集管道，管径在200~1200毫米之间的压力和自流管道共78.3公里。2005年，大港100吨/日垃圾中转站建成使用。新区工业固废年产生量约31.5万吨，其中危险固废1.18万吨由镇江市环保局固废中心统一监督管理，分别采取综合利用、厂内焚烧处置及送危险固废处置公司处置方式，固体废物和危险废物零排放，固体废物均得到合理利用和安全处置，危险废物安全处置率100%。

截至2005年,大港片区建成区共铺设直径30~200厘米的雨水管总长140884米,砌筑雨水窨井11333座。

5. 路灯 截至2005年,全区11条主干道、17条支干道和6个生活小区,架设各类路灯总数5500余盏,电缆线路总长100公里。在路灯选型上做到"灯随路变、一路一景",实现功能亮化与景观亮化的有机结合。对路灯设施实行集中管理养护,有效地解决建管不分、责任不明、管养不到位的问题。同时,加快推进集遥控、遥测、遥讯、节电控制、防盗报警于一体的现代化城市照明控制指挥中心建设,使其逐步覆盖全区。推行绿色照明、环保照明等节能改造措施,逐步消除区内路灯"盲点"。

三、交通物流

2003年后,按照社会主义新农村建设的要求,新区农村公路建设取得丰硕成果。到2005年底,新区大港片区完成农路建设14.12公里,总投资352.95万元。

20世纪90年代初,新区道路客运市场发展较快,个体经营者积极参与经营。至2000年,从事新区大港到镇江的客运班线经营的个体客运车辆(中巴车)保有量41辆,658个客座,全年客运量80.6万人次,客运周转量2256.8万人公里。2001年,对客运经营体制进行改革,淘汰个体客运并收购经营车辆。通过收购和补贴的方式,镇江江天汽运集团取得新区至镇江的客运线路经营权,新区县际客运实现公司化经营。先后开通的公交线路有:公交1路、8路、24路、20路、K8路、101路、136路,其中公交136路为区内循环公交。

截至2005年,新区籍货运车辆1050辆,8633载重吨位,其中牵引车99辆,挂车154辆,厢式货车30辆,集装箱车25辆,罐车27辆。新区凭借优越的地理位置和完备的基础配套条件,逐步发展成为镇江现代物流的主要平台。2005年末,拥有仓储设施面积574283平方米,其中原料库面积占53.4%,成品库面积占46.6%。从使用量看,纸及纸制品、新型材料、化工及金属制品等行业使用仓储设施的绝大部分,医药、纺织、工艺品制造等行业占用量很少。

四、邮政电信

1. 邮政

大港支局 大港开发区建立初期,大港邮政支局营业面积约80平方米左右,人员13名,经营业务主要是函件、包裹、汇款、报刊等,金融业务规模较小。投递邮路4条,总里程190公里,只有1个投递频次。随着新区经济、社会事业的不断发展,营业面积扩大到150平方米,人员增加到16名,经营业务不断扩大。邮件年进出口总量达32万件,发行报刊金额超过100万元,并能为驻区外资企业提供境外报刊。投递邮路扩增至7条,其中4条邮路为2个投递频次,邮路总里程超过310公里。

丁卯邮政所 1995年,丁卯邮政所设立,营业面积30平方米,投递作业区近100平方米,服务对象为丁卯开发区内的住宅区和所有企事业单位,服务人口近10万人,投递区域覆盖丁卯开发区。开办的业务种类主要有信函、包裹、报刊发行、特快专递等。2004年,丁卯邮政所营业面积扩至300平方米,内部设有沪宁线上最大、设施最完备的特快专递"旗舰店",成为镇江市东片区特快专递邮件的中转处理中心。

2. 电信

区内设有邮政电信局,拥有大容量程控电话交换机以及公用数据网、帧中继宽带网、宽带IP城域网等各类网络,直拨国际长途和传真,宽带可高速接入国际互联网。邮电管线铺设合理到位,GSM、GPRS、CDMA等移动通讯网络覆盖全区。

五、广播电视

1992 年 10 月，建立镇江市大港广播电视站。1994 年 10 月，筹建有线电视安装工程。同年底首批开通港东村有线电视用户 400 余户。

1998 年底，与镇江市有线电视台联网，开通 32 套（包括自办节目 1 套）电视节目，用户增至 3000 户，1999 年元旦正式启用。1999 年初，筹建广播电视中心大楼，建筑面积 4050 平方米。2000 年，实施有线电视“村村通”工程，全年新增有线电视安装户 1000 多户。2002 年 4 月与镇江港务总公司大港港湾花园光缆联网，新增有线电视安装户 800 多户。2004 年 5 月，新区“大港集镇六路出新”工程施工之际，改空架线路为地下线路 41.6 千米。

2005 年，广播电视站拥有有线电视用户 11000 余户，大港集镇农村实行有线电视“村村通”，覆盖率 100%。

六、环境保护

1. 环境监测　镇江市环境监测中心站全面承担镇江新区区域环境监测工作，监测领域为地表水、废水、大气、废气、噪声、土壤六大领域。新区水环境监测网络对全区包括长江、团结河、大港河等重要河流 4 个断面和区内 19 家企业排放的废水水质进行定期监测。截至 2005 年底，17 家企业安装自动在线监测仪并联入镇江市环保局远程在线监控网络，在线传输实时废水水质监测情况。区域内污染企业稳定达标率达到 95% 以上，新区各监测断面环境指标均能达到相应功能区标准。镇江市环保局在新区建立大气自动监测站一座，监测数据以空气质量日报、预报的形式，通过各种媒体及时向公众公布空气质量现状和预报。

镇江新区的区域环境噪声、道路交通噪声和功能区环境噪声基本达到《中华人民共和国城市区域环境噪声标准》（GB3096－93）的相应类别要求。

2. 环境治理　截至 2005 年，强制淘汰小化工、小造纸、小电镀、采石、轧石等重污染企业 260 多家，从源头预防污染源的产生。开展企业清洁生产审核、ISO 14001 环境管理体系认证，发展循环经济，积极创建环境友好型企业。截至 2005 年底，新区有 27 家企业通过 ISO 14000 认证。

七、房屋建设

1992 年以来，先后有 20 多家房地产商在新区投资兴建商品住房。截至 2005 年底，新区共建成小区 28 个，房屋面积约 180 万平方米，其中大港片区约 100 万平方米，丁卯片区约 80 万平方米。建设的工业用房建筑面积约 220 万平方米，办公用房建筑面积约 20 万平方米，商业服务用房约 10 万平方米。

第四节　出口加工区

2003 年 3 月 10 日，江苏镇江出口加工区经国务院批准设立，规划面积为 2.53 平方公里，首期开发 0.91 平方公里。首期区域于 2003 年 12 月 24 日通过国家海关总署等八部委的联合验收，正式封关运作。

出口加工区实施“境内关外”的管理模式，实行“一次申报、一次审单、一次查验”，24 小时通关服务。区内企业不仅可以享有海关提供的简单、快捷的通关便利条件，还享有出口加工区和开发区的税收优惠政策。海关、国检、银行、运输、仓储等机构一应俱全，落户企业不出园区即可办理完一切进出口手续。出口加工区重点发展电子信息产业、光电子及通讯元器件产业。在严把“环保达标、科技含量、投资密度、产业政策”四关的同时，形成错位发展理念，从发展一般性加工业起步，培植产业发展氛围，加大项目引进力度。有来自美国、加拿大、中国香港和台湾等十多个国家和地区的企业投资设厂，投资产业涉及电子、光电子、汽配、新型储能材料等多个领域。

截至2005年底，累计批准投资项目14个，投资总额1.64亿美元，合同利用外资和港澳台资1.0307亿美元，其中当年新批项目5个，投资总额7130万美元，合同利用外资和港澳台资5050万美元，实际到位外资和港澳台资488.35万美元。区内正式投产企业5家，行业涉及光电子、电子配件、能源加工等行业，固定就业人员554人。5家企业累计实现工业生产总值1.12亿元，平均加工增值率28.1%，平均国内料件使用比例65.63%；累计实现进出口总额2881万美元，其中进口总额2044万美元，出口总额837万美元，深加工结转778.29万美元。

一、规划

镇江出口加工区规划总面积为2.53平方公里，四至界址为：东至通港路，南至镇大公路，西至规划中的青龙山路，北至镇大铁路。首期开发0.91平方公里，四至范围是东至通港路，南至镇大公路，西至北山路，北至镇大铁路。功能定位为：发展以出口产品加工为主的制造业，充分发挥城市的集聚效应，拉动城市经济增长。

图11-2　镇江新区出口加工区（2004年摄）

出口加工区建设实行一次规划、分期实施、滚动开发，沿由东向西的发展方向轴向引伸，带状布局。主要有三大类用地：公共设施用地、工业用地、生产防护绿地。

二、建设

镇江出口加工区首期区域全面实现“七通一平”（道路、给水、排水、电力、通讯、燃气、热力以及场地平整），建有一流的基础设施和海关监管设施，区外配套建设有商办区、员工公寓，满足企业的生产生活需求。出口加工区严格按照监管要求建有隔离设施和监控系统。首期区域建设用地供应总面积为0.86平方公里，工业用地面积为0.60平方公里，道路绿化和其他配套用地为0.26平方公里。截至2005年底，完成基础设施投资2.2亿元，建成4幢多层标准厂房30666平方米；管理办公大楼1座6300平方米；区内道路6.67公里；给水管道13公里；排水管道16.5公里；绿化105545.69平方米以及35千伏变电所、自行车棚、海关监管数据通信设备和通讯光缆、检验检疫熏蒸场地等一批公建基础设施。每亩工业用地基础设施建设投资达24.14万元。

鉴于项目洽谈的不断深入以及客商对厂房需求的迫切要求，出口加工区拓展思路，积极寻求走市场化经营园区的道路，协同江苏大港股份有限公司、镇江新区城市建设投资公司共同实施沿镇大公路一侧标准厂房项目，投入4000万元，建设南侧2号、3号、4号、5号、6号标准厂房五栋，建筑面积5万余平方米。在生活配套设施建设方面，为方便区内企业员工生活、娱乐的需要，为投资者提供细致周到的服务。在出口加工区东侧规划建设约13公顷范围的配套服务中心，总投资约3.5亿元，建筑总面积20万平方米。

三、驻区机构

1. 镇江海关驻出口加工区办事处　2004年4月，经南京海关党组研究并报海关总署批准，同意镇江海关对外启用“镇江海关驻出口加工区办事处”印章并挂牌，同时增配副处级行政领导干部职数1名，镇江海关增设监控科和备案科，负责出口加工区海关业务。2004年6月9日，镇江海关驻出口加工区办事处对外挂牌，正式办理出口加工区海关业务。

图11-3　镇江新区出口加工区报关厅(2007年摄)

2. 镇江出入境检验检疫局出口加工区办事处　2003年12月，经江苏省出入境检验检疫局批准，成立中华人民共和国镇江出入境检验检疫局出口加工区检验检疫办事处，负责在出口加工区贯彻执行出入境卫生检验检疫、动植物检疫和进出口商品检验检疫法律、法规和相关政策，负责对进出加工区的货物、交通运载工具、集装箱、包装物等进行检疫、检验、鉴定、监督管理工作，对区内传染病、动植物疫情等进行监测、调查与控制。

四、投产企业选介

1. 和盛电子(镇江)有限公司　和盛电子(镇江)有限公司是由和盛电子(香港)有限公司与江奎国际数码(香港)有限公司共同投资兴办的外资企业。2004年8月进区，项目总投资1000万美元。经营范围:PCBA线路板以及相关电子产品的组装、销售，经营规模:年产PCBA线路板650万片。2005年3月投产。

2. 镇江高博能源技术有限公司　镇江高博能源技术有限公司是由美国A123系统有限公司投资的外商独资企业，主要从事设计、开发、生产和销售新型能源电池材料以及其他相关的产品和技术。项目总投资270万美元。经营规模:年产150吨金属磷酸盐粉等。2005年12月投产。

第五节　招商引资

镇江新区从建区开始即致力于打造“务实诚信，亲商富商”的品牌，始终把利用外资和引进项目列为工作重点。结合旧城区改造和老企业技术改造，引进项目时注意到大、中、小项目并举，外引和内联同步。建区以来，为投资者项目报批到投产运营的全过程实行“三个一”服务，即“一条龙”服务、“一站式”服务、“一个窗口”服务。为客商和企业急事急办，特事特办。在改善投资环境的同时，从政策、资金、税收、土地使用等方面给予优惠，积极巩固项目引进成果，推进城市化进程。招商引资、招商引智带动产业调整和优化，形成以光电子与通信、精细化工、机电一体化、新材料以及生物医药五大产业为核心的高新技术产业集群。至2005年，新区拥有省级高新技术企业34家，省级高新技术产品97项。

一、优惠政策

2002年以后，先后出台《镇江新区鼓励外商投资优惠政策》《镇江出口加工区投资优惠政策》《镇江新区鼓励和加快发展高新技术产业的优惠政策》《镇江新区鼓励扶持发展民营经济的暂行办法》和《镇江新区外商投资企业部分行政事业性收费与优惠标准》等文件，对进区企业给予适当扶持。

1. 镇江新区鼓励外商投资优惠政策

（1）外商在镇江新区投资的生产性外商投资企业，其经营期在十年（含十年）以上的，从开始获利年度起，前两年免征企业所得税，第三年至第五年减半征收企业所得税。减免期满后，对经确认的高新技术企业可延长三年减半征收所得税，对当年出口产品销售收入达到当年企业全部产品销售收入70%以上的，可减半征收企业所得税。（2）从事港口码头建设的外商投资企业，经营期在十五年以上的，经税务机关批准，可从开始获利年度起，第一年至第五年免征企业所得税，第六年至第十年减半征收企业所得税。（3）外方投资者从外商投资企业分得的利润再投资于本企业，增加注册资本，或作为资本新办其他外商投资企业，经营期不少于五年，经批准，可退还其再投资部分已缴纳企业所得税税款的40%，其中再投资新办、扩建产品出口企业或者先进技术企业的，可退还其再投资部分已缴纳的全部企业所得税税款。（4）外商投资企业在投资总额内采购国产设备，对符合国家规定的、或企业进行技术改造而在投资总额以外购买国产设备，其购买国产设备投资的40%可从购买设备当年比前一年新增的企业所得税中抵免。（5）外商投资企业技术开发费比上年增长10%以上（含10%）的，经税务机关批准，允许再按技术开发费实际发生额的50%抵扣当年度的应纳税所得额。（6）外商投资企业在减免征收企业所得税期间，免征地方所得税。（7）新办外商投资企业，经省科技行政部门会同财政等有关部门认定的高新技术产品，自确认之日起，三年内产品增值税采取税务部门先征收，财政部门后返还的办法，返还企业年度实际缴纳增值税新区留成部分的50%。（8）进区的外商投资企业，城市建设配套费均优惠按56元/平方米征收。企业生产经营所需的水、电、气和通讯设施等优先满足。（9）进区的外商投资企业，从取得土地使用权起，十年内免交土地使用费。（10）进区的外商投资项目优先安排建设用地。根据“一事一议”的原则，按照投资密度、科技含量、新增就业岗位以及对地方经济的带动作用等确定土地出让价格。

2. 镇江出口加工区投资优惠政策

（1）进口免税：生产所需的机械、设备、模具、维修用零配件，基础设施建设所需的机械、设备、建设用基建物资，自用的办公用品，免征关税和进口环节税；（2）入区退税：在中国境内的区外企业货物出口到区内可享受国家有关增值税出口退税的优惠，从区外入区的国产机械、设备、原材料、零部件、元器件、包装物料，合理数量的建筑材料等，按出口办理退税；（3）进料保税：加工出口产品所需进境的原材料、零部件、元器件、包装物料及消耗性材料全额保税；（4）出口免税：加工后出口免征增值税、消费税；（5）出口加工区之间的进出货物免税：加工区与加工区之间产品、原材料、机械、设备等进出货物免税；（6）外汇管理：区内货物销往境外不需办理出口收汇核销手续；向境外支付不需办理进口付汇核销手续。区内机构的所有外汇收入均可以存入外汇账户，所有外汇支出均可以从外汇账户支付；（7）配额许可证：货物可以在加工区和其他国家之间自由进出。除国家另有规定外，不需配额和许可证。

3. 镇江新区鼓励和加快发展高新技术产业的优惠政策

（1）凡进区的省级以上高新技术企业、留学归国人员进区创办的科技型企业，按原优惠政策，企业所得税减按15%征收。新认定的省级高新技术企业，按原优惠政策，自认定当年度起，企业所得税实行“二年免征，六年减半征收”的优惠。对现有省级高新技术企业，按原优惠政策，除享受原有所得税优惠外，再增加三年减半征收所得税的优惠，但减半后低于10%的按10%征收。（2）省级以上高新技术企业自行生产出口产品的按原优惠政策，在按规定减免所得税期满后，当年出口产品生产总值达到地区生产总值70%以上的，经税务部门核实，可减按10%的税率征收企业所得税。（3）省级以上高新技术产品，自被认定当年度起，可申请新区高新技术财政补助资金的补助，补助的年限为国家级3年、省级2年，补助资金主要用于企业高新技术产品研制和科技开发，补助金额最高为企业该产品当年所缴纳的增值税新区财政留成部分。对留学归国人员、博士、博士后进区创办的科技型企业，2年内可申请新区高新技术财政补助资金的补助，补助金额最高为企业当年所缴纳的增值税新区财政留成部分，专款用于企业的科技开发。(4) 对列入省以上火炬计划、高新技术成果推广计划项目的产品，以及在镇江市首家生产的发明专利产品和首家生产的实用型专利产品，经有权部门组织鉴定(验收)后，自产品销售收入之日起2年内可申请新区高新技术财政补助资金的补助，补助金额为企业该产品当年所缴纳增值税的新区财政留成部分，专款用于企业的科技开发。以上第(3)(4)条新区高新技术财政补助资金补助的优惠政策不可重复申请，对两项条件都符合者，只能选择其中一项进行申请。(5) 新进区的经认定的高新技术非生产性企业，除享受"免二减六"的企业所得税优惠外，对企业所缴纳的营业税，还可视具体情况在2年内，由新区财政以新区高新技术财政补助资金，补助所缴纳营业税税额的全部或30% ~50%，用于企业的科技开发。留学归国人员、博士、博士后创办的科技型企业，进驻高新技术创业服务中心孵化的企业所缴纳的营业税，自营业日起2年内，由新区财政以新区高新技术财政补助资金补助企业用于科技开发。(6) 企业自行研制的技术成果，按原优惠政策，其技术转让，包括技术咨询、技术培训、技术服务、技术承包所得免征所得税。其中技术转让及其在技术转让过程中发生的技术培训、技术咨询、技术服务所取得的收入免征营业税。(7) 企业研究开发新产品、新技术、新工艺所发生的各项费用，不受比例限制，计入企业管理费用，在税前列支。(8) 对留学归国人员、博士、博士后创办的科技型企业，市级以上高新技术企业，从高新技术创业服务中心进区建设的企业，购买开发区土地，其土地使用权出让价格，对于土地出让金一次性缴纳者，可在国家公布的最低限价的基础上优惠20%，如一次性交付土地出让金确有困难的可在签订土地出让合同时先付50%土地出让金，其余部分在2年内分期交付，土地出让价格，可在国家公布的最低限价的基础上优惠10%。所购土地自批准用地之日起免缴土地使用费10年。(9) 经认定的市级以上高新技术企业，留学归国人员、博士、博士后创办的科技型企业进区投资的，城市市政建设配套费可按新区对外资企业收费标准的50%收取。留学归国人员、博士、博士后创办的科技型企业，进驻高新技术创业服务中心的孵化企业，除人民教育附加和防洪保安基金外，其余由税务部门代征的各项基金、费等，2年内缓征。(10) 进区的高新技术企业购买开发区自建标准厂房和住宅按市场价九折优惠，如租赁则按市价优惠30% ~50%。对留学归国人员、博士、博士后进区创办的科技型企业及进驻高新技术创业服务中心的企业要根据投资规模，经营期3年以上的，在开发区租赁的面积300平方米以内的生产、办公用房房租，第一年免缴，第二年减半收取，优惠的费用由新区财政每半年审核后与房屋产权单位结算。(11) 从事高新技术产品研究、开发、生产的民营企业，留学归国人员、博士、博士后创办的科技型企业，申办、领取工商营业执照时，只收取注册登记费，免收办理手续中的其他费用。(12) 进区创业的留学归国人员、博士后研究人员经申请，可准予其本人和配偶及未成年子女落户本市，免收城市增容费，配偶安排工作，子女入学、入托，就业优先。暂不入户口的，子女入学、入托享受本市公民同等待遇。(13) 对进区企业，优先进行高新技术产品和高新技术企业的申报，优先申请各级科研项目、经费和贷款贴息。对进区企业(特别是进驻高新技术创业服务中心的孵化企业)优先申请新区科技三项费用资助，并可申请新区建立的风险投资基金的投入。

4. 镇江新区鼓励扶持发展民营经济的暂行办法

(1) 对注册资金30万元以上(含30万元)的进区民营企业，允许冠以市级名称。申办民营企业，只要具备开业条件，雇工人数不足8人或注册资金未达到规定标准的，可先予以登记注册核发执照，然后在6个月内补足。(2) 国有、集体企业和事业单位下岗、待岗人员、征地安置对象申办民营企业，可到新区工商行政管理机关领取临时执照，一年内可减半缴纳工商管理费。(3) 对进区建设的民营企业投资项目的服务工作，实行首问负责制。工商审批，在新区审批权限内且有效文件齐备的，在3个工作日内完成审批手续；进区建设的民营项目立项、规划、用地和施工等环节审批，在新区审批权限内且有效文件齐备的，一般项目审批在2个工作日内完成，综合项目的审批在5个工作日内完成。(4) 为扶持民营生产性企业初创发展，凡新进区的生产性民营企业从企业投产年度起，所缴纳的企业所得税，前3年补贴20%，后两年补贴10%。(5) 经劳动部门认定、税务部门审核，安置辖区内征地劳力达到从业人员总数30%的新办民营企业，从企业投产年度起，缴纳的企业所得税，前4年补贴20%，后2年补贴10%。(6) 新进区的民营企业，凡经省级以上科技主管部门认定为高新技术企业的，自认定年度起，缴纳的企业所得税，前3年补贴20%，后5年补贴10%。(7) 凡新进区的民营企业，当年缴纳增值税超过100万元(含100万元)的，新区按其缴纳增值税税额的5%补贴给企业；当年缴纳增值税超过500万元(含500万元)的，新区按其缴纳增值税税额的8%补贴给企业，期限为两年。(8) 对新进区建设的民营企业城市建设配套费，按外商投资企业的标准执行，其标准为56元/平方米，并扎口管理。

5. 镇江新区外商投资企业建设、生产过程中减、免、缓征行政事业收费项目

免、缓征收费项目　(1) 征(拨、使)用地管理费；(2) 土地复垦保证金；(3) 土地用途变更费；(4) 土地荒芜费；(5) 农业重点建设资金；(6) 耕地开垦费；(7) 省集中资金；(8) 国有土地有偿使用费；(9) 回填土调剂费；(10) 建筑渣土管理费；(11) 建筑渣土弃置费。

减半征收项目　(1) 土地登记费；(2) 白蚁防治费；(3) 城市道路挖掘恢复费；(4) 城市建设配套费；(5) 水增容费。

6. 外商投资企业生产过程中减、免、缓征行政事业性收费项目

免、缓征收费项目　(1) 治安联防费；(2) 义务兵家属优待金；(3) 占道费；(4) 绿化费；(5) 义务植树统筹费；(6) 企业注册登记费；(7) 经济合同鉴证费；(8) 档案管理费；(9) 委托保存档案费。

减半征收项目　(1) 河道堤防占用补偿费；(2) 港口建设费。

二、投资服务

镇江新区在创建优良投资硬环境的同时，切实加强改进软环境的意识教育。常年开展“人人都是投资环境，部门当好项目的‘110’”主题教育活动，要求新区各部门强化亲商观念，为投资者提供“三个一”服务：即“一条龙”服务(从项目报批到项目投产运营全过程服务)，“一站式”服务(由一个指定部门为投资者提供全过程服务)，“一个窗口”服务(在一个办公地点集中办理全部报批手续)，设身处地为客商解决生产生活过程中的各种困难和问题。

图11-4　镇江新区投资服务中心(2006年摄)

在项目建设中，全区各部门积极配合，主动服务。建立重点项目领导责任制，实行扎口协调推进机制。在项目投产后，实施新举措，常年为企业服务。实行企业定点联系制。由各部门指派专人负责每个企业的联系和沟通，确保区内每一家外资和港澳台资企业都有专人负责联络和服务工作。实行定期上门拜访制。企业定点服务人员每月至少走访一次定点企业，同时将新区编辑的

《经贸信息》,免费发送至进区各“三资”企业。实行定期汇总制。每月底召开例会,就企业有无增资意向,是否结识新客户和发现项目源等情况进行汇总,并及时向新区管委会汇报,提出建议与措施。实施个性化服务制。开通24小时企业服务热线,建立企业联系服务卡和企业投资者档案,进一步加深与进区企业之间的沟通和感情联络。

三、招商成果

镇江新区利用会议招商、赴外招商、委托代理招商、以商招商、媒体和网上招商、合作招商等多种招商形式,以及对外来投资者实行“一卡通”等优惠政策,提供全方位“保姆式”服务,吸引美国、英国、法国、德国、意大利、日本、韩国、西班牙、荷兰、新加坡等32个国家和中国港澳台地区的客商投资置业。其中有美国嘉吉、法国道达尔、意大利菲亚特、印尼金光、台湾奇美、台湾国乔、韩国东洋制铁等10多家世界著名大公司、大财团进区投资兴业,并创造良好的经济效益,与此同时还为镇江新区带来国内的几个“之最”:世界上设备最先进、国内最大的年产纸品135万吨、总投资21.23亿美元的江苏金东纸业有限公司;国内最大的PS塑料单体生产企业、年产30万吨、投资7500万美元的镇江奇美化工有限公司;国内最大的汽车缸体铸件生产基地年产98.5万件,投资8088万美元的华东泰克西汽车铸造有限公司;国内最大的DVD主机生产企业镇江江奎电子实业有限公司。此外,健力宝(镇江)公司、泰兴隆食品公司、镇江国亨化学有限公司、镇江银峰、江苏道达尔等企业在国内同行中也都处于前列。

1991~2005年,镇江新区共引进外商投资和港澳台资项目312个,合同利用外资和港澳台资464016万美元,实际利用外资和港澳台资251147万美元,外贸出口额214017万美元。投资行业涉及造纸、化工、汽车铸件、机电、通讯电子、食品、药品等;引进内资项目946个,合同利用内资117.6亿元,实际利用内资55.32亿元。投资企业多来自浙江、福建、广东、上海等省市,投资涉及机械、化工、电子、电器、服饰、药品、房地产等各种行业。

1991~2005年镇江新区外资和港澳台资项目情况表

表11-1　　单位:个、万美元

年份	引进项目数	合同利用外资和港澳台资	实际利用外资和港澳台资	外贸出口
1991	4	507	-	-
1992	16	1812	-	-
1993	5	657	-	-
1994	11	2776	2435	-
1995	9	5042	514	210
1996	11	13587	8336	1138
1997	12	184325	17338	152
1998	8	11705	85936	2282
1999	7	8407	42658	2074
2000	18	11116	25734	19467
2001	15	30879	12821	22279
2002	33	23900	13571	28758
2003	21	35212	13263	47184
2004	60	61598	11533	44160
2005	82	72493	17008	46313
合计	312	464016	251147	214017

1991 ~2005 年镇江新区外商及港澳台商投资企业一览表(1000 万美元以上)

表 11-2　　单位:万美元

企业名称	总投资	合同外资和港澳台资	国家和地区	批准日期	经营范围及规模
汉奎电子有限公司	1500	690	中国香港	1991. 11	年产 80 万部数字音频
江苏联合容器有限公司	1000	500	百慕大	1992. 7	年产 7000 万套喷雾罐
镇江银河房地产有限公司	1600	1500	新加坡	1994. 9	工业园区房地产开发
华东斯迪制盖有限公司	2000	1000	美国	1995. 5	易拉罐盖
嘉吉饲料(镇江)有限公司	2900	1220	美国	1995. 12	年产 25 万吨饲料
镇江泰兴隆食品有限公司	2500	1960	新加坡	1996. 3	年产 10 亿包方便面
镇江银峰铸造有限公司	1412	600	西班牙	1996. 3	年产 1. 6 万吨中小型铸件
健力宝(镇江)饮料有限公司	2000	1500	中国香港	1996. 3	年产 10 万吨饮料、纯净水
镇江见龙化工有限公司	2200	1200	中国台湾	1996. 3	发泡级聚苯乙烯
镇江奇美化工有限公司	7500	2500	美国	1996. 3	年产 30 万吨 PS
镇江奇美油仓有限公司	2500	1600	美国	1996. 3	5000 吨级码头 2 座及仓储
镇江国亨化学有限公司	22950	8667	英国	1996. 3	年产 43 万吨 ABS、SAN
江苏远东包装制品有限公司	1000	600	中国香港	1997	年产 4500 只包装制品
江苏金东纸业有限公司	212300	70757	新加坡	1997. 4	年产 135 万吨纸
镇江奇美塑料有限公司	2800	2700	美国	1997. 5	年产 12 万吨 ABS
镇江奇美树脂有限公司	2998	2750	美国	1997. 5	年产 10 万吨 SAN
江苏招商局道达尔液化气有限公司	1024	666	法国	1998. 3	年产储运 10 万吨液化气
道达尔润滑油(镇江)有限公司	1300	800	法国	1998. 6	年产 3 万吨润滑油
华东泰克西汽车铸造有限公司	8088	3750	意大利	1998. 9	年产 98. 5 万套汽车发动机缸体
镇江威龙置业有限公司	1700	680	美国	1999. 1	房地产开发
镇江国亨油仓有限公司	1000	500	英国	1999. 8	年装卸储运燃料油 45 万吨
移动通信有限公司镇江分公司	1819	1819	英属维尔京群岛	2000. 1	移动通信
镇江国亨塑胶有限公司	3600	1200	英国	2000. 3	年产 11 万吨丁苯粉
美驰轻型车系统(第二)公司	1000	500	法国	2000. 5	汽车车窗升降器等零部件
莱泰西亚化工有限公司	2980	1800	比利时	2000. 12	丁苯乳胶
来泰祥化工(江苏)有限公司	2950	1180	比利时	2000. 12	造纸用精细化工产品
镇江国亨树脂有限公司	2998	1200	中国台湾	2001. 6	年产 11 万吨苯乙烯等产品
镇江南帝化工有限公司	2980	2440	英国	2001. 7	丙乙烯、丙乙腈等为原料的胶粘剂
江苏爱派克斯数码有限公司	1700	900	美国	2001. 12	数码相机等
镇江联成化学工业有限公司	10000	3334	英属维尔京群岛	2002. 1	苯、二甲苯衍生物产品
光中科技工业(镇江)有限公司	1250	500	中国台湾	2002. 4	光纤产品的生产销售

续表 11-2

企业名称	总投资	合同外资和港澳台资	国家和地区	批准日期	经营范围及规模
镇江海润市政工程有限公司	2988	1200	中国香港	2002. 5	市政建设
镇江腾龙置业有限公司	2800	1120	中国香港	2002. 5	房地产开发
优利德江苏化学工业公司	2950	1200	韩国	2002. 6	造纸纺织品染料等产品催化剂
镇江宝德生物膜制品有限公司	1000	1000	新西兰	2002. 7	一次可降解性生物膜
馥兰(镇江)装饰用品有限公司	1500	600	中国台湾	2002. 9	人造工艺花卉系列产品
江苏奥雷光电有限公司	1171	1171	美国	2002. 9	生产半导体激光器、探测器等
凯迩必机械工业(镇江)公司	1440	720	日本	2002. 12	汽车的悬架系统、减震器等
镇江东升仓储有限公司	2100	840	中国香港	2002. 12	年吞吐 26 万吨油品、化工原料等仓储
利昌饰品(镇江)有限公司	1250	500	中国香港	2002. 12	各种银、合金、铜金属首饰
镇江振安投资置业有限公司	1200	500	中国香港	2002. 12	开发、租赁工业标准厂房
镇江川森环保塑料	1200	500	中国台湾	2002. 12	可降解塑料及其制成品
金顺重机(江苏)有限公司	2000	800	英国	2003. 4	制造销售新型成套机械设备
镇江鸿泰房地产开发有限公司	2980	2500	中国香港	2003. 7	房地产开发
裕达富电子(镇江)有限公司	2000	1000	中国香港	2003. 8	光电子产品
镇江快鹿建设发展有限公司	2949	1282	中国香港	2003. 8	项目开发
江苏金达钢业有限公司	2980	2500	美国	2003. 10	年产 3 万吨硬质合金材料
镇江中环水务有限公司	2500	1000	英属维尔京群岛	2003. 10	供水厂、污水处理厂建设经营
富鼎(镇江)特种织品有限公司	1250	500	美国	2003. 10	各种特种织带等
江苏世纪数码液晶有限公司	2980	1500	美国	2003. 11	液晶电视及相关产品
江苏世纪数码电子有限公司	2500	1000	美国	2003. 11	车载 DVD 及其相关产品
镇江先进电脑科技有限公司	1500	800	印尼	2003. 12	电脑配件
凯迩必液压工艺(镇江)有限公司	2900	1600	日本	2004. 1	液压设备
江苏嘉新国际建材加工仓储公司	2000	1000	中国台湾	2004. 2	水泥等建材加工
金伦化工(镇江)有限公司	1376	550	新加坡	2004. 2	轻碳酸钙
华澳置业(镇江)有限公司	2980	2000	中国澳门	2004. 3	房地产开发经营
江苏齐航数控机床有限责任公司	2500	600	中国香港	2004. 3	生产数控机床及普通机床
镇江宏达塑胶有限公司	2980	1450	韩国	2004. 3	年产 2600 吨硅橡胶电线等
镇江达可得电子设备有限公司	1500	900	中国台湾	2004. 3	光盘数片机、包装机等
镇江能通建设发展有限公司	2950	2000	英属开曼群岛	2004. 3	工业园区开发、房地产开发
镇江江威电工器材有限公司	1000	200	中国香港	2004. 4	生产母线、开关柜等
镇江泛邦化工有限公司	2980	2500	中国香港	2004. 4	航空玻璃及建筑密封用合成

续表 11-2

企业名称	总投资	合同外资和港澳台资	国家和地区	批准日期	经营范围及规模
镇江鼎鑫能源有限公司	1000	500	新加坡	2004. 5	生产以煅烧石油焦增碳剂、石油焦等产品
镇江众信建设发展有限公司	1200	500	美国	2004. 6	标准厂房建设、房地产开发
和盛电子(镇江)有限公司	1000	800	中国香港	2004. 8	PCBA 线路板组装及相关电子产品组装
镇江白水化学有限公司	1020	500	日本	2004. 8	氧化锌、锌粉系列助剂等
镇江亿达亨化学工业有限公司	2000	950	中国香港	2004. 8	精制“三苯”系列产品
镇江艾弗森化工有限公司	1500	800	澳大利亚	2004. 8	磺酰脲类除草剂及系列产品
镇江众达钙化物有限公司	1250	500	新加坡	2004. 9	研究生产和销售钙化物产品
镇江快鹿大酒店有限公司	2500	1000	中国台湾	2004. 9	商务办公餐饮服务休闲娱乐
江苏星宝钢结构有限公司	2900	1160	奥地利	2004. 10	高档建筑五金件钢结构产品
镇江远东联合第二化工有限公司	2900	2500	中国香港	2004. 10	对羟基苯甲酸及其系列产品
镇江伟联装饰品五金配件有限公司	1500	900	中国台湾	2004. 10	窗帘及配件,电脑自行车配件
镇江阳兴文具工艺品有限公司	1000	650	中国香港	2004. 11	塑料文件夹及空白本等
江苏星宝钢结构有限公司	2900	1160	奥地利	2004. 11	高档建筑五金钢结构产品
江苏新加成化工有限公司	1500	800	澳大利亚	2004. 11	生产销售收入磺酰类除草剂系列产品
镇江山青涂料有限公司	1500	800	中国台湾	2004. 11	各种高性能涂料生产销售
英科金属制品(镇江)有限公司	2900	1200	英国	2004. 11	医疗器械金属及塑胶制品
镇江汉翔俱乐部有限公司	2980	2000	中国台湾	2004. 11	健身休闲餐饮配套服务
镇江汗富房地产开发有限公司	2980	2000	中国台湾	2004. 11	民用房地产开发
镇江新时代置业有限公司	2900	2000	奥地利	2004. 11	房地产开发经营
镇江高润置业有限公司	1500	850	中国台湾	2004. 11	房地产开发经营
镇江正庆厨具有限公司	1500	800	中国台湾	2005. 3	不锈钢厨房用品,各类炉头
镇江易利泰环保设备制造有限公司	2500	2000	中国香港	2005. 3	发电厂除尘设备生产
镇江华科电子有限公司	1100	600	中国台湾	2005. 3	电子元器件
镇江新东风电器有限公司	1000	480	美国	2005. 3	高压电器生产
江苏精工铸造有限公司	1200	600	意大利	2005. 3	铸件加工销售
镇江金恒源工艺品有限公司	1200	900	中国台湾	2005. 3	各类高档艺术灯具
镇江德丽电子有限公司	1500	850	中国台湾	2005. 3	电脑外壳及配件
镇江煌祥五金电子有限公司	2100	980	中国台湾	2005. 3	各类五金柜,节电设备
辰天实业(镇江)有限公司	1000	500	中国香港	2005. 4	生产装饰装潢用防火板
镇江伟杰压缩机配件有限公司	1200	870	中国香港	2005. 5	销售汽阀、弹簧、铝垫
泛太平洋(镇江)食品有限公司	2980	1300	加拿大	2005. 5	保健食品、茶饮料

续表 11-2

企业名称	总投资	合同外资和港澳台资	国家和地区	批准日期	经营范围及规模
镇江建诚精密电子有限公司	1000	520	萨摩亚	2005. 5	精密新型电子元器件
镇江天龙空调配件有限公司	1200	680	中国台湾	2005. 6	空调配件生产销售
镇江永凤新型环保装饰材料有限公司	2200	1500	中国香港	2005. 6	室内外新型环保装饰材料
江苏贝尔化工有限公司	2980	1200	中国香港	2005. 6	三苯顺酐
镇江美亨木业有限公司	1200	980	中国台湾	2005. 6	木制不锈钢货柜和货架
镇江澳华装饰材料有限公司	2800	1800	澳大利亚	2005. 6	汽车内装饰材料
镇江爱汇电子有限公司	1500	600	中国香港	2005. 6	电子接插件及相关产品
镇江恒泰丰实业有限公司	1026	641	英属维尔京群岛	2005. 6	各类高档木制品的生产
镇江鼎成紧固件有限公司	1200	950	中国台湾	2005. 7	汽车摩托车用高档紧固件
镇江金赛项目建设发展有限公司	2800	1200	中国香港	2005. 7	标准工业厂房建设
镇江华鼎斯迪制盖有限公司	1350	675	马来西亚	2005. 8	易拉罐端盖及相关产品
罗地亚(镇江)化工有限公司	1100	500	法国	2005. 8	高性能涂料及特种高聚物
镇江联华工业气体有限公司	1000	500	英属维尔京群岛	2005. 8	电子用高纯度氧气、氮气、氦气、氩气、氢气
江苏超宇博达电器有限公司	1500	700	中国香港	2005. 8	电缆汇线桥架
镇江均亚空调配件有限公司	1600	725	中国香港	2005. 11	空调配件
镇江宝亨电器有限公司	1180	540	中国香港	2005. 12	电器产品
镇江德顺祥电器有限公司	1160	520	中国香港	2005. 12	电器产品

2003～2005 年镇江新区新批内资项目一览表(合同内资 5000 万元以上)

表 11-3　　单位:万元

项目名称	合同内资	到位内资
镇江钧豪房地产有限公司	16000	14710
镇江沃德房地产开发公司	16000	10568
镇江市旋丽电器有限公司	6300	4318
卷板开平项目	8000	4710
办公文化用品生产项目	5000	5458
镇江金泓车轮有限公司	15368	1600
常州伟业房地产开发有限公司	44800	26414
江苏盈都钢构公司	25000	8450
银翔房地产	25000	26600
宏顺房地产	9887	8727
通达内饰材料	5400	1062
沃得房地产	21000	18553

续表 11-3

项目名称	合同内资	到位内资
跃进农用车项目	24500	1275
天惠房地产	6228	7000
瑞丰磷肥	15200	7000
金港商业广场	60000	17364
金红石钛白粉项目	19200	17080
飞驰康飞	9200	11700
镇江海德地产公司	73317	30369
新今达房地产	5000	9185
福仕特化工	9600	9600
东方制冷搬迁项目	16000	9300
华芳房地产世纪名门商住房项目	38168	18000
国泉泵业流体机械制造项目	8000	692
稳润光电科技 LED 项目	14500	1860
沃得花园三、四期项目	16000	11600
金东海公司社区服务中心项目	12000	1240
斯太尔红岩物流公司	5200	4700
500 吨/年野麦畏原药技改项目	6080	500
康飞二期项目	15000	1500
新安化工草甘膦项目	52000	1272
江苏旭东辰进出口贸易有限公司	5000	1000
中船系泊链项目	60000	50
中船现代发电设备公司	9000	50
四海房地产	14829	1700
太白集团 18 万吨/年钛白粉	21868	4000

第六节　经济社会发展

一、经济发展

1992 年 8 月 26 日，镇江经济技术开发区管委会与江苏工学院签订《全方位、多渠道长期合作协议》，江苏工学院将在开发区建立高新技术孵化基地，推进科技产业化、培养高新技术管理人才，并成立江苏工学院镇江经济技术开发区科技开发公司。

1995 年，江苏省镇江经济开发区（丁卯）全年举办国内外招商活动 11 次，聘请一批在国内有较高知名度的企业家、大公司负责人为开发区的经济顾问，设立上海办事处。全年新引进项目 13 个，总投资 2.52 亿元，其中三资项目 4 个，总投资 2455.45 万美元，合同利用外资及港澳台资

941.43 万美元。同年,江苏省镇江经济开发区(大港)共批进区项目 50 个,总投资 51.13 亿元,其中三资企业 22 个,开工建设项目 8 个,建成投产项目 6 个,协议利用外资及港澳台资 6.09 亿美元,实际到位外资及港澳台资 430 万美元。1991 ~ 1995 年,丁卯片区累计引进项目 79 个,总投资 13.45 亿元,其中三资项目 37 个,总投资 1.17 亿美元,合同利用外资及港澳台资 4053.65 万美元。大港片区累计引进项目 72 个,其中外资及港澳台资 30 个,总投资 55.9 亿元,合同利用外资及港澳台资 6.4 亿美元,实际到位资金 3.34 亿美元。

1. 工业 1998 年,新区实现国内生产总值 6.71 亿元,比上年增长 26.4%,其中区属 3.65 亿元,增长 49%。工农业总产值 26.46 亿元,增长 52.7%,其中区属 0.879 亿元,增长 62.4%。全区工业总产值 25.7 亿元,增长 548%,区属工业 10.12 亿元,增长 69.5%。财政收入 3004 万元,增长 57.2%。固定资产投资完成 22.12 亿元(不含市直进区企业)。职工平均工资 7000 元,农民人均收入 3931 元。1992 ~ 1998 年,新区累计引进外资及港澳台资项目 73 个,总投资 23.7 亿美元,协议利用外资 22 亿美元,累计到位外资近 13 亿美元。在引进项目中,超过 1000 万美元的有 17 个。2005 年,新区区属工业总产值 111.92 亿元,比上年增长 33.4%;销售收入 111.68 亿元,增长 33%;利税 5.87 亿元,增长 35.3%。完成固定资产投资 66.38 亿元,增长 63.7%,其中工业性投入 23.09 亿元,增长 92.26%。民营经济完成产值 31.23 亿元,销售收入 26.83 亿元,分别比上年增长 72.07% 和 52.18%,实现利税 1.6 亿元。新增区属规模以上工业企业 10 家。

2. 农业 1998 年,新区水稻平均亩产超过 400 公斤,比上年增产 5%。粮食总产 1.75 万吨,油料 384 吨。农业总产值 0.64 亿元,农业增加值 0.21 亿元。小麦和水稻的良种覆盖率、轻型栽培技术推广率达 95% 以上。全区多种经营实现产值 0.42 亿元,畜禽产业发展迅猛,生猪存栏 1.4 万头,出栏 1.6 万头,猪肉产量达 1665 吨,增长 6.7%。2005 年,新区农民人均收入 5688 元。全区茶叶种植面积 67 公顷,甘露茶园、圌山茶场等形成品牌优势,带动 80 余户农民利用岗坡地种植茶叶 25 公顷,每公顷收益 4.5 万元 ~6 万元。围绕优势特色农业,全区建成茶叶、蔬菜、家禽等无公害农产品生产基地 4 个,创立 2 个农产品新品牌。养殖业从数量型向质量、规模方向发展,形成横山、韩桥两个规模养殖小区,家禽存栏量 6 万羽,占全区家禽总量 60%。农民从第一产业中人均增收 36 元。

3. 财政收入 1992 年,开发区成立初期财政收入 366 万元。1998 年大港、丁卯开发区合并设立镇江新区时财政收入 3004 万元,1992 ~ 1998 年 7 年间财政收入 8624 万元。1999 ~ 2005 年是新区财政收入实现飞跃的阶段,1999 年财政收入 6858 万元;2004 年财政收入 10.22 亿元;2005 年财政收入 12.5 亿元。1999 ~ 2005 年 7 年间财政收入年均递增 46.82%,累计实现财政收入 46.38 亿元,占 1992 ~ 2005 年累计完成财政收入 47.28 亿元的 98%。

二、社会事业

1. 教育工作

镇江新区促进教育事业发展,为率先实现教育现代化奠定基础。义务教育巩固提高,全区幼儿入园率 95%;小学适龄儿童入学率 100%,巩固率 100%,毕业率 100%;初中入学率 100%,巩固率 100%,毕业率 99.1%,升学率 96.8%。调整布局,推进重点工程。2004 年底,新区投资 5750 多万元,提前一年完成省“十五”中小学布局调整规划目标。全区保留 3 所小学、1 所中学(大港中心小学、新区实验小学、丁卯中心小学和新区大港中学),各中小学消除危房,校舍更新。在抓好教育重点工程基础上,确保“六有工程”的实施。各校基本完成“校校通”工程,中小学师生都能共享网上教育资源。2005 年底,大港中心幼儿园通过江苏省示范幼儿园验收,新区大港中学通过江苏省实施教育现代化工程示范初中合格验收，镇江新区实验小学被教育部基础教育课程改革研究中心、南京师范大学确认为科学探究实验基地，同年，这两所学校被镇江市教育局评定为市“教育信息化先进学校”。经省、市验收，2004～2005年，新区大港中学获江苏省教育现代化示范初中、江苏省和谐教育实验基地、镇江市德育先进学校、镇江市体育传统学校等称号，大港中心小学获江苏省文明单位称号，大港中心幼儿园获江苏省示范幼儿园称号。

2. 文化事业

截至2005年，新区有影剧院1家、歌舞厅12家、娱乐中心6家、电子游戏室15家、网吧16家、话吧10家、棋牌室45家、台球室24家、乒乓室8家、茶舍8家、书画社2个、游泳池2个；开通有线电视频道32个。2003～2005年，新区自编小品《快乐老太》、诗歌朗诵《颂我新区、赞我新区》、合唱《春天的故事》、配乐诗朗诵《党旗辉映镇江新区》等节目先后获镇江市二等奖；小合唱《把心交给祖国》获全市三等奖。新区有中老年文艺演出队7个，有社区和村活动室36个。

文物保护　1993年，大港乌龟墩墓地遗址出土陶鼎、陶革、陶豆、陶盂及原始青瓷豆等文物94件，时代为西周—春秋。1997年，配合“135”建设工程，在大港宏成村、韩桥村考古发掘上百座西汉墓葬，出土文物数百种，其中陶类占多数，铁器类除矛、戈、剑等兵器外，还有生活用具，如釜、铁钉等。发掘宋代古墓多座，其中有一坛千年宋代古酒，保存完好（尚存半坛）。2004年，新区提出了修复华阳观100万元专项资助方案，并下拨20万元给大港镇政府作为华阳观大殿修复的启动资金。华阳观于2004年6月30日被镇江市人民政府列为市级文物保护单位。同年为保护土墩墓在开发区建设中不受损坏，在魏家墩土墩墓工地，与有关方面积极配合，宣传、执行文物保护法，合理利用土墩墓的独特外形，建成风景点，既美化绿化厂区，又保护文化遗址。

宗教文化　1996年5月28日，绍隆禅寺举行觐云法师方丈升座仪式，参加仪式的有来自省内外的宗教界人士、诸山长老、各寺庙大德高僧及信徒群众2000余人。中国佛教协会发来贺电，中国佛协副秘书长游骧、倪强以及赵朴初秘书宗家顺专程前来。

3. 卫生事业

随着开发建设事业的迅速发展，新区卫生事业也不断发展。镇江新区人民医院于2003年11月划归镇江市第一人民医院，并更名为镇江市第一人民医院新区分院。镇江市港口医院于2001年6月并入镇江市第二人民医院，命名为镇江市第二人民医院大港分院。随着医院体制的变更，医院的医疗设备不断改善，医疗水平不断提高。在社会环境卫生上，对全区6条河道查螺，印制《血吸虫病防治知识》5500本，树立警示牌10个，印制《艾滋病防治手册》近2万份，免费发给居民，投入4万元建成镇江新区艾滋病宣传一条街。安装广告牌50个，8米宣传主长廊1个。组建大港片区社区服务中心。新型合作医疗保险农民参保率90%以上，做到“一站式”服务。完成大港镇祝赵村、甸上村改厕工作，投入100万元在北角村、百里村、新竹村、张许村、渣泽村、横山村6个村实施改水工程，有10多个行政村3600多户、1万多人受益。到2005年底，全区共有医院4所，社区服务站1个、农村卫生室24个，各类药店10家，个体特色医疗诊所3家。

4. 社区建设

1998年7月，镇江新区成立时，设立大港街道办和丁卯街道办，下辖港中新村5个城市居委会和32个村委会。2002年，港中新村5个居委会合并改名为港中新村第一社区居委会、第二社区居委会。2004年下半年，新区结合村组合并，重新划分组建11个城市社区。港中社区于2003年、2004年分别被评为全国青年文明社区、江苏省社区建设示范社区、江苏省文明小区、江苏省物业管理优秀住宅小区等。

第七节　乡镇街道

一、大港街道(大港镇)

大港街道位于镇江市东郊,距市区25公里。东依圌山,与大路镇相连;南接丁岗镇;西邻京口区谏壁镇;北依长江,与丹徒区高桥镇隔江相望。总面积68.3平方公里。境内以丘陵为主,圩区分布在沿江地带。

1992年10月,镇江经济开发区大港地区管委会成立,镇境随属。同年11月,大港镇人民政府改称大港经济技术开发区农村工作委员会(简称农委),下辖20个行政村。1997年,原属丁岗镇的段家、巷岗、唐巷、部家、厚角、魏家墩村,属谏壁乡的孩溪、甸上、新竹村,属大路镇的勤廉、勤余共11个行政村划入,下辖31个行政村。1998年,撤销农委建制,分建大港镇人民政府和大港街道办事处。大港镇下辖23个行政村,大港街道下辖8个行政村,隶属镇江新区。同年,开展农村土地"二轮承包"。1999年进行"缩麦扩油、缩粮扩经"的产业结构调整,主要农作物品种有小麦、油菜、水稻。2005年12月,原大港镇和原大港街道合并成立新大港街道,下辖17个行政村,6个社区居委会。截至2005年末,因经济建设拆除48个自然村,实有92个自然村。

1993~2005年,由于开发建设需要,累计征地1100余公顷。2005年,境内常住人口51490人。有外资和内资企业180家。基本形成五大产业群:纸品加工、机电玩具、轻工、新型材料、现代物流、绿色化工。2005年实现工业生产总值18亿元,工业增加值5亿元,销售收入16.83亿元,利税1.26亿元。

随着经济体制改革、产业结构调整,境内农民广辟致富门路,除从事林、牧、副、渔业生产外,还外出务工、经商,经济收入逐年递增。

二、丁卯街道

丁卯街道地处镇江市东部城郊接合部,北至古运河,南至沪宁铁路线,西至四明河,东至丹徒镇左湖村和横山凹,是镇江经济开发区的起步区,也是江苏省镇江高新技术产业开发园区所在地。地理位置优越,交通便捷,紧邻沪宁高速,312国道、镇大铁路、古运河穿区而过,辖区面积18.18平方公里。

1992年7月前,丁卯片区隶属于润州区丹徒镇。1992~1995年,镇江经济开发区农工部下属5个村(居),境域面积约为13平方公里;1995~1998年,镇江经济开发区农委下属6个村(居),境域面积约为15平方公里;1998年6月30日成立丁卯街道,2000年横山、凤凰山划归丁卯街道。2005年新成立谷阳社区、戴家巷社区。年末,街道下辖10个社区、村(居),常住人口39524人。全境耕地374公顷,历年累计征地约886公顷。

截至2005年末,丁卯街道先后引进镇江宝德汽车4S店、宏泰置业、联丰置业等近20家外资企业;引进齐航数控、江华电气、科美机械等近20家内资企业。2005年,实现地区生产总值15.4亿元,工业销售收入10.6亿元,固定资产投资5.4亿元,利税8180万元,财政收入500万元。

第二章　辖市(区)开发区

1993年,江苏省人民政府批准地级镇江市的丹徒、丹阳、句容、扬中四个辖市县建立省级经济开发区。产品有眼镜、五金工具、木柳制品、汽车零部件、轻型机械设备、食品加工、生物医药、医疗器械、休闲运动器材、机电、船舶、港口机械；特色产业有金刚石锯片木地板、眼镜、光电子、工程电器、硅能源等。截至2005年底，辖市（区）园区进出口总额118236万美元，占镇江市经济开发园区进出口总额14.54%，其中出口额77345万美元，占镇江市经济开发园区出口总额27.64%，进口额40891万美元，占镇江市经济开发园区进口总额7.59%。业务总收入1519.52亿元，占镇江市业务总收入49.04%，地方一般预算收入63067万元，占镇江市地方一般预算收入13.38%，外商直接投资638080万元，占镇江市外商直接投资70.10%。辖市（区）经济开发园区各项经济指标占全市经济开发园区主要经济指标的重要份额，有的占半壁江山。

第一节　江苏省丹阳经济开发区

江苏省丹阳经济开发区（以下简称开发区）地处上海经济圈和南京都市圈，1992年5月设立，1993年正式建设。初名丹阳市经济技术开发区，1993年11月，经江苏省人民政府批准为首批省级开发区，并更名为江苏省丹阳经济开发区。管委会驻地在丹阳市金陵西路101号。建区10多年来，全区经济和社会事业发展较快，成为丹阳市对外开放的重要窗口、最大的工业集中区和重点建设的新城区。2001年被江苏省人民政府授予先进开发区荣誉称号，2002年被镇江市人民政府评为外资工作先进单位，2003年和2005年两次被镇江市人民政府评为开发区建设先进单位。

图11-5　丹阳经济开发区规划范围图

一、园区概况

开发区位于京杭运河丹阳段东岸，与丹阳老城区隔河相望。东、南、西三面均与云阳镇接壤，北与埤城镇、镇江丹徒区辛丰镇相邻。开发区地处宁镇丘陵余脉之边缘，地势北高南低。其北部属丹北低丘陵区，南部属孟河高平原区。全区属亚热带与南温带过渡性气候带，全年雨量充沛、光照充足、雨热同期、无霜期长。生态环境优越，自然条件宜人。1993年，全区总面积12.8平方公里，耕地面积905.59公顷。开发面积9.3平方公里。全区总户数5913户，总人口14724人。开发区辖11个行政村，91个村民小组，52个自然村。20世纪90年代，按照工业进园、产业集聚的思路，建成或基本建成新世纪工业园、大亚木业工业园、机械工业园、留学生创业园等近十个专业园区，建成工业标准厂房100多万平方米。1994年，开发区地区生产总值为6929万元，农民人均纯收入2052元。

2001年，丹阳市实行区划调整后，全区辖28个行政村、4个居民委员会。2004年12月村组合并。至2005年底，全区面积51.33平方公里，耕地面积1553.3公顷。建成区面积12.8平方公里。总户数22212户，总人口53284人。各类外来人口28633人。全区辖10个行政村，10个社区居委会，296个村（居）民小组，151个自然村。

2005 年,区属经济得到较快发展,地区生产总值 15.34 亿元,其中第一产业 0.3 亿元,第二产业 9.59 亿元,第三产业 5.45 亿元。工农业生产总值 32.61 亿元,财政收入 4.7 亿元,居民人均可支配收入 1.28 万元。全区生产粮食 8870 吨,油料 1045 吨,水产 127 吨,茶叶 50 吨,葡萄 204 吨,生猪出栏 2.09 万头,羊出栏 3726 只,农业生产总值 5528 万元,农民人均纯收入 5743 元。全区拥有各类工业企业 1265 家,其中"三资"企业 186 家,规模以上企业 68 家。工业产品销售收入 21.3 亿元。

2005 年,全区已初步形成眼镜业、木制品和五金工具业 3 大特色产业。新崛起的新型包装、汽车零部件、电子信息、生化医药、机械制造等产业快速集聚,成为上海经济圈、南京都市圈众多产业的配套生产基地。全区共有商号店铺 1945 家,其中私营和个体性质的有 1771 家;商贸 1526 家,从业人员近 6000 人;住宿餐饮 174 家,从业人员 800 余人;其他 245 家,从业人员 900 余人。建有全国最大的中国眼镜城和华东地区最大的东方皮革商城,年成交额分别达 9.2 亿元、2.45 亿元。建有大型的集贸市场和商城超市 9 家。

图 11-6　丹阳市经济开发区肯帝亚木业有限公司全景(2008 年摄)

二、基础设施建设

建区以来,开发区紧紧围绕"跨越谋发展、再建新丹阳"的总体目标,加大投入力度、加快建设步伐,区容村貌日新月异。截至 2005 年底,基础设施投资累计 40.3 亿元。建成区面积 12.8 平方公里。开发区形成三大板块:一是丹桂路以南商贸居住区,银行、保险公司、商贸街、商业步行街和 10 多个居民住宅区分列其中;二是八纬路至丹桂路之间为行政及社会服务区,这是新城区乃至今后丹阳的行政中心和文化、教育、卫生单位的集中区;三是八纬路以北和中心区西北、东南两侧开发建设工业园区。同年,丹阳市行政、体育、会展"三大中心"正在开发区加快建设,全市政治、经济、文化重心逐步东移。

1. 交通　开发区对外交通发达,是沪宁城市带的重要节点。水路有京杭运河和九曲河,沿岸有港口 2 个、码头 12 个,岸线总长 3.4 公里;陆路交通有沪宁高速公路、312 国道、122 省道、241 省道(葛丹公路)等多条公路和沪宁铁路,京沪高铁站、沪宁城铁站已列入建设规划;空中交通有相距 20 公里常州民航机场。便捷的水、陆、空立体交通网络,拉近开发区与上海、南京和苏锡常发达地区的时空距离,为区内的经济发展提供有力支撑。

1993 年,建成并绿化、亮化齐梁路和丹桂路。1999 年,建成云阳东路、金陵西路、迎春路、化工路、天禄路、玉泉路、凤凰路、齐梁路、商业街,线路总长 29.97 公里,敷设电缆 27.76 公里,安装路灯 1110 盏。同时改造乡村公路 80 多公里,道路硬化率达 100%。至 2005 年,区域内已建成 9 纵 10 横的道路网络,总长度 51.1 公里,密度 0.72 公里/平方公里;共架设路灯杆 4213 根,设置路灯 9900 多盏,敷设电缆的总长度为 223 公里。

2. 水利　区域内有大小河道 19 条、67.18 公里,其中骨干河道 3 条、21.05 公里,分支河沟 16 条、46.13 公里。有水库池塘 1574 个,其中小型水库 2 个,总库容 125 万立方米,灌溉总面积

166.67公顷。有大小电灌站37座,排灌设备137台,总动力1569千瓦,受益面积3685公顷。2001年以后,分别对晓墟长沟、前进长沟和丁家长沟进行疏浚,共完成土方16万立方米。疏浚后的河道两侧采用块石浆砌直立式驳岸,两岸建有扶栏,并进行绿化和美化。至2005年,全区已形成纵横密布的河道沟网,做到"遇旱有水,遇涝排水",达到"能排、能灌、能降"城市防洪要求。

3. 环境卫生 1993~2005年,开发区在环卫基础建设方面投入3.5亿元。先后在区域范围内设置垃圾桶、垃圾箱、果壳箱共210多个,塑料或不锈钢垃圾桶、分类不锈钢果壳箱500余个,封闭式垃圾房13座,水冲式公共厕所14座。同时在全区开展以"河水清澈、交通畅达、家园清洁、镇村秀美"为目标的"清洁家园,清洁村庄"活动,将区郊卫生纳入城市卫生管理轨道。

4. 电视通讯 1997年6月,丹阳市广播电视局在开发区凤凰路征地35亩,建成丹阳市广播电视中心。2000年6月,丹阳电视台迁至开发区,并开始大规模发展有线电视用户。1993~1994年,开发区进行4芯光缆铺设工程。

1993年7月,全区实现电话程控化。1998年,域内移动通讯发展为ABGD四网共存的网络系统。2002年新建C网开发区基站和直放站,基本实现全区通讯网络无缝隙全覆盖。

至2005年,全区实现固定电话、有线电视、移动通信、宽带网络和信号的全覆盖,基本实现"家家通"目标。电话和有线电视普及率分别达100%、92%。

5. 给水供电 20世纪70~80年代,区域内已建供水二厂、三厂,并逐步向周边的村、社区供水。1993年,首批划入开发区的车站、双庙、华甸等10个村全部通自来水。90年代末,自来水管道铺至大泊镇。2002年,开发区自来水管网全面铺设,并逐步向北部区域延伸。2005年实施农村改水工程,全区自来水供水管网实现"村村通",总长达24.56公里。自来水普及率100%。

建区之初,域内输电线路只有7条,没有专用变电所。1993年后,随着工业化、城市化步伐的加快,对电力供应的需求不断扩大,到2005年,域内输电线路达28条,建有3.5万伏变电所1座、11万伏变电所2座、22万伏变电所1座,主要道路均实现杆线下地。2005年,用电总户数2万余户,用电企业1161家,供电量20203.08万千瓦时,人均用电量2348千瓦时。

6. 供气供热 20世纪90年代初,区域内永安社区建成液化气储罐站,并向周边居民供应罐装石油液化气。1997~1998年,丹阳市煤气公司进行煤气管道二期工程建设,中压输气管网敷设到开发区,并开始部分供应人工煤气。2002年,丹阳市启动西气东输工程,天然气取代人工煤气,陆续进入区内各住宅小区和主要单位。2005年底,区域内用气率达100%,其中家庭天然气管道通气率达50%以上。

1993年龙源热电厂建成,1996年协联热电厂投产,分别建有1.2万千瓦机组、2.4万千瓦机组热电厂各1座,供热气能力均为100吨/小时,实现全区集中供热,并部分向老城区送热。

7. 拆迁安置 1993年,开发区设立规划城管部,负责拆迁安置工作,2000年设立拆迁办公室,具体开展拆迁安置工作。建区之初,开发区拆迁项目较少,基本属于自拆自建。管委会补贴农户适当的建房成本,补偿标准为150~250元/平方米(2002年调整为300元/平方米),过渡房补贴为3元/平方米/月(三个月)。2003年开始实行货币化拆迁和商品房安置,补偿标准为1500元/平方米(2005年调整为1900元/平方米)。至2005年底,全区累计拆迁农户858户,合计面积22.62万平方米。

8. 公共建筑与住宅建设 开发区基础设施建设的不断加快,推动城市化进程。金融、海关、商检、外贸、税务、工商、审计、广电、邮政、电信和外企服务、商务代理等行政服务及社会中介机构全面进驻,建成农行大厦、人民银行、地税大楼、国税大楼、开发大厦、国家级眼镜检测中心等一批标志性公共建筑,先后开发幸福小区、迎春小区、丹桂园、东方苑、百花园、凤翔花园、天波城等30多个居民小区。2005年末,累计建成商品房118.3万平方米。

三、招商引资

1993 年 11 月和 1996 年 6 月,开发区先后设立招商部和外商投资企业服务中心,为前来开发区投资的外商提供相关的综合服务。2004 年 5 月,在日本东京成立开发区驻日本商务代表处,开始境外设点招商。2005 年,开发区招商部又设立外企科,为外商进区项目提供全方位、一条龙服务。通过会展招商、推介招商、驻点招商、委托招商、载体招商和以商引商等形式,开启境外资金引进的大门。外商独资、中外合资和中外合作等各类企业相继在开发区建立。1992 ~ 2005 年,开发区共引进 20 多个国家和地区的各类外资项目 226 个,建成投产的外商投资企业 186 个,其中注册资本千万美元以上的 23 个,累计实际利用外资 4. 48 亿美元。外贸出口交货值 10101. 89 万美元。

四、社会事业

1. 科技文化　1993 ~2005 年,丹阳经济开发区累计实施国家级"火炬计划"项目 1 个,省级"火炬计划"项目 6 个;有国家级高新技术企业 2 家、省级高新技术企业 3 家;拥有省级以上高新技术产品 6 个。区内企业荣获省级科技成果奖项 7 个,获国家专利生产项目 36 个。其中绝大部分项目得到推广和应用,并取得显著效益。2003 年,江苏大亚科技股份有限公司与江苏大学联合组建江苏省铝基复合材料工程技术研究中心,承担省级重大科技成果转化资金项目的研发工作。至 2005 年,该中心项目开发的核心技术申请国家专利累计 12 项,其中授权发明专利 2 项、实用新型专利 1 项,在国内外学术刊物上发表论文 30 多篇。

区域内有一流的文化娱乐设施,影剧院 2 座、歌舞厅 7 座、图书音像商店 10 多个、网吧 23 个。地税广场、城头山公园是市民休闲、健身的主要集中点。各行政村、社区以及部分规模企业都建有标准的水泥篮球场和文体活动室。

2. 教育卫生　1993 年,开发区仅有完小 7 所、村级初小 4 所和幼儿班 7 个,在校学生 2400 余人,教师近 200 人。1994 年,建丹阳市第五中学、开发区中心小学及中心幼儿园。1997 年丹阳市技工学校在开发区建成招生。1998 年,丹阳师范移至开发区办学,并开设部分大专班。2003 年并入镇江高专,更名为镇江高专丹阳校区,正式开始大专学历教育。2001 年创办丹阳市实验初中并开始对外招生。同年丹阳市乡镇区划调整,原大泊镇中心幼儿园、中心小学、初中和职中(含成人教育中心校)划入开发区教育序列。到 2005 年,全区教育已形成从学前教育到大专教育的完整国民教育体系,有省级优质示范幼儿园 2 所、省级实验小学 2 所、省级示范初中 2 所、省三星级重点高中 1 所、省重点技工学校 1 所和省重点成人教育中心校 1 所以及镇江高专丹阳校区。在校学生总数 1. 63 万人,教师 1100 余人。

1998 年 1 月,为完善开发区的功能配套,解决逐步增长的居民对卫生保健的需要,原丹阳市妇幼保健院迁至开发区重建。2005 年正式命名为丹阳市第二人民医院暨丹阳市妇幼保健院。2001 年,原大泊卫生院并入,改为大泊分院。到 2005 年,全区有医护人员 205 人,实际开放床位 100 余张。社区卫生服务网络逐步完善,有社区卫生医务站 9 个,学校医务室 9 个,企业医务室 2 个,专兼职医务工作者 42 人。随着卫生改革的逐步深入,全区农村合作医疗制度进一步巩固和发展,群众参保率 98. 5%。妇女儿童保健条件也得到较大改善,妇女病查治和儿童保健走上系统化、规范化和科学化的发展轨道。2005 年,全区孕产妇建卡率、新法接生率和住院分娩率以及中小学生体检率、建档率和治疗率,均达 95% 以上。

3. 人民生活　1993 年建区之初,开发区范围内有一半以上居民没有用上自来水,通村达组道路主要还是砂石路。农民户均住房 127. 2 平方米,彩电、冰箱、洗衣机作为传统家用电器三大件,每百户家庭拥有量分别为 17 台、12 台和 24 台。到 2005 年,全区居民人均储蓄存款 2. 5 万元,人均可支配收入1.28万元。建成区居民人均住房面积30平方米，农民人均住房面积44.5平方米。每百户家庭拥有彩色电视机152台、电冰箱72台、空调103台、洗衣机89台、微波炉52台、淋浴热水器64台、照相机22架、移动电话106部。农民家庭当年生活总消费人均支出4681.91元。

1993年，开发区建立“区—村—组”三级社会救助网络。对无依无靠、无生活来源的孤老残幼、无固定收入或收入不足以维持当地生活水平的村民、五保户、因（残）病致困和重点优抚对象（老退役军人、烈属）实行临时或长期的社会救助。2000年后，随着工业化、城市化进程的快速推进，耕地征用数量逐年增多，为保障失地农民基本生活，开发区制定失地农民生活补贴标准，按不同的年龄段，发放每人每月100～140元的生活补贴，按月打入农民个人的银行卡。1993～2005年，共发放社会救济款56万元，棉衣裤280套，棉被208条，解决经济困难户162户，救助人数达2800余人次。同时，制定城市居民最低生活保障补贴标准，对家庭人均收入低于当地最低生活保障标准、持有非农业户口的城市居民进行救助。2005年，共发放城市居民救助金87351元，先后有135户、270人享受到居民最低生活保障救助。全区参加农村社会养老保险的有1104人。

第二节　江苏省句容经济开发区

江苏省句容经济开发区地处苏南，自设立以来，招商引资、园区建设以及各项社会事业均取得快速发展。2001年被镇江市委、市政府授予争创一流业绩有功单位称号；2003年被镇江市政府授予开放型经济工作先进集体称号；被镇江市委、市政府获2005年度开发区建设先进单位。

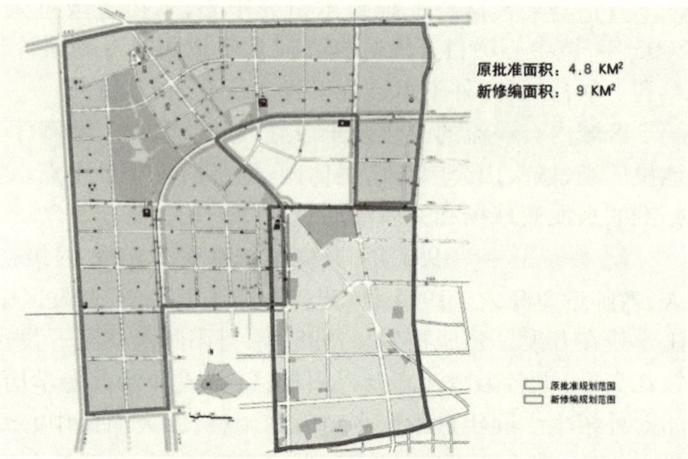

图11-7　句容市经济开发区规划范围图

一、园区概况

1992年2月，成立句容县工业开发区，位于华阳镇上路村，工业区面积约0.8平方公里。9月，更名为苏南沿江句容经济技术开发区。开发区有3个区块组成：华阳开发块（原县工业开发区）、宝华综合开发块和下蜀镇桥头招商投资开发块，总规划开发面积14.4平方公里。

1993年12月，经江苏省人民政府批准，定名为江苏省句容经济开发区，由华阳区块和宝华区块组成。总规划开发面积13.2平方公里，启动区0.34平方公里。1993年，句容经济开发区（不含宝华区块，下同）生产总值3075万元，农民人均纯收入1250元。

至2005年12月底，句容市经济开发区区域面积2200公顷。建成区850公顷，工业园区850公顷，建成区总人口13296人。有居民委员会5个，村民委员会2个。年末常用耕地面积672公顷，年末有效灌溉面积672公顷，农业机械总动力5222千瓦，农村用电量1400千瓦/小时。开发区总户数7198户，总人口19259人，其中外来人口4855人；从业人员9967人，其中外来从业人员4315人，在从业人员中从事第一产业2482人，从事第二产业4406人，从事第三产业3079人。

2005年，句容经济开发区实现生产总值36527万元，实现财政收入5636万元，农民人均纯收入 5820 元。

1993～2005 年句容经济开发区地区生产总值情况表

表 11-4　单位:万元

年份	地区生产总值	第一产业	第二产业	第三产业
1993	3075	552	2159	364
1994	3525	854	2043	628
1995	8128	1204	5193	1731
1996	10555	1443	7253	1859
1997	10581	1432	6675	2474
1998	11582	1609	7334	2639
1999	13255	1676	7698	3881
2000	10501	1609	4739	4153
2001	12600	1826	6121	4653
2002	14435	1726	7225	5484
2003	19725	2092	11124	6059
2004	27148	2455	17356	7337
2005	36527	1900	25032	9595

二、基础设施建设

1993 年 7 月,西环路、华阳西路、商业街、铃塘小区中心大道、华阳东路延伸段等一批基础设施工程全面铺开,道路总长 7000 米,加上与之配套的供电、供水、排污等基础设施,总投入 9500 万元。截至 2005 年末,句容经济开发区用于基础设施的总投资 10.5 亿元。

1. 道路建设

从 1993 年到 2005 年 12 月,句容经济开发区主干道和区间道路 23385 米。在主干道的两侧设置绿岛、慢车道、人行道、绿化带。

洪武路　原名西环路,北至三里井社区接宁杭路,南至铃塘转盘,全长 3672 米。1989 年开始修建路基。1993 年 7 月,按城市道路标准设计改造建设,1994 年 6 月竣工,主车道宽 26 米,慢车道宽 5 米,沥青路面,绿岛宽 3 米,人行道宽 5 米,道板砖为广场瓷砖,水泥路牙,总投资 3348 万元。

崇明路　原名商业街,东起华阳北路,西至洪武路,全长 1199 米,路面 18 米宽,水泥混凝土路面,人行道宽 8 米,道板砖为水泥块地砖,水泥路牙,人行道上砌有花台。1993 年 7 月开工,1994 年 6 月竣工,总投资 1420 万元。

铃塘大道　东起原宁杭公路,西至洪武路,全长 1400 米,宽 32 米。1992 年 9 月开工建设,为沙石路面。

玉清路　南起华阳西路,北至北环路,全长 1100 米,主车道路宽 16 米,水泥混凝土路面,慢车道宽 3 米,沥青路面,人行道宽 3 米,道板为花岗岩配广场瓷砖,路牙为大理石, 1994 年 8 月开工, 1995 年 6 月竣工,总投资 1300 万元。

北环路　东起句蜀路,西至西五环路。全长 4262 米,主车道宽 32 米,慢车道宽 5 米,均为沥青路面,绿岛宽 3 米,人行道宽 3 米,道板为广场瓷砖,水泥路牙。1994 年 3 月开工,1995 年 3 月竣工,总投资 5040 万元。

华阳北路　南起中心转盘,北至北五环路,全长 3340 米,主车道宽 36 米,慢车道宽 5 米,均为沥青路面,绿岛宽 3 米,人行道宽 3 米,道板为花岗岩,路牙为大理石, 1998 年 11 月开工,2004 年 3 月竣工,总投资 3780 万元。

双利路　西起玉清路,东至华阳北路,全长 505 米,宽 20 米,水泥混凝土路面,2001 年 3 月开工,同年 12 月竣工,总投资 480 万元

石狮路　南起 104 国道,北至宁杭路,全长 4500 米,主车道宽 46 米,慢车道宽 6 米,均为沥青路面,绿岛宽 8 米,人行道宽 5 米,道板为花岗岩,路牙为大理石,2003 年 7 月开工,11 月竣工,总投资 7740 万元。

隆昌路　西起宁杭路,东至老句蜀路,全长 1470 米,主车道宽 46 米,慢车道宽 4 米,均为沥青路面,绿岛宽 5 米,人行道宽 5 米,道板为广场瓷砖,水泥路牙,2003 年 3 月开工,8 月竣工,总投资 2520 万元。

杨塘岗路　西起宁杭路,东至老句蜀路。全长 1937 米,道路宽 8 米,水泥混凝土路面, 2004 年 3 月开工,6 月竣工,总投资 256 万元。

2. 地下管道建设

随着道路建设,沿路的供水管、雨水管、污水管、燃气管同步建设到位。

1993 ~ 2005 年句容经济开发区地下管道建设情况表

表 11-5

供水管	直径(毫米)	DN100	DN300	DN500	DN600	合计
	总长(米)	2745	1682	3762	3857	12046
雨水管	直径(毫米)	D800	D1000	–	–	合计
	总长(米)	5735	2432	–	–	8167
污水管	直径(毫米)	DN400	DN500	DN600	–	合计
	总长(米)	4246	2450	1742	–	8438
燃气管	直径(毫米)	DN300	–	–	–	合计
	总长(米)	1746	–	–	–	1746

3. 电力、通讯建设

1993 ~ 2005 年,句容经济开发区建造 110 千伏变电所 2 座,架设供电线路 29 千米,架设通讯光缆 22 千米。

三、招商引资

1. 招商组织　1992 年 3 月,句容经济开发区内设机构中的项目开发部负责招商工作。1993 年 4 月,开发区内设机构调整,设立招商部,专司招商工作。2001 年 6 月,开发区设立招商中心,负责招商;外商投资服务中心,负责进区外商企业的服务;信息中心,负责招商信息收集、整理,开发区网站的管理。

图 11-8　句容市经济开发区自行车产业(2008 年摄)

2. 招商方式　1992 年,句容县工

业区成立,9 月下旬,句容县政府举办中国·句容宝华山传戒暨经济协作恳谈会。句容县委、县政府举办数次招商会,分别到北京、上海、厦门、深圳、南京等地招商,举办新闻发布会,通过这些活动,句容经济开发区在国内外,尤其是香港、台湾地区的知名度不断提升,一些企业集团慕名到句容经济开发区参观考察。

2000 年,句容经济开发区在深圳龙岗设立第一个招商办事处,以后陆续在广东省东莞市,福建省厦门市,浙江省宁波、台州、温州等市,以及上海市建立招商办事处。开发区机关工作人员对客商在项目报批、工程建设以及个人生活方面热情做好服务工作,使客商能安心在开发区投资创业。同时,落户客商主动动员相识的客商到句容经济开发区投资创业。益进光电、华叶新枝等一批企业,都是由先到开发区投资的客商介绍而来。

3. 招商成果　1992 年 6 月,香港与句容合资的企业——江苏华阳金属管件有限公司进区注册,注册资本 395 万美元。到 2005 年 12 月,句容经济开发区共引进内外资企业 424 家,其中外资企业 68 家,内资企业 356 家,实际利用外资 2.74 亿美元。2005 年,句容经济开发区实际利用外资 4800.01 万美元,出口产品交货额 8400 万元,固定资产投资完成 58800 万元,全年实有企业 264 家,其中工业企业 196 家,企业从业人员 8436 人,其中工业企业 4474 人,企业营业收入 80450 万元,企业实缴税金 5360 万元。

四、社会事业

1. 科技　1993 ~ 2005 年,句容经济开发区引进大学本科以上人员 305 名;进区企业中,国家火炬计划重点高新技术企业 2 家(江苏华阳金属管件有限公司、镇江天力变压器有限公司),占全市 33.33%。省级高新技术企业 5 家(句容骏升显示技术有限公司、江苏华阳金属管件有限公司、句容益进光电科技有限公司、句容市科达技术开发有限公司、镇江天力变压器有限公司),占句容全市 50%;获省级高新技术产品 4 个(液晶显示器、不锈钢 90°薄壁弯头、铜镍合金管配件、核 1 级管道配件),占句容全市 21%。

2. 教育　1993 年 12 月,句容经济开发区有小学 6 所,教师 47 人,班级 32 个,学生 997 人,小学由原乡镇管理。1996 年下半年,开发区成立教育办公室,开发区内的小学由开发区管理。2000 年,开发区内新建句容市双语学校,邻近的三里井小学随即撤销。2001 年 10 月,句容经济开发区教育办公室撤销,同时成立江苏句容经济开发区中心小学,校址在原西庙小学,原句容经济开发区教育办公室的管理职能划归开发区中心小学。2002 年 10 月,寨里村划归开发区,寨里小学并归开发区中心小学管理。2005 年 8 月,新建句容经济开发区中心小学,该校占地 26924 平方米,建筑面积 7769 平方米,设有电脑室、阶梯教室、图书室等专用教室。2005 年底,开发区有学校 1 所,学生 600 人,教师 64 人;幼儿园、托儿所 7 所。

3. 卫生　开发区内有句容市人民医院玉清分院和句容市妇幼儿童保健医院。句容市妇幼儿童保健医院,同时挂牌为市开发区医院。2003 ~ 2005 年,结合句容市创建全国卫生城市,向居民发放卫生知识宣传资料 8000 份,累计投入环境改造资金 6000 万元。对全区 13 个城乡接合部的自然村进行综合整治,铺设村中水泥干道 42 条,约 58 公里,完成绿化面积 6 万平方米。在清除所有露天粪坑的同时,完成三格式户厕改造 950 座,建造水冲式公共厕所 12 座。2005 年底,句容经济开发区辖区内有医院、卫生院 5 所,医生 152 人,病床 140 张。

4. 计划生育　1993 ~ 2005 年,开发区根据既有农村、又有城镇,区内外来人口多的特点,加强信息采集与计划生育服务,每年对育龄妇女作一次半免费的避孕节育、生殖健康检查。开发区计划生育工作逐步走上轨道,并达到计划生育的各项指标。2004 年 9 月,被镇江市授予流动人口计划生育工作先进集体称号。

5. 社会保障　2003 年,成立劳动保障服务所。2005 年,全区有 1968 人参加职工养老保险。城乡低保全面落实，全区有农村低保144人，每人每月220元；城市低保户37户，111人，每人每月330元；五保户17人，每人每年2200～2400元。各类社会保障对象全部覆盖。全区24个优抚对象，每人每年5000元。17个精简老职工，每人每年2400元。71个重度残疾人，每人每年2640～3960元。现役军人优待金，每人每年6750元。2002年，农村合作医疗参保人数5003人。截至2005年，全区有14540人参加农村合作医疗保险，每年均被句容市委、市政府授予合作医疗小康镇称号。

五、人民生活

1993年，全区人均住房20平方米，家用电器每百户入户率分别为洗衣机14台、冰箱7台、彩电14台。截至2005年，开发区人均住房25平方米，固定电话装机3498部，移动电话5887部，自来水普及率100%，生活用燃气普及率100%，有线电视入户率96%，住楼房户比重78%，平均人口预期寿命72岁。

1993～2005年句容经济开发区农民纯收入一览表

表11-6　　　　单位：人、元

年份	总人口	农民人均纯收入
1993	11735	1250
1994	11746	1742
1995	11721	2350
1996	11638	3000
1997	12162	3120
1998	12449	3171
1999	13064	3172
2000	11971	3208
2001	11990	3450
2002	14309	3795
2003	17427	4479
2004	18582	4950
2005	19259	5820

第三节　江苏省扬中经济开发区

一、园区概况

1992年10月26日，扬中县政府成立经济技术开发区指挥部，筹建扬中县经济技术开发区。1993年8月18日，在开发区内成立并动工建设私营经济区。县经济技术发展总公司投资400万元，建设标准厂房1000平方米，20户个体私营主签订进区经营协议。随着经济体制改革深化，私营经济区逐步形成“工商并举、前店后厂、多种经济成分共存”的格局，同时私营经济发展不再局限于“私营经济区”。同年12月14日，省政府批准建立江苏省扬中经济开发区，开发区范围东至环城西路，南至金苇路，西至联丰港，北至三栏路。1994年4月5日，成立江苏省扬中经济开发区管理委员会，为扬中县政府派出机构。同年，有16家企业在区内投资900多万元，建厂房14740平方米，镇江亚东开关厂等4家企业成功开业。

1995年，为加快开发区经济发展，扬中市委、市政府鼓励各镇和市直各单位到开发区上项目、建企业,规定所建企业仍由原来的镇或市直单位进行管理、考核和统计上报。同时规定市直各单位所属企业需要新增土地的项目,一律进开发区。1996 年 9 月 12 日,扬中市政府将省经济技术开发区内的联合镇新胜、新民,三茅镇的新扬、新联、沙港村和沙港居委会划归开发区管理委员会管辖。同年,中电电气集团(干式变压器项目)、大众汽车维修站等 4 家千万元以上企业投产。

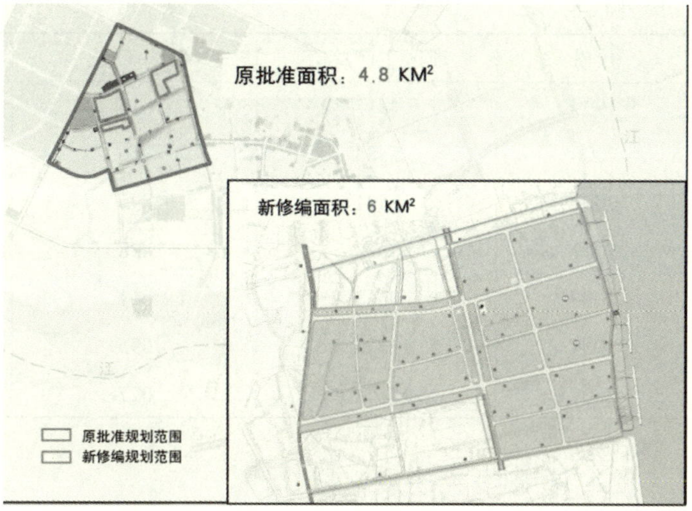

图 11-9　扬中市经济开发区规划范围图

2001 年,扬中市政府落实省政府“沿江开发”的要求,筹建扬中经济开发区沿江工业(仓储)区,2003 年更名为沿江工业园区。2002 年,工业区规划用地北至永勤港,南至得胜岗,东至长江,西至扬中大道,面积 25.63 平方公里。同年,扬中市行政中心一期工程在开发区内举行开工典礼。一期工程占地 13.2 公顷,建筑物包括行政主楼、会议中心和其他附属建筑。2003 年,行政中心二期工程以及江苏中电、三星化工、长江大酒店等开工兴建。开发区内工商企业以及餐饮服务业 200 家。

2005 年,扬中市政府将沿江工业园区定位为:以港口建设和配套产业为先导,带动港口依存产业发展。近期以服务于港口依存产业为重点,中长期导入大型航运、物流企业集团,发展中转集散型服务产业、制造业。

1995～2005 年部分年份扬中经济开发区经济运行情况表

表 11-7

年份	地区生产总值(万元)	工业增加值(万元)	财政收入(万元)	税收收入(万元)	出口额(万美元)	进口额(万美元)
1995	–	54384.00	–	6527	–	–
1996	25000	16400.00	–	1500	进出口 162.37	
1998	36750	4510.00	–	–	–	–
1999	72286	52300.00			539.80	530.80
2001	18500	16580.00	623	–	1785.00	810.00
2002	24000	17000.00	467	1550	3408.00	1020.00
2003	–	21890.00	–	2200	–	–
2004	73934	59577.00	7685	4593	2632.30	1558.80
2005	105620	85109.70	10979	6561	3604.20	4364.52

说明:按照属地原则,表中包括各镇各单位在开发区内所办的企业

1997～2005 年扬中经济开发区地区生产总值统计表

表 11-8　单位:万元

年份	地区生产总值	第一产业	第二产业	第三产业
1997	3591	738	1533	1320
1998	4130	751	2039	1340

续表 11-8

年份	地区生产总值	第一产业	第二产业	第三产业
1999	4817	815	2438	1564
2000	5486	776	3011	1699
2001	6591	895	3741	1955
2002	8028	838	4981	2209
2003	9668	661	6533	2474
2004	13323	695	9716	2912
2005	15674	627	11902	3145

二、基础设施建设

开发区的基础建设总体按照“八通一平”的要求进行。八通:通路、通水、通电、通邮、通讯、通宽带、通有线电视、通气。一平:土地平整。

1. 道路建设　1995 年,开发区基本完成起步区 1.5 平方公里内的“五通一平”(通路、通水、通电、通邮、通讯、土地平整)工作。2003 年 5 月,将何家大港在开发区内河段及其沿线改造成明珠湾风光带,长 2.35 公里。2005 年进行居民点环境综合整治。建筑 30 米以上宽度的主干道 5430 米,其中中电大道长 2350 米、宽 55 米;扬子西路长 1100 米、宽 40 米;新扬路(包括新扬南路)长 1980 米、宽 33 米。宽度 30 米以下的水泥路 1406 米。

2002～2003 年,在区内建成两纵两横呈“开”字型沥青路 12.47 公里。其中 1 号线(港兴路)长 3320 米、宽 30 米;2 号线(港隆路)和扬中大道复线共长 6750 米、宽 16 米;环岛公路(区内段)长 2400 米、宽 7 米。2005 年,建成长 1000 米、宽 10.5 米的 5 号线(港茂路)水泥路面。

2. 地下管道建设　区内铺设给水和排水主管道各 9300 米,供水能力 10 万立方米/日,污水处理能力 2.5 万吨/日。

3. 电力、通讯线路建设　截至 2005 年,省批开发区架设供电线路 3000 余米,建 3 座 35 千伏变电所,完善通讯、宽带、有线电视设施;沿江开发区完成 10 千伏电路改造,在 0.5 平方公里起步区内实现“三通一平”(通路、通水、通电、土地平整)。

三、招商引资

1. 招商方式　1995 年,开发区招商部在上海分别通过德国、法国、奥地利等国家和地区的驻沪领事馆及商务部门获取项目信息 20 多个,并跟踪洽谈;在北京先后与国防科工委、华能集团、北京海外联谊会等部门和单位进行洽谈,签订招商引资合作协议,聘请相关专家为经济顾问。

1998 年,建立扬中经济开发区项目信息资料库,运用网络进行招商引资。同年 4 月,组织 4 人小组赴北京对有关项目进行可行性研究;同年 9 月,派出 4 人小组参加厦门对外经贸洽谈会,筛选出金属复合板材、铝塑复合管材、电除尘设备等 4 个项目对外招商。

2003 年,创建开发区招商网站,编制“项目汇编”和“投资指南”。在苏州、深圳、上海(浦东和浦西)共建 4 个招商办事处。组团参加上海、宁波、深圳、镇江等地的招商活动,将欧美、中国港台、东南亚等 10 多个国家和地区外商引荐到扬中考察。

2004 年,充实开发区招商网站内容,采用图文结合的形式,把扬中的长江岸线资源作为专题在 Internet 网上发布。编制中英文对照的《黄金岸线,港口工业》招商宣传材料,制作双语光碟赠送中外客商。

2. 招商成果　1995年,扬中市政府鼓励各镇各单位进开发区建企业。新坝镇的长江集团将中压电器项目、华鹏集团将彩色液晶显示屏项目、丰裕镇的联大集团将金属结构件项目、计经委将重油发电项目引进或迁址到开发区。其中长江集团中压电器项目投资达3000万美元。1996年,进开发区的外资项目6个,其中5个开工建设;协议利用外资和港澳台资2893万美元,实际利用外资和港澳台资1602万美元,其中长江集团与荷兰霍立克公司合资开发的中压电器是扬中最大的工业合资项目,企业占地135亩,总投资2.1亿元。同年,三星级凯旋大酒店一期工程竣工营业,建筑面积4569平方米;二期工程在建面积8800平方米。

至2000年,累计进开发区企业125家,其中外商投资企业31家;累计投产企业109家,其中外商投资企业7家;有6个省级高新技术企业。

2002年4月,开发区管委会邀请台湾资岳集团董事长尤淑慎一行考察扬中。7月,签订协议,在扬中三茅镇新华村建设民办江洲职业技术学院,首期投资2998万美元。2003年8月,经省教育厅批准更名为金山职业技术学院,这是扬中境内的第一所高等教育院校。同年,台湾育恩公司亨富特童车等4个项目进场施工,安华电气有限公司等6家完成报批手续。合同利用外资和港澳台资3211万美元,实际利用外资和港澳台资1477.2万美元。按照属地原则进行统计,截至2003年,落户在开发区内的外资企业77个,到账资金6028万美元;内资企业43家,注册资金23900万元。工业企业已形成电器、机械、化工、阀门、密封件、新材料等十余种主导产品。

2005年,开发区管委会一手抓岸线招商,一手抓民营经济,6个项目完成签约和报批手续。其中亿能公司投资6800万元开发船用配件扩能项目,落户沿江工业区;市塑性材料厂投资3600万元,开发混炼胶项目。至年底进区企业共198家,投产企业171家。

2004～2005年扬中经济开发区招商引资情况表

表11-9

年份	外资			内资	
	新批企业（家）	协议注册资金（万美元）	实际到账资金（万美元）	新增企业（家）	注册资金（万元）
2004	8	11079	265	11	3490
2005	43	6128	2555	6	4502

说明:按照"属地原则",本表统计范围是相关区域内所有企业,包含各镇和市直各单位在该区域内所办企业

1997～2005年扬中经济开发区主要经济指标统计表

表11-10　单位:万元

年份	农业总产值	工业总产值	产品销售收入	利税总额	工业增加值
1997	1641	8735	2865	-	-
1998	1707	14768	5026	441	2394
1999	1799	17135	7144	755	2602
2000	1691	14555	9100	917	2701
2001	1854	15848	9509	412	3290
2002	1770	22059	15214	1493	5284
2003	1117	28155	19703	2364	7268
2004	1215	35904	26190	3454	10021
2005	1096	43303	35218	4268	12639

1997～2005年扬中经济开发区企业数量与就业人数统计表

表11-11

年份	工业企业		个体企业	
	数量(家)	职工人数(人)	户数(户)	从业人数(人)
1997	16	736	56	254
1998	32	1346	56	222
1999	41	1396	56	200
2000	45	1250	34	222
2001	40	1128	33	233
2002	51	1423	47	245
2003	47	976	121	362
2004	64	2313	101	361
2005	79	2452	101	481

四、社会事业

1. 科技教育　1996年,区内初级中学1所,完全小学4所,5个幼儿班。经过学校布局调整,2005年,区内完全高中1所,公办民营的九年制学校1所。

金山职业技术学院是一所民办职业技术高校,扬中境内的第一所高等教育院校,坐落在三茅镇新华村。由开发区管委会引进并实施基础建设,首期用地26.67公顷。2000年,省政府同意镇江筹建民办金山学院。2001年,扬中开发区管委会与台湾资岳集团洽谈,在扬中三茅镇新华村建立民办江洲学院;2002年签约,台商投资2998万美元,同年开工建设。2003年8月,省教育厅批准台湾资岳集团为镇江金山学院的投资主体,将江洲职业学院更名为金山职业技术学院。2004年,首期工程暑假竣工。经省政府批准和教育部备案,同年9月面向全国招生,第一年招收新生388名。

2. 卫生　2003年,扬中市卫生防疫站更名为扬中市疾病预防控制中心,迁建至开发区区内。区内各村都建有合作医疗点,配备专职医务人员。2003年,进行农村合作医疗保险改革,全区农业人口参保比例为56%,在扬中镇级中比例最高;2005年5384人参保,参保比例为58.9%。

3. 社会保障　完善社会保障服务体系,关注社会弱势群体。2003年10月,开发区成立劳动保障服务所。2005年,发放最低生活保障(以下简称低保)金、优待金20余万元,其中参加农村养老保险387人,工伤医疗保险376人,城镇养老保险189人。

4. 环境整治　2001年5月～2003年5月,将沿环城西路的何家大港(北自明珠广场,南至彩凤桥)改造为明珠风光带,长2.35公里,总投资1.9亿元。2005年进行居民点环境综合整治,全区累计投入资金50余万元,硬化道路1000余米,河道清淤26条,农户改厕47户。栽植各类观赏性花卉6000余株;添置垃圾箱(房)18个,改造小区标志门楼3座,砌风景墙1000余米。2005年10月,新阳社区获江苏省省级绿色社区称号。

5. 人民生活　随着扬中经济社会的快速发展,开发区内人民生活消费结构渐趋合理、现代。交通、通讯、教育、娱乐、保健等消费支出逐年增加,食品消费支出占总支出的比重(恩格尔系数)逐年下降,居民生活质量大为改观。吃讲营养健康,穿讲名牌时尚,用讲现代高档,住讲装潢宽敞,成为城乡居民普遍追求。居民住上楼房,冰箱、彩电、洗衣机、空调等成为基本家用电器,固定电话、手机城乡日益普及,电脑、摄像机成为大众新宠,私人轿车进入寻常百姓家,上网、歌舞、健身、美容、足浴、旅游等成为日常消费,居民生活从温饱步入全面小康。

第四节　江苏省丹徒经济开发区

江苏省丹徒经济开发区位于丹徒区高资镇境内，东距镇江市中心10公里，西至南京市50公里；南依香山风景区，北临长江黄金水道。沪宁铁路、312国道公路，以及在建的沪宁高速铁路横贯开发区东西。2005年末，园区(镇)辖村委会(社区)12个、居委会11个、村民小组224个，总户数16245户，总人口40670人。有少数民族11个、128人。

一、园区概况

1992年6月，中共丹徒县委、丹徒县人民政府决定以“县镇联办、以镇(高资镇)为主”的形式，建立高资经济技术开发区。1993年12月14日，经江苏省人民政府批准升级为省级开发区，定名为江苏省丹徒经济开发区。

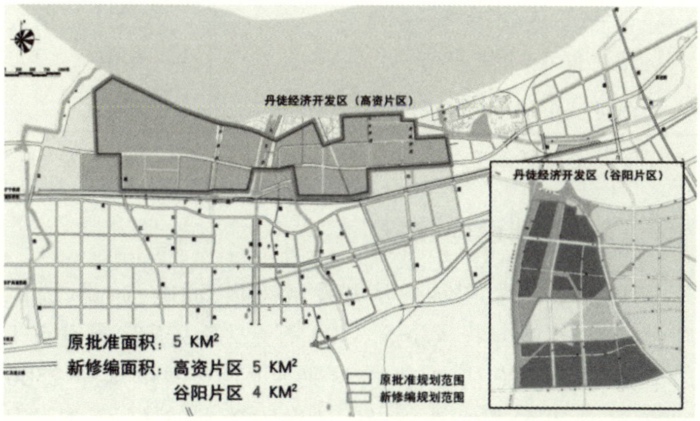

图11-10　丹徒区经济开发区规划范围图

2004年12月，丹徒经济开发区与高资镇实行“区镇一体”管理体制，随着基础设施建设、招商引资等工作的扎实推进，一批项目先后签约落户丹徒经济开发区，园区投产项目4个，达产项目7个，实现销售收入2750万元、利税684万元。中外合资镇江汇展化学研究公司1993～1994年出口创汇258万美元，被评为镇江“十佳”外商投资企业、镇江市“十佳”创汇企业；中外合资镇江宝华纺织原料有限公司1994年实现工业产值3180万元，利税145万元；1995年，开发区实现工业产值7900万元，销售收入6850万元，利税760万元，出口创汇292万美元。到1997年末，开发区累计实现工业产值4.05亿元，销售收入3.66亿元，利税4760.6万元，出口创汇899万美元。1998～2001年，实现工业产值16.28亿元，销售收入14.98亿元，利税9603万元，出口创汇1822万美元。截至2005年末，进区企业累计35家，其中达产20家，累计实现工业产值44.19亿元，销售收入39.37亿元，利税2.14亿元，出口创汇5067.7万美元。丹徒经济开发区成为丹徒区一个新经济增长点。

1997～2005年丹徒经济开发区年销售收入500万元以上企业情况表

表11-12　　单位:万元

年份	企业数(家)	生产总值	销售收入	利税总额	
				合计	其中利润
1997	2	10622	10140	-49	-49
1998	1	10336	10932	-185	-284
1999	1	21082	18938	249	12
2000	1	24055	20910	72	52
2001	2	10292	9529	108	44
2002	4	15102	14248	-717	-815
2003	6	33062	26918	361	-231
2004	5	45699	41231	424	337
2005	6	119416	100751	1003	-316

2005 年丹徒经济开发区进区规模企业情况一览表

表 11-13 单位:万元

企业名称	生产总值	销售收入	工业增加值	利税
金海宏业(镇江)石化有限公司	67474	57088	15213	-3255
江苏镇江发电有限公司	161045	161573	68262	40507
镇江李长荣综合石化工业有限公司	31610	22715	13853	3753
镇江宏顺热电有限公司	10446	9245	4424	325
江苏鹤林水泥有限公司	17005	16688	3744	2880
常石(镇江)钢装有限公司	4443	4441	694	89
镇江东风柴油机厂	6181	5918	1792	171
丹徒区东延压延玻璃厂	1385	1422	319	-80

说明:江苏镇江发电有限公司、江苏鹤林水泥有限公司未列入丹徒开发区定报企业范围

二、基础设施建设

1992 年 7 月,丹徒经济开发区按照"通电、通路、通讯、通水、排水和地面平整"的要求,加快基础设施建设,当年投入资金 3500 万元,完成道路建设 5.1 公里,开挖 30 米宽排水河道 1000 米,新增电力容量 6000 伏安,改造自来水厂,日增供水量 2500 立方米,开通国际国内直通电话等。到 1997 年末,累计投入基础设施建设资金 1.23 亿元,其中平整土地 100 公顷;新建 11 万伏变电所 1 座、架设供电线路 6 公里;开通程控电话 2000 门;新建道路 15.5 公里,其中铺设水泥路面 5.2 公里;开通铁道隧道 1 条、桥涵 5 座、铺设上下水道 5 公里;建成 3 万吨级码头 1 座;日供水 2.5 万立方米的自来水厂项目完成 60% 的建设工程量。

1998 ~ 2001 年,基础设施建设投入 5130 万元。新架设通往沿江化工区 35 千伏高压线,区内电网基本建成;日供 2.5 万立方米自来水厂一期工程竣工;投资 520 万美元、日处理 1 万吨污水处理厂工程土建结束,进入设备安装阶段;新建化工中心及自来水厂中心路等共计 5 公里,炭渚铁路立交桥开通;投资 1800 万元的镇江李长荣综合石化工业有限公司 3 万吨化工专用码头竣工;投资 200 多万元的开发区消防中心建成并投入使用;新增绿化面积 6.8 万平方米。

2002 ~ 2005 年,基础设施建设投入 4.79 亿元,其中连接开发区南北交通的迎江大道竣工,5 万吨级液化石油气专用码头建成,日处理 1 万吨污水处理厂竣工,宏顺热电一期发电量 1.5 万千瓦机组并网发电,11 万伏输变电增容改造工程即将竣工投入营运。日供 5 万立方米水唧站、沿江高等级公路、5 万吨级公共码头及日处理 5 万吨污水处理厂首期工程以及通港路、金华路、通江大道立交等一批大项目陆续开工建设。丹徒经济开发区铁(路)、公(路)、水联运的组合服务正加快形成。

到 2005 年末,基础设施建设累计投入 6.53 亿元。其中新建道路 21.62 公里,万吨级以上码头泊位 5 座,日供 2.5 万立方米自来水厂和日处理 1 万吨污水厂各 1 座、220 千伏变电所 1 座、110 千伏变电所 2 座和 35 千伏变电所多座,铺设供水、雨水、污水管道 2.55 万米;同时还建成相配套的供气、供热、通信等设施。

1992～2005 年丹徒经济开发区基础设施建设投入情况表

表 11-14

年份	投资金额(万元)	年份	投资金额(万元)
1992	3500	1999	1200
1993	4000	2000	1800
1994	1000	2001	1500
1995	1800	2002	2850
1996	1200	2003	10642
1997	845	2004	15100
1998	630	2005	19260

1992～2005 年丹徒经济开发区新建码头情况表

表 11-15

单位名称	工程总投入(万元)	吨位(万吨)	年吞吐量(万吨)	竣工时间
李长荣综合石化有限公司	1800	3.0	190	1999.11
中海马日石油气有限公司	1000	3.0	120	1997.6
金海宏业(镇江)石化有限公司	3390	5.0	400	2004.11
江苏镇江发电有限公司	10000	2.5	650	2000.1
	30000	5.0	1300	2005.7

1992～2005 年丹徒经济开发区部分新建道路情况表

表 11-16

道路名称	起点	终点	路长(公里)	路宽(米)	路面类型	初、改建竣工年份
通江路	312 国道	高资镇	3.20	12	水泥	1995
缪家甸路	香山大道	312 国道	0.80	10	水泥	2000
化工一路	镇江电厂	沙堵港	1.30	12	水泥	2000
自来水厂路	沙堵港	高资港	0.72	12	水泥	2000
高世路	高资镇	通港路	1.20	12	水泥	2000
化工二路	通江路	沙堵港	1.00	10	水泥	2002
双仙路	高资港	世业汽渡	0.75	9	水泥	2002
迎宾北路	双仙路	高资镇	0.65	12	水泥	2002
香山大道	312 国道	高资镇	1.24	12	水泥	1992 年建成 2005 年改建
京阳路	312 国道	京阳水泥厂	3.30	15	沥青	2005
迎江大道	312 国道	沿江高等级公路	2.12	15	水泥	2005
高炭路	高资镇	炭渚	3.50	9	沥青	2005

三、招商引资

丹徒经济开发区成立后，招商引资坚持做到“三个舍得”(舍得花时间、舍得花经费、舍得抽调精干人员)，不仅在本地，而且到上海、浙江、广东等省市举办招商会，有计划地组织小分队参加外省市举办的招商活动，千方百计引进项目、吸纳资金。1992年，3家“三资”企业落户丹徒经济开发区，均当年开工建设，总投资280万美元，协议利用外资193.4万美元。1993年进区项目8个，总投资819万美元，其中外资项目5个，协议利用外资628.5万美元。到1994年末，进区项目累计19个，总投资2032万美元，其中外资项目9个，协议利用外资1689.9万美元，实际利用外资616万美元。

1997年9月，由台湾李长荣化学工业有限公司独资兴建的镇江李长荣综合石化工业有限公司和合资兴建的镇江李长荣石化仓储有限公司落户丹徒经济开发区。该项目一期投资3600万美元，合同利用台资3565万美元，是丹徒迄今最大的台资化工项目。到1997年末，共举办招商会26场次，引进项目31个，其中外资项目15个，总投资1.11亿美元，协议利用外资8862.9万美元，实际利用外资2886万美元。

1998～2001年，举办招商会19场次，引进项目7个，其中外资项目6个，总投资1.76亿美元，协议利用外资1.29亿美元，实际利用外资3096万美元。开发区引进的第一个民营企业——镇江东风柴油机厂，1999年9月投产，4个月实现销售收入1500万元，创汇181万美元。到2001年末，进区项目累计达38个，其中外资项目21个，总投资2.87亿美元，协议利用外资2.18亿美元，实际利用外资5982万美元。

2002～2005年，举办招商会16场次，引进项目23个，其中外资项目18个，总投资5.77亿美元，协议利用外资3.28亿美元，实际利用外资9677.7万美元。吸纳民资3.55亿元；2005年，新批1000万美元以上的项目2个，全年项目投资5.22亿元，其中竣工项目8个，总投资7.93亿元，完成投资3.15亿元，实际利用民资2.231亿元。李长荣综合石化工业有限公司的甲醛、醛甲流胺、氯化胆碱素3个产品，金海宏业(镇江)石化有限公司年产50万吨的沥青生产装置，江苏润泰玻璃有限公司年产220吨格法玻璃项目及总投资1.3亿元的江苏华泰化工等项目相继建成投产。总投资2960万美元的镇江焦化集团年产70万吨特种碳材项目，总投资超亿美元的李长荣化工多聚醛MMA、瑞典多元醇、中华国际仓储项目，以及总投资4800万美元的润州精密机电项目等一批重点工程稳步推进。

到2005年末，丹徒经济开发区共引进项目61个，其中外资项目39个，总投资8.63亿美元。累计协议利用外资5.45亿美元，实际利用外资1.57亿美元。

1992～2005年丹徒经济开发区招商引资一览表

表11-17

年份	引进项目(个)	总投资(万美元)	其中外资项目(个)	协议利用外资(万美元)	实际利用外资(万美元)
合计	61	86345	39	54548.60	15659.70
1992	7	280	2	193.40	46.00
1993	8	819	5	628.50	220.00
1994	4	933	2	868.00	350.00
1995	6	1654	3	1437.00	410.00
1996	2	3100	1	1800.00	680.00

续表 11-17

年份	引进项目(个)	总投资(万美元)	其中外资项目(个)	协议利用外资(万美元)	实际利用外资(万美元)
1997	4	4340	2	3936.00	1180.00
1998	1	1280	1	1000.00	656.00
1999	2	600	1	600.00	370.00
2000	2	5700	2	1200.00	1070.00
2001	2	9980	2	10100.00	1000.00
2002	7	19000	5	5245.00	3500.00
2003	2	7032	2	3671.70	1006.70
2004	12	20298	9	11869.00	2308.00
2005	2	11329	2	12000.00	2863.00

四、社会事业

2005 年末,园区(镇)有农业科技推广站 1 个,镇、村科技协会 13 个,企业科研所 2 个,有各类技术人员 148 人。采用、推广新技术、新工艺和新生产方式 26 项,获市以上科技进步奖 3 项。园区(镇)有初级中学 2 所、小学 4 所、中心幼儿园 2 所、村幼儿园 8 所,全镇幼儿入园率 100%,学龄儿童入学率、巩固率、初中普及率 100%。先后投入 2438 万元,新建中小学教学楼 29958 平方米,教师安居楼 4608 平方米,中学、中心校都配置设备齐全的语言室、微机室、多媒体教室、舞蹈室、图书室,中学建起自然、化学、物理实验室。1994 年通过省市九年制义务教育验收。有职业学校 1 所,常年办有计算机、外语、书法、电子、财会、商品营销等教学班 12 个。有成人教育中心校 1 所,每年组织农民实用技术培训班 30 余个,培训农民 3000 余人次。有文化中心 1 个、影剧院 1 座,每年组织开展球、棋比赛,戏剧歌舞演出和健身等文体活动 10 余场次,12 个村建有篮球场、乒乓室、图书阅览室,高资、营春、西斛、唐驾庄等村建有群众活动中心、农民公园,镇业余文艺队多次代表区参加省、市重大文艺演出。有卫生院 2 所,村、企卫生室 5 个,医卫人员 84 人,病床 60 张。园区(镇)参加社会养老保险 1.17 万人,参加农村合作医疗保险 3.32 万人。

五、人民生活

2005 年,园区(镇)农民人均纯收入 6021 元,位列全区第一;农民人均住房 40.5 平方米,集镇居民人均住房 38.8 平方米;人均储蓄 7210 元。电话入户率 91%,有线电视入户率 27.7%,自来水普及率 69%。孤寡“五保”老人集体供养率、低保领取率 100%。人口出生率 6.9‰,计划生育率 100%,人口自然增长率 4.24‰。

六、入园企业选介

镇江李长荣综合石化工业有限公司　公司由亚洲主要溶剂企业——台湾李长荣化工股份有限公司独资建设,主要生产甲醛、多聚甲醛、甲缩醛等化工系列产品。1997 年 9 月落户丹徒经济开发区,规划投资 5.5 亿美元,已投资 9900 万美元,占地 31.4 公顷。2001 年 8 月 3 万吨级化工码头投入运行,4.4 万立方米仓储罐区建成。2002 年 3 月第一条年产 6 万吨甲醛生产线投产。2002 年 6 月年产 1.5 万吨多聚甲醛投产。2003 年 3 月第二条年产 6 万吨甲醛生产线投产。2004 年 7 月 1.5 万吨甲缩醛生产线投产。2005 年投资 900 万美元新添甲醛、多聚甲醛、甲缩醛 3 套生产装置。

当年实现生产总值3.16亿元,销售收入2.28亿元,利税3353万元。

金海宏业(镇江)石化有限公司 公司是一家以高质原油生产高等级道路沥青的专业公司,由香港金海宏业石化公司于2002年10月组建,项目总投资2980万美元,占地22.93公顷。2003年3月开工建设,2004年11月24日,第一部分两套50万吨的高级沥青生产装置投产。2005年实现生产总值6.75亿元,销售收入5.7亿元。

江苏镇江热电有限公司 公司于1997年9月30日,由江苏电力(香港)有限公司、镇江能源开发总公司、江苏省电力工业局和江苏省国际信托投资有限公司合资组建。2002年4月、8月建成容量为13.5万千瓦的1、2号机组,工程总投资13.06亿元。2003年3月、5月建成容量为14万千瓦的3、4号机组,工程总投资10.71亿元。2005年7月、11月建成容量为60万千瓦的5、6号机组,工程总投资50亿元。至2005年末,累计发电162.45亿千瓦时。2005年,公司生产总值16.1亿元,销售收入16.16亿元,利税4.05亿元。

江苏鹤林水泥有限公司 公司前身是江苏省镇江市水泥厂、镇江鹤林水泥有限公司。1998年经改制公司更名为江苏鹤林水泥有限公司,签订资产重组、污染搬迁协议,并组建江苏鹤林水泥有限公司。2003年11月,选址在丹徒区高资镇西斛村建厂,征用土地面积为22.2公顷。2004年12月28日点火生产。新成立的江苏鹤林水泥有限公司采用国内先进的窑外分解技术,先进的电收尘和大布袋收尘技术以及利用船山矿的尾矿资源生产出优质、环保、节能的新型P.O.425普通硅酸盐水泥。截至2005年末,公司投入资金2.8亿元。同年实现生产总值1.7亿元,销售收入1.67亿元,利税2800元。

镇江马石油液化气有限公司 1995年9月,由中国海洋石油总公司华东能源公司、马来西亚国家石油有限公司、日商岩井株式会社、丹阳市石油气公司合资组建镇江中海马日石油气有限公司,主要生产加工、销售液化气石油气、液化气化工产品及其他石油产品。一期投资9217万元。1993年3月对外营业,当年仅9个月就实现销售收入1.25亿元、利税2020万美元。2003年3月更名为镇江普特纳斯液化气有限公司。2005年4月又更名为镇江马石油液化气有限公司,主要从事液化气、液体化工产品和其他石油制品存储和销售的中外合资企业,是世界500强企业之一的马来西亚国家石油有限公司(PETRONAS)的控股公司,项目总投资1130万美元,占地4.67公顷。建有6000立方米高雅(1.6兆帕)球罐1个,3个50立方米卧罐及2.5万吨化工码头1座。2005年销售收入1.9亿元,利税2400万元。

镇江宏顺热电有限公司 1996年6月,镇江长虹热电有限公司成立,当年11月开工建设。2002年5月,江苏省电力建三公司、比利时动力公司、丹徒经济开发区合资组建镇江宏顺热电有限公司,镇江长虹发热电有限公司由此更名。项目总投资额1.6亿元,现有3炉2机,3台75吨流化床锅炉和2台1.5万千瓦/时发电机组。生产规模为年发电量2.6亿千瓦时,年产蒸汽量66万吨。2003年5月投产,2005年生产总值1.04亿元,销售收入9245万元,利税325万元。

镇江东风柴油机厂 1999年9月开办,是丹徒经济开发区引进的第一家民营独资企业,企业占地4.3公顷,厂房6000平方米,总资产8000余万元,现有两条装配生产流水线,主要生产系列柴油机及柴油发电机组等。总设计生产能力可超过30万台柴油机及5万台柴油发电机组。产品以外销为主。主产品柴油机主要销售到东南亚地区,柴油发电机销售到美国。在国内东北三省、江苏、安徽、湖南、湖北、河南、河北、江西、山东、贵州、广东、广西等地都建立销售网点。2005年,实现生产总值6181万元,销售收入5918万元,利税171万元。

常石(镇江)钢装有限公司 该公司2001年由日本常石有限公司独资兴办,项目总投资130万美元,占地2公顷,主要生产船用配件。2005年,实现生产总值4443万元,销售收入4441万元,利税89万元。

第五节　镇江京口工业园

一、园区概况

图 11-11　京口工业园(2008 年摄)

镇江京口工业园位于镇江市主城区东翼谏壁开发区,距市中心 5 公里。南至 S338(沿江公路)、北至镇大公路、东至谏辛公路、西至横山公路,京杭大运河南北纵贯园区,面积 12.65 公顷,是京口区发展工业经济重要载体。该区前身是 2002 年 5 月由市政府批准设立,由谏壁镇负责实施开发管理的京口谏壁开发区,其规划面积 7 平方公里,首期启动控制 3 平方公里。2002 年 12 月,受区政府委托,由原市旅游经济开发区接管负责开发管理,并更名为镇江市京口科技工业园,2003 年 2 月 20 日正式开工建设。2003 年 12 月,区委、区政府决定成立镇江市京口科技工业园管理委员会(筹),将原隶属谏壁镇的李华村整建制划归京口科技工业园。2004 年上半年,为配合开发区清理整顿工作,根据市统一要求,市旅游经济开发区和京口科技工业园区在清理整顿中被撤销,京口工业园根据审核要求重新申报。截至 2005 年底,江苏镇江京口工业园区完成基础设施投入近 1 亿元,引进项目 18 个,引进资金近 30 亿元,累计实现工业增加值 118365 万元,税收 7062.24 万元。园区已成为华东地区最大的铝板、铝箔生产基地,初步形成以金属压延、电器设备制造、机械制造为主导产业,产业特色明显,功能配置齐全的省级工业园区。

二、基础设施建设

1. 金阳大道　位于京杭大运河东侧,南起沿江公路,北接镇大公路,全长 2015 米、宽 24 米。一期工程路长 380 米,工程投资 450 万元,2003 年 3 月开工,2005 年 1 月竣工;二期工程路长 1120 米,工程投资 3000 万元,于 2005 年 7 月开工,2006 年 8 月竣工,水泥路面。

2. 华丰路　东起谏辛公路,西接金阳大道,长 580 米、宽 12 米,工程投资 380 万元,于 2005 年 7 月开工,2006 年 8 月竣工,水泥路面。

3. 110 千伏东陶变电所　项目位于园区中片区,占地 0.33 公顷,由镇江供电公司投资,总投资 3000 万元,2005 年 2 月开工,同年 8 月投入运营。

4. 市政配套设施　2003 年 7 月实现全园区内通自来水,供水管径为 200 毫米。建有排涝站 1 座,2005 年 12 月 16 日开工建设,排涝站设计流量 0.4 立方米/秒,主要设备为 30 千瓦电动机 1 台,16 吋水泵 1 台,建筑面积 16.56 平方米,总投资 10 万元。

三、招商引资

1994 ~2005 年,开发区树立“招商第一、引资第一”思想,采取小分队上门招商、驻点招商、委托招商、网上招商、以商引商、项目招商、召开招商会等方式,强化政策激励,加大考核力度,重奖招商引资有功人员。1995 ~1999 年,开发区总投资 2.8 亿元,先后与中国光大集团旅游公司、以色列

azrom 公司、北京大业文化娱乐有限公司、上海辉煌公司等单位合作，共同兴建镇江二十一世纪乐园、以色列高科技农业园、方程式赛车场、大型人工瀑布、音乐喷泉、匹特博彩弹射击场、激流冲浪馆、观光热气球、卡丁赛车、儿童软体世界及高科技娱乐宫——巨蛋等旅游项目 20 多个，其中外资项目 7 个，协议利用外资 3300 多万美元。2002 年，开发区协议利用外资 3898 万美元，实际利用外资 454 万美元。2003 年，合同利用外资 2200 万美元，实际利用外资 1362 万美元，引进民间资金 15 亿元。2005 年引进外资 338.95 万美元。

四、经济建设

1. 农业　1993 年 5 月，开发区辖 2 个村委会及原孟家湾村仇家湾、吴家湾 2 个村民小组、原象山乡红旗村陈家湾、汤家湾 2 个村民小组。总面积为 5.58 平方公里。1996 年 8 月 30 日，成立镇江农业科技园，后改称镇江世纪农业科技发展有限公司（以下简称世农公司），总投资 2900 万元人民币，占地面积 151 公顷。采用无土栽培、气温控制、电脑调控灌溉、施肥等国际最新型温室农业技术，种植无公害西红柿、甜椒、玫瑰等引进的高品质、高产量、高附加值农副业生产品种。1997 年 6 月，世农公司被南京农业大学、江苏理工学院（今江苏大学）确定为教学基地。1998 年，被省财政厅列为“科技兴农”基地，被省经委列为优质鲜花基地。1999 年，生产的红玫瑰被国家计委列为国家级“星火”项目。2000 年，世农公司获国家经贸部颁发的国家级新产品证书。2001 年，世农公司实现销售 310 万元，税收 16.7 万元。智能温室攻关及产业化项目通过国家级鉴定，并发给 150 万元重点项目建设资金。

2000～2001 年，开发区为市场供应各类蔬菜 7795 吨、水产品 40 吨、生猪 2900 头、家禽 13.4 万羽。先后投资 210 万元，建成袁村水生蔬菜基地 2 公顷；改造长江村圩田，新建蔬菜丰产方 29.8 公顷；新建蓄水池 1 座，确保新民村 3.1 公顷农业灌溉。成片造林 3.3 公顷，“四旁”植树 2.56 万株。2003 年，开发区生态农业园规划建设高标准无公害蔬菜、名贵花卉观赏、水产养殖等 6 个区域。生态龙虾、花卉栽培等 4 个内资企业投产。2005 年，园区有耕地 110.4 公顷，村级收入 46 万元，农民人均收入 6520 元。

图 11-12　二十一世纪乐园（2000 年摄）

2. 工业　1993～1997 年，开发区先后进区企业 22 家，下辖 46 个子公司。1997 年，工业增加值 1861 万元，利润 166 万元。资产总额 2.252 亿元，净资产 7562 万元，可调控资产 3.6 亿元。涉及旅游、商贸、工业交通、电子、食品、金融等 10 多个行业。初步形成“一区二路三园”（旅游度假区，学府路、江滨路，二十一世纪乐园、高科技农业园、科技工业园）格局。2001 年，开发区有年销售收入 500 万元企业 7 家。2003 年底，开发区有 30 多家企业落户。2005 年，完成工业销售收入 10.54 亿元。

3. 第三产业　1999～2001 年，镇江二十一世纪乐园根据季节，分别开展春季“潍坊风筝节”、雷锋事迹展览会；夏季开展沙滩啤酒节水上活动；秋冬季节，开展“金桂欣赏”“盆菊展览”、冬泳、滑冰等活动，吸引大量社会游客和中小学生游园、观赏和参加活动。各村组开办农贸市场、洗染、理发、餐饮、娱乐、浴室等服务性行业 100 多家。新华村多方筹资，在江苏大学教工区附近建设汝山农贸市场,设置300多个摊位;新生村投资数万元改造、翻建京岘山农贸市场;袁村集资建造3幢农民公寓,400多户迁进新居,同时新辟门面房25间,为江苏大学教职员工配套服务。2001年11月,江南·颐和家园项目奠基。截至2005年,先后有恒美家园、恒顺翠谷等10多家房地产开发商,投资20多亿元,兴建商居楼300多万平方米,10万多户居民入住。

五、社会事业

1994年11月,开发区管委会兴建综合性大楼——世纪大厦,总投资860万元,建筑总面积7000平方米,1995年12月竣工。1996年7月,市、区两级政府投资1000万元,在开发区兴建镇江市国防教育园,占地总面积3万平方米,1997年12月竣工并对外开放。1998年,接待日本"中国古都游"访问团200多名华侨、华人及日本友人,与500多名镇江市各界人士举行游园联欢活动。1999年12月31日,国家和省旅游局、省电视台及市、区两级政府在镇江二十一世纪乐园联合举办"龙腾2000展宏图"大型庆典晚会。晚会由江苏卫视策划,全程直播,并经卫星传送全球60多个国家和地区。2001年,成立监察大队,整治改造露天粪坑,通过省、市检查验收。开展"双清双洁"活动,有效改善村容村貌和环境卫生。集中整治高校周边环境,禁止占道经营、违法建设,改变治安和交通秩序。有线电视实现市区联网,综合覆盖率100%。出台退伍士兵安置办法,对在部队获三等功以上荣誉奖、担任班长及相关职务的士兵,退伍后安排其工作。发放义务兵家属优待金1.3万元。慰问特困党员、帮扶对象20多户、20多人次。为3户特困户修建危房,发放救济款1.7万多元。2003年,在京口广场举办京口区建区20周年大型文艺汇演活动。汝山中学历年中考成绩在全区名列前茅,改造丹徒中学操场、新建孟家湾中心小学操场、翻建校舍危房,扩建并撤并庄家湾小学。汝山医院设有病床20张,医护人员26名,初级卫生保健达到合格标准。各村先后建立计生协会。"四率"(晚婚晚育、计划生育、节育措施、独生子女领证)均为100%。人口自然增长率4.6‰。

六、入园企业选介

镇江鼎胜铝业有限公司　公司于2003年8月入驻园区。总投资10.2亿元,占地70公顷,2004年8月投产。主要生产压花氧化板、电缆箔、空调箔、装饰建材用铝箔、空调冰箱用蒸发器等系列铝产品。2005年,实现销售10.5亿元,进入全市工业50强,被认定为省级高新技术企业。

镇江正恺电子有限公司　公司建于1999年,2003年入驻园区。总投资3000万元,占地1.4公顷,2004年9月投产。主要产品为射频同轴连接器、同轴电缆组件和无源微波器件。2004年通过ISO 9001:2000质量体系认证并取得自营进出口权。2005年,完成销售4219万元,利税532万元,资产总额4625万元。

江苏鸿泰钢铁有限公司　公司于2002年3月入驻园区,资产3.8亿元,占地40公顷。主要产品为HRB335和Q235热轧带肋钢筋和热轧圆钢。2005年,完成销售12.3亿元,利税2800万元,进入全市工业50强。

镇江亨通电器有限公司　公司总投资2800万元,占地1.5公顷,于2004年9开工建设,2005年12月投产。主要生产各类高压带电显示装置、程序锁、电磁锁以及绝缘件等产品,年产量5万套(件)。

镇江立新电子通讯技术有限公司　公司总投资1700万元,占地1.13公顷,于2004年9月开工建设,2005年12月投产。主要产品为射频同轴连接器,年产8万套(件)。

镇江永丰电光源有限公司　台商投资1500万美元,占地3.33公顷,于2005年6月开工建设。主要生产汽车灯泡、特种灯泡等电光源及相关配套产品,计划年产量约60万支,产品95%出口美国、英国、意大利等国家和地区。

镇江鑫泰塑料工贸有限公司　公司总投资1300万元,占地0.93公顷,于2004年9月开工建设,2005年11月投产。主要产品为塑料包装材料,年产2000吨 。

镇江金特福工程机械有限公司　公司总投资7800万元,占地3.8公顷,于2004年9月开工建设,2006年2月投产。主要产品:柴油发动机、挖掘机、装载机。年产150台,年销售1.5亿元。

镇江震东铜业有限公司　公司总投资600万美元,占地4.07公顷,于2004年9月开工建设,2005年10月投产。主要产品为铜线、带材、电光源行业用铜材等,年产量1万吨,年销售1.5亿元。

第六节　镇江润州民营经济发展管理委员会

一、园区概况

1993年2月,镇江市润州区经济技术开发区成立。1994年10月,更名为镇江市民营经济开发区,为镇江市经济开发区组成部分,属润州区管辖,2004年2月,更名为镇江润州民营经济发展管理委员会(简称民发委)。

园区位于润州区西南地域,西起镇句路,东至长山灌渠,北接镇句路七里甸公路桥,南至312国道,东西长约1.4公里,南北长约3.2公里,行政区划面积4.24平方公里。园区依托镇江主城,紧邻润扬大桥、扬溧高速、312国道、沪宁高速铁路镇江站及龙门港。

2005年,园区总面积4.24平方公里,耕地30.5公顷,辖3个涉农社区,总户数961户,总人口3335人。地区生产总值79840万元,其中农业增加值64万元,工业增加值12987万元,第三产业增加值12395万元。财政收入5539万元,居民人均纯收入6419元。

二、基础设施建设

1993~1997年,开发区投资1800万元,用于平整场地40公顷,完成土石方量200多万立方米;投资1200万元用于辖区内道路建设,修建主干道2公里,修建3条支路1.6公里,建造一座"润兴桥";投资500万元完成进区直径600毫米主供水管道工程,解决区域内工农业生产和居民生活用水;分别投资200万元和180万元,新建工业园厂房1700平方米,办公楼1400平方米;增设程控电话150门,改造区域内电网和绿化面积2万平方米。

1998~2002年,陆续实施区内"一纵三横"5公里道路建设;架设1.5万伏和3.5万伏高压变电线路,实现双回路供电;完善纵横交错的下水沟系;开通有线电视网;投资10多万元,沿主干道两侧建3.5米宽绿岛,栽植香樟1000余株,草坪200平方米,实施园区美化、绿化封闭式管理。2004年,投入800余万元,从路、水、电、绿地、通讯、办公、仓储等方面进一步加强和完善基础设施建设。2005年,区域内南徐新城建设项目南徐大道西延、团山路、长山西路、润旺路、凤凰山路、凤凰家园等开工建设。

三、经济建设

1. 农业　开发区成立时,管辖七里、蒋家门、严庄3个村,耕地面积69.09公顷。农业以推广新技术、引进新品种、加强水利设施建设为基础,创造丰产丰收条件。1993年,农业总产值38万元。1997年,农业总产值392万元,完成粮食生产445.31吨,油料生产59.21吨,上市蔬菜1350吨,出售家禽1.05万羽,生猪出栏908头,存栏700头。随着招商引资和民营企业的进区落户和城市道路建设的征地拆迁,辖区内耕地面积逐年减少。2005年,民发委有耕地30.5公顷,农业总产值426万元。失地农民经过订单式培训,九成以上走进企业上班。

1993～2005年镇江润州民营经济发展管理委员会农业总产值一览表

表11-18 单位：万元

年 份	农业总产值	年 份	农业总产值
1993	38	2000	6429
1994	93	2001	6771
1995	172	2002	8606
1996	203	2003	6817
1997	392	2004	5144
1998	4300	2005	426
1999	5835	–	–

2. 工业 开发区成立后，加大招商引资力度，重点吸引科技含量高、有广阔市场前景的民营企业进区。1994～1997年，累计引进江苏森隆机电、镇江天安电器等企业项目38家，投资总额1.8亿元，投产企业27家。加大村办工业体制改革，把企业推向市场，1997年底，村办企业基本完成产权制度改革。1998～2002年，围绕"以民资为主体，以外资为主导"招商策略，先后引进合资企业巨轮矿山有限公司、台商独资泰利丰电子有限公司、立德电子有限公司、华虹机械有限公司、台资佳峰儿童用品有限公司等骨干企业，进区企业40多家，初步形成电子电信、机械制造产业群。2002年，开发区全口径统计，完成工业总产值2.09亿元，实现工业销售收入2.04亿元，利润1455万元。2003～2005年，民发委全面优化整合资源，对7个不符合投资强度和产业政策的项目进行调整清退，新引进美佳机电、立华电气、华兴通讯等9个高科技电子电器项目，把土地资源向优势企业集中。2005年，完成工业销售收入6.54亿元，工业利税6294万元，实际利用外资1410万美元，出口创汇1023万美元，工业企业42家，职工3800人。

3. 第三产业 1993～1997年，七里村先后沿镇句路兴建门面房100间，创建商业网点68家。1999年10月，上海光明乳业公司在此落户，成立上海光明乳业有限公司镇江分公司。2001年，开发区利用闲置的原蔬菜批发市场，组建镇江首家物流企业金山物流中心，至2003年，先后引进入驻"三产"企业50余家，其中外地企业18家，并形成集货物配载、维修服务、餐饮住宿为一体的综合型物流配载市场。2005年，完成"三产"营业收入3.1亿元，实现利税1428万元。

四、社会事业

开发区成立后，注重加强精神文明建设，促进社会事业发展，计划生育、民政优抚、社会治安、党的建设等各项工作全面深入开展。2005年6月，开发区在全市率先成立社会治安综合治理协会，开展党员干部夜间义务巡逻活动，推进平安创建工作向纵深发展。在规定时限内顺利完成契约式保险联防工作，巡逻覆盖面达100%，各社区盗窃案明显下降，无涉毒、涉娼案件，无一例邪教人员。成立社会矛盾调查处理中心，充实力量，配合、指导各社区及有关部门，调处解决各类矛盾纠纷及历史遗留问题。

五、社区简介

1. 七里社区 七里社区原名七里村，位于镇江市区西南近郊，是西去南京、句容的必经之地。1994年4月，七里村从七里甸镇整体划入开发区，村域内有4个自然村、10个村民小组和1个居民小组。2005年1月，撤销七里村委会成立七里社区居委会。2005年，社区面积2.71平方公里，下辖11个居民小组，总户数510户，总人口1810人，工业利税486万元，三产利税665万元，居民人均收入7600元。

2. 蒋家门社区 蒋家门社区原名蒋家门村，位于312国道东侧。1994年4月，蒋乔镇乔家门村蒋东、蒋西、南岗、前巷4个村民小组划入民发委，成立蒋家门村。1997年前巷村民小组又划归蒋乔镇乔家门村。2005年1月，撤销蒋家门村委会建立蒋家门社区居委会。截至2005年末，社区面积0.44平方公里，下辖3个居民小组，总户数250户，总人口900人，工业利税42万元，“三产”利税46万元，居民人均收入5044元。

3. 严庄社区 严庄社区原名严庄村，位于312国道北侧。1994年4月，严庄村从蒋乔镇整体划入民发委，辖4个自然村，5个村民小组和1个居民小组。2005年1月，撤销严庄村委会成立严庄社区居委会。2005年，社区面积1.09平方公里，下辖6个居民小组，总户数201户，总人口625人，工业利税199万元，“三产”利税58万元，居民人均收入4965元。

2005年镇江润州民营经济发展管理委员会重点企业一览表

表11-19

序号	项目名称	性质	总投资(万美元)	注册资本(万美元)	法人代表
1	中美合资美佳马达有限公司	外资	2547	200	艾学平
2	香港立华电气有限公司	港资	750	380	陈汝浩
3	镇江佳峰童车有限公司	外资	248	196	林南荣
4	镇江金昌机械有限公司	外资	1000	200	叶秋标
5	江苏华兴通讯有限公司	外资	700	65	吴旭东
6	镇江瑞琪工具有限公司	外资	600	220	顾　昕
7	镇江广庆电子材料有限公司	外资	150	105	仲　庆
8	镇江汉邦科技有限责任公司	外资	1200	12	潘银汉
9	镇江华虹机械有限公司	外资	109	129	杨巧囡
10	镇江巨轮矿山设备有限公司	外资	15	15	陈维生
11	镇江天安电信电器有限公司	内资	8000万元(人民币)	2000万元(人民币)	张小亭

镇江市志

（1983~2005）

第二册

镇江市地方志编纂委员会
镇江市史志办公室

ZHENJIANG SHIZHI

方志出版社

目　　录

第二册

第十二卷　经济综情

第十三卷　农　业

第十四卷 工 业

第十五卷 乡镇企业 民营经济

第十六卷 建筑业 房地产业

第十七卷 商贸服务业

第十八卷 对外及港澳台经济贸易

第十九卷 金 融

第二十卷 信息产业

第二十一卷 综合经济管理

第二十二卷 财政 税务 审计

第十二卷

经济综情

卷 目

1983年以后，随着改革开放和社会主义现代化建设深入，镇江经济社会面貌发生深刻变化。镇江市区面积由1983年的180平方公里调整到1082平方公里，其中建成区面积由1983年的23.4平方公里增加到2005年的86.1平方公里。全市人口从1983年的244.28万人增加至2005年的267.61万人（户籍人口数），年均增长4.2‰，其中1986～1990年，自然增长率最高，均接近和超过7‰，2004年最低，为－0.71‰。1983～2005年出生率、死亡率、自然增长率均呈下降趋势。环境质量综合指数达83.8。全市非农人口由1983年的44.15万人增加到2005年的115.46万人，占全市总人口的比例由1983年的18.1%提高到2005年的43.2%，其中市区非农人口由1983年的31.74万人增加到2005年的68.13万人，占市区总人口的比例由36.9%提高到66.8%。全市城市化水平至2005年达59.1%。

1983～1995年，全市经济发展速度时有起伏，增长幅度最大的是1992年、1993年，可比增长率均大于35%。1995年，市区人均地区生产总值列全国622个城市的第31位，所属四县（市）全部进入第三届全国综合经济实力百强县行列。1996～2005年，特别是后七、八年，经济基本保持两位数稳定增长。全市地区生产总值从1983年的20.48亿元增加到2005年的871.67亿元，市区地区生产总值从1983年的10.11亿元增加到2005年的389.68亿元（分别为当年价）。23年全市年均地区生产总值可比增长13.26%，除“七五”时期外，其余各五年计划时期的年均地区生产总值可比增长率均高于江苏省全省平均水平。全市人均地区生产总值由1983年的836元增加到2005年的32597元，多数年份处于江苏省13个省辖市中的第五位，均高于同期全省平均值；市区人均地区生产总值从1983年的1182元增加到2005年的38318元。2004年，国家统计局公布的中国综合实力百强城市中镇江被列为第49位。所辖各市也都进入全国百强县市行列。

全市财政收入由1983年的3.04亿元增加到2005年的118.42亿元，年均增长17.7%。除“六五”后三年和“七五”外，其余三个五年计划时期增幅低于全省平均增幅。市区财政收入从1983年的1.78亿元增加到2005年的71.17亿元，年均增长18.25%（均未考虑物价和财税改革因素）。

2005年，全市进出口总额达39.61亿美元，是1995年5.59亿美元的7.1倍（1995年开始正式有进出口统计），年均增长21.63%，其中2005年出口达20.35亿美元，是1995年5.06亿美元的4倍多，年均增长14.93%。市区进出口总额从1995年的4.05亿美元增加到2005年的30.24亿美元，年均增长22.27%，其中出口从1995年的3.58亿美元增加到2005年的13.17亿美元，年均增长13.91%。全市实际利用外资从1987年的63万美元增加到2005年的5.96亿美元，其中市区从1987年的63万美元增加到2005年的3.3亿美元。19年全市共计利用外资56.8亿美元，约占19年固定资产投资总额的20%。全市对外承包劳务营业额由1995年的0.31亿美元增加到2005年的1.6亿美元，年均增长17.84%，其中市区从1995年的0.28亿美元增加到2005年的1.49亿美元，年均增长18.19%。

2005年，全市公路通车总里程达6109公里，公路网密度达159公里/百平方公里。其中，高速公路106公里，一、二级公路911公里。城镇人均拥有道路面积12.3平方米。城市进出口道路和市内道路初现现代化风貌。沪宁高速、扬溧高速镇江至上党段建成通车，312国道拓宽改造竣工。市区中山路、解放路、长江路等面貌一新。润扬大桥，扬中一桥、二桥建成，镇泰大桥在积极筹划中。镇江港拥有码头泊位230个，其中万吨级以上泊位25个。港口货物吞吐量从1983年的890万吨增加到2005年的6001万吨。全市共有水厂21座，总供水能力55万立方米/日，自来水普及率97.2%；全市建成发电装机容量457.22万千瓦（含企业自备电厂），发电总量达218亿千瓦时，电网设施不断完善；市区燃气普及率83.9%。全市城镇人均住房建筑面积达25.7平方米，农村人均钢筋、砖木结构住房面积43.8平方米。城市绿化覆盖率38.7%，获国家卫生城市、国家环保模范城市、国家园林城市等称号。农村通村公路全部实现等级化，97%的行政村通客运班车；农村人口饮用卫生水覆盖面达95%以上。

至2005年，镇江连续五次被评为全国科技进步先进市，科技进步总体水平综合评价列全省第五位，高新技术产业化水平列全省第五位，研发经费支出占地区生产总值比重达1.26%。全市义务教育入学率、巩固率、合格率达99.5%以上；初中毕业生升学率达95%以上；适龄青年接受高等教育比例超过47%。新建和改、扩建一批市、县（市）博物馆、图书馆、新华书店、体育中心等。卫生服务体系健全率90%以上。城镇居民人均可支配收入、农民人均纯收入分别从1985年的835元、560元增加到2005年的12394元和5916元。城乡居民衣、食、住、行、用结构发生明显变化，生活质量得到提高。新型农村合作医疗覆盖面达91.6%；村委会依法自治达标率95%。

第一章　经济发展

第一节　发展战略

计划经济时期，镇江地方各部门的主要经济任务就是完成上一级统一制定的五年计划和年度计划。随着计划经济向市场经济转变，地方有了更多自主权，制订并实施地方经济发展目标和战略。

“七五”期间，镇江发挥综合性区域经济优势，发展以粮食为主体、乡镇工业和多种经营为两翼的“飞鸟”型经济结构。在提高粮食单位面积产量基础上，适当扩大经济作物面积，利用5.3万公顷林特产用地和1.73万公顷可养殖水面的有利条件，开发立体农业。加速发展乡镇工业。根据镇江工业门类较为齐全，中小企业多，技术装备和技术水平不高，产品竞争力不强的状况，通过对企业的技术改造、改建扩建和调整改组，狠抓机械制造、轻纺、建材、化工等传统产业发展，提高规模经济水平；依靠技术进步创造出一批有特色、有竞争力的优质名牌产品；加强电子、有色金属加工、食品、饲料和包装等产业开发，大力发展船舶工业。在对外经济技术交流活动中，加速技术改造和技术进步。实施“科教兴市”战略，重视智力开发、重视科技和人才培养。

“八五”期间，坚持持续、稳定、协调发展经济方针，继续贯彻“科技兴市”发展战略。以提高经济效益为中心，以国内外市场为导向，依靠科技进步，抓好产品适应性调整，重点抓好结构性调整和开发性调整，打造有镇江特色的优势产业。加强企业改组联合，组建一批有一定规模的企业集团，发挥综合优势，提高规模效益，增强总体实力。强化全方位、多形式横向经济联合，发展与原材料基地、大型企业、科研单位和大专院校等方面的经济技术合作，提高技术开发与管理水平。坚持“科技兴农”，加强农村科技服务体系，特别是乡级农技队伍建设，推广先进农业科学技术。调整农业内部结构，合理安排粮棉油作物布局，增粮增棉，发展多种经营。按照调整、整顿、改造、提高的方针，引导乡镇企业健康发展，坚持以公有制为主体，发展多种经济成份，进一步稳定农村经济。

“九五”期间，坚持以经济建设为中心，加快经济体制向社会主义市场经济体制转变，经济增长方式向集约型转变。实施港口型经济、外向带动、规模经济、科教兴市四大发展战略。

在空间布局上拉开大城市框架，根据镇江城市特点、优势条件和“近期重点向东、适度向西、积极向南”的城市发展战略，按沿江发展主轴、组团结构布局的规划，建设“一城两区”的带状城市，实现由中等城市向较大城市发展。生产力布局实行东西发展，沿江开发。加强沿江产业带建设，形成高资建材、丁卯机电轻纺、谏壁重化工、大港港口工业等组团式工业区域。沿江产业带(包括大港、丁卯)初步成为大型工业项目基地、商贸保税基地和物资集散中转基地。把港口作为外向带动和规模经济的依托，加快港口建设步伐，改造老港，加快龙门港区建设，完成大港三期工程前期工作，建设一批专用码头。建成镇大铁路，发挥水铁联运作用，拓展与长江上游大货主的外贸业务关系，发展外贸进出口物资综合运输连接点，吸引更多物资在镇江港集并出运和进口疏散，镇江港成为国家枢纽港之一。顺应港口型经济特点，搞好开发区建设，开发区成为镇江最有活力的经济增长体。

调整和优化工业产业结构，坚持三次产业协调发展，提高经济整体素质和效益。稳定粮棉油生产面积，推广农业科技成果，提高单产水平。调优农业结构，增强多种经营在农业中的比重。优化区域结构，建设一批具有相当规模各具特色的农业示范区和科技示范乡镇。加快发展房地产、金融、保险、通信等现代服务业。

“十五”期间，全市创新发展思路，瞄准一流目标，奋力实现跨越，实施科教兴市、港口型经济、双轮驱动、城市化和环境优化发展战略。

科教兴市战略　优先发展科教事业，促进科教与经济紧密结合。推进科技创新，建立以企业为核心的科技创新体系，发展高新技术产业，加快改造、提高传统产业。发挥教育对经济和社会发展的基础性、先导性、全局性促进作用，加快人才培养，提高全民受教育程度。

港口型经济战略　发挥港口比较优势，以推进大项目为基础，发展高新技术为先导，建设大城市为依托，优化综合环境为保障，实现港口型经济新突破。扩大港口规模，重点建设大港三期、龙门港公用码头，适度发展货主码头，形成布局合理、功能协调、通过能力适度超前的港口格局。发展港口型工业，形成大进大出的外向型经济特色。加快沿江产业带开发建设，优化生产力布局。完善和增强现代化港口物资集散功能，发展具有港口特点的服务业，把镇江市建成长江三角洲地区重要物流基地。

双轮驱动战略　搞好国有经济，加速开放型经济和私营个体经济发展。继续发挥外向带动作用，拓展对外开放广度和深度，形成全方位、多层次、宽领域的对外开放格局。把发展个体私营经济作为新的机遇和战略，为各类企业发展创造平等竞争环境，私营个体经济在量的扩张上有突破，在质的提高上有飞跃。

城市化战略　抓住机遇，谋求工业化和城市化双重拉动经济增长。按照“国家历史文化名城、长江下游重要的港口、工贸、风景旅游城市”的功能定位，以建设现代化大城市为目标，坚持扩大规模和提高质量并重的方针，强化中心城市功能，增强聚合和辐射力。推进农村城镇化，加快县(市)城区和中心镇发展，提高一般集镇建设质量。

环境优化战略　加强环境建设，特别是软环境建设。加快基础设施建设，加强人口控制、生态环境保护和环境污染防治，搞好防灾减灾。改革审批、收费制度，提高行政效率，优化投资环境。加强精神文明和民主法制建设，促进人口、资源、环境与经济社会可持续发展。

第二节　发展成效

一、“七五”时期(1986～1990年)

全市“七五”计划各项主要指标提前1～2年完成。1986年全市地区生产总值36.3亿元，比1980年增长113%，“七五”时期，地区生产总值年均可比增长7.9%，低于全省平均速度。人均地区生产总值从1469元(当年价，下同)增加到2540元，高于全省平均水平。五年全市财政收入年均增长8.9%，其中市区增长略低，为8.7%。

农业　粮食生产最低总产1987年118.6万吨，最高总产1986年124.7万吨，五年平均年产为

121.3万吨,平均亩产由356公斤提高到365公斤,人均粮食保持470公斤水平。棉花产量由"六五"期间的超万吨回落到万吨以内。1990年多种经营产值占农业总产值比重48.5%,农业集约化水平有所提高。

工业 1986~1988年,全市全部工业总产值年递增率23.5%。1988年达103.44亿元(1980年不变价,下同),首次跨入工业产值超百亿元的城市行列。全市独立核算工业企业实现利税持续增长,年均递增7.6%,其中1988年利税6.55亿元,比1987年增长29.2%。1989~1990年在治理整顿中保持年均8.1%的增长速度,但经济效益逐渐下降,1990年,全市独立核算工业企业利税5.27亿元,比1989年下降13.6%,仅比"六五"期末(1985年)的5.25亿元增长0.4%。乡镇工业成"半壁江山",1986~1990年,农村工业总产值由30.39亿元增加到79.59亿元,年均增长24%,高于全部工业增长速度(16.6%),1987年,乡镇工业总产值占全部工业总产值比重开始过半,到1990年占52.67%。

第三产业 "七五"时期,第三产业增加值占地区生产总值的比重首次突破20%。全市国营商业和供销社商业占主导地位。1990年集贸市场成交额7.42亿元,比1985年增长2.8倍,占社会商品零售总额的28.4%。1990年90%以上生产资料由市场组织。1990年金融机构存款余额39.1亿元,其中市区22.6亿元,比1985年净增27.7亿元;居民储蓄余额21.4亿元,其中市区9.8亿元,比1985年净增16.6亿元;各类保险保费收入5231万元,比1985年净增4311万元。

对外开放 1987年,镇江首次实现实际利用外资63万美元。1988年,镇江市对外贸易公司获自营进出口权。1990年出口商品收购总值达101386万元,是1985年的4倍,年均增长32.7%。

城市建设 "七五"期间,市区扩建金山水厂,城市自来水日供能力30万立方米,建成铸造焦煤气工程,市区管道煤气日供气量近7万立方米,气化率30%左右。城市道路改造加快,市区拓宽电力路、中山路等,先后建成江滨新村一、二期,花山湾、三茅宫一期及桃花坞等住宅小区。"七五"期末,镇江全市公路里程1320公里,312国道宁镇段通车,结束镇江没有一级公路的历史。全市100%乡镇通公路或航道。镇大铁路1990年动工。大港一期工程建成投产,至1990年末,镇江港拥有码头泊位128个,其中万吨级泊位6个。港口货物吞吐量达1669万吨。

二、"八五"时期(1991~1995年)

1995年,全市提前一年完成修订后的"八五"计划确定的各项指标,其中除工业、农业总产值年均增幅比全省平均水平略低外,其余经济指标好于全省平均水平。市区人均地区生产总值列全国622个城市第31位,所辖丹阳、丹徒、扬中、句容四个县(市)全部进入第三届全国综合经济实力百强县行列,分别居第39、46、68和97位。

农业 农村产业结构进一步向非农化方向发展,农村一、二、三产业产值比重由1990年的20.8:70:9.2调整为1995年的8.3:82:9.7。1995年,全市农村工业总产值占全市全部工业总产值的比重为65.7%。全市在1991年遭遇特大洪涝灾害、1992年大旱、1994年百年罕见干旱等自然灾害和播种面积减少情况下,粮食生产有所徘徊,但仍保持较高水平(110万吨以上),1995年125.6万吨。油料产量由1990年的4.5万吨增加至1995年的6.6万吨。多种经营占农业比重上升,由1990年的48.5%提高到1995年的62.1%,农产品商品产值率由1990年的54.6%提高到1995年的62.2%。

工业 规模经济发展迅速,至1995年底,全市共组建市级以上企业集团88个,大型企业40家,其中市直14家,其产值、销售收入、利税占市直工业的34%、45%和119%,实现利润1.72亿元,占市直盈利企业盈利额的85%。华东制罐、华铝、索普、金河纸业、正茂、恒顺等成为市直工业主要支撑力量。"八五"期间新办外商独资企业51家,累计99家。至1995年,全市外资企业产值在5000万元以上的有10家,出口创汇在100万美元以上的有11家,利润在100万元以上的11

家,其中华东制罐、金河纸业、大东纸业进入全国500家最大的外商投资企业行列。

第三产业　1995年,全市第三产业增加值85.98亿元,占地区生产总值的比重突破30%。“八五”期间,个体工商户户数比“七五”时期增长72%,私营企业数相当于“七五”期末的11.6倍。丹阳东方皮革市场、眼镜市场和华东灯具城成为全国较大的专业市场,镇江市生产资料市场被省市场协会、江苏电视台、新华日报联合评为江苏省十大市场之一,市区新建和改扩建农贸市场。全市建成一批营业面积较大、功能较全、档次较高的商业零售骨干网点。“八五”期末,全市公路里程达1489公里(不含乡镇道路)。312国道镇常段1991年通车。1993年,大港二期建成投产,结束镇江没有集装箱码头的历史。“八五”期间新建万吨级泊位5个,镇江港成为长江流域对外开放的重要门户和国际性外贸中转港口。扬中长江大桥、扬中北江汽渡1994年通车、通渡,镇大地方铁路1995年底投入运营。“八五”期间,市区建成邮电通信枢纽大楼,实现交换程控化、传输光缆数字化,开通移动电话网,固话号码升七位。1995年末,全市金融机构存款余额141亿元(其中市区73.5亿元),居民储蓄存款余额87.4亿元(其中市区37.6亿元),比1990年净增102亿元、66亿元。1995年,各类保险保费收入1.41亿元,比1990年净增0.89亿元。

对外开放　全市外贸出口额从1992年的0.39亿美元增长到1995年的5.06亿美元,增长近12倍。外贸供货额达172亿元,是1990年的17倍。5年实际利用外资5.93亿美元,是“七五”期间的15.8倍。开发区建成总面积12平方公里,总投资达5.4亿美元。1995年全市海外承包工程和劳务合作实现营业额达3107.8万美元,比1990年增长14倍。

城市建设　市区拓宽解放路、丁卯桥路、南门大街、宝塔北路等一批主干道,拓宽改造中山路与电力路交叉口,古运河整治完成一、二期疏浚工程,建成区绿化覆盖率达31.8%。全市竣工住宅面积约250万平方米,其中市区160万平方米,人均住房面积由1990年的6.9平方米增加到1995年的8.1平方米。建成金西水厂一期工程,“八五”期末,市区日总供水能力34.5万立方米,自来水普及率99.97%,列省辖市第一位。市区管道煤气用户4.8万户,液化气用户达5万户以上,城市气化率83.5%,列省辖市第四位。谏壁发电厂停止粉煤灰向长江排放,市区搬迁黄山水泥厂、精细化工厂等几家污染严重的企业和车间。实施污水截流工程,长江外江继续保持二类水质标准。

三、“九五”时期(1996~2000年)

1997年,镇江城市(市区)综合实力列全国第63位。2000年,全市地区生产总值是1986年的6.6倍,即翻了两番多。2000年9月,省委、省政府宣布,镇江列入苏南经济板块。

农业　全市粮食单产、总产1996、1997年分别为134.5万吨和136.2万吨,1998年全市遭遇1954年以来全流域大洪水,粮食总产仍保持较高水平,达126.9万吨。粮食和经济作物种植面积比由1998年的73∶27调整到2000年的66∶34。多种经营产值与粮棉油产值比73.7∶26.3。到2000年,多种经营生产中科技贡献份额50.4%,农业技术进步贡献率51.9%,居全省第4位。农业龙头企业不断发展壮大,形成地方特色的主导产品和生产基地,如香醋、鳗鱼、肉禽、膨化食品、杞柳工艺品等。

工业　全市全部独立核算工业企业增加值1996年达112.44亿元,首超百亿元,“九五”期间,年均增长10.1%。2000年化工、造纸、建材、铝加工四大支柱产业实现的增加值占全市工业比重37.8%,经济总量是1995年的1.76倍。金东纸业、奇美化工、国亨化学、索普集团、京阳水泥等一批大进大出港口型工业成为主要经济增长点,华东泰克西、江奎电子等项目陆续竣工投产。2000年,全市形成年销售3000万元以上的企业新增长点74个,年销售5000万元以上的企业由1995年的15个增加到40个。与“八五”相比,大中型企业增加值比重从26.8%提高到43.7%,销售从31.75%提高到43.7%,利税从39.8%提高到49.5%。市直17家重点骨干企业销售收入由期初21.2亿元增加到52亿元,年均递增19.7%,销售收入占市直全部企业的比重由34.5%提高到

64.1%，实现利润占市直全部企业的比重由56%提高到84.5%，形成12.5万吨醋酸、10亿只易拉罐、150万台DVD、100万台电视机、6万吨香醋等一批产出规模大、市场占有率高的重点产品。2000年，高新技术产业产品增加值占规模以上工业增加值的18%，高新技术产品出口销售额占工业产品出口销售额的20%。工业技术进步贡献率44.1%，居全省第三位，高新技术产业化水平从全省第九位上升到第五位。

第三产业　全市第三产业增加值占地区生产总值的比重超过35%，社会消费品零售总额1997年开始突破100亿元，2000年达124.46亿元，"九五"期间年均递增10.3%，其中餐饮业增加最快，年均增长23.3%。市区建成新世纪商厦、镇江商业城、国际饭店等大中型商业服务设施。万方超市实行连锁经营，2000年达13家，上海农工商超市、苏果超市落户镇江。2000年，拥有各类市场275个，其中消费品市场259个，成交额126亿元，生产资料市场16个，成交额12.9亿元。2000年，全市公路总里程3998公里。在全省率先完成全市164个行政村388公里的乡村公路"通达工程"，基本实现农村公路黑色化。沪宁高速、镇南立交、镇大公路建成通车，镇江至扬州长江公路大桥开工，苏南运河整治竣工通航。"九五"期间，新建码头泊位11个，其中万吨级6个，累计全市有对外开放万吨级深水泊位19个，2000年，镇江港口货物吞吐量2996万吨。"九五"期末，年竣工房屋面积首次突破200万平方米。1999年，茅山老子神像、焦山万佛塔等新景点相继建成。2000年，全市各项旅游综合指标位居全省第四位，通过"中国旅游城市"复核；全市因特网用户10.3万户。金融机构各项存款余额337.2亿元(其中市区174.2亿元)，比1995年净增117亿元，全市居民储蓄存款余额204亿元(其中市区85.2亿元)，比1995年净增116.5亿元；全市保险保费收入5.8亿元，比1995年净增4.4亿元。

对外开放　"九五"期间，44个国家和地区的674家公司、财团到镇江投资兴业，其中列世界500强的跨国公司和国际知名公司有：美国的ITT、嘉吉、泰克，法国的道达尔、罗克韦尔，德国的默勒、西门子，意大利的菲亚特，比利时的银峰，新加坡的亚洲浆纸业以及中国台湾的嘉新、奇美、国亨、李长荣。全市五个省级开发区五年累计实际利用外资15.13亿美元。镇江新区成为全市外向型经济最大经济增长点，2000年新区财政收入突破两亿元。"九五"期间，镇江市通过向世行贷款、对外融资，鼓励外商参与码头、公路、城市污水处理、集中供热供气、自来水厂等基础设施建设，引进和利用外资2.1亿美元。如高资热电厂项目、市区污水截流项目、丁卯开发区10万立方米液化气空混项目、港口仓储项目及外资企业万吨以上专用码头项目等。

城市建设　新建和扩建一大批城市主干道和市民广场。2000年，市区建成区面积扩大到60平方公里，比"八五"末增加7.5平方公里。开工建设金西水厂二期、扬中第二水厂、丹阳水厂、丹阳长江取水口等工程，市区自来水综合生产能力57.5万立方米/日。全市丘陵山区35个乡镇、8.9万人、0.724万公顷农田结束严重缺水历史。市区燃气普及率95.43%，列省辖市第五位。城市环境功能区基本达标，工业废水处理率100%，消烟除尘率98.9%，固废综合利用率74.0%，获全国环境综合整治先进城市称号。

四、"十五"时期(2001～2005年)

"十五"期间，全市成功应对"非典"疫情、洪涝灾害以及集资兑付等一系列挑战，提前完成"十五"计划确定的主要目标，2004年，镇江位列中国综合实力百强城市第49位，所辖各市全部进入百强县(市)行列。

农业　"十五"期间，粮食播种面积稳定在15万公顷以上，总产除2003年外都在90万吨以上，基本能满足本地需求。粮棉油产值在农业总产值(含家庭兼营工业)中所占份额逐年下降。农产品品种结构进一步优化，到2005年，全市无公害农产品面积8万公顷，无公害、绿色食品及有机食品总数近100个。全市形成2个国家级、13个省级、37个市级农业龙头企业梯队，带动全市各类生产基地近6.67万公顷,30万余户农民受益于龙头企业。

工业　2005年,全市规模以上工业增加值360.4亿元,比2000年增长1.48倍,年均递增19.6%,利税97.7亿元,比2000年增长1.69倍,年均递增21.9%。规模以上工业增加值占地区生产总值比重由2000年的33.8%提高到2005年的41.3%。机械、化工、造纸三大主导产业(规模以上工业,下同)总产值占全市规模以上工业(下同)总产值的54%,增加值占全市工业增加值53.02%,占全市地区生产总值21.88%,造纸、化工、汽摩配件、五金工具、工程电器、眼镜、电子信息等产业集群初见雏形。高新技术产业增加值占规模以上工业增加值比重由2000年的18%提高到2005年的25.8%。2005年,出口高新技术产品161项,实现创汇9.8亿美元,占全市出口额的48%。工业平均能源消费弹性系数为0.8,工业用水重复利用率75.5%。"十五"期末,工业固体废弃物利用率95%。全市乡镇企业实现增加值、销售收入、利税总额分别由2000年的116亿元、586亿元、22.8亿元增加至2005年的284亿元、1011亿元、70亿元。2005年,全市民营经济实现增加值是2000年的5.6倍,占全市地区生产总值的53%,比2000年提高35个百分点。

第三产业　2005年,服务业增加值304.8亿元,占全市地区生产总值35%,对全市地区生产总值增长贡献率近40%,实现税收占工商税收总额29.2%,其中地税收入占全市地税总额47.6%。"十五"期间,服务业新吸纳就业人数占全社会新增就业人数70%以上。全市拥有各类商品交易市场202家,其中消费品市场184家,生产资料市场8家,年成交额超亿元的骨干市场有20家。全市重点推出"三山"国家重点风景区、世业洲旅游度假区、西津渡古街等一批具有镇江特色和个性的新老文化旅游精品区。润扬长江大桥、扬中二桥建成通车,沪宁高速公路和312国道镇江段拓宽改造竣工。开工建设大港三期工程,至2005年全市有万吨级码头泊位23个,港口货物吞吐量6001万吨,是2000年的2倍多。2005年,全市公路通车里程6109公里,比"九五"期末新增2311公里。"十五"期间,建成电信通讯指挥中心。2005年全市有本地电话用户140.98万户,移动电话用户106.1万户。互联网用户14.73万户,比2000年增加4.7万户。2005年全市金融机构各项存款余额803.96亿元,其中市区424.5亿元,居民存款余额达458.45亿元,其中市区209.6亿元,分别是2000年的2.4倍、2.25倍。各类保险保费收入19.9亿元,是2000年的3.4倍。

对外开放　全市五年累计实际利用外资27.9亿美元(原口径),接近此前历年总和(28.95亿美元),2003年实际利用外资8.06亿美元。新区五年全社会固定资产投资达167.3亿元,其中工业投入101.7亿元,一大批项目落户和增资扩股。2005年,新区财政总收入12.5亿元,比2000年增长4.56倍。2003年,出口加工区建成并封关运作。

城市建设　"十五"期间,加快城市道路建设、旧城改造和环境整治步伐,实施南徐生态大道、长江路、广场绿地、市区污染企业搬迁和转产改造、铁路三线搬迁和国家"863"水环境治理等一大批重点工程,先后获国家卫生城市、国家环保模范城市、国家园林城市等称号。城市化水平由50.4%提高到59.1%。"十五"期间,镇江电厂三期2×60万千瓦机组工程、谏壁发电厂2×30万千瓦机组"以大代小"工程、大港热电厂一期工程相继建成投产,全市人均用电量比2000年翻一番多。2004年末,镇江开始接通来自"西气东输"的天然气,2005年底,市区12.5万户居民用上天然气。

1983～2005 年镇江市社会发展与国民经济指标一览表

表 12-1

指 标	单位	1983	1984	1985	1986	1987	1988	1989	1990	1991	1992	1993	1994	1995	1996	1997	1998	1999	2000	2001	2002	2003	2004	2005
年末总人口	万人	244.29	245.07	246.19	247.97	250.52	253.50	256.18	258.13	259.05	259.91	261.54	262.46	263.27	264.80	265.41	265.64	266.17	266.67	266.58	267.13	267.19	267.21	267.61
从业人员	万人	129.44	134.21	140.08	143.88	147.45	150.94	151.04	149.08	157.73	161.90	162.52	160.95	162.95	161.25	157.82	156.44	155.95	153.07	140.42	140.99	139.83	145.05	148.46
地区生产总值	亿元	20.48	26.10	32.04	36.30	43.90	53.89	58.93	65.32	72.11	101.91	165.46	221.29	281.72	319.35	345.77	370.22	392.40	423.25	466.84	513.46	587.67	711.97	871.67
第一产业	亿元	5.30	6.75	7.64	8.72	10.23	11.79	11.56	14.48	14.54	17.00	29.67	33.62	36.42	31.62	32.03	31.71	32.20	33.44	34.66	32.46	34.11	37.06	38.69
第二产业	亿元	11.73	14.74	18.74	20.21	24.59	30.64	34.06	37.27	40.86	60.11	92.80	126.98	159.32	183.81	198.07	210.54	221.94	239.35	264.31	296.74	346.39	433.54	528.16
第三产业	亿元	3.44	4.61	5.66	7.36	9.08	11.46	13.31	13.57	16.70	24.81	42.99	60.69	85.98	103.92	115.67	127.97	138.25	150.46	167.88	184.26	207.17	241.37	304.82
人均地区生产总值	元	836	1067	1304	1469	1747	2139	2312	2540	2786	3924	6346	8447	10719	12095	13043	13943	14757	15887	17509	19241	21997	26645	32597
全部工业总产值	亿元	28.17	35.02	54.82	65.15	87.19	117.45	134.35	151.11	167.31	221.27	349.62	496.75	535.02	712.77	745.28	795.68	840.61	905.37	993.87	1111.70	1274.28	1539.30	1725.65
农林牧渔业总产值	亿元	11.90	15.55	11.00	13.13	15.82	19.00	19.42	23.59	23.92	28.52	36.37	56.09	63.90	68.88	59.97	61.01	60.77	61.79	64.56	66.75	57.15	66.95	68.36
粮食总产量	万吨	121.21	128.01	115.38	124.72	118.59	121.77	118.79	122.66	113.89	123.69	122.24	112.39	125.57	134.46	136.25	126.87	125.63	118.03	109.12	109.45	86.25	99.04	90.68
全社会固定资产投资	亿元	4.95	5.95	8.92	10.86	11.89	15.33	13.20	15.14	19.86	31.30	56.91	60.95	68.55	79.15	101.39	164.36	141.78	140.95	150.87	185.54	237.28	320.82	404.75
第一产业	亿元	0.14	0.20	0.24	0.34	0.35	0.47	0.46	0.59	0.77	0.97	1.03	1.44	1.85	2.35	2.88	3.04	3.69	4.70	6.78	6.96	6.19	6.43	8.77
第二产业	亿元	2.00	3.70	4.99	5.59	7.66	7.83	5.10	9.74	12.82	16.14	29.72	30.85	35.04	42.17	61.75	79.69	86.39	75.92	89.06	100.04	130.68	193.45	248.03
第三产业	亿元	2.81	2.05	3.69	4.93	3.88	7.03	7.64	4.81	6.27	14.19	26.16	28.66	31.66	34.63	36.76	81.63	51.70	60.33	55.03	78.54	100.41	120.94	147.95
进出口总额	亿美元	-	-	-	-	-	-	-	-	-	0.58	1.62	4.01	5.59	6.60	8.88	15.09	9.19	14.61	14.54	20.98	26.70	34.79	39.61
出口总额	亿美元	-	-	-	-	-	-	-	-	-	0.39	1.50	3.46	5.06	5.90	7.09	8.04	4.18	6.59	7.46	10.11	12.89	15.19	20.35
实际利用外资	亿美元	-	-	-	-	0.01	0.06	0.26	0.05	0.19	0.49	1.34	1.73	2.19	2.40	4.66	7.57	5.08	2.93	3.26	5.01	8.06	5.60	5.96
社会消费品零售总额	亿元	7.54	8.99	11.73	13.62	16.20	21.30	22.24	23.11	26.54	34.39	54.46	68.46	86.26	101.95	109.19	115.20	123.84	134.49	145.47	163.08	183.81	209.82	241.37
财政收入	亿元	3.04	3.38	4.00	4.26	4.66	5.18	5.69	6.04	5.67	6.50	11.08	13.13	15.23	17.83	20.30	23.06	25.27	32.41	40.81	56.80	73.92	92.12	118.42
一般性预算收入	亿元	3.04	3.38	4.00	4.26	4.66	5.18	5.69	6.04	5.67	6.50	4.88	6.15	7.29	8.75	9.78	11.08	12.88	17.40	21.10	23.01	28.60	35.90	47.14
财政支出	亿元	1.24	1.56	1.68	2.34	2.20	2.67	3.31	3.69	4.18	4.23	6.82	7.91	9.03	10.73	12.57	14.46	16.76	20.81	24.77	34.57	49.51	64.14	80.06
一般性预算支出	亿元	1.24	1.56	1.68	2.34	2.20	2.67	3.31	3.69	4.18	4.23	6.82	7.91	9.03	10.73	12.57	14.24	16.40	20.22	24.43	28.67	36.66	44.13	52.18
金融机构年末存款余额	亿元	8.03	10.94	11.42	16.36	19.67	25.91	29.32	39.13	51.99	65.69	82.08	106.26	141.16	183.47	221.11	260.83	296.57	337.22	385.35	457.52	580.88	676.51	803.96

续表 12-1

指　标	单位	1983	1984	1985	1986	1987	1988	1989	1990	1991	1992	1993	1994	1995	1996	1997	1998	1999	2000	2001	2002	2003	2004	2005
金融机构年末贷款余额	亿元	12.78	18.28	20.48	26.47	31.92	37.60	41.65	50.11	61.65	73.91	87.58	106.53	135.24	155.28	200.52	220.10	237.93	252.13	281.76	328.03	425.07	489.26	560.50
居民储蓄存款余额	亿元	2.50	3.49	4.81	6.90	9.75	11.22	15.15	21.42	28.16	33.83	44.02	63.40	87.43	115.17	136.58	159.56	180.03	203.97	236.75	281.26	338.21	388.46	458.45
全社会客运量	万人	3195	3348	4003	3936	3921	3917	3818	3509	3648	4419	3433	4231	4839	5160	5286	5358	5526	5638	5904	6148	6150	6669	7223
全社会货运量	万吨	1885	1928	3370	3342	3714	3421	3713	3631	3878	6181	3498	3664	4220	3815	3931	3705	3933	4100	4259	4385	4654	5189	5231
港口货物吞吐量	万吨	890	1009	1075	1260	1519	1687	1803	1669	1635	1896	2154	2080	1971	2211	2246	2226	2437	2996	2949	3247	3690	5342	6001
邮电业务总额	万元	1798	1986	2503	3304	3664	4798	5312	6199	8472	12608	20087	30714	42214	51500	68851	86144	97086	109830	124025	149997	162568	188935	214180
全年用电量	亿千瓦时	10.29	11.07	12.11	18.99	21.41	22.23	22.33	24.25	24.91	26.79	28.60	31.37	33.22	37.95	38.69	40.71	41.99	48.59	53.25	60.64	70.91	82.96	97.18
工业用电量	亿千瓦时	6.94	7.39	7.69	16.19	18.42	18.97	18.97	20.32	21.40	22.86	23.78	24.75	26.63	27.73	27.39	29.02	28.08	35.66	40.40	48.24	56.60	66.95	79.96
城镇单位在岗职工平均工资	元	730	960	1039	1225	1363	1634	1874	2116	2266	2871	3709	5023	6018	6668	7160	8184	9294	10276	11742	13198	15264	17382	19894
城镇居民人均可支配收入	元	-	-	835	1026	1202	1420	1586	1713	1897	2348	3284	4221	5080	5500	5927	6019	6570	7170	7698	8202	9451	10858	12394
农民人均纯收入	元	-	-	560	705	796	963	988	1083	1116	1353	1713	2271	2879	3523	3855	3931	3958	4042	4191	4452	4733	5306	5916
高校在校学生数	人	5073	6462	7593	8366	8955	9096	9398	9467	9397	10233	12112	14898	16060	16710	18010	19542	23006	26243	37984	39269	45865	53959	64139
中专在校学生数	人	1675	2514	2741	4364	4910	4999	5182	5325	5927	6566	8965	12228	16718	22412	26294	27593	26049	21823	18637	18370	16651	17333	23657
普通中学在校学生数	万人	13.14	13.12	12.58	12.36	12.04	11.89	11.82	12.15	12.43	12.38	11.99	12.37	12.63	12.29	11.46	11.33	12.51	14.12	15.53	16.59	17.00	16.83	16.14
小学在校学生数	万人	26.49	23.82	25.50	25.22	24.33	24.12	23.70	22.51	21.27	20.57	20.89	21.04	21.53	22.73	23.86	24.18	23.50	22.46	21.35	19.75	18.30	17.11	15.88
科学技术专利申请数	件	-	-	42	49	54	59	60	68	81	90	98	112	119	138	155	168	183	269	323	596	909	1262	2066
各类专业技术人员数	万人	-	-	1.56	1.70	1.86	2.78	3.47	4.54	6.25	7.97	7.33	6.33	7.89	8.17	10.34	11.11	10.86	10.88	11.11	11.59	12.12	11.77	12.19
卫生机构数	所	567	686	620	669	673	723	704	722	717	723	731	731	731	731	851	850	851	723	720	797	879	940	920
卫生机构床位数	张	5889	6089	6115	6274	6426	6556	6632	6997	7092	7206	7283	7549	7368	7274	7312	7499	7437	7409	7520	7679	7817	8032	8099
卫生技术人员数	人	7781	8054	8119	8375	8534	9064	9258	9744	9958	10328	10569	10954	11286	11367	11941	12235	10460	10773	11928	11878	10504	13203	13485
医生	人	3203	3247	3303	3447	3402	3620	4258	4551	4688	4926	5014	5109	5341	5318	5548	5638	5692	3860	4389	4794	4421	5163	5437

1983～2005年镇江市区社会发展与国民经济指标一览表

表 12-2

指标	单位	1983	1984	1985	1986	1987	1988	1989	1990	1991	1992	1993	1994	1995	1996	1997	1998	1999	2000	2001	2002	2003	2004	2005
年末总人口	万人	85.91	86.34	87.21	88.24	89.24	90.47	91.39	91.88	92.35	92.76	93.52	94.24	94.67	95.83	96.57	97.30	98.33	99.30	99.52	100.04	100.51	101.38	102.01
从业人员	万人	49.41	50.72	53.49	54.52	55.80	56.65	56.12	55.06	58.37	60.06	59.95	59.55	59.92	59.78	57.16	58.87	58.55	55.12	52.11	53.32	49.96	53.17	54.64
第一产业	万人	-	-	-	-	-	-	-	13.09	13.71	13.68	13.65	12.74	12.17	11.47	11.32	12.07	11.45	11.75	11.49	10.88	10.21	9.87	9.35
第二产业	万人	-	-	-	-	-	-	-	28.43	29.63	28.68	29.20	28.83	28.92	26.96	25.49	25.91	25.80	22.12	19.72	20.45	21.07	23.01	24.26
第三产业	万人	-	-	-	-	-	-	-	13.54	15.03	17.70	17.10	17.98	18.83	21.35	20.35	20.89	21.40	21.25	20.90	21.99	18.69	20.29	21.03
地区生产总值	亿元	10.11	12.90	15.51	17.05	19.89	23.40	27.04	28.89	31.28	43.91	79.35	101.47	125.90	133.50	151.43	163.27	174.48	192.79	217.65	244.59	284.93	324.26	389.68
第一产业	亿元	1.25	1.62	1.80	2.05	2.21	2.54	2.66	3.13	3.07	3.74	13.84	11.72	10.85	3.58	7.25	6.67	7.60	8.52	9.09	5.94	9.00	7.74	8.64
第二产业	亿元	6.85	8.50	10.30	10.57	12.27	13.99	16.23	17.98	17.97	27.76	42.21	56.84	68.77	76.66	84.98	90.84	95.06	105.78	119.02	138.40	162.02	201.96	240.99
第三产业	亿元	2.01	2.78	3.41	4.43	5.42	6.87	8.15	7.78	10.23	12.42	23.31	32.91	46.28	53.26	59.20	65.75	71.82	78.50	89.54	100.25	113.91	114.55	140.05
人均地区生产总值	元	1182	1498	1787	1944	2242	2604	2974	3153	3396	4745	8520	10808	13329	14016	15741	16843	17837	19511	21894	24512	28415	32122	38318
全部工业总产值	亿元	17.93	21.63	28.53	32.34	40.85	53.01	60.74	66.68	74.39	94.14	145.26	198.83	194.64	251.69	259.98	277.56	307.17	352.95	402.73	477.07	541.77	659.23	747.04
农林牧渔业总产值	亿元	2.68	3.56	2.51	2.99	3.33	4.25	4.51	5.27	5.30	6.39	8.92	15.14	14.90	15.46	13.24	13.65	13.90	14.12	14.71	15.20	13.60	15.42	16.10
粮食总产量	万吨	26.03	27.77	25.25	27.58	25.75	26.87	26.84	27.79	25.38	27.88	27.60	25.24	29.10	30.62	30.31	29.20	30.08	27.53	23.69	23.44	28.13	20.71	18.96
全社会固定资产投资	亿元	2.89	3.58	5.12	5.79	6.20	7.30	6.72	8.05	10.35	15.88	25.80	27.42	28.41	35.35	47.37	116.00	87.23	77.92	77.39	94.31	132.84	193.82	238.47
第一产业	亿元	0.07	0.07	0.06	0.05	0.06	0.07	0.08	0.13	0.14	0.29	0.23	0.44	0.95	0.40	0.42	1.30	0.88	1.64	2.61	2.84	2.00	2.57	3.34
第二产业	亿元	1.54	2.91	4.03	3.87	4.40	4.69	3.26	4.46	6.30	7.24	12.65	18.15	12.57	17.56	29.66	56.84	59.11	44.34	48.92	46.09	60.36	102.98	130.34
第三产业	亿元	1.28	0.60	1.03	1.87	1.74	2.54	3.38	3.46	3.91	8.35	12.92	8.83	14.89	17.39	17.29	57.86	27.24	31.94	25.82	45.38	70.48	88.27	104.79
进出口总额	亿美元	-	-	-	-	-	-	-	-	-	0.36	1.12	3.19	4.05	4.27	4.50	11.02	7.18	11.56	11.02	17.02	21.16	27.36	30.24
出口总额	亿美元	-	-	-	-	-	-	-	-	-	0.21	1.10	2.76	3.58	3.75	4.20	4.16	2.77	4.44	5.06	7.30	9.48	10.08	13.17
实际利用外资	亿美元	-	-	-	-	-	0.04	0.21	0.04	0.14	0.25	0.83	0.78	1.15	0.56	3.23	6.32	4.64	2.31	2.12	2.17	2.72	2.72	3.30
社会消费品零售总额	亿元	3.61	4.46	6.03	7.06	8.24	10.81	11.15	11.72	13.37	14.85	30.21	36.84	46.37	54.81	56.92	58.76	62.91	69.20	73.99	83.68	95.37	106.88	115.07
财政收入	亿元	1.78	1.99	2.22	2.37	2.57	2.85	3.13	3.30	3.12	3.48	6.23	7.08	8.13	9.43	10.71	12.13	13.84	17.34	22.33	32.41	42.61	54.25	71.17
一般性预算收入	亿元	1.78	1.99	2.22	2.37	2.57	2.85	3.13	3.30	3.12	3.48	2.74	3.28	3.90	4.69	5.14	5.88	7.05	9.63	11.80	13.23	16.82	20.90	27.77

续表 12-2

指　标	单位	1983	1984	1985	1986	1987	1988	1989	1990	1991	1992	1993	1994	1995	1996	1997	1998	1999	2000	2001	2002	2003	2004	2005
财政支出	亿元	0.68	0.90	0.94	1.32	1.24	1.51	1.84	2.01	2.34	2.25	3.75	4.03	4.57	5.56	6.74	7.90	9.20	11.30	13.70	20.21	29.41	38.93	48.74
一般性预算支出	亿元	0.68	0.90	0.94	1.32	1.24	1.51	1.84	2.01	2.34	2.25	3.75	4.03	4.57	5.56	6.74	7.90	9.08	11.11	13.58	16.23	21.84	25.43	29.33
金融机构年末存款余额	亿元	4.72	6.61	6.43	9.58	11.75	16.56	17.22	22.61	30.16	37.26	46.09	55.76	73.51	92.43	112.70	133.62	152.12	174.20	197.66	237.25	309.19	358.24	424.48
居民储蓄存款	亿元	1.27	1.74	2.35	3.21	4.61	5.40	7.06	9.83	12.60	15.58	18.52	26.94	37.56	48.34	56.55	65.49	73.98	85.22	102.88	127.08	155.17	176.29	209.57
金融机构贷款余额	亿元	8.92	12.27	13.52	16.90	20.64	24.95	27.02	32.44	39.03	46.01	53.51	64.58	83.01	89.55	120.46	126.00	142.38	150.95	168.76	192.71	253.66	398.37	450.41
工业贷款	亿元	3.63	2.78	4.74	5.80	7.31	9.06	10.32	12.75	15.01	16.09	17.07	19.83	21.69	23.01	29.45	32.98	34.86	41.06	39.81	47.45	48.93	50.73	63.30
全社会客运量	万人	2388	2444	2680	2689	2808	2774	2725	2444	2573	3406	2417	3107	3461	3345	3348	3407	3572	3074	3395	3556	3522	3819	4128
全社会货运量	万吨	1191	1160	2021	1990	1869	1696	1682	1633	1569	3694	1777	1753	2392	1654	1714	1873	2061	2143	2257	2427	2679	2972	2941
港口货物吞吐量	万吨	724	851	905	1083	1313	1478	1573	1495	1467	1637	1991	1882	1763	2022	2086	2051	2262	2861	2799	3105	3507	4983	5444
邮电业务总额	万元	1153	1237	1563	2038	2223	3022	3291	3442	4789	6893	10628	16634	22807	25751	33124	41651	48221	54250	61553	73406	79402	92873	108638
全年用电量	亿千瓦时	6.30	6.64	7.21	13.20	14.90	15.56	15.99	17.11	17.45	18.57	19.79	21.17	21.96	24.32	24.38	24.61	25.10	29.82	32.09	36.36	41.35	46.29	55.15
工业用电量	亿千瓦时	5.01	5.30	5.61	12.02	13.69	14.15	14.35	15.18	15.85	16.79	17.59	17.97	18.89	19.41	18.87	18.76	17.99	23.42	25.53	29.45	33.27	37.50	45.85
城镇单位在岗职工平均工资	元	753	985	1085	1293	1433	1719	1972	2227	2398	3074	3965	5242	6292	6979	7393	8693	10006	11170	12914	14647	16918	19523	22251
普通中学在校学生数	万人	4.82	4.69	4.44	4.26	4.23	4.39	4.39	4.43	4.43	4.39	4.29	4.47	4.63	4.56	4.18	4.06	4.38	4.91	5.36	5.55	5.41	5.20	5.01
小学在校学生数	万人	8.83	8.81	8.89	8.86	8.56	8.55	8.42	8.03	7.65	7.45	7.48	7.39	7.41	7.64	7.75	7.78	7.54	7.19	6.90	6.58	6.34	6.19	5.89
卫生机构数	所	349	463	396	423	419	465	454	471	462	469	480	480	477	477	534	533	533	456	413	3777	382	440	440
卫生机构床位数	张	3090	3193	3239	3323	3366	3508	3528	3823	3825	3798	3957	4251	4182	4108	4129	4201	4188	4064	4223	4244	4436	4639	4648
卫生技术人员数	人	4659	4888	4983	5125	5189	5507	5583	5824	5972	6170	6202	6380	6407	6301	6561	6646	5201	5307	6118	6472	5110	6406	6555
医生	人	1989	2062	2172	2285	2232	2370	2687	2800	2938	2976	2995	3072	3077	2948	3050	3075	3171	1996	2438	2421	2039	2532	2664

1983～2005年部分年份丹阳市主要社会与经济指标一览表

表12-3

指　标	单位	1983	1985	1990	1995	2000	2005
年末总人口	万人	76.36	76.53	80.08	80.77	80.27	80.30
从业人员	万人	39.43	42.08	45.84	50.91	48.58	47.53
地区生产总值	亿元	5.63	8.85	19.32	81.02	138.08	255.06
第一产业	亿元	2.06	2.96	6.31	12.50	12.81	15.15
第二产业	亿元	2.93	4.79	10.07	45.59	75.20	150.34
第三产业	亿元	0.65	1.10	2.93	22.94	50.07	89.57
人均地区生产总值	元	739.00	1157.00	2422.00	10046.00	17229.00	31791.00
全部工业总产值	亿元	6.83	16.44	48.42	153.32	309.82	533.66
农林牧渔业总产值	亿元	4.65	4.20	9.71	22.73	23.51	26.37
粮食总产量	万吨	50.39	46.05	48.24	49.16	46.10	39.16
全社会固定资产投资	亿元	1.32	1.95	3.35	20.38	28.75	76.40
第一产业	亿元	0.04	0.09	0.24	0.47	1.32	2.58
第二产业	亿元	0.24	0.46	2.79	11.76	16.75	57.15
第三产业	亿元	1.04	1.40	0.32	8.15	10.68	16.68
进出口总额	亿美元	-	-	-	1.20	1.91	5.31
出口额	亿美元	-	-	-	1.57	1.42	4.35
实际利用外资	亿美元	-	-	0.01	0.64	0.31	0.88
社会消费品零售总额	亿元	1.94	2.91	5.52	20.28	33.93	65.37
财政总收入	亿元	0.82	1.15	1.72	4.11	7.97	25.36
一般性预算收入	亿元	0.82	1.15	1.72	1.98	4.01	10.61
财政总支出	亿元	0.24	0.37	0.80	2.20	4.59	15.50
金融机构年末存款余额	亿元	1.49	2.36	8.20	34.25	82.29	196.69
金融机构年末贷款余额	亿元	1.69	3.05	8.78	26.70	54.14	135.80
居民储蓄存款余额	亿元	0.63	1.27	5.52	24.66	60.50	130.95
全社会客运量	万人	350.00	514.00	520.00	839.00	1376.00	1557.00
全社会货运量	万吨	505.00	675.00	1193.00	1227.00	1199.00	1181.00
港口货物吞吐量	万吨	103.00	91.00	85.00	71.00	33.00	307.00
邮电业务总额	万元	179.00	277.00	1368.00	9642.00	28437.00	59731.00
全年用电量	万千瓦时	25559.00	30860.00	41774.00	68988.00	115207.00	266855.00
工业用电量	万千瓦时	13385.00	14471.00	30792.00	47176.00	76122.00	225947.00
城镇单位在岗职工平均工资	元	692.00	966.00	1957.00	5882.00	9131.00	17317.00
农民人均纯收入	元	-	543.00	1141.00	3079.00	4181.00	6258.00
普通中学在校学生数	万人	4.06	3.89	3.83	3.82	4.54	5.60
小学在校学生数	万人	8.39	8.11	6.77	6.75	7.43	5.27
卫生机构数	所	113.00	113.00	129.00	129.00	110.00	246.00
卫生机构床位数	张	1297.00	1332.00	1452.00	1556.00	1624.00	1746.00
卫生技术人员数	人	1560.00	1555.00	1951.00	2322.00	2542.00	3395.00
医生	人	591.00	546.00	825.00	1071.00	898.00	1379.00

1983～2005年部分年份句容市主要社会与经济指标一览表

表12-4

指　标	单位	1983	1985	1990	1995	2000	2005
年末总人口	万人	55.93	56.37	58.90	60.17	59.58	58.02
从业人员	万人	25.39	28.41	31.01	31.91	31.36	30.09
地区生产总值	亿元	2.76	4.22	8.94	42.20	61.31	106.06
第一产业	亿元	1.54	2.25	3.77	9.50	8.51	11.24
第二产业	亿元	0.74	1.31	3.68	21.74	32.75	61.65
第三产业	亿元	0.48	0.67	1.50	10.96	20.05	33.17
人均地区生产总值	元	495.00	751.00	1525.00	7025.00	10237.00	18216.00
全部工业总产值	亿元	1.70	3.93	17.16	109.72	137.88	224.21
农林牧渔业总产值	亿元	2.65	3.28	6.05	18.79	15.70	19.44
粮食总产量	万吨	33.24	32.36	34.39	34.96	32.71	23.62
全社会固定资产投资	亿元	0.37	0.83	1.30	0.76	15.59	51.37
第一产业	亿元	0.02	0.07	0.13	0.33	0.96	0.15
第二产业	亿元	0.11	0.25	0.89	0.59	6.02	35.68
第三产业	亿元	0.24	0.52	0.27	1.36	8.61	14.18
进出口总额	亿美元	-	-	-	0.06	0.52	2.75
出口额	亿美元	-	-	-	0.05	0.39	2.05
实际利用外资	亿美元	-	-	-	0.20	0.15	1.18
社会消费品零售总额	亿元	1.27	1.82	3.45	11.57	17.20	30.99
财政总收入	亿元	0.19	0.25	0.42	1.31	3.05	10.00
一般性预算收入	亿元	0.19	0.25	0.42	0.61	1.68	4.20
财政总支出	亿元	0.19	0.21	0.45	1.10	2.53	8.78
金融机构年末存款余额	亿元	0.89	1.09	3.61	14.65	31.01	77.21
金融机构年末贷款余额	亿元	1.31	2.08	5.01	12.29	18.39	41.32
居民储蓄存款余额	亿元	0.31	0.57	2.65	11.11	22.64	50.51
全社会客运量	万人	345.00	527.00	357.00	286.00	678.00	862.00
全社会货运量	万吨	147.00	476.00	684.00	373.00	520.00	816.00
港口货物吞吐量	万吨	36.00	51.00	47.00	75.00	62.00	234.00
邮电业务总额	万元	221.00	283.00	492.00	3485.00	10637.00	22680.00
全年用电量	万千瓦时	7894.00	10509.00	17351.00	25882.00	44378.00	103747.00
工业用电量	万千瓦时	3825.00	4878.00	11545.00	18226.00	32101.00	81451.00
城镇单位在岗职工平均工资	元	685.00	926.00	1852.00	5273.00	8364.00	15157.00
农民人均纯收入	元	-	507.00	869.00	2413.00	3605.00	5405.00
普通中学在校学生数	万人	2.76	2.89	2.62	2.78	3.07	3.55
小学在校学生数	万人	6.59	5.85	5.37	5.06	5.41	3.14
卫生机构数	所	69.00	73.00	70.00	72.00	105.00	187.00
卫生机构床位数	张	984.00	1039.00	1122.00	1079.00	1082.00	1122.00
卫生技术人员数	人	1032.00	1061.00	1214.00	1525.00	1653.00	2106.00
医生	人	390.00	377.00	588.00	728.00	523.00	746.00

1983～2005 年部分年份扬中市主要社会与经济指标一览表

表 12-5

指　标	单位	1983	1985	1990	1995	2000	2005
年末总人口	万人	26.09	26.08	27.27	27.66	27.52	27.28
从业人员	万人	15.21	16.10	17.17	20.21	18.01	16.20
地区生产总值	亿元	1.98	3.46	8.17	38.65	56.84	108.09
第一产业	亿元	0.45	0.64	1.27	3.57	3.60	3.66
第二产业	亿元	1.22	2.34	5.54	24.95	33.87	66.57
第三产业	亿元	0.30	0.48	1.36	10.13	19.37	37.86
人均地区生产总值	元	750.00	1327.00	3013.00	13969.00	20643.00	39652.00
全部工业总产值	亿元	1.72	5.92	18.85	77.34	104.72	220.75
农林牧渔业总产值	亿元	1.92	1.01	2.57	7.48	8.46	6.46
粮食总产量	万吨	11.56	11.71	12.23	12.35	11.68	8.94
全社会固定资产投资	亿元	0.37	1.02	2.44	12.16	18.68	38.50
第一产业	亿元	0.01	0.03	0.09	0.10	0.78	1.34
第二产业	亿元	0.10	0.25	1.60	4.79	8.81	24.86
第三产业	亿元	0.26	0.74	0.75	7.27	9.09	12.30
进出口总额	亿美元	–	–	–	0.27	0.62	1.32
出口总额	亿美元	–	–	–	0.27	0.34	0.79
实际利用外资	亿美元	–	–	–	0.20	0.16	0.60
社会消费品零售总额	亿元	0.71	0.96	2.43	8.04	14.16	29.93
财政总收入	亿元	0.25	0.38	0.60	1.68	4.06	11.90
一般性预算收入	亿元	0.25	0.38	0.60	0.79	2.07	4.56
财政总支出	亿元	0.14	0.16	0.43	1.16	2.40	7.04
金融机构年末存款余额	亿元	0.93	1.55	4.71	18.74	49.72	105.57
金融机构年末贷款余额	亿元	0.86	1.83	3.88	13.24	28.64	55.19
居民储蓄存款余额	亿元	0.29	0.63	3.41	14.09	35.61	67.41
全社会客运量	万人	112.00	287.00	188.00	253.00	510.00	676.00
全社会货运量	万吨	42.00	198.00	121.00	228.00	238.00	293.00
港口货物吞吐量	万吨	27.00	29.00	42.00	62.00	40.00	16.00
邮电业务总额	万元	245.00	385.00	897.00	6280.00	16506.00	23132.00
全年用电量	万千瓦时	6462.00	7638.00	12307.00	17757.00	28067.00	49679.00
工业用电量	万千瓦时	2064.00	1392.00	9019.00	12036.00	14129.00	33681.00
城镇单位在岗职工平均工资	元	677.00	932.00	1881.00	5260.00	9323.00	17189.00
农民人均纯收入	元	–	654.00	1354.00	3459.00	4616.00	6880.00
普通中学在校学生数	万人	1.50	1.36	1.27	1.40	1.61	1.98
小学在校学生数	万人	2.68	2.65	2.34	2.31	2.43	1.58
卫生机构数	所	36.00	38.00	52.00	53.00	52.00	47.00
卫生机构床位数	张	518.00	505.00	600.00	551.00	639.00	583.00
卫生技术人员数	人	530.00	520.00	755.00	1032.00	1271.00	1429.00
医生	人	233.00	208.00	338.00	465.00	443.00	648.00

2005 年镇江市国民经济在江苏省位次一览表

表 12-6

指 标	镇 江	江 苏	占比(%)	位次	备 注
土地面积(万平方公里)	0.38	10.26	3.70	13	
人口(万人)	267.61	7474.50	3.58	13	
从业人员(万人)	148.46	4510.12	3.29	13	
地区生产总值(亿元)	871.67	18272.12	4.77	9	
人均地区生产总值(元)	32597.00	24515.00	-	5	高出全省平均 8082 元
工业增加值(亿元)	476.85	9326.67	5.11	9	
粮食产量(万吨)	90.68	2834.59	3.20	12	仅高于无锡市
全社会固定资产投资(亿元)	404.75	8739.71	4.63	9	
地方财政一般预算收入(亿元)	47.14	1322.68	3.56	8	
地方财政一般预算收入占地区生产总值的比重(%)	5.40	7.24	-	6	与扬州、连云港并列第六,低于全省平均水平
自营出口(亿美元)	20.35	1229.82	1.65	6	
外贸依存度(%)	37.30	102.30	-	6	苏州 286.20、南京 92.00、无锡 85.30、常州 52.40、南通 47.40
实际利用外资(亿美元)	5.96	131.83	4.52	6	
社会消费品零售总额(亿元)	241.37	5699.89	4.23	9	
城镇居民可支配收入(元)	12394.00	12319.00	-	5	仅高出全省平均 75 元
农民人均纯收入(元)	5916.00	5276.00	-	5	高出全省平均 640 元

第二章 经济体制改革

1983～2005 年,镇江经济体制改革逐步推进。从农村改革、企业改革到市场流通体制改革、社会保障与分配制度改革及其他配套改革不断展开,促进生产力发展和社会进步。

第一节 起始阶段

十一届三中全会以后,改革从农村起步。首先改革三级所有、队为基础的集体经营僵化模式,推行以多种形式的家庭联产承包责任制为中心的农村经营体制改革。1983 年,镇江市 98% 以上生产队实行包产到户包干到户的责任制,农民获得生产和分配上的自主权。1984 年 6 月,全市撤销人民公社建制,建立乡、镇人民政府和村民委员会,实行政社分开。乡镇企业开始推行承包经营责任制。

1984 年 10 月,改革开始在城市逐步展开。企业改革的第一步是转换经营制度,扩大企业自主权。以搞活企业为中心环节,实行两步利改税。全市选择 6 家市直国有企业学习“首钢经验”,试行“包、保、核”为主要内容的经营责任制试点,选择市钛白粉厂等 10 家企业进行厂长负责制和工资与经济效益挂钩试点。

1985 年 3 月，对全市工交、财贸、建筑等系统的 52 家国营企业实行厂长（经理）负责制试点，推动企业管理制度、干部制度、用工制度、分配制度的配套改革。在企业内部，普遍推行以承包为主要形式的企业经营责任制。根据不同行业特点，实行全行业承包、建筑业招标承包和百元产值工资含量包干以及工资总额与经济效益挂钩等试点。农村家庭联产承包责任制进一步完善为"统分结合"的双层经营体制。同时改革统派购制度，放开部分农产品价格，从根本上改变长期以来农产品尤其是粮、棉、油主要由国家统派购的制度，推行合同定购制。市粮食系统同全市 40 多万农户签订粮食定购合同，肉蛋菜等农副产品价格放开，实行多渠道经营。全市开始进行农业产业结构调整，各地因地制宜，适当调减粮食面积，发展多种经营。同年，国务院确定在镇江进行住房制度改革试点，启动镇江社会保障制度的改革。

1986 年起，商品流通体制，进行商品流通方式市场化的改革。全市 46 家小型商业零售企业进行改转，44 家全民企业，225 家集体企业实行租赁经营（截至 1988 年底数），商业批发体制实行划小、改专，供销系统由"官办"改为民办。各类农副产品集贸市场、消费品市场、产品专业市场纷纷兴建，劳务市场、人才市场相继建立。同时，进行养老保险制度改革，建立企业职工待业保险制度，使之成为继房改之后社会保障制度的又一重大改革。

这一时期，农村改革转入以搞活流通、搞活金融、完善粮食购销制度、发展合作经济为主要内容的改革。乡镇工业异军突起，农村出现多形式、多层次、多门类的合作经济，改变农村产业结构单一的状况，几乎所有乡镇建立农经服务公司、村建合作经济组织，大批农村劳动力向乡村企业和其他非农经营转移。开展土地有偿转让，在规范承包合同、不改变用途前提下，根据农民自愿，因地制宜转包，进行适度规模经营，全市出现一批家庭农场、农业车间等多种形式规模经营单位。

至 1990 年，95% 县属以上工业企业实行厂长（经理）负责制，90% 以上小型国营商业企业推行经济效益和社会服务效益双承包。全市在江苏省率先全面推行企业内部浮动工资制，破除八级工资制。全市近 300 家全民、集体企业推行优化劳动组合为主要内容的劳动用工制度。全市 95% 以上的全民工商企业和 90% 以上集体企业围绕增强企业活力，完善经营责任制，实行延期承包或新一轮承包。在推动生产要素向优势企业集中的结构调整中，通过转让划归、出资购买、有偿转让等形式推进企业兼并联合，全市先后组建水泥集团、机床集团、恒顺企业集团等一批企业集团或联合体，壮大优势企业实力。

全市新型生产要素市场更趋活跃，社会保障机制建设有新发展，住房制度改革方案得到有效实施。

1991 年，全市形成以市级市场为核心，县级市场为纽带，农村网点为补充的经营门类广泛、覆盖面较大的生产资料市场网络。

第二节　快速发展阶段

20 世纪 90 年代后，企业改革开始向理顺企业产权关系，创新企业制度方面推进。1992 年十四届三中全会提出国企改革的方向是建立"产权清晰、权责明确、政企分开、管理科学"的现代企业制度。全市进行现代企业制度试点，加速产权主体多元化，在界定产权基础上，全市向社会公开拍卖一批小型商业企业和工业亏损企业经营权，促使企业加快明晰产权，积极走向市场。同时，加大经营机制转换力度，商、粮、物、供四个部门改制为经济实体，工业行业管理部门把企业应有的经营权交给企业，自身职能转变为相对独立的自主经营、自负盈亏的市场经济主体。市区组建蔬菜、化工、闲置、超储物资等 7 个专业批发市场。成立市房地产交易所，上海申银万国证券在镇江开设营业部。市房改工作全面启动，市区 1555 个单位，近 28 万名职工参加房改。

1993年，推进农村经营体制的改革。各乡镇建立经济实业总公司或农工贸总公司，提高农业生产的专业化、社会化、商品化程度。逐步组建一批农产品专业市场，如草莓、葡萄、花卉苗木等，积极推行以农副产品加工为龙头的农业产业化经营，培养农村专业合作经济组织和农民经纪人队伍。乡镇企业开展以股份合作制为重点的农村产权制度改革，全市乡镇工业企业组建股份合作制企业581家，公有民营企业500多家。1994年，农村在稳定完善以家庭联产承包为主，统分结合的双层经营体制的同时，促进承包土地合理流转，试行承包荒地、废地折价入股，以股份合作制形式开发农业项目。全市农村由农民集股兴办的农业企业2000多家。镇江建材市场、丹阳眼镜市场、中国汽配市场、华东灯具城、华东皮鞋市场、东方皮革城等一批专业市场发展迅速，形成由商品市场、生产资料市场和人才、劳务、技术、产权、证券、房地产等生产要素市场组成的门类齐全的市场体系。各种指令性计划基本取消，绝大部分商品由市场定价，产品销售与要素配置方式由计划配置转轨到市场配置。同年4月，根据国务院决定：镇江成为全国实施职工医疗保障制度改革的两个试点城市之一。全市职工离退休保险、失业保险、医疗保险、工伤、大病医疗、女职工生育社会统筹、机关事业单位职工保险相继实施。

至1995年，全市组建规范的定向募集的股份有限公司6家（镇江百货、镇江华联、镇江大鹏、镇江大酒店、镇江钛白粉和江苏大海），有限责任公司531家，省、市企业集团88家。江苏大海集团发行股票于1995年3月在山东淄博证券交易自动报价系统挂牌交易；索普集团获股票发行。企业通过兼并、代管、拍卖、分立等方式进行资产重组，商、粮、供三大流通系统中80%以上企业推行股份制、公有民营、柜组承包等形式改革。全市公有民营企业2308家，兼并企业48家。随着三项制度改革展开，企业内部逐步形成干部能上能下、职工能进能出、工资能高能低的新机制。1995年，市区14家培育大型化企业和部分中小企业厂长（经理）实行年薪制与风险抵押承包相结合的制度，扭转承包经营中负盈不负亏倾向。

第三节　转型升级阶段

1996年，加大产权制度改革推进力度，对1400家乡镇企业股份合作制企业进一步深化改革，绝大多数重新改制为经营者控股或经营者全资的民营企业。在市直工业11个行业选择18家国有、城镇集体企业试点实施国有资产转让和职工增量配股的股份合作制改革。农业适度经营迈出较大步伐，为减轻农民负担，1997年确定农民负担一定三年，严把双控目标，人均负担不超过上年人均纯收入的5%，负担总额不超过1997年预算总额，严格按“负担监督卡”收费，严禁乱集资、乱收费、乱摊派。全面推开农村税费改革。1996年末，省委、省政府批准镇江列入新一轮全省农村现代化试验区。市委、市政府进行小城镇建设投资体制改革探索，小城镇功能不断完善，形成以市兴镇型、工业依托型、农副产品集散型等多种特色的新型小城镇。城镇住房制度改革进一步深化，从1998年12月1日起停止住房实物分配，逐步实现住房分配货币化。

2000年，国有企业股份制改制取得较大进展。全市企业产权改制面80%以上，中小企业改制面90%以上，60%以上中小企业公有资本退出，40%左右中小企业实行经营层控股。市直90家中小企业中65家进行改制，改制面72.2%。乡镇企业以股份有限公司、有限责任公司、股份合作制企业、公转私营企业和租赁、风险抵押承包、兼并、破产等形式进行的改制面90%以上。农村在土地承包责任制上做好确权发证工作，保证农民土地承包经营权益。

2002年6月，全市启动国有企业产权制度改革三年攻坚，市直企业推进新一轮国有企业产权制度改革。至2005年，市直148家国有（集体）企业进行产权出让改制，其中重点骨干企业6家，中小企业142家。101家国有（集体）企业实施依法破产。市直108家生产经营类事业单位转企改制或撤销重组任务基本完成。全市有国内主板上市公司3家（索普、大亚、恒顺），境外上市公司1

家(嘉新水泥)。

至2005年,全市农村形成由2个国家级龙头企业、15家省级龙头企业、37家市级龙头企业和近百家县级龙头企业组成的农业龙头企业队伍。全市免征农业税6095万元,发放水稻直补2860万元,良种补贴480万元。全市农民负担总额83万元,比上年降低87%。

至2005年,全市形成具有一定规模的消费品综合市场32个、农副产品市场50个、工业消费品市场5个、工业生产资料市场6个及各级房地产市场、劳动力(人才)市场、技术市场、信息市场、证券交易、外汇调剂、产权交易、期货市场和各类咨询中介等要素市场。各类连锁经营商店、仓储式商场、超市、专卖店等商业网点建设更为迅速。投资主体有国家、集体、个私、外商及港澳台等。推进价格机制市场化,绝大部分商品由市场定价。

社会保障体系建设不断完善,至2005年末,全市新型农村合作医疗覆盖面91.6%,城镇职工参保率99%以上,全市卫生服务体系健全率90%以上。城镇劳动保障三大保险覆盖面95%以上。

第三章 经济结构

1983~2005年,随着社会主义市场经济体制改革的推进和深化,镇江市经济结构逐步调整和优化,经济增长方式不断向集约型转变。工业企业所有制从原有的公有制为主体转变为多种经济成分并存。三次产业位序明显改变,农业产业由数量型逐步转向质量型,工业产业的主导产业初步形成,新型服务业发展加速。全面实施农业品种、技术、知识更新及优质品种更新升级,农业科技进步对经济增长贡献率明显增大。工业主导产业和一批产业集群建立,一大批工业新产品开发及新技术推广应用,培育出一批高新技术产品群和省级高新技术园区。固定资产投资方向和重点随发展阶段不同发生变化,总体呈现工业化和城市化加快发展的投资格局。

第一节 所有制结构

一、农业

1983年,镇江市撤销农村人民公社建制,直到2005年,镇江市农村仍实行“统分结合、双层经营”的集体经济体制。

二、工业

1983年开始,全市工业企业从公有制为主体,逐步过渡到各种经济成份并存,且公有制不再占主体地位。1985年乡及乡以上国有和集体企业产值占全部工业企业总产值的98.4%,1990年占91.8%,到1995年,只占79.7%,私营和城乡个体企业占11.8%,联营企业、外商及港澳台企业等占8.5%。2000年,规模以上工业企业总产值中,国有和集体企业总产值占58.7%,至2005年,只占17.4%,外商及港澳台企业总产值占33.7%,合营企业、股份制企业、私营企业等总产值占48.9%。规模以下工业企业中,大部分是股份制、私营、个体等企业,其中个体工业产值占规模以下比重为40.5%。23年来,农村工业迅速发展。农村工业总产值占全部工业总产值比重,1982年为27.0%;至1988年,占比过半;1993年以后,占比超过60%。其中1982年前基本上是以乡、村集体所有企业为主,1986年后,非公有制企业迅猛发展。到2005年,95%以上为股份制、股份合作制或个体私营企业。

三、国内贸易

1990年前,国内贸易中国营、集体占主体地位。社会商品销售总额中,国营、集体及其合营的占比均在85%以上。至1995年,在社会消费品零售总额中,国营、集体占比56.3%,私营、个体、股份制等经济占比42.5%,外商及港澳台经济占比1.2%。此后非公有制经济发展加快。在限额以上商业企业法人单位数中,国有、集体所占比重由2000年的79.5%下降到2005年18.8%,私营及混合所有制占比分别由5.7%、14.8%上升到34.8%、46.4%,其中还有1.8%的外商及港澳台企业。限额以上国营和集体商业的销售额占比从2000年的74.4%下降到2005年的27.6%。

第二节　产业结构

一、三次产业结构

三次产业在地区生产总值中的比重由1983年的25.9∶57.3∶16.8调整为2005年的4.4∶60.6∶35.0,即由二、一、三的位序变为二、三、一的位序,其中第一产业所占比重不断下降,1983年为25.9%,1992年开始稳定小于20%,1996年开始稳定小于10%,至2005年小于5%。第二产业一直稳定保持在56%~61%之间。第三产业所占比重不断上升,1983年为16.8%,1986年开始稳定大于20%,1995年开始稳定大于30%。

1983~2005年,在工农业总产值中,农业占比逐年下降。1984年前,农业尚占20%以上,从1985年开始,逐年下降,1993年降至10%以内,1997年开始降至5%以内。

1983~2005年主要年份镇江市工农业产值比例一览表

表12-7　　单位:%

年　份	1983	1984	1985	1987	1990	1993	1995	1997	2000	2003	2004	2005
农业总产值占比	24.70	23.00	19.00	15.60	13.00	7.90	6.80	4.90	4.10	2.90	4.90	4.60
工业总产值占比	75.30	77.00	81.00	84.40	87.00	92.10	93.20	95.10	95.90	97.10	95.10	95.40

说明:除2004年、2005年为现价产值比外,其余均为1990年不变价产值之比

1983年至2003年,按不变价计,除1991、1992年和1995年,轻工业占比略低于重工业外,其余年份,无论是全部工业企业还是规模以上工业企业,轻工业比重均高于重工业比重。但总的说来,轻、重工业总产值两者相差不大。

1983~2005年主要年份镇江市轻、重工业比例一览表

表12-8　　单位:%

年　份	1984	1985	1987	1990	1991	1992	1995	1997	1999	2000	2003	2004	2005
轻工业产值占比	52.90	53.40	53.20	51.80	48.70	49.40	47.60	52.60	52.70	50.40	52.00	37.20	30.70
重工业产值占比	47.10	46.60	46.80	48.20	51.30	50.60	52.40	47.40	47.30	49.60	48.00	62.80	69.30

说明:1. 表中资料,80年代为1980年不变价之比,90年代至2003年为1990年不变价之比,2004~2005年为现价之比;

2. 1984~1999年为全部工业企业总产值中轻、重工业之比,2000~2005年为规模以上工业企业总产值中轻、重工业之比

2000年后,现价轻、重工业的关系为重工业比重高于轻工业比重,特别是2004、2005年,重工

业比重猛升，轻、重工业占比的距离拉大，除价格因素外，还因为化工、机械等支柱产业的发展较迅速。

二、农业产业结构

1983～2005 年，镇江农业产业结构调整经历三个不同发展阶段。20 世纪 80 年代中期开始，农业产业结构调整以稳定粮棉油生产、积极发展多种经营为重点，到 1990 年，多种经营所占比重达到 48.5%，比 1983 年提高 26.5 个百分点。进入 90 年代，农业产业结构调整逐步转为以提高农业效益、发展高效农业为主，由数量型逐步向质量型转变，这一阶段优质新品得到大力推广，到 2000 年，水稻新品种率达到 70%，三元瘦肉型商品猪占商品猪总量的 30%，山羊改良普及率 70%。2000 年后，农业产业结构转入以农产品质量建设为主的深化调整阶段，农业标准化生产得到大力推广，高效园艺、特种水产、优质畜禽等产业发展迅速。到 2005 年全市无公害农产品面积达 8 万公顷左右，无公害、绿色食品及有机产品总量近 180 个。

三、工业产业结构

镇江大中型企业及规模以上企业发展促进了全市工业主导产业形成。20 世纪 80 年代，机械、纺织、化工业占主导地位，90 年代后，纺织业逐年下降，退出主导地位，机械、化工继续攀升，造纸业在金东纸业投产后成长较快，至 2005 年，机械、化工、造纸三业规模以上工业企业产值占全部规模以上工业企业总产值的 54%，实现工业增加值占全市地区生产总值 21.9%。造纸、化工、汽摩配件、五金工具、工程电器、眼镜、电子信息等产业集群初见雏形。

四、服务业产业结构

“六五”至“八五”时期，镇江市服务业主要体现在商贸、交通运输等传统服务业上。“九五”开始，商贸、交通运输增加值占比由 1995 年的 29.9%、17.5% 分别降至 2000 年的 26.8%、16%。旅游、现代物流、房地产、金融保险、邮电通信、科技服务等新兴服务业发展加速。2005 年，现代物流业占第三产业增加值比重达 23.4%，比 2000 年增加 8.5 个百分点。

第三节　技术结构

一、农业

“七五”期间，重点加强 28 个商品粮基地、15 个优质棉基地、21 个油菜基地和奶牛、禽蛋、水产、干鲜果品等基地的建设。1990 年拥有农机总动力 87.7 万千瓦，各种拖拉机 2.6 万台，喷排灌机械 3.18 万台，植保机械 3381 台，脱粒机 5.29 万台，比 1985 年分别增长 26%、23%、47%、251%、12%。开沟机、条播机、灭茬机等都有较大增长。建立县级技术推广中心、乡级农技站、农机站，村级配套农技员和管理员，经济发达地方还建立一批综合服务站。“八五”期间，全市建成较为完整的农用物资生产、农产品购销、储运加工体系，初步形成县、乡、村三级水利、农业、农机、畜牧、多种经营、农经等农业技术服务网络体系，全市灌溉保证率和农机作业水平分别达到 80% 和 70% 以上。重点推广“二旱一水”多熟制、配方施肥、以秸秆还田为主的有机肥施肥、直播稻、抛秧和麦田综合除草、农业生化等农业新技术。“九五”期间，优良品种对农业增产的贡献份额达 30% 以上，引进和推广群体质量栽培技术、水稻轻型栽培技术、平衡配套施肥技术等，农机装备水平持续增长，至 2000 年底全市农机总动力 118 万千瓦，其中收获和种植机械增长迅速，年均增长近 40%，农业机械化综合水平 70.7%。“十五”期间，全面实施农业品种、技术、知识更新三大工程，优质稻米、专用小麦、双低油菜、新品种杂粮、蔬菜、牧草、绿肥等品种不断更新升级换代，建立良种繁育体系；推广稻鸭共作、有机农业、设施农业、节水灌溉、贮藏保鲜、包装、深加工等技术。建立现代农业培训制度。从日、德、美等国引进新品种61个，新技术110多项。“十五”期末，农业科技进步对经济增长的贡献率近56%。粮食生产综合机械化率80.2%，比“九五”期末增长13.2%。

二、工业

“七五”期间，全市工业企业开发市级以上新产品1500多项，全市累计有19个产品获国家金、银质奖，413个产品获部、省优质奖。1990年，产品质量稳定提高率为93.8%，省以上优质品率13.4%，有173个产品按国际标准和国外先进标准组织生产。镇江轴承厂、镇江染料厂、镇江广播电视配件厂、扬中电子仪器厂等企业通过新产品开发，从单一产品向多品种、多系列发展，路面机械、气泵、联合收割机等产品消化吸收国外先进技术，国产化率达100%。5年间，全市工业推广应用新技术300多项，其中列入国家、省、市三级计划并给予资金扶持的项目37项。“八五”期间，全市开发市级以上新产品2815项，推广应用新技术550项，19家企业被认定为省级高新技术企业。1995年，新产品产值率、销售率、利润率为15%、19%、21%，分别比“七五”期末的1990年增长9、10、12个百分点。“九五”期间，全市培育八大高新技术产品群，开发高新技术产品397个，其中省级243个，创建高新技术企业77家，其中省级56家、国家级6家。“十五”期间，全市省级高新技术园区和国家火炬计划对俄合作高新技术产业化镇江机电一体化工业园、扬中电力电器产业基地、丹阳新材料产业基地、镇江光电子与通信元器件产业基地、镇江沿江绿色化工产业基地“一园四基地”建设初见成效。至2005年，全市拥有国家、省、市三级企业技术中心42家，其中国家级1家、省级12家、市级29家。拥有省级以上高新技术企业191家，其中国家级37家；省级以上高新技术产品628项，其产值、利税分别占全市工业总产值和利税的28.2%和57.2%。

第四章 固定资产投资

第一节 投资概况

1983年实现市管县新体制后，镇江市全社会固定资产投资总量逐年增大，1984年比1983年增长20.2%，1985年比1984年增长49.9%。3年累计完成全社会固定资产投资19.82亿元。投资主体分别为国有经济投资9.26亿元，占比46.7%；城镇集体经济投资2.26亿元，占比11.4%；农村集体经济投资2.96亿元，占比14.9%；私人建房投资5.33亿元，占比26.9%，其中农村私人建房投资5.17亿元。

“七五”时期，镇江市固定资产投资继续呈现大幅增长态势。1986年，全市固定资产投资比1985年增长21.7%，全市年度投资首次超过10亿元。由于工业生产和固定资产投资增长幅度过大，镇江市和全省一样一度出现经济过热、物价上涨和通货膨胀。1989年，全市压缩投资规模，清理在建项目，调整投资结构，保证重点建设，是年完成投资比1988年下降16.1%。1990年下半年，国家为启动市场，对投资规模控制有所松动，全市投资有所回升，比1989年增长14.6%。同时随着国家实行“拨改贷”投资政策，国家预算内投资比重逐步缩小，银行贷款和企业自筹资金比重逐年扩大，1990年全市国家预算内资金占当年投资总额11.9 %，银行贷款和企业自筹资金比重分别占总投资的27.5%和43.6%。“七五”期间，全市固定资产投资总额累计66.42亿元，其中国有经济投资25.23亿元，占比38%，占全市总投资比重呈下降趋势；城镇集体经济投资5.93亿元，占比8.9%；农村乡镇企业高速发展，进一步促进农村集体经济投资，总额达11.34亿元，占比17.1%；居民收入提高，更多个人资产投入住房改善，私人建房投资22.9亿元，占比34.5%，其中农村私人建房投资21.36亿元。此外，随着住房制度改革推行，1990年始有商品房建设，同年商品房投资1亿元。

"八五"时期，镇江市固定资产投资实现新一轮快速增长。1991年，全市完成投资19.85亿元，比1990年增长31.2%。1992年和1993年，全市固定资产投资又分别比上年增长57.6%和81.8%。这一时期内，经济高速增长，推动固定资产投资进入新一轮膨胀，尤其是各类开发区建设和房地产投资升温，通货膨胀压力再次增大。1994年，按照中央经济工作会议精神，镇江市政府加强对投资宏观管理，着力调整产业结构和提高效益，加大重点项目实施力度，是年全市固定资产投资仅比上年增长7.1%；1995年投资总额比1994年增长12.5%。"八五"期间，全市固定资产投资总额累计237.42亿元。其中国有经济投资86.31亿元，占比36.4%；城镇集体经济及其他联营合资经济投资21.89亿元，占比9.2%；农村经济投资势头依然强劲，达68.58亿元，占比28.9%；私人建房投资36.07亿元，其中农村私人建房投资34.15亿元；房地产开发投资不断攀升，1993年起，每年投资均在7亿元以上，5年累计达24.71亿元。

"九五"时期是镇江经济大推进、大发展的五年，也是历史上固定资产大投入的五年。1996年，全市完成投资比1995年增长15.45%。1998年，全市重大项目推进工作加快，完成固定资产投资比1997年增长62.1%，其中金东纸业项目完成投资76.9亿元。2000年，镇江市政府确定全市重大建设项目33项，是年全市完成固定资产投资140.95亿元。其间，改革开放深入发展，外资、民资、股份合作等经济成份投资势头一年比一年增大，城乡个人和其他经济成份投资不再局限于私人住宅和商品房开发，投向各类产业和城乡基础产业比例明显提高，全市投资渠道呈多元化格局。五年全市累计完成固定资产投资627.64亿元。其中国有经济投资177.5亿元；集体经济投资23.33亿元；股份及联营经济投资10.57亿元；外商及港澳台商"三资"经济投资202.05亿元，其中港澳台商"三资"经济投资39.91亿元。

"十五"时期，投资重点放在发展高新技术、先进制造业、现代服务业、现代农业和提升城市功能等方面。"十五"时期前三年，全市累计完成投资573.7亿元，其中城镇国有经济投资总额211.41亿元，外商和港澳台商投资总额42.47亿元。2003年，江苏铁本钢铁有限公司在扬中西来桥镇投资镇江铁本硅钢系统工程，属违规上项目，受到上级部门追究查处，项目施工全面停止。2004年，镇江市在全市范围开展清理固定资产投资项目工作，列入清理投资项目1179个，总投资达535.94亿元，其中符合标准要求的项目1022个，不符合要求的项目157个。经过分类处理，停建项目5个，暂停建设和限期整改项目57个，取消立项项目91个。同年，全市固定资产投资克服国家宏观调控制约因素，在一批重大项目拉动下，全年完成固定资产投资320.82亿元，比2003年增长35.2%，城镇固定资产投资增幅列全省13个省辖市中第2位，高于全省平均增幅7个百分点。2005年，全市全社会固定资产投资完成404.75亿元，其中国有经济投资总额97.69亿元；随着企业产权制度改革深化，民营经济投资大幅提升，总额达201.75亿元；外商和港澳台商投资总额69亿元。

1983～2005年，镇江市投资建设中的最大问题是投资较分散，低水平重复建设现象时有发生，投资规模小于全省平均水平，投资效益不理想，后续重大项目较少，后劲不足，投资环境尚待改善。

第二节　投资方向和重点

"六五"时期后三年，全市固定资产投资主要投向第二产业，三年投入额占比分别为40.4%、

62.2%、55.9%，其中工业投资三年平均占比48.7%；第三产业占比分别为56.7%、34.5%、41.4%；第一产业投入额占比分别为2.9%、3.4%、2.7%。其间，投资的重点项目主要有谏壁发电厂四期、五期各2×30万千瓦发电机组、华东铝加工厂一期工程、船山石灰石矿扩建、镇江港大港一期工程、金山水厂二期扩建及新建第三水厂等。

“七五”时期，第二产业五年投资平均占比54.1%，1987年和1990年均达到64%以上，1989年因治理整顿、宏观调控，占比下降为38.7%；第三产业投资平均占比42.6%，其中科教文卫及公用事业投资比重有所起伏，最多的1987年占18.08%，最少的1990年占11.74%，城建投资主要投向市区旧城改造与市政建设；第一产业投资平均占比3.3%。其间，投资重点项目主要有镇江焦化厂铸造焦捣固焦炉工程，镇江化工厂烧碱、ADC发泡剂、漂粉精工程，大东造纸厂涂布纸生产线，丹徒龙山鳗联项目，大港二期工程，镇江港老港区“中口袋”方案整治改造，京杭大运河镇江段航道整治，312国道宁镇段、镇常段建设等。

“八五”时期，全市固定资产投资继续保持以第二产业为主，1991年占比达64.5%，其余4年均在51%左右，五年平均占比54%，其中工业平均占比49.8%；第三产业年均占比43.2%，其中城市建设投资占比16%，房地产投资占比超过10%；第一产业投资由1991年的7669万元增加到1995年的1.85亿元，但占比仍处低位，年均占比2.8%。其间，投资重点项目主要有镇江化工厂4万吨烧碱扩建、华罐6亿只易拉罐生产线、镇江铝加工厂铝材加工生产线、索普醋酸工程、镇大地方铁路、扬中长江大桥和幸福大桥、市区污水截流工程等。

“九五”时期，二产、三产、一产投资年均占比分别为55.5%、41.9%、2.7%，其中工业占比52.5%，城建投资占比14%，房地产投资占比7.3%。其间，投资重点项目主要有京阳150万吨水泥，奇美、国亨60万吨塑料粒子，索普10万吨醋酸、恒顺3万吨香醋、金东135万吨高档纸和纸制品等工业项目及镇大公路、润扬长江公路大桥、龙门港一期等基础设施项目。

“十五”时期，二产、三产、一产投资年均占比分别为57.9%、39.1%、3%。工业化和城市化快速发展，工业投资平均占比54.5%，城建投资占比为35%，房地产投资占比12.7%。城市建设规模和投资总量创历史新高，长江路拓宽改造二期、引资大道和大市口广场三大工程建成，城市面貌发生巨大变化；城市和农村电网建设改造、城市污水截流、镇大一级公路等一批工程实施，全市居民生活质量和投资环境得到有效改善。投资重点项目主要有索普醋酸二期、华东泰克西汽车发动机缸体铸造、柳工工程装载机一期、江奎DVD产业化和数码相机DSC关键主件产业化、金东3号纸机、怀特液压驱动产品、沪宁高速镇江段拓宽、312国道拓宽改造、沪宁铁路三线迁建、西气东输工程、镇江电厂发电机组等工程。

1983～2005年镇江市全社会固定资产投资情况表

表12-9　　单位：万元

时期及年份	投资完成总额	基本建设投资	更新改造投资	房地产投资	新增固定资产
“六五”后期	115239	67801	24832	–	100610
1983	28383	18531	5487	–	30614
1984	35228	23057	5996	–	19556
1985	51628	26213	13349	–	50440
“七五”时期	664237	143530	108772	10131	295086
1986	108557	29650	15203	–	62589
1987	118921	29154	18628	–	57775
1988	153326	31106	29299	–	57349
1989	132045	25472	19342	–	50352

续表 12-9

时期及年份	投资完成总额	基本建设投资	更新改造投资	房地产投资	新增固定资产
1990	151368	28148	26300	10131	67021
“八五”时期	2375623	441487	421632	247086	981989
1991	198552	37862	35751	13291	76765
1992	312972	69134	67079	16126	115173
1993	569065	97615	87568	70135	247175
1994	609487	113767	101379	73992	242983
1995	685547	123109	129855	73542	299893
“九五”时期	6276380	2719949	773210	460533	2611341
1996	791527	201247	133595	62814	320327
1997	1013889	404085	152406	67771	576383
1998	1643619	972846	152101	87390	503510
1999	1417830	661325	155054	113965	546313
2000	1409515	480446	180054	128593	681133
“十五”时期	12992717	4159456	2193831	1669846	6533144
2001	1508727	516785	172844	149463	1839651
2002	1855394	642629	231103	197973	472640
2003	2372847	792846	354738	322858	1126507
2004	3208244	1054098	565315	394747	1085086
2005	4047505	1153098	869831	604805	2009260
合计	22424196	7532223	3522277	2387596	10522170

1983～2005 年镇江市区全社会固定资产投资情况表

表 12-10　　单位：万元

时期及年份	投资完成总额	基本建设投资	更新改造投资	房地产投资	新增固定资产
“六五”后期	90436	58991	18532	–	79357
1983	22192	15644	4061	–	24745
1984	28676	20113	4851	–	14056
1985	39568	23234	9620	–	40556
“七五”时期	269655	121952	85287	6127	214866
1986	47471	25806	11862	–	49980
1987	50276	24959	14719	–	44719
1988	59104	26402	19082	–	39011
1989	50665	21764	19082	–	29905
1990	62139	23021	20542	6127	51251
“八五”时期	841608	288801	231663	132719	508717
1991	80867	30478	28015	7508	54816
1992	126138	55450	35980	10678	77468
1993	205562	61037	56057	38507	130095
1994	213031	71884	52176	43370	105190
1995	216010	69952	59435	32656	141148
“九五”时期	3114351	2202274	392816	242468	1363025

续表 12-10

时期及年份	投资完成总额	基本建设投资	更新改造投资	房地产投资	新增固定资产
1996	275014	119093	77639	29083	156261
1997	390743	244661	76053	30620	169733
1998	1059813	898463	72827	45529	288014
1999	752990	559360	74972	67541	319009
2000	635791	380697	91325	69541	435866
“十五”时期	7196489	3337465	1527968	1094491	5329004
2001	602141	361614	95588	71999	1641459
2002	943061	467686	148633	131575	512136
2003	1328380	610008	240752	220983	901033
2004	1938164	906931	446187	241574	591298
2005	2384743	991226	596808	428360	1683078
合计	11512539	6009483	2256266	1475805	7494969

1983～1992 年镇江市及市区历年固定资产投资分类表

表 12-11　　单位:万元

分类＼年份	1983	1984	1985	1986	1987	1988	1989	1990	1991	1992
镇江市投资总额	49458	59498	89198	108577	118921	153326	132045	151368	198552	312972
国有经济	23951	29053	39562	44853	47782	60405	44814	54448	73613	136213
城镇集体经济	4364	6175	12056	12948	12041	15864	9501	8940	14027	33426
农村投资	3720	9509	16414	18760	23352	29567	18917	22850	28705	59847
城镇私人建房	343	383	819	754	1916	3678	6202	2871	2999	2957
农村私人建房	17015	14378	20337	31262	33830	43812	52611	52128	65917	64403
商品房投资	–	–	–	–	–	–	–	10131	13291	16126
镇江市区投资总额	–	30001	43156	47471	50276	59104	50065	62139	80867	126138
国有经济	–	24964	32854	37668	39678	45484	35015	43563	58493	91430
城镇集体经济	–	3712	6714	7255	5840	5690	5492	4956	6783	13876
农村投资	–	556	2009	1096	2817	2959	2733	2116	2751	5452
城镇私人建房	–	209	574	414	703	785	2385	806	758	284
农村私人建房	–	560	1005	1038	1238	4186	4440	4571	4574	4418
商品房投资	–	–	–	–	–	–	–	6127	7508	10678

1993～2000 年镇江市及市区历年固定资产投资分类表

表 12-12　　单位:万元

分类＼年份	1993	1994	1995
镇江市投资总额	569065	609487	685547
国有经济	185183	215146	252964
房地产开发	70135	73992	73542
集体经济	36435	–	–
其他经济	32523	40508	61970

分类＼年份	1996	1997	1998	1999	2000
镇江市投资总额	791527	1013889	1643619	1417830	1409515
国有经济	299758	285807	335066	389873	464521
集体经济	46659	48989	46556	46923	44136
联营经济	1515	801	2626	2898	2869
股份制经济	22342	19243	11788	9088	32126

续表 12-12

年份 分类	1993	1994	1995	年份 分类	1996	1997	1998	1999	2000
农村经济	171660	203040	222547	外商“三资”经济	37632	143579	838051	420691	181428
城镇私人建房	7213	5272	801	港澳台“三资”经济	43393	161962	40403	79370	73947
农村私人建房	65916	71531	73723						
镇江市区投资总额	205562	213031	216010	镇江市区投资总额	275014	390743	1059813	752990	635791
国有经济	117094	124060	129387	国有经济	190783	129194	170819	194422	257942
房地产开发	38507	43370	32656	集体经济	14083	11258	8283	10806	9293
集体经济	9408	-	-	联营经济	880	801	2626	2898	2769
其他经济	12776	18296	33634	股份制经济	21709	18608	9478	8230	17273
农村经济	22248	22285	16745	外商“三资”经济	17760	135675	807588	410731	175116
城镇私人建房	955	221	155	港澳台“三资”经济	7241	66474	33046	71632	67392
农村私人建房	4574	4799	3433						

2001～2005 年镇江市及市区历年固定资产投资分类表

表 12-13　　单位:万元

年份 分类	2001	2002	2003	年份 分类	2004	2005
镇江市投资总额	1508727	1855394	2372847	镇江市投资总额	3208244	4047505
城镇集体以上投资	726146	919251	1209270	工业性投资	1804850	2361272
一、内资	523420	798934	1106540	基本建设投资	1054098	1153098
1. 国有	437991	712424	963675	更新改造投资	565315	869831
2. 集体	19856	20424	30937	房地产投资	394747	604805
3. 股份	3664	29274	39474	城镇投资	73623	2603475
4. 私营	3110	12947	19428	农村投资	1079288	1400051
5. 其他	58799	23865	53026	零星投资	11786	36613
二、港澳台商投资	61956	80051	52709			
三、外商投资	140370	39656	49951			
四、个体经营投资	-	610	70			
镇江市区投资总额	602141	943061	1328380	镇江市区投资总额	1938164	2384743
城镇集体以上投资	464604	632001	866432	工业性投资	949413	1234648
一、内资	285959	537462	780161	基本建设投资	906931	991226
1. 国有	238066	486354	706211	更新改造投资	446187	596808
2. 集体	2761	3190	4211	房地产投资	241574	428360
3. 股份	-	22163	19726	城镇投资	14540	1992132
4. 私营	2160	7735	10260	农村投资	322996	383932
5. 其他	42972	18020	39753	零星投资	3686	1210
二、港澳台商投资	47615	64217	40836			
三、外商投资	130630	30322	45435			

1983～2005 年镇江市基础设施重大项目情况表

表 12-14

时期	项目名称	备　注
“六五”时期	谏壁发电厂四期、五期各 2×30 万千瓦发电机组	分别于 1983、1986、1987 年投产发电
	镇江港大港一期 4 个万吨级泊位，2 个万吨级浮筒泊位	1986 年 1 月 1 日正式投产
	104 国道句容段改造	
	市区金山水厂二期扩建，第三水厂建成	
“七五”时期	镇江港大港二期及扩建	
	镇江港老港区开辟引航道，“中口袋”方案整治改造	
	京杭大运河镇江段四级航道整治	1990～1997 年，总投资近 5 亿元
	312 国道宁镇段、镇常段	宁镇段 1986 年开工，镇常段 1989 年开工，1991 年镇江段全线通车
	市区金山水厂三期扩建	
“八五”时期	沪宁高速公路镇江段及支线工程	1992～1996 年
	镇大地方铁路	1990～1995 年
	扬中长江大桥	1992～1994 年
	扬中幸福大桥	
	长江镇扬河段一期整治和节点控制	1983～1993 年
	句容河一期整治	
	丹徒大港汽渡，扬中轮船港汽渡、二墩港汽渡，丹徒江心洲汽渡、世业洲汽渡	
	湖西引排一期	1993～1994 年
	苏南路网改造，沿江公路建设	
	市区污水截流工程	
	谏壁发电厂 7 号炉除尘改造	
	市区金西水厂一期	
“九五”时期	镇南立交	
	镇大公路	1999 年建成
	润扬长江公路大桥	1992 年开始前期工作，2000 年开工，2005 年竣工
	谏壁二线船闸	1999 年开工，“十五”竣工
	镇江港老港搬迁	
	龙门港一期	
	江堤达标、长江镇扬河段二期整治、扬中河段一期整治	
	句容河二期整治	
	市区金西水厂二期，扬中第二水厂，丹阳长江取水口、丹阳水厂	
“十五”时期	沪宁高速镇江段拓宽	2004～2005 年
	312 国道拓宽改造	
	扬溧高速镇江段，宁常高速镇江段，宁杭高速镇江段	相继开工
	大港三期	2005 年开工
	扬中二桥	期内建成
	苏南运河航道整治	
	沪宁铁路三线迁建	
	西气东输工程	
	镇江电厂 2×13.5 万千瓦、2×60 万千瓦工程	
	谏壁发电厂 2×30 万千瓦以大代小工程	

1983～2005 年镇江市工业重大项目情况表

表 12-15

时期	项目名称
“六五”时期	船山石灰石矿扩建(为宝钢配套,年产石灰石 200 万吨)
	华东铝加工厂一期工程(1984 年 7 月开工)
“七五”时期	镇江焦化厂铸造焦捣固焦炉工程
	船山矿老系统改造、船山水厂建设
	韦岗铁矿续建
	镇江化工厂 2 万吨烧碱、2000 吨 ADC 发泡剂、2000 吨漂粉精工程
	大东造纸厂年产 2.5 万吨涂布纸生产线
	丹徒龙山鳗联项目
“八五”时期	镇江焦化厂 5 号炉改造
	镇江化工厂 4 万吨烧碱扩建
	镇江纸浆厂浆系统改造
	华罐 6 亿只易拉罐生产线
	船山矿二期扩建
	镇江铝加工厂铝材加工生产线
	索普醋酸(921)工程
	丹阳化工厂顺酐项目
	精细化工厂皮革化工项目
	丹阳中密度纤维板项目
	丹阳铝箔厂(大亚)铝箔生产线
“九五”时期	京阳 150 万吨水泥项目
	奇美、国亨 60 万吨塑料粒子
	索普 10 万吨醋酸
	恒顺 3 万吨香醋
	泰兴隆 10 亿包方便面
	江奎 250 万套 VCD 机芯套件、40 万套整机、10 万套 DVD 机芯套件
	金东 135 万吨高档纸及纸制品
	正茂大规格锚链、中速柴油机
	大亚万吨真空镀铝
“十五”时期	索普醋酸二期
	太白集团造纸化纤钛白粉
	国亨化学 11 万吨工程塑料、丁苯酚
	莱泰祥丁苯胶乳
	优利得氢氧化钾
	华东泰克西 98.5 万件汽车发动机缸体铸造
	江苏大亚精超薄铝箔
	扬中现代南自配电盘及中低压断路器
	柳工工程装载机一期
	凯尔必汽车减震器及液压机械
	长江电器城市轨道 KMB 系列直流牵引供电设备
	奥雷光电通讯有源器件和微光机电器件
	句容骏升显示器,STM 流水线改造
	江奎 DVD 产业化和数码相机 DSC 关键主件产业化
	久正光电液晶显示器
	精工汽车
	怀特液压驱动产品
	金东 3 号纸机

第五章 经济技术协作

第一节 经济协作

20 世纪 80 年代,镇江以“补偿贸易”为主要方式,逐步建立一批能源、原材料供应基地。1985 年,镇江市与新疆、广西、贵州、山西、辽宁、上海、北京、云南、福建、广东、河北、山东、黑龙江、甘肃等 15 个省(市)、自治区的有关地、市和单位,以及航天工业部的有关基地签订经济技术协作协议和纪要,同全国26个省市自治区的126个地、市州县建立外引内联“窗口”,开展经济技术信息交流和协作业务,建立经济技术协作关系。至1987年,镇江共建立稳定的钢材、有色金属、汽车、车床、煤炭、木材、油料、水泥、玻璃、化工原料等基地200多个,从这些基地获得的物资总量占计划外购进物资总量的70%以上。1986年,从苏北、九江、安庆、扬子石化四个油料基地协进8.7万吨油料。从20多个资源基地协进近1500辆汽车和1800台机床,从山西、陕西等煤炭资源基地协进工业和生活用煤,从洛阳和徐州两个玻璃资源基地,协进玻璃22万平方米等。此后,镇江市政府共组织22批较大规模的经济协作洽谈团出访上海、浙江、陕西、贵州、海南、山西、湖北、四川、新疆、黑龙江等20个省(市)、自治区的40多个城市,同时接待外省、市、自治区县级以上政府经济代表团222个,通过互相交流、对口洽谈,加强两地政府、部门、企业间的合作。1988年,市政府下发《镇江市与外地经济联合的优惠办法》,积极支持企事业单位与外地的经济联合。

1992年起,物资需求完全由市场配置,政府不再组织日常物资协进工作。

1983～1991年镇江市协进主要物资情况统计表

表12-16

年份	煤炭(万吨)	钢材(万吨)	生铁(万吨)	水泥(万吨)	木材(万立方米)
1983	51.70	5.10	–	–	3.30
1984	55.13	5.70	–	5.20	3.10
1985	65.60	5.80	2.60	6.20	7.80
1986	73.59	11.48	8.12	6.09	9.57
1987	126.83	14.59	7.46	12.91	17.72
1988	156.90	22.81	9.74	18.64	35.00
1989	209.62	23.98	16.97	17.87	16.82
1990	180.74	19.37	18.02	18.37	13.02
1991	265.18	38.39	22.63	23.61	13.25
合计	1185.29	147.22	85.54	108.89	119.58

1986～1991年镇江市经济技术协作成果情况统计表

表12-17

项目＼年份	1986	1987	1988	1989	1990	1991	合计
物资协作总额(亿元)	5.36	7.35	19.61	25.65	23.00	30.07	111.04
其中:协进	4.25	6.15	13.45	18.29	16.35	20.54	79.03
协出	1.11	1.20	6.16	7.36	6.65	9.53	32.01
项目协作数(个)	531	534	239	142	59	99	1604
其中:协进	495	354	172	123	43	51	1238
协出	36	180	67	19	16	48	366
资金协作数(万元)	4137	7192	3801	2774	1387	2980	22271
其中:协进	4002	4933	2956	2549	1322	2980	18742
协出	135	2259	845	225	65	–	3529
人才协作数(人次)	57	680	1080	872	54	75	2818
其中:输出代培	57	680	138	155	19	65	1114
引进代培	–	–	942	717	35	10	1704

第二节 对口支援

1991年开始，根据国务院和江苏省政府指示安排，镇江市承担同陕西宝鸡市、渭南市挂钩结对扶贫协作、对口支援三峡库区移民、对口支援西藏、与江苏连云港挂钩合作等任务。

1991年，江苏、陕西干部交流，镇江市先后派出3批干部赴宝鸡市挂职，结对扶贫。1994年，镇江市对口支援三峡库区原四川省万县地区及其云阳、奉节和巫山3个县。设立重庆直辖市后，重点对口支援重庆市的云阳县和湖北省的秭归县。1995年开始，镇江市共派出四批干部赴西藏达孜县工作。1996年底，镇江市及4个县(市)与渭南市及蒲城、合阳、富平、白水4个贫困县挂钩结对扶贫协作。2001年，镇江与连云港建立挂钩合作关系。镇江市的丹阳市、扬中市、丹徒县、京口区、润州区、镇江新区、港务局分别与连云港市的东海县、灌云县、赣榆县、连云区、新浦区、连云港开发区、连云港港务局挂钩结对。两市每年签订一次国民经济和社会发展年度合作计划，明确年度挂钩合作工作的主要目标、任务、形式和考核等。

至2005年，全市无偿对口扶贫渭南市1060万元，援建20所希望学校、1个培训中心以及渭南市卫生学校住院部、市商务局信息中心、渭南市金山路，举办两期渭南经济干部培训班。捐赠30辆轻型载重汽车，资助550名特困生，捐冬衣41.48万件(其中37万件分送商洛地区)、书本6.16万册。全市对口支援三峡库区368万元，建设希望小学，捐赠书籍、衣物，资助贫困生，为巫山县改造一座年产500吨的醋厂。与云阳县合资组建江苏醋王云阳酿造有限公司，后整合为江苏恒顺醋业云阳调味品有限公司。镇江市无偿援助达孜县资金2168万元，为达孜县投资建设幼儿园、希望小学、教师公寓、学生宿舍、乡卫生所、县医院、有线电视网络、自来水厂、政府办公楼、城市道路和捐赠汽车、拖拉机、医疗设备、办公用品等，为达孜县培训医务人员、教学管理人员、牧业技术人员等。在与连云港的挂钩合作中，镇江市帮助培训连云港市劳动力1.7万人次，吸纳连云港市劳动力2万多人，招收1000多名外派劳务人员；镇江市有30多个500万元以上的工业项目落户连云港，总投资近7亿元，实际到位资金近2亿元，项目分布在机电、纺织、化工、轻工、食品等领域；两市组织科技合作项目19个，总投资1200多万元，其中工业项目8项，农业项目8项，社会发展项目3项，已完成14项；镇江市向连云港市提供财政扶贫资金1500万元以上，在连云港市进行道路建设、草危房改造、希望小学修建等投入，组织镇江企业参加苏北投资贸易洽谈会，对连云港市的经济和社会发展起到一定促进作用。

第三节 区域经济合作

1984年起，镇江市先后加入宁镇扬、南京区域、长江沿江和长江三角洲城市等经济协作区，形成互通有无、互为补充、协调行动、共同发展的物资调剂和经济信息网络，积极参与“南京都市圈”的规划与发展论坛研究。“七五”至“十五”时期，镇江市先后与三亚、宝鸡、本溪、拉萨、长沙、伊春、万县、承德、渭南、蚌埠等10个城市缔结为友好市，推进城市间交流、合作与发展。

一、长江沿岸中心城市经济协调会

长江沿岸中心城市经济协调会(以下简称“长江协调会”)1985年成立，协调会成员有：上海、重庆、武汉、南京、宁波等29个长江沿岸城市，镇江市为会员城市之一。第一次会议于1985年12月18日在重庆市召开。镇江市参与会议讨论通过《协调会章程》。协调会确定首先在长江水运、长江开发研究、长江旅游、信息交流、资金融通、科技协作、邮电通讯、商贸流通和物资协作等9个领域开展联合协作。成立四个协作区，镇江市位于以南京为中心的18个地市组成的南京协作区。

二、南京区域经济协调会

1986 年 6 月成立,镇江市是协调会 19 个会员城市之一。至 2005 年,先后签订《南京区域经济协调会制度》《南京区域 19 城市旅游合约》《南京镇江经济与社会发展全面合作框架协议》《南京区域经济联合发展规划》《南京区域跨世纪发展和区域合作规则》等。协调会成立 70 多个行业网络组织,尤其是农行网络、工商管理网络和地税网络。协调会从培育和发展区域性商品、物资、资金、科技四大市场入手,推动区域经济合作的起步和区域市场的不断发展。各城市之间达成经济技术协作项目 4500 多项,交流科技成果 6000 多项,组建跨地区的企业集团 80 多个。

三、长江三角洲 15 个城市经济协作部门主任联席会

1992 年建立,联席会成员有上海、无锡、宁波、舟山、苏州、扬州、杭州、绍兴、南京、南通、泰州、常州、湖州、嘉兴、镇江(按城市笔画为序)15 个城市, 1997 年改为长江三角洲城市经济协调会。2003 年又接纳台州市为正式成员。协调会通过《长江三角洲城市经济协调会章程》,编辑《长江三角洲城市简介》。镇江市参与进行加强区域科技合作、推进国企改革和资产重组、研究筹建国内合作信息网络;实现长三角区域物流一体化和以世博会为契机,加快长江三角洲城市联动发展等专题研究,共同签署《长江三角洲地区城市合作协议》。

2000 年,镇江参与“南京都市圈”规划及发展论坛。论坛先后对“南京都市圈互动发展”“南京都市圈及商圈的建设和发展”“南京都市圈汽车暨装备制造业互动发展”等专题进行交流和研讨。

—— 小资料 ——

［清］周镐·京江二十四景图——梦溪秋泛

梦溪，即梦溪园，为北宋大科学家沈括故宅遗址。梦溪，因沈括购置之地宅院与其梦相似，故将宅旁小溪取名“梦溪”，溪通关河（运河），园名“梦溪园”。据元《至顺镇江志》载：“梦溪园在朱方门外子城下，宋内翰沈括所居，泉曰梦溪，堆曰百花，轩曰壳，斋曰深，阁曰花堆，堂二：曰岸老、曰萧萧。亭二：曰远、曰苍峡，又有竹坞、杏咀，皆行乐之所也。”沈括在此完成举世闻名的《梦溪笔谈》。宋绍圣二年（1095 年）沈括病故，梦溪园从此逐渐荒废。画中梦溪园旧址滨临古运河（关河之畔），依稀仍能感受到昔日余韵。

第十三卷

农　业

卷目

1983 年前，镇江农村经济以农业为主，农业以粮食生产为主，长期处于低速发展局面。1983 ~ 2005 年，全市农村经济摆脱低速发展，农村三业（农业、工业、第三产业）、农民收入保持良好的发展势头，始终居于全省先进水平。农村经济体制改革、农业农村经济调整、科技兴农、丘陵地区农业综合开发、茅山革命老区扶贫开发，都取得令人瞩目的成就，农业生产加速实现机械化、高效化，农村经济社会协调发展，初步建成繁荣兴旺的社会主义新农村。

农村改革逐步推进。1981 年，镇江开展土地经营制度改革。1982 年，镇江农村全面实行家庭联产承包责任制同农村服务体制相结合的双层经营体制，开始土地流转和适度规模经营，推进农业生产和多种经营发展及农业经济结构调整。1990 年，镇江培育农业龙头企业、农村合作经济组织、壮大农民经纪人队伍，为农业生产、多种经营发展开拓新市场。同时，开展社会主义新农村建设，农村三业同步发展，经济和社会事业协调发展。截至 2005 年底，全市有 55.11 万户农户承包土地 10.99 万公顷，实际流转承包面积 2.37 万公顷。全市有市级以上农业龙头企业 54 家，其中，15 家省级以上龙头企业实现销售收入 75.2 亿元。有各类农民合作经济组织 150 家以上，辐射面积 4 万公顷以上，农民经纪人 1.2 万人以上。全市有 15 个省级农村现代化示范镇、村，36 个市级示范镇、村。示范镇的工业产值最高达 60 亿元以上。全市城镇化率 58%，以工兴镇、以市（市场）兴镇、以旅游兴镇、以农副产品集散兴镇，农村小城镇建设各具特色。全市累计投入 10 多亿元，建成农村公路 1870 公里，所有行政村通上水泥路。农村居民参加新型农村合作医疗比例 95% 以上（受益人口 137 万人），养老保险覆盖率 40%，农民人均年收入 5916 元。

科技兴农成果丰富。1983 ~ 1999 年，16 年中进行 4 次大的品种改良，推广轻型栽培技术、测土配方施肥技术、病虫草害综合防治技术等先进适用技术，研制和推广新型农机。农业由传统生产方式转变为现代生产方式。1998 年，全市小麦、水稻、油菜等主要农作物良种覆盖率 95% 以上，水稻、三麦轻型栽培技术推广应用面积均占总面积 90%。4 次品种改良使农业总产量增长 16.43%，其中品种改良的直接效益占 60% 以上。1999 年，全市农业机械化综合水平 72%，丹阳、扬中两市分别通过省、市政府“基本实现农机化县（市）”验收。1999 ~ 2005 年，科技兴农由保增产转向“农业增效、农民增收”。2002 年，全市依托科技示范园推广新品种 8.39 万公顷，优质水稻占总产 75%，专用小麦比重 90%，双低（低芥酸、低硫代葡萄糖苷）油菜 100%，名特茶比重占 40%，应时蔬果优质品率 90% 以上，特种水产比重 40%。2005 年，耕地面积比 1983 年减少 7.14%，农业总产值比 1983 年翻一番。

农业投入不断加大。从 1990 年始，镇江自主筹资进行综合开发。1994 年开始列入国家农业开发项目。1996 年实施省级丘陵山区农业综合开发项目。同时，市政府确定在沪宁高速公路镇江段实施沿线农业现代化建设项目。1994 ~ 2005 年，镇江历经国家农业综合开发三、四、五、六期（未结束）共四期工程，总投资 3.4 亿元，改造中低产田 3.33 万公顷，建成优质粮食基地 1333 公顷，优质果林基地 667 公顷，优质花卉茶木基地 2333 公顷。实施多种经营项目 23 项，总投资 7979 万元。引进农业新品种 27 个，推广 25 个；引进关键技术 10 项，推广关键技术 21 项。1996 ~ 2005 年，省级丘陵山区农业综合开发投入资金 3125.38 万元，治理小流域 38.67 平方公里，建设优势农产品基地 8000 公顷，农业科技示范园区 15 个。沪宁高速沿线项目总投资 1020 万元，整治农田 2000 公顷，建成一批多种经营基地。大规模持续进行农业投入和综合开发，在社会用地不断增加情况下，保持农业用地动态平衡，主要农产品产量基本稳定，促进种植业结构调整优化，加快农业现代化进程。

调整优化农业结构。根据地少人多的矛盾，镇江依托周边现代工业城市辐射的优势，较早地打破城市与农村二元经济结构模式，发展乡镇工业，逐步形成工业为主导、农村三业共同发展的新型农村经济结构。农业、农村经济结构调整带动农民收入结构调整、提高，2005 年，全市农村社会总产值1250.89 亿元，是1983 年的47 倍，其中工业产值由占农村三业总产值从 1983 年的46.26%上升到88.8%；农业总产值由占比从 1983 年 53.74% 下降到 2.2%；第三产业从零上升到占比9%。农民人均收入由419 元跃增到5916 元，其中一产收入 1700 元，二产收入 3000 元，三产及其他收入 1216 元。

茅山老区加速发展。1985 年，全市茅山老区 19 个乡镇列入江苏省经济开发试验区。20 年来，在政府各项经济优惠政策和全市各单位对口扶持下，老区人民发扬革命传统和自力更生精神，不断加速发展，逐步缩小与先进地区差距。2005 年，19 个茅山老区乡镇实现生产总值 87.24 亿元，财政收入 4.26 亿元，分别比 1985 年增长 39 倍和 18 倍。水、电、路、通信基本到位，乡村主干道网络基本形成，自来水饮用率近 80%，有线电视入户率 54%。农民人均收入 5305 元，比 1985 年增加 1 倍，农村合作医疗参保率 69%，养老保险参保率 16%。

第一章　农业综情

第一节　农业管理体制

1983 年，镇江实行市管县体制，撤销原镇江行署农业委员会、农业局、林牧水产局、水利局、社队工业局，设立镇江市委农村工作部（简称市委农工部）作为市委农村工作的综合部门，设立市农业局、多种经营管理局、水利局、乡镇工业局为市政府组成部门。设立市防汛抗旱指挥部办公室（副处级建制，设在水利局内）、市农业资源调查和农业区划办公室（设在市委农工部内）、市绿化委员会办公室（二级局）。

1985 年，成立市茅山革命根据地经济开发指导小组办公室（以下简称市茅办，副处级建制，挂靠在市委农工部）。1987 年成立市土地管理局。1988 年，市委农工部增挂市农业现代化（后改为农村现代化）试点办公室牌子。1989 年成立市气象局。1990 年，市委农工部增挂市农业经济委员会牌子。成立市农业资源综合开发办公室（副处级建制，挂靠在市委农工部），与市农业区划办公室为两块牌子，一套班子。1996 年，增挂市农村集体资产管理办公室牌子。同年，成立市农业机械管理局，为具有行政职能的正处级事业单位。

1997 年，根据文件规定，市委农工部为市委工作机构，挂市农经委、市农村集体资产管理办公室牌子。市农业综合开发办、市农业区划办和市茅办不变，挂靠市农经委。市农业局、多管局、水利局、土管局、乡镇工业局、气象局为政府组成部门。市农机局、绿化办不变。

2001 年，撤销市委农工部，设立市委农村工作领导小组办公室，与市委研究室合署，承担农村政策调研和制定的有关职能；原市农业局与市多管局合并，组建市农林局，作为市政府组成部门，承担原两个局全部职能；原市委农工部的农村经营管理、农村集体资产管理、农民负担监管等职能，划入市农林局；市绿化办并入农林局，降为科级单位；市水利局、国土局、气象局、农机局不变，乡镇工业局划归经贸委，改为乡镇企业局；成立市农业资源综合开发局（具有行政职能的一级事业局），成立市扶贫办（副处级建制），与市茅办合署办公，两块牌子，一套班子，挂靠在市农业开发局。该局承担农业综合开发、农村扶贫及茅山老区开发、农业区划工作等职能。市农机局、市农业资源综合开发局依照公务员制度管理。2002 年，市茅办、市扶贫办合并为市扶贫和支茅工作领导小组办公室，仍挂靠市农业资源综合开发局。2004年，市粮食局、市供销合作总社划归市农业口，市蔬菜副食品办（正科级行政单位）划归市农林局代管。

第二节 农业资源

镇江市位于长江下游南岸，地形地貌复杂多样。北部是沿长江东西走向的宁镇山脉，中部为南北走向的茅山山脉，成为全市丁字形骨架，周围分布大片岗地丘陵。东北和江中洲地为长江新冲积沉淀的江洲圩田，东南部为太湖湖西平原。西南部是宁镇、茅山丘陵之间开阔的圩地。1983～2005年期间，全市分别于1983年、1987年、1989年、1993年、1998年组织5次全市农业资源调查，为农业综合开发提供科学依据。1983年，镇江市及下辖润州区，丹徒、丹阳、句容、扬中四县相继成立农业自然资源调查和农业区划领导小组，下设办公室，配专职人员，开展农业资源调查和农业区划工作。

1985年完成《镇江市综合农业区划报告》，综述全市农业生产特点，农业自然资源与经济技术条件。根据地域分布情况，将全市划分为宁镇丘陵、茅山丘陵、赤山圩区、沿江洲地圩田、洮滆平田、孟河平田共6个农业区。1. 宁镇丘陵农业区。该区位于长江南岸，宁镇山脉从句容宝华至丹阳建山，横亘东西，岗丘向南北两坡蔓延。北、东、东南以长江和10米等高线与沿江圩区及孟河、洮滆平田为界，南与茅山丘陵区相连，西与南京市的宁镇丘陵相接。包括句容、丹徒、丹阳和润州的39个乡镇，土地总面积1797.13平方公里，占全市土地总面积46.5%。耕地面积6.97万公顷，占全市耕地面积42.6%，其中水田占80.9%，旱地占19.1%。农业人口79.38万人，人均耕地0.087公顷（耕地与人口均为1983年统计数，下同）。2. 茅山丘陵农业区。该区位于市境西南部，丹徒宝堰、荣炳在茅山山脉东北部，句容的9个乡镇均在茅山山脉西侧。北和东北部与宁镇丘陵相连，东和南部以茅山为界与常州、南京相接，西部为赤山圩区。土地总面积647.37平方公里，占全市的16.8%。耕地2.39万公顷，占全市的14.7%，其中水田占83.2%，旱地占16.8%。农业人口24.79万人，人均耕地0.097公顷。3. 赤山圩田农业区。该区位于市境西南，秦淮河上游，是镇宁扬丘陵农业区秦淮圩田二级农业区的一部分。北面是宁镇丘陵，东面是茅山丘陵，西、南面与南京秦淮河圩区连接。土地总面积95.87平方公里，占全市的2.5%。耕地4510公顷，占全市的2.8%，其中水田占92%。农业人口4.74万人，人均耕地0.095公顷。4. 沿江洲地圩田农业区。该区位于境北部和东北部，大部分为长江江心的洲地圩田，丹阳和丹徒各有3个乡是沿江圩田，西以10米等高线上宁镇丘陵为界，南与常州的孟河平田区相邻，共计20个乡，土地总面积662.51平方公里，占全市的17.1%。耕地面积2.46万公顷，占全市的15.1%。东部圩田地区水田面积占耕地90.2%。西部的世业洲、和畅洲、新民洲等江中洲地以旱地为主，占耕地的92%。全区水面2.41万公顷，其中长江水面1.66万公顷，占68.6%，陆地水面7560公顷，占31.4%。农村人口44.07万人，人均耕地面积0.056公顷，人口密度较高。5. 洮滆平田农业区。该区位于市境中南到东南部，东与镇江及常州的孟河平田区相邻，东南和西南部连接常州洮滆圩区，西、北部是宁镇丘陵区。包括丹阳境内7个乡和练湖农场。土地总面积278.17平方公里，占全市的7.2%。耕地面积1.61万公顷，占全市的9.9%，其中水田占95.1%。水面3720公顷，占区土地总面积13.4%，农村人口17.39万人，人均耕地0.093公顷。6. 孟河平田农业区。该区位于市境东部偏南，北与宁镇丘陵接比，西、南均与洮滆平田区相邻，东与常州孟河平田衔接。分布于丹阳境内10个乡。土地总面积383.1平方公里，占全市的9.9%。耕地面积2.42万公顷，占全市的15.0%，其中水田91.8%。农村人口28.06万人，人均耕地0.087公顷。

1989年，根据华东地区丘陵山区资源开发调查要求，完成《镇江市丘陵山区资源调查和开发利用研究报告》。全市丘陵山区连片有55个乡镇33个场圃，计总面积2560.49平方公里，占全市土地面积的66.75%;耕地面积130926.67公顷,占全市耕地总面积的66.37%。农业人口113.78万人,占全市农业人口的57.86%。按土地类型划分:低山占9.8%、丘陵占2.3%、岗地占63.4%、平原冲田占24.5%。按利用现状统计:耕地占51.13%,园地占2.56%,林地占11.58%,牧草地占2.69%,居民点及交通、工矿用地占11.99%,水域占16.23%,未利用地占3.81%。

1992年,完成《镇江市土地利用总体规划汇报提纲》,对土地资源及其利用规划和需求预测进行调查。全市土地利用系数为94.5%,其中最高的扬中县达99%。全市土地垦殖系数50.37%,其中最高的丹阳市达59%。全市复种指数为174.8%。以1990年为基础年,2000年为目标年,规划的基本目标:确保基本农田15.22万公顷,提供建设用地1.2万公顷,提供农业结构内部调整用地6666.7公顷,开发复垦土地4400公顷。

1993年,完成《镇江市农业综合开发后备资源调查及总体开发规划报告》。全市后备资源总量为176927.47公顷,其中四低(中低产田、低产园地、低产林地、低产水面)164858.47公顷,四荒(荒山、荒地、荒滩、荒水)12069公顷。在"四低"资源中:中低产耕地145201.1公顷,占全市耕地面积的74.83%。其中中产耕地97708.27公顷(40个乡镇),低产耕地47492.87公顷(21个乡镇)。低产园地1834.14公顷,占全市总园地面积14.14%。其中低产茶园979.67公顷,占茶园总面积37.75%。低产果园391.47公顷,占果园总面积22.03%。低产桑园4636公顷,占桑园总面积4.12%。低产林地7236.72公顷,占林地总面积17.73%,占有林地总面积的23.64%。低产水面10586.47公顷,占已养面积的54.72%。其中低产池塘7230.93公顷,占池塘已养面积的58.5%。低产水库1518.6公顷,占水库已养面积的57.88%。低产河沟1838.93公顷,占河沟已养面积的46.4%。在"四荒"资源中:荒山4871.2公顷、荒地2504.4公顷、荒滩3380.93公顷、荒水1312.47公顷,各占"四荒"面积的40.36%、20.75%、28.01%、10.88%。

1995年,根据《江苏省基本农田保护条例》,完成全市基本农田划定工作。根据"五定"(定面积、定位置、定质量、定标志、定规划)标准,全市89个乡镇和两个农场划定一级基本农田保护区16.6万公顷,二级基本农田保护区5.47万公顷(其中耕地2.25万公顷),耕地保护率98%,为2000年前预留建设用地5300公顷(其中耕地4247公顷)。早在1991年,全市划定蔬菜一级保护区414.4公顷,二级保护区261.13公顷,征用控制区396.47公顷,颁发《镇江市蔬菜田保护暂行规定》,规定一级区十年内、二级区五年内不得征用,并对必须征用的,规定"先补后征,先批后用"的原则,开征新菜地建设费。1995年,在全市基本农田划定工作中再次查核划定蔬菜田保护区。

1998年,全市对农业后备资源进行更新调查,主要调查"四低""四荒"情况,研究形成"四低""四荒"的主要原因、演变历史及发展趋势,分析开发潜力和开发模式。更新调查以乡(中低产田以村)为单位,数据截至1997年12月31日。1999年,在调查基础上进行资源审核、汇总、调查核实,并进行评估、论证,分析后备资源总量构成及特点,研究低荒资源成因,提出开发利用低荒资源方向和路径。全市后备资源总量14.17万公顷。中低产耕地10.08万公顷,其中低产耕地2.38万公顷,中产耕地7.7万公顷;低产园地0.4万公顷;低产林地1.2万公顷。全市水面4.6万公顷,其中可养面积2.55万公顷,已养面积2.05万公顷,低产水面1.18万公顷。全市"四荒"面积1.31万公顷,其中荒山0.43万公顷,荒地0.2万公顷,荒滩0.18万公顷,荒水0.5万公顷。

第三节　农业发展概况

1983年,镇江市耕地面积16.34万公顷,农村劳力93.43万人,实现农业总产值14.32亿元,其中种植业10.78亿元。主要农产品产量为:粮食121.21万吨,油料2.75万吨,棉花1.59万吨,茶叶1147吨,水产品9787吨,农民人均纯收入419元。

1983～1990年,全市农村继续推进以家庭联产承包责任制为中心的土地经营制度改革,调动农民的生产积极性。同时,积极推广良种(优质高产品种)、良法(科学种植方法)、良机(农业机械),提升农业生产水平,实现农业生产和农村经济稳定发展。1990年,全市农业总产值23.32亿元,其中种植业12亿元,分别是1983年的1.49倍和1.16倍。这一期间,粮食种植面积年均22万公顷,比"六五"期间平均减少6666.7公顷,粮食总产量年均121.31万吨(1990年122.66万吨),与"六五"期间相比年均增长6.9%。油料作物面积扩大,单产提高,总产增加,年均总产4.13万吨,比"六五"期间年均总产增加1130万公斤,增长37.7%,基本实现自给有余。棉花由于收购价格调低、效益不高等因素,年均总产6158吨,比"六五"期间年均减产7542吨。1990年,全市多种经营总产值达5.57亿元,其中蚕茧产量突破万吨,比"六五"期末增长40%;茶叶2137吨,增长56%;果品产量6691吨,增长252%;生猪饲养量161.6万头,家禽饲养量1563.9万羽,羊饲养量79.1万头,分别比"六五"期末增长10.4%、29%和53.5%。水产品产量3.19万吨,比"六五"期末增长100%。农村经济商品率76%以上,农民人均纯收入1083元,比1985年增长93%。农村人均储蓄950元,人均住房28平方米。

图13-1　丰收的藕农(2005年摄)

1991～1998年期间,镇江农业发展人多地少、人增地减的矛盾比较突出,全市农业继续推广良种、良法、良机,提升农业科技水平,提高产出效率。加大农业综合开发投入,改造中低产田,开发复垦"四荒"资源,确保耕地总量平衡,农业稳定发展。1998年,全市农作物总播种面积为26.13万公顷,其中粮食作物面积占总面积79%,经济作物面积占总面积21%。农作物品种良种化,粮食单产水平大幅提高。农业生产基本实现机械化,全市农业机械总动力109.3万千瓦,农村拥有农用运输车2599辆,拖拉机20496台,联合收割机1443台,各类排灌机械40825台,植保机械3363部,农产品加工机械6482部,推土机216台及渔业增氧机665台。农机耕作面积14.56万公顷,占稻麦面积92%;机播面积6.17万公顷,占种植面积30.05%;机植保面积10.01万公顷,占稻麦棉种植面积41%;机收割面积7.84万公顷,占稻麦种植面积41%;机脱粒粮食130万吨。全市实现农业总产值61.01亿元,农、林、牧、渔等业产值结构比为71.1∶1.8∶15.6∶ 11.5。在耕地面积逐年下降的不利条件下,全市粮食总产量达126.87万吨(其中秋粮总产107.39万吨,创秋粮历史最高纪录,这一期间的1996年和1997年全市粮食总产分别达到134.45万吨、136.25万吨,创历史最高纪录)。全市油料种植面积达3.2万公顷。总产量高的1995年年产油料6.63万吨。全市畜牧业共向社会供应猪、牛、羊肉49528吨,鸡、鸭、鹅肉7710吨,禽蛋16382吨,牛奶912吨。水产品总产量5.9万吨,除大量普通鲢、鲤、草青、鲫等鱼类外,有淡水鲳鳊22吨、鳖37吨、鳇鱼1782吨、牛蛙49吨、螃蟹452吨、虾1890吨、鮰鱼92吨,及126.3吨珍珠等特种水产品。全市茶园面积达3527公顷,产茶1763吨,"镇江金山翠芽"等一批名优产品崭露头角,成为国家级名牌。全市果园面积达1562公顷,生产各类水果10396吨。1998年,全市农村劳力总数102.50万人,从事二、三产业的劳力58.32万人。全市四个县(市)全部为国家百强县,全市三分之一以上乡镇名列苏中地区百强乡镇行列。农民人均纯收入 3931 万元,居全省第四位。

1999～2005 年,全市农业发展突出“农业增效,农民增收”主题,加速高效农业发展步伐。2005 年,全市耕地面积 15.25 万公顷,比 1983 年减少 1.1 万公顷,农村劳力 97.55 万人,比 1983 年增加 4.12 万人。实现农业总产值 27.6 亿元,比 1983 年增加 13.27 亿元。全市粮食总产量 90.7 万吨,在保证粮食基本供应的基础上,农业产出效益显著增加。全市高效农业种植面积 1.83 万公顷,其中连片种植 3.33 公顷以上的面积 1.56 万公顷。涉及农户 10 万多户。高效种植业亩收入在 2000～4999 元的 1.6 万公顷、5000～9999 元的 0.2 万公顷,1 万元以上的 0.03 公顷,主要分布在科技示范园区和农业标准化示范区,主要生产有机稻米、专用小麦、时鲜蔬菜、应时鲜果、优质名茶等高效农产品,对周边村庄与农户具有较强的辐射能力。高效规模养殖中,生猪出栏 100 头以上、肉禽出栏 1 万只以上、蛋禽存栏 2000 只以上的规模养殖户 100 户,奶牛饲养 100 头以上规模户 12 户。高效渔业面积 946.5 公顷,成片 6.67 公顷以上高效渔业养殖面积 800 多公顷。主要养殖鳗鱼、长江各类鱼,地方特色水产品。全市有市级以上农业龙头企业 54 家,农民经纪人万人以上。农民专业合作经济组织 100 多家,是高效农业产品与市场联系的桥梁,帮助农民增产增收。全市农民人均纯收入 5916 元,比 1998 年增收 1985 元,增长 51%。

1983～2005 年镇江市农业主要经济指标一览表

表 13-1

年份	耕地面积（千公顷）	农村劳力（万人）	农业总产值（万元）	其中:种植业（万元）	农民人均纯收入（元）
1983	163.43	93.43	143222	107767	419
1984	163.04	97.53	164058	116725	478
1985	162.69	100.60	170060	112047	560
1986	162.49	103.10	191485	116949	705
1987	161.75	105.40	202921	114867	796
1988	161.58	107.20	218919	119232	963
1989	161.06	107.90	218192	113877	988
1990	161.01	108.90	233225	120104	1083
1991	160.99	109.90	234048	112848	1116
1992	160.84	110.90	264323	118242	1353
1993	160.44	111.70	295951	130045	1713
1994	159.55	110.60	333294	123175	2271
1995	159.15	107.80	351103	133242	2879
1996	158.23	106.10	375779	139664	3523
1997	180.93	103.70	342615	143104	3855
1998	180.19	102.50	346236	134835	3931
1999	179.71	101.10	354092	137887	3958
2000	161.35	100.29	368066	139475	4042
2001	160.76	100.10	378295	130206	4191
2002	159.91	99.46	391736	127390	4452
2003	157.30	97.94	262216	128007	4733
2004	154.94	97.11	274457	136882	5306
2005	152.54	97.55	275953	129455	5916

1983～2005 年镇江市农业主要产品一览表

表 13-2

年份	粮食（吨）	棉花（吨）	油料（吨）	茶叶（吨）	水果（吨）	蚕茧（吨）	水产品（吨）	生猪出栏（万头）	造林（千公顷）
1983	1212125	15925	27543	1147	3451	4520	9787	70.18	1.11
1984	1280977	15827	25279	1202	3617	5701	12290	73.74	1.66
1985	1153759	10665	47610	1363	3697	6187	15393	76.00	2.12
1986	1247167	7898	41390	1569	5726	6949	18560	83.03	1.59
1987	1185911	7919	45548	1775	6561	7729	24114	86.12	1.49
1988	1217694	6970	35819	2106	6689	9531	27736	89.33	1.54
1989	1187944	2834	38988	1953	6455	10196	29045	88.86	1.41
1990	1226583	5168	45116	2137	6691	10736	31929	90.89	1.31
1991	1138889	5081	47741	1861	5833	11040	29742	965.25	1.53
1992	1236923	5893	57111	2077	7012	11235	33720	105.14	1.63
1993	1222352	3122	55422	2340	8061	11811	39788	109.54	1.56
1994	1123921	2551	52775	1926	8920	11897	43840	116.58	1.39
1995	1255687	3426	66273	1557	10317	10311	47838	124.92	1.25
1996	1344569	2493	61337	1818	10874	6198	57419	118.53	1.59
1997	1362477	2297	58616	1862	11565	5325	65375	108.13	1.46
1998	1268702	3111	33969	1763	10396	3785	58975	104.89	1.10
1999	1256272	1224	73429	1879	11132	2527	62765	100.69	1.11
2000	1180251	1613	87232	1816	12683	3194	60000	103.40	1.45
2001	1091164	1948	84986	1792	14049	3030	66500	102.08	1.25
2002	1094501	1501	79205	1707	15597	2944	68500	99.00	1.64
2003	862505	1524	74482	1750	17992	1690	69600	87.00	3.78
2004	990368	1759	91449	1368	16656	1870	69273	76.00	2.59
2005	906831	1833	85697	1253	16057	1392	73781	75.00	2.01

第四节　农村经济结构

一、农村三业结构

1983 年，全市农村三业总产值 26.65 亿元，其中农业产值 14.32 亿元，农村工业总产值 12.33 亿元，分别占农村三业总产值的 53.73%、46.27%。

“七五”期间，全市农业年递增 5.41%，农村工业年增长 24%，农村第三产业发展较快。1990 年，全市农村三业总产值 115.92 亿元，其中农业总产值 23.32 亿元，农村工业产值 82.12 亿元，农村第三产业产值 10.47 亿元，分别占农村三业总产值 20.12%、70.85%、9.03%。农村工业职工 44 万余人，占农村总劳力 40.34%，年发放工资 4 亿元以上，占农民总收入 22.83%。同期，乡镇工业成为农村支柱产业，累计反哺农业资金 14126 万元，其中提供建农资金 5346 万元，教育费附加 2179 万元，上缴乡村税后利润 6601 万元。

“八五”“九五”期间，全市农业在稳定粮食生产前提下，充分发挥农民自主创业的积极性，大力发展农村二、三产业。“八五”期末的 1995 年，全市农村三业总产值 392.35 亿元，其中农业产值

35.11 亿元，占三业总产值8.95%；工业产值315.94 亿元，占三业总产值80.52%；农村第三产业产值41.3 亿元，占三业总产值10.53%，占比超过农业1.58 个百分点。农村劳力的60%转移到非农的农村二、三产业，全市农民人均收入2879.3 元，高于全省平均水平，列全省第四位。其中扬中市农民人均纯收入3458.5 万元。农户家庭收入60%以上来自非农产业。2000 年，全市农村三业总产值671.41 亿元，其中农业、工业、第三产业产值分别为36.8 亿元、543.82 亿元、90.78 亿元，分别占三业总产值的5.47%、81%、13.53%。农村实有从业人员100.30 万人，从事一、二、三产业人数分别为46.36 万人、36.74 万人和17.2 万人。年末实有耕地面积16.14 万公顷。农民人均纯收入4042 元，列全省第五位，其中人均多种经营收入1580 元。

"十五"期间，农村工业和第三产业比重增加，农业结构调高（高效）、调优，农民收入进一步提高。2001 年，全市农民人均纯收入4191 元，比2000 年人均增收149 元，其中农业高效面积扩大，农产品品质提高，价格上扬增收50 元，农村二、三产业发展，劳力转移加快增收59 元，劳务输出人均增收10 元，合同内减负增收30 元。2002 年，全市农村人均耕地面积不到0.067 公顷，少数镇村人均只有二三分地，农村劳力中从事二、三产业65.4 万人，占农村总劳力55%。扬中市农民从事三业比例5∶55∶40，丹阳市界牌镇95%以上农村劳力从事二、三产业，真正意义上的农民只占总人口5%。农业产业的产品品种、品质结构大为改善，优质水稻比重占75%，专用小麦比重占90%。三业结构调整带动农民收入结构变化，全市农民人均纯收入中非农产业比重达75%，占农民人均纯收入增量80%。2004 年，全市农村社会产值首次突破千亿元，其中农业总产值占2.6%。2005 年，全市农村社会总产值达1250.89 亿元，其中农业产值27.6 亿元，占2.21%；农村工业产值1110.62 亿元，占88.79%；第三产业（建筑、运输、商业、饮食、服务业）产值112.68 亿元，占9%。全市农民人均纯收入5916 元，比2004 年增长11.5%，其中来自一产收入1700 余元，二产收入3000 余元，三产收入400 余元，劳动力转移输出收入700 余元，政策性收入（一免三补）60 元。

1983～2005 年镇江市农村三业总产值情况表

表13-3

年份	农村三业总产值（万元）	农业总产值		农村工业总产值		农村第三产业总产值	
		万元	占农村三业总产值（%）	万元	占农村三业总产值（%）	万元	占农村三业总产值（%）
1983	266502	143222	53.74	123280	46.26	–	–
1984	338973	164058	48.40	174915	51.60	–	–
1985	502708	170060	33.83	280083	55.71	52565	10.46
1986	622870	19145	30.74	370685	59.51	60700	9.75
1987	811076	202921	25.02	532756	65.69	75399	9.30
1988	1016016	218919	21.55	699569	68.85	97528	9.60
1989	1053275	218192	20.72	732790	69.57	102293	9.71
1990	1159154	233225	20.12	821218	70.85	104711	9.03
1991	1289599	234048	18.15	926583	71.85	128968	10.00
1992	1726117	264323	15.32	1304812	75.59	156982	9.09
1993	2689260	295951	11.00	2176364	80.93	216945	8.07
1994	3747381	333294	8.89	3109588	82.98	304499	8.13
1995	3923539	351103	8.95	3159417	80.52	413019	10.53
1996	5066164	375779	7.42	4151085	81.94	539300	10.65
1997	5374190	342615	6.38	4510723	83.93	520852	9.69

续表 13-3

年份	农村三业总产值(万元)	农业总产值		农村工业总产值		农村第三产业总产值	
		万元	占农村三业总产值(%)	万元	占农村三业总产值(%)	万元	占农村三业总产值(%)
1998	5853448	346236	5.92	4957308	84.69	549904	9.39
1999	6369706	354092	5.56	5359002	84.13	656612	10.31
2000	6714124	368066	5.48	5438240	81.00	907818	13.52
2001	7013120	378295	5.39	5896415	84.08	738410	10.53
2002	–	391736	–	–	–	–	–
2003	8252673	262216	3.18	7118056	86.25	872401	10.57
2004	10521268	274456	2.61	9271044	88.12	975767	9.27
2005	12508891	275953	2.21	11106177	88.79	1126761	9.01

二、农业结构

1983 年,全市粮食作物面积 23.26 万公顷,占农作物播种面积的 81.47%,经济作物面积 5.29 万公顷,占 18.53%。“七五”期间,粮食种植面积比“六五”期间平均减少 6666.67 公顷,经济作物扩大 1 万多公顷。1991 年,全市种植业产值 11.28 亿元,多种经营产值 12.89 亿元,第一次超过种植业产值。1992 年,在保持粮食面积基本稳定前提下,调整低产粮田和岗坡低洼地 6670 公顷发展经济作物。1993 年,全市经济作物播种面积扩大到 6.83 万公顷,占作物播种面积的 24.6%,比 1983 年增加 3.9 个百分点。“八五”期间,镇江多种经营以“保供增收”(保证农副产品市场供应,增加农民收入)为目标,加大农业结构调整力度。全市累计调出 6670 公顷低产田、岗坡地、滩涂、低洼地用于发展多种经营。1995 年,多种经营产值 23 亿元,比 1990 年增长 100%,占农业总产值比重由 51% 上升到 70%。农村人均收入来自多种经营部分超 1000 元,比 1990 年增加 700 元,多种经营人均收入占整个农村人均收入 40%。“九五”期间,多种经营突出“致富农村和生态保护”两个重点,实施可持续发展战略,多种经营产业化发展初见成效。1998 年,多种经营产值 25.1 亿元,占农业总产值比重 60% 以上,成为农业经济的主导产业。

1999 年,市委、市政府推进新一轮种植业结构调整,主要是调稳粮食、调活结构、调高效益。实行“三转三提高”调整思路,即:粮经(粮食作物与经济作物,简称“粮经”)结构由粮棉油向粮棉油、饲、菜、特种经济作物结构转变,提高经济作物比重;区域结构由小而全、分散经营向区域化方向转变,提高规模化经济效益;品种结构由追求高产向优质高效并重转变,提高市场竞争力。2000 年,全市农作物播种总面积 25.44 万公顷(实有耕地 16.14 万公顷),其中粮食作物 18.08 万公顷,占总面积 71%;油料作物 4.55 万公顷,占 17.87%;蔬菜 1.98 万公顷,占 7.78%;其他作物 0.85 万公顷,占 3.35%。2001 年,全市粮食种植面积调减到 16.61 万公顷,粮经产值比例调为 63:37。2002 年,全市经济作物面积扩大到 8.01 万公顷,粮经比例调整到 60:40;养殖业占农业总产值比重 32%。优质粮油、优质肉奶、特色水产、高效园艺、生态经济林果、观光休闲农业等六个特色主导产业初步形成。名特茶比重 48%,应时水果优质品种率 90% 以上,瘦肉型商品猪比重 30%,杂交山羊比重 50% 以上,特种水产比重 40%。2003 年,全市农业粮经比例 50:50。2004 年,镇江被评为全省粮食生产先进市,丹阳市被评为全国粮食生产先进县。全市新增经济作物面积 2667 公顷,粮经比例 48:52。形成稻鸭共作大米、时鲜蔬菜、应时水果、优质名茶、长江名贵鱼类等一批市场竞争力较强的特色产品。2005 年,新增经济作物面积 1133.33 公顷,全市粮食种植面积 15.56 万公顷,占作物播种面积 66.7%,经济作物面积 7.79 万公顷,占 33.4%。全市粮经产值比为 50:50,养殖业占农业产值比重为 40%。

1983～2005年镇江市粮食与经济作物结构表

表13-4 单位:千公顷

年份	农作物总播种面积	粮食		经济作物	
		播种面积	占农作物播种面积(%)	播种面积	占农作物播种面积(%)
1983	285.48	232.58	81.47	52.90	18.53
1984	286.33	235.54	82.26	50.79	17.74
1985	285.56	219.95	77.02	65.61	22.98
1986	278.59	221.39	79.47	57.20	20.53
1987	285.38	219.99	77.09	65.39	22.91
1988	284.27	219.85	77.34	64.42	22.66
1989	281.92	221.23	78.47	60.69	21.53
1990	282.05	221.75	78.62	60.30	21.38
1991	281.11	218.33	77.67	62.78	22.33
1992	283.32	216.89	76.55	66.43	23.45
1993	277.99	209.69	75.43	68.30	24.57
1994	256.85	192.27	74.57	64.58	25.43
1995	263.86	212.53	80.55	51.33	19.45
1996	263.55	215.56	81.79	47.99	18.21
1997	265.14	206.47	77.87	58.67	22.13
1998	261.33	205.33	78.57	56.00	21.43
1999	260.18	204.52	78.61	55.66	21.39
2000	254.38	180.76	71.06	73.62	28.94
2001	245.52	166.10	67.65	79.42	32.35
2002	244.17	164.06	67.20	80.11	32.80
2003	233.17	151.52	64.98	81.65	35.02
2004	231.50	152.88	66.04	78.62	33.96
2005	233.44	155.58	66.65	77.86	33.35

第二章 农村改革

第一节 农村土地经营制度改革

一、家庭联产承包责任制

1983年,镇江所辖“四县一区”(丹阳、丹徒、句容、扬中县和润州区)推行“联产到劳、包干分配”家庭联产承包责任制的生产队有16881个,占生产队总数99.7%。市郊345个蔬菜队中,342个实行家庭联产承包责任制。原保留公社所有制核算的丹徒县江心公社也改为家庭联产承包责任制。全市实行家庭联产承包经营的农户58.15万户,占农户总数的96%,承包经营的耕地面积12.45万公顷,占耕地总面积78%。土地承包形式在联产承包责任制初期实行“两田制”(按人分粮田,按劳分责任田,少数地方以人均分田)到大包干,即粮食、经济包干上缴。群众称为“交够国家的(粮食定购任务和农业税),留足集体的(公积金、公益金和管理费),剩余都是自己的。”除农业外,林、牧、副、渔业也普遍由家庭或个人采取各种形式联产承包,并由农田、水面、山林联产承包向“四荒”资源开发承包发展,各地相继出现许多自筹资金和共同筹资承包开发“四荒”资源的个人和企业。新建许多家庭小农场、小茶场、小林场和水产养殖场等。同年,全市农村实行管理体制改革,人民公社改为乡(镇)建制,大队改为村建制,生产队改为村民小组。各乡(镇)逐步建立健全农业服务公司、工业服务公司等农村经济组织,为农户提供技术、生产资料、信息、销售等方面的服务。1984 年,“四县一区”的 933 万公顷荒山林,落实责任制的占 69%(承包到户的占 78.2%,承包到组的占 21.8%);14667 公顷放养水面承包到户的占 89.2%;2584 公顷荒地荒滩,承包到户的占 4.2%。句容下蜀乡山河村村民凌表华在 33.3 公顷荒山承包合同上签字,成为全市最大的荒山承包户。同年,在专业户和先进户带动下,全市农村涌现 508 个专业村,这些专业村显著特色是农产品商品率高,经济效益高、社会收入高。1985 年,家庭联产承包责任制完善为“统分结合,双层经营,户为基础”的新型土地经营体制,既发挥农户的经营积极性,又发挥集体服务的优越性。村、组主要从统一布局、统一供种、统一供水、统一植保等方面向农户提供一家一户办不了、办不好的服务项目,指导农村经济健康发展。经济发达的乡(镇)建立机械、管水、植保等服务组织。全市家庭联产承包农户达 51 万户,占农村总户数 95%;承包耕地面积 16.27 万公顷,占耕地面积的 99% 以上。全市粮食、棉花等主要农产品由国家统购、派购改为合同订购。市粮食系统与全市 40 多万户农民签订粮食收购合同。肉蛋等农副产品价格放开,集贸市场放开经营。1987 年,全市农、林、牧、渔业等全面实行以户经营。1992 年,全市农村做好承包经营确权发证工作,稳定完善以家庭联产承包为主,统分结合的双层经营体制。1998 年,全市推进农村土地第二轮承包(农村第一轮土地承包经营期自 1983 ~ 1997 年)。明确从 1998 年始,延长土地承包 30 年不变;在一轮承包期向二轮承包期过渡上坚持大稳定,小调整;在二轮承包确权上,做到人人有田,户户颁发土地承包经营权证书,明确土地所有权,稳定土地承包权,搞活土地使用权。坚持三权(所有权、承包权、使用权)分离,权责明确。鼓励开发“四荒地”,谁开发、谁投资、谁得益,允许继承,承包者向集体缴纳承包金。同年底,全市有 1417 个行政村、15784 个村民小组、55.11 万户农户家庭实施第二轮承包,占应承包户的 94.8%。14765 个村民小组发放土地承包经营权证书,占总组数 93.54%,颁发土地承包经营证书 44.39 万份,占全市应发证总数 89.6%。二轮承包中,大调整的 1883 个小组,小调整的 3526 个组,其余为直接延包。按人均分地的有 12570 个村民小组,经营承包田 8.79 万公顷,占总承包面积 80%;按人劳比例分地的 28354 个村民小组,经营承包田 2.2 万公顷,占总承包面积 20%。2005 年,市政府下发《关于进一步完善农村土地承包工作的意见》,本着“确权、发证、赋权、并加以物权保护”的原则,做好应补、换发《农村土地承包经营权证书》工作。全市 52.11 万户承包户中,应补、重签承包合同 33.05 万份,应补、换发证书 38 万份,补签合同 32 万份,占应补签合同 95%;补、换发证书 31.5 万份,占应补、换发证书的 82.8%。

二、土地适度规模经营

1984 年,由于农村劳力转移到二、三产业,全市农村中出现有劳无田种、有田无劳种的新情况,各级鼓励农村土地适度流转,向种田能手集中。同年,全市有种粮大户 3014 户,经营耕地 3010 公顷,户均 1 公顷。1988 年,全市进一步推进农业适度规模经营。1989 年,市委、市政府召开全市农业专业户先进生产者表彰大会,对 210 名粮、棉、油、猪、菜、禽、鱼专业大户先进生产者进行表彰。1994 年,本着“大稳定、小调整”的原则,全市对部分抛荒耕地进行调整,促进承包土地合理流转,主要办法:一是完善“两田制”,口粮田以户承包,责任田以劳承包,明确规定原承包户和转包户双方的权利和义务;二是乡(镇)政府制定优惠政策,鼓励种田能手搞规模经营,鼓励有条件的村和企业兴办集体农场,并由集体组织提供有效的社会化服务;三是试行承包荒地、废地折价入股,以股份合作制开发农业项目。转让使用权,可以用招标办法,跨社、跨村、跨乡承包,也可以接纳外来户承包。全市选择5个乡镇进行试点,截至年底,5个试点乡镇流转土地面积近450公顷,涉及农户3043户,分别占5个乡镇耕地面积和农户数的4.5%和6.5%。土地转出户中有从事二、三产业户,外出务工户,农转非户,固定工资收入户。流转期限有短期流转,也有长期流转。流转范围有本村的,也有外村的。1996年,全市农村适度规模经营迈出较大步伐。在规范承包合同、不改变用途前提下,根据农民自愿,因地制宜转包。截至年底,全市户均1.33公顷、劳均1公顷以上规模经营单位2340个,经营土地面积4495.20公顷。其中村办农场148个,经营面积932.27公顷;种田大户1914个,经营面积2550.93公顷;厂办农场84个,经营面积262.13公顷;站办农场40个,经营面积461.53公顷;股份合作制农场154个,经营面积288.33公顷。列入农场现代化示范的4镇、28村,土地适度规模经营面积860公顷,占全市土地规模经营面积24.52%,占这些村承包土地面积的12.1%。

2005年,根据"依法、自愿、有偿"的市场化原则,全市420个行政村、8892个村民小组、129628户农户实行土地流转,流转承包面积2.37万公顷,占农户承包面积21.25%。流转土地用于种植业9990公顷,经济林业5410公顷,花卉草木1660公顷,水产养殖1370公顷,禽畜养殖7200公顷,其他4520公顷。流转形式多样化,出租9030公顷,占38.13%;转包8200公顷,占34.69%;转让3230公顷,占9.4%。流转对象多元化,土地流转工商企业6570公顷、城镇居民1720公顷、种田大户1.46万公顷。

第二节　农村经济服务组织和农村合作基金会

一、农村经济服务组织

1984年,根据中共中央〔1984〕1号文件有关管好农村资金的要求,在润州区象山乡建立全市第一个农村经济服务公司,并在全市进行推广。同年底,91个乡(镇)全部成立农经服务公司,并成立农业服务公司、多种经营服务公司、乡镇工业服务公司,性质为行政型公司。主要服务和管理项目有:农业服务公司主要供应种子、农业生产资料(化肥、农药),提供农业信息服务;农经服务公司主要负责农业承包合同的签订和管理、集体资产管理(村级资金实行村有乡管),农村合作发展基金的筹集、管理和使用,农村财务辅导,农村审计等;多种经营服务公司主要负责良种繁育与供应、饲料供应、加工销售等;乡镇工业公司主要负责乡镇工业发展;农机服务管理站,主要供应农机、农机用油,农机维修;农村水利管理服务站,主要负责机灌、农田水利规划和工程设计。1985年,选择丹阳县司徒镇车村、句容县宝华乡凤坛村、润州区象山乡红旗村成立村级服务组织,并由点到面逐步推广,初步形成统分结合、双层经营的生产架构。1989年,乡镇农机站改为全民事业性质,全市定编419人。1990年,乡镇级服务组织由行政管理型转变为管理、经营、服务型。1994年,全市1420个行政村中,1415个村建立服务组织,占村总数99.6%,其中农工商总公司341个,占村总数的24%;村经济联社1074个,占76%。44.1%的村建立农业综合服务站,65.9%的村建立农经合作服务站,88.7%的村建立农村服务队,70.9%的村建立配药站,植保专业防治人员1200名,弥雾机4552台,专业防治面积35%,实行统一管水的村达98.6%。1988年,村级农业服务组织的形式有5种,分别是:依托型,以村办企业为依托,工厂设农业服务车间,全市有188个村,占村总数13.2%;经营型,服务主体为经济实体,全市有140个村,占村总数9.9%;季节承包型,有442个村,占村总数31.1%;联合服务型,有325个村,占村总数22.9%;个体专业型,有326个村,占村总数23%。1996年,市委76号文规定集体所有的土地、山林、滩涂、水面等资源,集体投资兴办的实体,集体形成的积累,集体持有的有价证券及关联资产,国家无偿扶持的资产为农村集体资产。乡镇的经济实业总公司为集体资产管理机构,具体工作由乡镇农经站负责。截至2000年，乡镇农经服务组织相继定编定员，人员转为事业性质。2005年，村级农经服务组织中，个体专业服务型成主体，全市农户拥有各类大型拖拉机1568台，小型拖拉机1.45万台，联合收割机2065台，机耕面积占50.1%，机收面积占98.8%。

二、农村合作基金会

农村经济合作基金会前身是农村经济经营管理服务公司。1984年，润州区象山乡首先成立。之后，全市各乡镇相继成立，同年，在全国率先对集体资金管理和运用实行改革，把集体闲置资金集中起来，在集体经济组织内部开展余缺调剂、有偿使用的融资服务，先在润州区象山乡、句容县东昌乡、丹阳县吕城镇、扬中县永胜乡、丹徒县姚桥乡进行试点，后全面推广。截至1991年底，全市87个乡镇的农经服务公司开展集资调剂、入股投资和代收代管等形式的融资服务。筹集资金2.5亿元，融资3.35亿元，累计支持2万多家乡村企业、6300多个集体多种经营项目，1190个经济联合体，3万多户各类专业户和农户发展商品生产，增加社会效益11.72亿元。镇江的做法得到中共中央政策研究室和农业部肯定，《人民日报》《经济日报》《新华日报》《农民日报》陆续作报道。先后有26个省、市、自治区的人员前来参观考察，在全国1.6万个乡镇进行推广。1992年，句容东昌镇成立全市第一家农村合作基金会，各乡镇农经公司相继更名为农村合作基金会。至1999年，全市共有农村合作基金会81个。基金会由市、县(区)农工部主管，乡(镇)党委领导，建立董事会领导下的主任负责制，以为“三农”服务为宗旨，按照自愿原则，有偿使用，自主经营，民主管理，在本乡镇范围内，从会员股金、代管资金、代结算资金、自有资金、融通资金等方面筹集。1999年，全市农村合作基金会融资总额11.19亿元，其中扬中市5.51亿元、丹阳市2.21亿元、丹徒县2.22亿元、句容市1.15亿元、大港镇1066万元。股金规模9.59亿元，入股农户20万户。融资规模超千万元的有29个乡镇，最多的扬中丰裕镇11654.42万元，最少的句容县亭子乡15.68万元。全市投放金额8.55亿元，支持农户32645户，乡村集体企业5725家，个体工商户6773户，私营企业382家。

1999年6月，按中共中央、国务院决定和省政府清理整顿部署，全市农村合作基金会实行“二停一保”，即停止吸股存款业务，停止资金投放，保证股民股金兑现。由各级人民政府负责，统一、有序、稳妥地对农村合作基金会进行全面清理整顿。至2005年底，各辖市(区)积极稳妥地做好清产核资、清吸清欠、分类处置、落实债务、首付兑现和收购工作。全市81个农村合作基金会中：自行清盘关闭且不需收购的7个；注资后并入农村信用社的12个，并入资产3.4亿元；清盘关闭并由农村信用社收购有效放款的62个，全市除向省政府借用2.1亿元贷款外，自筹4900万元，清欠，收回存款2亿元，按照小额股金一次性清退，大额按比例分年度兑付的办法，首期兑付1.01亿元，累计兑付4.4亿元股金。全市股金规模由9.59亿元下降到近2亿元，清理整顿工作实现平稳过渡。

第三节 农村现代化建设

1990年，镇江市被列入江苏省农业现代化试验区。市委、市政府以农村现代化统领农村改革与发展。以实现农村工业化、农业现代化、乡村城市化为基本目标，以抓总体规划制定和年度项目实施入手，有计划、有步骤地开展农村现代化试点工作。1991年，全市选择13个村作为市级农村现代化试点村，探索农村经济协调发展、社会事业全面进步、物质文明和精神文明共同提高，建设“经济繁荣、科教发达、生活富裕、环境优美、法制健全、社会文明”的社会主义新农村。1992年，试点村扩大为14个。1993年，确立新坝、界牌、辛丰、后白4个镇和28个村列为市级试点示范。县(市)、区选择40个村列为示范点。1995年，市委、市政府召开农村现代化试点工作会议，表彰扬中市新坝镇建新村等13个先进单位和丹阳市界牌镇立新村党支部书记杨纪才等20名先进个人。依据市党代会提出的镇江市于2005年基本实现现代化的目标，初步拟订于20世纪末，全市60%的乡镇、45%的村达到初步现代化标准;40%的乡镇、30%的村达到基本现代化标准;20%的村达到较高现代化水平。市委、市政府确定扬中市新坝镇、丹阳市界牌镇及丹阳市皇塘镇皇塘村、后巷镇前巷村、新桥镇新桥村、句容市郭庄镇金星村、丹徒县黄墟乡龙山村、辛丰镇辛丰村为全市农村现代化建设示范镇、村。并对“两镇六村”农村现代化试点专门出台优惠政策,主要包括税收优惠、土地收益优先用于土地复垦开发、放宽有关收费政策、部门专项扶持和信贷优惠、财政优惠支持以及试行小城镇户籍制度改革等六个方面。

截至1996年底,市级示范的4镇28村的农村三业总产值125.24亿元,新坝镇28.4亿元,龙山村30.76亿元。镇均利税总额7622.25万元,村均1838.68万元,新坝镇与龙山村农民人均收入分别为4493元和5668元,比全市平均水平高出638元和1813元。4镇28村建成吨粮田、丰产田1576公顷,占粮田总面积17.26%(村占33.5%),“三麦”、水稻机收率分别达85.7%和61.1%,镇均工业产值13.87亿元,村均工业产值2.4亿元,拥有省、市级集团企业33家,兴办“三资”企业71家,农村现代化小城镇初见雏形。

1997年,镇江在新坝、界牌、辛丰、后白4镇进行小城镇户籍制度改革试点。凡在4镇的集镇规划区域内有固定住所(含购买商品房、自建房及租赁一年以上的营业用房)有稳定职业和生活来源,并已在城镇居住一年以上的人口,可申请在小城镇落户。至年底,4镇改革户籍办理数达1945户。同年,镇江市列入新一轮全省农村现代化试验区,扬中市列入首批省级试验重点县(市),扬中市新坝镇、联合镇,丹阳市界牌镇,丹徒县辛丰镇,句容市后白镇及扬中市新坝镇双新村、治安村,联合镇新跃村,丹阳市后巷镇前巷村,丹徒县黄墟镇龙山村,句容市郭庄镇金星村5镇8村为首批省级试验示范先行单位。至此,镇江市农村现代化列为省级试验示范的有1个县(市)、5个镇、27个村。同年,市委三届九次全委扩大会议再次明确2005年在全省率先基本实现农村现代化的目标任务和主要措施。同年,召开全市小城镇建设工作会议,出台扶持小城镇发展的优惠政策,主要是在统一规划、合理布局、综合开发、配套建设的原则下,积极推进土地制度改革和户籍制度改革,建立和完善国家、地方、集体、个人等多元化、多渠道投资的小城镇建设投资体制。同年,丹阳市界牌镇、新桥镇列入省级小城镇综合改革试点行列。省、市级试点镇在合理规划土地、调整产业结构、农业产业化经营、减少环境污染方面先行一步。1999年,新增市级试验示范镇4个(丹徒县高资镇,扬中市八桥镇、兴隆镇,句容市宝华镇),新增示范村10个。报批新增省级试验先行镇2个,试验先行村7个。扬中市本级试点村由18个扩大到30个。丹阳市新桥镇被建设部评为全国村镇建设万家文明集镇;新桥、界牌镇被建设部列为全国小城镇建设试点镇;界牌、新坝、后巷、黄墟等7镇被列为江苏省新型示范小城镇。

2000年,农村现代化建设取得显著成效。丹阳市界牌镇以市兴镇,二、三产业联动推进,市场建设与小城镇建设一体发展。1992年以来,集镇建设投资3.5亿元,其中吸纳民间资金1亿多元。全镇三业总产值24亿元,国民生产总值6.45亿元,储蓄总额4亿元。集镇建成区4平方公里,拥有6000门程控电话和日处理2万立方米的自来水厂。省级流通市场华东灯具城被国务院发展研究中心认定为全国最大的汽车、摩托车灯具专业市场,年交易额4.5亿元以上。新坝镇以工业兴市,全镇经济总量连续12年在苏中地区名列第一。集镇建成区4平方公里,人口1.8万人,其中1996年以来新增人口1.2万人,建成“四纵四横”道路网络。程控交换机容量1万门,集镇电话普及率85%。集镇自来水、液化气普及率分别达100%和90%。先后被评为江苏省经济与环境协调发展镇、江苏省新型示范小城镇、江苏省卫生镇和镇江市环境整治优秀镇。句容市茅山镇以旅游兴镇,全镇依托茅山景区,以旅游带动经济发展和集镇建设。丹阳延陵、珥陵镇以蚕茧等农副产品集散促进经济繁荣和集镇建设,形成特色。在示范镇带动下,全市大部分乡镇完成乡镇规划和集镇规划的修编,通过合理规划土地,调整产业结构,实施农业产业化经营和小城镇建设,形成依托不同主导产业各具特色的新型农村小城镇。各项功能不断完善,道路、自来水、电力、通讯、农贸市场、医院、影剧院、文化中心等形成体系。全市农村村镇公路累计总面积5571万平方米，其中中、高级公路2705万平方米，土路1915万平方米，人均道路面积22平方米。全市累计建设农贸市场160个、专业市场62个。集镇绿地人均3.7平方米，镇村建公园9座，农村人均住房面积41.6平方米，镇、村自来水普及率76%，总供水45万立方米，受益人口145万人。累计建公厕411座，垃圾填埋场88个。2004年，全市农村开展"双清双美"活动，10%的村、30%的镇获市"双清双美"镇村称号，清理疏浚大小河道2000多条，清洁美化大小道路2000多公里，整治出新30多个集镇，改造完善300多个村庄的基础设施。这一做法得到全省关注，农民欢迎。截至2005年底，全市已建立15个省级示范镇、村，36个市级示范镇、村，示范镇、村的示范作用更加明显。其中扬中市新坝镇、丹阳市后巷镇2005年工业销售额60多亿元，示范镇、村中涌现出一大批规模企业，大全集团销售额30多亿元，天工、飞达集团销售额近20亿元。农民收入增长超过全市平均水平，新桥镇农民人均收入超过1万元、界牌镇9800元、新坝镇超过9000元。在示范镇、村带动下，全市农村现代化取得新进展，2005年，辖（市）区地区生产总值从2001年239亿元增加到649亿元，占全市地区生产总值比重从58.6%上升到71.7%；农民人均收入达5916元；全市所有行政村全部通上水泥路，累计投入10多亿元，建成农村公路1870公里；农村自来水普及率98%以上；全市城镇化率58%。农村居民参加新型农村合作医疗比例95%，受益人口137万人，养老保险覆盖率40%，年均收入1200元以下农户享受低保。5000户纯粮户人均收入2000元，实现低收入脱贫。但是，全市城乡居民收入差距加大。1985年，全市城乡居民收入比为1.49∶1，2005年，这一比例扩大到2.05∶1；全市69.61万户农民没有养老保险，31万户农民没有医疗保险，30多万农民工虽进入城镇，但不完全享受市民的政治、经济和社会福利待遇；全市58万户农户、149万农村人口居住在607个行政村、7000多个自然村，布局凌乱、居住零散，导致土地利用难集约、基础设施难配套、环境卫生难管理。

2005年镇江市农村现代化基本情况一览表

表13-5

项　目	单位	全市	市区	丹徒区	丹阳市	扬中市	句容市
一、农村用电量	万千瓦时	289206	67068	53256	161282	29653	31203
二、农用化肥施用量（折纯）	吨	95065	24843	18023	33022	7165	30035
氮肥	吨	48627	13406	9277	17536	4663	13022
磷肥	吨	7452	1618	917	651	721	462
钾肥	吨	5232	1347	881	2286	358	1241
复合肥	吨	33754	8472	6948	12549	1423	11310
三、农用薄膜使用量	吨	2357	588	256	794	152	823
地膜使用量	吨	1447	317	163	488	140	502
地膜覆盖面积	公顷	7417	2398	1618	1582	285	3152
四、农用柴油使用量	吨	17633	5781	4327	5309	503	6040
五、农药使用量	吨	4271	623	453	1597	429	1622
六、农业机械总动力	千瓦	1296097	309122	197367	449267	128732	408976
柴油机	千瓦	659298	150694	95346	188796	58897	260911
汽油机	千瓦	88433	23634	5939	41782	5152	17865
电动机	千瓦	548366	134794	96082	218689	64683	130200
七、农业机械年末拥有量							
大中型拖拉机	台	4754	797	533	2013	689	1255
小型拖拉机	台	15869	2919	2183	4524	945	7481

续表 13-5

项 目	单 位	全 市	市区		丹阳市	扬中市	句容市
				丹徒区			
水泵	台	43913	12819	8786	7826	6062	17206
联合收割机	台	1999	378	325	1165	191	265
机动脱粒机	台	59694	8981	7700	37226	3978	9509
机动喷雾(粉)机	台	4328	524	432	2341	546	917
饲料粉碎机	台	1675	404	266	885	66	320
农用运输车	辆	5786	854	727	1471	428	3033
推土机	辆	235	54	38	108	1	72

第四节 农业龙头企业与农民专业合作社

一、农业龙头企业

1993 年,镇江在推进农业综合开发、建立农副产品生产基地的基础上,积极探索千家万户的农户与千变万化的市场对接的路径。引导农民以市场为导向,走贸工农一体化、产加销一条龙的路子。全市已有初具规模的产加销一条龙工程项目 36 个,实现销售收入 10.02 亿元,利润 7550 万元,税金 9556 万元,共消化农副产品 5.82 万吨,带动生产基地面积 2.44 万公顷,有 31.5 万户约 105 万农民受益,人均增加收入 105 元,平均每个龙头企业带动基地面积 666.67 公顷。1994 年,市委、市政府召开"一龙双专"(即产加销一条龙,专业村、专业户)富民工作促进会,要求各地以发展产加销一条龙和专业村、专业户为重点,引导农民走向市场,增加农民收入。下发《关于重点扶持十二个产加销一条龙工程项目的意见》,组织实施"3658"育龙工程(即舞活壮大全市 36 条龙,争取每年有 8 万户农户从"龙"的工程中得到明显效益,争取用 5 年时间使全市 40 万农户与龙头企业结成利益共同体)。1996 年,全市 36 个农业产业化龙型工程项目实现销售收入 48 亿元,利税 4.5 亿元,创汇 3.56 亿美元,消化农副产品 45 万吨,带动 8 万户农户生产经营,人均增收 700 元。一批龙头企业初具规模,年销售 500 万元以上的企业 25 家,其中 1000 万元~2000 万元 4 家、2000 万元~5000 万元 7 家、5000 万元以上 10 家。江苏省首次公布的 30 家农业产业化龙头企业中,镇江占 2 家。龙型经济的组织方式有市场加农户、公司加农户、基地加农户、科研院所加农户等多种形式。1997 年,全省重点培育 106 家龙头企业中,镇江占 5 家。2000 年,镇江有 10 家企业列入省级重点龙头企业,分别为:龙山集团、江苏恒丰集团、镇江希玛实业总公司、江苏丹化集团、丹阳柳盈肉禽公司、丹阳同乐实业公司、句容油脂化工厂、江苏环太集团、镇江世纪农业科技发展公司、江苏恒顺集团。10 家企业全年销售、利税、出口创汇分别达 25.8 亿元、1.8 亿元、4311 万美元。2005 年,全市形成由 2 家国家级龙头企业、15 家省级龙头企业、37 家市级龙头企业和近百家县级龙头企业组成的农业龙头企业队伍。15 家省级以上龙头企业实现销售额 75.2 亿元,出口创汇 1.14 亿美元。

二、农民经纪人和农民专业合作社

1984 年,市委、市政府《关于进一步放宽农村经济改革的若干补充规定》强调:商业、供销社和多种经营服务公司要切实帮助农民解决"买难卖难"的问题。1985 年,市委、市政府召开发展农村商品经济先进表彰大会,对在 1984 年发展农村商品经济中作出显著成绩的 161 个先进集体、269 名先进个人予以表彰。1987 年,市委、市政府再次表彰 1986 年农村商品经济先进单位 281 个。同年,全市第一家葡萄专业合作社在润州区象山乡星星村成立。

1991 年，市委农工部牵头，市委党校、市财办和市农业局、多管局共同组织开办全市首期农业供销员培训班，参加培训的是从事农副产品供销工作人员和部分种养专业户。句容、丹阳相继开展农民供销员培训活动，为农民专业合作社组建培训一批供销骨干。同年，句容县春城乡丁庄村民方继生在全市率先成立丁庄葡萄协会，由 83 户种植农户参加，种植面积 40 公顷，以共同利益为宗旨，实行自主经营、民主管理、盈余返还的运作机制。协会实行“六统一”，即统一供苗、统一施肥、统一供药、统一治虫、统一品牌包装（老方牌）、统一市场销售，筹资 25 万元在种植园区建立 600 平方米的销售市场。1992 年，全市建立农村各类农贸市场、专业市场 187 家，年交易额 15.8 亿元。丹阳市蒋墅镇的明珠市场珍珠交易成交量 18 吨，成交额 1400 万元；成交茭白 3000 余吨，成交额 200 多万元。横塘镇的江南苗猪市场，以股份制形式集资 132 万元，建成 7400 平方米交易市场，当年投资，当年交易，当年见效。扬中县的木刷柄和柳器市场出口口岸 40 多个，产品销往国内 28 个省、市，国外 40 多个国家和地区。同年，全市各乡镇举办农业供销员培训班 50 余期，培训 5000 人，开设营销理论、经营策略、市场预测、谈判技巧等课程，使一批农民成为推销农副产品“领头雁”。1999 年，句容市在草莓生产重点乡镇白兔镇建草莓专业市场，华阳镇建花卉苗木专业市场。

2000 年，市政府召开万人参加的全市农民经纪人表彰大会，春城葡萄协会、蒋墅食用菌协会、白兔草莓协会等合作经济组织受到大会表彰。同年，全市有各类农民经纪人 5950 人，按区域分：京口区 19 人，润州区 24 人，扬中市 59 人，丹徒县 2335 人，丹阳市 1013 人，句容市 2500 人；按主业分：水产类 1247 人，花卉苗木类 174 人，果品类 786 人，茶叶类 459 人，蔬菜类 947 人，生猪（包括苗猪）类 730 人，家禽类 600 人，其他 1007 人。1999 年，农民经纪人实现销售额 5.03 亿元，占多种经营产值 14%（按现行价计算），人均 8.45 万元。全市有农村专业合作经济组织 201 个，主要有专业协会、专业生产合作社、专业市场和农技服务组织 4 种类型，数量分别为 95 个、15 个、59 个和 32 个。2000 年上半年实现产值 3.27 亿元。同期，5950 个经纪人实现销售额 2.79 亿元，解决 49262 户农户的产品销售，人均带动 8 户。农民经纪人及农村合作经济组织销售全市多种经营产品 28.4%。2001 年，句容春城在方继生带动下，周边村庄 400 多户农户（333 公顷葡萄种植园地）组建春城葡萄协会。丹徒区上党镇付兆龙、李爱国等 7 户农户发起，41 户茶农加入，组建镇江市首家茶叶合作社上党墅农茶叶合作社，年产茶 750 吨，产值 1000 万元以上。茶叶合作社实行“六统一”，即：统一种植品种、统一用肥、统一制作标准、统一品牌、统一技术培训、统一销售。句容亭子乡武岐村 223 户农户组织 5 个专业合作社，建成杉木林、果园、毛竹园、茶园等生产基地。丹阳市成立 36 家专业合作经济组织，参加会员 4473 人，拥有各类资产 2600 多万元，销售收入 1400 多万元，带动农户 2.4 万户，帮助农民增收 5400 多万元。2002 年，全市有各类协会和农民专业合作社等专业合作经济组织 133 家，总投资 3 亿多元，经营面积 4000 公顷，辐射面积超过 4 万公顷，其中句容市 86 家、成员 2500 人。这些合作社、协会统一为农民提供品种、技术、管理、信息、销售等服务，成为连接农户与市场的桥梁，推进农业产业化发展，提高农民组织程度和抵御市场风险的能力，取得竞争优势和经济效益。2003 年，全市农民经纪人 1.2 万人，丹阳市花木种植营销大户丁荣汉、扬中市草柳制品营销大户张宽中、句容市葡萄营销大户方继生获省农产品营销大户 50 强称号，并获表彰。全市有 47 名农民经纪人加入省农产品营销协会，句容春城丁庄葡萄合作社社长方继生、丹徒恒丰酱醋有限公司总经理张玉宏被选为常务理事，润州区无公害园艺场场长陈万祥被选为理事。句容市丁庄葡萄合作社、扬中市大自然菊花专业协会被列入 50 家省级示范专业合作社、专业协会，句容大卓镇桃园合作社、丹徒江心蔬菜产销协会、扬中养猪协会被列入省级考核的 50 家农村专业合作社、专业协会。

第五节　减轻农民负担

1983 年，全市农民年人均负担 14.94 元。1984 年后，农民负担逐年增加。至 1989 年，全市农民年人均负担40.71元,比1983年增加1.72倍。1993年始,镇江市委、市政府注重控制农民负担增长。1997年,市委、市政府建立条块结合的减负工作责任制,对县(市)区列入农村工作目标管理责任制,对市直部门实行减负工作责任制,严控两个目标:一是农民人均负担不超过上年人均收入的5%;二是负担总额不超过同年预算总额。严格按"负担监督卡"收费,严禁乱集资、乱摊派、乱收费。建立联席会议制度,定期商讨减轻农民负担工作,审核农民负担的文件和项目,检查、监督、查处涉及农民负担的重大事宜。同年,农民筹资筹劳(乡镇、村基本建设和公益事业所需,在农民合同外筹资)9798.76万元,乱集资、乱摊派、乱收费现象仍然比较严重。1998年,全市合同内农民负担总额11162万元,比1991年增长2.29%,其中村提留款6399万元,占总额57.33%;乡统筹款4763万元,占总额42.67%。人均负担60.5元,比上年人均增加1.36元,占上年人均纯收入1.7%。合同外筹资1.25亿元。同年,全市进一步加大农民负担监督力度,普遍推行两项政策,一是将以乡镇为单位计提农民负担改为以村为单位计提;将农民负担由一定一年不变改为以1997年农民负担预算方案为基础一定三年不变,将合同内的负担与农民纯收入脱钩。建立三个规范制度,即统一规范农民负担预算方案审批制度;统一规范发放和使用农民负担监督卡制度;统一规范使用农民负担收费专用票据制度。把好四个关,即:人均负担以村为单位不超过上年农民纯收入5%,以村为单位的收费总量不得超1997年,农民负担监督卡入户率要达100%,所有村的村务尤其是财务要按规范化要求实行公开。市成立农民负担监督管理办公室,做好农民负担来信来访查处工作,开展农民负担专项治理。1999年,加强合同审批制度,严格控制负担总额和水平。规定年初农民合同内负担预算方案要由村民代表大会、村民议事小组讨论,并纳入乡镇人代会讨论,形成决议。对行政村负担总额超过1997年预算或负担水平超过上年农民纯收入5%的预算方案一律不批;没有负担或负担水平很低的乡村追加负担,必须严格手续,上调幅度不得超过0.5%。进一步完善和规范农民负担监督卡、预决算、专用票据、涉农收费公示、村务公开等制度。加强农民合同外负担的监督管理。严格按照省定样式向农民发负担监督卡55万份,负担卡入户率95%。全市100%的乡镇、90%以上的涉农收费部门、80%以上的村推行涉农收费公示制度。对后两年(1999~2000年)合同内农民负担发放补充卡由乡镇核发到户,明确后两年农民负担项目标准,并以村组为单位张榜公布。建立农民负担情况监测点200个,市监测点100个。同年,农民负担总额11542万元,比1997年预算减5.3%,人均63.77元,占上年农民人均纯收入的1.78%,没有一个乡村负担水平超过5%。合同外集资1.64亿元。

2001年,全市推行税费改革,主要内容为"四取消、两调整、一改革"。四取消,即取消乡统筹费;取消农村教育集资等专门面向农民的行政事业性收费和政府性基金集资;取消屠宰税;取消统一规定的劳动积累工和义务工,采取分年取消办法,期限不超过3年。两调整,即调整农业税政策,计税面积以农民二轮承包土地面积确定,计税常年产量以1998年前平均产量据实核定,以乡镇为单位计算,分别不同土地类型和生产条件,就低不就高,防止高估;农业税率全市执行7%,国有农场、部队、学校等单位农业税率另行规定;农业税计税价格全市统一按每公斤原粮1.1元执行,从2001年起3年内不变。调整农业特产税政策,农业特产税率执行8%。改革村提留征收办法:村提留费一律取消。村干部报酬、五保户供养、办公经费,除原由集体收入开支外,采用新的农业税附加、农业特产税附加方式统一收取,附加比例按农业税、农业特产税正税的20%执行。全市农村按照"多予、少取、放活"核实计税面积、常年产量和价格,制定切实可行的税收政策,使新的税费任务及时落实到户,基本实现"保减负、保运转、保稳定"的目标。1411个行政村中,除在改革前没有承担村提留和乡统筹的村外,其余1160个行政村全减负。农村村内农田水利建设、修建村级道路、农村饮水等集体生产、公益事业所需资金和劳务实行一事一议,本着"减轻、规范、民主、公开"原则,量力而行、上限控制、民主议事、议批结合、专款专用、张榜公布、群众监督的方法提取和使用。以村为单位人均筹资不超25元。同年,全市有237个村一事一议筹资603.62万元。人均20元。税改前农民人均负担 202.45 元,其中合同内负担 108.57 元,合同外负担 93.88 元,改革后,农民人均税费负担 78.31 元比 1999 年人均减少 30.26 元;加上取消屠宰税和农村教育集资等合同外负担,农民总体人均减负 124.14 元,比 1999 年下降 38.7%。以资代劳负担相应减轻,税改前,全市农民以资代劳总额为 4945.5 万元,劳均 49.85 元。税改后,以资代劳总额为 2872.59 万元,劳均 28.95 元,分别降低 41.9%、41.93%。同年,全市乡镇区划调整,乡镇从 89 个减为 67 个,撤并率 24.72%;行政村由 1411 个调整为 926 个,撤并率 34.37%。每个乡镇事业单位撤并为 8 个,人员编制精简 30%,人员精简 25%。各地按 4 万元 ~6 万元的基本保障要求,经费基本算账到位。全市撤并中小学 181 所,清退非在编教职工 1076 人。四县两区教师工资由县(区)财政统一发放。同年,中央、省、市三级财政转移支付 2740 万元,县级财政转移支付 1307 万元。全市农民人均纯收入 4191 元,较 2000 年增收 219 元,增长 5.3%。2002 年,全市化解村级债务 4.76 亿元,债务化解率 71%,农民负担降低 1.2 个百分点。全市有 10 个村进行一事一议,筹资 2.84 万元,人均 10 元。2003 年,全面取消农业特产税,改征农业税,落实农业税社会减免先减后征政策,落实受灾歉收减免政策,全市农民负担总额比上年减少 520 万元,下降 4%,其中农业税及附加税下降 1.8%。2004 年,免征农业税 5333 万元。统一取消"两工"(义务工、积累工)。2005 年,加大乡镇、村组合并力度,减少 25 个乡镇、330 个村。全市免征农业税 6095 万元,水稻直补 2860 万元,良种补贴 480 万元,农民负担总额 783 万元,比上年降低 87%。全市一事一议筹资 772 万元,筹劳(以资代劳)款 11 万元。

第三章　种植业

镇江农村种植业主要是稻、麦两熟制。水稻历来是镇江的主要粮食作物,面积大,产量高。20 世纪 80 年代起,水稻种植经"调双扩优"和"缩籼扩粳"两次品种结构大调整,按照应用叶龄模式栽培、群体质量栽培、精确定量栽培技术体系次序演进,推广抛秧、旱育稀植、直播等轻型栽培方法。1993 年后,全市水稻连续 12 年亩产超过 500 公斤,水稻生产进入优质、高产发展时期。三麦(小麦、大麦、元麦)是镇江传统粮食作物。20 世纪 80 年代后,恢复一年稻麦两熟制,推广良种、免(少)耕、群体质量栽培技术,三麦生产由中产向高产水平稳步提升。棉花、杂粮生产则由于各种原因种植较少。瓜果蔬菜茶叶的种植则适应市场需求,得到大力发展。

第一节　水　稻

一、种植沿革

1983 年,全市水稻面积 11.93 万公顷,亩产 472.4 公斤,总产 84.55 万吨,首次超 80 万吨。其中早稻 3700 公顷,亩产 369 公斤,总产 2.05 万吨;常规中籼稻 8710 公顷,亩产 438 公斤,总产 5.72 万吨;杂交稻 6.42 万公顷,亩产 519 公斤,总产 50.03 万吨;单季晚稻(粳糯稻)3.79 万公顷,亩产 428 公斤,总产 24.3 万吨;双季后作稻 4790 公顷,亩产 341 公斤,总产 2.45 万吨。1984 年,全市水稻面积 11.69 万公顷,亩产 504.4 公斤,首次突破 500 公斤。至 1986 年,仅句容县还种植早稻 13.3 公顷,分布在郭庄、三岔等赤山湖地区。1987 年,早稻停止种植,至此,镇江境内自唐开元十九年(732 年)有早稻种植记载以来,历经 1300 年戛然而止。20 世纪 80 年代,年均种植水稻 12 万公顷,比 70 年代降低 30.1%;亩产 445 公斤,总产 80.1 万吨,比 70 年代分别增长 66.3%、16.3%。这一时期水稻产量大幅度上升,一是杂交稻种植面积大、单产高。10 年年均种植面积 5.25 万公顷,平均亩产504.8公斤，其中1986年4.62万公顷杂交稻，亩产548公斤。二是单季粳稻单产大幅度提升。10年年均种植4.73万公顷，亩产428公斤，比70年代亩产增长34.1%。

20世纪90年代，随着一批高产、优质单季粳（糯）稻新品种相继育成，境内实施“缩籼扩粳”，下调单产低下的常规中籼和米质相对较差的杂交稻种植。1997年，全市水稻面积10.83万公顷，常规中籼稻退出种植系列，杂交稻种植减至6270公顷，占水稻面积的5.8%，比历史最高的1983年降低90.2%。单季粳（糯）稻扩至10.2万公顷，占水稻总面积的94.2%，后季稻仅为少数瓜后稻。1990～1999年，水稻年均种植10.96万公顷，亩均单产538.9公斤，年均总产88.59万吨。比80年代年均种植面积降低8.6%，但亩产增长21%，总产增长10.6%，其中单季粳稻年均种植9.06万公顷，亩产548.5公斤，比80年代增长28.2%，比同期杂交稻亩增8.1%。1993年起，全市水稻连续7年亩产稳定在500公斤以上。1998年，全市10.86万公顷水稻，亩产616.8公斤，突破600公斤，总产100.5万吨，首次超过百万吨，单产、总产均创历史最高水平。

进入21世纪，单季粳稻种植一统全市。2000～2005年，水稻年均种植9.37万公顷，总产77.56万吨，亩产552公斤，比20世纪90年代年均种植面积降低14.5%，亩产虽增长2.4%，总产仍降低12.4%。2005年，种植9.31万公顷水稻，由于种植时少雨干旱，特别是褐飞虱特大发生，单产降至481公斤，总产67.21万吨。其中杂交稻1140公顷，亩产451.5公斤，总产0.77万吨；单季晚稻（粳、糯稻）9.18万公顷，亩产481.6公斤，总产66.28万吨；后作稻240公顷，亩产451.4公斤，总产0.16万吨。

二、品种演变

1. 早稻 1983年后，品种主要有原丰早、庆莲16、丰早30、二九青。

2. 常规中籼稻 1983年后，种植的品种有南京11号、BG910、BG902、国际24、广二矮2号。

3. 杂交稻 20世纪80年代前期，以汕优2号、汕优3号为主。1984年，分别占杂交稻总面积的47%、44.5%。同年引进汕优63，具有株型紧凑、茎秆粗壮、生长清秀，耐肥、抗倒、抗病性好，产量高、米质好的特点，从1985～1999年，居杂交稻当家品种15年。其间，丹阳等地引种赣化2号、献改63。1990年后，又陆续引进协优63、汕优6号、六优一号。2000～2005年，杂交稻以句容市种植为主，主要种植特优559、II优838、两优培九、II优084等品种。

4. 单季粳（糯）稻 20世纪80年代，先以盐粳2号（中粳）为主，搭配盐粳3号。1985年全市种植盐粳2号3.2万公顷，占单季粳稻面积的48.9%。相继种植的品种（系）有武农早、武复粳、武香粳1号、盐粳20、盐粳20－1、苏协粳、扬201、扬7038、青林9号、607、77－10、双城糯、桂花糯、紫金糯。

1989年引进武育粳3号。1994年种植面积6.12万公顷，占水稻面积60.5%。相继种植的品种有武运粳8号、武育粳5号、镇稻158、南粳34、武香粳9号等。

2000年后，以优质、高产、高效、多抗为重点，注重推广米质达到国标三级米以上新品种。2001年，全市武香粳14种植4.79万公顷，占单季粳稻面积的52.5%。相继种植的有武运粳7号、武粳13、武粳15、常农粳、宁粳1号、南粳42等主要品种，搭配扬粳201、镇稻1号、南粳34、9－108、镇稻524、镇稻88、华粳3号、常农粳4号等20个品种（系）。糯稻有镇稻2号、8333。2005年，武粳15、武粳13、武粳18、武香粳14等优质粳稻面积占总面积的84.3%。

5. 后季稻 20世纪80年代，后季稻品种以紫金糯、镇稻1号为主。20世纪90年代后，主要有武育粳3号、镇稻2号、武运粳7号、武运粳8号等品种。

三、栽培技术

1. 叶龄模式栽培技术 1984年，丹阳县农业局根据江苏农学院教授凌启鸿主持研制的“水稻叶龄模式”理论，运用水稻“叶蘖同伸规律”，按水稻主茎的叶龄进程，结合该地区常年温、光资源，明确分阶段的长势、长相主攻目标及施肥、水浆管理、病虫防治等生产措施，在全省率先绘制《杂交稻汕优三号千斤高产栽培模式图》，印制10万份，分发到农户。丹徒、扬中、句容县农业局也相继绘(印)制杂交稻、单季晚稻高产栽培模式图。通过培训，使农民掌握高产栽培技术。1986～1990年，杂交稻秧田平均亩播量10.2公斤，大田亩栽1.69万穴，基本苗7.5万苗，平均亩产524.7公斤，比前五年平均增长4.9%。1990年，64.8千公顷单季晚稻亩产达到504公斤，首次突破500公斤大关。20世纪90年代后，此技术演进为群体质量栽培技术。

图13-2　杂交水稻种植(1999年摄)

2. 群体质量栽培技术　20世纪90年代初，运用凌启鸿领衔研制的群体质量栽培技术原理，在示范基础上，1994年全市推广面积1.33万公顷。无论是常规水育手插稻，还是抛秧，旱育稀植稻，均实施"壮秧、扩行、减苗、调肥、控水"调控技术，适当稀植，推广测土配方施肥技术，增加磷、钾含量高的复(混)合肥，控制高峰苗，注重搁田，增施穗肥，1998年，全市应用面积达到10.33万公顷，占水稻总面积的95.1%，基本苗7.8万，有效穗25.18万，穗肥占施肥总量39.4%。2003年，全市应用面积8万公顷，占水稻面积的91.5%。

3. 精确定量栽培技术　2000年，丹阳市农业局参加凌启鸿主持的水稻精确定量栽培技术攻关研究，在高产群体质量指标中，将品种选用、土壤质量、壮秧培育、基本苗确定、肥水运筹和病虫草害防治等关键技术精确定量。同时开展适应性试验。丹阳市2万公顷水稻示范应用，获得平均亩产近600公斤的高产。同时创造攻关田亩产801公斤和千亩方亩产700公斤以上的高额丰产。2004年全市推广，2005年全市推广面积3.37万公顷。

4. 直播　1986年，丹徒县农科所农艺师黄振功在所内(葛村)"麦板稻"(旱直播)试验1.44亩，亩产420.2公斤。1989年在丁岗乡桑村、留村示范1.6公顷。1992年扬中市新坝镇建新农场引进上海产水稻专用直播机，同年机械水直播6.5公顷，亩产656公斤。机直播稻在新坝、丰裕等地扩大。1997年全市机械水直播、人工旱直播面积达到3720公顷。扬中市丰裕镇机械水直播800公顷，占水稻总面积的90%。2002年全市以人工旱直播为主的直播稻扩至1.21万公顷，占水稻面积的12.9%。多数农户的产量虽低于旱育稀植稻，但直播稻省却育秧、移栽等作业，在麦茬田机旋耕(灭茬)—撒种(亩播4～5公斤)—机盖籽—窨水—化除，或撒种—机浅旋耕—窨水—化除，省工、省力、省时，特别适合农村中老年弱势劳力种田或务工劳力返家短期突击完成栽插任务。2005年，全市直播稻面积达2.67万公顷，占水稻总面积的28.7%。

5. 抛栽　又称抛秧。方法有两种：一是采用专用塑料盘湿润培育秧苗，育成的秧苗根部带有营养土，通过人工抛撒或用抛秧机抛栽，使秧苗根部自由落入田间(浅薄水)定植。每亩抛栽50盘左右。二是旱育秧进行抛栽，每亩匀抛2万～2.2万穴，7万～8万基本苗。1989年引进，1990年小面积示范成功。1993年以丹阳市为主推广1850公顷，平均亩单产540.6公斤。栽秧改变为在田埂站立抛栽。1995年全市抛栽1.22万公顷，出现4个万亩抛秧乡(镇)，58个千亩抛秧村。丹阳市6870公顷抛秧水稻，平均亩产达到630.9公斤，比常规栽插稻亩增长6.6%。

1998年，全市抛秧稻面积4.46万公顷，占水稻总面积41.1%，其中塑盘育秧抛秧面积3.95万公顷，肥床旱育抛秧面积5100公顷。扬中市长旺邻丰，丹阳市珥陵汤庄、横塘大圣，丹徒县高资勤丰村抛秧稻丰产方亩产均在700公斤以上。1999年10月2日雷雨大风,瞬时风速14~15米/秒,全市塑盘水育抛秧稻倒伏面积1.19万公顷,占同类栽培面积的34.2%,倒伏率比旱育手栽稻高26.3个百分点。之后,由于塑盘投入大、抛秧大田平整要求高,抛秧面积下降。2005年,全市抛栽面积降至1.06万公顷,占水稻面积11.4%。

6. 肥床旱育稀植　1992年,丹阳市农业局引进日本水稻专家、教授原正市的水稻栽培技术。1994年以丹阳市为主,全市示范面积1530公顷,旱育稀植改变传统水田育秧法,以肥沃旱地做秧田、干做干(湿润)育;播量75公斤左右,亩栽1.7万~2万穴,基本苗5万~8万。方法简便,省工省力,增产明显,很快被农民接受。1998年全市有5.65万公顷水稻采用旱育稀植栽培,占水稻总面积52%。2005年仍保持在4.4万公顷,占水稻面积47.2%。

7. 机械插秧　境内使用插秧机(手动)插秧始于1975年,1985年引进吉林延吉生产的2ZF-935型机动插秧机,全市机插秧面积280公顷。1990年机插秧1030公顷,其中丹阳市940公顷。因插秧机农艺性状难以达到高产要求,2001年机插秧面积降至130公顷。2001年引进"东洋"PF455S型机动插秧机11台,机插面积40公顷,取得成功。2003年全市机插面积1360公顷。2005年,全市446台机动插秧机机插面积5350公顷,其中丹阳市236台机动插秧机,机插面积2820公顷,分别占全市总量的52.9%、52.7%。由于新型插秧机机插稻定穴、定量(苗数)、宽行浅栽,分布均匀,平均亩栽6.62万基本苗,取得与旱育稀植相仿的产量水平。同年,丹阳市农林局、农机局按每亩生产稻谷650~700公斤指标,制定水稻机插秧栽培技术操作规程。

图13-3　"稻鸭共作"无公害稻米种植基地(2006年摄)

8. 稻鸭共作　2000年,丹阳市延陵镇引进日本稻鸭共作技术,试验面积1.87公顷,平均每亩产量556公斤。2001年,扩大示范面积20公顷。水稻栽后10天,稻田四周设置电围栏(脉冲电网+塑料网),亩放鸭子20~25只至抽穗前,利用鸭子在稻田饲养,不断捕食害虫,吃(踩)杂草,既减轻病虫草危害,又有省工、省药、省肥、节本增收和保护环境功效。2005年,全市推广面积1400公顷,出现10个千亩乡镇和100个稻鸭共作村。同年,中央电视台到镇江摄制"稻鸭共作"专题片。

四、病虫草害防治

1. 纹枯病　20世纪80~90年代,多数年份为中等发生年,进入2000年,逐年加重发生。2005年大范围发生,8月中旬调查,平均穴发病率21.4%,重病田84%;平均株发病率11.8%,重病田58.4%,用井冈霉素防治面积373千公顷,亩均防治4次。防治效果70%左右。

2. 条纹叶枯病　2003年病害上升,2004年、2005年连续暴发。2005年5月中旬麦田普查,全市平均每亩灰飞虱虫量40.32万头;6月6日调查,秧田亩成虫6.04万头,一代带毒率22%,7月18日前后调查,平均穴发病率8.3%,病株率1.71%;重病田病穴率60%,病株率8%。9月上旬,病株率5%以上田块面积2000公顷,占水稻面积2.14%。主要采取"源头防治,治小田保大田"的防治对策。麦田防治麦穗蚜时用"吡虫啉"兼治灰飞虱;秧田期用氟虫腈防治两次;水稻移栽后,立即对田埂沟渠用药治杂草上的灰飞虱。

3. 三化螟　20世纪90年代,全面推广免(少)耕种麦,有利于三化螟虫越冬。1999年虫量猛增,2000年三化螟一代达到中等偏重发生量,扬中市部分乡镇大范围发生,一代灯诱蛾量6380头,其中5月21日灯下蛾量1746头。大范围发生的2001年,全市发生面积20.68万公顷,药剂防治面积23.36万公顷,亩均防治2.5次。

4. 二化螟　2000年、2001年连续大发生,最高田间虫量达11.5万头,危害率30%,枯穗率达10%。2001年全市用三唑磷、氟虫腈药剂,防治14万公顷,亩均防治1.48次。2002年药剂防治17.59万公顷,亩均防治1.88次,防治效果达80%以上。

5. 稻纵卷叶螟　1983、1989、1991、1993、1994、1998、1999、2002、2003、2004、2005年发生较重,其中1998、2003年为特大发生年。2003年三代田间最高亩蛾量在2500～5000头,7月24日,句容查见亩蛾量12000头。全市184块大田普查,百穴虫卵量439.9头(粒);四代最高亩蛾量4500～10000头。8月28日,新区大港查见亩蛾量3万头。全市普查,平均百穴虫卵量703.7头(粒),最高达2050头(粒)。2005年,三代百穴虫量1120头,四代百穴虫量1100头,束叶率达60%。用高效杀虫剂32%丙溴磷、氟铃脲等药剂防治面积46.2万公顷次,亩均防治4.9次。

6. 褐飞虱　20世纪80年代,除1984、1989年外,其他8年,褐飞虱的发生量均达到大发生年,1990年后,达到大发生的有1990、1997、2005年。2005年局部地区特大发生,第四代平均百穴虫量2494头,句容市百穴虫量6565头,丹徒区系统田平均百穴虫量16330头。后期考察,全市有3400公顷稻田出现"冒穿透天"虫害,折实枯死面积98公顷,大面积水稻田遭刺吸而受暗伤,导致水稻减产。据植保部门统计,全市褐飞虱发生面积18.7万公顷,运用多年成功的"治三(代)压四(代)"的防治策略,采用"扑虱灵"药剂防治31.68万公顷,亩均防治3.4次,挽回损失23万吨稻谷,实际损失仍达7.87万吨,亩均损失稻谷56公斤。

7. 草害　20世纪80年代后,稻田杂草防除全面推广化学药物,药剂以除草醚为主,1987年全市水稻化除面积8.08万公顷(含秧田,下同),水稻亩均防除0.7次。90年代以新型药剂丁草胺替代除草醚,逐步推广丁草胺＋苄黄隆。1995年全市稻田化除面积12.54万公顷,亩均防除1.16次。90年代末后,应用的化除药剂有丙草胺(扫弗特)、苯噻草胺、苯酰草胺。2005年,全市水稻田化学除草面积11.3万公顷,亩均防除1.2次。

1983～2005年镇江市水稻产量表

表13-6

年份	面积(千公顷)	单产(公斤/公顷)	总产(吨)	年份	面积(千公顷)	单产(公斤/公顷)	总产(吨)
1983	119.31	7086	845486	1995	108.07	8333	900550
1984	116.85	7566	884105	1996	108.55	8696	943972
1985	114.73	7337	841748	1997	108.28	8798	952595
1986	114.81	7503	861432	1998	108.62	9252	1004951
1987	114.71	7386	847200	1999	106.93	8136	869961
1988	114.23	7350	839617	2000	101.98	8544	871295
1989	115.63	7489	865932	2001	94.58	8825	834643
1990	115.35	7483	863216	2002	93.26	8951	834780
1991	114.06	7324	835414	2003	87.39	7775	679499
1992	113.81	7353	836883	2004	91.69	8305	761513
1993	110.95	7698	854080	2005	93.13	7217	672142
1994	101.13	7884	797332				

第二节 三 麦

一、种植沿革

20 世纪 80 年代,压缩大元麦,扩大小麦面积,“三麦”单产、总产明显提高。1983 年,全市“三麦”面积 10. 26 万公顷,亩产 221. 4 公斤,总产 34. 06 万吨。其中,小麦面积 8. 63 万公顷,亩产 228 公斤;大元麦面积 1. 63 万公顷,亩产 186 公斤。1986 年全市“三麦”面积 9. 27 万公顷,亩产达 252. 3 公斤。1987 年,扬中县三茅乡中桥村 7. 33 公顷小麦,亩产 450. 5 公斤,丹阳市后巷镇农科队 7. 16 公顷小麦,亩产 443. 1 公斤,均获江苏省丰收杯高产竞赛淮南片小麦丰产方一等奖。1980 ~ 1989 年,全市年均种植“三麦”9. 38 万公顷,亩产 219. 9 公斤,总产 30. 91 万吨,其中小麦种植面积 7. 85 万公顷,增长 29. 8%,大元麦面积 1. 53 万公顷,下降 36. 5%。90 年代“缩麦扩油”,“三麦”面积下降,单产继续提高。1996 年,8. 14 万公顷“三麦”亩产达 283. 7 公斤,其中小麦亩产 288. 3 公斤,均创历史新高。1990 ~ 1999 年,“三麦”10 年年均种植面积 8. 38 万公顷,亩产 243. 7 公斤,总产 30. 63 万吨,分别比 80 年代下降 10. 6%、增长 10. 8%、下降 1%。21 世纪初,“三麦”种植面积大幅度减少,总产明显下降。2000 ~ 2005 年,6 年年均种植 5. 21 万公顷,亩产 228. 4 公斤,总产 17. 86 万吨,比 20 世纪 90 年代分别下降 37. 8%、6. 3%、41. 6%。2005 年,全市“三麦”面积 4. 85 公顷,亩产 260. 1 公斤,总产 18. 93 万吨,其中小麦面积 4. 66 万公顷,亩产 261. 3 公斤,大元麦 1930 公顷,亩产 230. 3 公斤。

二、品种演变

1. 小麦 小麦品种更替速度加快。1985 年,起扬麦 4 号、5 号种植面积迅速扩大。1986 年,扬麦 4 号成为当家品种。1988 年扬麦 5 号种植面积达 4. 93 万公顷,占当年小麦面积 63. 2%。其间,搭配品种(系)有宁麦 5 号、南农 97 - 1、8709、87118 等。

1990 年,引进扬麦 158 试种,1994 年,全市种植面积扩大至 1. 27 万公顷,比扬麦 5 号增产 9. 5% ~ 17. 2%,丹阳市珥陵镇沈甲村 6. 66 公顷良种繁育田,亩产实收 412 公斤,显示其增产潜力,1997 年扩至 7. 37 万公顷,占同年小麦面积 93. 1%。引进宁麦 6 号、宁麦 8 号、宁麦 9 号。1998 年全市种植 7. 83 万公顷小麦,其中扬麦 158 达 7. 33 万公顷,宁麦 9 号 3300 公顷,其他品种 1700 公顷。2000 年 5 月 25 日至 6 月 4 日,小麦成熟收获期 10 天中,只有 5 月 27 日和 6 月 1 日两天无雨,长时间连阴雨造成麦穗发芽,其中尤以白皮小麦苏麦 6 号最为严重,穗发芽率 91. 45%,粒发芽率 63. 4%。

2001 年后,小麦品种向优质专用、区域化种植方向发展。根据镇江市生态和气候条件,适合种植优质弱筋小麦和中筋类小麦。中筋类小麦品种以扬麦 11、12、16 号取代扬麦 158,搭配镇麦 4、5、6 号;引进弱筋小麦品种有宁麦 9 号、13 号,扬麦 9 号、13 号、15 号和扬辐麦 2 号等品种。2003 年秋播,镇江市倡导优质专用小麦区域化种植,淘汰扬麦 158,扩大种植弱筋小麦扬麦 2 号、扬麦 13 号、15 号。至 2005 年,镇江市小麦品种仍以中筋为主,弱筋小麦逐步扩大。

2. 大麦 元麦 20 世纪 80 年代后,品种主要为元麦通麦 6 号和大麦通麦 5 号、通麦 8 号、港啤 1 号等。70 年代引进并大面积种植的元麦立新一号、立新二号及早熟三号大麦仍有零星种植。

三、栽培技术

1. 模式化栽培技术 20 世纪 80 年代初,根据江苏农学院创制的小麦叶龄模式栽培法,按叶龄进程对小麦生长发育进行正确诊断,采取相应促控措施,指导大面积生产。1987 年,市农业技术推广站、扬中县农业局先后绘制《扬麦 5 号小麦高产栽培模式图》《扬麦五号小麦亩产 400 公斤栽培模式图》,发至乡、村、农户,广泛宣传。综合运用播种量、基肥、苗肥、拔节孕穗肥等促控措施,指导亩产250公斤、300公斤、400公斤不同生产水平的三麦生产。

20世纪90年代,根据江苏农学院研究的小麦高产群体质量栽培技术原理,通过适当降低基本苗,推广测土配方施肥技术,降氮增磷补钾,前期促进早发壮苗,中期控制无效生长,后期保花增粒重,建立个体与群体协调的高光效群体,达到高产、稳产、低耗目的。1997年,全市应用面积4.67万公顷,占小麦面积59.2%。2005年,全市推广面积4.02万公顷,占小麦面积86.3%。2001～2005年,全市小麦平均亩施无机氮肥12.4公斤(纯量,下同)、无机磷肥3.10公斤、无机钾肥3.07公斤。苗情动态更趋合理,亩播量11.18公斤,基本苗18.84万,冬前苗(上年12月20日)28.81万,春季苗(3月20日)36.94万,高峰苗44.83万,穗数23.40万,每穗实粒30.82粒,千粒重37.67克。

2. 免(少)耕播种　改传统耕翻种麦为稻茬田浅耕播种。1981年,丹阳县司徒乡等地组织试验,1984年示范推广1700公顷,比耕翻种麦增产5%～10%,丹徒县三山乡湖滨村、荣炳乡南庄村全部实行免耕栽培技术。1985年,全市推广免(少)耕8000公顷,占"三麦"播种面积8.6%。据调查对比,免(少)耕播种平均亩产311.5公斤,比耕翻种麦亩产287.9公斤增长8.2%。

1986年,市、县农机部门对全市3772台IG－120型盖籽机,以每台补助60元进行换刀改装成免耕灭茬机,灭茬、盖籽一次完成。当年机械免(少)耕面积5.13万公顷,占"三麦"面积55.4%。1990年应用面积7.13万公顷,1992年增至8.05万公顷,占"三麦"面积89.5%。此技术一直沿用至2005年。

3. 条播种麦　1980年,为提高"三麦"生产水平,解决撒播种麦除草难、通风透光差、后期倒伏等问题,全市多点试验条播种麦,均取得满意效果。1983年,全市小麦应用条播种麦面积5020公顷,其中机条播1490公顷,人工条播3530公顷。1985年,镇江市农机研究所将原研制的江南2BG－6型"三麦"条播机,改进定型为2BG－6A型稻麦条播机,一次性完成灭茬、碎土、开槽、条播和压平等多道工序。1990年机条播面积2.06万公顷,1992年全市有3944台条播机,机条播面积3.29万公顷,占"三麦"面积39.8%。之后,免少耕撒播种麦技术成熟,化学除草效果较好,机条播面积逐年下降,2005年机条播仅在少数乡村应用,面积7000公顷左右。

4. 稻田套播种麦　简称"稻套麦"。1990年丹阳皇塘等地试种。在稻子收割前7～10天,将麦子撒播于稻田中,稻子收割后再进行开沟、覆土。由于省去耕翻工序,很快被农民接受。1994年,全市稻套麦技术在丹阳皇塘、丹徒宝堰等15个乡镇推广1万公顷。1996年,全市应用面积2.78万公顷,占当年小麦面积35.4%。1997年秋种,全市稻套麦扩大到4.33万公顷,1998年3月19～22日,强寒潮暴雪入侵,全市24小时气温剧降17.2～18.5摄氏度,最大雪深19厘米,连续三天最低气温在0摄氏度以下,22日最低气温降至－3.9摄氏度,套播麦主茎幼穗冻死率49.3%,严重田块冻死率100%。据对比调查,稻套麦亩产148.2公斤,较灭茬免耕麦亩产200.3公斤减产26%。

随着水稻机械收割普及,尤其多雨年景,水稻机械收割严重伤苗和毁苗而影响小麦全苗,稻套麦面积迅速下降,2005年,全市稻套麦1.2万公顷,占小麦面积25%。

5. 机械开沟　1982年,镇江市农机化研究所与丹徒县拖拉机配件厂研制成后置式1KHS－30型双圆盘开沟机,配套手扶拖拉机机开沟省力又省工。1983年,全市拥有开沟机216台,1985年机开沟1320公顷。1987年发展到1639台,机开沟面积2.22万公顷。随着开沟机增加,1990年机开沟面积5.11万公顷,占"三麦"面积55%。1995年机开沟面积6.29万公顷,占"三麦"面积80.3%。90年代中期,应用大中型拖拉机配套开沟机,提高开沟质量。2005年全市拥有开沟机5598台,麦田开沟基本实现机械化。

四、病虫草害防治

1. 赤霉病　1983～1985年,连续三年达到中等偏重发生年。1983年,全市发病面积6.78万公顷,占三麦总面积的76%,病穗率50%以上面积4730公顷。1989年再次大流行,自然发病率30%~50%。1990、1991、1998、2002、2003、2004年共6年达到中等以上发生年,平均2~3年即流行一次。2003年大发生,未用药防治田块病穗率平均为63.2%,严重田块病穗率高达90%以上。全市用多菌灵及其复配剂防治2.2万公顷,亩均防治0.45次。当年,全市赤霉病危害损失麦子1.38万吨,亩均损失28.4公斤。

2. 纹枯病　1988年大发生,造成白穗一般2%~3%,重病田块达20%。1990年后,偏重以上发生年有1993、1994、1995、1997、1998、2002年,其中1995年经防治4.5万公顷,挽回损失1.7万吨,实际仍损失3.7万吨,相当于"三麦"实收总产的12%。2005年,全市药剂防治面积1.53万公顷,亩均防治0.31次。

3. 白粉病　20世纪80年代初,白粉病曾一度暴发。1984年4月12日丹阳县调查15块田,发病率100%,株发病率25.1%,全县发生面积3.13万公顷,严重受害面积1.33万公顷。1990年后,仅2002年达到中等发生程度,其他年份均为轻发生年。用粉锈宁防治,基本控制危害。

4. 蚜虫　20世纪80年代起,麦蚜虫由苗期发生转向以麦穗蚜为主。2000年大范围发生,5月10日,丹阳市调查,麦田有蚜株率77%,最高达100%,百株蚜量1243.7头。全市用吡虫啉药剂防治5.02万公顷,亩均防治0.82次。

5. 草害　1983年调查,麦田草害发生面积占87%,严重受害田块占26.9%。1987年调查,"看麦娘"出苗基数每平方尺50~100株,丘陵地区少数田块见草不见苗,有的甚至被迫耕翻重种(麦)。至20世纪90年代末,随着免(少)耕种麦推广、除草剂绿甲黄隆的多年防治,麦田草相变化,特别是苗草、早熟禾、硬草、稻搓菜、泥糊菜、荠菜逐年上升为优势种群。

20世纪80年代,草害防除采取人工除草和药剂防治相结合,使用药剂有绿麦隆、苯达松、二甲四氯。90年代,人工防除减少,药剂改用绿麦隆,后逐步推广骠马及其复配剂。1995~1996年,丹阳、扬中、句容、丹徒先后通过省级无草害工程验收。1999年后,推广使用异丙隆及其复配剂。2005年,药剂防治面积9.03万公顷,亩均防治1.85次。

1983~2005年镇江市"三麦"产量表

表13-7

年份	面积(千公顷)	单产(公斤/公顷)	总产(吨)	年份	面积(千公顷)	单产(公斤/公顷)	总产(吨)
1983	102.57	3321	340595	1995	78.33	3391	304745
1984	107.40	3443	369761	1996	81.35	4255	346128
1985	93.10	3018	281000	1997	83.12	4185	347852
1986	92.68	3785	350838	1998	81.96	2352	192776
1987	91.37	3291	300660	1999	76.96	4034	310454
1988	91.23	3717	339143	2000	61.26	3750	229695
1989	91.43	2725	749169	2001	54.41	3351	182306
1990	92.24	3471	320196	2002	53.40	2999	160151
1991	90.87	3005	273023	2003	48.58	2766	134356
1992	90.01	4003	360269	2004	46.62	3769	175695
1993	83.83	3766	315737	2005	48.53	3901	189336
1994	79.12	3685	291561				

第三节　杂　粮

20世纪80年代后，杂粮因其有益健康而备受青睐。镇江市种植的主要有玉米、甘薯、大豆，还有少量的荞麦、赤豆、绿豆等。

一、玉米

1. 种植沿革　1983年，全市玉米种植330公顷，其中丹徒县占76%，亩产165公斤，总产826吨。1992年全年玉米种植面积1230公顷，亩产首超300公斤，达到349公斤。2002年，全市玉米种植面积5790公顷，亩产460.5公斤，总产4万吨，面积、单产、总产均为历史最高年。2005年，全市玉米种植面积4420公顷，亩产263.6公斤，总产1.75万吨，其中句容市种植面积占45.7%，丹徒区占44.7%，丹阳市占4.8%，润州区、京口区、镇江新区占4.8%。

2. 品种演变　20世纪80年代初，重点推广紧凑型杂交种，有苏玉1号、掖单2号等。80年代末，引种掖单4号、烟单14号、中单2号等品种。至90年代，以掖单4号当家。1997年，掖单4号种植面积2440公顷，占玉米面积75.9%，其次有苏玉9号、掖单2号、郑单14号和登海1号等。2005年，种植品种以掖单4号、郑单958为主体，还有登海11号，登海9号等品种。

3. 栽培技术　20世纪80年代，玉米栽培粗放，密度稀，每亩仅3600株，施肥（纯量、下同）每亩施氮肥7～8公斤，磷肥2.2公斤，钾肥3.1公斤。1995年，市农技推广站在句容市下蜀镇、丹徒县世业乡建立玉米高产示范基点，为大面积生产示范。采取足苗争足穗，通过增加播量、种子精选、灭茬免耕、足苗匀苗；规范肥料运筹技术，按3∶7的比例施好基苗肥、穗粒肥，亩施氮肥20公斤；特别是玉米进入喇叭口期采取肥（重施穗肥）、水（天旱沟灌窨墒）、药（毒土灌心，防治玉米螟）、调（叶面喷施维他灵）四项措施，主攻大穗。示范方面积150公顷，平均亩产550公斤。1997年示范面积340公顷，亩产达到576公斤。

90年代中期以后，全市亩施氮肥增加到12公斤，亩施磷、钾肥增加到3.5公斤、5.6公斤。种植密度每亩增加到4900～5000株。推广玉米间作套种，主要模式有麦（油菜）－甘薯＋玉米、西瓜＋玉米－稻，马铃薯－玉米＋小麦－玉米＋甘薯，小麦－玉米＋大豆，草莓－西瓜＋玉米－稻。2005年，玉米间作套种植面积达2000公顷。

二、甘薯

1. 种植沿革　1983年，全市种植面积4.89千公顷，亩产206公斤（鲜品五折一，下同），总产1.51万吨。一年两熟为主，麦、油菜—甘薯，亦有甘薯间作玉米、大豆、芝麻等。1990年，全市种植面积5790公顷，亩单产258.5公斤，总产2.24万吨。1998年，全市种植4380公顷甘薯，亩产达432.1公斤，总产2.84万吨，单产、总产创历史新高。2005年，全市种植3050公顷，亩产268.8公斤、总产1.23万吨，其中丹徒区400公顷，占13.1%；丹阳市800公顷，占26.2%；句容市1580公顷，占51.8%；扬中市240公顷，占7.9%；润州、京口、镇江新区30公顷，占1%。

2. 品种演变　20世纪80年代，甘薯品种沿用胜利百号、南瑞苕。长期品种单一，甘薯病毒病蔓延发生，退化严重。80年代中期至90年代，先后引进宁薯1号、2号，徐薯18、北京553、苏渝303、苏薯8号等品种。进入21世纪，根据市场消费需求，形成以高淀粉型、烘烤型、蒸煮型为主体。2005年，种植的主要品种有苏薯1号、北京553、徐薯34、苏薯8号、苏渝303等品种。

3. 栽培技术　1980年起，全面推广薄膜温床育苗，利用太阳能提高床温，每平方米排种22～35公斤，结合二级育苗，每公斤薯种采苗300株左右，比传统温床育苗省种80%。

栽插方面，改斜插为水平插、单行栽为高垄双行栽。每亩栽插密度由2000株增加到3000～

4500 株。在有机肥作基肥基础上，以复合肥作为包心肥，2005 年全市推广面积达 70%。

三、大豆

1. 种植沿革　20 世纪 80 年代，以夏大豆为主，麦（油菜）－豆－稻轮作或与玉米、甘薯等旱粮作物及果园间作。市郊则以春大豆作菜用豆荚供应市场。1983 年，全市种植大豆 4510 公顷，亩产 101 公斤、总产 0.69 万吨。种植面积丹阳县占 45.1%，句容县占 23.2%，丹徒县占 20.1%，郊区占 10%。90 年代，由于以大豆为原料的豆制食品地位上升，大豆种植小幅回升。1990 年升至 5550 公顷。1998 年，全市种植 5160 公顷大豆，亩产 196.3 公斤，首次超过 150 公斤。2002 年大豆种植面积 6270 公顷，亩产 286.6 公斤，总产 2.7 万吨，单产、总产均为新中国成立以来最高年。2005 年，全市种植大豆 5290 公顷，亩单产 149.4 公斤，总产 1.19 万吨，种植面积中句容市占 32.4%，丹阳市占 30.9%，丹徒区占 26.7%。

2. 品种演变　20 世纪 80 年代以后，镇江市大豆先后以六月白、丹阳青、八月白、苏豆 4 号、豫豆 23、科丰 34 号为主要种植品种。

3. 栽培技术　20 世纪 80 年代，大豆栽培技术无大改进。90 年代，逐步明确重点推广技术。实施改耕翻撒播为免（少）耕点、条播；改小个体大群体为小群体、壮个体。每亩密度由 2.5 万～3 万株降至 1.2 万～1.5 万株，促进分枝；改不施少施肥为增施肥料，每亩纯氮不少于 10 公斤，推广使用氮、磷、钾复（混）合肥作基肥，花荚肥占施肥总量的 60%；在初花期用维他灵或助壮素叶面喷施，促壮、增粗、防倒和增加荚果。

1983～2005 年镇江市玉米产量表

表 13-8

年份	面积（公顷）	单产（公斤/公顷）	总产（吨）	年份	面积（公顷）	单产（公斤/公顷）	总产（吨）
1983	333	2480	826	1995	3060	4962	15185
1984	440	2875	1265	1996	3347	5143	17214
1985	547	3841	2101	1997	3213	5771	18541
1986	880	3756	3305	1998	3730	6218	23193
1987	1227	4084	5011	1999	4470	6221	27808
1988	1600	3753	6005	2000	4660	6470	30148
1989	1753	4343	7614	2001	5000	6217	31084
1990	1707	3890	6640	2002	5790	6908	39995
1991	1227	2479	3042	2003	4830	3642	17593
1992	1227	5236	6425	2004	4570	4839	22113
1993	2020	5330	10762	2005	4420	3954	17478
1994	2090	4380	9155				

1983～2005 年镇江市薯类产量表

表 13-9

年份	面积（公顷）	单产（公斤/公顷）	总产（吨）	年份	面积（公顷）	单产（公斤/公顷）	总产（吨）
1983	4887	3096	15132	1995	4860	4189	20360
1984	4967	3042	15109	1996	4660	4713	21962
1985	5360	3191	17104	1997	4660	5605	26119
1986	6093	3080	18768	1998	4380	6482	28392
1987	5853	3299	19310	1999	4370	6305	27555
1988	5993	3275	19628	2000	4530	6099	27627
1989	5713	3740	21364	2001	4130	5341	22060
1990	5787	3878	22440	2002	4030	6728	27112
1991	5667	3092	17424	2003	3580	4227	15133
1992	5433	3813	20717	2004	3310	4352	14405
1993	5530	4564	25238	2005	3050	4032	12299
1994	4040	3461	13982				

说明：产量为按鲜品五折一

1983～2005 年镇江市大豆产量表

表 13-10

年份	面积（公顷）	单产（公斤/公顷）	总产（吨）	年份	面积（公顷）	单产（公斤/公顷）	总产（吨）
1983	4513	1520	6858	1995	5120	1847	9457
1984	4687	1501	7037	1996	5650	2107	11903
1985	4987	1534	7650	1997	5480	2235	12248
1986	5607	1600	8972	1998	5160	2945	15195
1987	5593	1704	9529	1999	5610	2601	14592
1988	5400	1710	9232	2000	6520	2504	16326
1989	5487	1852	10163	2001	6370	2654	16904
1990	5547	1768	9807	2002	6273	4299	26970
1991	4907	1276	6262	2003	5810	2094	12166
1992	5073	1793	9090	2004	5240	2508	13141
1993	5830	1929	11245	2005	5290	2241	11854
1994	4290	1644	7053				

第四节　棉　花

20 世纪 70 年代末、80 年代初是镇江棉花生产最好时期。1985 年起，由于棉花收购政策变化，粮棉比价调整，植棉效益低下，棉花生产逐年下跌。21 世纪初，棉花生产仅作为自留棉散落在丘陵岗坡旱地上。

一、种植沿革

1983 年,全市植棉 1.74 万公顷,亩产 61 公斤,总产 1.59 万吨,种植面积比历史最高的 1982 年降低 6.1%,总产比历史最高的 1981 年增长 20.7%。至此,全市棉花生产已基本改变分散种植状况,建立句容县春城、环城、天王、下蜀、宝华,丹阳县窦庄、运河、陵口、折柳、吕城,丹徒县世业、高桥共 12 个万亩商品棉生产基地,成为全市棉花生产主产区。1984 年,棉花单产创历史最高纪录,全市种植 1.64 万公顷棉花,平均亩产 64.5 公斤,比历史最高的 1983 年增长 5.7%。丹阳县 4510 公顷棉花,平均亩产 95.5 公斤。1985 年扬中县退出植棉县。到 1990 年,全市棉花面积减至 8110 公顷,亩产 42.5 公斤,总产 0.52 万吨,比 1983 年分别降低 53.4%、30.3%、67.6%。2000 年,全市棉花面积降至 2440 公顷,全市 41 个植棉乡(镇)有 20 个乡(镇)在 70 公顷以下,全市棉花生产回归零星分散的种植局面。2005 年,全市棉花面积 1930 公顷,亩产 63.3 公斤,总产 0.18 万吨,其中句容市 1740 公顷,占 90%,散布在岗坡丘陵上。

二、品种演变

20 世纪 80 年代初,以徐棉 142、徐棉 6 号为主。1985 年推广泗棉 2 号、3 号,1988 年全市扩大到 9870 公顷,占同年棉花总面积 98%。泗棉 2 号、3 号虽具有早熟高产、适应性广、结铃率高的优点,但易感枯萎病。1989 年,引进抗病棉苏棉 1 号、通 83-811 等品种(系)。1990 年,种植苏棉 1 号、苏棉 3 号、盐棉 48 等抗枯萎病品种种植 6400 公顷,占棉田总面积 78%。1993 年,苏棉 1 号、2 号等优质抗病棉品种覆盖率达到 99.3%。1996 年后,相继引进苏棉 8 号、苏棉 12 号。2005 年,以苏棉 12 号、冀 558 为主,少量种植泗棉 4 号、苏棉 9 号、苏棉 17 号品种。

三、栽培技术

1. 直播地膜棉 在直播基础上覆盖地膜(薄型塑料),简称地膜棉。1981 年试验示范,1984 年推广 1300 公顷,主要在丘陵及沿江棉区应用,与露地直播棉相比,多数能增产 30%。虽然增加购买地膜成本,但每亩仍能增加 20% 以上经济收入。1988 年后由育苗移栽取代。

2. 薄膜育苗移栽 1984 年全市应用面积达到 1.33 万公顷,占棉田总面积 81%,皮棉亩产达 64.5 公斤。以早茬为主,搭配中茬,麦棉套栽,元大麦麦幅控制在 40% 以下,足床足肥,薄膜覆盖,营养钵育苗,早茬苗龄 35~40 天,钵径 5~6 公分,3~4 叶移栽。中茬苗龄 50~55 天,钵径 7 公分,5~6 叶移栽。晚茬苗龄 60 天左右,钵径 8 公分,6~7 叶移栽。部分苗带蕾移栽。改打塘为打洞移栽,采用泥浆套钵移栽,缩短缓苗期。扩行距缩株距,调整移栽密度,早茬每亩 4000 株,中晚茬每亩 4500 株。2005 年仍沿用薄膜育苗移栽技术。

3. "三边一培垅"管理 1980 年丹阳市率先推广应用,即边割麦,边施肥(当家肥、接力肥),边松土灭茬,一次高培垅,抢在"梅雨"前改多次田间作业为一次完成。至 80 年代末,全市推广面积达到 80%。2005 年仍沿用此方法。

4. 生长调控 硫酸脱绒,为提高出药率,用 5 公斤毛棉籽加 1 公斤工业硫酸,充分搅拌,待棉籽短绒脱净后,立即将棉籽用清水反复淘洗、晒干备用。90 年代后由包衣种取代。

矮壮素浸种,用每千克含 150~200 毫克矮壮素溶液浸种 7~8 小时,或旺长棉田用每千克含 10~15 毫克矮壮素溶液叶面喷雾,促使棉苗矮壮墩实,茎粗节密,根系发达,增强抗逆能力。

缩节安喷施,对有旺长趋势棉田,在盛蕾—盛花期,用浓度每千克含 30~40 毫克缩节安稀释液每亩喷施 25 公斤。

乙烯利催熟,10 月中旬,每亩用 40% 乙烯利 100~120 毫升兑水 40 公斤喷雾,8 天后脱叶明显,10～25天内吐絮明显加快,提高吐絮率20%～41.7%,成熟提早10～15天,单铃重增加1克～1.2克,衣分增加1%左右。

5. "六改"栽培　20世纪90年代起,简化栽培技术。改冬春深耕为免少耕;改传统育苗为简化育苗;改多次中耕除草为三边一次高培垄;改多次施肥为"二促二补",棉田施肥由80年代的基肥、安家肥、提苗肥、接力肥、花铃肥、盖顶肥共六次施肥,调改为在施足基肥基础上,以总施肥的20%～30%用于安家肥、看苗补施接力肥,70%～80%的肥料重施花铃肥,看苗补施盖顶肥;改稀植为合理密植,控制在每亩4000株左右;改精细整枝为整枝与生物化学制剂调控相配套,前期去公枝,后期打顶心,应用调控技术。"六改"技术一直沿用至2005年。

四、病虫防治

1. 枯萎病　1983年,全市发病面积3970公顷,占棉田面积22.8%,有48个公社、423个大队、2392个生产队的棉田发病。1985年,发病面积6330公顷,句容县有35公顷棉田绝收。1987年,全市重病田增至2580公顷,占棉花总面积25.5%,其中难以立苗而废弃改种面积280公顷。之后,市、县组织调进抗病棉盐棉48,苏棉1号、2号等抗病品种,并采取轮作换茬,枯萎病迅速下降,2005年全市枯萎病区只有2个乡,零星发生面积16.7公顷。

2. 红铃虫　1983、1984、1985年连续三年大发生。三代红蛉虫危害率均超过50%。1990年三代累计蛾量809头,百铃累计卵量176～284粒。1994年再次大发生,全市药剂防治面积2.17万公顷,亩均防治6.1次。

1983～2005年镇江市棉花产量表

表13-11

年份	面积（公顷）	单产（公斤/公顷）	总产（吨）	年份	面积（公顷）	单产（公斤/公顷）	总产（吨）
1983	17427	915	15937	1995	5370	638	3426
1984	16360	967	15827	1996	4880	511	2493
1985	13847	770	10665	1997	3810	603	2297
1986	9500	831	7898	1998	4050	768	3111
1987	10106	784	7919	1999	2180	629	1372
1988	10053	693	6970	2000	2440	661	1613
1989	6900	411	2834	2001	2950	660	1948
1990	8107	637	5168	2002	2260	664	1501
1991	8267	615	5081	2003	2050	743	1524
1992	9007	654	5893	2004	2060	854	1759
1993	6150	508	3122	2005	1930	950	1833
1994	3550	719	2551				

第五节　油　菜

油菜是镇江的传统油料作物。20世纪80年代,油菜(子)生产进入快速发展期。调高种植面积,推广优良品种,实施直播改移栽、合理密植、增施氮肥、补磷增钾、硼肥底施等新技术。90年代起,推广杂交油菜、双低(低芥酸、低硫代葡萄糖苷)油菜品种,实现油菜(子)生产由数量型向数质并重转变。

一、种植沿革

1983年,全市油菜面积1.66万公顷,亩产111.8公斤,总产2.79万吨。油菜子亩均效益明显高于"三麦",以丘陵地区为主的"三麦"低产区率先"缩麦扩油"。1985年,全市油菜面积2.9万公顷,总产4.47万吨,比1983年分别增长74.9%、60.2%,其中句容县油菜面积1.77万公顷,占全市面积60.7%,比1983年增长137.9%。全市出现21个万亩以上重点产油乡(镇)。1987年,市政府表彰交售商品菜籽50万公斤以上乡镇6个,即句容县春城乡(88.4万公斤)、天王乡(86.5万公斤)、行香乡(74.5万公斤)、白兔乡(60.2万公斤)、袁巷乡(57万公斤)、环城乡(50.7万公斤)。1992年,全市油菜(子)亩产达125公斤。1995年,丹阳市云阳镇东甲村3.9公顷丰产方,平均亩产227公斤;窦庄乡胜利村0.19公顷攻关田,亩产249.5公斤。1996年,丹阳市横塘镇18.6公顷油菜丰产方平均亩产253公斤。21世纪初,油菜面积再次上升,2003年,油菜面积4.49万公顷,创历史新高。2004年,油菜子亩产135.9公斤,总产87.7万吨,单产、总产均为历史最高。

二、品种演变

20世纪80年代,油菜品种以白菜型品种与甘蓝型品种并存,并向以甘蓝型品种为主转变。白菜型品种有黄油菜、大黄籽。甘蓝型品种有宁油7号、宁油8号、扬油1号、沪油23、丹阳312,低芥酸品种(系)75-01-1。1989年,宁油7号面积1.79万公顷,占全市种植面积66.9%。

20世纪90年代,杂交油菜逐步替代常规油菜。1991年引进杂交油菜——秦油2号,生长势强,载角量大,耐冻能力强,比常规品种增产10%。1992年,全市油菜种植面积中秦油2号占32.7%,宁油7号占16.9%,荣选2~26占14.5%,汇油50占10.9%,丹阳312占7.8%,75~01~1占6.8%,白菜型小黄籽占10.4%。1994年秦油2号占总种植面积80.6%,1998年达到90%,其他为汇油50和兴化油菜。

21世纪初,以双低油菜为主。2001年,全市种植的品种有苏油1号、宁杂1号、宁杂3号、宁油10号、秦油7号、华杂4号、油研8号、汇油50、沪油9号。其中属双低油菜的种植面积3.9万公顷,占总面积87.4%。2005年,秦油7号占43.9%,还有沪油16、史力丰、镇油3号、苏油1号等品种,双低油菜面积4.07万公顷,占油菜总面积97.4%。

三、栽培技术

1. 免(少)耕移栽技术　板茬移栽,人工开沟后直接在稻板茬上移栽(或先移栽油菜后开沟)。1985年推广870公顷。移栽时省却耕翻、碎土等工序,简便易行,产量也不低,移栽季节雨多田烂,更适合应用。1988年,全市推广面积达到1万公顷,占总面积37.8%。1994年,推广旋耕灭茬移栽油菜,全市板茬移栽降至3000公顷左右。2005年,全市板茬油菜4000公顷,占总面积9.6%。

1990年,全市示范旋耕灭茬移栽1700公顷,占油菜总面积6.5%。先以机械开沟,用旋耕机浅旋耕灭茬再移栽油菜,移栽时期,田干爽更适合应用。1995年,推广面积2.41万公顷,占75.8%。2005年,全市旋耕灭茬移栽3.35万公顷,占油菜总面积80.2%。

2. 增施硼肥　1983年施硼面积1.15万公顷,占总面积69.2%。以每亩用250克硼砂拌细土或拌入农家肥作基肥施用,或每亩用100克硼砂兑水于初花期叶面喷施,以其显著增产效果,迅速被农民应用。1996年,全市应用面积4.5万公顷。2005年,全市油菜施硼面积4.64万公顷,其中基肥施用占总面积89.9%,叶面喷施占油菜总面积21.1%。

3. 模式化高产栽培技术　1984年,镇江市农技推广站绘制《甘蓝型油菜中熟品种亩产150~

180 公斤栽培规范》图，彩印 2.1 万份，发至重点产油乡村农户，指导大面积生产。推广直播改移栽、土种改良种、晚播改早播、稀栽改密植等四改措施，每亩密度由 6000 株提高到 8000～10000 株，在肥料运筹上掌握两重（重施基肥、苔肥）一补（补施花肥）施肥技术。90 年代以后，推广"扩床（苗床）、培肥、早育、稀播、促壮"等规范育苗移栽技术。实施一地一种（品种）；一组（村）一片，相对集中育苗；一亩一斤（种子），稀播匀播；每亩 40 克多效唑，三叶前喷施；先栽油菜后种麦；先开沟后栽菜；先施基肥后栽菜；先扩行后缩株。

四、病虫草害防治

1. 油菜菌核病　1993、1995、1998 年大流行。1998 年发生面积 2.98 万公顷，占油菜面积 99.9%。全市用多菌灵防治 1.52 万公顷，亩均防治 0.5 次。

2. 草害　20 世纪 80 年代以人工除草为主。90 年代全面推广化学除草。2003 年起，大面积推广快捕净防除。2005 年，全市药剂防除 3.4 万公顷，亩均防治 0.8 次。

1983～2005 年镇江市油菜子产量表

表 13-12

年份	面积（公顷）	单产（公斤/公顷）	总产（吨）	年份	面积（公顷）	单产（公斤/公顷）	总产（吨）
1983	16620	1678	27881	1995	31740	1941	61619
1984	13780	1671	23029	1996	29210	1984	57944
1985	29073	1537	44684	1997	29200	1880	54907
1986	25547	1489	38052	1998	29870	1005	30009
1987	27940	1523	42564	1999	34520	1999	69019
1988	26433	1247	32954	2000	42730	1929	82432
1989	26807	1347	36111	2001	44690	1797	80315
1990	26293	1602	42126	2002	44680	1661	74220
1991	29513	1548	45690	2003	44850	1568	70321
1992	28993	1875	54353	2004	43010	2039	87698
1993	29500	1773	52317	2005	41780	1963	81994
1994	30180	1682	50759				

第六节　蔬　菜

一、种植沿革

1983 年，全市蔬菜播种面积 7190 公顷（含菜用瓜，下同），其中郊区 2570 公顷，丹徒县 1110 公顷、丹阳县 730 公顷、句容县 2570 公顷，扬中县 210 公顷。郊区蔬菜总产 5.99 万吨，亩产 1552 公斤。1984 年底，蔬菜生产实行产销放开后，蔬菜种植面积迅速扩大。1986 年，全市蔬菜播种面积增至 1.1 万公顷，比 1983 年增长 52.9%，其中润州区 2520 公顷，占全市总面积 22.9%，蔬菜总产 6.31 万吨。丹徒、丹阳、句容、扬中四县为 8470 公顷，占 77.1%，四县蔬菜播种面积比 1983 年增长 83.7%。1995 年，全市蔬菜播种面积升至 1.78 万公顷，其中润州区、京口区蔬菜播种面积 3640 公顷,占全市总面积21.1%,市区地产蔬菜上市7.02万吨,占上市总量72.2%。

2005年,全市蔬菜播种面积为23960公顷,亩产1873公斤,总产67.32万吨,其中润州区2220公顷,总产5.46万吨;京口区920公顷,总产3.27万吨;丹徒区4390公顷,总产11.03万吨;丹阳市7210公顷,总产21.27万吨;句容市6730公顷,总产18.87万吨;扬中市2190公顷,总产6.62万吨;镇江新区300公顷,总产0.8万吨。

二、品种演变

20世纪80年代中期,镇江郊区常年种植的蔬菜有12个大类、141个品种。90年代后,镇江市政府实施"菜篮子"工程建设,不断调整品种结构,引进、选育新品种,淘汰口味差、效益低的长梢、本种萝卜、茄门甜椒、早白皮黄瓜等57个品种,2005年,镇江辖市(区)种植的品种有12个大类174个品种。

1. 白菜类 苏州青、上海青、雪里蕻、三月曼、四月曼、大花叶大菜、小花叶大菜、九头鸟、镇江寒青、改良青杂3号、热抗王耐热大白菜、夏阳"87－114"。

2. 根菜类 扬花萝卜、元白萝卜、穿心红萝卜、心里美萝卜、胡萝卜、大萝卜、元红萝卜、日本四季大根萝卜、五寸参胡萝卜、大头菜、牛蒡、芜青、百合。

3. 茄果类 苏长茄、苏奇茄、苏椒5号、湘椒、卞椒1号、金鹏1号番茄、金鹏5号番茄、合作906番茄、超级918番茄、扬茄1号、韩国黑马长茄、黑龙长茄、彩色大椒、樱桃番茄、苏粉8号、露粉番茄、908番茄、海粉962番茄、艳丽长茄。

4. 瓜类 广东青皮冬瓜、棒棰丝瓜、瓢瓜、花皮菜瓜、癞葡萄、癞瘊子南瓜、津优1号黄瓜、津优40黄瓜、江苏1号丝瓜、长青冬瓜、润早青冬瓜、广东黑皮冬瓜、日本南瓜、韩国甜粟南瓜、黄皮笋瓜、青皮菜瓜、西葫芦、苦瓜、台湾黑苦瓜、孝感瓠子。

5. 甘蓝类 圆心包、京丰包、50天花菜、60天花菜、80天花菜、100天花菜、120天花菜、180天花菜、上海争春甘蓝、上海延春甘蓝、青花菜、日本白玉花菜、绿花菜、球茎甘蓝。

6. 豆类 扁地刀、白花架刀、紫花架刀、一点红豇豆、之豇28、地豇81－6、高优22号豇豆、台湾8号豇豆、春秋红豇豆、白扁豆、紫扁豆、日本青毛豆、辽青毛豆、台湾292毛豆、四季豆、扬豇、紫秋豇、早丰豇豆、镇豇1号、黑脐毛豆、白皮蚕豆、紫皮豌豆、黄秋葵、四棱豆、泰国架豆王、燕嘴红、无架扁豆、金龙架豆王(刀豆)。

7. 绿叶菜类 圆叶波菜、尖叶菠菜、尖叶青苋菜、圆叶青苋菜、圆叶红苋菜、圆叶花苋菜、狮子茼蒿、杆子茼蒿、鸡脚茼蒿、圆叶白皮莴苣、圆叶紫皮莴苣、尖叶白皮莴苣、尖叶紫皮莴苣、蒲(药)芹,蕹(空心)菜、香菜、振兴2号莴苣、振兴3号莴苣、振兴5号莴苣、美国西芹、泰国黄苗芹、意大利耐热生菜、泰国小叶空心菜、白梗空心菜、泰国耐热香菜、大叶落葵、小叶落葵、芦荟、黑大头、七宝青、清江白。

8. 薯芋类 红芽芋、洋生姜、克新4号土豆、早大白土豆、叶用山芋、紫皮山芋、"868"山芋。

9. 葱蒜类 米葱、青葱、紫皮洋葱、紫头香韭、平韭2号、二水早大蒜、苏州白(蒜)、三月黄(蒜)、791韭菜。

10. 多年生类 金针菜、竹笋、香椿头。

11. 野生类 荠菜、黄花苜蓿(金花菜)、枸杞头、马兰头、马齿苋、菊花脑、石蒜、诸葛菜、芦蒿薹、野芹、蒿瓜菜、葵(落葵)。

12. 水生菜类 水芹、莲藕、茨菇、单季茭白(八月茭)、双季茭白。

三、地方特色蔬菜

1. 镇江寒青小白菜 1996年,市蔬菜研究所从地方品种雪克青自然群体中选择优良单株,经系统培育而成，具有耐寒、抗病、高产、优质、适应性广的特点，一般亩产约3000公斤。

2. 镇研二号辣椒　2002年，镇江市蔬菜研究所用母本早熟灯笼形地方品种与父本大果型早熟甜椒杂交育成。特别适合在大棚（早春）栽培，特点是分枝能力强，挂果率高，抗逆性强，亩产约3500公斤。还有镇研三号、五号、六号、八号四个姐妹系品种。

3. 润早青皮冬瓜　1990年，市蔬菜研究所培育的早熟冬瓜。瓜形为圆筒形，瓜面光滑，瓜皮青绿色，稍有淡绿色花斑，色泽诱人，单瓜适中，均重约6公斤，果肉紧密，亩产可达5000公斤，烧汤、红烧均可。

4. 镇豇一号豇豆　2003年，市蔬菜研究所利用天豇复异株系，经选育而成的早熟、优质、丰产、抗病品种，平均单荚重26克，鲜嫩、不易老化，荚尾饱满，商品性好，抗豇豆枯萎病。亩产约1500公斤。

5. 蒋墅茭白　20世纪50年代，丹阳县蒋墅观巷村从无锡引进，经长期定向无性选育，成为蒋墅地区的一个地方品种。具有早熟、高产、质优的特点。常年栽培面积400公顷。

图13-4　太空辣椒（2007年摄）

6. 黄巷水芹　丹阳市里庄镇黄巷村种植历史已有100多年，又称“黄巷雪”水芹，外观白嫩、口感清脆，具有营养保健之特点。2004年，种植面积70公顷，其中大棚种植2公顷，亩产约5000公斤。

四、栽培技术

1. 露地栽培　露地栽培是镇江传统栽培形式。在栽培蔬菜前进行耕、耙、耧、耱和开沟、作畦等技术操作，并结合施用基肥。采用育苗、直播、移栽、中耕除草、追肥等栽培管理方法。

2. 塑料大棚栽培　1985年，镇江城郊利用小棚栽培面积50公顷、大棚栽培21公顷，之后逐步推广镀锌钢管大棚。20世纪90年代起，镇江城郊大棚栽培普遍应用于瓜类、茄果类、豆类蔬菜的育苗、栽培和制种。1993年，镇江市郊（润州区）有大棚面积95.3公顷，1997年增至180公顷，占郊区菜地面积的16.7%，此栽培技术迅速向农村（粮区）扩展。丹阳市1991年引进，1995年总面积达到83.3公顷。2002年，为镇江城市服务的润州区、京口区大棚面积发展到270公顷，占菜田面积34.2%，并发展一批连栋大棚。2005年，全市用于蔬菜栽培的各种大棚面积1648公顷，其中单体钢管大棚861.3公顷，竹子大棚786.7公顷，连栋大棚面积2万平方米，玻璃温室3000平方米。其中润州区、京口区大棚面积317.3公顷，占全市总面积19.3%。

境内早春大棚主要栽培扬花萝卜、苋菜、落葵、茼蒿等。夏季大棚主要栽培秋番茄、伏大椒、伏莴苣、伏包菜、伏大白菜等。秋冬大棚主要栽培秋延辣椒、秋延莴苣及秋冬季番茄、黄瓜等。

3. 遮阳网栽培　遮阳网是以聚乙烯为原料，经加工编织而成的网状覆盖材料，主要在夏秋高温季节架空覆盖栽培蔬菜和育苗。1987年润州区应用面积10公顷。90年代推广至丹阳、句容、扬中县城郊菜区。2005年全市应用面积190.60公顷。

五、病虫防治

1. 药剂防治　1982年，润州区成立蔬菜病虫测报站，开展病虫害预测预报工作，指导菜农开展有效防治。20世纪80年代停止使用“六六六”“DDT”等有机氯农药，全面推广应用高效低毒、低残留农药,90年代起菜区停止使用甲氨磷、氧化乐果、呋喃丹等高毒、高残留农药,实行“放心菜”生产。2000年,全市药剂防治5.1万公顷,播种面积亩均防治2.9次,其中病害亩均防治0.27次,虫害亩均防治2.62次。2005年防治8.65万公顷,播种面积亩均防治3.6次,其中病害亩均防治0.5次,虫害亩均防治3.1次。

2. 防虫网　1995年,由镇江市蔬菜副食品办公室立项,选用高密度聚乙烯、添加抗紫外线、抗老化助剂,经拉丝而织成18~50目的网纱,对大棚(中、小棚)全网覆盖,在夏季种植毛菜,阻止成虫入侵,达到防治蚜虫、跳甲、猿叶虫、小菜蛾、菜青虫、夜蛾类虫害的目的。1997年,镇江市郊防虫网覆盖种植毛菜面积21.5公顷。1998年,中央电视台二套、七套到镇江拍摄防虫网栽培技术专题片。2001年,丹阳、句容、扬中市相继推广应用。2005年,全市应用面积52.9公顷。

第七节　食 用 菌

一、平菇

1. 种植沿革　1983年,全市栽培面积20公顷,总产0.4万吨。1985年栽培面积100公顷,总产2万吨,其中丹阳县60公顷,总产1.2万吨,种植农户3万余户,加工出口2000吨,成为全国闻名的“平菇之乡”。同年,镇江医学院余兆丰利用通气培养法,研制平菇“液体菌种”取得成功。1986年后,平菇热退潮,1987年降至10公顷,产量不足2000吨。20世纪90年代平菇栽培向专业大户发展,1992年以来,四川及江苏射阳农民先后到镇江租用城市防空洞和市郊农田栽培平菇,实行周年生产,年产60万袋,产量约600吨。2005年,全市平菇栽培量为120万袋,总产量1200吨。

2. 品种演变　20世纪80年代栽培品种(系)主要是中低温类型的糙皮侧耳、美味侧耳、佛罗里达侧耳、丹阳县分离的丹01等。90年代后,镇江城郊大多应用杂交17、杂交3号等广温型品种。丹阳等地还引种纯白平菇(4011)、侧5、PL-30、桃红平菇、鲍鱼菇等高温型品种。21世纪初,主要以9408、9400等品种(系)为主。

3. 栽培技术　阳畦栽培,20世纪80年代使用。选择背风向阳,排水良好,筑成坐南朝北,宽1米,长10米左右,畦高0.3米,铺料接种后覆盖薄膜和草帘。春秋两季栽培,每亩投料6吨,产蘚菇6吨。1985年栽培达80公顷,因属生料培植,容易感染杂菌,不适合连作,80年代末弃用。

塑料袋栽培,80年代末逐步取代阳畦栽培。用聚丙烯或耐高温的聚乙烯薄膜,制成23厘米×45厘米或28厘米×50厘米规格的袋子,装入培养料经灭菌冷却后接种,移到栽培场发菌,约30天可以长满菌丝,菌蕾出现时放开扎口,进行出菇管理。塑料袋栽培沿用至2005年。

二、蘑菇

1. 种植　1985年,全市蘑菇栽培面积40公顷,以麦草、牛粪为主要原料,年产鲜菇3000吨,加工出口盐渍蘑菇500吨,生产蘑菇罐头100吨。20世纪80年代中后期,蘑菇种植面积下降。90年代末,推广应用蘑菇无粪合成培养基。句容市行香,丹阳市导墅、河阳等乡镇有部分农民重新种植蘑菇。全市总产近800吨。2005年,镇江市食用菌研究所与扬中市兴农种养殖公司合作,利用金针菇、平菇等食用菌生产的下脚料为主要原料,加入麦麸、菜子饼等营养物质,堆制发酵后,进行无粪栽培蘑菇,用塑料袋栽培法取得较好效果。2005年,全市蘑菇培植面积10公顷左右,总产量不足1000吨。

2. 品种　20世纪80年代初,蘑菇品种(系)以176为主。80年代中后期,主要引进2796,并成为当家品种(系)至2005年。

三、香菇

1. 种植　1983 年，扬中青年朱忠贵到上海市农科院学习木屑压块栽培香菇技术，100 公斤干料可产鲜香菇 50～60 公斤，产量比段木栽培法提高 5～6 倍。1985 年，丹阳县食用菌研究所进行木屑加麦麸压块栽培试验示范。1993 年，浙江丽水农民吴炳祥等到镇江郊区租用大棚，将在丽水发好菌丝的香菇袋（塑料）用汽车运到镇江，在大棚里脱袋转色后生产香菇。1996 年，浙江菇民在镇江收购阔叶树枝，用专用粉碎机加工木屑，就地生产香菇菌袋，每年生产约 30 万袋，产量 150 吨。21 世纪，仍以浙江菇农为主，每年生产 50 万袋，产量 300 吨，占镇江市场销量的 80%，以鲜菇供应市场。

2. 品种　1983 年从上海市农科院引进 7402、8001 等品种（系），之后又从福建三明真菌研究所引进 CY－01、CY－02 香菇杂交菌株。80 年代中期，丹阳县食用菌研究所引进 L－26、建 B 等品种（系）。1993 年引进 L908，2000 年后，选用的品种（系）为 135、L908 等。

四、金针菇

1. 种植　1983 年，扬中县三茅镇农民魏植祥从上海市农科院引进瓶栽金针菇技术，以木屑、细米糠、麦麸等为原料，每瓶干料 0.15 公斤，可采收鲜金针菇 0.12 公斤左右。扬中县供销社组织推广，形成一定生产规模。1988 年，塑料袋栽培取代瓶栽技术，选用长 35～38 厘米、宽 17 厘米的乙烯或丙烯塑料袋，每袋装干料 400 克，袋上部留 18 厘米空间扎紧，进行灭菌—接种—发苗—出菇—采收，每袋可采收鲜菇 400 克左右。20 世纪 90 年代末，镇江金针菇年栽培量达到 500 万袋，产量约 1000 吨。

图 13-5　江南生物科技有限公司生产的食用菌（2003 年摄）

2003 年，丹阳市江南食用菌有限公司投资 1200 万元，新建 150 间控温控湿的智能冷房，实行金针菇周年栽培，年产鲜菇 2000 吨。2004 年，丹徒区高资镇农民段为喜投资 300 万元，新建 20 间冷房，进行金针菇周年生产，年生产能力 200 吨左右。至此，镇江市已成为沪宁线城市圈周年生产金针菇的主要产地之一。

2. 品种　早期引用“三明一号”、杂交 19 等黄色品种，后期引进 8801、F21、2001 等白色品种（系）。2003 年起，全部为白色品种（系）。

五、草菇

1983 年，扬中、丹阳等县引进稻草栽培法种植草菇，100 公斤稻草，可产鲜菇 10 公斤。丹阳县蒋墅乡丁金祥首创利用平菇生产的下脚料栽培草菇，并获成功。1994 年，丹阳市蒋墅乡姜建新租用 2 亩农田，利用大棚进行草菇生产取得成功。1996 年，姜建新创建丹阳市江南食用菌有限公司，学习外地经验，砌建 70 间专用草菇房，配置封闭烟道，煤炉加温，培养料选用无霉变废棉和棉纺厂下脚料，进行室内 6 层床架周年栽培草菇。2002 年，丹阳市江南食用菌有限公司菇房发展到 650 间，一个栽培周期 30 天、一年栽培 10～12 茬的“室内床架周年栽培技术”带动草菇生产发展，丹阳市发展到2000间，有600多农户从事草菇生产。2005年，全市菇房面积20余万平方米，草菇年产量达到4000吨。草菇栽培的品种有大粒种和小粒种两类，主要品种（系）有V11、V23、V35等。

六、鸡腿菇

1993年，镇江市食用菌研究所从南京食用菌种站引进米黄色鸡腿菇，用栽培平菇、金针菇的下脚料，在大田筑阳畦，三层料四层菌种，再覆土出菇的办法获得成功。后扩大至扬中、丹阳、句容、丹徒，成为全市第一个大面积推广的珍稀食用菌。1995年后，改进为塑料袋在大棚内栽培。2000年后，引进特白33等纯白色品种，取代米黄色品种。2002年，市食用菌研究所与江苏大学合作，利用造纸下脚料芦苇末栽培鸡腿菇取得成功。2003年，镇江市食用菌研究所与市人防管理处合作，利用城市人防地下室进行鸡腿菇栽培试验，“大棚发菌，人防出菇”配套栽培鸡腿菇获得成功，并在周边城市人防地下室推广。每平方米排40袋，产鲜菇15公斤，3～4个月为一个生产周期，2004年，镇江防空洞栽培鸡腿菇15万袋，产鲜菇50多吨。

七、秀珍菇（姬菇）

2001年，镇江市食用菌研究所在镇江南山、大禹山等地考察野生食用菌资源时，发现一株野生菇，后经分离驯化培养，获得秀珍菇菌种，利用大棚塑料袋栽培5000袋。2002年推广至食用菌专业户栽培，栽培量5万袋，年产鲜菇20吨。2003年起，引进台湾秀珍菇、广温姬菇等品种，辖市（区）推广栽培，全市栽培量30万袋，年产量超过100多吨。2005年，全市栽培量50万袋左右，年产鲜菇200吨。

第八节　瓜果类

一、瓜类

1. 西瓜　20世纪80年代前，境内西瓜以露地麦——瓜二熟传统栽培为主，种植分散，地产地销为主。1983年，全市西瓜面积533公顷，其中句容县293公顷，占55%，以华东24、华东26号等品种为主。同年，句容县白兔乡引种早熟、质细、口感好的优质新品种苏蜜一号。1985年，全市西瓜面积2130公顷，种植品种以苏蜜一号为主。80年代中期，丹徒县高桥乡在小棚育苗、地膜覆盖的基础上，应用小、中弓棚覆盖，西瓜提前至5月底、6月初上市，虽然产量不高，但价格不低，经济效益明显。80年代末，先后引进中熟品种——新澄、新红宝、聚宝一号、皖杂一号、8155、西农八号。90年代，种植业结构调整，句容县丘陵地区西瓜种植面积再次扩大，引进抗病苏密、丰乐一号、京欣一号、早佳、金钟冠龙等早熟、生长势强、商品性好的杂交品种。1994年，全市西瓜面积3320公顷，其中句容县3220公顷，亩产1876公斤，总产9.03万吨，种植面积、总产分别占全市的97%、98%。“句容瓜”直销镇江、南京。2005年，全市西瓜面积2180公顷，亩产1780公斤，总产5.84万吨，其中句容市2000公顷，亩产1812公斤，总产5.44万吨。

2. 甜瓜　20世纪80年代前，境内甜瓜多为农户自留旱地种植地方品种，瓜色有青、黄两种，面积小、自食有余则自销。80年代后，才渐渐引种上海、台湾、日本甜瓜品种，主要有上海蜜瓜、小麦酥、日本甜瓜、宝岛甜美、台湾青玉、黄金瓜。90年代种植面积有所扩大。1994年，全市种植面积150公顷，2000年为180公顷，2005年，全市甜瓜面积150公顷，亩产1427公斤，总产3210吨，其中丹徒区10公顷、丹阳市10公顷、句容市100公顷、扬中市30公顷。

二、鲜果

1. 栽培

镇江果树栽培历史悠久。1983年,多以家前屋后零星栽植为主,全市仅有成片果园(1亩以上)561公顷,果品产量0.35万吨。90年代,成片果树栽培已经占据绝对优势。2005年,全市水果生产面积达4200公顷,其中市区860公顷、丹阳市740公顷、扬中市100公顷、句容市2500公顷。水果产量达1.61万吨。

桃　1982年,桃面积为230公顷,占全市果树面积28.6%,产量为0.14万吨,占果品总产量32.4%,仅次于梨。桃的栽培品种多达44个,以水蜜桃为主。1985年春,丹阳等地从无锡阳山果园引进湖景蜜露桃,改挖穴栽植为开沟栽植,施肥改穴施为沟施,使之当年栽培,第二年少量结果,第三年即进入采果期。1992年,镇江京口区象山果树研究所早红宝石油桃新品种在全市推广栽培,润州区蒋乔镇建成桃基地53.3公顷。2001年,丹阳市司徒杏虎果品生产合作社建立,发展水蜜桃基地41.3公顷,合作社社员98户,0.67公顷以上户达11户。2005年,建立句容大卓270公顷新白花桃基地、丹阳杏虎桃基地、京口象山果树研究所油桃基地66.67公顷,镇江南山农业科技示范基地66.67公顷,全市桃总面积1550公顷,年产量0.54万吨。

梨　1982年,全市有梨树面积420公顷,产梨0.24万吨,位居全市果品之首。20世纪80年代末,全面实施梨树品种更新。丹徒县江心果园原4.67公顷梨全被淘汰,新发展以早酥梨为主的梨,面积200公顷。句容市浮山果园新种黄花、翠冠等品种5.33公顷。到2005年,全市梨树面积为350公顷,产梨0.18万吨,句容占一半以上,达180公顷,其中行香示范基地100公顷,后白基地33.33公顷;丘陵地区农科所引进日本梨新品种,同时引进梨平网棚架栽培技术,平网架栽培面积达13.33公顷。镇江市南山科技园有梨树面积5.33公顷,平网棚架栽培面积1.33公顷。

葡萄　1980年前后,市多管局从上海农科院、中国果树研究所等地引进巨峰葡萄,由于其粒大、汁多、味甜、丰产特点,备受市场和种植者欢迎。1984年,润州区象山星星村建立起0.23公顷巨峰葡萄早期丰产试验园,3月种植,亩植133株,1985年8月经全省果树专家组验收,总产4301公斤,亩均1240.6公斤,以每公斤价6元计算,亩产值3721.8元。同年底,镇江市种植面积20多公顷。

1985年9月,镇江市申报国家级星火计划《苏南鲜食巨峰系葡萄商品基地综合技术开发》研究课题项目,1986年10月获得批准,为"国家级8623-2星火计划项目"。项目设在象山乡星星村古运河畔,新建葡萄园6.67公顷,镇江市园艺实验场0.67公顷。

1992年,市多管局引进《早川式葡萄示范园》项目,将润州区蒋乔镇果农王忠尧葡萄园0.33公顷作为项目基地,由日本国爱知县果树振兴会葡萄部部长早川进三指导。1997年,该项目通过鉴定。不到五年时间,全市推广面积超过200公顷,其中句容春城丁庄村达66.67公顷。

2004年7月,第四届全国南方葡萄学术研究会在镇江召开,到会代表160多人参观句容丁庄早川模式巨峰园和白兔张小虎的美人指葡萄园。

2005年,全市葡萄栽培面积880公顷,年产葡萄5794吨,其中较大的生产基地有:句容白兔镇唐庄村张小虎葡萄园,面积200公顷,句容市春城丁庄村130公顷葡萄基地,润州蒋乔嶂山40公顷葡萄基地,七里甸镇五洲山村33.33公顷葡萄基地,扬中市新坝镇新跃农场26.67公顷葡萄基地,丹徒区辛丰镇龙山村13.33公顷葡萄基地等。

柿　句容袁巷有植柿传统,最多时栽培面积近120公顷,总产量2250吨。1983年,袁巷柿产量535吨,栽培品种为涩柿子中的磨盘柿、铜盆柿、八月红等。丹徒、丹阳等地均引进过国内外柿种。到2005年,全市柿树面积约200公顷,年产量795吨。

枣　境内曾经有过两次发展时期,多以零星散生为主,产量不多。到2005年,全市枣树面积210公顷,产枣163吨。

猕猴桃　境内种植猕猴桃始于20世纪80年代，后因市场销路不畅、效益不佳，仅有少量栽培。到2005年，全市尚有猕猴桃约17公顷，产量约60吨。

柑橘　境内栽培柑橘始于1978年。1980年发生严重冻害，新栽的柑橘树绝大部分严重受冻干裂而死，唯有丹徒江心果园和扬中黄山套农场因有大水体调节而冻害较轻。2005年，全市柑橘面积110公顷，产量323吨。

2. 品种演变

桃　1987年，《镇江市果树志》记载有44个品种，主要有朝霞、早花露、春花、早香玉、春蕾、湖景蜜露、杨桃1号、杨桃2号、杨桃4号、雨花露、古柏早生、橙香、晚白露、124－蟠桃等。

20世纪90年代后，主要有镇江选育出的金山早露、曙光水蜜、黄山早露及新疆大白桃、源东大白桃、晚白凤、新白花、早蟠桃、重阳红、早露蟠、沙激、千代姬、仓方早川中岛等；油桃主要有：金山早红，早红宝石，五月红，五月火，中油桃4、5、6、7号，霞光，红芙蓉等。

梨　20世纪80年代主要品种有早酥、红岛、白梨及日本梨等品种。90年代主要品种有：翠冠、黄冠、闵黄、西子绿、秋水、爱甘水、筑水、幸水、丰水、新水、水晶梨、金二十世纪、金花梨、中梨1号等。

葡萄　80年代初引进巨峰系品种，主要有巨峰、先峰、黑峰、翠峰、国宝、龙宝、大宝、黑奥林、藤稔、红富士、红瑞宝、红伊豆、高墨、早生高墨、高尾、白香蕉等。

90年代以后，引进欧美杂交种有巨峰、夏黑、先峰、巨玫瑰、藤稔、京亚、紫珍香、高妻、黄蜜、翠峰、早红、喜乐、金手指等；欧亚种有美人指、核田尼无核、克瑞赤无核、红宝石无核、优无核、黎明无核、里扎马特、红萝莎里奥、白萝莎里奥、矢富罗莎、西都蜜、红高、魏可、奥古斯特、奥迪亚无核、京秀、红提、皇家秋天、秦龙大穗、巨玫瑰等。

柑橘　80年代后引进，主要品种有亀井、宫川、尾张、兴津、本地早、砂糖蜜橘等。

枇杷　80年代前的大树都为实生树，80年代后有镇江选育出的霸红、玉丰、石橙，引进品种有白玉、冠玉、软条白沙、洛阳赤、早钟6号等。

3. 栽培技术

土肥水管理技术　1991年智力引进项目《早川式葡萄示范园》即《平网大棚架稀植×整形栽培技术》。

20世纪90年代后，果园间作绿肥比较普遍。镇江市园艺实验场和象山果树研究所等在园内间作红三叶和白三叶绿肥，以提高土壤肥力，坡地果园也能有效防止水土流失。

果园内大面积覆盖技术　90年代后，每亩覆盖稻草500公斤左右，以降低果园温度，减少水分蒸发，效果明显。同时，果园覆膜也开始出现，效果优于稻草覆盖。

果园施肥水平与果树产量和经济效益成正比。80年代后，施肥水平逐步提高，施肥针对性增强，除不同果树施肥不同外，在时间和施法上也不同，一般有花前肥、花后坐果肥、果实膨大肥、叶面肥、果后补肥等。

整形技术　80年代初期，京口区对桃树整形使用双主枝丫形和双侧枝变扇形整形技术。1986年对巨峰葡萄整形由“先长放、后整形”“先篱架、后棚架”的步骤改为棚架整形。1991年巨峰葡萄在平网大棚上采用《四大主枝X整形技术》，后在全市推广。

修剪技术　80年代初，丹阳练湖农场对6～7米高大梨树采用“大力落头、换头，开窗子、摘帽子”修剪技术，将高度降低，骨干枝从10个以上减少到5个左右；1986年在总结巨峰葡萄丰产栽培技术时提出：对于定植当年冬季修剪采用留长梢或超长梢修剪法，以后再逐年上棚架整形；句容白兔张小虎采用双十字V形架修剪，主干留1米，整形双臂、株间接头时剪除；句容白兔许金根对美人指采用平网棚架修剪法，定植定干后培养单干双臂，主干高度1.6米时引上平网棚架，两臂反向延伸，连续5年优质稳产；2005年，镇江南山农业科技示范园农艺师王忠尧对梨采用“三三制”修剪法，即对延伸枝截短；对内腔的旺枝、直立徒长枝、重叠枝进行疏剪；对外圃式内腔的中庸枝进行长放，使果树保持优质稳产。

花果管理和防霜冻等技术　1982年起，在新品种“金山早露”芽变选育中，采用优质果疏花疏果技术，效果较好；在保花保果技术中，润州七里甸王长柏对桃在冬季修剪，亩产1500公斤的特级优质果率90%；进入90年代，巨峰、滕稔葡萄疏果技术比较普遍，一般采用穗颗控制在30粒，达到高产优质效果。

果品套袋技术　80年代后，多用于葡萄、桃子、梨等，先是自制纸袋后逐步改为专用纸袋。

1998年3月20日，正值桃树开花时间，天气预报月底有晚霜，七里甸镇农副业公司王长柏提出熏烟保花防霜冻，曙光村徐东海、徐世九等果农在桃园熏烟，夜12点熏烟到天亮，防冻效果明显。而三处桃园未熏烟，也没有采取防霜冻措施，遭受晚霜冻害，桃减产50%～60%。

大棚栽培技术　1999年，镇江市南山农业科技示范园建成连栋大棚1300平方米栽培美人指葡萄，建成20个加高加宽(3.5米×7米)的大棚栽培欧亚种葡萄。2000年，白兔唐庄村张小虎兄弟种植美人指葡萄，自制唐庄式棚架，用钢筋水泥浇制成半圆形结构架，上覆8丝无滴膜，每米一根压膜线，成避雨简易棚。2001年，唐庄许金根等率先使用全封闭大棚、钢架结构，棚宽6米，中高3.5米，肩高1.8米，棚内2行，密度110株，棚内葡萄有平网整形和双十字V形，上盖8丝无滴膜，棚内配滴灌设施，每棚总成本约1万元。到2005年，全市应用面积133.33公顷左右。

4. 病虫防治

镇江地属南方果树的北缘，北方果树的南端，落叶果树与常绿果树混交地带，多种果树并存，其病虫害也多种多样。20世纪80年代后，境内果树病害主要桃病有：竭腐败、细菌性穿孔病、流胶病、炭疽病、缩叶病、疮痂病、桃锈病等。梨病害有：黑星病、梨锈病、轮纹病、黑斑病、腐烂病等。葡萄病害种类较多。巨峰葡萄主要病害有：黑痘病、霜霉病、白腐病、炭疽病、灰霉病、白粉病、穗轴褐枯病等。

镇江果树的虫害，桃虫害主要有桃粉蚜、桃蛀螟、桃小食心虫、红肩天牛、梨小食心虫、玉米螟、桑白蚧、刺蛾、金龟子、红蜘蛛、桃潜叶蛾、吸果夜蛾等。梨虫害主要有梨网蝽(军配虫)、梨蚜、梨吉丁虫、金龟子、刺蛾等。葡萄虫害主要有透翅蛾、虎天牛、短须螨、十星叶甲、斑衣蜡蝉、金龟子、小绿叶蝉、葡萄粉蚧等。

三、草莓

1. 种植沿革　境内于20世纪50年代初引入并开始种植。1983年，镇江农科所赵亚夫等从日本引进宝交早生脱毒原种草莓，在句容县白兔等乡镇种植，经过南京、合肥、巢县、杭州等地试种均被评为早熟、优质、高产良种。1986年，全市栽培面积超过66.67公顷，总产400多吨。

图13-6　大棚种植草莓(2008年摄)

80年代末，全市露地草莓栽培1千公顷，主要集中在句容白兔、行香、后白、天王、黄梅等乡镇。1991年，赵亚夫指导草莓种植户纪荣喜、王柏生等试验改露地栽培为反季节大棚栽培，成功种植0.57公顷大棚草莓，草莓从元旦、春节上市，一直延续到5月底，果实上市期延长，亩效益由1000元左右上升到万元。至1997年,镇江市草莓面积为430公顷,草莓产量为9997.4吨,分别占江苏全省草莓面积和产量的14.6%、19.3%。主要集中在句容,以露地栽培为主,也有一定面积的塑料大棚促成栽培和小拱棚半促成栽培。

1999年8月,镇江市草莓协会成立,句容市白兔镇农民纪荣喜为协会会长。该协会注册农户253户,一般农户1~3亩草莓,最多的纪荣喜种植6亩草莓。2003年,句容市被评为"中国草莓之乡"。至2005年末,全市草莓面积达510公顷,产量4095.81吨。

2. 品种演变　20世纪80年代前期引入栽培的草莓品种主要有宝交早生、高丽国、宝山、明宝、威斯塔尔、戈累拉、红色岗特里特、绿色种子、三路居、宝山、满城鸡心、红衣、索非亚等。80年代后期,从日本引进宝交早生等,从江苏农科院引进硕丰、硕蜜、硕香、硕露和乙女、乙峰等。20世纪90年代到21世纪初,选择适合大棚栽培的品种,主要有明宝、章姬、枥木少女、幸香、女峰、盆香、硕丰、乙女、四季草莓赛蛙等。

3. 栽培技术　露地栽培草莓是镇江传统栽培草莓的一种形式。1987年,镇江农科所赵亚夫等进行塑料大棚草莓栽培试验,于10月定植,成活缓苗后覆盖地膜;于10月底11月初,夜间气温低于5℃的时间满20~50小时后对大棚覆盖膜保温,12月下旬即可挂果,并延续结果与露地草莓上市时间相衔接。到1997年末,全市栽培草莓大棚130公顷,句容市成为江苏主要生产基地。同时,镇江农科所利用遮阳网将草莓定植期提前到8月底,将大棚草莓单产提高到1500~2000公斤。至2005年末,镇江市栽培大棚草莓达150公顷。

草莓感染病毒是引起品种退化的重要原因之一。80年代后期,每隔2~3年从日本引进脱毒原种试管苗扩繁推广。至2005年,草莓脱毒苗繁育体系尚不健全,生产上需要每隔3~4年甚至更短时间内更换一次无病毒苗。

4. 病虫防治　危害草莓的虫害有草莓蚜、朱砂叶螨、野蛞蝓等,这些害虫不同程度地对草莓造成危害,在栽培中常根据其危害程度进行防治。草莓实施大棚栽培后,由于棚内湿度大,致使白粉病、炭疽病、灰霉病时有发生。白粉病,用25%的粉锈宁防治;炭疽病,用70%甲基托布津粉剂1000倍液或70%代赤锰锌可湿性粉剂800倍液喷防,效果较好。

第九节　茶　叶

一、种植沿革

20世纪80年代中期,茶叶购销全面放开,形成"多渠道销售,多口岸出口"的购销机制。全市茶叶生产在"保面积、攻单产、上水平、增效益"方针指导下,由数量型向质量效益型转变。调整茶类结构,创制一批名优茶,主要生产单位制定产品技术标准,申注商标,名特茶产量和质量都有长足发展。推行茶叶专用肥、化学除草剂、机械修剪和采茶、设施栽培;开展名特茶机械化加工技术研究,基本实现名特茶加工机械化;改进产品包装和贮藏保鲜;改善经营,扩大销售。全市茶叶产量虽有所回落,由于质量提高,产值持续上升。1997年,全市茶园面积4030公顷,茶叶产量1862吨,其中名特茶220吨,占总产12%。

1998年后,以实现"优质、高产、高效、生态、安全"为目标,开发"有机茶""绿色食品""无公害茶",实行茶叶市场准入(QS认证),推进茶叶生产经营标准化、规范化,涌现出一批民营茶叶企业和茶叶生产合作社。推广生态茶园建设,采用更新茶树品种、均衡施肥、安全植保、防霜风扇、节水灌溉、清洁化加工、冷藏保鲜等新技术,实施产品质量全程控管。茶文化研讨、茶艺演示、茶园观光、品茗休闲逐步发展。2005年,全市茶园面积达到3940公顷,其中无性系良种茶园570公顷,占总面积14.33%;茶叶产量1253吨,其中名优绿茶426吨,占总产34%,茶叶产值1.35亿元。按采摘茶园面积计算,平均亩产值2743元。

二、品种演变

镇江历史上没有无性系茶树良种,主栽有性系品种主要有:鸠坑种、槠叶种、宜兴种、福鼎白茶群体种等。20世纪70年代始引进无性系茶树品种。

1986年,高庙茶场从中国茶叶研究所引进浙农113、浙农117茶苗,植于茶树品种园。1989年秋,从福建省茶叶研究所、福清县东张茶树良种场引进福安大白茶、福云6号、福云595茶苗,栽植在高庙茶场和春城茶场。1991年,五洲山茶场从浙江永嘉引进乌牛早茶苗,栽植茶园0.67公顷。同年,从浙江安吉引种龙井长叶茶苗5万株,在春城茶场栽植,成为主栽品种。1993年,高庙茶场从福建福鼎引进龙井43、迎霜茶苗,作为母本树,供采穗扦插育苗。2001年,镇江市南山茶林研究所从浙江安吉引进安吉白茶。该品种是茶树珍稀树种,植株较矮小,分枝部位低,叶质较薄软。近几年来,已有部分茶场栽植,面积逾60公顷。2003年,镇江市园艺技术指导站从安徽东至引进农抗早茶苗,栽植在镇江市南山农业科技示范园茶叶示范区。至2005年,全市还先后引进白毫早、茗丰、乌龙、奇兰、佛手、奇曲、翠岗早、平阳特早、大红袍、肉桂、水仙、早春毫、中茶108、茗山早、茗山白毫、元宵绿等品种。

三、栽培技术

1. 种植　20世纪70～80年代,南京林学院下蜀林场、春城茶场等在50亩茶园中种湿地松、马褂木,隔5行茶树栽一行树木,部分茶场种植3行,"密植速生丰产茶园"26.67公顷。1995年后,植茶以苗栽为主,多采用低沟栽植,地膜覆盖,行间铺草等方法,提高茶苗成活率。全市大部分茶园还是采用单行和双行条栽密植,以道路、沟系分隔地块,在路沟两侧种植行道树、防护林为主。2001年,农业部发布实施"无公害农产品产地"农业行业标准,发布实施"绿色食品""有机茶"原料基地环境条件标准。2005年,全市经具有资质的认证机构认证并颁发证书的无公害农产品产地、绿色食品和有机茶原料基地1140公顷。

2. 间作　茶园间作,历来沿用在幼年茶园内间种绿豆、蚕豆、花生、黄豆、田箐、猪屎豆、苕子等作物,作为幼年茶园绿肥。2000年后,为改善茶园生态条件,张庙茶场、南山农业科技示范园在部分茶园中试种桂花、红枫、银杏、玉兰、印度豇豆等。

图13-7　丹阳云阳镇生态茶场(2005年摄)

3. 施肥　20世纪90年代后,镇江市茶叶生产转向以名优绿茶为主,普遍施用菜籽饼、大豆饼、鸡粪、复合肥、生物有机肥等商品肥料作基肥,农家肥已很少使用。为提早春茶开采期,施基肥时间由冬施改为秋施,即9月中、下旬,亩施生物有机肥300公斤,复合肥40公斤。春茶开采前1个月左右再施尿素等催芽肥。

4. 修剪　1980年开始由手工修剪逐步实现机械修剪。台刈:对茶树丛离地3～5厘米以上部分全部切割,促其抽出新芽条。定型修剪:80年代开始,大部分茶场为增产春茶,改为春茶采摘后修剪,控制树冠高度在80～90厘米以下,以利芽叶生长健壮、整齐,便于采摘。深修剪:茶树经多次轻修剪后,树势减退,细弱枝条增多,树冠逐年提高,采用离地40～45厘米进行深度修剪。90年代开始，部分茶场实施精品战略，主攻名优春茶，每年春茶采摘后均进行深修剪，并重施有机肥。不采夏、秋茶，培养"立体采摘"树冠。重修剪：对衰老茶园进行树冠改造，采用离地30厘米左右重度修剪。80年代始，多数茶场以重修剪代替台刈，效果基本相同。

5. 覆盖 1995年春，五洲山茶场在栽植茶苗时用黑色地膜覆盖茶园行间地表，茶苗成活率90%以上，当年生长高度45厘米以上。2003年，高庙茶场在成年龙井长叶茶园中建钢架塑膜大棚5亩，棚内能控温、控光、增湿、通气。春茶开采期比同类茶园提早20天左右。2005年，一些规模较大、经济实力较强的茶场已建立小面积塑膜棚架覆盖茶园，全市最多达20公顷，后因成本高、风险大、品质不及露地茶园而逐渐少用。

6. 低产茶园改造 80年代后，境内茶场针对断垄缺株、水土流失严重、亩产比同龄茶园低约50%的六年生以上茶园，采用补植缺株、深耕、施猪厩肥及过磷酸钙，树冠重修剪、整修排水沟系等改造措施，经2～3年达到同龄茶园生产水平，并逐渐成为丰产茶园。2002～2003年，镇江市南山农业科技示范园挖除8.33公顷的槠叶群体种老茶树，全面深耕80厘米，开挖种植沟，施好底肥，双行条植无性系良种茶苗，园区栽植防护林带，做到一次成园，三年后产值比原来增加近1倍。

四、茶树保护

黑刺粉虱，又名刺粉虱，以幼虫在茶叶叶背吸取汁液，分泌物能诱继发烟煤病，引起大量落叶。1986、1987年全市茶园受害面积多。采取茶树合理修剪、清除园内杂草枯枝残叶，增强茶丛通风透光，同时使用乐果、辛硫磷、敌敌畏、扑虱灵、赛丹等农药防治。

绿盲蝽，又名小臭虫，其成虫、若虫吸取茶树幼嫩芽叶的汁液，形成孔洞，芽叶上呈现红褐色斑点，受害芽叶制成干茶味苦、碎末多，主要危害春茶。20世纪90年代成为镇江市茶树主要害虫，其防治措施主要是化学防治，使用扑虱灵、吡虫啉等农药防治。

1991年始，五洲山茶场、南山茶林研究所等单位从浙江永嘉引进特早芽种乌牛早，春茶开采期提早至春分前后，2～3年遭受一次晚霜危害，轻则低洼地段树冠上部芽苞受损，重则全园芽苞枯萎，采取的防冻措施有建设防护林、喷施叶面防冻肥 K_4，树冠覆盖遮阳网或稻草等。2005年，南山农业科技示范园与日本古田电机株式会社合作，在茶园中安装防霜扇系统，能自动大面积防霜，效果良好。

五、名特茶机械化加工

20世纪80年代初期开始用电炒锅手工制作名特茶。1985年，下蜀茶场用外汇购买一台日本制造的3D—60型精揉机制作雨花茶。

1994年，句容县春城茶场从浙江衢州茶机厂购买1台6CMD型名优茶多用机和1台6CS—30型滚筒杀青机，用于加工"金山翠芽""茅山长青"。镇江市林业特产科学研究所与句容县春城茶场合作，采用多种机械进行全程机械化加工试验成功，茶叶加工效率提高6倍以上。1997年，由江苏省农林厅牵头在全省推广。

90年代后期，名优茶烘焙机问世，解决机械加工卷曲型名特茶难题。制作碧螺春茶时用名特茶杀青机杀青，微型揉捻机揉捻，在碧螺春烘干机上边烘边人工紧条、搓团显毫。名特茶加工机械迅速推广，为茶产业注入新活力，加工量占总产量30%～40%，创造60%～70%的产值和70%～80%的效益。

六、茶叶产品

从1985年开始，镇江市先后创制名特茶金山翠芽、茅山长青、武岐翠眉、三山香茗、墅山翠萝、宝华玉笋、凤美剑毫、惊春灵芽、五峰迎春、南山滴翠、润扬翠茗、金谷阳春、吟春碧芽共13个。"金山翠芽"茶获江苏省名茶、全国名茶称号。

1987年创制的"茅山长青",1992年被林业部评为名茶。该名茶主要产地在句容。2005年产量20吨,产值3000万元。

2000年后,全面实施"有机""绿色""无公害"的生产标准。到2005年,全市茶叶产量1253吨,其中绿茶1174吨,红茶29吨,其他茶50吨,分别占93.7%、2.3%、4%。句容市496吨,占全市产量39.58%;丹阳市405.62吨,占32.37%。全市生产有机茶32.55吨,绿色食品茶44.87吨,无公害茶514.35吨。茶叶产品结构为精制绿茶占总产61%,精制红茶占3%,名特茶占36%,而名特茶产值占茶叶总产值65%以上。

七、"镇江金山翠芽"名茶

1982年7月,镇江地区林特水产局、供销合作社、商业局联合成立名茶试制领导小组,组织茶叶技术人员开展试制工作。1983年,将试制的2个小样送安徽农学院茶业系教授陈椽审评。陈椽建议定名"镇江金山翠芽"。1984年,镇江市科委下达"名茶镇江金山翠芽的研制"项目,由镇江市多管局承担,成立由陈武生、陈锡寿、杜金海、夏小马、邵素珍组成的课题组,刘朝芝、田保良、李传德、吴志成等人参加研制工作。在下蜀茶场、五洲山茶场、镇江市林特产研究所等7个单位反复试验,1985年4月形成较完整采制工艺,5月13日通过由镇江市科委组织的技术鉴定。"镇江金山翠芽"的特点是:扁平挺削、色翠显毫、香气鲜嫩、滋味浓醇、汤绿明亮、叶底肥匀嫩绿。原料是福鼎大毫茶、福鼎大白茶等无性系大、中叶多毫品种的芽叶,经手工炒制而成。炒制主要工序分青锅(手法为抖、带、抓)、辉锅(整形、干燥)、精制(筛分、拣剔)三部分。1986年,农牧渔业部下达"镇江金山翠芽"基地建设计划,逐步扩大基地面积和生产批量。1994年,进行机械加工技术研究,取得成功,逐步实现机械化制茶。1995年,制定"镇江金山翠芽"企业标准。2005年,制定"镇江金山翠芽"地方标准,由江苏省质量技术监督局发布实施。之后又制定实物标准样一套,特级、一级、二级共3只。

1992、1995、1997年,"镇江金山翠芽"分别获首届、第二届、第三届中国农业博览会金奖、金质奖、名牌产品称号;在历届"中茶杯""陆羽杯""二山杯"名特茶评比中蝉联特等奖。1997、2005年两次在"中茶杯"夺冠。2000年在第二届国际名茶评比中以总分第一获金奖。"镇江金山翠芽"成为镇江茶叶形象的代表,2005年产量15000公斤,产值2500万元。

第十节　花卉草坪

一、花卉

1. 种植沿革

20世纪80年代,花卉生产规模逐步扩大。至1985年,全市逐步形成以丹阳、句容为重点的宁镇花卉产区,以扬中、丹徒为主的沿江花卉产区以及大中城市及市郊型生产区域格局。境内出现面积不等的玻璃花房,进行以南方品种为主的花卉种植。一批花木乡、村及专业大户开始涌现。观赏苗木也向多品种、多规格、多层次方向发展,盆花、草坪、鲜切花、盆景也有不同程度发展。

90年代镇江花卉业快速发展。鲜切花、鲜切叶以城镇为主开始兴起,同时花卉种植户继续增多。花卉生产设施栽培技术得到推广应用,塑料大棚在各地形成一定规模。1993年,丹阳市花王园艺公司在麦溪肖巷村建立塑料大棚2万平方米,栽培康乃馨、比利时杜鹃和鲜切花、月季

图 13-8　花卉种植基地(1997 年摄)

花等。中国气候型、欧洲气候型、地中海气候型、墨西哥气候型、热带气候型花卉及沙漠气候型花卉的品种也大量引进。花卉盆景进入寻常百姓家。境内各地一批乡镇林场、花卉苗木苗圃单位,采用深沟施肥技术培育观赏苗木,苗木的出圃率提高30%以上,应用营养钵育苗,芽苗移栽等技术。1995 年,丹阳瑞清园林工程公司苗圃、天禄园林工程公司苗圃等应用 ABT1、2 号生根粉扦插红花檵木、金桂、红豆杉获得成功,使难以生根的花卉苗木繁育量明显增多。仅丹阳全市红花檵木扦插量 30 万株,金桂 20 万株,曼地亚红豆杉 25 万株。1996 年始,露天花卉嫁接栽培技术广泛应用,如用山玉兰嫁接广玉兰和女贞嫁接桂花,用实生桃苗嫁接红梅与美人梅,用青枫嫁接红枫,还对红花紫薇、红花檵木、无刺枸骨等大型树桩盆景进行嫁接。嫁接技术由木本花卉向草本花卉延伸,使盆栽菊花成了多色菊花。1998 年起,大规格香樟、桂花、银杏、紫薇等苗木在市内花卉专业户苗圃内落户。为提高成活率,对地上部位的主干实行全封闭式包扎,对地下部位实行高墩栽植,一般成活率均在 95% 以上。丹阳市花王园艺公司建成自动控温控湿的智能性温室 2 万平方米,2000 年又在此基础上建起自动控制温湿度和自动喷雾、喷药的温室 4 万余平方米。

1999 年起,江苏省句容农校绿苑实业总公司,在句容华阳镇和陈武镇,通过土地租赁形式形成面积分别为 13. 33 公顷和 40 多公顷的 2 个彩叶苗生产研发基地,先后搜集国内外园林植物品种 860 多个,其中引进国内外彩色植物品种 186 个,建造现代育苗温室大棚,采用组织培养、扦插等繁育技术,进行彩叶苗木的批量繁殖。2003 年首批开发的“红叶石楠”的储存量占全国的二分之一。2004 年起,句容农校绿苑实业总公司牵头,将学校工厂化培育的彩叶苗木小苗供应给苗木合作社农民培成大苗,带动当地 4000 多户种植彩叶苗木,推广面积 1. 33 千公顷,被列入镇江市十大农村支柱产业之一。

至 2005 年,全市花卉苗木面积达到 1440 公顷,其中各类观赏苗木 920 公顷,盆栽花卉 150 公顷,切花 15 公顷,草坪 270 公顷,其他 85 公顷。全市有 150 家花木生产和经营企业,其中销售产值超过 500 万元或种植面积在 3 公顷以上企业 12 家,个体花农 6680 多户。

2. 品种

露地花卉　一年生花卉:凤仙花、鸡冠花、百日草、半支莲、万寿菊;二年生花卉:五彩石竹、紫罗兰、羽衣甘蓝、瓜叶菊等;多年生花卉:宿根花卉如芍药、玉簪、萱草,球根花卉如鳞茎类的水仙、郁金香、朱顶红、百合,球茎类的唐菖蒲、香雪兰,根茎类的美人蕉、荷花、睡莲、玉簪,块茎类的马蹄莲、仙客来、大岩桐、晚香玉,块根类的大丽花;水生花卉:睡莲、荷花、雨久花。

温室花卉　一、二年生花卉:瓜叶菊、蒲包花、香豌豆;宿根花卉:非洲菊、君子兰;球根花卉:仙客来、朱顶红、大岩桐、马蹄莲、花叶芋;兰科植物:春兰、葱兰、建兰、石斛、万代兰、兜兰;蕨类植物:翠云草、满江红、石松、乌蕨、蜈蚣草、铁线蕨、肾蕨、巢蕨、团扇蕨;凤梨科植物:水塔花、凤梨;棕榈科植物:蒲葵、棕竹、袖珍椰子;花木类:一品红、变叶木;水生花卉:王莲、热带睡莲。

花坛花卉、室内花卉　花坛花卉:春天开花的有三色堇、石竹;夏天花坛花卉常栽种凤仙花、雏菊;秋天选用一串红、万寿菊、九月菊等;冬天花坛内可适当布置羽衣甘蓝等;室内花卉:如发财树、巴西木、绿巨人、绿萝、五彩玉米、铁树、蕨类植物等。

盆栽花卉、切花花卉　盆栽花卉:扶桑、文竹、一品红、金橘等。切花花卉:宿根类的非洲菊、百合、马蹄莲、香雪兰。

荫棚花卉、阳性花卉　荫棚花卉:麦冬草、红花草以及蕨类植物。阳性花卉:春季花卉有梅花、迎春、白兰玉、紫玉兰、贴梗海棠、木瓜海棠、垂丝海棠、牡丹、芍药、丁香、月季、玫瑰、紫荆、锦带花、云南黄馨、仙客来、风信子、郁金香、长春菊、天竺葵、报春花、瓜叶菊、矮牵牛、虞美人、金鱼草、美女樱等,夏秋季花卉有茉莉、米兰、九里香、木本夜来香、桂花、广玉兰、扶桑、木芙蓉、木槿、紫薇、夹竹桃、六月雪、大丽花、美人蕉、向日葵、蜀葵、扶郎花、红花葱兰、一串红、鸡冠花、凤仙花、半枝莲、雏菊、万寿菊等,冬季花卉有蜡梅、一品红、银柳、茶梅、小苍兰等。果木类:花石榴、金橘、火棘、冬珊瑚等,藤本类:紫藤、凌霄、蔷薇花、金银花、爬山虎、牵牛花、茑萝等,观叶类:柽柳、红枫、棕榈、大叶黄杨、橡皮树、苏铁、龙血树、芭蕉、变叶木、彩叶草等,多肉类:仙人掌、三角住、仙人球、仙人山等。

药用花卉、香料花卉　药用花卉:牡丹、芍药、牵牛、麦冬、鸡冠花、凤仙花、百合、金银花等。香料花卉:桂花、茉莉、白兰、玫瑰、水仙花、蜡梅等。

3. 主要花卉产品

盆景　镇江境内的花卉盆景有树桩盆景、水旱盆景、山水盆景、微型盆景。20 世纪 80 年代初,镇江市盆景协会成立,组织专业及业余爱好者观摩、展览、学术交流等。在镇江南郊发现一种牙黄色湖石,开始试作盆景石材。1982 年 5 月,在南京玄武湖举办的江苏省盆景艺术展览会上,镇江的地柏《鹤舞》、榆树《冠盖京华》、雀梅《根深何必畏临崖》和砂结石水石盆景《奇峰插云》等 4 件作品获优秀奖。1985 年 9 月,在全国盆景评比展览会上,镇江的六月雪《悬练》获二等奖。

鲜切花　在市内主要有月季、菊花、康乃馨、百合、非洲菊等。

盆栽植物　包括盆花,又分草本盆花和木本盆花。观叶植物,以句容农校开发的彩叶苗木为主。

观赏苗木　主要有雪松、香樟、桂花、马褂木、红叶石楠、红枫等。

二、草坪

1984 年,江苏省句容农校农学专业主任俞禄生开展草坪草繁育与生产技术研究,先后搜集国内外草坪草品种 130 多个,从中筛选出狗牙根、中华结缕草、早熟禾、麦冬等有开发利用价值品种 10 多个。建立草坪草繁育试验区,从中选育并定名为句农 C_1、C_2、句农 Z_2 三个品系。1988 年,启动草坪草科技成果转化产业开发项目。以公司为龙头对外承接草坪建植、养护、园林绿化等工程业务,经销无土草毯、草坪草种子、草坪修剪机械、草坪肥料等,先后在北京亚运会足球训练场、上海浦东中央公园、沪宁高速公路、大运河护坡、南京禄口机场等建植草坪数千万平方米。

1992 年,丹阳练湖农场采用敌草胺化学除草技术试用 6.7 万平方米马尼拉、高羊茅草坪生产基地,解决草坪杂草难题。1993 年始,江苏省句容农校成立草坪公司和建立草坪生产基地,辐射至全国 20 多个县(市),在句容后白、陈武等乡镇村建立草坪生产基地,带动周边农民生产草坪。1996 年,在省句容农校召开'96 国际草坪养护与园林机械演示会,镇江草坪走向国际。1997 年,省句容农校李祖祥通过矮化防病剂在草坪上的应用,研究出 1 号剂、2 号剂和 3 号剂,有效控制高羊茅等草坪的高度问题,并达到防病效果。

2000 年,以俞禄生为首的课题组所选育的 2 个狗牙根品种参加美国区域性试验,获亚太组评比第二名。2005 年,镇江市草坪种植 270 公顷,被镇江市列为农村十大支柱产业、被省政府确定为农业优势主导产业之一。

第四章 蚕桑业

20 世纪 80 年代,镇江蚕桑业得到较快发展,桑田面积从 5000 公顷发展到 9636 公顷,由于受到国际市场影响,生产规模和产量逐步下降,蚕茧产量从 1985 年 6187 吨下降到 2005 年的 1392 吨。

第一节 植 桑

一、桑田面积

自 1980 年始,镇江市各级政府出台多种扶持发展蚕桑生产的政策。丹阳县等采取“因地制宜、适当集中”办法,调整桑田布局,把零星插花在粮田中的桑田,逐步向河埂、村前屋后移植靠拢,桑田面积得到稳定发展。1984 年,句容县政府作出决定,农民在承包的鸡口田、岗旁田和自留田上栽桑,每栽 1 亩给予 120 元贴息贷款。

1985 年,镇江市有桑田面积 7013 公顷,其中丹阳县 5362 公顷,丹徒县 779 公顷,句容县 754 公顷,扬中县 107 公顷,市郊区 11 公顷。同年,镇江市成立贸工农一体化丝绸公司,蚕桑生产进入高速发展期。1989 年后,推行“年产万担茧乡镇”建设和推广高产植桑新技术,镇江市桑田面积逐年上升。1990 年,丹阳市新栽桑田 890 公顷。1994 年,全市桑田面积 9636 公顷。1995 年后,受国际茧丝市场影响,蚕桑生产严重萎缩。1996 年,全市桑田面积仅剩 3924 公顷,比 1992 年下降 60.74%。到 2005 年,全市桑田面积仅有 2048 公顷,只占鼎盛时期的五分之一,其中市区 212 公顷,丹阳市 1336 公顷,句容市 500 公顷。

1983～2005 年镇江市桑田面积统计表

表 13-13 单位:公顷

年份	桑田面积	年份	桑田面积
1983	5048	1995	8296
1984	6094	1996	3924
1985	7013	1997	3444
1986	6566	1998	3077
1987	6588	1999	2968
1988	6779	2000	2814
1989	6847	2001	2636
1990	7800	2002	2630
1991	8493	2003	2484
1992	9995	2004	1965
1993	8357	2005	2048
1994	9636		

二、栽培技术

1. 桑苗培育　20世纪80年代初，镇江市以培育湖桑苗为主。1980年，丹阳等地培育乔木桑苗40万株，用于农田林网化建设。1987年，镇江市蚕桑技术指导站与丹徒县蚕桑站合作在丹徒上党林木场进行“杂交桑一步成园及全年条桑收获”试验研究，取得成功。90年代后，在农田林网建设中，由于乔木桑树种不宜，原各地乔木桑多被砍伐。1992年，镇江市蚕桑技术指导站从海安引进“育71－1”桑苗5万株，在丹阳云林、丹徒辛丰苗圃建立3.33公顷优良桑品种繁育基地，除“育71－1”外，还有“凤尾芽变”等品种。2004年，镇江境内所存乔木桑约在10万株左右，实生桑、杂交桑所存无几，湖桑成为桑树栽培的当家品种。

图13-9　蚕桑种植基地(2008年摄)

2. 栽培　1981年，江苏省科委下达“速成丰产桑园栽培技术研究”课题给丹阳县多管局，丹阳县横塘公社冷甲大队栽植试验桑园3.09公顷，株行距离为33.3×100厘米，亩栽桑2000株，行向为南北向，桑品种以湖桑32号为主，配置少量湖桑7号、育2号、杂交桑等6个品种，应用施足基肥、分期追肥、防病治虫和摘芯分杈等有关速成技术管理措施。1982年，亩产桑叶1561.7公斤，亩产茧101.35公斤；1983年亩产桑叶2844.1公斤，亩产茧155.05公斤；1984年，亩产桑叶3488.35公斤，亩产茧202.45公斤。1984年12月，省科委邀请有关培桑专家进行鉴定：合理密植增株数，摘芯分杈增条数，加强管理增条长。这项重大科研成果，创世界同纬度地区亩产茧最高水平。因此项课题是在冷甲大队(村)实施完成，故称“冷甲式”密植速成丰产桑园，简称“冷甲式桑园”。1982～1983年，镇江市进行“推广密植速成、高产桑园栽培技术”研究，丹阳，句容陈武、丹徒石桥丘陵地区试栽速成丰产桑园均取得成功。1985～1987年，丹阳珥陵、横塘全面推广丰产密植桑园530公顷，亩产茧200多公斤。此后句容、丹徒等丘陵地区新植桑园中全面推广密植桑，栽桑密度提高到每亩1500株以上。至1994年，全市新老桑园达到“冷甲式桑园”面积8000公顷，占全市桑田面积的83%。

三、病虫害防治

1. 桑病防治　境内桑树病害主要有黄化型萎缩病、细菌病、根瘤线虫病、膏药病、炭疽病等。通过加强检疫或杜绝带病苗木、改良土壤、合理施肥、多施有机肥等，以控制发病率。

2. 桑虫防治　1988年，江苏省进行新中国成立后第一次桑树病虫害普查。丹阳设立普查点4个：查出常规的虫害19种，病害9种。其中春季危害严重的有桑象虫、桑尺蠖、金龟子、桑叶虫、野蚕等，夏秋季有野蚕、桑毛虫、桑螟、红蜘蛛、桑蓟马等。1989年，丹阳测报站在苏州大学指导下，进行桑毛虫性息素诱蛾测报新方法，指导蚕区防治，使桑毛虫明显减少。8月，全国联防联治微体昆虫——桑橙瘿蚊在句容发生，下蜀、宝华、亭子等5个乡受害面积80公顷。1993年，句容受桑瘿蚊危害少发秋种4000张，并蔓延到丹徒石桥、高桥，丹阳大泊、埤城等地，危害面积2000公顷。1991年8月，斜蚊夜蛾在苏南地区突发，丹阳等地呈暴发态势，行宫、延陵、麦溪、云林、横塘、珥陵等乡镇最为严重。1995年，丹阳16个乡镇98个行政村，530公顷桑田均查到该虫，危害严重。为防止其扩散蔓延，丹阳市购买农药无偿发给蚕农进行土壤撒药灭虫，同时采取春蚕期在5月20日前全面摘芯，减少越冬代产卵场所等措施，控制该虫蔓延发生趋势。1996年，丹阳河阳镇前庄村首次发现0.67公顷成片桑树的嫩梢自上而下7～8片桑叶色黄、发硬，向叶面卷缩，严重时梢端嫩叶全部脱落。同年8月组织普查，丹阳危害面积1350公顷。丹阳市组织农药三氯杀螨醇3吨，统一行动，用20%三氯杀螨醇2000倍液喷杀，使该虫危害及时得到控制。

3. 氟污染治理　20世纪80年代，各类砖窑蓬勃兴起，靠近桑田的砖窑排出氟化物危害桑田生产。对此，镇江市蚕桑技术指导站和中国农科院蚕研所联合开展家蚕氟化物危害的防治研究。1987年始，丹阳市建立氟污染检测站，开展预报。1988年起，市、县、乡各级政府加强砖窑管理，严格审批制度，对违反规定造成经济损失的窑厂，责令作出赔偿处理。

第二节　养　蚕

镇江饲养以桑叶为饲料的家蚕历史悠久。从蚕种催青、收蚁、饲养到上簇、采茧积累一套传统经验。2005年，全市蚕茧产量1392吨，其中丹徒区160吨，丹阳市1142吨，句容市90吨。

一、蚕种

1. 家蚕品种　20世纪80年代，春用种主要当家蚕品种为苏5×苏6及其反交，1981年镇江市推广达100%。1986年春，丹阳市横塘乡试养中新1号×日新1号皮斑限性品种，采取雌雄蚕分养、分上簇、分采茧等技术措施。至1994年，丹阳市共饲养中新1号×日新1号3万张。1995年，镇江开始试养苏镇×春光、春蕾×锡方等新一代多丝量蚕品种，苏五×苏六逐年减少，2003年后，全市基本不饲养。

80年代，镇江市秋用种为苏3×苏4、苏3秋3×苏4和75新×7532及其反交。1984年秋，丹阳横塘试养1387张75新×7532，平均每张产茧达到27.09公斤，深受蚕农欢迎。1986年，丹阳全面推广，饲养量1.93万张。至1995年，丹阳累计推广75新×7532蚕品种53.21万张。1998年后，镇江市主要当家品种为春秋兼用品种苏菊×明虎及其反交。1996年曾饲养春秋兼用品种871×872及其反交。经对比稳定性、产量均不及苏菊×明虎，故2001年后饲养量逐年减少，2004年淘汰。

2. 蚕种生产　镇江、石马、高资3个专业蚕种场，为适应蚕桑发展需要，满足骤增的农村用种数量，3个蚕种场不断开辟农村原蚕饲养区。

镇江蚕种场除生产一代杂交种外，还承担全省约50%的三级原种生产任务。1994年，生产原种3.4万张、原原种3.5万蛾、母种4500蛾，为历史最好年份。2005年原原种、母种生产停止。

镇江市农村原蚕饲育至90年代遍及丹阳、句容、丹徒的20多个乡镇30多个村组。先后有镇江、石马、高资、孟河、江阴、浒关等6个蚕种场和蚕研所养蚕室、镇江蚕种场试验站、东方蚕种公司等3个新品种试验单位进行农村原蚕制种。从1980年起到1996年，镇江、石马、高资3个蚕种场共计进行农村饲育原种1.67万张，制一代杂交种200余万张。2001年，镇江结束农村原蚕饲育历史。

二、饲养技术

1. 催青

1984年，丹阳县催青室增建包括地下室在内的4层楼房1幢，建筑面积为690平方米。1990年丹阳又将4间平房翻建成建筑面积达1000余平方米的4层楼房，后新建催青室配电房1间，安装160千伏安变压器1台，增添KVO－70LW分离式房间空调器11台，全部实行降温设备的电气化。2003 年，对原有的 3 间催青室进行设备改造，引进南京大学的“蚕种催青计算机控制系统”，丹阳市实现蚕种催青现代化。

2. 收蚁

20 世纪 80 年代前，丹阳荆林三庄首推棉纸吸引法。以后丹阳全县推广“双网桑收法”收蚁技术。80 年代中后期，为提高蚕种一日孵化率，在生产上普遍推行“隔日双网桑收法”，沿用至今。

3. 稚蚕共育

进入 80 年代，进行稚蚕共育以一家一户为单位的个体联合。1983 年，丹阳等地推广联户共育和“蒸饭制”及东王式家庭炕床，并向稚蚕企业化、商品化饲养方向发展。1985 年，丹阳全县除横塘冷甲和珥陵珥东林业队仍大型共育外，其余均为联户共育。1988 年以后，镇江稚蚕共育均为联户共育，加温有炕房、积温灶、饲育箱等，参加的蚕农户几户、数十户不等，共育率全市平均 80%，蚕桑重点乡村达 90% 以上。

4. 育养

三眼叶养育　1981 年春开始，丹阳普遍推行三眼叶养蚕技术，至 1985 年，全县基本上普及三眼叶养小蚕技术，推广面达 80%。同年早秋干旱，大蚕推广“干贮湿吃，干吃湿喂”。1983～1988 年，累计推广桑田面积 2.07 公顷，饲养蚕种 32.34 万张。

炕房育　1982 年后，镇江境内等地多数实行分户饲养，家庭式小炕房应运而生。至 1985 年，丹阳全县共建有家庭式炕床 1.77 万只，入炕蚕种 3.70 万张，占当年春种的 59.1%。珥陵、横塘、云林、司徒等重点蚕桑地区，基本普及炕床育稚蚕。1990 年前后，部分地区开始使用木屑(煤球)炉加温。

立体育　1987 年，镇江市蚕桑站在丹徒上党林牧场试验小蚕立体育技术。1988 年，在丹徒石桥、高桥、上会等地示范推广。1999 年，镇江在丹阳荆林、句容下蜀、丹徒上会示范大蚕斜面立体条桑育技术。2000 年春，丹阳市蚕桑技术指导站在司徒镇曹甲村召开“大蚕斜面立体育”现场会，在全市全面推广。

5. 上簇和采茧

1973 年，省蚕研所在丹阳进行方格簇上簇试验，之后各地纷纷使用。1982 年，丹阳松卜公社购买 6.5 万片，并以双连式自动上簇为主，兼用挂搁法。1986 年后，市蚕业主管部门先后在句容下蜀、丹阳横塘、丹徒江心洲等地示范推广搁挂式方格簇上簇。1992 年春茧期，丹阳、丹徒、句容的 8 个乡镇进行示范推广。1993 年，全市推广使用方格簇 84 万片。1994 年，丹徒宝堰建立优质茧基地，推广方格簇和塑料折簇。

2001 年，镇江市在丹阳窦庄建立优质茧基地，推广方格簇营茧。

三、蚕病防治

境内蚕病主要有微粒子病、病毒性蚕病、细菌性蚕病、真菌性蚕病、虫害性蚕病、药害性蚕病等。

1983 年，新养蚕户增加，一时间蚕区出现“病死蚕随意扔，蚕沙满地撒，旧草龙到处堆”的状况，蚕病病源随之扩散，蚕病的发生、流行愈趋严重。当年，丹阳因蚕病造成的蚕茧损失 10% 以上，有的乡镇茧站甚至无茧可收。1984 年，丹阳县邀请中国农科院蚕研所病理室专家进行实地调查、研究。1988 年，丹阳全面开展蚕病种类、分布和危害状况的调查，同时在养蚕生产中推广《综合防治蚕病的技术实施细则》。1989 年，在丹阳窦庄、司徒、建山、折柳、云林等乡镇进行蚕药系列新产品技术开发及示范推广，1990 年在丹阳全面推广。1992 年，中科院蚕研所病理室蚕药厂正式投产，开发的高效广普蚕药弥补镇江蚕药品种的匮乏。新蚕药消毒净、克蚕菌逐步占领市场，成为镇江蚕茧生产的主要消毒防病药品，使镇江市的蚕病发生率基本控制在 5% 以下的阈值内。

四、特色蚕饲养

1. 优质雄蚕 1986年春季，丹阳县横塘乡承担星火计划项目《优质桑蚕茧丝绸综合开发和应用》的子项目《限性蚕养育与速生密植桑栽培》，在横塘村一组饲养皮斑限性蚕品种“中新一号×日新一号”13张，实行雌雄分养、分上簇、分售茧，取得较好成绩。中秋又继续饲养120张，其中27张仍实行雌雄分养，93张实行淘汰雌蚕的方法，折合雄蚕37.2张。这一课题的实施，第一次在生产上实行雌雄分养、分上簇、分采茧、分售茧、分烘茧、分缫丝，在国内外首次获得批量的优质雄蚕丝，并织造前所未有的雄蚕绸，为丝绸产业提供优质的茧丝原料。该项目获1988年国家星火科技奖(国家星火计划三等奖)。至1994年末，横塘乡共饲养“中新一号×日新一号”3万余张。

2. SM－1药物诱导三眠蚕 1989年，中国农业科学院蚕业研究所和丹阳珥陵丝绸厂联合承担国家科委下达的星火计划项目《SM－1药物诱导三眠蚕及超细纤度生丝的开发》。当年珥陵饲养三眠蚕春蕾×镇珠5392.2张，生产三眠鲜茧103.35吨。1990年，饲养8148张，生产三眠鲜茧155.97吨。该项目的实施填补世界超细纤度生丝的空白，为生产特种高档丝织品提供原料，为丝绸产品出口创汇做出贡献。1991年度被江苏省推荐为国家“八五”期间重点攻关项目。至1999年，丹阳珥陵共饲养“春蕾×镇珠”11.20万张。

3. 彩色蚕和三眠蚕 2004年春，丹阳市全康蚕业有限公司为开拓茧丝绸新市场，为农民增收开创新路子，从中国农科院蚕研所引进10张彩色茧品种黄茧“秋丰×白玉”和10张三眠蚕品种“543A×853白”。其中彩色茧品种分别在横塘镇的横塘、永福村，珥陵镇的沈甲村饲养，共产黄色鲜茧421.95公斤。三眠蚕品种分别在横塘镇的横塘、永福村，珥陵镇的沈甲村和麦溪镇的松卜村饲养，共产三眠鲜茧239.8公斤。

第五章 林 业

1982年，全市进行山林定权发证，山林权属进一步明确，调动广大群众植树造林积极性。21世纪，贯彻落实生态林和经济林并重的发展方针，加大“绿色通道”“长江防护林”和“丘陵山区植被恢复工程”等一系列林业工程建设力度。2005年，全市林地面积2.76万公顷，森林覆盖率11.77%。

第一节 林业资源

一、林地面积

1983年，全市林地面积为3.22万公顷。1987年森林资源二类调查结果：全市林业用地4.59万公顷，其中有林地3.33万公顷，疏林地1430公顷，灌木林地760公顷，新造林地1490公顷，苗圃地220公顷，宜林“三荒”8070公顷。有林地较多的是句容、丹徒。有林地按经营目的划分为用材林、防护林、经济林、竹林、薪炭林和特用林等6类，用材林和经济林占绝对优势，占86.2%。

2005年，森林资源一类调查情况：全市林业用地5.44万公顷，其中有林地2.76万公顷，占林业用地面积50.74%；灌木林地面积1.2万公顷，占22.06%；疏林地面积2000公顷，占3.68%；未成林造林面积6000公顷，占11.03%；苗圃地1600公顷，占2.94%；其他林地面积5200公顷，占9.55%。2005年，全市森林面积按土地权属划分，国有6400公顷，占23.19%；集体2.12万公顷，占76.81%。按林木权属划分，国有6000公顷，占21.74%；集体1.48万公顷，占53.62%；个体6800公顷，占24.64%。

二、林木蓄积

1987年，森林资源二类调查情况：镇江市森林资源总活立木蓄积128.05万立方米，其中森林蓄积（包括用材林、防护林、薪炭林、特用林）61.26万立方米，疏林蓄积2.01万立方米，散生蓄积0.66万立方米，"四旁"树活立木蓄积64.12万立方米。根据成片林和"四旁"树生长率计算，全市蓄积年平均生长量为17.42万立方米，其中"四旁"树生长量为8.72万立方米，年平均生长率为13.6%，扣除消耗量，年均净递增率7.56%。

2005年，森林资源一类调查情况：镇江市森林资源活立木总蓄积133.25万立方米，其中森林蓄积84.37万立方米，占总活立木蓄积量的63.32%；疏林蓄积1.22万立方米，占0.91%；散生木蓄积7.53万立方米，占5.65%；"四旁"树蓄积40.13万立方米，占30.12%。在森林蓄积中，乔木林23600公顷，占85.51%；竹林4000公顷，占14.49%。在乔木林中，防护林8400公顷，蓄积22.77万立方米；特用林1200公顷，蓄积7.03万立方米；用材林14000公顷，蓄积54.57万立方米；乔木经济林92公顷。林木单位面积蓄积量为37.75立方米/公顷。

三、森林覆盖率

全市林木覆盖率，按有林地面积、灌木林林地面积、"四旁"树占地面积之和占土地总面积的百分比计算，1962年为8.7%，1975年为10.8%，1987年为12.1%，2005年为11.77%。

第二节　苗木繁育

一、有性繁殖

1. 全光育苗　20世纪80年代后，推广全光育苗，不在苗床上搭荫棚，而是播种后在苗床上撒上一层木屑或草屑，再覆盖一层稻草，使土壤不受阳光直晒。种子发芽时，将覆盖的草分批逐步撤除，使幼苗慢慢适应光照。至2005年，仍有应用此法育苗。搭荫棚育苗成本较高，但较安全。

2. 容器育苗　20世纪80年代初，丹徒县渣泽苗圃、长山林场，句容的句容林场、东进林场，丹阳嘉山苗圃等林业场圃率先应用。主要用于火炬松、湿地松、雪松、五针松、铅笔柏等树种育苗，方法为将配制好的营养土装在塑料薄膜容器袋内，将容器袋排放在修整好的苗床上，每个容器袋点放1～3粒林木种子，然后覆盖细土。1982年，丹阳建山公社高桥大队林场国外松采用容器育苗，每公斤种子产苗量提高约一倍，造林成活率提高40%左右。1984年，丹阳嘉山苗圃应用容器育雪松树苗，获得很好效果。1993年，境内丹阳等处将容器育苗技术推广到花卉育苗中。2002年，丹阳云阳镇汤甲村银荆苗木场容器育银荆树苗，使银荆种子发芽率提高到93%左右。

3. 芽苗移栽　20世纪80年代初，丹徒长山林场、渣泽苗圃，句容林场、东进林场等单位相继应用。其技术有四条：一是用5%新洁尔灭加水1000倍或用0.2%高锰酸钾溶液将林木种子浸20～30分钟，进行种子处理；二是建温床播种，用红砖砌成北高南低宽1.2米的温床，苗床铺粗沙20厘米左右；三是备好移栽圃地；四是移栽管理。芽苗移栽技术首先在国外松上取得成功，1984～1987年又扩大到雪松、水杉、铅笔柏、蜀桧等30多个树种。

二、无性繁殖

1. 插条育苗　20世纪80年代，由于推广应用生长激素和生根粉，插条育苗树种已增至裸子植物的松科雪松属，杉科的水杉属、落羽杉属、柳杉属，柏科侧柏亚属等，以及被子植物的木兰科、樟科、山茶科等树种。

2. 埋根育苗　主要用于侧根粗壮发达、萌芽率强的树种，如泡桐、刺槐、香花槐等。

3. 压条育苗　主要用于一些名贵花卉和观赏树种繁育，也常在树枝扭伤部位，用塑料袋装土，进行高位吊袋压条育苗，成活率也很高。

4. 全光照喷雾扦插育苗　利用全光照自动喷雾扦插育苗设备，在露天自然全光照条件下进行软枝扦插繁殖苗木的方法。20世纪80年代，句容县东进林场、句容林场等采用此项技术进行水杉、池杉、落羽杉等树种育苗，取得好的效果。至2004年，该项技术已被推广到红花继木、金叶女贞、紫叶冬青、红叶小檗、花叶珊瑚、金边黄杨等彩叶苗木和其他观赏树木繁殖上，成为林业苗木繁殖的主要手段之一。

第三节　植树造林

一、平原绿化

1. "四旁"植树　1978年前"四旁"是指宅旁、村旁、路旁、水旁，习惯上称小"四旁"。1978年后，将"四旁"外延到村旁、路旁、河旁和田旁，习惯上称大"四旁"。1987年，全市"四旁"树木2293万株。

20世纪90年代后，在集镇、城镇建设中，大力开展绿化工作，并组织以消灭"三荒"即荒山、荒地、荒滩为主要目标的"四旁"绿化植树。2005年，围绕"建设新镇江，全面达小康"要求，掀起新一轮平原绿化工作新高潮，全市"四旁"树木2733万株。

2. 农田林网建设　20世纪80年代始，全市农田林网建设步伐加快，逐步向高标准林网建设推进。1981年，全市建农田林网2.42万公顷，林网控制率为46.86%。1988年，丹阳、扬中进入全国平原绿化先进县行列。1990年，润州、京口进入全国平原绿化先进县（区）行列。1996年，丹徒、句容进入全国平原绿化先进县行列，同年镇江成为全国平原绿化先进市，并负责《沿江平原区农田林网建设工程技术标准》制定工作，协助制定《宁镇扬丘陵岗区农田林网建设工程技术标准》和《太湖平原区农田林网建设工程技术标准》。2000年，扬中市被国家绿化委员会授予全国造林绿化百佳县（市）称号。至2005年，全市农田林网面积4.56万公顷，林网率63%。

二、丘陵山区造林

1. 用材林

杉木　1987年，句容被列为江苏省商品林基地县之一。1995年，全市推广广西融水优良杉木种源造林面积4120公顷，其中1990年、1991年年均造林面积均达470公顷以上。句容推广建造杉木面积为3130公顷，占全市杉木面积75.86%；润州造林面积240公顷，占5.72%；丹阳造林面积营造230公顷，占5.54%。

国外松　1984年起，湿地松、火炬松作为境内丘陵山区速生丰产林建设主要造林树种，每年造林面积在300～700公顷左右。1994年后，湿地松、火炬松因感染松材线虫病，停止进口种子，致使造林中断。至2005年，镇江市丘陵山区湿地松、火炬松长势良好。

2. 经济林

1986年始，句容的亭子、袁巷、磨盘，丹徒的高资、石马等乡镇，在生长野生毛栗的地方，利用毛栗树作砧木，良种板栗作接穗，嫁接板栗。也有以播种板栗进行育苗，营造实生栗林。

镇江栽植银杏有两千年以上历史。1986 年，开始育苗造林，从泰兴引进优良种苗，栽植 1.4 公顷于丹徒长山林场作采穗圃。之后，镇江市提出银杏建设工程，各地以不同形式种植一批银杏。

3. 竹林

1985 年，从浙江引进旱竹、角竹等优良笋用竹品种，重点在润州的蒋乔、七里甸、官塘，京口的象山蔬菜研究所及镇江市林培中心等地栽植。之后丹阳从浙江引进早园竹栽培，其中练湖农场 7 公顷，后巷 20 公顷，云阳 1 公顷。到 2005 年，全市有竹园面积 2800 公顷，其中市区 130 公顷、丹徒 350 公顷、丹阳 150 公顷、句容 1540 公顷、扬中 630 公顷。

图 13-10　茂盛的竹林(2007 年摄)

三、工程造林

1. 兴林灭(抑)螺工程　1988 年始，从泗阳引进 I－72、I－214 杨树优良无性系 5000 株一级苗，在丹徒高资等地育苗 4 万株。次年在扬中新坝雷公嘴等沿江滩地造林。1990 年，为改变钉螺生态，消灭或抑制钉螺繁殖，控制血吸虫病蔓延与发生，全市正式启动江滩意杨等林木造林项目，到 1997 年，全市计栽意杨林 2200 公顷。

2. 速生丰产用材林基地建设工程　市速生丰产林基地建设始于 1981 年。主要分布在句容、丹徒、丹阳和润州的 27 个乡镇、4 个国营林场。至 1986 年春，5 年建造速生丰产基地林 1090 公顷。1989 年句容县又营造速生丰产基地林 270 公顷。1983～1989 年，全市共计建造速生丰产基地林 1360 公顷，其中国营 160 公顷，集体 1200 公顷。

2002 年后，丹阳市木制品加工企业兴起，全市涌现出一批造林企业和造林大户，主要有大海集团、大亚木业、九洲木业、伟林木业、德华木业、融华木业等。至 2005 年，全市共建造杨树速生丰产林 1.12 万公顷。

3. 绿色通道建设工程　1996 年，根据《沪宁高速公路江苏段沿线现代化农业示范带建设总体规划》，沿线两侧 20 米范围内，营造护路林带。1997～1999 年，计栽植各类苗木 76.5 万株。2000～2004 年，全市在沪宁高速镇江支线、312 国道、104 国道、京杭大运河、101 省道等公路、河道两侧，开展大规模绿色通道工程建设。2005 年，沪宁高速公路拓宽工程竣工后，再次开展新一轮镇江段绿色通道建设工程，计建造面积 560 公顷，栽植各类苗木 50 余万株。

4. 长江防护林建设工程　2001～2002 年，句容市实施该项工程，完成人工造林 700 公顷，封山育林 400 公顷，工程总投资 225 万元，其中国家投入 150 万元，县级配套 75 万元。2003 年，丹徒区实施完成人工造林 500 公顷，封山育林 240 公顷，工程总投资 125 万元，其中国家投入 100 万元，县级配套 25 万元。2004 年，丹阳市实施完成人工造林 1000 公顷，工程总投资 187.5 万元，其中国家投入 150 万元，县级配套 37.5 万元；扬中市完成人工造林 330 公顷，工程总投资 62.5 万元，其中国家投入 50 万元，县级配套 12.5 万元。

至 2005 年底，全市长江防护林建设工程累计营造森林面积 3170 公顷，其中人工造林 2530 公顷，封山育林 640 公顷。

四、全民义务植树

1983年11月，市、县(区)相继成立绿化委员会，下设办公室，负责本地区义务植树运动。1984年，全市投入义务植树运动人数101.7万人次，义务植树268万株，造林220公顷，抚育520公顷，育苗2.9公顷，植草皮3.01万平方米，筑花坛2470个，栽花13.45万株(盆)，栽绿篱136.7万株。1987年，镇江市政府印发《关于加快城乡绿化步伐，深入开展"爱我中华、绿化江苏、美化镇江"活动的意见》，确定70多项绿化项目。1990年起，镇江市每年召开绿化会议，市长与县(市、区)长签订绿化责任状。各县(市、区)长与所辖各乡(镇)签订绿化责任状，明确各自任务和责任。

2001年是全民义务植树运动20周年。市委、市政府提出"抓环境就是抓生产力"，把镇江建设成为"显山、露水、透绿、现蓝"充满灵气和活力的江南名城。社会各界相继启动"中青林""公仆林""创业林""希望林"等活动，同时开展种植结婚纪念树、生日树及认养树木等活动。1981～2005年，全市义务植树参加人数2872.65万人次，全市全民义务植树9197.84万株。

第四节　林木保护

一、护林防火

1988年，镇江市成立护林防火、防治松材线虫病指挥部，下设办公室，负责处理日常事务。句容、丹徒、丹阳相应成立护林防火组织，专事护林防火工作。1989年起，规定从每年11月1日起至翌年4月30日止，为全市森林防火期。

1990～1991年，镇江以市为单位组建森林防火无线电通讯网络，在组建管架工程的同时并设中转台，不断向县(区)及边远山区延伸扩大，增加通讯网络覆盖面。1997年，镇江市率先成立长山林场、句容林场、高资镇等3支森林消防专业扑火队伍，每支队伍30人左右。同年4月，镇江市政府公布《镇江市森林防火办法》，进一步规定镇江市森林防火组织、森林火灾预防、森林火灾扑救、森林火灾的调查统计和奖励处罚方法等内容。

1988～2005年，全市发生森林火灾418起，火场总面积960公顷，出动扑火人工4.1万个工日，出动车辆1879台次，投入防火经费67.55万元。

二、病虫害防治

1. 松毛虫害防治　马尾松毛虫为镇江市松林危害年代最长的重大顽固性害虫，每年均有一定面积灾情发生。1982年2月，原镇江地区行署林特水产局编写《马尾松毛虫的测报与防治》实用手册。1985年秋，省农林厅对南京、镇江部分林场使用"运－5"飞机，进行低量喷洒菊脂类农药秋季防治马尾松毛虫。1987年后，改由镇江、常州两市联合使用"运－9"飞机，对松毛虫幼虫越冬前进行大面积防治试验，幼虫死亡率达到95%以上，与常规容量喷雾治虫相比，每公顷费用下降11.45元，防治费用节省45.7%。

1996年，句容东进林场、磨盘山林场、句容林场、丹徒长山林场和部分乡镇集体松林实施最后一次菊脂类农药大面积飞机防治。1997年，句容、丹徒两地松毛虫第一、第二代发生面积达2110公顷/次，严重成灾面积510公顷/次。1999年6月下旬，丹徒县上党海燕村松毛虫第一代暴发成灾，发生面积72.33公顷，有30公顷松林的松针被食光。丹徒县林副业局急速从江宁县调进10吨松安粉，历时5天进行人工突击防治，防治效果达到85%以上。

2000年后，松毛虫危害主要集中在句容茅山地区。2002年6月，东进林场发生第一代松毛虫，采用化学药剂注干防治230公顷，防治效果达90%。2004年7月，句容市茅山地区松毛虫第一代暴发成灾，发生面积达730公顷，东进林场对虫情暴发地实施烟雾剂防治，防治面积270公顷，防治效果在82%左右。

2. 松材线虫病防治　1985年，南京市低价销售松材线虫病病材至句容等地。1986年，句容林场宝华工区、下蜀茶场、桥头镇3处发现此病，受害面积17.66公顷，病死松树1000多株。1987年底，疫区由原来1个增加到2个，即句容县和润州区，疫点由原来3处增至10处，病害发生面积达220公顷，病死松树清理、处理7137株。1987年，省政府明文划定镇江市的句容县和润州区为2个疫区范围，并在各个疫点及其周围毗邻林区设立固定观察点，建立疫情监测网。同年，受省政府委托，省农林厅每年与镇江市政府签订防治责任状，市政府与各疫点区县（区）政府签订防治责任状。1988年，镇江市政府专门成立镇江市护林防火、防治松材线虫病指挥部。1989年，《江苏省松材线虫病检疫防治暂行办法》出台，同年2月，由镇江市公安局、镇江市多种经营管理局联合下发《关于在各有关交通检查站增设竹木检查项目的通知》，在镇江市疫区外围主要交通道口，设置7个检疫检查哨卡。

1995年11月，丹徒县长山林场香山工区、三山乡、西麓乡发现松材线虫病危害，发生面积190公顷，病死松树1603株，镇江市疫区由2个增至3个。1996年11月，句容茅山乡、东进林场、磨盘山林场遭受该病，危害面积130公顷，病死松树5352株。1997～1999年，镇江市多管局与江苏省林科所合作，在句容市东进林场等地开展肿腿蜂防治松材线虫病的科学研究，总结出单株放蜂法优于点式放蜂法。肿腿蜂有效控制松褐天牛幼虫的虫口密度和松材线虫病的危害。句容、丹徒两疫区每年实施肿腿蜂生物防治松材线虫病面积在400公顷以上。

第六章　畜牧业

改革开放后，畜牧业规模化养殖得到发展，但农村家庭散养牲畜不断减少，镇江家畜养殖发展缓慢。养兔业虽受影响，但及时开辟国内市场，有较大发展。家禽养殖由于采用新技术、新方法，得到稳步发展。

第一节　家　畜

一、猪

1983年末，全市生猪存栏为68.31万头。1984年始，全市实行人工授精配种的精液统一供给，引进大约克夏、长白、杜洛克、汉普夏等瘦肉型种公猪20头，以杂交繁殖推广瘦肉型新猪种。之后，丹阳被国家农业部列为全国瘦肉型商品猪基地之一，与当地母猪杂交，生产二元猪，其体型大，生长速度快，瘦肉率高，养猪经济效益显著。1987年，镇江全市生猪年末存栏量达到71.29万头。1990年，镇江市以丹阳市家畜改良站为中心，向丹阳、润州、句容3县（区）实行猪统一供精，普及面90%以上，普及率85%，处于全省领先地位。1995年，全市生猪年末存栏量82.11万头。1997年，推广产业化经营，形成以丹徒、丹阳、扬中等为重点的生猪规模饲养区，千头猪场、万头猪场逐渐增多。但随着工业经济发展，农村劳力外出务工，一家一户散养数量急剧减少，生猪生产呈逐年下降趋势。2005年，全市生猪存栏量为41.87万头，出栏量为70.76万头。

二、牛

图 13-11 丹阳市练湖奶牛场(2008 年摄)

1983 年后,耕牛饲养虽然承包到户,但因耕作实行机械化,耕牛减少。随着镇江市郊区孟家湾奶牛场、五里奶牛场先后投产,全市奶牛饲养量发展到 1014 头,年产鲜奶 934.3 吨,并涌现一批饲养奶牛专业户。至 1985 年,全市牛存栏 3.03 万头,其中耕牛为 2.85 万头、奶牛 0.13 万头。

20 世纪 90 年代,全市各地纷纷引购奶牛,出现国营、集体、个体竞相发展奶牛业热潮。至 2005 年末,全市牛存栏 1.04 万头,其中奶牛 4718 头,牛奶产量 1.39 万吨。

三、羊

1985 年末,全市存栏量为 25.02 万只。1986 年后,为加快羊品种改良步伐,丹阳等地羊品种改一乡(镇)一站供种为全县统一供种。1990 年起,以丹阳市家畜改良站为中心,向丹徒、润州、句容三县(区)实行全市统一供精,同年普及面达 50%,普及率 15% 左右,处于全省领先地位。全市年末存栏量达到 39.31 万只,比 1985 年增长 52.68%。

1996 年,丹阳家畜改良站引进波尔肉用公山羊改良当地山羊,并成功移植波尔肉用羊胚胎,为羊品种改良打下坚实基础。2000 年,羊痘流行,造成境内 80% 以上的羊发病,养羊业受到重创,加上养羊效益下降,养羊量逐年萎缩。至 2005 年末,全市存栏量 12.21 万只,年出栏量为 30.04 万只。

四、兔

1985 年后,农户养兔积极性有较大提高,涌现出一批养兔专业户,养兔量有所上升,该年年末存栏量为 19.52 万只,比 1981 年增加 4 万多只。1986 年后,兔产品国际市场行情急转直下,养兔农户积极性受到打击,养兔生产再次出现下降。此后为摆脱依附国际市场的被动局面,在建立良种毛兔养殖基地、提高产毛量和兔毛品质同时,开办兔毛纺织工业,保证养兔生产平稳发展。1996 年,由丹阳市延陵镇兽医站牵头,在延陵、行宫、云林等茅山老区乡镇饲养日本长耳兔(又称哈白兔),主要用于生物制品,形成该区域局部养兔热。1997~1999 年,日本长耳兔一度发展到 10 万只左右,饲养户 1200 多户。至 2005 年,全市兔年出栏与年末存栏量分别为 24.25 万只和 12.21 万只。

1983～2005 年镇江市生猪、牛、羊年末存栏情况表

表 13-14　　单位:万头(只)

年份	猪	牛	羊	年份	猪	牛	羊
1983	68.31	3.56	27.03	1995	82.11	2.01	49.36
1984	64.64	3.07	25.64	1996	77.04	2.03	53.30
1985	70.33	3.03	25.02	1997	75.39	1.86	47.77
1986	72.42	3.04	30.12	1998	69.66	1.57	46.68
1987	71.29	2.73	34.50	1999	69.78	1.24	42.54
1988	70.29	2.56	36.38	2000	69.74	1.22	40.12
1989	71.33	2.50	37.27	2001	70.47	1.22	38.72
1990	73.25	2.42	39.31	2002	62.44	1.13	22.19
1991	70.34	2.36	40.57	2003	57.32	1.11	21.78
1992	72.55	2.30	42.73	2004	50.00	0.97	21.06
1993	75.08	2.12	45.09	2005	41.87	1.04	12.21
1994	79.32	2.08	47.20				

第二节　家　禽

一、家禽生产

随着农村集市贸易开放,家禽饲养量迅速上升。1985 年,镇江市郊区主要鸡场有:黄山种鸡场、象山星星鸡场、汝山新民鸡场、乳品公司鸡场、润州多种经营公司鸡场、华东列电鸡场、华电三公司鸡场等。同年,全市家禽饲养量约 1000 万只,年末存栏量 473.23 万只,其中市郊区饲养量 48.74 万只,年末存栏量 24.84 万只;丹徒县饲养量 194 万只,年末存栏量 95.68 万只;丹阳县饲养量和存栏量分别为 267.55 万只、144.22 万只;句容县饲养量和存栏量分别为 339.33 万只、154.57 万只;扬中县年末存栏量为 53.92 万只。

1987 年,镇江市为解决市民吃蛋问题,在黄山园艺场筹建年产 5 万只蛋鸡场。1992 年,全市饲养总量为 600 万只,之后,随着广东温氏集团入驻镇江以及丹阳"柳盈"等家禽龙头企业兴起,形成肉鸡和肉鸭为特色的养禽业,家禽生产得到较快发展。至 2005 年末,全市家禽存栏量 682.44 万只,出栏量 2036.84 万只,禽肉产量 3.52 万吨,禽蛋产量 2.2 万吨。

二、繁育

1982 年,镇江市各辖区先后从外地引进红育、来航、罗斯等新品种鸡。1983 年句容葛村畜牧兽医站建立罗斯鸡种蛋场,先后引进四批父母代罗斯鸡雏鸡 1235 只。1984 年,丹阳建立种禽场,从外地引进罗斯祖代雏鸡 5000 只、父母代雏鸡 400 只,红育罗斯祖代雏鸡 5000 只、父母代雏鸡 400 只、红育雏鸡 1.5 万只。同年,句容郭庄畜牧兽医站建立种禽场,当年饲养种鸡 3000 余只。句容县饲养的罗斯鸡、来航鸡、星杂 288、星杂 579、西塞斯等良种鸡已普及各乡。丹阳练湖农场还引进卡叽康贝尔鸭与绍鸭杂交取得良好效果。1985 年,练湖农场从南京等地引进红宝、星宝黄羽鸡养殖并向周围地区推广。20 世纪 80 年代末,全市先后引进依萨鸡、迪卡鸡、罗曼鸡、白羽艾维茵、彼德逊、AA 肉鸡和四川荣昌鹅等优良品种。90 年代先后引进扬州三黄鸡、青脚草鸡、乌骨鸡和法国莱茵鹅以及英国进口的樱桃谷鸭，并接受樱桃谷 SM1、SM 和 SM2I 型品种。2000 年后，常州八达种鸡场在句容天王建设 18 万套的肉鸡种鸡场、丹阳窦庄 3 万只的种鸭场；2003 年，温氏集团在丹徒黄墟建设 20 万只肉用种鸡场；先后引进苏禽黄鸡、雪山草鸡和性能优越的樱桃谷 SM_3 型父母代种鸭及新扬州鹅等优良禽种。

三、饲养管理

1. 鸡 20 世纪 80 年代，育雏阶段由自温育雏逐步转向辅助加温育雏，饲喂由原来的碎米饲喂过渡为配合饲料、全价饲料饲喂。80 年代中期，由竹器食槽、水槽逐步向塑料食槽、水槽转变。90 年代初，许多养殖户先后从外地引进自动饮水装置，以改善育雏阶段卫生条件，提高规模饲养的育雏率。90 年代中后期，境内蛋鸡养殖户基本实现阶梯式笼养，并配备乳头式自动饮水器。丹阳珥陵畦兴鸡场还配备自动控光、自动括粪等装置，使蛋鸡饲养更为科学。肉鸡饲养基本实行全进全出制，饲养大户还引进大棚养殖技术，一般 7 ~ 8 周出售，不养长寿鸡，每批饲养少则 2000 ~ 3000 只，多则 5000 ~ 10000 只左右。

2. 鸭 20 世纪 80 年代前，主要有农户分散养鸭和专业性鸭农成批量养鸭两种方式。1983 年以后，随着外来鸭种的引进和混合饲料的推广运用，特别是丹阳"柳盈"公司成立后，传统饲养管理和技术有所转变，饲养方式采用大棚、架式饲养，一般一个大棚饲养量为 3000 ~ 5000 只，大棚离地面高 1 ~ 1. 2 米，宽 7 ~ 10 米，长度可自由设定，一般在 20 ~ 50 米之间不等，棚架高 2 ~ 2. 5 米。同时，还积极引进消化全价颗粒饲料技术，减少浪费和饲料损失。

3. 鹅 饲养方式一般以农户散养和专业性大群饲养两种，均以放牧饲养为主。从 90 年代开始，鹅业集约化饲养有所发展。90 年代末，鹅集约化饲养有较大发展。在育雏方法基本未变情况下，开始转入大棚进行养殖。其饲料仍以自配料为主，后期则补喂浓缩料，效果较好。种草养鹅在句容是主要推广模式。丹阳横塘、河阳等地养殖户则把大棚建在农田中央，棚前临水，四周种上黑麦草、菊苣等牧草，农户刈割饲喂。

第三节 特种经济动物

一、梅花鹿

2001 年 5 ~ 8 月，丹阳市胡桥宝山千秋鹿业有限公司、横塘丹圣科技基地鹿场先后建立。两家鹿场一次性从吉林引进东北梅花鹿 190 头，其中公鹿 50 头，母鹿 140 头。丹圣科技基地由于管理不善，2003 年底停办。同年，无锡人周静在丹阳胡桥原种猪场又筹建一个养鹿基地，拥有梅花鹿 50 头。2005 年，全市养梅花鹿 520 头，其中公鹿 230 头，母鹿 290 头。

二、鹌鹑

1987 年 6 月，镇江市家畜改良站率先从淮阴调拨肉用鹌鹑种蛋 1000 个孵化育雏饲养。由于自产种蛋出雏率很低，1990 年终止鹌鹑饲养。同期，练湖农场从南京引进一定规模的蛋用鹌鹑养殖。1995 年，在一次禽霍乱和新城疫疫情中"全军覆没"。1999 年底，无锡锡山区东亭人周国良在丹阳珥陵积庆筹办特禽公司，利用公司加农户形式，肉用鹌鹑饲养又一次得到发展。2005 年，全市饲养 250 万只，主要在丹阳。

三、雉鸡

雉鸡，又名七彩山鸡，俗称野鸡。镇江人工饲养雉鸡始于 20 世纪 90 年代初。1992 年，丹阳市蒋墅镇农民金鹤良从上海引进2000只种蛋，自孵自养发展雉鸡养殖。至1997年时，一度发展到6000只，并带动周边两位农户，总饲养量达8000只。1993年，丹阳市种禽场从省家禽研究所引进饲养雉鸡，每年饲养3～4批，年出售商品雉鸡1500～2000只，后因销路不畅，于90年代末全部停止养殖。镇江京口、句容、丹徒等地相继引进和饲养雉鸡。2000年后，随着市场对野味家禽的需求日益增加，饲养规模有所扩展。丹阳全州镇东风村包金良从上海引进雉鸡雏进行饲养，2002年起规模逐步扩大，至2005年饲养量达8000只。

四、蜜蜂

镇江养蜂历史悠久。1983年后，原属集体所有的蜂群，一部分由专人承包，一部分折价归私人放养，涌现出一大批养蜂专业户。至1985年，全市蜜蜂饲养年末存箱量由1983年的5300箱增加到7810箱。1986年后，继续大力支持养蜂专业户，不断加强蜜蜂良种繁育体系建设和蜂产品开发、加工、利用以及调整养蜂业内部结构，使养蜂业开始迈上现代化商品生产发展轨道。到2005年，全市蜜蜂年末存箱量达1.96万箱，蜂蜜产量1768吨。

五、鸽

鸽，又称鸽子、鹁鸽。20世纪90年代初，为适应市场对肉鸽需求，丹阳、丹徒等地少数农户开始饲养肉鸽，至1995年已发展种鸽5000对以上。90年代中期，丹阳、句容、扬中及市郊等地相继发展肉鸽饲养。2000年后，肉鸽饲养受到外来肉鸽市场冲击有所萎缩，每年出栏商品肉鸽稳定在5万只左右。镇江市肉鸽饲养品种主要为美国王鸽和东南亚主鸽，种鸽羽色大多为白色或灰色，少量红色和黑色。每对种鸽年产乳鸽6～7对。3周龄乳鸽体重0.55～0.65公斤。没有种用价值的商品鸽一般在0.25～0.3公斤上市出售。商品鸽销售只论羽不论重量。

六、犬

20世纪80年代，社会经济有较大发展，养狗逐步分化成观赏、食用、看护三大门类。

观赏狗：饲养比较考究，品种较多且名贵纷繁，随着人民生活水平不断提高，观赏狗饲养量逐年增加。至2005年末，全市约万头左右，其中城市占60%。

食用肉狗：始于90年代中后期，真正发展是21世纪初。

看护狗：大多分布在农村，一般没有具体品种，俗称"草狗"，饲养比较粗放。但用于看护少数专业户承包水塘、瓜棚或大面积经济作物的看护狗品种和饲养均比较讲究。全市看护狗约2万只。

七、貉　狐

镇江京金水貂饲料有限公司于1986年从吉林省引进乌苏里貉60只饲养、繁殖，所产貉皮主要供外贸部门出口。此外，首次从山东省烟台市转引北极狐30只饲养、繁殖，狐皮主要供外贸出口。

第四节　疫病防治

1985年，国务院和农业部分别颁布《家畜家禽防疫条例》《家畜家禽防疫条例实施细则》后，镇江市畜禽疫病防治工作得到进一步加强，疫情报告制度、毗邻地区联防和疫情通报制度进一步建立和健全。2001年，镇江市、县（市、区）两级政府成立防治重大动物疫病指挥部，指挥部办公室设在农林部门，将牲畜口蹄疫、高致病性禽流感、猪瘟、鸡新城疫、狂犬病、山（绵）羊痘6种畜禽传染病列为重大动物疫病，负责重大动物疫病的防疫、检疫、消毒、扑杀等工作。

一、家畜疫病防治

口蹄疫 俗称“五号病”。牛口蹄疫首见1974年句容县天王公社蔡巷三队,之后丹徒、丹阳、润州陆续散发此病。1984年春节期间,镇江市食品公司从丹阳、新民洲等地食品站调进生猪1.18万头,由于管理不善,活猪积压,引起疫情大暴发,共检出病猪1661头,发病率为14.1%,至9月受感染猪达1.98万头,死亡2469头。后由于疫苗得到及时推广应用,很长一段时间内口蹄疫没有发生。2003年,丹阳、丹徒两地发生此病,疫点2个,病猪10头,扑杀17头。2004年3月,丹徒区姚桥屠宰点发生疫情,病猪2头被扑杀,追回流外猪肉200公斤。2005年,全市仅扬中发生1起外地输入性猪口蹄疫疫情。

炭疽 该病流行历史久远,主要以散发为主,以感染乳牛、黄牛、水牛为主,也曾有驴、马、猪、人的感染病例。1985年,扬中县家畜改良站1头种公猪发病。以后,未见此病发生。

猪瘟 猪瘟在镇江农村广泛存在,危害严重。1980年,丹徒、句容两县9800头猪发生猪瘟,死亡9436头。1982年后,全市范围全面推广执行“窝防加补防”的猪瘟免疫程序,实行常年防疫,每月检查一次,对未经防疫注射的猪进行补防,效果十分显著。1988年,扬中县达到“猪瘟稳定控制县”标准。其他地区也相继达到省级控制县标准。

猪丹毒 猪丹毒是镇江猪病中仅次于猪瘟的重要传染病。80年代以后,猪瘟、猪丹毒、猪蹄疫三联苗的使用和免疫程序新技术推广,此病得到有效控制。

仔猪水肿病 此病为幼猪的一种急性致死性肠毒血病。1987年,丹阳县皇塘公社发病2520头,发病率高达4.03%,死亡2105头,致死率为83.5%。该病尚无特效防治方法,一般采取综合性措施预防。

猪败血型链球菌病 本病为常见病,主要发生在丹阳、镇江市郊和扬中等地。1987年11月,丹阳市延陵、导墅等6个乡镇发生此病,涉及18个村,发病猪131头,死亡42头。2005年,句容市黄梅镇发生疫情,经江苏省畜牧兽医总站确诊为2型猪链球菌病,发病8头,死亡4头,同群猪全部扑杀,1人因私自屠宰病死猪,感染该病死亡。另有犬因食用病死猪肉而出现死亡。

狂犬病 又称“恐水病”“疯狗病”。使用疫苗对家犬集中免疫,可使发病率下降。随着农村和城乡养犬数量增加,狂犬病有所抬头。2004~2005年,扬中、丹徒、丹阳农村均有零星发生。在春秋两季突击防疫行动中,将狂犬病列为重点防控对象,并开展强制免疫。

猪繁殖与呼吸障碍综合征 又称猪蓝耳病。2003年,镇江新区大港镇龚八斤饲养的生猪发生以母猪流产、仔猪呼吸障碍、耳部发绀等症状为主的传染病,发病28头,其中母猪3头,使用抗生素治疗无效,死亡仔猪20头。经镇江市畜牧兽医站采样送扬州大学传染病实验室确诊为猪蓝耳病,这是镇江市首次发生此病。此后,由于生猪“高热病”影响,全市各地均有此病例报告。

二、家禽疫病防治

镇江境内家禽疫病主要有鸡新城疫、鸡马立克氏病、禽霍乱、鸡白痢、鸡传染性法氏囊病、鸡传染性支气管炎、鸭瘟、小鹅瘟等疫病。

1982年后,镇江地区畜牧兽医部门确立并逐步完善统一的免疫程序并全面推广,效果较明显。1986年,又对苗鸡1日龄Ⅱ系苗炕坊滴鼻进行研究和推广应用,进一步提高苗鸡的防疫密度,对控制该病起到很好作用。至1988年底,鸡新城疫一度得到基本控制。20世纪90年代后期始,鸡新城疫表现为症状不明显的“隐性鸡瘟”,发病较高,但死亡率降低,随着规模养殖逐步发展,养殖场普遍十分重视鸡新城疫免疫,疫情主要以散发为主。

20 世纪 80 年代后，鸡马立克氏病、禽霍乱、鸡传染性法氏囊病等时有发生，随着养禽业发展，市、县、乡镇各级加强疫情检测，普遍推广免疫程序，大部分疫病得到有效控制，少数仅为零星散发。

第七章　水产业

全市水产业以池塘养殖为主，兼以水库、河沟等大水面养殖、稻田养殖。养殖面积和产量逐年提高。至 2005 年末，全市池塘养殖面积 1840 公顷，约占全市水产养殖面积 75.57%；池塘养殖产量 5.82 万吨，占全市水产品总产量 78.94%。捕捞以长江捕捞为主，内陆捕捞为辅。

第一节　养　殖

一、鱼苗鱼种生产

1. 人工繁殖鱼苗　20 世纪 80 年代后，境内人工繁殖鱼苗品种由鲢鳙鱼发展到草鱼、青鱼、编鱼，后又引进繁殖团头鲂、罗非鱼、白鲫、杂交鲤等新品种，并开展复壮良种鱼苗人工繁殖。1985 年，全市繁殖鱼苗为 8.75 亿尾，其中市区 3.94 亿尾，丹徒 1.12 亿尾，丹阳 0.78 亿尾，句容 1.66 亿尾，扬中 0.15 亿尾。此后连续多年人工繁殖鱼苗在 5 亿尾以上，不仅满足镇江市生产需要，还支援外省、市。

2. 鱼种生产　1982 年，镇江市水产科学研究所开始研究快速育种方法，采用池塘稀放早繁夏花和常规早夏花，投放飘莎、浮萍等适口饵料，使常规夏花养成斤两鱼种。嗣后，各地渔场着手全面调整种池比例，专池培育鱼种，推广“网箱育种、河沟育种、稻田育种”。同时，积极引种试养异育银鲫、革胡子鲶、鳜鱼、淡水白鲳等新的养殖鱼类。20 世纪 80 年代中期推广成鱼池套养鱼种技术。90 年代，套养方式更为多样，鲢鳙鱼四级套养，青草鱼和鳊鱼、鲤鱼三级套养，鲫鱼二级套养，罗非鱼 级套养。

1991 年，丹阳成立丹阳市水产良种场，自繁异育银鲫 110 万尾。同年 10 月，从连云港东海县运回建鲤亲鱼 225 组，次年出苗 500 多万尾。1995 年，镇江市水产站与丹阳市水产站、云林镇多种经营服务站联合建立镇江市异育银鲫良种场，占地 3.33 公顷，分别从江西兴国县、黑龙江方正县引进兴国红鲤、方正银鲫原种，繁殖异育银鲫。21 世纪后，着重良种基地建设、养殖鱼类亲本提纯复壮、良种生产技术和管理规范化等工作。2000～2003 年，丹阳市皇塘水产养殖场、镇江市江滩开发管理处分别从邗江引进四大家鱼原种，从洪泽引进方正银鲫原种进行亲本更新。2005 年，丹阳市皇塘水产养殖场、镇江市江滩开发管理处为省级水产良种场。全市苗种场 30 个，面积 134.5 公顷，鱼苗产量 7.5 亿万尾，鱼种产量 1.26 万吨。

二、池塘养殖

1985 年，全市养殖面积 17920 公顷，其中市郊区 790 公顷，丹阳 4640 公顷，丹徒 3200 公顷，句容 8000 公顷，扬中 1290 公顷。全市养殖产量为 1.39 万吨。1986 年，贯彻“以养为主，养殖、捕捞、加工并举，因地制宜、各有侧重”发展方针，市内商品鱼基地建设得到发展，全市商品鱼基地养殖面积 1450 公顷，养殖产量 0.32 万吨。1988 年后，全市推广万亩千斤高产高效综合养鱼技术，为大面积池塘养鱼增产奠定基础。1990 年后，池塘养殖按照“主攻单产、增加总产、提高效益”的思路，以优质高效为目的，不断调整和优化养殖结构。1996 年始，全市进行鱼池改造和

“双千塘”建设，到2000年时，全市池塘养殖面积由1991年的12750公顷扩大到15150公顷，总产量由2.12万吨增至5.02万吨。2001年后，全市着重推广池塘标准化养殖增产技术，鱼病综合防治技术，成鱼池混养青虾技术，青虾河蟹池塘主混养技术，无公害河蟹、鳙鱼、鳜鱼等养殖技术。根据不同品种采用自动投饵机专喂全价颗粒饲料、膨化颗粒饲料等技术应用，使池塘养殖逐步趋向系统化、规范化。

三、大水面养殖

图13-12　网箱养殖黄鳝(2004年摄)

1. 河沟养殖　20世纪80年代初，全市河沟水面列入定权发证范围，保证河沟养鱼使用权。加之各地推行联产承包责任制，促进河沟养鱼由粗放转向精养，部分河沟分别筑坝整修建成鱼池。1982年，句容河沟养殖面积800公顷，产量277.2吨。1985年，丹阳河沟养殖面积430公顷，产量180吨。至2005年，全市河沟养殖面积2230公顷，河沟养殖产量0.55万吨。

2. 水库养殖　1982年，句容水库养鱼总产量突破250吨，平均亩产18公斤，达到全国水库养鱼平均产量水平，其中北山水库亩产33.5公斤，网箱养鱼单产列全省第一位。1986～1988年连续3年获省水利厅颁发的水利渔业先进县称号。1986年，以提高水库养鱼产量和效益为重点，根据各个水库特点开展小型水库全库精养和大中型水库库湾精养的养鱼方式，收到明显效果。句容县石山头水库中13.33公顷实施精养，1989年平均亩产达521.5公斤，亩均利润676元，1990年被水利部评为全国水库渔业先进渔场(队)。至2005年，全市水库养殖面积2610公顷，产鱼0.25万吨。

3. 江滩养殖　1985年，市委、市政府为解决农副产品市场供应，在长江芦滩夹江围网养鱼240公顷。2002年，镇江市水产技术指导站和扬中市长江生态渔业有限公司联合开展江滩围栏生态养殖试验，即通过选择滩势稳定、自然生态环境优越、渔业自然资源较多的江滩，采取低坝、高栏、深沟的围栏技术，以芦苇等水生植物为抗风浪屏障，低潮位时保障养殖用水，高潮位时解决行洪泄洪，达到拦鱼不挡水目的。2003年，实施江滩围栏养殖面积1010公顷，其中扬中市455.33公顷，丹徒区268公顷，润州区266.67公顷，京口区20公顷；共收获各类鱼蟹0.11万吨，平均亩产73.2公斤，其中鱼产量1090.581吨，平均亩产71.98公斤，河蟹、青虾18.85吨，亩均1.24公斤。2005年，实施围栏养殖面积42.02公顷，收获各类鱼蟹417吨。

四、特种水产品养殖

1. 人工培育珍珠　20世纪80年代，珍珠生产成为多种经营的一个致富项目，人工培育珍珠得到较快发展。1985年，丹阳全县珍珠养殖面积66.67公顷，产珍珠650公斤。1986年始，褶纹冠蚌珍珠逐步被三角帆蚌珍珠取代。1988年，珍珠生产和购销全部放开。除外贸部门定点计划收购外，丹阳蒋墅镇东江南珍珠市场正式建成，日成交珍珠达数百斤，质量较好的珍珠价格在6000元/公斤左右，平均每只手术蚌售价20多元，最好的无核珠、有核珠甚至卖到10000～24000元/公斤的高价，促使人工培育珍珠进一步升温。进入90年代，鱼蚌混养、蚌病防治等技术有新突破，各地开塘挖池养蚌育珠掀起热潮，丹阳蒋墅、镇江市水产公司等单位的珍珠加工相继出现，至1994年，丹阳市养殖面积达3220公顷，产量9.04万公斤。1995年后，由于产量大、珍珠质量差、需求少等因素，珍珠价格暴跌，珍珠热开始降温，部分蚌农退塘还田。2000年起，珍珠价格再次下跌，为确保收入，蚌农开始育珠与养鱼兼营。至2005年，全市珍珠养殖面积为1930公顷，年产珍珠266.69吨。

2. 鳗鱼养殖　1976年，谏壁发电厂利用电厂循环热水人工饲养鳗鱼1500平方米获得成功后，养鳗成为镇江市特种养殖产业。1988年，全市养鳗场发展到5个，养鳗温室面积2755平方米，露天养殖0.9公顷，放白仔鳗苗268公斤，成鳗产量90吨。1989年，全市有7个养鳗场，全年共放养鳗苗352公斤，年产成鳗184吨。同年，丹徒龙山养鳗场与日商合作，创建江苏省第一座中日合资饲料有限公司，年生产鳗鱼、对虾饲料6000多吨，全年产值达1500多万元，创汇300多万元。

1994年5月，国务院总理李鹏视察镇江龙山鳗业联合公司。同年，全市温室养鳗3.8公顷，露天养鳗470公顷，放白仔鳗苗7300公斤，成鳗产量696.28吨。龙山鳗业联合公司成为世界养鳗之王，全年销售额30亿元，创利税3亿元。至2005年，全市仅丹徒区有鳗鱼养殖。

3. 河蟹养殖　1983年，句容等地组织人员赴崇明岛捕捞蟹苗，分配给各水库和农村放养，自生自长，自由捕捞上市。1987年，丹阳县行宫圩桥村民韦昌龙从苏北购进幼蟹，利用家前小院挖池养殖成功。1988年，丹阳云林粮管所等集体和个人养河蟹成功，带动河蟹人工养殖发展。1991年后，随着蟹苗价格下降，养蟹面积进一步扩大。至1995年，全市养蟹面积440公顷，年产蟹154.3吨。1996年后，鱼蟹混养与虾、鳜、鲢等鱼配套养殖，以及草荡养蟹、网围养蟹、稻田养蟹等试点成功，并在蟹池构造、蟹种培育与放养、饲料投喂、蟹病防治等技术上取得经验，出现一批养蟹专业户和高产单位。养蟹方式也由单一池塘养殖逐步向草荡养蟹、河库养蟹、网围养蟹、稻田养蟹等多种方式扩展。2000年，镇江市河蟹养殖面积1670公顷，河蟹产量477.5吨。

21世纪初，按照"改大养蟹为养大蟹"的思路，大力推广无公害水产品养殖，全市河蟹养殖规模进一步扩大，质量进一步提高。2005年，推广螃蟹塘种草放螺蛳生态养殖，养殖面积和效益稳步上升，全市河蟹养殖面积达到3300公顷，产蟹1291吨，年均亩产河蟹26.11公斤。

4. 青虾养殖　1980年，部分地区开始尝试养殖青虾，但未成规模。1993年，丹阳云林大施村民史永祥利用育苗池自繁青虾苗获得成功。之后，丹阳全市推广青虾养殖，并选择云林等地作为青虾苗种繁育基地，开始实施青虾人工繁育，全年人繁青虾苗1.8亿尾，养成青虾318吨。1996年起，人繁青虾苗突破3亿尾，青虾套养面积1330公顷。其中专池养虾面积130公顷。2005年，镇江全年养殖青虾面积3170公顷，年产青虾2933吨。

5. 罗氏沼虾养殖　1988年，国营练湖农场从上海东海农场引进罗氏沼虾苗进行适应性养殖试验，取得成功，当年商品虾规格达15厘米以上，亩产40～50公斤。翌年罗氏沼虾苗与鱼种混养取得成功，并获省水产局科技进步推广三等奖。至1995年，全市罗氏沼虾养殖面积为23.53公顷，产量15.69吨。2000年，全市达64.93公顷，产量为148.08吨。因虾苗价格高，商品虾价格下滑，以及无法保护越冬等原因，罗氏沼虾养殖发展趋缓，到2005年，年产量为225吨。

6. 鳜鱼养殖　1980年，丹阳县皇塘、延陵等地从广东引进鳜鱼苗种进行适应性养殖取得成功，但因苗价高、运输路程远、成活率低等原因未能推开。1988年，丹阳市皇塘水产良种场开始进行鳜鱼人工繁殖，1993年突破难关取得成功，人工繁殖鳜鱼小片2万余尾。此后，人工养殖逐步推开，有池塘混养、专池单养、大水面套养、网箱养殖等。2005年，全市养殖面积2330公顷左右，年产量225吨。

7. 革胡子鲶养殖　1990年，丹阳市珥陵、皇塘，句容郭庄等地少数农民从外地引进少量革胡子鲶苗种在稻田内试养，后又在池塘内养殖，均获得成功。此后，专业户养鲶随之发展，苗种大多从广西南宁、福建等地引进。至1993年，丹阳市内有11个乡镇养殖，面积10.09公顷，年产鲶鱼

51.5 吨。1995 年发展到 20 余个乡镇，年产鲶鱼 121 吨，面积 32.27 公顷。由于革胡子鲶不能自然越冬和肉味土腥等原因，从 1998 年起，养殖面积逐渐减少。至 2004 年，全市面积不足 0.4 公顷，年产鲶鱼约 1.5 吨。

8. 淡水白鲳、加州鲈、牛蛙、鳖、鳝等特种水产品养殖　境内均有引种和养殖，未能形成规模，处于零星养殖状况。

五、稻田养殖

1983 年，句容行香乡樊甲村樊庆白利用 1 亩稻田培育大规格鱼种 1440 尾，亩产 24 公斤，实收稻谷 450 公斤，每亩增收 70 元。1984 年，句容郭庄、后白、宝华、东昌等乡有 23 户农民在 5.06 公顷稻田内养鱼，7 月上旬放养鱼种，9 月底收获，平均亩产鱼 25.5 公斤，水稻平均亩产 453 公斤。1986 年，丹阳县稻田养鱼面积为 42 公顷，次年，丹阳县把稻田（包括茭白、茨菰田）养殖作为农业综合系统工程，稻田养鱼取得突破性进展，稻田养殖面积猛增至 230 公顷，主要培育鱼种。1993 年，丹阳珥陵镇兴起稻田养殖草胡子鲶热潮，养殖面积 73.33 公顷。1995 年始，镇江市政府将稻田养殖列为“九五”期间多种经营重点工程之一，确定丹阳云林镇、窦庄乡为稻田养殖示范区，全市稻田养殖有较快发展。1999 年，全市掀起稻田提水养殖基地建设热潮，养殖面积达 1460 公顷，其中稻田养蟹 110 公顷，稻田养虾 440 公顷，稻田养殖产量 299 吨，其中产蟹 66.67 吨，虾 130 吨。至 2001 年，全市稻田提水养殖面积 3850 公顷，其中养蟹面积 260 公顷，养虾面积 1370 公顷，稻田提水养殖产量 2388.7 吨，其中蟹产量 96.57 吨，虾产量 707.71 吨。此后稻田养殖基本被提水养殖替代。

第二节　捕　捞

一、内陆捕捞

随着农村联产承包责任制普遍建立和完善，专业渔民和内陆水域捕捞日渐增加。1987 年，全市淡水渔船 600 余艘，其中内陆渔船 40 艘，捕捞渔民约 100 多人。内陆捕捞作业类型较多，生产流动分散。常见的作业类型有围网类、刺网类、拖网类、张网类、掩网类、敷网类、抄网类等，有沙簖、虾笼、黄鳝笼、篾封、各类钩、卡、钓、鱼罩、鱼鹰等 60 多种。通常作业地点不固定，流动范围大。内陆捕捞渔船大多为连家渔船，既是生产船，又是住家船，白天分散捕鱼，夜晚集中停泊。至 2005 年，全市有机动渔船 634 艘、5195 吨、6397 千瓦。

二、长江捕捞

1980 年后，河豚、鲂鱼、鲥鱼、鮰鱼等资源减少。1985 年，镇江市郊区渔业乡有捕捞渔船 289 艘，总吨位 2250 吨，其中机动船 129 艘、981 千瓦。句容县有捕捞渔船 39 艘，连同捕捞运输船共 447 吨位、291 千瓦。扬中县在长江的捕捞船只 204～250 艘。长江捕捞除捕获为数不多的鲢、草、青、鳊四大鱼类及部分杂鱼与少量鲂鱼外，鲥鱼、河豚、螃蟹等水产品产量逐年骤降。1986 年鲥鱼产量仅为 2 吨，1987 年开始禁捕时已基本绝迹，其他鱼类产量逐年下降。1990 年，长江捕捞水产品为 3138 吨，其中鲂鱼 248 吨、蟹 128 吨，其他水产品 2762 吨。2005 年，全市捕捞产量为 5204 吨，其中鱼类 3319 吨，甲壳类虾 514 吨、蟹 138 吨，贝类 1167 吨。

长江捕捞渔业，主要以春夏汛生产为主，其主要捕捞品种和作业方式有：

河豚　长江镇江段江面是江苏省河豚主要作业渔场，主要捕捞工具为挂钩。20 世纪 70 年代后，河豚年捕捞量一直在 100 吨以上，1985 年以后，年产量只有几十吨，1988 年后只有不到半吨。

由于长江资源衰竭，2000 年，扬中境内渔民几乎没有捕到河豚。2002 年，农业部实施长江春季禁渔制度，沿江地区基本禁止捕捞。

鮰鱼　作业渔场上自句容下蜀，下至扬中西来桥，主要捕捞渔具有漂丝网（流刺网）和围网（罡滩网）等。漂丝网在长江中作业，围网多在比较开敞的江滩下捕捞。1986～1990 年，鮰鱼总捕捞量为 1371 吨，其中 1987 年产量最高，达到 330 吨。1988 年以后，年捕捞量一直稳定在 200 吨左右。1992 年始，鮰鱼产量呈逐年下降趋势，2000 年为 84 吨，2005 年仅 5 吨，比最高的 1987 年减少 98.5%。

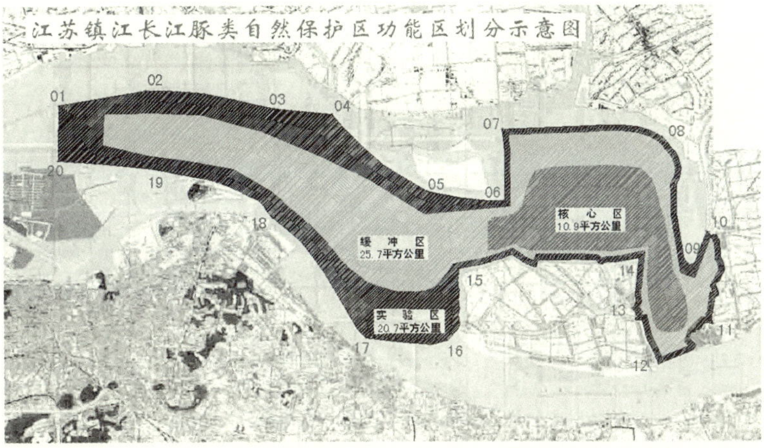

图 13-13　江苏镇江长江豚类自然保护区功能区划分示意图（2008 年摄）

鲥鱼　从扬中到句容江段都有捕捞生产。主要捕捞工具有单层刺网、三层刺网。1980 年捕捞量为 10 吨，1981 年则为 35.62 吨，为 1978 年以来的最高产量。1983 年 12.01 吨，1986 年仅为 2 吨。以后下令禁捕，鲥鱼也从此基本绝迹。

第三节　珍稀鱼类保护

长江镇江段的长江鱼类属长江中下游水系鱼区。先后监测到的国家重点保护水生野生动物：I 类保护的有白鳍豚、中华鲟、白鲟等，II 类保护的有河豚、胭脂鱼和松江鲈鱼等。

1988 年 12 月 25 日，江苏省颁布《实施〈中华人民共和国渔业法〉办法》，严禁捕捉、买卖、贩运和藏匿白鳍豚、中华鲟、白鲟、扬子鳄、江豚、海龟、玳瑁等国家规定的一二级珍贵水牛动物，凡误捕的应立即回放，并及时向当地渔业行政主管部门报告。1989 年 3 月，省水产局和省农林厅明确规定保护野生水生动物是渔政部门的重要职责，对乱捕滥捕和倒卖、走私珍贵濒危动物或其产品的犯罪行为，依法坚决打击，严肃处理。1991 年以来，镇江市渔民误捕到国家重点保护的水生野生动物均能及时向市渔政部门报告，并无偿交渔政部门放流。据不完全统计，共回放中华鲟 50 余条、大鲵 3 条、胭脂鱼 5 条。

1983～2005 年镇江市水产品产量表

表 13-15

年份	水产品产量（万吨）	水产养殖面积（公顷）	养殖产量（吨）
1983	0.98	14146.70	8354
1984	1.23	16746.70	10804
1985	1.54	17933.30	13883
1986	1.86	18373.30	16791
1987	2.41	18806.70	21704
1988	2.77	19106.70	24866
1989	2.90	19080.00	26237
1990	3.19	19240.00	28791
1991	2.97	19060.00	25988

续表 13-15

年份	水产品产量(万吨)	水产养殖面积(公顷)	养殖产量(吨)
1992	3.37	19746.70	30554
1993	3.98	19986.70	36390
1994	4.38	20773.30	40251
1995	4.78	21200.00	43856
1996	5.74	-	-
1997	6.54	21126.70	60649
1998	5.90	-	-
1999	6.28	21000.00	57412
2000	6.00	23233.30	59489
2001	6.65	23433.30	63069
2002	6.85	22853.30	63726
2003	6.96	24216.00	60358
2004	6.93	24180.00	64350
2005	7.38	24346.54	68577

第八章　农业综合开发

1990 年,在句容春城乡进行万亩中低产田改造,扬中新坝镇,丹徒辛丰镇,丹阳新桥镇、后巷镇进行农业综合开发试点示范。1991 年,全市各地根据各自特点开发 30 多个工程项目。1992 年,农业综合开发重点抓开发试验区,树立典型,积累经验。1990～1993 年,全市自力更生自主筹资 7200 多万元,投劳 6200 个,挖运土方 2000 多万立方米;改造中低产田 16000 公顷,发展(新建或改造)茶叶、蔬菜、经济林果等基地 6670 公顷。

1994 年,镇江市进入国家农业综合开发行列。其中丹阳市、句容市、扬中市及丹徒县被列为国家农业综合开发项目县,全市农业开发由零星分散、单一、粗放型向连片、山水田林路综合治理、集约型开发转变。至 2005 年,共实施土地治理项目、多种经营(产业化经营)项目、科技推广与综合示范项目及省级丘陵山区农业开发等四类项目,总投资 34020 万元,其中财政资金 21210 万元,自筹资金 12810 万元;扶持多种经营(产业化经营)项目 26 次,集中引进、推广农业新品种 52 项,引进推广农业新技术 31 项;建设各类优势农产品基地 8000 公顷,建设农业科技示范园区 15 个。

第一节　土地治理

1994 年,镇江市实施国家级农业开发土地治理项目,主要进行中低产田改造。根据建设规模及建设内容的不同又分为一般中低产田改造项目、优势农产品基地项目、省级科技示范项目三类。

一、一般中低产田改造

1994～2005 年,一般中低产田改造项目共投资 18024.67 万元(其中财政资金 12689.62 万元,农民自筹资金5335.05万元），改造中低产田33330公顷。通过实施水利、农业、林业、科技等综合措施，实行山水田林路综合治理，项目区大片中低产田变成旱能灌、涝能排、田成方、林成行、渠相通、路相连的高产稳产农田。

1994～2005年镇江市中低产田改造项目投资一览表

表13-16　　单位：万元

年份	投资总额	财政资金					自筹资金
		总计	中央财政	省级财政	市级财政	县级财政	
1994	730.00	600.00	300.00	60.00	60.00	180.00	130.00
1995	899.50	610.00	305.00	61.00	61.00	183.00	287.50
1996	827.51	610.00	305.00	61.00	61.00	183.00	217.51
1997	1724.00	804.00	402.00	80.40	80.40	241.20	920.00
1998	1512.70	998.00	499.00	99.80	99.80	299.40	514.70
1999	1440.00	950.00	475.00	95.00	95.00	285.00	490.00
2000	1853.00	1135.00	595.00	108.00	108.00	324.00	718.00
2001	1392.00	1134.45	515.00	123.87	123.87	371.71	257.55
2002	1387.00	1120.17	508.00	121.92	121.92	368.33	266.83
2003	1732.96	1408.00	640.00	413.76	153.60	200.64	324.96
2004	1863.00	1380.00	690.00	529.00	92.00	69.00	483.00
2005	2665.00	1940.00	970.00	798.60	115.60	55.80	725.00
合计	18026.67	12689.62	6204.00	2552.35	1172.19	2761.08	5335.05

二、优势农产品生产基地

2003年，根据国家农业综合开发办《关于大力支持优势农产品生产若干意见》，全市建设优质粮食基地1330公顷，建设优质经济林果基地670公顷，建设优质花卉苗木基地330公顷。

2003年镇江市优势农产品生产基地项目投资一览表

表13-17

辖市（区）	投资（万元）								
	任务量（万亩）	投资总额	财政资金					自筹	备注
			合计	中央财政	地方财政				
					省	市	县		
丹徒区	1	135	110	50	42	12	6	25	优质粮食基地
丹阳市	1	135	110	50	42	12	6	25	优质粮食基地
句容市	1	306	256	100	120	24	12	50	优质林果基地
扬中市	0.5	135	110	50	18	12	30	25	花卉苗木基地

三、省级科技示范项目

2003年，江苏省在土地治理项目中单列省级科技示范项目，镇江市在丹阳界牌镇立项实施该类项目。项目总建设面积670公顷，总投资405万元，其中财政资金300万元，自筹资金105万元，分三年建设完成。

1994～2005年，通过实施土地治理，项目区农业生产条件改善，粮食产量和农业综合生产能力提高，为农业增效、农民增收、农村稳定奠定良好基础。全市新增灌溉面积7150公顷，改善灌溉面积17280公顷，新增除涝面积5070公顷，改善除涝面积14280公顷，新增节水灌溉面积12640公顷，新增农田林网防护面积20050公顷，项目区新增粮食生产能力6494万公斤，新增油料生产能力257万公斤。新增农业总产值23170万元，项目区农民新增纯收入总额15696万元，人均年新增纯收入300余元。

第二节 多种经营和产业化经营

一、多种经营

1994～2003年，全市实施国家农业综合开发多种经营项目23个，总投资7979万元，其中财政资金3416万元，自筹资金4563万元。国家农业综合开发多种经营项目包括种植业、养殖业、农副产品初加工等项目，项目立项建设以符合国家产业政策及镇江地区农业和农村发展整体规划为基础，以种植、养殖业为主，兼顾农副产品加工；具有资源和技术优势、产品销售有保障；能够推动农业产业化经营，促进农村经济结构调整和优化；项目辐射广，能够带动农民显著增收，项目安排限于农业综合开发区，单个项目的年度中央财政资金投入不少于50万元。

1994～2003年镇江市国家农业综合开发多种经营种植业项目投资一览表

表13-18

序号	项目名称	建设单位	投资（万元）		建设规模（亩）	实施年度
			财政资金	自筹资金		
1	东昌镇苗木基地	句容林场	88	287	–	1994
2	白兔镇大棚草莓	句容市白兔镇政府	50	50	–	1995
3	建山乡茶叶基地	丹阳市建山乡政府	22	13	500	1996
4	张庙茶场大棚茶	句容市张庙茶场	60	50	100	1997
5	丹阳食用菌基地	丹阳市江南食用菌公司	60	60	50	1998
6	春城葡萄基地	句容市春城镇政府	30	–	–	1998
7	水蜜桃基地	句容市大卓镇政府	70	90	200	1999
8	胡桥花木基地	丹阳市天禄园林公司	100	150	500	2000

1994～2003年镇江市国家农业综合开发多种经营养殖业项目投资一览表

表13-19

序号	项目名称	建设单位	投资（万元）		建设规模（头）	实施年度
			财政资金	自筹资金		
1	肉牛养殖加工	扬中市新坝镇五一村	200	600	–	1997
2	肉牛养殖加工	扬中市新坝镇五一村	80	820	–	1998
3	梅花鹿养殖	句容市华阳镇	100	206	–	1998
4	特种动物饲养及裘皮加工	句容市袁巷畜产品厂	80	59	–	1998

续表 13-19

序号	项目名称	建设单位	投资(万元)		建设规模(头)	实施年度
			财政资金	自筹资金		
5	梅花鹿养殖	扬中市新坝镇华威村	150	270	300	1999
6	奶牛基地	丹阳市康力奶业	200	100	150	2001
7	武阳猪场	丹阳市界牌镇	176	24	10000	2002
8	特种水产种苗繁育与养殖	镇江市绿色农业有限公司	220	100	-	2003

1994～2003 年镇江市国家农业综合开发多种经营农产品加工项目投资一览表

表 13-20

序号	项目名称	建设单位	投资(万元)		建设规模(吨)	实施年度
			财政资金	自筹资金		
1	山芋粉丝加工	句容市郭庄油米厂	40	8	-	1995
2	豆腐衣生产线	丹阳市腌制厂	110	70	4000	1996
3	抛秧盘加工生产线	丹阳市育金塑料厂	80	86	-	1998
4	5000 吨香醋加工	丹徒恒丰酱醋食品公司	400	450	5000	1999
5	1000 吨保健醋加工	丹徒恒丰酱醋食品公司	330	120	1000	2002
6	1500 吨果醋加工	丹徒恒丰酱醋食品公司	600	700	1500	2003
7	无公害饲料加工	丹阳市导墅农牧公司	200	250	-	2003

二、产业化经营

1994～2005 年,全市通过对多种经营(产业化项目经营)项目立项开发,对花卉苗木、特色蔬菜、水产养殖、畜禽养殖及农产品加工等企业进行重点扶持,形成龙头企业＋基地＋农民的产业化经营模式。2004～2005 年全市实施 3 个产业化经营项目。

2004～2005 年镇江市国家农业综合产业化经营项目投资一览表

表 13-21

序号	项目名称	建设单位	投资(万元)		建设规模(亩)	实施年度
			财政资金	自筹资金		
1	食用菌基地扩建项目	丹阳市江南食用菌公司	200	100	206	2004
2	特种水产种苗养殖与繁育	镇江市绿色农业有限公司	200	300	-	2004
3	“7＋1”营养面粉加工项目	丹阳市江南面粉公司	300	608	-	2005

第三节　科技推广与综合示范

2003～2005 年,句容立项建设国家农业综合开发科技推广与综合示范项目。项目总投资 2100 万元,其中财政资金 1320 万元,建设桃、梨、葡萄、草莓等应时鲜果及茶叶基地 230 公顷,辐射面积 1000 公顷。共引进各类农业新品种 27 个,其中草莓新品种 6 个、葡萄新品种 7 个、桃新品种 3 个、果桑新品种 4 个、茶叶新品种 7 个。该项目共引进关键农业技术 10 项,推广农业新品种 25 个,推广关键技术21项。重点示范推广葡萄、无花果、草莓、水蜜桃、梨、茶叶等十多个品种及配套优质高产技术、设施栽培技术，不断引进消化国内外先进适用技术，建设一批科技含量较高、规模较大、形象较好的科技示范园区，成为农业开发新亮点。

第四节　丘陵山区农业综合开发

图13-14　温室大棚无土栽培"迷你"番茄(2008年摄)

1996年，镇江市进入省级丘陵山区农业综合开发行列，主要任务是开展丘陵山区小流域治理，建设优势农产品基地和农业科技示范园区。至2005年，丘陵山区农业综合开发共投入资金3125.38万元，治理小流域38.67平方公里，建设优势农产品基地8000公顷，建设农业科技示范园区15个。通过丘陵山区开发，促进农业结构调整，提高丘陵山区土地利用效率，带动一批农民通过种植葡萄、桃、梨及茶叶等经济作物，走上发家致富道路。

1996～2005年镇江市丘陵山区农业综合开发项目投资一览表

表13-22　　单位：万元

年度	总投资					其他
	合计	财政投资			自筹	
		小计	省	市、县		
1996	130.00	100.00	50.00	50.00	–	30.00
1997	130.00	100.00	50.00	50.00	–	30.00
1998	322.28	290.00	145.00	145.00	–	32.28
1999	374.10	312.00	176.00	136.00	–	62.10
2000	101.00	101.00	95.00	6.00	–	–
2001	533.00	255.00	140.00	115.00	238.00	40.00
2002	430.00	290.00	160.00	130.00	140.00	–
2003	405.00	198.00	162.00	36.00	126.00	81.00
2004	300.00	240.00	120.00	120.00	60.00	–
2005	400.00	320.00	160.00	160.00	80.00	–
合计	3125.38	2206.00	1258.00	948.00	644.00	275.38

第九章　农业机械化

1983～2005年，镇江农业机械化发展不断加速。各级政府对农民购机实行补贴鼓励，农民购机热情提高，农机数量快速增长。农机种类普及到粮食、油料、茶叶、渔业等多领域，作业面涵盖产前、产中、产后各个环节,农业机械由传统机械向现代农业机械转变。农业管理、服务机构不断健全完善,水平不断提升。农机安全与农机市场管理逐步走上法制化轨道,农机及配件、油料供应,农机检测、维修,农机驾驶人员及维修人员培养、管理,农机服务市场的开拓逐步完善、提高。经过23年发展,镇江农业基本达到机械化水平。

第一节　发展概况

1983年,镇江市拥有农机总动力为72.5万千瓦。其中大中型轮式拖拉机1179台,配套机具2016台,农具配套比1∶1.71;小型手扶拖拉机16670台,配套机具28383台,配套比1∶1.7;谷物播种机92台;联合收割机15台;机动脱粒机39420台;排灌机械18238台;农用载重汽车284辆;农副产品加工机械5000余台。全市农业耕作、播种、收获、脱粒、植保、排灌六项作业的机械化综合水平31%。机收面积1.6万公顷,机植保面积1.33万公顷。粮食脱粒和机电排灌机械化程度分别为86%和95.9%。

"七五"期间,重点研制和推广三麦机械化条播技术。1985年,镇江市农机化研究所根据稻麦轮作区土壤特点,采取科研与生产相结合形式,边研究,边示范,研制成功江南2BG-6型三麦条播机,获省科技进步四等奖。1986年,将盖籽机刀片改形,一次完成灭茬、盖籽作业。1988年,推广稻茬麦机械化少(免)耕条播技术,把传统耕翻种麦改为稻茬田浅耕播种机械化作业,获农业部科技进步三等奖,进行开沟机的研制和推广。1990年,机条播、新型盖籽机、开沟机的推广使用面积分别达到2.09万公顷、4.36万公顷、5.12万公顷。三机配套作业基本结束传统的人工耕、耙、播、盖的历史。稻茬麦机械化少(免)耕条播技术比传统栽培技术平均每亩增产49.5公斤,工效提高15.7倍,节省种子3~5公斤,增加直接经济效益30元/亩以上。"七五"期末与"六五"时期相比,农机总动力87.72万千瓦,增长5.2%;固定资产总值2.67亿元,增长42.5%。其中大中型拖拉机拥有量持平;手扶拖拉机2.49万台,增长18.7%;排灌机械增长46.7%;农运车辆增长34.4%,条播机增长6.88倍;开沟机增长11.87倍;收割机增长5.33倍。"七五"期末与"六五"期末机械化作业面积相比:机耕增长16.5倍,占播种面积84%;机条播增长16.5倍;机开沟增长37.26倍;机收割增长1.46倍;机植保增长1.67倍。1990年,全市拥有大中型轮式拖拉机1047台,手扶拖拉机2.49万台,机动水稻播秧机85台,联合收割机及机动收割机119台,机动脱粒机5.29万台,排灌机械3.18万台,机动弥雾喷粉机3381台,扬谷器2.16万台,农副产品加工机械8399台,农用汽车2745辆,渔用机动船517艘。

"八五"期间,全市农业机械化方向由耕种向收获突破,旱作向水作突破。继续推广三麦少(免)耕、条播、开沟适用机具的同时,推广稻、麦收获机械。镇江水稻种植原来使用吉林省生产的仿日本插秧机,1988年,全市有该机86台,由于技术上存在问题,机播面积0.98公顷。1992年,市农机研究所研制成功水稻机械化直播技术,采用农艺与农机相结合,省略育秧、插秧工作,属轻型栽培技术,省工节本,增产增效,获农业部农牧渔业丰收杯三等奖(2003年获江苏省农业技术推广三等奖)。1995年,全市水田机平整8400公顷,水稻机直播190公顷,而1990年这两项作业机械化还是空白。同年,全市种植业机耕面积10.67万公顷,机耕水平从1990年的89%上升到93.6%;三麦机械(免)少耕7.01万公顷,其中机播1.86万公顷,机开沟6.29万公顷,分别比1990年增长0.6%、21%、4%。同年,市政府推进稻麦收割机械化工程,到年底,全市拥有联合收割机345台,割晒机472台,年内新增134台和79台,总拥有量比上年增长63.5%和20%,全年新增数超过"八五"前3年新增数的总和。机收稻麦面积1.28万公顷,比1990年增长3.38倍,其中机收水稻面积2953公顷。丹阳市成为省政府确定的6个农机化试点县(市)之一。全市农机总值超过1.13亿元,机具配套比由试点前的1∶1.84提高到1∶2.5,全县耕作机械化程度达98%,机收、机播、机开沟等主要作业面积逐年增加,29 个乡镇农机站全部有“二供一修”服务设施,520 个村有各种类型的农机服务队。

图 13-15　久保田半喂入联合收割机(2005 年摄)

“九五”期间,全市重点突破水稻收、种机械。1996 年,市农机研究所研制成功 IGM－175 型稻麦秸秆还田旋耕机和 IGM－175 型多功能灭茬旋耕机得到大面积推广,全市农机投入 3800 万元,其中农民直接投资 2000 万元,新增联合收割机 486 台,为“八五”期间增长总数的 2 倍。1997 年,全市推广水稻机械直播 2467 公顷,推广到 4 个县(市)的 80 个乡镇。平均单产 602 公斤以上,最高 752 公斤,使农民增收 110 万元。1998 年,全市新增“洋马”“久保田”“人民号”等高档次联合收割机 55 台,此类收割机总拥有量累计 98 台。此类机型采用履带式行走装置,适合湿烂稻田作业,采用半喂入式脱粒方式,脱净率高,每台机的价格都在 20 万元以上。以往发展缓慢,且大多为国有农场或发展好的集团企业所有,同年,则以农民个体购置为主,拥有此类高档联合收割机的机手 90% 以上参加跨区作业。1999 年,全市农业机械化综合水平 72%,农机总值 4. 59 亿元,提前实现“九五”期末农业机械化目标。水稻机械直播面积 1. 35 万公顷,增产增收十分明显。2000 年,推广水稻机械化直播面积 2. 04 万公顷,推广示范覆盖面积 80%,其中扬中市的乡镇推广应用率 100%,全市有 4 个乡镇推广面积在 667 公顷以上。该项技术自 1997 年示范推广,实际面积累计超过 6. 67 万公顷。与抛秧稻比较,每公顷增产 346. 5 公斤,被全省列为重点推广项目,并列入农业部国家丰收计划。同年,研制出油菜收获机械 4CYZ－Z 型联合收割机,第一轮样机经田间试验与测定,获得成功。丹阳、扬中两市分别通过省、市政府基本实现农机化县(市)验收,率先建成基本实现农机化县(市)。全市农机原值 4. 88 亿元,农机总动力 118. 04 万千瓦,万亩耕地拥有农机动力 50 千瓦。拥有大中型拖拉机 2208 台(含重型 633 台)、联合收割机 655 台(其中高性能 499 台),秸秆还田机 421 台(还田面积 58667 公顷)。

“十五”期间,把提高种植、收获机械化水平继续列为全市农业机械化重点。2001 年,全市继续推广经过 10 年实践的机械直播技术;同时,引进 11 台水稻插秧机,在 3 个县(市)布点 12 处进行试验,平均每公顷单产 10. 12 吨,比人工栽插水稻增长 16%。油菜收割机通过省科技厅组织的成果鉴定。油菜种植机完成第一台样机。2002 年,引导农民使用自走式联合收割机,逐渐实现由低档次向高性能转变;水稻机械化种植 2. 68 万公顷,继续保持全省领先水平。油菜移栽机、油菜收割机继续试验改进。2003 年,引进推广国际先进水平的粮食烘干机,开始粮食机械化烘干和精制加工。引进先进的茶青微波杀青机械等一系列机械化制茶技术和设备。引进果蔬低温保鲜库。2004 年,引进、推广小麦转少量播种机。2005 年,全市农机总动力 129. 6 万千瓦;大中型轮式拖拉机 1489 台,配套机具 3207 台,农具配套比 1∶2. 15;小型手扶拖拉机 15869 台,配套机具 40110 台,农具配套比 1∶2. 55;谷物播种机 4031 台;稻麦联合收割机 1999 台,其中高性能自走式 1233 台,占 61. 7% 以上;高速水稻插秧机 446 台。全市机械化综合作业水平 80%。全市机耕面积 14. 18 万公顷,比 1983 年增长 57%,机械化程度 91. 13%。机播面积 8. 75 万公顷,比 1983 年增长 46. 8 倍,机械化程度 58. 58%,其中机播(插)水稻 4. 24 万公顷,占种植面积 44. 6%,机播“三麦”4. 51 万公顷,占种植面积 96. 12%。机收面积 12. 7 万公顷,比 1983 年增长 78 倍多,机械化程度 84. 2%,其中机收“三麦”4.72 万公顷，占种植面积 94.3%。机收水稻 7.97 万公顷，占种植面积 83.3%。油菜的机种、机收刚起步。机植保面积 13.57 万公顷，比 1983 年增长 9.4 倍，机械化程度 70.65%。全市粮食脱粒和机电排灌机械化程度分别为 97% 和 98%。全市共有各类粮食加工机械 5768 台(套)，谷物烘干机 29 台，年加工粮食 80.5 万吨，机械烘干粮食和种子 1.13 万吨。开始使用机械化制茶设备，全市茶场均置有筛选机、蒸气、热风、微波杀青机、揉捻机、理条机、烘干机、电炒锅在内的一条以上机械化制茶生产线。2002 年，推行果蔬低温冷藏机械化，2005 年共建 19 套低温冷藏库，库容量近 500 立方米。全市共建有玻璃连栋、塑料连栋、塑料大棚和日光温室等 1153 万平方米，水、气、温管理设施的动力机械 999 台，功率 5286 千瓦，田园耕作管理机械 48 台(套)。

1983～2005 年镇江市部分农业机械拥有量一览表

表 13-23

年份	大中型农用拖拉机(台)	小型(手扶)拖拉机(台)	农用水泵(台)	收割机及割晒机(台)	农用载重汽车(辆)	渔用机动船(艘)	农业机械总动力(万千瓦时)
1983	1179	16689	27302	53	298	208	72.49
1984	1209	19849	29486	27	440	261	81.09
1985	1129	20972	28036	11	551	281	83.30
1986	1111	21986	28844	32	662	278	89.31
1987	1104	23971	29301	36	1962	366	96.02
1988	1112	25075	28637	65	1183	349	100.85
1989	1091	26217	31274	38	1299	419	105.04
1990	1047	24931	31467	119	2745	517	87.72
1991	987	24452	32129	137	844	470	87.52
1992	932	24113	31130	199	1235	489	87.77
1993	903	24600	-	368	1285	-	90.74
1994	861	24230	-	604	1294	-	92.28
1995	898	23207	-	817	1448	-	93.96
1996	1142	22358	-	-	1662	-	98.21
1997	1402	20400	-	1241	1982	-	104.22
1998	1503	18993	39027	1443	4882	909	109.33
1999	1612	18094	39350	1690	2683	767	111.46
2000	2208	17679	41010	1655	4376	-	118.04
2001	2478	16870	40715	1747	5102	-	118.98
2002	2912	16154	44473	1781	5316	-	120.32
2003	4188	16177	42660	1941	5564	-	122.53
2004	4546	15533	43923	1994	5768	-	125.02
2005	4754	15869	43913	1999	5786	-	129.61

第二节　农机管理

1983 年，镇江市形成以农机管理、培训、安全监理为主要内容的农业机械化管理体系，成立镇江市农业机械管理局，同年 6 月，与市农业局合并，设农机管理科。丹徒、丹阳、句容、扬中四个县农机局与水利局合并，成立水利农机局，设农机管理股。设乡镇农机管理站 90 个，人员 381 人。

1984 年,成立镇江市农业机械安全监理所(对农业机械及其驾驶人员进行依法管理),全市领有行政执法证、农机监理证的在编在岗农机监理人员 145 人。

“七五”期间,市、县农机管理部门加强乡镇农机管理站。截至“七五”期末,全市乡镇农机站规章制度健全,实行岗位责任制;油料管理规范化,推行农机作业承包合同,保证农机为农业生产服务,县农机主管部门凭“合同书”供应油料(计划价格);安全监理专人负责,对各种农机具实行全面监督管理,实现场头、田间作业无事故;农机维修有网点,基本做到忙前检修、忙后保养入库;财务、统计制度化,建立健全会审制度;对村级农机队的为农服务、制度建设实行目标管理与考核。扬中县涌现出一批农机管理先进单位,县农机监理所 1989 年被农业部授予全国先进单位称号,长旺乡农技站被农业部授予 1988 ~ 1989 年度全国农机管理先进单位称号,新坝镇农机站被农业部授予 1990 ~ 1991 年度全国农机管理先进单位称号。

“八五”期间,全市农机管理部门以提高管理服务水平和健全服务功能为主要目标,强化自身队伍建设。1991 年,丹阳市设农机局,直辖农机技术推广站、农机培训学校、农机安全监理所和农机公司。1992 年,全市有 87 家乡镇农机站达到“五有”站标准(有健全的领导班子、有完善的规章制度、有修理和油料配件供应门市、有培训设施、有站办工业)。在全市农机系统开展的农机优质服务和“铁牛杯”竞赛中,丹阳市和扬中县获江苏省“铁牛杯”奖,丹阳市还获农业部“铁牛杯”优胜奖。1993 年,全市农机系统以夏忙、秋忙服务为中心,目标管理为主要方法,开展优质服务,全系统受市委、市政府表彰农业科技经营管理先进集体 5 个,有功人员 14 名,受部、省表彰先进集体 10 个,先进个人 8 名。1994 年,全市农机安全监督有新突破,共检验拖拉机 20289 台,其中年检 19856 台,年检率为 98%。累计发牌 20687 台,发牌率 92.7%。审验驾驶员 19782 人,其中年审 18989 人,年审率为 93%,累计发证率 90%。其他机械检验 9616 台,其中柴油机 5471 台,农副产品加工机械 3025 台,检验率 54%。检验机动脱粒机 477 台,检验率 97%。组织 2069 人次开展田检路查,检查机具 10122 台,查作业现场 7798 个,纠正违章操作 1487(台)次。1995 年,完成乡镇农机站定性、定编、定员工作和在编人员的聘干招工。在编的“两长三员”(正、副站长,机工辅导员、会计辅导员、安全监理员)均列为国家干部和劳动合同制工人,其中聘干 202 人,招工 288 人。

“九五”期间,全市农机管理系统重点抓好农机监理、农机产品质量监督及农机修理行业的执法监督。1996 年,镇江市将农机管理职能从市农业局划出,成立市农业机械管理局,为市政府正处级直属事业单位,直管市农业机械化研究所、农业机械培训学校、农业机械安全监理所及农业机械公司。同年,开展拖拉机专项治理,查处无证驾驶和无照拖拉机 1600 余台,检验拖拉机 9500 台,审验驾驶员 1 万多人,换发“九二式”牌证 2650 副。1997 年,全省除城市、县城专营运输拖拉机外,其余拖拉机的安全技术检验,驾驶员考核和核发道路行驶证等项工作由省公安厅委托省农机局负责,各级农机监理部门执行。全市共检验拖拉机 1.3 万台,审验驾驶员 1.27 万人。换发“九二式”牌证 1.2 万副,发牌率 87%。同年,国家、省、市政府实施一系列农机购置补贴政策,县(区)农机主管部门与农民及农机作业服务组织签订《农机购置补贴合同》,规定所购农机具作业范围、作业面积、作业年限、保证补贴农机具为农业生产服务。1999 年,全市农机监理部门取消拖拉机年审收费 10 项,降低收费标准 7 项,使全市拖拉机减少负担 990 多万元。市农机培训学校建农业行业特有工种技能鉴定站,对全市农机系统需要资格认定的各类人员进行报名、审核、培训、鉴定、上报、存档和核发证书。2000 年,会同打假办、技术监督、工商、公安等部门在全市开展农机集中打假联合行动,查处假冒伪劣产品案件 46 起,端掉制假售假窝点 3 个,封存、没收假冒伪劣农机产品 4723 件。

“十五”期间,继续加强农机管理执法监督。2001 年,由市政府统一协调,与公安、工商、质监部门合作,开展取缔私自改装拖拉机行动,取缔私自改装点 1 个,拘留无牌无证改装机驾驶人员 7 人,强制扣留改装机 80 台。同年,市农机化研究所更名为市农机技术推广站。2002 年,查处假冒伪劣拖拉机、联合收割机、柴油机、水泵等零配件1518件,查处私装拖拉机300余台,有照拼装机清理率90%以上。2003年,市农机公司改制为民营企业镇江市农业机械有限公司。农业部农机化管理司表彰镇江市农机培训学校为先进单位。2005年,市农机安全监理装备水平实现现代化,配有拖拉机移动检测线、网络管理等先进设备,配备相对齐全的资料档案室、考试场、办证厅。全市五个办证窗口,四个取得省“文明窗口”称号。辖市(区)窗口检审和上门服务检审达80%以上。全市41个乡镇中,农机化工作职能在农业服务中心的15个,在水利站的有26个,全市在编在岗人数为294人。通过开展“平安农机”创建活动,逐步建成1个“平安农机”示范市(区)、10个“平安农机”示范镇,43个“平安农机”示范村及820户“平安农机”示范户。

第三节　农机服务

1983年,市物资局所属市农机公司,与市农业局所属市农机公司合并,成立新农机公司,隶属市农机局。县(区)设有农机公司,乡镇设有农机供销网点85个,形成农机具供应网络。大部分乡镇在农机站内建立农机具修理车间或门市部,村建农机维修点。农民个人或合作经营的农机维修点也相继建立,全市乡村和专业农户农机修理点150个,修理人员898人,形成农村农机维修网络。1984年,市农业局在全市组织手扶拖拉机技术普查和技术检测,检测手扶拖拉机302台,未达额定功率占78%,超过额定油耗的占95%。1985年,在全市逐步推开检测工作,并对润滑油进行检测分析。

“七五”期间,重点发展村一级实体型、依托型和农户合作型服务队,为农户进行机械化作业服务。加强基层维修网点建设,提高农机维修水平。1988年,对全市个体农机修理户考核发证,考核三级农机修理工237人,合格205人,发给技术等级合格证。1990年,全市村农机服务队675个。1991年1111个,占村总数的78%,比“六五”期末增长2.07倍。经过“四有”(有修理车间、有配件门市部、有工副业、有农机具作业服务)农机站建设,建成77个有较强服务能力的乡农技站,占全市乡站总数的85%。乡农机站坚持天天开门,两季大忙和防汛抗旱期间日夜保证供应,逐步承担“三包”服务工作。全市90%以上的乡镇农机站配备机械测功仪和不拆卸检查仪,检测手扶拖拉机3723台。全市乡村和专业户农机修理点334个,修理人员933人。

“八五”期间,全市加强乡(镇)农机站“两供一修”(油料供应、配件供应、农机维修)基础建设,健全服务功能。1992年,全市农机配件供应门市达86个,农机油供应点72个,维修车间在各乡镇已经普及。1993年,全市有“两供一修”能力的乡农机站75个,乡、村农机队伍达50103人,其中拖拉机驾驶员25664人,修理工26008人。全系统有技术人员560人,其中副高职称18人,中级职称109人。村级有农机服务队1127个,占村总数的79.3%,其中实体型69个,依托型321个,合作型737个。1994年,市、县农机培训学校单独或与乡镇农机站联合办班,培训各类技术人员5795人次。市农机培训学校成功开办3年制的技工班。乡镇农机站普遍做到忙前各类农机具修复率在95%以上。1995年,全市90个乡农机站建有配件供应点108个,油料供应点82个,修理点88个,部分站购置大中型机械,办起服务队。村一级建农机服务队1212个,占村总数85%,其中实体型60个,依托型297个,合作型855个。

“九五”期间,全市以提高服务水平为中心,按照巩固县级、加强乡级、发展村级的指导思想,强化基层网络建设。1996年,全市评选优秀农机站18个,村级农技服务队伍进一步壮大,一是依托村办工业的服务队,以28个农业现代化示范村为主,利用政策减免税收部分,购置大中型配套农机,为本村农田服务;二是农民专业队,一家或亲朋好友联合购置成套中型联合收割机,配套灭茬旋耕、开沟等附件,向农户分项目提供有偿服务,占专业服务队80%;三是乡镇农机站机械作业队,以示范推广适用新技术为主。同年,市农机培训学校被评为省先进农机校。该校申请设立机动车修理、机电、电工、财会四个专业职高班，为农业机械化培养后备人才。1997年，全市农机系统公开向社会承诺：夏、秋两季大忙期间，市、县、乡三级农机公司，农机配件供应点，农机维修中心，修理车间实行24小时日夜服务。市、县（辖市、区）农机局组成120个技术工作组，深入一线协助工作；县（辖市、区）组织专家服务队随时到现场抢修机械；乡农机站供油、送配件、修理到田边。全市2.3万名拖拉机手为“种田大户”、烈军属户、特困户、五保户开展优先、优质、优惠服务，受服务的有2206家（次）。1998年，稻麦收割期，全市到外地服务的服务队18个，联合收割机260台，外地到镇江的联合收割机637台（套）。全市各县（辖市、区）成立农机跨区作业领导小组及农机跨区作业接待站。句容市各乡镇设立农机跨区接待站，有专人负责接待、联络、协调农机配件供应等事项。同年，镇江市农村机电技工学校成立，该校由省、市农机管理局联办，面向全省招收初中毕业生，学制3年，校址在镇江市农机培训学校内。在校学生318人，教师16人，占地1.3公顷。市农机局利用农机培训学校基地，与江苏理工大学联合开办农机专业大专班，学制2年，培养在编的高中以上文化人员。2000年夏秋两季，全市组建跨区作业机收服务队165个，签订作业合同267份，机收面积3.2万公顷，单机平均收入6万元。

“十五”期间，全市按“稳定公益性，放活经营性”要求，开展经营性服务，提高社会化、系列化、产业化服务水平。2001年，全市开拓农机服务市场，派出人员赴苏北、外省签订作业合同，引导机手组建各种形式服务队，跨区作业做到有序进行。2002年，乡镇机构改革后，基层农机站积极发展农机服务产业化。句容市一些乡镇组建农机服务公司，向农民提供育秧、插秧、收割一条龙有偿服务。丹阳市延陵镇农机站组建股份合作制农机服务中心，为当地小农场、种田大户及农户服务。2003年，全市组织机收服务队312个，发放作业证828份，1669台次联合收割机跨区在20个省、市、自治区作业，完成作业面积（含本地）8.32万公顷，作业收入4900余万元。同时，组织农机在套耕、播、开沟、河塘清淤、农业工程推土等项目上跨区作业，全市农机跨区作业输出劳力近万人次。2005年，由市及各辖市（区）农机局长牵头，成立农机跨区作业领导小组，加强对跨区作业组织领导和协调管理，4次组织到外省联系、落实任务，拓宽外省市场，建立长期协作关系。丹阳市政府为25台远赴海南作业的机组举行出征仪式。全市组建跨区服务队467个，输出劳力超万人，出动联合收割机1716台（次），完成作业8.68万公顷，创收6500万元。

第十章 农业科技和生态农业

1983～1999年，镇江市进行4次大的品种引进改良，推广轻型栽培技术、测土配方施肥技术、病虫草综合防治技术等先进适用技术，推动种植业发展。1999～2005年，农业科技园区建设成为全市农业增效、农民增收的重要工程。以科技园区为核心引进国内、国际先进的高效农业产品和栽培技术，进行本土化试验和提高，并辐射全市广大农村，推进全市高效农业、生态农业迅速崛起。

第一节 农业科研和农技推广机构

一、农业科研机构

1. 中国农业科学院蚕业研究所 位于镇江市西郊四摆渡，前身为1932年在南京成立的中央农业实验所蚕桑系。1951年，华东军政委员会在中央农业实验所蚕桑系基础上成立华东蚕业研究所。1955年，划归中央政府农业部直接领导。1957年，中国农业科学院成立后，华东蚕业研究所更名为中国农业科学院蚕业研究所。1970 年，蚕业研究所改名为江苏省蚕业研究所。1979 年，恢复中国农业科学院蚕业研究所名称，归属中国农业科学院领导。

该所先后完成国家重点科技攻关、国家"863"计划、国家自然科学基金、国家基础性及公益性专项、国家农业结构调整重大技术研究专项、国债基金、国家星火计划和其他省部级科技计划数百项，取得科技成果 310 多项，其中 1978 年以来获国家发明奖、国家科技进步奖、全国科学大会奖、国家星火科技奖、部(委)以及省、院、市等科技成果奖 90 项，国家级大奖 16 项；发表科技论文 3000 余篇，出版蚕学专著或著作 80 余部。获国家专利 10 项，其中发明专利 5 项。编辑出版《蚕业科学》《中国蚕业》两种专业期刊，拍摄专题影视片 10 部。建立各类农村试验示范点 300 余个。培养博士研究生 15 名，硕士研究生 53 名。基本完成中国蚕、桑品种资源大规模的收集、整理，建立国家桑种质资源圃，保存珍贵桑种质资源 1900 余份，蚕种质资源 700 余份。先后选育推广优良蚕品种 45 个和 32 对优良杂交组合，为中国主要蚕区蚕品种 5 次大的更新换代提供优良当家品种，全国推广覆盖率 50% 以上，使中国春用蚕品种达到 20 世纪末的国际先进水平，夏秋蚕品种的综合经济性状处于国际先进水平。选育选拔高产、优质、抗病桑品种 20 余个，其中育 2 号抗桑病的性能为国内外之首，一代杂交种"丰驰桑"的首创育成和推广为桑树育种技术的一项重大突破。推广应用密植、快速、高产栽桑技术体系，使中国单位面积产茧量增加 4 倍以上。研制推广 10 多种蚕病消毒防治药剂，使蚕病危害率从 20% 左右下降到 5% ~8%。利用"灭蚕蝇"防治蚕蝇蛆病研究处于国际领先水平。应用现代生物技术对家蚕基因资源进行收集、发现、保存和分析，家蚕遗传学研究的总体水平和实力进入国际先进水平。

1991 年以来，全所有 36 名专家获国家政府特殊津贴，一批专家被评为农业部、江苏省、镇江市有突出贡献的中青年专家、劳动模范、先进工作者、学科带头人等。截至 2005 年底，全所有科技人员 84 人，其中中、高级研究人员 66 人。

2001 年，根据国办发〔2000〕38 号文件有关深化农业科研体制改革的精神，经农业部和江苏省人民政府批准，蚕业研究所与华东船舶学院正式合并，形成优势互补、资源共享、相互促进、共同发展的创新模式。院、所合并后，继续保留中国农业科学院蚕业研究所和江苏省蚕业研究所名称，业务上接受中国农业科学院、省教育厅和行业主管部门指导，继续承担全国性和江苏省科研任务。

2. 江苏丘陵地区镇江农业科学研究所　建于 1958 年，位于句容市华阳镇宁杭路 112 号，是重点研究丘陵地区农业的省属科研单位。1991 年增挂镇江市农业科学研究所牌子。下设植保、水稻、蔬菜花卉、果树、小麦、现代农业等 6 个研究室，发展研究、有机农业发展、农民专家培训等 3 个中心，丰源种业、绿盾植保、瑞繁园艺、镇江万山红遍农业园等 4 个科技企业。丘陵农业资源深度开发利用研究，丘陵地区生态农业技术研究，蔬菜花卉新品种选育，优质、高产、多抗粮油新品种选育，丘陵地区主要农作物病虫草害发生规律及控制技术研究，丘陵农牧结合新技术研究等 6 个领域为该所主要研究方向。

1982 年，在句容县白兔乡解塘村建立科研试验点，示范耕作制度、稻麦良种、植保、施肥等农业新技术。1986 ~1989 年，累计推广应用"线菌清消毒剂"面积 113.33 万公顷，增产稻谷 2.55 亿公斤，净增收 2.8 亿元。1997 年，在句容市白兔镇承包岗坡地 10 公顷，建立江苏丘陵地区农业综合开发句容科技实验园，主要开展应时鲜果研究与示范。同年，又在磨盘乡承包岗坡地 40 公顷，主要开展种草养畜禽的研究与示范。1998 年，在白兔、行香两镇二期承包荒坡地 20 公顷，种植葡萄、无花果、大棚草莓、甜柿、水蜜桃、果桑、大枣、枇杷、杨梅、布朗李、出口蔬菜，带动辐射周边乡镇及农户，形成茅山老区应时鲜果主导产业。同年，磨盘优质牧草试销上海。1999 年，该所以句容白兔科技实验园和句容磨盘牧草示范园为阵地，对周边地区农民进行技术讲座、技术咨询和现场指导，5000 人次接受技术服务，发放技术资料 4 万份，接待参观、学习、考察人员 1.3 万人次。2002 年该所在袁巷白沙村(后改名为戴庄村)建立 333.33 公顷有机农业示范园，作为茅山丘陵腹地有机农业圈的启动区和核心区，正式立项为江苏丘陵山区农业综合开发生态科技示范园，推广20多公顷水蜜桃、10公顷日本甜柿、40多万株有机茶。并赴日本重点考察葡萄有机栽培的品种与技术、桃树超弱修剪栽培技术，在袁巷生态科技园和大卓桃园示范应用。2004年，建设国家级农业推广项目句容后白科技园，引进果树新品种30个，打造出优质农产品品牌“万山红遍”。2005年，以各科技示范园为基地，大面积推广草莓、葡萄、水蜜桃、梨等新品种30多个，推广葡萄水平棚架栽培和优质欧亚种避雨栽培技术，日本沙梨棚架栽培技术，桃树超弱修剪技术，桃、柿有机栽培技术，果（牧）草间作及坡地果园节水灌溉技术等20多项配套技术。选择句容戴庄村作为示范点，帮助制定实现农业现代化规划，启动有机桃、有机稻米、有机茶、有机牧草等高效农业示范项目。

1997～2005年末，新成果、新技术在省内外每年推广面积近200万公顷，产生社会效益10亿元。截至2005年，该所有12个科研项目获部、省级以上奖项，其中麦类纹枯病发生规律及综合防治技术与应用获国家科技进步三等奖。主要科研成果有中熟早籼稻新品种竹系26（1985年获农牧渔业部科技进步奖），种子处理防治水稻干尖线虫病的新技术（1986年获省科技进步三等奖），优质粳稻青林9号，多效稻种消毒剂线菌清的研究及开发应用，高产、优质、抗病中粳稻新品种——镇稻88（1999年获江苏省科技进步二等奖，2001年获教育部科技进步一等奖）、江苏丘陵地区应时鲜果新品种新技术成果转化（2003年获江苏省成果转化二等奖）等等。水稻品种青林9号是“七五”期间江苏省唯一获农业部优质水稻品种。通过审定的农作物新品种40余个，申请品种保护15项、申请专利23项，获品种保护权5项、专利授权4项，登记农药新产品10个，省、市高新技术产品2项，6个粮油新品种成功技术转让。2003年，“Ⅱ优084”在云南超高产试验中，亩产1231.17公斤，创世界记录。

2005年10月13日，总书记胡锦涛亲临万山红遍农业园白兔园区视察，对研究所“做给农民看，带领农民干，帮助农民销，实现农民富”的具体做法给予高度评价。

2005年，全所在职职工76人，其中科技人员58人，具有高级专业技术职称的27人（其中研究员9人，副研究员18人），博士1人，硕士11人；省“333工程”培养对象5人。享受国务院特殊津贴专家4人，国家级有突出贡献的中青年专家1人、省级有突出贡献的中青年专家5人。国家先进工作者1人、省先进工作者2人、全国“五一”劳动奖1人。中共十四大代表1人、中共十五大代表1人。

二、农技推广机构

1983年，镇江市级有农技推广机构10家，其中属于市农业局的有镇江市农业技术推广站、市植保质检站、市土壤肥料站、市种子站4家；属于市多种经营管理局的有市林业技术指导站、市桑茶果技术指导站、市水产技术指导站、市畜牧兽医站、市林特产科学研究所、市水产科学研究所6家。从事粮、棉、油作物的农业技术推广人员26人，从事林、桑、蚕、茶、果、畜牧、水产技术推广人员36人。随着撤社建乡，全市83个原人民公社农业科学实验站更名为乡（镇）农业技术推广站；公社副业办公室更名为多种经营技术服务站；兽医站更名为乡（镇）畜牧兽医技术推广服务站。全市1343个村中，有1285个村配备农技员，占总数95.7%。1984年，丹阳县农业局率先筹建农业技术推广中心。1988年，省、市、县三级总投资255.23万元，分别建成丹徒、丹阳、扬中、句容县农业技术推广中心，下设作物栽培指导站、植保质检站、土壤肥料站、培训站、试验站，统一使用“中心”配备的实验室、化验室（仪器）、档案室、阅览室、陈列室，成为独立承担全县推广农业技术的服务实体，实施全县（市）粮、棉、油等作物的农业技术推广工作。县级多管局设有林业技术指导站、茶果技术指导站、园艺技术指导站、蚕桑技术指导站、畜牧兽医站、水产技术指导站。四县一区（丹徒、丹阳、句容、扬中、镇江郊区）从事农技推广工作的专业技术人员180人，从事林、桑、茶、果、畜牧、水产技术推广专业技术人员124人。全市乡（镇）农业技术推广站、多种经营技术服务站、畜牧兽医站共有乡（镇）农技人员1334人，平均每乡镇近15人，具有中级职称的125人，占9.3%。全市配备专职农技员的村 449 个，占总村数 32.3%，940 个村配备兼职农技员，占总村数 67.5%，共有专、兼职村农技员 1594 人，开展“指导到户，服务到田”的农技推广工作。1991 年、1993 年，镇江市两次下发乡镇农技推广机构定性定编意见，明确乡（镇）农技站、多经站、畜牧兽医站、合作经济管理站为全民事业性质，属股级建制；核定各类农技推广机构人员编制，明确进编人员基本条件。1994 年，全市 91 个乡镇农技站、多经站、农经站核定进编人员 1737 人，平均每个乡（镇）17 人，其中：农技站 435 人，农经站 419 人，畜牧兽医站 549 人，农经站 334 人。截至 1998 年末，全市 87 个乡镇农技站累计投资 1916.68 万元，其中国家（省、市、县）投资 1004.25 万元，乡站自筹 912.43 万元，总建设面积 5.65 万平方米（平均每站 649 平方米），其中培训教室 0.54 万平方米，种子仓库 1.68 万平方米，建立示范基地 1.28 千公顷。87 个乡（镇）农技站全部达到“五有”（有试验示范基地，有开展服务基本措施和手段，有农业技术学校，有创收服务，有管理良好的经济实体）建设标准。同年，市农业、多管局从事农业技术推广人员 91 人，其中研究生 2 人，本科生 31 人，大专生 36 人，中专生 16 人。具有推广研究员职称 3 人，高级农艺师 22 人，中级职称 47 人，助理技术员 15 人。截至 2000 年末，全市乡镇多种经营服务站总投资 636 万元，其中国家投资 132 万元，自筹 504 万元，总建设面积 1.27 万平方米，有 30 个乡（镇）站达到“五有”标准。全市畜牧兽医站，总投资 1636.5 万元，总建设面积 1.34 万平方米，达标乡（镇）畜牧兽医站 54 个。2001 年，乡镇农技站、多经站（水产站、林业站）合并成立乡（镇）农业服务中心，乡镇畜牧兽医技术推广服务站仍单独设站。截至 2005 年，镇江市级农技推广机构有农技推广人员 132 人（事业性质），其中种植业（粮、棉、油、桑、茶、果、花卉）51 人，畜牧业 18 人，林业 39 人，渔业 24 人。大专以上学历 87 人，占 65.9%。具有高级职称 26 人，占 19.7%，其中种植业 12 人，畜牧业 5 人，林业 3 人，渔业 6 人。辖市（区）共有各类农技推广机构 41 个，其中种植业（粮、棉、油、菜、茶、桑、果、花卉等）20 个，畜牧业 10 个、林业 5 个、渔业 6 个。从事农技推广专业技术人员 597 人，其中种植业 365 人，占 61.1%；畜牧业 143 人，占 24%；林业 58 人，占 17.8%；渔业 31 人，占 5.2%。具有高级职称 106 人，占 17.8%，中级职称 354 人，占 59.3%。全市有 53 个乡（镇）农业服务中心，56 个乡镇畜牧兽医技术推广服务站。乡（镇）农技推广人员 872 人，平均每乡（镇）17 人以上，其中从事种植业技术推广 385 人，占 44.2%；畜牧业 339 人，占 38.9%；林业 76 人，占 8.7%；渔业 72 人，占 8.1%。具有高级职称 21 人，占 2.4%；中级职称 463 人，占 53.1%。全市 663 个行政村有农技人员 653 人，其中专职 141 人，兼职 511 人。1979～2005 年，全市农业科技推广累计获国家部（委）科技进步奖（含推广奖、成果转化奖、丰收计划奖、星火奖）25 项，其中一等奖 8 项，二等奖 5 项、三等奖 11 项、四等奖 1 项。省人民政府科技进步奖 67 项，其中特等奖 1 项，一等奖 4 项，二等奖 16 项，三等奖 23 项，四等奖 23 项。省农业厅和镇江市科技进步奖 599 项。

三、教育培训机构

1983 年，全市县级农技培训以各县农业干部学校（以下简称农干校）为基地。丹徒、扬中、丹阳、句容各有一所农业干部学校，培训对象扩大到农技员、农业专业大户、科技示范户。培训学员均由乡镇选送。丹徒、丹阳、句容、扬中四县设立中央农业广播电视学校县分校（以下简称农广校），属农业成人中等专业学校。第一期招生以乡、村农技员为主，招收 765 人（毕业学员 410 人）。1985 年，县（市）农广校增开农村经济管理、畜牧、淡水养鱼三个专业。1986 年，县农干校培训内容由粮、棉、油生产技术培训扩大到林、桑、茶、果、畜牧、水产、农业经营管理。1990 年，四县农广校开设农学、林业、畜牧、水产、农经、财会共 6 个专业。1995 年，四县农广校将农村后备干部纳入学历教育，并增开现代乡村综合管理专业。1996 年注册新生 342 人，其中村干部 261 人，占总数 76.3%。1997 年，四县农干校办 171 期培训班，受训人数 11106 人次。截至 2000 年末，四县（市）农广校开设 12 个专业，累计招收 3110 人，有 2354 人取得中专毕业证书，其中农学 796 人、畜牧 170

人、水产 29 人、林(果)23 人、蚕桑 22 人、农经 52 人、财会 902 人、乡镇企业管理 40 人、现代乡村综合管理 304 人、市场营销 6 人、机电 10 人。农广校对在岗在职农技人员开展继续教育,先后开办农技推广、畜牧及现代管理、农村经济管理四个专业。2001 年,丹阳市农干校承担农业部《跨世纪青年农民培训》项目,培训人数 1600 人次。2003 年,丹徒区、丹阳市、句容市农干校承担省农林厅《农村劳动力转移培训》项目,至 2004 年,培训转移农村劳力 3000 人。全市农广校对在岗在职农技人员中专后继续教育累计招生 1064 人,毕业学员 852 人,其中农业推广 571 人,畜牧及现代管理 106 人,农村经济管理 175 人。

第二节　科技兴农

1983 ~ 1999 年,全市农业积极推广优良品种及轻型栽培技术、病虫草综合防治、测土配方施肥等先进适用技术,改变传统农业生产方式。1983 年,推广杂交水稻,成功改良一年两熟的早、中籼品种,全市应用面积扩大到 6. 42 万公顷,占水稻总面积 53. 84%,水稻产量由双季稻的每亩 384 公斤提高到一季杂交中籼稻的 429 公斤。一季比双季增产 11. 7%,米质也有很大提高,是镇江粮食种植史上的一次重大发展。1985 年,以多穗型的中熟中粳“盐粳 2 号”的粳稻高产良种逐步更新、替代籼稻。在产量不降低的基础上扩粳缩籼,提高稻米品质,使稻米向粳、大米化方向迈出关键性一大步。同年,试验推广“三麦”机械灭茬免耕技术。1986 年,由点到面改变传统的农户留种的生产方式,实行农户不留种,统一供种。

“七五”期间,从发展粮食专项资金中安排 180 万元用于乡级种子基础设施建设,建成乡级种子库 5927. 6 平方米,晒场 13225 平方米,门市部 2760. 8 平方米,检验室 896 平方米。同期,在历时 8 年对全市土壤进行普查的基础上,全面推广测土配方施肥技术,通过野外取样调查,室内分析测试,综合分析制订出因地因作物因气候特点的施肥方案,把过去的定性转化为定性、定量、定时,使沿袭几千年的传统施肥、经验施肥法走上科学化道路。1989 年,全市粳稻种植面积扩大至 50%。1990 年,全市以武育粳 2、3 号为代表的穗粒并重型高产中粳品种取代穗粒偏重型退化变劣的盐粳稻,平均单产增长 8. 3%,增产粮食 2100 多万公斤。全市推广按水稻育期及病虫害群体发生规律进行防治的总体防治技术,率先引进扑虱灵新农药,有效控制稻飞虱的危害,解决害虫防治史上一大难题,确保水稻稳产高产。“七五”期间,全市农业累计投入科学试验和科技推广资金 1263 万元,组织农业科技改革和技术开发项目 180 多项(省级农业攻关项目 10 项,市级农业攻关项目 30 项),通过鉴定验收并取得较好社会效益的农业科研项目 90 项,推广农业科技成果 109 项。其中优质桑蚕丝绸的综合开发等 5 个项目获国家星火科技奖,“三眠细纤蚕”列入国家火炬计划。高产优质多抗杂交稻新组合选育列入省“八五”攻关项目。科技兴农累计增产粮食 7. 5 亿公斤,增加农业收入 7 亿多元。农业增产的 40% 源于先进的科学技术。句容县白兔镇、丹阳导墅镇、丹徒宝堰镇、扬中兴隆镇、润州官塘桥乡被列为市科技示范乡镇。其中白兔镇被列入省 6 大农区 12 个农业综合试验示范基地之一(技术依托单位是镇江农科所)。

1991 年,与推广水稻晚粳品种相配套,推广稻田套播“三麦”栽培技术。全市投入 160. 5 万元,按照每万亩耕地建 80 ~ 100 平方米种子库,120 平方米晒场,每乡建成 20 平方米种子检验室,配备一台种子精选机和一套简易检测仪器的标准,建设标准化统一供种站。制定以粮换种的规定,供种到户、方便农民。年末,全市建基础种基地 14. 27 公顷,原种生产基地 340. 67 公顷,全市 36 个乡(镇)统一供种,其中 7 个乡统一供种率达 80% 以上。句容县作为全省农业综试基地,3 年累计实施项目 18 项,试验示范规模 738. 67 公顷,辐射规模 5000 公顷,投入科技力量 58 人,其中句容县 38 人,技术依托单位(镇江市农科所)20 人,科技培训 140 次、11520 人次,发放资料 5590 份,资金投入 167. 6 万元。全县大棚草莓每年稳定种植 40 公顷,亩产 582 公斤,每亩收入 8500 元,净收入 5000 元;无花果每亩收入

1000～2000元；出口蔬菜亩净收入300～700元，增收755万元；增产粮食80万公斤。省科委组织的专家评审组对句容综试工作高度评价。同年，省科委受省政府委托在句容召开全省科技兴农工作会议。句容县、镇江农科所、镇江市科委分别介绍立足县情、依靠科技，加速发展“三高”农业的做法。与会代表参观白兔镇的大棚草莓、无花果、三叶草，行香镇的金珍饲料厂，农科教结合的高庙职业中学及茶场，句容农校的草坪草开发，镇江农科所的甜柿、葡萄、出口蔬菜、制种基地和莱茵鹅饲养基地。1995年，全市水稻生产推广抛秧、旱育稀植等轻型栽培技术，实施“111”科技兴农工程（推广轻型栽培技术6.67万公顷、节省秧田6666.67公顷、增产粮食1亿斤以上）。江苏省科委授予丹阳市新桥、皇塘、吕城、界牌、窦庄、导墅，丹徒县辛丰、大路、丁岗、石桥、江心、荣炳，扬中市丰裕、兴隆，句容市下蜀、白兔计16个乡镇为江苏省科技工作先进乡（镇）。1996年，丹阳市的蒋墅镇、运河镇、访仙镇、珥陵镇、横塘镇、埤城镇、后巷镇，扬中市的新坝镇、联合镇、长旺镇、三茅镇，句容市的华阳镇、宝华乡、东昌镇、郭庄镇、后白镇、大卓乡、行香乡，丹徒县的姚桥镇、宝堰镇、高桥镇、高资镇、黄墟镇、三山乡、世业乡，京口区的象山镇共26个乡镇被省科委认定为江苏省科技工作先进乡镇。至此，全市有42个乡镇跨入科技先进乡镇行列，占全市乡镇数47.19%。

1997年，“三麦”机械灭茬免耕栽培与稻田套播栽培成为全市“三麦”栽培的主要方式，“三麦”机械灭茬免耕面积4.33万公顷，占栽培面积的54%；套播面积3.68万公顷，占栽培面积46%。全市水稻轻型栽培技术应用面积9.67万公顷，占水稻总面积80%以上。轻型栽培技术推广和应用，提高粮食产量，减轻农民劳动强度，使“种田不弯腰”的梦想成为现实。据测算，水稻轻型栽培技术使水稻平均亩产增产45斤以上，降低生产成本30～60元。与轻型栽培技术推广配套，全市推广应用稻、麦田化学除草技术，农技人员根据不同栽培方式，不同田间草相，进行多种试验示范，全年各种作物化学除草面积23.33万公顷次，有效减轻劳动强度，控制杂草危害。1998年，全市实施水稻第四次品种改良，以9－2、9－108、9516等大穗、大粒型晚熟中粳品种改良穗粒并重型的武育粳2、3号品种，粳米的品质进一步改良提高，产量也有新的增长，一般比前一轮退化的当家品种单产增长5%～8%。1999年，全市小麦、水稻、油菜等主要农作物良种覆盖率95%以上。其中水稻推广应用武育粳9号和97系列新品种9个，小麦推广应用宁麦8号等新品种8个，油菜推广应用宁杂1号、苏油1号等新品种5个，蔬菜新品种10个。全市水稻轻型栽培稳定在10万公顷左右，主要农作物高产群体质量栽培面积超过16万公顷次；平衡配套施肥面积8万公顷次，高效硅肥等小高新肥料推广面积6.7万公顷；新农药推广面积30万公顷次。同年，全市农业经济发展突出“农业增效、农民增收”。实施高效农业科技开发，以科技开发园区为基地，推广优质高效新品种、新技术。市农业部门制定1999～2010年全市农业品种更新、技术更新、知识更新三大工程规划。句容市利用丘陵资源优势，加大农业科技开发力度，建成草莓、茶叶、速生丰产林、干鲜果品、淡水养殖、瘦肉型生猪、杂交山羊、出口蔬菜及花卉种子、食用菌等10个具有特色的农副产品基地，草莓生产居中国南方之最，年种植1300余公顷，年产草莓1.5万吨，其中科技含量较高的大棚草莓30余公顷。

2000年，全市引进高效农产品新品种100余个，其中推广15个，围绕品种引进和开发，推广15项新技术，通过品种引进和技术革新，推动一批农业科技示范园区脱颖而出，全市有万亩以上的各级示范园38个，其中国家级2个、省级4个、市级5个、县级27个，市、县两级消灭示范园区空白，乡级示范园开始起步。句容市有17个千亩以上科技示范园区，带动农户22万多户，培养出“草莓大王”“葡萄大王”“水蜜桃大王”“出口蔬菜大王”和“无花果状元”等一批科技型专业大户。南山高科技农业示范园引进美国及国内4个油桃早熟新品种，进行超密丰产设施栽培技术试验，将化控、主干形整形、平衡性施肥等技术与新品种配套，每公顷产量1.5万公斤，并比常规油桃早熟半个月，比常规桃提早2～3年进入丰产期，在省内首家创造“一年定植，两年丰产”的业绩。该基地还引进日本美人指、红提、森田民无核、黑玫瑰等高品质欧亚种葡萄，采用脱毒组培苗、避雨大棚栽培、严格控制氮肥用量等方法，攻克欧亚种葡萄在不适宜地区的种植难题，在高档葡萄种植技术上取得突破进展。美人指葡萄每公顷产1.4万公斤,黑玫瑰每公顷产1.7万公斤、糖度达16克以上。同年,镇江在全省乃至全国率先引进稻鸭共作技术,在日本稻鸭共作专家指导下获得成功。丹阳延陵农科站试种2公顷水稻,在不施用化肥、农药和除草剂的情况下,每公顷水稻产量达6750公斤,为全市无公害大米、绿色大米生产开辟一条新路径。日本稻鸭共作技术创始人古野隆雄认为镇江的共作示范是亚洲最成功的实践,日本多家专业刊物予以介绍。

图13-16 句容市种植的"美人指"葡萄(2006年摄)

2001年,全市以项目为载体,实施品种、技术、知识三项更新工程。实施农业科技项目46个,项目总金额470万元,其中"三项更新工程"项目13个,省级资助资金370万元。通过项目实施,推广新品种新技术,提高农业生产科技贡献率。全市已建、在建各类科技示范园区65个,经营面积3724公顷,辐射面积3.5万公顷。园区累计引进各类新品种667个;推广新品种282个,推广面积8.4万公顷;引进新技术206个,推广新技术131个,推广面积2.7万公顷,在全省处于领先地位。镇江市与丹阳、扬中两个辖市农业部门建成局域网及农业信息网,全市有38个乡镇农林部门上网,占乡镇总数50%以上。全市发展蟹、虾、贝及特色稻田养殖,其中网箱技术养殖黄鳝平均每亩增产10~15公斤、增效200元以上;通过"广围滩、深挖地、低筑坝、高围栏"科学养殖方式,养殖出具有天然鱼类口味的长江各类鱼、虾、蟹、贝;养殖水蛭(有较高中医药价值)33.33公顷,每公顷产值7.5万元,效益4.5万元。2002年,全市依托科技示范园区推广新品种面积8.39万公顷,句容白兔农业综合开发科技实验园、句容春城葡萄科技示范园、丹徒江心蔬菜科技园、丹阳埤城苗木科技示范园的示范辐射面积3330多公顷。全市种植优质水稻占总产比重75%,专用小麦比重90%,双低油菜基本达100%,名特茶比重40%,应时蔬果优质品率90%,瘦肉型商品猪比重30%,杂交山羊比重50%,特种水产比重40%。2003年,全市推广先进适用科技成果和新技术30多项,新增社会效益5.5亿元,出口创汇2000万美元。句容袁巷330多公顷生态科技示范园,作为茅山丘陵腹地有机农业的启动区和核心地区,通过国家环保总局南京食品中心论证,除已植的40公顷桃、甜柿、茶按有机产品规范技术要求生产外,又引进日本甜柿、茶叶等新品。2005年,全市推广新品种、新技术、新成果,创社会效益9.8亿元。全市新建10个农业标准化示范区。

1982~2005年镇江市农业项目获江苏省人民政府科技成果奖励表

表13-24

年份	项目名称	等级	完成单位	完成类型	主要完成人员
1982	江苏省家畜寄生虫病的普查	三	扬中县畜牧兽医站	参加	柴吉祥、包智祥、王永鹏
1984	缩短周期养鱼法	二	丹徒县林副业局	参加	王欣宁、田 农、钱祖武、邵梅泽、凌庆亮
1984	常规繁殖鱼苗缩短饲养周期试验	三	镇江市水产研究所	主持	王欣宁、戴仲贤、马明庚、徐玉英、姚彩媛
1984	改革防疫制度,综合防治猪瘟、猪丹毒的研究	一	扬中县畜牧兽医站	参加	王永鹏、何广才

续表 13-24

年份	项目名称	等级	完成单位	完成类型	主要完成人员
1985	核桃缀叶螟生物学特性及防治	四	镇江市林科所	参加	陈 森等
1985	句容县林业资源调查与林业区划	四	句容县多管局	主持	张月新、毛昌华
1985	江苏省地方猪各品种杂交肥育试验	二	丹阳市多管局、镇江市畜牧兽医站	参加	张保生、王　政等
1985	杂交中稻高产稳产优质低成本技术	二	丹阳县农业局	主持	-
1986	研制名茶“镇江金山翠芽”	三	镇江市多管局	主持	陈武生、陈锡寿、杜金海、夏小马、邵素珍
1986	耕牛伊氏锥虫病普查普治技术	二	句容县畜牧兽医站	参加	-
1987	江苏省番茄大白菜大面积高产综合技术的研究与推广应用	三	润州区农业局	参加	-
1987	稻茬小麦机械免(少)耕技术研究及应用	四	扬中县农技推广中心	主持	顾秀彬、郭九林、林先祥、黄克良、王国璋
1987	江苏省草场资源调查	三	丹徒县畜牧兽医站	参加	邱海东、史良雨、章道锦
1987	江苏省不同生态类型地区小(大)麦高产模式化栽培研究及其应用	二	丹阳市农业局	参加	郭云章
1987	棉花高产规律栽培模式	三	丹阳市农业局经作站	参加	周传斌等
1987	丹阳市万亩桑快速高产栽培技术与养蚕高产优质技术的研究	四	丹阳市多管局	主持	王龙生、刘之元、顾静珊、宦尧棣、周立群
1988	江苏省西瓜大面积优质高产配套技术应用推广	三	镇江市农业技术推广站	参加	何 正
1988	塑料大棚结构的研究与设计	四	润州区农业局	参加	-
1988	江苏省丘陵山区种植牧草发展畜牧业综合技术的研究	四	润州区多管局	参加	缪振鸿、屈振国
1988	农机农艺少耕机具配套技术推广	四	扬中县农技推广中心	参加	-
1988	稻茬小麦丰产综合技术研究与推广	四	镇江市农业局、扬中县农业局	参加	郭荣贵、张发寿、薛广爱、郭九林、董三明等
1988	鸡新城疫Ⅰ系苗在1日龄滴鼻免疫研究与推广	三	句容县畜牧兽医站	参加	-
1989	草莓栽培保鲜加工系列产品技术开发	四	句容县农技推广中心	主持	-
1989	苏南鲜食巨峰葡萄商品基地综合技术开发	四	镇江市多管局	主持	刘朝芝、叶正和、陈武生、吴德海、李传德
1989	快速养鱼综合技术开发	四	镇江市水产研究所丹徒县林副业局	主持	王欣宁、田　农、钱祖武、邵梅泽、凌庆亮
1989	杞柳菟丝子发生规律及防除技术研究及应用	四	扬中县科委、农业局、多经局	参加	陆贤良、潘有元、林先祥、陈锦怀、郑林辉
1990	江淮稻区主要病虫害综合防治技术体系	二	丹阳县农业局	参加	-
1990	仔猪水肿病病原及防治研究	三	镇江市畜牧兽医站	主持	武三孝、李正欣、张锦贵、朱会斌、包智祥
1990	水稻小麦优化配方施肥	三	丹阳土肥站	参加	-

续表 13-24

年份	项目名称	等级	完成单位	完成类型	主要完成人员
1990	蔬菜遮阳网覆盖栽培堵淡技术与原理的研究及其应用	四	镇江市蔬菜研究所	主持	许一鸣、徐建军、濮江涵
1990	早熟高产冬瓜"润早青"	四	镇江市蔬菜研究所	主持	郝华忠、许一鸣、徐建军
1990	丹阳市蚕病发生、流行规律及综合防治技术	四	丹阳市蚕桑指导站、中国农科院蚕桑研究所镇江市蚕桑站	主持	王龙生、黄可威、陆有华、朱芸梅、吴春生
1990	优质中粳"镇稻一号"	四	镇江市种子站	参加	束汉良
1991	菇瓜豆立体栽培新技术	四	扬中县蔬菜公司	主持	-
1991	杉木北缘优良种源推广造林速生技术	四	句容市多管局、镇江市多管局	主持	李志骐、杜晓祥、王皓介、张文孝
1992	扑虱灵防治稻飞虱的毒理技术及推广	一	镇江市植保植检站	参加	陆振新
1992	利用水稻田空茬快速繁育草坪的研究	三	镇江市农业局	参加	戴洪庚
1992	小麦机械化系列高产栽培配套技术研究与开发	四	扬中县农技推广站、镇江市农技推广站、扬中县农技试验站	主持	郭九林、蒋芾棠、仲纪跃
1992	沿江万亩枇杷商品基地综合开发配套技术	四	镇江市多管局、扬中县多管局	主持	吴德海、陈锦怀、刘朝芝、潘有元、盛宝龙
1992	宁镇扬丘陵山区农业资源综合利用技术途径	三	句容市多管局、镇江市水产研究所	参加	陆祥林、王欣宁
1993	江苏省农业服务体系的建设与管理	二	镇江市农业局	参加	戴洪庚
1993	武育粳三号在水稻高产、优质、高效栽培中的研究应用	三	镇江市种子站	参加	束汉良
1993	稻茬麦田草害综合控制技术的开发应用	三	镇江市植保植检站	参加	金之杰
1993	苏南麦区无草害乡(镇)建立的关键配套技术	四	镇江市植保植检站、丹阳市植保站	参加	金之杰
1993	家鱼秋季人工繁殖和快速培育鱼种技术	四	镇江市多管局	参加	-
1993	小麦产量生理调节机理及应用	一	扬中县农业局	参加	-
1995	江苏省不同栽培制度水稻抛秧高产技术研究	三	丹阳市农业技术推广中心	参加	-
1996	池塘高产高效模式化综合养殖技术	二	润州区渔业乡多种经营综合站、镇江市水产技术指导站	参加	向保明、胡　迅、王福明
1996	水稻旱育稀植综合配套技术试验研究	二	丹阳市农业局	参加	黄崇德等
1998	稻麦棉高产群体质量栽培技术推广	特等	镇江市农业技术推广站、扬中市新坝农技站	参加	朱克明、高金成、陈良林
1998	山羊杂交技术改良综合配套技术的推广	三	镇江市畜牧兽医站	主持	王　政、陈生荣、吴　瑛、史良雨等
1998	水稻抛秧增产技术	三	丹阳市农业局、扬中市农业局、镇江市农业局	主持	胡国强、郭明生、屈振国、吴金书、黄杰文
1998	高产优质耐虱糯稻新品种"镇稻二号"	三	镇江市种子站	参加	束汉良

续表 13-24

年份	项目名称	等级	完成单位	完成类型	主要完成人员
1998	蔬菜多发性、突发性病虫害发生规律及监控技术	三	镇江市蔬菜研究所	主持	韦明宝
1998	矮秆、抗倒高产小麦品种宁麦8号的推广应用	四	丹阳市访仙镇农技站	参加	-
1998	江苏省优化配方施肥补钾技术推广	一	丹阳市农业局	参加	钟火林
1999	暗纹东方鲀人工繁殖及苗种培育	三	扬中市多种经营管理局、镇江市多种经营管理局	参加	朱纪坤
2000	沿江苏南地区多效高效种植模式研究与应用	二	丹阳市开发区农工部	参加	黄东虹
2001	集成型化肥增效技术开发与应用	三	镇江市土壤肥料站	主持	荆国芳、徐　茂、王柏英、申义珍
2002	优质高产杉木新品种选育及高效栽培模式	三	句容市磨盘山林场	参加	-
2003	江苏丘陵地区应时鲜果新品种新技术成果转化	二	镇江市园艺技术指导站	参加	费宪进
2003	松材线虫病综合治理技术的转化应用	二	镇江市林业技术指导站	参加	何荣庆
2003	桃、李、杏和葡萄等应时鲜果新品种的引进示范推广	二	句容市林业局	参加	陆祥林
2003	优质油菜新品种及配套栽培技术推广	三	句容市农业局	主持	孙龙宝、陈卫明、汪智明、王友成、潘明宝
2003	异育银鲫良种及主混养技术	二	镇江市水产技术指导站	参加	向保明、姚彩媛
2003	名特茶机械加工和配套技术推广	二	镇江市园艺站句容市林特产站	参加	李传德、王　芳
2004	防治水稻病害微生物农药纹曲宁的研制及产业化	二	丹阳市植保站	参加	王振华

1981～2005年镇江市农业项目获国家部(委)科技成果奖励表

表 13-25

年份	项目名称	授奖单位	等级	完成单位	完成类型	完成人
1981	江苏省淮北平原花碱土综合治理	农牧渔业部	一	丹阳市农业干部学校	-	孙　勤等
1982	江苏省地方猪各品种杂交育肥试验及应用	农牧渔业部	一	镇江地区畜牧兽医站	参加	王　政
1982	江苏省麦田排水降湿技术的推广——麦田一套沟的形成和发展	科委、农委	一	镇江地区农业局、扬中县农业局	参加	-
1985	猪的统一供精	科委	三	镇江市畜牧兽医站	参加	王　政
1985	我国褐飞虱迁飞规律的阐明及其在预测预防中的作用	科委、农委	一	丹阳市陵口镇农技站、丹徒县植保站	参加	-
1986	我国五大稻区主要病虫害综合防治的系统对策	农牧渔业部	三	丹阳市农业局	参加	-
1986	杂交稻高产栽培模式图的研制与应用	农牧渔业部	三	丹阳市农业局	参加	黄崇德等
1987	树木种籽芽移育苗技术推广应用	林业部	三	丹阳县建山、胡桥林场	参加	-

续表 13-25

年份	项目名称	授奖单位	等级	完成单位	完成类型	完成人
1988	稻茬小麦丰产综合技术研究与推广	农业部	二	镇江市农业局、扬中县农业局	参加	郭荣贵、张发寿、薛广爱、郭九林、董三明、朱克明等
1988	江苏省农业技术培训体系的建设和管理	农业部	三	镇江市农业局	参加	戴洪庚、曹士兴、刘龙
1989	稻区粮食综合丰产技术	农业部	二	镇江市农业局、扬中县农业局	参加	郭荣贵、周鹤军、钱永祥、张庆林、高厚坤等
1989	四季鹅饲养推广技术	农业部	一	句容县畜牧兽医站	主持	–
1991	杂交水稻机械采授粉制种实用新技术	专利局	四	丹阳市农业局	主持	黄崇德等
1991	苏南鲜食巨峰系葡萄商品基地综合技术开发	星火奖评委会	三	镇江市多管局	主持	刘朝芝、叶正和、吴德海、陈武生、李传德
1993	扑虱灵防治稻飞虱的毒理应用技术及推广	科委	三	镇江市植保植检站	参加	陆振新
1994	B 系列微生物农药的研制与应用	农业部	三	镇江市植保植检站	参加	陈良根
1995	遮阳网在蔬菜生产上的应用研究和推广	农业部	三	镇江市蔬菜研究所	主持	许一鸣
1999	句容丘陵地区单季中粳稻旱育秧及综合配套增产技术	农业部	三	句容市农业局	主持	王润芳、朱建明、王友成、汪智明
1999	清粪刮板装置	专利局	一	丹阳市多管局	–	张保生
2000	三元杂交瘦肉型猪生产综合配套技术	农业部	二	扬中市畜牧兽医站	参加	杨明全、王惠权
2000	名特茶加工机械化生产技术推广	农业部	二	镇江市园艺技术指导站句容市林特产站	参加	李传德、王　芳
2001	江苏省 220 万亩设施蔬菜多样化栽培新技术推广	农业部	一	镇江市政府副食品办公室京口区农经局镇江市蔬菜研究所	参加	李　琦、郭中平、王建林、罗秀龙、马荣虎、黄一武
2001	江苏省稻麦两熟秸秆还田技术推广	农业部	一	丹阳市农林局、丹阳市延陵镇农服中心	参加	谢金学、吴建祥等
2003	江苏省稻麦双免双套技术的试验示范与推广项目	农业部	二	丹阳市农林局生产指导科	参加	顾耀军等
2005	黄鳝集约化养殖与繁殖技术的推广	农业部	三	丹徒区水产技术指导站	参加	王建美、蒋国耘

第三节　无公害农产品与生态农业

一、无公害农产品、绿色食品和有机食品

1997 年，市多管局成立绿色食品办公室。2000 年，市农业局制定《无公害蔬菜生产技术规程》，试点推广无公害生产技术，全市无公害蔬菜达 333 公顷。以江南明珠大米为主的无公害优质

水稻达2000公顷。江苏恒顺集团生产的金山牌香醋和乳黄瓜(酱菜),恒丰酱醋有限公司生产的北固山牌香醋、陈醋、乳黄瓜(酱菜)、香菜心(酱菜),句容赵庄村茶场生产的句曲牌精制炒青绿茶获得绿色产品证书。2001年,市农林局成立镇江市无公害农产品认定管理办公室。丹阳市明珠米业、句容张庙茶场和春城老方葡萄科技示范园三家企业产品首批获得无公害农产品证书。同年,全市各级农产品质量检测试验中心建成;抓特色农产品质量标准和相应的生产技术规范制定;开展安全农产品全程质量控制试点工作,培植无公害农产品。市牛奶公司"安全牛奶生产全程质量控制"通过省级验收,在全省属于首家。丹阳明珠米业公司的晖玉牌大米、句容张庙茶场的容宝牌茶叶、市牛奶公司的"长江"牌牛奶分别被列为江苏省首批公布的无公害农产品。2002年,市政府出台《镇江市无公害农产品"十五"发展规划》。市农林局与技术监督局等部门配合,组织制定和发布13项地方特色农产品标准、生产技术规程,结束本市无市级地方农业标准的历史。同年,推广农业生产标准,建成一批标准化生产示范区,其中国家级2个、省级3个、市级11个。全市有22个农产品新获无公害农产品标志证书,35个农产品获无公害及绿色食品认证。通过省级检测的无公害生产基地2466.7公顷。同年,镇江市成立句容有机农业建设领导小组,市、县、乡三级政府专门安排600万元资金支持园区建设。园区内有水产品、茶叶、稻米、桃、柿和竹笋6个项目实行有机化生产。2003年,全市农业生产标准化得到加强。新制定地方特色农产品23项,累计41项;新建立10个农业标准化示范区。市政府对无公害农产品获奖企业"以奖代补"一次性奖励3000元。句容市被江苏省农林厅批准为全省第一批实施无公害农产品产地认定整体推进的17个县(市)之一。该市25个种植业申报单位,申报检测无公害农产品产地3.53万公顷,正式经省无公害农产品产地认定委员会认定2.99万公顷。畜牧业认定产地6个,饲养家畜3700头,家禽20.7万羽。丹阳市被省海洋与渔业局认定为无公害水产品认定整体推进县(市),认定无公害水产品4130公顷。该市润农科教服务公司的香草河中华绒螯蟹、青虾、鳜鱼生产基地,里庄多种经营服务公司的香草河绒螯蟹生产基地,横塘农业服务公司的香草河牌青虾生产基地等11个水产品生产基地被认定为第四批无公害水产品生产基地,总面积2800公顷。全市有64个农产品获无公害及绿色产品认证。市农技推广中心优质稻米基地生产的"梦溪"牌大米,通过有机食品认证,成为全市第一个有机农产品。句容李塔水库的水产品通过有机认证,成为江苏省第一个有机水产品。镇江市农产品质量检测测试中心正式挂牌,是社会公益性全民事业单位。2004年,市政府出台绿色产品申报奖励政策,有5家企业的15个产品获绿色产品证书。2005年,新制定20项省、市两级地方特色农产品标准,全市农业地方标准共有84个。新增国家级标准化示范区2个、省级3个、市级11个,三级标准化示范区累计有40个。新增无公害农产品产地面积1667公顷,总面积7.93万公顷。无公害家畜存栏27万头(奶牛1000头),无公害家禽2444.6万只。新增无公害农产品57个。无公害农产品、绿色食品和有机农产品总数175个,无公害产品88个,其中粮油类18个,园艺类70个(蔬菜31个,茶叶27个,水果12个),绿色食品44个(粮油类9个、茶叶类20个、果品类2个、酒类3个、蔬菜类3个、水产类6个、畜牧类1个),有机农产品43个(粮油类5个、茶叶类11个、果品类4个、水产类22个、畜禽类1个)。

2003~2005年镇江市有机农产品一览表

表13-26

生产单位	产品名称	认证机构	类别
镇江市振兴农业科技有限公司	大米	中绿华夏有机食品认证中心	粮油
丹阳市嘉贤米业有限公司	大米	中绿华夏有机食品认证中心	粮油
镇江茅山有机农产品有限公司	水稻	南京国环有机食品认证中心	粮油

续表 13-26

生产单位	产品名称	认证机构	类别
扬中市江洲种业有限公司	大米	中绿华夏有机食品认证中心	粮油
扬中市江洲种业有限公司	稻谷	中绿华夏有机食品认证中心	粮油
丹阳市迈春茶场	绿茶	杭州中农质量认证中心	茶叶
丹阳市迈春茶场	迎春碧芽	杭州中农质量认证中心	茶叶
句容市赵庄林苗场	茶叶	中绿华夏有机食品认证中心	茶叶
句容市下蜀茶场	碧螺春	中绿华夏有机食品认证中心	茶叶
句容市下蜀茶场	镇江金山翠芽	中绿华夏有机食品认证中心	茶叶
句容市下蜀茶场	茅山长青茶	中绿华夏有机食品认证中心	茶叶
句容市张庙茶场	镇江金山翠芽	杭州中农质量认证中心	茶叶
句容市高庙茶场	绿茶	杭州中农质量认证中心	茶叶
镇江市南山茶林研究所	镇江金山翠芽	杭州中农质量认证中心	茶叶
镇江市南山茶林研究所	南山滴翠	杭州中农质量认证中心	茶叶
镇江市五峰茶场	绿茶	杭州中农质量认证中心	茶叶
句容市瓦屋山大地农场	梨	中绿华夏有机食品认证中心	果品
句容市瓦屋山大地农场	桃	中绿华夏有机食品认证中心	果品
句容市瓦屋山大地农场	枣	中绿华夏有机食品认证中心	果品
句容市行香碧园果品厂	无花果鲜果	中绿华夏有机食品认证中心	果品
句容市北山水库管理所	鳊鱼	中绿华夏有机食品认证中心	水产
句容市北山水库管理所	草鱼	中绿华夏有机食品认证中心	水产
句容市北山水库管理所	鲫鱼	中绿华夏有机食品认证中心	水产
句容市北山水库管理所	鲤鱼	中绿华夏有机食品认证中心	水产
句容市北山水库管理所	鲢鱼	中绿华夏有机食品认证中心	水产
句容市北山水库管理所	鳙鱼	中绿华夏有机食品认证中心	水产
句容市二圣水产养殖中心	鳊鱼	中绿华夏有机食品认证中心	水产
句容市二圣水产养殖中心	鲌鱼	中绿华夏有机食品认证中心	水产
句容市二圣水产养殖中心	草鱼	中绿华夏有机食品认证中心	水产
句容市二圣水产养殖中心	鳜鱼	中绿华夏有机食品认证中心	水产
句容市二圣水产养殖中心	鲫鱼	中绿华夏有机食品认证中心	水产
句容市二圣水产养殖中心	鲢鱼	中绿华夏有机食品认证中心	水产
句容市二圣水产养殖中心	鳙鱼	中绿华夏有机食品认证中心	水产
句容市二圣水产养殖中心	中华绒螯蟹	中绿华夏有机食品认证中心	水产
句容市李塔水库管理所李塔水库	草鱼	南京国环有机产品认证中心	水产
句容市李塔水库管理所李塔水库	鳜鱼	南京国环有机产品认证中心	水产
句容市李塔水库管理所李塔水库	鲫鱼	南京国环有机产品认证中心	水产

续表 13-26

生产单位	产品名称	认证机构	类别
句容市李塔水库管理所李塔水库	鲤鱼	南京国环有机产品认证中心	水产
句容市李塔水库管理所李塔水库	鲢鱼	南京国环有机产品认证中心	水产
句容市李塔水库管理所李塔水库	螃蟹	南京国环有机产品认证中心	水产
句容市李塔水库管理所李塔水库	团头鲂	南京国环有机产品认证中心	水产
句容市李塔水库管理所李塔水库	鳙鱼	南京国环有机产品认证中心	水产
句容市建东农场	草鸡	南京国环有机产品认证中心	畜禽

二、生态农业建设

图 13-17　南山全自动化喷灌式无公害茶叶种植基地（2007 年摄）

1995 年，扬中市被江苏省政府列为首批生态农业建设试点市。市、各辖市（县）分别出台意见和规划，全面推进生态农业建设。1999 年，扬中市新坝镇治安村等 8 个村成为省级生态村，扬中市十大类生态农业项目基本建成。2001 年，扬中市通过江苏省生态县验收，丹阳市通过省级初步检查，被列为江苏省生态示范县。全市 11 个村通过江苏省“百佳生态村”建设省级验收，分别是扬中新坝镇华威村、治安村、双新村、新宁村，八桥镇长胜村；句容市郭庄镇金星村；丹阳司徒镇谭巷村，新桥镇洪楼村；丹徒黄墟镇龙山村；京口汝山乡东风村；润州七里镇五洲山村。全市农村围绕生态农业建设，开发利用农村可再生能源，新建沼气池 565 只，累计 3. 04 万只；建生活污水净化池 362 处，池容 9090 立方米，年处理污水 34. 47 万吨；推广省柴节煤灶 1. 5 万户，累计 74. 1 万户，其中商品灶 7. 1 万户，新型煤炉 1. 5 万户；新增太阳能热水器 1. 02 万平方米，累计 6. 14 万平方米；建设丹徒高桥秸秆气化站，年产沼气 5 万立方米，供气 126 户。全市能源投入 599. 65 万元。省、市、辖市（县）、乡投入 67. 8 万元，用户自筹 531. 85 万元。2002 年，扬中市兴建环太名特水产基地、金花食品公司基地、黄山套农场蔬菜基地、四墩子养猪场无公害饲养基地和新坝苦瓜茶厂无公害苦瓜生产基地等 5 大无公害生产基地；发展牧草养畜 133. 33 公顷；推广稻鸭共作 33. 33 公顷；恢复竹园 37. 33 公顷；恢复柳滩 200 公顷；投资 100 万元开展内河清淤，投资 3 亿元兴建污水处理站，限用高毒、高残留农药。丹阳市投入 2500 万元进行生态农业建设，改造中低产田 866. 67 公顷，牧草种植 300 公顷，治理退化土地 2000 公顷，植树造林 1200 万株，实施八大工程：6666. 67 公顷意杨林工程、稻鸭共作示范基地建设工程、新桥秸秆化气站建设工程、生态肥料推广应用工程、护城河改造工程、农业自然保护区建设工程、工业污染源防治工程、生活污染源控制工程。2004 年，扬中市依据高标准生态农业建设内容加大保护珍稀物种，水稻生产推广高效低毒农药；进行清洁田园、清洁水源、清洁家园三大工程。丹阳市投入资金 1550 万元，开展十大生态农业重点工程建设。句容市申报国家级生态模范城市。2005 年，扬中市围绕“三清”（田园、家园、水源），实施 10 大重点工程、6 大生态模式，18 项验收指标综合考评均达优秀。丹阳市推广稻鸭共作1000公顷，种草养鹅667公顷，意杨林建设全部完成，太阳能入户率25%。句容市有机农业示范区15个，有机食品生产面积1000公顷，总产量万余吨。

第十一章　农林执法监督

20世纪80年代，镇江市农林法制工作主要由市农业局、市多管局、市委农工部负责。1999年3～4月，市多管局法规科、市农业局执法支队相继成立。2001年，市农林局组建后，设立政策法规处和农业行政执法支队，加上农林局内设的有执法职能的渔政站、畜牧兽医站、林业处、植保站、经管站、绿化办等，形成较为健全的农林行政执法体系。镇江农林系统依法行政，逐步加强农、林、牧、渔、园艺业监督管理和行政执法，全市农林业发展逐步进入法制轨道。

第一节　林政执法与专项整治

1983年3月，市政府设立市多种经营管理局，内设林业科，管理辖区内林业和林政工作。1986年，林业科配备专职林政管理人员，负责林业行政执法工作及对全市乱砍滥伐树木、乱捕滥猎野生动物等违法案件的调查和处理。各县多管系统林业站配备1～2名专（兼）职林政管理员，有关林业重点乡镇和国有林场也有专人负责林政工作。

2001年6月，全市开展林地保护执法专项整治行动，重点对采石行业违法侵占林地情况进行调查，查处一批毁林案件。2002年，根据国家林业局《关于组织严厉打击破坏野生动物资源违法犯罪统一行动的紧急通知》及省林业局统一部署，镇江市开展"春雷行动"，全市出动执法人员200余人次，检查单位近百家，没收放生省级以上保护野生动物2000余只，没收野生动物制品80余公斤，对未经林业主管部门批准的非法展览、表演马戏团进行严肃查处。2003年11月1日始，镇江市开展以打击破坏森林资源违法犯罪为主要内容的"绿剑"专项行动。其间，全市查处非法占用林地11起、面积3.1公顷；盗伐滥伐林木案件23起，计罚款15万余元，责令补种树木9000余棵；向公安机关移送刑事案件3起。此外查处非法猎捕经营利用野生动物案件12起，放生野生动物1000余只。2004年4月，镇江市根据国家和省统一布置，集中力量在全市开展征占用林地清理整顿大检查行动。

1995～2006年，全市查处各类林业行政案件2300余起，没收违法所得和罚款800余万元，没收捕猎工具3000多件及野生动物制品300余公斤，没收放生各类野生动物6万余只。向司法机关移送涉及森林刑事案件20余起，有30余名犯罪分子被追究刑事责任，其中有村支部书记、村长4人，镇林业站站长1人，为国家挽回经济损失500余万元。

第二节　畜牧业执法与专项整治

一、兽药监督及清理整顿

1983年7月，按照江苏省关于建立兽药监督检查员制度要求，镇江市及扬中、丹阳、丹徒县农牧行政主管部门相关人员获兽药监督员证。1984年始，对兽药市场进行大检查和质量抽查工作。1996年9月，镇江市将鱼药列入兽药管理范围，并开展整顿工作。

2000年，组织全市兽药清理整顿和大检查活动，取缔无证经营户35户，没收药品及销毁假劣兽药50多个品种;查处违章生产兽药案2起,送检5个饲料样品。2004年5月,市农林局在兽药市场专项整治活动中,发现省农林职业技术学院兽医院在未取得动物诊疗许可情况下从事动物诊疗活动,6月14日对其作出责令改正,没收诊疗物品并处罚款决定。5月18~30日专项整治中,农林执法支队与市畜牧兽医站出动人员42人次,查处案件1起,整顿兽药市场12个。

2005年6 ~9月,镇江市对兽药及养殖场安全使用兽药行为进行专项整治活动,出动人员69人次,对4家将人用药品用于动物行为实施查处。7月20日,接到群众举报,查处润州区蒋乔镇鲇鱼套村非法制售兽药窝点,责令其停止生产、经营,没收机械设备、原材料438箱,并处罚款9万元。同年11~12月,全市对兽药产品质量安全进行专项整治活动,出动执法人员69人次,抽取52个批次兽药,合格率89%,查处案件3起。

二、生猪屠宰检疫清理整顿

镇江市生猪屠宰检疫始于1984年,主要防治重大疫病流行与蔓延。检疫场所在各农贸市场,由乡镇兽医站每天派检疫员到摊位上进行。

1996年,成立市生猪屠宰管理领导小组,实行“定点屠宰、集中检疫、统一纳税、分散经营”方针,筹建一批定点屠宰点。同时下设检疫检验组和监督执法组。全市配备屠宰检疫人员200余人,负责定点屠宰场点的生猪屠宰检疫工作。屠宰检疫程序按行业标准《畜禽屠宰卫生检疫规范》(NY-467-2001)实施(农业部2001年9月3日发布,2001年10月1日实施)。市兽医卫生监督所印发《镇江市生猪定点屠宰场(点)检疫工作规定》等一系列相关检疫工作制度,确保按规定实施检疫。对检疫合格的猪肉在胴体上加盖“验讫”印章,准许销售。对检疫不合格的猪肉加盖“高温”或“销毁”印章,并实施无害化处理。同时对屠宰检疫质量推行“放心肉”检疫工作承诺,保证经检疫合格的猪肉产品为无疫病的“放心肉”。全市每年生猪屠宰检疫头数在65万头左右,每年检出不合格猪肉及内脏约1万公斤,全部按照规定进行无害化处理,有效控制动物疫病的流行,保障广大消费者吃上“放心肉”。

2003年6月,由市贸易局、工商局、农林局、卫生局统一发布《关于加强镇江市区超市外采猪肉管理的通告》,对市区超市外采猪肉管理作出明确规定,要求对源头企业开展资质认证,建立企业名录,实行动态管理,运输车辆使用封闭式冷藏车,采用吊挂式装载。并规定对外采猪肉必须接受动物防疫监督机构查验,每头收取1.2元。2004年7月,将外采猪肉复检点统一设在市外贸冷库及食品公司内部,有效集中检疫力量,保证检疫质量。

第三节　渔政执法及专项整治

20世纪80年代以后,为贯彻国务院《关于水产资源繁殖保护条例》及江苏省政府实施办法,镇江市渔政部门联合公安、环保等单位对全市范围内闸口套网、低质量渔船、非法采砂、滥捕蟹苗、滥捕鳗苗、渔业水域境污染、炸鱼毒鱼、电力捕鱼等进行一系列专项整治。

2002年始,镇江市每年于4月1日12时至6月30日12时实行春季禁渔。为妥善安排好春禁期间渔民生活,市及辖市(区)政府按城市居民最低生活保障标准给渔民发放每人每月180元生活补贴。春禁期间,镇江市渔政部门开展春禁专项整治活动,出动执法人员346人次,拆除所有网簖,查获违禁捕捞船35条,取缔违禁渔具5000余个。

第四节　农资监督管理

20世纪80年代,随着农资生产和经营放开,生产和经营假冒伪劣种子、农药、化肥、饲料、兽药

(渔药)等现象屡有发生。全市对农资生产经营监督力度逐步加大,组织多次农资生产经营监督管理专项整治活动。

一、农资打假护农专项行动

1999年,镇江市农业行政执法支队成立,开始主要查处种子、农药等农资产品生产经营违法违规行为,肥料案件和市质监局联合办案。2002年,市农林部门专门成立农资打假领导小组,制订农资打假护农专项行动实施方案。2004年11月,成立市农资打假工作联席会议,成员为市整规办、市质监局、市农机局等11家单位,联席会议办公室设在市农林局。同年农资打假专项治理工作中,全市出动人员2580人次,检查各类农资生产经营企业966家(次),立案查处各类农资违法违规案件159起,其中大案7起,查获各类假冒伪劣农资产品9.329万公斤,货值76.1万元。

二、农资市场经营秩序整顿

2001年起,市农林局贯彻国务院《关于整顿和规范市场经济秩序的决定》,成立整顿和规范市场经济秩序专项行动领导小组,组织开展整顿农资市场经营秩序行动。重点整治市场经营的种子、化肥、农药、兽药等类产品,对农药、肥料、饲料和饲料添加剂、兽药等农业投入品进行监管。2002年3~7月,开展整顿全市农资市场专项活动,先后开展肥料市场、兽药经营市场、饲料及饲料添加剂执法检查。2002年后,市农林局每年开展农资市场经营秩序专项整治。

2004年6月,组织执法支队对经营蔬菜禁用的甲胺磷、呋喃丹、乐果等剧毒农药当事人进行突击检查,对丹徒区康嘉农资连锁公司及三山亚联农贸公司五凤口经营部进行立案,对查获禁用农药进行行政扣押,确保农户用上放心药。

三、毒鼠强专项整治

2003年8~12月,全市开展毒鼠强专项整治工作,成立由市农林、公安等11个部门分管领导为成员的市毒鼠强整治领导小组,办公室设在市农林局。专项整治中,市农林局和市爱卫会核准定点销售杀鼠剂单位109家(农村100家、城市9家),每个乡镇1~2家,布局基本合理,全市杀鼠剂经营核准和定点工作受到省毒鼠强专项整治联席会议通报表扬。同时确定丹阳市为灭鼠示范点,各辖市(区)确定1~2个乡镇为灭鼠示范点。整治中,严厉打击制售毒鼠强违法犯罪行为,全市公安部门配合农林、工商等部门查处案件12起,打击处置涉案人员13名。建立应急预案,抓好毒鼠强中毒事故抢救准备工作。市卫生部门建立化学中毒突发事件应急处理领导小组,制订应急预案,并进行技术培训。搞好毒鼠强处置,预防毒鼠强流失。2003年末,全市共上缴1.5吨毒鼠强及各类违禁鼠药,由市环保部门安全处置。

1999~2005年镇江市农林部门办理行政案件统计表

表13-27　　单位:件

年份	案件数	农资案件							渔政案件			林政案件					
		合计	种子	农药	肥料	饲料	兽药	其他	合计	电捕鱼	无证捕捞	合计	滥伐林木	盗伐林木	违章运输苗木林木	侵占用林地	猎捕经营运输野生动物
1999	162	13	8	5	-	-	-	-	15	10	5	134	-	1	121	3	9
2000	192	17	11	6	-	-	-	-	12	8	4	163	-	2	157	1	3
2001	204	24	11	7	3	-	2	1	12	6	6	168	1	1	154	2	10
2002	180	22	9	6	4	1	2	-	16	8	8	142	-	3	135	1	3

续表 13-27

年份	案件数	农资案件							渔政案件			林政案件					
		合计	种子	农药	肥料	饲料	兽药	其他	合计	电捕鱼	无证捕捞	合计	滥伐林木	盗伐林木	违章运输苗木林木	侵占用林地	猎捕经营运输野生动物
2003	185	27	5	15	1	1	3	2	9	5	4	149	1	1	140	2	5
2004	187	37	8	11	4	7	3	4	8	3	5	142	-	2	137	1	2
2005	161	33	11	3	8	1	8	2	8	2	6	120	-	1	115	2	2
合计	1271	173	63	53	20	10	18	9	80	42	38	1018	2	11	959	12	34

第十二章　茅山老区开发和农村扶贫

1985 年,江苏省将南京、常州、镇江的部分茅山老区经济薄弱乡镇划定为茅山革命老区经济开发实验区(以下简称茅山老区),进行重点开发建设。同年,镇江市成立镇江市茅山革命根据地经济开发指导小组,由副市长任组长,市各主要部门负责人为小组成员。开发指导小组办公室(副处级)设在市委农工部,负责茅山老区经济开发和扶贫日常工作。2002 年,指导小组更名为镇江市扶贫和支茅工作领导小组,由副市长任组长,市 23 个部门单位的分管领导任成员,以镇江市扶贫办和市茅办作为日常工作机构,隶属市农业资源开发局。

第一节　茅山老区开发

一、茅山老区开发试验区范围

1985 年,镇江经省划定茅山老区开发试验区有 15 个乡(镇)。之后,镇江市委、市政府将麦溪、云林、石马、韦岗也列入开发地区之内,共有 19 个乡(镇)列入开发地区。分别是:丹阳县的延陵、行宫、麦溪、云林,丹徒县的西麓、上党、上会、宝堰、荣炳、石马,句容县的白兔、行香、春城、茅山、茅西、天王、磨盘、袁巷,润州区的韦岗。共有 284 个行政村,总面积 893 平方公里,占全市总面积的 23.3%,总人口 40.68 万人,占全市农村人口的 20%,总耕地 5.2 万公顷,占全市总耕地面积的 26.5%。

2001 年,行政区划调整和乡镇撤并后,全市有 5 个非老区乡镇与老区乡镇合并,其中,丹徒县石马乡与高资镇合并,句容市茅西镇与后白镇合并,润州区韦岗镇与蒋乔镇合并。镇江市决定将区划调整中与老区乡镇合并形成的新乡镇全部划入老区范围,新增丹阳市全州镇列入茅山老区范围。镇江茅山老区计有 19 个镇,分别为:丹阳的全州镇、麦溪镇、行宫镇、延陵镇、珥陵镇,丹徒的谷阳镇、上党镇、上会镇、宝堰镇、荣炳镇、高资镇,句容的白兔镇、行香镇、春城镇、茅山镇、后白镇、天王镇、袁巷镇,润州区的蒋乔镇,共计面积 1152 平方公里,人口 54.7 万人。

二、优惠政策

1988 年,江苏省政府下发《关于茅山老区经济开发的若干政策规定》,从财税等 8 个方面为茅山老区发展提供21条优惠政策。1999年,镇江市政府制定《关于扶持茅山老区发展的意见》,从税收、挂钩扶持、扶贫开发、社会事业等4个方面给予15条优惠政策。同年,又印发《关于加快茅山老区基础设施建设的若干意见》,从指导思想、主要指标、加快小城镇建设和工作要求等4个方面,提出加快茅山老区发展的政策意见和要求。2002年,省政府下发《关于加快茅山、黄桥老区发展的若干政策意见》,从加强基础设施建设等5个方面提出19条优惠政策。

2005年,镇江市委、市政府下发《关于进一步加快茅山老区发展的若干政策意见》,从总体要求、加快基础设施建设、积极推进农业产业化经营、鼓励发展税源经济、深入开展"挂镇、帮村、扶户"工作、加强组织领导和考核等6个方面提出16条优惠政策。

三、支茅挂钩

1985年,全市组织19个单位与老区乡镇结对挂钩、包干负责。其中市直15个工业主管部门对茅山老区17个乡镇采取"对口扶持、重点承包"的办法,推进所属企业与茅山老区发展横向经济联合,扶持乡镇工业发展。1995年10月,市直增加10个单位与茅山老区乡镇挂钩结对。1996年,全市与老区乡镇结对挂钩单位达到48个,全市各部门与老区乡镇合办、联办工业企业41家,其中市直工业联办企业19家,产值1.7亿元,销售1.6亿元,利税926.1万元。在联办企业过程中,市直部门实行"三选"(选好项目、选好干部、选好设备)"三包"(包生产销售、包人才培训、包提高企业素质),老区乡镇提出"三让"(让权、让名、让利),联合双方做到联产、联销、联利、联心。市交通、物资、邮电、供电、水利、农业、教育、卫生、农行、税务及工商部门与老区乡镇挂钩,给老区以各方面帮助。在计划、物价没有放开之前,省、市有关部门每年调拨一定数量的平价水泥、钢材、木材、柴油和化肥支援老区;市农行对老区工农业生产的贷款利息下浮一个档次,并增加贷款额度,规定乡(镇)企业自筹资金幅度由50%下降到30%;工商部门对老区企业的经营范围,登记手续都给予放宽、简化;省、市教育部门对老区毕业生报考省内中专、职高等给予优先照顾,1996年,经省、市有关部门批准,在句容农校定向招收老区50名中专生。市税务部门在税制改革前,每年都为老区减免税金500万元~800万元。市科委、科协,驻镇大专院校和科研单位,每年都采取不同形式对老区人民进行技术培训和传授科学知识。城市各学会和农村各协会(老区建立蚕桑、水产、食用菌、草莓、畜禽等各类协会80多个)联合开展信息咨询、新技术传播等活动。市农科所在白兔等乡(镇)推广育、引、繁并举,农、科、教同步的新技术综合配套试验,掀起科技兴农、科教兴镇热潮。白兔镇农业增长因素中,科技进步作用达55%以上。全市各部门帮助老区开发工交、水利、农副业、科技、交化等项目200多个,促进老区经济建设加快发展。

1997年,老区在保持农业生产稳定增长的同时,非农产业得到较大发展。一、二、三产业的比重由1985年的44∶51∶5转变为1997年的14.7∶75∶10.3,粮食总产量达到29.9万吨,多种经营产值5.02亿元,比1985年增长8.65倍,占全部农业产值的48.8%。老区有出口创汇企业45家,"三资"企业43家,外贸交货值6.64亿元,比1985年增长153倍,平均年增长47.3%。行香和白兔两镇的出口创汇分别达到1.59亿元和1.05亿元。行香东南工艺品公司年创汇5000万元;天王镇工具厂日产系列胡桃钳万把以上,年产值9640万元,销售7400万元,产品全部销往欧美等国家;袁巷裘皮厂年饲养500多笼水貂,加工服装出口,年创汇3000万元以上;茅山镇汽车锁厂生产低速电机和台灯夹出口日本。老区有丝织地毯、玩具、餐具、布匹、服装、鞋帽、皮革、工具、电机等30多个产品销往东南亚和欧美等30多个国家和地区。老区各乡(镇)通柏油马路,284个行政村通公路率93.7%。19个乡镇的电话普及率89%,其中11个乡镇实现村村通电话。市、县(市)供电部门投入大量资金、设备改善老区供电布局,1996年投资1700万元,使老区乡乡有变电所,电力线路焕然一新。水利部门帮助老区改造中低产田3733.33公顷,20多个连片的近万亩农田列入全市丰产示范工程。市、县(市)政府投资3000多万元,帮助老区19个乡(镇)全部建起自来水厂或机凿深井,90%以上人用上自来水或深井水。老区人均住房面积30平方米,6.7万户住上楼房,占总户数63.5%。农民人均收入3250元,比1985年增长5.74倍。19个乡(镇)的集镇建设初具规模,各类农贸市场、批发市场、小商品市场、副食品市场繁荣兴旺。丹阳市行宫镇新建永昌路一条街,邮电大楼、有线电视、医院、宾馆、教学楼、招待所配套齐全。句容市茅山镇投资1738万元,修筑一条长近2公里、宽30米的东镇路和镇北路,袁巷乡建成9公里长的商业走廊。老区个体工商户增加到6000多户,第三产业营业额12亿元。

至1998年,全市有49个单位与茅山老区乡镇挂钩结对。同年,茅山老区19个乡(镇)实现工业产值52.9亿元,比1985年增长22倍;农业产值10.3亿元,增长4倍。19个乡镇中有18个乡镇工农业产值超亿元,其中12个乡镇达到3亿元以上。天王镇的"三业"产值9.5亿元,列老区之冠。老区有乡、村集体企业895家,其中千万元产值企业59家,年产值5000万元以上的规模企业12家,产值占总产值16.5%,税金占26.8%,利润占12%。2家企业产值超亿元,发展省级集团企业2家,国家中二型企业2家。老区实现国内生产总值26.5亿元,人均6408元,分别比1985年增长17.65倍和17.13倍。2002年3月,镇江市对全市支茅挂钩单位进行调整。调整后,全市市直有58个行政机关部门、企事业单位与茅山老区乡镇挂钩结对。至2005年,累计有90多个部门单位参与支茅挂钩帮扶工作,共投入资金7000多万元,扶持茅山老区生产项目122个,基础设施项目70多个。同年,茅山老区实现生产总值87.24亿元,农民人均纯收入5308元。

四、重点乡镇建设

1999年,镇江市政府提出加快茅山老区基础设施建设的政策意见和要求,选定茅山老区6个乡镇实施重点乡镇建设。同年,句容市春城镇投入资金64万元,帮助发展集镇到北培山16公里道路等3个项目。丹阳市云林镇投入资金87万元,完成镇卫生院扩建工程,镇北路建设工程和村级道路建设。老区19个乡镇有17个实现镇级建制。19个乡镇基本实现电话小康镇,完成集镇商品房11.7万平方米。2000年,句容市茅西镇投入资金110万元完成470公顷农业示范园项目,东风渠加固维修建设项目及其他发展生产和基础设施建设项目。2001年,句容市袁巷镇投入资金163万元帮助实施村级道路建设,自来水改造项目,重建马埂水库溢洪闸项目,南庄中低产田改造项目,野兔和肉兔养殖及深加工项目,戴庄小流域水土保持综合治理项目,袁巷中学危房改造项目。2002年,丹阳市延陵镇投入资金196万元,扶持村级道路通达工程、自来水改造工程、校舍危房改造、稻鸭共作、园区建设等10个项目。2003年,丹徒区上会镇投入资金215万元,实施镇自来水扩容并网、道路通达、枫庄万亩灌区水利基础设施改造、中心卫生室建设、陶巷中低产田改造、集镇基础设施建设等10个项目。截至年末,镇江市对茅山老区6个乡镇实施重点乡镇建设,累计投入资金835万元,扶持38个经济和社会事业项目。市老区开发部门与交通部门协商,将丹阳市麦溪镇、句容市春城镇和丹徒区上会镇作为农村道路建设重点镇,总投资400多万元,完成12公里的村级道路。

五、经济发展

1985～1990年末,茅山老区工农业总产值由3.84亿元提高到14.44亿元,增加2.76倍,年增长30.33%。1991年,工农业总产值14.73亿元,其中乡村工业总产值9.70亿元,占工农业总产值的65.9%。茅山老区有乡村工业企业3000多家(含户办),其中千万元产值企业10家,500万元～1000万元产值企业16家;6个乡镇的工农业总产值超亿元。农林牧副渔全面发展,工、商、运、建、服综合经营,工农业产值比重由1985年末52.4∶47.6转变为1990年末的65.8∶34.2,农业内部种植业与多种经营比重由1985年末的72.2∶27.8转变为1990年末的47.6∶52.4。农业初步形成蚕桑、茶叶、畜禽、水产、食用菌、中草药等10个基地;工业有机械、冶金、电子、建材、纺织、化工、塑料等行业。工农业产值中,商品率达90%以上。1991年,外贸收购额5083万元,比"六五"期末增长10倍,出口创汇企业27家,20多个产品销往20多个国家和地区。乡乡通柏油路,98%的村通砂石路;乡乡通程控电话,42%的村通电话;乡乡办起自来水厂,26%的村用上自来水。新建两座变电所。小学危房问题基本解决。乡乡有卫生院、影剧院,集镇建设普遍有所改善。1991年,老区人均收入为790元,比1985年末增长63.9%,7000多户贫困户80%脱贫。人均住房25平方米;人均储蓄383元,比1985年末增长183.7%;电冰箱、电视机、收音机、洗衣机进入百姓家。每年提供商品粮850多万公斤,人均提供商品粮211.5公斤,生猪出栏18万多头,蚕茧、水产、茶叶产量成倍增长。1990年末上缴税金1300多万元,比1985年末增长60%。

1995年,老区实现工农业总产值60.99亿元,比1985年增长12.1倍,年递增31.4%。除韦岗镇外,其余18个乡镇工农业总产值均超亿元,其中超6亿元的有天王镇(7.25亿元)、上会镇(6.38亿元)。农民人均收入2102元,净增加1620元。2000年,老区实现工农业总产值83.5亿元,农民人均纯收入3291元。

2005年,茅山老区19个乡镇地区生产总值87.24亿元,财政收入4.26亿元,分别比1985年增长39倍和18倍。建成农业科技示范园区17个,土地310公顷;特色农业生产基地25个,土地1110公顷。老区水、电、路、通讯基本建设到位,乡村主干道网络基本形成,道路黑色化或灰色化率达到80%,自来水饮用率近80%,有线电视入户率54%。累计新建和修缮农村中小学校舍2万多平方米,新建和修缮乡村卫生院(所)1万多平方米。老区农民人均收入5308元,人均银行存款7433元。人均住房面积27平方米,楼房率85%。36万多人参加农村合作医疗,参保率69%;8万多人参加养老保险,参保率16%。

第二节　农村扶贫

一、农村草危房改造

2003年7月,市政府决定用两年左右时间基本完成全市农村草危房改造任务。至2005年末,累计改造2763户,其中茅山老区1219户。完成改造总户数中,新建1961户,占71 %;维修387户,占14%;置换304户,占11%;入敬老院111户,占4%。已经改造房屋中,新建3402间、68040平方米,维修670间、13400平方米,置换528间、10560平方米。累计投入改造资金2486.7万元,其中省补助资金62万元,市投入资金400万元,辖市(区)投入资金707.6万元,减免相关费用56.34万元,改造户自筹资金1260.76万元,社会义务帮工1.97万人次。全市农村草危房改造全面完成。

二、"双帮双学"活动

2004年2月,镇江市在全市农村扶贫和茅山老区开发工作中开展"双帮双学"奔小康活动。"双帮"即政府帮和社会帮,"双学"即学习典型和学习技能。活动中各地创造性地实施"挂镇、帮村、扶户"系列活动。丹阳市实行"五帮一"(一个相对发达乡镇、两个有经济实力部门、一个银行、一个优秀企业共同帮助扶持一个茅山老区乡镇)工程,每个帮扶单位每年为挂钩乡镇提供5万元资金扶持,5个单位累计25万元,市财政为每个乡镇每年再配套25万元,总计50万元,用于解决茅山老区乡镇制约经济发展和影响群众生产、生活的突出问题。扬中市开展"双帮一推"(帮扶经济薄弱村、帮扶弱势群体,推进全面小康)活动,从思想观念、项目技术、输入资金和环境建设四个方面进行扶持，全方位落实扶贫工作。句容市开展“双挂”活动，即部门挂镇、干部挂职，一定三年不变。京口区“创业帮扶”活动，坚持以人为本，发挥科技优势，注重激活内在动力，形成“村村无闲人，人人忙创业，家家谋致富”的生动局面。

三、贫困户结对帮扶

2004 年 3 月 18 日，中共镇江市委办公室发出《关于在全市农村开展 5000 户贫困群体结对帮扶工作的通知》，规定凡是户口在镇江市农村、有劳动能力、年人均收入在 2000 元以下农户，均可列为帮扶对象。全市选择 5000 户，其中丹阳市 1200 户，句容市 1300 户，丹徒区 1150 户，扬中市 1000 户，京口区 125 户，镇江润州区 125 户，镇江新区 100 户。市直 83 个部门单位采取结对挂钩办法帮扶 1000 户，其余由各辖市（区）帮扶。通过项目帮扶、劳动力转移帮扶、技能培训帮扶和资金帮扶（每年对每个贫困户人均帮扶不少于 1000 元）等措施，至 2004 年底，市和辖市（区）两级机关部门单位，帮扶贫困户资金 391.34 万元；赠送价值 15.71 万元的生产生活资料 2712 件；资助 908 名贫困学生学杂费 46.59 万元；资助 134.92 万元，帮助 130 户新建维修住房 331 间；扶持生产项目 161 个，当年增收 493.78 万元；安排 451 个劳动力就业，增加工资收入 128.84 万元；举办劳动技能培训班 25 场次，培训 624 人次。同年 1252 户贫困户经过结对帮扶，人均收入超过 2000 元，脱掉贫困帽子。2005 年，市和辖市（区）两级结对帮扶 4390 户，帮扶 1137 户脱贫致富；帮扶项目 608 个，投入资金 1521.57 万元；安排就业 4719 人，增收 2642 万元。培训 1792 人，资助失学 809 人，资助建房 62 间、72.7 万元。有 649 人通过帮扶收入超过 2000 元。

——小资料——

[清]周镐·京江二十四景图——范桥流水

“范桥”，为范公桥，原名清风桥，北宋润州太守范仲淹重建，后人为怀念范公之德，桥遂名范公桥，为镇江古运河(关河)入城的第一座桥。画面上所绘的范公桥，是在范仲淹重建后的二百年间南宋郡守辛弃疾重修的景象。桥上置有廊房，在桥上可进行买卖交易，行人可在此避风遮雨，桥西北为古木森森的丹徒学宫，这是描绘当时城东的一幅真实的写照山水画。

第十四卷

工　业

卷 目

1983～2005年，是镇江工业经济体制转轨、市场转向、产业转型、管理转变、持续高速发展时期。全市工业企业数由2423家增加到29736家，实现工业产值由28.2亿元增加到1725.65亿元。独立核算工业企业固定资产净值由11.6亿元增加到432亿元；产品销售收入由21亿元增加到1245.63亿元；利税总额由3.2亿元增加到97.71亿元。其中利润由2亿元增加到47.76亿元。全市工业形成造纸、化工、机械、冶金、建材、电子、船舶和汽车、食品、纺织丝绸九大产业集群。集群的龙头企业支撑有力，主导产品市场占有率高，产业集群效应强。

这一期间，镇江深化工业企业和工业管理体制改革。国有企业、城镇集体企业实现由计划经济体制的微观基础转轨为社会主义市场经济体制微观基础的历史跨越，乡镇工业企业"异军突起"，成为全市工业企业重要组成部分；工业经济的资本结构由国有资本为主的单一公有制转轨为国有资本、民营资本、城乡集体资本、外商资本等多元资本组成的新型资本结构；工业经济的管理体制由行业主管局管理人、财、物转轨为国有资本由政府作为出资人履行义务、享受权益，非国有资本自主经营、自负盈亏的新型体制。截至2005年，全市规模以上工业企业1773家，资产总额1242.02亿元，实现产值1331.56亿元。其中农村工业企业1265家，资产总额426.5亿元；工业产值700.9亿元。按资本性质划分：国有企业68家，资产总额141.77亿元，工业产值113.83亿元；城乡集体企业181家，资产总额72.8亿元，工业产值118.04亿元；私营企业875家，资产总额230.41亿元，工业产值398.52亿元；外商及港澳台商投资企业432家，资产总额468.98亿元，实现工业产值449.12亿元；股份有限公司、有限责任公司、股份合作企业、联营企业及其他企业217家，资产总额328.06亿元，工业产值252.05亿元。

开拓工业经济外向度。工业资本及要素来源逐步转向为立足国内、国际市场，多元化、多渠道、多层次广泛吸纳国际、国内资本和先进生产技术、管理要素。产品以竞争方式开拓国内、国际销售市场，争取广阔的市场空间。工业经济由相对封闭的发展方式转向两头在外、大进大出的新型发展方式。截至2005年，镇江外商及港澳台商企业由零增加到432家企业，资产总额468.98亿元；全市工业产品出口20.35亿美元，占全市独立核算工业企业产品销售总额13%以上，主要出口亚、欧、美、澳的20多个国家和地区。

提升科技水平，加大技改投入，推进产业转型升级。企业组织结构由小型企业为主体转型为规模企业为支撑；生产设备由落后、陈旧不断更新为具有国内、国际先进水平；产品结构由劳动密集型产品为主转型为以较高科技含量、较高附加值的"拳头"产品为主；产业领域由传统产业跨越到现代前沿产业，传统产业中，由产业链低端不断攀升到高端。截至2005年，全市工业企业中，大中型企业147家，占规模以上工业企业总数8.3%；工业总产值668亿元，占规模以上工业企业总产值50.2%。省级以上高新技术企业244家，其中国家高新技术企业37家，占规模以上企业总数12.86%；高新技术企业总产值325亿元，占规模以上工业企业总产值26.74%；出口高新技术产品9.8亿美元，占工业品出口总额49%。主要产品有：醋酸40.27万吨、机制纸及纸板161.25万吨、食醋近10万吨、水泥896万吨、金属切削工具15亿件、电子元件5.03亿只、激光视盘机350万台、高低压开关主板9万面、铝材4.54万吨、成品钢材58.2万吨、颜料（以钛白粉为主）4.16万吨，均居国内同行业首位或成为国内重要的生产基地。

转变企业管理方式。由粗放式经营、低水平扩张向集约式经营、内涵式发展转变，能源、原材料消耗不断降低，劳动生产率、企业盈利水平不断上升，涌现出一批懂业务、善经营的优秀企业家群体，成为镇江工业经济领军人物。企业注重环境保护，污染排放不断降低，污染企业搬迁、改造或关闭，还镇江碧水蓝天；山水资源的保护、土地资源集约使用，实现可持续发展；社会保障体制逐步健全、完善，有效保障改革深化、增长方式转型。

第一章　工业经济综情

1983 年，镇江工业基础比较薄弱。1983 ~ 2005 年期间，镇江工业坚持改革开放，抢抓发展机遇，“七五”期间，乡镇工业迅速崛起，“八五”期间，外向型经济大力发展，“九五”期间实施大项目推进战略，“十五”期间民营经济领跑发展。建成以现代化大型企业为支撑，国内外有影响的地方特色产品为主体，开放度较高，年产值 1725. 65 亿元的现代工业生产体系。

第一节　工业发展概况

1983 年，镇江有工业企业 2423 家（独立核算工业企业 1870 家），工业产值 28. 2 亿元，其中农村工业企业 1274 家，工业产值 6 亿元。城镇工业企业中：中央企业 19 家，工业产值 3. 5 亿元；省属企业 57 家，工业产值 1. 6 亿元；市属企业 241 家，工业产值 10. 5 亿元；县属企业 712 家，工业产值 5. 2 亿元；城镇公社及街道工业企业 117 家，工业产值 0. 88 亿元。全市工业企业中有大中型企业 15 家（大型企业 2 家），工业产值 6. 58 亿元，丹阳、丹徒各有 1 家中型企业，其余 13 家集中在市区。同年，镇江市经济委员会为全市工业经济发展的主管部门，市各工业局（公司）管理市属企业人、财、物，规划、指导、协调行业发展。1984 年，市经济委员会与市计划委员会合并为市计划经济委员会。

“七五”期间，乡镇工业高速发展，成为全市工业经济新增长点，推动全市工业经济在“七五”前三年实现高速增长。1988 年，全市工业总产值 118. 79 亿元，跨入工业产值超百亿工业城市行列，其中独立核算工业企业实现产值 82. 6 亿元，利税 6. 54 亿元。乡、村工业企业实现产值 62. 76 亿元。1989 ~ 1990 年，由于宏观紧缩，市场疲软，全市工业发展速度回落，实现利税随之下降，1990 年，全市工业总产值 151. 11 亿元，其中独立核算企业实现产值 104. 47 亿元，销售收入 75. 35 亿元，实现利税 5. 26 亿元。乡镇企业实现产值 19. 59 亿元，上缴税收 1. 94 亿元。同年，重新分设市经济委员会，负责工业经济改革、发展的组织、协调工作。市各行业主管局在市属企业实行承包经营和转换经营机制后，对市属企业管理方式转变为管理一个班子（企业领导班子选配），一个承包合同，一个工资总额。

“八五”期间，全市工业把外向型经济作为“牛鼻子经济”来抓，以外向型经济带动市直工业兼并重组，壮大规模企业，乡镇工业上规模、上水平，抑制市直企业亏损势头，实现持续发展。1991 年，国有和市属企业亏损面较大，市委、市政府成立市领导挂帅的扭亏增盈领导小组，全市建立起三级扭亏责任制，投放 1000 多万元扭亏增盈基金。同年底，全市独立核算企业 2187 家，亏损 492 家；其中，国有企业 244 家，亏损 46 家；市直企业 221 家，亏损 52 家。1992 年，全市工业企业加大外向型经济发展力度，推行优化组合，发展规模企业，培育利税大户。至 1995 年，市直工业销售超亿元企业由 1990 年的 3 家增加到 13 家，利税 1000 万元以上的大户由 4 家增加到 11 家，市直 14 户大型化企业实现利润 1. 72 亿元，占市直工业盈利企业盈利额的 85%。市直工业累计兴办“三资”企业 350 家，实际利用外资 1. 73 亿美元，分别比“七五”期间增长 16 倍、68 倍，其中外商独资企业 99 家。总投资在 1000 万美元以上的 32 家，其中市直 26 家。同年，“三资”企业销售收入，实现利税分别占市直工业的29%、53%。“三资”企业中，产值在5000万元以上的有10家，出口创汇100万美元以上的有11家，利润100万元以上的有11家。华东制罐总厂、金河纸业、大东纸业进入全国500家最大外商投资企业行列。同年，市直工业有出口产品生产企业105家，自营出口企业16家，出口2500万元以上的20家。市直工业实现销售收入66.2亿元，外贸出口供货26亿元，其中纺织工业出口供货值12.16亿元，二轻工业出口4亿元，机械工业出口交货0.95亿元。同年，全市实现工业总产值662.84亿元（不含增值税价格为535.02亿元，从1995年起工业总产值均按不含增值税价格计算），其中乡、村工业产值437.86亿元（不含增值税价格为346.5亿元）。全市独立核算工业企业实现产值295.56亿元，销售收入260.88亿元，实现利税15.7亿元。其中市直工业完成产值、销售、利税分别为72.37亿元、66.2亿元、3.72亿元。由于市场竞争日趋激烈，中小企业管理及产品结构缺乏竞争力，加之宏观调控及财务制度接轨等多种因素影响，1995年3521家独立核算企业中，亏损822家，其中国有企业333家中，亏损103家；市直企业307家，亏损126家。机械、电子、冶金、轻工、纺织等行业亏损面超过50%，其中纺织行业亏损面82.4%。市直工业累计亏损2.39亿元。电子、纺织、医药、煤炭四个行业“八五”期间利税累计倒挂。市直停产企业15家，还有一些企业半停产，镇江钢铁厂、镇江轧钢厂、镇江印染厂等企业依靠政府发放解困金维持职工基本生活。

“九五”期间，全市工业顺应国家宏观调控要求，实施外资带动、大项目推动的大推进战略，走出一条以大项目带动大发展的工业发展新路。1996年，确立化工、造纸、建材和铝加工产业为镇江工业经济的四大支柱产业，依据镇江长江岸线和港口城市优势，陆续实施投资18.2亿美元的金东造纸项目、投资2.65亿美元的京阳150万吨水泥项目、投资1.1亿美元的奇美15万吨PS工程塑料项目、投资11亿元的华东泰克西汽车铸造中心项目、投资2.5亿美元的国亨化工和投资1.5亿美元的嘉吉饲料等外资项目及投资11亿元的索普醋酸项目、投资14.4亿元的船山100万吨水泥项目等。1998年，大项目推进战略初显成效。全市化学工业形成10万吨醋酸、1万吨钛白粉、10万吨烧碱、4000吨AC发泡剂、3万吨固体草甘膦、20万吨硫酸、3000吨表面活性剂和15万吨AS、20万吨ABS、30万吨PS工程塑料生产能力；造纸工业形成10万吨苇浆、78万吨纸生产能力；铝加工业形成年加工铝材3.5万吨、铝箔4200吨、铝罐10亿只的生产能力；建材工业形成年产水泥460万吨生产能力，其中高标号水泥占60%。同年，全市独立核算工业企业完成总产值458.35亿元，增长11%，增幅跃居全省13个省辖市的第二位，其中市直工业完成产值118.69亿元，实现利税3.80亿元，市直工业连续5年盈亏相抵净亏损局势得到扭转。中小企业围绕四大支柱产业、重点产品的产业链，加大产业调整力度；以规模骨干企业为核心，加大企业组织结构调整力度，工业经济整体竞争力不断提升。2000年，全市工业总产值905.37亿元，其中独立核算工业企业实现工业产值546.17亿元，销售收入441.61亿元，实现利税29.12亿元，实现利润7.62亿元。市直工业实现产值177.28亿元，销售收入136.99亿元，实现利税9.4亿元、利润2.02亿元。全市独立核算工业企业1145家，亏损企业230家；其中国有企业181家，亏损企业61家；市直企业168家，亏损企业59家。全市工业大中型企业112家，工业产值194.13亿元，占全市独立核算工业企业总值35.5%。全市工业产品出口6.59亿美元，自营出口企业累计142家。

“十五”期间，国有企业多数改制为民营企业，外资和外地民资踊跃投入，民营经济快速发展，推动全市工业经济实现速度增长、结构优化、效益同步的良好态势。2001年，市经济委员会更名为市经济贸易委员会，增挂镇江市乡镇企业管理局、镇江市中小企业管理局牌子，各行业主管局撤销，改为行业国有资产经营公司。2002年，市直工业企业实施新一轮产权制度改革，30家国有企业改制为民营企业，破产淘汰25家国有企业，改革初显成效，全市工业经济实现利税、利润、技改投入增幅全省第一，销售收入增幅全省第二，工业增加值增幅全省第三。2003年，市体改办从120家产权出让改制企业中选择100家企业进行深入调查。调查显示，一是发展增速。与改革前同期相比，销售、利税分别增长37%和48%以上，其中销售收入增长30%以上的企业达51%，销售收入增长超过100%的企业达20%。二是投入加大。改制企业累计新增投入近10亿元，实施千万元以上项目20个，开发新产品1156个；12家企业退城进区，规模扩展较大。同年，全市民营经济实现工业增加值、销售收入、利税分别达到64.25亿元、210.32亿元、13.19亿元，分别占全市独立核算工业总量28.2%、27.4%、20.6%。2004年，原市贸易局承担的商贸流通管理职能划入市经济贸易委员会。市经济贸易委员会成为负责工业、贸易运行的市政府综合经济管理部门；成立市国有资产监督管理委员会，对市属国有(控股)企业、国资参股企业履行出资人职责，实行权利、义务和责任相统一，管资产和管人、管事相结合的管理体制。市经贸委推进国企改革职能划归市国资委。各行业资产管理公司撤销，改组为机械电子冶金建材、轻工化工物资、纺织建筑煤炭3个行业管理办公室。2005年，全市工业总产值1725.65亿元，增幅全省第五，苏南第一。其中民营企业实现产值547.54亿元。全市独立核算工业企业完成工业产值1331.56亿元，完成销售1245.63亿元，实现利税97.71亿元，实现利润47.76亿元。年销售50亿元以上企业2家(金东纸业68.83亿元，大亚集团50.02亿元)；年销售20亿元以上7家，除索普集团、谏壁发电厂外，全部是民营、外资企业；年销售10亿元以上17家，其中民营企业15家。大亚集团、大全集团进入中国民营企业500强；大全集团、天工集团、中电电气等8家企业被评为全省民营企业纳税大户；沃得集团、飞达集团等6家企业被评为全省民营企业吸纳就业先进单位。全市独立核算工业企业1773家，亏损企业317家；其中国有及国有控股企业93家，亏损企业39家；市直企业168家，亏损企业65家。全市有出口经营实绩企业近700家，工业品出口19.78亿美元。其中机电产品出口8.25亿美元，高新技术产品出口1.53亿美元。全市有工业企业29736家，工业企业及工业产值分布情况为：市直830家，总产值423.98亿元(含新区)；丹阳市14096家，总产值533.66亿元；句容市3199家，总产值224.21亿元；扬中市5107家，总产值220.75亿元；丹徒区4821家，总产值196.94亿元；京口区678家，总产值74.44亿元；润州区1005家，总产值51.68亿元。

1983～2005年镇江工业经济发展情况表

表14-1

年份	企业数(家)		职工数(万人)		产值(亿元)		销售(亿元)		利税(亿元)		固定资产原值(亿元)	
	全市	市直	全市	市直	全市	市直	全市	市直	全市	市直	全市	市直
1983	1870	207	–	–	26.37	14.47	21.10	–	3.25	–	17.29	12.08
1984	2065	221	–	–	32.22	16.74	–	–	3.62	1.82	18.95	13.07
1985	2234	219	–	–	42.78	20.61	–	–	5.25	2.54	22.63	15.22
1986	2366	207	37.62	13.36	48.36	21.33	36.73	17.24	4.28	2.98	28.48	19.16
1987	2361	215	39.62	13.71	62.65	28.93	48.61	21.69	5.06	2.46	35.44	23.43
1988	2261	216	40.19	14.14	82.60	31.85	65.57	28.26	6.54	2.97	40.51	25.61
1989	2206	217	38.60	14.25	94.44	38.19	72.11	31.02	6.07	2.78	45.92	27.87
1990	2218	221	38.88	14.23	104.47	40.79	75.35	31.67	5.26	2.00	50.32	29.89
1991	2187	221	39.63	14.42	113.99	45.77	91.73	38.71	6.08	2.37	57.54	33.82
1992	2183	221	40.25	14.47	148.62	55.66	116.92	47.41	8.39	3.06	64.69	36.73
1993	2426	252	43.19	12.32	225.56	73.29	180.56	59.30	10.50	2.86	93.28	50.24
1994	2496	252	41.31	12.09	312.83	93.63	198.20	58.80	13.50	3.60	120.05	61.52
1995	3521	307	41.32	–	295.56	72.37	260.88	66.20	15.70	3.72	150.44	76.39
1996	2503	241	–	–	413.80	101.95	306.30	68.53	19.29	3.04	177.69	88.09

续表 14-1

年份	企业数(家)		职工数(万人)		产值(亿元)		销售(亿元)		利税(亿元)		固定资产原值(亿元)	
	全市	市直	全市	市直	全市	市直	全市	市直	全市	市直	全市	市直
1997	2375	227	-	-	418.83	106.16	327.00	76.00	22.50	4.90	195.24	96.89
1998	1230	177	32.76	-	458.35	118.69	366.00	83.30	22.60	3.80	234.02	110.60
1999	1197	167	36.20	-	491.84	129.39	400.00	96.10	25.95	6.60	251.74	119.53
2000	1145	164	34.80	-	546.17	177.28	441.61	136.99	29.12	9.40	364.77	148.97
2001	1232	156	32.32	14.84	613.25	210.01	507.69	172.55	31.98	9.38	413.85	-
2002	1289	160	31.00	14.34	726.61	252.46	625.24	218.00	47.80	19.10	433.84	163.59
2003	1412	162	30.30	13.41	855.36	287.63	766.56	269.80	63.99	28.00	447.73	160.62
2004	1531	152	30.60	13.43	1073.11	343.79	979.10	323.30	76.80	30.20	-	-
2005	1773	168	30.50	13.34	1331.56	403.49	1245.63	388.70	97.71	41.50	-	-

说明:1. 表列数据为全部独立核算工业企业数据,下同;

2. 1995 年起,总产值统计口径调整

第二节　工业经济结构

一、行业结构

1983 年,镇江工业行业门类比较齐全,但是,行业散而小,企业规模小,产品低水平、低效益。主要生产行业有电力(央企)、纺织、轻工、化工、食品、机械、建材、船舶、汽车、冶金、建材、电子。其中电力、船舶、香醋、造纸在国内或省内有一定地位和影响。同年,镇江工业主要行业实现产值分别为:纺织工业 5.88 亿元、机械工业 4.66 亿元、化工 3.89 亿元、轻工 3.43 亿元、冶金建材工业 2.48 亿元、食品工业 2.39 亿元、电子工业 0.92 亿元、船舶 0.5 亿元、汽车工业 0.46 亿元。1985 年,冶金行业的船山石灰石矿一期扩建工程投产,生产规模达 200 万吨/年;镇江焦化厂建成 10 万吨铸造焦炉,成为全国最大的铸造焦生产和出口基地;镇江铝加工厂引进意大利、日本、德国先进设备,企业规模和技术水平处于国内同行业前列。三大骨干企业支撑,使冶金行业成为镇江工业又一重要行业。

"七五"期间,纺织、冶金、机械、船舶行业发展较快。纺织工业发展成棉、麻、丝绸、化纤纺织和印染、针织、服装等生产门类齐全,具有一定规模的生产体系,形成号称"五朵金花"的镇江棉纺织厂、丹阳棉纺织厂、镇江合成纤维厂、镇江印染厂、镇江色织总厂 5 个国家中型以上规模骨干企业,产品畅销国际、国内市场。丹棉生产的 21 支纯棉纱获国家金奖。机械行业形成以两车(叉车、翻斗车)五机(柴油机、车床、摊铺机、脱粒机、低压电器)五个配套件(蓄电池、液压转向器、轴承、气泵、自攻螺丝)为特色的产品体系,产品达到国际、国内先进水平的企业有:镇江路面机械总厂、镇江机床厂、镇江液压件总厂、镇江轴承厂、镇江电器设备厂等。市属冶金行业初步形成黑色、有色金属和非金属矿产、冶金机械等门类较齐全,以镇江船山矿、镇江焦化厂、华东铝加工厂、镇江冶炼厂四个主要骨干企业为支撑的工业体系。船舶制造行业的镇江锚链厂生产能力居亚洲第一,进入世界五强;镇江船厂制造出国内海难打捞作业中功能最全、吨位最大的万吨级海洋工程打捞船;船用柴油机厂生产的柴油机成为国家级重点新产品。1990 年,全市工业主要行业实现产值分别为:纺织 23.11 亿元、轻工 17.72 亿元、机械 14.28 亿元、化工 11.09 亿元、建材 8.66 亿元、冶金 5.3 亿元、造船汽车 4.2 亿元、电子 3.56 亿元。

"八五"期间,冶金、化工行业快速发展。冶金工业1991年实现产值、销售在市直工业中分别名列第二和第三,1992年两项指标上升为市直工业第一。1993年产值、销售、利税、技改四项指标名列市直工业第一,全省排序第五。1995年,全市冶金工业形成黑色、有色两个产品系列;铝材及其制品、特种焦、石灰石3个全国重点生产基地;水洗石灰石、焦化焦、铝箔、铝材、硅铝镍铁系列五大产、销、利居全国同类产品第一的主导产品;成为以华铝集团、焦化集团、大亚集团、船山集团、冶炼厂等10家大中型企业(大型2家,中型8家)为支撑,年产值17亿元的生产体系。同期,化工行业的索普集团1995年产值1.49亿元,进入全国化工百强和江苏百强行列;镇江钛白粉厂产量、销量、利税全国同行业第一,进入"中国500户最大化工企业"行列;江南化工厂年产固体草甘膦1000吨,出口511吨,出口交货值近3000万元。在三大规模企业支撑下,化工行业"八五"期间产值、销售、利税一直位列全市前列,1995年增幅位居全省同行业第二位。同年,镇江工业行业结构经过10年调整、优化、提升,形成冶金、化工、轻工、机械、纺织五大支柱行业,系列冶金产品、系列化工产品、数控机床、路面机械、轻型汽车及配件、特种船舶及船舶设备、低压电器、浆纸、香醋、接插件及音响设备十大支柱产品,包括电力、冶金、化工、机械、纺织、轻工、电子、船舶、汽车、食品、塑料、医药、煤炭等,门类广泛,具备一定拳头产品和规模企业的新型工业生产体系。主要行业实现产值分别为:机械62.66亿元、轻工53.98亿元、纺织45.74亿元、化工31.8亿元、冶金21.26亿元、建材19.9亿元、食品18.54亿元、造船汽车16.64亿元、电子9.78亿元。

"九五"期间,镇江工业以化工、造纸、建材和铝加工业为支柱产业,加速镇江工业经济结构调整。化工行业重点发展醋酸、固体草甘膦、钛白粉、工程塑料等产品。2000年,索普集团醋酸生产能力12.5万吨,实现产值7.7亿元,成为国内规模最大的醋酸生产企业;江南化工厂年产固体草甘膦生产能力2万吨,实现产值9.8亿元,成为亚洲规模最大的草甘膦生产企业;太白集团连续保持钛白粉产、销量全国行业第一;奇美化工有限公司、国亨化学有限公司分别是亚洲最大的PS和ABS产品生产基地。全市化工行业摆脱小化工格局,成为国内有影响的化工生产基地。轻工业行业重点发展造纸及纸制品产品。2000年,金东纸业公司造纸88万吨,成为亚洲最大的造纸生产基地。同年,市轻工业实现工业产值55.93亿元,跃居全省规模第一,其中金东纸业产值占全市轻工业总产值72.25%。铝加工行业重点发展铝材、铝箔、铝罐。华东铝加工厂形成年加工铝材4万吨生产能力,成为华东地区最大的铝业加工基地;大亚集团成功利用英国政府贷款,建设铝箔工程项目,2000年铝箔总产值8.16亿元,成为国内包装行业龙头企业,国内最大的卷烟包装材料生产基地;华东制罐总厂2000年易拉罐、易拉盖年生产能力分别达到10亿只,是国内最大的铝制易拉罐生产企业。建材行业重点发展年产150万吨水泥的京阳水泥项目和年产100万吨水泥的联合水泥项目,2000年全市生产水泥能力460万吨,高标号水泥占60%以上,位居全国前列。

在四大支柱产业调整发展同时,电子行业改变低水平重复、小器件生产、分散化经营的"低、小、散"结构,培育行业四大支柱企业,工业总产值1998年跃升全市市直工业第一,全省同行业第四,江奎集团成为全国电子音响行业最大的激光视听、音响和配套件生产企业;通讯广播设备厂跻身全国彩电生产企业前八强行列;惠通集团成为国内遥控器和显像管管座的龙头企业。食品工业的恒顺集团香醋生产能力达到10万吨/年,酱油2万吨/年,酱菜3000吨/年,成为中国酱醋业规模最大、经济效益最好的"中国醋王"。龙山鳗业集团成为国内最大的鳗鱼饲料和鳗鱼养殖企业。机械行业的江苏长江电器集团1998年实现产值7.2亿元,利税1.2亿元,在全国乡镇企业同行业中,规模最大,产品最多,品种档次最高,技术装备最先进,经济效益最好。冶金行业的天工集团和飞达集团生产的直柄麻花钻,出口销货量居全国同行业之首,天工集团生产的高速工具钢产量居全国同行业之首。船舶行业的正茂集团成为亚洲最大的锚链生产基地。2000年,全市工业产品中在国内市场占有率居前三位的产品超过50个。同年,主要行业实现产值分别为:轻工127.81亿元、机械87.83亿元、化工78.28亿元、纺织58.88亿元、建材20.15亿元、食品35.74亿元、冶金41.33

亿元、电子 19.83 亿元。

“十五”期间,镇江工业行业结构调整主要着力于壮大传统优势产品规模,提高传统产品科技含量和附加值,积极探索新兴产业,推进行业结构提升、优化。2005 年,形成以年产醋酸能力 50 万吨,亚洲最大醋酸生产企业——江苏索普集团为龙头,江南化工、太白集团、奇美化工、国亨化学等企业为骨干,生产系列化工产品、工业增加值 75.57 亿元的化工医药产业集群;以国家 520 家重点企业之一,年销量 50 亿元的大亚集团为龙头,船山集团、焦化集团、天工高速工具钢公司、飞达冷轧钢板公司、京阳水泥、鼎盛铝业、鸿泰钢铁、联合水泥等企业为骨干,生产系列冶金建材产品,工业增加值 75.21 亿元的冶金建材产业集群;以电气系列产品国内领先,年销量 26 亿元的国家大型一类企业大全集团为龙头,华通集团、齐航数控机床公司、液压件总厂、苏福马(镇江)公司、天工集团和飞达集团的直柄钻头生产公司等企业为骨干,生产现代大型机械及工具基础件产品,工业增加值 60.5 亿元的现代机械制造业集群;以年生产能力超过 200 万吨的亚洲最大造纸企业——金东纸业公司为龙头,大东纸业、金河纸业为骨干,生产文化用纸、包装用纸、特种用纸等产品,工业增加值 27.3 亿元的造纸及纸制品产业集群;以生产高档针织纱、销售 5.9 亿元,中国纺织行业销售收入、利税、出口创汇 40 强企业的丹阳棉纺集团为龙头,堂皇集团、鑫隆公司、维科集团、立达纤维为骨干,工业增加值 25 亿元的纺织丝绸产业集群;以生产万吨级海洋救捞船等全回转系列港口作业船,国内市场占有率 50% 的镇江船厂为龙头,索普船厂、船用柴油机厂、镇江锚链厂、镇江船用辅机厂、冷藏汽车厂、华东泰克西铸造中心、精功汽车等企业为骨干,工业增加值 22.89 亿元的船舶汽车产业集群;以生产激光影视、高清晰度液晶电视和数码相机产品、汽车电子产品,年销量 16.7 亿元的江奎集团为龙头,捷诚公司、惠通集团、赛博电子为骨干,工业增加值 10.28 亿元的电子产业集群;以中国驰名商标“恒顺”为品牌,生产醋、酱油和色酒,销售近 4 亿元,中国酱醋业规模最大、经济效益最好、生产现代化水平最高、产品市场覆盖面最广的恒顺集团为龙头,工业增加值 3.77 亿元的食品制造集群。在电子信息软件、新光源产业等高新技术产业领域迈出前进步伐,美国 TCP 公司投资的强凌电子公司与江苏稳润光电有限公司生产 LED 光源一体化节能灯具系列产品,在全国同行业 300 多家企业中,企业规模、产品档次、序列化水平、技术装备、经济效益均居前列;江苏恒宝公司拥有软件技术、信息技术、智能识别技术三个分公司,是国内金融票证和卡类的研发生产企业中产品种类全、产能大、设备先进、涉足领域多、资质全的知名企业。同年,主要行业实现产值分别为:轻工 293.04 亿元、化工 244.48 亿元、机械 218.60 亿元、纺织 93.03 亿元、造船汽车 90.82 亿元、冶金 85.19 亿元、建材 76.4 亿元、电子 35.4 亿元。

以中央直属企业谏壁发电厂为龙头的电力工业,“六五”期末以后一直在国内具有重要地位。1998 年至 2003 年,谏壁发电厂分别对 7 至 10 号 30 万千瓦机组进行扩容改造,增加容量 12 万千瓦;“以大代小”两台 33 万千瓦机组技改 2005 年全面竣工投产,总装容量达 240.5 万千瓦。

1983～2005 年主要年份镇江市工业主要行业产值比例一览表

表 14-2　　　　单位:亿元、%

行业	1983		1990		1995		2000		2005	
	产值	比重	产值	比重	产值	比重	产值	比重	产值	比重
机械	4.66	19.43	14.28	15.30	62.66	23.20	87.83	18.00	218.60	18.30
轻工	3.43	14.30	17.72	19.00	53.98	20.00	127.81	25.80	293.04	24.50
纺织	6.67	27.81	23.11	24.80	45.74	16.90	58.88	12.00	93.03	7.78
化学	2.60	10.84	11.09	11.90	31.80	8.00	78.28	15.80	244.48	20.00
冶金建材	2.48	10.34	14.13	15.00	31.80	15.20	61.48	12.40	161.59	13.93

续表 14-2

行业	1983		1990		1995		2000		2005	
	产值	比重	产值	比重	产值	比重	产值	比重	产值	比重
其中:建材	–	–	8.66	–	19.90	–	20.15	–	76.40	–
船舶汽车	0.96	4.00	4.20	4.50	16.64	6.20	24.74	5	90.82	7.59
食品	2.39	9.96	5.33	5.70	18.54	6.90	35.74	7	58.67	4.90
电子	0.79	3.32	3.56	3.80	9.78	3.60	19.83	4	35.43	3.00

二、所有制结构

1983 年,镇江市工业企业按所有制划分,由国有及市、县属集体和乡办乡有、村办村有的乡镇集体企业及为数不多的个私企业组成。同年,全市国有企业 305 家,乡、村以上集体企业 2112 家。1985 年,全市工业企业 6638 家。其中国有企业 371 家,其中市属国有企业 104 家;集体所有制企业 6263 家,其中市属集体企业 134 家,县区属集体企业 945 家,乡办乡有工业企业 1756 家,村办村有工业企业 3335 家;城镇街道工业 91 家;国有和集体合营企业 4 家。全市工业产值 54.96 亿元。国有企业实现产值 20.52 亿元,其中市属国有企业实现产值 9.89 亿元;集体企业实现产值 32.87 亿元,其中市属集体企业实现产值 4.85 亿元。同年,镇江兴办第一家中外合资工业企业——江苏玛维斯德塑料有限公司。截至 1990 年,全市工业累计兴办“三资”企业 18 家,国有、集体企业嫁接的占 70%。同年,全市独立核算工业企业 2218 家。其中国有企业 243 家,实现产值 44.62 亿元,实现利税 2.41 亿元,固定资产原值 32.18 亿元,从业人员 12.98 万人;集体企业 1954 家,实现产值 57.45 亿元,实现利税 2.74 亿元,固定资产原值 17.29 亿元,从业人员 26.14 万人;中外合资企业 18 家,实现产值 1.79 亿元,利税 0.13 亿元,固定资产原值 0.48 亿元,从业人员 0.3 万人;联营企业 3 家。

“八五”期间,全市工业企业大力兴办中外合资企业;一批城市国有、集体企业和乡镇集体企业陆续改制为股份有限公司、有限责任公司和股份合作制企业。截至 1995 年,全市独立核算工业企业 3521 家,其中国有企业 333 家(含股份制企业),实现产值 73.52 亿元,实现利税 5.19 亿元,固定资产原值 81.01 亿元,从业人员 23.80 万人;集体企业 2904 家(含股份制、股份合作制企业),实现产值 178.84 亿元,实现利税 11.04 亿元,固定资产原值 49.23 亿元,从业人员 23.80 万人;外商及港澳台商投资企业 262 家,实现产值 36.27 亿元,实现利税 2.63 亿元,固定资产原值 16.19 亿元,从业人员 3.34 万人;股份制及联营企业 22 家,实现产值 6.87 亿元,实现利税 0.14 亿元,固定资产原值 4.01 亿元,从业人员 0.85 万人。

“九五”期间,镇江全面推动乡镇工业企业实施集体产权有偿转让式改制,积极探索城市国有企业国有产权转让。截至 2000 年,115 家大中型以上乡镇企业改制 103 家,1400 家大中型以下乡镇企业全部改制为民营企业。市直 34 家国有大中型企业中 23 家改制,改制面 67.6%;90 家中小企业中改制 65 家,改制面 72.2%。市直改制企业中,40 家企业实施产权出让,其中 26 家企业的国有资本全部退出。外商投资大型企业陆续建成。2000 年,全市独立核算工业企业 1145 家,其中国有企业 181 家,实现产值 103.12 亿元,实现利税 5.25 亿元,固定资产原值 92.78 亿元,从业人员 6.3 万人;集体企业 514 家,实现产值 212.03 亿元,实现利税 11.96 亿元,固定资产原值 62.35 亿元,从业人员 12.57 万人;外商及港澳台商投资企业 153 家,实现产值 125.43 亿元,实现利税 4.54 亿元,固定资产原值 151.05 亿元,从业人员 4 万人;私营企业 165 家,实现产值 45.69 亿元,实现利税 2.2 亿元,固定资产原值 7.78 亿元,从业人员 2.53 万人;股份合作、联营企业及有限责任公司、股份有限公司132家，实现产值59.91亿元，实现利税5.18亿元，固定资产原值50.81亿元，从业人员4.66万人。

“十五”期间，市直国有企业实施新一轮产权制度改革，市直工业企业中有140家国有企业改制为民营企业。“三资”企业增资投入，市外民营资本投资镇江，民营资本及“三资”企业占全市工业经济比重大幅上升。2005年，全市独立核算工业企业1773家，其中国有企业68家，实现产值113.83亿元，实现利税7.18亿元，资产总额141.77亿元，从业人员3.1万人；集体企业181家，实现产值118.04亿元，实现利税8.81亿元，资产总额230.4亿元，从业人员3.41万人；外商及港澳台商投资企业432家，实现产值449.12亿元，实现利税30.68亿元，资产总额468.98亿元，从业人员9.22万人；私营企业875家，实现产值398.52亿元，实现利税22.99亿元，资产总额230.4亿元，从业人员13.36万人；股份合作企业、联营企业、有限责任公司、股份有限公司及其他企业217家，实现产值252.05亿元，实现利税27.85亿元，资产总额328.06亿元，从业人员5.69万人。

1989～2005年镇江市独立核算工业企业所有制情况表

表14-3　　单位：家、亿元

年份	国有企业		集体企业		股份制、民营及其他企业		“三资”企业	
	企业数	总产值	企业数	总产值	企业数	总产值	企业数	总产值
1989	240	40.79	1949	51.73	4	0.91	13	1.01
1990	243	44.62	1954	57.45	3	0.61	18	1.79
1991	244	48.33	1909	60.92	3	0.64	10	2.54
1992	243	58.32	1887	82.89	3	0.81	18	4.15
1993	266	74.26	2014	128.55	21	1.30	125	21.44
1994	268	96.81	2041	179.70	9	1.53	177	34.76
1995	333	73.52	2904	178.84	22	6.87	262	36.27
1996	285	107.92	1981	239.35	22	10.04	210	56.30
1997	256	108.28	1892	235.01	18	8.76	209	66.78
1998	246	118.06	689	231.42	165	52.95	130	55.92
1999	216	115.27	612	232.95	227	74.39	142	69.22
2000	181	103.12	514	212.03	297	105.60	153	125.43
2001	148	111.97	415	176.90	475	169.36	194	155.01
2002	136	121.26	272	111.01	631	284.56	250	209.78
2003	105	133.19	186	95.42	809	369.44	312	257.30
2004	98	164.78	195	111.62	896	473.21	342	323.51
2005	68	113.83	181	118.04	1092	650.57	432	449.12

三、规模结构

1983年，全市工业企业中，根据国家统计口径划分的大中型企业15家，其中大型企业2家，中型企业13家。1985年，全市工业企业中大中型企业36家，其中大型5家，中型31家。同年，5家大型企业实现产值5.23亿元，占全部产值比重9.5%；31家中型企业实现产值6.35亿元，占全部产值比重11.5%；小型企业实现产值占全部产值比重79%。

1990年,全市工业企业中,大中型企业达到55家(市直企业34家,乡镇企业21家)其中大型企业5家,中型企业50家。大、中、小型企业实现工业产值分别为11.35亿元、19.05亿元、82.02亿元。大中型企业中,实现利税500万元以上的利税大户25家,实现利税2亿元;其中市直利税大户16家,实现利税1.28亿元。

"八五"期间,全市工业企业上规模、上水平步伐加速。1995年,全市工业企业中,大中型企业122家,其中大型企业21家,中型企业101家。大、中、小型企业实现工业产值分别为52.43亿元、54.86亿元、188.27亿元。市直销售超亿元企业13家,利税1000万元以上企业11家。

"九五"期间,市委,市政府实施大项目推进战略,全市工业企业规模结构实现调整与优化。2000年,全市工业企业中,大型企业32家,中型企业80家。大、中、小型企业实现工业产值分别为129.28亿元、64.85亿元、352.05亿元。全市工业企业中,实现工业产值1.5亿元以上企业50家,谏壁发电厂、龙山鳗业、奇美化工,分别达24.5亿元、14.9亿元、11亿元;销售收入超亿元企业50家,龙山鳗业、奇美化工、索普集团,分别达14.9亿元、10.8亿元、7.8亿元;利税总额超850万元的企业50家,大亚集团、龙山鳗业、索普集团,分别达1.2亿元、1.12亿元、1.1亿元;固定资产规模7000万元以上企业50家,谏壁发电厂、京阳水泥、镇江供电公司,分别达22.8亿元、19.2亿元、15.6亿元。市直17户重点骨干企业实现销售收入52亿元,实现利润2.3亿元,总资产规模80亿元。

"十五"期间,全市民营企业加速发展,全市工业规模结构有新的调整提高。2005年全市工业企业中,大型企业12家,中型企业135家。大、中、小型企业实现工业产值分别为296亿元、372亿元、664亿元。全市工业产值10亿元以上企业17家,其中20亿元以上8家,金东纸业年产值80亿元;工业销售10亿元以上企业17家,其中20亿元以上企业7家,金东纸业销售68.8亿元。全市销售超亿元企业202家,总计实现销售846.2亿元;年利税亿元以上企业13家,金东纸业利税12.29亿元。

1983~2005年主要年份镇江市大、中、小型工业企业产值情况表

表14-4　　　　单位:家、亿元

年份	大型企业		中型企业		小型企业	
	企业	产值	企业	产值	企业	产值
1983	2	3.45	13	3.13	12408	21.59
1985	5	5.23	31	6.35	6602	43.39
1990	5	11.35	50	19.05	2163	82.02
1995	21	52.43	101	54.86	3399	188.27
2000	32	129.28	80	64.85	1033	352.05
2005	12	295.97	135	371.88	1626	663.71

说明:1983和1985年为全部工业企业,其余年份为全部独立核算工业企业

第三节　工业投资和科技进步

"六五"期间,镇江工业投资比较少,1983~1985年,全市工业累计投资9.66亿元。其中技改投资累计3.09亿元,主要是新建华东铝加工厂和华东制罐厂、接插件总厂、广播电视配件厂、恒顺酱醋厂、大东造纸厂、纸浆厂、汽车制造厂、冷藏汽车厂、船山石灰石矿、焦化厂、钛白粉总厂的技术改造和项目扩建。

"七五"期间,全市国有、集体工业企业固定资产投资32.51亿元,新增固定资产9.02亿元,是

“六五”期间的3.56倍,其中技改投资10.51亿元。投资重点是技术改造和改建扩建,技术改造覆盖面达到70%以上企业,市直企业达到95%以上。累计竣工项目829项,其中投资30万元以上技改项目638项,先后增加和改造生产线200余条,其中引进生产线50余条。企业装备水平得到较大提高,20世纪70年代和80年代出厂的设备占全部工业设备的80%以上。全市工业推广应用新技术300多项,开发市级以上新产品1500项,其中省级新产品开发项目、省重点消化吸收项目446项,列入国家、省、市三级计划并给予资金扶持的项目37项,35个新技术推广应用项目被评为省优秀项目奖,9个工业技改项目列入市委、市政府“七五”十佳项目,分别是镇江焦化厂年产10万吨铸造焦项目,恒顺酱醋厂新增食醋4500吨/年扩建项目,煤气输配配套工程,镇江机床厂与美国萨密特机床公司合作生产D919－4高速精密机床项目,镇江轴承厂滚针轴承车间改造项目,镇江接插件总厂元件五厂彩色显像管插座生产线项目,镇江合纤厂引进1500吨/年涤纶直接制条项目,镇江化工厂2万吨/年烧碱项目,镇江食品厂引进冰淇淋生产线项目。

“八五”期间,全市工业投资118.26亿元。累计竣工项目4913项,总投资96亿元。新增固定资产92亿元。投资资金来源中利用外资及港澳台资和自筹资本比重逐年上升。1995年,外资及港澳台资和企业自筹资金占投资总额50%左右。资金向大中型企业和大项目集中,投资2000万元以上大项目有100多项,其中3000万元以上项目30多项。大项目投资占全市投资额的30%左右,大中型企业投资占全市完成投资总额23%以上。全市工业投资中,用于产品扩能的占34%左右,开发新品增加品种的占30.8%,提高产品质量的占7.13%,节能降耗及环保的占12.13%。全市约有三分之二的工业企业进行技术改造,进口关键设备2283台(套),是“七五”期间2.9倍;引进先进生产线226条,是“七五”期间的6倍。主要设备40%以上达到国内同类设备的先进水平,10%的设备达到20世纪80年代国际先进水平。在全省率先把计算机控制技术、计算机辅助检测(CAT)技术、计算机辅助产品设计(CAD)技术、计算机辅助企业管理技术进行推广应用,加快传统产业改造,提高企业技术管理水平。

实施新产品开发、技术改造、生产经营一条龙管理。农用程控交换机、数控机床等70个重点产品列入一条龙项目管理,产学研结合,加速科技成果转化。全市技术开发项目中80%以上与高校、科研单位合作开发。累计开发市级以上新产品2815项,累计完成新产品产值198亿元,实现新产品销售171亿元,创利税11.9亿元。1995年,新产品产值率、销售率、利税率分别为15%、19%、21%,分别比“七五”期末增加7、10、12个百分点;推广应用新技术550项,累计综合效益4亿元,19家企业被认定为省级高新技术企业,机床(集团)公司的数控机床和华通机械集团公司的成套路面机械被列为省内高新技术产业化标志工程。全市工业经济增长方式得到较大改善,技改投资与科技进步对经济增长贡献份额达到60%,特别是铝型材、制罐生产线,造船系统改造等一批大项目相继建成投产,促进化、纸、铝、材等具有特色的支柱产业和重点产品形成。

“九五”期间,全市工业累计投资329.41亿元,是“七五”期间的10倍,工业投资由老企业技术改造为主转向以外资大项目为主的大项目、大投入,同期利用外资及港澳台资22.6亿美元。主要投向化工、造纸、铝加工及制品和建材四大支柱产业。大项目建设的同时,老企业技术改造加大投资规模、提升投资技术含量。1996年,泰兴隆方便面、恒顺投资亿元以上年产3万吨香醋生产线开工建设。镇江冶炼厂TRC项目、华东斯迪盖公司易拉罐生产线、金河纸业环保项目相继竣工,索普集团“921”工程,国亨、奇美项目加快实施。1997年索普“921”工程,京阳150万吨水泥,恒顺3万吨香醋,泰兴隆、健力宝项目竣工投产。1998年,135万吨纸,奇美化工、嘉吉饲料、银峰铸造项目投产。1999年,江奎集团CD－ROM项目竣工。2000年,全市有7个项目列入国家重点技术改造双高一优项目(高新技术产业化,高新技术改造传统产业、优化产业结构),总投资17.9亿元,其中索普集团醋酸二期项目,太白集团化纤、造纸钛白粉项目,江奎集团DVD激光头项目,丹棉集团高档仿真化纤面料及纯棉料精梳面料项目,大亚集团高级柔版印刷项目,无线电厂车载电子信息系统项目均为老企业开发新产品或技术升级项目。列入国家财政债券的老企业新技术开发项目为焦化煤气集团的冶炼铝用预焙阳极生产线和柴油机厂中速柴油机项目。同年,全市累计开发高新技术产品423个,其中省级以上高新技术产品243个;高新技术企业77家,其中省级以上高新技术企业56家。焦化煤气集团、太白集团、长江集团的默勒电气公司等6家企业被认定为国家火炬计划重点高新技术企业。“九五”期间,全市开发新产品1800项,2000年,新产品产值率、销售率、利税率分别为24.4%、25%、26%。

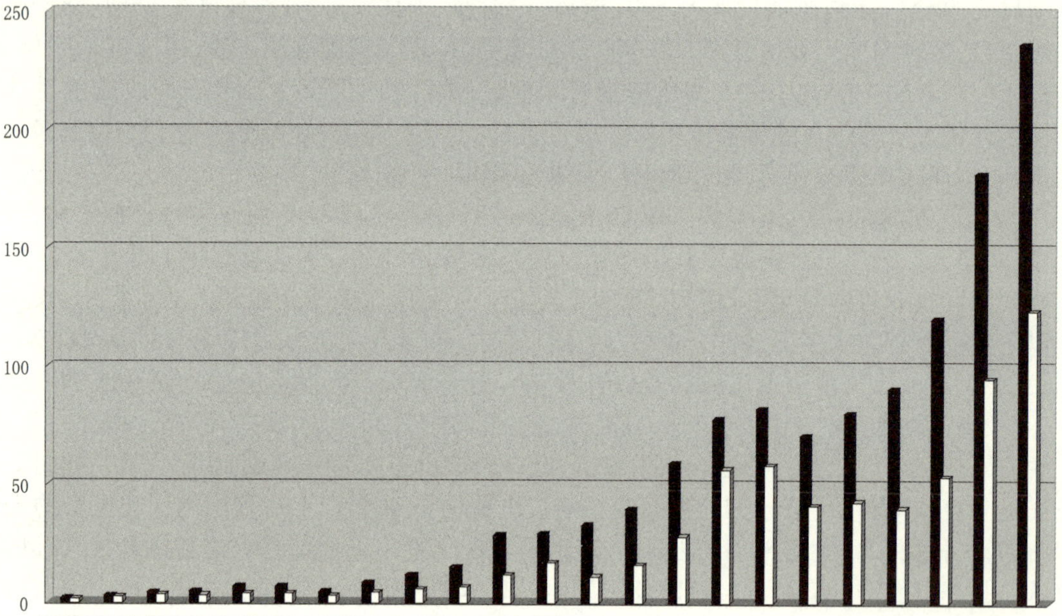

	1983	1984	1985	1986	1987	1988	1989	1990	1991	1992	1993	1994	1995	1996	1997	1998	1999	2000	2001	2002	2003	2004	2005
■全市工业投资	1.88	3.19	4.59	4.82	7.10	7.10	4.66	8.83	11.92	15.30	28.72	29.42	32.90	39.62	59.15	77.63	82.32	70.69	80.15	90.67	120.02	180.49	236.12
□市区工业投资	1.48	2.46	3.67	3.29	4.05	4.05	2.95	4.32	5.83	6.90	11.92	17.14	11.26	16.39	28.22	56.43	58.24	41.25	42.89	40.00	53.58	94.94	123.46

图14-1　1983~2005年镇江市工业投资一览图

“十五”期间,全市工业投入累计707.45亿元,投资的科技水平进一步提高。2001年,华东汽车铸造中心、江南化工厂万吨固体草甘膦、焦化集团6号焦炉等项目竣工。2002年,船用柴油机厂的中速柴油机等10个省重点项目竣工,华晨华通的4轮驱动沥青路面铣刨机等3个项目列入国家级技术创新项目。2003年,全市工业投入120亿元,首次实现年投资超百亿元。2004年、2005年工业投入分别为180.5亿元和236.1亿元,其中民营经济投入分别为161.4亿元和201.3亿元。2004年,索普醋酸二期、鼎胜铝业10万吨铝带箔、金东纸业3号纸机共26个项目竣工。2005年累计有14个“双高一优”和国债项目(含“九五”期间批准的7个“双高一优”和2个国债项目),累计总投资20.7亿元。平均单项投资1.5亿元,其中单项投资亿元以上项目6项。列入国家、省火炬计划项目41项,其中国家火炬项目17项。截至2005年底,全市有269个1000万元以上重点项目竣工,新增销售180亿元,拉动全市销售增长18.3个百分点。同年,全市工业新产品产值362.6亿元,销售310.7亿元,利税30亿元。科技进步贡献率达49%。全市有国家、省、市三级技术中心42个,镇江光电子和通讯元器件基地被授予“全国火炬计划先进特色高新技术产业基地”称号,丹阳新材料产业基地被授予“江苏省高新技术产业基地”称号,江奎、恒顺等8家企业设立博士后工作站。全市拥有省级以上高新技术企业228家,其中国家级37家。民营企业中,省级以上高新技术企业累计143家。全市拥有省级以上高新技术产品628个,民营企业研制、开发和生产省级高新技术产品460余个。高清晰液晶数字电视一体机等5个产品被列为国家级重点技术创新产品。全市实施重点节能技改项目120余项。工业经济万元产值能耗、万元增加值能耗、万元增加值电耗都低于省考核指标，固体废弃物综合利用率高于省考核指标。

1990～2005年镇江市工业投资主要大项目一览表

表14-5

项目名称	主要建设内容及规模	总投资（万元）	建设时间（年）
大东造纸厂引进涂布机2.5万吨高档美术铜版纸项目	引进涂布机2.5万吨高档美术铜版纸生产线	11962	1990～1992
船山石灰石矿二期扩建工程	新增原矿开采能力100万吨/年	4520	1990～1992
镇江纸浆厂系列改造工程	改造备料、蒸煮、洗浆工业新增制浆能力2.5万吨	7954	1991～1994
镇江纺织厂引进60台喷气织机及附属设备	引进比利时DETA喷气织机50台，新增织布能力490万米	3450	1992～1993
江苏联合制罐有限公司年产7000万只喷雾罐项目	新增7000万只喷雾罐生产能力	8300	1992～1994
高翔塑料有限公司1000万平方米高档PVC胶布项目	新增年产1000万平方米高档PVC胶布项目	6358	1992～1994
镇江金山制罐有限公司生产马口铁饮料罐及铝质易拉罐项目	生产马口铁饮料罐3261万只，铝质易拉罐5860万只	5395	1992～1994
江奎集团与外资合作生产激光唱机项目	年产电唱盘60万部，音响20万台，CD机80万台，电子游戏机72万台	3852	1992～1995
镇江接插件总厂录像机用接插件技改项目	新增接插件2.5亿件，其他产品0.52亿件	7207	1992～1994
镇江制药厂红霉素系列技改项目	年产红霉素及其系列产品98吨	5236	1992～1995
江苏大亚集团铝箔工程项目	生产优质超薄型铝箔、铝箔复合材料、真空镀铝膜等产品生产线	22600	1992～1994
镇江化工厂“921”工程	年产醋酸10万吨	100458	1994～1997
镇江恒顺酱醋厂扩建3万吨香醋项目	新建3万吨香醋生产线	11300	1996～1998
镇江泰兴隆方便面项目	年产方便面36300万元	5880	1996～1997
合资健力宝灌装线项目	年产10万吨纯净水及10万吨碳酸饮料灌装线	1700	1996～1997
镇江精细化工厂万吨皮革化工系列产品技改项目	新建万吨皮革化工系列产品生产线及配套设备	5936	1996～1998
江苏远东包装制品有限公司纸箱生产线，印刷设备塑料瓶生产线	新建纸箱生产线，印刷设备塑料瓶生产线及配套设施	8500	1996
嘉吉饲料（镇江）有限公司年产25万吨饲料项目	新建生产25万吨饲料生产线及配套设备	14863	1996～1997
镇江奇美化工有限公司年产15万吨聚苯乙烯项目	新建年产15万吨聚本乙烯生产线及配套设施	24485	1996～1997
镇江船厂特种船舶生产线改造	易地建设130×36平方米万吨级船台，焊接平台等	4941	1997
镇江锚链厂超大规格铸轧锚链项目	新建年产15000吨超大规格铸轧锚链生产线	5978	1997～1998
镇江国亨化学有限公司年产6万吨ABS及HIP8粒子项目	新建年产6万吨ABS及HIP8粒子生产线及配套设施	24485	1997～1998
镇江银峰铸造有限公司年产1.6万吨铸造项目	新建年产1.6万吨铸件生产线及配套设施	20170	1997～1998

续表 14-5

项目名称	主要建设内容及规模	总投资（万元）	建设时间（年）
华东制罐总厂三期工程	新建 10 万吨/年纯水,6 万吨/年饮料生产线	4100	1997～1998
江苏金东纸业有限公司 135 万吨纸项目	新建 135 万吨纸生产线及配套设施	1514661	1997～2004
镇江发电有限公司 2×12.5 万千瓦燃煤机组项目	新建 2×12.5 万千瓦燃煤机组发电设施	134000	1998
镇江奇美二期工程	新建年产 10 万吨 SAN 及 12 万吨 ABS 粒子生产线	49911	1998
华东泰克西汽车铸造中心年产 98.5 万只汽车发动机缸体	新建年产 98.5 万只汽车发动机缸体及配套设施	67130	1998
联合水泥有限公司年产 100 万吨水泥项目	年产 100 万吨水泥	143880	1998～2000
索普集团年产 1 万吨 ADC 发泡剂项目	年产 1 万吨 ADC 发泡剂	12678	1999～2001
江奎集团全数字化高信息解压音频技术及产品 DVD 科技成果产业化项目生产线	建设 DVD、汇总软件开发室、旋转机芯及 DVD 装载机构及主板生产线	16759	1999～2001
正茂集团中速柴油机项目	年产 180 台中速柴油机技术改造	8800	2000～2002
谏壁发电厂 2×30 万千瓦发电机组	－	15600	2001～2005
太白集团化纤、造纸钛白粉项目	新建 1.5 万吨专用钛白粉生产能力替代进口	19600	2000～2002
焦化集团年产 6 万吨铝用预焙阳极生产线	引进法国生产技术及设备,改造阳极生产线	18000	2000～2002
江南化工厂年产 1 万吨固体草甘膦生产线技改项目	增添关键设备,新建一条生产线扩大生产能力	4200	2000～2001
索普集团年产 15 万吨醋酸项目	新增部分设备、新增 15 万吨能力	91937	2000～2002
镇江美驰轻型车项目	法国美驰公司独资生产汽车门锁、电控器升降器等零部件 100 万只	1000（万美元）	2000～2001
京阳水泥二期工程	新建 150 万吨水泥熟料生产线	106000	2001～2003
江奎集团年产 200 万只数字化视频光盘机（DVD）	引进 DVD 光头生产设备建立 DVD 光头实验室生产线	11200	2001～2002
国亨塑胶公司年产 11 万吨 ABSAS 苯粉项目	年产 11 万吨苯乙烯为原料的系列产品	2995（万美元）	2001～2002
鼎胜铝业 10 万吨铝带箔	－	102000	2001
大亚集团高密度纤维板项目	形成年产 20 万立方米高密板生产能力	55000	2001～2005
鼎胜铝业二期工程	建成年产万吨板材工程	19000	2005

第四节　工业管理

1983～2005 年,镇江工业企业注重企业管理,不断提升企业管理水平。

“六五”期间,镇江着重抓好全面整顿验收和基础管理达标,市直工业企业全部整顿验收达标,80%的企业通过七项基础管理验收。乡镇工业 1517 家企业通过整顿验收合格,734 家企业七项基础管理验收合格。1983 年,在全面推进厂长（经理）负责制基础上,成立镇江市厂长（经理）工作研究会,不断提高厂长(经理)管理企业能力。

“七五”期间,为适应产品市场竞争加剧形势,镇江工业企业着重抓好企业管理升级和全面质量管理,截至1990年,全市14家企业经提高质量、降低消耗、增加效益、安全生产等各项指标评审,被评为国家二级企业;47家企业被评为江苏省先进企业;2家企业被评为部设备管理先进企业;3家企业被评为档案管理国家二级企业。大中型工业企业均通过全面质量管理达标验收,6家企业获省、部级质量管理奖,42家企业获市质量管理奖。全市群众性质量管理活动蓬勃开展,镇江化工厂电解质量管理小组等6个质量管理小组荣获全国优秀质量管理小组称号,34个质量管理小组荣获省优秀质量管理小组称号,全市质量管理活动增加收益累计达1亿元以上。开展“红旗设备”竞赛,争创“红旗班组”活动,设备管理水平整体提高,全市职工技改小项目达121012项。原镇江地区和原镇江市企业管理协会合并,成立镇江市企业管理协会。原镇江市厂长(经理)工作研究会更名为镇江市企业家协会。

“八五”期间,全市工业企业以“质量、品种、效益年”和“转机制、抓管理、练内功、增效益”活动为龙头,广泛开展多种多样企业管理活动。1992年,全市工业组织质量降损和提高关键工序一次合格率活动,全年增益1000万元。1993年,全市工业企业加强设备管理,企业主要设备完好率达91.2%,设备故障坏机率0.97%,市直工业因此节约设备工时损失8.5万小时,相当于增加产值2900万元,节约工资、能耗等工时费用406万元。同年,全市工业企业贯彻ISO 9000质量管理系统标准,镇江接插件总厂元件五厂首家通过ISO 9000质量管理体系认证。1994年,在全市企业开展比、学、赶、帮、超活动,促进企业管理水平整体提高。同年,市经委、市三电办、市供电局对各县(市)区和市直工业部门提高产销率与压缩两项资金占用进行目标考核,并将考核结果与计划用电指标和用电负荷挂钩。同年,全市企业内部试行“活成本、死比例效益承包法”,利润上缴余额和“活成本”结余由承包车间、部门和经营单位自主支配。同年,全市工业系统开展“名牌战略”活动,市政府颁发《镇江市优质名牌工业产品推荐确认暂行办法》,成立名牌产品认定委员会,首批认定34家企业的35个产品为镇江名牌产品,“金山”牌镇江香醋等四个产品被评为江苏省名牌产品。1995年,全市75%的县以上工业企业学习探索现代化管理方法,共发表350项现代化管理成果,有83项获省级现代化管理成果奖,5项获省级优秀成果一等奖。取得直接经济效益1亿多元。恒顺集团、华东铝业、正茂集团、金河纸业被评为全国行业先进企业,4家企业获省现场管理先进企业称号。同年,全市万元工业产值能耗0.982吨标煤,比上年降低20%,万元工业产值原材料消耗降低2.88%,全年节煤、节电、节油、节水,合计价值达1.5亿元。

“九五”期间,全市工业企业积极探索适应市场经济要求的现代化管理方法,提升企业管理水平。1996年,全市开展“远学邯钢,近学华铝,全面提高企业管理水平”活动,强化资金、财务管理,提高企业资金利用率、产销率、成本利润费用率、资产保值增值率和全员劳动生产率水平。同年,市经委、供电局、三电办重新核实企业用电负荷数,对15个大型化企业重点设备和效益好的生产线,尽可能保证用电。1998年,市直工业开展“奋战100天,降本增效3000万”活动,13个行业降本增效4300万元。至1998年,全市近10万名企业干部、职工参加省计经委组织的全面质量管理知识培训和统考;63家企业获省、市质量管理奖,累计有63家企业通过第三方质量体系认证。12个质量管理小组获“国家优秀质量管理小组”称号;35个质量管理小组获“江苏省优秀质量管理小组”称号。全面质量管理工作开展以后,全市减少质量损失1.65亿元。同年,在国家、省质量监督部门组织的产品质量抽查中,合格率达80%。其中市直机械、轻工和句容市的质量监督抽查合格率100%。

1997年,国家经贸委将镇江作为联合国开发计划署小企业改革与发展项目国内唯一试点地。1998年4月,国家经贸委、联合国开发计划署、中国国际经济技术交流中心和镇江市人民政府在镇江举办转换小企业机制,建立小企业社会服务体系研讨会。同年12月,在镇江召开建立小企业信贷担保基金国际研讨会。1999年2月,镇江市成立市中小企业信用担保中心,筹集担保基金1154

万元。当年,先后为32家中小企业实施担保,办理贷款担保86笔,担保总额4450万元。《人民日报》、新华社、《经济时报》、中央电视台等30多家中央、省级新闻单位进行报道。国家经贸委举办研讨班、培训班介绍镇江经验,全国120多个城市及日本、英国、德国等国家政府派员前来考察。同年年底联合国开发计划署在北京主持召开镇江项目审评会,认为:镇江信用担保制度选题好,选时好,选点好。1999年,镇江在全国率先成立中小企业局暨中小企业服务中心。市中小企业信用担保中心等21个单位成为中小企业社会服务体系的首批组成单位。截至2000年底,联合国开发计划署小企业改革与发展项目3个试点目标基本实现。一是担保服务平稳推进。市中小企业担保中心规模2500万元,具有2亿多元担保能力,累计为56家中小企业提供235笔担保,担保总额2.1亿元,160笔1.2亿元到期贷款全部归还。二是服务体系实体化运作。加入体系的服务机构由21家增加到25家。市高新技术创业服务中心接收2户科技型中小企业进驻孵化,市恒信会计事务所为20户中小企业进行资产评估服务,市闲置设备调剂市场为小企业资产变现提供服务。三是制订《镇江市中小企业振兴纲要》。

"十五"期间,镇江工业企业普遍开展企业文化建设。先进的企业文化成为镇江企业改革和发展的精神支柱和动力源泉及核心竞争力的重要组成部分。索普集团、恒顺集团、省电建三公司、谏壁发电厂、镇江供电公司被评为全国企业文化建设先进单位,索普集团、恒顺集团在1999年和2005年两次被评为全国精神文明先进单位。电建三公司的"先行者文化"(电力是国民经济先行官,电建是电力发展先行官)获中国企业文化成果促进奖。索普集团以科学发展观为指导,创新提出绿(绿色化学工业园区)、蓝(深蓝宽容、海纳百川的发展氛围)、橙(时刻保持危机感,不断实现新发展目标)多色彩,广内涵,促发展的"索普文化"。谏壁发电厂的"树型"企业文化、路桥公司的学习型文化,中电电器、大全集团的"开放"与"和谐"文化等各具特色。2002年,联合国工业发展组织选择镇江作为中国工业供应采购配套合作交易系统唯一试点城市。成立镇江采购配套工业交易中心,为中小企业及时提供大企业、大集团的商品需求信息,推动和促进中小企业为大企业进行产品配套,建立合作伙伴关系,促进中小企业发展。同年,联合国开发计划署、国家经贸委和外经贸部联合在北京举办"中小企业国际论坛",推广镇江经验。

"十五"期间,镇江节能降耗、降本增效与环境保护结合取得新成效。截至2004年,全市实施重点节能技术改造项目120余项,年综合节能量达40万吨标煤。同年新增认定10家资源综合利用企业,资源综合利用产值5亿元,综合利用各类废渣220万吨。全年实施清洁生产方案289项,投资3亿多元,节电10.62亿千瓦/小时,节煤10.9万吨,节油11.2万吨,替代材料8000万吨,减排废水(液)123万吨,废渣4万吨,废气26万立方米。"三废"综合利用经济效益5200万元,综合效益2.5亿元。江苏索普集团、太白公司等30家企业被审核为清洁生产合格企业。2005年,镇江在全省率先开展节约型企业活动。10家试点企业节能产生经济效益超过3000万元,地区生产总值能耗1.8万吨标煤,比上年下降4.7%;综合利用产值8亿元,增长14.3%;利用固体废弃物400万吨,比上年增长5.3%;固体废弃物利用率91%,提高5个百分点;新墙体材料产量10亿块,占墙体材料总量的68%,黏土实心砖产量下降10%以上,节约能源4.7万吨标煤,节地110余公顷。全市有45家企业通过清洁生产审核。

第二章　工业体制改革

1979年,镇江选择市直7家工业企业,即大东造纸厂、油脂化学厂(镇江钛白粉厂)、前进印刷厂、制药厂、染织厂、林业机械厂、船舶修造厂进行扩大经营自主权试点,启动国有企业改革。1983

年，在总结试点经验基础上，在全市范围内全面推行扩大企业自主权改革。1986年，在全市推行以“两包一挂”（包上缴利润、包“七五”期间技术改造任务、职工工资总额与企业效益挂钩）为主要形式的承包经营责任制，同时改革企业内部分配、用工、干部三项制度。1992年，贯彻落实国务院《全民所有制工业企业转换经营机制条例》，把企业应有的经营自主权全部归还企业。同时由试点到全面推行增量股份制改造，启动现代企业制度建设为目标的改革。1996年，选择市直18家企业进行存量国有资产转让的股份合作制试点，国企改革深化至产权制度改革的“深水区”。2002年，推进新一轮产权制度改革，直至2005年新一轮产权制度改革全部结束。镇江国有企业基本实现从计划经济体制主体转变为社会主义市场经济主体的历史性跨越。国有资产管理体制也随之改革为由市国资委履行国有（控股）、国资参股企业出资人职责，实行权利、义务和责任统一，管资产和管人、管事相结合的新型管理体制。

第一节　国有企业经营机制转换

镇江国有企业转换经营体制改革始终以推进政企分离为主线，逐步实现国有资产的经营权与所有权相对分离，国有企业初步成为相对独立的自主经营、自负盈亏、自我改造、自我发展的市场经济主体。

一、扩大企业自主权

1983年，镇江市在全市工业、交通、商贸、建筑企业中全面推行扩大企业自主权改革，赋予企业在生产经营、产品销售、机构设置、资金运用、职工录用、拒绝摊派六个方面的经营自主权。同时，分两步走，在全市国营企业实行利改税改革，同年6月实行第一步利改税，做到税利并存。1984年，选择镇江钛白粉厂、蓄电池厂、液压件厂、合成纤维厂、纸浆厂、塑料厂、恒顺酱醋厂、半导体厂、印铁制罐厂、通用器材总厂10家企业首批试点推行厂长负责制。1985年实行第二步利改税，由税利并存过渡到完全以税代利，至此，全市国有企业由过去直接向主管部门上缴利润改为向国家缴纳实现利润55%作为所得税，税后利润与主管部门分成。

二、推行承包经营责任制

1984年3月，镇江市选择镇江钛白粉厂、恒顺酱醋厂、镇江液压件厂、镇江纸浆厂、镇江蓄电池厂、镇江塑料厂6家市直国有企业试行以“包、保、核”（包产量、保质量、核定费用）为主要内容的经济责任制。选择市钛白粉厂等10家企业首批进行工资总额与经济效益挂钩试点，企业工资总额随上缴利税增减而按一定比例增减，上不封顶，下不保底。1985年又在工业、交通、财贸、建筑企业进行第二批厂长负责制和工效挂钩试点，50家企业、39892名职工参加试点，其中国有企业36家、职工32392人，试点企业占国有企业总数12.8%。

1986年，在总结两批试点经验基础上，在全市推行以“两包一挂”为主要形式的承包经营责任制。与“包、保、核”相比，“两包一挂”在承包内容上，由单项承包完善为包上缴国家利润，包“七五”期间技术改造任务；在承包计奖上由单项计分计奖完善为职工工资总额与经济效益挂钩，承包期由一年延长为四年。同时，在工业、交通、商业、建筑企业中推广厂长（经理）负责制。1987年3月，镇江市委、市政府制定下发《镇江市全面推行厂长负责制的实施意见》以及关于实行厂长任期目标责任制、厂长任期终结审计制等一系列配套文件，使承包经营完善为厂长任期目标责任制，分别采用上缴利润递增包干，超收全留；利润基数包干，超收分成等承包经营形式。同年底，全市95%的县属以上企业实行厂长（经理）任期目标责任制，大多数企业实行党政“一肩挑”，进一步确立厂长（经理）在企业的中心地位，赋予厂长（经理）应有的责、权、利。1988年，为优化承包经营，抑制承包经营中“负盈不负亏”和短期行为，镇江试行面向社会招聘承包经营者，实行风险抵押承包。截至年末，33家企业面向社会公开招聘企业经营者，72家企业实行风险抵押承包。同时，对市纺织机械厂等4家小型工业企业实行租赁经营。

1990年，当年承包到期的大多数企业延长承包期两年；符合国家产业政策，企业生产经营比较稳定，且有重点改造发展前景的骨干企业，实行承包期为五年的新一轮承包。同年，全市实行“两包一挂”承包经营责任制及租赁承包的国有企业482家，职工14.9万人，分别占企业总数和职工总数的98.68%和98.77%；城镇集体企业605家，职工29.83万人，分别占企业和职工总数的94.98%和91.7%。承包经营激发国有企业发展的生机与活力。1986～1991年，全市全民、集体工业企业固定资产投资20.47亿元，新增固定资产9.02亿元，是“六五”时期的3.56倍。

1992年，镇江推荐八种改革模式供企业自主选择，使承包经营形式多样化，加大经营机制转换力度。八种模式是：“两包一挂”、放开经营、投入产出总承包、比照合资企业管理、利税分流税后还贷、扭亏目标责任管理、高新技术政策扶持、股份制。选择24家市直企业进行不同形式试点。其中放开经营14家；比照合资企业管理3家；运用高新技术政策扶持2家；投入产出总承包2家；扭亏增盈目标责任制3家。镇江化工厂、华东铝加工厂、路面机械总厂、韦岗铁矿分别列入省投入产出总承包、放开经营、特困扶持政策的试点企业；钛白粉总厂、接插件总厂等8家企业列入市级放开经营试点企业；毛巾厂、毛线厂、橡胶厂等企业进行委托代管、挂靠联等企业组织结构调整试点。同年1月，镇江化工厂等8家企业与主管局签订协议，成为全市首批“放开经营”试点企业。同年，市政府下达《认真贯彻“全民所有制工业企业转换经营机制条例”若干财务问题的意见》，实行多项措施扩大企业财务自主权，加速国有企业转换经营机制。企业各项经营自主权基本落实到位。钛白粉厂等8家列入市级放开经营试点的市直企业1992年实现产值、销售收入、利税分别比上年增长20.6%、30.2%、33.9%，实现利润比上年增长2倍以上。1995年，进一步抑制承包经营中“负盈不负亏”现象和短期行为，将承包考核集中于企业国有资产的保值增值。在市直14家大型化培育企业实行资产经营责任制试点，增强承包经营者资产经营责任意识，当年资产保值增值率达12%；市直35家中小企业的65个单位实行公有民营形式的租赁经营，共租赁资产3120.4万元，年上缴租金和风险抵押金827.6万元。

三、改革企业内部三项制度

在推行“两包一挂”承包经营责任制的同时，镇江国有企业内部三项制度改革同步启动，不断深化。

1. 改革分配制度　1986年，镇江市委、市政府总结推广镇江机床厂、镇江冶炼厂实行浮动工资的经验，在全省率先改革分配制度，全面推行企业内部浮动工资制，把工资和奖金捆在一起上下浮动。同年，市直244家全民、集体企业推行浮动工资制，实行工资浮动的职工人数占职工总人数的88.7%。1987年，进一步完善浮动工资制，市直企业中，产供销平衡的实行联产计酬；产品严重积压的，推行销售包干；经济效益好的企业试行工资总额和效益挂钩。企业内部实行计件或超定额计件浮动，超工时工资，岗位工资等工资制度。少数企业浮动工资占标准工资的50%，一般企业占20%左右。1990年，企业分配制度改革进一步深化。企业工资总额实行工效挂钩和工资总额包干制度。工效挂钩的形式有上缴税利、实现税收、实现利润、万元产值工资含量、实物工资含量、外贸创汇额、综合经济指标、提成工资、工资总额包干复合指标、工资浮动分档包干共11种，因企制宜实施不同挂钩办法。对利税大户的挂钩形式、比例一定几年不变，增强透明度；对亏损企业采取减亏浮动包干办法；对因客观因素或国家宏观调控措施导致平均工资下降较多的，则适时改变挂钩形式。1993年，对厂长（经理）试行规模效益工资。经营者工资由规模工资、效益工资、补充工资三部分组成，将厂长（经理）工资收入与企业经营规模和经济效益紧密挂钩，激发一批企业经营者当大企业家，创规模企业的积极性。同年全市利税达千万元以上企业31家，其中市直工业企业10家。企业职工一般实行岗位技能工资制，一些企业依据自身实际，实施组合结构工资制度、定额加奖励制度、计件工资制度等多种分配形式。同年，市直工业企业中实行岗位技能工资的企业46家，比上年增加2倍多。韦岗铁矿根据劳动强度、劳动环境、工作责任、技术要求4项指标，拟定岗位技能工资方案，把干部、工人原有的工资级别改变为岗位职务、技能、工龄3个工资单元，原来的奖金、津贴和补贴作为辅助工资单位，并把全矿145个工种划分为6个岗位序列，实行不同的岗位工资。井下6个岗位的工资同副矿长相同，奖金比正矿长还高，真正体现"在什么岗拿什么钱，干多干少报酬不一样"。1995年底，全市482家国有企业实行不同形式的工效挂钩，企业的效益工资由企业自主分配，企业自主决定工资制度、分配形式及增资条件、时间、对象等，实行新型分配制度的企业占国有企业总数的98.77%；职工14.94万人，占职工总数98.6%。至此，镇江国有企业告别八级工资制度和干好干坏一个样的"大锅饭"分配体制。"旱涝保收"的刚性工资转变为多劳多得、按劳取酬的弹性工资。

2. 改革用工制度　1986年，镇江选择冶炼厂、钛白粉厂、锚链厂等9家市直企业试点优化劳动组合，搞活固定工制度。

1987年，全市有238家县属以上全民、集体企业开展优化劳动组合为主要内容的用工制度改革，从上到下实行竞聘上岗，优者上、劣者汰，实现劳动者与岗位组合的优化，有力冲击干部能上不能下，工人能进不能出的旧观念，促进企业经济效益提高，职工收入相应增加。据对38家进行改革的企业抽样调查，改革前后相比：产值增71%，利税增51.9%。

1988年10月，江苏省政府发出《批转镇江市人民政府关于搞活固定工制度、优化劳动组合的情况汇报的通知》，向全省推广镇江经验，《人民日报》《解放日报》《文汇报》《新华日报》都以显著位置进行报道。截至1989年底，市区实行优化劳动组合的企业303家，职工11.4万人，占全民、集体职工总数的95%。未被组合上岗的富余人员3500人，占职工总数3%，通过发展第三产业，企业内部挖潜安置3260人，240人进入社会待业。

1991年11月，镇江市政府下发《镇江市企业全员劳动合同制试行办法》，并选择镇江冶炼厂等18家企业先行试点。1992年3月镇江冶炼厂召开实行全员劳动合同制签约鉴证大会，成为全市首家劳动管理法制化企业。同年底，全市实行全员劳动合同制企业33家，职工1.45万人，占市区职工总数的9.2%，未被签约的下岗富余人员，按照企业自行消化为主，社会协助安置为辅的原则，除办理厂内退养和厂内待业以外，基本由企业多渠道、多形式进行安置。

至1995年底，全市县以上工业企业中实行全员劳动合同制有2219家，劳动合同制工人33.3万人，占全市职工总数的98.2%。其中市区18个行业、505家企业，15万名职工全部实行全员劳动合同制，至此，镇江国有企业职工告别"国家职工"身份，成为"企业员工"；劳动岗位再不是"铁饭碗"，而是市场化的合同用工，企业依法实施合同化的劳动管理。

3. 改革企业干部制度　镇江始终坚持企业干部和工人同时参加改革，干部制度改革与劳动用工制度改革同步推进。优化劳动组合时，明确规定先中层干部后一般干部、先科室后车间，先干部后工人。1986年，镇江钛白粉厂率先在企业内部公开选聘干部，随之，市区195家企业实行干部竞争上岗的聘任制，中标的多数是原有中层干部，也有216名工人通过竞争被聘为企业中层，107名干部在竞争中落聘。实行全员劳动合同制时，明确取消企业内部干部身份，改任命制为聘用制。同时，按照老人老办法、新人新办法的原则与分配制度结合，新上任干部实行在什么岗位拿什么工资，享受什么待遇，彻底结束企业干部"终身制"。

第二节　现代企业制度建设

1992 年始，镇江市委、市政府在邓小平视察南方谈话和中共十四届三中全会精神指导下，总结承包经营中“负盈不负亏”“短期行为”的弊端，把国企改革的方向由承包经营责任制逐步转向推进股份制改造，探索建立“产权明晰、权责明确、政企分开、管理科学”的现代企业制度。从 1996 年开始，全市国有企业股份制改革进入产权制度改革的“深水区”。通过产权制度改革，企业获得法人产权，投资主体多元化，初步成为社会主义市场经济主体。

一、增量股份制

1992 年，镇江在国有和乡镇集体企业中选择 40 家企业进行股份制试点。一是把在外地投资联合经营企业改制为利益按股分红，风险按股分担的股份制企业；二是集团内部通过资产评估，把成员企业折价入股，建立股份制企业；三是职工参股的股份制企业。职工入股保息分红，股息不超过银行利息，分红不超过资金利润率，企业亏损按分红的同比例赔偿。1993 年 1 月，全市选择 325 家企业进行股份制扩大试点，主要形式：一是全额股份型，企业全部资产评估折股，转为股份，按持股确定董事会；二是存量转股型，部分资产折股卖给单位和个人；三是增量扩股型，依托现有企业，吸收增量股金。同年底，全市组建 6 家股份有限公司，股本总额 2.39 亿元；160 家有限责任公司，股本总额 3.9 亿元。股份有限公司由国有、法人、个人三方面持股组成。有限责任公司的组建方式主要：一是债权转股权。镇江冶炼厂、镇江汽车钢圈厂分别吸收辽宁、山东两地原材料生产企业债权转股权，不仅跨地区募集股本金 340 万元和 334 万元，而且，使原来的供销关系转变为利益共同体。二是联营变联股。接插件总厂、路面机械总厂等一批企业集团通过资产评估，把各个成员企业资产折价入股，组建股份制企业；镇江电视机厂、镇江印刷机械厂、镇江工艺美术厂等企业都有外地投资，实行联合经营，改制成为“利益按股分红，风险按股分担”的股份制企业。焦化煤气集团等企业把在镇江市乡镇举办的联营企业变为联股的股份制企业。三是内部职工入股。镇江太白集团等 25 家公司设立职工持股会，吸收内部职工入股。职工持股金额 4953 万元，占企业总股本的 7.9%；持股职工 18196 人，占所在企业职工总数 87%。1994 年，全市乡镇企业中的股份合作制企业达 1100 多家，股本总额 7 亿多元，部分企业将 30% ~50% 的产权转让给职工。同时，全市确定 21 家企业为省、市两级现代企业制度试点企业。其中工业企业 17 家。9 家企业列入省级现代企业制度试点，分别为市化工厂、市焦化煤气集团、华东铝加工厂、市接插件总厂、市钛白粉总厂、市冶炼厂、市纺织厂、丹阳棉纺织厂、句容金猴集团。选择恒顺集团、船山集团、全益集团、华讯有限责任公司、丹阳化肥厂、丹徒服装总厂、江苏通华电器厂、镇江变压器厂共 8 家工业企业进行市级现代企业制度试点。1997 年，列入首批省级现代企业制度试点企业的 9 家企业完成公司制改制，资产负债率从试点前的 72.2% 下降至 66.1%，分流富余人员 1847 人，分离社会职能单位 27 个。同年，又选择部分企业列入第二批省级现代企业制度试点。年底，第二批省级试点企业中有 13 家完成公司制改制。非试点企业也通过股份制和股份合作制，在促进企业制度创新上取得较大进展。全市工业企业中(含乡镇企业)设立股份有限公司 8 家；有限责任公司 1276 家；股份合作制企业近 2000 家，总股本近 10 亿元，其中职工股近 6 亿元。

二、存量转让式股份合作制

1996 年，镇江市 18 家市直国有企业试行存量转让式股份合作制改革。这次改革不仅吸纳增量资本，而且对存量国有资本在评估基础上，进行有偿出让。18 家试点企业分布在市直 11 个行业，改制账面总资产 4.48 亿元，总负债 3.56 亿元，资产负债率 79.4%。同年 10 月底改制基本结束。通过改制,募集资金2298万元,其中现金入股875万元。在国有企业存量资产清产核资基础上,以存量转让和增量配股形式,使单一的国有产权主体转变为内部职工持股为主的多元化的混合型资本结构。同年18家股份制试点企业销售收入比1995年增长15.6%;利税同比增长32.5%;其中实现利润171.8万元,同比增长28倍。同时,对1400家乡镇工业股份合作制企业在股权设置,利益分配等5个方面进行规范,进一步明晰产权,将改制中设立的企业股一步到位,全部量化到经营者和职工,将乡镇集体股部分或全部出让给经营者和职工,原则上总股本中个人股占50%,个人股中经营层占50%,经营层中企业法人代表占50%。职工股不付息,不退股,在一定范围内转让。

1996年镇江市直工业18家企业股份合作制试点情况表

表14-6

企业原名称	改制后名称	改制形式	股本总额(万元)	企业法人治理结构(人)		
				股东会	董事会	监事会
镇江精细化工厂	精细化工有限责任公司	有限责任公司	665.00	630	5	3
镇江生宝药业有限责任公司	生宝药业有限责任公司	有限责任公司	120.70	265	4	3
镇江光电元件厂	光电器件有限责任公司	有限责任公司	247.67	362	7	3
镇江汽车内饰件厂	立达纤维工业有限责任公司	有限责任公司	50.00	63	9	3
镇江液压件总厂	液压件总厂	股份合作制	250.00	500	6	4
镇江电机厂	电机厂	股份合作制	201.50	403	3	2
镇江第三制药厂	第三制药厂	股份合作制	150.00	252	5	3
镇江前进化工厂	前进化工厂	股份合作制	100.00	159	3	4
镇江光学仪器厂	光学仪器厂	股份合作制	72.60	237	2	3
镇江制革厂	制革厂	股份合作制	86.00	172	4	3
镇江塑料五厂	塑料五厂	股份合作制	86.10	270	3	3
镇江电子管厂	电子管厂	股份合作制	247.00	291	5	3
镇江轻机总厂	轻机总厂	股份合作制	265.00	470	4	3
镇江二轻机厂	二轻机厂	股份合作制	160.80	347	6	3
镇江硅酸盐厂	硅酸盐厂	股份合作制	70.00	121	4	3
镇江汽车配件厂	汽车配件厂	股份合作制	209.58	458	4	3
镇江配合饲料厂	配合饲料厂	股份合作制	31.20	70	3	3
镇江船舶电器厂	船舶电器厂	股份合作制	63.50	138	5	3
合计			3046.65	5396	83	49

1997年,全市选择14家企业进行第二批产权制度改革试点。分别是:江苏金益集团、江苏华通集团、北京电视机厂镇江分厂、镇江广播配件厂、镇江轴承厂、镇江电线电缆厂、镇江制刷厂、镇江纸箱厂、镇江水泥厂、镇江建筑机械厂、镇江针织厂、镇江豆食制品厂、镇江热镀锌厂、镇江氧气厂。针对18家股份合作制试点中出现的深层次矛盾(一是人人持股、平均持股,既没有刚性的风险约束,又缺乏产权动力;二是股份合作制运作缺乏法律依据;三是存量转让和增量配股结合的改制形式不适合大中型企业改制),第二批产权制度改革中,大中型企业按《中华人民共和国公司法》要求改制为股份有限公司、有限责任公司;中小企业因企制宜,可以是经营者和企业骨干控股,劳

动者持股;也可以存量折股方式进行资产重组。持股方式主要有:直接注资投股、还本租赁转股、量化配股赠股、分期付款参股、基金贷款入股等。同时,实行托管非生产经营性资产、核销呆账坏账、剥离闲置封存资产、抵扣职工社会保障基金等政策,让经营者买得起、用得上。1998 年,全市新组建江苏大亚股份有限公司等 6 家股份有限公司,截至年底全市累计组建股份有限公司 19 家,总股本 94094 万元。中小企业通过先售后股方式,改制为经营者和企业骨干控股、劳动者持股、全社会参股的股份制企业。同年,乡镇工业着力推进大中型骨干企业产权制度改革,明确规定对企业资产要根据原始资本投入和劳动创造资产的实际情况明确产权归属,划出一部分配给职工,职工以一定比例现金与之配股,鼓励企业法人买下企业。同年,县属企业和乡镇企业全部以先售后股形式进行产权制度改革,市直对 1996 年试点改制的 18 家股份合作制企业通过经营者和企业骨干收购职工股改制为经营者持股为主的股份制企业。

截至 2000 年,全市设立股份有限公司累计 20 家,股本总额 10.89 亿元,总资产 31 亿元,净资产 16.6 亿元。市直 34 家国有大中型企业中 23 家进行改制,改制面达 67.6%。市直中小企业从 121 家减少到 90 家(合并 5 家,4 家破产,22 家停业)。其中 65 家进行改制,改制面达 72.2%,改制企业股本总额 97310 万元,其中吸收增量股本 42022 万元(其中吸收职工股 4358 万元)。改制企业中,有限责任公司 40 家,占 61.5%;股份合作制企业 11 家,占 16.92%;中外合资企业 14 家,占 21.54%。40 家企业进行产权转让,占改制企业的 61.35%,其中国有资本全部退出的企业 14 家,经营层控股、经营者持大股企业 14 家。2001 年,市政府撤销市直各工业行业主管局,改为行使行业国有资产经营、管理、监督职能的行业资产经营公司。在工业管理体制上,初步实现政企、政资分开。

三、产权制度改革

2002 年,全市市直企业推进新一轮国有企业产权制度改革。提出六个到位的改革目标:国有企业产权明晰到位;职工身份置换到位;债权债务落实到位;公司改制规范到位(大型企业尽量减少国有股持股比例,中小企业国有资本全部退出);产权改制与职工身份转换同步进行,经营机制转换到位;各类手续变更到位。同时,制定系统完善的政策文件,使改革操作有据可依,有序推进,确保国有资产流动不流失。明确 1996 年后实施产权制度改革的企业,也要参加新一轮产权制度改革,按要求进行完善。同年,市直工业完成 30 家企业产权出让,涉及资产总额 11.22 亿元,负债总额 9.53 亿元,净资产 1.69 亿元,土地面积 97 万平方米,职工 13257 人,其中离退休职工 4250 人。通过产权出让,共获出让收益 4000 万元,7482 名职工身份置换后于改制企业就业,1525 名职工内部退养(企业改制时,距离法定退休年龄不足 5 年或工龄满 30 年以上者,经本人申请,改制企业在与其签订无固定期合同的同时,签订"企业内部退养协议",参照退休费标准发给生活费,企业按规定缴纳各项社会保险费)。或实行协保(企业改制时,距离法定退休年龄不足 10 年或工龄 25 年以上者,经本人申请,在与原企业解除劳动关系的同时,由改制企业与其签订"协保"协议,保留社会保险关系,按时缴纳养老和医保)。

2003 年,镇江市委、市政府出台《关于国有大中型骨干企业产权制度改革的实施意见》,要求大中型骨干企业以做大做强为目标,引进战略合作者,建立多元持股的混合型产权结构。同时下达《关于改制企业劳动关系调整的补充意见》《关于切实做好企业中劳动关系调整和经济补偿金量化保全工作的意见》,形成更加周密的政策体系。同年,市直工业完成 32 家企业产权出让,涉及资产 48.78 亿元,处理不良债务 4.73 亿元,偿还各类保险及职工欠薪 1.21 亿元,获得产权出让变现收益 7150 万元,吸纳民资和外来资本 12.7 亿元,分流安置职工 2541 人。江奎集团、焦化煤气集团两家国有大型企业完成改制重组。

2002 年与 2003 年的企业改制中,注重规范操作,提高操作透明度,形成"一招标、双监督、三公开、四确保”的特色。“一招标”就是从选择资产评估机构开始，直至产权交易完成，对所有改制操作环节，能招标的尽量公开招标，实行阳光操作，面向社会，公开竞争，有条件企业的国有产权出让，一律实行公开竞拍。“双监督”就是从改制开始，企业产权管理部门和纪检、监察部门全程介入共同监督。“三公开”就是企业资产评估结果，出让资产底价，资产公开招标结果都要在企业内部张榜公示。“四确保”一是改革方案设计和具体项目组织实施必须提交职代会审议，确保职工知情权；二是在改制方案中明确职工身份置换与安置条款，并在产权出让合同中明确，确保职工身份置换的经济补偿权；三是改制企业及时足额缴纳各类社会保险，补发职工欠薪，偿还各类集资。2003年，仅清欠、补缴、预缴改制、破产企业职工和离退休人员医疗保险费即达2679万元，120家改制、破产企业的7.58万名职工和离退休人员的医疗保险关系得到接续；四是改制企业必须以优质资产对职工劳动关系转换预留的资产实行保全，确保预留资产安全可靠。2003年，59家企业在市产权交易中心完成竞标出让。其中46家企业采用招标投标方式；13家企业采用拍卖方式，实际成交5800万元，溢价近2000万元。市建材机械厂出让底价60万元，通过竞标以160万元价格出让，建材供销公司负资产154万元，以20万元底价竞拍，以152万元价格成交，20名职工全部由资产承让人吸纳就业。

2004年，镇江市委、市政府规定改制企业必须建立规范的改制档案，并根据产权出让各个环节的规范要求，制定建档的各项细则。全市锁定121家需要建档立卷的改制企业（含工业、商贸、交通、建设、外贸等系统企业）。同年5月，市各改革办公室组织若干检查验收小组，对企业建档工作逐家进行达标验收。截至年底，121家企业完成职工经济补偿金量化计算，并与职工签订量化协议，健全建档的各项基础工作，其中85家企业完成建档工作，并使用土地、房屋、设备、股份等3.29亿元资产对2.41亿元预留补偿费用办理资产保全。

2005年，全市按62条具体验收标准，对139家改制企业进行验收，135家企业验收合格，合格率达97.12%。其中122家企业改制档案完备，符合规定要求，进入市档案馆永久保存，占验收合格企业的90.37%。到2005年底，历时三年多的新一轮国企改革实施到位。全市148家国有、集体企业进行产权出让改制，其中重点骨干企业6家，中小企业142家。对43018名改制企业职工调整劳动关系，其中38186名职工与改制企业签订合同重新上岗，占职工总数的83.4%。签订5年以上合同的比例达68.5%。3788名职工通过内退、协保得到妥善安置，占职工总数8.3%。3803名职工解除或终止劳动合同，领取经济补偿金（一年工龄补偿一个月工资），走向社会自谋职业，占职工总数的8.3%。共落实银行债务28.74亿元。引进市外企业32家，引进增量资金21.2亿元。改制企业累计投入技改资金15亿元以上，实施千万元以上技改、扩建项目超过40个，开发新产品2600个，改制后企业的销售、利税比改制前平均增长37%和48%，职工收入平均增长15%以上。同年12月，在全省率先成立市国有资产监督管理委员会，全市国有企业、国有资金控股、参股企业由市国资委履行出资人职责，实行权利、义务和责任相统一，管资产和管人、管事相结合的新型管理体制。

2000～2005年镇江市直工业企业改制情况表

表14-7

单位名称	改制时间（年）	职工人数		评估核准确认数		土地（万元）	拟转让净资产（万元）	转让底价（万元）	成交价（万元）
		在职（人）	离退（人）	资产（万元）	负债（万元）				
镇江影剧服装厂	2000	307	70	631.72	–	–	–	–	126.34
镇江搪瓷总厂	2000	744	318	23.94	–	–	–	–	5.00
镇江制刷厂	2001	397	130	31.42	–	–	–	–	6.27

续表 14-7

单位名称	改制时间（年）	职工人数		评估核准确认数		土地（万元）	拟转让净资产（万元）	转让底价（万元）	成交价（万元）
		在职（人）	离退（人）	资产（万元）	负债（万元）				
镇江金马实业公司	2001	121	-	-189.54	-	-	-	-	0.50
镇江轴承厂	2002	670	348	4773.62	5070.25	755.26	350.65	80.00	120.00
镇江跃进机械厂	2002	410	186	1270.97	1565.28	1019.17	-21.70	100.00	100.00
镇江京江发动机厂	2002	481	8	3572.25	7121.43	2330.98	-911.00	20.00	108.00
镇江菊花线缆公司	2002	403	217	2854.93	3456.93	812.68	-696.23	20.00	24.00
镇江环保设备厂	2002	234	135	669.35	1869.56	561.62	-606.03	5.00	5.00
镇江二轻机厂	2002	286	193	1943.05	2453.88	496.88	-411.73	5.00	5.00
镇江皮革制鞋厂	2002	633	356	165.90	240.77	537.04	38.17	7.64	38.00
镇江锁厂	2002	403	196	1244.33	1507.36	579.31	189.83	50.00	50.00
镇江家具厂	2002	225	136	992.98	1716.53	590.40	-184.09	-	331.00
镇江金钰公司	2002	-	-	-	-	-	-	-	13.50
镇江荧欣公司	2002	-	-	-	-	-	-	-	10.00
镇江农药厂	2002	439	224	4278.06	3567.17	413.56	801.82	160.36	160.36
镇江前进化工厂	2002	154	86	965.86	319.56	-	647.56	129.51	129.51
镇江硫酸厂	2002	441	133	5289.61	355.45	1640.00	2848.40	569.68	570.00
镇江磷肥厂	2002	332	402	2864.46	4890.06	2180.93	276.96	55.39	56.00
镇江江扬药业公司	2002	73	-	1185.00	1734.00	400.00	-600.00	-	0
镇江牛奶公司	2002	295	198	1634.68	1719.59	3365.81	2994.36	898.31	900.00
镇江金象照明公司	2002	-	-	-	-	-	股权转让	-	3.00
镇江货运公司	2002	369	420	840.00	757.00	803.00	54.00	-	0
镇江汽车铸件厂	2002	483	189	1565.61	1303.36	74.48	468.39	95.00	101.50
镇江新虹电子公司	2002	24	-	343.00	427.00	-	股权转让	-	0.50
镇江华诚电子公司	2002	15	-	2305.00	2199.00	-	股权转让	-	40.00
镇江华强电子公司	2002	5	-	226.00	153.00	-	股权转让	-	5.00
镇江脱粒机厂	2003	370	282	2419.44	5888.09	915.04	-2444.91	8.00	16.00
镇江煤专厂	2003	601	363	1642.26	5303.23	1321.95	-583.34	40.00	82.00
镇江印机厂	2003	445	174	359.83	705.04	1033.32	-642.96	12.00	12.00
镇江华强化工公司	2003	38	20	29.97	94.68	363.26	274.67	60.00	60.00
镇江橡胶厂	2003	232	164	835.29	1041.29	617.90	471.31	100.00	118.00
镇江合成建材厂	2003	98	54	260.50	785.26	292.70	-667.79	23.00	23.00
镇江精细化工厂	2003	621	404	9064.34	14116.49	958.20	-4473.26	3.00	6.00
镇江医药采购站	2003	616	247	3858.56	1853.56	1693.29	-3402.10	175.00	358.00
镇江罐头食品厂	2003	413	464	1387.69	7688.20	1406.70	-708.41	20.00	50.00
镇江展销馆	2003	432	67	5222.86	4896.17	1151.05	1011.21	202.24	222.00
镇江二轻东门商店	2003	72	12	150.27	41.25	74.10	143.24	44.00	44.00

续表 14-7

单位名称	改制时间（年）	职工人数		评估核准确认数		土地（万元）	拟转让净资产（万元）	转让底价（万元）	成交价（万元）
		在职（人）	离退（人）	资产（万元）	负债（万元）				
镇江塑料原料厂	2003	7	20	179.85	199.92	–	–46.73	1.00	–
镇江玻璃厂	2003	337	382	3189.90	6582.62	–	–2020.67	10.00	10.00
镇江建机厂	2003	282	118	1357.75	1895.51	605.67	–57.55	60.00	160.00
镇江建材供销公司	2003	20	9	290.12	474.16	106.08	–154.00	20.00	152.00
镇江韦岗铁矿	2003	1413	420	7011.60	10685.91	5148.54	–37.80	92.00	92.00
镇江水泥制品厂	2003	395	142	52.35	–	2294.25	1078.36	324.00	324.00
镇江无线电厂	2003	1026	470	19467.71	15482.21	–	457.96	300.00	338.00
镇江无线电专用设备厂	2003	319	196	1484.92	1613.20	635.32	5.37	20.00	40.80
镇江黑五类食品厂	2003	62	–	2729.43	1806.77	–	243.40	45.00	45.00
镇江肉联厂	2003	642	492	6190.03	8749.56	311.31	–438.87	12.00	26.00
镇江儿童食品厂	2003	36	–	85.03	703.66	48.92	–546.58	1.00	1.00
镇江京友窗帘厂	2003	44	1	4962.50	4483.75	–	98.44	20.00	20.00
镇江商业制冷设备厂	2003	186	101	620.54	2705.42	1005.18	–1989.54	3.00	3.00
镇江食品厂	2003	245	217	1625.72	3944.88	–	–2783.61	2.00	2.00
镇江海运公司	2003	172	132	2767.21	3682.55	–	–949.21	5.00	11.00
镇江丁卯热电厂	2003	192	–	2699.44	1909.77	802.13	1524.44	436.00	875.00
镇江能源物资公司	2003	21	–	725.53	639.10	–	27.31	8.20	8.50
镇江纺站	2004	272	118	5236.38	8173.17	1795.13	–1173.04	50.00	185.00
镇江华通公司	2004	1466	1117	9303.35	7069.67	3072.58	4469.20	1450.00	1450.00
镇江江天汽车运输公司	2004	2571	1132	29631.55	21038.17	6859.03	5974.36	1200.00	1200.00
镇江船厂	2004	983	616	22009.69	21201.74	2616.91	2547.87	510.00	1042.00
镇江特种合金厂	2004	132	137	1092.98	848.69	1182.38	702.46	210.73	210.73
镇江河海实业公司	2004	339	524	3797.92	4296.10	567.41	–1523.21	5.00	5.60
镇江长江运输公司	2004	584	357	2515.90	2074.18	221.98	–1226.56	5.00	6.00
镇江接插件总厂	2004	1987	952	20701.15	30496.41	3164.87	–4931.58	40.00	41.00
镇江电容器厂	2004	404	237	4896.79	6487.99	545.07	–1637.57	8.00	8.00
镇江半导体厂	2004	363	421	1480.64	3332.14	471.32	–1635.20	30.00	30.00
镇江塑料三厂	2004	131	155	2089.00	2602.45	270.34	–899.98	10.00	10.00
镇江科学仪器厂	2004	37	5	137.33	106.17	176.69	165.94	60.00	121.00
镇江制革厂	2005	–	–	1258.49	3132.62	1371.48	–591.47	5.00	10.20
镇江家具厂	2005	–	–	1108.12	1811.60	677.57	–665.48	20.00	–
镇江利君制药厂	2005	–	–	9954.27	11110.12	–	–232.50	8.00	–
镇江太白集团	2005	–	–	16282.40	9819.25	6242.62	3755.62	3004.49	3004.49
镇江江南化工厂	2005	–	–	25290.82	25439.01	4040.28	1264.96	758.97	758.97
镇江索普集团	2005	–	–	326031.2	252245.66	–	–	5000.00	–

说明:2001 年市直工业改制企业尚有镇江液压件总厂、镇江硅酸盐制品厂、镇江氧气厂、镇江电磁设备厂、镇江玩具厂、镇江金象照明有限公司、镇江船舶电器厂、镇江古洞热镀公司,改制内容主要为股权结构调整

第三节　调整重组国有经济结构

在国有企业改革中，镇江运用市场化的生产要素吸纳集聚方式，拓宽国有企业集聚增量资本渠道，推进国有企业存量资本的重组优化。

一、横向经济联合

20世纪80年代初，镇江一批优势企业突破“三不变”（所有制不变、行政隶属关系不变、财政解缴渠道不变）桎梏，通过划归转让、投资购买、有偿转让等形式兼并市内弱势企业。截至1985年，市直企业累计实施30对企业兼并，被兼并企业37家，盘活存量资产3800万元。全市以龙头产品为核心的经济联合体有171家，其中市通用器材总厂、市液压体总厂、镇江汽车制造总厂、市接插体总厂等成为紧密型联合体。

1986～1990年，在市内兼并重组的同时，发展跨地区、跨所有制的“挂、靠、联”，广泛吸纳集聚市外的生产要素。全市有95家企业与9省、13市、6县的110家企业，29所大专院校、科研单位及国家5个部门开展横向经济联合。比较大的有：市电视机厂与北京牡丹电视机集团联营，市机床厂与汉中机床厂联营，首钢有偿兼并镇江船舶公司，焦化厂与香港金钟有限公司合作生产铸造焦，上海、南京、武汉、扬州的17家企业、科研单位加盟恒顺集团等。镇江化工企业工贸集团、镇江水泥企业集团等集团的优势产品通过扩大联合生产，增长幅度都在50%到90%之间。1990年，镇江市政府制定优惠政策，引导优势企业加大兼并力度，促进企业联合和企业集团组建。一是对具有一定规模的企业集团（如汽车、惠通集团等）进行计划单列和放开经营试点；二是实行集团总承包，并在投资、信贷、技改、新品开发等方面给予优惠；三是完善集团领导体制和经营管理机制，建立、健全集团（联合体）生产、经营、科研、开发、信息、服务和资金调剂等综合配套功能。同年，全市171家经济联合体，共引进资金2000余万元，实现工业产值占全市工业产值26.4%，实现利税占全市40%。其中企业集团29个。集团职工总数2.79万人，占全市职工总数11.8%；固定资产总值3.59亿元，占全市的12.3%；工业总产值6.18亿元，占15.8%；上缴利润3063.07万元，占14.3%。市属20个工业企业集团核心层企业的经营资产平均增加20%以上。

1994年全市组建市级以上企业集团70个，其中省级集团31个，市级集团39个，省级集团中市直工业有正茂、华铝、索普、太白、金益、恒顺、船山、精机、华通、惠通10大省级集团；市级集团中，市直工业有金威、飞驰、金环、辉煌、飞亚、药业、华讯、江奎、通用、焦化10大市级集团。市直工业的20个集团联合市内外441家企业，产、销、利分别占市直工业总量的32.3%、43%和59.8%。

1997年，全市通过参股、控股方式组建资本联合的企业集团135家，其中省级以上集团79家分布于：市直12家，丹阳市16家，扬中市31家，句容市10家，丹徒县5家，京口区3家、润州区2家。全市集团年销售额超5亿元的有5家，龙山鳗业年销售60亿元。集团资产超10亿

上海證券報
SHANGHAI SECURITIES NEWS
今日导读
占尽天时地利　铸造索普辉煌
江苏索普化工股票隆重发行
股票名称：江苏索普　sopo　申购代码：730746
天时：原材料化学工业，地方经济支柱产业
尽享国家和地方产业政策扶持
地利：北凭长江，东依运河，南临沪宁铁路
化工部规划院誉为发展重化工的“黄金地段”
辉煌：集团公司十年资产扩充十倍，效益增长十二倍
“九五”期间更有惊人发展

图14-2　1996年8月26日《上海证券报》刊登的“江苏索普化工股票隆重发行”的消息

元的 2 家,龙山鳗业资产 22 亿元,索普集团资产 10 亿元以上。

二、企业上市

20 世纪 90 年代以后,镇江企业积极探索多渠道上市,通过资本市场直接融资。1996 年 9 月 18 日,索普股份有限公司股票在上海证券交易所挂牌上市,成为全市首家社会公众股上市公司。截至 1997 年底,全市共有 6 家企业(其中工业企业 5 家)的股票、股权证在不同市场流通。

1997 年镇江市股票(股权证)上市流通工业企业表

表 14-8　　单位:万股

企业名称	流通股票(股权证)	交易机构
索普股份有限公司	2362	上海证券交易所
大海股份有限公司	2007(含 1997 年 800 万配股)	淄博自动报价系统
钛白粉股份有限公司	800	淄博自动报价系统
医药精包装股份有限公司	960	江苏省产权交易中心
天工股份有限公司	998	江苏省产权交易中心

1999 年,国家证监会清理场外交易,除索普股份有限公司股票以外,镇江其余企业的股权证停止交易,退出市场。当年 3 月,江苏大亚 8000 万公众股在深交所上市发行,企业募集资金 5 亿元。至此,镇江有索普、大亚两个上市公司,此外,江奎参股江苏宏图上市,共募集资金 6.6 亿元。2001 年 2 月,恒顺股份有限公司 4000 万社会公众股在上交所上市交易,募集资金 2.84 亿元。同年 3 月,索普股份有限公司完成增资配股,配股 1368.6 万股,每股配价 5.8 元,募集资金 5000 万元左右。2003 年 12 月 15 日,嘉新京阳水泥 2.86 亿 H 股在香港联交所上市,发行价 1.48 港元/股,公司募集资金 3.45 亿元。至此,镇江累计有 3 家国内主板上市公司,1 家香港主板上市公司,累计募集资金 13.75 亿元。2004 年 6 月,江苏长江集团在南京注册的因泰莱公司在香港创业版上市与大港股份有限公司在国内主板上市都获得国家证监会发审会议通过。

三、存量资本重组

1996 年,集中实施百家企业资产重组工程。实行"地区不分国内国外,对象不限国有私有,行业不限业内业外,产品不限量大量小"的"四放开"方针,通过三条渠道推进重组。一是骨干企业"举旗当帅",对中小企业扩张重组。索普集团 1996 年上市以后,先后兼并 5 家小企业,实现低成本扩张,强化竞争优势(1999 年与重组前的 1994 年相比,集团的工业产值、销售收入、实现利润都增长 4 倍以上)。二是与大专院校、科研所挂钩,通过吸收技术入股、专利折价入股等方式,实现以科技为纽带的重组。全市有 170 家企业成为科技成果转化基地。江奎集团以资产重组方式与东南大学联合开发 CD、VCD 等新产品,迅速占领市场。三是负债率高,有发展潜力的企业跨地区"找帅当兵",460 多家中小企业挂靠国内外大企业。华通集团利用产品优势与洛阳拖拉机集团组建镇江华晨华通路面机械公司,洛阳拖拉机集团注入 2500 万元资金,迅速扩大市场,销售增长 41%,企业扭亏增盈,实现利润 819 万元。同年,市属工业有 23 家企业(项目),约 3.2 亿元资产重组优化,形成市属 15 家大型化企业,实现产值 29 亿元,销售 33.3 亿元,利税 2.85 亿元,分别占市属工业 36.3%,47.6%、114%。1997 年,市直工业实现 72 个重组项目。涉及 86 家企业,79.61 亿元资产,7.83 万名职工。一是靠大靠外重组,镇江味精厂借山东菱花集团资金、技术、品牌重新启动停产 4 年、投资 2600 多万元的谷氨酸项目,上半年实现利润 134 万元。二是存量转换重组。华通公司出让所属机械配件厂 1.87 公顷土地使用权,所获 1700 万元全部投入路机扩产改造,使路机产值跃升为占公司总产值 70%,利润是上年同期 9.5 倍。三是要素互补重组。市第二制药厂利用利血生产品与原料厂组建新经济组织。电子电镀厂破产资产经公开拍卖转让给电子中专,使闲置 5 年的厂房重新发挥作用。通过重组,逐步使市区工业企业四分之一就地改造,提高水平;四分之一退城进区,扩建改造;四分之一搬迁位移,拓展空间;四分之一关停并转,腾笼换鸟。1998 年,镇江市政府开展"重组百家企业资产"和"组建百亿龙头企业"的"双百工程"活动。采用授权、兼并、收购、委托经营等改制方式,加速规模企业的低成本扩张,索普、华罐等 10 家企业先后凝聚联合 47 家企业,资产规模增加 7.23 亿元。市直工业完成十大重组项目。分别是:镇江新型建材总厂划拨入索普集团;港口电厂划拨进入焦煤集团;中药厂划拨进入药业集团;江奎参股宏图高科,以及印铁制罐与海南恒泰,儿童食品厂与广西黑五类,制药厂与西安制药厂,汽车制造厂与跃进集团,光电元件与北京华明,蓄电池厂与江苏佳友的产权嫁接等。十大项目重组存量 5.37 亿元,吸收增量 1.48 亿元。

国有经济结构的重组优化,有效改变全市工业生产"小产业、小企业、小产品、低水平、低效益"的落后面貌,截至 1999 年,市属企业累计实施各类重组项目 145 个,重组资产 181 亿元,42 家规模骨干企业先后组合中小企业 200 多家,其中市直 15 家大型企业联合兼并企业 125 家,总资产达 68.8 亿元,销售、利税分别占市直工业总量的 49.2%、100%。全市国有企业中有 70 家达到国家大中型企业标准。

四、拍卖中小企业

镇江市拍卖中小企业在全国领先。1994 年 1 月,继 1993 年 8 月成功拍卖 8 家小型商业企业后,敲响省内拍卖工业企业第一槌。镇江磷肥厂(2 个项目),镇江德隆制衣厂(3 个项目),镇江精细化工总厂(1 个项目)、镇江无线电器材厂、镇江毛巾厂等 7 家企业的 11 个项目参加拍卖,5 家企业的 6 个项目成交,总成交 3588 元,比国资部门评估价增值 511 万元。4490 名职工得到安置。精细化工总厂染料分厂通过竞拍以远远高于 100 万元起拍价的 1800 万元成交。同年 12 月,第三次拍卖 9 家企业,敲槌成交 4 家,总成交 3430 万元。1996 年 1 月,第四次拍卖 14 家企业的 15 个项目。三个项目成交,共有 1.98 万平方米土地使用权和 1.6 万平方米建筑产权分别以 4100 万元、1200 万元、326.8 万元成交,总成交 5626 万元。至此,累计四次拍卖活动,有 37 家企业的 43 件拍品参拍,成交 22 项,总成交 13474 万元。

五、劣势企业破产

1995 年 12 月,镇江化工机械厂宣告破产案审结,成为全市首家破产的国有企业。1996 年,市政府制定《关于破产试点中若干问题的处理办法》,加大劣势企业破产力度,同时,为微电子公司等 29 家企业办理关闭批文,其中工业企业 19 家。截至 2001 年,市直工业系统破产企业 20 家,资产总额 23684.93 万元,负债 60230.6 万元,债务合计 95867.97 万元。

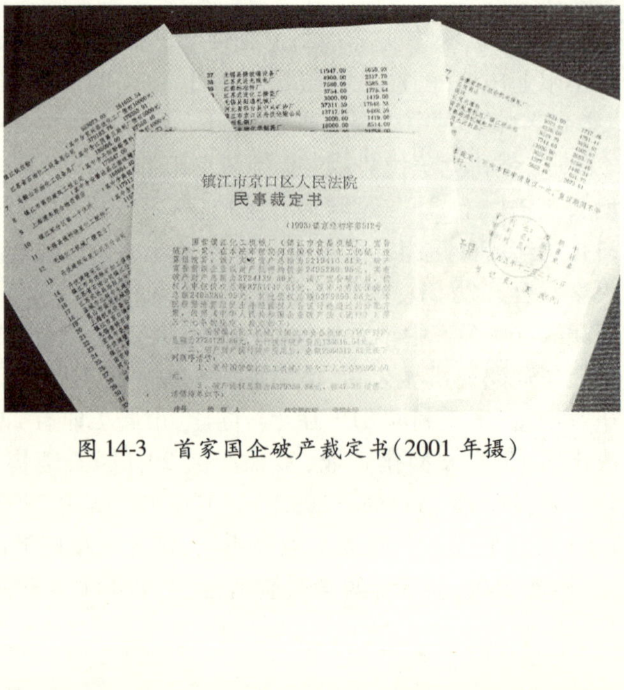

图 14-3　首家国企破产裁定书(2001 年摄)

1995～2001 年镇江市直工业系统企业破产情况表

表 14-9

企业名称	隶属行业	实施完成时间	资产负债情况（万元）			人员（人）		
			资产	负债	负债率（%）	合计	在职	离退休
镇江化工机械厂	机械	1995.12	225.93	1167.6	517	-	-	-
镇江电子电镀厂	电子	1996.9	313	805	257	110	110	-
镇江面粉厂	粮食	1997.4	619	2422	391	343	229	114
镇江长江机械厂	机械	1997.5	51	483	947	120	100	20
镇江医疗器械厂	化工	1997.4	108	319	295	74	58	16
镇江塑料二厂	轻工	1997.9	722	1868	259	415	271	144
镇江线路器材厂	轻工	1997.9	469	2353	502	99	71	28
镇江电热炊具厂	电子	1998.9	228	408	179	29	27	2
镇江电磁线厂	轻工	1998.12	654	1471	225	555	293	262
镇江京润麻纺厂	纺工	1998.12	518	3141	606	479	477	2
镇江东风水泥厂	煤炭	1998.12	3924	8551	218	1878	548	1330
镇江钢厂	冶金	1999.10	3737	7651	205	321	220	101
镇江二药厂	化工	1999.10	4030	7265	180	663	546	117
镇江彩印厂	轻工	1999.9	984	2793	284	421	309	112
镇江轧钢厂	冶金	2000.10	4079	7689	189	699	595	104
镇江立新化工厂	化工	2000.11	675	3450	511	561	350	211
镇江铸钢厂	冶金	2000.9	1713	4699	274	938	667	271
镇江电机厂	机械	2001	635	3695	582	450	261	189
镇江面食制品厂	粮食	2001	-	-	-		-	-
镇江谏壁船厂	船舶	2001.11	-	-	-	-	-	-

2002 年开始的新一轮产权制度改革中，进一步加大劣势企业破产力度，截至 2005 年，累计破产市直工业系统企业 66 家。

2002～2005 年镇江市直工业系统企业破产情况表

表 14-10

企业名称	资产变现合计（万元）	土地（含厂房）变现（万元）			其他资产变现（万元）	可供分配资金（万元）	人员分流（人）		
		合计收入	企业收益	政府收益					
	A＝C＋E	B	C	D	E	F	合计	解除合同	定补协保
全市合计	64531	77407	47925	29482	16606	41845	14382	6385	7997
轻工小计	34147	31601	23024	8577	11123	25701	7487	3166	4321
塑料五厂	1535	0	-	-	1535	1390	293	98	195
全通塑料公司	18	0	-	-	18	18	23	23	0
轻工供销公司	0	0	-	-	0	0	40	9	31
塑料电线厂	1125	0	-	-	1125	1125	181	50	131

续表 14-10

企业名称	资产变现合计(万元)	土地(含厂房)变现(万元)			其他资产变现(万元)	可供分配资金(万元)	人员分流(人)		
		合计收入	企业收益	政府收益					
	A = C + E	B	C	D	E	F	合计	解除合同	定补协保
保达公司	0	0	–	–	0	0	2	1	1
塑料十厂	152	0	–	–	152	152	39	19	20
美坡家具厂	3	0	–	–	3	3	18	7	11
浆纸公司	119	0	–	–	119	119	8	7	1
金山制罐厂	55	0	–	–	55	55	55	55	0
轻工生资公司	0	0	–	–	0	0	7	7	0
塑料四厂	1826	1771	1073	698	753	1421	431	125	306
辉煌集团	536	0	–	–	536	238	0	–	0
四达公司	887	234	234	–	653	374	45	30	15
泉隆渔网公司	32	0	–	–	32	32	12	12	0
来摩登公司	30	0	–	–	30	30	36	36	0
振兴塑料厂	0	0	–	–	0	0	63	2	61
滤清器厂	1184	1050	1050	–	134	779	309	121	188
瓷厂	1201	1114	1114	–	87	571	112	16	96
轻机厂	2949	2795	2795	–	154	688	382	159	223
文教用品厂	1380	2459	1380	1079	0	175	140	31	109
帽厂	0	0	–	–	0	117	199	45	154
火柴厂	1561	2361	1561	800	0	1902	359	185	174
轻工广告公司	101	0	–	–	101	13	15	7	8
大方印铁厂	30	0	–	–	30	30	140	15	125
金山搪瓷厂	3353	7032	3225	3807	128	7160	478	163	315
味精厂	123	119	119	–	4	41	31	10	21
永高公司	259	39	23	16	236	55	54	33	21
菱花味精厂	1951	2152	1350	802	601	1470	183	100	83
五金公司	1424	2507	1374	1133	50	2557	246	70	176
前进印刷厂	1000	1000	1000	–	–	324	422	190	232
通用器材厂	379	509	379	130	–	–	865	384	481
电业器材厂	1285	1280	1280	–	5	796	256	106	150
纸箱厂	1905	1440	1440	–	465	1240	369	185	184
金益集团	1487	1218	1218	–	269	221	781	388	393
化工股份公司	1267	0	–	–	1267	240	–	–	–
精细公司	1344	1290	1290	–	54	–	–	–	–
高翔公司	1990	417	417	–	1573	1113	206	141	65
玛维塑料公司	509	314	202	112	307	314	244	196	48
玛维木业公司	1100	500	500	–	600	900	93	65	28
金丰公司	47	0	–	–	47	38	76	26	50

续表 14-10

企业名称	资产变现合计(万元)	土地(含厂房)变现(万元)			其他资产变现(万元)	可供分配资金(万元)	人员分流(人)		
		合计收入	企业收益	政府收益					
	A=C+E	B	C	D	E	F	合计	解除合同	定补协保
冶金小计	5922	8201	4542	3659	1380	5267	998	508	490
轧钢厂	3604	6729	3344	3385	260	3344	500	316	184
冶炼厂	2318	1472	1198	274	1120	1923	498	192	306
金威集团	0	0	–	–	–	–	–	–	–
纺织小计	10682	17557	9653	7904	1029	4934	2364	1159	1205
合纤厂	4314	9521	3996	5525	318	2180	640	239	401
针织厂	1015	759	450	309	565	160	222	93	129
面料厂	904	1594	894	700	10	56	8	2	6
友谊服装厂	297	365	288	77	9	132	291	158	133
丝绸工艺公司	0	0	–	–	–	–	59	13	46
麻纺厂	0	0	–	–	–	–	73	23	50
毛纺厂	1437	2103	1432	671	5	154	374	235	139
德隆制衣厂	1477	1505	1431	74	46	1038	285	139	146
被单厂	1177	1710	1162	548	15	1176	348	200	148
依思美公司	61	0	–	–	61	38	64	57	7
汽车小计	3863	7161	3502	3659	361	2479	575	294	281
车轿厂	2209	4543	1972	2571	237	1361	211	78	133
汽配厂	1654	2618	1530	1088	124	1118	364	216	148
电子小计	2292	4672	2292	2380	0	0	1034	479	555
广配厂	1268	2391	1268	1123	–	–	795	390	405
音响设备总厂	808	1936	808	1128	–	–	239	89	150
三友公司	216	345	216	129	–	–	0	0	0
华光公司	0	0	0	0	–	–	0	0	0
华耀小计	3904	2075	1245	830	2659	2252	865	305	560
立新化工厂	120	0	–	–	120	120	95	–	95
精细化工厂	2987	1290	774	516	2213	1794	552	208	344
光学仪器厂	797	785	471	314	326	338	218	97	121
机械小计	3428	5555	3374	2181	54	1212	693	417	276
蓄电池厂	2598	4354	2588	1766	10	994	463	284	179
标准件厂	830	1201	786	415	44	218	230	133	97
其他小计	293	585	293	292	–	–	366	57	309
生宝药业公司	293	585	293	292	–	–	149	50	99
通联公司	–	–	–	–	–	–	217	7	210

说明:1. 破产企业人员分流中,解除合同人员一年工龄领取一个月工资经济补偿金,定补(内退)人员,协保人员安置标准同企业改制中同类人员待遇;

2. 其他小计里的生宝药业公司、通联公司属于贸易、交通部门的工业企业,归口到市直工业系统统计

第四节　产(股)权交易市场

图 14-4　镇江市产权交易市场(2000 年摄)

镇江市产权交易中心于 1994 年经市政府批准成立,1995 年 1 月 8 日正式开业。中心是由市信托投资公司、市保险公司、江苏大鹏集团、上海国泰证券公司等 8 家单位投资兴建的股份制企业,主要职责是产权转让、股票(股权证)交易及托管、资金合作、闲置设备交易等。1994 年与 1996 年,市产权交易中心参与市第三、第四次工商企业拍卖,8 家企业的产权在市产权交易中心成交,成交金额 8700 万元。

1996 年,市产权交易中心加入山东淄博自动报价系统,实行联网交易,开拓股权证交易及托管的新途径。同年 3 月,中心推荐大海股份有限公司的股权证在淄博自动报价系统挂牌交易,产权交易中心同时联网交易,当年实现股权证交易 560 万元。同年,镇江大酒店股份有限公司职工股权证在淄博上市交易,上市 727.5 万股,企业融资 1150 万元。1997 年,钛白粉股份有限公司 800 万职工股权证在淄博上市;大海股份有限公司配股 800 万股,至此,上市流通股权证总额达 2007 万股。1996 年、1997 年、1998 年市产权交易中心股权证交易分别达 1.5 亿元、3.5 亿元、4.7 亿元。1999 年,根据中国证监会关于清理场外交易市场决定,山东淄博自动报价系统关闭,市钛白粉股份有限公司自筹资金 300 多万元回购 800 万流通股权证,江苏恒顺集团出资 2000 多万元,收购江苏大海、镇江大酒店 2732 万股流通股权证。

1999 年,市政府出台《镇江市国有产权转让管理办法实施细则》,明确企事业单位房屋产权变更先由市产权交易中心办理转让鉴证手续,使产权交易逐步走向公开、有序。同年一季度,完成 1996 年改制的 18 家股份合作制企业内部职工股股权证重新托管与换证工作,内部职工股转让工作,逐步建立股份制企业经营资料年报制度和披露制度,使股份合作制企业股权证管理、流动、交易走向规范有序。当年,全市产权交易额实现 8383.33 万元,比上年增长 121.71%。同年 6 月,全市首家专业的闲置设备调剂市场挂牌营业,分散在市区的 14 家具备闲置设备调剂业务资格的企业中,13 家进场交易,当年调剂闲置设备 441 台,调剂金额 309.39 万元。2002 年达 2546 台,成交额 3328.85 万元。

2000 年,市工商局、外经委、财政局、地税局、房产局、国资局 6 部门联合下发《关于进一步明确公有资产(股)权转让必须在产权交易中心进行的通知》,重申市产权交易中心的法定地位,明确国有产权转让监管范围,办理程序及违规责任,进一步规范产权交易行为。同年,市产权交易中心为 50 家企业进行产权转让鉴证服务,交易总值 3.96 亿元,为 22 家改制企业进行房屋产权变更过户鉴证,鉴证额 2.06 亿元。组织 5 场拍卖会,拍卖资产 582.97 万元,成交金额 125.9 万元。

2002 年,镇江市在全省率先实施产权交易市场化运作。同年有 17 家企业(15 家工业企业、2 家建筑企业)通过市产权交易中心以市场化方式实施产权出让,交易额达 2 亿元,其中 15 家企业采用招投标方式,2 家企业采用竞拍方式,通过产权出让,政府获得出让收入 5397 万元。

2003 年,市产权交易中心完善产权市场交易规则并迁移新址,有 570 平方米的交易大厅和信息发布的电子大屏幕及电脑触摸屏和投影仪等现代化硬件设施,设置招标办公室、投标办公室、纪委驻场监察室、评标室、咨询室、档案室等机构,制定相应的工作职责和管理规定。同年,全市 59 家企业在产权交易中心出让产权。

第三章　电力工业

镇江电力工业始于 1903 年,1983 年成为华东电网的火力发电基地和输送电的重要枢纽之一。1985 年至 2005 年的 20 年间,是镇江电力工业高速发展的历史时期,年发电量由 64.89 亿千瓦时跃增到 224.99 亿千瓦时,供电量由 12 亿千瓦时跃增到 79.07 亿千瓦时。2005 年,镇江电力工业的发电企业以谏壁发电厂、江苏镇江发电有限公司为骨干,与 8 家热电企业、地方小电厂组成发电企业群体。供电企业有镇江供电局(2002 年改制为公司)。电建企业有施工建设企业江苏省电力建设三公司和电力设备制造企业镇江华东电力设备制造厂。形成一个产业比较齐全的电力工业体系。

第一节　发　电

1983 年,镇江已成为华东电网的火力发电基地和输变电的重要枢纽之一。发电企业以谏壁发电厂为主,年发电 64.29 亿千瓦时,此外,还有厂矿自备发电机 12 台,装机容量 2025 千瓦,其中镇江纸浆厂 750 千瓦发电机组日发电 11000 千瓦时。

图 14-5　谏壁发电厂鸟瞰(2005 年摄)

“七五”期间是镇江发电工业重要发展时期。1987 年,谏壁发电厂总投资 11.39 亿元的五期建设项目全部建成。该厂占地 439.09 公顷,水域 78.38 公顷,装有 10 台高温高压汽轮发电机组,总容量 162.5 万千瓦,成为全国最大的火力发电厂和江苏省 5 个特大型企业之一。1990 年,谏壁发电厂拥有固定资产原值 9.9 亿元,年发电首超 100 亿千瓦时,达到 100.4 亿千瓦时,约占华东电网年发电量的 10%,江苏电网的 30%。该厂处于华东电网和江苏电网腹地,通过 11 条 220 千伏,4 条 110 千伏高压线路,东经常州与上海、浙江相连,西出南京与安徽相通,北跨长江与泰州、徐州相接,成为连接华东三省一市,江苏长江南北两岸的重要枢纽供电站,华东电网和江苏电网主力电厂之一。截至同年末,镇江市先后建成大东造纸厂热电站、镇江印染厂热电站、扬中县第二热电站、丹阳钢铁厂高炉氧气余热发电站。扩建镇江纸浆厂热电站、丹阳化肥厂热电站。完成港口电厂锅炉改造。大东造纸厂热电站二期扩建工程开始建设。地方热电装置拥有日发电 3.62 万千瓦时,年供热 100 万吨能力。

“八五”期间,是镇江发电工业整顿提高时期。主要企业谏壁发电厂根据国务委员邹家华对该厂管理现状的批评和能源部对该厂治理整顿的要求，重点抓好“整顿设备，整顿纪律，整顿管理，整顿作风”的强化管理工作。1992年，以能源部关于发展安全文明生产双达标的活动为契机，全面整治设备和环境。同年底，煤尘治理通过江苏电力工业局和华东电管局检查。1993年，在原有松林山灰库和二级灰泵房基础上，铺设30公里输灰管和20公里高浓度输灰管，24公里回水管，扩建贞观山、四雩山、径山灰库，新建一座灰泵房，年底切断向长江排灰。1994年，谏壁发电厂被评为江苏省电力工业局第二批创一流企业。

“九五”期间，谏壁发电厂重点抓好30万千瓦机组性能改造和企业管理。1996年，在江苏省率先通过无渗漏检查。同年，该厂加强粉煤灰综合利用，首次实现粉煤灰负增长。1997年，在国内率先对国产30万千瓦汽轮机进行改造（该厂7号机组）并将3、4、5、6、7号五座炉的旋风子除尘器改造为水膜式除尘器，除尘效率达到93%以上，全部符合环保排放标准。同年，江苏省镇江发电公司成立，位于丹徒县高资镇，由江苏电力（香港）有限公司、镇江能源开发总公司、江苏省电力公司、江苏省国际信托投资公司投资组建。公司一、二期工程分别建设两台13.5万千瓦和两台14万千瓦燃煤发电机组，是镇江市继谏壁发电厂之后又一家大型火力发电企业。1998年，谏壁发电厂开始工业废水治理。1999年，谏壁发电厂7号机组改造完工。废水治理成功，实现切断向长江排放工业废水的目标。2000年，该厂分别向福建厦门海仓公路大桥和润扬大桥供应一级粉煤灰35万吨和4万吨，当年销售干灰60万吨，湿灰100万吨，灰渣6万余吨，成为华东地区最大的粉煤灰供应基地。与此同时，做好干漂珠等附属产品的开发利用，一级粉煤灰和干漂珠远销美国和欧亚国家。同年，江苏省镇江发电公司一期工程的两台12.5万千瓦发电机建成投产。

“十五”期间，谏壁发电厂重点抓好“以大代小”工程。2001年，该厂粉煤灰综合利用率138.06%，利用总量列全省电力系统之首，居全国电力系统前三位。同时，该厂成立由江苏电力实业公司控股，江苏电力公司等11家股东单位组成的江苏苏源谏壁发电有限公司，负责谏壁发电厂“以大代小”工程的投资和经营，该工程主要内容在谏壁发电厂老厂房北侧新建两台30万千瓦国产发电机组。同年，江苏镇江发电有限公司被江苏省电力公司命名为无渗透发电厂，安全文明达标企业。2002年，谏壁发电厂被国家电力公司命名为一流火力发电厂。镇江发电有限公司被国电华东公司命名为一流企业。同年，江苏电建公司投资地处丹徒经济开发区的镇江长虹热电公司（1996年建立，总投资2.17亿元）1.34亿元，占股62%，原长虹公司更名为镇江宏顺热电有限公司。2003年，谏壁发电厂对7号至10号4台30万千瓦发电机扩容改造全部完成，增加容量12万千瓦。同年，该厂的“以大代小”工程被列为国家第三批重点技术改造“双高一优”项目，正式开工建设。江苏镇江发电有限公司二期工程的两台14万千瓦发电机组竣工投产。镇江苏源谏电集团有限公司（隶属谏壁发电厂）等三个单位共同投资组建的大港热电厂投产，该厂位于镇江新区国际化工园区，生产能力为最大供汽量100吨/小时，最大供电量1.1万千瓦/小时。2004年，谏壁发电厂“以大代小”工程的第一台30万千瓦发电机组移交生产。江苏镇江发电有限公司第三期2台60万千瓦机组扩建工程可行性报告通过国家电力公司规划设计总院与省计委联合主持的审查，认为该企业现有装机容量55万千瓦，扩建2台60万千瓦机组后，还可续建2台90万千瓦机组，并留有扩建余地，是长江沿线较好的特大型电厂厂址。2005年，谏壁发电厂“以大代小”工程第二台30万千瓦发电机组移交生产。至此，该厂总装机容量达240.5万千瓦。同年，镇江有电力、热电生产企业10家，全年发电量224.46亿千瓦时，其中谏壁发电厂发电144.17亿千瓦时，江苏镇江发电有限公司发电56.59亿千瓦时，市区8家热电企业发电17.08亿千瓦时，辖市办小电厂发电6.71亿千瓦时。

1983～2005 年镇江市发电量统计表

表 14-11　　　　单位:亿千瓦时

年份	余热发电（自发自用）	小电厂	谏壁发电厂	镇江发电有限公司	备注
1983	–	–	47.70	–	
1984	–	–	61.52	–	
1985	–	–	64.68	–	
1986	0.13	0.33	71.10	–	
1987	0.14	0.38	83.74	–	
1988	0.18	0.31	88.03	–	
1989	0.34	0.48	88.66	–	
1990	0.37	0.51	100.40	–	
1991	0.44	0.57	101.17	–	
1992	0.54	0.54	104.58	–	
1993	0.51	0.78	103.16	–	
1994	0.99	1.79	102.75	–	
1995	0.89	2.66	103.02	–	
1996	0.93	4.45	105.34	–	
1997	1.35	4.60	104.96	–	
1998	1.46	4.38	104.43	–	
1999	8.13	4.80	103.61	–	
2000	11.31	5.20	105.84	8.76	镇江发电有限公司投运
2001	11.53	5.46	106.31	15.71	
2002	12.11	5.87	112.76	17.29	
2003	13.32	8.24	116.53	33.06	小电厂含句容小水电
2004	13.97	7.51	126.56	39.84	
2005	17.08	6.71	144.17	56.59	

第二节　供　电

镇江供电局成立于 1962 年。1983 年,供电范围为镇江市区及市辖 4 县,还管理从谏壁发电厂向常州、南京、苏北等方向的输电线路。1985 年,管辖高压线路共 4110 公里,全市全年供电量 12 亿千瓦时,其中 35 千伏公用变电所 24 座,变压器 78 台,线路 50 条,长 581 公里,总容量 15.26 万千伏安,市区何家门变电所是市区主电源,有变压器 2 台,容量 2.5 万千伏安;110 千伏公用变电所 12 座,变压器 20 台,线路 15 条,长 224 公里,总容量47.88 万千伏安,其中:市区 4 座,变压器 6 台,总容量 2 万千伏安;220 千伏变电所 1 座(官塘变电所,是镇江主电源),变压器 2 台,线路 8 条,长 289 公里,总容量 21 万千伏安。

“七五”期间,全市投入 1.19 亿元,进行电网建设和改造,新建 35 千伏及以上变电所 14 座,改造16座,建成220千伏丹阳变电所,新建35千伏及以上输电线路共38条,新增线路长度317.2公里。新建10千伏配电线路471.7公里。1988年,国家"七五"重点工程500千伏镇江大跨越建成,该工程位于镇江东北处的丹徒县五峰山与高桥乡之间,跨越长江档距为1820米,为全国跨度最大的大跨越线路。同年,总投资450万元的电力微波大楼建成。1990年,镇江供电局管辖镇江市及丹阳、丹徒、句容、扬中4个县(市)的供电和境内华东网的输变电设备,设有4个县(市)供电局,7个工区级机构及一个工程服务公司。全市供电系统有变电所49座,容量137万千伏安,形成500千伏、220千伏、110千伏、35千伏、10千伏及400/220伏6个电压等级的输配电网架构。线路长度为35千伏及以上电压1411.9公里,10千伏为3479公里。以220千伏为主网架,接入主网的官塘变电所、丹阳变电所为镇江地方主电源。35千伏大部分向农村供电,实际为农村电网。同年,全社会用电需求达到24.25亿千瓦时,供电企业完成供电量17.85亿千瓦时,售电量16.7亿千瓦时。全市电网布局日趋合理,基本完成变电所主结构完善,容量不足的开关更新,消除严重过负荷卡脖子环节。城市的所有变电所实现双进线(受电)双主变(供电)。10千伏主干线路实现双端供电,开环运行,重要用户双电源供电。农村配电网路方面不到3个乡镇就有1座35千伏变电所,无露天简易变电所,无二线一地制线路,无不通电的乡村。

"八五"期间,电力建设总投资4亿元,新、扩建35千伏及以上变电所12座,新增主变容量66万千伏安,新增送电线路166公里,其中句容市首座220千伏变电所——华阳变电所竣工投运。市供电局全面实现科技兴局战略,基本建成管理信息系统,完成官塘220千伏变电所微机管理系统,用电三相电能表计算机校验系统及用电服务系统,电话查阅部分软件开发、推广应用,用电电费计量计算机管理,财务电算化,办公自动化,丹阳负荷自动控制等一批项目。1995年,全市供、售电量分别达到28.6亿千瓦时和26.8亿千瓦时。

"九五"期间,全市城网和农网建设与改建分别累计完成投资4亿元和5.27亿元。全市农村电网建设与改造基本完成,农网10千伏及以下改造工程全部结束。截至1999年,全市共完成农网建设和改造投资2亿元,累计改造654个行政村的供电线路,新建和改造10千伏线路1062公里,低压线路4680公里,新增和更换配电变压器1964台,扬中市和丹徒县被列为全省农网建设改造竣工县。同年,镇江成为全国第四批城市电网改造城市之一,开展城市电网改造,城区配电向环网结构发展,配电线实现电缆化。环网柜、箱式变、电缆分支箱、柱上分段器在街巷大量投入运行。10千伏城市配电网开始向多分段,多联结,"手拉手"电缆网络结构发展。2000年,全市有35千伏及以上变电所77座,主变容量295.41万千伏安。其中:220千伏变电所8座,主城周边有官塘、石桥、丁卯、五州4座,丹阳2座,扬中、句容各1座;110千伏变电所30座;35千伏变电所39座。35千伏及以上输电线路1810公里。10千伏以下配电变压器7645台,配电容量102.14万千伏安。配电线路总长34390公里,其中10千伏线路5281公里,0.4千伏线路29109公里。2000年完成供电量36.72亿千瓦时,售电量34.62亿千瓦时。同年,镇江供电局加快农村电力体制改革,实施撤站(电管站)改所(供电所)和农村电力资产划拨及乡(镇)电管站的财务移交工作。其中扬中市作为全省农村电力体制改革的两个试点县(市)之一,率先完成改革。同年,市供电局被国家电力公司命名为一流供电企业。

"十五"期间,镇江电网建设取得较大发展。这一期间,完成电网建设投资35.56亿元,新增35千伏及以上主变容量216.9万千伏安,新增35千伏及以上线路979.7公里,比"九五"期末分别增长75.8%和47.5%。2001年,镇江供电局改为江苏电力公司镇江供电公司。同年,完成国家下达三年投资计划6.59亿元,扩建丁卯、华阳变电所;新建110千伏化工、汝山变电所、西郊变电所及35千伏韦岗输变电工程。完成市区主干道地下电缆工程等。2002年,镇江作为全国第四批城市电网建设和改造城市之一,全面完成三年投资,实现投资近7亿元。同年,镇江供电公司获全国"五一"劳动奖状。2005年投资8.9亿元,实现500千伏镇龙线、龙江线工程提前建成,220千伏金凤变等一批输变电工程顺利投产。新增35千伏及以上线路231公里,新增供电量50万千伏安。同年,镇江供电公司拥有35千伏及以上变电所(开关站)106座,主变164台,主变容量5000.9兆伏安,其中220千伏变电所(开关站)10座,110千伏变电所44座,35千伏变电所52座。35千伏及以上输电线路2583公里,其中500千伏线路239公里。10千伏配电变压器9847台,配电容量1771.6兆伏安,配电线路600条,总长6631公里(其中电缆584公里)。全市已基本形成以220千伏电网为主网架,110千伏及以下的输变电网覆盖全市城乡的输配电网络。市供电公司电力客户数达118万户,全市用电总量达97.18亿千瓦时,供电公司完成供电量、售电量分别达到79.07亿千瓦时和72.4亿千瓦时。

1983～2005年镇江市各类用电量占全社会用电量比重一览表

表14-12

年份	全社会用电量(万千瓦·时)	各类用电量占全社会用电量比重(%)							
		工业	农林牧渔水利业	地质普查勘探业	建筑业	交通运输邮电通讯	商业物资仓储	其他事业	城乡居民生活
1983	102877	67.50	27.60	–	–	0.40	–	–	4.50
1984	110738	66.80	28.00	–	–	0.40	–	–	4.80
1985	121071	63.50	31.00	–	–	0.40	–	–	5.10
1986	189858	85.30	8.40	0.04	0.60	0.80	0.59	1.47	2.80
1987	214148	86.02	8.00	0.05	0.53	0.70	0.56	1.42	2.72
1988	222292	85.34	8.03	0.05	0.35	0.70	0.72	1.74	3.07
1989	223793	84.76	7.57	0.05	0.38	0.68	0.75	1.65	4.16
1990	242516	73.79	8.17	0.05	0.47	0.69	0.87	1.67	4.35
1991	249073	81.92	9.45	0.05	0.44	0.69	0.97	1.82	4.66
1992	267931	80.80	9.37	0.05	0.70	0.78	1.11	1.91	5.28
1993	286016	78.10	9.87	0.11	1.40	1.03	1.22	2.19	6.08
1994	313707	73.19	12.69	0.05	1.54	1.19	1.55	2.54	7.25
1995	332231	73.07	11.20	0.06	1.40	1.23	1.63	2.56	8.85
1996	379509	73.06	10.84	0.05	1.37	1.38	1.63	2.87	8.80
1997	386920	70.78	11.41	0.07	1.46	1.54	1.53	3.31	9.90
1998	407087	71.28	10.54	0.07	1.39	1.50	1.76	3.74	9.72
1999	419859	71.48	8.12	0.05	1.24	1.44	1.78	4.25	11.64
2000	485892	73.38	5.97	0.03	0.78	1.08	1.65	4.02	13.09
2001	532525	75.87	4.57	0.03	0.73	1.12	1.50	4.03	12.15
2002	606450	79.55	3.26	0.02	0.61	1.02	1.47	3.98	10.09
2003	709115	79.82	2.94	0.01	0.44	0.91	1.44	4.18	10.26
2004	829550	80.71	2.41	–	0.47	0.66	1.91	3.78	10.06
2005	971782	82.28	1.85	–	0.53	0.66	2.19	3.40	9.09

1983～2005 年镇江市全社会用电量分地区统计表

表 14-13　　　　单位：万千瓦时

年份	全市	市区	丹徒区	丹阳市	扬中市	句容市
1983	102877	62962	14818	25559	6462	7894
1984	110738	66415	15017	28006	7008	9309
1985	121071	72064	16770	30860	7638	10509
1986	189858	132023	17013	35197	10128	12510
1987	214148	148969	16877	39230	11195	14754
1988	222292	155574	18256	39267	11451	16000
1989	223793	159872	18712	37450	11319	15152
1990	242516	171084	21241	41774	12307	17351
1991	249073	174546	24062	42628	14035	17864
1992	267931	185661	27327	47515	15416	19339
1993	286016	197934	29630	52726	15601	19755
1994	313707	211738	31694	61147	17341	23481
1995	332231	219604	35758	68988	17757	25882
1996	379509	243171	40561	81967	24206	30165
1997	386920	243770	36719	88459	24695	29996
1998	407087	246051	32463	93717	25701	41618
1999	419859	250968	32276	101442	26332	41117
2000	485892	298240	36855	115207	28067	44378
2001	532525	320916	43431	129624	29407	52578
2002	606450	363584	51278	152089	32992	57785
2003	709115	413508	61882	183128	38361	74118
2004	829550	462943	72678	224706	44433	97468
2005	971782	551501	94070	266855	49679	103747

第三节　电力建设

1983 年，镇江电力工程建设企业有江苏省电力建设第三工程公司与华东电力设备制造厂。江苏电力建设第三工程公司（简称省电三公司）成立于 1958 年，1985 年有职工 3644 人，固定资产原值 2232 万元，具备承建大型火力发电厂的建筑工程和设备安装的综合能力。谏壁发电厂由该公司承建。同年，驻镇华东电力设备制造厂（原电力部华东列车电站基地）完成为列车电站服务的使命，转向主要生产电站设备。截至 1998 年，省电三公司已经发展成专门从事火力发电、核电站工程建设的大型建筑安装综合性施工企业，具有国家一级施工资质和 1000Mwe 级民用核承压设备安装资质。先后在国内建成火力发电站 14 座，安装机组 38 台，总装机容量 537.45 万千瓦；锅炉 42 台，总容量 1.4 万吨/时。承接过谏壁发电厂 1～10 号发电机组，华能南通电厂一期工程和江阴夏港变电站、利港电厂1、2期工程，扬州第二发电厂工程，苏州工业园区华能发电厂，镇江高资电厂工程，金东纸业公司自备电厂工程，连云港核电站常规岛土建工程及新加坡普洛沙卡拉电站工程等项目。扬州二电厂工程成为全国电力基建的“窗口工程”。同年，省电建三公司由谏壁镇迁址位于镇江新区的新华电大厦。同年，镇江华东电力设备制造厂开发出高真空吸引装置、给水炉水自动加药成套装置、封闭母线、小孔消声器、电缆桥架、高频保护收发信机、厂用电快速切换装置、电磁除铁器等系列技术含量高、附加值高的新产品，被江苏省政府授予高新技术企业称号。2000年，省电建三公司承建的总投资近90亿元的扬州第二发电厂工程获中国建设工程鲁班奖。2002年，镇江华东电力设备制造厂被科技部命名为国家火炬计划江苏沿江对俄合作高新技术产业基地骨干企业。2004年，省电建三公司中标承建田湾核电站2×100万千瓦常规岛工程，是继扬州第二发电厂2×60万千瓦机组之后的又一个里程碑工程。同年，镇江华东电力设备制造厂与法国公司签订100万千瓦母线合作协议。2005年，省电建三公司承建的无锡梅里变电站获鲁班奖，是公司继2000年扬州第二发电厂工程，2004年泰兴500千伏变电站工程以后，第三次获此殊荣，也是全国电力行业于21世纪前五年内唯一在火电、变电两个领域三次夺得鲁班奖的企业。同年，镇江华东电力设备制造厂实现产值2.66亿元，利税1300多万元。生产的H30型给水炉水自动加药成套装置获电力部科技进步二等奖，PZH－1型厂用电快速切换装置获电力部科技进步三等奖，KXP排汽消声器和QJ－Z型电缆桥架为电力部优质产品。固定式吸尘装置、车载式吸引装置及给水炉水自动加药装置、厂用电自动切换装置被授予国家级新产品。同年，又新开发100千伏封闭母线、气力物料输送装置和脱硫烟气挡板门三个新产品。

第四章　化学医药工业

1983年，镇江市化学工业是一个以初级加工产品、为农业服务产品为主和小企业为主的小化工生产体系。医药工业门类分散，产品技术水平低，企业规模小。市委、市政府依托镇江的长江岸线优势，始终把化工行业发展和沿江化工区建设作为全市工业经济发展的重点。“七五”“八五”期间，通过加大技术改造，促进化工行业产品规模、结构有较大变化，培育镇江化工厂、镇江钛白粉总厂、江南化工厂、镇江硫酸厂等规模企业。并在生产发展的同时，注重生态环境保护，建设沿江化工区。“九五”期间，实施大项目推进战略，重点推进年产10万吨醋酸项目，台商独资的奇美、国亨化工项目，加速化工行业转型升级。“十五”期间，扩大醋酸产品规模，引进一批石油化工、精细化工的外资大项目。经过23年艰苦创业，镇江化工行业转型为以煤化工、石油化工、精细化工产品为主体，生产技术位于国内同行业前列的现代大型化工生产体系，成为全市工业的支柱产业，国内重要的化工生产基地。建成绿色环保为特点的沿江化工区，市区的化工企业全部退城进区。同期，医药工业也逐步培育出一批具有镇江特色、技术含量较高的新药产品，实现持续、稳定发展。2005年，全市化学医药工业生产企业193家，从业人员29667人，实现工业产值244.48亿元。销售收入235.53亿元，利税19.02亿元，利润11.23亿元，外贸出口15.03亿元。

第一节　发展概况

一、化学工业

1983年，由原镇江地区化工局与镇江市（地辖市）化工局合并为镇江市化工局，对市属化工企业实行行政领导和经济管理,对行业发展进行规划和指导。1985年,全市化工行业共有市、县属企业33家(市属16家、县属17家),固定资产净值1.22亿元,职工12944人,实现工业产值2.07亿元,销售收入1.96亿元,利税总额0.26亿元。其中市直化工企业固定资产原值4977万元,实现总产值1.16亿元,销售收入1.11亿元,利税1517万元。全市化工企业生产8大类、90多个品种化工产品。其中基本化工原料产品20个,生产能力5.8万吨;化肥产品3个,生产钙、镁、磷、钾肥5.85万吨;农药产品18个,加工农药4.7万吨,合成农药3900吨;染料产品8个,生产染料及中间体1500吨;涂料产品18个,生产能力1.42万吨。其中:透明氧化铁红、透明氧化铁黄、10%液体草甘膦、弱酸棕RL,弱酸黑BG等产品填补国内空白,是国内独家生产。80%水合肼获国家银奖。T-50石油脂、AC发泡剂、40%水合肼、异稻瘟净、橡胶促进剂、弱酸棕RL、弱酸黑BG分别获部、省优质产品奖。外贸出口760万元。

"七五"期间,全市化工企业加大技术改造力度,市直化工企业累计技改投入5510万元。完成新产品开发项目30个,实施重点产品扩产项目11项,壮大重点企业规模,加强优势产品竞争能力。重点实施的技改项目有:镇江农药厂年产2万吨颗粒农药项目,江南化工厂年产2000吨草甘膦项目,镇江化工厂年产烧碱4万吨项目和年产AC发泡剂2000吨项目,镇江钛白粉总厂年产金红石型钛白粉2000吨扩产项目,镇江硫酸厂年产4万吨硫酸项目,其中镇江化工厂技改项目被评为镇江市"七五"期间十佳技改项目之一。通过技改,调整、提升、优化产品结构,在原材料、能源供应紧张,市场销售疲软的严峻形势下,1988~1990年,市直化工企业实现利税连续位居市直工业第一。镇江化工厂于1987年进入利税500万元以上大户行列,1988~1990年,连续三年位居市直企业榜首。1990年,全市有化工企业144家,职工28506人,实现工业产值11.09亿元,销售收入9.3亿元,利税1亿元。县属以上化工企业32家,其中市直企业16家。县属以上化工企业固定资产总值2.48亿元,职工15012人,实现产值3.5亿元,销售收入5.29亿元,利税5599万元。其中市直化工企业完成产值2.62亿元,实现利税3405万元,外贸出口1700万元。同年,化肥产品仍占全市化工产品30%以上,但是,氯碱产量在全国中小型氯碱行业中处于领先地位,钛白粉产量连续10年名列全国同行业之首,江南化工厂建成全国最大的固体草甘膦生产装置,初步形成以钛白粉、氯碱、草甘膦、硫酸、化肥等产品为特色的化工体系。同年,为解决市直化工企业大多数地处市区,制约化工行业发展,影响市区环境的困扰和矛盾,市政府投入资金1500万元,建设谏壁化工区,达到水、电、气、通讯、道路五通,地面平整。

"八五"期间,全市化工工业实施"高起点,上规模,外向型"的发展战略,加大重点企业、重点产品的投入,突破小化工格局,构建现代大化工。累计投入6亿元。重点项目有:镇江化工厂"921"(年产10万吨醋酸项目,下同)工程项目,4万吨烧碱技改项目,年产4000吨漂粉精改造项目,年产4000吨ADC发泡剂技改项目。钛白粉总厂年产4000吨金红石型钛白粉项目,硫酸厂硫酸产量由4万吨扩大到6万吨扩产项目,江南化工厂固体草甘膦由500吨扩产到1000吨扩产项目等重点项目。通过技改投入,规模企业的支撑作用日益明显,1992年镇江化工厂、钛白粉总厂两个企业完成工业总产值1.65亿元,销售1.5亿元,利税2861万元。其中镇江化工厂实现利税1810.2万元,连续5年名列市直工业企业第一。钛白粉厂在主产品钛白粉大幅跌价,原材料、运费涨价,全国钛白粉市场竞争激烈的形势下,实现利税仍然突破1000万元。两个企业的工业产值、销售收入、利税总额分别占全市化工总值的41.04%、40.21%和71.15%。1993年、1994年两个企业先后进入中国化工500强行列。1994年,以镇江化工厂为核心组建江苏索普集团,列为市政府授权经营国有资产企业。同年,江南化工厂固体草甘膦产量1000吨,出口511吨,出口交货2946.06万元,占销售产值54.6%。1995年,镇江硫酸厂利税总额首破500万元,跻身市直工业利税大户行列。同年,全市化工企业291家,固定资产净值11.71亿元,职工35467人,实现工业产值31.8亿元,产品销售30.45亿元,利税1.42亿元。县属以上化工企业35家,其中市直化工企业11家。县属以上企业完成工业产值13.22亿元，增幅位居全省第二，其中市直工业产值5.88亿元；县属以上企业完成销售12.07亿元，市直工业销售5.6亿元；县属以上企业实现利税6212.3万元，市直工业利税3918.7万元。主要化工产品产量为：烧碱3.74万吨，ADC发泡剂3706吨，漂粉精5398吨，涂料钛白粉8749吨，固体草甘膦1051吨，硫酸16.27万吨，疫霜灵852吨，加工农药5284吨，乙烯4608.7吨，乙基苯8508吨，苯乙烯9557吨，合成氨62624.5吨，磷肥85205吨，复肥40562.6吨，橡胶促进剂2820吨，产品规模和结构都发生较大变化。全市化工企业外贸出口1.43亿元，出口产品达28种，出口企业占企业总数的2/3。同年，市政府成立沿江化工区领导小组，由常务副市长任组长，加速建设以谏壁镇为中心，占地8平方公里的沿江化工区，构建化工发展新空间。

"九五"期间，镇江化学工业实施大项目推进战略，重点推进索普集团实施的"921"项目，和依托镇江长江岸线优势引进外资的合成材料项目。1996年，索普集团的"921"项目已经投入4.06亿元，同年，索普化工股份有限公司在上海交易所上市，募资近1亿元，为"921"项目拓宽资金渠道。年底，该项目土建结束，主要装置设备大部分安装到位。台商独资的奇美化工有限公司、国亨化学有限公司也于同年成立。同年，镇江染料厂、镇江化工染料厂、镇江第二化工厂由市区搬迁进入化工开发区。1997年，镇江化工局、镇江医药管理局合并改制，组建华耀资产经营（控股）公司，对外仍挂镇江市化工局、镇江医药管理局牌子，主要经营管理授权经营的国有资产，保留化工、医药局行政管理职能和行业规划、指导职能。1998年，索普集团实施的投资"921"项目一次点火试产成功，改变镇江化工业没有特色产品、规模产品的格局，依靠自身科技力量打破甲醇低碳基合成醋酸由英国BP公司独家垄断局面。当年生产醋酸7万吨，实现销售2.1亿元，利税3134万元，利润1402万元。公司总产值5.61亿元，实现利税7340万元，利润3116万元。同年，镇江奇美公司、镇江国亨化学公司投产。奇美公司是世界著名树脂合成类石化产品生产企业，投资建成的镇江奇美化工有限公司是国内最大的PS工程塑料生产企业，年产PS工程塑料30万吨。索普集团10万吨醋酸项目和奇美化工30万吨PS工程塑料项目，使镇江化工工业走到国内煤化工和石油化工前列。2000年，全市化学医药工业企业136家，固定资产30亿元，职工34320人，实现工业产值78.28亿元，销售收入71.59亿元，利税4.84亿元。县（市）属以上化工企业40家，医药工业企业15家，职工总数17770人，固定资产总值28.2亿元，全年完成工业产值39.08亿元，其中化工33.77亿元，医药5.31亿元；销售28.73亿元，其中化工23.8亿元，医药4.93亿元；利税2.52亿元，其中化工2.17亿元，医药企业0.35亿元；化工产品外贸交货8.35亿元。全市化工行业已经形成以醋酸、钛白粉、固体草甘膦及PS、ABS、HIPS石油化工合成品等具有镇江特色的规模产品为主导，以索普集团、太白集团、江南化工厂、奇美化工、国亨化学等规模企业为支柱的现代大化工生产体系。索普集团拥有12.5万吨醋酸、5万吨氯碱、1万吨ADC发泡剂、1万吨漂粉精、3000吨非离子表面活性剂、5000吨橡胶硫化促进剂生产能力。其中冰醋酸、ADC发泡剂、漂粉精产量国内最大，橡胶促进剂国内第四，公司总产值7.9亿元，销售7.9亿元，利税1.1亿元。太白集团年产钛白粉1.65万吨，销售收入2亿元，实现利税3050万元，产量、销售、利税连续11年居全国同行业之最。江南化工厂固体草甘膦生产能力2万吨/年，居亚洲第一，实现工业产值9.8亿元，销售3.6亿元，出口交货3亿元。奇美化工、国亨化学、奇美树脂、奇美塑料分别生产PS工程塑料30万吨，ABS、HIPS产品4万吨，AS塑料粒子10万吨，ABS产品12.5万吨，AS树脂等产品25万吨。

"十五"期间，全市化工、医药行业深化产权制度改革，外资大项目密集进入，推进全市化工业加速转型、发展。2001年，撤销镇江市化学工业局、镇江市医药管理局、镇江华耀资产经营公司后组建华耀（集团）公司，主要经营管理市直化工、医药企业国有资产。同年，索普集团醋酸二期工程开工；镇江科氏沥青产品公司投产，主要生产沥青产品和橡胶产品；镇江农药厂、镇江前进化工厂迁入镇江国际化学工业园区（原镇江化工开发区）。2002年，投资3600万美元的国亨塑胶公司，投资3850万美元的优利德（江苏）化工有限公司，投资9900万美元的镇江李长荣综合化工公司投产，分别生产苯乙烯产品、精细化工产品、甲醇产品。镇江钛白粉股份公司开始实施退城进园。2003年，投资4505万美元的镇江南帝化工公司、投资116万美元的镇江茂源化工公司投产，主要生产水杨酸系列产品。镇江硫酸厂开始实施退城进园。2004年，投资920万美元的镇江环太硅科公司、投资2950万美元的汽巴精化（江苏）公司投产。索普集团投资10亿元的醋酸二期工程投产，醋酸产能力达40万吨。镇江磷肥厂实施退城进园。

2005年，总投资1亿美元的镇江联成化工有限公司投产。同年，全市化学医药工业生产企业193家，从业人员29667人，实现工业总产值244.48亿元，工业增加值68.28亿元，销售收入235.53亿元，利税19.02亿元，利润11.23亿元，外贸出口15.03亿元。其中石油化工企业6家，实现工业增加值3.43亿元，产品销售15.81亿元；化学原料及化学制品业159家，实现工业增加值59.78亿元，产品销售205.28亿元；橡胶制品业企业18家，实现工业增加值2.56亿元，产品销售8.56亿元；医药制造业企业10家，实现工业增加值2.5亿元，产品销售5.57亿元。同年，江南化工厂、镇江橡胶厂退城进入园区，至此，镇江市区的化工企业全部搬迁进入国际化工园区。同年，化学工业产品扩展到化学原料及化学制品业、石油化工、化学纤维制造、橡胶制品4大产业。其中醋酸、固体草甘磷、PS和ABS工程塑料规模亚洲第一，金红石型造纸用钛白粉国内首创，产量居同行业之首。实现产值达到或接近10亿元的企业6家，索普集团、奇美塑料、国亨化工分别实现工业产值31.4亿元、24亿元、18.82亿元。

二、医药工业

1983年，全市有医药企业12家，其中市直企业5家。1985年，全市医药企业拥有固定资产总值2103.31万元，职工3157人，其中市直企业8家，固定资产总值1640.17万元，职工2244人。同年，全市医药工业总产值7139.1万元，利税816.4万元。其中市直企业总产值5914.7万元，利税682.7万元。产品有化学药品和生化药品200多个品种，中成药产品200多个品种。

“七五”期间，全市医药工业投资2639.2万元，完成技改项目30个，开发新品62个，其中1个为国内首创。镇江制药厂引进国外先进设备，实施红霉素扩产改造，产量由22吨增加到33吨，形成乳糖酸红霉素、无味红霉素、硬脂酸红霉素、琥珀红霉素等系列产品，成为全市医药工业拳头产品，在全国有一定地位。第二制药厂研制新品29个，眼科新药光安眼药为国内首创，获江苏省优秀新产品金牛奖。第三制药厂由句容县桥头镇迁入丁卯工业开发区，生产肝炎用药——水飞蓟葡甲胺片获国家优秀产品金龙奖，参梅养胃冲剂获江苏优秀新产品金牛奖。镇江中药厂生产的镇江膏药（有300年历史）和707胃药分别获部优产品称号和全国首届中成药健康杯优秀奖。1990年，全市有医药企业11家，固定资产原值5010万元，职工3820人，实现工业总产值1.42亿元，销售1.27亿元，利税295万元。

“八五“期间，全市医药工业突出抓好优势产品红霉素扩产，同时，实施科技兴药战略，大力开发新品，加大对外开放，促进医药工业发展。截至1995年，镇江制药厂累计投入6100万元，实施红霉素扩产项目，基本具备生产能力。全市医药工业企业累计完成国家、省、市下达科研开发项目59项，其中达到国家级水平4项，填补省内空白10项。移植新产品56项，其中国家确认重点新产品5项，省级以上新品8项。4个项目获省级以上科技进步奖。1995年，镇江市第三制药厂发挥主产品西利宾胺国内独家生产优势，开拓国内市场；同时，推进水飞蓟葡甲胺原料出口，销售40万元，全年实现产值2041万元，利税118万元。镇江中药厂金山牌膏药连续3次获部优，707胃药获省优和外贸荣誉证书，全年实现产值2000万元，利税170万元。镇江第二制药厂与澳门华鑫公司合资兴办镇江吉贝尔药业有限公司，当年实现产值1384.9万元，销售1168.6万元。同年，全市医药工业企业28家，其中，药品生产企业6家，医药保健品生产企业3家，医药包装企业12家，医疗器械生产企业7家。全市药品生产企业共生产原料药24个品种，生产中西药制剂17种剂型，236个品种；医药保健品生产企业生产6个品种；药用包装生产企业生产4大类38个品种；医疗器械生产12大类50个品种。全市医药工业实现产值3.43亿元，销售3亿元，利税506万元。完成基建技改投入2亿多元，其中市直企业投入1.23亿元（均含药品购销企业投入）。

"九五"期间，全市医药工业重点抓好国有企业改革重组，实现优势互补，促进发展。1996年，镇江制药厂与西安制药厂跨地区联合，引进资金334万元，以少量的增量激活大的存量，加快红霉素技改项目扫尾进程，实现红霉素满负荷生产，发酵水平跃居全国第一，全年实现销售6700万元，比上年增长60%。第二制药厂与镇江制药厂联合开发独家产品利血生原料，实现产值1250万元，占全厂总产值52%。第三制药厂和光学仪器厂实施股份合作制改制。1997年，镇江制药厂实现销售9457万元，摘掉连续几年的亏损大户帽子，实现利润20.6万元。扭亏无望的镇江市医疗器械厂破产。1998年，镇江制药厂与西安利君集团组建利君集团镇江制药有限公司，利君集团以现金出资1118万元，占51%股份。1999年，第二制药厂破产，剩余资产由吉贝尔公司收购。2000年，全市医药工业企业15家，其中市直企业5家。全市医药工业完成产值5.31亿元，销售4.93亿元，实现利税3473万元。吉贝尔公司依托科技进步开发新品成为江苏省高新技术企业，主产品利血生片是国内独家产品，连续3年被评为镇江市名牌产品；光安眼药获全国"抗炎、免疫、抗衰老"药银奖，江苏省科技发明四等奖，江苏省优秀新产品"金牛奖"；盐酸洛美沙星滴眼液是国家级新药，江苏省高新技术产品；玉屏风胶囊是纯中药精制的国家级新药，企业全年实现销售4886万元。利君集团镇江有限公司主产品红霉素的单罐发酵水平，单产和月产总量超历史最好，全年生产红霉素及衍生物158吨，化学合成呋喃妥因70.5吨，利血生3吨。第三制药厂生产的西利宾胺、益肝灵、气管炎片及中药厂生产的707胃药、金胆片、肺芯片、镇江膏药市场形势较好。

"十五"期间，全市医药工业继续改制重组。2001年，利君集团镇江制药有限公司投入200万元对主产品红霉素大罐发酵进行计算机控制，实现企业历史最高产量规模、最好发酵水平、最低生产成本。第三制药厂国有资产出让给经营层，改制为江苏中兴药业有限公司。镇江中药厂与香港德辉公司重组，成立江苏七〇七天然制药有限公司。2003年，镇江中药厂破产，剩余资产由江苏七〇七天然制药公司收购。2005年，经与西安利君集团沟通，华耀资产经营公司所持利君集团镇江有限公司股份转让给经营层，企业改制为华耀制药有限公司。全市医药工业企业10家，实现工业增加产值2.5亿元。产品销售5.57亿元。其中市直医药企业4家，固定资产总值1.98亿元，职工1434人，实现工业产值2.25亿元，实现工业增加值1.26亿元，销售收入1.85亿元，利税3299万元。

1983～2005年镇江市化学医药工业主要经济指标一览表

表14-14

年份	企业数（家）	工业总产值（亿元）	销售收入（亿元）	工业增加值（亿元）	利税总额（亿元）	固定资产（亿元）	职工人数（人）
1983	575	2.60	3.90	–	0.51	1.22	–
1984	–	3.00	–	–	–	–	–
1985	–	3.75	–	–	–	–	–
1986	132	4.30	4.04	–	0.53	1.30	23007
1987	129	5.67	5.37	–	0.73	1.66	24978
1988	137	8.68	7.81	–	1.15	2.31	26662
1989	137	10.42	8.74	–	1.00	2.74	27815
1990	144	11.09	9.30	–	1.00	2.91	28506
1991	144	12.08	11.00	–	1.15	3.34	29798
1992	152	14.49	13.22	3.64	1.29	4.05	30343

续表 14-14

年份	企业数（家）	工业总产值（亿元）	销售收入（亿元）	工业增加值（亿元）	利税总额（亿元）	固定资产（亿元）	职工人数（人）
1993	182	20.37	18.97	4.55	1.55	5.07	37036
1994	187	28.00	21.04	6.85	1.42	5.90	33984
1995	291	31.80	30.45	8.17	1.42	11.71	35467
1996	204	38.77	31.78	9.67	1.57	10.20	34275
1997	207	40.29	34.47	9.84	2.03	11.81	33897
1998	135	51.24	46.14	12.40	2.95	17.42	35348
1999	130	69.31	64.91	15.90	4.51	23.83	34964
2000	136	78.28	71.59	20.27	4.84	29.95	34320
2001	148	95.51	83.35	23.84	3.80	39.16	34408
2002	153	104.11	96.25	27.06	3.99	36.75	31853
2003	165	127.24	120.44	35.49	5.92	40.11	33322
2004	171	175.02	168.44	48.96	13.07	45.92	30535
2005	193	244.48	235.53	68.28	19.02	55.77	29667

说明：该表历年资料中未包括化学纤维制造业及塑料制品业

第二节 主要产品

一、基础化工原料

1. 无机基础化工原料

烧碱 1983 年，全市烧碱生产企业有镇江化工厂、镇江树脂厂、大东造纸厂。1986 年，镇江化工厂烧碱产量达 2 万吨，镇江大东造纸厂停产烧碱。1992 年，镇江化工厂烧碱产量 4 万吨，生产技术从隔膜法向离子膜法过渡。2005 年，镇江树脂厂破产，镇江化工厂（更名索普集团）年产隔膜法烧碱 7 万吨，离子膜法烧碱 4 万吨。

氢氧化钾 1983 年，镇江立新化工厂氢氧化钾生产能力 1000 吨/年，1999 年，该企业破产。2003 年，优利德（江苏）化工有限公司离子膜法氢氧化钾投产，2005 年形成 6.5 万吨生产能力。

合成盐酸 1983 年，镇江化工厂、镇江树脂厂的合成盐酸生产能力分别为 1 万吨和 6000 吨。2003 年，优利德（江苏）化工公司 3.3 万吨/年合成盐酸装置投产。2005 年，金益集团（原镇江树脂厂）破产，索普集团和优利德公司合成盐酸生产能力达 4.3 万吨/年。

硫酸 1983 年，全市硫酸生产能力 3.5 万吨（镇江硫酸厂 2 万吨/年，句容硫酸厂 1.5 万吨/年）。2005 年，全市硫酸生产能力 41 万吨/年，其中，福仕特化工（原镇江硫酸厂）20 万吨（硫磺制酸）、立中化肥（原句容化工厂）12 万吨（硫铁矿制酸）、长宁生物（原句容硫酸厂）6 万吨（硫磺制酸）、宁宏锌业（原丹阳磷肥厂）年产 3 万吨（铅锌矿脱硫尾气制酸）。

2. 有机基础化工原料

醋酸 1998 年，索普集团 10 万吨羰基合成醋酸项目试产成功，填补国内空白，打破国外技术封锁，使我国醋酸合成技术告别乙醇氧化和乙醛氧化生产醋酸时代，达到国际先进水平，当年生产 70246 吨。2000 年，醋酸扩产 25000 吨项目投产，醋酸生产能力达到 12.5 万吨/年。2004 年，15 万吨/年醋酸扩产项目成功，醋酸产能达到 40 万吨/年，位居国内同行业第一。2005 年，60 万吨/年醋酸填平补齐项目全面开工，首期 5 万吨/年填平补齐项目建成投产。

醋酐　2002年，江苏丹化醋酐有限公司建成2万吨生产装置。试产成功后，又对该装置进行填平补齐技术改造，生产能力达3万吨/年。2004年，该企业的液相羰基合成醋酐技术达到国际先进水平，被认定为江苏省科技成果转化项目。

二、高分子材料

1. 塑料

聚氯乙烯(PVC)　镇江树脂厂是全市唯一生产聚氯乙烯及其产品企业。主要产品先后发展有：合成树脂、聚氯乙烯树脂、塑料制品、聚氯乙烯塑料地板、塑料人造革、PVC塑料地板等。2005年，金益集团(原树脂厂)破产，索普集团收购剩余资产，改名索普树脂厂，采用电石法工艺生产PVC产品，生产能力为2万吨/年。

ABS工程塑料　1999年，镇江国亨化学有限公司投产，填补镇江ABS工程塑料产品空白。2000年，镇江奇美化工有限公司第一条ABS生产流水线投产。2005年，奇美化工和国亨化学各形成25万吨/年生产能力，镇江成为国内生产ABS工程塑料基地之一。

聚苯乙烯(PS)　1998年，镇江奇美化工公司一期工程投产，年产30万吨PS(聚苯乙烯)塑料粒子，成为国内最大的PS单体生产企业。

2. 橡胶

硅橡胶　2005年，江苏宏达新材料股份有限公司拥有硅橡胶生胶和混炼胶各1.5万吨/年生产能力，可以生产普通性能和特殊性能硅橡胶和混炼胶牌号200种以上，居全国同行业之首，是国内最大的硅橡胶材料生产基地。

丁腈橡胶　2003年，镇江南帝化工有限公司投产，年产2.2万吨丁腈橡胶和丁脂胶乳。

橡胶加工　1983年，镇江橡胶加工企业有镇江橡胶厂和丹阳橡胶厂，主要进行轮胎翻新，生产三角带等。1989年，镇江橡胶厂试制成功橡胶护弦，当年生产46万立方厘米，1990年试制成功橡胶履带，当年生产206条。2005年，该厂生产橡胶履带2212条，护弦91640万立方厘米。

三、化学助剂

1. 增塑剂

1983年，镇江立新化工厂生产T－50石油脂。1999年，因企业破产停止生产。2005年，镇江联成化学工业公司3条4万吨/年增塑剂生产线投产，同时还有2条6万吨/年苯酐生产线投产，形成中间体、增塑剂配套生产体系，生产聚氯乙烯增塑剂，是全省增塑剂生产基地之一。

2. 橡胶硫化促进剂

1983年，镇江第二化工厂(1997年划入索普集团)具有M、DM、TMTD等型促进剂综合生产能力520吨/年。1984年，140吨/年防老剂MB投产。1987年，500吨/年高压法促进剂投产。1992年，TMTD获科技进步四等奖。2005年，形成1万吨/年橡胶硫化促进剂M的生产能力，DM、CZ、NOBS、TMTD配套衍生系列产品总生产能力超过2万吨/年。同年，镇江爱扬化工有限公司(位于扬中市油坊镇)建成2000吨/年CBZ、2000吨/年DCBS、2000吨/年TBBS(NS)生产装置，从事橡胶硫化促进剂生产。

3. 造纸助剂

丁苯胶乳　2005年汽巴精化(江苏)有限公司一期10万吨胶乳(丁苯胶乳、丁腈胶乳)生产装置投产。全市生产丁苯胶乳的企业还有京西工贸有限公司、丹阳市胶粘剂彩印厂、江苏润阳胶粘剂厂、丹阳远大化学有限公司。

发泡剂　1983年，镇江化工厂(后更名索普集团)具备1000吨/年AC发泡剂生产能力。1989年达到2000吨/年。1991年，新增4000吨/年ADC发泡剂，形成系列产品。2005年，形成2.5万吨/年 ADC 发泡剂生产能力。

四、有机化工原料及中间体

甲醛　2002 年，镇江李长荣化工有限公司建成 2 条年产 6 万吨甲醛水溶液生产装置。2005 年扩建为 3 条年产 6 万吨甲醛（37% ~40%）水溶液生产装置。

甲缩醛　2005 年，镇江李长荣化工有限公司形成 4.5 万吨/年生产能力。江南化工厂亦从草甘膦母液中回收甲缩醛。

多聚甲醛　2005 年，镇江李长荣化工有限公司形成多聚甲醛 3 万吨/年生产能力

亚磷酸二甲酯　1994 年，丹阳双阳化工厂年产 500 吨/年亚磷酸二甲酯。2005 年达到 1.2 万吨/年生产能力。

苯酐　2002 年，镇江联成化学工业有限公司建成 2 条年产 6 万吨苯酐装置。

偏苯三酸酐　江苏正丹集团（丹阳导墅）生产该产品。2005 年具有 1.5 万吨生产能力。

顺酐　丹阳化工厂 20 世纪 90 年代建成 1 万吨/年顺酐生产能力，2000 年投产。2005 年具有年产顺酐 1 万吨、丁烯三酸酐 6000 吨生产能力。

对二乙苯　2005 年，丹化集团具有乙烯烷基化法生产该产品 4000 吨/年生产能力，江苏正丹集团具有乙醇烷基化法生产该产品 2000 吨/年生产能力。

水杨酸　镇江茂源化工有限公司（原丹徒化肥厂）2005 年生产水杨酸 1.5 万吨（工业、升华、医药级）、水杨酸甲酯 1 万吨、水杨酸胺 2000 吨、水杨酸钠 1000 吨和 200 吨 4—水杨酸（二乙氨基），是国内产量最大的水杨酸及系列产品生产企业。

2,3 - 酸　2005 年，镇江茂源化工有限公司形成该产品 6500 吨/年生产能力。

邻（对）氯甲苯　江苏钟腾化工有限公司（原丹阳化工厂）最早生产该产品。2005 年，该公司和丹阳中超化工有限公司形成 2.4 万吨邻（对）氯甲苯生产能力和 4000 吨/年邻氯甲苯、2500 吨/年邻氯甲醛生产能力。

邻（对）氯苯甲酰氯　2005 年，万隆化工有限公司（丹阳全州）具有 1000 吨/年的生产能力。

邻（对）氯苯甲醛　2005 年，丹阳中超化工有限公司具有 1500 吨/年的生产能力。

N - 甲基苯胺　1993 年，镇江硫酸厂形成该产品 500 吨/年生产能力。1997 年扩产到 800 吨/年生产能力。2005 年形成 5000 吨/年生产能力。

醋酸乙酯　2004 年，索普集团形成该产品 5 万吨/年生产能力，2005 年生产该产品 7 万吨。

氯甲烷　2004 年，江南化工厂形成年产该产品 5700 吨生产能力。2005 年，建设年产该产品 2.7 万吨生产装置。同年，丹阳市双阳化工厂具有该产品 5600 吨/年生产能力。江苏宏达化工新材料股份公司建设该产品 1.3 万吨/年生产装置。

五、染料和颜料

1. 染料

1985 年，镇江染料厂等企业生产该产品。主要品种有红色基 B、红色基 GL、大红色基 RC、大红色基 G、弱酸棕 RL、弱酸黑 BG、对硝基苯胺、邻硝基苯胺等，综合生产能力 1500 吨/年。1995 年扩产到 5000 吨/年，2004 年公司破产，该产品停产。

2. 颜料

钛白粉　1983 年，镇江钛白粉厂形成 5000 吨/年钛白粉生产能力，开发金红石型钛白粉。1988 年，形成 2000 吨/年金红石钛白粉生产能力。1992 年，形成 4000 吨/年金红石型钛白粉生产能力，同时增加 5 个品种。2000 年，开发造纸钛白粉，并形成 3500 吨/年生产能力。2003 年钛白粉生产能力达 1.8 万吨/年，2005 年形成 3 万吨/年中间料，5 万吨/年金红石钛白粉生产能力，质量接

近日本 R—820 水平。

氧化铁　1985 年，镇江新华化工厂生产该产品 1593.6 吨，1994 年与镇江染料厂合并成立镇江精细化工总厂，生产普通氧化铁红、黄。2004 年企业破产，该产品停产。

酞青颜料　镇江市金阳颜料化工有限公司生产该产品。2005 年综合生产能力达 2000 吨/年。

六、农药和化肥

1. 农药

合成农药　1983 年，江南化工厂是合成农药专业生产厂，主要生产黄磷、疫霜灵等产品。1987 年开发新产品固体草甘膦，并形成 200 吨/年生产能力。1992 年，固体草甘膦、液体草甘膦、疫霜灵生产能力分别达到 400 吨/年、2500 吨/年和 800 吨/年。1998 年，固体草甘膦生产能力达 9000 吨/年。1999 年，疫霜灵生产能力达 2000 吨/年，新增草甘膦生产能力 6000 吨/年。2001 年，新增 5000 吨 IDA 草甘膦生产能力。2005 年，草甘膦生产能力达 2.5 万吨/年，其中甘氨酸路线草甘膦 1.9 万吨/年，IDA 草甘膦 6000 吨/年。

加工农药　1983 年，镇江农药厂主要产品有杀虫剂、杀菌剂、除草剂等 40 多个品种。其中 4 个江苏省高新技术产品，1 个国家级新产品，6 个名牌产品。1986 年，形成 2 万吨/年颗粒剂生产能力。

2. 化肥

氮肥　1983 年，丹阳化肥厂、丹徒化肥厂、句容化肥厂、扬中化肥厂 4 家企业生产碳酸氢铵，生产能力均为 1 万吨/年合成氨。1984 年，扬中化肥厂转产，其余三家企业合成氨能力达 2 万吨/年。2005 年，句容、丹阳两家化肥厂破产，丹徒化肥厂生产碳氨和液氨。

钙镁磷钾肥　1984 年，镇江磷肥厂生产钙镁磷钾肥 6.5 万吨，1986 年停产。

普钙　1983 年，镇江磷肥厂、丹阳磷肥厂、句容化工厂（太平洋集团）、句容硫酸厂生产该产品。1991 年，丹阳磷肥厂、句容硫酸厂破产，镇江磷肥厂具有 5 万吨/年生产能力，但以销定产，2004 年停产。

复合（混）肥　1983 年，镇江磷肥厂、丹阳磷肥厂、句容化工厂、句容硫酸厂生产该产品。2005 年，镇江瑞丰复合肥有限公司（原镇江磷肥厂）生产能力 5 万吨/年。

七、医药产品

1. 化学原料药　1985 年，镇江制药厂生产无机原料药氢氧化铝凝胶、三矽酸镁，有机合成原料药痢特灵、呋喃旦叮和利血生。1992 年，停产氢氧化铝、三矽酸镁、痢特灵。2005 年，镇江华耀制药有限公司（原镇江制药厂）主要生产利血生原料药，呋喃类产品为镇江吉贝尔药业公司配套间隙生产。镇江吉贝尔药业公司生产细辛脑、盐酸羟苄唑酸。

2. 抗生素　1983 年，镇江制药厂开发红霉素产品，技术水平国内第二。1990 年生产红霉素 33 吨，并开发红霉素系列衍生产品和琥珀酸红霉素等新产品。1991 年，琥珀酸红霉素批量生产。2000 年，利君集团镇江有限公司（原镇江制药厂）生产红霉素及衍生物 158 吨。2005 年处于停产状态。

3. 生化药物　1985 年，镇江生物化学厂生产眼宁滴眼液 346 万支，康得灵注射液 22 万盒，眼宁注射液 22 万盒，复方软骨片 14 万瓶。2002 年，镇江恒新药业有限公司成立，主要产品为：眼氨肽药水、眼氨肽注射液和骨宁注射液。2005 年，生产眼氨肽提取液 320 万毫升/年，骨肽提取液 420 万毫升/年，硫酸软骨素 8 吨/年，脑氨肽 3 吨/年，氨肽素 5 吨/年。

4. 医药制剂　1985 年，镇江第二制药厂生产粉针、酊水、片剂、软膏、大输液、眼药、水针、胶囊 8 种剂型 140 多品种，包括抗菌素、维生素、磺胺、呋喃、激素类药。1996 年，开发生产利血生片。1998 年，盐酸洛美沙星滴眼液、玉屏风胶囊获准生产。2003 年，镇江吉贝尔药业主要生产复方利血生片、视立明(盐酸洛美沙星)滴眼液、玉屏风胶囊等七类134个品种药品。中兴药业(原第三制药厂)主要生产西利宾安、复方益肝灵片、益肝宁片等用于肝炎、胃炎、气管炎三大系列用药。

5. 中成药　1983年,镇江中药厂生产搽剂、丸剂、膏滋剂、酒剂、散剂、膏药6种剂型近50多个产品。2004年GMD认证可生产11大类46种产品,其中镇江膏药、707胃药、金胆片为主要特色产品。中兴药业有限公司生产气管炎冲剂、感冒退热冲剂、参梅养胃冲剂、参芪健胃冲剂等中药制剂产品。

6. 医疗器械　1983年,镇江医疗器械厂生产检测设备,其中LMX-90型霉菌培养箱填补省内空白,1997年,企业破产,停止生产。镇江光学仪器厂生产各类显微镜产品,XTS-1型双人双目手术显微镜国内首创。2002年,企业破产,停止生产。

1983~2005年镇江市化学医药工业主要产品一览表

表14-15

年份	硫酸(折100%)(万吨)	盐酸(31%)(万吨)	醋酸(万吨)	烧碱(折100%)(万吨)	合成氨(万吨)	农用化肥(折100%)(万吨)	氨肥(万吨)	磷肥(万吨)	化学农药(原药)(吨)	染料(吨)	钛白粉(吨)	油漆(吨)	甲醛(万吨)	商品液氯(吨)	化学原料药(吨)	中成药(吨)	塑料树脂及共聚物(吨)	塑料增塑剂(吨)	橡胶助剂(吨)
1983	3.85	0.92	-	1.90	5.43	5.01	3.66	1.22	2501	1595	4120	476	-	5435	89	818	0.71	1630	284
1984	4.16	1.10	-	2.09	5.67	4.98	3.80	1.03	2493	1855	4069	573	-	5583	101	698	0.67	1256	498
1985	3.77	1.28	-	2.17	4.93	4.20	3.26	0.85	409	3159	4150	1639	-	5468	105	1041	0.73	1981	645
1986	3.63	1.26	-	2.25	4.90	3.97	3.21	0.69	438	3250	4711	1747	-	4471	112	1197	0.75	1945	773
1987	4.60	1.24	-	2.10	5.12	4.91	3.57	1.23	457	4022	4734	1425	-	4921	116	1225	0.74	1538	566
1988	6.20	1.31	-	2.58	4.77	4.86	3.25	1.49	587	3055	4749	1205	-	7617	631	1247	0.69	1216	700
1989	8.41	1.96	-	2.96	4.49	4.25	3.15	1.01	547	5095	5509	1886	-	8809	493	984	0.60	394	-
1990	10.22	1.90	-	3.20	4.61	4.09	3.05	0.95	786	6781	5400	630	-	11727	531	939	0.67	879	-
1991	12.22	2.60	-	3.29	4.27	4.35	2.97	1.30	1216	5936	5282	678	-	10098	474	1080	0.68	-	-
1992	13.92	3.07	-	3.66	4.47	4.65	2.99	1.59	320	6571	5504	618	-	9738	182	1125	0.68	-	-
1993	14.94	2.50	-	4.03	3.27	5.11	2.10	3.00	1871	6850	6800	228	-	9637	167	829	0.79	-	-
1994	16.38	2.83	-	4.48	4.96	4.30	3.22	1.08	1724	5172	8000	5191	-	9202	160	447	0.75	-	-
1995	18.65	2.75	-	4.84	6.26	6.00	4.13	1.87	2735	6078	9000	6540	-	9139	137	682	1.73	-	2820
1996	19.65	3.08	-	5.66	5.26	4.26	3.40	0.86	3805	6965	9790	16667	-	13039	300	480	1.49	-	-
1997	22.06	3.11	-	5.93	4.37	3.92	3.30	0.62	4868	8360	11500	15841	-	12762	223	261	1.99	3677	-
1998	21.25	3.05	7.04	5.87	2.74	3.08	2.16	0.92	6177	21516	13149	7875	-	15330	218	216	1.48	8738	1687
1999	24.47	3.71	10.51	6.02	2.22	3.17	2.67	0.50	12162	4397	15039	1755	-	12216	222	541	25.23	13330	5511
2000	26.72	3.00	11.53	6.69	2.41	2.17	1.44	0.73	13785	4407	16000	3052	-	9485	253	596	28.09	13871	7228
2001	31.50	1.92	13.11	7.27	1.61	2.45	1.49	0.96	15548	5595	18000	2999	-	13455	317	800	46.76	13368	9127
2002	29.01	1.78	13.12	7.90	0.83	2.46	1.54	0.92	12802	4378	18004	4697	-	16245	445	502	41.60	16438	10664
2003	28.53	1.78	13.41	8.46	2.08	1.97	1.13	0.84	80555	3492	20035	15314	6.80	16413	435	1202	50.37	17486	13080
2004	47.42	1.25	26.35	8.55	1.93	1.70	0.90	0.80	6483	2367	32758	20744	10.19	9479	212	252	51.69	20789	15974
2005	60.38	1.21	40.27	8.47	1.94	1.40	0.95	0.45	12873	-	35002	21354	12.01	3764	43	334	51.89	25319	20920

1983～1997年镇江市化学医药工业获奖产品一览表

表14-16

产品名称	获奖类别	获奖年份	授奖部门(地区)	生产企业
水飞蓟宾葡甲胺	优秀新产品金龙奖	1983	国家科委	镇江第三制药厂
金红石型钛白粉	科技成果一等奖	1983	化工部	镇江钛白粉厂
80%水合肼	国家银奖	1985	国家质量奖审定委	镇江立新化工厂
T－50石油酯	优质产品奖	1985	江苏省	镇江立新化工厂
AC发泡剂	优质产品奖	1985	化工部	镇江化工厂
异稻瘟净	优质产品奖	1985	化工部 江苏省	镇江江南化工厂
橡胶促进剂TMTD	优质产品奖	1985	化工部	镇江第二化工厂
弱酸棕RL	优质产品奖	1985	化工部 江苏省	镇江染料厂
镇江膏药(一正膏)	优质产品奖	1985	江苏省	镇江中药厂
红霉素	优质产品奖	1985	国家医药局 江苏省	镇江制药厂
TMTD促进剂	优质产品奖	1986	江苏省	镇江第二化工厂
飞鹰牌眼宁眼药水	优质产品奖	1986	江苏省	镇江生化制药厂
日飞牌水杨酸	优质产品奖	1986	江苏省	丹徒化肥厂
红双喜牌大红色基	优质产品奖	1986	江苏省	镇江染料厂
呋喃妥因	优质产品奖	1986	江苏省	镇江制药厂
双凤牌碳酸氢铵	优质产品奖	1986	化工部	丹阳化肥厂
B101钛白粉	优质产品奖	1987	江苏省	镇江钛白粉厂
碳酸氢铵	优质产品奖	1987	江苏省	丹徒化肥厂
复方软骨素片	优质产品奖	1987	江苏省	镇江生化制药厂
大红色基G	优质产品奖	1987	江苏省	镇江染料厂
京江牌固体烧碱	优质产品奖	1987	化工部	镇江化工厂
三山牌无味红霉素	优质产品奖	1988	化工部	镇江制药厂
丹凤牌药玻管	优质产品奖	1988	化工部	镇江药用玻璃厂
京江牌液氯	优质产品奖	1988	江苏省	镇江化工厂
北固山牌工业硫酸	优质产品奖	1988	化工部	镇江硫酸厂
工业液氯	优质产品奖	1988	化工部	镇江化工厂
固体草甘膦	优质产品奖	1988	江苏省	镇江江南化工厂
DT8601铜基体颜料	优质产品奖	1989	江苏省	镇江硫酸厂
DT8601颜料	优质新产品奖	1989	江苏省	镇江硫酸厂
甘露牌钙镁磷钾肥	优质产品奖	1989	江苏省	镇江磷肥厂
乐通牌药用硫酸镁	优质产品奖	1989	江苏省	丹阳第四化工厂
金桥牌硝酸钾溶液	优质产品奖	1989	江苏省	扬中联合化工厂
六山牌六氢吡啶	优质产品奖	1989	江苏省	丹阳磷肥厂

续表 14-16

产品名称	获奖类别	获奖年份	授奖部门(地区)	生产企业
振工牌双人双目手术显微镜	优质产品奖	1989	江苏省	镇江光学仪器厂
红色基 B	优质产品奖	1990	江苏省	镇江染料厂
弱酸棕 RL	优质产品奖	1990	江苏省	镇江染料厂
注射用乳糖酸红霉素	优质产品奖	1990	江苏省	镇江第二制药厂
乳糖酸红霉素	优质产品奖	1990	江苏省	镇江第二制药厂
三山牌呋喃唑酮	优质产品奖	1990	江苏省	镇江制药厂
京江牌 30% 液体烧碱	优质产品奖	1990	江苏省	镇江化工厂
江天牌对硝基苯胺	优质产品奖	1991	江苏省	镇江化工染料厂
句彩牌铵明矾	优质产品奖	1991	江苏省	句容县化工总厂
化纤宽薄型输送带	优质产品奖	1994	江苏省	江苏连云胶带公司
橡胶护舷	优质产品奖	1994	江苏省	镇江橡胶厂
氯三氧化法 DM	优质产品奖	1994	江苏省	镇江第二化工厂
线菌清	优质产品奖	1994	江苏省	句容县农药厂
云母钛型珠光颜料	优质产品奖	1994	江苏省	江苏珠光实业总公司
云母钛型珠光涂料	优质产品奖	1994	江苏省	江苏珠光实业总公司
金狮牌 ADC 发泡剂	省级名牌产品	1995	江苏省	江苏索普集团
环球牌钛白粉	省级名牌产品	1996	江苏省	镇江钛白股份有限公司
银河牌草甘膦	省级名牌产品	1997	江苏省	镇江江南化工厂
复方益肝宁	优秀新产品	1997	江苏省	镇江第三制药厂
硫唑可湿性粉剂	优秀新产品	1997	江苏省	镇江农药厂

第三节 主要企业

一、市直化工企业

1983 年,镇江市直化工企业 16 家,分别是镇江化工厂、镇江钛白粉厂、镇江立新化工厂、镇江农药厂、镇江江南化工厂、镇江磷肥厂、镇江轮胎翻修厂、镇江硫酸厂、镇江涂料化工厂、镇江化工染料厂、镇江第二化工厂、镇江染料厂、镇江前进化工厂、镇江新华化工厂、镇江橡胶厂、镇江合成漆厂。1985 年,市直化工企业固定资产总值 4977 万元,职工 26848 人,实现总产值 1.16 亿元,销售收入 1.11 亿元,利税 1517 万元。主要生产烧碱、钛白粉、硫酸、氢氧化钾、化学农药、黄磷、涂料、染料、油漆等产品。同年,镇江合成漆厂、镇江硫酸厂并入镇江钛白粉厂,成立镇江钛白粉总厂。1990 年,镇江硫酸厂与镇江钛白粉厂脱钩。1992 年,镇江化工染料厂、镇江染料厂(两块牌子一套班子),镇江涂料化工厂、镇江新华化工厂(两块牌子,一套班子)联合组建镇江精细化工综合厂,1994 年,按《中华人民共和国公司法》组成镇江精细化工有限责任公司。截至 1995 年,镇江市直化工企业经过重组合并,成为 12 家企业。其中镇江化工厂、镇江钛白粉总厂分制改组为江苏索普集团和江苏太白集团。1997 年,镇江市第二化工厂整体划入江苏索普集团。1998 年,由镇江硫酸厂控股,华耀公司、镇江橡胶厂(与镇江轮胎翻修厂两块牌子,一套班子)参股,组建镇江环流橡胶有限公司。1999 年,镇江立新化工厂破产。截至 2000 年,镇江市直化工企业只有 9 家企业,镇江精细化工有限公司、镇江环流橡胶有限公司为股份制企业,镇江前进化工厂为集体企业,其余 6 家企业为国有企业。市直化工企业拥有固定资产总值 19.93 亿元,净值 16.64 亿元,职工 29598 人。2001 年,镇江农药厂和镇江前进化工厂联合退城进区,2002 年改制为镇江农药厂有限公司。2003 年,环流橡胶有限公司国有产权出让,改制为民资企业镇江同力橡胶有限公司。镇江农药厂有限公司由青海京科集团控股。镇江硫酸厂国有产权出让改制为民资企业江苏福仕特集团化工有限公司。2005 年,江苏太白集团 80% 的国有股权转让江苏申龙高科公司、江阴金桥贸易公司,更名为江苏太白集团公司。江南化工厂改制为由浙江新安集团控股的镇江江南化工厂有限公司。镇江精细化工有限公司破产,索普集团拍得破产资产。镇江磷肥厂由镇江福仕特化工有限公司收购,更名为镇江倍福特肥业有限公司。同年,市直化工企业 7 家,江苏索普集团仍为国有企业,其余 6 家均为民资企业,市直化工企业拥有固定资产净值 19.85 亿元,职工 8214 人。

二、市直医药企业

1983 年,镇江市直医药直属医药企业 5 家。分别是镇江市制药厂、镇江市第二制药厂、镇江市第三制药厂、镇江中药厂、镇江市医疗器械制造厂。1985 年,固定资产总值 1640 万元,职工 2244 人,实现工业总产值 5914.7 万元,利税 682.7 万元。主要生产红霉素、红霉素粉针、水飞蓟葡甲胺片、镇江膏药、707 胃药等产品。1993 年,镇江第二制药厂与澳门华鑫公司共同投资设立镇江吉贝尔药业有限公司。1997 年,镇江市医疗器械制造厂破产。1998 年,镇江制药厂与西安利君集团重组为利君集团镇江制药有限责任公司。1999 年,镇江第二制药厂破产,剩余财产由吉贝尔公司收购。2001 年,镇江中药厂与香港德辉公司重组成立江苏七〇七天然制药有限公司。2003 年,镇江中药厂破产,剩余资产由江苏七〇七天然制药公司收购。镇江市第三制药厂 1996 年改制为股份合作制企业,2002 年,由经营层控股更名为江苏中兴药业有限公司。2005 年,利君集团镇江制药有限责任公司改制为镇江华耀制药有限责任公司。同年,市直医药企业 4 家:江苏华耀制药有限公司、江苏七〇七天然制药有限公司、江苏中兴药业有限公司、镇江吉贝尔药业有限公司。

1992~2005 年镇江市化学医药工业市属企业主要经济指标一览表

表 14-17

年份	企业数（家）	工业总产值（万元）	销售收入（万元）	工业增加值（万元）	利税总额（万元）	固定资产（万元）	职工人数（人）
1992	23	49625	45230	12070	3917	11328	9728
1993	22	57027	54696	11544	4344	14929	9689
1994	24	66764	56063	14138	3932	17459	9745
1995	21	69903	69405	14016	2848	23423	9837
1996	19	80356	75822	16937	5208	30725	9683
1997	16	96112	84708	19323	6798	33697	9636
1998	14	67694	68036	15662	3537	29402	7448
1999	14	88857	87425	19299	4507	35238	7263
2000	13	93696	96069	22543	6336	34092	5429
2001	11	102634	104677	26067	7358	32434	5713
2002	11	99487	109274	28497	7829	28788	5335
2003	11	93560	106495	30816	8171	29721	5112
2004	10	112643	120367	37123	7475	36784	5019
2005	11	149085	155231	45374	10369	36856	4152

说明:工业总产值中 1994~1997 年为 1990 年不变价

三、主要企业选介

江苏索普(集团)有限公司　位于镇江市谏壁镇越河街50号,前身是镇江化工厂,成立于1966年。1985年,企业固定资产总值1189万元,主要设备112台,职工2834人,年产烧碱14077吨,液氯6000吨,盐酸12330吨,工业总产值1425万元,利税254万元。1986年对烧碱蒸发和变电整流等工艺进行技术改造,合计投资696.8万元,1988年烧碱产量达到2万吨。1990年投资3367万元,进行扩产改造,1991年,烧碱产量达到4万吨,液氯1万吨,新增产值3891万元,利税1497万元。1992年,列化工部100家最佳经济效益企业第72位,江苏省100强工业企业第65位。同年,ADC发泡剂主要参数达日本同类产品质量标准,出口日本、东南亚1161吨,创汇1326万元。同年,投资106.7万元,对漂粉精系统进行技改;1993年,漂粉精产量达4000吨。企业进入全国500家最大化工企业行列,名列144位,同时进入江苏经济效益百强企业,名列46位。1994年,年产4000吨ADC发泡剂项目竣工,使企业成为全国ADC发泡剂重点企业。同年,以镇江化工厂为核心组建的江苏索普集团挂牌成立,承担的投资10亿多元的国家重点工程“921”项目开工。1996年,由江苏索普集团发起设立的江苏索普化工股份有限公司1500万股在上海证交所上市,募集资金近亿元。1998年“921”项目一次性投料成功,企业由盐化工领域挺进到煤化工领域,自主开发的甲醇低压羟基化合法醋酸生产技术具有成本低、质量高、无三废等优点,达到世界最先进水平。2000年,公司成为全国520家国家重点企业之一,江苏省高新技术企业,国家大型企业,镇江市第一家国有资产授权经营企业,总资产18亿元,职工3500多人,其中专业技术人员920人。拥有年产12.5万吨醋酸、5万吨氯碱、1万吨ADC发泡剂、1万吨漂粉精、3000吨非离子表面活性剂、5000吨橡胶硫化促进剂的综合生产能力,其中醋酸、ADC发泡剂、漂粉精国内产量最大,橡胶促进剂国内第四,氯碱规模省内第四。各主要产品均为省名牌产品。同年,实现工业总产值7.7亿元,销售7.9亿元,利润3506万元。2004年,总投资9.19亿元的醋酸二期工程、醋酸乙酯工程同时竣工投产,醋酸和醋酸乙酯生产能力分别达到40万吨、7万吨,醋酸生产能力居国内第一。同年,生产醋酸26.3万吨,出口1.1万吨,成为国内醋酸出口量最大企业。同时公司造船业务开始起步,两条船相继开工。2005年,公司固定资产总值25.8亿元,拥有世界先进的甲醇低压羟基合成醋酸生产系统。完成工业总产值31.4亿元,销售32.5亿元,利税7.36亿元,利润4.6亿元。醋酸生产能力50万吨,成为亚洲第一生产企业;ADC产能力2.5万吨,位居世界第一。公司所造的6500吨的1号油轮、2号油轮同时下水。同年,集团实施经营者增资扩股改革,经营者投资1.89亿元(5年内到位,首期5000万元)占集团公司27%股份,国有股占股73%。

图14-6　索普集团醋酸厂(2005年摄)

江苏太白集团有限公司　位于镇江新区大港临江西路68号。公司前身是镇江油脂化学厂,创建于1959年。1979年更名为镇江钛白粉厂。1981年试制成功金红石型钛白粉,1983年通过部级鉴定,获化工部科技成果一等奖,并投入批量生产。1985年更名为镇江钛白粉总厂,企业固定资产965万元,职工891人,拥有醋交换釜、锁具釜等设备107台,年产钛白粉4150吨,实现工业产值2785万元,利税478万元。1991年,该厂生产涂料钛白粉产量5114吨,成为全国涂料钛白粉产量最大企业。1994年,年产4000吨金红石型钛白粉技改项目竣工投产,累计投资3234万元。产品主要质量指标接近日本同类产品R-820水平,改变国内金红石型钛白粉依靠进口的历史,为高档油漆生产提供优质原材料。同年,钛白粉总产量突破8000吨,继1991年之后,又连续4年保持全国同行业第一的地位,进入"全国500家最大化学工业企业"行列。2000年,年产3500吨造纸钛白粉技改项目投产。同年,企业改制为镇江钛白粉股份有限公司,并以公司为核心组建江苏太白集团。造纸用金红石型钛白粉、锐钛型钛白粉生产技术国内首创,达到国际同类产品先进水平。全年生产钛白粉1.65万吨,销售收入2亿元,利税3050万元,利润1200万元。产量、销售、利税连续11年居全国钛白粉行业之首。2005年,江苏太白集团公司80%的国有股权以3004.5万元转让给公司经营管理层和申龙高科公司、江阴金桥贸易公司,改制为江苏太白集团有限公司。公司总资产5亿元,员工1000余人,注册资本5200万元,申龙高科占股36%,公司经营层占股32.5%,江阴金桥贸易公司占股17%,镇江华耀资产经营公司(国有股)占股14.46%。同年,公司创业、发展46年的旧厂址关闭,搬迁到镇江新区。同年,公司生产钛白粉35002吨,其中金红石型钛白粉31412吨、锐钛型钛白粉3590吨,实现工业产值4.42亿元,销售收入4.75亿元,利税4450万元。截至2005年,公司曾先后被评为"中国500家最大化学工业企业""江苏省高新技术企业""国家重点高新技术企业"。金红石型钛白粉被认定为江苏省高新技术产品,"环球牌"商标被认定为江苏省名牌、江苏省著名商标,产品覆盖国内大部分省、市,远销亚、欧、美等国家和地区。

镇江江南化工厂有限公司　位于镇江经济开发区国际化学工业园化工大道。公司前身是镇江江南化工厂,于1978年由农药厂划出部分车间建成。1983年,主要产品为黄磷、液体草甘膦等,其中液体草甘膦获林业部科技成果奖,年产能力1000吨。1985年,固定资产总值357万元,职工691人,实现产值606万元,利税-21万元。同年,企业从沈阳化工研究院获得固体草甘膦成果转让,总投121万元,建设固体草甘膦装置,1987年投产,是国内第三家生产企业。1991年,固体草甘膦产量达200吨左右,是国内最大的生产装置。1992年,自筹240万元资金,对主产品固体草甘膦、液体草甘膦、疫霜灵进行扩产改造,使3个产品年生产能力从200吨、1000吨和500吨分别扩大到400吨、2500吨和800吨,新增产值2468万元,新增利税194万元。1994年与中亚泰化工有限公司合资,固体草甘膦从500吨/年扩大到1000吨/年,出口511吨,完成出口交货值2946.06万元,占销售产值54.6%。1996年,产值销售双过亿,分别达到1.41亿元、1.04亿元,出口供货7660万元,成为全市化工工业骨干企业。1999年与深圳中兴公司联合,固体草甘膦年产量突破万吨,达到1.5万吨,雄居亚洲第一。企业实现销售3.4亿元,其中出口2.6亿元。2000年,华耀资产经营公司将化工研究设计院划拨江南化工厂,使企业资产总额达2.8亿元,固定资产净值9800万元,下辖化工研究院设计院和两家控股子公司,职工750人。产品有除草、杀菌、杀虫三大系列,固体草甘膦产品生产能力达2万吨/年,实现工业产值9.8亿元,产品销售3.6亿元,出口交货值3亿元。"银河牌"草甘膦系列产品连续四年被评为江苏省名牌产品。"银河牌"商标被评为江苏省著名商标。2005年,企业与浙江新安集团重组为江南化工厂有限公司,由新安集团控股。同步实施总投资5.2亿元的搬迁改造工程。同年,草甘膦生产能力达2.5万吨/年,其中甘氨酸路线草甘膦1.9万吨/年,IDA路线草甘膦6000吨/年。实际生产疫霜灵500吨,10%液体草甘膦8800吨,固体草甘膦12580吨。实现工业产值9.44亿元,销售4.72亿元。

镇江福仕特化工有限公司　位于镇江经济开发区国际化学工业园区梁山路68号。前身是镇江硫酸厂,成立于1978年。1983年,硫酸生产能力达2万吨。1985年,固定资产总值369万元,生产设备115台,职工239人,年产硫酸2.4万吨,产值332万元。1987年投资100万元,实施治理硫酸尾气改造项目,1988年竣工,不但使吨酸排放二氧化硫低于国家规定排放量,而且生产能力扩大到4万吨/年。1990年以后,企业继续运用电除尘、电除雾、预热利用、两转两吸等新工艺进行技术改造。1995年,硫酸生产能力达8万吨/年,技术经济指标达全国同类装置先进水平,并先后开发硼酸锌、硫酸铝、N－甲基苯胺和铵明矾等新产品。其中硫酸是部、省优质产品，N－甲基苯胺、硼酸锌的生产规模为国内同行业第一。2003年，镇江硫酸厂改制为民资企业江苏福仕特化工有限公司。2004年企业退城进区，扩建20万吨/年硫酸生产装置、500吨/年N－甲基苯胺生产装置、3000千瓦余热发电装置，各项技术经济指标达国内同行业一流水平。同年，销售收入达2亿元，比2003年增长92%。2005年，实现工业总产值2.35亿元，销售1.53亿元，利税896.3万元。生产硫酸41.89万吨，N－甲基苯胺6183吨，硫酸铝1.35万吨，铵明矾800吨，硼酸锌7771吨。

镇江奇美化工有限公司　位于镇江经济开发区大港片区。是1996年3月成立，1998年投产的台商独资企业，总投资2500万美元。主要制造加工以苯乙烯为原料的系列产品。2005年，销售收入17.55亿元，纳税3.19亿元，关税0.31亿元，从业人员127人，外籍人员5人。

镇江奇美塑料有限公司　位于镇江经济开发区大港片区。是1997年成立，2000年投产的台商独资企业，投资总额7000万美元。主要生产ABS、AS树脂及聚甲基丙烯酸甲酯成形材料。2005年，销售收入24亿元，纳税总额4.53亿元，关税0.68亿元，从业人数67人。

镇江奇美树脂有限公司　位于镇江经济开发区大港片区。是1997年成立，2000年投产的台商独资企业，投资总额7000万美元。主要生产各类塑料中间原料及其系列产品。2005年销售收入0.78亿元，纳税总额1152.9万元，关税3.05万元，从业人员47人。

镇江国亨化学有限公司　位于镇江经济开发区大港片区。是1996年成立，1998年投产的台商独资企业。主要生产ABS、SAN、HIPS及其制品。2005年销售收入18.82亿元，纳税总额2.6亿元，关税0.35亿元，从业人员149人，外籍人员5人。

镇江国亨塑料有限公司　位于镇江新区韩峰路2号。是2000年成立，2002年投产的台商独资企业，投资总额3600万美元。主要生产以苯乙烯为原料的系列产品。2005年，销售收入9.86亿元，纳税0.49亿元，从业人员81人，外籍人员2人。

江苏联成化工有限公司　位于镇江新区国际化学工业园区。是成立于2002年，2005年投产，投资1亿美元的外商独资企业，主要生产苯、甲苯、二甲苯衍生物产品，乙烯副产品C5－C9产品的综合利用。2005年，销售收入3.94亿元，纳税0.16亿元，关税0.15亿元，从业人员154人，外籍人员3人。

江苏吉贝尔药业有限公司　位于镇江高新技术产业开发区。是成立于1993年并于当年投产，投资总额280万美元的中外合资企业。主要生产片剂、胶囊剂（含头孢菌素类）、颗粒剂、滴眼剂（含激素类）、轻膏剂、凝胶剂原料药（甲硝唑、细辛脑、盐酸羟卡唑醋氯芬酸），中药提取。2005年，销售收入1.13亿元，纳税0.17亿元，从业人员516人。

汽巴精化（江苏）有限公司　位于镇江经济开发区大港韩峰路1号。是2002年成立、2004年投产的外商独资企业，投资总额2950万美元。主要生产丁苯乳胶及其他各类乳胶和精细化工产品。2005年，销售收入4.65亿元，纳税0.13亿元，关税428万元，从业人员68人，外籍人员1人。

优利德（江苏）化工有限公司　位于镇江经济开发区化工片区。是2002年成立、当年投产的外商独资企业，投资总额3850万美元。主要生产催化剂、食品添加剂、表面活性剂、水处理剂、胶粘剂等精细化工产品。2005年，销售收入3.17亿元，纳税1963万元，关税543万元，从业人员176人，外籍人员7人。

镇江李长荣综合石化工业有限公司　位于丹徒经济开发区。是1997年成立，2002年投产的台商独资企业，总投资9900万美元。主要生产以甲醇为原料的延伸加工产品。2005年，销售收入2.28亿元，纳税0.13亿元，关税399万元，从业人员81人，外籍人员11人。

镇江南帝化工有限公司　位于镇江新区临江西路99号。是2001年成立，2003年投产的外商独资企业，投资总额4505万美元，主要生产以苯乙烯、丁二烯、丙烯脂为原料的胶粘剂及系列产品。2005年，销售收入20329.5万元，纳税315万元，关税130万元。从业人员127人，外籍人员7人。

镇江环太硅科技有限公司　位于扬中市化工园区。是2004年建成并投产的外商独资企业。总投资920万美元。主要生产硅锭铸造、单晶硅片、多晶硅片、太阳能光电系列产品。2005年，销售收入1.66亿元，纳税总额890.21万元，关税42.47万元，从业人数700人。

镇江科氏沥青产品有限公司　位于镇江经济开发区大港片区。是总投资800万美元的外商独资企业，主要生产各种沥青产品和橡胶制品。2005年，销售收入2.15亿元，纳税总额1321.75万元，关税613万元，从业人员42人。

2005年镇江市直化工医药企业主要经济指标一览表

表14-18

序号	企业名称	企业前身	职工人数（人）	工业产值（万元）	工业增加值（万元）	销售收入（万元）	利税总额（万元）	固定资产原值（万元）	固定资产净值（万元）	建厂时间（年）	隶属关系	经济性质	占地面积（平方米）	地址
1	江苏索普集团有限公司	镇江化工厂	4062	313745	-	325022	73238	257979	161622	1958	镇江经贸委	股份制	-	谏壁越河街50号
2	江苏太白集团有限公司	镇江油脂化学厂	974	44293	-	47500	4450	26878	19305	1959	华耀资产经营公司	股份制	153300	新区大港临江西路68号
3	镇江江南化工厂有限公司	镇江江南化工厂	550	94377	39621	47171	-	-	-	1979	华耀资产经营公司	民营	178000	国际化学工业园化工大道
4	镇江农药厂有限公司	镇江农药厂	272	5818	-	5247	0.9	315	137	1954	华耀资产经营公司	民营	33300	孩溪路12号
5	镇江福仕特化工有限公司	镇江硫酸厂	429	23470	5462	15254	896.3	2276	2173	1978	华耀资产经营公司	民营	200000	国际化学工业园梁山路68号
6	镇江同立橡胶有限公司	镇江橡胶厂	269	11285	2263	8000	222	1611	787	1966	华耀资产经营公司	民营	64000	李家山(2007年搬迁)
7	江苏七〇七天然制药有限公司	镇江中药厂	281	4006	1800	3507	580	2589	1564	1965	华耀资产经营公司	民营	21257	朱方路102号
8	江苏吉贝尔药业有限公司	镇江第二制药厂	451	14700	9038	11282	2723	5856	3232	-	华耀资产经营公司	民营	70000	丁卯开发区
9	镇江华耀制药有限公司	镇江制药厂	510	1872	449	2034	-55	10828	4363	1958	华耀资产经营公司	民营	27762	东吴路56号
10	江苏中兴药业有限公司	镇江第三制药厂	192	1918	1287	1720	51	496	356	1971	华耀资产经营公司	民营	38000	高新技术产业开发区

第五章　轻工业

1983年，镇江轻工业是全市工业的支柱行业之一，其中造纸工业处于全省前列。1983～2005年，镇江轻工业坚持抓外向型经济，办“三资”企业，不断加大外向型经济的开拓力度，推进全市轻工业快速、稳定发展，保持支柱行业地位。“七五”期间，重点抓好老企业技术改造，壮大企业规模，加速产品转型升级，为外向开拓奠定较好基础。“八五”期间，加大外向开拓力度，主要规模骨干企业实施外资嫁接，中小企业进入国际市场。造纸业优势更加突出，门类众多的产品形成“小产品、大市场”格局。“九五”期间，引进外资大项目金东纸业这一国内造纸业“巨舰”落户镇江。1995年，金东纸业实现产值、销售、利税分别占全市一轻工业总值的72.5%、66.85%、60.23%。“十五”

期间，金东纸业增资扩产，年生产能力达200万吨，成为亚洲最大的造纸企业；中、小企业深化产权制度改革，增强发展生机活力。2005年，镇江轻工业成为以国内重要的造纸基地、现代包装业基地为特色，以金东纸业、金河纸业、大东纸业、华东制罐公司等企业为支柱，拥有321家企业的现代轻工业生产体系，实现工业产值293.04亿元，销售产品269.85亿元，实现利税20.12亿元，产品在国际、国内两个市场具有较强竞争能力。

第一节　发展概况

一、一轻工业

1983年，镇江轻工业由市轻工业局、市造纸工业公司、市塑料工业公司主管。同年，全市有轻工企业605家，其中市属轻工企业49家（市轻工业局主管企业33家，市造纸工业公司主管企业6家，市塑料工业公司主管10家）。全市轻工业产值3.53亿元。市轻工业局主管企业固定资产总值4937万元，职工15452人，实现工业产值15861万元，销售产品13068万元，利税总额1327万元。1985年，撤销市造纸工业公司，成立市二轻工局。市轻工业局主管市属一轻工业企业，并对全市一轻工业实行行业规划和指导。同年，全市共有轻工企业623家，固定资产原值1.98亿元，职工37503人，实现工业产值4.99亿元，其中：市属轻工企业49家，固定资产原值1.36亿元，职工20718人，实现工业产值3亿元，销售收入3.46亿元，利税4239万元。主要产品有机制纸、纸浆、纸制品、玻璃、搪瓷、陶瓷制品、轻工机械、涂料铁、印花铁罐、锁具、灭火器、服装、剧装、工艺鞋（帽）、玩具、皮革及其制品、家具、毛刷、火柴、文教针等。先后有26个产品获国家、部和省优质产品奖。其中铁塔牌1号油封纸和特号书写纸获国家银质奖。主要出口产品有机制纸、搪瓷制品、门锁、鬃刷、皮鞋、工艺品、服装等，出口产品产值5374万元。市属企业中，年产值千万元以上企业4家，镇江纸浆厂4130.8万元，镇江印铁制罐厂3701万元，镇江大东造纸厂3017.6万元，镇江搪瓷厂1002.8万元。市辖县轻工产品各有特色，丹阳县有乡镇以上眼镜厂14家，被称为"眼镜之乡"，其中镇江市眼镜总厂年产眼镜130万副；丹徒县有乡镇以上皮鞋厂28家，年产皮鞋129万双，被称为"皮鞋之乡"；扬中县玉雕和柳竹编织产品影响较大，岫玉五龙玉雕获部优产品奖；句容县的服装、地毯、针织帽比较有名。

"七五"期间，一轻工业抓好重点企业和优势行业技术改造，市属企业累计投入9368万元，完成技改51项（100万元以上项目17项）。其中镇江纸浆厂8500吨/年碱回收项目，收到较好经济效益和社会效益。镇江大东造纸厂1880毫米双长网造纸机年产100～250克卡纸1.5万吨以上，被公安部指定为身份证专用纸。镇江市玻璃厂从美国引进一条8组双滴料玻璃瓶自动生产线，从日本引进彩色玻璃瓶生产线，不但使生产能力由年产1.5万吨增加到3万吨，而且扩大产品品种，提高产品竞争能力。1990年，全市共有独立核算轻工企业562家，职工68254人，实现工业产值17.72亿元，销售收入14.23亿元，利税总额0.74亿元。全市一轻工业归口县属以上企业24家，职工14491人。其中市直企业14家，职工12207人。固定资产原值22078.7万元。全市一轻工业归口企业完成工业产值4.2亿元，其中市直企业实现总产值3.7亿元，县（市）属企业完成产值0.5亿元。出口产品出口交货值4042.82万元，其中市直企业完成3685.95万元，县（市）属企业完成356.87万元。市直企业实现销售3.2亿元，利税1799.7万元。主要产品中，机制纸及纸板年生产能力5万吨，比1985年3.89万吨增长1.11万吨；日用玻璃制品生产能力2.64万吨，比1985年1.67万吨增长近万吨；火柴年生产能力55万件，比1985年42万件增长13万件；轻工机械（ECQ3刀辊切草机）年生产能力324台/2106吨，比1985年20台/130吨，增长15倍。一批新产品形成批量。其中玻璃马赛克年产35万平方米，炻器牛奶杯年产250万件，卫生洁具盖年产6万副，瓦楞纸箱年产1602万平方米，电脑表格打印纸年产565吨。镇江纸浆厂销售收入突破亿元，实现利税1200万元，成为市直工业第二利税大户。

"八五"期间，一轻工业面临原辅材料、能源价格上涨，国内市场疲软，资金短缺的严峻形势。全市一轻企业加速产业转型升级，实现健康稳定发展。1991年，中国包装总公司华东制罐总厂和百慕大联合投资有限公司合资的华东联合制罐有限公司成立，总投资2000万美元，年生产铝罐能力2.5亿～3亿罐，是国内同行业规模最大的企业。1992年，市属轻工业两大骨干企业——谏壁纸浆厂、大东造纸厂分别与印尼金光集团实行外资嫁接，成立总投资1470.6万美元的金河纸业公司和总投资735.5万美元的大东纸业公司。同年，华东联合制罐有限公司生产易拉罐2.04亿套，实现工业产值2.04亿元，利润2523万元，税收650万元，居全市十大利税大户之首。1994年，市属轻工企业中有火柴厂等4家企业举办的三资企业投产，实际利用外资1050万美元。同年，市直轻工系统的三资企业完成总产值4亿元，占市直轻工业总产值的71.45%，实现利税总额3167.6万元，利润1060.1万元。市直一轻系统实际利用外资，三资企业实现产值、利税、利润均居市直工业之首。其中金河纸业实现产值1.62亿元，销售1.77亿元，利税2020万元，分别占市直一轻总值30%、30%、7%。综合效益位居全国同行业第13位，全省同行业首位。1995年，由华东联合制罐有限公司中外双方共同投资3000万美元建立的华东联合制罐第二有限公司投产，年生产易拉罐能力6亿罐，至此，华东联合制罐有限公司与第二公司年生产能力共计为10亿罐。同年，全市共有独立核算轻工企业912家，固定资产净值12.22亿元，职工69532人，实现工业总产值53.98亿元，销售收入53.46亿元，利税总额4.35亿元。全市一轻工业归口企业21家(不含华东联合制罐公司)，其中市属企业13家。按所有制划分，21家企业中国有企业8家，集体企业3家，中外合资企业10家。拥有固定资产原值44087.4万元，职工10565人，主要产品产量为：机制纸5.12万吨，商品浆2.58万吨，日用搪瓷制品2277吨，瓦楞纸箱691万平方米，日用玻璃制品1万吨，火柴44万件，打火机2395万只，钢化玻璃盖293万片，味精750吨，轻工机械215台。全系统"三资"企业实现产值4.8亿元、销售5.71亿元、利税3708万元、利润907万元，分别占系统总值74.87%、83.15%、92.67%、213.27%。全系统外贸出口1.46亿元。市属一轻企业完成产值6.4亿元。产品销售6.87亿元，利税4000万元，利润425万元。其中金河纸业、大东纸业、搪瓷总厂三家企业实现产值4.54亿元，产品销售5.55亿元，利税5169.9万元，利润2196.3万元，分别占市属轻工企业总值的70.79%、80.80%、129.20%、516.65%。金河纸业公司实现产值1.8亿元，产品销售2.6亿元，利税5843万元，利润3809万元，综合效益在全国同行业位次由第13位跃升到第4位，江苏同行业首位，江苏三资企业第8位。大东造纸厂产品结构向特种用纸产品转型，开发税务发票专用纸，成为国家税务总局定点企业。

"九五"期间，全市一轻工业以造纸为支柱产业，以大项目推进，实现跨越发展。1996年，总投资151.5亿元，年产纸135万吨的金东纸业项目获国家批准。华东制罐总厂与美国美澳企业合资，投资2000万美元组建华东迪斯盖有限公司，华东联合制罐第二有限公司与广东健力宝集团共同投资2000万美元组建的健力宝饮料有限公司同时投产，华东联合制罐有限公司成为制罐—制盖—饮料灌装一条龙的高技术、高附加值、高效益的规模经济集团，位居"江苏百强企业"第23位。1997年，华东制罐联合公司及其子企业实现工业产值10亿元，销售收入7.5亿元，利税1.2亿元，利润6003万元，成为市直企业中第一个利税突破亿元的企业。2000年，金东纸业一期工程(两台造纸机、一台涂布机、自备热电厂、专用码头和污水处理厂)建成投产。同年，全市共有轻工企业237家，固定资产115.66亿元，职工54229人，实现工业总产值127.81亿元，销售收入108.33亿元，利税总额5.37亿元。市属轻工系统(1996年，原市一轻工业、二轻工业、塑料工业合并)共有工业企业38家。拥有固定资产99.77亿元，职工17276人。完成工业总产值56亿元。产品销售46.85

亿元,实现利税2.17亿元,利润1.46亿元,外贸出口10.96亿元,进入全省轻工业第一方阵。其中:金东纸业、金河纸业、大东纸业、江苏联合制罐、美驰轻型车5家合资企业完成产值、销售收入,出口交货值、利税总额分别占全系统总值的86.28%、83.5%、69%和86.1%。金东公司的产值、销售、利税占全系统总值72.25%、66.85%、60.23%。

"十五"期间,金东纸业继续加大投入,扩大生产能力;市属轻工业企业深化产权制度改革,增加发展动力与活力,全市轻工业实现持续增长。2001年,华东制罐总厂改制为华东制罐有限公司,与德国DRG公司共同投资,成立华意(苏州)塑料薄膜公司,年产薄膜8000吨。2002年,金东纸业公司已建成投产的1、2号纸机满负荷运转,机制纸产量达到110万吨,成为亚洲最大的造纸企业。镇江大东纸业公司结束长达9年亏损局面,实现利润2160万元。同年,市属轻工企业实现产值78.23亿元,产品销售77.68亿元,利税9.13亿元,利润7.5亿元。其中金东纸业、金河纸业、大东纸业、江苏联合制罐、美驰轻型车、金益集团6家骨干企业实现产值、销售、利税和利润分别占市直轻工总值的份额都在94%以上。2003年,华罐公司生产易拉罐6.31亿只,易拉盖8.21亿只,实现销售4.17亿元,利税7307万元。至2004年,华罐公司累计产销易拉罐49亿只,易拉盖38亿只。同年,企业产品结构调整,成为国内最大的易拉盖生产企业。

2005年,金东纸3号纸机建成,企业年总产量超过200万吨,生产技术达世界一流水平,镇江成为国内重要的现代化造纸基地。同年,全市轻工业生产企业321家,从业人员65905人,实现工业产值293.04亿元,销售收入269.85亿元,利税20.12亿元。按产品分类(不含食品、饮料及农副食品加工业产品):造纸及纸制品企业30家,销售收入89.4亿元,实现利润9.78亿元;皮革、皮毛、羽毛及其制品企业52家,销售收入13.26亿元,实现利润2131万元;木材加工及木、竹、藤、棕、草制品企业11家,销售收入54.46亿元,实现利润9191万元;家具制造企业4家,销售收入1.36亿元,实现利润353万元;印刷和记录媒介复制企业16家,销售收入4.25亿元,实现利润-273万元;文教及体育用品制造企业41家,销售收入18.32亿元,实现利润4110万元;工艺品及其他制造企业41家,销售收入10.64亿元,实现利润2032万元;塑料制品企业66家,销售收入23.6亿元,实现利润3922万元。按隶属关系分类:市属轻工企业21家,从业人员11256人,销售收入87.19亿元,实现利税13.5亿元。辖市(区)属企业300家,从业人员54649人,销售收入182.66亿元,实现利税6.62亿元。

二、二轻工业

1986年,全市二轻工业由市二轻局管理。同年,市属二轻企业22家,固定资产原值3587万元,职工9389人,实现工业产值1.35亿元,产品销售0.94亿元,利税1291万元。主要生产涂料铁、印花铁罐、镀锌铁丝、家具、玩具、锁具、影视剧服装、皮革、皮鞋、文教钉。企业小、产品小,档次低,设备落后。

"七五"期间,全市二轻工业围绕培育出口优势产品,加大技改力度,提高工艺装备水平,累计投入7500万元。截至1990年已经成为全市出口创汇重要行业,市属二轻企业的外贸出口绝对值、出口产值占工业总值的比重,以及外贸出口增长幅度在全省同行业中处于领先地位。同年,全市二轻工业归口县属以上企业53家,职工14136人,拥有固定资产原值10732万元,其中市直企业19家,职工8772人,拥有固定资产原值6883万元。全市二轻工业归口企业实现工业产值3.57亿元,产品销售收入2.69亿元,外贸出口1.16亿元(占全年产值的1/3)利税总额1396万元,其中市直企业实现产值1.86亿元,产品销售1.6亿元,外贸出口7336万元(占全年产值36.64%),利税总额754.4万元。形成一批镇江特色的优势产品、其中金属包装业引进日本、德国、英国、意大利生产线,生产技术、品种、规格在国内同行业中具有明显优势;二轻机械工业的主要产品聚氨酯生产设备年产100台,替代进口产品;革与革制品行业是技改重点,形成年产革40万张，皮鞋300万双生产能力，出口皮鞋52万双；文教针（钉）是国内主要生产基地之一；工艺美术业中的软体玩具、丝织地毯、影视服装有一定影响，出口交货值5130万元；新发展汽车用玻璃升降器、汽车滤清器、电力金具，消防器材等产品形成一定规模。工艺美术、制锁，皮革制鞋、制刷、制帽、文教用品等制造业中出现一批重要的外贸出口产品生产企业；软体玩具、丝织地毯、皮鞋、门锁、漆刷、工艺帽、文教针等一批产品成为重点外贸出口产品。镇江玩具厂（原市美术工艺厂）由一个产值200万元的小企业发展成为出口交货值3000万元以上出口创汇大户，全国九大软体玩具生产企业之一；镇江皮革制鞋总厂产品92.21%出口，出口量全省同行业第一。

“八五”期间，全市二轻工业经济继续大力推进外向型经济发展，在极其困难的发展环境下，保持较快的发展速度。1992年，全市二轻工业外贸出口交货值由上年的1.32亿元，跃增到3亿元，增长113.92%，占全部产品销售收入的3/4。同年，由镇江二轻工业公司、华东联合制罐总厂和外资企业百慕大联合投资公司共同投资1000万美元的江苏联合金属容器有限公司在镇江经济技术开发区动工兴建，镇江市锁厂成为全市首家具有自营进出口权的中资企业。1993年，镇江影剧服装工艺厂、镇江锁厂分别与新加坡联友纺织贸易公司合资成立镇江联友历代服饰工艺品有限公司和镇江联友锁业有限公司。镇江市美术工艺厂、镇江皮革制鞋厂获自营出口权。至此，二轻工业18家企业中，15家企业生产出口产品，3家企业有自营进出口权，自营出口在全市工业企业中名列第一。其中镇江市美术工艺厂是全国数以万计的玩具厂家中唯一有自营进出口权的中资企业，镇江锁厂获全国机电产品出口先进单位称号。1995年，镇江市二轻工业共有归口县属以上企业66家，职工14808人，固定资产原值3.03亿元，实现工业总产值9.09亿元，产品销售6.05亿元，外贸出口4亿元，利税1561万元。其中市属二轻企业34家（工业生产企业18家），职工8891人，固定资产原值2.45亿元，实现工业总产值4.87亿元，产品销售3.99亿元，外贸出口2.7亿元，利税420万元。主要生产皮革（折牛皮）31.02万张，皮鞋613.86万双，玩具6452万元，锁6707万把，二轻机械405.2万元，文教“三针一钉”1636.64吨，民用镜0.47万面、民用家具7.32万件。

三、塑料工业

1983年，塑料企业从轻工系统划出，成立镇江塑料工业公司。1985年，全市乡以上塑料工业企业105家（其中市属企业10家），拥有固定资产原值6225万元，职工16785人，拥有压延、挤出、吹塑、注射、发泡等各类成型加工设备350多台（套）。其中市属企业拥有固定资产原值3185万元，职工4147人。全市塑料工业完成工业产值1.99亿元，其中市属企业完成产值0.9亿元，镇江树脂厂产值1738.5万元。全市塑料工业主要产品中，聚氯乙烯生产规模为全国轻工系统首位。塑料制品有丝、膜、板、管、鞋、泡沫、周转箱、工业配套制品等10多类品种。其中尼龙制品产量占全省总产量43.8%，居第一位；塑料周转箱年产40万只，居全省第二；双狮聚氨酯泡沫塑料和双一牌聚氯乙烯树脂为江苏省优质产品；塑料复合装饰板获国家经委新产品金龙奖。以聚氯乙烯、尼龙和聚氨酯为原料的系列产品成为镇江塑料工业优势产品。

“七五”期间，市直塑料工业总计投入3729万元，壮大优势产品，调整产品结构，形成以包装材料和装饰材料为主体的新型产品结构。1991年，聚氯乙烯产量在全国轻工系统占首位；尼龙制品产量占全省销量43.8%，居第一位；聚氨酯泡沫产量居全省第一；塑料地板砖产销量在全国名列前茅。同年，全市塑料行业有归口企业19家（县属4家），归口企业职工6125人，其中市直工业企业拥有固定资产原值0.81亿元，职工5137人，实现工业总产值2.36亿元，产品销售1.94亿元，实现利税1284.56万元。双狮聚氨酯泡沫塑料获国家银质奖，尼龙6单丝等17个产品分别获部、省优质产品称号。镇江树脂总厂形成树脂、助剂、制品三大系列产品，1991年完成产值8518万元，利税

754 万元,在全国同行业名列前茅,成为镇江市首批利税大户。该厂与美国玛维斯德国际公司、钟灵投资(香港)有限公司共同投资 160 万美元建立的江苏玛维斯德塑料有限公司(1986 年建厂,1988 年投产),是全市第一家中外合资工业企业,1990 年实现产值 3300 万元,利税 250 万元,利润 124 万元,出口创汇 121 万美元,在全市中外合资企业中,第一家获"双优先进企业"称号。

"八五"期间,全市塑料工业企业大力兴办"三资"企业,加快塑料行业重组改造步伐。1993 年,全公司"三资"企业总数达 21 家,总投资 4753 万美元,协议利用外资 1507.4 万美元。"三资"企业工业总产值 1.15 亿元,出口供货 3548 万元,实现利税 859 万元,分别占全公司总量的 38.3%、52.12%、96%。市委、市政府发出《关于表彰市塑料工业总公司大力发展外向型经济的通报》,江苏玛雅斯德塑料有限公司出口 490 万美元,利润 423 万元,被评为全国外商投资双优企业。

1995 年,市直塑料工业企业 27 家,拥有固定资产原值 1.11 亿元,职工 5506 人,实现工业总产值 3.87 亿元,销售产品 3.51 亿元,出口交货值 8966 万元,实现利税 2010.5 万元。江苏金益集团(镇江树脂总厂为核心企业组建)成为生产塑料原料、塑料制品、化工助剂三大系列产品,四个万吨规模(万吨树脂、万吨电石、万吨烧碱、万吨塑料制品)、数十个产品品种的综合型化工企。1994 年,被国家轻工总会评为国家大型二档企业,跻身中国塑料制品业企业最大企业第 31 位,最佳经济效益企业第 55 位。江苏玛维斯德公司出口创汇 900 万美元,成为全市出口创汇 50 强企业,连续 5 年被全国外商投资协会评为"双优先进企业"。

1983~2005 年镇江市轻工业主要经济指标一览表

表 14-19

年份	企业数(家)	工业总产值(亿元)	销售收入(亿元)	工业增加值(亿元)	利税总额(亿元)	固定资产(亿元)	职工人数(人)
1983	567	3.43	–	–	0.4	3.22	–
1984	–	4.16	–	–	–	–	–
1985	623	4.99	–	–	–	1.98	37503
1986	634	9.11	7.91	–	0.65	2.17	71123
1987	633	11.54	9.98	–	0.96	2.86	75445
1988	579	14.43	12.75	–	1.01	3.24	75531
1989	552	15.63	13.22	–	0.79	3.81	68251
1990	562	17.72	14.23	–	0.74	4.15	68254
1991	546	20.13	17.30	–	0.89	4.95	70222
1992	545	26.08	21.31	5.17	1.25	5.54	70788
1993	622	39.23	33.44	8.26	1.70	8.32	74949
1994	624	58.98	41.25	14.65	3.01	10.49	72510
1995	912	53.98	53.46	15.78	4.35	12.22	69352
1996	602	88.01	74.27	21.73	5.0	18.90	65730
1997	558	91.23	78.67	22.87	5.02	22.53	63781
1998	269	88.31	78.52	21.08	2.95	25.54	47388
1999	260	89.93	76.89	22.73	3.16	23.79	53575
2000	237	127.81	108.33	28.82	5.37	115.66	54229
2001	266	145.80	129.37	36.77	5.00	121.10	56384
2002	300	183.45	168.22	50.08	14.89	126.34	62153
2003	295	190.32	186.57	51.18	19.92	120.19	55273
2004	309	216.73	189.12	54.36	17.88	117.63	48887
2005	321	293.04	269.85	78.72	20.12	158.65	65905

说明:该表历年资料中另包括塑料制品业,木材加工及木、竹、藤、棕、革制品业以及食品、饮料及农副食品加工业

第二节　主要产品

一、机制纸及纸浆

1. 机制纸　1983 年，镇江机制纸生产企业有大东造纸厂和镇江纸浆厂，生产机制纸 3139 吨。主要品种有书写纸、邮封纸、复印纸、打字纸、铝箔原纸、铜版纸、招贴纸、凸版纸等 20 多种产品。1984 年，大东造纸厂生产的铁塔牌 21 克 1 号邮封纸获国家银质奖。1985 年，全市共有造纸机 17 台，其中双长网纸机 1 台、长网纸机 8 台、圆网纸机 8 台，年产机制纸 4.1 万吨，技术装备在全省处于前列。铁塔牌 50～70 克特号书写纸获国家银质奖。1992 年，大东造纸厂引进荷兰高级铜版纸生产线，结束镇江只生产铜版原纸不生产涂布纸历史。1995 年，该厂生产的白卡纸产量、质量都有新的突破，还试制成功防粘原纸、米色无木浆高档文化用纸。

2000 年以后，金东纸业公司陆续开发烟草业用铜版纸、轻涂纸、出版专用双胶纸、杂志纸、挂历铜版纸、单面铜版纸等一大批填补国内空白、国际领先水平新产品。其中，高光泽高白度高涂布铜版纸被确定为 2004 年国家重点新产品、江苏省高新技术产品；高光泽高白度优质印刷系列铜版纸获江苏省科技进步二等奖；高级商业高速轮转印刷专用铜版纸、高级烟包烟标专用纸、单面防翘曲铜版纸以及轮转机专用亚光铜版纸被评为江苏省高新技术产品。2005 年，全市机制纸生产能力 200 万吨以上，实际产量 161 万吨，成为全国最大的造纸基地。其中金东纸业产量近 150 万吨。产品品种 60 多个，生产规模居国内首位。

2. 纸浆　1983 年，谏壁纸浆厂是华东地区唯一的商品浆板生产企业，年产 1.93 万吨。1986 年至 1995 年期间，该企业的漂白浆板先后获省轻工部优秀产品奖、首届中国纸博览会银奖及蒙古国国际商工贸产品博览会金奖。1995 年，芦花牌漂白浆板获江苏名牌产品称号，1995～2000 年期间，4 次被评为江苏名牌产品。2003 年，该企业开发的高新技术产品漂白硫酸盐苇木混合浆，先后被国家五部委评为国家重点新产品立项项目、江苏省高新技术产品，申请专利通过初审。2005 年，生产商品浆板 4.35 万吨。

二、玻璃、搪瓷、陶瓷制品

1. 玻璃制品　1983 年，镇江玻璃厂生产日用玻璃瓶罐和药用玻璃容器。青白料酒瓶获轻工部瓶罐质量评比第四名。1985 年，产各类食品包装瓶、饮料瓶、酒醋瓶等玻璃制品 1.67 万吨。2002 年，因企业生产造成空气污染而停产。2003 年，企业改制为民营企业，搬迁至镇江市丹徒区辛丰镇工业园区。2005 年，玻璃制品生产能力 1.5 万吨/年，主要产品有牛奶瓶、酱油瓶、蜂蜜瓶、各类酒瓶、各种饮料瓶、医药用输液瓶、各种印花玻璃瓶。

2. 搪瓷制品　1985 年，镇江搪瓷厂成为轻工业部搪瓷生产定点厂，规模在省内同行业居第二位。产品有 8 大类 39 个品种，年产 1350 万件，其中面盆 46 万只、口杯 58 万只、洗手碗 363 万只、杂件 468 万只、其他制品 16 吨。1984 年，燕牌洗手碗获省优质产品奖，1992 年，研制出搪瓷电火锅第二代、第三代产品，共生产电火锅 8 万只。1993 年，日用搪瓷制品产量 3800 吨。1994 年，引进美国、德国产先进设备，年产 600 万件搪瓷制品。2002 年，镇江搪瓷厂破产，搪瓷产品停止生产。

3. 陶瓷制品　1985 年，镇江瓷厂年产 1000 万件标准件瓷器。1998 年，镇江瓷厂被兼并，瓷器产品逐步停产。

三、皮革

1. 制革　1985 年，镇江制革厂利用猪皮制革，产量达 18.92 万张（自然张）。1992 年，镇江制革厂迁厂扩产后，达到年产48万张猪皮革的生产能力。1995年，镇江制革厂研制出山羊皮风格的猪皮正面服装革。2002年，镇江制革厂关闭，制革停止生产。

2. 皮鞋及皮革制品 1985年，市区有皮鞋生产企业10家，年产皮鞋141万双，各种箱2.7万只，皮革手套8.6万双。产品有缝制皮鞋、硫化皮鞋和胶粘皮鞋三大类，其中胶粘皮鞋是主要产品。镇江皮革制鞋厂生产的“金鹏”牌男胶粘皮鞋以及男、女硫化皮鞋获轻工业部和江苏省优质产品称号，“金鹏”牌硫化旅游童鞋获全国儿童生活用品新产品“金鹿”奖。1990年，镇江皮革制鞋厂取得出口自营权，成为省内出口皮鞋的主要生产基地，并为中国参加十一届亚运会和二十五届奥运会体育代表团定制胶粘皮鞋。2005年，全市皮鞋生产企业52家，生产皮鞋618万双，出口皮鞋产品销往美国、日本、德国、俄罗斯等20多个国家。

四、金属制品

1. 印花铁罐、涂料铁 1983年，镇江印花铁罐、涂料铁产品由镇江印铁制罐厂生产。1985年，该厂为江苏省包装工业重点企业，产品有马口铁涂料和印铁制罐两大类，涂料铁有9个品种，印花铁罐、听有41个品种。同年，生产印花铁罐387万只，涂料铁17012吨。1985～1988年，先后从英国、德国、意大利引进双色印铁自动作业线、留空涂料机及烘干设备、皇冠瓶盖生产线等先进设备。1988年，制罐345万只，加工涂料铁23550吨，完成工业产值5500万元，利润200万元，创历史最好经营业绩。1990年后，国内食品罐头行业大范围经营亏损，企业近半数以上相继破产或被迫停产，印铁制罐市场萎缩。直至2005年，印铁制罐及涂料铁产品生产经营极为困难。

2. 易拉罐 1991年，中国包装公司华东制罐总厂成立。当年，镇江生产铝质易开盖两片罐1.2亿套。1992～1995年，相继成立华东联合制罐有限公司、华东联合制罐第二有限公司、华东斯迪盖有限公司，易拉罐生产能力达到年产10亿只(套)，易拉盖生产能力达10亿只。截至2004年，公司累计生产易拉罐49亿只，易拉盖38亿只，产品为可口可乐系列饮料、百事可乐系列饮料、青岛啤酒、北京啤酒、五星啤酒、中德啤酒等知名大企业配套。

3. 气雾罐 1992年，江苏联合金属容器有限公司成立。1995年投产，当年生产三片式马口铁气雾罐1184万罐，产量在全国同行业中名列第三。1998年，该产品被中国包装技术协会评为第二届中华包装精品。2003年，开发油漆罐、除锈剂罐等工业用气雾罐。2004年，由于主要原料马口铁价格大幅上涨，气雾罐生产陷入亏损。

4. 锁 1983年，镇江生产门锁的主要企业是镇江锁厂，年产3.26万打。扶手门锁获国家外贸出口产品荣誉证书。1985年，开发出弹子执手插芯铝门锁及铝窗用锁，并被国家“七五”重点工程项目北京图书馆选用，得到西北、北京工程设计院认可，被国内许多高级宾馆、饭店、图书馆使用，代替进口门锁。1986年，被国务院机电办公室批准为第二批外贸扩大自主权企业，与中国五金制品进出口公司建立工贸联营关系。1988年实现外贸收购值1074万元。1990年，该厂产品有2大类、8个系列共30多个品种，大部分出口，销往亚洲、欧洲、非洲的40多个国家和地区。1994年完成工业产值4150万元，出口交货4610万元。2005年，该企业产值3659万元，自营出口420万美元。

五、塑料机械

1991年，镇江第二轻工机械厂成立，设计制造聚氨酯泡沫塑料的生产、加工设备。主要产品有水平连续发泡机组等12种生产设备，销往国内各省、市、自治区及香港地区。1995年研制的泡沫塑料平顶连续发泡机和聚氨酯塑料低压反应机被认定为国家级新产品，获中国轻工总会科技进步三等奖、江苏省科技进步三等奖。2004年研制的硬质泡沫夹芯板连续生产线再次被评为国家级重点产品、江苏省高技术产品，成为企业主导产品。

六、工艺美术产品

1. 剧装　1983年，镇江戏剧工艺厂（镇江影视服装工艺厂、镇江联友历代服饰工艺品有限公司前身）专业生产剧装，当年生产影剧服装5240件。1986年，承担电影《红楼梦》、电视剧《末代皇帝》等重点剧作的服装道具制作任务。1990年承办第十一届亚运会团体操服饰制作。该厂生产的“霓裳”牌影视剧工艺服饰产品获江苏省第十一届工艺美术百花奖。1993年以后为《英雄》《无极》《康熙大帝》《汉武大帝》《天龙八部》《武则天》《大敦煌》《卧薪尝胆》《墨攻》《清宫风云》《昭君出塞》《神雕侠侣》等上千部电影、电视剧制作服饰，为第十一届世界大学生运动会、澳门东亚运动会、第十一届全运会开幕式、全国少数民族运动会、香港回归大型活动开幕式等几十台国家级大型活动制作服饰，为《大梦敦煌》、《大唐芙蓉国》、《大唐华章》、意大利歌剧《阿依达》等上百台舞台表演制作服饰。“霓裳”牌表演服饰连续多年被评为江苏名牌产品。2005年，生产的影视剧服装国内市场占有率70%，国家级大型开幕式表演服饰国内市场占有率60%。

2. 长毛绒玩具　1985年，镇江美术工艺厂（镇江玩具厂、镇江天元玩具公司前身）试产长毛绒玩具。翌年，长毛绒玩具产值188万元，出口190万元。1987年，长毛绒玩具出口695万元，企业被评为全国轻工业出口创汇先进集体，获得金龙腾飞奖。1988年出口值1016万元，产品被轻工部评为轻工业优秀出口产品铜质奖。1989年，出口交货值2112万元，成为江苏省最大出口长毛绒玩具企业，全国九大软件玩具厂之一。连续六届广交会上订货量全省第一，产品销往美国、日本、法国、英国、西班牙等国家和地区。1999年，成立玩具设计研究所，建成省内同行业中最大的产品新样设计中心。长毛绒玩具有近3万个货号，产品品种全、规格齐、档次高、款式新，在国内外同行业中享有声誉。2005年，该厂长毛绒玩具销售4260万元。全市还有江苏天爱集团等乡镇办企业生产长毛绒玩具。

七、日用品

1. 鬃刷　1983年，镇江市制刷厂按外贸要求生产各种猪鬃漆刷，共生产漆刷18.28万把。1985年，该厂生产的铁鸡牌油漆刷获轻工部优质产品称号。1990年，生产油漆刷81.94万打，外贸收购值727.8万元。2005年，该厂具有年产80万打猪鬃漆刷能力。80%的产量出口，远销世界10多个国家，实现工业产值3893.8万元。

2. 文教针　封箱钉　工业钉　1983年，镇江文教用品总厂生产文教针、封箱钉、工业钉。1992年，镇江文教用品总厂与港商合资成立金钰金属工业有限公司，具有年产文教针500吨、封箱钉600吨、工业钉2000吨生产能力。2005年，文教针、封箱钉、工业钉总产值2100万元。

3. 火柴　打火机　1983年，镇江火柴厂在全国火柴行业处于先进水平。1985年，生产火柴42万件。1990年生产能力达到55万件。1993年，镇江火柴厂与港商合资兴办镇江荧欣打火机有限公司，生产销售一次性塑胶打火机，具有年产2500万只打火机生产能力，90%的产品销往国际市场。打火机代替火柴成为该厂主导产品，火柴停产。2005年，打火机实现产值2385万元。

1983～2005年镇江市轻工业主要产品产量一览表

表14-20

年份	纸浆（万吨）	机制纸及纸板（万吨）	日用搪瓷（万吨）	日用玻璃制品（万吨）	空气调节器（万台）	灯泡（万只）	皮鞋（万双）	家具（万件）	人造板（万立方米）	复合地板（万立方米）	眼镜（万副）	塑料制品（万吨）	塑编袋（万条）	电风扇（万台）	火柴（万件）	洗涤剂（吨）	皮革（万张）	涂料铁（万吨）	日用陶瓷（万件）	电冰箱（台）	锁（万把）
1983	5.11	3.64	0.21	1.90	-	135	243	28	-	-	-	1.41	-	0.76	44	236	25	1.20	-	1085	-
1984	5.48	3.99	0.22	1.74	-	144	307	49	-	-	-	1.55	-	0.77	47	238	25	1.40	-	1255	-

续表 14-20

年份	纸浆(万吨)	机制纸及纸板(万吨)	日用搪瓷(万吨)	日用玻璃制品(万吨)	空气调节器(万台)	灯泡(万只)	皮鞋(万双)	家具(万件)	人造板(万立方米)	复合地板(万立方米)	眼镜(万副)	塑料制品(万吨)	塑编袋(万条)	电风扇(万台)	火柴(万件)	洗涤剂(吨)	皮革(万张)	涂料铁(万吨)	日用陶瓷(万件)	电冰箱(台)	锁(万把)
1985	5.86	4.65	0.25	1.72	-	399	418.00	48.70	-	-	-	1.77	-	2.92	42.00	141	21.00	1.70	-	-	-
1986	6.39	4.78	0.28	2.30	-	455	410.00	45.20	-	-	-	2.00	4001	5.70	40.00	128	33.00	1.98	973.00	-	-
1987	6.11	5.36	0.29	2.12	-	-	484.00	62.00	-	-	-	2.23	3377	9.70	39.00	130	30.00	2.12	1029.00	-	-
1988	5.28	4.76	0.30	2.44	-	-	473.00	44.00	-	-	-	2.74	2450	9.70	40.00	339	22.00	2.36	949.00	-	-
1989	4.67	4.09	0.27	2.70	-	-	455.00	49.20	-	-	-	2.57	2951	12.28	47.20	168	18.30	2.08	646.00	-	-
1990	4.66	4.07	0.25	2.51	-	-	536.00	34.94	-	-	-	2.51	3403	15.34	49.00	178	42.95	1.28	341.67	-	-
1991	4.53	4.17	0.21	2.76	-	-	533.00	19.57	-	-	-	2.76	4880	12.40	54.00	206	44.86	1.35	233.36	-	-
1992	4.50	4.23	0.22	2.74	-	-	737.00	20.79	-	-	-	4.32	2723	15.90	60.30	478	50.07	1.31	56.30	-	-
1993	4.87	4.69	1.75	0.20	-	-	697.00	101.16	-	-	-	4.28	3138	26.80	68.23	956	42.19	1.28	251.38	-	-
1994	5.75	6.95	0.19	1.93	1.14	-	1065.00	13.00	0.14	-	-	4.39	146	40.80	59.00	1910	54.29	-	230.40(吨)	-	-
1995	5.97	6.67	0.23	5.32	1.00	-	1270.00	62.29	0.05	-	-	6.85	-	38.80	44.00	1804	91.63	-	140.31(吨)	-	-
1996	4.90	8.32	0.29	6.61	1.67	-	2391.00	36.15	3.15	-	-	7.79	-	42.50	19.76	2904	67.66	-	101.86	-	-
1997	4.45	6.34	0.46	5.05	6.19	-	909.00	11.61	5.17	-	-	6.49	-	34.33	-	1013	20.84	-	80.52	-	-
1998	2.10	5.90	0.50	1.8	8.05	-	540.00	12.26	4.36	-	-	3.05	-	3.96	-	598	-	-	70.00	-	-
1999	4.30	6.24	0.60	1.44	8.05	7896	379.83	7.42	6.42	-	-	3.45	-	8.65	-	1114	-	-	78.62	-	-
2000	5.85	69.13	0.62	1.41	9.37	3179	289.04	5.58	7.30	-	-	3.72	-	12.52	-	1237	-	-	-	-	-
2001	6.11	87.23	0.56	1.42	12.86	12207	736.17	3.87	6.78	-	1345	3.68	-	-	-	1661	-	-	7216(吨)	-	-
2002	6.66	122.48	0.46	0.97	12.86	12326	322.41	4.46	6.88	-	1110	4.72	-	-	-	-	-	-	8109(吨)	-	-
2003	7.17	132.57	-	0.99	-	12965	330.00	3.88	6.63	-	871	7.10	-	-	-	-	-	-	14087(吨)	-	-
2004	7.22	141.48	-	0.93	-	13162	405.00	4.19	49.39	-	852	10.55	-	-	-	-	-	-	13498(吨)	-	2744
2005	6.87	161.25	-	1.11	-	14651	618.00	6.98	76.52	1908	644	10.15	-	-	-	638	-	-	15646(吨)	-	2058

1983～1997 年镇江市轻工业获奖产品一览表

表 14-21

产品名称	获奖类别	获奖年份	授奖部门（地区）	生产企业
瓦楞纸	优质产品奖	1983	江苏省	镇江纸箱厂
铁塔牌 60 克特号书写纸	国家质量银质奖	1984	国家质量奖审定委员会	镇江大东造纸厂
金鹏牌牛皮面男鞋	优质产品奖	1984	轻工业部	镇江皮革制鞋厂
金鹏牌猪皮面硫化鞋	优质产品奖	1984	江苏省	镇江皮革制鞋厂
铁塔牌 21 克 1 号邮封纸	国家质量银质奖	1985	国家经委	镇江大东造纸厂
芦花牌有光纸	优质产品奖	1985	轻工业部	镇江市纸浆厂
铁塔牌铜版原纸	优质产品奖	1985	江苏省	镇江大东造纸厂
铁塔牌 30 克 1 号打字纸	优质产品奖	1985	江苏省	镇江大东造纸厂
印铁圆听	优质产品奖	1985	江苏省	镇江印铁制罐厂
金山牌火柴	优质产品奖	1985	轻工业部	镇江火柴厂
宋代将官盔甲	优秀新产品奖	1985	轻工业部	镇江戏剧工艺厂

续表 14-21

产品名称	获奖类别	获奖年份	授奖部门(地区)	生产企业
一泉牌 A26－87 男运动帽	优秀新产品奖	1985	轻工业部	镇江制帽机绣厂
金花牌 PVC 护套软线	优质产品奖	1986	江苏省	镇江塑料电线厂
电子计算机格式原纸	优质产品奖	1986	江苏省	镇江大东造纸厂
第一泉牌粉状味精	优质产品奖	1986	轻工业部	镇江味精厂
LDPE 包装薄膜	优质产品奖	1987	轻工业部	镇江塑料二厂
汉白玉工艺品(含屏)	优质产品奖	1987	江苏省	镇江美术工艺厂
玉器	优质产品奖	1987	江苏省	扬中玉器厂
雪山牌 50 克书写纸	优质产品奖	1988	江苏省	镇江纸浆厂
奔月牌女皮鞋	优质产品奖	1988	江苏省	丹阳奔月皮鞋厂
蝴蝶牌漆刷	优质产品奖	1988	江苏省	镇江制刷厂
燕牌洗手碗	优质产品奖	1988	轻工业部	镇江搪瓷厂
40 克 1 号有光纸	优质产品奖	1988	轻工业部	镇江纸浆厂
1 号芒苇浆板	优质产品奖	1988	轻工业部	镇江纸浆厂
655 猪鬃漆刷	优质产品奖	1988	轻工业部	镇江制刷厂
金花牌封箱钉	优质产品奖	1988	轻工业部	镇江文教用品厂
金字牌 2CQ 刀辊切竹机	优质产品奖	1988	轻工业部	镇江轻工机械厂
新月牌金属眼镜架	优质产品奖	1988	轻工业部	镇江眼镜总厂
金字牌 ZC22 切草机	优质产品奖	1988	轻工业部	镇江轻工机械厂
鼓式圆心浓缩机	优质产品奖	1988	轻工业部	镇江轻工机械厂
HR－70C 柔软护层电缆料	优质产品奖	1988	轻工业部	镇江塑料二厂
1 号白卡纸	优质产品奖	1989	轻工业部	镇江大东造纸厂
一泉牌工艺帽	优质产品奖	1989	江苏省	镇江制帽机绣厂
美艺牌工艺童裙	优质产品奖	1989	江苏省	句容工艺绣花厂
120 道手工丝毯	优质产品奖	1989	江苏省	句容工艺丝毯厂、句容地毯总厂
银网牌锦纶－6 单丝	优质产品奖	1989	江苏省	镇江塑料四厂
雪山牌 60 克胶版印刷纸	优质产品奖	1990	江苏省	镇江纸浆厂
金泉牌电镀锌钢丝	优质产品奖	1990	江苏省	镇江文教用品厂
新月牌变色镜片	国家质量银质奖	1990	国家质量奖审定委员会	镇江眼镜总厂
霓裳影剧服装	优质产品奖	1990	江苏省	镇江戏剧服装厂
南艺工艺鞋	优质产品奖	1990	江苏省	镇江工艺鞋厂
玉山牌 60 克印刷原纸	优质产品奖	1990	江苏省	镇江纸浆厂
铁锚牌门锁	优质产品奖	1990	江苏省	镇江市锁厂
双狮牌软质聚氨特塑料	国家质量银质奖	1990	国家质量奖审定委员会	镇江塑料五厂
金印牌卷烟铝箔纸	优质产品奖	1990	江苏省	丹阳铝箔厂
长春牌包装用吹膜	优质产品奖	1990	江苏省	镇江塑料三厂

续表 14-21

产品名称	获奖类别	获奖年份	授奖部门(地区)	生产企业
一泉牌护层塑料	优质产品奖	1990	江苏省	镇江塑料二厂
小天使牌长毛绒玩具	优质产品奖	1990	江苏省	镇江玩具厂
STHR 绒制品	优质产品奖	1990	江苏省	镇江美术工艺厂
双一牌塑料地板	优质产品奖	1991	轻工业部	江苏玛维斯德公司
长毛绒玩具	优质产品奖	1991	轻工业部	句容工艺品总厂
针织帽	优质产品奖	1991	轻工业部	句容针织帽厂
丹叶牌男皮鞋	优质产品奖	1991	轻工业部	丹徒纪庄制鞋厂
丹冠牌女皮鞋	优质产品奖	1991	轻工业部	丹徒丹冠皮鞋厂
B 级铸涂卡纸	优质产品奖	1991	江苏省	镇江大东造纸厂
云山牌转移印花原纸	优质产品奖	1991	江苏省	镇江纸浆厂
金山牌搪瓷汤锅	优质产品奖	1991	江苏省	镇江搪瓷厂
丹童牌猪皮童鞋	优质产品奖	1991	江苏省	丹阳童鞋厂
普通商标标贴	优质产品奖	1991	江苏省	丹阳凹凸彩印厂
明阳牌山羊面革	优质产品奖	1991	江苏省	句容制革厂
神力牌铁挂锁	优质产品奖	1991	江苏省	丹阳市锁厂
久工牌塑料网眼袋	优质产品奖	1991	江苏省	镇江塑料九厂
金虎牌食品塑料周转箱	优质产品奖	1991	江苏省	镇江塑料厂
羊剪绒拖鞋	优质产品奖	1991	江苏省	丹徒毛皮厂
美艺牌工艺童装	优质产品奖	1991	江苏省	句容工艺绣花厂
丹佛牌工艺童装	优秀新产品奖	1991	江苏省	扬中丹佛制衣厂
鼓式真空洗浆机	优秀新产品奖	1994	江苏省	镇江轻工机械厂
豪华型多用火锅	优秀新产品奖	1994	江苏省	镇江搪瓷厂
JH125 型空气滤清器	优秀新产品奖	1994	江苏省	镇江滤清器总厂
耐高温白涂料外印铁	优秀新产品奖	1994	江苏省	镇江印铁制罐总厂
丝光猪正面绒革	优秀新产品奖	1994	江苏省	镇江市制革厂
陶瓷洋娃娃	优秀新产品奖	1994	江苏省	句容高士达工艺品厂
芦花牌苇浆	省级名牌产品	1995	江苏省	金河纸业有限公司
霓裳牌影视服装	省级名牌产品	1997	江苏省	镇江影视服装工艺厂
镀膜装潢玻璃	优秀新产品奖	1997	江苏省	镇江制镜厂

第三节　主要企业

一、市属轻工企业

1. 市属一轻企业　1983 年,镇江市一轻工业直属企业 13 家,固定资产原值 1.05 亿元,分别是镇江纸浆厂、镇江市大东造纸厂、镇江市民生造纸厂、镇江市纸箱厂、镇江市前进印刷厂、镇江彩色印刷厂、镇江火柴厂、镇江搪瓷厂、镇江玻璃厂、镇江瓷厂、镇江罐头食品厂、镇江味精厂、镇江轻工机械厂。其中9家国有企业,4家城镇集体企业。1990年,镇江市民生造纸厂(集体)被镇江纸浆厂兼并后,成为镇江纸浆厂民生分厂。1995年,镇江市一轻工业直属企业12家(镇江纸浆厂民生分厂于1991年撤销)其中:镇江纸浆厂、镇江大东造纸厂分别与印尼金光集团进行全厂性合资,由国有企业改制为中外合资的镇江金河纸业有限公司、镇江大东纸业有限公司。2000年,镇江搪瓷总厂国有资产有偿转让改制为民资企业,镇江味精厂加入山东菱花集团,成为山东菱花集团镇江味精厂。截至2005年,镇江搪瓷总厂、镇江瓷厂、镇江纸箱厂、镇江火柴厂、镇江前进印刷厂、镇江彩色印刷厂、镇江轻工机械厂、镇江味精厂8家企业破产。镇江罐头食品厂、镇江玻璃厂改制为民资企业。镇江火柴厂与港商合资的荧欣打火机有限公司中方国有产权转让,改制为民资与外资合资公司。

2. 市属二轻企业　1983年,镇江市二轻直属企业22家,固定资产原值0.31亿元。分别是:镇江线路器材厂、镇江市拉丝厂、镇江市木螺钉厂、镇江市电镀厂、镇江市制镜厂、镇江市金属家具厂、镇江市制刷厂、镇江市竹器搭建厂、镇江市制革厂、镇江市髹裘厂、镇江市制帽机绣厂、镇江市服装厂、镇江市红光服装厂、镇江市友谊服装厂、镇江市影剧服装厂、镇江印铁制罐厂、镇江市锁厂、镇江市通用器材总厂、镇江市家具总厂、镇江市文教用品厂、镇江皮革制鞋厂、镇江市美术工艺厂。除镇江皮革制鞋厂是国有企业外,全部是城镇集体企业。

"七五"期间,镇江服装厂等3家企业划归纺织系统,镇江市电镀厂被兼并,新设镇江第二轻工机械厂。1990年,镇江市二轻直属企业19家,固定资产原值0.69亿元,职工8772人。1995年,镇江市二轻市属企业18家(镇江市第二轻工机械厂兼并镇江市制镜厂),固定资产原值2.44亿元,职工8891人。2000年,镇江市影剧服装工艺厂(改制为中外合资镇江联友历代服饰工艺品有限公司)集体资产出让,改制为民资与外资合资企业,镇江制刷厂集体资产出让改制为民资企业。镇江印铁制罐厂加入海南恒泰集团,改制为民资控股的恒泰实业有限公司。

2002年以后,镇江玩具厂(原镇江工艺美术厂)、镇江制革厂、镇江家具厂、镇江荧欣打火机有限公司、镇江恒泰实业公司、镇江二轻机厂、镇江皮革制鞋厂、镇江锁厂改制为民资企业。镇江文教用品总厂与外资合资的金钰金属工业有限公司,改制为民资与外资合资企业。镇江线路器材厂、镇江电磁线厂、镇江滤清器厂、镇江文教用品厂、镇江制帽绣品总厂、镇江通用器材总厂6家企业破产。镇江电镀厂、镇江髹裘厂、镇江竹器搭建厂、镇江拉丝厂、镇江制镜厂、镇江木螺钉厂6家企业被兼并。

3. 市属塑料工业企业　1983年,镇江塑料工业直属企业9家,固定资产原值2420万元,职工4061人,分别为:镇江树脂厂,镇江塑料厂及塑料二、三、四、五、六厂,镇江拉链厂,镇江塑料电线厂。1985年成立中外合资江苏玛维斯德塑料有限公司。除镇江塑料厂是国有企业外,其余都是城镇集体企业。

1990年,镇江塑料工业直属企业8家(镇江塑料三厂、镇江塑料电线厂与美国四达公司合资组建镇江四达塑料有限公司)拥有固定资产原值8131.5万元,有各类设备400余台(套),引进的48台(套)。主要设备中,20世纪80年代出厂占12%,70年代出厂占71%,60年代出厂占17%。职工5187人,有技术职称人员617人,占职工总数12%,其中工程技人员占4.7%,高级职称人员17人,中级职称101人。同年,组建镇江树脂总厂。

1995年,镇江塑料工业直属企业11家,拥有固定资产原值1.1亿元,拥有职工5506人。"八五"期间,以镇江树脂总厂为核心企业,江苏玛维斯德塑料有限公司、镇江高翔塑胶有限公司(镇江树脂厂与香港、台湾公司合资组建)为紧密层企业组建江苏金益集团,成为中国塑料制品工业最大企业第31位,属国家大型二档企业。镇江塑料厂与香港金凤发展公司合资组建镇江泉隆渔网有限公司。以镇江塑料四厂为基础组建镇江辉煌集团有限公司。

2005年,镇江塑料工业直属企业除镇江塑料三厂改制为民资企业继续生产外,江苏金益集团,镇江塑料二厂、四厂、五厂、六厂，镇江塑料电线厂，镇江四达塑料有限公司，江苏玛雅斯德塑料有限公司，镇江高翔塑胶公司，镇江辉煌集团有限公司，镇江泉隆渔网有限公司11家企业破产。镇江塑料厂停产。

1992～2005年镇江市轻工业市属企业主要经济指标一览表

表14-22

年份	企业数（家）	工业总产值（万元）	销售收入（万元）	工业增加值（万元）	利税总额（万元）	固定资产（万元）	职工人数（人）
1992	37	67677	62812	14239	2403	21120	18330
1993	36	78646	92017	15043	2592	26070	19871
1994	40	96439	87079	19678	3455	34790	19420
1995	34	108924	105627	19856	2815	47008	17929
1996	59	143638	134583	26198	－2174	95601	22056
1997	55	148253	138553	27181	2118	106610	20293
1998	29	121701	116378	19232	－4671	104325	18106
1999	27	130117	130842	26645	1761	106164	16126
2000	28	559298	468455	93616	21583	997684	17276
2001	28	138265	146165	31007	8199	88227	3847
2002	29	782380	776758	216134	91316	1052778	15258
2003	24	827491	927567	230430	140682	1006525	12476
2004	21	826965	820832	157833	122957	954832	11236
2005	21	988439	871872	260416	134809	1172487	11256

说明：2001年统计资料不含金东纸业（江苏）有限公司；1997年之前工业总产值为1990年不变价

二、主要企业选介

图14-7　金东纸业生产车间（2007年摄）

金东纸业（江苏）有限公司　位于镇江新区大港经济开发区。1997年，由金光纸业（中国）投资有限公司与镇江金达工贸公司共同投资建设，总投资21.23亿美元。2000年，第一期工程（含两台造纸机、一台涂布机、自备热电厂、专用码头和水处理厂）建成投产，翌年，2台涂布机建成投产。2002年产量突破100万吨。同年，企业与北京大学化工学院联合成立技术合作中心。2004年，成立金东博士后工作站，南京大学博士进驻工作站。2005年，3号纸机投产，成为世界上单厂规模最大的铜版纸生产企业，拥有3条造纸生产线，其中1、2号纸机由德国伏伊特公司生产，1、2号涂布机由芬兰美卓公司生产，3号纸机集造纸、涂布为一体，由德国伏伊特公司生产，是世界上最先进造纸设备,全部由 ABB 公司生产的 PCS、CS 系统控制,确保质量要求。公司有大专以上学历员工 2178 人,约占职工总数 42%,其中硕士研究生 15 人,本科生 495 人。同年,公司生产机制纸近 150 万吨,产品品种 20 种,实现工业产值 78.4 亿元,销售 68.84 亿元,利税 12.14 亿元。

镇江大东纸业有限公司　位于镇江北固山西侧。1992 年,由镇江大东造纸厂与印尼金光集团新加坡亚洲浆纸公司合资建设。镇江大东造纸厂建于 1951 年,1985 年将 6 台圆网老纸机全部改造为长网机,新增 1 台 1880 多缸双长网机,年产量达 4.1 万吨。产品有铜版原纸、邮封纸 10 多种,其中 21 克 1 号邮封纸和 50~70 克特号书写纸分别获国家银奖。1988 年,复合包装原纸获全国包装科技成果特别奖。2001 年,开发出防伪无碳复合纸和防伪税务发票专用纸,成为国家税务局指定专业生产企业,并获江苏省优秀新产品奖。以后,又陆续开发出牛奶及液体饮料包装用纸,企业的特种用纸产品优势更加明显。2005 年,公司拥有固定资产原值 5.2 亿元,主要设备有:荷兰引进高级美术铜版纸生产线 1 条、长网机 7 台、德国产超级压光机 1 台、淋膜机 3 台、1.2 万千伏安自备发电站 1 座。在职员工 1500 人,其中各类专业人员 500 人,年生产机制纸能力达 10 万吨,同年,生产机制纸 8.91 万吨,工业产值 5.73 亿元,销售 5 亿元,利税 4098 万元。形成有企业特色的 40 多种系列产品,远销中东、欧美的 20 多个国家和地区,畅销全国 33 个省、市、自治区。

镇江金河纸业有限公司　位于镇江市谏壁镇越河街 41 号。公司前身镇江纸浆厂建于 1958 年,1970 年投产。1985 年有职工 2025 人(其中工程技术人员 77 人),固定资产原值 3342 万元,浆板产量 3.49 万吨,实现工业产值 4130.8 万元。1990 年,销售收入突破亿元,实现利税 1200 万元,成为市直工业企业第二利税大户。1993 年,与印尼金光集团合资,成为镇江金河纸业有限公司。1995 年,完成产值 1.8 亿元,销售 2.6 亿元,利税 5843 万元,利润 3809 万元。综合效益位居全国同行业第 5 位,全省同行业之首,在全省三资企业中列第 8 位。2005 年,公司成为一个制浆、造纸、纸品加工、回收(碱、水、热)系统、发电、污水处理等多条生产系统完整配套的大型综合纸浆造纸企业,华东地区最大的商业浆生产基地。从业人数 1500 人,浆纸生产能力 10 万吨,实际生产浆板 4.35 万吨,机制纸 3.45 万吨,回收碱 2.11 万吨。芦花牌漂白混合浆及餐具专用浆是江苏省名牌产品;雩山牌中高档文化用纸及其加工原纸、纸品,芦花牌生活系列用纸获国家专利。

华东制罐有限公司　位于镇江市南徐路,公司前身华东联合制罐有限公司于 1991 年由中国包装公司华东制罐总厂(以下简称华罐总厂)与百慕大联合投资公司共同投资建立,投资总额 2000 万美元,年产易拉罐 2.5 亿~3 亿套。1992 年,华罐总厂和百慕大公司、镇江市轻工局三方合资组建江苏联合容器公司,年生产喷雾罐 500 万只。1994 年,华罐总厂与美国 DNI 公司合资组建华东斯迪盖有限公司,具有年产 10 亿只易拉盖生产能力,全国同行业中名列第一。1995 年,华罐总厂与百慕大投资公司共同投资 3000 万美元建立华东联合制罐第二有限公司,年生产 6 亿套易拉罐。华东联合制罐公司及第二公司合计年产易拉罐能力 10 亿套,是国内易拉罐行业规模最大企业,也是江苏百强企业第 23 位企业。同年,华罐总厂与香港美斯公司、广东健力宝集团有限公司三方合资组建健力宝(镇江)有限公司,年产 12 万吨碳酸饮料和 10 万吨饮用纯净水。1998 年,华罐系列企业共生产 4.8 亿只易拉罐、4.4 亿只易拉盖和 7.2 万吨碳酸饮料。完成总产值 9.3 亿元,销售 6.6 亿元,利税 8650 万元,利润 3506 万元。2001 年,华罐总厂改制为华东制罐有限公司,中国包装总公司占 90% 股份,镇江市轻工资产经营公司占 10% 股份。公司参股企业有:华东联合制罐有限公司和华东联合制罐第二有限公司(公司占股 50%)、华东斯迪盖有限公司(公司占股 73%)、华意新型塑料(苏州)公司(公司占股 60%)、江苏联合容器公司(公司占股 10%)。2003 年,华罐系列公司生产易拉罐 6.31 亿套(创建厂以来最高纪录)、易拉盖 8.1 亿只,销售收入 4.17 亿元,实现利税 7307 万元。2004 年,华东制罐有限公司将持有华东联合制罐有限公司 50% 股权转让给百慕大联合投资公司。成为以制盖为主,喷雾罐、塑料膜为辅的大型包装企业,是国内最大的易拉盖生产企业。同年实现产值 4.28 亿元,销售 4.43 亿元,利税 52417 万元。2005 年,华东联合制罐有限公司销售产品3.46亿元,纳税1928万元,关税1510万元,利润209万元;华东联合制罐第二有限公司销售产品2.17亿元,纳税1174万元,利润1716万元。

镇江联友历代服饰工艺品有限公司　位于镇江市丁卯经济开发区。公司前身是镇江市影剧服装工艺厂,是轻工业部工艺美术总公司生产影剧服装定点厂。1993年与新加坡联友纺织贸易公司合资,总投资300万美元设立。公司在镇江市丁卯经济开发区征地1公顷,新建标准厂房和办公楼,生产经营实现跳跃式发展。截至2005年,公司为千部以上电视剧制作服装;为几十台国家级大型活动、上万台中外歌舞戏剧制作表演服饰。霓裳牌表演服饰连续多年被评为江苏省名牌产品,在国内及港台、东南亚地区文艺、影视界享有很高知名度和良好信誉。2005年,公司完成工业总产值5652万元,实现利税252万元。

镇江天元玩具制造有限责任公司　位于镇江市中山西路。公司前身镇江市美术工艺厂,2001年改制为民资企业后启用现名,是具有50年历史的工艺品玩具生产企业。拥有设计人员30人,大多为工艺美术师,其中江苏省工艺名人1人。玩具产品系列广泛,门类众多,规格齐全,共有3.2万个品种规格,产品有动物造型、卡通造型、仿真人物三大系列,门类有毛绒玩具、布绒玩具、电动玩具、音响玩具等。公司生产的AGUILA牌玩具多次被评镇江市高科技产品,远销美国、欧盟、俄罗斯、日本、东南亚等30多个国家和地区。2005年,完成工业总产值4440万元,销售收入4620万元,利税66万元。

2005年镇江市部分轻工业企业基本情况一览表

表14-23

企业名称	经济性质	建厂年份	主要产品	年末职工数(人)	占地面积(平方米)	固定资产原值(万元)	工业总产值(万元)	工业增加值(万元)	利税总额(万元)	地址
金东纸业(江苏)有限公司	中外合资	1997	机制纸	5225	5330000	1612733	783997	149756	121443	大港新港东路8号
镇江大东纸业有限公司	中外合资	1951	机制纸	1594	300000	52131	57304	8648	4098	东吴路61号
镇江金河纸业有限公司	中外合资	1958	纸浆、纸	1754	419000	15611	29972	5353	-228	谏壁镇越河街41号
镇江联友历代服饰工艺品有限公司	中外合资	1978	影剧服装	250	20000	437	5652	976	252	丁卯经济开发区14号
镇江天元玩具制造有限责任公司	民营	1958	玩具	205	6495	810	4440	1582	66	中山西路112号
镇江制刷厂有限公司	民营	1965	油漆刷	271	6536	1450	3894	772	15	中山西路88号
镇江锁厂有限公司	民营	1958	门锁	336	14611	307	3659	870	12	润州山路4号
江苏联合金属容器有限公司	中外合资	1992	气雾罐	68	36400	5126	3563	705	-280	丁卯经济开发区14号
镇江荧欣打火机有限公司	镇港合资	1993	打火机	74	16690	1311	2385	601	-4	镇荣公路151号

续表 14-23

企业名称	经济性质	建厂年份	主要产品	年末职工数（人）	占地面积（平方米）	固定资产原值（万元）	工业总产值（万元）	工业增加值（万元）	利税总额（万元）	地址
镇江金钰金属工业有限公司	中外合资	1962	五金制品	105	9900	1500	2100	630	85	官塘桥工业园3号
镇江恒泰实业有限公司	民营	1965	涂铁印刷	206	35000	2097	1726	-29	-370	学府路97号
镇江皮革制鞋厂有限责任公司	民营	1954	皮鞋	510	25308	1030	1439	294	-206	丹徒新城东经路1号
奥力聚酯机械有限公司	民营	1991	轻工机械	193	16919	1001	1247	572	-159	林隐路19号
镇江汇文塑料金属有限公司	中外合资	1996	金属浸塑	67	14856	143	779	215	155	京岘山路33号
镇江市塑料三厂	民营	1962	包装膜	109	15000	437	29	-7	-291	丁卯开发区经五路2号
镇江市玻璃厂有限公司	民营	1958	日用玻璃	315	27049	1809	-	-	-	丹徒区新丰镇三路1号

第六章　机械工业

1983 年，镇江机械工业是一个小型机械工业生产体系。“七五”“八五”期间，全市机械工业加大技改投入，推进外资嫁接，引进国外技术和先进设备，企业规模、生产技术水平较大改变。培育出华通集团、机床集团、林业机械厂、液压件总厂等一批骨干企业，研制出机电一体化路面机械、大规模数控机床等新技术标志产品。“九五”期间，市直企业加大调整、重组力度，乡镇工业中涌现出长江电器、华鹏电器、江苏天工、江苏飞达、江苏沃得等一批国内知名的大型企业。“十五”期间，市属企业的路面机械、数控机床、林业机械、液压件、轴承等地方特色高新技术产品增势强劲，乡镇机械工业企业继续迅速发展。

经过 23 年创业，镇江机械工业发展成为一个现代化大型机械工业生产体系。

第一节　发展概况

1983 年，由镇江市机械工业局对市直机械企业、事业单位实行行政领导和经济管理，对全市机械行业发展进行规划和指导。全市机械行业共有企业 619 家，实现工业总产值 4.66 亿元，销售 5.57 亿元，利税 0.29 亿元。市机械工业局归口管理企业 36 家，其中市直属企业 19 家，归口管理县属企业 17 家，市直企业有职工 8539 人，实现工业总产值 0.86 亿元，出口产品产值 33.4 万元，利税总额 0.15 亿元。产品主要为机床工具、农业机械、电工电器、基础件和配套件等。

1985年，全市机械工业企业661家，其中独立核算企业362家，职工61066人，实现工业产值6.09亿元，利税1.33亿元。市机械工业局归口管理企业36家，其中市直企业19家，县属企业17家。市直企业有职工11403人，固定资产原值0.92亿元，拥有金属切削、锻压、铸造、动力、起重运输等各类主要设备2684台，其中550台达到20世纪70年代末、80年代初国际水平，9家企业从美国、日本、德国引进27台关键设备。市直企业实现工业产值1.53亿元，利税0.3亿元。同年，初步形成"两车"（叉车、翻斗车），"四机"（F170柴油机、C630A车床、金牛牌脱粒机、Y系列电机），五个配套件（蓄电池、液压转向器、轴承、气泵、自攻螺丝）的产品结构，共有65个品种，110个规格，其中1个产品获国家质量银奖（迷雾喷粉器），19个部、省优质产品，优质产品产值占总产值25%左右。

"七五"期间，全市机械工业实施"三上一提高"（上质量、上水平、上品种，提高经济效益）的发展战略，推进技术进步，加大技改力度，市直企业技改投入5205万元，其中64%用于设备购置。安装投资的1372台设备中，从国外引进具有国际先进水平的设备和仪器49台（套），投资1594万元，占全部设备投资26.48%。镇江机床厂与美国萨密特机床公司合作生产高速精密机床项目被列为镇江"七五"期间最佳技改项目。1990年，全市有机械工业企业724家，其中独立核算企业402家，职工69792人，实现工业产值14.28亿元，销售10.66亿元，利税总额0.73亿元。市机械工业局归口管理企业40家（市直18家，县〈市〉、区属企业22家），千人以上企业7家，500人以下企业22家，以路面机械、机床、柴油机、动力翻斗车等特色产品为龙头组建集团性公司（总厂）6家。拥有固定资产原值2.78亿元（市直企业1.86亿元），各类生产设备5268台，其中大型、精密、关键设备370台，占主要生产设备7%。其中进口设备价值0.61亿元。职工总数23929人（市直企业12576人）。市直企业职工中，有1820人获各类专业技术职称，大专以上1069人，中专（高中、中技）以上3760人。初步形成以工程机械、机床工具、农业机械、基础件配套件、电工电器等具有地方特色产品为主的生产格局。重点产品有：沥青混凝土摊铺机，稳定土拌和机，液压挖掘机，路面铣刨机，5吨和8吨养路工程车，小吨位内燃叉车，电瓶叉车及3、5、10吨侧面叉车，高速精密车床，新型30系列车床，经济型数控车床，动力翻斗车，农用运输车，稻麦联合收割机，脱粒机，气泵，液压件，轴承，蓄电池，直柄麻花钻，标准紧固件，电线电缆，电磁除铁器，新型70、75系列及295、2100柴油机，三板成套设备（林业机械），煤矿专用设备等。30%产品达到国际20世纪70年代末和80年代初水平，48个产品获国优、部优、省优称号，4个产品获国家科技大会奖，优质产品达25%以上。同年，市直企业实现总产值3.2亿元，销售3.54亿元，利税2101.4万元，出口创汇600万美元，出口企业13家，出口产品20多个。

"八五"期间，市机械局归口企业累计投资2.32亿元，利用外资246.5万美元（占投资总量8%）。新增设备823台（套），其中引进技术3项，进口设备149台（套）。"八五"期间的前三年，全市机械工业骨干企业规模壮大，产品结构升级优化，发展较快。1991年，镇江路面机械总厂、镇江蓄电池厂、丹阳柴油机总厂、句容工程机械厂、镇江轴承厂被认定为国家中型企业；丹阳柴油机厂、镇江脱粒机厂、镇江路面机械总厂、镇江蓄电池厂、镇江液压件总厂被列入全国机械电子工业骨干企业。1992年，市机械局完成产值7.82亿元，销售6.93亿元，利税0.5亿元，出口交货值0.47亿元，分别比上年增长30%、31.3%、45.9%、39.2%。其中市直企业实现产值4.1亿元，销售4亿元，利税0.3亿元，出口交货值0.34亿元，分别比上年增长28%、36.6%、45.9%、70.7%。市机械局归口企业中，14家企业增幅超过40%，25家企业产销率超过100%，句容金猴集团公司率先成为产值亿元企业，镇江蓄电池厂实现利税590万元，镇江林业机械厂、句容金猴集团公司、镇江电线电缆厂利税超过500万元，成为镇江市利税大户。镇江路面机械制造总厂生产的华通牌摊铺机创全国路机产品销量和出口总额两个第一，实现产值6018万元，销售6334万元，出口689万元，分别比上年增长35.4%、42.4%、175.4%，均创历史最高水平。

1993年,市机械工业局改为市机械工业总公司,保留市机械工业局牌子,行业规划、指导职能不变。同年,全市机械工业独立核算企业实现工业产值39.78亿元,销售收入34.93亿元,利税2.08亿元。市机械局归口企业完成产值9.78亿元,销售10.7亿元,出口交货值0.68亿元,分别比上年增25.1%、54.3%、45%,其中市直企业实现产值5.13亿元、销售5.95亿元、出口交货值0.48亿元,分别比上年增长25.2%、49.08%、38.1%。产值和销售在三年内翻一番。在消化财务制度接轨费用1000万元基础上,全局实现利税0.59亿元,其中市直企业实现利税0.39亿元,分别比上年增长25%和28.2%。华通集团开发的机电一体化路面机械产品,机床集团开发的大规格数控车床列为江苏省高新技术标志产品,机床集团的机床销售超亿元,丹徒工具厂、蓄电池厂出口超1000万元,镇江林机厂无卡轴旋切机出口60多台,外贸收购达1180万元,企业实现利税700万元。

1994年,全市机械工业实施"外向带动"战略,克服前所未有的困难,扼制经济下滑势头。市机械工业公司完成出口交货值0.8亿元,增长85.2%。其中市直企业出口0.61亿元,增长77.4%,丹徒工具厂出口交货值超过2000万元,机床公司和脱粒机厂突破1000万元,轴承、旋切机、标准件等产品的增幅都在30%以上,但是,占全市机械工业销售90%以上的国内市场十分疲软,月均销售收入达不到0.5亿元的盈亏临界点,加之各类增本因素减利2135万元,全公司亏损2080.3万元,市直企业亏损2666万元,除镇江林机厂新产品起主导作用,利税达到千万元外,骨干企业利润大幅下降或亏损。全公司18家企业亏损,其中市直8家企业亏损。

1995年,全市机械工业企业977家,其中独立核算企业868家,实现工业产值62.66亿元,销售53.73亿元,利税总额4.39亿元。市机械工业局归口企业42家,其中市直17家,县(市)区属25家,有中型企业15家,集团和总厂10家。固定资产5.72亿元,其中市直企业3.76亿元。拥有各类生产设备6172台(套),大、精、稀设备拥有量是1990年的2倍。拥有国产的20世纪90年代水平的设备1283台,80年代的2964台;进口的90年代水平的设备45台;80年代的38台;70年代的23台。职工总数23079人,其中市直企业12513人。归口企业实现产值11.83亿元,"八五"期间年均递增17.9%,其中市直企业实现产值5.43亿元,"八五"期间年均递增14.4%;归口企业实现利税2842.1万元,利润-2192万元,其中市直企业实现利税747万元,利润-1945.5万元。归口企业中,生产出口产品企业14家,其中市直企业11家。出口交货总值9518.5万元,占归口企业销售总额9.8%,比1990年增长1.72倍,"八五"期间年均增长33.5%,其中市直企业出口交货值7152.8万元,占销售总值14%,比1990年增长1.65倍。年均增长32.5%。出口交货值500万元以上企业5家,镇江林业机械厂、镇江蓄电池厂、丹徒工具厂出口交货值达千万元以上。主要出口产品为机床、刃具、船用齿轮箱、摊铺机、蓄电池、脱粒机、标准件、无卡轴旋切机等。开发新产品194个,新产品产值率达到30%,其中达到20世纪90年代初国际先进水平的产品53个,高新技术产品2个,省级名牌产品1个,市级名牌产品4个。创建省高新技术企业2家。"八五"期间,乡镇工业的长江电器集团、华鹏集团、中电电气集团、天工集团、飞达集团、沃得机电集团等一批规模机械企业迅速崛起,成为国内同行业知名企业。1996年,全市乡镇工业机械企业实现工业产值126亿元,出口产品产值15.18亿元。

"九五"期间,市直机械工业针对机械产品国内市场销售继续疲软的严峻形势,着力培育具有传统优势和地方特色的工程机械、农业机械、机床类产品、液压件、轴承、电线电缆六大支柱产品,扩大规模,开发新品,抢占国内外市场。围绕产品结构调整,先后组建江苏华通集团、江苏精机集团等14家大中型省级企业集团。江苏精机集团机床厂与北京航天数控集团合作,组建江苏齐航数控机床公司;江苏华通集团与中国一拖集团合资并与外资嫁接,重点发展路面机械;镇江脱粒机厂与中国一拖集团合作成立中国一拖(镇江)收获机械公司等,靠大靠外,壮大规模。并先后将液压件总厂等5家企业改制为民营企业,为产品优势企业注入新的发展活力。积极盘活存量资产,先后出让部分地块，变现资金2670万元，并带动增量资产投入，筹集资金8000多万元，加大新增长点建设。破产资不抵债企业，淘汰落后产能，市直工业先后实施电机厂、铸钢厂、长江机械厂破产，全市独立核算企业从"九五"期初的567家锐减到270家，减员23056人。改革和调整措施，加速六大支柱产品发展，有效缓解经济下滑趋势。这一时期，市机械工业局归口企业累计投资1.47亿元，先后开发新产品142项。其中列入国家新产品72项，省、市高新产品16项，新产品产值从1995年占总值35%，提高到2000年占39%以上，新创省级高新技术企业1家，市高新技术企业2家，名牌产品总数达7个，机床集团、轴承厂、液压件厂获省机械工业技术进步先进企业称号。自营出口权企业增加到4家，江苏飞达集团成为全市首家获自营出口权的民营企业。

图14-8　沃得重工生产车间(2008年摄)

2000年，全市机械工业独立核算企业270家，职工总数58946人，实现工业产值87.83亿元，销售67.42亿元，利税5.18亿元。归口管理企业27家(市直企业14家)，职工总数13731人，实现工业产值14.63亿元，销售11.87亿元，利税8000万元，亏损1000万元，其中市直企业实现工业产值5.83亿元，销售5.13亿元，利税2785万元，亏损519万元。归口企业和市直企业出口交货值分别为0.65亿元和0.48亿元。江苏华通机械集团公司成为总资产2.63亿元、职工2300余人的市直最大的机械工业企业，实现工业产值2亿元，销售1.65亿元，利润806万元。全年生产路面机械233台，其中主导产品摊铺机形成系列产品群，全年生产摊铺机144台，销售138台，实现销售收入8535万元。销量全国第一。镇江液压件总厂有限公司年产液压件11.4万件，全液压转向器产销量居全国首位，并跻身世界八强行列。镇江电线电缆厂、镇江林业机械厂、飞亚轴承有限公司依托产品优势，实现扭亏为盈，机床公司、脱粒机厂大幅减亏。同年，乡镇机械工业实现产值178亿元。长江电器集团、富豪厨具、华鹏集团实现工业产值分别达7.01亿元、6.15亿元、4.01亿元。长江电器集团成为国内同行业中规模、装备、产品档次、效益一流企业。天工集团、飞达集团年产麻花钻10亿支，成为国内知名的麻花钻及工具生产基地。

"十五"期间，特别是后三年，镇江机械工业的路面机械、数控机床、林业机械、液压件、轴承、电工电器等支柱产品增势强劲，重点骨干企业支撑作用进一步显现，全市机械行业显现增长快速，效益同步的良好态势。2001年，撤销镇江市机械工业局、镇江市机械工业总公司，成立镇江市机械工业资产经营公司，经营管理市直机械制造企业国有资产。2002年，全市机械工业独立核算企业实现产值99.1亿元，销售收入82.6亿元，利税6.86亿元，实现利润1628万元。市属机械工业企业结束7年连续亏损的历史。2003年，全市机械工业独立核算企业实现总产值120.2亿元，利税7.82亿元，利润3.19亿元，其中市直企业实现产值10.78亿元，首破10亿元大关，实现利税1.25亿元，首破亿元大关。这一期间，市直企业先后投入3.39亿元，开发新产品199项，其中新增国家级新产品2项，省级新产品46项，获专利授权38项。2005年高新技术产品销售5.7亿元，利税1.1亿元，分别占市直总值的50%和73%。新增国家级高新技术企业1家，省级高新技术企业2家。

2005年，全行业有独立核算机械工业企业327家，从业人员68392人；实现工业总产值218.6亿元，工业增加值60.5亿元，产品销售收入200.02亿元，利税18.97亿元，利润9.33亿元。其中通用设备制造业 159 家，实现工业增加值 23.58 亿元，产品销售收入 72.65 亿元，利润 3.58 亿元；专用设备制造业 39 家，实现工业增加值 7.81 亿元，产品销售收入 22.78 亿元，利润 6046 万元；电气设备及器材制造业 129 家，实现工业增加值 29.11 亿元，产品销售收入 104.59 亿元，利润 5.15 亿元。市直企业拥有固定资产净值 3.15 亿元，职工 4600 人。完成工业总产值 11.08 亿元，产品销售收入 9.59 亿元，利税 12401 万元，利润 6708 万元。外贸出口 1.99 亿元，首超亿元大关，创历史最高水平。

全行业产品结构形成以路面机械为主的工程机械，以数控机床产品为主的机床工具，以木材加工成套设备为主的林业机械，以液压件、轴承为主的基础零件和配套产品，以智能高低压成套电器、桥架、母线槽为主的电器设备，钻头、工具为主的工具机械，联合收割机为主的农业机械 7 大产业集群，50 个大类、300 多个系列、数千个品种。市直企业的华通机械集团公司的主导产品路面机械在国内同行业中系列最全，专业化程度最高，市场占有率位居前列；苏福马股份有限公司镇江分公司成为全国唯一拥有全部人造板基本板种序列品种成套生产线及深加工延伸产品的企业；液压件有限公司综合实力在同行业中位居全国第一、世界第三；飞业轴承有限公司成为国内生产滚针轴承品种最全、销售最大的生产制造基地；江苏齐航数控机床有限责任公司进入全国机床工业行业综合规模百强行列。

县（市）区产品各具特色。丹徒县形成以中源轴承、龙山轴承等企业为主体的轴承产业集群；扬中市形成以大全集团、华鹏集团、中电电器集团等骨干企业为重点，智能高低压成套电器、母线槽、电线电缆、电源变压器为主体的工程电器产业集群；丹阳市形成以天工、飞达等企业为龙头，面向国际市场的钻头、高速工具钢、金刚石锯片等产品为主体的五金工具产业集群和沃得机电集团为龙头的农业机械集群。

1983～2005 年镇江市机械工业主要经济指标一览表

表 14-24

年份	企业数（家）		工业总产值（亿元）	销售收入（亿元）	工业增加值（亿元）	利税总额（亿元）	固定资产（亿元）	职工人数（人）
	全部	独立核算						
1983	619		4.66	5.57	1.69	0.29	3.43	-
1984	795	-	5.60	-	2.09	0.37	-	-
1985	661	362	6.09	-	-	1.33	2.50	61066
1986	661	405	7.34	5.86	1.52	0.83	2.88	61418
1987	640	413	10.10	8.30	2.68	0.97	4.04	68684
1988	658	400	13.36	11.58	3.12	1.28	4.35	67039
1989	688	397	14.06	12.05	3.37	1.17	4.93	66783
1990	724	402	14.28	10.66	3.70	0.73	6.54	69792
1991	785	419	16.43	14.00	4.34	0.93	6.51	71830
1992	787	431	23.70	19.79	5.74	1.52	7.78	74494
1993	855	494	39.78	34.93	9.75	2.08	10.31	82001
1994	884	546	62.68	40.52	16.74	2.66	16.74	84843
1995	977	868	62.66	53.73	18.67	4.39	21.12	85195
1996	856	567	83.40	62.43	23.45	5.35	26.61	82002
1997	722	531	75.81	58.82	22.07	4.99	28.44	74090
1998	-	296	87.10	68.35	24.08	6.01	34.36	71775
1999	-	285	86.08	69.24	24.00	5.54	34.47	64770
2000	-	270	87.83	67.42	24.64	5.18	34.13	58946

续表 14-24

年份	企业数(家)		工业总产值(亿元)	销售收入(亿元)	工业增加值(亿元)	利税总额(亿元)	固定资产(亿元)	职工人数(人)
	全部	独立核算						
2001	-	274	95.28	77.00	25.78	5.88	36.14	57826
2002	-	278	99.06	82.62	26.92	6.86	36.55	53575
2003	-	235	120.20	105.95	33.22	7.82	39.70	53104
2004	-	267	165.08	149.66	45.19	12.73	134.46	58122
2005	-	327	218.60	200.00	60.50	18.97	177.33	68392

第二节 主要产品

一、工程机械

1. 路面机械 1983 年，镇江矿山机械厂研制开发的 LLB20 型沥青混合料连续拌和机通过省级鉴定。1985 年，以许可证贸易方式引进日本新泻铁工所 NF 型沥青和混凝土摊铺机制造技术，研制成功 NFW200AV－DM 型摊铺机，1987 年被国家机械委列为替代进口产品，1989 年获国际工程机械博览会产品造型及外观质量一等奖。截至 1994 年，镇江华通机械集团(1987 年以镇江矿山机械厂为基础组建)，共开发成功 11 个路机产品。其中 ASR－250 移动式多用途连续搅拌设备、1220MAXI－PAV 滑模式水泥摊铺机、LXZY1000 带回收装置的沥青路面铣刨机、WBY2300 稳定土拌和机填补国内空白。1995 年研制成功 YZ16 型振动压路机。

1998 年，研制开发出 6 米履带式两用机、水泥摊铺机、9 米大型摊铺机、7 米多功能摊铺机，“华通”牌摊铺机系列、拌和机系列、养护机械系列产品获江苏省名牌产品称号。此后，研制成功全液压传动高密度振捣熨平板、自动找平的 LTLY9000 型沥青混凝土摊铺机，技术性能达国内同类产品先进水平，并获市科技进步一等奖，省优秀产品“金牛奖“，列入国家级新产品和国家火炬计划。2000 年，成功开发出 8.5 米、12.5 米系列摊铺机，形成 4.5～12.5 米系列产品群。

2001 年，研制的 WLTL12500 型多功能摊铺机是国内同行业设计制造的大型多功能摊铺机，技术性能和使用性能达到国际同类产品先进水平；WLTLY9500 多功能摊铺机成为新一代机、电、液一体化的高性能产品，填补国内空白，获省高新技术产品称号，并获省科技进步三等奖，市科技进步一等奖。2002 年，WLTL8500 型多功能摊铺机被列入国家火炬计划；LXZYH2000 型四轮驱动铣刨机被列入国家级技术创新计划；WBS300 型稳定土厂拌设备被列入国家级新产品试制计划。WLTL12500 型多功能摊铺机获省科技进步三等奖，市科技进步一等奖，被列入国家火炬计划项目。2003 年，完成 10 多项新产品项目，其中 1220 型水泥摊铺机、WLTL9.5 米多功能摊铺机和 LXZY1.3 米铣刨机等产品被列为省级高新技术产品，LXZY50 型铣刨机外观造型获得专利授权。

2004 年，研制出 SPS90 型多功能摊铺机、EPC125 型全电子控制摊铺机、ABH3000 沥青混合料搅拌设备、BUDI180 型水泥混凝土搅拌站、SP125 型多功能摊铺机、ABH2000 型沥青混合料搅拌设备等 5 个产品，都被认定为省高新技术产品。翌年，该公司研制开发出 2LTLZ60 型、2LTLZ45D 型沥青摊铺机、WTS90 型、WTD95 型稳定土摊铺机、WB500E 型连续稳定土厂搅拌设备、ABH4200 型沥青搅拌设备等新产品。LZXYH1300 型沥青路面铣刨机通过国家级火炬计划项目验收；ABH2000 型沥青混合料搅拌设备，MODU150 型水泥混凝土搅拌设备分别列入国家级火炬计划项目和国家级重点新产品；LXZY 系列全液压轮胎式沥青路面铣刨机，ABH3000 型沥青混合料搅拌设备分别获国家、省科技进步三等奖。

2. 叉车　镇江叉车产品由镇江路面机械总厂与镇江林业机械厂生产。1983 年，镇江矿山机械厂（镇江路面机械总厂、江苏华通机械集团有限公司）研制出 CPC0.5 型叉车，获省、部优质产品奖。此后，又陆续开发 CPC0.8 型叉车、BPC1 型搬运车、CPC1.5 型内燃叉车、CPD1.5 型电瓶叉车和 CPC0.5Y 型夹抱油桶专用叉车等 5 个新产品。1985 年，镇江林业机械厂（苏福马股份公司镇江分公司）开发 CCC—5 型侧面叉车，获省优秀新产品“金牛奖”，全国林业名、特、优产品金奖。1987 年，镇江路面机械制造总厂先后开发 CPD10 型电瓶叉车、CPD20 型电瓶叉车。1989 年，镇江林业机械厂开发出 CCC－3A 型、CCC—10 型侧面叉车，使侧面叉车形成系列，满足各种行业用户需求。1991 年，镇江路面机械总厂开发出采用 380 柴油机为动力的 CPC10 型叉车，在国内处于领先水平，形成 0.5～1.8 吨小吨位系列叉车生产能力。1993 年，先后开发出 CPC20 型、CPC30 型内燃平衡重叉车，CPD10 型、CPD15 型、CPD20 型、CPD30 型电瓶式叉车。同年，镇江林业机械厂福马叉车分厂形成 2 吨至 6 吨内燃平衡式系列叉车生产能力。1996 年以后，又先后研制成 CPC30A 正面内燃平衡重叉车、CPC20A 正面内燃平衡重柴油叉车、CKD3 吨内燃平衡重柴油叉车，逐步形成多品种、多规格、中小型叉车系列产品的生产能力。2003 年底，苏福马公司调整产品结构，镇江分公司生产的正面叉车、侧面叉车一并停产转让。

截至 2005 年，江山牌 3 吨以下内燃和电瓶两大系列叉车及非标叉车仍然是华通机械有限公司主要产品之一。

3. 煤矿专用设备　1983 年，镇江煤田地质机械厂（镇江煤矿专用设备厂）研制成功煤矿井下使用的 QZB－50160 小型气压注浆泵，使该厂生产的泵类产品扩展到泥浆泵、砂浆泵、注浆泵 3 个品种 8 个规格，与此同时，又研制成功 JSX－Z 型超声成相测井仪，获全国煤炭系统科技一等奖，国家科技进步三等奖，填补中国利用超声技术进行物探测井的空白。同时研制成功 MYZ－150 型煤矿井下瓦斯抽放钻机（四川省科技进步三等奖）、湿式除尘风机、ACH 系列呼吸性粉尘测定仪和 AQF－1 型号粉尘采样机等新产品。其中湿式除尘风机对悬浮粉尘的除尘率达到 99%，具有 20 世纪 80 年代初的国际水平，填补国内空白。ACG－1 型电煤尘测定仪获部、省优质产品称号。

1986 年研发出 SCF－5、SCF－6、SCF－7 除尘风机以及 CF　5 抽出式风机，国产化程度达 100%。当年，山水牌 SCF 系列湿式除尘风机被评为江苏省优质产品，获煤炭工业部科学技术进步二等奖、环保部优质产品称号。1991 年后，开发 ZDY340、ZDY470、ZDY800、ZDY900 型等系列煤矿用坑道钻机，DK、DT 土压平衡式顶管机，TPN 泥水平衡式顶管机。至 2005 年末，该企业累计生产销售 ZDY 系列各种煤矿井下抽放钻机 1993 台；系列 KCS－6 矿用湿式过滤除尘器、FBC 矿用防爆抽出式局部通风机 1650 台；钻机、风机泵、瓦斯检测仪器仪表等产品销售在国内同行业中位居前列；顶管产品销售达 100 多台，并出口到越南、俄罗斯等国家和地区。

二、机床工具

1984 年，镇江机床厂（镇江机床集团、江苏精机集团、齐航数控机床公司），累计研制出 C630A 型车床（部省优产品、外观设计、车床实用两项国家专利）、C618 加高车床、C630A－M 马鞍型车床、CSD630A 双刀架车床、ZJ002 阀门专用车床、ZI003 水泵叶轮专用车床和高精密度的 C630B 车床（镇江科技进步二等奖）、CZ6163 车床、CIK630A 经济型数控机床（省优新产品“金牛奖”）、CSK630A 数控车床等 9 个品种 23 个规格的产品，形成具有国内领先水平的 630 毫米车床系列产品。

1986 年，镇江机床厂与美国萨密特机床公司（SUMMIT）合作生产具有 20 世纪 80 年代初期国际水平的 S19－4 英寸、S21－4 英寸等高速精密机床，同时，相继开发出 S16－3 英寸、S24－4 英寸、

Z400、Z480、Z530、Z600 型和 Y20 英寸高速精密车床。

1993 年,镇江机床厂与美国 LAGUN 公司联合设计、合作开发生产 CNC32×160 大规格数控车床,在国内同行业中处于先进水平,被列为江苏省高新技术产业化"标志工程"。1998 年,研发出具有手动、程序自动录仿,全新概念的数控车床,填补江苏省内空白。2001 年,开发集机、电、气、水于一体的四轴联动 SKZ-04D 线路板数控钻床。CNCL400 异型螺杆数控铣床,获省、市高新技术产品认定。2003 年,开发 CK6136、CJK6163、CKP100、CNC360 数控车床、CW6163 普通车床、CNC660 异形螺杆数控铣床及 CK6163 数控车床。其中,CNC660 异型螺杆铣床获镇江市 2003 年度优秀科技项目三等奖,CNCL400 异型螺杆数控铣床获 2004 年度市科技进步三等奖。2005 年,开发 CJKL300 数控螺杆铣床,CNCL600 石油摆线泵数控螺杆铣床、CK6180 数控车床,其中 CK6180 数控车床获江苏省高新技术产品称号。同年,该企业已形成数控车床、数控异型螺杆铣床、高速精密车床、普通卧式车床、台式车床和 CW61148 系列重型大规格车床六大系列 30 个品种 70 余个规格的产品。

三、农林机械

1. 脱粒机

1983 年,镇江脱粒机厂开发研制出 TDG-400 型半喂入式稻麦脱粒机,先后被评为省优、部优产品,为国家唯一定点生产和推广应用稻麦两用脱粒机的企业。1986 年研制出江南-120 型稻麦两用联合收割机,被机械工业部列为重点项目,并获国家科技进步四等奖。1994 年,研制出全喂入式具有脱粒和精选功能,达到 20 世纪 80 年代国际先进水平的 5TZ-100A 型轴流脱粒机,获农业部"丰收杯"双优银奖、镇江市科技成果三等奖,为国内独家生产销售的产品。1997 年,研制出适用于中国南方地区水稻和小麦收割的江南 4LS-150 型梳脱自走式联合收割机,被评为国家重点新产品。2005 年,吸入式联合收割机和 150 型梳脱式联合收割机仍然是该厂主产品。

2. 人造板机械

削片机 1984 年,镇江林业机械厂自行设计并完成 BX216 削片机样机,技术接近国际先进水平,替代进口,供国内日产 3 万立方米刨花板生产线配套。1985 年,形成鼓式和盘式两大系列 14 种规格产品,1986 年获省优质产品称号,1987 年获部优质产品称号,1989 年获国家银质奖。1995 年,自主开发出 BX218B 型棉杆削片机,1999 年研制出更加实用的 BX218B1 型棉杆削片机。2001 年,自主开发 BX2113 型削片机,并获国家重点新产品称号。截至 2005 年,先后自主开发 BX1216-4 型、BX1220 型盘式削片机以及 BX2110 型、BX2113/13 型、BX213/3 型、BX218-1 型、2 型、C 型、D 型、DA 型、DB 型、E 型鼓式削片机,供生产刨花板厂生产线配套。

热磨机 1999 年,镇江林业机械厂开发出年产 3 万立方米中(高)密度纤维板生产线需要的 BM1111/15 型热磨机,填补国内空白。2002 年获江苏省科学技术创新三等奖。同年,先后开发出满足年产 3 万、5 万、6 万立方米中(高)密度纤维板生产线的系列热磨机。2004 年,成功开发和试制出年产 8 万立方米中(高)密度纤维板生产线的 BM1111/15/23(44″)型热磨机,其主轴结构的自动控制技术,领先国内同行业的热磨机,整机接近和达到进口热磨机的技术水平,获江苏省高新技术产品称号。2005 年,成功开发出满足年产 10 万~12 万立方米中(高)密度纤维板生产的 BM1111/15/33(45″/48″)型热磨机,彻底改变了大型中(高)密度生产线完全依赖国外进口的被动局面,该机并申请国家发明专利(申请专利号:ZL200520134149.5)。

新型刨花板成套设备 1995 年,镇江林业机械厂研制开发出首条国产化年产 1.5 万立方米定向结构刨花板生产线(包括木片备料、纤维制备、调供胶、铺装、热压、后处理、砂光等工段),填补国内空白。1998 年获国家重点新产品称号。同年,在国内首创研发出年产 1.5 万立方米石膏刨花板生产线;1999 年,该厂又研发出年产 1.5 万立方米竹材复合板成套设备。2000 年,研发出年产 3 万立方米石膏纤维刨花板生产线，其应用的技术属国内领先水平。2005 年，成为国内唯一拥有全部人造板基本板序列品种成套生产线制造能力的企业。

3. 迷雾喷粉机

镇江林业机械厂自行设计生产的 3MF－2A 型机动迷雾喷粉机，各项指标优于国内外同类机型的水平，先后被评为省优质产品、省优秀新产品金龙奖、林业部优质产品称号，1985 年获国家银质奖。1993 年后，随着市场竞争日益加剧，该产品市场占有率逐步下降，至 2000 年停止生产。

四、基础件

1. 液压件

摆线式全液压转向器　1985 年，镇江液压件厂试制成功具有国际 20 世纪 80 年代先进水平新产品 BZZ5 型负荷传感器及优先阀，填补中国转向系统节能产品的空白，被列为国家首批名、特、优液压元件之一，获机械工业部科技进步二等奖。1990 年，自主研发出 BZZ1000－2500 大排量转向器，主要性能指标接近或达到 20 世纪 80 年代美国伊顿公司 35 系列产品水平，成为中国排量最大、耐压能力最高的一种全液压转向器。1991 年，在全国液压工业会上获“振兴杯”三等奖。1992 年，BZZ 系列全液压转向器被机电部推荐为质量可靠产品。1993 年，研制出大功率的转向元件 LF5－1600 型流量放大器和 BZZ3－E315 型闭心负荷传感转向器，产品技术指标接近国际 20 世纪 80 年代末同类产品水平。1994 年，研制出 BZZ1 型－E1250 排量、BZZ3 型－E2000 排量全液压转向器在矿用重型汽车领域广泛应用。1995 年，BZZ1－E80－400、500－1000 两个系列全液压转向器达到国际 20 世纪 90 年代水平，获省科技进步二等奖。1996 年，开发研制 TLF 系列同轴流量放大器，获机械工业部科技进步一等奖。2004 年，研发出 BZZ 系列低输入扭矩型全液压转向器，先后获 2005 年度镇江科技进步二等奖、省高新技术产品称号；相继研发的“组合动态负荷传感转向系统”“合流溢流阀”两项新产品获国家实用新型专利。

摆线式液压马达　镇江液压件厂于 1986 年研制成功 BM30 系列、BM50 系列端面配流摆线液压马达，并通过省级鉴定。1984 年，研发出 BYM(A)系列产品，1995 年 BM2 型摆线式液压马达达到国内同类产品的先进水平，1997 年 BM2－100－400 轴配流摆线式液压马达被认定为国家级重点新产品。翌年获镇江市科技进步二等奖。2001 年 BZV、BM3、BMV 系列摆线式液压马达主要技术指标及性能达到国际 20 世纪 90 年代末同类产品先进水平，并获省高新技术产品“金牛奖”，被列为国家火炬计划项目。2005 年，新研制出 BMP 奥必特高效液压马达，并获国家中小型科技创新基金。

2. 轴承

镇江轴承厂 1983 年开始研制具有国际先进水平的组合型滚针轴承和滚轮滚针轴承。1984 年，列入“六五”国家科技攻关项目，当年 4 个基本结构形式、30 个品种的组合滚针轴承和 5 个系列、20 个品种的滚轮滚针轴承完成试制，填补国内空白，获省机械系统优秀新产品二等奖。1985 年，组合滚针轴承通过部级鉴定，成为机械部独家定点产品和替代进口产品，并获江苏省科技成果三等奖，其中 G54 级系列滚针轴承先后被评为省优和部优产品、8047/05K_2 型万向节轴承、7608E 型圆锥滚子轴承被评为省优产品。“七五”期间，该厂新开发产品的使用范围从汽车扩展到各类机械。ZARN 型高精度滚针轴承和双向推力滚子轴承获“七五”国家科技攻关项目优秀奖。向心滚针和保持架组件轴承获省优秀新产品“金牛奖”。8047/05K_2 万向节轴承获部优质产品奖。1992 年研发出国内汽车行业首次使用的新产品 8047/25K 轴承，国内首例出口的 72TR001－1 型长圆柱滚子轴承。1995 年，开发出数控车床用超精密双向推力滚子和滚针组合轴承，被列为省机械行业高新技术产业化标志工程，与此同时，开发出为齿轮泵配套的 N1032(H1－N)、S1032(H1－S)、X1032(H1－X)、Y1032(H1－Y)、R1032(H1－R)五种规格的无内圈向心滚针轴承。1996 年，在国内首次研制成功为奥拓轿车变速箱配套的 NK30×15×17、K253024、K253020、K303520 四种规格轴承。2000 年,研发出代表国内先进技术水平的双列滚子保持架轴承,填补国内空白,批量生产 4 个类别万余套大直径双列滚子保持架轴承,出口美国。2002 年,又开发出 B－106 火箭空气航空专用组合轴承,被评为省高新技术产品,企业被中国航天集团认定为航天集团关键轴承的唯一配套单位,为多种航天器承担配套任务。

3. 气泵

1983 年,镇江印刷机械厂研制开发出 ZYB40A 型、ZYB80A 型、ZYB130 型三个规格的新产品,ZBW10 型、ZBW10B 型、ZBW6B 型、ZBW6S 型四种规格滑片式无油真空泵,为小型印刷机和小型包装机配套。同时又自主研发出 XB80 型和 X60－2Y 型低压力、大风量、低噪声、旋涡式气泵,达到 20 世纪 80 年代同类产品水平。

1987 年,试制出 DCLF60DV、101DV 型复合气泵、TL10V 型真空泵、SKGS226 型旋涡泵四种新泵,达到国际 20 世纪 80 年代后期的先进水平。1990 年 10 月,里其乐牌 DCLF60DV 型、TL10V 型、CLFT101DV 型气泵、SKG226－ZJ 旋涡气泵和自主设计研发的主导产品顺风牌 ZYB60A 真空压力复合泵五种产品,在北京第一届国际包装展览暨中国包装十年成果展览会上被评为金奖,被国务院重大技术装备领导小组授予国家重大技术装备成果三等奖。1995 年,自行研发 HZBW10 型安全 3 级和 ZBW10 型非核安全级核电站用抽气泵,当年 7～9 月,先后通过省机械研究所设计院和上海同济大学进行的产品性能测试和型式试验以及各类抗震考核试验,11 月通过部级技术鉴定,结束中国核电站配套用抽气泵依赖进口的历史。至 2005 年末,镇江斯洛机械有限公司(镇江印刷机械厂改制)生产的气泵产品有 ZYB－A 型系列、ZYBW－B 型系列、ZYBW－F 型系列、XP 系列等 10 大系列,36 个品种规格。为印刷、包装、电子、纺织、陶瓷、环保、粮食加工、卷烟等行业提供真空、压力气源。产品产量、质量、品种、市场占有率均居全国同行业首位。

4. 紧固件

1983 年,镇江标准件厂生产机制螺钉产品已形成 4 大类、30 多个品种、上千个规格,年产 3.5 亿件。1984 年后,该企业相继开发出建筑用墙板螺钉、纤维板木螺钉、机螺钉以及彩电、冰箱、洗衣机等家用电器系列螺钉和不锈钢螺钉,其中部分品种取代进口产品,填补国内空白。1987 年,彩电系列螺钉获省优秀新产品“金牛奖”。1995 年,又相继开发出外销产品沉头带榫粗牙纤维板螺钉和内销青岛海尔冰箱螺钉、摩托车螺钉等 8 个新产品。2001 年,镇江标准件厂破产,镇江机械工业紧固件产品停止生产。

五、通用电工电器

1. 电磁除铁器　1983 年,镇江电磁设备厂研制出 2 台 DCFL—120 悬挂式电磁除铁器。1984 年,研制出 ZCDL—15 型振动式电磁除铁器通过省级鉴定,并获镇江市科学技术进步奖,先后开发出 RCDC—6 型和 RDC—10 型两种规格悬挂式电磁除铁器,主要技术性能指标达到国际 20 世纪 80 年代的先进水平。1991 年,研发出除雷管专用除铁器、RCY—83 型湿式除铁器,产品各项性能指标达到国际永磁除铁器先进水平,填补国内空白,广泛适用于冶金、矿山、电力、陶瓷、化工、建筑等行业。1992 年,RCY—83 型湿式除铁器通过部级鉴定并获国家专利,RCDD 系统电磁除铁器和 FC-FL—A 系列电磁除铁器通过省级鉴定,产品达到国际同类产品先进水平。1993 年,又相继开发 MW5 系列起重电磁铁、RCDY 系列圆盘式电磁除铁器、RCYB 系列永磁除铁器, RCYD 系列悬挂式永磁除铁器达到国际先进水平,并在国内首家申请该产品专利(专利号:ZL95202939·1)。1994 年,应用户需求研制集机电于一体的 CTCD 型电磁除铁装置, 1995 年,与美商合作开发 8 种英制永磁电磁除铁器,每年出口美国达 100 台。1996 年,又开发国内当时最大的 RCDD－22 巨型电磁除铁器。1999 年,开发大型成套新型磁力选矿设备高梯度脉动式磁选机。同年又先后开发 PMSGC 系列永磁湿式管道除铁器,强磁、永磁、电磁除铁器,均被评为省高新技术产品,并获国家专利。开发出第三代热管式除铁器,成为公司的主导产品,并被评为省高新产品,获多项专利,销售量占除铁器总量三分之一以上。2005 年,该企业先后为太原钢铁公司研制国内最大的 CTDG 系列 CT-DG1216 大块磁选机,牵引功率达 160 千瓦;为上海宝钢开发连续矿渣回收装置,获国家科技进步二等奖;与中冶集团建筑研究总院合作开发多种钢渣回收除铁器、磁选机,并联合申请专利。至此,电磁除铁器产品形成 30 多个系列,400 多个产品,其中 16 个系列产品通过省级鉴定,9 个系列产品获省市科技进步奖,省优秀产品金牛奖,13 个系列产品被授予国家专利,"伟力"牌除铁器被认定为省名牌产品,企业连续 5 年被认定省高新技术企业。

2. 电线电缆 1983 年,镇江电线厂开发生产出塑料绝缘软线,并实现系列化。1985 年,相继试制成功船用电缆、CF 型塑力电缆、塑控电缆、KJCPR 计算机用电缆、电梯电缆,形成橡皮线、塑料线、电缆三大类产品,其中电缆产品分为电气装备用电缆、电力电缆和通信电缆三大类 15 个系列 37 个型号、560 个规格的产品。主产品全部采用 IEC 国际标准并逐步形成铠装的生产能力。1989 年后,开发出阻燃型聚氯乙烯绝缘控制电线、电焊机电缆。

1995 年后,先后开发塑力缆、塑控缆、交联电缆等大规格、深加工、附加值较高的产品。1996 年菊花牌电线电缆获镇江市免检产品称号,同年先后获江苏、江西、安徽三省质量监督互认合格证书,经中国电气设备检测电线电缆检测站认证复查,获镇江市质量信得过推荐产品称号、获江苏省公安厅消防局颁发的消防产品质量认可证书,先后用于三峡工程和江阴利港电厂建设工程。1997 年,菊花牌电线电缆获镇江市名牌产品称号,镇江电线电缆检测站被江苏省技术监督局定为镇江地区线缆行业唯一电线电缆检测中心。翌年,获省级产品质量合格企业称号。截至 2005 年,电线电缆主要产品已发展到交联电缆、交联控缆、塑力缆、塑控线、计算机电缆、船用电缆、热电偶电线、电焊机电缆、阻燃耐火电缆、聚氯乙烯电缆、电器装配线、电子装备电缆等近 20 个大类上千种规格品种的产品。

3. 蓄电池 1984 年,镇江蓄电池厂的产品达到 20 世纪 70 年代末国际先进水平,牵引车型 D－250型蓄电池被江苏省评为省优产品。1985 年,先后研发 D－33KT、GGF－330 型煤矿防爆特殊型电池和固定型防酸隔爆型电池、6－QA－36(S)～100(S)、D250(S)～550(S)、MD－440(S)等共 15 个品种的蓄电池。

1986 年,生产干荷电蓄电池,产品的整体性能达到 20 世纪 80 年代国际先进水平。在全国同行业中处于领先地位。1991 年又先后开发 B－240 蓄电池、GC4－180 型蓄电池、D－13290、D－460(S)型蓄电池。1996 年研发出 DW－400 胶体电池、D－52D 型隧道牵引用电池、D－695 型高位叉车用电池,并替代进口。

1998 年后,蓄电池市场不断萎缩,2003 年镇江蓄电池产品因企业破产而停产。

4. 电机 1983 年,镇江电机厂试制成功 4 种规格的 Y 系列电机。1984 年,试制出 3 千瓦 YGY100L2－4 油冷滚筒电动机及 JO2G 系列油冷电机的 22 个规格型号产品并全部投产,国内市场覆盖率达 60%,处于国内同行业领先水平。1985 年,完成 Y 系列 21 个规格电机的试制,并投入批量生产。至此,36 个规格的 Y80－160 系列电机全面替代 JO2 系列电机成为工厂的主导产品。1986 年,试制完成的 YGY 系列其他规格的油冷滚筒电动机,通过省级鉴定。翌年获江苏省优秀新产品"金牛奖",1989 年被评为省优产品。1988 年,试制并批量生产 YGJ 型浸油式滚筒三相异步电动机,属国内首创,具有 20 世纪 80 年代初期国际技术水平。1991 年,试制并批量生产 YGYB 型防爆油冷三相异步电动机,成为国内同行业中的独创产品。1993 年,成功开发出 YVF 变频调速三相异步电动机。1995 年,又研制出 YGYB 隔爆型油冷式滚筒电机,填补国内隔爆型油冷式电机行业的空白,同年 3 月被国家专利局授予该产品专利权(专利号 942417512),获全国专利新产品博览会银奖。2000年，随镇江电机厂破产，该产品停产。

六、其他产品

1. 摩托车　1985年，镇江跃进机械厂生产YJ750型正三轮摩托车，产销量居全省同行业同车型之首。1986年，自主研制出残疾人专用机动车YJ70ZT安乐特型车，成为全国第一家生产残疾人专用机动车的厂家，并先后开发YJ50ZH型、YJ750111型等产品，形成YJ50、70、750三个系列。1990年又相继开发出YJ75011型和YJ750型载重500公斤的正三轮货运车（有驾驶室和无驾驶室两种）。1991年，又相继开发出YJ750A、YJ750B、YJ750F、YJ750Z等新产品。1999年，又先后开发出发动机功率为80、100、250型的正三轮摩托车。2000年，相继开发出以100、125为主的踏板和骑式两轮摩托车。至2005年，共开发出YJ150ZH、YJ110ZH、YJ100ZT－C、YJ175ZH、YJ150ZK正三轮摩托车，YJ150QZT－B轻便三轮摩托车以及YJ150、YJ150－2、YJ125－3、YJ150－3、YJ150T、YJ125T－5两轮摩托车和YJ150QT－2、YJ150QT－3两轮轻便摩托车。形成三轮客车、三轮货车和两轮摩托车三大系列14个品种的产品，年产5500辆。

2. 环保机械　1985年，镇江环保设备厂生产的"环水牌"CYF－0.25T、CYF－0.5T、CYF－1T、CYF－2T油水分离装置获江苏省优秀产品称号。1992年，主产品CYF－130.51/n和CYF系列大型油污水分离装置获国家环保局优质产品称号。同年，采用微电子技术研制出机、电、仪一体化的ZJ1Z和ZJ2隔爆型防爆控制箱，满足在油轮、油库、油码头等含有爆炸性气体场合的使用。1997年，该厂生产的中国第一台船用油污水分离装置，装备于中国"向阳号"海洋考察船，获交通部重大科技成果二等奖，成为中国首家生产油污水分离设备，通过国际海事组织IMO·MEPC·60(33)形式认可的企业。2004年，该企业又自行研制出船用生活污物粉碎消毒柜。

3. 仓储设备　1997年，由香港东联科技有限公司与德国赛菲尔公司（Fritzsnaefer Gmbh）各出资50%，在镇江经济开发区组建镇江东联赛菲尔仓储设备有限公司。生产各种不同类型的轻、重货架，当年年底即投产。2003年，形成轻型组合货架系列、中型长跨别具匠心货架系列、各种形式高低密度的托盘货架系列、自动化立体存储系统、悬臂式货架系统和流利条货架等多元化的系列产品。

1985～1998年镇江市机械工业获奖产品一览表

表14-25

产品名称	获奖类别	获奖年份	授奖部门（地区）	生产企业
啄木鸟牌3MF－2A型机动弥雾喷粉机	国家银质奖	1985	国家质量奖审定委员会	镇江林业机械厂
啄木鸟牌3MF－2A型机动弥雾喷粉机	优质产品奖	1985	机械工业部	镇江林业机械厂
啄木鸟牌3MF－2A型机动弥雾喷粉机	优质产品奖	1985	江苏省	镇江林业机械厂
行星牌BZZI－125液压转向器	优质产品奖	1986	江苏省	镇江液压件总厂
丹阳牌S195－170F单缸泵总成	优质产品奖	1986	江苏省	丹阳油泵厂
顺风牌ZYB80A真空压力泵	优质产品奖	1986	江苏省	镇江印刷机械厂
幸福牌J41H－25DN50截止阀	优质产品奖	1986	江苏省	镇江铸造阀门厂
山水牌SOF－6系列湿式除尘器	优质产品奖	1986	江苏省	镇江煤矿专用设备厂
林光牌BX216鼓式削片机	优质产品奖	1987	机械工业部	镇江林业机械厂
凤凰牌S175柴油机	国家银质奖	1988	国家质量奖审定委员会	丹阳柴油机总厂
C630A普通车床	优质产品奖	1988	机械工业部	镇江机床厂

续表 14-25

产品名称	获奖类别	获奖年份	授奖部门(地区)	生产企业
804、705KZ 万向节轴承	优质产品奖	1988	机械工业部	镇江轴承厂
RCDB 系列悬挂式除铁器	优质产品奖	1988	机械工业部	镇江蒋乔铁器厂
金牛牌 TDG－400 小型脱粒机	优质产品奖	1988	机械工业部	镇江脱粒机厂
快乐牌 Q 型起动蓄电池	优质产品奖	1988	机械工业部	镇江蓄电池厂
林光牌 BX216 鼓式削片机	国家银质奖	1989	国家质量奖审定委员会	镇江林业机械厂
电工牌防误操作机械程序锁	优质产品奖	1989	江苏省	镇江电工器材厂
矿福牌 A－1 型矿井监测系统	优质产品奖	1989	江苏省	镇江煤矿专用设备厂
容山牌 60L 顶部全开式缩口钢桶	优质产品奖	1989	江苏省	句容矿山机械厂
凤凰牌 S175 柴油机	优质产品奖	1989	机械工业部	丹阳柴油机总厂
太平洲牌 PV25－320DN5－15 表阀门	优质产品奖	1989	机械工业部	扬中化工仪表配件
汇线桥架	优质产品奖	1989	机械工业部	扬中江南电器厂
0.8－13 毫米直柄麻花钻	优质产品奖	1990	机械工业部	丹徒工具厂
顺风牌 ZYB80A 真空压力复合泵	优质产品奖	1990	机械工业部	镇江印刷机械厂
XQJ 系列汇线桥架	优质产品奖	1990	机械工业部	镇江电器设备厂
环水牌 CYF－0.5m^2/H 船用船底油水分离器	优质产品奖	1990	机械工业部	镇江环保设备厂
行星牌 BZZI－80－400 系列摆线转阀式全液压转向器	优质产品奖	1990	机械工业部	镇江液压件总厂
顺风牌 ZYB03－60A 型真空压力复合泵	优质产品奖	1990	机械工业部	镇江印刷机械厂
江山牌 CPC0.5－0.8 吨内燃平衡式叉车	优质产品奖	1990	机械工业部	镇江叉车厂
F10B 翻斗车	优质产品奖	1990	机械工业部	句容工程机械厂
CYF－1 船用油污分离装置	优质产品奖	1990	江苏省	镇江环保设备厂
FCY－15 翻斗车	优质产品奖	1990	江苏省	句容工程机械厂
凤凰－4 型手扶拖拉机	优质产品奖	1990	江苏省	丹阳柴油机总厂
古塔 FW4－10G/200、400 户外高压开关	优质产品奖	1990	江苏省	丹阳开关厂
神威牌 FDM－Z100(150)自动分离大豆磨浆机	优质产品奖	1990	江苏省	丹徒县食品机械三厂
多友牌 QJ－Z 型号电缆桥架	优质产品奖	1990	江苏省	镇江华星电力设备厂
顺风牌 ZYB40A 真空压力复合气泵	优质产品奖	1990	江苏省	镇江印刷机械厂
金星牌 MLXY6 梅花型弹性联轴器	优质产品奖	1990	江苏省	扬中联轴器厂
江扬牌 J41W－16P 截止阀	优质产品奖	1990	江苏省	扬中精工阀门厂
三环牌 103 型泵用机械密封	优质产品奖	1990	江苏省	镇江机械密封件厂
中坚牌“O”类小型深沟球轴承	优质产品奖	1990	江苏省	镇江微型轴承厂
飞利牌“O”类小型深沟球轴承	优质产品奖	1990	江苏省	丹徒县特种轴承厂
中天牌“O”类小型深沟球轴承	优质产品奖	1990	江苏省	镇江第二轴承厂
金山牌 ZT512W 台式钻床	优质产品奖	1990	江苏省	镇江第二台钻厂
丹工牌 4X4－63－25×25－200 高速钢车刀架	优质产品奖	1990	江苏省	丹徒工具厂
金猫牌 IB23－6.3FD23－16H 开式可顶压力机	优质产品奖	1990	江苏省	丹阳锻压机床厂

续表 14-25

产品名称	获奖类别	获奖年份	授奖部门(地区)	生产企业
江雄牌 XQJ 系列汇线桥架	优质产品奖	1990	江苏省	镇江线路器材厂
华鹏牌 100－5000A 接插式密集绝缘线槽	优质产品奖	1990	江苏省	镇江电力设备厂
光扬牌 100－5000A 接插式密集绝缘线槽	优质产品奖	1990	江苏省	扬中县光华电控设备厂
春霸牌 ZCX 接插式密集绝缘母线槽	优质产品奖	1990	江苏省	镇江电器设备厂
凯帆牌 CCX2 系列密集绝缘母线槽	优质产品奖	1990	江苏省	镇江电器设备厂
飞跃牌 K758120、K274043、K657020、K707630、KS485440 滚针保持架组件	优质产品奖	1991	江苏省	镇江轴承厂
凤凰牌 S180 柴油机	优质产品奖	1991	江苏省	丹阳柴油机总厂
霜叶牌 BI 型精密研光油石	优质产品奖	1991	江苏省	扬中特种磨具厂
晶花牌 YBG230×280AP60 页状干磨砂布	优质产品奖	1991	江苏省	镇江砂布砂轮厂
牡丹牌 P250×25×32A60P7V35 米/秒陶瓷结合剂平型砂轮	优质产品奖	1991	江苏省	镇江砂布砂轮厂
跃进牌(100 目)230×280 毫米页状干磨砂布	优质产品奖	1991	江苏省	扬中县砂纸厂
旭日牌 D≦400H≦80 陶瓷砂轮	优质产品奖	1991	江苏省	扬中县砂轮厂
丹工牌 Φ3－Φ12 直柄立铣刀	优质产品奖	1991	江苏省	丹徒工具厂
星河牌 QJ 系列 Φ6－12 系列仪表阀门	优质产品奖	1991	江苏省	扬中县仪表管件阀门厂
扬蝶牌 D71X－10 系列对夹式蝶形阀门	优质产品奖	1991	江苏省	扬中县第一蝶阀厂
金茅牌 BV、BVP、BVVP 聚氯乙烯绝缘电线	优质产品奖	1991	江苏省	镇江电缆厂
菊花牌 RV、RVB 型号铜芯聚氯乙烯绝缘连接软电线	优质产品奖	1991	江苏省	镇江电线厂
丹丹牌 Y 系列 8－160 三相异步电动机	优质产品奖	1991	江苏省	丹徒电机厂
金帆牌 3×4210.15、6A250A 单相三级不可重接式插头	优质产品奖	1991	江苏省	扬中仪表电器厂
振航牌 PGL－1/2 型低压配电屏	优质产品奖	1991	江苏省	镇江配电设备厂
伟力牌 CF、CFL 悬挂式除铁器	优质产品奖	1991	江苏省	镇江电磁设备厂
金卓 LSG0.2－0.09 锅炉	优质产品奖	1991	江苏省	句容锅炉容器厂
金猴牌翻斗车	省级名牌产品	1994	江苏省	江苏省金猴机械集团
凯帆牌高低压开关柜	省级名牌产品	1995	江苏省	镇江市电器设备厂
华昌牌金刚石锯片	省级名牌产品	1997	江苏省	丹阳华昌钻石工具制造有限公司
凯帆牌高低压开关柜	省级名牌产品	1997	江苏省	镇江市电器设备厂
金猴牌翻斗车	省级名牌产品	1997	江苏省	江苏省金猴机械集团
华通牌摊铺机、拌和机、养护机	省级名牌产品	1998	江苏省	江苏华通机械集团公司
凯帆牌高低压开关柜	省级名牌产品	1998	江苏省	镇江电器设备厂
华昌牌金刚石锯片	省级名牌产品	1998	江苏省	丹阳华昌钻石工具制造有限公司

1983～2005 镇江市机械工业主要产品产量一览表

表 14-26

产品名称	单位	1983	1984	1985	1986	1987	1988	1989	1990	1991	1992	1993	1994	1995	1996	1997	1998	1999	2000	2001	2002	2003	2004	2005
变流电动机	万千瓦	19.56	21.20	23.60	29.74	32.00	30.61	22.95	20.99	26.45	35.74	42.96	33.24	35.88	19.46	22.03	10.82	6.64	8.89	7.63	5.00	1.70	0.42	-
电力电缆	公里	-	-	6756	6430	10101	6921	6709	7211	6029	9029	4290	3126	10407	2988	33.07	3383	2973	4179	5659	1883	2044	1760	2808
电线	万公里	-	-	-	-	-	-	-	11.1	12.76	13.84	12.82	7.77	16.1	15.27	11.48	7.02	8.28	5.62	5.27	6.19	3.78	3.93	4.63
泵 工业泵	台	835	720	703	4952	8100	7800	7100	6300	7200	10400	3200	1100	7300	7500	11600	-	-	-	-	-	-	-	-
泵 农业泵	台	1867	1883	3075	263	937	14600	14300	13100	15200	17000	19500	21100	21600	20600	13000	6100	8300	1800	261	342	409	519	737
泵 气泵	台	4006	4500	5002	5502	-	-	-	-	-	-	-	-	-	-	-	-	-	-	-	-	-	-	-
金属切削机床	台	174	292	312	378	430	447	475	402	465	572	568	655	478	371	70	233	246	307	422	572	985	983	1290
内燃机	万千瓦	8.58	13.71	22.97	19.43	26.33	36.63	31.01	23.96	24.09	19.23	17.57	24.85	31.61	30.67	22.07	29.76	32.16	51.56	117.20	136.64	141.7	192.83	44.42
场上作业机械	台	12970	12801	6363	5692	6315	6252	6140	5456	7850	9819	4132	7273	10394	6824	5681	2981	1802	1822	1048	1038	651	238	190
收获机械	台	-	-	-	-	-	-	-	-	-	-	-	-	-	-	-	-	-	-	-	4235	4952	6309	10000
轴承	万套	73	85	123	159.86	184	221	344.20	405	588	2011	2249	3096.63	6028	5673	6748	7855	9149	12796	14580	18833	26541	28076	48622
工业锅炉	蒸发量/吨	50/94	48/98	40/60	55/112	42/78	116/151	13/25	-	-	-	-	-	-	-	-	-	-	-	782	1010	971	1163	1379
变压器	万千伏安	3.44	5.96	7.63	5.90	6.00	5.82	7.13	11.11	9.56	20.92	6.93	52.25	47.84	31.55	8.05	7.48	37.64	56.70	41.92	161.27	322.59	624.35	720.66
金属切削工具	亿件	-	-	-	-	-	-	-	-	-	-	-	-	-	-	-	-	-	-	10.46	13.84	13.66	12.25	14.95
高低压开关板	万面	-	-	-	-	-	-	-	-	-	-	-	-	-	-	-	-	-	-	3.4668	4.56	6.19	6.52	8.83
金属轧制设备	吨	-	-	-	-	-	-	-	-	-	-	1376	1129	1162	1291	658	363	674	1403	1464	1655	2911	3295	3924
桥架	万吨	-	-	-	-	-	-	-	-	-	-	-	-	-	-	-	-	-	-	-	12.5395	15.22	17.35	16.13
母线	万米	-	-	-	-	-	-	-	-	-	-	-	-	-	-	-	-	-	-	-	56.37	71.26	57.12	43.18
叉车	台	260	504	755	619	435	370	296	-	-	312	378	288	237	189	157	71	116	142	108	-	-	-	-
蓄电池	万千伏安	10.09	11.64	16	17.95	20.1	23.76	25.18	25.03	17.97	20.41	22.10	15.08	21.69	16.66	13.60	14.56	11.78	7.28	-	-	-	-	-
翻斗车	台	1009	1312	1722	1905	2300	3006	2003	1405	-	3010	3600	3430	3700	3542	2335	2923	2637	2016	-	-	-	-	-
锻压设备	台/吨	458	1114	1836	1718	2717	1917	1524	687	1872	2230/2119	2543/2936	2739/2608	3343/2742	1696/1595	1845/2495	295/315	-	-	-	-	-	-	-
液压件	台	5989	8850	12522	12648	10716	12716	14023	11102	13532	21040	33696	28675	31301	39623	46059	51062	61534	70219	75733	96738	199757	257938	371584

第三节 主要企业

一、市属机械工业企业

1983年，镇江市直属机械企业19家，分别是镇江矿山机械厂、镇江机床厂、镇江印刷机械厂、镇江电机厂、镇江蓄电池厂、镇江轴承厂、镇江液压件厂（1985年组建镇江液压件总厂）、镇江标准件厂、镇江铸钢厂、镇江电磁设备厂、镇江电线厂、镇江有色金属铸造厂、镇江跃进机械厂、镇江发动机厂、镇江脱粒机厂、镇江机械配件厂、镇江长江机械厂、镇江环保设备厂、镇江纺织机械厂。代管部属企业林业部镇江林业机械厂、省属企业镇江煤矿专用设备厂全部是国有企业。

1990年，市直属机械企业18家（镇江机械配件厂并入镇江路面机械总厂）。拥有固定资产原值1.86亿元。"七五"期间，新增固定资产5205万元，增长78.5%，约有65.3%的资金用于设备购置，安装投产设备1372台，其中国外引进的具有国际先进水平的设备和仪器49台，折合人民币1594万元，占全部设备投资的26.4%。至此，累计进口设备价值占全部固定资产总值16%以上。同年，市直企业中有企业集团（总厂）2家：镇江矿山机械厂于1987年组合镇江发动机厂、镇江机械配件厂组建镇江路面机械总厂；镇江机床厂1990年组合镇江铸钢厂、镇江跃进机械厂、镇江有色金属铸造厂组建镇江机床集团。同年，镇江路面机械总厂、镇江蓄电池厂、镇江轴承厂经省机械厅认定为国家中型企业。镇江路面机械总厂、镇江蓄电池厂、镇江液压件总厂、镇江脱粒机厂被机械电子工业部入选为全国机械电子工业骨干和重点企业。

1995年，市直属机械企业18家，拥有固定资产原值37627.9万元。大、精、稀设备的拥有量比1990年增长近一倍，企业职工总数12513人。其中有各类专业技术职称人员2224人，占职工总数17.8%。同年，市直企业中，有省级集团2家，分别是以镇江路面机械总厂为主组建的江苏华通机械集团和镇江机床集团公司升格成的江苏精机集团。由镇江脱粒机厂为主组合镇江标准件厂、镇江环保设备厂组建市级的镇江汉威集团。镇江印刷机械厂引进外资，嫁接改制为镇江里其乐机械公司。

2000年，市直属机械企业14家，拥有固定资产原值62091万元，职工总数13731人。"九五"期间，市直企业实施4个企业重组项目：江苏精机集团机床厂与北京航天航空数控研究所、齐齐哈尔第一机床厂共同组建江苏齐航数控机床有限公司；江苏华通（集团）公司路面机械制造总厂、镇江汉威集团镇江脱粒机厂分别与中国一拖合资，组建镇江华晨华通路面机械有限公司和中国一拖（镇江）收获机械有限公司；镇江环保设备厂、镇江电磁设备厂吸引上海704研究所组建镇江柯林环保设备公司。镇江液压件总厂、镇江轴承厂、镇江电线电缆厂、镇江发动机厂（1999年改制为镇江京江发动机厂）、镇江电磁设备厂5家企业的国有资产有偿出让改制为民资的镇江液压件厂有限公司、镇江飞亚轴承有限公司、镇江菊花线缆有限公司、镇江电磁设备有限公司、镇江京江发动机有限公司。镇江铸钢厂、镇江电机厂、长江机械厂破产。镇江纺织机械厂关闭重组，汉威集团解体。香港东联科技有限公司、德国赛菲尔公司合资成立镇江仓储设备有限公司。

2005年，市直属机械企业12家，拥有固定资产10.46亿元，职工4600人。"十五"期间，镇江跃进机械厂、镇江环保设备厂、镇江脱粒机厂、镇江印刷机械厂4家企业的国有资产有偿出让改制为民营企业；镇江机床厂、镇江标准件厂、镇江有色金属铸造厂、镇江蓄电池厂4家企业破产；深圳盛达贤有限公司竞拍得镇江机床厂破产资产与江苏齐航数控有限公司重组；菲律宾亚马逊贸易公司收购里其乐机械公司德方等外资股权与镇江印刷机械厂重新组建斯伊洛机械有限公司。部属企业镇江林业机械厂被江苏苏福马公司收购,改制为苏福马(镇江)有限公司。省属企业镇江煤矿专用设备厂改制为民营企业。

至此,原镇江机械局属19家国有企业及2家代管企业中,11家企业改制为民资企业,7家企业破产,2家改制为三资企业,1家企业改制违规收回国有资产。

1983～2005镇江市市直机械工业企业主要经济指标一览表

表14-27

年份	企业数（家）	工业总产值（亿元）	销售收入（亿元）	工业增加值（亿元）	利税总额（亿元）	固定资产原值（亿元）	职工人数（人）
1983	19	0.86	1.47	-	0.15	-	8539
1984	19	-	-	-	-	-	-
1985	19	1.53	1.98	-	0.31	0.92	11403
1986	19	1.62	1.56	-	0.48	-	-
1987	18	2.01	2.90	-	0.40	-	11662
1988	18	3.08	3.22	-	0.61	-	-
1989	18	2.14	2.32	-	0.42	-	-
1990	18	1.94	2.24	-	0.15	1.86	-
1991	18	-	2.92	-	0.21	1.84	12576
1992	18	4.17	4.00	1.11	0.31	2.09	13029
1993	18	5.70	6.00	1.47	0.38	2.86	12714
1994	18	5.61	4.75	1.55	0.04	3.35	12773
1995	18	5.22	5.13	1.61	0.04	3.76	12513
1996	17	5.02	4.77	1.45	0.02	5.86	12329
1997	17	4.40	4.25	1.03	-0.38	6.13	11459
1998	17	4.05	3.78	1.04	-0.21	6.13	-
1999	17	4.66	4.61	1.58	0.19	6.52	-
2000	13	4.97	4.91	1.66	0.25	6.21	13731
2001	12	5.03	4.79	1.74	0.33	5.64	-
2002	12	7.18	6.84	2.56	0.68	5.59	-
2003	11	10.78	9.61	3.39	1.25	5.30	-
2004	11	10.37	11.92	3.61	1.18	-	4866
2005	12	11.08	9.59	4.56	1.24	10.46	4600

2005 年镇江市直机械工业企业基本情况一览表

表 14-28

企业名称	建厂年份	主要产品	职工人数（人）	占地面积（平方米）	工业总产值（万元）	工业增加值（万元）	销售收入（万元）	利税总额（万元）	固定资产（万元）	企业前身	地址
江苏华通机械有限公司	1987	路面工程机械、叉车、轧机	1268	142000	43537	17652	35691	1277	46116	镇江路面机械制造总厂	镇江市丁卯桥路 22 号
江苏齐航数控机床有限公司	1969	金属切削机床	696	40000	8976	3989	8183	1736	11442	镇江机床厂	镇江市矿机路 1 号
苏福马股份有限公司镇江分公司	1958	人造板机械、木工机械	464	95434	8926	3950	7488	397	8249	镇江林业机械厂	镇江市学府路 300 号
镇江液压件厂有限公司	1976	液压转向器、液压马达	486	16410	18022	8205	16641	6756	14665	镇江液压件厂	镇江市朱方路 300 号
镇江飞亚轴承有限公司	1970	轴承、工业滚针	555	24000	6002	3707	5129	1365	7347	镇江轴承厂	镇江市朱方路 235 号
镇江电磁设备厂有限公司	1965	除铁器	220	22356	3985.50	589.30	4685	403	805	镇江电磁设备厂	镇江市牌湾二道巷 67 号
镇江菊花线缆有限公司	1958	电线、电缆线	324	43735	5534.50	1526	612	3	3107	镇江电线电缆厂	镇江市丁卯经济开发区经五路
镇江安达机械有限责任公司	1958	煤矿用液压钻机、注浆机、顶管、掘进机	197	22000	2026	697	2019	195	2137	镇江煤矿专用设备厂	镇江市朱方路 209 号
镇江斯伊洛机械有限公司	1966	气泵	336	31302	1516	849	1642	142	4107	镇江印刷机械厂	镇江市学府路 101 号
镇江升隆机械制造有限公司	1958	脱粒机、齿轮箱	359	33000	589	26	638	-423	1889	镇江脱粒机厂	丹徒区谷阳大道 18 号
镇江跃进机械厂有限公司	1966	正三轮货车、正三轮客车、两轮摩托车	143	19696	1472	347	1486	-107	1782	镇江跃进机械厂	镇江市中山西路 102 号
镇江东联仓储设备有限公司	1997	仓储设备	320	33445	5713	1180	7141	400	3001	镇江东联仓储设备有限公司	镇江经济开发区纬 3 路 26 号
镇江环保设备有限公司	-	-	-	-	-	-	-	-	669.35	镇江环保设备厂	-
镇江京江发动机有限公司	-	-	-	-	-	-	-	-	3572	镇江发动机厂	-

二、主要企业选介

江苏华通机械有限公司 位于镇江市丁卯桥路 22 号，前身是 1987 年由镇江矿山机械厂、镇江发动机厂、镇江机械配件厂、镇江机械研究所组建的镇江路面机械制造总厂。主要生产沥青混凝土摊铺机、稳定土拌和机、路面铣刨机等路面机械和系列小吨位内燃及电瓶叉车。1991 年被认定为中型机械工业企业，全国机械工业骨干和重点企业。1992 年，该总厂实现工业总产值 6017.5 万元，销售 6334.3 万元，出口创汇 688.5 万元，利税 193.8 万元。1994 年，经省批准以镇江路面机械制造总厂为龙头，联合镇江发动机厂等企业，组建江苏华通机械集团公司。1995 年，路面机械成为华通机械集团公司支柱产品，产值比重由 1990 年的 17.9% 上升到 33.08%。1996 年，公司完成工业产值1.06亿元,销售1.04亿元,盈利6.9万元。1997年,公司与澳资合资组建华通阿伦机械公司。同年,路面机械产品销售、产值占公司总值比重达到60.6%。1998年,(集团)公司与中国一拖集团,香港华晨公司合资组建华晨华通路面机械有限公司。同年,销售系列摊铺机106台,实现销售4503万元,销售量名列全国同行业首位。路面机械产品产值、销售分别达到8259万元、7730万元。"华通"牌路面机械摊铺机系列、拌和机系列、养护机械系列产品获江苏省名牌产品称号。1999年,集团成员企业有:华晨华通路面机械有限公司、华通阿伦机械有限公司、京江发动机有限公司、叉车公司、镇江矿山机械厂。有员工2136人,各类专业技术人员169人,公司总资产2.5亿元,主要产品有路面机械系列、柴油机系列、叉车系列、轧机系列等系列产品,实现工业总产值16016万元,销售15130万元,利税1890万元,利润815万元。2001年,公司总资产2.5亿元,员工1900余人,生产工程机械(主要有摊铺机机械、拌和机械、养护机械三个系列产品)、叉车、冶金机械三大类产品。其中路面机械是江苏省名牌产品,在国内同行业中品种系列最全,专业化程度最高,市场占有率位居前列。公司成员企业华晨华通路面机械有限公司、华通阿伦机械有限公司为江苏省高新技术企业。同年,公司实现总产值2.55亿元,销售2.05亿元,利润806万元,被市政府授予市直工业先进集体称号。2002年,华晨华通路面机械有限公司与华通阿伦机械公司合并重组。2004年,华通机械集团有限公司总资产4.83亿元,职工1500人,实现销售收入6.2亿元。利润0.14亿元,成为全国机械工业核心竞争力百强企业。同年,引进中国太平洋建设集团,改制为江苏华通机械有限公司。2005年,公司工业产值4.35亿元,销售收入3.57亿元,形成摊铺机械、拌和机械、养护机械、建筑机械4大系列80多个品种的高新技术产品群,技术性能达到国际20世纪90年代先进水平,为江苏省名牌产品。产品覆盖全国各省、市、区,国内市场占有率25%以上,并出口到东南亚、中东、非洲及欧美。江山牌叉车形成3吨以下内燃机和电瓶两大系列及非标叉车;华通牌轧机形成二辊、四辊、四辊可逆、六辊可逆机型系列,产品中有国家级重点新产品项目7个,省高新技术产品18个,国家火炬计划项目6个,获机械工业科技二等奖2个、三等奖3个,江苏科技二等奖1个、三等奖4个,江苏新产品"金牛奖"5个。专利43项。同年,由于中国太平洋建设集团在企业改制中违反有关改制政策,江苏华通机械集团公司解除产(股)权出让合同,中国太平洋建设集团退出。同年,公司有员工1268人,其中工程技术人员95人(中、高级技术人员73人,享受国家特殊津贴专家1人,省级中青年专家2人,高级中青年专家5人),技师职称员工45人(高级技师2人),主要设备282台,其中精、大、稀设备25台,主要有德国产数控板材加工中心,瑞典产数控卧式加工中心,美国产大型数控折弯机。

镇江液压件有限公司　位于镇江朱方路300号,前身为镇江液压件厂,成立于1976年,1983年运用德国先进制造技术专业生产全液压转向器,摆线液压马达及相关阀类产品,是国内生产液压件产品历史最早、产销量最大、品种最多的企业。主导产品为B22型转向器,用于叉车、压路机、装载机、拖拉机、挖掘机等10多种主机配套。1985年更名为镇江液压件总厂,固定资产原值345万元,主要设备112台,其中精密大型设备14台,职工483人。1992年,该厂生产的大排量全液压转向器主要性能接近或达到20世纪80年代美国伊顿公司35系列产品水平,是国内排量最大,压力最

图14-9　液压件工作车间(2006年摄)

高的全液压转向器。1996 年，企业改制为股份合作制企业。同年，实现工业产值 2506.9 万元，比上年增长 20%，销售收入 1619.6 万元，增长 17.3%。1997、1998 年产品销售平均递增 20%，1999 年全液压转向器、摆线液压马达年产量突破 6 万台。转向器销量居全国首位，并跻身世界八强之列。2000 年，公司实行二次改制，改变股份合作制的股权结构，成为经营者持股 50%，经营层持股 64% 的民营企业。2003 年，实现工业产值 1.58 亿元，销售收入 1.14 亿元，产销首超亿元大关，各项指标均创历史新高，主要产品液压转向器国内市场占有率 35% 以上，外销液压马达增长迅速。2004 年，公司实现利税 4849 万元，利润 3509 万元。2005 年，公司有员工 486 人，其中各类专业技术人员 75 人，高级职称 10 人，中级职称 30 人，中专及高中以上文化程度员工占职工总数 70%，占地面积约 5 万平方米，建筑面积 2.8 万平方米，总资产 3 亿元。工业产值 1.8 亿元，销售收入 1.66 亿元。主要生产设备 302 台，其中精密、大型设备 26 台，进口德国产强力磨、内腔磨、产品液压测试台、研磨生产线和产品质量检测中心等精密设备 6 台。是国家火炬计划高新技术企业、中国首批最具成长性中小企业、中国机械工业核心竞争力百强企业。拥有自主知识产权 6 项，国家专利 2 项，国家、省级高新技术产品 6 个，产品 60% 以上远销欧美、日韩、东南亚等 20 多个国家和地区，在同行业中产销量居中国第一，世界第五，上缴税收 3356 万元，进入中国通用设备纳税百强。

江苏齐航数控机床有限公司　位于镇江市矿机路 1 号，2000 年 8 月由江苏精机集团镇江机床厂与北京航天数控集团公司、齐齐哈尔机床厂共同投资组建。1985 年，镇江机床厂固定资产价值 577 万元，设备 236 台套，职工 710 人，实现产值 459 万元，实现利税 129 万元，主要产品是 C620、C630 车床。1986 年，该厂与美国萨密特机床公司合作生产精密机床，项目总投资 490 万元，于 1989 年投产，S 系列精密车床与 C630A 车床成为该厂主要产品。1990 年，以镇江机床厂为龙头，与镇江铸钢厂、镇江跃进机械厂、镇江有色金属铸造厂组成镇江机床（集团）公司。1991 年，S 系列精密车床远销美、加、澳、西欧、东南亚、中国香港等 20 多个国家和地区，外贸收购值 750 万元，创汇 38.8 万美元。1994 年，企业各项主要经济指标创历史新高，实现产、销均超过亿元。同年，经省批准，镇江机床（集团）公司升格为江苏精机（集团）公司。2000 年，江苏精机集团镇江机床厂与齐齐哈尔机床厂、北京航天数控集团公司合作组建江苏齐航数控机床有限公司，重点发展数控机床和高速精密机床。2001 年，销售机床 168 台，收入 1412 万元，利税 19 万元。2002 年，江苏精机集团公司与重庆大学合作开发四轴联动 SKZ—04D 数控钻床，机床销售跃增至 278 台，收入 2720 万元，利税 149 万元。2004 年，江苏精机集团镇江机床厂破产终结。深圳盛达贤有限公司竞拍得所有产（股）权后，与江苏齐航数控机床有限责任公司资产进行重组。同年，重组后的江苏齐航数控机床有限公司运行正常，机床销售 781 台，收入 6500 万元，利税 779 万元，分别比上年增长 91%、44%、168%。同年，被列为江苏省高新技术企业。2005 年，新开发数控螺杆铣床，石油摆线泵数控螺杆铣床，形成数控车床、数控异型螺杆铣床、高速精密车床、普通卧式车床、台式车床、重型大规模车床六大系列，30 多个品种，70 多个规格的产品系列。数控铣床和数控钻床分别获省、市高新技术产品称号。“镇机”牌数控车床、数控铣床、普通车床获江苏省优质产品、镇江市名牌产品称号。同年，公司有员工 696 人，拥有各类生产设备 479 台套，其中精、大设备 55 台套，生产、销售机床 953 台套，工业产值 8176 万元，销售收入 8183 万元。

苏福马股份有限公司镇江分公司　位于镇江学府路 300 号，前身为林业部镇江林业机械厂。1985 年，该厂固定资产价值 1150 万元，主要设备 247 台，职工 997 人，实现工业产值 921 万元，利税 169 万元。主要生产侧面叉车（木材集装铲运机械）人造板机械、林业化工设备和植保设备（弥雾喷粉机等）4 大类 128 种产品。弥雾喷粉机获国家银奖。1989 年，在 CCC—3A 型内燃侧面叉车基础上，相续开发 5 吨、10 吨内燃侧面叉车，侧面叉车形成系列，成为全国叉车行业中最早获部优产品之一。同期，与日本佳友株式会社进行技术合作，生产福马耶鲁 3 吨以上中吨位系列叉车。1992 年，开发无卡轴旋切机。1993 年，该产品出口 60 多台，企业外贸收购突破千万元，比上年翻一番，实现利税700万元,成为市利税大户。1994年,产、销、利继续同步增长,利税达千万元。1995年,长材刨片机和机械刀片两项技改项目投产,扩大生产能力,销售收入达到9300万元,被命名为"江苏省高新技术企业"。2001年,镇江林业机械厂正式被苏福马公司收购改制,更名为苏福马股份有限公司镇江分公司。2003年,苏福马公司调整产品结构,镇江分公司将正、侧面叉车产品停产转让,集中研制人造板生产设备。2004年,开发新型热磨机,性能达到进口热磨机水平,获江苏省高新技术产品称号,彻底改变国内大型中密度板生产线完全依赖进口的被动局面,成为国内唯一拥有全部人造板基本板序列品种成套生产线及深加工延伸产品企业。2005年,销售削片机3725台,市场占有率60%以上,产销量名列全国第一;销售3种规格的系列热磨机253台;生产5000立方米至8000立方米新型刨花板成套设备46套。同年,公司有职工464人,其中工程技术人员19人(研究生以上学历8人),高中以上文化达55.4%;主要生产设备302台套,其中大型设备14台套,精密设备6台套、进口设备1台。工业产值8926万元,销售收入7488万元。

第七章　电子工业

1983年,镇江电子工业的企业以城镇集体所有制小企业为主,全行业产值0.92亿元;产品以元器件为主,直到1985年整机产品产值仅占总产值32%。"七五"期间,引进国外先进设备和技术,改变落后的生产方式,开发新产品、新工艺;"八五"期间,大力兴办三资企业,开拓国际市场,壮大骨干企业规模,培育"拳头"产品;"九五"期间,调整产业、产品和企业组织结构,培育行业支柱企业,开发出一批具有较高科技水平产品;"十五"期间,通过与国内知名高等院校、科研院所进行科研合作,培育出一批国内同行业一流水平的企业和产品。至2005年,全市电子工业企业形成以捷诚车载、江奎集团、惠通集团、赛博电子四大规模企业为支柱;通讯装车、DVD、彩电、接插件等地方特色产品为主体,年产值达35.43亿元,利税1.73亿元的具有一定规模和科技水平的生产体系。

第一节　发展概况

1983年,镇江成立电子工业局和电子工业公司,两块牌子,一套班子,对市直电子工业企业实行行政领导和经济管理,对县、区企业实行行业指导。1984年,全市电子工业有企业28家,固定资产净值0.32亿元,职工10967人,实现工业产值1.38亿元,产品销售0.99亿元,实现利税1800万元。企业以市直企业为主,产品以元器件为主体。县、区中,扬中县有2家一定规模的国有企业,其余县区只有1~2家生产单一电子器件的城镇集体或乡镇集体企业。市直工业企业16家(国有企业2家,国有集体联营企业3家,集体企业11家),固定资产净值2360万元,职工总数8828人,实现工业产值8650万元,销售8119万元,利税1412万元,利润695万元。总体上是企业小规模,产品小器件,低水平重复,分散化经营的"小、低、散"状况。1985年,县、区所属企业划为市电子工业局归口企业。同年,全市电子工业共有归口企业27家,固定资产净值5966万元,职工11987人,实现工业产值1.62亿元,销售1.47亿元,在全省11个省辖市中居第7位。其中市直工业企业16家,固定资产净值3192万元,职工9299人,实现工业产值1.32亿元,销售1.21亿元,利税2546万元,利润1991万元。主要产品有通信车、黑白电视机、电话交换机、示波器、医用显微镜、电唱机等整机产品(整机产品产值占总产值32%)。通信车产量居全国第一,示波器产量居全国同行业第二位。元件产品主要是接插件、调谐器、电容器等,接插件有110多个品种,3000多种规格,全国市场占有率达10%。全市电子工业产品中,24个产品获部、省优质产品奖,其中市直18个。40个产品获省、市科技成果奖与新产品奖,主要集中在市直企业。

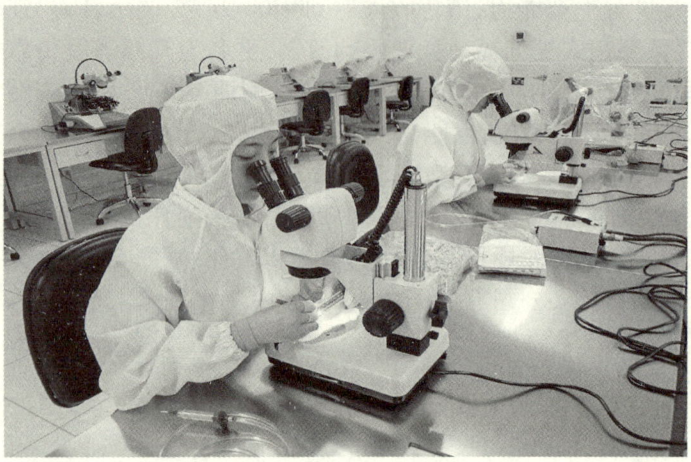

图 14-10　光电产业(2002 年摄)

"七五"期间,全市电子工业加大企业技术改造和产品结构调整力度。市直工业技改投入 8500 万元,分别从日本、美国、瑞士、德国引进设备和技术。开发 420 项新产品和 68 项新工艺,形成批量或小批量生产的新产品 288 项。黑白电视机、组合音响、自动电话交换机、示波器、电子调谐器、彩电管座、各种变压器等产品形成批量,彩电管座的国内市场覆盖率达 60% 以上。彩电天线输入器和彩电管座获国家银质奖,82 个产品获部、省优质产品称号。1990 年,镇江接插件总厂实现销售 4362.2 万元,位居全国电子元件百强第 37 位;江奎公司产值、利税连续四年翻番,分别达 6880 万元和 1078 万元;镇江无线电厂研制出 400 瓦单边带电台方舱车,1.6 千瓦电台舱车,12 千瓦电流方舱车等大板结构式通信方舱和 12 千瓦电流方舱及滑架结构式方舱等新产品,并通过总参通信部设计定型,投入批量生产,产量保持行业第一地位。同年,全市电子行业有归口企业 63 家,固定资产净值 1 亿元,职工 14605 人,实现工业产值 3.56 亿元,销售 2.59 亿元,利税 922 万元,其中市直工业有企业 16 家,固定资产净值 0.84 亿元,职工 10468 人,实现工业产值 2.58 亿元,销售 1.81 亿元,利税 824 万元,出口创汇由 1985 年为零,增加到 362 万美元。

"八五"期间,全市电子工业面临国内电子产品市场过度竞争,元件产品盈利空间大幅压缩,甚至不能保本的严峻形势,以大力开拓国际市场,强化产品销售;大力引进外资和技术,加速产品更新换代,缓解自 1993 年开始的全行业大幅亏损态势。归口企业中有 24 家企业实行外资嫁接,占企业总数的 27%,总投资 6727 万美元,协议利用外资 3049 万美元,外资实际到位 1048 万美元。江奎公司(1986 年由镇江音响设备总厂、江苏省国投公司、泰国集轮公司共同投资 150 万美元组建)从一个里弄企业,通过合资不断壮大规模。1993 年,与台湾汉平公司合资,投资 1500 万美元,组建汉奎电子有限公司,在镇江经济开发区建成符合现代电子工业要求的厂房,不但实现电唱机产品全系列化,而且开发高科技的激光唱机,成为江苏省高新技术企业。合资当年生产激光唱机 5 万台,立体声电唱机 50 万台。这一期间,全市电子工业通过利用外资,拓宽技改资金渠道,实施重点技改 9 项,实际投资 1.8 亿元,投入科技开发资金 2984 万元。技改投资主要集中投向一件(新型电子接插件)、二器(监示器、液晶显示器)、三机(激光唱机、农用程控交换机、图文传真机)生产企业。通过技改,完成新工艺、新技术推广应用 75 项,其中市直完成 59 项。惠通集团、江奎集团、无线电厂、电子管厂、无线电专用设备厂、江苏大海集团相继被评为省级高技术企业。15 个产品被认定为省高新技术产品。全市电子行业组建江苏惠通(原接插件总厂)、江苏大海(乡镇企业)两个省级集团,江奎、华讯两个市级集团和 8 个股份公司,以资产为纽带,促进要素向优势企业、名优产品集中。同时,公开拍卖镇江有线电厂、镇江无线电器材厂资产和破产资不抵债的镇江电子电镀厂。淘汰落后产能。1995 年,全市电子工业归口企业 88 家,固定资产净值 2.89 亿元,实现工业产值 9.78 亿元,销售 6.75 亿元,利税 -402 万元,亏损 2701.5 万元,其中市直企业 20 家,固定资产净值 2.28 亿元,职工 9904 人,实现工业产值 6.56 亿元,销售 4.18 亿元,利税 -1759 万元,亏损 3258.6 万元。江奎集团开发出国际最新技术产品影音光碟机。惠通集团的小产品闯出大市场,生产遥控器累计出口 90 万只,销往日本和欧洲,产品由 1 个系列增加到 3 个系列,彩电管座、高频连接器分别出口275.5万只、79.6万只,出口创汇161万美元。

“九五”期间,全市电子行业着力调整产业和经济结构,改变低水平重复、小器件生产、分散化经营的“低、小、散”产业结构,培育规模企业,“拳头”产品。这一期间,全市电子行业批准技改投资2.87亿元,实际完成2.41亿元,完成部、省、市批准的62项技改项目。不但较快扭亏为盈,而且经济总量5年(1993~1998年)增长6倍多,增长速度连续5年处于全省各辖市同行业第一和市直各工业行业首位。1998年,市属企业实现产值名列市直工业第一和全省同行业第四。其中镇江广播通讯设备厂(赛博集团前身)生产销售彩电40多万台,实现利润近千万元,跻身全国同行业八强;江奎集团沿着CD机芯、VCD、CD—ROM、乃至DVD产业化项目,实现跳跃式发展,处于同行业领先水平;惠通集团靠大批量求大发展,全面开发VCD、CVD、SVCD、DVD遥控器、多功能遥控器、空调液晶遥控器、电源遥控器等数十个品种,产品总量接近800万只,成为国内同行业产量最高、品种最多、质量最好的企业;无线电厂(捷诚车载电子有限公司前身)在军品向各军、兵种拓宽的同时,向油田勘探、邮电、交通民品延伸,产、销跨亿元大关,利润实现翻番。同年,江奎、惠通、赛博、捷诚四强企业经济总量占全市电子行业总量80%,成为电子行业四大支柱。2000年,全市电子工业归口企业23家,固定资产净值3.5亿元,职工9559人,实现工业产值19.83亿元,销售18.44亿元,利税1.47亿元,其中市直企业12家,固定资产净值2.93亿元,职工9559人,实现产值14.79亿元,销售14.15亿元,利税1.29亿元。全行业完成外贸出口交货值9.3亿元,自营出口6700万美元,45%的产品市场在国外,整机出口比例达80%以上,江奎集团的DVD占有美国市场10%,销量名列第一。同年,全市电子工业整机与元器件比重由“九五”期初的42.7%:57.3%调整为79.6%:20.4%,开发出DVD、超级DVD、遥控器和彩电系列、示波器系列、通讯装车、大板式电子通讯方舱等一批国内较大影响产品。实现新产品销售12亿元,其中高新技术产品8.5亿元。惠通集团研发的CX2型密封耐辐照圆形连接器入选载人航天飞船配套产品。全行业组建国家、省、市级技术中心7个,其中国家级1个,省级3个。江奎集团与清华大学共同设立全市第一家博士后工作站,建成国家级的清华—江奎联合光盘实验室。

“十五”期间,镇江电子工业由市电子资产经营公司管理。该公司于2001年,由市电子工业局、市电子工业公司撤销后成立,主要经营管理市直电子企业国有和集体资产。这一期间,全市电子工业完成技改工作量4.6亿元,实施国家、省、市级重点技改项目6项,开发新产品250个,大力推进科技进步,取得明显成效。截至2004年,全行业连续9年获得市科技进步一等奖。捷诚车载公司先后与华东船院、西安工大、清华同方等9所国内知名院校与科研院所开展广泛的科研合作,开发出一批具有高科技含量的产品和项目。同时,加大技改投入,投资1.6亿元,搬迁到新区,营造更大发展空间;在搬迁同时,从美国、德国、新加坡引进一批精密设备,提高企业技术水平。江奎集团成为国际同行业中生产规模最大、掌握技术最新、开发实力最强,产品出口最多的DVD生产基地,同时,130万像素、210万像素的DSC数码相机形成产量,CMOS数码相机小批量生产。与美国微软公司合作开发的“e通高清网络多媒体电视”列入国家创新能力项目计划。项目总投资2133万元,可形成e通无线高清晰液晶电视20万台生产能力。惠通集团遥控器产品品种达200多种,其中16个产品被认定为省、市高新技术产品,获国家专利23项,高新技术产品销售率70%,为航天项目配套,光纤连接器项目成为国家第二批“双高一优”项目。美国TCP公司投资的强凌电子公司,生产具有世界领先水平的螺旋式节能灯、电子镇流器、组件一体化节能灯具,全部销往美、加市场,2005年实现销售6亿元。

2005年,全市电子工业独立核算企业51家,固定资产净值5.95亿元,职工12019人,实现产值35.43亿元,销售34.24亿元,利税1.73亿元,利润1.22亿元。其中市直企业13家,固定资产净值3.68亿元,职工7616人,实现产值26.56亿元,销售26.38亿元,利税7839万元,利润1982万元。全市电子工业新产品产值25.2亿元,其中国家火炬项目3项,省级火炬项目2

项。市直工业企业中,有7家省级高科技技术企业,占企业总数50%以上。整机产品产值占总产值80%,60%产品销往国际市场。全市电子工业产品已经形成两大系列。其中通信设备、节能灯及其他电子设备制造业实现工业增加值6.57亿元,产品销售34.24亿元,利润6542万元;仪器仪表制造业实现工业增加值3.71亿元,产品销售11.76亿元,利润5688万元,市直工业主要产品产量为遥控器3336万套,节能灯3695万套,液晶电视6.06万台,通信车746辆。激光视盘机349.49万台。

1983~2005年镇江市电子工业主要经济指标一览表

表14-29

年份	企业数(家)	工业总产值(亿元)	销售收入(亿元)	利税总额(亿元)	固定资产(亿元)	职工人数(人)
1983	-	0.79	-	-	-	-
1984	28	1.38	0.99	0.18	0.32	10967
1985	27	1.62	1.47	0.31	0.60	11987
1986	27	2.13	1.39	0.18	0.58	13569
1987	63	2.99	2.09	0.23	0.71	13785
1988	65	3.84	3.08	0.31	0.79	13867
1989	67	3.43	2.64	0.23	0.99	14030
1990	63	3.56	2.59	0.09	1.00	14605
1991	63	4.52	3.77	0.32	0.98	14662
1992	68	4.96	4.16	0.06	1.25	14648
1993	79	5.51	5.16	0.01	1.82	15473
1994	74	6.57	4.84	-0.01	1.57	13774
1995	88	9.78	6.75	-0.04	2.89	14390
1996	69	10.27	8.40	0.02	3.45	13018
1997	61	13.84	12.57	0.30	3.73	12230
1998	24	15.48	13.64	0.37	3.37	8336
1999	23	16.15	15.00	0.79	3.26	8358
2000	23	19.83	18.44	1.47	3.50	9559
2001	24	26.49	25.93	1.05	3.76	9615
2002	26	36.30	35.88	1.65	4.34	10586
2003	39	47.99	48.10	1.99	4.59	11763
2004	42	42.29	42.47	1.81	7.09	13341
2005	51	35.43	34.24	1.73	5.95	12019

第二节 主要产品

一、电子测量仪器

1983年,全市生产测量仪器的企业有3家,生产示波器类、元件参数测试类、应用类三类产品。

镇江电子仪器厂生产1—4型功率计、JX—1线性集成电路自动测试仪和NRM线性自动电路测试仪,其中R23180JX—1线性集成电路测试仪达到国外同类产品水平,1984年获国家经贸委优质产品金龙奖。扬中电子仪器厂生产示波器,销量居全国同行业第二。1984年后,示波器成为电子测量仪器类主要产品。1994年,扬中电子仪器厂承担的国家"八五"技改项目——计算机测量仪器项目通过部级竣工验收。1995年,该厂与美国TEK公司合资,成立扬中泰克电子仪器公司,开发制造计算机测量仪器逻辑分析仪和数字存储示波器等高新技术产品。2000年,生产销售各类计算机测量仪器和电子测量仪器38207台,成为中国电子测量仪器的重要骨干企业。同年,全市累计生产各类示波器近16万台。

二、电子通信设备

1. 无线通信设备　镇江无线电厂是中国第一家生产通信装车任务的军工企业。1983年,通信装车发展到6大类83个品种,曾有小量通信车出口国外,YW—353型400瓦单边带通信车和YWD—407型12千瓦电源车获电子工业部优质产品称号。1990年,研制出400单边带电台方舱车、1.6千瓦电台方舱车、12千瓦电源方舱车等大板结构式通信方舱车、滑架结构式方舱车和12千瓦电源方舱车,运用于通信,电子抗雷达、侦察、气象卫星、医疗救护、军事指挥等方面,给国防建设提供新一代现代化装备。1999年,研制出125瓦、400瓦、1000瓦短波自适应跳频电台车。1983年到2005年,累计生产军用通信车6552辆,2005年当年生产746辆。

2. 有线通信设备　镇江有线电厂是江苏省最早生产纵横制自动电话交换机的企业。1985年形成纵横制电话交换机、企业调度机、火警调度机、扩音对讲机4类20多个品种。电话交换机有200~800门HT905型、200—1600门HJ905型、90—1800门JZHQ—4型、30—90门JZX型等系列产品。16—50—DH—HJ—1型火警调度机是全国唯一定点生产产品。企业调度机有DH型和DDH型两系列。自动电话交换机和企业调度机均有少量出口。"七五"期间,研制出KT—4型矿用生产调度报警电话联系系统,DDD—17型程控调度机广播指令通信系统,DDH—J11型火警调度台。随着无线电话发展,1997年退出有线设备制造行业。1983~1997年,累计生产各类交换机、程控交换机227092台。

三、电子元器件

1983年,镇江生产电子元器件的企业8家,主要生产接插件、电容器、频道调谐器、变压器、电真空器件、半导体器件等,生产规模、水平,产品的规格、品种形成一定优势,产量居全省各市之首。

1. 电子元件

接插件　1982年,市属专业元件厂联合组建镇江接插件总厂,生产10系列222个品种的整机面板与管座类接插件。1985年,生产用于电视机、录放机、通信设备和电子计算机的各类开关、插座、穿刺式带状电缆插件、接线柱、连接器、电视机及录像机用成套接插件、核电站用耐辐照圆形插头座等4大类,110个品种,3000多个规格产品。曾为中国太平洋发射运载火箭、发射水下火箭配套,获中共中央、国务院、国防科工委嘉奖及江苏省政府表彰。"七五"期间,从日本引进一条年产150万台彩电管座生产线,并加以消化吸收,彩管插座品种由2个扩大到全系列10个品种,形成年产600万只生产能力,国内市场占有率60%,销往日本、中国香港、新加坡等地。1990年获全国彩电国产化成果二等奖、国家优质产品银奖。1992年,研制生产KDCA08、KDCA08K型电源开关。为彩电遥控器配套磁断装置,能够遥控关机、无信号关机、停电关机,当年生产20多万只,被国内10多家整机企业选用。同时研制出印刷电路连接器、带状电缆连接器两个系列产品,获邮电部质量认可证书;KQJZ型大电流琴键开关,适用于洗衣机等家电生产企业。1994年,与美国ITT公司共同出资2000万元组建亚泰凯隆(镇江)电子有限公司,开发生产高科技、高品质的程控交换机接插件和录像机接插件。密封耐辐照园型连接器被国家“921—4”重点工程办公室选定为关键配套连接元件。CX2 型气密封耐辐照园型连接器为“神舟号”飞船配套。2005 年,生产遥控器 3335.6 万只,管座 1767.2 万只,高低频连接器 233.7 万只。

变压器　电子变压器主要由镇江无线电器材厂生产。1983 年,C 型和环型变压器形成系列,并研制成功黑白电视机用变压器,1984 年获全国质量评比一等奖,被授予省优质产品称号。同年开发彩色电视机、收录机用变压器。1985 年从日本引进一条电子变压器生产线及相关设备,产品为松下、东芝、惠普、三洋等世界著名品牌配套。1993 年,因市场竞争激烈及增本因素增加等原因而停产。

电容器　电容器主要由镇江电容器厂生产。1983 年,主要品种有 CJ3 电视机用电容器,CL11 收录机电容器,以及与仪器仪表整机配套的电容器等 10 个品种。同年,开发聚丙烯薄膜电容代替纸质电容,产品拓宽到为电风扇、洗衣机等家电产品配套。1984 年被评为省优质产品。1985 年,产品发展为纸介、金属化纸介、有机薄膜复合介 4 大类 15 个系列。1986 年,引进电风扇、洗衣机两条电容器生产线,产品质量获全国评比一等奖。1993 年,开发电力电容、空调电容和电冰箱组合电容等新品。产品品种由 40 多个增加到 80 多个。自愈式低压电力电容获国际博览会金奖。同年引进美国、瑞士、意大利等国先进设备,自愈式低压并联电容、空调电容的技术及生产工艺达国际先进水平。从 1983 年到 2005 年,累计生产各类电容器 1.2 亿只。

频道调谐器　频道调谐器由镇江广播电视配件厂(1984 年成立)生产,主要生产黑白电视机接收信号调谐器。1984 年双峰牌 TJS—2 型调谐器被评为省优质产品。TJTO—2 型调谐器获全国质量测试评比一等奖。1985 年,从日本引进关键生产设备,产品升级换代,为“东芝”“三洋”电视机国产化配套。因市场竞争激烈等因素影响,1996 年停产。

2. 电子器件

1983 年,镇江有电子器件生产企业 3 家(镇江光电元件厂、镇江电子管厂、镇江半导体厂)。

电真空器件　1983 年,主要产品有电话指示灯、印刷用晒版灯、照明灯、脉冲闪光灯等。“七五”期间,镇江光电元件厂和镇江电子管厂分别引进一批设备和生产线,分别形成 14 类、25 个品种和 5 大类、11 个系列产品。具备年产 200 万只氖气辉光灯、500 万只指示灯及熔丝管、300 万只玻璃放电管、80 万只荧光灯、200 万只启辉器生产能力。光电元件厂生产的指示灯等 3 个产品获省科技成果奖,氖气灯填补国内空白,获部优产品称号。电子管厂生产的晒版灯等产品获南京军区装备科技成果奖。1990 年,光电元件厂生产氖灯产量达 600 万只/年。镇江电子管厂与华东电子管厂联营生产的荧光灯参加全国统检,排名第四。1992 年,镇江电子管厂生产陶瓷放电管成为部优产品。产量、质量、市场覆盖率居全国同行业领先。1994 年,光电元件厂开发稀土 E 节能灯系列产品。2001 年,节能灯产品形成两大系列 8 个品种。产量达 561.5 万支。同年,光电元件厂与美国 TCP 公司、镇江半导体厂合资,组建强凌电子有限公司,主要生产电子高效节能灯整流器、电子调光灯、应急灯等 4 大类,10 多个系列,100 个型号产品。

半导体器件　1983 年,镇江半导体厂生产半导体二极管、三极管 4 个系列产品,1985 年,通过引进美国、德国先进设备,形成塑封晶体管生产线,产品扩大到 9 大类。“七五”期间,集成块取代半导体功能,半导体产品停产。

四、焊接设备

1983 年,焊接设备由镇江无线电专用设备厂生产,主要产品是点焊机。1985 年,通过引进日本、德国先进焊接技术,并与上海交大、复旦大学、清华大学、南京工学院合作,先后开发钛汞环自动焊接机、超声波焊接机、多功能精密氩弧焊接机等科技含量较高的产品。1990 年,产品发展到三大系列 79 个品种,其中滚磨机性能达日本同类产品水平;为大连显像管厂制造电子枪装架线,达东芝性能标准;为北京松下彩管厂生产精密焊机等设备,技术水平接近 20 世纪 80 年代松下公司水平。1993 年,开发生产 P115—1 型双电极点焊机,P103—7 型双规范焊机。截至 1995 年,该厂 18 项产品填补国内空白,两种焊机获省部科技成果奖。2000 年,研制出新一代 WSM 系列逆变式脉冲/直流氩弧焊和 2X7 系列逆变式焊条电弧焊机。

五、家用电器

1. 电视机　1983 年,镇江电子仪器厂和扬中电视机厂生产电视机。镇江电子仪器厂产量 7125 台,品种有晶体管 12 英寸、14 英寸的 12 频道和 14 英寸、17 英寸全频道等,品牌为浮玉牌。1986 年因晶体管改集成电路,质量下降而停产。扬中电视机厂仍生产 14 英寸、17 英寸全频道黑白电视机 60156 台。1988 年组建北京牡丹电视机厂镇江分厂,1989 年,全市生产电视机 100244 台,其中镇江分厂生产 42058 台,扬中电视机厂生产 58186 台。1991 年,镇江分厂开发彩色电视机。黑白电视机主要外销。全市生产电视机 211324 台,出口黑白电视机 63050 台,彩电 6830 台。1995 年,黑白电视机逐步停产,电视产品以 54 厘米、64 厘米大屏幕彩电为主。1996 年,镇江通讯广播设备厂研制生产 64 厘米、具有内基式高低音箱、屏幕汉字显现、有线电视增补频道、卡拉 OK 伴唱等功能的一机多能彩电。彩电品种达 4 个系统 24 款新机型。"九五"期间,开发高清晰度电视机,17 英寸、20 英寸、27 英寸、30 英寸 4 个规格 6 款产品通过国际标准认定。1983 ~ 2005 年,全市累计生产电视机 504.12 万台,其中彩电占 70.4%。

2. 影碟机　1997 年,江奎集团从声频技术向数码视频技术扩展,研制成国内第一台 DVD 影碟机,在人民大会堂举办全数字化高清晰度影视产品 DVD 演示汇报会。1999 年,该企业完成 5 万套 DVD 影碟机出口机散件组装销售。2001 年,该厂生产 DVD 在全美市场占有率接近 30%,超过世界巨头日本索尼公司,位居同类产品第一。同时,在欧洲市场也占销售总额三分之一。在日本市场形成规模供货。生产、出口规模达全球同行业前 3 名。PCGAME 型多功能 DVD 在全球消费电子展上被评为最佳产品奖,中国产品首获此殊荣。

2000 ~ 2005 年,江奎集团累计生产 1901.2 万台 DVD 影碟机,产值、销售均超百亿元。

1983 ~ 2005 年镇江市电子工业主要产品产量一览表

表 14-30

年份	交换机(门)	通讯装车(部)	电子元件(亿只)	示波器(台)	电视机(万台)	激光视盘机(万台)	照相机(万台)	电光源(灯泡)(万只)	电子管(商品量)(万只)	电唱机(万部)
1983	-	181	0.05	3564	0.71	-	-	-	161	2.41
1984	22640	187	0.07	3748	0.57	-	-	-	192	5.78
1985	34590	162	-	3478	2.31	-	-	-	260	12.20
1986	23800	73	0.09	2457	6.01	-	-	455	6396	-
1987	27130	107	0.27	3699	6.55	-	-	839	316	-
1988	29640	142	0.35	6450	7.56	-	-	626	493	-
1989	27202	138	0.38	6150	10.02	-	-	1392	605	-
1990	17650	213	0.37	4136	11.88	-	-	1661	538	-
1991	12670	164	0.26	-	21.13	-	-	1686	582	-
1992	11230	205	0.32	-	24.20	-	-	2034	729	-
1993	9500	220	0.51	-	11.58	-	-	6338	1138	-
1994	3600	277	0.64	-	10.95	-	-	7544	172.13	-
1995	-	-	13.25	-	7.62	-	-	9398	-	30.64
1996	-	-	58.27	-	21.85	-	-	8004	-	18.67

续表 14-30

年份	交换机（门）	通讯装车（部）	电子元件（亿只）	示波器（台）	电视机（万台）	激光视盘机（万台）	照相机（万台）	电光源（灯泡）（万只）	电子管（商品量）（万只）	电唱机（万部）
1997	–	–	6.16	–	25.89	–	–	7134	–	0.12
1998	–	–	4.06	–	47.01	169.84	–	8761	–	–
1999	–	–	7.77	–	33.61	123.07	–	–	–	–
2000	–	–	7.36	–	30.13	94.00	–	–	–	–
2001	–	–	14.62	–	43.88	150.00	–	–	–	–
2002	–	–	13.97	–	51.34	335.30	–	–	–	–
2003	–	–	13.85	–	68.91	534.85	12.74	–	–	–
2004	–	–	5.05	–	33.57	437.56	10.85	–	–	–
2005	–	746	5.03	–	23.87	349.49	3.90	–	–	–

1983～1997 年镇江市电子工业主要获奖产品一览表

表 14-31

产品名称	获奖类别	获奖年份	授奖部门（地区）	生产企业
407 型 12 千瓦电源车	优质产品奖	1983	江苏省	镇江无线电厂
CBB61 型电容器	优质产品奖	1984	江苏省	镇江电容器厂
JZX－ZC 电话交换机	优质产品奖	1985	电子工业部	镇江有线电厂
40－DDH－4A 调度机	优质产品奖	1985	江苏省	镇江有线电厂
L16 射频连接器	优质产品奖	1985	电子工业部	镇江接插件总厂
KB－3 型波段开关	优质产品奖	1985	江苏省	镇江接插件总厂
KDB 收录机开关	优质产品奖	1985	江苏省	镇江接插件总厂
CXW－4M1 圆形插头座	优质产品奖	1985	江苏省	镇江接插件总厂
DC2 带状电缆插头座	优质产品奖	1985	江苏省	镇江接插件总厂元件二厂
Q9 型高频插头座	优质产品奖	1985	江苏省	镇江接插件总厂元件四厂
L16 型高频插头座	优质产品奖	1985	江苏省	镇江接插件总厂元件四厂
XTS3 型双人双目手术显微镜	优质产品奖	1985	江苏省	镇江光学仪器厂
三友牌 F755A 收唱机	优质产品奖	1986	江苏省	镇江音响设备总厂
双峰牌 KXZ 波段开关	优质产品奖	1986	江苏省	镇江无线电元件厂
甘露牌 P320 点焊机	优质产品奖	1986	江苏省	镇江无线电专用设备厂
绿杨牌示波器	优质产品奖	1986	电子工业部	扬中电子仪器厂
元五牌 KAN 按键开关	优质产品奖	1986	电子工业部	镇江接插件总厂
CBB60 电容器	优质产品奖	1987	电子工业部	镇江电容器厂
50－DH－HJ－1 型调度总机	优质产品奖	1987	江苏省	镇江有线电厂
NHR－90 辉光放电管	优质产品奖	1987	江苏省	镇江光电元件厂
R－250 型放电二极管	优质产品奖	1987	江苏省	镇江电子管厂

续表 14-31

产品名称	获奖类别	获奖年份	授奖部门(地区)	生产企业
KXZ 旋转开关	优质产品奖	1987	江苏省	镇江接插件总厂
三型波段开关系列	优质产品奖	1987	江苏省	镇江接插件总厂
Q9 高频插头座	优质产品奖	1988	江苏省	镇江接插件总厂元件四厂
元二牌带状电缆印刷板插座	优质产品奖	1988	江苏省	镇江接插件总厂元件二厂
双环牌直管型灯管	优质产品奖	1988	江苏省	镇江电子管厂
登月牌氖氩辉光指示灯	优质产品奖	1988	江苏省	镇江光电元件厂
双峰牌电子调谐器	优质产品奖	1988	江苏省	镇江广播电视配件厂
YB4322 双踪示波器	优秀产品奖	1988	电子工业部	扬中电子仪器厂
晨阳牌唱录机电源变压器	优质产品奖	1989	电子工业部	丹阳无线电二厂
阻抗交换机	优质产品奖	1989	电子工业部	丹阳彩电配件厂
彩色天线输入器	国家银奖	1989	国家质量奖审定委员会	丹阳彩电配件总厂
元五牌 C2S 彩电显像管插座	国家银奖	1989	国家质量奖审定委员会	镇江接插件总厂元件五厂
江奎牌立体声电唱盘	优质产品奖	1989	江苏省	镇江江奎电子有限公司
双峰牌 KJ23 直键开关	优质产品奖	1989	江苏省	镇江接插件总厂
登月牌水晶头氖灯	优质产品奖	1989	江苏省	镇江光电元件厂
R－L50 陶瓷二极管	优质产品奖	1989	电子工业部	镇江电子管厂
RD101 电源变压器	优质产品奖	1989	电子工业部	丹阳电子元件厂
京江牌冰箱用蒸发器	优质产品奖	1989	江苏省	镇江无线电厂
DB－120 电源变压器	优质产品奖	1990	江苏省	镇江无线电器材厂
QPH20 偏转线圈	优质产品奖	1990	江苏省	扬中无线电厂
400 瓦单边带通信装车	优质产品奖	1990	电子工业部	镇江无线电厂
SR－8 双踪示波器	优质产品奖	1990	电子工业部	扬中电子仪器厂
CX2－4M1 圆形耐辐照插头座	优质产品奖	1990	江苏省	镇江接插件总厂元件二厂
晨阳牌电源变压器	优质产品奖	1990	江苏省	丹阳无线电二厂
TJS－ZYHF 调谐器	优质产品奖	1990	江苏省	镇江广播电视配件厂
三华牌限温熔断器	优质产品奖	1990	电子工业部	丹阳电视机配件厂
蜻蜓牌 WR 熔断器	优质产品奖	1990	江苏省	扬中无线电三厂
YB4361 示波器	优秀新产品奖	1990	江苏省	扬中电子仪器厂
3R－250 型放电三极管	优秀新产品奖	1990	江苏省	镇江电子管厂
镇江牌发光二级管	优质产品奖	1991	江苏省	镇江半导体器件厂
登月牌氖氩辉光放电管	优质产品奖	1991	电子工业部	镇江光电元件厂
登月牌辉光放电管	优质产品奖	1991	电子工业部	镇江光电元件厂
BZC－801A 型照相侦察车	优秀新产品奖	1994	江苏省	镇江无线电厂
微型管状熔断体	优秀新产品奖	1994	江苏省	镇江电子管厂

续表 14-31

产品名称	获奖类别	获奖年份	授奖部门(地区)	生产企业
PSV 型频闪管	优秀新产品奖	1994	江苏省	镇江电子管厂
F1825 型触点焊机	优秀新产品奖	1994	江苏省	镇江无线电专用设备厂
系列激光唱机	优秀新产品奖	1994	江苏省	镇江江奎电子有限公司
KQJZ 琴键开关	优秀新产品奖	1994	江苏省	镇江接插件总厂
双值电容器	优秀新产品奖	1994	江苏省	镇江电容器厂
BCMT 型并联电容器	优秀新产品奖	1994	江苏省	镇江电容器厂
陶瓷放电管	优秀新产品奖	1994	江苏省	镇江电子管厂
CBB68－1 型电容器	优秀新产品奖	1997	江苏省	镇江电容器厂

第三节　主要企业

一、市属电子工业企业

1983 年,市电子工业局直属企业 16 家,其中国营企业 2 家,分别是镇江无线电专用设备厂、镇江市有线电厂;国有集体合营企业 3 家,分别是镇江市无线电厂、镇江市广播电视配件厂、镇江市无线电元件厂;集体企业 11 家,分别是镇江光学仪器厂、镇江电容器厂、镇江无线电元件二厂、镇江无线电元件四厂、镇江无线电元件五厂、镇江市半导体厂、镇江市电讯器材厂、镇江无线电器材厂、镇江市电子管厂、镇江市光电元件厂、镇江电子仪器厂。其中镇江无线电元件厂联合元件二厂、元件四厂、元件五厂于 1979 年已组建镇江接插件总厂。1985 年,镇江广播电视配件厂、镇江接插件总厂、镇江无线电厂年产值分别达 1318 万元、1261 万元和 1106 万元。镇江无线电厂和镇江有线电厂分别为电子工业部生产通信和有线通讯设备定点企业。1986 年,镇江音响设备厂引进江苏省国投公司与泰国集轮公司共同投资 150 万美元,组建镇江江奎电子有限公司,成为市直企业。1988 年,镇江无线电厂与北京牡丹电视机厂联营组建北京电视机厂镇江分厂,主要生产 12、14、18 英寸全频道黑白电视机。1992 年,镇江无线电厂有偿转让资产,北京电视机厂镇江分厂改为镇江通讯广播设备厂,与北京(牡丹)集团联营成立镇江电视机厂,成为市直电子工业首家产值超过亿元企业。同年,市直电子工业企业 15 家,其中江奎电子公司、镇江接插件总厂、镇江无线电厂销售 4000 万元以上。1993 年,江奎电子公司与台湾汉平公司共同投资 1500 万美元,组建汉奎电子公司,产品升级为激光唱机,立体声电唱盘。镇江接插件总厂和镇江无线电厂进入全国电子及通信设备制造业 500 强企业。1994 年,镇江无线电器材厂、镇江有线电厂公开拍卖存量资产,变现资金后,无线电器材厂与镇江半导体厂联营,组建中天有限责任公司,镇江有线电厂进入江奎集团。同年,电讯器材厂等 3 家企业关闭。1996 年,镇江光电元件厂(光电器件公司)、电子管厂改制为股份合作制企业。镇江接插件总厂改组为惠通集团有限责任公司。2000 年,镇江通讯广播设备厂(镇江电视机厂)改组为江苏赛博集团。同年,强凌电子公司成立。2002 年,惠通集团、电容器厂、中天公司改制为民营控股企业。2003 年,江奎集团公司转让 85% 国有产权,改制为江奎集团有限公司;无线电厂转让 80% 国有产权,改制为江苏捷诚车载电子有限公司;无线电专用设备厂国有产权整体出让改制为民营企业;广播电视配件厂破产;光电元件厂关闭。

截至 2005 年,市直电子工业 1983 年已建成的 16 家企业以及“七五”“八五”期间建成的江奎电子公司、镇江电视机厂(镇江通讯广播设备厂)共 18 家企业中:江奎集团、无线电厂、惠通集团

(含镇江无线电元件厂、元件二厂、元件四厂、元件五厂)无线电专用设备厂、半导体厂、电容器厂9家企业改制为民营企业或民资控股企业;广播电视配件厂破产;电子管厂、赛博集团(前身镇江通讯广播设备厂)正在改制;镇江有线电厂、镇江光学仪器厂、镇江无线电器材厂、镇江电讯器材厂、镇江电子仪器厂、光电元件厂6家企业关停或转让。同年,市直电子企业13家,国企改制为民资或民资控股企业9家,正在改制的国有、集体企业2家,外商独资的强凌电子公司以及江奎与宏图集团组建的宏图激光声像公司。

2005年镇江电子工业主要企业基本情况一览表

表14-32

企业名称	建厂年份	隶属关系	经济性质	主要产品	年末职工人数(人)	占地面积(平方米)	固定资产原值(万元)	工业总产值(万元)	利税总额(万元)	地址
江苏惠通集团有限责任公司	1982	市电子资产经营公司	有限责任公司	遥控器	1505	78000	10513	25951	552	桃花坞路19号
镇江江奎集团有限责任公司	1983	市电子资产经营公司	有限责任公司	DVD	810	80000	9775	12119	4346	开发区经八路53号
江苏宏图激光声像公司	1999	市电子资产经营公司	有限责任公司	DVD	1215	7897	9329	42450	-24381	开发区经八路9号
江苏捷诚车载电子信息工程有限公司	1966	市电子资产经营公司	有限责任公司	军用通信等车辆	998	117000	34606	25094	455	朱方路四摆渡
江苏镇江赛博电子有限公司	1988	市电子资产经营公司	有限责任公司	彩色电视机	840	2600	40830	21152	-3500	朱方路四摆渡
镇江无线电专用设备有限责任公司	1965	市电子资产经营公司	有限责任公司	点焊机	315	13739	2476	748	-337	登云路43号
镇江市强凌电子有限公司	2000	市电子资产经营公司	外商独资	节能灯	1742	83250	3369	28827	2038	学府路200号
镇江市电子管厂	1970	市电子资产经营公司	集体	荧光灯陶放管	288	21090	2373	1647	119	环城路43号
镇江电容器厂	1965	市电子资产经营公司	集体	金属化薄膜电容器	392	19941	1681	1489	-183	官塘桥乡

二、主要企业选介

江苏捷诚车载电子信息工程公司　位于镇江朱方路四摆渡。前身为镇江无线电厂,建成于1965年,是中国第一家承担通信装备车生产企业。1983年为电子工业部通讯车定点企业,生产400瓦单边带通信车,1.6千瓦短波通信车,3千瓦、1.6千瓦电源车等产品,为导弹、卫星和核试验工程生产配套设备(1979年为中国第一次向太平洋海域发射火箭试验配套,中共中央、国务院、中央军委发来贺信,江苏省政府给予嘉奖)。1985年有职工1106人,固定资产总值898万元,设备500台,仪器仪表400台(套),年产值1904万元,利税190万元,通信装车已发展到6大类83个品种。自建厂以来,共研制生产各种通信车2103辆,产量占全国总产量1/4以上。两种型号产品获电子部优质产品称号。1983年、1985年总参通信部先后组织的寒区、亚热带区通信车试验中产品质量名列前茅。1988年与北京牡丹电视机厂联营,组建北京电视机厂镇江分厂,生产12、14、18英寸黑白电视机。1989年生产4万多台。1990年研制成功新型通讯装备电子方舱,达到国内同行业领先水平。1992年,产值、销售、利税分别达到4805万元、4412万元、70万元,产销分别比上年翻番。1993年,通过资产有偿转让方式转让电视机生产,并先后投入3000万元建立汽车生产线。1995年,生产120辆微型面包车,销售近100辆,后停产。同年,投资3000多万元,对主产品生产进行技改。1996年,企业综合实力进入"全国最大的通信及电子企业"行列。1998年,建成完整的电子方舱和厢式车兼容生产线,在同行中首创车厢生产流水线,引进意大利和美国惠普公司的设备、仪器、仪表新建测试中心,企业的生产能力、工艺水平,产品质量跃上新台阶,投产新品占20多个,产值突破亿元,利润翻番,在生产军工产品同时,产品开始向油田勘探、邮电、交通等行业延伸。2001年,完成总投资4550万元的国家重点技改项目车载电子信息系统工程,使产品设计制造步入智能化和自动化。2003年,将80%国有产权转让经营层、职工,改制为民营控股企业江苏捷诚车载电子信息工程公司。2005年,公司投资1.6亿元实施搬迁改造,新区建造面积11.7万平方米,有科技楼、综合办公楼、生产厂房等设施。职工2998人,固定资产原值3.5亿元,主要设备有:美国引进的STRIPPIT数控液压转塔冲床、CVD数控液压折弯机、康泰克层压机、GSL—22GP数控剪板机、德国产数控机器人焊接系统、新加坡产23米空压机、高低温交变湿垫箱、聚氨酯高压发泡机、模压机、电磁屏蔽频能测试仪等。实现工业产值2.5亿元,利税455万元。

江苏惠通集团有限公司　位于镇江桃花坞路19号。前身是镇江接插件总厂,建于1982年。"六五""七五""八五""九五"期间均被列为国家、部重点技术改造项目企业,累计完成技改投资1.67亿元。"六五"期间从日本引进19台关键设备和模具,并筹建电镀中心和模具中心。"七五"期间引进国际先进设备、仪器55台,购置国内设备、仪器322台,关键模具61副,改建扩建厂房6777平方米。截至1991年,按销售收入排列,连续4年进入全国电子元件行业百强。同年,实现销售4362.2万元,名列全国同行业企业接插件销售榜首、全国电子元件百强第37位。"八五"期间,主要实施录像机用接插件生产线的技改,建成遥控器生产和质量保障体系。1994年,改组为江苏惠通集团有限公司,与美国ITT公司共同出资2000万美元组建亚泰凯隆(镇江)电子有限公司。"九五"期间,重点实施光纤连接器项目技术改造。1996年,全年出口电子元件176万只,占销售73.3%,成为国内最大的电子电器遥控器出口的生产企业。2000年,成为国内接插件生产骨干企业,江苏省高新技术企业。主要生产显像管座、连接器、遥控器等40多个品种产品,接插件为程控交换机、汽车、彩电、计算机等配套。全年完成工业产值1.09亿元,销售1.04亿元,利润88万元。2004年,改制为民资控股的惠通接插件有限公司。2005年二次改制,理顺集团内部资产关系,成为惠通投股、各分厂经营层持股的股份制企业,有员工1505人,占地7.8万平方米,建筑面积3.72万平方米,固定资产1亿元以上,拥有各类设备1100台(套),其中进口设备120台(套),建立江苏省级技术开发中心的先进模具制造中心、精密数控加工中心和产品测试中心。完成工业产值2.6亿元,销售2.6亿元,利税2092万元,主要产品有遥控器3335.6万只,管座1767.2万只,高低频连接器233.7万只,是飞利浦、VESTEL、松下、东芝、LG、三菱、海尔、海信、新科、长虹、冠捷等一批知名大公司的重点供应商,跻身于全球最大遥控器供应商行列。

镇江江奎集团有限公司　位于镇江经济技术开发区经八路53号。1986年,由镇江音响总厂、江苏国投公司与泰国集轮集团共同投资150万美元建成,面向农村市场,生产交直两用电唱机和收音电唱机。1991年研制生产CD唱机。1993年与台湾汉平集团共同投资1500万美元组建汉奎电子公司,开发生产CDG套件和整机,从声频技术向数码视频技术发展,开发飞利浦和索尼两个系列的单碟、三碟十多个品种的机芯,成为全国CD机芯重点生产基地,被认定为江苏省高科技企业。1994年,汉平公司缩减投资比例,市委、市政府将音响设备总厂更名为江奎集团有限公司,开发VCD影碟机。1997年,研制成数码影碟DVD,并生产53.8万台套VCD套件,生产规模列全国前列。2000年,DVD在美国销量第一,市场占有率10%。2002年成为激光影视机和数码相机专业企业。全年生产DVD整机358万台,实现销售收入20.5亿元,利润5100万元,出口创汇2亿美元,成为国际同行业中生产规模最大,掌握技术最新,开发实力最强,产品出口最多的DVD基地。美国市场占有率达30%，欧洲市场占有率10%。2003年开发便携式DVD，可录式DVD和车载DVD机顶盒，带摄像功能数码相机及关键件DD小机芯、可充电池、液晶电视等产品，获全国总工会“全国五一劳动奖状”。2004年，企业改制为民营资本控股企业，与美国微软公司联合开发自主品牌的E通高清网络多媒体电视，总投资1.8亿元建设集生产中心、技术开发中心、商务接待中心为一体的江奎产业园。一期工程3万平方米厂房交付使用。2005年，公司职工810人，占地8万平方米，固定资产总值9775万元，拥有各类设备207台(套)，实现工业总产值1.2亿元，利税4346万元。

镇江赛博股份有限公司　位于镇江朱方路四摆渡。1988年，镇江无线电厂与北京牡丹电视机厂联营，组建北京牡丹电视机镇江分厂。镇江无线电厂以1.73公顷土地，6000平方米厂房，1000多万元贷款上一条生产线和信号源等设备。主要生产12英寸、14英寸、18英寸全频道集成电路黑白电视机。1991年国际博览会上获银奖。1992年产量达18.9万台。1993年，镇江无线电厂有偿转让产权，组建镇江通讯广播设备厂，获得北京牡丹电视机厂批准生产54厘米、64厘米彩电的自主开发权。1994年形成批量生产，当年生产、销售10万台彩电，实现产值1.67亿元，销售1.14亿元，利税445万元。1998年，生产销售彩电40多万台，实现利润991.4万元，在全国同行业中，由第12位跃升为第8位。1999年组建赛博集团，注册商标“赛博”牌，2003年，生产300万台彩电整机项目投产，成为华东地区产量最大，装备最好的彩电生产企业，连续5年入选全国电子百强。2005年，企业占地2.6万平方米，固定资产总值4.08亿元，主要设备有国内先进的6条大型高速彩电生产线，世界先进的2套信号系统，39台美国引进的环球插件机组成的一流生产系统，德国引进的特大型模具数控加工中心、数控仿型铣、数控电火花、数控线切割等设备组成国内一流的大型模具制造系统；从日本、美国、欧洲引进大型综合测试系统。职工2840人，实现工业产值2.11亿元，利税总额-3500万元。

镇江强凌电子有限责任公司　位于镇江学府路200号。2000年，美国TCP公司与镇江半导体厂合作，组建镇江强凌电子公司，主要生产电子整流器，灯具及其他绿色节能产品。2003年，TCP公司以1200万元购得现学府路新公司地址，2004年投资1000万元进行改造后，公司由合资企业变为TCP独资企业。形成从熔炼玻璃管、明管、注塑、电子线路板及灯头组件等组装整灯一体化生产规模。2005年，公司占地83250平方米，固定资产总值3369万元，拥有主要生产线200余条，各类设备、仪器仪表数百台，其中整流器生产关键设备波峰焊机30余台，灯管生产关键设备482位电脑控制园排机20余台，自动封口机7台，整灯组装生产线50余条。职工1742人。实现产值2.88亿元，利税2038万元。主要产品产量为：电子整流器5734万只，节能灯具150万只，灯用电子附件100万只。主要销售市场在欧美，在美国市场销售量位居榜首，市场占有率达60%，获“江苏省先进外商投资企业”称号。

第八章　冶金工业

1983年，镇江冶金工业共有19家企业，除丹阳钢铁厂、句容铝铜矿，主要企业集中在市区。实现工业产值7080万元。1985年实现工业产值8107万元，占全省冶金系统和全市工业系统总产值分别为4.96%和1.93%。

“七五”期间，镇江铝加工厂6条现代化生产线建成投产，镇江冶金工业拥有第一家现代大型有色金属生产企业。镇江焦化厂年产11.7万吨新型捣固焦炉建成投产，船山矿改造一期工程竣工，使两个老企业分别成为全国最大的铸造焦、焦化焦生产和出口基地以及全国最大的独立辅料

图 14-11　飞达集团生产车间(2007 年摄)

矿山。“八五”期间,丹阳铝箔厂利用英国政府贷款项目建成,成为镇江有色金属业又一重要现代企业。船山矿改造二期工程竣工,跨入全国最大非金属矿行列。“九五”期间,天工集团建成特种钢冶炼生产线;焦化集团开发石墨化焦、铝用预焙阳极等新产品,标志着镇江黑色金属冶炼进入现代行列。“十五”时期,鼎胜铝业公司的铝加工项目、鸿泰集团的螺纹钢项目、福达集团的合金钢项目等一批大型民营冶金项目相继崛起。2005 年,镇江已经建成具有黑色、有色两大生产体系,产品门类齐全的现代大型冶金工业生产体系。全市有 73 家冶金工业企业,固定资产净值 8. 35 亿元,以大亚集团(前身丹阳铝箔厂)、船山集团、飞达集团、天工集团、鸿泰集团、鼎胜铝业、焦化煤气集团、韦岗铁矿、丹阳钢铁厂、福达特钢集团 10 家大中型企业为支柱,实现工业产值 76. 4 亿元,产品销售 68. 8 亿元,利税总额 3. 45 亿元。

第一节　发展概况

1983 年,成立镇江市冶金工业公司,行使冶金工业主管部门职责。同年,全市有冶金工业企业 19 家,其中市直企业 6 家。全市冶金工业实现产值 7080 万元,销售收入 6305 万元,实现利税 555 万元。主要产品有铁矿石、生铁、钢、钢材、石灰石、焦炭等,其中船山石灰石矿生产的石灰石,镇江冶炼厂生产的镍铁分别为上海宝钢的原料基地和配套产品。1984 年,中国有色金属工业总公司与镇江市共同投资建设镇江铝加工厂,主要有冷轧板材、型材、波纹板、精整、氧化着色、铝门窗制作 6 个项目。1985 年,镇江铝加工厂 6 个项目大部分进入试生产,镇江焦化厂的粒状沥青为上海宝钢配套产品。同年,全市共有冶金企业 28 家,其中市直 7 家,县、区属归口企业 9 家,乡镇企业 12 家。全市冶金企业固定资产净值 7570 万元,实现工业总产值 9400 万元,实现利税 1406 万元。产值在全省冶金系统和全市工业系统中分别占 4. 96% 和 1. 93% 。市直企业实现工业产值 5929 万元,利税 978 万元。生产铁矿石 3. 5 万吨、铁精矿 1. 8 万吨、生铁 5. 2 万吨、焦炭 16. 5 万吨、钢材 2. 1 万吨、铁合金 2285 吨、石灰石(成品矿)92. 3 万吨。铸造焦获冶金工业部重大科研成果一等奖和国家科技进步二等奖,镍铁获冶金工业部科技成果四等奖。县、区属冶金企业主要有丹阳钢铁厂,年产值 959. 6 万元,主要产品有生铁、元钢、矿渣水泥、氧气等;句容铜山钼铜矿,年产铜 296. 61 吨,钼精矿 107. 55 吨,年产值 241. 51 万元。

“七五”期间,全市冶金工业主要企业共投入资金 1. 9 亿元,其中基建投资 1 亿元,技改投资 0. 9 亿元。主要投向镇江铝加工厂建设和镇江焦化厂铸造捣固焦炉建设、船山石灰石矿老系统改造、韦岗铁矿扩建、船山水泥厂建设及镇江轧钢厂、句容钼铜矿、丹阳钢铁厂技改扩建等。1988 年,镇江铝加工厂 6 条生产线投产,总投资额 6882. 11 万元,主要设备由日本、德国、意大利引进,达到 20 世纪 70 年代末、80 年代初国际装备水平,铝加工能力 2 万吨/年,年产 6 万平方米简易铝门窗结构件。韦岗铁矿试生产,总投 0. 69 亿元,具有年产铁精粉 16. 59 万吨,硫精粉 2. 55 万吨生产能力。船山石灰石矿老系统改建项目总投 1. 8 亿元,分二期进行,1989 年,一期工程投产,年产石灰石 200 万吨。1990 年,镇江焦化厂新型捣固焦炉投产,总投资额 1315 万美元,年产铸造焦 11. 7 万吨。镇江钢厂和船山水泥厂等项目开工建设。同年,全市冶金工业有 47 家企业,固定资产净值 1. 71 亿元。其中市直企业7家,县属企业8家,乡镇企业32家。全市冶金工业实现产值5.47亿元,销售4.12亿元,利税609万元。其中市直企业实现产值、销售、利税分别为1.55亿元、2.65亿元、583万元。全市冶金工业初步形成黑色和有色金属两大生产体系。黑色金属工业从地质勘探、料矿精选、辅助原料开采、烧结、焦化、炼铁、铁合金直到炼钢、轧材,门类较为齐全;有色金属逐步形成以华东铝加工厂为龙头的加工群体。全市冶金工业拥有45条生产线,产品品种达68个。其中铸造焦、RC钴盐粘合剂(用于生产钢丝子午线轮胎的原料)、颗粒状沥青、饮料罐铝薄板、特种沥青5个产品填补国内空白;硅铁、钼铁等11个产品被评为部、省优质产品。船山石灰石矿成为全国最大的独立辅料矿山;镇江焦化厂成为全国最大的铸造焦、焦化焦生产和出口基地;华东铝加工厂成为华东铝材生产基地。县、区属企业和乡镇企业中:镇江冶金机械厂钢窗料产量全省第二,轧辊产品在全国有一定地位;丹阳铝箔厂的铝复合纸产量居全国前列;扬中的稀土硅镁合金、钢丝绳制品在全省、全国有一定地位。

"八五"期间,镇江冶金工业由市冶金工业局、冶金工业公司为主管部门。镇江市冶金工业局于1991年成立,与原市冶金工业公司两块牌子,一套班子。同年,丹阳铝箔厂利用英国政府1009万英镑贷款,总投资额2.26亿元的铝箔加工项目开工,是镇江工业经济有史以来规模最大的技改项目。同年,市直冶金工业产值和销售分别为市直工业第二和第三位。1992年,镇江焦化厂建成6号焦炉(JN38—86型下喷复热捣固焦炉),形成年产23.4万吨铸造焦生产能力,产品销往国内18个省(市、区),出口德、英、日、韩等10多个国家和地区。冶炼厂生产的RC钴盐粘合剂与英国铭坚公司质量同等,被列为国家火炬项目。镇江钢厂(建在高资镇西)10吨电炉试产,生产4000多吨钢。同年,市直冶金工业产值和销售同为全市市直工业第一位。1994年,船山石灰石矿二期扩建工程投产,生产成品矿石361.3万吨,水泥18.1万吨,实现工业产值10084万元,利税1732万元,跨入全国最大的100家非金属矿行列。丹阳铝箔厂铝箔工程项目投产,成为全国最大的卷烟包装材料生产基地。同年,全市冶金工业组建省级集团5个,分别是江苏华铝集团(原华东铝加工厂)、江苏船山集团(原船山石灰石矿)、江苏大亚集团(原丹阳铝箔厂)、江苏金象集团(原镇江冶金机械厂、乡镇企业)、江苏福达特钢集团。组建市级集团2个,分别是镇江焦化煤气集团(原镇江焦化厂),镇江金威集团(原镇江冶炼厂)。船山、华铝、焦化、金威、大亚、金象六大集团及镇江轧钢厂产值均超亿元。其中华铝实现产值2.3亿元,利税2100万元。焦化集团生产铸造焦13.3万吨,焦化焦5万吨,冶金焦4.5万吨,成为全国最大的特种焦生产基地,实现产值、销售、利税分别为1.23亿元,2.12亿元、2010万元,出口产品10.2万吨、创汇1403万元。同年,市直冶金工业产值、工业增加值、销售、利税、技改五项指标名列市直工业第一,全市冶金工业综合经济指标在全省11个省辖市中名列第四。1995年,全市冶金工业有企业76家,固定资产净值6.22亿元,职工12735人。其中:县属企业2家,市属生产企业8家。10家县属以上企业中,大型企业2家(华铝集团、船山集团),中型企业8家。全市冶金工业60条主要生产线("八五"期间新增15条),生产主副产品145个,其中主要产品46个。市属8家企业拥有固定资产净值7.2亿元,职工11500人,其中各类企业技术人员1839人,高级职称90人,中级职称517人。全市冶金工业形成现代化大冶金的基本框架,具有黑色、有色两大产品系列;铝材及其制品、特种焦炭、石灰石三大国内生产基地;华铝、焦化、船山、大亚四大规模集团;焦化焦、捣固铸造焦、RC系列产品、水洗石灰石、铝箔纸五大产、销、利全国第一产品。同年,全市冶金工业完成工业产值15.46亿元,销售16.95亿元,利税8501万元。经济综合指标在全省11个省辖市中排名由第四位晋升到第三位。市直冶金工业企业完成工业产值7.52亿元、销售9.12亿元、利税5362.9万元。技改投入6600万元。五项指标继续在全市市直工业名列前茅。华铝、船山、焦化三大集团实现产值、销售、利税分别为6.55亿元、7.77亿元、5827万元,分别占市直冶金工业87.1%、85.2%、108.7%。大亚集团实现产值3.31亿元、销售2.74亿元、利税2502万元,铝箔纸产量、销售、品种、质量均居全国同行业之首，占国内铝箔纸市场20%。全市冶金工业出口交货值1.9亿元，主要出口产品有“三大焦”（焦化焦、铸造焦、冶金焦）、钼铁、钢丝绳、生铁、铝板、铝箔、钢材等，焦化和金威两个集团出口额分别达到1.36亿元和0.48亿元。全市冶金工业累计获各类科学技术成果奖40多项，其中国家级成果奖3项，部、省级20项；先后有9人获国家、省、市有突出贡献“专家”称号；先后有6人次获部、省、市劳动模范称号。

“九五”期间，全市冶金工业实施产业结构、产品结构、企业组织结构大调整，克服前所未有的困难，保持较好的发展态势。1996年，冶金工业面临产品滞销、成本增加、资金紧缺的严峻形势，石灰石、铝板材、铝型材、“三大焦”、铁合金、铸造生铁等产品销售全面下滑。市直冶金工业企业亏损2280万元，镇江钢厂、镇江轧钢厂、华鑫钢铁公司等企业亏损，焦化集团亏损1970万元。同年，冶金工业顺应全市发展化工、造纸、铝制品、建材四大支柱产业的要求，扶持华铝、船山、大亚等具有四大支柱产品企业，同年，这三大集团实现产值8.43亿元，销售8.97亿元、利税1.02亿元，不但继续保持较好发展态势，而且船山集团与台商合资年产100万吨水泥项目开始兴建，构建新的增长点。在行业产业结构调整的同时，企业实施产品结构调整。1997年，江苏天工集团依托年产麻花钻2亿支的优势，发展特种钢冶炼，建成从冶炼到钢材成品生产线2条，年产量达6000吨。企业实现产值4亿元、销售2.5亿元、利税2600万元、外贸出口1600万美元，为中国1000家最大出口创汇乡镇企业的96位。焦化集团压缩亏损较大的冶金焦生产，扩大焦化焦、铸造焦生产。开发技术含量较高的石墨化焦，1998年达到年产3000吨能力。1999年，镇江焦化集团实际生产石墨化焦1700吨，全部外销。同时，投资1.8亿元开发铝用预焙阳极产品。金威集团开发出比RC产品成本低、用途广、市场前景更好的RM产品。韦岗铁矿开发球团铁精矿产品抢占市场。在扶持优势企业、优势产品同时，调整企业组织结构，淘汰落后产能。同年镇江钢厂破产，镇江轧钢厂关闭（2000年破产）。全市冶金企业由1996年66家缩减到1999年38家。通过三大调整，1999年，全市冶金工业实现利税1.75亿元。2000年，全市冶金工业企业32家，拥有固定资产净值10.28亿元，职工10749人，其中市直企业6家，拥有固定资产净值8.03亿元，职工8658人。全市冶金工业实现产值20.15亿元、销售18.07亿元、利税1.24亿元、利润8700万元。其中大亚集团完成产值8.16亿元，销售7.43亿元、利税1.15亿元、利润9019万元。市直冶金工业完成产值7.96亿元、销售8.18亿元、外贸收购1.9亿元。其中焦化煤气集团实现工业产值2.93亿元、销售2.74亿元、利税1868万元、外贸出口1829万美元。由于华铝、金威集团亏损严重，市直冶金工业由赢转亏，实现利税-387万元、利润-5576万元，比上年增亏6700万元。

“十五”期间，镇江冶金工业由市冶金建材资产经营公司管理。该公司于2001年由市冶金工业局、冶金工业总公司、建材工业局、建材工业总公司合并组建。主要职能是对镇江冶金、建材行业内授权经营的国有资产行使出资者职能。全市冶金企业加大产权制度改革力度，增强国企发展活力，利用民资盘活国有资本，推动冶金工业高速发展。2002年，金威集团扭亏无望，依法破产。2003年，杭州民企鼎胜实业有限公司并购华铝集团，并投资10.2亿元，实现企业退城进区，新建5条冷轧生产线，7条连铸生产线，3条涂层生产线及7台退火炉，生产铝材2.55万吨，销售收入4.26亿元，利税3500万元，使一家亏损大户转为利税大户，成为镇江工业企业改革的一个成功之作。同年，焦化煤气集团改制为民资企业，并与中化国际贸易股份公司共同投资4000万美元，建设国内技术最新、规模最大的特种碳材生产基地。大亚集团投资5.5亿元的高密度纤维板生产线建成投产。2004年，天工集团生产高速工具钢产量世界第一，并与法国从事高速工具钢100年历史的埃赫曼公司共同投资1亿美元，组建天工爱和特钢公司，生产各类品级钢种，满足复杂刀具、电子工业、汽车、军工、航天等行业用材。同年，船山集团由企业经营层购买80%的国有股权，改制为民资（控股）公司，韦岗铁矿改制为民营企业。2004年、2005年，韦岗铁矿实现工业产值和利税分别达到4.7亿元、4467万元和4亿元、3934万元。民营企业江苏鸿泰钢铁公司、江苏福达特钢公司产值分别达到 14.97 亿元、3.17 亿元。2005 年，全市冶金建材煤炭工业有企业 426 家，从业人员 77274 人，实现工业增加值 75.21 亿元，销售收入 262.8 亿元，实现利税 18.11 亿元，利润 8.09 亿元，其中采矿业企业 25 家，从业人员 7025 人，实现工业增加值 6.79 亿元，销售 19.95 亿元，利润 6767 万元；金属制品企业 227 家，实现工业增加值 33.5 亿元，销售 112.97 亿元，利润 4.8 亿元；非金属矿物制品企业 102 家，实现工业增加值 17.54 亿元，销售 64.47 亿元，利润 1.39 亿元；黑色金属冶炼及压延加工企业 33 家，实现工业增加值 9.94 亿元，销售 31.98 亿元，实现利润 1956 万元；有色金属冶炼及压延加工企业 39 家，实现工业增加值 7.44 亿元，销售 33.44 亿元，利润 1.03 亿元。全市冶金业有大中型企业 10 家，资产总额 130.8 亿元，实现工业产值 135.77 亿元，销售 131.23 亿元，利税 8.76 亿元，其中市直企业 4 家，资产总额 33.39 亿元，实现工业产值 22.93 亿元，销售 25.83 亿元，利税 1.73 亿元。

1983～2005 年镇江市冶金工业主要经济指标一览表

表 14-33

年份	企业数（家）	工业总产值（万元）		工业增加值（万元）	固定资产净值（万元）	产品销售收入（万元）	利税总额（万元）	从业人员平均人数（人）
		不变价	现行价格					
1983	19	6388	7080	–	4368	6305	555	–
1984	–	6175	7659	–	–	–	–	–
1985	28	8107	9400	–	–	7570	1406	10115
1986	38	12632	16589	–	7570	11880	846	10821
1987	40	19468	23967	–	8075	17531	1374	10665
1988	48	20765	31963	–	14176	25644	2146	13111
1989	47	26007	46893	–	17331	37687	2612	11239
1990	47	52970	54688	–	17132	41230	609	12375
1991	52	61338	58921	–	20012	50706	2653	12527
1992	51	83484	90050	17099	24568	72583	5093	12672
1993	65	129413	156354	28583	45800	119638	6756	14336
1994	64	154418	188185	46579	56073	113183	5602	14058
1995	76	199045	154569	45306	62184	169509	8501	12735
1996	66	175784	214056	52257	71184	155893	11330	12183
1997	60	175593	195929	50002	78770	161347	13938	10777
1998	41	209821	219502	59216	94854	190497	15740	11744
1999	38	188239	204691	58276	95715	184450	17453	10921
2000	32	181945	201524	58483	102804	180700	12424	10749
2001	30	214508	214431	58385	110975	197128	12650	10066
2002	35	293850	297811	77448	118339	268677	19922	10946
2003	42	211969	234980	59612	53487	216245	7540	7878
2004	54	–	453415	115673	45195	424881	22186	8618
2005	73	–	764043	184677	83506	687847	34519	10156

说明：在工业总产值（不变价）一栏中 1989 年前为 1980 年不变价，1990 后为 1990 年不变价

第二节 主要产品

一、矿产开采

1. 铁矿石 镇江铁矿石矿床位于宁镇穹断褶束中段，华(墅)—亭(子)—九(华山)复式向斜东段，累计探明矿石储量1710.3万吨，其中一号矿体最大，储量占总量90%。镇江铁矿石开采企业韦岗铁矿于1977年开工建设，1980年缓建，1982年恢复建设，累计投资6876万元，1987年开始负荷试车，1988年转入试生产。该矿设计规模40万吨/年，其中铁精矿16.9万吨/年。投产以来一直未能达到设计能力。1997年，变更采矿方法，采选工效有较大幅度提高，铁精矿月产达1.2万吨，最高达1.6万吨。2002年，采选矿石规模扩改为60万吨，2005年铁精矿产量达36.8万吨。1983～2005年，累计开采铁矿石798.05万吨，其中铁精矿320.28万吨。铁精矿产品含铁≥65%，含硫≤3%，2000年通过中质协ISO 9000质量管理认证，普遍得到用户好评。截至2005年末，保有储量441.53万吨。

2. 溶剂石灰石 1987年，全省石灰石矿产地4处，储量29310.7万吨，以镇江船山矿储量最多，共有溶剂石灰石21529.7万吨，水泥原料石灰石3900.2万吨，大部分在地平面上，适宜露天开采。1973年，镇江石灰石开采企业船山矿建成投产，年生产能力120万吨，成为江苏供应冶炼用石灰石主要基地。1978年，冶金部决定扩建船山矿，为宝钢配套，分二期进行。第一期工程于1989年建成，总投资13482万元，规模为年产原矿200万吨/年，其中冶炼成品矿135.12万吨/年，成为江苏省最重要的辅助原料矿山。同年，省计委确定船山矿为连云港碱厂定点供应矿山，批准对船山老矿系统进行技术改造，实际投资1300万元，增加产量150万吨/年。1990年，为保证宝钢二期需要，船山矿实施二期扩建。1991年5月，扩建工程重负荷试车，年底形成年加工原矿300万吨，向宝钢供矿200万吨的生产能力，质量、规格均达设计要求，并满足用户需要，成为全国最大的独立石灰石矿。1995年，江苏船山集团投资1200万元，对普通石灰石矿生产系统进行技术改造，解除安全隐患，使普通矿生产能力增长20%。2003年，江苏船山集团投资1700万元，淘汰落后采掘设备，采用先进牙轮钻等设备，保持技术装备处于同行业先进水平，2005年产量达544万吨。1983～2005年，累计生产石灰石8536.43万吨，华东地区市场占有率达70%左右。

二、冶炼

1. 生铁

1983年，镇江生产生铁企业有镇江钢铁厂和丹阳钢铁厂。1970年，镇江钢铁厂两座72立方米高炉相继建成投产。1985年，生铁产量5.2万吨，在全国同类型高炉竞赛中连续多年获前三名。1987年，镇江钢铁厂改用含铁量较高、二氧化硅低的钢渣、铁屑、铁泥、铁鳞作原料，质量较大提高。后又采用氧化球团，进一步提高含铁品位。2003年，该厂因炼铁高炉连续运行33年(由马鞍山钢铁公司调来)，年久失修，加之江水质量恶化影响，炼铁生产停止。2005年，丹阳钢铁厂生产生铁等产品，年产值1.42亿元。

2. 钢

1991年，镇江钢厂破土动工。1992年，该厂10吨电炉炼钢线投产。1993年，二期工程开工，建设20吨电炉1座。由于企业负债经营，投资大，规模小，1994年全面停产，职工靠政府救济维持生活，1996年关闭，1998年破产，从投产到破产共生产各种型号钢坯8万吨。1997年，江苏天工集团2条特种钢冶炼、轧材生产线投产，年产量达6000吨。2004年，天工集团工具钢产量世界第一，并与法国埃赫曼公司共同投资1亿美元，组建天工爱和特钢公司，生产各类品级特钢。2005年，江苏鸿泰集团生产螺纹钢年产值 15 亿元，福达集团生产合金钢年产值 3.17 亿元。

3. 铁合金

硅铁　1983 年，镇江冶炼厂生产能力达 1800 吨，用于炼钢时脱氧剂。产品化学成分稳定，元素硅波动小，杂质含量低，块度、厚度适宜，表面光洁，粒度和化学成分能满足用户特殊需要。1983 年、1986 年分别被评为冶金部和江苏省优质产品。1997 年，因控制高能耗产品，停止硅铁生产。

钼铁　主要作为炼制合金钢（如弹簧钢、轴承钢、结构钢等）的添加剂。镇江冶炼厂 1972 年开始生产，1985 年生产能力达 900 吨/年，1991 年被评为江苏省优质产品。1994 年该厂有 8 台 10 立方米反射焙烧炉，3 台 2 吨熔炼炉，生产能力达 2400 吨/年。2002 年因列入关停小钢铁厂名单，钼铁停止生产。

镍铁　1973 年，镇江冶炼厂试制镍铁成功。1982 年，产品经上钢五厂试用，并经冶金部鉴定合格，又进行技术改造，镍铁生产趋向稳定，成为宝钢配套产品。2002 年 8 月，由于企业连续亏损申请破产，镍铁停止生产。

三、炼焦

1985 年，镇江焦化厂研制成功铸造焦，经全国 46 家机械厂使用，获一致好评，填补国内空白，获冶金部重大科研成果一等奖和国家科技进步二等奖。1990 年，建成 JN38—86 型下喷复热捣固焦炉，生产国家级高新技术产品特种捣固冶金焦和特种锻烧焦，年产 11.7 万吨。1992 年，建成又一座 JN38—86 型捣固焦炉，形成年产 23.4 万吨铸造焦（或 30 万吨冶金焦）生产能力。2002 年，产 15 万吨特种捣固焦和特种铸造焦，90% 以上出口国际市场。2005 年，该企业拥有 JN38—86 型下喷复热式捣固焦炉 2 座，年产 24 万吨优质铸造焦；66—7 型焦炉两座，可年产铸造焦 6 万吨；66－2 型焦炉 2 座，年产焦化焦 6.5 万吨；直径 2.3×45 米回转窑 1 座，年产焦化焦 3 万吨。产品形成冶金用焦、化工用焦、阳极用焦、铸造用焦四大系列，品种和质量列国内同行业之首。

四、金属加工

1. 铝加工　镇江铝加工厂一期工程 6 条生产线，于 1989 年竣工，形成 2.2 万吨铝材加工生产能力。主要设备分别从意大利、日本、德国引进，具有 20 世纪 80 年代先进水平。1989 年，轧制板卷达到日本进口料水平，满足国内 12 条两片罐引进线工艺要求，获中国有色金属公司科技进步一等奖。研制的宽幅铝板和压型板，分别获江苏省优质产品奖和省优秀新产品“金牛奖”。1992 年，又新增 1 条铝板带生产线、1 条铸轧生产线、1 条涂层生产线，主要设备分别从意大利、日本、德国、瑞典引进，年产铝板带、箔材、铝型材达到 3 万吨。产品用于各类家电、电子、通讯、交通运输、医药和食品包装、印刷、化工、建材、装饰等行业。同年，研制的桔纹铝板具有国内同行业先进水平，获江苏省优秀新产品“金牛奖”。1993 年研制的铝串片散热器获国家专利证书。1994 年，江苏大亚集团利用英国政府贷款建设的铝箔工程投产，生产优质超薄型铝箔、各种铝箔复合材料、真空镀铝膜、铝转移产品。1995 年，华铝集团建成华东地区最大的一条国产连续铸轧生产线，新增生产能力 8000 吨。1997 年，该企业涂层线技术改造项目投产。2003 年，江苏常发集团、浙江鼎胜铝业公司收购镇江华铝集团，生产能力由 3.8 万吨扩大到 10 万吨。截至 2005 年，生产江燕牌六大系列产品，分别是铝及铝合金板、带材系列，铝板带涂层系列，铝及铝合金型材系列，铝门窗结构件系列，铝材深加工系列，生铁系列等。其中啤酒、饮料罐用板，多种专用型材获国家优秀新产品称号；空调箔材、易拉盖材、防盗盖材、铝箔坯料、摩托车轮毂型材、客车行李架、新型孵化机材、豪华展架、金属幕墙、隔热幕墙、反装幕墙产品及药用瓶盖材、电缆条材等产品覆盖全国 20 多个省、市，并有部分出口。

2. 钢材　1983 年，镇江轧钢厂生产能力达到 2 万吨。1987 年，产品由圆钢扩大到螺纹钢、扁钢、带钢及鱼尾钢板等。1993 年，该厂生产能力达 4 万吨，产品新增槽钢、角钢两个品种。2000 年，镇江轧钢厂破产，轧钢产品终结。

3. 冷轧不锈钢制品　1979年，镇江冶炼厂生产不锈钢带，1982年开发软态不锈钢产品。1985年，产量100吨，1995年达298吨，2000年停产。

1983～2005年镇江市冶金工业产品产量表

表14-34　　单位：吨

年份	铁矿石	生铁	钢	成品钢材	铁合金	焦炭（含铸造焦）	铸造焦	焦化焦	铝材	铜材
1983	34293	65692	12513	12503	2558	107769	8455	65061	-	-
1984	71911	65847	14464	12444	2656	107033	-	56127	-	-
1985	61723	68274	17659	6823	2356	115222	-	52594	-	-
1986	58398	82574	22435	13096	2873	96365	-	55246	-	-
1987	20675	66160	20651	27158	3114	104098	-	58049	-	-
1988	35848	70924	22587	37835	3151	105561	-	58719	-	-
1989	125788	77468	18076	43448	3336	101434	8254	59033	-	-
1990	255500	74883	17619	47765	3957	95112	3889	62952	-	-
1991	261700	93242	24465	67639	4685	149868	59038	73322	-	-
1992	307000	89537	36263	92773	4775	141000	104997	41499	-	-
1993	336200	89500	61100	155900	4700	158700	101300	51300	12792	2135
1994	310800	88300	53900	111700	4000	178000	133100	55200	14973	518
1995	333600	99700	48800	111000	6400	178600	117200	32700	27600	7242
1996	273500	110400	19800	230600	8600	190600	105800	40100	26300	5784
1997	354500	103600	12100	83200	2700	211100	40900	77000	25179	5587
1998	433800	96800	4300	26300	2000	232400	87800	93000	22424	4817
1999	512800	86500	4600	27300	1800	184200	49800	126400	22413	7425
2000	548200	122800	6900	40600	1400	240700	68100	76200	9453	6110
2001	598300	136100	9000	45400	1100	203900	73200	160800	13922	7623
2002	665800	160800	9600	25500	769	301400	46600	172500	17042	8862
2003	744800	129100	9800	228000	5574	495500	77900	115800	9322	9582
2004	651400	110000	110300	434200	679	509000	-	-	23095	13570
2005	558000	111800	-	581900	291	461600	-	-	45420	13873

1985～1999年镇江冶金工业获奖产品一览表

表14-35

产品名称	获奖类别	获奖年份	授奖部门（地区）	生产企业
铸造焦	重大科研成果一等奖	1985	冶金部	镇江焦化厂
铸造焦	国家科技进步二等奖	1985	科技部	镇江焦化厂
镍铁	科技成果四等奖	1985	冶金部	镇江冶炼厂
硅铁	优质产品奖	1986	冶金部	镇江冶炼厂
铸造焦	优质产品奖	1987	江苏省	镇江焦化厂
环烷酸钴	优质产品奖	1987	江苏省	镇江冶炼厂
金象牌铸铁轧辊	优质产品奖	1987	江苏省	镇江冶金机械厂
浪花牌稀土硅铁合金	优质产品奖	1989	冶金部	镇江稀土材料厂

续表 14-35

产品名称	获奖类别	获奖年份	授奖部门（地区）	生产企业
铝合金电子电工型材	优秀新产品奖	1989	江苏省	镇江铝加工厂
浪花牌树脂芯锡丝	优质产品奖	1989	冶金部	扬中县锡合金厂
钢宜牌钼铁	优质产品奖	1990	冶金部	镇江冶炼厂
白燕牌软铝金冷轧落板	优质产品奖	1990	冶金部	镇江铝加工厂
白燕牌铝合金建材	优质产品奖	1990	冶金部	镇江铝加工厂
金印牌复合卷烟铝箔纸	优质产品奖	1990	冶金部	丹阳铝箔厂
浪花牌稀土镁硅铁合金	优秀产品奖	1991	冶金部	镇江市稀土材料厂
金象牌热轧钢窗框	优质产品奖	1991	冶金部	镇江市冶金机械厂
烟用复合铝箔纸	优质新产品奖	1991	江苏省	丹阳铝箔厂
1F21 合金宽幅铝板	优质产品奖	1991	江苏省	镇江铝加工厂
F2M060 钼铁	优质产品奖	1991	江苏省	镇江冶炼厂
异羊酸钴	优秀新产品奖	1994	江苏省	镇江冶炼厂
6542 高速工具钢	优秀新产品奖	1994	江苏省	镇江市特种钢厂（扬中）
耐热扁钢	优秀新产品奖	1994	江苏省	丹阳市特殊钢总厂
江燕牌铝合金板材	省级名牌产品	1995	江苏省	华东铝加工厂
金象牌铸造焦	省级名牌产品	1996	江苏省	镇江焦化集团
金印牌复合铝箔纸	省级名牌产品	1996	江苏省	江苏大亚集团
大亚牌铝箔、铝纸、铝塑复合产品	省级名牌产品	1997	江苏省	江苏大亚集团
铝合金型材	优秀新产品奖	1997	江苏省	华东铝加工厂
高精度铝合金板	优秀新产品奖	1997	江苏省	华东铝加工厂
高密度锻造焦	优秀新产品奖	1997	江苏省	镇江焦化集团
增碳剂	优秀新产品奖	1997	江苏省	镇江焦化集团
大亚牌烟聚丙纤丝束	省级名牌产品	1998	江苏省	江苏大亚集团
铝阳极板	优质产品奖	1999	江苏省	镇江焦化厂
防盗盖铝板	优秀新产品奖	1999	江苏省	华东铝加工厂

第三节 主要企业

一、市属冶金企业

1983 年，镇江市属冶金企业 6 家，分别是：镇江船山石灰石矿、镇江冶炼厂、韦岗铁矿、镇江焦化厂、镇江轧钢厂、镇江钢铁厂。1984 年，中国有色金属总公司与镇江合资，建立华东铝加工厂。1985 年，市直属冶金企业 7 家，全部是国有企业。拥有固定资产原值 1.53 亿元，职工总数 8536 人。1990 年，市直冶金企业 7 家，拥有固定资产原值 3.44 亿元，净值 2.71 亿元。同年，镇江船山石灰石矿、镇江铝加工厂列入国家大型企业。1995 年，市直冶金企业 8 家（1992 年，镇江钢厂建成投产），拥有固定资产原值10.5亿元，净值6.17亿元，职工11500人，各类技术人员1839人，其中高级职称90人，中级职称517人。“八五”期间，改造、新增26条生产线，其中主要生产线15条，至此，市直冶金企业拥有60条主要生产线，其中华铝集团年产8000吨铸轧铝板坯料生产线，是华东地区最大的连续铸轧生产线。同期，市属冶金企业中，以华东铝加工厂为主组建江苏华铝集团，以镇江船山矿为主组建江苏船山集团公司两个省级集团企业，以镇江焦化厂为主组建镇江焦化煤气集团（全市首家无主管企业）；以镇江冶炼厂为主组建镇江金威集团两个市级集团企业。镇江轧钢厂与外商合资成立镇江华鑫公司。1998年镇江钢厂破产。2000年，镇江轧钢厂、镇江华鑫公司破产。市属冶金企业6家，拥有固定资产净值8亿元，职工总数7474人。2002年，镇江金威集团破产。2003年，民营企业江苏常发集团、浙江鼎盛铝业公司对华铝集团实施企业改制和资产重组，成立镇江鼎盛铝业公司，并搬迁到京口工业园区；镇江焦化煤气集团引进中化国际贸易股份公司，实施企业改制和资产重组，成立中化镇江焦化有限责任公司；镇江韦岗铁矿国有资产出让，改制为民资所有的镇江韦岗铁矿有限责任公司。2004年，镇江船山集团保留20%国有股权，改制为民资控股的江苏船山集团有限公司。截至2005年，市直8家冶金企业中船山集团、韦岗铁矿、焦化集团、华铝集团改制为民资控股企业，镇江钢铁厂、镇江钢厂、镇江轧钢厂、镇江冶炼厂破产。

1983～2005年镇江市冶金工业市属企业主要经济指标一览表

表14-36

年份	企业数（家）	固定资产净值（万元）	工业产值（万元）	销售收入（万元）	利税总额（万元）	职工数（人）
1983	6	–	–	–	–	8108
1984	7	–	–	–	–	8125
1985	7	15294	5925	–	1003	8036
1986	7	19899	8655	11872	1375	8509
1987	7	20013	11217	15539	1673	8853
1988	7	–	13231	–	1857	–
1989	7	–	13879	–	2510	–
1990	7	27100	15534	26500	583	–
1991	7	341481	39166	34803	2754	–
1992	8	34660	50015	50680	3936	11208
1993	8	43495	64938	81410	5866	11379
1994	7	45911	67124	78068	290	11624
1995	8	61738	71492	98449	3962	11500
1996	7	70157	74322	91451	2538	11426
1997	6	72088	66811	87732	3515	11203
1998	7	82950	96253	96765	4286	10966
1999	6	78917	91381	89508	6449	10302
2000	6	80258	79661	81193	–244	8658
2001	12	8228	111212	–	3026	7474
2002	11	67128	80819	84442	1515	5487
2003	10	55618	75178	76906	4183	4489
2004	9	51747	82818	–	–4546	4306
2005	9	84188	123858	114804	6455	4151

二、重点企业选介

江苏船山集团有限责任公司 江苏船山有限责任公司,位于镇江韦岗镇,占地面积330万平方米,国家大型企业。前身是镇江船山石灰石矿。1965年建设,1973年投产,年生产能力120万吨。1978年经冶金部批准,作为上海宝钢配套工程分两期进行扩建,第一期规模为年产200万吨,二期规模达年产400万吨。1989年,一期工程竣工投产,年产石灰石200万吨。1991年二期工程投产,形成年采制石灰石总量660万吨,年产原矿450万吨的生产能力。1993年,生产成品矿361.3万吨,水泥18.1万吨,工业产值10084万元,利税1732万元,跨入中国100家最大非金属采选企业第11位。1994年,以船山石灰石矿为核心组建江苏船山集团,并与台湾嘉新水泥集团合资组建年产100万吨水泥的联合水泥有限公司。1998年,与新加坡联合私人有限公司共同投资2400万美元,建设年产石灰石300万吨的江苏联合矿业有限公司,为江苏联合水泥有限公司提供后备资源。1999年,完成石灰石采剥720万吨,原矿420万吨,产销建筑石料63万吨,生产模架4.93万套,混凝土砌块70万块,硅酸钙砌块48万块,彩色道板70万块,工业总产值11750万元,销售23352万元,利税1841万元。同年,被评为国家大型二级企业。2002年,公司经营范围从非金属采掘扩展到水泥、建材、机械制造等领域,形成包括熔剂石灰石、水泥石灰石、环保石灰石、水泥、模具标准件、建筑不锈钢和新型墙体材料在内的多系列、多品种的产品体系。同年,生产石灰石900万吨、水泥100万吨、模具10万套。2004年,在保留20%国有股权的同时,出让80%国有股权给经营层控股,改制为民资控股的江苏船山集团有限责任公司。2005年,公司固定资产原值61727万元,净值33648万元,职工1528人,拥有各类设备1000多台(套),其中主要设备150台(套)。有YZ—35型牙轮钻4台;YQ—150型潜孔钻5台;WK—4型电铲8台;BJ3530型大车26台;BJ—3480型大车20台。自备11.5公里准轨铁路专用线与沪宁铁路接轨,总长11.7公里钢芯胶质皮带通廊横跨沪宁铁路,还有5000吨级水运码头。同年,公司实现产值4.71亿元,工业增加值2.07亿元,销售4.33亿元,利税总额4467万元。

中化镇江焦化有限公司 中化镇江焦化有限公司位于丹徒高资经济开发区,由镇江焦化煤气集团改制而来。镇江焦化煤气集团有限公司前身是镇江焦化厂,建于1966年。1983年,镇江焦化厂拥有61型焦炉两座,66—Z型焦炉两座,年产冶金焦8万吨、焦化焦6.5万吨、铸造焦1万吨。1984年,铸造焦质量达世界先进国家同类产品水平,填补国内空白,1985年获冶金部重大科研成果一等奖和国家科技进步二等奖。同年,有职工2183人,工业产值2030万元,实现利税383万元。同年,投资2500万元,将两座61型焦炉移地大修转产铸造焦,年产能力达10万吨。1987年与香港钟山有限公司共同投资1315万美元(香港方投入350万美元),建设年产11.7万吨铸造焦下喷复热式捣固焦炉,1990年竣工投产,企业成为冶金部华东地区铸造焦生产基地,国内最大的特种焦炭生产基地,获江苏省科技进步先进企业称号。1992年,与香港钟山公司共同投资7500万元(港方出资2000万元)建设6号焦炉,形成年产23.4万吨铸造焦生产能力,巩固全国铸造焦生产基地地位,产品销往国内18个省(市、区),出口德、美、日等多个国家和地区。1993年,年外销焦炭16万吨左右,以镇江焦化厂为核心组建镇江焦化煤气集团公司,并被市政府确认为首家无主管单位。1996年,三大焦市场销售形势严峻,集团亏损1970万元。1998年,集团压缩亏损较大的冶金焦产品,扩大焦化焦、铸造焦生产,开发技术含量较高的石墨化焦新产品,有效抑制亏损。1999年,公司成为全国最大的特种焦炭生产企业。拥有固定资产8.7亿元,职工2300多人,年产焦炭18.42万吨,石墨化焦1700吨,产值、销售2.5亿元左右,利税3000多万元。同时,投资1.8亿元开发铝用预焙阳极产品。2001年,公司成为国家级高新技术企业,主要产品有铸造焦(特级、一级、二级)、大锻烧石油焦(电极焦、铝阳焦、化工用焦、高强高密度煅烧焦等)、冶金焦(高炉、铸造用)、铁合金用焦、高纯石墨碳材(用于特种炼钢、精密铸造、精细化工等)、粒状沥青(用于铸造焦生产中添加剂、增光剂)。2003年,公司改制为民营企业,并与中化国际贸易股份公司共同投资4000万美元,建设年产70万吨碳材项目。2005年,公司整体搬迁丹徒高资经济开发区,拥有资产总额9.87亿元,主要设备有JN38—86型下喷复热式捣固铸造焦炉两座,可年产优质铸造焦24万吨;66—7型焦炉两座,可年产铸造焦6万吨或冶金焦9万吨;66—2型焦炉两座,可年产焦化焦6.5万吨;直径2.3×45米回转窑1座,可年产焦化焦3万吨;与主体设备配套的还有化产回收系统,三废处理系统和民用煤气净化系统。公司拥有一项国际发明专利(焦炉生产大锻烧石油焦工艺方法)、两个专有技术(人工石墨、高级铸造焦生产专有技术)、四大系列产品(冶金用焦、化工用焦、阳极用焦、铸造用焦),是有捣固焦炉技术优势的国家级高新技术企业。工业产值7.55亿元,销售7.6亿元,利税4324万元,出口创汇3800多万美元,在全国生产出口自营企业创汇500强中排名第206位。产品中有6个品种是国家级新产品;4个是国家火炬计划产品;8个是省级高新技术产品。畅销国内20多个省(市、自治区),远销美、欧、澳、非的20多个国家和地区,与美国铝业公司、凯撒铝业公司、法国铝业公司、日本三菱公司、德国邦尔公司等跨国公司和国内中国一汽等大型企业建立稳定的贸易关系。2CGG(镇江焦)品牌在国际冶金、铸造和铝行业中极具影响力。

图14-12 鼎胜铝业生产车间(2005年摄)

镇江鼎胜铝业有限公司 镇江鼎胜铝业有限公司位于镇江京口工业园区。前身华东铝加工厂于1984年利用镇江钢铁厂炼钢厂的厂房改建,由中国有色金属工业总公司与镇江合资,共有冷轧板材、型材、波纹板、精整、氧化着色、铝门窗制作6个项目。1988年,6个项目全部建成投产,总投资6862.11万元,主机设备分别是意大利、日本、德国引进的具有先进国际水平设备,年生产能力2.3万吨,成为华东铝材生产基地。1990年,被列为国家大型企业。1992年,工业产值1.85亿元,销售1.96亿元,实现利税1527万元。1993年,产值2.3亿元,销售2.7亿元,利税2100万元,位居全市冶金企业之首。1996年,镇江市委、市政府决定在全市工业企业开展"学邯钢、学华铝、全面提高企业管理水平活动"。1997年,企业受外部市场需求不旺,资金严重短缺的严峻形势及企业内部体制与管理等因素影响,经济运营连续滑坡,2000年发生严重亏损,截至2003年,累计亏损近2.4亿元。2003年,江苏常发集团公司、浙江鼎盛铝业公司对华东铝加工厂实施并购和重组,投资10.2亿元,实施扩能改造,在华铝年产3.8万吨铝制品基础上扩大到10万吨。同时,搬迁到京口工业园区。2004年,新建项目投产,产销铝材2.55万吨,销售4.26亿元,利税3500万元。2005年,企业资产总额9.4亿元,主要设备有5条冷轧生产线;7条连铸轧生产线;3条涂层生产线,7台退火炉。工业产值10.26亿元,销售收入10.54亿元,利税4568万元。

镇江韦岗铁矿有限公司 镇江韦岗铁矿有限公司前身是镇江韦岗铁矿,位于镇江韦岗镇。于1976年经江苏省计委批准建设,1980年停缓建,1982年恢复建设,设计规模为40万吨/年,其中铁精矿设计能力为16.9万吨/年。截至1984年末,完成投资909.77万元,1985年利用国家投资体制改革机遇,以贷款、集资、补偿贸易等方式,筹集资金7800万元,完成后续工程建设。共建成主井、副井、通风井、措施井、选矿车间、110千伏输变电、供水设施、通风设施、机修、总厂贮运、行政生活设施、尾矿库等单项工程。累计完成投资6876万元,建成江苏第二大重点矿山。1988年转入试生产。由于铁路专用线、船山河改造、镇句公路三个项目未完成,内部工艺不配套、负债生产经营,利息负担沉重,投产以后一直未能达到设计能力,年年亏损。1991 年由于累计亏损较多,被江苏省政府列为省级特困企业。同年,利用副产品硫精矿配套建成硫酸生产线。1995 年,硫酸扩容,产量由 2 万吨提高到 3 万吨。1997 年,改造采矿方法,大幅提高采选工效,使月产由 0.9 万吨增长到 1.2 万吨,最高达 1.6 万吨,首次达到设计能力。2000 年,利用温泉开发旅游服务项目。2002 年,采选铁矿石能力由 40 万吨/年扩改为 60 万吨/年。2003 年,企业以负资产 3000 万元出让产权,改制为民营的韦岗铁矿有限公司。同年,高资港 40 万吨/年进口矿石加工基地投产。2004 年,硫酸生产线扩容及钼、钴、镍有色金属回收利用项目投产。2005 年,公司占地 93.3 公顷,职工 1200 余人,资产总额 1.82 亿元。主要生产设备有:破碎机、球磨机、分级机、浮选机、磁选机、过滤机等。年自产矿石 70 万吨,铁精矿 25 万吨,工业硫酸 6 万吨,加工进口铁矿石 150 万吨。工业产值 4 亿元,销售 3.37 亿元,利税 3934 万元,成为镇江市民营企业 30 强之一。

2005 年镇江冶金工业主要企业基本情况一览表

表 14-37　　　　单位:万元

企业名称	主要产品	地址	隶属关系	固定资产	实现产值	销售收入	利税总额
大亚科技集团公司	铝箔及复制品	丹阳市经济开发区	县属	683610	506273	520216	27564
江苏船山集团有限责任公司	石灰石、水泥	镇江市韦岗镇	市属	122984	47144	43346	4467
镇江焦化煤气集团	冶金焦、铸造焦、焦化焦	镇江东吴路 120 号	市属	98681	75549	75950	4324
江苏鸿泰钢铁公司	螺纹钢	镇江谏壁镇蔡家村	乡镇	30321	149672	122894	1612
镇江鼎胜铝业有限公司	铝板、铝带	镇江谏壁镇李华村	市属	93965	102633	105356	4568
镇江韦岗铁矿有限公司	铁精矿粉	镇江韦岗镇	市属	18235	40001	33666	3934
江苏天工集团	工具、钢材	丹阳市后巷镇	乡镇	140646	192936	180396	20916
江苏飞达集团	工具、钢材	丹阳市后巷镇	乡镇	87585	186238	176926	18081
丹阳钢铁厂	生铁、氧气	丹阳市云阳镇港口东路	县属	14227	25710	23449	69
江苏福达特钢厂	合金钢	扬中市三茅镇永勤村	乡镇	17750	31723	29868	2024

第九章　建材工业

1983 年,镇江有乡(镇)办以上建材企业 289 家,固定资产原值 14991 万元,主要是遍布乡村的小砖瓦窑、小采石场等作坊式企业。企业规模小,平均每家企业固定资产原值 51.87 万元;生产方式落后,沿袭"秦砖汉瓦"的生产方式,年产值 1.84 亿元;产品档次低,砖、瓦、砂、石占总产值 46% 以上;占用耕地、污染环境的情况比较严重。1983～2005 年间,镇江建材行业推进产品结构调整和产业结构转型升级。发展水泥,缩小砖、瓦、砂、石的比重;兴建现代化大型水泥生产企业,淘汰小水泥、低标号水泥;开发新型建材产品,代替旧式传统建材产品;推进和谐发展方式,减少耕地占用和环境污染。经过 23 年调整发展,2005 年建材行业成为大型现代企业为支撑、水泥和新型建材产品为主体、年产值 85.2 亿元的镇江支柱产业。

第一节　发展概况

1983 年，镇江建材行业由市建材工业局主管，对市属企事业单位实行行政领导和经济管理，对全市建材业实行行业指导。全市建材行业有乡（镇）办以上企业 289 家。固定资产净值 0.99 亿元，工业产值 1.84 亿元，销售 1.7 亿元，利税 3284 万元。1985 年，全市有乡镇办以上建材企业 297 家（国有企业 27 家，县以上集体企业 34 家，乡镇企业 236 家），固定资产原值 3.2 亿元，工业产值 2.62 亿元，利税 4575 万元。产品有 20 类 50 多品种，以砖、瓦、砂、石为主。工业总产值中：砖瓦占 27.1%，水泥占 22.4%，灰砂石占 18.9%，水泥制品占 13.9%，玻纤玻钢占 7.8%，其他占 9.9%。镇江建筑材料厂生产的园字牌黏土烧结砖，镇江水泥厂生产的鹤林牌 425 号矿渣硅酸盐水泥，丹徒玻纤厂生产的玻纤乳胶布，镇江大理石厂生产的大理石板材为江苏省优质产品。

"七五"期间，镇江建材工业发展较快。市直企业加强技术改造，实际完成投资 2328.6 万元，水泥产量由 1985 年生产 100.5 万吨增加到 1991 年的 185.5 万吨，425 号以上水泥由 63.7% 提高到 99.4%。镇江水泥厂年产水泥 27.7 万吨，实现产值 3756.9 万元，销售 4303.6 万元，利税 689.92 万元，主要经济指标居全省同行业先进水平，被省建材局评为"七五"期间科技进步企业，行业节能先进单位。在发展传统产品的同时，先后开发轻钢龙骨、深浮雕装饰石膏板、粉煤加气混凝土、钙塑门窗等新型建材产品。在生产发展的同时，注重环境保护，为保护南郊风景园区，自 1951 年以来，采石 34 年的镇江采石公司于 1985 年停止开采镇江南郊山石。由于乡镇办建材企业主要生产砖、瓦、采石产品，污染环境，占用耕地情况仍然比较严重。1990 年，全市建材工业有乡镇办以上企业 319 家，固定资产净值 4.6 亿元，职工 56851 人。县以上企业 40 家（国有 22 家，县办集体 18 家），其中市属企业 10 家；县以上企业职工 18211 人，其中市直 6050 人；县以上企业实现工业产值 1.74 亿元，其中市直 0.6 亿元；实现利税 3682 万元，其中市直 1014 万元。

图 14-13　大亚木业中密度纤维板生产线（2005 年摄）

"八五"期间，全市建材行业大力调整产品结构，开发新型建材产品，加快产业转型，同时，保护农田、生态环境，降低能源消耗。1991 年，镇江硅酸盐厂投入 750 万元，恢复密实砌块生产线，新建粉煤灰加气砌块生产线，成为市新型建材定点生产企业。中国新型建材公司与镇江新型建材总厂（原谏壁砖瓦厂）合资 330 万元，新建年产石膏板 12.5 万平方米，轻钢龙骨 1000 吨项目，成为国内仅有的两家企业之一。镇江水泥厂与香港纽士威公司合资 500 万元，生产彩色水泥瓦。1992 年，丹阳水泥厂投入 2250 万元，新建年产 8.8 万吨机立窑生产线，丹徒水泥厂新建年产 10 万吨机立窑投产。1995 年，镇江长江水泥厂、镇江第二水泥厂、丹徒第二水泥厂、湾山水泥厂、东风水泥厂、船山水泥厂分别扩建年产 10 万吨机立窑生产线。江苏远东水泥公司建成具有先进工艺的年产 18 万吨熟料五级旋风预热干法回转窑生产线。全市关闭最后一座高耗能普立窑，结束低标号水泥生产历史，产品全部为 425 号以上高标号水泥。同年，成立市新型墙体材料推广应用中心，整治砖瓦窑，推广应用新型墙体材料 5934 万块（折合砖），其中新建和扩建 5 条新型墙体生产线，新增生产能力 3950 万块（折合砖）。同年，全市乡办以上建材企业 320 家，固定资产净值 11.14 亿元，职工 51146

人，其中县办以上企业42家，市直属企业15家。全市建材工业总产值21.26亿元，其中县办及以上企业10.8亿元，市直企业2.6亿元。全市建材企业中，利税百万元以上企业48家，500万元以上15家，千万元以上5家。镇江水泥厂等4家市直企业和小茅山陶瓷厂、丹徒县水泥厂、丹徒县玻璃纤维厂、镇江长江水泥厂、丹阳市玻璃纤维厂、湾山水泥厂10家企业成为国家中二型工业企业。主要产品水泥产量达315万吨，比1990年增长1倍。新建和扩建13条年产10万吨机立窑生产线，一条年产熟料18万吨的干法旋窑生产线，一条年产10万吨的水泥宕料生产线，2条白水泥生产线。

"九五"期间，建材行业面临原材料、燃料、劳动力成本大幅度提升的严峻形势。1996年，水泥、砖瓦价格下降幅度较大，水泥行业产品降价13.5元/吨，原材料、燃料涨价同比增长550多万元，一增一减影响利润2000万元，首次出现全行业亏损。全市建材行业顺应全市工业培育四大支柱产业的目标，着力提升水泥业转型升级，培育行业支柱企业，大力发展新型建材，推进行业产品结构全面更新。同年，水泥产业实施"上大改小"的方针，加大调整、优化力度，停产3条小型机立窑生产线，新上2条旋窑生产线，雩山水泥厂拆除一条投资400万元、使用仅三年的小型水泥生产线，利用世界银行贷款，总投1.18亿元，新上500吨熟料带余热发电生产线，产品结构得到优化，经济效益提升幅度较大。1997年，全市水泥生产能力达到600万吨，其中525号以上高标号水泥生产能力从1995年年产38万吨增加到240万吨，所占比重从9.5%增加到40%。全市建成新型墙体生产线7条。在行业调整产业结构，培育支柱产业的同时，企业开发新品种，调整产品结构。金象公司在陆续引进10条生产线，卤化灯出口保持良好态势基础上，引进4条启辉器生产线和年产400万只H4汽车卤钨灯生产线，产值、利税大幅增长，并跃居国内汽车卤钨灯业排名第二。镇江华龙管道公司研制的大口径预应力输水管和钢筋混凝土排水管，列入国家星火计划，年产能力分别达到140公里、120公里，居全国同行业第二。全市四家企业开发（扩建）彩色水泥瓦，京威公司（镇江鹤林水泥与香港纽士威公司合资组建）自制生产线达到意大利同类生产线水平，年产彩瓦220万片，实现利润155万元。上铁水泥厂年产2万台太阳能热水器，成为水泥之外又一主导产品。京江陶瓷厂引进德国现代隧道窑，形成年产50万件高档卫生瓷生产能力。2000年，全市建材企业116家，固定资产31.17亿元，职工31728人，其中市直企业13家，固定资产1.33亿元，职工2658人。全市建材企业实现产值41.33亿元，销售36亿元，利税2.46亿元，其中市直企业实现产值2.03亿元，销售1.99亿元，利润-77万元。主导产品水泥生产能力达700万吨，其中旋窑生产的525号高标号水泥生产能力达250万吨。新型建材加快发展，生产量达到3.9亿块（折合标准砖），比重达到25.16%。行业产品结构更新，清理整顿砖瓦窑30座，涌现出一批产品优势强、销售势头好的新型墙体材料及彩色水泥瓦、中高档卫生洁具、预应力钢筋混凝土产品、汽车灯泡等产品，有效扼制经济效益下滑趋势。

"十五"期间，镇江建材工业由市冶金建材资产经营公司管理，主要职能是经营管理市属冶金、建材企业国有资产。该公司于2001年，由市冶金工业总公司与市建材工业总公司合并组建。全市建材行业引进外资和国际先进生产工艺，培育水泥产业的规模支柱企业；深化国有企业改革重组，提高新型建材产品开发能力。京阳水泥公司1998年投产以来，不断改造完善，建成国内单线生产能力最大的世界一流生产线，全部生产过程均由中央控制室通过PRODX系统自动控制，2004年产波兰特水泥240万吨，产品大部分出口。实现税利1.2亿元，在全国重点水泥企业中名列第10位。同年，中外合资总投资1.74亿美元的江苏联合水泥公司投产，采用干法窑外分解工艺的水泥熟料生产线，年产高标号水泥180万吨。截至2005年，全市水泥企业26家，拥有机械化立窑生产线44条，新型干法生产线4条，年产水泥896万吨，其中新型干法水泥年产348万吨，成为国内知名的生产基地。全市发展10多条彩瓦生产线，水泥彩瓦成为代替黏土平瓦的主要产品。全市建有非黏土新型墙材生产线百余条，产品有3类15个品种。年产20亿块（折合标准砖）。镇江伊斯特新型建材公司引进美国设备，新建一条年产20万平方米高档砌块生产线，填补省内空白，获3项国家专利。全市关闭砖瓦小立窑200多座，列入统计范围的黏土砖产量降到0.5亿块，为1995年的1.5%。大亚集团等企业生产的“丹凤”牌、“圣象”牌、“肯帝亚”牌实木强化地板成为国内知名品牌，江苏合发装饰工程公司生产的建筑金属装饰材料产品畅销国内市场，使装饰材料成为全市建材行业又一重要产业。

2005年，全市建材工业企业126家，固定资产净值39.7亿元，职工25744人，其中市直企业9家，固定资产净值4.69亿元(不含京阳有限公司，下同)。全市建材工业实现工业总产值85.19亿元(现价)，销售81.05亿元，利税5.63亿元，其中市直企业实现产值4.37亿元，利税1068.6万元。产品形成包括建筑材料、非金属矿产、无机非金属特种材料三大系列、20多个门类几万个品种产品，成为以水泥业为主导、大型现代企业为支撑、新型建材产品为主体的现代建材工业生产体系。

1983～2005年镇江市建材工业主要经济指标一览表

表14-38

年份	企业数(家)	工业总产值(亿元)	销售收入(亿元)	工业增加值(亿元)	利税总额(亿元)	固定资产(亿元)	职工人数(人)
1983	289	1.84	1.70	–	0.33	0.99	–
1984	–	–	–	–	–	–	–
1985	297	2.62	–	–	0.46	3.20	54886
1986	384	4.73	4.19	–	0.32	3.23	63811
1987	367	5.75	5.00	–	0.55	3.78	65813
1988	352	7.24	6.34	–	0.64	4.31	65417
1989	337	8.38	7.22	–	0.62	4.73	59174
1990	319	8.66	7.06	–	0.62	4.60	56851
1991	313	9.36	8.60	–	0.75	5.22	56870
1992	311	12.41	11.25	4.14	1.06	5.90	56785
1993	288	18.18	16.09	5.23	1.56	7.05	52949
1994	288	22.32	16.39	5.82	1.48	7.74	51194
1995	320	21.26	24.00	8.78	2.08	11.14	51146
1996	295	31.34	25.69	9.08	1.71	11.94	47971
1997	284	32.63	26.41	9.63	1.91	12.12	45136
1998	120	35.85	30.53	9.95	1.75	31.70	38503
1999	121	41.63	36.47	12.00	1.84	31.85	34883
2000	116	41.33	36.00	11.75	2.46	31.17	31728
2001	110	46.29	40.74	13.34	3.97	30.82	29299
2002	101	50.33	45.98	14.81	4.62	29.27	26864
2003	104	55.29	50.75	16.52	6.27	29.57	26625
2004	111	71.40	68.28	21.07	6.26	34.18	28410
2005	126	85.19	81.05	23.25	5.63	39.68	25744

说明：表内统计口径为规模企业

第二节　主要产品

一、非金属矿产开采加工

1983 年，镇江非金属采矿企业百家以上，年采石灰石、建筑石均在 300 万吨以上。市区有采石企业 7 家，职工 1750 人，专业开采设备 149 台，年采石料 98.2 万吨。其中镇江采石公司年产量 62 万吨左右。1985 年，为保护南郊风景区，镇江采石公司停止开采。90 年代后，其他小矿山也陆续关停，非金属采矿企业主要为镇江船山石灰石矿，至 2005 年形成年产 900 万吨石灰石能力，主要供应宝钢。丹徒县白云石矿年开采量曾超 100 万吨。

二、水泥

1983 年，镇江机械化水泥立窑 6 座，其中镇江水泥厂 3 座，年产水泥 27.7 万吨，425 号矿渣硅酸盐水泥获国家建材局优质产品和省优质产品称号。句容湾山立窑 2 座，年产水泥 26.97 万吨。上铁水泥厂立窑 1 座。船山水泥厂湿法回转窑 1 座。全市水泥产量 78 万吨。

"七五"期间利用谏壁发电厂粉煤灰资源和该厂五期工程中综合利用投资 3000 万元，在丹阳水泥厂、丹徒水泥厂分别建设年产 8.8 万吨和年产 10 万吨两条机立窑粉煤灰水泥生产线。句容水泥厂将小回转窑改建为年产标号 525 号熟料，产量 18 万吨的五级旋风预热窑，年产水泥 25 万吨。台湾嘉新京阳水泥有限公司投资 1.7 亿美元，独资兴建年产 150 万吨水泥企业，是国内同行业引进外资最多的独资项目。

"八五""九五"期间，镇江长江水泥厂、镇江第二水泥厂、丹徒第二水泥厂、湾山水泥厂、东风水泥厂、船山第二水泥厂分别扩建年产 10 万吨机械化立窑生产线。1995 年，全市共计新建和扩建 13 条年产 10 万吨的机立窑生产线，产量达 315 万吨。关闭镇江最后一座普立窑，结束普立窑及低标号水泥生产历史，适应市场对水泥质量不断提高的要求。1998 年，京阳水泥项目年产波兰特水泥能力达 240 万吨，产品大部分出口。1999 年，镇江雩山水泥有限公司利用世行贷款建设的日产 500 吨熟料带余热发电回转窑生产线投产。

"十五"期间，江苏联合水泥有限公司建设国际先进的干法窑外分解工艺回转窑生产线于 2004 年投产，日产水泥熟料 5000 吨。2005 年，全市水泥工业企业 26 家，拥有机械化立窑生产线 44 条，新型干法生产线 4 条，年产水泥 896 万吨。其中新型干法水泥年产 348 万吨，占水泥产量 38.8%。同年，散装水泥产量 524 万吨，散装率 58.4%。

三、水泥制品

1983 年，全市有水泥制品企业百余家，大部分是乡村企业，主要生产水泥桁条、空心楼板、小型混凝土排水管等产品。1984 年以后，预应力工艺被普遍采用，楼板从普通钢筋混凝土小构件发展到预应力钢筋混凝土空心楼板，预应力钢筋混凝土多孔楼板，大型屋面板，框架轻板构件等 10 余品种。1987 年，镇江水泥制品厂（镇江华龙管道有限公司）建成 5 条生产线，生产中口径（直径 600～800 毫米）预应力输水管、大口径（直径 800～1200 毫米）预应力输水管、悬辊工艺排水管（直径 400～1200 毫米）。预应力输水管的保护层采用辊射技术，使产品进入国内同类产品先进行列，填补省内空白。1996 年，新建大口径预应力砼输水管和大口径砼排水管生产线，年制管总量居全国同行业第二位。镇江水泥制品工业还生产农用灌溉输水管、预应力桥梁面板、水泥樽、灯座、灯杆、路沿、路牙板、彩色人行道、石棉水泥板、石棉水泥瓦等产品。

四、墙体屋面材料

1983 年，镇江各乡镇都办砖瓦轮窑，全市年产红砖 22 亿块。具有一定规模的生产企业 4 家，分别是镇江砖瓦厂、谏壁砖瓦厂、蒋乔砖瓦厂、官塘砖瓦厂，年产红砖 2.2 亿块，其中镇江砖瓦厂（1984 年改为镇江建筑材料厂）为省定点企业，年产红砖 1.05 亿块。1990 年，贯彻国家保护土地和环境基本国策，整治窑业，“禁实限黏”（禁止实心砖，限制黏土砖瓦）开发新型墙体材料。1992 年，镇江硅酸盐制品厂利用谏壁发电厂五期扩建工程粉煤灰综合利用项目 750 万元投资款，兴建粉煤灰加气混凝土砌块生产线。1996 年，镇江建筑材料厂与香港纽士威国际有限公司合资生产彩色水泥瓦。2000 年，镇江伊斯特新型建材公司引进美国哥伦比亚设备，新建一条年产 20 万立方米高档砌块生产线，具有国内领先水平。

截至 2005 年，全市先后分四批关闭砖瓦小立窑 200 多座（1995 年时达 500 多座），剩余砖瓦企业 314 家，砖瓦窑 319 座，其中轮窑 249 座（还有 70 家国家明令淘汰的围窑）。黏土实心砖产量 0.51 亿块。全市有非黏土新型墙体生产企业 46 家，生产线百余条，年产能力 20 亿块（折合红砖标准），产品有 3 大类，15 个品种，其中多排空砌块和保温砌块生产企业 32 家，年产能力 130 万立方米。

五、建筑装修材料

1983 年，镇江只有少数企业生产油毡、石棉制品、墙面涂刷用石灰浆。1983 年后逐步开发新型装饰材料。

1. 装饰板　1984 年，镇江塑料四厂开发木质板涂三聚氰胺树脂或酚醛树脂贴面装饰板，年产 30 万平方米。1987 年，镇江铝加工厂投产，生产铝合金异型材、板材、吊顶材及门窗。1999 年，江苏合发集团年产 30 万平方米氟碳喷涂金属墙板生产线投产。

2. 地板　1986 年，镇江树脂厂与美国公司合资，建立玛维斯德塑料公司。1987 年，产塑料地板 400 万吨，质量在全省评比中名列第一。后因企业破产而停产。20 世纪 90 年代，丹化集团首先开发中密度纤维板，为生产强化地板提供主要原材料。2005 年，大亚集团等企业生产的“丹凤”牌、“圣象”牌、“肯帝亚”牌强化地板和实木地板发展成为大品牌产品。

3. 吊顶材料　1985 年，镇江市合成建材厂开发 PVC 吊顶板和 T 型龙骨。1986 年，镇江铝加工厂生产铝合金吊顶材料，品种 10 余种，年产 2000 吨。1988 年，镇江合成建材厂建设年产 1000 吨轻钢龙骨生产线，采用德国先进技术，生产轻钢龙骨和嵌装式石膏板吊顶材料，是全国仅有的两家企业之一。

4. 门窗材料及制品　20 世纪 70 年代，镇江合成建材厂在全国首创生产钙塑门窗。1983 年生产能力达 1 万樘内门。1986 年批量生产。同年，镇江铝加工厂生产铝合金门窗 14 万平方米。90 年代广东生产的塑钢型材进入镇江市场，钙塑门窗逐步淘汰。

六、玻璃纤维及玻璃钢

1983 年，镇江玻璃纤维纱产量 1199 吨。1985 年，丹徒县玻璃纤维厂产品获省优质产品奖。截至 2005 年，全市玻璃纤维及玻璃钢产品生产企业 50 家，年产玻璃纱 11800 吨。玻璃钢产品有：玻璃钢冷却塔、波形瓦、路灯罩、灯座、灯架、活动房和加层建筑、汽车引擎罩、船艇、化工管道、槽罐、贮罐等十几个品种。扬中县生产玻璃钢桥架，成为全国重要的生产基地。

七、卫生陶瓷

1985 年，京江陶瓷厂（句容小茅山陶瓷厂）建设 48.8 米隧道窑，生产卫生洁具。1992 年建成年产 24 万件卫生陶瓷生产线。1994 年达到年产 40 万件中高档卫生洁具生产能力。1996 年引进德国先进隧道窑，形成年产 50 万件高档卫生洁具生产能力，名列全省之首，跻身全国同行业 10 强。

1983～2005 年镇江市建材工业主要产品产量表

表 14-39

年份	水泥（万吨）	砖（折含量）（亿块）	瓦（折含量）（万片）	玻璃纤维纱（吨）	石墨及碳制品（万吨）
1983	78.00	12.92	6200	1199	-
1984	91.00	15.85	5705	1577	-
1985	100.00	12.99	4355	2436	-
1986	121.79	16.40	4960	1953	-
1987	143.00	16.96	5023	2243	-
1988	151.00	18.37	5072	-	-
1989	151.78	18.06	3207	-	-
1990	161.07	17.38	2866	1697	-
1991	185.62	16.48	2589	2048	-
1992	211.73	19.44	3137	2498	-
1993	246.22	20.88	3200	2900	-
1994	267.03	20.54	2000	2500	-
1995	314.90	35.25	3800	3900	-
1996	311.52	23.57	2300	4600	-
1997	325.00	21.73	4000	4500	-
1998	460.00	19.37	1100	2100	-
1999	482.00	4.69	800	3100	-
2000	527.00	3.49	1400	4700	-
2001	654.00	3.44	600	5700	-
2002	723.49	1.86	486	10300	-
2003	810.30	1.96	501	11400	-
2004	809.82	1.28	81	12200	-
2005	896.03	0.51	10	11800	23.95

1985～1997 年镇江市建材工业获奖产品一览表

表 14-40

产品名称	获奖类别	获奖年份	授奖部门（地区）	生产企业
园字牌砖	优质产品奖	1985	江苏省	镇江建筑材料厂
426 号鹤林牌水泥	优质产品奖	1985	江苏省	镇江水泥厂
425 号矿渣硅酸盐水泥	优质产品奖	1986	建材部	镇江水泥厂
雄鸡牌水泥	优质产品奖	1988	建材部	湾山水泥厂
白鹤牌 CSI 中碱玻纤漆管	优质产品奖	1988	建材部	丹阳二玻纤厂
京口牌螺旋输送器	优质产品奖	1988	江苏省	镇江建材机械厂
F10B 翻斗车	优质产品奖	1990	建材部	句容县工程机械厂
FCY－15 翻斗车	优质产品奖	1990	江苏省	句容县工程机械厂
金猴牌翻斗车	省级名牌产品	1995	江苏省	江苏金猴机械集团
京江牌系列卫生陶瓷	省级名牌产品	1996	江苏省	江苏省京江陶瓷厂
镇水牌输水管	省级名牌产品	1997	江苏省	镇江华龙管道有限公司

第三节　主要企业

一、市属建材工业企业

1983年,镇江市建材工业公司直属企业9家,分别是:镇江水泥厂、镇江水泥制品厂、镇江船山水泥厂、镇江硅酸盐制品厂、镇江建材机械厂、镇江建筑材料厂(镇江砖瓦厂)、谏壁砖瓦厂、镇江采石公司、镇江合成建材厂。另有上海铁路局属企业1家。

"七五"期间,镇江采石公司为保护南山风景区停止矿石开采。近千名职工除240人留厂外,全部分流,企业更名为镇江市第二建材厂,生产轻质碳酸钙、镀锌铁丝、建筑涂料等产品。镇江灯泡厂由一个只有职工17人、1.5万元固定资产、20万元产值的村办企业,发展成拥有380名职工、210万元固定资产、拥有5条汽车灯泡生产线、3条卤钨灯生产线、年产1000万只灯泡、产值1000多万元、利税100多万元的规模企业。1990年,谏壁砖瓦厂附属农业大队撤村转户,镇江灯泡厂改为市属企业。同年,市建材工业公司直属企业为10家。职工6050人,其中各类专业职称人员503人(高级职称5人,中级职称87人,初级职称411人),固定资产总值7184万元。

"八五"期间,镇江水泥厂、镇江水泥制品厂、镇江船山水泥厂、镇江建筑材料厂被批准为国家中二型工业企业。船山水泥厂并入江苏船山集团改为国有企业。1989年,谏壁砖瓦厂更名为镇江新型建材总厂,转产轻钢龙骨和嵌装式石膏板吊顶。1994年,镇江灯泡厂、镇江水泥制品厂在全市市直工业企业中率先改制为镇江金象照明有限公司、镇江华龙管道有限公司。

"九五"期间,1996年,硅酸盐制品厂改制为股份合作制企业,镇江建筑材料厂停产。1997年镇江水泥厂、镇江建材机械厂分别改制为镇江鹤林水泥有限责任公司、镇江华东建材机械有限公司。镇江合成建材厂、镇江第二建材厂全面停产。投资2.65亿元的京阳水泥有限公司首期工程投产。1998年,镇江新型建材总厂划拨给江苏索普集团。2000年,金象照明公司经营者受让80%国有股权,改制为民营企业。镇江建筑材料厂被江苏置业集团兼并。截至2000年末,市直建材企业有12家,其中京阳水泥为外商独资企业。

"十五"期间,2001年,镇江硅酸盐制品有限公司(镇江硅酸盐制品厂二次改制)成立,为民资企业,股东资本56万元,经营者、经营层、职工各占1/3。2002年,镇江建材机械厂(镇江华东建材有限公司)改制为民营的镇江恒益机械有限责任公司。2003年,镇江华龙管道有限公司国有股权出让,改制为民营的镇江华龙水泥制品有限公司。2004,年由船山集团与新加坡公司合资、总投资1.74亿美元、年产水泥180万吨的江苏联合水泥有限公司竣工投产。镇江合成建材厂改制为民营的镇江合成建材有限公司。

截至2005年,镇江建材工业公司直属的10家国有、集体企业中,3家企业分别并入江苏索普集团、江苏船山集团,江苏置业集团;2家企业没有改制(1家租赁,1家停产),5家改制为民资企业。同年,市直建材企业9家,其中:外商独资企业1家,中外合资企业1家,民资企业5家,国有企业2家(1家租赁经营,1家停产)。上海铁路局属企业1家。

1992~2000年镇江市建材工业市属企业主要经济指标一览表

表14-41

年份	企业数(家)	工业总产值(万元)	销售收入(万元)	工业增加值(万元)	利税总额(万元)	固定资产(万元)	职工人数(人)
1992	11	13815	15230	5377	1227	4843	6028
1993	10	18155	27673	7022	748	5993	5942

续表 14-41

年份	企业数（家）	工业总产值（万元）	销售收入（万元）	工业增加值（万元）	利税总额（万元）	固定资产（万元）	职工人数（人）
1994	11	23582（90 价）	25567	7586	86	7102	5804
1995	14	19257（90 价）	26151	7451	1290	8338	5393
1996	12	19018（90 价）	21505	6103	609	11020	4253
1997	14	19090（90 价）	19694	6093	1063	11331	4203
1998	13	19901	19746	6633	998	14787	3654
1999	12	20309	20704	6703	1144	14115	3009
2000	12	20274	19888	6400	1059	13320	2658

二、重点企业选介

嘉新京阳水泥有限公司　位于句容市桥头镇，由台湾嘉新水泥集团独资建设，投资 3.61 亿美元。1997 年点火试生产，1998 年正式生产经营，同年生产水泥 139 万吨，销售 124 万吨，实现工业产值 2.35 亿元，出口交货 1.76 亿元。公司占地 60 公顷，建筑面积 2.9 万平方米，主机设备由德国洪堡公司进口，采用国际先进工艺生产硅酸盐水泥，拥有日产 6300 吨熟料的五级悬浮分解塔及旋窑，储量 3.2 亿吨优质石灰石矿山和 16 公里长的石灰石输送机，3 万吨散装水泥码头和 5000 吨辅助码头各 1 座。2005 年销售收入 7.49 亿元，利税总额 2969 万元。从业人员 632 人，其中外籍人员 10 人。

图 14-14　嘉新京阳水泥有限公司（2008 年摄）

江苏联合水泥有限公司　成立于 1996 年，由江苏船山集团与新加坡企业合资设立，总投 1.74 亿美元，中方 20% 股份，外方 80% 股份。建于镇江市韦岗镇，占地 46.1 万平方米，采用干法窑外分解工艺，拥有日产熟料 5600 吨水泥生产线。2004 年竣工投产，主要生产高标号水泥，年生产能力 180 万吨。2005 年，生产熟料 132 万吨，水泥 56 万吨，工业产值和销售均在 2.6 亿元左右，从业 510 人。

2005 年镇江市建材工业主要企业一览表

表 14-42　单位：万元

企业名称	企业规模	经济类型	隶属关系	主要产品	工业总产值	工业增加值	资产总额	产品销售收入	利税总额
嘉新京阳水泥有限公司	中型	台资	-	水泥	73316	16595	31600 万美元	74900	2969
江苏联合水泥有限责任公司	中型	三资	市属	水泥熟料	25728	1954	59265	26204	-712
江苏北固水泥有限责任公司	中型	私营	其他	水泥	11195	1945	26097	11223	-453
镇江雩山水泥有限责任公司	中型	股份	区属	水泥	11207	2387	14590	11025	-395

续表 14-42

企业名称	企业规模	经济类型	隶属关系	主要产品	工业总产值	工业增加值	资产总额	产品销售收入	利税总额
扬中大地水泥有限公司	中型	集体	县属	水泥	7405	1606	7422	6613	-346
江苏省湾山水泥厂	中型	国有	省属	水泥	7640	2209	14819	8298	-1061
江苏远东水泥有限公司	中型	三资	其他	水泥	9533	2360	7078	8489	166
江苏省京江陶瓷厂	中型	国有	省属	卫生陶瓷	4972	1607	5192	5327	1081
江苏合发装饰工程实业有限公司	中型	三资	其他	建筑金属装饰材料	11839	3017	19078	8938	151
江苏鹤林水泥有限公司	小型	民营	市属	水泥	6889	-	4381	-	485
江苏华龙管业有限公司	小型	民营	市属	输水管排水管	1631	-	2835	-	-216
镇江硅酸盐制品公司	小型	民营	市属	砌块	1150	-	642	-	69
镇江金象照明有限公司	小型	民营	市属	汽车卤钨灯	5200	-	3500	-	630

第十章　食品工业

1983年，镇江有食品工业企业149家，工业产值2.39亿元。大多数企业历史悠久、规模较小；工艺沿袭传统，技术水平较低。1983～2005年，以恒顺醋业集团为代表的一批企业依托现代科技，改造传统工艺，扩大企业规模，开拓国内、国际市场，引领全市食品工业逐步由传统手工业提升为现代工业生产体系。2005年，镇江食品工业有企业60家，固定资产净值10.16亿元，职工9463人，工业产值58.67亿元，销售收入54.53亿元，利税0.77亿元。香醋是镇江食品工业驰名中外的特色产品。镇江恒顺集团年产香醋10万吨，国内市场占有率15%，是国内同行业公认的“中国醋王”。丹徒县的龙山鳗业联合公司、丹阳市的江南面粉厂、京口区的中盛粮油工业公司、镇江新区的泰兴隆方便食品公司等企业，都是国内同行业中知名企业。

第一节　发展概况

1983年，全市共有食品工业企业149家，工业总产值2.39亿元。其中市区35家，工业产值12580万元；丹阳县45家，工业产值5181万元；句容县24家，工业产值3354万元；丹徒县32家，工业产值2188万元；扬中县13家，工业产值615万元。1985年，全市共有食品工业企业126家，其中国有企业56家，市、县（区）属集体企业30家，乡镇企业40家。固定资产原值7390万元，职工13620人，工业总产值2.79亿元，其中粮食加工业1.27亿元，罐头食品和糖果业分别为3156万元和2927万元。市轻工、商业、粮食系统有市属企业25家，固定资产原值4134万元，职工6580人，工业总产值1.32亿元，利税1138万元，出口产品1804万元。年产值在1000万元以上企业有罐头厂、肉联厂、面粉厂、味精厂四家，利税100万元以上企业有味精厂、罐头厂、恒顺酱醋厂和面粉厂4

家。同年，恒顺酱醋厂生产的镇江香醋获国家、国际两个金牌，但是，生产方式基本沿袭“芦席盖大缸，扁担加箩筐”的传统方式，香醋生产能力只有3506吨，年产值794万元。

“七五”期间，全市食品工业依托科技进步，加强技术改造，引进外资，推进生产方式由传统方式转向现代化生产方式，产品由低附加值转向高附加值的深度加工。1986年，恒顺酱醋厂实施新增食醋4500吨/年的扩产项目，被评为市“七五”十佳工程。该项目通过以池代罐集中发酵制醋新工艺，改革制醋的关键工序制醋醅（即酸化过程）工艺，减轻繁重的体力劳动，醋醅的发酵透彻，醋香更加浓郁，醋的出品率提高10%，一个池相当于20只罐，生产周期缩短3~4天，生产厂地节约50%。制醋摆脱手工生产方式，走向规模化生产新路。市食品厂引进国内先进的胶体软糖生产线和意大利高级冰淇淋生产线，新品生产率达50%以上，利润以40%的速度增长。市牛奶公司继“长江”牌全脂奶粉、婴儿奶粉和清真麦乳精获部、省优秀产品称号后，继续开发新品，形成5大类，20多个产品系列，成为全省乳品行业中系列新品最多的企业。市儿童食品厂（1985年建厂时固定资产净值、流动资金分别为5万元）与香港国际包装公司共同投资81万美元，从丹麦、瑞典引进生产线，生产高级夹心巧克力。产品获省科技成果奖。1987年，丹徒粮食局投资1000万元，采用国内最先进设备，创建镇江首家啤酒厂，年产中冷牌啤酒1.5万吨。1988年，镇江恒顺醋业集团成立。市食品厂获省级先进企业称号。同年，乡镇企业龙山鳗鱼养殖厂与日本东永株式会社和上海食品进出口公司共同投资502万美元，建成中日合资长江饲料有限公司。1989年，恒顺集团晋升为国家二级企业，在全国同行业为首家。1990年，镇江恒顺酱醋厂年产醋万吨，产值跃增到1830万元、利润跃增到229万元。同年，市儿童食品厂由一家作坊式企业迅速壮大为年产值超千万元，利润超百万元的规模企业。同年，丹阳县粮食局与台商共同投资60万美元，成立哈里哈里食品有限公司，对粮食进行深加工，生产膨化系列产品，当年创利400万元。

1991年，龙山鳗鱼养殖厂又与上海食品进行出口公司、日本贸易株式会社共同投资278万美元，引进日本设备，建成镇江申日烤鳗有限公司，年产烤鳗660吨。形成饲料生产、养殖鳗鱼、加工鳗鱼一条龙生产体系，企业更名为龙山鳗业联合公司。市商业、粮食、轻工系统有市属企业21家，其中9家企业工业产值超千万元，分别是镇江恒顺酱醋厂、镇江面粉厂、镇江挂面厂、镇江肉类联合加工厂、镇江市牛奶公司、镇江市食品厂、镇江儿童食品厂、镇江味精厂、镇江罐头食品厂。3家企业年产值500万元以上，分别是镇江市麻油厂、镇江市淀粉厂、镇江市豆制品厂。县属企业中，工业产值超千万元企业14家，分别是丹徒县面粉厂、丹徒县油脂化工厂、丹徒县辛丰米厂、丹阳市米厂、丹阳市面粉厂、丹阳市第二面粉厂、丹阳市植物油厂、丹阳酒厂、句容县粮食加工厂、句容县油脂化工厂、句容县天王油米厂、句容县酒厂、扬中县大众米厂、扬中县联合儿童食品厂。乡镇工业的镇江长江饲料公司年产值4560万元，居全市食品工业企业之首。全市食品工业主要产品有面粉、大米、植物油、挂面、食醋、酱油、酱菜、味精、糖果、饼干、冷饮、肉制品、豆制品、罐头、酒、糕点、茶叶、方便休闲食品等产品，销往国内多个省份，部分产品出口。“金山”牌镇江香醋获国家质量金奖；甘露牌（外销为金梅牌）芝麻油、丹阳封缸酒获国家银奖；“镇江金山翠芽”被评为全国十大名茶之一。同年，全市食品工业企业119家，职工13481人，固定资产净值1.61亿元，工业产值6.23亿元，销售5.49亿元，利税0.28亿元。

“八五”期间，全市食品工业进一步推进企业上规模、上水平、提升外向度。1992年，恒顺酱醋厂自筹资金1200多万元，搬迁至新建恒顺集团大楼，全年实现工业产值3271万元，利税633.6万元，在同行业中，规模最大，产品出口国家和地区最多，获国家部级技术进步奖最多，优质产品奖最多，被商业部评为全国商办工业经济效益十佳企业之一（名列第三）。实现利税最高的百家企业之一。江苏哈里哈里食品公司完成产值4050万元，实现利税1500万元，在全省粮食系统名列前茅，成为丹阳第一、镇江第三的利税大户。乡镇企业龙山鳗业联合公司发展成为地跨镇江、深圳、上海、广东、福建等省，日本设有办事处的饲料生产、鳗鱼养殖、鳗鱼加工、产品销售一条龙的联合公司。有面积18万平方米的世界最大的养鳗温室，外贸出口收购1.1亿元。1993年，恒顺酱醋厂自行研制成功制醋翻醅机通过部级鉴定，香醋生产告别传统方式，实现管道化、机械化、自动化。年产量增加到1.3万吨，实现工业产值3644.2万元，产品销售4967.2万元，利税819.21万元，均居全国同行业之首，入选“全国500家最大食品工业企业”。龙山鳗业联合公司实现产值5亿元，利税6931万元，出口1.5亿元。镇江恒丰醋厂联合10家企业，组建科、工、贸一体化，仓储、科研、生产、营销一条龙服务的镇江恒丰实业集团。镇江挂面厂与新加坡泰兴隆集团合资组建泰兴隆（镇江）快餐食品有限公司。1994年，恒顺酱醋厂开始扩建3万吨香醋前期工程。列入国家“八五”重点技改项目的市儿童食品总厂婴幼儿主食品技改工程进入扫尾，该项目建在镇江（丁卯）经济开发区，总投资3576万元，占地2.67公顷，总建筑面积1.1万平方米，引进意大利、瑞士两条生产线，是国内最大的婴幼儿主食品生产基地。1995年，由华东制罐总厂、广东健力宝集团、香港美斯有限公司共同投资2000万元，成立健力宝（镇江）饮料有限公司。年产饮料生产能力10万吨。美国嘉吉公司投资1769万美元，设立嘉吉饲料（镇江）有限公司，年产各种饲料25万吨。镇江泰兴隆快餐食品有限公司年实现利税1779万元，利润1085万元，进入全市利税前50名行列。同年，全市食品工业企业127家，职工13467人，固定资产净值4.28亿元，工业产值18.54亿元，销售收入19.23亿元，利税2.5亿元。市商业局、粮食局、轻工局所属独立核算工业企业23家，拥有固定资产1.89亿元，实现工业产值2.44亿元。商业系统的恒顺酱醋厂实现产品销售收入7855.5万元，利税1564万元，利润1050.6万元。粮食系统继江苏哈里哈里食品有限公司以后，又有3家企业实现利税超千万元，其中泰兴隆快餐有限公司1779万元，江苏加力加食品有限公司1329万元，镇江啤酒厂年产啤酒1.8万吨，实现利税1200万元。

“九五”期间，全市食品工业企业规模化、生产现代化又上新台阶。1996年，镇江泰兴隆食品有限公司扩大投资700万美元，在镇江经济开发区征地5.6公顷，增加生产线和配套项目，全年完成产值1.39亿元，销售2.34亿元，利税4521万元。镇江恒顺酱醋厂实现销售1.1亿元，利税3008万元，年产3万吨香醋扩产项目进入扫尾，成为市直工业15家大型化企业之一。龙山鳗业联合公司实现产值、销售、利税分别达到18.21亿元、19.58亿元和2.14亿元，均列全市工业50强企业榜首。1997年，镇江泰兴隆搬迁镇江经济开发区。新企业有日产15万份方便面生产线4条，5万份和3万份生产线各1条，膨化食品生产线1条，年产21万卷彩印生产线1条，年产4700万只纸箱生产线1条。“幸运牌”方便面市场占有率进入全国排行榜前3位。恒顺集团年产4万吨（原设计3万吨）香醋一期工程竣工。该项目选址镇江南徐路五里村，在江南大学及有关科研机构协同下，采用微机集散系统和自行研制的专利产品翻醅机，引进意大利全自动灌装线，使传统酿醋制作工艺跨越到现代高新技术生产工艺。在规模企业不断跃上新台阶的同时，中小企业亏损严重，经营困难，商业系统市属企业中有5家特困企业，共有下岗职工2000多人。粮食系统市属企业亏损177万元。建厂83年的国有中型二档企业镇江面粉厂于1994年以来连续亏损，资不抵债，同年依法实施破产。轻工系统的镇江罐头食品厂、镇江味精厂陷入经营困境。1998年，恒顺集团收购年产2万吨醋的恒丰集团的95%股权，实现强强联合。市儿童食品厂与广西黑五类集团合资，成立“黑五类”集团（镇江）南方食品公司。其中黑五类集团占股49%，儿童食品厂占股51%。镇江金山面粉厂（市粮食购销中心收购镇江面粉厂破产资产合资成立）是市直15家扭亏脱困重点企业，市粮食集团充分利用该企业与泰兴隆公司产品关联性，与新加坡亚洲食品公司、镇江能源开发技术公司合资，组建镇江金穗面粉有限公司。恒顺集团投资1.2亿元的3万吨醋扩产项目二期工程全面竣工投产，集团拥有全国调味品行业中最大的酒醅生产设备、最长的醋醅发酵池、最先进的工艺技术以及微机集散控制的管道化、机械化、自动化流水线。2000年，全市食品工业有企业68家，固定资产11.88亿元，职工12526人，实现工业总产值35.74亿元，其中乡镇工业实现工业产值19.22亿元。按行业系统划分，全市粮办工业实现产值11.54亿元；其他食品工业实现产值24.2

亿元,其中市直商办工业完成工业总产值2.47亿元,健力宝饮料公司实现产值1.92亿元。实现销售收入32.27亿元,其中乡镇工业20.17亿元。市直商办工业与全市粮办工业分别实现利税4224万元和2280万元。市粮食系统和商业系统有市属企业12家,拥有固定资产3.3亿元,实现工业产值5.62亿元。

"十五"期间,全市食品工业深化产权制度改革,重组优化资产,促进生产发展。2001年,江苏恒顺醋业股份有限公司4000万股在上海证券交易所上市,募集资金2.84亿元,是国内醋业首家上市公司。同年,恒顺集团收购镇江又一百年品牌企业恒大酱醋厂,香醋年产能力达到10万吨。2002年,市粮食系统培育壮大农业产业化龙头企业,提高粮食产业化经营水平。全市共有省级龙头企业2家,市级龙头企业3家。5家企业实现销售4亿元,创利税2000万元。分别占全市41家(县属以上)粮食工业企业总值的29.4%和50%。省级龙头企业丹阳同乐面粉公司全年生产各类面粉9万吨,实现利税1251万元;泰兴隆食品有限公司年产方便面4亿袋,实现工业产值1.19亿元,利税287万元。同年,6家粮油生产企业生产的8个产品获省粮食行业协会颁发的"放心面""放心油"称号。镇江金穗面粉公司生产的"红金山"牌特一粉、镇江日清调味品公司生产的"甘露"牌纯正麻油、丹阳云阳面粉公司生产的"云阳牌"特一粉获中国粮食协会颁发的"放心面""放心油"称号。镇江中泠啤酒厂与安徽圣泉啤酒集团达成租赁经营协议。恒顺集团与江苏大学联合开发用CCD远红外仪器建立在线检测调味品质量系统通过省级鉴定,并用于生产中的在线检测,设立博士后工作站。并与江南大学联合设立恒顺生物技术中心。2003年,镇江牛奶公司、"黑五类"南方公司、肉联厂改制为民营企业。2004年,恒顺集团引进德国福林斯液态深层发酵工艺及设备。2005年,恒顺集团拥有20多家调味品生产公司和1家具有自主出口经营权的国际贸易公司,总资产19.6亿元,员工850人,实现销售收入3.95亿元,工业增加值1.59亿元,利税5848万元,产品有香醋、酱油、酱菜、色酒四大系列近200个品种,产品总产量13万吨,其中香醋10万吨,国内市场占有率达15%,是国内最大的谷物酿造食醋企业,食醋业公认的"中国醋王"。同年,镇江食品工业有企业60家,固定资产净值10.16亿元,职工9463人,工业产值58.67亿元,销售54.53亿元,利税0.77亿元。其中龙山鳗业联合公司、中盛粮油工业(镇江)有限公司年产值分别达19.84亿元和11.23亿元,进入市工业产值50强企业;丹阳市江南面粉厂(1993年成立)跻身全国面粉行业前五强,是江苏省农业产业化龙头企业;丹阳同乐面粉有限公司、镇江丹玉食品有限公司年加工小麦粉都在5万吨以上。

1983~2005年镇江市食品工业主要经济指标一览表

表14-43

年份	企业数(家)	工业总产值(亿元)	销售收入(亿元)	工业增加值(亿元)	利税总额(亿元)	固定资产(亿元)	职工人数(人)
1983	149	2.39	1.90	-	0.18	0.39	-
1984	-	2.65	-	-	-	-	-
1985	126	2.99	-	-	-	-	13620
1986	121	3.35	2.60	-	0.21	0.68	12654
1987	128	3.83	3.17	-	0.30	0.91	13429
1988	113	4.51	3.83	-	0.32	0.93	13112
1989	113	4.92	4.17	-	0.27	1.14	13247
1990	117	5.33	4.56	-	0.21	1.22	12938
1991	119	6.23	5.49	-	0.28	1.61	13481

续表 14-43

年份	企业数（家）	工业总产值（亿元）	销售收入（亿元）	工业增加值（亿元）	利税总额（亿元）	固定资产（亿元）	职工人数（人）
1992	112	8.08	6.41	1.30	0.54	1.78	13237
1993	120	12.53	10.02	2.54	0.79	3.25	14205
1994	115	20.23	14.19	5.34	1.70	3.67	14376
1995	127	18.54	19.23	6.35	2.50	4.28	13467
1996	105	37.66	33.46	8.89	3.41	4.78	15815
1997	100	44.84	40.32	12.10	3.45	7.44	14969
1998	78	42.47	37.64	10.37	2.48	9.02	15530
1999	74	44.65	37.15	10.58	1.76	10.79	14515
2000	68	35.74	32.27	9.01	1.89	11.88	12526
2001	62	42.30	34.50	10.93	1.90	10.44	11191
2002	67	47.65	42.31	12.30	2.55	11.65	10755
2003	64	50.12	45.53	13.11	2.73	10.75	10407
2004	62	64.67	60.13	16.28	2.90	15.52	10317
2005	60	58.67	54.53	15.31	0.77	10.16	9463

说明：该表历年资料由轻工业中农副食品加工业、食品制造业及饮料制品业三部分组成

第二节　主要产品

一、镇江香醋

香(陈)醋是镇江传统名牌产品,也是镇江食品工业主要产品。1885 年,恒顺以酒糟做醋。1910 年,镇江香醋在南洋劝业会大赛中获金牌。1985 年,镇江香醋获国家质量金奖、法国国际美食及旅游委员会金奖。同年,主要生产企业有:恒顺酱醋厂,年生产能力 3506 吨;恒大(百年老字号企业)、一泉 2 家企业年生产酱醋 615 吨。1986 年,丹徒恒丰酱醋厂建立。1990 年,恒顺酱醋厂年产醋万吨。1992 年,镇江恒康调味厂于丹徒工业园区建立,主产品为香醋。1993 年,恒丰酱醋厂引进外资组建镇江恒丰酱醋有限公司,成为镇江制醋业第二大企业,产品商标“北固山”牌,是江苏省著名商标。2001 年,恒顺集团收购“恒丰”酱醋公司与恒大酱醋厂,年生产能力达到 10 万吨,占据镇江醋业绝大部分产能。“恒顺”被认定为中国驰名商标,香醋为中国名牌产品。2004 年,镇江有制醋企业 55 家,实际生产各类食醋 12 万吨,占全国总产量 230 万吨的 5.2%,实际销售 5 亿元。2005 年,全市生产醋 10.78 万吨。生产企业有恒顺醋业股份公司、恒康调味品厂(生产能力为年产 1 万吨)、恒大调味品有限责任公司、镇丹酱醋有限公司(前身上党油米厂,年生产能力 3000 吨)、恒顺醋业实际生产 10 万吨以上,实际销售 4.1 亿元,占全市总数 92.74%。恒顺醋业公司还先后开发生产醋胶囊、醋豆、醋奶、醋饮料等几十种醋衍生产品。

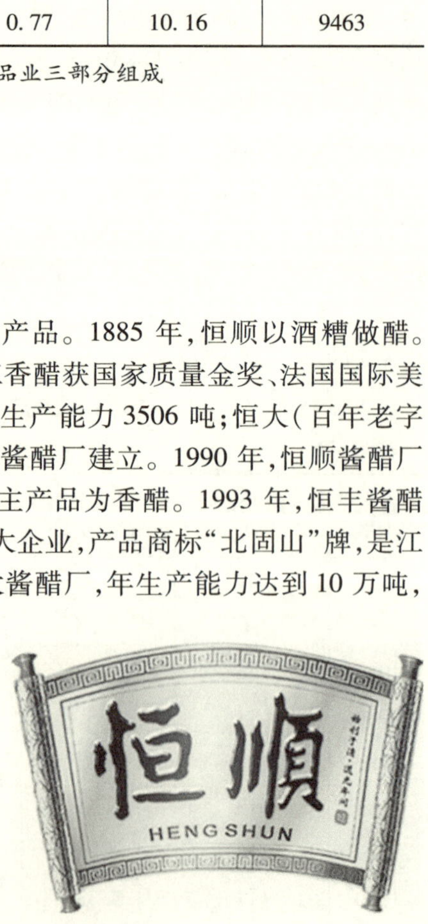

图 14-15　“恒顺”产品商标

二、面粉加工

1985 年，镇江面粉加工业主要企业是镇江面粉厂，年生产面粉 4.95 万吨，“金山”牌特级面粉获江苏省优质产品称号。1988 年，镇江挂面厂引进日本产方便面生产线，日产方便面 5 万份，产品畅销。1993 年成立丹阳市江南面粉有限公司。镇江挂面厂与新加坡泰兴隆集团合资组建泰兴隆（镇江）快餐食品有限公司。丹阳市又相继成立丹阳市同乐面粉有限公司、丹玉食品有限公司等，全市共有规模企业 10 余家，面粉加工业成为全市食品工业又一主导产品。1997 年，镇江面粉厂破产。1998 年，镇江金穗面粉厂设立（利用镇江面粉厂破产资产合资组建）。2005 年，全市面粉总产量达 44.92 万吨，江南面粉有限公司拥有瑞士布勒公司制造的高档面粉生产线 7 条，日加工小麦能力达 2000 吨，规模和生产能力居镇江面粉加工业之首。主要产品有特精粉、中筋粉、一等粉、二等粉、“7 + 1”营养强化面粉等。“丹星”牌商标是江苏著名商标。生产的面包面粉、饼干粉等系列专用面粉出口菲律宾、泰国、印尼、新加坡、韩国等国家和中国香港地区。泰兴隆（镇江）快餐食品公司生产的“幸运”牌方便面销往全国 28 个省、市、自治区，市场占有率进入全国排行榜前列。

三、植物油加工

1983 年，镇江植物油加工大都由小型作坊式企业生产。小磨芝麻油生产历史悠久，主要由镇江油米厂生产。1985 年，镇江油米厂投资 45 万元兴建麻油生产大楼，小磨麻油生产基本实现机械化，年生产能力 1000 吨，实现产量 549 吨，产品获江苏省及商业部优质产品称号和巴黎国际美食及旅游委员会金奖。1991 年，镇江食用植物油加工业的规模企业有丹阳市植物油厂，年加工能力 1.5 万吨；句容县油脂化工厂，年加工能力 7000 吨；丹徒县油脂化工厂，年加工能力 3000 吨；镇江麻油厂，年生产麻油能力 1000 吨。全市植物油生产企业实现工业产值 4810.53 万元。1992 年，成立中外合资江苏东海油脂有限公司，主要生产食用油。1995 年，镇江麻油厂与日商合资，成立镇江日清调味品有限公司。2004 年，香港世标有限公司、镇江仁丰饰材有限公司接收镇江日清公司的日方股权，与镇江麻油厂合资成立镇江京友调味品有限公司，拥有国内麻油加工业具先进技术的自动化麻油加工预处理工艺设备和意大利制造的压榨机等先进设备。2005 年，镇江食用植物油加工业主要产品有食用油和麻油。食用油由中盛粮油工业（镇江）有限公司生产，年产值 11.23 亿元。麻油主要由镇江京友调味品公司生产，年产麻油 1000 吨，产值 2000 万元，出口 600 余吨。从事麻油生产的企业还有：镇江恒顺油脂责任公司、镇江香海麻油厂、镇江金莲小磨麻油厂、镇江浮玉麻油有限公司。从事其他植物油加工的企业有：丹阳市的欣盛植物油厂、句容市的大平油脂公司。

四、乳品

1985 年，镇江乳制品生产企业有镇江牛奶公司 1 家，日处理鲜奶 10 吨，日供鲜奶 3000 份。同年，相继研制生产幼儿奶粉、维他命奶粉、老人益寿奶粉。1987 年，该公司生产“金山”牌清真麦乳精获江苏省优质产品奖。1989 年，全脂奶粉、婴幼儿奶粉获首届中国食品博览会金、银奖。1994 年，“金山”牌桂圆粉、康力维多固体饮料获第五届国际贸易博览会金、银奖。2001 年，“长江”牌牛奶被评为“江苏省名牌产品”，通过安全奶全程质量认证。先后研制生产特浓奶、AD 钙奶、搅拌型酸奶。2003 年，公司改制为民营企业，易名为镇江长江乳业有限公司。2005 年，公司拥有两个牧场，存栏荷斯坦奶牛 1200 余头；一个乳品加工厂，主要设备有瓶装奶生产线 3 条、袋装奶生产线 4 条及乳品检测仪器。日处理鲜奶能力 20 吨以上，日平均供应鲜奶 7 万余份，乳品年产量 5000 吨，实现工业产值 3075.9 万元，销售收入 2570.8 万元。产品有奶粉、固体饮料、膨化食品、儿童食品、液态奶 5 大系列。同年，全市乳品业主要企业还有丹阳市康力乳制品有限公司（2000 年建立），存栏荷兰高产乳牛 1500 余头；一个乳品加工厂。生产“康力健”牌鲜奶、酸奶、花式奶等，销售额 3800

万元。丹阳练湖乳品有限公司,有袋装和塑杯装液态奶生产线2条及盒装奶生产线1条。主要生产“练湖”牌鲜奶、灭菌奶、酸奶。

五、酿酒

丹阳黄酒是镇江地方特色产品,属黄酒两大品系之一的甜黄系,制作历史悠久。1983年,“旦阳”牌封缸酒获国家质量银奖。1987年,镇江中冷啤酒厂投产年产啤酒1.5万吨。1991年,全市酿酒业规模企业有丹阳酒厂年生产黄酒1.3万吨,中泠啤酒厂年产啤酒1.5万吨,句容酒厂年生产白酒1万吨。1994年,“旦阳”牌封缸酒又获全国黄酒质量检验金牌奖,老陈酒获美国国际酒业博览会金奖。2001年,老陈酒获江苏食品博览会金奖。2002年,镇江中泠啤酒厂由安徽圣泉啤酒集团租赁。2003年“旦阳”牌黄酒、老陈酒、封缸酒获国家级绿色食品认证,“旦阳”牌商标被认定为江苏省著名商标。

2005年,句容酒厂、中泠啤酒厂停业。镇江酿酒业主要企业丹阳酒厂(丹阳华阳路25号)有年生产封缸酒、黄酒、老陈酒2万吨生产能力,镇江恒顺酒业有限公司有年生产黄酒1万吨生产能力。

六、罐头食品

1983年,镇江罐头食品厂是镇江罐头食品主要生产企业,是建于1958年的国家中型企业。产品主要有番茄酱、茄汁黄豆、青刀豆等罐头食品,出口销往中东和东南亚地区。“长江”牌烤鹅罐头、“凯鹿”牌中冰砖曾被评为轻工部和江苏省优产品,“长江”牌肴肉罐头、美味烤鹅掌罐头获北京国际博览会银奖和铜奖。1990年以后,由于产品市场萎缩,原料涨价,生产停产。2003年,改制为聪聪食品有限公司,继续少量罐头食品生产。

七、糖果糕点

1983年,镇江生产糖果糕点企业有扬中联合儿童食品厂、镇江糕点一厂及三厂、镇江儿童食品厂等企业。其中扬中联合儿童食品厂规模较大。该厂创建于1982年,生产花生牛轧、酥心糖畅销上海,上海食品一店为该企业特设销售专柜。1987年,产值突破3000万元,利税200多万元。1990年,实现产值4000万元以上,创利税300多万元。后因产品市场萎缩,生产规模逐年下降。

八、饲料加工

1983年,镇江饲料产品主要由市饲料公司生产。黄山园艺场所辖水貂饲料厂生产水貂专业饲料。1985年,市饲料公司年产配合饲料9251吨,黄山园艺厂形成万吨配合饲料生产能力。1988年,龙山鳗鱼养殖厂与日本东永株式会社和上海进出口公司建成长江饲料有限公司,成为全市规模最大的饲料生产企业。1995年,嘉吉饲料(镇江)有限公司成立,年产各种饲料25万吨,成为镇江饲料业又一规模企业。2005年,镇江饲料业主要企业有龙山鳗业联合公司和嘉吉饲料(镇江)有限公司,其中龙山鳗业联合公司生产饲料及养鳗、鳗鱼加工实现产值近20亿元。

九、饮料

1983年,镇江罐头食品厂、镇江食品厂等企业生产冷饮。1985年,镇江罐头食品厂新上一条日产万瓶汽水生产线,生产鲜橘水。镇江食品厂引进意大利冰淇淋生产线,生产冰淇淋1654吨、一泉鲜橘水459.96万瓶。后相继停产。1995年,健力宝(镇江)饮料有限公司年产饮料生产能力10万吨。2005年,镇江饮料生产企业主要是健力宝(镇江)饮料有限公司。

1983～2005 年镇江市食品工业主要产品产量表

表 14-44

年份	方便面（吨）	食用植物油（万吨）	大米（万吨）	面粉（万吨）	配混饲料（万吨）	醋（万吨）	软饮料（万吨）	饮料、酒（万吨）	酱油（万吨）	乳制品（吨）	罐头（吨）	味精（吨）	糖果（吨）
1983	–	–	–	–	1. 70	0. 36	–	–	–	220	4802	720	–
1984	–	–	–	–	2. 81	0. 38	–	1. 44	–	234	7201	750	–
1985	–	–	–	–	3. 28	0. 40	–	1. 57	–	194	8709	905	–
1986	–	1. 24	–	–	4. 87	–	–	1. 87	–	231	6685	1041	–
1987	–	1. 51	–	–	6. 10	–	–	2. 62	–	295	6420	1212	–
1988	–	1. 40	–	–	5. 71	–	–	2. 92	–	346	7153	1129	–
1989	–	1. 34	16. 43	17. 02	7. 79	–	–	2. 10	–	288	5244	1170	4285
1990	–	1. 52	18. 99	11. 84	7. 74	–	0. 63	1. 84	1. 43	360	4269	1196	5084
1991	–	1. 69	14. 82	14. 05	8. 43	–	0. 63	2. 04	1. 26	359	4690	1231	4410
1992	–	1. 99	17. 04	16. 83	10. 70	–	0. 71	2. 47	1. 12	327	4827	1345	6994
1993	–	5. 05	30. 33	15. 32	6. 47	2. 66	0. 77	3. 23	–	399	4700	1166	2100
1994	–	2. 88	16. 03	20. 78	5. 62	2. 45	0. 44	3. 66	0. 90	290	3700	630	11000
1995	–	4. 02	23. 45	12. 71	11. 59	3. 12	2. 14	3. 43	1. 62	282	3632	750	12200
1996	–	3. 01	17. 59	16. 94	10. 61	5. 07	3. 03	3. 19	1. 16	551	2900	572	10600
1997	–	3. 82	30. 88	18. 80	8. 79	6. 00	8. 14	2. 49	1. 11	790	3700	269	7700
1998	38668	3. 83	7. 39	15. 43	3. 77	6. 00	7. 30	2. 83	0. 69	47	4400	–	1000
1999	29718	4. 22	3. 16	14. 47	12. 17	6. 65	7. 90	1. 97	0. 83	15	6600	–	1600
2000	27091	4. 01	2. 16	18. 89	8. 31	6. 92	6. 20	2. 28	0. 77	–	9100	–	1200
2001	30588	4. 00	0. 73	31. 11	11. 73	7. 40	10. 24	2. 20	0. 72	–	10020	–	300
2002	26455	11. 96	0. 39	43. 85	6. 91	7. 60	6. 07	1. 82	0. 73	–	6700	–	172
2003	27212	15. 73	0. 46	33. 98	8. 29	9. 86	4. 41	2. 05	0. 67	–	–	–	–
2004	24963	35. 16	1. 12	44. 92	9. 48	9. 31	2. 32	0. 68	0. 62	–	–	–	–
2005	24744	16. 89	1. 94	52. 13	9. 45	9. 91	3. 10	0. 57	0. 62	–	–	–	–

1983～1997 年镇江市食品工业获奖产品一览表

表 14-45

产品名称	获奖类别	获奖年份	授奖部门（地区）	生产企业
金山牌酱菜	优质产品奖	1983	商业部	镇江恒顺酱醋厂
旦阳牌封缸酒	国家银奖	1983	国家质量奖审定委员会	丹阳酒厂
标一粳米	优质产品奖	1984	商业部	镇江油米厂
珠光精洁米	优质产品奖	1984	江苏省	镇江油米厂
金山牌特副面粉	优质产品奖	1984	江苏省	镇江面粉厂
金山牌镇江香醋	国家金质奖	1985	国家质量奖审定委员会	镇江恒顺酱醋厂
金梅牌镇江香醋	银奖	1985	法国国际美食及旅游委员会	镇江恒顺酱醋厂

续表 14-45

产品名称	获奖类别	获奖年份	授奖部门(地区)	生产企业
糖水黄桃	优质产品奖	1985	江苏省	镇江罐头食品厂
冷冻油炸甘薯	优质产品奖	1985	江苏省	镇江罐头食品厂
金山牌蚕豆辣酱	优质产品奖	1985	商业部、江苏省	镇江恒顺酱醋厂
金梅牌小磨麻油	国家银奖	1986	国家质量奖审定委员会	镇江麻油厂
金梅牌小磨麻油	金奖	1986	法国国际美食学会及旅游委员会	镇江麻油厂
金梅牌油炸花生仁	优质产品奖	1986	商业部	镇江淀粉厂
第一泉牌味精	优质产品奖	1986	商业部	镇江味精厂
一泉鲜橘水	优质产品奖	1986	商业部	镇江食品厂
萝卜头	优质产品奖	1986	商业部	镇江恒顺酱醋厂
香菜芯	优质产品奖	1986	商业部	镇江恒顺酱醋厂
辣油酱菜芯	优质产品奖	1986	商业部	镇江恒顺酱醋厂
京江牌江苏老酒	优质产品奖	1986	江苏省	镇江恒顺酱醋厂
什锦菜	优质产品奖	1986	江苏省	镇江恒顺酱醋厂
甜瓜	优质产品奖	1986	江苏省	镇江恒顺酱醋厂
旦阳牌沉香酒	优质产品奖	1986	江苏省	丹阳酒厂
珍儿牌夹心硬糖	优质产品奖	1986	江苏省	镇江儿童食品厂
焦山牌月饼	优质产品奖	1986	江苏省	镇江糕点厂
一级烘青	优质产品奖	1987	江苏省	镇江市驸马庄茶场
标准粉	优质产品奖	1987	商业部	丹阳面粉厂
特二粳米	优质产品奖	1987	商业部	丹阳米厂
北固山牌香醋	优质产品奖	1987	商业部	镇江恒丰醋厂
特富粉挂面	优质产品奖	1987	江苏省	镇江挂面厂
乳黄瓜	国家银奖	1988	国家质量奖审定委员会	镇江恒顺酱醋厂
二级棉籽油	优质产品奖	1988	商业部	丹阳植物油厂
金山牌奶油巧克力	优质产品奖	1988	江苏省	镇江食品厂
三莹牌精洁米	优质产品奖	1988	江苏省	镇江油米厂
全脂加糖奶粉	优质产品奖	1989	商业部	镇江牛奶公司
婴儿奶粉	优质产品奖	1989	商业部	镇江牛奶公司
甜菊糖	优质产品奖	1989	商业部	镇江甜菊糖厂
泠泉牌雪糕	优质产品奖	1989	江苏省	镇江食品厂
金梅牌龙虾片	优质产品奖	1989	江苏省	镇江淀粉厂
旦阳牌老酒	优质产品奖	1989	江苏省	丹阳酒厂
旦阳牌老陈酒	优质产品奖	1989	江苏省	丹阳酒厂
泠泉牌刺梨汽水	优质产品奖	1989	江苏省	镇江食品厂
京口牌中国老酒	优质产品奖	1989	江苏省	镇江恒顺酱醋厂

续表 14-45

产品名称	获奖类别	获奖年份	授奖部门(地区)	生产企业
云阳特富粉	优质产品奖	1990	江苏省	丹阳面粉厂
容牌 45 度容酒	优质产品奖	1990	江苏省	句容县酒厂
金山牌镇江香醋	省级名牌产品	1995	江苏省	镇江恒顺酱醋厂
金山牌酱菜	省级名牌产品	1996	江苏省	镇江恒顺酱醋厂
金山牌酱油	省级名牌产品	1997	江苏省	镇江恒顺酱醋厂

第三节　主要企业

一、市属食品工业企业

1985 年,镇江食品工业市属企业有 22 家。其中市轻工局管理 2 家,分别是镇江罐头食品厂、镇江味精厂。市商业局管理 13 家,分别是镇江食品厂、镇江糕点一厂、谏壁糕点厂、镇江糕点三厂、镇江市牛奶公司、镇江肉类联合加工厂、镇江儿童食品厂、镇江恒顺酱醋厂、镇江恒大酱醋厂、镇江蔬菜制品厂、清真糕点厂、镇江食品二厂、镇江豆食制品厂。市粮食局管理 7 家,分别是:镇江面粉厂、镇江挂面厂、镇江市淀粉厂、镇江市粮油加工厂、镇江粮油食品二厂、镇江市面食制品厂、镇江市面包厂。2005 年,22 家企业中,恒顺酱醋厂改制为国有资本控股的股份有限公司。镇江罐头食品厂、镇江糕点一厂、镇江牛奶公司、镇江肉类联合加工厂、镇江儿童食品厂、镇江豆食制品厂共 6 家企业改制为民营企业,其余企业或被重组,或停产,或破产。

二、主要企业选介

江苏恒顺醋业集团　位于镇江市中山西路,是创建于 1840 年的老字号企业。1983 年,该企业固定资产 330 万元,年产值 794 万元。企业规模小,生产方式基本手工操作。2005 年,江苏恒顺醋业集团生产醋、酱油、酱菜和色酒等 200 多品种的系列调味品,是资产总额近 20 亿元的国有大型企业。是中国酱醋业中规模最大、经济效益最好、生产现代化水平最高、产品市场覆盖面最广的“中国醋王”。恒顺商标是中国驰名商标。恒顺集团控股的江苏恒顺醋业股份有限公司是中国醋业首家上市公司。同年,公司销售收入 3.95 亿元,完成工业增加值 1.59 亿元,利税 5848 万元。

中盛粮油工业(镇江)有限公司　位于镇江市谏壁镇粮山村。成立于 2000 年,2001 年投产,主要经营食用油加工、销售、中转及储存。2005 年,实现产值 11.23 亿元,销售收入 9.55 亿元,纳税 9179.77 万元。

图 14-16　江苏恒顺醋业集团(2008 年摄)

健力宝(镇江)饮料有限公司　位于镇江经济开发区。1995 年由华东制罐总厂与香港美斯公司、广东健力宝集团有限公司合资组建。拥有两条 575 罐/分钟,一条 200 罐/分钟碳酸饮料易拉罐灌装线,一条 150 箱/分钟碳酸饮料 DEJ 塑料瓶灌装线,一条 450 桶/小时5加仑桶装饮用纯水生产线和一条3万瓶/小时600毫升小瓶装饮用纯净水生产线，年产12万吨碳酸饮料和10万吨饮用纯净水。2001年，实现产值3.8亿元，产品销售收入3.2亿元，利税2919万元。

龙山鳗业联合公司　（参见第十五卷第一章第四节第二目主要企业选介）

2005年镇江市食品工业主要企业基本情况一览表

表14-46

企业名称	主要产品	固定资产（万元）	隶属关系	实现产值（万元）	利税总额（万元）
江苏恒顺集团	醋、酱油、酱菜	197327	市属	32619.00	5848.00
江苏恒丰集团	醋	10833	区属	28785.00	1453.00
龙山鳗业联合公司	烤鳗	186650	乡镇	198400.00	6070.00
中盛粮油工业（镇江）有限公司	-	1850 万美元（投资）	乡镇	95546.50（销售收入）	1920.95

第十一章　船舶　汽车工业

1983年，镇江的船舶、汽车制造业在国内同行业具有较高知名度，在江苏省内具有重要地位。船舶制造业主要生产内河船舶和锚链、柴油机、螺旋桨、甲板设备等船舶配套设备。汽车制造业主要生产轻型系列汽车、冷藏保温车等整车和汽车钢圈、汽车铸造件。1983～2005年，镇江船舶制造业依托科技进步，不断推进产品结构调整升级，实现持续稳定发展和提高。镇江中船设备公司成为国内重要的船舶配套产品生产基地；镇江船厂成为特种港作船舶生产基地；索普船厂生产海运货、油轮船，使镇江船舶制造由生产内河船舶发展到远洋轮船。1998年前，镇江汽车制造业的主要企业镇江汽车工业公司及所属企业由于市场竞争激烈、管理体制不顺等原因，发展受到一定影响。1998年以后，外资企业、乡镇企业异军突起，国有企业与民营企业合资重组，使镇江汽车工业实现较快发展。精工集团镇江汽车制造有限公司形成一定规模；冷藏保温汽车不断开发新品种；汽车配件制造业拥有全国同行业最大的汽车缸体铸造企业，成为国内知名的汽车缸体、铸件生产基地；其他汽车配件产品形成门类、品种众多的生产群体，依托制造业兴办的汽车灯具市场在国内具有较高知名度。

第一节　发展概况

一、船舶工业

1985年，镇江船舶工业集中在市区。有船舶工业企业11家，工业产值7996万元。其中船舶修造企业4家，船舶配套产品企业7家。按隶属关系分，镇江船舶修造厂是江苏省属船舶工业企业中建厂最早、装备齐全的骨干船厂；镇江锚链厂、镇江船用柴油机厂、镇江辅机厂、镇江螺旋桨厂、镇江润州造船厂属中国船舶工业总公司管辖；谏壁船厂、镇江船用动力机厂等4家造船及船舶配套产品企业由镇江市船舶工业公司管辖。同年，全市船舶工业企业共造船96艘计19011吨，主要产品为5000吨级以下的中小客货轮、推拖轮、货驳及其他特种船舶。船舶配套产品有直径82毫米以下电焊闪光锚链，直径6米、净重20吨以内各种类型螺旋桨，功率330～3970千瓦中速柴油机和万吨级各类船舶配套的甲板机械以及舾装件。1985年，市区11家船舶工业企业拥有固定资产净值8553万元，职工5605人（工程技术人员464人），实现工业总产值7996万元，利税总额1788万元。主要产品为造船113艘、计28987吨，锚链5059吨，6L28/32型柴油机4台。镇江锚链厂是全国最大的闪光电焊锚链生产厂，先后有2个锚链产品获国家银质奖，1个产品获全国科学技术大会奖，7个产品获部、省优质产品奖。镇江船厂累计生产13艘2640马力拖船，4艘800客位长江客船和中国第一艘水质监测船“长清号”，并研制开发2×1500吨级顶推船队，长江口和沿海双体客船等一批有影响的船舶，成为交通系统有一定地位的内河船舶制造厂。市属四县有造船企业4家，固定资产原值693万元，职工415人，实现工业产值718万元，利税92万元。

“七五”期间，1986年，镇江船厂承接国家重点项目——万吨级救捞工程船“芝罘号”。引进国际技术开发全回转港作拖船。1987年，生产3艘2×900千瓦全回转拖船。镇江船舶工业公司及所属国有企业于1988年划归首都钢铁公司，改名为首钢镇江船舶工业公司，继续行使地方政府部门的管理职能并代管中国船舶工业总公司在镇江的5个部属企业和市属地方集体企业。1989年，上海船舶工业公司驻镇江办事处（简称沪船办）成立，中国船舶工业总公司直属5个企业划归上海船舶工业公司，由沪船办管理。1990年，全市造船工业8家主要企业（中船属5家、省属1家、市属2家）实现工业总产值1.68亿元。其中中船属企业1.09亿元，省属镇江船厂0.32亿元，市属企业0.27亿元。

“八五”期间是镇江船舶工业较快发展时期。1991年，首钢镇江船舶工业公司下属5个工厂，实现工业总产值6429.2万元，销售收入6191万元，利润309万元。首钢镇江谏壁船厂承建两艘中国自行设计、国内最大吨位的3000吨自航自卸煤船，并组建首钢镇江起重设备厂，承接建造75吨以下的起重行车业务。沪船办所属5个国家大中型企业，拥有固定资产原值9230万元，实现工业总产值13490万元，利税1713.3万元。江苏润州造船厂生产的货舱盖质量达世界先进水平，为上海沪东造船厂承接的德国公司货轮“柏林快航号”制造船舶货舱盖721吨，最大的一块达30吨左右，全部验收合格。该厂建造的两艘RZ—20型申崇线（上海至崇明）车客两用渡船获中国船舶工业公司新产品奖。镇江船用柴油机厂引进德国先进技术生产L23、L28两个系列中速柴油机，通过技术消化、吸收，国产化率分别达到90%、80%。L23/30柴油机被评为中船公司优质产品，6L28/32中速机被国务院生产办列为国家级重点新产品。该厂与江苏计算机研究院共同研制MNC无靠模凸轮轴磨床，填补国内微机数控凸轮轴磨床空白，获国家专利证书，并获中船公司科技进步三等奖。镇江船舶辅机厂研制成功自由降落式救生艇降放装置，是代表国际20世纪90年代先进水平的海上救生撤离装置。镇江船舶螺旋桨厂试制成功直径6米的万吨级螺旋桨和国内首家制造的ISO 484S级特高精度螺旋桨，具备年产12只万吨级螺旋桨的生产能力。镇江锚链厂自筹1000万元，进行技术改造，达到为30万吨级船舶生产配套锚链的技术水平，年产量达1.25万吨，生产能力居亚洲第一，进入世界制链5强行列。三山牌AM3级闪光电焊锚链连续两次获国家银奖后，1991年又获国家金奖。镇江船厂拥有千吨级室内船台4座，半坞式7000吨级船台1座，以及微机切割、钢板预处理等设备600台/套，职工1450人，其中专业技术人员200余名。计算机在船舶辅助设计、生产设计上的应用水平居全国同类型地方船厂领先地位。同年，实现产值5406万元，销售收入4028万元，利税238万元。年造船32艘/8851综合吨。产品主要是全回转系列船舶和全液压绞吸式挖泥船两个系列产品，成为镇江造船业特色产品。建造中国第一艘万吨级海洋救捞工程船、3000吨级顶推船组、现代港口供油船、全回转拖船等高技术含量船舶。绞吸挖泥船形成20～200立方米8个系列产品，累计生产100艘。1992年，镇江锚链厂兼并上海船用锚链厂和镇江润州造船厂后，合并组建镇江锚链总厂。占地面积18万平方米，建筑面积13万平方米，拥有固定资产7539万元，职工2010人。同年，镇江锚链总厂以造船分厂与美国苏美达国际有限公司合作组建苏美达船舶工程公司。该厂的锚链调质热处理生产线及生产工艺获中船公司科技进步一等奖。镇江船用柴油机厂生产2台6L28/32中速柴油机，国产化率达73.9%，节汇71.4万美元。L23/30系列柴油机通过中国船级社的型式认可，是中国船舶工业总公司引进中速柴油机中第一个通过型式认可的机型。船舶辅机厂研制生产海上石油钻井平台艇架装置10余台。首钢谏壁船厂承建的两艘3000吨自航自卸煤船交付使用，获江苏省优秀新产品金牛奖。同时，中国自行设计、并为国际旅游船协会认可的第一艘豪华旅游船由该厂开工建造。船用动力机厂年产3000吨钢丝绳项目建成投产。首钢起重设备厂（1991年投资组建）成为江苏省取得安全认可最大吨位桥式起重机生产企业。镇江船厂建造的大运河上最大的顶推船组（2×1500吨级）获省科技进步奖，全回转消防拖船、全回转港作拖船获国家级新产品证书。1993年，锚链总厂组建正茂实业总公司。该公司是职工投资，股本总额600万元的股份合作制企业。同年，镇江锚链总厂生产的大规模锚链获中、英、美、德、意、韩、法、挪威、日本9国船级社认可。镇江船用柴油机引进德国公司L23/30、L28/32两系列中速机生产许可证以来，总产量逾百台，又引进该公司具有国际先进水平L23/30A、L28/32A型中速机，拓宽产品市场覆盖面。镇江船厂开发生产大功率曲臂消防船，是国内首次开发成功的功率大、功能全、经济性能好的海港消防船，主要技术性能达到国际同类型消防船水平，填补中国大功率消防船空白，可替代进口和出口创汇。至此，该厂开发生产出全回转拖船、全回转消防船、环保拖船、中舵桨拖船、CPP消防拖船、多用途港监船、汽车渡船、破冰拖船等系列产品，由生产内河、长江船舶转型为生产海洋船舶为主；由生产运输船舶转型为生产海洋工程船舶为主。1994年，正茂集团成立，核心企业正茂集团有限公司（镇江锚链总厂）是拥有18家子、分公司的国家大二型企业，集团产品有船用锚链、造船、特种钢等，并经营房地产、进出口贸易等业务。同年，正茂集团有限公司实现锚链产量2.3万吨，造船1.14万吨，销售2亿元，利税2500万元，创汇1100万美元。首钢镇江谏壁船厂建造的“黄鹤号”旅游船下水，是国内生产的最大最豪华长江旅游船。镇江船厂研制成功总长80米的两异型全回转汽车渡船，是中国汽车渡船中最先进产品。1995年，沪船办有国家大二型企业正茂集团有限公司，国家中二型企业镇江船用柴油机厂、镇江船舶辅机厂，小型企业镇江螺旋桨厂，以及中外合资镇江锚链有限公司，中外合作苏美达船舶有限公司6家企业，固定资产原值1.98亿元，职工3423人，其中高级工（六级以上）324人，技师14人，技职人员762人，占职工总数34.1%。技职人员中，高级技职人员60人，中级252人。同年完成工业总产值2.58亿元，销售收入3.56亿元，利税总额2839万元。出口产品供货值1.53亿元。主要产品中，大规格锚链研制成功，锚链产量从1990年9751吨提高到年产2.6万吨。船用铜质螺旋桨最大直径扩大到8米。船舶甲板机械——自由抛落式救生装置，填补国内空白。引进德国船用中速柴油机国产化率达85%。同年，首钢镇江船舶工业公司有首钢镇江谏壁船厂、首钢船用动力机厂、首钢镇江起重设备厂、首钢镇江钢丝绳厂、新镇外轮航次修理厂5家工业企业。固定资产原值4000万元，拥有各种设备379台（套），职工1454人，各类专业技术人员216人，占总数14.86%，其中高级职称9人，中级职称56人。完成工业总产值6019万元，销售6625万元，利税492万元，外贸供货1098.9万元，产品有高新特种船舶、起重机械、纺织机械及各类通用机械、钢丝绳、辅助机械设备等。同年，首钢镇江谏壁船厂建造36吨抓斗浮吊船，填补国内空白。同年，镇江船厂有固定资产原值5444万元，实现工业产值1.04亿元，利税515万元，在江苏省科委、省统计局联合排出的制造业大中型工业企业科技综合实力百强企业中排名76位，是全省造船企业中唯一入围企业。该厂建造的中国第一艘全回转多用途环保拖船“厦环拖一号”由中央电视台晚间新闻中重点介绍。为新加坡建造的3艘全回转拖船，是国内首次建造的舵桨装置放船中底下的船型。

“九五”期间，引进技术、自主创新又有新提高。1996年，上海船舶工业公司撤销驻镇办事处。镇江船用柴油机厂、镇江船舶辅机厂、镇江船舶螺旋桨厂进入正茂集团。该集团隶属中国船舶工业总公司，下辖子、分公司达21家。同年，集团公司完成自营出口1100万美元，成为镇江市首家突破自营出口千万美元的企业。同年，因首钢内部计划调整和主产品市场萎缩，造成首钢镇江船舶工业公司经营严重困难，销售仅占年计划三分之一。当年销售额的92.2%（3000多万元）都是公司承揽的社会市场产品。全公司经济效益较上年有较大幅度下降，利税总额为－750.6万元，其中利润－820.8万元，首次出现全公司亏损。同年，镇江船厂研制的两翼梭形全回转汽车渡船获国家实用新型专利权，性能达国内领先水平。为厦门港务局生产的港口环保船是中国第一艘该类型船舶。挖泥船共开发出抓斗式、链斗式、绞吸式、斗轮式、刀轮式5种类型。其中斗轮式挖泥船功能与荷兰生产的“小海狸”相当，具有国内领先水平。1997年，首钢将总公司为单一法人统一管理的管理模式改变为多法人组成的以资产为纽带的母子公司体制，首钢镇江船舶工业公司为首钢总公司的全资子公司，所属谏壁船厂、船用动力机厂恢复法人资格。1998年，由于首钢连续5年来基本没有向首钢镇江船舶公司投入技改资金，企业设备老化，技术落后，难以适应市场竞争需要，主要企业谏壁船厂除承接少量行车、钢结构件和修船任务外，未承接新的造船订单，基本处于半停产状态，其他企业生产任务也不足，钢丝绳厂、起重设备厂全面停产。公司完成总产值1029万元，亏损1027.8万元。同年，镇江船厂的特种船舶修造基地项目列入国家二期技改项目。在银行专项贷款未能及时到位情况下，企业自筹资金，加快基地建设进程，完成土地征用、万吨级船台闸门墩、闸门及江堤工程。1999年，中国船舶工业总公司改组为中国船舶工业集团公司，驻镇江各船舶配套企业划入中国船舶集团公司。2000年，正茂集团拥有固定资产原值3.45亿元。职工总数7853人，其中各类技术人员670人。实现工业总产值3.12亿元，销售收入3.57亿元，利税1453万元，出口创汇1807万美元。其中自营出口1144万美元，主要产品中R4系泊链被列入国家火炬计划，超大规模锚链被列为国家级重点新产品，与中海石油公司签订首批R4系泊链合同。5123/30H中速柴油机被列入国家级重点火炬计划，L16/24中速柴油机被列入省级火炬计划项目，6128/32H中速柴油机被评为省级高新技术产品。船用柴油机厂以出口船舶为主要销售市场的同时，全面开拓陆地用柴油机、军品柴油机及内需船舶等市场。同年，承接柴油机合同超百台。船舶辅机厂生产的具有国际先进水平的自由降落式救生艇降放装置，自1991年生产国内首台以来，截至2000年，累计生产120台套，并研制成功救助艇降放装置，打破欧洲国家对该产品垄断，当年接订单13台(套)。PL型平台吊艇架被列为省级高新技术产品，仅浦东外高桥船厂项目的合同值733万元，创单笔合同历史记录。螺旋桨厂开拓大桨产品，承接合同超过50只，刷新历史记录。同年，首钢镇江船舶工业公司所属钢丝绳厂、超重设备厂同时被注销，债务、职工分别由镇江船用动力机厂和镇江谏壁船厂安置、清理。公司下属工业企业减少为3家。固定资产原值5953万元，工业产值1219万元，销售收入1280万元，利税－578万元，利润－603万元。同年，首钢公司先后预借300万元，省、市财政也给予支持，维持濒临破产企业职工生活保障。同年，镇江船厂固定资产0.64亿元，实现工业产值1.57亿元，利税529万元，出口创汇682万美元。为秦皇岛港建造国内第一艘可变螺旋桨“秦港21号”全回转拖船，为上海宝钢和宁波港务局建造亚洲功率最大的5200马力全回转拖船。为英国公司建造的多功能可变吃水集装箱船通过省级新产品技术鉴定，该船是集装箱船只技术含量较高的产品，制造水平国内领先。为埃及海军建成2艘多功能60米远洋救助拖船，是国内建造的作业功能最多的远洋多用途拖船。设计无人机舵、自动操舵、计算机适时监控，设置可变螺旋桨、船侧推、深潜水装置、拖绞设备，配备最先进的水下摄影系统、卫星定位和卫星导航设备。截至

图14-17 镇江船厂全景(2005年摄)

2000 年,镇江船厂累计建造 14 种特种船:(1)中国第一艘长江水质检测船——长清号;(2) 中国第一艘多功能远洋救助打捞船——芝罘号;(3) 中国第一艘双泥泵串列斗轮挖泥船(获国家级奖);(4) 中国第一艘多用途全回转多用途港监船——东海特 02 号(国家级奖);(5) 中国第一艘大功率曲臂塔型全回转消防拖船——"甬港消拖 1 号"(国家级奖);(6) 中国第一艘两翼梭型全回转汽车渡船——江苏路渡 3001 号(国家级奖,国家发明专利,实用新型专利);(7) 中国第一艘全回转环保拖船——厦环拖 1 号;(8) 中国首次采用动态连续称重原理研制成功的混合流体管道测量仪器——两相仪(国家级奖,国家发明专利);(9) 中国首次采用中舵桨装置出口新加坡的全回转拖船——"STEADY";(10) 中国首次出口韩国的机动船——"新空港 1 号"车客渡船;(11) 中国最大功率的全回转拖船——亚洲一号;(12) 中国首次向中东地区出口的全回转拖船——"ALALLIAH"号;(13) 中国第一艘采用 CPP 桨的全回转消防港作拖船——"秦港 21 号";(14) 中国第一艘港作破冰拖船——"北方一号"。

"十五"期间,镇江船舶工业加速企业改制。2001 年,正茂集团有限责任公司实施债转股改制,中国船舶工业集团公司持股 45.1%,中国东方、信达、华融三家资产管理公司持股 54.9%。同年,镇江船用柴油机厂,镇江船舶辅机厂,镇江船舶螺旋桨厂合并组建镇江中船设备公司(国有独资)。经中国船舶工业集团公司授权,镇江中船设备公司对债转股改制后的正茂集团有限公司代行其股东权。镇江船用柴油机厂在中船集团公司所属中速柴油机行业中,产量、销售、效益名列第一,船舶配套出口市场占有率达 30%,被科技部认定为第二批火炬计划重点高新技术企业。镇江锚链厂年产锚链 3.06 万吨,创该厂锚链产量历史新高,新开发的石油平台系泊链出口交货 2000 吨。镇江船舶辅机厂新开发超大规格重力跨甲板救生系统,潜水钟吊放系统两个填补国内空白的新产品,被认定为江苏省高新技术企业。同年,谏壁船厂依法破产。江苏索普集团以 1843 万元购得该厂 6 万平方米的划拨土地使用权和实物资产。同年,首钢再次拨款 378 万元,市政府给予支持,保障首钢船舶公司下属停产、破产企业职工生活。镇江船厂已累计建造 65 艘全回转拖轮,建造国内最大的 350 立方米斗轮式挖泥船。2002 年,镇江船用柴油机厂新增 21/31、27/38 两个系列最新技术柴油机产品,年产柴油机 100 台,其中出口 59 台,创国内单家中速柴油机厂产量最高纪录。镇江船舶辅机厂开发船用 5 吨×15 米、4 吨×4 米、4 吨×12 米、1 吨×18.5 米液压全回转起重机和 300 千瓦电动锚绞车、液压万向试验台、单臂式高速救助艇降放装置等新产品。同年,镇江船厂由 1951 年建厂以来生存、发展的北固山下老厂区搬迁到新厂区。搬迁工作用 9 个月时间,通过建一个、拆一个、搬一个的方法,没有停产一天,当年经济效益创最优业绩。2003 年,镇江船舶螺旋桨厂与荷兰瓦锡兰公司合资兴建镇江中船瓦锡兰螺旋桨有限公司,注册资本 7000 万元,中方占 45%,荷兰方占 55%。2004 年,镇江船厂、镇江船舶电器厂改制为民营企业。镇江船厂改制后继续保持良好发展势头。同年,改建国内最大的大件运输专用船。该船由两艘 1200 吨级驳船拼接而成,改建后船长 68 米,载货平台面积为 58 米×26 米。为新加坡建造一艘多功能、高标准的现代化特种海洋工程船。2005 年,镇江中船设备公司固定资产原值 5.1 亿元,职工 2202 人,专业技术人员 470 人,其中高级技术人员 70 人,中级技术人员 136 人,技师 33 人,高级技师 15 人。完成工业总产值 9.98 亿元,销售收入 9.2 亿元,利税 6198 万元。利润 1731 万元,自营出口 3199 万美元。主要产品柴油机年产 37 台/23.49 万千瓦;锚链 4.22 万吨,其中系泊链 7738 吨。公司所属镇江船舶辅机厂与南京绿洲机器厂实现重组改制,成立南京中船绿洲机器有限公司。镇江锚链厂和镇江船用柴油机厂均通过国家火炬计划重点高新技术企业复审。继 128/32、5123/30、L16/24 中速柴油机后,121/31 中速柴油机又被列为国家重点新产品。同年,该公司引进韩国现代重工发电机制造技术,总投资 1500 万美元的现代发电设备有限公司在镇江新区开工建设,一期工程将形成年产船用发电机 400 台/50 万千瓦生产能力,二期工程将达到年产 800 台生产能力。镇江船厂有限责任公司全回转系列产品在国内市场占有率达 50%,30 多个产品分别获省、部级荣誉称号。同年,产值 4.49 亿元,产品销售收入 2.77

亿元,利税 1760 万元。江苏索普集团 2001 年收购谏壁船厂,改为索普船厂。同年,与意大利、希腊、新加坡等国用户签订 7 条船的造船合同,总金额 5000 多万美元。同年,该厂建造的全市第一条万吨级出口油轮“玛丽亚·科索里奇”号成功下水。

1983～2005 年镇江市船舶工业主要经济指标一览表

表 14-47

年份	企业数(家)			工业总产值(万元)			销售收入(万元)			工业增加值(万元)			利税总额(万元)			固定资产(万元)			职工人数(人)		
	中船	市船	省船	中船	市船	省船	中船	市船	省船	中船	市船	省船	中船	市船	省船	中船	市船	省船	中船	市船	省船
1983	5	4	1	4127	2002.0	1557.83	2002	-	-	-	-	-	486.0	-	266.22	4397	-	1249.70	2948	-	1226
1984	5	4	1	5373	-	2233.75	3250	-	-	-	-	-	773.0	-	370.38	5420	-	1377.00	3026	-	1262
1985	5	4	1	6247	1008.0	2661.00	4786	-	-	-	-	-	1459.0	-	249.00	6387	593.0	1535.00	3039	971	1255
1986	5	4	1	5081	1350.0	2460.00	3967	1387.0	-	-	-	-	980.0	-	273.00	6542	-	1541.00	3081	-	1274
1987	5	4	1	7492	-	2808.90	5136	-	-	-	-	-	828.0	-	221.00	6894	-	1660.80	3214	-	1243
1988	5	4	1	8304	-	3003.67	5395	-	-	-	-	-	822.0	-	204.00	7998	-	1716.94	3240	-	1211
1989	5	4	1	9065	-	3050.90	7068	-	-	-	-	-	1174.0	-	83.90	9296	-	1760.38	3317	-	1191
1990	5	4	1	10880	2700.0	3222.60	11420	-	-	-	-	-	1582.2	-	172.25	9846	-	1835.00	3523	-	1211
1991	5	4	1	13490	6429.2	4184.70	11858	6191.0	4028	-	-	-	1713.3	309.0	238.00	9230	-	1881.00	3234	1782	940
1992	4	4	1	19460	4899.6	6719.70	17645	5147.2	-	-	-	-	2281.6	-	290.00	12175	2034.7	2027.00	3712	1465	1123
1993	4	4	1	24500	4245.7	8467.00	32000	4951.4	-	-	-	-	3273.9	-	183.00	13905	2178.0	2947.00	3842	1487	1067
1994	4	4	1	25800	6323.9	11338.20	30500	7406.4	-	-	-	-	2877.1	1000.0	278.00	16050	2462.0	5208.00	3180	1485	1227
1995	4	5	1	25800	6019.0	10422.70	35600	6625.0	-	-	-	2293	2839.0	492.0	515.00	19840	4000.0	5444.00	3423	1454	1126
1996	4	5	1	24200	2428.3	12959.20	38300	2318.6	-	8600	-	-	3265.0	-750.6	449.80	28154	6442.0	6129.00	3049	1309	1310
1997	4	5	1	28256	2422.1	10695.00	44861	2772.5	-	9311	281.7	-	2851.0	-664.1	443.00	27473	6161.4	6130.00	3151	1226	1010
1998	4	5	1	30750	1029.0	11595.00	46438	1169.7	-	9984	-	-	2985.0	-931.2	421.90	33625	6206.6	6051.00	2982	1143	976
1999	4	5	1	29867	1827.7	13509.00	37416	1386.9	5468	8991	-	-	2409.0	-616.5	599.00	35457	6131.6	6417.00	2929	1042	894
2000	4	3	1	31200	1219.0	15658.00	35700	1280.0	6506	8779	-	-	1453.0	-578.0	529.00	34500	5953.0	6418.00	2853	806	837
2001	4	2	1	38000	755.5	18095.00	39300	1203.3	7352	9735	-	-	2218.0	-326.7	-	33800	2759.9		2838	514	-
2002	4	-	1	46900	-	20000.00	42000	-	13200	10600	-	-	1734.0	-	-	40000	-	-	2777	-	-
2003	4	-	1	54800	-	23500.00	49500	-	15500	11600	-	-	2477.0			43300	-	-	2690	-	-
2004	4	-	1	67100	-	30526.00	70700	-	22439	14600	-	-	5008.0	-	-	45000	-	35080.00	2111	-	911
2005	4	-	1	99800	-	44858.00	92000	-	27724	20400	-	-	6198.0	-	1760.00	51000	-	-	2202	-	820

说明:“中船”指中国船舶工业公司所属企业,“省船”指江苏省镇江船舶修造厂,“市船”镇江市船舶工业公司所属企业

二、汽车工业

1985 年,镇江市成立汽车工业公司,下辖镇江汽车制造总厂、镇江冷藏汽车厂、镇江汽车钢圈厂、镇江汽车铸件厂、镇江汽车配件厂 5 家企业,拥有固定资产原值 2961 万元,职工 3056 人,实现产值 5778 万元,利税 1354 万元。其中镇江汽车制造厂是江苏省继南京汽车制造厂之后成立的生产汽车整车的企业和国家计划内 67 家定点生产汽车的企业之一。主要产品为轻型系列汽车,有军用、民用两大类 13 个品种,年产轻型系列汽车 794 辆,汽车底盘 168 辆。其中轻型载货汽车 405 辆,列全国同行业 15 位;轻型越野车 221 辆,列全国同行业第三位。冷藏保温车有 9 个品种,形成 0.5～8 吨的产品系列,年产 360 辆,占全国同类产品的 2/5。汽车配件有:汽车钢圈 15 个品种,年产 14.75 万套;汽车铸件 40 个品种,年产 4043.9 吨;车架座椅及车厢铁件年产 285 万件。同年,全市乡镇工业交通运输设备制造业(主要是汽车及配件制造业——下同)有企业 114 家,职工人数 8695 人,实现工业总产值 1.1 亿元。

“七五”期间,镇江汽车工业加速产品结构调整。1988 年,撤销汽车工业公司,所属企业划归市机械工业局。1989 年,以原汽车工业公司所属企业为主体成立镇江汽车股份有限公司。同年,镇江汽车工业加速产品结构调整、升级,开发一批新产品。镇江汽车制造厂开发试制供沙漠地区使用的 1 吨级大马力柴油越野汽车。冷藏汽车厂生产的冷藏、保温汽车不但在三项国际招标中击败日本、法国、意大利等多国厂商,而且被国家重点项目亚运会指定为专用车,并获中国汽车工业总公司冷藏车系列产品优秀奖。汽车钢圈厂三种主要产品获江苏省优质产品称号,为全国 10 多家主机厂配套。1990 年,全市有汽车及汽车配件生产企业 116 家,职工 23160 人,实现工业产值 2. 53 亿元,其中镇江汽车股份有限公司有固定资产原值 6282 万元,产值 8126 万元,销售收入 1. 1 亿元,利税 223 万元。

“八五”期间,镇江汽车股份有限公司及所属国有企业于 1991 年划归中国汽车工业总公司(简称中汽总公司),由中汽总公司委托南京汽车工业公司管理。同年,由于主产品军用越野汽车及 220、120 系列民用车式样陈旧,质量不高,产品市场逐年萎缩,公司出现亏损。1992 年,扩大适销对路产品,生产汽车和底盘 3542 辆,冷藏、保温车 756 辆,汽车钢圈、车桥、车架等汽车配件大幅度增长。1993 年,公司开发新品 10 项,6480 客车底盘取得明显的市场效益。同年,生产冷藏、保温车 700 辆,轻型车及底盘 818 辆,钢圈 44. 29 万套,汽车铸件 5400 吨,汽车配件 383. 25 万件。实现产值 2. 14 亿元,销售收入 2. 7 亿元,利税 779 万元。1994 年,镇江汽车制造厂拥有固定资产 1599 万元,主要生产设备 360 台,职工近千名,各类专业技术人员 150 人(高中级专业技术人员近 5%),产品形成四大系列,20 多个品种,主要产品有 2040 型系列轻型越野汽车及底盘、1041 型载货汽车及底盘、6650 型汽车、柴油车及底盘、6480 小型客车及底盘。产品覆盖近 20 个省、区,实现工业产值 1. 16 亿元,销售 1. 16 亿元,利税 513 万元,跨入汽车行业中型企业行列。被市委、市政府列为 17 家经济新增长点企业之一。同年 10 月,镇江汽车制造厂生产出建厂以来第 5000 辆汽车。镇江冷藏汽车厂和中国汽车工业投资开发公司、中国食品工业总公司共同投资组建镇江飞驰集团有限公司。镇江汽车钢圈厂改制组建为集科、工、贸为一体的镇江金环集团有限公司。同年,乡镇工业企业生产的汽车灯具占全国产量 15%,依托制造业兴办的专业市场华东灯具城在国内具有一定知名度。1995 年,全市有汽车及汽车配件生产企业 110 家,固定资产 2. 82 亿元,实现产值 12. 42 亿元,利税 5231 万元。镇江汽车股份有限公司有企业 6 家(镇江汽车制造厂与新成立的镇江农用车厂两块牌子一套班子),按所有制划分,国有企业 3 家(直属中汽公司)、集体企业 3 家(镇江市委托中汽代管),按企业规模划分有大中型企业 3 家(集团性公司 2 家)、小型企业 3 家。所属企业拥有固定资产原值 1. 28 亿元,净值 7028. 7 万元,拥有各类主要设备 809 台(套)其中,大型设备 82 台(套),进口设备 9 台(套)。职工 3419 人,其中工程技术人员 556 人。主要生产制造 1 吨级(军、民用)轻型越野车及底盘、民用改装车、农用车和多种零配件。全公司完成工业总产值 2. 36 亿元,销售收入 2. 91 亿元,实现利税 406 万元,主要产品产量为:整车及底盘 3906 辆、民用改装车 419 辆、汽车钢圈 41. 12 万套。外贸出口 800 万元。同年,全公司亏损 400 多万元,镇江飞驰集团、镇江金环集团也陷入亏损。同年,镇江汽车工业公司与南京汽车工业公司签订协议,加入跃进集团,公司所属企业除镇江飞驰汽车集团外,全部由跃进集团管理,产品纳入集团统一规划和分工。

“九五”期间,市属汽车工业发展停滞,外资企业、乡镇企业异军突起。1996 年,由于镇江汽车工业公司企业小而散,未能形成龙头产品,带动相关企业共同发展,形成规模效益。除镇江金环集团外,其余企业没有大的投入,工装设备老化,严重缺乏发展后劲。主导产品中,6480、6650 型汽车及底盘由于第一汽车集团介入,原有市场萎缩,全年仅生产 890 辆;冷藏保温车由于冰熊、考克尔、天云等一批企业崛起,原有不大的市场更加狭小,销售量较大下降;汽车钢圈、民用改装车产量也大幅下降。全系统 6 家工业企业全部亏损,亏损总额 1659 万元。同年,镇江农用汽车厂经国家有关部门行业检查,成为全国新增的 7 家农用车企业之一。主导产品跃进——奔康系列 6 个品种农用车列入国家农用车产品目录。同年,生产农用车2183辆,成为跃进集团内农用车定点厂家销量第一的企业。1998年,镇江农用汽车厂与江苏跃进汽车集团公司合资,成立由跃进汽车集团控股的江苏跃进汽车集团镇江农用车有限责任公司。同年,重新理顺镇江汽车工业公司体制,改变过去中汽公司"管"又不管,南汽"代"而不代的体制,确定镇江汽车工业公司直接由中汽总公司管理,与镇江市政府共建镇江汽车工业公司。同年,西班牙外商投资2430万美元建立的镇江银峰铸造有限公司建成投产,年产汽车中小型铸件1.6万吨。中意合资华东泰克西项目奠基兴建,该项目投资6.71亿元,年产98.5万只汽车发动机缸体,是中国汽车行业最大的铸造项目。2000年,镇江汽车制造厂开发的农用车因市场竞争激烈,发展受到限制,产量降到9000台,增亏70多万元。全公司销售收入1.25亿元,亏损1250万元,职工2716人,其中在岗职工1936人。公司固定资产原值1.2亿元,净值8660万元,主要生产设备189台。同年,全市乡镇工业交通运输设备制造业有企业134家,职工9798人,工业产值18.1亿元,销售收入16.7亿元。

"十五"期间,是镇江汽车工业快速发展时期。2001年,华东泰克西项目试产,实际投资8088万美元,专业铸造轿车、轻型车发动机缸体。同时竣工投产的还有法国美驰轻型车系统有限公司独资建立,总投资1000万美元的镇江美驰轻型车项目,主要生产汽车门锁、电控器、玻璃升降器等汽车零部件。同年,生产门锁65万只,电控器230万只,玻璃升降器100万只,产品70%外销,年销售额2800万美元。2002年,镇江汽车制造厂与浙江精功集团、苏州益高电动车制造有限公司、苏州益高优利卡车辆有限公司合资组建镇江汽车制造有限公司,注册资本5000万元,主要生产大中型客车及底盘。镇江汽车铸件厂改制为由原主要经营者持大股的民营企业镇江汽车铸造有限公司。2004年,日本凯迩必工业株式会社独资,总投1440万美元的凯迩必机械工业项目竣工,年产汽车减震器100万只。至此,全市汽车工业形成以华东泰克西、阿文美驰、银峰铸造、凯迩必、卡布莱特、特耐斯电碳、阿雷蒙等企业组成的汽车配件生产群体,生产汽车发动机缸体、铸造件、汽车门锁、电控器、玻璃升降器、门把手、驱动器、汽车排汽系统、汽车减震器、专用电缆、专用碳刷、专用紧固件、内饰件等汽车零部件产品,技术上与国际水平同步。同年,镇江汽车制造厂实施搬迁,新厂址位于镇江新区丁卯开发区,新厂具备年产跃进农用车1万辆,车架2.5万辆(供南京汽车公司),自卸车货箱5000辆及神野牌轻型车500辆生产能力。2005年,中国精功集团(浙江)为投资主体,新建精功镇江汽车制造有限公司。一期工程总投资3亿元,建成总装、涂装、焊装三大工艺生产线及国内一流水准的检测线,高等级的专用试车场。年生产能力为各类载货汽车1万辆,6~12米系列客车2000辆。总投资20亿元的二期工程项目已启动,主要生产4大类,8大系列轻、中、重型载货汽车及底盘。同年,全市有汽车行业企业148家,工业产值76.36亿元,产品销售收入72亿元,利税4.63亿元。其中乡镇工业有交通运输设备制造企业37家,工业总产值6.8亿元,产品销售收入6.6亿元,利税1.6亿元。

1991~2005年镇江市汽车工业主要经济指标一览表

表14-48

年份	企业数(家)	工业总产值	利税总额(亿元)	固定资产(亿元)	职工(人)
1991	58	2.33	0.28	-	45897
1992	59	4.49	-	0.30	8997
1993	86	8.94	-	1.55	14447
1994	104	13.47	0.44	1.77	15091
1995	112	12.42	0.52	2.82	13703
1996	81	16.46	0.45	1.68	13171

续表 14-48

年份	企业数(家)	工业总产值	利税总额(亿元)	固定资产(亿元)	职工(人)
1997	79	17.40	0.61	2.05	112708
1998	54	18.66	0.66	1.87	14350
1999	54	21.43	0.99	2.08	12877
2000	53	19.93	1.08	1.80	6580
2001	65	21.02	–	–	–
2002	73	38.84	–	–	–
2003	98	42.27	–	–	–
2004	107	49.97	–	3.67	16691
2005	148	76.36	4.63	–	22168

第二节 主要产品

一、船舶修造

1. 客、货轮 1983 年,镇江船厂建造 800 客位和 1000 客位双体客轮各 2 艘,其中 1000 客位双体客轮获交通部内河优秀船型奖。1984 年,润州船厂建造 560 客位双体客轮 2 艘,首次将双体客轮用于沿海运行,获中国船舶工业总公司优秀产品奖。1985 年,镇江船厂累计生产 4 艘 800 客位长江客船和 1 艘长江水质监测船"长清号"。1988 年,润州船厂建造 1232 吨 RZ—20 车客渡船,用于上海至崇明岛车客渡线,获中国船舶工业总公司新产品奖。1992 年,谏壁船厂建造 3000 吨自航自卸船,该船系国内最大吨位自航自卸船,获江苏省优秀新产品金牛奖。1994 年,谏壁船厂建造中国第一艘四星级豪华旅游船"黄鹤号"。2005 年,索普船厂建成万吨级油轮"玛利亚·科索里奇号"。

2. 推、拖轮 1985 年,镇江船厂建造新型的功率 1764 千瓦"Z"拖轮和功率 1470 千瓦推轮各一艘。1987 年,建造大运河最大船队——3000 吨级顶推船组。该厂还建造过长江 2640 马力拖船,及 2×1000 马力长江顶推船,获交通部优秀船型奖和江苏省优秀新产品奖。

3. 特种船舶 1981 年,镇江船厂研制成 TYP——250D 型液压绞吸式挖泥船,1983 年获国家经委优秀新产品奖。1987 年,建成万吨级海洋救捞船"芝罘号",获优秀新产品奖。1987 年,建成首批 3 艘全回转(舵桨可在 0~360°范围内任意方向转动)港作拖船,逐步形成 2×600 千瓦、2×700 千瓦、2×1570 千瓦等全回转产品系列。其中 2×1570 千瓦全回转拖船是当时国内功率最大并具有破冰和Ⅱ类海区拖航的多用途船舶,达到国际 20 世纪 80 年代水平,1991 年获国家级新产品证书。截至 2001 年,共建造 58 艘全回转船。

1989 年,开发出斗轮式挖泥船,逐步形成抓斗式、链斗式、绞吸式、斗轮式和刀轮式 5 种类型,截至 2000 年已生产 180 多艘。

90 年代,镇江船厂先后研制生产大功率曲臂塔消防拖船,两翼梭型全回转汽车渡船,全回转环保拖船等特种港作船舶,成为镇江造船业特色。

二、船舶配套产品

1. 船舶主机 船舶主机主要由镇江船用柴油机厂生产。主要产品有 23、28 两大系列中速柴油机。该机型是引进德国公司许可证产品，性能具有20世纪80年代国际水平，是世界上应用最广泛的名牌柴油机之一。该厂通过对引进机进行技术消化、吸收和国产化工作，使23机国产化率达90%以上，28机达80%。1991年，L23/30柴油机被评为中国船舶工业公司优质产品。6L28/32型柴油机被国务院生产办列为国家级重点新产品。同年，该厂生产柴油机14台，功率9320千瓦。1998年，生产柴油机78台。2000年，实施国防科学技术委员会批复的中速柴油机生产线技改项目，总投资7537万元，新建数控加工车间和实验车间，购置先进加工设备，生产能力达180台/年。2003年，实施扩大生产能力改造项目（重大装备国产化国债二期项目）总投资9648万元，生产能力提高到400台/年。2005年，该厂生产柴油机237台，单机最大功率达6480千瓦，L21/31中速柴油机被评为国家重点新产品。

2. 船舶辅机　主要由镇江船舶辅机厂生产。主要产品有：锚机系泊绞车、船用回转起重机。1987年试制成重力吊臂式吊艇架。TSHB5/10—38CS起货机获中国船舶工业总公司优质产品奖。1991年试制成L型封闭艇吊艇架，获中船总公司科技进步三等奖。1995年，试制成自由降落式救生艇降放装置，获中船总公司科技进步二等奖。PL型平台艇架装置、FH型自由降落式救生艇降放装置获江苏省1999年高新技术产品称号。逐步形成船舶救生设备系列产品。主要型号有FH50、FH55、FH65、FH70等。2001年以后，自主设计开发LFR—30高速救助装置，20吨以下单臂回转艇筏吊架兼起重机、电动—液压回转起重机、平移式起重机、机舱行车等一系列新产品。2004年自主设计并批量生产3吨×12米、4吨×4米、5吨×11米、5吨×17.5米等液压起重机。2005年，开发新产品：500公斤手动吊、200公斤垃圾吊、直径46液压锚机、80节液压系泊绞车、100节液压绞盘、1吨汽动钢索绞车等。

3. 船舶螺旋桨　主要由镇江船舶螺旋桨厂生产。1983年生产第一只5000吨船舶螺旋桨。1987年制造出第一只直径5.7米的万吨级青铜螺旋桨。2002年，该厂具备制造直径10米，单重75吨大桨能力，成功浇铸一只毛重达50吨的特大型螺旋桨。2005年，一次同时浇铸7.2米和5.7米两只万吨级船用大桨。

4. 船用锚链　主要由镇江锚链厂生产。AM3级锚链继1981年被国家质量奖审定委员会评为金奖后，1985年又获国家银奖。企业形成船用锚链系列产品。2001年，试生产Φ146毫米R4系泊链，2002年生产R3Φ105毫米系泊链，该链条单根长912米，重220吨，是该厂有史以来生产单根最长最重链条。

三、轻型系列汽车

1983年，镇江汽车制造厂试制2J220C型双排座客货两用轻便越野车，载重1～1.5吨，具有底盘动力大、钢度强、越野性和通过性强等优点。1985年，镇江汽车制造总厂（1984年组建，由车桥厂、车身厂、总装厂组成）生产轻型系列汽车有军用、民用两大类13个品种，年产汽车794辆，生产汽车底盘168辆，其中轻型载货汽车405辆，轻型越野车221辆，分别排全国同行业15位和第3位。镇江客车厂（前身为句容汽车改装修理厂）试制成功江天牌2KJ660V型，6640型轻型客车列入全国汽车生产目录，通过交通部生产许可证验收，同年产26辆。1990年，镇江汽车制造总厂试制成功升级换代产品ZJZ2040系列变型车，成为轻型系列汽车新产品，同时试制成功1吨级沙漠用越野汽车。1992年，开发研制“神野”牌ZJZ6460型客车及底盘。1995年，开发研制农村市场需要的各种农用车。1996年，形成跃进—奔康系列农用车6个品种，年产农用车2183辆。1998年，镇江客车厂除小批量生产中巴客车外，重点开发油田越野车。2002年，镇江汽车制造厂与浙江精功集团有限公司等企业合资组建镇江汽车制造有限公司，开发大中型客车及底盘，经国家有关检测机构检验合格，进入小批试生产。2005年，精功镇江汽车有限公司一期工程建成，年生产能力达各类载货汽车1万辆，6～12米系列客车2000辆。

四、冷藏保温车

1982年,镇江汽车制造厂研制成功载重4吨和1.5吨冷藏车。1983年正式批量生产。1984年,以镇江汽车制造厂冷藏汽车车间为基础成立镇江冷藏汽车厂,形成专业化生产。1985年,冷藏保温车发展成9个品种、0.5~8吨的产品系列,年产量360辆,占全国同类产品的五分之二。1990年,镇江冷藏汽车厂产品被中国汽车总公司确定为替代进口产品。北京亚运会指定为专用车。在浙江、江苏、山东沿海滩涂开发项目招标中,战胜日本、法国、意大利等国厂商连中三标。截至1990年,该厂累计生产出口冷藏车46辆。1992年,生产冷藏、保温车产量跃增到756辆,与南京冷冻机厂、中科院南京天文仪器厂共同研制的20英尺冷藏集装箱(江苏"七五"重大科技攻关项目)通过技术鉴定,技术水平国内领先。1994年,镇江冷藏汽车厂改制为镇江飞驰汽车集团。开发快餐车、售货车、焊接工程车等新品种,产品品种扩大到36个品种。1995年,该厂研制新结构ZJ15092XLC型冷藏车。1997年提供12辆全部国产化冷藏车。1998年,研制成功环保型系列冷藏保温车。2000年,开发新型外场饮食保障车,为外场工作人员提供饮食保障,车内设施可提供热饭、汤、磁化饮用水和凉水等,可供300人就餐。2002年开发新产品餐饮售货车,可满足现场配制冷热饮及冷藏、加热快餐食品。2004年开发机动平台车和肯德基公司KFC专用车等新品。

五、汽车配件

1985年,镇江市区有5家企业生产汽车配件,镇江钢圈厂生产汽车钢圈14.75万套,品种16个,销往全国26个省、区。镇江汽车铸件厂生产前后制动鼓、排气歧管、后桥壳、后桥盖、钢板弹簧支架、前钢板吊耳支架、减震器左右下支架等25个品种产品,年产铸件4043.9吨。镇江汽车配件厂生产8种型号车架、驾驶员座椅、车厢铁件17个品种,年产285万件。车桥分厂生产制动鼓、进排气管支管,产量分别达到7.54万只和1.66万套。镇江滤清器厂生产机油、空气、汽油三大类,63个品种滤清器。镇江通用器材总厂生产汽车玻璃升降器7.76万件及汽车门锁、联动杆、手柄、手把等汽车配件产品。1990年,丹阳界牌等乡镇办企业生产汽车灯具及多种汽车零部件。1998年,西班牙独资企业银峰铸造有限公司投产,年产汽车中小型铸件1.6万吨。1999年,镇江汽车配件厂与镇江银峰铸造有限公司合作为韩国(青岛)大宇公司生产刹车箍冲压件幅板产品30万套。2001年,镇江美驰轻型车系统(第二)有限公司投产,制造轿车和卡车用车窗玻璃升降器及其部件、门锁装置及其部件、手刹、传动装置和换向器箱以及其他零部件。2002年,华东泰克西汽车铸造公司投产,年产发动机缸体98.5万只。2004年,日本凯迩必工业株式会社独资项目竣工,年产汽车减震器100万只。镇江汽车配件行业规模、技术水平、产品品种都有根本性变化,形成以银峰铸造、华东泰克西、美驰公司、凯迩必公司等企业为骨干,品种几十种,技术与国际同步的汽车零部件配套产品生产群体。

1983~2005年镇江市汽车、船舶工业主要产品产量表

表14-49

年份	民用钢质船(吨)	汽车(底盘)(辆)	改装汽车(辆)	内燃机(万千瓦)	冷藏汽车(辆)	锚链(万吨)	摩托车(辆)
1983	–	450	–	8.58	–	–	381
1984	–	500	–	13.71	–	–	512
1985	–	794	–	22.97	360	–	913
1986	98/27382	702	–	19.43	–	256	200
1987	164/17130	940	–	26.33	–	350	–

续表 14-49

年份	民用钢质船（吨）	汽车（底盘）（辆）	改装汽车（辆）	内燃机（万千瓦）	冷藏汽车（辆）	锚链（万吨）	摩托车（辆）
1988	171/52825	1202	–	36.63	–	476	–
1989	106/21405	1028	–	31.01	–	594	–
1990	66/23962	450	–	23.96	–	420	–
1991	55/21018	479	–	24.09	–	–	–
1992	50/56891	3542	–	19.23	756	–	–
1993	34/23400	3818	–	17.57	–	–	–
1994	24/19967	5880	–	24.85	–	–	–
1995	23/22541	3945	1354	31.61	–	–	–
1996	16/10679	890	1284	30.67	–	–	–
1997	19/12801	4135	1065	22.07	–	–	–
1998	13/5763	1000	676	29.76	–	2.81	–
1999	22197	802	3466	32.16	–	–	–
2000	4988	429	4291	51.56	–	2.42	–
2001	7664	420	4933	117.20	–	–	–
2002	7380	487	3363	136.64	–	3.31	–
2003	5469	885	4286	141.70	–	3.60	–
2004	6970	816	2663	192.83	–	4.28	–
2005	14960	285	7983	44.42	–	4.22	–

说明：1. 民用钢质船 1986～1998 年斜线前面的数据为船舶数量；
2. 1995 年 3945 辆汽车中，汽车底盘 3860 辆。1996 年 890 辆汽车中，底盘 878 辆。1997 年 4135 辆汽车中，底盘 538 辆

1983～1997 年镇江市船舶工业获奖产品一览表

表 14-50

产品名称	获奖类别	获奖年份	授奖部门(地区)	生产企业
JYP－250 型挖泥船	优秀新产品奖	1983	国家经委	镇江船厂
1000 客位双体客轮	优秀船型奖	1984	交通部	镇江船厂
560 客位双体客轮	优质产品奖	1984	中船总公司	润州船厂
2×135/185 马力运河推船	优秀船型奖	1984	交通部	镇江船厂
200 客位锡杭线客船	优秀船型奖	1984	交通部	镇江船厂
200 客位灌河客船	优秀船型奖	1984	交通部	镇江船厂
2×135 马力运河拖船	优秀船型奖	1984	交通部	镇江船厂
135 马力内河拖船	优秀船型奖	1984	交通部	镇江船厂
60 吨内河货船	优秀船型奖	1984	交通部	镇江船厂
长江水质监测船	全国科研产品奖	1984	国家环保局	镇江船厂
三山牌 AM2 级锚链	国家银奖	1985	国家质量奖审定委员会	镇江锚链厂
AM3 级锚链	国家银奖	1985	国家质量奖审定委员会	镇江锚链厂
KBH 系列可控硅补偿装置	全国科学大会奖	1985	科技部	镇江船舶辅机厂
远航牌电力绞车	优质产品奖	1985	中船总公司	镇江船舶辅机厂

续表 14-50

产品名称	获奖类别	获奖年份	授奖部门(地区)	生产企业
环水牌油水分离器	优质产品奖	1985	江苏省	-
倒臂式调艇架	优质产品奖	1987	中船总公司	镇江船舶辅机厂
1472 千瓦长江拖船	优秀新产品金牛奖	1987	江苏省	镇江船厂
883 千瓦消防拖船	优秀新产品金牛奖	1987	江苏省	镇江船厂
1.8 米铜质螺旋桨	优质产品奖	1989	中船总公司	镇江螺旋桨厂
2 型推进船	优秀新产品奖	1990	江苏省	镇江船厂
100 米救捞工程船	优秀新产品奖	1990	江苏省	镇江船厂
100 米救捞工程船(芝罘号)	优秀新产品金牛奖	1990	江苏省	镇江船厂
Z 型推荐拖船(1400 千瓦～8100 千瓦)	90 国家级新产品	1990	国家科委	镇江船厂
Z 型推进拖船	优质产品	1990	江苏省	镇江船厂
2×990 千瓦 Z 拖、2×1300 千瓦 Z 拖	优秀新产品金牛奖	1990	江苏省	镇江船厂
Z 型拖船系列	科技进步奖	1991	江苏省	镇江船厂
C23/30 系列柴油机	优质产品奖	1991	中船总公司	镇江船用柴油机厂
大功率曲臂塔型消防船	93 国家级新产品	1993	国家科委	镇江船厂
大功率曲臂消防船	优秀新产品奖	1994	江苏省	镇江船厂
6C28/32 中速柴油机	优秀新产品奖	1994	江苏省	镇江船用柴油机厂
三山牌锚链	省级名牌产品	1995	江苏省	镇江锚链总厂
马迹山牌圆环链	省级名牌产品	1995	江苏省	镇江黄墟锚链厂
两相流体管道监测仪	95 国家级新产品	1995	国家科委	镇江船厂
两翼梭型全回转汽车渡船	科技进步奖	1996	江苏省	镇江船厂
308 千瓦斗轮式挖泥船	97 国家级新产品	1997	国家科委	镇江船厂
双幅板压制滑轮	优秀新产品	1997	江苏省	镇江黄墟锚链厂

1983～1997 年镇江市汽车工业获奖产品一览表

表 14-51

产品名称	获奖类别	获奖年份	授奖部门(地区)	生产企业
5.00S－20 汽车钢圈	优质产品奖	1983	江苏省	镇江汽车钢圈厂
旋装式滤清器	优质产品奖	1984	江苏省	镇江汽车滤清器厂
6.00S－20 汽车钢圈	优质产品奖	1985	江苏省	镇江汽车钢圈厂
江洲牌摩托车锁	优质产品奖	1988	江苏省	扬中县汽车配件厂
江山牌 CPC0.5～0.8 吨叉车	优质产品奖	1990	机械部	镇江叉车厂
镇圈牌汽车车轮	优质产品奖	1991	江苏省	镇江汽车钢圈厂
东进牌汽车门锁	优质产品奖	1991	江苏省	句容汽车锁厂
FRR 结构冷藏车箱	优秀新产品奖	1992	江苏省	镇江冷藏车厂
KJ1035 轻型车架集成	优秀新产品奖	1994	江苏省	镇江汽车配件厂

续表 14-51

产品名称	获奖类别	获奖年份	授奖部门(地区)	生产企业
轻型箱式货车	优秀新产品奖	1994	江苏省	镇江冷藏车厂
中、重型箱式货车	优秀新产品奖	1994	江苏省	镇江冷藏车厂
5.50F－16 型车轮	优秀新产品奖	1994	江苏省	镇江汽车钢圈厂
5TKX16－Ⅱ汽车轮	优秀新产品奖	1997	江苏省	镇江汽车钢圈厂
ZJ141 冷藏车	优秀新产品奖	1997	江苏省	镇江冷藏汽车厂
JS2015 型 1.5 吨农用车	优秀新产品奖	1997	江苏省	镇江农用车集团
5.50F－15 车轮	优秀新产品奖	1997	江苏省	镇江汽车钢圈厂

第三节　主要企业

一、船舶工业主要企业选介

镇江船厂有限责任公司　位于镇江市润州区。前身镇江船厂,创建于 1951 年,名称为国营华东内河公司镇江船舶修造厂(1958 年更名为江苏省镇江船舶修造厂,简称镇江船厂),是江苏省属造船工业中建厂最早、装备齐全的骨干船厂。1990 年,拥有千吨级室内船台 4 座,半坞式 7000 吨级船台 1 座,以及微机切割,钢板预处理等设备 600 台(套)。同年,企业调整产品结构,重点开发研制高技术含量的全回转系列港口作业船舶及全液压绞吸式挖泥船系列产品,建造中国第一艘万吨级海洋救捞船及节能供应船、大功率消防船、多用途全回转船、多用途集装箱船、海洋工程船等多种特种船舶,成为江苏造船界的特色产品,其中全回转系列产品国内市场占有率达 50%,30 多个产品分别获省、部级荣誉称号。2001 年,分别建造国内最大的 350 立方米斗轮式挖泥船和亚洲最大功率全回转拖船。2002 年,镇江船厂新厂区建设竣工,投入资金 1.48 亿元,建成 2 万吨级码头,5000 吨级船台,1 万吨级舾装码头以及船体、舾装两个现代化生产厂房,初步形成壳、舾、涂一体化;经营、生产、管理一体化的特种船舶生产基地。同年,镇江船厂在生产未停一天的同时,完成搬迁。2004 年,改制为民营企业江苏省镇江船厂有限公司。2005 年,实现产值 4.5 亿元,销售收入 2.77 亿元,利税近 1760 万元。16 亿元订单铺展到 2008 年。企业跨入全市民营企业 30 强行列,连续 12 年保持江苏省高新技术企业称号。

镇江船用柴油机厂　位于镇江市官塘桥路 250 号。创建于 1976 年。1980 年,引进德国技术,生产 23、28 两个系列中速柴油机,1990 年,国产化率分别达到 90%、80%。L23/30 柴油机被评为中船公司优质产品。6L28/32 柴油机被国务院生产办列为国家重点新产品。同年,生产 11 台,1992 年达 24 台。1994 年,28 系列柴油机被评为江苏省优秀新产品金牛奖。同年,产量达 52 台。1997 年,L28/32 中速柴油机获国家重点新产品证书。同年,因开发 5L23/30H 中速柴油机,获江苏省科技进步一等奖。1998 年获镇江市科技进步特等奖。同年,产量达 78 台。2000 年,总投资 7537 万元的中速柴油机生产线技术改造(国债一期)项目竣工,购置机械加工设备,新建数控加工车间和实验车间,柴油机生产能力从 40 台/年跃升到 180 台/年。2003 年,总投资 9648 万元(国拨资金 965 万元)的中速柴油机扩能改造项目(国债二期项目)开工建设。项目内容有:建设总装车间、科技楼和铸造扩能等专项改造内容,引进数台数控镗铣加工中心等设备,生产能力从 180 台/年跃升到 400 台/年,总功率达 46.8 万千瓦,被认定为江苏省高新技术企业、国家火炬计划重点高新技术企业。2004 年,生产柴油机 173 台,2005 年产量达 237 台。L21/31 中速柴油机继 L28/32,

5L23/30,L16/24 中速柴油机之后又一项入选国家重点新产品。公司成为国内最大的中速柴油机生产基地。

正茂集团有限责任公司　位于镇江市五凤口。前身镇江锚链厂,创建于 1973 年。1985 年成为全国最大的闪光电焊锚链生产厂,年产锚链 5059 吨,先后有 2 个锚链产品获国家银奖。1991 年,达到为 30 万吨级船舶配套生产锚链技术水平,年产量达 1.25 万吨,生产能力居亚洲第一,进入世界锚链 5 强行列。三山牌 AM3 级闪光电焊锚链获国家金奖。1992 年,兼并上海船用锚链厂和镇江润州造船厂后成立镇江锚链总厂。1994 年改制成立正茂集团有限公司,成为国家大二型企业。1997 年,大规格锚链生产线及产品开发项目被列为江苏省科技成果。2001 年,生产直径 144 毫米 R4 系泊链,为工厂成立以来生产的最大规格链条。2002 年生产 R3 直径 105 毫米系泊链,单根长达 912 米,重 20 吨,为工厂成立以来生产单根最长最重链条。2003 年被认定为江苏省高新技术企业,国家火炬计划重点高新技术企业。2005 年锚链产量 42237 吨,其中系泊链 7738 吨。

镇江船舶辅机厂　位于镇江市谏壁镇,创建于 1975 年。1983 年,主要生产起货机、起锚机、救生吊艇装置。1985 年,拥有固定资产原值 1224 万元,职工 2688 人,实现工业产值 555 万元,利税 67 万元。1991 年,研制成功自由降落式救生艇降放装置。代表 20 世纪 90 年代初国际先进水平的海上救生撤离装置,获中国船舶工业总公司科技进步二等奖。1992 年,研制开发石油钻井平台艇架装置,并生产销售。1993 年,开发 5 吨液压起货机,100 千牛顿救生艇绞车,获中国船舶工业公司科技成果三等奖。1995 年,形成 S 型、L 型、H 型、R 型救生艇装置系列,PL 型、SAV 型、SAF 型、SAC 型单臂式救生装置系列,FR 型、FH 型自由降落式救生艇降放装置等 12 大系列 50 多种规格产品,年生产 210 套,销往日本、韩国等东南亚地区 70 多套。其中 FH 型产品属于世界先进技术,除德国、挪威生产外,亚洲只有该厂独家生产。1996 年,开发研制成功中国首台新型高速救助艇降放装置,打破欧洲国家对这一产品垄断。截至同年,累计生产销售自由降落式救生艇降放装置 120 船套。2001 年,被认定为江苏省高新技术企业。同年,研制成功中国首台 90 米潜水钟吊放装置。2002 年,研制成功 5 吨×15 米、4 吨×4 米、4 吨×12 米,1 吨×18.5 米液压回转起重机和 300 节电动锚链车。同年,完成工业产值 6465 万元。销售产品 7418 万元,其中高新技术产品 4212 万元,国内市场占有率为同行业第一,是亚洲最大的船舶救生装置研制基地。2005 年,与南京绿洲机器厂资产重组整合,成立南京中船绿洲机器有限公司。

二、汽车工业主要企业选介

镇江飞驰汽车集团公司　位于镇江京口区,是国内最早定点生产冷藏保温汽车的骨干企业。前身镇江冷藏汽车厂于 1984 年在镇江汽车制造厂冷藏车间基础上成立。1985 年,拥有固定资产原值 314 万元,主要设备 25 台,职工 261 人,主要产品冷藏保温车有 9 个品种,形成 0.5～8 吨产品系列,年产 360 辆,占全国同类产品 2/5 强,实现产值 1627 万元,利税 354 万元。1985 年,与中国汽车工业公司投资开发公司和中国食品工业技术开发总公司合资成立镇江冷藏汽车制造公司。1988 年,产品被北京亚运会组委会指定为亚运会专用车。1989 年,产品被中国汽车工业公司确定为替代进口产品,在国际招标中,战胜日本、法国、意大利等厂商连中三标。截至 1991 年,共出口冷藏车 46 辆,创汇 127.8 万美元。1992 年实现计算机进行设计、绘图。研制开发 20 英尺冷藏集装箱,获中国汽车工业总公司科技进步三等奖,生产冷藏、保温车 756 辆。1993 年,实现产值 5819.1 万元,销售 7834.6 万元,利税 264.7 万元,按利税排序,在中国 500 家最大交通运输设备制造企业中,位列 372 位。1994 年,以镇江冷藏汽车厂为核心组建镇江飞驰集团有限公司,下辖汽车研究所、冷藏保温汽车厂及冷藏集装箱厂、厢式车厂、玻璃钢制品厂。产品由冷藏保温车拓展到快餐车、售货车、焊接工程车等,共计 36 个品种。1996 年,开发环保型系列冷藏保温车。同年,2000 年,开发研制新型外场饮食保障车,可用于地质勘探、石油开采、道路施工等野外作业服务,车内设施可提供热饭、汤、磁化饮用水和凉水等,可供 300 人就餐。2004 年,开发机动平台车、肯德基餐饮公司配套的肯德基多温车。2005 年该集团公司的冷藏车改装总量位居全国同行业企业首位。

镇江汽车制造有限公司　位于镇江新区丁卯开发区。前身镇江汽车制造厂,创建于 1974 年,是江苏省继南京汽车制造厂以后成立的生产汽车整车企业。1984 年改建为镇江汽车制造总厂,下辖总装厂、车桥厂、车身厂。1985 年拥有固定资产原值 951 万元,主要设备 511 台,职工 1368 人,工程技术人员占 7.68%。主要生产轻型系列汽车,有军用、民用两个大类 13 个品种,年产汽车 794 辆,汽车底盘 168 辆,其中:轻型载货汽车 405 辆,列全国同行 15 位;轻型越野车 221 辆,列全国同行业第 3 位。实现工业产值 2328 万元,利税 566 万元。截至 1985 年,累计生产轻型系列汽车 2763 辆。1986 年开发沙漠地区使用的大马力柴油机越野汽车。1992 年,生产 6650、6480 底盘和 104IS、220 型整车共计 3542 辆。1994 年,生产汽车及底盘 5880 辆,实现工业产值、销售均为 1.16 亿元,利税 513 万元,进入国家汽车行业中型企业行列。至此,累计生产轻型系列汽车 5000 辆。同年,该厂区占地 6 万平方米,建筑面积 4 万平方米,拥有固定资产 1599 万元,主要生产设备 360 台,员工近千名,各类专业技术人员 150 人,高中级专业技术人员近半数,产品形成 4 大系列、20 多个品种,主要产品有神野牌 2040 型轻型越野汽车及底盘,1041 型轻型汽车及底盘,6650 型汽、柴油车及底盘,6480 型小客车及底盘,产品销往国内 20 个省区。1995 年,成立镇江农用车厂,与该厂实行两块牌子、一套班子的管理运行体制,负责研制农村市场需要的各种系列农用车。1996 年,镇江农用车厂通过全国性行业检查,成为全国新增的 7 家农用车生产企业之一,主导产品跃进—奔康系列农用车 6 个品种列入机械部、公安部联合颁布的产品目录。同年,生产农用车 2183 辆。1998 年,该厂与跃进汽车集团公司合资组建江苏跃进农用车有限公司,主要生产跃进牌 NJ1605 客货两用农用运输车。2002 年,镇江汽车制造厂与浙江精功集团有限公司等企业合资组建镇江汽车制造有限公司,注册资本 5200 万元。2004 年,镇江市政府决定该厂实施环保搬迁,新厂址选定丁卯开发区。新厂建成后,将形成跃进农用车 1 万辆,车架 2.5 万辆,自卸车货厢 5000 辆,神野牌轻型越野车 500 辆的年生产能力。2005 年,镇江汽车制造有限公司一期工程建成,年生产能力为各类载货汽车 1 万辆,6～12 米系列客车 2 万辆。

华东泰克西汽车铸造有限公司　位于镇江经济开发区,是中意合资企业。2002 年建成投产,投资总额 8088 万美元,生产汽车缸体铸铁件,开发新型缸体铸件。2005 年,工业产值 4.13 亿元;销售收入 4 亿元,纳税总额 3096 万元,关税 69 万元,利税总额 3507.45 万元,从业人员 940 人,外籍人员 1 人。

镇江美驰轻型车系统(第二)有限公司　位于镇江经济开发区丁卯片区,是法商独资企业。2000 年建成投产,投资总额 2000 万美元,主要业务是装配、制造、销售及维修轿车和生产卡车用车窗玻璃升降器、手刹、传动装置和换向器箱及其他汽车零部件。2005 年,销售收入 5.12 亿元,纳税 2758 万元,关税 697 万元,利润总额 6053 万元,从业人员 264 人,外籍人员 6 人。

1990～2005 年镇江市汽车工业市属企业主要经济指标一览表

表 14-52　　单位:万元

年份	企业数(家)	固定资产	工业产值	销售收入	利税总额
1990	–	6282	8126	11029	223
1991	–	6567	11903	13395	217
1992	6	4518	21405	27008	791
1993	6	5079	22440	33900	1174
1994	6	5439	26139	31745	86
1995	6	7029	23556	29036	125

续表 14-52

年份	企业数(家)	固定资产	工业产值	销售收入	利税总额
1996	6	9266	20315	26748	-1106
1997	5	8306	12783	20464	-1178
1998	5	7925	13333	15844	-1213
1999	5	6269	14645	15266	-600
2000	5	7209	12411	13113	-546
2001	5	-	12395	-	-
2002	4	6370	17419	17923	692
2003	4	6518	23657	22140	555
2004	4	5971	23142	-	-
2005	4	5827	19708	19619	201

2005 年镇江市船舶、汽车工业主要企业一览表

表 14-53

企业名称	主要产品	地址	隶属关系	固定资产(万元)	实现产值(万元)	销售收入(万元)	利税总额(万元)
江苏镇江船厂有限责任公司	-	镇江市润江路 8 号	市属	31453	44858	27724	1760
正茂集团有限责任公司	-	镇江市南门五凤口	央企	36553	31404	32940	570
镇江中船设备公司	-	镇江市南门五凤口	央企	54630	52576	40991	4950
镇江五峰山船厂	-	镇江市大路镇五峰山	海军	10309	6662	6497	415
镇江汽车制造有限公司	-	镇江新区丁卯开发区	-	-	-	-	-
镇江飞驰汽车集团	-	镇江市京口区	-	-	-	-	-
镇江美驰轻型车系统(第二)有限公司	-	镇江丁卯开发区纬五路 2 号	市属	44737	50522	51202	9201
镇江汽车钢圈厂	-	镇江丁卯桥路 73 号	市属	11748	5312	5069	110
镇江宝华半挂车配件公司	鞍式牵引座	镇江九里街东	市属	20824	34355	33927	234
华东泰克西汽车铸造有限公司	-	镇江丁卯开发区	市属	57377	41267	40029	6053
精功镇江机械工业公司	改装货车	丹徒区上党镇古洞村	市属	18458	92997	83885	4607
江苏振宁汽车部件有限公司	摩托车配件	丹阳市界牌镇	乡镇	4644	18595	15998	947
丹阳金长江汽摩消声器公司	摩托车配件	丹阳市界牌镇	乡镇	7892	21408	18507	548
江苏东方汽车装饰件公司	汽车配件	丹阳市新桥镇	乡镇	8918	9124	8412	672
鸿运汽车厂	农用车、汽车配件	丹阳市导墅镇	乡镇	12529	21193	20454	967
江苏交光车辆附件公司	汽车配件	丹阳市访仙镇	乡镇	5740	6520	6115	488
江苏圆通汽车部件公司	汽车轮毂	丹阳市访仙镇	乡镇	18435	22830	18029	667
江苏宏易汽车装饰配件公司	汽车装饰件	丹阳市新桥镇	乡镇	7798	5110	5050	263
江苏彤明车灯公司	汽车灯具	丹阳市界牌镇	乡镇	7949	12819	12077	648
江苏新泉汽车饰件公司	汽车仪表盘	丹阳市新桥镇	乡镇	9267	8816	8449	377
银峰铸造(中国)有限公司	汽车曲轴	镇江丁卯开发区纬一路	市属	-	10009	-	-

第十二章　纺织丝绸工业

1985 年，镇江纺织工业已经成为有棉、毛、麻、化纤纺织，色织，印染，针织和纺机制造八大行业，生产工艺前后配套的生产体系，生产 14 大类、1000 多种产品。全市有纺织工业企业 175 家，职工 49628 人，固定资产原值 22342.5 万元，工业产值 8.8 亿元，利税 9390 万元，外贸出口 5146 万元，均居全市各工业行业之首。丝绸工业形成缫丝、织绸、练染、漂白、印花一条龙生产体系，是江苏省重要的丝绸出口基地之一。

1989 年，国内纺织丝绸生产能力远远超过原料供应和产品市场需求，棉花、蚕茧原料收购价格倍涨；国内市场疲软，外贸出口受阻。镇江纺织、丝绸工业企业推进纺织工业的生产工艺由传统方式向气流纺纱、无梭织造转变；原料由棉花、蚕茧为主向化纤为主转变；产品向“四高”（高质量、高技术含量、高附加值、高效益）纺织品转变；销售市场由国内市场为主向国际市场为主转变，并从民用市场延伸到工业市场。1989～2005 年，镇江纺织、丝绸工业实现传统纺织工业向现代纺织工业的转型升级。出现江苏丹棉集团、江苏堂皇集团、江苏维科集团、江苏威信染纺有限公司、飞达制衣公司、力达纤维公司、鑫隆纺织有限公司等现代化纺织工业企业。由于体制、机制转变不快，技改投入不足，技改项目未能达到预期等原因，一批中小企业，甚至一些规模骨干企业未能转型升级，倒闭、破产。2005 年，全市纺织工业生产企业 251 家，从业人员 56910 人，工业产值 93 亿元，产品销售收入 87.42 亿元，利税 4.42 亿元，利润 1.2 亿元。其中纺织业 120 家，销售产品 50.47 亿元，实现利税 2.47 万元；服装鞋帽制造业 127 家，产品销售收入 34.79 亿元，利税 1.85 亿元；化纤制造业 4 家，产品销售收入 2.15 亿元，利税 904 万元。

第一节　发展概况

一、纺织工业

1983 年，镇江纺织工业有企业 154 家，实现工业产值 5.88 亿元，利税 6700 万元。同年，成立镇江市纺织工业公司，归口管理 46 家企业，其中国有企业 20 家（市属企业 6 家），城镇集体企业 9 家（市属企业 3 家），乡镇企业 17 家。1985 年，全市有纺织工业企业 175 家，职工 49628 人，固定资产原值 22342.5 万元，完成工业产值 8.8 亿元，利税 9390 万元，外贸出口 5146 万元，均居全市各行业之首。市纺织工业公司归口管理企业 46 家，拥有固定资产原值 11191 万元，职工 11739 人，实现产值 4.23 亿元，利税 4780 万元。主要设备有涤纶、丙纶生产线 5 条（涤纶 3 条、丙纶 2 条），年产化纤能力 1.1 万吨；纱锭 12.3 万枚；布机 3275 台；印花、染整生产线 6 条，年生产能力 6000 万米。主要生产纱（纯棉纱、涤棉纱、纯棉化纤混纺纱）、布（纯棉布、涤棉布、纯棉化纤混纺布）、色织布、印染布、粗纺呢绒、毛巾、床单、针织内衣、袜子、麻纱线、麻袋、纺织机械等 14 大类、1000 多个花色品种产品，内销国内 20 多个省（市）自治区，外销西欧、北美、日本、中国香港和澳门等 80 多个国家和地区。其中丹阳棉纺厂生产的 21 支纯棉纱获国家金质奖，镇江染织厂生产的纯棉女线呢、涤纶棉朝阳格，镇江印染厂生产的紫竹牌涤棉布，镇江针织厂生产的腈纶运动衫等产品获部、省优质产品奖。市属企业中，镇江纺织厂拥有 6 万纱锭和 680 台布机，是国家中型企业。镇江合纤厂年产化纤能力 1 万吨。镇江印染厂拥有纯棉、涤棉、中长、印花 4 条生产线，年产能力 4500 万米。3 家企业实现产值 2.57 亿元，利税 2258 万元，分别占市区纺织工业总值 77.13% 和 79.94%，既是纺织工业骨干企业，也是市直工业重点企业。县属企业中丹阳棉纺织厂是江苏省中型骨干企业和外贸生产专业厂，年产值9049万元，出口创汇971.95万美元。

“七五”期间，全市纺织行业加大技改投入，更新装备，累计投入资金3676万元，实施38项较大技改项目。镇江合纤厂新上3700吨全套涤纶生产线；丹阳棉纺织厂引进日本喷气纺纱、喷气织机和自动络筒机；镇江色织总厂（前身镇江染织厂）引进20台日本箭杆织机和筒子染色机；镇江纺织厂引进2600头气流纺；镇江针织厂引进西德大圆机和美国对条及整理设备等，均达国内先进水平。通过技改投入，壮大企业规模，出现镇江纺织厂、镇江合成纤维厂、镇江印染厂、镇江色织总厂、丹阳棉纺厂5家规模骨干企业，号称“五朵金花”。开发新花式、新款色产品3000多个，其中获省、市级新产品奖50多个。GP麻/丙装饰布获江苏“四高”（高质量、高技术含量、高附加值、高效益）纺织新产品三等奖、省科技展览会银质奖。空变丝仿毛粗花呢获省新产品一等奖，全国色织布评比一等奖。全市纺织行业先后创国优、部优、省优产品37个。优质产品产值25%。丹阳棉织厂21支纯棉纱一直保持金质奖荣誉。1990年，全市纺织工业企业371家，职工82349人，实现工业产值23.11亿元，产品销售18.02亿元，实现利税1.17亿元。市纺织工业公司归口管理市、县属企业30家（1987年原属市二轻工业局管理的服装企业划归市纺织工业公司管理，其中镇江服装厂、镇江友谊服装厂、镇江红光服装厂为市属企业），拥有固定资产3.5亿元，其中市属企业12家，拥有固定资产1.65亿元；归口企业有职工2.76万人，其中市直企业1.6万人；市、县属归口企业拥有纱锭20万枚，引进的具有20世纪80年代水平的喷气纺纱600头、气流纺纱4000头；布机5000台，引进的具有80年代水平的无梭织机88台；合成纤维生产能力1万吨，具有80年代水平的丙纶短程纺2000吨，涤纶毛条3750吨；实现工业产值8.87亿元，其中市属企业5.20亿元；实现销售收入7.24亿元，其中市属企业3.88亿元；归口企业外贸出口2.78亿元（比1985年翻两番多），占市直工业出口总值25%，列市直工业首位。归口管理的30家企业中，25家企业有产品出口，比1985年增加11家。丹阳棉纺厂、镇江色织总厂等8家企业的出口收购值超过1500万元。丹阳棉纺织厂出口值在全市出口产品生产企业中名列第一，出口产品占销售总值21.73%。镇江棉纺厂实现产值1.74亿元，销售2.41亿元，出口5091亿元，利税1699.4万元。全市纺织工业出口产品中印染布、色织布、针织复制品、服装等深加工产品的出口比重达到42.9%。1989年，全国纺织工业生产能力超过原材料供应能力和国际、国内市场需求水平。原料价格成倍上涨；国内产品市场疲软，外贸出口受阻。由于镇江纺织工业企业，特别是中小企业在“七五”期间投入太少（市属纺织企业年均投入量759万元，仅为扬州市的20%），设备陈旧，新品开发少，产品结构存在大路货产品多，低档次产品多，半成品多，“四高”产品少，特色产品少，竞争能力差。1990年，市纺织工业公司归口管理企业实现利税4443万元，与1985年相比，减少337万元。

“八五”期间，全市纺织工业由市纺织工业局、镇江市纺织工业公司主管（1991年成立市纺织工业局，与市纺织工业公司一套班子）。这一期间，纺织工业的外部环境更加严峻，市场竞争更加激烈，全市纺织工业推进产业转型和发展（以棉花为主要原料向以化纤为主要原料转型，由传统纺织方式向气流纺纱、无梭织造转型，以低档大路货产品为主向“四高”纺织品转型，销售市场由国内市场为主向国际市场为主转型）。1991年，镇江合纤厂投入1760万元，实施1500吨涤纶毛条工程，获镇江市最佳技改项目称号。镇江麻纺厂总投1760万元，实施汽车装饰布项目，建成全国第一条利用黄红蔴及纺织废料生产汽车内饰件生产线，年产130万平方米各类汽车内饰件，与汽车工业配套，开拓新的产品市场。同年，由于纺织市场产品供过于求，价格倒挂，企业内部增本减利因素增多，市直纺织企业全行业亏损，盈亏相抵净亏128万元。1992年，镇江纺织厂引进喷气织机的关键配套设备——自动络筒机4台，棉纱质量和布机效率提高，依靠产品转型逆势而上，实现产值1.4亿元，销售收入1.34亿元，利税517.27万元，跻身全市工业规模经济10强第5位。但中小企业亏损面较大，市直纺织全行业净亏675万元，比上年增亏547万元，其中镇江印染厂、镇江毛线厂、镇江针织厂、镇江毛巾厂分别亏损169万元、105万元、100万元、92万元。1993年，镇江纺织厂投资3500万元，从比利时引进60台喷气织机及其他国内主辅设备，生产阔幅布372.95万米，仅这一产品的销售利润达569万元；丹阳棉纺织厂以化纤原料生产棉布，产量、产值、利税、出口四项指标超历史最高水平。利税总额经过两年徘徊后又突破千万大关。市直纺织企业出口交货值1.86亿元，名列市直工业第一。全行业亏损企业数和亏损额都比上年增加，镇江合纤厂、镇江印染厂两家骨干企业成为亏损大户，分别亏损445.5万元和344.5万元；镇江麻纺厂、镇江针织厂、镇江毛纺厂分别亏损312.4万元、277.6万元、274.5万元。1995年，全市纺织工业有企业455家，拥有固定资产12.82亿元，职工72501人，实现工业产值45.74亿元，产品销售40.58亿元，利税0.9亿元。市纺织工业公司归口管理的县属以上企业35家，其中市属企业18家，有大型企业1家、中型企业6家，拥有固定资产原值5.94亿元。实现工业产值13.1亿元，其中市直5.43亿元；销售收入12.16亿元，其中市直6.3亿元；外贸出口8.9亿元，其中市直2.2亿元；实现利税2871.9万元，其中市直－1135.3万元。市直企业平均负债率高达95.93%。

“九五”期间，全市纺织工业由镇江纺织丝绸总公司主管（1996年由镇江纺织工业公司和镇江丝绸工业公司合并组建）。1996年，全市纺织企业加速资产重组，壮大优势企业，淘汰落后产能，推进全行业向现代纺织业转型。组建江苏丹棉集团，丹阳丝绸总公司加入江苏丝绸集团，亏损严重的镇江麻纺厂把汽车内饰件生产设备单列出来，成立镇江内饰件厂，并改制为民营的立达纤维有限公司。1997年，组建江苏镇纺集团、江苏三维集团。丹棉、镇纺两个集团生产的各类棉纱、制线、坯布质量优良，畅销国内外市场。同年，丹棉集团实现利润近1000万元，成为全市盈利大户，继续保持全省领先地位。镇纺集团在连续2年亏损后，盈利50万元，实现扭亏为盈。立达纤维公司实现工业产值1124万元，销售收入900万元，利税100万元。三维集团在劳务输出上走在同行业前列。中小企业仍处于极度困难之中，市区17家纺织企业资产总值2.05亿元，负债总额高达3.20亿元，资产负债率155.84%，停产、半停产企业12家。1998年，镇纺集团、丹棉集团分别压锭1.44万枚和3.66万枚。镇江色织总厂由于厂房、设备老化，污染严重，引进宜兴私营企业，将后整理车间搬迁到镇江印染厂（租赁该厂厂房和部分设备）继续生产，原址5000平方米土地用于房地产开发。停产多年的镇江麻纺厂破产。落后产能得到淘汰的同时，职工下岗矛盾更加突出，镇纺集团、丹阳棉纺集团压锭产生1459名职工下岗；中小企业停产、半停产，全系统10435名职工中，下岗3846人，占职工总数36.85%。镇江市政府多渠道安排下岗职工再就业，其中安置压锭下岗职工1048人，占压锭下岗职工总数的71.8%，超过全省平均水平6%。1999年，镇纺集团又压锭1.12万枚，投入953万元，新增60台喷气织机，形成百台无梭织机生产线。采用新设备、新工艺、新技术、新原料改造传统纺织，开发新品15个，新产品产值率达34.4%。丹棉集团压锭2.3万枚，引进瑞士设备，生产高档出口针织纱。同年，两个集团分别实现销售收入2.16亿元、5.12亿元，利税1485.9万元、4350万元，利润102.96万元、2070万元。实现“边压锭边调整，边淘汰边发展”的目标。丹棉集团被国家纺织工业局列为全国纺织行业排头兵企业，中央电视台在新闻联播中以头条新闻报道该企业经验。立达纤维公司开发新产品无氨阻燃毛毡被认定为江苏省高新技术产品，成为全市纺织系统第一个高新技术产品。纺织丝绸总公司通过压缩落后产能，改变8年亏损的历史，实现净利润987万元。2000年，全市纺织丝绸行业有企业151家，固定资产12.12亿元（净值），职工47201人，实现产值58.88亿元，销售收入50.53亿元，利税2.78亿元。市纺织丝绸总公司归口企业31家，职工1.9万人，拥有固定资产原值13.24亿元，完成工业总产值18.98亿元，销售收入16.03亿元，实现利税1.1亿元，其中市直企业实现产值4.7亿元，销售收入4.48亿元，利税2945万元，利润62万元。主要产品有棉纱332万吨、白坯布7969万米、丝织品5102万米、涤纶毛条2405吨、各类服装1478万件。丹棉集团实现销售收入5.29亿元，利税6139万元，利润3743万元，成为全国纺织工业先进集体。同年，丹阳市纺织丝绸行业技改投入1.5亿元，纺织丝绸企业全部淘汰有梭织机实现无梭化。全市拥有喷水织机720台,喷气织机320台,箭杆织机96台,新型设备既能加工棉纺,又能织绸。

“十五”期间,全市纺织丝绸工业由镇江市纺织丝绸资产经营公司主管(2001年,撤销镇江市纺织丝绸工业公司、镇江市纺织工业局后组建)。通过国有企业产权制度改革,调整优化纺织工业生产水平。2001年,镇江新龙纺织有限公司(镇纺集团和民资的汇龙经贸公司合资组建的民资控股企业)吸纳镇纺集团员工持股,整体收购镇纺集团纺一分厂,其中镇纺集团管理层和员工持股81.2%,民企汇龙公司占股18.8%。镇江色织总厂把二分厂整体租赁给民资企业,并将织造大楼和部分土地租赁给北京华联综合超市。镇江立达纤维工业公司生产的“无氨阻燃毛毯”和银碟化纤有限责任公司(原镇江合纤厂)开发和生产的有色涤纶毛条被确认为国家级新产品,该公司被认定为省级高新技术企业,结束市属纺织工业无高新技术企业的历史。2002年,新龙纺织有限公司全年实现销售收入7376.48万元,利税总额802.68万元,其中利润347.53万元,主要产品纱线产量4854.3吨。镇纺集团将织布分厂101台进口喷气织机和前纺生产配套设备、厂房、仓库租赁给香港裕恒织造有限公司,后改制设立镇江金牛织造有限公司。该公司投资购置先进设备,形成织、染、整全过程生产能力,年产牛仔布1200万米。同年,丹阳市纺织丝绸企业技改投入1.01亿元,引进喷气织机86台,喷水织机96台及高档风衣生产线。扩大精梳棉、无结头纱和各类高档丝织物、功能性化纤等产品生产能力,开发改性涤纶弹性面料、竹节纱、四面弹布、弹力纤维等新产品。产品结构转型为高技术、高档次、高附加值和深加工的新型结构。形成丹棉集团、丹盛纺织有限公司(由丹申棉纺厂改制而成)、鑫隆纺织有限公司(丹阳漳绒丝织厂改制)等规模支柱企业。2003年,市直纺织丝绸14家企业列入产权制度改革计划:其中改制2家,破产9家,清产歇业3家。同年,3家企业破产终结,5家进入破产程序,3家清产歇业企业进行资产审核变现和人员清理。2004年,宁波维科集团和江苏省纺织集团公司收购镇纺集团,成立镇江维科精华棉纺织公司,整体搬迁到丹徒区辛丰镇。新企业拥有棉纺锭5.5万枚。原镇纺集团、镇江合成纤维厂所在地块整体让给维科集团开发房地产。2005年,全市纺织工业生产企业251家,从业人员56910人(市直企业5家)。全年实现工业产值93亿元。产品销售收入87.42亿元,实现利税4.42亿元,利润1.2亿元。其中纺织业企业120家,实现工业增加值14.49亿元,产品销售收入50.48亿元,实现利润6106万元;服装、鞋、帽制造企业131家,实现工业增加值10.51亿元,产品销售收入34.79亿元,实现利润5854万元。江苏堂皇集团生产的“堂皇牌”家纺寝品被认定为中国驰名商标,成为继恒顺牌香醋之后,镇江获得的第二个中国驰名商标。

二、丝绸工业

1983年,镇江已经形成缫丝、坯绸、练染、漂白、印花一条龙的生产体系,成为江苏省重要的外贸丝绸出口基地之一。1985年,集农、工、贸管理职能于一体的镇江丝绸公司成立,镇江市的蚕桑生产,蚕茧收购和调拨,丝绸工业企业管理,丝绸产品的调拨和出口均由镇江市丝绸工业公司统一经营和管理。镇江丝绸工业公司归口管理8家市、县属企业(市属1家,丹阳7家),34家乡镇企业(丹阳24家、丹徒4家、句容2家、扬中4家)。全市丝绸工业企业拥有缫丝机854台,其中自动缫丝机36台;丝织机1384台,其中自动丝织机264台;提花丝织机260台;高温压卷染色机3台;印花台板2块32米。市丝绸公司归口管理8家市、县属企业中,有3家缫丝企业,4家丝织企业,1家丝绸印染企业,生产白厂丝411.38吨,双宫丝2.5吨,桑废丝69.55吨;丝织品1481.34万米,其中桑蚕丝及其交织品65.63万米,人造丝及其交织品241.97万米,合纤丝及其交织品696.29万米;印染丝织品841.91万米,其中染色绸836.18万米,印花绸5.75万米。完成工业产值7496.58万元,出口白厂丝60.8吨,丝织品448.84万米,出口交货总值1212.74万元。乡镇企业全年生产白厂丝221.7吨,丝织品753.05万米,完成工业产值4118.29万元。其中横塘和珥陵缫丝厂在全省缫丝行业内具有较大影响。

1986～1991 年，镇江丝绸行业完成技术改造投入 6508 万元，引进喷水织机和双箭杆织机 60 台及三轧辊多用途轧光机和热风拉幅机等设备，行业技术装备水平提升，并对丝织企业从前道纺织至后道染整进行技改，提高行业内部配套水平，使镇江成为江苏省白厂丝、真丝绸织造、印染的主要出口基地之一。1991 年，镇江丝绸工业公司归口管理市、县属企业 9 家，固定资产净值 4761 万元，职工 7450 人，拥有各类缫丝机 800 台，其中自动缫丝机 60 台，各类织机 1239 台（其中喷水织机 98 台，双箭杆织机 6 台），印染后整理生产线 4 条。主要生产白厂丝、丝织品、印染绸、丝绸服装及复制品 5 大类产品。同年，市丝绸工业公司归口管理的市、县属企业实现产值 2.71 亿元，销售 2.33 亿元，利税 1171.4 万元。生产丝织品 2791 万米，白厂丝 859 吨（含乡镇企业），印染丝织品 2363 万米。完成外贸收购 2.25 亿元，其中干蚕茧 8308 万元，白厂丝 8632 万元，丝织品 4524.11 万元，绣杂品 73.19 万元，服装 730.99 万元，复制品 116 万元，真丝针织品 14.75 万元，丝织地毯 60.8 万元，涤棉纱 35.1 万元。累计创部、省优质产品 16 个。主要企业形成自身特色产品，镇江市丽华丝织厂主要生产和服腰带绳，年生产能力达 6 亿条；丹阳强华丝织厂主要生产尼丝纺、明华绡；丹阳漳绒厂主要生产丝绸、丝绒和漳绒；丹阳横塘缫丝厂主要生产白厂丝和单、双疙瘩丝，梅花牌白厂丝多次获部、省优质产品称号；丹阳珥陵缫丝厂与中国科学院特种蚕茧丝绸中心共同开发出超细纤维生丝，生产超薄型高档丝织品，应用于军用地图、降落伞、医用人体缝合线等。

“八五”期间，全市丝绸行业面临国际丝绸市场疲软、外销不畅、国内蚕茧收购大战、蚕茧质量下降、价格暴涨的严峻形势。1992 年，江苏省丝绸总公司将原来的省、市两级丝绸公司的联营关系脱钩，使镇江丝绸行业遇到前所未有的困难。全市丝绸工业企业 17 家，其中县属以上企业 9 家。乡镇丝绸企业锐减到只剩下 8 家企业。市丝绸公司对主要骨干企业加大技改投入，总计投入 1.23 亿元，促进丝绸行业由养蚕、缫丝的传统生产方式向生产仿真丝高档丝绸织物的新型丝绸工业转型升级。镇江丽华丝织厂、丹阳丝绸厂、丹阳强华丝绸厂、丹阳丝织厂、丹阳漳绒丝织厂、丹阳丝绸印染厂等企业都引进国外设备，提高生产装备整体水平。镇江丽华丝织厂开发开士米花锻、真丝记忆绸两个新产品，丹阳漳绒丝织厂开发柳印绸。1993 年，丹阳丝绸厂完成工业产值 10046.47 万元，成为全市丝绸行业中首家产值超亿元企业。1995 年，全市丝绸工业中，乡及以上企业有 15 家，其中国有企业 3 家，乡以上集体企业 11 家，股份制企业 1 家。按产品划分，缫丝企业 9 家，丝织企业 4 家，丝绸印染企业 1 家，丝制品企业 1 家。按企业规模划分：中型企业 6 家，小型企业 9 家。拥有缫丝机 1872 台，其中自动缫丝机 280 台；丝织机 2000 台，其中箭杆织机 24 台，喷水织机 520 台，提花丝织机 4 台，丝绒织机 142 台，丝织纬编机 6 台；丝绸练、染能力 3495 万米，其中练白 735 万米，染色 1560 万米，印色 1200 万米；服装生产能力 5.3 万件。市、县属企业职工 27725 人。同年，全市丝绸行业实现产值 59250 万元。主要生产桑蚕丝 575.75 吨，绢丝 96 吨，丝织品 5781.9 万米，其中纯蚕丝织品 102.9 万米，蚕丝交织品 7.55 万米，绢纺丝及其织品 34.14 万米，人造丝及其织品 863.34 万米，合成丝及其织品 4773.96 万米；被面 500 万条；丝绒 36.42 万米。完成出口供货 1.03 亿元，主要出口产品有桑蚕丝 62 吨、丝织品 8.78 万米，其中纯蚕丝织品 3.29 万米、合纤丝及其交织品 5.39 万米、和服腰带绳 7 亿条。市、县属企业年销售收入 2.3 亿元。利税总额 -2024 万元，利润总额 -2772 万元，企业资产总值 4.38 亿元，负债总额 4 亿元。

“九五”期间，镇江丝绸行业由镇江市纺织丝绸工业总公司主管（该公司于 1996 年由镇江纺织工业公司〈局〉与镇江市丝绸工业公司合并组建）。这一期间，镇江丝绸行业企业中，丹阳漳绒丝织厂、丹阳丝绸厂、丹阳市丝织厂发展形势较好。1998 年，漳绒丝织厂全年开发新品 107 个，投入批量生产 43 个，其中 70% 出口，锦棉绸获国家纺工局质量金奖。丹阳丝绸厂压缩供大于求的里子布生产线，扩大水洗绒、花瑶生产线，开发 50 余个系列新品，其中棉绒和南亚绒分别获国家纺工局质量金奖和江苏省银奖。丹阳市丝织厂淘汰低档产品塔夫绸，开发新产品 110 个，批量投产 60 个，新产品产量498.87万米，占总产量39%，其中有梭产品占17.6%。同年，镇江丽华丝织厂、丹阳强华丝织厂停产，并进入破产。

“十五”期间，丹阳丝织厂、丹阳丝绸厂相继停产，并进入歇业关闭和破产。丹阳漳绒丝织厂改制为民资的江苏鑫隆纺织有限公司，投入2903万元，引进24台意大利产宽幅箭杆织机，日产国内同行业先进的高档氨纶系列面料万米。

1983～2005年镇江市纺织工业主要经济指标一览表

表14-54

年份	企业数（家）	工业总产值（亿元）	销售收入（亿元）	工业增加值（亿元）	利税总额（亿元）	固定资产（亿元）	职工人数（人）
1983	154	6.67	4.41	–	0.67	1.34	–
1984	–	–	–	–	–	–	–
1985	175	8.80	–	–	0.94	2.23	49628
1986	398	10.25	8.19	–	0.51	2.42	76955
1987	380	12.46	9.86	–	0.86	3.04	79629
1988	363	16.69	13.58	–	1.17	3.76	82727
1989	368	19.89	15.41	–	1.17	4.43	81906
1990	371	23.11	18.02	–	1.31	4.98	82349
1991	357	21.78	19.59	–	1.12	5.76	83461
1992	336	25.61	21.61	5.51	1.11	6.14	82736
1993	357	39.53	30.79	8.42	0.89	9.10	91404
1994	345	55.09	34.46	13.26	1.27	11.67	83199
1995	455	45.74	40.58	12.23	0.90	12.82	72501
1996	312	56.15	45.13	11.73	1.14	13.08	64330
1997	290	57.03	47.59	15.49	2.07	14.89	61374
1998	158	53.59	47.15	13.70	1.79	12.93	51081
1999	152	55.76	49.85	14.14	2.19	12.74	46913
2000	151	58.88	50.53	15.23	2.78	12.12	47201
2001	168	62.70	52.33	16.13	2.56	12.11	48861
2002	171	69.09	60.20	17.79	2.90	12.34	48210
2003	187	72.20	64.16	18.78	3.13	13.25	51018
2004	214	75.88	67.26	19.87	2.81	13.30	53373
2005	251	93.03	87.42	25.68	4.42	13.93	56910

说明：该表历年资料中另包括化学纤维制造业

第二节　主要产品

1983年，镇江纺织丝绸工业产品门类比较齐全，主要有棉纱、棉布、色织布、印染布、化学纤维、丝绸、粗纺呢绒、毛巾、床单、针织内衣、袜子、麻纱线、麻袋、纺织机械等。棉纺产品规模最大，集中在镇江纺织厂和丹阳棉纺织厂，丝绸工业主要集中在丹阳。

一、化学纤维

1983 年，镇江生产化纤企业有两家。镇江合纤厂生产涤纶短纤维 9500 吨，丹阳合纤厂生产丙纶 1200 吨。镇江合纤厂产量占全省小化纤生产能力的三分之一，是江苏省小化纤重点企业。“七五”期间，镇江合纤厂引进意大利和法国产涤纶毛条生产设备，开发涤纶毛条产品。1991 年，涤纶毛条生产能力达 3700 吨，生产规模仅次于上海第五化纤厂，列全国第二。丹阳合纤厂引进德国产丙纶纺丝生产线，开发丙纶粗旦毛型纤维、阻燃纤维、抗静电纤维、烟用纤维等产品。其中有色丙纶粗毛纤维获江苏省优秀新产品“金牛奖”。1995 年，镇江合纤厂开发新型涤纶毛条，可与羊毛混纺生产薄型牙签条西服毛料，填补国内空白。1996 年，该厂从石家庄购进一条法国生产的可年产 1200 吨毛条设备，毛条生产能力近 5000 吨，国内市场占有率 37%。1998 年，开发出三用毛条、远红外毛条、黑色毛条等新品，新品贡献份额 85% 以上。1999 年，镇江合纤厂停产，2003 年进入破产程序，涤纶化纤停产。2005 年，全市合成纤维产品主要由县、乡企业生产，产量 5100 吨。

二、纱线

1983 年，纱线产品主要由镇江纺织厂、丹阳棉纺织厂两家棉纺企业生产，两家企业分别有纱锭 6.72 万枚和 5.44 万枚。镇江纺织厂产品主要供市纺织公司所属各织布厂，丹阳棉纺织厂产品主要供外贸出口。同年，共生产棉纱 16747.9 吨。其中纯棉纱线 10324.92 吨，棉混纺纱 5344.84 吨，棉型纯化纤纱 1078.14 吨。出口棉纱 199.58 吨，全年棉纱一等一级品率为 99.8%。1984 年，句容棉纺厂成立，拥有 1.5 万枚环纺锭，产量 2500 吨。1986 年，丹阳棉纺织厂生产的 21 支纯棉纱在 1979 年获国家银奖基础上，又获国家金奖。40 支普梳纱获省优产品称号。同年，该厂出口棉纱 2392 吨，品种有：普梳纱、涤棉纱、精梳纱、纯涤纶纱。镇江纺织厂 21 支纯棉纱在成都质量评比会议中荣获第一。32 支纯棉针织纱、45 支涤纶棉纱获江苏优质产品称号。同年，全市纺织行业生产棉纱 11 万件，出口 1.21 万件，分别比 1985 年增长 12.4% 和 350%。1988 年，全市棉纺行业拥有棉纺锭 15.73 万锭。其中镇江纺织厂 6.62 万锭，镇江毛纺厂 0.61 万锭（1988 年从镇江纺织厂分出），丹阳棉纺织厂 6.29 万锭，句容棉纺厂 0.94 万锭，丹阳化纤纺织厂（镇办）1 万锭，丹阳县棉纺三厂（乡办）0.28 万锭。全年生产棉纱 2.4 万吨，其中市直 1.13 万吨。1989 年，镇江纺织厂“369”牌45 支精梳涤棉纱获省优称号。1990 年，全市棉纺行业有纱锭 22 万枚（气流纺 2600 头）。为适应棉花紧缺形势，实施“粗改细，厚改薄，棉改化”的产品结构调整，把传统产品 16 支、21 支纯棉纱开台数压缩到 1.4 万锭，占纱锭总数 17.8%，其余全部生产 30 支～45 支纯棉纱、涤纶纱和化纤纱。全系统平均纱达 35.7 支，高于全省和全国平均水平。化纤和纯棉比例为 56∶44。同年，镇江纺织厂“369”牌 45 支精实用性涤棉纱获省优称号，2 个倒混纺纱产品，1 个纯棉纱产品获部优称号。1995 年，镇江纺织厂研制成功人造棉系列纱产品，织物透气性好，染色鲜艳，穿着舒适。1996 年，镇江纺织厂开发 18 支棉型腈纶纱、80 支涤棉线、80 支涤棉高支精梳棉纱和纯涤纶等新品，棉纱一等一级以上品率 99.96%。1997 年，全市有棉纺企业 9 家，棉纺锭 20.2 万锭，属于落后陈旧的纱锭 7.36 万锭。截至 1999 年，镇纺集团和丹棉集团共压锭 6.27 万锭。提前一年完成国家三年压锭任务。2000 年，镇纺集团利用压锭契机开发纯棉精梳 80 支、100 支纱线，纯涤（PD）/粘 40 支纱线，粘涤毛 50 支双股纱线及 32 支远红外针织纱，加快产品结构调整步伐。2005 年，镇江维科精华棉纺织公司（镇纺集团改制）开发碳纤维、麻纤维的混纺纱线，80 支、100 支精梳纯棉色纺纱等 40 多个新品种。棉纱年产 1.15 万吨。同年，全市生产棉纱 3.46 万吨。

三、布

1983年,镇江纺织行业拥有各类织布机3963台,其中自动布机2912台,普通布机1023台,动力铁木机28台。按企业分,镇江纺织厂644台,镇江染织厂372台,镇江新新工厂372台,丹阳棉纺织厂844台,丹阳布厂312台,丹徒棉织厂84台,句容纺织厂270台,扬中染织厂288台,其余为乡镇企业所有。全年生产各类布7806.83万米(纯棉布4299.79万米,棉混纺交织布3008.02万米,纯化纤布496.02万米),其中色织布1186.31万米。棉布入库一等品率96.04%。全年出口纯棉布1342.67万米,棉混纺及纯化纤布753.34万米。镇江纺织厂生产各类坯布938万米,除传统产品外,还试制涤棉交捻平纹呢、涤棉交捻花呢、普梳涤卡、普梳涤棉斜纹布和中长色派力司等5个品种。镇江染织厂生产各类色织布627.2万米(化纤产品比重64.7%),外贸出口299.83万米。1984年,镇江纺织厂生产的2323、7256涤斜,镇江染织厂生产的涤棉倒混纺获江苏省优质产品称号。丹阳棉纺织厂棉坯布全部出口,成为外贸专厂。1986年,镇江染织厂试制出牛仔布、青年布、高密度绸、空气变形丝、纬长丝。1990年,镇江新新工厂开发空变仿毛粗花呢高档织物,获江苏省新产品"金牛奖"。1991年,镇江纺织厂引进100台喷气织机及后道配套设备。丹阳棉纺织厂、镇江新新工厂分别引进68台、30台喷气织机。镇江色织总厂(原镇江染织厂)161台布机实行狭改阔改造,新增布机124台。1997年,镇江市织布业拥有各类织机1441台,其中有梭织机1047台,无梭织机394台,无梭率达27.34%。1998年,镇纺集团开发出色织灯芯条、色纺牛津布、氨纶弹力布、纺毛板司呢以及驼丝绵、线绢、蜂巢织物、龙头小提花织物等21个新品种。镇江色织总厂试制出高支高密牛津纺、箭杆提花产品、泡泡纱织物等新产品。1999年,镇江纺织系统县属以上企业拥有各类织布机2932台,其中喷气织机393台,箭杆织机40台。全年生产各种布7145万米,其中棉布4727万米,涤棉混纺布3129万米,纯涤纶布186万米,人造棉布20万米。7145万米布中,色织布606万米。出口各种布5051万米,其中坯布4595万米,色织布456万米。2005年,全市纺织行业生产各类布12521万米,其中纯棉布8063万米。

四、印染布

1983年,镇江印染厂拥有年产1500万米纯棉印染布、年产1000万米涤棉印染布生产线各1条。1985年,镇江印染厂形成1500万米纯棉、1000万米涤棉、1000万米中长、1000万米印花4条印染布生产线,全年生产印染布3741万米,其中纯棉布777.60万米、涤棉布2584.78万米。"紫竹"牌涤棉卡其染色布获江苏省、纺织部优良产品奖。1988年,新增印花绒布405万米生产能力,达到国家中型企业标准。1989年形成年产5300万米生产能力。1992年,生产各类印花布400多个花色品种,产品销往日本、中国香港等20多个国家和地区,年产值1.2亿元,外贸收购0.2亿元以上,成为江苏省印染行业骨干企业。1993年获自营出口权。1995年,镇江印染厂全面停产。2005年,全市纺织行业生产印染布3215万米,主要由乡镇企业生产。

五、毛纺织产品

1988年,成立镇江毛纺织厂,填补镇江市区毛纺织企业空白,具有年产中长化纤纱1000吨、针织绒400吨、粗纺呢绒20万米、粗绒线150吨的生产能力。1991年,全市有毛纺锭2.23万锭。其中:镇江毛纺厂2264锭,其余为乡镇企业所有。同年,镇江毛纺厂生产纱1054.92吨,呢绒7.6万米,毛线163.16吨。1997年,镇江毛纺厂改制为镇江欣达有限公司。1998年,压锭6000枚,占全部生产能力50%,2002年,镇江毛纺厂全面停产,2004年破产。镇江毛纺织产品由乡镇企业生产。

六、麻纺织产品

1983年,镇江麻纺厂产量2097吨,占全省总量79.6%。1989年,镇江麻纺厂相继开发出麻丝、麻毡、麻毯等新产品,远销日本、美国和中东等国,出口比重占40%以上。该厂生产的2.35支/6股麻线获省优产品称号,“533”牌黄洋麻纱线获纺工部优良产品称号。1990年9月,开发出汽车、火车、轮船内装饰基质材料红麻毡,获国家专利,填补省内空白。1991年,年产30万平方米麻毡项目投产。1993年二期工程竣工。同年,镇江麻纺厂停产。1994年,成立镇江汽车内饰件厂,继续从事麻毡的开发生产。1996年,镇江汽车内饰件厂改制为镇江市立达纤维工业有限公司。1999年,从德国和韩国引进设备,开发阻燃毛毡新产品,年产600万平方米,成为生产汽车内饰及空调吸隔热材料专业厂。2001年,开发具有国际先进水平的无氨阻燃毛毡,获国家重点新产品和江苏省高新技术产品称号。2005年产毛毡11603万平方米,其中阻燃毛毡140.45万平方米;半固化53.93万平方米;模切件13.93万平方米;模压件26.78万平方米;毡毯1万平方米。产品与厦门金龙、北方奔驰、亚星奔驰、西安沃尔沃、广州本田、南京菲亚特、上海通用等汽车公司配套。

七、针织复制产品

1983年,镇江针织复制产品生产企业有镇江针织厂、镇江市毛巾厂、镇江市并线厂、镇江被单厂。同年,镇江市毛巾厂与镇江并线厂在保留各自厂名情况下合并,生产提花枕巾、浴巾、毛巾等产品。镇江针织厂产品有化纤袜、汗衫、棉毛衫裤、针织涤纶坯布四大系列,年产棉毛衫裤400万件、袜子176万双,针棉织品折用棉纱量1761吨。“红鹤”牌中长纺派力司翻领女衫,腈棉交织女装,“京江牌”女袜为江苏省优秀新产品;“双鱼”牌32支棉毛交领香水衫、T恤衫,“红鹤”牌小人衫为江苏省优秀产品;“焦山”牌32支腈纶运动衫为江苏省优质产品。1987年,镇江被单厂主要产品为(42支、32支、21支、16支)全棉4×6.5尺全色印花床单,七尺彩条被单,印花被套,全白丝光被套,全线半线丝光床单,绣花工艺床单,其中七尺彩条被单获全国巾被行业优质产品三等奖。1988年,镇江针织厂为江苏省针织产品定点厂之一。1991年镇江市毛巾厂停产。1996年,镇江被单厂停产,镇江毛巾厂关闭。1997年,镇江针织厂搬迁到镇江毛纺厂。翌年,开发腈纶绒、涤棉绒、纯棉绒等系列绒类产品。淘汰低档针织产品。1998年,镇江针织厂停产。2003年,镇江针织厂、镇江被单厂破产。

八、服装

1983年,镇江服装业有10家县以上企业。市直有镇江服装厂、镇江友谊服装厂、镇江红光服装厂生产出口服装。1985年,共生产各类服装136.12万件,出口103.31万件。其中镇江友谊服装厂是全省四大友谊服装厂之一,拥有日本进口的西服流水线,产品有世界流行的男女衬衫、西裤、睡衣、风衣、腈棉夹克衫和牛仔系列服装,其中出口服装66.36万件,占生产总量的95%。镇江服装厂建于1923年,原名德隆制衣厂,是镇江服装行业的老字号。1992年迁入新址,改名为德隆制衣厂,生产能力达到120万件/年。继镇江红光服装厂破产之后,德隆制衣厂、镇江友谊服装厂于2005年破产。镇江服装产品全部由县属企业和乡镇企业生产,全年生产服装9326万件,乡镇企业飞达制衣公司生产职业装,产量位居同行业首位,“宜禾牌”职业装被评为中国职业装第一品牌和中国职业装十大领衔品牌。

九、丝绸

1983年,镇江丝绸工业有县属以上企业8家(镇江市区1家,丹阳县7家)。其中缫丝企业3家,生产白厂丝411.38吨,双宫丝2.5吨。丝织企业4家,生产丝织品1481.34万米,其中蚕丝及其交织物 65.63 万米，人造丝及其交织物 241.97 万米，合纤丝及其交织物 696.29 万米。丝绸印染企业 1 家，印染丝织品 841.91 万米。乡镇办丝绸企业 33 家，其中丹阳 23 家，丹徒 4 家，句容 2 家，扬中 4 家。生产白厂丝 221.77 吨，丝织品 753.05 万米。1991 年，镇江丝绸产品形成从织造、染整到出口的一条龙体系，成为江苏省白厂丝、真丝绸织造、印染的主要基地之一。生产白厂丝、丝织品、印染绸、丝绸服装及其复制品 5 大类产品。其中白厂丝 859 吨（含乡镇企业）、丝织品 2791 万米（真丝绸 197 万米）、印染丝织品 2363 万米（真丝绸 309 万米）。外贸收购 2.52 亿元，其中干蚕茧 8308 万元，白厂丝 8632 万元，丝织品 4524.11 万元，绣杂品 73.19 万元，复制品 116 万元，真丝针织品 14.75 万元，丝织地毯 60.8 万元，服装 730.99 万元。累计有部、省优质产品 16 个。1995 年，生产桑蚕丝 575.75 吨，绢丝 96 吨，丝织品 5781.98 万米，其中纯蚕丝织品 102.9 万米，蚕丝交织品 7.55 万米，绢纺丝及其交织品 34.14 万米，人造丝及其织品 863.34 万米，合成丝及其织品 4773.96 万米，被面 500 万条，丝绒 36.42 万米。出口交货值 1.03 亿元，主要出口产品桑蚕丝 62 吨，丝织品 8.78 万米，其中纯蚕丝织品 3.29 万米，合纤丝及其织品 5.39 万米，和服腰带绳 7 亿条。1998 年起，镇江丝绸工业主导产品逐步转向丝织产品。有丝织机 1272 台，全部集中在丹阳。主要企业有丹阳漳绒丝织厂、丹阳丝绸厂、丹阳丝织厂。2005 年，丹阳丝绸厂、丹阳丝织厂破产，全市只有江苏鑫隆纺织有限公司（丹阳漳绒丝织厂改制而成）生产人造合成面料 4240 万米。

1983～2005 年镇江市纺织工业主要产品产量表

表 14-55

年份	合成纤维（吨）	棉纱（吨）	纯棉纱（吨）	布（万米）	纯棉布（万米）	印染布（万米）	服装（万件）	针棉织品（吨）	毛线（吨）
1983	6161	16748	10325	7807	4300	3045	–	1820	324
1984	9028	16382	9587	6660	3089	3637	–	1761	329
1985	9708	17917	10543	7446	3179	3470	–	2568	941
1986	9052	20026	11087	8869	3413	3585	–	–	1238
1987	6565	21603	12332	10257	4384	4015	–	–	–
1988	5519	24520	15443	10850	5586	4525	1389	–	–
1989	7187	23218	13500	11283	6016	3883	2589	–	–
1990	7500	23969	12450	12607	6347	4878	–	–	–
1991	8300	23761	11702	12264	6181	5102	2782	–	–
1992	6700	27803	12206	12403	5167	4492	3075	–	–
1993	6200	27752	12871	12619	4817	5516	2027	–	–
1994	9200	24163	10756	14785	3084	5132	3753	–	–
1995	9000	28653	13038	15818	6590	2086	8514	–	–
1996	7500	29755	12551	14845	6214	2141	7436	–	–
1997	8619	30175	12164	8617	5360	597	6431	–	–
1998	6100	33088	11961	11807	4711	2398	5685	–	–
1999	5500	30326	12340	12629	8098	1712	5551	–	–
2000	6200	33211	13407	12036	6238	1722	4781	–	–
2001	6600	34806	–	12204	5766	1892	5814	–	1167
2002	8300	36700	–	13928	7040	794	8099	–	1867
2003	20200	40200	–	14223	8420	953	8152	–	1721
2004	6500	30500	–	10684	4937	1160	6964	–	393
2005	5100	34600	–	12521	8063	3215	9326	–	51

1983～2005年镇江市丝绸工业主要产品产量及出口收购值一览表

表14-56

年份	蚕茧(担)	丝(吨)	丝织品(万米)	外贸收购值(万元)
1983	90388	415	1483	3458
1984	114024	446	1904	4120
1985	123736	553	2376	4813
1986	138980	696	2158	5997
1987	–	841	2896	9302
1988	190640	883	2583	16820
1989	203920	894	2382	21643
1990	214720	878	2613	24490
1991	220800	915	2791	22526
1992	224700	1147	2756	17427
1993	236220	1300	4220	–
1994	237300	835	6571	–
1995	206220	–	5782	–
1996	123960	735	5238	–
1997	–	259	6430	–
1998	–	66	5819	–
1999	–	–	6211	–
2000	–	267	6538	–
2001	–	198	6366	–
2002	–	258	6377	–
2003	–	–	6248	–
2004	–	–	5961	–
2005	–	–	4240	–

1983～1998年镇江市纺织工业获奖产品一览表

表14-57

产品名称	获奖类别	获奖年份	授奖部门(地区)	生产企业
21支纯棉纱	国家金奖	1985	国家质量奖审定委员会	丹阳棉纺织厂
纯棉女线呢	优质产品奖	1985	江苏省	镇江染织厂
涤棉朝阳格	优质产品奖	1985	江苏省	镇江染织厂
紫竹牌涤棉	优质产品奖	1985	纺织工业部	镇江印染厂
腈纶运动衫	优质产品奖	1985	纺织工业部	镇江针织厂
“梅花”牌JZD蚕丝	优质产品奖	1986	纺织工业部	丹阳横塘缫丝厂
“金塔”牌纱绢	优质产品奖	1986	纺织工业部	丹阳丝绸厂
“钟山”牌人丝花缎	优质产品奖	1986	江苏省	丹阳丝织厂
喷气纺涤棉混纺纱	优质产品奖	1987	江苏省	丹阳棉纺织厂

续表 14-57

产品名称	获奖类别	获奖年份	授奖部门(地区)	生产企业
21 支色织纯棉被单布	优质产品奖	1987	江苏省	镇江新新工厂
涤棉网眼衫	优质产品奖	1987	江苏省	镇江针织厂
“梅花”牌丁 ZE 蚕丝	优质产品奖	1987	江苏省	丹阳珥陵缫丝厂
404013272 纱夫绸	优质产品奖	1988	纺织工业部	丹阳棉纺织厂
“松鹤”牌纱夫绸	优质产品奖	1988	纺织工业部	丹阳布厂
533 麻线绒	优质产品奖	1988	纺织工业部	镇江麻纺厂
KZB300 漳缎	优质产品奖	1988	江苏省	丹阳漳绒丝织厂
21771 防水尼丝纺	优质产品奖	1988	江苏省	丹阳强华丝织厂
21771 防水染色尼丝纺	优质产品奖	1988	江苏省	丹阳丝绸印染厂
40 支麻线织物	优质产品奖	1988	江苏省	镇江麻纺厂
“新新”牌色织涤棉纬长丝	优质产品奖	1988	江苏省	镇江新新工厂
“梅花”牌桑蚕丝	优质产品奖	1988	江苏省	丹阳丝绸厂
“榕花”牌漳缎	优质产品奖	1988	江苏省	丹阳漳绒丝织厂
“丹阳”牌精梳棉	优质产品奖	1989	江苏省	丹阳棉纺织厂
“369”牌精梳棉	优质产品奖	1989	江苏省	镇江纺织厂
“金波”牌西装围巾	优质产品奖	1989	江苏省	扬中围巾厂
“凤凰”牌床上系列装饰用品	优质产品奖	1989	江苏省	丹阳绣品厂
“蓓花”牌踏花被	优质产品奖	1989	纺织工业部	丹阳被服厂
“金波”牌西装围巾	优质产品奖	1989	纺织工业部	扬中围巾厂
涤棉色织府绸	优质产品奖	1989	纺织工业部	镇江色织总厂
涤纶色织花呢	优质产品奖	1989	纺织工业部	镇江新新工厂
普通棉型涤纶纤维	优质产品奖	1989	纺织工业部	镇江合成纤维厂
21 支纯棉纱	优质产品奖	1989	纺织工业部	镇江纺织厂
32 支半线丝光床单	优质产品奖	1989	纺织工业部	镇江被单厂
42 支全线丝光床单	优质产品奖	1989	纺织工业部	镇江被单厂
40 支纯棉普梳纱	优质产品奖	1990	纺织工业部	丹阳棉纺织厂
45 支涤棉精梳纱	优质产品奖	1990	纺织工业部	丹阳棉纺织厂
TZD 桑蚕丝	优质产品奖	1990	江苏省	丹阳横塘缫丝厂
“金银凤”牌防水尼丝纺	优质产品奖	1990	江苏省	丹阳丝绸印染厂
21456 欢乐纺	优质产品奖	1990	江苏省	丹阳丝织厂
“丹阳”牌 21 支纯棉纱	优质产品奖	1990	江苏省	丹阳棉纺织厂
“榕花”牌 114 厘米锦醋丝绒	优质产品奖	1990	江苏省	丹阳漳绒厂

续表 14-57

产品名称	获奖类别	获奖年份	授奖部门(地区)	生产企业
“水榭”牌 114 厘米辉白电力纺	优质产品奖	1990	江苏省	丹阳强华丝织厂
“369”牌纯棉细布	优质产品奖	1990	江苏省	镇江纺织厂
“丹阳”牌纯涤纶纱	优质产品奖	1990	江苏省	丹阳棉纺织厂
“水榭”牌 114 厘米素绉缎	优质产品奖	1990	江苏省	丹阳丝织厂
“堂皇”牌机绣床上用品	优质产品奖	1990	江苏省	丹阳市绒绣厂
“大圣”牌涤盖棉运动便服	优质产品奖	1991	江苏省	丹阳市针织运动衣厂
“银鸡”牌绗缝羊毛被	优质产品奖	1991	江苏省	丹阳市羊毛被厂
“堂皇”牌绗缝羊毛被	优质产品奖	1991	江苏省	丹阳市绒绣厂
“乐鱼”牌纯棉精梳纱	优质产品奖	1991	江苏省	华阳纺织有限公司
闪烁合纤产品－柳影绸	优秀新产品奖	1994	江苏省	丹阳漳绒丝织厂
涤纶细旦毛条	优秀新产品奖	1994	江苏省	镇江合成纤维厂
丙纶异型短纤维	优秀新产品奖	1994	江苏省	丹阳合成纤维厂
精梳全毛针织绒毛纱	优秀新产品奖	1994	江苏省	镇江毛纺织厂
皮鹿丹皮装	省级名牌产品	1995	江苏省	镇江皮鹿丹时装有限公司
“堂皇”牌床单	省级名牌产品	1995	江苏省	江苏堂皇集团
阻燃毛毯	优秀新产品奖	1997	江苏省	镇江立达纤维公司
“宜禾”牌职业服装	省级名牌产品	1998	江苏省	镇江飞达制衣有限公司

第三节　主要企业

一、市属纺织丝绸企业

1983 年，镇江市直纺织企业 9 家，分别是：镇江纺织厂、镇江染织厂（镇江色织总厂）、镇江印染厂、镇江合成纤维厂、镇江针织厂、镇江新新工厂、镇江毛巾厂、镇江被单厂、镇江麻纺厂。镇江市直丝绸企业 1 家，是镇江丽华丝织厂。市直纺织丝绸企业有固定资产原值 9601 万元，职工 10027 人，主要设备有环纺锭 6.7 万枚，线锭 1 万枚，精梭机 5 套，织布机 1605 台，涤纶生产线 3 条，印染生产线 4 条（纯棉、涤棉、中长、印花）。年实现产值 3.28 亿元，利税 3111 万元。1987 年，全市服装企业划归纺织行业。其中镇江服装厂（1992 年更名为镇江德隆服装厂）、镇江友谊服装厂、镇江红光服装厂为市属企业。1988 年，成立镇江毛纺厂，市直纺织丝绸企业达 14 家。1990 年，成立镇江丝绸工艺厂为市属企业，与镇江丽华丝织厂为两块牌子、一个企业。1991 年，镇江毛巾厂全面停产。1993 年，镇江麻纺厂停产。1994 年，成立镇江汽车内饰件厂。同年，市属纺织丝绸企业 19 家（停产企业 2 家）。

1996 年，镇江汽车内饰件厂改制为民资控股的立达纤维工业公司。镇江纺织厂改制为镇江纺织有限公司，股本总额 2632 万元，镇江纺织工业公司出资 2332 万元，占总股本 88.6%，镇江纺织厂工会（职工持股会）出资 300 万元，占 11%。镇江被单厂停产。1997 年，以镇江纺织厂为核心组建江苏镇纺集团,集团公司总资产2.1亿元,注册资本4739万元,其中镇江市纺织丝绸公司出资4070万元,占总股本85.7%,职工持股会出资660万元,占总股本14.13%。1998年,镇江麻纺厂破产,镇江针织厂、镇江色织总厂停产。1999年,市纺织丝绸公司以合纤厂部分设备进行股本投入,吸纳部分职工股和社会法人股,组建银蝶化纤股份有限公司。2000年,市属纺织企业中,生产良性循环的企业只有3家(镇纺集团、立达公司、新新工厂),其余企业极度困难。全系统职工6938人,其中下岗3846人,占职工总数55%,分流安置2498人,分流安置率65%。同年,镇纺集团引进民资组建镇江新龙纺织有限公司。2002年以后,镇江合纤厂、镇江针织厂、镇江印染厂、友谊服装厂、丝绸工艺厂(镇江丽华丝织厂)、毛纺厂、德隆制衣厂、镇江被单厂、镇江毛巾厂9家企业相继破产。宁波维科集团和江苏纺织(集团)公司收购镇纺集团(含镇江新龙纺织公司),成立镇江维科精华棉纺织公司。2004年,镇江维科精华棉纺织公司搬迁镇江丹徒区辛丰镇,2005年生产棉纱1.15万吨。镇江立达纤维有限公司实现产值3323万元,利税195万元。其余企业(除镇江新新工厂)全部破产。

1992~2005年镇江市纺织丝绸工业市属企业主要经济指标一览表

表14-58

年份	企业数(家)	工业总产值(万元)	销售收入(万元)	工业增加值(万元)	利税总额(万元)	固定资产(万元)	职工人数(人)
1992	16	47045	41955	8107	457	13498	14433
1993	16	57288	53865	1896	-1222	14088	14086
1994	19	58731	61551	11686	714	17982	12916
1995	18	47067	63512	8418	-680	21243	11995
1996	17	42167	53779	7168	-212	20658	10173
1997	16	44368	50846	10840	1353	21604	9478
1998	14	43352	40606	7646	609	22704	9794
1999	14	41143	40706	9103	900	23785	8472
2000	12	47086	44776	11077	2827	20869	6938
2001	12	48657	45580	12035	2367	20609	6837
2002	13	46278	45433	11523	2367	21165	5731
2003	14	51996	47545	10001	-45	20289	5707
2004	8	42386	39258	9310	-185	11720	3574
2005	6	40034	36625	7719	1942	9531	2981

说明:1994~1996年工业总产值为1990年不变价

二、主要企业选介

江苏丹棉集团 位于丹阳市城区,前身丹阳棉纺织厂。1985年有职工3789人,年产值9049万元,出口创汇971.95万美元,是江苏省中型骨干企业和外贸生产专业厂。“七五”期间累计投入技改资金3628.3万元人民币和362.5万美元,进行1万锭的德国SKF细纱牵伸全程改造,引进日本2A203-190型喷气织机68台,翻建改造厂房4.7万平方米。1990年固定资产原值6310万元,全年生产能力为棉纱11000吨和布3000万米,出口棉布销往欧美、东南亚、中国香港等50多个国家和地区,创汇1500万美元。生产的21支纯棉纱1979年获国家银奖,1986年又获国家金奖,成为全市工业产品中首枚金牌。1988年被评为国家大型二档企业。1991年被全国总工会授予全国"五一"劳动奖状。1993年,实施一业为主、多种经营发展战略,利税经过两年低谷徘徊,突破1000万元大关。1995年,在全省同行业综合效益评比中获第一名。1996年以丹阳棉纺织厂为核心,组建江苏省丹棉集团,总资产4.97亿元。1996年,根据国家淘汰落后产能的要求和省政府统一部署,丹棉集团压缩落后棉纺锭36580枚,出资900万元收购丹阳化纤纺织厂。1999年,丹棉集团又压锭37100枚,在压缩落后棉纱锭的同时,投资1000万元,引进瑞士设备,生产高档出口针织纱,企业和产品向现代纺织业跨越。同年,完成销售收入5.1亿元,实现利税4350万元,其中利润2070万元,自营出口960万元。受到国家经贸委、国家纺织工业局肯定,从1996年始,连续四年列入全国纺织工业40强排头兵企业行列。

2000年,丹棉集团发展成集纺织、服装、商标制品、化工、机械制造等行业为一体,拥有自营出口权,下属20个分厂、公司的大型综合企业。厂区占地25万平方米,建筑面积20万平方米,资产总额5亿元,固定资产原值3.1亿元。主要产品年生产能力为:棉纱1.5万吨、棉布5000万米、制线2000吨、商标制品2200万打、服装720万件、化工助剂120吨。棉纺产品90%以上直接或间接出口,销往欧美、中东及东南亚等50多个国家和地区,年出口额4500万美元。同年,丹棉集团实现销售收入5.29亿元,利税6139万元,其中利润3743万元。2001年,销售收入进入全国同行业50强,位居39位。2003年,国家信息化测评中心依据丹棉集团以信息化建设带动传统产业转型升级,推进棉纺织ERPC(企业资源计划系统)实施,企业管理规范化、制度化、精确化和数字化的实绩,评定丹棉集团进入中国企业信息化500强企业(列第372位)。2005年,实现工业产值4.62亿元,销售收入4.94亿元,利税2858万元,进入全市工业50强企业行列。

镇江维科精华棉纺织有限公司　位于丹徒区辛丰镇。公司前身镇江纺织厂,建于1973年。1997年组建为江苏镇纺集团有限公司,是国有控股大中型股份制纺织企业、镇江市市直重点骨干企业。1999年,公司占地20余万平方米,建筑面积9.2万平方米,固定资产原值2.29亿元,职工3380人。拥有环纺锭56000枚、捷克气流纺2600头、意大利自动络筒机8台、日本自动倒筒机2台、精梳机10套、有梭织机400台、比利时喷气织机100台。主要产品有涤棉、纯棉、混纺、纯涤纶、腈纶、色纺等系列纱线和多种原料、风格各异的优质窄、阔幅坯布80多个品种。年产各类纱线1.2万余吨,坯布1600余万米,产品覆盖国内10多个省、市,并销往海外。实现工业总产值1.95亿元,产品销售2.16亿元,实现利税1485.9万元,其中利润102.96万元。2001年,集团利用压锭后闲置的厂房和纺纱前道设备,与民营企业汇龙公司合资,组建镇江新龙纺织有限公司,镇纺集团股份50万元,民营企业股份230万元,40位自然人股份140万元,形成民营资本控股,国有企业入股,职工个人参股的新型股权结构。2001年,新龙公司吸纳民营资本和镇纺集团员工股进行扩股增资,收购镇纺集团纺一分厂。同年,新龙公司总资本1760万元,其中镇纺集团管理层和员工股1429万元,占公司总股本81.2%;民企汇龙公司股本331万元,占公司总股本18.8%。2002年,新龙公司生产纱线产量4854.3吨,销售4963.7吨,实现销售7376.48万元,利税802.68万元。同年,改制设立的金牛织造有限公司承租镇纺集团101台比利时产喷气织机和部分前织生产配套设备,以及厂房、仓库、办公楼,并投资新增部分设备,形成织、染、整全过程生产能力,年产牛仔布1200万米。2003年,镇纺集团实现销售收入2.26亿元,进入镇江市工业产品销售收入前50强企业。2004年,宁波维科精华集团股份有限公司和江苏省纺织(集团)总公司收购镇纺集团,成立镇江维科精华棉纺织有限公司。2005年底,完成整体搬迁改造,新厂区搬迁到丹徒辛丰镇,拥有棉纺锭5.5万枚。

镇江市立达纤维工业有限公司　位于镇江市区。公司前身为镇江麻纺厂,成立于1980年。1983年麻纱线产量2635吨,占全省产量79.6%。1990年,开发出作为汽车、火车、轮船内饰基质材料的红麻毡。1991年,红麻毡生产能力30万平方米。1994年,麻纺厂从事麻毡生产的部分车间独立,成立镇江汽车内饰件厂。1996年,镇江汽车内饰件厂改制为镇江立达纤维工业公司。1997年,开发阻燃毛毡75010系列,获国家级新产品称号。1999年,引进德国和韩国先进设备,年产阻燃毛毡600万平方米,成为生产汽车内饰及空调器吸音隔热材料的专业企业。2001年,投入250万元对引进设备进行改造,自行设计、制造一条多功能制毡生产线,开发无氨阻燃毛毡,获国家重点新产品,江苏省高新技术产品称号。2004年,企业被评为江苏省高新技术企业。2005年,公司拥有固定资产原值2318万元,净值855万元。年产毛毡11603平方米,阻燃毛毡1404500平方米,半固化539306平方米、模切件139291平方米、模压件267805平方米、毡毯10275平方米。实现工业产值3323万元,销售收入3144万元,利税总额195万元。

江苏鑫隆纺织有限公司 位于丹阳城区。前身丹阳漳绒丝织厂。1983年,拥有各类丝织机147台和配套的前道设备47台。主要产品有丝绸、丝绒、大兰花、印花丝绒、漳绒、8050华达呢、高档西服面料、窗帘、沙发套等。1984年,生产各种丝绸产品130万米,实现工业产值485.22万元,利税68.1万元。"榕花牌"漳缎是江苏省优质产品。1992年,投资2906万元引进日本产喷水织机和日本、意大利产前道配套设备。研制开发新产品柳叶绸,利用有光三角异型丝和POY涤丝不同特性,使绸面无规律闪烁柳丝影条。1995年,拥有固定资产原值8473万元,实现工业增加值2432万元,产品销售8959万元,分别进入全市前50名企业行列。1997年投资1500万元,引进日本产重磅喷水织机24台,配套多臂机24台,生产高档仿真丝织物。1999年投资2903万元,引进意大利门幅2.4米宽的箭杆织机24台,日产高档氨纶弹性系列面料1万米。2001年,实行产权制度改革,由经营者、职工购买企业产权,成立丹阳市鑫隆纺织有限公司。2002年,实现工业产值3.27亿元,销售收入2.7亿元,进入镇江市工业总产值前50家企业。2003年,在丹阳工业园征地13公顷,投资3000万美元,企业升级为江苏鑫隆纺织有限公司,主要生产高中档面料。2004年,试制和翻新品种600多个。2005年,生产人造合成面料4240万米。

2005年镇江市纺织工业主要企业一览表

表14-59 单位:万元

企业名称	主要产品	地址	隶属关系	固定资产	产值	销售收入	利税总额
江苏丹棉集团公司	纱线布	丹阳市云阳镇阜阳路4号	县属	59946	46174	49380	2858
镇江维科纺织有限公司	棉纱	丹徒辛丰镇	市属	10089	18485	18635	976
江苏堂皇家纺有限公司	床上用品	丹阳市皇塘镇常溪东路3号	乡镇	12214	16911	16733	2117
江苏欣隆羽绒公司	羽绒服装	丹阳市练湖农场	乡镇	10558	27980	26531	1081
丹阳市丹盛纺织品公司	布、纱	丹阳市云阳镇新民西路285号	县属	19331	32148	30025	961
丹阳市鑫隆纺织有限公司	纺织品	丹阳市云阳镇南门大街167号	县属	16706	17892	17514	-306
镇江德利纺织品公司	床上用品	扬中市三茅镇扬子路	乡镇	4764	25030	22731	326
江苏绿洲制衣公司	服装	扬中市三茅镇环城路	乡镇	4927	10026	7576	777
镇江飞达制衣有限公司	服装	扬中市新坝镇	乡镇	17286	14056	12707	1176
镇江灯芯绒厂	灯芯绒	丹阳蒋墅镇	乡镇	7334	6350	5392	377
江苏丹毛纺织公司	布料	丹阳市吕城镇	乡镇	14684	19362	15852	1069
江苏镇江新新工厂	色织布	镇江市学府路7号	省属	7824	12771	8613	963

第十三章　煤炭工业

第一节　发展概况

1983 年,江苏省太湖煤炭工业公司撤销,镇江市组建煤炭工业公司,所属煤矿有东风、小力山、伏牛山、古洞 4 家。省属的湾山煤矿在镇江市句容县境内。

1984 年,市煤炭公司在与政府签订三年"吨煤定额补贴包干"经济承包合同基础上,健全和完善经济责任制,加强企业整顿,成为全市企业整顿工作中的第一个全部合格的局(公司)。煤炭企业职工生活福利五项工作(食堂、浴室、宿舍、幼托、环境),在全省第一个成为达到煤炭部部颁标准的局。东风煤矿成为省煤炭公司的样板矿,小力山煤矿被市政府授予文明单位称号。同年,市煤炭公司将东风、伏牛山、古洞、小力山相继组建的水电安装队合并为镇江梅联安装工程公司。截至 1985 年,4 个市属煤矿和省属湾山煤矿共有职工 7614 人,建筑面积 24.22 万平方米。市属煤矿采煤 42.83 万吨,完成工业产值 1022.26 万元,销售收入 1839.8 万元,政策性亏损 440.64 万元。发展 37 个多种经营项目,从事建材、化工、轻工业产品生产和商业服务、劳务等。

"七五"期间,是镇江市煤炭工业发展的顶峰时期。1987 年,市煤炭公司按照"包死单亏补贴基数,节亏全留,超亏自补"的原则,与市政府签订第二轮经济总承包合同。同年,东风煤矿投资 1140.65 万元兴建的 10 万吨水泥生产线点火,定名为镇江市东风水泥厂,为市煤炭公司直属企业。通过该项目兴建,既开拓因煤炭资源减少,矿井萎缩后 1800 名工人就业出路,又有效利用矿区场地、厂房、设施及周围丰富的石灰石资源。1988 年,镇江煤炭工业销售公司与香港富盛华比发展公司合资兴建的镇江联谊塑胶有限公司开业,生产 PE 珠光薄膜,是煤炭公司第一家中外合资企业。1989 年,镇江市煤炭公司第二轮经济总承包结束。累计产煤 134.2 万吨,超过承包计划 17.27%,比第一轮承包(1984～1986 年)增长 5.3%,在煤炭资源减少、矿井延伸开采等诸多不利条件下,实现 6 年持续增长。多种经营完成工业总产值 2804.15 万元,占公司总产值 45.58%,实现利润 702.49 万元,与前三年比较,产值、利润、税金分别增长 132.3%、132.8%、330%。在自身消化多种增本因素后,市属 4 矿累计亏损 1215.72 万元,比亏损计划减少 362 万元。截至 1990 年,全公司于"七五"期间累计生产煤炭 220.59 万吨,比承包计划增产 30.59 万吨,增产 16.1%。累计技改投入 2820.43 万元,完成技改、科技项目 94 项。4 个煤矿相继被煤炭部、能源部命名为"质量标准化矿井"。多种经营开发机电、建材、轻工、塑料工业近 10 个门类 33 个系列产品。"七五"期间累计实现工业产值 4597 万元,上缴税金 385.31 万元。

"八五"期间,镇江煤炭工业面临资源枯竭、市场疲软的严峻形势。1991 年,东风煤矿由于资源枯竭,生产煤炭 5.63 万吨,比上年下降 23.2%,企业亏损 343.01 万元,超国家亏损补贴 252.89 万元,陷入极端困难境地,其余煤矿也存在类似困难。同年,市政府取消地产煤调拨计划,由煤矿自主定价,以销定产,价格随行就市;成立市地方煤矿转产领导小组,建立转产基金,加快转产步伐。1992 年,批准东风煤矿投资 1646.65 万元,扩建第二条水泥生产线;投资 491.1 万元,建设镇江华丰人造板厂。1993 年,市煤炭公司实施为期三年的第四轮承包。同年,东风水泥厂实现工业总产值 1234 万元,上缴税金 142 万元,实现利润 180 万元,获市建材行业利税大户称号,被市经委授予质量效益先进企业称号。市华丰人造板厂建成投产,年产 3000 立方米木质蜂窝板,1000 立方米胶合板。批准小力山煤矿投资 1200 万元,新上年产胶合板 4000 立方米，木质蜂窝板6000立方米的转产项目。古洞煤矿新建的古洞热镀锌转产项目，当年立项、投资、见效，完成热镀锌526吨，实现工业产值107万元，产品销售收入102万元，利税9.12万元。东风煤矿兴办的拉丝元钉厂年产量、产值、税金、利润分别为837吨、213.2万元、5.71万元和10.5万元，产量、效益名列煤炭公司多种经营单位榜首。1994年，东风水泥厂第二条生产线试产，并转入正常生产，东风煤矿安全封井，平稳实现同东风水泥厂的合并，完成转产任务；古洞煤矿的热镀锌厂产品品种由镀锌管材拓展到镀塔材、电力金具、中小型锚链等，并与30多个厂家建立合作关系。水电建筑安装工程公司形成建筑、安装、装潢、运输、地基打桩等多元化服务。1995年，市煤炭工业公司下辖小力山、古洞、伏牛山3个煤矿，东风水泥厂、古洞热镀锌厂、华丰人造板厂3个工厂，水电建筑安装公司，固定资产总值1.27亿元。同年，生产煤23.11万吨，水泥16.7万吨，胶合板598立方米，实现工业总产值5850万元。其中煤炭产值1156万元，多种经营产值4694万元，劳务收入899万元，实现利润－1326万元，煤炭亏损445万元，工厂亏损865万元，其他单位亏损16万元。

“九五”期间，镇江煤炭工业进入收缩阶段。1996年，小力山、古洞煤矿在报废矿井内找资源维持生产，东风煤矿停产。同年，市政府办公会议专门研究煤炭工业收缩及富余人员分流问题，明确三项措施：一是年满48周岁，井下工作10年的1385名矿工提前退休；二是通过减负企业部分税费、用电优先等6项政策扶持煤矿企业转产；三是煤矿亏损补贴由每年545万元增加到700万元。1998年，市煤炭公司所属伏牛山、古洞、小力山3个煤矿全部关闭。1983～1998年，市属煤矿共生产煤炭575万吨。1999年，小力山人造板厂被镇江和兴隆木业有限公司租赁。华丰人造板厂、煤机厂、东风水泥厂、梅联公司处于停(破)产后留守状态，只有古洞热镀锌公司、联谊塑胶公司维持正常经营，全年热镀锌加工4000吨，生产塑料膜80吨，珠光纸袋14.78万只，实现工业产值810万元，销售收入790万元。其余转产企业租赁给个人经营。收入租金57.2万元。公司亏损90.3万元。公司在册职工从1996年的5780人减为2358人，办理提前退休2400余人，解除合同制工人600余人，分流调出职工300余人。

“十五”期间，全部完成企业改制和职工分流工作。2001年，东风水泥厂公开拍卖，镇江长江水泥厂以565万元竞价成功拍得。古洞热镀锌以78万元转让国有资产，改制为民营企业。同年，镇江市煤炭工业总公司撤销，组建市煤炭资产管理公司。2004年，以60万元资金一次性回购小力山、伏牛山煤矿902.6万元的不良贷款。2005年，全公司办理提前退休人员1100人，1233名在册人员分别办理“定补”和“协保”手续，至此，全公司人员分流工作全部结束。

第二节　主要产品

一、煤炭

镇江市煤炭由东风、小力山、伏牛山、古洞四个煤矿生产，主要产品为烟煤。最高年产量达48万吨。由于矿产资源枯竭，东风煤矿于1994年全部关闭，小力山、伏牛山、古洞煤矿于1998年关闭，结束镇江煤炭生产历史。

二、多种经营产品

镇江煤炭工业在资源逐年减少情况下，逐年发展多种经营，有建材、化工、轻工、劳务等37个项目，主要产品有水泥，人造板，PE珠光纸、布及其制品，煤矿机械等。由于市场竞争激烈，企业规模小等原因，多种经营企业于1995～2005年期间相继关闭或改制为民营企业。

第三节　主要企业

一、市属企业

1983年,镇江煤炭工业市属企业分别是东风、小力山、伏牛山、古洞4家煤矿。“七五”期间镇江市东风水泥厂建立,为市煤炭公司直属企业。市煤炭供销公司兴办中外合资的华丰胶板厂。“八五”期间,东风煤矿关闭封井,古洞煤矿兴建热镀锌厂。截至1995年,市煤炭公司下辖7家生产企业,其中3家煤矿,分别是小力山、伏牛山、古洞煤矿;4家转产企业,分别是东风水泥厂、古洞热镀锌厂、华丰人造板厂、梅联水电安装公司。“九五”期间,3家煤矿于1998年9月关闭封井,梅联水电安装公司、华丰人造板厂、东风水泥厂亦相继关闭。“十五”期间,古洞热镀锌厂转让国有资产,改制为民营企业。

二、主要企业选介

镇江市东风煤矿(原名东昌煤矿)　位于句容市边城镇(原东昌镇)与丹徒区高资镇交界处。占地39.5公顷,房屋建筑面积3.2万平方米。1958年筹建,先后建有东风井(东昌井)、北青山两对矿井。因资源枯竭,1982年8月东风井报废关闭。1994年11月,北青山井关闭。东风煤矿生产煤种为烟煤、牌号气肥煤。建矿36年,共生产原煤316万吨。其中东风井生产129.67万吨,北青山井生产186.33万吨,井下开采最深达-600米。

镇江伏牛山煤矿　位于丹徒区上党镇(原上会镇)。占地25.37万平方米,地面建筑面积5.36万平方米。1966年筹建,1975年正式投产,1998年关闭。建矿以来共生产原煤326.43万吨,生产煤种为烟煤。完成综合进尺18.97万米,其中开拓巷道2.17万米。伏牛山煤矿存续期间,1979年被推选为江苏插队学大庆先进单位,1980年接待联合国组织的14个国家的小煤矿代表团实地考察。1985年,煤炭部部长于洪恩到矿视察。1986年,被煤炭部定为全国10家安全样板矿之一。煤炭部在该矿主持召开《煤炭安全规程》英文版审稿会。

图14-18　20世纪80年代镇江伏牛山煤矿

镇江市小力山煤矿　位于丹徒区上党镇,离市区21公里处。占地24.4公顷,房屋建筑面积3.7万平方米。1970年建矿,1998年关闭,共生产原煤142万吨,生产煤种为烟煤,共掘进巷道12.7万米。

镇江市古洞煤矿　位于丹徒区上党镇。占地14公顷,房屋建筑面积3.12万平方米。1970年筹建,1978年投产,1998年关闭。共生产原煤167.06万吨,生产煤种为烟煤,煤种牌号为气肥煤、气煤。

1983～1998年镇江市煤炭产量及主要经济指标表

表14-60

年份	煤炭产量(万吨)	工业总产值(万元)	销售收入(万元)	亏损总额(万元)
1983	42.00	–	1541.28	332.12
1984	47.00	–	1850.68	295.60
1985	48.00	1534	2096.53	440.70
1986	48.30	1060	–	–
1987	47.08	1087	2138.44	506.92
1988	48.02	1138	3306.10	434.60
1989	48.07	1122	5237.07	391.58
1990	43.23	1013	4635.00	518.10
1991	41.59	1913	4769.78	646.34
1992	37.92	4194	5562.00	543.00
1993	36.58	4858	8800.00	217.00
1994	27.11	5633	7714.00	1112.41
1995	23.11	5850	8625.00	1326.00
1996	18.88	4280	6683.00	1085.00
1997	12.50	4767	5100.00	913.00
1998	5.60	2064	3213.90	970.84

第十五卷

乡镇企业

民营经济

卷 目

20世纪80年代,镇江乡镇企业以工业企业为主体。1983年,全市有乡(镇)村集体办的工业企业1391家,实现工业产值6.89亿元。镇江乡镇企业多数是作坊式小企业,生产劳动密集型产品,管理比较粗放,产品质量水平低,经济效益差。1985年,全市农村有小型非工业企业1513家,都是个体企业,主要从事商贸零售和服务业。"七五"期间,乡镇工业企业发展横向经济联合,引进城市企业的资金、技术、设备、管理,加速技术改造;"八五"期间,实施"二上一外"(上规模、上水平,大力发展外向型经济)战略转型,强化技改投入,培育规模企业;"九五"期间,产权制度改革基础上,加速资产重组,推进企业现代化;"十五"期间,民营经济领跑强势发展。截至2005年,镇江乡镇工业有企业24746家,固定资产原值225.16亿元,从业人员53万人,实现总产值1217.24亿元,销售收入1033.1亿元,利税75.33亿元,其中年销售收入5000万元且利税总额300万元以上的企业205家,完成工业增加值120.74亿元,销售收入419.49亿元,利税20.92亿元,占全市乡镇工业比重分别为41.37%、40.61%、56.3%。7家企业年销售收入超过10亿元,江苏大全集团实现工业产值26.89亿元,居全市乡镇工业企业之冠。全市农村非工企业从业人员26.8万人,实现总产值112.68亿元,其中建筑业从业人员9.53万人,实现产值34.49亿元;运输业从业人员3.58万人,实现产值27.43亿元;批发零售业从业人员3.4万人,实现产值35.88亿元;餐饮业从业人员1万人,实现产值14.88亿元;其他从业人员9.11万人。

镇江民营经济起步于个体工商业,1985年,全市个体工商企业38840家(含饮食业、服务业),其中从事工业的企业13453家,实现工业产值8621万元,主要分布在所辖县、区的广大农村;从事商业零售的企业17614家,其中镇江市区1301家,县1182家,县以下15131家;从事服务业4480家,其中市区255家,县432家,县以下3793家;从事饮食业3293家,其中市区1007家,县267家,县以下2019家。经过"七五"期间稳定发展,一些个体工商企业逐步成为私营企业,1990年,全市有私营企业188家,从业人员2504人。"八五"期间,乡镇企业产权制度改革以后,全市私营企业迅速扩大。1995年,全市私营企业2240家,从业人员23470人,分别是1990年的12倍和10倍。"十五"期间,市委、市政府在推进市属国有企业产权制度改革的同时,实施推进本土民营企业发展,引进外地民资进入镇江兴业或参与国企改制的双轮驱动战略,全市民营经济快速发展。截至2005年,全市有私营个体企业94865家,从业人员45万人,注册资本240亿元,其中私营企业16721家,从业人员30.43万人,注册资本215.57亿元,实现地区生产总值304.51亿元,占全市地区生产总值34.9%,上缴税收16.45亿元。

第一章　乡镇企业

镇江是乡镇工业发展较早地区,也是乡镇工业"苏南模式"发源地之一。1983～2005年期间,乡镇工业企业一直是乡镇企业的主体,也是全市工业重要组成部分。通过艰难的创业,由1983年年产值6.89亿元的作坊式企业群体,至2005年迅速发展为以规模企业、拳头产品为支柱,行业覆盖机械、冶金、建材、轻工、纺织、化工业,产品广销国内外市场,年产值1217.24亿元的现代工业体系。随着乡镇工业发展,农村城镇繁荣,非工业乡镇企业产值112.68亿元,从业近27万人,成为较为重要的经济力量和农村劳力就业的重要渠道。

第一节 综 述

1983年,镇江社队工业改称乡镇工业,市、县二级社队工业局改称乡镇工业局,对全市乡镇工业发展进行统一规划,政策研究,指导发展。同年,全市共有乡、村二级工业企业1274家,其中丹阳县566家,丹徒县276家,句容县220家,扬中县129家,郊区83家。城镇公社及街道工业企业117家,其中市区与郊区53家,丹阳县40家,扬中县14家,句容县10家。全市乡村工业实现总产值6.01亿元,其中丹阳县2.96亿元,扬中县1.05亿元,丹徒县7800万元,郊区6400万元,句容县5799万元。城镇公社及街道工业实现产值8766万元,其中丹阳县5099万元,市区与郊区2817万元,扬中县551万元,句容县299万元。1984年,丹阳县在全国乡镇企业工作会议上介绍发展乡镇工业的经验。1985年,全市乡村工业企业跃增到5076家(有产品出口企业83家)。职工人数350288人(技术员以上职称人员1788人),占农村劳动力总数的34.3%,其中乡办企业1673家,村办企业3403家,职工人数分别为乡办企业180360人,村办企业169928人。全市乡村工业企业实现工业总产值21.95亿元(1980不变价),在全省名列第六位,其中乡办企业实现工业总产值13.11亿元,村办企业实现工业总产值8.84亿元。按地区划分:丹阳县、扬中县、丹徒县、句容县、润州区实现工业总产值分别为11.08亿元、4.24亿元、2.92亿元、1.91亿元、1.8亿元,占全市乡镇工业产值比重分别为:50.5%、19.3%、13.3%、8.7%、8.2%。全市有工业产值超过1000万元的乡镇69个,占全市乡镇总数75%;超过5000万元的乡镇15个;工业产值亿元以上乡镇1个(丹阳县的新桥镇)。工业总产值超过1000万元的村3个,企业8家,丹阳县的城镇漂染厂年产值3954万元,居全市乡镇工业企业之首。全市农村有小型非工企业1513家,都是个体企业,主要从事商贸零售服务业。

"七五"期间,镇江乡镇工业充分利用国有企业改革和市场开放的机遇,组织一支以"四千四万"精神(跑遍千山万水,进出千门万户,说尽千言万语,想尽千方万计)为特点的供销员队伍,汇集市场信息,拓宽产品销路,推进横向经济联合。全市有810家乡镇工业企业与城市工、商、外贸企业、科研院所、大专院校有横向经济联合,引进资金、技术、人才、管理等生产要素,实现技术跨越,促进调整提高。这一期间,全市乡镇企业累计投入8.8亿元资金进行技术改造,其中横向联合等渠道自筹资金4.16亿元。通过技改,全市乡镇工业企业设备基本达到国内20世纪70年代水平,部分企业达到90年代水平,累计开发新产品1000多个。丹阳彩电配件厂原来是一家亏损村办小企业(丹阳后巷镇五星村办),通过与国内多家知名彩电生产集团,特别是与西安黄河集团横向经济联合以后,生产的天线输入器和高压预调电位器的市场覆盖率达65%。1990年,实现工业产值1.085亿元,五星村成为全市首家工业产值亿元村。企业生产的丹云牌TS系列天线输入器获国家银质奖,成为全国乡镇企业同行业中第一家获国优奖产品的企业。镇江电器设备厂等14家乡镇企业通过横向联合,寻求技术靠山,创办厂办科研机构,推进生产技术跨越前进,产品升级换代。其中镇江电器设备厂生产的低压开关柜和电力母线槽被国家重点项目亚运会场馆建设广泛采用;扬中化工仪表配件厂的产品被秦山核电站选用;镇江眼镜总厂生产的新目牌眼镜获国家银质奖,是全国乡镇企业同行中唯一获此殊荣企业;该厂年产眼镜250万副,是全国乡镇企业中规模最大的眼镜生产厂。全市有20家乡镇企业与外贸、商业部门组建工贸联营企业,扩大产品内、外销路。丹阳横塘缫丝厂年产白厂丝250多吨,是全国乡镇企业规模最大的缫丝厂;丹阳皇塘镇办的药用玻璃厂年产药用玻璃管2.13万吨,是全国乡镇企业规模最大的药玻厂,也是全国唯一能生产棕、白二色药用玻管的乡镇企业。1990年,全市有乡村办工业企业5810家,其中乡办企业1881家,村办企业3929家;拥有固定资产总额15.18亿元,自有流动资金总额4.87亿元,分别比1985年净增长

10.26亿元和2.02亿元;职工人数382038人,占农村劳动力总数40.84%,其中各类技术、管理人员6265人,工程技术人员占具有职称人员总数63.3%,占职工总数2.1%,3万多名技术工人经过岗位技术培训,2403人完成中专以上学历培训。全市乡镇工业产值74.18亿元(1980不变价),占全市工业总产值59.24%,比1985年末净增52.23亿元,"七五"期间平均年递增率达24.03%。全市乡镇工业总产值中,丹阳市占44.88%,扬中县占19.75%,丹徒县占14.12%,句容县占12.66%,润州区占8.59%。工业产值亿元以上乡镇由1985年的1个增加到24个,其中3亿元以上的3个,2亿元以上的4个;1000万元以上的村由1985年的3个增加到42个;500万元以上的企业达243家,其中千万元以上企业84家。扬中市新坝镇工业产值3.51亿元,居全市各乡镇之首。丹阳化工染料总厂成为全市首家工业产值超亿元企业。全市乡镇工业上缴税收1.94亿元,占全市财政收入32.12%。"七五"期间年均递增12.02%("七五"期间累计上缴税收8.5亿元,提供建农基金5346万元,教育费附加2179万元,上缴乡村税后利润6601万元)。乡村集体工业实现利税500万元以上的乡镇13个,其中2000万元以上的有丹阳皇塘镇,1000万元以上的有新坝、七里两镇。全市乡镇工业外贸出口交货额5亿元,占全市出口交货总额49.11%,比1985年增长14倍,"七五"期间平均年递增率达71.59%("七五"期间累计出口交货14.7亿元)。全市92个乡镇中,59个乡镇有出口产品,外贸出口1000万元以上的乡镇9个。全市乡镇工业从业职工工资总额4亿元,占农民总收入22.83%("七五"期间累计发放工资16.85亿元)。全市农村非工业企业21252家,从业人员33528人,其中从事商贸零售业企业14488家,从业人员22963人;从事餐饮业2837家,从业人员5691人;从事服务业3927家,从业人员4874人。

"八五"期间,镇江乡镇工业实施由"船小掉头快"的发展方式向"二上一外"(上规模,上水平,大力发展外向型经济)的发展战略转型。1992年,按产值实际排出全市乡镇工业10强乡镇,分别是新坝镇6.43亿元、皇塘镇5.75亿元、后巷镇4.38亿元、七里镇3.04亿元、联合乡3.02亿元、云阳镇2.91亿元、吕城镇2.88亿元、新桥镇2.86亿元、丰裕乡2.48亿元、辛丰镇2.47亿元;10强企业分别是:丹阳化工染料总厂1.2亿元、镇江冶金机械总厂1.16亿元、丹阳彩电配件厂1.1亿元、镇江电器设备厂1.08亿元、镇江药用玻璃厂1.01亿元、长江饲料有限公司1亿元、镇江电力设备厂0.87亿元、润州渔业乡工业用布漂染厂0.68亿元、沪镇联营初轧厂0.6亿元、横塘缫丝厂0.58亿元;10强外贸出口企业分别是:长江饲料有限公司6705万元、龙山鳗鱼养殖厂4351万元、镇江特种轴承厂4104万元、丹阳绣品厂3947万元、镇江染料化工总厂3817万元、立宝鞋业公司3438万元、句容后白乡工贸联营工艺服装厂3226万元、横塘缫丝厂3003万元、丹徒第二轴承厂2753万元、句容工艺丝织地毯厂2161万元。同年,全市10家企业被评为国家中型企业,其中丹阳第二缫丝厂、珥陵缫丝厂被评为中一型企业;丹徒化纤厂、镇江市长江水泥厂、镇江第二轴承厂、镇江电器设备厂、镇江市胶鞋厂、镇江市化工仪表电子集团、镇江冶金机械厂、镇江电缆厂被评为中二型企业。龙山鳗业联合公司成为鳗鱼养殖、加工、销售、饲料生产一条龙联合公司,生产规模亚洲第一。同年,全市乡镇工业组建集团企业18家,其中省级集团企业8家:分别是江苏长江电器集团(镇江电器设备厂为核心)、江苏华鹏集团(镇江电力设备厂为核心)、江苏大海集团(丹阳彩电配件厂为核心)、江苏蓓花集团(丹阳运河被服厂为核心)、江苏飞达集团(丹阳飞达工具厂为核心)、江苏龙山鳗业联合公司、江苏堂皇床上用品集团(镇江皇塘绒绣厂为核心)、江苏医药包装集团。1993年,全市乡镇工业实现总产值195.12亿元,比上年净增长64%,是镇江乡镇工业历史上发展速度最快的一年。1994年,全市除石马乡、韦岗镇外所有乡镇工业产值超亿元(扬中市11个乡镇工业产值全部超2亿元)。其中20个乡镇工业产值超5亿元,共实现工业产值144.3亿元,占全市乡镇工业总产值45%左右;32个乡镇年利税1000万元以上,实现利税7.7亿元,占全市乡镇工业总值48.2%。龙山鳗业、长江集团、大海集团、天工实业公司等10家企业列入全国千家最佳经济效益乡镇企业行列。1995年,全市乡镇工业有乡、村企业5600家,从业职工35万人,固定资产总值51亿元,实现工业产值352.04亿元,其中乡镇办企业完成工业产值199.54亿元,村办企业完成152.5亿元。全市63个乡镇工业产值超过3亿元,其中丹阳市23个、句容市13个、丹徒县13个、扬中市10个,京口和润州区各2个。工业产值5亿元以上乡镇29个,10亿元以上乡镇5个,新坝镇和皇塘镇分别实现工业产值25.49亿元和25.07亿元,位于全市乡镇榜首。龙山鳗业联合公司、长江集团、华鹏集团实现工业产值分别为21.8亿元、5.47亿元和3.21亿元,为全市乡镇工业规模前三名企业。全市乡镇企业实现利润4.33亿元,盈利企业3939家,盈利面达84%,盈利额5.35亿元。全市乡镇企业外贸出口交货额82亿元,占乡村集体企业销售收入37.86%,生产出口产品企业550家,兴办"三资"企业659家。"八五"期间,全市乡镇工业累计技改投入70多亿元,仅1995年即投资31.84亿元,财务支出20.40亿元,其中银行贷款1.75亿元,企业自筹18.7亿元。同年,全市乡镇企业中累计有30家企业被认定为国家中型以上企业。农业部排名1000家中国最大规模乡镇企业中,龙山鳗业联合公司列18位,江苏长江电器集团列426位,江苏华鹏集团列726位,江苏大海集团列928位,江苏金象集团列968位。最高利税排行榜上,龙山鳗业列16位,江苏华鹏集团291位,江苏长江电器集团330位。全市乡镇企业中累计有江苏明星企业53家,江苏省乡镇企业家46人。"八五"期间,农村建筑业和运输业发展较快,成为农村非工企业的重要行业。1995年,全市农村非工企业实现产值41.3亿元,按地区划分:京口区2.94亿元;润州区1.43亿元;镇江新区5471万元;丹徒县7.88亿元;丹阳市14.1亿元;句容市7.68亿元;扬中市6.77亿元。按行业划分:建筑业18.64亿元;运输业9.75亿元;批发零售及餐饮业12.92亿元。

"九五"期间,全市乡镇企业依托乡镇工业产权制度改革的机遇,推进资产流动重组,加速企业规模化、现代化。1996年,江苏长江电器集团、江苏飞达工具集团、江苏天工实业总公司、江苏大海集团、江苏堂皇集团等11家企业被农业部认定为大型乡镇企业,24家企业被认定为中型乡镇企业。1997年,又有江苏中天轴承集团等5家企业被农业部认定为大型乡镇企业,40家企业被认定为中型乡镇企业。同年,江苏大海集团出让80%股权,由珠海格力集团控股经营,成为格力电子(丹阳)有限公司,格力集团提供格力商标、技术,增加资金投入,使空调器品牌由"黄河纽士威"改为国内知名的"格力"牌,年产量由2万台一跃为10万台。江苏飞达、江苏天工两大集团与成都量具厂,上海量具厂,哈尔滨第一、第二量具厂及成都机械进出口公司等国内工具行业的强势企业实行挂靠联合,开发、销售各种高档钻头,销售额分别达2.7亿元和2.9亿元。两大集团所在的丹阳市后巷镇成为亚洲最大的钻头生产基地。天工集团延伸生产钻头用工具钢,产量达8000吨,企业产值3.5亿元,利税1700万元,成为国内麻花钻和高速工具钢的一流企业。江苏长江电器集团先后与德国、荷兰、美国等国外企业合资创办4家合资企业,成为国内同行业中规模、装备、产品档次、企业效益一流企业,实现产值7.2亿元,利税1.2亿元。1999年,丹阳市埤城镇的富豪厨房设备公司与常州柴油机厂合资投入5935万元,开发联合收割机,形成年产2万台能力,成功进行企业的转型升级。2000年,全市有乡镇工业企业17612家,其中集体企业(集体资本控股企业)2816家,民营企业14796家。全市有乡镇企业职工407412人,其中集体企业(集体资本控股企业)197573人,民营企业209839人。实现工业产值619.6亿元,其中民营企业完成工业产值313.6亿元,占全市乡镇工业总产值50.62%。全市7个辖市、县、区中,丹阳市260.06亿元,句容市114.06亿元,丹徒县110.74亿元,扬中市87.18亿元,京口区22.48亿元,润州区18.15亿元,镇江新区6.93亿元。全市乡镇工业销售产品508.88亿元,其中民营企业220.44亿元。全市乡镇工业民营企业实现利税和利润分别为12.02亿元、4.5亿元,分别占乡镇工业总值46.22%、45.6%。全市乡镇工业有439家企业生产出口产品,完成出口交货值75.29亿元,其中40家自营出口企业自营出口6879万美元。全市460家销售收入1000万元以上的规模企业实现总产值256.78亿元,销售收入205.4亿元,利税13.89亿元,占全市乡镇工业比重分别为:41.44%、47.23%和53.39%。龙山鳗业、长江电器、富豪厨具、大海集团、华鹏集团实现工业产值分别达14.87亿元、7.01亿元、6.15亿元、4.27亿元、4.01亿元，实现利税分别为11280万元、7984万元、3100万元、2471万元、1997万元。同年，江苏省政府表彰的“九五”期间发展乡镇工业先进单位和个人中，丹阳市为发展乡镇工业先进市，丹阳市后巷镇、皇塘镇，扬中市新坝镇，丹徒县辛丰镇，句容市后白镇为发展乡镇工业先进镇；江苏长江电器集团、江苏环太集团、江苏恒宝股份有限公司、句容东南礼品公司、镇江市长江水泥厂为先进乡镇企业；江苏长江集团徐广福、鱼跃医疗设备公司吴光明、江苏天爱集团杨桂平、长江水泥厂赵育林、江苏富豪厨房设备公司王伟耀为优秀乡镇企业家。“九五”期间，农民不仅在农村兴办非工业企业，而且进城办企业。2000年，全市农村非工企业及农民进城办非工企业共实现产值75.76亿元，其中农村非工企业实现产值70.79亿元，农民进城办建筑、运输、商业批零及餐饮业实现产值4.97亿元。农村非工企业实现产值中，建筑业24.78亿元；运输业为16.35亿元；商业批零、餐饮业为29.66亿元。

“十五”期间，全市乡镇工业实施民营经济和招商引资“双轮驱动”战略，民营经济强势发展领跑全市乡镇工业。2001年，市委、市政府把乡村工业园区建设作为引进外地民资和外资，加快乡镇工业发展的重要载体，组织重点乡镇领导到广东、苏南先进地区考察学习园区建设经验，出台《加快乡镇工业园区发展的意见》。同年，全市共有各类乡镇工业园区92个，开发面积61.14平方公里，累计投入48.43亿元，入园企业1092家。扬中新坝科技园区面积18.56平方公里，入园企业50家。入园企业中，“三资”企业20余家，外商独资企业11家，利用外资1.5亿美元。入园企业技术创新能力强，有国家级高新技术企业3家，省级高新技术企业9家，23家企业建立科研所，12家企业与国内知名科研机构建立协作关系。入园企业以机械制造、工程电气、高分子材料、乳胶制品、职业服装为主导，远销20多个国家和地区，被农业部命名为全国乡镇企业科技园区。丹阳市的新桥兴新工业园区和界牌灯具城工业园区被命名为江苏省乡镇工业小区。同年，列为江苏“十五”规划高新技术产业园区和国家火炬计划的扬中电力电器产业基地通过科技部火炬中心专家组论证评审，在扬中开发区、新坝镇、三茅镇范围内建设，创建智能电力电器设备研究开发及产业化基地。2003年，全市乡镇工业园区入园企业3033家，入园企业实现销售收入198.08亿元，实缴税金8.48亿元，实现利润7.93亿元，出口产品交货值72.8亿元，企业职工13.6万人，占全市乡镇工业比重分别为30.69%、38.76%、40.58%、74.3%、29.11%，成为乡镇工业重要组成部分。2004年，飞达集团引进亚洲最大的油用钻头生产企业——国内主版上市公司江钻股份公司，该公司出资5000万元，收购飞达集团47%的股权。同年，全市乡镇工业完成工业产值1042.25亿元，首次突破千亿元。2005年，全市乡镇工业企业24746家，固定资产原值225.2亿元，从业人员53万人，实现总产值1217.24亿元，工业增加值、营业收入、利税分别为296亿元、1050.11亿元、75.33亿元。支付劳动者报酬48.6亿元，上缴乡村支农建农资金和教育附加费总额1.46亿元。按经济成分划分，集体及集体控股企业实现工业产值、工业增加值、营业收入、利税分别为162.04亿元、36.97亿元、135.47亿元、9.47亿元；民营及民营控股企业实现工业产值、工业增加值、营业收入、利税分别为856.8亿元、218.58亿元、767.84亿元、58.09亿元；个体企业实现工业总产值、工业增加值、营业收入、利税分别为198.4亿元、40.47亿元、146.8亿元、7.77亿元。按地区划分：丹阳市有企业11348家，职工22.6万人，实现工业产值430.07亿元；扬中市有企业2113家，职工5.82万人，实现工业产值178.87亿元；句容市有企业5166家，职工11.1万人，实现工业产值245.79亿元；丹徒区有企业4737家，职工9.03万人，实现工业产值204.38亿元；京口区有企业465家，职工1.5万人，实现工业产值81.9亿元；润州区有企业614家，职工1.7万人，实现工业产值42.73亿元；镇江新区有企业303家，职工1.6万人，实现工业产值33.5亿元。全市乡镇工业中，年销售收入5000万元且利税总额300万元以上的规模企业205家，完成工业增加值120.74亿元，销售收入419.49亿元，利税总额20.92亿元，占全市乡镇工业总值比重分别为41.37%、40.61%、56.3%。其中年销售收入亿元的企业100家;10亿元以上的7家,分别为江苏大全集团公司(原长江电器集团公司)、丹徒龙山集团、江苏天工集团、江苏飞达集团、江苏沃得集团、江苏鸿泰钢铁有限公司、江苏中电设备制造公司。大全集团实现工业产值26.89亿元,居全市乡镇企业之首。镇江市工业产值、工业增加值、销售收入、利税总额、资产总额的50强企业排行榜上,乡镇企业分别有14家、14家、13家、11家、9家企业入围。全市乡镇外贸出口企业540家,完成外贸出口收购额163.64亿元,占全市乡镇工业销售总值15.84%,其中自营出口值75.83亿元,占全市乡镇工业出口交货值比重46.31%。全市14个重点乡镇工业园区,共有进区企业1480家,实现工业增加值71.14亿元,销售收入258亿元,实现利润10.7亿元,实缴税金10.6亿元,出口交货49.48亿元,累计建设标准厂房374.5万平方米。"十五"期间,农村从事非工企业人员迅速增加,行业逐步多元化。2005年,全市农村非工企业从业人员26.8万人,成为农村就业重要渠道。农村非工企业以从事建筑、交通、商业批零、餐饮业为主,涉及信息传输、计算服务和软件业、金融保险业、房地产、卫生、体育和社会福利事业等。农村非工企业实现总产值112.68亿元,占农村非农行业总产值比重达9.21%,其中建筑业实现产值34.49亿元,运输业实现产值27.43亿元,商业批零业实现产值35.88亿元,餐饮业实现产值14.88亿元。农村非工企业实现产值按地区划分:市区(含丹徒)总产值46.52亿元,其中建筑业产值8.74亿元,运输业实现产值13.25亿元,商业批零、餐饮服务业24.53亿元;丹阳市总产值23.52亿元,其中建筑业实现产值11.65亿元,运输业3.96亿元、商业批零餐饮服务业7.91亿元。句容市总产值25.18亿元,其中建筑业6.72亿元,运输业7.67亿元,商业批零、餐饮服务业10.79亿元。扬中市总产值17.46亿元,其中建筑业7.38亿元,运输业2.56亿元,商业批零、餐饮服务业7.52亿元。

1983~2005年镇江市乡镇工业基本情况表

表15-1

年份	企业单位数(家)				年末人数(人)				产值(亿元)			
	合计	乡办	村办	个私	合计	乡办	村办	个私	合计	乡办	村办	个私
1983	1391	1391(含村办)	-	-	-	-	-	-	6.89	6.89	-	-
1984	4222	1410	2812	-	287187	151228	135959	-	13.93	8.33	5.60	-
1985	5076	1673	3403	-	350288	180360	169928	-	21.95	13.11	8.84	-
1986	5617	1865	3752	-	386673	203024	183649	-	28.65	16.95	11.70	-
1987	6257	1935	4322	-	408398	218223	190175	-	42.90	26.45	16.45	-
1988	6123	1797	4326	-	394361	202071	192290	-	51.57	30.42	21.15	-
1989	6024	1862	4162	-	378790	196906	181884	-	54.79	32.85	21.94	-
1990	5810	1881	3929	-	382038	201591	180447	-	74.18	45.39	28.79	-
1991	5632	1778	3854	-	382165	199310	182855	-	84.16	49.58	34.58	-
1992	5601	1757	3844	-	383405	199658	183747	-	111.48	65.31	46.17	-
1993	5819	1763	4056	-	389774	199269	190505	-	195.12	112.24	82.88	-
1994	5568	1777	3791	-	367139	194789	172350	-	269.50	158.76	110.74	-
1995	5600	-	-	-	350000	-	-	-	352.04	199.54	152.50	-
1996	4547	1541(含村办)	3006	-	308700	162688	146012	-	341.57	194.72	146.85	-
1997	4393	4354(含村办)	-	39	301895	300023(含村办)	-	1872	397.63	395.83(含村办)	-	1.80
1998	19059	4057(含村办)	-	15002	394542	277370(含村办)	-	117172	561.35	374.82(含村办)	-	186.53
1999	16489	3542(含村办)	-	12947	369733	237919(含村办)	-	131814	573.78	357.03(含村办)	-	216.75

续表 15-1

年份	企业单位数(家)				年末人数(人)				产值(亿元)			
	合计	乡办	村办	个私	合计	乡办	村办	个私	合计	乡办	村办	个私
2000	17612	2816(含村办)	-	14796	407412	197573(含村办)	-	209839	619.60	305.96(含村办)	-	313.64
2001	17515	1941(含村办)	-	15574	426240	150512(含村办)	-	275728	633.49	245.77(含村办)	-	387.72
2002	18533	1428(含村办)	-	17105	436271	91835	-	344436	718.52	226.78	-	491.74
2003	19271	1014(含村办)	-	18257	466605	81403	-	385202	853.70	191.56	-	662.14
2004	27299	1050	-	26249	544247	64998	-	479249	1042.25	205.59	-	836.66
2005	24746	636	-	24110	533315	41970	-	491345	1217.24	162.04	-	1055.20

说明:1995 年资料缺失,下同

1983～2005 年镇江市辖市(区)乡镇工业基本情况表

表 15-2

年份	企业数(家)								年末人数(人)								产值(亿元)							
	合计	丹阳	扬中	句容	丹徒	京口	润州	开发区	合计	丹阳	扬中	句容	丹徒	京口	润州	开发区	合计	丹阳	扬中	句容	丹徒	京口	润州	开发区
1983	1391	606	143	230	276	-	136	-	-	-	-	-	-	-	-	-	6.89	3.47	1.10	0.60	0.78	-	0.94	-
1984	4222	1707	428	684	1124	-	279	-	287187	113593	52130	38640	63136	-	19688	-	13.93	6.57	2.84	1.34	2.04	-	1.14	-
1985	5076	2205	614	692	1238	-	327	-	350288	140836	64930	51264	69495	-	23763	-	21.95	11.08	4.24	1.91	2.92	-	1.8	-
1986	5617	2315	754	771	1328	-	449	-	386673	151135	74422	59495	71537	-	30084	-	28.65	12.80	5.73	3.20	3.71	-	3.21	-
1987	6257	2261	845	1103	1527	-	521	-	408398	165506	74699	60883	72565	-	34745	-	42.90	19.00	8.00	5.20	5.33	-	5.37	-
1988	6123	2087	842	1126	1577	-	491	-	394361	151988	71782	65241	72908	-	32442	-	51.57	21.91	10.33	6.73	7.08	-	5.52	-
1989	6024	2092	883	1132	1439	-	478	-	378790	147293	71022	58852	70157	-	31466	-	54.79	24.13	11.60	6.60	7.12	-	5.34	-
1990	5810	2020	833	1069	1426		462	-	382038	148116	70547	62288	69586	-	31501	-	74.17	32.46	14.02	9.33	10.67	-	7.69	-
1991	5632	1879	798	1183	1372	-	400	-	382165	148446	69490	63383	69674	-	31172	-	84.16	33.96	18.07	11.40	12.48	-	8.25	-
1992	5601	1839	779	1278	1326	-	379	-	383405	142262	69996	68570	72261	-	30316	-	111.48	44.15	23.37	18.45	15.10	-	10.41	-
1993	5819	1899	807	1328	1264	154	255	112	389774	138865	67534	77615	69362	12755	18018	5625	195.12	71.75	37.28	36.05	27.08	6.57	12.39	4.00
1994	5568	-	-	-	-	-	-	-	367139	-	-	-	-	-	-	-	269.50	91.72	53.25	55.58	40.19	11.29	15.36	2.11
1995	-	-	-	-	-	-	-	-	-	-	-	-	-	-	-	-	-	-	-	-	-	-	-	-
1996	4547	1520	741	887	973	147	213	66	308700	103662	57375	66212	55833	9471	12194	3953	341.57	105.29	66.05	86.64	61.31	8.49	11.80	1.99
1997	4393	1502	800	856	792	172	199	72	301895	105319	52745	68422	51337	9559	9767	4746	397.63	122.79	63.25	106.86	75.58	12.00	14.40	2.75
1998	19059	6554	2547	5374	3708	419	289	168	394542	136295	60049	100444	71945	11330	8886	5593	561.35	214.92	80.12	132.03	93.18	18.79	16.95	5.36
1999	16489	6877	2129	3397	3258	201	403	224	369733	137883	59112	82009	65615	10862	8595	5657	573.78	228.70	81.48	115.66	105.05	20.75	16.12	6.02
2000	17612	7289	1963	3397	3967	347	405	244	407412	165113	55167	82509	77847	12369	8710	5697	619.60	260.06	87.18	114.06	110.74	22.48	18.15	6.93
2001	17515	-	-	-	-	-	-	-	426240	-	-	-	-	-	-	-	633.49	-	-	-	-	-	-	-
2002	18533	8693	1716	2762	4328	395	412	227	436271	182612	50784	84416	89486	12805	8817	7351	718.52	296.63	90.91	128.35	141.23	26.77	23.55	11.08
2003	19271	8979	1796	2909	4460	399	433	295	466605	192490	53278	90497	96189	13552	8865	11734	853.70	357.89	112.11	151.49	158.47	33.94	26.67	13.13
2004	27299	10104	6487	4900	4614	408	520	266	544247	204503	84826	103405	99085	13758	10899	27771	1042.25	406.47	154.42	187.17	182.64	56.99	32.08	22.48
2005	24746	11348	2113	5166	4737	465	614	303	533315	226039	58214	111157	90348	14864	16768	15925	1217.24	430.07	178.87	245.79	204.38	81.90	42.73	33.50

说明:1. 表列统计范围 1998 年前为乡、村办集体企业,1998 年以后扩大到村以下的联户办企业;

2. 表列 1992 年前的润州区计数为郊区统计数(含京口区);

3. 表列产值数 20 世纪 80 年代为 1980 不变价,1990～1997 年为 1990 不变价,1998 年以后为现行价

第二节 经营管理体制

1983～1993年，镇江乡镇工业企业以乡、村办集体企业为主，经营管理体制为以承包经营为基础的灵活经营机制，1993年开始产权制度改革，至2001年基本改制为民营企业。

一、承包经营责任制

镇江是以集体经济为主的“苏南模式”发源地之一，较早实施“三定一奖”（定产量、定质量、定消耗，超额奖励）的承包经营责任制，由于企业管理粗放（俗称毛估估，倒轧账）影响承包经营责任制落实。1985年，全市乡镇工业开展“两清一建”财务整顿（清理财务往来，催收欠款；清理物资，压缩库存积压；建立财务、物资管理制度）。同年，经整顿验收合格企业763家，并在财务整顿基础上，重新修订、完善乡、村与乡办、村办集体企业的承包经营合同，使承包经营责任制更具激励作用。在学习无锡堰桥经验基础上，1990年，全市乡镇工业企业全部实行“六定一奖，联利计酬”的具有镇江特色的乡镇企业承包经营责任制。六定是定产值、产销率、利润、工资总额、资金周转、税后利润留成，并作为承包指标；在对承包指标全面考核基础上，“一奖”是承包集体和主要承包经营者联利计奖，改变过去联产值计奖办法，但是，奖金总额不得突破三项总额的一定比例（工资总额的12%；占工资总额5%的企业基金的20%；超利部分的10%～15%），并明确承包经营者的收入与职工平均收入差距不得超过3倍。大多数乡镇企业实行由厂长牵头，经营团队集体承包。同年，企业管理工作得到显著进步，1517家企业通过全面整顿验收合格，其中734家企业通过企业七项基础管理验收合格，97家企业通过升级整顿验收合格，提高企业的竞争能力和盈利水平，企业承包经营各项指标确定更加科学合理。为防止承包经营的短期行为，“七五”期间，按照分类指导原则，对乡镇企业承包经营责任制进行多次完善。对发展较好的乡镇企业的承包经营由一年一定改为任期目标责任制，使承包经营者收入与企业长远发展目标挂钩。对小型、微利或亏损企业实行租赁经营。为防止承包经营“负盈不负亏”，不少地区把承包经营完善为风险抵押承包，承包经营者需上缴风险抵押金才能承包，严格按企业经营情况进行奖赔，使承包经营者责、权、利统一。

二、企业内部分配用工制度

“七五”期间，全市乡镇工业企业内部管理不断完善、建立起与国有企业截然不同的分配、用工、干部制度，成为乡镇工业灵活经营机制的重要组成部分。一是供销环节实行大包干制度，企业不承担供销工作中的任何费用，供销人员按销售利润实际到账数提取分成；二是企业内部的车间实行承包经营责任制，使外部市场的压力传递到车间；三是管理较好的企业通过企业内部银行对上下工序之间实行原材料、半成品购买制度；四是职工实行以计件工资为主的多种形式按劳分配制度；五是干部职工实行能进能出、能上能下的竞争上岗制度。新型经营管理机制调动干部职工的积极性、吸引社会人才加盟，提高职工队伍素质，涌现出一批优秀乡镇企业家。“七五”期间，有省级明星企业厂长32人，省级乡镇企业家24人，镇江眼镜总厂厂长吴斌荣、镇江电器设备厂党委书记徐广福、镇江冶金机械厂厂长孙茂芝、丹阳被服厂厂长谢仲英被评为全国农民企业家，丹阳皇塘绒绣厂厂长荆玉堂被评为全国百名青年农民企业家之一。“八五”期间，全市又有21家企业被评为江苏省明星企业，22名厂长被评为江苏省乡镇企业家。江苏大海集团董事长朱忠汉、句容工艺品总厂党委书记王季炎、江苏华鹏集团董事长郭道鹏、丹徒化纤厂厂长严华荣被评为全国乡镇企业家。“九五”期间，农业部命名表彰全国优秀乡镇企业厂长（经理、董事长），吴斌荣、徐广福、谢仲英、朱忠汉、王季炎5人经过复评，获全国优秀乡镇企业厂长称号；江苏长江电器集团总经理唐本荣，龙山集团总经理刘和平，江苏堂皇集团总裁荆玉堂，江苏高士达集团总经理张敬才，江苏天爱集团董事长杨桂平，江苏天工集团董事长朱小坤新获全国优秀乡镇企业厂长称号。2004 年，农业部表彰一批全国乡镇企业家，并对历届全国乡镇企业家、全国优秀乡镇企业厂长进行复评，谢仲英、朱忠汉、荆玉堂、朱小坤、徐广福、唐本荣、郭道鹏、杨桂平复评为第五届全国乡镇企业家。江苏飞达集团董事长朱国平，江苏沃得集团董事局主席王伟、江苏华厦电气集团董事长卞雨、江苏北固集团董事长赵育林、江苏鱼跃集团董事长吴光明、江苏晶谷米机有限公司董事长朱昌宏、中电电气集团董事长陆廷秀、句容市盛刚旅游用品公司董事长杜盛刚、镇江精诚轴承公司总经理关云洪，镇江金港磁性元件公司董事长艾学平新评为第五届全国乡镇企业家。

三、产权制度改革

1992 年，镇江市委、市政府总结乡镇工业企业承包经营责任制中，由于产权主体不明晰，虽经多次完善，不能根治负盈不负亏和短期行为的经验教训，依据乡镇企业上规模、上水平的需要，在全市乡镇企业中试点推行产权制度改革。改革形式因企制宜：大型企业组建企业集团、股份制企业。同年，全市乡镇工业组建 18 家省、市企业集团，其中省级集团 8 家。镇江电器设备厂为核心，集工、贸、科研为一体，组建为总资产 2 亿元左右的江苏长江电器集团，并与德国 KM 公司共同投资 6000 万元组建镇江 K－M 电气有限公司，共同开发生产国际领先技术的 Ce 全绝缘、全封闭成套电气产品，列入国家火炬计划。丹阳彩电配件厂通过国营企业（黄河集团）、乡镇企业、外商、企业职工、社会自然人五方面股东组织股份有限公司，吸纳股金 5000 万元，投资建设黄河纽士威空调器生产线，并于当年投产，企业产品结构由彩电配件转型为空调器，年产值由 1 亿元跃增到 2 亿元。中型企业组建为乡（村）企业、外部法人共同参股的有限责任公司，或以现有资产折股，存量转让与职工入股相结合的股份合作制企业。全年共有 581 家企业改制为股份合作制企业，吸纳增量股金 3.2 亿元。1994 年，全市乡镇企业已组建 19 家省级集团，有限责任公司或股份合作制企业达 1146 家，租赁、拍卖、兼并企业 1888 家。不同形式进行产权制度改革企业共计 3053 家，占全市乡、村办集体企业总数 52.3%。改制形式深化为先售后股，即将企业资产全部或部分折价转让以后，再吸收职工相应配股，组建股份合作制企业。1996 年，市委、市政府对已改制设立的 1400 多家股份合作制企业进一步深化改革。明确股权结构调整政策：一是加快集体存量资产转让步伐，可以将乡镇、村集体资产部分或全部出售给经营者和职工，也可以将前段改制中设立的企业股一步到位量化给经营者和职工。在企业总股本中，个人股最低占 50%；个人股中，经营层占 50%；经营层中，法人代表占 50%。集体资产转让可以先售后股，也可以先租后股；可以先建后股，也可以边建边股；可以全部折股，也可以分段折股。二是加快股权流转步伐。股份合作制企业的股权只分红不付息，不退股，但可以在一定范围内流转，拉开人与人之间持股差距，逐步形成控股层。同年，已改制设立的 1446 家股份合作制企业绝大多数深化改制为经营者控股或经营者全资的民营企业，其中改制为经营者控股的股份合作制企业 384 家，民营企业 833 家，拍卖、兼并、转让企业 229 家。吸纳股金 97064 万元，其中新增股金 29053 万元。1997 年，镇江市委、市政府进一步调整乡镇企业改制政策：一是在股权设置上明确取消企业股，根据企业原始资本投入和劳动者创造资产的实际情况，一步到位明晰产权归属，划出一部分分配给企业职工，职工以一定比例现金与之配股。二是鼓励职工购买集体资产，提高职工股占总股本比重，有条件的可由法人代表一次性买断企业产权。难以一次买断的可采取部分转让办法，将没有买断的资产视作改制企业借用，缴纳资产使用费。当年，江苏中天轴承集团近 2000 万元资产由经营者个人买断，厂房、土地作价 1800 万元作为集体资产租赁给经营者，在大中型乡镇企业产权改革上实现突破。1998 年，全市乡镇工业企业中，各种形式的改制企业达 3637 家，改制面达 84.74%。其中股份有限公司 6 家，股本金 1.57 亿元；有限责任公司 168 家，股本金 5.2 亿元；集体资产控股的股份合作制企业 256 家，新增股金 1.28 亿元，其中个人股金1.15亿元;集体转民营企业1067家,出让资产4.4亿元;兼并企业66家,兼并资产6517万元;租赁企业1496家,资产9.18亿元;风险抵押承包企业460家,资产总额6.74亿元,破产企业21家。丹凤集团、堂皇集团、正丹集团、飞达集团等一批规模企业完成改制。华鑫厨具(后巷镇办)、美欣装饰(皇塘镇办)等中外合资企业的中方股份或转让给外商,成为外商独资企业,或转让给经营者,成为外资与民资合资企业。截至2001年,全市乡镇工业的4573家乡、村集体企业中,已改制4371家,改制面96%,其中公司制企业287家,股份合作制企业196家,集体转民营企业1678家,兼并企业53家,租赁企业1736家,风险抵押承包353家,破产68家。全市大中型乡镇企业115家,改制103家,改制面90%。

第三节 主要行业和产品

1983年,镇江乡镇工业已经能够生产机械、轻工、化工、建材、纺织5个行业的门类众多的产品。由于资金、技术严重匮乏,主要生产投资少的劳动密集型产品。由于原有的农村手工业基础不同,接受城市工业辐射不同,各县工业产品水平不齐,特色不一。1985年,全市乡镇工业中,机械行业(含金属制品、机械制造、交通运输设备制造、电气机械仪表及其计量器具制造)产值8.2亿元,其中丹阳县4.50亿元、扬中县1.56亿元、丹徒县0.96亿元、润州区0.83亿元、句容县0.35亿元。主要生产农机具、电风扇、电熨斗、工矿配件、建筑工具、各类锁具、电子配件、钢丝绳、改装汽车、农用三卡等产品。丹阳县的新桥乡成为最高检察院囚车定点生产地,润州区的镇江冶金机械厂能生产20吨门吊和桥吊,喷灌机厂生产全射流喷灌机获农业部科学大会奖。全市乡镇工业轻工业产值6.24亿元,其中丹阳县2.48亿元、扬中县1.6亿元、丹徒县1.03亿元、句容县0.65亿元、润州区0.48亿元。主要从事粮食加工和食用植物油、饮料酒、各类绣品、丝织地毯、藤草竹柳编织物、各类雕刻工艺品、塑料编织袋、塑料制品、眼镜、服装、皮鞋、皮箱、各类家具、排笔、毛笔等产品的生产。丹阳市年产眼镜456.31万副,镜架259.25万副,产量占全国总量三分之一。全市乡镇工业纺织行业产值3.10亿元,其中丹阳县2.09亿元、扬中县0.59亿元、丹徒县0.16亿元、润州区0.14亿元、句容县0.12亿元,主要生产棉纱、棉布、针棉织品,羊毛、腈纶、尼龙衫裤、毛线、呢绒、白厂丝、丝织品。全市乡镇工业建材行业(建筑材料及其他非金属矿采选业,其他非金属矿物制品业)产值2.8亿元,其中丹阳县1.34亿元、句容县0.64亿元、丹徒县0.47亿元、扬中县0.22亿元、润州区0.13亿元,主要生产采石、水泥、砖、瓦、砂、玻璃纤维及制品、钢门窗。全市乡镇工业化工行业产值1.32亿元,其中丹阳县0.72亿元、扬中县0.19亿元、润州0.15亿元、句容县0.14亿元、丹徒县0.12亿元,主要生产化肥、农药、兽药、染料等产品。全市乡镇工业冶金行业产值2843万元,其中丹阳县877万元、润州区831万元、句容县468万元、丹徒县463万元、扬中县204万元,主要生产小轧钢、拉丝产品。

"七五"期间,镇江乡镇工业发展与城市工、商、外贸企业横向经济联合,引进技术和产品,抓好技术改造,开发新品。同时,发挥乡镇企业"船小掉头快"的灵活机制优势,依据市场需求,实施畅销产品扩大规模,平销产品以销定产,滞销产品及时转产方针,促进行业和产品结构调整提升。1990年,机械、轻工、纺织、建材、化工5大主要行业发展较快,冶金行业迅速发展,成为乡镇工业主要行业之一。同年,全市乡镇工业中,机械行业实现产值26.29亿元,其中丹阳市11.05亿元、扬中县6.41亿元、丹徒县3.54亿元、润州区3.16亿元、句容县2.13亿元。产品由为农业服务为主转向为工业生产服务。占本行业产值66.4%的丹阳、扬中形成各自的产品特色,丹阳市以轻纺机械、汽车配件、家用电器为主;扬中县以高低压开关柜、桥架、母线槽为主。纺织工业实现产值15.17亿元,其中丹阳市9.04亿元、扬中县2.29亿元、丹徒县1.52亿元、句容县1.38亿元、润州区0.94亿元。主要产品中,布、白厂丝、呢绒比1985年有较大幅度增长,丝织品产量减少。轻工业实现产值

12.45 亿元,其中丹阳市 4.14 亿元,丹徒县 3.13 亿元,句容县 2.74 亿元,扬中县 1.58 亿元,润州区 0.86 亿元。除传统产品如眼镜等继续发展外,皮革产品和工艺美术产品成为轻工业主要产品,也是出口的主要产品,各类玩具主要是长毛绒玩具成为新的重要出口产品。建材行业实现产值 9.16 亿元,其中丹阳市 3.25 亿元、句容县 2.51 亿元、丹徒县 1.66 亿元、扬中县 0.98 亿元、润州区 0.76 亿元。主要产品中,水泥成为行业主导产品。化工工业实现产值 8.91 亿元,其中丹阳市 3.85 亿元、扬中县 2.36 亿元、润州区 1.18 亿元、句容县 0.81 亿元、丹徒县 0.71 亿元。为轻纺工业服务的染料、油漆、电石成为行业主导产品。冶金工业实现产值 2.21 亿元,成为全市乡镇工业发展最快的新兴行业,其中润州区 0.73 亿元、丹徒县 0.72 亿元、丹阳市 0.32 亿元、扬中县 0.26 亿元、句容县 0.18 亿元,主要产品有硫铁矿、钢、钢材、钢窗、钢丝绳等。

"八五"期间,镇江乡镇工业实施"上规模、上水平、发展外向型经济"发展战略,一大批规模骨干企业成为行业支柱、产品主导。辖市、区乡镇工业产品特色更加明显。机械工业中,丹阳市主要生产以麻花钻为主的工具产品、农用汽车、空调器、汽车摩托车配件、轻纺机械等;扬中市主要生产高低压开关柜、桥架、母线槽、仪表阀门、钢丝绳等;丹徒县主要生产各类轴承;句容市主要生产电磁线等;润州区主要生产减速机械。轻工业中,丹阳市主要生产眼镜、皮革制品、塑料制品、工艺织造、绣品绣衣、家用电器等产品;句容市主要生产工艺丝织地毯、长毛绒玩具、陶瓷娃娃;扬中市主要生产体育用品、玉雕、柳器编织、手风琴;丹徒县主要生产皮鞋、运动鞋、笔刷、鳗鱼、鳗鱼饲料等产品。纺织工业主要集中在丹阳市,主要特色产品有棉毛化纤纺织、灯芯绒、针织衣裤、袜、床上用品、丝绸纺织和印染、高档西服等。句容市、丹徒县生产各类出口服装。化工行业主要集中在丹阳、句容,主要生产各类有机无机化工产品、染料、化肥等。建材工业主导产品是水泥,生产企业主要集中在句容、丹徒、丹阳的南部丘陵山区。1996 年,全市乡镇工业实现工业产值 341.57 亿元。其中机械工业 129.88 亿元,轻工业 100.27 亿元,纺织工业 35.52 亿元,建材工业 35.70 亿元,化学工业 22.69 亿元,冶金工业 17.51 亿元。全市乡镇工业出口产品生产总值 107.13 亿元,其中轻工业出口产值 52.43 亿元;纺织工业出口产值 20.59 亿元,机械出口产值 15.18 亿元,化学工业出口产值 5.13 亿元,其他行业产品出口产值 13.8 亿元。

"九五"期间,镇江乡镇工业利用产权制度改革以后,企业产权明晰的机遇,加大各类资本的重组和优化,以资本为纽带,推进技术改造,引进技术,促进行业和产品结构得到新的调整、发展和优化。2000 年,全市乡镇工业列入主要行业统计的工业总产值 467.57 亿元。机械工业实现产值 178.53 亿元,其中电气机械及器材制造业实现产值 30.2 亿元。高低压开关柜、智能化开关、高防腐电缆桥架、母线槽等产品生产技术在国内处于领先水平。同年,长江电器集团在广州地铁招标中击败众多国际知名企业,一次签订 4300 多万元供货合同。长江集团生产的工程电器,中电公司生产的干式变压器产量均居国内同行业首位。交通运输设备制造业实现产值 18.08 亿元,生产农用运输车 2418 辆。生产汽车配件 7.4 亿元,许多产品为国内知名汽车制造企业配套,为桑塔纳汽车等知名品牌产品国产化做出贡献。普通机械制造业实现产值 34.28 亿元。年产麻花钻 10.52 亿支,成为国内知名的麻花钻及各种工具生产基地,钻头产量位居全国同行业首位。生产的各类工业机床和配件中,年产冲床 3089 台/8347 吨,轴承 1.94 亿套,水泵 1695 万台,电机 230 万千瓦,阀门 2903 吨等。在为工业生产服务的同时,民用产品、支农产品也有迅速发展,年产中小农具 12 万件,空调器 10 万台,电子元件 1.8 亿件。恒宝集团生产的双界面 IC 卡具有较高科技含量。轻工业实现产值 147.25 亿元,纺织工业实现产值 52.03 亿元。轻纺工业产品在开拓国际市场方面取得显著成效,食品制造业产品出口 3.5 亿元,工艺产品出口 9.3 亿元,其他各类轻工产品出口 9 亿元,纺织及服装出口 20.6 亿元。扬中飞达制衣生产的职业装产量位居国内同行业首位,"宜禾"牌职业装被评为中国职业装第一品牌和中国职业装十大领衔品牌。化学工业实现产值 37.84 亿元。在继续发展农用化肥、农药产品的同时,大力发展工业用有机、无机化学产品。环太集团生产的复合肥、宏达公司生产的硅橡胶产量均位居乡镇工业全国同行业首位。建材工业实现产值34.27亿元。水泥成为行业主导产品，年产水泥118.2万吨。冶金工业实现产值17.64亿元。黑色、有色金属压延加工方面有新的发展，年产成品钢材3万多吨，开发炼焦、炼钢产品。天工集团年产高速工具钢8000吨，星辰集团公司生产的钎焊材料，产量均位居国内乡镇工业同行业首位。

“十五”期间，全市乡镇工业民营资本、外商投资持续活跃，推动全市乡镇工业产业结构加速调整。2005年，全市乡镇工业规模以上企业1352家，从业人员23.8万人，实现现价工业产值767亿元，销售收入734.6亿元，利润总额26.57亿元。机械工业企业582家，从业人员10.25万人，实现现价工业产值348.78亿元，销售收入329.71亿元，利润总额16.15亿元，其中以金属工业、空调器等产品为主的金属制品业实现产值202.61亿元，占总产值58%；以汽车、摩托车及其配件等产品为主的交通运输设备制造业实现产值67.78亿元，占总产值19%；以联合收割机等农机具及工业机械为主的通用设备制造业实现产值28.47亿元，占总产值8%；以高低压开关柜、桥架、母线槽、变压器为主的电气设备制造业实现产值25.82亿元，占总产值7.4%；通讯设备、计算机及电子产品业，仪器、仪表制造业和专用设备制造业分别实现产值12.63亿元、5.81亿元、5.68亿元。轻工行业企业329家，从业人员5.75万人，实现工业产值177.17亿元，销售收入171.7亿元，利润总额3.93亿元，其中工艺品及其他制造业实现产值85.52亿元，占总产值48%；以农副产品为原料的食品加工及食品、饮料制造业实现产值42.12亿元，占总产值24%；塑料制品业实现产值19亿元，占总产值11%；造纸及纸制业实现产值11.55亿元，占总产值6.5%；皮革、毛皮、羽绒及其制品业实现产值8.26亿元，占总产值4.7%；以装饰材料为主的木材加工及竹、藤、棕、草制品业实现产值7.28亿元，占总产值4%。其他轻工业行业还有家具制造业、印刷业、文体用品制造业等。冶金建材行业企业111家，从业人员2.4万人，实现工业产值92.51亿元，产品销售收入89.38亿元，利润总额2.73亿元，其中以水泥为主的非金属矿物业实现产值30.1亿元；黑色金属冶炼及加工业实现产值28.79亿元；有色金属冶炼加工业实现产值25.57亿元；非金属矿及其他矿采选业实现产值8.1亿元。化学医药工业企业123家，从业人员1.43万人，实现工业产值80.75亿元，产品销售收入78亿元，利润总额2.32亿元，其中化工原料及制品业实现产值55亿元，石油化工实现产值17亿元，化纤制造业实现产值5.25亿元，分别占总产值68%、21%、6.5%。其他化工行业还有橡胶制品业、医药制造业分别实现产值2.65亿元和0.87亿元。纺织工业企业207家，从业人员3.96万人，实现工业产值67.64亿元，产品销售收入65.76亿元，利润总额1.44亿元，其中纺织业和服装、鞋、帽制造业分别实现工业产值18.7亿元和48.94亿元，分别占总产值27.6%和72.4%。

1985～2005年镇江市乡镇工业行业情况表

表15-3

年份	企业单位数(家)							年末人数(人)							实现产值(亿元)						
	合计	机械	纺织	轻工	化工	建材	冶金	合计	机械	纺织	轻工	化工	建材	冶金	合计	机械	纺织	轻工	化工	建材	冶金
1985	5076	1469	272	2234	237	829	35	350288	102377	34550	128444	11939	69590	3388	21.95	8.20	3.10	6.24	1.32	2.80	0.29
1986	5617	1716	824	1825	236	955	61	386673	113339	71957	101629	12167	82827	4754	28.65	10.00	5.59	6.78	1.50	4.13	0.65
1987	6257	1926	782	1996	243	1249	61	408398	125839	71913	110268	14505	81650	4223	42.90	16.15	8.22	9.03	2.70	5.68	1.11
1988	6123	1877	731	1796	351	1280	88	394361	125524	70852	94586	16683	80955	5761	51.57	19.05	9.24	10.92	4.13	6.54	1.69
1989	6024	1856	695	1889	310	1191	83	378790	121978	67043	91307	16202	76964	5296	54.79	20.31	10.56	11.78	4.26	6.54	1.34
1990	5810	1890	675	1467	622	1093	63	382038	126499	67888	72057	35605	75237	4752	74.18	26.29	15.16	12.45	8.91	9.16	2.21
1991	5632	1794	664	1759	302	1046	67	382165	125837	67028	94386	18839	71260	4815	84.15	31.40	15.06	18.52	6.75	9.83	2.59
1992	5601	1841	618	1740	318	1020	64	383405	128486	64631	94726	19650	70491	5421	111.48	44.60	19.83	19.12	9.52	14.40	4.01
1993	5819	1889	629	1803	322	1093	83	389774	129578	63588	94609	19466	75203	7330	195.12	76.74	30.70	44.33	14.40	20.25	8.70
1994	5568	1885	586	1762	324	921	90	367139	110081	56310	106141	22515	63419	8673	269.50	104.09	38.13	65.56	21.28	26.14	14.30

续表 15-3

年份	企业单位数(家)							年末人数(人)							实现产值(亿元)						
	合计	机械	纺织	轻工	化工	建材	冶金	合计	机械	纺织	轻工	化工	建材	冶金	合计	机械	纺织	轻工	化工	建材	冶金
1995	-	-	-	-	-	-	-	-	-	-	-	-	-	-	-	-	-	-	-	-	-
1996	4547	1550	477	1428	276	706	110	308700	113765	40150	77241	18070	50001	9473	341.57	129.88	35.52	100.27	22.69	35.70	17.51
1997	4393	1515	433	1413	266	650	116	301895	104880	40877	78365	17761	49941	10071	397.63	146.06	42.66	116.35	27.73	42.09	22.74
1998	4108	1446	360	1309	260	619	114	269450	96188	33401	70006	17338	44511	8006	385.48	144.35	38.57	113.28	31.33	35.96	21.99
1999	4846	1503	422	1815	275	712	119	286502	100743	34470	81404	17259	44419	8207	445.48	155.49	39.73	166.22	32.17	32.09	19.78
2000	5081	1603	472	1871	297	722	116	331002	103826	64240	92442	19445	42964	8085	467.57	178.53	52.03	147.25	37.84	34.27	17.65
2001	4783	1469	298	1573	451	863	129	301010	105408	30345	60592	43571	53419	7675	466.40	185.40	33.84	104.97	63.96	55.07	23.16
2002	847	358	142	159	116	44	28	171955	81853	31302	26846	17662	9354	4938	356.00	175.10	40.56	64.34	47.00	17.10	11.90
2003	991	370	148	283	121	37	32	188298	81130	32976	43881	16993	9120	4198	444.23	190.09	47.55	112.09	59.79	21.20	13.51
2004	1199	486	182	126	312	50	43	207946	88175	33864	48360	18804	13750	4993	582.54	225.62	52.11	187.38	49.36	30.52	37.55
2005	1352	582	207	329	123	54	57	238006	102539	39605	57526	14269	15738	8329	766.85	348.78	67.64	177.17	80.75	38.15	54.36

说明:1. 表列产值 20 世纪 80 年代为 1980 不变价,1990 ~ 1997 年为 1990 不变价,1998 年后为现行价;

2. 1998 年后表列统计范围为规模以上企业

第四节　规模企业

一、发展概况

1983 年,全市乡镇工业企业贷款 9470 万元进行技术改造。1984 年,全市乡镇工业投资 1.05 亿元。虽然,连续加大资金投入,企业规模得到扩大,由于基础非常薄弱,1985 年,全市乡镇工业规模仍然偏小,大都是小型作坊式企业。丹阳县工业产值超过 1000 万元的企业只有 8 家,其中丹阳县城镇的漂染厂规模最大,实现产值 3954 万元;扬中县工业产值超过 600 万元的企业只有 5 家,其中兴隆镇的镇江塑料九厂规模最大,实现产值 1039 万元;润州区产值超过 500 万元的企业只有 4 家,其中镇江冶金机械厂规模最大,实现产值 1980 万元;丹徒县工业产值超过 300 万元的企业只有 4 家,其中高资乡的丹徒棉毛纺织厂规模最大,实现产值 396 万元;句容县工业产值超过 200 万元的企业只有 5 家,其中城镇的拉丝厂规模最大,实现产值 391 万元。

“七五”期间,全市乡镇工业企业规模比 1985 年有很大改变。1990 年,全市年产值 1000 万元以上的企业达到 84 家,其中润州区 6 家,象山乡的镇江冶金机械厂的规模最大,实现工业产值 4000 万元;丹徒县 4 家,三山乡的立宝鞋业公司规模最大,实现工业产值 2500 万元;丹阳市 55 家,其中年产值 2000 万元以上的企业 17 家,皇塘镇办的镇江市药用玻璃厂规模最大,实现工业产值 4340 万元;句容县 5 家,后白镇办的后白电磁线厂规模最大,实现工业产值 2720 万元;扬中县 14 家,新坝镇办的扬中县胶鞋厂规模最大,实现工业产值 2259 万元。

“八五”期间,全市乡镇工业企业规模快速扩张。1991 年,丹阳化工染料总厂成为全市首家工业产值亿元企业。1995 年,全市年产值亿元以上企业 32 家,其中丹徒县 2 家,分别是黄墟镇龙山村的龙山鳗业联合公司、辛丰镇的镇江市中天轴承集团,龙山鳗业联合公司规模最大,年产值 31.24 亿元;丹阳市 13 家,分别是界牌的华美公司、长江摩托车消声器厂;后巷镇的江苏大海集团、江苏飞达实业公司、江苏天工集团;导墅镇的江苏正丹集团、宏达农用车厂;蒋墅镇的丹阳市灯芯绒厂;皇塘镇的丹凤集团;吕城镇的万达集团、丹阳毛纺厂;云阳镇的镇江市西服厂;运河镇的江苏蓓花集团。其中江苏天工集团规模最大,年产值 2.5 亿元。句容县 3 家,分别是郭庄镇的高士达集团、行香镇的工艺丝毯厂、后白镇的电磁线总厂,高士达集团规模最大,年产值 1.85 亿元。扬中县

14 家，分别是新坝镇的江苏长江电器集团、华鹏集团、大力城集团、华威集团、胶鞋集团、华能集团；联合镇的大兴集团、华扬集团；丰裕镇的锦宏集团、联大集团；三茅镇的大圣集团、广宁集团；三跃镇的福达钢厂；永胜镇的荣华集团。江苏长江电器集团规模最大，年产值 5.43 亿元。

"九五"期间，全市乡镇企业规模结构进一步提升。2000 年，全市乡镇工业中，销售收入 1000 万元以上企业达 460 家，实现总产值 256.78 亿元，占全市乡镇工业总产值比重 41.44%；实现利税 13.89 亿元，占全市乡镇工业比重 53.4%。其中销售收入超过亿元的企业 22 家。全市销售收入前 10 位企业的产值、销售额分别为：丹徒县的龙山鳗业集团，实现产值 14.87 亿元，销售收入 14.58 亿元；扬中市的长江电器集团实现产值 7.74 亿元，销售收入 7.52 亿元；丹阳市的天工实业集团实现产值 6.28 亿元，销售收入 5.74 亿元；富豪厨房设备集团实现产值 6.15 亿元，销售收入 6.06 亿元；飞达工业集团实现产值 5.88 亿元，销售收入 5.54 亿元；大海集团实现产值 4.27 亿元，销售收入 3.78 亿元；扬中市华鹏集团实现产值 4 亿元，销售收入 4 亿元；丹阳市的华美塑料有限公司实现产值 2.72 亿元，销售收入 2.4 亿元；飞轮实业总公司实现产值 2.8 亿元，销售收入 1.76 亿元；扬中市中南实业公司实现产值 2.4 亿元，销售收入 2.09 亿元。

"十五"期间，规模企业的支柱作用更加突出。2001 年，销售收入 1000 万元以上的企业实现销售 225 亿元，占全部乡镇工业销售收入比重 48%；实现利税 16 亿元，占全部乡镇工业利税总额比重 55%，其中销售收入超过亿元的企业 25 家。2002 年，年产值 500 万元以上的规模企业 851 家，占全市乡镇企业总数 4.9%，实现工业增加值、销售收入、利税总额均占全市乡镇工业总值 60% 以上，其中销售收入 1000 万元以上企业 547 家，销售收入超亿元企业 35 家。2003 年，全市乡镇工业销售收入超过亿元的企业 60 家，其中 5 亿元以上的 6 家，分别是：中盛粮油工业（镇江）有限公司、龙山鳗业集团、江苏天工集团、江苏飞达集团、江苏沃得机电集团、江苏长江电器集团。2004 年，全市乡镇企业中销售收入超过亿元企业 88 家，比上年增加 28 家，其中 5 亿元以上企业 8 家，新增江苏鸿泰钢铁有限公司、江苏中电设备制造有限公司。2005 年，全市乡镇工业中 5 家企业入围中国民营企业 500 强，分别是大全集团（242 位），年产值 26.89 亿元；江苏沃得机电集团（296 位），年产值 16.96 亿元；江苏天工集团（347 位），年产值 19.29 亿元；江苏飞达集团（360 位），年产值 18.62 亿元；中电电气集团（429 位），年产值 14.22 亿元。

二、主要企业选介

江苏大全集团　位于扬中市新坝镇，前身曾是镇江电器设备厂、江苏长江电器集团，建于 1965 年。创建初期，名为新坝综合厂（乡办企业）。1983 年，主要生产砂轮、胶木电器，是一家年产值 100 多万元的手工作坊式企业。1984 年，更名为扬中县机电设备厂，生产厨房用制冷压缩机和电缆桥架。同年，发展与国营大企业横向经济联合，开发低压开关柜产品。1987 年，更名为镇江市电器设备厂，年产值达 1107 万元。20 世纪 90 年代初，该厂企业规模、技术水平、产品质量较大提升，生产的低压开关柜和电力母线槽被亚运村和亚运会场馆大量选用。1992 年，以该厂为核心组建江苏长江电器集团。1995 年，与德国默勒电器公司合资成立镇江默勒电器有限公司。后与德国默勒电器公司、

图 15-1　江苏大全集团（2005 年摄）

荷兰霍力克公司、美国阳光照明有限公司合资创办镇江默勒母线有限公司、镇江阳光照明有限公司、镇江霍力克有限公司。同时，创办企业科研所，成为企业与科研机构、大专院校联合的纽带，先后与西安高压电器研究所、西安交大、江苏理工大学等400多所科研院所和大专院校建立起紧密的经济、技术联合。在福州、深圳、南京等地合作创办福州镇宝电器有限公司、深圳长江电器有限公司、南京英泰莱电子有限公司。1998年，与东南大学合作实施的CIMSI工程（计算机集成制造系统）列入国家863计划第二批实施项目。先后投资1.3亿元，引进钣金柔性加工生产线、热浸锌生产线，建成模具加工生产中心、计算机中心、计量控测中心。产品先后与中南海改建、国务院会议中心、三峡水利工程等国家重点工程配套。同年，集团公司占地18万平方米，拥有资产10亿元，职工1905人。实现产值8.1亿元，利税1.1亿元。1993年，组建江苏长江集团有限公司，2000年改制为民营股份制企业。同年，经人事部批准，设立博士后工作站。2004年，更名为大全集团有限公司，进入品牌化、多元化、国际化发展阶段，生产高低压成套电器、元器件、环保、高速铁路设备等产品。大全集团是国家大型一类企业、国家重点高新技术企业、国家863计划成果产业化基地、国家863计划CIMSI示范企业、中国电气工业领军企业。先后获省文明单位、省明星企业、省高新技术企业、省特级（AAA）信用企业、省思想政治工作优秀企业、全国文明乡镇企业、全国先进乡镇企业、全国乡镇工业千家大经营规模企业、全国乡镇工业千家高利税额企业等称号。

2005年，实现工业产值31.37亿元，在全市工业50强企业中仅次于金东纸业、大亚科技、奇美公司、索普集团，列第5位；工业增加值7.08亿元，排名第6位；产品销售收入26.02亿元，排名第7位；利税总额3.23亿元，排名第4位；资产总额23.93亿元，排名第7位。

龙山鳗业联合公司　位于丹徒区黄墟镇，建于1987年。1988年，公司生产鳗鱼出口。在国内鳗鱼大战中，该企业规模小，资金匮乏，竞争能力较差。公司实施科学的错位竞争策略，1988年，与日本东永株式会社和上海食品进出口公司共同投资502万美元，建成中日合资的长江饲料有限公司，占据市场竞争有利地位，企业得到较快发展，1990年固定资产达6500万元。1991年，又与上海食品进出口公司，日本贸易株式会社共同投资278万美元，引进日本设备，形成烤鳗660吨生产能力，产品全部外销。同年，与上海食品进出口公司联合投资300万元，成立申丹淀粉公司，产品替代进口，为饲料生产配套，形成饲料生产、鳗鱼养殖、鳗鱼加工一条龙生产体系。1993年，公司实现总产值3.77亿元，其中饲料8780万元，养殖9002万元，烤鳗1.83亿元，淀粉1630万元。1994年，公司由5个中日合资企业、4个联营企业联合组成，拥有28万平方米的温室养鳗场和200公顷露天养殖场。同年实现工业产值10.24亿元，利税1.4亿元，外贸出口8亿元，成为全市首家产值过10亿元，利税过亿元的乡镇企业。同年，李鹏总理视察企业并题词：创汇农业，面向东亚。1995年后，企业先后承包仪征化纤公司热电厂和广东一些县（市）的鳗鱼养殖场，收购两家在深圳的日资烤鳗公司，规模进一步壮大。1997年，企业固定资产原值3.25亿元，工业产值31.45亿元，利税1.4亿元，成为企业发展史上最高产值和利税。此后，由于日本经济持续低迷，质量差但价格低的欧洲鳗鱼大量进入日本市场，对质量好但价格高的亚洲鳗冲击很大，龙山鳗联公司主销售市场在日本，受到较大影响。2000年，公司工业产值、销售收入分别回落到14.87亿元和15.53亿元，利税总额随之回落到4264万元。2005年，龙山鳗业联合公司资产总额18.67亿元，实现工业总产值19.84亿元，工业增加值4.68亿元，销售收入15.78亿元，利税6070万元。5项主要经济指标均排名全市工业企业前50名行列。

江苏天工集团公司　位于丹阳市后巷镇，建于1981年。1987年，公司开发、生产高速工具钢产品（麻花钻）。1992年，建立高速工具钢生产流水线，生产高速工具钢。1994年，改制为江苏天工工具有限公司。1995年，公司销售收入1.19亿元，突破亿元大关。1997年，江苏天工工具有限公司改制为股份有限公司，注册资本3200万元，其中江苏天工实业总公司持有67.5%股权。同年,公司资产总额1.76亿元,成为中国最大出口创汇乡镇企业1000家中第96位,中国金属制品行业最大经营规模100家乡镇企业第36位。拥有从冶炼到钢材成品生产线2条,年产6000吨高速工具钢,年产直柄、锥柄麻花钻2亿支,占全国麻花钻产量的31%,是国内最大的麻花钻生产厂家之一。同年,实现工业产值4亿元,销售收入2.5亿元,利税3600万元,外贸出口1600万美元,其中自营出口650万美元。出口麻花钻1.35亿支。1998年,以天工工具股份有限公司为核心,组建天工实业集团。2000年,再次投资兴建中国第一条现代化高速工具钢连轧生产线,高速工具钢产量跃居国内第一。投资200万美元,从美国引进25台机床,建成现代化的宕制钻(附加值高,国际市场供不应求)生产线,形成日产各类钻头100万只规模。2002年,天工实业集团公司改制为民营资本控股的江苏天工集团有限公司。2004年,公司占地89.6万平方米,资产总额16.8亿元,职工5800人,是国内屈指可数的高速工具钢及其制品生产、销售、服务一条龙专业企业。产品销售收入14.9亿元,实现利税1.79亿元。年产高速工具钢3.5万吨,连续6年位居全国第一(同年跃居世界首位);年产麻花钻4.8亿支,畅销欧美等50多个国家及港、台地区,出口量占全国总量三分之一。同年,公司获国家重点高新技术企业称号。董事长、总经理朱小坤是全国优秀企业家,中国乡镇10大新闻人物。同年,公司与世界500强、法国10强企业埃赫曼集团共同投资7.05亿元,组建成立中法合资天工爱和特钢有限公司,生产高速工具钢、工模具钢。与中国钢铁研究总院联合成立高速钢研究中心,计划通过外引内联建成一座世界级特钢城。2005年,实现工业产值19.29亿元,工业增加值5.73亿元,产品销售收入18亿元,利税总额1.79亿元,资产总额14.06亿元,5项主要经济指标均排名全市前50家工业规模企业前列。集团是中国最大的高速工具钢出口商。2002～2005年,连续获全国机床工具出口创汇十佳企业称号。

江苏飞达工具集团股份有限公司　位于丹阳市后巷镇高士桥村。1992年由集团董事长朱国平自筹资金60万元创建。建厂5个月内达到年产5万支钻头生产能力,20个月内产值达4000万元/年。1994年,企业固定资产1450万元,产品销售收入5667万元,职工1150人。1995年,销售收入突破1亿元。1998年改制为民营企业,村出让土地使用权,享受10%分红。企业形成工具、炼钢、化工、印刷包装四大系列,30多个产品。同年,企业总资产2.1亿元,名列江苏民营企业第三,镇江第一。同年,实现技改投入2100万元,产品销售收入2.7亿元,外贸供货1500万美元,利税1800万元,均比改制前翻一番。1999年,产品被评为中国公认名牌产品。2000年,集团收购一家德国的工具制造企业及英国、意大利两家公司,有着120年生产历史的德国GSR公司成为飞达集团旗下的海外公司。2002年,集团以3亿元购得价值15亿元的德国、日本两家钢铁公司。通过收购海外企业,集团以“德国的品质,中国的价格”迅速占领海外市场,年销售1亿多美元。2004年,公司拥有海内外7个分公司,30个分厂,5300余名员工,厂区面积33.3公顷,固定资产5.6亿元,是省级外向型规模企业,省级股份制公司,在全省私营规模企业中排名第10位,在全国排名第42位。同年,企业主要生产特种高速工具钢和直柄麻花钻等120多个系列钻头工具产品,年产量达5.8亿件,产品90%以上销往世界50多个国家和地区。年销售收入12.9亿元,实现利税1.45亿元。2005年,集团实现工业总产值18.62亿元,工业增加值5.36亿元,销售收入17.69亿元,利税总额1.66亿元,资产总额8.76亿元,5项主要经济指标均在全市前50家工业规模企业中排名前列。麻花钻产能超过2亿支,成为国内最大的麻花钻生产企业之一。

中电电气集团有限公司　位于扬中市,前身扬中市城镇农具厂,创立于1990年。1991年是一个资不抵债的作坊式小厂,2004年成为一家国家级大型乡镇企业集团,拥有固定资产8682万元,占地4.1万平方米,拥有整套剪切、真空压浸、检测及起动设备,具备500万千瓦电力变压器生产能力。生产30个系列、500多个品种、1500多个规格的变压器。主导产品有SC系列树脂薄绝缘干式电力变压器,新S9型10千瓦系列油浸式变压器。同时,开发生产太阳能电池,新型绝缘防护材料等新兴产业产品,是国内首家获得中国环境标志企业、中国环境标志产品双绿证书的乡镇企业。

2001年，江苏中电变压器制造有限公司投产，主要生产电气化铁路变压器。2005年，集团实现工业产值14.29亿元，工业增加值3.72亿元，销售收入13.08亿元，利税1.77亿元，资金总额12.87亿元，5项主要经济指标均排列全市工业50强企业前列。2003年，集团公司董事长、总裁、党委书记陆廷秀被评为全国优秀乡镇企业家、镇江市劳动模范。

江苏沃得机电集团有限公司　位于丹阳市埤城镇，20世纪90年代初创建。创建初期是一家固定资产只有几千元的作坊式小企业。1994年，生产曲轴，与江苏常柴、江淮动力、扬州动力等农机大厂配套。1996年，主动挂靠常柴，合资组建常柴联合收割机有限公司。借常柴品牌、资金优势及公司与中国农业机械化科学研究院长期合作关系，联合开发新品，使常柴联合收割机具有品质高、性能优的技术特点。1998年，生产收割机5000余台，1999年形成年产2万台的生产能力，年产收割机7000余台。2002年，改制成立江苏沃得机电集团有限公司，拥有总资产9.34亿元，注册资本2.82亿元，员工4800余人。2004年，投资1800万美元的沃得精机有限公司投产，主要生产各种锻压机床及三轴以上联动的数控车床。2005年，企业拥有总资产23.72亿元，占地140万平方米，员工7000人，下属8家子公司，2家分公司，10家参股公司。骨干企业江苏沃得机电有限公司、江苏沃得农业机械有限公司、江苏沃得植保有限公司、江苏沃得精机有限公司在国内同行业具有较大影响。生产设备中，有意大利产数控多功能折弯机，美国产等离子切割机及冲床，德国产呋喃树脂砂成套专用设备及加工中心等。产品类型涉及汽车零部件、农业机械、造纸环保机械、压力机械、植保机械等，主要生产联合收割机、锻压机床、曲轴系列产品。新开发造纸备料机械、颗粒饲料机械、农业植保机械、橡胶机械4大门类的系列产品，植保机械拥有5万台/年产能力。同年实现产值13.86亿元，工业增加值4.53亿元，销售收入11.94亿元，利税1.18亿元，4项指标及总资产均排列全市工业50强企业前列。企业连续多年被评为江苏省明星企业。2005年，公司入围中国民营企业500强。集团总裁王伟被评为第四届江苏十大杰出青年乡镇企业家和第五届全国乡镇企业家。

江苏华鹏集团　位于扬中市新坝镇，公司前身是镇江电力设备厂，创建于1985年。1993年，以该厂为核心组建省级企业集团江苏华鹏实业集团公司，郭道鹏任董事长。1994年，集团实现销售收入1.4亿元，利税2757亿元，拥有固定资产4250万元，职工1260人。1996年，江苏华鹏集团更名为华鹏集团有限公司，升格为国家级乡镇企业集团。1998年，组建华鹏电气股份公司。1999年，公司被评为国家级乡镇企业集团、国家大型企业、中国乡镇企业最大经营规模和最高利税总额企业之一。拥有7家全资子公司和5家控股公司，主要是镇江电力设备厂、中德合资江苏控电器有限公司、中新合资镇江埃尔凯电器有限公司、中美合资江苏环宁电子有限公司、镇江市华安消防器材有限公司及镇江三丰大酒店。公司厂区占地15万平方米，建筑面积12万平方米，总资产5.5亿元，净资产2.1亿元，拥有国内最先进、自动化程度较高的母线柔性生产线和自动液压成型、自动剪切、焊接、冲孔、自动酸洗、喷涂生产线及电缆生产线等自动化生产流水线16条，先进的数控、数显专用通用设备300余台套，其中有日本产数控冲床、数控剪切设备、微机金加工和母线、桥架自动化生产线。测试中心设备齐全。在同行业中，率先实现计算机集成制造系统。集团有员工1800余人，其中工程技术人员310人，营销人员355人。主要产品有三类。一是电器类。有高低压绝缘母线槽、高低压开关柜、电缆、桥架等。二是消防类。生产阻燃、防火系列产品为主。有智能式火灾报警器、阻燃防火母线、桥架、木质防火门等。三是民用类。以生产木制品为主，有三聚氰胺复合木地板、莱明板等。集团先后与德国西门子公司合作，开发SIVACON低压开关柜和8BK80金属包装封闭式中压开关柜。与美国环球公司合作，开发、生产国际领先的智能化烟感报警器。2000年，集团在全国配电产品行业中排序16位。2001年被评为国家级高新技术企业。2002年改制为民营企业，被科技部认定为电力电器产业化基地骨干企业。2003年，集团拥有固定资产9500万元，职工2200人，实现产品销售收入5亿元。2005年，集团实现工业产值6.08亿元，工业增加值1.7亿元,销售收入5.35亿元,利税总额5727万元,资产总额6.92亿元。5项主要经济指标均进入全市前50家规模工业企业行列。

江苏大海集团公司 位于丹阳市后巷镇五星村。前身是丹阳彩电配件厂,1983年前是一家濒临倒闭的手工作坊式小企业。1983年,企业调整发展战略,积极推进与城市大企业横向经济联合,从西安黄河彩电集团引进产品和技术,吸收专业技术人才,开发彩电天线输入器、高压预调电位器等产品。投资50万元,购置国外先进检测仪器100多台,完善检测手段,加强质量管理。1989年,丹云牌TS系列天线输入器获国家银质奖,成为全国乡镇企业同行业中第一家获国优奖产品的企业。产品在全国市场占有率达65%。1991年,公司实现工业产值1.085亿元,成为镇江市首家工业产值亿元村办企业。1992年,以黄河集团、彩电配件总厂为法人股东,引进外商企业、职工参股,组建丹阳市彩电配件股份有限公司,投资1亿多元,建设黄河纽士威空调器生产线。同年组建江苏大海集团,实现工业产值1.6亿元。1998年,大海集团转让80%股权,由珠海格力集团控股经营,借助格力的技术、管理和品牌优势,空调产量由年产2万台增加到年产10万台。同年,实现工业产值3.4亿元。2005年,集团实现工业产值5.63亿元,工业增加值1.58亿元,销售收入5.13亿元,利税总额3586万元,四项经济指标均位居全市前50家工业企业行列。

第二章 民营经济

镇江个体工商业于“七五”“八五”期间缓慢发展,“九五”“十五”期间在市委、市政府积极扶持下迅速发展。2005年,全市个体工商业企业78144家,分布由农村为主转向城市为主,行业由工业和商贸零售转向覆盖一、二、三产业。

镇江私营企业于“八五”之前,数量少,规模小。“八五”后期、“九五”“十五”期间,一批个体工商企业规模壮大,成为私营企业,城乡的国有和集体企业改制为私营企业,外地民资到镇江投资兴业,私营经济迅速发展壮大。2005年,全市有私营企业16721家,从业人员30.43万人,实现地区生产总值304.51亿元,占全市地区生产总值34.9%,上缴税收16.45亿元。

第一节 个体经营企业

中共十一届三中全会以后,镇江个体工商业起步发展。截至1985年,全市个体工商企业(含饮食业、服务业)38840家。从事工业的个体户13453家,实现工业产值8621万元。主要分布在辖县、区的广大农村,其中京口区181家,实现产值129万元;润州区284家,实现产值441万元;丹徒县4546家,实现产值2537万元;丹阳县5086家,实现产值1800万元;句容县1207家,实现产值866万元;扬中县2149家,实现产值2848万元。从事商业零售企业17614家,从业人员2.7万人,实现社会商业零售总额8286万元。其中镇江市区有1301家,从业1646人;县城所在镇1182家,从业人员1781人;县以下农村15131家,从业人员2.37万人。饮食业3293家,人员5449人。其中市区1007家,从业人员1640人;县城267家,从业人员615人;县以下农村2019家,从业人员3194人。服务业4480家,从业人员5747人。其中市区255家,从业人员290人;县城432家,从业人员742人;县以下农村3793家,从业人员4715人。

“七五”期间,个体工商业稳步发展。截至1990年,全市有个体工商企业43086家,从业人员112681人。从事工业的个体企业14888家,从业人员68987人,实现工业产值10.51亿元,其中城镇个体工业户596家,从业人员2123人,实现产值3361万元。农村个体工业户14292家(户办13824家,联户办468家),从业人员66864人,实现工业产值10.17亿元。分布在:丹阳市4178家,从业人员1.75万人,实现工业产值4.19亿元;句容县3506家,从业人员1.69万人,实现工业产值1.75亿元;丹徒县2863家,从业人员1.88万人,实现工业产值2.13亿元;扬中县3512家,从业人员1.25万人,实现工业产值1.97亿元;润州区233家,从业人员1224人,实现工业产值1389万元。从事商业零售业19063家,从业人员2.92万人,其中市级3709家,从业人员5048人;县级866家,从业人员1152人;县以下14488家,从业人员2.3万人。从事餐饮业4541家,从业人员8610人,其中市级1627家,从业人员2733人;县级77家,从业人员186人;县以下2837家,从业人员5691人。从事服务业企业4594家,从业人员5921人,其中市级588家,从业人员952人;县级79家,从业人员95人;县以下3927家,从业人员4874人。

"八五"期间,全市个体工商业发展较快。1995年,全市个体工商企业实现工业总产值62.1亿元,其中市区3.74亿元,丹徒县16.25亿元,丹阳市26.2亿元,句容市10.17亿元,扬中市5.74亿元。实现社会消费零售总额20.61亿元,其中市区6.04亿元,丹徒县2.48亿元,丹阳市6.37亿元,句容市3.57亿元,扬中市2.15亿元。

"九五"期间,全市个体工商企业中,一部分发展较好的企业转变为私营企业,一部分企业在亚洲金融风暴冲击下倒闭。2000年,全市有个体工商企业54222家,从业人员10万人。个体工商企业涉及的行业进一步拓宽。其中农村一产企业14家,实现产值546万元;工业企业8673家,实现产值21.61亿元;建筑企业615家,实现产值4.43亿元;交通运输业3228家,营业收入2.99亿元;批发零售及餐饮业36598家,营业收入35.34亿元;社会服务业4867家,营业收入4.65亿元;其他行业227家,营业收入3061万元。

"十五"期间,由于市委、市政府大力扶持,镇江个体经营企业进入迅速发展的历史时期。2005年,全市个体经营企业78144家,从业人员14.54万人。其中从事农业、畜牧业、渔业及农林牧渔服务业企业246家,从业人员453人;工业企业10096家,从业人员2.74万人;建筑业企业255家,从业人员536人;第三产业中,交通运输、仓储及邮政业企业5565家,从业人员5858人;商业批发和零售业企业46643家,从业人员8.59万人;信息传输、计算机服务和软件业企业108家,从业人员156人;住宿和餐饮业5103家,从业人员9782人;文化、体育和娱乐业企业63家,从业人员96人;卫生、社会保障和社会福利业企业507家,从业人员801人;租赁和商务服务业企业8675家,从业人员1.3万人;居民服务和其他服务企业61家,从业人员78人;房地产业756家,从业人员1225人;其他服务业66家,从业人员136人。工业企业中,市区3482家,从业人员7226人(含京口、润州、新区、丹徒区);丹阳市3870家,从业人员1.6万人;扬中市1292家,从业人员2105人;句容市1452家,从业人员2127人。商业零售业企业中,市区2万家,从业人员2.58万人(含京口、润州、新区、丹徒区);丹阳市1.18万家,从业人员4.32万人;扬中市5519家,从业人员5861人;句容市9315家,从业人员1.1万人。

第二节 私营企业

镇江私营企业于"八五"之前,数量少、规模小。"八五"期间,1993年全市乡镇集体企业实行产权制度改革,由集体所有改为民营,全市私营企业队伍迅速壮大。1995年,全市私营企业达到2240家,从业人员23470人。"九五"期间,镇江在继续深化乡镇企业产权制度改革的同时,大力扶持民营企业发展。1997年,全市私营企业达2909家,从业29491人,在数量增长同时,质量明显提高,生产型、外向型企业占总数85%。注册资本100万元以上,从业人员100人以上的私营企业133家,注册资本500万以上的18家,已有千万元以上资产的企业3家。经营范围由手工业、商贸业逐步转为工业制造业为主，并延伸到种植、建筑、运输业。工业企业产品扩展到电器、化工、轻纺、饲料、医药包装、汽车整装等生产领域，产品门类达200多个。1998年，市委、市政府出台《关于进一步加快发展个体私营经济的决定》，明确各级党委、政府要加强对个体、私营经济工作的组织领导，把发展个体、私营经济纳入经济发展的总体规划，协调解决发展中的重大问题。同年，市委、市政府召开全市个体、私营经济工作会议，镇江市江洲医药精包装股份有限公司等10家私营企业，京口区甘露客运综合经营部等10家个体经营企业分别被命名为镇江十佳私营企业和镇江十佳个体工商户。2000年，市政府成立镇江市个体私营经济发展领导小组，市长、副市长分别担任领导小组正、副组长，市政府的15个部门及辖市、区的主要领导担任成员。同年，全市乡镇企业基本完成改制任务，大多数乡镇集体企业改制为民营企业。全市共有私营企业5973家，从业人员66496人，注册资本23.25亿元，其中从事制造业企业2813家，实现工业产值36.43亿元；农林牧渔和采掘业16家，实现产值6275万元；建筑业167家，总产值10.63亿元；交通运输业47家，营业收入4.44亿元；批发零售和餐饮业2140家，营业收入64亿元；社会服务业676家，营业收入17.60亿元；其他行业114家，营业收入1.24亿元。丹阳市挂省级企业牌子的私营企业有40多家，数量居全省首位，其中江苏云阳建筑公司注册资本在全省私营企业中排名第一；拥有自营进出口权的江苏飞达集团当年实现自营出口1810万美元，在全省私营企业中独占鳌头；江苏鱼跃医疗设备有限公司产品在国内市场占有率达60%以上，成为全国同行业最大的医疗器械生产企业；江苏恒宝实业股份有限公司在1999年投入8000万元，发展磁卡IC卡产品，2000年投入5300万元生产非接触性、双界面卡和引进无水胶印生产线，公司拥有资深专家、高级工程师和硕士研究生126人。

"十五"期间，市委，市政府实施推进本土民营企业发展，引进外地民资进入镇江兴业或参与国有企业新一轮产权制度改革的"双轮驱动"战略。2001年，镇江在温州举办私营个体经济招商会，签订正式合同29项，总投资额8.99亿元。同年，本土民营企业在数量增长的同时，开始走向规模化、外向化、科技化。江苏恒宝股份有限公司成为全国六大智能卡生产企业之一，获建设部系统IC卡市场准入资格，外经贸部自营进出口许可证，是国内最大的银行卡供应商，企业资产达1.5亿元，实现销售收入1亿元。江苏鱼跃公司是全国最大的医疗器械生产企业，产品在国内市场占有率达60%以上。1994年，江洲医药精包装公司成立，2001年公司销售收入4560万元，创利税605万元。2002年，市直国有企业实施新一轮产权制度改革，30家市直国有企业改制为民营企业，同年，镇江市在浙江台州举办私个企业招商洽谈会，签约项目47个，总投资10.69亿元，引进民资9.77亿元。截至年末，实际到位资金4.58亿元。外地民资投入镇江最大产业为房地产开发业，并逐步拓展到商贸流通、工业制造，市区的国信、米山人家、学府芳邻、香江花城、我家山水、江南世家、颐和家园等住宅小区，丹徒新区的一批投资亿元以上的房地产项目均为外地民资投资建设；苏宁电器、苏果超市、五星电器、利源集团等省内民营商贸企业，毕世荣江鲜馆、和记大酒店、卞氏菜根香、老土火锅等知名餐饮企业强势抢滩镇江。2003年，镇江赴宁波举办2003中国镇江(上海、宁波)投资洽谈农业招商会，签订农业投资项目18项，吸纳民资2.6亿元。2004年，市委，市政府将原私个经济发展领导小组调整为市民营经济发展领导小组，并将办公室设在市经贸委，各成员单位建立一把手亲自挂帅、分管领导具体负责的组织机构。同年，市委主要领导率团先后赴台州、温州考察招商，全年吸纳镇江市外民资50多亿元，其中浙江民资达36亿元，占镇江当年吸纳外地民资70%以上，投向制造、加工、包装等行业资金超过20亿元。浙江民资企业家周贤海在收购原华东铝加工厂基础上，投资10.2亿元，在镇江市京口区科技工业园新建全国最大的铝制品生产基地，镇江国际饭店也被浙江民资收购。2005年，市委，市政府开展"百日百团"招商，沪、杭、甬三地投资合作恳谈会，"相约金山——温州客商镇江行"等系列招商活动，合同吸纳民资199亿元，民资实际到位122亿元。市直国有企业新一轮产权制度改革结束，累计有210家国有企业改制为民营企业。工业系统有148家国有企业改制为民营企业，其中重点骨干企业6家，中小企业142家；商贸、外经贸和建工系统分别有44家和19家国有企业改制为民营企业。全市有私营企业16721家，从业人员30.43万人，注册资本215.57亿元。实现工业增加值475.1亿元，占全市地区生产总值的52.5%；上缴税收38.9亿元，占全市比重48.6%；支付劳动者报酬44.6亿元。全市民营企业分布：市直4842家，从业人员65303人，注册资本66.2亿元；京口区748家，从业人员3659人，注册资本1.43亿元；润州区712家，从业人员4162人，注册资本2亿元；新区471家，从业人员6766人，注册资本7.37亿元；丹徒区1681家，从业人员42027人，注册资本17.43亿元；丹阳市4103家，从业人员106057人，注册资本60.72亿元；扬中市2306家，从业人员36531人，注册资本31.45亿元；句容市1858家，从业人员39850人，注册资本28.96亿元。全市从事制造业民营企业8263家，从业人员19.29万人，注册资本100亿元。主要特色制造业有汽车、摩托车及零部件制造，形成以零部件为主体，整车及专用车（改装车）为两翼的产业特色。全市有整车企业11家，产品以客车、载货卡车、改装车、摩托车为主；有汽车、摩托车配件企业1000多家。汽车、摩托车及零部件制造企业主要分布在丹阳市、镇江新区和丹徒区，从业人员3万余人，产品数万种，拥有华东汽车灯具城和中国汽配城两大专业市场。五金工具制造业主要集中在丹阳，生产高速工具钢、钻头、金刚石锯片、电动工具、餐具、锁、铆钉枪、白钢刀具、五金配件等系列产品，畅销日本、东南亚、欧美等50多个国家和地区，是亚洲最大的钻头、金刚石锯片生产基地。工程电气制造业主要集中在扬中市，有电力电器生产企业近400家，实现工业产值近80亿元，是国家火炬计划扬中电力电器产业基地，产品包括高低压开关柜（智能开关）、配电箱、母线槽、电力电缆等七大系列近千个品种，在业内享有"工程电器岛"的美誉。眼镜行业生产企业及相关配套的企业1153家，从业人员6万多人，主要集中在丹阳市，其中眼镜生产企业560多家，注册商标近千件，其中江苏省著名商标4件，江苏省名牌产品7件。2005年，丹阳市被评为中国眼镜行业特色区域。木业产业主要是大亚集团，形成造林、板材、地板、家具制造等环节的产业链和相关配套企业。除大亚集团外，还有克诺双凤木业、肯地亚木业、美亚装饰耐火板等规模企业。冶金行业主要有鼎胜铝业、天工集团、鸿泰集团等规模企业，主要生产铝加工、工具钢、螺纹钢等产品，其中鼎胜集团和鸿泰集团产品销售10亿元以上。全市民营企业中销售收入亿元以上企业187家，5亿元以上11家，10亿元以上7家。7家企业入围中国民营企业500强，分别是大亚科技集团有限公司（第78位），大全集团有限公司（第242位），江苏沃得机电集团有限公司（第296位），江苏天工工具股份有限公司（第347位），江苏飞达工具集团股份有限公司（第360位），江苏威信染纺有限公司（第376位），中电电气集团有限公司（第429位）。民营企业中省级以上高新技术企业143家，占全市高新技术企业总数74.9%。研制开发和生产省级高新技术产品460多项，高新技术产品销售占全市75%。全市民营企业获中国驰名商标1个，中国名牌产品2个，国家免检产品4个。

2005年镇江市私营个体经济基本情况表

表15-4

项　　目	企业数量（家）	从业人员（人）	注册资本（万元）
一、总计	94865	449793	2400508
城镇	57563	203915	939616
农村	37302	245878	1460892
二、按行业划分			
第一产业	489	3631	36144
农业	208	2154	17172
畜牧业	137	592	5271

续表 15-4

项 目	企业数量(家)	从业人员(人)	注册资本(万元)
渔业	36	214	3350
农林牧渔服务业	42	124	1616
第二产业	19443	261702	1298770
工业	18411	237912	1073643
采矿业	99	1656	5584
制造业	18260	235773	1063319
电力、燃气及水的生产供应业	52	483	4740
建筑业	1032	23790	225127
第三产业	74933	184460	1065594
交通运输、仓储及邮政业	5970	11337	57979
批发和零售业	50778	122207	483522
信息传输、计算机服务和软件业	530	1823	15860
住宿和餐饮业	5396	14151	31219
住宿业	659	1718	6544
餐饮业	4737	12433	24675
文化、体育和娱乐业	466	5136	312297
卫生、社会保障和社会福利业	1238	5836	64900
租赁和商务服务业	9269	19377	52534
居民服务和其他服务业	75	223	695
房地产业	857	1843	7696
其他行业	354	2527	38892
三、当年新增	19376	50786	404297

第十六卷

建筑业 房地产业

卷 目

1983～1992年，建筑业和房地产业各归建工、房管部门领导，但统属城建系统。

1992年后，随着市场开放，资产重组，外引内联，建筑业企业结构发生很大变化。

2000年后，镇江建筑业快速发展，到2005年形成企业257家，从业人员10.8万人，年产值135.19亿元，利税8亿元；企业外向度不断攀升，境外营业额6500万美元，巩固非洲市场，拓展欧洲市场。工程管理水平不断提高，建筑市场秩序逐步规范、有序竞争基本形成。2001～2005年，共创建省优工程85项，市优工程477项，实现国家建设工程“鲁班奖”和最高建筑工程装饰奖零突破。

建筑勘察设计工作也取得较大发展，1985年专业勘察队伍只有工程师5名，助理工程师3名，技术员2名。2002年，江苏省政府《关于全省工程勘察单位体制改革的实施意见》出台，勘察设计单位由事业改为企业的工作正式启动，2005年，勘察设计单位的改制工作基本完成。同年，全市有51个勘察设计单位，从业人员2900人，技术人员1750人，其中高级工程师48人，工程师770人，助工501人。

1985年，镇江被国务院确定为全国住房制度改革试点城市之一。1992年，市政府出台经江苏省政府批准的住房制度改革方案，成立住房制度改革办公室。通过各种渠道汇集建造商品房和经济适用房的资金，当年房屋开发41.98万平方米，竣工15.46万平方米，商品房销售15.03万平方米。“八五”期末，市区实有房屋建筑面积1384万平方米，其中直管房95万平方米，私房119万平方米，单位自管房1170万平方米。“九五”期间，市区房地产开发投资25.62亿元，施工面积403.66万平方米，竣工面积212.94万平方米，其中住宅竣工面积195.95万平方米，商品房销售232万平方米。“十五”期间，市区154家房地产开发企业投资136亿元，施工面积1167.14万平方米，竣工面积475.66万平方米，商品房销售面积380万平方米。拆迁定建房在建和竣工面积16.3万平方米，占规划面积的62%。随着住房制度改革的实施，7.43万户公有住房出售给原住户，市区居民私房占有率由房改前的27%上升到93%。

建设工程管理已形成市场运作、质量保证、安全文明三大管理体系，确保各个时期工程建设任务的完成。

第一章　建筑业

1983年以后，建筑行业管理机构几经更迭，管辖职能几经调整，建筑企业也随着市场开放，资产重组，外引内联，企业结构发生较大变化。2003年，建筑企业结构调整步伐加快，按照市政府“积极稳妥，整体推进，先易后难，一厂一策”的原则，国企改革当年完成改制面98%。

随着社会经济发展和企业改制成功，建筑业不仅在市内有民用、工业、公共、古典园林建筑、设备吊装安装、工程装饰装潢等建设工程项目，而且走出市域、国门，足迹遍布省内12个省辖市和26个省、市、自治区及亚、非、欧、拉美四大洲20多个国家和地区。施工技术方面推广滑模工艺，应用深基坑支护技术、大体积混凝土施工技术、高效预应力施工技术、高层建筑“内支外爬”模板与脚手架施工技术；开发计算机软件在建筑安装工程中的应用。1983～2005年共创国优工程46项，省优工程133项，市优工程851项，省级文明工地113个，市级文明工地384个。

“十五”期间，全市建筑企业完成总产值约470.47亿元，境外营业额约6500万美元。至2005年底，国企改革全部完成，2005年有建筑企业257家，从业人员10.8万人，年产值135.19亿元，实现利润8亿元。

第一节 体制改革

一、管理体制改革

1983年，组建镇江市建筑工业总公司，行使政府行业管理职能，对四县(市)两区的建筑业实行归口管理，直属企事业单位有：镇江市建筑工程公司(下称镇建公司)、镇江市第二建筑工程公司(下称镇建二公司)、镇江市第三建筑工程公司(下称镇建三公司)、镇江市第四建筑工程公司(下称镇建四公司)、镇江市设备安装公司、镇江市水电安装公司、镇江市油漆工程公司、镇江市建筑材料供应处(镇江市基本建设材料供应公司)、镇江市建筑职工学校、镇江市建筑工程管理处。1984年市房管局所属镇江市住宅建设公司划归市建筑工业总公司领导。1985年，镇江市住宅建设公司与镇建四公司合并，名称仍为镇江市第四建筑工程公司；镇江市设备安装公司和镇江市水电安装公司合为镇江市安装工程公司；镇建三公司和镇建二公司合为镇江市第二建筑工程公司；市建筑工业总公司还设立镇江市工程设计公司，后划归市建委管理；1986年8月，镇江市油漆工程公司更名为镇江市建筑装饰工程公司；1987年，市建筑工业总公司与中建江苏公司联营组建镇江市建筑工程开发股份有限公司。1990年9月，镇江市建筑工业总公司与镇江市建筑工程局实行两块牌子，一套班子，承担建筑业行政管辖职能。1992年，镇江市建筑工程管理处划归镇江市建设委员会。1994年10月成立镇江市建筑工程监理公司，为全民所有制企业。1996年设立镇江市建筑安全监督站，2001年划归市建设委员会领导。2000年10月，市建筑工业总公司的建筑行业管理职能划归市建委。2001年5月，组建镇江市建筑工程集团公司，实行授权经营，撤销镇江市建筑工业总公司、镇江市建筑工程局。2001年7月，组建镇江市建工资产经营公司，实行授权经营，撤销镇江市建筑工程集团公司。

二、企业体制改革

1987年，市建筑工业总公司与中建江苏公司联营组建镇江市建筑工程开发股份有限公司。1992年，建筑市场全面开放，市建筑工业总公司新设立和新开办一批经济实体，主要有：1992年5月成立华夏不锈钢公司，经济性质为全民所有制；6月与工商银行合资组建成立华夏房地产开发公司，经济性质为全民所有制联营；12月与香港建盈有限公司合资成立镇江市雄金中央空调设备安装有限公司，后由于外方资金不到位，由中方独资继续运营；同年还成立镇江市对外建设公司，为全民所有制企业。2000年5月，镇建二公司经10多年依托中江集团，先后在西非、南非和加勒比海地区进行25个工程项目的承包建设后，正式加盟中江集团紧密层。

2002年，企业产权制度改革，国有资本一次性整体退出，镇建四公司、镇江市安装工程公司、镇建二公司、镇江市基本建设材料供应公司、镇江市华夏不锈钢公司、镇江市正大建筑工程监理公司、镇江市雄金空调设备安装公司等相继进行改制。当年有6家企业改制成功，完成行业改制面达46.1%。2002年5月，镇建公司分立重组，成立镇江市光大建筑有限公司，并于2003年6月将公司法人股权进行转让变更。镇江市建筑装饰工程公司停业，新设立改制企业“江苏华泰装饰工程有限公司”。2003年，建筑业完成改制面98%，当年完成施工总产值97.90亿元，全员劳动生产率达9.6万元/人年。同年建筑主管部门通过分类指导、帮助，新增专业承包和劳务分包企业70

家,使建筑业当年总产值突破 150 亿元。镇建公司由于经营机制僵化,管理不善,效益滑坡,到 2004 年底,累计亏损近 9000 万元,资产负债率 161.04%。2005 年,镇江市建筑装饰工程公司和镇建公司依法实行破产。破产后,建工资产经营公司筹集 380 万元,完成对镇建公司 20 世纪 60 年代精简下放、工伤遗属和企业内部退养人员共 157 人的清算补偿。同时落实 1300 万元资金使 147 名协保人员进入社会化管理。同年年末,全市国有建筑企业产权改革全部完成。

第二节　勘察设计

一、勘察设计管理

1958 年成立镇江市建筑设计院。1979 年,国家率先对勘察设计单位进行改革,取消事业费,实行收费制,自负盈亏。1984 年,全市勘察设计单位实行技术经济承包责任制,有的单位实行院长负责制,全市勘察设计工作逐步走上轨道。1985 年,专业勘察队伍有工程师 5 名,助理工程师 3 名,技术员 2 名。1991 年,全市有勘察设计单位 19 家(含 2 个省级单位),从业人员有 600 多人。1992 年以后,技术经济承包责任制实行“工效挂钩”,调动员工积极性,增强企业活力。

1995 年,全市有建筑设计单位 19 家,勘察单位 5 家。镇江市建委开展勘察设计单位考核评比活动。1996 年,评出镇江市先进勘察设计单位综合奖 4 个,镇江市先进勘察设计单位单项奖 5 个。活动促使勘察设计单位抓管理、练内功,转换经营机制,全面提高企业素质,提高勘察设计水平,增强企业市场适应能力和竞争能力。1997 年,全市有建筑设计单位 20 个,勘察单位 5 个,其中甲级资质 2 个,乙级资质 8 个,丙级资质 10 个,丁级资质 5 个;从业人员 1079 人,专业技术人员 650 人,其中高级职称 113 人,中级职称 274 人,初级职称 263 人。“九五”期间,镇江市建委制定一系列加强勘察设计行业管理的文件,从注册管理、业务管理、合同管理、质量管理、价格管理、市场管理等方面作出规定,并为外省(市)勘察设计单位进入镇江市勘察设计市场营造公平、公正、有序竞争的市场环境。

2002 年,江苏省政府《关于全省工程勘察单位体制改革的实施意见》出台,勘察设计单位由事业改为企业的工作正式启动,到 2005 年末,勘察设计单位的改制工作基本完成。全市有 51 家勘察设计单位,从业人员 2900 人,技术人员 1750 人,其中高级工程师 48 人,工程师 770 人,助理工程师 501 人。

二、工程地质勘察

1985 年底,勘察队有职工 31 名。主要设备有 100 型钻机 1 台,50 型钻机 1 台,30 型钻机 2 台,轻便静力触探仪 3 台,土工试验室 1 个,能承接各种工程地质勘察任务。当年完成勘察工程项目 324 个,占全市工程地质勘察工作量的 70% 左右。

“九五”“十五”期间,工程地质勘察的技术装备:在测绘方面,有三维可视化地理信息 1 套,全数字摄影测量系统(JX－4A)3 台套,GPS 接收机静态 3 台套,准动态 1 台套,全站仪 20 台以及精度彩喷绘图仪 5 台套,城市勘测 GIS、CASS5.0,综合地下管线成图与管理系统,若干 WindowsXP 正版软硬件设备系统;在工勘方面,有 G－Z 汽车钻 2 台,30 型至 100 型等各种钻机 7 台,静力触探仪 5 台,静力触探数据自动采集仪 4 台,螺旋板载荷试验仪 1 台,波速测试仪 1 台,三轴剪切仪、三轴压缩试验(电脑控制)5 台,高压、二联高压、三联高压、三联中(低)压固结仪 27 台,单双桥静力触探仪、土工试验自动采集处理系统、若干工程地质勘察辅助设备、GICAD6.0 等软硬件设备系统。先后承接完成高层建筑勘察,西气东输门站和管线,沥青储罐及 5 万吨级油码头、标准厂房、道路桥梁等工民建和市政勘察近百个项目。同时还完成数十个住宅片区勘察及多项大中型测绘项目。

三、建筑设计

1. 工业及高层建筑设计　1971～1980年，镇江设计的工业建筑多为砖混结构和钢筋混凝土结构，并普遍使用预应力构件。1976年后的工业建筑设计一般都考虑到抗震能力。这期间的主要项目有焦化厂合成车间，印刷机械厂金工车间、纺织厂的3万纱锭车间、谏壁船厂的船体车间以及镇江印染厂、镇江合纤厂、镇江无线电厂、镇江无线电元件一至五厂、镇江钢圈厂、交通部镇江船用柴油机厂、镇江辅机厂、镇江增压器厂、镇江螺旋桨厂和镇江锚链厂等单位的厂房和车间。

1981～1990年，贯彻执行"调整、改革、整顿、提高"的方针，对工厂厂房的设计普遍要求适应技术改造的需要，以利用原有厂房提高生产能力。完成的主要工业建筑设计项目有镇江纸浆厂的长网纸机车间、食品厂冷库、食品公司冷库、大港杂件库、钛白粉厂的粉碎车间、五峰山船厂的1号和2号金工车间、外贸机械厂的机械加工车间、冶金机械厂的铸工车间、铝加工厂、华东制罐总厂主厂房、大港1000吨倒锥壳体水塔、大东造纸厂涂布纸生产线等。高层建筑有1986年竣工14层框架结构的镇江物资大厦，1987年竣工8层框架结构的京口区办公楼(华联商厦)、13层的供电局微波楼，1988年竣工的8层镇江市塑料公司综合楼、9层镇江市体委综合楼，1989年竣工的14层京谷大厦、17层的中山大厦、14层的丹徒大厦，1990年竣工的14层的长城大酒店等建筑设计。

1991～2000年，先后完成金西水厂混合结构2710平方米建筑设计，奇美化工有限公司二期ABC包装车间18600平方米框架结构等一批建筑设计项目，完成高层建筑设计26项，其中20层以上的有7项。海外工程主要有新加坡、阿联酋、津巴布韦的5项工程设计。

2001～2005年，完成江苏柳工机械有限公司联合厂房、江苏云阳集团药业有限公司综合制剂车间、江苏宏达化工新材料股份有限公司混冻胶车间、江苏成城电器有限公司结构车间等一批工业建筑设计项目。

2. 住宅建筑设计　20世纪60年代末至70年代中期设计的住宅以混合结构为主。主要项目有谏壁发电厂10号、11号宿舍，树脂厂3号、4号宿舍，船山矿1～4号单身宿舍，锚链厂2号宿舍，罐头厂宿舍等。70年代后期至80年代，住宅建设设计进入新阶段。1979年设计的桃园新村住宅区，注意配套齐全、环境优美的要求，由道路、绿化带、低层公共建筑分隔成若干住宅组群，商业网点分布在住宅区入口处或干道附近。李家山、桃花坞、花山湾、江滨新村等较大的住宅区设计相继完成。

1990年，先后完成贺家弄、果子巷、观音桥巷、牌坊巷等住宅区的建筑设计，除组团绿化带、小游园外，辅以亭、桥、假山、雕塑、喷泉和建筑小品、游园与广场、小区村标及商业建筑相结合，各管线埋入地下，净化空间，给人以清新感。此外还完成市外贸、第一楼街、李家山、大西路、新河街、周家河、船院等25处砖混住宅建筑的设计，面积达69923平方米。

2001年起，住宅区建筑设计水平进一步提高，2005年对甘露苑、神龙花苑、我家山水等18个住宅小区，246幢、5868户、75.8万平方米进行综合验收，均达到住宅建筑设计的要求和验收的标准。

3. 公共建筑设计　20世纪80年代设计的公共建筑，其造型结构多有创新，多层建筑普遍兴建，7～17层的小高层建筑也陆续出现。内部装修装饰由一般向高档发展；电梯、电讯和消防安全设施基本齐全；外墙装饰普遍采用各种马赛克(锦砖)和饰石砖；由普通钢窗发展到使用铝合金和茶色玻璃等。1981年建成的江苏工学院食堂兼礼堂(建筑面积3568平方米)，其外貌简朴、美观大方，造价较低，布局合理。在江苏省第一次优秀设计评选中获表扬奖。1983年建成的中国旅游品工艺品展销馆，造型新颖、美观，有强烈的立体感。该建筑设计在江苏省第三次优秀设计评选中获优秀设计奖。1984年建成的少年宫，布局自由，高低错落，主次分明，被评为江苏省优秀设计表扬项目。同年施工的市物资大厦主楼和副楼及内部结构形成有机统一的空间整体，楼底部按商业性要求设置，标准层空间又符合办公要求，在江苏省第四次优秀设计评选中获表扬奖。这期间还设计有茅山纪念馆、韦岗战斗纪念碑、京侨饭店、一泉宾馆、江苏工学院物理楼和专家楼、船舶学院培训楼和实验楼、江滨医院门诊楼、陆军船艇学校图书馆(框架结构3281平方米)、火车站广场1号楼(框架结构4376平方米)、由市建筑勘察设计院设计的金山大雄宝殿(建筑面积800平方米)。

1991～2000年,由镇江市市政设计室设计的扬中扬子大桥,全长55米,宽14.5米,其中车行道宽10米,人行道2×2.25米,通航按6级航道要求,桥梁主跨14米,边跨2×12米,设计载荷汽15吨,挂80吨。由市交通科研所设计的丹阳云阳大桥,长162.5米,四车道,主孔为70米跨径,是中国首次将无粘结预应力混凝土用于70米跨度的大桥,在结构、材料、工艺等方面均有创新。由镇江建工建设集团承建的镇江市西津渡旅游服务中心工程,位于长江路南侧新河桥旁,是集餐饮、休闲、购物、娱乐为一体的多功能的公共建筑。工程为剪力墙结构,主体四层,地下一层,建筑面积1.70万平方米,2005年5月23日开工,10月25日竣工,该工程设计有新意,达到国内先进水平。

四、甲级建筑设计单位选介

1. 江苏中森建筑设计有限公司 江苏中森建筑设计有限公司前称镇江市建筑设计研究院,创建于1958年。1987年获得国家首批甲级建筑设计资质,之后又获得甲级工程总承包、甲级工程咨询、甲级工程监理、甲级工程勘察、乙级市政设计等资质。2003年顺利通过ISO 9001:2000质量管理体系认证。2004年进行企业体制改革,改制后更名为江苏中森建筑设计有限公司。

2005年,公司有员工135人,其中一、二级注册建筑师12人,注册结构工程师18人,高级工程师33人,工程师30人。设有四个设计所,一个咨询公司、一个市政所、一个设备所、一个岩土所。专业范围包括:环境、规划、建筑、结构、给排水、电气、暖通、市政、古典园林、建筑经济、岩土工程、工程咨询、工程总承包等。各专业均有高级技术职务的专业带头人担纲。公司成立以来,完成大量的工程设计项目,其中获得优秀设计以上奖励的有百余项,获得省级以上奖励的有10余项,完成50多个科研项目,连续多年被评为镇江市最佳设计单位。“十五”期间,镇江博物馆新展馆获建设部优秀设计三等奖,江苏省建设系统优秀勘察设计一等奖;江苏句容大圣塔项目获2005年江苏省建设系统优秀勘察设计三等奖;获镇江市优秀勘察设计一等奖有1项,二等奖有3项,三等奖有5项。

2. 镇江市工程勘察设计研究院 该院成立于1977年,是以勘察设计为主的专业性国家甲级勘测设计研究院。设有规划室、水工设计室、建筑设计室、综合室、工程咨询中心、华源监理中心、勘察中心和总工室、办公室、财会室等职能管理部门。

2005年,公司有在职职工126人,其中高级职称42人,中级职称52人,初级职称11人。具备国家水利行业工程设计、工程勘察设计甲级和建筑工程设计丙级资质,主要承担引调水、灌溉排涝、河道整治、城市防洪、水库枢纽工程规划设计与民用建筑工程、给排水工程等设计、工程勘察设计与基础处理,并兼有国家工程监理甲级、工程咨询乙级和工程造价资质证书,尤其擅长大、中型泵站设计。承接的设计、勘察、监理、咨询工程项目遍及苏、鲁、皖、沪、浙等省市地区。

该院技术力量雄厚,专业配套齐全。改革开放以来,先后完成一批具有较高水平的设计项目,国家重点工程主要有:谏壁大型双向流道抽水站(Q=160立方米/秒)、常州魏村水利枢纽(站、闸、船闸)、山东引黄济青工程加压泵站、谏壁大型节制闸除险加固设计、长江主江堤防洪加固设计、灌浆防渗和入海水道大堤、太湖大堤灌浆防渗工程等。其中谏壁抽水站获国家优秀设计奖,该院监理的镇江市自来水厂工程获江苏省“扬子杯”奖。1996、1999年度获市先进勘察设计单位及单项管理奖,1997、1999、2001年度分别获镇江市科技进步先进单位、2002年获镇江市水利重点单位建设先进集体、江苏省2001～2003年度水利科技先进单位、镇江市2004年度水利经济先进单位、镇江市2003、2004年度勘察设计最佳单位等称号,连续20年被镇江市政府授予“重合同、守信用”企业称号。

3. 镇江市规划设计研究院 镇江市规划设计研究院,成立于1988年3月,是一个规划设计甲级资质、市政道路设计甲级资质和建筑设计甲级资质的全民事业性质,实行企业化管理的设计单位。2005 年,公司有职工 84 人,其中专业技术人员占全院人数的96%,教授级高工 3 人,高级职称 38 人,中级职称 20 人,初级职称 23 人,一级注册建筑师 5 人,二级注册建筑师 2 人,注册结构师 3 人,注册规划师 15 人。全院职工中,大学毕业的有 51 人,占全院人数的 67%,大专毕业的 15 人,占全院人数的 20%,中等学历 10 人,占全院人数的 13%。内设机构有:城市设计分院、市政设计分院、建筑设计分院、规划研究所、总工办、综合科、信息中心。

该院始终将科技进步放在首位,依靠先进的设计手段,走科技兴院强院之路,建成院计算机局域网,CAD 出图率达到 100%,并能及时引进同行中有创意的最新计算机软件,承接规划、建筑、道路、桥隧、给水、排水、燃气、热力等专业的工程设计。

4. 镇江大家建筑设计有限公司　镇江大家建筑设计有限公司,前身是镇江工业民用建筑设计研究院,完成转企改制后,具有建设部颁发的建筑工程设计甲级资质,市政工程(燃气、热力)设计乙级资质。2005 年,公司有职工 59 人,其中具有高中级职称的技术人员 43 人;国家一级注册建筑师 3 人;国家二级注册建筑师 2 人;国家一级注册结构师 3 人。下设建筑所、结构所,市政工程设计所、工艺设备设计所,自动化研究所等。主要承担各类大、中型工业与民用的工程项目建筑设计、钢结设计、市政工程(燃气、热力)设计等。

1994 年以来,该公司获得省级以上优秀设计工程 7 项,市级优秀设计工程 22 项。2001 年获得江苏省科技 AAA 级信誉企业(机构)、镇江市双文明单位、镇江市先进勘察设计单位等荣誉称号。

第三节　建筑安装工程

一、建筑工程

1983～1985 年,全市创全优工程 615 个,其中市样板工程 52 个,省样板工程 13 个。1986～2005 年全市有 788 个工程获省、市优质工程奖励,其中 1986～1991 年有省优工程 20 个,1992～1999 年有市优质样板工程 272 个,2000～2005 年有省扬子杯奖工程 81 个,市金山杯奖工程 415 个。至 2005 年,全市有民用、工业、公共、古典园林等 12349 项工程竣工,竣工面积 3150.31 万平方米。在这些工程中,重要的、标志性的建筑有:

图 16-1　1986 年建成的物资大厦

镇江建筑公司点幢住宅群　位于中山西路东段南侧,由 4 幢 6 层砖混结构住宅楼组成,是国家《砖混住宅合理化研究》试验工程。镇建公司承建,建筑面积 4316 平方米,1982 年 12 月开工,1984 年 8 月竣工,其中最西边一幢被评为 1983 年度市全优工程。该工程施工中广泛使用钢筋混凝土整体楼梯段、圈梁、阳台等预制件,进行构件装配,缩短施工周期 30% 左右,降低工程造价 2.1%,施工装配化程度 72%。

物资大厦　物资大厦是镇江第一座高层建筑,主体 14 层,局部 17 层,总高度 55 米,建筑面积 1.23 万平方米,造价 350 万元。采用预制 RC 桩基础,框架剪力墙承重,粉煤灰加砌块围护,木门钢窗,水磨石楼面,二毡三油屋面防水层;外立面贴马赛克,室内墙面贴墙纸，入口及电梯贴大理石。主体工程采用框架剪力墙结构，滑模施工，曾创造三天一层的高速度，工程质量优良。由镇江市建筑勘察设计院设计，镇建四公司第一工程处施工。1984 年 6 月开工，1986 年 9 月竣工交付使用。

镇江市供电局微波楼　由中南电力设计院设计、镇建公司和市安装公司承建的电力微波大楼（又叫镇江供电大楼），1988 年 6 月建成。大楼主楼 13 层，塔楼 2 层，高度 86 米，建筑面积 6480 平方米。楼内的微波通讯站是葛洲坝至上海微波通讯工程中的一个枢纽站。

丹徒大厦　位于中山东路、双井路口，镇建二公司施工，框架 14 层，高 51.5 米，建筑面积 14059 万平方米，造价 1125.7 万元。工程 1987 年 1 月开工，1989 年 10 月竣工。

图 16-2　1989 年建成的丹徒大厦

中山大厦　位于山门口街西侧，主楼 15 层，局部 17 层，建筑面积 18455 平方米，投资 1552.5 万元。由市建筑设计院设计，镇建公司承建，1986 年 12 月 28 日开工，1989 年 11 月 30 日竣工。

京谷大厦　位于中山东路马祠巷口，高 12 层，局部 14 层，建筑面积 11848 平方米，造价 1022.7 万元，由市建筑设计院设计，镇建四公司施工。1987 年 1 月 28 日开工，1989 年 12 月 10 日竣工。

镇江邮电局通信枢纽楼　镇建公司承建。1989 年 7 月动工，1992 年 10 月 20 日竣工。该楼主体 14 层，局部 19 层，建筑面积 11385 平方米，顶端高 101.4 米，是集光纤通信、微波通信、移动通信、无线寻呼、长市话程控交换、数据通信等设备于一体的综合通信大楼。

镇江市广播电视中心大楼　位于中山西路、润州山路口，该工程框架剪力墙结构，主楼两翼 7 层，中枢 8 层，局部 12 层，另有地下室 1096.63 平方米，总建筑面积 1.18 万平方米，总高度 49.5 米，全长 83.38 米，灌注桩基础，楼面为彩石水磨石，内门窗为木质刷彩色树脂漆，外门窗为铝合金和特殊设计要求的门窗。外墙贴漆咖啡色石砖，内墙部分选用 1.5 米高五合板墙裙，上部贴 PVE 高泡墙纸，部分选用 1.5 米高的油漆墙裙，上面为普通刚性防水层面和油毡防水层面。镇江市建筑勘察设计院设计，镇建四公司承建。1990 年 10 月 15 日开工，1992 年 12 月 25 日竣工。

镇江招商市场　位于大市口东侧（中山东路51 号），占地面积 2200 平方米，建筑面积 14018 平方米（含人防地下室），主体 7 层，局部 8 层，1 ~ 3 层为营业大厅，可容纳 400 个摊位，4 ~ 7 层为餐厅、舞厅、卡拉 OK 厅及办公用房。大厅内安装中央空调，1 ~ 7 层和 1 ~ 3 层分别安装客货两用电梯和自动扶梯各 1 座，造价 665 万元。该工程外墙贴白色面砖，西北角 2 ~ 3 层玻璃幕墙，临街一层门厅墙面、门前立柱及地面铺人造大理石。内墙面为彩色喷塑，轻钢龙骨网及新型防火材料（板）吊顶。上部建筑由镇江市建筑勘察设计院设计，镇建公司施工。1992 年 1 月开工，1993 年 11 月竣工。下部建筑由市人防办修建地下室人防工程。

镇江商业大厦　位于中山东路、斜桥街口，上海同济大学设计，镇建公司承建，主楼 10 层，局部 15 层，高 72 米，建筑面积 2.7 万平方米，营业面积 6000 平方米，1991 年 9 月 6 日破土动工，1993 年 10 月局部竣工营业。该大厦具有先进的微机管理、程控通讯、音响广播、安全消防四大系统和中央空调、自动扶梯、垂直电梯等设备。

镇江邮政枢纽楼　该大楼由江苏理工大学设计室设计，南通新华建筑公司承建。1993 年开工，1996 年 9 月竣工。主楼 10 层，建筑面积 2.47 万平方米，高 58.4 米，投资 5000 多万元。大楼内设信函和包裹分拣机等现代化邮政设备。

镇江日报社大楼 位于中山东路东端北侧，混凝土灌柱桩基础，RC框剪结构，地下1层，主楼18层，建筑面积12200平方米，土建造价650万元，系一幢集办公、娱乐、饮食、购物于一体的多功能大楼，由镇建四公司第一分公司施工。1995年开工，1996年8月30日竣工。

图16-3 1996年建成的镇江日报社大楼

劳动和社会保障大楼(镇江市离退休职工活动中心) 位于南水桥南侧运河路上，从顶部朝下看呈花瓣状，A楼4层，B楼16层，高低错落排列在花瓣上。建筑面积2.4万平方米，活动面积6000平方米，土建造价1023万元。由镇建四公司第一分公司施工。1995年2月25日开工，1996年9月28日竣工。

图16-4 1996年建成的劳动和社会保障大楼

国际饭店 镇江市标志性建筑 。国际饭店原名国贸大厦，位于大市口东南侧，是集购物、办公、娱乐、餐饮、旅游、宾馆、信息于一体的多功能、综合性、高档次的大型现代化建筑；也是镇江市首座高度超百米的建筑。1997年9月竣工，占地6000平方米，总投资3亿元，建筑面积5.48万平方米。框架结构，地上31层，总高135.55米，地下3层。基础为桩基整体式承台，承台厚2500毫米，基坑深13.2米。镇江市建筑设计研究院设计，镇建公司承建，施工中推广应用建设部10项新技术，其中大体积混凝土和预拌IJ混凝土施工，粗钢筋连接和深基坑锚杆支护新技术的应用效果显著，经江苏省建工局组织验收，被评为省建筑业新技术应用示范工程。

镇江商业城 镇建二公司承建。是集购物商场、餐饮娱乐为一体的大型公共商业建筑，地下2层，地上裙楼6层，南北长112.7米，东西宽54.7米，占地面积6165平方米。室内装饰由香港雅特公司设计，室外以铝合金玻璃幕墙及金属板幕墙为主，配以花岗岩，瓷质面砖饰面。工程于1997年5月1日竣工交付使用。

烟草专卖局综合大楼 该工程建筑面积1150平方米，总高57.3米，主楼14层，为框架剪力墙结构，两侧裙楼3层为框架结构。基础采用桩承台基础，埋深6.03米；主楼整体式混凝土承台厚1400毫米，地下室墙板为300毫米厚钢筋混凝土，强度等级为C35，8层以上为C30。外墙装饰裙房以上1∶2.5水泥砂浆抹光，刷高级外墙防水涂料；裙楼以下为干挂花岗岩。镇建公司承建。1997年开工，1999年11月竣工。该工程成功地运用深基坑支护技术，粗直径钢筋连接技术，新型模板和脚手架应用技术，建筑节能和新型墙体应用技术以及外墙花岗岩干挂新技术。

江苏科技大学实验楼 南通五建建设工程有限公司承建。2004年10月开工，2006年3月竣工。实验楼由A、B、C、D楼及配楼组成，建筑面积27571.12平方米，建筑总长度183.9米，总宽度63.95米，总高度29.51米，是集教学、科研、实验为一体的综合性大楼。施工中采用多项新工艺、新技术、新材料及“水池壁板水平施工缝质量控制”，先后获2000年度镇江市建筑业新技术应用示范工程称号和2003年度江苏省QC小组优秀成果三等奖。

江苏大学体育馆 镇建二公司承建。体育馆是集比赛、集会、娱乐为一体的多功能建筑物，总建筑面积1.37万平方米，总高度30.5米。室内有2900座的主赛场、多功能比赛馆、室内跑道、保龄球馆、活动室、办公室等；东侧为游泳馆、练习馆；主馆二层，局部四层，有9处楼梯，一部电梯。金属球形网架屋顶，铝合金隐框镀膜玻璃窗和玻璃幕墙，外墙部分干挂花岗岩饰面，地坪为花岗岩面砖，楼地面以复合木地板为主。工程于2001年3月18日开工，2003年11月24日建成，被评为省建筑业新技术应用示范工程。

江苏大学博士生公寓楼　位于江苏大学校园内，建筑面积1.64万平方米，地上18层，地下1层，建筑总高度59.7米，是江苏高校中第一座现代化高层学生公寓。该工程基础采用桩基承台及整板基础，主体结构采用钢筋混凝土剪力墙及现浇梁板，填充墙采用M5.0混凝土砂浆硅酸钙砌块，外墙装饰为面砖饰面，内墙采用瓷砖台度及混合砂浆，大楼地面均为地砖饰面，底层门厅为花岗岩饰面，斜屋面为红色油毡瓦。镇建二公司承建。2002年3月29日开工，2003年8月10日竣工。2004年分别获得市金山杯、省扬子杯奖。

第一人民医院综合楼　镇建二公司承建。是一幢集门诊、急诊、病房为一体的设备先进、功能齐全的综合性大楼。该工程地上23层，局部25层，地下室1层，顶部设直升飞机停机坪，建筑总高度103米，建筑面积4.45万平方米。2000年9月28日开工，2003年1月16日竣工。施工中推广运用国家和省级示范工程十项新技术，获江苏省建筑业新技术运用示范工程称号和江苏省QC小组活动成果二等奖。

图16-5　2003年建成的江滨医院外科技术大楼

江滨医院外科技术大楼　位于解放路北端，镇江市建筑设计院设计，由镇建公司承建。2003年建成。建筑面积14200平方米，主楼12层，局部14层，一层地下室为设备层，框架结构，总造价1500万元。该楼造型新颖独特，以圆为母题，反复运用，高低错落，与广场喷泉、绿岛相配合，环境幽雅。

紫金大厦　紫金大厦原名大市口商办综合楼，位于大市口东北角。紫金大厦为框架结构，建筑面积20026平方米，分A、B、C座，地上7层，地下1层，是一座多功能综合大厦。中间C座临街是一幅面积108平方米的全彩电子显示屏。工程施工中推广应用国家及省级示范工程8项新技术，不仅满足建筑物总体使用功能，还节约资金近百万元。该工程由镇建四公司承建。2001年7月1日开工，2002年3月18日竣工，2003年被评为江苏省新技术应用示范工程。

太和广场　位于中山东路、市政路至山门口街交叉路口，为椭圆形建筑，框架7层，建筑面积30150平方米，透光式钢结构层面，大面积铝合金幕墙，内设电动货梯1部，自动扶梯18部，观光电梯2部。工程由镇建四公司承建，2002年8月开工，施工中推广应用国家和省级示范工程8项新技术，2003年8月竣工，同年12月被评为江苏省新技术应用示范工程。

镇江博物馆　江苏天宇建设工程有限公司承建。2000年12月开工，2003年8月竣工。2005年4月29日开放的新馆，占地5300平方米，主体建筑三层，底层为旅游工艺品商场、茶社和全馆电子监控中心。二楼、三楼为展厅，内部设施按照现代化博物馆要求配置，安全监控报警系统、消防系统、调温调湿系统、网络系统等均达到国内先进水平。在建设新馆同时，老馆区原英国领事馆的基础设施和环境景观也进行整体改造，环境景观按19世纪英国园林风貌规划设计，改建结园、岩石园、杜鹃园、柑橘园、月季园、水剧场等。利用治理山体滑坡的挡土墙，建造2万平方米的塑石假山、人工和自然结合的瀑布。镇江博物馆总占地面积2万多平方米，建筑面积1.06万平方米。

图 16-6　明珠大厦(2006 年摄)

明珠大厦　位于中山西路镇江火车站正对面,由镇江市城投公司承建。2005 年 3 月开工,年底基本竣工。明珠大厦总建筑面积 2.15 万平方米,建筑总高度 55.3 米,分主楼、裙楼、地下室、附属办公楼、旧厂房五部分。裙楼、附属办公楼及旧厂房招商引入"乐安居"建材超市;主楼商务公寓建筑设计采用新理念,4.8 米挑高层赢得投资者青睐。

金山江天禅寺大雄宝殿　镇建公司一处承建(市装饰公司配合)。大雄宝殿于 1987 年 4 月开工重建,1989 年 11 月建成,建筑面积 800.6 平方米,高 24.15 米,总造价 246 万元,为一层钢筋混凝土结构,所有梁、柱、飞檐、翘角、斗拱、花格等均采用钢筋混凝土预制和现浇,是一座用现代材料建成的古典风格建筑,1990 年荣获江苏省优质工程称号,1991 年又被授予江苏省建筑工程"扬子杯"奖。该工程由镇江市建筑勘察设计院设计。大雄宝殿为五开间歇山重檐翘角式,上沿七三昂斗拱,梁、枋、柱、椽、飞檐、斗拱为钢筋混凝土浇制,殿内上空层层斗拱,烘托着藻井天花,56 尊罗汉稳坐四周栅上,既有北方寺庙雄浑富丽气势,又有南方寺院轻美雅致风貌,集现代建筑材料和施工技术为一体,在江苏省尚属首例,受到同行专家和佛教界的好评。1991 年被评为江苏省优秀设计二等奖。

焦山万佛塔　位于焦山山顶。塔高 45 米,外观 7 层,塔平面为八角形,采用钢筋混凝土仿木结构,底层建有地宫。塔身为框架结构,各层屋面用绿色琉璃瓦铺筑。塔内供奉大小佛像万余尊。四周建院墙围护。该塔由镇江市建筑设计院设计,镇江市建筑科研所监理,镇建公司承建。1999 年 5 月 5 日开工,1999 年 9 月竣工,工程造价 1500 万元。

镇江市区其他 10 层以上的高层建筑见表 16-1。

1987～2004 年镇江市区部分标志性建筑一览表

表 16-1

序号	工程名称	结构	层次	竣工时间	建筑面积(平方米)	施工单位
1	华联商厦	框架	8～10	1987.4	7700	镇建二公司
2	轮联大厦	框架	12	1987.9	4680	镇建二公司
3	长城大酒店	框架	14	1990.8	6800	镇建公司
4	交通银行	框架	13	1991.12	6780	镇建公司
5	镇江大酒店	框架	11	1992	7326	金坛城东建筑公司
7	丹徒农业银行	框架	11～12	1992.10	4604	镇建二公司
8	江滨医院外科大楼	框架	12	1992	14200	镇建公司
9	地税大楼(原振建大厦)	框架	14～15	1994.1	28000	镇建公司
10	京都大厦	框架	13	1994	8600	镇建二公司 金坛城东建筑公司
11	京城大厦	框架	7～12	1994	9000	京城开发公司
12	京口区办公大楼	框架	12～13	1995.5	17500	镇建二公司

续表 16-1

序号	工程名称	结构	层次	竣工时间	建筑面积（平方米）	施工单位
13	港务局大楼	框架	12～13	1995	6226	金坛城东建筑公司
14	港监局大楼	框架	10	1995.12	3690	镇建公司
15	建设银行	框架	16	1997.4	13083	金坛城东建筑公司
16	人民银行办公楼	框架	10+1	1997.8	12593	镇建公司
17	人民银行培训中心（金鳌苑）	框架	14	1997.10	13973	镇建公司
18	邮政大厦（丹徒县交通大厦）	框架	11	1997	14000	丹徒建安公司
19	农业银行（孟湖大厦）	框架	21	1997.5	19208	中建八局
20	诚和大厦	框架	15、17	1997.10	10600	镇建公司
21	江苏大学医学院实验楼	框架	11	1998.3	8411	宜兴二建公司
22	工商银行	框架	22	1998.6	21000	镇建四公司
23	新华电大厦	框架	12	1998	11000	镇建四公司
24	友好大厦（友好会馆）	框架	11～13	1998	5300	金坛建安公司
25	359 医院医疗大楼	框架	12	1998	12720	中建八局公司
26	中级法院审判大楼	框架	11	1998	12000	镇建二公司
27	市纪委大楼	框架	10～11	1998	11000	镇建二公司
28	龙发大厦	框架	21	1998	18500	镇建四公司
29	房管局培训中心	框架	13～14	1998	7647	南京六建公司
30	京口教研中心楼	框架	14～15	1998	9000	镇建二公司
31	京凌大厦（原金狮国际投资大厦）	框架	22	1998	21000	镇建公司
32	中房大厦	框架	15	2001.12	18000	中房镇江公司开发建设
33	镇江电信指挥中心	框架	31	2002.12	40000	南通第四建安公司
34	妇幼保健大楼（四人医）	框架	20	2004	27740	镇建四公司

二、安装工程

改革开放以来，安装工程由最初的水、电和一般设备设施安装发展到各类民用和公共建筑安装、工业设备安装、钢结构工程、市政设施工程、电梯安装、维保、改造、火灾自动报警、建筑智能化工程安装调试、35 千伏及以下变电所安装、城市及道路照明工程施工等电力设施工程、工业自动化系统、自动化仪表、大型温控及风控系统安装调试、电气控制设备制造、压力容器制造和安装、锅炉安装、煤气厂设备安装及配套气柜、中低压管道施工安装、煤气柜液化气贮配站施工安装，自来水厂、排水、污水处理等安装。

建于市跑马山的 5.4 万立方米煤气储量柜，由市安装工程公司中标施工。该气柜是镇江最大的焊接式钢结构湿式螺旋气柜，整个气柜由水槽和四个塔节组成，最大直径 46 米，最大高度 49.68 米，可储气 5.4 万立方米，总造价 150 万元，1990 年 5 月 26 日开工，同年 12 月 8 日竣工，实用工期 196 天，比定额工期提前 124 天。工程采用先进的全倒装法施工。

镇江安装工程有限公司中标承建的征润洲污水处理厂一期工程，日处理污水 10 万吨，采用

CAST 生物除磷脱氮工艺。2003 年 2 月进点,6 月 8 日投入全面试运行,相继完成进出水井、污泥浓缩池、细格栅站、变电房、鼓风机房、曝气器等机电设备安装,其中鼓风机、曝气器、控制蝶阀均为进口先进设备。共安装机电设备 93 台套,各种闸阀 91 台套,曝气器 6280 套,铺设污水管、空气管、污泥管、清水出水管等各种工艺管道 3 公里。经试运行土建和安装工程均达到设计要求。

三、境外工程

1986 年,镇建二公司从通过省中江公司中标承包贝宁共和国“中国文化中心”工程开始,依托省中江公司先后在西非和加勒比海地区进行 20 多个工程项目的承包建设,以其快速、优质施工取得良好国际声誉,受到业主、工程监理、世界银行等好评。1998 年 3 月被省中江公司吸纳为协作层成员单位,2000 年 5 月通过资产划拨和委托管理,正式进入省中江集团紧密层。

镇江市建筑工业总公司(建筑工程局)与中建江苏公司、江苏省建筑总公司、省中江集团公司等联系合作,采取多种渠道开展国际工程承包和劳务合作,20 多年来通过向日本派遣建筑研修生,培养一大批建筑施工专业技术人员和管理人才,引进一批先进操作工艺。1998 年,镇建公司通过外经贸部批准获得境外工程签约权,通过境外工程项目,带动全市建筑业外经业务开展。1999 年,为适应外经业务不断发展和国际工程承包与劳务合作的新形势、新要求,将镇江市对外建设公司改制为专门从事海外工程承包和劳务合作的实体性公司。

2003 年,镇建四公司凭借滑模技术优势,与苏州中材建设有限公司合作承建越南福山水泥有限公司日产 5000 吨熟料新型干法水泥生产项目。2005 年 6 月获商务部和省外经贸厅批准的对外承包工程业务经营权。

从 20 世纪 80 年代初,镇江建筑业走出国门始,足迹遍布亚洲、非洲、欧洲、拉美等四大洲的 20 多个国家和地区。截至 2005 年,国际工程承包和劳务合作累计完成外经营业额 20 多亿美元,派遣出国施工和劳务 4000 多人次。完成影响较大的工程有:贝宁共和国中国文化中心,几内亚共和国农业部办公楼和种子处理中心,科威特“417”工程,新加坡“春天谷”公寓和“华丽舫”公寓、新加坡政府租屋“三加一”工程,阿联酋“哈密斯”和“卡比”别墅,津巴布韦卫生院给排水、高奎地区医院、鲁班尼政府大楼,鲁班尼医院,纳米比亚兵营、青年中心、国会大厦、高等法院、兰图职业培训中心,英国奥尔尼饭店装修,特亚尼达和多巴哥 8 所学校、460 套公寓,以色列立雄“别墅”,博茨瓦纳乡村污水管网工程,马拉维学校,越南福山、越平凯撒等新型干法水泥生产线等工程项目。

第四节 施工技术

一、滑模工艺

滑模工艺是镇江建筑业特色。1983 年,镇江市第四建筑工程有限公司运用滑模施工建成淮阴西郊 80 米烟囱,1984 年建成镇江味精厂制精楼框架滑模,1989 年建成青岛净水厂地下 13 米增压泵房的滑模。1990 年以来,以镇建四公司为代表的镇江建筑企业,由传统产业发展到以滑模为龙头产业特色,在全国各地以滑模占有市场,扩大知名度。

1. 圆筒库

京阳水泥有限公司筒仓滑模施工 京阳水泥有限公司镇江水泥厂位于句容市桥头镇,总投资 2.8 亿美元,生产能力为 5000 吨/日。其特大型钢筋混凝土库容量居国内首位,由南京水泥设计院设计,镇建四公司承建。1996 年 9 月 28 日开工,1997 年 5 月 26 日竣工。1998 年被评为省优工程,1999 年获省“扬子杯”奖。

大连北良有限公司 96 万吨粮食中转筒仓群 镇建四公司以适中的标价,优良的方案、合理的工期击败包括美国公司在内的众多承包商，一举中标，工程造价1.2亿元。该筒仓群为国家重点工程，位于大连经济开发区南缘，由4组136只，高44.6米，直径12.14米和2组20只，高45米，直径32米的圆形筒仓连体组成。

2. 倒锥形壳体水塔

倒锥形壳体水塔是20世纪80年代出现的一种新型水塔，外形美观，占地面积小，具有点缀环境的作用。由镇建四公司、镇建公司、镇建二公司等承建的此类水塔近百个，如上海新火车站、大港港区、大专院校、宾馆、住宅生活区的水塔等。施工范围南至广东珠海，东至上海铁路新客站，北至山西阳泉，西至贵阳，其容量50～1000吨，高度18～40米。

江苏科技大学倒锥形水塔　容水量150吨，塔身高30米，造价7.7万元，1982年9月29日开工，1983年9月6日竣工。镇建四公司施工。该工程关键是水柜提升，将自重90吨的水柜提升至29.4米高度。方法是将滚珠式液压千斤顶倒装在塔身顶部走道板下部，通过提升杆连接水柜预埋吊钩，启动液压控制台，千斤顶输油，使提升杆提升，如此回油输油，提升循环运动，提升就位。该水塔施工过程，南京工程学院拍摄记录片供教学使用。

大港倒锥形水塔　该塔蓄水量1000吨，自重620吨，是镇建四公司承建容量最大的水塔，也是当时国内最大的水塔。1985年11月开工，1987年4月竣工，塔身高35米。

3. 框架滑模

整体框架滑模施工，始于1983年。

镇江市味精厂制精楼　镇江市味精厂制精楼高4层，面积1123平方米，仅用4天时间，框架滑模结束，为大面积推广应用框架滑模积累经验。

镇江物资大厦　镇江物资大厦主体14层，总高度55.5米，建筑面积1.23万平方米，抗震设防裂度7度，框架剪力墙结构，主楼1～14层采用液压滑模施工，柱子截面1～15层均为600毫米×600毫米，1～2层层高4.57米，3～15层层高3米，滑模总高度48.3米，施工中组装滑模平台640平方米，滑升至13层，部分解体，继续滑升至设计要求。该工程1984年6月1日开工，1986年9月30日竣工，由镇建四公司施工。

4. 群柱滑模顶升钢网架

江苏科技大学风雨操场面积1344平方米，主体结构形式，四周有角柱4根，矩形1.2米×0.5米，边柱32根，柱距4.1米，型钢网架结构，网架自重65吨，施工中采用地面整体组装，在支座节点板上用螺丝扣吊在井字架横梁上，随钢筋混凝土柱子的浇灌滑升，顶升就位。1984年10月15至19日共5天4夜滑升成功，质量优良。此种施工方法，简化网架整体吊装工序，节省模板65%，脚手架70%，缩短工期35天，工程竣工后，40多名专家参加技术鉴定评议会，认为该工艺具有推广价值，可运用到大、中型影剧院、体育馆、候车室等空间较大的建筑。

5. 大直径单侧变截面筒仓滑模施工工艺

华新水泥股份有限公司"筒中筒"10万吨储量水泥熟料库，为日产6000吨水泥生产线配套设施，高21.8米，直径60米，内套14米直径内筒筒库两个，是国内首座60米直径变截面筒仓。镇建四公司在国内首次采用"变截面滑模工艺"承建该工程，填补中国筒库施工技术中一项空白。2004年9月26日开工，11月8日竣工。经检测，筒身浇筑密实，筒壁平整光滑，筒仓不失圆，中心偏差远低于国家标准允许偏差。四建公司撰写的《大直径变截面筒仓滑模施工技术》论文获2004年度江苏省建筑施工学术论文一等奖，申报的《大直径单侧变截面筒仓滑模施工工法》获2005年度江苏省级施工工法。

二、深基坑支护技术

高层建筑深基坑支护是新施工技术。20世纪90年代，镇江建筑企业在承建镇江国贸大厦、烟草大厦、商业城、市中级人民法院审判楼、上海亨纳斯花园等多个高层建筑中,因地制宜采用深基坑支护技术,均圆满地完成施工任务。

国贸大厦该建筑主楼31层,地下室3层,总高度135.55米,为直径700毫米钻孔灌注柱、箱型基础,埋深12.8米。该工程地处大市口闹市区,地下水位高,地基土质软弱。在深基坑支护施工中,首次采用排挡式钻孔钢筋混凝土灌注桩,外侧加止水水泥土压实桩,用连圈梁封闭桩顶;坑内采用型钢斜角支撑,围檩一道,三层斜土外锚,外锚杆长20米,孔径230毫米,锚筋为直径32毫米的三级钢筋,通过试验均合格。这种外锚方法为后续土建施工带来很大方便。

三、大体积混凝土施工技术

进入20世纪90年代,随着高层建筑主体向高、基础向深方向发展,工程项目基础部位的大体积混凝土施工也越来越多。镇江建筑企业在承建的镇江邮电局电讯大楼地下室、镇江小商品市场地下室、镇江市第一人民医院同位素大楼直线加速机房、上海亨纳斯花园地下室、镇江国贸大厦地下室、镇江商业城、市中级人民法院审判楼等工程上使用大体积混凝土“双渗”技术,成效显著。

镇江市第一人民医院同位素大楼　该大楼的直线加速机房厚度均为2.3～2.5米,在墙体和顶板的大体积混凝土施工中,一是解决控制混凝土升降温段产生收缩裂缝的问题;二是解决每层浇捣间隔时间控制、防止发生分层现象的问题。经同济大学、东南大学教授组成的5人专家组审查鉴定通过,该工艺达到国内先进水平。

国贸大厦　该工程地下室3层,基坑底面积2443平方米,坑深13米多,地下室板主楼厚2.5米、裙房厚1.6米,总混凝土量5200立方米。混凝土为C40抗渗S12级,板内配制双向4层直径25毫米三级主筋,板底高低差大,板内埋设的管线、电线和暗筋很多,施工难度大。在施工中组织8台350公升搅拌机现场搅拌混凝土,板车运料,应用插入式振捣混凝土;对整个大体积混凝土采取先深后浅,先主楼后裙房,分片分层,留置水平、垂直施工缝,逐片逐层浇筑;在每层又以薄层振捣,连续浇灌,一次到位的浇筑方法;同时采取措施保证混凝土内外温差不超过25℃,使混凝土无裂缝。该技术节省投资近130万元。

四、高效预应力等施工技术

高效预应力施工技术的应用　1992年,高效预应力有粘结施工技术在上海砂轮厂车间、镇江医学院餐厅、镇江汽车配件厂车间、丹阳中学实验楼、丹阳铝箔厂车间等工程上广泛运用;无粘结施工技术在镇江、丹阳等11个工程上得到推广。1993年,镇建公司研制的高效预应力结构施工打入淮阴、江阴、连云港等地建筑市场,创造良好的经济效益。

冷轧带肋钢筋在混凝土建筑中的应用　冷轧带肋钢筋在混凝土建筑中的应用是国家及省新科技重点推广应用项目,具有强度高、韧性强、延性好和裹握力大的特点。1995年6月,经市科委组织专家组鉴定,认为该项目符合建筑业科技进步方向,补充预应力大孔板部分规格和桁条中冷轧带肋钢筋的应用,其实用价值和经济效益较明显,具有省内先进水平。

有粘结多波超长束现代预应力施工技术的研究和实践　该项目是1996年市科委下达的科研项目。经市科委组织的专家组鉴定,其技术和成果达到国内先进水平,部分工序处于领先地位。该工艺在泰州林业机械厂75米长三连跨混凝土梁预应力施工中获得成功。经核算,可节约钢材4吨,功效提高一倍,工期缩短一半,降低工艺成本20万元;整个成果总成本与实际成本相比节省41.2%。

五、高层建筑“内支外爬”模板与脚手架施工技术

高层建筑“内支外爬”模板、脚手架的研制应用,被江苏省列为新产品研制科研项目。该新工艺对减轻劳动强度、加快施工进度、提高工程质量、创建安全文明现场和节约施工费用等起着很大

作用,改变过去高层建筑外墙必须翻转组合模板和搭设整体满堂脚手的旧工艺。镇建公司研制的高层建筑"内支外爬"模板、脚手架施工技术新工艺,应用于上海杨浦区十大工程之一的亨纳斯花园,为企业节省资金250万元左右。通过15个月的工业性考核,已形成省级施工工法,并在此后承建的镇江烟草大厦等高层建筑工程上推广应用。

第五节　建筑装潢

1992年成立镇江市建筑装饰行业协会,2000年3月,市建设委员会印发《镇江市家庭居室装饰装修管理试行办法》,6月印发《镇江市家庭居室装饰装修单位资格管理办法》,2005年经市民政局批准,协会更名为镇江市装饰装修行业协会。

2000～2005年,全市装饰装潢企业获全国建筑工程装饰最高奖3项;获江苏省优质建筑装饰工程奖(紫金杯)14项,江苏省优秀家庭装饰工程奖48项,市级优质建筑装饰工程奖72项,优秀家庭装饰工程奖(北固杯)119项,"金山杯"奖励或示范工程称号35项,21家企业被评为优秀装饰企业,评出优秀装饰设计师18人、优秀装饰项目经理35人。推广应用新工艺52项,新材料81项。

2005年,全市计有装饰装潢企业84家,其中有一级资质2家,二级资质16家,三级资质66家,年装饰产值7.28亿元。另有一定数量无资质的装饰企业从事家庭装饰。

一、建筑装饰装潢工程

20世纪80年代,建筑的外装饰,普遍使用水刷石、马赛克及饰面砖、花岗岩等新材料和喷涂、弹涂等新工艺。室内墙面普遍采用水泥砂浆或灰砂浆刮糙,粉纸筋石灰,外刷石灰水,水泥砂浆踢脚或墙裙,后风行弹涂滚花,此后内墙饰面不断更新,品种有:裱糊墙纸、墙布;彩涂喷塑,水泥漆;中高级材料饰面;木质墙裙、门窗套;石材、瓷砖墙面等。地面从三合土地面或混凝土楼面逐步到仿大理石、仿木纹塑料地面,到80年代中后期的各类镶贴地面,从普通水磨石到彩色水磨石,再到以块料为主的地面装饰。楼地面从缸砖、马赛克、釉面砖到同质地砖、仿大理石、天然花岗岩。木地板,从拼木块、长条扣口板到强化地板。天棚装饰80年代中期从纸筋石灰板条或芦苇顶棚逐步到吊顶装饰,吊顶材料从木龙骨发展到轻钢龙骨,罩面材料也从纤维板、三合板发展到纸面石膏板。90年代外装饰出现玻璃、铝板、石材等幕墙。石材幕墙工艺从开始水泥砂浆粘贴湿作业法到干挂法。1994年,江苏华泰装饰公司(建筑装饰工程公司)在青海西宁承接一项玻璃幕墙设计施工任务,由于当地地处严寒地区,提出幕墙保温要求。公司参考当时国外一些幕墙设计、施工经验,采用隐框中空玻璃幕墙设计。中空玻璃为6+9A+6,间隔铝框内置分子筛干燥剂。工程竣工使用后,达到一定保温隔热效果。

二、主要工程项目选介

1. 江天禅寺大雄宝殿彩绘工程(1987年7月～1989年3月)　由市建筑装饰工程公司承建油漆及古典彩画工程,木门窗底层采用过氯乙烯腻子,面层用聚胺酯仿古漆,金步柱采用107胶水泥腻子,用90木模套住磨腻子过氯乙烯,腻子封层,刷仿古漆5～6度,仿古清漆罩光。施工质量达到柱圆、光泽好。仿古漆有耐酸碱、耐湿、耐温、漆膜坚硬等优点。彩画选用金伐大点金,缘墨旋子彩画,共用金箔约1万张。

2. 镇江市百盛商城内装饰工程(1995年10月～1996年2月)　由香港设计师设计,材料选用和施工方法直接与国际潮流接轨。市建筑装饰工程公司装修的2F、7F施工面积8500平方米,工程造价300万元。功能区域分为:商场、餐饮、走廊、电梯厅、卫生间、楼梯间、办公后勤区域等室内精装修。用材高档,多为进口材料;选料新颖,工艺先进。

3. 江苏省纪检监察干部培训中心室内装修工程(1997 年 3 月～1998 年 11 月)　该工程是集餐饮、客房、会议、休闲等功能为一体,按三星级大酒店标准施工。市建筑装饰工程公司围绕不同的使用功能组织施工,结合新材料、新工艺及其空间结构,充分体现简洁、明快、现代、豪华的装修风格,表达全新的、符合时代特色的接待空间。工程造价 1430 万元,获 2000 年江苏省优质工程称号。

4. 中国人民解放军第 101 医院病房大楼装饰工程(2004 年 3 月～2005 年 6 月)　由江苏华泰装饰有限公司承建面积 17500 平方米,工程造价 1600 万元,框架结构,主体地下 1 层,地上 15 层,局部 3 层。施工项目包括:天花吊顶、隔墙、木制品、石材、墙地砖、塑胶地板、地毯、油漆等。针对各工种特点和材料特性进行调度和协调,以"优质、安全、按期、降耗"为目标,严格按照公司建立的质量管理体系要求对施工全过程进行质量控制。经验收符合 GB50209—2002《建筑地面工程施工质量验收规范》要求。获 2005 年度镇江市"金山杯"优质工程奖、江苏省建筑装饰优质工程奖、中国建筑工程鲁班奖。

2002～2005 年镇江市装饰装修行业优质工程获奖情况表

表 16-2　　单位:个

年份	市级					省级		国家级
	优质建筑装饰工程奖	优秀家庭装饰工程奖(北固杯)	优秀装饰企业(家)	优秀装饰设计师(人)	优秀项目经理(人)	省优质建筑装饰工程奖(紫金杯)	省优秀家庭装饰工程奖	全国建筑装饰工程及鲁班奖工程参建奖
2002	15	16	–	–	–	3	7	–
2003	21	35	–	–	–	3	9	–
2004	21	33	–	–	–	4	14	1
2005	15	35	21	18	35	4	18	2
合计	72	119	21	18	35	14	48	3

2005 年镇江市装饰企业产值情况表

表 16-3

分类	建筑业总产值(万元)	装饰企业(家)	装修装饰产值(万元)
合　计	1533308	84	72800
市　区	936565	44	36194
丹徒区	83583	6	792
镇江新区	16257	–	–
丹阳市	199232	15	25802
句容市	228291	12	3969
扬中市	69380	7	6043

第六节　建筑企业选介

1985 年,市区及驻镇主要施工企业 14 家,其中镇建公司、镇建二公司、镇建四公司、市安装公司为二级资质;京口区建筑公司、新民洲建筑公司、丹徒四建公司、金坛尧塘二公司(驻镇江)4 家为三级资质。1991 年,镇建公司、镇建四公司、装饰公司定为一级建筑施工企业,镇建二公司、安装公司、丹阳建安公司、丹徒建安公司、句容公司、扬中二建公司为建安二级建筑施工企业。1995 年,核定为一级企业 3 家、二级企业 12 家、三级企业 28 家、暂定企业 2 家,降低企业 4 家。2000 年,127 家企业参加年检,其中 117 家定为合格,6 家基本合格,4 家企业因不合格被注销。301 名项目经理参加年检,284 名定为合格,8 名被注销资质。2001 年,全市有一级资质企业 10 家、二级资质企业 34 家。2003 年全市有建设部认定资质的建筑装修装饰工程专业承包企业 57 家,其中一级资质企业 1 家、二级 7 家、三级 49 家。江苏省认定资质的家装企业 43 家。2005 年底,全市建筑业有一级企业 6 家、二级企业 47 家、三级企业 204 家,另有劳务企业 32 家;项目经理(建造师)中:一级建造师 233 人、二级建造师 773 人、三级项目经理 1936 人。

一、镇江市光大建筑工程有限公司

成立于 2002 年 5 月,是从原镇建公司分立重组的民营企业,有员工 1035 人,各类工程技术经济管理人员 180 人,其中高级工程师 9 人。公司被镇江市政府评为“重合同,守信用”单位,被江苏金宇国际咨询评估有限公司评为 AAA 级资信企业 ,公司已通过 GB/T19001—2000,ISO 9001:2000 质量管理体系,GB/28001—2001 职业健康安全管理体系和 GB/T24001—2004 ISO 14001:2004 环境管理体系认证。

二、镇江安装工程有限公司

前身是镇江市水电安装公司和镇江市设备安装公司,1985 年 10 月合并成立镇江安装工程有限公司,2002 年 4 月 16 日进行改制,整体出让。2003 年 2 月 21 日,镇江市安装工程有限公司成立,股东为 41 人。2004 年 6 月,公司下属部门实行资产重组,分别成立江苏镇江电力设备有限公司、镇江精艺安装器材有限公司、江苏天安建设有限公司,均由公司控股。公司具备建设部核准的企业资质:机电设备安装工程专业承包一级、消防设施工程专业承包一级、钢结构工程专业承包一级、电梯安装工程专业承包三级。市政工程总承包三级、房屋建筑工程施工总承包三级、装饰工程专业承包三级,同时拥有江苏省质量技术监督局、省经济贸易委员会等部门核发的 D2 级压力容器制造许可证,Ⅲ级(75T/H. 3. 9MPA)锅炉安装许可证,1000 公斤 2. 5M/S 客梯、3000 公斤货梯、自动扶梯安装改造维修许可证,锅炉、压力容器、压力管道焊工考试许可证,35 千伏及以下受电设施承装(修试)电力设施许可证,高低压成套开关设备生产合格证以及 ISO 9001:2000 质量管理体系认证。公司有员工 768 人,管理人员 164 人,具备大中专以上学历的人员 127 人,有工程技术、经济、统计、会计等各类职称的人员共 143 人,其中具有高中级职称人员 68 人,公司现有总资产 13430 万元。

三、镇江第二建筑工程有限公司

2003 年 9 月,企业进行产权制度改革,将公司的全部公有资产面向社会公开招标,改制为民营有限责任公司,名称为镇江市第二建筑工程有限责任公司。有员工 2000 多人,注册资金 5188 万元,各类专业技术人员 300 多人,其中工程技术人员 200 多人,拥有机械设备 400 多台套,是具有土建、水电、装潢、吊装、滑模等工程承包能力的建筑施工企业。公司下属 26 个项目经理部,并设有上海分公司、陕西分公司、大港分公司、机械化施工分公司、海外建筑工程公司、装潢公司、建新房屋开发公司等。公司通过 ISO 9002 质量体系认证,获英国皇家认证机构颁发的 UKAS 质量体系国际认证证书和 CNACR 质量体系国家认证证书。20 世纪 80 年代以来,公司依托中江集团公司,开拓国际建筑市场,先后在非洲西部、南部、中东地区、南美洲、东南亚等 10 多个国家实施国际工程项目承包建设。

1983～2005 年镇江市建筑业主要经济指标情况表

表 16-4

年份	企业数（家）	完成施工产值（万元）	其中：建筑工程	其中：安装工程	单位工程施工个数（个）	单位工程竣工个数（个）	其中：优良工程个数	房屋建筑施工面积（万平方米）	房屋建筑竣工面积（万平方米）	其中：优良工程面积（万平方米）	自有机械设备年末总台数（台）	自有机械设备年末总功率（万千瓦）	期末从业人数（人）	利税总额（万元）	全员劳动生产率（元）	境外工程 合同额（万美元）	境外工程 营业额（万美元）	境外工程 外派人数（人）
1983	–	10272.78	–	–	–	–	–	100.31	59.11	–	–	–	19377	–	–	–	–	–
1984	–	11931.00	–	–	383	215	–	101.84	47.25	–	–	–	19971	–	–	–	–	–
1985	–	15095.88	–	–	428	291	–	132.76	69.04	–	–	–	23296	–	–	–	–	–
1986	–	17729.00	–	–	316	195	–	70.87	39.55	–	–	–	25807	–	–	–	–	–
1987	–	–	–	–	–	–	–	–	–	–	–	–	–	–	–	–	–	–
1988	307	38700.00	–	–	528	348	–	86.79	47.79	–	–	–	30033	–	7517	–	–	–
1989	117	38900.00	–	–	438	271	–	74.91	39.18	–	–	–	26211	–	7900	–	–	–
1990	102	40200.00	–	–	497	324	–	72.37	42.79	–	–	–	26619	–	–	–	–	–
1991	32	40630.00	–	–	–	–	–	98.06	45.47	–	9241	–	31300	570	13365	–	668.00	149
1992	40	75970.00	–	–	–	–	–	138.60	65.20	–	10345	–	38200	3143	20313	162.00	174.00	73
1993	55	102776.00	98841.00	–	1835	1192	338	139.61	68.30	19.16	8073	11.25	27247	4172	24069	280.38	330.00	38
1994	84	201415.00	–	–	2622	1765	401	289.40	138.50	42.10	13294	15.10	26455	–	39493	921.34	497.00	139
1995	80	207520.00	191463.00	8140.00	2086	1482	371	239.00	110.00	32.00	14468	20.00	22393	5633	43233	1340.00	500.00	191
1996	126	307200.00	283606.00	15374.00	3209	2425	549	414.00	233.00	74.00	20603	27.20	21349	10548	38956	1890.00	1463.20	275
1997	152	333367.00	296886.00	13910.00	2811	2138	556	391.90	222.13	90.88	20784	24.45	20834	7147	43758	2235.90	1940.54	301
1998	109	357261.30	329458.70	100788.00	2494	1561	448	397.22	207.83	77.66	22646	24.00	72060	–	–	2316.40	2038.40	176
1999	126	381020.10	350728.40	151088.00	2083	1376	438	427.26	256.20	–	22047	34.08	69185	–	–	2605.70	2215.59	229
2000	153	409136.00	–	–	2191	1506	–	420.46	264.33	–	20952	23.86	67461	12416	56800	1661.50	2485.40	330
2001	151	534929.00	466430.00	–	2410	1587	–	410.63	246.82	–	16955	24.33	64934	–	–	1010.00	1682.20	261
2002	–	557844.00	–	–	3839	2684	–	487.42	316.81	–	26206	30.35	–	–	102624	1529.49	1527.08	70
2003	303	978960.00	–	–	4050	2290	–	491.40	347.30	–	37000	51.36	98379	61227	100589	2441.00	–	450
2004	271	1281133.60	1137299.00	124985.20	–	–	–	832.12	482.64	–	27669	103.06	96008	401414	–	2995.85	–	–
2005	257	1351941.20	1198166.40	120052.50	–	–	–	1001.49	–	–	27779	484.72	108036	–	–	–	–	–

说明：1983～1990 年统计到市属全民、集体和县属大集体企业

四、镇江市建工集团有限公司

镇江市建工建设集团有限公司其前身为镇建四公司。2003 年 1 月，企业进行产权制度改革，将镇建四公司的全部国有资产，面向企业内部公开招标，企业改制为民营有限责任公司。公司总注册资金 1.48 亿元，员工 1600 多人，其中各类经济技术职称人员 750 多人，一二级项目经理（建造师）150 多人。集团下辖镇江四建有限公司、镇江四建混凝土有限公司、镇江四达装饰有限公司等 5 个控股子公司以及土建、水电、安装、机械化施工，材料中心等 9 个配套公司。集团公司为房屋建筑施工总承包壹级，1998 年通过国际质量体系 ISO 2000 认证。2003 年，凭借滑模技术优势与苏州中材建设有限公司合作承建越南福山水泥有限公司 5000 吨熟料新型干水泥生产线项目。2005 年 6 月获商务部和省外经贸厅批准的对外承包工程业务经营权，开拓越南、俄罗斯、哈萨克斯坦、阿曼、伊拉克等海外市场。

五、江苏华泰装饰工程有限公司

2003 年 5 月，从有着 50 多年历史的镇江市建筑装饰工程公司的基础上新设立的改制企业，主要从事高、中档室内外装饰工程的设计、施工；建筑幕墙制作、施工；古典装饰彩绘、油漆施工；水、电、暖通、音响设备、消防设施的设计、施工；建筑门窗的生产、制作、施工以及工程监理业务。1999 年通过 GB/T19001 质量体系认证；2005 年第三次取得质量管理体系认证注册证书并于同期取得 GB/T24001—2004 环境管理体系和 GB/T28001—2001 职业健康安全管理体系认证注册证书。被建设部核定为装饰施工壹级资质企业、建筑幕墙工程专业资质贰级企业、装饰设计甲级资格单位。

1983～2005 年镇江市区建筑业基本情况表

表 16-5

年份	企业数（家）	从业人员（万人）	总产值（万元）	房屋竣工面积（万平方米）	
					住宅
1983	26	1.68	6545	48.40	22.92
1984	30	1.73	7363	40.73	14.70
1985	33	1.92	8928	47.18	18.44
1986	38	1.66	10427	48.75	21.88
1987	55	2.50	17933	31.17	7.36
1988	62	4.20	21781	35.05	6.81
1989	69	3.44	22149	27.49	7.66
1990	59	2.91	22907	24.69	18.86
1991	64	3.48	23263	53.87	19.84
1992	109	3.62	70199	54.60	22.51
1993	116	3.99	73469	85.05	39.97
1994	45	3.58	104139	77.74	40.53
1995	42	3.47	128978	79.41	31.71
1996	74	5.47	198706	74.14	28.63
1997	93	5.23	213145	70.77	29.52

续表 16-5

年份	企业数(家)	从业人员(万人)	总产值(万元)	房屋竣工面积(万平方米)	
					住宅
1998	65	4.86	224214	81.67	34.29
1999	78	4.67	242602	77.29	44.70
2000	97	4.44	251883	96.67	51.67
2001	95	4.29	343869	123.97	46.95
2002	128	4.36	478546	93.26	49.38
2003	204	6.27	699247	102.61	43.20
2004	169	5.49	955118	104.86	67.26
2005	161	5.80	996230	186.33	74.20

第二章　房地产业

1983 年 1 月，镇江实行市管县新体制，6 月，原镇江市房地产管理局改为镇江市房地产管理处，隶属市城乡建设委员会。1984 年，市房地产管理处定为二级局。1983 ~ 1985 年，按照镇江城市建设规划，市政府采取多渠道建房、民主分配公房等办法，解决部分职工住房问题。

1985 年 5 月，国务院确定镇江为全国住房制度改革试点城市之一，1985 年 6 月，设立镇江市住房制度改革领导小组，领导小组下设住房制度改革办公室。市政府明确市房管处(二级局)为综合管理全市房产事业的政府职能部门，负责房屋产权产籍、房产市场和物业管理等工作；市住房制度改革办公室负责全市住房制度改革工作；市拆迁办负责老城改造的房屋拆迁工作；市综合开发办负责房产统筹规划、组织协调、统一管理、综合开发工作。1987 年，房地产管理处复称房地产管理局，1988 年 6 月，镇江市住房制度改革领导小组更名为市房改办，同时设立住房基金(公积金)管理中心。

1992 年 3 月，镇江市正式实施经省政府批准的住房制度改革方案，推行住房公积金，分步提租发补贴，新房分配交定金、职工买房给优惠，实行住房基金制，多种办法建住房。当年房屋开发面积 41.98 万平方米，竣工房屋面积 15.46 万平方米；商品房销售 15.03 万平方米。1995 年，市区实有房屋建筑面积 1384 万平方米(其中直管房 95 万平方米，私房 119 万平方米，单位自管房 1170 万平方米)。直管房中住宅面积 81 万平方米，非住宅面积 14 万平方米。1996 年 7 月，市房产管理局、住房制度改革办公室合并，仍称市房产管理局，增挂市住房制度改革办公室(下称市房改办)牌子，为市政府直属事业单位，正处级建制。

2000 年，完成住宅房屋开发投资 7.11 亿元，房屋施工面积 108.75 万平方米，竣工面积 65.15 万平方米，商品房销售面积 46.33 万平方米。

2005 年底，市区有房地产开发企业 154 家，注册资金 30 亿元。其中外地企业 71 家，注册资金 10.4 亿元。2001 ~ 2005 年，房产开发完成投资约 134.62 亿元，房屋竣工面积 475.66 万平方米，销售面积 380 万平方米。2005 年启动的拆迁定建房竣工 9.2 万平方米，在建 7.1 万平方米，占定建房规划面积 62%。

第一节 住房制度改革

1985年5月,镇江被国务院列为首批房改试点城市之一。同年下半年,按照“核定住房面积、实行成本租金、发放住房补贴、超标面积加租”为主要内容的房改方案,抽样调查市区68个单位、2.07万职工住房情况,1986年在市区调查457个单位、18.48万职工住房情况,其中租住公房13.49万人,占73.01%;自住、租住、借住私房计4.99万人,占26.99%。公有住房使用面积190.14万平方米,其中房管直管住房58.91万平方米,占30.98%;单位自管住房131.23万平方米,占69.02%。直管住房平均月租金使用面积每平方米0.124元,自管住房每平方米0.096元,市区公有住房月租金平均每平方米0.105元。在此基础上制订出“筹资起步,提租补贴,差额结算,空实结合”方案,1991年底形成《镇江市住房制度改革实施方案》,报经省人民政府批准,1992年7月1日起正式实施,其主要内容是:推行住房公积金,分步提租发补贴,新房分配交定金,职工买房给优惠,实行住房基金制,多种办法建住房。至2005年,逐步建立起与社会主义市场经济体制相适应的城镇住房制度,实现住房商品化。

一、提高公房租金

1992年7月1日起,实行统一标准、分步提租。市区公有住房月平均租金标准,由原来使用面积每平方米0.10元上调到0.30元。新租金含维修费、管理费,并按房屋结构、房屋设备、地区、楼层等因素分四类七等制定租金基价。1995年按市区双职工家庭平均工资收入百分之五比例计算,月平均租金标准调整为0.87元,其钢混和砖木一等房屋租金基价每平方米1.20元;砖混一等基价1.00元;砖木二等0.90元;砖混二等和砖木三等0.70元;简易结构0.50元。经分步提租,2002年砖混一等租金基价为2.30元,租金水平接近成本租金,至2005年底执行此标准未变。

二、公有住房出售

1992年,制定优惠政策,鼓励职工购买自住公房。确定1992年7月1日竣工交付使用的独用成套住房为新房,实行建筑面积每平方米600元的标准价;其他住房为旧房,重置价每平方米建筑面积300元,年折旧率2%,最低限价每平方米120元。购房可享受1992年启动房改时本人(镇江解放前每年1%,解放后每年0.5%)的工龄折扣;现住房10%折扣;一次性付款20%折扣。1995年明确干部、职工购房控制面积标准以成本价出售,砖混一等基价为每平方米684元。工龄折扣改为每年1.2%,现住房折扣调整为5%,一次性付款调为19%。几经调整,住房折扣和一次性付款折扣逐步降低,直到2000年取消。成本基价逐年提高,2003年砖混一等住房成本基价每平方米950元,此后至2005年出售公房成本价未作调整。截至2005年底,市区按房改政策出售公有住房7.43万户、443.45万平方米,回收售房款13.29亿元;已售公有住房占全部可售公有住房比例达98.31%;市区居民私房占有率由房改前27%上升到93%。

三、实行住房公积金制度

住房公积金由职工及其单位按职工本人工资的一定比例逐月缴纳,建立个人公积金账户。1992年单位和个人各按5%交纳,几经调整,2005年单位和个人各缴纳10%。2005年末,市区2000余个单位近20万职工建立公积金账户,汇缴率达到90%以上。

四、提租补贴和租金减免

房改启动时同步实施住房租金补贴和租金减免。1992年租金补贴标准,在职职工按工资基数、离退休职工按离退休费3%计算。1995年调整为在职职工按工资总额1.5%、离退休职工按离退休费2.5%计算,以后随租金提高相应调整。2003～2005年,计算标准为在职职工4.9%、离退休职工6.1%。对租住公有住房的离退休职工、民政部门确认的优抚对象和社会救济对象,符合住房面积控制标准的一套住房,因调整租金净增支出部分根据不同情况分别给予20%直至全额减免,1997年再次调整为分别给予20%至70%的减免。

五、缴纳定金和保证金

对1992年7月1日住房制度改革实施后新竣工的住房,实行先售后租、有偿分配的新制度。新分配公有住房按房屋结构等级,由承租人向住房产权单位缴纳每平方米使用面积20～50元定金,视同住房基金管理,5年后归还。1995年7月1日起,改为租赁保证金,缴纳标准与方法不变,租赁终止时,产权人退还保证金本金。利息用于弥补住房维修费不足。

六、住房货币化分配

1998年12月1日起,全市停止住房实物分配,实行住房分配货币化。凡1998年11月30日之前参加工作的无房和住房面积未达规定面积标准的职工,购房时实行一次性补贴。补贴标准为:建筑面积每平方米基本补贴300元,工龄补贴每年每平方米6元。2003年7月1日起,补贴标准提高,基本补贴每平方米450元,工龄补贴每年每平方米7.65元。对1998年12月1日以后参加工作的职工,实行逐月计发住房补贴。月补贴标准为职工本人月工资12%(其中包括租金补贴)。至2005年末,3.62万名职工受到住房货币化补贴,其中2.22万职工受到一次性购房补贴,总计补贴金额4.5亿元。

七、政策性住房贷款实施

实施政策性住房公积金贷款和商业性贷款并存的住房信贷体系,增强城市居民解决住房的经济能力,到2005年末市区累计发放住房公积金贷款1.1万户、4.58亿元。

八、房改房上市交易

1998年,制定房改房上市交易试行办法,到2005年底,市区房改房上市交易1.68万户,交易金额14.33亿元,上市量占已售公有住房数22.61%。

九、住房保障办法推行

1. 住房解困工程　1992年下半年,市政府批准《解决市区住房困难户问题的实施方案》并发布调查公告,用3～5年时间重点解决人均居住面积4平方米以下住房困难户。当年登记的住房困难户、无房户4774户,约占市区总户数3.62%。采取"政府扶持、社会统筹、单位补贴、个人出资"解困办法,到1996年底,共解决住房困难户4348户,住房解困工程基本完成。

2. 廉租住房保障制度　2003年起,对符合2000年1月1日前市区城镇常住户口、人均住房使用面积不足10平方米低收入家庭,采用三种方式实行住房保障:租金补贴,按人均住房使用面积8平方米标准,不足部分每平方米每月补贴10元计发;实物配租,对年老、严重残疾等特殊困难家庭,可以配租政府或单位建设、购置的廉租住房;租金核减,已承租公有住房的家庭,按当年房改标准租金减免60%租金。至2005年,市财政共拨付廉租住房保障专项资金340万元,保障最低收入家庭583户次。

3. 经济适用住房供应　1996年,国务院确定镇江市为全国安居工程试点城市之一,市政府下发《关于我市经济适用房(安居工程)建设有关税费减免的通知》。同年3月,镇江市拆迁安置配套

图 16-7　国家安居工程桃花山庄(2004 年摄)

公司承建的桃花山庄首批国家安居工程开工，投资 1306 万元，建成 1.4 万平方米，218 套，配套齐全、设施合理、环境优美，全封闭式物业管理的桃花山庄和安居工程花园新村、小东庄华润新村和运河路 16 号商住房。1997 年，丁卯安居工程破土动工，并建成第二批桃花山庄国家安居工程 1.4 万平方米 169 套。1998 年镇江最大的经济适用房小区谷阳新村建成。1992～2005 年，市区建成经济适用房(含解困房、安居工程)233.71 万平方米，建设总投资 21.79 亿元，以微利价格向中低收入家庭出售，有 2.75 万户城市居民购住。此外，还组织职工合作建房 33.68 万平方米，参建职工家庭 3694 户。

十、加快发展住宅建设

1992～2005 年，市区新建住宅 746.36 万平方米，是房改前 43 年住宅建设总量的 2.89 倍；人均住房建筑面积由房改前 14.08 平方米提高到 27.82 平方米；住房成套率从 30% 提高到 78%。

第二节　权属管理

一、房地产登记发证

1985 年，镇江城镇房屋普查结束后，房地产登记发证工作进入筹备阶段。普查结果显示，1985 年末，镇江市城镇房屋总面积为 1323.50 万平方米，其中市区 914.93 万平方米。市区城镇房屋产权情况，房管部门直管 93.77 万平方米；全民单位自管 584.06 万平方米；集体单位自管 125.20 万平方米；私有 110.50 万平方米；其他 1.40 万平方米。1987 年 3 月印发《镇江市房屋产权、土地使用权登记发(换)证实施办法》。这次登记发(换)证范围包括全市国有土地上私有和单位所有的房屋(部队房产涉及军事机密的除外)。

1987 年 8 月起，市房管局经过私房登记发(换)证和单位房产权登记发证试点，1988 年全面开展，1989 年 3 月成立镇江市房屋产权监理处，受理房地产权属登记工作。同年 9 月，土地使用权登记发证改由市土地管理局办理。房产登记发证工作至 1991 年底，市区私房登记 12246 户，发证 11610 户；单位房登记 848.2 万平方米，发证 823.4 万平方米；直管公房登记 93.8 万平方米；军产登记、发证 67.8 万平方米。依法解决房产登记发证事宜，共收法律文书 713 件，公证书 2068 件；处理违章建筑约 50 万平方米。1992 年，市区房产登记发(换)证进入扫尾阶段，私房登记 1540 户、7.2 万平方米；单位房登记 1282 件、67.5 万平方米。对已登记发证的房屋发生买卖、互换、析产、继承、赠与等办理转移登记，计 328 户。同年，市房屋产权监理处被建设部评为房产登记发证工作先进单位。1993 年印发《镇江市城市房屋产权产籍管理办法》，1998 年 10 月印发《镇江市城市房屋权属登记管理办法》。针对市县同城，县、区越权发放市区权证问题，2000 年 1 月 7 日，市政府发出通告，宣布已发权证一律无效。根据通告，市房屋产权监理处从 1 月 13 日至 3 月 31 日共接收丹徒县，京口、润州两区移交的档案 16593 宗，对已发权证重新审查换发。

2005 年 1 月 1 日起办理房产登记发证，属于夫妻共有的房产，对配偶另发给《房屋共有权证》，改变过去只反映一个产权人发一本权证的做法。

2001～2005年镇江市区房产登记发证情况表

表16-6　　单位:户、万平方米

年　份		2001		2002		2003		2004		2005	
项　目		户数	面积	户数	面积	户数	面积	户数	面积	户数	面积
合计		11513	120.38	18313	161.52	19672	190.27	18200	230.29	18473	264.49
产权性质	单位房	417	28.67	1082	37.55	1018	48.50	1985	84.18	1054	95.62
	私　房	11096	91.71	17231	123.97	18654	141.77	16215	146.11	17419	168.87

二、档案管理

镇江市房产档案资料建档工作始于1955年,库藏房产档案内容丰富。有清朝康熙以来各代契纸,中华民国到新中国成立后的房地产契证、地籍图,藏量20余万卷,有1956年的产(地)籍档案14412卷,经租房档1974卷,1987年以后的房地产发证档20多万卷,房地产平面图1144幅,各类分户册、普查册、归户卡等1415册。2005年6月,通过对档案纸质材料进行扫描拍摄等手段建"电子档案"。

三、测绘

镇江测绘房地产平面图始于20世纪50年代。每幅图依据街道、河流等自然段划分,反映房屋坐落、种类、结构、层次、面积以及房屋、土地经界等。按照行政区划绘就由334幅图联合组成的五百分之一《市区房地产平面图》,共编地号14000号,测地面积673万多平方米。随着房屋变迁,1979年至1983年又全面修测补测,修原图288幅,测绘开发新区24幅。

1996年,由市房管局测量队负责预售商品房前期面积核定。测量按建设部1995年12月发布的《商品房销售面积计算及公用建筑面积分摊规则》进行。

2000年8月,全市房产测量统一按照《房产测量规范》部颁标准执行,房产测量采取委托形式,需施测单位委托市房管局测量队测量,出具面积测量报告。

2005年3月,市房管局印发《关于加强预售商品房建筑面积公示的通知》,推行商品房测绘面积公示制度。

第三节　市场管理

一、房产交易管理

1984年7月,恢复成立镇江市房产交易所,办理市区公房、私房的买卖、互换。私房买卖依据国务院《城市私有房屋管理条例》办理交易手续,发给契证并按6%代征契税。当时政策规定单位不得擅自购买私房,个人购买私房须本地户口、自用的限制,1985年至1991年房产交易所共办理私房买卖1431户、面积7.91万平方米。

1992年7月,市政府印发《镇江市城市房地产交易管理暂行办法》,组建市房地产交易管理委员会,负责协调、决定房地产交易管理工作。市区范围内国有土地上所有的房屋买卖、互换、抵押、赠与、调拨、兼并、分立及其他流通经营活动等由房地产交易所统一负责。8月房产交易所更名为镇江市房地产交易所。1993年,市区范围公有住房开始出售,房地产交易所办理房改房评估和买卖手续。1995年10月,交易所与产权监理处、测量队合署办公形成房产交易市场,实行房产买卖、交换、抵押、评估、登记、发证、查档、中介服务一条龙。1996 年财政局派员进场直接征收契税。1998 年取消福利分房，1999 年市政府出台《镇江市房改房上市交易暂行办法》，取消五年内不得上市限制。2000 年，30 余家房产开发企业进交易市场销售房产，成交 1.6 万多户，面积 100 多万平方米，成交额 10 亿多元。

2003 年起，国家推出对房地产市场的监管与调控措施。2004 年 2 月，市政府成立房地产预警预报信息系统工作领导小组，下设办公室，从事房地产市场信息收集、分析和《镇江市城市房地产市场预警预报信息报告》撰写工作。同年出台《镇江市商品房销售管理实施细则》，10 月建立商品房网上备案系统。2005 年 8 月，地税部门进场设点，征收房屋交易营业税、所得税、土地增值税、印花税等。

2001～2005 年镇江市区房地产转让统计表

表 16-7　　单位：户、万平方米、亿元

房地产转让	2001 年			2002 年			2003 年			2004 年			2005 年		
	户数	面积	金额	户数	面积	金额	户数	面积	金额	户数	面积	金额	户数	面积	金额
存量房	8723	60.89	3.42	12468	92.90	7.14	12635	107.75	10.33	10143	98.70	11.63	8309	95.42	13.39
其中：成本价购房	3208	7.15	0.17	2054	11.15	0.41	2083	11.02	0.44	1749	9.54	0.37	827	4.53	0.18
房改上市房	2659	17.58	1.57	2916	17.53	1.90	3169	19.64	2.57	2554	16.92	2.78	2433	16.52	3.13
增量房	9484	84.83	13.41	5227	54.45	7.35	6278	68.46	11.84	7423	84.15	17.05	9563	108.47	26.09
其中：商品房	5476	80.96	13.39	4896	52.03	7.35	5772	64.88	11.84	7087	81.87	17.04	9377	107.22	26.07

二、房屋租赁管理

1990 年 3 月，市政府印发《镇江市房屋租赁管理办法》。5 月，市房管局组建镇江市房屋租赁管理办公室，当年办理租赁许可证 400 份，签订租约 732 户。到 1992 年底，共办理房屋租赁许可证 1212 份，房屋总计 1895 间 60 厢 62 披，面积 4.56 万平方米。1995 年 11 月，房屋租赁各项税收实施代扣代缴，房租收支凭证统一使用市地方税务局监制的套有全国统一发票章的《镇江市房租收据专用发票》。

1997 年 11 月，重新修订《镇江市房屋租赁管理办法》，规定房屋租赁实行登记备案制度，双方当事人应在租赁合同签订后 30 天内，共同到市租赁办办理登记备案手续，核领房屋租赁证；转租、变更或解除房屋租赁合同的，应在变更或解除之日起 30 天内办理变更或注销登记。房屋租金由双方协商议定。市区当年共办理房屋租赁登记备案 350 多户，房屋面积近 3 万平方米。到 2005 年，通过租赁管理有 4658 户，房屋面积 101 万平方米，商业用房登记备案率达 60%。针对过去房屋租赁存在问题，启用新的《房屋租赁合同示范文本》。

三、商品房预售管理

1995 年 1 月 1 日，《中华人民共和国城市房地产管理法》确立商品房预售实行许可制度。1996 年 3 月，市政府印发《镇江市商品房预售管理暂行办法》（下简称《办法》），规定开发企业预售商品房前，须向市房管部门提出申请，经审核批准领取商品房预（销）售许可证后方可出售。商品房面积由房管部门核定。开发企业获准预售商品房，在交易场所明码标价，挂牌预售，公示商品房预（销）许可证，使用统一合同文本和专用发票。违反《办法》规定，由房管部门责令停止预售，没收非法所得，并处以其预售金额 1% 的罚款。同年，21 家开发企业办理商品房预售许可证、核定建筑面积 10 万平方米。2002 年，建立商品房初始登记制度，一套房屋发放一个初始登记证，以免一房多

卖。2004 年,《镇江市商品房销售管理实施细则》从 10 月 1 日起施行,商品房通过网上申请和审批,取得预售许可证的项目,房源信息在镇江市房地产信息网上向社会公示。凡在网上公布的可销售商品房,购房人要求购买的,开发企业不得拒绝。2005 年,建立商品房测绘面积公示制度,开发商应将商品房坐落、建筑面积、分摊明细表、小区公建配套建筑和房屋公用共有部位说明书及相关图纸资料详细公示,保证购房者享有对商品房面积知情权。

1996～2005 年,市区累计审批核定商品房预售建筑面积 796 万平方米,"十五"期间审批 564 万平方米,是"九五"期间的 2.43 倍。

1996～2005 年镇江市区商品房预售面积审批统计表

表 16-8　　单位:万平方米

年份	1996	1997	1998	1999	2000	2001	2002	2003	2004	2005
建筑面积	10	30	40	77	75	48	83	91	150	192

四、中介管理

《中华人民共和国城市房地产管理法》颁发后,1995 年 3 月,市房管局设立房屋中介管理办公室,当年经工商部门批准的房产中介机构 7 家。2000 年 6 月,《镇江市房产中介服务机构资质管理暂行规定》施行,规定房地产中介机构资质每年年审,对不合格中介机构和人员,限期整改直至取消中介资质和从业人员资格。同年 13 家房产经纪机构通过年审取得资质。2001 年取得房产中介资质 23 家。2004 年,市房管局、工商局、物价局联合开展专项整治行动,检查市区中介机构 80 余家,占总数 60%。针对无照经营、超范围经营、发布虚假信息广告、违规收费、欺诈等行为,发出整改通知书 22 份,立案查处违法违规 18 起。2005 年国家调控房地产市场各项政策出台后,75 家经纪机构通过年检备案,近千人上岗培训取得上岗执业资格证书。二手房交易成交 4000 余套,面积 30 多万平方米,房屋出租成交 1000 多套。

第四节　物业管理

一、小区管理

镇江市第一家物业管理公司市房管局银河物业总公司成立于 1992 年 12 月。市港务局、物资局、教育局等一些房屋较多、相对集中的单位也改变管理模式成立物业管理公司。1995 年,《镇江市城市住宅物业管理实施办法》公布实施。1996 年 3 月,中房集团镇江公司成立房地产物业管理有限责任公司,对所建江滨新村三期住宅 51 幢 14.43 万平方米、公建配套 1.02 万平方米、居民 2265 户实行物业管理。之后新建住宅小区,多为开发公司自身成立物业管理企业。1997 年 5 月,市房管局发出《关于开展我市住宅小区(大厦)物业管理达标创优活动的通知》,7 月,市区 12 家物业管理企业推行"维修服务承诺制"。1998 年,扬中市文化新村获全国物业管理优秀小区称号,1999 年市区谷阳新村被评为全国物业管理优秀小区,全市有 8 个小区获省级物业管理优秀小区。

2000 年,市政府出台《镇江市住宅物业小区实施细则》,明确凡建筑面积 1 万平方米以上新建住宅区和 3 万平方米以上且公共设备、公用设施等配套比较齐全的原有住宅小区均实行物业管理。2002 年 5 月出台《镇江市物业管理招标、投标暂行办法》,规定房屋规划建筑面积 5 万平方米以上、别墅区 2 万平方米以上、高层建筑 1 万平方米以上的物业管理区域内,均实行公开招标选聘物业公司,低于上述标准的可实行邀请招标。2004 年 9 月,设立物业管理招标中心。截至2005年,市区共完成物业管理招标项目40个,建筑面积328万平方米。2005年,江苏大学教学楼获全国物业管理示范项目。全市有国家级物业优秀项目1个,示范项目1个,省级优秀项目14个,市级优秀小区项目46个。2005年底,全市物业企业131家,物管面积1400万平方米。市区物业企业79家,其中二级资质3家,三级56家,暂三级20家。物管面积950万平方米,3万平方米以上物业管理住宅小区96个。市区成立业主委员会77个,占符合成立条件的75%。

2005年镇江市区物业管理面积10万平方米以上住宅小区一览表

表16-9　单位:万平方米

小区名称	住宅幢数	建筑面积	户数
米山人家	34	10.10	840
江滨新村三期	75	20.00	3176
谷阳新村	47	18.00	1700
华润新村	28	10.14	1119
恒美嘉园	42	11.50	928
恒顺翠谷	20	11.30	940
阳光世纪花园	262	19.50	1104
江苏大学住宅区	57	12.50	1470
江南·颐和家园	12	16.50	571
枫林湾	30	11.00	796
润州花园	40	16.30	1400
桃园一社区	44	10.00	870
百盛花园	31	13.00	1200
驸马山庄	154	14.00	400
万潮·永裕家园	44	10.00	550
阳光丽景	47	15.20	543
瑞丹花园	29	12.00	964
馨园小区	115	10.48	377
港南花苑	67	27.00	2472
吉祥苑	28	11.90	1085
瑞泰新城	32	12.57	909
港中新村	131	45.00	4800
美林湾	60	30.00	3148
银山鑫城	84	40.00	2900
世纪名门	25	13.00	1100

2005年镇江市区物业管理面积10万平方米以下住宅小区一览表

表16-10　　单位：万平方米

建筑面积	小区名称
9～9.99	华星新村 华东船院宿舍区 我家山水 永安·新城家园 瑞泰城市花园 幸福城
8～8.99	竹林山庄二期 盛达新村 三茅宫新村(14～38幢) 江南新村 索普新城 沃得花园 御都花园
7～7.99	润江家园 三茅宫三区(25～62幢) 港湾花园 丁卯花园
6～6.99	东吴新村 玉兰小区 绿之缘 银杏家园 金港花园 康泰花园
5～5.99	桃花坞七区 东吴新苑 谷阳新村 朝阳新村 金田花园京岘山38号小区 花园新村 怡海家园 桃花山庄 芳家湾新村 山林苑 广东山庄 彩虹城 祥盛华庭 锦绣花苑 金樱苑 杜湖新村 港龙小区 金泉花园
4～4.99	康馨家园 兴隆花苑 恒顺翠竹园 香江花城 花山湾教工宿舍 东岳巷18号 运粮河花园 朱方花苑 西苑新村 黄山园艺场小区 四季经典
3～3.99	环球花苑 梦溪花苑 松盛花苑 松盛园 长江新社区 城南映象 润南名居苑 丹桂苑 黄山花园64号小区 光华雅居 御景华庭 芳草园 北极·金谷家园 神农山庄 世纪花苑 恒华苑 经发花苑 丁卯公寓 美意家园

二、维修基金

1993年7月，市政府下发《关于大力推进房产物业管理，做好公房售后服务的意见》，规定单位出售公有住房，房屋公用、共用部位维修5年内由售房产权单位负责，提取10%售房资金列入维修基金委托物业公司管理。当年银河物业总公司受托2700多户。

2001年6月，《镇江市市区住宅共用部位共用设施设备维修基金管理暂行办法》颁布实施，规定凡商品住宅、已售公房、合作建房均应建立住宅共用部位、共用设施设备维修基金，专项用于共用部位、共用设施、设备保修期满后的大中修、更新、改造。商品住房维修基金，八层及八层以上高层建筑每平方米建筑面积40元，七层及七层以下30元；已售公房分别由售房单位和购房人缴纳。高层建筑提取售房款的30%，多层提取20%，购房人按当年政府确定的房改成本价2%缴纳；合作建房按建房投资额个人缴纳1%，单位缴纳2.5%。市房管部门负责维修基金组织实施，财政部门负责基金监督。同年8月，市房管局成立镇江市物业管理基金中心负责市区住宅维修基金的日常管理。维修基金属于业主所有，实行“按幢记账、按幢使用、分户核算”。基金使用需经业主或业主委员会同意。从2003年起，每年向业主发“物业维修基金对账单”一次，亦可在市房地产信息网上查询。2001～2005年，累计归集维修基金1.1757亿元，计31573户。其中商品房8848万元，25472户；房改房2720万元，5423户；合作建房189万元，678户。

三、物业费

物业管理企业为普通住宅小区产权人、使用人提供公共卫生、公用设施的维护和保安、绿化等管理服务并收取物业公共服务费。2002年4月1日起实行政府指导价，托管双方可在指导价基础上，上下浮动20%以内制定具体收费标准。2005年，镇江市物业管理公共服务等级收费标准(平方米·月)如下：多层住宅一等0.20元、二等0.30元、三等0.45元、四等0.65元、五等0.85元，高层住宅二等0.50元、三等0.70元、四等0.90元、五等1.10元。收费标准可以上下浮动10%。

第五节　直管公房管理

一、经营与管理

20世纪80年代初，市房管部门直管公房中，建造于镇江解放前的占60%，约58.4万平方米，另有70年代建造的12万平方米空斗墙房屋，抗震能力差。1983年，市房管部门直接经营管理房屋面积97万平方米，其中非住宅用房近18万平方米。设红旗、北固、云台、迎江四个房管所，所下设管养片，实行定员定岗，推行经济责任制，每个房管员管理400～500户，配瓦、木、配合工各1人，以“一员三工”的形式实行“管、修、收”。1984年，住宅用房月租金进行调整，全年应收租金188.4万元，租金收缴率为98.56%，回收往年欠租2.09万元。1985年，租金用于房屋维修比例高达86.22%，支出大于收入，需要地方财政补贴。1987年，住宅用房和非住宅用房分开管理，成立居住和非居住两个房管所。1989年11月，改设两个房管所管理居住用房。调整后，1990年云台房管所管理古运河以西，按街道行政区域划分，下设和平、京畿、中华、宝塔四个管养站；北固房管所管运河以东及谏壁镇直管公房，设大市口、四牌楼、正东、健康四个管养站。同年市政府把危房治理列入为民办实事项目之一，每年下达房管危房治理指标，当年完成危房改造面积达2.05万平方米。1991年，处理回迁户遗留问题，片区改造“拆一还一”，归还产权住宅700多套。

1993年3月1日起调整直管非住宅用房租金标准，采取统一标准租金和协议租金两种计租办法。统一租金为基价租金加租金附加，调整后月租金基价平均每平方米建筑面积3.95元；协议租金不低于同类地区房屋结构等级金额租金的5倍。对人民生活密切相关行业，如饮食、粮店、学校等单位租金减免幅度较大。1994年，国家城市房地产管理法颁布后，查处清理欠租、私下转租、转让、居改非等各类违法违规现象100多起。全年住宅用房房租收缴率99.3%。非住宅用房租金收缴率68.03%。2001年4月1日起，非住宅用房月租金基价从每平方米3.95元上调到7.90元。同年4月，《镇江市直管公房使用权有偿调换、转让暂行办法》出台。经房管部门批准公房使用权允许有偿调换、转让。2002年，非居住房管处更名为直属房产管理处。2003年，根据房屋拆迁政策，拆除直管公房改为货币化补偿。2005年，直管住宅用房租金收缴率90%以上，非住宅用房80%以上。由于城市建设无偿拆除和公有住房大批出售以及落实政策等因素，到2005年直管公房建筑面积减至45.17万平方米，其中非住宅房减为10.22万平方米。1985～2005年，市房管局累计完成1270处、23.5万平方米危房改造，投入资金3590余万元；1990～2005年，危房改造20.84万平方米。2005年末，45.17万平方米直管公房中，严重损坏9.01万平方米，危房2.27万平方米。

二、落实政策

1979年7月，镇江市房管局组织力量落实“文化大革命”期间被冲击、交公和低价收购的私房以及1964年以来私房改造遗留的问题。1985年，城乡建设环境保护部《关于私有出租房屋社会主义改造遗留问题的处理意见》的通知印发后，市房管局通过房产档案调查摸底，市区有856户低于当时改造起点被纳入改造，建筑面积5.96万平方米。当年，共有1415户私人房屋落实政策，到1991年共落实1543户，占总数的99.34%，落实政策工作基本结束。

1994年1月4日，市政府签发《关于协调解决市房管部门经租宗教房产归还问题会议纪要》。市房管局核实经租家数房产资料，办理产权发还工作，共发还宗教房产72处719.5间156厢84披35阁，面积共18411.80平方米，其中佛教44处、12162.61平方米，基督教8处、3334.14平方米，伊斯兰教20处、2915.05平方米。

从1988年至2005年，对私有出租房改造遗留问题接待并陆续落实处理354户，建筑面积2.25

万平方米。

第六节 房屋拆迁

一、拆迁机构与管理

1984 年 12 月成立镇江市征地拆迁办公室,1987 年 11 月更名为市拆迁办公室。1990 年 9 月,城市建设改造指挥部办公室、综合开发管理办公室、拆迁办公室合并,成立镇江市城市建设综合开发领导小组办公室(下简称综合开发办),为政府职能部门,二级局建制。1995 年 4 月成立镇江市拆迁安置事务所。2001 年,国务院《城市房屋拆迁管理条例》出台,房屋拆迁管理与拆迁实施机构分别设置,强调保护房屋所有人合法权益,突出公正、公平、等价有偿原则,重新界定拆迁管理部门职责。2001 年 9 月,更名为镇江市拆迁管理办公室,受建设局委托,对全市城市房屋拆迁工作实施监督管理。2003 年后拆迁市场逐步开放,至 2005 年,市区成立镇江市和泰拆迁事务所、京口区房屋拆迁事务所、润州区房屋拆迁事务所、镇江新区拆迁事务所等,其中一级资质 2 家,三级资质 3 家。“十五”期间,全市拆迁工作人员均经业务培训、考试政审,持证上岗。

二、拆迁政策与项目

1982 年 4 月,出台《镇江市城市建设房屋拆迁安置暂行规定》,以“国家建设征用土地条例”为依据,采用房屋安置的办法,俗称“拆一还一”,同时对面积低于镇江市平均居住水平的拆迁户,可以适当扩大安置面积,但最多不超过原面积 30%。

1986 年 4 月,出台《镇江市城市建设房屋拆迁安置实施细则》(试行),明确被拆迁户居住问题基本解决方式是周转和安置,考虑被拆迁人家庭人口情况及待遇标准,按照房屋分配制度进行安置。1986 ~ 1990 年拆迁主要实施项目有 5 项,拆迁 1520 户,拆迁面积 8.8 万平方米。

1991 年 3 月,出台《镇江市城市房屋拆迁管理规定》,规定房屋拆迁可采用产权调换、作价补偿或产权调换补偿相结合的形式;市政建设拆迁拆除住宅房由被拆迁人户主所在工作单位牵头,会同其家庭成员所在工作单位,负责包动员、包腾仓、包安置。1994 年 10 月,市政府发布《镇江市城市房屋拆迁管理规定》,对 1991 年拆迁政策进行细化和补充。1991 ~ 1999 年,市区实施拆迁项目 242 个,拆迁 17910 户,面积 126.52 万平方米。

2000 年 10 月,出台《镇江市城市房屋拆迁管理办法》(以下简称《办法》),从原来以房屋安置为主转变为以货币安置为主,货币补偿款由区位价和重置价构成,取消阁楼计入安置面积做法。同时设定最低补偿金额(不足 4 万元补足 4 万元,超过 4 万元不足 5 万元的补足 5 万元)。2003 年 4 月修改后的《镇江市城市房屋拆迁管理办法》(简称“20 号令”)出台,规定增加新建房屋不满 5 年拆迁的,增加 15% 的货币补偿;取消市政建设拆迁与其他拆迁的区别;拆迁必须由房地产评估机构评估。2004 年 3 月对原“20 号令”进行修改,将原先政府指导价下的拆迁评估,改为房地产市场价评估,补偿价格由市场评估价格确定。对用于产权调换的房屋,由评估机构采取与被拆迁房屋同样的评估方法进行。同时,新《办法》取消原划分的 6 类区位,将交易价格相近的地段划分为 7 大区域和 16 个小类,将房屋重置价、装饰装修及附属物补偿标准纳入评估技术规范进行实际评估,对参照经营用房评估的,结合其经营和纳税情况调整补偿标准。新《办法》本着“居者有其屋”的原则,设定三级保障措施,即最低补偿单价保障、最低补偿总额保障、租房安置保障。对原《办法》中不足 4 万元补 4 万元、不足 5 万元补 5 万元的最低补偿标准,调整为每年一公布的动态补偿标准,标准随房地产的价格水平动态调整,从而确保小面积住房拆迁群众也能买得起房。同时出台《镇江市城市房屋拆迁评估管理办法》和《镇江市城市房屋拆迁评估技术规范》(试行),调整后的政策体现公开、公正、公平操作原则，对维护拆迁当事人，特别是被拆迁人合法权益提供法律依据和政策保障。2000～2005年，市区重点实施拆迁项目297个，拆迁24548户，拆迁面积319.16万平方米。

三、拆迁评估与补偿

现行的拆迁评估政策由省建设行政主管部门核发的三级以上房地产评估资质房地产评估机构，遵循公开、公平、公正的原则，对被拆迁房屋以房地产市场评估价进行评估。在同一拆迁项目评估中，评估机构不得与房屋拆迁管理部门、拆迁人和被拆迁人有利害关系。评估时，评估机构应通知被拆迁人，被拆迁人接到通知后不予配合的，评估机构可以进行评估，其评估行为有效。被拆迁人拒绝评估的，由房屋拆迁管理部门指定评估机构评估。

房屋拆迁补偿方式有货币补偿和产权调换两种，但是拆迁非公益事业房屋的附属物，不作产权调换，由拆迁人给予货币补偿；拆迁租赁房屋，被拆迁人与房屋承租人对解除租赁关系达不成协议的，拆迁人应当对被拆迁人实行房屋产权调换。拆迁未超过批准期限的临时建筑，按公式（重置价×建筑面积＋装修及附属物补偿款）×（剩余年限÷批准年限）给予补偿。拆迁违法建筑、超过批准期限的临时建筑和临时建设工程规划许可证注明因城市建设需要无偿拆除的临时建筑，不予补偿。拆迁公告发布后新建、改建、扩建的附属物及装修等不予补偿。货币补偿金额，根据被拆迁房屋的区位、用途、建筑面积等因素，以房地产市场评估价确定（不含室内自行装饰装修的补偿款），对大于房屋建筑面积的土地使用面积的评估，计入货币补偿金额。新建住宅房屋自竣工之日起至拆迁公告颁发之日止，不满5年被拆迁的，增加货币金额15%的补偿。拆迁人对被拆迁人或房屋承租人原有的管道燃气、有线电话、有线电视、宽带网络等，应当一次性付给移位费；对确实不可能移位的，应按现行价格标准付给初装费。对拆迁非住宅房屋货币补偿也作出详细规定。

1991～2005年镇江市市区拆迁情况表

表16 11

年份	拆迁项目(个)	拆迁户数(户)	拆迁面积(万平方米)	备注
1991	24	1888	9.68	-
1992	51	4898	24.90	-
1993	37	3327	21.18	-
1994	22	2266	20.15	-
1995	20	864	5.64	-
1996	17	1166	7.83	-
1997	24	1606	20.86	-
1998	28	1266	11.25	-
1999	19	629	5.03	-
2000	38	991	11.83	-
2001	34	2546	25.01	含新区
2002	46	4017	52.05	含新区、丹徒区
2003	75	10360	130.32	含新区、丹徒区
2004	44	2988	37.24	含新区、丹徒区
2005	60	3646	62.71	含新区、丹徒区

第七节　房地产开发

一、发展概况

1983年6月成立镇江市房屋建设开发公司和城市改造办公室(两块牌子,一套班子)。1984年8月成立中国房地产开发总公司镇江公司,同年11月,市房管处组建镇江市房地产开发公司。1985年12月成立镇江市城市改造指挥部。1990年9月更名为镇江市城市建设综合开发领导小组。同时撤销镇江市城市建设改造指挥部办公室、镇江市综合开发管理办公室和镇江市拆迁办公室。2001年8月,市建设局下设综合开发处,负责城市建设综合开发管理工作。

1988年6月,按照《镇江市城市建设综合开发公司资质管理实施细则(试行)》,对全市房地产开发企业进行资质管理,当年有18家房地产开发公司申领房地产开发资质,其中市区有16家。1990年,根据国务院和省建委的规定,对房地产开发企业进行资质复查,撤、并、转11家,保留7家。1994年,有92家房地产开发企业获得开发经营资质,其中二级资质有2家。2000年经复查后,保留82家。

2001年以后,通过招商引资,吸引外地房地产开发企业来镇江投资兴业。本市房地产开发企业通过资产重组、企业改制、外引内联,加快企业自身做强做大步伐,到2005年,市区有房地产开发企业154家(一级资质1家、二级资质36家、三级资质117家),注册资金30亿元,其中外来开发企业71家,占开发企业总数的46.1%,年销售超亿元的有10家。润阳房地产开发有限公司、红豆置业镇江分公司、江苏嘉源房地产开发有限公司先后于2003年、2004年、2005年被评为江苏省房地产行业50强企业,16家开发企业多次被评为市10强企业,40家开发企业被评为市优秀企业,15名经理被评为市优秀经理。有9家房地产开发企业在上海、徐州、连云港、安徽、海南等地进行投资开发,总投资额3.4亿元。

1983～1990年,房产开发企业坚持新区开发与老城改造相结合,建新房与修旧房相结合原则,先后建成桃园、花山湾、桃花坞、江滨新村、李家山、太古山、三茅宫等住宅小区;改造阳彭山等9个片区,新建与小区配套的幼儿园、小学、商业网点、文化站、医疗站、环卫设施等,累计开发房屋竣工面积87万平方米。结合中山路、电力路、解放路等主干道拓宽改造,在道路两侧开发建设金融、商业、住宅等房地产项目。兴建中山大厦、京谷大厦、丹徒大厦、轮联大厦、邮电大楼、镇江大酒店、华联大厦等一批高层建筑。

图16-8　米山人家小区(2005年摄)

20世纪90年代,累计完成房地产开发投资43.54亿元,房屋竣工面积369.26万平方米,其中住宅竣工面积326.81万平方米。新建江滨新村三期,桃花山庄、华润新村、东吴新村、谷阳新村等住宅小区,完成永安路等8个片区改造,10年中共建130多个开发片区(组团)。

1998年7月3日,国务院印发《关于进一步深化城镇住房制度改革加快住房建设的通知》,终结福利分房,深化住房制度改革,开启房地产市场化新时代。1999 年,按照中央提出的建设资源节约型和环境友好型的要求,节能新产品的插片式保温砌块应用于恒美嘉园、华都名城、江山名洲;节能保温材料外墙挤塑保温板和空气置换净化系统在恒美山庄得到推广;电话、有线电视、宽带"三网合一"光纤到户在恒美嘉园试点等都取得成功。恒美嘉园、江山名洲、京口花园、科苑华庭等一批全装修住宅建成上市,恒美嘉园、米山人家、香江花城楼盘获得江苏优秀小区住宅金奖,兰天·幸福城、江南·颐和家园、彩虹城、永安新城家园·西区获省优秀住宅奖。米山人家小区被省建设厅列为节能创建示范小区。2001～2005 年,累计房地产投资 134.6 亿元,年均增长 52.09%;房屋竣工面积 475.66 万平方米,年均增长 38.58%,其中住宅竣工面积 408.98 万平方米,年均增长 38.80%。人均居住建筑面积从 1983 年 5.01 平方米增加到 2005 年 30.45 平方米。产品结构也由原来单一公寓发展为独立别墅、联排别墅、叠加式、小高层、高层和精装修公寓等。镇江首座高层商品住宅楼怡海家园(19 层)和首批小高层商品住宅春江华庭于 2004 年建成。镇江首座国家康居示范工程恒美嘉园通过建设部国家康居示范工程达标验收,获中国人居环境金牌住宅奖。

1983～1990 年镇江市市区房地产开发主要经济指标完成情况表

表 16-12　　单位:万平方米

年　份	房屋竣工面积	其中:住宅竣工面积	年　份	房屋竣工面积	其中:住宅竣工面积
1983	53.12	29.50	1987	–	33.40
1984	52.90	20.00	1988	22.39	13.55
1985	–	20.00	1989	25.00	–
1986	–	29.00	1990	20.93	16.64

1991～2005 年镇江市市区房地产开发主要经济指标完成情况表

表 16-13　　单位:万元、万平方米

年　份	房地产投资额	房屋施工面积	房屋竣工面积	其中:住宅施工面积	其中:住宅竣工面积
1991	7508	35.82	17.58	28.51	14.39
1992	10678	41.98	15.46	31.73	14.01
1993	38507	81.15	33.35	57.72	27.34
1994	78383	108.97	50.16	–	40.80
1995	44146	70.76	39.77	–	34.32
1996	29001	51.63	29.24	–	32.28
1997	39093	68.05	34.84	–	31.19
1998	49599	73.82	33.43	58.87	30.65
1999	67301	101.41	50.28	88.19	41.15
2000	71169	108.75	65.15	93.98	60.68
2001	87456	99.68	45.18	84.82	41.87
2002	143594	142.80	66.68	114.56	55.01
2003	224879	195.20	74.68	165.10	59.19
2004	422299	321.00	122.50	271.70	97.50
2005	467883	408.46	166.62	346.20	155.41

二、房地产开发企业选介

1. 镇江恒顺房地产开发有限公司　成立于2001年8月,注册资本5000万元,由江苏恒顺醋业股份有限公司的子公司江苏恒顺置业发展有限公司控股。公司开发资质二级,经营范围为房地产开发、销售、物业管理。公司遵循"诚信为本"的经营理念,秉承"高效、规范、务实、创新"的企业精神,贯彻"以人为本"的思想,加强品牌战略建设,打造精品小区。公司从业员工28人,各类专业技术人员22人,占职工人数的78.57%,其中中级技术职称以上的15人。员工均通过招聘、引进或股东委派,具有良好的技术业务素质和开拓创新精神。公司开发的第一个项目为镇江首座国家康居示范小区。依托恒顺集团和上市公司的综合实力,2003年,公司通过竞拍等方式共取得学府路沿线73.67公顷土地的开发经营权,成为本土实力最强的房地产开发企业。

2005年下半年,国家康居示范小区恒美嘉园建成交付。该小区先后获建设部省地节能环保型住宅国家康居示范工程、第四届中国国际住宅产业展览会创新楼盘奖、江苏优秀住宅金奖、2005年度镇江精品楼盘、百姓最喜爱的风尚楼盘等称号。公司被镇江市委、市政府评为创建国家园林城市先进单位,被市政府评为墙材革新与建筑节能先进集体,被市建设局评为镇江市房地产开发优秀企业、镇江市房地产综合实力十强企业等。

至2005年底,公司完成恒美嘉园和恒华苑(代建)小区的开发,交付面积17.55万平方米;当年恒美嘉园二期、恒美山庄一期新开工面积90219.23平方米。公司资产总额8.18亿元,2005年实现销售收入23945.34万元,入库税费1481.89万元,利润1669.95万元。

2. 江苏申华置业有限公司　是中国房地产综合实力100强、江苏省房地产20强企业。其前身为镇江市天慧房地产开发有限公司,成立于1997年,原隶属于镇江市发改委,2002年改制后,成为由法人控股,国有资本参股的股份制企业。公司树立以人为本的开发理念和品牌形象,引领本地地产企业发展,相继开发案例涉及CBD商业综合体、金融街、酒店、城市地标、养老产业、全系列住宅产品线等,所开发的楼盘也得到社会各界的一致好评。先后开发黄山花园、嘉慧花园、康泰花园、金港花园等,并以其齐全的配套服务、优良的物业管理得到业主与市民的首肯。

作为2003年、2004年镇江市政府主要民心工程的康泰花园位于镇江市丁卯片区,与古运河紧密相邻,项目总建筑面积6万余平方米,小区建成后有970套住房,容积率1.25,绿化总面积达34%,采用全封闭式物业管理,内部环境优美,景观布置典雅别致。

地处镇江东部国家级商贸口岸的大港新区的金港花园项目总建筑面积近6万平方米,小区建成后,生态绿化面积达1.2万平方米,由周界防范、多媒体电子监控、楼宇可视对讲、背景音乐以及电子公告牌等五个部分组成的智能化管理系统硬件设施先进齐全,为业主们提供安全保障与舒适便利的条件,提升居住环境的品质。凭借高品质的居住环境和优质的物业服务,金港花园2005年6月以一周销售49套的业绩雄踞镇江楼盘网上销售排行榜榜首;7月,金港花园获"中国100最佳楼盘"的称号,大港新区及周边许多外企人员纷纷抢购入住,全部楼盘销售一空。公司先后获广厦奖、住房和城乡建设部2A级住宅认定项目等荣誉称号。

第八节　白蚁防治

镇江地区水源充沛,气候温和,是白蚁容易滋生繁殖之地。镇江地区的白蚁种类主要有黄胸散白蚁、黑胸散白蚁、家白蚁、土栖白蚁四种。白蚁蛀蚀房屋,毁坏建筑,危害极大。焦山天王殿古建筑因蚁害严重,于20世纪70年代被迫拆除;焦山大雄宝殿楠木巨柱被白蚁蛀空;1984年中山东路拓宽拆除人民电影院时,发现房梁已被白蚁蛀空;八叉巷小学一平房被白蚁蛀空,突然倒塌伤学生十多人。据调查,老式砖木结构房屋,约20%有白蚁,新建房屋也有蚁情。

镇江的白蚁防治工作始于1958年,当时以直管公房防治为主。白蚁防治组于1975年研制成功声频探测仪和灭蚁新药无苯氯丹乳油,当年9月,参加广州全国第三次白蚁防治经验交流与科研协作会议,无苯氯丹乳油研制论文被收入会议资料汇编;1978年,“声频探测仪”获江苏省科技大会奖。1983年10月,市白蚁防治组加入中国白蚁防治科研协作中心,11月经市城乡建设委员会批准成立镇江市白蚁防治所,服务范围扩大到全市蚁害普查和防治。1986～1991年,先后为厂矿企业、机关学校、社会团体315个单位灭治白蚁。同时对直管公房的蚁害普查面积达57.13万平方米,查出蚁害面积14.52万平方米,白蚁危害率为25%,及时采用灭蚁药物无苯氯丹乳剂灭杀白蚁,取得良好效果。

1992年1月,市城乡建设委员会发出《关于做好新建房屋白蚁预防工作的通知》,市、县(区)房产行政主管部门相继成立白蚁防治机构,开展本辖区内的白蚁防治工作。新建房屋通过对地基、地面、楼层、木构件及其他部位药物处理,从源头预防,防治白蚁,不留隐患,确保工程建筑15年内不受白蚁的危害。1997年1月,市政府印发《镇江市白蚁防治管理暂行办法》加强全市白蚁防治的管理和预防工作,市区新建房屋白蚁预防扩大到所有开发区。2001年4月,市房产协会增设镇江市房产协会白蚁防治专业委员会,市白蚁防治所为牵头单位,开展白蚁防治工作交流和专业课题的研究,该所1988年获江苏省人民政府嘉奖,1993年和1996年两次被评为全国白蚁防治先进单位,2005年为江苏省一级白蚁防治资质单位。

1992～2005年,市区新建房屋白蚁防治面积1400万平方米,旧房灭治面积144万平方米,未发现危害最大的家白蚁。但预防处理后的新建房屋,在装饰装修部位,仍发现少量白蚁,2005年直管公房灭治面积与总面积测算,所占比例为1.42%,蚁害率明显下降。

1992～2005年镇江市区白蚁防治工程量统计表

表16-14　　单位:万平方米

年度	新建预防面积	旧房灭治面积
1992	64.57	12.05
1993	76.29	15.83
1994	64.74	17.21
1995	50.53	10.56
1996	66.29	13.05
1997	58.79	14.43
1998	61.26	7.50
1999	89.64	7.20
2000	89.07	5.05
2001	84.81	7.83
2002	99.95	4.81
2003	141.46	5.91
2004	205.85	14.10
2005	246.18	8.81

2005年镇江辖市(区)白蚁防治机构一览表

表16-15

辖市(区)	机构名称	成立时间	备　　注
丹阳市	丹阳市白蚁防治所	1992年4月	事业单位,隶属于当地房产行政主管部门
句容市	句容市森林白蚁防治研究所	1984年4月	企业性质,隶属于农林局
句容市	句容市房屋白蚁防治所	1994年7月	事业单位,隶属于当地建设行政主管部门
句容市	句容堤坝白蚁防治中心	1993年6月	事业单位,隶属于句容市水利局
扬中市	扬中市白蚁防治中心	1994年11月	事业单位,隶属于当地房产行政主管部门
丹徒区	丹徒区白蚁防治所	1993年3月	事业单位,隶属于当地房产行政主管部门
镇江新区	镇江新区白蚁防治队	1999年6月	事业单位,隶属于当地房产行政主管部门

第三章　建设工程管理

1983年,建设工程由市计委管立项,建委管实施。2000年以后,在经济体制和经济增长方式转变中,随着建筑企业结构调整,建设工程管理逐步形成工程招投标、工程交易、工程造价市场化运作体系;工程监理、质量监督、防震抗震政府监督,企业保证质量体系;安全责任,文明施工和优质工程安全文明体系;建设工程管理制度逐渐完善,建筑市场秩序规范,建设市场依法行政水平逐步提高,确保各项建设任务完成。

第一节　工程招标投标

1983年,国家颁发《建筑安装工程招标投标试行办法》,对建筑业和基本建设推行建设项目投资包干责任制和工程招标承包制,出现包括投资大包干和一揽子工程总承包等承包方式。1984年,市建委和市建行组织5个单位招标试点,总建筑面积6681平方米,标底价322万元,中标价291万元;中标工期809天,平均比定额工期少17.3%。谏壁发电厂灰场单项工程采用招标办法确定施工单位,标底价230万元,冶金部第十冶金建设公司第五工程公司以报价209万元中标。1985年,招标项目38个,工程造价1755万元,造价降低率达5%以上。镇江大港港区二期工程招标投标,标底编制以设计文件为基础,核对工程量和单价,核定取费标准同时考虑价格因素,不压标价,使施工单位有合理的赢利。用这种方法编制的标底比过去编制的标底节约6.4%。1986年4月,由市建委牵头,市计经委、工商行政管理局、市建设银行、市建筑工业总公司(局)、建管处、标准定额站参加的招标投标领导小组办公室具体办理招投标事宜。1987年,按照江苏省有关"招标投标和施工队伍的改革由省建委来抓"的精神,成立由市建委直接领导的镇江市建设工程招标投标办公室。

1988年,建设工程招标投标项目扩大到住宅区建设。1989年,为提高招标工作的透明度,编制招标工作流程图;制定"招标信息公开,程序公开,接受社会监督"的办法。1990年,全市建设工程招标面60%以上,评标定标由定性定量结合为主,发展到定量为主的综合计分法;招标方式采用直接费招标、概算招标、明码标价等多种形式。

1991年,根据建设部建筑市场管理规定,招标逐步走向间接管理(含招标管理、市场管理、合同管理、标底管理、档案管理）。规定建筑面积5000平方米，投资200万元以上工程，定向由全民施工企业承包。1992年，房地产业崛起，建筑施工面积大幅度增长。市政府提出废除“老门不关，新门不开，提高门槛”做法，使集体施工企业和全民施工企业一样，通过公开招标投标，平等竞争，取得建筑承建权。1993年，市建委转发建设部《工程建设施工招标投标管理办法的通知》，为保护招投标双方合法权益，规定对工期过紧的招标工程，招标单位应在招标文件中注明应付的赶工技术要求，工期不宜低于国家规定工期的70%；招标工程及风险系数由投标单位自行报价；招标工程标底编好后由市建行审核。

1995年以后，招标投标工作逐步完善运作机制、管理机制、监督机制。1997年5月成立镇江市建设工程交易中心，12月，市招标办更名为镇江市建设工程招标投标管理办公室。1998年，实行施工企业业绩档案制和施工许可证制。1999年，加强有形建筑市场规范化建设，规定50万元以上新开工项目必须进行招投标，并取消招标单位可推荐1/3投标单位的权限和推荐1/3评委参加评标的权限。2000年招投标范围已延伸至设计、监理、装潢、装修、材料设备，并拓展到交通、水利、私人股份制、外商企业等建设工程。同时完成招标投标行政管理与交易市场分离。

2000年以后，工程建设任务50%以上来自房地产业，而外地开发企业占市区四成以上；招标办建立初步发包、招标公告、开标评标三个环节和狠抓代理合同（自行招标）、招标文件、评标报告和书面报告、施工合同四个步骤备案。从2005年9月1日起，招投标各相关部门集中办公，对外由“窗口”统一受理，快捷服务；对内规定流程，内部办结，统一结算。2005年10月，市政府提出优化投资环境，对外资和民资项目招标全面实行备案制，在有效监管的基础上，提供一条龙服务。同时要求国有投资或国有资金占控股或主导的投资项目，仍进入有形建筑市场进行公开招标；限额以下国有投资建设工程项目通过询价、竞争性谈判等方式，择优选定施工企业，做好标前监督和标后检查，规范管理行为。

2005年，全市有编制标底资格单位17家，招投标代理机构9家，建设工程评标专家115人，其中市区64人。2002～2005年，全市累计办理招标项目3498个，工程造价（中标价）138.26亿元，节省工程造价8.22亿元，报建率100%，分开招标率99.96%。

2002～2005年镇江市建设工程招标（发包）项目情况表

表16-16

年份	办理招标项目（个）	中标价（工程造价）（亿元）	节省工程造价（亿元）	报建率（%）	公开招标率（%）
2002	707	18.28	0.87	100	99.79
其中：市区	285	8.17	0.41	100	99.54
2003	947	38.61	2.08	100	100
其中：市区	376	17.27	1.09	100	100
2004	945	38.21	2.11	100	100
其中：市区	393	16.81	1.07	100	100
2005	899	43.16	3.16	100	100
其中：市区	294	18.37	1.20	100	100

2002～2005年镇江市建设工程项目报建情况表

表16-17

年份	办理项目报建(个)		面积(万平方米)		投资额(亿元)	
	全市	市区	全市	市区	全市	市区
2002	343	97	277.50	158.42	56.88	44.53
2003	447	138	459.54	171.70	104.67	71.25
2004	418	113	536.05	224.49	116.45	82.06
2005	438	99	498.41	171.29	94.24	44.26

2002～2005年镇江市建设工程交易中心交易情况表

表16-18

年份	交易项目(项)	交易额(亿元)	发布工程招标公告(个)	计算机辅助评算工程(个)
2002	252	8.93	120	-
2003	376	17.27	210	-
2004	382	16.72	180	-
2005	294	18.37	140	60

第二节　工程造价管理

计划经济时期,建筑定额编制和建筑材料预算价格按镇江市建筑工程预算大表执行。1985年1月,镇江市建筑工程标准定额站成立,建筑工程定额统一执行《江苏省综合定额》。同期镇江市工程造价咨询市场不断发展,工程造价咨询从业人员队伍逐年壮大。1993年6月,镇江市建委和镇江建行联合下发《镇江市建筑工程造价计价改革实施办法》,规定建筑工程造价由过去按直接费计取各项费用的计价方式改成按综合人工费计价方式。同月,《镇江工程造价信息》创刊,造价信息在职能上从指令性向指导性转变。同年7月,市建筑工程标准定额站更名为镇江市建设工程造价管理处。1995年11月,镇江市下发《关于实行工程类别、取费标准核定制度的通知》,规定镇江市辖区内所有建筑安装工程在发包前必须到造价处核定工程类别、取费标准,未经核定的工程不得发包。1996年11月市建委制定《镇江市工程造价咨询市场管理实施细则》。1997年2月,镇江市物价局、镇江市建委联合发文制定工程造价咨询收费标准表。1998年5月,镇江市建委印发《镇江市建设工程造价管理实施细则》。2003年2月,建设部和质检总局联合发布《建设工程工程量清单计价规范》(GB50500—2003),对全部使用国有资金或者国有资金为主的大中型建设工程,必须实行工程量清单计价。同年3月,市建设局印发《镇江市建筑工程施工发包与承包计价管理实施细则》,明确在镇江市内建筑工程编制施工图预算、招标标底、投标报价、签订合同价和工程结算等必须遵守细则。镇江市建设局、监察局联合对镇江市工程造价计价行为进行专项检查。2004年7月1日起,全面推行工程量清单计价模式。2004年10月,市建设局专门成立镇江市城建重点工程项目预算审核小组。由镇江市工程造价管理处牵头,先后完成镇江滨江旅游专线、滨江旅游风光带、花山东路、九华山路、南徐路等18个政府重点工程项目预算审核,共审核政府投资15.22亿元,累计核减工程造价1.38亿元。至2005年,《镇江工程造价信息》发行150期,近20万册,建筑材料信息量达45万多条,成为建设主体各方编制工程量清单、项目招投标、工程预决算必需的依据和必备工具书。同年,镇江市共有17家工程造价咨询企业,其中甲级资质5家,乙级资质12家,全国注册造价师260人,工程造价员1780人。

第三节　建设工程监理

1985 年,镇江在交通工程建设中恢复监理制度。1988 年以后,镇江市先后制发《镇江市监理企业人员管理暂行规定》《镇江市工程建设监理招标投标实施办法》《镇江市工程建设监理暂行规定》等文件。1990 年,省建委下发《江苏省建设监理实施细则》,同年镇江市政府明确市建委为全市建设监理工作的归口管理单位。

1991 年 11 月,镇江建筑设计研究院成为镇江市建设监理试点单位。1992 年 3 月,镇江市计委批准成立镇江市兴华工程建设监理公司,1993 年 2 月,省建委核定其为暂定乙级资质,1995 年为正式乙级资质监理单位,同年交通部批准该公司为水运工程专业监理公司。1993 年至 1995 年,相继批准成立兼营监理工作的有江苏理工大学(江苏大学)、华东船舶学院(江苏科技大学)、镇江水利工程设计院、中房集团镇江公司、股份制监理企业信诚监理公司、镇江市工程建设监理公司。至 1995 年底,全市有监理企业 8 家,从事监理工作人数近 200 人。1995 年,全市监理项目面积 36.2 万平方米,监理项目投资额 1.6 亿元,监理企业年营业收入 101 万元,竣工项目 33 个,其中优良 11 个,合格 22 个。

1997 ~ 1998 年,丹阳、扬中、句容和丹徒、京口、润州等市、区相继成立监理公司(中心)。1998 年镇江市兴华工程建设监理公司获得建设部港口与航道工程甲级、房屋建筑工程甲级资质监理单位;1999 年 1 月获得交通部水运工程甲级资质,成为镇江市第一家具有甲级监理资质的监理组织。1999 年,镇江市 34 名监理人员通过国家监理工程师资格考试,并经注册成为镇江市首批国家注册监理工程师,另有多名监理人员成为省监理工程师(临时总监)。2000 年,全市监理项目面积 170.6 万平方米,监理项目投资额 2.5 亿元,监理企业年营业收入 2065 万元,竣工项目 367 个,其中扬子杯 2 个、金山杯 21 个、优良 111 个、合格 233 个。

2002 年以后,镇江方圆建设监理咨询有限公司、镇江市华源建设监理公司、镇江工程建设监理公司相继获得建设部批准的甲级监理资质。2003 ~ 2004 年期间,镇江监理企业先后进行体制改革,有的改制成自然人为股东的有限责任公司,如方圆、永安等监理企业;有的改制为股份制性质企业,如兴华、江大等监理企业。至 2005 年底,镇江市有监理组织 24 家,从事监理人员 1386 人。2005 年,全市监理项目面积 571.8 万平方米,监理项目投资额接近 57.44 亿元,监理企业年营业收入 5515 万元,竣工项目 628 个,其中扬子杯 11 个、金山杯 59 个,优良 224 个、合格 334 个。监理地域从镇江辐射到省内外;监理类别扩展到万吨级码头、综合性港区建设、大中型船台船坞、大中型工业项目、高层建筑、住宅片区、高等级道路、桥梁、水利、航道等各类工程 300 余项,所监工程质量 100% 符合合同及工程创优要求,水运工程优良率 90% 以上。1999 ~ 2005 年,镇江方圆建设监理公司获得省优(扬子杯)的项目 12 个,获得市优(金山杯)的项目 58 个,2005 年年监理收入超过 1000 万元。镇江市华普建设监理公司监理 250 多项工程,其中获"金山杯"58 项,获"扬子杯"5 项。

2005 年镇江市甲级监理企业资质情况表

表 16-19

监理企业名称	批准年份	资质等级及范围
镇江兴华工程建设监理公司	1998	房屋建筑工程甲级、港口与航道工程甲级、水利水电工程乙级、市政公用工程乙级
镇江方圆建设监理咨询公司	2002	房屋建筑工程甲级、市政公用工程乙级、人防工程丙级、化工工程乙级
镇江华源工程建设监理公司	2004	水利水电工程甲级、房屋建筑工程乙级
镇江工程建设监理公司	2004	房屋建筑工程甲级、市政公用工程乙级、市政公用工程中的桥梁工程丙级、人防工程丙级

2005 年镇江市监理企业和人员情况表

表 16-20

资质等级	企业数量(家)			监理人数(人)			
	甲级	乙级	丙级	国家注册监理工程师	江苏省监理工程师	监理员	非专业管理人员
	4	7	13	339	277	745	25

说明：甲级资质 4 家分别为兴华、方圆、华源、工程建设，乙级资质 7 家分别为江大、土木、环球、信诚、华普、扬中江洲、丹阳设计院

第四节　工程质量监督

1984 年 9 月，建立镇江市建筑工程质量监督站，1985 年底更名为镇江市建设工程质量监督站，同期县(市)区亦相继成立建设工程质量监督站。1983～1985 年，镇江共创建全优工程 615 个，其中获省级样板工程 13 个，市级样板工程 52 个。

1986 年 8 月 13 日，市政府印发《镇江市建设工程质量监督实施细则(试行)》，明确镇江市建设工程质量监督站为本辖区建设工程质量的专门监督管理机构，对辖区内建设工程质量实施强制监督。镇江市与各辖市(区)质量监督部门的分工：市区(含京口、润州、新区、丹徒区在市区)的工程项目由市质监站直接监督管理；丹阳市、句容市、扬中市、丹徒区质监站负责所属市(区)域工程项目的监督管理，接受市质监站业务指导。同年，根据国务院《关于改革建筑业和基本建设管理若干问题的暂行规定》，实行建筑工程和基本建设质量监督，全年监督工程 280 个，面积 48.5 万平方米，复盖率 30%。1987 年，全国停止创全优工程活动，由中国建筑业联合会(后改称协会)设立中国建筑工程最高奖——鲁班奖。同年，本市建立质保体系，实行工程师一条线技术质量管理体系，成立机构，配备人员，建立规章，实行质量评优和工资挂钩。1988 年，实行建筑工程质量保证金制度，开展防止质量滑坡，治理劣质工程和质量通病活动，经自查、互查、专项检查，发现和处理设计问题 23 起、质量问题 27 起，查处无证施工 7 起，质量仲裁 7 起，责令停工 17 起，通报批评 2 起。1989 年，全面推广“五不准”“三突出”(未经持证设计单位设计或设计不合格的工程，不准施工；无出厂合格证明和没有按规定复试的主要建材，不准使用；不合格的建筑构配件，不准出厂和使用；开工条件不符合要求的，不准开工；施工队伍资质不经核查，不准承包工程。突出重点工程，突出工程重点部位，突出不同季节不同阶段的质检重点)。同年 9 月，省建委、省建工局联合组织对全省建筑安装工程质量进行抽查，评出镇江华罐总厂主厂房等 15 个优良工程。1990 年，镇江火车站广场一号楼(金坛城东建筑公司承建)、镇江海关业务楼(镇江房屋开发公司承建)被评为优质工程。1991 年，房屋建筑工程质量合格率为 75%，受监工程覆盖率 85% 以上；消除质量隐患 194 起，处理质量事故 369 起。21 个试验室通过资审，其中一级试验室 10 个。1993 年，创建金山芙蓉楼、359 医院综合楼、中房开发斜桥街 5 号楼等市级优质样板工程 30 项。1994 年，全市创优工程 38 项，其中获市金山杯奖的有 11 项，获省扬子杯奖的有 6 项。

1996 年，全市受监项目 233 个，建筑面积 44.9 万平方米。1997 年，受监项目 295 个，建筑面积 63.1 万平方米，对全市新建、在建住宅工程进行拉网式检查，共检查 76 幢住宅，面积 19.38 万平方米，3 个工程被责令停工。1998 年，受监项目 264 个，建筑面积 61.9 万平方米，组织质量检查 6 次，处理质量问题 159 起，责令停工 13 起，评定市优工程项目 40 个；住宅工程质量检查，评出质量较好的 10 幢，较差的 10 幢；企业年检核定合格企业 99 家、基本合格企业 19 家，降级 1 家，注销 2 家。1999 年，开展建设工程质量终身负责制。全市评出市优工程 37 项，省优工程 11 项，市金山杯奖 23 项，省扬子杯奖 2 项；同时出台《镇江市建设工程质量管理办法》及各种责任追究制度，全年检查在

建工程 326 项，其中 28 项工程被责令停工整顿，对在建的 45 个工程进行质量治劣检查，对 7 个质量差，管理混乱的项目下发停工通知。同年 10 月，建设部质量检查组对龙发大厦、民生纸厂 10 号住宅楼（镇建四公司承建）、江苏理工大学 04 号住宅楼工程（镇建公司承建）、丁卯安居工程二期 30 号住宅楼工程（高淳三建公司承建）的质量进行抽查，认为镇江市建筑工地综合素质最好，工程主体结构质量、工地现场安全文明、施工水平、各项基础管理资料都达到较高水平，其中“龙发大厦”工程被通报表扬。2000 年评出市优工程 223 项，省优工程 12 项。

2001 年，镇建二公司、镇建四公司、安装工程公司、装饰工程公司相继通过 ISO 国际质量认证，同年创省级优质工程 12 项，市级优质工程 60 项。镇建四公司依托滑模技术优势，获得多项省级优质工程。2002 年，各建工企业开展企业工法和新技术示范工程活动，镇建二公司外墙面砖阳角装饰线条质量控制、镇建四公司攻克内墙锥体施工质量难关被评为一等奖，另有二等奖 2 项，三等奖 5 项。全市发布施工工法 3 项；获市新技术示范工程 6 个，省新技术应用示范工程 2 项；市级优质工程 73 项、省级优质工程 13 项。2003 年，鼓励施工、监理单位运用建设部推广的新技术、新材料、新工艺，开展 QC 小组攻关活动。评选出“市级优质结构”工程 229 项，73 个项目获市金山杯奖，11 个项目获省扬子杯奖；8 项工程被评为省级新技术应用示范工程；镇建二公司“清水砼现浇构件阳角线施工工法”等 2 项被批准为省级工法。2004 年，质量监督房屋建筑工程 730 个，建筑面积 243 万平方米；市政工程 48 项，总造价 4.5 亿元，提交监督报告 487 份，评选出优质结构工程 168 项。省优项目 20 个（省内 18 个，省外 2 个），市优项目 71 个，镇江电信大楼获国家建设工程最高质量奖“鲁班奖”，实现镇江市建设工程“鲁班奖”零的突破。江苏省电力建设第三工程公司承建的 500 千伏泰州变电站获 2004 年中国建筑工程“鲁班奖”。江苏合发集团有限责任公司和江苏华泰装饰工程有限公司分别获得全国最高建筑工程装饰奖。2005 年，受理单位工程 745 项，建筑面积 271 万平方米，创建市优金山杯工程 97 个，省优扬子杯工程 20 个。同年出台《镇江市工程质量检测管理要求》《镇江市预拌砼质量管理办法》等规范性文件，进一步规范施工企业和质监单位质量行为。

1983 ~ 2005 年部分年份镇江市建设工程质量（优质工程）情况表

表 16-21

<table>
<tr><th rowspan="2">年份</th><th rowspan="2">企业数（家）</th><th rowspan="2">工程施工数（个）</th><th rowspan="2">工程竣工数（个）</th><th rowspan="2">竣工面积（万平方米）</th><th colspan="3">市级优质工程（个）</th><th colspan="3">省级优质工程（个）</th><th colspan="2">国家级（个）</th><th colspan="2">茅以升奖（个）</th></tr>
<tr><th>样板工程</th><th>金山杯</th><th>北固杯</th><th>样板工程</th><th>扬子杯</th><th>紫金杯</th><th>鲁班奖</th><th>装饰工程奖</th><th>建设奖</th><th>土木工程奖</th></tr>
<tr><td>1983</td><td>–</td><td>–</td><td>–</td><td>59.11</td><td colspan="3" rowspan="3">1983 ~ 1985 年市级样板工程 52 个</td><td colspan="3" rowspan="3">1983 ~ 1985 年省级样板工程 13 个</td><td>–</td><td>–</td><td>–</td><td>–</td></tr>
<tr><td>1984</td><td>–</td><td>383</td><td>215</td><td>47.25</td><td>–</td><td>–</td><td>–</td><td>–</td></tr>
<tr><td>1985</td><td>14</td><td>428</td><td>291</td><td>85.40</td><td>–</td><td>–</td><td>–</td><td>–</td></tr>
<tr><td>1986</td><td>–</td><td>316</td><td>195</td><td>39.55</td><td rowspan="2">–</td><td rowspan="2">64</td><td>–</td><td colspan="2" rowspan="2">1986 ~ 1990 省样板工程 17 个</td><td>–</td><td>–</td><td>–</td><td>–</td><td>–</td></tr>
<tr><td>1990</td><td>102</td><td>497</td><td>324</td><td>102.60</td><td>–</td><td>–</td><td>–</td><td>–</td><td>–</td><td>–</td></tr>
<tr><td>1995</td><td>80</td><td>2086</td><td>1482</td><td>175.50</td><td>–</td><td>35</td><td>–</td><td>–</td><td>–</td><td>–</td><td>–</td><td>–</td><td>8</td><td>7</td></tr>
<tr><td>2000</td><td>153</td><td>2191</td><td>1506</td><td>308.20</td><td>–</td><td>54</td><td>169</td><td>–</td><td>–</td><td>–</td><td>2</td><td>–</td><td>4</td><td>6</td></tr>
<tr><td>2001</td><td>151</td><td>2410</td><td>1587</td><td>391.30</td><td>–</td><td>60</td><td>–</td><td>–</td><td>–</td><td>–</td><td>–</td><td>–</td><td>–</td><td>8</td></tr>
<tr><td>2002</td><td>–</td><td>3839</td><td>2684</td><td>423.10</td><td>–</td><td>57</td><td>16</td><td>–</td><td>10</td><td>3</td><td>–</td><td>–</td><td>–</td><td>–</td></tr>
<tr><td>2003</td><td>303</td><td>4050</td><td>2290</td><td>478.80</td><td>–</td><td>73</td><td>35</td><td>–</td><td>11</td><td>3</td><td>–</td><td>1</td><td>2</td><td>–</td></tr>
<tr><td>2004</td><td>271</td><td>–</td><td>730</td><td>501.10</td><td>–</td><td>71</td><td>33</td><td>–</td><td>18</td><td>4</td><td>2</td><td>2</td><td>–</td><td>–</td></tr>
<tr><td>2005</td><td>257</td><td>–</td><td>745</td><td>538.40</td><td>–</td><td>97</td><td>35</td><td>–</td><td>20</td><td>4</td><td>–</td><td>2</td><td>2</td><td>–</td></tr>
</table>

第五节　安全文明管理

1974 年 9 月 24 日，经镇江市革命委员会生产指挥组批准，成立镇江市城建局建筑安装管理处，全民事业编制。1979 年更名为镇江市建筑安装工程管理处。1983 年 6 月～1993 年 6 月，镇江市建筑安装工程管理处先后划归镇江市城乡建设委员会或市建工局（建筑工业总公司）领导。1993 年 7 月，更名为镇江市建设工程管理处。负责对全市建筑市场管理、建筑工地施工现场管理、建筑业安全生产管理和建筑业票据管理。2003 年 12 月，根据市清欠领导小组的规定，在内部增设镇江市清欠办公室。

一、安全管理

市建设局每年和各辖市、区建设局，市安监站和各级建筑安全监督管理部门、外县（市）驻镇办事处、相关施工企业签订年度安全生产目标管理责任状，落实施工企业的主体责任、建设单位的重要责任、工程监理的关键责任。按照机构、人员、职能、经费“四落实”要求，加强市和辖市、区两级安全监督管理机构的建设；施工企业、工程项目部两级安全生产保障体系的建设，使施工现场安全生产各个环节整体受控，责任到人。

对照《江苏省建筑施工企业管理人员安全生产考核管理实施细则》，做好建筑施工企业主要负责人、项目负责人、专职安全生产管理人员安全生产管理能力考核和安全生产知识考试。构建“政府统一领导，部门依法监管，企业全面负责，群众监督参与，社会广泛支持”安全生产工作格局。研发建设工程安全管理系统和塔式起重机方形基础的设计计算方法及计算机计算程序两个项目，有效提高工作效率和经济效益。采用新技术、新设备、新工艺和新材料，提高安全装备水平。20 世纪 90 年代，强制推行钢管脚手架，全面淘汰毛竹脚手架。进入 21 世纪，禁用变截面塔吊、钢管井架等一批技术性能落后、无安全保障的陈旧大型垂直运输设备，限期更新改造建筑施工中老式井架物料提升机，推进企业安全管理规范化和现场安全防护标准化。

截至 2005 年，全市共有 7698 名企业负责人、项目负责人和专职安全管理人员通过安全生产任职考核；278 家企业获得安全生产许可证。

二、创建文明工地

2000 年，开展创建市级、省级文明工地活动。创建文明工地：场容场貌包括施工围挡、场地卫生、清洁运输、材料堆放、挂牌施工；市政工程施工包括采取爱民便民措施，警示齐全，方便市民出行；生活设施包括临建宿舍、职工食堂、工地厕所；环境整治包括噪声控制和粉尘控制，使用清洁能源，减少烟尘污染等。2000 年，评出创建文明工地市级 75 项、省级 16 项，2001 年市级 87 项、省级 20 项，2002 年市级 67 项、省级 18 项，2003 年市级 75 项、省级 17 项，2004 年市级 70 项、省级 23 项，2005 年市级 130 项、省级 23 项。

三、市场管理

《镇江市建设工程施工分包管理实施细则》规定，建设工程实行施工分包合同备案制度，禁止“包工头”承揽劳务作业分包业务，提倡工程施工分包活动进入建设工程交易中心公开交易。加强对分包工程承包企业劳务用工监管，督促企业依法和务工人员签订劳动合同，实施农民工劳动计酬手册制度，建立健全治理拖欠农民工工资长效管理机制，实施建筑业职工岗前职业技能培训和鉴定制度，维护建筑业务工人员合法权益，提升从业人员整体素质。

1. 监管服务　坚持关口前移、重心下移、告知在先、服务在前，把为民、利民、便民作为改进监管方式出发点，对外服务窗口（即镇江市建筑安装业发票统一开据窗口；镇江市建设工程交易中心安全备案受理窗口；镇江市建筑业企业申领安全生产许可证和施工企业主要负责人、项目负责人和专职安全生产管理人员安全生产任职资格考核受理窗口；市区建设工程施工起重机械和整体提升脚手架、模板等自升式架设设施登记窗口；镇江市建设领域拖欠工程款和农民工工资投诉窗口）受理的建筑市场、安全生产、文明施工等举报处理率100%，“12319”城建服务热线移送的投诉办结率100%。先后被授予江苏省建设系统优质服务窗口和镇江市五一文明班组 、五一文明岗 、五一巾帼标兵岗等称号。

2004年，制定《镇江市建筑业企业信用综合评价考核实施办法》，建立建筑市场信用体系，强化建筑业企业、建设单位、监理单位、勘察设计单位和各类执业人员的信用管理，引导工程建设各方参建主体守信经营，自觉维护建筑市场正常秩序，提升建筑市场监管水平。通过对在镇施工企业信用管理手册年检，对有劣迹或无业绩的施工企业给予注销处理，对经营不善的施工企业给予缓发处理，对没有安全生产许可证等法定前提条件的施工企业给予暂停年检的处理，确保建筑市场健康、有序发展。

2. 清欠管理　2003年12月9日，建设部等六部门联合召开《关于切实解决建设领域拖欠工程款问题的通知》电视电话会议后，市及辖市、区成立建设领域清理拖欠工程款和农民工工资领导小组，下设办公室，负责清欠日常工作和长效管理，开展拖欠工程款和农民工工资调查，摸清底数，督促双方签订还款协议。同时理顺上访渠道，及时化解矛盾，保障合法权益。全市清欠的越级上访在全省最低，未发生任何因清欠纠纷导致的恶性事件。全市网上申报拖欠民工工资已于2004年春节前清理完毕，到2005年10月10日，全市清理拖欠工程款52007万元，全部结清。随着清拖欠工作目标全面实现，建设领域清欠工作进入长效管理阶段，逐步实现预防新欠转变的发生；工作方式向日常监管转变，工作手段向综合运用经济、法律和必要的行政手段转变。

3. 票据管理　1979年9月，受镇江市税务局委托代征代缴建筑业营业税等8种建筑业税费以来，特别是国、地税分设以后，市地税局进一步明确委托代征有关事项，委托代征税款年均递增32.6%，1983～2005年共代征代缴税金5.45亿元。代表性年份代征税金数如下：1983年17.98万元、1987年122.13万元、1997年1004.81万元，自2002年起代征税金中增加个税税目，各年份代征税金情况见表16-22。

2001～2005年镇江市代征建筑业税费情况表

表16-22

年 份	代征税金（元）	其中个税（元）
2001	32049569.70	-
2002	64151584.05	3450363.51
2003	81507201.50	10155082.77
2004	118141554.15	15294447.93
2005	118626486.27	18328784.79

第六节　工程防震抗震

1981年，镇江市成立抗震办公室，1987年更名为镇江市城乡建设委员会抗震人防办公室。

1990年以前，抗震加固工作坚持“点、线、面”相结合，1978～1990年，加固建筑物面积17.33万平方米，占全市需要加固面积的35.33%。城市生命线工程及要害部门，如消防、供水、粮食、医疗卫生、影剧院等共加固面积3.57万平方米，占全市需要加固面积的20.6%。1991年，成立镇江市抗震防灾领导小组。1991～1995年，完成抗震加固面积3.08万平方米。改造空斗墙房屋面积9250平方米。1997年，镇江市抗震防灾领导小组更名为镇江市抗震办公室，负责全市工业与民用建筑抗震设计、施工和竣工验收以及对现有工业与民用建筑的抗震加固、拆改墙体、加层改造等的指导和管理。

镇江市属于地震基本烈度6度和6度以上地区，新建工程必须进行抗震设防。自1999年7月1日起，镇江市抗震办公室全面参与新建工程主体验收，检查新建工程在施工过程中是否按抗震审查意见、整改意见、补强意见施工，确认后签发《建筑工程抗震设防施工质量核验表》，确保抗震设防质量。1996～2000年，完成抗震加固面积5.31万平方米，空斗墙改造面积13646平方米，另有465户进行空斗墙改造。同时查处违章拆墙改造1013户。2001年开始，将农村二层及以上公共建筑和12米跨度及以上工业建筑纳入抗震设防范围。至2005年，先后建设完成丹阳练湖农场、句容茅山镇夏谷新村、扬中华威抗震住宅试点小区。在试点工作中，坚持抗震防灾与村镇建设有机结合，把抗震防灾融于村镇规划建设之中，做到统一规划、统一设计、统一施工、规范管理，提高农房抗震性能。

2001～2005年，完成抗震加固面积5.16万平方米，空斗墙改造面积11626平方米，同时查违章拆墙改造1121户。至2005年12月，共审查新建工程项目1310个，计2397万平方米。

第十七卷

商贸服务业

卷目

镇江为长江中下游地区商品集散地,20 世纪 80 年代初期,设有百货、五交化、糖烟酒、纺织品及省商业供应批发供应站等 5 个省二级批发站,承担周边地区计划商品储运、调配任务,并对镇江本地产品实行统购包销,国营、集体商业一统商业市场。

1983 ~2005 年,商业市场体系由国有、集体商业垄断逐步转变为以非公有制经济为基础,以外来商业为补充的新结构;商业网点布局由城区单一的商业中心转变为市级中心为主导,以社区商业为基础,以专业市场和商业街为特色的新格局;市场商业业态由专营的百货商店主导转变为以百货商店为主导,以连锁超市为基础,以专业店和专卖店为特色的新型商业经营体系。市烟草专卖、石油、盐业等国家专卖专控行业,推进行业改革,规范有序。镇江是国家重点旅游城市和历史文化名城,旅游资源丰富,旅游业成为镇江市的重要产业。

1983 年,全市有全民商业企业 8329 家,从业人员 43038 人。市区全民、集体商业网点 581 个,从业人员 9856 人。私营个体营业网点 523 个,其中私有代购、代销店 33 个,个体商业网点 490 个(户)。全市社会消费品零售总额 7.54 亿元,其中市区社会消费品零售总额 3.61 亿元。1984 年,商品供应逐步由票证计划控制转向市场调节,棉线、棉布敞开供应。主要生活日用商品如缝纫机、手表、自行车、电视机等紧俏商品仍凭票供应,部分商品出现排队抢购现象,市场物价指数涨幅常有失控。1985 年,全市商业网点有 24937 个,农贸市场 232 个,职工人数 69626 人,其中市区商业网点 3783 个;社会商品零售总额 11.73 亿元,在社会商品零售总额构成中,国营商业占 44.65%,集体商业占 37.77%,个体商业占 17.38%,合资企业占 0.2%。

1986 ~1990 年,全市商业市场比较活跃,商品价格出现上扬趋势,国营商业、粮食、供销社、物资等部门发挥商品流通主渠道作用,调节市场,平抑物价,确保市场稳定。1986 年,市区建成国际饭店、镇江大鹏商场、镇江市副食品商场、镇江市果品采购供应站、镇江旧货交易市场等大中型零售商业网点。1987 年,市政府征收商业网点建设费 280 多万元,用于新(扩)建集贸市场、浴室和困难行业网点拆迁复建。1988 年 4 月 1 日起,粮食部门压缩平价粮食销售,实行奖售化肥、柴油和发放预购定金"三挂钩"奖售政策。1989 年,部分商品销售疲软,部分工业企业产成品库存大幅度上升,社会消费品零售总额的增幅比上年下滑至 4.44%。1990 年,社会消费品零售总额增幅下滑到 3.9%,市政府对与人民生活关系密切的饮食、理发、茶水、浴室等营业性微利服务行业,从煤、电、水、行业用粮和税收等方面给予政策性扶持。

1991 ~1995 年,镇江市推行"贸易兴市"商贸发展策略,市区规划大市口商业中心、解放路、中山路、正东路及谏壁镇商业区规模建设。1992 年,市粮食局在全省率先组建市级粮食集团,成立全市首家粮油批发中心。1993 年,全市商业机构发展到 2.7 万个,从业人员 8.3 万人,各类饮食、服务业机构 9800 多个,从业人员 2.4 万人;个体私营经济总户数 10753 户,从业人员 96730 人。1993 年 4 月 1 日,全市粮油收购和供应价格放开,不再使用粮食、食油票券,保留定量人口的粮食供应关系,给予城镇职工和大中专学生适当补贴。1994 年,镇江市在全国率先将市区 30 家粮油店组建成粮油连锁中心,粮油供应量占市区居民消费总量的 80% 以上。物资市场由卖方市场向买方市场转变,市物资集团经济效益滑坡,亏损 5201.01 万元。全市盐业划分直销供应范围。1995 年,全市商贸流通部门围绕"保供稳价"目标,对大米、食油、猪肉、民用煤、农用化肥的数量、储期调整,加强近郊蔬菜副食品基地建设,确保城乡市场供应。

1996 ~2000 年,全市商贸系统流通需求不断扩大,市场日益繁荣兴旺,商业、物资、供销系统的各专业公司发展跨地区、跨行业的横向经济联合,各行各业掀起经商热潮,私营个体经济迅速崛起。1996年,市商业局更名贸易局,各大型商贸企业加大社会融资力度,通过集资筹措建设资金,商业网点建设快速增长,华联商厦、丹徒商厦、商业大厦、国际饭店、商业城等一批标志性商业建筑相继在大市口商圈内落成开业,以大市口为中心的镇江新商业中心逐步形成。中石化销售公司组建镇江石油分公司。市百货公司全年销售3.7亿元,创历史最高水平。市贸易、粮食、供销社三部门批发销售总额58.8亿元,占商品销售总额60.3%。1997年的社会消费品零售总额中,国有经济、集体经济、个私经济比重分别占20.12%、25.71%、30.84%。全市内贸部门有各类商业机构49909家,从业人数14.88万人,其中饮服企业7468家,从业人员2.29万人。全市从事商业服务业的个体工商户和私营企业总户数分别为42920户和1148户。市贸易局系统总经销总代理的商品发展到280个品种,销售额占总销售的比重达到50%以上;全市连锁超市发展到粮油、纺织品、生活用品、副食品、烟草等五个行业,连锁网点53个。1998年,市、区贸易局13家直属企业中11家销售额平均降幅23.91%,4个辖市(县)商业经营亏损3015万元。市物资系统26家企业经市审计局审计亏损66亿元。1998~2002年,社会消费品零售总额进入低增长期,连续4年增幅低于2位数,国有商业企业经营效益严重下滑,集资兑付压力增大。1999年,南京苏果超市、南通时代超市、上海农工商超市等新型商贸业态进入镇江消费品市场,开发连锁经营网点60多个。餐饮业、农副产品、小商品占据市场主要份额,电脑、装饰材料成为销售热点。2000年,集资风波爆发,使国有商业遭受重击,多数企业陷入困境。镇江物资集团总公司破产终结,成为全市首家市政府直管企业破产案。省石油集团镇江石油分公司整体重组改制。

2001~2005年,全市商贸系统深化改革改制。2001年,江苏恒顺集团4000万A股在上海证券交易所上市。市政府印发《镇江市盐业管理办法》,成为镇江市第一部盐业管理规范性文件。2002年,食盐包装升级换代成不易假冒的纸塑包装,全年销售新包装盐11689吨,位居全省第一。2005年市区主要商业网点的数量8000余个,比2000年增长60%以上。太和广场、紫金大厦、九州广场等大型商业设施相继建成开业。镇江商业城、商业大厦、新世纪商厦、国际饭店商业网点、镇江大酒店等3星级以上宾馆建成。全市各类专业市场达到202家,其中丹阳眼镜市场、华东灯具城、中国汽配城、钢材市场等市场年成交额均在10亿元以上。在商品消费中,高档服装、家用电器、通信器材、电脑等消费增势迅猛,汽车消费开始启动。服务消费中,除餐饮外,美容美发、休闲娱乐等消费也快速增长,消费结构由温饱型转向小康型。专营专卖、物流配送及电子商务等新型商业业态迅速发展,连锁经营方式被广泛采用,万方、旅游超市等本地连锁企业的网点数量30余个。外来连锁企业加速向镇江市场扩张,北京华联、上海农工商、苏果、五星电器、苏宁电器、上海联华先后开设专业商场或连锁超市,市区的连锁企业发展到15家,经营范围从日用品零售扩展到餐饮、专业专卖等领域,全市各类连锁网点总数300余个,社会消费品零售额约占批零贸易业社会消费品零售总额的10%。除零售业外,肯德基、麦当劳、大娘水饺、老妈米线、菜根香等餐饮、服务业连锁企业也相继落户镇江。

第一章 商贸流通体制改革

1983年,镇江市商贸业正处于计划经济向市场经济过渡的初始阶段。1984~1991年,市商贸流通主管部门转变经营管理机制,简政放权。1992~2001年,零售商业企业放开经营,发展规模商业企业。2002~2004年,市商贸流通企业产权制度全面进入改革时期。2005年,市国有、集体商贸企业改制,产权关系转换全部到位,全市商业体制融入现代商贸流通体系。

第一节　商业体制改革

1983年，全市小型商业企业推行改、转、独、租，试行“四定一提”（定营业额、定利润、定费用率、定资金周转率，提成工资）的经营责任制。商业企业突破计划经济体制下的购销调存模式，发展跨地区、跨行业的横向经济联合，扩大业务范围。非商行业向商贸领域拓展，社会商业蓬勃发展。当年9月，由轻工业部工艺美术总公司投资兴建的镇江市首家大型综合性商场——中国旅游品工艺品镇江展销馆开业，揭开镇江市商贸企业流通体制改革中对外合作经营的序幕。

1984～1991年，全市商贸系统转变经营管理机制，简政放权，推行承包制和租赁制。1984年，市商贸流通主管部门转变经营机制，扩大流通企业自主权。市饮食服务公司在深圳与港商联合开办江苏省第一家省外餐饮企业——香江酒楼，与日籍华侨开办全市第一家中外合资企业——京侨饭店。饮食服务行业48家小型国营企业实行“全民所有，集体经营，照章纳税，自负盈亏”的经营责任制。164家集体商业、饮食、服务业企业推行“定额管理，超额提成，缺额赔补，工资浮动”为主要形式和“单项拆账，全额拆账，利润提成”等多种形式的经营承包责任制。1987年，全市商贸流通领域全面推行承包经营责任制和租赁制。市商业局所属13家大中型商业企业实行承包制，99家小型商业企业进行改、转、租。1988年，全市共有46家小型商业企业改制转制为民营或个体经营，44家全民、223家集体商业企业实行租赁经营。1991年，全市贸易系统40%以上的大中型企业实行厂长、经理负责制，87%的企业采取公开招标、承包经营；51家国营、集体小型企业转由集体、个人租赁经营，75%的小型企业实行改、转、租；企业全部实行干部聘用制，100%的企业和64%以上的职工实行浮动工资制；80%的企业实行优化劳动组合，择优上岗。

1992～2001年，全市商贸系统深化产权制度改革，发展规模商业企业。在小型商业企业中进行国有民营、风险抵押承包等改革；在大中型商业企业中进行股份制改造、组建企业集团和建立现代企业制度、国有资产授权经营管理试点等一系列改革。1992年，市商业局对市百货二店、大市口五金、交电、化工商店、镇江商场、镇江展销馆等6家商业零售企业，实行经营、价格、分配、用工“四放开”试点经营。选择副食品总公司试点，在市商业局属291家商业零售企业全面推行“四放开”经营，并扩大到批发企业。市百货股份有限公司和华联商厦股份有限公司成为江苏省首批内部职工持股的规范化股份制试点企业。全市成立供销社、商业、粮食、物资四家企业集团和一批专业集团，国有、集体流通业企业集团有26个。1993年8月，全市公开拍卖8家小型商业企业经营使用权，其中长江旅社、喜盈楼菜馆、香酥小吃店3家国营小型商业企业拍卖总成交额210.1万元，对38家区属商业企业实施“国有民营”“公有私营”试点。商贸企业突出主业经营、品牌经营和规模经营，发展总经销、总代理和特色经营，市贸易系统总经销、总代理的商品一度发展到数百个品种，销售额占总销售的比重达到50%以上。1995年市商业局细化4种模式（公有私营、租赁承包、大包干、定额计件承包）改革措施，有36家小型商业企业外租。1996年，市五交化公司推行“批发与零售合一”经营方式，新世纪商厦利用批发与零售优势互补，全年商品销售额4.13亿元。华联商厦批发比重从上年5%上升到10%。1997年，全市在镇江市面粉厂及12家大、中型流通企业推行股份制改造。1998年，对京口百货公司实行“先售后股”分立改制，成立京口区百货有限公司和洗化有限公司。同年，镇江首家连锁超市——万方连锁超市开业。1999年，全市推进新型业态和现代营销方式，发展连锁企业5家，60个经营网点，南京苏果超市、南通时代超市、上海农工商超市等大型超市落户镇江，汇成连锁超市群。2000年，全市私营个体经济参与商贸流通企业改革，在餐饮、服务行业及各类市场所占份额大幅上升，销售总额63.4亿元，占全市社会消费品零售总额的50.9%。市区的各类连锁店已发展到近百家。2001年，市商贸系统五交化集团总公司下属的化工批发等6家骨干公司，通过职工集股、经营者持大股调整股权结构。江苏恒顺集团4000万A股股票在沪成功上市。由于国有商贸企业人员老化、历史包袱沉重、经营机制不活，特别是在20世纪90年代上半期依靠借贷和集资扩张，使许多企业背上沉重债务负担，经营难以为继。2001年，流通企业中有2/3出现亏损，有1/3严重资不抵债。

2002～2005年，全市商贸企业深化产权制度改革。2002年，市贸易系统完成京江饭店、牛奶公司、蔬菜公司、百货股份公司洗化分公司、中百一店、新世纪商厦、鼎大祥呢绒绸布商店、市饮服公司洗染总店、大西路中国照相馆等9家企业产权制度改革，置换资产3亿余元，化解债务2亿余元，收回国有资本2720万元，吸收投资1930万元，转换职工劳动关系5000余人。2003年，市贸易局基本完成国有企业改制；省商站（改制后更名为江苏省华茂贸易有限公司）改制后进入民营企业行列；市第二糖业烟酒公司整体改制，以8万元招标价格竞价出让；市第二饮食服务公司以1130万元的成交价转让。截至2005年，市商贸局系统镇江百盛商贸有限公司等32家商贸企业实施改制，镇江百货股份有限公司等13家商贸企业破产重组。所有改制后继续经营的企业，全部接收原企业的职工，福利待遇不变或有所增长。无力继续经营的企业，按政策对职工给予补偿。通过改制盘活国有资产6.8亿元，化解债务6.5亿元，出让收入2亿元，补交职工社会保障基金及补发欠薪318.2万元，发放分流职工补偿金2299万元。

2000～2005年镇江市商业局部分直属企业改制情况一览表

表17-1　　单位：万元、人

改制前企业名称	成立时间	改制后企业名称	改制时间	资产总额	安置人员	改制后企业性质
镇江市饮食服务公司洗染总店	1956	镇江市天兴洗染有限公司	2000.3	118.45	50	民营股份
镇江百货股份有限公司第二百货商店	1950	镇江百盛商城有限公司	2002.3	33064.00	1900	镇港合资
镇江五交化集团公司新世纪商厦	1995.5	镇江新世纪商厦有限公司	2002.3	360.00	276	民营股份
镇江市京江饭店	1974	镇江市京江饭店有限公司	2002.5	8123.51	147	民营股份
镇江百货股份有限公司洗化分公司	1992	镇江美迪雅洗化用品有限公司	2002.7	2293.50	44	民营股份
镇江市蔬菜公司	1956	镇江市万方连锁超市有限责任公司	2002.7	5166.84	826	民营股份
镇江百货股份有限公司第一百货商店	1950	镇江新百百货有限责任公司	2002.9	3052.66	110	民营股份
镇江儿童食品总厂	1992	广西黑五类集团镇江南方食品有限公司	2002.10	2729.43	61	民营股份
镇江市牛奶公司	1953	镇江长江乳业有限公司	2002.12	1634.68	245	民营股份
镇江五交化集团公司	2001	镇江新世纪电器设备有限责任公司	2003.2	45.72	10	民营股份
镇江大酒店股份有限公司	1990	镇江大酒店股份有限公司	2003.3	3398.88	176	民营股份
镇江市副食品总公司	1986	镇江市副食品有限责任公司	2003.4	281.10	91	民营股份
镇江菜篮子工程服务公司	1993.2	镇江菜篮子工程服务股份有限公司	2003.5	370.71	4	民营股份
镇江市饮食服务公司宴春酒楼	1950	镇江宴春酒楼有限公司	2003.6	1414.42	167	民营股份
镇江日用品公司	1956	镇江谢馥春百货有限公司	2003.6	25.75	8	民营股份
镇江糖业烟酒总公司	1950	镇江苏力糖业烟酒有限公司	2003.7	2353.29	239	民营股份

第二节　粮油体制改革

一、粮食流通体制改革

1985 年前，粮食流通实行高度集中的统购统销管理体制。1985 年，国家改粮食统购为粮食合同定购，由县粮食局同生产农户签订合同。合同定购是指令性计划，正常年景须保证完成。合同定购的粳稻按“倒二八”（即二成按原统购价，八成按原超购价），红小麦按“倒四六”（即四成按原统购价，六成按原超购价），玉米按“倒三七”（即三成按原统购价，七成按原超购价）比例计价。市场粮价低于原统购价时，国家按原统购价敞开收购。油菜籽仍按原比例价敞开收购。取消粮食由粮食部门独家经营的限制，实行多渠道流通，各行各业均可经营粮食，农民在完成合同定购后，可以自由出售，自行运销。1986 年春，粮食流通出现平价和市场价（议价）、计划管理与市场调节并存的局面。粮食经营实行“双轨制”，国有粮食部门平议兼营。定购粮的粮权归中央或省政府，购销调拨按省、市政府或粮食主管部门下达的指令性包干计划执行。议价粮的粮权归县级粮食部门，购销调拨由省、市政府或主管部门下达指导性计划，纳入总量平衡，由县级经营。

1992 年 12 月，省政府放开粮食价格和经营，镇江市于 1993 年 4 月 1 日实施，取消指令性的粮油定购任务，由收购经营单位与农民签订经济合同，实行市场议购；将奖售化肥、柴油政策改为平议差价直接付给农民；放开粮油销售价格，取消粮、油票券，保留定量人口的供应关系；军粮、军油按国家规定的统销价供应，统销价与市场价之间的差价及其经营费用由国家财政负担。全省全面放开粮油购销价格和经营后，粮食市场波动加剧。特别是 10 月后，粮价大幅上升，收购量大幅下降。由于粮价在短时期内持续上涨，省政府采取限价保供的措施，同年 12 月 31 日全省统一挂牌销售，此后又采取城镇人口每人每月限供 10 公斤大米的做法。镇江市除采取限价定量配供措施外，还从省内外购进稻谷 20.5 万吨，油脂 1.2 万吨，平抑粮油价格，稳定市场。1994 年国家又恢复粮食定购，适当提高定购价格。

1996 年 1 月 1 日起，镇江市粮食部门根据国务院和省政府精神，实行政策性业务和经营性业务并轨运行。政策性业务包括国家定购粮，中央和地方储备粮的收购、进口、储存、批发、调运以及城镇居民基本口粮及农村救助人口的粮食供应；军粮、救灾救济粮和水库移民口粮的供应，起到平抑市场粮价的作用。商业性经营是指政策性业务范围以外的经营活动。从事政策性业务的机构是市、县（市）粮食局和粮管所（站）、粮库、粮食转运站、军供站（店）。独立核算的粮油零售企业、加工企业、运输企业等都属于商业性经营单位。实行政策性业务和商业性经营财务分开，单独核算。全市划定从事政策性业务的企业 105 家（其中市区 8 家）、从事商业性经营业务的企业 68 家。

1998 年，镇江市根据国务院和省政府文件精神，围绕“三项政策、一项改革”（按保护价敞开收购农民余粮、粮食顺价销售、加强粮食收购资金和粮食市场管理的政策，推进国有粮食购销企业改革）和“三个三制度”（即粮食工作省长负总责前提下的省、市、县三级行政首长负责制，三级粮食储备和三级粮食风险基金制度），进一步深化粮食流通体制改革。1998 年底，全市组建 5 家粮食收储公司\[其中，每县（市）1 家，市直为市粮食收储公司\]专门从事粮食政策性业务的经营和管理。同年，粮食收购实行保护价收购。全市审计核实中央和地方财政贴息的各类财务挂账 35498 万元，其中市区挂账 8734 万元；筹集市级粮食风险金 470 万元。建立市、县储备 1.85 万吨，其中市级储备 1 万吨。对附营业务通过联合、兼并、改组、承包、租赁、股份合作等形式，把企业办成自负盈亏的经济实体。

2002 年 2 月 22 日，市政府根据国务院和省政府文件精神制定下发《关于全面推进粮食购销市场化改革的实施意见》。该意见明确取消粮食定购任务，引导和鼓励农民根据市场需求调整种植结构。市、县(区)政府需要的新增储备粮、储备轮换粮源、军供粮等采取“订单”形式向粮食主产区和种粮大户收购。全面开放粮食市场,放开粮食收购,实现粮食经营主体多元化。实行粮食收购市场准入制,个人可以从事粮食收购业务,放开粮食批发经营,常年开放粮食集贸市场,取消粮食运销凭证管理制度。市场价格过低时,政府通过增加储备等保护性收购,防止粮价过度下跌,市场价格过高时,政府通过抛售储备调节供求,平抑粮价。

二、国有粮食企业改革

从1985年开始,镇江市粮食部门积极探索适合粮情、市情的国企改革。1986年,全市国有粮店实行“国家所有、集体经营、专户管理、简易核算”的批零差价销售改革。1988年,国有粮食企业全面推行承包经营责任制,实行工资总额与税利浮动挂钩和指令性工资总额包干。1989年,实行企业全员承包经营的经理(厂长、主任)聘任制、任期目标责任制和经济审计制。

1992年,市政府批准成立镇江粮食(集团)公司,与市粮食局两块牌子、一套班子。1993年,继续完善企业风险抵押承包,部分企业实行“国有民营”。1995年,成立镇江市粮油供应连锁中心,对市区39家粮店实行连锁经营,省政府在镇江召开现场会进行推广。1996年镇江配合饲料厂先售后股,实行股份合作制改制。1997年1月21日,镇江面粉厂因经营不善公告破产,同年由镇江市粮油供应连锁中心、镇江市金禾工贸实业总公司出资50万元重组成立镇江市金山面粉有限公司。

1999年,市区及所辖4个县(市)以县为单位组建具有独立法人资格的粮食购销收储公司,负责定购和保护价粮食的收购、储存、销售,承担粮食储备任务。粮食购销企业主附营业务按照不同类型进行分离,具备独立条件的附营企业从购销企业中划出,独立核算、自主经营、自负盈亏。句容市22个粮管所中,有21个分离后成立经营公司。不具备独立条件的附营业务仍挂靠购销企业,单独核算,不占用农发行收购资金。丹阳、句容、扬中市组建粮食工贸公司,对粮油加工企业、综合经营企业以及从购销企业分离独立出来的附营企业实行行业管理。丹阳市粮食工贸总公司与粮食局在人、财、物等方面彻底脱钩,成为市政府直属企业。镇江市粮食局确定粮食收储公司、粮食中转库、新区粮库、官塘粮管所、金山路粮库、军粮供应站6家企业为市直粮食购销企业。镇江市粮油供应连锁中心按照“定员定编、公开招标、双向选择、自主经营、自负盈亏”的改制思路,对下辖粮油连锁店全部实行抽资竞标承包经营。

2000年,镇江金山面粉有限公司与泰兴隆食品公司、镇江市能源公司组建镇江金穗面粉有限公司,实现技术、资金、市场、管理的优势互补。镇江金禾工贸实业总公司招商引资,吸引广东等地客商兴办广大家具城,盘活闲置仓库1.2万平方米。同年9月8日,新荣华饭店在京谷大厦开业。市粮油供应连锁中心放开搞活粮店,22家粮店实行“国有民营”;150名职工转变身份,终止或解除劳动合同。

2001年,全市国有粮食企业实施企业减员分流,全员“身份置换”(用经济补偿的办法改变国企职工身份)2119名职工,其中购销企业1092人。市直粮食企业通过多种形式分流职工1104人,其中解除、终止劳动合同和调出系统等减员625人。全市粮食部门采取资产转让、股份合作、租赁经营、破产、关闭等形式进行产权制度改革的企业达60多家。丹徒县恒美醋厂、粮油贸易公司等7家小微亏企业改制为民营企业。市直完成谏壁粮管所整体资产出售、粮油复制品营业所先售后股、麻油厂麻油车间资产转让、面食厂破产以及油脂公司租赁经营等改制任务,连锁中心29家粮店通过公开拍卖或租赁经营等方式全部转制,粮油运输公司和新区粮库的土地、润州公司办公用房、金禾公司门面房等资产公开拍卖或定向转让,盘活存量资产1645万元。

2002年,全市粮食购销企业职工劳动关系调整基本结束。国有粮食购销企业采取“全体起立、重新返聘、竞争上岗”的办法,对4547名职工调整劳动关系,其中解除劳动关系3430人,占75.4%;内部退养719人,占15.8%;返聘上岗398人,占8.8%。调整后,全市粮食购销企业在册职工1358

人，其中在岗职工513人，分别是改革前的30%和11.3%。同年，继续深化企业产权制度改革。丹阳市采取股份制、租赁制和“留壳置换”等方式，分别对金谷公司等5家企业进行产权置换，对16家工贸企业实行人员身份和国有资产的“双置换”。丹徒区在完成商贸企业改制的基础上，又对7家工业企业实行改制，使国有粮食非购销企业全部有序退出。市直除3家国有粮食购销企业外，多形式地对19家企业实行改制。国有粮食购销企业实行干部聘任制、用工合同制、分配绩效制、会计委派制，促进企业经营机制转换。全市国有粮食企业注重吸引个私经济、外资经济，探索国有资产多元化运作，提高企业经济效益。扬中市用个人风险抵押承包形式，对基层粮管所的国有资产保值增值。句容市利用闲置仓库吸引外资、民资兴办19家企业，产生1000多万元综合经济效益。市直粮食企业引进民间资本2500多万元，兴办川福楼酒店、香逸渔港大酒店等民营企业，对荣华饭店、粮贸公司等多处国有资产以租赁的形式进行运作，新增效益100多万元，为社会提供500多个就业岗位。

2003年，全市对16家粮食购销企业进行撤并重组，基层粮食购销企业由原来的92家整合为76家，实现资源的优化配置。市粮食局对市直14家关停企业的人、财、物全面整合，成立镇江市粮食企业职工托管中心、资产管理中心、财会核算中心以及遗留问题处理办公室。通过一年的运作，大量的遗留问题得到妥善处理，全年盘活资产净收益500万元。镇江金穗面粉有限公司因拆迁歇业清算。

2004～2005年，全市粮食企业按照“有所为，有所不为”的要求，继续推进工业企业、合资企业、国有粮食购销企业产权制度改革。深化劳动、人事、分配制度改革，建立“职工能进能出、干部能上能下”的劳动人事制度，建立以岗位为基础，企业效益和个人贡献相挂钩的分配制度，市直国有粮食购销企业负责人全部实行年薪制。

第三节　供销社体制改革

供销合作社是农民的合作经济组织。1986年后，全市供销社所属企业实行承包经营责任制和风险抵押承包经营责任制，基层供销社实行抽本租赁经营。各级供销合作社开始在城区建设经营网点，由农村进入城市，先后建成镇江大鹏商场、镇江市副食品商场、镇江市果品采购供应站、镇江旧货交易市场等大中型零售商业网点。

截至1998年底，全市供销社负债总额达6.9亿元，基层社和市属企业困难状况加剧，效益下滑、亏损增加，全市供销社商品总销售额40.99亿元，盈亏相抵亏损7355万元。从2000年开始，镇江市供销社狠抓扭亏增盈，防范和化解股金风险，深化企业改革改制，发展村级综合服务站和农村专业合作社，加强基层供销社建设。当年，全市供销社商品总销售额21.4亿元，盈亏相抵实现利润96万元，总体初步实现扭亏为盈。争取中央、省政府、市政府社员股金兑付专项贷款8000万元，彻底防范和化解社员股金风险。

2002年，全市供销社开始实行产权制度改革，市供销社在全市实行“面向社会，公开竞价拍卖”形式转让企业产权。2003年6月12日，首批“面向社会，公开竞价拍卖”的镇江市神农房地产开发总公司、镇江市废金属加工厂、镇江大鹏股份有限公司传动机械厂三家企业，出让价格由底价146万元，增至467万元，高出起拍价321万元。其中神农房地产由底价100万元起拍，以420万元成交。至2005年3月，市直11家供销企业完成产权整体出让，2家企业完成股权转让，职工身份全部进行置换，并与职工签订经济补偿金量化协议和新的劳动合同，全部完成改制建档立卷工作。10家企业成交价1443.5万元，出让溢价947.5万元，全部进入市财政改革专户。2005年末，59家基层供销合作社实行改造重组。全市供销社城区网点经营面积达26万平方米，成为城区流通市场中的主力军之一。全市供销社商品销售总额39.3亿元，实现利润436万元。

2002～2005 年镇江市供销社直属企业改革、改制情况一览表(一)

表 17-2 单位:万元、人

原企业名称	资产财务状况						人员状况		
	总资产	总负债	净资产	出让净资产	出让底价	成交价格	总数	其中	
								在岗	离退休
镇江市供销社房地产开发总公司	2317.00	2314.33	2.73	-33.00	35.00	35.00	9	9	-
镇江市大鹏房地产开发总公司	2518.90	2192.10	326.82	280.30	196.00	196.00	11	9	2
镇江市神农房地产开发总公司	1362.50	1172.70	175.70	91.86	100.00	420.00	11	11	-
镇江市废金属加工厂	553.30	232.30	312.30	13.33	8.00	8.00	166	86	80
镇江市大鹏股份公司传动机械厂	316.00	134.50	126.60	63.40	38.00	39.00	50	29	21
镇江市副食品总公司	281.00	737.70	-456.60	-689.40	1.00	1.00	208	90	118
镇江市果品总公司	1667.00	1374.80	263.70	113.07	100.00	230.00	141	65	76
镇江市生活用品总公司	2283.75	3101.00	-817.24	-487.10	5.00	500.00	194	194	-
镇江市大港供销社	1568.99	2532.08	-963.09	-390.41	5.00	6.00	157	157	-
镇江市物资回收利用总公司	3834.96	4971.59	-1136.90	-535.61	8.00	8.50	248	248	-
镇江新区丁卯农业生产资料经营部	370.54	490.70	-120.16	-46.07	6.00	20.00	1	1	-

2002～2005 年镇江市供销社直属企业改革、改制情况一览表(二)

表 17-3 单位:万元、人

原企业名称	改制形式	完成时间	改制后企业名称	股权结构					职工身份置换	
				股本总额	具体构成(%)				已转换身份的职工人数(人)	提取职工安置补偿金总额
					法人股	经营者	其中:主要经营者	职工股		
镇江市供销社房地产开发总公司	评标出让	2003.2.14	供销社房地产开发有限公司	100	-	72	36	28	8	20.42
镇江市大鹏房地产开发总公司	评标出让	2003.2.14	镇江大鹏房地产开发有限公司	326	-	51	51	49	11	30.89
镇江市神农房地产开发总公司	竞价拍卖	2003.6.12	镇江神农开发有限公司	175	-	60	60	40	11	31.72
镇江市废金属加工厂	竞价拍卖	2002.12.31	镇江市裕盛再生资源有限公司	60	-	51	21	49	86	8.89
镇江市大鹏股份公司传动机械厂	竞价拍卖	2003.6.12	镇江市索达传动机械有限公司	-	100	-	-	-	29	55.30
镇江市副食品总公司	竞价拍卖	2003.9.26	镇江市浪潮副食品有限公司	-	-	-	-	-	-	107.50
镇江市果品总公司	竞价拍卖	2004.1.6	镇江果品有限公司	-	-	100	100	-	65	75.40
镇江市生活用品总公司	竞价拍卖	2004.1.6	镇江市南方生活用品有限公司	60	-	100	100	-	194	163.42
镇江市大港供销社	竞价拍卖	2004.1.6	镇江市大港供销社有限公司	80	-	100	100	-	157	98.63
镇江市物资回收利用总公司	竞价拍卖	2004.1.6	镇江市东南再生资源有限公司	60	-	100	100	-	248	267.00
镇江新区丁卯农业生产资料经营部	竞价拍卖	2005.3.9	镇江市嘉丰农业生产资料有限公司	60	-	100	100	-	1	-

第四节　物资流通体制改革

1983 年,镇江市物资部门进行机构改革,将镇江地区和镇江市(地辖市)同类物资供应部门进行合并,成立金属材料、机电设备、化轻、燃料、木材、建筑材料、金属回收、生产资料八个直属物资局的国有专业公司,同时建立物资局下辖丹徒、丹阳、句容、扬中四县的物资系统。市区物资系统共有职工 1840 人,其中局机关工作人员 47 人,市属公司普遍实行浮动工资制。市物资供应主要是“物资局分配下达计划,各公司根据计划做好供应工作”的模式,物资进价和销价都由国家统一规定,煤炭、金属、化工等 20 种物资 40% ~60% 仍由国家计划调拨。

1984 年,镇江市物资行业开始体制改革:在物资供求体制上,由以往长期的“物资短缺、紧张、国家计划分配”形式向“相对平衡、宽松、企业自主组织资源和销售”方向转化;在物资经营体制上,全市物资流通渠道由国营企业占主导向国营为主渠道,工业企业集团直销以及集体、个体多种经营主体并存转化;在物资管理体制上,进行四方面的职能转变即“由管理型向管理服务型的转变”“由物资分配调拨型向经营服务型转变”“由物资分配以指令性计划为主向重视和扩大指导性计划、搞好市场调节转变”“由用行政干预手段向用经济手段和价格杠杆原理进行管理转变”。1985 年,对基层单位的经营管理开始推行承包经营,以经济考核形式来加强对各企业的管理,干部开始实行选聘制。1986 年,将一般性的经济承包推进为有明确目标定量化管理,全面实行承包经营责任制和经理负责制;对新进人员开始实行劳动合同制。1987 年,对企业的管理由经济任务的考核扩展为基础管理、经济效益、精神文明等全方位的责任考核,企业将承包指标层层分解到各部门,实行全行业的全面承包经营。1988 年,企业内部开始实行“优化劳动组合”。1991 年,全行业实行“定额上交、超额分成”的经营承包责任制,至 1992 年 12 月,全系统第一轮经营承包责任制顺利结束,并完成上缴财政的各项经济任务,实行全员劳动合同制和干部聘任制,逐渐将工资分配权限下放至企业。同年,市物资局组建起镇江物资集团总公司,集团总公司下辖 26 个市直公司和四县两区 92 个物资部门,全系统职工达 6000 多人。全系统实现利润 2809. 9 万元,比 1983 年增长 157%。市物资集团总公司及下属公司拥有固定资产近 10 亿元,自有流通资金约 5800 万元,有营业网点 100 多个,仓库面积 55 万平方米。全市仅剩 9 种资源还有少量的计划供应指标,其余物资基本由企业根据市场需求和国家指导价格进行购进销售。

1993 年,全系统销售额首次突破 50 亿元,比上年增长 60%,实现综合效益 5851 万元,比上年增长 25. 8%。市物资集团总公司及下属企业组建或成立一批各类本地经营性公司和驻外公司,经营面向房地产、期货、商业、外贸等领域扩展。辖市(县)区物资系统推行股份制及国有民营改革试点。1994 年,由于信贷缩减、市场需求减少,个体、私营企业在市场竞争中手段灵活、负担轻等原因,使物资企业面临前所未有的困难。致使物资系统销售严重滑坡,效益大幅度下降,利润首现亏损达 5201. 01 万元,全市物资企业亏损面达 45%。

1995 年以后,物资流通格局全面向市场经济转化,生产资料供求关系也由卖方市场走向买方市场,国家调控的计划物资微乎其微,物资市场价格全面放开。市物资系统虽然通过压缩库存、回笼资金,开展代理制、进出口业务、合资新办公司以及新增汽车出租、典当拍卖、修配服务、商业零售等新业务,开办江苏商品交易市场、建筑材料市场、木地板市场等扩大效益,但 1995 年、1996 年效益持续下滑,亏损继续扩大,直至 1997 年市直物资企业基本处于瘫痪状态,资金枯竭,经营无法开展。为兑付到海南投资的 3500 多万元高息集资款,当时全市唯一的高层建筑群楼物资大厦以及市直物资系统的 7 个仓库被卖出变现。

1998 年,利用国有企业的仓储资源,在丁卯金属、生资仓库成立镇江市钢材市场,以当时镇江最大的前站后库式的有形的钢材交易市场吸引60多家经营单位进驻，市场以提供经营场所、储运业务获取收益；而在镇江市区的一些企业则利用办公楼出租的方法以资产养人。截至1998年，市直物资系统26家公司累计亏损7.66亿元，总资产9.97亿元，负债11.05亿元，净资产-1.08亿元。1998年12月，物资局要求解除1995年开始进行的对国有资产授权经营权。

1999年，市物资系统深化体制改革，清收往来款、变现库存、培育新的经济增长点、分流安置下岗职工再就业和审计监督。市直的机电、金属、生资、化轻、物贸等公司利用自身办公用房和闲置资产租赁给职工创办实体，以资产养人，解决部分职工的生存问题；对待自谋职业的下岗职工，各企业也均出台一系列帮扶政策，以鼓励职工发挥各自所长发展个体私营经济。对市直物资国有企业采取"股份制""股份合作制"和个体、私营、租赁等多种改制形式进行企业体制改革。2000年，金田房地产开发、大发汽车出租中心等2家企业进行改制，800名职工在改制企业重新再就业。

2001年8月，市委、市政府撤销物资局，建立市物资资产管理公司，指导各企业进行改革改制。对生产（经营）正常的企业采取产（股）权转让的方式进行改制；对停产、瘫痪的企业，将能够救活的经营项目或资产从老企业剥离，按照股份制、股份合作制、私营、个体等形式进行改制；对资不抵债、资产全无、外债重重的企业如市物资集团总公司及下属公司等进行清算破产。截至2004年末，市直27家国有企业，有18家进行产（股）权转让，有4家以国有股或法人实体参股组建有限责任公司，有5家企业终结破产程序。

2005年是物资系统改革进入扫尾之年，市物资资产管理公司主要做好5家国有歇业企业的职工分流及企业改革改制的遗留问题，全系统2000多名职工得到安置分流。同年底，全市物资系统中仅剩5家国企留有少量留守人员处理原企业的债权债务等问题。

2002～2005年镇江市部分物资改制企业情况表

表17-4

改制前企业名称	成立年份	改制后企业名称	改制年份	资产总额（万元）	安置人员（人）
镇江华厦不锈钢公司	1992	华厦物资有限责任公司	2002（二次改制）	139.10	12
镇江市机电设备总公司大港销售分公司	1962	镇江市金奎金属回收有限公司	2002	154.71	14
镇江市建筑材料工业供销公司	1983	镇江市恒裕物资有限责任公司	2002	290.12	18
镇江市能源物资公司	1994	镇江市振兴能源物资有限公司	2002	725.53	16
镇江市地产开发总公司物资公司	1993	镇江市地产物资有限公司	2002	99.10	7
镇江市华东物资再利用有限责任公司	1996	镇江市华东物资再利用有限责任公司	2003	631.04	97
镇江市华丰燃料公司	1993	镇江市华丰燃料有限责任公司	2003	161.35	5
镇江市金生物资储运总公司	1997	镇江金生钢材市场经营管理有限公司	2004	1655.51	129

第二章　商业零售和批发

1983年3月，镇江地区商业局撤并为镇江市商业局，管辖市（县、区）商业机构8329个。1984年，全市商业机构净增10797个，其中新成立的镇江市第二饮食服务公司、镇江市第二糖业烟酒公司和京口区商业总公司(后更名为京口百货公司),隶属于京口区商业局。1991 年 11 月,市政府推进市区“贸易兴市”商贸策略,成立市社会商业管理办公室。1996 年 9 月 16 日,镇江市商业局更名为镇江市贸易局。2001 年,撤销市财贸办公室和市贸易局,合并成立新的市贸易局。2004 年,撤销市贸易局,职能划属镇江市经济贸易委员会。2005 年,镇江市经济贸易委员会内设市场体系建设处、商贸流通管理处。

1988 年,镇江市商贸系统建立第一个专业技术协会——市烹饪协会。2005 年,镇江市商贸系统有市商业联合会及市饮食服务行业、市副食品行业、市百货行业等 12 个行业协会,主要职能是调查研究、咨询服务、技术培训、劳动竞赛、信息交流、技术合作、协调管理等。

1983~2005 年镇江市分地区社会消费品零售总额情况表

表 17-5　　单位:万元

年　份	全市合计	市区	丹徒县(区)	丹阳县(市)	扬中县(市)	句容县(市)
1983	75357	36115	9685	19398	7120	12724
1984	89907	44594	12394	22271	8010	15032
1985	117267	60347	14178	29137	9626	18157
1986	136187	70626	17215	33505	10713	21343
1987	162003	82360	19761	39210	14457	25976
1988	212979	108055	28606	51184	20482	33258
1989	222437	111460	26724	53491	22432	35054
1990	231105	117166	30643	55176	24252	34511
1991	265409	133747	34698	65169	29977	36516
1992	343892	148468	40623	114068	35754	45602
1993	544603	302110	52126	124751	47253	70489
1994	684566	368361	66946	160817	60135	95253
1995	862553	463650	80034	202791	80448	115664
1996	1019538	548064	93220	235180	99378	136916
1997	1091925	569240	98718	261460	113458	147767
1998	1151981	587582	108116	282246	123664	158489
1999	1238380	629120	115064	310697	131682	166881
2000	1344880	692015	124269	339306	141558	172001
2001	1454688	739919	134459	370593	153590	190586
2002	1630829	836783	147378	412369	172651	209026
2003	1838073	953668	163706	460100	191771	232534
2004	2098233	1068764	132228	537902	222500	269067
2005	2413727	1150694	152327	653726	299343	309964

1983～2005年镇江市按行业分社会消费品零售总额情况表

表17-6 单位:万元

年份	全市合计	批零贸易业	餐饮业	制造业	其他行业
1983	75357	58032	2967	8480	5878
1984	89907	68750	3800	9723	7634
1985	117267	82820	4805	14726	14916
1986	136187	98421	7227	14239	16300
1987	162003	112860	9827	20679	18637
1988	212979	154302	12522	24723	21432
1989	222437	161211	14017	25690	21519
1990	231105	168078	14503	23534	24990
1991	265409	188797	15437	26578	34597
1992	343892	243226	21165	34048	45453
1993	481888	338942	28785	46174	67987
1994	605871	424855	45704	60116	75196
1995	763508	521145	53383	81878	107102
1996	902438	595171	69748	95537	141982
1997	1010279	629745	77480	97236	205818
1998	1066005	665823	93807	97077	209298
1999	1145977	697318	129675	97791	221193
2000	1244602	829624	151832	94881	168265
2001	1346222	897809	167875	100235	180303
2002	1492716	1250938	211959	–	29819
2003	1682408	1418770	232341	–	31297
2004	2098233	1763423	309014	–	25796
2005	2413727	2013294	370530	–	29903

说明:1. 1998年起,为限额以上批发零售贸易企业统计数据;
2. 1999年起,其他行业栏中包含农业生产者数据;
3. 2001年起,其他行业栏中包含港澳台商投资企业数据;
4. 2002年起,制造业为批零贸易业中的其中数

第一节 商业所有制

1983年,全市商业系统所有制分为全民、集体、个体经营三种性质,其中全民商业企业8329家,从业人员43038人;集体所有制商业1255家,从业人员7797人;代购代销店1098个(户),员工2046人;个体商业经营者4058个(户),员工4329人。1984年,全市商业系统经营企业有19126家,个体有证商业经营户成为主体。1990年,全市商业系统所有制性质增加合作商业企业2家,员

工60人。1993年,全市商业系统所有制性质出现多种形式,国有、集体经济占主体,个体经济仍占有重要份额,私营经济为辅,联营企业、股份制企业、港澳台企业、其他企业进入商贸市场。1994年,少量外商投资进入市场。1998年,全市商业系统所有制性质发生变化,中外合资企业在限额以上批发零售企业中销售总额占领先地位,股份制经济中以国有控股为主体,国有参股为辅,同时出现合作、合伙、股份有限公司、有限责任公司等经济组织。2000年后,个体私营经济发展较快,改制后的私营企业中,出现私营有限责任公司。

截至2005年,全市商贸系统所有制成份中出现多种类型共存,按注册类型分有内资企业,港、澳、台商投资企业,外商投资企业,在限额以上批发和零售业企业中各占一定比例成分,其中批发业中,国有企业3家,员工361人,销售总额24.25亿元;集体企业3家,员工151人,销售总额2.30亿元;股份制企业24家,员工2073人,销售总额39.17亿元;私营企业13家,员工389人,销售总额17.85亿元。零售业中,国有企业10家,员工1267人,销售总额3.68亿元;集体企业3家,员工833人,销售总额1.94亿元;私营企业25家,员工4197人,销售总额13.15亿元;港、澳、台商投资企业1家,员工820人,销售总额4.65亿元;外商投资企业1家,员工60人,销售总额7584.3万元。住宿业中,国有企业4家,员工832人,营业额6117万元;集体企业3家,员工206人,营业额1467.4万元;私营企业1家,员工19人,营业额152.8万元;港、澳、台商投资企业1家,员工58人,营业总额296万元;外商投资企业1家,员工235人,营业额884.2万元。餐饮业中,国有企业5家,员工651人,营业额6531万元;集体企业2家,员工129人,营业额805万元;私营企业37家,员工2500人,营业额2.44亿元;港、澳、台商投资企业1家,员工141人,营业额924万元;外商投资企业1家,员工485人,营业额3898万元。

1983～1992年镇江市区商业机构情况表

表17-7　　单位:家

年　度	1983	1984	1985	1986	1987	1988	1989	1990	1991	1992
一、全民所有制商业	329	299	324	338	374	517	548	394	560	685
1. 企业管理机构	38	41	47	49	45	64	74	41	70	49
2. 企业经营机构	283	250	8	281	321	442	458	331	467	619
3. 仓储运输机构	8	8	269	8	8	11	16	22	23	17
二、集体所有制商业	305	277	393	441	460	649	578	485	642	844
1. 企业管理机构	7	9	17	13	20	18	15	16	26	30
2. 企业经营机构	298	267	376	428	439	629	562	467	616	814
3. 仓储运输机构	–	1	–	–	1	2	1	2	–	–
三、代购、代销店	33	20	–	–	–	–	–	–	–	–
其中:代销店	33	20	–	–	–	–	–	–	–	–
四、合营商业	–	–	–	–	–	–	1	–	1	1
个体商贩	490	1032	1301	2081	2906	5108	3533	2830	6480	4897
其中:贩运	–	–	–	–	3	19	49	–	8	81
废旧物资收购	–	–	–	–	–	–	3	–	2	15
批发市场	–	–	6	–	–	–	–	–	–	–

说明:表内数据不含市区供销合作社商业机构

1983～1992 年镇江市区商业人员情况表

表 17-8　　单位:人

年　度	1983	1984	1985	1986	1987	1988	1989	1990	1991	1992
一、全民所有制商业	10515	8438	9007	8668	8186	10451	11139	11174	11906	13550
1. 企业管理机构	3023	2208	2011	2000	1772	1997	2116	2189	2214	1669
2. 企业经营机构	6692	5660	6489	6431	6193	8027	8483	8037	8804	172
3. 仓储运输机构	800	570	507	237	221	427	540	948	888	861
二、集体所有制商业	3192	3079	3321	4498	4431	5259	5896	6126	4292	7144
1. 企业管理机构	28	72	254	144	158	182	223	165	90	172
2. 企业经营机构	3164	2988	3067	4354	4256	5005	5661	5911	4202	6972
3. 仓储运输机构	–	19	–	–	17	72	12	50	–	–
三、代购、代销店	87	30	–	–	–	–	–	–	–	–
其中:代销店	87	30	–	–	–	–	–	–	–	–
四、合营商业	–	–	–	–	–	–	36	–	13	30
个体商贩	491	1192	1646	2588	3704	6914	4896	5048	8992	6062
其中:贩运	–	–	–	–	5	21	58	48	16	90
废旧物资收购	–	–	–	–	–	–	3	5	2	20
批发市场	–	–	96	–	–	–	–	–	–	–

说明:表内数据不含市区供销合作社商业人员

第二节　商业网点

1983 年,镇江市区商业网点主要位于大市口商业区、大西路商业区、谏壁商业区。1985 年,市区有商业网点 3783 个,其中国营、集体网点 407 个。200 人以上的大型商店 2 家,从业人员 14374 人。个体有证经营商业户 17614 个(户),从业人员 13120 人,商业网点覆盖面遍及居民生活住宅区、厂矿生活区。1990 年,市商业局投资 7400 万元新建扩建镇江商厦、镇江大酒店二期工程、恒顺集团商场、万祥清真食品商店、谏壁东方商厦等 5 个商业网点。1991 年,市政府提出“贸易兴市”商业策略后,加快建设大市口商业中心、解放路商业街、中山路商业街、正东路商业街、谏壁商业区等,全市注册商业网点发展到 9528 个,其中市区零售商业网点 6927 个,市区每万人拥有零售商业网点总数 154 个。1992 年,市区总投资 0.88 亿元,新建商业网点 21 个,竣工和续建网点 5 万平方米,新建网点 14 万平方米,改造扩建营业网点 2 万平方米,华联商厦建成开业。1993 年,市区完成投资 1.53 亿元,新建镇江商业大厦、丹徒商厦、大港商厦等大型骨干网点 4 个,新增营业面积 7.56 万平方米。至年底,市区商业服务业网点 8832 个,市区每千人拥有网点数 17.7 个。1994 年,投资 2.59 亿元,新增市场网点面积 14.8 万平方米,市区每千人平均拥有网点数 19 个,拥有市场面积 279 平方米。1995 年,新世纪商厦建成开业,新增营业面积 6285 平方米。1996 年,镇港合资商业零售企业“镇江百盛商城”建成开业。1997 年,市区投入 5200 万元用于商业网点改造,其中镇江大酒店、新世纪商厦、大港商厦、京江饭店各投入 1000 万元、1200 万元、610 万元、500 万元;友谊商店、鼎大祥丝绸商店分店等投入 1890 万元。同年,镇江国际饭店建成开业。镇江商业城实现年销售 2.8 亿元,利税 1780 万元,跨入全国大型零售企业行列。1999 年,镇江老字号“宴春酒楼”大市口新店开业。2000 年,外地商贸企业走进镇江扩建市场网点。2002 年,私营经济性质的旅游超市网点扩展到10个，北京华联、苏果等超市在市内连锁网点100多家。2004年9月，镇江市大型购物中心太和广场开业。2005年，市区商业网点形成大市口一级商业中心（以大市口为核心的老城区城市商业中心），形成集旅游、购物、休闲于一体的特色商贸区；四个区级商业中心（以主城区南徐、丁卯、谷阳规划的三个新城区，大港新区内的二级商业中心），形成高档百货与超市、餐饮、娱乐、休闲、商务活动中心；九个居住社区配套的区级商业中心（以跃进路、黄山南路、九里街、青年广场、丁卯桥路南、谷阳路西和官塘、谏壁、高资市郊三镇的三级商业中心），形成中小型超市、小商品市场、杂货店、风味小吃、便利店、娱乐休闲商业中心。以百货店、专卖店、专业店、大型超市为主要经营业态。市区有天润发、商业城、展销馆、商业大厦、华联商厦、新世纪商厦、五星电器、太和广场、中山商场、农工商超市等45个主要购物场所。消费对象为本市及周边城市居民、国内外游客。

截至2005年底，全市共有商业网点6万余个，其中市区8000余个。全市累计投资12.41亿元，改建、新建各类商业网点84个，增加营业总面积78万平方米。全市商业网点中有其他批零贸易企业4000个，从业人员5万人。餐饮住宿企业400多个，从业人员1万余人。个体餐饮住宿经营户8000多户，从业人员2.5万余人。

一、商业街区

1. 中山路商业街　1983年，中山路商业街有260家大小商业网点，繁华地段聚集于大市口至中山桥一段，商贸流通业有百货、服装、纺织、鞋帽、五交化、钟表、眼镜、文化用品、新华书店、糖烟酒、南北货、水果、家具、日杂，饮食服务业有菜馆、面馆、旅社、饭店、理发、浴室、照相、洗染、副食品店、菜场等。名、特、老店、场有百货二店、同兴楼菜馆、京江饭店、新华影剧院、河滨饭店、市第二招待所、五条街菜市场、新华书店等。1986年以后，沿街兴建丹徒大厦、中山大厦、京谷大厦、太和广场大楼等10幢大楼，改建扩建火车站广场、邮电大楼、镇江大酒店、大鹏商场建筑群，增设5个专业市场，新增营业网点30个，新增营业面积20万平方米。建筑面积11840平方米的物资大厦建成开业，成为全国建成的第二家物资大厦。1988年，建成牌湾、五条街、黄山路6个农贸市场。建成中山路沿街6幢高楼。复建大市口副食品商场、大市口中心肉店、五条街中心菜场和万祥副食品商店。1989年，中山路临街开工新建中国银行营业楼、京口商场、京口医院门诊楼、新华书店、工商银行营业楼。1991年，新建华联商厦、南方商厦、东方商厦等综合性商场，复建中泉浴室、民族饭店，扩建和改造物资大厦、镇江商场、京江饭店、丹徒大厦、市五交化公司大楼。全市最大的副食品商场万祥商厦复建开业。1992年，中山路上的镇江宾馆客房楼、镇江恒顺酱醋厂综合营业楼、丹徒县农行及保险公司办公楼、镇江大酒店二期工程竣工开业。续建商业大厦建筑面积2.16万平方米；镇江商城建筑面积6万平方米动迁；镇江肉蛋禽批发市场建筑面积3000平方米动迁；1993年5月，全市最大的室内小商品市场——镇江招商市场竣工开业。同年10月，镇江商业大厦局部建成开业，建筑面积2.6万平方米，营业面积5000平方米，试营业第一天顾客5万余人，营业额60万元。镇江华联商厦二期工程竣工开业，营业面积增至1.6万平方米，年销售额1.03亿元。12月20日，镇港合资企业镇江商业城项目正式签约。中山路上新建的镇江五金交电家电化工（集团）公司，下辖10个专业批发公司、6个零售商店、2个大型仓库，年销售2.7亿元，利税632.15亿元。1995年，中山西路90号市生产资料市场列为全省商品百强市场第12位。1997年，镇江商业大厦歇业后重新开业。2000年8月，中山东路西段创建“购物放心一条街示范街活动”通过省级考核验收。2001年，中山路商业街有18家商业企业获市级以上表彰，商业城授予省级文明单位称号，新世纪商厦被命名为省级示范店。2002年，中山路商业街成为二级商业区。

2005年，中山路为集镇江市民购物、餐饮、旅游、休闲于一体的最繁华的商业一条街。主要名、特、大店和商业集聚区有天润发超市、商业城、商业大厦、中山大厦、紫金大厦、物资大厦、新世纪大厦、国际饭店、镇江宾馆、镇江大酒店、大娘水饺、肯德基、麦当劳、恒顺醋业、城市客厅广场、第一楼街步行街等。

2. 大西路传统商业街　位于市区西部,清代称之西门大街,东至解放路四牌楼,西至银山门,全长3000余米。全路有商铺1000余家。名店有宴春酒楼、一枝春素菜馆;老店有鼎大祥、义和绸布店等绸呢批发庄、行;义隆祥、大新公司、谢馥春小商品等百货店、老存仁堂公济中药店等,有全市第一家最大的五金商店宝塔路五金交电化工商店以及儿童妇女用品商店、自行车专业商店等商业网点。市第一百货商店,营业面积1500余平方米,经营1.5万余个品种。全市各类商品国营批发站(公司)均聚集于此街。

1983~1999年,大西路传统商业街主要集中于宝塔路至银山门段门面街道。商贸流通业有百货、服装、绸缎、纺织、鞋帽、五交化、钟表、糖烟酒、酱醋、水果、日杂、药品等,饮食服务业有菜馆、面馆、点心、卤菜、旅社、浴室、照相、洗染等网点,名、特、老店有鼎大祥、谢馥春、老存仁堂公济中药店、宴春酒楼,福音堂也设在传统商业街繁华地段内。虽然此街不处于市中心商务区,但镇江人长期形成的传统购物习惯,剪布绸到鼎大祥,买小商品到谢馥春,吃小笼包、买肴肉到宴春,配中药到老存仁堂,使得大西路商业街曾经成为全市人气聚旺的一条商业老街。2000年,大西路传统商业一条街列入市政建设老城区商业网点改造,依托恒顺酱园门市部、老存仁堂药店、宴春酒楼、鼎大祥棉绸布商店等老字号店铺优势,经营传统特色商品,增加与充实专业店、专卖店、精品店、配套休闲、餐饮设施。2001~2005年,大西路商业街按照商业网点规划,部分商店因拆迁关店,老街兴建速度滞后,经营品种、经营面积、销售额日渐减少,购物人流也日益稀少,这条传统商业街渐渐衰落。

3. 江鲜一条街　位于城西城郊接合部新河西岸北,1999年兴建,南起彩虹桥,北至长江引航道渡口,全长1700余米,路面窄处6米,宽处20米。街内有始办于1998年、8张桌子起家的第一家渔民饭店——毕士荣江鲜馆。2002年,有11家江鲜餐馆(其中有7家为旅游定点饭店、2家特色饭店、2家私营餐馆),有5家农业企业与食品企业。镇江市地名委员会正式命名为"江鲜街",是全市首条具有地方特色的餐馆产业街。2005年,江鲜一条街10余家江鲜馆,带动300多个船家渔民就业,年均营业额超1亿元。

4. 谏壁商业街　位于镇江市区东郊谏壁镇越河街与雩山街相连,街道呈T形,东西街沿越河街形成店铺,全长1500余米,南北沿雩山街形成,全长1000余米。1983年,商业街内老新街有大小杂货、饮食店近百家,规模较大的杂货老店有协和祥、森大恒、恒泰、德大、恒康、德泰等,饮食店以南桂轩经营各种名小吃最负盛名,另有码头、木行、银楼、粮行、芦席行、药店、旅社等门类齐全。1985年,有国营、集体商业网点43个,从业人员500人,销售总金额1650万元。1993年4月,谏壁商业街内的以国营谏壁商业公司为主体,集街内30家批发商业、零售商业、饮食服务业、仓储运输业、商办工业企业,成立镇江东方商业集团,年购销总额8000万元。2005年,谏壁商业街主要有东大商城、东方商厦、谏壁商厦、甘露商城等重点商业网点,沿街新增百货、五金商店、电讯器材、超市、自行车、电动机专卖店、家具、新华书店、邮局、文印、旅社、宾馆、洗浴休闲等,日人流量1万余人,营业额100余万元。

5. 南门大街　1983年,全街共有商铺100余家,主要经营日用百货、日用小商品、餐饮、服装、鞋帽、皮革、食品、糕点制作、浴业、美容美发、化妆品、烟酒、茗茶、网吧等。1992年,市政府为规范夜市市场,同时为扶持下岗工人就业,将双井路、四牌楼、大西路、山巷等多处的夜市路边摊点,统一集中到南门大街一条街,作为小商品集散地,摊主中近80%是下岗职工,自此形成夜市市场,夜市摊位约200多个,其中饮食摊位多达40多个,此后市场规模日益扩大。2000年后,烧烤摊位开始陆续出现,有一些摊主也开始销售音响、电视等家电。2005年,南门大街一条街夜市市场,拥有注册摊位330个,其中服装30个,小百货220个,各类小吃店62个,烧烤店18个;从业人员1000余人,其中下岗职工150余人,伤残、低保困难人员50余人,无业人员200多人,两劳释放解散人员 30 余人,外来及其他小商小贩、个体经营户 500 余人。

二、综合性商厦

1. 镇江东方商业集团总公司　1986 年成立,位于谏壁镇,将商业局系统内各主营公司设在谏壁的国有企业经营网点集中管理组建而成。建成东大商城和东方商厦,增加 8000 多平方米经营面积,销售收入最高达 5000 万元,职工人数最多时近 600 人,集团含东大商城、东方百货公司、东方糖烟酒公司、东方五交化公司、东方饮服公司、东方食品厂、副食品公司、装潢公司等。1995 年后,销售逐年以 20% 以上幅度下滑(国有经营机制局限),企业亏损每年 40 万元。2000 年,下岗分流职工 280 人。改制形式是将总公司下属企业中的谏壁食品分公司分立出来,单独改制,其余合并整体改制,资产总额 1685.84 万元,2002 年 10 月 31 日改制,企业土地面积 10434 平方米。东大商城营业面积 3000 余平方米,职工 110 人,柜组 30 个,经营品种 1.2 万种。改制后更名为镇江东新商贸有限公司,注册资本 132.14 万元,主要经营百货、针棉纺织品、五金交电、家用电器、服装鞋帽、食品烟酒、建材、电子产品、水产品、家禽、蔬菜、粮食、金银首饰、柜台出租、餐饮娱乐、旅馆饭店、沐浴休闲等。

2. 镇江商业大厦有限责任公司　位于中山东路 256 号,筹建于 1987 年,1990 年拆迁动工,1991 年 9 月 6 日破土动工,1993 年 10 月建成试营业,是全市规模最大的综合性商场之一。建筑面积 2.9 万平方米,营业面积 5000 余平方米,设有 4 个商场部,经营商品 15000 余种,日销售额 60 万元～150 万元,创全市商业日销售额最高纪录。1994 年年销售额 1.2 亿元。1997 年,大厦内部经营结构调整后重新开业,实现销售总额 1850 万元,毛利 407 万元。1998 年,营业面积 6500 平方米,资产总额 11421 万元,销售总额 1.01 亿元,利税 737 万元,利润 406 万元,名列全市 50 强企业零售第七名。2000 年,资产总额 1.32 亿元,销售总额 9395 万元,利税 250 万元。2005 年,商业大厦营业面积 10500 平方米,从业人员 600 人,资产总额 1.25 亿元,销售总额 1.5 亿元。

3. 华联商厦股份有限公司　1992 年 10 月成立,位于中山东路 279 号,三层楼面,初始建筑面积 5300 平方米,设百货部、副食品部、五交化部、精品部、鞋帽部、针纺服务部,经营特色高、中、档商品为主,名、特、优、新领先。1992 年实现营业收入 7000 万元。1993 年 1 月 18 日,华联商厦日销售额 130 万元,创镇江商业零售的最高纪录。4 月,京口区委、区政府办公大楼全部腾让给华联商厦扩建二期工程,12 月,二期工程竣工开业,营业面积增至 1.6 万平方米,居全市各大商场之首。1993 年,商场销售额 1.03 亿元,利税 800 万元。2001 年,商厦销售总额 4171 万元。2005 年,华联商厦注册资本 5094 万元,经营总面积 1.2 万平方米,销售总额 1.01 亿元,从业人员 730 人,经营百货、针纺织品、五金、交电、化工、工艺美术品、日用杂品、电子产品及通信设备销售,黄金制品零售、修理、以旧换新、房屋租赁、租赁服务。

4. 镇江百盛商城有限公司　又称镇江商业城,前身为镇江市第二百货商店。位于中山东路 214 号,1993 年 12 月 20 日镇港合资签约新建。1994 年 4 月 18 日,主体工程开工。1996 年 5 月 1 日,镇江商业城开业注册为镇江百盛商城有限公司,总投资 2500 万美元,建筑面积 4.42 万平方米,营业面积 2.8 万平方米,地上 8 层,地下 2 层。商城楼面营业状况,一层超市、二层女装部、三层男装、四层休闲及针织部、六层家电部,130 个柜组,经营商品 10 万余个品种。开业之日销售额 200 万元,创镇江市商场日零售额最好记录。1997 年,销售额 2.8 亿元,利润 1780 万元,跨入全国大型二档零售企业行列。1998 年,销售额 3.2 亿元,创利税 1200 万元,列全省 100 家大中型商贸企业销售额第 20 位,利润第八位,列全市 50 强批零企业之首。2000 年,百盛商城营业面积 2 万平方米,资产总额 2.47 亿元,销售总额 4.07 亿元,利税 2007 万元。2001～2003 年,商业城销售总额分别为 4.16 亿元、4.38 亿元、4.5 亿元。2005 年,镇江商业城营业面积 2.1 万平方米,从业人员 1900 人,资产总额 4500 万元,销售总额 4.65 亿元,同年获“全国百城万店无假货示范店”称号。

图 17-1　新世纪商厦(1995 年摄)

5. 镇江新世纪商厦有限责任公司

1994 年成立,位于中山东路 399 号,总投资 8000 万元,楼面 17 层,建筑面积 19208 平方米,是全市规模最大的五金交电商场之一,年销售总额 3600 万元。1998 年,营业面积 7655 平方米,资产总额 3500 万元,批零销售总额 1.12 亿元,实现利税 128 万元,名列全市 50 强企业零售前 10 名的第二名。2000 年,资产总额 3900 万元,销售总额 1.21 亿元,利税 124 万元。2002 年,镇江五交化集团公司所属新世纪商厦改制为镇江新世纪商厦有限责任公司。2004 年,新世纪商厦在句容市建立分店开张营业。2005 年,新世纪商厦营业面积 8000 平方米,注册资本 1000 万元,从业人员 276 人,资产总额 2500 万元,销售总额 2.5 亿元。

2005 年镇江市区主要批发零售企业情况表

表 17-9　　单位:平方米、万元、人

企业名称	经营地址	经营面积	资产总额	营业总额	从业人员
镇江百盛商城有限公司	中山东路 214 号	21000	4500	46500	1900
镇江新世纪商厦有限责任公司	中山东路 399 号	8000	2500	25000	276
镇江家世界万方连锁超市	万古一人巷 3 号	9209	5167	14693	826
镇江商业大厦有限责任公司	中山东路 256 号	10500	12500	15000	600
镇江美迪雅洗涤化妆品有限责任公司	大西路 452 号	400	2294	5500	44
镇江苏力糖烟酒有限公司	大西路 440 号	600	2353	5600	239
江苏省华茂贸易有限公司	解放路 357 号	2500	5500	20000	78
镇江展销馆有限公司	梦溪路 8 号	8000	5900	20000	42
镇江市恺源旅游商贸有限责任公司	花山湾 1 区 37 号	15000	3500	15000	480
镇江凯发商贸有限公司	长江路 15 号	800	2500	5500	95
镇江存仁堂医药连锁有限公司	大西路 504 号	8500	300	4453	300
江苏诚信空调设备有限公司	宗泽路 60 号	2000	2500	9500	32
镇江太和广场	中山东路 333 号	4000	6500	5600	240
镇江华联商厦股份有限公司	中山东路 279 号	12000	7250	10100	730
镇江市空调器销售总公司	梦溪路 2 号	2300	3536	5278	70
昆山润华商业有限公司镇江分公司	中山东路 382 号	24000	3730	32000	350
北京华联综合超市镇江分公司	解放路 362 号	9213	1244	15000	204
农工商超市有限公司镇江店	矿机路 1 号	10000	5000	8000	75
镇江林宁苏果连锁超市有限公司	花山湾	13100	3300	9000	513
五星电器有限公司镇江分公司	中山东路 338 号	4400	1000	15000	210
苏宁电器有限公司镇江分公司	中山东路 423 号	8900	1693	18120	130
永乐生活电器镇江分公司	中山东路 279 号	7500	1563	16700	119

三、超市　连锁店

1997 年,镇江商贸业经营业态发生变革,超市连锁经营形式首次走进商贸市场。全市有限额以上超级市场2个,连锁经营网点9个,零售网店8个,营业面积8200平方米,销售总额5498.5万元,从业人员292人。上海联华连锁超市一度成为全市规模最大的连锁超市,全年实现销售额3800万元。另有限额以上连锁商店2个,经营网点56个,零售网店54个,营业面积10273平方米,销售总额9778.5万元,从业人员519人。1998年,市蔬菜公司组建万方连锁超市网点发展到18个,年销售总额1.2亿元。2000年,外地商贸企业走进镇江扩建市场网点。苏果超市有限公司镇江店年内由1个营业网点扩展到6个,实现营业额2800万元;上海农工商超市年营业额5500万元,销售额在全市各大超市名列前茅。全市超级市场增加上海凯玛、苏宁电器、北京华联等5家大型连锁企业。私营经济性质的旅游超市网点扩展到10个,北京华联、苏果等超市在市内连锁网点100多家。市区集中全市半数以上的大中型商场、超市和特级饭店,建成以大市口为中心的中心商业区,建成以东门、青年广场、大西路、火车站、汽车站为代表的二级商业区。北京华联超市年销售额1.08亿元。2003年,超级市场销售总额6.60亿元,北京华联、上海农工商、林宁苏果、恺源旅游等连锁超市年销售额超亿元,其中万方超市年销售额1.32亿元,北京华联年销售额1.31亿元。2004年,万方家世界有限公司在市区新增营业网点10个,在丹阳市及扬州市开设连锁店。2005年,全市超级市场9个,从业人员2460人,销售总额74.71亿元,其中批发额2.67亿元,零售额72.04亿元,其中万方家世界、恺源旅游、北京华联、上海农工商、林宁苏果、五星电器、苏宁电器、永乐电器等8家骨干连锁超市零售营业额13.7亿元,占市区社会商品零售总额的12%。另有零售连锁企业13家,连锁网点120个,还有家电、医药、汽车、成品油等连锁网点300余家。

1. 镇江家世界万方连锁超市有限责任公司　前身为镇江万方连锁超市,位于镇江市万古一人路3号。1998年,市蔬菜公司成立万方连锁超市公司,是全市第一家商业连锁超市,年内在市区开办6家连锁超市店,首家连锁店花山湾店开业后实现销售额151万元。2000年,万方连锁超市营业额5540.2万元。2002年,市蔬菜公司所属调味品副食采供站、蔬菜产供销经理部、五条街中心菜场、四牌楼中心菜场、中华路蔬菜瓜果销售中心、京口闸蔬菜批发市场、银宫蔬菜副食品商场、花山湾副食品商场、镇江豆食制品厂等11个法人代表单位,34家分店改制后组成镇江万方连锁超市有限责任公司,有员工1555人,从事蔬菜调味品、水果批发零售、豆制品生产经营等,年经营收入1.2亿元。2003年,万方连锁超市销售总额1.32亿元。2004年3月,镇江万方连锁超市与宁波家世界超市联合,组建镇江家世界万方连锁超市有限责任公司,注册资本1800万元,在市区新增营业网点10个,在丹阳、扬州等市开设连锁店,特许经营预包装食品兼散装食品、乳制品的批发与零售;食品类23个品种的加工、销售;水果、保健品、肉禽烧烤、炒制品销售;计生用品的销售;音像制品、图书报刊的零售;儿童娱乐服务;卷烟雪茄烟零售;另经营百货、纺织品、日用杂品、农副产品等20余大类。2005年,镇江家世界万方连锁超市有限责任公司有连锁超市店25家,营业面积9209平方米,资产总额5166.84万元,营业总额1.47亿元,利税总额99.8万元,从业人员826人。

2. 镇江市恺源旅游商贸有限责任公司　位于宗泽路60号1幢1~3层,1998年9月成立,是镇江网点最多、分布最广的大型民营连锁超市之一。2005年,公司注册资本3000万元,拥有营业连锁网点21家及配送中心、生鲜加工中心,经营网点遍布市区主要生活小区。特许经营预包装食品兼散装食品、乳制品的零售;烟的零售。另经营生鲜果蔬、鱼禽蛋肉,副食品到日用百货等四大类1.3万个品种,年营业额超亿元,曾获镇江市"三放心"工程荣誉单位、"诚信服务示范店""食品卫生A级信誉单位"和"光彩之星"等称号。公司资产总额3500万元,营业总额1.5亿元,从业人员480人。

3. 镇江林宁苏果连锁超市有限公司　位于花山路15号,2001年7月成立,特许经营预包装食品兼散装食品、乳制品的零售;烟、图书、报刊的零售;净菜加工、饮食服务;烟花、爆竹的零售。另经营文体用品、日用百货、服装鞋帽、塑料制品、五金交电、家用电器、办公用品等商品,2005年,林宁苏果连锁超市下辖24家连锁店,注册资本300万元,营业面积13100平方米,资产总额3300万元,营业总额9000万元,从业人员513人,经营销售万余种商品。

4. 上海农工商超市集团镇江有限公司　前身为上海农工商超市镇江店,位于青年广场西,2001年8月成立,占地面积1万平方米。2001年销售额5277万元。2003年销售额6702万元,被授予全国百城万店无假货示范店、消费者信得过单位、价格诚信标兵单位称号。2005年7月,上海农工商超市镇江店更名为上海农工商超市集团镇江有限公司,因城市规划迁址镇江市第一楼街5号营业,经营日用百货、服装、鞋帽、文化用品、五金交电、电子产品、乳制品等1万余种名、特、优、新商品。注册资金100万元,资产总额5000万元,营业总额8000万元,从业人员75人。

5. 北京华联综合超市股份有限公司镇江分公司　位于解放路362号,2002年11月成立,特许经营烟;生鲜蔬果、粮油制品的销售;各类定型包装食品、保健、速冻冷饮、酒、散装食品、熟食卤菜、水产类、肉类、禽类、塑料制品的销售;美容美发;书、报刊零售;音像制品零售。另经营日用百货、服装、鞋帽、文化用品、五金交电、电子产品、乳制品等1万余种商品,销售额8437万元。2002年,公司营业额1.03亿元。2003年,公司营业额1.31亿元。2005年,公司营业面积9213平方米,资产总额1243.65万元,营业总额1.5亿元,从业人员204人。

6. 大润发超市(又称昆山润华商业有限公司镇江分公司)　位于中山东路382号,建于2005年5月25日,是一家由台资企业大润发超市独资投资的大型综合型超市(天润发超市),主营百货、糖烟酒、副食品、水产品、粮油、鞋帽服装、五金、交电、建材、电器、金属材料、批发零售的"一站式"超市,2005年注册资本300万元,营业面积2.4万平方米,资产总额3730万元,营业总额3.2亿元,从业人员350人。

2005年镇江市商贸业主要批发企业(限额以上)商品销售情况表

表17-10　　单位:家、人、万元

项　　目	企业数	从业人员	销售总额	其中	
				批发额	零售额
总　计	43	2974	838677	718129	120548
食品、饮料及烟草制品	4	664	225303	222558	2745
纺织、服装及日用品	6	268	47346	46906	440
医药及医疗器材	3	764	36178	31273	4905
矿产品、建材及化工产品	18	728	347682	235230	112452
机械设备、五金交电及电子产品	10	444	165325	165319	6
其　他	2	106	16843	16843	0

2005年镇江市商贸业主要零售企业(限额以上)商品销售情况表

表17-11　　单位:家、人、万元

项　　目	企业数	从业人员	销售总额	其中	
				批发额	零售额
总　计	69	12227	497283	19589	477694
综合	23	7566	250080	3325	246755
食品、饮料及烟草制品	4	437	7981	0	7981
纺织、服装及日用品	2	298	8486	0	8486
文化、体育用品及器材	6	497	16034	1802	14232
医药及医疗器材	5	485	17669	4754	12915
汽车、摩托车、燃料及零配件	8	651	92638	2483	90155
家用电器及电子产品	16	1813	94889	7225	87664
其他未列明的零售	5	480	9506	0	9506

四、专业市场

1983年,市区主要有五条街、京口闸农贸市场,营业面积742平方米。1984年扩建京口闸室外顶棚市场,营业面积5300平方米,主营肉类、水产、蔬菜、豆制品、粮油、家禽、水果类等,日成交额8万元,成为全市最大的农贸市场。五条街农贸市场迁址中山东路(原镇江小市口)新建,营业面积200平方米,日上市量3万元。1985年,新建成中华路菜场,年采购经营蔬菜2395.63吨,五条街菜市场年采购经营蔬菜1489.83吨,四牌楼菜市场年采购经营蔬菜1042.05吨,迎江路菜市场年采购经营蔬菜1077.88吨。1991年,全市综合集贸市场38个,工业品专业市场5个,农副产品专业市场15个,总面积15.89万平方米。京口闸农贸市场成交额8275万元。1992年,全市总投资5200万元,用于扩建、改造、调整各类集贸市场32个,新增市场面积7.58万平方米。1993年,全市各类商品市场总数221个,综合市场138个,农副产品市场60个,工业品市场16个,废旧物资市场1个,其他市场6个,市场总面积50多平方米,市场成交总额1.63亿元。1994年,全市在润州区建成规模最大的蔬菜批发市场、城西小商品市场,在京口区建成营业面积3000平方米的甘露商城,建成全市最大的小商品市场——招商市场。1997年,全市各类商品市场229个,商品年成交额超亿元的市场16个,其中市区各类商品市场59个,总面积15万平方米,经营面积超过3000平方米的室内市场9个,商品年销售额超亿元市场6个。建成并开业19个专业批发市场,建筑面积12.4万平方米,投资总额1.68亿元。扩建中华路、京口闸、五条街、四牌楼、黄山等农贸市场,总面积36304平方米,增加营业区58个,柜台门面房186间,摊位1741个,柜台210节、交易大厅4个,主营农副产品批发零售,其中京口闸农贸市场蔬菜批发零售量占全市供应总量的70%,果品批发零售量占60%,日入市人流量2万~4万人次。8月,镇江市最大的木材市场——谏壁木材市场建成开业。1998年,全市共有各类商品市场245家,其中消费品市场49家,生产资料市场31家,生产要素市场158家,其他要素市场7家,市场分布于城市99家,农村146家。4月28日,镇江市第一个大型装饰材料专业市场——镇江装饰城开业。12月,大港建成全市最大的日用品市场大港商贸广场。镇江润州市场、黄山市场、甘露商城年营业额分别为3000万元、2000万元、16000万元,列为全市商贸业50强企业10强市场之一。2004年,全市共有各类市场235个,其中消费品市场203个,生产资料市场28个,生产要素市场4个。2005年,因企业改制、破产,全市共有各类市场202家,其中消费品市场184家,生产资料市场8家,其他各类市场10家。全市年成交额超亿元的骨干市场有20家,成交总额62.8亿元。

1988~2003年镇江市区主要市场情况表

表17-12

市场名称	经营地址	经营品种	经营方式	投资总额(万元)	开业时间	摊位(个)	建筑面积(平方米)
太古山市场	二马路口	农副产品、水产、肉蛋禽	零售	15	1988.12	120	466
牌湾市场	中山西路206号	农副产品、水产、肉蛋禽	零售	240	1990.10	190	2200
丹徒农贸市场	丹徒镇	农副产品、水产、肉蛋禽	零售	80	1990.5	173	1200
九里街市场	九里街	农副产品、水产、肉蛋禽	零售	100	1991.5	60	900
润州农贸市场	朱方路营房街	农副产品、水产、肉禽	零售	400	1992.7	430	2200
花山湾市场	花山湾路	农副产品、水产、肉蛋禽	零售	200	1993.11	65	1000
桃花坞市场	桃花坞徐家门	农副产品、水产、肉蛋禽	零售	150	1993.11	59	3500
屠宰市场	京岘山村	农副产品、水产、肉蛋禽	零售	210	1993.3	72	3929

续表 17-12

市场名称	经营地址	经营品种	经营方式	投资总额（万元）	开业时间	摊位（个）	建筑面积（平方米）
招商市场	中山东路	小商品、百货、服装	批零	2300	1993.9	1000	11000
甘露商城	市政路	小商品、百货、服装	批零	5700	1994.1	1070	10780
金星农贸市场	青年广场南	农副产品、水产、肉蛋禽	零售	300	1995.8	300	2700
永安路市场	永安路	农副产品、水产、肉蛋禽	零售	750	1996.2	136	2122
金山市场	和平路	农副产品、水产、肉蛋禽	零售	170	1996.6	96	1500
四牌楼市场	万古一人巷4－5号	农副产品、水产、肉蛋禽	零售	385	1997.10	140	1659
江滨市场	东吴路75号	农副产品、水产、肉蛋禽	零售	1300	1997.10	260	4400
京口闸农贸市场	宝塔路	农副产品、水产、肉蛋禽	批零	4350	1997.12	223	5300
黄山农贸市场	何家门	农副产品、水产、肉禽	零售	900	1997.5	600	3655
包家湾市场	丹徒路	农副产品、水产、肉蛋禽	零售	13.50	1997.9	60	540
新时代广场	中山东路	服装、百货、家电、家具	零售	1000	1998	800	30000
金桥装饰城	解放路	装饰材料	批零	2000	1998.10	1000	19606
五条街市场	千秋桥街口	农副产品、水产、肉蛋禽	零售	1800	1998.10	112	2200
月星装饰城	运河路	装饰材料	批零	2000	1998	1000	9400
京露市场	东吴路76号	农副产品、水产、肉蛋禽	零售	150	1999.11	120	1500
东门市场	丹徒路7号	农副产品、水产、肉蛋禽	零售	100	2000.3	100	1400
王家巷农贸市场	王家巷	农副产品、水产、肉蛋禽	零售	300	2003.2	180	2000

五、老字号店铺（企业）

1. 唐老一正斋膏药店　位于中山东路160号（现仅保存原始门楼），创建于清康熙初年。1956年，曾以“一正膏”创办镇江制药厂，1965年，年产“一正膏”逾千万张，后因药源短缺，药方删减为25味，更名为镇江膏药，“一正膏”生产从此中断。1982年，唐老“一正膏”旧址被镇江市人民政府列为市级首批文物保护单位。1992年，唐氏第十一世传人、美籍华人唐镇凯独资经营，成立镇江唐老一正膏药业有限公司，恢复祖传正宗的“一正膏”生产，唐氏传人遵奉“一心本一德治病救人，正人先正己一丝不苟”和“缺味少药不出门，货真价实不二价”的祖训，以祖传秘方及传统工艺生产制造一正膏（原名万应灵膏）。1994年，镇江唐老一正膏药业有限公司重新申请注册唐萼楼肖像商标（民国19年注册的老商标，肖像为“一正膏”药方原创始人）。1996年，镇江唐老“一正膏”商标被评为镇江市知名商标。1997年，镇江唐老一正膏药业有限公司又被评为江苏省知名企业。2004年，镇江唐老“一正膏”被中国质量观察站授予质量管理示范单位称号。

2. 老存仁堂药店　位于镇江市大西路405号，创建于道光十一年（1831年），店名取其“存其仁义，同济众生”之意，是晚清江南的知名老店。2002年，存仁堂药店改制，成立镇江存仁堂医药连锁有限责任公司，在江苏省内下辖57家连锁药店，主要经营中成药、中药饮片、抗生素制剂、处方药、非处方药、医疗器械、计生用品等。2005年，存仁堂医药连锁有限责任公司下辖38家连锁药店，注册资金300万元，营业面积8500平方米，资产总额300万元，营业总额4453万元，利税总额146万元，从业人员300人。

3. 恒顺酱醋厂　位于镇江市中山西路84号，始创于1840年清道光年间，生产经营香醋、面酱、酱油、酱菜、百花酒。恒顺香醋曾获巴拿马博览会和中华人民共和国金牌奖。1999年8月，镇江恒顺酱醋厂股份制改造更名为江苏恒顺醋业有限责任公司。2001年2月，在上海证券交易所成功上市，成为全国同行业首家上市公司。2005年，主要从事食醋、酱油、酱菜、黄酒等传统酿造调味品和现代复合调味品、食醋递延保健品的生产、销售。同年，企业利税总额5848万元，资产总额197327万元，工业增加值15283万元。恒顺香醋作为中国四大名醋之一，采用优质糯米为原料，历经“制酒、制醅、淋醋”三大过程，大小40多道工序。其独特的固态分层发酵工艺已被列入首批国家级非物质文化遗产保护名录。恒顺香醋富含18种氨基酸、维生素和多种微量元素，且独具“色、香、酸、醇、浓”五大特色，产品广销全国和世界50多个国家（地区），并供应中国驻外160多个国家的200多个使（领）馆。恒顺产品先后5次获国际金奖、3次蝉联国家质量金奖，是国家地理标志产品、中国名牌产品。

4. 鼎大祥绸布店　位于大西路450号，旧址在柴炭巷口，始建于1937年，原是一个私营店主经营机织布的小商铺。1939年，私营店主集资投股，在旧址开设鼎大祥绸呢棉布店。2001年，国有鼎大祥绸呢棉布店改制为鼎大祥商贸有限公司，成为民营股份企业，主要经营针织品、纺织品、百货、鞋帽、皮革、橡胶制品等，并与全国各大品牌面料厂商合作，专业制作品牌女装、职业制服，为金融、电力、烟草、交通等200余家单位制作职业服装。2003年4月，该店再次改造重新开业。2005年，鼎大祥商贸有限公司注册资本160万元，营业面积780平方米，资产总额3300万元，营业总额500万元，利税总额40万元，从业人员35人，主营服饰加工、服装加工。

5. 宴春酒楼　（参见第十七卷第九章第一节第二目名店选介）

第三节　百　货

一、商品经营

1983年，市区从事零售、批发、零售兼批发业务的大小百货商店有100多家，营业总面积5万余平方米。市区较大的百货商店是市百货公司下属的第一、第二百货商店，营业总面积3000多平方米，经营日用百货、文化用品、劳动防护用品3大类32小类16000个品种。全市百货市场供应的大宗商品有棉布、化纤布、绸缎、锦纶袜、汗衫背心、棉毛衫裤、毛线、胶鞋、火柴、肥皂、缝纫机、自行车、半导体收音机、电风扇、电视机等17个品种，名牌自行车、彩色电视机列入计划内供应紧俏商品。全市商业零售总额6.9915亿元，市区2.0525亿元，其中百货行业占市区商业零售额的半数以上。

1983年镇江市大宗百货商品销售情况表

表17-13

品名	单位	合计	市 区	丹徒县	丹阳县	句容县	扬中县
棉布	百米	161088	48960	24804	42266	25515	19543
化纤布	百米	43780	11849	9140	13290	3952	5549
呢绒	百米	3477	2505	633	136	137	66
绸缎	百米	13010	5068	2224	2781	2061	876
锦纶袜	百双	19732	6813	3545	4678	3216	1480
汗衫背心	百件	16848	5735	2535	4647	2755	1176
棉毛衫裤	百件	13373	4916	1934	3802	1845	876

续表 17-13

品名	单位	合计	市 区	丹徒县	丹阳县	句容县	扬中县
毛线	百公斤	2682	1065	337	600	449	231
胶鞋	百双	13671	3354	2282	3927	3186	922
火柴	百件	957	449	151	256	22	79
肥皂	百箱	1140	380	300	309	56	95
缝纫机	架	15239	3611	2319	3676	4088	1545
手表	百只	1424	305	161	650	214	94
自行车	辆	72860	21959	9356	20506	16428	4611
半导体收音机	架	35303	10865	4630	7579	10369	1860
电视机	架	19757	13975	1335	1794	1070	1583
电风扇	台	17713	9056	2020	3326	1659	1652

1984 年春夏之际，镇江百货市场货源充足，市场供应保持平稳有序。但秋后受省外市场商品货源短缺影响，全市刮起一股抢购风，市民纷纷抢购火柴、肥皂、洗衣粉、棉布、毛线等日常生活用品备存，市商业局采取按票证供应方式遏制抢购风蔓延。市区首次投放 201 台电冰箱供应市场。1985 年，国营镇江市百货采购供应站与镇江百货公司有百货、鞋帽、文化 3 个批发部，1 个包装组，2 个大中型百货商店，11 个小型百货商店，17 个百货批发、零售企业员工 956 人。主营百货、文化、鞋帽，兼营针纺织品、服装、家电等 2 万余种商品，仅家电就新增 27 个品种、73 个规格，年销售电视机 35930 台、电冰箱 1560 台、自行车 92560 辆。与全国 600 多家百货站、市(县)级百货公司，200 多家供销社、零售商店建立业务往来，与省内外 800 多家商品生产工厂建立购销业务关系，调运充足货源，全年进销商品总额 3 亿元，实现利税 700 余万元。

1986 年，全市百货商店 261 家，从业人员 2346 人；市区 44 家，从业人员 958 人；县 27 家，从业人员 583 人；县以下 190 家，从业人员 805 人。棉布销售 28594 百米，比 1983 年下降 41. 59%，毛线上升 59. 62%，电视机销售量净增 3854 台。首次上柜的 5049 台彩色电视机、品牌自行车凭票供应。此后，因受国内宏观经济过热影响，导致一定程度的通货膨胀，镇江市商品市场几度出现抢购高潮，1988 年 3 月、5 月、8 月最盛。抢购波及的商品有彩色电视机、电冰箱、肥皂、洗衣粉、保温瓶、牙膏、毛线、毛巾、锦纶袜、食糖等，8 月达到顶峰。1990 年，化纤布、毛巾、皮鞋、火柴、肥皂、洗衣粉、保温瓶等 19 个日用百货商品销售量比 1986 年增长 50%；棉布、化纤布、呢绒、绸缎、锦纶袜、棉毛衫裤、卫生衫裤、床褥单、各种服装、毛线、胶鞋等 11 种日用百货商品销售量下降 50%。缝纫机市场供应量比 1986 年净减 4597 架，减幅 82. 10%，电冰箱净增 3131 台，增长 105. 40%。同年，机制薄纸取消计划供应市场。

1990 年镇江市大宗百货销售情况表

表 17-14

品名	单位	合计	市区	丹徒县	丹阳市	句容县	扬中县
棉布	百米	83405	18127	12894	26081	11440	14863
棉花化纤混纺布	百米	87213	24609	5359	9156	5063	43026
其中：涤棉混纺布	百米	69294	24152	4453	7136	4106	29447
化纤布	百米	20363	5288	3326	5279	2421	4049
呢绒	百米	5094	2313	326	1240	256	959

续表 17-14

品名	单位	合计	市区	丹徒县	丹阳市	句容县	扬中县
绸缎	百米	19016	9165	1064	4671	738	3378
毛巾	百条	42184	16758	6999	10845	4278	3304
锦纶袜	百双	28009	8712	4579	6591	4644	3483
汗衫背心	百件	17096	4809	2418	3892	3199	2778
棉毛衫裤	百件	12804	4610	1930	2791	2064	1409
卫生衫裤	百件	311	21	77	54	93	66
床褥单	百条	1831	642	205	422	359	203
各种服装	百件	25001	10349	3368	4033	5313	1938
毛线	百公斤	5837	1974	790	1414	1024	635
皮鞋	百双	6587	3166	1175	754	751	741
胶鞋	百双	22569	6002	3770	6174	4703	1920
火柴	百件	1370	634	144	273	248	71
肥皂	百箱	1074	654	70	116	204	30
洗衣粉	吨	4549	1404	854	1143	780	368
保温瓶	百个	6214	1439	1196	1699	1213	667
缝纫机	架	10524	1005	1343	4436	2655	1085
手表	百只	937	487	49	231	93	77
自行车	辆	81388	24995	7643	23254	16125	9371
半导体收音机	架	25413	13070	1034	5964	4957	388
电视机	架	45621	14457	4617	13551	8637	4359
其中：彩电	台	13805	9177	753	1775	827	1273
录音机	架	27662	9749	2764	7325	4754	3070
电风扇	台	125420	40653	12880	37618	20385	13884
洗衣机	台	24785	8143	3457	6465	3232	3488
电冰箱	台	8641	6102	241	1066	750	482
机制薄纸	吨	5813	5131	181	246	139	116

1991～1995 年，全市商业百货行业商品销售结构发生变化。1991 年，全市有 243 家零售百货商店，从业人员 2843 人，其中市区 62 家，从业人员 1608 人。棉布等 21 种社会主要百货商品市场平稳零售。1992 年，毛巾、锦纶袜两种商品不列入社会主要百货商品序列。1993 年，全市社会主要百货商品减至布类、呢绒、绸缎、服装、针织内衣裤、毛线、鞋类等 7 大类，排抽油烟机进入市场后，年销售量 14211 台。镇江百货有限股份公司销售总额 1.64 亿元，利税总额 400 万元，列入全市商业批发企业十强；华联商厦、商业大厦、镇江商场、中百一店销售总额分别为 10347 万元、2005 万元、3714 万元、3337 万元，利税总额分别为 745 万元、74 万元、325 万元、180 万元，列入全市商业零售企业十强。1995 年，毛线商品不列入社会主要百货商品序列。镇江商业大厦、市百货第二商店开设“特价广场”“星期日销售点”，东方商业集团东大商城在市区开办连锁店，当年市区零售业商

品销售额21.40亿元。

1996年以后，全市百货行业扩展以经营百货为主体的综合商厦，市第一百货商店推行新型营销方式，建立自选超市。5月1日，镇江商业城建成开业，营业面积2.8万平方米，日销售200万元，创全市商场日零售额的历史最高纪录。市场商品消费结构从小百货发展到黄金饰品、家用百货电器类生活用品，摄像机、录像机、家用电脑等大百货。1997年，镇江商业城年销售2.8亿元，跨入全国大型零售企业行列。1998年，市百货洗化分公司拥有固定供货厂家66个，开发新品牌、新品种400个，拥有总经销、总代理品牌业务近百个。全市商贸系统12种家用电器商品增幅明显，25吋以上彩电增幅62.6%，微波炉、家用电冰箱、家用空调器、电风扇、排油烟机增幅最低15.1%，最高72.2%，年销售额1.38亿元，实现利税293万元。全市限额以下日用百货批发零售业销售总额7.7亿元，其中批发额5.61亿元，零售额2.09亿元。1999年，全市限额以上批发日用百货零售业经营网店154个，营业面积137671平方米，从业人员6949人。亿元以上商品交易市场百货业服装鞋帽、针、纺织品类、化妆品类、日用品类摊位2880个，商品成交额1408.33万元。镇江商业城年销售3.6亿元，获江苏省"公众购物首选商场""消费者满意商场"称号。2000年，全市商业系统推行改制，国有、集体亿元以上商品交易市场百货业服装鞋帽、针、纺织品类、化妆品类、日用品类摊位净减428个。

2001～2005年，这一时期全市百货行业形成专业化市场经营。2001年，镇江百货股份有限公司营业总额1.40亿元，进入全市批发贸易业20强企业。百盛商城、华联综合超市、华联商厦、商业大厦营业总额分别为4.16亿元、8437万元、4174万元、1627万元，进入全市零售贸易业20强企业。2002～2004年，有4家大中型百货商店改制，市百货股份公司破产重组。2004年，百货类的高档服装、化妆品、金银首饰营业额分别上升11.65%、17.8%、16.16%。2005年，商品全面放开经营，原本市场紧俏的彩电、名牌自行车、名牌手表、数码相机、摄像机等商品已成为普通商品，而高档服装、化妆品、金银首饰等商品成市场抢手货。全市亿元以上百货行业商品交易市场服装、鞋帽、针、纺织品摊位963个，商品成交额71.05亿元；化妆品类摊位92个，商品成交额4.26亿元；日用百货类摊位8783个，商品成交额107.28亿元。

二、商场选介

1. 镇江新百百货有限公司　前身为市第一百货商店，位于大西路332号，建于1950年，楼面二层，营业面积1500余平方米，经营百货、针纺织品、五金电器、家用电器、通讯器材、眼镜、装潢材料、食品等15000余个品种。1983年，市第一百货商店被列为江苏省大、中型百货商店之一。1992年10月，由市百货公司所属国营企业改制为镇江百货股份有限公司的控股企业。1993年，批发业务从市区扩展到丹阳、扬中、扬州、南京和苏北地区，提前100天完成年销售计划。2002年9月，市第一百货商店改制，2003年成立民营股份企业，建筑面积1136.9平方米，注册资本60万元，资产总额305.27万元，从业人员110人，主营百货、针织品、纺织品、日用五金、家用电器、通讯器材、眼镜、装潢材料、食品等，另兼柜台场地出租。2005年，新百百货有限公司营业面积2700平方米，资产总额3052.66万元，营业总额1800万元，从业人员110人。

2. 国营镇江市第二百货商店　位于市中心大市口商业区，建于1969年，营业面积1500余平方米，设有三个商品部36个柜组，16000余种商品。1983年，市第二百货商店是全市营业规模最大、销售额最高的国营零售商店，是全国大中城市百货商店开发联合会理事单位，江苏省消费者协会镇江质量监督联络站。1992年1月，市第二百货商店在全市率先实行经营、价格、分配、用工改革。10月，由市百货公司所属国营企业改制为镇江百货股份有限公司的股份制企业。1993年12月20日，市百货股份有限公司与香港盛迅企业有限公司签约，计划在第二百货商店原址筹建新商城，市百货二店迁址大西路鼎大祥绸布商店二楼，年销售额从1992年的4325万元下降至2000万元，亏损150万元。1994年4月18日，新商城主体工程开工，1995年，市第二百货商店开设“特价广场”“星期日销售点”。1996年5月1日，市第二百货商店更名为镇江商业城，筹建期间部分柜台正常营业，开业时注册名为镇江百盛商城有限公司。（参见第十七卷第二章第二节第二目综合性商厦）

3. 镇江展销馆有限责任公司　前身为镇江工艺美术品展销馆，位于梦溪广场梦溪路8号，建于1983年9月，建筑面积1.2万平方米，营业面积1.1万平方米，从业人员450人，主营省内外工艺美术品展销、百货、服装、皮鞋皮革制品、家具专卖、文化用品等。1999年，营业面积8000平方米，资产总额4887万元，营业额9030万元，利税122万元。2003年改制为民营企业，更名为镇江展销馆有限责任公司，营业面积6090平方米，资产总额522.76万元，员工499人。2005年，展销馆注册资本606.72万元，营业总额2亿元，从业人员42人。

第四节　五 交 化

一、商品经营

1983年，江苏省五交化公司在镇江建有采购供应站，下设9个批发公司、6个零售商店、2个大型商品仓库，另有镇江五交化信托贸易公司、大市口五交化商店、宝塔路五金商店、建设五金门市部和遍及谏壁、大港等乡镇的五交化商店、门市部，批发兼零商品3000余个品种。镀锌铁丝年购进量1511吨，年销售量1549吨，库存253吨；元钉年购进量1533吨，年销售量1088吨，库存361吨。1985年，全市有五金、交电、化工商店133个，从业人员991人，其中市区23个，从业人员385人。市五交化公司与全市100多家工厂建立经销网络，收购地方五金产品价值1500万元投入市场经销，全年增加五金类新品种105个，395种规格；增加化工品种AC发泡剂、白乳胶、漂白精等，年销售额2779万元；经销交电类商品4500多种，493种规格。镇江市地方五金家电产品行销上海、南京、安徽、陕西、广东、浙江等20多个省市，年销售额3856万元。

1986～1990年，全市从事五金、交电、化工经营的商店年均数168家，年均从业人员1429人，经营销售大宗五金电器商品主要为五金配件、化学试剂等。

1991年后，全市五交化业推行经营、价格、分配、用工“四放开”，大市口五交化商店在全市率先实行“四放开”。1992年6月30日，成立镇江五金交电家电化工（集团）公司，以镇江五交化站为主体，联合五交化商品生产、经营相关的工业、商业、金融、科研、交通、服务等60多家跨地区跨行业的企事业单位组成集团性经济组织，年内实现销售额1.7195亿元，实现利润291万元。1993年，镇江五金交电家电化工（集团）公司以高质量商品占领市场，不进假冒伪劣商品，开发名、特、新商品，发展总经销、总代理业务，开拓汽车、装潢材料、机电、化轻、燃料等多种经营业务。五金批发公司与省内外200多家生产五金产品工厂建立产供关系。扬中商业局开办光明五金、工具商行、万里车行等特色专业商店。1994年8月1日，市友谊华侨总公司成立友谊进口家电销售部，与广东番禺广洋经济发展公司合作连锁经营十大类200多个品种商品，最高日销售额6万元，年销售额300万元。1995年，市五交化集团公司投资5500万元，新建19208平方米的新世纪商厦，新增营业面积6285平方米，同时开拓百货、服装经营，试营业半年，实现零售总额3600万元。市五交化集团公司家电类改革经营方式，年销售额1.39亿元。大港商厦扩大钢材等经营，增加营业收入700万元。丹徒县五交化公司腾出100平方米营业面积，建立家电批零商场，实行批发零售一体化，减少零售客户提货程序，家电销售量增长15%。

1996年，市糖烟酒公司多元化经营，开拓上菱系列电器销售230万元。市五交化公司拓展机电、农机、餐饮业等经营门类。市友谊公司在国家优惠政策取消后，经营进口名牌照相器材、大家电、钟表等业务。1997年，市贸易局开展“压库促销，扩销增效”主题活动，在市商业大厦举办6期“夜市商品大联销”，回笼资金200多万元。1998年，全市消费品市场买方市场需求不足，商品供大于求。1999年，镇江五金交电家电化工(集团)公司新世纪商厦营业额1.12亿元，利税128万元。镇江五金交电家电化工(集团)公司营业额4.41亿元，利税512万元。镇江五化交进出口有限公司营业额3.72亿元，利税65万元，镇江空调器销售总公司营业额2.17亿元，利税319万元，排名进入镇江商贸业50强企业。2000年，镇江五金交电家电化工(集团)公司25个经营部门，分类改制。

2001~2005年，市五交化企业进入全面改制时期。2001年，市五金交电家电化工(集团)公司下属等6个化工批发公司，以职工集股，成立经营者持股的有限责任公司。2002年，南京苏宁电器、五星电器落户镇江。2003年，全市商贸系统五交化业国企改制全面完成。企业改制后，其中建店66年的大市口五金商店，经营五金、化工、交电三大类等3000余个商品。建店48年的宝塔路五金交电商店，分类设立建筑、工具、水暖、机电配件、民用五金、交通、电工电料、电讯等8个柜组，经营五金、交电、化工、机电、家电等3000余个商品。建店35年的自行车商店专业经营机动车、三轮车、自行车及其零部件，是全市唯一的自行车专营商店，批零兼售。2004年，新世纪商厦在句容市成立句容分店，销售品牌五金电器。2005年，上海永乐电器落户镇江五金电器市场。全市家用电器 、计算机、软件及辅助设备、汽车等形成消费热点，其中家用电器销售总额81.09亿元 ，计算机、软件及辅助设备销售总额13.80亿元 ，汽车销售总额47.6亿元。汽车消费走进百姓人家，私人购车年销售量1万余辆。

二、商场选介

1. 镇江市空调器销售总公司 位于梦溪路南水桥东畔，1998年12月18日成立，注册资金1.50亿元，资产总额7527万元，销售总额2.07亿元，利税254万元，员工128人。主要经营空调器销售，空调器工程设计、安装、维修等业务，公司下属18个分公司企业，从事空调器、制冷设备及其零配件零售、批发，家用电器、五金、日用百货，建筑材料 、电子计算机及配件、装潢材料、冰箱、电视机、音响、摩托车、批发零售等业务。1999年，公司营业面积300平方米，资产总额7411万元，销售总额2.10亿元，利税405万元。2005年，公司注册资本32万元，从业人员70人，营业面积1500平方米，资产总额3536万元，销售总额5278万元。

2. 江苏诚信空调设备有限责任公司 位于宗泽路60号，主要经营空调器销售，空调器工程设计、安装、维修等业务。2000年6月，实行“空调110”24小时全年无休假金牌服务。2003年，公司形成分体空调、商用(家用)中央空调、太阳能三大经营板块。2004年，诚信空调被江苏省授予江苏名牌产品荣誉称号。2005年，公司注册资本580万元，营业面积2000平方米，营业总额9500万元，从业人员32人。

3. 苏宁电器有限公司镇江分公司 位于中山东路33号，是苏宁电器南京总部在镇江设立的分公司，2000年11月建成营业，是中国3G(家电、电脑、通讯)家电连锁销售企业。2005年，公司注册资本500万元，经营交电、五金、电器机械、化工产品、普通机械、仪器仪表、电子产品、计算机软件、空调配件等，营业面积8900平方米，资产总额1693万元，营业总额1.81亿元，从业人员130人。

4. 五星电器有限公司镇江大卖场 位于中山东路338号，2002年4月11日，五星电器南京总部在镇江市区丹徒大厦一、二层建立五星电器镇江大卖场，专业销售家用电器。2003年，销售总额9258万元。2005年，五星电器镇江大卖场营业面积4400平方米，从业人员210人，资产总额1100万元，销售总额1.5亿元。同年，增开五星电器东门大卖场。

5. 永乐生活电器镇江分公司 位于中山东路279号，是上海永乐电器总部在镇江设立的分公司，2004年4月建成营业，专业销售家用电器。2005年，公司在镇江、扬中、句容设立4家分店。营业面积7500平方米，资产总额1563万元，营业总额1.67亿元，从业人员119人。

第五节 副食品

一、商品经营

1. 畜禽水产品 1983年，全市购进生猪(包括鲜、冻猪肉)57万头，销售54.50万头，其中市区15个全民肉类销售网点销售16.47万头，其他辖市(县)销售38.03万头；购进家禽1411.16万只，市区9个禽蛋门市部销售83.11万只，其他辖市(县)销售1328.05万只；全市购进鲜蛋92万公斤，销售鲜蛋259.98万公斤，其他蛋类28.52万公斤。其中市区销售171.76万公斤，其他辖市(县)销售59.7万公斤。当年，市区肉类市场增加其他肉类供应品种，其中牛(包括牛肉)3200头，羊(包括羊肉)12700只。1984年以后，全市肉、禽、蛋、水产品市场购进与市场销售基本平衡，略有库存。1989年，市区部分商品销售疲软，市政府对人民生活必需品猪肉、鲜蛋等15个品种实行市场监控与优惠政策扶持后，水产品销售量迅速上升，年购进1403吨，销售3322吨。1990年，市场监控与优惠政策扶持增加到26个品种。从1992年起，市区对生猪实行定点宰杀，集中检疫，统一纳税，分散经营。市政府在京口、润州两区投资160万元，各建一个屠宰点，当年生猪出栏5.07万头，人均供应猪肉9公斤。1983～1992年，全市销售猪和猪肉数量年递增率12%，家禽、鲜蛋、水产品年递增率8%～15%。1993年起全市肉禽蛋水产品购进量不列入统计。同年销售猪和猪肉37521吨，牛和牛肉4128吨，羊和羊肉1466吨，家禽332.360万只，销售鲜蛋6848吨，销售水产品15139吨。1995年，全市销售猪和猪肉1181吨，销售鲜蛋33吨，销售水产品258吨(从1995年起，全市肉、禽、蛋及水产品只统计大中型批发零售贸易企业的零售量)。建立重要商品储备制度，储备猪肉10万公斤，并在市郊蔬菜副食品基地储备生猪活体。1996年，市区销售猪和猪肉721吨，销售鲜蛋106吨，销售水产品122吨。镇江肉联厂、谏壁食品厂实行生猪定点宰杀，日屠宰量200头。1997年，市区销售猪和猪肉5158吨。市商业部门在丹徒县西麓乡设立市级生猪活体储备基地。从1998年起，市区肉、禽、蛋及水产品进入社区农贸市场自由销售，对市区各生猪定点屠厂(场)各项税费，实行一票制征收管理，对市区屠宰的9.04万头生猪收取税收409.08万元。2000年，全市农村建立肉食禽蛋市场3个，成交额21664万元，水产品市场2个，成交额11607万元。市屠管办加强"放心肉"管理，联合执法没收在市场销售的未检疫猪肉6000公斤，捣毁非法大型私宰点3个，确保57.19万头生猪在定点屠宰厂(场)宰杀。2002年，市区执法130余次，取缔私宰点40处，没收私宰猪肉9000公斤，全年向市场投放放心肉32万头。2003年，市政府修订《镇江市生猪屠宰和检疫管理实施办法》，建立猪肉市场准入制度。同时搬迁设在市区的京岘山、谏壁、市肉联厂等3个屠宰厂(场)。建立限额以上批发零售贸易业1个，专业从事肉、禽、蛋及水产品批发零售2216万元，库存总额2万元。2005年，市区国营禽蛋肉熟食供应点22个，集体禽蛋肉熟食供应点30个，限额以上批发零售贸易业1个，从业人员138人，肉、禽、蛋及水产品销售总额4.27亿元，其中批发额3.25亿元，零售1.02亿元。全市城镇居民家庭生活肉及肉制品年人均购买量30.4公斤，消费支出503元，家禽及制品15.8公斤，消费支出259元，蛋类(含鸡蛋、鸭蛋、鸽蛋、鹌鹑蛋)14.2公斤，消费支出91元，鱼、虾及制品17.6公斤，消费支出257元。

2. 蔬菜 1983年，全市蔬菜购销形式由国家"统购包销"逐步实行"大管小活"缺期订购的办法，郊区菜田面积832.93公顷，种植22个品种。市国营蔬菜公司向菜农计划订购3.5万吨，市场经营量为2.86万吨，农贸市场成交额2153万元，基本保证市区28万人口市场供应。1984年12月起，全市城市蔬菜购销全部放开，市蔬菜公司订购12个大宗品种、3万吨菜，其他品种议购议销。1985年，全市因工业发展、扩建城区，减少菜地231.6公顷，而市区人口增至32万人，国营菜场蔬菜投放量日人均0.11公斤，供需矛盾紧张。市蔬菜公司赴外地组织菜源补充市场供应，调运8010吨。1992年4月，镇江市蔬菜副食品市场全面放开，市政府成立蔬菜副食品办公室，指导市区蔬菜副食品生产和基地、市场、市"菜篮子工程"建设，引进新品种蔬菜15个，地产蔬菜6000万公斤，人均供应150公斤。1993年，全年生产蔬菜6445万公斤，人均年供应量161公斤。1994年，全市虽然遭遇特大旱灾，仍投放地产蔬菜9125万公斤。1996年，投放蔬菜1.015亿公斤，其中京口、润州两区地产蔬菜7585万公斤，日人均吃菜556克。1997年，在市区五条街、黄山、江滨、永安、金星、桃花坞等农贸市场划出3.30万平方米经营面积，供菜农直销蔬菜500万公斤。1998年，中央电视台拍摄镇江市科技种菜《防虫网覆盖栽培技术》专题片在全国播放，镇江市被江苏省列为全省"放心菜"工程建设基地。1999～2004年，市区年均投放蔬菜1.02亿公斤，其中放心菜0.92亿公斤，占年均投放蔬菜总量的90%以上。2005年，全市有国营蔬菜菜场2个，集体蔬菜菜场20个，投放蔬菜71.67万吨，其中市区上市蔬菜10.4万吨，放心菜8.5万吨，其他辖市(区)61.27万吨；集体豆制品供应点6个。2005年，全市城镇居民家庭生活鲜菜年人均购买量为118.2公斤，干菜0.4公斤，蔬菜消费支出360元。

3. 水果　1983年，全市城乡果品供应方式批发兼零，经营水果的国营和集体商店、个体商贩从市果品市场批发后销售。1985年，全市从京口、润州、丹徒、丹阳、句容、扬中收购干鲜果2261.1吨。1993年后取消干鲜果收购，由果农直接向市场批发零售。1995年，市蔬菜公司经销水果10万箱，并在南水桥农副产品批发市场销售西瓜4250吨，收益24万元。1996年起，经营水果的国营、集体副食品商店经营体制逐步向民营经济转型，个体私营经营者承包经营，果品市场，摆摊设点，成为水果市场的经营主体，全市城乡水果市场转为个私经营。2005年，全市城镇居民家庭人均购买干鲜瓜果及制品53.5公斤，消费支出193元。

1985～1992年镇江市部分干鲜果收购情况表

表17-15

年份	苹果(吨)	柑橘(吨)	收购总价(万元)
1985	1629	632	2083
1986	3395	1271	3283
1987	4587	1318	4587
1988	3589	1155	3228
1989	3307	1919	3600
1990	6884	4570	6884
1991	5945	4974	8776
1992	7265	5198	4620

4. 糖　1983年，市糖烟酒公司年购进食糖172吨，销售11424吨，其中市区4126吨，四个辖县中丹徒县1788吨、丹阳县3264吨、句容县1534吨、扬中县712吨。全市食糖按城镇人口每人每月0.25公斤，农村人口每人每月0.15公斤定量供应，逢元旦、春节、国庆节等重大节日月份供应量略有增加。1984年，全市食糖销售量迅猛提高到18812吨，其中市区提高到10563吨。1985年全市食糖销售量下降到16086吨，市区下降到5405吨。1986年全市食糖销量提高到20029吨，市区7479吨。1987～1990年，全市食糖年均销量大幅下降到11765吨，市区2327.5吨。1991年全市购

进食糖2599吨，销售16027吨。1992年，全市取消食糖计划供应，购进食糖10461吨，销售8889吨，其中市区1035吨，四个辖市（县）中丹徒县1539吨、丹阳市3439吨、句容县1882吨、扬中县994吨，库存5135吨。1995年起，部分市民因考虑健康因素，减少生活食糖用量，食糖销售明显下降，年销售870吨。市政府建立食糖储备制度。1998年起，市区食糖供应归口限额以上批发零售企业后，食糖销量不纳入国家统计局统计范围。2005年，全市城镇居民家庭生活食糖年人均购买量2.0公斤，糖果为0.04公斤，糖类（含食糖、糖果）消费支出25元。

5. 酒　1983年，全市白酒购进14842吨，销售量18170吨，其中市区销售2841吨。1984年，全市销售量增加到32348吨，其中市区16013吨。1985～1992年，全市白酒年均销量26303吨，其中市区4277吨。1993年，全市白酒销量36753吨。1994年，市糖业烟酒总公司与全国40多家名优产品厂家建立总经销、特约经销关系，取得五粮液酒厂的江苏省总经销权。1995年，白酒列入全市大中型批发、零售贸易企业统计，销量3719吨。1996年下降到1886吨。2003年，市区最大的酒业销售商江苏省华茂贸易有限公司新开发蓝带、五粮醇2种品牌酒，五粮液系列酒5000余万元，沱牌、牵手等酒2000余万元。2005年，江苏省华茂贸易有限公司成为五粮液在镇江地区的签约经销商，并将市区“五粮液专卖店”升级为五粮液旗舰店，同时增开3家名酒专卖店。全市城镇居民家庭生活类酒（含白酒、红酒、葡萄酒）年人均购买量7.1公斤，酒类消费支出88元。

6. 茶　1983年，全市购进茶叶185吨，销售417.2吨，其中市区64.05吨，其他辖市（县）销353.15吨。1984～1990年，全市茶叶年均销售712.05吨，其中市区86.43吨。1991年，全市茶叶销售量形成高峰，达到3172吨，比1983年净增6.6倍，其中市区65吨。1992年，全市茶叶销售1243吨，其中市区57吨。1993年全市茶叶销售1119吨。2005年，市区茶叶市场经销全国绿、红、黄、黑、白、乌龙茶六大类品牌茶，地产品牌茶有碧螺春、镇江金山翠芽、茉莉花茶等，外地有大红袍、铁观音、西湖龙井、云南普洱等几十个品牌茶。全市茶叶产量1253吨，年销售额1.68亿元。

7. 乳制品　1983年，全市乳制品供应品种主要以奶粉为主。1985年全市市属国营商业销售奶粉154691公斤。1991年，市牛奶公司开发牛奶新产品，销售产值551.8万元，占总产值的57.85%。1994年，河北省石家庄母乳化奶粉、佳木斯豆粉、徐州大地集团系列豆奶粉、杭州娃哈哈奶制品等名优产品，成为镇江城乡市场的经销主体。1995年，全年市区日投放鲜奶1万瓶以上。1997年，市牛奶公司与马来西亚维特集团合作建立维益乳品有限公司，销售维益系列乳制品。2000年，市牛奶公司设立便民供奶亭，开展上门送奶服务等促销活动，日销鲜奶6.1万瓶，年销售1640万元，增盈利润29万元。2005年，全市城镇居民家庭生活奶及奶制品年人均购买量为28公斤，年人均购买牛奶及奶制品消费支出182元。

8. 饮料　1983年，镇江市场供应的饮料品种少，多为外地购进的可乐、雪碧、汽水、柠檬水、柠檬汁、柠檬酸等。1987年3月，由丹徒县供销合作社投资兴办的镇江市首家矿泉饮料厂建成投产，生产“津可牌”系列矿泉饮料21个品种，年产量1500吨。1988年，镇江市矿泉饮料厂生产的“白柠檬矿泉水”，被全国第三届大学生运动会指定为大会标志饮料。1994年，句容县东华酒业饮料公司的天然果汁系列饮料获’94中国食品博览会金奖。1995年起，镇江市食品厂、镇江市儿童食品厂、镇江市沪江食品厂、丹徒县糖酒厂等厂生产的柠檬酸、汽水等饮料产品销往省内外市场。2005年，市场各类饮料品种多而全，主要有碳酸饮料、咖啡类饮料、果汁类饮料、茶类饮料等。市民欢迎的品牌饮料有可口可乐、雪碧、果汁、椰子汁、猕猴桃汁。年人均购买量6.1公斤，消费支出55元。

9. 南北杂货　1983年，镇江市副食品商店经销的南北杂货，品种多，花样全。全市收购地产蜂蜜74.1吨。1985年销售罐头27475箱。1986年收购地产蜂蜜302吨。1990年收购地产蜂蜜633吨。1994年,市糖烟酒公司取得雀巢咖啡在镇江市场的特约经销权。市副食品公司经销的中萃方便面、浙江中华鳖精、徐州大地系列植物油、杭州娃哈哈系列食品均抢占镇江副食品主市场。1998年,市儿童食品总厂与广西"黑五类"集团联合生产"南方"品牌包装婴幼儿米粉、淮莲营养米粉、孕妇营养粉除在本市畅销外,还在湖南长沙全国食品交易会上受到客户好评,进入全国300家总代理商销售网络。2004年,万方连锁超市与宁波家世界联合,新增营业网点10个,经销南北杂货。2005年,全市南北杂货销售额4.6亿元。重点经营企业有镇江苏力糖烟酒有限公司、镇江万方连锁超市有限责任公司、大润发、欧尚超市、镇江恺源旅游商贸有限责任公司、北京华联综合超市镇江分公司、上海农工商超市(集团)有限公司镇江店、安利(中国)日用品镇江分公司等。

二、企业选介

1. 镇江市菜篮子工程开发服务公司 隶属于镇江市财贸办公室,1993年成立,注册资金100万元,为解决蔬菜生产中农药污染问题,1996年参与"蔬菜防虫网覆盖栽培技术"科研项目。1997年通过科技成果鉴定,并被推广到全国25个省市。2001年开办防虫网生产企业——镇江市方兴农业发展有限公司(合资有限公司,总投资150万元,职工20人,防虫网年产量300万平方米),后成为镇江市菜篮子工程公司(含镇江市方兴菜篮子工程试验示范园),2003年5月,改制成镇江市菜篮子工程服务有限公司,安置4人,资产总额370.71万元,从事菜篮子工程开发、投资、建设;菜地开发、服务;科技咨询、服务;农畜产品销售;为当地菜农代购农药、化肥、农用薄膜;金属材料、建筑材料、化工原料及产品(危险品除外)、五金交电、百货、纸张纺织品销售。2005年,公司注册资本60万元,全市菜篮子工程销售总额14.81亿元。

2. 江苏省华茂贸易有限公司 位于解放路357号,前身为江苏省供销贸易总公司、江苏省商业贸易总公司(省商站),建于1970年1月,是一家专业批发中高档白酒、饮料、副食品、日用杂品、电子商务的大型企业。1998年,营业面积4万平方米,资产总额1.2亿元,营业额2.83亿元,利税218万元。2000年更名江苏省华茂贸易有限公司。2001年,销售总额1.2亿元。2003年6月18日,由18名自然人股东出资改制为民营企业,是集商品批发、营销配送、仓储运输、餐饮娱乐、房屋租赁于一体的经济实体。公司与五粮液酒厂等国内名酒厂合作,在中山东路35号开设五粮液专卖店,在解放路357号设立"名酒总汇",与市内各大商场、超市、便民店、批发部3000余个网点建立营销网络,销售收入2亿元。2005年,商品销售总额2.5亿元,列入全市商贸业30强批零企业第7位。

3. 东风副食品商店 地处大西路鱼巷口,营业面积700余平方米,经营南北杂货、烟酒、糕点、糖果、饮料等600余个品种。1991年,在全国国营商业中首家实行"五厘钱找零"措施,建店多年后共找出卫生纸1224刀,火柴1345盒,缝纫针8167根,牛皮筋9126根,折合人民币3772.61元,受到中央电台、电视台、全国省市级媒体报道。2005年,东风副食品商店营业面积320平方米,资产总额1500万元,营业总额78万元,利税总额8万元,从业人员36人。

4. 清真万祥副食品商店 位于中山东路松花巷口,建于1936年,原称万祥南货店,1975年更名,为回民服务,供应清真糕点190余个品种。1983～2005年,经营烟酒、糕点、酱菜土特产12大类千余个品种,成为镇江首家供应清真副食品的综合商店。2005年,清真万祥副食品商店营业面积300平方米,资产总额1400万元,营业总额68万元,利税总额5万元,从业人员32人。

5. 清真福禄全副食品商店 位于大西路中段,建于1941年,原称清真福禄全茶食店。1983～2005年,经营糕点、糖果、南北杂货600余个品种、清真食品90余个品种,常年为2万余名回民服务。2005年,清真福禄全副食品商店营业面积310平方米,资产总额1450万元,营业总额75万元,利税总额6万元,从业人员33人。

1998～2005 年镇江市限额以上批发零售贸易业副食品购销存总额一览表

表 17-16　　单位：万元

年份	购进总额	从生产者购进	销售总额	批发	零售	年末库存总额
1998	448.00	118.00	697.00	178.00	519.00	560.20
1999	-	-	1036.90	-	1036.90	722.60
2000	8678.00	2927.00	6987.00	-	6987.00	1319.00
2001	80442.30	8261.30	14434.40	-	14434.40	1673.90
2002	42506.00	28591.00	39746.00	22786.00	16960.00	2351.00
2003	23683.00	18390.00	28346.00	25926.00	2420.00	638.00
2004	-	-	74628.00	-	74628.00	-
2005	-	-	79924.00	52475.00	27449.00	-

第三章　生产资料流通

1983 年，镇江市物资系统有金属、机电、化工轻工、木材、建材、燃料、金属回收、生产资料服务 8 个专业公司，主要是通过国家分配计划获取货源。1984 年，全市物资供应网点有近 140 个。

1985～1990 年，国家计划分配的物资品种和数量逐年减少，镇江市物资系统参与市场竞争，广开货源渠道，搞活物资流通。1989 年，市物资局所属企业销售额 12.03 亿元，被物资部列为全国前 20 名地(市)级物资局第 15 名。1993 年上半年的国民经济高速运转，驱动物资经营迅速升温，半年销售完成年计划的 79%。下半年，物资企业在经营上遇到资金紧张、库存增大、销售不畅、效益下降的困难。1994 年，全市物资工作呈现购销平淡、资金紧缺、库存居高不下、价格节节回落、各项费用上升、经济效益下滑的严峻形势。1995 年，市物资系统占有的市场份额为 10%～15%。1998 年，市物资系统大部分企业经营无法开展，职工大批下岗，社会集资款难以兑付，企业处于严重困境。1998 年后，物资系统大部分国有公司经营逐步处于停止营业状态。截至 2005 年，物资系统金属、机电、化轻、煤石、生资、物贸等 6 个国有公司只剩少量人员进行留守、处理善后事宜。

第一节　生产资料购销供应

1983 年，市工农业生产所需的生产资料大部分是计划供应，物资部门主要是通过国家分配计划获取货源，即根据上级经济计划部门的物资分配计划向本市厂矿企业供应生产资料。1984 年以后随着经济体制改革的逐步深入，生产资料市场逐渐开放，国家计划分配的物资品种和数量逐年减少，至 90 年代末期仅有少量化工、民爆产品等专控物资由国家调控，其余如煤炭、木材、金属材料等物资的 90% 均由各个专业经营公司通过市场组织所需货源。

1983～1985 年镇江市物资系统主要物资消费量统计表

表 17-17　　单位：吨

年份	煤炭	生铁	钢材	铜	铝	铅	锌	烧碱	纯碱	橡胶	汽车	水泥	木材（立方米）
1983	3333536	45750	172581	2670	1666	1548	807	15480	4224	572	-	273654	-
1984	4050686	54286	195487	7311	3282	2136	1278	17243	4464	596	-	322297	-
1985	4256610	55542	216425	10653	4679	2445	1868	20468	4870	807	-	358913	-

1985～1990年，镇江市物资系统改革条块分割、地区封锁、封闭僵化的物资流通体制，运用市场机制，参与市场竞争，广开货源渠道，搞活物资流通。1988年，市物资系统物资销售额20.5亿元，比1987年增长78%，人均销售额51.67万元，比1987年增长59.6%；市、县人均销售额分别为58.45万元和46.19万元，比1987年分别增长55.2%和64.2%。1989年，市物资局下属企业销售额12.03亿元，被物资部列为全国前20名地(市)级物资局第15名。镇江市物资部门针对煤炭资源紧张的突出问题，抓煤炭的组织、调运和供应，全年购进煤炭128.7万吨，销售121.7万吨，运送加工电煤7万多吨。及时组织各专业公司和综合公司的业务人员成立下厂服务队，帮助生产企业解决紧缺原材料钢材1700吨、木材600立方米、水泥3000吨。

1990年，全系统购进物资23.2亿元，销售物资25.10亿元，实现利润1905万元，分别比1985年增加3.38倍、4.37倍和0.4倍。从全国各地组织计划外煤炭1200万吨、钢材120万吨、有色金属8万吨、木材90万立方米，组织机电产品、化工原料近20亿元。1990年末，全市物资系统机构90个，其中全民80个，集体10个。销售额超亿元的企业7个，其中市属企业6个，县属企业1个。职工总数5412人，比1985年末增加3006人。建立跨地区、跨部门、跨行业多种类型的物资联合体100多个，联合开发货源，联合销售。加入宁镇扬滁马铜、南京区域和长江沿江城市3个物资经济协作区。

1986～1990年，间接出口金属材料5500吨、水泥5.6万吨、机床314台、漆包线5.5吨，进口木材33万立方米，进出口业务总额达6000多万元。全市物资企业通过市场进销的物资占全系统物资进销总额的40%左右。

1990～1995年，全市物资系统的经营规模、经济效益总趋势是前半期攀升，后半期下滑，一直到1995年，下滑的局面仍未得到有效遏制。在固定资产管理方面，固定资产原值除1994年比上年略有下降外，其余年份均保持上升，上升幅度达20%以上；在市场占有方面，物资进出口经营年均进出口额达3500万美元，最高的年份达5305万美元，但国内市场占有率一直处于下降态势。

1991年，全年全系统完成物资购进26.5亿元，完成销售27.5亿元，比上年增长32%，实现利润1553万元，费用水平比上年下降0.46%，资金周转比上年加快2天。全年主要物资销售量除木材、烧碱等比上年略有下降外，煤炭、钢材、生铁、水泥、汽车分别比上年增长33%、38%、13%、23%、45%。

1992年，市物资系统完成物资购进35.35亿元，比上年增长33.40%；完成物资销售36.26亿元，增长31.85%；实现利润2809.9万元，增长80.86%。全年全系统实现综合效益5991.3万元。全系统固定资产原值12.56亿元，比上年增加2.09亿元，增长20%；自有流动资金5222万元，增加918万元，增长21.3%。

1991～1992年镇江市物资系统主要物资购进情况表

表17-18

物资名称	单位	1991年	1992年
煤炭	吨	3707496	4106654
钢材	吨	323860	514193
生铁	吨	181977	92132
铜	吨	8460	6935
铝	吨	4326	7796
铅	吨	2658	2024
锌	吨	5124	2905
烧碱	吨	968	428
纯碱	吨	1720	2440
水泥	吨	199333	220330
木材	立方米	101952	156576
汽车	辆	1888	–

1992 年镇江市主要物资地区调拨情况统计表

表 17-19

物资名称	单位	外省调入	调往外省
煤炭	吨	425752	-
焦炭	吨	36845	-
原油	吨	-	-
燃料油	吨	2342	2342
汽油	吨	307	22
煤油	吨	-	-
柴油	吨	75	3546
生铁	吨	22627	20949
钢材	吨	106093	54812
水泥	吨	2	90252
原木	立方米	19769	937
锯材	立方米	3029	-

1986～1992 年镇江市物资系统主要经济指标情况统计表

表 17-20

年份	物资购进(万元)	物资销售(万元)	利润净额(万元)	费用水平(%)	周转天数(天)
1986	69057	74011	1678	7.46	45
1987	108937	115287	2302	5.89	37
1988	193921	205929	3248	5.18	26
1989	227420	246783	3258	6.13	35
1990	231960	250785	1905	4.76	35
1991	264806	257028	1553	4.30	33
1992	353469	362563	2809.9	4.87	31

1993 年,上半年国民经济高速运转,驱动物资经营迅速升温,半年销售完成年计划的 79%。下半年,物资企业在经营上遇到资金紧张、库存增大、销售不畅、效益下降的困难。全年物资销售额 56.94 亿元,比 1992 年增长 58%;实现综合效益 5766 万元,增长 25.8%;人均综合效益 10737 元,增加 1418 元。其中市生产资料总公司人均综合效益达 53421 元,增加 16236 元;市金属材料总公司和市机电设备总公司人均综合效益突破 3 万元。物资系统有 6 家企业与宝山钢厂、天津钢厂、中国五矿集团等大企业建立联营、联购、联销关系。全年物资外销量占总销量的比例分别为:煤炭 61.67%,生铁89.07%,钢材 40.61%,木材 52.69%,汽车 59.53%;进出口物资总额达 4493.42 万美元,其中进口钢材 13.7 万吨,木材 1.68 万立方米,合计进口物资 4381 万美元,出口机床、化工原料、地板、数显卡尺等折合 112.42 万美元。全年新批合资、合作企业 6 家,合同利用外资 287.1 万美元;在境外创办企业 2 家。

1986～1994年镇江市物资系统主要物资销售量统计表

表17-21 单位:吨

年份	煤炭	生铁	钢材	铜	铝	铅	锌	烧碱	纯碱	橡胶	汽车(辆)	水泥	木材(立方米)
1986	1331057	73999	120764	3236	3060	733	847	5031	7047	3643	–	209247	164039
1987	1858801	79788	144109	5459	4006	807	1397	6760	5620	5469	–	252019	202619
1988	2471415	79847	202608	5274	4535	1149	3904	7908	6690	6314	–	254664	251118
1989	2688566	149132	191228	5228	6823	1162	3516	12038	9854	7360	–	183999	160422
1990	2779599	154600	241669	8213	7307	2692	5854	6727	5570	6475	–	159055	143223
1991	3696034	175113	332770	8183	4595	2454	4986	964	1927	9875	1959	195262	116119
1992	4097613	84228	505340	7087	7050	2363	2661	454	2267	–	4043	219189	145242
1993	4422156	117314	682949	8438	4650	267	2773	220	3477	–	3125	112597	151771
1994	2206154	47320	435300	2040	2523	277	1617	–	1732	3797	2224	74605	46953

1993～1994年镇江市物资系统主要经济指标情况统计表

表17-22

年份	商品销售收入(万元)	综合效益(万元)	利润总额(万元)	人均综合效益(元)	存货周转(天)
1993	569356	5766	2601	10737	30
1994	288582	–	-5201	–	52

说明:1994年市物资局对京口、润州两区物资局不作财务统计

1994年,国家对信贷和投资规模继续实行“双控”方针,在宏观经济政策调整影响下,物资市场购销滑坡,市价低迷;生产资料市场放开,物资供大于求,市场法规不健全;资金紧缺、物资集团总公司无贷款定额,运转非常困难,库存占用资金量大,贷款难,“三角债”困扰着企业;税制改革后,物资企业由原交纳营业税改交增值税,原实际税率为7%,税改后升为17%,使10%的利润转为税收;经营成本上升,铁路、水运、港口、装卸等费用大幅上涨,进销差价越来越小;计划经济时期形成的官商、坐商、等客上门现象严重,经营一线直接创效的业务人员太少,管理和后勤岗位人数偏多,离退休人员比例高等。全年全市物资系统实现销售额28.86亿元,比1993年下降49.41%;利润合计亏损5201.01万元。12种主要物资实物销售量仅有铅的销售量上升3.75%,其余11种物资销售量全部下降,下降最大的是铜,降低75.82%。物资系统占有市场份额仅为10%～15%。市建筑材料总公司针对水泥销售下降,采取代理等方式,全年销售水泥2万余吨。市木材总公司全年销售钢材6200吨。全系统全年新增汽车出租、典当拍卖、修配服务、商业零售等业务,开办典当拍卖、建筑材料和木地板等市场。

1996年,物资系统的经营和经济效益继续下滑,全年实现销售额19.99亿元,其中市直物资系统实现销售额9.64亿元,下降18.93%,县级物资系统销售额10.35亿元,下降13.41%。全年累计亏损11262.41万元,比上年增亏3439.86万元,其中市直物资系统亏损6411.93万元,比上年增亏3259.46万元;县级物资系统亏损4850.48万元,比上年增亏835.66万元。12种主要物资的实物销售量有6种上升,6种下降,但总量呈下降状态;资金运转困难的状况仍无明显改善。

1995～1996 年镇江市物资系统主要物资消费量统计表

表 17-23　单位:吨

年份	生铁	钢材	铜	铝	铅	锌	烧碱	纯碱	水泥
1995	20845	335143	4099	27592	2283	1529	26921	5644	363280
1996	16699	299570	4839	24192	3287	793	50653	4014	351130

1997 年,市物资系统经营和效益仍面临非常严峻的形势,下滑的局面没有得到有效遏制。全年实现销售额 14.45 亿元,比上年下降 28%,其中市直物资系统实现销售额 6.52 亿元,下降31.29%,县级物资系统实现销售额7.93 亿元,下降 25%;全年累计亏损 10308.4 万元,比上年减亏 87.61 万元,下降 0.84%,其中市直物资系统亏损 8394.59 万元,比上年增亏 2849.05 万元,增长 51.38%,县级物资系统亏损 1913.82 万元,比上年减亏 2936.66 万元,下降 60.54%;12 种主要物资的实物销售量全部下降,降幅 60% 以上的有铅、铜、铝、锌、汽车、水泥等 6 种,其中铝销售量下降达 98.94%。

1998 年,全市物资系统连续 5 年销售额全省最低、亏损额全省最高,亏损总额逾 5 亿元,资不抵债近 4 亿元,资产负债率 170%。大部分企业经营无法开展,职工大批下岗,社会集资款难以兑付,企业处于严重困境,市物资局领导班子调整。因大部分企业处于瘫痪,市物资局对所有老经营项目分类排队,根据各企业不同情况,鼓励发展三产服务业,培植一批能够创效新项目。钢材市场开始筹建、招商,旧机动车交易中心经省物资总会批准,进入筹建阶段;典当拍卖市场在中国人民银行领到金融许可证,业务范围已经市政府确认、授权,并取得省级资质认证;钢模公司在大港开发区设立分公司。大发汽车出租、金山化工、济钢和邯钢总代理和进出口、“135”工程纸夹板生产、多景楼休闲中心等一批新老项目经抢救,经营活动日趋正常。加强煤炭市场、废车市场、废钢市场、民爆器材等行业专营管理。

1998～2003 年镇江市限额以上批发零售贸易业主要物资购进情况表

表 17-24　单位:万元

年份	煤炭及制品批发业	化工材料批发业	建筑材料批发业	金属材料批发业	机械、电子设备批发业	再生物资回收批发业
1998	24741.30	2359.70	5896.80	30292.90	1254.10	4491.60
1999	21542.10	–	3888.60	23344.60	–	2454.00
2000	11030.00	–	–	20533.00	–	9025.00
2001	10958.00	20835.80	–	32924.30	–	8921.00
2002	5975.00	7106.00	–	23260.00	–	16467.00
2003	5967.00	–	–	16330.00	–	39555.00

1998～2005 年镇江市限额以上批发零售贸易业主要物资销售情况表

表 17-25　单位:万元

年份	煤炭及制品批发业	化工材料批发业	建筑材料批发业	金属材料批发业	机械、电子设备批发业	再生物资回收批发业
1998	26601.00	2522.00	6096.90	31821.10	2034.10	5414.20
1999	26018.10	–	4819.60	23648.80	–	2418.00
2000	17325.00	–	–	33196.00	–	9214.00
2001	12316.70	22890.30	–	35030.50	–	9119.00
2002	6628.00	8098.00	–	24809.00	–	16722.00
2003	6522.00	–	–	–	–	40033.00

续表 17-25

年份	煤炭及制品批发业	化工材料批发业	建筑材料批发业	金属材料批发业	机械、电子设备批发业	再生物资回收批发业
2004	127296.70	–	8658.00	–	–	50249.30
2005	32343.00	–	5890.70	–	–	16843.30

第二节　储运加工

1990 年末，全市物资企业固定资产原值 8853 万元，比 1985 年年末增加 5835 万元；自有流动资金 1908 万元，比 1985 年年末增加 1856 万元；库房面积 12 万平方米，露天货场 41 万平方米；各种机动车辆 130 辆，其中载重汽车 96 辆；铁路专用线 641 米。

1992 年，市金属材料公司、市机电设备公司、市生产资料服务公司、市煤炭石油公司和市化工轻工公司分别更名为市金属材料总公司、市机电设备总公司、市生产资料总公司、市煤炭石油总公司和市化工轻工总公司。更名后的五大公司，扩大经营范围和经营规模，缩小核算单位，将原来的经营部普遍改为二级公司，具有法人资格，实行自主经营、自负盈亏，职工共担风险。市生产资料总公司、市木材公司、镇江物资交易中心 3 家物资企业 1992 年各新增 1 条铁路专用线。这 3 条铁路专用线分别于 1989 年 11 月、1991 年 5 月和 7 月开工建设，由镇江市镇大铁路指挥部代建，总长度 1860 米，总投资 1400 万元，设计年吞吐量 20 万吨以上。专用线配有电子磅、行吊、配电房、叉车等配套设施，并和镇大铁路直接相连。3 条专用线投入营运后，每年可节省各种费用百万元以上。

1993 年，全系统投入基建、技改资金 2400 余万元。基建投资重点抓企业露天货场、储备仓库、营业用房等基础设施的建设，共投入资金 1600 余万元；技改投资重点抓机械化作业设备的安装和改造、新建轧钢厂机械设备的购置等，投入资金近 800 万元。截至年底，全市物资系统资产总额 176908.5 万元，比 1992 年增长 20.56%；全市物资系统存货周转天数 30 天，比 1992 年快 5 天。

1994 年，钢材库存量基本保持在 9 万吨左右，库存物资占用资金 3.97 亿元，资金周转天数比 1993 年增加 22 天。市金属材料总公司压库促销，从年初的 1.7 万吨库存下降到年末 0.3 万吨，并利用仓库和露天货场面积大、物资装卸堆垛机械化作业率高、铁路专用线发送货物快捷方便等优势，拓展对外代储代运、卷板开平等配套服务经营。公司与市运输管理处联营成立镇江市货运中心金属材料分部，统一指挥调度丁卯桥金属材料仓库的车皮发运和货场运输工作；组织力量将库存中不便于机械作业的品种和滞销的品种集中堆放到新征的 1 公顷空地上，腾出更多的货场用于吸储；在原卷板开平的基础上，设计安装新开平机 1 台。通过拓展代储代运和配套服务，全年储运经营创造历史上最好成绩，装卸车皮 1005 节，货场吞吐量 14.1 万吨，代储 2.6 万吨，卷板开平 2.2 万吨，创利税 100 万元。

1995 年，存货周转天数 57 天，物资期末库存额由上年末的 2.64 亿元下降到 1.92 亿元。钢材库存量从上年末的 5.4 万吨下降到 2.5 万吨，降幅 52.9%。但是，资金运转周期长的现象没有得到改观。市机电设备总公司重点抓超储品种、压库目标和具体措施的落实，定期公布压库促销情况，使库存量大幅下降。市金属材料总公司和生产资料总公司对 1993 年底前的高价位老库存进行彻底盘点清理，分类统计数量，实行公司统一定价，内部联销，多销多奖。年末，老库存分别下降到 3000 吨和 2000 吨。市煤炭石油和金属回收总公司的库存物资分别下降 44.12% 和 37.25%。1997 年，库存物资量降幅也较大，有 3 种为零库存，其余大部分处于低库存水平，煤炭仅为 11 万吨，生铁 1574 吨，钢材3.87万吨。1997 年以后，市直物资系统大部分企业资不抵债，主要业务停止。

第三节　市场网点和物资企业

一、市场网点

1983～2005年，镇江市物资市场网点的建设经历“不断扩大”“快速发展”“逐步缩减”“国退民存”的过程。

1983年，地市物资部门合并，形成市管县行政管理模式，市物资系统成立金属、机电、化工轻工、木材、建材、燃料、金属回收、生产资料服务8个专业公司，各个公司的办公所在地即为镇江市物资供应的主要网点。1984年，全市物资增设市场网点，在苏北路增设木器、建材、机电门市部，在梦溪广场新建金属回收门市部；在远离市区的住宅区李家山地段增设煤球门市部，在谏壁镇建立下设木材、建材、化工、金属、机电等经营部的物资综合供应站，保证市郊居民及工矿企业对物资的需要。同年，全市物资供应网点有近140个，市区及丹徒、丹阳等地区的重要地段及厂矿、居民集中区域基本都有相应的物资供应部门或门市。随着物资流通体制改革的推进，1985年1月，镇江市组建物资交易中心，其后在丹阳、句容、扬中均建立物资交易中心。各地交易中心的建立为镇江市物资流通提供供需双方交易的场所，扩大物资销售网点，丹阳县31个乡中17个乡建立销售网点，为开办生产资料市场奠定基础。1986年，镇江市物资系统在市区建立或增设10个物资经营部门，在句容、扬中、丹阳新建茅山、葛村等10多个物资供应站，全市基本形成“市有物资交易中心，县镇有物资商场，乡镇有物资供应站”的三级供应网络。1987年，物资大厦竣工开业，大厦由物资局及其下属公司出资建设，位于镇江市区主干道，建筑面积11840平方米，经营配套设施齐全先进，是当年镇江市最高大楼。其中大厦一、二层面积3200平方米，是镇江市物资交易中心交易大厅，中心内有“金属、化轻、燃料、木材、建材、机电、生产资料”等市直企业及4县物资部门开设的14个物资经营部。物资大厦开业1年，交易中心共组织接待各种物资交易会议1533场次，接待全国13个省市的1.1万余人到访，物资经营总额达60158万元。

1988～1994年，物资经营状况开始出现起伏，但全系统业务经营网点建设始终在推进。各类物资经销企业均在大厦或交易中心内设立销售网点，在管理规范的集中交易市场开展业务经营。物资系统的许多单位都扩建或新建经营场所，各企业也新增一批经营部门。特别是1992年和1993年上半年，物资系统从集团总公司到各个下属企业均设立多个分公司或子公司，而每个新建的经营场所和新建的公司，既是实体又是窗口、网点，并在农村和外地设置网点。自1988年起，物资企业、生产企业、地方龙头企业等进行协作联营联购联销、外购外销，每一个驻外联营体或办事处都是物资营销网点。1990年末，全市基本形成市有物资交易中心，县有物资商场，乡镇有物资供应站的三级供应网络。市、县物资部门各种形式物资经营网点157个，其中城市32个，农村10个。驻外办事处几乎遍及全国大中城市。

1991年，物资系统已有“自办、联营、经销、代销”等各类网点167个，网点销售额达4亿元。1994年以后，由于镇江市物资系统经营状况急剧下滑，亏损加大，一大批经营网点被撤销或转做其他非物资业务或出租或抵债务。

1998年以后，物资系统大部分国有公司经营处于停止营业状态，仅剩丁卯金生物资储运公司、金属回收公司继续营运，设立于金生物资储运公司的镇江市钢材市场还有近百家的物资经营单位在其中开展物资经营，但这些单位主要是个体经营户或生产厂家，镇江市国有物资企业及其网点已极少。

二、物资企业

1983～1985年，物资企业主要是根据国家指令性计划为各厂矿供应各类生产资料。1983年，全市物资系统进行组织机构改革,即实行“以城市为中心,综合公司拆分组建专业公司”的新管理运作体制。同年,市区设立镇江市金属材料公司、镇江市机电设备公司、镇江市化工轻工公司、镇江市生产资料服务公司、镇江市木材公司、镇江市建筑材料公司、镇江市燃料公司、镇江市金属回收公司8个专业公司,下辖县分别成立对口专业公司或对口物资供应部门。1984~1985年,随着国家经济的发展和物资流通业的发展需要,全市物资系统组建成立物资交易中心等多家公司,各专业公司为扩大经销业务和配套业务也成立多家企业和部门。截至1985年底,市直物资系统有15家全民企业和12家集体企业。15家全民企业是:金属、机电、化轻、木材、建材、燃料、生资、金属回收8个专业公司,以及镇江市拆船公司、镇江市物资交易中心、镇江谏壁物资商场、镇江市制材厂、镇江市煤球一厂、煤球中心一店和煤球中心二店。12家集体企业是:金属加工机修厂、机电维修保养厂、化轻公司交易中心门市部、木材包装厂、建材供应站、建材交易中心门市部、木材钢模站、金属回收公司利用件门市部、物资商场集体门市部、燃料公司中心一店和燃料中心二店、煤球二厂。集体企业行政关系均分别隶属于各个专业公司。

1986~1991年,为适应“指令性计划缩减、计划外调剂增加”的物资购销要求,全市物资系统各专业公司在企业内部增设购销部门,以满足市场需求。1987年,物资大厦竣工,镇江生产资料集中交易有形市场建立,各公司均在大厦内设置各种专项的购销部门开展市场调节业务。物资市场在由卖方市场向买方市场转化、由计划经济向市场经济发展的进程中,全系统物资企业在“人事制度、分配制度、经营体制”等方面进行多项改革,如在企业内部经营体制改革中实施“将综合性公司划分成专业公司”“划小核算单位,实行二、三级核算”和“调整企业内部经营机构”等举措。截至1991年年底,市物资局下属的市区范围内11家主体公司是:镇江市机电公司、镇江市建筑材料公司、镇江市金属材料公司、镇江市化工轻工公司、镇江市煤炭石油公司、镇江市生产资料公司,镇江市金属回收公司、镇江市开发投资公司、镇江市物资服务公司、镇江市物资交易中心和同年新成立的物资系统第一家生产家具、木地板等的中外合资公司——金马木业有限公司。

1992~1993年,企业快速发展扩张,物资系统机构设置、公司规模都获得发展壮大。系统主管部门物资局率先进行改革,依据“政企分开”原则,成立镇江市物资集团总公司,总公司28家核心层企业由原物资局下辖市级及四县(市)两区主体公司组成,同时总公司自办海南公司、北方公司、西域物资公司、东方物资公司、太原物资公司、武汉公司等经济实体。随着集团总公司的建立和物资市场业务量的迅猛增长,集团下属公司金属、机电、化轻等主体专业公司也变更升格为金属、机电等总公司,各个总公司下属的原业务部门也分别变更或成立为二级法人公司。物资系统内各个企业经营也不再拘泥于生产资料,业务开始拓展到生活资料、房产、餐饮以及歌舞厅等,成立相应的公司和部门。1992年、1993年是物资系统业务量创历史最高的两年,全系统公司(包含各具有法人资格的二级公司)200余家。

1994~2005年是物资系统企业生存受到严峻挑战、出现亏损、破产、改革改制的时期。自1993年下半年国家持续调控过热的经济,物资系统经营体制不能适应社会主义市场经济,投资、经营不断出现失误,1994年起,镇江市物资企业经济效益严重滑坡,开始出现亏损,1994年末,企业亏损面达45%。1997年7月~1998年10月,对市直系统26家企业审计,市直系统26家企业亏损总额为7.66亿元,3.74亿元往来款中约有3亿元是死账,为潜亏因素,共计亏损超过10亿元,大部分企业资不抵债。1999年,镇江金马木业有限公司、镇江市物资集团总公司、镇江市木材总公司、镇江市建材总公司等进入破产程序;镇江市金属材料总公司、生产资料总公司、机电设备总公司、化工轻工总公司、煤炭石油总公司、物资贸易总公司等市直主体公司主营业务基本处于停滞状态,各个公司逐步开始改革改制和分流安置职工。

2001年8月,物资资产管理公司成立后,本着“扶持经营正常企业、改革负债瘫痪企业”的原则,按照“股份制、股份合作制、私营、个体”等改制形式,针对各公司实际情况,进行改革改制工作。

2001年,镇江市民用爆破器材有限公司成为从镇江市化轻总公司的一个经营部门改制独立出来的专营企业,公司全年销售民用炸药近千吨、各种雷管震源药柱80万发、各种导火索80余万米,销售额达370余万元。镇江市物资经营代理有限责任公司参加润扬大桥施工材料供货竞标成功,成为镇江市唯一取得为大桥施工供货资格的企业,全年向大桥施工供货1万余吨。

2001～2005年,先后完成金田房屋开发公司、大发汽车出租中心、民爆器材有限公司、华东再生有限公司、钢模公司、金生物资储运公司等多家物资企业改制、人员身份置换等相关工作。2002年,镇江煤球厂配合市政府南门高架桥拆迁工作,完成企业改制。京口物资(集团)总公司引进民营资本1.09亿元,引进注册资金50万元以上的私营企业7家,其中有3个项目投资200万元以上,投资总额1.05亿元。通过房地产报建自筹资金360万元,完成地税指标570万元。2004年,镇江市金生物资储运总公司(镇江市钢材市场)通过面向社会招标,完成产权出让工作。原企业经营者陈炳亮代表受让方群体,以366万元报价取得中标资格。2005年,物资系统仅剩金属、机电、化轻、煤石、生资、物贸6个国有公司,各公司也只剩少量人员留守,处理善后事宜。

三、物资系统市直公司选介

1. 镇江市金属材料总公司　1983年,镇江市地、市物资系统进行机构改革,原市物资公司主要行政部门和金属业务科等组合成立金属材料公司。公司主要业务是金属材料计划内的组织和供应、计划外的调度和调剂。同年公司业务部门设钢材科、有色科、市场调度科、储运科等,公司职工128人。公司业务办公地点位于大市口中山东路206号,仓储地点是丁卯桥团结河边。同年,公司进货4213万元、销货4335万元、利润46万元。

1984年,市金属材料公司在经营理念、管理体系、机构设置等方面更新变革,经营思想从计划经济逐步向商品经济、市场经济转变,管理体制、机构设置紧紧围绕市场需求进行改革变换。1985年,公司业务部门改为钢材站、有色站、储运站等;1986年、1987年增加有色市场(科)、大厦市场经营部和经营生活资料的大市口经营部;1988年随着业务规模的扩大,公司业务经营部门变更扩展为钢材分公司、有色分公司、钢材市场、储运分公司、物华分公司和金属机修加工厂、驻沪办事处等11个企业,公司除经营多年的黑色、有色金属材料外,兼营木材、煤炭、建材、化工、轻工、机电设备以及日用百货等生活资料。

1991～1993年,公司进入鼎盛时期。1992年6月,公司更名为镇江市金属材料总公司,所属业务部门也更名或增加为镇江市黑色金属材料公司、镇江市有色材料公司、镇江市钢材市场经营公司、镇江市特种钢经营公司、镇江市金属材料贸易公司、镇江市物华生产资料经营部、镇江市金属材料储运公司、镇江中黑金属材料联合经销部以及镇江市金属材料总公司北京分公司和上海分公司等。1993年,公司各项业务指标完成情况达历史最高水平,进货总额3.53亿元,销售总额4.06亿元,实现利润404万元。

1994年起,金属材料总公司主营经营步入快速衰退阶段,当年实现利润13.62万元。1998年除储运公司仓储业务基本正常外,公司主营业务基本停止,企业出现亏损并开始精简部门、分流人员。2000年,储运公司仓库进行机构重组改革,成立镇江金生储运总公司,行政隶属和人员关系不再属于金属总公司。2001年3月,因镇江市城市建设需要,公司位于中山路的办公大楼被拆除,对在公司大楼工作的117名职工进行分流安置。2005年,公司仅剩6名职工继续在企业留守。

2. 镇江市化工轻工总公司　1983年,地、市物资系统合并,该公司成为经销化工、塑料、橡胶、火药等材料的专业公司,拥有办公用房500平方米,位于市医政路和蒋乔2个仓库面积共434平方米,各种载重汽车4辆,公司下设化工科、橡胶科等7个业务科室,职工120多人。在计划经济年代,公司主要进行计划内物资的进货和销售,计划外调节几乎没有。1988～1993年是公司规模、经营状况最好的几年。1992年,公司更名为镇江市化工轻工总公司,总公司下设化工公司、橡胶公司、煤炭石油公司、轻纺公司、储运经营公司、塑料公司、综合经营公司；同时还成立华东金属材料总公司钢材公司、钢材市场、金属公司等10个业务公司，经营范围由原有的化工、橡胶等扩展到纺织原料、金属材料、煤炭石油。1993年6月，成立镇江市民爆器材有限公司，负责专营民爆器材、民用炸药、雷管、导火索。1993年，总公司进货20748万元，销售18682万元，实现利润113万元。1994年起，由于开展的计划外、非公司主营的金属材料业务受市场调控影响和自身经营不善，造成资金流失，各相关钢材经营公司出现亏损，进而影响公司化工等的主营业务。在开展化工、塑料等专营专控业务的同时，公司利用位于中山路255号的大楼开展餐饮、歌舞厅、房屋出租等经营，维持企业生存，保障职工生活。1999年，公司将橡胶公司、轮胎公司、化工公司、塑料公司等尚有生存能力、有发展前景的公司进行改制，人员从总公司分流剥离。2005年，除行政关系隶属总公司，但实际已自负盈亏的民爆器材公司正常开展一些业务外，国有性质的总公司已不开展任何业务，人员也只剩20余人。

第四章 供销合作

供销合作社是农民的合作经济组织。1983年3月，成立镇江市供销合作社，10月，更名为镇江市供销合作联合社。1986年后，各级供销社所属企业实行承包经营责任制和风险抵押承包经营责任制，基层供销社实行抽本租赁经营改革。1987年2月成立镇江市供销社企业集团，与镇江市供销合作联合社两块牌子一套班子。1989年4月镇江市供销合作联合社更名为镇江市供销合作总社。

1997年后，国内市场开始由卖方市场转变为买方市场，市场竞争日趋激烈，供销社体制不顺、机制僵化、包袱沉重的矛盾和问题凸显出来。截至1998年底，基层社和市属企业困难状况加剧，全市供销社经济负债总额达6.9亿元，全市供销社商品总销售额40.99亿元，盈亏相抵亏损7355万元。

1999年1月28日，国务院下发《国务院关于解决当前供销合作社几个突出问题的通知》(国发〔1999〕5号文)。镇江市供销社狠抓扭亏增盈，防范和化解股金风险，深化企业改革改制，发展村级综合服务站和农村专业合作社。2000年，全市供销社商品总销售额21.4亿元，盈亏相抵实现利润96万元，总体初步实现扭亏为盈。争取中央、省政府、市政府社员股金兑付专项贷款8000万元，彻底防范和化解社员股金风险。2001年7月，依照国家公务员制度管理，核定供销社机关事业编制。

2002年，全市供销社开始实行产权制度改革，供销社社属企业初步建立起现代企业制度。2005年，全市供销社商品销售总额39.3亿元，实现利润436万元。全市供销社城区网点经营面积达26万平方米，成为城区流通市场的主力军之一。同年，全市供销合作社系统有各类行业协会11个、专业协会4个，按行政区划分：全市性的协会3个，辖市(区)协会10个，乡镇协会2个。按协会种类分：农民(农产品)经纪人协会1个(下设三个分会、三个办事处)、再生资源协会5个、烟花爆竹协会4个、棉花协会1个和秧草、食用菌、蔬菜、水芹等农副产品专业协会4个。入会会员3522个，其中团体会员209个，个人会员3313个。

第一节 社员股金

供销合作社社员股金是根据国务院有关文件规定和供销合作社章程规定形成和发展起来的。1983年，镇江市社员股金为137万元，主要是按供销社章程吸收的农民社员股金。1992年开始扩大吸收范围，尤其是市直单位为建镇江国际饭店和企业经营需要，大规模在镇江市区吸收，1999年底市直企业社员股金达67846万元，为历史最高。2000年3月21日，按市政府统一部署，确定3月

20 日为股金吸纳截止日，对社员股金和社会集资进行清理。

1999 年末，镇江市供销社系统原始股金余额为 89644 万元，其中社会公众股 83130 万元，内部职工股 6514 万元。扬中市供销社 8733 万元，其中内部职工股 1955 万元；句容市供销社 8370 万元，其中内部职工股 1563 万元；丹阳市供销社 4356 万元，其中内部职工股 970 万元；丹徒供销社 1576 万元，其中内部职工股 436 万元；润州区供销社 2036 万元，其中内部职工股 524 万元；京口区供销社 189 万元，其中内部职工股 67 万元。市供销社直属企业对外吸收社员股金（即社会公众股）的企业有 4 家，即市供销社社员股金服务部（镇江国际饭店）、镇江大鹏股份有限公司、镇江正大集团总公司（江苏大鹏集团）、市大港供销社。至 2000 年 3 月 20 日（停止吸收日），4 家企业社会公众股总额为 66410 万元，户数为 76370 户，其中镇江国际饭店 53306 万元，56751 户；镇江大鹏股份有限公司 10346 万元，14835 户；江苏大鹏集团 2105 万元，3991 户；大港供销 653 万元，793 户。2000 年 3 月 21 日起，镇江市供销社对社会公众股按照“停止吸收、承诺兑付、先本后息、到期分 5 年兑付”的方案分期分批清退，股金风波逐渐平息。到 2005 年底，全市社员股金余额为 3192 万元，主要是各辖市（区）社的股金余额，市直企业本金基本兑付结束。市直企业兑付资金的来源除转让国际饭店价款外，主要由市政府解决再贷款，累计金额 15816 万元。

第二节　农业生产资料供应

供销社农资行业主要经营品种有化肥、农药、农膜、中小农具等，主要服务项目有农资供应、庄稼医院、施肥用药技术指导、农资信息咨询等系列化服务。

一、化肥

1988 年前，供销社农资行业对化肥等农资商品实行统购统销，严格执行政府的计划和价格，按计划调拨供应农资商品。1988 年供销社化肥供应量是 1983 年以后最高点，达到 30.36 万吨。1990 年以后，经济体制市场化进程加快，化肥等农资商品在中国仍处于短缺型时期，实行的是计划为主、市场为辅的过渡政策，价格实行双轨制。供销社供应化肥虽有所减少，但大部分年份在 20 万吨以上，接近 30 万吨。1998 年以后，取消化肥指令性计划，拓宽经营渠道，基本放开农资流通市场。随着化肥生产能力的扩大和进口的增加，以化肥为代表的农资市场也出现相对过剩。在这一时期，供销社农资行业面临着激烈的市场竞争。生产企业自销、农业三站经销、外贸企业进入国内批发和零售市场，大量民营企业涌现出来，农村个体户更是以各种方式蚕食着基层农资零售市场。供销社农资行业长期的垄断地位不复存在，整个行业发展遇到前所未有的困难。在激烈的市场竞争中，也有不少供销社农资企业顺应市场变化，制定符合实际的企业发展战略，逐步在市场竞争中站稳脚跟，企业得到了发展。这期间供销社化肥供应量大幅度减少，特别是 2000 年后，化肥年供应量平均在 10 万吨上下，最低点的 2001 年化肥供应不足 8 万吨。

二、农药

1979 年前，供销社销售的农药主要依靠国家分配。1980 年以后，国家除分配进口农药外，不再分配国产农药。从 20 世纪 50 年代中期到 1985 年，农药由供销社农资部门经营。1983 年，供销社农药销售量是此后 20 多年的最高点，达到 1.23 万吨。从 1985 年之后，随着改革开放，农药出现多渠道经营，市场混乱，劣质假冒农药严重。供销社年农药销售减少一半。江苏省人民政府决定从 1988 年 7 月 1 日起，对主要农药品种实行专营，由各级供销社统一经营，对产品实行生产许可制度，保证农药的生产质量。1988 年 9 月 28 日国务院颁发《关于化肥、农药、农膜实行专营的决定》，于 1989 年 1 月 1 日起由各级政府组织实施。专营以后，农药价格平稳，质量也有保证，市场秩序明显好转。1990年供销社农药销售量上升到1.18万吨。但是专营政策实施一年后,市场逐步放开,加之农业部门的农服机构参与农药经营,并通过技术优势,逐步成为农药经营的主要渠道,供销社农药销售逐年减少。截至2005年,年均销售不超过2000吨,最低点的2002年销售仅有683吨。

三、农用薄膜

20世纪60年代中期,农膜由供销社经营,具体经营与供应任务,由各级农业生产资料部门归口负责。1977年,江苏省计经委通知,农膜统一由各级农业生产资料部门经营。1980年,国家计委、国家农委、农业部、供销合作总社联合通知明确规定,对农膜的分配管理体制,改为农业部门分配,供销社经营。随着农村家庭联产承包责任制推行,农膜需求量剧增。1985年,农膜实行多渠道经营。1988年,跟化肥、农药一样,根据省政府和国务院的规定,农膜实行专营。此后,农膜经营也逐步放开。供销社农膜销售也随着政策和市场的变化起伏。1983年以来的20多年销售高点的1991年、1992年超过1000吨,最低点的2002年仅有118吨。

第三节　农副产品收购

20世纪80年代到90年代初,是供销社农产品流通的一个高峰期,其中1988~1991年收购额超过1.5亿元,最高点的1990年达1.68亿元。90年代中期开始,随着农业生产结构的调整,农村流通多元化发展以及股金风波的影响,部分传统的农产品生产出现萎缩,从1997年开始,供销社农副产品收购大幅度滑坡,年收购额只有几千万元,最低点的2002年只有2394万元。2003~2005年,市供销社系统共创建为农服务社300家,其中不少为农服务社都设立农产品收购点,年收购额逐步回升。此后,随着专业合作社发展和农民经纪人队伍的培育,供销社系统农产品购销业务重新活跃起来。1983~2005年,全市供销社系统农副产品收购额累计19.4亿元。收购品种从传统的棉花、麻、蚕茧、茶叶等大类品种,到水稻、小麦、水果、蔬菜、菜籽、药材、水产、禽类、蛋类、食用菌、蜂蜜等几十个。全系统建有农贸市场9个,为农民搭建农副产品走向市场的平台。

一、棉花

1983年,农村普遍推行家庭联产承包责任制,棉花交售实行户售户结,供销社收购皮棉31.5万担,也是收购皮棉量最高的年份。同年11月,执行国务院《关于改变棉花加价办法和取消北方棉区价外补贴的通知》。1984年收购皮棉30.3万担。由于1978年以后,国家对棉花生产、收购连续提价奖售,种植面积逐年扩大,产量连年大幅度增加,至1984年出现棉花市场供大于求的现象。国务院印发《关于加强棉花购销综合平衡的通知》,调整收购奖售政策,实行按合同计划收购。1985年,棉花取消统购,改为合同订购,订购合同以外的棉花,由植棉户自行销售,实行多渠道流通,价格随行就市。由于棉花产大于销,销售不畅,全市棉花种植面积逐年下降。之后,国家为逐步建立适应市场经济发展要求,在国家宏观调控下,主要依靠市场机制实现棉花资源合理配置的新体制。1993年3月16日,省委省政府决定,改革棉花流通体制,放开棉花价格和经营。国务院决定,从当年起粮棉奖售物资改以差价方式兑现。棉花原是供销社统一经营和专营的商品,在供销社经济中具有举足轻重的地位,棉花流通体制改革,农资兑现办法改变,对供销社经营产生冲击。1998~2002年,国务院及省政府多次出台关于深化棉花流通体制改革的决定,对棉花生产经营政策作出重大调整,棉花市场进一步开放。镇江不是棉花主产区,农业结构不断地调整,棉花生产也不断减少,供销社棉花收购量也随之不断减少。1985年之后,年棉花收购量大幅度下降。1997年皮棉收购已不足10万担,最低点的1999年仅有4900担。

二、蚕茧

供销社蚕茧收购始于20世纪60年代，并担任发放蚕种、供应农药化肥等任务。直到1991年，蚕茧收购都是供销社的主要业务。80年代，国内外对蚕茧需求不断增加，镇江桑园面积发展较快，供销社收茧站及烘灶等设备也随之增加，年蚕茧收购量也持续增长。从1984年开始，连续八年年蚕茧收购量都在10万担以上，高峰的1990年收购近15万担。1991年茧丝绸经营体制改革，供销社数年筹建并经营的茧站及设备划给地属茧丝绸公司。1993年，由于市场行情一落千丈，桑园大半以上毁荒，蚕站闲置，企业停产，丝绸行业元气大伤。省政府决定，从当年春茧收购起，蚕茧收购和经营权下放到县，蚕丝经营逐步放开。随着镇江农业结构的调整，从1992年起，蚕茧收购业务逐步从供销社退出。2001年后完全停止收购。

1983～2005年镇江市供销社农产品收购情况表

表17-26

年　份	农产品收购(万元)	棉花(皮棉)(担)	蚕茧(担)
1983	10140	315453	86736
1984	10840	302573	111155
1985	8778	184860	119809
1986	8632	118316	126812
1987	10193	95334	126208
1988	15708	89312	135764
1989	15264	48800	142120
1990	16767	89092	149916
1991	15306	89258	135516
1992	8943	101394	21326
1993	7641	45360	13560
1994	10696	33620	22946
1995	11870	58100	13918
1996	8023	31380	2020
1997	6707	42000	1560
1998	4864	34400	3620
1999	3634	4900	2140
2000	3406	9180	3180
2001	2449	17680	4400
2002	2394	15560	0
2003	2940	6640	0
2004	4246	13840	0
2005	4906	10300	0

第四节　生活资料购销

一、商品购进

中共十一届三中全会后，随着商品生产的不断发展，商品供应实行计划供应和市场调节相结合的方针，逐步形成多种经济成分、多种流通渠道、多种经营方式并存的流通体制。计划分配的商品逐步减少，进货渠道不断增多，除个别比较紧俏的名牌商品实行计划搭配分配外，其他商品均可到全国各地的商业部门和工厂自由选择进货。1983 年，金坛、高淳等地从镇江划出后，市供销社的的管辖范围一下子缩小 6 个县，商品购进和销售数量在当年的报表中也开始减少。1983 年，商品购进总额 20350 万元，其中基层供销社商品购进总额 15241 万元。主要商品的购进：皱纹卫生纸 13248 百公斤、日用瓷器 29912 百件、自行车 19088 辆、纯碱 315 吨、食糖 151 吨，商品库存 15457 万元。1983 年后，镇江市日用工业品供应仍然按 7:3 分配（农村 7、城市 3）。实行计划调拨的主要商品有纯碱、皱纹卫生纸（镇江产）、铁锅、瓷碗（镇江产的可二、小三）、食糖、元钉、镀锌铁丝、石油等，并由政府制定价格和差率。市场紧缺的名牌自行车、缝纫机、电视机、电冰箱等实行价格双轨制（平、议价格）。市供销社适时提出加强外采队伍的建设，不定期的开展采购人员的集中培训，组织并参加各种商品展销会。1989 年底，所有日用工业品计划全部取消，实行市场调节。1990 年商品购进总额 156158 万元，商品库存 28427 万元，从工厂直接购进 29583 万元，为乡镇工业购进原材料 12362 万元。供销社经济出现快速增长的势头，银行贷款也飞速膨胀。此后的供销社经济便步入快速下滑的时期，市场大面积缺失，人才严重流失，商品滞销压库，严重影响资金周转，债务包袱也越来越大。2005 年商品购进总额 328289 万元。

二、商品销售

1983 年，基层供销社当年的商品销售总额 36782 万元，占全市供销社系统商品销售总额 80. 28%。主要商品销售：铁锅 238900 口，日用瓷器 69872 百件，煤油 3142 吨，自行车 45033 辆，电视机 3636 台，食糖 6123 吨。1986 年开始，在全系统实施经营责任制改革，按部门、柜组或门点等实行费用包干、联销计酬和利润包干等办法。举办参加各地各种展销会，组织系统内的企业到石家庄、晋城、石狮等地举办商品供货会。先后在上海、深圳、新疆等地设立办事处。市供销社先后与晋城、许昌、运城等市供销社结成友好市供销社，互通有无。对市直企业提出发展 200 个专业批发公司的目标。到 1989 年底，3 个集团、10 个直属总公司共发展各类专业批发公司 177 个，供销社进入鼎盛时期。1990 年，全系统实现商品销售总额 170252 万元，其中基层供销社销售 105016 万元。在大购大销的大背景下，由于供销社的扩张速度过快，过分强调大、快、新，分配差距拉得过大，各种矛盾和问题开始出现，加上专控营的商品经营全部放开，供销社从此跌入历史上最低潮的时期。亏损严重，业务人才大量外流，资金周转困难，商品压库严重，银行贷款和社员股金规模不断扩大。1996 年开始，在全系统大规模开展抽资承包和“双置换”（职工身份置换、职工劳动关系置换），以缓解资金压力。1997 年，全系统商品销售总额 507757 万元，商品库存 438982 万元，达到历史最高值。2000 年，股金风波暴发，供销社经济陷入崩溃边缘，商品经营几乎停顿，整天应付股金的兑付。自 2003 年起，全系统在逆境中奋力爬坡，全面展开企业改制工作，并向社会公开招标。2004 年始，供销社经历阵痛后轻装上阵，转变职能，立足“三农”、服务“三农”，在服务中求效益。2005 年，全系统实现商品销售总额 393392 万元，实现利润 436 万元。

第五节　再生资源（废旧物资）收购

再生资源（废旧物资）的回收利用是供销社的传统主业之一。新中国建立初期至 20 世纪 90 年代，镇江市废旧物资产出量 90% 以上由全市供销社系统回收经营。90 年代以后，国家逐步放开收购渠道，允许集体和个人收购除有色金属外的废钢铁、废塑料、造纸原料等。2003 年以后，废旧物资收购业务完全放开，国家取消许可制度，一批私营企业和个人开始从事废旧物资回收行业。

再生资源回收市场由政府管制、供销社当主角的“特种行业“，演变为多种所有制并存发展的局面。2003 年后年回收额超过 10 亿元，最高点的 2004 年超过 15 亿元。到 2005 年，镇江市有证照的废旧物资经营户 300 多家，其中具有一定规模的再生资源回收利用企业 20 多家，加工企业 10 多家，还有大批的流动收购人员。尽管再生资源市场放开后，回收业务多渠道竞争，但供销社通过积极争取政府政策支持，建立行业协会，加强行业管理，加快回收网络建设，增强企业实力，回收业务仍然得到较快发展。

1983～2005 年镇江市供销社再生资源(废旧物资)收购情况表

表 17-27

年　份	废品收购(万元)	年　份	废品收购(万元)
1983	732	1995	11535
1984	744	1996	12295
1985	1022	1997	17281
1986	1116	1998	17204
1987	1743	1999	23248
1988	2666	2000	39329
1989	3952	2001	44742
1990	5053	2002	61782
1991	5434	2003	127762
1992	5332	2004	154988
1993	11398	2005	114897
1994	11924		

第五章　粮油贸易

中共十一届三中全会后，镇江市粮食流通体制发生重大变革，粮食行政机构逐步向全社会流通管理职能转变，购销市场全面放开，粮食流通日趋活跃，储备保障体系初步建立，粮食工业规模和效益创历史最高水平，产业化经营全力推进，国有粮食企业机制出现深刻变化，整个粮食行业经济快速发展。

第一节　粮油收购

一、粮食收购

1. 合同定购和国家定购　1953～1985 年，国家把粮油收购纳入计划经济管理轨道，实行严格的统购政策和管理制度。1985 年后，随着国家经济体制的转变，粮油收购政策也不断调整。

1985 年，国家取消粮油统购改为合同定购。合同定购只限于小麦、稻谷、玉米三个品种，由粮管所同农户(农场)签订合同。1988 年，省政府下达镇江市粮食收购包干指标 3.39 亿公斤，其中：粮食合同定购 2.54 亿公斤(小麦 0.79 亿公斤，稻谷 1.75 亿公斤)、议(价)转平(价)850 万公斤，油菜籽合同定购 1250 万公斤。根据国务院和省政府的规定，粮食合同定购实行“三挂钩”(奖售化肥、柴油和发放预购定金)政策,每交售50公斤原粮奖售平价优质标准化肥3公斤、柴油1.5公斤、发放20%定购粮食价款的预购定金。奖售的化肥、柴油,以县、市为单位,实行年初预拨,年终结算,一年一清。奖售的柴油,允许农户自行调剂。粮食部门负责发放化肥票、柴油票和预购定金;供销、石油部门负责印制票证,保证足斤足两供应;银行按规定向粮食部门提供预购定金贷款;农机部门负责农民把挂钩柴油用于农业生产。当年全市粮食合同定购任务完成93.8%,粮食部门实际分配化肥1429万公斤、柴油715万公斤。

实行合同定购以后,粮食形势出现较大变化,市场粮价由跌到涨,由农民"卖粮难",变为国家收粮难,供求矛盾凸现。1988年4月1日,省政府决定粮食购、销、调拨及财务包干,一包三年,一年一结,三年统算。定购任务必须按数量、品种保证完成,完不成由地方财政拿钱买议价粮完成。对完成粮食定购任务93%以上者,其超过部分按原超购价与县(市)结算,价差款由县(市)政府自行安排使用。对调出粮食县,每调出50公斤粮食补贴0.5元,由省财政和调进的县(市)财政各负担50%,年终结算兑现,原定"三挂钩"政策继续执行。同年9月,国务院明确"从当年秋季开始,稻谷由粮食部门统一收购,其他部门、单位和个人不得经营"。

1990年11月,国务院将合同定购改为国家定购,明确交售国家定购粮油作为农民应尽的义务,必须保证完成。1991年7月,镇江市遭遇百年未遇的特大水灾,市政府调减句容市赤山湖地区;丹阳市里庄、运河、云陵;丹徒区宝堰、荣炳等受灾较重乡镇当年的粮食定购任务。

1993年4月,粮油价格放开,粮油定购继续保持。1997年7月,国务院规定,国家定购粮仍按1996年确定的定购价收购,当年完成国家粮食定购任务19850万公斤。

2. 保护价收购　1996年,农业生产获特大丰收,国家大幅度提高粮食定购价格,粮食市场供大于求,价格持续下跌,秋粮收购出现定购与议购、购价与销价倒挂现象,购销企业库存积压,经营困难。1997年7月,国务院强调必须按保护价敞开收购粮食,保护价就是定购基准价。全市粮食部门贯彻国家粮食购销政策,改议价粮随行就市收购为按保护价敞开收购,对已入库的议价粮,在夏粮收购结束后一个月内按实际执行的挂牌收购价与保护价价差对农民进行补差,每50公斤红小麦补差价15元。在政策多变、价格倒挂的情况下,全市粮食部门积极组织收购,不限收、不拒收。1998年,全市收购粮食25337万公斤,其中保护价收购10374万公斤。

1999年,粮食市场持续疲软,粮价低迷。国家在保持粮油定购制度和国家定价的前提下,调整粮食定购计划和定购价格,继续实行按保护价敞开收购的政策,调低保护价格并公布早籼稻、常规籼稻、玉米、红小麦4个品种从下年起退出保护价收购范围。此信息一经公布,农民争相售粮,收购数量大增,全年收购27926万公斤,比上年同期增长10.2%。2000年5月,省政府决定自2000年新粮上市起,红小麦、玉米、早籼稻、常规籼稻4个品种退出保护价收购范围,明确拓宽收购渠道,允许多渠道直接收购经营,国有粮食购销企业按照"购得进,销得出"的原则进行收购。2001年秋,省实施粮食购销市场化改革,保护价政策亦随之结束。

3. 市场收购　2001年8月,国家加快粮食流通体制改革进程,确定"放开销区,保护产区,省长负责,加强调控"的改革思路。9月,省政府发出《关于全面推进粮食购销市场化改革的实施意见》和4个配套文件。从2001年秋粮收购开始,全省取消粮油定购,放开粮油收购;全面开放粮油市场,价格随行就市,市场定价。至此,以粮油定购这一行政手段为主的收购形式退出历史舞台,以收购主体多元化,粮食购销市场化为取向的粮食流通改革终极目标得以实现。粮食购销市场化后,私商经营活跃,全市从事粮食收购的经营户近百户。2001年,全市推广粮食订单收购,推进农工商一体化进程。通过与生产农户签订产销合同,明确权利、义务,按合同要求完成各自的粮食生产和收购经营活动,达到农民增收、企业增效的目的。订单收购主要有三种形式:协议书、交售卡和购销合同;国有收购主体作出三个承诺:敞开收购、价格随行就市、售后利润分成;分三个层次进行:一是粮管所直接与农户签订合同,二是粮管所与农业部门、村民委员会或农民经纪人签订合同，三是用粮企业、龙头企业和农户或农民经纪人签订合同。

2003年，全市粮食购销企业大力推广“一次收购、二次结算”，进一步完善订单收购内容，凡有合同约定价格低于收购平均价的，全部进行补价，当年收购订单粮食13312万公斤，占收购总量的38.5%。2003年下半年到2004年，粮价波动。为稳定市场、稳定物价，全市购销企业通过委托收购、网点收购、流动收购、预约收购、代购代销、工商联合收购等方法，开展粮食购销活动，2003年共收购粮食34582万公斤，2004年收购粮食43528万公斤，比上年增长25.9%，继续保持粮食经营的主导地位。特别是2005年粮食市场价格下行压力增大，其他收购主体犹豫观望入市谨慎，全市国有粮食企业主动入市，以略高于周边地区的价格敞开收购，共收购粮食66338万公斤，保持本地收购市场的基本稳定。

4. 议价收购 镇江市的粮食议价收购始于20世纪60年代初期，主要是在集市零散收购和对完成征购任务后的生产队余粮协商收购，由粮食部门统一经营。

1979年，市、县相继成立粮油议购议销公司，开展内购内销、内购外销、外购内销、外购外销的经营活动。1985年4月，国家实行合同定购，完成合同定购以外的粮油和其他粮油品种，可以自由购销，取消议价粮比例分成的规定。国有粮食部门凭借多年来形成的主渠道优势，“平议”兼营，积极收购，掌握粮源，搞活流通。1986年国家实行粮食流通“双轨制”，实行合同定购与市场议购相结合的制度，议价经营的作用也由“补充、调剂”发展到“必要、不可缺少”。镇江市购进的品种主要是大豆、玉米、豆油、葵花油、花生、芝麻等。

二、油料收购

镇江市油料种植比较分散，商品率较低。为稳定油脂市场，1988年前国家实行油料计划统购政策。1988～1990年，油料收购随同粮食收购实行一包三年、三年统算的包干体制，合同定购包干任务油料1500万公斤，1991～1992年又沿用2年。随着1993年全省放开粮食油料购销和价格，自1953年，实行40年的油料统购计划体制取消，油料购销完全由市场调节。

从油料实行统购以来，镇江市一直实行“购料不购油”的办法，收购油料，返还副产品。1986年改菜籽返饼为找补平议差价的做法，每50公斤菜饼找补差价1.8元，直至1992年。

中国加入世贸组织以后，国家通过大量进口来弥补国内油料油脂不足的矛盾，油料油脂市场的供求矛盾得到缓解。

三、收购价格

1985年以来，粮食收购价格经历合同定购、保护价收购和市场收购三个阶段。1988年粮食合同定购价格为：红小麦每50公斤24元，籼稻17.7元，晚粳稻20.8元，玉米15.8元。1989年3月为消化农业生产资料价格上涨因素，国家调高粮食定购价，平均价格提高18%，红小麦25.6元，籼稻22.2元，晚粳稻26.8元。1992年再次调高定购价格，平均价格提高18.7%，红小麦31.6元，籼稻26元，晚粳稻31.8元。

1993年，国家对粮食的主要品种实行收购保护价制度，除早籼稻外，其他品种保护价不低于国家定购价。1994年，对主要粮食品种实行国家定购，定购以外的粮食实行市场调节。6月定购价调高44.2%，每50公斤红小麦51元、杂交籼稻53元、晚粳稻54元。9月对杂交籼稻和晚粳稻分别增加补贴12元和16元，达到65元和70元。1995年，对小麦增加价外补贴12元，稻谷价外补贴维持上年水平不变。1996年，定购粮食再次提价42.4%，红小麦72元、杂交籼稻73元、粳稻81元，并对粳稻另补贴2元，达到83元。农民种粮积极性提高，粮食产量大增，下半年起粮食形势出现供大于求，市场粮价持续下跌，最高跌幅达30%。同年起，国家对粮食定购价实行中央指导下的省级人民政府定价。1997年，粮价持续下跌，为保护农民种粮积极性，全市按保护价敞开收购粮食,省定购保护价红小麦65元、杂交籼稻65元、晚粳稻72元,定购价按上年价格水平不变。1999年,省定定购价与保护价并轨,价格为红小麦56元、杂交稻54元、粳稻59元。

2000年,红小麦退出保护价,杂交稻、粳稻仍实行保护价收购,价格分别为每50公斤48元和59元。2001年,取消粮油定购,放开粮食市场,放开粮油购销价格,实现以市场化为取向的价格改革。2004年,国家开始以最低收购价作为对粮食市场调控的重要手段,当粮食供求关系发生重大变化时,对短缺重点粮食品种在粮食主产区实行最低收购价收购。同年,镇江市执行中晚稻最低收购价预案,每50公斤中等标准中晚籼稻72元、粳稻75元。2005年,市场粮食收购价红小麦65.5元,杂交稻72元,粳稻90元。

第二节 粮油销售

一、粮油供应

从1953年起国家实行粮油统销政策,粮油供应纳入计划轨道,并实行严格的统销管理制度,基本保证军需民食和工商行业用粮需要。

1. 城镇居民定量供应 1983年,镇江市继续执行国家1955年8月颁布的《市镇粮食定量供应暂行办法》,市镇居民实行“按人定量”供应,工商行业用粮实行按户定量供应,市镇牲畜饲料用粮实行分类定量供应。每人每月口粮定量标准(按以大米为主食地区标准执行):重体力一级21~22公斤;重体力二级19~20公斤;重体力三级17.5~18公斤;轻体力一级16.5公斤;轻体力二级15.5公斤;轻体力三级14.5~15公斤;轻体力四级13.5~14公斤;国家机关团体工作人员、厂矿、企事业、学校行政管理人员等为13公斤;居民12公斤;初中、高中和中等技术学校学生16公斤;大学学院、干训班学生15公斤;6~10周岁儿童10公斤;3~6周岁儿童6.5公斤;3周岁以下儿童3.5公斤。定量人口食油标准:每人每年食油消费定额3公斤,在农村的脱产干部和教职员每人全年2.5公斤。此后20多年中,镇江市及辖市(区)粮食部门多次进行集体伙食单位、居民“人口、工种、标准三核实”,并对供应标准进行微调。城镇职工口粮标准一律为14公斤,其工种差额粮和补助粮到单位领取,居民和10周岁以下儿童口粮标准一直未变。计划供应办法主要起到保证居民基本生活,控制吃商品粮人口增加,为国家节约粮食的作用。

农业人口转为非农业人口,简称“农转非”。国家对“农转非”严格控制,审批权在地、市一级政府并由计划、公安、粮食等部门共同把关。20世纪80年代后期,由于60年代下放人员就地“农转非”、招工、干部家属进城、征地撤队等各种原因,“农转非”人口快速增长。1989年,镇江市定量供应人口增至575325人,人均定量水平为14.3公斤。1990年,执行国务院和省政府规定,实施“农转非”许可证制度。办理“农转非”除应持有户粮迁移证外,增附省计委统一印制、市计委签发的“农转非”许可证,先由公安部门办理户口,再由粮食部门办理粮油接供手续。

2. 军粮供应 1988年以前,镇江市军粮供应执行国家商业部和解放军总后勤部制定的《军粮供应办法》,军用供给粮票和军用价购粮票由商业部印发,凭“军用粮油豆供应证”领购粮票。军用粮票不准在市场流通或换购其他物品,军人外出出差或探亲,凭军用价购粮票兑换全国通用粮票或省、地方粮票。武警人员执行人民解放军的供应办法。1988年8月,镇江预备役部队在军事训练期间按军队标准,每人每天供应粮食0.8公斤,每人每月供应食油0.5公斤,所供粮油均按统销价结算。1993年4月粮食统销价格放开以后,军粮供应办法仍维持原来规定不变。1996年5月,省军区后勤部、省粮食局发出《关于收归军队建制的人民武装部队军人供应问题的通知》,从4月1日起,收归军队建制的县、县级市、市辖区人武部按照《军粮供应与管理办法》的规定供应粮油,粮食定量标准:(每人每月)县(市、区)人武部的军官执行17.5公斤,士兵执行24公斤;食油、大豆供应按伙食灶别的定量标准执行,其他人员按一类灶执行。1998年,成立镇江市军粮供应办公室,与市粮食局购销储备处合署办公,负责全市军粮供应的管理工作,辖市(区)成立5个军粮供应网点,具体承担军粮的筹措、调运、加工和供应工作,军粮财务实行专项、专户、专账管理。至2005年,军粮供应仍实行凭军用粮票和“军粮供应证”购买军粮,由各地军供站负责定点供应。在军粮供应中,各地严格执行军粮供应政策,提高服务水平,镇江市军粮供应站于2000年、2005年两次获国家粮食局、总后勤部、财政部全国军粮供应管理先进单位称号。市粮食局在丹徒石马粮管所建立全省第一家军粮加工基地,实行“统一加工、统一包装、统一品牌、统一质量、统一配送、统一价格”,确保军粮供应质量。

3. 工商行业粮油供应　1983年工商行业(糕点、饮食、酿造业)的粮油供应,实行计划供应,平价销售。各用粮用油单位,每月根据实际需要上报计划,由市、县粮食部门审核下达。对熟食、糕点等食品行业的用粮用油,实行凭票供应。副食业、酿造业以及工业、手工业等用粮单位,根据计划供应,不收取粮票。1984年下半年,根据商业部文件精神,对以粮食为主要原料的白酒、黄酒、啤酒等各种饮料用粮,实行议价供应。1986年4月始,对镇江火车站、镇江港等站台、码头用粮,外轮供应公司的粮油取消平价供应。1988年,省政府放开副食品价格,副食业用粮油也随之实行议价供应。

二、议价销售

镇江议价粮销售始于20世纪60年代初期,由粮食部门统一经营,只能安排一部分作为定量供应的补充,主要用于支援灾区。1988年以后,随着行业用粮、工业用粮的放开,议价销售范围不断扩大,替代部分平价粮的供应。1988年,全市议销粮食4774万公斤,议销粮食占平议价销售总数的22.3%。1993年,全市议销粮食17049万公斤,议销粮食占平议价销售的比例已上升到38.6%。同时,议价销售不再受行政区划的界限,拓展到外地、外省和搞出口业务。随着2001年9月粮食购销市场化,平、议销粮食的划分自然取消。

三、销售价格

1983年,国家返销给农村的粮油实行购销同价,市镇人口和食品、饮食糕点、副食,酿造行业用粮和市镇饲料仍按统销价供应,按议价供应的部分继续按议价供应。酒精、制药、味精等和其他工业用粮从1985年起改为议价供应。到1987年,粮食购销倒挂严重,国家每销售500克粮食补贴0.167元,财政负担年年加重。1988年4月,城乡饲料、豆制品用粮改为议价供应。同年调整成品粮食统销价,每500克特二粉0.20元、标准粉0.16元、标二粳米0.14元、标二籼米0.12元、菜油0.76元、豆油0.82元。

1991年4月28日,镇江市根据全国粮油价格改革工作会议精神,从1991年5月1日起,开始执行新的统销价格,每500克特一粉0.35元、特二粉0.32元、特等粳米0.32元、特等杂交稻米0.21元、二级菜油2.08元、二级豆油2.15元,相应调整粮油制品的价格。粮食购销价格倒挂部分和粮油经营费用仍由财政补贴。此次调价后,对职工适当补偿,统一纳入职工基本工资。从1991年5月1日起对行业用油全部改为议价供应。1992年4月1日,再次调整粮食统销价格,每500克特二粉0.48元、特等杂交米0.43元、标一杂交米0.4元、标准面粉0.39元、特等粳米0.5元,提价幅度达48.6%,实现购销同价。同时,对职工及其家属采取发放粮价补贴的办法,职工每月补贴5元,对粮食经营环节费用仍由财政补贴。

1993年4月1日起,国家放开粮食购销价格,取消粮食定购和居民的定量供应,不再使用粮票。从当月起,城镇职工每人每月发放6元补贴,大、中专学生每人每月4元。同年下半年,粮油价格上涨较快,面粉、粳米、菜油年初市场价每500克分别为0.48元、0.52元、2.5元,至年底分别高达0.7元、0.87元、3.3元。12月,市区粮油主要品种实行同行议价。国务院从12月31日起对粮食销售实行挂牌限价,镇江市各级粮食部门充分发挥主要渠道作用,组织粮源,采取稳价保供措施,特二粉、特二杂交稻米和特二粳米、菜油挂牌零售价每500克分别为0.65元、0.70元、0.87元、3.30元。

图17-2 粮油供应连锁中心店(1994年摄)

1994年6月,国家又对主要粮食品种的销售价格实行国家定价。国有粮店增供新米,并采取陈米原价,新米新价,每500克特制新粳米1.33元、特二杂1.28元、标一粳1.29元、标一杂1.24元、菜油4.0元,此后,油脂价格随着市场供求的变动而上下浮动。

1995年,实行"米袋子"省长负责制,纳入政府目标管理。1月,镇江市对定购粮食供应价格、出厂(批发)价格、调拨价格和零售价格实行政府定价。同年,每500克零售价特二粉1.13元、特二粳1.35、特二杂1.30元。1996年7月,粮食销售价格实行中央政府指导下的省级政府定价,特一粳米每500克1.45元。

1998年,国家实行顺价销售政策。2001年,全省全面推进粮食购销市场化改革,全面放开粮食市场,放开粮食购销价格,从此粮食销售价格由企业根据市场供求状况随行就市,自主定价。2005年12月,每500克零售价粳米1.50元、面粉1.03元、杂交米1.10元。

四、销售网点

计划经济时期,粮油销售均由国有粮店、粮管所负责供应。1983年成立镇江市粮油供应公司,1991年改称镇江市粮油供应总公司,下辖24家粮店和7家粮管所,具体承担市区粮油供应职能。1993年撤销市粮油供应总公司,按行政区划分别成立镇江市京口粮油供应总公司和镇江市润州粮油供应总公司,下辖30家粮店(含新增6家粮店)和7家粮管所。1995年将京口、润州粮油供应总公司管辖的38家粮店(含新增8家粮店)全部划入新组建的镇江市粮油供应连锁中心,实行"统一门店、统一采购、统一销售、统一配送、统一核算、统一管理"的连锁经营模式。国内贸易部部长陈邦柱调研时题词:连锁经营,大有作为。1999年,所有粮店和粮管所实行国有民营、租赁经营。

图17-3 1995年,国内贸易部部长陈邦柱视察镇江市粮油供应连锁中心

2001年全面放开粮食市场后,全市粮油销售网点主要有三种类型:一是原国有粮店改制后的专营店;二是大型超市的粮油专柜,如北京华联、上海农工商、万方、旅游等超市;三是遍布城乡的个体粮油店。

2003年下半年，市粮食局在全省较早实施以“放心粮油、放心消费”为主要内容的“放心粮油进社区”试点工作，2004年将范围拓展成进社区、进农村、进院校、进部队、进超市的“五进”工程。2005年底，全市城乡经市、县两级粮食、工商部门验收授牌的“放心粮店”达112家（其中市区60家）。

1983～2005年镇江市粮食购销情况表

表17-28　　单位：万公斤

年份	收购			议价收购	销售	购销差
		合同定购	订单收购			
1983	-	-	-	-	-	-
1984	11838	-	-	586	5007	7417
1985	24886	24620	-	7454	24452	7888
1986	25320	25065	-	12615	26009	11926
1987	24813	24551	-	7271	27270	4814
1988	23942	23818	-	6559	24148	5903
1989	24581	24488	-	7451	21645	10387
1990	31165	25128	-	17660	29319	19506
1991	19341	19255	-	29511	44859	3993
1992	19637	18987	-	42381	53308	8710
1993	52414	14190	-	5197	44193	13418
1994	44499	18747	-	17895	49415	12979
1995	19802	19802	-	25036	31656	13182
1996	20214	20214	-	17741	19299	18656
1997	19850	-	-	19914	14389	25375
1998	14963	-	-	10374	17755	7582
1999	26763	-	-	874	18557	9080
2000	20582	-	-	1326	14352	7556
2001	17196	-	-	-	10145	7501
2002	22198	-	9786	-	14510	7688
2003	43460	-	13312	-	10343	33117
2004	43528	-	13508	-	11094	32434
2005	66339	-	13500	-	12125	54214

说明：1983年数据缺失

第三节　粮油储运

一、粮油调拨和运输

计划经济时期，全市各级粮食部门严格执行上级下达的粮油调拨计划。

镇江属稻麦产销平衡有余、略有差出的城市。根据国家和省安排，1983～1987年，年平均向省内市间和省外调出平价粮食4800万公斤左右。省内市间的流向是调往南京、南通、常州、无锡、徐州等地,省外流向主要是上海、内蒙古、云南等省市(区)。为平衡市内供求,市粮食局安排丹阳、句容、丹徒调粮给市区和扬中市,其中每年调进镇江市区的粮食1.1亿公斤左右。平价粮油调拨计划属指令性计划,省间调拨计划由国家下达,市间调拨计划由省下达,县间调拨由市下达,实行送货制,货款统一结算。

1994~1995年,粮食实行定购制度,省下达镇江市调出粮食4000万公斤,其中小麦1500万公斤,稻谷2500万公斤。为鼓励产区调拨粮食的积极性,江苏省从1995年起,由调入市给予调出市每公斤原粮0.06元补贴,随调随付,由调入方财政负担,调拨方式亦由送货制改为带款提货。此期间,镇江市区每年从各县调入粮食7500万公斤(小麦2500万公斤,稻谷5000万公斤),其中丹阳市3200万公斤,句容市2800万公斤,丹徒区1500万公斤。

镇江地处长江和大运河的交汇处,沪宁铁路贯穿全境,交通十分便捷,自古以来就是粮食等大宗物资的集散地。平价粮油调拨体制的实行需要调拨双方按照流向合理、经济快捷的要求选择廉价的运输工具,以降低运输成本。对调往外省、外市的粮食运输,镇江市首选载量大、运价低的铁路、水运方式进行长途运送。对无水路、铁路条件的采用点到点、库到库的汽车直运,市内调拨大多采用此方式,由镇江市粮油运输公司、句容粮食车队、丹徒粮食车队专门承运。镇江市粮油运输公司在20世纪80年代末、90年代初有营运车辆40多部,200多个吨位,其中有10部进口三菱新车,较好地完成市粮食局下达的粮油运输任务。

1996~1998年,由于粮食年年增产,国家又大幅度提高粮食定购价格,供求关系发生变化,购销价格严重倒挂,调入地区以种种借口要求免调,甚至拒收,致使定购粮调拨计划难以履行。1998年,国家对粮食经营体制进行改革,全面放开粮食经营和价格。实行近40年的平价粮油调拨体制就此终止。此后,粮食余缺调节完全由各地通过市场化的方式进行。

2004~2005年,粮食主产区和销区建立起多种产销合作形式。镇江市与苏州、盐城、宿迁等市建立粮食对口衔接、产销合作机制,以市场化手段进行粮食数量、品种、地区之间的调剂,现代粮食物流业得到长足发展。

二、粮油储备

随着社会发展和粮食流通体制改革不断深入,粮食部门逐步建立起国家(中央)、省、市县三级较完备的粮食储备体系,有效地保证国家和地方的粮食安全。

1. 国家储备

1990年9月,国家建立粮食专项储备制度,储备规模逐步扩大。1992年12月,镇江市粮食中转库被命名为江苏镇江国家粮食储备库。1993年7月,丹阳市西郊粮库被命名为江苏丹阳西郊国家粮食储备库。1998年5月,国务院组建中央储备粮管理总公司对中央储备粮实行垂直管理,地方粮库在通过资格审查后,可以签订储粮合同,继续代为储存。2003年8月,江苏镇江国家粮食储备库被中储粮江苏分公司明确负责镇江市辖区内的中储粮监管工作。截至2005年底,镇江市代储国家储备粮5115万公斤。其中江苏镇江国家粮食储备库代储国储小麦2115万公斤、玉米1500万公斤;江苏丹阳西郊国家粮食储备库代储国储小麦1500万公斤。

2. 地方储备

国家实行中央和地方分级粮食储备制度后,地方储备提上议事日程。省级专项储备粮的粮权属省人民政府,地方粮库代为储存,主要用于全省的救灾备荒,调剂丰歉,平衡供求。

省级储备　1993年5月,建立省级专项储备2.5亿公斤,分配镇江代储小麦2500万公斤,其中:丹徒200万公斤、丹阳1300万公斤、句容1000万公斤。2003年12月,省安排丹徒区荣炳粮管所、句容市郭庄粮管所各承储省级储备粳稻1000万公斤,2005年7月,省又安排以上两企业各承储省级储备小麦500万公斤，至2005年末，镇江市代储省级储备粮3000万公斤。

市、县储备 1993年6月，省粮食局下达镇江市建立市、县专项储备计划3000万公斤，从现行平价库存中按稻、麦比例各半划转，镇江市分解落实丹徒100万公斤、丹阳450万公斤、句容250万公斤、扬中200万公斤、市区2000万公斤。1996年农业大丰收，粮食供求关系发生重大变化，粮价下跌，库存积压，根据省局抓紧消化处理库存粮食的精神，到1998年末，镇江市这批地方专项粮食储备全部处理结束。

2001年，江苏省粮食购销市场化后，镇江市地方储备规模迅速扩大。根据省政府《关于全省地方储备粮扩储工作意见》的精神，市政府决定2001年全市重新建立储备粮规模2500万公斤，其中丹徒250万公斤、丹阳600万公斤、句容400万公斤、扬中250万公斤、市区1000万公斤，粳稻、小麦各半，当年实物储备全部落实到位。2003年5月，为确保“非典”时期社会稳定和粮油供应正常有序，市政府决定建立市级粳稻临时储备500万公斤，时间三个月；菜油临时储备20万公斤，时间一个月。2004年，省政府办公厅《关于充实地方粮食储备的通知》要求镇江市地方储备规模到2005年底必须充实到1亿公斤，为此市政府决定在两年内分三批建立，2004年上半年达到6000万公斤（其中稻谷4850万公斤），2004年下半年增扩小麦2000万公斤（其中市区1000万公斤），2005年增扩2000万公斤（其中市区1000万公斤），稻麦各半。截至2005年底，全市如期完成地方粮食储备规模1亿公斤任务，市区4500万公斤（其中稻谷2500万公斤、小麦2000万公斤），丹阳市2600万公斤（其中稻谷1250万公斤、小麦1350万公斤），句容1150万公斤（其中稻谷450万公斤、小麦700万公斤），扬中950万公斤（其中稻谷650万公斤、小麦300万公斤），丹徒区800万公斤（其中稻谷500万公斤、小麦300万公斤）。镇江市市级粮食储备的保管费用、银行贷款利息、轮换费用（包括损失损耗）及轮换价差，市财政对承储企业实行费用包干，超支不补，节余留用。包干补贴标准小麦每年0.22元/公斤、粳稻0.254元/公斤，其中保管费用每年补贴0.08元/公斤，由省财政负担，其余费用由市级粮食风险基金拨付。

三、仓储设施及安全储粮

1. 仓储设施 1983～1985年，全市粮油仓储设施大多条件较差，以普通房式仓和简易建筑为主，有相当部分是建于20世纪五六十年代的砖木结构。屋面为传统小瓦、大瓦、石棉瓦等，防漏性能差；地面为泥土或简易混凝土，易返潮渗漏。粮食储存方式县区多为散装堆放；市区以麻袋包装堆放为主，最大堆高为24个标准包。查粮、测温、出晒、进仓出库主要靠人工操作、车拉肩扛，劳动强度大，粉尘污染严重。

1986～1990年间，由于仓储企业可以在确保国家存粮安全的同时，自主从事粮食政策性之外的粮食购销业务，粮食仓储设施建设加速推进，全市共新建、改造、修缮12万吨储粮仓库。1990年末，全市国有粮食仓储企业（含基层粮油管理所）100多家，总仓容51万吨，库存各类粮食及产成品18万吨，规模较大的储粮仓库有8座，库容总量25万吨。市区大型粮库有市粮食中转库、金山路粮库、苏北路粮库和东郊粮库。

1991～2000年，粮食仓储企业经历存粮减少库房转作他用、库存增加租用社会仓房、储备粮分级管理库容压力减缓三个阶段，库房新建、改造、维修速度较慢，库容库貌改观不大。

20世纪90年代初，粮食销售市场逐步放开，计划内粮食库存量逐年萎缩，粮食仓库转作生产车间具有投资小上马快的优势，成为外商青睐的投资场所。1992年，市东郊粮库被镇江京谊窗帘有限公司租用，嗣后京友窗饰有限公司、京友建材有限公司陆续进驻，东郊粮库2.4万吨仓容全部改作生产车间。1988年镇江挂面厂迁址金山路粮库，占用仓容1000吨。1992、1994年，镇江泰兴隆快餐食品有限公司两次增资扩股，中方以金山路粮库2.5万吨储粮仓库作价入股。丹阳、丹徒也有部分储粮仓库因兴办合资公司而被征用。

1995 年以后,国务院推行“米袋子”省长负责制,各级政府逐步加大储粮管理力度,粮食库存迅速增加。1997 年,市粮食局租用市纺站闲置库房存放市场供应周转粮 3 万多吨,帮助区、县解决秋粮入库仓容不足的矛盾。1999 年,国家着手建立国家储备库,地方储粮仓库的压力逐步缓解。2000 年末,全市共有粮食仓储企业 96 家,总有效仓容 43 万吨,库存各类粮食 21 万吨。江苏镇江国家粮食储备库获 825 万元国债投资,新建高大平方仓容 1.5 万吨,使有效仓容达到 7 万吨,是全市第一座高规格散粮储存仓库。

2001 ~2005 年,全市粮食仓储设施建设进入快速增长时期。其间,各粮食仓储企业加大投资力度,改善仓储条件,共新建标准储粮仓库 5 万吨,维修仓容 6 万吨。2003 年,市粮食局征用京口区丹徒镇左湖村土地 7.67 公顷,用于新建镇江粮食储备库,规划建设标准储粮仓库 6 万 ~8 万吨。2005 年末,全市共有粮食仓储企业 88 家,总有效仓容 37 万吨,库存各类粮食 28 万吨。

2. 安全储粮　20 世纪 80 年代,全市仓储企业坚持“三天一小查、七天一大查、风雨后及时查”的粮情检查制度,普遍开展以无虫、无霉、无鼠雀、无事故为主要内容的“四无”粮仓活动,争创省、市级“四无”免检单位和文明粮库、粮管所。市粮食局在辖市(区)粮食局自查自检的基础上,每年春、秋两季组织全市存粮安全大检查和“四无”粮仓抽检。

90 年代,全市粮食仓储企业不断加大旧式仓库改造力度,推广应用“三低”储粮新技术。散装粮食入仓过程中,先将电子测温、测湿、测气、测毒等装置预埋在粮堆合理位置,平整粮面后再用塑料薄膜密封,使存粮始终处于低温、低氧、低药量的状态。粮食通风逐步采用自动百叶窗、换气扇等调温控湿装置取代老式的通风槽和存气箱通风,以达到降温降水之目的。露天存粮采用玻璃钢、矿石瓦围裙防鼠、PVC 维纶双面涂塑取代钢筋草包打围,确保存粮安全,缓解仓容矛盾。用聚苯乙烯塑料薄膜或纤维板吊顶,降低仓温、粮温,配套防虫线、帘、防鼠板、网等,以防虫害、鼠害侵入。1994 年,国家粮食储备局将“四无”粮仓活动充实为“一符四无”活动,增加库存粮油账实相符的内容,1995 年实行储备粮“一符三专四落实”管理办法,即:账实相符、专人保管、专账记载、专仓储存、数量落实、质量落实、品种落实、地点落实。各级粮食行政主管部门每年都把“一符三专四落实”活动纳入目标管理,实行一票否决制。通过上述活动的开展,仓储企业的损耗减少、费用下降,提高仓储管理水平。全市“四无”粮仓合格率达 90% 以上。

四、粮油检验检测

镇江市粮食部门 1983 年起从三个层次着手构建全市粮油检验检测网络体系:第一层次为企业检化验室,所有国有粮油企业(工厂、粮库、粮管所)设粮油检化验室;第二层次为辖市(区)粮食局粮油检化验室;第三层次是市级粮油中心化验室。

1983 年,市粮食局成立事业编制的市级粮油中心化验室,具体负责监督检查国家粮油质量标准、粮油食品标准、粮油检测标准和制度、办法的执行,负责粮油收购、销售、调拨、存储、加工各个环节的质量检验和管理。1986 年 4 月通过市标准计量局认证验收,增挂市技术监督粮油饲料产品质量检验站牌子,1990 年通过省计量认证验收,取得依法检测资格,从而担负起全市粮油企事业产(商)品的质量监督检验、仲裁检验、委托检验等任务。1999 年被国家质量技术监督局依法授权为具有陈化粮法定鉴定资格的粮油产品质量检验机构。2003 年被认定为镇江市实施“放心粮油”工程指定检验机构,2005 年 10 月更名为镇江市粮油检测所。

镇江市粮油检测所拥有原子荧光光谱仪、气相色谱仪、分光光度计、磁性金属物检测仪、阿贝折射仪等 40 余台仪器设备,可进行原粮、成品粮、杂粮、粮油复制品、油料油脂等品种的质量指标检测,还可以进行重金属、农药残留、小麦粉增白剂、油脂溶剂残留、真菌毒素等含量的测定。自 1983 年来,镇江市粮油检测所共检测样品近 4 万份,其中配合市工商、质量部门开展行政执法柚样和接受社会委托检测样品近 1 万份。

第四节　粮油管理

一、粮食行政管理

计划经济时期管住国有粮食企业，也就管住整个社会的粮食流通，因此粮食局机关内部机构按购、销、调、存、加工等业务环节进行设置。1983 年，新的镇江市粮食局内设办公室、政工科、计划购销科、议购议销科、储运科、工业科、饲料科、财务基建科 8 个科室，其中 3 个科室与直属公司合署办公（工业科与粮油工业公司、议购议销科与议购议销公司、饲料科与饲料公司合署），成立事业性质的粮油中心化验室和粮食干部学校。1992 年 2 月，设立外经科，撤销议购议销科。1992 年 9 月，经市政府批准组建镇江粮食集团，与市粮食局合署办公，设立贸易部、经济发展部、财务部、行业管理处、政治工作处、办公室等机构。1993 年，撤销镇江粮食集团贸易部，设立贸易一部（与兴谷实业公司合署办公）、贸易二部（与粮食物资公司合署办公）、进出口部（与粮食外贸公司合署办公）。1997 年，市粮食局机构改革，内设机构调整为 7 个职能处室（办公室、组织宣传处、计划购销处、综合经营管理处、储运基建处、科技工业处、财务会计处），核定编制 30 名，其中行政编制 26 名，行政附属编制 4 名。

2001 年，取消城镇居民计划粮油供应和粮籍管理的职能，强化全社会粮食流通管理，监督指导国有企业执行国家粮食购销政策和有关法律法规，加强市级储备粮管理，增强市政府对粮食流通的调控能力，由对企业生产经营进行指导、服务和调控。同年，市粮食局从 21 项行政审批内容中，取消审批事项 7 项，取消审核项目 8 项，取消核准项目 5 项。2004 年，国务院《粮食流通管理条例》颁布实施后，市粮食局的行政审批项目仅保留粮食收购资格审核管理一项，统一在市行政服务中心窗口集中办理。

二、行业管理

粮食购销市场化改革后，粮食行政部门从计划经济的管理模式向市场经济组织方式转变。为促进粮食行业健康有序发展，2002 年 12 月 26 日，镇江市粮食行业协会成立，第一届协会共有会员 69 个，其中团体会员 53 个，个人会员 16 个。

自 2003 下半年，由市粮食行业协会牵头，市粮食收储公司具体实施放心粮油进社区工程。协会围绕“放心粮油、放心消费”这根主线，先后开展放心粮油进社区、进农村、进超市、进院校、进部队的活动，建立以粮食龙头企业为主体，放心粮油产品为核心，市场监管为手段，放心粮店为窗口的放心粮油产业化体系。放心粮油店实行“六统一”管理模式，即：统一招牌标志（镇江市粮食局放心粮油工程××社区粮油销售店）；统一销售商品，销售的粮油商品必须有 QS 标志或县以上主管部门命名的放心粮油产品，并持有粮油质量检验报告单；统一采购配送，粮油配送中心负责粮油的统一采购和配送，从源头上把住粮食质量关；统一市场化运作，放心粮店在经营上与粮油配送中心是贸易伙伴关系，但必须服从粮油配送中心的统一管理；统一公开承诺，做到“三个确保，两个承诺”（确保采购的粮油食品证照齐全；确保接到镇江市客户订单 2 个工作日内，将商品送达指定地点，并提供跟踪服务；确保接到消费者咨询或投诉后，在 1 个工作日内给予答复和处理；承诺对有质量问题的产品实行无障碍退货；对损害消费者健康的事故，产品全部退回，放心粮油店停业整顿）；统一制度化管理，设立监督电话和投诉电话。凡是出现粮食质量问题和服务态度问题，根据情节轻重给予黄牌警告，直至摘牌处理。

随着市场经济的发展，镇江市粮食龙头企业壮大，形成以丹阳同乐和江南面粉公司为代表的面粉加工企业集群，以丹徒米业为代表的大米加工企业集群，以镇江京友麻油和中盛油脂为代表的油脂加工企业集群。丹阳市的江南面粉公司和同乐面粉公司,通过订单粮食、合同收购和让利补贴等多种利益联结方式,在市内外建立小麦生产基地5.33万公顷,小麦日处理能力分别超过2000吨、1000吨。丹阳市江南明珠米业公司采用稻鸭共作技术,建立66.67公顷无公害优质稻米生产基地,丹徒区粮食局、农林局合作种植类生菌稻谷,句容、扬中生产有机稻米。镇江市粮食收储公司实施粮食产业化经营和放心粮油工程,形成集"生产基地—订单收购—加工基地—配送中心—市场销售"为一体的经营模式,年经营量突破30万吨,实现销售收入2.1亿元,2003年被确认为镇江市农业产业化经营龙头企业。

协会成立放心粮油产品专业评审小组,严格按照申报条件和标准进行评审和推荐。全市有8个面粉产品、5个大米产品、2个油脂产品获得国家级放心粮油产品称号,镇江京友调味品公司的"甘露"麻油被授予国家知名品牌,同乐面粉获全国免检和江苏名牌产品,江南"丹星"面粉为中国名牌产品。协会还通过新闻媒体开展放心粮油品牌宣传,在元旦、国庆、世界粮食日等重大节日,举办放心粮油产品展销活动,展示放心粮油精品,现场接受群众咨询,多次组织会员单位参加上海、浙江、成都、南京、无锡、淮安等地举行的精品展示活动。

2005年,全市共有放心粮店112家,其中10家粮店被中国粮食行业协会授予"放心粮油店"称号。同年5月,镇江市粮食收储公司被确认为江苏省农业产业化重点龙头企业,受到国家粮食局和中国粮食行业协会的表彰。至此,粮食行业市级以上农业产业化龙头企业有16家,其中国家级1家、省级5家。

2005年,协会举办沿江地区面粉行业高峰论坛、镇江稻米市场论坛。邀请郑州粮食批发市场、国家粮食局信息中心的专家作专题讲座,引导和帮助企业拓宽经营思路,吸引沿江地区的20多家骨干企业参加。协会加强自身建设,组建面粉分会、大米分会、商贸分会。句容市、丹徒区成立县级粮食行业协会。协会新发展38个非国企会员单位。同年,粮食行业协会共有成员单位107家,协会被评为全国粮食行业协会先进单位。

三、市场监管

从1985年取消统购,粮食购销形势发生较大变化,粮价波动较大,市场供应趋紧。1988年9月,镇江市执行国务院规定,从当年秋粮收购起,稻谷由粮食部门统一收购,其他部门、单位和个人不得经营,粮食出省须报省粮食局批准、办理。1991年7月,国务院取消稻米由粮食部门独家经营的规定,允许省际地、市、县自行调剂。1991年10月,国务院规定在保证完成国家定购任务的前提下,常年放开粮食经营。1993年下半年,镇江粮价大幅度上涨,粮食部门各网点带头平抑价格,挂牌敞开供应。1994年4月,镇江市(县)一度采取限价、限量供应措施。同年6月,执行国务院规定,除具备规定资格并经核准的粮食批发企业之外,其他单位和个人都不许到农村直接采购粮食。粮食批发企业和用粮单位采购粮食,必须到县以上粮食批发中心,严禁场外交易。1996年初,市粮食局在京口闸成立镇江市粮油中心批发市场,丹阳和句容县级粮食市场相继建立并投入运营。

1998年6月6日,国务院发布《粮食收购条例》,规定只有经县级人民政府粮食行政管理部门依照规定条件批准的国有粮食收储企业,方可在本县级行政区域内从事粮食收购活动。未经批准,任何单位和个人不得直接向农民和其他粮食生产者收购粮食。粮食加工企业和用粮单位以及其他粮食经营企业和用粮单位都可以到国有粮食收储企业和县以上粮食交易市场购买,不得到外地向农民和其他粮食生产者直接收购粮食。国有粮食收储企业销售粮食,必须顺价销售,不得低价亏本销售。

1998年8月5日,国务院发布《粮食购销违法行为处罚办法》(以下简称《办法》),规范粮食购销活动,惩处粮食购销活动中的违法行为。从事粮食购销活动的组织和个人,凡违反国家规定的,依照《办法》进行处罚。1998年10月,镇江市实施"粮食准运证"制度,无论国有粮食收储企业或其他集体、个人销售和外运定购粮食(含成品粮),一律使用“粮食准运证”。

2004 年 5 月 26 日,国务院颁布《粮食流通管理条例》,规定粮食部门对粮食经营者收购、储存、运输活动和政策性用粮的购销活动以及执行国家粮食流通统计制度的情况进行监督检查,对粮食收购资格进行核查;质监部门对粮食加工过程中的以假充真、以次充好、掺杂使假等违法行为进行监督检查;工商部门对粮食经营活动中的无照经营、超范围经营以及粮食销售活动中的囤积居奇、欺行霸市、强买强卖、掺杂使假、以次充好等扰乱市场秩序和违法违规交易行为进行监督检查;卫生部门对粮食加工、销售中的卫生以及成品粮储存中的卫生进行监督检查;价格部门对粮食流通活动中的价格违法行为进行监督检查。镇江市各级粮食行政管理部门与工商、质检、卫生、物价等部门联合执法,共同履行监管职能。

2004 年 9 月,市粮食局成立市场监管处,市、县粮食局成立行政执法领导小组,扬中市成立监管执法大队。市各级粮食行政部门还在每个季度配合工商、质检对粮食市场定期检查,及时向公众通报质量检测结果。2005 年 1 月,检测市工商送检的样品,查出芝麻油掺假产品,大米以次充好、菜油掺假使杂的行为。4 月 30 日 ~5 月 10 日,市粮食局对全市国有粮食购销企业存粮进行检查。经清查实际库存 145612 吨,比总账面库存少 363 吨,差率为 1.04%,在允许差率范围内,主要是损耗未及时报耗处理所致。检查结果表明,库存账实基本一致,管理良好,储粮安全。同年市粮食局组织两个检查组,对存放在丹徒、丹阳、金坛 15 个粮管所,58 个库点的 2 万吨市级储备粳稻进行检查,向存粮单位通报检查情况,提出整改意见。2005 年 6 月,镇江市成立粮食流通监督检查领导小组,由粮食、工商、质监、物价、卫生部门分管领导组成,12 月市政府建立粮食流通监督检查工作联席会议制度,进一步协调粮食监管工作。同年,全市各级粮食行政管理部门在辖区内开展监督检查 53 次、检查企业 614 家,其中经举报开展的检查 18 起,实施责令整改行政处罚的 23 起,移交处理 2 起。

2005 年,市及辖市(区)粮食局对粮食经营企业执行粮食流通统计制度进行监督检查,共检查 149 家粮食经营单位,其中国有粮食企业 41 家,非国有粮食企业 108 家。从总体情况看,全市社会粮食流通统计网络基本建立,统计台账有待进一步规范,统计报表质量良好,国企台账、报表质量好于非国企。依法向执行较差的 6 家单位下达《责令改正通知书》,并予业务辅导。夏秋两季收购期间,全市粮食部门主动会同工商、质监和卫生部门,开展粮食收购资格和收购行为执法检查,对未经许可或未经注册擅自从事粮食收购的行为进行查处。10 月下旬 ~12 月上旬检查 152 家单位,查出未领收购许可证的企业 5 家,还依法对企业的资金、仓容、检验能力、检验人员及收购行为进行检查。至 2005 年 12 月,全市依法审批发放粮食收购许可证 223 家,其中法人和其他经济组织 129 家(国有粮食企业 89 家),个私经营者 94 家。同年,镇江市粮食局被江苏省粮食局评为全省粮食流通监督检查工作先进单位。

四、粮油票证管理与粮食应急保供预案

1. 粮油票证管理　1983 年,镇江市的粮油票证管理,一直沿用粮食统购统销时期的票证管理办法。对城镇居民和集体单位发放购粮证和粮油票券,凭证定点、分月定量供应。流通使用过的主要票券有:全国通用粮票、江苏省地方粮票、镇江市定量购粮券、镇江市定量购油券等。市粮食局加强票证发行、使用和管理,县粮食局及其下属粮站均设立专职或兼职票证管理人员。制定填报发放票证表格、账目和票据三者一致性的制度。镇江市区的票证管理,一直分别由原镇江市粮油管理所和原镇江市粮油供应总公司负责。1993 年 4 月,取消粮食统销后,镇江市放开粮油购销价格,不再使用粮油票券和供应凭证。2001 年 3 月,国家粮食局通知,在全国范围内取消市镇居民粮食供应转移证明。镇江市城镇居民户口迁移、出生、死亡以及农业户口转为非农户口,不再办理《市镇居民粮食供应证》《市镇居民粮食供应转移证明》,粮油票证及“粮油关系转移凭证”就此废

止。实行近40年的粮油计划供应制度就此取消。

购油券

购粮券

购粮券

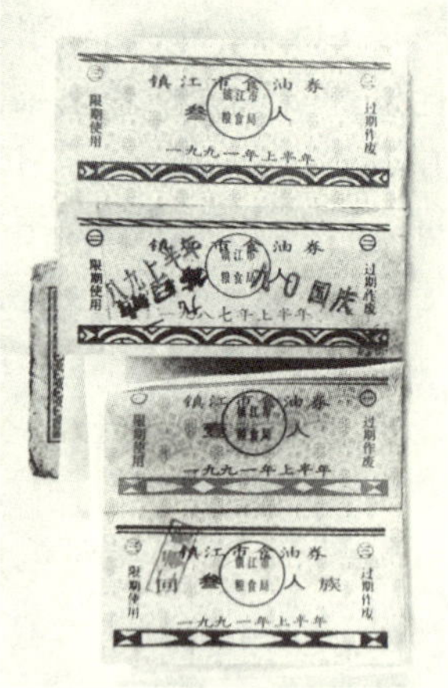

食油券

图 17-4　1993 年前镇江发行使用的购粮券和购油券

2. 粮食应急保供预案　2003 年，全国范围内暴发“非典”，一些省份出现民众抢购粮油风波，并波及本省。镇江市粮食局为政府制订《粮食供应应急预案》，成立应急保供领导小组，下设市场供应组、储备调控组、加工运输组、宣传报道组、政策督查组。在全市选择有代表性的 20 家企业作为粮情固定监测点，制定镇江市粮食供应数量安全预警系统，从粮食的销售量、销售价格、库存等方面对监测数据进行汇总和综合分析，当出现应急保供预案中三个预警等级的任何情况或其他异常情况时，及时确定预警等级并报市政府。确定 4 家大米加工企业、3 家面粉加工企业、1 家运输企业和 30 家放心粮店作为市区粮食应急保供的载体，粮食市场供应趋于平稳。

第六章　石油购销

1983～2005 年，镇江市成品油市场供应经历以计划供应为主、市场调节为辅，到市场调节为主、计划供应为辅，再到成品油零售、批发市场供应逐步放开的过程。

1983～1994 年，石油商业处于国家对成品油实行指令性计划和市场调节相结合的“双轨制”时期，并逐步减少指令性计划的比重，增加市场调节比重，但国有石油公司为市场营销主渠道；1994

年，平价油取消，石油商业全面走向市场。

第一节　经营体制

一、中国石油化工股份有限公司江苏镇江石油分公司

1985年10月14日，镇江石油公司从市商业局划出，成立中国石化销售公司江苏省石油公司镇江分公司，并将谏壁油库从市商业局成建制划归中国石化销售公司江苏省石油公司镇江分公司。该公司受省公司和市政府双重领导，业务管理以省公司为主，市政府委托市计委代管。1990年12月，公司更名为江苏省石油总公司镇江分公司。谏壁油库更名为江苏省石油总公司谏壁分公司，实行库司合一，业务管理以省公司为主，市政府委托市计委代管。1998年7月划归中国石油化工集团公司。

1998年，经江苏省石油公司批准，镇江石油分公司组织开展治理整顿支公司实施方案，对所属的句容、扬中、丹阳、丹徒四个支公司实行人、财、物统一管理，规范经营行为，净化镇江成品油批发市场。

1999年1月，镇江石油分公司、中国石化销售公司镇江三龙公司、丹徒石油支公司实行经营重组，初步完成系统内镇江区域成品油经销单位经营重组工作，接管丹徒支公司批发市场，将三龙公司的成品油经销业务并入镇江分公司，三龙公司油库的仓储设备及收发业务移交谏壁油库管理。3月，成立江苏省石油集团有限公司丹徒经营部，采取独立核算的形式进行运作，全面接管丹徒支公司的成品油批发市场。原丹徒石油支公司保留牌子，在职人员全部与公司解除劳动关系。同年11月10日，江苏省石油集团有限公司镇江分公司分为上市公司和非上市公司部分，江苏省石油集团有限公司谏壁分公司为整体上市公司。2000年3月31日，组建江苏省石油集团有限公司丹阳经营部，全面接管丹阳支公司的成品油批发、零售市场。原丹阳石油支公司保留牌子，在职人员全部与公司解除劳动关系。同年7月12日，江苏省石油集团有限公司镇江分公司上市部分重新设立为中国石油化工股份有限公司江苏镇江石油分公司（以下简称镇江石油分公司），镇江分公司非上市部分变更为中国石化集团江苏石油有限责任公司镇江分公司（以下简称石油镇江分公司）。7月21日，将谏壁油库主营上市部分设立中国石油化工股份有限公司江苏镇江谏壁油库，谏壁油库非上市部分沿用原名。8月28日，将谏壁分公司重新设立为中国石油化工股份有限公司江苏镇江谏壁石油分公司。

2000年8月，根据江苏省石油公司文件精神，实施分、支公司资金“收支两条线”，句容、扬中、丹阳、丹徒原县级支公司财务管理职能上移，取消其独立核算职能。分、支公司实行资源统一配送、销售货款全额定向回笼、费用与销量挂钩、盈亏统一核算。实现省公司关于分公司和支公司经营、机构人员、资产、管理四个一体化的管理目标。2000年底，镇江分公司实施经营战略转移，企业经营工作重点由过去的重批发经营转变为重零售经营。2001年初，镇江分公司组织实施分、支公司一体化，原县级支公司经理室、行政、财务均纳入支公司综合管理办公室，零售率先实行条线专业化管理，改变原有省公司、分公司、支公司三级管理，实现省公司、分公司二级管理，使得管理提升、人员减少、销量增长、费用下降、效益提高。

2002年2月27日，省公司将所属镇江同城内的镇江分公司、谏壁油库、中国石化销售公司三龙公司及谏壁分公司进行经营机构重组。按照“一个党委领导，两个公司运营”的原则重新设计组织架构：即设立镇江分公司党委，所有经营业务分别由镇江石油分公司和石油镇江分公司经营管理。对外仍保留谏壁油库、三龙公司、谏壁分公司的牌子。对内谏壁油库作为区域仓储分公司，受镇江石油分公司和省公司仓储分公司双重领导；三龙公司的经营业务由石油镇江分公司统一运作

和管理；谏壁分公司进入清算程序。2002～2005年，按照中石化、省公司的统一部署，深化分支公司一体化改革，撤销句容、扬中、丹阳、丹徒县级公司建制，组织实施区域公司条线专业化管理，由专业条线负责对口经营管理。原县级支公司经理、书记全部转型为零售片区管理经理。

二、中国石油天然气股份有限公司江苏镇江销售分公司

中国石油天然气股份有限公司江苏镇江销售分公司（以下简称中油镇江销售分公司）成立于2000年5月，系中国石油天然气股份有限公司江苏销售分公司全资公司，隶属于大型国有企业和境外上市公司——中国石油天然气股份有限公司。公司位于镇江市朱方路98号，机构管理设总经理、零售经理、财务经理，下设综合办公室、加油站管理科、财务科和调运科。2002年9月增加业务经理，2003年撤销调运科，新增业务科、安全科、投资建设科。2005年，公司有员工400多人，固定资产4000多万元，年销售汽、柴油约15万吨。

图17-5　中油镇江京惠油库（2005年摄）

第二节　油品购销

镇江石油分公司主要负责镇江市区生产、生活成品油的供应工作，下辖各县级支公司主要负责对基层供销社、农机站的供应。1999年前，镇江石油分公司经营特点是在兼顾本地市场的同时，一直以外购外销见长，经济效益处于全省石油系统领先水平。1999年后，随着经营结构的调整，公司经营业务从外销市场逐步发展、扩大本地区零售市场，直销业务以拓展终端用户为目标，提高本地区市场占有率，使镇江石油分公司成为镇江地区成品油销售市场的主渠道。中油镇江销售分公司为镇江第二大成品油供应商。

一、油品采购

1. 计划内进货　1983～1984年，镇江石油分公司的油品采购、调进主要是采取统配、定量的模式进行运作。每年根据年度油品供应计划，由省公司向分公司进行分配和供应，按季度分段安排，省公司根据与分公司签订的详细油品进货合同，分月调运，分别由水、陆路直供结算。系统内购进成品油主要来源于南京炼油厂、扬子石化公司、上海炼油厂等部属炼油厂以及江苏省内的泰州炼油厂、清江石化厂、扬州石化厂等省属炼油厂。

1985～1992年，计划内平价油资源逐年减少，供求矛盾突出。1993年，计划内平价油资源只有少量的农用柴油和政府重点工程“戴帽子”调拨的特供油。1994年5月～2005年，国家实行成品油流通体制改革，出台整顿成品油流通秩序的一系列措施，取消计划内平价油供应。镇江分公司成品油采购工作的主要流程也发生重要变化，由省公司统一配置、统一进货、统一调度、统一结算。

2. 计划外进货　1983年4月，由于市场用油的需求加大，国家同意用部分议价油投放市场缓解市场供求矛盾。镇江石油分公司尝试开始用计划外用油（即议价油）来缓解市场供应的压力，弥补计划内油品不足，保证市场需要。以后年度由于计划内资源的减少，计划外外采资源的比重也

逐年加大。

1992 年，镇江石油分公司为扩大外购外销业务，建立和巩固石油资源基地，与南京炼油厂、上海炼油厂、锦西炼油厂、九江炼油厂以及东北、广东等一系列油田和生产企业、销售企业建立供求合作关系，建立以联销、联供为核心的联合经营网络，开始尝试进口石油原油，进行成品油加工合作业务，缓解资源紧缺矛盾。1994 年，国家实行原油、成品油流通体制改革，取消平价油，实行价格并轨，政府对石油企业逐步取消政策性保护措施，石油公司被推向市场。1994 年 6 月 28 日，镇江石油分公司与上海炼油厂共同组建的镇江上炼海牌润滑油特约经销中心开业，联手经销海牌润滑油。1995 年润滑油销售 1 万吨，形成规模效应。

1995 年，成品油进货开始以配置计划为主，外采销售为辅的经营工作要求，逐步开始限制地域经营，规范成品油市场行为。1995 ~ 2005 年，在计划内成品油配置资源不足时，经省公司批准，镇江石油分公司每年通过计划外的采购，来弥补计划内资源不足，主要从省内外炼油厂和其他经营单位采购合格的汽油、煤油、柴油、润滑油，补充区域市场资源，满足市场需求。

二、油品销售

1983 年 1 月 ~ 1994 年 4 月，国家对成品油销售实行指令性计划和市场调节相结合，并逐步减少指令性计划的比重，增加市场调节比重。1983 年 4 月，由于市场用油需求加大，国家同意用部分高价油投放市场。公司尝试开始用计划外用油（即高价油）销售来缓解市场供应的压力。后逐年加大计划外用油的销售比重，来满足市场的需求。公司的油品销售主要以“加强计划管理，严格计划销售”的模式，对用户实行“计划包干”“定量包干”的计划平价供应方式；优先安排，及时供应每年的农忙用“农用柴油”，6 ~ 7 月的“抗洪排涝用油”和国家、省、市确定的“重点工程用油”。1988 年，镇江石油分公司尝试以扩大外购外销的经营模式加大经营销售量，率先带头在全省石油系统内部开拓省外油品销售市场。1994 年下半年，国家取消指令性计划，取消平价油，实行价格并轨，成品油实行市场化经营。江苏省石油公司开始在全国石油销售系统率先推行集团化经营，实行“统一进货、统一配置、统一调度、统一结算”；实行分、支公司一体化改革，取消支公司批发权；各级石油公司做到“经营工作重点由进货逐步转移到销售，销售工作重点由外进外销逐步转移到本地市场，本地市场销售工作重点由批发转移到终端销售和零售”三个重点逐步转移，抢占市场，主动参与竞争。

1997 年，镇江石油分公司开展多种经营，拓展化工产品业务，主要从事苯酚、甲苯、二甲苯、丙酮、辛醇等产品的销售、仓储、中转业务。2002 年，公司参加镇江市政府公务车加油定点招标，所属的东门、西门、运河路、大港 4 座加油站一举中标，成为市政府公务用车定点加油站。为方便用户在加油站加油，公司以零售方式对用户销售加油券，加油券按油品种类分别销售，票面标明油品种类及数量，计量单位用升表示，顾客凭加油券在公司所属的任何加油站加油。2004 年，公司在各加油站建立 IC 加油卡业务管理系统，推广“IC 加油卡”业务，在中国石化系统内加油站，实行“一卡在手，全国加油”，取消顾客用“加油券”加油方式。

图 17-6　中油镇江京惠油库陆路发货平台（2005 年摄）

2004 ~ 2005 年，中油镇江销售分公司收购加油站 3 座，租赁 11 座，控股站 1 座。截至 2005 年底，有加油站 37

座。公司租用镇江京惠油库发油。该油库位于镇江市谏壁镇,拥有2.5万吨成品油码头、4万立方米的汽油储罐和6万立方米的柴油储罐。该油库有4个陆路发货平台,16个发货位,陆路日发货能力1000吨,水路日发货能力8000吨。

1983~2005年中国石化江苏镇江石油分公司成品油销售情况表

表17-29

年份	成品进货量（万吨）	成品油销售量（万吨）	其中		成品油零售量（万吨）	零售量占销售量比率（%）	销售总量（万吨）含成品油、润滑油、燃料油	销售收入（万元）	利润（万元）
			汽油	柴油					
1983	8.02	7.89	2.56	3.89	0.59	7	8.49	5813.01	135.24
1984	8.85	8.31	3.09	4.69	0.81	10	8.89	7974.47	419.52
1985	10.17	9.83	3.87	5.36	0.47	5	10.29	7138.40	447.29
1986	14.93	13.42	4.96	7.78	0.67	5	14.01	11031.14	613.90
1987	15.22	14.79	6.19	7.83	0.92	6	15.45	12899.30	489.97
1988	17.03	14.21	7.76	6.29	1.26	9	16.58	16023.80	501.27
1989	20.19	20.06	8.88	10.47	1.40	7	20.62	25204.28	723.82
1990	21.70	20.86	8.25	12.11	1.47	7	21.37	25381.81	765.73
1991	21.11	21.47	10.10	11.00	1.81	8	21.99	27672.59	211.80
1992	25.45	24.63	12.89	11.54	1.77	7	24.70	36636.30	519.15
1993	25.70	28.95	16.47	11.60	1.92	7	29.38	61389.38	623.85
1994	22.43	25.59	14.98	10.44	1.45	6	26.29	48559.22	101.76
1995	11.29	11.08	6.15	3.63	1.18	11	12.15	25153.81	55.80
1996	17.13	15.05	9.27	5.70	1.37	9	16.82	33052.78	88.95
1997	19.86	18.43	10.61	7.76	1.52	8	20.75	45476.66	107.01
1998	17.35	16.55	7.22	7.11	1.74	11	17.05	32971.00	197.37
1999	19.29	17.57	8.37	9.00	2.74	16	19.34	39590.02	633.45
2000	23.34	21.36	7.65	13.53	6.44	30	22.60	63558.32	783.23
2001	23.18	18.73	6.73	11.92	8.55	46	19.91	52427.13	-1133.48
2002	17.10	16.15	5.68	10.45	8.36	52	17.14	45009.90	124.20
2003	19.08	21.92	6.98	14.94	12.28	56	23.31	69405.13	1606.77
2004	30.47	27.34	9.01	18.33	18.18	66	29.96	101351.67	1924.21
2005	17.66	31.07	9.93	21.14	21.98	71	36.26	137813.20	1835.49

2000~2005年中国石油天然气股份有限公司江苏镇江销售分公司成品油销售情况表

表17-30　　单位:吨、万元

年份	进货量	销量	汽油	柴油	零售量	销售收入	利润
2000	30893.24	29200.40	4478.10	24722.30	1244.23	8614.15	4.27
2001	74227.21	71596.64	13944.54	57652.09	3670.82	17420.87	-124.71
2002	72746.30	73978.82	18344.92	55633.90	26407.56	18241.74	168.97
2003	76348.75	77757.14	17964.58	59792.56	42772.11	22439.48	171.30
2004	94989.00	92878.38	21151.32	71727.06	70372.28	30958.25	95.69
2005	144867.25	145578.01	50097.03	95480.97	51654.94	57318.57	-284.60

三、销售网点

1988年前，镇江石油分公司及各县级支公司拥有加油站总数39座，其中镇江石油分公司本部9座、句容支公司11座、扬中支公司6座、丹阳支公司8座、丹徒支公司5座。镇江分公司本部拥有液化气站1座。

1988年以后，加油站网点建设从国有石油公司、国有石油系统外的单位和个人均可投资建设，发展到由中国石油化工股份有限公司、中国石油天然气股份有限公司两大集团为主投资建设。2000年是加油站建设的转折时期。镇江石油分公司推进加油站网点建设，确定以城市和骨干公路为主攻方向，县级区域大力拓展乡村集镇的零售网点，使城市站能满足一般货车、客车的加油要求，干道站能满足过境大型车辆和集装箱车辆的加油条件。公司通过新建、改造、收购、租赁等形式扩大市场占有份额。2002年，为适应水上航运的市场需要，公司开始发展水上销售市场，在长江镇江段先后开设高桥、高资、六圩3个水上加油服务区，拥有加油船5艘。2004年，公司规范加油站服务行为，实行中石化加油站形象统一石油标志，升级软件，硬件。2005年末，公司拥有加油站71座，其中分公司本部31座、句容支公司14座、扬中支公司8座、丹阳支公司19座。镇江区域范围内加油站中石化网络占有率68%，系统外及社会加油站网络占有率32%。

四、信息化建设

1990年起，镇江石油分公司组建公司内部局域网，形成省公司、分公司、支公司的专线联网。自行开发业务开票系统、财务、统计等方面的业务软件，在全省系统内第一家实现电脑联网开票。但各系统之间仍相对独立，没有实现系统间数据自动共享。1995～1998年，镇江分公司使用用友财务软件，业务使用进销存管理系统；2001年起，镇江分公司信息化网络重点建设计算机进销存管理系统、财务固定资产管理模块、加油站报表管理及分析系统、仓储报表管理系统。2002年，系统内省分公司以及县级支公司之间建立信息系统专线和IP电话网络，信息网与语音网两网合一，信息网络覆盖所有油库、批发网点，推广客户资源管理系统、OA办公自动化系统、ERP系统上线试运行。2004年4月，ERP系统正式单轨运行，实现市、县统一纳税，财务核算由原来的二级改为一级公司，实现客户档案统一管理，借助系统设定销售价格、信用控制和可用库存检查功能，加强对重要环节的事前控制和事后跟踪，堵塞管理漏洞。2005年10月，应用视频会议系统，信息网络实现数据、语音、视频三网合一。同年，推广应用加油站业务管理系统，结束加油站手工做账的历史，信息网络覆盖到每一座加油站。

第三节　油品储运

镇江石油分公司主要运输工具有公路油罐汽车、水运的油轮、油驳、铁路专线油罐槽车等。接储设施主要有装卸台、专用码头、铁路栈桥、储罐及油桶、方听等包装物。

一、仓储油库

1983～1988年间，镇江地区江苏省石油公司系统内有谏壁油库、镇江分公司本部高家门油库及所属支公司各自的独立油库。1998年，镇江分公司拥有本部高家门油库1座，总容量17050立方米；句容支公司油库1座，总容量4200立方米；扬中支公司油库1座，总容量3318立方米；丹徒支公司油库1座，总容量10600立方米。2000年以后由于重组上市，分、支公司实施一体化管理。2002年2月镇江地区实行同城区域经营机构重组，油品收发、调运，统一由镇江分公司通过谏壁油库进行管理。同年，各支公司油库长期无油品收发业务，仓储功能基本丧失，设备老化，安全隐患突出，句容、扬中、丹阳、丹徒支公司的油库全部关闭。2005年，镇江石油分公司正常运作的油库有谏壁油库和本部高家门油库。

1. 谏壁油库　谏壁油库原名6904油库，为解决苏北地区成品油的中转及全省油料储存问题，1972年5月1日建成投产，总投资385万元，隶属镇江地区革委会生产指挥部，业务上受江苏省石油公司管理。1982年1月22日更名为谏壁油库，位于镇江市谏壁镇东，库区占地面积34.4万平方米。油库北临长江，京杭大运河交汇处，南经横贯通东西的镇澄、镇大和沿江公路与312国道和沪宁高速公路相连，水陆交通便利。该库主要承担全系统油料储备及苏北扬州、盐城、淮阴地区和苏南部分县、市油料中转供应任务。

1984年1月1日，镇江市政府决定谏壁油库划归镇江市商业局领导，业务上受省公司管理。1994年1月28日省公司决定，谏壁分公司的成品油调拨、中转，收、发、存业务全部划出，组建江苏省石油总公司谏壁油库，成为省公司的一个处级仓储部门，其人、材、物均由省公司直接管理。谏壁分公司原建制和牌子不变，但主要从事化工产品、液化气和燃料油的经营。

1996～2000年，持续对该库进行扩容改造，截至2005年底，该库总容量为8.9万立方米，其中：储油罐8.4万立方米（均为立式双顶覆土隐蔽罐）；计量罐3000立方米，2000立方米液体硫磺罐1只，2.5万吨级钢筋混凝土结构长江固定码头1座，1万吨级钢结构浮动码头（趸船）1座，钢筋混凝土结构14个货位的成品油陆路汽车发货棚1座；钢结构1个货位的液体硫磺陆路汽车发货棚1座。有专业的化验、计量设备，建立内部计算机局域网络，并与省公司联网。实行安全、环境与健康（HSE）管理体系责任制，有一支训练有素、技术过硬的消防队伍，确保油库安全生产。油库是省公司三级先进油库。

2. 高家门油库　高家门油库，投资12万元，1961年10月建成投产，建储油罐1400立方米。位于镇江市南郊高家门1号，占地面积4.6万平方米，距市中心2公里。北临南徐路，西面是鹤林村农田，东面是镇宝公路和沪宁铁路。该库主要担负镇江市区和所属县（市）的成品油供应、中转任务。油料进货以铁路为主，发货以公路运输为主。

1970～2000年，油库先后7次扩容改造。截至2000年12月31日，该库总容量24350立方米；桶装仓库2幢1311立方米，铁路专线352米10个车位；钢筋混凝土结构陆路汽车发货棚2座，共28个货位；钢结构、6个货位化工发货棚1座。其他生产生活设施齐备。

2001年4月，受市政建设南徐大道拓宽改造工程的影响，油库拆除部分房屋和储油设施，又因镇江区域公司经营重组，成品油中转及收、发、存业务以谏壁油库为主，高家门油库的仓储功能减退，高家门油库轻油罐全部关闭，化工和润滑油部分罐容予以保留。此后收发业务主要以润滑油为主。

二、油品运输

镇江分公司主要通过公路油罐汽车，从油库向加油站及用户转运，公司有专门的油运车队。1998前，镇江分公司本部、句容、扬中、丹阳、丹徒都有独立的油运车队，各自为本区域加油站及用户提供油运服务。1999年以后，随着经营体制的调整，分、支公司的油运车队进行合并，2000年成立镇江市同发石油化工运输有限公司，成为专业的油品运输公司，隶属石油镇江分公司，拥有油罐车31辆。

第七章　烟草专卖

1983年，江苏省烟草公司镇江分公司成立，隶属于商业局，担负着卷烟调拨、批发销售以及中转任务等职能。1984年4月同时挂市、县烟草专卖局的牌子，对外两块牌子，内部一套机构。1986

年，四县烟草经理部更名为烟草公司。随着相继撤县设市，丹阳、句容、扬中县烟草机构更名为市烟草公司。

1993 年，镇江市烟草专卖局(分公司)与市商业局脱钩，划归市财贸办公室代管。2005 年，取消县级烟草公司法人资格。同年 12 月末，全系统资产总额 7.35 亿元，其中固定资产 2.5 亿元，拥有办公营业用房 2.9 万平方米、车辆 173 台。全年营业收入 18 亿元。

第一节　卷烟经营

1983 年，江苏省烟草公司镇江分公司主要负责卷烟的市场安排，经营调拨、批发以及中转业务。1984～1990 年，全公司累计批发销售卷烟 50 万大箱，销售总额近 10 亿元。1991 年 9 月，丹阳烟草公司与云南 10 家卷烟厂在丹阳市成立联销点，扩大云烟在江苏省的销售。1991 年末，全市共有烟草委托转批点 121 个，其中市商业局、供销社系统下属部门 19 个；卷烟零售点 11339 个，其中个体经营户 7496 个。1992 年，内部实行流通渠道、流通秩序、流通体制等一系列改革，坚持二、三级站和委托转批购销原则，严把外采关，抓住合同衔接和品种调整拓展业务。1997 年，卷烟销量和销售额稳中有升，但效益同比下降 37%，原因在于全行业产大于销、毛利降低，卷烟牌号繁多，相互抵触，市场封锁等等。1998 年，讲究效益原则，积极争取省外烟货源。至年底，全市建成网点 40 个，其中城市 4 个，农村 36 个，网点从业人员 347 名；共有送货车 213 辆，其中机动车 103 辆，非机动车 110 辆；平均每个网点营业面积 68.5 平方米。平均每个网点辐射 6.6 万人，244 个卷烟零售户。1999 年，加强卷烟网络建设，强化省内名优烟的销售，实现烟草经济恢复性增长，全年销售地产烟(省内烟)4.4 万箱，地产烟实现毛利 6304 万元，是镇江烟草组建以来地产烟销售的最好成绩。2000 年，突出江苏名烟销售，加大中、高档卷烟促销力度，优化省外烟调入结构，为省内名优烟提供空间。2001 年，引进和培育“经济”“秦淮”等省内骨干名优烟。同时创新网建模式，初步建立访销商流网、配送物流网、专卖稽查网三网并举的现代化访、销、管网络体系。2002 年，网络建设从粗放型向集约化转变，将原来 41 个批发部撤并为 14 个访销部(烟草公司安排访销员到烟店上门拜访，销售卷烟)。全系统建立 5 个物流配送中心，优化工作流程，提高配送质量。2002 年，着力提高经济运行质量，所有货源入网销售，坚决遏制体外循环，全市统一批发价。工作重点放在全国名优烟上，全市设立 110 个全国名优烟专柜。各单位相继成立卷烟零售经营者协会，引起全国烟草系统的关注。2003 年，克服“非典”“洪涝”等不利影响，适应工商分设的新形势，采取“结构增效、降本增效、扩量增效”措施。采用电话订货、网上配货、电子结算、现代物流，物流中心 150 名送货员驾驶 95 辆送货车免费送货上门；全系统共有客户服务部 12 个，网点用工 292 人，零售户 18653 个；全系统自办零售连锁店 37 个。2004 年，电话订货、电子结算比例分别达到 100% 和 86%。精简网络人员 45 名。推行“5 天工作制”，原每周 2 次访销、送货调整为每周 1 次，提高工作效率，节约运行成本。全年共销售卷烟 10.73 万箱。至 2005 年末，全市共有卷烟零售户 15263 户。全系统共有市场经理和客户经理 55 名，全部配备电脑；电话订货员 28 名；送货员 88 名(其中送货车驾驶员 45 名)。电话订货员人均日订货客户 110 户；电话订货率 100%，电话订货成功率 97% 以上；城区电子结算率 100%，电子结算成功率 100%。订货线路为 31 条；送货线路为 45 条；送货车 55 辆。市场上经销的卷烟品牌共有 38 个，规格 74 个。2005 年，前 10 名的品牌销售占总销量的 70.29%；市场上经销的 38 个品牌中有 35 个品牌在国家烟草专卖总局百牌号目录中，百牌号卷烟销量占总销量的 98.2%。

1983～2005 年镇江市烟草主要经济指标情况表

表 17-31

年度	销售量(箱)	销售额(亿元)	税利(万元)
1983	15143	0.15	22
1984	53627	0.97	54
1985	62151	1.12	163
1986	76240	1.37	232
1987	81096	1.46	236
1988	86733	1.61	686
1989	112882	2.60	870
1990	96061	2.49	688
1991	91225	2.96	1363
1992	88700	4.18	2297
1993	96679	6.42	3142
1994	95246	7.14	5045
1995	83802	8.96	12600
1996	109500	7.54	8842
1997	109500	8.83	5532
1998	92867	7.95	4818
1999	85721	8.81	5700
2000	103997	13.20	12033
2001	102296	14.30	18100
2002	99500	13.30	22400
2003	102037	15.80	25800
2004	107335	16.58	38500
2005	110543	18.32	44200

第二节　联营开发

1990～2001 年期间，镇江烟草系统曾经与烟厂开发一些联营卷烟牌号。1990 年 9 月，镇江烟草公司与徐州卷烟厂联营开发“软包金山寺”卷烟。1993 年，开发“翻盖金山寺”“北固山”“报恩塔”“天禄”“宝华山”等联产卷烟，设立城市、农村直供点和代理商 36 家，辐射浙江、安徽、江西、河南等地市场。

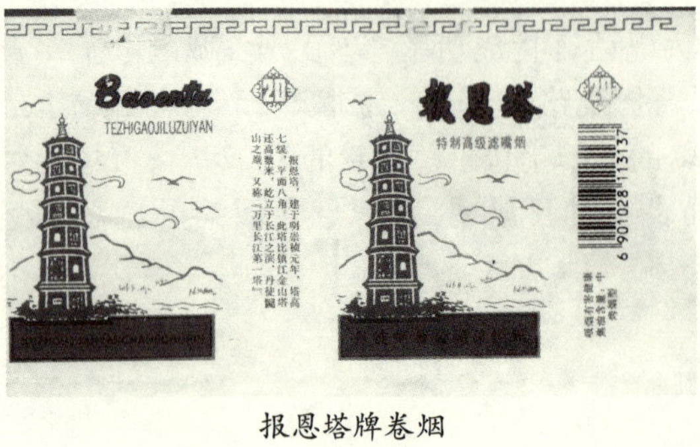

报恩塔牌卷烟

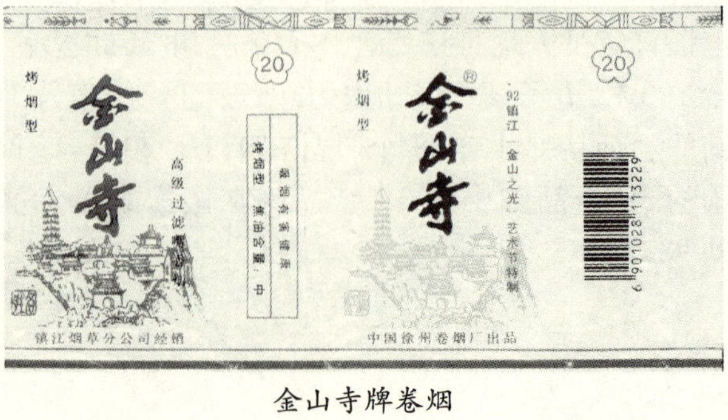

金山寺牌卷烟

北固山牌卷烟

茅山牌卷烟

图 17-7　20 世纪 90 年代经营的部分联营卷烟牌号

1994 年，在“软包金山寺”和“翻盖金山寺”销量突破 10 万件（每件 50 条）基础上，又开发“特醇金山寺”“粉红金山寺”。扬中烟草公司也推出“丽岛”“全福”等新品。1995 年，丹阳烟草公司推出“茅山”烟、句容烟草公司推出“金梦都”“银梦都”“梦都王”等新品卷烟。1996 年，镇江烟草公司的“紫金山”、丹徒烟草公司的“江南春”和扬中烟草公司的“大吉利”等品牌卷烟面世。1998 年，根据行业形势，压缩牌号，将原来 10 多种品种规格压缩到“金山寺”和“茅山”两个牌号。2001 年，继续将省内名优烟作为效益的主要来源，停止销量偏少、效益较低的“金山寺”和“茅山”卷烟的销售。

第三节　专卖管理

一、查处违法案件

1984 ~ 1990 年，镇江烟草局累计查处违章案件 3200 多起，查获假冒、黑市、霉变和走私卷烟 20 多万条，上缴罚没款 120 多万元。1993 年，联合公安、税务、消费者协会组织打击“假冒、走私”大检查 3 次。1994 年，突出管理零售许可证、批发许可证、外采证、准运证和罚没烟销售单位，整顿卷烟购销渠道。1996 年，加强委托批发点管理，开展抽查，禁止非法外采，打击非法经营，维护正常的卷烟流通秩序。1997 年，推出市区分片管理措施，实行片长负责制，提高市场控制能力。1997 年 4 月，一次截获非法运输小熊猫烟 900 件。1997 年 10 月 15 日起，全面实施省外烟加贴防伪标识销售（即贴花销售）。1998 年，开展取缔非法卷烟市场、非法卷烟摊区行动，做好换证工作，取消委托批发，控制卷烟经营权。1999 年，在全市范围内开展“卷烟销售网络无假烟”活动。同年在城东垃圾场焚烧来自苏州、常州、镇江等地的假烟 3600 件。2000 年，查处全省首例销售假冒卷烟防伪标识案件，镇江市润州区人民法院对该案进行公开审判，犯罪分子林某被判刑一年六个月。实施“一部（批发部）一所（专卖管理所）、管销分离、捆绑考核”的专卖管理模式。2001 年，查处一起无证运输卷烟 500 件的大案，总案值 260 余万元。2002 年，开展卷烟市场户籍化管理，开展卷烟市场“四无”（无假烟、无走私烟、无无花烟、无无证户）达标活动，并以 98.9 分的成绩通过省烟草局检查验收。2003 年 8 月，镇江市人民政府第 10 次常务会议通过《镇江市烟草制品零售点设置办法》。2004 年，制定《镇江市卷烟零售户诚信等级管理暂行办法》，对卷烟零售户实施百分制计分考核。根据“控制新证，压缩旧证，合理布局，提高许可证含金量”的目标，开展零售许可证换证工作。加大抓捕追刑力度，严惩违法犯罪分子。8 月 29 日，句容市人民法院公开审理并认定被告孙某等 11 人非法制造注册商标标识罪罪名成立，分别判处二年以下有期徒刑或拘役并处罚金。2005 年，开展“春雷”行动、“先锋”行动、“秋风”行动、“冬季会战”“丙纤丝束专项整治”等活动。

1984～2005 年镇江市卷烟市场违法案件查处情况表

表 17-32

年份	查处案件数(起)	查获各类违法卷烟(万条)	罚没款(万元)
1984～1990	3200	20.55	120
1991	722	2.57	43
1992	124	1.41	19
1993	183	1.11	40
1994	206	1.52	96
1995	335	2.67	200
1996	237	3.69	210
1997	324	6.74	357
1998	515	9.82	442
1999	365	16.60	410
2000	647	18.40	262
2001	383	9.43	222
2002	1020	9.72	208
2003	987	5.74	168
2004	1096	6.83	205
2005	1068	5.32	153
合计	11412	122.12	3155

二、内部监督管理

2000 年，杜绝卷烟经营“卖大户”、降价销售、跨区销售现象，控制费用开支。2001 年，开展清产核资工作任务，清理各种往来资产 1500 万元，收回历史欠款 350 万元，被国家烟草专卖局评为清产核资工作先进单位。2004 年，按照省烟草局要求，对账外账、小金库、专卖罚没款收支情况、样品烟和工业企业给销区的各种回扣、让利、奖励、市场开发费等情况以及有关财务问题逐项检查整改，迎接行业审计。对烟草关联企业职工入股进行清理。7 月，获江苏省服务质量奖。2005 年 6 月，召开加强内部管理监督工作会议，查处辖区内丹阳某公司在烟用丙纤丝束生产销售方面的问题。10 月，启动 ISO 9001 质量管理体系认证工作。

三、执法队伍建设

市烟草专卖局组建初期，专职从事专卖管理工作的人员只有 3～5 人，至 1990 年全系统共有专职从事专卖管理工作的人员 17 人。1991 年 3 月，与市供销社合作，在全市重要乡镇共设立 88 个烟草专卖管理所，负责所辖区域的烟草专卖管理。1992 年，组织举办 6 期、240 人次的烟草专卖法培训班。1999 年 12 月，在国家烟草专卖局部署下，实现专卖执法，佩戴全国统一标志、统一着装。至 2002 年底，全系统已建立 5 个专卖稽查中心，18 个市场稽查大(中)队，39 个稽查分队，专卖稽查员人数达 196 人，各类专卖稽查车辆 57 台。2003 年 4 月，提出“三会两能一口清”(“三会”即会开展内部专卖管理监督检查、会运用 POS 机检查市场、会识别假冒烟和调查取证；

“两能”即能制作一般性法律文书、能使用计算机操作许可证发放、案件审理和专卖营销管理软件；“一口清”即对所管辖零售户的店名、地址、法人代表、诚信等级等情况全部熟记）岗位练兵目标。至2005年底，全市共有稽查支队1个、稽查大队7个、稽查中队23个，专卖稽查人员173人。

第八章　盐业专营

1983年4月，全省盐业实行产销合一体制，7月成立江苏省盐业公司镇江批发站，隶属于南京分公司。1985年3月，更名为江苏省盐业公司镇江支公司，仍隶属于南京分公司。1989年1月，组建江苏省盐业公司镇江分公司，管理丹阳、扬中、句容三家支公司和镇江批发部，结束数十年分据经营格局。1992年5月，镇江盐业分公司增挂镇江市盐务管理局牌子，为市政府盐业行政主管部门，两块牌子一套班子。1999年12月，镇江盐业分公司改制为江苏省盐业集团镇江有限公司，下设丹阳、句容、扬中、丹徒四家分公司和一家批发部。2004年4月撤销丹徒分公司和城区批发部，组建成立城区分公司，负责城区和丹徒区盐产品市场的销售和供应工作。

2005年，全市有盐库5处（城区2处，丹阳、句容、扬中各1处），总库房面积6500平方米，可储盐约2.2万吨。

图17-8　镇江丹徒盐库一角（2007年摄）

第一节　盐产品购销及生产

一、食盐购销

新中国建立后，食盐的购销由国家实行统一管理，镇江食盐的购进由省盐业部门根据镇江市常住人口情况下达调拨计划，食盐的批发业务由市盐业公司和各县（市）盐业支公司统一经营。食盐的零售在城市由国营商店经营，个体商店经营需经商业主管部门批准可代销，农村由供销社负责销售。

20世纪80年代，镇江市食盐的购进地主要是淮北盐务局生产的海盐，有散装的大籽盐和塑料袋小包装的粉洗盐、粉精盐等，另外还有少量山东青岛生产的再制盐和湖北的碘盐。1985年购进盐产品14800吨，其中食盐11162吨，从湖北购进碘盐729吨，占6.53%，从青岛购进再制盐447

吨,占4.0%。全年销售食盐18272吨,其中小包装食盐1439吨。1990年,由于小包装食盐清洁卫生、便于保存、买卖方便等优点,全年小包装食盐销售大幅度增长。全年购进盐产品27293吨,其中食盐20950吨;销售盐产品25431吨,其中小包装食盐11213吨,比1985年增长近7倍。1992年,全年购进盐产品26970吨,销售盐产品28288吨,其中销售小包装食盐12151吨。1993年淮安井矿盐投产后,镇江市食盐市场开始出现井矿盐并呈扩大趋势。1995年,全年销售盐产品29760吨,其中销售食盐24957吨;实现利税458.53万元。

1996年起,镇江地区小包装食盐由原来全部由盐业职工手工包装改为逐步采用机械化包装。同年,食盐实行国家统一定价,3月20日起,全市食盐价格进行调整。全年购进食盐22486吨,销售食盐23742吨,实现盐产品销售收入1926.38万元,实现利润232.77万元。

1996年3月镇江市食盐价格表

表17-33

价别	单位	原盐(无碘)		碘粉洗盐		碘粉精盐	
		散装	500克袋装	散装	500克袋装	散装	500克袋装
批发价	元/吨	633.30	800.00	783.30	1016.67	833.30	1066.67
零售价	元/500克	-	0.48	-	0.61	-	0.64

1997年,镇江盐业分公司为优化食盐品种结构,提高食盐档次,研制生产出低钠盐、钙强化营养盐、锌强化营养盐、平衡健身盐4个新品种食盐上市销售。腌制大籽盐实行袋装化、精细化。全年购进盐产品28752吨,其中购进食盐22673吨;销售各类盐产品29415吨;销售食盐25500吨,其中销售小包装食盐17005吨,实现利润352.93万元。

1997年镇江市新品种食盐价格表

表17-34　　单位:元/500克

价别	低钠盐	钙强化营养盐	锌强化营养盐	平衡健身盐
批发价	1.90	1.90	2.50	3.40
零售价	2.10	2.10	2.70	3.60

1999年,在全市推广复合膜精制盐,提高食盐的品位档次,全年购进盐产品27522吨,食盐23011吨;销售盐产品27172吨,其中食盐22138吨,小包装食盐14033吨,复合膜精制盐9553吨,占小包装盐销售量的68.1%;实现销售收入2164.8万元,实现利润360.45万元。

2000年,全面淘汰单膜包装,食盐全部采用复合膜包装;加大海盐销售力度,海盐比重从上年的6.47%上升到50.81%;在全市推广品种盐,品种系列从原来的4种增加到8种,销售网点从5家扩大到40多家。2001年购进食盐22395吨,销售食盐18759吨。2002年下半年起,全面推行小包装配送,小包装食盐由定点生产企业统一配送,各分公司不再进行小包装加工。随着小包装统一配送的实施,由销区进行小包装食盐分装的作坊式生产方式正式退出镇江市场。当年,购进食盐22379吨,销售食盐21701吨,其中小包装食盐13362吨。在销售的小包装食盐中,纸塑复合包装盐占87%,位居全省第一。

2003年,受上半年突发“非典”疫情影响,4月26日,扬中、句容等地出现抢购食盐现象,并迅速蔓延全市。仅4月28日一天,全市销售食盐454吨,相当于平时半个月的销售量。至月底17天内,全市共销售食盐2789吨,相当于前三个月的销售总量。针对部分地区出现食盐抢购现象,公司提高调运量,加大市场调控力度,平息持续时间长、抢购量大的抢购风。盐政管理部门会同公安、工商、物价等部门打击扰乱食盐市场不法行为,稳定食盐市场。2004年,开发出具有防癌效果的硒强化营养盐，生活品种盐品种增多，包括沐浴盐、足浴盐、香浴盐、蔬菜水果洗涤盐等。全年购进食盐29431吨，销售食盐25548吨，其中销售小包装食盐14038吨，品种盐154吨。2005年，购进食盐28888吨，销售食盐23917吨，其中小包装食盐13373吨，品种盐134吨。

1983～2005年镇江市食盐购进量统计表

表17-35　单位：吨

年份	购进量	年份	购进量
1983	17876	1995	22119
1984	–	1996	22486
1985	11162	1997	22673
1986	–	1998	23669
1987	24608	1999	23011
1988	32639	2000	15966
1989	29380	2001	22395
1990	20950	2002	22379
1991	23080	2003	24397
1992	25266	2004	29431
1993	–	2005	28888
1994	28395		

1983～2005年镇江市食盐销售情况统计表

表17-36　单位：吨

年份	食盐			年份	食盐		
	合计	小包装盐	品种盐		合计	小包装盐	品种盐
1983	21804		–	1995	24957	–	–
1984	39467	–	–	1996	23742	–	–
1985	18272	–	–	1997	25500	–	–
1986	22572	–	–	1998	24661	–	2
1987	15457	–	–	1999	22138	14033	1
1988	16610	–	–	2000	16671	14985	4
1989	21477	–	–	2001	18759	15416	7
1990	16761	–	–	2002	21701	13362	85
1991	13321	–	–	2003	25530	13965	103
1992	13540	–	–	2004	25548	14038	154
1993	13757	–	–	2005	23917	13373	134
1994	21111	–	–				

1985～2005 年镇江市盐业公司经济效益情况统计表

表 17-37　　　　　　　　　　　　　　　　　　　　　　　　　　　　单位:万元

年份	销售收入	利润总额	年份	销售收入	利润总额
1985	335.94	35.51	1996	1926.37	232.77
1986	350.00	26.30	1997	2207.07	352.93
1987	381.26	17.35	1998	2164.79	360.45
1988	463.93	46.41	1999	2546.44	501.09
1989	847.93	77.99	2000	3532.83	635.78
1990	1124.98	84.84	2001	3786.94	936.13
1991	1139.89	89.10	2002	3808.55	955.40
1992	1248.76	103.10	2003	4049.44	765.02
1993	1231.03	111.36	2004	4064.35	677.61
1994	1355.51	159.67	2005	3812.06	223.80
1995	1753.97	284.84			

说明:销售收入及利润除食盐外还含工业用盐

二、工业盐购销

工业盐和食盐一样由国家实行计划管理,盐业批发部门定点供应。1985 年,全市工业用盐购进 3676 吨,销售 3223 吨,占总销盐量的 21.7%,比新中国建立初期工业用盐增长 32 倍。供给全市 62 家工厂。农牧用盐 45 吨,占总销盐量的 0.3%。1990 年,全年购进工业盐 3484 吨,销售工业盐 3577 吨。1996 年 1 月 1 日起,国家对两碱工业盐由实行计划分配改为在国家总量计划指导下合同订货,生产企业与用盐企业直接见面,双向选择,签订合同,直接结算;对国家、省组织的合同外的非重点行业的小额工业盐仍由各县(市)支公司组织供应。2000 年,全市小额工业用盐销售量 11886 吨,占全年盐产品总销售量的 41.6%。2001 年,对全市 229 户行业用盐和 382 户小额工业盐用户建立完整的用户档案,实行凭证购盐制度,防止行业用盐、小额工业用盐流入食盐市场。2005 年,加大散盐、小额工业盐的销售力度,直销上门。

1983～2005 年镇江市工业盐购销情况统计表

表 17-38　　　　　　　　　　　　　　　　　　　　　　　　　　　　单位:吨

年份	购进量	销售量	年份	购进量	销售量
1983	2652	3446	1995	2882	4804
1984	2553	2228	1996	2807	5161
1985	3676	3223	1997	4373	3912
1986	–	–	1998	3494	3535
1987	–	–	1999	4511	5034
1988	–	–	2000	10249	11886
1989	–	–	2001	9826	12745
1990	3484	3577	2002	6535	8030
1991	–	–	2003	4937	6190
1992	–	–	2004	4289	5730
1993	–	–	2005	3990	6149
1994	3986	4695			

说明:1986～1989 年、1991～1993 年购进、销售无资料

三、矿盐生产

1988年，华东石油地质局第六普查勘探大队在勘探石油时发现，丹徒区荣炳镇蕴藏有丰富的岩盐资源，并延伸到金坛市境内，与金坛盐矿为同一矿区，整个矿区面积59平方公里，矿区岩盐单层厚度一般为10米，最厚53米，各盐层累计厚度71～162米，一般80米，矿石氯化钠品位70%～98%，平均品位85%，属高品质盐矿。岩盐矿石储量163亿吨，其中氯化钠储量125亿吨，工业盐储量为7.74亿吨。1993年，丹徒荣炳盐矿建成投产，当年生产盐卤水66829吨。1994年生产盐卤水增加到114136吨。2005年，荣炳盐矿已拥有3个矿区，17口盐井生产盐卤水，并有一座年吞吐量100万吨的盐港码头。产品主要供应上海、南京、无锡、扬州和本市索普集团等地化工企业，作为氯碱工业原料。2005年8月中国盐业总公司在荣炳盐矿投资4亿元，建设60万吨真空制盐项目，主要生产工业用盐、出口盐及高档食用盐，并研发盐化工产品。至2005年，年生产盐卤水20万吨，盐卤水的销售在华东地区占有重要位置。荣炳盐矿是镇江市唯一的一座井矿盐生产企业，现名中盐镇江盐化有限公司，隶属中国盐业总公司，已成为丹徒区的支柱产业和苏南的化工原料基地之一。

第二节　食盐专营

一、食盐专营政策

国家对食盐实行专营政策，包括对食盐生产实行定点管理，对食盐运输实行准运证管理，对食盐的批发、零售实行许可证管理，对食盐价格实行国家定价等，从而达到对食盐市场高度集中统一的管理。1983年，江苏省政府决定恢复产销合一的盐业经营管理体制，由江苏省盐业公司统管。1989年镇江市设分公司，各县设支公司。1987年1月1日起，食盐的生产、分配和销售实行指令性计划，工、农、渔业用盐实行指导性计划。1992年，镇江盐业分公司增挂镇江市盐务管理局牌子，行使食盐专营与盐业市场管理的双重职责，丹阳、扬中、丹徒、句容四县(市)盐业支公司先后增挂盐务管理局牌子，明确盐业支公司是当地盐业行政主管部门。

1995年，对从事食盐批发(转批)单位和零售网点实行食盐经营许可制度。2000年，发放“两证”(食盐转批许可证、零售许可证)，与工商、公安、技术监督部门共同发布《关于加强盐市场管理全面实施食盐经营许可制度的通告》，发放转批证202户，零售证6560个。

2001年，建立完整的质量验收控制体系。在全市推出新一代可降解的纸塑包装盐，消除白色污染。纸塑包装盐自9月10日上市不到三个月时间，销售新一代纸塑包装盐2971吨，占同期小包装盐销售的65%。

2002年7月，镇江市人民政府印发《镇江市盐业管理办法》，9月1日起施行。该办法共31条，按照食盐、工业用盐的不同用途，并结合镇江市的实际情况，对行政区域内从事盐产品的购销、使用、运输行为进行规范。卫生、质监、工商、公安、交通、物价等部门按照各自的职责，协同盐业主管部门做好盐业管理工作。对于违反盐业管理法规的行为，明确规定处罚标准，构成犯罪的依法移送司法机关追究刑事责任。该办法是镇江市第一个盐业管理规范性文件。

2003年，镇江盐业分公司根据镇江市实际情况，对全市原有203家转批户进行整合后，将“四区三市”划分41个配送半径15公里以内，供应人口5万人的专营服务站，每个专营服务站，明确供应范围。制定《专营服务站达标验收考核标准》，并签订《经营责任书》。2004年，组建成立城区分公司(城区直属分局)，撤销原丹徒分公司和镇江批发部；完善三级储备供应调节机制，分公司、服务站和零售商保持合理的库存配置。全年直达配送3000吨，节约成本8万元。2005年，全省食盐流通实施五统一(统一采购、统一配送、统一结算、统一价格、统一营销)。

二、食盐加碘工程

据20世纪80年代江苏省卫生组织调查,镇江市属于碘缺乏病轻病区,丹徒县与句容县交界处的部分乡镇属碘缺乏区(约有18万人)。1982年,江苏省盐业公司组织各盐业分公司生产加工碘盐,镇江盐业分公司及时向市场销售供应碘盐。1994年,国务院实行食盐专营政策,镇江市盐务、工商、物价、商业、供销、标准计量、卫生7部门联合颁发《关于加强食盐市场管理坚决杜绝非碘盐进入缺碘地区的通知》,对从事食盐生产的单位重新登记注册,对从事食盐批发、转批单位实行许可证制度,严禁经销不符合食用盐国家标准的原盐和加工盐。对缺碘地区一定要保证供应合格的碘盐。对私产、私销劣质盐的,一经发现由盐政部门予以封存,并会同工商、公安部门按照有关法律法规严肃查处。

1996年,加强碘盐小包装的规范达标,对未达标的碘盐重新补碘包装,提高小包装计量准确率和封口质量。1997年,在第四届"5·15"全国防治碘缺乏病宣传日期间,全市共设立10个宣传点,活动主题是"食用合格碘盐,严禁销售非加碘盐"。1998年,全市建立碘盐监测网络,在全市各乡(镇)卫生院聘用碘盐检查员。2000年,销售加碘小包装盐14985吨,人均年供应量达6公斤,碘盐合格率、覆盖率达96%。

2005年,镇江市盐务管理局在"3·15"消费者权益保护日和"5·15"防治碘缺乏宣传日活动期间,开展盐政法律法规和防治碘缺乏病科普知识宣传。全市市场上销售的碘盐90%为采自地下1300米的淮安井矿盐,含碘酸钾20~50毫克/公斤,符合国家发布的《食用盐碘含量》标准,经有关部门专家评估表明,镇江市居民的碘营养状况处于适宜和安全水平。

三、盐政执法

1992年7月,镇江市盐务管理局成立,配备专职盐政管理人员,组建盐政执法队伍,各县也建立盐政执法队伍,在全市形成稽查网络,与市港航监督处签订协议,授权港督对盐产品水上运输进行检查监督,堵住私盐的水上通道。全年共派出80余人次,查获私盐99.5吨。

1993年9月,镇江市盐务管理局联合市工商局等7部门,发布《关于加强盐业管理的通告》,查获私盐、劣质盐240吨。1994年,镇江市盐务管理局与公安、工商、卫生、交通等8部门密切配合,查缉批零网点,在宁镇公路戴家门收费站,句容县的下蜀、天王、黄梅公路检查站,谏壁闸、下蜀港、镇扬汽渡、扬中大桥设卡检查。全年共出动执法人员近2000人次,查缉私盐、劣质盐、无碘盐680吨;查缉城乡批零网点1742家,用盐单位5家,捣毁地下批发、加工窝点19个,截获私运货车23辆,船只2条,拖拉机1台,处罚违法案件173起,有效地打击私盐的违法行为,受到省盐务管理局的表彰。1995年,先后组织全市执法人员参加执法培训班,查处私盐2389吨,截获运载私盐汽车22辆,船舶11只,捣毁私盐窝点2个。11月24日,由湖北应城发往浙江某地的无国家食盐流向计划、持伪造准运证的5艘机动船,共载719吨私盐,停泊在丹徒县大路镇五峰山长江码头秘密卸盐。市盐务管理局和市公安局水上分局联合出击,正在卸船的私盐一举被截获。至此,全省最大的一起私盐案在镇江被破获。1997年,制定《关于加强盐的市场管理,制止越界侵销行为的规定》。全市发放食盐转批经营许可证140份,零售经营许可证994份。1998年,针对海盐、品种盐上市后私盐趁机低价倾销状况,全市加大市场检查力度和打击力度。坚持日常市场巡查制度,建立盐政管理档案。1999年,对全市盐业执法人员实行执法责任制,加大联合执法频次,组织参加全省统一开展的"旺季行动""秋季行动""边界行动"等专项整治活动。全市共出动盐政执法人员4761人次,检查用盐单位、食盐转批点、零售点、餐饮点2900多家,查处盐业违法案件271起,结案266起,通过法院强制执行23起,查获没收各类盐产品93吨,罚款55661元。2000年,全面落实盐政管理目标责任制。全年共出动盐政执法人员4282人次，查处案件84起，端掉制售、分装假盐窝点2个，查处非法运输私盐车6辆，查获违法盐产品110吨，没收盐产品93吨，查没假包装物、假防伪标识39600只，罚款5.2万元。

2001年，镇江市盐务管理局坚持每周5天在市场巡查制度，扩大检查覆盖面，严格按照"清柜台、清仓库、清灶台、清市场、清边界"的要求落实"五清"措施。全年和公安、工商、卫生、技术监督等部门开展三次规模较大的联合执法行动。全年共查获私盐110吨，查获案件70起，捕获被公安机关列为网上在逃犯的镇江市首起私盐案犯罪嫌疑人。全市盐政执法统一加入公安"110"。2002年，全市共查处盐业违法案件268起，其中结案232起，通过法院强制执行18起，查处涉案盐产品84.73吨，没收违法盐产品70.08吨。2004年，镇江市盐务管理局执行《中华人民共和国产品质量法》，将食盐质量作为"一票否决"指标。全年开展"烈火行动"和"边界地区"专项行动，联合公安、工商、卫生、质监等部门对食盐销售、食品加工、卤菜腌制等行业进行重点检查，对行业用盐单位进行排查登记。全年查处盐业违法案件80起，查获违法盐产品16吨，罚款和没收非法所得1.8万元。2005年，全市盐政执法坚持行政治理与刑事打击相结合，先后开展"儿童食品安全整治""食盐安全健康进万家""创建食盐安全村""十运会食盐保安""迎新春送福保安"等专项行动，全年共查处盐业违法案件88起，查处违法盐产品20.15吨，罚款2.18万元。

1994～2005年镇江市盐政执法情况统计表

表17-39

年份	查处案件(起)	查处非法盐产品(吨)	罚没款(元)	年份	查处案件(起)	查处非法盐产品(吨)	罚没款(元)
1994	173	680.00	60000	2000	84	110.00	52000
1995	-	2389.00	-	2001	70	110.00	-
1996	60	339.00	17900	2002	268	84.73	111820
1997	102	232.20	-	2003	149	64.47	30107
1998	31	180.00	45389	2004	80	16.00	18000
1999	271	155.00	55661	2005	88	20.15	21800

第九章　社会服务业

1983年，镇江市生活服务行业归属市商业局及其行业协会。生活服务业涉及餐饮、旅馆、美容美发、照相、洗染、浴室其他服务业。全市饮食业零售额2967万元，其他服务业零售额2129万元。1997年，全市饮食业零售额7.75亿元，其他服务业零售额16.32亿元。2000年，全市饮食业零售额15.18亿元，其他服务业零售额2.33亿元。2005年，全市饮食业零售额37.05亿元，其他服务业零售额2.99亿元。

第一节　餐　饮

一、业务经营

1983年，镇江市饮食行业客源较少，市饮食服务公司所属的宴春酒楼、京江饭店、同兴楼、旅游饭店,市接待处所属的京口饭店、河滨饭店、一泉宾馆等餐饮企业成为镇江市餐饮业主体。其中老店同兴楼("文化大革命"中更名新华饭店)、名店宴春酒楼扩建后重新开业。市饮食服务公司投资深圳特区,与港商合资开办香江酒楼,年获利润7.74万元。当年,全市饮食业零售额2967万元。1984年,饮食业分为市、区两级管理。市饮食服务公司在京江饭店实行改革试点,5月承办酒席260桌,创月收入14万元历史最高纪录。当年,全市饮食服务业机构8184个,从业人员18455人。1985年,全市有600多个饮食网点,经营镇江地方特色的名菜名点,其中被载入中国菜谱大全的名菜名点有30余种。1986年,市区中山路、电力路、长江路、正东路拓宽改造拆除房屋,归还部分私房,因此有48家餐饮网点歇业。市第二饮食服务公司所辖喜盈楼菜馆、新春饭店、华阳酒楼、伊斯兰菜馆、九如菜馆、新一春菜馆改建、扩建,提升经营档次。新春饭店与宴春酒楼制作的水晶肴蹄,全市评比并列第一。喜盈楼菜馆的四式包子(三丁、豆沙、笋肉、菜肉)、拆烩鲢鱼头风味独特。新九如菜馆涮羊肉系列宴席别具一格。中央电视台《话说长江》摄制组拍摄位于大西路"镇江三怪"之一的锅盖面小面店专辑。1987年,江苏省商业厅组织省内厨师支援西藏建设,市第二饮食服务公司一级厨师方恒元、三级厨师谈锡华为首批援藏人员,在新建的拉萨饭店开业执厨,经营维扬菜点。1988年,全市饮食服务业机构9644个,从业人员21291人。

1992年,镇江大酒店合资兴办大港商厦,北上山东威海,南下广东深圳,筹建新饭店,年营业额897万元,创税利229万元,人均创税利1.13万元。大西路368号九如菜馆扩建更名为银都大酒楼。中山路伊斯兰菜馆,因建商业大厦,迁址解放路91号,更名为民族饭店。1993年,建于70年代的京江饭店,年创税利540万元。1994年,镇江大酒店营业收入1779万元,创利税375万元,跻身全国500家最大服务企业行列。1997年,宴春酒楼利用市儿童食品厂闲置厂房,投产本店特色产品蟹黄汤包、菜肉包、鲜肉包、三丁包等10多个速冻食品。1998年4月20日,成立市饮食服务行业协会,选举产生16名常务理事。市贸易局代表队参加江苏省第三届烹饪技术比赛,获金奖4枚(其中团体1枚)、银奖2枚、铜奖2枚,全市新增国家特等一级厨师4名。1999年1月2日,宴春酒楼新店在市区繁华路段大市口开业,年末营业额1814万元。

2000年,首届江苏名菜名点名小吃评选出496个菜点,镇江市有46个菜点入选。全市举行新潮镇江菜评选,有21家餐饮企业选送80道新潮镇江菜,有6道菜获优秀奖,20道菜获最佳奖。2001年,市饮食服务行业协会和市烹饪协会评选出25家饭店(宴春酒楼新店、宴春酒楼、京江饭店、国际饭店、一泉宾馆、镇江大酒店、京口饭店、镇江宾馆、碧榆园、汇萃园、金龙大酒店、金聚楼烤鸭大酒店、香江酒家、海马大酒店、聚海堂大酒店、优士园饭店、京城大厦、丹阳大酒店、丹阳水中仙大酒店、扬中宾馆、句容华阳宾馆、三丰美食城、竹轩宾馆、海韵大酒店、天逸假日酒店)为镇江名店,5家饭店(新九如饭店、丹阳界牌宾馆、鲁智深大酒店、白云饭店、河滨饭店)为特色饭店,27家饭店宾馆(宴春酒楼、宴春酒楼新店、镇江宾馆、镇江大酒店、京江饭店、优士园饭店、京城大厦、金聚楼烤鸭大酒店、金鳌苑、一见喜大酒店、金龙大酒店、海韵大酒店、九霄大酒店、碧榆园、汇萃园、香江酒家、同庆大酒店、丁香酒楼、海马大酒店、仙人山服务区、天慧园、东方大酒楼、天逸假日酒店、竹轩宾馆、一泉宾馆、恒顺宾馆、长城大酒店)为特级饭店。金聚楼烤鸭大酒店获全国烹饪协会评选的"中华名店"称号。镇江市著名烹饪高级技师、国家特等一级烹调师潘镇平编著的《新派淮扬菜》一书由上海科学技术出版社出版。2002年,云南的金汤匙、浙江的天逸假日酒店、苏州的川福楼、浙江杭州的楼外楼等一批外地餐饮企业走进镇江,丹阳的香逸渔港酒店进入镇江市区。镇江的天慧园、鑫源酒家、阿德宝、六朝春等一批饭店向外拓展。全市餐饮行业走俏,年营业额21.20亿元,占全市消费品零售总额的13.6%。市烹饪名师潘镇平、顾克敏获中国烹饪协会颁发的中国烹饪大师称号;周鹤銮获中国烹饪名师称号。同年,《中国镇江美食大典》一书由江苏科技出版社出版。2003年,市烹饪协会举办扬子江鲜美食节和126种点心小吃、26种卤菜大展销。同年,镇江市先后5次组团参加全国、全省烹饪大赛,获得奖牌82枚。4月,在南京举办的江苏省第四届烹饪大赛中,镇江市7家饭店参加团体赛,获5金和1银;34名个人参赛,32人获奖,其中金奖8枚、银奖9枚、铜奖15枚,在江苏13个省辖市中名列前茅。10月,在重庆举办的第四届中华美食节上,镇江大酒店获团体金牌,海韵大酒店厨师长马新勇获个人金牌。11月,在江阴华西举办的2003年中国民间民族菜肴华西美食节上,全国有108个单位参赛,镇江市参赛的4家饭店获3金1银,个人赛中获13枚金牌和3枚银牌。11月下旬,在杭州举办的全国第五届烹饪大赛华东六省一市区域赛个人赛中,新宴春酒楼的2名厨师参赛,1人获金牌、1人获银牌,填补了镇江厨师在前四届比赛中未获金牌的空白。在江苏省第二届创新菜比赛中,镇江市获金、银、铜牌20枚。2004年,市饮服协会于振辉撰写的《烹饪艺术》一文载入中国历史文化名城镇江研究系列丛书第八分册《民间风采》,全文3万余字。宴春酒楼青年厨师潘小峰在广州举行的第五届世界烹饪大赛中,战胜世界20余个国家和地区1000多名烹饪高手,获热菜类金奖。12月,市第二饮食服务公司整体改制,更名为镇江市兰阳饮食服务有限公司。

1983～2005年镇江市分地区饮食业零售总额一览表

表17-40　　单位:万元

年份	全市合计	市区	丹徒县(区)	丹阳(县)市	句容县(市)	扬中县(市)
1983	2967	1387	244	740	346	250
1984	3800	1682	462	893	483	280
1985	4805	2245	360	1236	627	337
1986	7227	3835	576	1605	837	374
1987	9827	4875	1081	2048	1183	640
1988	12522	6016	1475	2532	1443	1056
1989	14017	6391	2906	1613	2058	1049
1990	14503	7296	1746	2624	2094	743
1991	15437	6619	1828	3424	2411	1155
1992	21165	8107	2091	6010	3359	1598
1993	28785	12433	2113	7934	4362	1943
1994	45704	21477	2834	10748	7754	2891
1995	53383	19431	3297	17299	9180	4176
1996	69748	29406	3901	21063	11101	4277
1997	77480	33018	3373	24821	11854	4414
1998	93807	42658	4982	28587	5510	12070
1999	129675	59667	11832	39129	6106	12941
2000	151832	78773	6636	45319	7466	13638
2001	167875	83315	10649	49488	9281	15142
2002	211959	116193	12966	53689	11629	17482
2003	232341	133107	12948	54370	13690	18226
2004	326680	194698	21244	67515	20787	22436
2005	370530	198508	29654	71270	35884	35214

2005年，全市限额以上餐饮企业59家，其中国有企业5家，从业人数651人；集体企业2家，从业人数129人；有限责任公司8家，从业人数923人；股份有限公司4家，从业人数411人；私营企业37家，从业人数2500人；港澳台投资企业1家，从业人数141人；外商投资企业1家，从业人数485人。扬中市被全国烹饪协会授予中国江鲜菜之乡称号，成为全国第一个享有此誉的城市。

二、名店选介

1. 宴春酒楼　位于大西路人民街17号，创办于民国29年（1940年），镇江老字号店铺之一。

1983年，营业面积1500平方米，有楼、厅、厢等9个堂口，一次能接纳400余名宾客就餐。宴春酒楼有著名的江鲜特色菜肴“三鱼两头”：清蒸鲥鱼、清蒸刀鱼、白汁鮰鱼、拆烩鲢鱼头、清炖蟹粉狮子头。宴春酒楼的水晶肴蹄、蟹黄汤包是镇江地方名特产品。“宴春”品牌经国家工商总局注册，是江苏省著名商标。酒楼数十款菜肴收录于《江苏省名菜名点菜谱》。1989年10月8日，宴春酒楼水晶肴蹄、蟹黄汤包被商业部审定批准为全国餐饮业优秀产品金鼎奖。1992年，蟹黄汤包被中国烹饪协会评为中华名小吃。同年，宴春酒楼作为知名老字号企业，在《中国烹饪百科全书》中有记载。1999年1月22日，宴春酒楼新开大市口店，年营业额1530余万元。2002年，人民街店营业额520.58万元。2003年，国营宴春酒楼改制为民营股份制镇江宴春酒楼有限公司，并新开朱方路店。2004年，新开江苏大学店、东吴路党校店。2005年，拥有宴春酒楼大市口店、宴春酒楼朱方路店、宴春酒楼江苏大学店、宴春酒楼东吴路店、水晶肴蹄工业生产厂、宴春食品销售公司等连锁企业，经营面积约1.5万余平方米，年销售额5000余万元，职工450余人。2005年11月，镇江宴春酒楼有限公司在成都市参加全国餐饮业博览会。宴春酒楼先后获全国绿色餐饮企业（2002年）、江苏餐饮名店（2003年）、全国食品安全百佳先进单位（2005年）称号。2006年，宴春酒楼被商务部授予“中华老字号”称号。

图17-9　位于人民街的宴春酒楼（2002年摄）

2. 金聚楼烤鸭大酒店　原名金聚德烤鸭大酒楼，2000年改名为金聚楼烤鸭大酒店。1984年，开设私人饭店——镇扬菜馆，位于解放路南门汽车站附近。1993年，在南门大街投资兴建4层楼面800平方米的金聚德烤鸭大酒楼。1994年，成立镇江餐饮业第一家民营公司——镇江市金聚德烤鸭大酒店有限公司。1995年，公司率先在全市建立私营企业工会组织。2001年，公司在北京前门附近开办镇江金聚楼烤鸭大酒店分店，酒店总建筑面积2000平方米，总投资300万元。2005年，公司注册商标“金聚楼”被评定为镇江市知名商标。1984～2005年，酒店销售收入2.5亿元，利润总额2500万元；资产总额2000余万元；缴纳税金2200余万元（含关税）。

镇江市金聚楼烤鸭大酒店有限公司菜肴先后多次获奖：在江苏省第三届烹饪技术比赛中获面点单项银奖（1998年）；在第四届全国烹饪大赛单项比赛中获2银1铜（1999年）；“三山风景宴”在江苏省第四届烹饪技术比赛中获银奖（2003年）；“满汉全席”在全国烹饪电视擂台赛中“贝茸苹果排”“纸里石斑鱼”获金牌菜奖（2003年）；在首届中国民间民族菜肴华西美食节中获团体金奖（2003年）；在中国长江饮食文化节暨江鲜烹饪精英大赛中获金奖和特金奖（2004年）；在中国扬州

淮扬菜美食节中获单项特金奖(2005 年)。

公司先后获江苏省首届民营企业会员综合指标“五十强”(1995 年 11 月)、江苏省消费者满意娱乐场所(1997 年)、省级青年文明号(1998 年)称号,2001 年被中国烹饪协会授予“中华餐饮名店”称号,2002 年被人民日报社市场信息中心评为全国诚信单位,同年被评为江苏省社会公众形象优秀单位,2002 年在首届北京“豪杰杯”美食厨艺大赛中被评为优胜单位,2003 年被评为江苏省优秀餐饮企业和江苏省餐饮名店,2004 年 3 月在中国长江饮食文化暨江鲜烹饪精英大赛中被评为中华江鲜知名酒店,2005 年被江苏省工商业联合会餐饮业商会评为理事单位。

3. 同兴楼菜馆　位于中山东路大市口,建于 1937 年,“文化大革命”期间曾改名新华饭店,镇江百年老字号店铺之一。1983 年,菜馆营业面积 900 平方米,一楼经营甜食和多种面点,二楼经营点菜和中档酒席,三楼设有雅座,接待外宾,雅俗共赏。1993 年,同兴楼菜馆因新建镇江商业城拆迁歇业。

4. 一枝春素菜馆　位于大西路双井路口,一枝春素菜馆起源于 20 世纪 20 年代,一位名叫刘殿发的厨师在镇江市区开办第一家专营素菜的饭店,取名“一枝春”。该店经营 60 多年,几次更换店主,数度搬迁店址,但因坚持做纯素菜,名声日响。中国佛教协会副会长、焦山定慧寺住持茗山赠菜馆一副“古迹尚留三诏洞,名厨最数一枝春”的对联。金山寺住持慈舟题联:“一席琼枝能益寿,满堂佳客似逢春”相赠。1983 年,菜馆营业面积 500 余平方米,因是纯素菜馆,深受回民和僧侣欢迎。2001 年,菜馆改制后国有资产拍卖,成为民营菜馆。罗汉斋、素熘鹅皮、素烧鸭、素油鸡、烩素鱼圆、糖醋素桂鱼、素鸽蛋是该馆特色名菜。2005 年,一枝春素菜馆营业面积 500 平方米,共设有 2 个大餐厅、2 个包厢,资产总额 1100 万元,营业总额 720 万元,利税总额 55 万元,从业人员 55 人。

5. 清真九如菜馆　位于大西路九如巷口,建于民国 28 年(1939 年),镇江老字号店铺之一。1983 年,该菜馆分为楼上楼下各一个堂口,供应早、中、下、晚四个市头。早市水晶牛肉煎包,下午牛肉锅贴,冬季涮羊肉、牛肉汤。特色菜有京葱烤牛方、溜松子牛卷、扒烧牛筋、响油牛柳、清炖牛肉丸、淮山炖牛鞭、烧烤羊腿等。2005 年,营业面积 280 平方米,资产总额 1000 万元,营业总额 432 万元,利税总额 38 万元,从业人员 38 人。

2005 年镇江市市区部分餐饮企业情况表

表 17-41　　单位:平方米、万元、人

企业名称	地　址	经营面积	营业额	利税	从业人员
新宴春酒楼	解放路 87 号	1500	2000	180	108
国际饭店	解放路 218 号	52000	8000	600	150
金聚楼大酒店	南门大街 259 号	1800	1000	80	60
汇萃园	解放路 18 号	6000	1500	80	140
香江酒家	解放路 9 号	1200	500	45	50
天慧园宾馆	寿邱街 9 号	3500	1200	60	70
竹轩宾馆	一泉路 8 号	1300	300	30	90
润福记大酒店	电力路 1 号	3000	1000	45	100
九霄大酒店	解放路 50 号	1000	250	28	50

三、名菜选介

淮扬菜系是淮安、扬州、镇江三地风味菜的总称。做工注重刀工,切片薄如纸,切丝细如发,脱

骨不破皮;烹饪善用火功,擅长炖、焖、煨、焐、蒸、烧、炒,菜肴酥烂脱骨不失其形,滑嫩爽脆不失其味。讲究调汤,力求原汁原味,风味清新,浓而不腻,淡而不薄,讲究“一物各献一性,一碗各成一味”。维扬风味的菜肴经常亮相于人民大会堂的国宴。镇江具有地方特色的名菜有 27 种:水晶肴蹄、清炖蟹粉狮子头(肉圆)、拆烩鲢鱼头、清蒸鲥鱼、红烧鲥鱼、双皮鲥鱼、白炒鲥鱼丝、红烧鲥鱼、火烧马鞍桥、焖体湘莲、白汁鮰鱼、白烩鮰鱼肚、三鲜脱骨鱼、鸡汁干丝、百花酒焖肉、翡翠蹄筋、蟹粉豆腐羹、熘鹅皮(素)、烩油巾(素)、什锦豆腐羹、罗汉斋、东乡(地名)羊肉、东乡(地名)长鱼汤、宝堰(地名)红烧甲鱼、界牌(地名)豆腐、扬中(地名)秧草烧河豚、句容(地名)老鹅。

1. 镇江肴肉　也称“肴”。原名硝肉,又称水晶肴蹄。肴肉常用于制作高、中档次宴席中的冷盆,特点是精肉绯红,酥嫩易化,食不塞牙;肥肉去脂,食之不腻;胶冻透明晶亮,柔韧,不肥不腻。镇江人有喝早茶吃肴肉的习惯,食用时切块装盆,配上姜丝、香醋品尝。

镇江肴肉制作方法,取猪蹄髈(拆骨),放精盐、绍酒、葱结、姜片、花椒、八角、硝各少许,老卤适量。先将蹄髈洗净,再用细木签在肉面上均匀地戳上一些小孔,洒上适量硝水来回揉透,使硝水通过小孔渗透到蹄髈内部,然后放入缸内腌几日(春秋约两日,夏天约一日,冬天约三日),再将蹄髈放在冷水内浸泡,以解涩味,取出刮除皮上杂质,至皮和肉呈现白色为止,再用温水漂净。然后,将腌制好的蹄髈放入铁锅内,加葱结、姜片、绍酒、花椒、八角和老卤,以淹没肉面为准,用旺火烧沸后,转小火焖煮,然后将蹄肉翻换,再继续用小火焖煮,至酥取出,皮朝下放入盆内,舀出少量卤汁,撇去浮油,浇在蹄髈上,再用重物压紧,冷透后即成肴肉。

在镇江制作肴肉的店家中,配制方法与工艺均不一,各有特色。

2. 清蒸鲥鱼　鲥鱼是长江鱼类中较为珍贵的一种鱼类,被誉为长江三鲜中的头鲜,称之席上珍品。鲥鱼又称鲚鱼,学名刀鲚。鲥鱼全身银白色,体形狭长而薄,形似一把尖刀,故称鲥鱼,镇江扬子一带俗称刀鱼。镇江扬子江一带江面捕捞的鲥鱼称之本江头鲥,质量最好,属上品。

鲥鱼烹制方法大致分为清蒸、红烧、油炸。清蒸鲥鱼,方法简单,只需佐之葱、姜作料,配之少许新鲜竹笋,蒸十分钟,即可品尝,鲜味独特。

20 世纪 80 年代后,由于长江水质污染,鲥鱼产量逐年下降,物以稀为贵,至 2005 年清明时节,市场上一两鲥鱼价格已接近一克黄金。

3. 白汁鮰鱼　鮰鱼是长江三鲜之一,更为席上珍品。时令佳节时,鮰鱼成为北京人民大会堂招待国外贵宾的国宴极品。鮰鱼头呈锥形,尾长、嘴小、肚大、少刺无鳞,含有丰富的人体所需的蛋白质和维生素,所含脂肪由不饱和脂肪酸组成,易于人体吸收。

鮰鱼烹制有多种方法,但以烹制白汁鮰鱼最为特色,烹制好的白汁鮰鱼,洁白的如乳胶质一样粘口,且口感鲜美无比。其中鮰鱼鱼肚可制成白烩鮰鱼肚、奶油鱼肚、炖银肚等名菜佳肴,食后有令人不忍离席之感。

4. 镇江鲥鱼　鲥鱼是长江鱼类中较为珍贵的一种鱼类,被誉为长江三鲜中的时鲜。产于长江中下游一带江面至入海口。镇江以东扬子江面所捕捞鲥鱼尤以肥美、鲜嫩而著名,更为席上珍品。

史载康熙二十二年(1683 年)鲥鱼上市之际,从镇江到京城每隔 30 里设一驿站,高大的旗杆上白日旌旗高悬,夜间则灯笼耀眼,3000 匹骏马、数千名驿卒日夜待命,如同传送十万火急的军情般飞递鲥鱼进京,关山迢递,限时二十二个时辰,可见镇江产鲥鱼如此名贵。

鲥鱼烹制方法分为清蒸、红烧,但不论用哪种方法烹制,味道都是鲜美可口,回味无穷。

5. 蟹粉狮子头　镇江地方名菜之一,配料因季节而定,初春加河蚌,清明前后配笋,夏天配面筋,秋天用蟹黄,冬季放冬笋风鸡,做法有清炖,有水氽,有先油煎后红烧的,有先油炸后与其他食物烩制的,有用糯米滚蒸的。菜肴造型大而圆,形状似比狮子头。

6. 拆烩鲢鱼头　鲢鱼俗称“花鲢”“胖头鱼”,并不是上等鱼,但鲢鱼“大者头多腴,为上品”,而镇江产的“小雪”以后的鲢鱼最美,号称“雪鲢”。拆烩鲢鱼头多以此为主料,因此拆烩鲢鱼头是冬令佳肴。拆烩就是将鲢鱼头拆骨后白烩，配以蟹肉、火腿、香菇、鸡肉、肫肝、鲜笋等菜料，用鸡汤烩制，成菜后色泽乳白，汤汁稠浓，且鱼形不散，鱼肉不碎，肥腴润嫩，汤汁鲜浓，鱼眼下老肉、核桃肉、鱼芸、鱼唇、鱼鳔、鱼脑皆是美味。

7. 烹河豚　元《至顺镇江志》载“河豚出扬子江中，初春时甚贵，春末虽肥大，然土人则贱之矣。常以蒌蒿、芦芽瀹而为羹，烹饪失所辄能害人，岁有被害而死者，然人嗜之不已”。吃河豚的最佳时期在清明前。河豚极为鲜美，但含有致人死亡的毒素，每年都有因吃河豚中毒而亡的人。一直以来，民间有“拼死吃河豚”的说法，以表明河豚极度的鲜美。

地处长江之中的扬中，对烹调河豚有着丰富的经验，是每年食河豚的好去处。那里训练有素的厨师是烧河豚的行家里手，从河豚的宰杀、清洗、烹调自始至终认真负责，道道工序修治有序。扬中的厨师可用河豚烹调出多种美味佳肴，如河豚烧秧草、河豚烧菜薹等等。

8. 菜花、桂花甲鱼　因主料用宝堰镇天然野生上乘菜花、桂花甲鱼而冠名。其制作方法是：将甲鱼杀好，去表皮，洗净，放冷水煮至沸腾，续用大火煮 8～12 分钟。甲鱼起锅后，下冷水，去内脏、拆骨（大小骨、壳、甲鱼颈下软骨）后，用清水浸泡 3～5 分钟，将拆骨甲鱼除去血水。红烧先用猪板油滑锅，下拆骨甲鱼，加切片生姜、打结的小捆香葱、100 克大蒜头、优质酱油、料酒、冰糖、精盐作料，加高汤放水没面，先小火慢焖，待甲鱼快熟时，大火收汤，一般掌握在 30～40 分钟。起锅前捞去姜葱，下少量味精。上桌前洒少许优质胡椒粉。这道菜营养丰富，色泽鲜艳，香气扑鼻，鲜嫩爽口，腴而不腻。

9. 东乡羊肉　东乡泛指镇江市区以东的大港、大路、姚桥、石桥、丁岗等乡镇。东乡羊肉发源地为姚桥儒里村一带，东乡羊肉制作工艺独特，东乡人红烧出的东乡羊肉，肥嫩可口，油而不腻，爽口不膻，风味独具。东乡羊肉传统开市时间是重阳，到腊月初八收市。羊肉性暖，是冬季滋补的佳肴，所以重阳一过，东乡一带宰羊设店，村村都有，家家羊肉店羊肉飘香。

制作主料用带皮去骨已煮至八成熟的白坯羊肉块 500 克（选用阉割过的、以吃青草为主饲料长大的山羊肉为佳），配料为熟猪板油 100 克、活鲫鱼 1 条（300 克左右）、青蒜 150 克。制作流程：（1）将鲫鱼宰杀洗净，放锅中加两碗水煮熟，取鱼的骨、刺、鱼肉及鱼汤放置一旁待用；（2）羊肉切成大块入锅，加入鱼肉鱼汤，再放入酱油、黄酒、精盐、葱姜末，加水没面，用大火烧开；（3）放入熟猪板油、绵白糖，改用文火焖烧两小时左右，至羊肉酥烂后放入味精；（4）青蒜切成一寸左右长段入锅，与羊肉拌和，离火装盘即可。

10. 东乡长鱼汤　长鱼即黄鳝。正宗制作的东乡长鱼汤应是绿里带青，风味独特，芳香扑鼻。早春食之，祛寒暖身；炎夏食之，则消暑降温。东乡人制作的长鱼汤工艺考究，主原料选用无名指粗细的长鱼，做“云花”一定要用鸭蛋，姜葱只取汁，其他作料如黄酒、胡椒粉、虾籽、荤素油、酱油等一定要用上品。经过氽鱼、割丝、煮烫、炸丝、提浮、合汤、烩丝、配汤等一系列工序后，最终成为绿里带青、香气扑鼻的长鱼汤。长鱼汤还可加面，或加葱油花卷，俗称“一汤一”。正宗的东乡长鱼汤，食之清滑爽口，其味道被称之“云飕汤”而誉满百里。

四、名点选介

镇江名点有：蟹黄汤包、蟹粉蒸饺、蟹粉烧卖、锅盖面、白汤大面、宝堰干拌面、什锦素菜包、三鲜烧卖、三鲜小馄饨、蟹壳黄烧饼、草鞋底烧饼等等。

1. 镇江锅盖面　镇江位于南北交通要冲，由于面条洁净，调味多样，制作方便，成为大众化的餐饮。

锅盖面原名火（伙）面[“火面”一词最早见于南唐张洎（934—997）的《贾氏谭录》]，在本地至少有 150 年历史，也称小刀面、跳面，属浓碱型面条。或因“是北方移民带来的，具有军营的编制带过来的遗迹”故名“火面”。1922 年《镇江指南》载“火面铺城内有数百家，其营业虽小，获利则颇厚”。旧时做面师傅大都是本地南乡人，姓氏有韩、邵、包、罗、解等等。经营火面著名的为回民在中华路开的“杨大昌火面”。旧传俚谚“面锅里滂锅盖”之“锅盖”，原是面灶“二锅”(充分利用灶火余热，形成二锅的温水使用)锅盖。20世纪80年代以来，本地餐饮界形成“面锅里煮锅盖，香醋摆不坏，肴肉不当菜”的新三怪谚，前者还附会乾隆下江南尝面故事，蜚声市内外。机制面条形成市场后，手工刀面已颇稀见，而街巷间“锅盖面”店招，几乎随处可见。

小锅盖滂在大锅里，属无意偶得的行为。面条在下面，受热均匀，面锅不溢。一团团面撂下锅，水一滚，而小锅盖漂在上面，相对起稳定作用。面既不会生，也不会烂。下面的方法、汤汁和浇头也很特别，传统方法是过汤去碱味，汤汁须选用上好的酱油和其他植物油冲制，浇头的花样极多。

2. 蟹黄汤包　镇江人早餐的地方特色餐点之一，1989年10月8日，蟹黄汤包被商业部审定批准为全国餐饮业优质产品金鼎奖，1992年8月26日，蟹黄汤包被中国烹饪协会认定为中华名小吃。蟹黄汤包特点是皮薄、汤多、馅饱、味鲜，蟹黄汤包最妙处全在一个“汤”上，制作工艺需将鲜肉绞碎再熬煎，将鲜猪肉皮加工制成皮冻，加进鲜肉茸和猪油熬制过的蟹肉、蟹黄，选用韧性强的小酵面，擀成包子皮，经过三翻七扑，随后双手将每只包子捏出24道花纹外形，而且包子的口须呈鲫鱼嘴状，上笼大火蒸熟后皮冻化为卤汁，鲜味便通通融入汤肉，热腾腾的出笼包子“放在盘里像座钟，夹在筷上像灯笼”，这便是正宗的镇江蟹黄汤包。由于蟹黄汤包皮薄汤多，用筷子夹住包子口“轻轻提、慢慢移”至碟内，重则破皮，快则掉底。吃时得按先开窗，后吸汤要领去做，现包现蒸现吃为最佳，吃时蘸香醋、佐以姜丝，味道鲜美。

3. 京江䜲　镇江传统日常糕点，价格便宜，食用方便。因其形状像老虎的脚爪，故又俗称老虎脚爪。镇江有句形容人穿戴整齐、办事顶真的歇后语——京江䜲儿，六角铮铮。民国22年(1933年)，商务印书馆出版《辞源续编》：“京江䜲”——“饼类也。和油、面杂椒盐为六角型。入炉炙透。藏器中勿令风戾，可以致远，此物原非珍品。然是丹徒(今镇江)土人专能，与百花露酒，同为他邑不能学步也”(子部八十五页)。陈果夫编《中华国民生活历》(正中书局1947年3月版)说：“京口(指镇江)以䜲为寒具。䜲为六角形，谓京江䜲。”早年的䜲儿是纯手工的，工艺十分严格，用料也考究，分甜、咸两种。䜲儿体形六角，䜲底是金钱小记，呈莲蓬状。糖䜲全身金黄色，盐䜲角面如蟹壳黄，角槽乳白色。把䜲儿掰开，也不掉屑，可汤吃、干吃。汤吃，则以开水或肉汤泡食，黄白分清，爽口不糊；干吃黄色起酥，白色绵软耐嚼，香味扑鼻。

4. 宝堰干拌特色面　主料精制面条选用优质富强粉(75粉)，经搅拌上劲，用轧面机轧制三遍成，力求面条身骨柔中有硬。调料是经专门熬制的酱油和优质熟猪板油或小磨麻油。制作方法是锅内清水煮沸后下入面条，用长筷划开，保持大火，持续沸点待面条全部飘起后，注入适量冷水止沸，再用筷和笊篱起面条，甩干汤水，装入碗中，浇入熬制酱油，再浇入熟猪板油或麻油。根据顾客口味，加入适量蒜花、香菜末、辣椒、香干丝、肴肉或烫熟的芹菜、猪肝、腰花、长鱼丝等，搅拌后食用。同时配一碟醋姜丝和一碗放蒜花的猪骨头汤，边吃面条，边食醋姜丝，边喝猪骨汤。此面条劲道大、爽口滑润。

5. 鸭血粉丝汤　地方驰名小吃。鸡鸭血汤，常有小吃摊点兼售，亦是家常菜。据载，民国时期周佛海任职镇江时在家请客，必定备有鸭血做的小碗酸辣汤。20世纪80年代中期，镇江鸭血粉丝汤制作兴起，与改革开放后个体户制作售卖烤鸭、盐水鹅等熟菜有关，起始阶段为回卤干制作者对宰杀后的鸭、鹅血加工销售。制作将粉丝(多选山芋粉丝)盛于小篾篓中，放入煮沸的鸭血汤(汤中切成块状的鸭血、剪碎的回卤干)中烫熟后，将粉丝和汤倒入碗中，再放入切碎的鸭肠、鸭肝以及蒜末、芫荽末、鸡精、辣椒油等。粉丝口感滑溜，鸭血鲜嫩爽口，汤味鲜香、麻辣清新，一般6~10元一碗，广受大众喜爱。90年代前后，伯先路、大西路、宝塔路一带摊点颇多，西门桥、大市口等处有独立店面，并渐成镇江小吃特色品牌，在泰州、扬州、常州、无锡等地多见冠名“镇江鸭血粉丝(汤)”的店面经营。

镇江具有民间与乡村特色的名小吃：丹徒高桥灶烧饼、丹阳大麦粥、扬中八桥秧草包子、句容茅西臭干和三岔煎山芋糕等。

第二节　旅　馆

一、网点经营

1983 年，市区（含谏壁镇地区）可供社会住宿的宾馆、饭店、旅社、客栈、招待所仅有 130 余家，其中国营 26 家，集体 5 家，个体 100 多家，日接待旅客能力 5000 人次。1984 年，镇江市将市区 30 家小型旅社划归京口区管辖，其中全民 23 家，集体 7 家，从业人员 211 人。此后，由于企业、群众团体，个体旅社纷纷兴起，而过境留宿旅客逐年减少，旅馆过剩，旅馆服务人员老化，退休职工逐年增多、负担加重，旅馆业陷入困境。

1985 年，旅馆业从单一的服务型向综合服务型转化，职工自筹资金，配备客房设施，改造装饰客房，把大通铺改成小单间、包房，附设餐厅、食堂，男女浴室，提供大小会议室，有的旅馆在房间配置彩色和黑白电视，实行“一条龙”配套服务，全市大小旅馆剧增到 200 多家，床铺由 3000 多张增加到 13000 多张，市内各家旅馆为争取更多客源，恢复到车站、码头接客业务。每天平均投宿人数超过 7000 人次。中日合资建造的京侨饭店旅馆部因设施完善，中外宾客盈门，平均每日营业额 3.9 万元。1992 年，镇江建成集吃、住、行、购为一体的涉外镇江大酒店。建成京谷大厦客房部，拥有豪华套间 8 套，标准客房 64 间，普通客房 16 间，床位 210 个，大小会议室 5 个，风格各异餐厅 10 个，餐位 500 个。1998 年，镇江大酒店被江苏省旅游局审批为三星级涉外饭店。2000 年，京口区商业局利用第一人民医院新门诊大楼启用的机遇，对电力路网点筹集资金，投资改造，转行经营，利用靠近医院的优势，经营旅馆业务，为住院家属提供服务。

2005 年，全市共有大、中、小旅馆 1000 余家，客房营业额 1.36 亿元，餐饮 4.52 亿元，商品销售额 4.04 亿元。其中大、中型旅馆 75 家，从业人员 7635 人，营业总额 6.66 亿元。

二、宾馆（饭店）选介

1. 镇江宾馆　1993 年 6 月，由润州饭店改扩建成为镇江市第一家三星级旅游饭店，位于中山西路 92 号，楼高 6 层，客房总数 188 间（套），设施齐全，有英、日文卫星电视，宾馆经营川、粤、维扬菜及名厨主理西餐。1994 年，宾馆派出厨师队伍，赴美国费城文化中心举办美食节，总统克林顿到场致辞祝贺。餐饮部精心开发的乾隆御宴被评为江苏名宴。1998 年，资产总额 5837 万元，营业额 1864 万元，利税 231 万元。2001 年，建成四星级宾馆，有房间 188 间，床位 350 个。2002 年，宾馆重新装修后，分四星级和三星级两个楼，宾馆商务中心提供商务洽谈、翻译、文秘服务。2005 年，宾馆注册资本 200 万元，营业面积 2.2 万平方米，资产总额 9000 万元，营业总额 4000 万元，利税 400 万元，经营住宿、餐饮，服务设施有停车场、出租车、商务中心、外币兑换服务、商场、鲜花店、医务室、理发美容室、票务服务、洗衣服务、残疾人客房。餐饮休闲有中餐厅、西餐厅、咖啡厅、酒吧、限时送餐服务、迪斯科舞厅、卡拉 OK 厅、棋牌室、桌球室、健身室、网球场、室内游泳池、按摩室、桑拿浴室等。

2. 国际饭店　位于解放路 218 号，1997 年建成开业，楼高 31 层，地下 3 层，建筑总面积 5.6 万平方米，总体设计欧式风格，豪华典雅，是镇江标志性建筑。饭店地下两层为大型停车场，一层为宾客大堂和西餐厅；四、五层为宴会厅、零点厅、多功能厅与特色包厢及各种会议室；六、七层为休闲娱乐中心，八至二十七层为标准客房、豪华套房（包括总统套房），共有 410 间（套）；二十八层为商务俱乐部；裙楼顶建有屋顶花园、游泳池，二十九层为旋转餐厅，集商、住、餐饮、娱乐、休闲、会议等多功能于一体。1998 年，饭店经营面积 9000 平方米，资产总额 4082 万元，销售总额 2688 万元。2001 年，该饭店建成四星级宾馆，有房间 409 间，800 个床位。2005 年，饭店注册资金 5000 万元，营业额 8000 万元，利税 600 万元，从业人员 150 人。

3. 一泉宾馆　位于一泉路 1 号，建于 1961 年，占地 5.33 公顷，毗邻驰名中外的“天下第一泉”，金山风景区，环境优雅，隶属镇江市人民政府接待办公室，是市委、市政府重要的接待窗口，四星级涉外宾馆，曾接待胡锦涛、江泽民、李鹏、吴邦国、杨尚昆、华国锋、李岚清等党和国家领导人；接待全国及省级各类重要会议，江苏省高校招生录取工作连续 11 年在宾馆举行。2005 年，宾馆注册资金 473 万元，资产总额 7800 万元，营业额 3500 万元，利税 600 万元，从业人员 146 人。宾馆有总统套房、商务单间、标准客房 180 间套，各类会议室 20 余个，会议中心亦可作为标准的演出场所，灯光、音响一应俱全。同时配有商务中心、购物中心、歌舞厅、音乐酒吧、美容厅等。餐饮集众家所长，擅长淮扬菜、川菜、粤菜及海派菜。多个风格迥异的餐厅，可同时接待千余人就餐。

4. 京口饭店　位于中山东路 407 号，始建于 1952 年，前身为镇江地区交际处。在 1967～1981 年之间曾先后改名为镇江地区第一招待所、河滨饭店、金山饭店等。1981 年 11 月定名为镇江京口饭店。饭店拥有三号楼、五号楼、二号楼，可为宾客提供客房、餐饮、会议、娱乐等各项服务。有标准客房 100 余间，套房 10 间(套)，大小餐厅 10 余个。餐厅擅长淮扬菜、粤菜。饭店包括商务中心、票务中心、商场、停车场、健身房、棋牌室、台球、歌舞厅、咖啡厅、美容美发、卡拉 OK 厅等。1997 年 5 月被评定为三星级旅游饭店。1998 年，饭店营业面积 8400 平方米，资产总额 6073 万元，营业额 1321 万元，利税 63 万元。2005 年，饭店注册资金 249 万元，从业人员 20 人，经营住宿、饮食服务、舞会、代销客机票。该店经营的特色菜肴在保持原有淮扬菜系特色的基础上，推出以“极品海景佛跳墙”“海龙金钩翅”“红烧明珠鲍鱼”等为代表的一系列高档菜肴，并提供“兰酒法式鹅肝”等西式风味大餐。

5. 碧榆园宾馆　位于竹林路 88 号，建于 1990 年，宾馆地处国家森林公园、省级风景名胜区南山内，占地山林面积 4 万余平方米，是一座融园林艺术和自然风光为一体的花园式宾馆。宾馆拥有风格独特的大小餐厅 30 多个，可容纳 1000 多人同时就餐，以淮扬菜肴为主，兼营川、粤、杭、海派菜肴。针对会议型酒店的特点，宾馆备有近 20 个不同规格的会议厅，多媒体阶梯教室、微机教学系统。2005 年，宾馆注册资金 4000 万元，营业面积 4 万平方米，资产总额 7500 万元，营业额 3800 万元，从业员工 135 人。有各式客房 225 间(套)，大小会议室 10 余个，配有七种语言同声传译系统和会议系统的国际会议中心，有 100 余台高配置电脑和多媒体网络教学系统承接各种微机培训。设有棋牌室、健身室、网球场、按摩室、桑拿浴室、桌球室、卡拉 OK 厅、迪斯科舞厅、保龄球场、电子游戏机室、咖啡厅、茶室等。宾馆还提供中餐厅、停车场、出租车、会议厅、票务、洗衣、商务中心、外币兑换、理发美容等服务。曾接待李瑞环、李岚清、顾秀莲、彭珮云等党和国家领导人，承接润扬大桥通车典礼、《同一首歌》大型演唱会、市金秋经贸洽谈会、海外华侨妇女联合会考察团、《文心雕龙》学术研讨会等大型活动。

6. 镇江大酒店　位于镇江市火车站广场西侧，建于 1990 年，营业面积 6000 平方米，有商务房、标准房、套房、中西餐厅、鲍翅馆、风味餐厅、中高档包厢 20 余个，餐位近千个。设备先进的多功能厅、大小会议室、80 公社商务自助酒店、808KTV 商务会所、休闲中心等配套服务设施一应俱全。1994 年，镇江大酒店成为二星级涉外饭店，营业收入 1779 万元，创利 375 万元。1998 年，酒店重新装修，楼高 10 层，标准房间面积 18 平方米，拥有各类客房 200 间，同时升格为三星级涉外宾馆，营业面积 1.7 万平方米，资产总额 6362 万元，营业额 2215 万元，利税 15 万元。2004 年，镇江大酒店改制为民营股份制企业。2005 年，酒店营业面积 1.8 万平方米，资产总额 6500 万元，营业额 2000 万元，从业员工 190 人。截至 2005 年，酒店举办过 30 届美食节，包括“苏、锡、宁、镇、扬、徽六地名城、名店、名厨、名菜美食巡回展”“克林顿菜肴回顾展”“海派菜美食节”“首届湘菜、吉菜、浙菜、淮扬菜四大菜系美食节”“扬子江鲜美食节”“啤酒龙虾节”“红鼎龙虾节”等美食活动。酒店先后接待过外交部新闻发言人沈国放，央视主持人白岩松，乒乓球国家队教练蔡振华、陆元盛，世界冠军邓亚萍和留美博士高科技访华团等。

7. 京江饭店　位于解放路111号，建于1974年。1983年，京江饭店已成为一个集饮食、住宿、沐浴、商业为一体的综合性饭店。饭店下设饮食、住宿、沐浴、干洗、彩扩、皮件、时装、商务中心等8个部门，共设4个门面，营业面积1万平方米，饮食部一次可接待600人进餐。1994年，该饭店投入700万元对旅馆部、浴室部改造装修，扩建400平方米停车场。京江饭店拆迁28户居民，增加营业面积300平方米，建成沐浴康乐中心，成为集沐浴、娱乐、美容、健身、休闲、社交为一体多功能的沐浴场所。1998年，京江饭店营业面积8800平方米，资产总额1687万元，营业额1332万元，利税421万元。2002年，京江饭店改制股份制企业。酒店餐饮以淮扬、川、粤、鲁、浙、海派菜系为主。拥有一支技术精湛的厨师队伍，其中包括国际美食大师、中国烹饪大师、中国烹饪名师、高级技师、特级厨师等数十人。截至2005年，酒店先后组队参加全国第一、二、三、四届美食大赛及各类全国烹饪大赛，共获金鼎奖2枚、金奖34枚、银奖20多枚，酒店当家名菜"新派蟹粉狮子头""水晶虾仁""金牌鱼翅""鱼云萝卜鱼""三山风貌"等，均被《淮扬菜谱》《中国镇江美食大典》等收录。2005年，酒店营业面积1万平方米，资产总额8153.51万元，营业额9500万元，从业人员147人。

第三节　美容美发

1983年，市区从事美容美发行业的国营、集体店30家，从业人员500多人，个体有证理发店100多家，从业人员300多人。设施条件好的有京江、丽华2家美发厅，另有29家中小型理发店，从业人员275人。随着市内个体理发店的发展，国营、集体理发业业务下降，技术人员外流，部分理发店入不敷出，转业经营。理发行业有赴日本进修美容美发技艺及参加全省理发大赛获奖的理发技师，离职开设个体理发店。市饮食服务公司为守住国营、集体理发业阵地，挤出资金改造服务设施，更新理发工具，引进开拓美发美容项目。开办美发美容技艺培训班。1985年，美容美发国营、集体店数量保持30个，从业人员298人，有职称的理发人员103人，其中国家一级理发师9人，二级理发师16人，三级理发师78人。京江饭店美发厅青年理发师郭桂荣参加1985年全省首届美发杯大赛，获得女子鸟羽式单项冠军，被晋升为特等三级理发师，成为全市唯一的特级理发师。全市规模最大的京江饭店美发厅，从业人员104人。1986年后，随着人们生活水平提高，追求美容美发的人群日益增多，理发、染发、烫发、彩发、美容成为时尚。1987年，全市派出3名理发师赴日本进修美发美容，另有4名理发师被外交部人事司选派到中国驻外大使馆工作。1988年5月，郭桂荣获全国五一劳动奖章。2000年后，国有理发企业在产权制度改革中退出市场竞争，私营个体理发企业占主要份额，美容等新兴服务行业崛起并占主导地位。2005年，全市美容美发店150余家，从业人员1000余人，具有代表性美容美发店有大光明理发店、京江饭店美发厅、镇江雪儿丹妮美容美发公司、顶酷美容美发连锁店、丝念美发沙龙等。

第四节　照　相

1983年，全市有国营照相网点7家，集体1家，有一级摄影技师5人，二级摄影技师6人，三级摄影技师14人。大西路上的中国照相馆配有黑白、彩色摄影室各1间，备有日本高级相机、RQ61玛米亚、意大利彩色扩印机、0～70彩色放大机、国产彩虹彩色放大机，专业从事人像摄影、婚纱摄影、黑白、彩扩照片冲洗，兼营照相器材。门市增加彩照拍摄业务，拍摄后送外地冲洗、放大。红叶照相馆以工业摄影为主。京江饭店一楼开设彩色图片社，经营摄影、冲洗、扩放业务。1984 年,彩色照相业务需求增大,全市照相业各照相馆相继购置照相配套设备,经营彩色照业务,自行冲扩并接受顾客的加工业务。市饮食服务公司所属照相馆同时经营照相业务器材,年营业额 10 余万元,营业额与主营摄影收入持平。1985 年,全市有国营照相业网点 9 家,集体 1 家,个体 1 家,员工 85 人,营业总额 27.2 万元,利润总额 15 万元。1986 年,市第二饮食服务公司在解放路 34 号新开新艺照相馆,购置 7.86 万元彩色扩放机 1 套,有黑白、彩色照片摄影、放大等项目,营业额 4.26 万元,利润 0.61 万元。1989 年 9 月因业务清淡停业。1999 年 1 月,市饮食服务公司市区内国营、集体、私营 10 个专业照相馆参加摄影比赛,参赛作品 39 幅中,罗马假日婚纱摄影广场获一等奖,天长地久婚纱影楼获团体二等奖,浪漫人生婚纱影楼、春意照相馆获团体三等奖。1999 ~ 2000 年,市饮食服务公司举办一级摄影师培训班,市区 20 名摄影师通过省劳动厅一级摄影师考核,获得技术职称证书。2003 年,镇江中国照相馆改制更名为中艺照相馆。2005 年,镇江市区共有照相业网点 40 余家,较具规模的有罗马假日婚纱摄影广场、天长地久婚纱影楼、纽约婚纱摄影、浪漫人生婚纱影楼、春意照相馆、京口照相馆、中艺照相馆、玉兰照相馆、鸿飞照相馆等。

第五节 洗 染

1983 年,市区洗染业共有国营中小型洗染网点 4 家,为镇江利群洗染厂、镇江洗染店、新光洗染店、益群洗染店,洗染业从颜色到规格品种单一。此后随着服装消费发生变化,渐渐从"灰、蓝、黑"到五颜六色;从棉布、化纤到呢绒、绸、缎,乃至羽绒、皮革制品。1984 年,镇江市外贸业务量扩大,"洗"的业务日渐上升,出口工艺品与鞋类染色业务,品种多、批量小,大染厂不愿接收,镇江洗染业接收后,按时按质满足用户需求,业务量上升,丹阳、丹徒、扬中、句容等地大多数业务涌向镇江洗染企业,年营业额 27 万元。1985 年,洗染业国营网点 4 家,增加集体桃园洗染店网点 1 家,市区共有职工 54 人,营业总额 27.29 万元,人年均营业额 5054 元,利润总额 8.79 万元,人均利润额 1628 元。1987 年,市第二饮食服务公司在解放路 176 号建立新艺干洗店,有职工 11 人,经营服装干洗、熨烫、整理、印字等项目。该店备有国产海狮牌全套干洗烫设备,有 XGQ-15 型全自动干洗机、QFQ-12 型蒸汽发生器、熨烫机、成型精整机(人像定型机)各 1 套。20 世纪 90 年代,镇江市洗染企业有私营企业介入,许多个体经营者开起干洗店,承接一条龙干洗业务。2001 年,镇江新艺干洗店因新建山巷广场拆除,移至解放路 362 号新建镇江亿大漂染有限责任公司,经营纱、布染色加工,化工原料、助剂销售。新建镇江中远染织有限公司,位于东吴路 199-1 号(镇江针织厂内),经营纱线加工、整理,纺织品的销售,服装加工、销售。2003 年,新建镇江市润州区金江漂染厂,主要经营坯布染色布,月产量 50 万米。同年,镇江饮食服务公司的天兴洗染公司改制为私营企业。洗染业走进市民日常生活,传统的"潮洗"已被"干洗"代替。2005 年,镇江市区洗染业全部改制为私有经营。代表性的洗染店有雪豹洗染店、澳洁洗染店、美风车、正章、伊尔萨干洗店等。

第六节 沐浴休闲

1983 年,城区共有 11 家浴室,分设男子部、女子部。规模较大的有京江浴室、四牌楼浴室、五条街中泉浴室、解放浴室、苏北路扬子江浴室、伯先路大兴池浴室、红旗口甘露浴室、戥儿巷清海泉浴室等,设有男女座位 100 ~ 300 席不等,经营擦背、捶背、敲腿、推拿、修脚、刮脚、捏脚、脚摩等服务项目。1984 年,城区有浴室 12 家,有男子浴座 1259 个和女子盆池 82 个、淋浴 81 个,从业人员 323 人。年内解放浴室因房屋年久失修停业。1985 年,中山路拓宽,拆除中泉浴室。全市浴室有 9 台锅炉带“病”运行，加上浴室收费偏低(男浴室 0.30 元，女浴室 0.32 元)，支出高于收入，缺少资金更新，市人民政府对市区浴室业实行免税、拨款等扶持政策，浴室大多延长营业时间，市民“洗澡难”状况得到缓解。年内，全市浴室男子座位增加到 1423 个、女子座位 164 个、服务人员 314 人。1986 年，全市有 181 个企业自建浴室，供内部职工使用。另外旅馆、宾馆和招待所设有浴室、淋浴、太阳能、电加热热水器。年内重修解放浴室。1987 年元旦，西苑饭店浴室部建成，并正式对外开业。全市营业性浴室业作为特种行业，由公安部门审批与管理。中泉浴室停业 6 年后，1991 年 12 月 27 日落成复业，地处五条街和大市口商业中心之间，集洗、理、擦一条龙服务，是多功能型的中、高档浴室。1996 年，市第二饮食服务公司自筹资金 500 万元，复建位于千秋桥街 198 号的解放浴室，11 月 8 日落成复业。2002 年，市区国有、集体浴室产权制度改革。2005 年，镇江市区西南 20 公里外建成韦岗温泉“江天池”“浮玉池”温泉泳馆。建于清末清海泉浴室，设有堂口 3 个，座位 113 个，保持古朴风貌，就浴者多为中老年人。2005 年，市区浴室全部为私有企业，热水供应改用工厂热水资源，经济环保。大小规格的浴室遍及城乡集镇、社区、人口密集居住小区，服务项目繁多，规模较大的有京江浴室、解放浴室、扬子江浴室、紫金泉浴室、润州月亮湾浴场、群艺浴室、亚龙湾温泉浴场、浅水湾浴场等。

第七节　广 告 业

1983 年，全市有国有、集体广告经营单位 9 家，营业总额 87 万元。1987 年，全市广告经营单位发展到 18 家，制作户外路牌广告 271 块，灯箱 168 个，橱窗 33 块，营业总额 178 万元。1988 年，全市广告经营单位增加到 39 家，从业人员 480 人，营业总额 460 万元；1989 年，全市在 40 家广告经营单位中开展市场清理整顿，查处违法广告 4 件，罚款 1700 元，注销 3 家广告经营单位。1998 年，全市注销 57 家不具备广告发布资格的经营单位。2000 年，全市有广告经营单位 262 家，营业总额 1.4 亿元，其中 229 家户外广告经营单位占广告业的主体，营业总额 3050 万元。另有各类户外广告媒体 3589 个。广告形式有广播、电视、报纸、公共汽车及出租汽车车身、户外公告等。同年查处医疗广告案件 37 件，罚没款 17.17 万元，并对广告内容、图案、文字加强审核，重点对医药、食品、保健品、度量衡器等商品广告监督管理。2002 年，全市清除违法广告 300 余条，收缴违法印刷品广告 8 万份。2004 年，全市有广告经营单位 400 家，从业人员 3310 人，营业总额 1.99 亿元。2005 年，全市有广告经营单位 423 家，从业人员 3078 人，营业总额 1.92 亿元。

1983～2005 年镇江市部分年份广告经营单位情况表

表 17-42

年份	广告经营单位(家)	从业人员(人)	营业总额(万元)
1983	9	–	87
1984	13	–	124
1985	18	–	178
1987	28	341	283
1988	39	480	460
1990	41	498	833
1991	39	460	801
1992	88	820	1207

续表 17-42

年份	广告经营单位(家)	从业人员(人)	营业总额(万元)
1994	242	–	3826
1995	170	1800	7579
1997	200	925	9200
2000	262	2376	14000
2001	257	2287	15400
2002	273	2398	17400
2003	264	2306	14000
2004	400	3310	19900
2005	423	3078	19160

第八节　其他服务业

1983 年,镇江市其他服务行业营业额 2129 万元。随着城乡生活水平日益提高,全市城乡服务行业出现婚纱、摄影、鲜花礼品、宠物、电器维修、计算机及网络维修、移动通讯维修、管道疏通、修锁、开锁、财产和人寿保险、中介、物流、快递、搬家、送水、送餐、送氧、配菜、老幼病残托管、皮鞋维护翻修、彩票投注、刻章、茶社、简餐、棋牌室、休闲会馆(所)、婚介、保健、文印、家政生活服务公司(店、站)及其他等新兴服务性项目。1998 年,全市社会服务业个体户 6886 户,从业人员 11227 人,营业收入 4.29 亿元;私营企业 297 家,从业人员 2611 人,营业收入 2.34 亿元,社会消费品零售总额 1.1 亿元。2005 年,全市各类服务业职业介绍机构 107 个,中介人数 46943 人。其中市区 57 个,35433 人;丹阳市 31 个,3919 人;扬中市 10 个,1327 人;句容市 9 个,6264 人。

镇江的水炉业(俗称"老虎灶")历史上就很兴旺,光绪年间开有夫妻老婆店经营的水炉 28 家。镇江解放初有 188 家,由水炉业同业公会管理。1959 年,建立水炉业合作小组,104 家水炉由饮食服务公司管理。1969 年,全市仅有 13 家水炉业,因燃料供应困难,水炉时开时停。1970 ~ 1979 年,市火柴厂、制材厂及几家木材加工厂生产木屑免费供应水炉户,解决水炉业燃料之急。1980 年,水炉业人员因老年化(平均年龄 60 余岁)关闭 6 家,1983 年,市计划委员会批准水炉业定性城镇集体性质,划归市第二饮食服务公司浴室中心店代管。市政府批准水炉业职工纳入社会保险统筹。1985 年,全市水炉业剩下 26 家。2001 年,市财政局专项拨款 10 万元,解决水炉业燃料费用。2005 年,因水炉业业务清淡,部分网点房屋落实政策归还原主。全市仅剩水炉房 3 家,有职工 3 人,其余有 19 名老职工办理退休,3 人内部退养。

1983 年,镇江市有 100 余家日用品修理业,专业维修制冷设备、燃气具、热水器、五金交电、电子元件、自动车等。1998 年,日用品修理业迅速发展,有个体修理户 2201 户,从业人员 2830 人,营业收入 8997 万元,社会消费品零售总额 323 万元。另有私营修理企业 1 家,从业人员 10 人,营业收入 40 万元,社会消费品零售总额 12 万元。2005 年,全市从事日用品修理业人员 7073 人。

2005 年,全市家政服务主要机构有市巾帼家政、鸿缘家政服务有限公司,兴业家政服务有限公司,惠民家政服务中心,恒保家政服务部等机构。服务项目有家政全职服务(指包吃包住)、钟点工(指按小时计酬)、月嫂(指照料妇女生小孩专职人员)、母婴护理、护工(指从事医院照料护理病人)、家教(指上门辅导学生课程)、疏通(指疏通住宅楼下水道、管道堵塞)、人才劳务派遣服务、培训、物业管理、社区服务、婚姻介绍服务、网购信息服务、家用设备维护、宝宝起名等;提供创业、就业指导、家庭劳务、家庭事务配套、家庭事务管理、家庭关系调适、家庭教育、婚恋服务、人生发展设计、健康咨询、法律咨询、社会保险等咨询服务。2005 年末，全市有便民利民服务网点 4449 个，从业人员 8410 人。

2005 年，全市有房屋买、卖、租介绍所和男女婚姻介绍所、二手汽车介绍所、劳动就业介绍所等 100 余家中介行业机构。

2005 年，全市有物流市场 20 余个，物流企业 100 余家，主要集中在润州区七里甸一带。

2005 年，全市有江苏科技大学镇江船苑计算机网络工程有限公司、镇江大市口网络传媒有限公司等 50 余家计算机服务中心。

第十章　旅游业

1985 年，镇江市被国家旅游局列为“七五”期间全国旅游发展重点城市之一。镇江旅游资源丰富，具有“城市山林”和“江河交汇”的独特风貌，以“天下第一江山”闻名于世。市区北部长江路自西向东串联起金山、北固山和焦山，组成风景各异的三山风景区。城南有南山国家森林公园，东部有宝塔山公园和山上矗立“万里长江第一塔”——报恩塔的圌山风景名胜区。中部有伯先公园、河滨公园、西津渡古街、梦溪园、赛珍珠旧居和长达 5 公里的古运河风光带，有保存完好的三国东吴铁瓮城遗址。句容市有以佛教“律宗第一山”之称的隆昌寺和以“宝华玉兰”著称的宝华山国家森林公园，有集江南名山、道教胜地、革命根据地于一体的茅山风景名胜区。伴随着自然景观，许多历史上流传下来的动人故事和神奇传说，更为镇江的风景名胜增添游览、怀古之趣。其中有白娘子水漫金山寺、《华山畿》传说、“董永与七仙女”的故事、梁红玉击鼓抗金兵、甘露寺刘备招亲等。1985 年，旅游企业固定资产原值 2465. 39 万元，净值 2035. 86 万元，营业收入 1788. 13 万元，外汇收入折合人民币 180 多万元，利润总额 305. 81 万元，利润率 17. 1%。1998 年，镇江市被国家旅游局授予中国优秀旅游城市称号。

从 2002 年起，镇江先后在深圳旅游专题招商会、经贸旅游洽谈会期间，签约旅游项目 97 个，总投资 117. 33 亿元，重点包装、推出“三山”国家重点风景名胜区、世业洲旅游度假区、茅山华尔润生态园、镇江博物馆、西津渡古街等一批具有镇江特色和个性的新老文化旅游精品景区(点)。举办镇江金山旅游文化节，邀请国内外旅行商、投资商到镇江观光洽谈，组织部分旅游企业赴主要客源地开展旅游推介，把镇江的旅游产品介绍给当地的旅游商和市民，参加国内各类旅游交易活动和联合促销。成立市旅游协会及景区、宾馆、旅行社等 7 个分会。

2004 年 1 月 13 日，经国务院批准，镇江“三山”风景名胜区被评为国家重点风景名胜区。南山风景名胜区、茅山风景名胜区和宝华山风景名胜区为省级风景名胜区。此外，镇江有 9 处全国重点文物保护单位，23 处省级文保单位和 115 处市级文保单位。2005 年，镇江市有旅行社 64 家、旅游星级饭店 29 家、A 级景区 9 个。旅游业成为镇江市的重要产业。

第一节　旅游规划和开发

一、旅游规划

1. 城市性质　1985 年 5 月 27 日，江苏省政府政复〔1985〕74 号《关于镇江城市总体规划的批复》中明确镇江的城市性质为：江苏省重要的内河港口，历史文化古城和风景旅游城市。同年底，镇江市又被国务院批准列为全国旅游发展重点城市，全国历史文化名城。

1994 年 12 月 27 日，江苏省政府政复〔1994〕81 号《关于镇江市城市总体规划修编方案的批复》中将镇江的城市性质定位为国家历史文化名城，长江下游重要的港口、工贸、风景旅游城市。

2. 发展规划 1995 年，市旅游局编制《镇江市旅游事业发展“九五”计划和 2010 年规划》。规划明确，到 20 世纪末，镇江市旅游行业年接待海外旅游者 10 万人次，创汇 3100 万美元；年接待国内旅游者 600 万人次，旅游收入 7.2 亿元。“九五”期间，镇江的旅游事业要实现度假旅游、专项旅游和观光旅游多样化；旅游业务形成国际旅游、国内旅游和出境旅游协调发展；树立“大旅游”观念，国有、集体、外资多元化旅游企业稳定发展；全市旅游业在统一规划下，形成市、县、区共同发展的新局面。规划中指出，镇江市旅游景点建设的主要内容是：以镇江“三山”为主体，首先建成“三山”风景游览区，充实“三山”风景线，开发征润洲旅游资源，对航运功能逐渐萎缩的市区老港池，开发其旅游功能，恢复江滨公园，新辟水上游览线。将宝华山、茅山、圌山建成大三山自然森林公园和宗教名胜相结合的旅游胜地，形成新“三山”旅游圈，还将在近郊营建吴王花园、彭公山晶洞、南山公园、好世界娱乐城和二十一世纪乐园等近郊“休闲娱乐圈”；在远郊建设“休闲旅游度假圈”，将扬中雷公岛长江旅游度假区、丹徒龙山度假村等规划在圈内。2001 年茅山风景区被评为国家 AAAA 级旅游区；2003 年宝华山国家森林公园被评为国家 AAAA 级旅游区；2005 年南山农庄被评为国家 AA 级旅游区，全市有 5 家 AAAA、3 家 AA、1 家 A 级旅游景区（点），1 家全国红色旅游经典景区，1 家国家级农业旅游示范点。争取资金 320 万元，用于世业洲旅游规划、句容茅山新四军纪念馆等项目建设。

2005 年，《镇江“十一五”旅游规划》编制完成，提出把旅游培育成支柱产业、建设旅游强市的目标以及把镇江旅游业放在“长三角”、全国乃至世界范围来考虑的旅游规划思路，强调旅游要素整合的理念、城市空间合理布局的理念、区域共同发展的理念。《丹阳市旅游总体规划》《“三山”国家重点风景区规划》《世业洲旅游规划》等于当年编制完成。

3. 旅游度假区建设 1993 年，龙山鳗业联合公司按四～五星级宾馆标准，建成镇江市第一个乡村旅游度假村，供省、市、县外事机构接待外宾。

2002 年 8 月，镇江市政府决定整岛开发世业洲。世业洲位于镇江市西郊，是长江下游江中大洲之一，南与镇江市区一江之隔，北与扬州市隔江相望；润扬长江公路大桥经过世业洲，并有双向通道相连。2003 年 8 月，由德国 AS&P 公司完成《镇江市世业洲旅游度假区概念性规划》。度假区规划总面积 44 平方公里，其中陆地面积 24 平方公里；规划建设用地 2400 公顷，建筑面积 170 万平方米，规划有：景观公园、水上公园、湿地公园、会议和会展中心、娱乐岛、高尔夫球场、生态农业观光、游艇码头、度假酒店、旅游别墅等。2004 年 10 月，润扬大桥自然式公园建成，公园占地 120 公顷，投资 4.7 亿元，建有镇江金陵润扬大桥酒店（五星级）、水上娱乐中心、会议中心等现代旅游度假项目。

二、旅游线路

1991 年 5 月，镇江金山、焦山被列入全国 14 条国家线景点中，并正式向海内外公布。1992 年，镇江市推出的主要旅游内容有“京口三山”观光、自行车旅游、公路汽车旅游、长江古运河水上旅游、农村民俗之旅、江南农家乐旅游、乾隆皇帝镇江之旅、宗教朝圣旅游、青少年修学旅行书法交流以及钓鱼、烹饪、品尝水鲜、汉语学习、针灸与中医方法学习等专项旅游项目。还有一些时令性的旅游活动，如金山寺除夕撞钟迎新年、中秋赏月、茅山道教庙会等项目。

1993 年，为配合市政府举办的’93 中国镇江“三国名城”旅游观光活动，为参加观光活动的宾客推出 8 条特色旅游线路。1994 年，镇江市为配合’94 中国文物古迹游活动，推出 10 条旅游线路：鉴真和尚东渡线（国家专线），唐诗宋词碑记线（国家专线），乾隆皇帝南巡线（省列专线），乾隆皇帝运河游江南美食线（省列专线），三国东吴遗迹探访游（省列专线），华东古迹游（省列专线），镇江茅山道教庙会与宗教之旅（省列专线），六朝遗迹游、历史文物鉴赏、书画考古之旅。

1995 年，市旅游局结合地方特有民风民情，推出镇江民俗风情 9 条旅游线路，分别是：茅山道教庙会游、镇江圌山庙会游、“三国”名城观光游、镇江金山寺除夕撞钟迎新年活动、镇江三国史迹探访游、江南农家民俗之旅、黄金水道逍遥游、宋元古街探幽、美食之旅。

2003 年，镇江市向旅游市场推出下列旅游线路：

风光之旅线路一：金山 AAAA 级风景名胜区——焦山 AAAA 级风景名胜区——北固山国家重点风景名胜区——南山国家森林公园——西津渡古街。该线路包括镇江市区最著名的景点：金山、焦山、北固山、南山和西津渡古街，游程 2 天。

风光之旅线路二：宝华山 AAAA 级风景名胜区——茅山 AAAA 级风景名胜区——九龙山（瓦屋山）风景区。该线路是镇江所辖句容市境内的景点，汇集山水与人文宗教景观，游程 2 天。

长江水上之旅线路：润扬长江公路大桥——金山——北固山——焦山——大港码头。该线路是镇江长江水上旅游特色线路，沿江分布有各类景观，包括润扬长江公路大桥、金山、北固山和焦山，还有工业企业、港区和其他设施，全程乘船游览长江风光，游程 1 天。

文物之旅线路：焦山碑林——沈括故居梦溪园——五柳堂——张云鹏故居——赛珍珠故居——西津渡古街——镇江博物馆（原英国领事馆旧址）——伯先路近代建筑群——南朝陵墓石刻（到丹阳参观南朝陵墓石刻，到句容参观梁萧绩墓石刻）。该线路包括镇江市主要的历史和人文遗迹、文博景点，是镇江 3000 余年悠久历史和文化的集中反映。

宗教之旅线路：金山江天禅寺——焦山定慧寺——宝华山隆昌寺——茅山道院。该线路列出的是镇江宗教的精华，游程 2 天。

民俗之旅线路：镇江中外门票博物馆——镇江民间文化艺术馆——扬中市油灯博物馆——镇东银河竹艺陈列馆——中国民间民族乐器陈列馆——丹阳市正则绣吕存大师工作室。这是一条散客线路，专为民俗文化爱好者设计。门票博物馆和民间文化艺术馆在市内。油灯博物馆、竹编陈列馆和民族乐器陈列馆均在镇江所辖扬中市，乘中巴车约 1 小时车程。前往丹阳市正则绣吕存大师工作室乘火车或中巴车均可，车程约 40 分钟。

革命遗迹之旅：镇江革命历史博物馆——韦岗伏击战纪念馆——四县抗敌总会纪念馆——茅山新四军纪念馆——苏南抗战胜利纪念碑——新四军江南指挥部旧址——总前委旧址纪念馆。游程 2 天。

三、旅游市场

20 世纪 80 年代是镇江旅游资源的修复时期，90 年代是旅游资源开发利用发展时期。

1986～1990 年累计接待海外旅游者 7.24 万人次，旅游创汇 427 万美元，全市旅游系统营业收入 5074 万元，全市国内旅游人数达 1430 万人次。到镇江的境外游客、外宾以日本、美国、法国、意大利、新加坡、德国为主，华侨、外籍华人和中国港澳台同胞以马来西亚、菲律宾、印度尼西亚和中国台湾、香港、澳门游客为多。1988 年，镇江市旅游外汇收入 75.37 万美元，1989 年受“六四”风波影响收入下降至 55.35 万美元。1991 年，全市国内旅游人数达 287 万人次。1993 年，全市共接待中外游客 250 万人次；旅游直属企业全年营业总收入 2820 万元，实现利税 994 万元，创汇 414 万美元。1990～1995 年，全市累计接待海外旅游者 16.2 万人次，旅游创汇约 1780 万美元，到镇江的国内旅游者千余万人次。1996 年到镇江的国内游客超过 297 万人次，旅游收入 10.63 亿元；市民出游意识有所加强，仅旅行社组织的出游人数就超过 1 万人次。1997 年，接待国内旅游者 320 万人次,国内旅游总收入16.1亿元,市区旅游业总收入占市区地区生产总值的13.7%。1998年,接待国内旅游客人328.34万人次,旅游收入23.96亿元。

1999年,全市接待国外过境一日游客数22679人次,全年创汇3497.08万美元;接待国内旅游者399.45万人次,国内旅游总收入36.04亿元人民币,国内旅游者在镇江平均逗留2.14天,人均总花费892元。市区全年国际旅游创汇2972.52万美元,国内旅游总收入30.63亿元。全市国内旅游花费构成:长途交通14.37%,住宿19.69%,餐饮17.16%,景区游览10.87%,娱乐5.35%,购物20.83%,市内交通5.79%,邮电通信1.46%,其他4.48%。

2000年,全市接待海外旅游者10.49万人次,创汇4897.67万美元;接待国内旅游者453.24万人次,国内旅游收入41.93亿元。2002年,接待国内游客625.01万人次,国内旅游收入47.48亿元,国际旅行社组织公民出境旅游1923人次。2003年,国际旅行社组织公民出境旅游3175人次。2004年,接待国内游客约1000.02万人次,国际旅行社组织公民出境旅游4304人次。2005年,接待游客1197.62万人次,旅游总收入118.15亿元。其中接待国内游客1166.97万人次,旅游收入103.48亿元;接待入境游客30.65万人次,创汇1.79亿美元;国际旅行社组织公民出境旅游2184人次。

1990～1997年镇江市接待住宿旅游人员情况统计表

表17-43　　单位:人次

年份	住宿旅游总人数	外国人	华侨	港澳同胞	台胞
1990	16414	9724	1972	672	4046
1991	18649	9008	1491	2341	5809
1992	25217	8585	2534	2937	11161
1993	29380	13576	1282	3997	10525
1994	30522	15553	4345	4463	6161
1995	37522	19912	5737	5979	5894
1996	53628	19097	13025	12653	8853
1997	65756	21973	9706	22451	11626

1998～2005年镇江市接待海外旅游者情况统计表

表17-44　　单位:人次

年份	海外旅游者	外国人	华侨	港澳台同胞
1998	83427	36501	7305	39621
1999	72668	26775	11460	34433
2000	104906	45477	–	59429
2001	106835	55814	–	51021
2002	140424	75202	–	65222
2003	157173	77350	–	79823
2004	254288	171165	–	83123
2005	295799	229451	–	66348

说明:1. 2000年开始不再单独统计华侨到镇江数据;

2. 以上数据来自《镇江统计年鉴》

1991～2005年镇江市接待国内旅游者情况统计表

表17-45

年份	接待游客(万人次)	旅游总收入(亿元)	创汇(万美元)
1991	–	–	111.00
1992	–	–	129.00
1993	–	–	129.00
1994	–	–	679.00
1995	264.51	11.00	760.80
1996	304.56	10.63	1356.00
1997	328.62	16.10	1776.00
1998	337.58	23.96	2709.00
1999	407.27	36.04	3497.08
2000	453.24	41.93	4897.67
2001	496.38	43.10	5333.50
2002	625.01	47.48	6713.80
2003	685.93	54.02	7360.50
2004	1000.02	89.70	12291.50
2005	1166.97	103.48	17900.00

说明：江苏省从1995年起实施江苏省国内旅游抽样调查，始有国内旅游相关数据

2000～2005年镇江市旅游景点接待人员情况统计表

表17-46　　单位：万人

游览点名称	2000	2001	2002	2003	2004	2005
金山公园	67.50	58.00	63.10	46.30	69.00	83.00
焦山公园	36.70	31.50	36.30	26.80	54.00	67.00
北固公园	14.50	10.70	16.30	8.90	19.80	38.00
南山公园	19.40	17.70	23.70	21.90	28.50	46.50
伯先公园	12.20	14.50	11.50	12.90	18.50	25.30
河滨公园	19.80	62.50	70.80	151.60	158.00	175.50
宝塔山公园	11.10	12.70	20.80	9.20	12.00	19.70
镇江博物馆	5.90	5.20	7.30	9.00	7.10	48.00
西津渡古街	14.10	22.50	30.40	39.60	12.60	48.30
茅山风景区	80.30	135.50	144.40	123.10	135.20	170.20
宝华山风景区	19.60	26.60	23.10	54.60	51.60	87.50
圌山公园	22.40	35.40	42.50	44.50	31.80	33.20
其他	122.10	40.70	104.70	269.50	372.80	324.80

四、旅游节庆

1. “金山之光”艺术节　1992年，镇江市举办首届中国镇江“金山之光”艺术节。此后，“金山

之光”艺术节每两年举办一次，时间为10月，截至2005年共举办7届艺术节。首届艺术节中，东方歌舞团等国内外著名文艺团体和市直专业剧团参加，来自泰国、新加坡、日本、英国、法国、美国、韩国、德国、俄罗斯、加拿大等20个国家和中国港澳台地区的700多人，国内客商、专家1700多人参加艺术节。

1994年10月，镇江市举办中国镇江第二届“金山之光”艺术节，来自美国、日本、德国、英国等27个国家和地区的808名外商、6266名国内客商以及632名科技界人士组成的37个团组参加活动。开幕式上，锣鼓队、武术队、鼓号队、花环队等7个迎宾队出场表演，举行两场文艺晚会，表演富有地方特色的戏剧小品和赞美镇江山水的演唱。

1996年10月，第三届中国镇江“金山之光”艺术节，中外客商和科技、新闻、艺术界人士近6000名参加，其中国外客641名，科技界人士506名。在艺术节期间，一方面开展文艺活动，一方面招商引资，加强横向联合与科技合作，特别是加强与上海以及中西部地区的联系。

2. 金山旅游文化节 2001年10月，举办首届金山旅游文化节。此后，金山旅游文化节每年举办一次，时间为9～10月。2001～2005年，共举办5届金山旅游文化节。文化节期间安排旅游文化活动，推出旅游招商项目。主要有2001中国镇江旅游节暨经贸科技洽谈会开幕式和文艺演出、《白蛇传》民间文化艺术展、第三届焦山金秋桂花戏曲节、茅山文化旅游节等。邀请全国18家卫视台参加“中国历史文化名城——镇江”电视片大奖赛等活动，制作20多部电视专题片，总长450分钟，在国内外20多个中、英、日文电视频道累计播放时间达1050分钟。全市推出70个旅游招商项目，有24个签约，总投资9.1亿元。签约的重大项目有西津渡历史文化街区的保护开发、南山风景区的服务项目开发等。

2003年，第三届金山旅游文化节期间，全市签约旅游项目30个，总投资折合人民币70.69亿元，其中正式签约23个（内资项目18个，外资项目5个），总投资54.12亿元。

2004中国镇江金山旅游文化节期间，120多名中外客商应邀参加镇江旅游商贸项目发布会，签约旅游项目31个，总投资折合人民币11.08亿元，其中签订正式项目21个（内资项目16个，外资项目5个），总投资折合人民币7.51亿元。项目的投资规模也大于2003年，超1000万美元的外资项目2个，超1000万元人民币的内资项目20个。来自荷兰、香港、上海、宁波等地的重点客商分别就世业洲度假区东湖景区项目、西津渡古街区、茅山生态园等15个重点投资项目进行签约。

2005年9～10月，举办第五届中国镇江金山旅游文化节暨“长三角”—“珠三角”镇江旅游合作交流会，国家旅游局为指导单位，镇江市政府、江苏省旅游协会主办，上海市和浙江、广东省旅游协会协办，邀请苏、浙、沪、粤、皖、赣、港等地40多个旅游城市的政府办公室、旅游局和旅行社代表参加会议。会上，23个城市旅游局负责人签订旅游城市合作框架协议。举办宁镇扬旅游纪念品展示交易会、焦山桂花节、“润州杯”金秋江鲜美食节、江洲人家欢乐游、第五届茅山旅游文化节活动。

3. “春风又绿江南岸”镇江旅游节 2005年4月，镇江市为迎接润扬长江大桥建成并开通，镇江市人民政府举办首届“春风又绿江南岸”镇江旅游节开幕式暨“同一首歌——走进镇江”大型文艺晚会，国家旅游局副局长王军、江苏省副省长张卫国、江苏省旅游局局长陆素洁、市委书记史和平、市长许津荣等出席。同时还举办包括“红色之旅”（镇江）旅游产品交流研讨会、中国台湾东森电视媒体记者镇江采风、镇扬万名市民“观润扬大桥、游镇扬山水”、扬子江鲜美食节等子活动，全国150家旅行社代表和30多家省级以上主流媒体记者参加。中央电视台7频道、《人民日报》、中央人民广播电台、《新华日报》、《中国旅游报》、《华东旅游报》、香港《新报》等均作报道。镇江市计划在此后每年3～4月都举办“春风又绿江南岸”镇江旅游节。

4. 茅山旅游文化节 2001年10月10日，句容市举办首届茅山旅游文化节，每年10月举办1次，至2005年共举办5届。

2001～2005 年句容市茅山旅游文化节基本情况一览表

表 17-47

届次	时间	开幕式地点	主要活动
一	2001 年 10 月	茅山	印宫三天门道乐演奏、慈航殿落成暨慈航神像开光；茅山道教今昔图片展、茅山道教珍藏书画展；《句容民间故事》首发式；参观苏南抗战胜利纪念碑、茅山新四军纪念馆；178 名中外客商参加经贸科技恳谈会(26 个项目签约，其中外资项目 24 个，投资总额 10460 万美元；内资项目 2 个，投资总额 3600 万元)
二	2002 年 10 月	茅山	"茅山之光"大型文艺演出；经贸洽谈(27 个项目签约，协议利用外资 1.49 亿元，内资 4.74 亿元)
三	2003 年 10 月	句容体育中心	大型文艺演出；句容旅游交易会(40 家旅游经营企业参加)；旅游项目招商活动 第五届中国特产文化节暨中国特产之乡总结表彰会，句容被授予"中国草莓之乡"称号 中国百名将军书画展，119 名将军共捐赠书画作品 160 余幅
四	2004 年 10 月	茅山	大型文艺演出
五	2005 年 10 月	句容体育中心	句容撤县设市十周年庆典； 经贸洽谈会； 句容建设旅游强市高层论坛； 评选十大旅游景点、"十年巨变摄影展"等； 中央电视台《欢乐中国行》"魅力句容"大型歌舞晚会

2005 年 10 月 16 日，句容市撤县设市十周年庆典、第五届茅山旅游文化节暨金秋经贸洽谈会同时举行。来自美国、韩国、日本等国家和中国台湾、香港等地的客商参加项目签约。同时举办句容建设旅游强市高层论坛，特邀江苏省旅游局副局长张骥、上海华东大学资源与环境学院博士生导师江宇明、苏州大学旅游系主任魏向东、东南大学旅游管理系教授徐宏源等多名旅游专家学者，围绕句容旅游业发展的核心问题，从实施政府主导到建设景区品牌，从完善景区机制到实现区域合作等句容旅游发展的重要问题作专题演讲。

5. 扬中江鲜旅游文化节　扬中位于长江下游的扬子江中，鲥鱼、刀鱼、鮰鱼、河豚等江河淡水鱼风味独特，极具特色。2004 年，扬中举办首届江鲜美食文化节。此后，每年 3～4 月份举办江鲜美食文化节。成为极富扬中地方特色的"江鲜经济"，逐渐覆盖一、二、三产业群，形成"渔、种、养、工、商、旅游"为一体的江鲜产业链。

2005 年 11 月，经中国烹饪协会专家组认证批准，扬中获"中国江鲜菜之乡"的称号，成为全国首家以原料命名的中国菜系之乡。旅游部门推出江岛民俗风情、江鲜美食体验、中国职业装博览、长江港口风貌等主题旅游线路和丰富的文化娱乐活动。

6. 金山寺除夕祈福撞钟活动　1992 年 12 月 31 日，金山除夕撞钟迎新年活动首次对社会开放，600 多名来自美国、日本等国的游客、华人华侨和镇江市民参加。此后，每年金山寺都进行除夕祈福撞钟活动。至 2005 年已举办 14 届。

1999 年 12 月 31 日，镇江市在金山寺举办迎新千年除夕撞钟活动，这次撞钟活动与往年不同的是实行购票入园，尝试市场化运作，首次接待上海 800 多人的国内旅游团队参加撞钟活动。2000 年 1 月 1 日零时，副市长解信鹏宣布中国 2000 年"神州世纪游"活动开幕。

7. 焦山金秋桂花节　2001 年 9 月，镇江市举办首届"焦山金秋桂花节"，此后每年举办一次，至 2005 年共举办 5 届。

焦山金秋桂花节以花为媒、以节促游。焦山桂花园面积达5.33公顷，有15个桂花品种6000余株。桂花节期间，举办书法邀请展等活动。

镇江市部分旅游节庆一览表

表17-48

名称	举办时间	地点
扬中美食旅游节	3月	扬中市
茅山香期庙会	3月20日~4月20日	茅山风景区
镇江梅樱节	4月	镇江宝塔山公园
“春风又绿江南岸”镇江旅游节	4~5月	镇江市区
金山旅游文化节	9~10月	镇江市区
焦山桂花节	9~10月	焦山风景区
金秋美食节	9~10月	镇江市区各饭店
茅山旅游文化节	10月	句容市
金山寺新年祈福撞钟	12月31日	金山风景区

第二节　旅游接待服务

一、旅行社

1. 接待经营

1985年成立中国青年旅行社镇江支社，承办接待外国青年旅游团体和零散游客及国内游客，提供住宿、交通、餐饮、导游等服务。

进入90年代，相继成立镇江文化旅行社、镇江职工旅行社、镇江长江旅行社、镇江山水旅行社、镇江阳光旅行社、镇江体育旅行社等。到1990年底，全市共有二类旅行社4家，翻译导游85人，全市旅行社旅游业务费收入89.1万元外汇券。1994年，镇江市审批成立9家三类旅行社和两家国际旅游定点单位；至此，镇江市共有14家旅行社，其中二类旅行社5家，三类旅行社9家；全年旅行社旅游业务费收入156万元外汇券。1995年，全市有二类旅行社4家，三类旅行社11家。经国务院同意，国家旅游局发布关于《旅行社质量保证金》和《旅行社保证金暂行规定实施细则》，镇江市旅游局于1996年4月12日发布公告，公布全市13家足额缴纳质量保证金的旅行社名单。这些旅行社的业务受旅游局的监督和指导，市旅游质量监督管理所全权负责受理各类旅游投诉和旅行社质量保证金的理赔工作。对未足额缴纳质量保证金的旅行社，取消其旅游业务经营资格。1996年，全市有旅行社13家。1997年，全市有旅行社16家，其中2家国际旅行社，14家国内旅行社。根据国务院《旅行社管理条例》，把原有的一、二、三类旅行社调整为国际旅行社和国内旅行社两类。在本次旅行社类别转换中，镇江中国国际旅行社和镇江中国旅行社为国际旅行社，镇江中国青年旅行社有限公司从1997年1月起由原来具有经营国际旅游接待业务的二类旅行社转为只能经营国内旅游业务的国内旅行社，其他旅行社均为国内旅行社。2001年，全市有41家旅行社，其中国际社2家；2002年，全市有46家旅行社；2004年，全市有旅行社53家，其中国际社增加到3家，新报批1家春秋国际旅行社，7家旅行社被评为江苏省诚信旅行社。2005年，全市有旅行社64家，其中国际社3家。年初对全市54家旅行社进行业务年检和审计验证工作，全市共有49家旅行社顺利通过2004年度的业务年检和审计验证工作。有3家旅行社因质量保证金不能及时上缴，被省旅游局认定暂缓通过年检，有2家因经营不善等原因被取消旅行社经营资格，并通过媒体公告，对部分旅行社存在问题提出批评和整改意见。全面推行“江苏省国内旅游合同”文本，彻底杜绝旅行社企业自制的旅游合同现象。全市旅行社100%参加旅行社责任险，并推荐旅游者投保意外伤害险。全年有12家旅行社完成改制，至此，全市有国有旅行社19家，占全市旅行社总数的32.8%。私营、股份制旅行社占全市旅行社总数的67.2%。

2. 旅行社选介

镇江中国旅行社　成立于1978年，为镇江市最早成立的一家国际旅行社，位于镇江市解放路265号。镇江中国旅行社在镇江地区行政公署未撤之前与市政府交际处合署办公，为隶属镇江地区行政公署外事办公室的一个科室。1984年，镇江中国旅行社独立办公但仍属镇江市外事办公室领导，主要负责接待到镇江探亲、旅游观光的港澳同胞、台湾同胞、海外侨胞、华人、华裔。1992年镇江中国旅行社划归镇江市政府侨务办公室领导，1994年正式领取“企业法人营业执照”，注册资本30万元，为镇江市属事业单位，共有员工30余名。随着改革开放的深入，旅游市场逐步形成，镇江中国旅行社进入市场自主经营，自负盈亏，除接待港澳同胞、台湾同胞、海外侨胞、华人、华裔外，也自行组团开展国内旅游业务。

镇江中国旅行社为中国旅行社成员单位，1997年被国家旅游局批准为出（境）国游组团社，同时也是镇江市第一家具有出（境）国游资质的国际社，是镇江市旅行社行业的龙头企业，为镇江市旅游行业协会会长单位。2005年，在镇江地区率先推出“新鉴真”游轮“夕阳红”日本游、江苏小记者日本采风游，出（境）国旅游客源辐射到江苏、安徽、山东、河南、浙江等5个省近30个城市。2005年，镇江中国旅行社有职工46人，营业额2828万元。

镇江中国青年旅行社　镇江中国青年旅行社于1986年由镇江团市委创立，位于镇江市双井路18号。1996年进行股份制改造，与青旅总社、江苏青旅共同组建股份制公司，参与集团经营，其中由江苏中青旅持股45%，镇江团市委持股40%，自然人持股15%，是镇江唯一隶属于上市公司（中青旅控股股份公司600138）的旅行社。2005年，镇江中国青年旅行社有职工40人，营业额2600万元。

二、旅游饭店（定点单位）

20世纪80年代，为海内外旅游者提供服务的单位主要有镇江宾馆、金山饭店、镇江大酒店以及一泉宾馆、京口饭店等旅游饭店，并新建和修建一泉饭店、京口饭店、京侨饭店及润州饭店、河滨饭店、西郊饭店等旅游饭店。1980年3月15日，中国旅行社总社与澳大利亚合资建造，镇江市首家利用外资兴建的旅游涉外饭店——金山饭店对外营业。金山饭店坐落在金山风景区塔影湖畔，是一座富有异国情调的西式别墅建筑，同时也具有中国园林风格，是来镇江旅游的外宾，中国港澳台胞和华侨的主要下榻之地。饭店共有客房110间。店内有中西餐厅、大小宴会厅。有特级厨师、一级厨师备办中西各式菜肴，尤以淮扬名厨著称。名菜名点有清蒸鲥鱼、白汁鮰鱼、蟹粉狮子头、蟹黄汤包、水晶肴蹄等。饭店附设咖啡室、舞厅、大小会议室和电传、传真、国际直拨电话等各种服务设施。1990年，金山饭店被批准为二星级饭店，也是镇江市首家星级饭店。1997年5月，根据金山饭店申请，市旅游局复核同意，报省旅游局批准，核销其二星级称号。

1990年，全市有国际旅游定点饭店1家，客房规模142间，定点餐馆1家。1992年10月，镇江宾馆改造扩建工程完成。该项目是国家计委、国家旅游局批准，对原润州饭店按三星级旅游饭店标准进行改扩建，改造面积7400平方米，新建裙房5412平方米，改扩建配套工程2067平方米。饭店改扩建后改名为镇江宾馆，拥有客房188间（套），餐位900余座，配有卫星电视接收系统、国际国内电话直拨网络，设有商务中心、购物中心、康乐中心、娱乐中心、酒吧、美容美发室、医务室等，是当时镇江档次最高的旅游饭店。1993年6月，镇江宾馆被评定为三星级旅游饭店。

1995年，全市有星级饭店3家，国际旅游定点单位8家。镇江市旅游局直属单位有镇江宾馆、镇江中国国际旅行社等十余家企事业单位。1997年，全市有旅游涉外饭店10家，其中星级饭店7家(三星级4家、二星级3家)。9月，京口饭店被批准为三星级旅游涉外饭店，拥有客房96间(套)、餐位300个。1998年9月，经江苏省旅游局审核，批准镇江大酒店北楼为三星级旅游涉外饭店。1999年12月，经国家旅游局旅游涉外饭店星级评定委员会评审确定，镇江宾馆晋升为四星级旅游涉外饭店，成为本市首批四星级旅游涉外饭店之一。同时被评为四星级旅游涉外饭店的还有镇江国际饭店。

2000年，全市共有星级饭店22家，其中四星级2家，三星级7家，二星级12家，一星级1家，客房1815间。2001年，全市有星级饭店24家，客房2001间。2002年，全市有星级饭店25家，客房2044间。2003年，全市有星级饭店29家，客房2357间。2004年，全市有星级饭店29家，客房2225间。2005年，全市有旅游星级饭店29家，其中四星级2家，客房2380间，从业人员2340人，营业额18225.2万元，客房营业额8141.2万元，餐费营业额813.9万元，商品销售营业额859.8万元。[饭店介绍参见第十七卷第九章第二节第二目宾馆(饭店)选介]

2005年镇江市旅游定点单位名录一览表

表17-49

名　称	开业时间	地　址
镇江毕士荣江鲜馆	2004.2	镇江市中山北路金山桥旁
镇江渔人码头江鲜大酒店	2004.2	镇江市金江乡
镇江新润江鲜有限公司	2004.2	镇江市江南桥北侧金江村
镇江大港港安沐浴广场	2004.2	镇江新区大港临江路
镇江银丰酒家	2004.4	镇江市梦溪路44－2号
镇江韦岗温泉沐浴美食城	2004.5	镇江润州区蒋乔韦岗
镇江金聚楼烤鸭大酒店	2004.5	镇江市南门大街259号
镇江润州味雅酒店	2004.6	镇江市长江路301号
镇江宴春酒店大市口新店	2004.6	镇江市解放路87号
镇江银山门古玩城	2005.5	镇江市大西路419号
镇江老宴春饭店有限公司	2005.5	镇江市人民街17号

三、旅游交通

镇江地处长江与古运河的交汇处，京沪铁路穿城而过，公路网络畅通便捷，港口优势明显。镇江港1986年12月经国务院批准，正式对外籍船只开放。1986～1990年，共接待海外大中型旅游船4艘。1986年6月，镇江站始发上海列车运行，增加镇江向上海方向的旅游运输能力。宁镇一级公路及沪宁312国道建成通车。市区主要城市干道中山路、电力路拓宽完成；金山、焦山、南山等风景区通往市区的道路修复加宽。

1980年1月11日成立镇江外事旅游车队，拥有客车和轿车27辆，总座位为371席。1990年，全市有定点旅游汽车公司1家，拥有各种进口车42辆。1994年，镇江市汽车站开行旅游车，投入45座客车，计有镇江一日游、扬州一日游、南京一日游、茅山一日游、宜兴一日游、苏州一日游、无锡一日游、张家港羊毛衫市场一日游、淮安二日游、杭州三日游、黄山四日游及浙江千岛湖、浙江普陀山等班次或线路。1995年，镇江市拥有旅游汽车公司1家。1996年，市旅游汽车公司争取开通镇江至上海高速巴士旅游专线。1997年，开辟镇江、丹阳至海宁和镇江至苏州等集旅游、观光、购物为一体的双休日旅游班线两条。1998年，镇江汽车运输总公司开辟镇江、丹阳至苏州一日游，丹阳至茅山一日游，双休日客运热线。2000年，江天集团有限公司开辟上海野生动物园、苏州、南京一日游等旅游班线。2003年，旅游集散中心开业，旅游专营客车比例继续上升。2004年撤销市旅游局下属旅游汽车公司。

2005年5月5日，市政公用局与市交通部门以及扬州市建设、交通部门联合开通镇扬城际客运公交。镇江和扬州各开通5辆旅游专线车，双向对开，专营镇江—扬州固定线路(焦山公园—平山堂)，实行全程一票制，10元/人。线路间隔时间为30分钟，途经站点：焦山公园、北固山公园、大市口、第一人民医院、西津古渡、金山公园、金桥大道、江海学院、世纪家园、时代超市、京华大酒店、文昌阁、瘦西湖、平山堂。全年承接旅客1万车次，运送人数28万人次。市区符合省级旅游客运经营条件的客运企业7家，拥有旅游客车52辆。

由镇江国际旅行社和镇江港务局合资建造的“金山号”游船于1986年9月建成下水，1987年投入营运，游船长33米，宽7米，核定载客100位。1989年12月9日，国家主席杨尚昆乘“金山号”游览长江，并为该船题写“一帆风顺”四字。到1991年接待海内外游客4万多人次。

四、旅游购物

20世纪80年代，镇江旅游服务购物网点有中国镇江天马旅游品开发公司、中国旅游品工艺品镇江展销馆、友谊商店、华侨商店、文物商店等，配供各种地方土特产品以及文物、古玩、手工艺品、旅游纪念品和首饰、字画等。到1990年底，全市有定点旅游购物商店2家。1997年，全市有国际旅游定点单位13家、旅游商品定点生产企业1家。2005年，市旅游协会将大西路银山门古玩城、宴春酒楼定为旅游定点单位，以旅游牵头盘活大西路旅游商贸一条街，使之成为集中的旅游商品市场，集中销售镇江的香醋、肴肉、竹编、正则绣等特色旅游产品。

1. 工艺品

旅游工艺品主要有：华山太平泥叫叫、茅山喇叭、灯彩、面塑、泥塑、秦淮花灯、南乡挑花、绒花制品、铜镜、正则绣、刻瓷制品、烙铁画、扎染画缋、发贴画、玻璃雕绘画、铜版彩画、木雕、竹编字画、邮票拼贴画、剪纸、汉白玉插屏等。

华山太平泥叫叫　华山村位于镇江东南60余里的丹徒石桥，太平泥叫叫是这个古老村落特有的泥塑吉祥玩具。传说，小孩子只要吹响这泥叫叫，就会吹去晦气，保佑孩子平平安安，因此取名太平泥叫叫。太平泥叫叫虽小，但制作工序繁多，工艺讲究，旧时多出自六七十岁农村老奶奶之手。泥叫叫材料是华山脚下的黄泥，其质地黏性强，韧性好，有可塑性。黄泥用水调和适度后经木槌反复来回敲打，成为熟泥，泥块坚韧得极难撕扯开，质地紧密，细腻无比，鼻子嗅嗅，还有一丝清香味。捏好的泥叫叫，先晾干，然后用竹签插孔。插孔十分讲究，插准哨孔的泥叫叫才能发出又响又好听的声音，有的还能吹出双音。泥塑晾干透后，放进锅灶中焙烧，烧20分钟后取出，涂上松香，一只乌黑烁亮的华山太平叫叫就成型了。制作太平泥叫叫，不用印模，依靠丰富的想象，凭着灵气和巧手，以揉、搓、拍、捏等工艺技巧，制作出各式各样、活灵活现、造型拙朴的艺术形象。由镇江太平民俗民艺馆的周宝康设计创作的华山泥叫叫，曾两次获中国旅游商品博览会铜奖。

茅山喇叭　又叫“茅山叫叫”，是流传茅山地区的一种民间玩具。民间俗语“吹声喇叭，娶个mǎ mǎ”，寓意着茅山喇叭可以带来好运，因此茅山喇叭成为茅山香客和游客喜爱的茅山纪念品。茅山喇叭是用当地产的鲜松树树干雕刻而成的，有的形似宝塔，而有的则形似葫芦，外形古朴简洁，通常绘有五种不同色彩，红、黄、绿、紫、青，极具乡土气息。一般吹出来的声音是“嘟——嘟”，但制作精巧的茅山喇叭可以吹出好几个音调来。

面塑　镇江丹阳市的导墅、蒋墅、皇塘、里庄一带，早在清代即有民间面塑活动，当地人称"堆糕花团面塑"，即在寿桃或元宝形的糯米团上捏塑各种人物、花卉、动物，作为砌房造屋、喜庆寿辰时赠送的礼品，以示吉祥如意。堆糕花团面塑作品富有强烈的民间色彩，乡土味极浓，被称为民俗艺术的活化石。面塑艺人沈建国、符国俊同时在1995年被联合国教科文组织授予中国民间工艺美术家称号。1988年，沈建国面塑作品《白蛇传》获江苏省民间艺术博览会优秀奖。1994年，沈建国面塑作品《福禄寿三星》《梁红玉击鼓战金山》《断桥会》《上金山》，符国俊面塑作品《钟馗》《猪八戒》《姜太公钓鱼》计7件作品，入选文化部在北京举办的"中国民间艺术一绝大展"获优秀奖。

正则绣　在刺绣工艺的众多针法中，有一种将传统苏绣与西洋画相结合的正则绣。正则绣以不规则的长、短乱针，用色线交叉重叠分出明暗变化，调出各种色彩，显示画面形象，与油画相比，能见异曲同工之妙，又称"针画""乱针绣"。正则绣始创于20世纪20年代，创始人是艺术家吕凤子以及他的学生正则学校副教授杨守玉。民国34年（1945年），杨守玉创作刺绣《罗斯福像》，现存美国美术馆。1952年，杨守玉绣制的《毛主席和斯大林》被推荐给亚洲太平洋地区和平会议，其绣法被赞誉为"使绘画与绣工融合一体，自成品格"的艺术珍品。杨守玉的学生任嘒娴和陈嗣雪，又将"正则技艺"带到苏州、常州和台湾，演变成乱针绣和线画。为继承这一新的绣品技艺，吕凤子长子、杨守玉同事——吕去疾不顾八旬高龄，先后开办四期正则绣培训班，光大正则绣技艺。正则绣目前的代表人物是吕凤子嫡孙，丹阳正则画院画家吕存，他是正则绣的第三代传人。吕存在先人技法的基础上，打破传统底布的卷绷方法，改用油画布绷法，画面线结上万个，针法密集细腻，品位清新高雅，立体感强。1995年，吕存被联合国教科文组织授予中国民间艺术家、一级民间工艺美术家称号。1996年在浙江举办的中国民间艺术展览会上，吕存的正则绣作品《天禄》获金奖。1998年，吕存耗费两年时间绣制的《邓小平》成功面世。由于在民族民间工艺保护、传承、创作上所取得的成就，吕存成为江苏省唯一获得联合国教科文组织与江苏省人民政府授予的双重工艺美术大师称号的民间艺术家。

刻瓷制品　刻瓷艺术是一门古老的传统民间工艺，它是通过刻刀在优质白胎成品瓷釉面上进行雕刻，以刀代笔，融书法、绘画、篆刻于一体，通过流畅的刀痕与精美瓷器的强烈对比形成艺术之美。代表人物是丹阳的邵同义，1995年，他被联合国教科文组织授予中国民间工艺美术家称号。邵同义在传统的刻瓷技法基础上，改变过去以点成面的技法，用以线成面的新技艺，使作品产生庄重典雅、金石味浓厚的艺术效果。瓷器选用景德镇生产的优质高白釉美术瓷，刻瓷工具则用钻石刀、合金钢凿和小锤，作画方法主要有"泼墨法、胀裂设色法、摩擦设色法和混合设色法"等。邵同义的作品画面布排饱满，色彩简洁明快，风格活泼，刀痕清晰，形神兼备。代表作品有：《齐白石像》《白蛇传故事全景》《金山全貌》《宫妓图》《漓江山水天下无》等，其中《齐白石像》在1996年中国民间艺术博览会上获金奖。

烙铁画　又称为"烫画""火笔画"，是以电烙铁当笔，高温代墨，三合板为纸，结合绘画艺术和烫画艺术，使用推、拉、按、揉、游等运笔技巧，以点、线、面和黑、白、灰的有机结合，通过浓、淡、重、焦来表现作品的个性和韵味。代表人物：丹阳的张铜初，江苏省民间文艺家协会会员，代表作品有《白石老人》《虾趣》；镇江的陈宝玉，江苏省民间文艺家协会会员，代表作品有《白蛇传故事系列画》《金山全景》；镇江的盛珏，镇江市民间文艺家协会会员，代表作品《古城镇江新貌》《清明上河图》。

扎染画缋　扎染，古时称之"绞缬"，是一种古老的民间纺染技术，早在唐代就已盛行，其工艺是将织物经过不同方法的多彩扎缬防染染色，形成风格迥异、色阶渐变、色纹肌里神秘莫测的色晕，凸显多彩扎缬防染所具有的意想不到的梦幻效果。扎染画缋，就是在扎染创造的色布上，进行中国水墨画的再创作，糅合扎染对色相、色度、明度的追求和中国绘画对六法与神韵的讲究,作品清新明快,肌里色彩丰富。1989 年,镇江蚕研所创造三眠蚕生产超细纤度蚕丝,并织出细旦超薄型真丝面料,不仅质地轻薄柔细,并且具有生宣的浸晕渗透效果,是与绘画、扎染相结合的最佳材料。细旦超薄型真丝面料成为扎染画缋的主要坯绸。中国民间文艺家协会会员朱文祥是扎染画缋艺术的代表人物,其代表作品《打马球》获 1998 年中国首届国际民间艺术博览会金奖。

玻璃雕绘画 是传统绘画艺术与传统玻璃雕刻技术相结合的一门造型艺术。作品以优质玻璃为原料,采用传统金刚砂高速喷雕工艺制作。作品设色以透明性、流平性良好的玻璃涂料经喷枪喷染而成。作品特点是线条流利舒畅,刚柔相济,线块层次分明,立体感强,极具晶莹剔透的表现力。代表人物:费维本,研究员级高级工艺美术师,2000 年被江苏省人民政府授予江苏省工艺美术大师称号,代表作有《碧桃图》《桃花山鸟图》《葡萄草虫图》《天香》等。其中《葡萄草虫图》参加 2003 年在法国举办的中国文化年锦绣江苏——中国江苏工艺美术精品暨中国江苏摄影艺术展。

铜版彩画 该类画作是依照铜版上的设计稿样,经过强酸腐蚀工艺,再抛光、打磨,并用天然矿物颜料上色,局部画面进行雕刻,最后加上媒介保护剂,以展露出局部的铜版本色。画作融中国画、油画、装饰画等表现手法于一体,有着鲜明的层次感和艳丽的色彩。它摆脱传统工艺易脱色、易失真、平面呆板等不足,技法独特,做工精细。其代表人物是康顺伟,江苏省民间文艺家协会会员,代表作品有《千古流芳甘露寺》《韩熙载夜宴图》《天下第一江山》《水漫金山》等。

邮票拼贴画 是以剪碎的邮票拼贴作画,成品富有立体感,其绚丽的色彩给人以视觉的冲击。由于邮票拼贴画对创作人员的要求很高,不仅要有深厚的绘画、素描基础,对色块的构成、色彩的过渡有特殊的分辨能力,具有民间工艺技术的深厚功力的同时,还要有过人的毅力,有极大的忍耐力,因此全国只有寥寥数人从事该种画的创作。丹阳韩荣庆是从事该种画创作的代表,1995 年被联合国教科文组织授予中国民间艺术家、一级民间工艺美术家称号。1996 年,韩荣庆邮贴画作品《菊》在中国民间艺术展览会上获金奖,其他代表作有:《龙腾》《虎跃》《长城》《西厢记组画》。

剪纸 剪纸艺术历史悠久,是以剪刀为笔,在纸上通过阴阳纹路来绘制图画,阳纹线线相连,阴纹线线相断。特点为:千刻不落,万剪不断。镇江民间艺术家们以见闻事物为题材,凭直觉印象和朴素情感打腹稿,可多层地一次剪出多张艺术形象,刀法"稳、准、巧",做到"圆如秋月,尖如麦芒,方如青砖,缺如锯齿,线中胡须"。江苏省美术家协会成员林超英、王平与中国工业设计协会会员王双林合作创作中国最大型一百幅连环画剪纸作品《白蛇传》。其他代表人物:陈佑丰(女),江苏省民间文艺家协会会员,代表作品有《镇江第一江山》《镇江三怪》;石见松,江苏省民间文艺家协会会员,代表作品有《百蛇图》《道教胜地——茅山》;李佩璜(女),江苏省民间文艺家协会会员,代表作品《八仙过海》《白蛇传组图》等。

2. 镇江名茶

镇江产茶历史悠久,唐代陆羽《茶经》中即有润州产茶的记述。清光绪《丹徒县志》记载:"徒邑迤西诸山产茶,五州山产云雾茶,品质尤佳;惟翠岩室前茶树茂盛,此茶作贡品进京。"《句容县志》记载"句容茶以空青山及王门桥所产为高品。"1915 年空青山的云雾茶获巴拿马国际博览会金奖。镇江是江苏省的茶叶主产区之一,是中国茶叶集中连片产区的边缘。镇江茶业研制出金山翠芽、茅山长青、三山香茗、宝华玉笋、南山滴翠、惊春灵芽等数十个品牌。2003 年,全国第五届"中茶杯"名特茶评比中,镇江市获特等奖 7 只、一等奖 9 只,其中特等奖占全国的 1/5。

镇江金山翠芽 "镇江金山翠芽"是绿茶,是镇江茶叶的第一品牌,其名由著名茶学专家陈椽教授以镇江名胜金山命名。1981 年,"镇江金山翠芽"在市郊五洲山茶场开始试制。1985 年,"镇江金山翠芽"在全国食品博览会上被评为优质产品银奖,授予全国名茶称号,并跻身全省十大名茶之列。1994 年,时任句容茶叶站站长的田保良采用机械化炒制新工艺,试制出能站立在水中的"镇江金山翠芽”，被冲泡的茶叶浮在水里，颗颗芽头朝上，亭亭玉立在杯中，如雨后春笋，品相优美诱人。镇江市五洲山茶场生产的“镇江金山翠芽”多次在全国、全省名茶的评比中获奖。

茅山长青　茅山长青是绿茶，1987 年由句容茅山茶场研制成功，为缅怀、继承、发扬陈毅等老一辈无产阶级革命家在茅山地区的抗日、创业精神而取名，寓意革命精神万古长青。“茅山长青”品位较高，形状类似旗枪的扁形茶，以谷雨前的叶芽和一叶初展为主原料，经过摊晾、杀青、成形、拿条，再摊晾、炒制等反复手工制作而成。1989 年被评为江苏省品质优良茶，在全国商业系统评比中名列第七；1994 年获江苏省“陆羽杯”名特茶评比特等奖；1997 年，获全国第二届“中茶杯”名优茶评比特等奖。

宝华玉笋　宝华玉笋是绿茶，1995 年研制，得名于佛教“律宗第一名山”的句容宝华山。其外形紧直，色绿，内质香气高雅。用透明茶具冲泡，可见片片茶芽朝上缓缓降于杯底，似仙女下凡，婀娜多姿，又如雨后春笋，蓬勃向上；其汤色浅绿，叶低绿亮，饮用与观赏价值较高。1997 年“宝华玉笋”获第二届“中茶杯”名特茶评比特等奖。

3. 特色水果

草莓　1985 年，句容白兔镇首次引进日本草莓优质品种“宝交早生”种植获得成功。1992 年，在露天草莓的基础上，又发展大棚草莓。2003 年，句容被中国特产之乡推荐暨宣传活动组委会授予“草莓之乡”称号。句容的草莓果有：“宝交早生”，面鲜红有光泽，果肉致密，汁多，味较甜，香味浓郁；“硕丰”，浆果大，色泽鲜红，味酸；“明宝”，浆果短圆，果面鲜红、肉白、味甜。句容酒厂自 1985 年开始酿制草莓酒。1992 年，该酒获香港国际博览会银奖。

葡萄　1990 年，句容春城方继生投资改造黄土地，种植“巨峰”葡萄成功，打破黄土地不能种葡萄的传统说法。所产紫黑色的葡萄大而饱满，糖度高，口味正，投入市场供不应求。1991 年，“巨峰”葡萄栽培技术获国家级星火奖。1993 年，方继生注册“老方”商标，其葡萄畅销周边各大城市。

4. 其他产品

其他产品主要有镇江香醋、小磨麻油、镇江酱菜等，还有江绸、戏剧服装、狼毫笔、丹阳眼镜、镇江膏药等。

小磨麻油　镇江小磨麻油生产历史悠久，相传始于明代。因为早期制作都在小作坊内，将精选的芝麻用小石磨研磨而成，故得名“小磨麻油”。镇江小磨麻油以其质纯、色美、味香而著称，油呈琥珀色，清澈透明，有光泽，无杂质，在正常温度下，久存色香不变。小磨麻油之所以有如此高的品质，主要是制取工艺十分精细，通常要经过选洗、锅炒、研磨、兑浆、搅油、震荡分油五道工序。传统操作中，震荡分油为手工操作，即人工用葫芦插在麻渣中上下触动，使之震荡，撇出麻油，一般一斤芝麻能出四两多香油。1983～1985 年，小磨麻油先后获江苏省优质产品和商业部优质产品称号，1985 年在法国巴黎国际美食学会及旅游委员会组织的评比中获国际金质奖，1988 年在北京举办的首届食品博览会上获金奖。镇江小磨麻油中以“金梅牌”和“金玫瑰牌”（内销为“甘露牌”）为最著名，畅销世界几十个国家，出口美国享有免检信誉。

镇江酱菜　镇江酱菜是镇江的传统名特产品，至今有 130 多年历史。清同治十二年（1873 年），朱恒顺糟淋坊在生产百花酒和香醋的基础上增加酱和酱菜生产。1979 年，注册启用“金山”商标。镇江酱菜以新鲜果蔬为原料，通过挑选加工、渍盐、优质面酱浸渍、装杯、高温杀菌等程序制作而成。它以色泽鲜艳、香气浓郁、味甜且鲜、脆嫩爽口、质地优良而著称。品种丰富，有脆嫩鲜甜的萝卜头、乳黄瓜、什锦菜、宝塔菜、香菜心、姜丝乳瓜、嫩甜瓜，有微辣可口的嫩姜、洋姜等。镇江酱菜 1933 年起，远销港、澳和东南亚地区，后又扩大到欧美和俄罗斯、日本等国。民国 18 年（1929 年），获工商部中华国货展览会一等奖。民国 20 年（1931 年），酱油和酱菜均获实业部国货展览优等奖。1980 年，“金山”牌镇江酱菜获江苏省优质产品称号。1988 年，乳黄瓜获国家质量银奖。同年，“金山”牌镇江恒顺酱菜获巴黎第十三届国际食品博览会金奖。

第三节　旅游管理

一、管理机构

1991 年 3 月 25 日成立镇江市旅游局，为市政府直属的副处级事业单位。1994 年 9 月，句容县旅游局成立。1996 年 7 月，镇江市旅游局更名为镇江市旅游事业管理局。1999 年 11 月，镇江市旅游管理局升格为市政府直属正处级单位。2001 年 11 月，丹阳市旅游局成立，2001 年 12 月，扬中市旅游局成立，2001 年 12 月，丹徒县旅游局成立。

1991 年 12 月成立镇江市旅游事业委员会，由分管旅游工作的副市长担任主任。市旅游事业委员会的日常办事机构为市旅游局。1997 年，纳入旅游行业管理的部门和单位超过 60 家。自 1999 年国务院增加法定休假日后，2000 年春节、五一国际劳动节、十一国庆节 3 个旅游黄金周都形成短期旅游高潮。市政府成立市假日旅游协调领导小组和假日办，部署假日旅游统计工作，建立统计预报网络，开展假日旅游市场秩序和安全检查。

2001 年 4 月，市旅游委员会成立，对原市旅游事业委员会成员作调整，市旅游委员会主任由分管旅游工作的副市长担任。市旅游委员会下设办公室，办公室设在市旅游局，由市旅游局局长兼任办公室主任。2000 年 12 月，成立镇江市旅游协会筹备组。2002 年 8 月，成立镇江市旅游协会，在旅游管理机构与旅游行业之间架起桥梁，协助管理部门开展相关的管理、经营活动。2004 年，在市旅游协会基础上，分别成立旅行社、宾馆、景区、文娱、餐饮和车船等 6 个专业分会。2005 年形成旅游委员会、旅游局、旅游协会协调管理镇江旅游业的管理格局。

二、队伍建设

1985 年，市旅游企业共有职工 3290 人，其中包括英、日、法、德、俄、意、朝鲜、印尼语以及广东话、闽南话、潮州话等语种的翻译导游人员共 68 人。至 1990 年，全市旅游系统干部职工队伍 700 人，其中中专以上学历者占总数的 20%，翻译导游 85 人。1995 年底，全系统有职工 522 人，其中专业技术人员 115 人。1996 年，直接从业人员 5500 人。镇江市有 24 名导游人员获得高、中、初级导游员证书。

1. 旅游教育

2001 年，经市编委批准，成立镇江市旅游培训中心，为市旅游局直属事业单位，专门从事旅游岗位的资格培训、上岗证书培训和服务技能培训等。

江苏科技大学旅游管理专业　1995 年，江苏省江海贸易学校设立餐旅企业管理专业，学制 3 年，中专。2000 年，江海贸易学校并入华东船舶工业学院，在原餐旅企业管理专业基础上创办工商管理（旅游与饭店管理）高职专科专业，学制三年。2001 年，创办工商管理（旅游与饭店管理）高职本科专业，学制四年。2002 年，华东船舶工业学院南徐学院成立并设立工商管理（旅游饭店管理）专业。2004 年，华东船舶工业学院更名为江苏科技大学。2005 年，江苏科技大学旅游管理专业被教育部批准为独立招生的本科专业，同年开始招生。

镇江市高等专科学校旅游系　镇江市高等专科学校旅游系前身是镇江教育学院地理系，1984 年筹建。1992 年，市高等专科学校成立，旅游系并入工商管理，并改为旅游管理教研室，1995 年开始招收旅游与酒店管理专业学生，2000 年成立旅游系。招生相关专业包括旅游管理专业、宾馆管理专业、旅游/英语专业（双专科）、酒店管理专业（中加合作办学）4 个专业或专业方向，在校生 478 名，累计招生 1500 多名，毕业生 1000 多名。2005 年，毕业生当年一次就业率为 100%。

高等专科学校旅游系与加拿大爱德华王子岛省荷兰学院酒店与饭店管理专业合作办学，2001

年签订合作办学协议,2002 年开始招收首批学生。旅游管理专业 2000 年被确定为江苏省高职高专教改试点专业。《旅游资源学》获江苏省教学成果一等奖、江苏省高校精品教材、江苏省高校精品课程。

江苏农林职业技术学院旅游管理专业　1997 年,江苏农林职业技术学院设置餐旅管理专业,同年招收三年制中专,2001 年开设 3 年制旅游管理、导游服务等专业,2004 年开设酒店管理三年制专科、旅游管理/商务日语四年制双专科等专业。

镇江市旅游学校　镇江市旅游学校是隶属于镇江市教育局的一所全日制中等职业学校。1984 年创办,1998 年与原镇江市第十六中学职高合并。学校占地 0.90 公顷,校址位于宝盖路 244 号。1999 年被评为江苏省重点职业学校,为江苏省职业教育课程改革专业实验点;镇江市旅游服务、烹饪、服装人才培训基地。获江苏省德育先进学校、江苏省教育科研先进学校等称号。2005 年,在校学生 1320 人,教职工 118 人。

2. 旅游行业培训

1997 年,镇江市 122 人报名参加全国导游员资格考试;举办旅游饭店中、高级管理人员岗位证书培训班,115 人参训,合格率为 98%;举办初级英语和普通话培训,组织全市旅行社总经理、部门经理参加省级岗位培训班。同年 11 月,镇江市旅游局、镇江市劳动局联合举办镇江'97 中国旅游年全市旅游涉外饭店服务技能竞赛,项目有总台问询服务、西式铺床服务、中餐宴会摆台服务和西餐宴会摆台服务。镇江宾馆、京口饭店、扬中宾馆分获团体前三名,四个单项第一名由镇江宾馆包揽。本次竞赛是镇江旅游行业举行的首次技能服务大赛。

1998 年,举办各类培训 37 期,培训人员 3039 名,从业人员培训率为 88.3%,饭店、旅行社、旅游车船公司高中级管理人员持证上岗率分别为 88.2%、93.9%、85.7%。

2001 年,举办各类培训班 23 个,对全市 300 余名导游员强化职业道德、政策法规和服务质量的教育培训。开展信用导游和最佳导游评选活动,有 117 名导游员被命名为江苏省信用导游,5 名导游员被命名为最佳导游。

2003 年,办班 16 期,培训 1800 人次。培训涉及的门类除旅游专业知识外,还有当年国家旅游主题诠释、旅游统计、园林鉴赏、文物研究、ISO 质量管理体系、饮食文化、计算机、英语等不同门类的知识。同年,在全行业内开展业务技能练兵活动,组织举行镇江市金牌导游员、文博讲解员电视大赛,参加全省金牌导游员大赛,获团体总分第一名。

2004 年,举办各类旅游培训班 14 个,培训 2000 多人次,先后选派 3 批机关、企业中高级管理人员赴香港、澳门参加短期培训。会同市委宣传部、市广电局举办首届中国镇江形象导游员大赛。首次组织导游人员"无障碍华东行"实地培训。

2005 年,举办 6 场导游知识专题讲座,培训 4000 多人次;组织年度导游资格考试报名和中级导游资格考试报名工作。首次在境外(新加坡、马来西亚、泰国)举办酒店高层管理人员培训班。全市报考导游资格的人数达 689 名,其中外语类考生近百人。

三、宣传促销

镇江旅游宣传具体策略是坚持形象宣传与产品促销并重、传统市场与新兴市场并重、国际市场与国内市场并重的原则,形成"立体促销、品牌推销、联合营销"的局面。在立体宣传上,注重加强整体运作,充分借助中央电视台、东方卫视、《人民日报》《中国旅游报》等主流媒体开展宣传活动,改版镇江旅游网站,编印发放《镇江旅游指南》;在特色活动上,打造出"春风又绿江南岸"旅游节、金山旅游文化节、茅山旅游文化节等节庆品牌。

1991 年,镇江市旅游部门印制中英文对照的《镇江画册》,编印专项旅游折页中英文版《乾隆御宴》《赛珍珠故居》、中日文版《阿倍仲麻吕(望月望乡)诗碑》《金山寺除夕撞钟》各 1 万份,编印中文版和英文版茅山导游图各1万份，出版《镇江旅游手册》，印数3万册，委托北京市幻灯片厂制作《镇江风光》幻灯片2000套，摄制《金山水陆大法会》《茅山道院》《乾隆御宴》等专题片。1994年，组织全市有关旅行社参加在香港举办的中国旅游交易会，分别组团赴日本、美国、法国、新加坡等国家进行旅游宣传。1995年，市旅游局展开国内旅游抽样调查活动。本次调查活动历时40天，投入人员80余人，发放调查问卷1000份，为发展镇江旅游业提供依据。市旅游局组织市区14家旅行社在市中心举行“东西南北任君游”旅游行业联合宣传活动。

1997年元旦，市政府在金山举行镇江’97中国旅游年活动开幕式，来自海外的约200名旅游者和4000多名镇江市民在金山寺举行除夕撞钟迎新年活动。市邮电局、市旅游局联合举行’97中国旅游年纪念邮票首发和纪念镇江，’97中国旅游年首日封发行仪式。2001年，在首届中国镇江旅游节和茅山文化旅游节上，市旅游局和市广电局共同制作出版《天下第一江山——镇江》VCD旅游风光片，推出首张镇江市正式出版的旅游声像资料。2003年，组织旅游企事业单位共百余人赴上海旅游企业走访，召开旅游推介会、新闻发布会，在上海市民广场散发数万份镇江旅游宣传画册、画报。举办“镇江人游镇江”“阳光特惠计划”“万人游镇江”“千人免费游无锡灵山大佛和常州恐龙园”等系列活动。2004年4月1日起，在中央电视台四套国际频道播出镇江天气预报，这是镇江市首次在央视做镇江旅游城市形象宣传。在央视CCTV－1播出《城市山林中国镇江》旅游专题片。2005年，在中央电视台多个频道播出镇江旅游形象广告和旅游专题片，在上海人民台、东方广播电台直播《镇江导游》。改版镇江旅游网站。在《人民日报》《香港新报》《长三角》杂志、《新华日报》《上海旅游时报》等刊登镇江旅游专版；在《人民日报》《新华日报》《扬子晚报》《中国旅游报》《华东旅游报》《风景名胜》杂志、上海东方卫视、浙江卫视等以及本市媒体报道镇江旅游发展动态。接待山东聊城电视台“大运河文化巡游”采访；在沪宁高速公路做大型广告；接待《台湾旅游》、东森电视台等14家媒体记者采访团到镇江采访旅游业发展情况。在美国《伊利华报》刊登镇江旅游宣传专版和动态报道，在江苏卫视《走遍江苏》栏目宣传镇江。编制新的《镇江旅游画册》、镇江旅游光盘等。

四、行业管理

镇江市政府于1995年8月5日公布实施《镇江市旅游行业管理规定》，规定共17条，明确市旅游局及各县（市）区旅游主管部门行业管理的主要职责和任务。市旅游局实施旅行社保证金制度，成立镇江市旅游质量监督管理所。

1997年，围绕创建中国优秀旅游城市，对旅游景点环境进行整治，在景区设置中英文广告牌、引导牌、说明牌，在主要景点设立咨询中心、投诉中心和救护中心及导游服务站，统一旅游涉外饭店的公共信息图文标志，改建旅游厕所。1999年3月31日，市委、市政府召开专题座谈会，研讨加快发展旅游业的问题，提出把“三山”和茅山风景区建成镇江的拳头产品。同年，市旅游局聘请市人大代表、市政协委员、民主党派和舆论媒体等方面代表人士11人作为旅游行风社会监督员，并设立举报箱，公布投诉电话，首次实行全天候无假日值班制。

2001年7月31日，市政府召开全市旅游发展工作会议，明确未来5至10年，构筑旅游支柱产业的目标，提出“十五”期间将市区建成国家园林城市、国家环境保护模范城市，继续保持中国优秀旅游城市称号，力保旅游经济综合指标排名全省第四的位置，力争建成旅游强市；句容市在保持中国优秀旅游城市称号的基础上，创建全国旅游经济强市；丹阳市创建中国优秀旅游城市；扬中市创建全国生态旅游示范市。2002年，镇江市制订《镇江市整顿规范旅游市场秩序工作方案》，下发《关于开展旅游市场打假打非和迎接中国优秀旅游城市复核工作方案的通知》，聘请11名旅游行风监督员。组织市区的旅行社、饭店、餐馆、购物场所、旅游区（点）、车船公司等百余家企业签订《同业诚信公约》；整治旅行社超范围经营、非法转让或变相转让许可证等行为。制定并实施《关于规范旅行社管理的若干意见》,全面推行国家旅游局、国家工商局联合制定的统一规范的旅游合同,按照《旅行社管理条例实施细则》规范旅游广告,旅行社和旅游购物商店根据要求签订公开的购物佣金协议。建立旅行社经理人员档案,全面实行导游人员记分制管理。

2003 年,镇江市实行"专职导游""社会导游"两套组织体系和管理体系分离,以及导游计分制管理,导游服务公司与社会导游人员签订《挂靠管理协议书》,确保全市近 700 名导游人员都有归属,并加大旅游质监所工作力度,仅检查导游行为一项,就出动 110 人次检查人员,共 46 天次,基本杜绝私拿回扣、挂靠承包等现象。

2004 年,将全市游客集散、车辆调度、售票和运输实行统一管理,"一日游"无重大投诉。整顿规范出境组团社经营行为。重新评定本市旅游定点单位,有效规范餐饮、娱乐场所的经营行为。对全市导游人员实行网络跟踪管理。全年全市旅游经营单位没有发生安全生产责任事故。修订《镇江市受理旅游投诉制度》,建立镇江市旅游服务质量监督网络,涵盖全市 124 家旅游经营单位。会同市园林局在南山风景区开展"三无示范区"(即无旅游安全事故、无旅游责任投诉、无"野导")试点活动。启动全市旅游行业诚信体系建设工程,开展省级"诚信旅行社"复核验收。2005 年,按照旅行社规范化、星级饭店人性化、旅游景区标准化的原则,组织人员深入景区、旅行社等一线,重点打击"黑车""黑导"等违法行为,杜绝旅行社"零负团费"行为,提前做好全市 29 家星级饭店复核工作。市旅游协会与市消费者协会联合开展争创省、市"诚信旅行社"活动,31 家旅行社符合争创"诚信旅行社"条件,其中 17 家旅行社符合争创省级"诚信旅行社"条件。

五、区域合作

镇江旅游加强宁镇扬合作,联手对外促销,融入长三角,对接珠三角,拓展客源市场,国内以长三角、珠三角地区为主,抓好港澳台旅游市场;国外以亚洲为主,拓展欧美、非洲等市场。重点依托长三角区域一级市场(约占 55%),扩大安徽、山东、北京、天津等二级市场(约占 15%),开拓广东、西安、江西等新兴市场(约占 5%)。

1992 年,围绕"中国友好观光年暨江浙沪旅游年",通过参与"金山之光"艺术节、举办镇江'92 中国友好观光年美食月和金山寺除夕撞钟迎新年等活动以及参加国内外旅游展销会,扩大镇江在海内外影响。镇江市旅游局下属天马工艺灯彩厂与澳门亚太(国际)有限公司合资成立镇江亚太玩具有限公司,打入美国市场,3 个季度完成产值 183.4 万元,创汇 20.5 万美元。1997 年,市政府组织 56 人赴合肥进行促销活动,参加江苏省旅游局统一组织的江苏旅游北方万里行活动,参加南京周边城市旅游交易会、'97 中国大连国内旅游交易会和马鞍山国际吟诗节活动。1998 年 6 月 28 日 ~7 月 7 日,市旅游局组织分团参加全省旅游行业赴广东举行的'98 江苏旅游万里行促销考察活动。考察团经广州、深圳、珠海、佛山、顺德等 6 个城市,举办 4 次江苏旅游说明会。1999 年 8 月 31 日 ~9 月 1 日,市政府组织旅游企业代表约 150 人赴上海举办市旅游项目推介会,上海淮海公园陈列镇江风景旅游资源图片展板。2000 年,镇江市政府组织全市旅游、宣传、园林、文化等部门及旅游企业共百余人赴天津进行旅游宣传促销,21 家旅行社与天津同行签订合作协议。

2002 年中国国内旅交会在南京举办。市旅游局租赁 400 平方米展区进行整体设计布展,该展台获综合一等奖和 3 个单项奖,并获江苏省突出贡献奖。推荐首届镇江旅游工艺品设计大赛获奖作品参加全国旅游商品大奖赛,获 1 个金奖和 1 个铜奖。市旅游局在深圳召开旅游专题招商会,推出 53 个旅游项目,签约项目 8 个。5 月 8 日和 11 月 7 日,镇江旅游分团两次随江苏省赴日本旅游促销团到日本东京、大阪、名古屋等地进行镇江旅游推介。2003 年,镇江周边城市旅游业务洽谈会在镇江举行,来自全国 40 多个城市、120 多家旅游企业、近 200 名中国旅游界的精英参加会议,对区域间旅游合作进行探讨与合作。

2004 年,首次与南京、扬州赴广东联合促销,将宁、镇、扬 3 座国家历史文化名城的旅游产品进行组合包装推向广东旅游市场，推出“宁镇扬 5 日游”旅游新线路。镇江市先后与外地有关政府部门、旅游行业签订互动协议 20 多份。镇江旅游网主页实现与江苏省旅游网以及连云港、马鞍山等旅游网的链接。在北固山风景区举行“望月望乡诗碑”建碑 15 周年纪念仪式，中国书法家协会主席沈鹏、日本书道院名誉会长田中冻云、副市长徐郭平、老领导钱永波出席。举办镇江市旅游纪念品设计大赛，这是镇江市旅游部门首次单独举办的旅游纪念品大赛，共收到参赛作品 107 件。与外地有关政府部门、旅游行业签订互动协议 20 多份，其中镇江市政府与扬州市政府签订旅游产业合作框架协议。赴北京与《中国旅游报》、中青旅总社商谈旅游宣传合作事宜；签署“宁镇扬”与香港旅游业议会《关于开展区域旅游合作备忘录》；赴上海参加“‘江浙沪’旅游市场促进会成立大会及‘江浙沪’促进旅游市场专题研讨会”；与连云港对口支援合作等。邀请、接待由台湾观光协会会长张学劳为团长的观光考察团、台湾旅行社经理人协会旅游考察团等到镇考察旅游景点和线路；接待“江浙沪”旅游联席会议代表以及北京、山东、安徽、浙江、江西等地的旅游推介团考察镇江旅游资源，开展旅游交流合作。

2005 年，参加江苏省赴甘肃、宁夏、青海、新疆万里行促销。联合赴辽、吉、黑三省促销并参加北方旅游交易会。举办全国“红色之旅”（镇江）旅游产品交流研讨会，来自全国 23 个省（市、自治区）的 150 多家旅行社和 30 多家媒体参加会议。镇江市人民政府和江苏省旅游协会联合举办长三角—珠三角旅游合作镇江交流会，签订《旅游城市合作框架协议》。参加桂林国内旅游交易会、中国香港国际旅游展、昆明中国国际旅游交易会、2005 中国长江三角洲国际旅游交易会等。参加南京、苏州、无锡、湖州、绍兴、芜湖、安庆、伊犁、婺源等市旅游交易活动；赴上海、南京举行大型旅游推介活动；参加省旅游局组织的赴德国、日本、韩国等国家进行旅游宣传推介活动。参加在宁夏举行的第 17 届全国部分旅游城市旅游协作联盟会议、2005 江浙沪旅游市场论坛、2005 长江三角洲旅游城市高峰论坛、2005 中国旅游协作年会暨中东部地区旅游协作发展论坛等。接待参加南京梅花节的美国、日本、马来西亚等国家的旅行商；台湾高雄市观光协会、媒体记者镇江“宗教之旅”专访团；北京延庆，浙江临安、新昌和湖州，安徽滁州，河北邯郸，新疆乌鲁木齐和江苏南京、连云港、扬州、宜兴等地的旅游推介同行，并与对方开展旅游交流合作。

——— 小资料 ———

［清］周镐·京江二十四景图——城南赛社

城南赛社，题材取自清代风靡镇江的都天庙会。都天庙位于古城南门外的鼎石山（今名宝塔山）下，古运河之畔，为纪念唐代忠臣、睢阳令张巡而设，后人感其恩德，香火不绝，每年四月，古运河中舟辑衔连，桅杆如林，人们从陆路、水路争相前来举行祭祀活动，城乡各业齐出动，各置工艺珍宝参加游行，斗艳争奇，是日“肆不市货，行人塞途”，盛况空前，轰动大江南北。

第十八卷

对外及港澳台经济贸易

卷　目

1983年3月,镇江市对外贸易局成立,11月更名为镇江市对外经济贸易局,与镇江市对外贸易公司(简称市外贸公司)政企合一。镇江市辖县(区)对外贸易局同时更名为对外经济贸易局。1986年,镇江市及辖县(区)对外经济贸易局更名为对外经济贸易委员会。1989年2月,组建中国国际贸易促进委员会镇江市支会、中国国际商会镇江市分会,性质均为地方民间经济贸易团体。2001年,镇江市及县(市、区)对外经济贸易委员会更名为对外贸易经济合作局。

镇江市外贸经营体制改革,历经计划收购制向享有进出口经营权、自主拓展市场的变革;外经贸企业由国有企业改制为股份制、民营企业。外经贸企业财务体制,转换财务隶属关系,与同级财政脱钩,逐步实现外经贸财务独立核算、自负盈亏。至2005年,全市19家市级及辖市(区)外经贸公司、685家内资企业、15家外资企业拥有对外经济贸易进出口经营权。

1983年,镇江市外贸收购总值1.83亿元。1988年,市外贸公司获自营进出口经营权,自营进出口业务不断发展。1993年,全市外贸收购总值72.53亿元,进出口总额1.62亿美元,出口额1.5亿美元。随着对外开放深入发展,全市外向型企业组团参加国内、国外各类贸易洽谈会、产品展销会,多渠道拓展国际市场。全市加大对出口生产项目的技术升级和重点出口产品扶持力度,形成以轻纺产品为主,机电产品逐年增加的出口产品结构。1992~2005年,镇江市对外贸易进出口总值累计达202.79亿美元,出口额累计达108.19亿美元。截至2005年,全市出口额1000万美元以上产品达26类,与世界120多个国家和地区建立贸易合作伙伴关系。

镇江市利用外资从1980年起步,第一个外资项目是利用澳大利亚资金建造金山饭店。至1989年,全市累计有29家外商投资企业。1990年,镇江市制定颁发鼓励外商投资的规定和优惠政策。同年,镇江市第一家台商独资企业——镇江泰利丰电子有限公司创办。1992年10月举办首届“金山之光”艺术节,拓展招商引资渠道。1993年,全市批准外商投资企业559家,合同利用外资3.28亿美元,实际利用外资1.34亿美元。1997年,镇江引进金东纸业等外资大项目,合同利用外资22.14亿美元,位于江苏省第二名,实际利用外资4.66亿美元。港台投资份额不断提高,2000年,全市批准外资项目178个,合同利用外资3.98亿美元;港台投资项目占全市外资项目53%,合同投资额占全市合同利用外资33.9%。进入21世纪,镇江市广泛开展对外宣传和交往,举办国际经贸洽谈会,加大招商引资力度,着力改善投资环境,简化项目审批程序。2005年,全市批准外商投资项目471个,合同利用外资32.17亿美元,实际利用外资5.96亿美元;港台投资额占全市合同利用外资58.7%,其中港资项目133个,合同利用外资10.15亿美元;台资项目137个,合同利用外资8.72亿美元。

1983年,镇江市对外经济技术合作依托拥有对外劳务和承包工程资质企业,承接外经合作项目。首次承接科威特建筑劳务项目,派出劳务人员537人。1990年9月,中国江苏国际经济技术合作公司镇江分公司成立,镇江外经工作不断拓展。1991年,劳务合作和工程承包合同额185万美元,完成营业额155万美元,年末在外劳务人数202人。1993年3月,镇江国际经济技术合作公司获对外承包工程和劳务合作签约权。当年,全市新签对外劳务工程合同额856.34万美元,实现营业额873.86万美元,年末在外劳务人数416人。至2000年底,镇江有对外承包工程和劳务合作签约权企业达到5家,镇江对外劳务中介公司总数达到20家。2001年,全市新签对外承包劳务合同额1.06亿美元,完成营业额8840.69万美元,年末在外劳务5080人。2005年底,全市有对外承包工程和劳务合作签约权企业8家;全市新签对外承包工程和劳务合作合同额1.92亿美元,完成营业额1.64亿美元，年末在外人数9811人。对外工程和劳务市场分布于美国、德国、日本、新加坡、中国香港等61个国家和地区。

镇江市境外投资企业（项目）从1989年启动，投资形式从合资发展至独资及海外兼并，投资规模逐步提高，投资地区主要为欧美发达国家，投资项目涉及制造业、贸易、科研、咨询、建筑等行业。至2005年底，商务部累计批准镇江境外企业16家，总投资2368万美元，中方协议投资2126万美元。

第一章　外经贸体制改革

1983～2005年，镇江市对外经济贸易进行经营体制和产权制度等多方面的改革，逐步改变计划经济为主，集外贸经营与管理为一体，政企不分、统负盈亏的外经贸经营体制，打破高度集中、统收统支的财务体制，在市场竞争中放开外经贸经营权，实行自负盈亏、自主经营、自我发展的经营体制，促进外经贸经济迅速发展。

第一节　经营体制和产权制度改革

1983年，镇江对外贸易经营方式为省、市联营，自负盈亏。镇江市对外贸易公司按计划收购出口商品，分类转交省外贸公司，统一办理进出口手续。1984年，国家外贸体制改革，推行由省级外贸公司代收购、代仓储、代发运形式的代理制。

1988年，国家对外贸易计划收购体制改革，下达的外贸出口指令性计划逐级分解切块承包到省、市；同年，镇江市外贸公司获进出口经营权，开始组织商品自营出口。1989年9月，镇江外经贸企业试行经理负责制，首选外贸镇江冷库试点。1990年在镇江外经贸系统全面推行任期两年的经理负责制。企业经理任期与省、市切块承包经营责任制期限一致。经理任期目标包括业务开发、技术改造、发展后劲、职工培训、职工福利、精神文明建设等方面。企业内部实行中层干部聘任制、优化劳动组合、奖金分配与工效挂钩等改革措施。

1991年实行省、市公司联营，共负盈亏方式。1992年，省、市联营模式取消，自主经营，自负盈亏，镇江市外贸公司从经营体制上和省级条口外贸公司脱钩。市与县（市、区）外贸公司逐步实现由单一外贸收购型向出口经营型转变，由单一外贸经营向多种经营方式转变，由外贸企业单打独斗向集团化经营转变。全市组建纺织品、服装、五金矿产、机械设备、化工、轻工业品、工艺品、土产品、畜产品9个专业性、综合性进出口公司。1993年6月，丹阳市外贸公司首获县（市、区）级外贸公司进出口经营权。至1994年底，句容、扬中、丹徒3市（县）外贸公司及京口、润州外贸公司先后获进出口经营权。1995年，全市外贸出口额5.06亿美元，是1990年的36倍。1996年3月，镇江市外贸公司更名为镇江市对外贸易集团公司，1997年，市外贸集团公司转变为以市五金矿产化工进出口公司和市外贸公司为核心层的实体化集团公司，纺织、服装、畜产、土产进出口公司尝试股份制改革。2000年，市外贸各专业进出口公司改制为股份制企业，国有资本占主要股份，公司管理层及职工出资占部分股份。2003～2005年，市级外贸公司深化产权制度改革，先后改制为民营企业。

2003～2005 年镇江市外经贸企业产权制度改革一览表

表 18-1

企业名称	改制时间（年）	资产评估确认			实际到位注册资本		国有股提留后出让价（万元）	成交价（万元）	身份置换人数（人）	经济补偿金（万元）
		总资产（万元）	负债（万元）	净资产（万元）	注册资本总额（万元）	其中国有股（万元）				
镇江国际经济技术合作有限公司	2003	4042.11	4698.52	-656.42	-	-	5	5	22	71.71
镇江泛华进出口有限公司	2003	5715.16	5513.32	201.84	184.00	150.00	39.19	41	28	108.56
镇江华星国际贸易有限公司	2004	14939.25	13959.69	979.56	500.00	200.00	103.41	105	59	205.29
镇江奥捷国际贸易有限公司	2004	5962.19	5326.24	635.95	294.25	153.68	52.09	56	25	149.50
镇江华宏进出口贸易有限责任公司	2004	5499.00	5210.00	288.80	-	-	24.04	25	17	76.43
镇江华信贸易有限责任公司	2004	4618.08	4581.78	36.30	62.40	47.50	5.61	7	14	35.00
镇江泰达进出口有限责任公司	2004	1731.01	1667.05	63.97	60.80	40.00	6.59	7	16	64.53
镇江中润进出口有限公司	2004	-	-	-	以外贸大楼 7 楼原工艺品公司办公楼变现收入 158 万元进行职工安置			-	13	90.15
镇江对外贸易集团	2005	610.17	7433.53	-205.23	-	-	31	31	-	-

第二节 财务体制改革

1983 年，江苏省外贸系统实行财务分条口结算制度，镇江市、县外贸财务结算按“以块为主、条块结合”原则，与省外贸厅、省对口专业公司挂钩。1985 年，对外经贸部、江苏省对外经贸厅实行外贸体制改革，市、县外贸财务按条核算改为按块挂钩，实行一揽子核算。镇江市及辖县外贸财务由市对外贸易局与省对外贸易厅统一核算。1987 年，镇江市执行省对外贸易厅财务改革办法，按专业外贸公司条口实行“出口额、出口成本 、盈亏”三项指标承包，超计划出口实行外汇分成。2000 年，镇江市外贸企业财务体制隶属关系与财政脱钩。至 2005 年，镇江市及辖市（区）各级外贸公司、企事业单位全面实行独立经营、独立核算、自负盈亏的财务体制。

第二章 对外及港澳台贸易

20 世纪 80 年代初，镇江市对外及港澳台贸易主要由市对外贸易公司组织出口商品收购。1988 年，经贸部批准授予镇江市对外贸易公司进出口经营权。随后，全市出口商品结构逐步调整，从农副产品、工业初级产品为主向工业制成品转变。20 世纪 90 年代，全市进口贸易得到发展，促进进出口贸易平衡。1992 年,全市自营进出口额 5809 万美元。2002 年,全市自营进出口额 20.98 亿美元,2005 年 39.61 亿美元。2005 年有进出口实绩的企业 1200 家,其中,外资企业 700 家,内资生产企业 400 家,外贸公司 100 家。全市出口商品销往世界 120 多个国家和地区。外贸对全市经济增长贡献率达 10.95%,创造就业岗位超过 30 万个,带动技术水平提升,促进产业结构优化升级。

第一节　出口贸易

1983～1985 年,镇江市出口业务主要为省外贸公司代收购、代仓储、代发运。出口收购商品为粮油食品、纺织品、丝绸、服装、土畜产品、轻工业品、工艺品、五金矿产、化工医药、机械、机械设备、包装等 12 类 200 多个品种。1985 年,全市出口商品收购额 2.46 亿元,位居前五位的类别是:纺织品类 6552 万元,丝绸类 4813 万元,土畜产品类 3231 万元,轻工业品类 2421 万元,粮油食品类 1805 万元;商品出口市场为欧美、日本、东南亚、大洋洲、非洲、中东及中国香港、中国澳门 70 多个国家和地区。

1986 年,全市对外贸易商品出口收购额 3.63 亿元,收购商品计 13 类 288 个品种。同年,市政府颁布出口创汇政策,实行谁创汇谁用汇原则,企业留成外汇由企业专设账户,任何部门不得截留、平调。1988 年,镇江市对外贸易公司获进出口经营权。同年,市政府出台政策,出口企业自留外汇调剂所得人民币收入作为企业税后留利。1989 年建立外贸发展基金,每年在市区综合电费中拨出 200 万元,连续划拨 5 年。同年出口创汇 897.71 万美元。1990 年,市政府设立出口增长奖、出口创汇贡献奖,对出口创汇产品实行平价供电,对产品出口内外销差价实行补贴,全年出口创汇 1298.46 万美元。同时,市政府大力扶持重点出口商品,对全市 151 个出口生产项目进行技术改造,1986～1990 年累计投入扶持资金 3820.5 万元。1990 年,全市出口商品交货额 12.05 亿元。出口商品为粮油食品、纺织品、土畜产品、轻工业品、五矿化工产品、机械设备、冶金产品、电子产品、包装品等 18 类 420 个品种,其中农副产品交货额 5995 万元,以农副产品为原料的加工产品交货额 4.6 亿元,机电产品交货额 1.81 亿元;乡镇企业交货额 3.46 亿元,"三资"企业交货额 7521 万元。

1991 年,镇江市投入技改贷款和扶持发展基金 805 万元及 34 万美元额度,对轻纺、化工、机械等 18 个出口生产项目进行重点扶持,全市全年出口商品交货额 15.06 亿元,商品品种 438 个;自营出口额 410.73 万美元,自营出口商品有抓斗、锚链、服装、分散染料、钛白粉、柠檬酸、拉链、毛巾等 44 个品种。1992 年,全市外贸出口额 3869 万美元,其中自营出口成交额 1779 万美元;自营出口商品 19 类 81 个品种,自营出口市场达 20 多个国家和地区。同年,镇江市锁厂成为全市第一家获进出口经营权生产企业。1994 年,全市出口商品实现交货额 118.92 亿元,其中农副产品交货额 12.43 亿元,以农副产品为原料的加工产品交货额 32.52 亿元,机电产品交货额 9.66 亿元,其中乡镇企业交货额 50.71 亿元,"三资"企业交货额 14.63 亿元。至 1995 年,全市有 14 家生产企业获进出口经营权。同年,全市外贸供货值 172.2 亿元,全市外贸自营出口额 5.06 亿美元,自营生产企业出口额 1553.14 万美元,"三资"企业出口额 3.09 亿美元。出口商品有服装、塑料门窗、玩具、门锁、农药、船用设备等 182 个品种,出口到日本、美国以及中国香港等 81 个国家和地区。

1996 年,全市外贸出口总额 5.9 亿美元,出口商品 410 个品种,锚链等 4 个产品出口额 1000 万美元以上;与 91 个国家和地区建立贸易往来。同年,全市获自营进出口权的企业增加到 25 家,全年出口额 4391.45 万美元;"三资"企业出口额 3.8 亿美元。1997～1998 年,全市各外贸企业利用华交会、广交会及各类国际专业博览会和出国推销小组,加快出口商品推销,全市全年出口额分别升至 7.09 亿美元、8.04 亿美元。1999 年受亚洲金融危机影响,全市出口总额下降为 4.18 亿美元。同年底,江苏飞达工具集团成为全市首家获自营进出口权的私营企业。2000 年,全市派遣出国推销团组30多个，全年实现出口额6.59亿美元，出口增幅列全省第二，苏南地区第一。加工贸易实现出口额2.02亿美元，占全市出口总额的30.7%。对欧盟、美国、日本、东盟和中国香港地区的出口额达4.63亿美元，占全市出口总额的70%。出口产品结构不断优化，初级产品出口额0.16亿美元，占全市出口额的2.43%；工业制品出口额6.43亿美元，占出口额的97.57%。有自营进出口权生产企业总数142家。全年自营生产企业出口额1.7亿美元，"三资"企业出口额2.6亿美元，外贸公司出口额2.3亿美元。

2001年，全市出口总额7.46亿美元，其中机电产品出口额2.88亿美元，占全市出口总额38.6%。自营生产企业出口额1.89亿美元，占全市出口总额25.34%；"三资"企业出口额3.24亿美元，占全市出口总额43.43%；外贸公司出口额2.33亿美元，占全市出口总额31.23%。全市对欧盟、美国、日本和中国香港地区的出口额合计3.98亿美元。2003年，镇江建立国家级出口加工区，全市加工贸易出口额上升至6.1亿美元，外贸出口总额12.89亿美元。2005年，镇江市鼓励企业开拓国际市场，组织企业参加广交会、华交会、国际展会，将镇江工具、眼镜等地方特色产品推向国际市场，出口额1000万美元以上产品26类，其中机电产品出口额8.25亿美元，高新技术产品出口额1.53亿美元。同年，全市出口总额20.35亿美元。全市获自营进出口权各类内资企业累计达685家。全市自营生产企业出口额5.5亿美元，外贸公司出口额3.54亿美元，"三资"企业出口额11.31亿美元。对外贸易合作伙伴分布于亚洲、欧洲、拉丁美洲、大洋洲的120个国家和地区，其中对美国出口商品额4.26亿美元，对欧盟出口商品额3.37亿美元，对日本出口商品额3.14亿美元。

1983～1994年镇江市出口商品收购交货额统计表

表18-2　　单位：万元

年份	全市	市区	丹徒	丹阳	句容	扬中
1983	18290	6403	1380	8016	673	1818
1984	21157	6618	1539	10027	746	2227
1985	24603	8395	1821	10432	1109	2846
1986	36341	12307	3246	14582	2293	3913
1987	52803	21173	6135	16524	4125	4846
1988	74576	25126	7629	27153	6042	8626
1989	89902	32820	8880	30416	7996	9790
1990	109248	38100	11296	35135	11703	13014
1991	150568	46647	14124	53683	23311	12803
1992	288385	75204	27817	100836	65256	19272
1993	725346	117480	99062	226802	146045	135957
1994	1189184	151479	191057	325282	308365	213001

说明：1983～1989年为外贸收购额，1990～1994年为外贸交货额

1992～2005年镇江市对外贸易出口总额统计表

表18-3　　单位：万美元

年份	全市	市区	丹徒	丹阳	句容	扬中
1992	3869	1787	294	1067	279	442
1993	15044	10437	588	1776	1541	702
1994	34623	26804	810	3160	2444	1405
1995	50561	34191	1561	11568	519	2722

续表 18-3

年份	全市	市区	丹徒	丹阳	句容	扬中
1996	58973	35182	2336	14753	1569	5133
1997	70857	39357	2605	14345	7050	7500
1998	80436	33690	7886	20430	7657	10773
1999	41802	23877	3832	8855	2581	2657
2000	65861	38991	5391	14213	3882	3384
2001	74574	44976	5641	14856	4270	4831
2002	101068	73010	–	18333	4610	5115
2003	128876	94768	–	23574	5781	4753
2004	151863	100790	–	31518	12983	6572
2005	203538	131655	–	43478	20470	7935

说明:2002 年后市区数据包括丹徒区数据

2005 年镇江市对外贸易前 20 位国别/地区统计表

表 18-4　　单位:万美元

进出口总额前 20 位国别/地区		出口总额前 20 位国别/地区	
国别/地区	绝对值	国别/地区	绝对值
日本	82003	美国	42629
美国	52255	日本	31382
韩国	38653	中国香港	15481
中国台湾	27887	韩国	8894
德国	20729	德国	6628
中国香港	16719	英国	6262
加拿大	15597	中国台湾	5942
印度尼西亚	11881	印度尼西亚	5263
法国	6920	印度	4552
英国	6643	加拿大	4514
意大利	6307	澳大利亚	4411
泰国	6070	法国	4279
马来西亚	6019	意大利	4226
澳大利亚	5850	荷兰	4215
俄罗斯	5783	土耳其	3666
新加坡	5572	新加坡	3380
巴西	5473	泰国	3011
智利	4995	阿拉伯联合酋长国	2847
印度	4964	马来西亚	2604
荷兰	4516	西班牙	2595

第二节　进口贸易

1983 年，镇江市对外进口贸易由省外贸公司负责。1988 年，镇江市对外贸易公司获进出口经营权。1990 年，全市国有、集体、"三资"企业小额进口贸易 364.84 万美元，进口货物为化工矿产品、油品、棉花、金属材料及其制品，货物进口国别地区主要是日本、美国、欧盟、东盟和中国香港等地。1992 年，全市外贸进口额 1940 万美元。进口货物为日本真丝衬衣（黑字还流）、日本 190 喷气织机（黑字还流）、挪威 AxE－10 型程控交换机（3000 门）、瑞典 AxE－10 型程控交换机（3000 门）、机动车辆等。1993～1994 年，镇江进口货物主要为机械设备、废钢、废钢船、包装材料、矿粉、沥青、胶合板、铬矿石及食用油、植物油等。1995 年，全市外贸进口额 5302 万美元，进口货物主要为金属矿、钢材、煤炭、石油、木材、化肥、柴油、粮食等，货物来自中国香港、中国台湾、日本、韩国、美国、欧盟及东盟等。

1996 年，全市进口货物贸易额 7009 万美元，进口商品主要是钢材、煤炭、石油、木材、化肥、柴油、粮食等。同年对进口料件加工贸易试行银行保证金制度，全市实现加工贸易额 1.3 亿美元。随着金东纸业、奇美树脂、奇美塑料、李长荣石化等外资大项目落户镇江，全市外贸进口额不断提升，1998 年，全市外贸进口额 7.05 亿美元。1999 年受亚洲金融危机影响，进口额 5.01 亿美元，比上年下降 29%。2000 年，全市外贸进口额 8.03 亿美元，其中加工贸易进口额 1.25 亿美元。进口商品和进口额前十位是：漂白非针叶木碱木浆、硫酸盐木浆 1.97 亿美元，苯乙烯 1.4 亿美元，海水淡化装置 4901 万美元，漂白针叶木碱木浆、硫酸盐木浆 1958 万美元，涂布机 1812 万美元，2－丙烯腈、乙烯基氰 1802 万美元，铝板（片、带）1556 万美元，糊精 1527 万美元，造纸机器零件 1489 万美元，乳胶 1252 万美元。进口额前十位国别（地区）是：印度尼西亚 1.86 亿美元，韩国 1.36 亿美元，日本 1.03 亿美元，中国台湾 7730 万美元，芬兰 6637 万美元，美国 4710 万美元，德国 3849 万美元，加拿大 3193 万美元，泰国 2139 万美元，法国 1312 万美元。

2001 年受国际经济衰退、国内出口退税积压等因素影响，全市外贸进口额 7.08 亿美元，较上年下降 11.8%。2002 年后，镇江改善投资环境，强化招商引资力度，不断引进外资大型企业，同时内资企业深化改革，转型升级，参与国际市场竞争，企业设备及原材料进口不断增长，带动全市外贸进口额不断攀升。2003 年，全市外贸进口额 13.81 亿美元，较上年 10.87 亿美元增长 27%，其中机电产品进口额 4.4 亿美元，占总额 32%；加工贸易进口额 3.5 亿美元，占总额 25%。2005 年，全市外贸进口额 19.26 亿美元。外贸公司实现进口额 9856 万美元，内资自营生产企业实现进口额 1.63 亿美元，"三资"企业实现进口额 16.64 亿美元。进口货物主要为金属矿石、非金属矿石、乳胶、机械设备、钢铁、金属材料、化工原料、造纸机械等。货物主要来自中国香港、中国台湾、日本、韩国、美国、欧盟及东盟等。

1992～2005 年镇江市进口总额统计表

表 18-5　　　　单位：万美元

年份	全市	市区	丹徒	丹阳	句容	扬中
1992	1940	1391	119	136	294	－
1993	1145	65	136	532	412	－
1994	5444	4242	60	992	150	－
1995	5302	4684	31	461	126	－
1996	7009	5041	157	1248	103	460
1997	17940	1333	1733	4336	9338	1200

续表 18-5

年份	全市	市区	丹徒	丹阳	句容	扬中
1998	70462	66580	2042	867	116	857
1999	50142	41808	2297	4196	839	1002
2000	80283	69922	1325	4864	1363	2809
2001	70811	58217	1330	5719	1780	3765
2002	108707	97219	–	6179	1367	3942
2003	138127	116857	–	14095	3089	4086
2004	196072	172836	–	12100	6056	5080
2005	192610	170716	–	9595	7000	5299

说明:2002 年后市区数据包括丹徒区数据

2005 年镇江市自营进出口额超千万美元企业统计表

表 18-6　　单位:万美元

企业名称	出口	进口	进出口
金东纸业(江苏)有限公司	32360	49270	81630
镇江奇美塑料有限公司	0	25021	25021
镇江奇美化工有限公司	0	19015	19015
镇江国亨化学有限公司	0	14968	14968
江苏爱派克斯数码有限公司	6784	4419	11203
江苏索普(集团)有限公司	3901	6355	10256
镇江焦化煤气集团有限公司	7370	729	8099
镇江美驰轻型车系统(第二)有限公司	3882	3723	7605
镇江泛华进出口有限公司	6025	1564	7589
镇江华星国际贸易有限责任公司	6289	875	7164
江苏天工工具股份有限公司	5814	16	5830
镇江联成化学工业有限公司	0	5232	5232
句容都茂自行车有限公司	3793	259	4052
元鼎饰材实业(镇江)有限公司	2611	1183	3794
江苏宏达新材料股份有限公司	561	2580	3141
优利德(江苏)化工有限公司	616	2367	2983
中盛粮油工业(镇江)有限公司	0	2876	2876
嘉新京阳水泥有限公司	2570	266	2836
来泰祥化工(江苏)有限公司	0	2755	2755
江苏飞达工具股份有限公司	2709	37	2746
江苏世纪数码液晶有限公司	2022	638	2660
江苏久正光电有限公司	939	1517	2456
镇江江奎集团有限公司	1772	598	2370
丹阳市对外贸易公司	2079	269	2348
镇江苏惠乳胶制品有限公司	1572	707	2279
圣象集团有限公司	1797	364	2161
镇江爱迪进出口有限责任公司	1938	6	1944
江苏惠通集团有限责任公司	1821	30	1851

续表 18-6

企业名称	出口	进口	进出口
丹阳建达塑胶工业有限公司	1011	753	1764
江苏现代南自电气有限公司	97	1606	1703
华盟家饰工业有限公司	1656	0	1656
凯迩必机械工业(镇江)有限公司	1	1644	1645
华东联合制罐有限公司	0	1626	1626
镇江茂源化工有限公司	1301	302	1603
镇江市汉华进出口有限公司	1518	59	1577
华东斯迪制盖有限公司	0	1562	1562
镇江李长荣综合石化工业有限公司	15	1436	1451
凯迩必液压工业(镇江)有限公司	0	1421	1421
镇江奥捷国际贸易有限公司	1389	29	1418
镇江万新光学有限公司	985	393	1378
镇江鼎胜铝业有限公司	1378	0	1378
镇江泰普克沥青有限公司	0	1293	1293
镇江原源进出口有限公司	1259	2	1261
镇江江南化工厂	1252	0	1252
大亚车轮制造有限公司	1231	1	1232
镇江华宏进出口有限责任公司	608	613	1221
镇江华苏国际贸易有限公司	1161	36	1197
镇江市多禾商贸有限公司	1093	50	1143
江苏圆通汽车零部件有限责任公司	1135	0	1135
镇江江南化工有限公司	1127	0	1127
镇江京友窗帘有限公司	1101	0	1101
巨宝精密加工(江苏)有限公司	283	798	1081
句容市宁武化工有限公司	578	494	1072
丹阳市荣华贸易有限责任公司	1058	3	1061
大赛璐安全系统(江苏)有限公司	0	1057	1057
丹阳市精益铝业有限公司	938	87	1025
江苏沃得植保机械有限公司	871	147	1018
镇江市东昌石油化工厂	0	1012	1012

第三节 国际贸易与促进

1989 年 2 月 1 日,中国国际贸易促进委员会镇江市支会(又称中国国际商会江苏省分会镇江市支会,简称市贸促会)成立,为地方民间促进国际经济贸易团体,在县(市、区)经贸部门及市级工业主管部门下设 11 个贸易促进工作联络站,吸收企业会员 75 个,团体会员 31 个。同年,市贸促会组织 4 个团组赴日本、原苏联、西班牙、中国香港等国家和地区进行经济考察洽谈;组织 44 家企业赴美国、法国、瑞士、日本、加拿大、马来西亚等国家参加国际性对外经济展览会,促成出口成交额 400 余万元,签订意向合同 2000 万美元,结识外商客户 2000 余人。同年起,市贸促会与全国 20 多个省、市贸促分会、支会建立业务联系,收集传递对外经济信息。

1995年7月，市贸促会换届改选，产生40名委员、聘请34名特邀顾问。1996年吸收江苏金河纸业有限公司、江苏恒顺集团、江苏正茂集团为副会长单位，会员企业发展至130家。同年，市贸促会创办《镇江贸促信息》为企业提供国际经贸信息。加大贸易促进力度，每年均组织企业参加世界各地经贸展销会。

2000年10月，市贸促会镇江出证认证中心成立，为江苏省省辖市第一家专业出证认证机构、中国贸促总会全国第一批正式授权开展国际商事证明书业务的贸促支会之一。同年自办国际商事证明书6份，首次代办ATA通关单证注册1份。市贸促会出证认证处被中国贸促总会评为中国贸促系统网上参证工作、ATA单证制度工作先进集体，被省贸促会评为江苏省贸促系统出证认证工作先进集体。2003年，市贸促会为方便企业有序办证，专设出证认证处办证大厅。同年为企业发出口一般原产地证明书45份，自办国际商事证明书210份，单据认证575份，代办使馆认证693份，代办ATA单证注册16份，居江苏省办理单证首位。2003年、2004年，市贸促会先后举办10期外贸实务知识培训班，帮助企业了解世贸组织规则和国际市场动态，480家企业、600人参加培训。2004年，为处理涉外投诉调解事宜，中国贸促会江苏调解中心镇江办事处成立。2005年，市贸促会涉外调解中心镇江办事处第一次受理丹阳市晶工工具有限公司与中东客商国际贸易纠纷案并调解成功。同年注册成立镇江市国茂商务展览有限公司，为镇江市第一家国际展览专业服务机构。全年签发出口货物一般产地证10535份，涉及出口额3.03亿美元；办理一般认证778份，使领馆、领事馆认证834份；自办国际商事证明书530份，ATA单证注册8份；新注册企业78家。首次在丹阳市设立原产地证明点。

第四节　专业外贸企业选介

镇江对外贸易(集团)公司　前身为1958年1月成立的镇江市对外贸易公司，位于镇江市中山西路98号，是直属市政府的副县(处)级企业单位，1988年获自营进出口经营权。1989年实现自营进出口贸易额40.67万美元。1996年3月，镇江市外贸公司更名为镇江市对外贸易集团公司，下辖10个子公司、12个紧密型企业，6个海外窗口；与世界46个国家和地区、400多名客商建立外贸合作业务。主营五金矿产、化工、机械等进出口产品，1997年进出口额1.42亿美元，在全国进出口额最大500家企业中排名第201位。2005年改制为民营企业，进出口总额392万美元，其中出口额222万美元，进口额170万美元。

镇江华星国际贸易有限责任公司　1992年8月成立，位于镇江市中山东路45号。原为镇江市五金矿产、化工、机械专业进出口公司，镇江市外贸全民所有制骨干企业。主营五金、化工、机械、电子设备、工具、灯具、电缆、金属材料、建筑材料、针纺产品进出口业务。1996年，公司注册更名为镇江华星国际贸易有限责任公司，注册资本50万元。1999年实现出口额4764万美元，产品销往东南亚、欧洲、南美、中东等80多个国家地区。2000年，公司增资扩股，注册资本500万元，其中国有资本200万元，公司持股会67.9万元，自然人出资232.1万元；同年，公司获进出口经营权。2001年，公司实现进出口总额1.2亿美元。2004年9月改制为民营企业。2005年，公司进出口总额7164万美元，其中出口额6289万美元。

镇江泛华进出口有限公司　公司位于镇江市运河路65号，拥有一家眼镜镜片厂和一个化学实验室。原为镇江市轻工业品、工艺品进出口公司，为集工业与贸易于一体的全民所有制企业。主要经营轻工产品、工艺品、五金工具、纺织品、化工产品和五矿产品进出口业务。1997年，公司实行股份制改革，更名为镇江泛华进出口有限公司，注册资本51万元，其中国有资本40万元(外贸集团持股)，自然人投资11万元。2000年，公司增资扩股，注册资本500万元，其中国有股150万元，职工持股会105万元，自然人出资245万元；同年，公司获外贸进出口自营权。2003年，公司实现进出口额3200万美元。2004年改制为民营企业。2005年,公司完成进出口总额7589万美元,其中出口额6025万美元。

镇江奥捷国际贸易有限公司　1987年成立,位于镇江市中山东路188号。原为镇江市纺织品进出口公司,主营轻工工艺、纺织、服装、五金、化工等产品进出口业务。1998年7月更名为镇江奥捷国际贸易有限公司,注册资本60万元。2000年,公司改制变更为奥捷轻纺进出口有限责任公司,注册资本500万元,由外贸集团及公司管理层等自然人投资,同年,外经贸部赋予进出口经营权。2004年改制为民营企业。2005年,公司进出口总额1418万美元,其中出口额1389万美元。

江苏外贸镇江冷库　1971年由外贸部投资兴建,市进出口支公司级企业,位于镇江市区丁卯路3号,占地面积15.4万公顷,拥有1.15万吨冷藏仓库1座,罐头、钢材等专用库房3万平方米,1.5万平方米保税仓库,1.524公里铁路专用线。1989年12月,外贸镇江中转冷库更名为外贸镇江冷库,企业业务主要为冻品、罐头、钢、包装物料、化肥、扶持生产物资等几十种商品的储运、中转、发运。承担美国、加拿大、日本、中东、西欧等几十个国家、地区中转进出口商品,直接对港澳、独联体发运商品。国内承接十几个省、市物资储存、中转、发运。1991年,外贸镇江冷库被国务院企业管理指导委员会、国务院生产委员会划为国家二级企业。同年,外贸进出口货物11万吨,创利税324万元。至2005年,外贸镇江冷库发展为一家集冷冻食品储存、批发、运输,普通商品储存、运输,一般国内贸易、进出口贸易于一体的国家级大型仓储企业,被对外经济贸易部授予全国对外经贸全面质量管理先进单位、全国外贸仓库最优仓库等称号。

第三章　利用外资

20世纪80年代中末期,镇江市开始引进利用外资。90年代中后期,镇江市利用外资快速发展,"三资"企业成为镇江市经济发展重要组成部分。外资企业金东纸业为亚洲最大造纸基地,奇美是国内最大工程塑料粒子生产基地,华东泰克西是全国最大的汽车发动机精密缸体制造基地。进入21世纪,镇江市利用外资更加注重规模与质量,新能源、新材料、电子信息、生态农业、服务业等新兴产业成为利用外资重要领域。2005年,全市新批合同外资1000万美元以上项目中属于国家鼓励发展项目占68%,允许类占32%;服务业外资项目48个,世界500强沃尔玛国际商贸、佳冠担保公司、中盛现代储运、金海岸储运等现代服务业项目落户镇江。

第一节　招商引资

1980年,澳大利亚政府投资建设的金山饭店是镇江市最早利用外资项目。至1983年,镇江市对外招商引进3项来料加工、3项补偿贸易、4项短期外汇贷款项目。1984~1985年利用外资项目15个,直接利用外资额1008.2万美元。1990年,市人民政府出台对外商投资系列优惠政策和待遇,下放外资企业审批权限,赋予丹阳市投资总额3000万美元以下项目审批权限,赋予丹徒、扬中、句容3县和润州、京口2区投资总额1000万美元以下项目审批权限。同年,镇江市第一家台商独资企业——镇江泰利丰电子有限公司创办。"七五"期间,镇江市签订利用外资项目99个,合同利用外资6697万美元,实际利用外资4096万美元;其中外商投资企业项目56个,利用外国政府贷款项目12个,"三来一补"(来料加工、来样加工、来件装配和补偿贸易)项目31个;新办外商投资企业,全部为生产型企业,由老企业嫁接改造的占70%左右,投资涉及行业有塑料、化工、电子、冶金、轻工、食品、纺织、丝绸、服装、船舶等。投资客商来自日本、美国、新加坡、泰国、中国香港、中国台湾等国家和地区。

1991 年,镇江设立经济技术开发区,成立镇江市外国投资工作委员会,对外商投资实行一个窗口审批及服务。同年新批外商投资企业 47 家,合同利用外资 2417 万美元,实际利用外资 1820 万美元。1992 年,镇江市人民政府简化外商投资项目审批手续,赋予市各经济主管局(公司)投资总额在 500 万美元以下项目建议书和可行性研究报告审批权限,委托镇江市经济技术开发区管理委员会审批进入开发区的外商投资项目。同年审批外商投资企业 362 家,合同利用外资 1.84 亿美元,实际利用外资 4851 万美元。第三产业利用外资兴起,全年新批准第三产业外商投资企业 54 家,合同利用外资 4165.5 万美元,投资范围涉及房地产开发、饭店娱乐、装饰装潢、公关服务、安装工程、仓储运输等,其中经营房地产项目 26 个。1995 年 8 月,市政府外商投资企业投诉协调中心成立,同时将利用外资与新产品开发、技术改造、出口创汇相结合,质量与规模不断提高。同年,全市合同利用外资 10.53 亿美元,实际利用外资 2.19 亿美元;其中外商投资企业办理增资项目 44 个,增资额 4386.04 万美元,利用外资实现良性循环。同年,全市新批准 212 家"三资"企业,其中工业企业 172 家,其他产业项目 36 家;外商独资企业 62 家;合同利用外资 1000 万美元以上企业 36 家。投资涉及行业有化工、轻工、电力能源、电子电器、光学仪器及眼镜、机械、五金工具、交通、房地产、餐饮、农业种植及养殖等;投资客商来自 19 个国家和地区,位居前 6 位的为港商投资企业 52 家,台商投资企业 51 家,新加坡客商投资企业 38 家,日本客商投资企业 12 家,美国客商投资企业 11 家,韩国客商投资企业 10 家。

1996 年,全市利用外资工作克服国内宏观经济环境偏紧、亚洲金融危机影响等不利因素,组织多种形式招商引资活动,推进大项目引进工作。同年,合同利用外资 1000 万美元以上项目 9 个,合同利用外资 3 亿美元,占全市合同利用外资的 60%;其中江苏联合水泥有限公司、国亨化学有限公司、金通公路建设发展有限公司、奇美化工有限公司合同利用外资分别为 1.39 亿美元、2950 万美元、2839 万美元、2507.5 万美元。1997 年,全市批准利用外资项目 141 个,合同利用外资 22.14 亿美元,位居全省第二位。全市合同利用外资 1000 万美元以上项目 8 个,其中江苏金东纸业有限公司项目合同利用外资 14.58 亿美元,单项投资额位居该年全国第一。同年,投资客商来自 15 个国家和地区,合同利用外资前 5 位国家和地区是:新加坡 14.66 亿美元、中国香港 1.49 亿美元、中国台湾 5668.5 万美元、美国 5122.5 万美元、英国 3603.4 万美元。2000 年,全市批准利用外资项目 182 个,合同利用外资 3.98 亿美元;其中外商独资项目 81 个,10 个合同利用外资 1000 万美元以上项目全部为外商独资项目。投资项目涉及行业位居前 5 位的分别是:化工塑胶类 15 个、轻工纺织类 15 个、汽车及自行车类 14 个、电子电器类 9 个、光学仪器及眼镜类 9 个。投资客商来自 30 个国家和地区,其中港商投资项目 43 个,合同利用外资 7828.46 万美元;台商投资项目 52 个,合同利用外资 6048.62 万美元。

"十五"期间,全市实施外向带动战略,推进沿江开发,调整产业布局。招商引资领域不断拓宽,招商引资战略不断优化,以具有竞争力且相对完备的相关产业及支撑配套产业为增长点,实施产业链招商,吸引国际资本投资,先后举办台商系列招商活动、世界华商镇江行活动、镇江汽车及零部件投资合作洽谈会、镇江沿江开发产业配套投资洽谈会、百日招商等经贸活动。市及辖市(区)、镇江新区设立对外招商处,组织赴韩国、印尼、日本、巴西、美国、欧洲、中国台湾、中国香港等国家和地区招商,同时邀请多国外商及港澳台商到镇江考察洽谈。实施城市三年大变样建设工程,改善城市投资环境;在全市涉外部门实行企业服务首问负责制 、政务公示制、服务承诺制,组织 200 多家外商投资企业对市级机关进行评议;向外商颁发一卡通,在投资、交通、通信、就医等方面给予优惠待遇。利用外资规模和质量不断提升,外商及港澳台商独资企业快速增加。2001 年,全市批准利用外资项目 259 个,合同利用外资 10.85 亿美元;其中外商及港澳台商独资项目 145 个,合同利用外资 6.78 亿美元;合同利用外资 1000 万美元以上项目 17 个。2005 年批准利用外资项目 471 个,合同利用外资 32.17 亿美元,实际利用外资 5.96 亿美元;其中合同利用外资 1000 万美元以上项目 91 个。159 个总投资额 1000 万美元以上项目涉及行业前 7 位的是:电子电器类 40 个项目,设备及零部件制造类 21 个项目,新材料类 17 个项目,化工类 12 个项目,房地产开发类 12 个项目,汽车及零配件类 9 个项目,生态农业类项目 6 个。投资客商来自美国、韩国、日本、中国香港、中国台湾等 19 个国家和地区,位居前 3 位的分别是:中国香港 50 个项目,合同利用外资 7.39 亿美元;中国台湾 40 个项目,合同利用外资 5.07 亿美元;美国 17 个项目,合同利用外资 2.5 亿美元。

1983～2005 年镇江市招商引资统计表

表 18-7　　单位:万美元

年份	新批企业数(家)	新批“三资”企业(家)			利用外资		其他引资			
		中外合资企业	中外合作企业	外资企业	合同外资	实际利用外资	补偿贸易	加工装配	国际租赁	利用国外贷款
1983	–	–	–	–	–	–	–	–	–	–
1984	2	2	–	–	–	110	27	–	–	–
1985	1	1	–	–	–	48	45	–	778.20	–
1986	4	3	1	–	449	350	–	–	–	–
1987	9	9	–	–	108	63	–	–	–	–
1988	11	11	–	–	1123	578	33	58.00	15.00	398
1989	7	6	1	–	2245	2590	8	129.00	151.00	1486
1990	27	26	–	1	2772	515	32	–	–	1975
1991	47	45	2	–	2417	1820	116	151.30	–	–
1992	362	351	4	7	18425	4851	–	0.06	–	295
1993	560	528	12	20	32801	13360	–	–	–	–
1994	234	194	11	29	20467	17343	–	–	–	–
1995	212	133	12	62	105333	21897	–	–		5413
1996	122	83	16	22	50351	24000	–	–	–	4435
1997	141	97	13	30	221390	46575	–	–	–	2173
1998	100	56	5	36	29669	75738	–	–	–	1625
1999	137	81	8	48	29680	50840	–	–	–	266
2000	182	95	3	81	39814	29284	–	–		359
2001	259	107	6	145	108527	32637	–	–	–	110
2002	349	136	3	210	104070	50095	–	–	–	–
2003	440	175	4	261	175381	80552	–	–	–	–
2004	477	132	2	343	268401	55965	–	–	–	–
2005	471	114	5	352	321651	59590	–	–	–	–

1987～2005 年镇江市招商引资统计表(按地区)

表 18-8

年份	新批项目数(个)					合同外资额(万美元)					实际利用外资额(万美元)				
	市区	丹徒	丹阳	句容	扬中	市区	丹徒	丹阳	句容	扬中	市区	丹徒	丹阳	句容	扬中
1987	–	–	–	–	–	58	14	–	8	28	–	–	–	8	55
1988	4	3	3	–	1	767	327	–	–	29	358	–	192	–	28
1989	4	–	2	–	1	2129	102	–	1	13	2097	–	480	–	13

续表 18-8

年份	新批项目数(个)					合同外资额(万美元)					实际利用外资额(万美元)				
	市区	丹徒	丹阳	句容	扬中	市区	丹徒	丹阳	句容	扬中	市区	丹徒	丹阳	句容	扬中
1990	8	2	10	4	3	2565	44	-	142	21	387	19	105	-	4
1991	15	6	13	6	7	1194	173	780	105	165	1313	42	221	172	72
1992	140	30	120	34	38	9243	838	5460	1658	1226	2255	210	1282	952	152
1993	211	52	151	72	74	13780	1500	6096	9726	1699	7760	524	2417	1782	877
1994	75	20	58	38	43	5832	877	9030	897	3831	6817	1018	5710	2091	1707
1995	78	23	47	34	30	85337	2602	7832	5031	4531	10481	1031	6365	2010	2010
1996	37	7	27	26	25	29040	2053	3003	11724	4531	3794	1810	6252	7174	4970
1997	43	12	37	29	20	204201	5038	6469	3352	2330	30025	2314	4833	8002	1401
1998	31	11	22	12	24	18009	4021	2874	723	4042	60658	2532	1537	8509	2502
1999	35	6	33	34	29	16060	844	4285	4455	4036	45257	1171	2220	750	1442
2000	42	14	59	35	32	12846	7245	7077	7856	4790	21866	1216	3070	1515	1617
2001	52	23	78	45	61	48142	13491	11323	23287	12284	19594	1696	4515	4638	2194
2002	120	-	97	57	75	43694	-	23369	23880	13127	21652	-	10059	10592	7792
2003	114	-	149	99	78	58803	-	40168	47882	28528	27152	-	18509	21094	13797
2004	166	-	119	123	69	116366	-	52369	58205	41461	27169	-	5488	13255	10053
2005	174	-	115	124	58	149999	-	51168	72003	48481	33009	-	8795	11794	5992

说明:2002 年后市区数据包括丹徒区数据

第二节　“三资”企业

1988～1990 年,镇江市“三资”企业累计工业总产值 3.54 亿元,出口创汇 2435.92 万美元。至 1990 年底,开业投产“三资”企业 28 家,21 家企业产品销往国际市场,外销产品有江苏玛维斯德塑料有限公司的彩塑地板、镇江宝马塑料金属有限公司的金属浸塑鸟笼、镇江立宝鞋业有限公司的女式皮鞋、江苏丹宏企业有限公司的真丝服装、丹阳华海金属制品有限公司的不锈钢餐具等。符合二类企业水平(出口占 50% 以上、先进技术达到标准局认可)的 10 家。江苏丹宏企业有限公司被评为省十佳外商投资企业和 1990 年全国“双优”(年度出口创汇 200 万美元以上,税前利润 100 万元以上)外商投资企业。

“八五”期间,全市“三资”企业中的骨干企业开始形成。1992 年,镇江市华东联合制罐有限公司、江奎电子实业有限公司以生产规模和实现产值、利税进入全国外商投资企业最优 500 家排名行列。同年,镇江市“三资”企业利税超 1000 万元的有 2 家,分别为华东联合制罐有限公司、江苏哈哩哈里食品有限公司。至 1993 年,全市累计投产开业“三资”企业 308 家。同年,“三资”企业实现产值 24.1 亿元,出口 1.28 亿美元(含向外贸供货值),实现利润 4517 万元。年产值 1000 万元以上企业 62 家,其中年产值亿元以上 1 家,亿元以下～5000 万元 6 家。有产品出口实绩企业 117 家,其中出口值超百万美元 32 家,超 500 万美元 4 家。盈利企业 107 家,利润超百万元 17 家,超千万元 2 家。1994 年,全市新开业“三资”企业 352 家,累计 660 家。“三资”企业总产值超亿元 4 家,总产值超千万元 124 家;有产品出口实绩企业 183 家,其中出口值超百万美元56家，超500万美元7家，镇江申日烤鳗有限公司出口值6489.48万美元，在全省排名第四位。1995年，镇江市对1994年12月31日前批准成立的1262家外商投资企业履行合同、章程情况进行全面检查，撤销180家不合格"三资"企业。同年，全市投产"三资"企业累计706家，总产值81.89亿元，实现利润2.15亿元，出口创汇3.09亿美元。华东联合制罐有限公司、镇江金河纸业有限公司、镇江大东纸业有限公司3家中外合资企业入选1995年度全国外商投资500强企业。

"九五"期间，全市投资环境不断改善，"三资"企业发展步入良性循环轨道。1997年，全市915家"三资"企业参加年检，合格企业725家。同年，镇江美驰轻型车系统有限公司、江苏镇江锚链有限公司、镇江汉奎电子有限公司、江苏华阳纺织有限公司、丹阳飞达工具有限公司、江苏东方光学有限公司、镇江万新光学眼镜有限公司、镇江默勒电器有限公司、扬中泰克电子仪器有限公司等24家"三资"企业被评为全国"双优"（年度出口创汇200万美元以上，税前利润200万元以上）企业。镇江市最大零售合资企业镇江商业城，1997年实现营业额2.8亿元，利税1780万元，跨入全国大型零售企业行列。同年12月拥有国际上最先进新型干法短窑水泥熟料生产线的台资企业京阳水泥有限公司试产，1998年生产水泥139万吨，实现工业产值2.35亿元；销售水泥124万吨，熟料19万吨，完成出口交货值1.76亿元。工程塑料生产企业镇江奇美化工有限公司1999年实现利润2282.7万元，累计交纳各项税款1.8亿元，利税列全市第一、全省第四。2000年，全市制造业"三资"企业实现营业收入132.48亿元，其中境外销售12.03亿元；实现利润2亿元，完成税收7.22亿元。批发零售和餐饮业"三资"企业营业收入3.69亿元，实现利润1812万元，完成税收2147万元；交通运输仓储及邮电通信业"三资"企业实现营业收入6294万元，利润543万元，税金295万元。同年，全市累计投产开业"三资"企业748家，实现营业收入139.6亿元，其中出口营业收入12.3亿元；实现利润2.23亿元。

"十五"期间，全市"三资"企业经济总量不断上升，成为全市经济重要组成部分。2001年，全市"三资"企业营业收入超10亿元的企业4家，金东52.1亿元、龙山15亿元、奇美14.7亿元、江奎12亿元，金东跻身全省50强企业。同年，全市制造业"三资"企业实现营业收入155.37亿元，其中境外销售23.15亿元；完成税收7.72亿元。批发零售和餐饮业"三资"企业实现营业收入4.04亿元，实现利润2131万元，完成税收2412万元。房地产和建筑业"三资"企业实现营业收入2.99亿元，实现利润314万元，完成税收331万元。随着"三资"企业大项目逐步增加并投产，形成多条产业链。以金东纸业集团为核心的造纸化工、纸业包装、纸业延伸加工等配套系列产业；以奇美、国亨、优利德等企业为龙头的重要绿色化工生产基地、石化物流基地和亚洲最大工程塑料粒子生产基地；以江奎电子、奥雷光电、蓝宝石电子等企业为龙头的光电子与通信元器件系列产业；以华东泰克西、阿文美驰、银峰铸造等为龙头企业的汽车零部件配套产业；以飞达集团、天工集团、华昌公司为核心集生产研发、销售外贸为一体的五金工具与特钢冶炼产业体系；以万新、海昌、金目、明月等企业为主形成的眼镜研发生产集群、亚洲最大眼镜产品集散地；以大亚木业、柯诺木业、肯帝亚木业等骨干企业为依托的造林、板材、地板、家具产业链；以大全集团、中电电气集团、现代重工（中国）电气有限公司为龙头的电力电器产业基地；以立大、都茂两家自行车整车生产厂为龙头，带动原材料深加工、零配件生产、包装以及塑料等行业的自行车产业链。2005年，全市制造业"三资"企业实现营业收入419.91亿元，其中境外营业收入13.3亿元；实现利润2.36亿元，完成税收2.25亿元。批发零售和餐饮业"三资"企业实现营收3.39亿元，实现利润1544万元，完成税收2557万元。房地产和建筑业"三资"企业实现营业收入7637万元，实现利润160万元，完成税收380万元。交通运输仓储及邮电通信业"三资"企业实现营业收入1.77亿元，利润828万元，税金253万元。

1990～2004年镇江市"三资"企业主要经济指标统计表

表18-9

年份	实有企业数(家)	投产开业企业数(家)	从业人员(人)	销售(营业)收入(万元)		实缴税金及附加(万元)	利润总额(万元)	资产合计(万元)
				合计	出口销售收入(万美元)			
1990	-	28	4554	20367	16104	801	494	28962
1991	-	53	7032	40032	2168	4060	17	19485
1992	-	148	10077	66372	3304	4830	4403	90457
1993	-	308	23665	165827	6755	5410	4517	202456
1994	-	660	20828	-	-	-	-	-
1995	1355	706	24142	476965	30920	2259	21480	-
1996	1408	707	22671	562368	37798	4322	21882	-
1997	1549	769	23139	753757	45080	13607	29118	727455
1998	1459	813	31997	741526	53000	19451	15033	972577
1999	1545	872	57908	871879	133940	25757	25931	1289979
2000	1280	748	63086	1396054	122994	75789	22335	2946138
2001	1329	718	71311	1656152	233381	80489	-18967	2959205
2002	1458	736	77083	2221082	349690	108163	114662	3168062
2003	1765	757	81368	2632879	438201	139116	164924	3423217
2004	-	-	86667	3226455	477185	134880	186701	4141756

第四章　对外经济技术合作

1983年,镇江市对外经济技术合作包括对外承包工程、劳务合作、境外投资等采取挂靠省内外有对外承包工程和劳务合作签约权的企业承接合作项目起步创业。1993年,中国江苏国际经济技术合作公司镇江分公司获对外经营签约权,为全市第一家拥有对外承包工程和劳务合作经营权的外经企业。随后各县(市、区)相继成立国际经济技术合作公司,拓展外经市场。全市境外投资进入亚洲、北美洲、欧洲等21个国家和地区。"九五"至"十五"期间,全市对外经济技术合作发展步伐加快。境外承包工程规模提升,大项目不断增加;对外劳务层次提高,由建筑工、缝纫工逐步发展到计算机工程师、机械工程师、石油勘探工等工种,劳务市场分布亚、非、欧、美和大洋洲64个国家和地区;境外投资质量提升,境外投资项目70%以上设在美国、德国、日本、中国香港等发达国家和地区。2005年,全市新签对外承包工程和劳务合作合同额1.92亿美元,实现营业额1.64亿美元,年末在外劳务人员9811人。全市新批境外企业9家,总投资1954.29万美元,中方协议投资1749.29万美元。

第一节　对外承包工程与劳务合作

一、对外承包工程

"七五"期间,镇江市对外承包工程开始起步。1986年,镇江市第二建筑公司与有对外工程签约权的江苏省中土公司合作,自行设计承包贝宁中国文化中心工程。至1990年,该公司先后独立承包几内亚共和国农业部工程与种子中心处理工程。1990年9月,中国江苏国际经济技术合作公司镇江分公司(简称市国际经济技术合作公司)成立。

"八五"期间,镇江市组合专业外经公司和建筑施工单位各自优势,联合拓展对外承包工程业务。1992年4月,镇江市首家县级外经公司扬中县国际经济技术合作公司成立;7月,丹阳市国际经济技术合作公司成立。同年10月,市国际经济技术合作公司承包英国伦敦弗里豪特尔宾馆带资装修工程,项目总投资149.35万美元,由镇江市建筑装饰工程公司施工,这是中国企业在英国承接的第一个承包工程项目。1993年,市国际经济技术合作公司获承包境外工程和劳务合作签约权。1994年12月,以市国际经济技术合作公司为龙头,组合镇江市建筑、交通、电力、水利、古典园林等12家施工企业,成立江苏省第一家对外承包工程的松散型外经集团公司。同年对外承包阿联酋、中国香港、新加坡、俄罗斯的5个工程项目,合同总额725.4万美元。其中樟宜机场工程合同额300万美元,俄罗斯综合工程合同额250万美元,分别为合同额第一、第二位。1995年,镇江市在美国、津巴布韦、纳米比亚、菲律宾、阿联酋、俄罗斯、新加坡7个国家承包8个项目,其中承包合同额位居前三的为镇江市建筑二公司承包的津巴布韦医院工程项目1052万美元,市国际经济技术合作公司承包的俄罗斯综合工程二期项目650万美元,镇江市路桥公司承包的菲律宾高架桥项目600万美元。

"九五"期间,全市对外承包工程业务稳步发展。镇江海外工程各施工单位注重工程质量和进度,按质按期完成承包项目,在施工国家得到认可,同时不断获签新合同。1998年,镇江市建筑工程公司获承包境外工程和劳务合作签约权,为全市首家获外经签约权工程施工单位。同年,全市对外承包新加坡、纳米比亚、特立尼达、津巴布韦、菲律宾5个国家14个工程项目,合同额1966万美元。其中承包合同额位居前三的为纳米比亚法院项目571万美元、津巴布韦师范学院项目330万美元、特立尼达学校项目297万美元,三项目均由镇江市建筑二公司承包。2000年,江苏省交通工程总公司、省电建三公司、市外贸集团公司3家企业获承包境外工程和劳务合作签约权,全市有对外签约权企业5家。同年,全市对外承包纳米比亚、特立尼达、津巴布韦、新加坡、以色列、德国、泰国7个国家19个工程项目。承包工程技术含量提高,市国际经济技术合作公司与省电建三公司共同承接新加坡沙卡拉电厂设备安装项目,一、二期合同额计358万美元,工程施工及安装均由中方负责。市国际经济技术合作公司承包德国曼海姆市中国公园项目,为欧洲最大的中国公园,项目合同额203万美元。中港第二航务工程局第三工程公司承建泰国污水处理项目,采用先进顶管技术,该技术获省部级科技进步奖。

"十五"期间,全市深化外经企业改革,提升外经企业综合实力和国际竞争力;多渠道考察国外工程承包市场,拓展工程承包业务,大项目承包逐渐增加。2002年,市国际经济技术合作公司承接德国布吕尔市幻想国游乐园建筑面积3万平方米的中式四星级宾馆建设项目,合同额2315万美元,时为中国在欧洲最大建筑工程项目。江苏华扬石油钻井工程公司获境外工程承包和劳务合作签约权;同年,该公司新签承包工程合同额2280万美元。2004年,镇江国际经济技术有限公司承包奥地利雷欧本市中国文化度假村项目工程,项目总投资7000万美元。中港第二航务工程局第三工程公司中标越南胡志明市环卫工程第七标,中标额3000万美元。至2005年,镇江市有8家企业获对外承包工程和劳务合作经营权。同年,全市新签境外工程承包合同额1.38亿美元。市国际经济技术合作公司承建奥地利工发组织总承包项目,德国布吕尔市幻想国宾馆扩建工程,柏林大使馆、法兰克福总领事馆、法国大使馆装修工程,合同额2000万美元,完成营业额1000万美元。镇江二建公司承建特多297套公寓工程,合同额1156万美元,完成营业额300万美元。

二、对外劳务合作

1983年,镇江对外劳务合作启动,承担科威特建筑劳务项目,派出建筑工537人。“七五”期间,全市在科威特、伊拉克、贝宁、几内亚、日本等国累计实施10个劳务项目,外派建筑工、缝纫工等劳务人员1300人。

“八五”期间,镇江市对外劳务合作市场不断扩大。1991年,市国际经济技术合作公司向科威特、阿联酋、日本、新加坡、泰国、贝宁、中国香港等国家和地区输出120名劳务人员,主要为电子、机械维修、绣花、服装设计等行业的技术工人及宾馆服务员、商场营业员、护士、厨师等。同年,劳务输出11个项目分布10个国家和地区,合同额185万美元,营业额155万美元,新派人数202人。1993年,丹徒县服装厂派出103名技术工人赴牙买加工作,至1994年底该厂外派劳务工208名。1994年,丹阳市建设系统选派100名能工巧匠赴博茨瓦纳、以色列、新加坡等国家承担建筑劳务,其中向以色列派出65人,系全省首次进入以色列劳务市场。同年5月,镇江市外经贸委、镇江市国际经济技术合作公司、镇江师范专科学校联合举办的镇江国际劳务培训中心正式成立,对出国劳务人员开展劳务知识、所在国法律、法规、风土人情及外语等方面培训,提高出国劳务人员综合素质,加强对出国劳务人员管理。1995年,京口区、润州区组建外经公司,与海南、福建、厦门、上海及江苏省内外经公司合作,签订对外劳务合同130万美元;完成营业额30万美元,外派劳务人员62人,填补辖区外经工作空白。同年,全市签订对外劳务合同额1591万美元,完成营业额1495万美元。新派劳务774人,派出劳务分布在牙买加、阿联酋、毛里求斯、韩国、新加坡、日本等25个国家和地区,劳务范围涉及超市服务员、计算机操作员、厨师、服装加工、船务运输、电子工、捕捞、建筑等行业,其中年末在外劳务人员位居前三位的分别是牙买加、毛里求斯两国服装及针织工344人,新加坡、博茨瓦纳、以色列、日本四国建筑工252人,新加坡捕捞人员100人。

“九五”期间,全市开展外经专题洽谈活动,拓展对外劳务合作领域,重点企业业务发挥支撑作用。1996年,丹徒县服装厂组建江苏三维服装集团以牙买加东海制衣公司作为劳务基地,每年定期轮换100名缝纫工,1997年,该集团先后13批向毛里求斯、马来西亚、牙买加输出劳务1020人。同年,全市签订对外劳务项目66项,实施项目分布在32个国家和地区,劳务合同额3849万美元,营业额1643万美元,年末在外劳务人员1869人。1999年,市外经贸委清理整顿全市外派劳务市场,确认14家企业具有从事外派劳务中介资格。2000年,镇江国际劳务培训中心培训出国劳务人员2100人。江苏三维服装集团新派劳务人数创历史新高,达1244人,年末在外人数1640人,派出工种由单一的缝纫工发展到管理人员、设计人员和裁剪、水洗、整烫、QC质量管理、机修、厨师等,外派国由牙买加发展到日本、毛里求斯、马尔代夫、马来西亚等国家。同年,全市新签劳务合同额3880万美元,完成营业额2582万美元,年末在外劳务人员4136人。

2001年,镇江对外劳务中介公司达20家,市外经贸局、市公安局出入境管理处等部门对全市外经公司及外经中介机构负责人、业务经理进行外经业务知识培训。同年,全市新派劳务人员2350人,年末在外劳务人员5080人。外派劳务派往的主要国家是:毛里求斯2255人,新加坡923人,约旦569人,日本415人;在外劳务主要工种为缝纫工3973人,建筑工1118人。2003年,镇江市外贸集团中天公司与连云港市东海县劳动局合作,在东海等地招考800余名劳务人员派往国外从事劳务工作。2005年,全市外派劳务服务中介机构达27家,新派劳务人员3994人,年末在外劳务人员9811人;劳务市场分布在亚洲、非洲、欧美的60多个国家和地区。

1986～2005 年镇江市对外承包工程（劳务合作）情况统计表

表 18-10

年份	合同额（万美元）	营业额（万美元）	新派人数（人）	年末在外人数（人）
1986～1990	-	1350.00	-	1300
1991	185.00	155.00	202	-
1992	557.36	336.66	136	321
1993	856.34	873.86	261	416
1994	1950.82	1310.25	450	691
1995	4033.00	3108.00	774	1154
1996	4746.00	4140.00	-	1423
1997	5826.96	4972.29	-	1869
1998	6708.82	5784.04	-	2354
1999	7707.00	6498.90	900	2700
2000	8794.00	7432.00	2676	4136
2001	1.06（亿美元）	8840.69	2350	5080
2002	1.26（亿美元）	1.05（亿美元）	2814	6125
2003	1.55（亿美元）	1.27（亿美元）	3425	7500
2004	1.76（亿美元）	1.49（亿美元）	3882	9566
2005	1.92（亿美元）	1.64（亿美元）	3994	9811

三、对外承包工程项目及企业选介

1. 贝宁中国文化中心　镇江市第一项援外承包工程，也是中国政府对外援建的第一个国际文化中心项目。项目位于贝宁人民共和国首都科托努市落美大街，工程建筑面积 2700 平方米，工程总造价 139 万美元。1986 年，镇江市建筑第二工程公司承包该工程，按中国古典园林建筑风格自行设计，集楼台、亭阁、花园、喷水池、舞台为一体。工程于 1987 年 4 月动工，1989 年 2 月竣工。1989 年 9 月 27 日举行贝林中国文化中心揭幕仪式，贝宁人民共和国总统克雷库出席揭幕式。

图 18-1　1989 年贝宁中国文化中心门景

2. 新加坡沙卡拉电厂　项目位于新加坡沙卡拉岛，包括 80 万千瓦发电机组的设备、钢结构、管道及隔热保温工程的建造、安装、测试和调试等工作，工程总造价 358 万美元。1999 年，镇江国际公司作为总承包商与电力专业配套协作单位江苏省电力建设第三工程公司合作承建该项目，150 余名施工和管理人员参与施工建设，2000 年按时按质完成项目建设，业主代表专程到中国公司总部，递交一封高度评价工程质量及先进施工管理的信件。

图 18-2　2000 年新加坡沙卡拉电厂扩容扩建后厂貌

3. 德国路易森公园中国古典园林　项

图 18-3　2001 年德国曼海姆市中国园一景

图 18-4　2002 年德国布吕尔市幻想国游乐园中国城

图 18-5　2003 年德国布吕尔市幻想国宾馆

目位于德国曼海姆市路易森公园内，占地面积6000 平方米，建筑面积 1080 平方米，工程总造价 203 万美元。项目集营业性二层茶楼、戏台、牌楼、亭、廊、厅、桥、池塘、假山等为一体，为典型中国明清时期江南私家花园风格，时为欧洲规模最大、最完整的中国古典园林。2000 年由镇江国际经济技术公司承建，2001 年 9 月 12 日举行开园仪式，3000 名中外宾客参加开园仪式。

4. 德国布吕尔市幻想国游乐园中国城及四星级宾馆项目　两项目均位于德国布吕尔市幻想国游乐园。中国城项目重建和修缮工程占地 1 万多平方米。包括被烧毁的仿孔庙戏院及周边建筑重建，中华小吃街及其他中式建筑的修缮，其中仿孔庙戏院形制仿中国孔庙，气势宏伟，雕龙画柱，充分显现中国皇家建筑的庄严华贵。2001年，镇江国际经济技术公司签约该项目，2001 年 9 月开始施工，2002 年 3 月 30 日竣工开业。四星级宾馆项目建筑面积 3 万平方米，工程合同额 2315 万美元。项目为中国建筑风格宾馆，包括客房、游泳池、会议室、购物中心、桑拿、茶楼、酒吧、儿童活动室和日光浴等设施，时为中国公司在欧洲承接的最大建筑工程项目。2002 年 4 月，镇江国际经济技术公司签约该项目，同年动工，中国商务部、中国外交部、中国驻德大使馆、中国对外承包工程商会、江苏省等有关部门和领导到工地视察指导，镇江市政府主要领导赴德主持工程奠基仪式，促进了中国与德国乃至欧洲文化交流和经贸合作。2003 年 9 月，工程竣工开业。

5. 中国镇江国际经济技术有限公司　公司成立于 1990 年 9 月，镇江市人民政府直属副县（处）级综合外经贸企业。1991 年 8 月增挂镇江市对外经济技术合作公司牌子。1993 年，外经贸部赋予该公司承包境外工程和劳务合作签约权。1994 年 12 月组建以镇江国际经济技术合作公司为龙头，由建筑、交通、电力、水利、古典园林等 12 家施工单位构成的松散型外经集团公司。公司在科威特、英国、日本、新加坡、贝宁、德国、奥地利、中国香港等 40 多个国家和地区开展对外劳务和工程承包，先后承包英国伦敦奥尔巴尼饭店装修改建工程，新加坡沙卡拉电厂建设项目，德国曼海姆市路易森公园中国园、布吕尔市幻想国游乐园中国城及四星级中式主题宾馆，奥地利雷欧本市“中国文化度假村”项目，德国、西班牙、法国、匈牙利、捷克、奥地利、英国、意大利、瑞典、瑞士、塞浦路斯、马耳他等国家和地区若干项中国大使馆、领事馆馆舍新建、改建、加建和装饰装潢等工程项目。劳务合作方面，先后派出和培养各类劳务及技术管理人员上万人次，涉及建筑、服装、造船、电子、农业、水产、机械等行业以及护士、各类工程师、企业管理人员、服务员、厨师等。

1995 年，外经贸部批准该公司享有外贸进出口经营权。公司国际贸易部与欧美、东南亚、中东、非洲等 30 多个国家和地区建立贸易往来，出口产品主要为化工、轻工业品、工艺品、机械设备、仪器仪表、新型建材等产品。2004 年进出口贸易额 2200 万美元。同年，镇江国际经济技术合作公司改制为民营企业，更名为镇江国际经济技术有限公司。公司为中国对外承包工程商会理事单位，被评为中国对外劳务合作行业 AAA 级信用企业，被镇江市政府评为镇江市诚信示范企业、先进企业、文明单位和十佳经纪企业。2005 年，公司拥有 12 家海外工程专业分公司、2 家外贸专业分公司、1 家旅游公司，在日本、德国、新加坡、美国、泰国、中东地区设有分公司、办事处。

第二节　境外投资

1989 年，镇江市制刷厂与江苏省畜产进出口分公司在泰国曼谷与泰方合资开办东星制刷有限公司，镇江市制刷厂以设备和技术入股。1990 年 6 月，镇江市豆食制品厂与美国密歇根州安娜堡市的玫瑰树有限公司合资建立美国国际豆腐有限公司，是经贸部批准镇江市首家境外非贸易企业，总投资 2 万美元，中美各占 50% 股份。

“八五”期间，镇江市鼓励和组织企业走出国门考察海外市场，寻找合作伙伴与投资项目，海外投资企业得到发展。1992 年，全市在印度尼西亚、孟加拉国、保加利亚、乌克兰、加蓬、罗马尼亚、墨西哥 7 个国家投资兴办 8 家企业，总投资 170.93 万美元，其中中方投资 97.72 万美元。8 家企业中有 4 家系中方独资企业，总投资 49.3 万美元，其中镇江市饮服公司在保加利亚投资 18 万美元开办中国扬子江饭店。8 家企业中 2 家为工业生产企业，其中丹阳市不锈钢车圈厂与孟加拉国顾问（私人）有限公司在孟加拉国达卡市投资的中孟自行车工业有限公司总投资为 60 万美元，中方投资 29.4 万美元，占比 49%，是镇江市 1992 年境外投资规模最大项目。1993 年，镇江市一些大中型企业走向国际市场，在海外投资办企业，开辟经营窗口，实行跨国经营。镇江恒顺酱醋厂在加拿大密西莎加市开办加拿大恒顺酱醋有限公司，总投资 105 万美元，中方投资 95 万美元。镇江金钟特种焦炭有限公司在日本东京都开办镇江铸物原料有限公司，总投资 50 万美元，中日双方出资各占 50%。镇江锚链有限公司在新加坡开办镇江锚链（新加坡）有限公司，总投资 38 万美元，中方投资 18 万美元。至 1995 年底，全市累计开办境外企业和经营性窗口公司 43 家，其中非贸易企业 14 家，经营性窗口公司 29 家，分布在美国、加拿大、英国、意大利、俄罗斯、阿联酋、日本、中国香港等 20 多个国家和地区。在美国开办的豆腐国际有限公司，生产豆制品品种从最初 3 个发展到 20 多个，合资公司规模扩大。镇江锚链（新加坡）有限公司开业两个月即实现盈利。镇江柯尼克有限公司 1995 年 3 月在美国开设窗口公司，当年出口创汇 250 万美元，实现利润约 30 万美元。

“九五”期间，全市加大境外投资开拓力度，投资标的国家以欧美发达国家为主，项目规模提升，海外企业收购开始起步。1997 年 3 月，江苏龙山鳗业联合公司与江苏省技术进出口公司联合在美国创办华龙国际有限公司，总投资 130 万美元，中方投资额 60 万美元。1998 年 5 月，镇江柯尼克电器仪表设备有限公司独资在越南创办 MAX COMPANY，总投资 30 万美元。12 月，镇江江奎集团公司与香港大洋海运代理有限公司、美国三联股份有限公司在美国洛杉矶设立大洋激光音像电子设备有限公司，总投资 800 万美元，江奎集团以生产设备作价 70 万美元，激光音像生产技术作价50万美元,共出资120万美元,占15%;港方和美方出资680万美元,占85%。该项目带动DVD散件出口,1999年江奎集团出口DVD大散件(SKD)5万套,出口额750万美元,2000年出口额8000万美元。

“十五”期间,市政府召开“走出去”工作会议,出台《关于加快实施“走出去”战略的若干意见》文件,对企业走向国际市场在财政、金融、税收、人员出入境等方面实施扶持促进政策,境外投资发展加速。投资模式多样化,中方独资企业及收购兼并国外企业增多;投资领域多元化,涉及实业、研发、贸易、资源开发类等项目;投资区域扩大,分布在美国、德国、日本、尼日利亚、南非、中国香港等国家和地区。2001年11月,江苏大亚集团在美国加州圣地亚哥独资设立大亚科技(美国)有限公司,投资额90万美元,经营光电研究和开发。2003年,句容金猴机电公司在尼日利亚合资成立金鹰尼日利亚有限公司,总投资90万美元,中方以设备折价投资54万美元,占64%股份,从事建筑和工程机械、农用运输车辆生产销售。丹阳沃得公司独资80万美元,在美国加州建立沃得机电(美国)公司,年产5万台~10万台草坪机。2004年,镇江市振龙建筑安装有限公司投资100万美元,在美国独资成立茂源(美国)国际投资公司,从事技术、贸易、投资、设计咨询。江苏希维轴承有限公司投资50万美元,在美国独资成立CCVI(美国)轴承公司,同年,CCVI(美国)轴承公司完成销售427万美元,实现利润46.7万美元。2005年3月,江苏大亚科技集团有限公司投资700万美元,收购知名家具销售企业美国凯普公司。4月,江苏天工工具股份有限公司在美国伊利诺伊州投资235万美元合资创办美国天工工具有限公司。江苏威信染纺有限公司独资100万美元,成立南非威信矿业投资公司,开拓矿石进出口业务。同年,镇江市批准境外企业9家,总投资1954.29万美元,中方协议投资1749.29万美元。

1992~2005年部分年份镇江市境外投资企业(投资总额15万美元以上)一览表

表18-11　　单位:万美元

年份	外方企业名称	中方企业名称	国别/地区	性　质	投资总额	
					中方	外方
1992	梭镇制衣有限公司	镇江市友谊服装厂	印度尼西亚	非贸易	12	28
1992	中孟自行车工业有限公司	丹阳不锈钢车圈厂	孟加拉国	非贸易	29.40	30.60
1992	中国扬子江饭店	镇江市饮食服务公司	保加利亚	非贸易	18	-
1992	中国饭店	镇江粮油食品进出口公司	乌克兰	非贸易	4.62	10.78
1992	金山股份有限公司	镇江市对外贸易公司	墨西哥	非贸易	20	-
1993	镇江锚链(新加坡)有限公司	镇江锚链有限公司	新加坡	非贸易	18	20
1993	泰润LCD有限公司	镇江半导体厂	美国坦佩市	非贸易	10	15
1993	加拿大恒顺酱醋有限公司	镇江恒顺酱醋厂	加拿大密西莎加市	非贸易	95	105
1993	扬子商场	镇江华苏贸易公司	俄罗斯圣彼得堡市	非贸易	15	15
1993	镇江铸物原料有限公司	镇江金钟特种焦炭有限公司	日本东京都	非贸易	25	25
1997	华龙国际有限公司	江苏龙山鳗业有限公司、江苏省技术进出口公司	美国	窗口型	60	40
1997	外经窗口公司	句容国际技术合作公司	美国	窗口型	10	10
1998	Max company	镇江柯尼克电器仪表设备有限公司	越南	非贸易	30	-
1998	美国大洋激光音像电子设备有限公司	镇江江奎集团有限公司	美国	非贸易	120	680

续表 18-11

年份	外方企业名称	中方企业名称	国别/地区	性　质	投资总额	
					中方	外方
2001	大亚科技（美国）有限公司 ★	江苏大亚集团	美国硅谷	非贸易	90	–
2003	金鹰尼日利亚有限公司 ★	句容金猴机电公司	尼日利亚	非贸易	54	36
2003	沃得机电(美国)公司 ★	江苏沃得机电集团	美国	非贸易	80	–
2003	茂源（美国）国际有限公司 ★	振龙建筑安装有限公司	美国	非贸易	100	–
2004	CCVI 美国轴承有限公司 ★	江苏希西维轴承有限公司	美国	非贸易	50	–
2005	美国天工工具有限公司 ★	江苏天工工具股份有限公司	美国伊利诺依州	非贸易	235	165
2005	美国凯普公司 ★	江苏大亚科技集团有限公司	美国北卡罗来那州	非贸易	700	–
2005	纳米比亚服装制造与贸易公司 ★	江苏威信染纺有限公司	纳米比亚	非贸易	53	–
2005	南非威信矿业投资公司 ★	江苏威信染纺有限公司	南非	贸易	100	–
2005	香港维尼克投资贸易有限公司 ★	江苏恒顺集团有限公司	中国香港	非贸易	300	–
2005	金山实业香港有限责任公司 ★	镇江东方制冷空调设备配件	中国香港	贸易	200	–
2005	博茨瓦纳威信床上用品生产贸易公司 ★	江苏威信染纺有限公司	博茨瓦纳	非贸易	80	–
2005	纳米比亚生活制造与贸易公司 ★	江苏威信染纺有限公司、江苏省林宁国际贸易有限公司	纳米比亚	非贸易	80	20

说明：有 ★企业经外经贸部、商务部正式文件批准，其他为上报备案

——小资料——

[清]周镐·京江二十四景图——刁坞藏春

刁坞藏春是指北宋刁约所居宅园的藏春坞,与沈括的梦溪园齐名天下。

刁约,字景纯,丹徒人。他从小刻苦求学,才能卓著,初入京师应举,即与当时的名人欧阳修等同声誉,后中进士入朝,担任皇家子弟教读和校刊图书经籍等工作的学士之官,达四十年之久。告老归故里葺园曰藏春坞,坞临流为屋曰"逸老堂",又西有阜,植松其上,曰"万松岗"。凡当世名能闻者皆有诗,故藏春坞名闻天下。

藏春坞的地望元《至顺镇江志》载"藏春坞,在范公桥东",清《镇江乡土地理志》载"万松岗在范公桥北",符合坞临流为屋之说。

第十九卷

金　融

卷目

1983年以后，随着金融体制改革的深入，镇江市金融业发生深刻变化。

1980～1984年，市中、农、建、工4家国有专业银行相继组建或恢复；1984年，镇江市人行与工行分设，独立行使中央银行派出机构职能；1987年重组交通银行镇江支行；1996年成立国家政策性银行——中国农业发展银行镇江市分行；1998年在市区城市信用社、农村信用社基础上组建具有地方独立法人资格的股份制商业银行——镇江市商业银行；2000年，县(市)农村信用合作社联合社成立。2003年成立中国银行业监督管理委员会镇江监管分局，专职履行对辖区内银行业金融机构的监督管理职能。1982年，镇江市专业银行开办信托投资业务。1990年，镇江市信托投资公司正式营业。1994年起，除原有的人保机构外，中国太平洋保险公司、中国平安保险公司等10余家保险机构进入镇江保险市场；按照分业经营的原则，各保险公司财产险与人寿险相继分设。1988年，镇江市成立江苏省内首家典当拍卖机构；1992年，市建行率先开通上海证券交易所股票交易业务；1995年，江苏省证券公司镇江营业部开业；1999年，镇江市创立全国第一家中小企业信用担保机构。各种层次、不同性质、服务功能多样化的金融机构适应镇江市社会经济改革发展的需求。

经济决定金融，金融促进经济。1983～2005年，镇江市社会经济的快速发展支撑金融业的发展，1985年，镇江市地区生产总值32.04亿元，银行业金融机构各类人民币存款余额为11.42亿元，各类保险保费收入0.09亿元。2005年，镇江市地区生产总值871.67亿元，比1985年增长26.21倍；金融机构人民币各类存款余额为803.96亿元，比1985年增长69.40倍；各类保险保费收入19.90亿元，比1985年增长220.11倍。金融业的壮大促进地方经济的发展，1985年，镇江市金融机构人民币贷款余额20.48亿元，2005年为560.50亿元，增长26.37倍；1985年，保险业理赔支出0.03亿元，2005年，承保金额2587.47亿元、理赔支出4.70亿元。金融产品不断创新，让辖区内经济实体和居民个人逐步享受到便捷、高效的金融服务。中央银行发行专项票据，通过“花钱买机制”的方式，提高辖区内农村信用社资产质量，增加对“三农”的信贷投入；“银企合作”规模层次逐年提高，实现双赢；人民银行支付结算系统投入使用，全国异地结算实现实时支付；信用卡推广、24小时自助银行设立实现随时存、取款；网上银行、电话银行给经济实体和居民个人投资理财、支付结算提供新的便捷手段；开发多种信贷产品扶持中小企业、民营企业发展；建立外汇调剂有形市场，创新进出口结算方式，开发外汇衍生产品，支持涉汇企业发展进出口业务和规避汇率风险；各保险公司拓展保险业务，开发出适应经济实体和居民个人各类保险需求的产品。

1983～2005年通过创建镇江市金融安全区、金融生态区等活动，辖区内全社会的信用意识逐年提高。金融秩序通过清理整顿规范有序，为金融业的发展创造良好的社会环境。在全社会的支持和国家优惠政策的扶持下，金融机构通过转变经营机制、剥离不良资产、强化内控内管，资产运行质量显著提高。1993年，市工、农、中、建、交行不良贷款占贷款总额的17.50%；2005年，辖区内各商业银行不良贷款率9.73%，工、农、中、建、交行当年结算收益7.52亿元。辖区内金融机构与镇江市社会经济建设走上良性互动的发展之路。

第一章　金融机构

1983～2005 年，人民银行派出机构调整职能，银监会派出机构专司辖区内银行业金融机构监管；银行业经营性金融机构至 2005 年已由 4 家国有银行发展为政策性银行、国有商业银行、股份制商业银行、地方城市商业银行、农村信用社、邮政储汇分局等多家机构组成的银行业金融机构体系；保险公司财产险、人寿险分业经营后由 1 家增加到 15 家；证券业金融机构快速发展；典当、担保机构相继成立。镇江市逐步形成比较完善的金融机构组织体系。

第一节　银行业机构

一、中国人民银行镇江市中心支行

图 19-1　中国人民银行镇江市中心支行(2005 年摄)

1984 年末，中国人民银行镇江市支行和中国工商银行镇江市支行正式分设。1985 年 1 月 1 日起，中国人民银行镇江市支行更名为中国人民银行镇江分行(以下简称市人行)，专门行使中央银行派出机构职能，履行执行货币政策、实施金融监管和提供金融服务的职能。1985 年 12 月 5 日，国家外汇管理局镇江分局成立，与市人行“一套班子、两块牌子”。此后丹阳、句容、扬中、丹徒县也相继成立国家外汇管理局支局，与人行合署办公。

1987 年，辖区内丹阳、句容、扬中相继恢复人行县支行，1990 年 5 月成立人行丹徒县支行。

1998 年 9 月撤销中国人民银行丹徒县支行。1999 年，市人行、市外管局分别更名为中国人民银行镇江市中心支行、国家外汇管理局镇江市中心支局(以下简称市外汇局)。

2003 年 12 月，市人行金融监管职能移交中国银行业监督管理委员会镇江监管分局(以下简称镇江银监分局)。截至 2005 年 12 月 31 日，市人行内设 19 个职能科室和直属部门，下辖丹阳、句容、扬中 3 个市(县)支行，全辖人员 262 人，其中市人行 149 人。

二、中国银行业监督管理委员会镇江监管分局

2003 年，国务院将中国人民银行对银行业金融机构监管职能分离出来，并和中央金融工委的相关职能进行整合，成立中国银行业监督管理委员会。12 月 16 日，镇江银监分局正式与市人行分设，履行中国银监会派出机构职能，统一监督管理辖区内各类银行、农村信用社及其他存款类金融机构。

2004 年 5 月，镇江银监分局在辖区内丹阳、句容、扬中 3 个县(市)设立监管办事处。监管办事处根据镇江银监分局的授权负责各自辖区内有关银行业金融机构的监管，重点是对农村信用合作

社及其联社和邮政储蓄机构的监管。

三、中国农业发展银行镇江市分行

根据1996年8月22日国务院发布的《关于农村金融体制改革的决定》中有关增设中国农业发展银行分支机构的精神和省农发行《江苏省农业发展银行增设分支机构的实施意见》,9月28日,中国农业发展银行镇江市分行(以下简称市农发行)正式成立,专司农业政策性存贷款业务。10月,辖区内丹阳、扬中、句容、丹徒4县(市)农发行支行相继组建,除县(市)支行营业部外,不设营业网点。至2005年末,市农发行内设9个处室及市分行营业部1个,下辖4个县(市)支行及营业部,全辖干部职工计112人,其中市分行45人。

图19-2　中国农业发展银行镇江市分行(2005年摄)

1994～2005年中国农业发展银行镇江市分行存贷款情况表

表19-1　单位:万元

年份	存款余额	贷款余额	年份	存款余额	贷款余额
1994	150	66487	2000	4362	80421
1995	639	84320	2001	3971	80208
1996	2347	127152	2002	6558	100284
1997	2133	194875	2003	6040	127964
1998	3776	111550	2004	8143	128108
1999	3376	80166	2005	15876	196392

说明:数据由中国人民银行镇江市中心支行提供

四、中国工商银行股份有限公司镇江市分行

1984年1月根据国务院关于《中国人民银行专门行使中央银行职能的决定》,市人行加挂中国工商银行镇江市支行(以下简称市工行)牌子,实行“一套班子,两块牌子,资金分开,两套账目”过渡办法。1984年11月12日,市工行与市人行正式分设。1985年1月1日起成立工商银行丹阳、句容、扬中、丹徒4县支行,承办原人民银行县支行办理的各项工商信贷业务,原人民银行县支行营业机构、网点一并划归工商银行县支行管理。1993年3月,中国工商银行镇江市支行更名为中国工商银行镇江市分行。

图19-3　中国工商银行股份有限公司镇江市分行(2005年摄)

1984～1993年,市工行承担管理国营工商企业流

动资金的职能。在当时高度集中的计划经济管理体制下，承担着镇江市国营工商企业和部分集体企业的全部流动资金和部分固定资产贷款的供结任务。1990年末，镇江市金融机构工业流动资金贷款余额17.38亿元，其中市工行贷款12.32亿元，占比70.89%；市工行各项存款余额11.38亿元，各项贷款余额19.28亿元，贷大于存7.9亿元（不含上缴存款准备金等因素），缺口资金主要靠向人民银行借款和拆借资金解决。市工行长期资金超负荷经营，粗放式管理；贷款企业运行质量低下，造成市工行逾期呆滞贷款连年累积，应收未收利息不断增加，连续几年出现账面亏损。

1994～2004年，工行向商业化转型，经营模式由粗放型向集约型转变，实行审贷分离，实施贷款五级分类管理，不良贷款率逐年下降，逐步实现账面利润扭亏为盈。1994年2月，市工行在镇江市金融系统首家推出电脑储蓄通存通兑业务；同年9月开通与苏、浙、鲁、沪三省一市市行间的异地电子汇兑系统。2004年，市工行资产质量根本好转，不良资产剥离17.98亿元，年末全行不良贷款率2.46%。

2005年10月28日，中国工商银行股份有限公司成立，中国工商银行镇江市分行更名为中国工商银行股份有限公司镇江分行。年末，市工行机关内设职能部门18个，下辖丹阳、句容、扬中3市支行及城区城西、中山、谏壁、大港4支行连同营业部共8个直属经营机构；营业网点71个，在职员工1173人，其中市区754人；实现经营利润2.19亿元。

1983～2005年中国工商银行镇江市分行人民币存贷款情况表

表19-2　　单位：万元

年份	存款余额	贷款余额	年份	存款余额	贷款余额
1983	-	-	1995	297702	368220
1984	35850	72029	1996	386560	413351
1985	48613	97478	1997	425125	458178
1986	69583	124173	1998	503960	490720
1987	81045	146865	1999	533667	496402
1988	86583	153784	2000	597018	511834
1989	89062	165136	2001	663490	599525
1990	113776	192804	2002	785908	662782
1991	142834	223581	2003	982313	778084
1992	168512	253937	2004	1086789	943010
1993	180005	287176	2005	1237401	900328
1994	214937	314868			

说明：数据由中国人民银行镇江市中心支行提供

图19-4　中国农业银行镇江市分行（2005年摄）

五、中国农业银行镇江市分行

1983年3月1日，中国农业银行镇江地区中心支行改建为中国农业银行镇江市支行（以下简称市农行）；下辖丹阳、句容、扬中和丹徒4个县支行。镇江市郊区农村金融业务由市人行代管，业务接受市农行指导。

1993年3月1日，市农行更名为中国农业银行镇江市分行。1996年，市农业发展银行与市农行正式分设，市农村信用社与市农行正式脱钩；10 月末，市农行一次性划转信用社转存款和准备金 5.38 亿元、农发行存放资金 0.33 亿元。1998 年，市农行新区支行和重组后的润州支行挂牌营运，系统党组改党委工作完成，农行与自办经济实体彻底脱钩。“分脱”后，市农行陆续开办固定资产贷款、个私贷款和外汇贷款等业务；在防范风险的前提下，突出支持外向型、规模型、效益型、科技型企业发展，并对改制后的个体、私营和民营企业给予信贷扶持，促进个、私经济快速发展；信贷领域逐步向教育、医疗、公路、电力、基础设施行业及外资企业渗透。

至2005 年末，市农行内设处室 16 个，下辖丹阳、句容、扬中、润州、新区、京口 6 个支行，全辖营业网点 119 个，员工 1851 人，其中市区员工 943 人。

1983～2005 年中国农业银行镇江市分行人民币存贷款情况表

表 19-3　　单位：万元

年份	存款余额	贷款余额	年份	存款余额	贷款余额
1983	28912	32082	1995	292010	220513
1984	–	–	1996	390636	273763
1985	26059	59575	1997	496813	438870
1986	42230	75382	1998	603279	620683
1987	53172	92304	1999	701540	694613
1988	55935	92473	2000	797425	647050
1989	66223	109193	2001	895026	666795
1990	93168	131564	2002	1029613	713086
1991	115792	158244	2003	1252817	913313
1992	141484	184839	2004	1463393	1086000
1993	180452	209342	2005	1715064	1332115
1994	216412	183857			

说明：数据由中国人民银行镇江市中心支行提供

六、中国银行股份有限公司镇江分行

1980 年 1 月 1 日，中国银行镇江支行（以下简称市中行）正式对外挂牌营业。1984 年 12 月增设丹阳、扬中两县办事处。1985 年 11 月，市中行升格为省辖市支行建制。1987 年 10 月，丹阳、扬中县办事处升格为县支行；1988 年 2 月设立镇江港（大港）办事处；1988 年 4 月、1989 年 3 月相继设立句容和丹徒县支行。

1993 年 3 月，市中行更名为中国银行镇江市分行。1999 年 8 月合并同城丹徒县支行、城区办事处为城区支行。2003 年 9 月，市中行更名为中国银行镇江分行。2004 年 8 月 26 日，市中行更名为中国银行股份有限公司镇江分行。至 2005 年末，市中行内设职能部门 14 个，直属支行 4 个，下辖县级支行 3 个；全辖经营性支行 11 个，分理处 46 个，机构网点合计 65 个，在册人员 1043 人，其中市区中行 619 人。

图 19-5　中国银行镇江分行（2005 年摄）

1983～2005 年中国银行股份有限公司镇江分行人民币存贷款情况表

表 19-4　　单位:万元

年份	存款余额	贷款余额	年份	存款余额	贷款余额
1983	551	3637	1995	138286	109705
1984	–	–	1996	177851	133806
1985	1337	8084	1997	218261	166836
1986	3978	12437	1998	261657	187327
1987	3363	17520	1999	310396	254174
1988	6896	22545	2000	356719	260834
1989	13846	27303	2001	458922	308128
1990	23411	35712	2002	535272	406034
1991	34699	47256	2003	738822	571890
1992	48347	57755	2004	897590	696947
1993	77059	73467	2005	1120471	832705
1994	107259	88065			

说明:数据由中国人民银行镇江市中心支行提供

七、中国建设银行股份有限公司镇江分行

1983 年 3 月,中国人民建设银行镇江地区支行和镇江市支行合并,组建中国人民建设银行镇江市中心支行(以下简称市建行);辖区内丹阳、句容、扬中、丹徒 4 个办事处改称为县支行。1993 年 3 月,市建行更名为中国人民建设银行镇江市分行。1996 年更名为中国建设银行镇江市分行。

图 19-6　中国建设银行股份有限公司镇江分行(2005 年摄)

1988 年,市建行参与住房制度改革和房地产业务,成为镇江市承办房改金融业务的银行;同年 3 月,市建行成立住房信贷部,专职从事房改业务。镇江市自 1992 年全面推行实施住房公积金改革后直至 1998 年,镇江市区住房公积金均由市建行独家承办。随着建行由专业银行向商业银行转轨,审查工程预(决)算业务成为“造价咨询”业务,其职能自 1994 年后亦由原来的专职监督,转变为有偿咨询服务,咨询业务是建行中间业务的龙头品种之一。

2004 年 5 月,市建行首次被建总行晋升为全国 80 家中心城市行和江苏省分行第 3 等级分行。同年 9 月,市建行更名为中国建设银行股份有限公司镇江分行。

至 2005 年,市建行完成国有银行的股份制改革。年末,市建行内设 16 个职能科室;下辖丹阳、句容、扬中 3 个辖市支行,直属京润、新区、城东、城西、丹徒新区 5 个县级支行;全辖营业网点共 56 家,在册人员 900 人,其中市区建行 561 人。

1983～2005年中国建设银行镇江股份有限公司市分行人民币存贷款情况表

表19-5　　单位：万元

年份	存款余额	贷款余额	年份	存款余额	贷款余额
1983	16734	21857	1995	203104	165927
1984	–	–	1996	294611	194557
1985	13916	21902	1997	332178	231438
1986	13000	26334	1998	374288	244392
1987	15433	27505	1999	405034	212718
1988	22249	34143	2000	436684	273430
1989	26963	35650	2001	481097	317881
1990	31360	34240	2002	544661	395050
1991	46193	47562	2003	716796	508378
1992	70047	59181	2004	842796	626075
1993	100879	64416	2005	1033896	749421
1994	151800	81119			

说明：数据由中国人民银行镇江市中心支行提供

八、交通银行股份有限公司镇江分行

交通银行镇江分行（以下简称市交行）是镇江市首家由国家、地方财政、企事业单位投资组建的股份制综合性商业银行。1987年7月，镇江市政府成立交通银行镇江支行筹备组，筹建之初实收资本金总额3000万元，其中交总行投股1000万元、镇江市地方财政参股2000万元。1989年6月22日，市交行正式开业，开办商业银行存款、贷款、结算、保险、证券、租赁、投资等金融业务。1990年9月设立市交行丹阳办事处。1991年，市交行在辖区内38个单位扩股2000万元，股本金达5000万元；同年末，市交行资产总规模达5.92亿元。同年4月26日，交通银行子公司中国太平洋保险公司成立后，7月3日发文同意在市交行保险业务部门基础上成立中国太平洋保险公司镇江代理处。1992年11月6日，中国人民银行批准交通银行镇江支行改称交通银行镇江分行，12月更名。1993年后，市交行相继剥离保险、证券、投资等金融业务。1994年9月，中国太平洋保险公司镇江代理处划出市交行，市交行撤除保险业务部。同年，交通银行总行改革交行体制，由原先的分支行均为法人的多级法人体制改为统一法人体制，实行“统一法人、分级经营、单位核算、严格考核”。

图19-7　交通银行股份有限公司镇江分行（2005年摄）

1996年4月，丹阳办事处升格为支行。1997年6月实现储蓄集中式通存通兑。2000年在镇江市率先开办24小时自助服务银行，与汇丰银行合作推出“太平洋双币卡”。2003年开通个人、企业网上银行。

2005年，交通银行成为上市公司，市交行更名为交通银行股份有限公司镇江分行；年末，市交行内设13个职能部门；下辖丹阳支行和26个经营性支行。全辖营业网点28个，员工496人，其中市区机构382人。年末，市交行人民币各项存款余额625469万元，外汇存款2990万美元；各项人民币贷款420007万元，外汇贷款1819万美元，本外币不良贷款占比4.05%；实现本外币税前利润10392万元。

1983～2005年交通银行股份有限公司镇江分行人民币存贷款情况表

表19-6　　单位：万元

年份	存款余额	贷款余额	年份	存款余额	贷款余额
1983	–	–	1995	96012	72710
1984	–	–	1996	119487	81573
1985	–	–	1997	153561	108327
1986	–	–	1998	181090	128621
1987	–	–	1999	212122	182381
1988	11039	15908	2000	243825	193011
1989	13639	18918	2001	277784	220229
1990	18427	25038	2002	358193	277801
1991	31331	35298	2003	458872	334772
1992	51560	44517	2004	550718	394429
1993	67555	57481	2005	625469	420007
1994	69997	62574			

说明：数据由中国人民银行镇江市中心支行提供

九、镇江市商业银行股份有限公司

1985年1月1日，镇江首家城市信用合作社——镇江市谏壁城市信用社在原农村信用社的基础上建立；同年3月，为解决区属企业、街道企业金融服务及其资金困难，由镇江市京口区政府组建的镇江市城区信用社正式成立。1996年7月，镇江市城市合作银行筹建领导小组成立，筹建工作正式启动。1997年2月由市区8家城市信用社自愿入股组成的镇江市城市信用合作联合社正式开业。联社作为城市合作银行的过渡形式，承接原城市信用社中心社对各城市信用社的管理和服务职能。同月设在市区的七里、象山、官塘、蒋乔、大港、汝山、丹徒、黄山等8个农村信用合作社及其联社划入城市合作银行筹建办，与城市信用合作社一并进行清产核资、股权评估后组建镇江城市合作银行。

1998年4月18日经镇江市审计部门和人民银行验资确认，镇江市财政局、市区145家企业法人单位和市区668名自然人共同投资入股10287.42万元的镇江市商业银行正式创立。镇江市商业银行（以下简称市城商行）是在原市区18家城市、农村信用社（含联社）基础上改制而成的地方性股份制商业银行。同年9月28日，市城商行正式对外营业，按照“一级法人，分级经营”的经营管理体制，实行全行范围计划资金、信贷资金、财务核算和劳动人事的统一管理，实现统一业务经营、统一资金调度、统一财务核算的运营程序运转。

2000 年 8 月 25 日,市城商行为全市 50000 余户离退休人员开办养老金代发业务。2001 年 11 月按照国务院关于整顿撤销信托投资公司通知精神和市委、市政府的部署,收购镇江市信托投资公司有效资产。2001 年募集新股 1.2 亿元,股本金总额增加到 20377.99 万元;同年收购镇江市信托投资公司有效资产工作,组建辖内第一个县域支行(丹阳支行),成为苏皖两省城市商业银行设在县级市的第二家分支机构。2003 年 5 月,市城商行正式开办国际业务。

截至 2005 年末,市城商行内设 11 个职能科室,下辖 11 个一级支行、34 个二级支行,在册职工 709 人。全行各项存款余额 67.65 亿元,各项贷款余额 46.87 亿元,全年实现营利 1 亿元。

图 19-8　镇江市商业银行(2005 年摄)

1995～2005 年镇江市商业银行存贷款情况表

表 19-7　　单位:万元

年份	存款余额	贷款余额	年份	存款余额	贷款余额
1995	–	–	2001	242592	220266
1996	–	–	2002	349441	286378
1997	–	–	2003	491156	372206
1998	122982	104778	2004	585620	408002
1999	155465	119082	2005	676487	468682
2000	188219	159469			

说明:数据由中国人民银行镇江市中心支行提供

十、镇江市农村信用合作社

1984 年为贯彻国务院批转的《中国农业银行关于农村信用社管理体制改革的通知》精神,市农行恢复丹徒县农村信用合作联社,并于年内分别组建丹阳、扬中、句容 3 县农村信用合作联社。1985 年、1993 年先后组建镇江市润州区、京口区农村信用合作联社。1996 年根据国务院《关于农村金融体制改革的决定》,农村信用社与农业银行脱离行政隶属关系,人、财、物进行划分。市人行负责辖区内农村信用社的金融监管,各县(市)信用联社负责信用社的业务管理。同年,润州区、京口区联社合并为镇江市郊区信用合作联社。1998 年,郊区联社参与市城商行组建。

2000 年 2 月成立镇江市农村信用合作社联合社(以下简称市农联社)。市农联社是苏、皖两省内唯一 1 家地(市)级联社,由镇江市辖区内各市(区)联社自愿出资入股组成,注册资本金为 400 万元人民币(丹徒、丹阳、句容、扬中联社各出资 100 万元)。市联社是具有独立企业法人资格的地方性金融机构,行使对辖区内各县(市、区)联社的行业管理、指导、协调与服务职能。同年根据《江苏省农村信用社、县(市)联社合并为一个法人的实施意见》,辖区内 43 个农村信用社和 4 个县

(市)联社合并为4个法人机构——农村信用社县(市)联合社,实行"统一法人、授权经营、分级核算、单独考核"。

2001年,人行南京分行确定丹阳联社进行以"明晰产权、完善法人治理结构"为主要内容的改革试点。丹阳联社比照股份制形式完成清扩股金、完善法人治理结构的试点工作。2004~2005年,丹阳、扬中联社筹建农村合作银行,对照转换为银行类金融机构的标准要求进行清产核资、增资扩股和置换票据;扬中市政府置换扬中联社5000万元不良资产。2004年,人民银行发放专项票据20353万元,用于弥补丹阳、扬中、丹徒、句容4家联社历年亏损和置换不良贷款。

至2005年末,镇江市共有独立法人资格的市农联社1家、县(市)农联社4家,下辖基层农村信用社81家、信用分社及储蓄所48家,从业人员1675人。

参加组建市商银行原市区18家城市、农村信用社(含联社)情况表

表19-8

城市信用社			农村信用社	
名称	组建单位	建立时间	名称	建立时间
城市联社	人民银行	1997年2月	郊区联社	1996年8月
中心社	人民银行	1993年10月	大港	1962年
城区	京口区	1985年1月	丹徒	1994年
华光	劳动局	1988年9月	汝山	1995年8月
润州	土管局	1993年7月	象山	1953年
招商	商业局	1993年12月	官塘	1957年
城东	京口区、市财办	1993年6月	七里	1955年7月
振兴	二轻局	1989年4月	蒋乔	1954年
信达	丹徒人行	1993年1月		
谏壁	工商银行	1985年1月		

1983~2005年镇江市农村信用合作社人民币存贷款情况表

表19-9

单位:万元

年份	存款余额	贷款余额	年份	存款余额	贷款余额
1983	-	-	1995	193897	191344
1984	-	-	1996	247695	198438
1985	29582	24301	1997	312809	234892
1986	39870	30764	1998	335026	244416
1987	49395	37378	1999	405776	274302
1988	54318	40220	2000	486522	347383
1989	61528	45377	2001	553659	387368
1990	79845	56529	2002	616974	438273
1991	96070	70129	2003	750060	446316
1992	103861	87515	2004	862483	609999
1993	123710	107854	2005	1017278	705309
1994	159505	163153			

说明:数据由中国人民银行镇江市中心支行提供

十一、镇江邮政局储汇分局

1986年4月1日,镇江邮电局首先在市区解放路支局恢复开办邮政储蓄业务。同年,大西路、谏壁支局相继开办邮储业务。市邮电局在邮政科内设立储蓄组,专职管理辖区内邮政储蓄业务。1987年,丹阳、句容、扬中3个县支局恢复开办邮储业务。1989年8月储蓄组升格为副科级储汇科。

1996年2月20日,镇江邮政储蓄完成"绿卡工程"。1997年成立储汇分局,为镇江邮电局正科级生产经营单位;同年7月7日实现镇江邮政储蓄绿卡系统与全国绿卡系统联网;12月末,镇江市区开通20台ATM(自动柜员机)设备,实现与全国34个网点异地通存通兑。1998年,邮电分营更名为镇江邮政局储汇分局;同年9月末完成丹阳、句容、扬中邮政局的绿卡工程建设,全市开通邮政绿卡网点122个,并实现与全国50多个城市的通存通兑。2001年8月末,镇江市区(含丹徒县)邮政储蓄余额首次突破10亿元。2002年12月12日,镇江市邮政储蓄余额达到30.03亿元。

2005年,储汇分局下设6个职能部门,邮政储蓄网点117个,其中镇江市区36个。8月,国务院原则通过《邮政体制改革方案》,提出"在保留利用邮政网络吸储功能基础上,邮政业务与邮政储蓄业务财务分账核算,邮政储蓄实行市场化经营管理,自负盈亏,并积极完善条件,加快成立中国邮政集团公司控股的中国邮政储蓄银行,所有邮政金融业务划归邮政储蓄银行管理"。年末,镇江市邮政储蓄余额突破50亿元,达到52.11亿元。邮政储蓄市场占有率11.35%。

第二节　保险业机构

一、中国人民保险公司镇江分公司

1980年6月16日,中国人民保险公司镇江市支公司(以下简称市中国人保公司)正式复业。1984年12月28日,镇江市、县(市)中国人保公司机构级别上升,独立行使职权。1985年2月,市中国人保公司改称中国人民保险公司镇江分公司。

1996年5月5日,市中国人保公司分设为中保财产保险有限公司镇江分公司(以下简称市中保财产险公司)和中保人寿保险有限公司镇江分公司(以下简称市中保人寿险公司),原市中国人保公司撤销。在分设过程中,将1995年5月25日成立的南京人寿保险股份有限公司镇江代理处机构撤销,人员、财产进行归编,统一参加市中国人保公司分设。

1980~1995年,镇江市区累计收入财产险保费24448.2万元,其中企业财产保险9630.8万元,家庭财产保险保费1396.5万元,其他险保费672.4万元。镇江市累计收入财产险保费52416.4万元,其中企业财产保险18866.2万元,机动车辆保险19621.1万元,国内船舶保险694.8万元,货物运输保险6167.9万元,农业保险515.4万元,其他保险918.3万元。

1980~1995年,中国人民保险公司镇江分公司先后开办团体人身险、学生团体人身平安保险、简易人身保险、子女婚嫁金保险、养老金保险、机动车驾驶人员意外伤害保险等寿险险种。累计收入储蓄返还性人身保险保费42057.7万元,短期性人身保险保费4073.4万元。

二、中国人民财产保险股份有限公司镇江市分公司

1999年5月,市中保财产险公司更名为中国人民保险公司镇江分公司。2003年6月,市中保财产险公司重组改制为中国人民财产保险股份有限公司镇江市分公司。2005年,市中保财产险公司设有支公司6个,营销服务部51个,在册职工155名,保险营销员79名。

三、中国人寿保险股份有限公司镇江市分公司

1996 年,中国人民保险公司实施产寿险分设后,人身保险业务由中保人寿保险有限公司镇江分公司办理。1999 年 3 月 19 日经国务院批准,中保人寿保险有限公司改建为中国人寿保险公司。1999 年 5 月,市中保人寿险公司更名为中国人寿保险公司镇江分公司。2003 年 9 月,市中保人寿险公司重组改制为中国人寿保险股份有限公司镇江市分公司。到 2005 年末,市中保人寿险公司设有支公司 6 个,营销服务部 47 个,在册员工 111 人,保险营销员 2737 人。

1998 ~ 2005 年中保人寿保险有限公司镇江分公司人身险保费情况表

表 19-10　　单位:万元

年份	人身险保费	年份	人身险保费
1998	21022.40	2002	49063.60
1999	25161.90	2003	71536.30
2000	23721.00	2004	82724.00
2001	30144.10	2005	89151.00

四、中国太平洋保险公司镇江分公司

1994 年 9 月 15 日,中国太平洋保险股份有限公司镇江办事处成立。1996 年 11 月,中国太平洋保险公司镇江办事处升格为中国太平洋保险公司镇江分公司(以下简称市太保公司)。

2000 年 11 月,市太保公司分设为中国太平洋财产保险股份有限公司镇江分公司(以下简称市太保财产险公司)和中国太平洋人寿保险股份有限公司镇江分公司(以下简称市太保人寿险公司)。

1988 ~ 2000 年中国太平洋保险公司镇江分公司财产险保费情况表

表 19-11　　单位:万元

年份	财产险保费	年份	财产险保费
1988	26	1995	3754
1989	125	1996	6372
1990	228	1997	9626
1991	312	1998	9609
1992	568	1999	10400
1993	1084	2000	52800
1994	2092		

五、中国太平洋财产保险股份有限公司镇江中心支公司

2001 年 12 月,市太保财产险公司更名为中国太平洋财产保险股份有限公司镇江中心支公司。到 2005 年末,市太保财产险公司设有支公司 2 个,营销服务部 9 个,在册职工 60 人,保险营销员19 人。

六、中国太平洋人寿保险股份有限公司镇江中心支公司

公司是于 2000 年由中国太平洋保险太平洋公司镇江分公司实施产寿险分业经营机构改革时,分设成立的。2001 年 12 月,市太保人寿险公司更名为中国太平洋人寿保险股份有限公司镇江中心支公

司。市太保人寿险公司设有支公司2个，营销服务部37个，在册员工67人，保险营销员799人。

2000～2005年中国太平洋人寿保险股份有限公司镇江中心支公司人身险保费情况表

表19-12　　单位：万元

年份	人身险保费	年份	人身险保费
2000	8461	2003	40851
2001	12843	2004	26524
2002	26549	2005	28606

七、中国平安保险公司

1995年2月，中国平安保险公司进入镇江市场开办保险业务。7月，平安保险总公司对产、寿险实行“分业经营，统一管理”。1997年3月，中国平安保险公司镇江业务部成立。1997年12月，中国平安保险公司镇江业务部升格为中国平安保险股份有限公司镇江支公司（以下简称市平保公司）。

2003年2月，市平保公司分设为中国平安财产保险股份有限公司镇江中心支公司（以下简称市平保财产险公司）和中国平安人寿保险股份有限公司镇江中心支公司（市平保人寿险公司）。

八、中国平安财产保险股份有限公司镇江中心支公司

2003年2月，市平保财产险公司分设。到2005年末，市平保财产险公司设有营销服务部5个，在册职工34人，保险营销员18人。

1998～2005年中国平安财产保险股份有限公司镇江中心支公司财产险保费情况表

表19-13　　单位：万元

年份	财产险保费	年份	财产险保费
1998	785	2002	1693
1999	1545	2003	2011
2000	1118	2004	2206
2001	1777	2005	3092

九、中国平安人寿保险股份有限公司镇江中心支公司

2003年2月，市平保人寿险公司分设。至2005年末，市平保人寿险公司设有营销服务部19个，在册员工99人，保险营销员893人。

1996～2005年中国平安人寿保险股份有限公司镇江中心支公司人身险保费情况表

表19-14　　单位：万元

年份	人身险保费	年份	人身险保费
1996	978.41	2001	11121.47
1997	9946.30	2002	15956.90
1998	2515.58	2003	17455.26
1999	3607.07	2004	20778.00
2000	5790.88	2005	23959.00

2002 年后成立的镇江市财产保险公司一览表

表 19-15

机构名称	成立时间	备注
天安保险股份有限公司镇江中心支公司	2002 年 7 月	-
新华人寿保险股份有限公司镇江中心支公司	2002 年 7 月	-
大众保险股份有限公司镇江中心支公司	2003 年 3 月	-
泰康人寿保险股份有限公司镇江中心支公司	2003 年 4 月	-
中华联合财产保险股份有限公司镇江中心支公司	2004 年 1 月	-
永安财产保险股份有限公司镇江营销服务部	2004 年 2 月	2004 年 12 月改为中心支公司
太平保险股份有限公司镇江营销服务部	2004 年 5 月	-
太平人寿保险有限公司镇江中心支公司	2005 年 2 月	-
安邦财产保险股份有限公司镇江支公司	2005 年 5 月	-

第三节　其他机构

1988 年起相继成立镇江市典当拍卖公司和金山典当、亨通典当等典当机构。1989 年按照分业经营的要求，对镇江市专业银行开办的信托投资公司进行整顿；1991 年经人民银行总行（以下简称人总行）批准，成立镇江市信托投资公司。自 1995 年起，镇江市先后设立江苏省证券公司（后改为华泰证券）、申银万国证券、中科信证券、南京证券、光大证券等 6 家证券公司镇江营业部。1999 年创立首家信用担保中心——镇江市中小企业信用担保中心。至 2005 年末，辖区内信用担保机构发展至 6 家。

一、镇江市信托投资公司

1991 年 6 月经人总行批准，镇江市信托投资公司成立。公司为独立法人地方金融机构，由市建行信托投资公司、丹阳市信托投资公司和市财政局各参股 1100 万元、2000 万元和 1900 万元组建。市信托投资公司在辖区内开办信托业务以及经中国人民银行批准的其他业务。2001 年 1 月根据《中国人民银行整顿信托投资公司方案》精神，经人总行批复正式撤销市信托投资公司。

二、江苏省证券公司镇江营业部

1995 年 5 月经省人行批准，江苏省证券公司镇江营业部开业。这是银行、保险、证券分业经营后镇江市首家专业证券机构，主要从事有价证券买卖、企业委托资产管理等业务。

三、镇江市中小企业信用担保中心

镇江市中小企业信用担保中心于 1999 年 2 月正式成立，隶属镇江市政府经贸委。市中小企业信用担保中心是联合国开发计划署、国家经贸委、中国国际经济技术交流中心在镇江市实施“中小企业改革与发展”项目与健全社会体系试点的产物，是中国最先开展中小企业信用担保业务的机构。

四、镇江市诚信典当有限责任公司

镇江市典当拍卖公司1988年8月正式成立营业，隶属于镇江市供销社，为中华人民共和国成立后江苏省内成立的首家典当行。1996年更名为镇江市诚信典当有限责任公司，2002年改制为民营企业，与供销社脱离隶属关系。

第二章 金融体制改革

改革开放以后，伴随中国金融体制改革的逐步深入，镇江市金融体制改革大体经历四个阶段。1993年以前，主要是实现金融机构的多样化，市人行实现中央银行业务与经营性银行业务的分离；确立以市工、农、中、建四大国有专业银行为主体的银行体系；市中国人保公司复业，作为一个经济实体独立行使职权；信托、证券业务开始起步。1993～1997年，市四大国有专业银行实现政策性业务与商业性业务分离，开始向商业性银行过渡，成立政策性银行；农村信用社与市农行脱离行政隶属关系；汇率并轨；多家保险公司进入镇江保险市场，完成财产险与人寿险的分设。1997～2002年化解辖区内农村基金会，农村、城市信用社，信托投资机构等地方性金融机构因历史原因形成的支付风险，组建城市合作银行，农村信用社按县（市）行政区域合并为一个法人；取消对商业银行贷款实行规模管理的调控方式。2002年以后，国有商业银行开始实行股份制改造，两家国有保险公司改制为商业性保险机构，改革人民币汇率形成机制，改革和发展资本市场，成立镇江银监分局专司辖区内银行业金融机构监管职能。

第一节 银行业体制改革

一、商业银行改革

改革开放以后，镇江市先后恢复和设立市建行、中行、农行、工行4家专业银行，开始打破辖区内单一的银行体系。各专业银行开始实行“全额利润留存制度”，并逐步向综合化经营方向发展；专业银行业务开始出现交叉。

1989年，股份制商业银行——交通银行镇江市分行正式开业。

1993年12月，国务院发出《关于金融体制改革的决定》，提出要把专业银行办成自主经营、自担风险、自负盈亏、自我约束的真正的商业银行；市工、农、中、建4家专业银行开始向国有商业银行转变；1995年，《中华人民共和国商业银行法》颁布。1996年开始实行法人授权制度，以各国有商业银行总行为统一法人，以城市银行为基本核算单位，向三级经营管理过渡。1996年，市工行作为全国工行系统会计制度改革的试点率先推出会计核算“三统一四集中”（统一核算制度，统一操作流程，统一软件开发；同城票据交换业务集中，联行划汇业务集中，资金清算业务集中，事后监督业务集中），相继实现辖区内工行系统会计核算、事后监督、财务核算、物品采购等集中化管理。这期间，各行开始实施资产负债比例管理，全面推行贷款五级分类，建立贷款风险管理和授权授信管理制度。1998年根据国家关于决定在一些经济发达城市，在合并重组城市信用社基础上，通过吸收地方财政、企业资金方式试办城市合作银行（后全部改名为城市商业银行）的精神，地方法人金融机构——镇江市商业银行正式组建成立对外营业。精简机构，实施集约化经营，2001年，辖区内国有商业银行储蓄所以上机构415家，比1996年减少233家。

在向商业银行转轨的过程中,各商业银行加强风险和内部控制。实现“审、贷”分离,实行贷款第一责任人制度;加强内部稽核检查,重点开展系统内资产质量、风险状况以及外汇交易等高风险业务的稽核,对前台一线岗位实施预警分析监测。在国家有关政策的扶持下,加快不良资产的核销和处置。

二、组建政策性银行

1994 年,国家相继组建国家开发银行、中国农业发展银行和中国进出口银行三家政策性银行。1996 年 9 月,中国农业发展银行镇江市分行正式挂牌营业,专司镇江市农业政策性存贷款业务,解决辖区内农民农副产品收购不能兑付现金的问题,在保护和稳定粮棉油市场等方面发挥重要作用,为促进国有专业银行向现代商业银行转变创造有利条件。

三、农村信用社体制改革

农村信用合作社原隶属于农业银行。1984 年实行辖区内农业银行营业所与信用社资金、计划、业务三分开,但仍保持所、社松散联营,利润分成。同年,所社联营改为各自经营。同时恢复丹徒县信用合作联社,并相继组建丹阳、句容、扬中县信用合作联社。1985 年组建润州区信用合作联社。1993 年组建京口区信用合作联社。

1996 年,镇江市 89 家农村信用社与市农行系统脱离行政隶属关系,按照合作制原则对农村信用社进行规范;通过清产扩股,建立健全“三会”(社员代表大会、理事会、监事会)制度,实行民主管理。

2000 年 2 月成立具有独立法人资格的地方股份制金融机构——镇江市农村信用合作社联合社,为苏、皖两省唯一的地(市)级农联社。同年 8 月,辖区内基层农村信用社和 4 个县(市)联社整合为 4 个法人机构,实行“统一法人、授权经营、分级核算、单独考核”。各县(市)联社完善“责权分明、分工合理、相互制衡”的法人治理组织架构,转变经营机制,强化信贷风险和效益管理。2001 年,丹阳联社比照股份制形式完成清扩股金、完善法人治理结构的试点工作。2004 ~ 2005 年,丹阳、扬中联社筹建农村合作银行。

农村信用社改革恢复“三性”(社员入股自愿性、互助合作性、管理民主性),解决自身服务定位,成为辖区内为“三农”服务的主要金融机构。

第二节　外汇管理体制改革

一、管理机构

根据国务院 1983 年关于“国家外汇管理局及其分局,在人民银行领导下,统一管理外汇”的文件精神,镇江市外汇管理工作自 1985 年 3 月 1 日起,由市中行移交市人行管理。1985 年 12 月 5 日正式成立国家外汇管理局镇江分局统一管理辖区内外汇工作。

二、外汇经营

1990 年前,镇江市外汇业务由国家专业银行——市中行独家经营。1991 年 3 月、4 月、9 月相继批准市农行、工行、交行开办外汇业务。1992 年 9 月,市建行开办外汇业务,2003 年 2 月,镇江市城商行开办外汇业务。

三、外汇调剂市场

1985 年，贸易结算价取消，为建立规范的外汇调剂市场创造条件。1986 年，市外汇局开展留成外汇余缺调剂，成立外汇调剂交易所。1988 年 3 月放开汇率，由买卖双方根据外汇供求状况议定，中国人民银行适度进行市场干预，并通过制定“外汇调剂用汇指导序列”对调剂外汇用途加以引导。1992 年，市人行组建外汇调剂中介机构——镇江市外汇调剂中心，引进市场配置外汇资源的机制，开办外汇调剂公开市场。

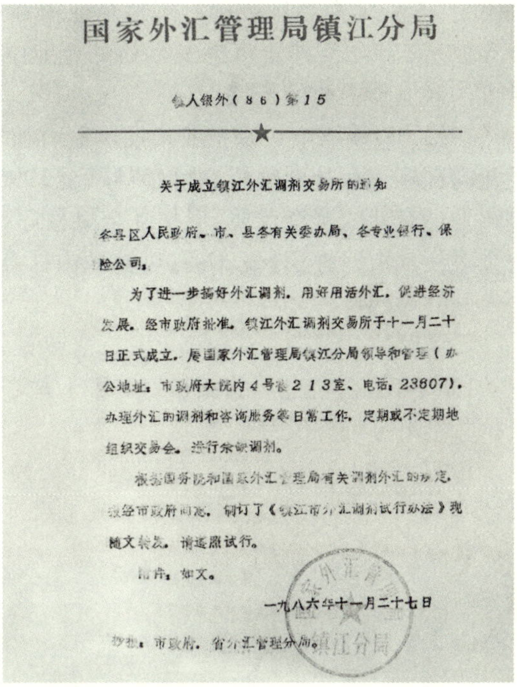
国家外汇管理局镇江分局

镇人银外（86）第15

关于成立镇江外汇调剂交易所的通知

各县区人民政府、市、县各有关委办局、各专业银行、保险公司：

为了进一步搞好外汇调剂，用好用活外汇，促进经济发展，经市政府批准，镇江外汇调剂交易所于十一月二十日正式成立，属国家外汇管理局镇江分局领导和管理（办公地址：市政府大院内4号楼213室、电话：23607），办理外汇的调剂和咨询服务等日常工作，定期或不定期地组织交易会，进行余缺调剂。

根据国务院和国家外汇管理局有关调剂外汇的规定，报经市政府同意，制订了《镇江市外汇调剂试行办法》现随文转发，请遵照试行。

附件：如文。

一九八六年十一月二十七日

抄报：市政府，省外汇管理分局。

图 19-9　1986 年，镇江外汇调剂交易所成立的通知

四、境内居民外汇管理

从 1985 年起，辖区内居民境外汇入款或从境外携入的外汇准许全部保留，在银行开立存款账户。从 1991 年 11 月起，允许辖区内居民个人所有外汇参与外汇调剂。个人因私出国经批准可以向银行购买一定额度的外汇，但批汇额度标准较低。1994 年起大幅提高居民因私兑换外汇的额度，基本满足辖区内居民因私用汇需求。2005 年，镇江市居民因私购汇 1964.19 万美元，比 2002 年因私购汇 33.66 万美元增长 57.35 倍。

第三节　建立金融市场

一、同业拆借市场

银行业同业拆借市场从 1984 年开始起步。1985 年，市农行主要通过系统内，同时跨系统适度调剂，全年拆借资金 223 次，金额 1.38 亿元。1986 年，市人行与苏州、无锡、常州、南京、南通人行签订《跨地区拆借资金协议》，开展资金拆借活动。1986 年 1～8 月，辖区内专业银行共从辖区外拆入资金 7000 余万元。1990 年，辖区内金融机构拆入资金 8.4 亿元、拆出资金 5.3 亿元，净拆入资金 3.1 亿元。

1991 年经省人行批准成立同业拆借中介机构——镇江市金融市场。截至 1993 年末，镇江市金融市场累计拆入资金 20.19 亿元，拆出资金 18.33 亿元。

1992～1993 年一度出现违章拆借造成市场混乱。1993 年 6 月，人总行部署整顿同业拆借秩序，清收违章拆借资金；同时停止省以下同业拆借中介机构的拆借业务。

1998 年初，人总行批准商业银行可以授权其分行加入全国同业资金拆借市场。

二、债券市场

1985 年，市人行首次批准市农行代理丹阳县新桥乡客车厂在市区和丹阳县公开发行企业融资券 200 万元。1987～1990 年经市人行批准，镇江市金融机构共代理辖区内 16 家企业 25 次，累计向社会发行融资券 1.03 亿元。由于当时社会风险意识不强，对发债企业没有进行认真的信用评估，导致许多债券到期不能偿付，代理发行金融机构以贷款置换债券的方式加以偿还。1993 年，国

家出台《企业债券管理条例》,规范企业债券管理。1994 年起,市人行逐年压缩辖区内企业发行融资券数量,2000 年停止审批发行新的企业融资券,已发行未能兑付的融资券全部转为代理发行金融机构对发债企业的贷款。

1993 年,镇江市一些企业未经国家有权部门批准,以“内部集资”等名义,以高出银行的利息向企业内部职工和社会集资、发行债券,至 1996 年 7 月集资总额达 19528 万元。社会集资虽然暂时缓解发债企业的资金矛盾,但扰乱金融秩序,引发社会问题。1998 年,国务院《非法金融机构和非法金融活动取缔办法》发布后,对辖区内社会集资进行清理整顿。

三、证券流通市场

1990 年 4 月经省人行批准,市交行率先开办证券交易业务。随后,市工行、农行、建行等金融机构相继开办证券交易业务。

1992 年末,市建行证券交易营业部成为上海证券交易所正式会员,于 1993 年 5 月开通股票交易。其后市工行、农行、交行相继加入上海证交所,开办股票交易。

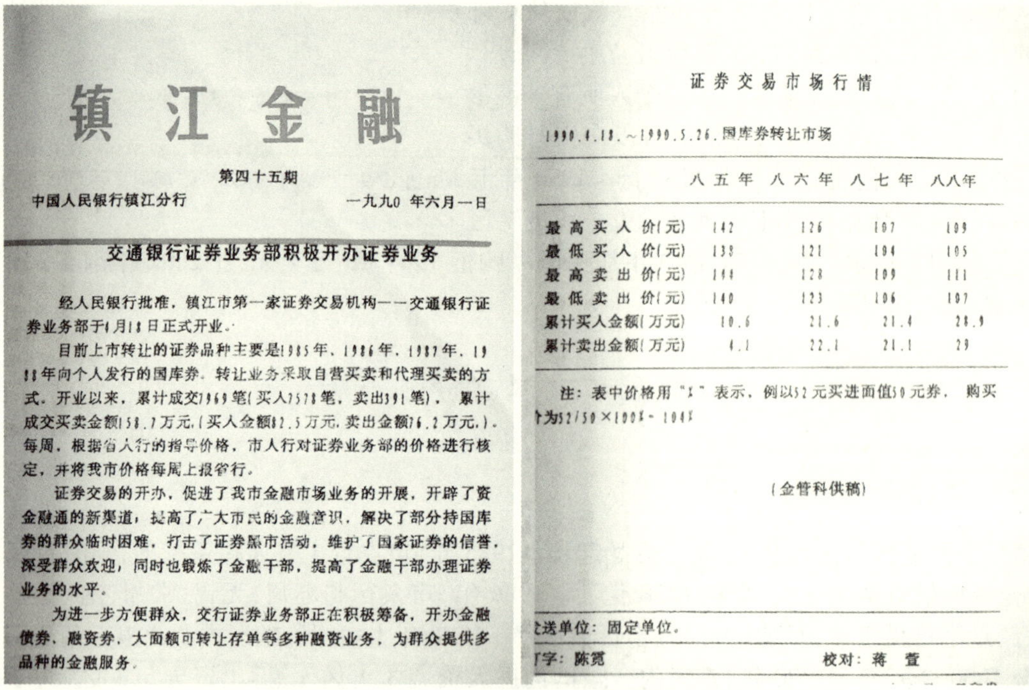

镇江金融

第四十五期

中国人民银行镇江分行　　一九九0 年六月一日

交通银行证券业务部积极开办证券业务

经人民银行批准，镇江市第一家证券交易机构——交通银行证券业务部于4月18日正式开业。

目前上市转让的证券品种主要是1985年、1986年、1987年、1988年向个人发行的国库券。转让业务采取自营买卖和代理买卖的方式。开业以来，累计成交1969笔(买入1578笔，卖出391笔)，累计成交买卖金额158.7万元.(买人金额82.5万元.卖出金额76.2万元.)。每周，根据省人行的指导价格，市人行对证券业务部的价格进行核定，并将我市价格每周上报省行。

证券交易的开办，促进了我市金融市场业务的开展，开辟了资金融通的新渠道，提高了广大市民的金融意识，解决了部分持国库券的群众临时困难，打击了证券黑市活动，维护了国家证券的信誉，深受群众欢迎，同时也锻炼了金融干部，提高了金融干部办理证券业务的水平。

为进一步方便群众，交行证券业务部正在积极筹备，开办金融债券、融资券、大面额可转让存单等多种融资业务，为群众提供多品种的金融服务。

证券交易市场行情

1990.4.18.～1990.5.26.国库券转让市场

	八五年	八六年	八七年	八八年
最高买人价(元)	142	126	107	109
最低买人价(元)	138	121	104	105
最高卖出价(元)	144	128	109	111
最低卖出价(元)	140	123	106	107
累计买人金额(万元)	10.6	21.6	21.4	28.9
累计卖出金额(万元)	4.1	22.1	21.1	29

注：表中价格用"%"表示，例以52元买进面值50元券，购买价为52/50×100%=104%

(金管科供稿)

送单位：固定单位。

字：陈霓　　校对：蒋　萱

图 19-10　1990 年,市交通银行开办证券交易业务

1995 年根据国家对银行、信托、证券、保险分业经营、分业管理的改革要求,市有关商业银行证券业务先后被收购或改组。同年经省人行批准,江苏省证券公司镇江营业部作为专门从事股票证券交易的金融机构正式开业。2005 年,镇江市市区 5 家证券交易机构全年实现国债交易 1.97 亿元,股票交易 93.12 亿元。

四、票据贴现市场

1984 年 12 月,人总行制定《商业汇票承兑、贴现暂行办法》,1985 年开始在全国推行商业票据承兑、贴现业务,镇江市银行业金融机构开始办理票据贴现业务。1986 年,市人行开办再贴现业务,年末再贴现余额 512 万元。1989 ~ 1991 年,镇江市银行业金融机构累计办理银行承兑汇票 1.32 亿元。

随着国有专业银行向商业银行转变,银行承兑汇票和贴现业务作为改善银行资产负债结构,

提高资金使用效益的有效途径有较快发展，同时市人行运用再贴现方式推进票据贴现业务发展。2001 年末，镇江市银行业金融机构票据贴现余额 7707 万元。2003 年，市人行累计办理辖区内商业银行再贴现 9.81 亿元。2005 年末，镇江市银行业金融机构票据贴现余额达 95.33 亿元。

第四节　保险业体制改革

1989 年以前，镇江市保险业务由市中国人保公司独家承担。进入 20 世纪 90 年代后，镇江保险市场由独家经营向多家竞争过渡。1994 年 9 月，中国太平洋保险股份公司镇江办事处正式成立；1995 年 2 月，中国平安保险公司在镇江开办保险业务。自此镇江保险市场开始转为适度竞争。1996 年起，中国人保、平安保险、太平洋保险等保险公司相继完成财险、寿险的分业经营。2003 年 6 月，中国人保公司进行股份制改革，镇江分公司成为股份制公司。此间，天安、新华、大众、泰康、中华联合、永安、太平、安邦等保险公司也先后进入镇江保险市场开拓业务，开办的险种多样化，各保险公司除保留机动车辆、企业财产、货物运输、家庭财产等保险种类外，还拓展工程险、责任险、保证险、伤害险、健康险以及丰富多样的人寿险品种。

第三章　人民银行业务

1985 年以后，市人行独立履行央行派出机构贯彻执行货币政策、金融监管、金融服务三大职能。1995 年颁布《中华人民共和国中国人民银行法》，以法律的形式明确央行派出机构在辖区内贯彻执行货币政策，发行、管理人民币，审批、监督管理金融机构，外汇管理，经理国库，维护支付、清算系统的正常运行，金融统计等具体职责。2003 年，市人行对辖区内银行业金融机构监督管理职能移交新成立的镇江银监分局，新增反洗钱和征信业务管理两项职责。

第一节　执行货币信贷政策

1984 ~ 1993 年，市人行执行国家“稳定货币、发展经济”的双重货币政策目标，主要运用再贷款和对金融机构贷款限额管理两大货币政策工具进行操作。1993 年开始，市人行执行国家“保持币值的稳定，并以此促进经济增长”单一的货币政策目标，通过再贴现、存款准备金、利率、“窗口指导”等货币政策工具进行操作。

1984 年，信贷管理体制沿袭计划经济体制时期“统一计划、分级管理、存贷挂钩、差额包干”的办法。1985 年改革信贷资金管理办法，市人、工、农、中行从 1 月 1 日起，市建行从 11 月 20 日起实行“统一计划、划分资金、实贷实存、相互融通”的信贷资金管理办法，存贷款全面纳入国家信贷计划。市人行加强对专业银行存贷款账户管理，存款不得透支，贷款不得突破，督促银行业金融机构按时按比例缴足存款准备金。市人行通过对粮食贷款实行专项管理，对基建贷款和乡镇企业贷款实行指令性指标，以及开展信贷大检查，回收不合理贷款，整顿信托投资业务等一系列措施有效控制信贷规模。由于 1985 年采取既控制信贷规模又控制存贷款差额的直接调控办法，出现信贷资金管理缺乏弹性的问题，造成 1986 年初信贷资金供需矛盾突出、缺口较大的现象。为支持地方生产适当的增长速度，市人行拟订并经市政府批转《关于加强和改善宏观控制，努力搞活城乡金融的意见》，通过改进信贷计划管理办法，运用多种手段调节信贷资金。信贷资金管理实行计划与资金分开，除固定资产贷款实行指令性计划外，流动资金贷款为指导性计划。市各专业银行可自己组织存款实现贷款计划,打破人民银行统包资金的办法。在资金自求平衡的前提下,流动资金贷款可以多存多贷,技改贷款在控制指标内可以多收多贷。同时,工农业流动资金贷款项目之间可以利用“时间差、地区差、行际差”进行资金调度。1986 年末,市专业银行资金自给率由上年的 56.5% 提高到 61.8%。全年市人行运用“四项资金”(省人行核定的临时贷款指标,邮政储蓄、专业银行往来户存款的 30% 和未用足的计划内贷款)累计发放临时性再贷款 6.6 亿元。随着专业银行开始办理商业票据贴现业务,市人行相继开办再贴现业务,年末再贴现余额 512 万元。1987 年,市人行贯彻中央紧缩信贷的措施:提高准备金率 2%,市各银行业金融机构多缴存款准备金 3189 万元;提高对专业银行再贷款利率;吸收信用社特种存款 3570 万元;完成认购国家重点建设债券 1208 万元。年末对乡镇企业和集体工业贷款分别控制在 6 月底和 8 月底的水平。市人行对专业银行再贷款余额 8.4 亿元,占镇江市贷款余额总量的 27%,其中短期贷款余额 1.1 亿元。再贷款总量控制在限额内,再贷款的种类由计划内贷款、季节性再贷款、临时性再贷款调整为基数再贷款、年度性再贷款和临时性再贷款。

1988 年,镇江市出现明显通货膨胀和资金需求紧张同时并存的局面。9 月,市人行执行中央紧缩信贷政策,实行资金、规模双控目标。9 ~ 11 月,镇江市各金融机构共收回超计划贷款 1.74 亿元。年末按提高存款准备金 1% 的规定增缴存款准备金 1400 万元,落实国家财政债券、基本建设债券、国库券、金融债券认购 12869 万元。市人行适时调节再贷款,上半年压缩和收回对专业银行贷款 4000 万元以保证农副产品收购的需求。在各专业银行抽紧银根、上调联行资金的情况下通过运用好可用资金以及向上级行争取资金,9 ~ 12 月向各金融机构增加再贷款 1.4 亿元。年末,市各金融机构各项存款余额 26.43 亿元(含金融债券),比上年增加 4.35 亿元。各项贷款 37.6 亿元,增加 5.34 亿元,信贷借差扩大近 1 亿元。1989 年,国家加强宏观调控,收缩银根。面对镇江市存款猛降、银行支付极度困难的严峻局面,市人行采取“五个一块”(企业销售回笼一块、专业银行压一般保重点挤出一块、财政补贴及时到位补上一块、银行大搞储蓄增加一块、银行向上争取多要一块)措施确保农副产品收购资金供应。为加强信贷规模监控,根据人总行贷款规模责任制要求,市人行按季考核专业银行信贷规模,灵活调度非银行信贷规模,逐月考核信贷计划执行情况。为促进信贷结构调整,市人行对专业银行再贷款实行与信贷投向、清欠和规模挂钩,完成省人行下达的收回短贷 7500 万元任务;调度资金、发放启动资金和保证重点企业资金需求。年末对专业银行贷款余额 10.73 亿元,比年初增加 1.16 亿元;对地方专项贷款余额 3589 万元,新增 106 万元。1990 年初,市人行制定搞活金融调节支持镇江市经济稳定发展的十条措施。向上争取临时调剂规模、清欠专项规模和其他金融机构信贷规模。对整顿中的信托投资机构采用“把握投向、逐笔核贷”的管理办法,全年共批准发放委托、信托、租赁贷款共 15464 万元以缓解部分资金矛盾。年末,市人行再贷款余额 12.59 亿元,对地方专项贷款 3638 万元,对市金融机构贷款余额 12.23 亿元,其中人行短期贷款全年累计发放 20.9 亿元,年末余额 4.3 亿元。1991 年,市人行坚持短贷勤收勤放加速周转,全年累计发放 25.2 亿元,年末余额 5.8 亿元。管好人行新增 2.6 亿元切块调控规模,主要投向大型企业和外贸公司、压贷挂钩和固定资产清欠项目。在上年度镇江市遭遇百年未遇洪涝灾害的情况下,市人行协调市各金融机构迅速落实各项金融优惠政策,对因受灾停产企业的到、逾期贷款适当展期,对支付利息有困难的企业实行缓收,对粮棉油、种养业和灾后建房等救灾贷款下浮贷款利率 10%,协调各专业银行向上级行争取追加资金 1.12 亿元,安排调度资金 2.15 亿元。1992 年,市人行继续贯彻“控制总量、调整结构、强化管理、盘活存量、提高效益”的货币信贷政策,通过灵活适时调节短期再贷款,引导市各金融机构信贷资金向农业、大中型企业和重点项目、外向型经济、第三产业及经济开发区建设等五个方面倾斜。全年市人行累计发放短期贷款 41.8 亿元,年末各项再贷款余额 15.6 亿元,向专业银行和其他金融机构调剂信贷资金 2.5 亿元,解决 13 个地方经济项目资金缺口。

1993年，市人行清理违章违规拆借、压缩计划外贷款。截至年末，镇江市金融机构归还拆入资金13.88亿元，拆入资金余额压缩至13.31亿元；收回拆出资金11.72亿元，拆出资金余额4.87亿元；压缩计划外贷款4.26亿元，比6月末下降25%。全年对农副产品收购资金实行专户管理，发放人行短贷2806万元，保证夏粮收购。市人行通过评估，选择一批地方项目上报人总行、省人行，争取到专项贷款6700万元。从1985年1月1日至1993年3月31日，市人行累计对市专业银行发放再贷款202.97亿元，累计收回再贷款187.66亿元，余额15.31亿元。1993年末，市人行专项贷款余额1.1亿元，比年初增加5783万元；对金融机构贷款余额15.74亿元，比年初增加1269万元，其中短期贷款余额8.23亿元，比年初增加1.57亿元，再贴现余额300万元。

1994年，市人行贯彻执行人总行关于《人民银行分支行转换职能的意见》，将货币信贷工作重心由过去的分资金、分规模转向贯彻执行中央统一的货币信贷政策和对本地区经济金融形势分析预测以及强化“窗口指导”上来。坚持按月对市专业银行信贷规模进行考核，确保信贷规模控制在上级行下达的计划之内；压缩非银行金融机构存贷比例，城市信用社存贷比由年初的113%下降到年末的67.9%，信托机构自营存贷款比例从年初的201%下降到年末的77.3%。全年清收邮储资金9083万元。完成城市信用社认购特种存款1904万元，认购国家开发银行金融债券1530万元。4月根据人总行有关规定，以市人行截至4月3日对市专业银行实际发放的信用贷款余额为基础上报划转为人总行对各专业银行总行的贷款。1995年以后，市人行贯彻执行适度从紧的货币政策，严格监管辖区内银行业金融机构信贷总量和资产负债比例管理，通过“窗口指导”和再贴现等货币政策工具引导信贷投向，支持地方经济发展。按月考核市各商业银行、农村信用社贷款规模，按季考核商业银行外汇贷款规模，严格城市信用社资产负债比例管理，对超比例城信社采取一社一策分类指导，规模和比例均控制在上级行下达的计划内。1996年起，市人行与市政府经济管理有关部门从市直工业企业中选择一批重点骨干企业与金融部门建立较为稳定的合作关系，签订合作协议，明确双方责任和业务，开始银企合作尝试。结合镇江市个人住房贷款及经济适用房建设开发情况，镇江市制定《镇江市个人购买经济适用住房贷款操作办法》，宣传《个人住房贷款管理办法》，全年市各商业银行累计发放各类房地产贷款7.04亿元，其中个人住房贷款6839万元；争取农信社再贷款指标，解决其支付结算临时性头寸不足；累计办理再贴现6.8亿元，年末余额2.64亿元，比年初增加1.04亿元。

1999～2003年，市人行贯彻稳健的货币政策，引导和督促市各银行业金融机构增加信贷投入，改进金融服务，支持地方经济加快结构调整和区域产业升级，达到既支持经济发展合理资金需求又有效化解不良贷款的目标。1999年，市人行先后就农业信贷、消费信贷、支持国有企业改革和发展、支持中小企业发展制定和印发有关指导意见。运用再贷款支持和引导农村信用社增加农户贷款、扩大农业信贷投放，全年累计发放农信社支农再贷款1.95亿元。改善再贴现管理，合理引导信贷资金流向，全年累计办理再贴现7.65亿元。2000年，市人行组织召开镇江市助学贷款推进会，增加对地方法人中小金融机构再贷款投放，累计发放市城商行再贷款7.5亿元。2002年，市人行与市政府经济管理部门联合组织市银行业金融机构和市重点骨干企业签订银企合作协议，签约企业31家，资金到位25.68亿元，履约率142%；组织市银行业金融机构参加江苏省银企融资洽谈活动，签约金额8.15亿元。2003年，市人行围绕大型工业企业、城市建设和重点技术改造项目引导市各银行业金融机构扩大信贷营销，开展信贷机制创新，优化信贷结构，加快信贷投入，银企合作协议金额数28.9亿元，全年实际对35户签约企业累计融资投入66.7亿元，比年初增加33.2亿元。扩大票据市场，支持中小企业和“三农”信贷投入。全年市银行业金融机构承兑汇票、信用证、担保及保函等各项融资余额98.05亿元，比年初增加43.31亿元；市人行累计办理再贴现9.81亿元，比上年同期增加8.59亿元；对市城商行累计发放再贷款21.8亿元，对农村信用社发放无息再贷款2.3亿元。

2004年，市人行实行再贷款浮息政策、组织实施存款准备金调增引导和督促金融机构理性调整信贷结构，实行有保有压的信贷政策，加大对重点骨干企业、"三农"、中小企业、民营经济的信贷支持力度，抑制对过热行业和低水平重复建设项目的信贷投入。6月末，镇江市钢铁、水泥、纺织、房地产等五大热点行业贷款比年初下降6.49亿元，基础设施建设贷款比上年同期少增5.6亿元。扶持成立镇江市农民创业担保基金，制定《镇江市下岗失业人员小额担保贷款工作实施办法》，全年累计发放地方法人中小金融机构再贷款16.1亿元，再贴现4.24亿元。2005年，辖区内7家银行业金融机构与70户重点骨干企业签订金额达54.7亿元的《银企合作协议》；举办融资推介会，首次邀请辖区外19家中外金融机构与镇江市的重点骨干企业进行融资洽谈，推出融资项目78个，融资金额74亿元；与市政府有关经济管理部门联合组织辖区内企业参加江苏省工商企业融资洽谈活动，参与项目150个，申请贷款106.69亿元。会同市财政、劳动等政府职能部门联合制定《镇江市下岗失业人员小额担保贷款管理暂行办法》，截至11月末发放小额担保贷款354万元。推进助学贷款工作，截至11月末，助学贷款余额2520万元，比年初增加702万元。结合商业银行房地产贷款利率调整和金融机构存款准备金利率调整，按照有保有压的宏观调控原则严格控制对房地产等国家限制性行业的信贷投入；增加对民营中小企业和"三农"的信贷投入，1～11月累计发放再贷款4300万元。

第二节　金融统计与征信管理

一、金融统计

1984年起，市人行负责辖区内人民币信贷、现金统计报表汇总，指导辖区内各金融机构的金融统计工作。

1987年起执行人总行新发布的《金融统计暂行规定》，在原有国家银行、农村信用社人民币信贷、现金统计基础上增加信托投资、城市信用社等金融机构的业务统计制度。市人行按月汇总辖区内人民币信贷、同业拆借、固定资产贷款（含各种渠道用于基建和技改的贷款）。1994年增加新的信贷旬报制度；首次编印公布辖区内金融统计资料；加强对统计资料分析，为金融监管提供准确的数据资料。

1995年，金融统计范围扩大到辖区内证券业、保险业金融机构经营业务。1996年4月，市人行转发人总行《关于印发〈金融统计管理规定〉的通知》，对辖区内金融机构统计部门及人员职责、统计报表管理和统计调查、统计资料的管理和公布、统计监督和检查、统计工作奖励和惩罚都作具体规定。市人行下发《按新的指标体系报送金融统计数据的通知》，对人民币信贷收支统计制度、外汇信贷收支统计制度、人民币贷款累计发放累收制度、现金收支统计制度等作具体规定。1997年，人总行在金融系统正式实施按新指标体系上报统计数据，又称"全科目上报"。完善银行业、保险业增加值统计制度；实行新的现金收支统计制度；建立金融统计反映和货币监测制度，将货币监测范围从单纯现金投放与回笼、储蓄、信贷等变化情况扩展到货币市场、资本市场和外汇市场。

1999年，人总行推出"金融统计监测管理信息系统"（升级版）。2000年，人总行开发"中央银行会计核算系统与金融统计监测管理信息系统接口程序"，用于各级人行金融统计监测管理信息系统对会计数据的采集转换工作。2001年以后，市人行组织做好各项统计月报和非现场监管季报工作；统一辖区内金融机构贷款5级分类清分标准和做法，加强数据真实性的检查分析。2003年，市人行研究制定并组织实施辖区内证券业、保险业业务统计月报办法。

2005年,市人行根据人总行《关于按实际投向分类报送中长期贷款统计数据的通知》要求,在金融统计制度"全科目"统计数据体系中增加中长期贷款按实际投向分类统计指标,行业分类严格按照国家标准的国民经济行业分类进行,具体分类指标共计85个。市人行负责汇总并上报镇江市商业银行数据。

二、征信管理

1. 贷款证管理 1995年11月,人总行制定下发《贷款证管理办法》。1996年5月,市人行成立镇江市贷款证制度实施领导小组,下设贷款证管理办公室。辖区内各金融机构于7月10日前完成1996年6月末有贷款余额企业的清理统计工作并上报贷款证办公室;7月中旬开始对有贷款余额的企业发放纸质贷款证;从10月1日开始在辖区内正式实施贷款证制度,各金融机构一律凭贷款证办理信贷业务,并在贷款证上逐笔补录企业7月1日至9月30日期间发生的信贷业务。截至1997年6月30日,辖区内共发放贷款证7500本,其中市区发证2550本,发证率90%。

2. 信贷登记咨询系统管理 从1997年起,人总行组织商业银行建立的银行信贷登记咨询系统,是贷款证由文本登记方式向电子化管理升级的产物。

1999年5月,市人行组织辖区内贷款证年审及发卡配号工作,共配企业贷款卡号12638个,完成发卡配号企业借款人基本概况等信息的登录工作。12月,银行信贷登记咨询系统正式运行,市人行职能部门与辖区内12家银行业金融机构36个信贷登录网点配合,采取多种方式加快数据上报进度,截至12月31日,辖区内存量数据达92%。

2000年9月,银行信贷登记咨询系统进入全国联网准备阶段,市人行组织开展辖区内贷款户清查,完成7900户信贷登录不全企业的信息补录工作,确保江苏省联网开通。根据贷款卡使用情况,市人行制定《镇江市贷款卡副卡管理办法》。

2003年,市人行下发《关于进一步改进银行信贷登记咨询系统建设的通知》。同年,市人行加强辖区内金融机构系统入库率、年审率、查询率和制度执行情况考核,辖区内贷款卡年审率83.6%,超出江苏省人行各中心支行平均水平。开展农村信用社系统数据入库专项清理,制订信贷大户系统监测办法,按月编制监测分析表。2005年8月23～30日,市人行对市区7个银行网点的信贷登记咨询系统运行情况进行现场检查,清理贷款卡重名4户,核实、修改、补充借款人基本信息2000多条,清理错误数据1800多条。

第三节 经理国库

市人行经理国库主要是办理与监督辖区内国家预算收支和代理国债发行与兑付。1994年为适应分税制财政体制改革要求,建立与之相适应的中央金库和地方金库工作机构,并规范分税制国库会计核算手续,各级国库也分设为中央金库和地方金库机构。

一、国库业务

国库业务具体为办理国家预算的收纳、划分和留解;办理国家预算的拨付;向上级国库和同级财政机关反映预算收支情况;协助财政、税务机关监督企业和其他经济收入单位及时向国家缴纳应缴税款,对于屡催不缴的,依法协助扣收入库;组织管理和指导下级国库工作以及办理国家交办的同国库有关的其他工作。

1991~2005年镇江市国库业务统计表

表19-16 单位:亿元

年份	预算收入				预算支出
	中央级	省级	地方级	合计	
1991	1.11	0.21	5.67	6.99	-
1992	1.26	0.22	6.50	7.98	-
1993	2.27	0.32	10.45	13.04	-
1994	8.22	0.59	6.85	15.66	11.97
1995	8.97	1.95	5.97	16.89	9.61
1996	9.48	2.42	7.24	19.14	-
1997	11.67	2.63	9.90	24.20	13.54
1998	14.02	2.88	11.24	28.14	17.55
1999	18.88	2.77	11.32	32.97	21.53
2000	23.10	3.31	15.53	41.94	26.62
2001	25.97	4.17	18.51	48.65	33.97
2002	43.31	1.91	29.54	74.76	40.33
2003	44.34	2.16	41.77	88.27	53.30
2004	48.99	2.39	62.73	114.11	79.63
2005	58.08	3.09	74.89	136.06	84.61

二、国库监管

1987年贯彻《国家金库条例》,组织各级预算收入及时入库,组织对经收处检查,县支库由5~10日汇划报解改为逐日汇划报解。

1989年为完善乡镇财政体制,根据"一级财政设立一级国库"的意见,各市区(县)选择1~2个乡镇进行乡镇金库试点。1990年先后在市区及部分县支行国库股和专业银行经收处之间实行双向直线划拨办法。1991年改革完善预算资金划拨办法,制定完善双向直线划拨会计核算程序。组织开展对基层经收处占压税款和国库账务检查。

1995年,市人行加强对国家预算收入收纳、报解、入库管理,加大监管力度,共审查不合理退库18笔,253万元,压税359万元,确保税款当日报解。1998年制定国库核算操作程序,加强内控和纳税大厅管理,组建"镇江市财政、税务、国库业务"计算机网络,实现财、税、库业务处理网络化。1999年开通镇江市财、税、库计算机横向联网业务,实现税收管理工作由传统的手工操作向信息化、网络化的转变。健全《国库工作操作权限规定》《国库工作岗位责任制》《退库、更正、拨款审查操作办法》及《服务承诺和限时服务制度》。2004年1月1日起,市区财税库行横向联网系统正式推广运行,实现国库收付业务的信息化,票据交换无纸化。配合市财政对区级财政收入实行财政收入总额分成;配合财政实施国库管理制度改革进行试点,选择市级6个部门38家单位率先进行国库集中支付、单一账户零余额运行方式。组织力量对全辖55个乡镇金库进行年审,重新颁发资格证书,签订代理协议书,撤销市区8家乡镇金库。

2005年1月开通国库内部往来及县行国库直接参加同城票据交换业务,完成国库库存分析系统、国债兑付系统的安装运行;6月27日,国库大额支付业务上线,扩大国库资金汇划渠道。实施新的《国库资金汇划报解办法》。组织对辖内商业银行、信用社 2004 年度代理国库业务审查，并根据行政许可要求重新与 17 家乡镇国库签订代理协议，颁发资格证书。

第四节　支付结算管理

支付清算业务是中央银行的主要业务之一，中央银行支付体系经历多元化、信息化、市场化改革的路径。

一、支付结算

1985 年，各专业银行按各自划分的业务范围进行行业间、企业和个人资金往来结算业务。9 月 11 日，市人行指导市工行、农行、中行、建行参加“华东三省一市”汇票结算，即新汇票结算。

1988 年，市人行下发《关于全市金融机构之间的资金清算使用统一结算凭证的通知》，规定停止使用划收（付）转账凭证和付款委托书。凡各开户单位向人民银行清算资金，除人民银行委托专项贷款仍按原规定执行外，一律改用人民银行转账支票和汇总进账凭证。凡人民银行向各开户单位主动划收或划付款项，一律改用人民银行特种转账收（付）传票。

为改变人民银行通过其管辖行迂回传递凭证的做法，1989 年 11 月，市人行决定：人民银行向专业银行（含其他金融机构）营业机构划收款项时，填制专用凭证连同收方结算凭证，经票据交换所直接向收款单位开户行传递，收款单位开户行收到后及时办理转账，专用凭证划付管辖行（营业部），同时转入收款单位账户。人民银行向专业银行营业机构托收、付方票据均按照“收妥抵用”的原则和“约时记账”的办法执行。

1991 年，市人行印发关于《整顿结算秩序 改进结算服务公告》，对同城结算时间上做出规定，印发《中国人民银行镇江分行系统参加（代办）专业银行县辖联行试行办法及会计核算要点》，全面试行人民银行参加专业银行县辖联行的办法。1992 年，市人行被人总行批准为第四批电子联行和专业银行系统内大额转汇试点单位，在第三期试点模拟试验成功的基础上，于次年 2 月 21 日正式办理专业银行系统内大额汇款通过人民银行电子联行转汇业务，以解决压票压单问题。

1996 年 1 月 1 日起，《中华人民共和国票据法》正式实施，新版结算票据 1996 年 8 月 1 日启用。统一规范银行汇票、银行承兑汇票、商业承兑汇票、银行本票、支票的规格，联次及印刷用纸要求、质量标准等。经人总行批准，新版支票在江苏省只冠省名，不冠城市名。根据省人行《关于进一步加强人民银行派驻结算组管理的通知》，1996 年 12 月，市人行与市区相关城乡信用社签订协议书。省人行同时修订《中国人民银行江苏省分行派驻城乡信用社结算组管理办法》和《中国人民银行江苏省分行派驻城乡信用社结算组会计核算手续》，规范人民银行派驻城乡信用社结算组办理华东三省一市银行汇票业务行为。1997 年根据人总行、省人行《关于进一步加强银行结算管理的通知》精神，市人行从 6 月 25 日至 7 月 20 日对市区 15 个金融网点进行结算纪律检查，依据《违反银行结算制度处罚规定》等有关文件规定，对违规行给予经济处罚。6 月 28 日，江苏省区域联行正式开通运行，辖区内部分金融机构按《江苏省区域联行入网管理办法》要求办理业务。1999 年版各类票据凭证上实行新的防伪、防涂改措施。7 月 1 日起，《银行汇票实行编押机编押核押的规定》和《编押机管理规定》下发，辖区各银行签发和兑付的全国银行汇票，采取编押机进行编押、核押。

2000 年 1 月 1 日起，人行南京分行要求停止使用同城特约委托收款结算方式。报经人行南京分行同意，市人行在对辖区内采用同城特约委托收款结算方式进行全面清理的基础上重新办理审批手续；水电煤气、电话等公用事业收费继续使用同城特约委托收款结算方式。推行汇票业务代理制，撤销人民银行派驻结算组；完成对辖区内 13 个派驻城市商业银行（信用社）结算组撤回、清理工作；同时协助辖区内银行机构之间开展支付结算代理业务。2002 年 1 月 1 日起，为适应中国电信集团公司取消银行汇款"K"类电报业务种类的变化，停止办理江苏省范围内区域联行电汇业务。通过人民银行电子联行办理各入网机构发生的省内异地资金汇划业务，不能通过电子联行转汇的，一律采用区域联行信汇业务办理。2004 年 4 月 1 日起，人民银行停止代理商业银行兑付跨系统银行汇票，不再受理股份制商业银行分支机构提出的代理兑付银行汇票业务申请。

2005 年 1 月 1 日启用种类和格式调整后的票据和结算凭证。6 月 27 日，辖区内大额支付系统上线运行，电子联行停止运行。为保障大额支付系统的正常运行，避免出现流动性风险，市人行组织金融机构签订《镇江市银行间临时资金拆借同业公约》《高额罚息贷款协议书》，协调清算头寸。

二、账户管理

1985 年，市人行加强账户管理，对专业银行放宽开户条件导致企事业单位多头开户进行清理整顿。1991 年严格实施开户许可证制度。1995 年，市人行按照新的《账户管理办法》建立辖区内账户管理数据库，共登记各类账户 5.8 万户，建立新户 1000 余户，清理专户 2.9 万户，确认基本存款户 1.8 万户，撤销多头开立的基本账户 3000 户、其他账户 500 户、睡眠半睡眠户 1500 户。建立起新的账户开销户、账户统计、账户查询以及账户检查制度等。1996 年，市人行建立"一公告四制度"机制，即《公告》《镇江市银行账户开销户制度》《镇江市银行账户申报制度》《镇江市银行账户查询制度》《镇江市银行账户年检制度》，账户管理业务的处理流程规范，账户办理通过率提升。1997 年，市人行根据有关文件精神对市农发行粮、棉、油收购企业账户开立和使用情况进行全面清理检查，严格规范粮、棉、油收购企业的账户开立和使用。

1999 年 6 月 11 日起，市人行根据财政部、监察部和中国人民银行联合下发的《行政事业单位预算外资金银行账户管理的规定》，对辖区内行政事业单位开立的银行账户进行清理，取消行政事业单位预算外资金收入过渡账户。7 月 14 日起根据财政部、人总行联合下发的《关于清理整顿中央预算单位银行账户有关问题的通知》要求，对辖区内的中央预算单位开立的银行账户进行清理整顿。2001 年，市人行根据镇江市政府要求对市区行政事业单位开立的 4086 个账户进行清理，共撤销不合规账户 106 个，重新补全开户资料账户 341 个。

2003 年 9 月 1 日，《人民币银行结算账户管理办法》正式实施，原《银行账户管理办法》废止。市人行制定《镇江市银行账户管理办法实施意见》，对账户管理系统升级改造，规范开、销账户的管理工作。2005 年 1 月 31 日，《人民币银行结算账户管理系统》在镇江市正式上线运行。

三、同城交换

1986 年 8 月，市人行组建镇江市票据交换所，系统内外的票据采取同时集中交换、当场清算资金的做法。对设在市区的丹徒县开户单位的资金划拨，经开户行审批，按照"收妥抵用"的原则，可以直接参加镇江市同城票据交换。

1986 年 8 月至 1988 年 4 月，镇江市票据交换所采用"直接交换，收付轧差，辖内汇总，差额清算"的办法。1988 年 4 月，市人行制定和完善票据交换规章制度，改进"交换轧差资金"办法，系统内票据交换由各专业银行的管辖行组织与管理，向交换所填报数据；跨系统的由票据交换所直接管理。对口清算资金，由清算行各自核对债权债务，当场签发支票相互清算资金。1991 年，市人行拟定《镇江市票据交换管理暂行规定》《镇江市跨系统退票管理暂行规定》以及《关于改进结算服务，提高票据抵用率的公告》，开展社会对银行结算工作的监督。日均票据综合抵用率达到 49%，比 1986 年提高 10 个百分点。为实现票据清算电子化，市人行开通全国电子清算业务，与北京、上海、天津等 400 多个大中城市计算机联网。1996 年 10 月 24 日经过 3 个月的模拟和试运行，基于 AS/400 系统的镇江市电子同城清算系统正式运行，首批参加的金融机构清算行 14 家，网点有 40 个，票据交换投递场次为 6 场 7 趟，系统每日运行时间为 8:00 ~ 17:10。1999 年，市人行将原 AS/

400 电子同城清算系统升级切换为镇江市城市综合业务网同城清算系统运行。2000 年，市人行结合实际对镇江市市区同城特约委托收款结算业务进行清理整顿，对业务准入规则、业务处理流程等下发明确的规定。2001 年 5 月 21 日，人民银行扬中市支行实施城市综合业务同城票据清算系统，改变过去落后的磁介质交换方式，实现网络电子交易模式，票据抵用率达 85.52%。

2002 年，市人行进一步完善票投业务的内控制度、内部管理及事故处理应急方案。在分析业务统计数据，资金流向、分布以及票据抵用率、差错率和退票原因等基础上，重点提高同城票据交换抵用率。对票据抵用率较低、业务差错较多、退票手续不严的行、社进行现场检查，落实整改。2003 年，市人行重新制定《镇江市电子同城清算质量考核评比办法》《镇江市结算质量考核评比办法》，按月公布核算质量统计表，按季在结算例会上通报考核结果，对各银行业务差错、退票成因以及业务操作中存在的问题进行通报，交换业务差错率较上年下降 26.27%。

2005 年，市人行下发《镇江市区域同城票据交换管理办法》《镇江市区域同城票据交换操作规程》《镇江市同城票据清算系统应急预案》等内控制度。针对辖区内实际，将丹阳、句容、扬中三市(县)逐步纳入镇江市区域同城票据交换系统，建成镇江市区域同城票据交换网。到年末基本实现同城票据交换延伸到县的实施工作。

第五节　货币金银管理

人行各级分支行根据有关法律规定，具体办理辖区内发行基金、金银和其他有价证券的保管、调运和管理，负责损伤、残破人民币的兑换和销毁工作。

一、货币发行

市人行发行中心支库除承担辖区内发行基金调拨，现金投放、回笼、管理等职能外，还代理省分库承担省内和部分外省市硬分币和部分主辅币的中转调拨任务。

1985 年发行基金调入 2.57 亿元，调出 6211 万元；现金净投放 1.51 亿元。1987 年，丹阳、句容、扬中 3 县(市)人行建立县级货币发行支库，丹徒县发行库工作由丹徒工行代管。全年现金累计投放 36.1 亿元，回笼 33.5 亿元；组织销毁损伤券 2960 万元。1990 年，辖区内共投放现金 67.38 亿元，回笼 62.71 亿元；销毁 5960 万元损伤人民币。

1992 年以后，出现货币大投放的新情况，全年累计投放现金 24.5 亿元，回笼 14 亿元，净投放货币 10.5 亿元。1994 年，市人行对镇江市现金需求早测算、早计划、合理调度，盘活用好发行基金。全年共组织调拨发行基金 240 多亿元，辖区内现金投放 28.79 亿元，确保春节、国庆和农采收购等旺季现金供应，现金回笼 13.23 亿元，净投放 15.56 亿元。同年 4 月 1 日起，丹徒县货币库业务由市中心支库发行直接办理。

1996 年，市人行严格控制辖区内货币投放，组织各金融机构做好现金回笼工作，由于受储蓄利率调低、社会商品销售平稳、农采收购支出扩大以及镇江市产品结构等因素影响，货币仍呈规律性投放，1 ~ 11 月就实现净投放现金 27.32 亿元。全年组织发行基金调拨 189 次，共计 184 亿元；销毁人民币损伤券 2.42 亿元。1999 年加大发行新版人民币宣传，确保第 5 套人民币发行，开展以“五查”(库款、制度、设施、人员、隐患)为主要内容的发行库安全大检查，确保库房库款安全。2001 年完成发行基金调拨任务 76 次，调入发行基金 65.08 亿元，调出发行基金 41.58 亿元。全年辖区内累计投放货币 83.41 亿元，货币回笼 46.9 亿元，销毁人民币损伤券 15488.61 万元。

2002 年，市人行中心支库被人行南京分行评为十好发行库。2005 年开展争创二级发行库活动，全年组织各类查库 15 次，完成句容人行发行支库的撤库工作，提高发行库房管理水平。1 ~ 11 月共执行调拨任务 58 次，调运发行基金 24340 箱，金额 176.29 亿元，辖区内共投放现金 130.9 亿元,回笼 73.96 亿元,办理现金出入库 1810 笔。

二、现金管理

1984 年,人总行印发《关于加强现金管理的几项暂行规定》,其中规定:实行现金管理的单位,由银行核定其合理的库存限额,各单位业务(销货)收入的现金要及时送存银行,不经银行批准不得任意坐支,各单位支取职工的工资、奖金、津贴以及其他费用所需的现金,应事先向开户银行报送经劳动部门或上级主管部门批准的计划,开户银行才能支取现金。1985 年,国务院颁布新的《工资基金暂行管理办法》,要求各专业银行,监督检查各单位工资基金使用情况。市人行以 3 月银行工资性现金支出为基础,将工资现金支出计划下达各主管部门和企业,消费基金快速增长的势头得以控制。全年辖区内银行工资性现金支出 5.27 亿元,比上年增长 25%,增幅比同期下降 1.3 个百分点。全年银行现金支出 21.80 亿元,其中由于粮、棉减产未完成收购合同数,农副产品收购现金投放 2.10 亿元,比上年减少 8477 万元;银行现金收入 20.28 亿元,其中商品收入 10.01 亿元,比上年增长 21.5%,高于同期增幅 4.5 个百分点;银行现金收支轧抵净支出现金 1.51 亿元。

1988 年,国务院颁布《现金管理暂行条例》,人总行制定《现金管理条例实施细则》,市人行加强现金管理,但是现金投放仍然过多。全年辖区内银行各项现金收入 48.2 亿元,现金支出 54 亿元,收支轧抵净投放现金 5.8 亿元,较上年多投放 3.2 亿元,超过江苏省政府下达镇江市 1988 年度现金投放计划 5000 万元。

随着镇江市经济建设步伐加快,现金投放量迅速加大。1989 ~ 1992 年,银行现金支出总量每年均比上年增加 5 亿元以上。1992 年,银行现金支出总量达 127.80 亿元,比上年同期多投放 42.74 亿元。1993 年,市人行加强现金管理,增加企业存款,以加快现金归行,控制货币投放。市人行组织各金融机构开展全辖范围现金大检查,在一定程度上纠正企事业单位违反现金管理的行为,增加现金归行。第三季度,镇江市货币投放比上年同期多回笼现金 4103 万元,初步遏制镇江市上半年现金投放过猛的势头。

1997 年,市人行为加强现金管理,严格控制货币投放,采取一系列措施:与市各金融机构负责人签订现金管理责任状,实行现金管理金融机构"一把手"负责制,做好现金管理情况调查研究、建立现金出入库审批制度、加强对一般账户提现管理力度、执行大额提现审查登记备案制度、坚决制止公款私存。重点防止存款从单位账户转入储蓄账户和信用卡套取现金的做法。加强现金投放计划和回笼计划的考核工作,加大现金管理检查力度。

1999 年,市人行将加强现金管理、控制不合理现金投放作为货币信贷工作的重要任务,督促市各金融机构建立健全现金管理的各项内控制度。特别将严禁公款私存、加强账户和银行卡管理等作为重点,坚决控制不合理现金支付,严格执行大额现金支付登记备案制度。全年市人行不定期组织对各金融机构现金管理情况进行检查,对检查中发现的少数基层金融机构未建立大额现金支付审批登记备案制度、非基本账户提现、材料采购超过结算起点支付现金以及对单位库存现金限额监督不力等问题提出整改意见,并视情节轻重给予经济处罚。市人行配合市人事、劳动等政府职能部门对镇江市机关、事业单位工资基金管理情况进行专项检查,杜绝不合理的工资性现金支出。

2002 年,市人行组织对金融机构 39 个网点现金管理政策规定执行情况进行现场检查。2004 年对市中行、市城市商业银行、市农行、市工行等 4 家金融机构 12 个网点现金管理情况进行现场检查,查处现金管理各类问题 13 个,针对问题下发《稽核检查意见书》,提出整改建议 17 条,作出行政处罚 1 次。2005 年,市人行对市银行业机构 12 个营业网点现金管理工作进行现场检查,累计投入 51 个工作日,对违规行为进行处罚。

三、反假币工作

1988年10月，市交行在居民办理存款时首次发现一张百元伪造人民币，其后伪造人民币假币流入辖区的数量迅速增加。

1990年，镇江市共发生假币案件49起，收缴各种假币268张，金额25330元；其中100元面值假币241张、50元假币24张、10元假币3张。有3起假币案被破获。1991年在金融系统建立反假组织网络，市人行举办反假讲座11次，为500多名银行员工培训真假人民币鉴别技术。

1993年，镇江市共发生假币案3302起，涉及假币3700张，金额20.55万元。全年共破获千元以上假币案5起。市公安局桃花坞派出所破获一起团伙假币贩卖案，缴获假币4.3万元，成为同年江苏省破获的最大一起假币案。辖区内各金融机构凡担任出纳、储蓄人员须经岗前反假培训后方可上岗操作；大额现金出入银行须经防伪点钞机和假币鉴别仪检验后方可收付；发现假币严格按规定程序处理，假币一律没收不得返还持有者；各营业网点须配备反假仪器，为顾客提供验钞便利。1994年，人总行、公安部决定从6月份起在全国范围内开展反假人民币、爱护人民币的宣传活动。人总行印发人民币特征的宣传画，在金融机构各网点、邮局、车站码头等公共场所张贴，向群众进行广泛的反假知识宣传。1996年，市人行组织开展反假宣传周活动；全年收缴假人民币6.3万元，协助公安部门破获假币案6起。1994年至1998年5月，镇江市共收缴各类假人民币3266张，涉及金额205.27万元。市人行共组织4次全辖大规模反假币、爱护人民币宣传周活动；配合公安部门破获假币案9起，收缴假币1060张，涉及金额53430元。1998年，市政府制定由市人行、市各金融机构、市公安局、市工商局、市海关等部门负责人参加组成的镇江市反假货币工作联席会议制度，建立起在市政府领导下，以市人行为主导，各金融机构为主体，社会公众为基础，公安、海关、工商等部门联合查控的反假体系。

2003年实行金融机构反假人员持证上岗制度，全辖3969名反假人员通过考核，全年共收缴假人民币14698张，涉及金额113万元。2005年组织开展两次"人民币反假宣传月"活动，接受群众咨询7万多人次，并在辖区内935个农村行政村张贴反假宣传画。截至11月，组织反假币培训9次，发放反假资格上岗证409张；收缴假币13145张，涉及金额109.6万元。

第六节　外汇管理

1993年前，市外汇局主要行使对辖区内外汇留成与外汇使用管理职责。1993年以后，外汇领域进行人民币汇率并轨，取消外汇分成与上缴，实行结售汇制度，停止发行外币兑换券，逐步实行人民币经常项目完全可兑换等重大改革。1995年1月29日，《中华人民共和国外汇管理条例》发布，市外汇局依法对辖内涉汇主体行使外汇管理职能。

一、外汇留存与收支

地方出口收汇1993年前实行核拨留成制度，出口收汇企业按国家规定比例保留部分外汇额度，企业持有外汇额度可以自用也可用于有偿调剂。外商投资企业出口收汇全部留存，自用或调剂。镇江市地方用汇来源主要为中央、省政府下拨的外汇额度、地方外汇留成、调剂外汇等。

1984年，中央、江苏省政府下达镇江市技改外汇额度600万美元，至年末实际结转国拨技改外汇额度590万美元。1985年新批技改外汇额度250万美元，同年实际使用103万美元。1985年，镇江市外汇使用指标，全年省政府批准1000万美元，实际使用780万美元。

1986年，镇江市进一步加强外汇额度管理，建立外汇额度账户412户。审批出国用汇8笔，金额2.2万美元，实际用汇1.8万美元，占临时出国用汇指标的12%。市外汇局为开展留成外汇余缺调剂,建立外汇调剂交易所,全年办理调剂外汇47笔、金额583万美元,支持企业引进先进技术、进口原材料和科研试剂的用汇需求。1988年,镇江市外汇挂账、留成外汇未及时兑现,以及原中央进口大宗商品下放地方进口,加剧外汇供求矛盾。年初外汇额度1356.9万美元;全年共收入外汇额度1323.11万美元,比上年减少25%。全年支出外汇额度2367.84万美元(调剂外汇支出852.63万美元),比上年增长53.13%。外汇用途:上划挂账外汇657万美元,加上由省统一挂账上划1307.2万美元,实际上划挂账1964.2万美元。用汇支出1710.84万美元,其中进口农用物资197.6万美元,进口工业原辅材料1206.23万美元,引进先进技术、设备123.13万美元,归还贷款、支付租赁费98.68万美元,其他支出85.2万美元。同年,市外汇局对辖区内外汇券定点收券单位重新核定外汇券周转金和找零库存,制定从收券开票到解交结汇、核拨留成的一整套管理办法;并与市财政管理部门协调,明确收入外汇券不结汇的不计创汇奖。全年镇江市结汇219.9万元外汇券,比上年同期增长78.74%。1990年,镇江市外汇额度收入4029.1万美元,比上年增加1256.6万美元;其中从辖区外调进外汇额度1499万美元,比上年增加1181万美元。外汇额度支出3349.2万美元,比上年增长64.4%。其中:进口用汇1014.4万美元,比上年减少20.6%;购买国内“以产顶进”,以“外币计价结算”等替代进口物资金2231.2万美元,比上年增长399.8%。1990年,非贸易外汇收入增长虽受汇率调整影响,但由于贯彻执行《旅游外汇管理暂行办法》,全年非贸易结汇数仍达418万元外汇券,比上年增长12.47%。其中旅游外汇276万元外汇券,比上年增长12.47%;港口、运输外汇106万元外汇券,比上年增长20.3%;其他非贸易36万元外汇券。结汇54.90万美元,结汇率比上年提高24.8%。全年镇江市外汇调剂成交量3164万美元,其中从辖区外购进调剂外汇1577万美元(额度与现汇)。调剂外汇价格从年初的1.25元/额度,跌至年末的0.25元/额度。至年末,镇江市贸易外汇留成余额1720万美元,分散在近1000个账户内,长期不动户约占80%。

1991年,外贸体制进行改革,外汇留成办法作调整,镇江市实际留成外汇比例减少。除市外贸公司外,外贸体制改革前一般商品出口镇江市留成外汇比例为20%,其中市政府7.5%,出口供货企业12.5%。调整后,市政府统筹外汇下降1.5%;出口供货企业下降2.5%,并有偿上缴中央。全年调剂外汇资金8657万美元,其中引进辖区外汇5974万美元。调剂外汇主要投向大中型企业进口原材料和技术设备,解决外商投资企业中方股本金,其中华东制罐总厂用汇1015万美元,麻纺厂等企业“八五”重点技改项目用汇665万美元。同年1~10月,镇江市政府批准因公临时出国团组在市外汇局办理出国批汇的团组122个、554人次,批汇124.89万美元。1992年12月开办外汇移存业务,提取业务1009万美元。

1993年,镇江市全年外汇额度收入6656万美元、支出7263万美元。外汇调剂市场成交活跃,外汇调剂价格起伏较大。国家一度在3月实行限价政策,造成有价无市、交易萎缩的市场状况。从6月1日起国家放开调剂价格,6月美元调剂价格从8.15元人民币增至10.80元,7月降至9.39元,到10月价格稳定在8.75元。全年累计调剂外汇10193万美元,其中从辖区外调进5171万美元。调剂外汇主要用途:外商投资企业用汇2469万美元,进口先进技术设备1169万美元,中资企业归还外汇贷款2673万美元,进口农用物资1132万美元,采购原辅材料2178万美元。居民个人汇源结构发生变化,由过去赡养性汇源为主转变为投资性、赡养性汇源并重。截至11月,镇江市居民累计卖出美元101万元,比上年同期增长71.89%;其中美元现钞69.5万元,美元现汇31.5万元。累计卖出港币133.6万元,其中现钞102万元,现汇31.6万元。居民累计买入外汇3.49万美元,增长51.08%。全年办理外汇移存62笔,金额224万美元。1993年以后,外汇留存制度取消。

二、国际收支申报管理

国家外汇管理局制定的《国际收支统计申报办法》于1996年正式实施,市外汇局组织实施国际收支统计申报制度各项工作，检查督促辖内各金融机构严格执行申报制度，按期完成首批计算机网络建设。1997 年，国际收支统计监测系统在全辖金融系统运行。1999 年，市外汇局组织对辖区内各外汇指定银行国际收支申报专项检查，共查出漏报、错报、迟报、外汇收支附件不全等 5 类问题，督促各外汇指定银行整改。全年国际收支申报率达 98%。

2003 年，镇江市国际收支对外付汇申报率和涉外收入申报率均为 100%。2005 年，市外汇局共核查辖内外汇指定银行国际收支申报数据 60166 笔，涉及金额 34.48 亿美元。国际收支申报率 100%，申报差错率控制在 1‰以内。

2003～2005 年镇江市国际收支分项情况表

表 19-17　　单位：万美元

项目/年份	贸易项下		非贸易项下		资本项下		合计	
	收入	支出	收入	支出	收入	支出	收入	支出
2003	124831	131505	4064	7924	17762	12157	146657	151586
2004	147340	155176	4349	8082	34813	10090	186502	173348
2005	186682	151426	3124	6166	26477	5163	216283	162755

三、外商投资登记

1988 年，辖区内外商投资企业新办理外汇登记 13 家，总投资额 2027.6 万美元，其中外方投资 659.02 万美元。截至 1988 年末，辖区内共办理外汇登记的外商投资企业 26 家，总投资 3179 万美元，其中外方投资 1213 万美元；中方实际到位资金 1262.7 万美元，占应出资额的 64%，外方实际到位资金 564.5 万美元，占应出资额的 46%。

1992 年以后，外向型经济发展迅速。1994 年，外汇局对外商投资企业实行登记证管理制度。全年市外汇局共批准 240 家外商投资企业领取登记证，对不符合条件的 150 多家外商投资企业开立临时账户。1995 年，辖区内新设立的 207 个外商投资企业，协议利用外资 108575.30 万美元，比上年增长 260.64%；实际利用外资 21631 万美元，比上年增长 24.72%。1996 年，市外汇局组织会计事务所对镇江市已办理外汇登记的 394 家外商投资企业实施外汇收支年检制度，参检企业 180 家，参检率 45.7%。经市外汇局审核统计，1998 年、1999 年、2000 年外商投资企业资本金实际流入分别为 24743 万美元、7282 万美元、5074.40 万美元，均为境外法人或自然人为筹建外商投资企业汇入的外汇。2002 年，市外汇局共办理外商投资企业外汇登记 223 笔；全年累计审核登记外商投资企业资本金流入额 8673.88 万美元，其中现汇投资 8560.06 万美元，实物投资 113.82 万美元。

2002 年以后，随着先期外商投资企业生产经营利润的积累，外商投资企业运用人民币利润、资本公积等投资的金额逐渐增加，并出现专利技术等无形资产投资的方式。2003 年，市外汇局办理外商投资项下外汇登记 223 笔，外商直接投资出资额外汇登记数为 15647 万美元。出资方式：其中外汇资本金 12439 万美元，人民币利润再投资 87 万美元，实物 2588 万美元，无形资产 82 万美元，资本公积、赢余公积、未分配利润转增资本 451 万美元。市外汇局与市工商、外经贸委、财政、税务等部门配合，联合开展 2002 年度外商投资企业年检工作，应参加年检外商投资企业 468 家，实际参加外汇收支年检企业 384 家，通过外汇收支年检企业 358 家，暂缓通过外汇收支年检企业 23 家，不予通过外汇收支年检企业 3 家。2005 年，市外汇局办理外商投资项下外汇登记 250 笔，外商直接投资出资额外汇登记数为 40669 万美元。出资方式：货币资金为外汇资本金 24203 万美元，人民币利润再投资 8521 万美元，实物 2371 万美元，无形资产 50 万美元，资本公积、赢余公积、未分配利润转增资本 5524 万美元。根据镇江市工商局统计，截至 2005 年 12 月 31 日，辖区内应参加外商投资企业联合年检企业数为1184家,实际参加外汇收支外汇年检企业1182家。参检企业全部通过外汇收支外汇年检,其中年检A类企业1150家,B类企业32家。

2002~2005年镇江市外商投资项下外汇登记统计表

表19-18　　单位:万美元

年份＼项目	办理外汇登记笔数	外商投资出资合计	出资方式				
			现汇	利润再投资	实物	无形资产	其他
2002	223	8673.88	8560.06	-	113.82	-	-
2003	243	15647	12439	87	2588	82	451
2004	244	48321	36642	6522	4768	389	-
2005	250	40669	24203	8521	2371	50	5524

四、境外投资管理

改革开放以后,镇江市部分企业开始探索境外投资,至1995年经镇江市政府有关部门批准成立境外投资企业共14家,其中经市外汇局境外投资风险审查和外汇资金来源审查后批准设立的有8家。境外投资项目总投资499.4万美元,其中中方投资金额249.6万美元,实际已投入99.9万美元。境外投资地区:东欧国家6个,东南亚地区4个,北美洲3个,非洲1个。

2002年为鼓励国内企业境外投资,国家外汇管理局取消境外投资外汇风险审查和汇回利润保证金两项行政审批。2003年,镇江被列为国家外汇管理局境外投资外汇改革试点地区,扩大市外汇局境外投资资金来源审查权,促进辖区内中资企业境外投资活动。2003~2005年,市外汇局共审核批准辖区内7家企业8个境外投资项目外汇资金来源1066.28万美元;审核批准实际汇出外汇资金622.88万美元。境外投资项目从主要从事餐饮、贸易服务机构、食品及原料加工扩大到制造业和科技研发项目。

五、外债管理

自1985年开始,镇江市较大规模借入外债(包括外汇转贷款),截至1991年末,辖区内借用外债(包括转贷款)108项,累计使用外债总额8339.66万美元,累计偿还外债总额3443.23万美元,外债余额5887.58万美元。债务类型:在外债余额中,外国政府转贷款2408.96万美元,国际金融组织贷款315.65万美元,国外银行及其他金融机构转贷款229.90万美元,国内金融机构外汇贷款2326.21万美元,国际金融转租赁594.86万美元,直接外债12万美元。期限构成:按外债余额计算,中长期债务4790.94万美元,短期债务1096.64万美元。外债投向:按外债余额测算,轻纺工业3283.84万美元,农牧渔业391.98万美元,电子行业1723.47万美元,采掘、机械、化工工业321.64万美元,其他行业166.65万美元。区域分布:外债在地区上的分布比例为镇江市市区57.42%,丹阳30.26%,丹徒9.1%,扬中1.4%,句容2%。1991年,镇江市应偿还外债2889.41万美元,实际偿还779.16万美元,贷款逾期率73%,较江苏省平均水平高46个百分点。1985~1991年,美元对日元的汇率下跌97%,1986~1991年,美元对马克的汇率下降20%,1985~1991年,人民币对美元的汇率下降70.3%,两种不同汇率的变化给辖内举债单位造成重大损失,尤其是非美元项目损失更大。镇江市自1985年以后借用的日元项目8个、马克项目2个,按照签约时汇率折算为1342万美元,合4473.6万元人民币。1990年末,10个项目实际已偿还1078.7万美元,按当时汇率测算合5361.62万元人民币,因汇率变化多支付331.6万美元,较签约时增长24.7%;如按人民币测算,多支付人民币约4076万元,实际增长92%。

随着镇江市外商投资企业的快速发展,辖区内直接外债增长迅速。1995年末,镇江市外汇债务余额23779.81万美元,比年初增长46%。其中直接外债4902.7万美元,比年初增加2102.7万美元,增长75%,均为外商投资企业对外借款;外汇转贷款(含银行自营贷款)18646.1万美元,比年初增长38.3%。至年末,实际偿还外债本息5297万美元。

1999年下半年起,镇江市进入外债还本付息的高峰期。截至2000年末,镇江市外债余额74842.65万美元,均为外商投资企业的外债借款。外债结构中,国际金融组织贷款13230.77万美元,国际商业贷款61611.88万美元。全年外债累计新提款额39418.89万美元,外债累计还本付息额32624.50万美元。境外借款相对集中在少数大型外商投资企业,金东纸业2000年末外债余额47337.48万美元,京阳水泥15280.77万美元,奇美化工5100万美元。2000年,镇江市外汇转贷款余额7063万美元,全年累计提款9151万美元,累计还款4257万美元。

2003年由于本外币的正利差导致部分外商投资企业用国内商业银行外汇贷款置换外债。市工行发放给嘉新京阳水泥公司置换世行贷款6741万美元,发放给奇美化工公司置换荷兰银行贷款1000万美元。年末,镇江市外债余额48362万美元,比上年同期下降3257.69万美元。根据《境内外资银行外债管理办法》,自2004年6月起以境内外资银行为债权人的外汇贷款合同,债务人不再到外汇局办理外债登记手续。

2005年末,镇江市外债余额61638.99万美元,同年外债新签约金额4219.69万美元。全年累计提款3908.29万美元,还本付息2296.76万美元。据市外汇局统计:1985~2005年,镇江市累计外债签约金额181354.62万美元,累计提款金额149488.44万美元,累计外债还本金额132000.65万美元,累计付息金额30733万美元。

第四章　政策性银行业务

1994年,国务院相继组建国家开发银行、中国农业发展银行和国家进出口银行。3家政策性银行主要从事支持国家基础设施、基础产业和支柱产业建设、促进机电产品出口、解决农副产品收购和稳定粮棉油市场等政策性金融业务,3家国家政策性银行在镇江市的业务主要由辖区内商业银行代理。1996年,市农发行组建后专司辖区内农业政策性金融业务。

第一节　政策性银行业务代理

一、国家开发银行业务代理

1994~1995年,市建行代理国家开发银行向辖区内发放7个项目贷款,累计发放贷款2.24亿元。2003年,市建行代理国家开发银行发放镇江市交通投资建设发展公司5亿元贷款项目。

二、国家进出口银行业务代理

1998~1999年,市中行两次代理国家进出口银行正茂集团有限责任公司出口卖方信贷额度贷款3000万元项目。

三、农业发展银行业务代理

1994~1996年,市工行代理发放粮食企业政策性贷款6186.2万元,1996年全部划转给市农发行。1995～1996年，市农行主要代理省农发行在镇江市的农副产品收购信贷业务。1995年末，市农行代理农副产品收购贷款余额为1.9亿元；1996年，市农行根据省农发行和市政府粮油收购资金供应管理工作会议精神，建立农副产品收购贷款封闭运行机制，到年末共投放收购贷款1.83亿元，支持辖区内粮食企业收购小麦10336万公斤、油菜籽1010万公斤、水稻6843万公斤。市农发行成立后，市农行向其划转代理发放的政策性贷款84320万元，其中农副产品收购贷款79600万元；专项贷款4720万元。

第二节 农业发展银行业务

农发行业务范围随着国家宏观经济政策和粮食购销政策的改变而改变。1996年，市农发行成立之初，其贷款业务范围是粮棉油收购（含调销、储备）贷款、农业开发贷款和扶贫贷款业务等。1998年，国家粮食流通体制改革措施出台后，为配合粮改政策实施，国家将农业开发、扶贫专项贷款以及粮食加工和附营业务贷款划转到有关商业银行，农发行专司粮棉油等农副产品收购、调销、储备贷款。

一、存款业务

农发行是国家政策性银行，一般不向公众吸收存款，资金有其特定来源，主要为财政专项存款和贷款企业的派生存款。

财政专项存款是财政部门通过农发行代理拨付各项补贴资金而形成的存款，具有一定的稳定性和时效性。企事业单位存款主要是在农发行开户的粮棉购销企业及其主管部门在农发行的存款。这些企业存款，绝大部分是由农发行的贷款派生的，存款余额通常保持在较低水平。1996年，市农发行企事业单位存款余额为639万元，在负债总额中仅占0.25%。形成这一特性是由于在农发行开户的企事业单位自有资金少，存款派生性强；而农发行严格按收购资金封闭运行的管理要求对企事业单位存款进行管理，企业存款一般只保留数日的收购用款和必要的财务支出备付。

随着业务发展，市农发行的存款总量也不断增加。2005年，农发行提出逐步建立现代农业政策性银行体制，开辟市场化融资渠道，完善存款组织和管理职能的要求，下发《关于加强存款组织和管理的意见》，要求各地农发行在现有存款业务范围和品种内，改进服务，开展存款营销。市农发行根据总、省行要求，建立新的绩效考核体系，并将组织存款纳入考核范围。2005年末存款余额18724万元，比年初增长79.92%。

二、贷款业务

粮食信贷业务始终是农发行最主要业务。1996年前后，国家对粮食收购实行保护价制度，农发行必须确保粮食收购资金供应。1998年，农发行粮食收购贷款实行“收一斤粮，给一斤粮的贷款；销一斤粮，收回一斤粮的贷款”的信贷政策和封闭运行的管理办法，防止发生新的挤占挪用粮食收购资金行为，保障国家信贷资产安全。

2004年5月，粮食收购市场和粮食收购价格全面放开，国家出台粮食最低收购价政策，农发行开始发放执行最低价收购政策所发放的粮食调控贷款。农发行原政策性粮棉油收购贷款，演变为准政策性贷款业务，贷款范围拓展。贷款管理上实行政策性和商业性两类贷款业务分别管理、分开考核的贷款办法。2005年，市农发行对2家面粉加工企业分别发放1笔收购贷款；对1家加工企业发放1笔仓储设施贷款。

1. 粮棉油储备贷款 包括中央储备粮、储备棉贷款和地方储备粮、储备棉贷款，镇江市没有中央和地方储备棉的储备任务。1996年末，市农发行中央储备粮贷款余额5092万元；地方储备粮贷款余额6688万元。至1997年末，中央储备粮贷款已达7686万元；地方储备粮贷款已达1.10亿元。

1998年以后，国务院先后出台深化粮食流通体制改革的政策措施，国家对中央储备粮实行储备与经营分开的管理模式，将中央储备粮交由国家粮食储备局直接管理。中央储备粮财务实行垂直管理，盈亏由中央财政统负。通过资产划转，上收部分粮库作为中央直属粮食储备库；同时通过规范的经济合同方式，采取委托地方粮库和租赁社会仓储设施的方式储存部分中央储备粮。在改革措施实施期间，市农发行中央储备粮贷款在原有基础上有所增加，由1997年的7686万元增加到1998年的7719万元，但到1999年末都未有变动。而地方储备粮贷款则下降幅度较大，由1997年的11046万元下降至1998年末的7647万元，至1999年末只剩1128万元。2001年后，北京、上海、江苏等8个粮食主销区省（市）放开粮食购销市场，国务院要求实行粮食购销市场化的地区必须增加和充实地方粮食储备。由于粮食购销市场全面放开后，市农发行传统粮食收购业务大幅下降，争取各级粮油储备业务成为市农发行寻求的新业务增长点。2002年，市农发行争取到2万吨国储小麦集并计划，获得2万吨国储油贷款的发放和管理业务。实施400万公斤市、县粮食储备计划。截至12月，市农发行累计发放国储粮贷款19418万元，国储油贷款16000万元，市、县两级地方储备粮贷款2465万元，专项储备贷款比年初增加20673万元，增幅为317.56%。

2003年，粮食储备企业粮油储备轮换业务较大，储备贷款良性回落，市农发行支持企业争取到市级临时储备油脂计划200吨、稻谷储备5000吨。截至年末，市农发行累计发放各级储备贷款15072万元，储备贷款余额为23643万元，比年初下降3540万元。2004年针对当时粮食短缺和价格上涨问题，国务院要求各省级人民政府必须按照“产区保持3个月销量，销区保持6个月销量”，建立地方粮食储备，没有达到国家规定规模的要逐步充实和补充。明确当局部地区出现粮食供应短缺或农民“卖粮难”时，主要通过销售或收购地方储备粮等方式进行调节。此后一年多是地方储备粮增加最快的时期。同年2月，市农发行执行中央储备粮油贷款集中管理的要求，集并中央储备油脂2000万公斤，中央储备贷款下降1.6亿元；市农发行加大地储的信贷支持力度，在有效落实利费补贴和销售价差损失的前提下，配合地方政府、财政和粮食储备企业，落实好各级储备计划实施，遏制储备贷款大幅下降的趋势。全年累计发放各级地方储备贷款20163万元，增加5091万元，增长33.78%。全年储备企业共轮入中央储备粮1338万公斤，地方储备粮4187万公斤；新增地方储备粮6100万公斤，轮出地方储备粮7135万公斤。2005年，全年累计发放各级储备贷款18868万元，余额14576万元，比年初增加662万元。

2. 粮棉油收购贷款　农发行建行初期发放的粮食收购贷款，全部是保护价粮食收购贷款，属于政策性贷款，国家财政给予利息补贴，并承担企业经营亏损风险。在农行代理期间的1996年末，粮棉油收购贷款余额为66098万元，至1997年末达到99859万元。市农发行全年累计向省农发行争取收购资金3亿元，投放收购资金3.1亿元，支持企业收购小麦13855万公斤，收购稻谷16671万公斤，收购油菜籽546万公斤，收购棉花140.5万公斤，全年累计收购值5.3亿元。在发放贷款时，市农发行将销售货款全额回笼到开户行并及时进行分割，确保粮食销售后及时收回贷款本金和利息；完善贷款使用报账、库存定期核查、商品出库报告和收贷收息等基本制度，实现收购资金封闭管理目标。1998年累计投放收购资金5.04亿元。

从1999年起，保护价粮食收购范围开始调整，江苏省政府已不将油菜籽列入保护价收购品种范围。市农发行根据有关规定，对油菜籽收购资金供应采取区别对待的原则，调整油菜籽收购资金供应和管理办法，全年共发放油菜籽收购贷款823万元。全市累计投放收购贷款3.40亿元，支持企业收购小麦9008万公斤，稻谷16540万公斤，棉花27.06万公斤（5412担）。

从2000年起，农发行根据国家粮食购销政策的调整，对企业收购退出保护价收购范围的粮食制定和实施“以销定贷、以效定贷”的信贷政策，支持国有粮食购销企业收购退出保护价收购范围的粮食。市农发行贯彻实施敞开收购农民余粮的政策，按照“收一斤粮，贷一斤粮款”的原则保证收购资金供应。对等外粮和非保护价粮收购，坚持“以销定贷，以效定贷”，在落实各种风险防范措施的前提下，做好收购资金供应和管理。截至12月末，全市共计投放收购贷款1.88亿元，其中：投放保护价粮食收购贷款1.24亿元，粮食企业入库粮食11483万公斤（其中：收购稻谷10065万公斤，价款11016万元）；投放退出保护价粮食收购贷款4859万元，支持企业收购退出保护价粮食5981万公斤，油菜籽567万公斤；发放棉花收购贷款751万元，收购棉花53.35万公斤（10670担）。2001年，粮食市场和粮食价格逐步放开，在主销区为粮食购销企业收购非保护价粮食提供贷款已经成为农发行贷款业务的主体。为此，市农发行完善“以销定贷、以效定贷”的信贷政策，坚持市场定价、合理确定粮食收购数量和贷款计划，实行“区别对待、择优扶持”的信贷投放和信贷管理措施，制定《非保护价粮食收购贷款管理办法》。以国有粮食购销企业风险承受能力为主要依据，支持经营效益好、信用高的国有粮食购销企业开展收购。2001年是推行粮食收购价格市场化的第一年，全年累计发放收购贷款1.78亿元，支持企业收购小麦5784万公斤、收购稻谷20687万公斤、棉花98.22万公斤（19644担），与上年同期相比多投放4720万元。

随着粮食购销市场全面放开，市农发行传统粮食收购贷款业务呈大幅下降趋势，收购贷款从1998年的50390万元下降到2002年的15640万元，降幅达69%，农发行面临业务萎缩的威胁。

2003年，夏、秋两季粮食种植面积和产量呈现双减态势，粮食市场供求关系发生逆转，出现供应短缺现象，粮源趋紧，粮价一路攀升。市农发行引导国有粮食购销企业主动上门收购。向粮食加工企业延伸，向农户、粮食种植专业户、粮食生产基地等延伸，有效巩固在收购业务中的主导地位。秋收季节，全行累计发放收购贷款2.95亿元，比上年同期增长210.60%，支持企业收购稻谷14627万公斤，增加6758万公斤，确保本地粮不外流。由于本地粮源有限，市农发行支持有条件的企业开展异地收购。全年市农发行在夏秋两季收购中，支持企业收购外地小麦18000万公斤，收购外地稻谷15240万公斤。2003年末，市农发行收购贷款余额38865万元，增幅197.93%。

2004年5月，国务院《关于进一步深化粮食流通体制改革的意见》决定在全国范围内放开粮食收购市场，所有粮食品种不再实行保护价收购政策，除中央、地方储备及调控等政策性粮食购销业务外，其余均由粮食企业依据市场状况自主经营。为适应粮食市场化改革的要求，确保规范化操作和收购资金安全，市农发行对于不同的收购方式，采取不同的资金管理措施对粮食购销企业进行信用等级评定，对A级以上的粮食购销企业给予重点支持；对信誉差、经营能力弱的企业采取谨慎支持态度，加大监管力度。规定“三不支持”和“一个严禁”，即企业不顾市场风险盲目抢购的不予支持；销路未落实的不予支持；异地监管协议未签订的不予支持；严禁将收购资金打入企业个人信用卡。到12月，市农发行累计发放收购贷款10.90亿元，比上年增加5.71亿元；收购贷款余额为38765万元。共支持企业收购小麦42741万公斤，增加18750万公斤，其中，收购外地小麦36330万公斤；稻谷19435万公斤，增加3227万公斤；收购油菜籽4363万公斤。

2005年面对夏收小麦、油菜种植面积、单产、总产“三增”，而秋收稻谷产量下降、质量偏差、价格高的特殊形势，市农发行采取相应措施，贷款总量依然大幅上升。截至年末，累计发放收购贷款188661万元，增加91860万元；共支持企业收购小麦48939万公斤、收购油菜籽12749万公斤、稻谷11836万公斤。

3. 粮油棉调销贷款　农发行建行初期，调销贷款是政策性贷款业务，是由地方政府下达调拨计划，用于平抑地方粮食价格，保证市场供应而发放的贷款。当时调销贷款全部集中于市农发行营业部办理。随着粮食市场化改革的不断发展，调销贷款呈现出大幅下降、逐步萎缩的趋势。1996 年，市分行营业部发放的调销贷款 12348 万元；1997 年下降到 8705 万元；1998 年为 5525 万元；至 1999 年末只剩下 8 万元。

2000 年，市农发行将粮食调销贷款纳入支持企业市场经营的范畴，明确对粮食购、销、加工联营贷款业务给予支持。同年，全行累计发放粮食调销贷款 2334 万元，发放油脂调销贷款 176 万元，棉花调销贷款 250 万元，支持企业调销粮食 1678 万公斤，油脂 35 万公斤，棉花 27. 21 万公斤(5442 担)，促进企业改善经营状况。

2001 年，市农发行先后与云南、河南、广东、上海等 30 多家粮食市场和企业建立业务关系，全年共发放粮油调销贷款 15 笔，共计 2503 万元，支持企业调销粮食 3220 万公斤，实现银企双赢目标。截至 12 月末，市农发行累计投放调销贷款 1. 10 亿元，共支持企业调入粮食 9057 万公斤、油脂 22 万公斤，实现调入值 1. 08 亿元。

2002 年，粮食市场出现阶段性供大于求的状况。市农发行通过信贷杠杆作用，支持粮食企业进行兼并重组。全年累计发放调销贷款 3. 54 亿元，年末余额 8996 万元，比年初增加 7273 万元。针对镇江地区面粉加工企业相对集中、年消化小麦能力高达 10 亿公斤左右的优势，市农发行支持一批有实力的企业扩大调销业务。至 2003 年，与粮食加工企业发生业务往来的粮食购销企业由原来的 5 个增加到 15 个。句容市支行原来未开展调销业务，2003 年先后支持 4 家粮棉购销企业开展粮棉调销业务，累计发放贷款 5686 万元，累计支持企业调进粮食 20540 万公斤，大豆 2500 万公斤，棉花 118. 5 万公斤(23700 担)。截至 2003 年 12 月末，全行累计发放调销贷款 4. 15 亿元，比年初增加 2. 52 亿元；年末调销贷款余额达 1. 32 亿元，比年初增加 4200 万元。

2004 年，市农发行把拓展调销业务作为增加有效信贷投入，提高信贷资金营运效益的重要环节来抓。业务区域由原来镇江市内、省内，扩大到全国多个省(市)；贷款品种由原来单一的小麦、稻谷发展到玉米、棉花、棉籽、其他杂粮等。丹阳市支行充分利用辖区内粮食加工企业众多优势，全年累计发放调销贷款 4. 25 亿元，增幅达 150%。市农发行全年累计发放调销贷款 6. 91 亿元，增加 1. 95 亿元。至 2005 年末，全行累计发放调销贷款达 8. 84 亿元，增加 1. 98 亿元；年末调销贷款余额达 3. 55 亿元，比年初增加 2. 28 亿元。

4. 农业开发、扶贫专项贷款　农发行建行之初，国家界定的贷款业务范围，除粮棉油收购贷款外，还有农业开发贷款和扶贫贷款业务等。

1996 年末，市农发行农业开发、扶贫专项贷款余额 18631 万元。1997 年，市农发行集中资金支持“大、富、强”重点农业企业。重点投向三个方面，支持高产、高效、优质农业项目；支持农业现代化建设项目；支持贸工农一体化、产加销一条龙的“龙型”农业经济及农业产业化项目。在市政府确定的 5 个重点支持的贸工农一体化农业龙头企业中，市农发行支持 3 个，这些企业同年实现产值 110 亿元，销售 81 亿元，利润 12 亿元，分别比上年增长 38%、35%、21. 5%。支持农业综合开发项目 6 个，投放贷款 22850 万元；支持林业贴息项目 2 个，投放贷款 600 万元；支持农业技术改造项目 1 个，投放贷款 300 万元；支持农业基本建设项目 3 个，投放贷款 500 万元；支持康复扶贫项目 2 个，投放贷款 200 万元；支持粮棉油加工企业项目 10 个，投放贷款 2500 万元。至 12 月末累计向上争取专项贷款规模 4. 95 亿元，已实施 4. 95 亿元，占省分行下达增量计划的 100%。至 1997 年末，农业综合开发、扶贫专项贷款余额 25381 万元，增长 36%。1998 年 5 月 15 日，国家将农发行农业综合开发、扶贫专项贷款划入有关商业银行，市农发行共划出专项贷款 64544 万元。

第五章　商业银行业务

“存、放、兑”是银行业金融机构的传统业务。国有银行专业化分工经营期间，各银行业务具有明确分工，随着银行体制改革深入，各银行业务开始交叉，并逐步形成比较完善的现代商业银行的业务体系，在完善、发展存款、贷款、支付结算等传统业务的基础上，开办代理业务、信托业务、租赁业务、担保业务、银行卡业务等新业务。

第一节　人民币存款业务

存款业务是银行业金融机构筹措资金的主要来源。镇江市银行业金融机构主要开办储蓄存款、企业及其他存款两大类人民币存款业务。

一、储蓄存款

1983 年，镇江市政府重新组建镇江市人民储蓄推进委员会，动员广大职工将暂时不用的钱存入银行，支援国家建设。1984 年，市工行成立后，根据省人行关于“农村金融机构不进城、城市金融机构不下乡”的储蓄机构设置管理要求，与市农行、市农村信用社分别在镇江市城市、农村拓展储蓄业务。

1985 年，机关、企业工改，国家两次调高储蓄利率，调动储户参加储蓄的积极性。市工行、市农行通过增设储蓄网点方便储户，年末，镇江市储蓄网点总量达 30 个，在机关、企事业单位共设置储蓄代办机构 1418 个。同年成立的镇江市谏壁城市信用社、城区城市信用社也相继开办储蓄业务。市农行还在农村推广农副产品收购结算和吸储相结合的办法。年末，镇江市城乡储蓄余额达 4. 81 亿元，比年初增加 1. 32 亿元。其中，城镇储蓄增加 7675 万元，农村社员储蓄增加 5562 万元。1986 年，大市口解放路邮电支局开办邮政储蓄，市中行开办人民币储蓄业务。镇江市各银行业金融机构发展储蓄机构，多渠道吸收社会闲散资金，并增办有奖有息、有奖小额、定活两便、建房等储蓄品种。市邮政储蓄开办以后，在定期、活期、小零储蓄基础上首先开办异地存取储蓄新业务。全年镇江市新增储蓄机构 77 个。年末，镇江市城乡储蓄余额达 6. 90 亿元，其中农村储蓄余额 3. 17 亿元；城市储蓄余额 3. 73 亿元。1987 年 4 月，市建行开办人民币储蓄业务。5 月 6 日起，市工行在中山路办事处四牌楼储蓄所实行储蓄承包责任制试点。6 月 12 日，市工行中山路办事处中山西路储蓄所开始使用计算机办理各项储蓄业务。市工行、市农行依据群众习惯分别开办定期定额、房屋、集零、循环等储蓄品种。市农行在农副产品收购季节推广定额定活两便储蓄，在社队企业试办工资转存业务。邮政储蓄结合邮政特点开办集邮、旅游及大众阅报等储蓄品种。全年镇江市新增储蓄机构 15 个，银企联办储蓄所 20 个，邮政储蓄网点 29 个，基本改变储户存款难、取款难现象。

1988 年以后受通货膨胀和金融秩序的影响，储蓄存款发展起伏波动。1988 年，物价上涨，通货膨胀明显，镇江市出现三次市场“抢购风潮”，储蓄存款三次大“滑坡”。8 月末，镇江市城乡储蓄余额仅比年初增加 201 万元。9 月贯彻中央关于稳定物价的一系列措施，国家提高储蓄利率、推出保值储蓄，储蓄止跌回升。11 月 7 日，镇江市政府在镇江影剧院召开镇江市储蓄动员大会。年末，镇江市城乡储蓄余额 11. 22 亿元，比年初增加 1. 47 亿元；其中 11、12 两个月增加 10400. 4 万元。在全部储蓄余额中保值储蓄为 29178 万元。1990 年，镇江市社会物价稳定，企事业单位普调工资，全年工资性投放增加 2. 16 亿元。年末，镇江市城乡储蓄余额 21. 42 亿元，其中定期储蓄和保值储蓄分别增加4.26亿元和1.49亿元。

随着国有专业银行向国有商业银行转化,镇江市各银行业金融机构也逐步调整组织存款的做法。市工行开始在存款工作中贯彻“四个加快”(即加快储蓄网点改造、加快储蓄计算机处理进程、加快推行代发工资业务、加快培养金融人才)和“两个转化”(即实现由劳动密集型向科技集约型转化、由扩展外延型向内涵效益型转化)的方针。1991年,市工行60个储蓄机构代发工资1858万元。1992年,储蓄存款总体增势趋缓,月度间变化起伏明显。一季度现金投放集中,储源丰富,储蓄增加2.84亿元,占全年储蓄增加额的50.1%;由于各类债券、集资对社会闲散资金的分流,二、三季度储蓄增加额仅占全年储蓄增加额的23.2%;四季度因工资性现金投放增加,特别是11月下旬起镇江市银行业各金融机构相继开办特种大额储蓄,增势回升,储蓄增加1.51亿元,占全年储蓄增加额的26.7%。镇江市区储蓄增加1.40亿元,仅占镇江市全年储蓄增加额的24.7%,占比下降。1993年上半年,经济发展出现过热势头,社会资金严重分流,储蓄存款大幅度下滑,仅增加0.87亿元,比上年同期少增3.26亿元。7月,全国金融工作会议以后,中央一系列宏观调控措施得到落实,乱集资现象得到有效制止,国家两次调整储蓄利率,金融形势逐渐平稳,储蓄存款回升,下半年增加9.31亿元。镇江市银行业金融机构拓展和改造储蓄网点,在内部加大推行承包经营责任制力度。市工行将辖内14个储蓄所升格为分理处,并新设储蓄机构8个。至1994年,市农行系统储蓄所全部实现计算机处理存款业务,扬中农行率先在辖区内城镇储蓄网点实现通存通兑计算机联网。市建行在储蓄经营承包责任制试点的基础上,对系统内全部储蓄网点实行停薪承包,储蓄网点员工收入实行以存款任务、核算质量、优质服务、安全保卫、岗位达标等为内容的承包考核分配办法。

1995年开始,镇江市金融秩序稳定,经济快速发展,储蓄存款除在储蓄利率政策、居民物价预期、消费习惯、股票市场等因素作用下呈现出一些阶段性的起伏变动外,总体进入快速发展的时期。1995年末,城乡居民储蓄存款余额达87.43亿元,比年初增加24.03亿元;储蓄新增额已占到各项存款增加额的80%。1996~1999年,由于国家连续7次下调储蓄利率和开征利息税,储蓄存款增势趋缓。1996年末,城乡居民储蓄余额115.17亿元,比年初增加27.74亿元。1~4月,储蓄增加15.14亿元,占全年增加额的55%;4月以后受停办保值储蓄、储蓄利率两次下调、股市回升等影响,5~12月储蓄仅增加12.61亿元。1997年10月,国家再次下调储蓄利率,年末城乡居民储蓄余额136.58亿元,比年初增加21.41亿元。新增储蓄存款中,定期占88%,比上年上升4个百分点。1999年,国家为刺激居民消费,再次下调储蓄利率和开征储蓄利息税,储蓄增长进一步趋缓。银行业金融机构拓展个人消费信贷业务,全年办理住房、汽车等消费贷款达2.02亿元,减少部分储蓄存款。年末,城乡居民储蓄余额180.04亿元,比年初增加20.47亿元。储蓄存款期限结构变化也较大,定期储蓄存款余额占比84%,比年初下降3个百分点,活期储蓄存款比重上升。

2000~2005年,虽然国家继续两次下调储蓄利率,但在镇江市经济运行质量提高、居民收入预期、股市相对低迷、银行业金融机构拓展中间业务等综合因素下,储蓄存款逐步恢复强劲增长态势。2000年末,镇江市城乡储蓄余额203.97亿元,比年初增加23.94亿元。2001年,城乡储蓄存款余额达236.75亿元,储蓄新增额占各项存款增量的68%,比上年同期提高8.7个百分点,对信贷资金的供给能力明显增强。储蓄存款新增额中,定期储蓄占比77%,比上年同期提高26个百分点。年末,银行业金融机构银行卡发卡量86.4万张,银行卡存款量6.6亿元,比年初增加3.4亿元。市工行、农行、中行、建行办理证券转账业务,证券公司个人股票账户保证金存款余额达2.3亿元。2002年,镇江市银行业金融机构POS(销售终端)联网,全面代收居民水、电、气、电话等各类费用,卡存款增加。储蓄存款在行际间、地区间同步增长。镇江市工、农、中、建、交、城商行、农信社和邮政储汇局储蓄存款分别增长7.38亿元、9.90亿元、6.52亿元、4.10亿元、3.22亿元、4.74亿元、3.46亿元和5.19亿元。市区(含丹徒)、丹阳、句容、扬中分别增加24.19亿元、11.18亿元、

4.43 亿元和 4.69 亿元。2004 年由于物价持续高位运行，居民储蓄利率实际呈负利率，再加上金融信贷资金紧缩，社会集资和企业内部融资活跃，储蓄增势趋缓。年末，城乡储蓄余额 388.46 亿元，比年初增加 50.25 亿元。

2005 年，镇江市经济稳定增长，城乡居民收入提高；消费性物价走势平稳，居民储蓄意愿增强；居民投资房产、股票更加理性，储蓄持币观望者众多；人民币升值预期，居民外币存款加快结汇，增加人民币储蓄存款来源。年末，镇江市城乡储蓄存款余额 458.45 亿元，比年初增加 69.99 亿元。

二、企业及其他类存款

企业及其他类存款主要包括居民储蓄存款以外的企业存款、财政性存款（含机关团体）、农业存款、信托类（含委托）存款及其他存款。

20 世纪 80 年代，镇江市企业存款增长缓慢。80 年代初，各国有专业银行业务分工明确，市工行企业存款占全市银行业金融机构企业存款总量的比例较大。1983 年末，镇江市企业存款余额 2.48 亿元，其中市人行（镇江市工行）、农行、中行、建行企业存款占比分别为 70%、11%、2%、17%。80 年代中期随着银行业金融机构业务交叉，企业存款在行际间分布的悬殊差距开始缩小。1985 年末，镇江市企业存款余额 3.46 亿元，其中市工行、农行、中行、建行企业存款占比分别为 60%、12%、5% 和 23%。财政性存款由市人行经理，由各银行业金融机构代理，1985 年末，镇江市财政性存款余额 1930.8 万元。农业存款 1983 年余额为 9100 万元，至 1985 年余额增加到 9457.4 万元。1988 年末，镇江市企业存款余额 7.05 亿元，比年初增加 1.78 亿元。受 1988 年以后通货膨胀、银根抽紧、企业资金回笼周期拉长的影响，1989 年，企业存款出现负增长，年末镇江市企业存款余额 6.50 亿元，比年初下降 0.56 亿元。

1990 年开始，镇江市国民经济快速发展，企业资金紧张状况逐步缓解，企业及其他类存款增长较快。年末，镇江市企业存款余额 8.56 亿元，比年初增加 2.06 亿元，但企业存款中贷款派生存款因素较大。财政性存款发展较快，1991 年末，财政性存款余额达 6193.1 万元，比年初增加 3515.3 万元。1992 年末，镇江市企业存款 19.38 亿元，比年初增加 5.98 亿元；企业存款增加额占各项存款增加额的比重由上年的 34% 上升为 45%。镇江市工行、农行、中行、建行、交行新增企业存款中，工业企业存款增加 1.44 亿元、商业企业存款增加 0.66 亿元、集体企业存款增加 0.78 亿元、专用基金存款增加 0.41 亿元、基建及建筑企业存款增加 0.45 亿元、其他企业存款增加 1.34 亿元。但 1993 年开始出现的经济发展过热势头和经济金融秩序混乱，影响财政存款等统计数据的真实性。农业存款也波动起伏，由 1992 年末余额 5.7 亿元降至 1995 年末余额 0.31 亿元。而这期间，信托类存款却大幅增长，1991 年末，镇江市信托类存款余额 0.92 亿元；1994 年末，信托存款余额猛增至 11.69 亿元；1995 年末，信托类存款余额仍维持在 10.31 亿元。1995 年末，镇江市企业存款余额 39.07 亿元，比年初增加 6.69 亿元。但企业存款的结构发生较大变化，“其他企业活期存款”增长较快，市工、农、中、建、交五家银行“其他企业活期存款”增加 4.29 亿元，占 5 家商业银行企业存款新增额的比重由年初的 40% 上升到 64%。同时，企业存款增长分布点不平衡，工业生产企业存款增长较弱，而非工业生产企业存款增长较多。镇江市工行市区营业机构 1995 年新增工业企业存款 0.89 亿元，其中谏壁发电厂、镇江市供电局、镇江市邮电局 3 家单位存款新增额占 32%。

1995 年后清理整顿促进金融机构稳健经营，企业及其他类存款稳定增长，由于清理压缩信托业务，信托类存款逐年萎缩。1997 年末，信托类存款余额 8.11 亿元，比年初减少 2.64 亿元。1998 年以后，外商投资企业和民营企业兴起推动企业及其他类存款快速发展，至 2000 年，镇江市企业存款突破 100 亿元，年末余额 102.88 亿元，比年初增加 9.81 亿元。2004 年，镇江市企业存款突破 200 亿元，年末企业存款余额 220.67 亿元，比年初增加 33.31 亿元。年末财政性存款余额 3.50 亿元，农业存款余额 18.04 亿元，信托类存款余额仅为 0.43 亿元。

2005 年，镇江市企业及其他类存款增长速度放缓，企业存款结构有所变化。年末，镇江市企业存款余额 236.94 亿元，比年初增加 16.26 亿元。2005 年末，镇江市银行业金融机构为企业签发银行承兑汇票、信用证、保函余额 119.79 亿元，比年初增加 6.9 亿元。企业办理银行承兑汇票、信用证、保函所缴存的保证金列入其他存款项目统计。年末，其他存款余额 55.04 亿元，比年初增加 13.64 亿元。2005 年末，镇江工行、农行、中行、建行、交行、市城商行和农信社企业存款余额分别为 33.20 亿元、59.24 亿元、35.51 亿元、28.81 亿元、31.77 亿元、36.47 亿元和 10.35 亿元。年末，财政性存款余额 6.75 亿元，比年初增加 3.25 亿元。农业存款余额 20.42 亿元，比年初增加 2.39 亿元。信托类存款余额 3851 万元。

1983～2005 年镇江市金融机构人民币存款余额统计表

表 19-19　　单位:万元

项目 年份	储蓄存款		企业存款	财政存款	农业存款	信托类存款	机关团体存款	各项存款合计
	储蓄存款	其中:定期						
1983	24986.20	-	24811.80	3850.50	9100	-	6407.30	80275
1984	34909	-	27642	-	-	-	-	109449
1985	48145	-	34620.10	1930.80	9457.40	-	5699.40	114174
1986	68964	-	45269.50	3205	11946.50	13439.40	6434.30	163631
1987	97488	-	52708.60	3314.70	11842.70	16333.50	6750.40	196747.10
1988	112221.30	-	70530.70	2588.80	33893.60	13192.70	6110.30	259079.50
1989	151597.60	-	64956	3351.30	30593.50	9121.80	7144.30	293186.60
1990	214224.10	183714.40	85554.50	2677.80	40430.10	10965.10	8711	391290.10
1991	281634.50	241588	134015.60	6193.10	45636.60	9152.60	9152.60	519897
1992	338370.80	300717.40	193783.50	2388.40	57006.20	10999	8670.10	656929.50
1993	440176	388962.80	231520.10	6642	65007.10	10327.70	6689.70	820780.50
1994	633979	508325	323776	8777	2863	116856.60	-	1062564
1995	874280	746531	390702	12712	30843	103065	-	1411601
1996	1151723	978117	521267	15364	38922	107452	-	1834727
1997	1365831	1168073	696123	6150	49590	81062	12330	2211086
1998	1595645	1377746	838872	12641	55219	53845	12051	2608337
1999	1800352	1518461	930674	12408	59665	37999	28379	2969403
2000	2039729	1641452	1028817	14337	77235	36987	23345	3372219
2001	2367546	1894764	1142029	14451	81172	11651	33666	3853487
2002	2812598	2194180	1363355	31691	100866	5664	55899	4575205
2003	3382088	2565637	1873651	35913	153053	4899	72848	5808804
2004	3884619	2963981	2206747	35032	180359	4292	85099	6765071
2005	4584477	3523291	2369369	67506	204245	3851	259695	8039551

说明:1. 1983～1993 年农业存款含乡镇企事业和信用社存款；

2. 1994～1996 年财政存款含机关团体存款；

3. 储蓄存款、企业存款、财政存款、农业存款、信托类存款、机关团体存款均为各项存款其中数

2000～2005 年镇江市市区金融机构人民币存款余额统计表

表 19-20　　　　单位:万元

年份＼项目	储蓄存款		企业存款	财政存款	农业存款	信托类存款	机关团体存款	各项存款合计
	储蓄存款	其中:定期						
2000	852203	649038	703331	3469	20525	10784	14995	1741971
2001	1028829	781971	762818	2710	30168	9330	17393	1976555
2002	1270754	943535	898991	14337	39848	–	28551	2372534
2003	1551701	1123630	1247481	12372	62407	–	38264	3091878
2004	1762916	1306132	1461346	15705	76801	–	43496	3582390
2005	2095693	1579279	1545998	44297	89735	–	120348	4244771

说明:储蓄存款、企业存款、财政存款、农业存款、信托类存款、机关团体存款均为各项存款其中数

2005 年镇江市金融机构人民币存款余额占比情况表

表 19-21

金融机构	人民币存款占比(%)
中国农业发展银行镇江市分行	0
中国工商银行股份有限公司镇江市分行	16
中国农业银行镇江市分行	21
中国银行股份有限公司镇江分行	14
中国建设银行股份有限公司镇江分行	13
交通银行股份有限公司镇江分行	8
镇江市商业银行	8
镇江市农村信用合作社	13
镇江邮政局储汇分局	7

第二节　人民币贷款业务

20 世纪 80 年代中期,镇江市工行、农行、中行、建行按专业银行分工,分别办理工业、农业、商业、进出口、基本建设等人民币贷款。随着城市信用社、交通银行等金融机构设立和适应经济发展需要,逐步增办乡镇企业、“三资”企业、个体和私营工商业等贷款。20 世纪 90 年代中期,各专业银行向商业银行转变,贷款业务交叉。由于国家加强宏观调控,实行适度从紧的货币政策,严格控制贷款规模,1997 年末,全市金融机构各项贷款余额 200.52 亿元。1998～2003 年,金融机构贯彻执行稳健的货币政策,支持地方经济发展的合理资金需求,信贷投放增加较快。2003 年年末,各项贷款余额 425.07 亿元。2004 年后,国有独资商业银行相继实行股份制改造,国家继续实施稳健的货币政策,实行有保有压的信贷政策。2005 年末,镇江市各项贷款余额 560.50 亿元,其中镇江市市区贷款余额 450.41 亿元。

一、贷款

1. 流动资金贷款

1983年，流动资金贷款重点支持交通、能源、轻纺工业发展和搞活商品流通。同时还重点支持发展家禽、奶牛、水产品和蔬菜等城市需要的副食品以及社队企业发展。年末，工业流动资金贷款3.53亿元；商业贷款余额5.81亿元；农业贷款累计发放90.8万元，年末余额160万元；社队企业贷款余额587.4万元。

1985年，存贷款全面纳入国家统一信贷计划，各专业银行相互拆借资金，调剂余缺。工业流动资金贷款相对集中在适销对路的轻纺、电子工业产品；年末，工业企业流动资金贷款余额5.64亿元。农业贷款重点支持乡镇企业发展和扶持农村承包户和个体专业户；年末，乡镇企业贷款余额2.78亿元；对承包户和个体专业户贷款余额2335万元。1986年，信贷资金供需矛盾突出，信贷资金优先支持农副产品收购，特别是支持商办工业进行横向经济联合和粮食等部门的议价购销业务。年末，全市商业贷款余额达7.83亿元。

1988年，国家实施相对紧缩的货币信贷政策，镇江市流动资金贷款优先安排农业生产资金需求，全年累计发放农业贷款1.02亿元。为保证农副产品收购资金需求，全年通过压缩其他贷款、发行短期融资券、同业拆借、财政增补粮食差价款、开办农村售粮优惠储蓄等多渠道筹措资金，共投放农副产品收购资金1.2亿元，其中市人行投放专项贷款7300万元，未出现农副产品收购打“白条”现象。为支持市场商品供应，增加商业贷款，年末，商业贷款余额11.18亿元，比年初增加1.52亿元。市工行为支持镇江市肉联厂收购生猪9.7万头，增加贷款700万元；支持粮油经营部门购进稻谷325万公斤、油料55万公斤，增加贷款720万元。市交行为支持镇江市麻油厂生产、百货公司进货等增贷1200万元。同时，流动资金贷款还重点支持轻纺日用品及大中型企业生产的合理资金需求，全年增加贷款1.89亿元；其中，镇江市大东造纸厂、纸浆厂分别增贷1200万元、440万元购进木浆、芦苇、芒秆；市印染厂增贷450万元采购坯布45万米。1989年，镇江市流动资金贷款年末余额33.21亿元，比年初增加4.45亿元。1990年，企业之间相互拖欠货款情况严重，成为困扰经济发展的重要因素。镇江市政府成立清欠工作领导小组，全年累计清理企业拖欠资金6.2亿元，其中清收2.4亿元，清付3.8亿元。市人行发放清欠专项贷款9000万元，增加清欠专项信贷规模7300万元。清欠在一定程度上缓解企业资金矛盾，销售逐月回升，货款回笼加快。全年累计发放流动资金贷款20.9亿元，累计收回19.4亿元，支持地方农副产品收购、工业生产、外贸出口收购和市场供应等合理资金需求。1991年，镇江市遭受百年未遇洪涝灾害，市各银行业金融机构支持抗洪救灾，对因受灾停产企业的到、逾期贷款适当展期，对支付贷款利息有困难的实行缓收，对粮棉油、种养业和灾后建房等救灾贷款下浮贷款利率10%。向上级行争取，追加信贷资金规模1.12亿元，安排调度救灾信贷资金2.15亿元。1992年累计发放农业贷款5.1亿元，年末余额3.05亿元。工业和乡镇企业新增贷款4.45亿元，占同年新增贷款总额的37%。商业贷款增加3.97亿元，剔除农副产品采购、外贸、外事、外商投资企业有关贷款，纯商业贷款比年初增加1.69亿元。

1993年上半年，经济发展出现过热势头，国家出台一系列宏观调控措施，实施“适度从紧”的货币政策。镇江市银行业金融机构在信贷规模和资金双紧的情况下，以优化贷款结构、加强内部管理、提高经济效益作为信贷工作重点。市工行在工业企业贷款中严格执行贷款三级审批制度，扩大抵押贷款比重，重点支持大中型工业、商业企业流动资金需求。市农行、农村信用社重点支持科技兴农、粮油生产大户和“菜篮子”工程建设。至1995年末，镇江市工业贷款余额31.80亿元，比年初增加2.88亿元；商业贷款余额28.17亿元，比年初增加3.38亿元；农业贷款余额4.35亿元，比年初增加2.02亿元。1996年由于国家严格控制固定资产投资，镇江市贷款结构发生较大变化，年末，流动资金贷款余额比年初增加 17. 15 亿元，占各项贷款增加总额的 86%。1997 年，镇江市各银行业金融机构向上级行争取信贷规模，适度增加信贷投入，重点支持工业生产所需流动资金。年末，全民、集体、外商投资、乡镇企业等工业贷款余额比年初增加 9. 75 亿元，其中镇江市市直 16 家与银行签订银企合作协议的企业增加信贷资金 2. 19 亿元；农副产品收购增加贷款 5. 22 亿元，超额完成秋粮收购任务；农业贷款增加 4. 24 亿元，其中市农行增加流动资金 3. 4 亿元，集中投向镇江市龙山鳗联。1998 年，市工、农、中、建、交行 5 家商业银行分别在三、四季度将年初贷款投放按资产负债比例控制的方法改为规模管理，贷款投放比例提高。年末，镇江市流动资金贷款余额 177. 11 亿元，比年初增加 14. 32 亿元。贷款投放相对集中，市工、农、中、建、交 5 家商业银行全年新增贷款 70% 以上集中在镇江市的 40 户大中型企业。

1999 年以后，国家实施稳健的货币政策，镇江市人民币贷款业务进入快速发展时期。1999 年末，流动资金贷款余额 205. 10 亿元，比年初增加 28. 00 亿元。贷款投向愈趋集中，对市工、农、中、建、交、市城商行 6 家商业银行新增贷款投放数量前 10 户企业统计，44 户企业获新增贷款 13. 86 亿元，占各项贷款增加总额的 53. 74%。中小企业担保机构的出现为中小企业和个私企业贷款提供担保新途径，全年市工行、市城商行共为担保机构担保的 66 家中小企业和个私企业发放流动资金贷款 5000 万元。市工行、市农行采取流动资金贷款封闭运行的方式，贷款 4400 万元扶持 19 户困难企业恢复生产和经营。市农村信用社新增农业贷款 1. 75 亿元，对农业生产和农村经济实行重点倾斜。2000 年，镇江市短期流动资金贷款年末余额 207. 89 亿元，比年初增加 2. 79 亿元；但新增贷款在各银行业金融机构间发展不平衡，市农行新增 8. 97 亿元，市农村信用社增加 6. 89 亿元，而市工行仅增加 0. 59 亿元。镇江市农村信用社实行“三核定、一挂钩”（核定贷款数量、核定贷款质量、核定利息收入，实行工效挂钩）和“一次核定、分次发放”的农业贷款新模式。年末，农村信用社各项贷款余额 34. 74 亿元，比年初增加 7. 31 亿元，其中农户和个体工商户新增 2. 14 亿元。2001 年，信贷投放保证重点企业生产经营资金需求，镇江市新增贷款数量列前 10 位的镇江金东纸业、奇美化工、京阳水泥、索普集团、大亚集团、恒顺集团、钛白粉厂和焦化煤气集团共新增贷款 22. 89 亿元，占全部新增贷款总量的 77. 25%。银行业金融机构探索解决个私企业贷款难的有效途径。市工行在江苏省工行系统内率先推出《个私企业担保贷款管理办法》，首家开办个私企业贷款。全年为生产经营尚未形成一定规模，无法提供财务报表，难以按一般法人客户贷款风险管理办法操作，但能提供房产或土地使用权等为贷款作抵押的个私、民营、股份制小企业发放贷款 53 笔，金额 2334 万元。2002 年为缓解中小企业贷款难，镇江市银行业金融机构改善中小企业授信管理，加大私营个体经济信贷投入。市农村信用社、农行和市城商行分别对 1903 户、207 户和 100 户私营个体企业授信 4. 17 亿元、1. 22 亿元和 3. 89 亿元。全年各银行业金融机构对私营个体企业共增加贷款 7. 68 亿元。2003 年，工业贷款比年初增加 7. 72 亿元，商业贷款比年初增加 0. 99 亿元，农业贷款增加 5. 64 亿元。市工行推广动产质押贷款，并逐步过渡到对非动产的监管，全年办理动产质押贷款 2. 5 亿元，开办提单质押贷款 3500 万元。

2004 ~ 2005 年，镇江市银行业各金融机构根据国家宏观调控要求，合理、适度增加信贷投放，理性调整信贷结构。实行有保有压的信贷政策，抑制对过热行业和低水平重复建设项目的信贷投入，贷款向大企业和大项目集中。2004 年末，镇江市流动资金贷款比年初增加 17. 42 亿元，比上年同期少增 25. 46 亿元。人行信贷登记咨询系统统计，贷款增量前 100 户企业中，有 74 户重点骨干企业新增贷款合计 69. 13 亿元，占镇江市贷款增加总额的 88. 14%。新增贷款超亿元的企业为：金东纸业 15. 42 亿元、苏源发电 8. 95 亿元、镇江发电 4. 6 亿元、恒丰食品 2. 11 亿元、沃得机床 1. 51 亿元、奇美化工 1. 47 亿元。流动资金贷款结构变化明显：工业贷款余额比年初增加 17. 42 亿元、商业贷款下降 2. 23 亿元、建筑业贷款增加 6. 71 亿元、农业贷款增加 4. 89 亿元、乡镇企业贷款增加 5. 49 亿元、外商投资企业贷款增加 9. 19 亿元、私营企业及个体贷款下降 0. 37 亿元。流动资金贷款在各市县之间发展也不平衡：镇江市市区年末贷款余额160.40亿元，比年初增加2.19亿元，比上年同期少增20.59亿元；丹阳市贷款余额82.93亿元，比年初增加11.51亿元，比上年同期多增0.65亿元；句容市贷款余额20.23亿元，比年初增加508万元，比上年同期少增3.97亿元；扬中市贷款余额35.38亿元，比年初增加3.67亿元，比上年同期少增1.55亿元。

2005年末，流动资金贷款余额315.78亿元，其中工业贷款余额109.05亿元，商业贷款余额36.88亿元，农业贷款余额26.38亿元，贷款相对集中重点骨干企业。农村信用社在信贷投入中实施增加农户小额信用贷款、农户贷款和农民创业担保基金贷款的投放，压缩关联企业贷款、国家控制行业的贷款和不良贷款。农村信用社全年新增农户贷款4.24亿元，农业经济组织新增贷款1.4亿元，农村工商业贷款新增2.71亿元。市工行在辖区内扩大对中小企业授权授信，全年新增小企业贷款5.07亿元。市中行依据《中国银行中小民营企业授信指引》，重点支持国有企业改制为民营企业的产权清晰、手续合规的中小企业，全年新增中小企业贷款6.5亿元。年末流动资金贷款余额中，镇江市区比年初增加9.39亿元，增幅6.24%；丹阳市增加14.33亿元，增幅17.77%；句容市增加5.82亿元，增幅30.75%；扬中市增加1.69亿元，增幅4.87%。

2. 固定资产贷款

固定资产贷款主要由技术改造和基本建设等中长期贷款构成。1985年前，技术改造贷款主要由市工行、建行、农行经办，1986年后出现多元化格局。基本建设贷款1995年前主要由市建行承担，市工行只有少量基本建设贷款业务，1995年后，商业经营性信贷业务相互交叉，其他行才逐步开办基本建设贷款。

2000年前，固定资产贷款中技术改造贷款增幅大于基本建设贷款；2000年后，城市建设及配套设施快速发展，基本建设贷款增长迅猛，而技术改造贷款呈下降趋势。

技术改造贷款　1985年前，市工行、市建行技术改造贷款重点支持投资小、见效快、收益大的技术改造项目，增加日用消费品生产和能源、交通业发展。市农行重点对国营农场基础设施和供销社网点设施发放部分技术改造贷款。市农村信用社则发放乡镇企业设备贷款等。1985年末，镇江市技术改造贷款余额1.16亿元。

1986～1990年，镇江市技术改造贷款发展比较平稳。市中行、交行分别于1986年和1988年相继开办此项业务。这一期间，市工行累计投入技术改造贷款2.25亿元，先后支持镇江市恒顺酱醋厂、蓄电池厂等企业30多个创汇产品项目，支持的企业产品中有14个产品获国家金、银质奖，247个产品获部、省优质奖，优质产品率从1985年的5%上升到1990年的11%；支持交通运输部门淘汰木质水泥船，购置钢驳与拖轮237艘。市中行对市友谊服装厂、工贸联营玩具厂和外贸中转冷库等企业发放出口商品生产技术改造贷款，支持企业扩大出口能力；对获得外汇贷款的企业还发放进口配套人民币贷款，用于企业购置国内配套设备、少量扩建工程等费用。市建行发放的各类技术改造贷款其资金来源不再有专项限制，贷款指标改为计划管理，可以多收多贷，周转使用。市交行从1988～1990年累计发放技术改造贷款6125万元，重点支持镇江焦化厂、镇江自来水公司、丹阳棉纺织厂等63家企事业单位技术改造项目。1990年末，全市技术改造贷款余额3.07亿元。

1991年开始，镇江市技术改造贷款增长加快。1991年为支持丹阳铝箔等引进和技改项目，市人行向上级行争取专项贷款2071万元。1992年，镇江市完成技改工作量7.2亿元；年末，技改贷款余额5.11亿元，比年初增加1.02亿元。1997年，8个总投资10亿元以上的项目已进入实施阶段，重大项目中27个续建和新开工项目完成投资20多亿元。投资需求上升推动固定资产贷款投放，年末，固定资产贷款余额23.56亿元，比年初增加4.51亿元，其中技改贷款余额11.88亿元。

1998年以后，镇江市技改贷款呈下降趋势。1998年末，技改贷款余额11.30亿元，比年初减少

0.57 亿元。2000 年末，技改贷款余额 9.70 亿元，比年初下降 1.21 亿元。镇江市区技改贷款余额 6.57 亿元，比年初增加 0.67 亿元；丹阳市技改贷款余额 2.26 亿元，比年初增加 0.02 亿元；句容市技改贷款余额 0.28 亿元，比年初下降 0.07 亿元；扬中市技改贷款余额 0.59 亿元，比年初下降 0.05 亿元。

2001 年末，镇江市技改贷款余额 11.36 亿元，比年初增加 1.66 亿元。市工行对镇江钛白粉股份有限公司化纤造纸钛白粉改造、江苏大亚集团公司引进印刷生产线等项目投放技改贷款 0.89 亿元，市中行对镇江国亨塑胶有限公司年产 5 万吨 ABS 塑料粒子项目贷款 1.5 亿元。2003 年末，镇江市技改贷款余额 7.73 亿元，比年初增加 0.71 亿元。2005 年，镇江市各银行业金融机构严格控制和压缩水泥、电解铝、电石等过热行业贷款；年末，技改贷款余额 6.67 亿元，比年初下降 1.25 亿元，其中市区技改贷款余额 1.77 亿元，比年初下降 0.46 亿元。

图 19-11　2001 年，中国银行镇江分行与国亨塑胶有限公司 1.5 亿元人民币项目贷款签字仪式

基本建设贷款　1985 年末，镇江市基本建设贷款余额 1.14 亿元，占同年固定资产贷款余额的 48.66%；其中市建行基本建设贷款余额 0.88 亿元，市工行余额 0.26 亿元。在此后的 10 年间，基本建设贷款的投向坚持"支持国家和地方的重点建设，促进经济发展"原则，为镇江市船山石灰石矿、谏壁发电厂4～5 期扩建工程、大港港口二期工程、宁镇公路、沪宁高速公路、谏壁—常州 50 万伏高压线路、京杭运河整治、扬中长江大桥、华东制罐总厂、镇江化工厂醋酸工程、镇江煤气工程、镇大铁路等 15 个国家、地方重点项目提供资金 20 亿元。新增发电能力 60 万千瓦，建成万吨级泊位 4 个，年产易拉罐 2.5 亿只的生产线，年供应城市煤气 3 万户等。1989 年，市建行投放资金 1611.5 万元，支持镇江市商品房建设。1992 年，市工行累计发放房地产开发贷款 1500 万元，重点支持镇江市区南门大街商业一条街、招商市场等开发项目。1993 年，镇江市基本建设贷款余额 3.03 亿元。1994 年，市工行支持镇江市区江滨医院外科大楼、商业大厦等项目建设。1995 年，市中行开办基本建设贷款业务；年末，镇江市基本建设贷款余额 4.28 亿元，比年初增加 0.90 亿元。

1996～2001 年，基本建设贷款总量增长较快。1996 年末，镇江市基本建设贷款余额 4.39 亿元。1997 年末，贷款余额 6.06 亿元；其中市建行余额 3.98 亿元，市工行 0.20 亿元，市农行 0.12 亿元，市中行 0.17 亿元，市交行 0.25 亿元。1999 年，市工、农、建行对镇江市电信部门增加基本建设贷款 1 亿元，支持其实施线路整治和扩容工程；市农行投放 1.64 亿元支持农村电网改造工程；市建行对镇江发电有限公司增加基本建设贷款 0.80 亿元；市中行、交行对市自来水公司、煤气公司及公路处等城市公用事业与基础设施建设项目增加基本建设贷款 0.84 亿元。2000 年，基本建设贷款重点支持镇江市润扬长江大桥、镇大一级公路、长江路和电信基础干线改造，年末基本建设贷款余额 9.04 亿元，比年初增加 2.31 亿元。2001 年，各银行业金融机构配合镇江市四大城建工程和基础设施建设，增加基本建设贷款投放，年末余额 12.38 亿元，比年初增加 3.34 亿元。

2002年以后,镇江市基本建设贷款快速发展。2002年,市银行业各金融机构对镇江市重点城市基础设施、道路桥梁、老城改造和小区建设共增贷17.66亿元。其中,对市城投公司、交投公司、润扬大桥、南徐路生态大道、224和101省道等城建和交通项目投入9.18亿元;对供电、通讯项目增加贷款0.60亿元;对医院、学校项目增贷4.13亿元;对自来水、煤气项目增贷0.63亿元;对房地产开发企业增加贷款3.12亿元。年末,基本建设贷款余额23.60亿元,比年初增加11.21亿元。2003年末,镇江市基本建设贷款余额37.75亿元,比年初增加14.16亿元。重点投向市污水截流工程、新区建设项目、天然气利用工程、房地产开发等项目。2004年是基本建设贷款增加最多的一年,主要投向苏源谏壁发电有限公司、镇江城投公司、镇江交投公司、镇江新区开发总公司、镇江天然气公司、江苏大学等企事业单位符合国家产业政策、信贷政策的基本建设项目,年末基本建设贷款余额55.89亿元,比年初增加18.14亿元。2005年,各行严格压缩过热行业和限制行业的贷款,基本建设贷款适度增加,年末基本建设贷款余额63.14亿元,比年初增加7.24亿元。据市人行信贷登记咨询系统统计,镇江市基本建设贷款增量前50户中:10户城市建设单位和大专院校新增项目贷款9.04亿元,4户房地产企业新增项目贷款2.9亿元。市工、农、中、建、交、城商行年末基本建设贷款余额分别为25.08亿元、8.83亿元、2.70亿元、20.91亿元、1.57亿元和4.05亿元。镇江市区、丹阳市、句容市、扬中市年末基本建设贷款余额分别为53.51亿元、4.03亿元、2.76亿元和2.84亿元。

3. 消费贷款

镇江市银行业金融机构开发多种个人消费贷款品种。1992年,市建行配合镇江市住房制度改革,为市区1455个单位的约20万职工开设住房公积金账户,全年累计收缴公积金1507万元,发放房改贷款1920万元,发放个人优惠购房贷款100多万元。1995年,市建行、市中行推出个人定期储蓄存款存单小额质押贷款业务,随后各银行业金融机构承销的凭证式国债、记账式国债、人寿保险报单均可用于该行质押贷款。1998年,市人行制定《镇江市个人购买经济适用房贷款操作办法》;年末,全市累计发放个人住房贷款6893万元。1999年,市人行就进一步拓展消费贷款制定和印发《指导意见》,市中行推出个人住房贷款、汽车消费贷款、个人家居装修贷款、教育助学贷款、大额耐用消费品贷款和度假旅游消费贷款等6个消费贷款品种,全年共发放个人消费贷款14笔、144.5万元。全年,镇江市共办理消费贷款2.02亿元,比上年增加0.54亿元,其中个人住房贷款1.98亿元,比上年增加0.50亿元。

图19-12　2002年8月16日,个人住房贷款按揭协议签字仪式

2000年以后,国家出台有关扩大内需,拉动消费的政策措施,消费贷款进入快速发展期。2000年,市农行“金钥匙”个人综合性消费贷款、市中行“金长城”个人消费贷款、市建行住房按揭贷款等相继推出。各行开发的消费贷款品种涉及个人住房、汽车、大额耐用品、房屋装修、农用机械、助学、旅游以及个人综合信贷等品种。年末,镇江市消费贷款余额6.26亿元,比年初增加4.03亿元,其中短期消费贷款余额2.29亿元,中长期消费贷款余额3.97亿元。市工、农、中、建行年末消费贷款余额分别为1.09亿元、2.53亿元、0.74亿元和1.90亿元。镇江市区、丹阳市、句容市、扬中

市年末消费贷款余额分别为 2.90 亿元、1.25 亿元、0.59 亿元和 1.53 亿元。2001 年,各行相继推出住房按揭贷款品种,市工行成立个人住房按揭中心,将原由市区各支行办理的个人信贷业务全部集中到按揭中心办理;市中行将个人公积金住房贷款业务与商业住房贷款结合,开办住房组合贷款,并选择性进入二手房交易市场,试办二手房按揭贷款。年末,全市自营性住房贷款余额 6.4 亿元,比年初增加 3.1 亿元;助学贷款余额 1152 万元,比年初增加 897 万元;汽车消费贷款余额 8240 万元,比年初增加 6792 万元,主要投向镇江市区出租车更新改造。2002 年,各行实现个人住房贷款、保险、抵押、公证一站式服务。年末,镇江市个人消费贷款余额 17.03 亿元,比年初增加 4.78 亿元。2004 年,国家对房地产、汽车等过热行业贷款进行适度控制。年末,镇江市消费贷款余额 39.52 亿元,比年初增加 11.92 亿元。

2005 年,国家严格控制对房地产等限制性行业的信贷准入,个人住房贷款的回落带动个人消费贷款增幅减缓。市工行年末个人住房贷款突破 10 亿元,比年初增加 2.28 亿元,综合考核进入全国工行系统 50 强。年末,全市消费贷款余额 43.82 亿元,其中短期消费贷款余额 4.22 亿元,比年初下降 0.20 亿元;长期消费贷款余额 39.60 亿元,比年初增加 4.50 亿元。市工、农、中、建、交、城商行消费贷款余额分别为 11.16 亿元、6.22 亿元、12.19 亿元、12.60 亿元、1.43 亿元和 0.21 亿元。镇江市区、丹阳市、句容市、扬中市年末消费贷款余额分别为 25.84 亿元、9.20 亿元、6.28 亿元和 2.50 亿元。

二、票据贴现

1984 年,镇江市票据贴现业务量较小。1987 年,市工行累计办理票据贴现业务 56 笔,金额 2472 万元。1989 ~ 1991 年,各行累计办理银行承兑汇票贴现 1972 笔,金额 1.32 亿元。

1994 年后,为改善银行资产负债结构,提高银行资金使用效益,银行承兑汇票和贴现业务发展较快。1994 年,市工行累计签发银行承兑汇票 612 笔、金额 5.06 亿元,办理贴现贷款 1.18 亿元。市农行累计为特优级企业签发银行承兑汇票 2.5 亿元,票据贴现 1.43 亿元。1995 年,市工、中、建、交行年末票据贴现余额分别为 6126 万元、1427 万元、640 万元和 230 万元。

1997 年以后,全国经济及金融环境逐步好转,商业银行注重资产收益性,票据业务加快发展,全市全年办理票据贴现 9462 万元。1998 年累计办理再贴现 6.8 亿元。1999 年,各行加大对地方经济的信贷投入,市工、农、中、建、交、市城商行 6 家商业银行全年累计签发银行承兑汇票 27.4 亿元,年末余额 11.51 亿元;增加贴现贷款规模,年末银行业金融机构贴现余额 3.70 亿元,比年初增加 1.49 亿元。2000 年末,各行贴现贷款余额 4.43 亿元。

2001 ~ 2005 年,票据业务大幅增长。2001 年,镇江市银行业金融机构累计签发银行承兑汇票、信用证,办理贴现、转贴现、担保保函 5 项业务 38.3 亿元。市工行成立票据中心,全年累计办理银行承兑汇票贴现 4.65 亿元,通过省工行转贴现 1.66 亿元,通过市人行再贴现 1.02 亿元。年末,全市各行贴现余额 6.14 亿元;其中,市工行余额 0.77 亿元,农行 1.79 亿元,中行 0.4719 亿元,建行 0.29 亿元,交行 0.58 亿元,城商行 1.10 亿元,农村信用社 1.14 亿元。2003 年末,全市银行承兑、信用证、担保及保函等各项票据融资余额 98.05 亿元,比年初增加 43.41 亿元;贴现余额 34.11 亿元,比年初增加 25.66 亿元。2005 年,镇江市票据融资总量扩大。年末,银行承兑汇票、信用证、保函等各项票据融资余额 119.79 亿元,比年初增加 37.7 亿元。年末,镇江市贴现余额 95.33 亿元,比年初增加 35.17 亿元,其中:市工行余额 15.56 亿元,农行 37.56 亿元,中行 26.14 亿元,建行 6.75 亿元,交行 1.28 亿元,城商行 3.29 亿元,农村信用社 4.75 亿元。年末,镇江市区贴现余额 57.97 亿元,丹阳市 19.18 亿元,句容市 6.71 亿元,扬中市 11.48 亿元。

1983～2005 年镇江市金融机构人民币贷款余额表

表 19-22　　　　单位:万元

项目/年份	各项贷款							
	各项贷款合计	短期贷款				中长期贷款		
		全年合计	工业贷款	商业贷款	农业贷款	全年合计	基建贷款	技改贷款
1983	127764	–	41328	58070	11082	–	16436	12026
1984	182821	–	36055	–	26369	–	–	–
1985	204836	143112	56354	74644	32836	23447	11409	11638
1986	264704	160267	77651	78328	51239	30650	15395	14475
1987	319228	203761	97843	96565	55074	36566	15549	20127
1988	376011	287634	117757	111797	10241	43628	16624	25724
1989	416556	332120	135425	131524	11720	43490	15142	26973
1990	501138	401752	173829	149523	16030	46478	14347	30663
1991	616525	479077	207478	173107	22860	63651	21228	40865
1992	739097	554078	225438	212842	30530	83768	30292	51084
1993	875759	629765	240807	251519	38732	99106	30940	65086
1994	1065348	820997	289148	247947	23282	153434	33878	81604
1995	1352368	963885	317961	281713	43478	177222	42837	95293
1996	1552813	1135376	373198	338009	47527	190508	43885	107975
1997	2005200	1627873	470723	451680	89970	235589	60601	118750
1998	2201036	1771056	524710	410525	114099	247405	58319	113014
1999	2379300	2051021	564769	454243	114433	240255	67388	109080
2000	2521283	2078909	622317	399305	103544	262469	90442	96991
2001	2817561	2197230	644428	415133	101823	435914	123814	113623
2002	3280336	2517464	783568	472311	117524	602123	235962	70222
2003	4250685	2946888	860787	482221	173904	880735	377539	77325
2004	4892570	2989328	960982	451184	212642	1166104	558930	79160
2005	5604959	3157841	1090484	368750	263791	1485523	631359	66697

说明:工业贷款、商业贷款、农业贷款均为短期贷款的其中数,基建、技改贷款均为中长期贷款的其中数

2000～2005 年镇江市市区金融机构人民币贷款余额表

表 19-23　　　　单位:万元

项目/年份	各项贷款							
	各项贷款合计	短期贷款				中长期贷款		
		全年合计	工业贷款	商业贷款	农业贷款	全年合计	基建贷款	技改贷款
2000	1509511	1166831	410580	251400	67535	178578	72402	65652
2001	1687595	1243495	398140	265255	59644	294903	98154	81494
2002	1927133	1425290	474513	308981	60637	388277	174992	34934
2003	2536601	1653734	489288	315043	67445	573338	285167	21857
2004	3983743	1603969	507261	312321	76769	805641	455311	22276
2005	4504055	1597627	632982	175939	94260	1098222	535102	17677

说明:工业贷款、商业贷款、农业贷款均为短期贷款的其中数,基建贷款、技改贷款均为中长期贷款的其中数

2005年镇江市人民币贷款余额各金融机构占比情况表

表19-24

金融机构	人民币存款占比(%)
中国农业发展银行镇江市分行	3.20
中国工商银行股份有限公司镇江市分行	15.48
中国农业银行镇江市分行	22.43
中国银行股份有限公司镇江分行	19.72
中国建设银行股份有限公司镇江分行	12.94
交通银行股份有限公司镇江分行	7.09
镇江市商业银行	7.64
镇江市农村信用合作社	11.50

三、不良信贷资产处置

专业银行期间，信贷资产粗放式经营，贷款承受主体经营效益总体较差，造成不良信贷资产逐年积累。1993年末，市工、农、中、建、交5家银行统计，各项不良贷款共11.5亿元，占5行贷款总额的17.5%，其中同年新增不良贷款3.22亿元。

1995年，国家颁布《中华人民共和国商业银行法》，银行业金融机构以效益性、安全性、流动性作为经营原则，实行自主经营、自担风险、自负盈亏、自我约束。各行加强信贷资产风险管理，但由于不良资产的历史积累和地方经济实体运行质量未根本提高，不良资产上升的势头未得到有效遏止。年末，镇江市工、农、中、建、交、城市信用社不良贷款余额22.1亿元，比年初新增6.54亿元，占同年全部贷款余额的23.6%。年末，镇江市银行业金融机构经营性亏损2.38亿元，比年初增加1.69亿元。1998年，市银行业金融机构加强信贷资产风险管理，全年市工、农、中、建、交5家商业银行核销呆滞、呆账贷款本金1.28亿元。但由于镇江市企业整体经济效益没有显著改善，部分企业改制过程中悬空、逃废银行债务，通过整顿金融秩序，银行业金融机构各类违规经营贷款以及或有资产被动垫付款并入大账后隐性不良贷款逐渐暴露。年末，市工、农、中、建、交、市城商行6家商业银行不良贷款余额46.95亿元，比年初增加4.34亿元；其中，逾期、呆滞、呆账贷款余额分别为19.73亿元、17.76亿元、9.46亿元。市银行业金融机构经营亏损1.42亿元，比年初增加亏损5528万元。6家商业银行年末应收未收利息余额18.1亿元，比年初增加6.3亿元；其中，表内应收息增加2.36亿元，表外应收利息增加3.94亿元。

2000年以后，随着国家对改善银行资产质量的重大政策出台以及银行业贯彻落实防范化解信贷资产风险的各项政策措施落实，信贷资产运行质量得到提升。2000～2004年，全市金融机构共落实逃废债8亿多元，共办理企业改制金融债权保全证明167户，落实金融机构债权16.49亿元。2000年，国家作出剥离国有商业银行不良资产的决策，市工行全年剥离贷款企业358户，剥离不良贷款6.93亿元；市农行剥离不良贷款11.87亿元；市建行剥离不良贷款5.67亿元；市中行剥离不良贷款本外币合计7.44亿元。2001年，全市银行业金融机构加大对不良资产的清收，不良贷款压降效果明显。市工行成立风险资产专职管理机构，抽调专人专职对不良贷款及丙类贷款实行集中管理，全年累计清收转化不良贷款7.27亿元。全市银行业金融机构核销呆账贷款1.44亿元，核销应收未收息4272万元。2002年，全市银行业金融机构冲减2000年前表内利息9463万元，核销呆账贷款1.42亿元，市工、农、中、建4家国有商业银行核销其他历史包袱7451.5万元。年末，市工、农、中、建、交、市城商行6家商业银行不良贷款余额64.16亿元，比年初下降3794万元。年末，市银行业金融机构（不含市人行、农发行）人民币业务首次实现账面利润3867万元。

2004年，市银行业金融机构综合运用诉讼清收、还本免息政策、抵贷资产公开拍卖变现、企业协议清收等多种形式清收不良信贷资产。市工行报工总行批准，对镇江纺织工业集团、华东铝加工厂贷款项目运用打包协议抵贷、协议回购的方式处置不良贷款19478万元，现金方式收回9950万元，消化表外利息5851万元。中国银行实行股份制改造，市中行处置本外币不良资产237户，折合人民币金额6.98亿元。按贷款质量五级分类法，市工、农、中、建、交、市城商行和农发行年末本外币不良贷款余额69.7亿元，比年初下降11.57亿元；不良贷款率14.14%，比年初下降5.12个百分点。按四级分类口径，市农村信用社年末不良贷款余额6.13亿元，比年初下降2.71亿元；不良贷款率10%，比年初下降5.8个百分点。年末，市银行业金融机构实现账面利润5.27亿元。2005年，市银行业金融机构累计压降不良贷款31.52亿元；其中现金形式收回9.1亿元，以资抵债0.42亿元，转贷（含借新还旧）1.9亿元，核销不良贷款、置换等方式20.1亿元。市工行利用股份制改造机会，分2次剥离不良贷款17.75亿元。年末，市工、农、中、建、交、市城商行和农发行按五级分类口径本外币不良贷款余额比年初下降16.86亿元，不良贷款比例比年初下降4.42个百分点。按四级分类，市农村信用社不良贷款比年初下降9039万元，不良贷款率比年初下降2.6个百分点。年末，镇江市银行业金融机构实现账面利润10.59亿元。

第三节　人民币中间业务

一、支付结算业务

1. 账户管理

账户，是办理结算业务的载体。1984年，市人行停办企业事业单位、个人之间结算业务，各专业银行按各自划分的业务范围办理结算业务。随着专业银行的商业化和区域性股份制商业银行的设立，业务的交叉产生账户交叉，银行之间为争取客户，放宽开户条件，一些企业利用多头开户逃避银行监督。1989年，省人行对业务交叉和开立账户提出具体要求，控制多头开户。1994年10月9日，人总行颁发《银行账户管理办法》，将银行账户划分为：基本存款账户、一般存款账户、临时存款账户和专用存款账户四类。规定存款人只能在银行开立一个基本存款账户（另有规定除外），实行由人民银行当地分支机构核发开户许可证制度。银行对存款人开、销户必须向人民银行当地分支机构申报。该办法增设“一般存款账户”，只能办理转账结算和存缴现金，不能办理现金支取。1995年，市人行对全市企业账户进行全面清理，至12月5日，镇江市市区（含丹徒县）共开立基本账户29003户、一般账户29281户、专用账户16322户、撤销账户11879户。将新建立的账户数据库与同城结算业务挂接，凡人民银行账户数据库中没有的账户不能办理跨系统同城票据交换业务。

1999年7月根据财政部、人总行的文件要求，对全市中央预算单位开立的银行账户进行清理。2000年撤销多头开户的基本账户464户。2001年，市区各行对4086个行政事业单位的账户进行全面清理，撤销106个账户，对341个账户规范开户申报资料。2003年9月1日颁发新的《人民币银行结算账户管理办法》，明确个人银行卡账户和个人活期储蓄账户为个人结算账户。2005年1月31日，账户管理系统在镇江市正式运行，使镇江市账户管理系统与支付系统和同城票据交换系统完成连接，实现相关银行结算账户信息比对。至2005年末，镇江市的结算账户达81100户。

2005 年镇江市单位银行结算账户数量统计表(按行别)

表 19-25 单位:户

账户性质／行别	基本存款账户	一般存款账户	专用存款账户				临时存款账户			合计
			预算单位	非预算单位	特殊专用	小计	临时机构	非临时机构	小计	
中国农业发展银行	101	31	25	86	0	111	0	0	0	243
中国工商银行	5215	1803	390	584	0	974	15	15	30	8022
中国农业银行	10493	6057	763	6993	0	7756	22	40	62	24368
中国银行	2887	1925	74	190	0	264	18	16	34	5110
中国建设银行	3243	1790	263	250	0	513	22	26	48	5594
交通银行	1952	1208	118	107	0	225	4	4	8	3393
华夏银行	0	0	0	0	0	0	0	0	0	0
镇江市商业银行	3489	1292	298	12832	0	13130	9	6	15	17926
农村信用联社	12071	2980	508	834	0	1342	45	6	51	16444
邮政储蓄	0	0	0	0	0	0	0	0	0	0
合计	39451	17086	2439	21876	0	24315	135	113	248	81100

2005 年镇江市单位银行结算账户数量统计表(按行政区划)

表 19-26 单位:户

账户性质／行政区划	本地存款人					异地存款人					总计
	基本存款账户	一般存款账户	专用存款账户	临时存款账户	小计	基本存款账户	一般存款账户	专用存款账户	临时存款账户	小计	
镇江市区	18980	7124	18023	82	44209	29	229	26	62	346	44555
句 容 市	4925	777	2050	30	7782	25	96	6	20	147	7929
丹 阳 市	10285	7236	1016	14	18551	13	107	5	22	147	18698
扬 中 市	5187	1478	3186	9	9860	7	39	3	9	58	9918
合 计	39377	16615	24275	135	80402	74	471	40	113	698	81100

2. 结算方式

结算按其核算区域不同分同城结算和异地结算。1985 年,异地结算主要有异地托收承付、信用证、汇兑、城乡限额结算四种结算方式;同城结算主要有支票、委托付款、同城托收承付、委托收款等四种结算方式。1987 年 9 月 11 日,市人行、工行、农行、中行、建行参加“华东三省一市”开办汇票结算,简称新汇票结算。异地结算方式由 4 种增加到 5 种。

1989 年 4 月 1 日起实施新的《银行结算办法》《银行结算会计核算手续》,各行开始签发全国银行汇票,开办商业承兑汇票和银行承兑汇票,废止国内信用证、付款委托书、保付支票和省内限额结算等方式。1989 年 8 月 1 日起废止托收承付结算方式,使用单联式转账支票,试行转账支票背书转让(镇江市同城结算继续适用多联式转账支票)。为便于同城公用事业单位有关款项的收取,经请示省人行同意,将托收无承付的结算方式改为劳务托收。由于取消托收承付结算方式,不少企业不适应新的结算办法,1990 年 4 月 1 日起恢复异地托收承付结算方式。

1995 年,市人行批准市社保、人防办等 16 家单位收取养老保险费等使用同城特约委托收款结算方式。1996 年 12 月,市人行与市区相关城乡信用社签订协议书,人行以派驻城乡信用社结算组的形式,办理华东三省一市银行汇票业务。1997 年,中国人民银行印发《支付结算办法》,将支付结算分为票据、信用卡、结算方式三个部分，票据分银行汇票、商业汇票、本票和支票四种，结算方式分汇兑、托收承付和委托收款三种。支付结算的主要工具是银行汇票、商业汇票、本票、支票和信用卡。托收承付自然萎缩，委托收款主要用于托收商业汇票的票款。

2000 年 1 月 1 日起，全市水、电、煤气和电话等公用事业收费继续使用同城特约委托收款结算方式。

异地结算　自市中行、市农行和市工行相继成立后，跨系统异地结算实行跨行直接通汇，相互发报移卡办法，1985 年后，此办法不适应异地结算的需要，1986 年 4 月 1 日起改为跨行汇划款项，相互转汇的办法。

1988 年 12 月，市工行加入工商银行江、浙、沪地区联行凭证交换网络。

1992 年，市人行被人总行批准为第四批电子联行和专业银行系统内大额转汇试点单位，1993 年 2 月 21 日正式运行。该系统运行后，各行异地跨系统汇款和本系统单笔 50 万元以上的异地汇款一律通过人民银行电子汇兑汇划。

1995 年，市工行、市农行开通全省区和全国大部分省(市)的电子汇兑业务，实现通汇行之间资金汇划 24 小时到账。1996 年 10 月，市建行开通电子化资金清算系统，实现系统内汇划资金 24 小时到账。1997 年 6 月 28 日，省人行为解决省内区域性银行业金融机构异地结算清算问题，正式开通区域性电子联行。1999 年，市工行被省分行指定为全国工行系统资金汇划清算体制改革的模拟试点行，承担资金汇划清算“RACE”系统与江西省分行对口测试，并于 6 月上旬与全国工商银行系统同步投产运行，实现异地汇划业务采用“实存资金、同步清算、头寸控制、集中监督”新模式。2002 年 1 月 1 日起，为适应中国电信集团公司取消银行汇款“K”类电报业务种类的变化，停止办理江苏省范围内区域联行电汇业务，改由人民银行电子联行办理转汇，或采用区域联行信汇业务办理。2003 年 10 月，市建行完成系统内全国数据集中系统上线，系统具备对公账户通存功能，系统内资金划转实现即时到账。2004 年，人民银行停止代理商业银行兑付跨系统银行汇票。

2005 年 6 月 27 日，全市大额支付系统正式上线运行，跨行异地汇款可直接通汇、逐笔实时清算、即时到账。

1993～2005 年镇江市电子汇兑业务量统计表

表 19-27　　单位：笔、万元

年份	往来业务量	汇出金额	汇入金额
1993	133069	291040	396213
1994	167084	754178	987512
1995	188547	1211345	1481330
1996	159098	1370989	1719850
1997	182322	2139624	2484900
1998	478387	2628177	2909310
1999	414159	2577740	3193180
2000	858985	3762592	3944572
2001	695117	4303134	4897093
2002	508803	5295961	6189221
2003	685595	7310440	8345307
2004	899790	10539552	11214505
2005	463006	5474139	5491546

说明：资料来源于市人行电子联行统计资料

2005年镇江市大额支付系统支付业务量统计表

表19-28 单位:笔、万元

行 别	大额发起笔数	大额发起金额	大额收到笔数	大额收到金额
市人行营业部	1623	2154208.92	1289	2174094.98
市人行国库处	1276	739346.10	1320	659758.61
市工商银行	46835	442546.88	45900	716580.96
市农业银行	68830	799439.48	93648	1048042.49
市中国银行	59445	924832.47	40003	998998.50
市建设银行	0	0	27108	658661.60
市农发行	215	29841.03	251	26232.08
市交通银行	17465	258827.90	15343	263185.38
市城市商行	29145	657656.97	22357	1115627.68
市农村信用社	56490	555599.52	89321	571876.32
合计	281324	6562299.27	336540	8233058.60

同城结算 1986年8月1日,市区各行有23个单位直接上场参加票据交换所同城票据交换,每天两次定时到交换所集中交换结算票据,各银行之间发生的资金往来,采用“直接交换、收付轧差、辖内汇总、差额清算”办法,开始日均提出票据交换4461笔,票据当日综合抵用率(企业上午委托分行收款,下午收妥到账能使用的)为41%。1988年,票据交换所对跨系统同城票据交换资金,在全省首家实行差额由各管辖行对口清算。至1992年末,直接上场的交换单位发展到57个,全市东至谏壁、大港,西含蒋乔、韦岗的银行机构都参加同城票据交换。从同城票据交换所建立到1992年年末,累计提出票据1840余万笔,总金额1710多亿元,票据当日综合抵用率超过50%,企业结算在途资金比交换所建立前的资金抵用时间提前1~2天。

1996年10月24日,市人行AS/400电子同城交换清算系统正式运行,首批参加的金融机构清算行有14家,网点40个,票据交换投递场次为6场7趟,系统每日运行时间为8:00~17:10。同城票据交换的核算实行“票据流与数据流”分离,即票据由人民银行统一组织传递,数据由各交换单位通过AS/400电子同城交换清算系统发送人民银行。1999年,AS/400电子同城交换清算系统升级为镇江市城市综合业务网同城清算系统,新系统在数据处理能力、运行的稳定性和抗攻击等方面得到提升。

2000年5月22日,镇江市区和句容市金融机构开始参加南京市周边城市区域性同城票据交换,截至12月末,提出、提入票据10138笔,金额19亿,其总笔数、金额均列南京区域票据交换周边城市首位。2001年,人行扬中市支行于5月22日实施城市综合业务同城票据清算系统,实现网络电子交换模式,票据抵用率达85.52%。

2002年,镇江市同城票据清算业务量快速增长,入网账户大幅增加,资金抵用率提高。全年共提出各类票据1032571笔、清算资金829.16亿元,分别比上年增长191441笔、93.11亿元。

2005年实现同城清算系统与跨系统支付的有序衔接;同时筹划扩大同城票据交换范围,将丹阳、句容、扬中三市逐步纳入镇江市区同城票据交换,最终建设镇江市“三市三区”区域同城票据交换网,实现全市“三市三区”内企业可以签发使用、背书转让支票结算方式。全年镇江市同城票据交换提出各类票据929652笔,比上年减少73425笔;清算资金1318.68亿元,比上年增加62.99亿元。

2005年镇江市同城票据交换各清算行业务量统计表

表19-29　　单位：笔、万元

清算单位	票据交换笔数			票据交换金额		
	总笔数	提出	提入	总金额	提出	提入
市人行	12638	5854	6784	1261715	565920	695795
市工行	352607	183958	168649	4685122	2032418	2652704
市农行	408450	216884	191566	4828542	2315157	2513385
市中行	223991	96270	127721	4069331	2157103	1912228
市建行	218824	91650	127174	3967812	2033716	1934096
市交行	209984	100132	109852	2858327	1440746	1417581
农发行	1550	572	978	62122	33664	28458
市商行	336774	181489	155285	3514998	1826001	1688997
丹农联	94484	52843	41641	1123060	782085	340975
合计	1859302	929652	929650	26371029	13186810	13184219

2005年镇江市市区同城结算结构情况表

表19-30　　单位：笔、万元

票据种类	业务量	交易金额
转账支票	640119	8356461
银行汇票	85379	2180196
电子联行贷补	6233	94274
汇兑	56556	609992
财政拨款、税收等	24166	667812
同城特约收款	61948	36786
单位定期存款、代发工资	11110	361572
其他业务	44141	879717
合计	929652	13186810

其他结算　1989年，市中行首家发行长城信用卡，其后各行信用卡相继发行。2005年，市工行、中行、建行、交行银行卡全年直接消费额达14.59亿元。同时各行以信用卡为基本平台，开发个人电话银行、手机银行和网上银行。信用卡已成为新兴的现代支付结算的重要工具。

网上银行包括企业和个人网上银行业务，是银行突破地域、时间限制，为客户提供涵盖账务查询、转账、汇划、支付结算等基本功能的网上金融服务。1999年8月，市建行试办网上银行业务。2000年，市工行推出网上银行业务，主要面对单位客户，一些具备上网条件的中外合资企业、新成立的高科技服务型企业成为网上银行的首批用户。在这一阶段，网上银行主要以方便的支付结算功能吸引客户。2002年随着个人上网人数增加和银行卡普及，个人网上银行业务进入快速发展阶段。市工行网上银行系统业务版本每季度升级，银行和证券公司开通银证转账业务，网上银行个人业务的交易笔数超过企业客户的交易量。同时以电话、ATM（自动柜员机）、POS（销售终端）等为渠道的电子银行业务也有发展，满足不同层次的客户需要。2002年，市中行发展对公网银客户

41 家,结算资金量 5.02 亿元。2003 年,网上银行业务发展迅速。市中行全年新增对公网银客户 32 户,网上交易量(含转账、集团交易、报关即时通、汇划即时通)省网转账金额达 14.26 亿元;推出个人网上银行,功能包括转账、银证转账、自助缴费、个人网上外汇买卖等。市建行网上银行系统从 1.0 版升级为 5.0 版,网上银行个人客户达 1865 户,全年个人客户累计交易笔数 18010 笔,交易金额 2517 万元;企业客户 21 户,全年交易笔数 2723 笔,交易金额 3.6 亿元。同年 7 月,市交行开办网上银行业务。至 2005 年末,市工行个人网上银行客户已达 62126 户,同年,交易笔数 139.71 万笔,交易金额 5.95 亿元;企业网上银行客户已达 1001 户,同年,交易笔数 41.51 万笔,交易金额 929.80 亿元。市中行个人电子银行交易量 22.9 亿元。市建行全年网上银行共完成交易额 108 亿元,签约客户数达 38236 户,账务性交易笔数 51091 笔。

二、银行卡业务

镇江银行卡业务始于 1989 年 5 月 20 日,市中行发行长城人民币信用卡,随后市中行下辖丹阳、句容、扬中、丹徒四支行开办长城卡代理业务。1991 年 8 月,市工行发行牡丹金(单位)、银(个人)两种银行卡。1993 年 5 月 12 日,市建行开办龙卡准贷记卡业务;12 月 1 日,市农行发行金穗信用卡(金卡与普通卡)。同年,市中行 PC 机(个人计算机)信用卡系统投入使用。年末,市工、农、中、建行共发行信用卡 20660 张,设立信用卡业务特约单位 380 家,收付现金的金融机构 175 家,持卡人全年直接消费 4366 万元,存取现金累计 2.11 亿元,万元以上大额结算达 4.73 亿元。

1994 年 1 月,市中行在其营业部安装镇江市首台 ATM 自动取款机,开通银行卡自助业务。市工行先后在市区 5 个营业网点安装 ATM 自动取款机,为 20 家牡丹卡特约单位配备 48 台 POS 销售终端机。1995 年,市建行加大设备投入,增加特约商户 POS 布点和营业网点 ATM 安装。

1996 年后,银行卡业务迅速发展。全市各行与系统内纵向卡网络相继开通;推广 24 小时银行卡业务自助网点,推出银证通、银行卡理财等新业务。1996 年 2 月 20 日,市邮储全面完成“绿卡工程”(邮政储蓄全国计算机联网工程)。同年,市中行实现信用卡 NAS(网络接入服务器)系统与中国银行总行网络系统联网。镇江辖区内中行网点 POS 联网,长城卡持卡人在各网点提取现金业务均能获取实时授权。1997 年,市中行作为境外银行卡收单独家代理,与境外银行卡发行机构协调,为镇江市主要涉外宾馆、酒店等境外银行卡特约商户安装 EDC—POS(电子自动清算终端机),境外银行卡消费可直接与清算行联网,并与镇江市有关证券公司联合推出股票交易转账专用银行卡。市邮储在江苏省各市局中率先开办 POS 划卡消费业务,同年 7 月 7 日,市邮储绿卡系统与全国邮储绿卡系统联网,12 月,辖区内安装的 20 台 ATM 实现与全国邮储 34 个网点的异地通存通兑。1998 年,市中行为方便镇江市出国(境)人员境外支付需求,发行以外币为结算货币的长城国际信用卡。1999 年,市交行开办银行卡业务,发行太平洋万事顺借记卡、太平洋互联借记卡,开办一卡通业务。9 月,市中行长城借记卡、外币卡获准加入 NAP(通信交换点)大网,实现跨地区的交易与清算。11 月 23 日,市交行发行的太平洋卡加入系统内异地联网行的“全国通”网络。

2000 年 10 月,市工、农、中、建、交、城商行加入江苏银行卡网络,实现 ATM 自动取款机的联网联合;市中行推出 ATM 自动取款 24 小时昼夜服务项目;11 月,市交行设立镇江市第一家融存款机、取款机、多媒体查询机为一体的 24 小时服务自助存取款业务点。年末,市中行有效卡累计总量达 90235 张,新增特约商户 31 家,总数达 338 家,长城卡直接消费交易量 2305 万元;市建行全年新发卡量 239515 张,累计发卡总量 239515 张,存取款转账累计交易额 24.48 亿元,卡均存款 596 元;市工行牡丹卡直接消费交易额突破 1 亿元,透支规模超过 600 万元;市交行累计发卡 128008 张,银行卡存款总额 5408.1 万元,卡消费额 218.5 万元,卡交易量 6.69 亿元。

2001 年,镇江市“银行卡 POS 联网工程”全面实施,统一联接方式、统一商户市场、统一商户扣率、统一 POS 管理、统一用卡环境。至年末在市区 59 家商户共安装 142 台联合 POS,全市各行发行的各种银行卡均可在联合 POS 上刷卡消费；市区拥有的 104 台 ATM 自动取款机开通银行卡跨行查询、取款等业务联机试运行，实现各行 ATM 设备资源共享。12 月 16 日，镇江市商业银行发行“金山灵通”银行借记卡，18 日加入江苏银行卡网络，金山灵通卡成为镇江市第一张带有银联标识和地域特色的银行卡。2002 年 1 月，市邮政储蓄绿卡系统成功加入江苏省银行卡联网 POS 系统。3 月 25 日，市交行创办的镇江市第一家离行式自助服务点交通银行 24 小时自助银行服务正式对外营业，至年末共开通自助服务区 8 个。市中行长城卡系统网络相继完成切换、挂靠中国银行江苏省分行零售系统。市中行与华东船舶工业学院合作开发“校园一卡通”系统工程。市商行金山灵通卡开发代发镇江市机关事业单位人员工资业务，至年末发行金山灵通卡 2.5 万张，卡账户存款余额 3500 万元，实现手续费净收入 2.6 万元。市交行至年末累计发卡 223163 张，卡账户存款余额 1.97 亿元，卡消费量 1647 万元，卡交易量 61.51 亿元，银行卡手续费收入 93.4 万元。2003 年，市建行在镇江市率先发行具有国际标准全球通用的信用卡——龙卡双币种贷记卡，面对中高端客户发行龙卡理财卡。市城商行开通金山灵通卡“银证通”“银证转账”业务。2004 年，市城商行与市劳动和社会保障局联合发行兼有社会保障和金融服务功能的金山社保卡。金山社保卡具备医疗保险、养老、工伤、失业、生育 5 大保险功能，先行启用医疗保险功能，年内共发卡 35 万张。

图 19-13　2001 年 12 月 16 日，镇江市商业银行发行“金山灵通”借记卡新闻发布会

2005 年，市工行以集团客户为主要营销目标，全年筛选确定 333 户年度营销客户，并坚持以项目带动发卡量和中间业务的增长。至年末，有效银行卡达到 61577 张，同年新增发信用卡 6749 张、贷记卡 5567 张、国际卡 713 张；全年银行卡直接消费总额 7.2 亿元。4 月，市农行推出一卡双账户、符合国际标准的信用卡——金穗贷记卡；至年末市农行共发行借记卡 640780 张，卡存款余额 15.37 亿元。市中行至年末累计发放有效长城卡 23440 张、长城国际卡 1997 张、中银信用卡 1177 张、借记卡 372057 张；全年银行卡直接消费交易额 3.05 亿元。市建行至年末累计发行银行卡 343049 张，其中借记卡 292423 张、准贷记卡 34654 张、贷记卡 15972 张，银行卡存款余额 5.45 亿元；全年银行卡消费 3.08 元。市交行于 5 月 10 日正式发行太平洋公务员卡，7 月向中高端客户发行太平洋借记银卡和太平洋 VIP 卡，11 月发行太平洋双币贷记卡；至年末累计发行借记卡 178387 张、卡消费量 1.26 亿元，卡交易量 138.78 亿元、卡存款 3.55 亿元、卡收入 206.7 万元。市城商行至年末金山卡累计发卡量 45 万多张，卡账户存款余额超过 1.5 亿元。市邮政储蓄累计发放邮政储蓄绿卡

图 19-14　2005 年，工行自助银行服务

35.74 万张，其中市区 22.44 万张。市农村信用社正式开办银行卡业务。4 月，扬中市农村信用合作社发行圆鼎借记卡，8 月在全市辖区内农村信用社全面推开，全年发行圆鼎卡 51111 张，卡账户存款余额 1.63 亿元。

三、其他中间业务

1. 代理发行国库券业务　1983 年，各行代理市财政部门发行国库券 1053 万元。1992 年，国库券发行采取专业银行、其他金融机构承购包销、认购等形式发行。1993 年起，国库券发售由各证券公司、专业行信托及其他非金融机构采取签发凭证给购买者。1994～1995 年，国库券发售由专业银行、非银行金融机构承购包销。

1983～1995 年镇江市金融机构代理国库券发行、兑付统计表

表 19-31　　单位：万元

年　份	销　售	兑　付	年　份	销　售	兑　付
1983	1053.00	-	1990	3048	936.80
1984	1068.00	-	1991	4100	1790.20
1985	1712.30	-	1992	9100	1716.00
1986	1744.60	65.30	1993	9623	2459.50
1987	1718.60	80.00	1994	27320	2569.00
1988	2611.20	522.70	1995	32526	5192.60
1989	1039.80	318.90			

1996 年以后，国库券发行由商业银行总行承购包销，其下属分支机构分销。1997 年，市中行分销 97 凭证式国库券 6860 万元、无记名式国库券 400 万元，98 凭证式国库券 4700 万元，99 凭证式国库券 3100 万元。1997 年，市邮储分销国库券 1.05 亿元。1998～1999 年，市中行发行 98 凭证式国库券 4700 万元，发行 1999 年凭证式国库券 3100 万元，均为省行下达任务。

2. 代理发行其他国债　由市人行协调，各行代理发行 1987 年国家重点建设债券 1200 万元；1988 年，财政部 2 年期财政债券 1323 万元；1989 年 3 年期保值公债 4479.9 万元；1990 年 5 年期财政国债 102 万元。1993 年，镇江市银行业金融机构共代理发售各类国债 9623 万元、兑付国债 4870 万元。1996 年 1～11 月，代理发行凭证式国债 7000 万元、兑付国债本息 9918 万元。1999 年共代理发行凭证式国债（3 期）2.11 亿元，累计兑付国债本息 490.8 万元。2004 年，各行共代理发行国债 3.1 亿元，兑付国债 14.56 亿元。

3. 代理发行企业债券　1985 年，市农行代理丹阳新桥客车厂首次发行 2 年期一次性还本付息企业债券 200 万元。1986 年，市工行代理市房屋开发公司、市农行代理句容布厂分别发行企业债券 300 万元和 90 万元。1990～1993 年，各行共代理辖区内 36 家企业发行企业债券，总金额 1.28 亿元。1994 年，市工行代理镇大铁路和市地方工业市场分别发行企业债券 1000 万元与 490 万元。1995 年，各行代理 18 家企业新发行企业债券共计 1.37 亿元。1996～1997 年，各行代理江苏索普集团醋酸工程发行企业债券 4000 万元。

由于一些企业发行的债券到期没有资金按时足额兑付，代理发行的银行被迫垫资，至 1997 年 8 月末，镇江市银行业金融机构共垫付不能按期兑付的企业债券本息 6885 万元，占企业债券应兑付总额的 48%。

4. 代理企业融资券　1988 年，各行代理发行经市人行批准的 9 家企业融资券 3300 万元。1990～1992 年，各行共代理 40 家企业发行的融资券总计 2.67 亿元。

1993年，各行共代理40家企业发行企业融资券2.62亿元，其中新增发行融资券企业15家，金额1.54亿元。1994年代理69家企业共发行融资券3.6亿元。1995年代理72家企业共发行融资券3.86亿元。

1996年起，企业融资券规模进行压缩。全年共发行企业融资券2.5亿元，多为已发行的融资券到期后套发。1997年共代理发行融资券73批、金额2.65亿元。1998年共代理22批、金额9780万元。至1998年末代理发行的企业融资券余额为5600万元。

2005年11月，市中行参加金东纸业有限公司发行20亿元短期融资券招标，中标后成为该次融资券的主承销商。

5. 代理国家投资银行业务　1986年，市建行代理中国投资银行发放镇江市光电元件厂氖灯生产项目外汇贷款80万美元、人民币配套贷款135.9万元业务。1988～1989年，市建行共代理中国投资银行发放镇江塑料厂尼龙、丹徒龙山养殖公司长江饮料、镇江市制革厂猪正绒改造、镇江市塑料三厂HOPE薄膜等4个项目外汇贷款共计266.37万美元、人民币配套贷款269.38万元。

6. 代理个人住房公积金贷款　1994年，市建行开始代理市住房基金管理中心个人住房公积金贷款业务，至1997年末，市建行累计代理发放市区公积金贷款1244户、金额3757万元。其后，市工、农、中、城商行相继代理个人住房公积金贷款。2002年，镇江市工、农、中、建4家商业银行全年共发放公积金个人住房贷款3484笔、金额21345万元。2005年，镇江5家商业银行全年共代理发放公积金个人住房贷款3718笔、金额4.39亿元。1994～2005年累计办理公积金个人住房贷款14603笔、金额12.65亿元。

7. 代理公用事业性收费业务　市工行于1992年2月在江苏省率先推出代理供电局收取公用电费业务。市邮储于1994年开办代理收取固定电话费业务。1999年，市工行连续推出灵通卡代收中国联通话费业务、煤气费代收业务。2000年，市建行开办代收中国移动、中国联通镇江分公司话费、网络费业务；市中行开办代收居民住宅电话费业务，并于2001年增加办理代收煤气费、电费、固定电话费、移动话费等多项业务。市城商行于2001年开始办理代收煤气费业务，并于2002年代收自来水费、电话费、电费、移动话费等业务。

2005年，市工、农、中、建、交、市城商行和市邮储均开办自来水费、电费、固定电话费、移动和联通话费等5项公用事业性收费业务。全年代收电费1694674笔，合计金额25159.28万元；代收自来水费409178笔，合计2177.40万元；代收联通移动话费795272笔，合计6382.82万元。

8. 代理保险业务　1991年，镇江市福康城市信用社开展代理保险业务。1992年，镇江市谏壁城市信用社与中国人民保险公司镇江市京口办事处合作成立谏壁城市信用社保险业务代办处，代办货物运输险、船舶险、企财险等险种。1999年，市建行与中国人保镇江分公司签订银保合作协议。2002年7月，市城商行开办代理太平洋人寿人身意外伤害保险，至年末共代理太平洋、中国人寿、新华三家保险公司的4个险种保险187万元，代收保费1669万元。市中行2002年代理保费收入798万元，2003年新增代理保险机构2家。2003年，市邮储通过保险产品推介会推动代理保险业务开展，全年代收保费超过1.70亿元。2005年，市建行完成中国人寿、平安人寿、泰康人寿“银保通”系统上线，至年末代理5家保险公司销售保险1237万元。

第四节　外汇业务

1990年前，镇江市外汇业务由国家外汇经营专业银行——市中行独家经营。随着专业银行向商业银行转换，业务开始交叉，市农行、工行、交行分别于1991年3月、4月、9月开办外汇业务，市建行于1992年9月、市城商行于2003年2月也相继开办外汇业务。农村信用社系统中的丹阳联社于2004年5月开办外汇业务。

一、外汇存款

1. 个人外汇存款　市中行于1983年和1984年分别开办乙、丙两种个人外币存款。1983年末,外币储蓄存款余额16.7万美元,1985年年末71.3万美元。市中行从开办个人外币存款时的3个储蓄网点增至1990年的34个储蓄网点。1990年末,外币储蓄存款余额854万美元,比年初增加154.7万元。

1990年以后,国内居民外汇来源结构逐步发生变化,由赡养性汇源为主转变为赡养、投资并重。同时,市工、农、建、交行相继开办外汇业务,全市外币储蓄存款得到较快增长。1994年末,全市外币储蓄存款余额3257万美元,比年初增加430万美元;其中,市中行余额2401.5万元。1999年,由于国内外币储蓄存款利率高于同期人民币储蓄存款利率,居民结汇意愿下降,进一步推动个人外币存款增长。镇江市居民结汇额比上年下降39.7%,年末个人外币存款余额9999万美元,比年初增加2610.23万美元。2000年,居民结汇又比上年减少84万美元,年末个人外币存款余额1.34亿美元。个人外币存款余额中定期储蓄1.33亿美元。市工、农、中、建、交行年末外币储蓄余额分别为1238万美元、1937万美元、9229万美元、306万美元和703万美元。

2001~2005年,镇江市外向型经济发展迅速,对私涉外收入大量增加,但由于人民币升值预期,居民因私购汇政策放宽,个人持汇意愿下降,外汇储蓄先升后降。2003年末,镇江市个人外汇储蓄存款余额达1.75亿美元,其中市工、农、中、建、交余额分别为1499万美元、2224万美元、12236万美元、636万美元、919万美元。市商业银行2003年开办美元、日元、港币、欧元等4个币种的个人外币存款业务。2005年末,镇江市个人外汇储蓄存款余额1.24亿美元,比年初下降2569万美元;其中市工、农、中、建、交、市城商行、农村信用社余额分别为1425万美元、1212万美元、8654万美元、321万美元、687万美元、33万美元和25万美元。镇江市市区、丹阳市、句容市、扬中市年末个人外汇存款余额分别为7807万美元、2594万美元、662万美元和1294万美元。

2. 单位及其他存款　市中行于1980年开办单位外币专户存款,至1983年末,单位及其他存款余额为69万美元。随着外资企业发展,1984年,市中行开办"三资"企业活期存款。1985年末,镇江市单位及其他外汇存款余额112万美元。1990年,市中行单位外汇存款增加外事企业定期存款种类。全年镇江市单位及其他外汇存款余额1024.3万美元,其中外事企业定期存款17.3万美元,外汇专户活期存款171万美元,"三资"企业活期存款772万美元,保证金存款64万美元。

1991年始,市工、农、建等国有专业银行相继开办单位及其他外汇存款。1994年开始实行新的结售汇制度,导致单位存款下降。年末,镇江市单位及其他外汇存款余额2644万美元,其中国内企业外汇存款690万美元,"三资"企业外汇存款1954万美元。1995年末,市中行、工行、建行单位及其他外汇存款余额分别为1165万美元、968万美元和629万美元。1996年,外商投资企业实行限额指导下的结售汇制,企业存款账户中部分外汇资金转换为人民币资金,造成单位外汇存款大幅下降,1997年又恢复增长态势。1999年,镇江市首次出现对外贸易逆差等因素,造成单位及其他外汇存款余额数未能同步增长。年末,镇江市单位及其他外汇存款余额6733万美元;其中外商投资企业由于外债还本付息及进口原辅材料用汇增加,年末存款余额1396万美元,比年初减少704万美元。2000年末,镇江市单位及其他外汇存款1.01亿美元;其中工、农、中、建、交行外汇存款余额分别为1951万美元、2298万美元、3191万美元、1013万美元和1644万美元。2004年和2005年结汇率均达到87%,制约单位外汇存款的增长。2004年末,镇江市单位及其他外汇存款余额1.30亿美元。2005年末,镇江市单位及其他外汇存款余额1.33亿美元;其中市工行余额2958万美元、农行2380万美元、中行3664万美元、建行2008万美元、交行2303万美元、市城商行22万美元。按行政区域划分:镇江市区8834万美元,丹阳市2639万美元,句容市881万美元,扬中市981万美元。

2000～2005年镇江市金融机构外汇存款余额表

表19-32　　单位:万美元

项目＼年份	2000	2001	2002	2003	2004	2005
各项存款	23510	25005	27774	29043	28897	25692
1. 单位活期存款	3209	3899	5561	4665	7123	5700
其中:中资企业存款	1231	2911	3931	3652	4523	3678
外资企业存款	1975	986	1437	946	2496	1930
2. 单位定期存款	5278	3385	3333	3801	2767	3657
其中:中资企业存款	3580	2817	2443	2810	990	2462
外资企业存款	508	31	37	20	1519	20
3. 储蓄存款	13413	15354	17587	17589	14926	12357
其中:定期存款	13296	14931	16632	15944	12842	10022
4. 其他类存款	1610	2367	1293	2988	4081	3978

二、外汇贷款

1. 现汇贷款　1982年,中国银行南京分行授权市中行外汇贷款审批权限,市中行开始独家办理外汇贷款业务。除办理一般外汇贷款种类外,市中行还开办甲、乙两类特种外汇贷款;全年共批外汇贷款项目8个,贷款金额137.3万美元。1983～1985年,市中行累计批准外汇贷款项目34个,贷款金额1231.9万美元。其中一般外汇贷款重点支持镇江蓄电池厂52.4万美元引进国外先进生产设备8台(套)、镇江塑料五厂38.7万美元从联邦德国、挪威引进关键生产设备。特种外汇贷款也发展较快,从1982年9月至1985年5月共批准20个特种外汇贷款项目;其中批准镇江市饮食服务公司深圳香江酒楼、镇江谏壁发电厂养鳗厂等4个特种甲类外汇贷款项目34.6万美元,批准特种乙类外汇贷款项目16个、金额593.7万美元,最大的项目为镇江钢铁厂286万美元引进意大利铝板冷轧机。

1986年,市中行共批准4个外汇贷款项目,金额289万美元。其中,经省中行批准为镇江无线电元件四厂、丹阳丝绸印染厂2个技改项目发放贴息贷款164万美元。1988年,市中行为解决新建外商投资企业中方投资者外汇自有资金不足,开办中方外汇股本金贷款;针对部分外商投资企业注册资本与项目总投资差额较大,资金有缺口的情况,发放一部分差额固定资产外汇贷款。全年共批准外汇贷款项目13个,金额857.7万美元,年末外汇贷款余额1380.2万美元。1989年,市中行根据中国银行总行的要求,于年末前收回全部特种外汇贷款。1990年,市中行增加国际劳务承包工程外汇贷款种类。年末外汇贷款余额1445万美元,比年初增加320万美元。

1991年以后,市工、农、建、交行相继开办外汇贷款业务,而镇江市外向型经济快速发展增加外汇资金的需求和来源。1991年末,镇江市外汇贷款余额2524万美元,其中市中行外汇贷款余额1645万美元、市工行160万美元、市农行719万美元。1995年,市中行经中国银行总行批准,向镇江化工厂醋酸项目投放2000万美元外汇贷款。市工行、交行逐步压缩中长期贷款，重点满足外商投资企业、外事外贸企业出口创汇产品生产的流动资金需求。年末，全市外汇贷款余额14371万美元，比年初增加2662万美元。其中市中行外汇贷款余额8565万美元，市工行、农行、建行、交行贷款余额分别为1451万美元、2619万美元、339万美元和1397万美元。

1996～1999年，全市外汇贷款重点支持国内企业技改项目和外商投资企业流动资金需求。1996年，市中行批准丹阳丝绸厂技改专项贷款450万美元，用于高仿真化纤项目引进64台日本产喷水织机及配套设备；镇江恒顺酱醋厂专项贷款160万美元，用于万吨香醋扩建工程项目引进意大利产灌装线两条。1998年，镇江市一批大中型外商投资企业陆续建成投产，外汇流动资金贷款需求快速增长。市中行全年新增流动资金贷款1050万美元；市工行全年对A级以上企业增加贷款169万美元，累计发放外汇打包贷款1458万美元。年末，镇江外商投资企业短期贷款余额3972万美元，中资企业中长期贷款余额3273万美元。1999年末，镇江市外汇贷款余额15603万美元。

2000～2002年，各行对大中型外资企业发放大额中长期贷款。2000年，市中行向金东纸业（江苏）有限公司2号纸机项目发放外汇长期贷款1.35亿美元；批准镇江船用柴油机厂引进卧式加工中心先进设备长期贷款470.4万美元。年末，镇江市外汇贷款余额3.13亿美元，其中市工、农、中、建、交行外汇贷款余额分别为1263万美元、1109万美元、26183万美元、636万美元、2103万美元。2001年，市中行发放1200万美元打包贷款支持镇江焦化煤气集团出口焦炭和镇江有关外贸公司出口业务。金东纸业（江苏）有限公司受其母公司APP亚洲浆纸业有限公司境外债务危机的影响，出现支付困难，发生信用证项下垫款现象。市人行协调有关商业银行介入企业经营监控，加强资产保全，并通过补办抵、质押手续，完善和重组贷款担保，控制授信风险。在债权委员会确定的授信余额内，根据企业经营状况做好资金调度和授信安排，保障金东纸业（江苏）有限公司下半年生产经营逐渐恢复正常。2002年，市中行批准江苏索普（集团）有限公司年产15万吨醋酸项目长期贷款5000万美元。

2003年以后，各行利用美元贷款利率低于人民币贷款和部分外债利率的时机，向重点外商投资企业和中资进出口企业营销外汇贷款，外汇贷款高速增长。2003年，市工行发放嘉新京阳水泥公司置换世行贷款6741万美元，发放奇美化工有限公司置换荷兰商业银行贷款1000万美元，发放金东纸业（江苏）有限公司2550万美元置换境内金融机构人民币贷款。市建行发放嘉新京阳水泥有限公司3500万美元提前偿还境外股东借款。市中行发放镇江爱派克斯数码有限公司打包贷款1477万美元，并满足江苏大亚木业有限公司、江苏丹毛纺织有限公司等大中型企业项目外汇贷款需求。年末，镇江市外汇贷款余额6.24亿美元，比年初增加2.83亿美元。2004年4月由省中行牵头，报经中国银行总行批复，中国银行上海分行、镇江分行各自提供1.62亿美元外汇贷款，与金东纸业（江苏）有限公司签订3号纸机机组项目3.24亿美元贷款协议。年末，镇江市外商投资企业中长期外汇贷款余额达3.24亿美元。2005年1月起，中国人民银行提高外汇存款准备金率，各行在“以存定贷”的考核方式下，外汇贷款增量受到制约。一批外汇贷款大项目进入还款期，其中金东纸业（江苏）有限公司全年累计还款9000万美元，形成镇江市外汇贷款总量下降。年末，外汇贷款余额6.55亿美元。外汇贷款相对集中在部分大中型企业，金东纸业、奇美集团、索普集团、超越数码公司、优利德化工外汇贷款余额合计2.58亿美元。在镇江市外汇贷款余额中，市工行6130万美元，比年初减少467万美元；市农行5393万美元，比年初增加151万美元；市中行46674万美元，比年初减少11626万美元；市建行5399万美元，比年初减少322万美元；市交行1819万美元，比年初增加134万美元。镇江市区余额51899万美元，比年初减少12122万美元；丹阳市3782万美元，比年初减少484万美元；句容市8020万美元，比年初减少1051万美元；扬中市1822万美元，比年初减少514万美元。

2. 境外筹资转贷款　1991 年,市农行外汇贷款创办之初就争取到世界银行贷款 750 万美元、亚洲开发银行贷款 99 万美元,并于 1993 年在农业银行总行的支持下完成对世界银行 3 个贷款项目的转贷工作。1992 年,市中行先后开办"三贷"(买方信贷、政府贷款、混合贷款)、银团贷款和国际商业贷款业务。1992 年,市中行为江苏华阳纺织有限公司向境外组织 400 万美元的国际商业贷款作为企业出口生产流动资金。1993 年 2 月,市中行批准镇江纺织厂比利时买方信贷 190 万美元,用于引进喷气织机;8 月批准镇江市自来水公司 490 万加拿大政府混合贷款,用于年产 15 万吨自来水项目引进国际先进的水处理设备。1994 年经市中行推荐,香港 8 家银行组成银团向江苏福迈特纤维板有限公司贷款 1800 万美元。1995 年,市中行为华东制罐有限公司向中国银行新加坡分行借用 400 万美元国际商业贷款,用于企业流动资金和筹建斯迪制盖有限公司。2004 年 4 月,市中行批准华东泰克西汽车铸造有限公司 580 万美元西班牙政府转贷款,用于汽车发动机缸体铸造项目。至 2005 年末,镇江市境外筹资转贷款余额 887 万美元,其中市中行余额 778 万美元,市农行 109 万美元。

三、外汇中间业务

1. 贸易结算及贸易融资

记账贸易结算　1986 年 7 月,市中行开始办理对前苏联及东欧国家政府间协定记账贸易项下的外汇结算业务。镇江市对外贸易运输公司受江苏省粮油、服装、畜产、轻工、针棉等进出口公司委托办理发送记账贸易项下出口商品。7 月 10 日,市中行为其办理第一笔出口前苏联的记账贸易结算业务,结算金额 59.6 万清算瑞士法郎(清算瑞士法郎为当时中国银行国际结算的一种特指货币),并按中国银行统一规定的清算瑞士法郎汇率给相关外贸公司结汇。1986 年,市中行共办理此项业务 161 笔,金额 2370 万清算瑞士法郎,折合 1616 万美元。结算业务以对前苏联贸易为主,占历年贸易结算量的 80% 以上。从 1991 年开始由于前苏联和东欧国家政治经济形势发生变化,结算业务量下降。此后,中国陆续将与俄罗斯、东欧等国家的协定记账贸易改为现汇贸易,记账贸易结算于 1993 年停办。1986 ~ 1992 年,市中行共办理记账贸易结算业务 9654 万美元。

进出口贸易结算　1988 年 8 月,市中行开始为省中行代办对资本主义国家和地区贸易结算业务,至年末共代办结算业务 24 笔、金额 185 万美元。

1989 年 1 月,市中行开始自办对资本主义国家和地区出口贸易结算业务,6 月增办进口贸易结算业务。镇江市仅市外贸公司和少数几家外商企业有自营出口业务,出口商品种类和出口的国家和地区较少。市中行首笔结算业务是为镇江宝马塑料金属有限公司进口原料开出 2.7 万美元不可撤销跟单信用证。全年共收到境外开来信用证 20 笔,金额 49 万美元;办理出口信用证和跟单托收项下单据 27 笔,金额 30 万美元,出口收汇合计 29 万美元;办理进口开证 10 笔,证下付汇 20 笔,金额 82 万美元;办理进口代收 7 笔,代收付汇 5 笔,金额 6 万美元。

20 世纪 90 年代初期,对外贸易体制改革,镇江市自营出口生产企业、外贸公司增加;外向型经济快速发展;各行相继开办国际贸易外汇结算业务;结算总量也大幅增长。1990 年,市中行完成国际贸易结算量 977 万美元;其中出口信用证、跟单托收及汇入汇款三项出口收汇合计 613 万美元,信用证下付汇、代收付汇及汇出汇款三项进口付汇合计 364 万美元。1991 年,市工行代理工行省分行进出口贸易结算业务,全年办理进口开证业务一笔、金额 47 万美元;出口议付 2 笔、金额 9.2 万美元;票据托收 1 笔、金额 650 万美元;买入票据 1 笔、金额 1200 万美元。市农行全年进口项下开证 9 笔、信用证项下付汇 2 笔,金额 30 万美元;汇出汇款 60 笔,金额 469 万美元。

1995 年,各行的国外联行和代理行网络逐步形成。市中行开通 SWIFT(环球同业银行金融电讯协会)电讯线路和X·25信息通讯网络,与近20个国家和地区的31家银行建立代理行关系。市农行与国外10多家银行建立代理关系,并借助农总行和农行上海分行与国外551家银行办理相关国际结算业务。市工行在工总行建立的境外代理行中,建立直接代理行关系的已达34家。1995年,镇江市进出口贸易外汇结算量达3.83亿美元;其中出口收汇2.48亿美元,进口付汇1.35亿美元。1996年后,各行进一步发展境外代理行,开设清算账户,提高进出口贸易外汇结算效率。市工行于1996年9月向工行总行申请到SWIFT代码,进入全球清算系统。各行国际结算业务由人工操作向计算机系统操作过渡。1999年,镇江市进出口贸易外汇结算总量9.89亿美元;其中贸易出口总收汇4.15亿美元,比上年增加0.65亿美元;贸易进口总付汇5.74亿美元,增加3.12亿美元。由于一些大型外商投资企业投产,原辅材料以进口为主,成品销售以国内市场为主,造成镇江市历史上首次进出口贸易收付汇逆差。2000年,镇江市进出口贸易结算量达12.58亿美元;其中贸易出口收汇5.88亿美元,贸易进口付汇6.70亿美元。

2002年由于中国加入世贸组织,国内进口货物关税下调,同时国际市场产品价格下跌进一步刺激贸易进口需求。全年镇江市贸易进口总付汇9.52亿美元,比上年增加1.90亿美元;贸易出口收汇9.33亿美元,比上年增加2.57亿美元。2003年4月,市城商行成为上海外汇交易中心会员资格的外汇交易指定银行,全年国际贸易结算量672万美元。2004年,镇江市贸易出口收汇14.73亿美元,比上年增加2.25亿美元;贸易进口付汇15.52亿美元,增加2.37亿美元。2005年,镇江市进出口贸易结算量达33.81亿美元;其中出口收汇18.67亿美元,进口付汇15.14亿美元。按进口结算方式分:进口开证7.42亿美元,进口代收0.91亿美元,汇出汇款6.81亿美元。

进出口服务贸易结算　20世纪80年代初期,镇江市只有少量旅游外汇收支结算。1985年,镇江市因公出国外汇支出9.39万美元。1986年为1.80万美元,同年12月,镇江口岸经国务院批准对外开放后,港口服务等服务贸易结算量增加。1988年,镇江市旅游外汇收入75.37万美元,1989年收入下降至55.35万美元。1990年,镇江市对外港口运输服务收入106万元外汇券,比上年增加18万元外汇券。随着进出口贸易的大幅度增长、外商投资企业快速发展,进出口服务贸易结算的内容与总量不断扩大。2001年,外商投资企业设备安装、调试、技术咨询等服务贸易外汇支出增长迅猛,全年仅金东纸业有限公司支出就达1500万美元。2002年,镇江市服务业及与服务业有关的涉外收入为1512万美元,比上年增加855万美元。2003年,镇江市服务贸易进出口外汇结算量6742.4万美元,其中嘉新京阳水泥公司支付香港母公司管理顾问费400万美元;奇美塑料、化工两公司支付境外商标使用费350万美元。2004年,镇江市进出口服务贸易外汇结算总量5168.27万美元,其中,服务贸易收入1638.28万美元;服务贸易支出3529.99万美元。2005年,镇江市进出口服务贸易外汇结算总量为8957.12万美元;其中,服务贸易外汇收入3016.38万美元,服务贸易外汇支出5940.74万美元。在服务贸易外汇收入中,仅金东纸业有限公司代垫出口纸张海运费就达985万美元。在服务贸易外汇支出构成中:建设安装、劳务承包金额550万美元,华星国际贸易有限公司代理金东纸业有限公司支付3号涂布机安装调试费306万欧元;专利使用费和特许使用费1228万美元,其中大亚木业集团支付423万瑞士法郎,奇美集团支付366万美元;咨询费955万美元,其中金东纸业(江苏)有限公司支付358万美元,正茂集团支付170万美元;佣金及回扣1263万美元,其中外贸行业共支付823万美元。

贸易融资　为解决经济实体进出口贸易活动面临的资金短缺,镇江市各行在为进出口商办理结算业务时,提供与结算相关的贸易项下短期资金融通或信用便利。1989年6月,市中行开始对出口信用证项下合格单据办理出口押汇业务,出口单位可以提前获得银行垫付资金。1993年以后在对日本、中国港澳等近洋国家和地区的进口贸易中,为帮助进口单位解决货物到港而提单未到不能及时提货,仓储压港费用增加的困难,市中行开办进口货物提货担保业务;至1995

年共为客户提供担保32份,金额929万美元。1995年,市中行开始办理进口押汇业务,期限最长为3个月,对经调查具备偿还能力的基本客户,先予垫付进口信用证或代收项下外汇款项。全年办理进口押汇10笔,金额522万美元;办理出口押汇521笔,金额1798万美元。市商行累计办理出口押汇408万美元。1997年,市工行叙做出口押汇1398万美元,1998年达2155万美元。

2002年,市中行推出多项贸易融资新产品:6月,首笔福费廷贸易融资业务办理成功;首次直接受理来自台湾的信用证;为镇江市焦化煤气集团和金东纸业(江苏)有限公司争取到境外两家保理公司各为500万美元的循环保理额度;商洽中行洛杉矶分行配合,叙做转让信用证项下押汇4886万美元,满足镇江市APEX数码有限公司的融资需求:全年贸易融资累计7078万美元。市工行先后开办出口托收押汇、进口押汇、以证开证、福费廷、出口保理、进口代收押汇、发票融资等贸易融资业务。2004年,市中行推出贸易融资新产品——海外代付和出口商业汇票贴现。2005年,全市进出口贸易融资累计发放2.92亿美元,年末余额0.53亿美元。

2003～2005年镇江市进出口贸易融资统计表

表19-33　　单位:万美元

项目＼年份	2003		2004		2005	
	累计	余额	累计	余额	累计	余额
出口押汇	6993	778	11073	1463	14511	1068
进口押汇	1685	266	4989	1431	5128	1043
打包放款	6691	1906	4870	1082	6475	705
其　他	1124	1506	1393	1786	3056	2482
合　计	16493	4456	22325	5762	29170	5298

2. 结售汇业务　1994年始建立银行结售汇制度。境内机构经常项目外汇收入,除国家规定准许保留的外汇可以在外汇指定银行开立外汇账户保留外,按照市场汇率卖给外汇指定银行。境内机构经常项目对外支付用汇按国家有关规定到外汇指定银行办理兑付。1996年将外商投资企业外汇买卖纳入银行结售汇体系。自1996年7月1日起,国家多次提高居民用汇标准,扩大供汇范围。

1994年4～12月,全市各行结汇总额1.34亿美元、售汇总额0.56亿美元。1996年,市外汇局组织全市外商投资企业实施银行结售汇制度试点工作,建立外商投资企业现汇账户。

随着镇江市外向型经济快速发展,结售汇业务量大幅增长。1999年,全市各行结售汇总额8.31亿美元,其中结汇总额4.03亿美元,与上年基本持平;售汇总额4.28亿美元。在结售汇总额中:贸易项下结汇3.66亿美元,比上年增售汇3.32亿美元;非贸易项下结汇773万美元,售汇2174万美元;资本项下结汇2.94亿美元,售汇0.74亿美元。

受美国"9·11"事件及美元连续降息以及人民币升值预期、本外币利率差异等多种因素影响,涉汇企业结汇意愿增强;外向型经济快速发展,各行结售汇业务大量增长。2001年,全市结汇收入5.99亿美元,售汇支出61469万美元,结售汇逆差1569万美元。2002年首次实现结售汇顺差2804万美元。随着因私购汇政策逐步放开及出国留学人数增加,因私购汇增长较快。2002年,镇江市因私购汇33.66万美元,至2005年发展到1964.19万美元。2005年,镇江市银行业金融机构结汇收入达16.74亿美元,售汇支出12.13亿美元,结售汇顺差4.61亿美元。

2000～2005 年镇江市银行业金融机构结售汇统计表

表 19-34　单 位:万美元

项目 年份	结汇收入				售汇支出			
	合计	贸易	非贸易	资本	合计	贸易	非贸易	资本
2000	52863	50891	558	1414	61612	45879	2753	12980
2001	59900	55100	1504	3296	61469	48916	3542	9011
2002	84344	71239	4309	8796	81537	62078	6176	13283
2003	103985	84984	4647	14354	87883	71775	4068	12040
2004	134319	107871	5187	21261	109004	80629	4879	23496
2005	167409	140030	6914	20465	121329	89155	5289	26885

2002～2005 年镇江市银行业金融机构因私售汇统计表

表 19-35　单位:美元

项目 年份	合计	自费出境学习	商务考察	探亲	境外旅游	境外培训	其他
2002	336620	141648	118673	57087	205	4000	15007
2003	4303913	2829137	643659	425475	212375	66689	126578
2004	6902762	4604668	873271	395937	415229	238279	375378
2005	8098579	5861833	989386	392129	312007	287804	255420

第六章　保险业务

1980 年,中国人民保险公司镇江分公司(以下简称人保公司)复业,镇江市保险业基本上由人保公司独家经营。1989 年后,太平洋保险以及平安保险等公司进入镇江,此 3 家保险公司均为产、寿险混合经营公司。1996 年后,上述 3 家公司先后将财产保险和人寿保险分业经营。保险资金运用,主要是办理放贷工作,投放资金来源是由保险总准备金和人身保险责任准备金的 50%,以及财产保险未到期责任准备金的 30%组成。

第一节　财产保险

1980 年,人保公司复业后,同年即开办企业财产保险、机动车辆保险、家庭财产保险和国内船舶保险 4 种保险业务。首先在镇江市机械系统开办企业财产保险,镇江市蓄电池厂是全市第一家参加保险的企业。1983 年,人保公司与南京铁路分局镇江站签订镇江市第一个货物运输保险代理合约。开始逐步采用按系统“统保”办法,即由各科、局统一代办本系统各单位的保险手续,统一签单,统一交费。

1985 年,镇江市区国内保险业务比 1984 年增长 54. 72%,全市比 1984 年增长 59. 58%。1986 年,镇江市区比 1985 年增长 100. 41%,全市比 1985 年增长 131. 54%。

1987 年 2 月和 11 月,镇江金山寺和谏壁发电厂先后投保企业财产保险。同年,人保公司开办家电销售保险、住宿旅客安全保险、居民和村民安全用电责任保险、长效还本家庭财产险等业务。并加强农村网点建设。1988 年，人保公司开办森林火灾保险。同年，市交行保险业务部开始开办企业财产保险，后又开办货物运输保险、家庭财产保险等。家庭财产保险规模虽然不是很大，但属于生活参与度较大的险种，从 1989 年起，保费收入就基本保持在 100 万元以上。1989 年，镇江市区开办机器设备损坏险和盗窃特约保险两种附加险业务。1990 年末，市区共承保森林 45. 33 公顷。1991 年，中国太平洋保险公司镇江办事处成立后，开始承保人民币和外币的各种财产保险、责任保险、农业保险、机动车保险、建筑安装工程保险等险种，同年保费收入 312 万元。1992 年，人保公司在新民洲江苏省国营共青团农场开办三麦种植保险。

至 1993 年末，企业财产保险一直是镇江市财产保险第一大险种，全市各工商企业，绝大多数在各保险公司投保企业财产保险。1994 年，机动车辆保险超过企业财产险成为镇江市保险业第一大险种。1995 年，市区承保江苏省国营共青团农场三麦面积为 313. 33 公顷，收保费 37600 元。1995 年承保国营句容林场和亭子乡林场森林共 1200 公顷。2004 年，家庭财产保险高达 1261 万元。

2005 年，全市机动车辆保费收入达 25165 万元，占镇江全市保费收入总和的 60. 5%；企业财产保险保费收入 9556 万元；家财险保费收入 507 万元；货物运输保险保费收入 2487 万元；责任保险保费收入 1138 万元。

1983 ~2005 年，全市财产保险公司共收入保险费 310888. 3 万元，支付财产保险赔款 172544. 2 万元。

1983 ~2005 年镇江市财产保险各险种保费收入情况表

表 19-36 单位：万元

年份	合计	机动车辆险	企业财产险	货物运输险	家庭财产险	工程险	责任险	保证险	伤害险	健康险	其他险
1983	441. 70	133. 20	291. 10	6. 90	0. 80	-	-	-	-	-	9. 70
1984	566. 80	154. 40	369. 00	13. 50	15. 50	-	-	-	-	-	14. 40
1985	788. 80	238. 20	445. 60	44. 90	38. 80	-	-	-	-	-	21. 30
1986	1256. 20	395. 00	571. 90	155. 40	83. 80	-	-	-	-	-	50. 10
1987	1875. 80	634. 00	821. 70	270. 80	93. 50	-	-	-	-	-	55. 80
1988	2507. 20	905. 80	930. 10	442. 90	92. 50	-	-	-	-	-	135. 90
1989	3177. 40	1039. 10	1273. 40	629. 40	115. 50	-	-	-	-	-	120. 00
1990	3592. 40	1191. 00	1329. 50	646. 40	98. 00	-	-	-	-	-	327. 50
1991	4817. 90	1297. 00	1752. 00	672. 00	219. 00	-	-	-	-	-	877. 90
1992	7367. 30	1869. 00	2537. 00	839. 00	193. 00	-	-	-	-	-	1929. 30
1993	10527. 60	2986. 90	3329. 00	889. 00	176. 00	-	-	-	-	-	3146. 70
1994	11833. 00	4239. 70	3522. 00	1009. 00	302. 00	3. 00	-	-	-	-	2757. 30
1995	12421. 00	5371. 80	3988. 00	1370. 00	302. 00	17. 00	9. 00	-	-	-	1363. 20
1996	14681. 00	6763. 30	4495. 00	1376. 60	373. 00	11. 50	8. 00	-	-	-	1653. 60
1997	17350. 80	7991. 70	5847. 10	1795. 30	357. 60	13. 10	1. 00	-	-	-	1345. 00
1998	16589. 90	7912. 80	5416. 50	1582. 80	269. 80	11. 00	6. 00	-	-	-	1391. 00
1999	18761. 10	8417. 70	6141. 40	1622. 80	237. 20	63. 20	266. 40	1189. 00	-	-	823. 40
2000	19715. 40	10758. 40	5412. 30	2107. 70	302. 50	5. 40	626. 30	158. 10	-	-	344. 70
2001	23789. 00	12068. 10	7113. 00	2547. 70	364. 90	91. 10	875. 00	120. 90	-	-	608. 30

续表 19-36

年份	合计	机动车辆险	企业财产险	货物运输险	家庭财产险	工程险	责任险	保证险	伤害险	健康险	其他险
2002	27267.00	14163.00	6182.00	3373.50	661.00	130.80	1503.30	177.20	–	–	1076.20
2003	31456.00	17446.00	7257.00	2221.00	801.00	412.00	1345.00	450.00	1001	–	523.00
2004	38578.00	22897.00	7725.00	2347.00	1261.00	1695.00	679.00	29.00	1057	–	888.00
2005	41527.00	25165.00	9556.00	2487.00	507.00	104.00	1138.00	253.00	1304	93	920.00
合计	310888.30	154038.10	86305.60	28450.60	6865.40	2557.10	6457.00	2377.20	3362	93	20382.30

说明：其他险指船舶险、国库券保险、农业保险、民用液化气罐保险、电梯安全责任险等规模较小，不单独统计的险种

2001～2005 年镇江辖市（区）财产保险发展情况表

表 19-37　　单位：万元

地区	项目	2001 年	2002 年	2003 年	2004 年	2005 年
合计	保额	5048397	8454665	17063758	15631804	19734938
	保费	23789	27267	31456	38678	41527
	赔款	10514	13293	20692	19881	30178
	赔付率（%）	44.2	48.8	65.8	51.4	72.7
市区	保额	3346563	5976588	9937424	11419109	14815657
	保费	11307	15349	19274	24997	24361
	赔款	4154	6507	10171	11615	18261
	赔付率（%）	36.7	42.4	52.8	46.5	75.0
丹徒	保额	273811	–	–	–	–
	保费	2003	–	–	–	–
	赔款	959	–	–	–	–
	赔付率（%）	47.9	–	–	–	–
丹阳	保额	655783	1219385	1759003	2238012	2802184
	保费	5405	6426	6632	7203	9027
	赔款	2552	3327	6113	4677	6053
	赔付率（%）	47.2	51.8	92.2	64.9	67.1
句容	保额	302544	461276	4410640	538058	910147
	保费	1932	2289	2259	2840	3884
	赔款	894	1392	1780	1374	2963
	赔付率（%）	46.3	60.8	78.8	48.4	76.3
扬中	保额	469696	797416	956691	1436625	1206950
	保费	3142	3203	3291	3638	4255
	赔款	1955	2067	2628	2215	2901
	赔付率（%）	62.2	64.5	79.9	60.9	68.2

说明：2002 年后丹徒区数据并入市区统计

第二节　人身保险

1984年下半年,镇江市区即开办职工养老保险,同年参加保险的职工有1136人,保费收入6.7万元。1985年,单位增加到229个,参保人数6689人,保费收入55.4万元,是上年的8.3倍。1986年在全市中、小学中推行学生团体人身平安保险,在市区20多个中学和120多个小学开办该项业务。1988年开办子女婚嫁金保险。1990年开办义务兵养老金保险,新兵入伍时,一并办理义务兵养老金保险,保险费以各地乡、镇人民政府同年发给义务兵的优抚金为主要来源。1991年开办学生团体平安保险;试行幼儿园工作人员养老金保险。1992年,中共镇江市委颁布《关于建立村级主要干部退休养老保险制度暂行规定》,根据有关条款和规定,人保公司相继开办多种养老金保险。1993年开办中、小学生团体人身平安保险附加住院医疗保险,全市学生团体人身平安险业务比1992年增长77.2%,其中市区增长55.5%。

截至1995年末,全市参加各种养老金保险的人数为7991人,保费收入527.7万元,处理各种给付案件4102件,共给付人民币88.4万元;市区参加各种养老金保险的人数为435人,养老金保险保费收入104.9万元,处理各种给付案件259件,共给付人民币19万元。1995年,全市学生团体人身平安险共承保265667人,保费收入514.3万元;市区共承保61696人,保费收入99.3万元。全市参加子女婚嫁金保险的有1753人,保费收入179.4万元;市区参加子女婚嫁保险的有304人,保费收入23.6万元。全市参加简易人身保险人数为274275人,保费收入7464万元。

1983~2005年,全市各保险公司共收入寿险保费722255.32万元,完成人寿保险给付120605.8万元。

1983~2005年镇江市寿险业保费收入情况表

表19-38　　单位:万元

年份	合计	人寿保险	伤害险	健康险
1983	2.40	2.40	0.00	-
1984	9.00	7.80	1.20	-
1985	130.70	97.10	33.60	-
1986	872.80	804.70	68.10	-
1987	1341.30	1222.00	119.30	-
1988	1593.00	1438.40	154.60	-
1989	1603.30	1423	180.30	-
1990	1638.60	1427.90	210.70	-
1991	2905.10	1148.00	1757.10	-
1992	13679.20	2050.00	11629.20	-
1993	20487.60	1836.90	18650.70	-
1994	9471.10	3869.20	5601.90	-
1995	1715.30	1715.30	0.00	-
1996	6221.88	4741.92	1280.42	199.54
1997	17733.07	15689.77	1635.53	407.77
1998	23470.58	21103.20	1436.12	931.26
1999	27671.78	25033.22	1599.46	1039.10

续表 19-38

年份	合计	人寿保险	伤害险	健康险
2000	35680.61	33048.47	2114.01	518.13
2001	56333.00	52178.24	3337.88	816.88
2002	62544.00	56811.00	1649.00	4084.00
2003	137954.00	132670.00	2329.00	2955.00
2004	141711.00	136769.00	3188.00	1754.00
2005	157486.00	151653.00	3828.00	2005.00

2001～2005 年镇江辖市(区)人身保险发展情况表

表 19-39 单位:万元

地区	项目	2001 年	2002 年	2003 年	2004 年	2005 年
合计	保额	3923545	–	–	–	–
	保费	56333	93192	139120	142567	157486
	给付	4400	8736	26130	26337	16804
	退保	4714	5892	10083	8071	17792
市区	保额	2068049	–	–	–	–
	保费	29146	50324	69554	67811	70274
	给付	1886	5249	10900	11446	7421
	退保	3022	3531	4455	3358	10146
丹徒	保额	531147	–	–	–	–
	保费	3974	–	–	–	–
	给付	468	–	–	–	–
	退保	126	–	–	–	–
丹阳	保额	812747	–	–	–	–
	保费	13019	21727	32994	40028	45757
	给付	1136	1582	6521	6837	6322
	退保	979	1133	2674	2726	3529
句容	保额	41401	–	–	–	–
	保费	3378	6349	12722	12192	16129
	给付	469	826	2767	3311	1558
	退保	257	586	1319	898	1946
扬中	保额	470201	–	–	–	–
	保费	6816	14792	23850	22536	25326
	给付	441	1079	5942	4743	1503
	退保	330	642	1635	1089	2171

说明:2002 年后丹徒区数据并入市区统计

第三节　防灾理赔

一、防灾防损

全市各保险公司除组织干部深入企业检查防灾工作外,还经常配合公安、计经委、消防、劳动等部门进行安全检查。防灾理赔部门结合赔案处理,对企业进行安全宣传。

人保公司每年从保险费收入中提取一定数额作为防灾补助经费,赠予地方消防、公安、交通等部门购置消防和安全设备。1982 年和 1983 年先后赠予市区消防队和市公安局吉普车 1 辆和摩托车 2 辆。1984 年补助消防队购置"黄河"泡沫消防车款 6 万元。1985 年赠予市消防队消防车 1 辆(车价 5 万元)。1987 年赠予市消防队云梯消防车 1 辆和干粉灭火车 1 辆(车价分别为 16 万元和 4 万元)。1989 年赠予谏壁发电厂消防车 1 辆,车价 12.5 万元。1991 年 7 月 11 日拨款 5 万元给城区防汛指挥部,支援抗洪救灾工作。1993 年赠予镇江市纺织厂购置消防车补助款 5 万元。从 1980 ~ 1995 年,中国人民保险公司镇江分公司赠予消防、公安、交通等部门防灾经费 60 多万元。

二、理赔

1984 年 12 月的雪灾、1985 年 7 月的风灾、1989 年 8 月 13 日的飑灾和 1990 年 8 月 31 日的暴雨灾害,中国人民保险公司镇江分公司都及时对受灾单位的经济损失给予赔偿。特别是 1989 年 8 月 13 日的飑灾损失尤为严重,对镇江市区 132 个受灾单位共计赔偿人民币 386.87 万元,10 万元以上的赔案就有 5 件。其中镇江市纺织品采购供应批发站获赔偿 143.24 万元。1991 年 6 月 14 日的特大暴雨洪水灾害,镇江全市共赔付 3200 多万元。1991 年 3 月 15 日,镇江谏壁发电厂火灾赔案,共赔付 501.74 万元。2004 年 4 月 30 日,深圳新旱力实业有限公司发生机器损坏,人保财险镇江分公司支付机器损坏险赔款 1610 万元。2005 年 1 月 2 日,镇江索普醋酸有限公司发生爆炸,人保财险镇江分公司 3 月支付企业财产保险赔款 2767.8 万元。

1980 ~ 1995 年,全市累计支付国内各种保险赔款(给付)36821.6 万元,其中企业财产保险 10867.3 万元;家庭财产保险 1836.4 万元;机动车辆保险 13155.9 万元;国内船舶保险 697.3 万元;货物运输保险 3133.2 万元;短期性人身保险 1303.5 万元;农业保险 5828 万元。市区累计支付各种保险赔款(给付)13904.6 万元,其中企业财产保险 5254.2 万元;家庭财产保险 850.8 万元;机动车辆保险 5643.5 万元;国内船舶保险 467.8 万元;货物运输保险 1368.6 万元;短期性人身保险 264.1 万元,农业保险 55.6 万元。

1980 ~ 2005 年,全市共处理各种国内保险赔案 178135 件,累计支付赔款(给付)31576.4 万元,其中 20 万元以上的大案 63 件;市区共处理各种国内保险赔案 60812 件,累计支付赔款(给付)13904.7 万元,其中 20 万元以上的大案 45 件。

1983～2005年镇江市财产保险公司各险种赔付情况表

表19-40

单位：万元、%

年份	合计		机动车险		企业财产险		货物运输险		家庭财产险		工程险		责任险		保证险		伤害险		健康险		其他险	
	赔款支出	赔付率	赔款支出	赔付率	赔款支出	赔付率	赔款支出	赔付率	赔款支出	赔付率	赔款支出	赔付率	赔款支出	赔付率	赔款支出	赔付率	赔款支出	赔付率	赔款支出	赔付率	赔款支出	赔付率
1983	122.40	27.70	57.10	42.90	55.20	19	1.50	21.70	0.50	62.50	-	-	-	-	-	-	-	-	-	-	8.10	83.50
1984	190.70	33.60	93.60	60.60	90.40	24.50	0.80	5.90	0.70	4.50	-	-	-	-	-	-	-	-	-	-	5.20	36.10
1985	308.90	39.20	193.10	81.10	93.50	21	2.40	5.30	6.10	15.70	-	-	-	-	-	-	-	-	-	-	13.80	64.80
1986	534.30	42.50	339.10	85.80	111.10	19.40	9.80	6.30	27.70	33.10	-	-	-	-	-	-	-	-	-	-	46.60	93
1987	925.40	49.30	562.90	88.80	190.30	23.20	31.50	11.60	77.80	83.20	-	-	-	-	-	-	-	-	-	-	62.90	112.70
1988	1064.80	42.50	649	71.60	206	22.10	85.30	19.30	70	75.70	-	-	-	-	-	-	-	-	-	-	54.50	40.10
1989	2131.30	67.10	828.40	79.70	932.50	73.20	225.20	35.80	92.30	79.99	-	-	-	-	-	-	-	-	-	-	52.90	44.10
1990	1751.40	48.80	718	60.30	630.70	47.40	176.40	27.30	124	126.50	-	-	-	-	-	-	-	-	-	-	102.30	31.20
1991	6642	137.90	1125	86.70	4061	231.80	379	56.40	466	212.80	-	-	-	-	-	-	-	-	-	-	611	69.60
1992	4040	54.80	1569	83.90	1220	48.10	467	55.70	217	112.40	-	-	-	-	-	-	-	-	-	-	567	29.40
1993	3954	37.60	1716.10	57.50	955	28.70	460	51.70	86	48.90	-	-	-	-	-	-	-	-	-	-	736.90	23.40
1994	4980	42.10	2475.10	58.40	1230	34.90	677	67.10	178	58.90	-	-	-	-	-	-	-	-	-	-	419.90	15.20
1995	6691	53.90	2765.30	51.50	2030	50.90	1171	85.50	179	59.30	-	-	-	0	-	-	-	-	-	-	545.70	40
1996	8903.90	60.60	3806.30	56.30	3058	68	928.50	67.40	151.70	40.70	-	-	-	0	-	-	-	-	-	-	959.40	58
1997	9249.90	53.30	5138.40	64.30	2585.70	44.20	799.40	44.50	128.30	35.90	-	-	-	0	-	-	-	-	-	-	598.10	44.50
1998	8641.60	52.10	4638.70	58.60	2572.10	47.50	791.60	50	146.20	54.20	-	-	-	0	-	-	-	-	-	-	493	35.40
1999	8325	44.40	4952.80	58.80	1996.40	32.50	819.10	50.50	127.50	53.80	-	-	199	74.70	-	0	-	-	-	-	230.20	280
2000	9529.60	48.30	5600.10	52.10	2452.80	45.30	843.40	40.0	89.50	29.60	-	-	28.60	4.60	-	0	-	-	-	-	515.20	149.50
2001	10514	44.20	5743.30	47.60	2680.80	37.70	1358.40	53.30	118.40	32.40	4.50	4.90	408.90	46.70	10.30	8.50	-	-	-	-	189.40	31.10
2002	13293	48.80	7777.60	54.90	2593.10	41.90	1592.30	47.20	187.20	28.30	10.60	8.10	679.70	45.20	14.90	8.40	-	-	-	-	437.60	40.70
2003	20692	65.80	10049	57.60	8565	118	750	33.80	152	19	107	26	914	68	39	8.70	42	4.20	-	-	74	14.10
2004	19881	51.50	14117	61.70	3860	50	484	20.60	87	6.90	48	2.80	537	79.10	130	448.30	304	28.80	-	-	314	35.40
2005	30178	72.70	19269	76.60	8143	85.20	893	35.90	134	26.40	17	16.30	460	40.40	532	210.30	416	31.90	4	4.30	310	33.70

1983～2005 年镇江市寿险业给付和退保情况表

表 19-41　单位:万元

年份	给付金额	退保金额
1983	-	-
1984	-	-
1985	1.30	-
1986	10.00	-
1987	26.00	-
1988	48.70	-
1989	54.60	-
1990	70.50	-
1991	2.30	1026.00
1992	1179.00	459.00
1993	4248.00	821.00
1994	8362.00	866.00
1995	274.30	29.00
1996	3711.70	1529.40
1997	4089.80	1298.70
1998	8250.60	2577.50
1999	7244.90	1764.00
2000	4875.10	1479.70
2001	4400.00	4714.00
2002	8736.00	5692.00
2003	21881.00	10083.00
2004	26337.00	8071.00
2005	16803.00	17792.00

第七章　其他金融业务

第一节　证券业务

1992 年,省建行信托投资公司镇江办事处证券交易营业部成为上海证券交易所正式成员,在与上交所开通电话专线和数据专线完成联网后,于 1993 年 5 月在辖区内率先开办股票交易。同年,省工行、农行信托投资公司镇江办事处证券交易部也相继加入上海证交所,开办股票交易业务。1993 年 5～12 月,建行、工行、农行 3 家证券交易营业部共代理买卖股票 3.23 亿元,年末股东账户 3400 户。1994 年,市交行证券交易营业部开通上交所股票交易业务。全年 4 家证券交易营业部股票交易额达 19 亿元。

图 19-15 证券交易大厅(2005 年摄)

1995 年根据国家对银行、保险、证券分业经营、分业管理的要求,市人行对省工、农、建行信托投资公司及下属证券交易营业部进行检查,逐步做好清理脱钩工作。5 月经省人行批准,江苏省证券公司镇江营业部开业(后改组为华泰证券有限责任公司镇江营业部)。1996 年经省人行批准,南京市证券公司受让省农行信托投资公司镇江办事处证券交易营业部;1997 年,光大证券有限责任公司收购省建行信托投资公司镇江市办事处丹阳证券交易营业部;申银万国证券股份有限公司收购省工行江苏信托投资公司镇江办事处证券交易营业部;中国科技国际信托投资有限公司收购市交行证券交易营业部;镇江市信托投资公司收购省建行信托投资公司镇江办事处市区证券交易营业部。

2000 年,华泰证券、申银万国证券、中科信证券、南京证券、光大证券、市信托投资 6 家镇江证券营业部全年证券交易额(A 股和基金)167 亿元。

2001 年以后,受国有股减持方案出台等诸多政策因素影响,股市持续低迷,交易清淡。2001 年,市华泰证券等 6 家证券交易营业部证券交易额(A 股和基金)为 129 亿元。辖区内各证券交易营业部推出“银证通”和网上交易等方便客户的措施。华泰证券镇江营业部利用电信公司推广宽带网时机与其签订合作协议,共同开发网上交易客户资源;在完善与市工、农、中、建 4 家银行的银证转账“一卡通”业务的同时,发展“银证通”业务;通过多项技术改造,网上交易系统安全性、稳定性和业务处理能力提高,全年网上交易占比大幅提高。申银万国证券镇江营业部在辖区内句容市设立证券服务部,年末服务部客户总资产达 4000 万元;为方便投资者对退市后或原先非上市公司股份进行转让,在辖区内独家开通代办非上市公司股份转让业务,并成功代办投资者水仙 A、B 股的转让;年末投资开发胜龙 E 通网上交易系统。中科信证券镇江证券营业部成立网上交易推广小组,网上交易开户达 3600 户,交易份额由上年的 8% 提高到 22%。南京证券镇江营业部举办股民学校、股市沙龙、服务进小区、网上交易现场演示、代办上网包月等活动,新增网上交易客户 2000 人。光大证券丹阳营业部与中国电信合作开发网上交易平台,新增网上交易开户 650 户,网上交易占总交易量的 25%。

2002 年,证券交易量继续下滑,辖区内 6 家证券营业部全年证券交易额 95.93 亿元,年末股民开户总数 10.03 万户,其中华泰证券交易额 31.50 亿元、股民 3.70 万户;光大证券 17.59 亿元、股民 1.12 万户;申银万国证券 17.00 亿元、股民 1.80 万户;中科信证券 14.00 亿元、股民 1.20 万户;南京证券 9.49 亿元、股民 1.36 万户;镇信证券 6.35 亿元、股民 0.85 万户。

2003 年,华泰证券营业部等 6 家证券机构在股票交易持续下跌,经营效益下降的情况下拓展其他证券业务交易,开辟镇江市辖区外的证券市场。华泰证券营业部与市邮政储汇局签订合作协议,由储汇局作为二级销售单位以扩大易方达基金销售网络,全年完成基金销售是总公司下达任务的 3 倍。申银万国证券镇江营业部全年镇江市以外机构客户资金新增 5000 万元。南京证券镇江营业部成立以后,先后参与南京新百、栖霞建设、高淳陶瓷等 49 只股票、基金、可转换债券的承销工作,担当多家企业重组、改制、并购的财务顾问,在 2003 年行业不景气的情况下实现营业收入 301 万元。全年辖区内华泰证券等 6 家证券营业部实现证券交易(股票、基金、国债)92.70 亿元。

中国科技国际信托投资有限责任公司镇江证券营业部改组为中国科技证券有限责任公司镇江证券营业部。

2005年，镇信证券营业部改组为青海证券股份有限公司镇江营业部。辖区内各证券营业部在基金代销、开发核心客户、盘活现有存量、降低营业成本等方面采取一系列措施。华泰证券营业部完善与市储汇局的合作，扩大基金的销售渠道，通过开办夜市服务、周末股民学校满足客户需求。申银万国证券营业部全年股票A股交易量18.23亿元。南京证券营业部非现场交易比例达到70%，主承销轴研科技发行工作，其上市后表现良好。光大证券丹阳营业部全年新增沪、深两市开户股民602户，共销售各种基金产品500余万元；8月，总公司获得首批权证交易资格，年末，营业部权证交易量达1.05亿元。全年，辖区内6家证券营业部共实现各类证券交易115.27亿元。

2003～2005年镇江市市区证券营业部证券交易统计表

表19-42　单位：万元

项目	机构	华泰证券	申银万国	科技证券	南京证券	镇信证券	合计
国债	2003年	2321	1674	9304	2650	–	15949
	2004年	12884	4820	11634	–	79	29417
	2005年	1547	6417	11501	–	222	19687
股票	2003年	301335	200872	140688	110255	–	753150
	2004年	401089	251280	230593	195399	–	1078361
	2005年	341204	193800	144700	178347	73192	931243
其他	2003年	–	2060	2215	4760	–	9035
	2004年	41340	5779	1563	2090	437	51209
	2005年	80	3151	1655	2350	3639	10875
股民保证金（余额）	2003年	9829	4711	4889	4014	–	23443
	2004年	7290	4663	4863	3229	1230	21275
	2005年	7741	4505	4031	3526	1560	21363

第二节　信托投资业务

1980年以后，镇江市各专业银行陆续开办信托投资业务。1982年6月9日，市中行单独成立信托部。1984年，市人行原办理的信托业务划归市工行办理。到年末，全市信托贷款总额为10681万元，均纳入国家信贷计划，其中：市工行5811万元，市农行2182万元，市建行2688万元。先后支持企业生产周转、技术设备、经济协作，补偿贸易的资金需求，对金属材料、生产资料、轻工、建材、燃料等111个单位384个生产工程项目贷款9103万元。

1986年后，信托业务支持镇江金西水厂三期工程、焦化厂煤气锅炉改造以及道路扩建等重点市政项目；支持国营、“三资”企业、集体企业以及乡镇企业的发展。1987年，市建行成立市建行信托投资公司，之后市农行、市工行先后成立信托投资公司。1988年9月，原全资性市工行信托投资公司改组为中国工商银行镇江市信托投资股份有限公司，总资本2000万元。参股单位有镇江市财政局、保险公司、环境保护局、供电局、锚链厂、市工商银行等6个单位。该公司为股份制金融机构，实行董事会领导的经理负责制，独立核算、自主经营、自负盈亏。1989 年，国家对信托投资公司进行清理整顿，按照银行业与信托业分业经营的原则，市各专业银行与所属信托投资公司相继脱钩。1990 年 11 月 1 日经人总行批准，辖区内成立镇江市信托投资公司。全市全年信托贷款达 1. 25 亿元。1991 年经省人行批准，先后成立中国工商银行江苏信托投资公司镇江市办事处、中国农业银行江苏信托投资公司镇江市办事处、中国银行江苏信托咨询公司镇江市办事处、中国建设银行江苏信托投资公司镇江市办事处。1992 年，辖区内信托投资机构共为农业、电力、煤炭、冶金、化工、建材、机械、电子、纺织、医药、交通、商业等行业 3000 多个企业累计发放近 10 亿元贷款。

1995 年，金融体制改革中，撤销所属工行、农行、中行、建行的信托部门，辖区内信托投资业务由镇江市信托投资公司经营。年末，信托类存款 10. 31 亿元，信托类贷款 1. 01 亿元。1996 年末，市信托投资公司账面拥有资本金 5757 万元，公司金融总资产 7. 29 亿元；公司账面委托存款余额 5. 21 亿元，委托贷款及委托投资余额 4. 46 亿元；拆借资金余额 3. 01 亿元，其中拆入资金余额 1. 36 亿元，拆出资金余额 1. 65 亿元。市信托投资公司重点支持企业进行结构调整，重点产品壮大经营规模，为镇江化工厂发放贷款 2650 万元；代理发行企业债券 1000 万元；其他各项代理业务余额 1. 03 亿元；清收逾期贷款 1. 4 亿元，清收逾期利息 1400 万元，保全资产 2500 万元。公司逾期贷款余额 5608. 6 万元。1997 年，市信托投资公司资产总额 7. 07 亿元；各项存款余额为 5. 63 亿元，其中，信托存款余额为 1. 30 亿元，委托存款余额为 4. 33 亿元；各项贷款余额为 4. 68 亿元，其中，委托贷款余额为 3. 54 亿元，自营贷款余额为 1. 14 亿元，自营存贷比 87. 6%。截至 1997 年末先后为辖区内镇大铁路等 10 家企业及本公司发行、代理债券 1. 52 亿元，其中经省人行批准的企业债券 400 万元、企业短期融资券 300 万元、信托投资收益债券 714 万元；共为 5 家企业贷款进行担保，担保金额 3300 万元。1998 年，市信托投资公司以支持镇江市制药有限公司、精细化工有限公司、华铝集团公司、搪瓷厂等重点技改项目，加大委托人、受托受益人委托业务量，适当压缩自营信托贷款。1999 年与江苏镇江发电有限公司、江苏索普集团、大港自来水公司等单位办理规范的三方委托业务，年末，三方委托业务贷款余额为 1. 58 亿元。

1999 年根据江苏省财政厅、人行南京分行《转发财政部、中国人民银行关于信托投资公司清产核资、资产评估和损失冲销的规定的通知》要求，市政府组织相关职能部门开展对市信托投资公司清产核资及资产评估工作。镇江市信托投资公司资产总额 85669. 83 万元，负债总额 82285. 18 万元，所有者权益 3384. 65 万元，确认呆坏账金额 3525 万元。2000 年，镇江市信托投资公司经营压缩一般性贷款，扩大委托贷款，保证三方委托贷款业务增长，加大资产清收力度，至年末，公司金融资产 6. 41 亿元，各项存款余额 5. 55 亿元，贷款余额 4. 73 亿元。2001 年根据中国人民银行和镇江市委、市政府对信托投资公司有效资产进行收购的精神，镇江市信托投资公司 1. 1 亿元有效资产由镇江市城市商业银行收购。

第三节 融资担保

建立中小企业信用担保基金，是联合国开发计划署、国家经贸委、中国国际经济技术交流中心在镇江实施的“中小企业改革与发展”项目和健全社会服务体系试点的重要产物，镇江市是唯一试点城市。1997 年末，镇江市组建专家小组，设立工作机构，派员到美国、澳大利亚等国进行专题学习考察，制定《镇江市中小企业信用担保基金管理办法》。1999 年 1 月 28 日，市机构编制委员会批复同意成立镇江市中小企业信用担保中心，为隶属市经贸委的全民事业单位。同年 2 月 8 日，镇江市成立全国第一家中小企业信用担保机构——镇江市中小企业信用担保中心，此后中小企业信用体系向全国推广。2001 ~ 2004 年，镇江新区、扬中、丹阳、句容等辖市(区)政府由财政出资相继成立政策性担保机构，民资担保公司也有一定发展。至2004年末，全市担保机构发展到8家，注册资本7676万元，担保贷款累计7.4亿元。

一、镇江市中小企业信用担保中心

镇江市中小企业信用担保中心于1999年成立，筹集第一批担保基金624万元，为辖区内27户中小企业提供贷款担保80笔，担保总额3730万元。

2001年，担保基金增至1500万元，年末累计担保企业户数达96户，在保户数82户；累计担保笔数400笔，其中1999年80笔、2000年129笔、2001年191笔；累计担保总额30048万元，其中1999年3730万元、2000年9900万元、2001年16418万元；担保额10万元~100万元305笔、担保总额15648万元，100万元~1000万元担保笔数95笔；担保期限最短1个月，最长9个月。协作银行有市工行、市中行、市交行、市城商行；与银行分担比例，担保中心约承担75%；与银行协议放大倍数约1:10。累计实现收入76.7万元。

截至2005年，市中小企业信用担保中心注册资本已达2087万元，累计为辖区内115户中小企业提供贷款担保827笔，累计担保总额7.4亿元。2005年担保金额1.2亿元，是镇江市担保规模最大的担保机构。

二、镇江市诚信担保有限责任公司

镇江市诚信担保有限责任公司成立于1999年6月，由镇江的市和区财政资金、市商业银行协会、市私营个体协会、市价格办等社会法人团体以及20多家民营企业共同出资组建的股份制企业。全年公司为辖区内民营、个体企业贷款担保1150万元。

2001年，公司资本金增至1030万元，累计担保户数135户，在保户数105户。累计担保笔数364笔，其中1999年59笔、2000年165笔、2001年140笔。累计担保总额13493万元，其中1999年1147万元、2000年4126万元、2001年8220万元。担保额10万元以下170笔、担保总额1200万元；10万元~100万元担保笔数176笔、担保总额5893万元；100万元~1000万元担保笔数18笔、担保总额6400万元。担保期限最短6个月，最长12个月。协作银行为市城商行，与银行分担比例为担保公司全部担保，与银行协议放大倍数2000年9月前1:7.5，2000年9月后为1:5。累计实现收入148万元，其中担保费收入46万元，证券等投资收益102万元。

截至2005年，诚信担保责任有限公司注册资本金达2000万元，其中财政资金1135万元、社团法人244.5万元、民营企业620.5万元。至年末累计为230户中小企业提供贷款担保800笔，累计担保贷款总额4.9亿元，全年担保金额1亿元。

三、丹阳市阳光企业信用担保有限公司

丹阳市阳光企业信用担保有限公司成立于2000年11月。2005年末，注册资本350万元，累计为69户中小企业提供贷款担保141笔，累计担保总额达6400万元，2005年担保金额1150万元。

四、句容市中小企业信用担保中心

句容市中小企业信用担保中心隶属于市发改委，为独立事业法人单位，成立于2000年4月。2005年末，注册资本500万元，累计为51户中小企业提供贷款担保93笔，累计担保总额达2648万元，2005年担保金额765万元。

五、扬中市中小企业信用担保服务中心

扬中市中小企业信用担保服务中心隶属于市发改委，成立于2001年。2005年末，注册资本

4000万元,累计为85户中小企业提供贷款担保281笔,累计担保总额达1亿元,2005年担保金额6811万元。同年,扬中市中小企业信用担保服务中心争取到国家开发银行的“软贷款”,将注册资本金由原来的530万元增加到4000万元,成为扬中市注册资本金最大的担保机构。申请“软贷款”运作方法是由政府出资的开发性公司作为借款主体,申请专项贷款投入担保机构,由市财政分期给借款主体补贴用于偿还贷款。贷款期限5年,逐年还本,贷款年利率6.12%,利息每季结算一次。

六、镇江市投资担保有限公司

镇江市投资担保公司成立于2003年12月23日,注册资本2500万元,其中上海正润投资有限公司投资1500万元,镇江市中小企业信用担保中心投资1000万元。

2004年,公司共办理担保业务3笔,累计担保650万元(已全数归还),后因股东上海正润投资有限公司经营战略调整,担保业务未能持续开展。2005年8月底,上海正润投资有限公司将所持公司的全部股份转让给大连浩融投资公司继续经营。

七、镇江新区中小企业投资担保有限公司

镇江新区中小企业投资担保有限公司成立于2004年,由镇江新区管委会出资,隶属于新区经科局。2005年,注册资本达1000万元,累计为25户中小企业贷款担保44笔,累计担保金额达7272万元,全年担保金额7072万元。

八、镇江市裕昌投资担保服务有限公司

镇江市裕昌投资担保服务有限公司成立于2005年,注册资本金300万元,是辖区内首家民营担保机构,主要为中小企业提供贷款担保,同时为民间个人之间借款提供资金担保服务。2005年累计为25户中小企业及个人提供贷款担保12笔,累计担保金额300万元。

第四节 典 当

镇江市典当行业是随着我国改革开放的深入发展,于20世纪80年代后期在调剂商店基础上恢复经营的。1988年8月经镇江市体改委批准,镇江市典当拍卖公司成立,隶属于镇江供销社下属镇江市物资回收利用总公司。这是继1987年12月全国首家典当行四川成都华茂典当商行成立后江苏省成立的首家典当行。

1996年,国务院决定典当行划归中国人民银行管理。中国人民银行制定《典当行管理暂行办法》,规定典当行以有限责任公司方式组织成立。镇江市典当拍卖公司更名为镇江市诚信典当责任有限公司。

2000年,国务院决定取消典当行业金融机构性质,作为特殊工商企业交由国家经贸委监管。2003年6月,商务部成为典当行新的监管部门。

1988～2005 年镇江市典当企业一览表

表 19-43

典当企业名称	成立时间	注册资本（万元）	经营范围	营业收入（万元）	上缴利税（万元）	税后利润（万元）	从业人员（人）
镇江市诚信典当有限责任公司	1996	500	1. 动产质押典当业务;2. 房地产（外省、自治区、直辖市的房地产或者未取得商品房预售许可证的在建工程除外）抵押典当业务;3. 限额内绝当物品的变卖;4. 鉴定评估及咨询服务;5. 商务部依法批准的其他典当业务	7766.55	17.10	16.57	17
镇江市金山典当有限责任公司	1998	500	1. 动产质押典当业务;2. 房地产（外省、自治区、直辖市的房地产或者未取得商品房预售许可证的在建工程除外）抵押典当业务;3. 限额内绝当物品的变卖;4. 鉴定评估及咨询服务;5. 商务部依法批准的其他典当业务	567	38	61	16
丹阳市亨通典当有限责任公司	1997.10.1	1800	1. 动产质押典当业务;2. 财产权利质押典当业务;3. 房地产（外省、自治区、直辖市的房地产或者未取得商品房预售许可证的在建工程除外）抵押典当业务;4. 限额内绝当物品的变卖;5. 鉴定评估及咨询服务;6. 商务部依法批准的其他典当业务	4758.80	123	777	28
扬中市金诚通典当有限责任公司	2005.7.12	500	1. 动产质押典当业务;2. 房地产（外省、自治区、直辖市的房地产或者未取得商品房预售许可证的在建工程除外）抵押典当业务;3. 限额内绝当物品的变卖;4. 鉴定评估及咨询服务;5. 商务部依法批准的其他典当业务	152	1.50	2.10	4

一、镇江市诚信典当有限责任公司

镇江市典当拍卖公司 1988 年 8 月正式成立运营。公司注册资本 10 万元，注册地址位于大西路 481 号;工作人员 8 人，营业面积 60 余平方米;经营范围主要是各类民品、家用电器、服装、自行车、手表、照相机、机电设备、生产原材料等等;以质押为主，规模较小;月利率 6%，当期 1～3 个月，年典当发生额约几十万元，典当余额只有一二十万元。公司主营质押典当业务，房地产抵押典当业务，限额内绝当物品的变卖，鉴定评估及咨询业务。典当作价以保证典当资金的安全为原则，按质论当，质押金的支付为质品价值的 30%～80%；典当与拍卖相结合，拍卖价高出典当价的部分返还当户；典当手续费按实物当款的 6% 收取，另按当款 2% 收取保管费保险费。

1988～1991 年 8 月，公司共经营典当业务 4609 笔，资金量达 210 万元。典当物结构中，城乡居民生活用品占当款的 2%，个体工商户商品质押占当款的 72%，小集体企业、乡镇企业生产资料、产品典当占总典当额的 25%。“死当”金额 6.4 万元。1995 年，年典当累计金额 650 万元。

1996年,更名后的镇江市诚信典当有限责任公司,地址移至大西路415号,注册资本增加到500万元,营业面积扩大到200余平方米。服务对象主要为个体工商户,月利率5%,当期1~3个月。经营范围增加到金银首饰、摩托车和机动车。公司是全国典当专业委员会首批会员之一,江苏省典当协会第一届、第二届副会长单位;开发典当业务操作管理专用软件——诚信典当好帮手。

2004年,镇江市诚信典当有限责任公司将经营地址移至梦溪路15号7幢201室。经营范围为房地产抵押、机动车质押、电脑等数码产品、黄铂金钻戒、古玩字画等民品。主要满足中小企业、个体工商户的经营发展资金需要,抵押综合费率4.2%,利率按银行同期利率计算,当期1~6个月。年末,公司典当业务余额1155.80万元,全年累计放款金额4219.93万元;营业收入170.92万元,上缴税金9.69万元,税后利润2.26万元。

2005年,公司典当业务余额1270.17万元,全年累计放款3990.01万元;年末总资产1293.40万元,净资产507.32万元;营业收入119.93万元,上缴税金8.93万元,税后利润2.90万元。

二、镇江市金山典当有限责任公司

1994年11月,镇江市典当拍卖市场成立,主要经营范围为动产质押典当业务、财产权利质押典当业务、房地产抵押典当业务、限额内绝当物品的变卖、鉴定评估及咨询业务。至1996年6月累计典当业务量1200余万元,实现利税80万元。1998年1月1日正式改制为镇江市金山典当有限责任公司,注册资本500万元。2005年,公司总资产885万元,净资产523万元,实现营业收入184万元,上缴利税11万元,税后利润5万元。

第八章　金融业监督管理

1984年,市人行作为中央银行派出机构独立履行对辖区内金融机构的监督管理职能,重点对辖区内金融机构的市场准入与退出、金融业务的合规性与风险性、社会金融秩序进行监督管理。

1993年,市人行将辖区内证券行业的监管移交中国证券会有关管理机构;1998年将辖区内保险行业的监管移交中国保监会有关管理机构;2003年将辖区内银行业金融机构监管职能移交镇江银监分局。

第一节　市场准入与退出管理

1985年,市人行对辖区内金融机构的设置进行登记、发证工作,直接审核发证的农村信用社机构89个;市工行、农行、中行、建行和保险公司登记机构177个,经审核上报省人行批准发证120个,其余不符合条件的暂缓发证。

1986年后,全市银行业新增储蓄网点77个;市人行批复同意大市口解放路邮电支局开办邮政储蓄;批准市农行筹建信托投资公司。至1987年,市农行、市工行、市建行信托投资公司相继营业。1989年,市人行对辖区内金融机构进行全面检查,建立机构管理档案,撤销3个无经济效益的储蓄所。1990年根据国家《关于进一步清理整顿金融公司的通知》及《关于金融公司撤并留政策意见的通知》,市人行撤销市工行经济咨询公司、市农经服务公司、市人保的经营公司。1991年整顿市工行、农行、建行信托投资公司并改建为江苏省专业银行信托投资公司镇江办事处。1991~1994年,市人行共批准设立各类银行业网点285个。撤销中国银行江苏省信托咨询公司镇江办事处;整顿清理扬中、丹阳等县市未经批准擅自设立的储蓄代办点130多个;撤销镇江市信托投资公司下属

3个县级办事处；停业清理镇江市金融市场，撤销其下属4个县级办事处；对辖区内6家证券机构进行检查验收，对其中5家验收合格的证券机构颁发经营证券业务许可证。

1995年依据新颁布的《中华人民共和国中国人民银行法》《中华人民共和国商业银行法》等金融法律法规，市人行严格依法管理辖区内金融机构，从严控制金融机构网点发展。9月根据省人行《关于非银行机构重新登记的通知》精神，对省工、农、建行信托投资公司镇江办事处及下属证券交易营业部，逐步清理脱钩；对镇江市信托投资公司及丹阳办事处、江苏省证券公司镇江业务部进行全面清理，予以重新登记。11月对辖区内115家邮储机构进行全面检查，统一颁发经营金融业务许可证。全年共撤并22家经济效益低下的储蓄网点，升格22家效益较好并具备企业存款条件的储蓄网点。至年末，全市共有各类金融机构1286家，其中人民银行市、县两级分支行5家；商业银行市县级分支机构27家、办事处21家、分理处229家、储蓄所867家；信托投资公司1家；证券营业机构5家；中国人保、太保、平保3家保险公司及其下设营业机构27家；城市信用社12家；农村信用社89家。1996年按照国务院、人总行的政策规定，设立农业发展银行市县两级分支机构；完成辖区内农村信用社与农业银行的脱钩工作；完成人保公司市、县寿险与财险分支机构的分设；完成太保、平保寿险与财险分账经营；撤销越权审批的中国华诚财务公司镇江代表处；撤销江苏融资中心镇江办事处、中国投资银行南京分行镇江代理处。1997年对辖区内51个保险分支机构进行年检，整改8个，撤销1个。1998年，市人行下发《关于进一步明确金融机构高级管理人员任职资格管理有关问题的通知》，核准222人的任职资格，完善辖区内金融机构主要负责人任职档案信息库。

1999年以后，市人行重点强化辖区内中小法人金融机构市场进入与退出管理。1999年，市人行完成镇江市城市商业银行撤并方案审查；对12个符合并入农村信用社条件的农村基金会复审上报省人行；对62个清盘关闭的农金会农户借款、部分企业借款进行收购；对36名不具备任职资格的农信社主要负责人制定限期达标计划；对辖区内167家农村信用社及其分支机构进行年度年检，对其中不符合要求的20家分支机构发出限期整改的通知。2000年，市人行会同市农联社共撤销辖区内农村信用站83个；将清产核资后确认为资能抵债的丹阳福康、扬中江洲城市信用社翻牌为农村信用社。市人行全年共审核批准辖区内金融机构迁址46个、撤销42个、更名182个、降格1个、歇业1个。2001年，句容华盛城市信用社翻牌为农村信用社，镇江市信托投资公司退出市场。2002年，市人行根据人行南京分行《关于进一步做好城市商业银行支行行长轮岗和高级管理人员管理工作的通知》，对辖区内城市商业银行支行行长轮岗制度执行情况进行检查，督促城市商业银行对尚未轮岗的21名高级管理人员按规定进行调整。2003年加强辖区内金融机构高级管理人员的审核工作，对43人进行任职前考试，对1名考试不及格拟任人员予以调换。对25名高管人员进行任期考核，审核高管人员任职资格105次。全年辖区内共办理银行业新设金融机构1个、升格13个、迁址30个、更名13个、撤销31个、歇业1个。

图19-16　中国银行业监督管理委员会镇江监管分局（2005年摄）

中国银监会成立后，按照《中华人民共和国银行业监督管理法》和《中华人民共和国行政许可法》要求，对银行业市场准入管理方式和程序进行改革和调整，下放新设银行分支机构审批权限，取消对中资商业银行及外资银行部分新业务的审批或备案要求，放宽银行业务市场准入审批要求，解决高级管理人员任职资格核准过程中重复审核问题。2004 年 5 月，镇江银监分局根据中国银监会颁布的《金融许可证管理办法》要求，实施金融许可证编码管理，并在互联网上及各地主要新闻媒体上予以公告，完成全辖银行业金融机构分支机构 1200 多件集中换证及公告工作。镇江银监分局全年审批辖区内银行业金融机构机构变更事项 333 项，审核批复高级管理人员任职资格 49 人。2005 年审核批准辖区内银行业金融机构新设机构 4 家、迁址机构 21 家、更名机构 142 家、升格机构 36 家、撤销机构 18 家、受理高级管理人员任职资格审查 115 人。镇江市银行业金融机构分理处（乡镇信用社）以上级别机构共 642 家。

第二节　合规性与风险性监管

1985 年，市人行运用现场检查、稽核等方式重点对金融机构执行利率政策、业务合法合规性进行监管。1988 年，市人行制定《关于加强储蓄存款管理的规定》，基本制止辖区内银行业金融机构自行开办有奖储蓄变相提高利率争吸储蓄的现象。同时对非银行金融机构资金拆借，银行业金融机构粮食收购资金运用、贷款投向、部分专业银行财政性存款划转，市工行、农行用流动资金发放固定资产贷款等项目进行稽核。1989 年稽核县级以上金融机构 41 家，查出各类违规金额 1.29 亿元。市人行对辖区内专业银行储蓄利率执行情况组织 3 次检查，对部分提高或变相提高利率的 105 家金融机构进行通报和罚款处理。1990 年，市人行决定在辖区内停办各类有奖储蓄，取消非规范化储种，统一储蓄代办费率，整顿公款私存；纠正市工行的保险基金及邮政部门的汇兑资金作为储蓄存款的问题；清理整顿信托投资公司债权债务，清理假委托贷款和拆借资金贷款，停办新的信托贷款、委托贷款业务；根据清理整顿要求对城市信用社进行检查验收和综合评估。制定《证券转让业务管理规定》，严格证券转让价格管理，与市公安、工商管理部门联合制定《加强有价证券市场管理的通告》，取缔黑市交易。

1993～1999 年，金融监管的重点逐步由合规性向风险性，由全部金融机构向地方中小法人金融机构转移。1993 年，市人行组织辖区内金融机构清理违章违规拆借、压缩计划外贷款、清理入网基金，至年末共收回拆出资金 11.72 亿元，归还拆入资金 13.88 亿元，净拆入资金余额下降 2.15 亿元；清理绕规模贷款，严禁新发生计划外贷款，至年末共压缩计划外贷款 4.26 亿元；清理动用违规邮储资金 2735 万元；制止个别部门和金融机构自行贴水销售企业债券和未经批准代理发行企业债券、擅自发行投资受益债券和投资基金债券等违反金融政策的行为。组织辖区内金融机构对金融宏观调控措施执行情况、资产质量、信贷规模、利率政策、兴办经济实体、房地产投资等进行专项稽核，查实各类违规金额 31.41 亿元，处罚金额 67 万元，累计追缴各类存款准备金 1.65 亿元。1994 年根据人总行制止“四乱”的通知精神，组织开展对辖区内金融机构资本金来源及真实性、经营业务范围的检查，查出各类违规金额 34.28 亿元，责令限期纠正金额达 24.73 亿元，处罚 27.74 万元。1995 年，市人行按月考核辖区内商业银行及农村信用社人民币贷款规模。对城市信用社严格执行资产负债比例管理，对存贷款超比例的 6 家城市信用社发出整改通知。对辖区内 11 家城市信用社的名称、资本金、股权结构、经营等方面进行规范整顿；扩充资本金 1160 万元，清理不合规法人股 38 户计 274.5 万元，新增法人股 47 户计 614.5 万元，新增个人股 47 户计 239.76 万元；调整城市信用社理事会、监事会，完善议事规则等民主管理制度。1996 年纠正银行业金融机构违规经营存款 3.94 亿元、违规贷款 25.2 亿元，清理归还违规动用邮储资金 1830 万元。1998 年，市人行组织对辖区内城乡信用社违规经营进行清理整顿，共清理出违规经营资产 6746.7 万元、负债 6162 万元；化解 10 家资不抵债的高风险农村信用社；制止保险市场不正当竞争，组织辖区内保险机构对执行业务规章制度和保险资金运用进行全面的自查自纠，纠正“无赔款退费”的做法；对典当行试行统一的《典当行会计基本制度》，修改资产负债表，规范典当行经营行为。根据《国务院办公厅转发中国人民银行整顿银行账外账及违规经营工作实施方案的通知》，自1998年10月起，市人行组织辖区内工、农、中、建、交5家商业银行和邮储机构开展自查自纠并于1999年初进行抽查认定：对1996年账外资金来源、运用余额555万元；1998年违规发放贷款余额11233万元，违规拆借资金余额1651万元，违规签发银行承兑汇票余额2219万元，违规开具信用证286.92万美元进行整改，对相关机构和责任人进行处罚。1999年开展对农村信用社非现场监管，检查22家高风险资不抵债农村信用社综合治理情况，化解6家高风险信用社资不抵债情况，资不抵债金额比年初下降2134万元。

2000年以后，市人行重点监管辖区内银行业金融机构经营性风险，全程监管地方性法人金融机构在改制过程中的规范性和资产质量。2000年，市人行组织对辖区内银行业金融机构1999年年末贷款质量、盈亏状况、内控制度和高级管理人员任职等方面进行真实性检查，共抽查本外币贷款81057笔，涉及贷款余额17.89亿元，占辖区内银行业金融机构贷款总余额的72.75%。2000年8月，市人行会同公安、工商管理部门对外汇黑市交易进行专项整治，全年立案查处12起，累计处罚人民币142.8万元。2001年根据人总行、人行南京分行统一部署，组织开展辖区内银行业金融机构不良贷款情况的全面检查工作。年末，辖区内国有商业银行不良贷款比年初下降3.64个百分点。2002年制定《人行镇江市中心支行监管工作要情报告制度》《金融监管提示书》等制度；向市城商行和丹徒农联社派驻监管组；对市城商行创新业务和内控制度执行情况的监管。2003年强化对辖区内金融机构不良贷款的监测分析；对市城商行经营中的风险性进行评估。根据银监会《农村信用社风险监测评估体系》，组织对辖区内4家农村信用社联社进行风险评估测算。年末，辖区内银行业金融机构不良贷款余额67.25亿元，比年初下降5.82亿元。

2004～2005年，镇江银监分局通过现场检查和非现场监管，对辖区银行业金融机构风险性与合规性进行分析、检查、评价和处理。2004年对市商业银行贷款五级分类、票据业务、丹徒农联社非信贷资产、镇江邮储机构依法合规及审慎经营等项目，共派出检查组19个，投入工作日1510天，检查金额325亿元。镇江银监分局对辖区国有商业银行分支机构内部控制情况进行全面评价，形成非现场评价报告。针对人民来信反映有关银行在办理个人住房、商用房按揭贷款中存在“假按揭”的问题，查实责成相关行全部收回查实的“假按揭”贷款共15笔、金额439.5万元，处理相关责任人16人，其中，行政记过并处经济处罚2人，通报批评并处经济处罚14人。镇江银监分局制定不良贷款监测制度，将监管领域由不良贷款向非信贷资产、表外业务延伸，加强对不良资产的监测与分析。2004年末，镇江市各商业银行五级分类不良贷款余额64.5亿元，比年初下降15.67亿元，不良贷款率13.43%，比年初下降6.18个百分点。全市农村信用社四级分类不良贷款余额6.13亿元，比年初减少2.71亿元，不良贷款率10.04%，比年初下降5.85个百分点。加强对中小法人金融机构债券投资业务监管，督促农信社严格按有关文件规定清收违规债券投资业务共4笔计9000万元。截至2005年累计收回违规债券投资8700万元，完成清收任务的96.6%。

2005年，镇江银监分局对市交行内控制度建设和执行情况，工行、农行、中行、建行、交行贷款五级分类偏离度等项目，共派出检查组14个，投入工作日1870天，检查金额331亿元。全市全年各商业银行五级分类不良贷款额52.84亿元，比年初下降16.87亿元，不良贷款率9.73%，比年初下降4.41个百分点。全市农村信用社四级分类不良贷款余额5.22亿元，比年初下降0.90亿元，不良贷款率为7.40%，比年初下降2.64个百分点。镇江银监分局加强大额授信风险管理，江苏赛博电子有限公司从2004年下半年开始，由于内部管理等原因导致资金链断裂，镇江辖区6家商业银行在该企业累计授信3亿元，占该企业总授信的75%。市银监局发现后发出风险预警，组织召开各债权银行情况通报会，提出监管建议，并向市委、市政府书面报告，促成市政府组织有关方面加大引进战略投资者和对该企业进行财务核查和财务重组工作。镇江银监分局出台《辖内农村合作金融机构客户大额授信业务监管工作制度》,加大大额授信业务监管力度。

第三节　社会金融秩序监管

一、制止违规发行企业债券

1993 年根据国务院 24 号文件精神,市人行向辖区内金融机构下发《关于进一步加强债券发行管理的通知》和《关于未经人行批准不得代理发行企业债券的通知》,规范企业债券发行行为。但镇江市自 1993 年以后,地方政府职能部门未经上级有权部门同意,擅自批准发行企业债权,并指令市区各金融机构代理发行,至 1996 年 7 月债券总额为 19528 万元。1996 年 7 月 15 日,市人行向市政府提交《关于停止违规审批发行企业债券的报告》,根据省人行"苏银发〔1996〕549 号"文件通知要求,建议市政府立即整顿企业债券发行。市政府决定严格执行国务院发布的《企业债券管理条例》,市政府任何部门不得越权审批发行新的企业债券,对已发行到期的企业债券,采取企业自行筹措资金兑付 1/3、代理金融机构增加发债企业流动贷款兑付 1/3,争取上级有权部门批准套发 1/3,争取在 2 ~ 3 年的时间内全部消化已发行到期的全部债券。至 1997 年 7 月共兑付企业债券 6751 万元,逐步消化发行违规企业债券形成的风险。

二、查处非法社会集资

1992 年,镇江市丁卯、大港两经济开发区以高出银行存款利率的利率公开向社会集资,缓解开发区建设资金紧张。1993 年,集资单位扩大到京口、润州两行政区和供销社系统。1994 年 8 月根据省人行指示,市人行组织对丁卯、大港经济开发区企业集资情况进行调查,对市大鹏集团实业发展公司、京口科技工业发展总公司非法集资活动进行查处。配合省人行对市投资公司和市建筑开发股份有限公司非法集资进行查处和通报。1995 年,市人行对市供销社以"内部股金"的名义和润江房地产公司以年息 20% 的高利率向社会非法集资进行查处。1997 ~ 1998 年,市人行会同市计委、市财办对市区集资情况进行两次全面调查:截至 1997 年末,市区共有向社会非法集资单位 20 家,公开设立集资点 22 个,集资总余额 15.4 亿元,集资利率一般是银行同期存款利率的 2 倍,最高集资利率达年息 25%。调查组联合起草的《镇江市企业集资管理意见》经市政府审定后下发到市区各主管局和集资单位,明确企业集资总量控制与逐年压缩的办法。

1998 年 7 月,国务院《非法金融机构和非法金融业务活动取缔办法》发布后,市政府要求集资单位主管部门组织自查自纠,成立由公安、工商、监察和人行等部门参加的打击"非法金融机构和非法金融业务活动"工作组。1998 年 8 月,市人行会同工作组成员单位对市长江石油有限公司非法集资进行查处,限期清退 69 笔集资款 47.15 万元,并由市润州区监察局对非法集资直接负责人作出行政警告处分。1999 年 3 月对润州区中油有限公司非法集资进行制止和查处,并由润州区政府对公司负责人作出行政警告处分。1999 年 8 月,温家宝副总理对镇江新区大港开发总公司违规向社会集资情况作出批示后,市人行组织力量再次对大港开发总公司的集资形式、批准单位、集资规模、集资款用途及余额进行一次全面调查上报,并协助市政府落实处置措施,化解大港开发总公司的集资风险。

三、清理整顿供销社社员股金与企业集资

2000 年,镇江市区一些部门和企业在集资兑付中的突出问题逐步显现,多数吸股和集资企业经营不景气,筹资兑付难度大。3 月 20 日,镇江市委、市政府作出"严禁新集、停止套集、承诺兑

付、本息分离、先本后息、分期还本、降低利率”政策措施，对镇江市供销社社员股金和企业集资进行全面清理整顿。清理整顿公告发布后一些参与集资者情绪偏激，发生多起聚众闹事并两次冲击堵塞铁路交通，致使沪宁铁路行驶中断的严重事件。市人行向辖区内金融机构发出《关于加强金融安全保卫工作的紧急通知》《关于认真做好维护金融稳定的紧急通知》，制定清理整顿期间中小法人金融机构保支付工作预案，成立金融系统保支付工作领导小组，配合地方政府做好企业集资的清理整顿工作。

四、金融市场秩序管理

2004 年，镇江银监分局督促各行特别是法人金融机构切实加强对资金流动性状况进行日常监测，做好资金、预测、调剂工作，防止因兑付大额存款而发生支付风险。要求各银行业金融机构在组织存款等工作中，严禁以不正当方式搞鼓动性、误导性、排他性宣传，破坏正常的金融秩序。

2005 年，市银监局下发《关于重申严禁银行业金融机构存款不正当竞争行为的紧急通知》，督促各银行业金融机构严格执行国家有关利率政策规定，严禁擅自提高利率，不得变相提高存款利率，不得支付法定利率规定以外任何名目、形式的费用和实物。要求各银行业金融机构要严格规范存款考核行为，禁止存款单项考核和奖励办法，不得对非存款部门下达存款考核指标，不得将存款考核指标分解下达到职工个人，不得将存款考核指标与职工个人工资、奖金、福利、行政职务安排等挂钩，对个别行违规吸储行为进行严肃处理。

五、案件专项治理

2005 年，镇江银监分局成立案件专项治理工作督查指导小组，市各行也相应成立专项治理工作领导小组，制定《关于落实案件专项治理工作贯彻意见的通知》，对案件专项治理工作的组织领导、实施步骤、自查内容提出要求。组织对重点地区、重点机构、重点岗位、重点业务以及重大风险点专项治理情况进行现场督查，累计派出 8 个督查组计 46 人次，分别发出 12 份案件专项治理督查意见书。组织召开监管例会、组织召开案件专项治理工作督查会，并分别到市城商行，丹阳、丹徒农信社对案件专项治理工作进行指导和督查。

针对 2005 年 7 月辖内银行发生两起被假银行承兑汇票诈骗贷款案件，市银监局对 4 个方面、8 大问题提出监管要求。召开由镇江市和所辖各市（区）农村信用联社理事长、主任参加的全市农信社案件通报分析及案件专项治理督查会。召开全市各行（社）主要负责人参加的案件专项治理工作推进会，下发《关于进一步加大案件专项治理工作力度的通知》。

———小资料———

[清]周镐·京江二十四景图——浮玉观涛

“浮玉”，为金山别称。金山原在江中，郁郁葱葱，似若“浮玉”。为江中一岛，水流湍急，潮汛涨落，惊涛拍岸，浪花四溅。远眺白帆点点，海鸥掠影，江天一色，颇富诗意。

金山素以“萃然天立镇中流，雄跨东南二百州”闻名于世。依山造寺，殿宇佛堂幢幢相衔，亭台楼阁层层相接，具有山体与寺庙混为一体的独特风格。“数重楼枕层层石”，“插之金碧虹千丈”，如此雄伟的建筑，宋代人已叹为观止。道光(1821—1850年)初年，江岸北移，金山渐与陆连，水中风光成为陆地胜境。

第二十卷

信息产业

卷　目

1983 年,镇江市话只有 5000 多门。至 1985 年末,全市共有邮电支局(所)137 个,邮电业务量 2508 万元,电报电路 56 路,长话电路 343 条,农话中继电路 436.5 路,市话容量 10000 门、话机 19991 部。改革开放后,邮电业发生历史性的变革,邮政与通信业务分离,业务实现城乡全覆盖;无线通信业务从寻呼向实时通讯转变,无线电频率得到有效的监测和管理。2000 年,电话用户总数达到 63.56 万户(包括小灵通用户,不包括农村用户),至 2005 年末,全市固定电话激增到 140.98 万部。20 世纪 90 年代兴起的移动电话发展迅猛,用户数从刚开始时 20 多万户发展到 2005 年全社会移动电话用户 106.10 万户。2005 年,邮电业务总量完成 214180 万元。

1983 ~2005 年,软件和电子信息产业实现爆发式增长,出现一批具有代表性的龙头骨干企业。1999 年,全市软件业共有 5 家软件企业,到 2005 年,全市从事软件应用开发的企业增加到 50 余家;销售收入从 2000 年的 4300 万元增长为 2005 年的 10 亿元。信息技术在政府、工业、建筑、交通等众多领域得到广泛应用。家用电脑和互联网广泛应用,推动传统的生活和工作方式改变。2002 年,互联网上网用户 12.91 万户。2005 年,全市互联网用户发展到 14.73 万户。无线电管理也从行政审批和监督为主转向科学、合理、有效地对无线电频率进行管理。

第一章　邮　政

1983 年,全市(含辖县)共有邮电支局(所)132 个,邮路总长 2305 公里,邮电业务总量 1798 万元,其中镇江邮电局(包括市区及丹徒县)有邮电支局(所)45 个,邮路单程总长度 1465 公里。1985 年,全市(含辖县)共有邮电支局(所)137 个,自办邮路单程总长 1087 公里,邮电计费业务量 1187.17 万元。其中镇江邮电局(包括市区及丹徒县)有邮电支局(所)46 个,自办邮路单程总长 740 公里。当年进出口邮件 1937.04 万件,转运邮件 2485.20 万件;邮电计费业务量 593.81 万元,名列全省各市第七位。1986 年 4 月 1 日,镇江邮电局恢复邮政储蓄业务。

1992 年,镇江邮电局开发的报刊发行微机处理系统软件在全省推广应用。6 月 20 日,解放路邮电支局率先实现电脑储蓄,大西路、环城路和火车站等邮电支局也相继开办电脑储蓄。至年底,镇江邮电局首批电脑储蓄网点计划全部完成,电脑储蓄网点数仅次于南京、徐州,列全省第三位。8 月 25 日,邮电部在镇江举行《三国演义》(第三组)特种邮票首发式。当年,邮政业务收入突破 1000 万元,达到 1010.92 万元。

1993 年 3 月 15 日由镇江邮电局始发的镇江—淮阴(一)班及镇江—兴化班汽车邮路,返回改为夜班邮路,使二级邮路和铁道干线邮路进入最佳衔接状态。4 月 26 日,三茅宫邮电支局正式对外办理邮电业务。9 月 11 日,镇焦路(现东吴路)邮电支局正式成立。12 月,邮政储蓄余额突破亿元大关,达到 1.42 亿元。1994 年 8 月 12 日,新建的商业信函处理中心正式投入使用,该中心引进的北京市国邮通讯技术开发公司的商业信函自动处理系统,贮存全国各地 94 个行业 200 多万家企事业单位的信息,配以高科技的激光打印机、激光扫描仪,可制作各种图文并茂的产品广告,采用的多路打印机控制器可同时控制 14 台打印机,日处理总量达 3 万封。9 月 1 日,镇江邮政储蓄在全省率先实现市区所有邮政储蓄网点通存通兑,成为镇江市最大规模的电脑网络。9 月 10 日在新马路邮电支局推出邮政营业综合服务台，每个营业窗口均可同时办理信函、包裹、汇兑、特快专递等多项服务。11月24日，邮电部发行的《中国古典文学名著〈三国演义〉》（第四组）特种邮票首发式在镇江北固山甘露寺举行。该套5枚邮票之一的“刘备招亲”就发生在当年东吴的政治、军事中心的京口，即今日镇江。1994年末，邮政储蓄业务抓住代理收取话费，代理出售、兑付国库券，代收职工购房款等多种服务项目，促进邮政储蓄余额迅速增长。到年底，邮政储蓄余额达到2.2亿元；邮政业务收入达到2153.80万元，比1993年增长54.51%。1995年3月，解放路支局重建办公营业用房竣工并开始营业。4月28日增开镇江—淮阴夜班邮路，并对原有的3条跨区邮路进行技术改造，每日净增单程运能5.75吨，部分邮路实现轻重分运，镇江市与沿途7个县市之间当日收寄及由镇江经转的快递邮件全部达到次日投递的要求，其他信函、报纸的传递也较过去加快0.5～1天。至1995年底，邮政储蓄余额达到3.4亿元；邮政业务收入达到2854.85万元，比1990年增长3.75倍。当年，火车站邮电支局被团中央和邮电部授予全国邮电系统青年文明号。

1996年2月20日完成镇江邮政储蓄绿卡工程。同年，全市城市支局全部实现邮政营业电子化。9月建成面积为24741平方米的镇江邮政枢纽，内部设有信函自动分拣机、转运和包裹推挂系统、包刷分拣机、集中除尘系统和电视监控系统等设备，于1997年全部投入使用。1997年7月7日实现镇江邮政储蓄绿卡系统与全国绿卡系统联网。12月，镇江市区开通20台ATM设备，并实现与全国34个网点的异地通存通兑。1998年1月建成功能较为齐全的镇江邮区中心局，管辖镇江四县（市）和泰州、兴化。5月建成报刊分发数显电子格架，提高分拣封发的准确率和生产效率。镇江邮政枢纽信函、包裹和报刊杂志的分拣封发基本实现自动化、机械化和计算机化。至9月底完成丹阳、句容、扬中三县（市）邮政局的绿卡工程建设，全市开通邮政绿卡网点122个，并实现与全国50多个城市的通存通兑。10月16日邮政电信分营后，镇江邮政局在中山东路423号购置12层办公楼一座，其一、二层用于邮政营业。1998年，全市（含辖市）邮政业务总量达到8197.1万元，比上年增长16.6%。1999年，镇江邮政局采取增收节支等举措，扭转邮电分营后邮政严重亏损的局面，实现扭亏增盈目标，人均劳动生产率达到11.2万元/人·年。

2000年3月1日起，镇江邮区取消出口挂号信函和出口平、挂印刷品封发功能。4月12日，国家邮政局撤销镇江三级邮区中心局，将其改为三级辅助邮区中心局。5月8日起取消对本邮区以外平常信函的封发功能，镇江、扬州、盐城、淮阴、连云港5市邮区中心局实现出口平、挂信函和平、挂印刷品集中处理。6月2日，镇江邮政枢纽内的NEC信函分拣机搬迁至常州局投入使用。7月1日，镇江邮区进口平信集中到南京处理。2001年4月5日起取消镇江出口包裹的封发功能，对寄往镇江邮区中心局以外的出口包裹一律集中到南京邮区中心局处理。7月1日开通镇江至常州夜班快速邮路，增开镇江至丹阳三班邮路。7月20日起实行邮件内部处理“三状化”（信函状、扁平状、包状），即镇江辅助邮区中心局接收所属各分支机构和其他邮区中心局发来的总包邮件时，信函状送函件班处理，包裹（挂刷）、扁平状和包状平刷送包刷班处理。截至8月底，镇江市（含丹徒县）邮政储蓄余额首次突破10亿元，达到10.04亿元。11月1日起对区内各县（市）局的进口快递包裹实行集中分拣处理，对区内各投递点建立直封格口，实行直封直发。区内零点前进口的快递包裹当日投递到户，比直封前提前1天左右。2002年5月13日，镇江进口平刷集中到南京处理。10月1日开通镇江至南京、无锡报刊专线邮路，并纳入省内干线邮路管理。11月1日起，进口包裹集中南京邮区中心局处理。至此，镇江除特快专递、快递包裹和报刊保留分拣封发功能外，其他各类进出口邮件全部改由南京局封发处理。12月12日，全市（含辖市）邮政储蓄余额首次突破30亿元大关，达到30.03亿元。2003年7月15日起根据省邮政局统一部署，镇江邮政枢纽内的包裹分拣机由镇江邮政开发总公司邮政设备分公司承担拆卸搬迁工作，至9月20日，所有包裹分拣设备全部安全搬运至徐州邮政枢纽。

2004年11月1日起，镇江邮政局与每日交接的18条铁道一级干线邮路和镇江—南京、镇江—扬州、镇江—常州3条省内二级干线汽车邮路之间的总包邮件信息通过计算机网络实现互联互通。根据国家邮政局要求，取消区内非速递站点局且日均出口特快量低于500件的句容、扬中两局的出口特快分拣封发功能，两局的出口特快全部集中到镇江市局处理。2005年7月18日，镇江—上海一级干线汽车邮路开通，当晚发运"全夜航"特快邮件292袋近1700件。2005年，全市（含辖市）完成邮政业务总量22957.38万元，其中镇江市局完成10475.99万元。

第一节　机构沿革

1982年1月，镇江地、市邮电局合并为镇江邮电局。1983年，镇江实行市管县新体制，原属镇江邮电局管辖的金坛、宜兴、溧水、溧阳、高淳等县局划出，丹阳、扬中、句容等县局属镇江邮电局管辖，丹徒县邮电业务由镇江邮电局直接承担。

1985年以后增设火车站、三茅宫、花山湾、运河路、汽车站、中山西路、甘露寺、儒里等局所。至1985年底，镇江邮电局共有18个支局、23个邮电所、5个代办所。1987年5月25日，镇江邮电局实行局长负责制。同年7月14日，谏壁支局被列为城市支局管理。至1995年末，镇江邮电局下辖自办分支机构共有47处。1998年10月16日，镇江邮电分营，镇江邮政局成立，为政企合一的公用企业。同年12月，邮政城市支局（所）实行中心支局管理体制，设立解放路支局、火车站支局和中山东路支局3个中心支局。

图20-1　20世纪80年代中期邮政局大市口营业窗口

1999年建立金东邮政所、中山东路邮政综合营业厅、邮政函件局、龙山邮政代办所、邮区中心局。同年，镇江邮政文化中心开业、汝山邮政支局更名为二十一世纪乐园邮政支局（2002年7月，恢复为汝山邮政支局）。年底成立京口邮政分局、润州邮政分局，分别管理京口区、润州区的邮政业务。2002年1月，撤销两分局，成立营业分局，原属京口、润州分局的各支局（所）划归营业分局管理。2000年撤销桃园邮政所。8月30日成立镇江市邮政捷达递送有限责任公司，为邮政局代办报刊、图书收订和投递，揽收递送各类邮件、广告及礼仪业务，担负全市城区和郊区"户箱工程"建设及信报箱安装、维修和广告经营等的管理工作。2001年3月20日，西麓邮政所更名为谷阳邮政所。4月12日撤销镇江三级邮区中心局，改为三级辅助邮区中心局。2002年4月16日，镇江邮政局成立邮政物流业务局，各辖市邮政局相应设立邮政物流配送部。6月10日，丹徒县分局更名为丹徒区分局。2004年5月1日，环城路邮政支局更名为梦溪路邮政支局。11月19日成立代理电信业务部，代办电信业务归口代理电信业务部管理。12月22日撤销营业分局、丹徒区分局，两分局所属各支局（所）由经营服务部、计划财务部、人事教育部等职能部门直管，其日常管理以经营服务部为主。同日，报刊发行科更名为报刊发行投递业务局，捷达递送公司、报刊发行公司划归其管理。

2005年，镇江邮政局速递公司、邮票公司分别更名为速递业务局、集邮业务局，其职责、级别不变。6月23日撤销代理电信业务部，成立信息业务分局，负责代办电信业务、电信增值业务及邮政电子商务类业务的经营管理，与11185客户服务中心合署办公。9月2日设立松村路邮政所，办理各项邮政业务，12月3日增办邮政储蓄业务。同年撤销营业分局和丹徒分局建制，对所辖城乡支局(所)实行扁平化管理,并按照规模划分等级,实行分类管理。其中一类支局3个,按副科级单位进行管理;二类支局6个,支局长享受科员待遇,仍为生产岗位;三类支局27个,四类支局4个,分别比照现行邮政支局(所)进行管理。至2005年底,镇江邮政局共有邮政局所53处,其中农村局所24处。城市投递段道101条,农村投递路线单程总长度3299公里。

1983～2005年部分年份镇江市主要邮政局(所)分布表

表20-1

年份	城　市	农　村
1985	解放路、大西路、环城路、苏北路、小码头、京畿路、火车站、正东路、九里街、桃园	谏壁、姚桥、大路、大港、丁岗、高桥、丹徒、辛丰、石马、上党、宝堰、石桥头、上会、七里甸、高资、纪庄、工学院、三山、江心洲、世业洲、新民洲、黄墟、石头岗、乔家门、四摆渡、伏牛山、小力山、四方桥、荣炳、五峰山、船山矿、官塘桥、孟家湾、祝家巷、儒里、西麓
1995	解放路、大西路、环城路、火车站、三茅宫、谏壁、新马路、东吴路、正东路、甘露寺、苏北路、京畿路、小码头、桃园、花山湾、丁卯、运河路、中山西路、四摆渡、七里甸	姚桥、石桥、大路、高桥、大港、丁岗、辛丰、黄墟、丹徒、宝堰、上会、上党、高资、石马、三山、江心、世业、蒋乔、荣炳、西麓、儒里、官塘桥、汝山、工学院、新民洲、伏牛山、四方桥、船山矿、五峰山
1998	解放路、大西路、环城路、火车站、三茅宫、谏壁、新马路、东吴路、中山东路、丹徒、汝山、工学院、正东路、运河路、桃园、花山湾、船院、甘露寺、和平路、长江路、李家山、七里甸、丁卯、四摆渡	大港、大路、姚桥、石桥、高桥、辛丰、黄墟、三山、江心洲、丁岗、上党、西麓、上会、宝堰、荣炳、高资、石马、世业洲、儒里、新民洲、蒋乔、官塘桥、祝家巷、五峰山、港口、纪庄、船山矿
2000	解放路、大西路、环城路、火车站、三茅宫、谏壁、新马路、东吴路、中山东路、丹徒、二十一世纪乐园、工学院、正东路、运河路、花山湾、船院、甘露寺、和平路、长江路、李家山、七里甸、蒋乔、官塘桥、丁卯、四摆渡、金东	大港、大路、姚桥、石桥、高桥、辛丰、黄墟、三山、江心洲、丁岗、上党、西麓、上会、宝堰、荣炳、高资、石马、世业洲、儒里、新民洲、祝家巷、五峰山、港口、纪庄、龙山、船山矿
2005	解放路、大西路、梦溪路、火车站、三茅宫、谏壁、新马路、东吴路、中山东路、丹徒、汝山、江苏大学、正东路、运河路、花山湾、船院、甘露寺、和平路、七里甸、蒋乔、官塘桥、丁卯、四摆渡、金东、船院南校区、松村路	大港、大路、姚桥、石桥、高桥、辛丰、黄墟、三山、江心洲、丁岗、上党、谷阳、上会、宝堰、荣炳、高资、石马、世业洲、儒里、新民洲、祝家巷、五峰山、纪庄、龙山、船山矿、人民广场

第二节　基础业务

镇江邮政在清代开办之初,信函、包裹、汇兑等业务量均居全国前列,为长江下游的主要中转枢纽。民国时期,陆上交通日益发达,邮件转运逐步分流,业务量下降。新中国建立后,继增办报刊发行、机要通信等业务后,又逐步自办汽车邮路取代委办轮船邮路,邮运工具基本实现机械化,邮政业务量稳步增长。

一、函件、包裹和汇兑

镇江建立邮政后,相继开办函件(平信、明信片、印刷品、货样)、挂号邮件、国内汇兑、国内包裹和保险包裹以及代收货价等业务。1980年11月开办寄往美国的包裹业务。1981～1982年,相继恢复代收货价、国内邮政回执、国际信函、国际包裹和国际挂号邮件等业务。1983年5月,解放路支局开办放射免疫测定盒邮寄业务。同年10月,镇江邮电局安装包裹分拣机,将包裹分拣、封发从笨重的体力劳动中解脱出来。1985 年开设商包业务。同年,邮政函件业务量由 1978 年的 547.14 万件增至 920.71 万件,包裹由 10.26 万件增至 17.20 万件,汇票由 26.12 万张增至 32.92 万张。1986 年,镇江邮电局开办纸质品包裹业务。由于商包体积大,大型邮袋严重不足,开始使用用户专用袋。1986 年以后,汇兑流向有所改变,乡镇企业的发展,使汇款从农村流向城市;张数下降,金额增多,商业性高额汇票增多。1988 年 3 月 1 日,各城乡支局(所)开办国际快递函件业务。20 世纪 90 年代开办商业广告信函业务。1994 年 8 月在市局营业大厅设立商业信函处理中心,并投资引进商函制作设备,以现代化通信手段为用户提供向全国各行业、各系统发布各种商业信息服务,加快信息传递。至 1994 年末,共发出商业信函 11 万件。1995 年发出商业信函 119 万件,其他函件亦持续增长。同年末,出口函件总量为 2007.47 万件,比 1985 年 915.71 万件增加 1.19 倍;全年包裹业务量达 57.35 万件;开发汇票 33.10 万张,比 1952 年 8.18 万张增加 3.05 倍。

1996 年之后,函件业务逐年上升,1998 年函件业务量达到 2531.79 万件,比 1995 年增长 26.12%。包裹业务量逐年减少,1996 年为 49.8 万件,1997 年跌至 17.44 万件,1998 年仅为 14.16 万件。汇票业务发展比较平稳,1996~1998 年,每年汇票业务量均为 33 万张左右。

1998 年,邮政广告作为一种新型邮政业务,成为邮政新的业务增长点。开办信函广告、企业拜年卡等多种商函业务,《邮政专送广告》在全市定期统一发送,发行量达 15 万份。1999 年代理镇江移动、国信寻呼等公司的户外广告业务,《邮政专送广告》推出彩版业务。商业信函业务量达到 153.39 万件,制作投送《邮政专送广告》1163.09 万件。同年 2 月开办国内邮政礼仪汇款业务。2000 年,邮政商函广告业务开发《好生活》DM(Direct Mail advertising,意即直接邮寄广告)合订本和沪宁高速公路户外广告业务,开办银行账单业务。当年商业信函业务量达到 351.31 万件,《邮政专送广告》发行量为 1855.41 万件。彩印企业明信片、校园明信片和公园门票明信片取得突破性进展。在城区开展邮政进校园服务,上门揽收学生包裹 1200 件,发行校园明信片 13 万枚。同年 10 月 1 日在城区范围内实行包裹按址投递到户,开办范围暂定为解放路支局、大西路支局、环城路支局、火车站支局原有的投递范围。2001 年,金山公园明信片业务全面启动,在全省率先发行《金山》邮资明信片,在全国首次发行特殊规格的国际邮资明信片《扬中民宅》。开办快递包裹业务,促进包裹业务发展,包裹收入比上年增长 3%。同年 7 月 2 日开办国际特快汇款业务,由中国邮政与世界知名的西联公司合作,汇款通达全球 186 个国家和地区,时限只需 15 分钟。9 月 1 日开办电子汇兑业务,首批开通解放路支局、大西路支局、环城路支局、火车站支局、中山东路支局等 5 个邮政网点。

2002 年开发工行、中行、人寿、平安等企业账单业务,制作发行《日出江花、形胜镇江》贺年(有奖)明信片 15 万枚、《镇江二十四景》风景明信片 10 万枚,金山公园、焦山公园、北固山公园全部启用门票明信片,当年实现门票明信片收入 48 万元。同年 6 月 1 日,开办邮政礼仪汇款业务。2003 年,彩印业务迅速发展,与公安部门联合制作发行《110 社会联动手册》20 多万册。自 5 月 15 日起根据国家邮政局决定,首批在解放路、大西路、环城路、火车站、三茅宫、谏壁、中山东路、东吴路、大港、姚桥等 10 个联网网点开办实时电子汇款业务。实时电子汇款每笔最高限额 5 万元,汇费按 1% 收取,最低汇费 2 元,最高汇费 50 元,同时每笔加收 10 元特急业务处理费。

2004 年,镇江邮政局发展国际包裹、快递包裹和汇兑增值业务。包裹业务下滑的趋势得到遏制,全市实现包裹收入 240 万元,比上年增长 3%。其中国际包裹收入达到 45 万元,比上年增长 12.50%;快递包裹收入达到 105 万元,比上年增长 12.90%。汇兑增值业务收入占汇兑收入的比例达到 16.67%。同年,全市发行企业拜年卡 67.95 万枚。

2005 年,镇江邮政局接办天润发会员卡、超市商情广告业务;接办市级机关部门征询意见函业务和市委机关工委机关作风评议表的寄递回收业务。国际包裹业务得到进一步发展,全市国际包裹收入达到 55 万元,比上年增长 22.22%。

二、报刊发行

1978 年，全国停办的各种报纸、杂志大部分先后复刊，并逐步取消限额发行，发行量随之上升。1981 年，《祝您健康》《江苏工学院学报》等杂志由镇江邮电局向全国发行。1982 年在已建立 328 个发行站基础上又增设 305 个，兼职发行人员达 1000 人。同年 3 月承担《镇江日报》的发行任务。1985 年 1 月，《镇江广播电视报》创刊发行，形成邮发与自发相结合形式。同月，报刊零售公司成立，开展经营批销及管理各种报刊零售业务。至 1985 年底，发行报刊达 2990 种，全年发行报纸 3999 万份，杂志 305 万份，发行报刊累计份数分别是 1965 年的 5.5 倍和 4.9 倍。

20 世纪 90 年代，报刊发行推向市场，部分报社及出版社自办发行，个体经营报刊摊点增多。1990 年报刊发行全年流转额 541.20 万元。1991 年起，电话报刊零售亭在闹市区与居民集中点逐年增加。由于电脑的应用，发行科以微机代替原人工开单、调拨、要数、增减等一系列繁琐程序，为全省首例。1995 年末，报纸和杂志发行的累计数分别达 5551.19 万份和 263.58 万份，市内报刊零售摊点共 201 处，全年报刊流转额达 1844 万元，是 1985 年的 5.65 倍。1996 年后，报纸、杂志的发行量均有所下降，其中报纸发行累计数跌至 5000 万份以下。

1998 年，邮政报刊零售业务发展较快，镇江市（含丹徒县）报刊亭数达 69 个。零售业务的发展，促进报刊发行业务的发展。镇江邮政局争取到《报刊文摘》等报纸在镇江分印（2000 年，《报刊文摘》在镇江分印数达 36 万份）。报纸、杂志发行累计数分别达到 5347.72 万份和 278.75 万份。邮电分营后，报刊市场的竞争更趋激烈。镇江邮政局加大竞争性报刊的发行力度。1999 年开通镇江至南京、镇江至上海快速邮路，加快零售报刊的传递，使热销报刊提前 2～3 天投放市场。同年，在中山东路建成邮政文化中心，开办报刊、图书、音像等批销业务。同时，镇江邮政局还成为《时尚》杂志在镇江的总代理。2001 年，镇江邮政局推出《家庭文化套餐》优惠订阅、订报赠信箱等活动，尝试发展外文报刊，对市区 10 个报刊亭实行公开竞标。全市报刊发行业务收入达 1260.60 万元，比上年增长 9.84%。2002 年为适应市场竞争形势的需要，自行派车到南京提取竞争性报刊，使报刊上市时间提前近 1 个小时；市局对 22 个报刊亭实行竞标经营，增加亭点销售额。2003 年采取有奖订阅等措施，加大《扬子晚报》《南京晨报》等报纸的收订力度，《扬子晚报》市场占有率达 70%，《南京晨报》的订阅量从 2000 份增至 7000 份，重新占据市场主导地位。《报刊文摘》分印量增大，发报刊收入比上年增加一倍。同时，投入 40 万元，改建报刊亭 16 个，新建报刊亭 2 个。2004 年与镇江石油公司达成协议，每天向出租车司机赠送《扬子晚报》580 份。2005 年，国家邮政局实行报刊提速，提速后镇江地区的《读者》杂志征订量增加 26%，市场占有率达 95%；《扬子晚报》改出早报后，镇江地区的《扬子晚报》订阅量增加 1000 多份。

1983～2005 年部分年份镇江邮政局报刊发行业务量统计表

表 20-2

年份	报纸发行数（份）			杂志发行数（份）		
	出口	进口	转口	出口	进口	转口
1983	5813567	32496069	29489865	3587856	2124141	2124141
1985	14150760	39991794	37601906	2675307	3045640	3045640
1990	135538	25690907	–	927380	2265583	–
1995	–	55173909	–	–	2609018	–
1998	–	53477207	–	–	2787485	–
2000	–	45543564	–	–	2823020	–
2002	–	38569244	–	–	2923996	–
2005	–	33672512	–	–	2901477	–

1985～2005年部分年份镇江市邮政局邮政业务量一览表

表20-3

年度	函件（万件）	包裹（万件）	机要（万件）	报纸（万份）	杂志（万份）	储蓄余额（万元）	汇票（万张）	特快（万件）	集邮（万枚）	物流（万元）	信息（万元）
1985	920.71	17.20	-	3999.18	304.56	1986年/97.47	32.92	-	-	-	-
1990	990.45	18.66	1.79	2569.09	226.56	2001.53	27.71	0.28	118.03	-	-
1991	1121.10	18.24	1.41	2986.51	250.18	4080.93	27.75	1.03	221.86	-	-
1992	1242.80	34.82	1.27	3425.97	276.18	5992.63	29.93	2.41	331.37	-	-
1993	1386.70	52.97	1.17	4567.21	273.78	14216.23	32.54	7.31	413.49	-	-
1994	1815.53	59.35	1.22	4579.88	251.90	21108.54	33.59	14.72	525.48	-	-
1995	2007.47	57.35	1.41	5517.39	260.90	34069.85	33.10	20.73	722.89	-	-
1996	2138.71	49.80	1.50	4629.71	247.03	51282.90	33.88	23.43	1338.70	-	-
1997	2461.34	17.44	1.50	4790.86	246.87	63171.84	33.12	19.94	1256.08	-	-
1998	2531.79	14.16	1.52	5347.72	278.75	80138.59	33.24	19.17	1814.07	-	-
1999	1782.08	13.30	1.45	5093.54	260.76	79759.33	33.49	20.10	1169.70	直递/2169吨	代办电信/152.44
2000	1541.07	13.41	1.37	4554.36	282.30	82079.73	31.34	20.98	1273.61	直递/4162吨	代办电信/112.32
2001	1126.86	12.35	1.61	4279.34	278.43	105127.84	29.30	21.88	898.12	直递/3225吨	代办电信/45.45
2002	1040.76	12.56	1.40	3856.92	292.40	124384.61	33.56	23.28	612.67	直递/7453吨	-
2003	2450.83	14.94	1.55	3613.08	307.45	149988.31	34.40	25.32	638.01	932.80	代办电信/126.17
2004	2042.59	14.50	1.48	3058.35	288.32	162912.49	31.34	28.58	285.36	656.53	代办电信/167.84
2005	1370.07	12.86	1.61	3367.25	290.15	196284.52	28.09	31.01	364.33	465.00	代办电信/106.00

第三节 特快专递

特快专递业务起初归类于函件业务，早在宣统元年（1909年），镇江邮局就开办快信业务。自1986年11月起，解放路支局首办国际、国内特快专递邮件业务。1987年，邮政特快业务仅214件，到1994年达14.72万件。由于邮政特快专递已成为全局邮政业务收入的第二项大业务，发展前景较好，故从函件中划出另行统计。1995年后，镇江邮政局特快专递业务进入新的发展期，业务量不断做大，每年特快专递业务量保持在20万件左右。1995年邮政特快专递业务量为20.73万件，1996年达到23.43万件，1997年为19.94万件。1998年，邮电分营后邮政特快专递在发展相当困难的形势下，市县联手加强专业化经营，开展全市性特快专递业务劳动竞赛，形成以镇江市局为中心，各县（市）局为揽收点，全面开拓市场的格局。1999年，邮政特快专递专业开办礼仪、直递和空海运业务，发展礼仪客户20余家，直递客户15家，空海运客户4家。

进入21世纪，邮政特快专递业务步入快速增长期。2000年开办中国速递业务，并与火车站联手，共同开发铁路快、慢件及中铁快运市场。邮政特快专递业务量达20.98万件，比上年增加0.88万件。2001年开办工商银行专递包和人寿保险专递包业务和同城急便业务，对中国银行等邮政速递大客户实行“派驻”制，邮政派专人上门坐班服务，方便客户交寄特快邮件。2002年开拓货运市场，发展国内空运业务，月空运量达到40吨以上。自5月20日起开办镇江出口至南京、苏州、无锡、常州的特快“当日递”业务，镇江邮政局速递公司和城市支局均可办理。7月1日起开办至上海“次晨达”业务。市局特快专递业务量达23.28万件，2003年增至25.32万件。2004年在大港新区设立速递分公司，新发展速递大客户8个，市局邮政特快专递业务量达28.58万件。同年，国家邮政局推出以“思乡月”为品牌的中秋月饼销售活动，镇江邮政局销售“思乡月”月饼76.77万元。2005年，国内“次晨达”业务量得到较快发展，镇江邮政局“次晨达”业务量由3月份日均90件增至12月份日均149件，年末邮政特快专递业务量达到31.01万件。同年，单证照业务取得进展，5月正式接办法院传票专递业务。随着外向型经济的发展，邮政国际特快专递业务量增长较快，2005年全市邮政国际特快专递业务量达1.98万件。

图20-2　EMS邮政快递（2005年摄）

第四节　机要通信

机要通信业务是邮政部门承担的一项政府职能，专门传递党和国家机要文件，并保守国家机密，维护国家的安全利益，确保机要文件保密、安全地传递。机要通信的主要任务是传递党和国家的秘密文件、资料和其他物品，在内部业务处理时统称机要邮件（国家秘密载体）。

1980年3月起开办市内机要通信互寄业务，当年经办机要文件21987件。1983年后，辖区缩小，机要业务量下降，1985年经办20470件。干线邮路减少到3条，即镇江至淮阴、扬州汽车邮路，至丹阳火车邮路。投递邮路为东郊、西郊、南郊、新民洲、小衣庄各1条，城区2条。

1995年1月至1998年9月，机要邮件投递段道划分为东郊、西郊、南郊和城区。镇江邮电局辖区内自办机要汽车邮路3条，有镇江—丹阳、镇江—句容（途中交接点有东昌）、镇江—扬中（途中交接点有大港和大路）；辖区外自办机要汽车邮路2条，有镇江—淮阴（途中交接点有扬州、高邮、宝应、淮安）、镇江—盐城（途中交接点有兴化）。镇江机要通信建立对外直封关系的有北京、徐州、南京、常州、无锡、苏州、上海、扬州、淮阴等。每年的机要邮件业务量基本保持在1.5万件左右，1995年为1.41万件，1996年为1.50万件，1997年为1.50万件。1998年10月，邮电分营后，机要邮件投递段道划分为东郊、西郊和城区，当年机要邮件业务量为1.52万件。

1999年5月1日起，镇江—淮阴的自办汽车邮路停运，同时取消与扬州、淮阴的直封关系，当年机要邮件业务量为1.45万件。2000年10月21日起，镇江铁路干线火车机要邮件交接频次减少至2个，当年机要邮件业务量为1.37万件。2001年2月21日起，镇江—盐城的自办汽车邮路停运，同时取消与兴化的交接关系；10月21日起，镇江机要通信与福建省福州邮政局建立直封关系，当年机要邮件业务量达1.61万件。2002年，机要邮件业务量下降至1.40万件。2003年，机要邮件业务量为1.55万件。2004年，机要邮件业务量为1.48万件。2005年8月，镇江邮政局机要通信科增配一辆小型汽车，机要投递专用汽车达到3辆，逐渐取消摩托车投递方式，当年机要邮件业务量为1.61万件。

第五节 邮政储蓄

1953年9月,邮电部与中国人民银行总行联合通知,邮局停止代理储蓄业务。1986年4月恢复储蓄业务,先在解放路支局开办,储种为定期与活期两种。此后,大西路、谏壁支局也相继开办。12月,镇江邮电局被定为全省第二批开办邮政储蓄异地存取业务局。年末,有储户1159户,储蓄款额97万元。1987年1月开办集邮有奖储蓄。4月开办新储种定额有奖储蓄。6月1日与中国青年旅行社镇江支社联合举办奖励旅游储蓄,以奖代息,存款利息全部用于奖励旅游。同年新增邮政储蓄"职工之友""龙年定额有奖有息储蓄",增设邮储点9处。1988年上半年,邮储余额815万元。谏壁支局率先开办汇款转储蓄业务,方便离退休人员和驻外采购人员。此后,农村各支局均相继开办此项业务。1991年4月,镇江邮电局储汇科开办代发工资业务,10月开办礼仪储蓄业务。1992年6月,城市邮电支局开办代收私人住宅电话费转存活期储蓄业务。6月21日首次在解放路邮电支局储蓄柜使用微机操作。此后,陆续为各支局储蓄柜配备微机。1994年,市区13个邮政储蓄网点全部联网,实行通存通兑,并从支局中单开门面,直属储汇科管理。1993年,邮政储蓄余额突破亿元之后,继续采取抓集体零整、现金兑付、特色服务、代理业务、代办员等措施。1994年10月,镇江邮电局储蓄余额突破2亿元。1995年,邮政储蓄在金融市场竞争中采取限时服务,双窗口对外,开展多种竞赛活动,推出"全家乐"有奖零存整取、存本取息组合储蓄、代理发售国库券等业务。至1995年末,邮政储蓄余额突破3亿元。

1996年末,邮政储蓄余额达5.13亿元,1997年增至6.32亿元,并在全省各市局中率先开办POS划卡消费业务,1998年,全市邮政储蓄绿卡达10.3万张,1999年达21.3万张。

2000年,人民银行的转存款利率首次下调,给邮政储蓄发展带来一定困难。镇江邮政局发展"代"字类业务,发展市话、移动电话预存代扣储户5000余户,代发养老金7200余户,在职工中开展"一人一保"活动,发展代办保险业务。同年10月1日在全市首家推出20台ATM(自动取款机)24小时昼夜服务项目。2001年,镇江市(含丹徒县)邮政储蓄余额突破10亿元,2002年突破12亿元。与中国联通镇江分公司合作,开办CDMA手机银行存款止付代扣业务,增加活期余额,年末邮政储蓄活期比例达到18%。

2003年3月26日起,镇江邮政局与中国银行镇江分行合作开办绿卡向长城借记卡转账业务,并在丹阳市范围内率先试点。4月1日起在中山东路邮政储蓄网点开办储蓄免填单业务,试点成功后在全市推广。2004年在车站、集镇等处广布ATM,离行式ATM覆盖全市主要高校。通过开展邮政绿卡有奖消费活动,全市绿卡消费刷卡量达到3606.65万元。同年开办邮政储蓄约定转存业务,年末邮政储蓄余额突破16亿元。2005年,镇江邮政局与镇江市保安公司达成协议,自3月1日起由保安公司承担邮政储蓄资金的武装押运任务。6月2日正式开办代收电费业务。2005年末,邮政储蓄余额突破19亿元。

第六节 邮资邮票

镇江开埠后,集邮之风从西方传入。光绪四年(1878年),中国发行的第一套"大龙票"在镇江销售最好。集邮者中,恒顺酱醋厂李友芳在全国有较高的知名度。1979年4月,在解放路邮电支局恢复成立专门经营纪念邮票、特种邮票等集邮品的集邮门市部。1980年,李友芳夫人蒋侣云将李友芳所遗邮票4037枚全部无偿捐赠给镇江博物馆收藏。1980年,镇江邮电局退休工人俞开华向国家捐赠珍藏的大清邮票珍品336枚,受到邮电部奖励。同年7月,镇江市工人文化宫集邮小组成立,开始有组织的集邮活动。此后,集邮业务量逐年上升,1983年业务收入超过10万元。

1983 年 11 月,镇江市邮票公司成立;12 月,镇江市集邮协会成立,协会会员 1068 人(不包括学生会员)。1985 年,镇江市基层集邮协会 71 个,集邮人数约 4000 人,年集邮业务量约 21 万元。1986 年,市局发行《镇江风光》《文物精华》美术明信片各 1 套(各 10 枚),介绍镇江名胜古迹和出土文物。

1988 年 6 月,镇江市集邮协会主办首届邮品拍卖活动,共组织各类邮品 220 项,成交 135 项,拍卖成交额 2500 余元,其中新旧纪念票占主要地位。1990 年 10 月,镇江邮电局在解放路邮电支局后楼建成镇江市集邮活动中心,经验收合格为"集邮者之家",正式对外开放。1991 年上半年,市邮协举办两期新集邮组织负责人培训班,有 49 人参加学习,还邀请全国邮协副会长杨勇伟个人邮展到镇江展出。同年,会员李宗保的"体坛纵横"参加全国第 11 届亚运会邮展。在中国共产党建党 70 周年之际,市光学仪器厂、焦化厂、锚链厂、物资局等 21 个集邮协会,先后举办以"庆祝党的生日"为主题的邮票展览,展出"光辉的历程""没有共产党就没有新中国""新民主主义革命"等几十部邮集;市少年集邮协会举办"庆'七一'我爱集邮"的集邮演讲比赛。1992 年 8 月 25 日,邮电部发行《三国演义》(第三组)特种邮票,共 4 枚,在镇江举行首发式。其中"智激孙权"和"舌战群儒"故事即发生在公元 210 年前后的镇江。年末,镇江邮电局在新马路邮电营业大厅内增设集邮门市部,城市支局也普遍代售纪念、特种邮票。1994 年 11 月 24 日,邮电部发行《三国演义》(第四组)特种邮票,共 5 枚,首发式在镇江北固山甘露寺隆重举行,其中"刘备招亲"故事发生在镇江。镇江邮电局为首发式发行《三国演义》纪念册、"刘备招亲"纪念张等 8 种邮品。据 1995 年 6 月第四届集邮协会统计,镇江市有集邮组织 135 个,会员 6400 余人(含学生、军人及优抚对象)。

1995 年,镇江邮电局发售集邮邮票 722.89 万枚。1996 年,集邮业务量突破 1000 万枚,达到 1338.70 万枚。1997 年,集邮业务量略有下降。1998 年 8 月 25 日,《三国演义》(第五组)邮票在镇江发行,共 4 枚邮票、1 枚小型张,分别为"白帝托孤"(面值 50 分)、"孔明班师"(面值 50 分)、"秋风五丈原"(面值 100 分)、"三分归晋"(面值 150 分)、"空城计"(面值 800 分)。这是《中国古典文学名著之一——三国演义》系列特种邮票自 1988 年发行以后的最后一组,仍由著名画家、邮票设计者戴宏海设计。发行当日,专邀戴宏海到镇江签名售票。当年销售集邮邮票达到历史最高峰,集邮销售业务量为 1814.07 万枚。1999 年 5 月 29 日,丹阳市邮政局发行革命烈士许杏虎旧居纪念封。纪念封正面为许杏虎旧居和许杏虎及其夫人朱颖的肖像,并印制"革命烈士许杏虎旧居纪念戳"和丹阳市委书记胡志贤的题词,背面为两位烈士的生平简介。纪念封采用"长城"普票和"八届人大"纪念票两枚,当日上午就销售 3000 余枚。

1999 年之后,国家邮政局开始控制邮票发行数量。为弥补邮票发行量不足,增加集邮收入,镇江邮政局开发集邮邮品。2000 年自主开发《春节豪华拜年册》《二十世纪回顾》《牡丹亭》《镇江游》《名城镇江》等邮品,累计制作发行集邮品 195251 册。同时引进销售《梅兰芳》纯金邮票和纯金龙文物邮票,并借用《鲤鱼跳龙门》摇号销售。2001 年 10 月 9 日,全省首套以地方名胜古迹——镇江金山为邮资图案的普通邮资明信片"白蛇传"在全国发行。由著名画家戴敦邦(镇江籍)先生设计,一套 9 枚,图案分别为"西湖同舟""游湖借伞""施药济贫""端阳劝酒""端午惊变""仙山盗草""金山进香""水漫金山""断桥相会"。同年 12 月 5 日,《民间传说——许仙与白娘子》特种邮票在镇江首发,共 1 套 4 枚,分别为"游湖借伞"(面值 80 分,发行量 3000 万枚)、"仙山盗草"(面值 80 分,发行量 1700 万枚)、"水漫金山"(面值 80 分,发行量 1700 万枚)、"断桥相会"(面值 280 分,发行量 1700 万枚),并发行小本票 1 本(面值 8 元,发行量 500 万本)。2002 年 4 月,镇江邮政局与镇江博物馆共同发行《镇江二十四景》本票式明信片,这是镇江首次开发的本票式明信片,具有较高的收藏价值,热销于各邮政支局和风景区。6 月发行《200 年前老镇江》名画宣纸奏折式邮册。10 月 26 日,《民间传说——董永与七仙女》特种邮票首发式在丹阳举行。

2003 年 3 月 13 日成立丹阳市集邮协会丹阳师范分会,吸收近 40 名集邮协会新会员。同年 12

月13日,《东周青铜器》特种邮票首发式在镇江博物馆举行。《东周青铜器》特种邮票一套8枚,其中第6枚邮票的图案为镇江市馆藏文物“凤纹尊”,面值80分。2004年,镇江邮票发行量仅为285.36万枚,为2000年以后的最低水平。同年9月27日,镇江市人大为在镇江生活、学习、工作过18年的美国著名作家、诺贝尔文学奖获得者——赛珍珠举办《赛珍珠在镇江》邮册首发仪式。2004年发行个性化邮票4.67万版。2005年1月20日由镇江市京口区大市口街道办主办、镇江市集邮协会协办的“大市口街道邮票博物馆”正式揭牌开馆。4月30日为纪念润扬长江公路大桥竣工通车,镇江邮政局发行《润扬长江公路大桥个性化邮票》1万版。2005年,全市集邮业务量达488.31万枚,其中市局集邮业务量为364.33万枚。

第七节 邮政物流

邮政物流业务的早期形式主要是直递业务。1999年,镇江邮政局在特快专递专业开办直递业务,当年发展直递业务2169吨。2000年,直递业务量达到4162吨。2001年业务量有所下降,仅为3225吨。

2002年4月16日,镇江邮政局专门设立邮政物流业务局,各辖市邮政局设立邮政物流配送部,对外开办邮政物流业务,当年发展直递业务7453吨。6月18日,镇江邮政物流配载中心成立并试运营,8月在镇江市政协组织的培育发展现代物流业委员约谈会上,镇江邮政物流配载中心被列为全市重点建设的四大物流中心之一。

2003年,全国遭遇“非典”,各地向镇江邮政物流部门邮购白醋10多万元。同年1月,镇江邮政局开通镇江至上海、镇江至青岛的零担班车。3月20日,中邮物流江苏快速网开通试运行。运行初期,镇江邮政局进出口物流邮件由无锡局物流车带运,区内各辖市局进出口物流邮件由区内邮运网带运。6月2日,邮政物流仓储业务正式启动,健力宝公司的仓储货物进入镇江邮政物流配载中心,仅3天时间货物吞吐量就达800多吨。同年,货运、空海运业务划归邮政物流专业,国内空运量月均达到35吨以上。至年底,全市邮政物流业务收入达932.80万元(市局为647万元)。

2004年,镇江邮政局对邮政物流大客户实行个性化服务,发展100万元以上协议大客户3个,50万元以上协议大客户5个。由于统计口径的变化,2004年全市邮政物流业务收入为656.53万元。2005年,全市邮政物流业务收入465万元,镇江邮政局快速网业务日均出口达4.8吨,中邮快货业务收入达89万元。

第八节 邮政信息与代理业务

20世纪80年代,镇江邮电局开办代兑国库券业务,此时的国库券以定额不记名为主,业务量很小,仅几百元。20世纪90年代,镇江邮电局开办代售记名式国库券业务,业务量很少,1993年仅销售25万元,直至1997年销售国库券突破1亿元,达到1.05亿元。20世纪90年代开办代发工资、代兑国库券、代发广告、出售包装用品等业务,还代售过企业借券、企业债券、财政借券,其中1994年1月至1996年5月每年都代售过企业借券,业务量共计3260万元。1995年8月至1998年12月,代售企业债券共计5180万元,1995年3月和1997年2月先后两次代售过财政借券,业务量960万元。1997年5月5日,镇江邮电局开办代发工资业务,所有邮政、电信职工均通过邮政绿卡支取工资。1998年5月、6月,镇江邮电局开始代收平安续期保费,是镇江市除农行外较早涉足保险业务的机构。2000~2002年,镇江邮政局储汇分局成立代理业务部,组建专职营销队伍,采用个人专职营销与柜面营销相结合的方式全面代理保险,代理财产险和车辆险,在职工中开展“一人一保”活动。

2000 年 10 月 31 日,镇江邮政局与镇江市商业银行签订代发养老金协议,对丹徒、丹阳、句容、扬中等县(市)的发放对象开设个人活期账户,每月 25 日前将养老金发放至离退休人员个人账户上,对镇江市所辖县(市)范围以外的采取汇款方式,直接汇至离退休人员本人或指定人。2001 年全面代收电信、联通、移动电话费,增加代收人寿保险首期保费和绿卡转账支付续期保费项目,代办车辆保险业务。2002 年发展 185 注册用户,市局发展单位注册用户 200 个、个人注册用户近 3000 户。

2003 年,镇江邮政局储汇分局代理业务部撤销,代理保险业务由前后台同时营销的方式改为由前台销售保险、后台支撑服务的管理营销模式。同年,镇江邮政局试办保险产品推介会,当年代收保费突破 17000 万元,达到 17073.80 万元,代售国库券 3775.23 万元。同时全面代理“小灵通”、移动、联通放号、代收费及代售卡等业务。

2004 年 11 月 19 日成立代理电信业务部,代办电信业务归口代理电信业务部管理。全面启动代办电信业务,市局 40 个支局(所)全部开办代办电信业务,全市实现代办电信收入 91 万元。当年还代收保费 19133.38 万元,比上年增长 12.16%,代售国库券 4372.61 万元,比上年增长 15.82%。

2005 年 6 月 23 日撤销代理电信业务部,成立信息业务分局,负责代办电信业务、电信增值业务及邮政电子商务类业务的经营管理,与 11185 客户服务中心合署,邮政信息业务正式启动,主要利用 11185 平台和邮政营业网点办理代办电信业务和代售交通票、演出票等业务,并注册镇江邮政 11185 商务网站域名(www.zj11185.com)。9 月 20 日,镇江邮政局与镇江体育局签订“十运会”合作框架协议,由邮政部门代理“十运会”票务业务。至 2005 年底,邮政信息与代理业务收入达到 106 万元。

2005 年 11 月 3 日,镇江邮政局办理代售国库券业务由手工操作改为微机操作,但当年代理保险和代售国库券业务并不理想,代收总保费 21719.99 万元,代理首期保费仅 1991.54 万元,代售国库券 2491.49 万元,实现收入仅 39.06 万元,与 2004 年相比呈现出代理业务量正增长、收入负增长的现象。

第九节　其他业务

进入 20 世纪 90 年代,镇江邮政事业步入机械化、自动化和信息化时代。1992 年,镇江邮电局自行开发的报刊发行微机处理系统软件投入使用,并在全省推广。同年 6 月 20 日,解放路邮电支局率先实现电脑储蓄,大西路、环城路和火车站等邮电支局亦相继开办电脑储蓄,至年底,镇江邮电局首批电脑储蓄网点计划全部完成,电脑储蓄网点数仅次于南京、徐州,列全省第三位。1994 年 8 月在市局营业大厅设立商业信函中心,并投资引进商函制作设备,以现代化通信手段为用户向全国各行业、各系统发布各种商业信息服务。至 1994 年末共发出商业信函 11 万件。

1995 年,邮政作业方式由人工操作向半自动化和自动化转变,城市支局的邮电营业全部实现微机自动处理;邮政运输实现机械化和半自动化,自办汽车邮路达到 13 条共 2887 公里,其中省际邮路 11 条 2652 公里。1996 年,2.47 万平方米的现代化邮政枢纽大楼竣工。2 月 20 日完成镇江邮政储蓄“绿卡工程”,建成邮政储蓄计算机中心机房;9 月 20 日引进安装日本 NEC 信函自动分拣机等设备。至此,现代化的邮政枢纽大楼初具规模。

1997 年 7 月,镇江邮电局完成邮政储蓄绿卡计算机联网工程,持有邮政储蓄绿卡的用户可在全国绿卡联网的城乡邮电支局所、储蓄台办理存、取款业务,可在全国城乡联网的 ATM 上自动取款。到12月底,镇江市区已开通20台ATM设备,并实现与全国34个网点的异地通存通兑。

1998年1月,镇江邮电局建成功能较为齐全的邮区中心局并投入运行,基本实现信函、包裹、报刊杂志的机电一体化作业。在全国邮政系统率先开通POS终端系统,安装POS机50台、ATM30台,实行绿卡划卡缴纳电话费,并与通银超市等商家合作,试行绿卡购物消费。至12月底,全市邮政营业网点全部实现微机化作业,实现邮政金融计算机(绿卡)工程联网运行,开通绿卡网点122个,并实现与全国50多个城市的通存通取。

1999年,镇江邮政局建成邮政电子化支局账务系统,并开发包裹分拣计算机处理系统和邮件转运推挂计算机处理系统,缓解劳动强度。同年建成并开通"184""185"邮政客户服务中心,实现移动话费代缴代扣功能。

2000年,镇江邮政局自筹资金,用两个月时间建成中间业务平台,在此平台上开发代收国信寻呼费、移动话费、固定电话费、代办金卡快捷通等多项业务,并和电话银行系统实现有机合成。

2001年,镇江邮政局自行研发邮政储蓄信息发布系统,推进内部信息沟通。12月20日实现185全市联网,联网后185日处理话务量由原来300笔上升到530笔。

2002年1月,镇江邮政储蓄绿卡系统成功加入江苏省银行卡联网POS系统。12月中旬,自行开发的应用系统——账户信息通,作为全市邮政储蓄的一项新业务正式对全市绿卡用户开放,邮政绿卡用户可以通过手机短消息实时了解自己的账户变动情况,在全省邮政系统尚属首家。

2003年3月13日,镇江邮政局自主研发的邮政储蓄电子稽查系统、邮政储蓄账户信息通系统、邮政储蓄改密指纹验证系统及邮政多媒体综合服务系统等四个科技项目通过省局专家组的验收,至9月上旬完成邮政储蓄电子稽查系统在全省12个地市邮政局的推广工作。10月15日,镇江邮政局网站正式对外开通。

2004年初,国家邮政局将邮政储蓄统一版本工程列为"1号工程",在全国开展联网建设。经过近1年的工程周期,12月4日,镇江邮政局完成邮政储蓄统一版本工程,并成功切换上线,实现与全省邮政储蓄计算机系统联网运行。同年由江苏省邮政局立项、镇江邮政局开发的邮政储蓄电子稽查系统获得江苏省邮政局科技进步一等奖和国家邮政局科技进步三等奖。

2005年,镇江邮政局通过自身技术力量开发中间业务平台代收电费系统、邮政储蓄报表分析系统、EMS信息质量管理系统和用户投诉质量管理系统,在生产、经营和管理中应用。同年完成江苏省邮政局统一部署的邮政储蓄和汇兑两网互通工程、邮政电子化支局统一版本工程等建设项目。为适应现代邮政发展的需要,镇江邮政局加快邮政储蓄骨干网点改造建设工作,全市改造网点19个(其中市局8个),新增储蓄网点3个。同时集中财力对全市邮政储蓄网点进行安全达标改造,全部通过公安部门的安全达标验收。

第二章　电子通信

1983~1998年,镇江电信由镇江邮电局一家经营。1998年7月,移动业务从镇江邮电局剥离,成立独立运营的江苏移动有限责任公司镇江分公司。1998年10月,镇江邮电局邮电分营,镇江电信局成立。1998年3月,镇江联通正式组建。2000年1月,吉通网络通信股份有限公司镇江分公司成立。同年2月,中国网通镇江公司成立。9月,铁道通信信息有限责任公司镇江分公司正式成立。2001年,镇江市已形成以电信网、广电网为代表,移动、联通、铁通、吉通、网通等运营商相互竞争、共同发展的格局。

第一节 电信经营机构

一、中国电信镇江分公司

1983～1998年，镇江电信与邮政由镇江邮电局统一经营。1983年起，镇江市邮电实行市管县新体制，原属镇江邮电局管辖的金坛、武进、宜兴、溧水、溧阳、高淳等县局划出，1984年1月，长途线路维护体制调整，相应地区的长线巡房、终端房亦随之划出，镇江市邮电局管辖丹阳、句容、扬中3个县局。

1984年12月，原属江苏省微波管理总站的镇江微波站，因体制改革划归镇江局管理。1987年5月，原江苏省邮电管理局工业公司的电信器材五厂划由镇江邮电局管辖，更名为镇江通信器材厂。1983～1995年，加强对县局的管理，加大城市和农村网点的建设，对农村委代办机构实施统一的代为管理。1995年，企业内部有关电信的经营管理模式进行改革，实施经营、维护、建设3条线管理，设立电信业务经营部、长途网运行维护部、本地网运行维护部、通信建设部，根据寻呼业务、移动业务、数据业务的经营需要设立相应的生产部门，保留县局工作办公室。同时设立邮电开发总公司，对相关电信设备、终端维护等实行公司化经营。1998年9月，镇江邮电局下属丹阳、句容、扬中市局进行邮电分营，组建相应的市邮政局、电信局。同年10月，镇江邮电局进行邮电分营，成立镇江邮政局和镇江电信局。

2000年9月1日，镇江电信局更名为中国电信江苏省电信公司镇江电信分公司，丹阳、句容和扬中3市电信局于9月8日同时更名为江苏省电信公司丹阳市电信局、句容市电信局、扬中市电信局。完成镇江电信指挥中心主体工程建设，并通过验收；丹阳电信大楼完成主体封顶。镇江电信分公司固定资产总值25亿元，劳动生产率32.2万元；业务收入5.72亿元；电话交换总容量86.42万门，用户总数63.6万户；因特网上网用户13.2万户；全市电话主线普及率达到23.9%。完成ATM省网一期扩容工程，建成容量为192个2M端口的ATM点4个。全年新增市话、农话交换机（含接入网、模块）容量12万门。2001年实现业务收入5.82亿元，电话用户总数达到76.36万户，因特网上网用户18.16万户，全市电话主线普及率28.7%。发展企业智能网、虚拟网、校园网、军营网用户2.72万户。宽带用户发展迅速，业务收入已占总收入6.78%。完成农话交换机17.9万门和镇江、句容局接入网主干光缆环建设。新增LAN宽带接入方式3.16万个端口，ADSL接入方式8192线，完成本地网镇江至丹阳、丹阳至句容、丹阳至扬中光缆工程和市局骨干层、用户接入层光缆工程。完成镇江、扬中无线市话一期工程5500线的建设，扬中市区布设无线市话基站80座，实现市区网络初步覆盖。镇江市区建成华东船院、电信枢纽等12个基站。

图20-3 2000年电信大厦近景

2002年，江苏电信公司随母公司上市，成立江苏电信有限公司，镇江分公司更名为江苏省电信有限公司镇江分公司，同时保留江苏省电信公司镇江分公司作为上市后的存续公司。2002年6月18日，公司实施电信的主业和辅业、副业分离，镇江电信实业有限责任公司成立。实业公司由镇江电信公司非通信运营主体企业和规范后的“三产”企业构成，相对独立于通信运营主体企业的法人实体。下辖11个分公司和4个直属法人企业，共有员工1028人(含劳务工712人)，实行独立核算、自主经营、自负盈亏、自我发展，承担为通信运营主体企业服务的职能。

2003年实现业务收入6.48亿元，因特网上网用户11.1万户，其中宽带用户3.2万户。来电显示用户36.2万户。全市电话主线普及率达到33.3%(含无线市话38.1%)。户均电信业务年收入达583.2元(含月租费)。

2004年，镇江电信实业有限责任公司人员和业务划归江苏省电信有限公司镇江分公司的电信主业统一管理。镇江电信分公司实现业务收入6.89亿元，电话用户总数达到116.1万户；因特网上网用户达到12.5万户，其中宽带用户达6.3万户；全市电话主线普及率(含小灵通)提升到43.46%；来电显示用户达到37.8万户。完成IP城域网接入服务器扩容和网络改造。完成市区、丹阳、句容、扬中大客户接入优化传输工程。完成禹山北路、黄山南路、跑马山路、朱方路、谷阳北路、江滨大道、镇溧高速等城市干道信息管道建设，以及润州花园二期等4个小区通信管道建设。镇江电信分公司获江苏电信2003～2004年度安全生产先进企业称号。

2005年，镇江电信分公司推进电信企业由传统基础电信运营商向现代综合信息服务提供商转变，对内设机构进行调整，成立VIP保障中心等适应转型业务发展的机构，同时建立适应企业转型特点的虚拟组织和项目实施团队。公司全年实现业务收入7.45亿元，新增电话(含小灵通)9.6万户，电话用户总数125.77万户；新发展宽带用户3.01万户，宽带用户达9.28万户。

二、江苏移动通信有限责任公司镇江分公司

1998年4月，镇江邮电局根据江苏省邮电管理局的统一部署，将移动通信专业和无线寻呼专业从邮电企业中进行剥离。10月16日，江苏省邮电管理局在镇江邮政枢纽楼举行镇江邮政局、镇江电信局成立暨邮电分营签字仪式。此后，镇江邮政局、镇江电信局、江苏移动通信有限责任公司镇江分公司、江苏国信无线寻呼公司镇江分公司各自按照自身专业特点独立进行企业活动。江苏移动通信有限责任公司隶属中国移动(香港)公司，镇江分公司在镇江开展移动通信业务经营和移动通信网络建设。

1999年，中国移动通信镇江分公司拥有移动通信交换机7个，A、B、C、D网基站215个，信道8065个，A、B、C、D网覆盖全市城乡，数字网在市内实现无缝覆盖，当年净增移动电话用户49000户，累计12万户。2001年，江苏移动通信有限责任公司镇江分公司新建交换机7部，新建基站7个，对92个基站进行扩容或调整，共拥有移动通信交换机13部，C、D数字移动网基站199个，信道1.6万个，移动通信基本实现全区无缝覆盖。移动电话用户33.2万户。关闭模拟网，原模拟网用户1.58万户实现转网或退网。在确保网络安全的前提下，调整省内电路28条，核减A网省内电路7条，核减G网基站电路18条、A网基站电路31条，网络资源利用更加合理。GSM网信道可用率100%，最差小区比率降为0，全区无线接通率99.79%。

图20-4　移动营业厅(2005年摄)

2002年，镇江分公司建成139、138、137、136、135移动通信网络，有“全球通”“金卡快捷通”“神州行”以及

“移动梦网”“动感地带”“随e行”等通信服务知名品牌。年底,网上客户总数53万户。

2003年,镇江分公司净增通话客户17.5万户,全区在网客户总数已达68万户,长途来话接通率稳定在62%左右,掉话率保持在0.9%左右,寻呼成功率达到97%以上。传输建设上,全区基站接入电路自建率已达到93%以上。

2004年,江苏移动镇江分公司完成投资0.9亿元,实现运营收入5.5亿元,上缴地方税费超过1600万元,客户总数超过65万户。推出彩信、随e行、百宝箱、个性化充值卡等新业务;推出“12580服务平台”“校园及时通”、GPS定位及各项短信提醒平台等项目。

2005年,江苏移动通信有限责任公司镇江分公司通话客户总数超过82万户,主导镇江地区移动通信市场。镇江分公司共获奖46项,其中国家级5项。《创新商业模式,实现宽带市场有效增长》课题获全省管理创新三等奖,《控制高价值客户的离网率》获全国通信行业优秀QC成果二等奖。公司12580班组获全国用户满意服务明星班组称号。

三、中国联合通信有限公司镇江分公司

1997年6月,中国联通镇江分公司进行机构组建。1998年3月,公司完成工商注册登记,正式成立中国联通镇江分公司。分公司系非独立法人单位,负责经营镇江市行政区划内中国联通经营的全部电信业务,其人事、财务、电信规划、计划、工程项目建设、技术规范、设备招标等均执行中国联通总部的统一规定。中国联通总部通过中国联通江苏分公司对其实行系统管理,地方挂靠镇江市计划委员会。分公司下设办公室、人事部、财务部、工程部、计划部、经营部、运行部;员工总数33人,专业技术人员占85%以上,15人具有中级以上技术职称。同年8月13日,信息产业部下发信部〔1998〕443号文,批准在镇江开展联通经营GSM业务。11月22日打通130第一个网内电话,12月28日实现全网开通。

2000年新增130移动电话用户6万户,网上累计用户达10万户,寻呼用户累计达13万户,IP卡销售160万元,全年实现移动通信业务收入6200万元,寻呼业务收入2200万元。同年,国信寻呼成建制划拨联通公司,中国联通成为中国唯一经营综合电信业务的现代化通信企业。

2001年,中国联通镇江分公司有正式员工139人,平均年龄31岁。经营范围包括:移动通信业务(含GSM和CDMA)、国际长途业务、长途电话业务、本地电话业务、数据通信业务(含IP电话)、国际互联网、无线寻呼以及与主营业务有关的其他业务。截至年底,GSM130移动通信用户11.5万户,无线寻呼用户6万户,全年实现业务总收入1.08亿元。长途193网覆盖全国省会城市及各经济发达地区,国际长途通达200多个国家和地区。数据通信已逐步铺开,联通新网络——IP电话可通达134个国家和地区。

2002年,中国联合通信有限公司是国内综合电信业务运营商,经营范围包括:移动通信、长途电话、本地电话、数据通信、国际互联网、无线寻呼等。镇江分公司全年完成业务收入1.73亿元,发展GSM网用户12万户,网上用户达19.8万户;CDMA网发展用户1.8万户。互联网用户5400户,寻呼用户3.9万户。联通丁卯综合通信楼建设完成并交付使用。全年完成固定资产投资约1亿元。

2003年实现营业收入2.3亿元,比上年增长34.4%;上缴利税4386万元,增长44.48%。网上移动用户27.5万户,新增5.1万户。2004年,镇江联通拥有资产8.4亿元,在网用户36.5万户,年业务收入达2.5亿元,年上缴利税达2700万元。

2005年,联通镇江分公司以1510万元的价格成功竞买位于大西路213号的原镇江市广播电视配件厂的土地、厂房,以筹建镇江分公司通信综合楼。公司全年业务收入达2.1亿元,电话用户达到24万户。年末,公司网上用户接近30万户。

四、吉通镇江分公司

公司于2000年1月成立，在镇江展开信息化基础设施建设工作，可以为个人、家庭及各类企事业单位服务，有员工21人。中国金桥信息网（CHINAGBN）简称金桥网，是国家公用经济信息通信网，面向政府、企业、事业单位和社会公众提供数据通信和信息服务。吉通网络通信股份有限公司是金桥工程业主，负责建设、运营和管理国家公用经济信息网。吉通镇江分公司固定资产投资数累计超过500万元，以微波接入为主并结合光纤接入的接入网，为企事业单位提供专线接入Internet。镇江节点骨干出口带宽经多次扩容达155M。公司有公众特服号“167”用于拨号接入，公众特服号“17920”“17921”用于IP电话接入，其中“167”拨号上网还开通国内国际漫游功能，“17921”用于一次性拨号的IP主叫业务。镇江分公司为用户提供卫星Internet接入。2001年，吉通镇江分公司完成业务总量104万元。其中，167拨号上网用户数3950户，17921主叫电话用户数2800户，Internet专线接入用户数23户，服务器托管数为4台，虚拟主机数131户，FAX业务用户数50户。2003年，吉通镇江分公司并入网通集团镇江分公司。

五、中国网通镇江分公司

公司成立于2000年2月，主要业务包括：VOIP（17930、17931语音业务），IP普通预付卡、IP银行卡、IP主叫电话、IP专线电话等业务；数据方面，开展互连网Internet接入、网际互连、楼宇接入、171上网卡等业务。其中语音业务主叫签约数百家，数据业务签约近百家。2001年业务收入300多万元。2001年6月开始，分公司进行骨干、中继机房及城市引入管道建设，投资3000万元以上。骨干网机房位于镇江市外贸大厦，面积1600平方米，在丹阳设有中继机房，于10月建成并投入使用。骨干网引入管道建设共约29公里，10月竣工。中国高速宽带互连网CNCnet40G骨干宽带进入镇江，建成宽带小区5个，覆盖约4000户。

六、中国网通集团公司镇江分公司

2002年，原中国电信集团公司所属北方10个省、自治区、直辖市电信公司，中国网络通信（控股）有限公司，吉通通信有限责任公司合并重组成为网络通信集团公司。2003年6月与次年6月，江苏省通信股份有限公司镇江分公司分别与吉通镇江分公司及中国网络通信（控股）有限公司镇江分公司融合成立中国网络通信集团公司镇江分公司，经营固话、宽带、万信通业务。

2003年1月6日，中国网通江苏省通信股份有限公司镇江分公司成立，主要经营：国内各类固定电信网络与设施（含本地无线环路），基于电信网络的语音、数据、图像及多媒体通信与信息服务，通信及信息技术开发、技术服务、经济信息咨询等业务，电子产品及通信设备（卫星地面接收设施除外）的制造及销售，计算机网络设计及施工，电信主管部门批准的其他电信业务。原中国网通镇江分公司各类语音、数据业务进入正式运营阶段，全年完成收入总量800万元，其中语音类业务收入约占60%、数据类业务收入约占40%。中心交换机容量达到2000门以上，IP电话用户逾3000户，宽带网络用户数超过400户。全年建设投资总量超过1200万元，主要为市区及丹阳的管道、光缆及各类客户接入工程投资建设，其中建设管道约50孔公里，铺设各类光缆约80皮长公里、电话及五类电缆约120皮长公里，网络建设投资超过500万元。

2005年，网通镇江分公司经营固话、宽带、万信通业务的综合电信业务，下设三个县级分公司，有员工150人，平均年龄30岁左右，大专以上学历人员占公司总人数的95%以上。公司建成覆盖市区的无线市话网、本地城域网、宽带网。截至年底，公司无线市话用户超过7万户，固定电话用户超过4万户，宽带用户超过1万户，完成业务收入6000万元。

七、中国铁通镇江分公司

分公司2001年9月成立，到2002年实现营业收入600万元，交换机容量达到3万线，固定电话用户达到7000户，宽带用户达到600户，铺设光缆190孔公里，固定资产投资1.2亿元。截至2003年底，铁通镇江分公司实现营业收入700万元，固话用户1.5万户，宽带用户1300户。2004年1月，中国铁通公司由铁道部移交国务院国资委管理，镇江公司随之更名为中国铁通集团有限公司镇江分公司。2004年，公司业务收入1748.5万元，固定电话新增4万部，XDSL装机新增2278台。完成投资4500万元，其中基本建设投资4000万元，更新改造投资500万元。完成基础网络设施和工程项目建设220项。2005年，中国铁通镇江分公司开展长途业务、固定电话业务、公用电话业务、互联网业务。公司有固定电话用户5.57万，发展互联网用户0.84万，市场收入3291.52万元。全年固话装机累计净增26554部，在网用户数达到55601户。ADSI用户累计净增4857户，在网用户达到8421户。

第二节 固定电话

一、本地电话

1. 本地电话的服务网点及局所

改革开放后，城市建设和农村经济发展迅速。1985年，城乡邮电自办局所分支机构达41处。1985年后增设火车站、三茅宫、花山湾、运河路、汽车站、中山西路、甘露寺、儒里等局(所)。逐步实施市话分局制，加强城市及农村交换网点建设。1987年引进程控电话交换系统，谏壁支局农话率先进入程控网。此后，城市多局制逐步实施，南门、三茅宫、北门等分局先后开通，农村支局逐步改建成程控模块局。进入20世纪90年代，电话向城乡一体化发展。1991～1994年建成高资、上党、大港、姚桥、辛丰、宝堰、西麓、三山、丁岗等程控模块局，敷设镇江—丹阳、高资、上党和谏壁—姚桥4条光缆。1995年，农村电话全部实现程控化。至1995年末，下辖自办分支机构共有47处。

1998年，邮电分营后，邮政、电信网点相应分设，大多数网点均分开进行独立运营，少数电信未覆盖的网点实施邮政代办。

2. 市内电话

1983年，镇江市话实占门数3255门，用户话机3556部。同年末又投资扩容2000门。1985年9月，市话交换机安装由微机处理的复式计费设备。11月开通“117”自动报时台；由南京邮电学院研制的市话微机查号系统投入使用。1989年11月18日，市内电话号码完成由5位升6位工作。

图20-5 1995年渔民用上大哥大

1992年6月，城市各邮电支局首次使用磁卡电话。由于经济发展，用户对选号发生兴趣。镇江邮电局于1992年8月8日，举行优选号码拍卖大会，9只优选市话号码、1只无线寻呼机号码、5只“大哥大”号码全部竞拍成交，总金额34万元。住宅电话开始形成热点。1991～1995 年放装市话用户 73895 户，年均增长率为 49.6%。按市区人口计算，话机每百人普及率为 35.04 部，居全省省辖市首位。用户小交换机容量为 26220 门。

在市话快速发展的同时，县(市)电话的发展按规模发展、规模经营的思路跟进。1997 年，扬中市(县)建成全省首批电话小康市。1999 年，丹阳、丹徒建成电话小康市(县)。2000 年，电话放装创历史新高，电话用户总数达到 63.6 万户，较上年净增 13.4 万户，全市电话主线普及率达到 23.9%。同年，句容建成电话小康市，从而使镇江成为继苏州、无锡之后的全省第三个本地网电话市。

2002 年，全区放装市话 5.87 万户，农话 4.07 万户，其中镇江市公司发展市话 2.8 万户，农话 0.99 万户；全区电话用户总数达到 86.34 万户。2003 年开始在家庭用户中推广"全家福"业务组合。

2005 年，全省 BSS 系统率先在镇江上线，为全省推广提供参考经验。同年对传统固网进行智能化改造开始，固定电话将不仅提供语音服务，同时提供彩铃、移机不改号、"11803""11808"等智能化业务。

1983～2005 年部分年份镇江市固定电话用户统计表

表 20-4

年份	用户数(户)	年份	用户数(户)	年份	用户数(户)
1983	3556	1994	101000	2000	635596
1985	4397	1995	125600	2001	763998
1990	11371	1996	166200	2002	863407
1991	14830	1997	336700	2003	1037123
1992	21604	1998	772486	2004	1256123
1993	39622	1999	501725	2005	1409800

市话资费　"六五"期间，市话的月租费分"包月制"和"计次制"两种。1986 年 1 月 1 日起，复式计费正式实行，用户可按通话次数计费，改变 75 年按月租费包月制的形式。复式计次收费，使市话收入比上年增加 50.17%。4 月经市物价局、财政局、工商银行与邮电局核定，凡在 3 月底前装机的工商企业用户，每户收取设备改造费 500 元。1988 年 3 月，电信总局修订市内电话收费办法，规定月租费采取计时计次分距离的复式计费办法。全省实行市话初装费制度以后，镇江市从本地情况出发，所定初装费均低于全省平均标准。此后随着电信事业的发展先后调高初装费，设立通信建设附加费。1998 年后，通信企业不断降低初装费、附加费的标准；2001 年彻底取消初装费、附加费。

市话服务　1984 年 1 月 17～18 日，镇江市遭遇解放以后最大雪灾，市话通信线路有 123 户中断，1 月 23 日经抢修全部排除障碍，恢复通话。

1985 年 3 月 19 日起，镇江局开始设立用户监督电话，以便直接听取用户反映意见。1987 年开通程控电话系统后，市话容量不断扩充。1990 年 1 月，监督电话"232577"纳入镇江市政府为民服务公开电话网络，全系统微机输入凭证、收入汇总、费用汇总、分摊、转账、记账、总账、明细账平行登记单等，以便市民查询。

20 世纪 90 年代初在全国各大中城市为"装机难"困扰之际，镇江拓宽安装电话渠道，形成批量安装的社会工程队，仅 1993 年 1 年即放装近 2 万户。1 年发展用户相当于前 43 年的总和。并多次在住宅小区办公，为用户团体放装、现场放装、及时装机。1995 年 7 月，按每 50 米设置一部公用电话标准，在市区解放路、大西路和中山路等三条主要街道上分别建成公用电话一条街，净增公用电话 170 部。1996 年 2 月 6 日在全省率先开通"860"综合信息系统，一改过去人机对话为人与人直接对话进行信息查询,同时还通过计算机、传真机传递信息。同年 10 月,镇江武警消防支队与镇江邮电局签订协议,消防支队自愿将其所属“119”消防寻呼台拆除,并入邮电寻呼网;发展公用电话 118 部,其中磁卡电话 42 部,IC 卡电话 36 部,建成运河路、正东路、南门大街等三条公用电话一条街,镇江市区公用电话达到每千人 6.12 部,城市话机普及率 47.49%,其中城市住宅电话普及率达每百户 56.43 部;成立网路管理中心。1998 年,镇江电信公司“10000 号”(电信服务中心)率先在全省开通。在每年世界电信日、消费者权益日期间,组织话机生产厂家直接在邮电局门前设摊便民服务,维修电话故障,听取用户反馈。多次举办多种优惠措施促进用户装机,使市话放装户逐年迅猛上升。2001 年有偿邀请行政事业单位、下岗职工等社会各界人士担任顾客,每月对窗口服务单位进行暗访。2001 年,全省率先推出装、移电话和程控新业务等业务受理,用户只需拨打“10000 号”,即可申请办理电信业务,年业务量由过去 400 多次提升到 700 多次。2002 年实现“112”系统对固定电话障碍和多媒体业务障碍的受理、开发;同年 6 月,镇江电信实业有限责任公司成立。组建后的实业公司,下辖 11 个分公司和 4 个直属法人企业,承担为通信运营主体企业服务的职能,是通信运营主体企业的协作系统和支撑系统。2003 年,镇江电信小灵通用户突破 5 万户。2004 年,镇江小灵通用户突破 25 万户,小灵通基站数从 500 多个上升到 4000 多个,从市区通再到镇江全市都通。2005 年,全市电话业务收入 16.48 亿元。

3. 农话

1983 年起,镇江市对农村原公社办集体邮电机构实行统一代管。丹徒县境内的社办邮电机构,按单独核算、自负盈亏的原则,统一交由邮电局代管。1985 年,全市乡(社)办经营的电话交换机共 8 处,容量 580 门。除支出外,每年均有盈余积累,所有退休职工同样享受劳保待遇。另有葛村交换点 1 处,仅有话机 7 部,交由个人经营。1985 年末,全市农话用户 1395 户,全年农话去话业务量 145.57 万张。

1987 年引进日本富士通程控电话开通。市郊谏壁原属农村的电话进入程控电话网,并建成谏壁市话分局。谏壁支局引进程控电话交换系统开通后,农话逐步加快建设步伐,为乡镇企业阔步迈入国际市场创造有利条件,陆续将各重要乡镇邮电支局使用的磁石式电话机淘汰,改建程控模块局。1988 年继辛丰部分用户进入程控网以后,高资乡政府也集资发展通信,使程控电话容量扩大。为及时收回投资,对放装农村电话采取优惠措施,收效甚好。1989 年 3 月,丹徒县开展优惠放装电话服务月活动,对个体户、专业户减免初装费 80%,企事业单位减免初装费 60%(对茅山老区的企事业单位减免 70%)。在这一时期内还免收申请装机手续费及查勘设计费,使放装用户大幅增加。1989 年,农话率先在全省开通谏壁—大港间的光缆。1990 年,市局农话台开办“235118”立即接通业务。此后,在农村中住宅电话开始兴起。根据丹徒县地方情况,每户收取的初装费低于全省平均标准。此后,丹徒县农话加大投入,逐年更新农村支局磁石交换设备。

1994 年,全市农话基本实现程控化,建成高资、上党、大港、姚桥、高桥、辛丰、宝堰、西麓程控模块局。全市 5 年共放装用户 26312 户,年平均增长 48.7%。同年末,全市农话容量已达 1.30 万门,进入程控 1.25 万门。但农村话机普及率每百人仅 2.3 部,发展潜力很大。1995 年末,丹徒县农话总户数达 13185 户,并全部实现程控化,电话的城乡一体化格局已形成。

1996 年建成象山乡、七里甸镇等 6 个电话小康镇,丁卯电话小康区和 131 个电话小康村,全年共发展市农话近万户。同年在扬中新坝镇建成全省最大的电话小康镇,新装住宅电话 4000 户,全镇住宅电话总数达到 5386 号线,装机农户占总农户的 60%,话机普及率达每百人 38.76 部。1997 年,扬中市所辖 11 个乡镇、176 个村,71.8% 的住户都装上电话,电话拥有量达 50667 号线;6 月,扬中建成电话市。1998 年,全市完成农话 7.52 万门的交换机新、扩建工程;同年建成高资、黄墟、辛丰、丁岗、宝堰、姚桥、三山等 7 个电话镇;全年发展农话用户 15602 户,农话累计用户达 40206 户。丹徒县电话主线普及率达每百人 10.46 部。同年,扬中建成 9 个 100% 电话村。全市农村主线普及率达10.8%，其中市局农村主线普及率10.3%。1999年9月24日，丹阳市和丹徒县分别有465个行政村、28个乡镇和213个行政村、15个乡镇建成电话村和电话镇；农村主线普及率分别达到16.27%和15.87%；9月，丹阳、丹徒建成电话市（县）。2000年5月15日，句容313个行政村建成电话村，21个乡镇全部建成电话镇，建成电话市。至此，镇江市所属丹阳、句容、扬中、丹徒全部建成电话市（县），全市电话主线普及率达到每百人22.02号线，继苏州、无锡之后，在全省第三个建成本地网电话市。

农话资费　1980～2005年，农话资费历经多次调整。1980年8月颁发《江苏省地方国营农村电话使用办法》，用户种类分甲、乙、丙三种：甲种属自架自维的生产队等用户，每月只收交换费2.00元；乙种属有营业性质的用户，每月租费8元；丙种用户按行政事业经费开支的用户每月租费5元。新增插扦、专线租费。通话费每3分钟0.15元，丙种用户0.10元，加急加倍收费，公用电话改为每次0.04元。

1984年，省局授权农话月租费及农话通话费由镇江局自行制定。1985年9月，月租费按交换机门数分为四级计费，每级又分甲、乙两种用户月租费，取消丙种用户月租费，并入甲种用户。农话计费标准由原来一级计费改为二级计费，即20公里以内，3分钟内收取0.40元，超过3分钟，按实际通话分钟计费，每分钟0.10元；20公里以上，首次仍为3分钟，收费0.50元，超过3分钟，按实际通话每分钟收取0.15元，加急加倍收费。并适用于会议电话等其他农话业务。同年12月起，长话每张话单收取农话过线费0.30元。

2002年8月21日，镇江电信扩大镇江电话营业区，丹徒区电话用户按照镇江市电话月租费标准执行。镇江市区与丹徒区电话用户（含固定电话拨打移动电话）之间的通话费按照区内电话标准收费。2005年11月21日调整本地网营业区间电话资费标准，由0.5元/分钟调整为0.4元/分钟。

二、国内长途电话

1984年开始，长话计费按1分钟为基数，不再以3分钟为基数。1985年3月增设“115”长话服务台，如挂发长话，可在10分钟内接通，收费标准按加急电话处理，超过10分钟接通者，则按普通电话计费。1985年末，长话去话业务量增至114.87万张，是1952年2.31万张的49.73倍。

图20-6　20世纪80年代初人工长途接续台

1987年引进程控电话交换设备，并开通程控电话。自此，长话用户可申请办理国内长话直拨。当年末，在公用电话可直拨长途电话代办户63户，市话用户有长途直拨权的用户为200户，此后逐年增长迅猛，打长途电话难的状况开始缓解。随着程控电话的逐年扩容，长途电路不断增加。1990年6月10日，镇江至杭州全自动长途电话5来/5去正式开通启用。同年12月停办“224173”长话业务。

1991年，市内电话用户中长途直拨有权用户已达8604户，占市话用户总数的58.02%。1992年随着市话放装户的成倍增长，长话电话亦相应大幅度增加与之相适应，新放装户及原有用户，均已基本进入国内长途直拨，人工接续台业务量相对逐年、逐月锐减，而长话业务量却仍然迅速增长。

1993 年,市话用户全部进入长途直拨。1994 年 10 月,“113”撤销,人工接续长途电话已近淘汰。1995 年,“173”与长话科同时撤销,结束自镇扬长途电话创建以后由人工交换接续长途电话的 76 年历史。同年末,镇江局国内、国际及港澳台长话计费通话次数共计达 2444.21 万次。

2000 年先后推出“17908”和“17909”省内 IP 电话,并根据镇江实际,推出 909 本地 IP 电话业务。当年, IP 卡销售收入达到 832.2 万元。2002 年国内长话业务收入完成 10144.47 万元,比上年增长 9.62%。

三、国际及港澳台电话

自 1979 年 3 月 10 日起,受理挂发台湾省的来去话,虽然是经其他国家或地区经转,但两岸同胞的信息和亲情已开始沟通。长话去话业务量逐年增长,1980 年达 69.88 万张。1989 年 4 月开放国际长途全自动直拨业务,为镇江市外向型经济提供更便捷的通信服务。

四、无线市话

2001 年,无线市话(小灵通)业务在扬中开展试点工作。2001 年 10 月 1 日,扬中开始小灵通试放号,11 月 1 日正式对外放号。首期工程覆盖城区约 8 平方公里的区域,建成小灵通基站 91 个。到 2001 年 12 月 30 日共发展小灵通用户 2000 余户。同年在镇江市区建成华东船院、电信枢纽等 12 个基站。

2003 年,镇江电信分公司将小灵通建设项目作为头号工程,通过“预受理”“试放号”“正式放号”的发展方案,推出购机优惠、全员促销、赠送话费、入网赠机等多种促销活动,小灵通业务成为继宽带之后的又一个增长亮点。至 2003 年 2 月 15 日,小灵通用户突破 5 万户。其中最多的一天发展小灵通近 3000 部,创造镇江电信发展史上的纪录。全年累计净增小灵通用户 11.4 万户。

至 2004 年 12 月,镇江小灵通用户突破 25 万户。在 1 年多时间内用户数从 5 万户发展到 25 万户。镇江电信从第一期扩容到第八期扩容,小灵通基站数从 500 多个上升到 4000 多个,从“市区通”再到小灵通“镇镇通”,在高速公路收费站成功架设小灵通基站,使小灵通在高速公路上照常通话。2005 年,机卡分离小灵通面市。同年,小灵通异地售卡和灵通快捷卡开发成功,并迅速在全省销售,并能配合长途呼叫转移业务。全市小灵通用户数达 33.74 万户。

五、公众电报

1983 年 3 月 1 日开办专送电报业务。1985 年增加电报真迹传真业务和用户电报业务,全年业务量达 207.01 万份。1986 年 3 月 11 日,扬中句容电报电路进入南京自动转报网。开办用户电报,进入用户电报的单位有前进印刷厂、汽车工业公司、谏壁发电厂等,这些用户的报务人员,均培训后上岗。同年,市局有用户电报 10 户。

图 20-7　20 世纪 80 年代初电传发报

1987 年引进程控交换设备后,建成开通 64 线电报分集机,使电报处理的自动化程度大大提高并方便电报用户。同年,开办礼仪电报业务。1989 年 8 月 1 日开办“118 专线”用户电报特别业务。

1991年,非话业务中用户传真与用户电报数分别达到144户和49户。但由于住宅电话的迅速发展,电报业务量明显下降。

1991年增开请柬电报业务。1994年4月20日开办鲜花礼仪电报。1995年,全年电报业务量为22801份。其后随着通信手段的日趋丰富,通信水平的日趋进步,电报业务量逐年萎缩。2005年11月,按信息产业部规定,在全国范围内取消公众礼仪电报和鲜花礼仪电报。2006年6月,关闭县公司公众电报受理点,镇江全区公众电报受理点收缩为1个。民航气象、水情、地震等行业电报全部退网。2006年10月,停止地市级电报终端、分组服务器,省内各市之间电报传送采用传真方式替代,省际电报全部由南京发送或接收。

图20-8　20世纪90年代初中文电报发报机

六、增值业务

1994年1月8日首创由职工集股引进一套自动语音服务设备成立的镇江邮电局四达信息公司"168"声讯台正式开台。"168"自动声讯业务是当时中国电信推出的一项以自动语音服务为特色的、也是当时唯一的电话增值业务,与其自动语音服务相结合的是声讯台的人工服务1600人工台。"168"声讯台为社会提供服务,内容广泛涉及公益、金融、医疗、交通、法律、娱乐、教育等与百姓生活密切相关的领域。1995年,"168"更名为"868",实现全市邮电局窗口均可代收话费,率先开办"168"电话费自动查询业务,用户在家即可查得自己的本月话费。

2003年初,镇江电信分公司成立增值业务部,经营声讯、多媒体、宽带网络业务。小灵通用户之间以及和移动、联通用户之间可以互相发送短消息,可以点播或者定制新闻、天气、娱乐、股票、彩票等多种信息,被称为"拇指短信"业务。

七、通信设备及网络建设

1. 市话设备及网络建设　1978年10月27日23时,镇江割接开通纵横制4000门自动电话交换机,结束历时67年人工接续市内电话的历史。1983年,交换机实占门数达3255门,虽为4000门容量的81.37%,但由于机线配套跟不上,线路仍然紧张。同年5月为缓和市话线路紧张状况,充分利用现有线路,增设2DD10型"1+1"市话环路载波机。1985年底,市话交换机容量为6000门,实占4397门,用户交换机中继线372对。1986年,镇江电信引进日本富士通公司F-150程控电话交换机系统,其中有程控长话交换机一套500线、半自动无绳长话人工交换台22台。该系统采用计算机存储程序控制自动接续,音质好,接续快,大幅度提高长话接通率。1987年,镇江成为全省第二个开通程控电话的城市,并扩容市内程控电话5280门。同年开通谏壁市话分局。农村支局逐步改建成程控模块局。1989年11月18日,市话号码由5位升至6位。到1990年年末,市话容量发展到16490门,从纵横模拟式交换机发展到以程控电话为主的数、模混合的市话通信网。微波传输进入公众服务领域,当年从日本引进DM-1000型140mb/s四次群一主一备式数字微波传输系统,建成开通镇江—扬州数字微波传输系统,并入长江三角洲大容量数字微波网,总容量为1920路,从而形成明线与微波并存的镇江全区通信网。1991年,镇江电信先后引进的程式控电话交换设备LS10490门、TS1000路端,被镇江市政府评为"七五"期间最佳技改建设项目。同年,市话南门分局(42分局)开通,初装日本F-150程控交换设备5024门,原22、23分局的部分电话同时接入42分局,为汇集丹徒农村支局进入市话程控网创造条件。同期从美国SPRIN公司引进的公用数据通信公组交换设备TT3325E型网络集中器正式开通,为镇江市数据终端与国内外计算机系统建立联系、互通信息、共享数据资源提供快速可靠的通信途径。1992年10月,镇江通信枢纽楼竣工投入使用,又新增程控市话容量8600门。1993年建成开通城市的北门和三茅宫两个市话分局。全年净增市话容量4.15万门。镇江市内电话计费级别从5级升格到4级。1994年建成DDN数字数据网,形成省网及分组交换市网;建成市话电力路分局,并对南门、三茅宫等市话分局进行扩容;全年市局市话净增4.29万门,使镇江电话网容量达到12.35万门。同年8月28日,镇江市电话网的电话号码与苏、锡、常等城市同时由6位升至7位。1995年除建成丹阳、扬中、句容DDN网外,还完成DDN市网扩容工程,新增大市口、大港和丁卯3个节点机。同年,宁沪光缆扩容五次群数字传输设备,新开镇江—扬中架空光缆140mb/s四次群数字传输设备,长途明线载波及60路电缆载波机械设备全部拆除,结束长途电话由人工接续操作的历史。1995年,镇江市电话网又扩充容量2.06万门,总容量达14.4万门,5年增加容量12.75万门,比"七五"末期增加7.73倍。全区城乡局用电话交换机容量突破30万门(市话20.5万门,农话10.15万门),同年10月,丹阳、句容、扬中三市(县)电话号码由6位升至7位,原三县区的长途区号取消,统一使用镇江地区长途区号0511,镇江本地电话网建成。到1995年末,按市区人口计算,市话普及率达35.04%,居全省省辖市之首。

1996年现汇引进F-150程控交换设备21500门在南门分局安装建设。1997年分别在大市口、电力路及李家山等分局扩建S1240交换设备12000门。1998年引进日本F-150程控电话交换设备1.7万门,分别安装于石马、世业、三山、上党、西麓、宝堰、荣炳、上会、石桥、江心、高桥等丹徒县各模块分局及镇江市区各F-150独立局,以对镇江市区及丹徒县电话网进行扩容改造。

2000年引进S1240程控交换设备,对电力路及大市口等两分局进行交换扩容。新建大港、大路、黄墟、姚桥、丁岗、葛村、华士、迎东及青龙山等9个交换节点,扩容12544门模拟用户,接入网用户扩容15280门。2001年继续引进日本F-150程控电话交换设备,对桃花坞模块局进行扩容2000门模拟用户,对其母局北门进行中继扩容64个DT,对三茅宫分局扩容2000门模拟用户,谏壁、南门、新马路、三茅宫及丹徒各扩容2个V5.2接口。2001年8月,镇江本地网固定电话容量已突破100万门(含接入网),其中丹阳311152门、句容178944门、扬中111560门、镇江405290门,合计1006946门。

2002年,镇江电信进行商务集团交换网设备安装工程建设,采用省公司统一订购华为公司的C&C08交换机系统。该系统集交换与传输、有线与无线、窄带与宽带于一体,采用SBS系列内置式光传输系统。仅用9个机架就可以实现12万中继的容量,降低网络建设成本。初装商务集团交换网3136门模拟用户及80门N-ISDN用户。同期进行商务集团交换网延伸设备安装建设,在市区17个分局各初装128门模拟用户。

2. 农话设备及网络建设 1981~1985年陆续增设载波电话终端机21部,其中3路载波机增至10部。先后增设与扩充丹徒镇、大路、谏壁、姚桥、大港、石马、辛丰、江心、世业等地交换机容量达470门。1985年6月,市局农话台迁入电信综合楼。同年底,农话交换机总容量达2460门,载波电话终端机88部。已装电话的乡(镇)及行政村达324个,与县有直达电路的有22个,用户1395户。1987年,市局引进的程控电话开通后不久,谏壁市话分局割接开通,部分农话进入市话程控网,标志着农话迈入城乡一体化的开端。1989年11月在全省农村率先架设谏壁—大港之间的光缆后,大港支局部分农话也进入程控电话网。1990年5月1日开办农村快速电话业务,凡用户挂发的农村电话,需快速接通的可拨打"235118",可立即接通电话。1991年随着继续引进程控电话交换系统,高资、上党、姚桥、大港各安装480门程控交换设备,开通上述4个模块局。1993年建成开通高桥、辛丰、宝堰、西麓等程控模块局。丹徒县农村交换机容量达9480门,全县进入程控电话网的乡镇数已达89%。1994~1995年建成并开通三山、丁岗程控模块局,丹徒、汝山、蒋乔等近郊局所也均进入程控网。年末,农话总容量达3.05万门,实装用户13185户。1995年,丹徒县农话全部进入程控网。

3. 市话线路建设 1983年12月16日安装电缆自动充气设备,该设备由可控硅等电子式控制自动充气、射流控制、分子筛非加热再生式干燥空气、浮子流量计配等相关装置组合而成,功能比以前有较大改进。至1985年,镇江邮电局杆路长度达195杆公里,其中水泥杆路174杆公里;明线204对公里;电缆总长174皮长公里,其中地下电缆55皮长公里;电缆芯线21.62对公里。1987年,程控电话交换系统开通以后,市话分局制逐步实施,线对日益增加,与机械相比,虽逐年投资调整,布放管道及埋设电缆,但由于主观及客观原因的多方面牵制,始终处于滞后状态,干线及支线电缆跟不上装机申请户的增加,逐年放装户虽都有较大增长,而待装户却大幅度上升。1987年出局线对增加2330对。

1989年10月建成22干线电缆分配线区,放装用户。1990年,市话容量达16490门。进入20世纪90年代后,市话逐年加大投资,形成逐年翻番之势,管线工程量仅依赖自身力量,已无法完成,镇江局劳动服务公司及邮电制杆厂劳动服务公司参预管道铺设与架设杆线等劳务性施工。1991年,市话南门分局开通,该分局仅出局线对就达1.26万对,目标为汇集丹徒县东南方向8个模块局进入市话网。1992年新增出局线对1.24万对、铺设管道162孔公里,全年放装市话6780户,比上年翻一番。同年经市政府批准,公布《镇江城市公共建筑和住宅小区通信设计标准》,使各建设单位将通信设施纳入工程造价内,文件规定城市公共建筑和住宅小区的规划设计审查及工程竣工均须有市邮电部门参加验收,住宅小区入户线路逐步进入规范化。1993年完成中营、江滨新村等12个住宅小区户线工程。全年市话放装达到1.8万户。镇江局除设立安装公司外,还与煤联工程队等单位签订劳务协议,加快装机速度。1994年,市话放装再创新纪录,达到2.46万户。1995年,市话出局线对达6.1万线对,新增管道266.09公里,完成小区新建住宅楼户线工程120幢共3885户,户线到位率达95%。1998年,全市城市主线普及率达26%。

4. 农话线路建设 1981~1985年,农村木杆杆路已全部更新为水泥杆路,电缆总长由1981年的75.3皮长公里,增至142皮长公里,杆路515杆公里,明线线条1334对公里。鲇鱼套至世业洲的电缆更新改道,由高资布放至世业洲。1987年引进程控电话交换系统以后,谏壁农话用户即进入程控网。1989年11月在全省率先架设并开通谏壁与大港之间农话光缆系统,全长14公里,除使大港镇农话用户进入谏壁程控电话分局外,1992年后作为谏壁程控交换母局与大港模块局之间的中继使用,为国家重点工程——大港港口工程建设提供优越通信条件。在程控市话迅猛发展的同时,农村电话也随之向城乡一体化迈进。

1992年建成高资、上党、大港、姚桥程控模块局。1993年建成开通高桥、辛丰、宝堰、西麓程控电话模块局,有17个乡镇与程控联网,占全县乡镇数的89%的磁石式及共电式交换机陆续淘汰。1995年,市局农话光缆达166皮长公里,对称电缆达1470皮长公里,全县农话线路设备中的明线基本淘汰,农村杆线通至行政村率达74.9%。

八、长途通信设备及网络建设

1. 长途电报网路 1983年实行市管县行政新体制,将高淳、溧水、金坛、溧阳、宜兴无线电路,分别划给南京、常州、无锡局,并停开镇江至杭州、高淳、溧水电传电路和至盐城、连云港无线电路。后又陆续增开镇江至徐州、无锡直达电路。1984年1月18日,镇江遭受一场解放以后最大雪灾,长途电路除南京和苏北方向畅通外,苏南其他各路几乎全部中断。经省局指示开通尚未正式交付使用的沪宁小同轴电缆以应急需。镇江局与兄弟局配合,计调通电报电路186路,除解决镇江—常州、无锡、苏州局电路外,还为扬州、南京、常州、上海等地提供通达无锡的电路。至21日晨,电报电路恢复91%,22日全部恢复,26日载波电路恢复正常。1985年末,市局共有电报直达电路27路,另有城市支局电报电路4路及农村支局、所无线电路4路。1986年,南京电信局256程控自动转报系统正式开通以后,市局及所辖各县局于3月11日全部进入南京自动转报网。

1987年,程控交换系统开通后,首批农村支局大港、大路、辛丰话传电路于当年末改为电传电路,电报交换设备净增123线。1989年10月25日,新马路营业处亦进入南京自动转报系统,大大缩短电报传递速度。1990年5月正式开通船山矿公众电报业务。同年7月,丹徒邮电支局开通电传电路并建成开通64线电报分集机。1991年,用户电报与用户传真分别达到49户和144户。传真电报份数 比1990年增加1倍以上。1995年,市邮电局共有电报电路33路,用户电报电路10路,出租电报电路13路。进入20世纪90年代后,由于移动电话和家庭电话的普及,电报业务逐渐退出人们的日常生活。

2. 长途电缆及光缆网路　随着长途电话通话量日增,大容量载波及同轴电缆进入长途通信传输领域。1980～1985年,长途直达电路每年平均以225路速度增长。1983年9月,镇江长途线务站办公用房在黄山仓库建成。1984年3月24日,市局长途台迁入电信综合大楼,长途交换设备更新为JT－02型48席。1985年末,长话直达电路增至234路。镇江至南京直达自动电路增至8路,直达电路已远至北京、芜湖、马鞍山、合肥等地,省内则增加靖江、淮安、高邮、泰县(今姜堰)、泰州、泰兴、宝应、新浦、常熟、沙州(今张家港)、江阴等地。1986年4月19日,DD16长途全自动电路开通。1987年9月自筹资金首次引进日本富士通F－150数字程控电话交换系统4250门,长话500线正式开通。1988年4月30日开放国际长途全自动直拨业务;同年6月12日停办"113"省内6市17县的长途挂号业务,同时增设"174"长途查号台,发挥长话自动交换网功能。1990年,沪、宁小同轴电缆扩容,两个方向长途电路增加660路。1995年,长途电路共达772路,是1985年的3.30倍。由自动电路疏通的长话业务量占长话业务总量的65%。1991年,市话用户中的长途直拨有权用户达8604户,占市话用户数的58.02%,比1990年净增有权用户5776户;同年11月18日,总长118公里的沪宁镇江段光缆全部敷设完毕,提前42天完成省局预定期限,成为江苏省第一个完成光缆敷设的市局。1992年,长途电路翻番,长途直拨较普遍地进入市民家庭。1993年,长途电话程控交换机扩容,新增容量5000线,累计容量达7000线。市话用户挂发长途电话结束经过长途台记录、接续的过程。1995年,镇江市局长途程控交换机容量达10000线。1997年完成镇东长途交换局的新建工作,新增长途交换容量5000线。

3. 微波及数据传输网路　1985年,镇江微波站改由镇江邮电局管辖。1990年,微波传输进入为公众服务领域,当年4月从日本引进DM1000型140MB/S四次群一主一备式数字微波传输系统,建成开通镇江—扬州数字微波传输系统,并且并入长江三角洲大容量数字微波网,总容量为1920路。初期开通32个基群共960路电路。扬州—扬中开通3次群数字微波一套,镇江可通过扬州经转,沟通镇江与扬中间因圌山阻挡而不能直达的微波电路,同年,镇江至南通数字微波电路15来/15去开通,从而形成明线与微波并存的更加安全可靠的镇江全区通信网。

1991年12月引进的美国SPRINT公司一套TT3325E型网络集中器正式开通,与江苏省内其他市县局联接,组成省内分组交换网,为镇江市数据终端与国内外计算机系统建立联系、互通信息、共享数据资源提供快速可靠的通信途径。工商银行镇江市支行和镇江水文站成为首批进入异步专线和异步拨号用户。1992年传输电视信号1427次/7597小时,合格率达100%。增加微波电路120条,转接电路720条。1993年建成并开通镇江至扬中3次群数字微波传输工程。1994年建成并开通镇江—扬中4次群光缆传输系统,缓解镇江至扬中长途电话不畅的问题。同年建成DDN数字数据网,形成省网及分组交换市网,开通会议电视系统,并开放电子信箱、传真有贮、转、发等增值业务。1995年除建成丹阳、扬中、句容DDN网外,还完成DDN市网扩容工程,新增大市口、大港和丁卯3个节点机。1996年建成全区的本地DDN网,DDN网节点机达到33个,端口累计总容量达到743

个，基本覆盖市区所有范围及部分经济发达的乡镇。1997 年完成本地网 DDN 扩容，新增节点机 9 个，端口 600 多个。1999 年完成省多媒体通信网 163、169 设备合并扩容工程和江苏省数字数据网 DDN 骨干网扩容工程以及本地网 DDN 扩容工程。2000 年，公司注重对现有设备进行升级，优化数据库的备份、压缩方案等，强化信息安全管理，企业信息化运用能力进一步提升。

第三节　无线寻呼

1988 年 9 月经审核批准，镇江市建成全省首批无线寻呼发射台。1993 年，无线寻呼完成数字汉字兼容扩容 3 万门，同时开通“127”自动寻呼，新增中继线 30 条，实现镇江全区人工联网，当年无线寻呼用户增长 3.3 倍。1994 年，无线寻呼用户增长 122.2%。1995 年建成人工与自动兼容、数字与汉字兼容，具有多种服务功能的寻呼系统，实现全市和全省范围内的自动联网，系统容量达到 20 万户。1995 年镇江市区新增无线寻呼 1.9 万户。1996 年，全市无线寻呼累计容量 50 万户，当年发展无线寻呼用户 3.26 万户，无线寻呼用户增长 101.0%。1997 年，无线寻呼用户发展 5.14 万户，增长 53.1%，总数达 17.6 万户（镇江市局完成发展 2.65 万户，总数达 9.8 万户），完成省网配套和市网扩容工程，开通省内高速寻呼网。1998 年 5 月，无线寻呼业务从镇江邮电局剥离，成立独立的国信寻呼公司。到年末，全市有无线寻呼用户 22.45 万户，是 1988 年的 458 倍，无线寻呼系统容量 54 万户，基站 20 个。

无线寻呼业随着公众移动电话的发展而逐步退出。1999 年，无线寻呼总容量 54.6 万门，用户 16.5 万户。2000 年，国信公司与联通重组。2001 年底，有无线寻呼用户 6 万户。2002 年，中国联通镇江分公司剩有寻呼用户 3.9 万户。至 2005 年，镇江联通寻呼关网工作结束，作为电信主营业务的寻呼业退出运营。

第四节　移动电话

一、模拟移动电话

模拟移动通信系统是蜂窝移动通信系统发展的早期阶段，其技术的发展大致经历 3 个阶段。模拟蜂窝移动通信系统主要有三种制式：TACS（ETACS）、AMPS、NMT450/900。

1992 年，镇江邮电局建立第一个 TACS 模拟蜂窝移动电话系统，镇江进入公众移动通信阶段。首期工程镇江全区新建 6 个基站，载频 368 个，用户容量 3000 余。B 网新建基站 11 个，载频 259 个，用户容量 2000 余。1994 年，A 网 2 次扩容，新建基站 4 个，载频 232 个；1995 年，A 网 3 次扩容，新建基站 10 个，载频 176 个；B 网 2 次扩容，新建基站 9 个，载频 311 个。1996 年，A 网 4 次扩容，新建基站 11 个，载频 438 个；1997 年，A 网 5 次扩容，新建基站 13 个，载频 306 个；B 网 3 次扩容，新建基站 10 个，载频 70 个。1999 年，A 网 6 次扩容，新建基站 20 个，载频 302 个，B 网 4 次扩容，新建基站 8 个，载频 50 个。中国移动通信集团公司于 2001 年 6 月 30 日前逐步停止模拟移动电话网客户的国际、国内漫游，并于同年 12 月 31 日后关闭模拟移动电话网。

二、数字移动电话

随着现代移动通信技术和信息技术的高速发展以及第二代数字移动电话系统的全面应用，模拟移动通信已经越来越不能适应广大客户对移动通信的需求。进入 20 世纪 80 年代后期，大规模集成电路、微型计算机、微处理器和数字信号处理技术的大量应用，为开发数字移动通信系统提供技术保障。

1982 年,欧洲成立 GSM(移动通信特别组),任务是制订泛欧移动通信漫游的标准。GSM 移动电话系统对频谱利用率高、容量大,同时可以自动漫游和自动切换,采用 EFR(增强全速率编码)后通信质量好,加上其业务有种类多、易于加密、抗干扰能力强、用户设备小、成本低等优点。

1. 镇江电信、移动 GSM 网　1996 年,镇江邮电局 GSM 网首建,新建 11 个基站,368 个信道。用户容量达到 1 万户。1997 年,G 网 1 扩,新建 33 个基站,965 个信道;G 网 2 扩,新建 26 个基站,872 个信道;D 网 1800M 新建 28 个基站,844 个信道;用户容量达到 10 万。1998 年,电信移动分营,其间进行 G 网 3 扩,新建 65 个基站,4313 个信道;D 网(1800M)2 扩新建 8 个基站,2036 个信道。1999 年,G 网 4 扩,新建 18 个基站,2451 个信道;D 网(1800M)新建 20 个基站,1465 个信道。2000 年,G 网 5 扩(5.1&5.2),新建 14 个基站,10298 个信道。2003 年,G 网 6 扩,新建 15 个基站,2847 个信道。2004 年,G 网 7 扩,新建 26 个基站,用户总容量达到约 74 万。2005 年,G 网 8 扩,新建 50 个基站,用户总容量约 85 万。

至 2005 年,镇江移动 GSM 基站建设达 480 余个,网络覆盖全市 99% 以上的人口、100% 的乡镇、96% 以上的农村,并与世界上 100 多个国家和地区的 200 多个通讯运营商开通国际漫游业务,网络通信质量也稳步提高,无线接通率高于 99.9%,掉话率低于 0.5%。镇江移动的网络已经完全覆盖全市主要的辖市(区)。

2. 镇江联通首期 GSM 数字移动电话网　工程于 1997 年 6 月开始启动,建设移动交换中心 1 个,交换容量 3 万门,新建基站控制器 2 个,新建基站 30 个,基站间全部采用新建数字传输系统来实现传输。1998 年,二期工程建设 30 个基站于 12 月 28 日全部实现割接并网运行,按期实现全网开通。2000 年完成 GSM 六期工程建设,建成一个容量 13.75 万门 MSC,无线通信基站 106 个,光缆线路 1000 公里,光传输 SDH244 端,微波传输 2 兆,以及一个容量为 4000 中继线的互联互通接口局,形成一个骨干环、SDH 子环、PDH 环层次分明的传输网络结构,建成覆盖镇江全区的移动通信网。2001 年完成 GSM 七期工程建设,交换容量达 24 万门,GSM900 基站 140 个,GSM1800 基站 10 个,基本实现全区网络无缝隙覆盖;完成 CDMA 一期工程,新建 C 网基站 70 个,并于 2002 年 1 月 18 日开通运行。2002 年完成 CDMA 基站建设,开通 14 个基站,搬迁 3 个基站,开通 8 个 CDMA 直放站,CDMA 网络容量达到 4.5 万户,70 座基站,38 座直放站;完成 GSM 七期遗留的 9 个 1800M 基站安装开通、7 万门交换机和新增 BSC4 的安装调试和割接并网工作,新建镇江本地 HLR,同时通过利旧、调整,在高速公路、铁路沿线、大型厂矿企业建设一批 GSM 基站。完成新建落地塔 12 个,开通 GSM 网 900M 基站 11 个,搬迁基站 3 个;开通微蜂窝室外基站 3 个。GSM 网络容量达到 27.5 万门,2 个 MSC/VLR/SSP,4 个 BSC,158 座基站(其中 1800M 基站 9 座)。2003 年,GSM 八期工程完成,交换容量达 41 万门,建成基站 188 个;CDMA 三期工程建成,建基站 180 个,直放站和室内分布总计 77 个,总容量达 12.6 万门。2004 年,开通 CDMA 基站 187 个,直放站 35 个,达到 12 万户的容量;开通 GSM 基站 229 个,容量达到 41 万户,C、G 两网基本实现无缝覆盖。2005 年,GSM 网络和 CDMA 网络对镇江各辖市(区),包括各风景旅游点、重要乡镇、交通要道等进行"补盲",基本做到无缝隙覆盖。到 2005 年末,公司共完成 G 网十四期和 C 网四期工程建设,建成 G 网基站 521 个,网络交换容量 64 万门,建成 C 网基站 256 个,网络交换容量 16 万门,网络覆盖率达到 95 % 以上。

三、手机增值业务

1998～2005 年,中国移动江苏公司镇江分公司相继开放手机秘书服务、语音信箱、呼叫转移、呼叫等待、IP 电话、多方通话、1258 代发短信、短消息、信息点播、移动梦网、1259 自动转、移动证券、手机银行、移动虚拟网、WAP、WAD、GPRS 业务、一卡双号、无线公话、彩铃、彩信、企信通、GPS 定位、无线 POS 等多种增值业务或新技术。中国联通镇江分公司也先后开通相应的手机多种增值业务。

四、移动通信设备

镇江移动自1992年以后，共历经模拟A网摩托罗拉设备，模拟B网爱立信设备和GSM数字通信爱立信设备时代。

镇江地区城域传送网主干层节点由移动交换局MSC、移动关口局GW、移动数据中心节点CM-NET组成。主干层主要提供移动网中的GW、MSC的中继传输电路，并负责与省际、省内干线传送网的互联互通。镇江地区城域传送网主干层以2.5Gb/sSDH传输系统为主。主干层采用华为公司的OptiX2500+设备。镇江移动分公司于2004年解决所有基站的自建传输问题。

2005年镇江市通信业务发展主要经济指标一览表

表20-5

项目名称			计量单位	全市	市区	丹阳市	句容市	扬中市
业务收入	收入		亿元	7.45	3.58	2.10	0.94	0.83
	增幅		%	8.10	7.80	10.50	6.80	5.10
固定电话用户	用户累计		万户	125.74	53.58	37.03	19.57	15.56
	其中	城市	万户	87.51	53.58	17.29	7.28	9.36
		农村	万户	38.23	–	19.74	12.29	6.20
	普及率		户/百人	46.98	52.52	46.11	33.72	57.04
	城市		户/百人	59.64	52.52	84.92	49.22	97.91
村通电话比重			%	100.00	100.00	100.00	100.00	100.00

说明：1.2002年，丹徒撤县建区，原农村电话用户开始全部并入城市；

2.2002年起经营小灵通业务，用户数归入城市固定电话用户

第五节 互联网

一、数据通信

2000年，镇江电信分公司完成宽带IP城域网骨干层、汇聚层设备的对内、外贸易合同签订，完成接入层设备的模拟试验和用户驻地网的选点、改造工作。基本完成信息化小区的试点工作，使其具备放装能力及视频应用平台，开通高速上网、视频点播、网络电视等业务，在全省率先发展第一个宽带网用户。至年底，全市宽带用户3000户。

2001年，宽带用户为8556户，业务收入已占全年总收入6.78%。全年新增LAN宽带接入方式3.16万个端口，ADSL接入方式8192线，完成本地网镇江至丹阳、丹阳至句容、丹阳至扬中光缆工程和市县局骨干层、用户接入层光缆工程，宽带业务平台和IP城域网建设日趋完善。

2002年，因特网上网用户达11.53万户，其中宽带用户1.63万户。公司加大"镇江电信宽带网，让您的胸怀更宽广""不须东奔西跑，宽带送到您家"宣传，增强网络的有效覆盖，注重丰富电信网络应用服务。安装方面，规定前台到安装部门的流程时间为24小时，安装部门接到工单后3日内安装到位。

2003年，因特网上网用户11.1万户，其中宽带用户3.36万户。抗击"非典"期间，镇江电信分公司为镇江市防非指挥部布放电缆600余米、装移电话15部。为收治"非典"病人的定点医

院——市第三人民医院安装可视电话9部、ADSL宽带接入3条。在隔离区、会诊区、探视区安装“新视通”设备3套,用4天时间完成市第三人民医院电话虚拟网的电缆布放工程及100部电话的安装施工,同时完成东吴宾馆(防治”非典”医护人员休养院)60部电话的虚拟网工程施工。为市第二人民医院急诊室、医护办公室和留观病房安装12部电话。开通“95120”热线电话、“16895120”和“160”专线服务电话。

2004年完成IP城域网接入服务器扩容和网络改造,全年宽带用户6.27万户。实施宽带网络优化和质量提升工作,宽带通信质量有显著提升。2005年,宽带业务进入快速增长期,推广“宽带星空游”等宽带服务内容,推广“绿色上网”,推广电脑销售渠道合作模式,并推出“电脑保姆”家庭服务项目,宽带用户9.14万户。

二、互联网增值业务

1997年,公众用户申请上网时,即赠送其一个电子邮箱。虽然是免费使用,但这已经是日后增值业务的一种形式,可以将其视为增值业务的雏形。

1998年初,一些涉外企业开始申请注册域名,建立企业网站,通过互联网拓展自己的业务。1999年,互联网发展处于窄带拨号(163/169)阶段,为解决上网时电话占线的问题,推出电话精灵业务;同年推出基于ISDN的桌面视频通信类服务。2000年推出电子口岸服务,通过拨号上网进行网上报关;发展企业上网,全年共发展8167家企业上网,因特网上网用户达到13.2万户。

2001年,VPDN(基于拨号用户的虚拟专用拨号网)业务为福彩等分布网点广、同时对传输要求高、安全要求高的用户提供解决方案。同年除传统的域名注册、虚拟主机、企业建站等,还出现主机托管、企业邮箱等业务。2002年,宽带的普及,为新视通、全球眼等视频传输类的增值业务提供发展空间。2003年9月,中国电信推出的互联星空平台开启全新的互联网增值业务模式,个人用户上网也可充分享受基于宽带的影视、教育、游戏等服务。中国移动江苏公司镇江分公司、中国联通镇江分公司也相继推出多种增值业务或新技术。为适应信息化的需要,电子信箱、电子数据交换、可视图文、会议电视、虚拟专用网、帧中继、传真存储转发、200号、电话信息服务等业务相继开展。

三、网络建设

1999年,镇江电信投资395万元进行本地网DDN扩容工程建设。窄带网开始建设及应用。2000年根据镇江本地网宽带网络建设规划,投资800万元建设镇江宽带IP城域网。镇江宽带IP城域网采用美国Foundry公司的BigIron8000III及BigIron4000II。组网核心层由电力路、南门、大市口、北门、三茅宫、丹徒、丁卯、谏壁、大港、扬中、丹阳、句容等12个骨干节点组成,所有节点间传输通信均采用光缆纤芯直联方式解决。宽带IP城域网建成后可开展高速上网(互联网)、虚拟局域网(NLAN)、多路视频广播(远程教育、远程医疗等)、视频点播(VOD)等业务。同年又购进Alcatel公司生产的ADSL宽带接入设备,在电力路及南门等两分局建设ADSL宽带接入试验网。

2001年,镇江电信采用诺基亚公司生产的D50E(含ADSL局端设备〈MCS－LCS〉、用户端CPE、网管系统)共建设40个ADSL节点,其中镇江市局21个点2304线ADSL;丹阳局12个点,1224线ADSL;句容2个点,576线ADSL;扬中5个点,648线ADSL,使人们真正进入网络和信息时代。引进美国Extreme公司的生产的SUMMIT48(FULLLAYER3)交换机,进行镇江宽带IP城域网接入层交换机的安装建设,新建市区及三市(县)共17个点。

2002年,投资1109万元进行ADSL扩容。2003年投资1369万元,扩容24856线ADSL。2003年8月对镇江市区及丹徒区范围内29个接入网节点进行扩容,商务网及接入网用户扩容5984线。2004年,镇江电信投资总额达1899万元,扩容54392线ADSL。2005年继续投资1591万元,扩容

68759 线 ADSL。

2002 年,铁通镇江分公司建成 1 个中心局,8 个模块局,容量 23000 线,管道 107.72 孔公里,杆线 20 公里,户线 10000 线。2003 年新建管道 92 孔公里,新建局点 15 个新增电话容量 22000 线和宽带容量 5000 线,新增户线 40000 线。2004 年投资 3800 万元,新建 31 个局点,新增电话容量 24072 线,宽带容量 1584 线。管道资源约新增 100 孔公里。各类光缆约有 80 皮长公里,各类电缆约有 600 皮长公里。2005 年投资 4300 万元,新建程控交换局点 16 处,新增容量 11080 线、ADSL 新增容量 1776 线。管道资源新增 253.574 孔公里。各类光缆约新增 78.701 皮长公里。各类电缆约新增 344.652 皮长公里。

第三章　无线电管理

1983 年,镇江市无线电管理机构为江苏省镇江市无线电管理委员会,办公室设在镇江军分区。此时无线电管理为全军事化管理体制。1984 年底,无线电管理列为军队和地方政府共同管理的体制,镇江市无线电管理委员会由镇江军分区和镇江市政府共同管理,办公室设在镇江军分区。1986 年,军队无线电管理机构和地方政府管理机构分开,镇江市的无线电管理机构为镇江市无线电管理委员会,办公室设在市政府办公室。当年 2 月成立镇江市无线电管理监测站,为隶属于镇江市无线电管理委员会办公室的事业单位。

1998 年 8 月,镇江市无线电管理委员会及其办公室撤销,成立镇江市无线电管理处,同时挂江苏省无线电管理委员会办公室镇江管理处牌子,受省无线电管理委员会办公室和镇江市政府双重领导。2001 年,镇江市无线电管理处更名为镇江市无线电管理办公室,镇江市无线电管理办公室为省无线电管理局派出机构,受省无线电管理局和市信息化办公室、市信息产业局双重领导,下设三个科室:综合科、频管科、技术科。其主要职责是:贯彻执行国家、省无线电管理的方针、政策、法规和规章。拟订本地无线电管理的具体规定,经省无线电管理局审核,按有关程序报批后执行。协调处理本市行政区域内无线电管理方面的事宜。根据审批权限审查无线电台(站)的建设布局和台(站)址,指配频率和呼号,核发电台执照。负责本市行政区域内无线电监测的管理工作。指导所属县(市)及市属各部门的无线电管理业务工作。承办省无线电管理局、市政府和上级有关部门交办的其他工作。

第一节　频率、台站管理

无线电频率管理是无线电管理工作中的核心,无线电台站管理是无线电管理工作的重要职责之一。为维护空中电波秩序,确保各种无线电业务正常开展,根据国家规定,镇江市无线电管理办公室行使全市设置使用民用超短波无线电话的频率指配(除微波、短波、公众网、广播电视、卫星地球站、雷达频率外)、台站设置审批和管理的职责。

1983 ~ 1985 年,无线电管理工作为“少设严管”的军事化管理时期。1986 年,全市进行 1 次超短波无线电话使用情况普查工作。全市拥有使用超短波无线电话单位,仅有公安、电信、广播、地质地矿、电力等系统,其总数为 729 部。

1986 ~ 1995 年是无线电专用网快速发展时期。1992 年,市邮电局建立第一个蜂窝移动电话通信系统(模拟系统)。1992 年,全市由 1 家通信公司经营公众移动业务,发展成为 4 家通信公司。至 1995 年,全市各类无线电发射设备总数达 18097 部,其中移动电话 11494 部。

在无线电事业发展的同时,无线电干扰问题也不断出现,尤其是大功率无绳电话的使用,严重干扰航空通信和电视收看。为确保航空通信的安全和正常收看电视节目,1995 年与市公安、工商、邮电、标准计量等部门组成联合执法小组,对全市各大商场销售无绳电话进行检查,电视台进行跟踪报道。对单位、个人使用者进行广泛宣传,对不符合国家技术标准的无绳电话机给予撤除。通过几天的联合执法检查,共查封不合格无绳电话机 127 部。

1996～2005 年是无线电新技术、新业务广泛应用时期。公众移动电话快速发展。通信系统技术进一步提升,移动公司从 1996 年开始由模拟系统转为数字系统。1999 年,镇江联通分公司公众移动业务正式营运,标志着镇江市有两大通信公司经营移动电话业务。2001 年 10 月,江苏电信镇江分公司建立无线市话通信系统,开始经营无线市话业务(PHS)。2001 年 5 月,镇江市建立频率台站数据库。2003 年 5 月,江苏网通镇江分公司在全市也建立起无线市话通信系统,经营无线市话业务(PHS)。至 2005 年底,无线市话(小灵通、万信通)用户数达 310742 部。至 2005 年,全市各类无线电发射设备总数达 1070381 部。在这期间,无线电专用网发展缓慢,至 2005 年底,全市无线电专用网无线电发射设备总数达 9000 部,比 1995 年增长 36%。

第二节　无线电监测

无线电监测是运用技术设备和手段对各类无线电发射的基本参数和使用状况进行监督测定的工作,包括对无线电用户的设备检测和对空中电磁环境的监测,以掌握频率资源利用情况,维护电波秩序,是无线电管理工作的重要手段。

1986 年前,全市无线电发射设备的总量仅数以百计,限于军队、邮电、公安、广播等部门使用,以行政审批和监督方式为主实施管理,无线电监测措施尚处空缺。随着改革开放和经济建设的发展需要,我国无线电管理的方针政策由“少设、严管”,向“科学管理、促进发展”转变,政府机关、企事业单位的无线电设备使用量不断增加,空中电磁环境日益复杂,镇江市无线电监测事业应运而生。1986 年 2 月,镇江市无线电管理监测站成立,镇江市无线电监测起步。

监测工作起步阶段(1986～1990 年)　该阶段无线电发射设备的使用有所增长,但对无线电发射设备的销售“准购”管理和设台审批制度仍控制严格,全市发射设备使用的总量不大,空中监测任务不重,日常工作以对无线电设备检测为主,监测部门配置单体的频率计、功率计,用于对无线电设备的部分核定指标进行定性检测。1986 年开展查处非法“空中沙龙”行动,收缴非法无线电设备 30 多部。该阶段监测工作的组织架构已经形成,确定无线电监测机构职责,为全市监测事业的建设和发展打下组织基础。

基础监测工作阶段(1991～1998 年)　该阶段前期,由于经济建设需要及处于高端用户的公众移动电话尚不普及,社会对无线电通信的需求持续快速增长,专用无线电通信在生产、建筑、交通、电力等领域得到广泛使用,每年新增设备约 1000 部,无线电频率资源的占用一度紧张。阶段后期,无线寻呼业强势增长,跨地区通信网的建立,较大功率的发射设备增加,无线电设备经销渠道管理不够规范,违规使用无线电发射设备现象开始出现,全市电磁环境趋于恶化,干扰多发。1998 年发生各类无线电干扰达 21 起。为适应工作要求,监测机构加强队伍配备,添置无线电设备综合测试仪、监听接收机、手持场强仪等设备,实现对无线电设备的主要发射指标进行定量测试,对空中信号进行定性监测和跟踪监听,分析资源利用情况,及时排除有害干扰,保障合法用户的正常工作。

具备实质监测能力阶段(1999～2002 年)　世纪交替之际,无线电事业发展呈多元化态势,公众移动电话迅速普及,无线对讲、寻呼业增速减缓,专用网台站的微波数字化、雷达、数传和遥控遥测业务得以应用,无线电频率的使用向 1000MHZ 以上频段扩展。镇江市无线电管理监测站配置无线电频谱分析仪、场强测试仪、便携式测向机等重要监测设备。具有对无线电信号进行监听测试、测向定位、信号分析的基本功能，具备对地面设备和空中信号定量分析手段。1999 年对全区 10 个寻呼台的 43 部发射机进行检测，督促整改发射超标问题。2001 年，出租车整体更新，加强对车载电台的管理，检测设备 1000 余部；及时监测协调处理军地无线电通信影响；排除数起对警用频率的干扰等。

实现系统监测能力阶段(2003～2005 年)　该阶段公众无线电移动通信用户高速增长，无线市话普及应用，专用无线电业务由以语音为主，向语音、数据、图像多媒体业务发展，寻呼业萎缩至退出。2003 年初，全市建立一个固定监测测向站和一个移动(车载)监测测向站，与省、市无线电管理信息系统联网，监测工作从手工作业方式向自动化、智能化目标迈出重要一步。具备计算机系统与高端监测测向设备结合的快速扫描捕捉、分析信号，快速测向定位，自动比对数据库频率台站特征资料的功能，监测工作能力和效率显著提高。2003 年检测联通移动电话基站设备 40 部。固定监测站在查测某寻呼发射干扰燃气供应调度网，移动站为排除对水文勘测数传网及几起会议场所、加油站干扰机对公众移动通信基站的干扰中，发挥特殊效能。该期间，及时发现和甄别查处不明信号 40 多个，年无线电干扰发生率回落到 10 起以下，维护空中电波秩序。

第三节　无线电干扰查处

无线电干扰是指在无线电信息传输过程中，受到电磁影响，导致有用信号接收质量下降、损害或阻碍的状况。

20 世纪 80 年代由于无线电发射设备的使用量较小，无线电干扰的查处主要通过监听判别使用者所在地区或单位来鉴别，根据“无规划让有规划、次要业务让主要业务，带外让带内，后用让先用”的原则，通过设台单位所在市的无线电管理部门之间协调处理。20 世纪 90 年代，专用无线电通信增长迅速，公众移动通信业务高速发展，寻呼台跨区设置链路发射，擅自加大发射功率、在三高(高山、高塔、高楼)上设点发射，加之销售渠道管理放松，乱用频率、违章使用电台的现象增多，大量无线电设备的使用，空中电磁环境日益复杂，无线电干扰也成上升趋势。“九五”期间，年均干扰发生十多起；1998 年达 21 起。对于这些干扰，利用初步建立的台站数据库进行频率比对，利用多部监听监测设备，添置手持测向设备对干扰的发射源进行定位，都及时查明干扰源，采取措施消除影响。

进入 21 世纪，无线电通讯向宽带、高速、数字化发展，不少信号已无法通过监听方式辨别。在上级的支持下，全市配备大型固定和小型监测站以及移动监测站，结合日趋完善的全省联网的频率台站数据库，可快捷地对干扰信号进行分析、识别和定位。通过经常性的监测工作，及时发现异常信号，随时对其进行甄别、查找排除，保障设台用户的合法权益。

第四章　信息化建设与应用

全市电子信息产品制造业在“九五”期间发展迅速，经济总量从 1995 年的 10.55 亿元增至 2000 年的 52 亿元。电子信息产品制造业的规模和技术含量明显提高。2005 年全市实现销售收入 69 亿元，已形成激光影音、多媒体电视与显示设备、光电子与通讯器件、特种车载移动通信与专用设备、绿色照明、网络设备与新型元器件、智能 IC 卡等产品群。

2001 年 10 月，镇江市信息产业局(信息化办公室)成立。主要职能是组织、协调和推进全市信息产品制造业、软件业、信息服务业和通信业的发展，拟定全市通信网、计算机网、广播电视网和其他部门专用通信网规划，并进行行业管理，研究制定本市信息基础设施规划建设、信息网络安全等工作。

第一节　政府信息化建设

一、电子政务建设

2000 年，市政府办公室承担全省政府系统公务电子邮件传输系统建设试点工作，组织实施全市政务公开工程建设，首期工程选定县（市）区及市有关综合部门 45 个单位为建设主体，11 月开通请示、明传电报、政务信息、督查情况等数据传输试运行。2001 年，市委、市政府和人大、政协大院以及周边机关大楼的光纤网络已铺设完成，中国镇江门户网站开始建设，政府内部网也逐步在各个部门连通使用。到 2003 年，全市有 45 个重点窗口部门均设置因特网站、电子幕墙、电子触摸屏等便民查询系统。市人事局等单位率先建成内部局域网，实现文件、档案计算机管理和电子数据共享。市行政审批中心政务信息系统硬件建设及系统集成初具规模。2004 年，市信息产业局组织实施全市政务公开一期工程，在 30 多个政府行政管理部门建设触摸屏；组织开展 2004 年度全市政府网站评议活动。到 2005 年，全市电子政务网络架构基本形成，初步建成政务内网平台。

二、电子口岸

2003 年由镇江市政府牵头组织，镇江口岸管理单位、涉外部门、服务单位和进出口企业利用因特网联合共建口岸大通关电子政务和电子商务系统，主要由网上通关审批、信息服务系统、物流商务服务系统、口岸数字可视远程监控系统和船舶 GPS 信息共享系统等组成。2001 年 4 月，镇江海关牵头组织市外经贸局等部门，对首批申领中国电子口岸 IC 卡企业进行集中联合审查工作，首批通过联合审查的企业 250 家，全年完成 360 多家企业的入网资格审查工作，电子口岸初具雏形。2003 年，电子口岸政务中心一期工程竣工，实现海关与外贸企业计算机联网。口岸电子远程监控系统建成，投入试运行。镇江出入境检验检疫局全面推行“三电”（电子报检、电子签单、电子转单）工程，电子报检率、电子签单率、符合条件的电子转单率均为 100%。2004 年，镇江检验检疫局利用互联网与口岸各部门共建口岸大通关电子政务和电子商务系统——镇江电子经贸口岸，直接面向企业，提供行政审批、中介服务、信息发布等服务，实现全天候便捷化通关。进出口企业在 1 小时内就能得到相关业务申请的回复。至 2004 年底，镇江电子口岸有海关、国检、海事、边检、引航站、外经局、贸促会 7 家单位上线，共有 72 项审批项目。2005 年 9 月，镇江电子口岸正式运行，实现“外网受理、内网办理、安全隔离、及时反馈”的行政审批申报办理模式，基本符合“大通关”的要求。到 2005 年底共受理审批 3117 余票，审批通过率 90% 以上。

图 20-9　2003 年 8 月镇江电子口岸开通

三、门户网站

中国镇江网　2001 年建设中国镇江门户网站，政府内部网也逐步在各个部门连通使用。2003

年,中国镇江网成为可以全面反映镇江基本市情的政府门户网站。2005 年 1 月 1 日正式开通中国镇江门户网站,各组成部门全面开通电子政务网站,包括城市概况、行政区划、政策法规、招商引资等丰富的内容,提供各种项目多语言查询功能,为政府信息公开、网上办事提供平台。网站全年点击率 98.6 万人次,群众满意率达到 82%。在全省政府网站评比中,镇江市名列前茅。同年,中国镇江门户网站全新改版,并在全省测评中取得较好名次,网址是 http://www.zhenjiang.gov.cn。

镇江重阳网 2005 年 10 月 11 日,全国首家专门面向中老年人群体的大型门户网站——镇江重阳网开通,为镇江市开展为老服务开辟新领域,网址为 http://zi.eld.cn。网站提供的内容十分丰富,包括国内时事、个人建站、医疗保健、网络棋牌、网络交友、家谱建设、网上纪念等老年人感兴趣的热点板块,可以满足不同阶层老年人多层面的精神生活需要。

金山网 2002 年,镇江日报社投资 70 万元建设镇江市新闻类门户网站——金山网,网址为 http://www.jsw.cn。10 月底网站基本建成。金山网建有"新闻中心""镇江手册""金山专刊""市民备忘""信息快车"等 20 多个频道,存储容量超过 2000 万字。

镇江市统一战线网 2003 年 7 月 1 日,镇江市统一战线网站在全省省辖市首家开通,统一战线网站是市委统战部在互联网上的独立门户网站,网址为 www.zjtzb.cn。

第二节 企业信息化建设

一、信息化改造传统产业

信息化推进的重点是传统产业改造,通过信息化和工业化融合发展国家的产业体系。2002 年,镇江市信息化办公室与江苏大学、金蝶软件公司共同成立镇江市国家 CIMS 江苏大学授权培训中心、企业信息化研究中心暨实验中心,使镇江市拥有企业信息化的研究基地,成为镇江市企业信息化的科技后盾。

2004 年 2 月,镇江市信息产业局与清华大学、江苏大学组织实施国家 863 项目镇江地区网络化协同产品开发平台,并通过专家组验收。该项目的研究根据镇江的实际需求提出基于网络化中小企业公共服务平台构建技术和方法,在融合优化镇江市现存优势资源的基础上,为镇江市中小企业提供资源服务,提升企业制造的整体水平。江苏恒顺集团在保持传统产品的风味特色的前提下,运用计算机技术对传统工艺进行革新改造,在全国率先实现糯米粉碎连续蒸煮新工艺,古老的传统作坊采用现代化的计算机过程管理,净化环境,提高劳动生产率,降低生产成本,淀粉利用率比国标提高 5.54 个百分点,仅此一项每年即可增收 600 多万元。华鹏集团实施企业资源计划管理系统(ERP),实现对物料、人力、设备和资金等全部资源的有效管理。

二、开发企业及研究成果

2005 年,全市专业从事软件研究、开发的企业有 30 余家,开发的软件产品近百个,其中有 18 个产品通过江苏省首批软件产品认定。

镇江金钛软件有限公司 公司成立于 1991 年 7 月。1995 年,公司开发江苏地税系统部分地区的纳税综合管理系统。1996 年开始开发电信业务管理系统软件。2003 年,公司在句容征用 6.67公顷土地,建造研发基地,新开发的金钛任务

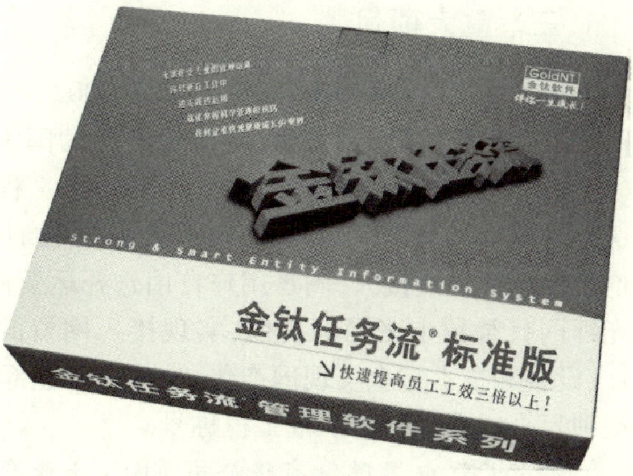

图 20-10 金钛软件任务流包装标准版(2005 年摄)

流目标管理软件在全国市场占有50%的份额,企业95%员工达大专以上文化水平。公司发展成为镇江市规模最大、在全省具有较大影响、获得省高新技术企业称号的省级软件企业。2003年销售收入1000万元,纳税210万元,技改投入800万元。2005年,金钛软件公司开发的"金钛任务流"中、英文版产品获得国内外7项专利,同时获国家软件著作权证书,当年实现销售6775万元,利税1019万元,利润731万元。

江苏恒宝公司　公司成立于1996年,是专业从事磁卡、密码卡、IC卡和金融票证生产的高新技术民营企业,是全省最大的IC卡生产基地。2002年6月,公司非接触性卡和双界面卡生产线、引进无水印刷生产线两个技术改造项目通过竣工验收。两个项目完成总投资5580万元,从德国、日本引进先进的制卡生产线和多色印刷生产线,新增1.2亿张普通卡基和8000万张信用卡卡基,以及非接触卡880万张、双界面卡800万张的生产能力。2003年,恒宝公司在中国银行业、电信业的卡类产品生产企业资质认证中,获得入围定点,其中邮政绿卡市场占有份额80%多,农行金穗卡市场占有份额20%,其他卡类产品市场占有率10%左右。2005年,公司成为江苏省唯一一家获国家首批税控IC卡生产资质企业。

江大科茂信息系统有限责任公司　公司于1999年1月7日开业,注册资金10万元。公司主要致力于计算机软件、硬件、网络、电子产品研制开发和生产销售及售后增值服务。1999年,公司完成销售额62万元。公司开发的信息系统(KMHIS)软件被江苏和安徽50多家医院使用,获2001年度江苏省优秀软件产品奖(金慧奖)称号,被评为江苏省首批软件企业。计算机网络产品在海关、税务、医院、学校、公安、路政等40多家单位使用,用户反映很好。

大全集团(原江苏长江电气集团)　集团成立于1965年,是一家以电气产业为主,涵盖环保、科技、投资、物流等多个领域的国家大型一类企业集团。集团产品广泛涉及成套设备集成制造、智能电器设计制造、电力自动化系统、工业信息技术领域50多个系列、400多个品种,在中低压成套设备、低压母线、高压封闭母线、桥架4个领域处于行业领先水平,在智能电器设计制造、电力系统自动化、工业IT等领域已具规模。2005年,集团完成产值30.84亿元,销售收入26.02亿元,实现利税3.23亿元。集团同西安交通大学、中科院合作的电弧调控数字断路器关键技术开发与产业化项目被列入江苏省科技成果转化专项资金支持项目,并获得省科技拨款1700万元,地方配套500万元。"凯帆"牌高低压开关柜和断路器获得江苏省名牌产品称号。集团承担的国家"863"计划离散制造企业信息集成系统研究及其在开关行业应用课题通过由科技部组织的验收。国家"863"计划引导项目内嵌Web服务器的网络化断路器通过科技部验收,成为全省第一个通过验收的国家"863"计划引导项目。江苏省科技攻关项目智能化低压断路器专用可通信脱扣器通过省级鉴定和验收。

三、重大项目

恒美嘉园"三网融合"　镇江市于2002年起调研并制订推进通信网、互联网和有线电视网"三网融合"项目具体实施方案,在市内唯一的国家康居示范小区恒美嘉园试点和推进实施光纤到户(FTTH)工程,拥有1000多用户。2004年,工程列入国家"倍增计划",2005年6月30日全部开通。这是全国第一个光纤到户和三网融合项目商用光纤到户项目,获国内外通信领域专家的高度评价。实现开放式接入,满足用户自由选择运营商的需求;打通"最后一公里"信息传输瓶颈,用一张光纤网代替数十张网的功能,实现接入网资源的最大化利用;实施过程中坚持自主创新,所用芯片、设备和技术完全实现国产化,被信息产业部列入全国电子信息系统推广应用项目,建设部授予该项目全国数字社区示范工程称号。

江苏长江电器股份有限公司ERP(企业资源计划系统)　公司原先使用国外公司的ERP产品。1998年,企业根据管理过程中暴露出来的各种问题,寻求有效解决办法,组建CIMS/ERP项目工程中心及由企业一把手直接领导的项目组,专职负责企业的信息化工作,并进行详细分工。在此后的2年时间里,该项目累计投入1200万元,购置当时最先进的服务器,并重构涵盖集团所有子公司的局域网及相关硬件设施,于2000年通过科技部组织的验收暨鉴定。经过近2年的实施和应用,公司在业务急剧扩张的情况下,库存占用不断减少,工作效率明显提高,计划的合理性和可控性得到显著改善,各类数据的处理、分析、汇总和提取有序而高效。同时,集团对各信息化单元产品进行全面的集成和整合,尽可能选用统一厂家或厂家联盟的软件产品,逐步实现系统高度集成和管理高效可控。

丹毛企业资源计划 DMERP 位于丹阳市吕城镇的江苏丹毛纺织有限公司始建于1981年,占地面积92000余平方米,是一家集条染、纺纱、织造、染整于一体的全能型精纺面料生产企业。

丹毛企业资源计划在ERP管理思想的指导下,以信息集成为目标,综合利用先进的企业经营管理思想、计算机技术与信息技术,建立起来的贯穿企业条染、纺纱、织造、染整等制造全过程的一体化管理系统。建设内容包括三方面,即网络支撑环境、企业资源计划和生产作业管理与控制。丹毛企业资源计划(DMERP)根据纺织行业的特点,围绕企业物流、信息流、资金流,结合企业生产、管理、销售、质量等实际情况,通过优化和再造企业业务流程、重组工艺管理模式等方法的运用,解决企业经营过程中信息沟通不畅、数据缺少共享、流程不合理等问题及难点,使企业的精益管理、敏捷制造成为现实,取得较好的社会与经济效益,提升企业管理水平、运营效率和市场竞争力,在行业内具有示范和推广作用。

农民上网工程 2005年7月11日至12月28日,市信息产业局、农林局、致公党镇江市委员会联合举办江苏省首届农民上网技能大赛暨镇江市预赛。比赛采取分散报名、集中培训、公开选拔、公平竞赛的方式,各辖市(区)农村种植专业大户、农民经纪人、乡村党员干部、农业基础科技服务人员以及部分普通农民代表共150多人报名参赛。经过预赛,选拔5名选手参加2006年举行的省首届农民上网技能大赛决赛。

第三节 软件及集成电路业

、软件业与软件重点企业

全市软件业从1995年起步,1999年共有5家软件企业,12个软件产品首批获得江苏省科技厅和信息产业厅的认定。到2000年末,全市共有软件企业10家,按市场化运作的商品化软件产品有23个,销售收入4300万元。2002年,镇江市有软件企业20余家,主要是江大科茂、船院金舟等高校企业和恒宝、金钛等民营企业,其中通过省级认证6家。金钛软件公司的信优本地网电信业务综合管理系统等电信产品、江大科茂公司的医院管理系统等软件的市场占有率在江苏省名列前茅,在全国处于领先地位。金舟公司的ERP软件在全国船舶行业具有相当高的市场占有率,并且向行业外的市场拓展。全市软件企业2002年度销售额约1.4亿元,其中软件收入约为5000万元。至2005年底,全市从事软件应用开发的企业50余家,经过省级登记的软件产品24个,有2家企业通过系统集成资质三级认证软件,全年销售收入增长到10亿元。

镇江软件园 2002年镇江市开始筹划建设。2003年,镇江市决定依托丁卯留学生创业园筹建镇江软件园,使之成为镇江软件园主园区。2004年6月,镇江软件园一期工程竣工。镇江软件园位于镇江新区丁卯开发区,规划占地6.67公顷,总建筑约5万平方米。2005年4月26日,镇江软件园随留学人员创业园、镇江高新技术创业服务中心一起举行揭牌仪式。至2005年底,园区已有入园企业29家。

金钛软件园 镇江金钛软件有限公司创立于1991年,在电信、电力、税务、公安、自来水GIS

（地理信息系统）等领域承接1000多个具有自主知识产权的软件项目；公司先后被评为国家重点高新技术企业、江苏省软件企业、江苏省先进民营科技企业；其自主创新的产业化软件金钛任务产品获得2005年国家优秀管理软件百强奖、第四届江苏省优秀软件产品奖（金慧奖）。公司在沪宁高速公路句容出口处建成占地11万平方米的金钛软件园。园区环境优美、景色怡人，拥有两幢共计1万余平方米的综合研发大楼，建有“千兆骨干、百兆桌面”的光纤网络，为项目软件研发、生产及销售等提供良好的软、硬件支撑环境。

1999年，金钛软件有限公司已投资兴建华东地区最大的软件开发基地金钛软件园。2004年6月，软件园竣工，园区占地10公顷，首期工程总投资1500万元，建筑面积近1万平方米，2004年完成年销售收入7000多万元。

恒宝股份有限公司　公司成立于1996年，注册资本19584万元，为科技部认定的国家火炬计划重点高新技术企业，江苏省高新技术企业、软件企业。公司是维萨、万事达国际组织在中国内地的特许制造商、中国银联卡定点生产企业，获得国家信息安全EAL4+产品认证证书。公司建有江苏省智能卡工程技术研究中心和博士后工作站1个，拥有1支由博士、硕士和专业人才组成的核心技术研发队伍，先后通过ISO 9001和ISO 14001体系认证；公司拥有13项国家专利、27项国家软件著作权，现已成为行业中产品品种齐全、生产能力最大并具有智能卡软件开发实力的公司之一。

江苏捷诚车载电子信息工程有限公司　公司前身是镇江市无线电厂，始建于1965年，是专业研制、开发、生产车载移动通信系统产品、方舱及特种车辆的定点企业，属国家中型二类企业。2004年5月通过江苏省武器装备科研生产单位保密资格认证委员会的审查，获国家二级保密资格。企业连续多年被镇江市政府授予市级文明企业称号，2000年被认定为省级高新技术企业。企业建有完善的CAD中心，采用美国PRO/E、UG等三维实体设计软件，具备二维、三维、运动分析、有限元分析、电路等计算机辅助设计手段，具有多媒体演示中心、高精度数码摄像、扫描仪、刻录机、A0喷墨绘图仪等。企业拥有主要工艺设备257台（套），主要测试仪器240台（套）。企业现具有年生产1500台（套）车载移动通信系统产品、方舱、特种车辆以及为其系统配套的设备和供电系统的研制、开发和生产能力。

二、集成电路与系统集成

镇江无线电专用设备厂是机电部生产焊接设备的定点企业。1990年为北京松下彩管厂先后开发的精密焊机、滚瓶机、摇动器等专用设备，全部采用运算放大器集成电路及可控硅精密控制技术，产品已接近日本松下公司宇都宫清源工场20世纪80年代新水平，

1992年，镇江有线电厂开发的具有国内领先水平的农用程控交换机是采用计算机二级控制、应用大规模集成电路的高技术通讯设备，样机在江宁县秣陵镇正式开通使用。1993年，镇江有线电厂研制成功DDH—J11型有线火警调度台。该机采用先进的计算机技术，结构上采用带工作台面的座席与机架合一的落地整体结构，操作方便。绳路控制键选用轻触型按键，诸单元电路均为独立的印制电路插件，电路均由CMOS和TTL集成电路组成。该机不仅能完成受理火警和通讯调度，而且能实现风向风速显示、计时、录音、有无线汇接、联动控制、自动巡检故障、自动下达出动指令等多种功能。

“十五”期间，镇江市争取到江苏省软件和集成电路专项经费1730万元，信息产业部电子发展资金1200万元，国家电子技术应用贷款（倍增计划）17680万元。

三、人才培训

1995年，通用英语和计算机应用能力培训与考核启动。11月，全市有1702人报名参加全省初级计算机应用能力考核，1130人合格，354人参加通用英语的考核，198人合格，参考合格率分别为

81.1%和71.2%。

2004年,市信息产业局与市劳动和社会保障局联合举办“船苑电脑杯”全市首届计算机(微机)调试员技能大赛,通过大赛选拔出6人组团代表镇江参加全省首届计算机(微机)调试员技能大赛;组织20余家软件企业人员赴南京等地参加培训;组织相关企业参观第12届上海国际信息通信展和2004年中国信息化推进大会暨信息化应用案例展览会。

四、行业管理

根据镇江市实际情况,市信息产业局于2001年底完成《镇江市信息化“十五”规划(初稿)》,并于2002年12月公布实施。2003年起,市财政每年安排100万元经费,与往年专项资金投入信息化建设后产生的收益部分作为信息化建设专项资金的来源。专项资金主要用在电子信息产业基地建设,公益性公共信息化建设,基础数据库建设;信息化应用示范项目,技术含量高的软件项目,具有国内先进水平的电子信息产品研发和生产项目以及有利于推进信息化建设的课题研究等。2004年先后出台《关于加快发展软件产业的实施意见》《关于加快推进我市信息化建设的实施意见》《关于加强我市信息安全工作的实施意见》《关于做好镇江市信息产业统计工作的通知》《关于对我市信息管道建设实行统一规划和规范管理的实施意见》等管理规定。编制全市信息化发展规划。编制完成《镇江市信息化“十一五”规划》和《镇江市信息服务业“十一五”发展规划》;根据省厅要求,完成《镇江市2006～2020年信息化发展战略》编制工作;会同江苏大学、市建设局、市规划局等部门完成镇江市住宅小区驻地网建设技术规范的编制工作。2004年和2005年相继制定出台《关于加强镇江市机关、事业单位信息化工程项目建设管理的通知》《镇江市信息化建设专项资金管理办法》《关于做好镇江市信息产业统计工作的通知》《镇江市加速软件产业发展的实施意见》《关于加强我市信息安全工作的实施意见》《关于加快推进我市信息化建设的实施意见》《关于对我市信息管道建设实行统一规划和规范管理的实施意见》等政策性文件,对信息系统工程实施严格的招投标和工程监理制度。

——小资料——

[清]周镐·京江二十四景图——狮岩消夏

焦山雄踞江中，顶有双峰，满山苍翠，状若雄狮，故又名狮子山，与南岸象山对峙，意“文殊”与“普提”，视为净域。

焦山林木繁茂，古木参天，寺庵掩映其中，不仅是古寺、古木、古碑名闻遐迩，而且是避暑佳地。加之四周环水，江风凉爽，昔日不少文人墨客不仅前来觅古，而且喜在此消夏。

第二十一卷

综合经济管理

卷目

1983～2005年，镇江市在改革开放不断深化的新形势下，发挥政府综合管理职能作用，从发展计划、国有资产、工商行政、物价、质量技术监督与食品药品监督、安全生产、统计信息等多方面加强对全市经济的宏观调控与监管，抑制和克服经济运行中先后出现的经济过热、物价上涨、特大洪涝灾害、亚洲金融危机、投资过快增长等消极影响，推进镇江经济大跨度协调发展。

1983～2005年，镇江市先后编制镇江市国民经济和社会发展第六个五年计划、第七个五年计划、第八个五年计划、第九个五年计划、第十个五年计划及2010年远景目标，编制各时段五年内专项计划及各年度计划。依据规划和结构调整，实施一大批重大建设项目，促成全市经济结构、产业结构的优化升级，推进镇江社会经济跨越发展。

镇江市加强对国有企业管理体制改革，探索国有资产管理职能和运营职能分开的新型管理体制，国有企业管理由多部门分割管理转变为实行权利、义务和责任相统一，管资产和管人、管事相结合的新型管理体制。在监督管理方面，镇江市以促进国有企业发展为主线，以国有资产保值增值为目标，理顺监管体制，加强制度建设，强化国有资本布局调整，保持国有资本健康快速发展态势。

镇江市加强对各类企业的登记管理、经济监督检查、市场监管、合同监管、商标与广告监管，简化登记服务程序，规范市场监管，实施"红盾护农"工程，使市场监督管理工作外延得到进一步延伸。2005年，镇江市全民、集体企业登记8863家，注册资本93.43亿元；全市有私营企业16721家，注册资本215.57亿元，从业人员30万人；全市个体工商户有78144户，注册资金4.48亿元，从业人员14.54万人。新增个体工商户1.36万户，从业人员1.58万人，新增注册资本4.99亿元；全市有限公司年检率85.44%，个体户验照率64.58%，私营企业的年检率64.57%。

在专业市场监管上，镇江市全面推行预防为主的市场准入制度。在消费者权益保护方面，依托12315信息网络，建立健全消费者咨询、投诉、申诉举报机制，2004～2005年协同政府相关行政执法部门的整体优势，加大打击制售伪劣商品行为的执法力度，立案查处侵害消费者权益案件530件，保护消费者合法权益。

镇江市物价管理部门转变物价职能，坚持市场导向，转换物价机制，治理经济环境，整顿物价秩序，在控制物价过快增长方面，采取多种调控措施，维护经济平稳发展。强化物价监督检查，针对一度出现的"三乱"与企业负担重状况，组织开展涉企、涉医、涉教、涉车及交通、工商、环保等系统的价格专项检查，净化收费环境，实施价格成本监审、价格监测、价格论证等措施，逐步形成与社会主义市场经济需求相适应的价格机制。2005年在各项宏观调控措施的作用下，市场物价涨势趋缓，同年居民消费价格指数为102.2%，回归到正常范围内。

镇江质量技术监督部门依照国家法令法规，实施计量管理、标准化管理、质量监督与管理、特种设备管理，至2005年，全市40家企业通过计量保证确认，3家企业通过计量体系认证，627家企业通过计量合格论证，1720项工业产品采用国际标准和国外先进标准，获国家免检产品11个。实施国际通行的组织机构代码制度与商品条码制度，提升镇江市大中型骨干企业的产品竞争力和企业知名度。

镇江食品药品监管部门制定医疗器械监督管理、药品检验、食品安全事故处理程序、重大食品安全事故行政责任追究等监管办法与相关措施，加强重大节日食品安全专项检查，净化食品市场环境。加大对全市药品研制、生产、流通、使用环节的监管和市场整治，规范农村药品市场监管，实施药品的群众监督网与供应网建设，强化对特殊药品的管理，加强药品质量检验。1983～2005年共检验药品38454批。

镇江市形成“政府领导、部门监管、企业负责、群众监督、全社会参与”的安全生产新格局。2001年以后制定出台20多项监管制度，强化劳动安全监察和安全生产综合管理。2005年建立健全以第一责任人为核心的安全生产责任体系和严格的安全生产责任追究制度，加大行政执法与经济处罚力度，建立健全重特大安全事故应急救援机制，增强应对特大事故的救援能力，并对全市重点行业和安全生产重点企业实施专项治理。

为适应国民经济发展和宏观调控的需要，镇江市统计部门强化统计系统建设和统计管理，在全市形成覆盖全社会的统计调查与资料采集体系。1983～2005年按照国家统一要求，先后进行多项重大普查，通过一系列统计调查数据和普查资料，为镇江市科学规划产业与调整优化经济结构，制定适应国民经济与社会发展的战略规划，实现人口、资源、环境的和谐协调发展，提供可信预测资料和决策依据。

第一章　发展计划管理

镇江市计划委员会成立于1983年，为市政府工作机构。1984年，镇江市计划委员会和镇江市经济委员会合并成立镇江市计划经济委员会。1990年7月，镇江市计划经济委员会分设为镇江市计划委员会和镇江市经济委员会。2001年7月，镇江市计划委员会更名为镇江市发展计划委员会。2005年3月，镇江市发展计划委员会改组为镇江市发展和改革委员会。

随着经济体制从计划经济向社会主义市场经济转变，镇江市发展计划管理工作从分指标、分物资、批项目等实物形态管理转向研究经济与社会发展战略规划、经济预测预警、经济政策措施等宏观性管理；从单一的经济生产指令性管理转向经济与社会综合协调发展指导性管理和市场配置资源的社会管理。

第一节　计划管理体制改革

1983年，镇江市实行省辖市的计划管理体制，计划管理实行分层次调控的条块管理，随着国家宏观经济形势发展以及国家计划体制改革，镇江市计划管理方式和内容发生较为明显的变化。计划管理由注重计划编制、具体指标下达，转向注重调查研究，注重预测以及执行和计划结果的事后评估，由单纯注重经济计划转向注重经济与社会发展协调，一、二、三产业协调和物质文明与精神文明的协调。

1984年10月，镇江市计划体制改革按照计划经济为主，市场调节为辅的原则，逐步缩小指令性计划范围，扩大指导性计划比重。国家预算内基本建设投资全部由拨款改为贷款。实行“拨改贷”后，镇江市由国家预算直接安排投资渠道相应取消。根据国家计委《关于改革计划体制的若干暂行规定》，下放固定资产投资项目审批权限，简化项目审批程序，镇江市地方政府和企业投资决策权扩大。1985年安排计划时，农业生产实行指导性计划，对粮食、棉花、油料等收购量和调拨量实行指令性计划，超过计划收购部分和其他农产品，实行计划指导下的市场调节。工业生产在完成指令性计划、确保国家调拨计划和供货合同情况下可以超产，超产部分均可自销。基本建设除由国家和省负责资金、物资平衡的项目实行指令性计划外，市和县、乡资金自筹项目，实行指导性计划。对企业自销和超产部分产品出厂价，取消原定价格浮动20%的规定，企业可按稍低于当地市场价格出售。至此,生产资料产品领域价格双轨制全面推开。国家放开部分工业消费品价格和大部分农产品价格,取消粮食统购制度,开始实行合同定购制度,全市绝大部分农产品价格完全放开。全市指令性计划分配物资量逐年下降,除对关系国计民生的重要产品需由国家调拨分配部分,以及对事关全局的重大经济活动实行指令性计划外,对其他大量产品和经济活动,根据不同情况,分别实行指导性计划或完全由市场调节。1986 年后,越来越多的工业消费品和农产品价格由市场定价。1988 年,农民出售的农产品总额中,属于国家定价部分占 24%,实行国家指导价部分占 19%,剩余 57% 完全由市场调节。

1990 年后,镇江市进一步改变计划经济单纯定本子、下计划的做法,把重点放在提出经济发展战略思路和方向、进行市场分析和研究、制定政策和搞好协调平衡上。1992 年提出以上海浦东开发开放为契机,依托大上海,发展大工业,建设大交通,加快大发展,重振大商埠,搞活大流通,形成沿江经济新格局,形成建材、重化工、造纸、船舶等工业基地的战略构架和总体发展方案;首次开展编制镇江市国土规划,制定工业 3 年翻番计划,并列入“八五”计划调整内容。为适当集中部分地方财力,增强政府调控能力,1993 年 8 月,镇江市投资公司作为市一级投资基金管理和经营机构正式运作。1994 年,市计委提出全市经济总体发展思路,制定国民经济发展总目标,各项计划编制按照转变计划工作职能的要求进行改革。全市计划管理基本确立以指导性计划为主的管理模式,计划指标由单纯经济指标到增加资源、环境指标,由注重“强市”指标到同时注重“富民”指标。

“十五”时期按照中共中央十六届三中全会《关于完善社会主义市场经济体制若干问题的决定》要求,全市进一步完善计划体制改革,贯彻国家宏观调控政策。2004 年贯彻国务院颁布的《关于投资体制改革决定》,健全备案制,规范核准制,落实企业投资决策自主权。做好市内相关部门对接和需上报省、国家核准项目的转报,下放部分审批权限,加强政府投资项目管理,做好财政性投资项目评估和计划安排。

第二节　计划编制与管理

1983 年后,镇江市着重进行各时段五年计划、中长期规划以及各年度综合计划的组织编制工作;制定战略目标、政策导向和具体措施建议。计划编制种类随着计划体制改革和发展阶段不同不断发展变化,尤以年度计划变化最为明显。

一、五年计划及中长期计划编制与管理

1. 国民经济和社会发展五年计划

1983～2005 年,镇江市编制 5 个国民经济和社会发展五年计划并推进实施,全市各行业主管部门及辖市(区)也相应编制各自五年发展计划。

“六五”计划(1981～1985 年)　“六五”初期,镇江市编制全市工业发展规划、农村经济综合发展规划、科技发展规划、五年能源合理利用规划、经济发展和城市建设总体设想等 16 个专项计划。1983 年在这些专项计划(规划)的基础上编制《镇江市国民经济和社会发展第六个五年计划》。计划明确“六五”时期继续贯彻执行国家“调整、改革、稳定、提高”的方针,进行各项改革,在确保重点建设的前提下,加速企业技术改造,全面提高经济效益,保持生产的持续稳定增长,保证完成国家下达的各项任务,不断提高人民生活,为第七个五年计划的发展奠定更好基础。“六五”计划提出到 1985 年,全市社会总产值(包括工业、农业、建筑业、运输业、商业)达 50.05 亿元,年均增长 8.1%;国民收入 18.8 亿元,年均增长 6.9%;财政收入 3.18 亿元,年均增长 5.6%;固定资产投资 7.41 亿元;职工平均工资 783 元,年均增长 3.3%;农民人均纯收入 364 元,年均增长 10.1% 等主要指标。

1985年,镇江市"六五"计划各项经济指标提前实现。全市实现地区生产总值(当年价)32.04亿元,年均增长14.5%,人均地区生产总值1304元;工农业总产值(1980年价)63.4亿元,财政收入3.9亿元,年均增长11.5%;五年固定资产投资15.8亿元,年均增长14.5%;职工平均工资1039元,农民人均纯收入560元,均大大超过"六五"计划目标。

"七五"计划(1986~1990年)　镇江市国民经济和社会发展五年计划编制总体要求是把改革放在首位,坚持两个文明一起抓,服从宏观,搞活微观,促进对外开放,重视科技和人才培养,确保经济和社会事业协调发展,全面提高社会综合经济效益,人民生活接近小康水平,为后10年经济振兴打好基础。"七五"计划提出到1990年,工农业总产值达100亿元,年均增幅9.5%,国民生产总值56亿元,年均增幅10.8%;财政收入5.27亿元,年均增幅6%;外贸收购额5亿元,社会商品零售总额23亿元;职工平均工资1330元,农民人均纯收入800元;5年内中央和地方项目计划投资26亿元。

1990年,镇江市"七五"计划各项主要指标提前1~2年完成。实现地区生产总值65.32亿元,年均增长7.9%,人均地区生产总值从1985年的1304元增长到2540元,高于全省平均水平。财政收入6.04亿元,年均增长8.9%;五年固定资产投资总额达66.42亿元,年均增长24%。

"八五"计划(1991~1995年)　《镇江市国民经济和社会发展第八个五年计划》和《镇江市国民经济和社会发展十年规划纲要》于1991年3月25日由市九届人大四次会议审议批准。"八五"计划编制是以提高经济效益为中心,以外向型经济为突破口,以科技进步为动力,以结构调整为重点,加强农业,加强基础建设,繁荣第三产业,发展规模经济,提高整体素质,增强发展后劲,努力改善人民生活,促进经济社会持续稳定协调发展。计划提出"八五"期间国民生产总值由65亿元增加到95亿元,年递增8%,国民收入由57亿元增加到83亿元,年递增8%;工农业总产值由132.4亿元增加到190亿元;争取利用外资2亿美元;财政收入由6.04亿元增加到8亿元;实现社会商品零售总额43亿元;职工平均工资达3400元,农民人均纯收入达1300元。

由于"八五"计划编制时正处于全国治理整顿期间,计划提出的各项指标均相对保守,特别是1992年邓小平视察南方重要讲话和党的十四大后,为抢抓机遇,加快发展,市政府经反复论证,决定对"八五"计划进行调整,对"八五"计划中的各项主要经济指标均作大幅度增加。

1995年,镇江市提前1年完成调整后的"八五"计划确定的各项指标。全市实现地区生产总值281.72亿元,年均可比增长24%;人均地区生产总值10719元,工农业总产值516.3亿元,年均可比增长23.5%;5年实际利用外资5.93亿美元;财政收入15.23亿元,年均可比增长20.3%;5年固定资产投资237.56亿元,年均增长29%;职工平均工资6018元,农民人均纯收入2879元。

"九五"计划(1996~2000年)　1996年3月4日,市人大十届四次会议审议批准《镇江市国民经济和社会发展第九个五年计划和2010年远景目标》,"九五"计划编制以邓小平建设有中国特色社会主义理论和党的基本路线为指导,坚定贯彻执行改革、发展、稳定的方针,以经济建设为中心,加快建设社会主义市场经济体制,加快实现经济增长方式转变,实施港口型经济、外向带动、规模经济、科教兴市四大战略,坚持三次产业协调发展。"九五"计划提出到2000年,全市国内生产总值达675亿元(1995年价),人均国内生产总值2.5万元,财政收入33亿元,5年累计实际利用外资20亿美元;三次产业结构调整为6∶56∶38;职工平均工资增加到1.23万元,农民人均纯收入7000元。

2000年,全市实现地区生产总值423.25亿元,可比年均增长11.5%,人均地区生产总值15887元,工农业总产值891.1亿元,5年实际利用外资22.64亿美元,财政收入32.41亿元,5年固定资产投资627.6亿元,在岗职工平均工资10276元,农民人均纯收入4042元。

"十五"计划(2001~2005年)　2001年1月18日,市人大四届四次会议批准《镇江市国民经济和社会发展第十个五年计划》。"十五"计划编制高举邓小平理论伟大旗帜,按照"三个代表"重要思想的要求,继续坚持以经济建设为中心,进一步解放思想,深化改革,推进体制和科技创新,实施科教兴市、港口型经济、双轮驱动、城市化和环境优化战略,提高经济增长质量和效益,改善城乡人民生活,为富民强市、基本实现现代化打下基础。计划提出到2005年,全市国内生产总值达765亿元,年均增长11%;人均国内生产总值2.8万元以上,财政总收入70亿元,全社会固定资产投资940亿元,5年累计实际利用外资30亿美元;三次产业比例调整为5.5∶53.5∶41;城镇居民人均可支配收入10700元,农民人均纯收入5550元。

2005年,全市实现地区生产总值871.67亿元,可比年均增长13.4%;人均地区生产总值32597元,财政总收入118.42亿元,全社会固定资产投资404.75亿元。"十五"期间累计投资1299.3亿元,城镇居民人均可支配收入12394元,农民人均纯收入5916元,实际利用外资5.96亿美元。

2. 镇江市国土总体规划

1993年,镇江市开始国土规划编制工作,1995年完成报批本。1996年,江苏省计经委、镇江市政府分别给予批复。

《镇江市国土总体规划》是一部国土长期规划,规划期限30年(1996~2025年),规划重点是前15年。近期目标(1996~2000年)是:初步形成以镇江市区为中心,丹阳、扬中、句容三市为副中心的开放式整体工业经济板块;中期目标(2001~2010年)是:基本建成大、中、小城市组成的现代化城镇体系,环境质量明显改善,全市基本实现现代化,人民生活达到中等发达国家水平;远期目标(2011~2025年)是:建成现代化的大、中、小城镇体系,人民生活基本达到发达国家水平,基本建成一个以交通枢纽、国际商埠、文化名城、旅游胜地为特色的社会主义现代化的大型工业港口城市。

国土总体规划还就人口与城镇体系建设、农业发展、工业发展、旅游业发展、基础设施建设、生态环境保护等进行专题规划。

3. 其他主要规划

《镇江市沿江产业带规划》于2002年8月开始编制。规划的区域为整个镇江市域,重点是市区,规划期为2003~2010年,重点是2003~2005年。2003年4月28日,市政府正式批准执行。《镇江市沿江产业带规划》的重点是沿江产业发展与布局。规划提出大力发展现代制造业,壮大IT、造纸加工、绿色化工、新材料4大优势产业,发展路面机械、特种工程船舶及船用设备、工程电器、冶金工具、特种车辆和汽车零部件、食品6大制造业。加快建设"一园四基地",大力发展沿江特色农业、旅游业和物流业等。2003年编制《镇江市沿江开发详细规划》,2004年,该规划获省发改委批准。

《镇江市长江岸线开发利用总体规划》于2004年编制,2005年1月由市政府正式批准执行。其规划期限是2004~2020年。规划提出,全市长江岸线开发利用坚持"深水深用、浅水浅用,向陆域纵深发展,提高效率和加大投资强度,上下游结合和远近协调,利用和治理相结合,注重发展生产与提高生活质量高度协调"6条原则。规划将长江岸线按功能定位划分为公用码头区、工业仓储区、过江通道、取水口、生活旅游及生态保护等6大类,提出整合利用存量岸线资源的思路,同时就规划实施保障作规定。

《镇江市第三产业发展第十个五年计划》是镇江市第一个关于第三产业的五年计划,规划主要目标是:到2005年,第三产业增加值达到280.6亿元,年均增长11%,高于地区生产总值增幅1个百分点;占地区生产总值比重达到41%,每年提高0.8个百分点;第三产业从业人数占全社会从业人数的比重达39%,每年提高1.8个百分点。重点发展旅游业、商品流通业、信息服务业、房地产业和社区服务业。到2005年,旅游总产值比2000年翻一番,占地区生产总值比重提高到5%;商品流通业增加值达75.5亿元;构建现代城市信息网络服务体系,加强系统集成服务;房地产业增加值占三产增加值比重达15%;社区服务业增加值占三产增加值比重达15%。

二、年度综合计划和综合平衡

1. 国民经济和社会发展年度综合计划　“六五”时期,全市综合计划编制的种类较过去明显增加。1985 年,年度计划种类主要包括:工业主要产品产量计划、农业生产计划、基本建设计划、技术改造技术引进计划、交通计划、主要物资预分配计划、科学技术计划、文教卫生事业和人口计划、劳动工资计划、工业品收购计划、废钢铁回收利用计划、外汇额度使用计划等 12 种。

“七五”时期,综合计划开始汇总编制国民经济和社会发展计划主要指标,并列于年度计划之首。至 1990 年,年度计划种类主要有:国民经济和社会发展主要指标计划、农村经济计划、农村能源建设计划、工业生产计划、固定资产投资计划、技术改造技术引进及利用外资项目计划、新产品开发计划、主要商品购销调拨计划、外贸收购计划、主要物资协作计划、能源开发协作和节约计划、劳动工资计划、教育事业计划、人口计划、主要物资预拨分配计划等 15 种。

“八五”时期,年度综合计划编制作调整。1991 ~ 1992 年,年度计划的种类调整为 14 种。1993 年后,计划种类大幅度压缩。1995 年,年度计划种类调减为 7 种,即:国民经济和社会发展主要指标计划、农村经济计划(其中包括农村能源建设计划)、工业交通邮电计划、固定资产投资计划、外向经济计划、人口计划、土地利用计划。

“九五”时期,年度计划种类维持在 7 种左右,其中 1996 年曾有棉花收购计划,1998 年曾有科技进步计划,2000 年曾有农用地转为建设用地计划、第三产业发展计划。

“十五”时期,年度计划种类维持在 8 种左右,曾增加过国土开发与测绘计划、私个经济发展计划、第三产业发展计划调整为服务业发展计划。

2. 综合平衡　“六五”中后期,全市国民经济综合平衡的着力点是:调整主要经济比例关系,保证重点生产和重点建设,协调经济和社会事业发展,把握好基本建设投资规模,严格控制新开工项目,加强对消费基金和物价等方面的控制。

“七五”期间,全市国民经济综合平衡重点是调控总量,经济效益与社会效益并重,调整经济结构和经济关系,促进国民经济和社会事业适度发展。1989 年后治理整顿、收紧银根期间,综合平衡的重点是遏制生产和效益滑坡。

“八五”时期,1991 年,全市综合平衡的重点是继续治理整顿。1992 ~ 1994 年,全市综合平衡重点是调整经济结构,提高经济效益。1995 年,全市综合平衡的首要任务是总量平衡,抑制通货膨胀,增加有效供给,落实物价控制目标责任制,加强物价管理和监督检查;建立储备制度,增强调控能力。

“九五”时期,全市综合平衡主要围绕加快经济体制转轨和经济增长方式转变;推进一、二、三次产业,经济与社会发展,物质文明与精神文明三个协调,实施港口型经济、外向带动、规模经济和科教兴市四大战略,加快实现小康。1996 年重点为:农业围绕保障社会有效供给和增加农民收入;工业实施规模经济和名牌战略,提高经济运行质量。1997 年主要是集中力量保证重点建设,增加对生产性项目与重大项目投入;集中地方财力,增强调控能力,严格用地计划管理。1999 年立足点是“正确处理改革、发展、稳定的关系”,加大投入,扩大内需,启动消费,扩大就业,大力培育新的经济增长点。2000 年以扩大内需为立足点,侧重点是启动消费市场,发展第三产业,改善人民生活。

“十五”时期,全市综合平衡的调控形式和重点明显变化。全市围绕以经济建设为中心,依据“进一步解放思想,深化改革,扩大开放,加快发展,保持稳定”的方针,实施科教兴市、港口型经济、双轮驱动、城市化和环境优化战略,重点方向是以富民强市为主攻点,提高经济增长质量与效益,改善城乡人民生活,增强参与市场的竞争能力。2001 年重点是推进农业产业化经营和农业综合开发;推进技术创新,促进工业优化升级;加快中心城市和小城镇建设,推动社会事业全面进步;加强环境保护、污染治理和农用地转用计划管理;发挥计划、财政、金融、价格等经济杠杆的综合作用。

2003年主要围绕建设“经济强市、江南名城和文明城市”三大目标，正确处理经济发展与人口、资源、环境的关系；统筹安排各类建设用地，强化土地计划管理。2004年侧重点是实施沿江开发，加速园区产业集聚，缓解经济发展中的瓶颈制约。2005年，全市经济综合平衡突出统筹城乡发展，加大农业投入，发展先进制造业和高新技术产业，大力发展旅游业和现代物流业，提高城乡居民收入，完善社会保障体系，实现全面小康。

三、物资计划管理

“六五”至“八五”时期，全市综合物资计划是包含国家统配资源、地方与部门管理资源以及企业自行支配资源在内的全社会物资资源产需平衡计划。主要包括：钢材、木材、水泥、铜、铝、铅、锌、铜材、铝材、铸造生铁、烧碱、纯碱、硫酸、硝酸、橡胶、轮胎、民爆器材等。1993年以后，该计划取消。1992年前还有购置各种汽车、机床设备等的专项物资计划。

四、农业计划管理

1. 计划、规划管理　1983年，粮食、棉花、油料等主要农产品生产继续实行指令性计划，其余农副产品实行指导性计划。1985年取消所有指令性生产计划。1986年在对农业全面实行指导性计划的同时，把粮食、油料、棉花、生猪、家禽、水产等产品产量指标列入计划目标进行管理，以后指标逐渐减少，到2003年取消所有农产品产量指标。从1990年起，农业计划转变为农村经济计划，包括农业生产计划、省统配主要农业生产资料计划、农村能源建设计划等。1995年，省统配生产资料计划取消，仅保留进口化肥配额计划，1999年进口大化肥配额计划、农村能源建设指标计划取消。到2005年，农村经济计划主要由一些综合性经济指标组成。

2. 农业生产资料　主要包括农资计划供应、农资专营及农资市场专项整治。1999年前，磷肥、钾肥和地产碳酸氢铵实行指令性计划分配。1988～1998年农业生产资料实行专营期间，由市计委牵头，在每年春秋两季农资供应高峰期对全市农资质量、农资市场进行专项检查和整治，通报发现的问题和监督整改。2001年，该项职能转入市农林局。

3. 以工代赈　“八五”期间，国家提出用以工代赈的形式，支持大中型骨干水利工程建设和帮助灾区恢复生产。1992年3月，镇江开始以工代赈工作。“八五”期间，全市有建设长江节点整治、丹阳城南引洪道改造等各类项目34项，总投资3197万元，安排无偿以工代赈资金644万元，安排有偿以工代赈资金260万元。

4. 农业项目　市级主要按权限审批、报批农业重点项目。包括市级大中型水利工程建设项目，国家级现代农业示范基地和小城镇经济综合开发、商品粮基地建设等项目，省级粮棉单产增一成项目、百项良种工程、粮棉大县等项目，市科技兴农项目等。

5. 农村能源建设　编制全市农村能源建设中长期规划和年度计划，组织实施国家、省下达的沼气生物链工程、太阳能村工程、沼气池管理村工程。2001年，该项职能转入市农林局。

6. 农业招商　从1995年参加省举办的香港农业招商活动开始，计委主抓农业招商工作，包括建立农业招商项目库，组织农业专题招商活动，对招商签约项目进行跟踪服务。

五、工业计划管理

工业计划管理主要包含交通运输、邮电、能源及高技术产业。

1. 年度计划管理　“六五”中后期，年度工业计划主要是工业产品产量计划和交通运输、邮电计划。产品产量计划，大多数是省下达镇江市及市需自行平衡产品的指令性计划；交通运输、邮电计划主要是下达客货运量、周转量及邮电业务总量等。“七五”期间总称工业生产计划。主要包括工业总产值计划，主要工业产品产量计划，交通运输、邮电计划和能源开发、协作、节约计划等4项计划。能源开发计划主要是镇江市热电厂和企业热电站自发电计划，协作计划主要是协作煤炭、成品油、电力计划，节约计划主要考核节约原煤、成品油、电力、钢材、木材、水泥及推广散装水泥量。“八五”至“九五”期间，总称工交或工业交通邮电计划。在“七五”4 项计划的基础上，增加工业增加值、工业销售收入、工业利税和工业经济效益等 8 项计划。工业产品产量计划中，列入计划的产品数逐年减少，1992 年有近 90 个品种，1995 年近 30 个品种，至 1999 年仅剩 25 个品种。2000 年开始，正式取消产品产量计划。“十五”期间，工业计划全部为指导性计划。2001 年仅有工业增加值、工业销售收入、工业利税和交通运输邮电计划。2003 ~ 2005 年，工业计划仅保留工业增加值、销售收入及利税计划 3 种。污染物控制目标计划列入国民经济和社会发展综合计划中。

2. 规划管理　“六五”时期有全市工业发展规划，“十五”期间有全市工业经济发展规划，其余几个五年计划时期均由各（工业及交通、邮电、能源等）主管局、部门编制相应的五年计划。根据经济发展需要，先后编制过《镇江市工业三年翻番计划（1992 ~ 1994）》《镇江市结构调整规划纲要》《镇江市生产力布局调整规划纲要》《镇江市发展支柱产品、策略性工业和培植经济巨人专项规划》《镇江市“九五”期间大型化工企业发展计划》等计划、规划。

1999 年开始，全国实施国家高技术产业发展项目，主要包括高技术产业发展重大专项、高技术产业化示范工程、高技术产业化推进项目和高技术产业发展基本建设项目。市级计划部门主要是组织申报和定期监管。

2004 年之前，一般工业（含交通、邮电、能源）项目的日常管理，不分投资主体、不分资金来源、不分项目性质，一律按投资规模大小分别由各级政府及有关部门审批。按市级权限划分，新建工业项目由市计划部门负责审批，技术改造类工业项目由市经委负责审批。在投资金额上，3000 万美元以下外商投资和 5000 万元以下内资工业项目由市级投资主管部门审批。限额以上的项目上报省、国家有关部委审批，市计划部门做好这些项目的前期推进，向省及国家报批，同时做好配套环保、土地、岸线等审批及报批工作。2004 年后，对不使用政府投资建设的工业项目，不再实行审批制，区别不同情况实行核准制和备案制。对使用政府补助、转贷、贴息投资建设项目，只审批资金申请报告。对核准类外商项目，市级仅审批 5000 万美元以下的鼓励类项目和允许类项目。对备案类项目，除按规定由上级主管部门审批外，均可在市级审批。

六、服务业计划管理

1. 年度计划管理　“七五”“八五”期间有年度主要商品购销调拨计划，为生猪、食糖、洗衣粉、火柴、纸、化肥、农药、农膜、棉花、化纤布、卷烟、中药材、食盐、工业用盐等物资的购销计划。“八五”及“九五”期间还曾有棉花收购计划。“九五”期末以上计划先后取消。2000 年开始，除年度综合计划中所列财政收入、社会消费品零售总额、物价指数等指标外，还有第三产业发展计划（2002 年开始改为服务业计划），主要为第三产业增加值、第三产业增加值可比增幅、第三产业增加值占地区生产总值的比重等 3 项指标。

2. 中长期计划管理　“九五”之前只有商业、供销社等传统第三产业的部门计划。“九五”期间开始增加镇江市旅游业五年发展计划、信息产业五年发展计划等现代服务业规划。到“十五”期间才有镇江市第三产业发展第十个五年计划。同时在“十五”期间还编制现代物流业发展规划，增加财税“十五”计划。

3. 制定扶持政策　2002 年，市政府转发市发展计划委员会《关于进一步加快发展服务业的意见》，2003 年转发《江苏省发展现代物流业若干政策意见》。2005 年，市委、市政府下发《关于加速发展现代服务业的实施纲要》和《关于加快发展现代服务业的若干意见》。对服务业放宽市场准入、加强税收政策扶持、实行规费减免以及加大财政支持力度等方面做出明确规定。

4. 推进项目与招商引资　“十五”期间对全市重大服务业项目，建立发展档案，跟踪指导服务，争取国债和省、国家服务业发展引导资金。2003～2005年，全市有10家企业共争取到700万元服务业引导资金和国债资金的支持。2004年，服务业项目参加中国香港、深圳（东莞）系列招商活动，2005年在服务业投资洽谈会上，全市推进项目58个，总投资67亿元，协议利用内资28.4亿元，合同利用外资2.7亿美元。

七、社会事业计划管理

“六五”中后期到“八五”时期，全市社会事业计划主要包括劳动工资计划、人口计划（含“农转非”计划）和教育事业计划。其中劳动工资计划和人口计划为国家指令性计划。从“九五”时期的1998年开始至“十五”期末，社会事业计划仅保留人口计划。

1. 劳动工资计划管理 1983～1990年，全市劳动工资计划严格按照省下达给镇江市全民所有制单位的劳动计划控制指标和要求进行。1992年，全市劳动工资计划在新增工资总额的安排上，适当解决机关事业单位职工工资偏低的问题。对企业实行工资总额计划与“工效挂钩”双重控制，对农村劳动力进城务工实行务工许可证制度。1993年，全市32家企业实行岗位技能工资制度，14家规模企业试行厂长（经理）规模效益工资制，1994年7月取消劳动工资计划管理。

2. 人口计划管理 “六五”时期后3年，全市人口年均增长1万人左右（指户籍人口，下同），进入“七五”时期后，全市处在第二个人口生育高峰期，年均增长约2.4万人。1989年6月，镇江市政府下达《关于控制市区人口机械增长的意见》要求对市区人口机械增长实行指令性计划控制，实行迁入许可证制度，采取严格控制人口自然增长的措施。1992年，全市实行人口和计划生育目标管理责任制。“八五”时期，全市人口增长得到有效控制，年均增长1.3万人左右。到1998年，全市人口计划下达指标简化为年末总人口、出生人口、人口出生率、计划生育率4项。全市人口继续得到控制，“九五”时期年均增长0.7万人左右。“十五”时期年均增长仅0.19万人。这期间流动人口逐年增多，至2005年，外来常住人口27.53万人。

3. “农转非”计划管理 1990年，镇江市人民政府发出《关于严格控制“农转非”过快增长的通知》，全市把“农转非”工作纳入国民经济和社会发展计划，实行计划管理。1991年起，全市年度人口计划中增加“农转非”人口计划。1993年对“农转非”实行政策与计划指标双控制，对符合政策但没有指标的人员暂缓办理“农转非”；对不符合政策即使有指标也不予办理。全市“农转非”人口严格控制在省下达的计划指标范围内。1995年10月，镇江市发出《关于给省级以上劳模及家属“农转非”的通知》，对十一届三中全会以后授予省级以上劳动模范（本人是城镇户口），年龄40岁以上、工龄20年以上的解决其配偶及未成年子女“农转非”。1998年，“农转非”计划管理取消。

4. 教育事业计划管理 1986年，《中华人民共和国义务教育法》颁布施行，教育事业发展被列入全市国民经济和社会发展计划。每年编制全市各县（区）中小学、职业技术学校、市属普通高校与普通中专、市属成人高校与成人中专的招生数等相关计划。“七五”期末到“八五”初期经济整顿时期，要求尽可能吸收全市初高中毕业生到各类学校中继续接受教育培训，加强职业技术教育、成人岗位培训。在招生计划安排上，强调九年制义务教育。至1993年列入市教育事业计划管理的主要指标有：小学、初中、高中、中等职业学校、市属普通高校、成人高校、市属中专、成人中专招生人数等。1994年，中、小学教育计划不再列入，只有《镇江市地方大、中专招生计划》。1995年开始，教育事业计划改由市教育行政部门编制管理。

5. 项目管理 “八五”以后，市计划部门负责对教育、卫生、科技、文化、广电、园林及公、检、法、司等社会事业的重点建设项目进行立项、审核和报批；对列入市政府目标管理考核的重点项目进行跟踪管理和检查；对超市级审批权限的重大项目，按程序转报省和国家计划部门审批。1998～2005年，全市经立项审核报批1000万元以上的社会事业建设项目超过38项，其中总投资超亿元的项目10项。至2005年经市计划管理部门组织申报获批准的国债项目27个，争取到中央和省预算内资金6380万元。

6. 定向招收南京高校公寓生计划管理 1985年，江苏省政府决定发挥南京高校多、专业门类较齐全的优势，为镇江及苏北等城市定向招收培养一批大学毕业生。即在统招计划内，按录取线降20分给予照顾招生，集中入住高校学生公寓（俗称公寓生），实行走读。地方相关市政府一次性认资付款，省负责从1985年起，分10年（1985～1994年）招生完毕，学生在校享受统招生同等待遇，毕业后回所在地安排工作。镇江市政府与省签订认资40万元、定向招收400名公寓生的人才培养协议，1985～1991年，全市招收公寓生280名。1992年将最后两年招生计划提前实施，同年完成公寓生招生计划120名，全部为市区生源，比照并低于自费生的标准实行自费招生，学生毕业后进入市场自主择业。至1995年，公寓生计划管理工作结束。

八、外向型经济计划管理

1. 年度计划管理 “六五”“七五”期间，外向型经济年度计划仅限于外贸收购计划，技术改造、技术引进项目中利用外资进口机电设备审查（以办理设备减免关税手续）以及外汇额度使用计划等。“八五”后增加利用外资项目计划，包括利用国外贷款项目（外国政府贷款、世行贷款、黑字还流、国际租赁等）和外商投资项目（独资、合资、合作、补偿贸易等）。1992年利用外资项目计划中，有实施项目39项，总投资4.28亿元，其中利用外资0.32亿美元；开展前期工作项目95项。其中，同年实施项目有丹阳铝箔厂利用英国政府贷款项目以及丹徒龙山养殖公司中日合资烤鳗项目；开展前期工作项目有京阳实业有限公司150万吨水泥项目等。1995年，外向型经济计划包括外贸供货值、自营出口总额、协议和实际利用外资额、对外工程劳务合同额、营业额、外派人数、新批海外企业数等，为镇江市第一个“三外”（外资、外贸、外经）齐全的外向型经济年度计划。“九五”至“十五”外向型经济计划保持“三外”各项指标。

2. 规划管理 “八五”时期，全市开始编制外向型经济发展五年计划。“十五”时期首次编制镇江口岸第十个五年计划。

3. 地方留成外汇管理 从1986年起，国家对各地进口用汇严格控制，实行用汇控制指标管理。地方留成外汇主要用于扩大出口产品生产、增加出口创汇所必须引进的关键设备和物资；企业技术改造中先进技术的引进；进口部分工农业生产建设和市场需要的物资；进口科学、教育、文化、卫生等部门需要的先进仪器或设备；归还外汇贷款、出国费用和其他用汇项目。1988年开始，全市留成外汇中市提留40%，其余60%根据创汇情况进行分配。1994年，国家取消外汇留成和上缴，实行有管理的浮动汇率制度，镇江市取消地方留成外汇计划管理。

4. 进口配额管理 1989年按照国家对主要商品进口实行配额管理的要求，镇江对地方进口配额商品实行计划管理，主要涉及大化肥和农产品进口配额管理，2003年前主要有尿素、棕榈油、毛豆油、菜籽油、天然乳胶、玉米、小麦、棉花等，2003年后主要有玉米、小麦、棉花等。

5. 外资项目管理 1983～2004年，市计委负责地方权限内外商投资（包括中外合资、中外合作、外商独资）项目建议书、可行性研究报告审批，项目工程评估和扩初设计审查安排，重大项目建设条件协调。1992年，镇江市明确市外资工作委员会办公室为全市统一的外商投资项目审批和管理机构，设置镇江市外资工作委员会外商投资项目审批专用章，对下放权限以上的项目实行“一个窗口对外，一个图章审批，一条龙服务”。1994年，国家实行宏观调控后，计划部门的项目审批管理恢复。2004年7月，国务院作出《关于投资体制改革的决定》后，市发改委负责总投资5000万美元以下鼓励类、允许类外商投资项目（包括中外合资、中外合作、外商独资、外商购并境内企业、外商投资企业增资）的核准，同时负责国际金融组织和外国政府贷款项目管理（含项目资金申请报告的上报），以及境外投资项目的审核上报等。

九、固定资产投资计划管理

1. 投资计划管理　1982年以后，投资管理由过去以基本建设为主向基本建设、更新改造以及房地产开发的全面管理展开，建设资金渠道由单一的国家投资向国家投资、地方投资、各单位自筹、利用外资等多渠道转变，投资主体也由以国有单位为主逐步扩大到集体、个体以及外商独资、合资等多元格局，与上述变化相适应，投资管理体制也不断变革。1984年7月开始，凡由国家和省直接安排预算内的投资、纳入国家信贷计划的银行贷款、国家和省统借统还的外资安排的建设项目，实行指令性计划；自筹资金和自借自还外资安排的建设项目，纳入市指导性计划，规模在省下达的控制指标内。实行不同限额下的分级审批。1997年在投资管理中坚持投资许可证制度，严格按建设项目审核和下达用地计划，实行建设用地计划票制度。2000年9月，全市26个涉及内、外资项目审批的部门集中到市行政服务中心办公，投资项目审批"一个窗口"服务方式正式投入运行。2004年，全市贯彻国务院《关于投资体制改革决定》，投资管理重点是健全备案制、规范核准制；落实企业投资决策自主权、确定企业投资主体地位；加强政府投资项目的管理、做好项目评估和计划安排、完善竣工验收和后评价制度。

2. 重大建设项目管理与稽查　1990年9月，镇江市成立重点项目办公室，主要职能为"在协调好重大项目前期工作的同时，帮助县(市)主管局和项目实施单位解决项目的报批、立项、筹措资金等一系列问题"。1994年开始，全市重点建设项目和重点前期工作项目列入市目标考核。1996年，市重点项目办公室更改为重大项目办公室，负责对全市重大项目进行指导、协调、管理和项目建设的监督。1997年7月，镇江市政府下发《镇江市重大建设项目管理办法》。之后每年都召开全市重大项目建设工作会议，下达年度重大建设项目投资计划。

2001年7月，镇江市重大项目稽查特派员办公室(简称稽查办)成立，其任务是对国家、省和市出资的重大项目建设过程中的工程招投标、建设进度、工程质量、资金使用情况及投资概算控制进行监督检查。2001年7月，稽查办会同市物价局，对镇江市部分重大项目单位的各项费用负担及收费单位收费行为进行首次稽查，并对在检查中发现的问题向有关单位提出整改意见。2003年12月19日，《江苏省招标投标条例》颁布；2004年10月，市发展计划委员会政策法规处和市稽查办按年度重大项目招投标稽查方案，约请市财政、审计等部门对部分国债建设项目、市重点建设项目实施情况进行现场稽查。

2005年2月18日，镇江市委、市政府下发《关于加快推进大项目建设的若干意见》。

3. 省预算内基本建设切块资金的使用与管理　从1985年开始，镇江市省预算内基本建设资金额度为每年300万元。由市计划委员会根据同年社会经济发展要求及资金缺口等情况对有关项目下达资金安排意见，由市财政局按具体项目拨款，作为对相关基本建设项目的资金补助和引导。镇江市省预算内基本建设资金的使用方向主要是：农业、教育、卫生、科技、广电、文化、政法等。

1985～1996年安排省预算内基本建设资金3600万元，其中：农业占11.86%、教育占19.54%、卫生占19.11%、科技占10.29%、广电占2.42%、文化占2.53%、政法占12.32%、其他(自来水厂、殡仪馆、敬老院、宗教、报社、党校、档案局库房等)占21.93%。每年获得切块资金补助的项目最少的为1986年，有12个项目；最多的为1995年，有38个项目。

1997年起，各类项目明显增多且规模加大，项目单位对省预算内基本建设资金的申报逐年增多，每年300万元资金很难满足各方面需求，市计委按项目轻重缓急和资金状况进行汇总平衡，将切块资金补助方案提交市领导研究确认后下达计划，市财政部门再拨付资金。

2000～2005年，全市切块资金重点用于解决部门集资兑付资金缺口，部分用于市内重大社会事业项目补助。

十、目标管理

自1990年起，镇江市开展目标管理工作。1990～1997年，全市重点考核市级党政机关两个文明建设奋斗目标；1997～2000年重点考核增加市级党政机关单项目标和辖市(区)国民经济和社会发展综合目标；2000年以后，全市重点考核国民经济和社会发展重点目标、市级机关部门工作目标和辖市(区)综合目标。2004年后增加全面小康年度分解目标、沿江开发年度目标等。所有列入考核的目标，由市目标办组织进行半年和全年检查，最后报市委、市政府同意后进行表彰和奖励。

十一、法规建设、招投标管理

1. 法规建设 1986年，镇江市计经委按省、市政府部署，对以往制定发布的规章及行政措施进行全面清理，废除一些与改革开放、发展商品经济相矛盾的规章制度。"九五"期间根据镇江市政府《关于建立健全行政执法责任制的决定》的规定，市计委拟定《镇江市计划委员会行政执法责任制实施方案》及各项行政执法责任制度、检查考核等配套制度。2001年成立镇江市发展计划委员会行政审批监督小组，2002年设立政策法规处，负责组织与协调经济法规及规范性文件起草，负责办理计委行政复议，指导和协调全市招投标工作等。

2. 招投标管理 按照国务院办公厅印发的《国务院有关部门实施招标投标活动行政监督的职责分工意见的通知》和国家计委相关法令，2002年，市发展计划委综合处(法规处)、投资处(重大项目办公室)相关人员领取行政执法证，负责对全市各类招投标的指导协调、督查和对重大建设项目的稽查。并对依法必招项目开始进行项目招标方案招投标专章核准。

2003年5月，市发展计划委员会与镇江市人民政府法制办公室组织对全市招标、投标规章和规范性文件进行清理并报省核准，镇江市2002年之前执行的有关招标、投标规范性文件共废止19项，作适当修改的4项，继续保留的5项。

2004年10月，市发展计划委会同重大项目办公室，组织财政、审计等部门对部分国债项目、重点项目的招投标活动与实施情况进行稽查。2005年3月30日，市招投标管理办公室成立，依法开展对政府出资(国有投资)项目招标方案的核准，并接受相关投诉。2005年5～7月，两次对2004年度经过招标方案核准的市部分依法必招项目的招投标实施情况进行专项执法稽查。

第三节 经济计划宏观调控

1983～2005年，镇江国民经济在总体上保持快速、健康、平稳发展态势的同时，先后出现过短暂的波动和结构性失调，镇江市通过执行中央确定的产业、投资和价格政策，对全市经济运行进行调控。

1984年，全市地区生产总值*增幅25.00%，比1983年增加12.25个百分点；金融机构贷款增幅由1983年的16%提高到43%；工业总产值*增幅由上年4.95%提高到12.10%，经济出现过热。1984年11月，国务院要求各地各部门严格控制财政支出，控制信贷投放。1985年2月，中央政府实施紧缩政策控制经济过热。1985年，镇江市金融机构贷款余额同年现价增幅由1984年的43%降至12%，信贷规模和现金投放量得到有效控制。

1986年，经济再度出现过热，全市金融机构贷款增幅达到29%以上，全年固定资产投资增长速度达到创记录的110%(当年价)；1987年，全市商品零售价格指数*111.5，全市贷款规模猛增，投资和消费需求同时膨胀，物价迅速上涨；1988年物价在前3年上涨过快的基础上，涨势更猛，1988

---

* 以上价格指数均以上年价格为100计算。地区生产总值、工业总产值均为可比增速，其他要素比较均未考虑物价因素。

年商品零售价格总指数高达121.4,市场出现抢购风潮。1989~1990年,镇江市执行国家宏观调控政策,加强投资和信贷管理,压缩投资规模,调整投资结构,严格控制非生产性建设项目。稳定市场供应,控制物价上涨。1989年,全市固定资产投资由1988年的15亿元缩减到13亿元,增幅从28.9%锐减至-13.9%。1990年,全市商品零售价格指数由1988年121.4下降到1990年103.3。

1992年,全市投资增幅达57%,1993年达81%以上。同时,物价快速上涨。1993年,全市商品零售价格指数达到119.3,比省下达的控制目标高9个百分点,1994年达121.2,仅次于最高的1988年。1993年7月,中央政府从控制投资规模、整顿金融秩序入手,加强对宏观经济的调控,镇江执行中央宏观调控政策后,经济步入收缩阶段。1995年,商品零售价格指数110,固定资产投资增长速度下降到12%,经济增长速度则由1992年的41.33%、1993年的62.36%回落到27.31%,国民经济呈现出“高增长、低通胀”的势头。

1996~1997年受特大洪涝灾害和亚洲金融危机的影响,全市地区生产总值增幅分别回落到13.37%和8.27%,通货紧缩迹象日益明显。1998年,全市社会消费品零售总额增长5.5%,增幅回落2个百分点;商品零售价格指数97.1,居民消费价格指数99.5。从1997年开始连续5年,全市商品零售价格指数均为负增长。1998年,国家采取积极的财政政策和稳健的货币政策,镇江市扩大财政支出规模和加大固定资产投资力度,推进重大项目建设。1997年和1998年分别完成固定资产投资101亿元和164亿元,增长28%和62%。1997和1998年,全市进出口总额分别实现增长35%和70%,实际利用外资分别增长94%和63%。2000年,全市进出口总额增幅达到58.95%,自营出口比1999年增加57%以上。经过连续几年的有效调控,全市经济进入新一轮的平稳增长期。

2003年下半年,经济又开始出现过快增长的势头,镇江市从土地、资金两大源头入手,落实中央宏观调控政策,清理固定资产投资项目,2004年清理投资项目1179个,抑制投资过快增长和经济发展中的不健康因素。

第二章 国有资产管理

国有企业改革前,镇江市企业国有资产管理实行政企不分、政资不分的主管局管理体制,主管局统一管理企业人、财、物与产、供、销。随着企业国有资产管理体制改革的不断深化,国有资产管理内容和形式也不断发生变化。1990年,镇江市成立国有资产管理办公室;1993年组建国有资产管理局,隶属财政局;2004年成立市国有资产监督管理委员会,代表市政府履行出资人职责,享有所有者权益,权利、义务和责任相统一,建立管资产和管人、管事相结合的新型国有资产管理体制。

第一节 管理体制改革

1983年,镇江市政府下发《关于我市经济体制改革若干意见》,对国有企业管理体制进行改革,改革主要是对国有企业实行放权让利。明确企业具有生产经营、产品销售、机构设置、资金运用、职工录用、拒绝摊派6个方面的经营自主权;明确企业不再全额向主管局上缴利润,改为企业税后利润与主管局分成。

1984~1992年,全市国有企业推行承包经营责任制。1990年,镇江市探索国有资产管理职能和运营职能分开的新型管理体制，明确企业国有资产管理主体。1992 年贯彻国务院《全民所有制工业企业转换经营机制条例》，国有企业仍由各主管局管理，管理方式转变为“四个一”（管理一个班子、一个承包合同、一个工资总额、一个发展规划）管理模式。1992 年 6 月、8 月、10 月，市供销社、市粮食局、市物资局相继改组为大鹏集团、粮食集团、物资集团总公司，由主管部门变为经济实体。

1993 年，市国有资产管理局行使国有资产所有者的代表权，以及体现代表权的国有资产监督管理权、国家投资收益权、资产处置权。1993 年 4 月，镇江市纺织工业局改为镇江市纺织工业公司，主要职能为管理国有资产和行业管理，首开工业主管局管理体制改革先河。同年，镇江焦化煤气集团成立，明确为直属市政府的无主管企业，通过以授权经营途径，使企业具有国有资产的法人产权。1994 年成立市国有资产管理委员会作为全市国有资产管理的领导机构，各辖市（区）成立相应的国有资产管理领导机构。1997 年 2 月 18 日经省政府同意，授权江苏索普集团为国有资产投资主体。同年，市化工局由企业主管局改制为授权经营国有资产的华耀公司，受市政府委托，授权经营 1.4 亿元净资产。

2001 年，国有资产管理体制发生重大变化，政府不再保留工业等专业经济管理部门，结束计划经济体制下的主管局管理体制。撤销市轻工局、轻工业总公司、市集体工业联社，组建市轻工资产经营公司；撤销市机械工业局、市机械工业总公司，组建市机械资产经营公司；撤销市电子工业局、电子工业总公司，组建市电子资产经营公司；撤销市纺织工业局、市纺织丝绸工业总公司，组建市纺织丝绸资产经营公司；撤销市冶金工业局、市建材工业局、市冶金工业总公司、市建材工业总公司，组建市冶金建材资产经营公司；撤销市建筑工程局、市建筑总公司，组建市建筑工程集团公司；撤销市煤炭工业总公司，组建煤炭资产管理公司；撤销市物资局，组建物资资产管理公司。授权各资产经营公司经营公司范围内的国有资产。但是，国有资产出资人权利仍然分割为多部门管理：财政部门（因国资局撤销，职能并入财政局）行使收益及产权变更管理职能；企业工委及资产经营公司按干部管理权限行使企业经营者管理职能；经贸委行使重大投资、技改审批及国有企业破产、重组、兼并、改制职能；计委行使基本建设投资管理职能；劳动局负责审批企业工资总额。

2004 年 12 月，市国有资产监督管理委员会成立后，撤销各资产经营公司，组建市机械电子冶金建材行业管理办公室、轻工化工物资行业管理办公室、纺织建筑煤炭行业管理办公室，归口市国资委管理；撤销工业、商贸、建设 3 个国有企业改革办公室，由市国资委统一负责国企改革的协调和推进。全市国有企业管理由多部门分割管理转变为实行权利、义务和责任相统一，管资产和管人、管事相结合的新型管理体制。

2006 年初，市国资委首批履行出资人职责的监管单位 26 家，其中：按行业划分为工业企业 11 家，投资型企业 5 家，服务型企业 10 家；按股权比例划分为国有全资和控股企业 20 家，占 77%，国有参股企业 6 家，占 23%。具体名单为：江苏索普集团有限公司、江苏恒顺集团有限公司、镇江金河纸业有限公司、江苏华通机械有限公司、江苏赛博电子有限公司、镇江船山石灰石矿有限公司、江苏太白集团有限公司、镇江大东纸业有限公司、镇江汽车制造厂、镇江飞驰汽车有限公司、江苏捷诚车载电子信息工程公司、镇江路桥工程总公司、镇江宾馆、镇江港口有限公司、中房集团镇江房地产开发公司、镇江商业银行股份有限公司、镇江燃气有限责任公司、镇江能源开发总公司、镇江交通投资建设发展公司、镇江城市建设投资公司、镇江水利投资公司、镇江房屋投资建设发展公司、镇江润扬大桥投资经营管理公司、镇江市自来水公司、镇江市公共交通总公司、镇江市诚信担保有限公司。

同年，由市委管理的国有及国有控股公司的董事长、总经理、党委书记的拟任人选由市国资委党委提名，考察工作由市委组织部组织，市国资委党委派员参加，任免方案由市委组织部听取市国资委意见后，报市委审批，其中行政职务经市委审批后由市政府任免；单位的副职由市国资委党委管理，考察工作由市国资委党委组织，任免方案在听取市委组织部意见后，由市国资委党委决定，其中行政职务由市国资委任免；市城市建设投资公司、市交通投资建设发展公司、市水利投资公司、市房屋投资建设发展公司的董事长、总经理、党组书记由市委委托组织部管理，领导职务的拟任人选由公司主管部门提名，考察工作由市委组织部会同国资委党委进行，任免前征求市国资委党委意见；单位的副职由公司主管部门提名，任免前征求国资委党委意见，由主管部门任免；市国资委监管的其他国有及国有控股公司的领导人员拟任人选，由市国资委党委负责考察，决定任免；向改制后的国有参股单位委派的产权代表，由市国资委党委管理，并按有关程序任免。市国资委监管单位的纪委书记任免按市纪委规定执行。

第二节　清产核资

1990 年，市政府批转《关于加强国有资产管理的意见》（简称《意见》下同），市财政局国有资产管理办公室根据《意见》要求，开展国有资产的调查和产权登记工作，截至 1991 年完成 457 家全民企业的产权登记工作，全市国有资产总值 36. 34 亿元，其中：预算内企业 22 亿元，行政事业单位 8. 13 亿元，建设单位 4. 96 亿元，其他类型企业 1. 25 亿元。

1993 年，市国资局按照国务院 91 号令《国有资产评估管理办法》及其实施细则，对应该评估的经济行为加强资产评估工作，全市共审批各类经济活动的资产评估立项 818 项，其中：股份制改组 26 家，组建中外合资合作企业 46 家，资产出售 691 家，企业兼并联营 12 家，资产拍卖 15 家，资产抵押贷款 5 家，其他 23 家。由资产评估机构评估并经确认的企事业单位净资产 22. 27 亿元，平均评估增值率 40. 7%。

1994 年，市国资局对全市 275 家国有企业开展清产核资扩大试点工作，其中市本级 152 家。275 家企业资产总额为 89. 34 亿元，负债总额 71. 35 亿元，所有者权益 17. 39 亿元，各项资产损失 77845 万元，有问题资金挂账 36780 万元，清理被占用国有资产 1665 万元，有 1380 万元资产划清产权归属。275 家企业主要固定资产经过重估升值 51519 万元，增幅达 48. 07%。经过核实，275 家国有资产总额 89. 32 亿元，负债总额 71. 78 亿元，所有者权益 17. 54 亿元。

1995 年，国有企业和企业化管理的事业单位清产核资工作扩大到 577 家，企业资产总额 55. 36 亿元，负债总额 44. 06 亿元，所有者权益 11. 3 亿元，资产负债率 79. 59%，有问题资金损失 2. 15 亿元，主要固定资产经过重估由 8. 94 亿元增值到 10. 86 亿元，增值率 21. 48%。核定 577 家企、事业单位占有资产总额 61. 82 亿元，负债 44. 06 亿元，资产负债率 71. 27%，所有者权益 17. 76 亿元。并对这些企业、单位占用的国有土地进行估价，占用土地 5048 万平方米，估价前价值 4658 万元，估价后价值 54932 万元，净升值 50274 万元，升值率 107. 9%。

1996 年，镇江市被列为全省城镇集体企业清产核资试点单位，市国资局对 1287 家城镇集体企业进行清产核资，其中市直 535 家，县（市、区）752 家，经清查核实资产总额 62. 05 亿元，负债总额 48. 21 亿元，所有者权益 13. 84 亿元，各类资产损失挂账 7. 43 亿元，重估前属于重估范围的固定资产原值 8. 40 亿元，重估后增值 4. 06 亿元，增幅达 48. 3%。

2005 年，市国资委从 6 月 29 日至 9 月 30 日在全市（含辖市、区）范围内开展经营性国有资产普查工作。以 2004 年 12 月 31 日为普查时点，列入普查范围的是 2004 年底前取得企业法人资格，独立核算并能编制完整会计报表的国有企业、国有独资及国有控股公司，列入转企改制的生产经营性事业单位，资产经营公司及其他形式占有国有资产的企业。

2004 年镇江市国有及国有控股企业基本情况表

表 21-1

项目/地区	企业数(家)			国有资产总量(万元)	在职人数(人)	年人均工资(元)
	合计	其中:正常运行企业	大中型企业			
市　直	106	70	29	711962	22244	14319
丹徒区	67	54	6	66536	3839	9670
京口区	7	7	3	6079	613	7592
润州区	6	6	1	1058	402	7812
新　区	11	10	4	172010	271	17140
丹阳市	21	17	5	30300	7359	11422
句容市	70	30	3	16502	3047	6618
扬中市	8	8	4	6752	1086	9504
全市合计	296	202	55	1011199	38861	12417

2004 年镇江市国有及国有控股企业资产负债表

表 21-2　　单位:万元

分　类	总资产		总负债		净资产		国有资本金	
	全市	市直	全市	市直	全市	市直	全市	市直
工业企业	1036819	837562	8323123	671370	169898	131394	135878	95662
国有投资公司	1527184	1090324	826027	564395	701157	525929	160406	80942
批发零售及餐饮业	133943	82347	178323	114238	-44380	-31891	18522	11204
房地产业	170496	60301	152381	51447	18115	8854	29815	12871
服务业及其他	1051372	854608	882373	772760	168333	81848	77950	52392
合　计	3919814	2925142	2871227	2174210	1013789	716134	422571	252891

2004 年镇江市国有及国有控股企业经济效益指标表

表 21-3　　单位:万元

分　类	工业增加值		销售收入		利润总额		净资产收益率(%)		保值增值率(%)	
	全市	市直	全市	市直	全市	市直	全市	市直	全市	市直
工业企业	138174	104089	483634	366275	5662	11015	-2.68	0.67	97.56	100.06
国有投资公司	-	-	95591	2583	26787	-1334	0.84	-0.26	101.16	99.65
批发零售及餐饮业	-	-	22601	2130	-2891	-1669	不可比	不可比	不可比	不可比
房地产业	-	-	34836	13343	-3302	-1208	-17.78	-13.65	83.93	87.00
服务业及其他	-	-	231664	173002	-3765	-742	-2.50	-1.47	97.40	98.36
合　计	138174	104089	868326	557333	22491	6062	-0.89	-0.66	98.93	99.21

第三节　监督管理

市国资委自 2004 年 12 月 28 日成立以后,以促进国有企业发展为主线,以国有资本保值增值为目标,逐步理顺监督体制,加强制度建设,夯实国资监管基础工作,强化国有资本布局调整,促进国有资本保持健康快速发展态势。出台《镇江市国有产权转让评标管理暂行办法》《关于企事业单位资产评估监督管理的意见》《镇江市国有企业财务决算意见》等10个规范性文件，开展国有产权登记工作，建立国有资产统计评价制度，制定《镇江市国有生产经营企业者业绩考核薪酬管理试行办法》，开展经营业绩考核试点，进行企业运行情况监测，逐步构建起国有资产运营监管体系。2005年新增项目投入55.53亿元，占全市全社会投入的25.53%。其中：引进各类资本12.56亿元。索普集团投入4亿多元，实施60万吨醋酸填平补齐项目。4万吨离子膜烧碱改造，15万吨醋酸乙酯二期等项目投入，集团公司同年实现销售32.5亿元，利税7.36亿元，利润4.6亿元，创历史最高水平。港口公司引进国家投资公司共同实施总投资14.37亿元的大港三期工程。26家首批监管企业全年实现销售74.8亿元，比2004年增长22.8%，实现利润4.9亿元，比2004年增长150%，资本增值率由-3.13%提高到10.85%。净资产收益率由1.53%提高到3.4%，公交、自来水和燃气等公用事业单位全年消化增本因素2000多万元。

第三章　工商行政管理

1983年3月，镇江实行市管县体制，撤销镇江地区工商行政管理局和镇江市工商行政管理局（县级），建立镇江市工商行政管理局（地级），为省辖市局。1998年12月，镇江市工商行政管理局更名为江苏省镇江工商行政管理局，为省垂直管理机构。

第一节　登记管理

一、登记注册

1. 全民、集体企业登记　1983年3月，市工商局会同市财政局、人民银行、建设银行、公安局联合发文，督促工商企业登记工作转入正常渠道。此后放宽政策，简化手续，办理企业登记发证工作。1987年，市工商局出台《镇江市工商企业开办审批权限暂行规定》，对新办的全民企业、市区属集体企业的审批权限及其经营范围、方式、冠用名称，登记程序等适当放宽政策。

1988年9月，国家对党政机关和社会团体兴办的公司进行清理整顿，把党政机关办公司和流通领域的公司作为撤并的重点，对市属公司逐一审核，确定撤、并、留方案。为市直属5000家企业换发新的营业执照。1990年6月20日，市政府发出《批转市工商局等部门〈关于清理整顿假集体的意见〉》的通知，开始清理假集体企业。1992年末，全市有工商企业31206家。1994年，企业登记管理贯彻《中华人民共和国公司法》，支持企业转换经营机制，支持企业推行现代企业制度。全年登记有限责任公司107家，其中市局登记20家。

1999年，市工商局出台支持公有制企业改革和发展的10条意见，支持培育大型企业和企业集团，为企业改革提供服务。2001年为380家改制企业办理登记手续，为65家改制企业完善公司章程等有关材料，为139家改制企业办理资产转移手续，保证企业改制工作的规范性。2002年，全市在业国有、集体企业计15487家，注册资金115.7亿元。

2003年10月，市工商局登记注册窗口进驻镇江市行政服务中心，2004年办理改制企业登记2914家；内资登记注册162家，注册资金24873万元。

2005年，市工商局开通企业字号含江苏省名称网上远程核准，提高登记办照效率。登记注册窗口受理各类办件1.2万件，办结率100%。

1983～2005年镇江市全民、集体企业登记情况一览表

表21-4

年份	全民、集体(含国有控股有限公司)		年份	全民、集体(含国有控股有限公司)	
	企业数(家)	注册资金(万元)		企业数(家)	注册资金(万元)
1983	12675	–	1995	39633	1049667
1984	18901	–	1996	36607	1285599
1985	24116	230857	1997	35563	1315924
1986	25114	293271	1998	30304	1250138
1987	28356	424467	1999	25373	1181057
1988	33170	621482	2000	19203	1267501
1989	33194	621845	2001	17161	1220865
1990	30556	606301	2002	15487	1156919
1991	27764	619183	2003	13355	1251226
1992	31206	671561	2004	9795	981215
1993	38723	762263	2005	8863	934307
1994	40770	849631			

2. 私营企业登记　镇江市私营企业登记始于1988年。1988年,国家允许私营经济在法律规定的范围内存在和发展,申请开办私营企业,必须持有关证件向企业所在地工商行政管理机关办理登记,经核准发给营业执照后,始得营业。

2000年,镇江市工商局设立注册大厅,实行公有制企业和私营企业一个登记窗口,以适应企业改制中的公有制企业与私营企业相互参股的问题。2001年,市工商局新登记注册私营有限责任公司174家,至2002年底有私营企业10020家。2003年,市工商局新登记注册私营有限责任公司961家。2005年,新登记注册私营有限责任公司977家。

截至2005年,全市有私营企业16721家,注册资本2155701万元,从业人员30余万人。

3. 个体工商户登记　1984年1月,工商行政管理部门对个体工商户进行清理整顿,取缔无证(照)营业,换发全国统一制式的个体工商业营业执照。全年换发证照3739户。1985年,工商行政管理部门发展以劳务为主的第三产业,并进行个体工商户的歇业、停业和变更登记工作。至年末,全市有个体工商户38840户,从业人员69582人。

1986年,国家规定个体工商户的成立必须多部门联合审批。全市全年有个体工商户38730户,从业人员68931人。1987年8月5日,国务院颁布《城乡个体工商户暂行条例》,明确个体工商户的合法权益和职责。1988年,中共十三大指出私个经济“是公有制经济必要的、有益的补充”,提出“思想大解放,政策大开放”,人们对私个经济的认识逐步加深。1992年,镇江私个经济发展加快,个体工商户进入快速增长阶段,到1996年,镇江市个体工商户57847户。1997年,各级工商部门出台支持鼓励私个经济发展的一系列政策,全市个体工商户内部结构发生较大变化,开始向规模经济发展。从1998年开始出现平均每年新增70多家私营企业,个体工商户则从1997年的60675户到2003年的61683户,呈现出徘徊不前的局面。2005年,全市个体工商户有78144户,注册资金244807万元,从业人员145438人。

1983～1997 年镇江市私营企业、个体户发展情况表

表 21-5　　单位:家、户、万元、人

年　份	私营企业			个体工商户		
	家数	注册资金	从业人员	户数	注册资金	从业人员
1983	-	-	-	6045	121.07	6915
1984	-	-	-	34255	5008.30	54244
1985	-	-	-	38840	5918	69582
1986	-	-	-	38730	6005.20	68931
1987	182	338.50	2432	41528	7165.50	74280
1988	220	429	2945	47607	9395.10	89307
1989	151	838	2323	45011	16203	83007
1990	188	1024	2194	43086	16201	79772
1991	204	1134.51	2497	39111	13932.10	70965
1992	363	3509	4251	40036	16152.50	69835
1993	658	9577	7043	49796	28989.80	85503
1994	1763	38559	18430	51603	30956	90489
1995	2240	49269	23470	55180	43296	98402
1996	2243	54966	23349	57847	50485	108525
1997	2909	91598	29491	60675	61942	118979

1998～2005 年镇江市民营企业、个体户结构分析表

表 21-6　　单位:人、万元

年　份		1998	1999	2000	2001	2002	2003	2004	2005
私营企业	企业数(家)	3893	4712	5973	7394	10020	12632	14195	16721
	从业人员	45941	57387	78727	96107	137723	171071	210388	304355
	注册资本	137482	184510	232540	328410	496225	1186015	1652363	2155701
个体工商户	企业数(户)	64632	61928	54222	57343	53661	61683	72406	78144
	从业人员	127483	120338	101054	108974	108975	98497	133670	145438
	注册资本	72532	70597	62654	80351	110476	157661	201996	244807
规模型私营企业(个)	100 万元～500 万元	-	275	292	512	721	1177	1553	2100
	500 万元～1000 万元	-	41	70	128	193	287	428	562
	1000 万元以上	-	13	16	40	66	140	222	322
	亿元以上	-	-	-	-	-	-	11	14
有限公司占私营企业总数比重(%)		46	52	65	66	67	66	66.70	67.50
私个经济实现地区生产总值总额(亿元)		48.04	57.60	81.36	101.03	125.71	156.80	257.27	304.51
占全市地区生产总值比重(%)		12.30	14	18	20	22	24.50	28.90	34.90
私个经济实现税收(亿元)		-	-	4.32	5.75	8.17	10.19	12.82	16.45

4. 外商投资企业登记管理 1983年,镇江出现首家中外合资经营企业——镇江市京侨饭店。至1991年,全市外商投资企业首次超百家。1992年,镇江工商局获国家局外商投资企业登记管理授权。1993年,镇江市外商投资企业首次突破1000家,达到1015家,项目总投资15.87亿美元,注册资本10.73亿美元。

2003年,外资大项目成为镇江外资发展的特色,其中金东纸业135万吨造纸项目,总投资18.22亿美元,注册资本6亿美元。镇江奇美化工油仓公司是国内最大的PS工程塑料生产企业,项目总投资1.12亿美元。2004年,镇江地区在业的外商投资企业1336家,其中中外合资经营企业667家,中外合作经营企业34家,外商独资企业635家。参检企业中,年检合格企业为1115家,合格率为99.7%,其中A级企业有998家,B级企业有114家,暂不通过3家。

2005年,市工商局年度核准外商投资企业登记232家,注册资金8.77亿美元;新增注册资本2.23亿美元。市直企业按期出资到位率95%左右。

二、监督管理

1. 监管模式演变 1983年,镇江市工商局设立企业登记管理科,负责市属企业进行登记注册和监督管理,并指导所辖县、市企业监督管理工作。2001年,市工商局及各直属局、分局对历年所有企业登记档案进行扫描,以电子档案形式进入电脑存储,进行登记数据初始化。建立动态经济户口,即包含一个企业从成立到退出市场工商登记年检、监督检查的电子信息。使用20年的企业登记卡片和开业、变更、注销登记簿停止使用。2002年底,《江苏省工商系统经济户口管理办法》出台。国家工商行政管理总局提出分类监管要求,增加企业信用分类监管和经济户口管理的内容。2004年,企业监督管理职能增加安全生产监督管理内容。2005年,市工商局制订《镇江工商系统经济户口管理实施办法》。

2. 年度检验 1982年12月,国家工商行政管理总局颁布的《工商企业登记管理条例》施行细则第30条规定:工商企业必须于每年2月底之前如实上报上年度的《工商企业登记事项年检报告书》。1983~1986年,企业对工商年检制度熟悉并基本接受。市工商局建立"三册二卡制度"(流水登记册、行业分册、总账册、索引卡和变更登记卡)。1988年开展个体工商户、合作经营组织换发新营业执照工作。完成验审数2.8万户,换发新营业执照2.5万户,分别占注册个体工商户的70%和65%。

1993年12月,国家颁布《中华人民共和国企业法人年检办法》《中华人民共和国公司法》,明确监管要求,其中年检是一项监管工作。1995年,市工商局创新改革年检方法,与税务部门联合发文,凭年检合格的执照领取发票,督促企业完成年检,年检率100%。2003年,全市应检有限公司共8440家,实检7186家,年检率85.14%;应检个人独资、合伙企业共4000家,实检2798家,年检率69.95%,其中已检个人独资企业2697家、合伙企业101家;应验照个体工商户56864户,验照贴花40011户,验照率为70.36%。2004年建立免检企业绿色通道。对申报材料齐全、符合要求的原则上当场就办理,对重点行业企业、分支机构较多的企业实施上门服务、集中年检、预约年检。将年检与前置审批检查相结合,年检与公司注册资本专项检查相结合,对加盖印章、签字、复印件等都作统一要求,年检与建立健全经济户口相结合;对有违法违规行为的企业和停业企业因特殊原因需保留执照、清理债权债务的大部分都定为B级企业或暂不年检。

2005年,内资企业年检内容增加重点行业企业的审查。通过年检的企业,营业执照上不再进行贴花,在营业执照副本上加盖标有"2005已年检"字样的戳记即可。制定《镇江市私营企业年检和个体工商户验照贴花管理暂行规定》,全市有限公司年检率85.44%,个体户验照率64.58%,私营企业的年检率64.57%。

3. 个体工商户、私营企业监管 1983年7月,市工商局对无证经营进行整顿清理,对符合条件的责令其补办营业执照手续。1984 年 5 月 29 日，镇江市个体劳动者协会成立，京口区、润州区个体劳动者协会相继成立。1985 年发展以劳务为主的第三产业，推动个私经济发展。

1990 年在全市推动收费制度的改革和信誉卡制度。1992 年禁止个体工商户、私营企业涉足的 49 类商品减少到 15 个类别，出台若干扶持发展的政策措施，引导重点发展第三产业，减少登记环节，允许个体、私营企业自由选择经营。

1999 年，全市贯彻落实《江苏省发展个体私营经济条例》，引导个私经济在参与和促进所有制结构上求突破；引导个私企业用活用好资金，协同有关部门成立诚信信贷担保有限公司；引导个私业主在自身素质上求突破，2 名私营业主获镇江市劳动模范称号。2000 年加大监管个体、私营注册资金有无抽逃行为。全市个体私营条线共查处各种违法案件 505 起，罚款 97 万元，吊销 733 家私营企业执照。2001 年对辖区内 13 个涉及安全生产行业的私营个体企业进行全面检查，检查企业 1357 家，查处无照经营 36 家，发出限期整改通知书 327 份。2003 年，全市工商系统对网吧、棋牌室、校园周边的营业场所、无照经营、存在安全隐患行业、废旧物资回收行业等进行专项整治。

2005 年，全市加强个体工商户分层分类试点工作，从市场准入、交易、退出三个环节对辖区个体户进行立体化、全方位的综合监管，搭建个体工商户信用监管平台，实行“三个委托”（采用书面形式委托登记、委托备案、委托验照）和“三个集中”（港澳居民申办个体工商户的由市局集中办理、持再就业优惠证申办个体工商户的由市局办理、个体工商户书式档案由市局集中建档）。

4. 经济监督检查　1984 年，工商行政管理部门重点是打击投机倒把。1986 年 10 月组建经济监督检查大队。1993 年以查处制售假冒伪劣商品、无证经营、倒卖重要生产资料和走私贩私等违法案件为重点，开展经济检查工作。查处案件总数 359 件，其中查处违法违章案件 258 件，查处投机倒把案件 101 件，罚没款总数 479.51 万元。2001 年制订《整顿和规范市场经济秩序工作的实施方案》，开展以“红盾闪光”等为重点的专项整治。查处经济违法案件总数 5020 件，案件总值 6644 万元。2005 年开展“保护知识产权、维护企业合法权益”专项行动，“红盾护农”执法行动，整顿和规范市场秩序。

第二节　市场建设与管理

一、市场培育和发展

1983 年，全市有各类市场 114 个，成交额为 2 亿元。1988 年，全市拥有各类市场 226 个，市场成交额 5 亿元。1993 年，各类市场达 228 个，1998 年增加到 230 个，直至 2003 年底达 234 个各类市场。全市市场建设发展比较平稳，基础设施进行升级改造，市场结构得到调整。

1990 年 7 月，镇江市成立首个由政府指定职能部门具体监管的专业市场——旧机动车交易市场。1993 年，市政府提出建设大型专业批发市场的要求；9 月建成镇江市招商市场，总投资 2300 万元，建筑面积 1.1 万多平方米，主要经营工业小商品批发。同年，全市市场成交额 65 亿元，是 1983 年的 32.5 倍。

1994 年 6 月，市政府组建市场建设领导小组，具体负责全市集贸市场的规划、建设和管理工作。10 月，镇江市京口区甘露商城工业消费品批发市场建成开业，建筑面积 10780 多平方米。1996 年以后，市区相继建成一批室内（顶棚）农副产品市场和大型专业市场。镇江市第一个装饰材料批发市场——镇江装饰城，建筑面积近 9400 平方米。1993 年以后，成交额逐年上升。2003 年，市场结构调整，全市大型专业市场相继建成开业，成交额 120 亿元。

2005 年,市区建成装饰材料、钢材、木材、汽配、船舶交易、花鸟、房地产、人才、劳务以及古玩、旅游、南门夜市等 25 个大型专业市场和 5 个大型超市。

二、市场监管

1. 集贸市场监管　1983 年,国家允许多种经济成分并存,允许多种经营方式,农贸市场日益兴旺。市场监管内容也由打击短斤少两、欺行霸市等行为,逐步转变为对工业品质量、劳动力等生产资料和生产要素市场的监督管理,全市市场监督管理体系逐步完善。1995 年,市场开始实施管办脱钩,市场监管工作由市场建设和管理转变为纯粹行政管理,全面推行标准化管理方法。

2002 年,全省实施肉菜粮放心工程,镇江工商局出资 30 万元,配置一台肉菜粮放心工程综合检测车,各农副产品市场也建立检测室(检测台)。2004 年建成由市场主办单位、经营者与消费者"三位一体"的管理网络、四级联动检测检疫体系,并建立检测室 98 个。市、县城区的所有农贸市场都设立检测室,96% 以上农村农贸市场采用速测灵进行检测。全年抽检蔬菜 1268 个批次,抽检各类蔬菜 54 万公斤,销毁残留农药超标的蔬菜 1200 公斤。全市"放心肉""放心菜""放心粮"合格率分别为 97%、95% 和 98%。

2005 年,全市实施"红盾护农"工程,农资商品的监管成为市场监督管理工作重点,集贸市场的食品监测和农资商品监测成为市场监督管理的常规性工作。

2. 专业市场监管　1989 年,镇江市房屋租赁管理办公室成立,对全市用于生产经营活动的房屋租赁行为进行监管。办公室由工商、房管、税务等职能部门组成,实行驻场制联合管理。1991 年,镇江市生产资料管理办公室组建,工商局和物资局联合办公,在当时计划经济与市场经济双轨制的运作模式中对全市的重要生产资料实施有效监管。

1993 年,《镇江市经纪人管理办法》出台,对中介市场进行监管,逐步对房屋中介、二手车交易、职业介绍、典当、婚姻介绍、金融证券、农村经纪人实施监督管理,规范主体准入。

1998 年 6 月 6 日,国务院发布《粮食收购条例》,维护粮食市场秩序,对未经批准,擅自从事收购活动的企业和个人,依法没收非法收购的粮食,并处非法收购粮食价值 1 倍以上 5 倍以下罚款。1998 年 7 月查处广东揭东粮油贸易公司在安徽定远非法收购粮食一案,没收非法收购小麦 700 多吨,变价款达 73 万余元;全年共查处粮食案件 7 件。1998 年对从事棉花收购、加工的企业进行资格认定,对未经资格认定擅自从事棉花收购、加工的予以取缔。1999 年对全市的成品油市场开展整治活动。重点是打击和查处无证无照经营、短斤少两、掺杂使假、经营不合格产品等违法行为,检查各类社会成品油零售点 67 个。

2003 年推行预防为主的市场准入制度,在全市大中型商场、超市和市场主办单位推行、建立商品准入制度工作。确定重要商品名录共计 4 大类 23 项几千种,印制下发商品购销台账示范样本 2000 余册,对几千种商品进行登记,索证、索资料达 35000 余份。

3. 市场登记　1993 年,国家工商行政管理总局发布《商品交易市场登记管理暂行办法》,凡提供相关服务设施,实行集中、公开交易,有固定交易场所的城乡各类生活消费资料市场、生产资料市场和形成集中交易的生产要素市场,均严格按照规定进行市场登记。开办市场应具备相应的场地、设施,上市交易的商品应符合国家有关规定。开办单位申请办理市场注册,核发市场登记证,市场注册登记事项包括:市场名称、市场地址、开办单位、上市商品范围、商品交易方式及负责人等。鼓励各类经济组织以及其他社会组织和个人,以多种形式投资建设各类商品交易场所。

1995 年,全市 235 个市场实行登记发证,并开始第一轮的市场年度检验工作。之后,全市各个市场的开办、扩建、重建和改建,都依据市场登记规定,逐一审核,给予办理开业登记或变更、注销登记。2004 年,《中华人民共和国行政许可法》颁布实施后,《商品交易市场登记管理暂行办法》等相关规定不再执行，市场实行企业登记，依据投资人的情况，分别按照《中华人民共和国公司法》《中华人民共和国企业法人登记管理条例》《中华人民共和国合伙企业法》《中华人民共和国个人独资企业法》等相关法律法规进行企业登记，领取营业执照。2005 年 6 月 30 日，市场登记证作废。

4. 商品展销会登记　自 1998 年 1 月起，凡举办商品展销会的工商企业，实行登记发证管理。规定商品展销会实行分级登记管理制度。1998 年核发《商品展销会登记证》10 份，之后逐年增多，2005 年核发 102 份。

三、文明、星级市场评比

1985 年，全市开展创建文明市场活动，整顿农贸市场，组织划行归市，取缔自发市场。润州市场是镇江市第一个获国家级文明市场称号的市场。1986 年，扬中市建宁路市场被省工商局命名为省级文明市场，是镇江市第一个省级文明市场。

1989 年，市场推行集贸市场规范化管理，开展亮证经营、明码标价、推行信誉卡和公开管理制度等工作，促进和带动整个市场管理水平的提高。2004 年，省工商局组织开展最后一次省级文明市场和省级样板市场命名表彰活动。镇江市有 26 个市场分别作为最后一批省级文明市场和省级样板市场被命名表彰，其中样本市场分别为镇江市装饰城、镇江市劳动力市场、丹阳市万家欢农贸市场。

2005 年，市工商局开展星级文明市场的评比活动。由市文明委、市工商局组织评比。

2004 年镇江市省级文明市场、样板市场一览表

表 21-7

	名　称	
文明市场	镇江市装饰城	镇江大港商贸广场
	镇江市招商市场	丹阳市万家欢农贸市场
	镇江市旧机动车交易市场	丹阳市千家乐农贸市场
	镇江市桃花坞农贸市场	丹阳市全家福农贸市场
	镇江市永安路农贸市场	镇江市劳动力市场
	镇江市花山湾农贸市场	丹阳市眼镜市场
	镇江市四牌楼农贸市场	丹阳市界牌农贸市场
	镇江市甘露商城	江苏铭基商贸城（丹徒）
	镇江市丹凤农工商有限公司	镇江市王家巷农贸市场
	镇江市牌湾农贸市场	镇江市房产市场
	镇江市黄山农贸市场	镇江市京江生猪屠宰有限公司
	镇江市三茅宫农贸市场	丹阳市珥陵农贸市场
	镇江大港农贸市场	丹阳市新欣农贸市场
样板市场	镇江市装饰城	
	镇江市劳动力市场	
	丹阳市万家欢农贸市场	

第三节　合同监督管理

一、合同鉴证

1983 年 5 月，镇江市使用鉴证手段加强对二类农副产品合同进行管理。1985 年 2 月，国家工商行政管理总局规定联营、合资合同鉴证费，按投资总额的 0.2‰收取，最多不超过 3000 元。同年 8 月，国家工商行政管理总局下发《关于经济合同鉴证的暂行规定》。镇江市建筑安装工程的合同鉴证按《镇江市建筑安装工程合同鉴证的通知》规定，由镇江市工商局对市内建筑安装工程承包合同进行管理，承包合同须经镇江市工商局鉴证方能生效，镇江市工商局对承发包双方的招标投标进行监督管理。1986 年 2 月，省工商局与商业厅发出通知，规定对生猪定购合同实行强制鉴证。

1987 年 12 月，省工商局发出通知，要求对符合规定的承包经营合同进行鉴证，鉴证费每件 50 元。1992 年共鉴证各类合同 17716 份，金额达 370 多亿元。1996 年 11 月 18 日，镇江市建设委员会、镇江市工商行政管理局、镇江市监察局、镇江市计划委员会联合发文转发《江苏省建设工程合同监督管理办法》，明确各县（市）单位发包的工程合同，由管辖的县（市）工商行政管理局鉴证；市属单位、驻镇江部队、省属单位和外地驻镇发包单位的建设工程合同，以及经市招标办招标的建设工程合同，一律由镇江市工商局鉴证；其他单位发包的工程合同，由管辖的工商分局鉴证。1997 年 11 月，国家工商行政管理总局颁布《合同鉴证办法》，规定合同鉴证根据双方当事人的申请自愿办理，法律、法规、规章规定应当鉴证的，双方当事人应当到工商行政管理机关办理合同鉴证手续；合同鉴证由县级以上工商行政管理机关办理。据此，镇江市工商行政管理局重新开展合同鉴证业务，全年经济合同 1124 份、合同金额 1.1 亿元。2003 年起，镇江工商局停止开展合同鉴证工作。

二、经济合同仲裁

1984 年 1 月，镇江市设立经济合同仲裁委员会，设仲裁员若干名。各县区工商局也设立仲裁委员会，承担辖区内经济合同纠纷的调解和仲裁工作。同年，全市各级合同仲裁机构共调解合同纠纷案件 112 宗、合同金额 3090 万元。1984 ~ 1995 年，镇江工商行政管理系统经济合同仲裁机构累计处理经济纠纷案件 1288 宗、合同金额 33397 万元。1995 年 9 月《中华人民共和国仲裁法》实施后，仲裁机构由各地市以上人民政府组织有关部门和商会统一组建，工商行政管理机关原来设立的仲裁机构撤销，经济合同纠纷的仲裁工作根据当事人的约定转由社会上独立的仲裁机构负责。案件经过一年的过渡期，镇江市工商局的经济合同仲裁委员会停止活动。镇江市仲裁委员会成立后，市工商局仍有部分合同专管人员担任镇江仲裁委员会的仲裁员。

三、合同监督检查

1982 年 7 月 1 日《中华人民共和国经济合同法》实施，经济合同正式成为一种法律化的经济手段，镇江市工商行政管理局对经济合同的管理从单一的合同鉴证转向对经济合同的全面监督管理。采取法律法规宣传、培训企业合同管理员、监督企业合同的签订和履行、调解和仲裁经济合同纠纷、确认无效经济合同、查处利用经济合同进行欺诈行为等 6 项措施，推行合同制度。1983 年 5 月根据省政府要求督促企业在经济活动中签订经济合同，引导企业到工商行政管理机关办理合同鉴证，保障自身的合法权益。同年，全市累计举办合同业务培训班 5 次，培训合同管理人员 210 人，处理合同纠纷案件 7 宗、金额 205 万元，确认无效合同 33 份。1984 年 5 月，市工商局加强对粮食、水产、棉花定购合同的管理。1985 年完善合同管理机构，查处利用合同欺诈的行为。1992 年检查合同 35 万份，确认无效合同 306 件，挽回经济损失 2874 万元；查处违法合同 32 件，挽回经济损失 204 万元。

1999 年 10 月通过开展经济合同鉴证和推行合同示范文本制度的方式，使合同管理工作逐步建立以事后查处为主、事前监督、事中防范相结合的监督体系。

2005 年对全市使用的《商品房买卖合同》进行审查，对《建筑装饰合同》《国内旅游合同》《副食品购销合同》和供水、供电、供气合同以及三大类涉农合同进行审查规范。制订《关于对合同格式条款实施监管的方案》，印发《关于对〈商品房买卖合同〉实施监管的通知》和《合同格式条款送审备案办法》。成立由法院、仲裁、律师和专家教授组成的合同格式条款评审委员会，召开格式合同条款监管工作现场会。走访 85 家楼盘，对 121 家开发商与买受人签订的 2060 多份《商品房买卖合同》进行审查。

四、抵押物登记

1995 年 10 月，《中华人民共和国担保法》和《企业动产抵押物登记管理办法》实施，镇江市工商局向镇江市人民政府申请抵押物登记权。1996 年，镇江市工商行政管理系统办理动产抵押物登记 348 宗，抵押物价值 41 亿元。

五、开展企业"重合同，守信用"活动

1984 年，镇江市开始在扬中县开展企业"重合同，守信用"活动试点。1985 年，全市有 37 家企业被评为重合同守信用企业。1988 年全市发展 39 家重合同守信用企业。2000 年对重合同守信用企业实行审查备案制度。2002 年改革认定办法，企业提出申请，工商部门当月给予审批，集中进行命名，统一公布，全年全市被命名的重合同守信用企业 112 家。连续三年获镇江工商局命名的重合同守信用企业，可获镇江市人民政府的命名。2005 年，镇江全市有 1569 家企业获镇江市人民政府命名重合同守信用企业称号。从 1995 年开始，江苏省人民政府每两年一次表彰省级重合同守信用企业。镇江市市直当年共有市级重合同守信用企业 95 家，按《江苏省重合同守信用企业认定办法》的要求，镇江市上报船山矿业股份有限公司等 9 家作为首批省级命名的重合同守信用企业获批准。2005 年，全市有省级"重合同守信用企业" 105 家。2001 年 12 月，江苏丹棉集团有限公司成为镇江市首家全国重合同守信用企业。2005 年，镇江市国家级重合同守信用企业增加 8 家。

第四节　商标与广告管理

一、商标监督管理

1983 年 3 月 1 日施行《中华人民共和国商标法》，改变"全面注册"办法，除必须使用注册商标的商品外，实行"自愿注册"的原则，同年核准注册商标 33 件，接收核准通知书 7 件。1984 年开展商标注册的验证工作，全市验证 252 件，占注册商标的 99. 2%，其中正确使用注册商标 175 件，违章使用 53 件，停止使用 24 件。1985 年进行清理整顿，注销和撤销部分注册商标，同年注册商标 35 件，到年底，全市有注册商标 292 件。1985 年 5 月 1 日起对全国商标使用许可实行备案制度。

1999 年 3 月，镇江恒顺集团注册并使用"恒顺"商标，被国家工商行政管理总局商标局认定为驰名商标，成为镇江市由国家工商行政管理总局商标局，通过商标管理案件认定的第一件驰名商标。1999 年 10 月结合镇江香(陈)醋标准的正式实施，为保护和促进镇江香(陈)醋产业的发展，在全市范围内开展镇江香(陈)醋专项整治活动。

2001 年 9 月，全市第一个企业性质的商标代理机构镇江市广达商标事务所有限公司成立。2002 年，市政府出台《关于镇江市知名商标认定工作的意见》。2004 年 6 月，镇江市首次建立对驰名商标、江苏省著名商标的奖励政策，推动民营企业的品牌发展。

2005年6月,江苏堂皇集团有限公司注册并使用的"堂皇"商标认定为驰名商标,成为镇江市第一件由商标评审委员会通过商标争议程序认定的驰名商标。

二、广告监督管理

1983年开始,工商部门恢复广告登记,对广告内容、文字、图案加强管理,重点规定医药、食品、度量衡器等商品广告。1985年,镇江市广告经营单位发展到18家,营业额达178万元。

1987年10月26日,国务院发布修订后的《广告管理条例》(以下简称《条例》),允许个体户经营广告业务。1988年1月,国家工商行政管理总局重新制定《广告管理条例施行细则》(以下简称《细则》)。《条例》与《细则》对广告行为的准则、广告管理范围、广告经营资格的审批登记作出更为明确的规定。同年,全市有广告经营单位39家,从业人员480人,年广告经营额460万元。1989年,市工商局对全市广告经营单位换发广告经营许可证。1997年根据国家工商行政管理总局《户外广告登记管理规定》,市局开始户外广告登记。2000年,全市有广告经营单位262家,营业额1.4亿元。

2004年,国家工商行政管理总局发布《广告经营许可证管理办法》,规定广播电台、电视台、报刊出版单位、事业单位应领取广告经营许可证后方可从事相应的广告经营活动。其他经营广告业务的单位不再换发广告经营许可证,改由营业执照核定。全市广告经营单位400家,广告从业人员3310人,广告经营额1.99亿元。2004年建立广告监测中心,配备监测设备和监测软件,制定广告监测工作制度。10月起开始对媒体广告全面监测。

2005年,全市开展"打虚假、树诚信"广告专项整治行动。7月召开首次虚假违法广告局际联席会议,联合开展全市虚假违法广告专项整治。全市广告违法率从9.62%下降到2.56%。

第五节　消费者权益保护

1986年以前,为保护消费者权益,工商部门开展流通领域商品质量关口前移,加强对各类大型市场、农村食品(消费品)市场和分散在社区、城乡接合部以及乡镇各类早晚(夜)市、大集、街道摊区、食杂店的监管力度,规范食品(商品)市场交易行为,查处各类食品(商品)违法经营行为。1986年10月25日,市财办、计经委、工商、物价、标准计量、卫生、商检等部门联合组成镇江市消费者协会。各辖市(区)相继成立消费者协会或消费者委员会。各地还依托工商分局建立消协分会,在城市街道、社区、农村乡镇以及大中型企业中,也纷纷建立各种形式的消费者投诉站、监督站,基本上形成保护消费者合法权益的社会监督服务网络。同年针对群众反映镇江市一些商店出售的"方方"牌洗衣机和"万宝"牌电冰箱价格不一,市消协会同物价部门进行调查,对违反价格管理规定,经销"万宝"牌电冰箱的企业作退还多收款的处理。

1987年,群众反映煤饼短斤少两,市物价、标准计量、总工会等部门,多次对煤饼市场进行检查,促使燃料公司制定出改进措施。市消协联合有关部门,对97家企业的376种定型包装食品进行检查。1988年市消协会同有关部门组织调解会,解决被投诉方丹徒县百鸣实业公司和投诉方市镇深工贸联营公司的17台"日芝"牌冰箱退货争议问题。最后达成协议:冰箱作退货处理。因退货造成的损失500元/台,百鸣公司承担70%,镇深公司承担30%;百鸣公司应退给镇深公司冰箱款计28900元。

1991年1月成立镇江市消费纠纷仲裁委员会。1992年,市消协和市饮服行管会举办镇江肴肉质量抽样评比活动。市消协和工商、标准计量、卫生等有关单位成立"捉劣查伪、保护名牌"联合检查组,打击假冒伪劣醋产品,对全市15家制醋企业进行检查整顿。1993年,市消协会同有关部门对市区5家液化气灌装点进行抽查。对有短斤少两行为的灌装点作出处理和新闻曝光。1994年,市消协会同有关部门组成调查组,调查使用劣质农药"油菜王"造成农作物损害的事件,向社会呼吁保护农民的合法权益。市商检、工商等部门抽查全市10家商场经销的家电,针对存在的问题提示消费者正确辨别进口原装彩电、空调。1996年,市消协举办"3·15"打假捉差有奖活动,查获20种250箱假冒伪劣商品;《镇江消费报》《镇江日报》发表曝光新闻报道20余篇。

1997年,市消协首起支持消费者起诉案,由市中级人民法院裁定,消费者购买的假冒摩托车,由商家加倍赔偿。此后市消协首次采用公开调解形式,调解一起香江房地产公司商品房面积短少投诉,消费者获赔1.6万元。成功调处一起管道煤气中毒案,消费者获赔3500元;调解一起电视机自燃投诉,消费者获赔600多元。

2000年3月,镇江全市开通"12315"申(投)诉举报电话。建立以"12315"申(投)诉举报指挥中心为平台,市、辖市(区)工商局和工商所三级的执法体系,建成1个指挥中心、7个县级受理中心和38个基层申诉举报站。实行"集中统一受理、分类分级处理"的运行模式。2004年3月,市工商局设立消费者权益保护处,"12315"申诉举报中心与之合署办公。

2004年7月,市消协成立人民调解委员会,并成立镇江仲裁委市消协消费纠纷仲裁庭和市消协消费者法律支持中心。首次选用人民调解程序,成功调处一起汽车消费纠纷案件。依托"12315"信息网络,建立健全相对集中受理消费者咨询,投诉、申诉举报机制,由各级工商部门分工协作办理和跟踪查处消费侵权行为,加强与公安、农林、卫生、质检、食品药品等部门的合作,维护消费者权益。2005年6月,辖市(区)消保科全部独立办公。

2004~2005年,全市工商系统共检查各类经营主体3.3万户(次),检查种类市场126个(次),检查各类商品万余种,立案查处侵害消费者权益案件530件,收缴罚没款1159万元,其中查处制假售假案件436件,收缴罚没款1115万元,捣毁制假售假窝点8个,取缔无照食品经营点530个,查扣劣质饮品、生活用品共计22吨,制假工具5套,总价值35万余元。2005年,市工商局建立食品电子备案查询系统,全市有30家商场、超市开通食品安全电子备案查询系统,经营者实施标准准入、协议准入。全市开展食品主体资格清理,清理查明全市各类食品生产经营主体15619户,其中证照齐全的15105户。

第四章　物价管理

1983~2005年的20多年价格改革的总趋势是"简政放权",由以政府制定价格为主,逐步向主要以市场形成价格为主过渡,价格管理部门的工作也由以管价格水平为主向以管价格行为为主转变,价格部门的机构设置也随着工作职能的变化而不断地调整。1983年3月,镇江市建立物价局,替代物价委员会负责全市物价管理工作。1984年4月增设事业性质的镇江市物价检查所和镇江市农产品成本调查队。1991年10月,镇江市价格咨询服务部更名为镇江市价格事务信息服务中心。2003年1月,物价检查所更名为市物价局检查分局;11月成立镇江市价格协会。2004年9月,市价格信息中心更名为价格监测中心。2005年12月,市物价局检查分局升格为副处级建制。

第一节　物价改革与价格总体水平

1985~1989年,镇江市居民消费价格指数过快上涨,出现改革开放后第一个通货膨胀期。从1984年起随着"简政放权和放宽政策"为主的价格管理改革,鲜鱼价格和生猪购销价格先后放开,城镇人口定量供应猪肉办法取消,实行肉食品价格补贴,每人每月市区2.5元,县及县以下集镇2

元,禁猪民族增加2元,在校大学生增加3.5元。1985年3月18日,鲜蛋实行议价购销,派购和平价供应取消。1985年12月,蔬菜价格放开。随着多种商品价格的放开,价格水平明显上涨,1985年,商品零售价格总指数达110.1%,居民消费价格总指数达109.9%,出现较为严重的通货膨胀。1986年,镇江市放开自行车、黑白电视机等7种工业品价格,调整牛奶、香醋、封缸酒、豆制品、理发、浴室、开水、公共汽车等20多种价格或收费,受此影响,价格水平明显上升,1987年,市区商品零售价格总指数106.9%,通货膨胀现象继续发展。

为抑制物价过快上涨,1987年采取多种控制措施:严控调价项目出台;对与群众生活关系密切的5种鲜菜、4种海水鱼、1种淡水鱼等商品实施最高限价;对中秋和国庆节日期间的猪肉规定最高限价;实行浮动价格和放开价格商品的品种范围不再扩大,且对放开的议销大米、面粉、菜油、混合饲料、豆制品、猪肉制品等10个品种实施提价申报制度。但这些措施抑制价格上涨的效果不明显,同年,居民消费价格指数111.3%。

1988年,主副食品价格改革力度加大,职工补贴由暗补改为明补;1~6月,部分纺织品、火柴、肥皂、食糖、食盐价格调整,在一定程度上引起抢购风;7月28日,中华、云烟、玉溪、红塔山、红山茶、茶花、牡丹、阿诗玛、大重九、恭贺新禧、石林、上海红双喜、黄人参等13种名烟实行市场调节价格,部分高、中档卷烟价格同时调高,助推抢购风的发展;8月,国家加快价格改革,强化群众对涨价的心理预期,导致8、9月间全国出现严重的商品抢购风潮和挤兑存款现象;同时货币流通充裕,投资膨胀。多种因素共同推动物价大幅度上涨,镇江当年居民消费价格指数达120.6%。

1989年,为抑制物价水平过快上涨,确保物价指数不超过17.4%的省定目标,采取三项措施:实行物价控制目标部门责任制,对部分放开商品实行提价申报制度,对国营商业经营的毛菜、青菜、萝卜等13个品种的常见菜价格实行计划管理。宏观调控措施取得成效,居民消费价格指数逐步回落,同年回落到116.7%,1990年回落到103.6%,基本达到正常水平。

1991~1996年是第二个通货膨胀期。1991年和1992年受国家提高粮食价格的影响,物价再次快速大幅度上涨,居民消费价格指数分别达到109.2%和110.4%。1993年4月1日,粮食价格放开,市场粮价逐月上涨。5月1日,市区居民生活用煤销售价格提高到每吨200元,民用煤球零售价由每吨168元上调为245元。同年,电价、交通运价、医疗收费等价格或收费也分别调整,并提高营业税。多种因素加剧通货膨胀的程度,同年市区居民消费价格指数达121.1%。1994年,不断上涨的粮价进一步推动物价上升,价格改革步伐加快,政策性价格调整频繁,使通货膨胀进一步加剧,同年市区居民消费价格指数达到126.5%。受国际国内多种因素影响,自1995年起物价水平逐步回落,居民消费价格指数,同年回落到115.0%,1996年回落到111.6%。

1997~2002年,镇江市物价出现长达数年的通货紧缩现象。1997年粮食相对过剩,粮价明显下跌,在粮价带动下物价大跌,居民消费价格指数回落到100.8%。1998~2002年期间,主副食品、工业消费品供大于求的矛盾突出,价格长期低迷,居民消费价格指数呈负增长态势。1998~2002年,居民消费价格指数分别为99.5%、98.3%、99.9%、100.3%、99.1%,通货紧缩迹象明显,政策性调价因素成为拉动物价总水平上升的主要支撑。

从2003年起,市场价格逐步摆脱低迷状态,进入新一轮上涨期。2003年上半年受"非典"疫情影响,板蓝根、口罩等相关商品价格大幅上涨。镇江市出台多项价费干预措施,调控相关商品价格,运用调查、提醒、告诫、劝阻等方式,引导和规范市场价格行为,惩处不遵守价格干预措施的商家。同年,居民消费价格指数上升到101.8%,长达5年之久的价格低迷现象得到扭转。2004年,物价指数快速上涨,镇江市根据省"两条控制线"(居民消费价格指数同比涨幅不超过4%,环比涨幅不超过1%)的规定,冻结民用自来水和煤气的价格,但同年居民消费价格指数仍上涨到104.1%,出现轻微的通货膨胀。2005年在各项宏观调控措施的作用下,市场物价涨势趋缓,同年居民消费价格指数为102.2%,回归到正常范围内。

1985～2005 年镇江市居民消费价格指数及商品零售价格指数表

表 21-8

年　份	居民消费价格总指数	商品零售价格总指数	年　份	居民消费价格总指数	商品零售价格总指数
1985	109.90	110.10	1996	111.60	106.20
1986	107.00	106.90	1997	100.80	99.40
1987	111.30	111.50	1998	99.50	97.10
1988	120.60	121.40	1999	98.30	96.20
1989	116.70	116.20	2000	99.90	98.00
1990	103.60	103.30	2001	100.30	98.60
1991	109.20	109.60	2002	99.10	97.00
1992	110.40	108.90	2003	101.80	100.20
1993	121.10	119.30	2004	104.10	102.90
1994	126.50	121.10	2005	102.20	101.20
1995	115.00	110.80			

说明：以上年价格为 100 计算

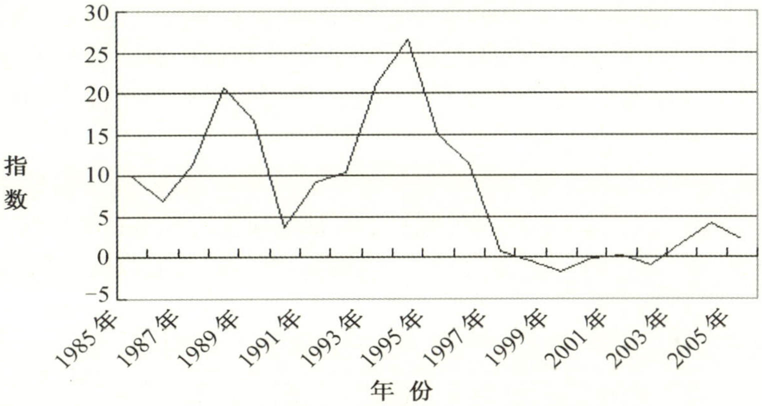

图 21-1　1985～2005 年部分年份镇江市区居民消费价格指数走势

第二节　农副产品、日用品价格

一、主要农副产品价格

图 21-2　粮、肉、油、布、糖票展示(2005 年摄)

改革开放以后，农产品价格经历从政府统一定价、政府指导价到市场调节价的过程。至 2005 年除种子、蚕茧等少数品种仍实行政府指导价管理外，粮食、棉花等主要农副产品价格都随着经济体制改革逐步放开，在政府调控和市场机制共同作用下运行。

1. 粮油价格　国家长期凭证、凭票对城镇居民定量供应粮油，销售价格自 20 世纪 60 年代中期以来，20 多年未作调整，收购价格与销售价格倒挂严重。1985年起,国家取消统购统销制度,实行计划购销和市场购销并存的双轨制。1985年4月1日起,小麦、稻谷、玉米实行合同定购,合同定购价为比例价,定购以外的粮食实行议购议销和市场调节。国家对返销农村的粮油实行购销同价,城乡销售价格倒挂现象逐步形成。1989年提高白小麦、晚粳稻、杂交籼稻、花生仁、棉籽、花生油的统购价和合同定购价,大豆统购与定购同价,合同定购退出。议价粮油实行多渠道经营之后,集市粮油价格逐年上升。1990年,油料、油脂的统购价和比例作价有较大幅度提高。1991年5月1日,粮油统销价格提高90.4%。1992年,国家再次提高粮食收购价格,中等质量的红小麦、花小麦、白小麦、杂交籼稻和晚粳稻收购价格每50公斤分别提高到31元、31.6元、32.3元、26元和31.8元,平均提价幅度为18.7%。粮油销售价格同时提高,3种粮食标准品统销价每500克由0.27元提高到0.41元,提价幅度48.6%,实现购销同价。

1993年4月1日起,粮油购销价格放开,粮食定购和定量供应取消,粮票退出市场。粮食收购保护价和粮食风险基金制度建立;下半年,市场粮价逐月上涨,年末涨幅即超过60%。1993年12月31日,国家对粮食销售实行挂牌限价。1994年,市场粮价涨幅达30%左右。同年国家实行"米袋子"省长负责制,恢复粮食定购,定购粮实行国家定价,定购以外的粮食由市场调节。6月10日起,国家大幅度提高定购粮购销价格。1995年,市场粮价继续保持上涨势头。

1996年起,定购粮实行由国家定作价原则、省定具体价格水平的体制,并大幅度提高购销价格,粮价国内与国际市场基本接轨。1997年,粮食出现相对过剩局面,国家实施保护价敞开收购政策。1998年,国务院颁布《粮食收购条例》,国有粮食购销企业按规定实行顺价销售。2000年,小麦定购价格执行保护价格水平,混合小麦与红小麦退出保护价收购范围。2001年,达不到白小麦标准的小麦视同红小麦收购。

2004年,国家明确规定,当市场价格低于最低收购价格时,政府指定粮食经营企业入市收购,并对种粮农民实行直接补贴。2004年,早籼稻、中晚籼稻和粳稻三等品的最低收购价格每50公斤分别为70元、72元、75元。2005年,杂交籼稻和粳稻三等品的最低收购价格每50公斤分别为72元和75元。

2. 主要副食品价格　进入20世纪80年代后,家禽退出派购品种,列入三类商品,实行浮动价格管理。1981年,鲜蛋放开购销,实行多渠道流通,价格以计划经济为主、以市场调节为辅。1983年,生猪和猪肉价格开始运用质量差价,猪肉每市斤销售价是肥肉0.74~0.86元、纯瘦肉1.46~1.62元。

1984年,家禽和鲜蛋实行市场调节,生猪派购体制同时改革,派购以外的生猪允许自产自销。瘦肉型生猪每50公斤加价4元,引导瘦肉型生猪生产。从1985年4月1日起,生猪派购取消,生猪收购价格放开,各地在省下达的价格下浮5%(1985年5月调整为10%)的范围内制定当地收购价格。从7月1日起,猪肉销价放开,实行毛白差率控制,对城镇人口定量供应改为给予适当肉食品价格补贴。1986年,生猪实行定购合同制,江苏省将生猪购销价格列入国家指导价范围。1989年调整猪肉销售毛白差率,城市放宽到70%,县及县以下不超过62%。1990年,小包装猪肉价格放开。从1993年开始,生猪购销价格由直接指导改变为间接指导,经营者自行确定收购价格,销售上由价格主管部门规定中间环节的毛白差率和批零差率。

1996年以后,生猪市场经历3次价格波动。第一次从1996年下半年开始到1998年5月。受1995年阶段性"卖猪难"影响,1996年下半年全国生猪出栏减少,猪肉价格上扬,至1997年底一直处于高价位,且同期粮食价格走低,引发1997年养猪热,生猪养殖规模猛增,到1998年生猪价格开始下跌。第二次波动从1998年5月到2003年上半年。从1998年5月开始,市场供大于求,生猪价格开始下降,受2003年上半年"非典"疫情影响,猪价深跌。第三次波动从2003年7月到2006年上半年。"非典"疫情过后,因"非典"造成的生猪供不应求的矛盾突出,同时因禽流感疫情使猪肉消费增加,且饲料价格大幅度上涨。从2003年6月开始,生猪、仔猪、猪肉价格连续上涨，到 2004 年 9 月达到最高点。这一阶段生猪养殖规模不断扩大，存栏量急剧增加，生猪供应充足甚至过剩，从 2004 年 10 月起生猪价格开始回落，一直持续到 2006 年下半年陷入谷底。

3. 蔬菜价格　蔬菜产销体制先后经历“大管小活”“管放结合”“放调结合”三个阶段。蔬菜价格也由单纯的计划价格发展到由市场调节辅助宏观调控的价格管理体制。

1978～1984 年的改革初期，城市蔬菜价格管理采取 3 种形式：对合同订购的大宗必需品种，购销价格实行计划管理；对合同订购品种以外但与人民群众生活关系较大的品种规定最高限价；对人民群众生活影响不大的其他精细品种价格随行就市。各级政府对蔬菜营销实行财政补贴以解决蔬菜购销倒挂问题。

1985 年，城市蔬菜产销实施“管放结合，合同订购”，对大路菜实行计划管理，精细品种随行就市。在价格管理上由以往的微观定价为主，改为宏观调控为主，把控制市场蔬菜零售价格上涨幅度和零售价格指数结合在一起，由价格主管部门和商业主管部门每年对市场蔬菜价格下达总的控制目标，同时对零售菜场规定不同季节的批零差率。

1988 年以后，蔬菜产销体制进入“放调结合”阶段，菜园子和蔬菜批发市场得到发展。全省统一实施“菜篮子工程”，并实行市长负责制。蔬菜价格基本放开，由生产经营者自主定价。采取宏观调控手段引导生产、平衡供求，运用公布批发价和批零差、明码标价等办法强化监督和管理，对少数主要品种在短期内采取临时限价的方式平抑市场价格。

4. 棉花价格　多年来，棉花购销以计划和行政手段管理为主，由国家统一定价。从 20 世纪 90 年代后期开始，国家逐步放开棉花的销售价格和经营，同时下放棉花收购价格管理权限。

1983 年，标准级皮棉供应价格为每 50 公斤 173. 50 元，调拨费用调整为从值费率 8. 88%～10%，从量费用每 50 公斤为 7. 10～7. 50 元。

1984 年，超购加价由基数法改为比例价法，淮南棉区实行“正四六”比例价。1985 年，棉花统购改为合同定购，淮南棉区执行上年价格，合同以外的棉花，按 1980 年牌价收购，不加价。1987 年实行“倒三七”比例价，标准级皮棉收购价为每 50 公斤 176. 42 元，超购加价款每 50 公斤 30. 62 元。

1987 年在国家收购牌价外，省政府开始发放每 50 公斤 5. 60 元的皮棉扶持费，同时提高售棉奖售物资标准，每出售 50 公斤皮棉奖标准氮肥 20 公斤，标准磷肥 10 公斤，柴油 2. 5 公斤。1988 年，扶持费标准调为每 50 公斤 20. 60 元。棉籽收购实行政府指导价，一等棉籽每 50 公斤 25 元，允许上下浮动 10%。

1989 年，棉花收购价格上调 34%，标准级皮棉每 50 公斤收购综合价为 236. 42 元，另加扶持费 3. 58 元；调拨价为每 50 公斤 248 元。1990 年收购综合价调整为每 50 公斤 300 元，另加扶持费 30 元；调拨价为 317 元。1993 年，扶持费取消，收购价上调为每 50 公斤 330 元；调拨价 368 元，供应价格，产地县棉麻公司为 375. 40 元。1994 年，棉花供不应求，国家重申统一定价并提价 64. 8%，提价后的收购价格为每 50 公斤 544 元（含价外奖励 44 元）；调拨价格为 368 元，供应价格产地县棉麻公司为 607. 76 元（含增值税）。1995 年收购价格提高到每 50 公斤 700 元。从 9 月 1 日起，供应价格产地县棉麻公司调整为 855 元。

1996 年，棉花供应价格由国家定价改为国家指导价，以上年供应价为中准价，允许上下浮动 4%，同时取消指令性计划调拨。1997 年，供应价浮动幅度由 4% 扩大到 6%。由于供大于求的矛盾加剧，销售价格持续下降，实际成交价格逐步跌破国家规定的浮动幅度。1998 年 9 月，收购价格由政府定价改为政府指导价，中准价每 50 公斤 650 元，江苏按下浮 5% 执行，每 50 公斤 617. 50 元。在实际收购中收购部门质量掌握偏紧，出现不同程度的压级压价现象。1999 年 2 月，江苏省放开棉花购销价格，实行市场调节。棉花价格放开后，328 标准棉（下同）平均收购价较 1998 年约下降 4 成，每 50 公斤 380 元左右。2000 年，销售形势好转，平均收购价格较 1999

年上涨31.1%，每50公斤达499元。2001年，收购价每50公斤343元，比2000年下跌31.2%。2002年受产量下降影响，收购价较2001年上涨46.6%，达到每50公斤503元。2003年因灾单产下降较多，收购价格较2002年上涨65.4%，每50公斤达到832元。2004年，棉花产量大幅度增加，并受进口棉冲击，市场价格较2003年下降37.6%，平均收购价格为每50公斤519元。2005年因阴雨天气单产下降，新棉开秤后价格上涨，平均收购价每50公斤663元，比2004年上涨27.7%。

5. 蚕茧价格 1979～1992年，蚕茧价格实行国家定价。1979年，收购价格调整到每50公斤138元。在此后的几年中，收购价格较为稳定。1987年，省丝绸总公司对收购蚕茧发放生产扶持费，每50公斤春茧40元，夏茧和早秋茧10元，中、晚秋茧30元。1988年受外贸体制改革和国际市场供求变化影响，收购秩序混乱，省整顿收购价格，整顿后收购价格为每50公斤173元，同时扩大质量差价，干壳量7.0～7.6克的由4元扩大到6元，7.6～8.6克的由5元扩大到7元，8.6克以上的由6元扩大到8元。1989年为稳定生产及收购秩序和提高茧质，国家对蚕茧收购价格实行最高限价管理，江苏最高限价为每50公斤480元；质量差价，干壳量7.0～7.6克的由6元扩大到10元，7.6～8.6克的由7元扩大到12元，8.6克以上的由8元扩大到14元。该政策一直执行到1992年。

1993年，蚕茧收购和经营权下放到县，鲜茧收购价格仍执行全省统一定价。从1993年春茧起开始征收蚕茧价格风险资金，标准为每50公斤鲜茧20元或每吨干茧15元、每吨厂丝2000元。1994～1998年，国家规定的蚕茧收购价格每50公斤由650元提高到710元，但实际执行价格与省规定价格差距较大，每50公斤高时达1300多元，低时只有150元，生产受到破坏。1995年为扶持蚕桑生产，确保桑蚕生产技术改进、科研等重要投入，开始征收蚕桑事业改进费，标准为每50公斤鲜茧20元或每吨干茧1000元。该年蚕茧收购价和干茧供应价由国家定价改为国家指导下的省级政府定价，厂丝出厂价改为国家指导价。1997年为提高蚕茧的质量和产量，鲜茧质量差价上调，干壳量7.0～7.6克由原10元调整到12元，7.6～8.6克由12元调整到14元，8.6克以上由14元调整到18元。1999年下调蚕茧收购价格。2000年，秋茧收购价格上调到每50公斤800元。

从2001年秋茧收购起，鲜茧收购价格和干茧销售价格实行省级政府指导价管理，厂丝价格放开。2002～2004年，春茧收购价格约每50公斤680元（上下浮动10%），秋茧价格更低一些。2005年，蚕茧收购价格有所恢复，鲜茧标准品中准价每50公斤730元（上下浮动幅度为20%）。

二、日常生活用品价格

1. 自来水价格 城市供水价格实行政府定价，分级管理。1984年，镇江市调整供水价格，工商营业用水价格由每立方米0.13元调整为0.18元，居民生活用水价格每立方米0.11元未作调整。为缓解自来水行业经营困难，1990年9月，工商营业用水价格由每立方米0.18元调整为0.30元。1991年，镇江市居民生活用水价格调整到每立方米0.20～0.22元。1994年，镇江市居民生活用水价格由每立方米0.27元调整为0.40元，工业用水价格由每立方米0.30元调整为0.50元，商业和建筑业用水价格由0.30元调整为0.60元，宾馆和饭店用水价格由每立方米0.30元调整为1.00元。1996年，镇江市居民生活用水价格由每立方米0.40元调整为0.56元，工业用水价格由每立方米0.50元调整为0.70元，商业和建筑业用水价格由每立方米0.60元调整为0.80元，宾馆和饭店用水价格由每立方米1.00元调整为1.20元。

从1997年4月1日至2005年6月1日期间，自来水价格7次上调，居民生活用水价格由0.56元/立方米陆续调整为0.61元/立方米、0.80元/立方米、0.95元/立方米、1.15元/立方米、1.40元/立方米、1.95元/立方米、2.35元/立方米。其他各类用水价格也相应作调整。

1994～2005 年部分年份镇江市区自来水价格表

表 21-9　　单位:元/立方米

用水类别	1994 年 5 月 1 日	1996 年 7 月 1 日	1997 年 4 月 1 日	1997 年 8 月 22 日	1998 年 7 月 27 日	1999 年 12 月 1 日	2000 年 10 月 17 日	2002 年 3 月 1 日	2005 年 6 月 1 日
生活用水	0.40	0.56	0.61	0.80	0.95	1.15	1.40	1.95	2.35
事业用水	–	–	–	0.80	0.95	–	–	2.15	2.55
工业用水	0.50	0.70	–	0.90	1.05	1.55	–	1.95	2.65
商业及建筑用水	0.60	0.80	–	1.00	1.15	1.68	1.80	2.48	3.00
宾馆及饭店用水	1.00	1.20	–	1.40	1.55	1.95	–	2.75	3.30
特种行业用水	–	–	–	–	–	–	–	1.95	3.45

2005 年镇江市区自来水价格构成表

表 21-10　　单位:元/立方米

用水类别	基本水价	代收费用					到户价
		水资源费	城市附加费	省水处理专项费	污水处理费	小计	
生活用水	1.10	0.09	0.04	0.02	1.10	1.25	2.35
事业用水	1.30	0.09	0.04	0.02	1.10	1.25	2.55
工业用水	1.51	0.09	0.04	0.02	0.99	1.14	2.65
商业及建筑用水	1.75	0.09	0.04	0.02	1.10	1.25	3.00
宾馆及饭店用水	2.05	0.09	0.04	0.02	1.10	1.25	3.30
特种行业用水	2.20	0.09	0.04	0.02	1.10	1.25	3.45

2. 食盐价格　食盐价格管理一直采取政府定价的形式,但对小包装加碘盐和多种营养性盐,分别采取不同的价格政策。1986 年,食盐批零差价扩大,批发价每吨平均降低 9 元。同年,小包装食盐实行加价,原盐、粉碎洗涤盐、粉洗精盐和再制盐 500 克装零售价为 0.16～0.195 元;1000 克装零售价为 0.31～0.38 元。

1988 年实行城乡食盐差价,县城以下的农村集镇、乡村食盐零售价分别在同品种县城零售价基础上,每 500 克加 0.01～0.02 元。1994 年,食盐批发企业对供销社的批转优待折扣率提高 1.5 个百分点。1996 年 4 月 19 日,市区低钠盐(青岛再制盐)价格为:50 公斤包装出厂价 2050.00 元/吨,批发价 2400.00 元/吨,零售价 1.40 元/斤;500 公斤包装出厂价 1.25 元/斤,批发价 1.50 元/斤,零售价 1.70 元/斤。1996 年 11 月 4 日,加碘食用原盐价格:一价区零售价每 500 克为 0.50 元,批发价每吨为 830.10 元;二价区零售价每 500 克为 0.51 元,批发价每吨为 846.80 元。1997 年 11 月 1 日,250 克袋装碘盐价格调整:批发价 1166.67 元/吨,零售价 0.35 元/250 克;加碘粉精盐、井矿盐:批发价 1333.33 元/吨,零售价 0.40 元/250 克。1998 年 500 克复合膜袋装加碘精品海盐批、零售价分别为每吨 2000 元、每袋 1.20 元。1999 年 8 月 30 日,镇江市 400 克复合膜袋装精制海盐批发价每袋 0.82 元,零售价每袋 0.95 元。2000 年,加碘粉洗盐批、零售价分别为每吨 1550 元、每袋 0.90 元,加碘粉精盐和井矿盐批、零售价分别为每吨 1720 元、每袋 1.00 元。2001 年 10 月 1 日起,400 克纸塑包装加碘精制盐含税批发价为每袋 1.04 元,零售价每袋为 1.20 元。2002 年,新一代 500 克淮牌纸塑袋包装精制海盐批、零价分别为每袋 1.30 元、1.50 元,精制盐批、零售价分别为每袋 1.20 元、1.40 元。500 克盒装硒强化营养盐、锌强化营养盐、钙强化营养盐和 450 克盒装低纳盐出厂价、批发价、零售价每盒分别为2.60元、2.90元、3.30元。2002年5月1日起,465克纸塑袋装新一代淮牌海盐批发价为1.21元/袋,零售价为1.40元/袋。

2005年,国家碘盐基金停止提取,食盐出厂价格不含税每吨上调25元。

泡菜盐等6个系列品种试销价格表(1996年11月7日)

表21-11　　单位:元

品名	出厂价格	批发价格	零售价格
泡菜盐	1.70	1.80	2.00
海　盐	2.00	2.10	2.30
锌强化营养盐	2.40	2.50	2.70
钙强化营养盐	1.80	1.90	2.10
低钠盐	1.80	1.90	2.10
平衡健身盐	3.30	3.40	3.60

说明:1. 包装袋为500克复合塑袋包装(外加20公斤纸盒大包装)

2. 以上试销价格从1996年11月1日起执行,试销期暂定为半年,期满后,由省局制定正式价格

3. 药品价格　20世纪80年代,绝大部分药品实行政府定价或政府指导价,价格管理权限集中在国家和省。1992年,镇江市物价局、化工局颁发《镇江市药品价格管理目录》,对除国家或省管理及明确放开的三类小药品以外,且全市生产量较大、销售面较广的大宗药品价格实行统一管理。1994年10月颁发《关于对部分地产药品价格实行监审的有关规定》,将40个片(丸)剂类、25个针剂类、30个中成药列入价格监审范围。1995年12月,监审品种从95个调整为60个。1996年,药品实行目录分级管理。1999年10月,中央和省定价目录药品,实行最高零售价格销售。2000年,药品价格管理改革,由政府定价的种类、数量逐步减少,由市场调节的范围扩大。2002年7月10日,《江苏省集中招标采购药品价格管理暂行办法》规定,中标的政府定价药品,由价格主管部门核定中标品种的临时最高零售价格,并向社会公布;未参加招标采购的非营利性医疗机构也执行公布的临时最高零售价。

2003年防治“非典”期间,对防治非典型肺炎的药品及相关医疗用品价格实行临时价格干预措施,规定黄芩、板蓝根、藿香、荆芥、柴胡、芦根、薄荷、野菊花、白术、大青叶、忍冬藤、北沙参、南沙参、黄芪、甘草等中药和消毒剂、白醋、药皂、口罩、体温表等相关用品的差价率,批发企业不得突破20%,零售药店、医疗单位从批发企业进货的不得突破15%。

自2004年3月1日起,全省市场调节价药品停止价格备案。2005年,《江苏省集中招标采购药品价格的收费管理暂行办法》规定:中标药品零售价以中标价为基础顺加规定的差价率确定。

4. 黄金价格　1996年1月21日,黄金收售价格分别调整为每克92.72元和103.03元,含金量达99.9%以上的为93.22元和103.53元。5月9日,含金量不足99.9%的和含金量达99.9%以上的收购价格分别上调到95.73元/克和96.23元/克。7月16日规定足金饰品零售价格最低不得低于每克138.00元。1997年7月25日,足金饰品零售价调整为每克135.00元。1998年3月25日,足金饰品和每件10克以上的22K、18K、14K金饰品零售价格分别调整为每克125元、114.60元、93.80元、72.90元。6月15日,各类黄金饰品零售价格分别小幅下调。1999年7月15日每克再次下调15~9元。11月1日,黄金饰品零售价基本上调到两次下调前的水平。

2000年5月18日,金饰品价格管理体制改革,并试行价、费分离。足金饰品政府定价,22K以下的K金、铂金及镶嵌饰品实行市场调节价,原差率管理规定取消。足金饰品零售价由基准价和加工费组成,足金(二号)饰品基准价为每克108.70元。2001年4月1日,金饰品零售基准价调整

为千足金(99.9%以上)每克101元,足金(99~99.9%)每克100元。

5. 卷烟价格　1984年,卷烟实行专营,批发环节实行倒扣作价,零售环节实行顺加作价。1988年放开中华、云烟、玉溪等13种名烟价格。1991年,卷烟零售价格全部放开。

第三节　工农业生产资料价格

一、主要工业资料价格

1. 成品油价格　在1983年以前,石油市场价格基本不动,每吨批发价:66号汽油700元、灯用煤油590元、0号柴油400元,其中农用柴油250元。1983年4月为缓解成品油供需矛盾,江苏省对汽油、煤油、柴油实行高价政策,省内计划内高价油市场批发价格在平价油价格基础上加高平差价制定,计划内高价成品油批发价格每吨:66号汽油932元、灯用煤油951元,0号柴油940元。下半年国际市场油价下跌,从9月1日起,江苏批发价格煤油降低40元/吨,柴油降低108元/吨。1985年9月,国家允许炼油生产企业自销少量高价成品油,成品油进入双轨制运行时期。由于成品油供需缺口较大,计划外高价油价格上涨。1986年7月,江苏对计划外高价油实行最高限价,每吨出厂价,66号汽油1030元、灯用煤油950元、0号柴油895元;批发价格也相应规定最高限价。1993年,计划内高价成品油价格统一,出厂价格为70号汽油1250元/吨、灯用煤油1150元/吨、0号柴油1120元/吨。

1994年5月1日,成品油价格并轨并实行国家定价。江苏成品油每吨出厂价格:70号汽油2290元、灯用煤油1955元、0号柴油1900元。省辖市市场标准品每吨零售价:70号汽油2900元左右、0号柴油2450元、灯用煤油2550元。县级市场零售价格水平按比市级市场平均高25元/吨左右制定。成品油市场批发价格按零售价格倒扣批零差率制定,批零差率规定汽油5.5%、柴油6%、煤油8%。为促进成品油生产,国家从1996年10月18日起提高柴油价格,江苏市场0号柴油出厂价格每吨提高90元;批、零价格每吨提高95元。1996年,成品油市场供应紧张,江苏采取临时性价格措施鼓励增加进口原油加工量。自1996年12月25日起,出厂价格在国家规定价格的基础上提高到0号柴油200元/吨、灯用煤油100元/吨。零售价格平均提高到柴油220元/吨、灯用煤油110元/吨。从1997年7月1日起,灯用煤油出厂价格每吨由2055元提高到2200元,零售价格每吨提高157元。

1998年6月,成品油价格改革,汽油、柴油出厂价格和批发价格由企业自主制定,国家不再干预;零售价格实行政府指导价,具体零售价格在零售中准价上下5%的幅度内制定。2001年10月制定零售价格的浮动幅度由5%提高到8%。2001年以后,成品油的中准价多次调整。2005年3月23日起,车用汽、柴油零售价格中加收0.05元/升的燃油清洁费。

镇江市成品油批发最低控制价格表(1996年3月15日)

表21-12　　单位:元/吨

地区	70号汽油	90号汽油	0号汽油
镇江市区	2350	2460	2090
丹徒县	2350	2460	2090
丹阳市	2360	2470	2100
句容市	2350	2460	2090
扬中市	2370	2480	2110

2. 电力价格　电力工业实行垂直一体化管理,电价构成单一,电价基本不动。20世纪80年代中期以前,电力价格改革主要是调整电价结构,电价水平调整幅度不大。1985年5月,国务院发布《关于鼓励集资办电和实行多种电价的暂行规定》,此后多种电价制度产生。指令性电价在执行原目录电价的基础上随燃料、运输价格的调整相应加价。1986、1987年,每千瓦时加价标准部属企业0.0066元和0.0095元,省属企业0.0032元和0.0085元。1988年,部属企业煤运加价每千瓦时为0.016元,1989年为0.0424元,1990年为0.0474元,1991年为0.075元,1992年下半年为0.1163元。1993年,燃运加价计入目录电价,并执行新的电价标准,平均价格每千瓦时0.2048元。1994年,平均目录电价每千瓦时提高到0.2615元,1997年提高到0.344元。1998年,农村电价开始实行一县一价。20世纪90年代末,电力定价由按电力项目个别成本定价改为按社会平均成本定价。

1999年,全省实行统一销售分类电价,电价平均水平为每千瓦时0.527元;10月起在机械、冶金、化工、医疗、建材、纺织6大行业的大工业企业用户试行3∶1峰谷价比的分时电价政策。2001年7月,居民用电同网同价,每千瓦时由0.62元降为0.52元。2002年6月1日,非居民用电同网同价,每千瓦时由0.98元降为0.776元。到2003年3月,农村电价平均水平每千瓦时由0.825元降到0.710元,其中农村居民生活用电,每千瓦时由0.72元降为0.61元。

从2003年8月1日起,峰谷分时电价比由3∶1扩大到5∶1,同时对居民用户试行峰谷分时电价,峰谷电价分别为每千瓦时0.55元和0.30元。2004年,企业峰谷分时电价扩大到100千伏安(千瓦)及以上的所有大工业和普通工业企业用户,居民峰谷分时电价执行范围扩大。2005年,居民谷时电价每千瓦时上调0.05元,企业谷时电价上调0.03元。

3. 液化气和天然气价格　液化气是汽油、柴油的副产品,价格水平很低,但随着液化气使用价值被开发,作为燃料广泛运用,价格水平逐步提高。1994年,国家明确计划内液化气出厂价格实行中央政府定价为800元/吨;其他计划外液化气出厂价格由炼厂所在地省级价格主管部门核定,液化气销售价格由省级价格主管部门确定。1998年后对液化气出厂价格实行比价管理,按照与军用汽油0.85~0.95∶1的比价关系由企业自主确定。民用液化气销售价格仍由省级价格主管部门制定。2001年,省物价局和省建设厅规定:液化气出厂价格实行中央调控下的省级政府定价;居民生活用瓶装液化气销售价格实行政府指导价;管道液化气销售价格实行政府定价;其他用途液化气价格实行市场调节价。2003年,液化气出厂价格与汽油的比价调整为0.83~0.92∶1。

2004年,省规定天然气价格为:省辖市居民用气销售价格由省价格主管部门制定;工、商业等非居民用气销售价格由省辖市价格主管部门制定中准价和浮动幅度;各县(市)的天然气价格由各省辖市价格主管部门制定。同年,镇江市居民天然气到户试行价格为2.20元/立方米。2005年,西气东输天然气出厂基准价格由0.48元/立方米调整为0.52元/立方米,镇江市居民天然气销售价格未作调整。

二、主要农业生产资料价格

1. 化肥价格

镇江农村用量较大的化肥品种是尿素和碳铵。

尿素价格　自20世纪80年代起,计划尿素以省农资公司、县农资公司调拨,基层供销社零售的形式经营。自1985年起,计划尿素实行综合价格,全省一价。综合零售价1985年为560元/吨,1992年、1994年、1997年分别调为682元/吨、1400元/吨、1630元/吨。综合零售价均低于同期市场价格。为鼓励农民交售国家定购的粮食、棉花,1985~1997年,计划尿素与交售定购粮棉挂钩。1995年,化肥资源紧缺,市场秩序混乱,价格大幅度上涨,挂钩尿素以外的其他尿素实行综合销价管理,各县(市)根据当地尿素货源各批次进货成本,并考虑市场需求情况,制定全县统一销价或分片综合销价,在一个用肥季节内保持相对稳定。随后,地方小尿素价格纳入省管理。1998年5月,

粮棉挂钩化肥政策取消，国产尿素不分计划内外，执行统一的综合零售价格。2004 年，化肥流通环节实行差率管理，各类化肥经销企业根据省内和省外调入化肥的实际情况，分品种按综合差率 7% 制定市场销售价格。经销企业系统内销售化肥，从出厂到零售，除合理运杂费用另据实计算外，综合差率不得超过 7%；向系统外批发，进销差率不得超过 2%。

碳铵价格 1986 年以前，碳铵出厂价格、销售价格由省统一制定。1985 年前，出厂价格 146 元/吨，零售价格 184 元/吨。1985 年，出厂价格调为 169 元/吨。1986 年，碳铵出厂和销售价格下放到产地市县物价局、化工局管理，合同外生产的碳铵允许自销。1987 年，省物价局整顿化肥价格，规定小化肥出厂价格可全市统一价，也可在市范围内采取成本差别利润率制定，严格控制小化肥销售价格上涨，计划外小化肥实行代理价，不搞随行就市。1991 年 2 月，地产碳铵价格由各市进行管理，省不再规定统一指导价格。

1992 年 3 月，地产小化肥价格受国家调整硫、磷矿出厂价格影响相应调整，管理形式由国家定价改为国家指导价。1996 年 2 月，丹阳市、句容市、丹徒县碳铵出厂价由 490 元/吨调整为 520 元/吨，淡旺季差价 20 元/吨，商业差价由 50 元/吨调整为 60 元/吨。1996 年 4 月 15 日，镇江市建立化肥价格风险基金，地产碳铵每吨征收 40 元。1999 年 3 月，化肥零售价格放开，出厂价格实行政府指导价，小化肥厂生产的碳铵、普钙、复合肥由产地市、县参照大化肥价格比质比价制定。2004 年 7 月 19 日，化肥流通环节实行差率管理，碳铵综合经销差率不得超过 15%。

2. 农药价格

农药价格实行统一领导、分级管理。1988 年 11 月，农药实行单一出厂价格。省管品种由省物价局制定价格，省管以外品种由各地制定价格，县以下管理的品种，统一实行综合零售价格。1989 年 3 月 15 日，久效磷、氧化乐果、甲胺磷、混灭威 4 种农药实行全省统一调拨价和零售价。1992 年以前，价格管理权限比较集中，大部分品种价格由省物价局管理。1992 年，农药管理目录调整，省管品种为甲胺磷、敌敌畏、敌百虫、乐果、氧化乐果、久效磷、乙基 1605 和多菌灵，其余品种价格由产地市县价格主管部门管理，少数次要品种由企业自行定价。1994 年 12 月，省管农药价格实行政府指导价管理。1997 年 4 月，执行分级管理制度和省规定的中准出厂价格、作价方法及浮动幅度。6 月，省审定镇江市农药价格管理目录品种为三氯杀螨醇、氯氰菊脂、三环唑、扑虱灵、绿麦隆。

3. 种子价格

种子价格一直实行政府指导价管理。1991 年，常规农作物水稻、小麦、棉花、油料种子由市种子站制定收购指导价，报市物价局、农业局备案，其他种子由县种子公司研究确定，报当地物价、农业部门备案，并对种子风险基金的征收作规定。1992 年 9 月，县(市、区)种子经营综合差率不超过 18%；乡镇不超过 10%；县、乡、镇联营的不超过 25%。2001 年 4 月，《江苏省主要农作物种子价格管理办法》实施，水稻、小麦和棉花等种子价格由省管理，其他种子由经营企业根据市场行情自行确定。收购指导价格杂交种子省定，常规农作物种子市、县定，价格管理部门按照价格权限等制定销售指导价格，批发环节综合差率不超过 20%，零售环节综合差率不超过 15%。

4. 农用薄膜价格

20 世纪 80 年代，农膜生产、供应实行统一计划、统一收购、统一调拨的政策。1988 年起，农膜价格管理改革，统一出厂价取消，出厂价由企业按作价公式自定，销售价格实行综合价，零售价格全省统一。1988 年，主要品种零售价格每吨普膜 6900 元、地膜 7400 元。1993 年调为每吨普膜 7400 元、地膜 7900 元。1994 年调为每吨普膜 8550 元、地膜 9125 元。1994 年 11 月 10 日，农膜生产原料价格提高，农膜出厂、零售价格随之提高。1995 年初，省统配农膜在 1994 年调整后的零售价基础上又提高 15%，省农资公司对县调拨价格也相应调整。1997 年受国外低价原料冲击，计划内外农膜原料价格发生倒挂，农膜由省农资公司统购统配改为由生产企业直接面向市县农资公司、基层供销社，省定农膜综合价格自行消失。1998 年 4 月 1 日，农膜加工费标准调整，允许企业根据市场行情在20%的幅度内下浮。由于价格管理放松、出口增加、产量减少、生产成本增加等因素的影响，自2003年10月起，农膜价格大幅度上涨，2004年2月，农膜市场零售价比2003年提高300元/吨以上。

第四节　行政事业性收费

20世纪80年代初期，行政机关和事业单位只设立少量的收费项目，如企业登记费、婚姻证书工本费、医疗服务收费、中小学杂费等，当时这些收费被称为规费，纳入财政预算管理。1988年，国家物价局、财政部下发《关于加强行政事业性收费管理的通知》，明确行政事业性收费由物价部门会同财政部门管理。物价部门主要侧重于审核制定、检查监督收费项目及其标准方面的管理。1991年，国家物价局和财政部明确行政事业性收费项目审批权限集中在中央和省两级。进入20世纪90年代以后，乱收费的现象逐步显现，治理乱收费成为价格管理部门的一项重要任务。从1993年起，镇江市根据国家和上级价格管理部门的统一安排，先后多次实施行政事业性收费清理，取消多个收费项目。至2005年，行政事业性收费管理基本形成一整套较为完善的收费许可证制度、收费公示制度、付费登记卡制度、收费票据制度、收费年审制度。2005年，全市共有收费单位3297个，各类收费项目261个，分布在55个部门。

一、教育收费

1. 中小学收费　1984年，全省统一上调中小学学杂费标准，镇江市和丹阳县小学高、中、低年级收费标准分别为5、4、3元，初中8元；镇江市其他所属县小学高、中、低年级收费标准分别为4.50元、3.50元、2.50元，初中7元。1985年开征教育事业附加费，并鼓励单位、集体和个人在自愿的基础上捐资办学，教育收费也出现多种形式。1989年，全省整顿中小学收费，第一次提出中小学收取杂费和高中收取学费，并对义务教育阶段和非义务教育阶段收费设立差别政策，省首批98所重点中学高中段收费标准可在最高不超过20%的幅度内上浮。从1992年起每两年对中、小学学杂费进行一次适当调整。

1984年、1989年镇江市义务教育学杂费变动一览表

表21-13　　单位:元/生·学期

项目	1984年			1989年		
	1~2年级	3~4年级	5~6年级	1~2年级	3~4年级	5~6年级
小学	2.50	3.50	4.50	5	7	9
初中	6~8			13		

1992~2005年部分年份镇江市中小学收费一览表

表21-14　　单位:元/生·学期

项目	1992年	1994年	1996年	1998年	2002~2004年(杂费)		2005年
					城市	农村	
小　学	14	30	40	50	70	65	84
初　中	22	50	65	80	100	95	120
普通高中	70	100	150	170	640(非义务阶段学费)		–
省重点高中	–	200	260	300	840(非义务阶段学费)		–

续表 21-14

项目		1992 年	1994 年	1996 年	1998 年	2002～2004 年(杂费)		2005 年
						城市	农村	
高中自费生	一般	-	500	650	650	-	-	-
	重点	-	650	900	900	-	-	-

1993 年 2 月,国家明确教育收费由中央和省两级管理。1994 年提高学杂费标准,规范借读费标准,从严控制择校收费,跨学区择校的学生择校费标准为每生每学期小学 200 元、初中 400 元,并按规定收取杂费。1994 年,省规定高中段可招收总数的 20%(1996 年调整为 35%)的自费生。1995 年针对学校乱收费现象,开始对中小学收费、集资办学、捐资助学、借资办学等行为进行规范。1996 年,国家规定义务教育收费原则:义务教育学生免收学费,只收杂费,数额要小,要有最高限额。1996 年 5 月调整义务教育学杂费、住宿费、借读费标准和借读费范围,规定经过批准异地借读的学生已缴借读费的不再缴纳杂费。1998 年明确义务教育学校收费项目为杂费、借读费和住宿费;普通高级中学收费项目为学费、借读费、住宿费、自费生培养费;借读费(含杂费)每生每学期小学本省 220 元,外省 280 元;初中本省 400 元,外省 450 元;中小学住宿标准为每生每学期 60 元。2000 年,普通高中招生收费实行并轨,每生每学期收费标准省重点高中 850 元,市重点高中 650 元、一般高中 450 元。

2002 年开始,小学杂费每生每学期城市 70 元,农村 65 元;小学借读费每生每学期本省人 190 元,外省人 250 元。初中杂费每生每学期城市 100 元,农村 95 元;初中借读费,本省 340 元,外省 390 元。中小学住宿费一般每生每学期 100 元。普通高中非义务教育段学费每生每学期省、市重点高中、一般高中分别为 840 元、640 元、480 元。住宿费一般每生每学期 100 元。2003 年,省规定义务教育阶段不得收取择校费和与入学挂钩的赞助费,对符合借读条件的学生只能收取借读费;公办高中实行"限分数、限钱数、限人数"的政策,择校费每生 3 万元。从 2004 年秋季新学年开始,公办义务教育阶段学校实行"一费制"收费,并规范服务性收费。"一费制"含杂费、课本费、作业本费,开设信息技术教育课程的学校可收取信息技术教育费。从 2005 年春季学期起,小学、初中杂费每生每学期分别调整为 84 元和 120 元;课本费标准为小学 1～2 年级 40 元,3～6 年级 70 元,初中一、二年级 100 元,三年级 80 元;作业本费(含学生簿本、讲义费用)标准每生每学期小学 20 元,初中 35 元。

2. 幼儿园收费　1994 年,镇江市制定幼儿园分类收费标准。1999 年、2003 年分别对幼儿园分类作调整,收费标准相应上调。

1994～2003 年部分年份镇江市幼儿园收费一览表

表 21-15

年　份	幼儿园类别	收费标准(元/每生每月)				备　注
		公办		民办		
		保育费	管理费	保育费	管理费	
1994	一类园	35	35	40	40	各类园每学期每人 10 元杂费
	二类园	30	30	35	35	
	三类园	25	25	30	30	
1999	现代化园	70	35	75	50	-
	一类园	55	40	60	50	
	二、三类园	45	40	50	50	

续表 21-15

年　份	幼儿园类别	收费标准(元/每生每月)				备　注
		公办		民办		
		保育费	管理费	保育费	管理费	
2003	江苏省基本实现现代化园	90	60	–	–	各类园每学期每人40元杂费
	江苏省示范性园	70	60	–	–	
	一类园	60	50	–	–	
	二类园	50	50	–	–	
	三类园	50	40	–	–	

3. 中专、职高、技校收费　1983年,江苏省《关于发展我省中等职业技术教育的报告》规定中等职业技术教育经费主要靠国家拨款和勤工俭学解决。1991年对中等专业学校、技工学校和职业高中新生适当收取学费。在此之前职业高中收费标准按普通中学学杂费标准收取。

职业高中和中专从1993年起招收一定比例的自费生。技工学校的自费生收费标准按高于职业高中、低于中等专业学校的原则制定。1994年,江苏省制定技工学校自费生收费标准。1995年,国家级和省(部)级42所重点中专校学杂费调为550元/生·年。1996年,国家颁布中等职业学校收费管理暂行办法。全省调整职业中学、中专学校收费标准。1998年贯彻国家教委等部门的《关于普通中等专业学校招生并轨改革的意见》《中等职业学校收费管理暂行办法》。

1996、1998、2000年根据江苏省物价局等部门的通知对普通中专、职业高中、成人中专、技工学校的收费作调整。

4. 普通高校收费　高等教育一直实行免费和人民助学金政策。1989年,高等教育实施收费制度,公费、自费并存。自秋学期起,对新入学的本科学生、第二学士学位学生、干部专修科学生收取少量学杂费,本科生每学年180元,专科生每学年150元。同年自费生收费标准每生每年1500元左右。从1990年秋开始,对新入学的住校本、专科学生收取每生每学期20元的住宿费。1992年,普通高校学杂费调整为本科每学年400元,专科每学年350元。住宿费每学年50元。1995年,省属本科收费标准并轨,所收费用项目统称学费,不再分培养费和学费。1996年,江苏省高校增招1万名大学生,增招生的收费标准为每生每学年2100~5500元。20世纪90年代中后期,高校收费标准每1~2年调整一次。1997年,部属院校收费标准属地管理全面并轨,并轨后收费标准有所调整。1998年5月,高等学校收费项目为学费、住宿费、代办费。省重点建设普通高校学费标准,非师范类艺术专业:美术学、作曲等艺术理论专业每生每学年3500元,其他专业4500元。其他本科每生每学年3000元。同年起,师范生全额收费。2000年秋季,普通高校学费标准调整为:一般专业本科4000元,专科3600元,学校可以上下浮动15%;农学、林学专业本科2500元,专科2200元;艺术类,美术作曲理论专业4600元,其他类6800元;网上大学7000元;有高等职业教育计划的独立设置的高等职业技术学院6700元;普通高校专转本8500元。从2001年开始,国家加强对高等教育收费的控制,少数专业提高收费标准,大多数专业收费标准维持在2000年的水平。

二、医疗服务收费

改革开放前,医疗机构经费实行"全额管理,差额补助",对所有医疗服务实行政府定价,收费标准较低。从1981年2月起,对享受公费医疗和劳保医疗待遇的病人实行较高的价格,对自费病人执行原来较低的价格。1988年、1989年,全国整顿医疗服务收费,开门费、查房费、优先加床费、送饭费等乱收费项目被取消;CT检查费、体外冲击波碎石机收费等收费降低;门诊挂号费、住院费、治疗费、护理费、手术费等项目收费上调。1990年2月,镇江市清理整顿医疗收费,取消19项不合理收费项目,降低24项收费标准,镶牙矫治费在1986年标准上增加125%的材料费。

1993年2月,镇江市调整部分基本医疗项目收费标准,手术费按科划为特大、大、中、小及小小手术5类,每类手术按难易程度划分3档;129项化验费标准调整;部分大型仪器设备检查治疗费适当降低。8月对全市新项目统一收费标准。

1997年2月为合理疏导医疗收费矛盾,全市对8大类119个项目的收费标准进行统一。1998年4月1日,部分医疗项目收费标准上调,1259项手术费标准平均提高1倍。2000年7月,全国实行统一的医疗服务价格项目名称和服务内容。2000年8月25日,《关于印发江苏省改革医疗服务价格实施办法的通知》明确:非营利性医疗机构提供的医疗服务实行政府指导价,营利性医疗机构提供的医疗服务实行市场调节价。2000年,镇江市调整门诊诊疗费和部分手术费标准:二、三级医院门诊诊疗费在原标准基础上每人次上调1元,并可在0.5元幅度内浮动;手术费调整,中手术调整到210~520元,大手术调整到420~730元,特大手术(E1)调整到680~830元,特大手术中的E2、E3按实际发生费用计收。2001年病历工本费调整为每套3元,各式表格工本费调整为每本3元。2001年1月规定点名专家手术劳务费标准:中手术600元/例、大手术1000元/例、特大手术1500元/例。

2005年5月明确市急救中心医疗救护收费标准。2005年8月,手术麻醉类、护理类和经血管介入诊疗类项目收费标准提高;核磁共振扫描、CT、彩色多普勒超声特殊检查等大型设备检查项目收费标准降低;部分带有医学美容性质的特需医疗服务项目收费放开。手术麻醉类和护理类项目实行分类分地区制定基准价格,允许医疗机构在15%的幅度内上下浮动。部分大型设备检查项目收费允许在三类医院基准标准上上下浮动15%。

1. 挂号费　1992年,镇江市医疗单位门诊挂号费每人次标准:业余2元,副主任医师3元,主任医师5元,省、市级知名专家8~10元,专家组特诊30元。1993年2月,普通挂号费提高到每人次1元,不再区分初、复诊;急诊挂号费提高到每人次1.50元;挂号费中,外、耳鼻喉、眼及妇产科等科室的附加材料费取消;挂号费不再区分公费、自费,均执行同一标准。

2001年1月,镇江市规定点名专家门诊挂号费每人次标准(含门诊诊疗费):副主任医师7元,主任医师10元,享受政府津贴的医学专家15元,专家每半日门诊最多不超过25人次。2004年4月,点名专家门诊挂号费标准上调为每人次:副主任医师8元,主任医师10元,知名专家30元。

2. 床位费　1993年2月,住院床位费每床日调高到:一等病房9~10元,二等病房7~8元,三等病房5元;住院费不再区分公费、自费,均执行同一标准。1999年3月,镇江市调整床位收费标准,市管医院普通病房一、二、三、四等床每床日分别为27~32元、15~17元、10~12元、6~8元。各县(市)区医院一、二、三、四等床床位费标准分别为:30元、16元、10元、6元。床位费标准特种病房高于同等级普通病房。

三、殡葬收费

20世纪80年代殡葬收费项目单一,标准也不高。进入90年代后,殡葬收费项目多样化,收费标准频繁调整,逐步增高。

1. 墓穴收费　1988年,镇江市栗子山公墓收费标准为:1平方米70元;1.5平方米120元;3平方米360元;6平方米1800元。1995年12月5日,“壁陵”穴位购置费:7层单穴1580元,双穴2580元;6层单穴1880元,双穴2880元;3层单穴2080元,双穴3080元;5层单穴2280元,双穴

3280元;单穴管理费20元/年,双穴30元/年。

2. 尸体火化费　1991年8月26日,殡仪馆尸体火化费25元/具,1994年6月1日,调整至70元(10周岁以下减半)。1996年5月20日,煤火化费70~90元/具,油火化费120元/具。尸体火化费标准,1999年5月4日、2000年3月、2000年11月21日分别调整到120元/具、200元/具、280元/具。新增火化延时服务费50元/次。2004年8月卫生棺火化另加100元/具。2005年6月1日,普通炉尸体火化费360元/具。2005年12月,拣灰炉火化服务费1300元/具。

3. 运尸费　1991年8月26日,运尸费为5公里以内24元/具,每超出1公里加收1元。1994年6月1日调整为5公里以内25元/具,每超出1公里加收2元。1998年5月7日,接尸车收费,普通车40元/具,海狮车80元/具,超出范围每公里加收2元。2004年8月,豪华车接尸费500元/具。

2005年6月1日,部分殡葬服务项目及收费标准:遗体冷藏费50元/具·天;抬尸劳务费30元/具;接尸放空费50元/次;吊唁厅出租费,大厅800元/次,中厅500元/次,小厅190元/次;骨灰寄存费30元/只·年;公墓管理费10元/平方米·年。

第五节　服务项目价格

服务价格管理主要有两类:企事业单位的经营性收费、非垄断性或市场竞争达到一定程度的事业性收费。经过20多年价格改革,服务价格管理实现由“事业型”向“产业型”转变,基本形成政府调控下以市场形成价格为主的服务价格形成机制。

镇江市服务价格管理行业,主要有交通运价、邮政电信价格、有线电视收费、游览参观点门票价格等。各类服务价格的管理模式和市场价格水平,随着国家经济体制改革、社会经济发展和各个不同时期宏观调控措施的实施而有所不同。

一、交通运输价格

交通运价大部分属国家部委和省级政府管理。

1. 水运价格　20世纪90年代之前,水运价格在镇江交通运输价格管理中占有重要地位,进入90年代后,随着经营体制变革,价格管理也逐步放松。1992年以后,镇江水路客运事业基本停止,1995年以后水路货运基本以自主定价为主。

2. 公路货运价格　1985年9月20日根据省汽车货物运价实施细则,镇江市实行普通货物与特种货物、中型车与小型车的差别运价。公路货物运输1992年以前管制较为严格,后因运输队伍改制成私营,货物运输价格管理失控,1995年以后基本放开。2002年8月1日,汽车运价行为规则修改,除政府指令性物资等运输价格每吨千米不超过0.50元外,其他货物运输价格实行市场调节。

3. 公路客运价格　公路客运管理一直实行政府定价。1989年以前,全省公路汽车客运运价基本未动,票价稳定在1966年规定的水平上。1989年9月5日,全市客运票价调整,公共汽车客票价格每人每公里由0.033元调整为0.055元,优质服务加价取消。1992年,旅客基本运价和客票附加费分别调整为每人每公里0.038元和0.02元,具体运价因车型不同在基本运价的基础上有不同幅度上浮。1996年随着沪宁等高速公路建成,镇江市出现豪华客车运价。1997年1月12日,全省汽车客运站收费实施等级管理,共分为3个等级,镇江市客运总站为一级站。1997年7月11日,镇江市将普通大型客车运价每人每公里调整为0.062元,开始收取空调费和电子系统工本费。2002年后,公路客运管理改为政府指导价,2002年,《江苏省汽车运价行为规则》规定旅客票价由运价及通行费、客票附加费、站务费、旅客身体伤害赔偿责任保障金组成,并调整运价标准。2003

年，春运客票价格上浮20%。2005年国庆节期间，客运票价上浮10%。

4. 停车场收费　1998年，《镇江市区机动车停车场收费管理办法》规定停车场收费实行政府定价，收费标准分为3类。2001年7月，市区停车场（点）收费标准：自行车0.20元/次；人力三轮车、助力车0.50元/次；摩托车1元/次。2005年，《镇江市区车辆停放服务收费管理办法》将车辆停放服务收费分为政府定价、政府指导价和市场调节价3种价格形式，并首次制定镇江市区交通事故和交通违法车辆停车服务收费标准。

二、餐饮及宾馆、洗理服务业价格

1. 餐饮业价格　1996年对餐饮行业评定级别，价格随级别而定。随后，镇江市出台《镇江市制止餐饮、娱乐业不正当价格行为和制止牟取暴利的实施细则》，明确餐饮业的等级毛利率、服务费率、经营差率和市场价格水平。2002年，《镇江市餐饮业价格行为管理办法》规定餐饮业实行市场调节价，餐饮业实行价格等级和价格等级证书管理，并再次评审餐饮业价格等级，调整餐饮业价格作价办法、毛利率及经营差率。

2. 宾馆及旅社价格　1986年，旅社价格基本在3.5～5元左右。1987年，政府招待所收费标准先后提高10%～15%，京口饭店等试行客房优质服务收费标准。1996年，镇江市客房价格基本在每标间100元左右。1999年以后，宾馆服务业价格全面放开。

3. 理发价格　1986年，镇江市理发业分为3个等级，标准理发是男0.40～0.50元/人次，女0.60～0.70元/人次。1988年，理发收费标准男女统一，分为5个等级，收费在0.60～1.20元/人次之间。1990年，男女普通理发（包括洗头、修面）取消等级理发师的优质加价，仍按甲、乙级理发店收费，甲级店1.50元/人次，乙级店1.00元/人次。1993年1月，理发业价格放开，由经营者自主定价。1993年，镇江市区甲、乙、丙级理发店的价格已上调到2.00元、1.50元、1.00元。2000年，镇江市甲、乙、丙级理发店的价格上涨到10.00元、5.00元、3.00元。同时新增单修面、单吹风、单洗头等许多服务项目，价格也因理发店的等级不同而不同，一般单修面、单吹风2.00～5.00元、单洗头5.00，干洗头10.00元。

三、电信资费

20世纪70年代末至90年代初，国家对电信业的价格管制放松，该时期电信资费监管基本上是政府定价和政府指导价。1994～2001年，电信市场由垄断向竞争过渡。国家在1996年、1997年、1998年、2001年分别调整电信资费结构，降低国际及港、澳、台地区电话、长途电话、出租电话、因特网业务和农村电话的资费标准，取消电信业务附加费，部分电信业务资费实行市场调节价。2002年起，中国电信、中国网通、中国铁通、中国移动、中国联通、中国卫通等6大运营商相互竞争，资费混乱，管理部门开始对各家运营商市场调节价的电信资费以及各种套餐资费实行备案管理。2005年，镇江市出台《镇江市电信资费行为规则》，加强对各电信经营企业资费行为的管理；对国内长途电话通话费，国际长途电话及台、港、澳地区电话通话费，移动电话国内漫游通话费和固定电话本地网营业区间通话费等4种电信业务资费实行上限管理。

1. 月租费　1980年8月起，国家调整市内电话资费标准，江苏计费以包月制为主，包月制月租费计费等级按照电话机械容量的大小调整为4级，每级分甲、乙2种用户。1988～2005年，电话月租费多次调整。1988年和1992年在原标准基础上分别上浮20%和40%。1998年，月租费调整为甲种用户11.60元、乙种用户18元。2001年1月，基本月租费不再按交换机容量划分等级，统一归并为省会城市、地市县、农村、办公电话4个级次计费。3月，镇江市月租费调整为市区用户15元，县（市）及农村用户12元，办公电话25元。

2. 初装费　为加快电信基础设施建设，国家长期对电话新装机用户收取初装费。1987年9

月,电话初装费为:工商企业2400元,行政事业单位及个体、专业户按工商企业标准的1/2收取,中小学、幼儿园、托儿所按工商企业标准的1/5收取,私人自费住宅电话(不经营业务的)免收初装费。1990年11月调整为:工商企业用户3400元,由财政拨款的机关、团体、事业单位、中小学校及非经营性用户减半收取。1992年1月1日调整为:程控电话工商企业用户3400元,其他用户1700元;非程控电话工商企业用户1400元,其他用户700元。1998年,市话初装费再次调整。2001年7月1日电话初装费政策取消。

3. 通话费　市话通话费在1990年以前实行国家定价,全国价格统一。自1990年10月起,通话费由国家制定指导价,省制定具体标准。市话通话费自20世纪80年代起至1995年本地网建立,先后于1980年、1988年、1990年、1991年作4次调整,收费标准由1980年的每3分钟0.04元调整到1991年的0.10元。江苏本地网建立后通话费进行6次调整。第1次是1996年4月,营业区内通话费每3分钟0.10元;同一市(县)市区与郊区、郊区与郊区、郊区与市话之间的通话费每分钟0.10元;不同县(市)之间、市与县(市)之间、同一市(县)内,农话区间通话、农话与市话之间的通话费每分钟0.60元。第2次是1996年12月,市话通话费每3分钟由0.10元调整为0.12元,允许上下浮动20%。本地网通话费级别由3级改为2级:营业区内通话资费标准每3分钟由0.10元调整为0.14元;营业区间通话费资费标准每分钟0.60元。第3次是1997年5月,营业区间通话费每3分钟由0.14元调整为0.15元。第4次是1999年3月,营业区内通话费甲种用户每3分钟由0.15元调整为0.20元,乙种用户每3分钟由0.15元调整为0.22元;同年6月,营业区间通话费每分钟由0.60元降为0.50元。第5次是2001年3月,营业区内电话资费标准,甲种用户首次3分钟0.20元,以后每分钟0.10元;乙种用户,首次3分钟0.22元,以后每分钟0.11元。第6次是2005年11月,固定电话本地网营业区间通话费实行上限管理,标准为每分钟0.40元。

4. 农话资费　1980年,农村电话通话费每3分钟一次,甲、乙种用户每次0.15元;丙种用户0.10元,月租费甲、乙、丙种用户分别为2元、8元、5元。1985年9月1日,农话月租费改为按交换机容量分级计费,通话费由一级计费改为两级计费。1986～1992年农村自动电话资费标准全省统一,本乡以内通话每3分钟0.10元;异乡通话采取长途自动计费方式,每分钟0.50元;长途电话的农话过线费每分钟0.50元。1994年12月,农话部分资费项目收费标准降低。1996年12月,江苏明确不再规定农话资费标准,农话过线费标准每分钟由0.50元降为0.25元。1998年11月农话过线费取消。2001年,农村固定电话执行甲种用户首次3分钟0.20元,以后每分钟0.10元;乙种用户首次3分钟0.22元,以后每分钟0.11元;农村住宅电话月租费标准12元。

四、有线电视资费和园林景点门票价格

1. 有线电视收费　1993年7月28日,镇江市对市区有线电视用户收取安装费和收视费,家庭用户350元/终端,单位用户480元/终端;收视费每终端7元/月。1995年11月28日、1996年4月1日、1999年9月1日,3次调整收视费标准,分别调整到9元、12元、14元。2003年9月,收视维护费调整为居民用户15元/月·户、单位用户15元/月·终端,并对低保用户减半收取,特困用户凭特困证按12元/户·月收取。

2. 园林景点门票价格　一直为政府定价。1996年前,公园中存在园中园收费。1996年,治理园中园收费,镇江市除金山慈寿塔、焦山宝塔为控制客流量保护文物需另售票外,其他园中园收费项目全部取消。2000年,镇江市出台《镇江市游览参观点服务价格管理规定》,允许季节性较强的游览参观点在基本票价上下50%的幅度内制定不超过3个月时间的淡、旺季门票价格。2001年5月1日起,镇江市开始对市区常住市民发售个人和家庭优惠年卡。2003年针对"非典",为方便市民到户外活动,各公园门票价格均有所下调。2003年9月起,金山公园、焦山公

园、南山风景区、伯先公园、宝塔山公园实行“一卡通”年卡政策，每卡65元，镇江市民凭卡一年内不限次数游览。

1986～2005年部分年份镇江市主要公园门票价格一览表

表21-16　　　　单位：元/人

<table>
<tr><th colspan="2">公园（风景区）</th><th>1986年</th><th>1987年</th><th>1988年</th><th>1997年</th><th colspan="2">1999年</th><th>2000年</th><th>2002年</th><th>2003年</th><th>2005年</th></tr>
<tr><td colspan="2">金山公园</td><td>0.3</td><td>–</td><td>0.5</td><td>15</td><td colspan="2">18</td><td>–</td><td>–</td><td>30</td><td>–</td></tr>
<tr><td colspan="2">焦山公园</td><td>0.2</td><td>–</td><td>0.5</td><td>–</td><td colspan="2">15</td><td>–</td><td>–</td><td>25</td><td>30</td></tr>
<tr><td colspan="2">北固山公园</td><td>0.1</td><td>0.2</td><td>5</td><td>10</td><td colspan="2">–</td><td>–</td><td>–</td><td>20</td><td>–</td></tr>
<tr><td colspan="2">伯先公园</td><td>0.1</td><td>0.2</td><td>–</td><td>–</td><td colspan="2">–</td><td>5</td><td>7</td><td>10</td><td>–</td></tr>
<tr><td rowspan="3">南山风景区</td><td>招隐寺</td><td>–</td><td>0.4</td><td>–</td><td>–</td><td>5</td><td rowspan="3">联票10元</td><td>–</td><td>–</td><td>20</td><td>–</td></tr>
<tr><td>竹林</td><td>–</td><td>0.3</td><td>–</td><td>–</td><td>4</td><td>–</td><td>–</td><td>–</td><td>–</td></tr>
<tr><td>文苑</td><td>–</td><td>0.3</td><td>–</td><td>–</td><td>5</td><td>–</td><td>–</td><td>–</td><td>–</td></tr>
</table>

第六节 房地产价格和物业管理费

一、商品房价格

住房商品化改革前，政府与单位建造大量公有住房以低廉租金提供给住户使用。20世纪80年代后期，镇江市商品房市场逐步形成，商品房价格问题逐步显现。1989年6月20日，镇江市由建委、物价局、建设银行等部门组成商品房价格审核小组，规范管理商品房价格。

在商品房价格逐步规范的同时，定价权逐步放开，镇江市不断改革商品房价格管理方法。1992年12月26日，镇江市出台《镇江市商品住宅价格管理实施细则》，普通住宅商品房价格实行国家定价，高标准住宅（指豪华、别墅式）商品房和非住宅商品房销售价格放开。1993年8月26日，商品房预售实行价格备案认可制度。自1995年1月1日起对商品房实行价格监审。1998年5月，商品房销售开始明码标价。

2000年11月18日，《镇江市商品房价格管理实施细则》规定，经济适用房价格实行政府定价，普通住宅商品房实行政府指导价，高档住宅商品房和非住宅商品房实行市场调节价。同时规定普通住宅商品房销售价格可在基准价格3%的幅度内浮动。

2002年4月29日，镇江市取消普通住宅商品房预售价格，实行一次性核定正式销售价格，并将浮动幅度由3%调整为最高不超过5%，同时规定与商品房相配套的车库价格一般不得高于商品房价格的60%，阁楼价格原则上不得高于商品房价格的40%。2003年6月，镇江市规定，商品住宅价格实行审批前成本认证制度；普通住宅商品房销售价格浮动幅度由5%上调到10%，阁楼销售价格原则上不得突破房价的50%。2003年10月，商品房销售实施“一价清”制度。2004年6月14日，普通住宅商品房价格浮动幅度由10%降为8%，并开始运用环境差价政策引导消费、调节供求。2005年5月19日规定经济适用房价格利润率控制在3%以内。

随着住宅商品房开发水平建筑质量提升和居民消费水平提高，镇江市区商品房价格基本呈逐年上涨态势。

1996～2002年市物价局核定安居房、经济适用房价格一览表

表21-17

项　目	1996年	1997年	1998年	1999年	2000年	2001年	2002年
面积(平方米)	55258	78638	16595	75863	22387	20647	30160
价格(元/平方米)	842	950	1394	1167	1152	1280	1392

2000～2005年镇江市核定普通住宅房基准价格表

表21-18

年　份	宗数	面积(平方米)	平均价格(元/平方米)
2000	7	71355.66	1733
2001	10	92275.23	1788
2002	21	245500.00	2059
2003	22	540742.48	2331
2004	40	779439.65	2953
2005	42	528589.11	3077

1995～2003年镇江市区各年度公有住房出售基价一览表

表21-19

年份	基价(元/平方米)						
	结构等级						
	钢混	砖混一等	砖混二等	砖木一等	砖木二等	砖木三等	简易
1995	848	684	534	801	609	404	253
1996	917	740	578	867	659	437	274
1997	972	784	613	919	699	463	290
1998	984	808	631	933	748	478	300
1999	-	-	-	-	-	-	-
2000	1023	840	656	970	780	497	312
2001	1070	880	680	1020	810	520	330
2002	1110	910	710	1060	840	540	340
2003	1160	950	740	1110	870	560	360

二、物业管理收费

1997年10月5日，镇江市出台《镇江市物业管理服务收费暂行办法》，将物业管理服务收费分为政府定价、政府指导价和经营者定价3种形式。普通住宅片区(含高层住宅)物业管理公共服务性收费、公众代办性服务收费实行政府定价；高档住宅(公寓、别墅)、商住楼以及非住宅物业管理公共性服务收费实行政府指导价；为物业产权人、使用人个别需求提供的专项服务、特约服务，除物价部门规定有统一收费标准外的服务收费由经营者定价。

1999 年 9 月 10 日,《镇江市物业管理服务收费实施办法》规定,物业管理服务收费实行统一领导分级管理模式。

物业服务收费最初按套型收费,根据套型面积大小每户每月收取 6、8、9、10、11 元不等,以后逐步向按建筑面积分等级收费过渡。2000 年,《镇江市物业管理公共服务收费等级收费管理实施细则》强化物业管理等级收费制度。2002 年 3 月,镇江市对前期物业管理服务收费作规范。2005 年 2 月,《镇江市物业服务收费管理暂行规定》出台,规定普通住宅的公共服务收费实行政府指导价,浮动幅度为 ±10%,在全省乃至全国首创物业服务菜单式收费模式。

2005 年镇江市普通住宅物业管理公共服务费指导价标准一览表

表 21-20　　单位:元/平方米·月

住宅类型	服务环境项目等级	物业服务等级与基准价						环境设施设备项目等级与基准价	合　计
		基本要求	维修养护	秩序维护	保洁服务	绿化养护	小计		
多层	五级	0.08	0.19	0.10	0.19	0.09	0.65	0.20	0.85
	四级	0.06	0.14	0.08	0.14	0.08	0.50	0.15	0.65
	三级	0.04	0.09	0.06	0.09	0.07	0.35	0.10	0.45
	二级	0.03	0.06	0.03	0.06	0.04	0.22	0.08	0.30
	一级	0.02	0.04	0.02	0.04	0.03	0.15	0.05	0.20
高层	五级	0.12	0.24	0.14	0.24	0.06	0.80	0.30	1.10
	四级	0.11	0.21	0.12	0.21	0.05	0.70	0.20	0.90
	三级	0.10	0.18	0.10	0.18	0.04	0.60	0.10	0.70
	二级	0.09	0.13	0.08	0.13	0.02	0.45	0.05	0.50

说明:标准中的多层住宅是指 7 层(含)以下住宅,高层住宅是指 8 层(含)以上住宅

第七节　价格监督与服务

一、价格监督

1984 年 4 月 20 日成立镇江市物价检查所,后又成立市场物价巡查队,重点查处价格举报和价格热点问题。2000 年 11 月 29 日,镇江市物价检查所增挂镇江市价格举报中心,受理有关价格问题咨询和举报,督办、承办有关价格举报事项等。2003 年 1 月 29 日,镇江市物价检查所更名为镇江市物价局检查分局。从 1984 ~2005 年,全市价格监督检查机构共查处各类价格违法案件 13465 起,实施经济制裁总额 10240.87 万元,上缴财政 9151.51 万元,退还消费者 1089.36 万元。

1. 价格监督检查　价格检查主要为 3 类:各类价格专项检查,20 世纪 80 年代中后期至 90 年代初期,以重要生产资料和生活资料为重点,组织实施石油、钢材、棉花、木材、农资、化肥等价格专项检查;90 年代中后期至 2005 年针对“三乱”问题较突出、企业负担较重的情况,物价局组织开展涉企、涉医、涉房、涉教、涉车以及交通、公安、工商、环保等系统的价格(收费)专项检查,净化收费环境。年度物价大检查,自 1988 ~1998 年结合各个时期不同重点,每年开展较大规模的年度物价大检查。市场价格检查,从 1984 年开始以春节、元旦、国庆等节日市场检查为重点,结合各个时期监管职能和监管重点,相继开展主副食品、家用电器、旅游行业等市场价格专项检查和反暴利、反

欺诈、防“非典”等市场价格专项检查；特别是在2003年“非典”期间，查处康豪药业集团等一批不遵守临时价格干预措施擅自提高防治“非典”相关用品价格的单位。

2. 职工物价监督 1985年，镇江市物价局着手建立群众性物价检查监督网络，先后建起60多个职工物价监督站，协助价格部门开展市场物价检查工作。1986年，镇江市职工物价监督总站建立。至1988年，全市已建立群众性价格监督站116个，义务物价监督员达到891人，群众性价格监督检查网络基本形成。1996年，价格部门从人大、政协、民主党派和群众团体中聘请12名代表担任物价监督员，加强对物价工作检查、指导和监督。2002年下半年，镇江市物价局成立市场巡查队，专职负责日常市场价格检查工作，不再委托市职工物价监督总站行使物价监督检查权。

3. 价格诚信建设 从1985年下半年起至2000年，开展9届物价计量信得过单位评比和4届物价计量信得过最佳单位竞赛活动。从2002年起，开始开展价格诚信活动，举行3届价格诚信标兵单位评选活动，评选出34家价格诚信标兵单位。2005年，镇江百盛商城有限公司等7家单位被评为省价格诚信先进单位（AAA）。

二、价格服务

1. 成本调查 镇江市从1984年成立农产品成本调查队后一直对农产品成本进行调查。以46个调查户为基础，每年对粮食、经济作物、蔬菜、中药材和食品等29个种植业和养殖业品种进行成本收益调查，常年记账，年终汇总上报并汇编《镇江市农村产品生产成本收益资料》。工业以煤炭、化工、机械、电子、冶金、一轻、二轻、纺织、食品、建材、医药等13个大类的124个品种为基础，以编制《镇江市主要工业产品成本资料》的形式，对工业产品成本进行调查。此后，随着放开价格的产品增多，该项工作逐渐减少。

1992年，农产品成本调查核算方法调整，调查范围调整为粮食、油料、经济作物、土特产、食品、蔬菜等6个大类的22个品种。从1994年开始在国家计委等部门的部署下，先后实施农民种植意向、农业生产资料购买价格、农户存粮和农产品收购价格等专项调查。1997年以后，农户种植意向、农户购买农资情况、农户存粮情况等专项调查制度化，每年调查，定时上报。

从1998年起，调查年度开始实行新的农产品成本调查表式，同时调整调查品种目录、缩减调查点，镇江市种植业和饲养业调查品种减少为10种，镇江市郊农产品成本收益情况不再参与调查。2000年，镇江市调查品种缩减到4类8种，同年开始开展小麦、粳稻、晚粳稻的成本预测调查。2001年，农产品成本调查的样本设置调整，调查县缩减为丹阳、句容、丹徒3个，并实施“一品三点九户”的调查网络布局。自2004年度开始，全市实行新农产品成本调查核算指标体系，第一次将土地机会成本纳入成本核算范畴，并提出现金成本和现金收益概念。随后，农产品成本常规汇总分析便侧重于农户现金成本和现金收益分析。

2. 成本监审 2003年，国家《重要商品和服务价格成本监审暂行办法》实施，镇江市将20个项目的33个品种列入价格成本定期监审目录。《关于商品（收费）定调价前实行成本监审的意见》规定，对列入申报定调价范围的项目，在申报定调价时进行前期成本监审。2004年根据国家发改委《价格成本监审工作规定》要求，规范监审程序和监审工作流程。2005年，镇江市制定《重要商品和服务价格成本监审实施细则》，把民用管道天然（煤）气和液化石油气、城市污水处理、城市自来水、有线电视收费、宽带上网、园林景点、高中教育收费、城市公共交通、商品房及物业管理公共服务费、药品等10个收费（价格）确定为首批定期监审项目。对市区83所中小学校教育成本进行调查，小学、初中、普通高中、职业高中2003和2004年两年平均生均培养成本分别为2809.22元、3896.49元、5950.33元和4449.41元。

3. 价格监测 镇江市价格监测工作起步于1987年，从单纯向国家和省物价局报送统一价格监测报表数据，逐步发展为价格部门的一项重要基础工作。

1993 年 5 月建立市场价格监测制度，以 32 个价格监测报价点为基础，开始对 5 大类共 92 个品种的商品价格或服务收费实施监测，并对变动情况进行跟踪分析和预测。1997 年，镇江市被列入全国 136 个大中型城市定点测报单位，同时增设 32 个报价点。1998 年 7 月，镇江市价格监测网络初步建立。1999 年以后，国家《价格监测规定》《全国粮食价格监测报告制度》《药品价格监测办法》先后实施，镇江市物价局按照相关规定开始对粮食价格和药品价格实施监测。

2002 年，镇江市物价局镇江市价格监测中心成立。2004 年 4 月 6 日，《江苏省价格异动预警制度》出台，镇江市加强价格异常波动监测。6 月 30 日，镇江市物价局印发《镇江市价格监测制度》，优化监测点网络布局，对 29 个国家和省级价格监测定点单位和 129 个商品报价点作重新明确。2005 年，全市增加 7 家价格监测直报点，调整充实部分价格监测点。

4. 价格认证 1991 年 5 月成立镇江市价格事务信息服务中心，开展价格信息咨询、价格评估、价格证明等价格服务，价格认证业务开始起步。1992 年在镇江市价格事务信息服务中心的基础上成立镇江市价格事务所，从事担任企事业单位的价格顾问、编印发行价格信息、提供价格法规、政策与价格事务专项咨询等服务，同时开始承担盗窃案中的赃物价值评估业务。1993 年按照《江苏省赃物、罚没物、过期无主物和纠纷财物价值估定办法》规定，市价格事务所承担起镇江市“四物”估价鉴定的法定职能。1994 年，最高人民检察院等四部门发布《关于统一估价工作的通知》，巩固价格部门赃物估价法定机构地位，且估价范围由刑事、行政案件开始向民商事案件延伸，承接各级法院的委托，对经济、刑事案件中各类生产、生活资料，有形、无形资产的价格等实施价格鉴定。1997 年成立镇江市价格事务所车损评估部，开展交通事故车损评估，为交警部门处理事故、确定损失提供依据，同时为保险赔偿提供参考依据。后又开辟船损与海事评估业务。1997 年 4 月，国家出台《扣押、追缴、没收物品估价管理办法》，涉案物品价格鉴证开始实行准入制，镇江市价格事务所在镇江市涉案财产价格鉴证中发挥主导地位，承担起市区行政执法案件，公安部门所有刑事、治安案件，镇江市中级人民法院刑事、民商事案件中的涉案财产价格鉴证任务。

2000 年，镇江市价格事务所更名为镇江市价格认证中心，专职接受法院、检察院、仲裁委、纪委、公安及行政执法机关的委托，对涉案财产价值进行评估鉴证及价格认证服务。同时退出社会中介评估业务，成为专职从事涉案价格鉴证、价格认证的事业单位。2001 年，价格认证中心开拓旧机动车交易价格认证，为国有旧机动车及自愿委托的车辆提供价格水平合法性及合理性认证。2003 年为规范普通商品住宅价格行为，镇江市开展普通商品住宅成本认证。2005 年根据国务院第 412 号令和国家发改委第 32、33、34 号的规定及价格主管部门的委托，价格认证中心开始从事价格评估机构资质认定、价格评估人员执业资格认定、价格鉴证师注册 3 项行政许可业务。

5. 价格拍卖 1992 年 7 月，改革开放恢复拍卖活动后，镇江市第一家拍卖机构镇江市拍卖行（镇江市物价局下属单位）成立，并于 1998 年改制为股份制有限责任公司，2004 年取得 AA 级拍卖企业资质。镇江市拍卖行有限责任公司为镇江市人民政府指定公物拍卖机构，法院、海关、银行等单位定点拍卖机构，自成立后先后举办通信吉祥号码、汽车吉祥牌号、中小企业改制、破产企业、银行抵贷资产、城市公厕管护经营权和城市道路广告位租赁权等各类拍卖会近 330 场次，累计成交额超过 8 亿元。

第五章 质量技术监督管理

1983 年 6 月 15 日，镇江市标准局被设置为市人民政府二级局机构，1983 年 8 月 3 日更名为镇江市标准计量局，主要实施计量管理、标准化管理和质量监督管理。1989 年成立镇江市标准计量情报所。1994 年 12 月 1 日建立镇江市技术监督稽查队。1996 年 11 月 15 日更名为市技术监督局，由市计划与经济委员会管理，机构规格为正处级。1999 年 11 月 12 日，省政府下发《江苏省质量技术监督系统实行垂直管理体制的实施方案》，全省技术监督局统一改为质量技术监督局，镇江质量技术监督局为省质量技术监督局的直属机构，县（市）质量技术监督局为镇江质量技术监督局的直属机构。稽查队改称稽查支队。将计经委的质量管理和生产许可证管理机构，劳动部门的锅炉、压力容器、电梯、防爆电器、起重机、场内机动车辆、架空索道、大型游艺机等特种设备安全监察管理机构和检测机构连同机构名称、编制、人员、资产，一并划入市质量技术监督局管理。2005 年，卫生部门承担的食品生产加工环节的监督职能划归质量技术监督部门监管。

第一节　计量管理

一、计量标准

计量标准器具简称计量标准，包括社会公用计量标准、企事业单位最高计量标准及其他计量标准。1983 年，社会公用计量标准 16 项。1994 年建立社会公用标准 78 项，开展长度、热工、力学、电磁、化学、无线电和时间频率等 7 大类 300 余种计量器具的检定和测试工作。2005 年增至 10 大类 95 项。

二、法制计量

根据国家、省计量行政管理部门要求，1979 年 1 月 1 日起，镇江全市中医处方用药（包括病历书写、处方、划价、用药、账目、中药材料批发与零售、中成药生产投料、出厂包装、地方药品标准等）一律采用米制计量单位，废除市制单位。旧制（市制）戥秤一律改成米制戥秤，废除“两、钱、分”等计量单位，采用“克、毫克、升、毫升”等计量单位。

自 1986 年 1 月 1 日起，全市新制订的技术标准、计量器具检定规程、新设计制造的仪器设备及图纸、使用说明书、操作规程、产品标牌等一律使用法定计量单位。机关、企事业单位报表、公文、公函、学校教科书等也同时一律使用法定计量单位。黄金、白银等贵金属同时废止“两、钱、分”计量单位，改用“克、千克”等国家法定计量单位。1988 年，全市推出新公斤秤近万支，改制万能材料试验机 220 台、测力计 15 台、标准压力表近 500 台件、普通压力表 11000 台件。推广和普及公斤秤，至 1990 年，镇江市在用非法定计量单位计量器具的改制工作基本结束。政府机关公文、统计报表、新闻稿件和主要工农业产品以及企事业单位的技术文件、图纸资料、广告标签等大多采用法定计量单位。

自 1992 年 1 月 1 日起，镇江全市在统计工作和对外签约中一律使用国家规定的土地面积计量单位。如平方公里（100 万平方米，km^2），公顷（1 万平方米，hm^2），平方米（1 平方米，m^2）。

三、民生计量

1986 年根据《江苏省医疗卫生计量管理暂行办法》，市标准计量局首次组织对医疗器具的检查，共检查市、县 7 所医院的血压计、体温表、酸度计和分光光度计共 450 只，合格的为 220 只，合格率为 48.9%，为此要求每个医院必须做好强检器具的登记造册工作，以后定期由计量所到各医院进行检定，各医院的医疗计量器具的准确度逐年提高。

1987 年，镇江制订《镇江市出租汽车里程计价器装配检定管理办法》。规定自 1988 年 7 月 1 日起，市内出租车必须装备里程计价器，凡未装的一律不准营业，违者处以罚款。1994 年，镇江市在全省率先开展验光镜片箱和自来水分水表强制检定。

1995 年,国家质量技术监督局出台行政规章定量包装商品计量监督规定,凡定量包装商品,其包装商品净重的平均值与标称重量的误差应大于等于零,即其净含量的平均值应大于或等于标准值。同年,质监局组织检查,500 多种定量包装的商品共 3600 包,合格的 3450 包,合格率为 96%。

1998 年 8 月 28 日发布的《江苏省贸易计量监督管理条例》,在全国范围率先把商品和服务的经营者使用计量器具对商品和服务进行计量的行为纳入法制管理轨道。同年 9 月至 1999 年,镇江重点管理和监督税控加油机、定量包装商品、零售商品称重、商品房面积、出租车计价器的计量。加强对电话计费器、水表、电能表等商贸用工作计量器具的监督和管理力度,各类电子计费计量器具都列入强制检定范围。

四、工业计量

1984 年 4 月,国家计量局颁发《工业企业计量定级、升级办法(试行)》和《工业企业计量定级、升级评分标准》;10 月,江苏省计量局发布《我省工业企业计量工作定级、升级的实施意见》。1985 年,市标准计量局组织在全市开展工业企业计量工作定级、升级,并发定级、升级企业计量合格证书,有效期 3 年。同年,全市计量定级企业计 90 个,其中,二级 19 个,三级 71 个。至 1990 年,全市计量定级企业累计达 755 个,其中,一级 2 个,二级 53 个,三级 507 个,验收合格 193 个。1992 年开始,对有一定管理基础的企业实行《计量法实施报告手册》制度,建立以企业自我管理的自律机制。1996 年 4 月 4 日,江苏省质量技术监督局发布《江苏省企业计量实施意见》,按照企业自愿申请、政府计量管理部门给予指导、帮助和评价的原则,针对不同类型企业开展完善计量检测体系、计量保证和计量合格 3 个层面上的确认工作。全市停止企业计量定级、升级和验收达标等评审考核活动。至 2005 年,全市共有 3 家企业通过计量体系确认,40 家企业通过计量保证确认,627 家企业通过计量合格确认。

五、计量器具强制检定

1987 年 5 月 28 日,国家计量局发布《中华人民共和国强制检定的工作计量器具明细目录》。全市各级计量管理部门依据法律,开始对社会公用计量标准器具、部门和企事业单位使用的最高计量标准器具,以及用于贸易结算、安全防护、医疗卫生、环境监测方面列入强制检定目录的工作计量器具实行强制检定。

1989 年,市标准计量局根据国务院颁发的《中华人民共和国强制检定的工作计量器具检定管理办法》,开始对煤气表、水表、电能表进行监督管理。煤气表由市煤气表计量检定站检定,水表由市水表计量检定站检定,电能表由供电部门计量所检定。

六、计量器具制造与管理

《中华人民共和国计量法》规定:凡制造和修理计量器具的企业应申请办理许可证,取证后应统一使用 CMC(中华人民共和国制造计量器具许可证)标志。1986 年,镇江市对生产计量器具的企业进行排查摸底,登记造册。1987 年,原国家计量局颁布《制造、修理计量器具许可证管理办法》,制造、修理计量器具的企业必须向计量管理部门申请制造、修理计量器具许可证。经审核合格取得许可证后,方可制造、修理计量器具。计量器具产品由生产厂检验合格后出厂,政府计量管理部门负责监督检查。1987 年,镇江市对 116 家(含个体户)制造、修理计量器具的企业进行审查评定,并发放许可证。1992 年抽查 42 家企业的 104 个产品,合格率为 95%。1997 年对全市所有的计量器具生产企业进行复查年审,发现 11 家企业不符合要求,吊销其许可证。1999 年 2 月 14

日，国家质量技术监督局发布新的《制造、修理计量器具许可证管理办法》。至2005年，全市有60家企业获得制造计量器具许可证。

第二节　标准化管理

1988年12月，《中华人民共和国标准化法》颁布，1989年4月1日正式实施，此法规定标准化工作的任务是制定标准、组织实施标准和对标准实施进行监督。

一、工业标准化

1. 地方标准制定、修订　从1989年开始，市标准计量局根据镇江市实际情况，对镇江市地方标准进行清理，转化。市标准局采取监督与服务相结合的方针，简化审查手续，会同市工业主管部门先后深入到县（市）、区进行集中审查、转化，到1992年上半年，全市的清理、转化工作全部结束。市地方标准和市批企业标准全部废止、或依法转化为企业标准。

2. 企业标准制定、修订　企业生产的产品没有国家标准、行业标准或者地方标准的，应当依法制定企业标准，作为贸易的依据。1989年4月开始在贯彻《江苏省企业标准暂行管理办法》的基础上，制定实施该管理办法的实施意见，下放企业产品标准审批权，实行企业产品标准由企业自行批准发布后30天内报市、县（区）质监局和有关行政主管部门备案的制度。

企业标准的编写应贯彻实施GB/T 1.1、GB/T 1.2等国家标准。企业标准编号用企业代号由企业所在的县（市）、区质监局赋予，镇江市区的企业由市质监局赋予。企业标准编号方法为：

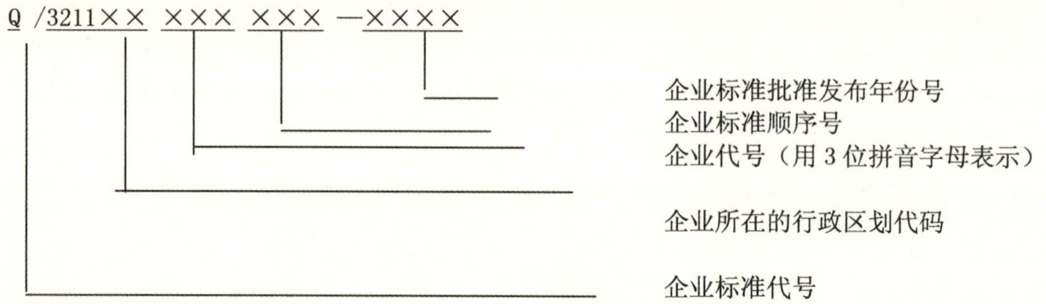

图21-3　企业标准编号

到2005年，镇江全市企业累计制定、发布、实施3860项企业标准。

3. 企业标准备案　企业标准备案是企业依法将批准发布的企业产品标准告知标准化行政主管部门，并由标准化行政主管部门存档备查的行为。企业产品标准批准发布后30日内，应当报当地标准化行政主管部门和有关行政主管部门备案。质监局标准化行政主管部门在收到备案材料后，依法办理备案。不符合规定要求的企业标准，不予备案并告知企业。企业产品标准备案有效期为3年，备案到期的企业产品标准，应及时复审（修订），并重新办理备案手续。从1992年起，企业产品标准备案时，同时在《企业产品执行标准证书》上登记。

4. 消灭无标生产　市标准计量局对大量的中小型企业、乡镇企业，有计划推行标准化技术培训，要求企业的生产负责人、技术负责人、专兼职标准化员参加标准化技术培训。1988～2005年通过函授、面授等形式培训中心企业、乡镇企业的生产管理、技术人员共1万余人，加强企业技术基础工作，加快企业标准制定的速度和企业贯彻标准的自觉性。

1992年按省标准局布置，在全市推行《企业执行产品标准证书》制度，凡生产企业，必须将执行产品标准在证书上登记。全市实行消灭无标准生产的动态管理。

1993年7月，江苏省人民政府办公厅苏政办发〔1993〕39号印发《关于进一步加强标准化工作的意见》,要求江苏省乡镇工业的标准覆盖率达到90%,国有企业标准覆盖率达到95%以上的目标。镇江市标准计量局落实企业产品标准证书登记制度,并逐步开展年审工作。1998年8月,全市全面实现消灭无标生产,成为全省第六个消灭无标生产的省辖市。全市工业产品标准覆盖率从66.5%上升到99.2%。到2001年中国加入世界贸易组织,标准化工作不再提消灭无标生产。

5. 采用国际标准　采用国际标准是指中国的标准和产品采用国际标准或国外先进标准,简称采标。采标工作按省质监部门下达的采标年度项目计划实施。1990年,省质监部门决定简化采标验收手续;3月,省质监部门在《关于"采标"复查的若干规定》中明确:采标复查重点是考核标准水平、生产条件和产品质量3个方面。1992年3月,省质监部门发出的《关于加强采用国际标准管理和简化验收手续若干问题的通知》规定,为减轻企业负担,保证验收质量,采标验收应抓重点,力求简化,不搞重复检查。验收的重点是考核标准水平、生产条件和产品质量3个方面。采标验收依据的核心是:采用标准是现行的国际标准和国外先进标准;产品技术性能和质量指标以及检测方法和检测手段应与采用的标准一致;产品检测结果应达到或超过采用标准的技术性能的质量指标。1992年起,采标验收工作由省质监部门委托市质监部门组织,验收后有关资料上报质监部门审批、发证。2004年起,采标发证改为省、市两级发证,企业产品执行已采用的国际标准、行业标准的,由市质量技术监督局批准发放采标标志证书。企业产品执行采标企业标准的,由市质量技术监督局初审后,上报省质量技术监督局审批、发放采标标志证书。至2005年,全市1720项工业产品采用国际标准或国外先进标准。

6. 建立企业标准体系　1989年,省质监部门颁布《江苏省工业企业标准化水平定升级考核管理办法(试行)》,开始对工业企业的标准化水平进行考核验收工作。企业标准化水平定升级考核实行自愿原则,主要考核企业标准化管理、技术标准体系、管理标准和工作标准、贯彻标准能力和经济效益。

2003年起,省质监局开展标准化良好行为企业试点工作,同年,镇江市有7家企业列入试点。到2005年,镇江市有45家企业列入试点。标准化良好行为试点主要工作是:在企业贯彻实施《企业标准体系》国家标准,建立起以技术标准、管理标准和工作标准构成的企业标准体系,打牢企业综合管理基础,再通过标准体系的有效运行,提高管理质量和成效。按企业标准体系的完善程度和运行效果的不同,对标准化良好行为企业的确认(GSP确认)结果分为4个级别,即A级、AA级、AAA级和AAAA级。

二、农业标准化

农业标准化是农产品生产、加工、管理和流通等农业行为都达到按照标准进行状态。农业标准化工作主要是制定农业标准和推动农业标准的实施。

1. 农业标准制定　镇江市起草制定的农业标准主要包括《江苏省农业地方标准》《镇江市农业地方标准》《农业企业标准》。

从2001年开始,市质监局每年牵头组织农林部门各有关单位,提出农业地方标准的制定、修订计划和立项申请。制定农业地方标准的对象是镇江地区需要规模化生产、产业化经营的特色、高效农产品。

标准获得立项后,组织起草单位起草标准,经过反复修改后形成送审稿上报省(市)质监局,由省(市)质监局邀请省(市)内专家,对标准送审稿进行审查,审查修改后形成报批稿,由省(市)质监局批准发布并实施;市地方标准还须报省质监局备案。镇江市地方标准编号如下:

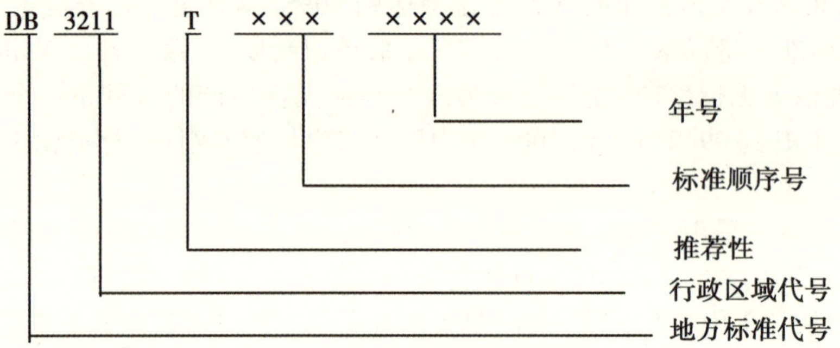

图 21-4　镇江市地方标准编号

到 2005 年,全市起草制定江苏省农业地方标准 20 项,镇江市农业地方标准 64 项。其中,蔬菜类标准 28 项、林果类标准 27 项、畜牧类标准 4 项、水产类标准 12 项、农作物类标准 13 项。

2. 农业标准实施　建立农业标准化示范区是实施农业标准的有效措施。市质监局组织各县(市)、区政府结合当地农产品特点,申报国家级和省级农业标准化示范区,在示范区内实施相关的农业标准,含国家标准、行业标准、省(市)农业地方标准,取得较好的经济效益和社会效益。

到 2005 年,农业标准化项目涉及粮食、蔬菜、水果、畜禽、水产、茶叶等 40 多种农产品,标准化养殖家禽 73.7 万头(只),标准化种养成面积达 4.93 万公顷,占可种养面积的 17%。示范区的农户专项生产的经济效益比原来提高 23%。

三、服务标准化

1995 年 6 月,市标准计量局会同市财办、物价局组织对全市餐饮业进行等级评定工作,餐饮业定级标准分成 4 个级别:特级、一级、二级、三级,市区 150 家饭店中首批评定出 32 家等级饭店和特色饭店。其中,特级饭店 4 家、一级饭店 16 家、二级饭店 11 家、三级饭店 1 家。宴春酒楼、金聚德烤鸭大酒楼、民族饭店、欧罗芭酒家被评为特级饭店。从 1995 ~ 1996 年对自主申请的 209 家饭店逐一进行评定,评出特级饭店 9 家,一级饭店 48 家,二级饭店 74 家,三级饭店 78 家。

2002 年,镇江市制订《镇江市旅游景区游览服务质量规范》和《镇江市眼镜验配服务质量规范》等指导性文件,先后在镇江风景名胜游览、眼镜验配、住宅物业管理、服装洗染、加油站、供电、通信、零售商品、住宅装潢等 9 个行业 58 家服务性企业中探索开展服务标准化,起草 80 多项服务标准,建立 100 多项标准化服务规范。

四、地理标志产品保护

地理标志产品是指产自特定地域,所具有的质量、声誉或其他特性本质上取决于该产地的自然因素和人文因素,经审核批准以地理名称进行命名的产品。

2000 年起,市质监局牵头,贸易局、恒顺集团等单位提出、论证申报“镇江香醋”的地理标志产品保护,起草镇江香醋国家标准,并先后通过由中标协组织的专家标准审查和由国家质检总局组织的原产地域产品镇江香醋专家组的技术审查,到 2001 年 12 月,“镇江香醋”经国家质检总局批准注册,获得地理标志产品保护(当时称原产地域产品保护),2002 年发布实施 GB 18623－2002 镇江香醋国家标准。“镇江香醋”成为全省第一个、全国第五个获得原产地域保护产品(2005 年 6 月改为地理标志产品)。

五、标准情报

1989 年,镇江市标准计量情报所成立,镇江开始有标准信息收集、编目、整理、咨询服务的专职机构,1998 年更名为镇江市技术监督情报所,从事标准情报服务和组织机构代码管理工作。围绕镇江市工业产品结构和企业开展标准化工作的需要,收集齐全强制性标准并有针对性地收集推荐性国家标准和行业标准,注意收集国际和国外发达国家标准目录及有关标准、法规的中文译本,及时整理编目、加工上架,及时清理作废标准。先后与省情报所、中国标准出版社等标准研究、出版机构建立标准资料直供关系,使最新发布出版的标准文本,在最短时间到达镇江市以满足相关企业的需求,至 2005 年,市情报所馆藏标准文本 26.8 万件。

六、组织机构代码

1993 年,镇江市开始组织机构代码工作,市情报所作为镇江市组织机构代码证书的发证和管理的办事机构。市情报所利用银行清理基本账户和税务部门年检的时机,查验代码证书,提高办证率和换证率。从代码数据库中调出所有到期换证单位名单,采用信函并辅以电话形式,确保通知到位不遗漏。深入园区、乡镇现场办公,办理企事业单位就近办理代码证书换发证工作。至 2005 年,市情报所负责管理的市直和京口、润州、镇江新区组织机构现行有效代码证书,数据库拥有量为 1.87 万件。

七、商品条码

商品条码管理工作开始于 1990 年,到 21 世纪初大型超市快速发展,带动日用品和食品等生产企业较普遍地使用商品条码。至 2005 年,市区商品条码系统成员达 195 个。1992 年,镇江市开始对印刷商品条码的企业进行认定。2000 年开始改发国家级证书。到 2005 年,镇江市有 3 家企业获得印刷商品条码的国家级资格证书。

第三节　质量监督与管理

一、质量监督检查

产品质量监督检查,主要有产品质量统一监督检查、产品质量监督抽查、产品质量定期监督检查等形式。根据国家有关规定,产品质量监督抽查工作由国家局、省局分别制定计划和组织实施。省质监局和镇江质监局分别组织实施省级和市级产品定期监督检查工作。市级产品定期监督检查工作,要由市局上报下一年度全年全市产品定检计划(拟定完成季、月、时间、检查批次、承检单位、检查企业、产品名称、型号等),由省局批准后各市组织实施。市级定检计划不得与省级计划重复,原则上 1 个企业不得抽查 2 次。经过省局批准的定检计划工作可以按规定向被检单位收取检验费用。国家和省局根据需要分别制定国家和省级产品质量统一检验计划并发布统检细则下发有关检验机构实施。对市级产品质量统一监督检查,镇江局可根据当地产品情况对酱油、香醋、鞋类、化肥、农药、汽车配件、农资产品等组织相应统检。1993 年 1 月 1 日起实施新计划,并规定:凡未列入全市质量监督计划的产(商)品一律不得检验,把质量监督计划纳入法治轨道。

2001 ~ 2005 年,省以上抽查全市产品合格率分别为 77.59 %、80.7%、87.7%、89.1% 和 91.68%。2001 年,镇江局启动申请国家免检产品工作;至 2005 年,全市有国家免检产品 11 个。

2001～2005 年镇江获得国家免检产品一览表

表 21-21

企 业 名 称	产品名称	批准年份
江苏赛博电子有限公司	彩色电视接收机	2001
江苏恒顺醋业股份有限公司	酿造食醋	2002
金东纸业(江苏)有限公司	铜版纸	2003
嘉新京阳水泥有限公司	水泥	2003
江苏丹化集团有限责任公司	强化复合木地板	2003
镇江飞达制衣有限公司	宜禾牌服装(西裤)	2004
江苏堂皇床上用品集团公司	堂皇牌床上用品	2004
中电电气集团有限公司	变压器、干式变压器	2005
丹阳肯帝亚木业有限公司	木地板、强化复合地板	2005
大亚科技集团有限公司	人造板、纤维板	2005
丹阳市同乐面粉有限公司	小麦粉、通用粉、专用粉	2005
江苏恒顺醋业股份有限公司(2005 年通过复审)	酿造食醋	2005

二、产品生产许可证发放

1984 年,国务院发布《工业产品生产许可证试行条例》,公布实施工业产品生产许可证产品目录。规定目录内产品取得工业产品生产许可证后才能生产和销售,国家经贸委成立全国工业产品生产认可证办公室,设在国家标准局,统一组织领导工业产品生产许可证工作。1989 年,国家质量技术监督局发布《查处无生产许可证产品的实施细则》。1999 年 11 月,市质量技术监督局从市经委接管全市生产许可证工作,受省质量技术监督局的委托,市质量技术监督局对实行生产许可证管理产品的企业加大帮扶力度,帮助企业建立和完善产品质量检测室,按照生产许可证发证要求建立质量管理和质量保证制度,做好生产许可证初审工作。2002 年,国家质量监督检验检疫总局发布《工业产品生产许可证管理办法》。2001～2005 年,镇江工业生产许可证发证分别为 38 件、42 件、45 件、59 件与 174 件。

2003 年,国家质量监督检验检疫总局发布《食品生产加工企业质量安全管理办法》,将食品纳入生产许可证管理产品。镇江市对涉及人民健康的大米、小麦粉、食用植物油、酱油、食醋等 5 类产品的 117 家企业进行审查合格后发放许可证。2004 年对大米、小麦粉、食用植物油、酱油、食醋等食品进入无证查处阶段。至 2004 年,全市 25 家企业取得肉制品、乳制品、饮料、调味品(糖、味精)、方便面、饼干、罐头、冷冻饮品、速冻面米食品、膨化食品等新 10 类食品生产许可证;对糖品、酱腌菜、茶叶、黄酒、啤酒、葡萄酒及果基、炒货、可可制品、焙炒咖啡、淀粉及淀粉制品、水产制品、蛋制品、蜜饯等新 13 类食品生产许可证的准入情况进行调查。同年,全市取得食品生产许可证企业数为 142 家。

2005 年实行市场准入的产品扩大到 28 类、525 种,全市有 204 家企业获得食品生产许可证。2005 年,全市组织对食品生产加工企业的巡查达 1000 多次,组织香醋、肉制品等专项整治或专项调查 10 多次。从 2005 年国家和省级产品质量监督检查结果来看,全市发证企业食品质量持续稳定。

三、名牌产品申报

1995年根据省政府关于实施名牌战略大力发展江苏名牌产品的意见，市经委牵头组织科技含量高，具有一定生产规模、社会知名度和市场占有率的产品进行申报。1999年11月，市质量技术监督局从市经委接管名牌产品申报工作。2000年，全市有21个产品列为省名牌产品，其中有2个是省重点名牌产品，认定32个特色产品为市重点保护产品。2000年，索普集团被评为国家质量管理先进企业，国家质量奖实现零的突破；钛白粉有限公司获得省质量管理奖。2002年成立镇江市名牌产品认定委员会，2003年出台《镇江市名牌产品认定管理办法》，由市质监部门牵头组织认定镇江市名牌产品。2005年更名为镇江市名牌战略推进委员会。至2005年，镇江市创中国名牌产品4个，江苏名牌产品60个，省信用产品13个。

2002～2005年镇江市获中国名牌产品一览表

表21-22

企业名称	产品名称	批准年份
江苏堂皇床上用品集团公司	堂皇牌床上用品	2002
江苏恒顺醋业股份有限公司	食醋	2003
中电电气集团有限公司	变压器干式变压器	2005
江苏鱼跃医疗设备有限公司	医疗器械	2005

四、质量兴市活动

2002年，镇江市分别下发《镇江市质量振兴实施意见》）和《镇江市质量振兴工作联席会议制度实施意见》等，组织开展全市质量兴市活动。2003年，扬中市作为江苏省第一批试点县级市开展活动，率先通过省级验收并获全国质量兴市先进市（县）称号。2005年，丹阳市质量兴市活动通过省级验收，获江苏省质量兴市活动先进市（县、区）称号。

五、行政执法与打假治劣

1984～1988年，质量技术监督行政执法主要是由市标准计量局对度量衡器的制造、修理、使用进行监督检查，对市场产品、农资等进行产品执行标准方面的监督检查。1989年以后，依据国务院办公厅《关于严厉惩处经销假冒伪劣商品责任者的通知》要求，开始对市场商品组织监督检查，查处违反标准、计量等法律法规的违法行为。同年依据国办发1989年第61号文，由市标准计量局、市工商行政管理局等执法部门，成立严厉打击在商品中掺杂使假行为办公室，打击假冒伪劣行为成为质量技术监督行政执法的重要内容之一。1995年，市人民政府成立由市标准计量局、市工商行政管理局等15个部门组成的打假治劣领导小组，由市政府统一领导、市标准局牵头，组织和协调全市打假治劣工作。

2002年，国务院机构改革，对质量技术监督工作职能进行调整，加大质量技术监督工作行政执法力度，全面负责产品生产源头的打假治劣工作，并将原劳动局负责的锅炉、压力容器、特种设备的监管和执法工作交由质量技术监督局负责。2003年7月，镇江质量技术监督局在全省率先探索使用说理式行政处罚决定书，随后在全市系统推行全程说理式执法。说理式行政处罚决定书获得全省质监系统行政执法创新奖，镇江质量技术监督局被中宣部、司法部评为“四五”普法全国宣教先进单位，被质检总局评为全国质检系统“四五”普法先进集体、全国打假工作先进单位。从1994～2005年，镇江质量技术监督系统捣毁制假售假窝点391个，出动执法人员3.67万人次，共查办制假售假案件7557起，查获涉案产品货值5.8亿元。

第四节 特种设备管理

1983年3月,镇江市劳动局内设锅炉压力容器安全监察科,负责锅炉压力容器安全监察。1988~1999年底,锅炉压力容器和特种设备(包含电梯、起重机械、厂内机动车辆、客运索道),由镇江市劳动局锅炉压力容器安全监察处和劳动保护安全监察处分别管理。1999年11月按照国务院行政职能的划分,锅炉压力容器监察处全部和劳动保护安全监察处(特种设备)部分划转到镇江质量技术监督局,设立锅炉压力容器安全监察处,原处室职能不变。2002年更名为特种设备安全监察处,负责全市特种设备设计、制造、安装、修理、改造、使用、检验等环节的安全监察。

一、特种设备行政许可

1983年对在用锅炉压力容器进行使用登记,发使用证。1985年实行锅炉产品监督检验。1986年对压力容器产品监督检验。1988年,全市在用锅炉1008台,压力容器4390台。定期检验锅炉580台,压力容器362台。产品监督检验锅炉191台,压力容器307台。

1989年,全市实施电梯、起重机械检验发证管理,经检验合格后,发给《检测报告书》、电梯使用登记证、起重机械准用证。1993年实施对厂内机动车辆整治检测发证、发牌。1999年,全市注册登记锅炉1498台,压力容器7480台,起重机械1981台,电梯732台,厂内机动车辆1051台。2003年起对起重机产品出厂进行监督检验,同时对全部机电类特种设备安装全过程实行监督检验。2005年,全市注册登记锅炉3114台,压力容器8600台,起重机械4560台,电梯1566台,厂内机动车辆3301台,游乐设施7台,客运索道1条。

全市特种设备生产企业经过改制重组、产品结构调整以及国家有关特种设备许可证换证复审。至2005年,全市从事特种设备的生产企业有46家,共取得锅炉制造许可证10个,锅炉安装维修许可证9个,压力容器设计许可证3个,压力容器制造许可证14个,压力管道设计许可证1个,压力管道元件制造许可证7个,压力管道安装许可证4个,起重机械制造许可证1个,起重机械安装维修许可证5个,电梯安装维修许可证8个。

二、特种设备监督检查

1987年,市计经委、劳动局等部门联合开展先进锅炉房评比活动,评选出7个优等锅炉房和22个单项先进锅炉房。1988年评选出28个优等锅炉房和57个单项先进锅炉房,并开展E级锅炉普查摸底工作,全市共有150台。1989年开展锅炉房综合治理工作,对全市锅炉房进行普查摸底,对116个比较大的锅炉房进行评等升级竞赛活动,有28个锅炉房评为优等锅炉房,20个锅炉房评为安全先进锅炉房。

1989~1992年,全市对20世纪50年代和“文化大革命”时期投入使用的、年久失修、制造质量低劣、安全状况不良的容器,分批进行整顿、治理,对需修理、改造及在用压力容器,由具有相应资格的单位,按规定进行整修。通过治理整顿,全市压力容器使用单位471家,在用压力容器5677台,安全状况等级1~3级5049台,4级617台,5级11台。共发压力容器使用证3327台,判废压力容器435台。

1999年,全市开展锅炉压力容器安全大检查。劳动局、建委、消防等部门联合对液化气充装站进行安全检查,抽查138只钢瓶,对超期未检的30只钢瓶作强制性送检处理,查封1家无证充装站。劳动、卫生部门联合对卫生系统9个单位的医用氧舱进行安全检查,6月组织对医用氧舱进行改造验收。劳动、公安、工商、技术监督等部门联合开展土锅炉整治工作,2~6月,全市共查锅炉508台,发整改意见书178份,报废112台。推行在用压力容器外部检查工作,同年共检验1228台套压力容器。2000 年，全市组织特种设备安全大检查 8 次，出动 2611 人次，检查单位 541 个，查出存在问题及隐患 702 条，发出整改意见书 483 份，整改 689 条，整改率 98.1%。首次开展机电类特种设备普查工作，对 774 台电梯、1783 台起重机械、1061 台厂内机动车辆立档建账，全市更换电梯准用标志 626 块。开展土锅炉专项整治，全市共查出土锅炉 576 台，报废 298 台，改常压 231 台，查封停炉 47 台。开展液化石油气充装专项整治，全市 67 个液化石油气充装单位，有 45 个取得注册登记，受理申请 16 个，2 个充装站停产，1 个被查封，3 个充装站被责令停业整顿。

2001 年，全市开展锅炉房达标创先活动，5～6 月检查验收全市 1 吨以上锅炉。全市 546 个锅炉房，合格 517 个，其中先进锅炉房 60 个。全市共组织特种设备安全生产检查 5 次，检查单位 989 个，查出问题 1009 条，整改 963 条，整改率 95.44%。2002 年，全市开展"土锅炉"专项整治，累计检查"土锅炉"809 台，改常压 135 台，报废 606 台，封停 18 台。开展气瓶安全专项整治工作，全市各类气瓶充装单位 78 个，取得充装注册登记证 66 个，通过审查上报 9 个。9 月完成特种设备普查登记工作，并通过省级验收，全市锅炉 2531 台，压力容器 5436 台，电梯 882 台，起重机械 2517 台，厂内机动车辆 1491 台，游乐设施 25 台，客运索道 1 条。总计设备 12883 台（含停用 676 台），其设备总数较普查前增加 2747 台。

2003 年，全市组织特种设备安全大检查 5 次，共出动 823 人次，检查单位 1255 个，检查特种设备 2395 台，出具监察意见通知书 359 份，处理隐患及问题 682 条。开展电梯安全专项整治，对全市 939 台在用电梯全部更换安全检验合格标志牌。联合建设局组织开展起重机械安全专项整治工作，对 277 台存在不同问题和隐患的起重机械进行专项整治，对 501 名无证起重工集中开展培训考核。2004 年，全市开展压力管道专项普查工作，共出动 1398 人次，普查单位 709 家，各类管道汇总总长度 420.71 公里。组织特种设备安全生产大检查 6 次，出动 452 人次，对 526 家使用单位，1469 台特种设备进行检查，共查出存在问题 389 条，发出监察指令书 148 份，已整改 384 条，整改率 98.72%。全市完成在用锅炉定期检验 1406 台，压力容器 1252 台，电梯 794 台，起重机 967 台，锅炉产品监检 1125 台、压力容器 4018 台（套）、起重机械 21 台。安装监督检验锅炉 197 台、压力容器 56 台（套）、电梯 164 台、起重机械 614 台。

2005 年，全市开展电梯维保单位整治工作，对在镇江市从事电梯维保工作的本市及外省市单位进行检查，有 17 家维保单位符合规范要求，清理不合格维保单位 6 家；开展重大危险源普查登记，全市危险源单位 43 家，共 84 台设备，其中锅炉 29 台，压力容器 55 台，压力管道 983 米，初步建立重大危险源档案，为实施重大危险源监控和监督管理、落实企业安全生产主体责任打下基础。开展道路危险化学品和危化品气瓶安全专项治理；配合市安监、海事等部门开展全市水上风景旅游区安全专项整治工作（水上脚踏船）和镇江青龙山筒石料码头事故隐患的专项治理（厂内机动车辆）。完善《镇江市特种设备重特大事故应急救援预案》，提高应对突发事故的能力，4 月下旬进行焦山索道停车事故的救援演练；5 月下旬在江苏招商局道达尔液化石油气有限公司进行 2000 立方米球罐根部法兰泄漏事故的救援演练。组织特种设备安全检查 7 次，共检查特种设备生产、使用单位 512 家，出动 1150 人次，检查设备 3460 台次，查出问题 616 条，发出特种设备安全监察指令书、安全监察意见书 310 份，整改率 98.05%。完成各类特种设备定期检验 7967 台，定检率均达到 97% 以上，其中，锅炉定检 1676 台、容器定检 1967 台、电梯定检 979 台、起重机械定检 1082 台、厂车2254 台。

三、特种设备事故

2000～2005 年，全市共发生特种设备一般事故 12 起，死亡 9 人，直接经济损失 131.68 万元，未发生较大以上事故。其中，2001 年发生事故 3 起，死亡 3 人；2002 年发生事故 2 起，死亡 2 人；2003 年发生事故 1 起，死亡 1 人；2004 年发生事故 2 起，死亡 2 人；2005 年发生事故 4 起，死亡 1

人。按发生事故的设备分类，厂内机动车辆事故5起，起重机械事故3起，电梯事故1起，锅炉事故1起，压力容器事故1起，气瓶事故1起。分析事故原因，违章操作事故10起，占事故总数的83.33%；违章指挥事故1起，占8.3%；其他原因1起，占8.3%。

第六章　食品药品监督管理

1983年，镇江市医药公司成立，负责全市药品市场管理和药品生产经营企业的行业管理，镇江市卫生局设置药政管理处，负责全市药品质量监督管理工作。1998年改名为镇江市医药管理局。2001年7月26日，江苏省镇江药品监督管理局挂牌组建，为江苏省药品监督管理局直属机构，是主管全市药品监督的行政执法机构。同年，丹阳、丹徒、扬中、句容药品监督管理局组建，隶属镇江药品监督管理局。2005年7月在原江苏省镇江药品监督管理局的基础上，新组建江苏省镇江食品药品监督管理局，新增履行食品安全工作组织协调、综合监督和依法开展对重大事故查处的职能。同年，丹阳、丹徒、扬中、句容食品药品监督管理局成立。2005年8月，镇江市成立食品安全委员会，下设食品安全委员会办公室，办公室设在镇江食品药品监督管理局。

图21-5　2005年7月，江苏省镇江食品药品监督管理局挂牌成立

第一节　食品综合监督管理

镇江食品药品监督管理局成立后，先后制定《重大食品安全事故应急预案》《食品安全事故处理程序》《食品安全工作综合考评暂行办法》《重大食品安全事故行政责任追究暂行办法》《食品安全信息管理暂行办法》等制度。

2005年，全市开展食品安全状况调研和评价，深入中盛粮油、长江乳业等4家企业调查食品安全质量情况，完成对镇江恒大调味品有限公司、镇江万源酱醋有限公司和江苏天宁香料有限公司等3家企业的食品安全信息收集工作。2005年，江苏省食品安全综合评价组对全市食品安全工作进行综合评价，镇江市被评为食品安全工作优秀城市。

2005年，镇江食品药品监督管理局牵头组织饮料、酒类专项整治和“十一国庆”“十运会”等重大节日食品安全专项检查，净化全市食品市场环境。

第二节　药品监督管理

一、药品日常监管

1984年1月，镇江市卫生局在丹阳县界牌医院召开医疗单位中药房整顿现场会。1985年6月

28 日在大市口公开烧毁伪中药柴胡、伪葛根等 6 个假药品种，计 1550 公斤。全市销毁伪劣药品价值 14 万元，其中医疗机构伪劣药品价值 3.81 万元。1986 年 5、6 月，市人大常委会组织市人大代表分组赴各县（区）药品生产、经营和医疗单位视察《中华人民共和国药品管理法》贯彻执行情况，协调卫生、公安、工商等部门，共同制定医药市场管理规定。同年处理假劣药品案件 20 余起，其中比较严重的有丹徒县宝堰制药厂非法生产销售穿心莲胶囊、镇江市第二制药厂醋酸肤轻松等 3 种软膏连续 37 批次污染绿脓杆菌等严重质量事故。同年 10 月，市工商局、卫生局、公安局联合发出《关于加强医药市场管理的通知》。1988 年 10 月下旬，市政协组织部分委员对市区和扬中县药品生产、经营、管理、使用情况进行视察，对存在的问题提出建设性意见。1992 年整顿市场查禁伪劣药品和打击非法游医活动，销毁金坛某公司无证生产的一次性输液器 22000 副。1993 年查出进口价值 30 万元的可疑“胆通”（常春藤植物提取物，肝胆病用药），阻止其流入镇江市场。

1995 年，市卫生局集中开展打假活动，在 6 所医院 12 个药库、20 个药房开展安全药库创建活动，相关单位投资 24 万元，加强药库建设，同年通过省公安厅、省卫生厅检查验收。1996 年，市卫生局检查无证经营和证照不全的药品经营企业，取缔丁卯开发区无证经营药房 1 家。对市医药供销公司转让经营许可证使用权，造成 800 万元诈骗案的违法行为进行处罚；配合省卫生厅查处小衣庄部队制剂室配制制剂及假冒苏星制药厂制造假劣药品案。1998 年对非本市生产诺氟沙星胶囊进行专项检查，抽取 12 个省（市）52 个厂家 186 批次样品，不合格占 33.87%，均为外省产品。1999 年对全市 35 台（其中 CT 机 11 台）大型使用设备使用情况开展普查，及时纠正在非正常状态下工作的现象。2000 年组织 155 人次，重点对涉嫌制售假冒一次性输液（血）器单位进行检查，对查实的假冒伪劣产品进行依法处理。

2001 年 7 月，镇江药品监督管理局组建后，加大对全市药品研制、生产、流通、使用环节的监管力度。同年出动监督检查人员 288 人次，检查药品、医疗器械生产、销售、使用场所 327 家。2002 年开展为期 3 个月的“正源行动”，出动监督执法检查人员 9128 人次，检查涉药单位 2973 个，立案查处各类案件 478 件，涉及物品总值 1024.81 万元，取缔无证经营单位 117 家；查处无证生产药包材产品企业 3 家；对全市 5 家大容量注射剂和 16 家普通制剂的生产单位进行监督检查，覆盖率 100%；会同工商、计生委检查计生药具单位 277 家；提请工商行政管理部门查处违法药品广告 16 件。2003 年开展“正源行动”在农村，非药品冒充药品及擅自添加药品活性成份、药品有效期管理等专项检查，出动执法人员 14321 人次，检查涉药单位 3894 家，立案查处 869 起，结案 787 起，累计涉案金额 700 余万元，没收假劣药品价值 287 余万元，累计罚没款 1010 余万元，取缔无证经营户 230 家，捣毁制假售假窝点 3 个。药监系统与工商部门协作检查违法违规广告 187 起。2004 年，全市开展以“正源行动”保健康为主要内容的执法大检查活动，出动执法人员 8786 人次，检查涉药单位 2748 家，立案查处假冒伪劣药品、不合格器械案件 630 起，结案 589 起，累计立案涉案金额 523.44 万元，没收销毁假冒伪劣药品标值 251.95 余万元，累计查处罚没款金额 952.18 余万元，捣毁制假售假窝点 3 个，提交工商部门查处药品违规广告 150 条。2005 年，全市食品药品监管系统加大药品市场整治力度，开展基层药品质

图 21-6　2004 年，“正源行动”销毁假劣药械现场

量大检查等专项执法行动，制订行动方案，采取切实有效措施，全力开展以乡镇卫生院、村卫生室、个体诊所、厂矿医务室等医疗机构及药品、医疗器械经营企业等单位为重点的药品质量大检查，先后开展对非法回收药品，非法邮购药品、中药材、中药饮片以及医疗器械说明书、标签标识等专项执法检查。累计出动执法人员 9554 人次，检查涉药单位 2610 家，立案查处违法案件 787 起，涉及物品货值 560.69 万元，累计罚没款 1052.44 万元，取缔无证经营户 70 家，捣毁无证生产经营窝点 1 个。食品药品监管局与卫生局联合下发《关于在全市二级医疗机构中开展创建"规范药房"活动的通知》和《在二级医院以下创建"合格药房"的通知》，首次评出 4 家"规范药房"。

1985 ~ 2005 年镇江市对经营中药材、药品单位监督检查情况表

表 21-23

时间		参加检查人数（人）	被查单位数（个）	伪劣药品			处理情况
				种次	重量（公斤）	价值（万元）	
1985.6		–	350	357	1550	14	销毁
1986		–	276	696	115.85	4.14	销毁
1987.4		167	953	1843	–	1.33	销毁
1988		242	1608	–	–	1.20	销毁并处理丹阳、句容销售伪劣药品 327 起
1989	上半年	213	854	1117	–	1.30	销毁
	下半年	47	157	66	854	3	查市第三制药厂假黄芪 1100 公斤，市中药厂假枫香 1000 公斤一起销毁
1990		150	696	913	–	1.30	销毁
1991		–	1038	–	–	1.50	销毁
		–	市中医院 市医药站	伪西洋参 伪草乌	11.70 1100	–	报药政处处理
1992.8		100	120	伪百花蛇舌草等	4100	1.30	销毁
1993		–	665	–	–	1.60	销毁
1994		–	883	7381	–	1.30	罚款 4.6 万元，没收 1.1 万元，销毁价值 0.59 万元假药
1995		–	705	779	–	5.70	销毁
1996		–	1078	6763	–	16	销毁
1997		–	933	1395	–	8	销毁
1998		111	710	489	–	10	销毁
1999		–	743	1251	–	23	销毁
2000		197	7	799	–	22	销毁
2001		288	327	–	–	–	–
2002		9128	2973	立案 478 件，结案 448 件		1024.81	罚没 995.56 万元，取缔无证生产经营单位 117 家
2003		14321	3894	立案 869 件，结案 787 件		700	没收销毁假药 287 万元，罚没 1010 万元，取缔无证经营户 230 家，捣毁窝点 3 个

续表 21-23

时间	参加检查人数(人)	被查单位数(个)	伪劣药品			处理情况
			种次	重量(公斤)	价值(万元)	
2004	8786	2748	立案 630 件，结案 589 件		523.44	没收、销毁假劣药 251.95 余万元，罚没 952.18 余万元，捣毁制假售假窝点 3 个
2005	9554	2610	立案 787 件		560.69	罚没 1052.44 万元，取缔无证经营户 70 家，捣毁窝点 1 个

二、药品不良反应监测

2003 年 9 月 28 日，镇江市药品不良反应监测中心成立，负责全市药品生产经营和使用单位药品不良反应(包括医疗器械不良事件)资料的收集、管理、上报等工作。2003 年共上报药品不良反应报告 54 份。2004 年，全市药品不良反应呈报单位增至 14 家，共上报不良反应报告 120 份。2005 年，市药品不良反应监测中心在各辖市(区)建立药品不良反应监测工作站，全部实现电子在线呈报，在线呈报单位增至 36 家，全年上报合格药品不良反应监测报告 926 份。

三、药品质量规范认证

镇江市药品生产质量管理规范(简称 GMP)认证始于 1997 年。1998 年，江苏海宏制药有限公司获国家认证的 GMP 证书，1999 年通过国家 GMP 认证复查。

2002 年，吉贝尔药业和前进化工厂 GMP 认证车间土建结束，设备安装到位。同年，药品经营质量管理规范(简称 GSP)认证工作开始。丹阳市康泰医药有限责任公司通过 GSP 认证，江苏华康医药股份有限公司、镇江药业集团有限责任公司申请 GSP 认证。2003 年，江苏海宏制药有限公司、江苏吉贝尔药业公司、南京厚生药业公司通过 GMP 认证，3 家药品批发企业通过 GSP 认证，3 家企业完成 CMP 和 CSP 认证申报材料的上报。2004 年，全市累计有 10 家药品生产企业、11 家批发连锁企业、155 家零售企业(含 4 家乡镇药店)通过质量认证。2005 年，江苏吉贝尔药业的原料药、江苏云阳药业的糖浆剂和原料药、江苏天晟药业两个原料药、镇江恒新药业固体制剂及原料药通过 GMP 认证；全市 313 家药品零售企业和 2 家新开办药品批发企业、2 家药品连锁企业通过 GSP 认证。

四、药品零售、连锁企业许可证核发

2002 年，全市共批准立项 318 家零售药店，通过验收发放药品经营许可证 234 家；发放医疗器械生产许可证 12 张，医疗器械经营许可证 9 张，验收通过一次性使用无菌医疗器械经营企业 11 家；发放 3 张药包材产品注册证和 1 张中药饮片企业生产许可证。

2003 年，镇江药品监管局修订《镇江市零售药店设置暂行办法》，加快药品经营资格的核准，共批准立项 143 家零售药店，验收换发零售企业药品经营许可证 174 家，变更零售企业药品经营许可证 143 家，发放零售企业医疗器械经营许可证 256 家，变更零售企业医疗器械经营许可证 10 家。新增医疗器械生产企业 15 家、批发企业 25 家。全市零售药店发展到 593 家，医疗器械生产、批发企业增加至 133 家。2004 年立项审批 94 家零售药店，验收发放药品经营许可证 78 家，药包材企业 1 家，新增医疗器械生产企业 7 家，新增医疗器械经营企业 15 家，市零售药店发展到 659 家。全市 47 家零售企业首次被评为放心药店。

2005 年，全市新增药品零售企业 123 家，医疗器械零售企业 72 家，换发药品零售企业经营许可证627家，变更药械企业许可事项380家。新增放心药店31家。

1985～2000年部分年份镇江市对生产、经营药品和制剂发(换)许可证情况表

表21-24

年份	合计	生产(家)	经营(家)	制剂(家)	备注
1985	–	13	68	53	含14个灭菌室、40个普通制剂室
1990	85	14	59	12	–
1995	156	14	113	29	–
1998	185	18	134	33	–
1999	191	19	139	33	–
2000	23	15	8	–	–

五、药品“两网”建设

2003年根据省药品监督管理局统一部署，为规范农村药品市场监管，镇江食品药品监管局于7月在全市范围内开展药品“两网”(群众监督网、药品供应网)建设。在全市70个乡镇建立药械协管员监督网络，聘请140余名协管员并进行业务培训，建立联系制度、例会制度、培训制度及考评表彰机制。全年药械协管员反馈信息和建议260多条。2004年，镇江药品监管局与市计生部门联合下发《关于建立镇江市药品医疗器械监督管理协管员和信息员队伍的通知》，农村乡镇以下药店发展到385家，占全市零售药店总数的58%，乙类非处方药销售网点数9家，药品协管员110人，村级药品信息员992人。

2005年，全市分布在乡镇村零售药店487家，占全市零售药店总数的64.9%，全市有农村药品协管员109人，药监信息员1005人，遍布全市76个乡镇、651个行政村，通过农村协管网络提供农村药械违规信息195条，各级药监部门立案查处14条。

六、特殊药品管理

1975年，麻醉品使用审批权收回到市卫生局。1979年2月以后，对使用麻醉品者印发《麻醉药品使用申请表》、麻醉药品特殊使用卡，对使用单位印发麻醉药品印鉴卡。村级卫生室、保健站不配备麻醉药品。晚期癌症病人止痛用麻醉药品，凭县或县级以上卫生行政部门指定医院确诊的诊断书和本人户口卡，在所在地市、县(区)核发麻醉药品特殊使用卡，到指定的就近有使用权的医疗单位开处方配药。镇江市二级以上医院，按江苏省卫生厅规定，设有麻醉品专用库(室)，实行专人负责、专用账册、双人双锁保管，按批准限量供应。

1994年，市卫生局发出相关文件重申医疗单位只能凭麻醉药品、精神药品的购用印鉴卡，到指定的药品经营单位购买麻醉、精神药品，经营部门只能到经卫生部门核定的单位进货，不得向其他单位和个人供应。麻醉药品经营单位应将各使用单位的年度供应量折算成季度量供应，医疗单位库存量不得超过两个季度用量。医疗单位应按麻醉药品“五专”(专人负责、专柜加锁、专用账册、专用处方、专册登记)要求严格管理，禁止非法使用、储存、转让或借用麻醉药品；医疗单位对违反规定、滥用麻醉药品，医院有权拒绝。因医疗需要用麻醉药品，每张处方量不得超过2日常用量，片剂、酊剂、糖浆剂不超过3日常用量，连续使用不得超过7天；晚期癌症病人止痛用药，要凭专用卡到指定医疗单位取药。各医疗单位对本单位有处方权的医生重新进行审核并报市卫生局备案；医务售货员不得以权谋私甚至进行犯罪活动。

2002年，镇江药品监管局对全市特殊药品生产企业4家、麻醉药品批发企业5家、使用单位

136 家、二类精神药品批发企业 15 家、零售企业 102 家进行全面检查。开展全辖区毒性药品专项检查，集中检查涉及毒性药品生产企业 12 家、批发企业 5 家、零售企业 26 家、医疗机构 5 家。2003 年对全市 3 家特殊药品生产企业、2 家麻醉药品批发企业、92 家使用单位、15 家二类精神药品批发、零售连锁企业、85 家零售企业进行全面检查；完成 128 家麻醉药使用单位换发印鉴卡，检查 8 家出具麻醉卡医疗机构办卡情况。食品药品监管与公安、卫生等部门联合对二类精神药品经营单位、厂矿卫生室、社区医疗机构进行检查，对江苏云阳药业有限公司等 3 家特殊药品生产企业进行专项检查。完成二类精神药品 15 家批发经营企业、131 家零售经营企业的资格认定工作。2004 年完成 23 家药品批发、零售单位的毒性药品和 4 家医疗机构放射性药品使用资格验收，对 127 家麻醉药品使用单位资格进行核准。

第三节　医疗器械监督管理

2002 年，江苏省药品监督管理局将第一类医疗器械产品注册审批权限下放到市药品监管局。全年共核发 18 家企业第一类医疗器械产品注册证 47 张，审查医疗器械注册产品标准 81 份，完成 4 家生产企业产品注册“试”转“准”的质量体系考核。2003 年批准发放第一类医疗器械产品注册证 54 张，全市新增加医疗器械生产企业 15 家，累计达 66 家。根据省药品监管局苏药监械〔2003〕196 号《关于认真做好医疗器械注册清理工作总结的通知》文件要求，对取得医疗器械生产企业许可证企业生产的第一、二类产品注册证再次进行清理，累计清理医疗器械注册证 87 张，通过清理不作为医疗器械管理的产品 6 张。

2004 年，全市累计初审上报、审核批准发放医疗器械注册证 65 张（含变更），对 13 个重点监控产品，9 家重点监控企业进行监督检查，检查率 100%；对 54 家一般监控企业中的 40 家企业进行日常监管，检查率 74%。2005 年发放医疗器械第一类产品注册证 40 张，辖区内企业注册产品总数约 300 张。对 15 个重点监控产品、10 家重点监控企业进行监督检查，检查率达 100%；对 52 家一般监控企业中的 42 家企业进行日常监管，检查率达 80%。

第四节　药品检验

镇江市药品检验所的主要职责是药品检验，该所原隶属于镇江市卫生局，2001 年 7 月更名为江苏省镇江药品检验所，隶属于江苏省镇江药品监督管理局，业务直属江苏省药品检验所指导，主要负责对全市产、供、用单位药品质量检验。

一、药品检验器材购置

1983 年，市药品检验所购进电光分析天平 FM－2，751G 可见紫外分光光度计。1984 年，市药品检验所购置 WZZ－1 自动指示旋光仪。1986 年购置日本岛津 UV－265FW 可见紫外分光光度计。1989 年购置日本岛津 LC－6A 高效液相色谱仪。1990 年购置上海分析仪器厂 103 气相色谱仪。1992 年购置天津光学仪器厂 TJ270－30 红外分光光度计。1993 年购置瑞士梅特勒 AG245 电子分析天平。1994 年购置尘埃粒子计数器。1995 年购置 RC－3B 药物溶出仪。1996 年购置 DC－001离体器官测定仪。1997 年购置 YB－Ⅱ澄明度检测仪。1998 年购置 BTQ－1 薄层涂布仪。1999 年购置ZRS－6 药物溶出仪、效价抑菌圈测量仪。2000 年购置 BP211D 电子天平、ZF－90 紫外透射仪。2001 年购置 ZRS－8G 药物溶出仪、安捷伦 1100 液相色谱仪。2002 年购置日本岛津 UV—2401 可见紫外分光光度计、SW－CJ－2A 净化工作台、真空恒温干燥箱、WRY－C 微机热源测温仪。2003 年购置 WATERS－2695 液相色谱仪、UPS（金魁）、SK250LH 超声波清洗仪、IVC 独立送风隔离笼。2004 年购置 JYQ－1 浮游菌采样器、APM151 风量测速仪、475－00－FM 微压差仪、KA31 风速仪、GH300C 高纯氢发生器、梅特勒 AQ135 电子天平。2005 年购置安捷伦 6890 气相色谱仪、尼高力 330 红外光谱仪、GWF－5J 微粒分析测定仪、DL－50 电位滴定仪(梅特勒)。

至 2005 年有万元以上仪器设备 50 台,主要有紫外分光光度计、红外分光光度计、气相色谱仪、液相色谱仪、显微及图像分析系统、电子天平、电位滴定仪、水分滴定仪、溶出试验仪、生物安全柜、微机热原测温仪、抗生素效价抑菌圈测量仪、抗生素高分子杂质分析系统、尘埃粒子计数器等。

二、药品检验人员培训

1983～2005 年,全市共举办各类培训班 25 期,参加人数约为 1478 人。

1983～2005 年部分年份镇江市药剂、药检人员培训情况表

表 21-25

时间	培训班名称与内容	参加人数(人)
1983.6	化验培训班	24
1983.5	1983 年版新药典无菌检验班	25
1986	不溶性微粒测定培训班	15
1986	1985 年版药典无菌热原讲座	20
1987.5	化学检验培训班	19
1988.5	有机化学辅导班	30
1988.8	输液器检验学习班	12
1989.1	紫外分光光度法培训班(第一期)	11
1989.5	新卫生学检验培训班	10
1989.9	11 种中药材真伪鉴别培训班	22
1990.5	紫外分光光度法培训班(第二期)	12
1990.7	基层药厂定岗考试辅导班	52
1991.5	1990 版药典检验标准学习班	65
1992.8	甲硝唑无菌检验培训班	10
1996	《中国药典》1995 年版培训班	50
2000	《中国药典》2000 年版培训班	56
2002.7	药学、中药专业初级职称晋升人员培训班	约 150
2003.6	医疗器械生产企业检验人员培训班	80
2003.7	药学、中药专业初级职称晋升人员培训班	约 150
2003	基层单位药品检验人员培训班	100
2004	基层单位药品检验人员培训班	85
2004.7	药学、中药专业初级职称晋升人员培训班	约 150
2005	《中国药典》2005 年版培训班	80
2005.7	药学、中药专业初级职称晋升人员培训班	约 150
2005.9	洁净室(区)性能检测培训班	100

1983～2005 年检验药品 38454 批，其中，送验 17736 批，合格率 91.1%；抽验 20718 批，合格率 87.0%。

1983～2005 年镇江市药检所对中西药制剂检验结果情况表

表 21-26

年份	检品总数(批)	送检数(批)	合格率(%)	抽检数(批)	合格率(%)
1983	576	202	84.20	374	89.00
1984	735	121	81.80	614	88.60
1985	392	217	92.20	175	84.60
1986	1094	161	85.10	933	76.80
1987	758	186	72.00	572	90.90
1988	1039	516	91.10	523	93.50
1989	1162	839	89.90	323	88.80
1990	1029	616	92.50	413	91.00
1991	1071	859	93.00	212	91.00
1992	1293	1006	93.40	287	89.20
1993	1111	634	95.90	477	93.30
1994	1215	607	94.50	608	87.20
1995	1161	572	98.80	589	88.40
1996	1187	580	95.70	607	85.80
1997	1094	540	86.10	554	87.90
1998	1341	458	90.60	883	84.00
1998	3404	3404	91.90	-	-
1998	186	-	-	186	66.10
1999	1447	1447	91.50	-	-
1999	3369	-	-	3369	91.50
2000	5624(全市)	3482	94.70	2142	93
2001	1281	440	90.70	841	92.00
2002	1299	263	93.20	1036	89.80
2003	1942	200	94.00	1742	88.30
2004	1773	129	95.30	1644	93.40
2005	1871	257	98.40	1614	95.30

说明：1998 年，外省及本省产的诺氟沙星胶囊抽取样品

第七章　安全生产管理

1983～2001 年，各级劳动部门和经贸委行使劳动保护和安全生产综合管理，承担安全生产委员会办公室的日常工作，各地、各部门、各单位都成立安全生产委员会。2001 年 8 月 1 日，镇江市安全生产监督管理局(下称安监局)挂牌，为市经贸委管理的直属行政机构，副处级建制。2004 年 11 月，市安全生产监督管理局列入市政府工作部门。

第一节 队伍及制度建设

1985年，市劳动部门制定《镇江市特种作业人员安全技术培训考核管理办法》等行政措施，设立电工、金属焊接、建设登高架设、起重机械、厂内机动车辆驾驶等特种作业人员培训考核基地，实行培训、考核、凭操作证上岗的制度。1986年后又增加冲压剪切、制冷空调、矿山作业等特种作业人员实行培训、考核、凭操作证上岗的制度。推进培训机构、考核手段、证书管理、师资等工作规范化、制度化建设，培训中介机构必须具备相应资质。

1986～1991年，镇江市先后制定《镇江市企业危险性作业安全管理办法》《镇江市露天采石矿山安全管理办法》《镇江市危险性较大的生产设备设计、制造、安装、使用安全管理暂行规定》《镇江市电梯安全管理实施办法》《镇江市特种作业人员安全技术培训、考核管理办法》《镇江市乡镇露天矿山安全技术暂行规定》等，使全市安全生产、劳动保护工作日趋制度化、法制化。

2001年以后，镇江出台20多项监管制度，制定《镇江市安全生产行政领导责任规定》，对领导安全责任作明确规定。全市印发《镇江市重特大安全事故应急救援预案》和道路交通、水上交通、建筑施工、危险化学品、矿山、卫生等子预案，详细设计事故救援领导小组名单、联络方式、救援操作流程等细则；实行《行政正职领导安全生产述职报告制度》；出台《镇江市安全生产一票否决制度》，强化"谁主管、谁负责"的安全生产责任制；实行《镇江市重特大生产安全事故隐患管理制度》，明确事故隐患治理的责任和责任单位；《镇江市安全生产教育培训考核制度》，从制度上明确安全生产教育培训工作。设立安全生产专项资金，专款用于安全生产目标责任状的兑现、宣传教育培训、事故隐患整改、安全生产技术研究与推广等。在全省率先出台《镇江市设立危险化学品建设项目安全审查实施办法》，规范全市危险化学品生产、储存企业设立的批准程序，简化企业审批手续。安监系统内部也建立一些制度，如《安全生产监督管理行政处罚实施办法》等。

2001年8月1日，市安监局组建，各辖市(区)安全生产监督管理局相继组建，人数从3～20多人不等，市及各辖市(区)两级安全生产监督管理网络基本建立并运作，全面担负起安全生产监督管理职能。2004年11月，市和6个辖市(区)、镇江新区相继成立作为政府工作部门的安监局。2003年在建全市、辖市(区)两级安全监管队伍的基础上，加强乡镇、街道安监站的建设，并列入目标管理的重要内容。各辖市(区)、镇江新区先后成立执法大队，其中丹阳6人、句容6人、扬中6人、京口2人。全市所有乡镇、街道办事处均设立安监站，配备专(兼)职安全监管员，人数从2～8人不等(有专职，也有兼职)。至2005年，辖市(区)安监部门共有工作人员133名；市、辖市(区)、乡镇三级有安全生产监管人员300余人。社区和村大多数配备兼职安全员。聘请100名由各级人大代表、政协委员和各界人士组成的安全生产义务监督员暨行风监督员。构建市、各辖(市)区、乡镇(街办)、村(企业)四级安全生产监管体系和网络。

2005年，全市培育10个培训中介机构，其中1个国家二级培训机构，9个国家三级培训机构。生产经营管理者和特种作业人员持证上岗，依法查处无证上岗问题，企业法定代表人、安全管理人员、特种作业人员、高危行业从业人员培训率和发证率达95%以上。每年组织各类安全生产培训教育，培训人员2万余人，其中特种作业人员1万余人。

第二节 安全生产建设

一、安全生产目标管理

1983～1991年，全市实行安全生产目标管理责任制。每年年初层层签订责任状，将责任和指标明确到各地区、各部门和各单位，强化重点行业、重点企业安全生产工作，对锅炉、压力容器、电梯、起重机械等特种设备制造、安装、维修等环节进行监督检验。对锅炉房、压力容器进行综合治理，整顿小化工、矿山、建筑等行业，连续数年开展安全生产月、安全生产大检查、夏季百日无事故竞赛和冬季百日防火灾竞赛等活动，查处事故和整改隐患。全市安全生产形势趋于好转，1986～1991年，全市企业内职工因工死亡人数逐年分别为61、60、45、38、45、41人，千人死亡率均低于省政府下达的0.048的目标控制数。

1992年，全市县以上企业职工因工千人死亡率0.03，千人重伤率0.061，分别比省政府下达控制指标下降37.5%和64%，基础薄弱的乡村企业工伤事故也控制在指标之内。1993年，事故、重大事故不断发生，全市县以上企业职工死亡15人，重伤32人，乡镇办企业职工死亡21人。1994年，死亡事故稳中有降，全市县以上企业职工死亡11人，重伤33人，乡镇企业职工死亡14人，未发生3人以上一起死亡的重大事故，实现省政府的目标控制数，被省政府、省安委会列为安全检查免检的城市。至1995年，全市企业工伤事故连续9年控制在省政府下达的指标内，火灾、交通事故的发生率也低于全省平均水平。锅炉压力容器事故发生率从1990年的24.6次/万台·年下降到8.78次/万台·年。

1996年，火灾事故、公路交通事故、企业工伤事故比1995年分别下降11.6%、14.5%、16.9%，其中工伤事故死亡65人，比1995年下降18.8%；全年未发生锅炉重大爆炸和人员伤亡事故，一般事故发生率比1995年下降61%。1998年，安全生产形势继续保持稳定，全市发生工伤事故53起，死亡46人，重伤22人，直接损失260万元，分别比1997年下降35.4%、33.3%、26.6%和46.5%；全年完成锅炉检验625台，检验率97.5%，压力容器检验731台，检验率93.14%，起重机检验404台，电梯检验325台，厂内机动车辆检验400台，矿山宕口检验303个。1999年，全市职工因公死亡率为0.027‰，重伤率为0.028‰，比1998年下降7.9%、5.0%，连续12年低于省政府下达的安全生产考核指标。2000年，全市发生因工伤亡事故39起，死亡16人，分别比1999年下降15%、42.9%，连续13年未突破省政府下达的安全生产考核指标。扩大特种作业人员培训覆盖面，拓展乡镇和私营特种作业人员培训目标，增加制冷作业培训项目，2000年完成特种作业员考核发证4104人次。

2002年《中华人民共和国安全生产法》实施后，按照两个主体（政府是安全生产的监管主体，企业是安全生产的责任主体）的要求，实行安全生产责任风险抵押金制度。制订《镇江市重特大生产安全事故应急救援预案》（以下简称《预案》），并和重特大道路交通、水上、城市燃气、矿山、建筑施工、危险化学品、食物中毒等10个应急处理子预案一起汇编成册。《预案》包括特大事故范围及损害程度、特大事故应急处理指挥系统、特大事故应急措施、各专项应急处理预案等部分。《预案》分别对火灾、交通、建筑工程、民用爆炸物品、危险化学品和特种设备等特大安全事故的应急处理做出明确规定。2002年，全市发生各类事故2412起，死亡428人，重伤1068人。2003年，全市发生各类事故2156起，死亡427人，伤830人。2004年，全市发生安全生产事故1949起，全市各类安全生产事故死亡人数492人（统计口径增加农村道路），占年度控制指标的99%，全市工矿企业未发生一起重大以上事故，安全生产形势稳定。

2005年，全市建立、健全以第一责任人为核心的安全生产责任体系和严格的安全生产责任追究制度，加大行政执法和经济处罚力度，触犯法律的，依法追究法律责任。加强城市高层建筑火灾应急救援力量和装备建设，建立、健全重特大安全事故应急救援机制，增强全市应对特大事故的救援能力。先后与江苏大学等单位合作，制定重大危险源监控、预警系统计划并组织实施。2005年，全市共发生各类安全生产事故1855起，死亡461人，占省政府下达市控制指标的94.5%。

二、基层安全监督

1983 年以后，全市对重点行业、重点企业的安全生产管理，主要抓基础建设，逐步消除薄弱环节。1991 年对全市 184 家小化工企业的工艺、设备、安全设施进行全面调查登记，106 家基本合格、66 家限期整改、12 家停产整顿。

2001 年，安监局成立后，针对职工因工死亡人数乡镇企业占全市企业 60% 的状况，要求各乡镇设立安全生产监督管理机构，配足配强专职管理人员。专题调查全市乡镇安全生产管理状况，制定《乡镇(街道)安全生产管理规范》和《乡镇(街道)安全生产管理达标考核细则》《安全生产星级乡镇(街道)许可标准》，从组织机构和规章制度建设、安全生产基础工作、事故隐患和危险源管理等 8 个方面健全制度，量化细化乡镇安全生产达标考核标准，规范基本工作制度和工作台账。开展乡镇(街道)安全生产达标活动，从 2002 年起连续 4 年开展创安全生产“星级乡镇(街道)”活动。2005 年起，镇江市在全国率先试点开展危险化学品从业单位安全质量标准化，6 家企业率先获得全国一级达标企业称号。两次组织百名专家开展“安全巡诊”活动，只帮企业查找问题，提出改进意见，不进行行政处罚，也不收费。

三、行政许可和责任追究

1. 行政许可证发放 2001 年后，国家逐步实施安全生产行政许可。2001 年，镇江市共有化工企业约 500 家，其中列入危险化学品生产企业的 187 家。全市共有经营危险化学品的企业 1108 家，其中领取危险化学品经营许可证(甲类省发，乙类市发)甲类证的 325 家(其中经营剧毒品 20 家，经营成品油 305 家)，领取乙类证的 783 家，另有危险化学品运输企业 30 家、507 辆车(由交通部门监管)。非煤矿山安全生产许可证由省发放。该证以国土部门发的采矿许可证为前置。全市共有非煤矿山 286 家(其中经营采石矿山 118 家、200 个宕口，地下开采 1 家；经营采土矿山 168 家，盐卤企业 1 家)。批发企业烟花爆竹许可证由市发放，零售企业经营许可证由县级发放，全市无生产企业，有批发企业 6 家，零售企业 1054 家。

2. 责任追究 1983 年以后，工伤事故查处和重大隐患整改成效显著，全市所发生的 280 起重大伤亡事故，全部结案。市中百二店重大火灾、丹徒兽药厂重大爆炸等重大事故发生后，及时召开现场会。1987 年确定的市水泥厂前窑危房、丹徒长山白泥矿、句容团山硫铁矿独眼井开采等 19 个重大事故隐患问题都得到彻底解决。1990 年确定的 9 条重大隐患基本得到解决。2001 年，市政府下发《镇江市 2001 年安全生产工作意见》(镇政办发〔2001〕第 33 号)，2002 年加强安全生产事故调查，处罚 80 多名责任人。实行《行政正职领导安全生产述职报告制度》，出台《镇江市安全生产一票否决制度》，强化“谁主管、谁负责”的安全生产责任制。实行安全生产责任风险抵押金制度，规定的考核对象是辖市(区)的主要领导、分管领导及安全生产监督管理局局长，市直行业部门和单位主要领导、分管领导。风险抵押金根据单位安全状况危险程度征缴不同档次、不同数额的责任保证金。市政府每年进行安全生产目标考核，并按考核情况奖惩兑现。考核内容为与市政府签订的《安全生产目标管理责任状》中确定的安全生产控制指标和工作指标。

2003 年，句容、丹阳、扬中辖区范围内相继发生 4 起火灾事故(10 月 4 日江苏远东水泥有限公司、10 月 8 日扬中宏达化工厂、10 月 25 日镇江利生管业有限公司、11 月 8 日丹阳皮革城)，造成 8 人死亡，9 人重伤。事故相关责任人有 25 人受到处理，其中科级干部 6 人、追究刑事责任 4 人。2004 年，安全生产建立控制指标体系和定期通报制度，制定安全生产控制指标措施，严格执行安全生产事故责任追究制。在查处的安全生产事故中，有 20 多名事故责任人受到党纪、政纪处分。

第三节　专项治理

1986～1989 年，镇江市将生产危险性大、事故多发的机械、冶金、矿山、交通、化工、建材、煤炭、电力等 8 个行业列为全市安全生产重点行业。1990 年初经过调整，确定交通、冶金、矿山、建筑、化工、电力 6 个行业为全市的安全生产重点行业，并确定镇江煤机厂、镇江化工厂、焦化厂等 45 家企业为安全生产重点企业。采取措施对化工、矿山、建筑行业进行整顿，督促煤矿企业按部颁标准建设安全质量标准化矿井，全市 4 个全民煤矿企业 1989 年全部达标。同年 5 月，能源部把伏牛山煤矿列为全国地方煤矿安全质量标准化矿井样板单位。对乡镇小矿山企业开展以“拿架头、降坡度”为主要内容的整顿。1990 年底至 1991 年底，全市对 184 家小化工企业的工艺、设备、安全设施进行全面调查登记。经整顿，106 家基本合格、66 家限期整改、12 家停产整顿。1990～1991 年，镇江市对建筑企业实行安全资格审查认可制度，对施工工地实行开工安全许可证制度：全市 87 家等级建筑企业全部通过安全资格审查认可，发证率 100%；另有 11 家等外级企业通过审查；被审查的 50 个施工工地，49 个获得开工许可证。实行这项制度以后，建筑行业的事故率从 1988 年的 0.5‰降至 1991 年的 0.38‰。

镇江市开展在用压力容器和锅炉房的综合治理 5 年。至 1991 年，全市 1141 台锅炉取得使用登记证，锅炉房综合治理率为 88.4%。在用压力容器发证 3305 台，注册登记 4491 台，整治率为 99%。对 28 个液化石油气充装站整顿，有 10 个合格，5 个取得临时合格证。5 年间，全市锅炉压力容器定期检验率保持在 90% 以上。对锅炉压力容器制造、安装、检验单位进行资格审查，先后有 11 个锅炉压力容器制造单位、7 个锅炉安装单位取得资格证书，2 个单位取得锅炉压力容器检验许可证。

1995 年夏连续暴雨，全市发生大小滑坡、滑塌 15 处，没有人员伤亡。市无线电线材厂后山发生严重滑坡，4 户居民住宅和主厂房出现险情，指挥部组织专家现场查勘，分析资料，以最快速度确定山脚抗滑、护坡排水、虚土夯实、坡顶注浆的治理方案。对阳彭山滑坡实行山顶减载工程；对市电磁设备厂配电房滑坡进行注浆加固；对市扬剧团后山滑坡、市博物馆滑坡进行方案论证和规划设计等前期工作。对市凤凰岭饭店、十八中、扬剧团等单位的坡地建房进行地质环境稳定性论证，消除滑坡隐患。

2001 年，镇江市开展“土锅炉”专项治理工作和道路化学危险货物运输、液化石油气充装、公共聚集场所游乐设施安全专项治理工作。查出“土锅炉”670 台，整治报废 500 台，改常压使用 102 台，查封停炉 68 台。对 22 台液化石油气汽车罐车进行检验，重新核发液化气汽车罐车使用证。对液化石油气充装站进行清理整顿，对前艾、荆林、上会、高资液化气站实行停业整顿。吊销 16 家烟花爆竹销售经营单位许可证，取缔 1494 家无证经营网点，收缴烟花 2.4 万个，爆竹 2272 万头、礼花弹 1.3 万个，查获烟花爆竹案件 15 起，查处 21 人。对句容市礼花厂实施停业整顿，封存全部成品、半成品和原材料。

2002 年，市安监局对危险化学物品生产、矿山开采、建筑施工、民用爆破器材与烟花爆竹、交通运输、公共聚集场所、学校、气瓶、农机和私渡等开展第二轮安全生产专项治理。安全监督、公安、质监、国税等部门，3 次拉网检查全市加油站，关闭无证加油站 21 座，责令限期整改 79 座，责令停止建设 1 座，立案查处 4 座，追缴税款 42.69 万元，罚没款 12.94 万元。市区范围内全面禁止建筑施工工地使用毛竹脚手架；施工现场基本实施三级配电两级保护。学校组织开展消防与学校食品卫生安全大检查；市十八中及实验高中易发交通事故地段设立交通标志；实验高中学生宿舍门按消防要求进行改造；镇江四中更换存在安全隐患的锅炉，修复消火栓进水管道，更换校办厂老化电线；镇江六中校办厂搬出危房；市少年宫解决疏散通道等隐患。2002 年，全市推广危险源点监控法，国有企业推广面 95% 以上，1000 余家国有企业近 1 万个危险源点和事故隐患处于监控之中。

2003年，镇江市对危险化学品、矿山开采、建筑施工、交通运输（道路、水上）、民爆、公众聚集场所等6个危险性较大行业的生产经营、管理秩序进行专项治理。在危险化学品专项治理中，全市共收缴各类剧毒品5.935公斤，“毒鼠强”等急性鼠药13.02公斤，处理涉案人员12名。在矿山开采专项整治中规定包括镇江城市规划区和南山、茅山、宝华山等风景名胜保护区在内的5个禁采区和沪宁高速、312国道等7条干道禁采带，对禁采区外的采矿企业进行全面清理。禁采区65家采石企业累计关闭40余家，70余个宕口。在民爆器材和烟花爆竹专项治理中，全市原108个炸药库，取缔、合并66个，其余全部实行朝送夕收的配送管理。在国内民爆运载车辆上率先加装GPS系统（卫星定位系统），实现全程监控。2005年，镇江市开展危险化学品、道路交通、消防火灾、水上交通、建筑业（含拆房、村镇工程建设）等8项安全生产专项治理，后又增加内河水上交通、作业场所职业危害、非煤矿山、烟花爆竹等行业的专项治理，均取得良好效果。

1993～2005年部分年份镇江市重大事故一览表

表21-27

时间	事故情况	伤亡	备注
1993年1月15日	15日夜23时15分，312国道223公里+900米处（丹阳市横塘镇钱家村附近）发生特大车祸，“安徽01－50845”客车（车上共51人）翻入路边水塘	30人死亡	－
1993年1月28日	312国道丹阳吕城段发生重大交通事故	4人死亡，4人重伤	1辆大客车烧毁
1993年从1月22～30日	全市共发生山林火灾32起，事故频发	－	－
1993年6月19日	312国道镇江段260公里处发生一起轿车相撞事故	4人死亡3人受伤	－
1993年9月19日	市区发生一起特大食物中毒事件，200多人食用人民街“富春”、和平路“富春”熟食店的被溶藻弧菌污染的熟食后中毒	200多人食物中毒	2名责任人后被依法查处
1993年12月7日	丹阳市建山乡七峰山采石场发生意外爆炸	4人死亡，3人受伤	－
1996年8月4日	句容宝华乡森林采石场发生土石方坍塌	3人死亡，4人受伤	－
1999年11月17日	江苏丹化集团化工助剂厂中毒	3人死亡，2人受伤	－
2001年1月1日	镇荣公路上会段发生客车相撞重大交通事故	9人死亡，19人受伤	－
2001年2月10日	沪宁高速公路214公里处（丹阳市河阳镇境内）发生数十辆汽车追尾的特大交通事故	4人死亡，40多人受伤	30多辆汽车严重损坏
2001年12月11日	镇江新区顺发运输公司违章清洗槽罐车发生爆炸事故	3人死亡	－
2003年11月8日晚	丹阳市皮革城发生一商户因燃放烟花爆竹发生重大火灾事故	6人死亡	－
2004年1月3日	沪宁高速公路丹阳段发生重大车辆起火事故	12人死亡，13人受伤	－
2004年6月19日	丹阳市埤城镇江苏华宇灯具有限公司发生厂房屋顶坍塌事故	3人死亡，2人受伤	－
2004年7月23日	在长江镇江水域扬中西来桥镇江苏铁本钢铁公司专用码头，停泊修理的“豫周口货6925”轮发生重大火灾（爆炸）事故	7人死亡	－

第八章　统　计

镇江统计工作是以市统计局为调查主体，由地方各级政府统计系统、部门统计和企事业统计组合的统计系统。在组织实施统计调查任务过程中，主要依靠部门统计系统所属企业事业基层单位的统计调查，以及市政府统计部门采取全面报表和抽样调查等手段直接搜集部分重点企事业单位的统计数据，形成覆盖全社会的统计调查资料。

1983 年 3 月，镇江市统计局被列为镇江市人民政府工作机构。1984 年 12 月，镇江市统计局成立城市抽样调查队，后更名为镇江市城市社会经济调查队。1997 年 7 月，镇江市成立企业调查队。2002 年 1 月，镇江市城市社会经济调查队、镇江市农村社会经济调查队、镇江市企业调查队分别增挂镇江市城市经济调查局、镇江市农村经济调查局、镇江市企业调查局牌子。

第一节　统计管理

1985 年，市统计局举办统计专业大专层次的培训考试，1988 年举办统计专业中专层次培训考试，后又举办大学本科层次的学历教育，基本形成多层次、教育正规的统计教育体系。1990 年在全市开展统计人员专业知识培训；从 1992 年起组织开展统计员、助理统计师的资格培训和考试。1998 年，镇江市在全省率先开始推行统计行政登记年检制度。1999 年，镇江市加强统计人员持证上岗和部门统计调查项目的管理，印发《镇江市一九九九年度统计人员上岗培训工作实施办法》，办各类业务培训班 18 期，培训人员 1000 多人，累计发放统计上岗证书 1288 个。对全市各部、委、办局（公司）自制的统计报表进行全面清查，并按规定对原有部门调查项目登记造册。

2000 年，统计行政登记工作被纳入 29 个审批部门之一，进驻市行政服务中心窗口办公。开展对统计调查的管理，建立和完善调查项目审批制度，同年办理调查项目审批 12 件。

2000 年，镇江市加强对市局和各县（市）局统计业务考核，建立各项报表审核、管理和考核制度，制定以统计年定报、统计分析、统计信息为主要内容的《镇江市统计业务工作考核办法》和《镇江市统计局机关业务工作考评暂行办法》。考核采取计分和评审的方式，对各地、各专业统计报表的时效和质量及统计分析、信息的完成情况进行考核。

2002 年，镇江市开展第二轮行政审批事项的清理，清理核准事项一项，即大中型企业划型定级。2003 年落实全市统计检查员 3 年轮训计划，组织对统计执法检查人员进行法制业务培训，建立统计检查员名录库管理。

2005 年 11 月，镇江市政府印发《关于改革统计管理体制实行在地统计的通知》（镇政发〔2005〕82 号）的文件，开始实行在地统计的管理制度：以在地统计为主；继续对部分单位实行直接统计；个别辖区的少数单位实行双重管理；部门统计调查渠道不变。

第二节　统计业务

一、统计内容和标准

1984～1987 年，镇江市统计局农业生产统计发展为农村经济统计，工业统计由生产型向综合性社会统计指标体系发展，开展城乡住户和价格调查，正式计算国民生产总值。至 1988 年，镇江市定期报表和年报的统计内容主要有农业、农村经济住户调查、工业、商业、物资、财政金融、基本建设、交通邮电、劳动工资、综合平衡10个统计专业，共120多种报表、960多个类别。1990年对部分统计调查制度进行调整，统计调查的内容主要有综合、工业、农业及农村经济、社会固定资产投资、财政贸易、劳动工资、科教文卫体等方面的基本情况，共1140个类别。工业统计年报开始执行1990年工业产品不变价格。1992年，国家统计局改革工业经济评价考核指标，并开始试行新的国民经济考核体系。1993年，统计报表有重大改变，国家统计局开始实行以8个一套表为特征的新的国家统计报表制度。年报的调查单位代码采用全国统一代码标识。1999年年报统一使用由国家统计局行政区划代码库提供的6位行政区划代码；2001年使用12位行政区划代码。2003年定报开始全面执行新国民经济行业分类标准。2003年年报的企业规模划分执行《统计上大中小型企业划分办法（暂行）》和《三次产业划分规定》的新标准。至2005年，全市定期报表和年报的统计内容主要划分为综合平衡与核算、农业、农村住户经济调查、工业、固定资产投资、建筑业、电业、交通、邮电业；国内外贸易、财政、金融、保险业、劳动工资与城乡劳动力资源、教育、卫生、计生、广播、体育等10个专业，共1450个类别。实行新的工业品价格调查目录。为便于进行地区或年度间对比，满足制定国民经济和社会发展目标的需要，镇江市在农业、工业、交通邮电业、建筑业和商贸餐饮业等行业统计调查中，执行国家统一制定的1952、1957、1970、1980、1990、2000年6个时期的不变价格和该地的现行价格。根据《国家统计局关于统计上对公有和非公有控股经济的分类办法》，镇江市修改有关公有控股经济分类的统计报表；增加所有统计报表的法定标识。

二、统计调查

1993年以前，统计调查方法体系基本上是按照计划经济体制和分级管理的需要逐步建立起来的。统计调查主要依靠全面统计报表采集统计数据，层层汇总，逐级上报。1993年，国家统计局颁布实施以8个一套表为特征的国家统计报表制度，新报表制度明确对年报数据采用集中统一处理的工作模式，即县、地（市）、省、国家四级都要按照国家统一设计的数据处理方案、统一开发的应用软件、统一的规范标准、统一调配资源来实施新的年报数据处理工作。镇江市对原有报表制度进行梳理，取消或者新增部分统计报表和调查项目。

镇江市统计局与有关部门共同研究、制定统计报表制度，授权给有关部门负责组织实施，各部门按要求向统计部门报送统计数据。2005年对镇江市部门统计调查项目进行清理，并建立相应部门统计调查项目管理库。

1983年以后，主要进行以下几项大的调查：

1．人口普查　1990年7月1日零时，全国统一进行第四次全国人口普查。2000年11月1日进行第五次全国人口普查。（参见第四卷第一章第六节第二目人口普查）

2．工业普查　1984年11月按照国务院统一部署，开展第二次全国工业普查，重点普查全市6638家工业企业情况，包括1980、1984、1985年度工业数据。普查于1986年结束。1995年开展第三次全国工业普查，普查镇江市乡级以上企业情况。同年有国有工业企业333个，集体企业6356个，私营企业33个，中外合资企业457个。

3．农业普查　1994年10月根据国务院统一部署，开展第一次全国农业普查，全市18752名普查工作人员，对镇江市各种类型的农业生产经营单位、农村住户、行政村和乡镇的情况进行调查，获得数据近100项。资料显示，全市农村从业人员1345105人，其中，从事农业人员552127人，从事非农业人员792978人，各占41.05%和58.95%。

4．基本单位普查　1996年根据全国统一部署，镇江市开展第一次基本单位普查，普查于1997年结束，普查结果为按行业划分的法人单位16383个，产业活动单位22206个。2001年，全市开展第二次基本单位普查，普查结果为按行业划分的法人单位21321个，产业活动单位25759个。

5. 第三产业普查　1992 年根据全国统一部署，开展第一次全国第三产业普查。普查范围包括区域内所有第三产业企业、事业、行政单位和社会团体，普查内容主要反映第三产业发展的规模、生产经营活动成果等指标，调查年度为 1991 年和 1992 年。数据显示，镇江市 1992 年从事第三产业的人数为 10.46 万人，第三产业增加值 9.9 亿元。

第三节　统计服务

一、统计分析与经济信息

1983 年以后，镇江市统计局撰写的统计分析和信息及各种专题材料，每年 100 多篇，部分年份多达 200 多篇。至 2005 年，镇江市统计局以及辖市（区）统计局共撰写统计分析报告 2000 多篇，经济信息 3000 多篇。反响较大的统计分析报告和经济信息有：

《一九八二年全市按四县划分的国民经济主要指标》（1983 年）对市管县新体制后的各种统计资料进行清理、移交和调整。《1985～1994 年镇江市城市居民生活变化情况剖析》《近十年居民生活费用与消费价格分析》（1995 年）引起社会各界关注。《改革开放二十年系列回眸资料》（1998 年）通过详实的统计数据全面反映改革开放 20 年镇江巨大变化，连续撰写 12 篇。《镇江日报》《京江晚报》等新闻媒体给予报道。《镇江小康、现代化及城市化进程研究》（1999）反映的问题有深度。《镇江迈向百万人口大城市前瞻》（1999）被市委研究室《决策参考》全文刊用，并在《镇江日报》《镇江农村经济》全文刊载。2000 年，《镇江市从五方面入手解决当前就业问题》《镇江市学校减负、家庭教育开支高涨》被省委省政府办公室采用，并被镇江各新闻媒体采用。2001 年，《对我市财政收入实现跨越式发展的分析与思考》得到时任市委书记张卫国批示："统计局这份材料分析得很好。请各位常委、副市长和人大、政协的党组负责同志阅。如何尽快调整结构，培植税源经济，的确十分重要"。2003 年 5 月 30 日，时任市委书记史和平在镇江市统计局编写的《一季度长江三角洲 15 城市经济运行动态》统计分析上作出批示："统计局最近一些分析资料搞得很好，对市领导了解、分析宏观经济形势很有参考价值。"

二、统计资料汇编

1. 综合汇编　1983 年以后，镇江市统计局每年发布年度统计公报，内容包括区域经济发展、社会事业、投资与城市建设、人口及生活与社会保障等，并分年度编印《镇江市国民经济统计资料》，1994 年改名为《镇江统计年鉴》。1999 年，《镇江统计年鉴》由 32 开本改版为 16 开本。2003 年，《镇江统计年鉴》首次由中国统计出版社出版。

1987 年，镇江市统计局编写题为《从数字看改革》《镇江在改革中前进》等资料，反映中华人民共和国成立以后的建设成就和 10 年改革的巨大成果；完成《上海经济区工业概貌（镇江市卷）》的整理编写。1989 年 6 月编印《镇江四十年》。1998 年编写《改革开放二十年系列回眸资料》。各县（市、区）统计部门根据各地的实际情况编印统计资料汇编或统计手册，反映各地、各部门的经济发展情况。

1999 年起，镇江市统计局分月度、季度编印《国民经济主要指标执行情况》《镇江统计月报》《工业统计快报》《工业经济效益月报》。2002 年 4 月，镇江市统计局创办《国民经济情势分析及预测报告》（季度报告）。2004 年 9 月起编印《领导专报》《月度经济形势分析》，并不定期地提供《领导参阅》。除建立定期的月报、年报统计资料汇编外，还分历史时期编制国民经济综合性统计资料汇编。

2. 专题汇编　全市统计系统在重大市情、市力普查以后及时进行资料汇编，如《镇江市第五次人口普查资料汇编》《镇江市第三次工业普查资料汇编》《中国第一次农业普查镇江市资料汇编》《镇江市第二次基本单位普查资料汇编》等等。各业务主管局统计部门在统计年报或历史资料基础上,也编印一些本系统部门统计资料汇编。

三、电子信息化服务

2001年以后,镇江市统计局开发镇江人民代表大会、政协会议服务系统,搜集改革开放以后主要经济社会发展资料,以统计图表的形式展示出来,让与会代表了解全市经济社会发展和人民生活情况。系统操作采取触摸屏的形式,操作简明。自2001年开始根据年报资料编印统计画册,为镇江人民代表大会、政协会议的召开提供统计服务。2005年,市统计局参与政府门户网站、市统计局外网建设,并设立专门统计服务专栏。

第四节　统计监督检查

1989年和1994年,镇江市统计局联合有关部门两次组织开展统计执法大检查。1997年,镇江市统计局加强民间统计调查管理,查处镇江市社会调查中心利用调查进行欺诈和损害社会公共利益的违法行为,并在该中心诉镇江市统计局的行政诉讼案件中,取得法院一审和二审的胜诉。

1998年,全市开展第三次统计执法大检查,组成5个检查组近30人,对各地、各单位进行重点抽查。查处统计违法行为157件,其中重大统计违法行为9件。1999年坚决反对和制止在统计数据上弄虚作假的行为,切实保障统计数据质量;全市立案查处198个单位,分别给予罚款、警告、责令改正等行政处罚。镇江市统计法制工作被省统计局评为全省依法行政一等奖。

2000年,镇江市统计局建立统计监审与统计专项检查制度。2001年,全市开展第四次统计执法大检查。市政府转发《关于在全市开展统计执法大检查工作的通知》,发出大检查自查表4820份,自查率98.3%,并组织24个检查组,对368个单位进行重点检查,抽查率8%,高于全省规定3个百分点。其中市大检查领导小组分6组,对各辖市(区)13个乡镇及106个单位进行重点抽查。在检查的13个乡镇中,对11个不同程度存在问题的单位,发出限期整改书面通知,对在大检查中33个问题较多的单位,进行逐个重点指导并帮助整改,对105件统计违法行为进行立案查处。同年,镇江市被国家和省统计局分别评为统计执法大检查先进市。

2001年受江苏省统计局委托,镇江市统计局与镇江市国家安全局联合侦破并查处一起涉外统计调查案。2002年,镇江市统计局对全市乡镇(街道)统计机构、人员和经费等情况进行全面调查,并对15个乡镇进行执法检查。市统计局与辖市(区)上下联动,对158个单位进行专项检查。2003年,全市初步建立执法检查体系,即开展以加强统计基础建设为主要内容的乡镇统计监审;开展以保障统计数据质量为主要内容的统计专项检查;开展以加强统计管理为主要内容的常规性监督检查。对乡镇(街道)进行统计监审中,建立上年检查、来年“回头看”的制度。统计专项检查范围拓展到农业、工业、投资、房地产、建筑业、贸易、餐饮业、劳动工资等专业以及交通、建设和外经等部门统计。市、县两级共专项检查单位87个,发现统计违法行为49件,立案查处16件。

2004年,镇江市统计局完善统计执法检查体系,在执法检查工作中,增加开展以加强辖市(区)统计工作为主要的统计督查,建立《镇江市统计督查制度》和《镇江市统计督查实施方案》,成立统计督查工作领导小组。组织开展对丹阳和扬中的统计督查。2005年在执法检查工作中,推行查处一体制和法制机构与案件查处相分离制,并使执法检查工作向服务型和管理型转变。

第二十二卷

财政 税务 审计

卷目

1983 年，镇江地区财政局与镇江市财政局合并设立镇江市财政局，内设税务科等 5 个行政职能科室。同年 7 月 14 日，税务科从市财政局分出，成立镇江市税务局。同年，镇江市审计局成立。1994 年 9 月，国税、地税机构分设，成立镇江市国家税务局和镇江市地方税务局。

市财政局完善市与县区财政体制和财政运行机制，激励县区发展经济、组织收入的积极性，提高依法理财、科学理财水平；完善转移支付制度，促进区域均衡协调发展。相继开展部门预算、“收支两条线”、国库集中支付、政府采购制度和农村税费改革。完善财政监管，加强收入预算管理，实现税收应收尽收的同时，尽可能做到涵养经济，实现财政、经济协调发展；其次加强支出预算管理，按照“量入为出、收支平衡、统筹兼顾、优化结构”的理财思路，在保证党政机关运转的基础上，保障重点领域投入，同时，加强资金使用的跟踪问效，保证有限的财政资金发挥最有效的作用。

1983～2005 年，镇江市财政总收入从 3.04 亿元增加到 118.42 亿元（含基金），财政总收入年均增长 18.11%；镇江市总财政支出从 1.24 亿元上升到 80.06 亿元（含基金），财政总支出年均增长 20.86%，其中一般预算支出年均增长 18.53%。

1983 年，镇江市实行工商统一税制。1984 年，工商统一税实行利改税改革。至 1993 年底，镇江市实际征收工商税 28 种，税收收入为 11.8 亿元，比 1983 年增长 22 倍。1994 年 1 月实行分税制改革，至 1994 年底，镇江市实际征收税种 17 种，未立法开征税种 2 种，江苏省未征收税种 1 种。同年，镇江市各项国税收入总额 12.81 亿元，2005 年，全市国税收入总额达 56.08 亿元，是 1994 年的 4.38 倍。1995～2005 年，全市地税系统累计组织各项收入近 189 亿元，其中：税收收入 129 亿元，社会保险费 45 亿元，其他各项基金（费）15 亿元。

1986～1990 年，镇江市审计局实行“抓重点、打基础”的方针。以维护财经纪律为中心，重点查处损害国家利益、钻改革空子的违纪事项。全市开展全民自筹基建项目审计，行政事业单位定期审计，厂长（经理）经济责任审计，清理整顿后保留公司的审计，停缓建项目、消费基金、紧缩信贷执行情况等方面的审计调查，并对部分执法部门进行审计。

1991～1994 年扩大对基建投资、农业发展资金和各类专项基金的审计，逐步把县乡两级财政、国家金融机构、重点企事业单位和国家资金重点投入的项目、单位作为审计工作的重点。

1995～1997 年突出企业资产负债损益真实性审计，加大对预算内农业投入资金和普通教育经费审计的力度，开展以专项治理为主要内容的工程项目审计。

1998～2005 年组织社会集资审计，开展领导干部经济责任审计；在深化财政预算执行审计和重点城市建设项目审计的同时，进一步关注资金的效益性，重视存在问题的整改；同时信息化建设得到快速发展，成为审计工作的重要辅助手段。至 2005 年，全市审计机关共完成审计项目 6569 个，查出并纠正违纪违规金额 53.18 亿元，为财政增加收入 8.78 亿元，促进增收节支 14.38 亿元，向纪检部门、司法机关移送经济案件线索 312 条。

财政、税务、审计 3 部门密切合作保证财税任务的完成，财政实力的增强为地方经济社会发展提供坚实的经济基础。财政部门按照统筹安排、压缩一般、保证重点、收支平衡的原则，努力增加公共领域的投入。财政税务部门联合排查税源，为政府提供税收计划建议，在保证完成税收任务的基础上，优化税收结构，增加地方财力，同时财税部门共同配合，完成社会养老保险金和其他基金的征收任务，保证企业退休人员养老保险金及时足额发放。审计部门加强财政收支监督检查，提出合理化建议，促进财税部门加强管理，提高财政资金使用效益。

第一章　财　政

1983～2005年,镇江市财政总收入年均增长18.11%,其中地方财政收入年均增长13.27%。2000年,全市财政收入总量在全省各省辖市位次提升2位,从第10位上升到第8位;2001年,全市财政收入总量在全省位次从第8位上升到第7位。

全市财政支出随着财政收入的增加而增加,1994年分税制改革,地方财政收入大幅度增长,1995～1997年,全市分3年消化完历年财政赤字,自1997年以后,全市各级财政实现收支平衡,财政支出结构按照中央构建公共财政框架的要求,增加农业、科教、卫生、社会保障等公共领域的投入,支出重点逐步转向社会发展。2005年,镇江市总财政支出80.06(含基金)亿元。

2005年,镇江市财政局内设18个职能处室,同时设立镇江市财政预算审核中心和镇江市财政结算中心,为全额拨款事业单位。

第一节　财政体制和运行机制改革

一、财政体制改革

1. 省对镇江市及辖县(市、区)财政体制　1983年,省实行市带县的行政管理体制,省对各地财政收支包干基数及收入留缴比例作调整。江苏省对镇江市(剔除丹阳、扬中、句容、丹徒四县)财政体制继续按照1982年"核定收支、收支挂钩、比例包干、总额分成"的财政体制,收支挂钩比例由原来的13.7%调整为17.28%,增长分成比例仍为25%,1984年由于省级财政较紧,省将镇江市(剔除丹阳、扬中、句容、丹徒四县)增长分成比例由25%调整为20%。

1985年,省对镇江市实行"划分税种、核定收支、分级包干"的财政体制。以市为单位采取"总额分成"办法,对财政收支划分作相应调整,重新调整收支挂钩比例,收入上将原属于中央收入的建筑税、保险公司营业税下放给地方,原属地方收入的电力税上划70%作为中央收入。支出上增加基本建设切块经费,省对市照顾补贴包干差140万元列入基数,调整后镇江市综合留成比例为30.15%。1986～1987年,省财政厅对镇江市实行"收支挂钩、总额分成"的财政体制,留成比例为30.15%。1988～1993年,省财政厅对镇江市实行"收入递增包干"财政体制,即以1987年收入为基数,每年递增5.5%,在递增率以内的收入,按原定总额分成比例办法分成,超过递增率的收入,全部留给地方;收入达不到递增率,影响上解部分,由地方用自有财力补足。

1994年,省对各辖市实行分税制财政体制,省对镇江市财政体制与其他辖市相同。主要内容:收入的划分、基数的确定和税收的返还,按中央对省的办法执行。收入的划分,按1993年财政收入和新的财政体制,分别确定上划中央与省收入、地方固定收入。消费税的全额和增值税的75%部分上划中央,增值税地方分成25%部分的一半12.5%上划省,对几项收入则实行专项分成办法。

2001年,省调整分税制财政管理体制,镇江市作为苏南地区,体制调整的主要内容:以2000年为基期年,核定各市地方财政收入基数和税收返还基数。比基数增长部分,省统一集中财力20%;实行地方财政收入上台阶奖励制度。省辖市市本级地方财政收入每增收1亿元一次性奖励30万元,县(市)级地方财政收入每增收4000万元一次性奖励20万元,用于对市、县(市)级领导班子及有关部门的奖励。调整后的分税制财政管理体制,自2001年1月1日起执行,一定

5 年。

2. 市对县(市、区)财政体制 1983～1985 年由于省直接结算到县,县(市、区)财政体制按省财政规定执行。

1986～1987 年,市对县(市、区)实行收支挂钩总额分成的财政体制,其中,丹阳 27.95%,句容 67.5%,扬中 38.14%,丹徒 45.4%,京口区 83.5%,润州区 34.7%。1988～1990 年,省改收入递增包干体制,以 1987 年为基数,每年递增 5.5%,按原定比例分成,超过递增的收入,全部留给地方,达不到递增率影响上解部分由各地用自有财力补足。市级和各县(市)同样实行收入递增包干体制,市级递增率 4.7%、丹阳 6.5%、句容 5.5%、扬中 6.3%、丹徒 5.5%;市对京口、润州区实行收入递增包干制度,递增率年递减 0.5%,其中对基数部分实行环比递增。1987 年,基数以内按比例分成,递增率以内的收入按市级总额分成比例分成,在递增率基础上每年递减 0.5%。

1991～1993 年,市财政对京口、润州两区财政体制作调整,对京口区实行定比递增、超收一定限额全留的财政体制,即在上年包干范围内收入基数的基础上,每年递增 7%,同年超收全部留用,超收在 50 万元以内,不增加下年收入基数,同年达不到 50 万元,由市补足到 50 万元,同年超收超过 50 万元的部分,50% 进入下年收入基数,基数内仍按原分成比例 21.92% 分成,同时对市提高教育附加征收比例 1% 的部分,划出 10% 用于补充区小学经费;润州区财政体制为定比递增、超收三七分成财政体制,即以 1990 年为基数(收入实绩)每年递增 7%,超收部分区分成 70%,不增加下年收入基数,基数内仍按原分成比例 21.92% 分成,同时市财政每年从市场物价调节基金中挤出 10 万元补贴润州区,市建委每年在原有基数上增加 10 万元城市维护费给润州区用于乡镇建设。

1994 年,市政府颁发《关于分税制财政管理体制的实施办法》(镇政发〔1994〕227 号),从 1994 年 1 月 1 日起,对各县(市、区)实行分税制财政管理体制。主要内容:收入的划分、基数的确定和税收的返还,原则上按省对市的办法执行;为保证地方既得利益,充分调动地方当家理财的积极性,市原则上不再集中各县(市、区)财力;市级固定收入包括除省专项分成之外的属于市级的其他各项收入,各县(市、区)固定收入包括除省专项分成之外的属于县(市、区)级的其他各项收入;上划中央税收的返还办法,中央对地方上划的消费税和增值税,以 1993 年为基数,基数部分全额返还,1994 年以后,返还额在 1993 年基数上逐年递增,递增率按全国消费税和增值税平均增长率的 1∶0.3 系数确定,省对市按全国消费税和增值税平均增长率的 1∶0.25 系数确定,市对县(市、区)即按全国消费税和增值税平均增长率的 1∶0.25 系数确定,不作增减;增值税地方分成 25% 的分成比例,各县(市、区)1993 年增值税基数由市返还,比基数增长部分,除省分成其中的 12.5% 外,其余为县(市、区)分成部分。

2001 年,省对市调整分税制财政管理体制,市对县(市、区)相应调整,以 2000 年为基期年,今后比基数增长部分,市级财政集中财力 20% 统一上缴省级财政。2003 年,镇江市政府对辖市及丹徒区财政管理体制进行调整:从 2003 年起,市对"三市(县)一区"地方分成财力(不含纳入预算管理的行政事业性收费和基金预算收入部分的财力)按 0.8% 集中。其他仍按原财政体制规定执行。

2004 年 1 月,镇江市政府调整市对京口区和润州区财政管理体制。财政管理体制调整的原则:实行属地征管原则,城区(指京口、润州行政区域范围,下同)企业(除少数纳税大户)和税收实行属地征管;核定基数、增量分成原则,确保基数内的既得利益,科学分配收入增量,实现市、区财力同步增长,增强财政自我平衡能力;激励发展原则,逐步扩大区级收入和财力规模,调动区级政府发展经济、培植财源的积极性,实行财政收入超收奖励制度。财政管理体制调整的主要内容:收入的划分,关于固定收入的确定。市直固定收入包括:契税、城市维护建设税、排污费收入、水资源费收入、教育费附加收入以及少数纳税大户的税收;区级固定税收包括:农业税(含农业特产税)、耕地占用税。关于市、区级共享收入的确定。市、区级共享收入包括:增值税(25%部分)、营业税、所得税(入市、区库的部分)、印花税、资源税、房产税、车船使用税、城镇土地使用税、土地增值税。关于分级管理收入的确定。分级管理收入包括:国有资产经营收益、国有企业计划亏损补贴、行政事业性收费收入、罚没收入、共享收入、其他收入、土地和海洋有偿使用收入、基金预算收入等。这部分收入按现行体制的规定,继续实行分级管理。共享收入基数的核定:以2002年度市直和两区所属纳税人上缴参与共享的税收实际入库数乘以2001~2003年3年的共享收入平均增幅为基数。市与两区的共享收入分享的比例:市、区共享收入从2004年起,按上述办法核定基数,以后年度收入超基数的部分,市、区按50%: 50%的比例共享。该次体制调整暂定5年。

二、运行机制改革

1996~2005年期间,镇江市相继展开"收支两条线"、部门预算、政府采购制度及农村税费改革和国库集中支付为主要内容的财政运行机制改革。

1. "收支两条线"改革 1996年,镇江市对行政事业单位设立一个"收入账户"和一个"支出账户",实行收支分开;1998年实行行政事业单位预算内、外资金收支统管;1999年实行综合财政预算管理,对部门单位预算内、外资金实行统筹安排;2000年,镇江市预算外资金管理推行"票款分离"管理制度,市政府颁发《关于行政事业性收费实行"票款分离"的意见》和《镇江市行政事业单位综合预算管理暂行办法》,明确对行政事业单位实行"量入为出、分类管理、统一调度、综合平衡、提高效益"的综合预算管理原则,要求各行政事业单位一切财务收支活动均必须纳入综合预算管理范围,做到合法组织预算外资金收入,合理使用预算外资金,提高财政资金使用效益。2000年7月,对行政事业单位银行账户进行清理、确认、撤户工作,同时开展收费项目和标准的清理、编码工作,完成"票款分离"专用软件的开发及财政与银行的计算机网络建设,选定市区23个代收费网点,制定"票款分离"后单位账务处理办法。

2. 部门预算改革 镇江市部门预算改革自2000年10月开始,选择教育、科技、司法、体委等7个部门试编2001年部门预算。2001年9月,市直部门预算全面推开。市政府颁发《关于改革预算管理办法全面实施部门预算的意见》(镇政发〔2001〕257号),对部门预算收入和支出范围作明确规定。部门预算的收入范围包括财政预算拨款、财政预算外核拨资金、政府基金及专项收入、上年结转收入、上级补助收入及其他各项收入,部门预算支出范围包括人员支出、日常公用支出、对个人和家庭的补助支出、固定资产购建和大修理支出。部门预算编制按照规范的零基预算、综合预算、采购预算编制方法,即从2002年起,各部门单位的支出基数一律取消,按照预算年度所有影响因素和项目的轻重缓急程度,重新测定每个科目、项目的支出数,对所有预算内外资金统筹安排,实行政府采购制度,编制政府采购预算和采购计划,同时推行国库集中收付制度,实行行政事业单位财政统一发放工资。同年,市直所有与财政发生资金关系的行政事业单位以及其他部门共332家单位按规定编制部门预算,其中教育局、科技局、体育局、劳动局等12个部门的部门预算作为重点部门报市人代会审议通过。2002年,市政府颁发《关于严格执行部门预算规范财政支出行为的意见》,对部门预算的编制和批复、支出程序的追加特别是部门预算的管理提出明确意见,要求各部门、单位必须严格按照批复的部门预算执行,不得随意调整支出科目及项目,对非政策性增支因素造成的超支,一律不予追加支出。2003年,进一步完善部门预算的编制,完善部门预算的编制软件,结合实际情况调整定员定额标准。2004年,市直所有部门和单位的部门预算均报人代会审议,审计部门加大对单位部门预算编制和执行情况的监督力度。2005年,财政部门研制开发部门预算基本信息库软件,并将最新的工资统发数据和单位的基本信息库相对接,在部门预算的管理上,将单位日常公用经费保持上年水平,在保证基本支出后根据项目的轻重缓急安排项目经费。

3. 政府采购制度改革 政府采购制度从1999年起步,2000年全面推开。在加强政府采购制度建设,建立健全规范采购人、采购代理机构、供应商及评审专家的一系列规章制度的基础上,扩充政府采购目录,拓展政府采购范围,扩大政府采购规模,逐步实现政府采购"两个100%"的目标,即100%的行政事业单位进入政府采购序列,100%的采购项目纳入政府采购范围。在政府采购过程中,由纪检监察部门介入,加强对政府采购的监督管理,通过规范政府采购流程、实施采购现场监督,实行采购信息公告制度。截至2005年,全市政府采购范围从最初的电脑,汽车等几个品种,扩大到包括货物、工程和服务3大类150多个品种,采购单位从最初少数几个一级预算单位发展到涵盖所有行政事业单位,全市政府采购规模从1999年的6500万元增长到2005年的7.64亿元,增长近11倍,7年间全市政府采购共节约资金3.47亿元,资金节约率12.82%。

4. 农村税费改革 镇江市自2001年起推行第一步农村税费改革,农业税率和计税价格统一按全省标准执行。计税面积以农民二轮承包面积为依据确定,计税常年产量按1998年前5年平均产量据实核定,农业税率全市执行7%。2001年税改后,全市农民每年负担从35374万元减少到13684万元,由改革前人均负担202.45元降为78.43元,降低61.26%;以村为单位经济负担均有不同程度的减轻,全市1411个行政村,除在改革前农民没有承担村提留和乡统筹款的村外,全市1160个行政村全部减负。

2002~2005年推行第二步农村税费改革,主要内容是逐步取消农业税。2002年和2003年正常征收农业税,2004年,全省农业税率由7%统一调减为5%,同年扬中市、镇江新区、京口区、润州区免征农业税,2005年起,镇江全市免征农业税,比全国规定全面取消农业税时间提前1年。

5. 国库集中支付制度改革 改革从2004年10月启动,6个部门35个单位先行试点。2005年上半年改革全面推开。完成财税库行联网,进行系统整合。财政、税务、人民银行、代理银行进行网络联接,与人民银行用款计划信息发送、资金清算均通过财税库行联网系统,同时,集中支付系统与预算指标管理系统进行整合,预算内核算、预算外"票款分离"系统进行整合,自动形成预算指标、用款计划、资金余额的钩稽关系。完善对账系统和报表体系,预算单位可以在网上直接查询收入、支出、资金结余等明细信息,单位报表详细反映经济科目的指标、支出、结余状况,形成财政资金使用和管理的公开与透明。截至2005年末,市级297个编制部门预算的行政事业单位全部实行国库集中支付制度。

第二节 财政收入

1983~2005年,镇江市财政累计总收入5826159万元(含基金收入),年均增长18.11%。其中:地方财政收入2881261万元,年均增长13.27%,中央财政收入2260213万元,基金收入684685万元。

1983~1990年,镇江市经济基础相对薄弱,经济总量较小,全市财政收入从3.04亿元上升到6.04亿元,财政收入增长速度相对较慢。"八五"期间,财政收入从5.66亿元上升到15.23亿元,平均每年增加约1.9亿元,年均增长28.08%,5年实现财政收入总量接近翻两番。"九五"期间,财政收入从17.83亿元增加到32.41亿元,平均每年增加约3.4亿元,年均增长16.11%,5年实现财政收入总量近翻番。"十五"期间,财政收入从40.81亿元上升到118.42亿元,年均增长30.52%,全市财政收入进入平稳快速增长阶段。

1983～2005年镇江市年度财政收入情况表

表22-1 单位:万元

年度\地区	全市		市区		京口		润州		新区		丹徒		丹阳		句容		扬中	
	总收入	地方收入	总收入	地方收入	总收入	地方收入	总收入	地方收入	总收入	地方收入	总收入	地方收入	总收入	地方收入	总收入	地方收入	总收入	地方收入
1983	30449	30449	17822	17822	–	–	–	–	–	–	2616	2616	8217	8217	1868	1868	2542	2542
1984	33843	33843	19853	19853	–	–	–	–	–	–	2660	2660	9113	9113	2059	2059	2818	2818
1985	39957	39957	22163	22163	491	491	1356	1356	–	–	3192	3192	11537	11537	2507	2507	3750	3750
1986	42609	42609	23746	23746	617	617	1567	1567	–	–	3523	3523	11961	11961	2806	2806	4096	4096
1987	46608	46608	25705	25705	741	741	1776	1776	–	–	3895	3895	13189	13189	3155	3155	4559	4559
1988	51756	51756	28497	28497	952	952	2218	2218	–	–	4564	4564	14453	14453	3673	3673	5133	5133
1989	56892	56892	31268	31268	1138	1138	2663	2663	–	–	4804	4804	16228	16228	3837	3837	5559	5559
1990	60378	60378	32967	32967	1162	1162	2783	2783	–	–	5117	5117	17179	17179	4191	4191	6041	6041
1991	56664	56664	31183	31183	1043	1043	2861	2861	–	–	4422	4422	15677	15677	3643	3643	6161	6161
1992	65016	65016	34760	34760	1213	1213	3131	3131	–	–	5478	5478	18148	18148	4857	4857	7251	7251
1993	110784	48821	62310	27433	3348	1881	3840	2030	544	363	8203	3711	28076	12838	9604	3833	10794	4717
1994	131284	61500	70782	32207	4102	2292	4253	2237	909	678	10733	5453	35926	17873	11185	5435	13391	5985
1995	152321	72856	81299	38970	5747	3452	5173	2604	1025	713	12945	6727	41141	19828	13116	6145	16765	7913
1996	178287	87458	94340	46914	6344	3674	6082	3149	1231	865	17304	9721	46843	21797	16653	8659	20451	10088
1997	202953	97828	107120	51431	6554	3518	6480	3251	1911	1370	18718	9964	53220	24443	18575	10099	24038	11855
1998	230595	110794	121282	58754	7343	4155	6694	3504	3004	2142	20676	10778	59407	27606	21128	10684	28778	13750
1999	252683	128821	138448	70472	8798	4785	6826	4086	6858	3869	21220	11165	60930	29981	22424	12160	30881	16208
2000	324072	173987	173403	96335	10201	5898	8530	5061	22494	11693	27654	15786	79653	40148	30459	16845	40557	20659
2001	408073	211047	223340	118011	12174	6819	10364	6019	48854	19884	32019	18377	95774	47722	37600	20272	51359	25042
2002	568049	230092	324084	132274	17103	8711	15753	7704	67736	24583	39953	19098	126368	50470	48609	20902	68988	26446
2003	739182	286037	426111	168233	26451	14539	24738	13330	90673	32397	50008	22449	166231	61718	63833	25420	83007	30666
2004	921168	358961	542473	208961	73493	35163	58846	27591	102186	37893	62002	28959	200579	78943	80008	33081	98108	37976
2005	1184229	471352	711677	227687	101428	48713	73383	36807	125009	47761	80003	40653	253590	106076	100010	42008	118952	45581

说明:京口、润州于1984年建区,1983年、1984年无财政收入数据反映;1994年起镇江新区设立,独立反映财政收入数据

一、农业税收

农业税收包括农业税、农业特产税、耕地占用税和契税。1986～2004 年(2005 年起全市取消农业税),全市共征收农业四税 195055 万元。

1. 农业税 1985 年 6 月 21 日,江苏省政府根据国务院决定,从 1985 年起现行农业税以征收粮食为主改为折价征收代金,折价征收代金统一按粮食“倒三七”比例购价(30% 按原统购价,70% 按原超购价)计算,并规定镇江市各县农业税主粮任务不变,征收单价统一加 35%,原单价 11.69 元,增为 15.78 元,折征代金任务相应增加 35%。各县农业税因调价增加收入部分,中央财政分成 50%,省财政分成 25%,县财政分成 25%。1991 年因洪涝灾害,经省政府研究同意镇江市减征农业税 500 万元。之后,全市农业税征收任务基本保持稳定。2001 年 3 月 22 日,镇江市推行农村税费改革,农业税计税面积以农民二轮承包面积为基数重新核定,农业税计税常年产量按照 1994～1998 年间粮食平均产量确定,税率调整为 7%,计税价格为每公斤主粮 1.1 元。2002 年、2003 年正常征收农业税,2004 年,扬中市、京口区、润州区和镇江新区免征农业税,至 2005 年,全市免征农业税。1986～2004 年,全市共征收农业税 66928.1 万元,占农业四税的 34.84%。

2. 农林特产税 1987 年 3 月,全省开征农林特产税。1989 年 2 月,对从事农林特产生产,取得农林特产收入的中外合资经营企业、中外合作经营企业、外资企业征收农林特产农业税,同年 3 月,将果用瓜和海产养殖产品列入征税范围。1994 年,农林特产税改称农业特产税,征收对象由原有 3 大类 18 个品种调整为 8 大类 83 个品种,计税税率最高 31%,最低 5%。2001 年,农业特产税政策进行调整,按照农业税和农业特产税不重复征税的原则,对非农业税计税土地上生产农业特产品的继续征收农业特产税,对农业税计税土地上生产农业特产品的,改征农业税。2003 年夏季征税时,全市取消农业特产税,改征农业税,至 2005 年,农业特产税也随之取消。1986～2004 年,全市共征收农业特产税 6226 万元,占农业四税的 3.24%。

3. 耕地占用税 镇江市从 1987 年 4 月 1 日起开征。镇江市城郊蔬菜地区每平方米为 9 元,城郊其他地区每平方米为 8 元,扬中、丹阳每平方米为 7.5 元,句容、丹徒每平方米为 6 元。农村居民在规定额度内占用耕地新建住宅,按上述规定减半征收,但农户或联户占用耕地从事其他非农业生产经营的全额征收。1988 年对公路建设用耕地,全省一律按每平方米 2 元税额计征,同时规定部队各类军事设施,铁路建设,全日制大、中、小学校,医院等用地予以免税。耕地占用税实行中央与地方分成办法,实征税额的 50% 上缴中央,15% 上缴省财政,地方留成 35%,其中上缴市 5%,县(市)与乡镇各留成 15%。1989 年,中央调整与地方分成比例,实征税额的 30% 上缴中央,20% 上缴省财政。除上缴中央和省的部分外,地方留成的 50%,其中上缴市 10%,县(市)与乡镇各留成 20%。1989 年 11 月起,市财政局与市土地管理局实行耕地占用税联合办公制度,办公地点设在市土地管理局用地管理科,财政部门在银行开设耕地占用税专户,将预收税款先入专户,候上级土地管理部门正式批准后再行解入金库,如未予批准则将预收税款如数退回。镇江市耕地占用税每年征收额度不一,1987 年开征时全年仅征收 101.9 万元,2003 年征收税额 4999 万元。1987～2005 年,全市共征收耕地占用税 29960.3 万元,占农业四税的 15.6%。

4. 契税 1985 年,江苏省免征契税。1995 年 10 月 16 日,镇江市买、赠与、交换契税税率为 6%,典契税为 3%;1998 年 11 月 20 日,契税税率 4%。1998 年成立镇江市契税征收所,隶属市财政局下属事业单位,负责市区契税征收工作。1986～2005 年,全市共征收契税 88997.2 万元,占农业四税的 46.32%。其中 2001～2005 年征收 71304 万元,主要是居民住房基本实现商品化,同时交易量和交易额大幅上升,契税征收额逐年上升。

二、工商税收

1983～2005年,工商税制经历两次改革。第一次是1984年,在国营企业第二步利改税的同时,进行工商税制改革,1985年,全国工商税收共设22个税种,镇江市实际征收19个税种,1993年年底,全国工商税收共设32个税种,镇江市实际征收28个税种。第二次改革是1994年实施分税制,对原税种进行调整优化,全国工商税收共设20个税种,镇江市实际征收17个税种,2005年,全国工商税收共设22个税种,镇江市实际征收16个税种。

1. 增值税　1983年,镇江市对机器机械、农业机具(不包括铁、木小农具)两个行业和缝纫机、自行车、电风扇3个产品的工业企业试行征收增值税,税率分6%、10%、12%、16%、25%等5档。1994年1月起实施新税制,适应税率分为两档,税率分别为13%、17%。出口货物可在出口报送后申请退税;进口货物由海关代征增值税。

1998年7月1日起,增值税征收率由6%下调为4%。自2001年1月1日起,对废旧物资回收企业免征增值税。自2003年1月1日起,镇江市按照国家政策调整增值税起征点,由每月销售收入2000元提高到5000元。

1983～1993年,全市增值税收入从605万元增加到37150万元,全市共征收增值税148606万元;1994～2005年,全市增值税收入从92014万元增加到470031万元,全市共征收增值税2688595万元,2005年增值税占财政总收入(不含基金收入)的比重51.82%。

2. 营业税　1984年,国营企业实行第二步利改税,恢复营业税,1984～1993年,镇江市共征收营业税135409.4万元,年均征收13541万元,1994～2005年,镇江市共征收营业税462481万元,年均征收42044万元。

3. 企业所得税　1983～1993年,全市国营企业所得税和国营企业调节税分别征收55372.8万元和2828万元。

1994年除个体工商业户外的所有内资企业,统一征收企业所得税,税率为33%,取消原来按不同经济性质企业设立的所得税种,对小型企业和微利企业设置两档优惠税率27%和18%,同时,对中外合资企业、中外合作企业、外国独资企业征收外资企业所得税,外资企业享受"三免两减半"政策。1994～2005年,全市每年征收的企业所得税从6629万元增加到93304万元,共征收384580万元,年均征收34962万元。

4. 个人所得税　从1987年1月1日起,镇江市对公民个人收入征收个人收入调节税,镇江市按工资类别6类地区标准,确定计税基数为每月100元,实际收入超过3倍以上的开始征税,每增加一倍为一个档次,分别适用20%～60%五级超倍累进税率。对投稿及翻译收入、特许权转让收入适用20%比例征税,计税时可扣除20%的费用,每次扣除不足800元的按800元扣除。对利息、股息、红利收入不扣除费用,按全额依20%税率征税,对个人取得的国债利息、储蓄存款利息,国家统一规定的补贴、津贴,军人的转业复员费及退休干部职工的离退休金,省部级以上颁发的奖金,均免征个人收入调节税。1994年1月1日起执行《中华人民共和国个人所得税法》。2002年,个人所得税成为中央、地方共享收入,中央地方各分享50%;2003年,中央分享60%,地方分享40%。2005年,工资、薪金所得以每个月的收入额减除费用1600元以后的余额,为应纳税所得额,自2006年1月1日起执行。

至1993年,全市征收的个人收入调节税1826.4万元,反映在其他工商税收中。1994～2005年,镇江全市征收的个人所得税从1588万元增加到43801万元,累计征收198862万元。

5. 城市维护建设税　1994年实行分税制改革后,城市维护建设税按缴纳产品税、增值税、营业税"三税"的7%征收。1983～2005年,全市共征收城市维护建设税176454.8万元。

6. 其他工商税收　其他工商税收是除上述主体税种以外的工商税收,1983～1993年,主要是房产税，屠宰税，城镇土地使用税，印花税，建筑税，车船使用税，盐税，资源税，国营、事业和集体企业奖金税等，种类较多，税额较少。1983～1993 年，镇江市共征收其他工商税收 30965.9 万元。1994～2005 年，其他工商税主要是房产税、城镇土地使用税、土地增值税、投资方向调节税、印花税、车船使用税、资源税等，与税制改革前相比，税收项目减少。1994～2005 年，镇江市共征收其他工商税收 151997 万元。

三、专项收入

1985 年，财政部将纳入预算管理但又不列入国家预算的专款专用的收入单设“专款收入类”科目。1992 年将“专款收入类”科目改为“专项收入类”科目。镇江市专项收入主要有排污费收入、城市水资源收入和城市教育费附加收入。1985～2005 年，镇江市共征收专项收入 106260 万元。

1. 排污费收入　1985～2005 年，全市共征收排污费收入 43068 万元。

2. 城市水资源费收入　1983～2005 年，全市共征收水资源费 982 万元（不含水利部门征收的部分）。

3. 城市教育费附加收入　1986 年征收城市教育费附加收入。1990 年，教育费附加率由 1% 改为 2%，教育附加费纳入预算管理，作为教育专项资金，根据“先收后支、列收列支、收支平衡”的原则使用和管理。1990 年，财政部下发的预算收支科目中，在“专项收入类”增设了“教育费附加”款级科目。自 1990 年教育费附加纳入预算管理，至 2005 年，镇江市共征收城市教育费附加 60830 万元。其中“十五”期间征收额增加较快，共征收城市教育费附加 43040 万元，占总征收额的 70.75%。

四、基金收入

1999 年纳入财政预算管理基金收入 3391 万元，2005 年纳入财政预算管理基金收入 277519 万元。1999～2005 年，全市纳入财政预算管理的基金收入累计 684685 万元。

五、其他收入

其他收入是指除农业税收入、税收收入、专项收入以外的一些数额较小、项目较杂的财政收入，主要包括规费收入、罚没收入。1996 年起又将规费收入、罚没收入从其他收入中划出，列入罚没收入、行政性收费科目。1983～1993 年，全市其他收入累计 6340 万元。1994～2005 年，全市其他收入累计 25189 万元。

第三节　财政支出

1983～2005 年，全市财政总支出累计 3790287 万元，其中一般预算支出 3110857 万元，年均增长 18.55%，基金支出 679430 万元。

1983～2005 年镇江市年度财政支出情况表

表 22-2　　　　单位：万元

年度＼地区	全市		市区		京口		润州		新区		丹徒		丹阳		句容		扬中	
	总支出	一般预算支出	总支出	一般预算支出	总支出	一般预算支出	总支出	一般预算支出	总支出	一般预算支出	总支出	一般预算支出	总支出	一般预算支出	总支出	一般预算支出	总支出	一般预算支出
1983	12357	12357	6767	6767	–	–	–	–	–	–	1567	1567	2351	2351	1873	1873	1366	1366
1984	15573	15573	8957	8957	–	–	–	–	–	–	2036	2036	3057	3057	2160	2160	1399	1399
1985	16810	16810	9380	9380	475	475	513	513	–	–	1787	1787	3666	3666	2122	2122	1642	1342
1986	23395	23395	13152	13152	563	563	742	742	–	–	2623	2623	5021	5021	3004	3004	2218	2218
1987	22049	22049	12443	12443	625	625	663	663	–	–	2382	2382	4490	4490	2856	2856	2260	2260
1988	26739	26739	15120	15120	717	717	923	923	–	–	3039	3039	5590	5590	3218	3218	2811	2811
1989	33078	33078	18353	18353	916	916	1041	1041	–	–	3860	3860	6723	6723	4163	4163	3939	3839
1990	36913	36913	20130	20130	1217	1217	1179	1179	–	–	4455	4455	7956	7956	4538	4538	4289	4289
1991	41798	41798	23401	23401	1399	1399	1474	1474	–	–	5073	5073	8310	8310	5384	5384	4703	4703
1992	42269	42269	22481	22481	1622	1622	1510	1510	–	–	5413	5413	8657	8657	6061	6061	5070	5070
1993	68224	68224	37479	37479	2314	2314	2335	2335	521	521	6361	6361	14271	14271	9285	9285	7189	7189
1994	79099	79099	40320	40320	2623	2623	2986	2986	659	659	9346	9346	19736	19736	9413	9413	9630	9630
1995	90258	90258	45688	45688	3561	3561	3143	3143	706	706	10416	10416	21968	21968	11045	11045	11557	11557
1996	107296	107296	55573	55573	4150	4150	3764	3764	776	776	13626	13626	25111	25111	13325	13325	13287	13287
1997	125740	125740	67389	67389	4303	4303	4206	4206	1127	1127	14756	14756	27646	27646	15569	15569	15136	15136
1998	144645	142362	78963	78364	5598	5587	4985	4976	2590	2590	15915	15885	30421	30407	18387	16817	16874	16774
1999	167649	163977	91989	90837	6094	6090	6253	6253	5018	5018	18446	17425	36275	35310	20483	18976	18902	18854
2000	208125	202164	113024	111078	7637	7634	6950	4937	7185	7185	22449	21442	45853	43187	25296	24003	23952	23896
2001	247721	244340	136979	135829	9165	9162	8133	8133	15634	15634	24483	24294	52632	51192	29970	29940	28140	27379
2002	345723	286733	202075	162310	13966	13495	11143	10613	19945	19881	30793	27144	67552	58080	38844	33040	37252	33303
2003	495072	366636	294068	218439	20089	19419	14940	13840	28078	27948	40745	31777	95023	67943	57528	39530	48453	40724
2004	641446	441250	389331	254284	25258	24333	19293	18841	41614	31232	50031	39928	124197	88723	73034	52378	54884	45865
2005	800583	521789	487391	293334	28769	28607	22322	21925	49432	36815	62022	46795	154972	111670	87805	59587	70415	57198

说明：京口、润州于 1984 年建区，1983 年、1984 年无财政收入数据反映；1994 年起镇江新区设立，独立反映财政收入数据

1983～1990 年,镇江市经济基础相对薄弱,财政收入总量较低,财政支出规模较小。其间财政支出从 1.24 亿元增加到 3.69 亿元,平均每年增加约 3500 万元,年均增长 16.92%,7 年实现支出总量翻两番。“八五”期间,财政支出从 4.18 亿元上升到 9.03 亿元,平均每年增加约 1.2 亿元,年均增长 21.22%,5 年实现财政支出总量翻一番。“九五”期间,财政支出从 10.73 亿元上升到 20.81 亿元,平均每年增加约 2.38 亿元,年均增长 17.19%。1998 年起,全市财政实现收支平衡。“十五”期间是财政收入增长最快的时期,也是财政支出增加最快的时期。一般预算支出从 24.43 亿元上升到 52.17 亿元(不含基金),平均每年增加 6.9 亿元,年均增长 20.89%,支出规模是“九五”的 2.5 倍。

一、经济建设类支出

在财政收支分类科目改革前,经济建设类支出项目包括:基本建设支出、企业挖潜改造支出、科技三项费用、农林水气事业费、工业交通等部门事业费、城市维护费等。

1983～2005 年,财政一般预算用于经济建设支出达 767601 万元,占同期财政支出的 24.67%。其中:1983～1993 年,财政一般预算用于经济建设支出 95524 万元,占同期财政支出的 28.16%;从支出结构看,基本建设支出占 14.9%,企业挖潜改造支出占 12.5%,科技三项费用支出占 3.49%,农业方面支出占 33.2%,城市维护费支出占 31.8%。1994～2005 年,财政一般预算用于经济建设支出的为 672077 万元,占同期财政支出的 24.25%;从支出结构看,基本建设支出占 9.67%,企业挖潜改造支出占 19.73%,科技三项费用支出占 6.35%,农业方面支出占 27.1%,城市维护费支出占 32.68%。

1. 基本建设支出 1981 年起,国家对企业建设项目投资实行“拨改贷”。1983～1985 年,全市财政预算内用于基本建设支出的范围主要是非生产性的基建项目,如城市道路建设、文体事业建设和行政事业单位住房建设,基本建设资金来源主要是地方财力,3 年间市本级支出 1682.6 万元,占同期财政支出的 15.89%,先后建成镇江体育馆和少年宫等基础设施。

1986～1993 年,全市财政用于基本建设支出 14240 万元,平均每年 1300 万元,以非生产性的基建项目为主,主要是行政事业单位住房建设。1994～2005 年,全市财政基本建设支出 64996 万元,平均每年支出 5400 万元,相当于 1983～1993 年时期平均支出的 4.2 倍。这一时期基本建设支出主要向农业基础设施和城市基础设施倾斜,基本建设支出逐步退出工业领域。

2. 企业挖潜改造支出 1983～1993 年,全市财政安排企业挖潜改造资金 11940 万元,占同期财政支出 3.53%,平均每年支出 1086 万元;1994～2005 年,全市财政安排企业挖潜改造资金 132600 万元,占同期财政支出 4.78%,平均每年支出 11050 万元,是前期的 10.17 倍。

3. 科技三项费用 科技三项费用主要用于企业和科研机构等单位的新产品试制费、中间试验费和重大科研项目补助。1983～2005 年,全市科技三项费用支出 46021.4 万元,平均每年支出 2001 万元。1983～1993 年科技三项费用支出 3333.79 万元,占同期财政支出 0.98%。1994～2005 年科技三项费用支出 42677 万元,占同期财政支出 1.54%。

图 22-1 财政扶持“菜篮子”工程(2005 年摄)

4. 支持农业生产支出 农业生产支出主要包括支持农业生产支出、农业综合开发支出,农林水利气象部门事业费。1983～1993 年,全市财政用于支持农业生产支出 31714 万元,平均每年 2883 万元;1994～2005 年,全市财政用于支持农业生产支出182133万元,平均每年15178万元,是前期的5.5倍。

2003～2005年,全市财政筹措安排资金28896万元,支持农村基础设施建设。投资7294万元,建设196个水利项目。新建农桥20座,改、扩建农桥169座,修缮危桥179座,建成54条小型农村公路总里程91.85公里。市财政补贴资金1615万元,用于改造农村草危房1264户,农村改水受益人口66.95万人。全市财政投入11690万元用于建立大病统筹为主的农村合作医疗制度,2005年,全市新型农村合作医疗参保人口138.2万人,覆盖率达91.6%。

5. 城市维护费　1985年开征城市维护建设税。1983～1993年,全市财政预算内安排城市维护费30377万元,平均每年支出2762万元;1994～2005年,财政预算内安排城市维护费219635万元,平均每年支出18303万元。

二、文教科卫支出

文教科卫事业费,主要用于保障文教科学卫生等部门开展业务工作经费和其他经费。1983～2005年,全市财政文教科卫累计支出935380万元,占同期一般预算支出的30.07%。在文教科卫支出中,教育事业费支出居首位,占67.05%,其次是卫生事业费支出,占22%。

1. 文化、文物事业费支出

文化事业费支出　文化事业费包括艺术表演团体经费、图书馆经费、群众文化经费、中等专业学校经费和其他文化事业费等。1983～2005年,镇江全市文化事业费支出累计20639万元,分别用于艺术表演事业、群众文化事业和图书馆事业。

文物事业费支出　文物事业费是财政预算安排用于历史文物保护、研究、收购和文物管理机构的经费。支出项目有文物保护经费和其他文物事业费。1983～2005年,全市文物事业费支出累计5463万元,主要用于西津古渡、焦山碑林、沈括故居等文物项目的保护与维修。

2. 教育事业费支出

教育事业费支出包括高等学校、中等专业学校、职业学校经费、中学经费、小学经费、普通业余教育经费等。支出的重点是中小学经费。1985年起,镇江市逐步形成以财政拨款为主、以多渠道集资办学为辅的教育经费投入体制。1983～2005年,全市教育事业费财政预算内累计支出617172万元,保证中小学教师工资发放和教学工作的开展。教育经费投入基本达到中央规定要求。

3. 科学事业费支出

科学事业费包括科委事业费、科协事业费、社会科学事业费、自然科学事业费和其他科学事业费。1983～2005年,财政预算内安排科学事业费累计8891万元。

“七五”期间,全市科技经费财政拨款288.5万元;“八五”期间拨款963万元;“九五”期间拨款2039万元;“十五”期间拨款58755万元。

4. 卫生事业费支出

卫生事业费支出分为两部分,一是对卫生机构和人员的补助支出,二是公费医疗经费支出。1983～2005年,全市财政卫生事业费支出共计205783.60万元。

对卫生机构和人员的补助支出　1985年起,市财政对市直医院实行“全额管理、定额补助、预算包干”的管理办法。全市对卫生机构的投入逐年提高,对医疗机构的投入由原先的定额补助调整为按每年在职人员支出的一定比例、离退休人员经费全额补助。至2001年,对医疗机构在职人员补助额度达50%。1983～2005年,全市财政卫生机构和人员补助支出106570万元,占卫生事业费支出的50%

公费医疗经费支出　主要是财政对机关事业单位享受公费医疗人员的补助支出。1986年起,全市实行公费医疗单位核算管理,经费定额标准按每人全年60元计算,包给单位控制使用。1994

年,镇江市成为全国两个医疗制度改革试点城市之一。同年,国务院批准《镇江市医疗制度改革实施方案》,镇江市实行社会统筹医疗基金与个人医疗账户相结合的医疗保险制度,医疗费用由政府、单位和个人共同负担。1983~2005年,全市财政用于公费医疗支出费用共计99454万元,占卫生事业费支出的46%。

三、社会保障支出

在财政支出预算中,社会保障支出主要是抚恤和社会救济事业费和社会保障补助支出两个科目。1983~2005年,镇江全市财政社会保障支出共计147957万元,占同期财政支出的4%;其中抚恤和社会救济事业费支出共计85195万元。

社会保障补助支出,主要包括社会保险基金补助、就业补助、国有企业下岗职工补助、补充社会保障基金、企业关闭破产补助、社会保险经办机构的经费及其他费用。1998年,企业建立再就业服务中心,按照国家、企业、社会"三三制"资金筹集原则,保障下岗职工基本生活。同年,财政一般预算支出科目社会保障补助支出类级科目下,增设下岗职工基本生活补助款级科目,反映各级财政用于保障国有企业分流进入再就业服务中心的下岗职工基本生活的补助支出,包括下岗职工基本生活费和养老、医疗、失业社会保险等。2005年,国家要求在年底基本完成国有企业下岗职工由基本生活保障制度向失业保险制度并轨工作,撤销企业再就业中心,停止执行下岗职工基本生活保障制度,妥善处理并轨人员的再就业、社会保险关系接续、劳动关系处理和生活保障等问题。1998~2005年,全市财政社会保障补助支出62762万元,占同期社会保障支出的50%。

四、行政经费支出

行政经费支出,主要包括行政机关经费支出、行政业务费支出等。基本上是按人员编制和供给标准编制预算,实行定员定额管理,支出用途分为人员经费和公用经费两大部分。1983~2005年,全市行政管理费支出共计705566万元,占同期财政支出的22%。

行政经费支出主要是行政支出、公共安全支出、司法检察支出,其中行政支出占的比重较高。1983~2005年,行政支出共计450033万元,占行政经费总支出的63%,主要用于政府机关的运转;公共安全支出总计171837万元,占行政经费总支出的24%,主要用于公安支出;司法检察支出总计83696万元,占行政经费总支出的13%,主要用于检察院、法院的经费支出。

行政经费支出中的人员经费支出主要包括工资、补助工资、职工福利费等,其中工资性支出占行政支出的大部分。1993年以前,因工资调整的幅度和频度较低,工资性支出比较稳定;1993年以后,行政机关职工工资调整的幅度和频度加大,镇江市分别于1997年、1999年、2001年、2003年4次晋升行政事业单位职工职务工资档次,4次调整行政事业单位职工工资标准,平均每2年调整1次,全市建立起行政事业单位的正常增资制度。2003年起,对市级机关在职人员发放地方岗位补贴。至2005年,行政支出中人员经费支出的比重达到80%。行政经费支出中的公用经费支出,主要是公务费、设备购置费、修缮费等,其支出基本按照人均安排,不同时期采取不同标准。实行部门预算改革后,公用经费根据本级可用财力,实行分类分档的支出标准,实施定额管理。

五、其他支出

其他支出作为财政支出的一个大类,各个时期所包括的范围变化较大,支出项目也不统一。凡经济建设类、教科文卫类、社会保障类、行政管理类和基金支出五大类包括不了的一些支出项目,均列在其他支出类。至2005年,其他支出类主要包括:外交外事支出、政策性补贴支出、支援不发达地区支出、捐赠捐助支出、债务利息支出等。1983～2005年，全市其他支出共计284122万元，占同期一般预算支出的9%。

第四节　财政管理

一、预算管理

预算管理是财政管理的核心，主要包括预算编制、预算执行、预算调整、预算监督等。

1. 预算编制　1983～1985年，镇江市财力基础较薄弱，预算编制管理体现开源、节流、平衡的思路，集中财力保证重点建设，体现出建设型财政的特点。1983年6月1日，国企利改税工作开始，开征企业所得税，征集能源交通重点建设基金。

"七五"时期，财政预算编制管理体现紧缩的预算分配原则，贯彻以增产节约和增收节支为内容的"双增双节"方针，调整分配政策，适当集中资金，有保有压，严格控制和压缩非生产性开支，保证改革和重点建设资金需要。1986～1990年，全市财政收支预算相抵略有赤字。

"八五"时期，财政预算编制管理坚持适度从紧方针和量力而行、收支平衡的原则，严格控制支出，优化支出结构，保证重点兼顾一般，提高资金使用效益。

"九五"时期，财政预算编制管理顺应适度从紧的财政政策过渡到积极的财政政策，严格执行《中华人民共和国预算法》，实现预算平衡。1995～1997年，全市完成消化老赤字任务4496万元，其中市本级消化老赤字1701万元。1998年后，全市各级财政均实现财政收支平衡。自1999年起落实中央积极的财政政策，预算管理理念逐步向公共财政转变，财政支出逐步退出竞争性领域，增加社会公共项目的保障程度。财政支出在保证党政机关正常运转的基础上，重点保障教育、科技等领域，市财政经费投入年均增幅分别达22.87%和18.64%，均高于财政支出平均增幅。

"十五"时期，财政预算编制管理顺应积极的财政政策过渡到稳健的财政政策，财政支出在保证党政机关正常运转的基础上，重点保障教育、文化、卫生等领域，全市预算内教育投入年均增幅达26%，卫生投入年均增幅达24%。

2. 预算执行　市财政局每年7月代表市政府向人大常委会报告半年收支预算执行情况，重点分析收支预算执行进度偏快或偏慢的原因，汇报下半年针对问题采取的措施。预算执行管理，重点针对三个方面，一是注重收入进度，尽可能按序时进度入库；二是注重支出进度，避免支出进度偏慢，导致年底集中安排支出，影响资金使用效益；三是注重优化收支结构，在增加收入规模和控制支出规模的同时，注重财政收入质量和支出绩效，保持地方财政收入占总收入的比重和可用财力占地方财政收入的比重合理合度。

1983～1993年在收入预算执行管理上主要根据收入递增包干体制，确保完成上级核定的收入计划，并争取超收分成；支出预算执行管理主要控制支出总量，提高建设性支出占总支出比重。在当时的财政体制下，地方分成财力较少，地方理财的积极性没有得到充分发挥，收入形成的财力与支出需要相比存在较大缺口，尽管支出预算执行从严控制，但支出预算执行最终结果仍存有赤字。1994～2005年在收入预算执行管理上主要根据中央和省财政体制要求，通过扩大财政收入规模增加地方分成财力，支出预算执行管理根据《中华人民共和国预算法》要求，控制支出规模，确保收支平衡。1998年后树立公共财政理财理念，注重增加公共性、民生性支出的投入。1994年，分税制财政体制调动地方当家理财的积极性，地方财力增加较快，此后，每年地方财政做到收支平衡，教育、科技、农业、社保、环保等公共支出的保障力度不断加大。

3. 预算调整　实行分税制体制之前，由省财政对辖市财政收入任务进行调整。实行分税制体制后，由同级财政报同级人代会审议通过。一般预算年度都是预算任务调增，每年调整的幅度不同,极少数年份为调减。1983～2005年,只有1991年收入任务调减。

预算调整一般根据税源增长情况及同年或下年体制性因素对年初预算任务进行调整,以增加财力规模保证财政职能的正常发挥。在收入预算调整的同时,根据体制结算的新增财力进行支出预算调整,有的预算年度对收入总量中的地方收入和中央收入进行结构性调整。1994年以前,收支预算调整的幅度较小,1994年以后,特别是2000年以后,预算调整的幅度较大。

二、财政监督

财政监督主要包括人大对财政预算监督、政府审计监督、财政机构监督、财务会计监督和其他专项监督。

1. 财政预算监督 2001年11月28日,市第四届人大常委会第二十五次会议通过《镇江市人民代表大会常务委员会关于加强市本级预算审查监督的决定》。该《决定》出台以后,人大对预算监督逐步实现经常化、程序化和制度化;审议监督的内容逐步细化、深化,审查逐步转向实质性;监督审查的质量不断提高,对财政预算编制、调整、执行工作提出更高的要求,保证财政预算管理沿着法制化轨道健康运行。

2. 政府审计监督 政府审计监督,主要通过同级审计和对下级审计,对财政收支的真实性、合法性和效益性进行审计监督。地方政府财政审计分为两个级次,一是省审计厅对镇江市市级财政进行审计;二是镇江市审计局对市直财政进行审计。江苏省审计厅对镇江市市级审计为不定期审计,镇江市审计局对市直财政审计为每年1次。上审下主要集中在财税政策执行、收支预算执行方面,特别是税收征管入库涉及到省级收入与地方收入问题。同级审主要集中在部门预算的批复、收支预算的执行、调整和平衡等方面。对上级审和同级审提出的整改要求和建议,财政部门通过落实整改措施,改进财政管理的薄弱环节。

3. 财政监察监督 1997年,市财政局成立财政监督处。2000年,市编委批复同意成立市财政监督稽查大队,明确财政监督稽查大队具有执法主体地位,与财政监督处合署办公。

自2000年起,镇江市财政监督稽查大队在全市范围内实施财政稽查。同年,对全市86个单位实施财政检查,查处不符合财务制度金额7265万元,收缴入库资金1025.3万元,提出整改意见120条;2001年对全市133个单位实施财政检查,查处不符合财务制度金额2.45亿元,收缴入库资金600.3万元,收缴入财政专户资金550万元,对13名企业负责人和财务责任人进行经济处罚,提出整改意见160条;2002年对全市202个单位实施财政检查,查处不符合财务制度金额1.67亿元,收缴入库资金1135.77万元,对4名单位负责人和财务责任人进行行政处罚,提出整改意见260条;2003年对全市400个单位实施财政检查,查处不符合财务制度金额1.84亿元,收缴入库资金609.43万元,对43家行政企事业单位进行行政处罚,提出整改意见590条;2004年对全市159个单位实施财政检查,查处不符合财务制度金额6664万元,收缴入库资金261.67万元,对12家行政企事业单位和1名财务负责人进行行政处罚,提出整改意见260条;2005年对全市250个单位实施财政检查,查处不符合财务制度金额3.37亿元,收缴入库资金1030万元,对37家行政企事业单位和1名财务负责人进行行政处罚,提出整改意见830条。2000～2005年,财政共查处不符合财务制度金额10.72亿元,收缴入库资金5212万元。

4. 会计监督 会计监督主要是对企事业单位遵守会计法律法规情况进行检查监督。镇江市从1996年起,不定期组织《中华人民共和国会计法》执法检查,同年10月,市直抽调150人,组成50个检查组对140家企事业单位进行重点检查。查出虚增费用815万元,虚减费用2294万元,虚增利润3956万元,虚减利润636万元,擅自冲减资本金50万元,“小金库”30万元;2001年,全市共组织12623家企事业单位进行《中华人民共和国会计法》执法自查自纠,组成4个检查组对不同类型的24个单位进行重点检查,查出不符合财务制度金额2.19亿元,收缴入库违纪金额582万元,罚款18.3万元;2002年组织6个检查组历时3个月对医疗卫生、地方金融、建筑施工和房地产开发等行业共21家企事业单位进行会计信息质量检查,检查中发现资产不实金额6.49亿元,净资产不实金额3819万元,利润不实金额3444万元,查处不符合财务制度金额9002万元,收缴入库金额199.9万元,对15家企事业单位和4名企业相关人员作出行政处罚,提出整改意见80条。

5. 税收财务物价大检查 1990年7月,市政府批准成立市税收财务物价大检查办公室,挂靠财政部门。1986~1997年,共查出各种违纪资金2.55亿元,其中上缴财政1.35亿元,平均每年为国家挽回损失1300多万元。

三、会计事务管理

1989年,市财政局成立会计事务管理科,各辖市(区)财政部门相继成立会计事务管理机构。

1. 会计专业技术职称管理 1986~1992年,实行会计专业技术职务聘任制度,全市共评定高级会计师98人,会计师1346人,助理会计师3009人,会计员2791人。自1992年8月1日起,除高级会计师外,停止实施会计专业职务评聘,同年11月组织会计专业技术资格的全国统一考试,之后每年组织1次。截至2005年,举办13次(1995年因调整考试科目停办1年)。全市通过考试取得会计专业技术资格的人数累计为16106人,其中初级会计专业技术资格(包括以前的会计员、助理会计师资格)为4622人,中级会计专业技术资格(包括以前的会计师资格)11484人。1987~2004年,高级会计师实行评审制度,2005年实行考试考评结合。1987~2005年,全市共评审高级会计师182人。至2005年,全市高级会计师、初级会计师、中级会计师队伍形成“过百、数千、上万”的格局。

2. 会计师事务所管理 1997年底,全市共有16家会计(审计)事务所,从业人员422人,其中,执业注册会计师191人,其他从业人员(除注册会计师外)231人。1997年9月,财政部在全国开展清理、整顿注册会计师行业活动。1999年,财政部下发《会计师(审计)事务所脱钩改制实施意见》,要求同年年底完成事务所脱钩改制工作。同年,镇江市及辖市(区)的财政、审计、税务等系统的事务所先后与原单位脱钩。截至2005年底,全市共有15家会计师事务所,执业注册会计师128人,从业人员(除注册会计师外)177人。1997~2005年,全市15家会计师事务所累计业务收入21814万元。

四、国债管理

1984年,镇江市政府成立国库券推销委员会,下设办公室,设在财政局。国库券发行实行特殊分配推销机制。1990年6月11日成立镇江市国债服务部,隶属镇江市财政局,成为经营国库券业务的专门机构。1983~1991年,全市共推销国债24561.7万元,完成任务数的104.2%。1992年起,国家不再分配下达国债推销任务。1983~1996年,镇江市共推销国债(含国库券、特种国债、定向债券及保值公债)56168.7万元。1997年后,国库券由商业银行承包推销。

第五节 住房公积金

镇江市于1992年7月开始建立住房公积金制度。住房公积金采用以住房公积金管理中心运作为主,金融机构承办为辅的资金运作模式。

一、住房公积金归集

住房公积金管理中心按照“挖掘潜力,强化宣传,扩大覆盖,增加规模”要求,坚持增加基金总量、拓展缴交层面、深化管理，实现住房公积金归集额的持续增长。截至2005年，市本级累计开户单位2484个，累计开户职工229973人，累计缴存额245348万元，缴存余额135531万元。

二、住房公积金贷款

1994年，镇江市在全省率先实行职工购买住房低息抵押贷款。调整贷款政策，满足购房需求。2000年3月、7月、2001年3月将最高贷款额度由4万元分别提高为5万元、7万元和10万元；2003年由10万元提高为15万元；2004年由单职工8万元、双职工15万元分别提高为10万元、20万元，贷款年限由最长20年延长至30年；2005年由单职工10万元、双职工20万元分别提高为12.5万元、25万元。住房公积金购房贷款原来是由市建行1家办理。2000年下半年新增市中行、农行、工行，2005年新增交行，计新增4家商业银行为公积金贷款业务承办行。截至2005年底，市本级累计发放贷款21885户，发放金额153797万元，贷款余额85435万元。

图22-2 住房公积金贷款带动住房消费(2005年摄)

三、住房公积金管理

住房公积金管理重点在风险管理和保值增值管理。在风险管理方面，注重防范提取风险和贷款风险。在保值增值管理方面，主要通过购买国债保持住房公积金存量达到保值增值目的。

1. 提取风险管理 住房公积金管理中心规范业务程序，严格公积金提取管理。组织相关人员到房地产交易所学习产权证真伪识别知识，对委托银行的经办人员进行鉴别培训，与市房地产交易所实现网络互通，对公积金提取进行审核时，将产权证的编号输进电脑分辨证件真假，预防利用假产权证骗领住房公积金的行为。

2. 贷款风险管理 建立风险防范基金，1999年，职工住房公积金购房贷款风险由原来贷款承办银行承担改为住房公积金管理中心承担。截至2005年末，中心共提取贷款风险准备金7991万元。强化"贷前调查，贷中审查，贷后核查，逾期即催"的工作方法，做到严格审查贷款资格，核定贷款额度，合理计算还款能力，健全三级审批三级监督机制，防范操作性风险。建立由银行进行日常管理，中心进行重点管理，律师进行司法诉讼的分级负责制，提高购房贷款的资产质量。

3. 保值增值管理 住房公积金管理中心在确保提取需要和发展个人住房贷款的前提下，资金仍有存量的，适当用于购买国债。2004年，中心根据江苏省建设厅、财政厅、中国人民银行南京分行、中国银行业监督管理委员会江苏监管局联合下发的《关于规范住房公积金国债业务有关问题的通知》(苏建金管〔2004〕337号)要求，严格执行监管部门的规定，对证券市场的国债账户进行清理，实行并户集中管理，及时将跨市场转托管的国债品种从证券交易所市场转托管到银行间证券市场，并定期派人到中国证券登记结算有限责任公司上海分公司对持有的国债数量和余额进行核对。健全内部控制制度，建立事前风险收益评估制度。中心所持国债品种、期限、比例配置合理，保持较好的收益率。截至2005年底，中心持有国债余额16737万元。

第二章　税　务

图 22-3　1994 年 9 月 9 日，镇江市召开国税局、地税局成立大会

1983 年 7 月恢复建立镇江市税务局。同年 9 月，所属四县税务局全部完成组建工作。镇江市税务机构实行条块结合的双重领导体制，行政上属市人民政府管理，业务上属省税务局管理。正常行政经费由市财政拨款，事业经费及发展经费由省税务局核拨。税收收入除少数指定项目如中央级企业所得税、划归地方固定收入的小税种外，实行中央与地方总额分成。1990 年 12 月，镇江市第一家税务师事务所设立，向纳税人提供涉税咨询及税务代理服务。1994 年 9 月，国税、地税机构分设。市国税局实行垂直领导，人、财、物管理上收到省国税局。内设机构 14 个处室。市区设 1 个办税服务厅、1 个稽查局和 4 个管理分局。管理分局分工负责市直企业，经济开发区，京口区、润州区范围内的税源管理，外资企业税收由国际税收处征收，车辆购置税由车购税办征收。市区分局设 26 个税源管理科。从而形成集中征收、重点稽查、分片管理的格局。4 个县级局（丹阳、句容、扬中三个县级市局和丹徒区局）除设 1 个办税服务厅（征收分局）、1 个稽查局外，按经济区域设立管理分局，全市共有 26 个农村税务分局。

市地税局成立之初属市政府序列编制，业务上接受省地税局指导。1994 年 9 月，市地税局机关内设 7 个科室、2 个党群机构、8 个直属行政机构、2 个事业单位，在职干部职工为 425 人。随着新税制实施，纳税服务市场需求增大，各县（市）也先后成立一批税务师事务所。国税、地税机构分设后，事务所也一分为二，并逐步与税务机关脱钩，独立经营、自负盈亏。1999 年 5 月，省以下地税机关改垂直管理。

2005 年末，全市共有国税干部 1067 人；地税干部职工 895 人；税务师事务所 10 家，从业人员 367 人。

第一节　税收制度

一、工商统一税税制

1983 年以前实行的是工商统一税的单一税制。镇江市实际征收的工商税收 9 种。即工商税、工商所得税、增值税、盐税、建筑税、城市房地产税、牲畜交易税、烧油特别税、屠宰税。1983 年征收工商税收 3.13 亿元。

1983 年 1 月，镇江市开始对地方政府、行政事业单位的预算外资金，国营企业及其主管部门提取的各项专项基金，集体企业、私营企业及个体工商户税后利润征收 10% 的税收，1983 年 7 月调整为 15%。1987 年 5 月起对集体企业和个体工商户的征率又调整为 7%，年税后利润不满 5000 元的免征。

二、利改税税制

1984年，工商统一税实行利改税改革。镇江市征收的税种有：国营企业所得税、国营企业调节税。由市财政局负责征收管理，市区登记纳税的国营企业141户。停征工商税，改为征收产品税、增值税、营业税。另外还有国营企业奖金税、国营企业工资调节税、集体企业奖金税、事业单位奖金税，以及屠宰税。镇江市自养、自宰、自食猪、牛、羊的单位和个人缴纳的税收甚少。同年9月国务院发布《盐税条例（草案）》，由于工业用盐只对酸碱、制革、肥皂和饲料4类生产用盐适用低税额征收，农牧业只对饲料用盐给予照顾，镇江市补税盐更少。10月1日起开始征收资源税。由于全市矿产资源有限，实际征税很少。

1985年1月1日开始征收城市维护建设税。4月，国务院发布《集体企业所得税暂行条例》，镇江市开始征收集体企业所得税，实行计税工资制。税前扣除标准为人均月工资45～60元，以后放宽到60～80元，少数劳动强度较大的企业可放宽到100元。镇江市茅山革命老区自办的乡镇企业，可以定期减免所得税。同年起还开始征收建筑税，乡镇企业、街道企业、个体工商业户和乡镇政府的自筹资金建设项目，也纳入建筑税的征收范围。

同年末加上继续按老办法征收的城市房地产税、牲畜交易税和烧油特别税，镇江市工商税收实际征收的税种19种；因无税源而没有征收的，有中外合资经营企业所得税、外国企业所得税和个人所得税3种。

1986～1993年，镇江市按照国家税改部署，恢复一批老税种，开征一批新税种。1986年10月1日开征房产税和车船使用税，房产税在市区、县城、建制镇和工矿区施行，原城市房地产税仅适用于外商投资企业。车船使用税施行后，原车船使用牌照税保留，只适用于外商投资企业。1986年1月国务院发布《城乡个体工商业户所得税暂行条例》，开征个体工商业户所得税，适用7%～60%十级超额累进税率。1987年1月1日起对境内中国公民征收个人收入调节税，按工资类别6类地区标准，计税基数为每月100元，实际收入超过3倍以上的开始征税，适用20%～60%五级超倍累进税率。同年按照省政府决定，镇江市恢复对自行车征税，税额每辆4元。1988年6月国务院发布《私营企业所得税暂行条例》，开征私营企业所得税，适用35%的固定比例税率。原工商所得税税种最终取消。10月1日起恢复征收印花税。11月1日起开征土地使用税。镇江市市区土地分为甲乙丙三个等级，年税额分别为每平方米1.2元、0.6元、0.4元。免税范围与房产税相同，农村土地不征税。

1989年1月1日起，镇江市税务机关按照国务院发布的《国家预算调节基金征集办法》的规定，对地方政府、机关、团体和事业单位的预算外资金，企业单位和个体工商户的税后利润征收10%的预算调节基金。同年2月和4月，国务院先后决定对彩色电视机和小轿车征收特别消费税，在生产销售环节从量定额征收。镇江市主要对未税的商业库存进行补税，彩电每台税额14英寸以下的400元，14英寸以上的600元；小轿车每辆1.5万元到2万元。1991年4月，国务院发布《固定资产投资方向调节税暂行条例》，镇江市停征建筑税，改征固定资产投资方向调节税。分别适用0、5%、15%、30%四档差别税率；对更新改造类投资，除国家急需发展项目适用0税率外，其余均适用10%的税率。同年7月1日起开始征收统一外资企业所得税。对法人企业就其来源于境内外的全部所得征税；不组成企业法人的外方，仅就其来源于境内的所得征税，税率30%，另加地方所得税3%。港、澳、台胞投资兴办的企业，视同外资企业对待。至1993年末加上继续按原规定征收的屠宰税、烧油特别税、牲畜交易税，全国共有工商税收32个税种，镇江市实际征收28种，未开征1种，无税源3种。全市工商税收增加到11.8亿元，比1983年增长2.77倍，同时征收政府性基金3645万元。

三、分税制税制

1. 新税制改革　镇江市自1994年1月起实施分税制改革。全面改革流转税、简并所得税。扩大增值税征收范围，覆盖全部工业生产及商业批发、零售行业。取消产品税，农林牧渔产品改征农业特产税，纳入农业税归财政局征管。对部分应税消费品征收消费税，取消特别消费税。营业税税目由11个减少到9个。统一内外资企业流转税，相应停征工商统一税。所有内资企业，统一征收企业所得税。执行1993年10月全国人大第八届常委会四次会议修订的《中华人民共和国个人所得税法》，对中国公民和外籍人员统一征收，取消个人收入调节税。对个体工商业户改征个人所得税，其后扩大到个人独资和合伙企业。

完善资源税、开征土地增值税。将盐税并入资源税，对资源税的征收范围进一步细化。对有偿转让国有土地使用权、地上建筑物及其附着物的单位和个人，均依1993年12月国务院发布的《土地增值税暂行条例》征税。并新设遗产和赠与税、证券交易税2个税种，但没有立法开征。

保留城镇土地使用税、房产税、城市维护建设税、车船使用税、印花税、固定资产投资方向调节税；取消各种奖金税、工资调节税、集市交易税、牲畜交易税；屠宰税、筵席税的管理权仍下放到省级政府。

至1994年末，全国工商税收共设18个税种，加上对外资企业继续沿用的老税种城市房地产税、车船使用牌照税，共20个税种。镇江市实际征收的17种，未立法开征的2种，江苏省未征收的1种。

2. 补充性改革　1999年11月1日起对个人储蓄存款利息征收20%的个人所得税。2000年1月1日起暂停征收固定资产投资方向调节税。2001年1月1日起，江苏省停征农业税和屠宰税，同时开征车辆购置税，镇江市均及时贯彻执行。

第二节　税费征收

一、国、地税分设前税收

1983～1993年，镇江市实际征收的税种由1983年的9个逐步增加到28个，税收规模由3.13亿元增加到11.8亿元。

1. 主要税种征收

工商税　仅征收2年。分别为1983年的19325万元，1984年的17451万元，工商税分别占同年全市税收收入的61.73%和48.17%。1985年停征。

增值税　1983年仅征收605万元，之后逐年增加，到1993年，成为全市第一大税种。同年征收39625万元，占1993年全市税收收入的33.58%。

产品税　1984年征收，是这一期间的主体税种之一。征收数由1984年的4201万元增加至1993年的25504万元，比重由1983年的11.6%上升至1993年的21.61%。

营业税　1984年开始征收，是这一期间的第二大税种。征收数由1984年的759万元增加至1993年的32387万元，比重由1983年的2.1%上升至1993年的27.44%。

集体企业所得税　1985年开始征收，同年征收5176万元，之后逐年减少，1993年征收2357万元。

国营企业所得税　1983年征收6353万元，1986年之后逐年减少，至1993年征收2690万元。

2. 经济类型税收

1983～1993年，全市主要经济类型集中在国有经济、集体经济和个体经济，三大经济类型税收占全市税收总量的90%以上,1983年的比重为99.98%,1988年为99.76%,1993年为93.40%。而私营经济和涉外经济所占份额比重不足10%,甚至没有。私营经济税收直到1989年才开始征收,涉外经济税收到1993年才开始征收。

3. 地区税收

1983年,在全市31302万元税收收入中,市区征收16186万元,达51.71%;丹徒征收2646万元,丹阳、句容、扬中、丹徒四县共计征收15116万元,占比48.29%。

1993年在全市118010万元税收收入中,市区征收63258万元,占比53.60%;丹阳征收26546万元,句容征收9252万元,扬中征收10821万元,丹徒征收8133万元,4县共计征收54752万元,占比46.40%。

1983~1993年,市区税收增长2.91倍,丹阳增长2.31倍,句容增长3.90倍,扬中增长3.23倍,丹徒增长2.07倍。

4. 基金征收

1983年征收基金1528万元,1993年征收基金3645万元,1983~1993年共征收基金36161万元。

1983~1993年镇江市工商税收收入一览表(分税种)

表22-3 单位:万元

税种＼年份	1983	1984	1985	1986	1987	1988	1989	1990	1991	1992	1993
一、税收收入合计	31302	36227	47019	49055	51664	55823	62374	66694	64927	72424	118010
工商税	19325	17451	–	–	–	–	–	–	–	–	–
增值税	605	927	2084	5415	7978	15254	17996	20039	18862	21036	39625
产品税	–	4201	22938	19284	17537	11249	12038	14220	14940	17071	25504
营业税	–	759	6116	8574	10388	13917	16406	16837	16297	19433	32387
工商统一税	–	–	–	–	8	41	130	564	1685	2624	7352
工商所得税	4678	5109	–	–	–	–	–	–	–	–	–
集体企业所得税	–	–	5176	5702	4902	4426	4298	3815	2776	2307	2357
个体工商业户所得税	–	–	–	2	2	8	8	8	5	7	83
私营企业所得税	–	–	–	–	–	–	2	5	7	17	7
中外合资经营企业所得税	–	–	–	–	–	4	16	4	–	–	–
外国企业所得税	–	–	–	–	–	–	–	8		–	–
外资企业所得税	–	–	–	–	–	–	–	–	37	107	205
个人所得税	–	–	–	–	–	–	–	–	13	21	19
个人收入调节税	–	–	–	–	1	15	164	268	303	376	523
城市维护建设税	–	–	1430	1691	1791	2178	2432	2993	2958	3324	3797
车船使用税	–	–	–	15	302	274	302	317	337	328	314
城市房地产税	44	44	46	–	–	–	–	–	–	–	–
房产税	–	–	–	155	500	601	729	888	1022	1181	1176
城镇土地使用税	–	–	–	–	–	–	586	799	782	759	672
屠宰税	2	10	20	25	25	19	19	18	17	15	18

续表 22-3

税种 \ 年份	1983	1984	1985	1986	1987	1988	1989	1990	1991	1992	1993
牲畜交易税	14	8	4	2	1	1	1	–	–	–	–
印花税	–	–	–	–	–	90	339	342	256	263	336
资源税	–	–	–	–	–	–	–	–	–	–	32
国营企业奖金税	–	–	202	39	32	39	43	24	35	18	2
国营企业工资调节税	–	–	–	2	–	1	58	69	82	40	32
事业单位奖金税	–	–	–	5	2	1	2	1	2	7	–
集体企业奖金税	–	–	–	24	6	28	33	32	24	13	–
特别消费税	–	–	–	–	–	–	22	1	–	–	3
建筑税	87	155	373	489	887	709	789	711	858	435	–
烧油特别税	139	98	85	66	70	20	12	7	–	–	–
盐税	11	20	–	3	–	–	–	–	–	–	–
固定资产方向调节税	–	–	–	–	–	–	–	–	–	373	634
税款滞纳金补税罚款收入	44	27	39	63	61	90	144	149	140	132	242
国营企业所得税	6353	7418	8506	7499	7171	6858	5805	4575	3489	2537	2690
二、政府基金收入合计	1528	1678	2217	2298	2690	2676	5088	4572	4885	4884	3645

1983～1993 年镇江市工商税收收入一览表(分地区)

表 22-4　　　　单位:万元

地区 \ 年份	1983	1984	1985	1986	1987	1988	1989	1990	1991	1992	1993
全市税收收入合计	31302	36227	47019	49055	51664	55823	62374	66694	64927	72424	118010
其中:市区	16186	19603	26278	26982	27589	29550	32582	34681	35114	37966	63258
丹徒	2646	2676	3130	3386	3698	4185	4759	5050	5382	5577	8133
丹阳	8023	8908	11216	11750	12813	13661	15445	16537	13981	17077	26546
句容	1890	2168	2607	2828	3071	3483	3865	4280	4004	4792	9252
扬中	2557	2872	3788	4109	4493	4944	5723	6146	6446	7012	10821

1983～1993 年镇江市工商税收收入一览表(分经济类型)

表 22-5　　　　单位:万元

年份	合计	国有经济	集体经济	个体经济	私营经济	涉外经济	其他
1983	31302	17757	13196	343	–	–	6
1984	36227	25366	8604	464	–	–	1793
1985	47019	25111	20657	1251	–	–	–
1986	49055	23841	22484	2041	–	–	689
1987	51664	23300	25441	2811	–	–	112

续表 22-5

年份	合计	国有经济	集体经济	个体经济	私营经济	涉外经济	其他
1988	55823	23830	27703	4159	-	-	131
1989	62374	26166	28729	6307	27	-	1145
1990	66694	28243	29113	7826	62	-	1450
1991	64927	24926	27185	9941	83	-	2792
1992	72424	27465	29763	12084	150	-	2962
1993	118010	45060	45151	20013	112	7674	-

二、国家税征收

1994 年,镇江市各项国税收入总额 12.81 亿元,2005 年,全市国税收入总额达 56.08 亿元,是 1994 年的 4.38 倍。其中,增值税由 115346 万元增加至 473794 万元, 消费税由 776 万元减少至 573 万元,企业所得税由 6891 万元增加至 37676 万元, 涉外企业所得税由 849 万元增加至 21228 万元。

1994 年,市国税局办理出口货物退税 3195 万元,2005 年办理出口货物退税 130100 万元。海关代征进口税由 1994 年的 15132 万元增加至 2005 年的 191103 万元。

1. 征收税种

1994 年实施新税制初期,市国税系统负责征收增值税、消费税、外资企业所得税 3 个税种,并分管中央级企业所得税征收管理。

消费税 此为中央税,对烟、酒、化妆品、护肤护发品、贵重首饰和珠宝玉石、鞭炮及焰火、汽油、柴油、汽车轮胎、摩托车、小汽车共 11 类消费品征收。外贸出口的应税消费品,可于出口报关后申请退税。镇江市生产应税消费品的厂家不多,因而税源不丰。

增值税 此为中央与地方共享税,对所有从事生产、销售货物和提供加工修理修配劳务的经营活动征收。适用税率分两档,初级农产品、公用事业产品、矿产品、图书报刊及农业生产资料等税率 13%;其余税率 17%。出口货物可在出口报关后申请退税。征收方式统一采用购进扣税法,依据进项增值税专用发票上注明的已纳税额、海关完税证上的实征税额和按农产品收购凭证、废旧物资收购凭证、货物运费发票上的支付金额乘以扣除率 10%(以后货物运费扣除率调低为 7%)进行抵扣。对年销售额达不到规定标准且会计核算不健全的小规模纳税人,则采用 6% 的征收率征税。新增值税取消照顾性减免税,规范政策性减免税,进一步体现支持促进高科技产业、综合利用“三废”(废水、废气、废渣)企业、环保设备生产企业、集成线路和软件产品等生产企业发展的政策导向。

外国企业和外商投资企业所得税 此税种本属地方税,但国家税务总局指定由国税局征收管理,2001 年起改为共享税。

中央级企业所得税 中央级企业包括驻镇中央直属企业和金融保险企业,税收收入进中央国库。同样适用计税工资制,限定人均月 800 元,镇江市属经济较发达地区,按规定可上浮 20%。税收优惠方面,取消税前还贷和照顾性减免,保留对高新技术企业、综合利用“三废”企业、为农服务企业的税收优惠;对咨询、服务、交通运输、邮电通信及商业等新办企业,可减征或免征所得税 1~3 年。

2. 政策调整

新税制在实施过程中,不断进行调整完善。主要有:

增值税政策调整　自 1998 年 7 月 1 日起，从事商业经营的小规模纳税人，增值税征收率下调为 4%。自 1999 年 8 月 1 日起，增值税一般纳税人向农业生产者购进的棉花和向粮食企业购进的粮食，可按照购进凭证所列金额按 13% 扣除进项税金。自 2002 年 1 月 1 日起，此项规定又扩大到所有初级农业产品。自 2001 年 1 月 1 日起，对废旧物资回收企业免征增值税，用废的生产企业仍按进货凭证所列金额的 10% 扣除进项税金。自 2003 年 1 月 1 日起，镇江市调整增值税起征点，由原月销售收入 2000 元提高为 5000 元。

出口退税政策调整　增值税出口退税率，根据经济形势变化多次作有降有升的调整。1997 年开始，镇江市对部分享有出口经营权的生产企业，试行出口货物“免、抵、退”税办法，2002 年起扩大到所有自营出口或委托代理出口的生产企业，使出口货物所含进项增值税金能及时得到免缴或抵缴内销货物的应纳税金。按照国务院《关于改革现行出口退税机制的决定》，从 2004 年 1 月 1 日起，新发生的出口退税由中央和地方比例分担，2004 年以前应退未退税款由中央专款退付。镇江市 2004 年共办理出口货物免抵退税 16.6 亿元，比上年增加 6 亿元，所有陈欠全部退税到位。

企业所得税政策调整　自 1996 年开始，企业用于开发新产品、新技术、新工艺发生的技改费用，凡同年比上年实际发生额增长 10% 以上的，可以按 150% 抵减当年应税所得。同时，允许部分在国民经济中具有重要地位的企业采用加速折旧办法。从 1999 年 7 月 1 日起，企业技术改造项目中的国产设备投资的 40%，可以抵免新增的企业所得税。从 2000 年起调高内资企业业务招待费的税前扣除标准，与外资企业享受相同待遇。

调高金融保险业营业税税率　按照国务院决定，镇江市自 1997 年起将金融保险业营业税税率由 5% 调高到 8%，提高的 3 个百分点归中央财政收入，由国税局负责征收。自 2001 年起，提高的 3 个百分点每年下调 1 个百分点，到 2004 年恢复执行 5% 的税率。

储蓄利息征收个人所得税　自 1999 年 11 月 1 日起，镇江市国税局按照国务院决定，对从储蓄机构取得的本、外币存款利息，征收 20% 的个人所得税，但教育储蓄的存款利息免税。

开征车辆购置税　2000 年 10 月国务院发布《车辆购置税暂行条例》，镇江市国税系统自次年 1 月 1 日起，对所有以购买、进口、自产、受赠、获奖等方式取得应税车辆的单位和个人征税，税率 10%，原车辆购置附加费停征。随着汽车消费的日益增长，2005 年，全市车辆购置税入库税款 1.42 亿元。

调整企业所得税征管范围　按照国务院《所得税收入分享改革方案》，镇江市从 2002 年 1 月 1 日起，对在工商行政管理部门办理设立（开业）登记的新办内资企业，由国税局负责企业所得税的征收管理，2001 年 12 月 31 日前已设立的内资企业，税收征管分工不变。

自 2000 年起取消对外资企业征收增值税、消费税后，比原征收的工商统一税税负超过的部分，给予先征收、后返还的照顾。镇江市全年增加税收 4000 余万元。

到 2005 年，市国税系统实际征收的税种有 6 种，其中个人所得税和企业所得税与地税局划分范围共管。

1994～2005 年镇江市国税税收收入一览表（分税种）

表 22-6　　单位：万元

税种＼年份	1994	1995	1996	1997	1998	1999	2000	2001	2002	2003	2004	2005
收入合计	128124	115673	130240	148264	168295	171216	223203	287392	352128	403134	461604	560798
增值税	115346	109141	121710	139171	155887	156938	198158	258367	322948	370650	404118	473794
消费税	776	724	819	1650	4213	6262	349	363	353	628	546	573
金融保险营业税	–	–	–	1960	2829	46	5340	3873	2020	401	–	–
企业所得税	6891	2211	4012	2902	2587	2237	4999	6334	7903	10625	26084	37676

续表 22-6

税种＼年份	1994	1995	1996	1997	1998	1999	2000	2001	2002	2003	2004	2005
涉外企业所得税	849	940	2038	2457	2779	5713	9778	9677	9899	10743	19904	21228
存款利息所得税	–	–	–	–	–	16	4579	8769	9002	10087	10952	12462
车辆购置税	–	–	–	–	–	–	–	–	–	–	–	15065
其他收入	4262	2657	1661	124	–	4	–	9	3	–	–	–
附录：												
出口货物退税	3195	7575	20909	15773	14955	25000	35000	45800	67900	106530	166133	130100
海关代征进口税	15132	10784	14827	16563	21470	65602	80854	72346	163411	160265	200182	191103

1994～2005 年镇江市国税税收收入一览表（分地区）

表 22-7　　单位：万元

地区＼年份	1994	1995	1996	1997	1998	1999	2000	2001	2002	2003	2004	2005
全市合计	128124	115673	130240	148264	168295	171216	223203	287392	352128	403134	461604	560798
其中：市区	61561	52879	56903	66471	74999	80565	100581	134407	167120	197502	220469	279837
丹徒	9879	9237	11966	13343	14527	13316	17646	20938	23298	24138	28929	33941
丹阳	33200	30813	34816	39530	44506	42367	54090	65665	82401	96249	111288	132133
句容	10314	9749	11120	11920	13791	13323	21189	28417	30680	31278	39454	41622
扬中	13170	12995	15435	17000	20472	21645	29697	37965	48629	53967	61464	73265

1994～2005 年镇江市市区国税税收收入一览表

表 22-8　　单位：万元

税种＼年份	1994	1995	1996	1997	1998	1999	2000	2001	2002	2003	2004	2005
收入合计	61561	52879	56903	66471	74999	80565	100581	134407	167120	197502	220469	279837
增值税	51449	49718	53632	61919	68762	71659	87479	120791	153133	183800	194510	230542
消费税	103	128	198	778	2365	4454	28	117	121	241	299	297
金融保险营业税	–	–	–	966	1501	－995	2828	2234	1256	245	–	–
企业所得税	5493	1344	1931	1978	1156	1249	2374	2897	3217	3634	10421	17707
涉外企业所得税	477	408	529	706	1215	4195	6296	5293	6265	5765	10884	12092
存款利息所得税	–	–	–	–	–	3	1576	3066	3125	3817	4355	4983
车辆购置税	–	–	–	–	–	–	–	–	–	–	–	14216
其他收入	4039	1281	613	124	–	–	–	9	3	–	–	–
附录：												
出口货物退税	2455	5686	14212	10447	9281	14627	20274	26262	45591	73796	107044	69700
海关代征进口税	15132	10784	14674	16149	21224	63848	77698	69770	160806	157726	197916	190736

三、地方税费征收

1995年,全市各项地税收入总额3.89亿元,其中:税收收入3.52亿元,其他各项基金(费)0.37亿元。2005年,各项地税收入总额45.08亿元,是1995年的11.6倍,年平均增长27.76%。其中:税收收入27.94亿元,是1995年的7.94倍,年平均增长23.02%;社会保险费12.53亿元,是2000年(地税征收第一年)的24.6倍,年平均增长89.8%;其他各项基金(费)4.61亿元,是1995年的12.6倍,年平均增长28.9%。

1995~2005年,全市地税系统累计组织各项收入近189亿元,其中:税收收入129亿元,社会保险费45亿元,其他各项基金(费)15亿元。

1. 税种及征收

营业税 1984年开征,营业税是地方税收的主税种,2005年征收入库12.07亿元,占地方税收43.18%。

城市建设维护税 城市建设维护税属于一种附加税,以增值税、消费税、营业税“三税”的税额为计税依据,随“三税”同时附征,其征税方式也完全比照“三税”有关规定办理。外资企业不缴纳城市建设维护税。2005年征收入库2.89亿元。

企业所得税 1984年开征,企业所得税是地方税收的第二大税种,2005年征收入库5.098亿元,占地方税收的18.24%。

个人所得税 1980年开征,2005年征收入库4.38亿元,占地方税收的15.67%。

资源税 1984年开征,1994年税制改革中,扩大资源税的征收范围,把金属矿产品、非金属矿产品等都列入征收范围,把原来的盐税并入资源税。资源税在镇江市属小税种,仅几户矿山企业缴纳。2005年征收入库0.32亿元。

城镇土地使用税 因应税土地面积增长缓慢,单位税额相对稳定,该税长期低幅增长。2005年,全市入库0.21亿元。

固定资产投资方向调节税 1991年开征,是在原建筑税的基础上演变而来,该税为小税种。1994年税改后由地税机关征收,征收额最高的是1999年,入库0.18亿元。2000年1月1日起,根据国家税务总局通知暂停征收。

土地增值税 1994年1月开征,镇江市从2003年1月1日起实行按项目销售(转让)收入预征,项目终了清算,多退少补的征收管理办法。对办公用房、营业用房,别墅、度假村、连体别墅,普通住房分别按取得收入的3%、2%、1%预征土地增值税。预征办法的实行使土地增值税征缴额大幅上升,同年入库0.13亿元,增长8.66倍,之后每年均保持成倍增幅,2005年征收入库0.76亿元。

房产税(城市房地产税) 内资企业征收房产税,外资企业征收城市房地产税。2005年征收入库1.39亿元。

车船使用税(车船使用牌照税) 内资企业征收车船使用税,外资企业征收车船使用牌照税。2005年征收入库0.2亿元。

印花税 该税总量不大,但逐年稳步上升,2005年征收入库0.62亿元。

屠宰税 该税为地方小税种,征收额最高的是1999年,入库0.048亿元。2006年根据国务院459号令停止征收。

筵席税 未开征。

2. 地方费征收

教育费附加 2005年征收入库1.24亿元。

地方教育附加(初期为教育地方附加费) 是以镇江市境内实际缴纳的增值税、消费税和营业税税额为计税依据,依照一定比例向缴纳以上“三税”的单位和个人征收的一种附加费。2003年

6 月 30 日前计征率为城市企业按"三税"的 1%、农村企业按销售收入的 1‰征收，2003 年 7 月 1 日起统一为按"三税"收入的 1% 征收。2005 年征收入库 0.45 亿元。

文化事业建设费 1997 年 1 月 1 日开征，征收费率为 3%。2005 年征收入库 0.047 亿元。

社会保险费 包括基本养老保险费、失业保险费、工伤保险费、生育保险费，2000 年 1 月 1 日起由地税部门征收。2005 年征收入库 12.53 亿元。

其他基金（费） 包括综合基金、旅游发展基金、残疾人就业保障金、人防建设基金、职教统筹基金、地方教育基金、城镇垃圾处理费、工会经费、水利建设捐资等，2005 年征收入库 2.87 亿元。

1995～2005 年镇江市地税税收收入情况一览表

表 22-9 单位：万元

项目＼年份	1995	1996	1997	1998	1999	2000	2001	2002	2003	2004	2005
各项收入总额	38876	47558	55815	62983	72590	105155	190049	215832	288968	360310	450835
1. 税收收入	35228	46226	53959	60771	70064	97066	117960	138853	174816	219445	279449
市县级	28947	37129	44826	50934	61406	88021	108066	128582	163985	207257	262887
省级	6281	9097	9133	9837	8658	9045	9894	10271	10831	12188	16562
2. 社会保险费	–	–	–	–	–	5085	57687	71896	86001	104640	125300

1995～2005 年镇江市地税税收收入统计表（分地区）

表 22-10 单位：万元

项目＼年份	1995	1996	1997	1998	1999	2000	2001	2002	2003	2004	2005
总 计	35228	46226	53959	60771	70064	97066	117960	138853	174816	219445	279449
市 区	18576	23417	25893	29247	33569	44898	58413	70775	91187	111861	138539
区（市）小计	16652	22809	28066	31524	36495	52168	59547	68078	83629	107584	140910
丹 徒	3158	4246	4652	5483	6333	8570	9710	11187	14034	18613	25307
丹 阳	7935	10397	12339	13221	14981	23407	27174	31004	37311	47000	63204
句 容	2345	3651	4772	5445	6110	8009	8980	9956	12355	17672	23449
扬 中	3214	4515	6303	7375	9071	12182	13683	15931	19929	24299	28950

1995～2005 年镇江市地税税收收入统计表（分税种）

表 22-11 单位：万元

项目＼年份	1995	1996	1997	1998	1999	2000	2001	2002	2003	2004	2005
总 计	35228	46226	53959	60771	70064	97066	117960	138853	174816	219445	279449
营业税	17163	23715	25890	29016	32713	41583	41876	56682	75415	93520	120692
交通运输业	1824	3052	2558	2932	2696	3315	3473	4426	5699	7491	7668
电信业	949	1819	1738	1913	2683	4697	3828	5134	4571	4422	5283
建筑安装业	3046	4305	5201	6537	6880	9868	7916	15537	21793	26415	38220

续表 22-11

项目\年份	1995	1996	1997	1998	1999	2000	2001	2002	2003	2004	2005
金融保险业	6163	9068	8925	9661	8433	8749	9486	9866	10436	11869	16269
房地产业	436	884	1770	2662	3134	5071	3436	7200	17272	23577	30264
其他服务业	4745	4587	5698	5311	8887	9883	13737	14519	15642	19746	20051
企业所得税	6650	6230	6268	5468	6370	19809	35865	33417	34970	39522	50978
国有	2466	2308	2512	1344	1109	4137	6414	4463	2395	2131	7114
集体	4106	3794	3493	3966	3562	6822	13548	8401	7220	7001	6062
私营	58	118	109	147	291	658	1504	3044	3329	4172	6083
股份	–	–	124	–	1374	8163	14386	12180	21932	24768	29547
其他	20	10	30	11	34	29	13	5329	93	1450	2172
城建税	6208	6772	7657	8139	9979	11835	12661	13727	19287	23343	28928
个人所得税	1052	4186	7381	9787	11509	14011	18061	20870	28451	35327	43802
房产税	1790	2374	2972	4485	4274	5716	5822	8519	8281	9547	13881
土地使用税	541	599	581	571	691	592	823	1326	1211	1181	2076
印花税	361	587	749	879	1014	1109	1342	2367	3014	5872	6219
车船使用税	502	495	664	513	543	662	620	773	770	1074	2001
资源税	55	154	180	430	684	654	551	1028	2106	3769	3227
土地增值税	–	6	40	7	1	23	78	136	1314	6282	7645
固投税	841	797	1087	1066	1808	669	235	8	–	6	–
屠宰税	16	224	427	409	475	403	25	–	–	–	–
其他收入	49	87	63	1	3	–	1	–	–	2	–

第三节 税收管理

一、征管模式

镇江市税收沿用条块结合的征管模式，即市直企业由一个分局按行业管理，区属企业及私个企业属地管理。在实行税务专管员制度时，专管员负责对纳税人进行纳税辅导、税源管理、税款征收和税务检查，“一员进厂，各税统管”，权力过分集中。

1991 年，镇江市试行征管查分离，即分局内征管与稽查不能由一人兼任。建立重大事项集体讨论把关制度，市、县局又先后成立涉税案件审理委员会和税务行政复议委员会，强化对税收征免、缓缴、查补、处罚及票证管理等重要环节的监督制约。

1995 年起针对过去那种“一员进厂、各税统管”旧征管模式的弊端，国、地税系统分别推进征管改革，改革申报纳税制度，规范征管业务流程，税收征管机制逐步走向规范，形成“以申报纳税和优化服务为基础，以计算机网络为依托，集中征收，规范管理，重点稽查”新的税收征管格局。积极应用推广计算机，设立各级办税服务厅，充实加强稽查力量，按业务流程建立选案、检查、审理、执行四分离工作规程，形成管理、征收、稽查机构外分离格局，强化执法权的监督制约机制，手工式管理向集约化、科学化、精细化转变。

二、管理方式

1. 税务登记 税务登记亦称纳税户籍管理。凡在镇江市境内设立的生产经营单位,遇有成立、歇业、临时停业以及变更经济性质、经营项目、法定代表人等事项,都要向当地税务机关办理开业登记或变更登记、撤销登记申报。此项工作原由税务分局受理,报市、县税务局核发税务登记证。国地税办税服务厅正常运转后,改由办税服务厅一个窗口受理,内部流转,一站式办结,方便纳税人。

1983~2005年部分年份镇江市工商税收征管及国税户数一览表

表22-12 单位:户

类别 经济类型	1983年				1994年				2005年(国税部分)	
	征收户数		免税户数		征收户数		免税户数		征收户数	
	全市	其中:市区	全市	其中市区	全市	其中市区	全市	其中市区	全市	其中市区
合计	15169	2029	599	209	47909	11586	46301	11377	47423	12714
1. 国有经济	969	358	28	24	3758	2177	3681	2100	723	344
2. 集体经济	7148	919	222	33	21561	5327	20671	5654	3027	514
3. 私营经济	–	–	–	–	1084	254	1075	245	10481	4780
4. 个体经济	6337	707	335	152	20246	3254	19996	3004	28293	5902
5. 联营经济	12	1	–	–	32	10	31	9	37	19
6. 股份制经济	–	–	–	–	267	128	253	114	3176	623
7. 外商投资经济	–	–	–	–	749	381	444	196	804	230
8. 港澳台经济	–	–	–	–	117	–	55	–	749	177
9. 其他经济	703	44	14	–	95	55	95	55	133	125

2000年、2005年镇江市地税征收管理户数一览表

表22-13 单位:户

年份	国有企业	集体企业	私营企业	联营企业	股份制企业	有限公司	外资企业	个体工商户	其他	合计
2000	1934	5922	3903	80	325	1787	642	18774	344	33711
2005	2056	6275	4664	81	364	2104	712	22439	569	39264

2. 纳税鉴定 在纳税人办理税务登记的同时,税收管理员要深入实地调查核实企业生产经营项目及财会制度建设情况,据以明确该企业应纳税种、适用税率、征收方式、纳税地点与期限、可以享受的税收优惠政策等,用书面形式加以确认,以便纳税人理解和执行。

3. 账证管理 新税制实施前,镇江市税务部门主要负责集体企业和其他非公有制企业、个体工商户的财务会计管理。包括培训企业财会人员、配合企业主管部门组织财务会审、结合税收管理制定小型生产服务企业财会制度及会计报表等。重点监控企业正确执行会计制度和财务制度,督促企业建立健全账证、如实记录、安全保管,为依法诚信纳税提供可靠依据。

4. 发票管理 镇江市国税部门监管的发票主要有:增值税专用发票、普通销售统一发票、农副产品收购凭证、废旧物资收购凭证四大类。增值税专用发票由国家税务总局统一印制,由办税服务厅依据管理分局核定的用量向增值税一般纳税人发售,纳税人填开使用后每月报告明细清单,供国税系统网上稽核、认证。普通发票由市国税局在省国税局指定的印刷厂统一印制,发售方法相同,纳税人填开使用后只需每月报送购进、使用、作废、结存情况。对企业规模较大、财会制度健全、发票用量多且统一式样不能满足业务需要的,经市国税局批准可以在指定印刷厂印制普通销售发票。对企业会计制度不健全、财务管理不规范的小型企业,采取限制购票数量和限定核销期限的办法,加以控管。对偶尔发生货物销售、加工修理修配劳务的单位和个人,在指定窗口申请填开普通发票。农副产品和废旧物资收购凭证,只限于供核准的独立收购企业购买使用。

地税部门监管的发票:地税发票票种多,主要按营业税征税范围设置票种,很多票种细化到营业税子目,全国联运发票、货物运输发票、搬运装卸力资发票、托运发票、出租汽车定额发票、三轮车定额发票适用于交通运输行业;建筑安装统一发票适用于建筑业;保险业专用发票适用于金融保险业;邮政通用发票、电话费专用发票、邮政报刊费专用发票适用于邮政通信业;文化体育业发票适用于文化体育业,特种定额发票适用于娱乐业;国际海运业船舶代理专用发票、国际货物运输代理发票、饮食业发票、服务业发票、旅馆业发票、广告业专用发票、房屋租赁发票、照相业专用发票等适用于服务业;房地产开发销售发票适用于销售不动产。有固定生产经营场所、财务和发票管理制度健全的纳税人,发票使用量较大或统一发票式样不能满足经营活动需要的,可以申请印有本单位名称的冠名发票。发票种类有机打发票、手工发票和定额发票,手工发票和定额发票使用普遍。发票印制企业由省地税局指定,根据发票票种分别由省地税局和市地税局监制,发票发售由各级地税征管部门依据管理分局核定的用量向纳税人发售,纳税人填开后向主管税务机关报送填开、作废、使用、结存情况。1997 年起在餐饮娱乐行业、2005 年起在房地产业、交通运输业、建筑业推广使用税控收款机开具发票,纳税人按月向主管税务机关报送开具发票的数据。

三、征管制度

镇江市从 1985 年起,为明晰征纳双方法律责任,逐步完善纳税人自行申报纳税制度,实行征、管、查三分离,自报查账征收的纳税人统一向办税服务厅申报纳税;部分大中型企业实行网上申报纳税;定期定额征收的纳税人改为按季申报,评定应纳税额,每月凭 IC 卡到指定银行划缴税款。

1. 分类管理 1991 年 5 月,镇江市首次评选纳税信得过单位,全市评出 28 家企业,以市政府名义授牌;1993 年第二次评选又评出 35 户纳税信得过企业。在此基础上,1995 年 9 月起按照纳税人的守法程度、财务核算、发票管理等情况,推行 A、B、C 三级分类管理。对 A 类纳税人减少税务检查次数,提供个性化服务;对 B 类纳税人实施常规管理,注重行业性对比分析,有目的有重点地进行检查;对 C 类纳税人加强税源监控,限额领购发票,定期巡回检查,从而使税务资源得以合理配置。

2. “五责”“五清”管理 2000 年,国税局通过“结旧建新”,各级国税机关基本做到管户清、发票清、税款清、资料清、责任清,并对历年欠税进行核实清理。“五责”是实行责任片、责任区、责任岗、责任人、责任制管理,并建立税源监控体系。为解决管事与管户相脱节,带来税收信息滞后、监控乏力的问题,2002 年,镇江市国税系统试行“税情监控”办法,而后逐步形成较为完善的税源监控体系。具体做法是建立一户一册的《税情监控手册》,及时登录纳税人基本情况和 99 个涉税经济、财务指标,按月进行分析比较,为税款征收和纳税评估提供依据。2003 年对监控信息异常的 1420 户企业发出纳税提醒通知,促使企业自查补报税款 2450 万元。

3. 质量管理体系 2004 年,市地税局引入质量管理体系推动税务管理。编写体系文件,形成 ISO 9000 税务质量体系文件镇江版本,包括质量手册、21 个程序控制文件、83 个工作流程、63 个工作规范、990 个表证单书。2004～2005 年,将质量管理体系深入到税务管理的各个环节,实现流程控制管理,顺利通过省地税局和第三方组织的外审认证。对涉及税收管理的事项,根据每个涉税事项的要求、时点、过程、岗职配备等因素,从受理到办结,进行梳理整合,实施流程化控制管理。全市共设立行政工作流程 33 个,业务工作流程 45 个。

4. 纳税评估　纳税评估起初叫稽核评税,是以应纳税额零、负申报及税负偏低的纳税人为重点,分析比对涉税经济、财务指标和历史数据,发现疑点约谈纠正或进行稽核。而后统一名称为纳税评估,并扩大推行。

2001 年,市国税系统试行第一年,评估纳税企业 2277 户,发现有问题的 804 户,占 35.3%,评补税款 1035 万元,移送稽查局重点稽查的 49 户。

市地税系统 2003 年实行日常评估、专项评估、特定评估的分类纳税评估。2004 年引入考核机制,细化纳税评估指标,推广应用纳税评估软件。2005 年起纳税评估工作在全市实行二级纳税评估体系,设立专业纳税评估科室,评估税款年年翻番,评估质量稳步提升。

四、税款征收

1. 征收方式

镇江市工商税收征收方式主要有四种:(1) 对具有一定规模和账证制度较为健全的固定企业,采用自报缴纳、税务稽核、定期检查的征收方式;(2) 对规模小且账证不健全的固定企业和个体工商业户,采用自报互评、税务核定、定期调定的征收方式,一般按季核定应纳税款;(3) 对集贸市场的流动商贩,采用专人定点巡回征收的方式;(4) 对外地到镇江从事建筑施工、货物运输等业务的纳税人,采用委托建管处、运管处等有关行政主管部门代征代缴的征收方式,对居民个人应纳税款则由支付价款的单位代扣代缴。为满足临时经营偶尔发生纳税义务的纳税人以及不符合自开发票条件的小规模纳税人的办税需求,镇江市还在属地管理的税务分局(所)设开票征税窗口,就近提供纳税服务。1995 年国税、地税机构分设后,各自相继设立办税服务厅,对固定业户实行集中征收,并推行网上申报和持 IC 卡到银行自行纳税的方法。对流动税源和零星税收,分别采用巡回征收、代征代缴、代扣代缴和税务窗口开票征收的方式。

镇江市对年销售收入达到规定标准、有固定经营场所、财会制度健全且管理较为规范的纳税人均认定为一般纳税人,实行动态管理。2000 年通过一般纳税人年检,新认定一般纳税人 2259 户,取消一般纳税人资格的 1888 户;2002 年再次进行清理,共年检一般纳税人 9463 户,认定合格一般纳税人 8274 户,取消一般纳税人资格的 1121 户,限期整改的 68 户。自此一般纳税人管理逐步进入正常规范。

2. 税收结构

产业结构　在镇江市工商税收产业结构中,工业企业缴纳的税金占有绝对比重。第二步利改税结束后的 1986 年,工业增值税、产品税两项收入 2.47 亿元,占全部工商税收的 50%,加上工业企业缴纳的所得税和其他各税,约占全部工商税收的 70%;商业和第三产业缴纳的营业税 8574 万元,仅占全部工商税收的 17.48%。随着第三产业的加速发展,到 1993 年镇江市营业税收入增加到 3.24 亿元,在工商税收中的比重上升到 27.44%;但工业增值税、产品税也增加到 6.51 亿元,仍占工商税收总额的 50% 以上。这一阶段税源变化异常的是,所得税收入大幅度下降,国营企业所得税和集体企业所得税分别由 1986 年的 7499 万元、5702 万元,下降到 1993 年的 2690 万元、2357 万元。这虽然与部分国营、集体企业招商引资成立中外合资、中外合作企业后,享受税收减免优惠有关,但也反映了改革开放初期粗放式经营和片面追求扩大生产规模带来的不良后果。

国税、地税机构分设后,国税部门以工业税收为主。2005 年,镇江市工业企业缴纳的增值税、消费税合计 42.93 亿元,占国税部门总收入的 76.55%。在工业税收中,镇江市又以电力、造纸、化工、机械、建材、电子等6个产业为支柱税源，缴纳的增值税、产品税、消费税，在1983年分别为2931万元、505万元、700万元、228万元、270万元、502万元，合计5136万元；1993年分别为1.03亿元、1463万元、6905万元、7161万元、3262万元、578万元，合计2.96亿元；2005年分别为5.58亿元、0.27亿元、5.58亿元、7.2亿元、0.95亿元、0.44亿元，合计20.02亿元。1993年比1983年增长4.75倍，2005年又比1993年增长5.76倍。

经济结构　1983年，镇江市公有制企业缴纳的税收，占全部工商税收的98.9%，随着改革开放的不断深入，到1993年这一比重下降到76.44%，私个经济和外资企业税收比重达到23.56%。实施新税制后，镇江市国税部门组织的收入中，1994年公有制企业税收占73.4%，2005年下降到22.4%；私个经济和外资企业税收比重，则由1994年的26.3%上升到53.5%（另有股份制企业税收占21.4%%，车辆购置税占2.7%）。尤其是外资企业税收上升迅猛，1994年镇江市国税部门组织的收入中，外资企业税收仅占8.5%，到2005年这一比重上升到31%。同时，税收的集中度明显增强。2005年，镇江市国税征管的年纳税1000万元以上的53户重点企业，同年共缴纳税收20.63亿元，占国税部门总收入的36.79%，占全市工商税收收入的24.55%。这反映镇江市规模经济正在形成。

1994～2005年镇江市国税税收收入一览表（分经济类型）

表22-14　　　　单位：万元

年份	合计	国有经济	集体经济	个体经济	私营经济	股份联营经济	涉外经济
1994	128124	47914	46113	22544	363	348	10842
1995	115673	37855	46214	14793	728	627	15456
1996	130240	48383	45490	13544	781	3174	18868
1997	148264	52918	52236	11928	1744	3911	25527
1998	168835	60999	52582	10935	5016	8591	30712
1999	171216	56309	42861	12530	7917	12210	39389
2000	223203	58208	48724	16729	17290	29732	52520
2001	287392	59959	52661	19383	26083	43159	86147
2002	352128	63801	47468	20257	41175	58006	121421
2003	403134	56281	47153	23977	55054	67393	153276
2004	461604	77204	33138	26727	72872	97218	154445
2005	560798	93351	31992	33007	93410	120225	173748

说明：2005年收入中含无法分经济类型的车辆购置税15065万元

2005年镇江市纳税1000万元以上企业一览表（国税部分）

表22-15　　　　单位：万元

企业名称	合计
金东纸业（江苏）有限公司	35150.17
镇江索普醋酸有限公司	23478.57
中国国电集团公司谏壁发电厂	19514.91
江苏镇江发电有限公司	13406.15
江苏省烟草公司镇江分公司	10629.53

续表 22-15

企业名称	合计
年纳税超亿元 5 家企业合计	102179.33
国电江苏谏壁发电有限公司	8861.38
江苏省电力公司镇江供电公司	5509.88
江苏长江电器股份有限公司	3749.27
镇江奇美塑料有限公司	3745.52
江苏省电力公司丹阳市供电公司	3591.20
镇江中船设备有限公司镇江船用柴油机厂	3131.25
圣象集团有限公司	3131.00
镇江默勒电器有限公司	3122.66
镇江奇美化工有限公司	3041.67
嘉新京阳水泥有限公司	2831.51
华东泰克西汽车铸造有限公司	2708.93
江苏索普化工股份有限公司	2655.58
镇江大东纸业有限公司	2512.72
镇江焦化煤气集团有限公司	2457.29
江苏省烟草公司句容市公司	2436.53
镇江百盛商城有限公司	2360.97
江苏绿叶锅炉配件有限公司	2307.90
镇江美驰轻型车系统(第二)有限公司	2135.92
江苏鸿泰钢铁有限公司	2071.67
江苏省烟草公司丹徒区公司	2043.90
江苏船山矿业股份有限公司	1950.16
江苏丹化醋酐有限公司	1895.12
江苏省电力公司句容市供电公司	1858.49
沃得精机(中国)有限公司	1842.18
镇江钛白粉股份有限公司	1753.05
镇江西门子母线有限公司	1738.51
江苏吉贝尔药业有限公司	1734.84
镇江国亨塑胶有限公司	1662.71
镇江韦岗铁矿有限公司	1590.86
江苏恒顺醋业股份有限公司	1507.96
大亚科技股份有限公司丹阳铝业分公司	1462.80
优利德(江苏)化工有限公司	1410.27
江苏万泰塑胶电器有限公司	1369.26
江苏西门控电器有限公司	1360.07
汽巴精化(江苏)有限公司	1322.53
圣象实业(江苏)有限公司	1301.70

续表 22-15

企业名称	合计
镇江苏源谏电电力设备工程有限公司	1206. 43
镇江金河纸业有限公司	1183. 58
江苏中电变压器制造有限公司	1178. 39
江苏省电力公司镇江市丹徒供电公司	1178. 27
镇江液压件厂有限责任公司	1108. 78
镇江奇美树脂有限公司	1089. 24
大亚科技股份有限公司丹阳印务分公司	1086. 21
江苏丹棉集团有限公司	1066. 30
海昌隐形眼镜有限公司	1048. 81
江苏长江沃特电气有限公司	1039. 06
江苏省烟草公司镇江分公司丹阳市场营销部	1005. 50
年纳税超千万元 47 家企业合计	102357. 83
总计 52 家企业合计	204537. 16

五、税收信息化建设

镇江市税收信息化建设起步于 1991 年,开始主要用于内部税收会计和统计。

1. 国税信息化建设　1995 年,市国税系统为配合征收大厅启动,国税信息中心自行研发可满足税务登记、纳税认定、开票征收、稽核销号、业务查询等 9 项需求的软件,为扩大受理涉税事务创造条件。承担总局指定的“防伪税控系统”试点推广任务。到 1997 年,全市国税所有征管分局都运用计算机管理,并形成局域网联通。2004 年末,全市增值税一般纳税人 9940 户全部纳入防伪税控管理,为大中型企业网上办税、降低纳税成本提供条件。随着高平台软件三次升级,计算机在各个岗位上的应用,增值税专用发票的信息采集率、防伪认证率和纳税申报率一直保持百分之百的质量水平,有效防范利用专用发票偷税的不法行为。全市加油站安装税控装置,到 2003 年,213 个加油站共安装 1075 支税控加油枪,安装率达 100% 。

2. 地税信息化建设　国、地税机构分设以后,市地税局研究开发镇江市局地方税收征管系统,1995 年 1 月 1 日起在公交、商贸分局正式运行,随后又相继开发地方税收微机电话催报系统和申报磁卡,使征管系统趋向完善。1996 年 9 月,镇江市地税征管系统通过市科委组织的专家鉴定,并于 1997 年获江苏省科技进步二等奖。1997 年实现市区范围内计算机联网,并建立科学规范的档案管理体系。7 月 1 日起,市区餐饮业税收征管实行“双控一奖”新举措,由地方税务局统一安装《镇江市餐饮业发票管理系统软件》,取代过去手工多联填开式发票。1998 年开发餐饮服务行业、建筑安装行业的税控系统,新增电子触摸查询系统,全市配备微机 155 台,征收单位实行微机征管,年底市局及市区各分局实现与财政、金库、国税的计算机联网。1999 年初,市地税局与北京四通联合开发成功具有高科技含量的餐饮服务行业税控系统和 ECR - 1100T 税控机,3 月 17 日在镇江召开服务行业税控系统演示发布会。全市有 183 户服务行业的纳税人、46 户建安企业投入试用,并被 10 多个外省市地税系统采纳使用。镇江市地方税务局 1999 ~ 2010 年信息化建设规划获 1999 年度镇江市科学进步三等奖。2000 年建立计算机网络系统和高效税务管理信息系统。推广使用多媒体信息查询,建成机关办公自动化系统,实现系统网络化、电子化管理,建立企业登记情况数据库。

2002 年 1 月 1 日起省局征管信息系统进入前台运行，推广运用办公自动化、会计电算化、重点企业税源管理系统，初步建成税收信息化网络。同年建立工商、国税、地税信息交流新平台并登上省局征管软件新平台。2004 年完善网上申报和 IC 卡用户纳税申报内容，市区完成财政、税务、国库和各专业银行联网系统工程。该系统的运行与电子化申报结合，纳税人申报缴纳税款、社保费等更加便捷，财税库各单位税收信息实现实时共享，推进缴库方式的多元化。

2005 年加大建设外部信息交换平台，制定与外部门信息交换的接口规范和处理流程，逐步扩大信息采集面，先后完成政务网办公系统组网工作、与财政局专网专用线路搭建工作、与社保局专网搭建工作。全市地税系统网络改造、机房改造等信息化基础建设全面展开。实现全市征管系统数据集中处理，省局到市局、市局到各辖市（区）局垂直主干网络和市区局域网及横向联网（到人民银行、社保局、行政中心等）升级改造工作。完成市局主机房和网络机房建设和改造工程。建立机房场地监控自动报警保障体系。在网络改造基础上，添置有效网络设备监控软件和用户监控软件系统，购置并应用入侵检测设备，抵御来自内外部的网络攻击和病毒侵害。

六、税务稽查

1. 国、地税分设前稽查　镇江市税收系数在征管查合一阶段，日常检查以税务专管员为主，集中性检查和专项检查由市、县税务局统一组织。1984 年，全市开展税收、财务大检查，市税务局抽调税务干部和财会人员组成百人检查团，以重点检查推动企业自查补报，共查出违纪金额 690 万元，同时查补个体税收近 10 万元。大检查连续进行 6 年，共查补税款 2811 万元。1989 年，全市开展个体工商户、个人承包户和个人收入调节税专项税收检查，共查补税款 809 万元。1991 年，全市又开展“假集体、假校办、假福利企业”专项税收检查，纠正违规企业 853 户，补税 135 万元。日常检查主要放在发票管理、申报纳税、执行财会制度、所得税汇算清缴等方面，要求专管员对负责征管的纳税人月核轮查。

专职税务稽查机构建立后，稽查管理逐步实现集约化。1992 年，全市稽查局查案 342 件，移送司法机关立案 5 件，逮捕 3 人，判刑 2 人，并会同公安部门查处暴力抗税事件 10 起。1994 年 6 月，丹阳市税务巡回法庭审理一起暴力抗税案件，主犯卞某某被判有期徒刑 2 年 6 个月，从犯王某某被判有期徒刑 1 年。同年全市稽查涉税案件 148 件，移送立案 37 件，追缴税款 772.1 万元。

2. 国税稽查　国、地税机构分设后，市国税系统稽查力量得到进一步加强。1997 年，市、县两级稽查人员达到 105 人，稽查补税罚款收入 6084 万元，并查处虚开增值税专用发票案件 21 件，移送司法机关立案 7 件，逮捕 7 人。此后，在重点稽查的同时又分批轮番开展税务执法检查，每年补税罚款都上千万元。2000 年，全市稽查 2627 户，查补税款 4680 万元，罚款 1547 万元，加收滞纳金 479 万元。镇江市国税稽查局检查二科科长邓志祥，5 年查案 500 余起，为国家挽回经济损失 6000 余万元，于 1999 年被授予省人民满意的公务员、2000 年被授予中国十大杰出青年卫士称号。1995 年，句容市国税稽查局局长叶明在打击利用专用发票犯罪活动中，查处 8 起案件挽回税收损失 3100 多万元，受到公安部、最高人民检察院、最高人民法院和国家税务总局的联合嘉奖。

稽查大案、要案。其中偷税数额巨大、情节严重的有：1996 年 7 月，市国税稽查局收到深圳市国税稽查二分局协查函，及时对镇江金店实施重点稽查。发现该店给深圳高银珠宝首饰有限公司虚开增值税专用发票 28 份，虚开金额达 2.4 亿余元，同时采用虚列留抵进项税金及瞒报应缴税款等手法偷逃税收。此案共查补增值税 148.46 万元、消费税 45.19 万元，主要责任人移送检察机关立案查处。

1999 年第四季度，市国税稽查局查获镇江物资集团总公司法定代表人孔某某指使下属人员接受虚开增值税专用发票案。该总公司于 1997 年 1 月 ~ 1998 年 7 月间,从广东省汕头市汇源有限公司、揭阳市四通物资有限公司、深圳市泰光实业有限公司等 10 家企业,取得虚开的增值税专用发票共 183 份,总价 1.77 亿元(含税价),实际已抵扣进项税金 700 余万元。除补税罚款外,主要责任人移送司法机关立案查处。

3. 地税稽查　地税在全市实行市、县(区)两级稽查管理体制。1995 年,市地税局设立稽查分局,对外负责镇江市区范围内各类企业地方税收检查以及与地方税有关的零散税源的检查;对内负责市区范围内各分局税收征管质量的审计工作。各市(县)地税局也相继成立稽查分局。1997 年,稽查分局改为稽查局。市区分局,基层税务所改为稽查所,形成统一领导、分级管理、二级稽查的征管稽查格局。2000 年增设检查一分局,实施二级检查。稽查局负责对全市地方税收检查,检查一分局负责对市区分局地方税收检查。根据省局对征管改革要求,市局、丹阳市局、丹徒县局实现稽查外分离体制。2003 年,市区撤销检查一分局,实行一级稽查,各分局稽查所改为稽核评税科,实行评税与稽查相结合的新机制。

1998 年制定《稽查工作操作规程》。开展一系列的税收专项检查,全市累计查补税款 6985 万元。全年移送公安机关涉税案件 10 件,对 7 人实施拘捕等刑事处罚。1999 年,全年检查 9700 户次,查补税额 12094 万元,入库 10934 万元,立案查处涉税案件 12 件。2001 年开展整顿和规范税收秩序活动,全市共检查 8642 户,查补地方各税 9262 万元,入库 8726 万元,入库率 94.2%。其中查处大案要案 4 件,查补税额 500 余万元。2002 年以省级收入、建筑房地产业、重点税源户和旅游行业等为重点,全市共检查 864 户,查补地方税 7061 万元,入库 6751 万元,入库率达 95.6%;查处举报案件 141 件,查补税额 527 万元,罚款 154 万元;查处发票违章案件 43 件,补税罚款 2.2 万元。2005 年推行阳光稽查,通过"查前先知、查中服务、查后辅导"税务稽查工作程序,为偷逃税动机的纳税人提供自我检查、自我改正机会,全年发《自查通知》书 1000 余份,自查补缴税款、滞纳金 521.77 万元。

七、纳税服务

1. 促产增收　运用税务小额技改贷款,支持企业发展,1984 年审批还贷 51 个项目,税前还贷 381.4 万元,支持丹阳印染厂印花项目投产,每年增加工业产值 3200 万元、税利 220 万元。到 1993 年促产贷款扩大到 2400 万元。以后按照国家规范金融管理政策逐步收缩,到 1998 年停办。

2. 减免税运用　1988 年,镇江焦化厂与中国香港中山公司合作举办新型冶金焦生产企业,因外方要求在合作期内分期还本付息,需要对固定资产实行加速折旧,市税务局两次向省局书面请示,终获得总局批准。项目投产后不仅壮大镇江市外向型经济,还为民用煤气的发展提供支持。1991 年,镇江市遭受百年未遇的洪涝灾害,市税务局按照税收政策特事特办,对受灾损失严重的 431 户企业审批减免税 2490 万元,给 69 户受灾企业豁免欠税 120 万元。1999 年,市国税局核减全年税收计划 1.5 亿元,通过收入计划调度,帮助企业解决历史遗留问题 6.26 亿元。1994 年起国家实施出口货物退税制度,市国税局全年办理退税 2455 万元。镇江市地税局落实国家科技进步、"三废"利用、民政福利、下岗再就业、现代服务业等各项减免税优惠政策,1995 ~ 2005 年共减免地方各税 21.1029 亿元。

1995 ~ 2005 年镇江市地方税减免统计表

表 22-16　　单位:万元

年份	1995	1996	1997	1998	1999	2000	2001	2002	2003	2004	2005	累计
减免金额	4967	4672	1135	1196	12559	15456	18278	23409	34700	49181	45476	211029

1983 年、1994 年、2005 年镇江市工商各税减免税额一览表

表 22-17　　单位:万元

税种	1983 年	1994 年	2005 年(国税部分)
合计	1388	7204	24544
其中:工商税	1137	-	-
增值税	20	6803	23102
消费税	-	25	-
外资企业所得税	-	36	765
企业所得税	231	340	677

说明:该表不含出口退税

第三章　审　计

1983 年 6 月,镇江市审计局成立。1983 年 7 月至 1984 年 2 月,所辖句容县、丹阳县、丹徒县和扬中县相继组建成立审计局;1988 年起,润州区、京口区、新区审计局陆续建立。至 2005 年底,市审计局有 12 个职能处室,有在编人员 71 人。全市审计机关共有在编人员 236 人。市审计局在组建机构的同时,开展试审,同时,组织参加财税大检查,完成党政领导机关交办的信访案件查证。

1995 ~ 1997 年提出"加强、改进、提高审计工作"的方针。按照新颁布的《中华人民共和国审计法》开展同级财政审计,扩大基本建设投资、各项专项资金(基金)审计面。

至 2005 年,全市审计机关共完成审计项目 6569 个,查出并纠正违纪违规金额 53. 18 亿元,向纪检部门、司法机关移送经济案件线索 312 条。其中市审计局完成审计项目 1852 个,查出并纠正违纪违规金额 27. 49 亿元,为财政增加收入 5. 40 亿元,促进增收节支 7. 64 亿元,向纪检部门、司法机关移送经济案件线索 240 条,参与查处经济大案要案 11 起。

第一节　国家审计

一、财政审计

1985 年开始财政审计。根据财政审计下审一级的原则,主要是对所属县(市)区的财政财务收支决算开展审计。1995 年开始根据《中华人民共和国审计法》的规定,开展市本级预算执行和其他财政收支审计。1985 ~ 2005 年,全市审计机关共实施财政审计项目 647 个,查出违纪违规金额 149704 万元。其中市审计局实施财政审计项目 158 个,查出违纪违规金额 85326 万元。

1. 财政决算审计　1985 年,市审计局会同市财政局、税务局,对句容县 1984 年财政决算进行试审。这是首次财政决算审计。通过审计,查出违纪金额 79. 58 万元,账目差错金额 100 万元。发现存在农业税没有全部纳入财政决算、部分企业税前还贷未用新增效益归还、部分支出未办理批准手续、财政预算变动缺乏系统记载的依据等问题,提出加紧清理往来款项、加强财政基础工作、充实财税力量等 5 条建议。

1986 年,审计内容开始扩大到预算外收支和银行开户情况。1987 年,以查处和纠正乱开口子、越权审批为重点。1988 年后,江苏财政体制改革,财政审计重点检查越权乱开减免税口子、截

留隐瞒转移财政收入、虚列财政支出、扩大税务部门税收分成、挪用预算内外资金搞国家计划外楼堂馆所等。1986～1991年，对丹阳、句容、扬中、丹徒四县（市）财政决算进行轮审，在审计中延伸审计部分县属企业及商业、物资企业。市审计局对审计中发现的问题按规定进行处理，对扬中县只有部分问题得到纠正的状况，专程去该县逐条落实。

1992年，江苏发生特大洪涝灾害，部分县、乡财税部门借水灾越权减免税收，审计的重点放在应上缴财政收入是否如数解缴国库、有无越权减免税收和违规退库、有无将预算内收入转作预算外自行支配等方面。在对扬中、丹徒两县1991年度财政决算审计的同时，还首次对10个乡镇的财政周转金种类、规模、来源、用途、投资效益、还款渠道和管理监督情况作全面了解。

1993年，财政审计从侧重查财政收入转向查财政支出，从侧重查财政业务转向查财政管理，并逐步向预算外资金、国有资产管理延伸。结合审计，开展现行政策法规执行情况调查，对基层单位执行政策法规过程中存在的问题及完善政策体系的意见进行汇总、整理和上报。1993～1997年对县（市）区财政决算轮审中，对句容县和扬中县开展财政预算执行情况审计。对超预算支出、自行减免农林特产税、罚没款未作收入入库等问题提出整改意见。

1998年起按照"账户入手、下审一级""全面审计、突出重点"的要求，审计的主要内容开始向社会保障、科教、城建、国土等重点专项资金拓展，向财政资金管理使用的效益性拓展。1998～2001年，对各辖市（区）财政决算进行审计。对预算批复不完整、应作未作预算收入、滞留税收、地税部门税收政策执行不到位、多提个人所得税代征手续费等问题进行处理。1999年起，在财政决算审计中，对各辖市（区）财政垫付世界银行贷款问题给予关注，对财政垫付世界银行贷款已成为财政一大负担提出预警建议。

2002年起，将地方政府和财税部门贯彻执行财税政策情况、政府开发建设负债情况、土地出让金收支管理情况等作为审计重点。2002～2005年在对6个辖市（区）财政收支决算轮审中，对应作未作预算收入、部分财政政策与国家现行规定不一致、擅自设立收费项目、以各种形式返还税收、动用社会保障资金以及延伸审计中发现的漏交税费等问题进行处理。同时对虚列一般预算支出、虚列基金支出、挤占挪用专项资金、按收缴入库比例返还罚没收入、违规发行地方建设债券、擅自提高基金征收标准、住房公积金违规放贷、社保基金违规质押、超范围征税和使用财政资金吸税引税等违规行为提出整改意见，促使句容市委、市政府出台《关于进一步加强镇级财政管理的通知》。对句容市住房基金管理中心违规向单位和个人放款、挤占挪用住房公积金等问题，及时向句容市纪委进行移送，并促使句容市住房制度改革办公室出台《关于加强住房基金管理的若干规定》。

2. 财政预算执行审计　1995年，市审计局首次对镇江市1995年1～9月财政预算执行情况开展审计。发现1994年新税制实行后，少数预算企业仍以上缴地方财力基金代替缴纳所得税，未按新税制要求缴纳企业所得税；在管理方面存在部分预算收入未纳入预算内核算，专控附加费上年结余未转预算外收入，地方综合基金征收进度缓慢，部分专用基金使用不当，有偿使用资金放款中沉淀资金多，周转金、防洪保安资金会计账户不健全，多提营业税代征代扣手续费等问题。对此，提出严格区分预算内外收支界限、及时清理往来和财政有偿使用资金、设立对外投资专项辅助账、加强地方专项基金征管、完善内控制度等建议。1996年对市本级预算执行情况进行终审，为验证市本级预算执行情况，延伸审计市建委等10个行政机关。对存在的问题，责成财政、地税部门进行整改。对审计中发现的部分预算款项拨付缓慢和市地税局层层设置基金过渡账户、动用基金放贷、部分税收政策掌握不符合规定等问题提出审计意见和建议。

1997～1998年运用"账户入手，下审一级"的审计方法，对市本级财政预算执行情况进行审计。在审计中，对其他财政收支中的预算外资金收支、专户存储、财政周转金、财政对外投资情况以及教育事业费、城市建设维护费、价格补贴、环保排污费等4项基金征、管、用情况进行探索性审计，发现国有土地有偿使用收入、部分行政性收费未纳入预算管理，延伸审计的9个单位普遍存在漏交税费等问题。

1999年提出“大财政审计”概念，以财政预算的执行情况为主线，对城建资金、水利资金、教育经费、科技三项费用、住房基金、解困基金等关系到社会事业发展和群众切身利益的专项资金进行审计。首次审计金库预算资金收纳退付情况，对财政、地税、金库3个部门内控制度进行测评。审计查出的主要问题除以前年度的共性问题外，还存在企业利用外国政府贷款、世界银行贷款不能到期归还，使企业风险转化为财政风险；部分教育经费被占用；地方财政安排的科技三项费用项目多、经费分散、效果不明显等问题。

2000年提出以规范财政分配秩序、推进依法理财、促进提高财政资金使用效益为根本目标的审计思路。除审计财政预算执行情况、税收征管情况、市地方金库预算资金收缴拨付情况，还对城建、水利、环保、教育、科技、解困、社会救济、新菜地建设等8个专项资（基）金的来源、管理和使用情况进行专题审计，并第一次把新区财政收支纳入审计范围。从审计结果看，市财政主要存在以往年度的共性问题，新区财政主要存在预算管理缺乏必要的监督机制，全区代扣代交建设施工单位的营业税2062万元滞留在代征单位，集资债券余额高达9.2亿元，对外投资和担保存在风险等问题。

2001~2002年以财政部门构建公共财政框架、深化预算体制改革为背景，对市本级预算执行和其他财政收支开展审计。审计中关注部门预算、政府采购、国库集中收付等新的财政改革内容，并对财政管理的专项资金和基金进行跟踪审计，一级预算单位的审计覆盖面达30%。对发现的预算收支及缴库环节中的问题和政府债务高达17.15亿元的问题，提出加大非税收入征收力度、强化预算支出刚性管理和监控、防范财政风险等建议；对纳入本级预算执行审计的新区财政存在部分收入未纳入预算管理，“挖革改”（挖潜、革新、改造）支出不实、财政外借资金风险大，以及延期纳税等问题提出整改意见。

2005年把预算执行审计作为促进依法理财、建立公共财政框架的一个重要手段，在同级审计工作报告中纳入上年度同级审查出问题的整改情况、部分辖市（区）财政决算审计情况、重大违法违规问题和经济案件查处情况等新内容，形成人大督办、政府交办、责任部门限期向市人大和市政府汇报整改结果、审计机关跟踪落实的新模式，进一步促进财政、地税等部门的内部管理。

二、金融审计

1986年开始金融审计，包括银行金融机构审计和非银行金融机构审计。2000年后，审计署不再授权地方审计机关对金融机构进行审计，开始转向只对地方金融机构实施审计监督。1986~2005年，全市审计机关共实施金融审计项目129个，查出违纪违规金额5644万元。其中市审计局实施金融审计项目33个，查出违纪违规金额2703万元。

1. 银行金融机构审计 1986年，市审计局开始对银行金融机构开展审计，并以财务收支与信贷业务审计为重点。对市工商银行及其信托部1985年财务收支和信托资金来源、运用情况实施审计，查处动用信贷基金搞基建、超规定发放奖金等问题。1987年起以轮审的形式对国家金融机构进行审计监督，至1991年，先后对市中行、工行、农行、建行、交行财务收支进行审计，查处的主要问题是漏缴税款和基金、违规贷款、未执行人民银行规定利率档次多收利息及罚息、手续费不入账等。1992~1994年，在对市工行、中行、建行和交行的审计中，加强信贷资金的审计，查处的主要问题是以新贷款还老贷款、用流动资金发放技改贷款、住房贷款超范围、违反规定提高贷款利率、利息以外擅自加收咨询费和融资费等。

1995~1999年，对市中行、农行、建行、城商行开展资产负债损益审计。查处的主要问题是超规模发放信贷资金、违规经营、损益不实、账外资产（金）、漏缴税金、虚列支出等问题，对发现的经营管理中的问题,提出从制度上规范信贷工作、加强固定资产管理、建立完善的考核管理机制、加强内部审计制度等建议。2003 年 5 月,配合审计署对市农发行进行审计,查出该行虚列修理费和龙发大厦工程款建家属楼车库、私设“小金库”和漏缴营业税、城建税、企业所得税等问题。2004 年对市商业银行进行审计,提出加强费用和抵债资产管理、加大对不良资产清收力度等审计意见。

2. 非银行金融机构审计　1988 年起,市审计局以轮审的形式对市保险公司、信托投资公司、城市信用合作社、财政证券公司等非银行金融机构开展审计。1995 年前,审计的重点是财务收支的真实性、合规性、合法性,1995 年起,在此基础上加强对资产负债损益真实性的审计。查处的主要问题是违规放贷、擅自下浮利率、调节利润、漏缴税费、挪用防灾费、账外资产、调节保费收入、对办事处和代办点缺少管理等。对上述单位存在的资产质量差、应税收入与免税收入串户、投资风险准备金核销手续不全、固定资产账实不符、虚增保户储金和虚列费用、抵债物资管理不善、理赔环节不够衔接等问题,提出建立清欠措施、完善内部约束机制、加强资产物资管理等建议。至 2005 年,市审计局对非银行金融机构共开展审计项目 10 个。

三、固定资产投资审计

1984 年开始固定资产投资审计。1986 年后,逐步开展以重点项目为龙头的固定资产投资在建项目审计、固定资产投资项目开工前审计、基本建设项目竣工决算审计,并根据同时期国家对投资建设的政策,陆续开展城市维护和建设资金审计、全民自筹基建资金审计调查、停缓建项目跟踪审计、建设领域专项治理等专项审计。1996 年开始,加强对政府重点工程审计。1984 ~2005 年,全市审计机关共实施审计项目 916 个,查出违规违纪金额 41239 万元。其中市审计局实施审计项目 288 个,查出违规违纪金额 18186 万元。

1. 工程审计

1984 年在丹徒水泥厂经济效益审计中初涉固定资产投资审计。

1987 ~1990 年对市节能中心综合楼、无线电元件厂综合楼、跃进机械厂测试楼、长江镇扬河段整治等 9 个工程项目进行审计,审计重点是资金来源、工程决算和工程财务收支。发现的主要问题是多计工程量、高套定额、漏缴税金和工程变更手续不齐等,对漏缴建筑税作出立即补缴的处理决定,对普遍存在的工程管理问题提出改进意见。

1991 ~1995 年,对印铁制罐厂技术改造、接插件总厂接插件生产线技术改造、丁卯桥热电厂一期工程、商业大厦一期工程、自来水公司金西水厂一期工程、纸浆厂 1991 上浆系统技改、华润新村安居工程前期工程等 7 个在建工程项目进行审计。查处的主要问题是超概算、资金缺口大、漏缴税费、工程项目变更手续不完备、高估冒算等。针对管理方面存在的问题和造成的损失、以及未完工部分工程,提出加强概、预算管理,完善财务管理和工程内部控制制度,加强纳税意识的审计意见和建议。

1992 ~2005 年共对 143 个工程项目开展工程决算审计。1992 年对大港一期工程进行审计,对支出长期挂账、一期工程核销后仍有工程资金结余、一期工程投资被二期工程占用等资金管理方面的问题,提出整改意见。1996 年对丁卯桥路拓宽改造工程进行审计,对工程中建设资金被占用、虚列工程支出、列支概算以外的办公房费用和不属于该项目的拆迁安置费等问题进行处理,引起市政府重视,并首次提出将市政工程列为审计重点的要求。1997 ~2005 年先后对谷阳路工程、正东路拓宽改造工程、南门外大街拓宽改造工程等 45 个工程项目进行审计,对普遍存在的高估冒算、漏缴税费等问题向有关部门提出加强管理的建议,对涉农工程征地拆迁补偿费未按省定标准发放给农民的问题,建议市政府责成有关部门全面检查、补发到位。

2004 年对南门高架桥工程开展效益审计。在审计中,对其项目产生的社会效益和经济效益进行调查和测评，该工程节约投资2438万元。2005年对公安局车管所考训场迁建工程开展跟踪审计，自此，工程项目跟踪审计成为工程审计的一种重要形式。

1984～2005年，市审计局共开展工程审计项目161个，查补税费2459万元，核减投资额13859万元。

2. 专项审计

停缓建项目审计　1988年，市审计局对1987年城市维护和建设资金的征收、使用、管理进行全面审计，涉及建委、税务局、供电局、自来水公司等20个单位。审计中发现代征单位存在坐支和挪用等问题，管理部门存在扩大城市维护和建设资金使用范围、以拨代支等问题。1989年，市审计局组织全市各级审计机关对已决定停缓建的项目进行跟踪审计。审计结果表明81个项目中有77个执行停缓建要求，有3个经批准已复工，有1个未执行停缓建决定。1990年，全市审计机关继续对停缓建项目进行跟踪审计，并检查1989年审计的停缓建项目落实审计处理决定的情况。随着国家宏观经济形势的发展，停缓建项目陆续开工，此项审计结束。

固定资产投资项目开工前审计　1990年，市审计局开展固定资产投资项目开工前审计。重点是建设项目总投资来源是否合规；同年资金是否落实；各项审批手续是否完备、合法；建设项目投资是否纳入国家年度计划；设计编定的建设规模和建设标准是否与可行性报告文件相符；项目概算对固定资产投资方向调节税、利率等因素是否作综合考虑；建设项目征地拆迁、“三通一平”（水通、电通、路通和场地平整）是否完成等。固定资产投资项目开工前审计成为建设单位报批《项目开工报告》必须履行的程序。1990年12月首次对大东造纸厂热电站二期扩建工程项目进行开工前审计，该项目系1990年能源部批准，项目资金已经基本落实，审批手续完备，具备开工条件，市审计局签署同意上报审批的审计意见。至1997年，市审计局先后对镇江大港港区铁路工程、市妇联妇女儿童活动中心工程等39个新开工项目进行开工前审计。1998年以后，新开工项目审计进一步规范，开工前审计成为政府宏观调控固定资产投资规模的重要手段。

国家注入清欠资金的固定资产投资项目审计　1992年，市审计局对1991年和1992年国家注入清欠资金的固定资产投资项目进行审计。1991年，全市46个项目注入清欠资金7011万元，审计抽查的10个项目有8个发生新拖欠，拖欠总额2485万元。同年9月根据省审计局要求，对国家注入清欠资金的6个重点固定资产投资项目进行审计，未发现前清后欠的现象。

已竣工且未经国家审计机关审计的各类建筑项目专项审计　1997～1999年，市审计局对1996～1998年竣工的未经国家审计机关审计的各类建筑工程项目开展专项治理审计，共完成审计项目832项，审计投资总额26.9亿元，核减工程款1.32亿元，查处超标准超规模投资358万元、转移挪用建设资金194万元、偷漏税费639万元。审计中还发现20件违法违纪线索，按规定移送纪检、监察部门处理。2000年将1997～1999年竣工的各类装修工程项目列入专项治理范围，共完成装修工程审计项目111项，审计投资总额1.4亿元，审计核减工程款2739万元，查处偷漏税金30万元，并在建管部门的配合下，彻底纠正预收工程款开具收款收据的问题，堵塞工程建设领域税收流失的漏洞。

图22-4　2005年3月，农村公路建设专项资金审计

城市建设资金收支情况专项审计　2002年，市审计局对2001年度城市

建设资金收支情况的真实性、合法性和效益性进行专项审计，并延伸审计建设局系统内外20家相关单位，对城市建设资金用于城建系统外超规定、挪用于管理费、治安民警工资等问题进行纠正。

农村公路建设专项资金审计　2004年后，市审计局连续2年对农村公路建设专项资金进行审计，查补少缴的税费，反映建设计划执行不到位及路面跑沙等问题。

四、行政事业审计

1984年开始行政事业单位审计。同年首次对扬中市粮食局财务收支进行审计。1986～1992年根据审计署和省审计局《关于对行政事业单位推行定期审计制度的通知》，对市人大、市政协、公安局、公证处等40家行政事业单位开展定期审计，及时纠正存在问题。1992年后重点对有资金分配权、有预算外收入、有罚没款收入和事业费较多的行政事业单位进行轮审，并根据不同时期党和政府的中心工作不断深化审计内容。至2005年，全市审计机关共实施审计项目1832个，查出违纪违规金额101493万元。其中市审计局实施审计项目464个，查出违纪违规金额26696万元，上缴财政2476万元。

1. 司法机关审计

1986年起，市审计局对市公安局实行定期审计。1990年后，对市公安局及其系统内交巡警支队、车管所等进行6次审计。对市公安局审计，提出禁止收取赞助费、对系统内固定资产进行全面清理、所有经济业务纳入单位财务统一核算和管理的审计意见。对公安系统所属单位审计，查处的主要问题是擅自提高驾驶员培训收费标准、罚没收入上缴不及时、漏缴建筑税、部分业务专用设备没有列账和领用手续、暂扣款物管理不严等。

1998年起，对市检察院审计2次。对存在的应作未作其他收入、固定资产总账和明细账不相符等问题，提出整改意见。对部门预算编制范围不完整、暂扣案款清理不及时等，提出加强内部管理和监督等4条建议。

1999年起，对市中级法院审计4次。对存在的罚没款及赃物处理不符合国家有关规定、部分法院的部门及基层法庭自购票据、私设小金库等问题按规定作出处理，提出建立健全内控制度、对全院罚没款物实行有效监督的审计意见。至2005年，市审计局对司法机构共开展审计项目34个。

2. 行政单位审计

1984～2005年，市审计局对行政单位开展审计项目203个。

市工商局审计　1986年对市工商局首次进行审计，对罚没物资管理不善提出整改意见。1987～1991年实行定期审计，纠正未经批准购置专控商品和罚没收入未及时上缴国库等问题。1989～2005年共对工商局审计5次，查处的主要问题是财政拨付办案费用补助和市场建设费未作收入、部分发票内容不真实、罚没和暂扣款物不设台账等，并提出加强内控制度建设、严格暂扣及罚没物资管理、提高财会人员的业务素质等建议。对所辖市县工商局及工商所审计1次，查处的主要问题是收支情况反映不实、擅自提高行政收费标准、虚列支出、漏缴税费等。

市物价局审计　1986年对市物价局罚没款收支进行审计，对上缴罚没收入不及时等问题提出整改意见。1989～1991年实行定期审计，就加强内控制度和财务管理提出意见和建议。1996年对市物价局1995年度及1996年上半年财务收支进行审计，对存在的办公用房出租收入和办案经费核算不规范、坐支罚没收入等问题提出整改意见。

市卫生局审计　1986～1990年对市卫生局实行定期审计，纠正财务管理中的一些问题。1997～2005年对市卫生局审计4次。2002年对医学会和基建财务收支同时进行审计，对房租收入未作收入处理、经费支出在卫生事业发展基金中列支、机关卫生事业费挤占医院预算经费等问题进行处理，并提出加强卫生事业发展基金管理、更好地发挥使用效益的建议。

市文化局审计　1988～1990年，对市文化局实行定期审计，纠正发票不规范和超范围开支等

问题。1991～2005年，对文化局审计4次，对文化事业发展基金未能做到专款专用、资金管理和会计核算不够严格、下拨经费缺少监督等问题，提出收回挪用的基金、加强局机关和系统内财务管理的审计意见和建议。

市体委(体育局)审计　1986～1988年对市体委(体育局)实行定期审计，纠正自行提高开支标准等问题。1991～2005年对市体育局财务收支、专项资金及所属单位审计8次，纠正财务管理不规范、承办运动会项目的专项资金未单独设账进行核算等问题。

市教育局审计　1986年首次对市教育局财务收支进行审计。1987～1990年实行定期审计，提出加强预算外资金管理的建议。1994～2005年，对教育局审计10次，对固定资产核算不规范、市教研室账务处理不规范及书籍实物管理不善、在往来款中列收列支、对下属单位财务管理缺少监督等问题提出整改意见和建议。

市民政局审计　1987～1990年对市民政局进行定期审计，纠正违规发放服装、慰问品发放手续不完善等问题，提出建立固定资产账的建议。1991～2005年审计3次，查处的主要问题是部分事业费用途不当，在自然灾害救济事业费中列支五保户等慰问费、敬老院补助款，民政事业费用于行政经费、基建以及发放奖金，超规定范围、用途使用专款，将经常性行政经费列入专项经费开支，将捐赠拨款移作他用，福利生产企业不同程度少缴税金和管理费，农保基金外贷不当造成损失等。

3. 事业单位审计

1984～2005年，市审计局对事业单位开展审计项目227个。

高校审计　1984～2005年共对高校审计13次，其中江苏大学3次，江苏科技大学3次，镇江市高等专科学校2次，镇江医学院、镇江师范专科学校、省警官学校、省农林技术学校、省交通技师学院、市冶金学校和市建设学校各1次。对超标准、超范围收费，部分社会服务收入不入账，财产管理不规范，自制票据收费，部分预算外资金未纳入学校统一核算管理，以及虚减收入、未真实反映院办产业投资情况、部分投资未作账务处理等问题提出整改意见；对学生奖贷及勤工助学等政策执行不到位提出建议，同时向有关部门提出应尽快制定高校社会服务收入的财务管理办法、加强高校财产物资管理等建议。

医疗卫生单位审计　1988～2005年共对全市医疗卫生单位审计23次。查处的主要问题是将卫生事业费用于卫校基建、应作未作收入、账实不符、未按规定标准开支、药品核算和管理账实不符、往来款长期未清理、多提一般修购基金和大型设备更新维护费、房屋报废制度不健全、门面房出租收入未缴税费等，并提出健全内部控制制度、严格执行财经法规等意见。

新闻单位审计　1989～2005年共对新闻单位审计12次。查处的主要问题是应作未作收入、广告收入不入账、费用列支不当、将收取的赞助费和广告费等设“小金库”、以补助广播站名义发放职工福利等，提出加强财务管理、建立健全各项管理制度、完整准确地反映单位实际经营状况和经济效益等建议。

五、企业审计

1984年开始企业审计。审计范围包括市属工业、交通、运输、商业、建筑安装。1984～1994年，以财务审计为主，重点检查企业执行财经法规情况。1994年新会计制度实施后，逐步转向资产负债损益审计，重点检查企业资产负债损益的真实性。至2005年，全市审计机关共实施企业审计1823项，查出违纪违规金额209732万元，查补税费12199万元。其中市审计局实施企业审计586项，查出违纪违规金额135984万元，查补税费4870万元。

1. 工业交通运输企业审计　1984年对丹阳棉纺织厂、丹徒水泥厂、句容化肥厂进行经济效益试审。纠正挤占成本、少交工商税、少提折旧和大修理基金等问题，并帮助丹徒水泥厂解决原煤灰的供应问题，制订奖金发放规定。

1986～1987年对市罐头食品厂、塑料五厂等13家企业财务收支情况进行审计。查处的主要问题是少缴税费、成本核算不实、执行财经法规不严。针对市纺织机械厂资产和财务报表多种差错，提出加强固定资产管理、加强原材料核算、在车间和部门配备专（兼）职核算员、做好报废处理和定期盘点工作等建议。

1988～1996年在开展承包经济责任审计的同时，对市机床厂、第一汽车运输公司、印染厂等57家企业进行财务收支审计。主要查处账外账、少缴漏缴税费、挤占成本、利润不实等问题，对在执行财经法规和内控制度方面存在的问题提出整改意见，并在审计中注重帮助企业加强管理、提高效益。

1998～1999年根据市委办公室《关于建立国有大中型企业年度定期审计制度的意见》，对市委委托组织部管理的15家国有大中型企业资产负债损益情况进行审计。发现的主要问题是损益不实、亏损严重、长期投资收益率低、企业负担过重、非正常损失数额大，向市委市政府提出加强对国有企业和国有控股企业的财务监督和长期投资的监管、加强各职能部门为企业服务的意识、对亏损严重的7家大中型企业及早采取措施等建议。

2000～2004年，对市江天集团、索普集团、恒顺集团、住宅建设发展总公司等40家企业资产负债损益进行审计。查处的主要问题是资产负债损益反映不实、漏缴税金、长期投资存在潜亏、销售折扣不合理、设立账外账等。对住宅建设发展总公司审计中发现的6条经济案件线索移送公安机关，对部分单位亏损的问题帮助企业分析原因，提出抓紧清理不良资产、建立健全内控制度、加强财务核算和谨慎投资等建议。

2005年随着企业改制的深入，企业审计逐步减少。同年仅对恒顺集团和索普集团资产负债损益情况进行审计。对发现的少缴税费、私设“小金库”和开具虚假发票等问题进行处理，对管理中的问题提出意见和建议。至2005年，市审计局对工业交通运输企业开展审计项目共202个。

2. 商贸企业审计　1984～2005年，市审计局开展商贸企业审计项目196个。

1984年，对扬中县粮食局及所属议购议销公司、器材仓库1982～1983年度的实物收支、财经纪律执行情况和经济效益进行试审，发现原粮食局局长利用职权谋取私利等问题，向市纪委作汇报。

1986～1987年对市棉麻公司、外贸纺织品服装针织品支公司等10家企业财务收支情况进行审计。发现的主要问题是对市场预测不够、原始凭证的核销不合规、坐支现金、挤占商品流通费等。

1988～1989年对烟草公司名烟价格放开、部分烟提价情况实行定期审计。对查出的账外新老价差款全部没收，并处以20%的罚款。

1988～1995年对市农资公司、对外贸易公司、市供销合作总社及其系统内公司、镇江石油公司等52家公司进行审计。查处的主要问题是违反国家物价政策擅自提级提价、挤占费用、隐匿销售收入、漏缴税费和基金。

1996～2003年，对市建筑材料总公司、恒顺酱醋有限公司、市五化机进出口公司等70家公司进行审计。审计的重点由财务收支审计逐步向资产负债损益审计发展，对国有资产保值增值进行监督。在查处违规违纪问题的同时，对内部控制制度不健全、基础核算管理薄弱、库存物资管理混乱、执行合资企业优惠政策不到位等问题提出相应的整改意见和建议。

2001～2005年根据市政府要求，对市供销合作总社、市贸易局系统、商业大厦、五金交化公司、新区大港开发总公司、大港商厦有限公司、润州区土地房屋开发总公司、润州区房地产开发总公司、润州区振业房地产开发总公司和润州区供销合作社等11个系统、单位1993年以后社会集资的管理、使用和兑付情况进行审计，涉及单位100多个，审计发现的主要问题是高息吸股、内外拆借、潜在亏损、联营投资未见成效、财务管理失控和经营“受骗”造成较大损失等，向市政府提交的审计报告中提出进行资产清理、加强现有资产资金管理、迅速采取措施确保集资兑付等建议。

3. 建筑企业审计　1987 年，市审计局对市建筑工程公司进行审计，查处少缴税费、少计利润等问题。1988 年对市房地产开发公司进行审计，查处伪造工程支出、隐匿旧料回收款、出土押金不入账、挤占成本、少缴税费等问题。1989 年和 1995 年 2 次对中房公司进行审计，查处漏缴税费和私设“小金库”等问题。1991 年和 2001 年 2 次对市城乡建设开发公司进行审计，查处多提预提费用、利润不实、漏缴税费、公司职工占有商品房等问题。1999 年对市第二建筑工程公司进行审计，对承建部分工程项目少转销售收入、外销售材料和出售房产收入漏缴税费、工程拖欠款严重、国外工程长期挂账等问题提出整改意见。2004 年按照市政府的要求对市地产开发总公司等 3 家房地产开发公司进行审计，查出市地产开发总公司总经理利用签订包销协议的机会收受贿赂的线索，以及利用职务之便多领奖金、补贴、电话费等侵占行为，移送市纪委。2005 年在市水业总公司审计中，对被建设局调用的 800 万元污水处理专项资金要求及时收回，对其向不具备资质施工单位发包工程的行为要求立即纠正。

至 2005 年，市审计局共开展建筑企业审计项目 78 个。

六、外资运用审计

1989 年开始外资运用审计。随着外向型经济的发展，由审计署统一组织的国际组织援贷款项目、外国政府援贷款项目的审计，逐步扩展到外商投资企业和外贸企业审计。1989 ~ 2005 年，全市共实施审计项目 49 个，查处违纪违规金额 3169 万元。

1. 国际组织援贷款项目和外国政府援贷款项目审计

国际组织援贷款和外国政府援贷款项目涉及教育、工业交通、农业、环保等领域。

教育项目　1991 ~ 2002 年，市审计局对镇江师专利用世界银行贷款教育发展项目连续审计 6 次、镇江技工学校利用世界银行贷款职业技术教育项目连续审计 7 次、镇江第一职业高中利用世界银行贷款职业教育项目审计 1 次。重点是项目内控制度、财务收支、设备管理和土建工程计划执行进度，以及项目资金使用效益和国内配套资金落实情况等。审计结果表明上述援贷款项目改善办学条件，但存在世行贷款项目进展缓慢、设备购置及研究费用计划未按期完成、未按计划归还世界银行贷款本息、财务管理和财务核算不够规范等问题，对此提出整改意见和建议。

农业、环保项目　1995 ~ 2004 年，市审计局对世界银行贷款农业支持服务项目和世界银行贷款苏南环保项目进行审计。农业支持服务项目审计 3 次，涉及市农业局、扬中市、丹徒县等 3 个项目执行单位，审计的重点是项目完成情况和项目单位配套资金落实情况，查处的主要问题是项目未达预计进度、申报支出与实际支出偏差较大、财务核算不规范。世界银行贷款苏南环保项目涉及给排水总公司、冶炼厂、第二化工厂、金河纸业有限公司等 8 家单位，内容主要是项目资金使用效益和国内配套资金落实情况，查处的主要问题是建设单位管理费超概算、贷款利息计提不准确、财务管理不够规范、配套资金不到位、部分项目未按期完工等。对上述存在问题，要求项目单位进行整改，对其中配套资金不到位的问题，提请市政府加强协调。

2004 年 6 月，市审计局对世行贷款苏南环保项目中的污水截流项目进行效益审计。针对污水截流项目工期长、实际污水截流量与设计标准差距较大、会计核算不规范等问题，提出加强政府监管、完善污水处理费的征管等建议。

工业项目　1989 ~ 1997 年，市审计局 3 次对市光电元件厂氖气生产线世界银行贷款工业信贷项目进行审计，重点是项目资金使用管理、配套资金落实情况，针对审计中发现的效益不佳、还本付息难提出发挥引进设备的生产能力、加强资金管理、对劣质引进设备索赔等建议。1988 ~ 1995 年 2 次对镇江塑料厂世界银行贷款工业信贷项目进行审计。针对英商单方终止合同、使生产线未能投产的情况，提出引进设备零部件国产化、吸收先进工艺技术等建议，同时向市政府提出财政、税务、金融等部门给予政策上的支持，使引进的成套生产设备和技术早日形成规模效益的建议。

1996～1999年，市审计局对市自来水公司利用外国政府贷援款建设金西水厂项目、文教用品总厂利用外国政府贷援款引进封箱钉设备项目、江苏大亚集团利用外国政府贷援款引进铝箔生产线项目进行审计。重点是实际完成投资情况、还本付息情况和项目的效益情况。针对金西水厂项目在交付使用后因效益不佳、应提未提折旧和贷款利息未计入当期损益等问题提出严格执行国家财会制度的建议；针对引进封箱钉设备项目存在部分设备闲置、项目预期效益差、企业亏损严重等问题，提出加强固定资产管理、如实反映外债余额等建议；针对铝箔生产线刚正式投产，还本负息压力过大等问题，提出政府有关部门给予政策扶持的建议。

2. 中外合资企业审计

1993年，市审计局对华东联合制罐有限公司进行审计，查补外商投资企业所得税、工商统一税等税费76万元，纠正成本、费用列支不当等问题，对公司合同中的不当条款提出修改建议。1994～1996年对京侨饭店、依思美针织时装公司、玛维斯德塑料公司、大东纸业等4家企业进行5次审计，查处的主要问题是应作未作收入、未缴人防建设费和综合调节基金。1997～1999年对天龙毛绒公司、华达胶囊公司、江奎集团、金河纸业集团、兴南农化公司等14家企业进行16次审计，查处的主要问题是漏缴少缴增值税、教育费附加和地方综合基金。2000～2003年对华通阿伦机械公司、未来饮料公司、金英新型建材公司、京宾化工公司等13家企业进行16次审计，查处的主要问题是漏缴少缴税费、支出不当、往来账目不清等问题。2003年后随着企业改制，中外合资企业发生很大变化，不再作为审计工作的重点。截至2003年，市审计局开展中外合资企业审计项目38个。

七、经济责任审计

经济责任审计是在经济体制改革进程中发展起来的。1987年6月起开展厂长（经理）离任审计。1988～1993年开展全民所有制企业承包经营责任审计。1998年起开展国有企业法定代表人离任审计。1999年起按照中办、国办颁发的《县级以下党政领导干部任期经济责任审计暂行规定》和《国有企业及国有控股企业领导人员任期经济责任审计暂行规定》要求，开始开展领导干部经济责任审计。2001年2月成立以市长为组长的市经济责任审计协调小组，建立由市纪委、组织部、监察局、人事局和审计局五部门组成的联席会议制度。1987～1992年，市审计局共完成企业承包经营责任审计73项。1998～2005年，全市审计机关共审计领导干部412人，其中市审计局审计领导干部59人。

1. 承包经营责任审计　承包经营责任审计的重点是企业负责人承包期内主要经济指标完成情况。1987年，市审计局对市纺织机械厂租赁经营前资产和盈亏真实性进行审计。1989年，市审计局组织全市审计机关和内审机构、社会审计组织共对244个单位实施承包经营责任审计。市审计局对市属镇江化工厂、水泥厂、冷藏汽车厂、焦化厂等13家企业进行第一轮承包经营期中审计，审计结果表明大部分承包单位能充分发挥广大职工的积极性，较好地完成主要经济指标，发现的主要问题是隐匿或虚增利润以及不同程度的短期行为，就发现的问题向市政府作承包经营责任审计专题汇报，对利润指标难以考核到位等新问题提出建议。

1990年，市审计局根据市政府“先审计、后承包”的要求，组织全市审计机关对101家承包企业进行承包经营责任期中和终结审计。市审计局对市直20家承包企业进行承包经营终结审计，向市政府提交《关于承包经营终结审计情况的综合报告》，反映承包方在承包期内的工作业绩，分析效益增减的各种主客观因素，提出加强管理和提高效益的建设性意见。

1991年，市审计局对市属30家工业企业1990年度承包经营情况进行审计，审计结果表明30家企业承包合同中销售收入超额完成，但经济效益有所下降。

1992 年，市审计局对钛白粉厂、纸浆厂、路面机械总厂等 8 家重点企业 1991 年度承包经营进行审计，发现工资总额增长超过利税增长速度、流动资金沉淀和虚盈潜亏等问题。

2. 国有企业领导人员任期经济责任审计　国有企业领导人员任期经济责任审计的重点是单位主要经济指标完成情况、资产负债损益情况和本人执行财经法规的情况。1986～1987 年，县级审计机关开展厂长任期经济责任审计。

1998 年，市审计局对市物资集团总公司和所属武汉公司、海南海口江天物业发展总公司、南京云江物资有限责任公司以及金马木业有限责任公司的法定代表人 1992～1998 年 6 月的任期经济责任进行审计，重点反映资本注入、资产负债损益及潜亏等情况。

2000 年，市审计局对新区大港开发总公司总经理和化工开发总公司总经理进行任期经济责任审计，纠正未及时上缴代扣税金等问题。

2001 年，市审计局对市药业集团总经理任期经济责任进行审计，查出盈亏不实、往来损失较大以及库存商品短少等问题，提出完善内部控制制度、清收欠款等建议。

2002 年，市审计局对市太白集团、镇纺集团、华通机械集团、对外贸易集团、焦化煤气集团、国际经济技术合作公司、韦岗铁矿的法定代表人进行经济责任审计，反映投资损失情况，对“小金库”进行处理。

2003 年，市审计局对索普集团、恒顺集团、船山集团、精机集团的法定代表人进行经济责任审计，反映精机集团 2002 年度自行结转资产损失等问题。

2004 年，市审计局对太白集团法定代表人进行经济责任审计，对担保损失、部分新厂土建和安装工程未按规定招投标等问题提出整改意见。

3. 党政领导干部经济责任审计　党政领导干部经济责任审计的重点是领导干部任期内重大经济决策、执行财经法规情况和主要经济指标完成情况，以及本人遵守领导干部廉政规定的情况。

1998 年 4 月，市审计局对市信托投资公司法定代表人 1994 年 11 月至 1997 年 6 月任期经济责任进行审计，审计结果表明存贷款业务、资产总额和利润都有较大增长，但也存在逾期贷款数额较大和担保可能造成损失等问题。

1999 年 4 月，市审计局对市政府驻京联络处主任 1993 年 7 月至 1999 年 5 月任期经济责任进行审计，对擅自报损资产等问题提出整改意见。

2001 年，市审计局对润州区区委书记和市环保局、社保局、劳动局领导干部进行任期经济责任审计。对润州区财政决算未真实反映累计赤字、借用区社会保障基金兑付债券和发放教师工资、动用职工养老保险基金建市离退休职工活动中心大楼等问题；对市环保局下属单位截留环保资金，并用环保资金投资入股的利息解决职工住房等问题提出整改意见。

2002 年，市审计局对市卫生局、体育局、贸易局、外贸局、建设局、市级机关事务管理局、农业科学研究所、镇江港务管理局领导干部任期经济责任进行审计，纠正财务管理和固定资产管理中的问题，对少数单位将资金外借造成损失提出整改意见。

2003 年，市审计局对市发展计划委员会、水利局、民政局、教育局、粮食局、丹阳师范学校、镇江中学、市第一中学领导干部任期经济责任进行审计，对教育局借出资金兑付原十五中校办工厂违规集资、市水利局无依据向小型工程收取前期工作费等问题提出整改意见。

2004 年，市审计局对扬中市市长任期经济责任进行审计，对在财政收支和国有资产管理方面存在的问题提出处理意见，对财政负债重等问题提出建议。同年对市房产管理局、市政公用事业管理局、仲裁委员会秘书处、第四人民医院、古运河管理处、交通工程建设管理处、城市建设干道办公室、城市建设投资公司、交通投资建设发展公司领导干部进行经济责任审计，纠正房管局收取房产重置基金未按规定缴入市财政专户、城市建设干道办公室工程建设中临时用房形成账外资产等问题。

2005年,市审计局对京口区区长和市经济贸易委员会、物价局、环保局、贸易局、园林局、能源开发总公司、机械资产经营公司、冶金建材公司领导干部任期经济责任进行审计,对上述部门存在的未执行政府采购、收入未纳入"收支两条线"管理、未按规定程序招投标等问题提出整改意见。

八、专项资金审计

专项资金包括社会保障资金、农业专项资金、教育科研卫生专项资金等。1983~2005年,全市审计机关共实施专项资金审计项目756个,查出违纪违规金额15096万元,其中市审计局实施专项资金审计项目211个,查出违纪违规金额7022万元。

1. 社会保障资金审计

养老金审计　1992~2005年,市审计局对市社会保险机构管理的养老金审计10次。1992年,针对存在的超发奖金、减免返还等问题,提出严格执行省劳动局关于加强养老保险基金的征缴和管理工作规定的意见。1994~2005年连续审计中,查处的主要问题是运用基金建造职工活动中心、欠缴数额较大、未经批准从基金中提取经办机构管理费、未达到法定退休年龄办理退休手续等。

医疗保险基金和农村合作医疗保险基金审计　1995~2005年,市审计局对市医疗保险基金和农村合作医疗保险基金审计6次。重点是医疗保险基金征收使用及管理情况。查处的主要问题是统筹基金超支严重、部分基金及利息入账不及时、占用基金等。对延伸参保单位和厂矿医务室中发现的问题,提出控制基本医疗统筹基金支出、返还被挤占的基金、加强厂矿医务室等单位基金使用监管等建议。

职工失业保险基金审计　1995~2005年,市审计局对职工失业保险基金审计5次。重点是基金收支及管理情况,存在的主要问题是基金欠缴严重和借贷基金逾期等。对超基金范围开支、固定资产管理不完善等问题提出改进意见。

2. 教育、科技专项资金审计

教育经费审计　1985~2005年,市审计局对教育经费审计10次。1985年,市审计局和丹徒县审计局联合组成审计组,对丹徒县1984~1985年上半年教育经费进行审计,查处的主要问题是虚报经费支出、未专款专用、财务管理不规范。1995年组织全市审计机关对1994年度普教经费进行审计,对教育费附加征收不足、人民教育基金筹集逐年减少、部分教育费附加使用不当等问题提出整改意见。1999年后按照《镇江市人民代表大会常务委员会关于教育经费监督的办法》,对教育经费每年进行审计。查处的主要问题是部分普教经费没有及时到位、校办工业公司长期占用教育经费、教育经费及部分教育费附加超范围使用、部分基建账务处理不当等问题。

科技三项费用审计　1992~2005年,市审计局对科技三项费用审计5次。1992年6月,对市1991年度科技三项费用进行审计,抽查10个单位的19个科技项目,对投入严重不足、资金使用效果较差等问题提出整改意见。1999~2004年4次对科技三项经费的分配、拨付及使用情况进行审计,延伸审计部分项目实施单位。对存在的科技三项费用未完全按规定用途分配使用、部分项目经费未能专款专用等问题提出整改意见,对科技三项经费管理体制不顺提出协同财政理顺关系的建议。

3. 农业专项资金审计

农业投入资金审计　1985~2005年,市审计局对农业投入资金审计7次。1985年根据省审计局和省财政厅部署,联合市财政局对句容县国家财政支援农村合作生产组织资金进行审计。针对挪用资金、部分扶持项目经营管理不善、个别单位支农周转金闲置未用等问题,提出句容县财政局应会同有关部门对财政支农资金进行一次全面检查的意见。1991年对1990年度农业发展基金和支援经济不发达地区发展基金的筹集、使用和管理情况进行审计,针对农业发展基金未征齐收足、部分地区没有按省市规定使用资金等问题提出3条建议。1995年对市财政局1993～1994年农业投入的资金来源、投入总量和管理情况进行审计，延伸审计市计委、农业局、水利局等主管部门，提出财政部门应重视农业税收的征管工作、农业主管部门要加强农业投入资金的管理等建议。1998年对市直1997年和1998年上半年支农周转金投放、使用、回收和管理情况进行审计，延伸审计市农业局、水产公司、丹阳市财政局、折柳镇财政所等8个单位，针对擅自提高占用费率、周转金逾期较多等问题提出整改意见。

新菜田建设费审计 1988～2000年，市审计局对市新菜田建设费审计7次。1988年3月会同财政局、商业局等8个单位对1985～1987年新菜田建设费征收管理进行审计，延伸审计部分用款单位，查处的主要问题是挪用新菜田建设费、将新菜田建设费结余外借给企业等，向有关地方政府提出责成收回、加强管理的意见。1990～1991年两次对新菜田建设费进行跟踪审计，对仍未收回的新菜田建设费提出限1991年底收回的意见。1994～2000年，市审计局对新菜田建设费审计44次，对新菜田建设费收取率较低、拖欠严重、对外担保造成经济损失等提出整改意见，对造成经济损失的责任人提出予以追究的建议。

水利资金审计 1986～2005年，市审计局对水利资金审计8次。1986年，联合市水利局对扬中县1985年防汛治坍工程经费进行审计，提出政府有关部门应加大防汛治坍工程危险地段经费投入、加强防汛治坍工程经费和各乡镇自筹资金管理的建议。1995年，对市直1994～1995年上半年防洪保安资金收支管理情况进行审计，对征收不足、以拨代支、监管薄弱等问题提出整改意见。1996年对全市1994～1996年抗旱经费投入、使用情况进行审计，对句容市财政配套资金不到位、水利农机局抗旱经费未按规定用于3个重点翻水站、抗旱经费用于管理及工资性支出比例较大等问题提出整改意见。1998～2003年连续5年对水利专项资金的筹集、投入、管理和使用情况进行审计，查处的主要问题是挪用水利资金和虚列工程支出等，对相关单位未按规定筹集和管理水利建设基金、多计提防洪保安资金手续费、虚列防洪保安资金、部分工程未按规定招投标、水利工程配套资金不到位等问题提出整改意见。

国土专项资金审计 1992～2005年，市审计局对国土专项资金审计6次。1992年在对市国土局财务收支进行审计时延伸审计1988～1991年土地征用费征收、使用和管理情况，对拨地管理费欠缴较大、缓交手续不够完备、少收欠缴征用土地管理费、未经批准用土地专项资金购买办公用房和小汽车、费用报销手续不严等问题，提出整改意见。1993～2004年3次对市国土局财务收支及土地专项资金进行审计，延伸审计部分经济实体，查处的主要问题是部分利息收入、工本费收入、征（拨）地管理费、土地测量收入及用地押金未列入财务部门统一管理，违规支出，出借土地专用资金办经济实体等。2001年对市国土专项资金自开征起至2000年征收、缴拨、分配、使用和管理情况进行审计，重点是农业开发建设资金、国有土地出让金和国有土地有偿使用费等15项资金，并延伸审计市国土局三产办和市地产开发总公司等单位，对统计资料不能完整准确地反映用地业务情况及土地规费应收、实收、欠收情况，土地出让金应收未收数额较大提出整改意见。2005年对2004年度土地出让金收缴及管理情况进行审计，对与土地出让补偿有关的单位进行抽查，向国土局提出对土地补偿费进行跟踪检查、对截留挪用行为按规定予以查处的意见。

4. 救灾款物和捐赠款物审计

1991年，市审计局对民政部门截至1991年9月接受捐赠款物进行审计，就完善管理提出建议。1992年对市红十字会截至1992年6月底接受救灾款物管理使用情况进行审计，抽查13个乡镇、1个县红十字会医院和3个敬老院，帮助未单独建账核算的部分县红十字会建账，对个别物资出现差错的问题，提出查找短缺原因的意见。1998年以后，对希望工程捐赠款审计3次，延伸审计丹阳市、丹徒县等部分希望工程实施机构及希望小学，发现的主要问题是援建的希望小学乡、村配套资金不到位、未建立捐赠资金明细账等，提出促使乡村两级配套资金及时到位、重视财务管理等

8条建议。2003年8月，对全市截至2003年7月31日防治“非典”专项资金和社会捐赠款物的安排、接收、分配、拨付、管理和使用情况进行审计，重点审计各级财政局、民政局、卫生局、红十字会、慈善总会等部门，延伸审计医院、疾病控制中心、卫生监督所、“防非”指挥部等专项资金和捐赠款物的使用单位。发现的主要问题是分配、拨付财政资金、捐款不及时，未向捐赠人出具合法、有效收据，捐助款未实行专项管理，非定向捐赠资金未及时上缴财政专户，社会捐赠款物接收单位未能统一扎口管理。提出财政、卫生部门结存的“防非”专项资金应根据使用单位购置设备等分期付款的进度及时下拨、社会捐赠应由民政部门归口管理、接受捐赠款物要进行专项管理、基层卫生部门用好“防非”专项资金等建议。至2005年，市审计局对救灾款物和各类捐赠款物共审计16次。

5. 环保资金审计

1985年，市审计局对市环保局1984年排污费的征收和使用情况进行审计，对市环保局将排污罚款和排污费结余用于购建职工住房的违规行为提出整改意见。1989～1992年，2次对市环保局排污费的财务收支情况进行审计，对违规使用排污费、设立“小金库”等问题进行处理，提出主管部门要加强监督、提高资金使用效益等建议。至1993年，市审计局对排污费的征收和使用情况审计3次。

2001年，市审计局对市环保局环保资金的征收、管理和使用情况进行审计，审计中发现环保资金征收不足、欠费现象较普遍。2002年延伸审计中发现使用单位有改变环保资金规定用途、挤占环保资金等行为，并向市环保局提出收回挤占的环保资金、对环保资金使用单位加强管理和监督的整改意见。至2004年，市审计局对市环保局环保资金的征收、管理和使用情况审计4次。

6. 救灾建房和草（危）房改造资金审计

2004年2月，市审计局对市财政2003年度救灾建房和草（危）房改造资金到位、拨付和使用情况进行审计，对地方社会捐赠资金还有部分未到位等问题，建议政府督促有关部门和企事业单位抓紧落实。2005年3月，对市直及京口区、润州区、新区2004年度草危房改造专项资金的筹措、管理及使用情况进行审计，延伸审计草危房专项资金使用的部分乡镇、村和农户，发现应拨付句容的专项资金84万元未能拨付到位，延伸审计中发现存在多报改造户套取上级政府补贴、支付给农户的草危房改造款标准不一、草危房改造资金滞留于村级财务账、草危房改造资金用于经费支出等问题，提出专项资金要及时到位和管好用好专项资金等5条整改意见。

九、审计调查

1. 财政金融审计调查

财政税务审计调查 1988年，市审计局首次对市经济开发公司等5个单位1987年执行财经纪律情况进行审计调查。1993年对全市现行财税政策、法规制度执行情况进行审计调查，针对现行财税政策、法规部分条款已不适应经济发展要求的状况，提出建设性意见，对乡级财政审计结论和决定执行方面存在的问题向省审计局进行反映。1997年对全市固定资产投资方向调节税的征收管理情况进行审计调查，发现漏税现象较为普遍，征管体系有待完善。2003年对部分辖市（区）乡级财政现状进行审计调查，重点调查25个乡级财政，针对乡级财政存在人口供养压力大、财权事权不统一、刚性支出增长快、乡镇财源发展后劲不足、负债总额上升等问题，提出完善财政管理体制、积极培植稳固财源、增收节支保运转、努力化解财政风险、增加基层可用财力等5条建议。2004年对2003年度农村税费改革转移支付补助资金进行审计调查，重点调查各辖市（区）村级三项资金专户的管理情况和丹徒区转移支付补助金的分配使用管理情况，对资金拨付不到位、专户设立和核算不规范等问题提出改进意见。2005年对村级财务管理状况开展审计调查，在全市选择50个行政村，开展包括财务收支、资产管理、村级债务和财务公开等10个方面的调查，调查发现村级财务管理中较为突出的问题是收入来源可持续性不强、支出结构不合理、债务负担重、集体资产管理欠规范、民主理财和财务公开制度执行不严、会计基础工作薄弱。提出深化村账镇管工作、提高财务公开质量、妥善处理村级债务和充分发挥乡镇职能部门监督检查作用等意见和建议。

金融机构审计调查　1989～1993年，市审计局对人行、工行、建行、农行、中行、交行、保险公司在镇江的支行或分公司进行审计调查，对拼盘项目多且难以监管、部分项目效益达不到预期目标、逾期贷款和欠息单位增多等问题，提出规范固定资产投资项目统计口径、由市人行牵头加强拼盘项目监督的建议。1989年对市各专业银行的信托投资公司开展审计调查，对市工行、农行、建行所设信托投资公司违规为本行购置办公房、宿舍、汽车等问题进行反映。1993年对市信托投资公司、城市信用社、建行房改信贷部、金融市场等12家非银行金融机构基本情况进行审计调查，对普遍存在的逾期贷款问题提出制定清欠措施、加强内部控制制度的建议。

2. 固定资产投资审计调查

1986年按照《关于进一步加强自筹基本建设资金管理的规定》，市审计局对全市全民自筹基本建设项目的资金情况进行审计调查，抽查24个项目，占项目总数的48%。从调查情况看，全民自筹基建规模大的问题没有得到有效控制，存在超规模建设，超概、预算投资，超年度计划等问题，且部分资金有缺口。1991年对全市“七五”期间重点技术改造项目的投入、产出情况进行审计调查，涉及13个部门21家企业，对未达目标和设计能力的项目进行剖析，提出财政、税务给予一定政策倾斜的建议。1998年对部分建设项目拖欠工程款的情况进行审计调查，主要抽查市建工系统近几年已竣工的152个工程项目，对建设单位拖欠工程款达9442万元等问题，向市政府提出6条建议。2001年对农村电网改造、农村供电体制改革、城乡同网同价等有关政策的执行情况进行审计调查，反映农村供电体制改革中的一些问题，提出加强对农村供电设施管理、从根本上解决乡供电所体制问题、清理乡及乡以下农村集体电力资产和债权债务等建议。2003年对市政府重点建设工程项目进行审计调查，针对城市建设工程中存在的项目化运作难、资金不足、拆迁难度大以及体制不顺等问题，向政府提出开放市政公用行业市场、规范招投标、合理利用有限资金和土地资源等建议。至2005年，市审计局共开展固定资产投资审计调查15项。

3. 企业审计调查

1984～2005年，市审计局共开展企业审计调查20项。

工业交通运输企业　1986年5月对市味精厂1985年度财务决算真实性进行审计调查，对产成品账表不一致、产成品账与库存账实不符等问题，提出加强对原辅材料及在产品计量管理、加强对成品收发存管理和会计监督等建议。1991年对市路面机械制造总厂经济效益进行审计调查，针对管理费用上涨、固定资产老化、企业内部管理制度不完善等问题，提出进一步理顺总厂与分厂关系、完善内部经济责任制和分配制度等建议。1993年对北京电视机镇江分厂等8家企业1992年工效挂钩情况进行审计调查，揭示8家企业实行工效挂钩后职工的收入逐年提高、但同时工效挂钩办法缺乏严肃性的状况，并提出建议。1994年对部分国有企业执行新《会计制度》、新税制后企业运行情况进行审计调查，发现企业在执行新财税制度中遇到老技改贷款包袱沉重、加速折旧无力承受、坏账准备金提取不足、货款回笼率低、应收账款数额增加等困难，建议企业主管部门实行扭亏责任制，区别情况给予政策扶持，分类解决企业历史包袱。1995年对市港务局、机械局等7家工业主管局77家国营厂矿企业开办的“三产”企业进行审计调查，针对投资回报率低、大部分“三产”企业经营依赖主管企业、“三产”企业管理混乱、存在隐患较多等问题，提出加强管理、建立内部审计机构等建议。1997年对市直工业18家股份制企业运作情况进行审计调查，对机制未能真正转换、措施未落实、外部环境不配套等问题，向市政府提出加大改制工作宣传力度、规范改制企业运作方式、增强对改制企业的服务意识等建议。

商贸企业　1983年12月对市中百二店、鼎大祥绸布店、服装厂营业部等单位经营情况进行审计调查，对上述企业存在的违纪经营问题进行处罚。1985 年 3 月根据市委对清查新的不正之风的要求，对经贸系统部分单位进行审计调查，反映普遍存在的奖金、补贴名目繁多、消费资金失控等问题。1989 年为揭示农业生产资料价格混乱状况，对市农贸公司、市磷肥厂和农药厂、丹徒乡供销社和官塘乡供销社进行审计调查，对农资专营存在措施不配套、产供销脱节、货源紧缺、价格上涨等问题，提出银行要根据农资部门的经营特点来保证资金供应、市政府应责成有关部门协调好农资专营后的农资部门与农业技术部门的关系等 5 条建议。1992 年 3 月组织丹阳市、句容县审计局，对粮油销价提高后给粮食企业盈亏和财政收支带来的影响进行审计调查，揭示粮油销价提高后，企业亏损有所减少，财政负担有所减轻，但粮食平价企业亏损和财务挂账日益严重的状况。1995 年 7 月，对镇江物资集团总公司现代企业制度试点工作情况进行审计调查，揭示该总公司成立以后，仍停留在过去物资局的行政管理职能上，未独立进行业务经营活动，也未健全财务核算体系与财务管理制度，所属成员单位均以独立法人资格从事各种经营活动的现状，提出清产核资、摸清家底、授权经营、制定切实可行的实施方案等建议。

房地产开发企业 1993 年对市金山房地产开发公司等 10 家房地产开发企业的资质、完成开发工作量以及经营管理情况进行审计调查，针对房地产开发企业资质、自有流动资金、开发成本以及工程管理方面存在的诸多问题，向市政府提出加强对开发公司的检查、对城市综合开发和商品房成本的管理等建议。1996 年对市区 14 家房地产开发企业 1994 年以后的经营业绩、开发销售、库存积压、安居房建设、销售及解困房工作完成情况进行审计调查，揭示房地产开发企业经济效益下降、税赋增加、资金周转困难、缺乏统一的行业管理、老的开发企业包袱沉重、拆借资金假注册等问题，向市政府及主管部门提出加强管理、改善投资环境的审计建议。2002 年对全市房地产开发企业开发经营情况进行审计调查，发现房地产开发企业普遍存在超计划建设、利润反映不实、偷漏税等现象，在行业管理上存在对开发项目的调控政策不到位、服务不配套、信息交流不畅、部分行政事业性收费有所增长以及提高经济适用房的开发建设标准牟取不合法利润等问题，向市政府提出加强对房地产开发企业计划调控、成立开发行业协会、保持一定量的经济适用房建设、大力发展二手房交易市场、适度发展高层商住楼等建议。

4. 外资运用审计调查

1984 年对中日合资企业京侨饭店进行审计调查，对中日双方投资、机构设置、经营及利润分配情况进行了解，为今后开展合资企业审计积累资料。1995 年对镇江经济开发区及区内中外合资合作企业 1994 ~ 1995 年 6 月经营情况进行审计调查，针对外方投资未完全到位、亏损面较大、中方资产不保全、中方投资者负债率较高、中方公司收益受损较多等问题，提出做好立项工作、加强监督管理、明确责任和建立服务网络等意见和建议。1997 年对 10 户中外合资企业 1996 ~ 1997 年上半年纳税情况进行审计调查。对少提少缴税费、关联企业互相转移利润等问题，向市政府提出制定妥善的地方基金征收办法和有关部门要加强税法宣传、管理和检查等建议。

2002 年对全市截至 2001 年末政府外债进行专项审计调查，涉及 24 个签约外债项目和 45 家执行单位，发现有 37 家执行单位不同程度存在拖欠债务现象；同时，财政部门在政府外债管理中存在部分外债项目债权债务关系不清、未实行集中统一管理、未建立偿债准备金制度、外债清偿缺乏有效手段等问题，提出市各级财政部门应对全市范围内所有政府外债项目进行一次彻底清理、落实还款责任等建议。

2003 年对全市外商投资软环境进行审计调查，涉及 46 家外商投资企业，反映出口退税优惠政策不能及时到位、重复上报资料多、中介机构服务带有强制性、社会保障基金交纳存在一定的随意性等问题，提出提高效率、强化服务、加强沟通和交流等建议。

5. 社会保障资金审计调查

1994 年对市 1993 ~ 1994 年上半年社会保险基金 7 个险种的收支和管理情况进行审计调查，

涉及劳动局、人事局和民政局的社会保险机构，提出加强对基金收缴和管理、严格按各级政府规定的标准和项目列支、专款专用、安全增值的意见和建议。1998年对1997年度社保基金收支管理情况进行审计调查，针对基金欠交严重、企业职工养老保险基金首次出现赤字、违规外借等问题，提出采取措施清欠、专款专用、保值增值等意见和建议。2000年对镇江市企业养老保险部分未参保企业进行审计调查，提出加大宣传力度、减轻企业负担、加强对劳动保险机构的监督和管理的建议。2002年对2001年度市直20家企业事业单位职工失业保险基金缴费基数进行审计调查，提出强化基金征缴和清欠工作、统一核算办法、尽快建立个人账户等建议。

6. 农业政策和资金审计调查

1996年对5个农业生产资料公司1995年度及1996年一季度农资价格政策执行情况进行审计调查，延伸调查20个基层供销社，揭示出农资系统负担重、农资专营不专、化肥价格居高不下、淡季储备资金缺口大、产销价格倒挂等问题，向市政府提出对化肥生产企业政策性亏损给予必要补贴的建议。

2002年对全市2001年度国家农业综合开发土地治理专项资金的拨付、管理和使用情况进行审计调查，重点调查丹徒、扬中、丹阳3个县(市)财政局，延伸调查辛丰、新坝、窦庄、吕城等7个乡镇财政所和水利站以及丹阳市种子农场和优质粳稻示范基地。针对审计调查中发现的财政无偿资金拨付不及时、有偿资金拨付不到位、自筹资金到位率低、虚假配套资金、将专项资金挪用于其他工程项目、违规提取施工管理费等问题，提出5条审计意见和建议。2005年12月对市级部分农业资金的投入、管理、使用情况进行审计调查，就农业资金支出结构、使用效果进行分析，对部分资金未专款专用、财务管理薄弱等问题提出整改意见，建议市财政在加大农业投入的同时，调整支农支出中的结构比例，充分发挥农业资金的使用效益。

7. 其他审计调查

1990年和1994年，市审计局两次组织对教育费附加进行审计调查。1990年调查的范围为镇江市及扬中县、丹徒县1989年教育费附加收支情况，涉及市、县、乡镇40个单位。1994年调查的范围为全市1993年教育费附加征收、管理、使用情况，重点调查市、县(市、区)的财政、税务、教育等27个部门，延伸24个乡镇和6所中小学校。发现普遍存在教育费附加征收额不足、开支超规定使用范围、代征手续费标准不一等问题，提出财政部门和教育主管部门要对上述问题认真整改、各级教育部门应加强教育费附加使用情况监督的审计意见。

2003年11月，市审计局对市教育局等18家接受社会捐赠的单位2002～2003年11月社会捐赠资金募集、管理及使用情况进行审计调查，调查的项目有捐资助学款、人民教育基金、防洪救火捐款、“献爱心”捐款、水利捐款、见义勇为基金、希望工程捐款、中华骨髓库捐款、“社会妈妈”捐款、帮困助学捐款、“防非”捐赠款物等17项，涉及市教育局、公安局、希望工程办公室、妇联、红十字会、卫生局及所属医疗机构和防疫机构21家单位。调查资金达8640万元。发现的主要问题是专户管理执行不到位、捐赠资金未能单独反映使用情况、部分专款不能专用、资金效益不明显，对此提出加强管理的4条建议。

第二节　内部审计

内部审计职责是在本部门、本单位领导下和授权范围内，对本部门、本单位的财务收支和有关事项进行审计监督。

1985年，市邮电局、石油公司、农业银行等部分在镇江的省部属企业成立内部审计机构。1986年5月，市政府召开内部审计工作会议，提出市建委、纺织工业公司等20个部门和单位于1986年上半年完成机构组建，其他部门和单位在年内逐步建立内部审计机构的意见。此后，市直各主管部门、大中型企事业单位开始组建内部审计机构。市审计局负责对内部审计工作的管理，业务指导工作由市审计局各业务处室负责。至1987年上半年，市直工业、交通、商业、供销、农林水利、文教卫生、金融保险等行业相继建立内部审计机构33个，配备审计人员77人。

1990年6月，市审计局建立指导科，负责全市内部审计管理指导工作。1993年，镇江市各级审计机关将指导工作的重点从促建机构逐步转移到总结、交流、推广内部审计工作经验方面来。1995年起对内部审计工作进行指导。

1996年3月成立镇江市内部审计协会，与市审计局指导科合署办公。协会成立后，配合指导科开展管理和指导工作，增强全市各内部审计机构间的协作，加强内部审计理论研究。1997年6月，市政府下发《镇江市内部审计工作管理暂行办法》。对内部审计机构和人员、内部审计机构任务、内部审计机构的权限、内部审计工作的程序作出具体规定。市审计局制定《镇江市基本建设项目内部审计规程》《镇江市工业企业财务收支内部审计规程》和《镇江市企业经济责任内部审计规程》3个规程，对财务收支审计、基本建设审计和经济责任审计的内容、重点、审计方法以及审计程序作出详细规范。1998年制定《镇江市内部审计档案管理规范》，对内部审计机构案卷的立卷方法、立卷时间及要求作出具体规范。至2005年，市直共有内部审计机构78个，专兼职审计人员258人；辖市（区）共有内部审计机构135个，专兼职审计人员462人；全市有35人通过国际注册内部审计师考试。

至2005年，市内部审计机构共审计34940个审计项目，纠正违纪金额75793万元，促进增收节支39042万元，移送案件线索123条，党纪政纪处分170人次，司法处理70人次。

1988～2005年镇江市内部审计审计成果统计表

表22-18

年份	镇江市内部审计机构查处情况							镇江市（本级）内部审计机构查处情况						
	项目数（个）	已纠正违纪违规金额（万元）	查出损失浪费金额（万元）	促进增收节支金额（万元）	向司法机关移送案件（件）	建议处分人数（人）	被司法机关立案查处（人）	项目数（个）	已纠正违纪违规金额（万元）	查出损失浪费金额（万元）	促进增收节支金额（万元）	向司法机关移送案件（件）	建议处分人数（人）	被司法机关立案查处（人）
1988	432	483	-	-	-	-	-	128	168	-	-	-	-	-
1989	580	656	-	389	4	16	4	255	248	-	158	4	16	4
1990	576	462	860	620	3	5	3	260	140	145	49	-	-	-
1991	598	262	1020	801	11	7	11	337	181	345	43	-	-	-
1992	1070	477	1554	234	-	-	-	222	113	79	89	-	-	-
1993	1277	1303	2132	690	-	-	-	186	602	147	71	-	-	-
1994	1726	2227	2911	1432	12	2	3	653	1111	937	367	5	2	3
1995	2382	1779	2452	1403	6	19	5	829	488	369	256	5	1	4
1996	2444	2329	3837	1502	20	25	16	1076	893	1177	476	2	1	-
1997	1641	2465	2953	1860	2	8	2	760	1320	760	641	-	4	-
1998	1354	1181	1128	748	3	1	3	481	380	406	557	-	-	-
1999	2350	2033	3593	2018	6	5	3	1039	379	683	1109	-	-	-
2000	1421	1577	5065	1757	9	9	1	439	93	72	327	-	-	-
2001	5315	41618	3220	6609	8	24	7	3306	37359	1238	5313	-	9	-

续表 22-18

年份	镇江市内部审计机构查处情况							镇江市(本级)内部审计机构查处情况						
	项目数(个)	已纠正违纪违规金额(万元)	查出损失浪费金额(万元)	促进增收节支金额(万元)	向司法机关移送案件(件)	建议处分人数(人)	被司法机关立案查处(人)	项目数(个)	已纠正违纪违规金额(万元)	查出损失浪费金额(万元)	促进增收节支金额(万元)	向司法机关移送案件(件)	建议处分人数(人)	被司法机关立案查处(人)
2002	2460	3982	1415	1872	17	10	3	455	2559	471	868	-	-	-
2003	3012	6945	29949	11295	7	11	5	2005	1540	17	1438	-	1	-
2004	3202	2914	1077	2376	7	17	2	1980	1532	2200	1380	-	-	-
2005	3100	3100	1599	3436	8	11	2	2142	1750	457	2538	-	-	-
合计	34940	75793	64765	39042	123	170	70	16553	50856	9503	15680	16	34	11

第三节　社会审计

1987 年 11 月,镇江市审计事务所成立,成立后作为国家审计体系的重要组成部分,在承办审计查证、评价和咨询服务中逐步发展起来。

1990 年 6 月,市审计局增设审计体系指导科,负责社会审计的管理工作。1992 年,审计体系指导科研究制定支持市审计事务所发展的四项措施:主要有充实加强事务所审计力量、扩大人事自主权、搞活内部分配、支持审计事务所开拓业务等内容。1993 年,市审计局与市建行、计委联合发文,对基本建设项目竣工决算审计可由国家审计机关委托社会审计组织进行审计作出明确规定和要求,使审计师事务所工程审计的业务量和工作质量提高。1993 年 12 月,市社会审计协会成立,规范审计师事务所执业行为。1994 年提请市政府批转《关于建立社会审计组织承办企业审计查证的制度》,规范社会审计组织对企业进行审计查证的范围、内容、程序、权限及责任等。1996 年制定《审计体系指导管理监督工作考核实施办法》《镇江市审计局关于对社会审计管理试行办法》,本着"服务、沟通、协调、指导"的宗旨,坚持按照市场经济规律管理审计师事务所。

1997 年在省注册审计师协会和省注册会计师协会的指导下,市社会审计协会与注册会计师协会合并成立新的注册会计师协会,依法独立对社会审计行业进行管理、指导和监督。至此,审计机关不再直接对社会审计组织进行业务管理和监督。

至 1998 年,全市审计事务所接受委托开展企业注册资金验证、承包(离任)经济责任审计、基建工程决算审计、财务收支审计和专项审计、经济案件和经济纠纷鉴证、资产评估、提供咨询服务、帮助企业建账建制共计 38030 项,担任常年审计顾问 202 家。

1988～1998 年镇江市审计系统社会审计统计表

表 22-19

年份	1988	1989	1990	1991	1992	1993	1994	1995	1996	1997	1998
项目数(个)	574	2143	6285	2366	3843	5330	6160	3670	2390	2396	2873

1983～2005 年镇江市审计局审计成果统计表

表 22-20

年 份	1983	1984	1985	1986	1987	1988	1989	1990	1991	1992	1993	1994	1995	1996	1997	1998	1999	2000	2001	2002	2003	2004	2005	合计
项目数(个)	1	8	20	17	66	90	58	86	69	49	106	55	83	109	106	165	108	163	95	96	82	85	88	1805
查出违规金额(万元)	–	85	1104	573	1911	1390	1418	1245	962	845	1137	2036	4321	4571	15254	12200	15370	10479	19364	30495	73905	50277	33394	282336
查补漏缴税金(万元)	–	–	39	68	540	540	473	299	187	100	291	308	676	701	839	674	263	135	333	387	1039	1087	826	9805
核减投资额(万元)	–	–	–	–	–	–	–	–	–	–	115	124	722	1490	2394	1215	231	1113	33	1017	101	2360	2944	13859
促进增收节支(万元)	–	16	270	320	638	836	722	673	348	348	624	507	1192	1854	1320	1301	2766	2318	2861	6784	4469	24148	8330	62645
移送案件线索(个)	–	–	–	1	–	1	3	–	–	–	1	–	–	–	4	3	3	58	–	93	72	1	–	240

1983～2005 年镇江市审计系统审计成果统计表

表 22-21

年份	1983	1984	1985	1986	1987	1988	1989	1990	1991	1992	1993	1994	1995	1996	1997	1998	1999	2000	2001	2002	2003	2004	2005	合计
项目数(个)	5	15	284	155	265	230	239	270	235	215	233	173	255	328	294	442	343	438	343	333	337	351	379	6162
查出违规金额(万元)	24	89	1724	1735	3328	2713	2860	2586	2019	3079	2004	4610	8310	13682	21582	21431	45232	36620	60202	57561	103636	91785	52539	539351
查补漏缴税金(万元)	–	–	54	601	1161	817	766	609	345	203	340	513	960	840	1108	530	491	432	878	2321	1646	2675	3526	20816
核减投资额(万元)	–	–	–	–	–	–	–	–	–	36	115	338	1074	2358	5465	2288	1925	2082	90	4183	4352	7877	8809	40992
促进增收节支(万元)	1	41	350	474	852	1116	1137	1001	695	880	1006	1580	2732	5517	7911	4595	6119	5285	5143	13712	12399	36979	34476	144001
移送案件线索(万元)	–	–	–	1	–	1	3	–	–	1	1	–	–	4	6	3	6	58	4	95	118	9	6	316

镇江市志

（1983~2005）

第三册

ZHENJIANG SHIZHI

镇江市地方志编纂委员会
镇江市史志办公室

方志出版社

目　录

第三册

第二十三卷　中共地方组织

第二十四卷　地方人民代表大会

第二十五卷　地方人民政府

第二十六卷 地方人民政协

第二十七卷 民主党派 工商联

第二十八卷 工会 共青团 妇联

第二十九卷 机构编制 人事 劳动

第三十卷　法　治

第三十一卷 军 事

第三十二卷 科学技术 社会科学

第三十三卷 教 育

第二十三卷
中共地方组织

卷目

1983年以来,中共镇江市委始终牢牢把握经济建设这个中心,不断深化改革开放,积极发展"港口型经济",积极实施"大推进"战略、科教兴市战略,提升城市综合实力和竞争力。坚持一手抓经济建设,一手抓精神文明建设,党的建设以及政治、文化、社会、生态文明建设等各方面都取得巨大成绩。

1983年3月1日,原镇江地委、镇江市委及有关部门合并或合署办公后,省辖中共镇江市委机关正式运转。至5月19日,市级机关各部门机构设置和领导班子组建工作基本完成。同期,市委根据中共中央和省委要求,对所辖丹徒、丹阳、句容、扬中四县的机构设置、领导班子的配备等开展一系列的配套改革。

1983～2005年,中共镇江市委历经四次换届。1984年9月,省辖市后的中共镇江市第一次代表大会召开,选举产生第一届中共镇江市委领导班子。至2005年,第四届中共镇江市委先后召开12次全委会议和全体(扩大)会议。

1984年,中共镇江市第一次代表大会提出,将镇江建成对外开放城市。1986年1月,大港一期工程正式竣工投产,建成2.5万吨级泊位4个、江河码头10个,年货物吞吐量236.5万吨。1987年3月,镇江港正式开港。1988年3月,国务院批准镇江为沿海经济开放地区。

中共镇江市第二次代表大会期间,1991年8月,由市委、市人大、市政府、市政协四套班子民主决策选址的镇江经济技术开发区(丁卯片区)正式破土动工。1992年10月经省政府同意,在丹徒县大港地区设立镇江市大港经济技术开发区。同年首次举办中国镇江"金山之光"艺术节暨经贸洽谈会,此后坚持每年举办一次以招商引资为主旨的大型活动。1993年,人均地区生产总值在1980年的基础上翻两番,基本达到小康水平。

1994年10月25日,中共镇江市第三次代表大会确定:到1999年末初步形成社会主义市场经济的基本框架,国内生产总值实现第3个翻番,全市初步实现现代化。市第三次党代会后,市委实施"大推进"方略,提出发挥比较优势,吸纳集聚,双轮驱动,错位发展,形成一批在全国有较大影响和有较强市场竞争力的工业大项目:金东135万吨高档纸及制品,索普10万吨醋酸,奇美、国亨60万吨塑料粒子,京阳150万吨高标号水泥,华东泰克西98.5万只发动机缸体铸件。镇江综合经济实力实现历史性的跨越。扬中、丹阳、丹徒三县(市)先后进入全国综合经济实力百强县。镇江市连续两次被评为全国"科教兴市"先进市。

1999～2000年,市委在全市县处级干部中开展"三讲"(讲学习、讲政治、讲正气)集中教育,开展"镇江精神大讨论""市场经济大讨论"等活动。市委全力推进科学发展与和谐社会建设。2001年8月召开市第四次党代会,提出进入21世纪5～10年三大目标:努力建设名副其实的苏南经济强市;努力建设清新秀丽、充满灵气和活力的江南名城,到2010年实现市区100平方公里、100万人口的"双百"目标;建设富裕安康、文明进步、富有现代气息的社会主义新农村。2003年12月召开市委四届七次全会,明确2003～2012年的奋斗目标与战略部署,即"立志两率先,奋力两步走,争当苏南后起之秀"。镇江跨入全国国内生产总值超千亿元地区的行列。

2001～2005年,全市地区生产总值翻一番,达871.67亿元;财政收入达118.4亿元,比上个五年增长2.6倍;规模以上工业增加值占地区生产总值比重提高近8个百分点,高新技术产业增加值占规模以上工业增加值比重达30.4%;全市累计实际利用外资27.88亿美元,超过此前历年总和,进出口总额比2000年增长1.71倍,其中出口总额增长2.09倍。

第一章　组织机构

第一节　市委委员

一、中共镇江市第一届委员会委员

30名市委委员(按姓氏笔画为序):马德泾　王云海　王忠保　王荣生　王炳照　叶正和　朱月琴(女)　江里程　许晓霞(女)　孙国柱　孙秉谦　李代聘　沙荣盛　张信澄　陈冬姣(女)　范导汾　周大平　周粉娣(女)　郑宏章　赵凤英(女)　夏良震　钱永祯　徐元海　郭　骅　高德正　黄树贤　黄选能　彭钊安　蒋惠中　程茂槐

7名市委候补委员(按得票多少为序):王乃栋　施国庆　吴文炜　戚中立　王新　尹锁森　季凯华

二、中共镇江市第二届委员会委员

25名市委委员(按姓氏笔画为序):王云海　王荣生　王家骏　方之焯　朱正伦　刘建生　江里程　许晓霞(女)　贡家荣　应国根　张学东　陈文湘　陈冬姣(女)　陈耀南　昌万海　周大平　俞兴德　姜焜　夏良震　钱永波　徐鸣　郭骅　戚中立　康正平　曾学才

5名市委候补委员(按得票多少为序):毕增立(女)　邹启宽　王志仁　裴祥林　尹锁森

1991年2月27日,市委二届三次全体会议决定:递补毕增立(女)、邹启宽为市委委员;1992年2月21日,市委二届五次全体会议决定:递补王志仁为市委委员;1992年3月24日,市委二届六次全体会议决定:递补裴祥林为市委委员。

三、中共镇江市第三届委员会委员

31名市委委员(按姓氏笔画为序):王润亮　卞大庆　方之焯　毕增立(女)　朱正伦　刘永忠　刘志强　江里程　许晓霞(女)　贡炳坤　贡家荣　巫朝正　吴树南　应国根　张吉生　张克敏　张学东　陈文湘　陈冬姣(女)　陈达富　陈家宝　陈耀南　罗荣根　周大平　周凤霞(女)　胡志贤　赵腊根　高茂培　蒋定之　曾学才　蔡兰(女)

6名市委候补委员(按得票多少为序):王乃栋　王志仁　尹书明　许能斌　马文胜　刘希美

2000年12月28日,市委三届十二次全体会议决定:增补陈逸中、张庆生、陈主志为市委委员。

四、中共镇江市第四届委员会委员

35名市委委员(按姓氏笔画为序):王伟　王润亮　卞大庆　史和平　吕顺洪　朱正伦　刘永忠　庄兆林　江里程　许能斌　孙燕丽(女)　李壮云　李亚平　李茂川　李国忠　吴树南　宋敬伟(女)　张卫国　张吉生　张庆生　张甫雄　张学东　陈苏　陈主志　陈建设　陈逸中　周凤霞(女)　赵腊根　宦祥保　郭礼荣　黄宝荣　章壮金　薛强波　戴源　魏国强

7名市委候补委员(按得票多少为序):尹瑞林　杜正起　宋勤华　王苏镇(女)　陈晨　倪仁杰　王常生

2003年1月2日,市委四届五次全体会议决定:递补杜正起、宋勤华、王苏镇(女)、陈晨为市委委员。

第二节　市委常委

1983 年 3 月实行市管县新体制，中共镇江市委新领导机构成立，此后至 2005 年底，领导机构体制未再变化。

一、实行市领导县体制始至市委第一届委员会前

1983 年 1 月 28 日，国务院批准江苏省人民政府《关于改革地市体制、调整行政区划的报告》；2 月 7 日，地、市和丹徒县委联合召开机关干部大会，传达省委召开的地（市）县委书记会议精神。地委书记王一香宣布省委关于实行市领导县体制后镇江市领导班子名单。中共镇江市委常委会由王一香等 8 人组成。王一香主持工作（5 月 14 日任命为中共镇江市委书记），孙秉谦、王敏生、邓鸿勋、吴明政任市委副书记。

1984 年 6 月，中共江苏省委对镇江市委领导班子进行调整。原市委书记王一香和市委副书记王敏生、邓鸿勋调离镇江，吴明政调任镇江市政协主席；市委由孙秉谦任书记，夏良震、沙荣盛任副书记，王云海、周大平、王忠保、王炳照、陈冬姣（女）、范导汾为市委常委。8 月增补高德正为市委副书记。

二、中共镇江市第一届委员会常委

1984 年 9 月举行中共镇江市第一次代表大会，选举产生中共镇江市第一届委员会。经一届一次全委会选举孙秉谦、高德正、夏良震、沙荣盛、王云海、周大平、王忠保、王炳照、陈冬姣（女）、范导汾为市委常委；孙秉谦为市委书记，高德正、夏良震、沙荣盛为市委副书记。1986 年 7 月增补王炳照为市委副书记。1987 年 3 月，高德正调离镇江，增补陈璧显为市委副书记；同年 12 月增补王云海为市委副书记。1988 年 11 月，沙荣盛调任市人大常委会副主任。1989 年 9 月，陈璧显调离镇江，增补钱永波为市委副书记。

三、中共镇江市第二届委员会常委

1989 年 12 月举行中共镇江市第二次代表大会，选举俞兴德、钱永波、夏良震、王云海、周大平、方之焯、曾学才、王家骏、朱正伦为市委常委；俞兴德为市委书记，钱永波、夏良震、王云海为市委副书记。1991 年 3 月，王云海调任市人大常委会副主任；同年 5 月增补周大平为市委副书记；同年 12 月，增补余耀中为市委副书记。1992 年 3 月，俞兴德调任江苏省副省长，任命钱永波为市委书记，增补方之焯为市委副书记。

四、中共镇江市第三届委员会常委

1994 年 10 月举行中共镇江市第三次代表大会，选举方之焯、周大平、陈耀南、陈文湘、曾学才、朱正伦、应国根、张克敏、吴树南、陈家宝、刘永忠为市委常委；方之焯为市委书记，周大平、陈耀南、陈文湘为市委副书记。1996 年 2 月增补陈家宝为市委副书记。1997 年 6 月、12 月先后增补张克敏、许晓霞为市委副书记。1997 年 12 月，陈家宝调离镇江。2000 年 8 月，陈文湘调任市人大常委会副主任；同年 11 月，周大平任市政协主席，增补张卫国为市委副书记；同年 12 月，陈耀南调离镇江；增补吴树南、郭礼荣、刘永忠为市委副书记。2001 年 2 月，方之焯调任江苏省人大常委会副主任，任命张卫国为市委书记；同年 6 月增补史和平为市委副书记。

五、中共镇江市第四届委员会常委

2001年9月举行中共镇江市第四次代表大会，选举张卫国、史和平、吴树南、刘永忠、郭礼荣、孙燕丽、张吉生、陈逸中、张庆生、陈主志、戴源为市委常委；张卫国为市委书记，史和平、吴树南、刘永忠、郭礼荣为市委副书记。2002年1月增补张庆生为市委副书记。2003年2月，张卫国调任江苏省副省长，任命史和平为市委书记；同年4月增补许津荣（女）为市委副书记。

中共镇江市第一届委员会前（1983.3～1984.9）
书记、副书记、常委一览表（按任职时间先后顺序排列）

表23-1

姓　名	职　别	任职时间
王一香	书记	1983.3～1984.6
孙秉谦	书记	1984.6～1984.9
孙秉谦	副书记	1983.3～1984.6
王敏生	副书记	1983.3～1984.6
邓鸿勋	副书记	1983.3～1984.6
吴明政	副书记	1983.3～1984.6
夏良震	副书记	1984.6～1984.9
沙荣盛	副书记	1984.6～1984.9
高德正	副书记	1984.8～1984.9
彭　光	常委	1983.3～1983.9
范导汾	常委	1983.9～1984.9
王炳照	常委	1984.4～1984.9
王云海	常委	1984.6～1984.9
周大平	常委	1984.6～1984.9
王忠保	常委	1984.6～1984.9
陈冬姣（女）	常委	1984.6～1984.9

中共镇江市第一届委员会期间（1984.9～1989.12）
书记、副书记、常委一览表（按任职时间先后顺序排列）

表23-2

姓　名	职　别	任职时间
孙秉谦	书记	1984.9～1989.10
俞兴德	书记	1989.10～1989.12
夏良震	副书记	1984.9～1989.12
沙荣盛	副书记	1984.9～1988.12
高德正	副书记	1984.9～1987.3
王炳照	副书记	1986.7～1989.12
陈璧显	副书记	1987.3～1989.9

续表 23-2

姓　名	职　别	任职时间
王云海	副书记	1987. 12～1989. 12
钱永波	副书记	1989. 9～1989. 12
王云海	常委	1984. 9～1987. 12
周大平	常委	1984. 9～1989. 12
王忠保	常委	1984. 9～1987. 3
王炳照	常委	1984. 9～1986. 7
陈冬姣(女)	常委	1984. 9～1989. 12
范导汾	常委	1984. 9～1986. 2
周粉娣(女)	常委	1985. 12～1989. 10
曾学才	常委	1986. 2～1989. 12
朱正伦	常委	1989. 9～1989. 12

中共镇江市第二届委员会期间(1989. 12～1994. 10)书记、副书记、常委一览表(按任职时间先后顺序排列)

表 23-3

姓　名	职　别	任职时间
俞兴德	书记	1989. 12～1992. 3
钱永波	书记	1992. 3～1994. 10
钱永波	副书记	1989. 12～1992. 3
夏良震	副书记	1989. 12～1994. 10
王云海	副书记	1989. 12～1991. 5
周大平	副书记	1991. 5～1994. 10
余耀中	副书记	1991. 12～1994. 10
方之焯	副书记	1992. 3～1994. 10
周大平	常委	1989. 12～1991. 5
方之焯	常委	1989. 12～1992. 3
曾学才	常委	1989. 12～1994. 10
王家骏	常委	1989. 12～1990. 9
朱正伦	常委	1989. 12～1994. 10
陈　浩	常委	1990. 10～1993. 6
姜　焜	常委	1990. 10～1993. 3
应国根	常委	1992. 3～1994. 10
陈耀南	常委	1992. 12～1994. 10
张克敏	常委	1993. 3～1994. 10
吴树南	常委	1993. 6～1994. 10
陈家宝	常委	1993. 6～1994. 10

中共镇江市第三届委员会期间(1994. 10～2001. 9)
书记、副书记、常委一览表(按任职时间先后顺序排列)

表23-4

姓　名	职 别	任职时间
方之焯	书记	1994. 10～2001. 2
张卫国	书记	2001. 2～2001. 9
周大平	副书记	1994. 10～2000. 11
陈耀南	副书记	1994. 10～2000. 12
陈文湘	副书记	1994. 10～2000. 8
陈家宝	副书记	1996. 2～1997. 12
张克敏	副书记	1997. 6～2000. 12
许晓霞(女)	副书记	1997. 12～2000. 12
张卫国	副书记	2000. 11～2001. 2
刘永忠	副书记	2000. 12～2001. 9
郭礼荣	副书记	2000. 12～2001. 9
吴树南	副书记	2000. 12～2001. 9
史和平	副书记	2001. 6～2001. 9
曾学才	常委	1994. 10～1995. 12
朱正伦	常委	1994. 10～2001. 8
应国根	常委	1994. 10～1998. 1
张克敏	常委	1994. 10～1997. 6
吴树南	常委	1994. 10～2000. 12
陈家宝	常委	1994. 10～1996. 2
刘永忠	常委	1994. 10～1995. 8
王海棠	常委	1995. 12～2000. 12
江里程	常委	1996. 12～1998. 1
黄宝荣	常委	1997. 3～2000. 1
郭礼荣	常委	1997. 11～2000. 12
于　超	常委	1997. 12～2001. 8
翟　隽	常委	2000. 10～2001. 9
陈逸中	常委	2000. 12～2001. 9
张庆生	常委	2000. 12～2001. 9
陈主志	常委	2000. 12～2001. 9
戴　源	常委	2001. 8～2001. 9

中共镇江市第四届委员会期间(2001.9~2005.12)
书记、副书记、常委一览表(按任职时间先后顺序排列)

表 23-5

姓　名	职　别	任职时间
张卫国	书记	2001.9~2003.3
史和平	书记	2003.3~
史和平	副书记	2001.9~2003.3
吴树南	副书记	2001.9~
刘永忠	副书记	2001.9~2001.12
郭礼荣	副书记	2001.9~
张庆生	副书记	2002.1~
许津荣(女)	副书记	2003.4~
孙燕丽(女)	常委	2001.9~2003.12
张吉生	常委	2001.9~2003.4
陈逸中	常委	2001.9~2003.7
张庆生	常委	2001.9~2002.1
陈主志	常委	2001.9~
翟　隽	常委	2001.9~2001.12
戴　源	常委	2001.9~2005.7
江里程	常委	2002.1~
魏国强	常委	2002.9~2003.5
李国忠	常委	2003.4~
张甫雄	常委	2004.8~
杨根林	常委	2004.12~
徐郭平	常委	2005.12~

第三节　市委工作机构

1983 年 3 月实行市领导县体制,省委任命市委领导班子,设置 7 个工作部门、7 个直属机构:市委纪律检查委员会、市委办公室、组织部、宣传部、统一战线工作部、农村工作部、政法委员会、党校、镇江日报社、市级机关党委、党史资料征集小组、保密委员会办公室、市档案处、对台工作领导小组办公室。

1983 年 7 月后,市委又先后增设市委老干部局、市委干部理论学习讲师团、市委高等院校工作委员会、市委研究室、市委信访办公室、市委机要局、市编制委员会办公室、市委教育工作委员会、党史办公室、市精神文明建设指导委员会办公室、市社会治安综合治理委员会办公室、市委对外宣传办公室、市依法治市领导小组办公室等 14 个部门。

至 2005 年 12 月,市委共设置 28 个工作机构。由于机构改革等原因,其中市委党史工作办公室、市委干部理论学习讲师团、市委高等院校工作委员会 3 个工作机构合并或撤销;市委纪律检查委员会作为独立建制，不再列入市委工作机构序列。市委实有24个工作机构（机构名称以2005年底的名称为准）。

中共镇江市委办公室　中共镇江市委办公室于1983年3月成立。2004年12月成立市委办公室机关党委。

中共镇江市委组织部　中共镇江市委组织部于1983年3月成立。2001年5月设立市委企业工作委员会，与市委组织部合署办公。

中共镇江市委宣传部　中共镇江市委宣传部于1983年3月成立。1996年7月挂市委对外宣传办公室牌子，并增挂市政府新闻办公室牌子；1997年8月挂市精神文明建设指导委员会办公室牌子。

中共镇江市委统一战线工作部　中共镇江市委统一战线工作部于1983年3月成立。

中共镇江市委农村工作领导小组办公室　1983年3月成立市委农村工作部。1990年10月成立镇江市农业经济委员会，与市委农村工作部合署办公，一套班子、两块牌子。1996年7月挂市政府农村集体资产管理办公室和市农业区划办公室牌子。2001年5月，市委农村工作部不再保留，建立中共镇江市委农村工作领导小组办公室，与市委研究室合署办公，两块牌子、一套班子。

中共镇江市纪律检查委员会　中共镇江市纪律检查委员会于1983年3月成立。1984年9月，市委决定中共镇江市纪律检查委员会独立建制，不再列入市委工作机构序列。

中共镇江市委政法委员会　中共镇江市委政法委员会于1983年3月成立。1996年4月与市社会综合治理委员会办公室合署办公。

中共镇江市市级机关工作委员会　1983年3月成立中共镇江市市级机关党委。1989年11月，中共镇江市市级机关党委更名为中共镇江市市级机关工作委员会。

中共镇江市委党史工作办公室　1983年3月成立中共镇江市委党史资料征集小组；同年11月更名为中共镇江市委党史资料征集小组办公室。1984年8月更名为中共镇江市委党史资料征集研究委员会办公室；1996年7月更名为中共镇江市委党史工作办公室，列为市委直属事业单位。2001年5月与市地方志编纂委员会办公室合并，组建市史志办公室（保留市委党史工作办公室牌子）。

中共镇江市委台湾工作办公室　1983年3月成立中共镇江市委对台工作小组办公室。1985年8月，市委对台工作小组办公室更名为中共镇江市委对台工作办公室；1992年1月，市委对台工作办公室又更名为市委台湾工作办公室，与镇江市人民政府台湾事务办公室两块牌子、一套机构。1996年7月，市委台湾工作办公室挂镇江市人民政府台湾事务办公室牌子。

中共镇江市委党校　1983年3月，中共镇江市委党校成立。1988年4月增挂镇江市行政干部学校牌子。1992年12月建立校党委。1996年7月，市委党校与行政学院、市社会主义政治学校合署办公，按照一个机构、三块牌子的机制运行，列为市委直属事业单位。

镇江日报社　1983年3月，镇江日报社成立。1987年7月建立报社党组；1998年9月，改设镇江日报社党委。1996年7月，市委决定镇江日报社为市委直属事业单位。

镇江市档案局　1983年3月成立镇江市档案局，与市档案馆合署办公，一套班子、两块牌子，为市委、市政府直属事业单位，由市委办公室管理。1983年6月更名为市档案处。1987年10月，市档案处复更名为市档案局，由市委工作机构序列列入市政府序列，由市政府办公室管理。2001年5月，市档案局复列入市委序列，由市委办公室管理。2005年7月，市档案局建立党组。

中共镇江市委保密委员会办公室　中共镇江市委保密委员会办公室于1983年3月成立。1988年7月，市委保密委员会办公室对外称镇江市国家保密局，由市委办公室管理；2001年5月，镇江市国家保密局更名为镇江市国家保密工作局。

中共镇江市委老干部局　1983年3月成立镇江市老干部局，列入市政府序列。同年11月建立党组。1984年11月，镇江市老干部局更名为中共镇江市委老干部局，由市政府序列划归市委序列,由市委组织部管理。

中共镇江市委干部理论学习讲师团(简称市委讲师团)　中共镇江市委讲师团于1984年12月成立,2002年12月撤销。

中共镇江市委高等院校工作委员会(简称市委高校工委)　1984年7月成立中共镇江市委高等院校工作委员会。1990年7月与镇江市人民政府高等院校工作办公室两块牌子、一套班子。1996年7月,市委高校工委在市教育委员会挂牌。2001年5月,市委高校工委撤销。

中共镇江市委研究室　中共镇江市委研究室于1986年3月成立。1996年7月更名为市委政策研究室;2001年5月复更名为市委研究室,与新成立的市委农村工作领导小组办公室合署办公,一套机构、两块牌子。

镇江市信访局　1983年3月成立镇江市信访办公室,列入市政府序列。1989年2月,镇江市信访办公室更名为镇江市信访局。1993年6月,市信访局改属市委工作机构。2001年5月市信访局由市委办公室和市政府办公室共同管理,以市委办公室管理为主。2005年7月,市信访局建立党组。

中共镇江市委机要局　1983年3月设中共镇江市委办公室机要科。1996年7月单独设立中共镇江市委办公室机要局,由市委办公室管理。2005年12月,市委办公室机要局更名为市委机要局,列为市委办公室内设机构,保留副处级建制和局的名称。

镇江市机构编制委员会办公室(简称市编办)　1983年3月成立镇江市编制委员会,属市政府序列。1994年1月更名为镇江市机构编制委员会办公室。1996年4月,市编办与市人事局合署办公。2001年5月,市编办列入市委工作机构序列,仍与市人事局合署办公。

镇江市史志办公室　2001年5月,市委党史工作办公室与市地方志办公室合并,成立市史志办公室(保留市委党史工作办公室牌子),由市委办公室和市政府办公室共同管理,以市委办公室管理为主。2005年7月,市史志办公室建立党组。

中共镇江市委防范和处理邪教问题领导小组办公室(简称防邪办)　防邪办于2003年9月成立。

镇江市精神文明建设指导委员会办公室(简称市精神文明办)　镇江市精神文明建设指导委员会办公室于1997年8月建立,牌子挂在市委宣传部。2001年5月,市精神文明办并入市委宣传部,对外保留牌子。2004年11月,市精神文明办独立建制,属市委工作机构序列。

镇江市社会治安综合治理委员会办公室(简称市综治办)　镇江市社会治安综合治理委员会办公室于1991年10月建立,在市委政法委挂牌。2001年5月,市综治办与市委政法委员会合署办公。2005年7月,市综治办独立建制,属市委工作机构序列。

中共镇江市委对外宣传办公室　中共镇江市委对外宣传办公室于1996年7月成立,在市委宣传部挂牌。

镇江市委依法治市领导小组办公室　1996年5月成立中共镇江市委依法治市领导小组,在市委政法委员会挂牌。

中共镇江市委教育工作委员会　2001年5月成立中共镇江市委教育工作委员会,在市教育局挂牌。

第二章　党的代表大会

从1983年3月建立省辖市起,至2005年12月,先后于1984年、1989年、1994年、2001年召开中共镇江市第一至第四次代表大会。

第一节　党代表选举

每届中共镇江市代表大会召开前，市委均会作出《关于召开中国共产党镇江市代表大会的决定》，下发《关于选举产生中国共产党镇江市代表大会代表的通知》。每届党员代表选举，全市划分若干选举单位，分别召开党代表会议、党代表大会、党员大会选举产生。每届党代表大会的代表名额，根据全市党员人数，由市委全委会确定并报经省委批准。

代表的选举工作，从代表的名额分配、初步人选的酝酿提名，到预备人选的确定，代表的选举产生，都认真贯彻民主集中制的原则，切实发扬党内民主，尊重党员的民主权利，广泛征求党内外群众的意见，经过严格考察。如中共镇江市第二次代表大会召开前对代表候选人的现实表现，尤其是对他们在"文化大革命"中的政治表现以及廉洁方面的情况进行考察了解，对少数不符合代表条件和群众意见较多的候选人作了调整。选举时所有代表都经过无记名投票、差额选举产生。

历届选出的代表，既有先进性，又有广泛性。每位代表都是全市各条战线、各个方面有威信、有贡献，模范履行党员义务，密切联系群众，有议事能力的党员。代表中有各级领导干部、各类专业技术人员、市级以上各条战线先进模范人物、解放军、武警部队指战员。妇女代表，45 岁（或 50 岁）以下的代表，大专以上文化程度的代表，少数民族代表，都占一定的比例。

历届代表选出后，都经过各届代表大会预备会议上代表资格审查委员会的审查，确认全市选出的代表符合《中国共产党党章》和中央、省、市委有关规定，代表资格有效，并经过历届党代表大会预备会议表决通过。

中共镇江市第一至四届党员代表大会代表情况表

表 23-6　　单位：人

召开代表大会时间		1984 年 9 月	1989 年 12 月	1994 年 10 月	2001 年 8 月
届别		一	二	三	四
代表人数	实选数	384	348	348	446
	实到数	375	340	345	428
性别	男	326	289	295	371
	女	58	59	53	75
年龄	50 岁以上的	-	93	-	-
	50 岁以下的	-	255	-	-
	45 岁以上的	-	-	-	174
	45 岁以下的	-	-	-	272
民族	汉　族	-	348	-	445
	少数民族代表	-	-	-	1
文化程度	大专以上	112	152	-	410
	大专以下	272	196	-	36

续表 23-6

召开代表大会时间		1984 年 9 月	1989 年 12 月	1994 年 10 月	2001 年 8 月
届别		一	二	三	四
组成情况	各级领导干部	307	231	219	308
	各类专业技术人员	46	71	70	90
	市级以上各条战线先进模范	–	38	45	36
	解放军、武警部队指战员	11	8	7	12
	其他（工人、农民等）	20	–	7	–

说明：1. 栏内第一次党代表大会代表数据是根据代表大会代表名单计算出来的，因为民族及先进劳模没有标出来，所以无法计算，而增加一项其他栏；

2. 栏内第三次党代表大会代表数据，是根据代表大会代表名额分配表及实际选出代表总数计算出来的

附：1983～2005 年镇江市出席江苏省历次党代会代表名单

出席中共江苏省第七次代表大会代表 41 人（按姓氏笔画为序）：

丁巧香（女）　马德泾　王一香　王炳照　巴克森　叶正和　包厚昌
朱茂莲（女）　吕鸿声　孙国柱　孙秉谦　应天仇　麦维馨（女）　束锁海
肖　流　宋亚欣　吴明政　张莲华　张淑梅（女）　张德超　张招顺
陈冬姣（女）　周粉娣（女）　庞平兴　宦继和　赵亚夫　赵钦诚　赵腊根
倪锡祺　顾淑珍（女）　夏　岩　钱永祯　钱德林　徐元海　徐秀芳（女）
高德正　曹公柱　黄树贤　蒋惠中　阚桂林　魏芳琴（女）

出席中共江苏省第八次代表大会代表 39 人（按姓氏笔画为序）：

王一香　王云海　王俊义　王家骏　王彩英（女）　朱正伦　朱茂莲（女）
刘星汉　贡家荣　芮之兴　李敦昌　李荣娟（女）　李金华（女）　沈九晓
沈承欢　严正发　张复兴　张秀凤（女）　陈立祥　陈茉玲（女）　陈焕友
陈耀南　居乃复　昌万海　季广松　俞兴德　姜　焜　施国庆
钱本富　钱永波　夏　京　徐　鸣　徐瑾玉（女）　戚中立　康正平
康顺杰　黄崇德　郭克生　蔡幼民

出席中共江苏省第九次代表大会代表 40 名（按姓氏笔画为序）：

马文胜　王一香　王文义　方之焯　石　耘　朱小坤　朱正伦　朱其荣　刘永忠
刘福强　米玉珍（女）　江里程　许林才　孙广辉　巫朝正　李卫平　吴汉章　吴福林
宋勤华　张克敏　张振节　陈建平　陈建设　陈家宝　陈耀南　罗荣根　季广松
周大平　周荣梅（女）　赵小梅（女）　赵腊根　胡志贤　胡福明　俞兴德　祝　山　夏如祥
钱永波　高宗英　蒋定之　谭国平

出席中共江苏省第十次代表大会代表 40 名（按姓氏笔画为序）：

马耿良　王　琴（女）　王　新（女）　王龙芳（女）　方之焯　尹瑞林　史和平
朱正伦　纪荣喜　孙燕丽（女）　杜正起　孙金国　李　明　李向明

李凤琴(女)	李壮云	李茂川	吴立人	吴树南	宋勤华	张卫国
张庆生	张志坚	张甫雄	陈林海	陈建设	林钰雯(女)	周坚东
侯建民(女)	俞兴德	宦祥保	钱永波	郭礼荣	曹克明	章壮金
储国良	薛强波	薛翠娣(女)	戴　源	魏国强		

1983～2005 年镇江市出席全国历次党代会代表名单

表 23-7

全国党代会	姓　名	职　　务
第十三次代表大会	孙秉谦	中共镇江市委书记
	昌万海	中共丹阳县委书记
第十四次代表大会	钱永波	中共镇江市委书记
	陈耀南	中共丹阳市委书记
	赵亚夫	镇江农科所所长
第十五次代表大会	方之焯	中共镇江市委书记
	胡志贤	中共丹阳市委书记
	杨图南	镇江农科所研究员
第十六次代表大会	张卫国	中共镇江市委书记
	杨根林	中共丹阳市委书记

第二节　中共镇江市第一次代表大会

1984 年 9 月 25～29 日，中共镇江市第一次代表大会在镇江新华影剧院召开。出席大会的应到代表 384 名，实到 375 名。大会主要任务是贯彻中共第十二次代表大会和十二届二中全会精神，总结实行市领导县体制以后的工作，讨论确定此后 5 年的工作任务，开创“四化”建设的新局面。孙秉谦代表市委作《锐意改革，奋勇前进，努力开创新局面》的工作报告，许锦波代表市纪律检查委员会作纪律检查工作报告。

会议审议并通过中共镇江市委的工作报告和市纪律检查委员会的工作报告。选举产生中共镇江市第一届委员会，由 30 名委员、7 名候补委员组成；选举产生中共镇江市第一届纪律检查委员会委员 23 名；选举产生出席中共江苏省第七次代表大会代表 41 名。

第三节　中共镇江市第二次代表大会

1989 年 12 月 5～9 日，中共镇江市第二次代表大会在镇江一泉饭店召开。出席大会的应到代表 348 名，实到 340 名。大会总结 5 年来市委和各级党组织认真贯彻执行中共十一届三中全会以后的路线、方针和政策，以经济建设为中心，搞好两个文明建设（物质文明和精神文明）的成绩、经验及存在的问题和困难，提出此后五年的工作目标。俞兴德代表中共镇江市第一届委员会作《团结一致，艰苦奋斗，夺取我市两个文明建设的新胜利》的工作报告，姜焜代表中共镇江市第一届纪律检查委员会作纪律检查工作报告。

会议审议并通过中共镇江市第一届委员会的工作报告和市纪律检查委员会的工作报告。选举产生中共镇江市第二届委员会，由 25 名委员、5 名候补委员组成；选举中共镇江市第二届纪律检查委员会委员17名；选举出席中共江苏省第八次代表大会代表39名。

第四节　中共镇江市第三次代表大会

1994年10月25～28日，中共镇江市第三次代表大会在镇江一泉宾馆召开。出席大会的应到代表348名，实到345名；列席代表72名，实到69名。大会总结5年来改革开放、经济建设和各项事业取得的成绩，提出此后5年的任务是把镇江建设成为经济实力较强、开放度较高、人民生活较富、科学文化发达、社会风气较好、城乡一体发展的社会主义现代化港口城市。钱永波代表中共镇江市第二届委员会作《团结进取，再展宏图，为建设社会主义现代化港口城市而奋斗》的工作报告，张克敏代表市纪律检查委员会作《加强党的纪律检查工作，努力为改革、发展和稳定服务》的工作报告。

会议审议并通过中共镇江市第二届委员会的工作报告和市纪律检查委员会的工作报告。选举产生中共镇江市第三届委员会，由31名委员、6名候补委员组成；选举中共镇江市第三届纪律检查委员会委员19名；选举出席中共江苏省第九次代表大会代表40名。

第五节　中共镇江市第四次代表大会

2001年8月29至9月2日，中共镇江市第四次代表大会在镇江一泉宾馆召开。出席大会的应到代表446名，实到428名；列席代表83名。大会动员全市党员和干部群众，争创一流业绩，奋力跨越发展，努力实现富民强市目标。张卫国代表中共镇江市第三届委员会作《开拓创新，争创一流，实现镇江经济和社会跨越发展》的工作报告，许同禄代表市纪律检查委员会作《加大力度，标本兼治，以党风和廉政建设的实际成果取信于民》的工作报告。

会议审议并通过中共镇江市第三届委员会的工作报告和市纪律检查委员会的工作报告。选举产生中共镇江市第四届委员会，由35名委员、7名候补委员组成；选举中共镇江市第四届纪律检查委员会委员21名；选举出席中共江苏省第十次代表大会代表40名。

第三章　全体委员（扩大）会议

1984年9月至2005年12月，中共镇江市代表大会第一届至四届期间召开的全体委员会议和全体（扩大）会议共45次。

第一节　中共镇江市第一届委员会
（1984年9月～1989年12月）

中共镇江市第一届委员会期间，共召开全体会议和全体（扩大）会议8次。

1984年9月29日召开中共镇江市一届一次全体会议，出席会议的市委委员30人。会议选举市委常委10人组成的市委新领导班子，其中市委书记1人、副书记4人；选举产生市纪委书记、副书记和常务委员。

1985年3月的一届二次全体（扩大）会议到1989年1月的一届六次全体（扩大）会议，先后学习贯彻中共第十二次全国代表大会，十二届四中、五中、六中全会，十三届三中全会和中共江苏省七届三次、四次、七次会议精神，学习贯彻中央〔1988〕1号文件《关于经济形势和1988年的经济工作》、中办〔1988〕第一期通报和中共江苏省委工作会议精神。讨论研究进一步巩固和发展大好形势，认清新的不正之风的严重危害，增强纠正新的不正之风的自觉性；明确领导责任，提高改进工作作风的自觉性；总结年度工作，部署新一年任务；讨论和审议市政府党组提出的市"七五"计划（草案）；研究讨论两个文明建设一起抓，总结交流两个文明建设的经验，表彰1987年度全市两个文明建设的先进集体，表彰全市工交、财贸等11个方面684个先进集体。

1989年8月召开的中共镇江市一届七次全体（扩大）会议，从镇江实际出发，部署1989年下半年的经济工作、党的建设和惩治腐败、搞好廉政建设的问题。

1989年11月召开的中共镇江市一届八次全体会议，对召开中共镇江市第二次代表大会的有关事项进行讨论。全会决议定于1989年12月6日召开中共镇江市第二次代表大会，通过大会议程；审议并原则通过大会的工作报告，建议进一步修改后提交中共镇江市第二次代表大会审议；讨论通过中共镇江市第二届委员会委员、候补委员、市纪律检查委员会委员和出席中共江苏省第八次代表大会代表候选人的建议名单，提请中共镇江市第二次代表大会酝酿选举。

第二节　中共镇江市第二届委员会

（1989年12月～1994年10月）

中共镇江市第二届委员会期间，共召开全体会议和全体（扩大）会议11次。

1989年12月的中共镇江市二届一次全体会议，市委委员25人、候补委员5人出席。会议选出市委常委9人组成的中共镇江市委第二届领导班子，其中市委书记1人、副书记3人。选举产生中共镇江市纪律检查委员会书记、副书记和常务委员。通过《中共镇江市委关于改进领导作风的决定》。

1990年2月的中共镇江市二届二次全体（扩大）会议、1991年2月的二届三次全体（扩大）会议和全体会议，贯彻落实中共十三届四中、五中、七中全会和中共江苏省第八次代表大会、八届三次会议精神，讨论市政府《关于进一步搞好镇江市治理整顿和深化改革的意见》，表彰26个1989年度精神文明和物质文明建设先进单位，授予136个单位为经济工作先进单位；讨论并原则同意《镇江市经济建设和社会主义事业发展10年规划纲要》以及镇江市经济建设和社会主义事业发展"八五"计划，建议市政府作进一步修改后，提请镇江市第九届四次人代会审议通过；表彰1990年、1991年全市"五杯"（振兴杯、丰收杯、致富杯、创汇杯、文明杯）竞赛活动中的先进单位。

1992年1月召开中共镇江市二届四次全体（扩大）会议，重点研究农业和农村工作问题。全市出台加强农业社会化服务体系建设、加快农业资源综合开发、开展农村社会主义思想教育和"八五"精神文明建设活动规划纲要等4个文件。

1992年2月、3月召开中共镇江市二届五次、六次全体会议，讨论推选镇江市出席中共十四大代表候选人建议人选。市委书记俞兴德（后因调省政府工作，由新任市委书记钱永波增补），丹阳县委书记陈耀南，江苏省丘陵地区农科所党委副书记、所长、副研究员赵亚夫3人为市出席中共十四大代表候选人建议人选。

1992年5月召开二届七次全体会议，讨论推选确定中共镇江市出席中共江苏省八届六次会议的部分代表。镇江钛白粉厂党委书记、厂长杜正起，扬中县油坊镇党委书记黄友，中国科学院蚕业研究所蚕育种研究室主任、研究员何斯美（女），镇江市公安交警支队一中队民警王广盛，镇江市第一人民医院党委书记吕振声为镇江市出席中共江苏省八届六次代表会议代表。

1992年11月召开中共镇江市二届八次全体（扩大）会议，按照中共十四大和中共江苏省八届六次全体（扩大）会议精神，市委、市政府提出"90年代学常州、赶常州，人均国民生产总值在全省争上游”,确定90年代全市经济发展速度要高于全省水平,在提高效益、优化结构的基础上,国民生产总值到1994年翻三番,到2000年翻四番以上,20世纪末全市基本实现现代化的奋斗目标。通过《关于认真贯彻落实十四大精神,进一步加快改革开放和现代化建设的意见》。

1994年1月召开中共镇江市二届九次全体(扩大)会议,贯彻落实中共十四届三中全会和中共江苏省八届七次全体(扩大)会议精神,确定1994年全市经济和社会发展的主要目标,要求以提高效益为中心,调整结构,确保重点,依靠科技进步,稳定发展农业,努力提高工业,加快发展第三产业;围绕建立社会主义市场经济体制的目标,深化改革,增强发展动力;加快外向开拓,发展外向型经济;促进两个文明建设,加强社会治安综合治理和人民武装工作;加强党的建设,努力提高领导水平,抓好防腐倡廉和党风建设。通过《中国共产党镇江市第二届委员会第九次全体会议关于召开市第三次代表大会的决定》。

1994年9月、10月召开中共镇江市二届十次全体会议和二届十一次全体会议,讨论通过中共镇江市第三届委员会、市纪律检查委员会组成原则;讨论中共镇江市第三次代表大会工作报告内容,研究此后5年全市的奋斗目标、工作思路和主要措施;酝酿出席中共江苏省八届九次全体(扩大)会议的代表人选。通过中共镇江市第三次代表大会的议程(草案);审议并原则同意中共镇江市第二届委员会提交中共镇江市第三次代表大会审议的工作报告和中共镇江市纪律检查委员会工作报告,责成市委常委会和市纪委常委会作进一步修改后,提交中共镇江市第三次代表大会审议。确定出席中共江苏省第九次代表大会的代表候选人建议名单,提请中共镇江市第三次代表大会审定。

第三节　中共镇江市第三届委员会

(1994年10月~2001年8月)

中共镇江市第三届委员会期间,共召开全体会议和全体(扩大)会议14次。

1994年10月召开中共镇江市三届一次全体会议,市委委员31人、候补委员6人出席。会议选出市委常委11人组成中共镇江市委第三届领导班子,其中市委书记1人、副书记3人。同时,选举产生市纪律检查委员会书记、副书记和常务委员。会议传达中共中央总书记江泽民在中共十四届四中全会上的重要讲话,通过《关于贯彻中共十四届四中全会〈决定〉的决议》。

1995年1月召开中共镇江市三届二次全体(扩大)会议,贯彻落实中共十四届四中全会、中共江苏省第九次代表大会和中共镇江市第三次代表大会精神,总结1994年工作,部署1995年各项工作任务。市委书记方之焯作《振奋精神抓落实,加快发展上水平》的工作报告,市委常委、组织部长陈家宝就组织建设问题作《认真贯彻落实四中全会〈决定〉,大力推进全市党的组织建设》的专题发言,市委副书记、市长周大平作《加强思想作风建设,胜利完成各项任务》的讲话。

1995年12月召开中共镇江市三届三次全体会议和全体(扩大)会议,讨论市“九五”国民经济发展计划和2010年的远景目标。全会通过市委副书记、市长周大平所作的制定“九五”计划和2010年远景目标的说明。全体扩大会议的议题是贯彻落实中共十四届五中全会精神,明确1995~2010年全市经济、社会发展的奋斗目标、工作思路,动员全市党员和人民群众,为实现全市在更高层次上的高效、快速、协调发展,实现现代化宏伟目标而奋斗。

1996年7月召开中共镇江市三届四次全体会议,传达学习中共江苏省委、省政府企业工作会议精神,专题研究本市改革开放工作,讨论并一致通过市委书记方之焯在全市改革开放工作会议上代表市委所作的工作报告。

1997年1月召开中共镇江市三届五次全体会议和全体(扩大)会议,讨论进一步贯彻中共十四届六中全会精神,审议并通过《镇江市1996年~2000年社会主义精神文明建设规划纲要》。市委书记方之焯作《认清新形势，确立新思路，努力夺取两个文明建设的新成就》的报告；新坝等6个乡镇和索普、恒顺2家企业作大会发言。

1997年5月召开中共镇江市三届六次全体会议，以无记名投票方式等额推选产生高庆国、周培华、马文胜、朱文如（女）、刘晓波、朱玲（女）和吴福林7名代表为出席中共江苏省九届七次代表会议的代表。

1997年12月召开中共镇江市三届七次全体（扩大）会议和全体会议，贯彻中共十五大精神，明确1998年目标任务，研究办法措施，开创全市改革开放和现代化建设新局面。市委书记方之焯作《认真学习宣传落实十五大精神，全面开创我市改革开放和现代化建设的新局面》的报告；市委副书记、市长周大平作《加快"两个调整"促进"两个转变"，努力把我市经济整体素质提高到一个新水平》的讲话。

1998年8月召开中共镇江市三届八次全体（扩大）会议和全体会议，传达中共江苏省九届八次全体（扩大）会议精神，市委书记方之焯作《朝着既定目标迈进》的工作报告。市委常委、市纪委书记于超通报近期全市反腐倡廉工作情况。

1998年11月召开中共镇江市三届九次全体（扩大）会议和全体会议，贯彻落实中共十五届三中全会精神和中共江苏省九届九次全体（扩大）会议精神，明确全市农业和农村跨世纪发展的目标、任务和主要措施，努力开创农业和农村工作新局面，在全省率先实现农村现代化。市委书记方之焯代表市委常委作《认真贯彻落实十五届三中全会精神，为率先基本实现农村现代化而努力奋斗》的报告。全体（扩大）会议后的市委全体会议，结合镇江实际，回顾总结并充分肯定镇江农村改革20年的成就和经验，分析农业和农村工作面临的新形势、新情况，确定到2005年全市基本实现农村现代化的目标。

1999年1月、2000年1月召开中共镇江市三届十次、十一次全体（扩大）会议和全体会议，总结上年工作，部署新一年任务；结合全市实际，贯彻落实中共中央和中共江苏省经济工作会议精神。市委书记方之焯分别作《奋力作为，稳中求实，持续发展，把一个充满生机和活力的新镇江推向新世纪》《继往开来，再创辉煌》的报告。

2000年12月召开中共镇江市三届十二次全体（扩大）会议和全体会议，贯彻中共十五届五中全会以及中共江苏省九届十二次全委（扩大）会议、全省经济工作会议精神，讨论《镇江市国民经济和社会发展第十个五年计划》（草案），部署2001年工作。市委书记方之焯作《立足新苏南，实现新跨越，为率先基本实现现代化奠定坚实基础》的工作报告；市委副书记、代市长张卫国作《镇江市国民经济和社会发展第十个五个计划（送审稿）说明》。会议对获党建工作先进县、局称号的丹阳市等19个县（市）局、公司，巢纪顺等84名"争创活动先进个人"和孙开泰等20名人民满意的公务员和机关工作人员进行表彰。

2001年5月、8月召开中共镇江市三届十三次、十四次全体会议，审议并通过《关于召开中国共产党镇江市第四次代表大会的决议》，审议并通过《中共镇江市第四届委员会、市纪律检查委员会组成原则》，审议并通过《镇江市社会主义精神文明建设"十五"规划纲要的决议》。市委向全委会报告中共镇江市第四次代表大会筹备工作情况，审议中共镇江市第四次代表大会的文件草案和建议名单，确定中共镇江市出席中共江苏省第十次代表大会的代表候选人建议名单，审议中共镇江市第三届委员会工作报告和中共镇江市纪律检查委员会工作报告。

第四节　中共镇江市第四届委员会

（2001年9月～2005年12月）

中共镇江市第四届委员会期间，共召开全体会议和全体（扩大）会议12次。

2001 年 9 月召开中共镇江市四届一次全体会议,市委委员 35 人、候补委员 7 人出席。会议选出市委常委 11 人组成的中共镇江市委第四届领导班子,其中市委书记 1 人、副书记 4 人。选举产生市纪律检查委员会书记、副书记和常务委员。

2002 年 1 月召开中共镇江市四届二次全体(扩大)会议,研究确定 2002 年全市两个文明建设总体要求,审议并通过《中国共产党镇江市第四届委员会第二次全体会议决议》和《中共镇江市委关于贯彻执行〈中共中央关于加强和改进党的作风建设的决定〉的意见》。市委书记张卫国作《乘势而上,勇攀新高,迈出镇江跨越前进的关键步伐》的报告。全体(扩大)会议结束后,召开 2001 年"争创一流业绩"总结表彰暨 2002 年开门红动员大会。

2002 年 6 月召开中共镇江市四届三次全体(扩大)会议,部分与会同志赴各辖市(区)及镇江新区参观新项目建设。市委书记张卫国作《奋力加速冲刺,促进镇江起飞》的报告,各辖市(区)委书记和新区主要负责人作专题发言。

2002 年 11 月召开中共镇江市四届四次全体会议,传达学习中共第十六次代表大会和中共江苏省十届三次全委会议精神。市委书记张卫国作《用党的十六大精神统一思想和行动,在全面建设小康社会的伟大实践中跨越前进》的报告。全会通过《中共镇江市委关于学习贯彻党的十六大精神的意见》,通过《中共镇江市委关于递补市委委员的决议》。

2003 年 1 月召开中共镇江市四届五次全体会议,市委书记张卫国作《与时俱进,奋力开拓,努力实现镇江发展的新跨越》的报告。全会决定递补市委候补委员杜正起、宋勤华、王苏镇(女)、陈晨 4 人为市委委员。

2003 年 7 月召开中共镇江市四届六次全体会议,学习总书记胡锦涛的"七一"重要讲话,落实"三个代表"重要思想,贯彻中共江苏省十届五次全会精神,明确"立志两率先、奋力两步走,争当苏南后起之秀"的奋斗目标。市委书记史和平作《立志两率先,奋力两步走,争当苏南后起之秀》的报告。全会通过《中共镇江市委关于学习贯彻"三个代表"重要思想,努力实现"两个率先"奋斗目标的决定》。

2003 年 12 月召开中共镇江市四届七次全体会议,贯彻落实中共十六届三中全会、中央经济工作会议和中共江苏省十届六次全会精神,总结 2003 年全市率先发展的实践和经验,研究部署 2004 年工作的总体要求和关键举措。市委书记史和平作《改革创新,团结奋进,全力夺取"两率先、两步走"的新胜利》的报告。会议讨论并通过《中共镇江市委、镇江市人民政府关于加快提高城乡居民收入的意见》。

2003 年 12 月召开中共镇江市四届八次全体会议,进行市委领导班子及成员述职述廉,并组织民意测评。市委书记史和平在会上就市委常委会和个人履行职责、廉洁自律情况进行报告。

2004 年 6 月召开中共镇江市四届九次全体会议,学习贯彻总书记胡锦涛视察江苏时的讲话和中共江苏省十届七次全会精神,市委书记史和平作《树立和落实科学发展观,坚定不移地向着"两个率先"目标前进》的报告。

2004 年 12 月召开中共镇江市四届十次全体会议,贯彻落实中共十六届四中全会、中央经济工作会议和中共江苏省十届八次全体会议、全省经济工作会议精神,总结 2004 年全市率先发展的实践和经验,部署 2005 年工作任务和措施,市委书记史和平作《提高执政能力,提升发展水平,全面加快"两率先、两步走"进程》的报告。

2005 年 7 月召开中共镇江市四届十一次全体会议,贯彻落实中共江苏省委书记李源潮在镇江调研时的讲话精神,总结 2005 年上半年工作,部署下半年任务。市委书记史和平作《解放思想,创新克难,全面兴起加快发展的新热潮》的报告。

2005 年 12 月召开中共镇江市四届十二次全体会议,贯彻中共十六届五中全会、中央经济工作会议和中共江苏省十届九次全会、全省经济工作会议精神,回顾总结全市"十五"发展历程和 2005

年工作，部署"十一五"发展和2006年工作。市委书记史和平作《乘势而上，强势开局，创造"十一五"发展新辉煌》的报告。

第四章　市委重要工作会议

第一节　中共镇江市第一届委员会期间

（1984年9月25日～1989年12月5日）

1985年9月1～2日，市委、市政府举行"韦岗战斗胜利纪念碑"和"新四军茅山抗日斗争历史陈列馆"揭幕仪式。省委副书记沈达人、中央顾问委员会委员江渭清作讲话。

1987年4月17～18日，市委、市政府在市级机关礼堂召开抓好两件大事交流会。会议总结交流经验，部署下一阶段的工作，把正面教育和"双增双节"运动进一步引向深入。市委书记孙秉谦作《把反对资产阶级自由化斗争的正面教育和"双增双节"运动引向深入》讲话：第一，进一步统一思想，深刻认识反对资产阶级自由化斗争的重要性和长期性；第二，提高贯彻执行中共十一届三中全会路线的自觉性和坚定性；第三，联系实际，提高正面教育效果；第四，切实加强党的建设，提高各级党组织的战斗力。讲话针对深入开展"双增双节"运动提出4点要求。

1989年4月28日，市委召开领导干部会议。市委副书记、市长陈璧显传达省委召开的各市和省级机关部门负责人会议精神，动员全市党员、干部和群众认真学习《人民日报》社论《必须旗帜鲜明地反对动乱》，自觉维护安定团结的政治局面，集中精力抓好治理整顿、改革和经济建设。

1989年6月14日，市委、市政府召开市部委办局负责人会议。市委副书记、市长陈璧显传达邓小平在接见北京戒严部队军以上干部时的讲话，并提出3点意见：第一，各级党委和政府、市直各部门、各单位，都要立即组织广大党员、干部认真学习邓小平的重要讲话，领导干部要带头学好，统一思想，提高认识；第二，进一步稳定局势，巩固发展镇江市安定团结的局面；第三，坚持"一个中心、两个基本点"，切实做好当前各项工作。

第二节　中共镇江市第二届委员会期间

（1989年12月5日～1994年10月25日）

1991年1月30日，市委召开支持茅山老区经济开发动员会。会议就进一步落实市委关于"1991年农村工作重点放在茅山老区经济开发上"的指示精神，发动全社会的力量支援老区开发和建设。市委副书记王云海讲3点意见：第一，要充分认识支持茅山老区经济开发的意义和作用，进一步增强紧迫感和责任感；第二，进一步明确工作重点，拓宽支持茅山老区经济开发的路子；第三，切实加强对支持茅山老区经济开发工作的领导。

同年5月20～23日，市委、市政府召开搞活大中型骨干企业会议。市委副书记、市长钱永波作《坚持深化改革，强化内部管理，进一步增强企业活力》的报告。会议表彰第一轮承包的先进单位和在"七五"期间完成的最佳项目和优良项目；讨论通过《关于进一步搞活企业若干问题的意见》（共30条）；市委书记俞兴德强调：第一，统一思想认识，增强搞活大中型企业的信心和紧迫感；第二，以改革开放为动力，抓好关键着子的落实；第三，各个方面都要为搞活大中型企业献计出力，创造良好的外部环境；第四，搞活大中型骨干企业，必须花大力气抓好企业领导班子建设，造就一支宏大的企业家队伍。

1994年2月21～23日，市委、市政府召开"坚持发展、善于发展"现场经济交流会。市委书记钱永波作《做好“善于发展”这篇大文章》的讲话：一是关于立足国际国内市场，把两个市场与本地的特殊条件结合起来，形成自己的特色；二是善于抓规模大、效益好、技术先进的重点企业，处理好重点和一般的关系；三是从机制上解决问题；四是通过创办“三资”企业，提高镇江市经济的技术水平和管理水平；五是善于发现、使用和培养人才；六是善于解决亏损大户问题。

1994年3月9～11日，市委、市政府召开全市“一龙双专”富民工作现场促进会和农业科技经营管理有功人员及先进集体表彰会。会议研究部署全市农村富民工作的开展，加速产加销一条龙及专业村、专业户的建设，促进农村经济的发展；总结表彰1993年全市农业科技经营管理有功人员及先进集体。市委副书记周大平作《引导农民走向市场，不断增加农民收入》的讲话。

第三节　中共镇江市第三届委员会期间

（1994年10月25日～2001年8月29日）

2000年5月24日，市委、市政府召开镇江市知名专家终身荣誉称号命名表彰大会。号召进一步营造“尊重知识，尊重人才”的社会氛围，充分发挥各类专家在镇江经济建设和社会事业发展中的特殊作用，激发广大科技人员的工作热情。会议命名表彰首批获得镇江市知名专家终身荣誉称号的专家和1999年度有突出贡献的中青年专家。市委书记方之焯强调：第一，投身经济建设主战场，在实践中成长、创业、展现才干；第二，进一步壮大人才队伍，全面提升人才素质。

2000年9月6～7日，市委、市政府举办“进入‘苏南经济板块’后的压力与作为”论坛会。会议根据省委书记回良玉在省有关会议上讲话中，对江苏经济区域的划分作的明确界定，正式将镇江与南京、苏州、无锡、常州一起，纳入苏南经济板块。市委书记方之焯作《自加压力，奋发作为，以不平凡的业绩立足“新苏南”》的讲话：第一，进入“苏南经济板块”，镇江应当高扬起跨世纪发展的新风帆；第二，跻身“新苏南”，镇江面临着前所未有的挑战和压力；第三，坚定信心，发奋图强，做好“事在人为”的大文章。

第四节　中共镇江市第四届委员会期间

（2001年8月29日～2005年12月31日）

2001年9月21日，市委、市政府召开提升城市管理水平动员大会。会议贯彻中共镇江市第四次代表大会精神，继续深化全市“清洁家园，清洁城市”活动，把镇江建设成为清新秀丽、充满灵气和活力的江南名城。市委书记张卫国强调6个问题：第一，建设清新秀丽的镇江，我们信心满怀；第二，城市清新秀丽，首先要让市民的居住环境整洁亮丽；第三，清新秀丽要靠长治久洁；第四，要严格管理，严厉执法，严肃督查；第五，全市人民要爱镇江、爱家园、爱设施、爱环境；第六，切实加大领导力度，努力提高建设管理城市的水平。

2002年4月16日，市委召开市四套班子领导干部会议，通报丹徒撤县建区的重大事项。市委书记张卫国讲两个问题：一是充分认识丹徒撤县建区的重要性和必要性；二是确保丹徒撤县建区工作的顺利进行。

2002年8月21日，市委、市政府召开全市领导干部会议。传达、学习、贯彻中央政治局常委、国务院副总理李岚清和省委书记回良玉视察镇江时的重要讲话精神。市委书记张卫国提出4点意见：第一，要以率先、抢先、领先的状态，把加快发展的劲头鼓得更足；第二，要从优势、特色、品牌入手，把创新发展的路子走得更宽；第三，要以爱民、为民、富民的行动，把群众关心的事情办得更好；第四，要以团结、协调、奋进的姿态，把领导合力凝聚得更强。

2004年7月20日，市委在丹阳市召开全市开展党务公开工作动员部署会议。贯彻落实《中国

图 23-1　2004 年，市委召开党务公开工作动员部署会议

共产党党风监督条例(试行)》，进一步发扬党风民主，强化党风监督，切实加强党的建设。市委书记史和平强调 4 点意见：第一，推进党务公开，必须紧扣率先发展、科学发展的主题；第二，推进党务公开，必须把握积极稳妥、务求实效的原则；第三，推进党务公开，必须突出反腐倡廉、转变作风的重点；第四，推进党务公开，必须形成广泛参与、互动并进的格局。

2004 年 9 月 1 日，市委、市政府在扬中市召开全市“双清双美”(清洁城镇、清洁村庄、美化环境、美化家园)活动现场推进会，进一步优化农村环境，推进农村“双清双美”活动的深入开展。市委副书记张庆生在会上讲两点意见：一是对全市开展“双清双美”活动的基本估价；二是对深入开展“双清双美”活动的重点要求。

2005 年 12 月 14 日，市委、市政府召开全市国有企业改革总结大会。全面总结 2002 年以后国有企业改革工作的基本经验和做法，表彰在国有企业改革工作中作出突出贡献的先进集体和先进个人，进一步激发全市干部群众创业创新的热情。市委副书记、市长许津荣作工作报告：第一，充分肯定 3 年国企改革取得的巨大成就；第二，认真总结 3 年国企改革积累的宝贵经验；第三，继续巩固和扩大国企改革的成果。市委书记史和平强调：一是 3 年改革攻坚，意义非同寻常；二是把握改革形势，不断纵深推进；三是弘扬改革精神，引领率先发展。

第五章　重要决策和重大活动

第一节　市领导县新体制建立

1983 年 1 月 18 日，国务院批准江苏省人民政府《关于改革地市体制、调整行政区划的报告》：“撤销镇江地区行政公署，将原镇江地区的高淳、溧水两县划归南京市；宜兴县划归无锡市；武进、金坛、溧阳三县划归常州市；丹徒、丹阳、扬中、句容四县划归镇江市。镇江市改由省管辖。”同年 2 月 7 日，地、市和丹徒县委联合召开机关干部大会，传达省委召开的地(市)县委书记会议精神。地委书记王一香宣布省委关于实行市领导县行政体制后镇江市领导班子名单。同年 3 月 1 日，市级机关按市领导县新体制正式开展工作。原地、市有关部门进行合并或合署办公，着手部署市级机关各部门搞好机构设置和领导班子建设。先后于 3 月 31 日至 4 月 5 日、3 月 29 日至 4 月 6 日举行市八届人大一次会议和市政协六届一次会议，选举产生地方国家权力机关和市政协新一届领导成员。同年 5 月 19 日，市级机关各部门机构设置和领导班子组建工作基本完成。市委设置 7 个工作部门；市政府设置 35 个工作部门，另设置 8 个相当于二级局的处、局及 8 个工业公司。从 1983 年 9 月 1 日起，建立市辖区机构。撤销金山、北固两区，设置城区，同时设置郊区，谏壁镇划归郊区领导。同年 12 月 1 日，中共中央、国务院下发《关于县级党政机关机构改革若干问题的通知》，省委下发《关于全面开展县级党政机关机构改革工作的意见》。镇江市根据中央和省委要求，对所辖四县的机构设置、领导班子的配备等开展一系列的配套改革工作。

1984 年 10 月 19 日，城区、郊区分别更名为京口区、润州区。同年，镇江市根据中共中央、国务院《关于实行政社分开建立乡政府的通知》要求，将公社改建为乡，对具有一定条件的集镇设立镇。至此，镇江实行市领导县的行政新体制进入正常运转。

第二节　干部政策落实

镇江的审干复查、落实党的干部政策工作，于 1978 年春着手进行，历时近 10 年，至 1987 年 7 月基本结束。大体经历三个阶段：1978 年春至 1982 年底，主要复查“文化大革命”中的冤假错案；1983 年 1 月至 1984 年下半年，复查“文化大革命”前的各种历史老案；1984 年下半年至 1987 年 7 月，复查新四军北撤后地下党历史遗留问题，全面清理干部档案，公正、妥善地处理一大批党龄、党籍和伍龄问题。

1978～1987 年近 10 年间，共复查各类案件 54768 件。经过复查，平反纠正 37575 件，占总数的 68.61%；复查处理历史遗留问题 867 件，占总数的 1.58%；基本不错的 16326 件，占总数的 29.81%。

平反纠正“文化大革命”中的冤假错案 34148 件。平反纠正国家干部中的冤假错案 6259 件。其中错定为敌我矛盾性质的案件 508 人，错被刑事处分 3 人，错被双开 11 人，错被开除公职 137 人，错被开除党籍 82 人；“文化大革命”初期被撤职罢官 190 人，错受其他纪律处分 241 人。以上冤假错案经过复查，全部平反纠正。复查后，恢复公职 151 人，原被“遣送农村”收回安排工作 141 人，致伤致残作安置处理 15 人。为被迫害致死的 290 人作出正确结论，先后召开追悼会或举行骨灰安放仪式，予以平反。平反纠正基层干部、党员冤假错案 26699 件。其中撤销刑事处分 120 人，恢复党籍 778 人，撤销其他党纪处分 1706 人，减轻处分 444 人。平反纠正后安排子女工作 754 人。给予经济补助 2246 人，补助金额 169967 元。“文化大革命”中形成的一切不实之词的材料，全部予以清理销毁。平反“5·14”“8·17”等 9 起集团性大案、公案。

平反纠正 1959 年反右倾运动中错案 520 件，其中错定为“右倾机会主义分子”15 人、“右倾机会主义分子错误”372 人、“严重个人主义错误”133 人。以上错案经过复查，全部平反纠正。纠错后，恢复党籍 6 人，恢复公职的 1 人，撤销撤职、降级处分 16 人，并对这些同志的善后问题按照政策作妥善处理。

平反纠正“文化大革命”前各种历史老案 2907 件，复查处理历史遗留问题 675 件。复查 1958 年重新加重处理 136 件案件。其中维持第一次定性处理、撤销加重处理 128 件，占复查总数的 94.12%。原来留机关工作加重处理被开除公职 95 人，都恢复公职。其中收回安排工作 43 人、办理退职 25 人、办理退休 27 人。对已死亡的 33 人，也按规定给其家属、子女补发丧葬费和抚恤金。复查原限制使用 675 人。其中经复查撤销原限制使用 24 人，解除原限制使用 173 人，注销原限制使用 454 人，放宽限制使用 3 人，因犯新罪不再清理 21 人。平反纠正审干肃反中定性处理的政治历史案件 126 件，占全部历史老案 2149 件的 5.86%。其中：原定反革命分子案 41 件、特务分子案 11 件、叛变分子案 1 件、坏分子案 6 件、本人地富成分 6 件、严重政历 7 件，其他 54 件。这些案件都按照政策，进行平反纠正，重新做出结论，处理善后问题。恢复党籍 7 人，恢复公职 75 人（其中安排工作 16 人）；办理离休 6 人、退休 31 人、退职 22 人。并对已死亡的 26 人，给其家属、子女补发丧葬费、抚恤金共计 11340 元。对生活确有困难的，经济上给予适当补助。平反纠正“整顿三类社”“反五风”“拔白旗”等政治运动所形成的涉及农村基层干部、党员的案件 2645 件。经过复查，撤销刑事处分 39 人，恢复党籍 95 人，撤销其他党纪处分 161 人，减轻处分 52 人。平反纠正后，为其中 351 人重新安排工作，为 59 人在基层安排其子女工作。对其中生活确有困难的 49 人给予适当补助，补助金额共计 5238 元。

复查处理新四军北撤后地下党历史遗案582件,经复查,恢复党籍192件,其中给129人恢复重新入党前的党籍,给63人全部恢复党籍,两者合占复查案件数32.98%。对仍在农村生活确有困难、甚至低于当地农民一般生活水平的430名原地下党员,由各有关县、区、乡(镇)通过各种渠道,分别给予适当补助,有的地方安排其子女进乡、村办企业工作。

第三节 整 党

1983年10月,中共十二届二中全会通过的《中共中央关于整党的决定》,提出"统一思想、整顿作风、加强纪律、纯洁组织"的整党任务。1984年4月,市委举办市级机关党员领导干部学习班和中层党员干部学习班。同年6月,市委召开县(区)和市部委办局负责人会议,讨论分期分批全面整党的部署。同年7月1日,全市开始全面整党。同年9月,省委在镇江召开全省市(县)整党试点座谈会。至1985年9月,市级机关整党基本完成。

全市整党工作按照中央决定和省委部署,分4批进行,历时2年,至1986年6月底结束。全市参加整党的基层组织共有385个党委(党组)、138个总支、5725个支部、95051名党员。前3批(市、县、乡级)都经过学习文件、对照检查和组织处理、党员登记3个阶段;第4批村级整党分成"学、谈、查、改"和组织处理、专题登记两个阶段。整党结束后,用半年多时间巩固和发展整党成果。

整党避免过去政治运动中"左"的做法,着眼于提高政治觉悟,坚持"三个为主"(正面教育为主、党性教育为主、自我教育为主)。集中进行5个专题教育,即彻底否定"文化大革命"的教育、形势和政策教育、党的宗旨教育、理想教育和党风党纪教育。各级党组织清除"左"的影响,确立以经济建设为中心的指导思想,提高在思想上、政治上同党中央保持高度一致的自觉性;促进改革开放和经济建设;增强党员的组织纪律观念,较好地发挥先锋模范作用;纠正新的不正之风,促进党风的明显好转和机关作风改进;进行核查"三种人"(在党内追随林彪、江青反革命集团,造反起家的人;帮派思想严重的人;打砸抢分子)的工作。全市立案审查的168人全部结案,定为"三种人"的15人(其中党员10人,都已清除出党);被定为犯严重错误的51人(其中党员37人,有6人开除出党);不定性、作组织处理的农村党员51人(其中开除党籍8人,不予登记9人,留党察看13人,警告、严重警告17人,缓登4人);建立健全"三会一课"制度、民主集中制和集体领导制度、接受党组织和群众监督制度、党务工作会议制度、党建工作点制度、党员统一活动日制度等。

经过整党,全市受党内各种处分的党员418人,占党员总数的4.4‰,其中开除党籍的35人。在党员登记时,不予登记的96人,占党员总数的1.1‰;缓登的267人,占党员总数的2.9‰。至1988年7月对整党中的遗留问题均作出相应的组织处理。

第四节 严厉打击严重刑事犯罪活动

1983年8月,中共中央作出严厉打击严重刑事犯罪活动的决定和"三年为期,三次战役"的部署,全国人大常委会发布《关于严惩严重危害社会治安的犯罪分子的决定》和《关于迅速审判严重危害社会治安的犯罪分子程序的决定》。同年8月14日,镇江市委召开有政法各部门领导成员参加的市委扩大会议,研究、部署严厉打击实施方案。同年9月4日,全市第一次开展严厉打击活动,4天抓获各类刑事犯罪分子882名。同年10月下旬重点打击厂矿、企事业、机关、学校等单位内部,社会治安情况长期不好,情况比较复杂的地区;以及第一仗中没有行动或行动不力的"死角"。至1984年1月上旬,802名违法犯罪分子落网。同年6月,主要打击现行犯罪,深挖罪行大、隐藏深的犯罪分子,着重打击盗窃犯、诈骗犯、强奸犯、杀人犯等。工作重点依然放在单位内部。22天内抓获各类刑事犯罪分子386名。

1984年8月1日至1986年3月31日开展第二次严厉打击活动,保卫国庆和全国党代会期间的安全。除集中搜捕行动外,针对重大现行犯罪和强奸流氓犯罪突出的问题和治安问题较多的重点地区,有计划、有目标地组织两次区域性行动,普遍开展综合治理工作。根据国务院和市政府关于严禁淫秽物品的规定和通告,开展查禁工作,先后取缔非法录像放映点56个,查封录像带1296盘,并查获一批犯罪分子。

1986年4月1日至1987年春节开展第三次严厉打击活动,以维护夏季治安为目标,打击流氓犯罪活动。全市共摧毁流氓斗殴、淫乱团伙、帮伙40个,查获违法犯罪人员250多名。打击、调查、整顿(旅社、私房出租户)、清理(手抄本、淫秽物品)。在单位内部狠抓治安整顿,落实企事业单位治安保卫承包责任制。有328个市属工厂企业,签订治安保卫承包责任合同。以反盗窃斗争为重点,在依法从重从快前提下,贯彻教育、感化、挽救方针,敦促一大批有盗窃行为的人投案自首。1987年2月5日,市公安局发布《关于严厉打击盗窃犯罪活动的通告》。在1个月内,全市有1235名有盗窃行为的人投案自首。

1983年3月至1987年11月,全市各级公安机关打击处理违法犯罪分子4566人,其中依法逮捕4189人,劳教377人;两级检察机关共批捕各类人犯5586人,决定起诉5548人;全市法院审结各类刑事案件3761件,判处案犯5176人。在已发生法律效力的判决中,被处无期徒刑、死刑(含死缓)332人,5年以上有期徒刑2127人,两项合计占案犯总数近50%。

1990年春经中央批准,中央政法委员会部署在全国开展以打击团伙犯罪为重点的严厉打击活动。全市共抓获违法犯罪分子2154名,其中逮捕731名,劳教101名,摧毁犯罪团伙136个,查获团伙成员664名,破获刑事案件2761起,其中重特大案件374起,缴获赃款赃物总值78万余元。“八五”期间,全市公安机关先后组织“扫黑打恶”“治乱除霸”“严打整治”、围歼车匪路霸、集中整治农村社会治安、打击拐卖妇女儿童、打击盗抢机动车辆等专项行动。

1996年4月下旬至9月根据党中央部署,开展集中统一行动。全市各级公安机关先后侦破省、市有影响的“4·20”“2·16”“5·28”“6·13”等案件。年内发生25起杀人案件,破获24起。

1997年,全市先后组织开展破案会战、禁毒、追逃、国有大中型企业及周边治安秩序整治和社会治安集中整治等专项行动,全年破获各类刑事案件3458起,其中重大案件1203起,查获刑事作案人员2538名。检察机关批捕1100名案犯,提起公诉1143名;法院判处刑事罪犯1478名,其中被判处死刑(含死缓)、无期徒刑、10~20年有期徒刑的134名。全市先后侦破有特大影响的案件,如丹阳市“6·30”杀人案、市区“7·10”杀人劫车案、句容市“5·13”和“6·2”杀害两名女工案等。

1998年,全市开展破案防范百日会战、追逃行动、打击盗抢机动车犯罪等专项行动,年内破各类刑事案件4132起,其中重大案件1124起,特大刑事案件77起。

第五节　抗洪救灾与抗旱救灾

1. 1991年特大洪涝灾害　1991年6、7月间,镇江市遭受百年未遇的特大洪涝灾害。据统计,5月18日至7月14日,市区降雨量达927毫米、句容县1107毫米、丹阳市991毫米、扬中县827毫米,分别是1954年的1.71倍、2.2倍、2.03倍和1.52倍。加之海潮顶托,长江汛情来势凶猛,全市出现外洪内涝、洪涝夹击、“三危”(危山、危石、危房)并发的局面。江、河、湖、库、山险情迭起,频频告急,城乡普遍受灾,大面积农田被淹,房屋倒塌严重。

市委、市政府成立抗洪救灾总指挥部,全市组织巡逻队333个、5540人;抢险队290个、12224

人;突击队290个、23338人。7月中旬,在市焦化厂江堤、润州区运粮河堤抢险中,出动抢险队伍2000余人,其中解放军指战员300人,各种车辆60台。对江中四洲(世业洲、新民洲、江心洲、扬中县)制订撤离老弱病残的预案。在抗洪抢险中,句容县葛村乡农民、县人大代表周宜顺,扬中县新坝镇农民韦志清牺牲,被省政府追认为革命烈士。对被洪水围困和房屋倒塌的15万灾民以及受斜坡地质灾害的500多户城市居民,通过多种途径及时转移、撤离,安排生活。在市区李家山等处征地5公顷,建800套、5万平方米住宅房,安置受灾居民。7月中旬,全市4660余公顷需要补种的水稻全部抢栽结束。市直10个停产企业、30个半停产企业全部恢复生产。全市接受捐款(含县〈市、区〉)359.7万元,接收粮票492772公斤。1991年,全市下拨救灾款1881.89万元及口粮213.78万斤。

2. 1998年特大洪水 1998年,镇江市又经历特大洪水,沿江各地发生自1954年以后又一次全流域大洪水,汛期早,来势猛,持续时间长。同年6月6日、7日句容市下蜀镇桥头农场、丹徒县高桥镇三支河口两处坍江。汛期,全市先后经受8次洪峰袭击,沿江发生岸线崩坍17处、面积33.3余公顷,江堤和通江河道及建筑物多处出现滑坡、渗漏、管涌等险情,市区出现50多处山体滑坡和局部内涝。

镇江军分区、陆军船艇学校、83423部队、83444部队、83545部队、359医院、镇江武警支队、苏州武警支队等4000多名解放军和武警官兵,分别在扬中市、润州区、句容市、丹徒县参加抗洪斗争。全市投入抗洪救灾资金4175万元,参加抗洪救灾军民21.5万人次。全市未决一处堤,未破一个圩,未因洪水死一个人,市防汛防旱指挥部办公室获全国抗洪先进集体称号。

3. 1994年夏特大干旱 1994年夏季,镇江市遭受百年罕见的特大干旱。1~7月,全市未下过一场日雨量在25毫米以上的雨,5~8月的降雨量为254.9毫米,仅占历年同期平均值的46%。其中7月的降雨量28.7毫米,相当于严重干旱的1978年同期的49.6%。旱情给全市农副业生产、人民生活带来严重损失和困难。至8月上旬,全市9.6万个塘坝全部干涸,近80座小型水库水位都在死库容线以下,尚可放水灌溉的16座水库可用水也仅有500万立方米。

同年7月下旬,市委、市政府召开全市农业会议,部署抗旱秋熟超产工作,派出5个工作组分赴各县(市)、区,督促指导抗旱和秋熟超产工作。谏壁闸、九曲河闸全部开启,利用长江高潮抢引江水补给大运河水源,使苏南运河及其分支水系保持在较佳灌溉水位。28座区域性骨干站相继投入运行,抗旱中翻引江水达11.8亿立方米,全市103座中小水库共向灌区供水7690万立方米。

同年8月上旬,句容县二圣水库水位已降到历年最低水位,电站提水困难,600余公顷水稻严重受旱。市防汛指挥部与句容县政府磋商,决定修复水库翻水站6台机、2个流量,迅速向水库补水;8月20日调度4台495柴油机、1.2流量,由赤山湖向水库补水,解决春城乡西部水源,确保二圣、茅西乡2000余公顷水稻的用水。句容县行香乡有800公顷水稻田干旱开裂、稻叶发黄,600余公顷严重受旱。县政府调机泵14台套、650马力、1.8流量从宝堰胜利河丁角村打坝,通过洛阳河向蒋庄坝、米市河三级翻水,解决行香西部抗旱用水并向王庄水库补水,供应集镇及周围村庄饮水;通过北山库翻水站提水进入东干渠,经大卓、陈武向行香送水。至9月中旬向行香供水400余万立方米,抢救1600余公顷水稻,解决2万余人的饮水。市、县各部门帮助磨盘、茅山、茅西、袁巷、天王、葛村、亭子、黄梅、上党、石马、辛丰、黄墟、丁岗等严重受旱的乡镇抗旱,保住近1万公顷濒临绝收的水稻,解决10万人的饮用水困难。市政府从市长预备费中挤出100万元及时用于抗旱,供应议价转平价柴油800吨用于翻水抗旱。向省政府汇报,争取到省政府支持抗旱资金145万元,柴油920吨,化肥1500吨。全市共投入劳力38.54万人,电力12.7万千瓦时,柴油4000吨,机动力10.7万马力,各级累计耗用抗旱资金1.4亿元。据市茅办统计,市级机关、企事业单位共向茅山老区受灾乡镇捐款93万元、捐物资折合人民币7万元。句容、丹徒、丹阳市(县)机关、厂矿企事业单位职工,捐款超过200万元。句容县天王镇潦塘村个体户张凤祥,主动捐资1.6万元,用于该村引渠道的清理。1994 年,全市农业生产在遭受历史上如此罕见的干旱情况下,仍取得较好收成。农业总产值 33.3 亿元,比 1993 年增长 12.62%。

第六节　邓小平视察南方重要讲话精神学习活动

1992 年,中共中央下发〔1992〕2 号文件,传达邓小平同志视察南方的重要讲话(简称《讲话》),为加快改革开放和发展经济指明方向。

1992 年 3 月 1 日,省委召开常委扩大会议,对传达《讲话》进行部署。3 月 4 日,市委召开市委常委、副市长联席会议,学习领会其精神实质。市委、市政府召开县局级单位主要负责人会议,对学习邓小平重要讲话进行部署。市委分别组织地市级离休老干部和各民主党派、工商联负责人进行传达学习。各县(市)区和各部门组织学习中心组或召开会议。农村乡镇党委结合正在开展的社会主义思想教育,传达《讲话》精神。

同年 4 月 17 日,省委工作会议结束后,市委于 4 月 21～24 日召开工作会议,对认真贯彻落实中央 2 号文件和省委工作会议精神作出具体部署。会议提出全市"八五"期末经济发展的目标,国民生产总值由 1990 年的 65.32 亿元增加到 130 亿元,年递增率为 14.8%,到 1995 年全市基本实现小康。

第七节　"三讲"教育活动

根据中发〔1998〕17 号《关于在县级以上党政领导班子、领导干部中开展以"讲学习、讲政治、讲正气"为主要内容的党性党风教育的意见》,江苏省委确定镇江为"三讲"教育活动试点。

1999 年 1 月 30 日,市委召开"三讲"教育动员大会,贯彻中央和省委通知精神。市委书记作动员报告,提出市"三讲"教育的指导思想是:以邓小平理论和中共十五大精神为指导,联系全市实际,联系领导班子和领导干部的思想和工作实际,立足于教育和提高,用整风的精神认真解决当前领导干部党性党风方面存在的突出问题,尤其是群众意见大、影响当前改革和建设的问题。省"三讲"教育活动巡视组负责人出席会议。试点主要在市级领导班子中进行。

1999 年 3 月 5 日,市委召开"三讲"民主评议动员大会,对市级领导班子进行民主评议。1999 年 4 月 7 日,市委举行"三讲"教育情况通报会,全面总结"三讲"教育试点工作。

2000 年,根据全国第三次"三讲"教育工作会议精神和省委统一部署,全市第二批全面开展县处级领导班子、领导干部"三讲"集中教育工作,分两批进行,3 月下旬开始,到 7 月底告一段落,历时 4 个多月。有 143 个单位、151 个领导班子,651 名处级、179 名科级党员领导干部参加。市委成立镇江市委县处级领导班子、领导干部"三讲"集中教育领导小组及办公室,办公室下设 3 个组,下派 58 个巡视组。同年 3 月 22 日,市委召开集中教育动员大会。4 月 12 日和 7 月 31 日,先后召开全市"三讲"教育电视电话会议和第二批"三讲"教育总结大会。整个"三讲"教育立足于思想政治素质提高,立足于自我教育,经历准备工作、组织实施、总结检查 3 个阶段。其中,组织实施阶段分为思想发动,学习提高;自我剖析,听取意见;交流思想,开展批评;认真整改,巩固提高等 4 个阶段。

"三讲"教育中,全市召开各种类型座谈会 511 个,参加人数 4928 人次,个别谈话 2363 人次,直接参与的群众有 6739 人。民主测评中,各县(市、区)四套班子平均满意、基本满意率 97.05%,班子成员平均满意、基本满意率 95.29%。市级机关党政领导班子平均满意、基本满意率 95.64%,个人平均满意、基本满意率 93.82%。其中,平均满意、基本满意率 100% 的领导班子 16 个,个人 132 名。2000 年 11 月 22 日至 12 月 20 日,全市组织开展县处级领导班子、领导干部"三讲"教育"回头看"活动。

通过"三讲"集中教育,全市县处级领导干部普遍受到一次马克思主义理论教育,增强贯彻执行党的基本理论、基本路线、基本方针的自觉性;受到一次实实在在的党性党风教育,受到一次群众路线、群众观点教育,密切党群干群关系;受一次党内生活的严格锻炼,班子解决自身存在突出问题的能力有明显提高。

第八节　集资风波处理

20 世纪 90 年代初,随着经济过热,资金矛盾突出,镇江的企业集资和市供销合作社社员股金的扩股不断蔓延。在中央和省的部署下,镇江市虽经几次清理整顿,上述问题未能根本解决。至 2000 年 3 月 20 日,全市共有社员股金 8.69 亿元,企业集资 20.5 亿元,两项合计 29.19 亿元。

2000 年 3 月 20 日,市委、市政府着手部署清理整顿供销社社员股金和企业集资工作,相应出台"停止吸纳、承诺兑付、分年还本、降低利率,用 3 至 5 年时间彻底解决问题"的方案。3 月 21 日,部分入股社员和集资群众对供销社社员股金、企业集资单位的兑付计划不理解、不满意,对少数单位的承诺不信任,一时难以接受兑付方案,情绪激动。当天上午,数千人聚集在国际饭店门前,一度冲击国际饭店大门。下午 2 时半左右,200 余人前往黄山路爬上天桥,其中 50 余人坐在铁轨上,拦阻列车,沪宁铁路中断运行。在市委、市政府指挥下,出动公安干警和武警官兵 300 余人进行疏导。下午 3 点左右,沪宁铁路恢复通行。由于极少数不法分子混在集资群众中煽动捣乱,3 月 22 日上午 9 时 45 分,近千名集资者先后到南门天桥、黄山天桥及马家山等 3 个路段封堵铁路交通。10 时零 6 分,列车受阻于南门天桥,沪宁铁路再次中断;12 时左右,南门天桥铁路路基两侧已有近千人,围观群众超过 3000 人。致使铁路交通中断长达 10 个多小时,酿成严重后果,给国家造成巨大经济损失,产生极坏的社会政治影响。

为迅速平息事态,稳定社会秩序,市委、市政府于 3 月 21 日下午和 22 日晚,先后召开领导干部紧急会议,要求广大党员干部立即行动起来,全力以赴,责无旁贷地承担起维护镇江社会稳定的政治责任。各单位切实加强基层工作和群众工作,纪检、监察派出力量,督促各集资单位负责人做好宣传解释工作,宣传舆论部门加大法制教育力度。22 日,市公安局发出《通告》,连夜赶印 2 万份,由市级机关工委组织机关干部全部张贴上墙。至 3 月 22 日晚上 8 时 25 分,局势基本得到控制,沪宁线恢复通车。23 日凌晨 1 时,市委、市政府又召集有关部门负责人研究集资(吸股)兑付方案的三点"补充说明"。市政府领导与群众进行面对面的对话,公安部门对极少数趁机闹事的不法分子予以及时打击。此后几天,全市治安、交通秩序趋于平稳,25 日始,全市经济和社会秩序完全恢复正常。

在这场社员股金和企业集资的清理整顿以及集资风波的善后处理过程中,市委、市政府着重采取三个方面有效措施。

首先是广泛、细致、深入地做好群众工作,最大限度地争取群众的理解和支持。明确下达包思想教育、包法制宣传、包劝阻工作的"三包"责任制。四套班子领导分工负责,深入到主要集资单位,指导督促做好工作。市纪委和市政府办公室从有关部门抽调力量,组成若干督查组,每天到各兑付点检查、督促。每天晚上,市委、市政府召集市级机关各口和重点吸股、集资企业主管部门负责人会议,汇总当天的股金和集资兑付情况,分析工作中的薄弱环节以及兑付中出现的各种问题,研究新的对策措施。同时对情绪偏激的和确有特殊困难的集资户,采取一帮一或几帮一的办法,解释政策,宣传法律知识,并加以控制劝阻,直至其思想转化为止。加大政策、法制的宣传力度,强化舆论引导。21 日,镇江有线电视台播出副市长张吉生、公安局长陈逸中的电视讲话。22 日晚又播出市委副书记、市长周大平代表市委、市政府的电视讲话。24 ~ 27 日,《镇江日报》连续在头版头条发表《稳定压倒一切》《集中精力把经济建设搞上去》《加强法制，维护稳定》《发挥政治优势，加强思想工作》等4篇评论员文章。市广电局、公安局、司法局、城管委等部门组织6台宣传车到群众集聚点和城市主干道进行流动宣传。在主要兑付点、集资群众聚集地，特别是几个铁路道口，专门架设高音喇叭，播放宣传。组织记者和民警深入集资群众中，了解他们的思想动态，及时编发《思想动态》和《社情动态》，使宣传解释工作有的放矢，更具针对性。同时，对那些目无法纪、煽动闹事，带头扰乱治安秩序和交通秩序，带头冲击铁路的不法分子，特别是混迹其中的违法犯罪分子，及时依法予以打击。

其次，把确保兑付环节特别是兑付资金的筹措作为重中之重，关键之关键。其一是强化厉行节约、压缩常规财务开支的监管。要求在兑付清账之前，所有集资单位和主管部门不得购建办公用房和干部住房，不得购买小汽车和大宗办公用品，不得安排出国；供销社和所有集资单位的经营利润和其他收入，首先用于兑付；其二是有些单位则需通过资产变现的渠道筹措资金。市出台有关政策，从简化手续、减免收费等方面支持企业加速资产变现的程序，建立专门的工作班子具体操作；其三是对供销社和一些有条件的集资单位进行规范的股份制改造，从政策上鼓励市内外有能力的国有、集体、私营企业投资入股，动员和鼓励入股社员与集资群众将原股金和集资转为规范的股金持股分红，以缓解兑付压力；其四是加大清欠力度，所有集资企业都组织专门班子，清收一切可以收回的资金。企业内部干部、职工的欠款等，同样不留情面，一切用于保兑付；其五是单位回购。要求有条件的单位，并动员相关党员干部，对确有特殊困难的群众所持的社员股和集资券进行回购。帮助这些集资群众解决困难、化解矛盾、维护稳定。同时对兑付资金实行专户管理，一律不许挪作他用。

第三是对供销社和集资单位进行全面审计，对涉及贪污、挪用、行贿受贿等违法犯罪情节者，坚决依法惩处。同时做好债权清欠和赃款赃物的追缴工作，用于兑付。

至2005年底，全市股金和集资按政策时限顺利兑付完成。

第九节　“创一流环境、评满意机关”活动

2002年5月至2003年3月，市委在全市机关和有关部门开展以“创一流环境、评满意机关”（简称“创评”）为主题的机关作风建设活动。同年7月初召开动员大会，市委下发《关于在市级机关开展“创一流环境、评满意机关”活动的意见》文件，出台《评议实施办法》《市级机关工作人员工作态度和效能问题投诉的处理办法（试行）》。

2002年度的“创评”活动有106个市级机关部门（单位）列入评议，分为3个序列。党群及其他部门27个，政府工作部门、审判检察机关55个，垂直管理部门24个。评议内容包括服务态度、工作效率、廉政建设、执法（执行政策）情况等4个方面。评议形式包括填写测评表和意见表，采用无记名专用信函问卷式方式进行。5000名参加评议人员由4个层面人员构成，市党代表、市人大代表、市政协委员共950名，事业单位、国有企业、外商投资企业、私营企业、个体经营者、省部属企业和金融保险企业负责人1450名，市级机关各部门班子成员，市级机关中层干部代表，辖市（区）四套班子成员和有关部门、乡镇主要领导共计1500名，离退休老干部、专家学者、民主党派人士和市民代表1100名。对连续两年确定为重点整改部门的主要负责人实行末位淘汰制。

在《镇江日报》专版刊登106家单位的工作职责、服务承诺和监督投诉电话，在《京江晚报》开辟《作风·效率·环境》专栏，进行“创评”活动社会性宣传引导；编发“创评”活动简报23期；召开专题新闻发布会，通报活动进展情况；向5000名参评人员发放各部门工作情况汇编，聘请江苏大学专家教授成立“创评”活动课题调研组，全程跟踪活动。该“创评”活动结束，评出8个满意机关以及4个重点整改部门。

第十节　防治“非典”

2003年4月13日，全省“非典”（非典型肺炎）防治电视电话会议后，市委、市政府陆续召开6次电视电话会议和多次紧急会议，市财政筹措2300多万元资金用于“非典”防治。

同年4月17日成立镇江市“非典”防治工作领导小组。4月底改为“非典”防治工作指挥部，抽调60多人集中办公。4月25日，市政府发出《镇江市人民政府关于进一步加强非典型肺炎防治工作的通告》。随着疫情的发展，市政府相继出台限制人员出差及人群聚集活动、公共交通工具、公共场所工作人员做好预防工作等有关规定，最大限度地减少“非典”传播的可能性。

4月26日，市“防非”指挥部出台《防止通过交通工具进入市区人员传播传染性非典型肺炎工作方案》，全市设立交通检查站21个，其中市区设立8个；累计检查27.5万辆各类车辆、92.8万名司乘人员，留验953人次。

5月3日起，市“非典”防治工作指挥部派出7个督查组分赴辖市（区）驻点督查，实行责任共担。5月6日，市政府出台《强化外地返镇人员管理防止传染性非典型肺炎传播的暂行办法》，全市对48642人实行医学观察。5月1日起至9月30日，镇江市对旅游业、餐饮业、旅店业、出租汽车公司、出租汽车运营户、城市公共交通运输公司免征营业税、城市建设维护费和教育费附加，对出租汽车司机免征个人所得税，全面提高个体户增值税起征点。

市第十五届科普宣传周以“依靠科学，战胜‘非典’为主题，开展进农村、进社区、进企业、进校园、进机关、进军营的“六进”活动。组织由报社、电台、电视台记者组成的特殊科普宣传小分队。全市各类系列活动中发放防治“非典”宣传资料60多万份（册、套），进行“防非”和消毒专业知识培训14000余人次。

全市各级民政、卫生、红十字会、慈善总会接收“非典”防治社会捐赠款物1400.58万元，其中捐赠资金1294.81万元，捐赠物资105.77万元。

市政府制定下发《关于进一步做好阻止外地民工返乡的通知》，采取防控措施劝阻民工返乡；建立健全农村“防非”工作网络；出台《镇江市传染性非典型肺炎控制区工作规则》，指导各辖市（区）做好设立隔离控制区的应急预案。丹徒区出现第一例“非典”疑似病例后，当天凌晨即对其所在的岗下自然村实施隔离控制，开展流行病学调查，34名密切接触者在定点医院和集中居住场所进行隔离观察。全市疾控部门调查2341人，及时排除可疑病人。

镇江出入境检验检疫局制订《非典型肺炎监测控制预案》《抗“非典”应急预案》，严格出入境人员查验，计监测船舶882艘，为船员检测体温11498人次。

市政府腾空市第三人民医院，作为全市“非典”患者的定点收治医院，设置6个病区、81张床位。投入经费1000多万元，购置诊疗及抢救设备200多台，包括无创呼吸机、床边X光机、PⅡ级生物安全防护实验室设备等，为防治“非典”提供有力的物资保障。5月3日，市三院收治首例“非典”疑似病人，患者最终被排除。腾空市第二人民医院作为市区发热病人集中留观医院，各辖市与丹徒区分别设立定点留观医院。为确保医护人员健康，确定东吴宾馆为一线医护人员的休假定点宾馆。

镇江市成立医药用品、生活必需品两个协调小组，统一组织协调“非典”防治药品和“非典”防治期间人民群众生活必需品的供应。从市外调入体温计54000支、红外线测温仪272台、口罩10万只，以及其他“防非”医药用品。全市出动检查人员3000多人次，检查经营户1508家，查处制售假冒伪劣商品和不合格商品12起。市、县两级质监部门对全市生产、销售和使用“非典”防护用品的173家企业进行重点检查，查获不合格假冒伪劣防护服、口罩、手套、消毒液、洗涤用品等货值44.65万元。公安部门严厉打击在网上造谣惑众、散布有迷信色彩的谣言及扰乱社会秩序的行为。

2003 年 7 月,市委、市政府召开全市非典型肺炎防治工作表彰大会,授予 35 家单位先进集体称号,授予 20 人先进工作者称号,65 人记三等功。

第十一节　全面小康社会建设

2003 年 7 月,市委召开四届六次全体会议,贯彻省委十届五次全会精神,明确全市“立志两率先,奋力两步走,争当苏南后起之秀”的奋斗目标和工作措施,通过《关于学习贯彻“三个代表”重要思想,努力实现“两个率先”奋斗目标的决定》。镇江市“两率先,两步走”的目标是:到 2007 年,国内生产总值比 2002 年翻一番,达到 1120 亿元左右,人均地区生产总值达到 40000 元以上(约 5000 美元),城镇居民人均可支配收入达到 16000 元左右(约 2000 美元),农民人均纯收入达到 8000 元左右(约 1000 美元),率先全面建成小康社会。

省定全面小康指标体系共分经济发展、生活水平、社会发展和生态环境等 4 大类 18 项 25 个指标。全面小康达标应同时满足以下 3 个基本条件:在 25 个全面小康指标中,有 22 个以上达到省定全面小康目标值;在 25 个全面小康指标中,人均地区生产总值、城镇居民人均可支配收入、农村居民人均纯收入、环境质量综合指数全部达到省定全面小康目标值;人民群众对全面小康的满意度(民间调查)超过 60%。

2005 年,全市城镇居民人均可支配收入达 12394 元,比上年增长 14.1%;农村居民人均纯收入达 5916 元,比上年增长 11.5%,两个“收入”增长速度均达实现省定全面小康目标序时进度。新增城镇就业 2.55 万人,新增转移农村劳动力 6.78 万人,全市累计实现农村劳动力转移 66.21 万人次,占农村劳动力总数的 67.87%,企业职工最低工资标准由 500 元增至 550 元。全年新增私营企业 3000 家,新增个体工商户 1.5 万户,新增注册资本 40 亿元。

2005 年在全市免除农业税、粮食直补的基础上,落实农资增支综合补贴、良种补贴、农机补贴以及农业保险等各项惠农政策和措施,农民来自一产收入比 2004 年增长 12.8%。市财政新增 500 万元发展现代农业,设立 2500 万元的高效农业规模化发展引导资金,对 134 个千亩以上项目重点扶持。市县两级财政预算内安排支农资金 3.38 亿元,比 2004 年增长 32%,全市新增高效农业面积 1.02 万公顷,总面积达 3.35 万公顷。全市“三资”开发农业项目 616 个,吸引“三资”首年突破 50 亿元。

第十二节　“平安镇江”创建

2003 年 9 月,按照江苏省委、省政府的部署,开展“平安镇江”创建。2004 年 5 月,镇江被中央综治委命名为全国社会治安综合治理优秀地市,镇江平安创建工作名列全省第一,被省委、省政府首批命名为社会治安安全市,被省综治委评为社会治安综合治理先进市;镇江社会治安综合治理工作连续 3 年以总分第一的成绩排在全省前列;全市辖市(区)全部进入省社会治安安全县(市、区)行列,在全省 13 个省辖市中率先实现。全市“四五”普法工作被评为“全国‘四五’普法工作先进城市”。在中国社科院发布的《中国城市竞争力报告》中,镇江在秩序和安全指数上名列首位。

第十三节　保持共产党员先进性教育活动

全市保持共产党员先进性教育活动分两批进行。2005 年 1 月 20 日至 6 月 10 日,第一批先进性教育活动历时半年。活动对象主要是市和辖市(区)机关、资产经营公司机关、部省属机构及部分企事业单位,共 107 个单位的 87 个党委、117 个党总支、1239 个党支部、25993 名党员。其中市级机关党员 8673 名,辖市(区)党员 17320 名;在职党员 19919 名,离退休党员 6074 名。经社会各阶层群众测评,第一批先进性教育活动满意度为 98.87%。

同年 6 月下旬始至 10 月底,第二批先进性教育活动历时 4 个月。参加第二批先进性教育的有 61 个单位党委(党组)、5349 个基层党组织、96437 名党员,分别占全市基层党组织总数的 59.8% 和党员总数的 56.7%。其中乡镇(街道)及其直属、派驻单位党组织 2597 个,企业党组织 1750 个。从党员构成情况看,在职职工党员 58923 名,离退休党员 22164 名,下岗失业人员中的党员 5767 名,流动人员中的党员 6027 名,在校学生党员 4101 名,其他人员党员 1872 名。经社会各阶层群众测评,全市第二批先进性教育活动群众满意度为 98.9%。

全市组织开展的“先锋工程”、无职党员设岗定责、创建党员示范岗等做法被中央电视台报道,中央先进性教育领导小组办公室在《简报》上以专刊向全国介绍。

第六章　组织建设

1983 年 3 月,镇江市实行市管县领导新体制。1984 年,全市改革干部管理制度,由下管两级改为原则上下管一级。对干部开展政治理论教育和大规模的学历培训及岗位培训。1986 年 6 月,顺利完成市、县、乡三级和农村整党任务。1987 年基本完成落实党的干部政策和知识分子政策,解决一大批干部和知识分子的历史遗留问题。

1989 年后,镇江市全面贯彻中共十三届四中全会精神,对党员、干部进行坚持四项基本原则、反对资产阶级自由化的教育。按照干部管理权限,处理和调整个别领导班子中的少数领导成员,选拔立场坚定、德才兼备、年富力强的干部充实领导班子。

1992 年邓小平视察南方重要讲话发表后,镇江市每年都举办由党员领导干部参加的读书班、研讨班和理论务虚会,逐步形成一支以 40 岁以下年轻干部为主体的后备干部队伍。

在干部制度改革上,部分单位开始采用民主推荐、组织委任和公开招聘相结合的办法任用干部,逐渐形成民主推荐、民主评议、民主测评、考察预告、差额考察、任前公示、诫勉谈话、交流轮岗、到龄改任非领导职务以及退休、辞职等各项制度。1998 年,全市首次面向社会公开选拔县处级领导干部,开展“公推公选”辖市(区)政府主要负责人和“公推直选”基层党委班子成员工作。

镇江市开展以村党支部“达标升级”为主要内容的目标管理和综合考核,有计划地整顿后进村党支部,村级组织配套建设加强。在高等学校,实行党委领导下的校长负责制。对机关和街道党的基层组织建设分别进行指导。加强外商投资企业、私营企业、乡镇企业等新经济组织党的基层组织建设,分别建立党委、党总支和党支部。党员数量呈均衡上升趋势,党员质量提高。

至 2005 年底,全市共有基层党组织 9025 个,比 1983 年增长 40.48%;中共党员 174775 名,占全市人口的 6.5%,比 1983 年增长 101.42%。

第一节　党　员

1983 年,镇江市有中共党员 86711 名,其中市区 22999 名,丹徒县 13059 名,丹阳县 23481 名,句容县 18015 名,扬中县 9157 名。党员总数占全市总人口的 3.55%。女党员 8541 名,占总数的 9.8%。至 2005 年底,全市党员总数 174775 名,其中市区 82262 名(含县改区的丹徒),丹阳市 43471 名,句容市 30417 名,扬中市 18625 名。党员总数占全市总人口(不含流动人口)的 6.5%,比 1983 年增长 101.6%。女党员 29802 名,占总数 17.05%。

1983～2005年镇江市中共党员部分情况表

表23-8　　　　单位：人

年份	党员总数	其中		年龄				文化程度		
		预备党员	女党员	35岁以下	36至55岁	56至60岁	61岁以上	初中以下	中专、高中	大专以上
1983	86711	2370	8541	27690	43253	8963	6805	68676	14580	3455
1984	89736	3274	8996	27526	44644	9586	7980	68868	16384	4484
1985	95051	5074	9808	27280	48653	9950	9168	70328	18913	5810
1986	100717	5090	10498	28245	51451	10571	10450	71959	21639	7119
1987	105957	4646	11308	28740	54169	11304	11744	73180	24487	8290
1988	109160	3109	11785	27992	56644	11524	13000	73781	25968	9411
1989	111662	2552	12105	25496	58513	12372	15281	73732	27615	10315
1990	114183	2661	12608	24135	60862	12523	16663	73802	29269	11112
1991	117053	3307	13029	23183	63030	12404	18436	74164	31065	11824
1992	119986	3450	13539	23081	64896	12523	19486	74048	32714	13224
1993	123814	4141	14148	23129	67662	12383	20640	74051	34971	14792
1994	128226	4656	14922	23657	70049	12168	22352	74652	37473	16101
1995	133457	5432	16025	25230	71732	12468	24027	74773	40269	18415
1996	138373	5945	17209	27360	72927	12751	25335	75168	42577	20628
1997	143319	5921	19622	28946	75142	12682	26549	74685	45330	23304
1998	145129	5643	19192	29001	75857	13299	26972	74214	46534	24381
1999	150259	5947	20906	28155	79555	11962	30587	74071	46300	29888
2000	154905	5852	22456	28677	81564	12865	31799	73757	48282	32866
2001	158240	5266	23363	28697	80758	13940	34845	72836	50354	35050
2002	161823	6510	24954	28840	81016	15202	36765	72072	51153	38598
2003	167267	6610	26472	30148	81624	17212	38283	70612	53510	43145
2004	170151	9201	27353	32069	80675	18523	38884	69518	54792	45841
2005	174775	7422	29802	33849	80369	19378	41179	67755	56542	50478

一、党员发展

1983年后，镇江市贯彻“坚持标准，保证质量，改善结构，慎重发展”的总方针发展党员。1985年发展知识分子党员2714名，占同年发展总数的69.7%。1987年，茅山老区发展新党员282名，其中处于生产经营第一线的247名，占87.6%；初中以上文化程度的275名，占97.5%；35岁以下的171名，占60.5%。1992年12月，市委组织部和团市委联合印发《镇江市“推荐优秀团员作党的发展对象”工作细则（试行）》。1993～1995年，各级团组织向党组织推荐优秀团员6340名，吸收入党2462名，占同期发展青年党员数的42.1%。1994年，全市着力加强和改进农村行政村的发展党员工作，改变无党员的村办企业和村民小组偏多的现象。至1995年，1217个村支部发展新党员，使3年以上不发展党员的行政村由82个减少到10个。1999年，全市试行发展党员公示制，53名发展对象通过公示推迟或取消发展。2001～2005年，市委组织部在“两新”（新经济组织、新社会阶层）组织中发展党员2708名，其中新经济组织2370名，新社会阶层338名。

1983～2005年，全市共发展党员98510名。其中：女党员25643名，占26%；35岁以下的62487名，占63.4%；生产第一线的38410名，占39%；中专（高中）、大专以上文化程度的77057名，占78.2%。

1983～2005年镇江市发展党员情况表

表23-9　　单位：人

年份	发展数		年龄				文化程度			职业					
	小计	其中女党员	35岁以下	36至45岁	46至55岁	55岁以上	初中以下	中专高中	大专以上	工人	农牧渔民	行管人员	技术人员	学生	其他
1983	1385	207	632	542	188	23	656	468	261	431	373	144	368	16	53
1984	2247	407	1041	830	328	48	903	845	499	680	467	359	623	71	47
1985	3896	773	1837	1417	583	59	1182	1572	1142	930	535	762	1381	247	41
1986	3974	769	2132	1330	461	51	1444	1699	831	1240	677	762	955	235	105
1987	3805	741	1946	1344	458	57	1444	1643	718	1220	592	889	789	190	125
1988	2697	485	1382	1014	265	36	1057	1153	487	843	413	665	515	143	118
1989	2073	426	943	872	227	31	815	924	334	842	523	352	215	93	48
1990	2315	428	1117	978	200	20	872	1062	381	911	410	442	418	54	80
1991	2953	565	1386	1242	299	26	1042	1297	614	1166	509	529	550	105	94
1992	3185	551	1620	1259	283	23	1019	1363	803	1220	501	526	651	213	74
1993	3743	588	1916	1432	371	24	1073	1678	992	1343	551	752	733	273	91
1994	4324	820	2321	1564	406	33	1229	1962	1133	1473	702	812	877	317	143
1995	5240	1091	3099	1689	441	11	1369	2470	1401	1597	985	955	1036	481	186
1996	5695	1389	3660	1617	395	23	1243	2628	1824	1848	993	973	1049	715	117
1997	5602	1474	3750	1480	356	16	1071	2578	1953	1697	941	1062	1098	695	109
1998	5554	1475	3715	1479	351	9	947	2385	2222	1062	719	1765	925	864	219
1999	5449	1633	3860	1303	275	11	795	2086	2568	1069	689	1816	775	952	148
2000	5410	1616	3711	1377	317	5	794	2133	2483	1010	761	1835	892	820	92
2001	4606	1465	3214	1390		2	592	2215	1799	686	564	1362	1130	832	32
2002	5335	1735	4022	1312		1	552	2771	2012	723	648	1417	1131	1369	47
2003	5842	2024	4426	1415		1	522	3164	2156	713	519	2703		1768	139
2004	6361	2292	5109	1252		–	483	3698	2180	661	549	2445		2576	130
2005	6819	2689	5648	1169		2	349	3975	2495	672	530	2482		2981	154
合计	98510	25643	62487	35511		512	21453	45769	31288	24037	14151	41920		16010	2392

二、党员教育

1983 年,全市举办以学习新党章为主要内容的党员轮训班,轮训党员 7.3 万人次。1984 年 7 月至 1986 年 6 月参加学习的党员 9 万余名。1991 年对党员进行先进模范人物事迹教育。收集各条战线 18 名优秀党员的先进事迹,编写出版镇江市优秀党员报告文学集——《闪光的星座》;开办“为党旗争辉”电视特别节目,宣传 32 名优秀党员、优秀党务工作者和先进基层党组织的先进事迹;拍摄基层党组织和党员在抗洪救灾中先进事迹。反映优秀党员、丹徒县江心乡敬老院院长张秀琴先进事迹的专题片《奉献》送省获评一等奖,送中组部获评二等奖。

1994 年起,全市启动农村党员和基层干部实用技术培训工作。同年举办各类实用技术培训班 600 多期,培训 3.5 万多人次,1.5 万多名农村党员和基层干部掌握 1～2 门实用技术。1997 年后,农村实用技术培训实施“绿色证书”制度,即通过培训获取政府认可的从业资格凭证。开展学历和专业证书教育,举办中专专业证书和学历证书培训班 67 个,培训学员 3215 名。1999 年,镇江市被中组部和中国科协评为全国农村党员、基层干部实用技术培训工作先进集体。

2005 年,全市分 3 批开展保持共产党员先进性教育,参学党员 173557 人,占党员总数的 99.3%。开展“党员进万家”、党员“先锋工程”和农村无职党员“设岗定职”等主题实践活动。农村无职党员“设岗定职”被省委组织部评为全省组织工作优秀创新创优成果奖。

三、党员管理

1983 年,党员管理主要沿袭传统模式,由所在单位党组织通过“三会一课”(党员大会、党小组会、民主生活会、党课)实施管理。1984 年后,除坚持“三会一课”制度外,全市由点到面、由基层到机关、由农村到城市,逐步开展党员考评活动。考评内容为“政治表现、组织纪律、工作表现、遵纪守法和思想品德”4 项。至 1987 年,各县、区开展考评活动的基层党组织 4408 个,占总数的 92.3%;参评党员 6.5 万名,占总数的 95.9%。

1988 年 12 月,中共中央批转中组部关于建立民主评议党员制度的意见。从 1989 年起,全市党员考评延伸为民主评议党员制度。1991 年起,党员管理实行目标管理制,即围绕党内生活、遵守纪律、本职工作、模范作用等内容,采取定量与定性相结合的办法,提出数量、质量和时限上的要求,一并纳入考核和评议。此后,民主评议党员成为党员管理的长效机制。

1995 年 7 月 1 日起,全市试行流动党员活动证制度,加强对外出外来党员的管理。按照外出党员的人数多少、时间长短、以及目的地固定与否,采用不同的管理方式。对外出时间较短流动性大的党员,仍由原党组织管理;外出时间半年以上且流向单位固定的党员,转移正式组织关系,由所在地党组织管理;集体外出党员且地点固定、正式党员 3 人以上的,建立党的组织,由原单位党组织或所在地党组织领导。2005 年,全市 531 名外出党员持有流动党员活动证,在集中地建立党组织 132 个。

及时接转外来党员组织关系,编入相关党支部参加党的生活。设立流动党员管理站,建立信息库,实行流动党员登记造册、联系汇报、党日生活、民主评议和跟踪考核等 5 项制度。建立流动党员党组织,分别建立党支部和党小组。至 2005 年,接收的 561 名外来党员中,其中 117 名持有流动党员活动证。

1999 年和 2003 年,市委及市委组织部先后制定《关于加强企业下岗职工党员教育管理工作的意见》《关于开展企业退休、下岗职工党员实行属地管理试点工作的意见》,将企业退休(内退)职工党员、解除(终止)劳动合同的党员、失业人员中的党员、长期挂靠在人才市场和劳务市场党组织管理的党员,其组织关系按照属地管理原则转到本人居住地(社区或村)党组织。至 2005 年,9246 名上述范围的党员组织关系按规定转到居住地管理。

1990～2005年镇江市民主评议党员情况表

表23-10　　单位：人

年份	开展评议的党支部总数（个）	结束评议的支部数（个）	参加评议的党员数	结束评议的党员数	表彰情况		组织处理情况			
					表彰党员数	其中授予优秀党员称号	开除党籍	除名及取消预备党员资格	受其他党纪处分	限期改正错误
1990	7229	4762	114183	72205	5183	2430	19	69	59	197
1991	7436	5379	117053	83187	5277	2046	7	10	23	67
1992	7631	5513	119986	85470	5118	1569	10	11	11	33
1993	4978	3525	81540	57464	4809	2662	4	7	10	12
1994	7387	6172	116516	96481	6420	3504	11	12	12	19
1995	5658	4763	91290	76085	4112	1950	9	17	17	16
1996	6368	6084	107096	102859	5306	2866	32	12	28	38
1997	8571	5681	113778	95848	4044	2018	22	9	38	14
1998	7787	7712	130530	128802	8837	5300	37	24	35	184
1999	7589	7459	132293	130427	9260	7927	33	11	91	89
2000	7755	7608	137365	134739	9689	8367	34	12	95	108
2001	7511	7430	139715	138930	9633	8568	12	27	67	126
2002	7167	7100	137692	137235	8753	7904	18	1	40	5
2003	7284	7080	147126	144238	10104	9226	12	6	53	24
2004	7374	7224	147268	146316	9809	4695	29	3	93	5
2005	7394	7013	145141	145095	6231	2976	15	4	35	–

1999～2005年镇江市流动党员情况表

表23-11　　单位：人

年份	外出流动党员					接收流动党员			
	党员数	外出流向				党员数	接收单位类型		
		公有经济控制单位	非公有经济控制单位	个体工商户	不掌握流向		公有经济控制单位	非公有经济控制单位	个体工商户
1999	1901	281	755	241	624	–	–	–	–
2000	1875	191	861	215	608	–	–	–	–
2001	1366	206	578	145	437	541	189	336	16
2002	1710	281	655	84	690	352	125	200	27
2003	1138	228	409	116	385	655	415	222	18
2004	3505	432	1583	1051	439	751	294	366	91
2005	3302	256	1651	393	1002	561	170	325	66

说明：表内空格为缺少报送资料

第二节　干部工作

1983年，全市有各类干部38223人，至2005年发展到67096人，增长75.5%。

一、选拔任用

1983～1985年，全市选拔县（局）级以上领导干部340名，其中45岁以下的中青年干部占55%，大专以上文化程度的占59%，具有各类专业技术职称的占27%。1994年在新产生的37名市委委员和候补委员中，直接从事和熟悉经济工作的占78.4%，比上届提高11%。1998年9月，全市首次面向社会公开选拔8名县处级领导干部，确定6个职位（放弃2个）的录用人选。2004年继续培养选拔具有科学发展观和发展能力的领导干部，调整变动市管干部375人次，其中提拔40岁以下的处级干部19人，提拔女干部、党外干部20人。

二、教育培训

1983年，全市选送136名学员参加各级各类学校培训。1984年选送培训549人。1986年，市委制定下发《镇江市“七五”期间干部培训工作规划》《关于干部培训工作的几项暂行规定》，加强干部的立体培训和综合培训。1988年，全市限期完成“双下”（年龄在45岁以下、文化程度在初中及初中以下）干部的学历教育培训；分3种类型（普及型、提高型、专业型）开展涉外干部培训，培训453人；加强各级领导干部的岗位职务培训，选送89名科以上干部参加省举办的岗位职务培训班学习。至1989年，全市培训干部12648人次，其中县处级领导干部662人次，科级干部700余人次，大专以上学历教育688人，中专、高中培训1273人，岗位职务培训558人，各类短期培训700余人次。

1992年后，干部培训紧贴经济建设中心，相继举办县处级干部、大中型骨干企业干部研讨班，外向型经济干部培训班，关贸总协定与镇江经济发展战略高级研修班，日本企业管理函授培训和市直机关、大中型骨干企业组织人事科长培训班等，着重学习经济管理、经济法规、外向型经济及实务、现代科技和领导科学等。

2001～2005年，全市举办党校主体班次49期，培训干部2730多人；655名干部参加党校研究生、MPA、MBA、工程硕士专业学位班和自考本科学历班学习和考试；300多名干部赴上海交通大学、清华大学、香港大学、新加坡新华管理学院等学校学习。

三、管理监督

1983年，镇江市延续干部下管两级的模式，即机关管到科级、农村管到乡级。1984年按照“分级管理、层层负责”和一级管一级的精神，市委只管到县区领导班子、市部委办局（公司）一级领导干部和部分大中型企业及事业单位的党政主要领导；县区委管到乡（街道）领导班子、县区部委办局（公司）一级领导干部和部分骨干企业、事业单位的党政主要领导。管理权限下放后，市委直接管理的干部比原来减少近4/5。1992年，全市继续下放干部管理权限，先后下放副厂级行政领导干部任免权、机关及企业主管局正科级干部任免权和县（市）区出国（出境）人员审批权。

1994年起，市委相继制定《市管领导干部个人重大问题请示报告制度》《县处级领导干部个人收入申报制度》和《关于与市管领导干部谈话制度》，加强对干部的管理监督。2000年，市委制定并下发《关于加强党委组织部门对干部监督管理工作的意见》，建立健全干部推荐、考察、任用责任制度，干部监督管理联系点制度，领导干部回复制度，组织部门与执纪执法部门联系通报制度和领导干部任期内经济责任审计制度等。2004年，市委组织部设立公开举报电话“12380”，受理群众对干部选拔任用的举报工作。全年接待处理来信来访370人次，处理和反馈群众举报问题54个。2005年，全市实施干部选拔任用工作全程记实制度，重点记载民主推荐、考察、酝酿、讨论决定、任职等程序以及在选拔任用过程中需要说明的特殊情况，记实结果作为干部任用责任追究的依据。

四、考察考核

1983年，镇江市干部的考察、考核仍延续市管县以前的传统办法。每次选拔和调整干部前，由组织部门对拟选拔和调整的对象实施考察，考察结果作为选拔和调整干部的重要依据。到20世纪80年代中期，除阶段性考察外，专题性考察考核增多，考察内容和范围扩大。1987年，各级组织部门打破传统考核办法，在较大范围内开展民主考评干部活动，参加考评人数达8073人，被考评的领导干部840名（涉及70个县局和99个乡镇级单位，分别占县局和乡镇数的75%和45%），其中市级领导7名，县局级342名，乡镇级491名。

1989年，市委组织部抽调50多人，对全市6个县（市、区）和市级机关92个部委办局（公司）、3所市属高校领导班子的505名县处级领导干部在1989年政治风波中的表现进行专题考察，考察面占应考察对象的95%。1997年，市委下发《市直国营大中型企业领导班子及领导成员实施年度考核的意见》，考核国有企业712家，其中市直企业159家。

2001年，全市推开县处级领导干部年度考核。遵循客观公正、注重实效、分类实施、领导与群众相结合的原则，内容包括德、能、勤、绩、廉5个方面，重点考核工作业绩。2003年，市委出台《关于县处级干部年度考核暂行办法》，修订和明确年度考核的原则、范围、内容、标准、程序、方法、结果运用和组织领导，考核评定优秀等次176人，基本称职9人。2005年，全市集中考察市级机关领导班子84个，领导成员471人，县处级后备干部168人，个别谈话1735人次。

五、领导班子建设

1983年10月至1984年2月，市委集中调整、配备丹阳、句容、扬中、丹徒四县党政领导班子，新提拔领导干部24人，占班子总人数的63.1%。县委常委中，平均年龄43.2岁，下降8.8岁，大专以上文化程度从原来的8%上升到50%。1986年调整充实53个县局领导班子，调整干部121人，平均年龄45.2岁，大专以上文化程度的占68%。1990～1991年，全市结合换届选举，调整县（市）区领导班子。调整后，6个县（市）区的党政领导均配有妇女干部。2002年，市委出台《镇江市2002～2005年党政领导班子建设规划》，对市级机关95个部门的领导班子进行全面调整，共变动市管干部357人次，提拔处级干部110人。5名40岁左右的干部担任部门党政正职。2005年调整变动处级领导干部171人次，提拔女干部、党外干部8人。

1989年8月根据中共中央《关于加强党的建设的通知》精神，全市各级领导班子在相对稳定的基础上，重点转移到提高领导干部素质、加强班子思想作风建设上来。1990年，全市先后建立和完善学习培训制度、干部谈话制度、组织部门与纪委监察部门工作联系制度以及领导班子民主生活会制度等。1994年8月，在市级机关开展以"四坚持、四反对"（坚持解放思想，求真务实，反对漂浮之风；坚持党的宗旨，密切联系群众，反对衙门习气；坚持艰苦奋斗，勤政廉政，反对奢靡之症；坚持党性修养，维护党的团结，反对媚俗之气）为主要内容的改进机关作风教育活动。2000～2005年，全市在"三讲"（讲学习、讲政治、讲正气）教育活动中，各级教育对象计5414人次，深入基层调查研究，帮助群众解决实际困难760个。组织开展市、县两级贯彻《中国共产党地方委员会工作条例（试行）》情况的自查，修改、完善县（市）区委决策程序和议事规则。学习2001年江泽民"七一"讲话和中共十五届六中全会精神，开展作风建设调研，规范党内生活制度。按照省委要求，先后两批组织开展"三个代表"（代表中国先进生产力的发展要求、代表中国先进文化的前进方向、代表中国最广大人民的根本利益）重要思想学习教育活动，推进领导班子思想作风建设。

六、后备干部工作

1984年，市委学习贯彻中共中央、省委关于第三梯队（即后备干部）建设的批示，在县、区机构改革和市级机关部分领导班子调整后，组织力量抓后备干部的挑选工作，初步挑选和确定市、县（局）两级后备干部171名。其中市级5名、县级47名、市部委办局级106名，平均年龄分别为37.8岁、32.9岁、36岁，大专以上文化程度的分别占94.5%、82.6%、68%，具有各类专业技术职称的分别占28%、13%、32.3%。1991年，新增后备干部96名，淘汰130多名，建立起一支由279人组成的德才素质较好、结构趋于合理、门类比较齐全的后备干部队伍。

1998年起，全市按照"三支队伍"（党政干部队伍、企业经营管理者队伍和科技人才队伍）一起抓的要求，开展推荐"六、八"式（1960年以后出生，1980年以后大学毕业并参加工作的在职人员）和"七、九"式（1970年以后出生，1990年以后大学毕业并参加工作的在职人员）人才活动，分别推荐"六、八"式人才743人、"七、九"式人才1088人。

2003年，市委组织部制定出台《镇江市县处级党政领导班子后备干部工作办法》，分类建立491人的县处级后备干部名单和信息库。2004年组织开展民主推荐省管后备干部工作，上报23名副市厅级、12名辖市党政正职后备干部建议人选。配合市委统战部民主推荐党外代表人物重点后备人选115人。

七、干部制度改革

镇江市干部制度改革始于20世纪80年代初。1984年结合市、县两级机构改革，下放干部管理权限，实行下管一级新模式。1985年，市委批转关于改革干部人事制度的意见，推行干部选聘制，执行干部离退休制度等。1986～1992年，全市开展"三民"（民主考评、民主测评、民主推荐）活动，提高干部工作的透明度；实行机关部门任命中层干部事先与组织部门通气和备案制度，组织部门重点把好程序关、条件关和职数关；把竞争机制引入部分企业领导干部的配备上，实行公开招标、公开招聘、竞争聘任，打破单一的委任制用人制度；在有条件的大中型企业着重配好党政主要领导，并将副厂级行政领导干部的审批权限下放给企业。2000年后相继制定下发11个关于深化干部人事制度改革的法规文件；实施干部考察预告、差额考察、任前公示、干部交流、到龄改任非领导职务等各项制度；开展学习贯彻中央"5＋1"法规文件*活动，制定任职试用期制、任期制、辞职制等实施办法，推行竞争性选拔干部工作。2001年下发《镇江市党政机关竞争上岗实施细则（试行）》。2001年部分村党组织换届开展公推直选，2004年丹徒江心镇党委换届开展公推直选；同年在丹阳市、句容市、丹徒区开展公推公选乡镇长试点工作，在京口区和镇江市卫生局开展事业单位公推公选领导班子试点工作。2004年制定出台《中共镇江市委常委会讨论干部任免事项投票表决办法（试行）》和《中国共产党镇江市委委员会全体会议对辖市（区）党委、政府领导班子正职拟任人选和推荐人选表决办法（试行）》。2005年制定《镇江市党政领导干部任前公示制实施意见》；同年，镇江市首次开展公推公选句容市市长工作，并指导基层单位开展公推公选和公推直选工作。

八、审干复查和干部政策落实

1983年后，市和所属各县、区相继成立由主要领导负责的落实政策领导小组，并在组织部门设立一条线的审干工作机构。至1984年下半年，重点复查审理"文化大革命"前的历史老案3427件。其中，平反纠正1959年反右倾运动形成的错案120件，平反纠正其他历史老案2907件，复查

* "5＋1"法规文件，指中共中央办公厅印发的《公开告知党政领导干部工作暂行规定》《党政机关竞争上岗工作暂行规定》《党的地方委员会全体会议对下一级党委、政府领导班子正职拟任人选和推荐人选表决办法》《党政领导干部辞职暂行规定》《关于党政领导干部辞职从事经营活动有关问题的意见》等5个法规文件和中组部制定的《关于对党政领导干部在企业兼职进行清理的通知》。

处理历史遗留问题400件。1989年,全市更改和确定新中国成立前参加革命工作时间的218人,其中更改到大革命时期的1人,更改到土地革命战争时期的1人,更改到抗日战争时期的36人,更改到解放战争时期的180人。重新排出各类复查对象140名,其中更改参加革命工作时间66人,不予更改55人,19人待进一步研究处理;落实镇江新干班和镇江师训班学员参加革命工作时间问题,分别为11名新干班和28名师训班学员更改参加革命工作时间,部分人员办理离休,69人补发离休证;抓好管理教育被定性人员。至1990年下半年,全市历时13年的审干复查和落实干部政策工作结束。

第三节　基层党组织

一、基层党组织发展

1983年3月,镇江市实行市管县领导新体制,辖丹阳、句容、扬中、丹徒四县和京口、润州两区,有党的基层组织5372个,其中党委180个、总支105个、支部5087个。1984年结合机构改革和政社分设,新增党委4个、总支3个、支部49个。至1985年底,共有党委205个、总支138个、支部5725个。

1988年调整和改进基层党组织设置,新建党委7个、总支29个、支部392个,其中减少联合支部60个。从1994年开始,全市坚持企业党组织政治核心地位的原则、同步建设的原则和试验示范的原则,选择6类16家企业试点,在党组织设置、隶属关系和发挥作用等方面进行探索。在农村主要推行3种模式:突破所有制界限,以厂带村建立党组织;突破地域界限,以村带村建立党组织;突破行业界限,村企合一建立党组织。至1996年共建3种模式党组织500多个,其中党委12个、总支95个、支部400多个。

1997年,全市金融保险业有党委5个、总支7个、支部222个。1998年因体制调整,市工商、建设、农业、中国、交通等银行及保险公司,归口省行及省保险公司管理,其党的组织也一并划出。

1999年共建改制企业党组织1116个,其中股份合作制企业党组织511个、中外合资、合作企业党组织267个,外商独资企业党组织58个,私营企业党组织200个,个体工商户党组织32个。2001年结合社区区划调整、合并,建立社区党支部107个,实现1个社区居委会就有1个党支部的目标。

2003年后,“两新”组织(私营企业、外商投资企业等新经济组织和中介组织、社会团体等新社会组织)迅速增加,已建立党组织的有1385家,约占总数的18.5%。2005年,全市共有基层党组织9025个,其中基层党委409个、总支767个、支部7849个,分别比1983年增长40.48%、127.22%、630.48%和54.30%

2003～2005年镇江市中共基层组织一览表

表23-12　　　　单位:个

年份＼分布	党委	总支	支部	其中											
				企业单位			事业单位			党政机关			其他		
				党委	总支	支部	党委	总支	支部	党委	总支	支部	党委	总支	支部
2003	400	578	7857	179	182	3221	34	140	1855	113	104	1327	74	152	1454
2004	402	615	7924	166	237	3296	38	151	1913	154	123	1443	44	104	1272
2005	409	767	7849	158	229	3027	56	122	1930	130	120	1485	65	296	1407

2001～2005 年镇江市非公有经济和新社会阶层中共基层组织、党员情况表

表 23-13

年份	非公有经济单位						新社会阶层		
	党委（个）	党组合计（个）	党总支（个）	党支部（个）	党员数（人）	当年发展数(人)	党组数（个）	党员数（人）	当年发展数(人)
2001	–	–	–	–	4956	109	–	–	–
2002	–	–	–	–	5350	188	–	–	–
2003	36	1162	47	1079	14163	604	–	6301	134
2004	55	1372	163	1154	17407	651	–	6590	105
2005	66	1618	179	1373	18013	818	–	6569	99

说明:1. 表内空格为缺少报表资料;

2. 改革开放后出现的新社会阶层,主要由非公有制经济人士和自由择业知识分子组成,集中分布在新经济组织、新社会组织中,包括6个方面人员:民营科技企业的创业人员和技术人员、受聘于外资企业的管理技术人员、个体户、私营企业主、中介组织从业人员和自由职业人员

二、基层党组织建设

1. 换届选举　1984 年,全市改选基层党委 56 个、党总支 12 个、党支部 3284 个,分别占应改选数的 94.9%、57.1%和 91.5%。1988 年,全市在试点基础上,实际改选基层党支部 3951 个,占应改选数的 87.6%。

1995 年,市委组织部制定下发《关于在全市农村实施"领头雁计划"的意见》,着力建设村党支部书记队伍。全市 300 余名县乡机关干部、500 余名乡村企业骨干和农村致富能手担任村党支部书记,10 余名外地党员和 30%的村级后备干部,在改选中当选村党支部书记。

2001 年,市委组织部下发《镇江市村党支部换届选举"两推一选"的实施办法(试行)》,党员直接民主推荐委员候选人,成人村民对推荐的委员候选人投信任票,再由党员大会选举产生党支部委员。同年,通过换届选举,937 个村党支部书记的平均年龄下降,文化结构优化。

2004 年,全市基层党委换届 51 个,占应换届数的 89.47%;党总支换届 183 个,占应换届数的 92.42%;支部换届 2044 个,占应换届数的 94.36%。

2. 教育培训　1985 年,全市建立 118 所农村业余党校,教育、培训基层领导成员。1988 年,各基层业余党校举办培训班、轮训班、读书班 980 期,培训基层领导成员 6.5 万人次。1990～1991 年,全市各级党委培训支部正副书记 3500 人次,人均受训 2.5 次。1997 年,市委举办加强和改进国有企业党建工作讲习班,700 余名企业领导、党务干部参加轮训。

2004 年,市委首次举办村党组织书记示范培训班,选调 44 名所在村三个文明建设居于中等以上水平的村支部书记参加培训。同年 4 月至 2005 年,全市举办各类基层领导培训班 166 期,培训 6182 人次,培训率达 100%。2005 年组织 11 名民营企业经营管理者赴新加坡参加经济管理培训班培训,组织 62 名街道社区干部赴香港理工大学培训。后者在全省属于首例。

3. 组织整顿　1982 年 8 月起,镇江市(县级市)分期分批整顿基层党组织,至 1983 年 7 月,13 个农村基层党委、198 个农村党支部和 15 个财贸党支部整顿结束;工业企业整顿党委 24 个(补课 4 个)、党总支 9 个(补课 2 个)、党支部 13 个(补课 1 个)。

1984 年 7 月起,镇江市开始全面整党。1986 年上半年,全市集中整顿那些年龄结构偏大、文化水平偏低、战斗力凝聚力不强、思想观念落后的后进村党支部。至 1988 年,后进村党支部约占总数的 12%～15%,1989 年下降到 7%左右。

1994 年 4 月,市委批转组织部"整扶"(整顿后进村党支部和扶持经济薄弱村)工作三年规划。

组织100多个工作组、选派300名年轻干部进村工作;投入帮扶资金3000万元,帮助兴办各类企业250个,促使25%的后进村和经济薄弱村脱贫致富。1996年,全市列入"整扶"规划的197个村中,187个村转化达标,占"整扶"总数的95%,34个村跨入所在县(市)区和乡镇的先进行列。1997年,全市提出第二轮"整扶"工作任务。至1999年,98个村中有95%实现转化目标。

4. 特色活动 1983年起,全市通过开展党建特色活动,促进和推动基层党组织建设,增强凝聚力、战斗力和带领群众脱贫致富奔小康的能力。先后开展的有:"争先创优"活动*、"双带"活动、"一学双推"活动、"五好村"活动、"双结双帮"活动和"两为"活动等。至2005年,丹阳市4次、句容市1次被省委评为党建工作先进县(市)区,新桥镇党委等28个基层党组织被中组部、省委表彰为先进基层党组织。

第四节　知识分子(人才)工作

一、知识分子政策的落实

镇江市知识分子政策落实工作起步于1978年。1980年以前,着重解决"文化大革命"前和"文化大革命"中的冤假错案和历史遗留问题。1980~1982年根据中组部〔1980〕21号文件要求,对知识分子档案进行全面清查和整理,并对已复查的结论进行复核。1982年、1983年和1984年先后3次进行落实知识分子政策工作大检查。1984年2月,市委及所辖6个县、区和市级机关局(公司)以上单位,先后成立落实知识分子政策领导小组,办事机构设在各级组织部。1986年12月,市委对全市106个县、局级以上单位和180多个基层单位进行检查和抽查,按政策逐一处理新发现的104个历史遗留问题。至年底基本解决剩余的478件历史遗留问题。

从1978年至1987年1月,全市共解决知识分子中的历史遗留问题3813件。其中,平反纠正冤假错案2508件(错划右派纠正747人,复查纠正"文化大革命"前错误处理的历史案件和其他案件1170件,平反"文化大革命"中的冤假错案589件,纠正中共十一届三中全会后搞错的经济案件2件);为527名知识分子清退"文化大革命"中被查抄的财物(退还原物155人,折价补偿372人);为302名知识分子补发"文化大革命"中受到错误处理而被停发、减发的工资504347元;为319名知识分子家庭清退被挤占的房产924间,面积16887.4平方米;解决22对夫妇因冤假错案造成的长期分居问题;为受冤假错案影响的135名知识分子解决家属户口"农转非",共迁进城镇人口419人。对外省、市转来的160个问题和需要转外省、市落实的201个问题也分别作出处理。1987年2月,全市落实知识分子政策工作基本结束。

二、关心知识分子

1983年后,市委通过各种会议、举办各种活动,会同新闻媒体,宣传党的知识分子政策,开展"知识分子是工人阶级的一部分"的专题教育,表彰知识分子中的先进事迹,营造"尊重知识、尊重人才、尊重劳动、尊重创造"的社会氛围。1991年,市首批选拔表彰42名市级有突出贡献的优秀中青年专家,组织召开优秀知识分子迎春茶话会、促进科技进步动员会、纪念建党70周年座谈会等活动。1993年初,市委、市政府在《镇江日报》给全市知识分子发出《慰问信》。

---

* "争先创优"即争当优秀共产党员和创建先进党组织;"双带"即党组织带领群众发展壮大集体经济、党员带头发展商品经济;"一学双推"即学习社会主义市场经济知识,推动企业改革、推动企业发展;"五好村"即建设一个好的领导班子、培养锻炼一支好的队伍、选准一条发展经济好的路子、完善一个好的经营体制、健全一套好的管理制度的村;"双结双帮"即市直机关部门与市直亏损企业结对、帮助扭亏解困,领导干部与特困户职工结亲、帮助脱贫解难;"两为"即为农村老党员提供基本生活保障,为贫困户排忧解难、脱贫致富。

2000年,市首次开展评选“十佳”乡村优秀科技人才活动,表彰10个知识分子工作先进乡镇和10名乡村优秀科技人才。2003年建立市领导与优秀知识分子结对联系和知识分子工作联系点制度,设立联系点13个,17名市领导分别与34名知识分子结对联系。2004年,全市对知识分子(人才)工作进行专题督查,召开座谈会50个,发放抽样调查表120份,收集意见和建议100多条。表彰第二届人才工作十佳乡镇、十佳乡村优秀人才。2005年,组织人才工作先进县(市、区)自查、复查工作,推荐并由省命名丹阳、扬中两市为省人才工作先进县(市)。

1. 知识分子选拔　1983年,全市提拔1621名知识分子担任各级领导职务,其中市级2人,市部委办局和县、区级78人,县科局级711人,股级397人,企业433人。上述人员中,具有高级职称39人,中级职称528人,中小学骨干教师251人,其他各类专业技术人员803人。1985年,选拔一大批知识分子进入各级领导班子。其中担任县、区、市部委办局(公司)一级领导职务的118名,任党政主要负责人的25名。1990年以后,各级领导班子成员知识化程度显著提高,多数具有大专以上文化程度(含研究生)。

2. 知识分子入党　1985年,全市共发展知识分子党员2814人,占同期发展党员总数的69.6%。至1986年,全市有知识分子党员12393人,占知识分子总数的26.6%。2005年在174775名党员中,中专(高中)以上文化程度的占61.2%,成为全市党员的主体部分。其中大专以上文化程度的党员50478名,比1983年增加13.6倍。

3. 知识分子工作生活条件改善　1983年,全市改善科技、文教战线知识分子的工作和生活条件,除解决知识分子科研工作必需的场所、仪器、业务期刊和工具书籍外,通过单位自建、集资兴建或成套购买,解决科技干部和教师的住房困难。至1987年,4816名知识分子的住房状况得到改善,中高级知识分子的住房困难基本解决。1985年2月,市委、市政府印发《关于知识分子待遇问题的若干规定(暂行)》,为3010名知识分子解决夫妻两地分居问题,家属、子女“农转非”的有1810户、4606人。

1992～1997年,全市组织54名市级以上有突出贡献、享受国务院特殊津贴的专家赴外地疗养,组织3802人次的高级知识分子体检并建立健康档案,印制门诊优待病历3177份,发放专家特优借书证160张,对尚未使用管道煤气的高级知识分子补贴液化气使用费,发放液化石油气供应证455本。

2000年,市开展科技人才项目资助工作,资助资金20万元(2004年增加资助40万元),为137名科技人才补充办理养老保险金、医疗保险金和住房公积金,制定出台解决部分企业知识分子生活困难的措施。2003年4月,市委、市政府制定下发《镇江市“169学术技术带头人二期培养工程”实施办法》,规定市学术技术带头人购房补助面积按正高级职称人员标准执行;经历次考核合格的市学术技术带头人,退休时退休费在原标准基础上提高5%。

三、专家队伍建设

1985年,全市有中专以上各类知识分子36722人,其中高级职称114人,中级职称2441人。1994年,市委组织部与市科委、市人事局联合制定下发《关于进一步落实学科、技术带头人后备队伍培养工作意见》,在全市建立起583人的学科、技术带头人后备队伍。1996年,该队伍扩大到918人,1997年全面考核后重新确认899人。

1. “333工程”　从1996年起,江苏省“333跨世纪学术技术带头人培养工程”(简称“333工程”)实施。“333工程”共分三个层次,第一层次培养30名能进入世界科技前沿,并在国际上具有较高知名度的院士级专家;第二层次培养300名在国内学术技术界具有重大影响的高级专家;第三层次培养3000名省内各学科、行业成就突出,具有一定威望的学术技术带头人。镇江市经单位推荐、组织考察、专家评审,首批报省90人,确定49人(第二层次1人,第三层次48人)。1998年3

月和1999年11月,又分别上报第二批57人、第三批36人,最终确定33人和36人。2002年,省"333二期工程"启动。2003年1月,全市被确定第二层次培养对象1人,第三层次26人。同年10月14日,又确定第三层次培养对象28人(保留14人、新增14人)。至2005年,全市共选拔和培养省"333工程"培养对象115名,成为各学科、技术领域的带头人和业务骨干。

2. "169工程"　1998年10月,镇江市169跨世纪学术技术带头人培养工程(简称"169工程")启动。工程即重点培养100名省内各学科、行业有一定知名度和声望,并在国内有一定影响的市学术技术带头人;600名市内各学科行业有一定知名度和影响,能承担重大项目、重大课题学术技术带头人后备人员;900名乡村优秀科技人才。经基层推荐、部门初审、专家评审、组织考察,确定市学术技术带头人后备人员559名。2001年调整充实后,淘汰75名,同时选拔市级专家40名。2003年,市委、市政府启动实施"169二期工程"。确定市学术技术带头人119名、市科技骨干(由"学术技术带头人后备人员"改称)589名。1999年和2003年,同步审核和确定乡村科技人才1286名。其中,2003年丹阳159人、句容222人、扬中124人、丹徒181人、京口(含镇江新区)34人、润州63人。

2005年,省"333二期工程"和市"169二期工程"持续进行。

第五节　市级机关党的工作

1983年前,镇江地区行署机关设有机关党委。镇江按照市管县新体制,地区行署机关撤销,设立新的镇江市市级机关。原地区机关党委自此停止工作,设立市级机关临时党委。1984年9月召开中共镇江市市级机关第一次党的代表大会,选举产生市级机关第一届委员会和市级机关纪律检查委员会。市级机关党委内设宣传科和组织科,同时代管市级机关干部文化学校,市级机关纪律检查委员会亦设在市级机关党委。

1989年11月4日根据市委《关于加强和改进市级机关党的工作的决定》,撤销中共镇江市市级机关委员会,成立中共镇江市委市级机关工作委员会,是当时在全省最早成立的省辖市市级机关工作委员会。主要负责提出市级机关党的建设的规划,指导基层党组织搞好思想建设、组织建设和作风建设,做好党员教育管理工作;审批部门机关党委和纪委的书记、副书记;指导基层党组织实施对党员特别是党员领导干部的监督,及时向市委反映部委办局(公司)领导班子和领导干部的情况。

市级机关工委作为市委派出机构,定为部委级,下设办公室、组织科、宣传科等工作机构。市级机关纪工委、市级机关工会工委、市级机关团工委、市级机关妇工委等机构受市级机关工委及上级业务主管部门的双重领导。

市级机关按系统建立分工委(已建立机关分党委的亦将分党委改为分工委),分别是:市委办分工委、政府办分工委、党群分工委、宣传分工委、计委分工委、建委分工委、口岸分工委、政法分工委、财贸分工委、农业分工委、经委分工委。1998年11月,市委决定撤销市级机关分工委。2002年将市级机关党校(含市级机关干部文化学校)并入市委党校。

一、市级机关党员干部思想建设

1983年在市级机关开展学习《邓小平文选》和《中共中央关于整党的决定》的活动。1984年举办两期科级党员干部学习班以及机关各党支部委员参加的整党学习班。1985年重点组织学习中共中央〔1984〕27号文件,纠正新的不正之风。

1986年对机关作风进行整顿,组织学习班,请市委宣传部领导做国际形势报告,学习法学基础理论、《中华人民共和国宪法》《中华人民共和国刑法》和《中华人民共和国经济合同法》。1987年着重进行坚持四项基本原则、反对资产阶级自由化教育，普法教育。

1988 年举办 3 期学习中共十三大报告骨干培训班，627 名机关党员参加培训；组织学习中共十三大报告心得体会交流会以及以中共十三大报告为主要内容的党课教育和形势报告会。1989 年以学习贯彻中共十三届六中全会精神为主线，对机关党员进行教育。

1994 年 4 月下旬开展中国特色社会主义理论知识竞赛，机关有近万人参加；举办 5 次每月讲座，参加听课人员逾 1000 多人次；与镇江日报社共同举办“社会主义市场经济大家谈”征文比赛；举行“迎七一、学邓选”心得体会交流会。1996 年在市级机关党校举办 5 期“学理论、学党章”学习班，522 名科级党员干部参加学习；组织 7 次讲座，1000 多人次听课。

1997 年在机关党校举办 6 期理论学习班，512 名科级党员干部参加培训；举办专题讲座 6 期，1000 多名党务干部和机关党员参加听课；组织以爱国主义为主题的《中华人民共和国香港特别行政区基本法》知识竞赛。1998 年与市委宣传部联合办班，组织机关 54 个单位（部门）798 名科级党员干部，分 7 期 5 个专题学习邓小平理论和中共十五大报告，学习《中国共产党党和国家机关基层组织工作条例》。

1999 年，开展马克思主义唯物论和无神论教育；组织《邓小平同志建设有中国特色社会主义理论学习纲要》知识竞赛。2000 年与市委宣传部联合举办以坚定对马克思主义的信仰、对社会主义的信念、对改革开放和现代化建设的信心、对党和政府信任为主题的党员干部轮训班。分 5 期对机关副科级以下 600 余名党员干部开展轮训，举办 3 期形势教育讲座，下发“三个代表”重要思想学习读本和其他学习材料 2 万余册。

2001 年组织机关各级党组织学习江泽民在庆祝中国共产党成立八十周年大会上的讲话和《中共中央关于加强和改进党的作风建设的决定》，举办 1 期基层党组织学习委员学习“三个代表”重要思想培训班。机关工委主办的《机关党建》（月刊）复刊。2002 年 8 月组织机关党员干部开展“学习‘三个代表’重要思想，迎接‘十六大’”知识竞赛答题活动。全年组织“新世纪知识论坛”14 期，近 3000 名党员干部参加学习。2004 年组织机关党员干部学习贯彻中共十六届三中、四中全会和市委四届八次、九次全会精神。2005 年，全市开展保持共产党员先进性教育活动，市级机关 428 个机关基层党组织、7052 名党员参加第一批保持共产党员先进性教育活动。

二、市级机关党组织建设

1983 年起，根据机构改革进程，市级机关各部门陆续撤销临时党组织，建立基层党组织，健全党内组织生活各项制度。至 1984 年，整个市级机关党组织的改选工作基本结束。

1985 年，市级机关注重在中青年优秀知识分子中发展党员，并在市级机关党员中全面落实岗位责任制。1986 年在市级机关党组织中开展“创先进党支部、争当优秀党员”活动，参加整党登记的党员共有 2550 人。

1988 年起对新发展的党员实行预审制度；结合党员考评，在乡镇工业局和第二轻工业局开展对不合格党员处置的试点。1989 年组织党支部工作经验交流会和优秀共产党员模范事迹宣讲会。1990 年 9 ~ 10 月开展民主评议党员活动，市级机关有 182 个党支部、4455 名党员参与。1991 年，市级机关各级党组织试行党支部工作目标管理。1992 年对党支部工作目标管理细则进行修改完善，上半年由机关工委和分工委对 199 个党支部进行检查考核评分。1993 年开办入党积极分子培训班。

1998 年在市级机关党组织中开展学习贯彻《中国共产党党和国家机关基层组织工作条例》系列活动。

2001 年组织为期两个月的党的基础知识竞赛、举办“党在我心中”大型文艺会演、组织“创先进支部、争当优秀党员”表彰等系列活动。2002 年开始对市级机关直属党组织全面实行目标管理；实行目标管理考核评分确定先进机关党组织初选名单，通过民主评比会议，机关党组织现场投票与目标管理考核评分结合确定先进机关党组织的方法，初步建立具有镇江市特色的机关党建工作考核评价体系。

2003年开展向党的好干部郑培民和好支书李元龙学习活动。2004年组织机关党建改革创新成果评选活动，完成课题32个，其中获奖成果10个。在全市的“党员进万家”主题实践活动中，市级机关党员走访3076户困难群众，送物品和慰问金价值150余万元，与1132户困难家庭结成长期帮扶对子。2005年，市委下发《关于进一步加强和改进机关党的建设的意见》，明确加强机关党的工作的一系列措施，党组织活动经费、党务干部配备、优秀党员待遇等重要问题。

1983～2005年镇江市市级机关党组织、党员情况表

表23-14　　单位：个

年　份	分工(党)委	党委	总支	支部	党员
1983	-	-	-	74	1872
1984	-	-	-	75	1989
1985	-	-	-	100	2610
1986	-	-	-	120	2870
1987	4	-	6	124	3301
1988	5	-	9	134	3596
1989	5	-	11	148	3873
1990	9	-	13	172	4455
1991	11	-	20	227	5000
1992	11	5	22	231	5500
1993	11	7	25	251	5810
1994	11	10	31	300	6099
1995	11	13	34	378	6623
1996	11	13	38	330	7000
1997	11	13	38	345	7384
1998	11	13	39	388	6781
1999	-	18	35	332	6451
2000	-	19	38	368	6859
2001	-	22	30	330	6332
2002	-	27	28	343	6940
2003	-	28	30	350	7260
2004	-	30	33	381	7683
2005	-	32	32	386	7778

三、市级机关党风廉政建设

1984年9月召开的市级机关第一次党代会，选举产生市级机关纪律检查委员会。1984～1988年，市级机关纪律检查工作主要是在机关党员中开展党风党纪教育活动，查处机关党员违纪案件。1989年11月，市级机关纪律检查委员会改为市级机关纪律检查工作委员会，受市级机关工委和市纪委双重领导。

20世纪90年代中期加大党风廉政建设和反腐败工作力度，严厉查处机关党员中的贪污腐败案件,实施党风廉政责任制。1998 年组织《中华人民共和国行政监察法》知识竞赛并获省纪委监察厅全国行政监察法知识竞赛组织奖。2000 年组织党员干部观看党风廉政电视教育片、电影以及《党纪处分条例》画展,参加典型案例剖析报告会和勤廉风采演讲会。

2001 年组织反腐倡廉"每月放一片"音像教育和"为官三德"(正直的官德、高尚的品德、纯洁的道德)大讨论。2002 年开展对新党员及新提拔科级干部的教育,组织 300 多人进行党风廉政专题教育,组织开展反腐倡廉新闻竞赛活动,1863 名机关干部参加党纪政纪条规知识书面测试。2004 年围绕学习贯彻两个条例,组织"严守纪律、强化监督"知识竞赛,建立党务公开制度,征集勤政廉政格言、编纂犯罪人员忏悔录和组织"勤廉风"人物写生活动,培植 3 个党风廉政建设示范点。

2005 年开展《建立健全教育、制度、监督并重的惩治和预防腐败体系实施纲要》和《"三个代表"重要思想反腐倡廉理论学习纲要》学习宣传贯彻活动,组织市级机关全体党员干部参加知识竞答,4908 名党员参加(其中市厅级干部 29 人全部参加)。组织全体党员分批到勤廉形象教育基地接受教育,在职县处级党员领导干部 144 名到案例警示教育基地接受现身说法教育。请发案单位利用发生在身边的反面典型事例,组织党员干部讨论。举办市级机关"勤廉本色"巡回演讲报告会。在市级机关举办廉政文化灯谜竞猜和廉政文化书法摄影展,召开廉政文化现场推进会,参观学习京口区廉政文化建设现场。根据《市级机关廉政文化百分考核细则》进行考核,推选市地方税务局、市物价局、市水利局、镇江质监局、市检察院、市人口计生委为市级机关廉政文化示范点。机关工委发出《关于印发市级机关党组织党务公开内容的通知》文件,实行党务公开。

四、市级机关群团组织建设

1. 机关工会工作 1985 年,市级机关有基层工会组织 88 个,会员 3900 多人。至 2005 年末,市级机关工会工委有基层工会组织 90 个,会员 8200 多人。20 世纪 80 年代初,机关群团工作重点在计划生育和文化培训。各基层工会宣传发动机关干部职工参加储蓄,为国家重点建设提供资金。1986 年成立市级机关中国象棋协会和乒乓球协会。1991 年 4 月,原市级机关工会委员会撤销,成立市级机关工会工作委员会。

1995 年组织 160 名处级干部参加春季长跑活动,组织参加"市长杯"乒乓球比赛,获团体和个人冠亚军。1999 年,机关工会组织开展歌咏大会、乒乓球比赛、保龄球比赛、中国象棋比赛和创建"职工之家"活动。

2000 年清明节,机关工会工委组织百名机关干部参加镇江烈士纪念碑落成典礼。同年 9 月 21 日在镇江影剧院举办《祖国颂》文艺演出,20 个基层工会 300 名机关干部职工参加演出。400 名工会干部参加澳门回归百题知识答卷;组织澳门回归书法、篆刻、绘画、摄影展,展出 105 幅作品,55 幅分获一、二、三等奖;组织保龄球、中国象棋、"国税杯"乒乓球比赛等体育活动 10 多次,近千人参加。在市第四届城市运动会上,机关队获健美操比赛第六名、乒乓球团体第三名,并获道德风尚奖。参加省级机关在常州举办的乒乓球比赛,市级机关队获第九名。同年 10 月举办创建"职工之家"活动现场会,国税局、地税局、粮食局、烟草局工会介绍经验,14 个单位的工会组织通过"职工之家"考核验收。2001 年 1 月举办市级机关乒乓球比赛,机关各基层工会组成 20 个代表队参加比赛; 5 月组队参加在长沙举办的全国历史文化名城乒乓球比赛,获团体第三名。2005 年,机关工会开展"优化投资环境、争当服务标兵"立功竞赛活动,举办灯谜竞猜、书法摄影比赛、中国象棋比赛、游泳比赛等一系列活动。

2. 机关共青团工作 1985 年 6 月建立市级机关团委。下辖团支部(含团委、总支)66 个,团员 1100 余名。至 2005 年末,市级机关团工委有团委 8 个、团总支 9 个、团支部 52 个。

1989 年,团工委开展"青春献七五"活动。1991 年 4 月,共青团市级机关委员会改为共青团市级机关工作委员会,受市级机关工委和共青团镇江市委双重领导,以机关工委领导为主。

20 世纪 90 年代,市级机关团组织在团员青年中开展创建"青年文明号"和争当"青年岗位能手"活动。1999 年,围绕"做跨世纪新人,创跨世纪伟业"主题,开展青年读书活动、"爱祖国、话改革、献青春"主题教育和"青年与新世纪"征文活动。1999 年 5 月 4 日,团工委召开机关青年纪念五四运动 80 周年大会,600 多名青年参加。2005 年,机关团组织开展增强团员意识主题教育活动、创建青年文明号和争当青年岗位能手活动,新增青年文明号单位 8 家,有 15 名团员青年在全市"岗位争优开门红"立功竞赛中受到表彰。组织团员青年参加全市服务进社区、骨髓捐献和周日志愿行动等志愿者活动及志愿者登记注册工作。

3. 机关妇女工作　1989 年 7 月成立市级机关妇女第一届委员会。至 2005 年,市级机关妇工委有市级机关妇女工作组 10 个,机关妇委会和妇女小组 80 多个,有 1200 多名女职工参加妇女组织。

1989 年,市级机关妇工委开展为茅山老区献爱心活动,捐献钱款 1.2 万元、书籍 2500 余册、衣服 2200 件。1997 年,组织县处级领导干部歌咏比赛;1998 年,妇工委组织机关妇女献爱心活动,共捐款 22691 元,资助 18 名困难儿童上学。2000 年 3 月 8 日,妇委会组织百余名机关女职工参观茅山新四军纪念馆。2001 年 3 月组织机关 120 名妇女参加市"三八"歌咏大会,300 余名机关妇女参加"三八"妇女联谊活动;2005 年组织机关女同志开展"庆三八"女干部游览润扬大桥活动。

五、市级机关重要会议和活动

1. 市级机关党的代表大会及党员代表会议　1984 年 9 月 17 ~ 19 日召开市级机关第一次代表大会,与会正式代表 118 名,列席代表 15 名。听取和审查市级机关(临时)党委会的工作报告,选举产生市级机关第一届委员会和纪律检查委员会。大会选举产生出席中共镇江市第一次代表大会的代表 36 名。

1987 年 10 月,市级机关第二次代表大会召开,选举产生市级机关第二届委员会委员 11 名,市级机关纪律检查委员会委员 9 名。

2. 市级机关运动会　第一届(1992 年 5 ~ 10 月),有田径(1000 米、5000 米、100 米、4 × 100 米)、跳高、铅球、象棋、篮球、广播操等 10 个运动项目, 92 个部门(单位)2800 余名运动员参加比赛。

第二届(1996 年 3 ~ 6 月),设竞赛项目有篮球、乒乓球、象棋、飞镖、广播操、田径等,2000 多名机关干部参加比赛。

第三届(2000 年 3 ~ 10 月),设竞赛项目有篮球、乒乓球、田径、保龄球、飞镖、羽毛球、拔河、象棋、广播操、扑克等,市级机关 96 个部门 3000 余名运动员参加比赛。

3. "献爱心、送温暖"捐款　1998 年 12 月开始的全市"献爱心、送温暖"捐款活动,市级机关每年募得捐款 150 万元,到 2005 年累计 1200 万元。每年的捐款全部解缴市财政专门账户,用于慰问救济生活困难群众。

4. 社会评议机关　1991 年底、1992 年初在全市开展基层评议机关活动,机关工委对基层的 200 多条评议意见进行整理,向相关单位发出反馈书面通知 42 份,反馈意见 149 条。1992 年下半年开展以"团结、高效、务实、廉洁"为主题的作风竞赛活动。

2002 ~ 2004 年,市委、市政府连续三年在市级机关开展"创一流环境,评满意机关"活动。首年有市级机关和中央、省驻镇部门的 106 个单位列为社会评议对象。2003、2004 年则对直接服务于经济建设、直接为基层群众服务的 48(49)个市相关部门(单位)进行评议。通过发放评议表,组织社会各界 11 ~ 16 个类别 5000 余名评议人员参与评议。先后评出 8、8、4 个活动优胜单位,重点整改部门分别为 4、8、2 个。

2005 年开展机关作风评议活动,建立涵盖社会各界人士 3 万人的评议人员库,从中随机抽取

7800人为当年的评议人员。对市级机关91个单位分为两个序列,通过发放评议表和组织网上评议的方法进行评议。有4个部门(单位)评为年度优胜单位,表扬单位22个,2个部门(单位)为重点整改单位。

5. 文明机关创建　1999年,市级机关工委下发《镇江市文明机关考核标准(试行)》,全市党政机关开始以"优质服务、优良作风、优美环境"为主要内容的创建文明机关活动。2002年6月开展1999～2001年度镇江市文明机关考核评定工作,30个市级机关部门获市委、市政府1999～2001年度镇江市文明机关表彰;2005年9月,市创建文明机关活动领导小组以建设"学习型、服务型、勤廉型"机关和"优质服务、优良作风、优美环境"为主要内容,开展2002～2004年度镇江市文明机关考核评定工作,30个市级机关部门获2002～2004年度镇江市文明机关表彰。

第六节　老干部工作

一、机构沿革和老干部基本状况

1. 老干部工作机构沿革　1980年12月,镇江地区老干部局设立。1983年3月实行市管县体制后,老干部局属市政府管理部门。1984年11月根据市委镇复〔1984〕63号文,老干部局被列为市委下属工作机构,归口市委组织部。1997年6月,市委老干部局定为市委组织部管理的正处级部门管理机构,编制22名(含关工委办公室3名)。2001年,市级党政机构改革,保留市委老干部局,仍为市委组织部管理,正处级部门。市老干部局内设4个职能处室:办公室、综合服务处(挂"活动指导处"的牌子)、生活服务处、关心下一代工作委员会办公室。核定市委老干部局行政编制10名,另核定行政附属编制9名。

1990年12月14日市委常委会决定成立镇江市老干部工作领导小组,市委副书记夏良震任组长。此后,均由市委常委担任组长。老干部工作领导小组每年召开1～2次会议,研究解决老干部工作中的重大事项。

2003年,市老干部局被江苏省委组织部、省委老干部局评为江苏省老干部工作先进集体。市老干部局还承担老干部信访工作,至2005年,接待和处理老干部信访12万人次(件)。

全市离休干部人数在1993年达到高峰,以后随着自然减员,人数逐年下降。

1983～2005年镇江市离休干部具体情况表

表23-15　　单位:人

年　份	离休干部总数	地市级	县处级	科以下
1983	1470	83	542	845
1984	1937	213	695	1029
1985	2337	269	977	1091
1986	2392	274	970	1148
1987	2979	276	1344	1359
1988	3041	280	1352	1409
1989	3358	287	1552	1519
1990	4020	287	1686	2047
1991	4228	290	1795	2143
1992	3688	312	1644	1732
1993	4415	389	2163	1863
1994	4306	385	2097	1824

续表 23-15

年　份	离休干部总数	地市级	县处级	科以下
1995	4225	381	2065	1779
1996	4178	372	2082	1724
1997	3787	336	1683	1768
1998	3296	283	1532	1481
1999	3224	251	1508	1465
2000	3130	244	1455	1431
2001	3009	225	1399	1385
2002	2912	214	1366	1332
2003	2848	212	1338	1298
2004	2717	197	1357	1163
2005	2552	186	1281	1085

二、老干部思想政治建设

1. 政治待遇制度化　1983 年 7 月 15 日,市委、市政府制定下发《关于做好离休老干部工作若干问题的暂行规定》。在老干部“阅读文件”的政治待遇条文里专门明确:地市职老干部阅文,由各所在机构的办公室负责;行政十四级以上享受地市级待遇的,凭阅文卡,到老干部局阅文室阅读文件;行政十八级以上享受县、局级待遇的离休干部,阅文仍由原单位和主管局负责,此规定一直坚持执行。

1987 年建立老干部工作六项制度:党委、党组一年两次研究老干部工作制度;通报情况制度;重大节日、住院走访看望制度;召开座谈会征求意见制度;政治学习,过组织生活制度;年终老干部工作检查制度。

1990 年 12 月 14 日,市委常委会决定市委、市政府每年 1 ~2 次向享受地市级待遇的老干部通报本地区经济和社会发展情况,听取意见,各部门、各单位定期向老干部通报本部门、本单位情况;上级发至县处级文件、资料,市有关部门要按规定及时传达、传阅;各部门、各单位每年组织老干部参观学习 1 ~2 次。这使进入高龄期、高发病期的离休干部,在“通报情况、文件阅读、参观学习”方面的政治待遇,落实得更加具体。逢国庆节、建军节、抗战胜利等重大节日和纪念日,召开老同志座谈会、纪念会,以及举办歌咏、展览等多种活动。经常组织老同志开展棋类、扑克、门球、太极拳等适合老年的体育活动和比赛。

2. 老干部党支部建设　1990 年,全市老干部党支部 153 个。1996 年老干部党支部 216 个,其中活动正常的占 90% 以上。1998 年 4 月,市老干部局提出举办老干部党支部书记培训班,明确规定“老干部党支部书记培训将形成制度,此后每年举办一次”。1999 年,老干部党支部达到 304 个。2000 年 8 月,市委出台《进一步加强离退休干部党支部建设》文件。

3. 离休干部读书班　1992 年 10 月中共十四大召开后,镇江市及时组织老干部学习十四大文件。举办读书班,请党校及高校教授进行专题辅导,学习建设有中国特色的社会主义理论和《邓小平文选》。1994 年 3 月举办学习《邓小平文选》读书班。1997 年党的十五大召开后,市委组织部、老干部局举办两期离休干部十五大文件读书班。1999 年组织老干部学习《建设有中国特色社会主义理论问题学习纲要》,学邓小平理论,开展无神论教育,揭批邪教组织。2000 年根据省委老干部局《关于在老干部中开展读书竞赛活动的通知》,学习“三个代表”重要思想,编印 28 条思考题,编发两期《老干部读书活动专辑》,收到老干部体会文章 500 多篇,答卷 200 多份,23 名老干部获得表彰奖励。

三、老干部生活待遇落实

1. 老干部离休金

20世纪90年代初，一些老干部所在企业(单位)相继发生兼并、改制、停产、倒闭、破产等情况，使老干部离休金的发放发生困难。其中老干部“两费”(离休费、医药费)拖欠成为实际工作中的难点。市委组织部、老干部局和市劳动局联合发文，决定从1996年4月起，先行对市直企业的913名离休干部的离休金实行社会化发放。1997年全面推广社会化发放。此后，离休干部离休金的保障机制得以建立。

2. 老干部医疗待遇

老干部病房建设 1984年起，镇江市先后在市江滨医院 、市第一人民医院、市第四人民医院建立老干部专用病房。这3所医院都设有老干部门诊，方便老干部就医。1993年，市委老干部工作领导小组决定，在市第四人民医院专设老干部痴呆病房。至2005年，市江滨医院有老干部病床31张，第一人民医院有老干部病床46张，第四人民医院有老干部病床20张，第三人民医院有老干部病床1张。各辖市(区)医院也都陆续专设老干部病房。

老干部医药费报销 1994年以前，镇江市老干部医疗一直沿用公费医疗制度。1994年，镇江市被国务院列为全国医疗制度改革试点城市，自1995年起正式实施新医疗制度。1996年，新医疗制度下老干部医疗就诊的相关问题有所显现：部分单位无钱交纳医疗保险金，老干部看病需自己先行垫付现金，过后医疗费得不到及时报销，形成拖欠；一些单位虽已参保，但老干部看病时门诊、住院费存在限额，给老干部诊疗带来不便。

1999年12月，市政府对此制定出台《离休人员医疗管理暂行办法》，将离休干部医疗从职工基本医疗保险中划分出来，实行单独统筹，即单独筹资、单独管理、单独核算。对全停产享受政府解困金的特困企业的离休干部，由市解困金发放机构按缴费标准的60%代其缴纳离休干部医疗统筹费；连续三年严重亏损的停产、半停产且不享受政府解困的特困企业的离休干部，由企业、主管部门和财政三方按照一定比例筹集费用，参加市统筹管理。建立并实行离休干部个人医疗费用账户和统筹医疗资金相结合的制度，即从筹集的专项资金8500元中划出3000元，作为离休干部个人医疗费用账户，其余留作统筹医疗资金。同年个人账户结余部分按25%奖励给离休干部个人，其余转入统筹医疗资金。

3. “两费”保障机制

20世纪90年代，社会处于经济体制的重大转型期，相关保障机制尚未建立，部分困难企业出现离休干部离休费和医疗费的拖欠现象。

“两费”拖欠集中在部分困难企业。1998年始，市一级每年组织清欠工作，并建立季报制度。2001年集中清欠两次，合计67万元(其中专项经费32万元，医药费35万元)。在组织清欠基础上，开始尝试建立离休干部“两费”保障机制。2001年12月17日以镇办发96号文下发《完善离休费、医药费保障机制的实施意见》；12月31日以镇办发102号文下发《关于成立落实离休费、医药费保障机制监督小组的通知》，成立医药费保障机制监督小组，推动落实相关机制建设。对困难企业无力支付有关费用的，由各级财政实行兜底。至此，离休干部离休金保障、医药费保障和财政支持(即三个机制)得以确立。2005年，镇江市各级财政拿出270多万元，解决困难企业老干部医疗统筹费用问题。

4. 生活照顾老干部

1983年2月8日，江苏省委以文件规定：老干部住房面积标准，地市级60～90平方米，县处级40～60平方米，县处级以下35～50平方米(均指使用面积)。家里有私房需修缮的，由原单位在1500元以内给予适当补助。镇江市按省委文件确定的标准逐一予以落实。

1983 年 4 月 6 日下发《关于享受厅局级待遇的离休干部发放交通费和用车的暂行规定》，14 级以上离休干部每人每月发放交通费 10 元，用车时由老干部付费。1992 年 8 月根据省委老干部局通知，地市级和享受地市级待遇、以及享受地市级部分待遇（医疗、交通）的离休干部，每月发 30 元交通费；县处级及以下的离休干部，每月发 20 元交通费。1998 年 10 月 13 日为城区离休干部发放免费乘坐公交车证。2004 年始，地市级和享受地市级待遇、以及享受地市级部分待遇（医疗、交通）的离休干部，每月发 60 元交通费，县处级及以下的离休干部，每月发 40 元交通费。

在老干部生活补贴、护理费用、社会优待（免费游览公园）、抚恤、遗属安排等多个方面，不断提高各种优惠优待标准。对困难企业老干部的专项经费，将省规定的参观费、交通费、特需费纳入社会化发放，同时将市规定的生活定补、住房补贴、电话费补贴，也纳入社会化发放。

5. 老干部活动中心

1983 年，根据镇署老干 3 号文提出的报告，在市政府机关大院兴建老干部活动室，1985 年建成。2000 年初，市委、市政府投资 600 万元，将古运河畔万福楼改建为镇江市老干部活动中心。2001 年 5 月 16 日，新的老干部活动中心落成。该活动中心总面积 5000 平方米，分东楼、西楼和附楼。东楼以学习为主，有阅文、影视、电脑、书画、教室、会议、健身、多功能厅等 10 个活动室；西楼以老干部活动为主，有文艺、乒乓、棋牌、钢琴、京剧、歌舞等 8 个活动场所；副楼以后勤保障服务为主，设办公室等。活动中心将老干部活动与协会活动结合起来，每逢重大节日和纪念日组织大型活动。

四、发挥老干部作用

1990 年 12 月 14 日，市委常委会决定成立市关心下一代工作委员会（简称关工委）。原镇江地委副书记、离休干部宋亚欣担任市关工委主任。各辖市（区）也相继成立关工委组织，全市 800 多名老同志参与关工委工作。

1991 ~ 1992 年，一些老干部顺应形势经商办企业。镇江市老干部直接创办经济实体 38 个，其中生产型 11 个，服务型 9 个，信息咨询型 11 个，种养殖型 4 个，技术指导型 3 个，300 余位老干部参加。

1993 年，市委组织部等 6 个部门联合下发《关于离退休干部参加和兴办经济实体有关问题的意见》。1994 年，老干部兴办经济实体达 60 个，年总产值 4020 万元，利润 282 万元。1995 年，老干部兴办经济实体 65 个，创产值或营业额 4148 万元、利税 452 万。1995 年后贯彻落实国家经贸委《关于党政机关与所办经济实体脱钩的规定》，老干部兴办的实体经济基本脱钩或关停、转让。

发动有离休干部的单位编写《老干部光荣史册》，作为传统教育素材。组织老同志参与关心下一代、挽救失足青少年、进行革命传统教育、反腐倡廉、社会风气督察等工作，经常组织老同志深入工厂、学校、少年管教所进行宣讲。

五、老干部文化交流

1993 年 9 月 20 日，镇江市老干部和日本津市第四次访华团联欢。

1996 年摄制电教片《不要忘记他们》。1999 年，摄制《历史在他们身上体现》专题片，集中展示老干部珍藏的 260 余枚勋章、证件和部分珍贵物品。

1999 年 3 月举办全市老干部文艺会演，各辖市、县、区均有老干部参加。同年 4 月 23 日镇江解放 50 周年纪念日，61 位老干部撰写 66 篇征文，其中 24 篇编入《征文集》。同年 5 月发生北约轰炸中国驻南联盟使馆事件，谏壁发电厂离休干部王殿槐为在事件中牺牲的镇江丹阳籍许杏虎烈士及其夫人朱颖塑像；9 月 20 日，市老干部局举办庆祝中华人民共和国成立 50 周年暨迎澳门回归文艺会演。

2001 年 6 月 20 日,市老干部局在工人文化宫举办《东方的太阳》文艺会演,纪念建党 80 周年。2005 年是中国抗战胜利 60 周年,中央向抗战老同志颁发纪念章,镇江市有 1198 名老同志获得纪念章。市老干部局与市电视台合作,请老红军进直播室录制《老红军访谈录》。2005 年,6 名老同志、3 个先进集体受江苏省委组织部、省老干部局表彰,宋亚欣获全国离休干部先进个人称号。

第七章 宣传教育

根据中央关于“各级党委和政府要切实加强对宣传思想工作的领导”的要求,中共镇江市委分工一名常委具体领导党的宣传教育工作。市委和各级党组织围绕党和政府的中心工作,联系镇江市实际,对人民群众和各级干部进行时事形势宣传、路线理论教育工作,负责对外宣传、党员干部培训、新闻文化和网络管理等工作。

第一节 时政形势宣传

1983 年,市委组织全市党员干部和人民群众学习中共十二大和十二届二中全会文件精神,在农村宣传党的农村经济政策和农业发展总的趋势。1984 年,在市区和各县举办新中国成立 35 周年镇江建设成就展,参观人数达 7 万多人。1985 年在基层举办改革开放形势和成果的报告演讲活动 90 多场,参加人数 6 万多人次。1988 年,围绕改革形势教育和中共十三届三中全会精神教育,编写辅导提纲 18 讲共 10 多万字下发。

1989 年 9 月起在全市组织开展以学习《关于社会主义若干理论问题学习纲要》,“讲爱国主义、讲社会主义、讲独立自主、讲艰苦奋斗;确立坚定正确的政治方向、确立报效祖国的工作态度、确立自强不息的精神、确立吃苦耐劳的创业意识”为主题的“一学四讲四确立”活动。1990 年开展以坚持四项基本原则、反对资产阶级自由化为主要内容的政治形势教育,编写有关国内经济形势和苏联东欧形势的宣传教育提纲。1991 年以“学习党的历史、继承党的传统、坚持党的领导、密切党群关系”为主题,进行热爱中国共产党、坚持党的领导、坚定不移走社会主义道路的宣传教育,联系国际形势变化,开展反和平演变的教育,市、县领导干部向基层单位作国际形势报告 217 次,受教育者 5 万多人。

1992 年在工矿企业中开展国务院《全民所有制工业企业转换经营机制条例》的宣传教育,编写“关贸总协定知识”“股份制知识”“形势任务宣讲”等材料达 15 万字下发基层。有针对性地开展住房制度改革、粮食调价、调整社会保障制度等方面的宣传。1994 年宣传国务院《关于职工医疗制度改革试点意见》《中华人民共和国劳动法》,结合镇江实际编写下发宣传提纲。

1995 年组织开展纪念抗日战争胜利 50 周年活动,在青少年中深入开展“读爱国书、唱爱国歌、看爱国片”活动,开展《中华人民共和国国旗法》的宣传教育。1997 年“迎香港回归”,开展多种形式的爱国主义、集体主义、社会主义宣传教育活动。1999 年组织中华人民共和国成立 50 周年和镇江解放 50 周年的宣传活动;发动谴责以美国为首的北约轰炸中国驻南联盟使馆事件的宣传,开展揭批邪教组织的宣传活动。

2001 年突出对“城市客厅”“引资大道”“珍珠项链”“两路出新”(大西路、中山路)四项城建工程的宣传。2002 年宣传中共十六大精神,组织 12 个讲师团下基层作系列报告 500 多场,实施“私个经济宣传周”“走进外企、发展外向型经济宣传周”“走进民营企业”“投资环境主题论坛”“工业双创谱新篇”等宣传活动。2003 年实施“两个率先、两步走”战略目标的宣传,新闻媒体推出《“两个率先”示范巡礼》《排头兵风采》《率先发展行与思》等专栏报道。2004 年围绕“富民工程”,宣传发展民营经济新举措,形成全社会支持鼓励自立创业的良好社会环境。2005 年开展润扬大桥通车庆典宣传活动,组织广大市民参观润扬大桥、欣赏镇江风光;下发《关于学习贯彻中央十六届五中全会的意见》,推进“两个率先”、构建和谐社会的宣传活动;下发《关于加强和改进全市互联网宣传管理工作的意见》,定期编发《网上舆情专报》。

第二节　路线理论教育

1983 年组织干部群众学习《邓小平文选》,举办市级机关科以上干部读书班 9 期,参加学习的干部 1000 多人。1984 年组织全市党员干部学习《中共中央关于经济体制改革的决定》《中共中央、国务院关于进一步活跃农村经济的十项政策》。全市职工建成学理论小组 2600 多个,约 28000 多人参加。举办为期 5 个月的乡镇工业宣传干部培训班,对 60 多名乡镇干部,进行马列主义基本理论和科学文化知识的系统培训。

1987 年编写《农村商品经济常识》《十三大文件名词解释》《改革理论文章汇编》学习材料,下发基层。在《镇江日报》开辟《学理论话改革》专栏,刊登理论联系本市实际的论文 19 篇。1988 年举办“社会主义初级阶段理论”、生产力标准理论研讨和纪念中共十一届三中全会 10 周年理论研讨会。1989 年围绕完善承包责任制、试行股份制、调整产业结构、发展镇江经济等问题,搞好调查研究,编印《生产力是检验真理的唯一标准》一书,指导基层实践。1990 年以中宣部下发的《关于社会主义若干问题纲要》为教材,在干部党员和群众中开展社会主义理论教育,全市 2400 余人参加学习。

1991 年分层次举办理论培训班,对县以上机关干部以《社会主义理论与实践》为教材,以办班或系统讲座形式进行轮训;机关干部和下属单位中层以上干部,进行社会主义理论系统教育;一般党员的社会主义理论教育,以基层党校办班的形式进行轮训;对广大群众的教育,以《热爱社会主义祖国》为教材,进行社会主义理论轮训。组织召开党史党建理论讨论会、报告会、演讲会 440 场,听众 5.2 万人次以上。1993 年组织干部群众学习《中共中央关于建设社会主义市场经济体制若干问题的决定》,邀请北京大学、南京大学和省委党校的专家学者到镇江为干部作 10 余场辅导报告。11 月初,市委举办针对机关干部和企事业领导干部等各类理论学习班 700 多期。1994 年以全市县(处)级以上干部为对象,以中心组和专题研讨的形式,以《邓小平文选》第三卷为内容,对 343 名县(处)级干部进行轮训,开办 10 期专题研讨班,收到论文和调查报告 280 余篇。

1995 年制定《关于在全市党员中开展建设有中国特色的社会主义理论和党章学习活动的三年规划》,贯彻中央《关于在全党深入学习邓小平理论通知》,先后制订下发《中共镇江市委中心组规范化建设若干意见》《镇江市党委学习中心组规范化建设若干规定》,印发《关于对全市党员干部进行十五大精神轮训的通知》,先后召开纪念邓小平逝世周年和纪念真理标准讨论 20 周年等座谈会、理论讨论会。针对富裕起来的农民需要科学理论的指导,开展“以《建设有中国特色社会主义若干理论问题的纲要》为主要内容,把邓小平理论送到乡村、田头”活动,组织理论工作者参加“三下乡”活动,宣传马克思主义唯物论和无神论,到茅山革命老区分发马克思主义和邓小平理论通俗读物。制定“三讲”(讲学习、讲政治、讲正气)教育学习交流计划,编印《“三讲”教育必读》学习材料。成立市“三讲”教育领导小组,学习《“三讲”教育必读》,开展以理论探索为主要内容的理论研讨活动。新闻媒体设立理论专栏、节目,播发研讨文章 140 余篇,有 6 篇参加省理论研讨交流,位列全省之首。

2001 年在县处级以上干部中开展“解放思想与江苏、镇江新世纪大发展”理论研讨活动;开展全面贯彻十六大精神，实施“两率先、两步走”战略目标的学习，践行“123 工程”，即在县处级领导干部中，开展“践行‘三个代表’力争‘两个率先’”学习调研活动，组织200场多种形式、不同层面、各类主题的报告会，主办“两率先、两步走发展新战略”“融入长三角新思路”“沿江开发新举措”3个主题论坛。制定下发全市党委中心组学习意见和计划，建立两级中心组旁听制度，全市有5个市区（局）党委学习中心组获江苏省市县以上党委学习中心组先进集体称号。组织镇江市第五届哲学社会科学优秀成果评奖，奖励61项社科成果。2004年创办《中心组月度学习资料汇编》，开展“树立科学发展观和正确政绩观”主题教育活动，组织开展“推进新一轮思想解放，树立和落实科学发展观”网络征文，完成省立项的《新形势下基层党组织建设》课题研究，并在全国核心期刊上发表，通过省哲学社科规划鉴定，获结项证书。2005年下发《关于学习贯彻十六届五中全会精神的意见》，学习构建社会主义和谐社会理论；下发《关于组织争创党委（党组）学习中心组先进集体考核评比的通知》，以及配套的《百分评比考核细则》，实施理论学习中心组百分考评制度。

第三节　思想政治工作

一、思想政治宣传活动

1983年，全市职工思想政治工作会在镇江焦化厂进行职工政校现场经验交流。全市开办职工政校161所，接受思想政治教育培训的职工13000多人；召开全市农村思想政治工作会议，部署全市农村思想政治工作任务。1984年在全市思想政治工作经验交流会上，成立镇江市职工思想政治工作研究会。1985年4月通过对纺织厂、染织厂、焦化厂、省船厂等单位的调查研究，形成《改善青工思想纪律教育初探》调查报告，在省职工思想政治工作研究会的专题讲座上交流，在省委举办的“万名青年思想调查活动”中获奖。

1986年在基层开展“算账对比”“明理消气”“看身边事”等活动，引导群众既看到改革开放的艰巨性复杂性，又要认识到当前的社会形态是中华人民共和国成立以后最好的历史时期之一。组织编写《镇江在改革中前进》小册子，散发各基层单位。镇江轴承厂开展“国事、家事、身边事，你谈、我谈、大家谈”的自我教育活动，推动全市开展“用身边事教育身边人”活动。在镇江市被批准为历史文化名城和对外开放港口城市之际，编印社会公德宣传教育资料下发基层。1987年，全市各级思想政治工作研究会有针对性地召开基层研究活动50余次，5篇论文被省研究会评为优秀论文，3个单位被评为先进集体。1988年5月，全市宣传工作会议总结推广镇江水泥厂把思想政治工作与经济工作融为一体、镇江焦化厂实行“一岗两制”改进企业思想政治工作的经验。

1990年，开展纪念鸦片战争150周年活动。1991年，组织优秀共产党员事迹巡回报告团，在全市巡回宣讲；组织“颂歌献给党”群众歌咏比赛、“七一”诗歌朗诵会和美术、书法、摄影展出等系列活动。1994年在青少年中开展“读爱国书、看爱国片、争做‘四有’新人”活动，举办“爱我中华”读书会、“爱我中华、知我名城、建我家乡”电视知识竞赛和“万名市民看镇江”大型参观活动。

1997年制定下发《关于加强和改进企业思想政治工作的实施意见》，从公安、文化部门抽调人员调查研究，召开情况通报会，把查禁工作纳入社会主义精神文明建设重要内容和领导干部任期目标考核内容。1999年集中宣传全国人民满意公务员、丹阳市地税局稽查分局局长丁万万的典型事迹。在全省率先对党员干部进行唯物论和无神论的教育，把“两论”教育同揭批邪教组织有机结合，做好邪教组织习练者的思想转化工作。

2000年制定下发《关于加强和改进思想政治工作的实施意见》，建立健全思想政治工作联席会议和思想政治工作目标责任制。召开全市思想政治工作第一次全体（联席）会议，建立企业、农村、学校、社区、市级机关等5条线的思想政治工作组织网络。2001年,市、县两级及大型企事业单位普遍建立思想政治工作联席会议制度,初步形成企业、农村、学校、社区、机关5条战线思想政治工作网络。对中美南海撞机事件、农村乡镇合并、农村税费改革、加入世界贸易组织等重大热点问题进行调查研究,利用《宣传信息》《思想动态》及时反映社会思想动态。围绕加强和改进思想政治工作,完成18个专题调研课题。2002年,开展"让思想先行,让思想接轨"学习宣传活动,举办WTO知识竞赛、知识广场、知识讲座、知识论坛等多形式宣传活动。2003年,以争创首批"现代农民教育工程示范市(县)"为目标,建设农民教育中心。

2004年开展"创业创新、开放文明、务实诚信"新时期镇江精神宣传实践活动。同年8月,市委、市政府召开未成年人思想道德建设大会,下发《镇江市加强和改进未成年人思想道德建设行动计划》。2005年召开镇江市职工思想政治工作研究会第八次会员代表大会,正式更名为镇江市思想政治工作研究会。开展"弘扬时代新风尚,争做文明镇江人"的道德教育和实践活动。

二、"扫黄打非"

1983年下发《关于加强录像设施使用管理和继续收缴黄色像带及淫秽书画的意见》,检查市区12个出售音像磁带的国营和个体商店,全市共收缴黄色手抄本19本,不良录音磁带140盒。1984年,对街头挂历进行清理,对小报、录像、舞会、演出等文化市场实施监管,全面整顿营业性舞厅和营业性录像放映场所。1985年下发《关于加强报刊出版发行管理工作的通知》,整顿并没收无报刊登记号或不健康报刊4.9万份,取缔无证报贩(摊)13个,整顿不健康小报42种。

1993年,镇江市"扫黄打非"领导小组成立。1994年11月重点查处非法盗印图书案的丹阳练湖农场及宇驰有限公司,抓获从事非法出版活动的犯罪嫌疑人刑卫荣。1995年制定《镇江市歌舞娱乐场所营业性演出活动的管理办法》《镇江市美术品经营管理暂行规定》。全市出动2000余人次,清查电子音像出版物和书刊出租、零售点1200余家,破获江苏理工大学副教授陈某某利用电脑制黄贩黄案和"1·10"姚某贩黄案、句容"2·10"放映黄色录像案。

2002年以网吧、音像出租点、书报刊出租点及电子出版物为重点,进行校园周边环境整治。对县(市)区以及乡镇街道一些经营网点,集中清缴。2004年开展网吧专项整治工作,组织全市棋牌室整治,遏制无证经营、赌博扰民等现象,开展公民道德宣传教育月活动。2005年制定下发《关于加强和改进全市互联网新闻宣传管理工作的意见》。

三、政工系列职称评审

1991年,镇江市首批政工系列职称评审工作开展。全市评审出高级政工师115人,政工师1336人,初级职务2954人。其中:国有、集体企业高级政工师82人,政工师720人,助理政工师1211人,政工员600人。1996年开展企事业单位政工系列专业技术职务评审工作,评出高级政工师38人,政工师189人,助理政工师和政工员157人。全市年末有高级政工师290人,政工师2300人,初级政工职务4349人,有技术职称的政工人员共计6939人。

第四节　对外宣传

1983年贯彻中央15号文件精神,市委加大对外宣传镇江的工作力度。1984年组织摄制《镇江掠影》《深水良港》电视片,介绍镇江风景名胜和投资环境,作为镇江外事活动资料片,在日本、中国香港等地放映。1985年,市委宣传部设立对外宣传科专职机构。

1986年,日本津市女画家桥本三重子在日本举办镇江历史、文化、物产展览会,印发《您好——镇江》《丁观加书画作品集》等彩色画册。组织印刷《镇江文物精华》明信片,在全国发行;编印宣传镇江经济和文化的《中国镇江》折叠画页，馈赠海内外友人。同年，在省举办的首届国际经贸洽谈会上，向来自38个国家和地区的2000余名客商，播放《镇江掠影》《深水良港》宣传片。1987年邀请27家新闻单位的40余位知名记者到镇江参加对外籍船舶开放典礼，国际广播电台用30多种语言向海内外介绍镇江。

1988年组织拍摄《欢迎您到镇江》（中英文版），完成中国开放城市系列丛书《镇江》（中英文版）定稿，完成大型画册《江苏》镇江专辑的拍摄和地区信息丛书《镇江》分册的编写，组织拍摄出版《镇江三怪》《镇江风姿》等电视片、画册。配合1988年中国镇江国际经济合作洽谈会，在上海举办新闻发布会，驻沪领事馆官员、各国驻沪驻港商务、金融机构代表和20多家驻沪新闻记者参加，在上海一度形成“镇江热”。在香港委托钟山有限公司举办新闻发布会，《新报》等15家知名报社、通讯社应邀到会并宣传报道镇江。发表陈璧显《诚邀天下客商，发展经济合作》署名文章，公布洽谈项目。这期间在国内外报刊组织7个专版，发表近百篇介绍镇江文章，获瑞典、美国、法国、联邦德国、意大利、西班牙、日本等国来电来函联系。

1990年为扩大镇江对外经济技术合作洽谈会和金山、焦山两寺佛像开光活动的影响，在香港《文汇报》《澳门日报》、台湾《联合报》和亚广联、欧广联等十多家媒体报道宣传镇江。组织拍摄镇江对外开放专题片《江心芙蓉》《闪光的桑园》《今日镇江》。《江苏风情》镇江专辑在省电视台向公众播放。

1991年，镇江市对外宣传领导小组成立，明确机构设置，增加人员编制。摄制完成《历史文化名城——镇江》和反映扬中县两个文明建设的新闻纪录片《江心宝岛》。1992年围绕“金山之光”艺术节活动，联系新华社、中新社、《经济日报》等20多家境内外新闻媒体的30余名记者，向境内外介绍宣传镇江，香港《商报》总编马力、副总经理吴锡源、中新社香港分社社长王瑾希、香港《大公报》副总编陆佛等港澳新闻界知名人士，到镇江建立稳定的合作通道。组织编印《镇江》《投资指南》《口岸指南》《旅游指南》《镇江概况》《出口商品介绍》等画册，拍摄《茅山》《焦山碑林》专题片，在中央电视台《神州风采》专栏播出。电视片《镇江》得以在台湾江苏省名市投资环境说明会和美国纽约中文电视台播放。电视片《中国镇江》（中英两种版本）经江苏省音像出版社正式发行。

1993年筹拍镇江历史文化系列专题片，9月完成《三国与镇江》的摄制。1994年配合第二届“金山之光”艺术节，邀请海内外30多家新闻机构的记者参加宣传镇江的活动。香港《大公报》在“江苏名镇”栏目中，连续报道《城市山林——七里甸》《天王坐镇天王镇》《华灯闪烁界牌镇》等地经济发展新貌和优越的投资环境。同年12月5日，市政府新闻办公室、镇江电视台在南京与美洲东方卫星电视台签订租用时段合同书，在东方卫视设《中国·镇江》固定栏目，播出介绍镇江的电视节目，合作期限1年之后可续签，1995年3月7日首播，每期1小时。1995年，美洲东方卫视《中国·镇江》栏目共播出12期专题节目，其中有4期被纽约中文电视台选播。

1996年配合第三届“金山之光”艺术节，在美洲东方卫视继续开办《中国·镇江》专题节目。镇江电视台制作的《四季风》节目，送上亚太一号卫星播放，与国内外60多个新闻机构建立联系。1997年围绕对外招商活动，30多家新闻媒体应邀向国内外集中宣传报道镇江，香港《文汇报》刊登《加强沿江开发，重视产业互补——镇江市委书记方之焯介绍振兴大计》、美国《侨报》刊登《铸造中心、激光音响竞相落户：镇江市开发区高新技术产业初具规模》、香港《大公报》刊登《镇江沿江工业充满活力》等篇幅较大的报道。同年10～12月，《人民中国》《江海侨声》《人民日报》海外版、江苏电视台外宣部等报刊、台记者，围绕张怿伯先生1938年4月写就的《镇江沦陷记》一书，到镇江进行采访，以史实向海内外揭露日本侵略者的侵华罪行，宣传镇江人民英勇抗日救国的爱国主义精神。1997年向美洲东方卫视《中国·镇江》供片13期，共计13个小时。2000年，海内外新闻媒体宣传镇江的稿件200多篇，香港《商报》刊发“江南名城镇江，诚邀天下客商”一文，《人民日报》海外版开设《镇江：生机勃发的热土》专版。

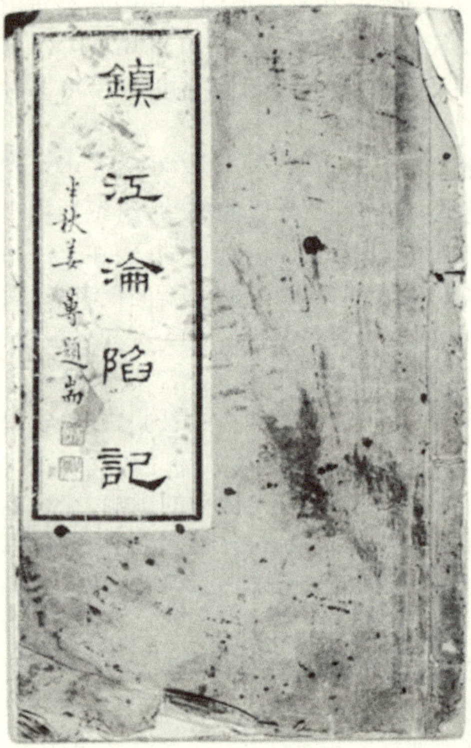

图 23-2　《镇江沦陷记》手稿封面(1997 年摄)

2001 年在《人民日报》海外版等 4 家报刊上分别开设镇江专版,与中国国际广播电台联合开办《走进镇江》专题节目。在 18 家省级电视台合作发起的电视片大奖赛中,镇江市《中国镇江风》等 5 种对外宣传精品获奖。2002 年实施“跳出镇江宣传镇江,面向全球推介镇江”的对外宣传战略,首次在日、韩等国举办镇江国际电视周活动,参与“走进百城”大型城市互动宣传活动。与中央电视台联合摄制《走遍中国》(镇江篇),在中央电视台连续一周播出。举办赛珍珠诞辰 110 周年纪念大会和《文心雕龙》国际研讨会。兴建新闻网站“金山网”。中央电视台《焦点访谈》栏目,专题报道“镇江人的小康环境”“城市山林”“江南名城——中国镇江”,引发投资者关注、考察、投资镇江的新热潮。2003 年在江苏卫视公共频道开设每天 2 小时《镇江晚安》节目;中国镇江电视周活动在宁波、深圳、美国、加拿大等地举行,扩大对镇江的宣传。在金秋洽谈会期间,江苏卫视“江苏新时空”栏目连续一周对镇江进行宣传,“长三角”黄金沿江采访团、全国著名十大网络媒体采访团、浙江杭州媒体采访团等国内外知名媒体,宣传镇江发展的优势。中央电视台“激情广场”栏目用 40 分钟宣传、推介镇江,向境内外发送《中国镇江》电视片光盘数万份。“金山网”点击率突破 1 万次。2004 年举办“全国知名网络媒体图说镇江”“江苏沿江开发新闻周——外国媒体镇江行”“中国大运河——镇江行”大型采访活动。中美联合摄制《沿江的机遇》镇江专题,同凤凰卫视制作《九州深呼吸》专题片。2005 年与中央电视台合作,举办《同一首歌》走进镇江大型演唱会活动;举办以“相聚金山,合作双赢”“空中看镇江”、《再说长江》《和谐社会春满镇江》《导游东西——游镇江》为内容的香港《商报》、美国《侨报》、法国《欧洲时报》等媒体互动宣传活动;媒体与企业面对面交流和“赛珍珠国际学术研讨”等活动,向海内外展示镇江。

第五节　党员干部培训

1983 年根据省委要求,对乡镇党委宣传委员冬训半个月,组织学习《中共中央关于整党的决定》、实事求是的思想路线、建设社会主义精神文明抵制精神污染和党的农村经济政策等 4 个专题。1984 年组建中共镇江市委讲师团,刘以坤为团长,殷骆为副团长,对未取得大专学历的机关、企事业单位的在职干部进行正规化理论教育。1985 年,市委讲师团建立教育网络,凡 10 名以上学员的单位成立学习小组,设辅导员 1 人。市委讲师团负责市区的教育管理,各县区由县、区委宣传部代管。1985 年下半年到 1989 年上半年,凡参加正规化理论教育的干部,必须依次完成马克思主义哲学、政治经济学、科学社会主义、中国革命史等课程的学习,参加统一考试,一次未达标者须直至补考通过。1986 年,全市 2000 多名在职干部通过省组织的统一考试,取得省级结业证书。

1989 年在培训基础上,选拔配齐乡镇党委宣传委员。1990 年以《关于社会主义若干理论问题学习纲要》《马克思主义哲学学习纲要》《关于加强党同人民群众联系的决定》为学习内容,以在职学习和脱产培训相结合的形式,开展社会主义理论的培训教育;10 月举办宣传理论干部和党支部宣传委员培训班,250 多名干部参加培训。在四县两区举办 8 期局级干部培训班,500 多名干部参加培训。1991 年举办 9 期《社会主义若干理论问题学习纲要》培训班,673 名县处级干部参加培训。县以上机关干部,以《社会主义理论与实践》为教材,采取办班和系列讲座形式进行培训,办班 184 期,轮训 1.44 万人次,3.5 万名干部参加书面考试。1992 年,市委党校、县(市、区)委党校和局(公司)业余党校,举办学习邓小平视察南方重要讲话学习班 300 多期,培训党员干部 3 万多人次。

1993 年,市委决定将宣传舆论部门科级干部的选拔任用由市委宣传部受理和审批。1994 年以《建设有中国特色社会主义理论和路线》为内容,举办党政干部学习班,343 名县(处)级以上的领导干部参加学习,各单位主要领导干部基本轮训一遍,200 多名乡镇(农垦团场)的宣传干部和县区委宣传干部,参加冬训。1995 年对全市 1200 多名政工干部进行岗位培训,制定下发《关于在全市党员中开展建设有中国特色社会主义理论和党章学习活动的三年规划》,举办 4 期骨干培训班,500 多名宣传干部参加学习。同年 12 月,乡镇党委专职书记和宣传委员参加冬训班培训。1996 年以《邓小平文选》为主要教材,以《建设有中国特色社会主义若干理论问题纲要》为线索,举办 11 期市级机关科级干部培训班,1300 人参加学习。对全市 2000 多名政工干部进行理论和业务的培训。

1998 年以中央《关于在全党深入学习邓小平理论的通知》和十五大文件为内容,对全市 2500 多名政工干部进行岗位培训,参培率 85%。开展社会主义初级阶段理论教育。举办初级阶段理论、党的基本路线、改革开放形势和形势任务等专题学习班 15 期,培训党员干部和骨干 2500 多人次。2000 年在基层党员干部中开展以致富思源、富而思进为主题的“双思”教育活动,举办 300 多人参加的两期骨干培训班。以基层党校、政校轮训和农村冬训为形式,对全市 10 万多名党员、干部进行“三个代表”重要思想和“双思”全面培训。抓好政工干部岗位培训 1500 多人。2002 年举办各类培训、轮训班 36 期,培训 2429 人。主体班次 19 期,学员提供党性分析报告 326 篇,调查报告 114 篇,全年发表市级以上科研成果 91 项,其中省级 41 项、国家级 1 项。同年 12 月 25 日,市委讲师团建制经市编委批复撤销,职能并入市委宣传部,对外仍保留牌子。

2003 年制定下发《全市文化人才高地建设的实施意见》《镇江市宣传文化系统干部在岗培训三年规划》,举办全市宣传文化系统干部进修班。1100 多名政工干部参加继续教育培训。2004 年在浙江省宁波市委党校举办乡镇领导干部、宣传干部培训班。政协委员干部专业培训活动项目,被评为省先进活动项目。2005 年,全市以省委宣传部编写的《2005 年江苏省党员干部轮训工作七讲》为教材,对全市党员干部进行轮训,举办全市宣传文化系统干部及党委中心组学习秘书培训班,50 多人参加培训。

第八章　纪律检查(监察)

1983 年 3 月,镇江地、市委纪委合并成立中共镇江市委纪委,属市委直辖建制;9 月,市委将市委纪律检查委员会改名为中共镇江市纪律检查委员会,独立建制。1988 年 3 月,市监察局正式恢复组建,各县(市、区)监察局相继成立。市纪委、市监察局于 1993 年 3 月 1 日合署办公,履行党的纪律检查和行政监察两项职能。合署后的市纪委设 11 个职能室,机构设置比合署前减少 4 个,精简 26.7%。合署后机关人员编制 87 人。2001 年,市级党政机构改革,保留中共镇江市纪律检查委员会机关(市监察局与其合署办公),纪检监察的机构设置、人员编制和干部管理相应调整。同年,市纪委、市监察局同时派驻纪检组、监察室的部门 18 个,编制 40 名;市纪委单派驻纪检组的单位 2 个,编制 16 名;市纪委派出机构 3 个,编制 8 名;市监察局单派驻监察室的单位 9 个,编制 27 名,派驻监察室与内设纪检组(纪委)合署办公。

第一节　党风廉政建设责任制

一、责任制考核

1986 年 4 月，市委作出《实行市委常委抓党风责任制的规定》，实行逐级负责制。1999 年根据中共中央、国务院《关于实行党风廉政建设责任制的规定》，镇江市委结合镇江实际，制定《镇江市党风廉政建设责任制实施办法》和《镇江市党风廉政建设责任制考核细则》。2003 年 4 月制定下发《关于实行党风廉政建设责任制的报告制度（试行）》《关于实行党风廉政建设责任制的检查考核办法（试行）》，明确检查考核的内容、方式、程序、结果评定等具体内容。规定各级党委（党组）负责领导、组织对下一级党政领导班子和领导干部党风廉政建设责任制执行情况的考核，采取领导考核、职能部门考核、民主评议、民主测评、单位自查、重点抽查等形式，考核结果分优秀、合格、不合格 3 个等次。把考核结果作为对领导干部业绩评定、奖励惩处、选拔任用的重要依据。考核不合格的不予提拔重用、不参加评先评优，问题突出的予以换岗、降职或免职处理；单位考核不合格的不能参加文明单位、先进集体等评比，并对党政主要负责同志实行诫勉教育。

二、责任追究

2001 年 11 月，市委、市政府制定下发《关于实行党风廉政建设责任制责任追究制度的规定》。同年，全市追究 16 名党员干部领导责任，其中县（处）级干部 1 名。2002 年，全市责任追究 9 件 10 人，其中 8 人受到党纪政纪处分，2 人移送司法机关。2003 年，全市追究案例查处 3 名处级干部、29 名科级干部。2004 年，追究案例查处 1 名处级干部、8 名科级干部、23 名普通干部。2005 年对 15 名党员干部进行责任追究。

第二节　领导干部廉政建设

一、廉政规定执行

1993 年 8 月贯彻市委对领导干部党风廉政建设的规定，545 名县（处）级领导干部进行自查自纠，上交礼品、礼金 15830 元。1996 年，全市落实中央关于公职人员礼品礼金登记、领导干部收入申报、国有企业业务招待费向职代会报告三项制度。全市 4202 名党员干部进行礼品礼金登记；220 个单位建立领导干部收入申报制度，99.6% 的县（处）级干部进入收入申报程序；147 个国有企业实行业务招待费向职代会报告制度，其中 118 个企业业务招待费明显下降。

1997 年，领导干部个人重大事项报告制度在全市范围全面执行，234 个单位执行领导干部收入申报制度，1145 名领导干部进行收入申报，423 个国有企业实行业务招待费向职代会报告制度。1998 年，全市停建办公楼 7 幢，减少办公楼装修费 543 万元，取消各类庆典活动 51 个，制止公费出国（境）组团 16 个，制止公费国内旅游 53 人次。

2001 年 3 月，市纪委发出《关于开设廉政账户的通知》，开设 510 账户，同年交入市廉政账户资金 69.7 万元。1998 ~ 2002 年，对部门领导、大中型企业负责人开展经济责任审计和离任审计工作。全市共完成经济责任审计 105 项，查出违规违纪金额约 11503 万元。2002 年，市委办、市政府办印发《镇江市党政领导干部和国有企业法定代表人任期经济责任审计实施意见》。

2003 年 6 月，市纪委出台《镇江市纪委负责人同县（处）级党政主要负责人谈话制度》，全市各级纪委书记同下级党政主要负责人谈话 277 人次，与新上任领导干部廉政谈话 639 人次，与存在某些苗头性、倾向性问题的领导干部诫勉谈话 85 人次。

2005 年，中纪委、中组部《关于对照领导干部廉洁自律规定，开好民主生活会的通知》下发后，市纪委、监察局督促各级党组织召开专题民主生活会，会同市委组织部加强监督检查。

二、专项治理

1984 年起，镇江市重点对党政机关和党政干部经商办企业、住房、用车、通讯工具等进行专项治理。1994 年开展清理党政机关经商办企业工作；1998 年 8 月集中对全市政法系统经商办企业进行专项清理；1999 年清理政法机关、军队经商办企业工作基本结束；2000 年清理党政机关、政法机关、军队经商办企业，全市 700 多家党政机关经办的企业已有 99% 被注销或吊销，其余的全部停业，限期处理债权债务。2004 年免去 24 名领导干部在企业兼任的 39 个职务，免去 4 人在党政机关兼任的职务。

三、清理借用、拖欠公款

1984 ~ 1992 年，全市清理党员干部和职工宕欠公款 5800 多万元，回收 4572 万元，回收率 78%。1994 年清理个人宕欠公款，清理出干部职工 53491 人、拖欠公款 6869. 79 万元。2004 年 6 ~ 9 月，清理党政机关事业单位 948 人借用、拖欠公款 603. 8 万元。2004 年开展用公款为个人购买商业保险的清理和登记，2005 年清退拖欠公款 734 万元，清理用公款为个人购买商业保险 160. 2 万元。

四、清理职工住房

1989 ~ 1991 年，全市清理干部建私房 1304 户，查出空关房 170 套，清理出干部违反规定用公款单独购买商品房 166 套，清理出干部用公款超标装修住房 61 人。1992 年，全市清理出多占的公房 44 套，给予 5 名严重违纪违法的党员干部党纪政纪处分。

1995 年 5 月至 1996 年 4 月底，全市开展清房工作，清理 7825 名领导干部住房，发现违反住房规定的干部 475 名，清退住房 211 套。1997 年，市纪委清理 3509 名科级干部住房，查出违反住房规定的 150 人。2000 ~ 2001 年开展清理转业干部和有关人员军地两处住房及领导干部违规住房工作，清退部队住房 640 套，查纠地方干部违规住房 93 起。

第三次清房工作自 2002 年 6 月开始，2003 年下半年结束。全市各辖市(区)和 158 个市直部门、垂直单位和驻镇江单位全部参加，清理出各类住房违规问题 641 人，其中县(处)级干部 71 人，整改到位率 99. 8%。2004 年，纠正全市清房验收中发现的 8 个问题，收取补款 7. 8 万元。

五、整顿统一着装

1992 年，市纪委部署对市 26 个执法部门和行业的统一着装进行清理，清理出违反规定着装人数 7772 人。除按国家清理着装委员会规定，525 人暂缓脱装外，全市经清理实现脱装人数 7247 人，回收着装费 41. 64 万元，占应收金额的 95%。2004 年再次开展整顿统一着装工作，全市清理出未经批准着装 23 家单位、2575 人。

六、清理和改革公用车辆

1992 年，全市清理纠正党政机关购买和换乘豪华轿车 14 辆。这些车或出售或换乘，有的改作机关接待用车。1993 年配合公安部门做好公安号牌的清理收缴工作。1994 年，清理纠正 1992 年以后党政机关购买换乘豪华轿车 21 辆，纠正无偿占有企业小汽车 3 辆。1995 年清理纠正乡镇以上党政机关和国有大中型企业领导干部违反规定购买、乘坐的豪华轿车 35 辆。2004 ~ 2005 年开展清理超标车专项工作,共清理党政机关超编超标车174辆。

2003年,市纪委下发《关于积极稳妥推进公务用车制度改革的通知》,推广扬中市公务用车制度的改革做法。2004年,规范涉及改革车辆的评估、交易和过户等环节,所有涉及改革的车辆全部公开拍卖。2005年,全市32个乡镇、133辆公车实行车改。

七、清理通信工具

1997年12月10日起,对全市党政机关和事业单位公费住宅电话和手持电话机进行清理,至12月31日,清理基本结束。清理纠正手持电话机4877部,公费住宅电话折价过户4316部,全年减少公费话费1332万元。1999年清理过户全市党政机关和事业单位公费通信工具,清理公费定配手持电话机1500部,清理公费配备寻呼机4400部。

第三节 违纪违法案件查处

一、信访举报

2002年,镇江市制定出台《关于在全市推行"三个依法"办理信访的实施意见》,即"人民群众依法信访、行政执法机关依法行政、纪检监察机关依法办理信访问题",引导群众依法信访,指导基层组织依法处理信访问题,督促党员干部依法行政。全市纪检监察机关落实信访工作领导责任制,建立市、县、乡三级联动领导干部信访接待日制度。2003年,市纪委推行署实名举报工作。2005年在全市纪检监察系统实行署实名举报双向承诺制度。同年,全市纪检监察机关接收署实名信访534件次,占信访总量的33.6%。同年6月,市纪委、监察局下发《关于在全市实行信访举报办事公开制度的意见》,明确公开的内容、形式、时限、问责办法等重要事项。

2005年4月,市纪委印发《镇江市纪检监察信访案件督办暂行规定》的通知,市和辖市(区)纪委全年跟踪督办信访案件413件,其中市纪委督办155件。市、辖市(区)、乡镇三级纪检监察机关建立督查网络,督查督办重点信访问题190件,办结率91.5%。

至2005年底,市、县两级纪委主要领导批阅群众来信1132件次,接待群众来访153批次,参与办理重要疑难信访240件次。有效实施信访监督,对轻微违纪但不够立案查处的128名领导干部进行诫勉谈话,为295名党员干部澄清有关问题。

二、案件检查

1997年查处市政府原副秘书长刘某某(正处级)、李某某受贿案,市计划委员会原副主任曾某某(正处级)贪污受贿、嫖娼案,市卫生局原副局长洪某某(正处级)受贿案,市计划委员会原副主任裘某某受贿案等。2000年查处市政府原副秘书长俞某某(正处级)受贿案,镇江新区丁卯开发总公司原助理调研员杨某某挪用公款炒股案等。2001年查处京口区原区委书记秦某某受贿案,市委原副秘书长李某某、市委办原副主任蔡某某涉嫌经济犯罪案,镇江市原教委教研室主任沈某某受贿案,镇江市综合开发办原副主任孙某某受贿案等。2003年查处市纺织丝绸资产经营公司原总经理、镇纺集团原董事长兼总经理杨某某,市商业大厦原总经理张某某和市五交化公司原总经理徐某某等一批贪污、受贿、挪用公款窝案串案。2004年查处市国土局原副局长朱某某收受巨额贿赂案,镇江华龙管道有限公司原总经理吴某某在企业改制中以串标、贿赂为手段非法占有巨额企业资产案,市冶金建材资产经营公司原副总经理张某某违规参与企业改制并获取非法所得案件等一批大要案件。2005年查处市房管局原局长、党委书记高某某严重以权谋私案,市外经局副局长眭某某非法占有、受贿案等。

1983～2005年,全市立案查处违纪案件7091件,给予党纪政纪处分6873人。1999年12月29日在全省表彰大会上,省委、省政府为市纪委第一纪检监察室记集体一等功,为时任市纪委常委、市监察局副局长的杨志伟记个人二等功,为张凤华、唐洪云、吴解平记个人三等功,另有8人受到嘉奖。

三、案件审理

1998年起,市纪委建立完善案件会商、案件卷宗送审、疑难案件会审等制度。2003年实行案件提级协审,即市直机关和辖市(区)基层查办的案件,在研究处分决定之前,要分别与市、辖市(区)纪委案件审理部门联系,由案件审理部门指定人员协助审理。2005年7月,市纪委、监察局制定《关于开展党纪政纪案件公开审理工作的暂行办法》,对调查终结的案件,按照"公正、保护、监督、教育、实效"的原则,以党支部扩大会议式、质证式和庭审式3种形式,在一定范围内公开审核处理。

第四节　源头防治腐败

一、整顿作风

1984年6月对贯彻中纪委《致全国党政机关、企事业单位各级领导干部的公开信》情况进行检查验收,对全市124个县处级以上单位检查,验收合格和基本合格的有112个单位,合格率90.3%;对县、区和市级机关55个局以上领导班子党风党纪状况进行调查分析,对边学边犯、边整边犯和久拖未决的72个案件进行严肃处理。同年12月中纪委《关于坚决纠正新形势下出现的不正之风的通知》下发后,市纪委牵头派出检查小组到全市各县处级单位检查验收,对边纠边犯的予以严肃处理。

二、党风党纪教育

1985年,全市开展理想纪律教育。1986年开展"为党增辉、为国分忧、为民造福、稳定大局""党的纪律条规""社会主义道德"等专题教育。1987～1989年进行"增强党的纪律、维护改革大局"和"坚持四项基本原则,反对资产阶级自由化"的政治纪律教育。1991年在全市城乡11万党员中开展普及党的纪律基础知识教育活动。1997年以勤廉形象塑造工程为载体,开展"树形象、做表率、创清风"主题教育活动。同年《廉政歌》诞生后,市纪委、市委办、市政府办专门下发文件,把组织学唱《廉政歌》列为勤廉形象塑造工程的一项重要内容,全市97.2%的党员干部参加学唱传唱活动,《廉政歌》入选《江苏省百首爱国主义新歌集》,被列为首篇歌曲。同年组织开展"为官三德"大讨论活动,市纪委先后召开10场大讨论专题座谈会,10302名党员领导干部参加知识测试,其中市(厅)级党员领导干部参考率、合格率100%。2001年和2003年组织开展十佳勤政廉政干部评选,评选出的十佳勤政廉政干部,受市委表彰并享受市级劳模待遇。2002年开展"机关作风建设互学互促"活动,全市有498个机关、部门和乡镇(街道)结成244个对子。2003年举办《回顾与展望——镇江市反腐倡廉十年成果汇展》,巡回展出780场次,参观者12.3万人次。2005年,市纪委、监察局组织实施"润廉工程",推动廉政文化进机关、进社区、进学校、进家庭、进企业、进农村。

三、公开制度

1. 村务公开　1996年,扬中新坝镇实行村务公开,建立规范的村务公开栏,按规定程序公开村务、财务。1998年,镇江市制定《镇江市农村财务公开暂行规定》,规范村务公开,推进农村民主管理。

2. 厂务公开　1999年,全市在总结试点经验的基础上,推行厂务公开工作。至2001年12月,全市已有833家企事业单位推行厂务公开,其中国有、集体、国有控股企业408家,教育、卫生等事业单位379家。(参见第二十八卷第一章第三节第五目第二子目厂务公开)

3. 政务公开　1996年开始推行政务公开。经历乡镇政务公开试点、乡镇全面推开和向县(市)区政府、市级机关延伸三个阶段。2000年7月,中央纪委召开全国乡镇政务公开电视电话会议,介绍扬中市新坝镇政务公开经验。同年10月,中央纪委在镇江召开有8省(区)参加的政务公开工作向县以上机关延伸座谈会。中央纪委《纪检监察信息专刊》和《中国纪检监察报》介绍新坝镇经验。2001年在所有乡镇全部实行比较规范的政务公开基础上,6个县(市)区机关基本实行政务公开,市直各部门也以不同形式推行政务公开。2002年,市本级开设政务公开栏,开通政务公开网站,并与辖市(区)及市直30多个部门实现联网。2003~2005年,市、辖市(区)和乡镇全部实行政务公开,市、辖市(区)设政府政务公开栏。

4. 党务公开　2004年起,全市结合贯彻落实《党内监督条例》,从丹阳市试点,后在市直部门和乡镇、街道部门扩大试点,直到在全市各级党组织全面推开党务公开工作。同年初,市委成立党务公开工作领导小组,建立党委统一领导、纪委组织协调、部门各负其责、群众参与的工作机制,每季度部署一次工作,每半年进行一次检查,每年组织一次考核,先后召开党务公开工作动员会、试点扩大会和全面推进会。2005年,市委制定《关于进一步规范党务公开工作的意见》,召开全市经验交流大会。市级机关部门和辖市(区)、乡镇(街道)、村(社区)的党组织全部实行党务公开。中纪委在镇江召开"逐步推行党务公开问题研究"课题论证会,市纪委被列为全国4个党务公开课题研究单位之一;全国19个省、市、自治区164批次1680余人先后到镇江参观考察。

四、源头防治腐败机制措施

1. 预算外资金清理　1996年5月13日,清理检查预算外资金展开。市本级自查336户,有违规情况的单位76户,全市清理出预算外资金87605万元,清理出违纪金额593.9万元。1997年,全市抽调213人组成54个检查组,采取全面自查与重点检查相结合的方法,查出违反预算外资金管理规定资金2015万元,全部缴入财政专户。

2. 收支两条线　1998年贯彻落实收支两条线,清理银行账户511个,撤销银行账户221个,入专户单位和入专户金额达100%。1999年,基本实现"两个100%"(有预算外资金收入单位100%实行收支两条线管理,各单位预算外资金100%上缴财政专户)目标。2001年,全市所有党政机关、政法机关和执收执罚部门以及事业单位、社会团体,全部实行"收支两条线"管理,预算外资金实现100%专户储存和集中管理。

3. 政府集中采购　1999年初成立市级政府采购中心,规定8个集中采购项目,全年通过公开招标集中采购,节约资金260多万元。2000年在原有集中采购目录基础上,增加7个采购项目,采购总额6435.87万元,资金节约率为26.6%。2001年,采购总额23733万元,资金节约率8.48%。2002年,充实调整专家评委库,建立开通政府采购网站,全市集中招标采购总额3亿元,减少资金支出。2003年,采购总额3.88亿元,资金节约率10.2%。2004年,采购总额5.6亿元,资金节约率14.2%。2005年,实施"采管"分离,采购总额7.6亿元,资金节约率14.4%。

4. 会计委派制　1999年,全市在乡镇全面推开会计委派制,成立乡镇会计管理站,统一管理村级财务,集中做账。到2001年,全市所有乡镇、县级72个主管部门、市级5个主管部门实行会计委派制,2169个单位接受会计委派。2002年,辖市(区)、乡镇两级成立会计管理机构,实行财务集中核算。

5. 部门预算　2001年逐步推行部门综合预算和零基预算,清理银行账户1357个,撤销违规账户296个,市区票款分离率100%。在巩固和完善“票款分离”“罚缴分离”基础上,推行部门预算和国库集中支付制度。2002年,市直332个部门和单位全部纳进部门预算编制,实行零基预算。

6. 市直单位统一发放工资　2002年在市直12个部门57个单位实行工资统一发放试点。2003年,市直行政单位、全额拨款事业单位及参照单位的干部职工工资全部由财政统一发放。2004年,扩大统发工资对象至部分单位离退休人员,全市参加统发工资人员达8675人。

7. 行政审批制度改革　2001～2003年,市纪委牵头组织两轮行政审批制度改革,审核取消507项(其中市本级设定项目全部取消),降低级别85项,降幅54.2%。2004年,全市清理市级行政许可项目和收费,取消审批事项78项,改变管理方式40项。

五、构建惩防体系

2005年8月,镇江市出台《中共镇江市委关于构建惩治和预防腐败体系实施意见》,提出5年后,基本建立并有效运行具有镇江特色的惩治和预防腐败体系。到2005年底,全市各辖市(区)、镇江新区、27个市直重点部门制定出台具有本地、本部门特点的惩防体系实施办法或细则。

第五节　廉政环境保障

一、纠风治乱

1992年,镇江市纠风办成立。1995年始,市惩治腐败廉政建设领导小组、纠风部门和行业不正之风领导小组及办公室合并。

1. 聘请党风党纪联络员、特邀监察员　1990年起开展聘请党风党纪联络员、特邀监察员工作。市监察局聘请来自民主党派、无党派人士、市人大代表、市政协委员的特邀监察员和行风监察员36名。1992年3月,市纪委聘请8名各民主党派人士担任党风党纪联络员。1993年,纪检监察机关合署办公后,市纪委聘请32名特邀监察员。1998年3月,市纪委对党风廉政特邀监察员进行重新聘任。2003年,市纪委、监察局在各民主党派、人大代表、群众团体、企业经营者和新闻单位中,聘请32名市党风廉政建设、行政效能监察特邀监察员,任期3年。

2. 行风评议　1991年初,市监察局与市政府民意调查中心联合组织行风千人问卷调查,明确17个行风建设重点部门,制定纠风目标管理责任制,在《镇江日报》上公布。在人大代表小组聘请13名行风监督员,实行持证监督。1998～2005年先后对市邮电、卫生、供电、税务、公安、交通、教育、工商、财政、司法、建设、规划、房管、城管、园林、质量技术监督、劳动和社会保障、物价、旅游、环保、电信系统进行民主评议行风活动。2004年12月3日在市人民广播电台开通“行风热线”直播节目。到2005年共播出56期,受理各类投诉咨询710余件,回复率100%,办结率95.7%。

3. 减轻企业、农民负担　1991年5月在全省监察系统首家制定《关于维护企业合法权益举报办法》,受理涉及侵犯企业权益的信访举报147件。对违反规定到企业报销费用、购买物品等严重侵犯企业合法权益的案件进行查处。1994年清理党政机关及其工作人员利用职权无偿占用企业钱物,共清理出无偿占用企业资金121.78万元,交通工具152辆,通讯设备201部,声像器材7台,空调15台。1996年先后对执行控减农民负担工作、农民负担监督卡试行情况进行监督检查,全市减轻农民负担1300万元。1997年配合农工部开展农民减负执法监察,减轻农民负担3000万元。1998年推行农民负担预决算、监督卡和专项审计等三项制度,纠正借收购农副产品之机代扣代缴提留统筹和各种搭车收费。1999年开展制止向企业“乱收费、乱罚款、乱摊派”工作。2001年推行企业收费许可证和企业缴费登记卡制度，全年共取消不合理收费项目21项，涉及金额2102万元。2001～2005年，全市减轻农民负担28416万元。

4. 行政事业单位乱收费清理　1993年，市纪委、监察局和市财政局、物价局、市经委联合开展清理行政事业性乱收费行动，自查面达100%。1994年，清理已取消收费项目的落实。1995年，清理党政机关行政事业性乱收费，全市公布取消乱收费项目258个，清出乱收费金额741万元。

5. 整治公路、河道乱收费　1993～2002年7月，对重点地区、国道、省道和重点路段进行经常性监控，共组织检查300余次，取消28个站卡，9个费种，收缴退赔款3万多元，纠正违规57件，受各类处理41人。

6. 治理中小学教育乱收费　1995年实行收费标准、收费项目、学生用书目录"三公开"制度。2004年，全市纪检监察机关建立教育费附加征管用情况报告、年审检查、责任追究等3项制度，实行教育乱收费问题严查快报机制。1995～2005年，全市查处中小学乱收费288件，清理纠正乱收费金额2397.26万元。

7. 纠正医药购销和医疗服务领域不正之风　1996年，全市进行医药回扣专项检查，查处回扣案件4起，清查出医药回扣总金额3440万元。1999年下发《关于纠正医药购销中不正之风工作的实施意见》，专项治理医药购销中的不正之风。2000年，全市清理、取缔无证照或证照不全的药品生产、批发企业16家，清理取缔非法私人诊所56个，查处医药购销中违纪违法案件6件。2001年推行药品集中招标采购制度，建立省内规模最大、设施齐全、运作较为规范的药品集中招标采购中心。2002年成立药品集中招标采购监督小组，出台有关药品集中招标采购监督管理办法。2003年，全市有111家医疗机构实行药品集中招标采购，集中招标采购总金额1.8亿元，占医院购进药品总额53.7%。2004年规范药品和医疗器械集中招标采购，各辖市（区）全部纳入市医疗机构联合采购药品，全市二级以上医疗机构和驻镇大型厂矿企事业单位基本纳入集中招标采购范围。全年招标采购药品总额1.6亿元，药价平均下降15%，让利于患者2452万元。2005年规范药品集中招标采购，招标采购药品总额2.3亿元，让利患者5000余万元。

8. 治理基层站所不正之风　1997年着重对1995年1月以后基层站所发生的不正之风及违法违纪行为，进行检查和纠正处理。全市89个乡镇、1288个站所展开这项工作。全市查出违法违纪钱物522.65万元，退还占用或拉赞助购买的小汽车18辆、摩托车85辆，退还无偿占用的企业资金47.8万元，对违法违纪违规人员，辞退176人、异地交流95人、降职7人、行政警告处分1人、立案查处7人。

9. 两清理一规范　2004年，开展"两清理一规范"即"清欠征地补偿安置费，清欠农民工工资，规范城镇房屋拆迁"工作。全年清理并及时发放被拖欠补偿安置费1.98亿元；清理支付拖欠农民工工资1.5亿元，占应付工资总数98%；在全国中等城市率先出台《镇江市城市房屋拆迁工作纪律规定（试行）》《镇江市城市房屋拆迁监督管理十项制度》，对房屋拆迁审理程序、拆迁评估等作出具体规定。

二、执法监察

1990年后，全市监察机关先后开展清查涉外经济合同、清理干部子女上学自费公报、农业发展基金使用情况、医疗卫生单位收费情况、专业技术职务评审费使用情况、抗洪救灾救济款发放、使用情况、违禁发放使用代币购物券情况等专项执法检查，把专项检查同建章立制、查办案件相结合，促进政府机关依法行政。

1994年，全市监察机关先后围绕《中华人民共和国产品质量法》《中华人民共和国消费者权益保护法》《中华人民共和国反不正当竞争法》《中华人民共和国个人所得税法》以及《中华人民共和国统计法》《中华人民共和国进出口商品检验法》在本市的贯彻执行情况开展执法监察。

1995 年,镇江市作为全省试点城市,在工程建设领域开展反对腐败和反对不正当竞争(简称“两反”)工作。市政府下发《关于加强在工程建设中反对腐败和反对不正当竞争的若干规定》等文件,对建筑市场一些行为作出明确规定和规范。1996 年开展工程建设领域专项治理,出台实行工程建设项目招投标评委库制度,市区工程项目的招标率上升到 98.64%,工程报建率达 100%;全市工程造价平均下浮 3.4%,建设工期平均提前 19.6%。1998 年在新开工项目报建率、招投标率达到 100% 的基础上,推行公开招投标,全市公开招投标率 71.2%。市和 4 个县(市)全部建成功能较齐全的有形建筑市场,市、县(市)两级纪检监察机关向有形建筑市场派驻驻场纪检监察员,设置举报箱,公开举报电话。1999 年,市纪委参加全省“九五”重点社科规划课题《工程建设领域反腐败:从专项治理走向依法行政》研究,同年 12 月通过有关专家学者评审。2000 年 9 月,市招标办与工程建设交易中心的人员、财产、职能实现分离。修订完善《镇江市建筑市场管理规定》《镇江市招标、投标管理规定》等制度。2001 年后,工程建设领域专项治理工作逐步转入依法行政、长效管理轨道,全市项目报建率、招投标率、公开招投标率均为 100%。

2001 年 6 月在全市开展土地批租专项治理工作,查出违规违法用地 160 宗、150.8 公顷,并逐一整改。2002 年,全年两次专项检查违规违法用地治理情况,处理自查清理出的 160 宗、150.8 公顷违规违法用地,其中立案查处 3 宗,追缴土地出让金 4328 万元。2003 年监督检查经营性土地使用权招标拍卖、挂牌出让制度落实情况,杜绝场外交易行为,纠正各类违法用地 146 宗、454.3 公顷。2004 年,立案查处扬中市西来桥镇“铁本”配套项目和镇江新区、丹徒新区等违法用地 130 宗、454.27 公顷,行政处罚 986 万元,实施责任追究 9 人。

2003 年,市纪委、监察局把开展产权交易执法监察列入行政监察职能中,向市产权交易中心派驻监察员,实施驻场监察。2004 年制定《镇江市企业产(股)权交易办法》《镇江市事业单位产权转让评委和评委库管理试行办法》等规范性文件,在全省率先建立评委工作库,专门设立驻场监察室,全年受理各类投诉举报 12 起,立案 2 件,查处 3 人,取消 2 名中标人中标资格。

三、效能监察

1. 解剖非正常亏损企业　1989～1991 年,市纪委通过解剖非正常亏损企业,为企业发展清除障碍,共解剖亏损企业 131 家,帮助 44 家企业扭亏增盈,占“剖亏”企业的 34%。1996 年,全市剖析整顿非正常亏损企业 203 家,通过“剖亏”,扭亏增盈的 32 个,减亏止亏的 109 个,兼并拍卖 11 个,转让 6 个。2003 年在全市开展以“优化创业环境,促进跨越发展”为主题的效能监察活动,督促检查外来投资者“一卡通”政策执行情况和招商引资项目落实情况。2004 年以“情系群众塑形象、务实高效促发展”为主题开展效能监察,专项检查行政审批中心窗口单位行政行为,发现并整改 7 类 26 个问题。2005 年 8 月开展“规范行政行为,提升行政效能”监察活动,对市行政服务中心有关窗口部门联审会办事项开展专项检查。2005 年开展“三个一百”效能监察活动。组织对 100 个联审会办项目进行专项检查,督促相关部门简化优化审批程序,使部门许可职能向一个处室集中,许可处室向市行政服务中心集中;对企业和基层反映的影响发展环境的问题全部进行跟踪督查,受理投诉 94 件,办结率 96%;选择 100 个民营企业,作为政府优惠政策落实情况、行政服务行为的监测评议点,让企业评议机关,并将活动情况、部门整改情况、相关事项的处理情况以通报会暨新闻发布会方式向社会公开。

2. 督促对信访突出问题和群体性事件的处理　2004 年 9 月,市纪委制定下发《关于全市集中处理信访突出问题及群体性事件督查工作的实施方案》,明确督查内容、重点督查地区和部门以及督查方法。2005 年 5 月印发《镇江市处理信访突出问题督查工作实施意见》,建立市、辖市区(市直有关部门)、乡镇(街道)三级处理信访突出问题督查网络。对重点信访的办理、党政领导信访接待日制度落实、处理信访突出问题及群体性事件工作开展情况进行督查,有 5 人受到追责。

3. 重点工程建设监察　1995年对沪宁高速公路建设情况进行监督检查。会同市交通局先后对高速公路沿线少数乡镇、行政村截留、挪用征地补偿费的行为进行检查纠正，清退挪用款71.6万元。2001年，镇江市成立市、县(区)和乡镇三级纪检监察网络组织，组织对润扬大桥征地拆迁资金管理使用、工程项目招投标、工程项目物资材料采购等情况监督检查30次，纠正处理突出违规违纪问题3件，追回有关资金近40万元。2002年开展润扬大桥南接线工程征地拆迁资金管理使用专项检查，查纠违规违纪款196万元。2003年对大港港区三期工程建设进行效能监察，共组织现场督查4次，召开督办会4次，向市政府提交情况报告4份，查明规划红线内占有使用岸线的情况并提出处理意见。2004～2005年相继对润扬大桥、沪宁高速公路拓宽工程、农村公路、312国道拓宽工程、大港三期工程等省、市重点工程建设进行监督检查，查纠各类违规违纪款372万元，协调解决工程建设矛盾100余起。

第九章　统一战线工作

1984年12月，镇江市统战理论研究会成立。1985年，市委统战部编发《新时期统一战线讲话》党课教材。1988年，市统战系统围绕“十三大和统战工作”专题，研究开拓统战工作的新领域、新途径。1990年，市委常委会先后4次专题讨论统战和政协工作。1991年9月，市委开展首次统战工作大检查，组成4个检查组抽查31个部门和单位，了解贯彻落实全市统战工作的情况。

1992年，市委批复成立镇江市社会主义学校，承担培养党外干部的主要任务，一名市委副书记兼任校长。1994年，市委首次将统战干部和党外干部的培训列入全市干部培训计划。1995年，市委统战部在全市选择12家统战任务较重、党外知识分子较多的地区和单位作为统战工作联系点。1996年围绕民主党派换届，在市报社、电台开辟专栏和专题宣传介绍统战政策和党派工作。

1997年，香港回归前后，各级统战部门先后举办各种学习会、报告会、知识讲座40多场，举办书画、摄影图片展及文艺演出20多场，组织知识竞赛有奖征文和观看电影录像10多场，收到知识竞赛答卷8426份，交流论文23篇。1998年为纪念中共十一届三中全会召开20周年，举办理论研讨会、报告会、座谈会、征文等各种活动。

1999年，市委统战部、宣传部召开全市统战宣传工作会议，制定《进一步加强统战宣传工作的意见》，将统战理论政策的宣传教育纳入党的宣传工作体系。组织统战部门成员开展新世纪镇江风采大讨论、谴责北约轰炸中国驻南联盟使馆暴行、揭露邪教组织歪理邪说、批判李登辉分裂祖国的“两国论”、庆祝中华人民共和国成立50周年和澳门回归等一系列活动。

2000年，市经济台开办“统战之声”专题节目，有线电视台举办统战系列报道，市电台制作县(市、区)统战部部长专访，《镇江日报》开辟统一战线专版。2001年6月召开统一战线纪念建党80周年座谈会、统战理论研讨会，联络市各民主党派、工商联向中共镇江市委发贺信、撰写纪念文章，共同庆贺中国共产党成立80周年。同年组织全市社会各界人士参加全国统一战线知识竞赛，收到答卷5800多份。

2003年6月，在全市统战系统开展“三增强”(增强对“三个代表”重要思想、对社会主义的优越性、对中华民族凝聚力的认识)、“四热爱”(热爱党、热爱祖国、热爱社会主义、热爱人民)系列教育活动；组织投入防治“非典”斗争，募捐165万余元；同年7月1日在全省直辖市统战系统率先开通镇江市统一战线网站；9月，市委召开全市社区统战工作会议，下发《关于加强全市社区统战工作的意见》文件，推广京口区开展社区统战工作“一街道一特色、一社区一亮点”的做法和经验。市委决定将统战工作列入党建工作先进市（区）和党建工作先进局（公司）评比考核的重要内容。《镇江日报》开辟统战专版，每两个月一期，专题刊登统战知识、统战工作活动和统战工作成绩经验。2004年，市委统战部开展“解放思想，转变观念，积极推进统战工作创新”大讨论，首次设立统战工作创新奖。

1983～2005年，市委共召开全市统战工作会议14次，下发统战工作文件76个。全市召开统战理论研讨会18次，收到论文489篇，形成调研报告130多篇。统战工作宣传稿件被各级新闻媒体累计刊播录用2250多篇次。市委统战部两个年度获得市级文明机关称号。统战信息工作连续10年被评为全省统战信息工作先进单位，连续4年获得镇江市委办、市府办年度信息工作的双表彰。

第一节　统战政策落实

1983年3月，中共镇江市委调整充实落实政策领导小组。两次组织人员到基层调查，拨款落实政策专项资金65万元。同年8月，市委召开县（区）委负责人和市各部门党员干部会议，传达全国统战部长座谈会精神。1984年9月，市委召开落实政策工作会议，分解各地年内完成落实政策的目标任务。全市各县（区）组织复查，对遗留问题及新发现的问题按政策及时解决。1985年4月和8月，市委两次召开全市落实政策工作会议，提高各级党政领导干部对落实政策重要性和紧迫性的认识。1987年初，市委组织全市落实政策的普查和扫尾工作。同年3月下旬至4月上旬，镇江4县及市直系统的37个基层单位接受省委落实政策检查组为期半个月的全面检查。1987年末至中共十三大召开前，全市落实党的各项统战政策的任务基本完成。全市需落实统战政策5072件，落实5065件，占99.8%。

处理冤假错案和历史老案3908件。其中：党纪政纪错处1811件，知识分子历史老案1761件，统战对象老案336件；被错划的右派1187人全部改正，对改正结论中留有尾巴的283人全部去除，受株连家属子女918人全部妥善安排。

落实原国民党起义投诚人员政策301人。其中：恢复党籍、政治安排28人，安排工作或退休22人，定期补助76人，落实受株连的家属子女政策20人。

落实归还被占私房1525户、11.4万平方米，退还被查抄财物3457户、实物16332件。其中：文物136件、图书14408册、字画744轴、衣物68件，其他956件，补偿金额83.6万元。

落实原工商业者政策。从全市原工商业者2694人中区别为“三小”（小商、小贩、小手工业者）1930人，“文化大革命”期间被扣减工资的89人11.6万元全部予以补发。

市县工商联被占办公用房全部得到解决。

落实宗教政策。全市12所寺观教堂开放佛教寺院4所、清真寺3所、基督教堂3所、天主教堂1所、道观1所。归还被占用的金山、焦山寺庙房产和“文化大革命”中的欠租16万元，补发宗教人士生活费4.2万元。根据中央统战部通知，两次提高宗教人员生活费1.77万元。

落实知识分子政策。对670名党外人士的档案清理复查，除在政治上平反外，补发“文化大革命”中停（减）发415人的工资40多万元，调整专业对口人员102人，解决夫妻分居两地的1246人。

给予党外知识分子实职安排387人（含事业单位），其中县局级23人，科级354人。对市区“文化大革命”中被扣发工资的剧团演员，由市财政向文化局专项拨款6万元予以补助。对市区“文化大革命”中少量集体所有制医疗单位扣发工资人员作出适当补助。

第二节　多党合作和政治协商

1983年在市人大、市政协换届中，市委首次安排8名民主党派领导成员分别担任市人大、政协领导。建立与党外人士联系制度，及时通报全市整党、整风、清理“三种人”、打击经济犯罪和刑事犯罪等。

1984年，民革、民盟、民建、农工党、九三学社镇江市委和市工商联分别选举产生新的领导机构。结合各级领导班子调整，全市安排5名党外人士担任市、县政府领导职务，39名党外人士担任县处级领导职务。

1985年，市委统战部、组织部召开县委统战部长和组织部干部科长会议，研究部署党外人士实职安排工作，对市、县党外干部实职安排和党内外合作共事情况开展调查。同年，致公党、民进相继建立镇江市支部，全年民主党派成员发展到616人。1986年8月，市委建立同民主党派双月座谈会制度。1988年6月，市委出台《关于完善市委和各民主党派民主协商会制度的意见》，对协商的职能、原则、内容、对象、范围、时间等方面作出规定。同年，民进、致公党相继成立镇江市委。至此，全市7个民主党派全部建成市级组织，成员1179人。

1989年，市委制定《镇江市1990～1992年选拔培养党外干部工作规划》，建立健全市领导同民主党派和无党派人士联系制度。1990年，市委举办党外干部工作研讨会，专题研讨党内外合作共事。1991年，7个民主党派市委换届，新一届市委委员均龄下降5岁，大专以上文化程度上升到91.3%，中高级职称人数超过上届。1992年6月，市委考察600多名党外干部。1994年11月，市委转发《关于民主党派成员参加党派活动和社会活动有关问题的实施意见》，对民主党派成员开展组织生活或外出参加党派和统战会议等活动，给予时间、经费、交通工具等各方面的保证；市政府拨款46.5万元修缮民主党派办公大楼，增添交通工具，改善办公条件。

1995年9月，市委下发《镇江市1995～1999年培养选拔党外干部工作规划》，明确在22个政府部门及检察、审判机关优先配备党外干部。1996年，各级党委先后召开30多个座谈会，培训党外干部近千人次，考察300多名党外干部。同年年底，市和县（市、区）配齐党外副市长及副县（市）区长，各县（市、区）乡局级党外干部达51人。同年，各民主党派市委换届。新的一届市委委员中，大专以上文化程度占86%，中级以上职称占92%。1997年协助各民主党派市委制定《机关工作人员岗位职责及工作制度》《镇江市民主党派组织发展程序协商纪要》《镇江市各民主党派加强机关建设座谈纪要》。1998年6月，市委、市政府召开政府部门与民主党派、工商联对口联系座谈会，市政府8个部门负责人汇报交流对口联系情况。1999年，市委统战部、组织部组成联合检查组，开展党外干部安排工作大检查。

2000年3月成立市中青年知识分子协会，会员139名。市委双月座谈会制度，在确定专题、通报情况、视察调研、协商座谈、意见采纳、督查反馈等方面形成规范程序，获得全省统战工作创新奖。

2001年，各民主党派市委换届，领导班子均龄49岁，本科以上学历占87%。2004年，市委就中发〔1989〕14号文件下发15年来的贯彻执行情况进行检查，分别召开各种类型的座谈会，总结开展多党合作的经验和做法，分析研究面临的新情况、新问题，有针对性地提出政策和工作建议。2005年，市委出台《中共镇江市委关于进一步加强中国共产党领导的多党合作和政治协商制度建设的实施意见》。同年，市中级人民法院配备1名党外副院长，市政协机关配备1名专职党外副秘书长。1983～2005年，市人大、政府、政协五次换届，党外人士安排情况见表23-16。

镇江市党外人士政治安排与实职安排情况表
（1983 年 3 月 ~2003 年 1 月）

表 23-16　　单位:人

安排 / 届别	党外人大代表数及比例	党外人大副主任数	党外副市长数	党外政协委员数及比例	党外政协副主席数
第一届（原人大八届、政协六届）1983.3~1988.1	167 人,占总数 445 人的 37.5%	1	1（1984.3 任命）	184 人,占总数 308 人的 60%	6
第二届（原人大九届、政协七届）1988.1~1993.3	136 人,占总数 390 人的 35%	2	-	216 人,占总数 359 人的 60.2%	5
第三届（原人大十届、政协八届）1993.1~1998.3	123 人,占总数 395 人的 31.2%	1	1	216 人,占总数 360 人的 60%	6
第四届 1998.1~2003.1	96 人,占总数 350 人的 27.4%	1	1	220 人,占总数 343 人的 64.1%	6
第五届 2003.1~	102 人,占总数 350 人的 29.1%	1	1	218 人,占总数 344 人的 63.4%	6

第三节　经济统战工作

1983~1985 年,民主党派、工商联先后创办润州业余学校、振华业余学校、中华职业学校,累计培养毕业生 8271 人。经济咨询服务公司帮助企业提出 150 多条建议,产生经济效益 164 万多元,智力支边支县服务 259 人次。1986 年 1 月,市委召开统战系统为四化服务经验交流会,24 名代表作交流。1986~1991 年,各民主党派、工商联为镇江经济建设和社会发展提出书面意见、建议 710 多份,专题调研报告 30 多份。开展社会办学,培训学生 5 万多人。

1991 年,中共中央批转中央统战部《关于工商联若干问题的请示》,市委召开协调会传达贯彻。市委统战部重点协助市工商联实现职能转向以统战性为主,以非公有制经济成分为主。1992 年,全市新批 362 家“三资”企业,经统战系统协助洽谈促成的约占 1/4。各级统战系统累计创办经济实体 18 家,上缴国家税收 56.5 万元,创利 62 万元。各民主党派、工商联组建“工业经济与科技”“农业经济与蚕桑”等 12 个横向参政议政协调组,确定 17 个课题,深入调研,提出的意见和建议被市有关部门采纳。

图 23-3　1996 年 12 月,镇江市光彩事业促进会成立

1992 年 2 月,市工商联建立党组,统战部副部长兼任党组书记。开展非公有制经济全面调查分析,初步建立非公经济人士档案,帮助工商联与政府有关部门建立协调联系制度。选拔 5 名代表人士任市工商联常委和执委,新发展两批 80 家非公有制经济会员,在 691 家会员中开展爱国、敬业、守法的教育

活动。

1993 年，市民主党派、工商联被评为全省社会办学先进单位 1 个、为经济建设服务先进集体 4 个和先进个人 8 名。1994 年，镇江“金山之光”艺术节期间，非公有制企业单独设商品展馆，成交额 2591 万元。1996 年，市委批转市委统战部、市工商联党组《关于进一步加强工商联工作的请示》，要求各级党委和政府加强领导，支持工商联履行职能。同年 12 月成立镇江市光彩事业促进会，统战部部长任会长，非公有制经济人士为参与主体，对贫困地区开展开发资源、兴办企业、培训人才等活动。向全市民营企业发出倡议书，明确以茅山老区为重点活动地区。各级工商联以推动光彩事业为载体，帮助贫困乡村培训专业技工 930 人；安排特困子弟就业近 300 人；实施扶贫助困项目 8 项，投入资金 171 万元；支教助学和赞助社会公益，募集福利慈善捐款 316 万元。

1998 年，全市统战部门动员个私企业参加千户私营企业和个体工商户招聘下岗职工洽谈会，全年共安置下岗职工 1.6 万多人，约占累计下岗职工人数的 18%。2000 年，市委统战部与市工商联组织开展非公有制经济人士“双思”（致富思源、富而思进）教育系列活动，组织赴外地参观考察，举办“思源思进”图片巡回展、劳务洽谈会、赴句容老区捐资助学、赴甘肃等地科技扶贫和非公企业质量咨询及提供信贷服务等活动。组织人员至大中型企业调查研究，召开全市 10 家企业统战工作联络单位座谈会。

2001 年，统战部领导带队调研基层商会工作，制定《关于进一步加强全市工商联基层商会工作的意见》，为 10 多家私企解决不合理负担等问题。2002 年 4 月协助市工商联换届，非公经济代表人士执委比例由 45.5% 增至 60.8%，副会长由 1 人增至 4 人。同年 8 月召开国企与民企发展恳谈会，向 50 家骨干民营企业介绍国企改革、民企发展的规划及有关政策措施。2003 年，市委统战部会同工商联举办利用民资改组国企项目推介会和企业重组投融资担保见面会，邀请香港、深圳、上海、浙江和苏南的知名民营企业家 150 多人洽谈项目 100 多个，投资规模超 28 亿元，促成飞达集团、金聚德大酒店等民企通过收购、租赁、参股等形式参与国企改革。15 名非公有制经济代表担任市光彩事业促进会副会长，全年募集光彩事业基金 1.22 亿元。其中，项目投资 5100 万元，支持地方建设事业 5200 万元，扶贫助学 1900 万元。

2004 年，市委统战部围绕市委、市政府《关于进一步加快民营经济发展的若干意见》精神开展落实情况调研，报送市委、市政府决策参考。同年，市光彩事业促进会组织 34 名民营企业家出资 350 万元，在外来务工人员较集中的丹阳后巷镇建成全省第一所镇江市光彩事业小学。1999～2004 年，市委统战部共举办 4 期非公有制经济代表人士培训班，参训 150 多人。

2005 年调整充实 200 多名非公有制经济代表人士队伍，指导协助市工商联召开九届四次执委会，表彰工商联先进。同年开展代表人士评价体系试点工作，审核上报综合评价指标体系表。全市 7 家民营企业被评为全省纳税大户，6 家为全省民营企业再就业工作先进单位，1 人获省光彩事业奖章。

第四节　海外统战工作

1983 年落实中央关于“三胞”（港澳同胞、台湾同胞、海外侨胞）及其眷属的各项政策工作。1984 年，市委统战部编发推动祖国统一大业的方针政策宣传提纲到各基层单位。

1986～1991 年贯彻实施《中华人民共和国归侨侨眷权益保护法》。市政府批转《关于华侨、港澳台同胞来镇投资的优惠办法（试行）》。1994 年，全市组建镇江市第一律师事务所涉台法律服务部，专为台商、台胞提供法律服务。

1995 年 2 月，市委邀请各民主党派、工商联和人民团体负责人学习座谈江泽民关于发展两岸关系的八项主张。1997年,香港回归前后,全市宣传“和平统一、一国两制”方针;同年,市委统战部协助市台联、侨联顺利换届。

2004年,组织归侨侨眷、台胞学习中共中央台办、国务院台办5月17日就两岸关系问题发表的声明。做好镇江籍香港知名人士和在镇投资的客商工作

侨、港资企业　1983年,旅日华侨投资187万元,兴办全市第一家中外合资企业京侨饭店。1990年,全市“三资”企业累计100家,其中近1/4由统战系统牵线搭桥而成。1986~1991年,归侨侨眷协助引进16个项目,引进技术2项,牵线搭桥成交的出口贸易额2100万元。1992年,全市新批362家“三资”企业中,统战系统协助洽谈促成的约占1/4。1993年新办侨、港资企业365家,占全市新批“三资”企业数的74%。1997年,全市累计接受“三胞”捐赠1880多万元。2000年动员“三胞”眷属开展“提供一条线索,传递一条信息,介绍一个客商,推销一个产品,引进一个项目”活动。2002年支持侨联、台联参加市政府的“百日招商”活动。2003年召开回镇江创业的出国留学人员座谈会,听取对改善投资环境的意见和建议。

两岸往来　1984年接待回大陆探亲的国民党上层人士的子女、军界退休人员、工程技术人员21批29人次。1985年11月,市台湾事务办公室成立,开展对台宣传,扩大联络,为发展外向型经济服务。1991年1月,市台属联谊会成立。同年,全市赴台探亲、探病、奔丧的台胞和台属202人次。1995年各级统战部门共接待海外“三胞”977人次。

侨台情调查　1985年,全市开展侨台情调查。1996年,全市海外统战工作调查、建立和形成一批归侨、侨眷及“三胞”眷属、海外学者重点人物档案资料,健全新移民亲属组织。1998年对全市“三胞”情况再次调查摸底,建立资料台账,加强与华侨中二、三代重点对象的联系,邀请客商参加镇江外经贸洽谈会。2005年,全市建立留学归国人员台账,对定居台胞开展全面调查。

台商投资企业　1991年10月,全市最大的台商投资企业华东联合制罐有限公司开业。至此全市台资企业累计26家,合同利用外资1897.66万美元,实现县县有台资企业。1993年,全市兴办台资企业119家,超过前5年的总和。1994年,全市新办台资企业58家,累计投资5.59亿美元,协议利用台资3.74亿美元;接待海外侨胞4507人次,介绍洽谈合资项目64个。1995年9月召开全市对台工作会议。全年新批台资企业56家,协议利用台资1.1亿美元。

“三胞”政策优待　1985年,贯彻“一视同仁、适当照顾”的方针,镇江市对“三胞”子女在招工、升学方面予以适当照顾;优惠供应侨胞物资。2004年会同有关部门做好归侨侨眷、台胞、黄埔同学会成员、“两航起义人员”(两航系原中国航空股份有限公司与中央航空运输股份有限公司在中国共产党领导下的一次爱国主义革命斗争)的生活补助费发放工作。

海外联谊会　1987年7月,镇江市海外联谊会成立。1988年,市海外联谊会与市有关单位联合召开外商投资企业中方负责人座谈会、出国出境人员座谈会,听取他们的愿望和要求。1989年召开海外联谊工作经验交流会,18人发言交流,28名个人和1个集体受到表彰。1990年,海外联谊会召开第三次年会。1995年,市“海联”加入由12个省14个市海外联谊会组织的网络,扩大与海外“三胞”联系。

“三胞”活动　1990年围绕镇江外经洽谈会和金山焦山佛像开光活动,发动“三胞”眷属,动员40多位海外客商和知名人士参加。同年,市“海联”和中山书画社联合举办海峡两岸书画展,国内外59个城市提供370多件书画作品。1992年,市委统战部先后举办传统佳节联谊和5次海峡两岸交流活动;接待海外客商9批54人次。1994年,市委统战部会同市侨联和市经济广播电台举办元宵夜海内外亲友电话联谊活动。1999年,各级统战部门举办“迎澳门回归,盼祖国统一”书画展。2001年,聘请4名澳门工商界人士为市“海联”会员;组织工商界人士参加第六届华商大会。2005年接待海外华侨华人杰出女性代表到镇江参观考察。

第五节　民族宗教工作

镇江是全省民族宗教工作的重点城市之一。1983～1984年,全市各级党委和政府全面落实党的民族宗教政策。统战部门工作重点在于配合解决回民副食品供应、清真饭店整顿和回民墓地矛盾。调查宗教房产被占用情况,新开放寺庙、教堂5所,批准重建金山寺大雄宝殿。吸收和选送年轻宗教职业者至中国佛学院栖霞分院和金陵神学院学习。接待日本、美国、法国、新加坡和中国香港等国家和地区的宗教观光团。1985年9月,全国政协副主席、中国佛教协会会长赵朴初到镇江视察落实宗教政策情况。1986～1987年,市委、市政府协调清真饮食服务网点建设问题,支持开办山巷、清真寺街、千秋桥街清真小吃点,新建清真冷库、清真糕点厂、民族招待所和民族饭店。全市接待台港澳宗教团体30批600人。

1990年,全国第四次人口普查,全市共有回、蒙、满等34个少数民族11630人。1991年,全市批准开放包括17座教堂寺观在内的活动点25个,金山寺大雄宝殿、天王殿,圌山绍隆寺法华楼相继落成,宝华山隆昌寺、茅山道院得到修缮。1991年5月,市委召开全市民族宗教工作会议,传达全省民族宗教会议精神;8月,市道教协会成立。1993～1994年,全市贯彻国务院《城市民族工作条例》,妥善解决11个宗教房产遗留问题。1995年会同政府有关部门全面调查宗教活动场所,依法登记46处,取缔一批非法活动点。1996年,统战部与市民族宗教局联合开展宗教工作调研。开展取缔邪教组织的专项工作,取缔邪教活动点12处,收缴非法书刊2260本。1997年指导协助市基督教两会、佛教协会、道教协会、伊斯兰教协会顺利换届;集中整治处理农村257处乱建庙观现象。

1998年,市政府召开全市民族团结进步表彰会,11个模范单位和29名先进个人受到表彰。1999年召开全市维护民族宗教稳定工作会议。组织学习中央关于处理邪教组织问题的一系列重要决定和文件精神,揭批邪教组织歪理邪说。同年10月成立市宗教工作领导小组,指导宗教部门依法管理、帮助建立和完善各项管理规章制度,加强教职人员的政策教育和业务培训。2000年,市委领导带队至丹阳调研,在天主教界集中进行"坚持独立自主、自办教会"的方针教育,帮助他们自觉抵制海外敌对势力干涉中国内政;帮助一些县(市)民宗局增加人员编制和业务经费,帮助爱国宗教团体建立中青年后备人才名单和教育培训工作;统战部领导专程至辖市(区)慰问在镇江挂职的西部地区少数民族干部。2001年,在全市宗教界开展"宗教反邪、去伪匡正"的活动;召开县(市、区)统战部部长、宗教局局长会议和重点乡镇统战干部座谈会,检查10年来贯彻落实中央6号文件的情况;6月1日,中国佛协副会长茗山大师圆寂。2002年,市委调整民族宗教领导小组,统战部会同组织部、市编办督查辖市(区)宗教工作机构设置情况,各辖市(区)民宗部门列入政府序列;5月,市委统战部会同全市16个部门开展抵御境外宗教渗透活动的调研,提出工作思路和对策。

2003年,市委、市政府召开全市宗教工作会议,下发《关于进一步做好宗教工作的意见》,重点乡镇中配备专职统战委员数增至27个,对农村279处非法宗教活动场所专项治理。2004年,市委将落实民族宗教政策、依法加强对民族事务的管理及突发事件的处理作为单位年度目标考核的重要依据,各级党委、政府将民族宗教工作纳入综合治理和社会稳定的内容。市委统战部会同民宗局检查、督促各地进一步健全县、乡、村三级宗教工作网络和乡村宗教工作责任制,非重点乡镇配备宗教工作助理。年内,统战部参与组织、协调茗山和慈舟两位大师纪念堂的建成和庆典活动。2005年,全市民族团结进步模范创建工作列入全市国民经济和社会发展目标任务。开展少数民族干部和中高级人才信息采集工作,为培养选拔任用奠定基础;召开学习《宗教事务条例》座谈会,举办民族宗教干部行政干部执法培训班;召开全市宗教与社会主义社会相适应经验交流会,交流16篇文章;组织全市宗教界人士慈善捐款28.8万元。

2005年末,全市共有42个少数民族16256人,人口总数列全省第六位,占全市总人口之比列全省第二位,担任各级人大代表和政协委员(含常委)43人。全市有全国重点寺观4所,市级宗教组织21个,宗教活动场所118处,教职人员380人,信众约14万人。宗教界人士担任各级人大代表和政协委员(含常委)30人。

第十章　台湾事务

原中共镇江地委对台办公室成立于1979年,对内为中共镇江地委对台领导小组办公室。

1983年3月,台办隶属于镇江市委统战部,机构设置为二级局。1985年8月正式更名为中共镇江市委对台工作办公室(简称市委台办),同时成立市政府接待台湾同胞办公室。

1987年12月,市政府接待台湾同胞办公室更名为市政府台湾事务办公室(简称市政府台办),与市委对台办合署办公,一套机构、两块牌子,同时成立市政府台湾事务办公室接待站。

1990年5月20日,中共镇江市委、市政府办公室联合发出《关于镇江涉台事务由对台办归口管理的通知》,明确台办的工作职能。1992年1月,市委对台工作办公室更名为中共镇江市委台湾工作办公室,仍与市政府台湾事务办公室合署办公,两块牌子、一套机构。列为市委工作部门,由原来的二级局升格为与市直部委办同级。下设秘书科、经济科、接待科3个科室。

1994年9月,台办办公地迁回镇江市正东路141号。1996年,原内置机构下设的秘书科改为秘书宣传处,经济科改为经济联络处,接待科改为交流交往处。

2001年8月7日,市级党政机构改革,保留中共镇江市委台湾工作办公室,为市委工作机构,挂镇江市人民政府台湾工作办公室的牌子。核定行政编制11人,行政附属编制2人。内设综合处、经济处、交流处3个职能处室(科级建制)。

第一节　台胞　台属

1984年,镇江有158人次台胞、台属担任各级人大代表和政协委员。其中有省人大常委1人、省人大代表1人。据1985年调查统计,镇江市有台籍同胞62人。1995年5月在镇江全市范围内开展台情普查,摸清镇江台胞台属的基本情况:1945年后镇江去台人员有13330人,镇江去台人员家属(简称台属)31400人。

一、台胞捐赠

1991年,镇江遭受洪涝灾害,台湾台北市丹阳同乡会、台湾台北市镇江同乡会先后派代表组团回镇江探访。台北丹阳同乡会理事长朱伯舜率团回乡慰问,向丹阳市捐赠1万美元救灾款。同年,镇江接受台胞、台属救灾捐款人民币12.08万元,港币1.59万元,美元1.75万元。

1992~1994年,镇江接受台胞捐赠人民币68.4万元、汽车8辆。1997年,丹徒县台胞陈昌林捐资40万元新建一所小学。丹阳籍台胞符永发为家乡捐资助学10万元。1998年,丹徒县三山乡台胞江志荣捐资50万元,在家乡兴建小学、幼儿园。2002年在镇江投资台胞以协会名义捐赠5万元助学。2003年,为防治“非典”,镇江台胞捐赠100万元;2004~2005年,镇江台胞为镇江慈善捐款110万元。

二、台属企业

改革开放后,镇江台属利用台资创办企业。1991年,台属徐文浩创办镇江首家台属企业——

泰利丰电子有限公司。市政府制定优惠政策,将利用外汇兴办的台属企业视同台资企业对待。台属李光千、徐道梧、鄂秀萍、马金芳等先后创办企业。至2005年,镇江兴办台属企业20多家,总投资1.9亿元。

第二节　对台宣传

十一届三中全会后,对台宣传工作以贯彻落实党的对台政策为主线;以"台湾回归祖国,实现和平统一""实现大陆和台湾的和平统一""消除台湾同祖国大陆的分裂状态,实现祖国完全统一""和平统一,一国两制"作为宣传工作基调。

一、对台方针政策和内地投资环境宣传

1980年始,台湾同胞纷纷冲破台当局限制,转道美国、中国香港等地回到家乡探亲,内地亲属与在台亲人在境外会亲(主要在美国与香港)。至1986年,通过异地回镇江探亲的台胞有152人次,出境会亲的有172人次。

为使台湾同胞了解中央对台方针政策以及镇江直至祖国大陆的真实情况,台办等各有关涉台部门运用多种方式开展对台宣传。在接待回乡探亲人员过程中,镇江市台办和各辖市(区)台办,主动上门看望,解惑释疑,介绍家乡变化。通过中央及省台台播部、"海峡之声"电台、《人民日报》海外版、《华声报》、香港《文汇报》等媒体,刊登寻亲启事520多篇次,组织采写播发各种宣传稿件1100多篇。拍摄大量反映市区经济、文化历史、旅游、城建、文教等各领域的照片,汇编成《镇江风貌》画册,作为礼品赠送给探亲台胞。这些宣传品在台湾岛内迅速传播,使更多台胞回乡探亲和旅游观光。

1988年7月3日,国务院《关于〈鼓励台湾同胞投资的规定〉若干问题的通知》颁布,台湾投资者的实用范围、投资地区、投资方式、适用法律、投资领域,台湾投资者定居的亲属就业、项目审批、产品进出口管理等若干问题得以明确。此后,涉台宣传工作的重点转向对台经济宣传。

宣传突出镇江的区位、交通、旅游资源及历史文化等诸多优势,通过接触回镇江探亲、到镇江旅游观光台胞台属的交流机会,借助"金陵之声"广播电台、《香港文汇报》等载体,着重进行投资环境宣传。1992年在海协会和省台办的协助下,镇江邀请两批次台湾记者共12人到镇江采访。

1993年5月,台湾《经济日报》两名记者首次到镇江参观访问,参观镇江开发区、港口及部分台资企业。台湾记者沿途边采访边发稿,及时介绍在镇江的所见所闻。中共十四大召开期间,市台办通过台属联系在台湾当记者的有关亲属,借助到大陆采访大会的机会,安排采访在京出席十四大的镇江市党代表方之焯,在台湾报刊上发表。同年10月,镇江举办"三国名城"旅游观光活动,重点介绍镇江近期对台经贸发展情况和镇江优越的投资环境。11月5日,中国国际广播电台《空中彩虹》节目向全世界播放《镇江——台商投资的好地方》录音报道,并作为交换节目向"美加华语广播网"传送。这是镇江市在国际台的首次对台经济报道。

1994年8月中旬,市台办邀请台湾著名平面媒体《联合报》记者到镇江采访,《联合报》为此开辟《苏南乡镇企业的蜕变与转型系列》专栏,连续十天报道镇江的经济发展和农村变化情况。

1996年9月底,市台办组织镇江专题的8个专版在台湾《工商时报》连续刊载,每天一版,分别介绍镇江概况、支柱产业与宗教旅游、经济开发区以及各县(市)、区专版等。这是镇江市首次入岛集中宣传,共刊图片59幅,文章44篇,招商项目87个。

2001年4月,市台办再度组织在台湾《工商时报》刊载《镇江专版》,首次开设《投资者话说镇江》栏目。邀请6名台商、外商谈在镇江投资经历和感受,宣传镇江良好的投资环境。

2005年4月,镇江市举办"春风又绿江南岸"旅游文化节,邀请台湾东森、年代、三立、华视、全

民等5家电视台和东森、大众2家广播电台共11名记者,联手到镇江专题采风,对镇江旅游资源、历史文化等投资环境,以图文影像在岛内传播报道。

二、台商在镇江创业成果宣传

1995年9月,中央电视台摄制组一行先后对镇江华东联合制罐有限公司、汉奎电子有限公司、江苏联合金属容器有限公司、镇江高翔塑胶有限公司、江苏远东水泥有限公司等5家台资企业作专题采访报道。

1998年上半年,市台办从镇江460家台资企业中收集、整理和拍摄200多幅图片,制作10个展板,举办《镇江台资企业巡礼》图片展。

2003年7月8日,镇江邀请两岸多家主流媒体作集中报道。中央电视台、新华通讯社、中国新闻社分社、中国新闻社专稿部、《两岸关系》杂志社、《新华日报》外宣部、"金陵之声"电台、《台湾联合报》《台湾经济日报》《台湾工商时报》、台湾TVBS无线卫视、台湾东森电视台、台湾《投资中国》杂志社等两岸13家媒体选派16名记者到镇江,先后对台资企业京阳水泥有限公司、镇江外资龙头金东纸业等企业和镇江新区、大港港区、出口加工区等进行采访。

第三节　台资企业

1988年6月,台湾立宝鞋业有限公司与丹徒三山陆村胶粘皮鞋厂合作的镇江首家与台湾合资企业成立,总投资60万美元,利用台资16.5万美元。1989年6月,镇江雅诺电子有限公司成立,是台资与镇江电容器厂合作的镇江与台湾第二家合资企业,总投资90万美元,利用台资36万美元。1990年前,镇江的台资企业,基本上是由回乡探亲台胞或当地台属与在台亲友牵线引进的。

1991年,镇江首家台商独资企业,镇江泰利丰电子有限公司正式成立。1992年,镇江新办台资企业83家,是1991年的6.4倍,是前4年总和的3.2倍。这些台资企业总投资1.4亿美元,合同利用台资8119万美元。句容的台资企业占据当地"三资"企业的50%,资源条件薄弱的润州区也出现4家台资企业。镇江各辖市(区)至此均与台湾地区建立经贸合作关系。

1996年10月,镇江市台湾同胞投资企业协会成立。2000年,镇江共批准台资项目549个,总投资16.5亿美元,协议利用台资13.17亿美元。

2001年后,台湾工商企业界人士到镇江经贸考察的团组和人员十分活跃,镇江赴台经贸考察、招商引资的团组也大幅增加。2002年起,镇江新批准设立的台资企业以每年成百家的数量增加。台湾大公司到镇江考察洽谈的频率加快,落户镇江的大项目迅速增多,原已在镇江投资的台资企业增资扩股量越来越大。2001~2005年,新批台资企业数578家,是前13年投资总和的1.05倍;投资总额达到45.73亿美元,是前13年总和的2.8倍;协议利用台资26.5亿美元,是前13年总数的2倍多。

到2005年,镇江累计批准台资企业1127家,总投资62.25亿美元,合同利用台资45.9亿美元,在全省居第三位。台湾嘉新水泥、国乔化学、奇美集团、神通集团、李长荣石化、华立集团、大华金属、立德电子、久正光电、庆丰富、宝岛眼镜、南帝化工、润泰集团等13家上市、上柜公司,先后在镇江投资29个台资项目。

第四节　对台交流交往

一、到镇江交流

1987年起,台湾当局有限制逐步开放台湾民众到大陆探亲。1987年1月至1991年12月,有

14942人到镇江探亲、旅游。1992年始，到镇江的台胞数量成倍增加，全年共接待5176人次。到镇江探亲、旅游者从原本地籍台胞向外市籍台胞扩展，从原来的探亲访友转向经贸考察和投资。

1989年1月，镇江市建筑科研所工程师周翔获准赴台探病，成为两岸解禁后镇江赴台第一人。此时两岸的互通交往逐渐趋热。到1992年，镇江共获准赴台探病、奔丧、学术交流的人员共248人次。

1993年起，台湾民众到镇江交流团组开始活跃，交流领域不断拓宽。在原有经贸考察、旅游观光、探亲访友的基础上，扩大到新闻、文体、科技、学术、宗教、卫生、农业等方面。同年，旅台丹阳同乡会理事长朱伯舜、旅台镇江同乡会理事长胡慎之、台湾圣代实业股份有限公司董事长曾朝庆，先后率团访问考察镇江。

1995年，台湾媒体两批摄制组到镇江拍摄风光片。同年11月中旬，台湾"国立国光剧团"名净陈元正回家乡丹阳参加职工京剧交流演出。1997年2月14～16日，台湾卫生界知名人士杨思标率台湾省公共卫生考察团到镇江考察医疗制度改革试点情况；10月11日，台湾台北市国立乐团一行70多人，在镇江影剧院上演一场中国民乐音乐会。1998年，台湾著名社团"社会研究院"两次组团33人到镇江考察访问；台湾两家影视公司摄制组分别到镇江拍摄《大陆寻奇》《烟雨江南》专题片；12月6日，台湾中小企业担保基金会总经理张钧应邀参加由镇江市政府和国家经贸委中小企业司、UNDP（联合国开发计划署）驻华代表处、中国国际经济技术交流中心共同组织的中小企业信贷担保国际研讨会。

1999年6月25日，台湾飞扬旅行社董事长黄金祥率台湾高雄市旅游界一行22人到镇江考察旅游资源；8月16日，台湾高雄市高级中学校长朱乃武率高雄市文教交流团一行37人到镇江考察教育事业。

2000年，台湾海峡两岸学术文化交流协会常务理事谢淑珠率台湾台中南部地区乡、里长一行32人到镇江交流访问。该团组大部分成员为首次来大陆，对镇江的人文历史、经济社会发展以及城市众多的名胜景点，产生深刻的印象。到2000年，接待到镇江交流参访台胞达25788人次，其中经贸考察的人员占近50%。

2001年起，镇江与台湾两地交流交往领域更广。台湾彰化工业会、台湾世界台商协会、台中妇女工会、台湾汽车运输协会等行业工会组团到镇江考察。台湾民意代表王钟渝和郑余镇，台湾原"交通部长"刘兆玄、原"教育部长"吴京、原"国防部长"孙震、国民党中常委沈庆京、台北奥林匹克委员会主席黄大洲，台湾前"行政院院长"、中国国民党副主席郝柏村，台湾华立集团董事长张瑞钦、台湾国乔公司董事长喻贤璋、台湾中华管理学会理事长范光陵等台湾上层人士，台湾知名上市公司、行业公会主要负责人，都先后率团访问考察镇江。

2005年6月下旬，镇江举办2005中国镇江赛珍珠学术研讨会，邀请台北赛珍珠基金会董事长尤英夫一行4人，到镇江参加学术交流和考察访问。11月16日，镇江市台办邀请台湾九族文化艺术团到镇江交流演出，一场反映台湾文化特色、体现两岸文化交流结晶的大型民族歌舞晚会《中华一家亲》在镇江影剧院上演。

2001～2005年，镇江接待到镇江考察交流、旅游观光的台胞共19900人次。

二、赴台湾交流

1994年4月，焦山定慧寺茗山法师应邀赴台进行佛教交流活动，在台湾引起轰动。原定1个月的访问期限，后应台湾宗教界要求，延期1个月。市科委高级工程师彭昆仑应台湾中央大学文学院邀请，于6月8～15日赴台参加甲戌年台湾红学会议；镇江江天禅寺慈舟法师、茅山道院朱易经、杨世华道长等也先后赴台参加有关宗教交流活动。

1995年初，市规划局雕塑创作室朱庆棠应邀赴台参加海峡两岸雕塑艺术精品展。1997年5月

5 日应台湾奇美实业股份有限公司邀请，镇江大港经济开发区经贸考察团组赴台作为期 10 天的经贸考察，与台湾 70 多家企业接触和交流，成为镇江第一个赴台经贸考察团组。

2001 年，市直、镇江新区、丹阳、扬中、京口等 6 个团组 34 人获准赴台进行经贸招商活动。2002 年 6 月，市区两个团组 15 人同时入岛，开展对台招商。同年 6 月 9 ~ 19 日，镇江赴台经贸考察团在台作为期 10 天的经贸考察活动，签约 7 个台资项目，总投资 3.61 亿美元。

2003 年 9 月 10 ~ 17 日，赴台经贸考察团一行 8 人，赴台湾考察招商。2005 年 5 月 26 日 ~ 6 月 3 日，市经贸考察团一行 5 人赴台考察，先后接触 200 多名台湾工商企业界人士，推进重大项目，并在教育、旅游、文体等方面与台湾相关机构和人士进行接触。1993 ~ 2005 年，镇江因公赴台交流团组 204 个、744 人。

第五节　台胞权益维护

在历次政治运动特别是“文化大革命”期间，镇江台胞台属中有不少人因“台湾关系”牵连，受到不公正待遇。十一届三中全会后，逐一落实政策，纠正冤假错案。至 1983 年，镇江台籍同胞在“文化大革命”中的 8 起冤、假、错案得到平反，被他人占用的 5 间私房归还原主，下放农村的 3 户台胞陆续回城。获得落实台属政策的共 268 件，其中，归还被占用、被没收房屋等 94 件，平反政治案件 50 件，归还查抄物品 63 件，其他 60 件。

1994 ~ 2005 年根据《中华人民共和国台湾同胞投资保护法》及其《实施细则》，市台办对已建立的台商企业进行跟踪服务，对台商与合资方发生的合同纠纷，特事特办，个案处理，妥善解决。共协调处理台商投诉 421 起。

第六节　台胞联谊

1982 年 2 月 10 日，镇江地区台湾同胞联谊小组成立，产生第一届理事会。1983 年 12 月 24 日，召开镇江市第二次台胞代表大会，选举产生市台联第二届理事会，市管县新体制后的镇江市台联成立。从 1982 ~ 2005 年，先后召开 5 次代表大会。1985 年，镇江市有台籍同胞 62 人，其中市区 59 人，其中汉族 60 人、高山族 2 人。至 2005 年，镇江市共有台籍同胞 123 人，其中汉族 120 人，高山族 3 人。

1998 年，市台联机构改革后，核定工作人员编制为 2 人。

一、主要活动

1983 年 12 月，镇江台胞代表吴登来、张素梅首次出席全国台联为祖国四化建设、和平统一作贡献经验交流会，被邓小平等党和国家领导人接见。

1987 年 10 月，市台联承办江苏省首届高山族丰收节，全省 58 名高山族台胞聚会一堂，庆祝高山族的传统节日。

1999 年 1 月，根据新形势的要求，台联将为台商、台生服务，推动两岸交往，扩大两岸交流列入台联工作重要内容。在两岸经济商贸交流交往方面，先后接待 21 批 77 人次来自台湾、日本、上海的客商，涉及的行业包括种植业、化工、物流、餐饮、咨询、建筑等多方面。在推动镇台两地文化教育交流方面，获知镇江索普国际学校承接“生命教育”省级教育科研课题后，市台联主动与台湾最先研究“生命教育”的学校台湾新竹北门国小取得联系，得到对方支持，为索普学校课题开题及制定实验计划提供帮助。

1983 ~ 2005 年筹集和转发老台胞一次性生活补助和困难台胞生活补助款约 35000 元。对 93 人次提供数额不等的补助，其中困难台胞生活补助 68 人次，老台胞一次性生活补助 25 人次。及时为台籍中考、高考学生出具加分证明。市台联共协助13批24人赴台探亲、3批8人赴台定居，2批3人赴台考察交流，给予经费或向全国、省台联申请及联系台胞所在单位获得24370元补助。实现全市台胞全部和岛内有联系与往来。这一期间共接待台胞50批230人次，其中有台湾岛内政治、文化、教育界人士和大学生，旅居日本、加拿大、巴西的台湾同胞，协助本地台胞接待岛内亲友92批266人。组织中青年台胞参观新四军纪念馆、周总理故居，举办闽南话学习班。组织台胞参观镇江城市建设重点工程、镇江国有大型企业、扬中新坝镇农民住宅区。共举办7次优秀青年台胞的评选活动，先后有46人次受到市台联表彰。

二、参政议政

1985年，镇江市台籍同胞中，任省人大代表1名，市人大常委1名、代表3名，市政协常委1名、委员2名。至2005年，镇江市台籍同胞中，任省政协委员1名，市政协常委1名，委员3名。1983～2005年，台胞中有33人次担任各级人大代表和政协委员。先后提交集体提案和个人提案近50份，其中有5份被评为优秀提案。在省政协八届四次全体会议上，作题为《做好对台工作，促进两岸交流》的大会书面发言。

第十一章　信　访

1983年3月，镇江实行市管县新体制。中共镇江市委、镇江市人民政府联合设立信访办公室。1989年2月，市信访办更名为镇江市信访局。1996年起，市信访局为市政府办公室副处级部门。1997年更名为中共镇江市委、镇江市人民政府信访局，定为市委办、市政府办合管机构。2001年，市级党政机构改革，市信访局为党委工作机构（正处级），市委办、市政府办共同管理，以市委办管理为主。2004年10月，市委、市政府成立市处理信访突出问题及群体性事件联席会议。联席会议下设办公室（设在市信访局），承担联席会议的日常工作，督促落实联席会议决定的事项。根据群众来信来访中反映比较突出的问题，成立5个专项工作小组：农村土地征用问题工作小组，由市国土资源局牵头负责；城镇房屋拆迁问题工作小组，由市拆迁办牵头负责；国有企业改制问题工作小组，由市国资委牵头负责；涉法涉诉问题工作小组，由市委政法委牵头负责；企业军转干部问题工作小组，由市人事局牵头负责。为加强对各地各部门处理信访突出问题及群体性事件的督促检查，成立督查组，办公室设在市纪委。此后又增设退伍士兵问题工作小组，由市民政局牵头负责；环境保护问题工作小组，由市环保局牵头负责；劳动保障问题工作小组，由市劳动和社会保障局牵头负责；教育问题工作小组，由市教育局牵头负责。2005年7月，市信访局建立党组。同年11月，市委、市政府成立信访工作大格局领导小组，实行信访工作联席会议制度。

2005年11月，信访工作大格局领导小组成立，由市委分管稳定工作的副书记牵头，分管信访工作的市委常委和市政府领导统筹协调。其成员单位：市纪委、市委组织部、政法委、发改委、经贸委、国资委、人事局、信访局、监察局、公安局、司法局、民政局、建设局、规划局、环保局、城管局、国土局、房管局、交通局、劳动和社会保障局、机关事务管理局及市检察院、法院。2005年，全市形成市、辖市（区、市直部门）、乡镇（街道）三级信访工作网络。

第一节　人民来信来访处理

1983～2005年，全市受理来信来访共302719件次，其中人民来信177792件，接待群众来访

124927 批、411119 人次;接待处理集体上访 12691 批、247452 人次。

1983～2005 年镇江市群众来信来访情况一览表

表 23-17

年份	来信数（件）	来访数		其中集访		办结重大信访(件)	查结信访老户(户)	市交办(件)	中央、省交办(件)
		批次	人次	批次	人次				
1983	14454	5895	10961	119	1567	158	–	–	–
1984	14782	5127	8255	103	1123	–	165		–
1985	12093	4099	6199	87	981	–	36	137	70
1986	10924	11127	20255	157	2970	87	82	128	84
1987	11895	7307	12614	167	1930	184	68	116	27
1988	7592	6626	5551	144	1729	77	117	447	18
1989	8148	5818	4385	100	1221	110	108	107	66
1990	9693	3630	6190	145	1544	67	35	432	37
1991	6752	2543	6747	136	3660	55	14	217	29
1992	5908	2638	5600	144	2467	44	17	193	8
1993	5320	2502	7032	178	4036	54	8	22	–
1994	5444	3164	14575	476	10416	87	–	29	–
1995	4837	3217	15491	463	11386	121	6	266	36
1996	5619	3521	14805	432	10751	20	–	256	45
1997	6673	3386	14423	509	9652	39	18	263	93
1998	5758	4498	18933	682	14080	66	–	53	72
1999	5998	5801	29519	1104	22501	–	–	73	100
2000	4690	5690	26567	996	19686	17	–	65	17
2001	7572	6180	33523	1234	25767	–	–	34	9
2002	6633	7718	40602	1213	23211	8	–	178	46
2003	4994	7687	33161	1327	23348	11	28	80	60
2004	6250	7307	37050	1239	27358	31	3	185	62
2005	5763	9446	38681	1536	26068	18	41	365	54
合计	177792	124927	411119	12691	247452	1254	746	3646	933

一、信访内容变化

1983～1989 年主要涉及历史遗留信访问题,主要有:"文化大革命"中挤占、低价收购私房和房改中遗留问题等落实私房政策问题;20 世纪 60 年代初停办学校的大专肄业生和中专毕业生落实政策问题;知青"半家户"夫妻分居和生活困难及其子女户口"农转非"问题;20 世纪 60 年代初城镇下放老居民就地"农转非"工作。20 世纪 90 年代信访问题主要涉及改革开放和经济建设中的现实利益矛盾,包括:企事业单位改制、环境污染、征地补偿、房屋拆迁、涉法涉诉、工资福利、村组民主理财等突出问题。

二、信访形式变化

1983～1993 年,群众信访活动以人民来信为主,走访反映问题的以个人来访为主,集体上访情况很少。1983年,市、县信访部门共接待集体上访119批、1567人次。随着企业经营机制的转换和经济建设速度的加快,1994年起,反映群体性问题的联名人民来信所占比例明显上升,走访反映问题的人次明显增多,特别是到市、县(市、区)集体上访者持续攀升。2005年,市、辖市(区)信访部门共接待集体上访1536批、26068人次,其中市信访局接待集体上访525批、10264人次。

三、人民来访接待工作

1983年,市信访办成立后,即设立人民来访接待室。主要负责代表市委、市政府接待来访群众,按照"属地管理、分级负责,谁主管、谁负责"的信访工作原则开展工作。联系责任单位接访,对上访者的合理要求、建议,接访人员会同责任单位共同商定意见,给予明确答复和妥善解决;对一时难于解决的,由责任单位提出解决办法,并向上访人员做好劝说解释工作。对已作恰当处理而要求过高的,做思想疏导工作;对违反有关方针、政策、法律、法规的不合理要求,明确回复拒绝。对需要转办或领导有明确批示的来访问题,以转办单的形式进行转办。对重要来访问题,以《信访摘报》《重要信访呈报》等专报形式呈报市委、市政府分管市领导,并按领导批示处理。综合分析来访信息,开展调查研究,重要的来访情况向市委、市政府反映。向县、区和市直部门通报群众来访及来访事项的处理情况,提出工作建议。1983年,市、县区信访部门共接待群众上访5895批、10961人次。

1993年,市委办、市府办转发市信访局《关于做好群众集体上访协调工作的通知》,强调"分级负责、归口办理"原则,防止出现推诿扯皮。1997年起建立律师参与信访接待制度,由市司法局安排一名律师每周二在市信访局来访接待室(2004年以后在市人民来访接待中心)办公,义务为信访群众解答涉法问题。1999年初,市委办、市政府办印发《群众来市重大集访处理规定》,明确接待处理原则、接待程序和处理要求。2002年,市委办、市政府办印发《关于处理群众到市委、市政府门前上访维护机关正常工作秩序的规定》,规定来访人向市委、市政府反映问题,应到市委、市政府来访接待室,由有关领导和市信访局工作人员负责接谈。其中反映群体性意愿的集访,参与接谈代表不能超过5人;各地、各部门和各单位必须坚持"分级负责、归口办理"和"谁主管、谁负责"的原则,坚持"预防为主、教育疏导、依法处理、防止激化"的原则,坚决快速有效地制止群众上访过程中的过激行为。

2004年1月15日,市公安局、市信访局发布《关于维护机关正常上访秩序的通告》,规范群众上访行为。同年6月9日,市委办、市政府办转发市综治委《关于建立全市社会矛盾纠纷调处机制的实施意见》,决定成立社会矛盾纠纷调处工作领导小组,市、辖市(区)依托信访部门成立社会矛盾纠纷调处中心。乡镇、街道依托司法所成立调处中心,在村(居)建立调处工作站。在市、辖市(区)、乡镇(街道)三级建立人民来访接待中心,与社会矛盾纠纷调处中心合署办公(两块牌子、一套班子),作为党委、政府接待处理群众来访的指定场所。其中,丹徒区、京口区、润州区、镇江新区和市国土、国资、劳动、环保、建设、公安等6个部门各安排1名业务处室负责人常驻市人民来访接待中心。丹阳市、句容市、扬中市、润州区等地安排公安、法院、司法、国土、建设、劳动等职能部门常驻调处中心,由中心实行统一管理,对口调处,集中会办。全市乡镇(街道、开发区、场圃)调处中心和人民来访接待中心全部挂牌运作。建立联合接访机制,实行一个窗口受理、一站式服务、分条口处理、限时办结的工作机制。2004～2005年,全市各级社会矛盾纠纷调处中心和接待中心共调处各类矛盾纠纷16259件,调处成功率88.5%。

2005年,市、辖市(区)信访部门共接待群众上访9446批、38681人次,其中,市信访局接待群众来访3712批、14766人次。来访接待室律师为1650人次的信访群众提供法律服务。

四、人民来信办理工作

1983年,市信访办设立办信科,负责处理人民来信。同年,市、县两级信访部门受理群众来信

14454 件，其中市信访局受理人民来信 4523 件。到 2005 年，市信访局设办信处，各辖市（区）信访局相应设办信科，配备专人负责处理群众给党委、政府的人民来信。

对求决类有效初信，按照“谁主管、谁负责”的原则，将信件转送有权处理部门办理。2005 年起，根据新修订的《信访条例》规定，要求承办单位在 1 个月内将处理结果书面告知写信人，并书面反馈处理结果。2005 年共收到群众写给市委、市政府主要领导的有效初信 1082 件，年末反馈 598 件，反馈率达 79.9%。对众多群众签名的联名信，以重要信访呈报、重要信访信息、重要来信摘登等形式，向市委、市政府汇报，并发函交办责任单位处理。对扬言滋事的危急信，采取发函交办、电话通知等形式，要求责任单位迅速采取措施化解矛盾，防止由信转访及恶性事件的发生。

实行来信人签名报结制度，承办单位对属于合理诉求的人民来信，在上报报结材料时，须附来信人对处理意见的态度和签名，促使承办单位负责地处理问题。牵头协调疑难问题，对一些有部分合理诉求，但问题长期未得到解决的群众来信，主动与有关单位协调，化解矛盾。建立督查督办制度，做好信息反馈，了解信件处理结果，采取电话、发函、派员等方式检查督促，做到按时结案，并视情况答复来信人。

2005 年，市和辖市（区）两级信访部门共受理群众来信 5763 件，其中市信访局受理人民来信 3044 件。

第二节 人民建议征集

1983 ~ 1996 年，信访部门按照人民来信的办理规定来处理人民建议。1996 年，市委、市政府决定在市信访局增设市人民建议征集处，对外挂市人民建议征集办公室牌子，负责收集、筛选、整理人民群众给市委、市政府的建议，并开展人民建议专题征集工作。1999 年，各辖市（区）相继成立人民建议征集办公室。

2000 年，市人民建议征集办公室制定《人民建议征集工作暂行规定》，与市旅游局、镇江日报社联合举办主题为“发展旅游，群策群力”有奖专题征集旅游发展建议活动。全年征集各类人民建议 232 件、350 条，其中 40% 的建议被采纳。2001 年 6 月 19 日召开市人民建议征集工作表彰会，表彰 15 名人民建议积极分子和 10 名优秀旅游建议获奖者。2002 年后，市、辖市（区）人民建议征集办公室通过与新闻媒体联合发布人民建议征集公告、召开座谈会、发放建议征集表等形式，重点围绕农村合作医疗、老小区改造等涉及百姓切身利益和城市建设的热点问题，广泛征集人民建议。截至 2005 年，市人民建议征集办公室共征集各类人民建议 2350 件，其中 35% 被采纳。

第三节 信访案件办理

一、信访事项复查复核

2005 年 5 月 1 日施行国务院颁布的《信访条例》，对群众信访事项的处理工作作出新规定，在信访事项办理的基础上增加复查、复核程序。2005 年 10 月 28 日，市政府办印发《关于启动镇江市人民政府信访事项复查复核工作的通知》，规定信访人对辖市（区）政府、镇江新区管委会及市政府工作部门作出的信访事项处理意见不服，可以请求复查（复核），市政府应当在 30 日内作出复查（复核）意见。该《通知》对请求复查（复核）信访事项的委托程序、复查（复核）的责任主体、复查（复核）结论的送达、信访人不服提出复查等内容作明确规定。2005 年，全市共完成 12 件信访事项的复查、复核工作。

二、重点信访案件交办

对重点信访问题，或由市信访局直接向责任单位进行交办；或由市信访局向市委、市政府领导作重要信访呈报，根据市领导批示精神交办给责任单位；省、市领导批办的人民来信，市信访局直接交由承办单位处理。2004 年起建立重点信访问题双月交办制度。2004 ~ 2005 年共向各辖市（区）、镇江新区和市有关部门交办信访案件 550 件，按期办结率 64%。

2004 年 10 月，市委、市政府成立市处理信访突出问题及群体性事件联席会议。联席会议成立后，市信访联席办对涉及土地征用、城镇房屋拆迁、国有企业改制、环境保护、涉法涉诉、企业军转干部、退伍士兵等方面的信访突出问题，交办给各专项小组处理。2004 ~ 2005 年，市信访联席办共向各专项小组交办信访案件 106 件，按期办结率为 95%。

1983 ~ 2005 年，市、辖市（区）信访部门共完成中央、省交办案件 933 件，市交办案件 3752 件，办结重大信访件 1254 件。

第四节　督查督办

2003 年 9 月 9 日，市委、市政府印发《镇江市信访责任制督查工作实施办法》，决定成立信访工作督查领导小组，下设办公室，具体负责信访督查日常工作。重点督查各辖市（区）和市有关部门党政领导信访接待日制度的执行情况；对市委、市政府有关信访问题的处理意见，无正当理由拒不执行或相互推诿、上交矛盾等情况。

2005 年 5 月 18 日，市纪委、监察局、信访局联合印发《镇江市处理信访突出问题督查工作实施意见》，建立纪委、监察局、信访局联合督查信访工作机制。由市纪委、监察局、信访局联合成立督查组，并在辖市（区）及市直相关部门成立 12 个督查工作小组，重点乡镇也明确督查工作联络员。对中央、省和市交办的信访问题办理情况，实行上门督查，重点听取承办单位办理进展情况汇报，针对存在的问题，共同研究解决方案。对重大越级访、集体访、异常信访，督查组全过程了解事态发展，及时掌握信访办理情况。对领导信访接待日领导到岗到位情况进行督查。对督查中发现的问题，以督办通知书的形式，向责任部门通报，限期整改到位。对长年未解决的疑难信访问题，矛盾突出的重点信访问题，牵头协调相关部门和单位共同会办或主动派员协办，落实责任，限期办理。2005 年督查信访案件 419 件，办结率 79.5%。

第五节　党政领导信访接待日制度

1983 ~ 1984 年，党政领导接待来访群众尚未形成固定的制度。1985 年，全市 6 个县市（区）领导均实行和坚持领导接待群众来访日制度。部分市直机关以及乡镇、企业也逐步实行领导接访日制度，主要接待处理历史遗留问题和疑难信访问题。2001 年 9 月，市信访工作领导小组在《京江晚报》刊登公告，向社会公布 18 个市级机关、部门领导接待日时间、地点、接待范围和联系电话。这些部门党政领导每周一次轮流接待来访群众，受理投诉、协调矛盾。2002 年 3 月，市委、市政府出台《坚持和完善党政领导信访接待日制度的意见》，规定每月 10 日、25 日为全市各级党政领导信访接待日（如遇节假日、双休日，则为顺延后的第一个工作日），时间一天。其中市委常委、副市长以预约和随机相结合方式，轮流接待来访群众，协调处理辖市（区）和市有关部门未解决或没能解决到位的问题，以及跨地区、跨部门或无主管部门的信访问题。与此同时，全市各乡镇每周固定一天为领导接待日。

2003 年 10 月起，辖市（区）、镇江新区及市直部门党政领导信访接待日由每月 2 次增加到 4

次，每月初的《镇江日报》上刊登各辖市（区）、镇江新区以及23个市级机关当月接待日时间、地点、接待领导姓名和联系电话。2002～2005年，市、辖市（区）党政领导接待来访群众4300批、12592人次，76%的问题得到解决。

第六节　重点乡镇管理

2000年3月，市信访工作领导小组印发《信访工作重点管理乡镇确定暂行办法》，决定从该年起，对越级信访高发的乡镇（街道）实行重点管理。由市信访工作领导小组办公室对全市乡镇、街道信访工作，特别是群众进京、去省、来市上访及信访老户处理情况实行年度百分量化考核。每年年初公布上年度越级上访较多的乡镇（街道），确定为当年重点管理乡镇（街道），实行年度考核，滚动管理，限期整改。2005年12月，市委、市政府印发《关于进一步加强信访工作的意见》，规定连续两年被列入市信访工作重点管理乡镇（街道）的，对其主要领导视情况给予诫勉谈话或组织调整。至2005年，全市确定12个信访工作重点管理乡镇（街道）。

第十二章　地方党史编研

从1981年党史工作机构建立起至1984年，镇江党史工作由普遍征集民主革命时期的党史资料转到重点征集和专题研究党史资料两个阶段。1984年后，在前几年征集工作基础上，主要围绕编写中共党史、革命斗争史进行党史资料的整理和编纂工作。1988年起，开始进行社会主义时期党史资料的征集工作。1990年，中央确定地方党史工作机构的业务指导思想后，在征编党史资料同时，逐步加强社会主义时期党史资料的征集和专题研究工作。2001年，党史、地方志机构合并后，党史工作完全转向社会主义时期党史资料的征集、编写、研究和宣传。

第一节　机　构

1981年4月，中共镇江地委决定成立中共镇江地区党史资料征集小组，下设办公室。5月，地委调整充实地区党史资料征集小组，下设办公室，与镇江地区茅山革命纪念馆筹备小组办公室合署办公。同年5月，中共镇江市委（地辖）成立市党史资料征集小组，办公室设在市档案馆。同年5～10月，丹阳、句容、扬中等镇江地区所属10县均成立党史资料征集小组及其办公室。

1983年3月实行市领导县新体制后，地、市党史部门合署办公。11月成立中共镇江市委党史资料征集小组，下设办公室。1984年8月2日，中共镇江市委党史资料征集小组及办公室更名为中共镇江市委党史资料征集研究委员会及办公室。1995年9月29日成立中共镇江市委党史工作领导小组。1996年7月2日，中共镇江市委党史资料征集研究委员会办公室更名为中共镇江市委党史工作办公室，为市委直属事业单位。2001年5月，中共镇江市委党史工作办公室与市地方志编纂委员会办公室合并建立镇江市史志办公室，对外保留中共镇江市委党史工作办公室的牌子，为参照国家公务员制度管理的直属事业机构，正处级建制，由市委办公室、市政府办公室共同管理，以市委办公室管理为主。史志办公室内设党史编研处，负责组织编纂出版中共镇江地方党史和相关党史书刊，开展党史理论研究，指导辖市（区）及有关部门开展党史工作。

1981年5月，丹阳建立丹阳县党史征集小组办公室，同年7月改称丹阳县党史资料征集小组办公室。1984 年 3 月,丹阳县党史资料征集小组办公室更名为中共丹阳县委党史资料征集办公室,1985 年 4 月建立中共丹阳县委党史资料征集研究委员会办公室,1987 年 12 月改为市委党史资料征集研究委员会办公室。1997 年 1 月改称中共丹阳市委党史工作办公室。

1981 年 5 月,句容成立句容县党史资料征集小组,下设办公室。1984 年 8 月成立句容县党史资料征集研究委员会办公室。1992 年 11 月,县党史资料征集研究委员会办公室与县地方志编纂委员会办公室合并,成立县史志办公室。1996 年 11 月,史志办公室更名为中共句容市委党史工作办公室、句容市地方志办公室。

1981 年 4 月,扬中成立中共扬中县委党史资料征集小组办公室,1985 年 4 月更名为中共扬中县委党史资料征集研究委员会办公室。1984 年 12 月组建中共扬中市委党史资料征集研究委员会办公室。1998 年 3 月,中共扬中市委党史资料征集研究委员会办公室更名为中共扬中市委党史工作办公室。

1981 年 6 月,丹徒建立丹徒县党史资料征集小组、革命斗争史编纂委员会,下设办公室,1984 年更名为中共丹徒县委党史资料征集研究委员会办公室,1996 年 11 月改建为中共丹徒县委党史工作办公室。

1998 年,京口区建立中共京口区委党史工作办公室,同年 12 月成立中共京口区委党史工作领导小组。1999 年 6 月 23 日,润州区成立中共润州区委,2 月 28 日党史工作办公室与区地方志办公室合署办公。

2001 年机构改革后,各辖市(县)党史工作办公室与地方志办公室合并为史志办公室,京口、润州区党史工办与地方志办公室、档案馆合并为史志档案办公室,由地方党委和政府共同领导。丹徒县于 2002 年撤县设区,县史志办公室随之改为区史志办公室。

第二节　党史资料征集

党史工作机构建立之初,主要工作是征集党史资料。党史工作者采用上门走访、邀请老同志开座谈会、调查会、发征集信和约请老同志写回忆录等方法征集资料。市委党史办公室先后派人去北京、福州、杭州、沈阳、西安、合肥、长春等地向老新四军战士征集资料 20 余人次。抢救抗战时期茅山地委书记汪大铭在茅山坚持斗争的日记,解放战争时期丹北中心县委书记陈云阁的丹北斗争回忆,抗战时澄西县副县长俞迺章对澄西大刀会的专题回忆等有价值的史料,还在浙江省档案馆征集到《苏南报》复印件 45 期 186 个版面。在全面征集资料的基础上,开展重点征集和专题研究工作。1983 ~ 1984 年担负为编撰党史基本著作所需的《新四军东进,开辟茅山抗日游击根据地》大专题的征集研究任务,在列出的 80 个小专题中,镇江承担 42 个,并配合省及有关市完成《江苏各地农民暴动情况》《1943 年苏南反清乡斗争》《解放战争时期城市地下党活动》等 8 个专题,并整理撰写一批专题资料和研究文章。

进入 20 世纪 90 年代,镇江党史工作的重点转移到社会主义革命时期。根据 1988 年以后开展中华人民共和国成立后党史工作的实践,在社会主义时期党史资料的征研中,明确继续编写大事记,进而进行专题资料的征集和研究。1996 年市委党史工作领导小组第一次全体会议后,市委办转发党史办《关于征集编研全市社会主义时期党史专题资料规划》,第一批 54 个专题涉及的市级机关 35 个部门和单位。1997 年市委党史工作领导小组召开第二次全体会议后,市委以镇发〔1997〕82 号文批转《镇江市社会主义时期党史工作规划》,明确"五个一"的工作目标,即编纂一部地方党史大事记,编纂一部地方组织史资料,编纂一套地方党史资料丛书,编纂一本社会主义时期镇江烈士、英模传记,编写一部中华人民共和国成立后 50 年中共镇江地方党史。深化和完善民主革命时期党史资料,完成《中共镇江地方史(1921 ~ 1949)》一卷本的资料征集和编纂工作。

从党史机构建立到2001年上半年，市区共征集到民主革命时期的各种文献资料、文件和回忆录等2000余件，570余万字。其中文献资料478件、敌档材料78件、各种报刊189件、回忆录872篇、专题资料227篇、烈士资料178件，照片600多幅。征集到中华人民共和国成立初期和“文化大革命”期间一批党史资料，其中有报刊、档案复印材料等，摘录卡片近万张，还征集到一些珍贵的图片和实物资料。这期间，市和辖市(区)共征集到资料5000多件、2000余万字，利用征集到的资料，协助有关部门解决120多人的历史遗留问题。

第三节　党史编辑和研究

一、党史书籍编辑出版

1981～1991年，市委党史办编辑出版《镇江革命史料选》共12辑，编辑出版《新四军在茅山》《镇江解放纪事》《汪大铭日记》《茅山情》《忠魂谱——镇江市革命烈士专辑》《十年耕耘录》《北固英烈颂》《伟大的变革——镇江市资本主义工商业的社会主义改造》《中共镇江市组织史资料》等20余部党史书籍，285万字。各县市党史部门也陆续编辑出版一批党史书籍，共计21部、255万字。

图23-4　党史工作成果(2005年摄)

1991～2005年，市委党史办联合辖市(区)党史部门及市档案局、民政局、总工会、公安局等市级机关部门，编辑出版《难忘的岁月》《第二条战线——中共华中十地委、茅山工委领导的城市地下党工作》《中共镇江党史大事记(1949～1995)》《中共镇江党史专题选(1949～1998)》《丹心碧血——镇江解放后革命烈士传选编》和《镇江劳模风采》《耕耘录——镇江党史工作回顾及论文选》《镇江抗日斗争历史图册》《镇江历史变迁图片选(1949～2001)》《民心——镇江市为民办实事项目集锦》《正气之歌——镇江市见义勇为先进分子事迹选》等10多部400多万字的党史书籍。完成《中共镇江地方史第一卷(1919～1949)》的编纂工作，填补镇江地方党组织历史教科书的空白(此书于2006年7月正式出版发行，并首次获镇江市人民政府颁发的全市第七届哲学社会科学优秀成果一等奖)。2003～2005年完成《中共镇江地方史(1949～1978)》第二卷的编写纲目。各辖市(区)党史部门相继完成并出版《丹阳人民革命斗争史》《丹徒县革命斗争史》《句容革命斗争史》和《句容解放五十年》《丹阳革命斗争大事记》《丹阳土改专辑》《赤魂千秋》《扬中革命斗争史》和《茅山抗日故事》《新句容传奇》《有朋自远方来》《走向辉煌——句容撤县建市10周年巡礼》《星河之光——扬中杰出人物纪事》《扬中百年》《历史踪迹——20世纪扬中》等一批史志书籍数百万字。全市有21部党史书籍在省里评比中获奖。

1991～2005年镇江市党史资料征集研究成果(书籍等)获奖情况一览表

表23-18

书(片)名	主编	单位	字(集)数	出版日期及出版社	获奖情况
新四军在茅山	蒋慧恕 达庆东	镇江市委党史办	25万	1982年9月江苏人民出版社	1991年6月江苏省中共党史优秀成果奖
丹北地区抗日斗争简史	张长华 莫仲钧	镇江市委党史办	23万	1988年10月内部版	1991年6月江苏省中共党史优秀成果奖
镇江解放纪事	俞祖泉	镇江市委党史办	16万	1989年3月内部版	1991年6月江苏省中共党史优秀成果奖
伟大的变革——镇江市资本主义工商业的社会主义改造	周光义 石燕宁	镇江市委党史办	16万	1990年12月中国文史出版社	1991年6月江苏省中共党史优秀成果奖
电视片《江南风云》	王振琳(编剧) 宋亚欣(监制)	句容县委党史办 镇江市委党史征研委	10集	1991年10月南京电影制片厂	江苏省"春兰杯"奖、省委宣传部纪念建党70周年剧本奖
难忘的岁月	俞祖泉 张长华	镇江市委党史办	28万	1991年2月中国文史出版社	1994年12月全省优秀党史书籍
忠魂谱——镇江革命烈士专辑	俞祖泉 张长华	镇江市委党史办 镇江市民政局	28万	1991年4月南京大学出版社	1994年12月全省优秀党史书籍
历史的里程碑——镇江市手工业的社会主义改造	杜正起 俞祖泉	镇江市轻工局党委、镇江市委党史办	16万	1993年3月内部出版	1997年全省优秀党史书籍三等奖
句容革命斗争史	王振琳 朱延生 左文金 孙绍忠	句容市史志办	18万	1995年6月上海社科院出版社	1997年11月全省优秀党史书籍三等奖
丹阳人民革命斗争史(1919～1949)	茅润康 贡义林	丹阳市委党史办	31万	1995年8月内部出版	1997年11月全省优秀党史书籍二等奖
电视片《故地悠悠情传统代代扬》	张三民 林德容	丹阳市委党史办 丹阳电视台	2集	1995年	1997年11月全省优秀党史成果奖
丹徒县革命斗争史	严高生 白　昆	丹徒县委党史办	32.7万	1996年1月江苏人民出版社	1997年11月全省优秀党史书籍一等奖
扬中革命斗争史	赵纪福	扬中市委党史办	14.6万	1996年5月内部出版	1997年全省优秀党史书籍三等奖
中共镇江党史大事记(1949～1995)	俞祖泉 胡锁清 莫仲钧	镇江市委党史办 镇江市档案馆	50万	1997年6月苏州大学出版社	1997年11月全省优秀党史书籍二等奖
电视片《辉煌历程》	赵纪福 蔡德才等	扬中市委党史办 市广电局	1集	1993年3月	镇江市政府二等奖;2001年2月全省优秀党史电视录像片三等奖
丹阳土改专辑	贡义林 张三民 钟建华等	丹阳市委党史办	20万	1997年12月内部出版	2001年2月全省优秀党史书籍三等奖
电视片《历史在这里定格》	张三民 史宇翔等	丹阳市委党史办 丹阳市有线电视台	4集	1999年4月	2001年2月全省优秀党史电视录像片三等奖

续表 23-18

书(片)名	主编	单位	字(集)数	出版日期及出版社	获奖情况
电视片《五十年未了鱼水情》	冯鸿鸣 赵纪福等	扬中市广电局 扬中市委党史办	-	1999 年 6 月	江苏省第四届五个一工程奖、省首届金凤凰奖、省政府二等奖;2001 年 2 月全省优秀党史电视录像片三等奖
句容解放五十年	金昌来 朱延生 张长洪 倪定胜	句容市委党史工委	90.2 万	1999 年 8 月上海社科院出版社	2001 年 2 月全省优秀党史书籍一等奖
中共镇江党史专题选(1949 ~ 1998)	俞祖泉 胡锁清	镇江市委党史办	70 万	1999 年 9 月 新华出版社	2001 年 2 月全省优秀党史书籍二等奖
丹心碧血——镇江解放后革命烈士传选编(1949 ~ 1999)	傅雪元 张政权	镇江市委党史办 镇江市民政局	48 万	2000 年 6 月中国文史出版社	2001 年 2 月全省优秀党史书籍三等奖
茅山抗战故事	曹当凌 史建和 朱延生	句容市史志办 茅山新四军纪念馆	33.6 万	2002 年 6 月江苏古籍出版社	江苏省 2000 ~ 2004 年度党史成果三等奖
正气之歌——镇江市见义勇为先进分子事迹选	俞祖泉 傅雪元	镇江市委党史办 镇江市委政法委 镇江市公安局等	27.6 万	2002 年吉林人民出版社	江苏省 2000 ~ 2004 年度党史成果三等奖
中共丹徒县委党史大事记	李柏生 严高生	丹徒区史志办	40 万	2003 年 11 月吉林文史出版社	江苏省 2000 ~ 2004 年度党史成果三等奖
民心——镇江市为民办实事项目集锦	俞祖泉 傅雪元	镇江市史志办	30 万	2004 年 6 月方志出版社	江苏省 2000 ~ 2004 年度党史成果二等奖
星河之光——扬中杰出人物纪事	马 群	扬中市史志办	36 万	2004 年 12 月方志出版社	江苏省 2000 ~ 2004 年度党史成果二等奖

1991 ~ 2005 年,全市党史部门还配合省党史部门编辑出版《苏南抗日斗争史稿》《江苏解放风云录》《江苏革命史词典》《苏南行政区》《流逝的昨天》《江苏抗战风云录》《毛泽东在江苏》《城市的接管和改造》《中国新时期农村的变革(江苏卷)》《江苏百强县》《热血丰碑》等 18 本书籍。协助市委宣传部完成省大型丛书《江苏人民革命斗争群英谱(镇江分卷)》,与市委宣传部联合编辑出版《江苏人民打击日寇英雄事迹(镇江卷)》,与新四军研究会联合编辑出版《魂绕茅峰——纪念徐明烈士文集》。配合省党史工办完成《走近大运河——镇江篇》《放眼扬子江》《江苏革命史画册》《永恒的纪念——江苏革命遗迹和纪念设施掠影》《陈毅北渡出奇兵》《全省党史工作纪实》《共和国之最》等书籍、画册有关镇江部分的组稿和征集、编辑工作。

1981 ~ 2005 年,镇江市党史部门先后编辑出版 35 部党史书籍,600 多万字。仅 2000 年,全市党史部门为中央党史研究室与民政部编纂的《中国共产党各地英烈大典》一书就提供 29 位镇江的革命烈士传资料计 7 万余字;为省委党史工作办公室出版的《陈毅传奇》一书提供文章 12 篇计 3 万余字。2003 年配合中国新四军研究会参与编撰《华中抗日根据地史》一书,为该书提供关于苏南抗日根据地历史的文稿 6 万余字。

二、党史研究

1981 ~ 2005 年,镇江全市党史工作者撰写 350 多篇党史学术论文和文章,分别在国家和省、市报刊及学术研讨会上发表。

组织或参与党史学术研讨活动，加强对市中共党史学会和市新四军暨茅山抗日根据地研究会的业务指导，促进党史研究。每逢重大党史事件或重要纪念日，市党史部门都会同市中共党史学会（1984 年成立）、市新四军暨茅山抗日根据地研究会（2000 年成立）共同举办或与市委宣传部、组织部、统战部、市社科联等部门一起组织学术研讨活动。1981～2005 年，全市共召开学术讨论会 28 次。其中规模较大的有新四军和华中抗日根据地 1982 年年会，纪念新四军挺进苏南 50 周年学术讨论会，镇江党史、革命史学术讨论会，纪念中国人民解放军建军 60 周年学术讨论会，庆祝镇江解放 40 周年学术讨论会，纪念建党 70 周年、75 周年学术讨论会，纪念新四军成立 60 周年学术研讨会，纪念毛泽东同志诞辰 90 周年、100 周年学术讨论会，纪念抗日战争胜利 50 周年、茅山抗日根据地创建 60 周年学术讨论会，纪念中国共产党成立 80 周年学术研讨会，纪念抗日战争胜利 60 周年学术研讨会等。1997 年 10 月在茅山新四军纪念馆举行镇江市纪念新四军成立 60 周年学术研讨会，有 4 位省军级、10 位地厅级新四军老战士到会，收到学术论文和回忆文章 27 篇，《新华日报》《人民日报》和江苏、上海、镇江电视台都分别作报道。

三、党史学会

镇江市中共党史学会　1984 年 4 月 28 日成立。学会由镇江市中共党史、中国革命史教学研究宣传工作者和地方党史及革命斗争史资料征集、编纂、研究、宣传工作者自愿结成的以研究、宣传党史、革命史为主要任务的非营利性地方性学术团体。首届理事会由陈叔方等 17 名理事组成，聘请陈云阁、宋大庆为名誉会长，选举陈叔方任会长，徐继靖任副会长，谢宝根任秘书长，莫仲钧、蔡如今、李金林任副秘书长。学会成立初期有会员 120 余名。

第二届理事会于 1989 年 4 月组成，由俞祖泉等 21 名理事组成，聘请宋亚欣、宋大庆为名誉会长，陈叔方为顾问，选举俞祖泉任会长，徐继靖、谢宝根任副会长，莫仲钧任秘书长，陈序东、李金林、鲁荣顺任副秘书长。有会员 150 名左右。该届理事会因故延至 2009 年换届。

1984～2005 年围绕党的中心工作，结合重大纪念日，先后单独举办或与有关部门联合举办纪念抗日战争胜利 40 周年学术讨论会、纪念新四军挺进苏南开辟茅山抗日根据地 50 周年报告会、纪念镇江解放 40 周年学术讨论会、镇江党史革命史学术讨论会，纪念中国共产党成立 70 周年学术讨论会、纪念抗日战争胜利 50 周年学术讨论会、纪念茅山抗日根据地创建 60 周年学术讨论会、纪念苏南新四军主力北渡 60 周年大会、纪念陈毅百年诞辰学术研讨会、纪念新四军成立 65 周年座谈会和纪念抗战胜利 60 周年学术研讨会等活动 20 余次。先后组织会员参观皖南泾县新四军军部旧址陈列馆、皖南事变死难烈士纪念馆、茅山新四军纪念馆、淮安周恩来纪念馆、溧水苏南反顽战役纪念馆、溧阳新四军江南指挥部旧址陈列馆，祭扫在塘马战斗中牺牲的罗忠毅旅长、廖海涛政委墓，参观丹徒宝堰新四军镇句金丹四抗会旧址陈列馆、盐城新四军重建军部纪念馆、泰兴黄桥战役纪念馆、常熟沙家浜纪念馆、长兴新四军苏浙军区纪念馆、孝丰天目山战役纪念馆等。

会员参与交流论文计 80 余篇，编印研讨会论文集两本，推荐在省及省以上学术会议和刊物发表的论文计 30 余篇，其中 20 余篇获各类奖项。会员蒋慧恕、莫仲钧参与编著的《苏南抗日斗争史稿》一书获江苏省人民政府颁发的二等奖。莫仲钧应中国新四军研究会之邀参与编著由当代中国出版社出版的 75 万字的《华中抗日根据地史》，主要承担苏南抗日根据地历史近 8 万字的写作任务。宋亚欣、俞祖泉、谢宝根、莫仲钧等还多次应邀到机关、工厂、学校和部队宣讲党史、革命斗争史。

镇江市新四军暨茅山抗日根据地研究会　2000 年 6 月 16 日成立。研究会是由居住在镇江市的新四军老战士、从事抗日根据地建设的地方干部、从事或有志于新四军和茅山抗日根据地历史研究人员、立志继承前辈革命遗志的新四军老战士下一代自愿组成的以研究、宣传新四军和茅山抗日根据地历史为主要任务的非营利性地方性学术团体。首届理事会由宋亚欣等39名理事组成,聘请王一香、夏岩、宋超、彭寿生、彭桂卿、严维道、钱文华为名誉会长,徐福生、肖流、周涛(女)、吴修(女)、朱士尧、苏廷科、苏建民、是旭、眭翔、任亦山、刘树林为顾问,选举宋亚欣任会长,蔡斌、俞祖泉任常务副会长,巢凤翥、吕卜村、陈金山、周亚(女)、王引、张凤、瞿洪钧、魏芳琴(女)、史建和任副会长,莫仲钧任秘书长,马守武、张长华、马红霞任副秘书长。

2000~2005年,研究会单独或会同有关单位举办纪念新四军主力北渡60周年纪念大会、纪念陈毅百年诞辰学术研讨会、纪念新四军成立65周年座谈会、纪念茅山丹北太滆地区“反清乡”斗争胜利60周年座谈会和纪念抗日战争胜利60周年学术研讨会。组织会员赴溧阳参观新四军江南指挥部纪念馆、祭扫在塘马战斗中牺牲的罗忠毅旅长、廖海涛政委墓,赴苏北参观盐城新四军重建军部纪念馆、黄桥战役纪念馆、赴溧水瞻仰苏南反顽战役纪念馆,赴皖南参观新四军军部旧址陈列馆、皖南事变死难烈士纪念馆,赴常熟参观沙家浜革命历史纪念馆,赴浙西参观新四军苏浙军区旧址纪念馆、新四军天目山反顽战役纪念馆和烈士陵园等。

组织会员参与和支持地方党史、军史宣传教育活动和爱国主义教育基地建设:帮助丹阳市委、市政府举办丹北人民革命斗争史展览,并征集到10件文物和史料;参与举办纪念抗战胜利60周年、红军长征胜利70周年书画展;协助上海、江苏电视台拍摄反映新四军和茅山抗日根据地斗争的电视宣传片等。

征集整理党史军史资料,出版和发表党史、军史研究成果。2004年,俞祖泉、莫仲钧应邀担任茅山新四军纪念馆特约编审,全程主持编著由江苏人民出版社出版的上下两册180万字的大型历史文献资料书《新四军与苏南抗日根据地》。2005年研究会与史志办联合征编出版7万字的《魂绕茅峰——纪念徐明烈士文集》一书。至2005年,研究会会员在省内外各类报刊杂志和书籍上发表论文或专文70余篇,编辑出版会刊6期,论文集1本。

研究会发动会员为青少年和社会弱势群体办实事:到有关单位和学校宣讲党史、军史。资助贫困生:宋亚欣从2003年起先后资助茅山老区的两名贫困生读完大学;马立平兴办茅山老区兴教助学协会,全家带头捐助3.8万元;孙金生资助孤儿读完初中,入伍复员后又帮其安家立业。帮助联系慈善总会资助患白血病的新四军老战士杨茂万的孙子。新四军老战士、离休中医师魏津民长期为干部群众义诊等。

1991~2001年镇江市党史资料整理研究成果(论文等)获奖情况一览表

表23-19

篇名	作者	单位	字数	发表情况	获奖情况
对陈毅同志《本军抗战阵亡将校题名录书端》文本的考证	王振琳	句容县委党史办	5600	1985年11月《镇江社联》总第5期	1991年6月江苏省中共党史优秀成果奖
苏南敌后抗日根据地的新闻出版工作	张方荣	镇江市委党史办	2000	1987年6月《党史资料通讯》5~6合辑	1991年6月江苏省中共党史优秀成果奖
试论总前委、华东局驻丹阳的历史作用	茅润康	丹阳市委党史办	6500	1989年9月《渡江战役史事新探》	1991年6月江苏省中共党史优秀成果奖
苏南抗日根据地在日伪心脏地区坚持和发展原因探析	莫仲钧	镇江市委党史办	6000	1990年10月江苏人民出版社《红旗十月满天飞》	1991年6月江苏省中共党史优秀成果奖
试论毛泽东开创和平改造资本主义工商业的道路	莫仲钧	镇江市委党史办	12000	1993年12月镇江市纪念毛泽东诞辰100周年理论研讨会	一等奖

续表 23-19

篇名	作者	单位	字数	发表情况	获奖情况
全心全意为人民服务是中国共产党的根本宗旨	张三民	丹阳市委党史办	7500	1993 年 12 月镇江市纪念毛泽东诞辰 100 周年理论研讨会	二等奖
浅谈毛泽东对执政党的建设思考与实践	白　昆	丹徒县委党史办	7500	1993 年 12 月镇江市纪念毛泽东诞辰 100 周年理论研讨会	二等奖
确保长江南北通衢的法宝——镇江县抗日民族统一战线探析	白　昆 刘国强	丹徒县委党史办	8500	1991 年 6 月南京大学出版社《十年耕耘录》	1994 年 12 月全省优秀党史文章
解放战争时期国民党在镇江的反动统治剖析	戴庆辰	丹徒县委党史办	6500	1991 年 6 月南京大学出版社《十年耕耘录》	1994 年 12 月全省优秀党史文章
苏南抗日根据地的斗争实践及作用	莫仲钧	镇江市委党史办	14000	1991 年 10 月南京大学出版社《华中抗日根据地史论》	1994 年 12 月全省优秀党史文章
丹北抗日根据地的创建和作用	茅润康	丹阳市委党史办	13000	1991 年 10 月南大出版社《华中抗日根据地史论》	1994 年 12 月全省优秀党史文章
关于邓小平论反腐败的几点思考	俞祖泉	镇江市委党史办	6000	1994 年 10 月省“邓小平生平与思想研讨会”、南京大学学报	省党史研究成果二等奖
邓小平发展毛泽东统一战线理论的重大贡献	莫仲钧	镇江市委党史办	10000	1994 年市统战理论研讨会	二等奖
碧血迎曙光——丹徒革命斗争史简述	严高生	丹徒县委党史办	4500	1989 年 3 月《镇江解放纪事》	1994 年 12 月全省优秀党史文章
“一国两制”是中国社会主义制度的一个重要特色	莫仲钧	镇江市委党史办	6200	1994 年 10 月省“邓小平生平与思想研讨会”、南京大学学报	1997 年市优秀统战论文奖
论苏南抗日根据地的财经建设	莫仲钧	镇江市委党史办	7300	1995 年 8 月省、市纪念抗日战争胜利 50 周年学术讨论会，刊于《南大学报》	1997 年 11 月全省优秀党史文章二等奖
浅论句容抗日根据地的党建工作	孙绍忠	句容市委党史办	6200	1995 年 8 月《南大学报》纪念抗战胜利 50 周年学术研究专辑	1997 年 11 月全省优秀党史文章三等奖
铭记总前委在丹阳的战斗岁月，在新形势下继续发展党的优良传统	张三民	丹阳市委党史办	8500	1996 年 6 月镇江市纪念建党 75 周年学术讨论会；1996 年 9 月《南大学报》	1997 年 11 月全省优秀党史文章三等奖
简论创建以茅山为中心的苏南抗日根据地的历史经验	俞祖泉	镇江市委党史办	6500	1996 年 7 月南京出版社《以史为鉴　启迪今人》	1997 年 11 月全省优秀党史文章二等奖
茅山竖战戟　烽火遍江南——茅山抗日根据地的创建历程和历史贡献	宋亚欣 莫仲钧	镇江市关工委 镇江市委党史办	6000	1998 年 5 月《大江南北》第 5 期、1998 年 6 月 14 日《镇江日报》	《大江南北》1998 年优秀作品选
浅议党的十一届三中全会的历史贡献	赵渊	镇江市委党史办	6000	1998 年 12 月镇江市纪念党的十一届三中全会 20 周年学术讨论会	三等奖

续表 23-19

篇名	作者	单位	字数	发表情况	获奖情况
镇江抗日民主政权的税收工作	戴庆辰 朱志成	丹徒县委党史办 丹徒县国税局	4500	1995 年 8 月镇江市抗日战争胜利 50 周年学术讨论会	1999 年镇江税务报优秀作品奖
句容新政权的建立与接管	孙绍忠	句容市委党史办	2600	1999 年 4 月镇江市老干部局主编《纪念镇江解放 50 周年》	1999 年 6 月《京江晚报》难忘“4 · 23”征文二等奖
新四军开辟茅山抗日根据地的历史启示	俞祖泉	镇江市委党史办	5000	1998 年 6 月镇江市纪念茅山抗日根据地创建 60 周年学术讨论会；《南大学报》新四军研究专辑	2001 年 2 月全省优秀党史文章三等奖
坚持以科学的态度对待马列主义	吴嘉宝	丹阳市委党史办	4800	1998 年 12 月镇江市纪念党的十一届三中全会 20 周年学术讨论会；1998 年 10 月《党史资料与研究》第 4 期	镇江市二等奖；2001 年 2 月全省优秀党史文章三等奖
近几年来扬中经济剧烈波动的成因鉴析	赵纪福	扬中市委党史办	4000	1999 年 11 月《党史资料与研究》第 4 期；《镇江学刊》第 2 期	2001 年 2 月全省优秀党史文章三等奖
许杏虎，家乡人民永远怀念你	薛桂根 钟建华	丹阳市委党史办	7000	1999 年《世纪风采》第 6 期	2001 年 2 月全省优秀党史文章三等奖
鞠躬尽瘁死而后已——记李正明烈士	李萱兰	丹徒县委党史办	4000	2000 年 6 月中国文史出版社《丹心碧血》	2001 年 2 月全省优秀党史文章三等奖
镇江小城镇建设的历程、成就和经验	俞祖泉	镇江市委党史办	6000	2000 年 8 月当代中国出版社《国史新探》	2001 年 3 月镇江市优秀调研成果一等奖
历史的选择　重大的使命	俞祖泉	镇江市委党史办	4500	2001 年 10 月《世纪风采》增刊	2003 年 2 月全省优秀党史文章三等奖
第一次国共合作对推动丹阳革命运动发展历史功绩之探讨	黄一平	丹阳市委党史办	4500	2001 年 10 月《世纪风采》增刊	2003 年 2 月全省优秀党史文章三等奖

第四节　党史宣传教育

一、配合创办纪念设施

1985 年 9 月，中共镇江市委党史办与茅办共同筹建的茅山新四军抗日斗争历史陈列馆开馆，协助文化部门建设的韦岗战斗胜利纪念碑揭碑，江渭清、惠浴宇、管文蔚，省委副书记沈达人及一批曾在茅山地区战斗过的老同志及其子女参加揭幕仪式；10 月与市民政局共同筹建的王龙烈士纪念亭建成。1986 年配合省党史征委会完成盐城新四军纪念馆“新四军第六师”“苏南抗日根据地厅”的陈列脚本，并先后向盐城新四军纪念馆提供历史照片等展品 200 余件。1986 ~ 1989 年先后 3 次为茅山新四军抗日斗争历史陈列馆修改充实展出内容，充实文物 37 件，新增历史照片、图表、油画 53 幅。1991 年 6 月，市委党史办协助筹建的镇江革命历史博物馆开馆。1995 年 9 月协助市文化部门建成苏南抗战胜利纪念碑；位于丹徒宝堰的新四军四县抗敌总会纪念馆建成并对外开放等。2002年10月,市史志办协助市民政部门建成镇江烈士纪念馆等。各辖市(区)也陆续建成一批革命纪念设施。1998年1月,总前委驻丹阳旧址纪念馆落成。1999年9月,丹阳革命陈列馆开馆。2003年,丹阳市建成丹北革命斗争史陈列室。

二、党史革命史教育

1984年11月13~18日,中央党史研究室、全国中共党史研究会、中国新四军和华中抗日根据地研究会联合在镇江市举行抗日根据地讨论会,交流抗日根据地研究成果,为1985年8月抗日战争胜利40周年学术讨论会做准备。中央顾问委员会常委、全国党史研究会顾问王首道,中央党史研究室主任、全国党史研究会会长胡绳,江苏省委书记韩培信,全国政协常委、江苏省委党史资料征集研究委员会主任管文蔚,中央党史研究室副主任、全国党史研究会副会长廖盖隆,中央文献研究室副主任、全国党史研究会副会长逄先知,全国党史研究会副会长胡华、董谦等全国史学界的专家、学者80多人出席会议,管文蔚、廖盖隆作学术报告。会上共收到各种学术论文24篇。在抗日战争胜利40周年、新四军挺进江南50周年、镇江解放40周年、抗日战争胜利50周年、新四军成立65周年、抗日战争胜利60周年之际,镇江市都举行规模较大的纪念活动,会上由老同志讲传统、领导作报告。请党政领导、党史工作者和参加过革命斗争的老同志到机关、学校和基层单位宣讲党史。至2005年,全市共举办各种形式的报告会300余场,听众20多万人次。

三、新闻媒体宣传地方党史

1985年为市电台提供系列宣传材料"茅山抗日史话"10余篇,1987年后为《镇江日报》提供系列宣传文章"忆传统"40多篇、"前辈风范"20多篇及10余篇专题文章。1988年配合市电视台拍摄《陈毅留足迹 茅山寄深情》,拍摄党的生活专题片《中共丹阳县委的成立》《中共镇江县委的诞生》。1991年创作并配合南京电影制片厂拍摄了10集电视连续剧《江南风云》,在中央电视台播出同时配合上海和省、市电视台拍摄韦岗战斗、贺甲战斗、新丰车站战斗旧址。各辖市(区)配合省市电视台拍摄电视片,宣传党史,如丹阳市党史部门配合市电视台拍摄京沪杭战役总前委丹阳驻地旧址等。在纪念抗日战争胜利60周年暨世界反法西斯战争胜利60周年的2005年,市党史部门举办大型纪念图片展,制作画册,出版有关书籍,开展征文、召开研讨会等。同年8月12日,市史志办联合中共镇江市委宣传部、市老区促进会在市中心城市客厅举行"纪念抗日战争胜利60周年——镇江地区抗日斗争历史图片展"开展仪式,共展出历史图片250余幅,展出3天,观众近万人。同年8月11日,丹阳市史志办主办的"永不忘却——纪念抗日战争胜利60周年"图片展,在丹阳市文化城开展。图片展共23块展板,照片400余幅,近万人观看展览。镇江市史志办与《京江晚报》联合举办纪念抗战胜利60周年征文活动。活动自6月中旬开始,3个月收到征文数百篇。市史志办联合中共镇江市委宣传部举办"烽火岁月"征文活动,收到文章近百篇,《镇江宣传》选登17篇。市史

图23-5　2005年8月30日召开抗战胜利60周年纪念大会

志办编印《镇江抗日斗争历史图册》。图册收录照片246幅,绝大部分是当年镇江敌后军民抗日斗争的历史剪影。同年8月17日,市史志办公室和市新四军研究会、市党史学会在凤凰岭饭店联合召开镇江市纪念抗日战争胜利60周年学术研讨会。新四军老同志、全市史志工作者、学者近百人参加研讨会,大会收到42篇论文和文章,其中茅山抗战史的研究成果占相当比重。同年8月30日,镇江市委、市政府在革命老区茅山举行纪念抗日战争胜利60周年大会暨苏南抗战胜利纪念碑二期工程竣工典礼。各辖市(区)也举行各种纪念活动。

四、其他形式宣传党史

1984年8～12月,丹阳市委党史办配合该市评弹团以陈志革命斗争事迹为题材,创作出中篇评弹,宣传抗日斗争历史;该市丹剧团也以陈志打入敌人内部开展斗争的事迹为题材,创作出现代戏《特别党员》进行演出。20世纪90年代,市委党史办创办内刊《党史工作简讯》,为不定期刊物,主要刊载上级党史部门重要会议精神和工作要求,本市党史工作的重大活动和情况,交流各辖市(区)党史工作进展情况和经验,分发给市委分管领导、上级党史部门、各辖市(区)党史部门和市委党史领导小组的20多个成员单位。2001年,市党史、地方志部门合并后,该刊改名为《史志工作简讯》,继续编发,分发范围有所扩大。1993年始,全市党史部门通过在全市征订发行省委党史工办创办的由江泽民题写刊名的党史刊物《世纪风采》,进行党史知识的学习宣传。截至2000年,全市就发行《世纪风采》2.5万份,最多年份发行达2551份。丹阳市委党史办为扩大发行《世纪风采》,专门聘请49名乡镇党委宣传委员兼任党史工作联络员,每年发行千余份。镇江市委党史办开展赠书活动,1993年、2002年分别向镇江革命历史博物馆和镇江烈士纪念馆赠送书籍千余册。1995年始,扬中市委党史办聘请退休干部鲍元瑞(2011年3月去世)为义务党史报告员;截至2005年,鲍元瑞以全国和地方党史资料为素材,自编教材,义务开展党史宣传教育,去军营、学校、工厂、机关讲故事共13700多场,足迹遍布全省13个省辖市的32个县(市、区),受教育者40多万人次。

第五节　党史队伍建设

一、思想建设

经常进行坚持四项基本原则的教育,提高坚持“一个中心、两个基本点”的自觉性,从政治上、思想上始终同党中央保持一致。在1989年春夏之交北京发生的政治风波中,党史部门的同志经受住严峻考验。中共十三届四中、五中全会后,通过联系党的发展历史进行学习,提高执行党的基本路线和端正党风的自觉性。抵制“一切向钱看”腐朽思想的侵蚀,克服“三苦”(辛苦、清苦、艰苦)困难,稳定党史队伍。中共十五大以后用邓小平理论指导党史工作。2000年5月在市委统一部署下,开展以“讲学习、讲政治、讲正气”为主要内容的党性党风教育。

二、业务建设

根据工作的需要有计划地安排一些同志参加党史业务学习,帮助大家充分认识社会主义时期党史的特点、难点,在实践中认真总结经验。鼓励党史干部钻研业务,撰写专题论文,多出精品力作。安排4名中青年同志进行文化、科技知识的学习,帮助他们提高文化、科技知识水平,并先后取得大专和本科文凭。据不完全统计,1986～2003年,镇江市委党史办派员去外地参加党史讲习班、研讨会或到外省市党史部门考察学习达30多人次,到全省市、县(市)党史部门学习交流党史工作达50多人次;接待中央党史部门领导到镇江指导党史工作18人次,中央党史研究室主任孙英(时为中共中央委员)、副主任石仲泉、李忠杰分别于2002年3月、2003年2月、2005年8月到镇江检查指导工作；接待省党史部门领导到镇江检查党史工作64人次；接待外省市党史部门负责人35人次，接待省内兄弟市、县（市）党史部门领导74人次。

1987年以后通过评定专业技术职称，全市42名党史工作者中，评聘副编审4名，其中1名经推荐担任市第三届政协委员；编辑20名，助理编辑8名。市委党史办还输送、提拔5名副处级干部，其中有2名转为正处级。

1991～2005年，镇江、丹阳市委党史办连续6次被评为全省党史工作系统先进集体，丹徒县委、句容市委党史办也被评为省系统先进集体，全市有33人（次）被评为全国、全省、全市党史工作系统先进个人（其中全国党史工作系统先进个人1人，享受市级劳模待遇2人）。市委党史办还获《江苏人民革命斗争群英谱》编辑委员会授予的组织奖。

第十三章　档案管理

镇江市存有的档案历史悠久，文卷案牍，浩瀚繁杂。档案的收集、积累、整理、保管、开发利用都具备一定的规模和制度基础。各级各部门均建有专门管理机构，配备专兼职人员，档案管理规章制度建立，档案管理工作改革逐步推行。

1983年3月，镇江市档案局设立，列为档案行政管理机构，性质上既是党的机构，又是政府部门，归口市委办公室管理。原镇江地区档案馆与镇江市档案馆合并为镇江市档案馆，与镇江市档案局合署办公，列为市委、市政府直属事业单位。同年6月，镇江市档案局更名为镇江市档案处，为市政府二级局机构。

1987年10月，市档案处复更名为镇江市档案局。市委、市政府发文，调整档案工作领导体制，市档案局划归市政府领导，列入市政府编制序列，列为政府职能部门。市档案馆确定为市委和市政府直属的事业单位，归市档案局管理。

1996年7月2日，市级党政机构改革，市档案局与市档案馆合并，明确为市委、市政府直属事业单位，由市政府办公室管理，原机构规格不变。

1997年8月12日在《镇江市档案局（镇江市档案馆）职能配置、内设机构和人员编制方案》通知中，规定“镇江市档案局与镇江市档案馆合并，为市委、市政府直属副处级事业单位，由市委办公室管理”。

2001年7月31日，市级党政机构改革保留市档案局（档案馆），为市委、市政府直属事业机构，副处级建制，参照国家公务员制度管理，由市委办公室管理。

2003年5月16日，市编委发文同意在市档案局（馆）内部保管利用处增挂镇江市文件资料利用中心的牌子。

2004年9月22日，市编委发文，将市档案局（档案馆）升格为正处级建制。

2005年7月11日，中共镇江市委发文，市档案局（档案馆）调整为正处级建制，建立市档案局（档案馆）党组。

至2005年，全市有9个档案局（馆）（含市城建档案馆），均为一级局建制，实有人数105人。全市各级党政机关、人民团体、企事业单位建立各类档案室683个，有专兼职档案人员1216人。

第一节　档案法制建设

1983～1987年，市档案管理部门主要运用行政措施来推动档案事业的发展，业务指导多而有效监督少。1987 年 9 月 5 日《中华人民共和国档案法》(以下简称《档案法》)颁布实施,全市档案工作发展置于法律监督之下,逐步纳入"依法治档"轨道。

一、《档案法》学习宣传

镇江市将《档案法》普及教育列入全民普法教育范围。召开会议,印发材料,举办培训班学习《档案法》;制作展板、布置宣传柜窗、举办陈列展览,分别在广场和社区流动展出;在报社、电台、电视台等新闻媒体宣传档案工作和档案知识;先后推进"档案离我们并不遥远""档案与我们密不可分"等系列报道;组织档案知识竞赛,举办档案宣传周活动;在市区设立咨询点,发放宣传材料,在市区主要街道张挂过街横幅、张贴宣传画;出动宣传车,在市区和乡镇流动宣传。1987～2005 年,全市印发《档案法》小册子和学习辅导材料 2395 册,张贴《档案法》布告 1250 份。

二、档案工作队伍和规章

1997 年,市档案局增设内部机构法规宣教处。1998 年,市档案局与市政府法制局联合发文,成立镇江市档案执法工作网络小组,后又相继成立行政执法责任制和行政复议领导小组,建立档案行政执法监督检查队伍,负责对全市档案工作进行执法监督检查,市和各辖市(区)均配备执法人员和监督员。

1998 年 5 月,《镇江市档案局行政执法责任制实施方案》经市政府法制局批复同意实施。与此同时,相继出台《镇江市档案局行政执法岗位责任制》《执法检查考核制度》《法制学习培训制度》《行政执法监督检查制度》《执法过错责任追究制度》《行政复议应诉工作规则》《行政执法行为规范》《行政执法投诉制度》等相配套的 8 项行政执法责任制度。此后,又先后制定出台《行政执法责任制评议考核制度》等 26 项行政执法方面的规范性制度。

三、执法检查

1987 年后,市档案局每年都会同市人大办公室或科教文卫体委员会、市政府法制局及有关主管部门组成检查组,分头到各部门和单位检查《档案法》实施情况。

1992 年 9 月 9～11 日,由省人大组织全国人大代表、省人大代表组成的视察团一行 14 人,实地视察市档案馆、京口和丹徒档案工作及镇江恒顺酱醋厂综合档案室。视察团对丹徒档案馆库在全省县级档案馆中面积最少、条件最差的现状提出批评。

2004 年 9 月 7 日,省人大代表、省人大常委会教科文卫副主任朱楚英等一行 9 人到镇江,重点抽查润州区档案馆。检查组对镇江档案管理工作中存在的主要问题提出整改意见。同年 9 月经市编委批准,市档案局(馆)机构建制升格;润州区政府增挂润州区档案局牌子,将档案工作纳入全区"双文明"考核,增扩档案库房,解决部分专项经费,区档案馆按期达到省三级馆的标准。

第二节　档案馆室

一、档案馆

1983 年后,除原有的镇江市、丹阳县、句容县、扬中县、丹徒县档案馆外,先后成立京口区、润州区、镇江新区档案馆。到 2005 年,全市共有国家综合档案馆 8 个和镇江城市建设档案馆 1 个。

1. 档案馆库建设　1985 年以前,镇江市各级各类档案馆没有专业库房,以普通办公房舍兼作档案库房,全市 5 个国家综合档案馆用房面积仅 1045.9 平方米。1985 年起,各地陆续开建档案馆。句容县档案馆于 1990 年、丹阳市档案馆于 1991 年定为省三级档案馆。1992 年 12 月,镇江市档案馆通过省三级档案馆评审，考核成绩为80.55分，在全省市级档案馆评审中居第二。1992～1995年，扬中县档案馆、丹徒县档案馆定为省三级馆。1995年，丹阳市档案馆通过省二级馆评审，成为全市首家晋升省二级馆的单位。1996年12月，镇江市档案馆通过省二级先进档案馆评审，考核成绩位居全省市级评审单位第二。1997年，京口区档案馆通过省二级考核评审。2000年，句容、扬中、市档案馆晋升为省二级馆。2005年，全市各级国家综合档案馆总建筑面积为10566平方米，丹徒区档案馆晋升为省二级馆，润州区档案馆通过省三级馆评审。至2005年，全市7个国家综合档案馆已全部达省级标准。其中省二级馆6个，省三级馆1个。同年，丹阳、扬中市档案馆新馆建设相继开工，建筑面积分别为6000平方米和5500平方米。

2. 档案馆藏　全市各级档案馆定期接收本级所辖各现行机关、人民团体、企事业单位档案室移交进馆的具有长久保存价值的档案，及时接收属于本馆接收的撤销机关的全部档案和有关资料，以及属于本馆接收的建国以前的各种档案，馆藏量迅速增长。收集和接收撤销机关和破产企业档案；接收现行机关单位档案；向社会各界、各种组织和个人征集珍贵、有价值的档案、史料，先后征集到历任国家领导人在镇江，镇江籍革命烈士、著名科学家、劳模等人物有关的照片、题词、证书、信函等档案资料。

至2005年，全市8个国家综合档案馆馆藏档案857个全宗，467350卷又16733件，录音、录像带678盘，照片10053张，磁盘541张、光盘216张。其中，镇江市档案馆馆藏档案全宗297个，档案155998卷(册)又5704件。内有中华人民共和国成立前的历史档案27个全宗、12315卷(册)，建国后(1949～2005年)档案270个全宗、143683卷5704件。镇江商会档案7032卷，被列入首批《江苏省珍贵档案》名录。

二、档案室

1. 机关档案室工作

1983年7月25日，市委办公室、市政府办公室印发《机关档案工作条例》。1984年3月5日，市档案处印发《镇江市、县(区)级机关文书档案保管期限的规定》和《镇江市、县(区)级机关不归档的文件材料的规定》，各机关相继建立健全档案工作机构及制度，配备专兼职人员，建立正常的档案工作秩序。

1990年，市直机关成立12个机关文书档案工作协作组，开展档案工作业务研讨活动，组织外出参观考察。1991年，市档案局开展1990年度文书立卷工作检查评比，是第一次在市级机关档案系统开展的评比活动。

1993年，市档案局发市级机关文书档案合格证，以此证作为今后档案进馆免检证明，并作为三年一度评比先进的依据。同年开展授予立卷质量信得过文书(档案员)称号的评选活动，市级机关先后有69人获此称号。

1995年在市级机关开展三年一次的文书立卷检查评比。到2003年，全市共评出文书立卷工作先进集体201个、先进个人403名。

2002年，市档案局选择市人行等3个单位试点，实施国家档案局颁布的《归档文件整理规则》。2003年在全市机关、企事业单位全面推行实施。

2003年，市委、市政府表彰档案工作先进集体61个、先进个人160名。以市委、市政府规格表彰档案工作先进，在镇江历史上是第一次，在全省也属首创。

2004年起，全市首次推行档案工作年检制度。开展年度档案检查，对档案工作不到位的单位发出《限期整改通知书》。

档案室达标定级　1991年，市委办、市政府办、市档案局联合颁发《镇江市各级机关档案室定级升级试行办法》和《镇江市各级机关档案室定级升级标准》。1996年对上述定级升级内容作补充修订。同年颁发《镇江市各级机关档案管理软件达标定级标准》，在全市暂无专用库房的单位中，开展机关档案室档案管理软件达标定级活动。2000 年，江苏省档案局颁发《江苏省机关、事业单位档案工作目标管理考评试行办法》，在全市机关、事业单位开展档案工作达省级标准考评。至 2005 年，全市共有 704 家机关（事业）单位达市以上标准，其中法院、检察院、税务系统的机关档案室全部达标定级。

2. 企业、事业单位档案工作

1983 年起，镇江市各级专业主管机关和工矿企业，根据国家档案局《关于在企业全面整顿中进一步整顿和加强科技档案工作的通知》，把科技档案工作的整顿作为企业全面整顿的一项内容，进行统一计划和验收。

1988 年 10 月 4 日，国家档案局颁发《企业档案管理升级试行办法》。市档案局会同市计经委制定《镇江市企业档案管理升级标准实施细则》和《镇江市企业档案管理升级考核办法》，在全市开展企业档案管理升级工作。1988 ~ 1991 年 10 月，全市有 103 家企业档案管理定级升级，其中进入国家一级档案管理企业 1 家，国家二级档案管理企业 32 家，定为省级先进档案管理企业 70 家。

1991 年 9 月 16 日，国家档案局发出《关于暂停企业档案管理升级考评工作的通知》。市档案局和市经委于 1992 年 1 月 3 日联合发出《关于继续加强工交企业档案管理工作的通知》。1994 年，国家恢复企业档案管理达标升级活动。到 2005 年，全市企事业单位在档案工作目标管理中，共有 484 家达标升级，307 人获得荣誉证书。

3. 新领域档案工作

农业和农村档案工作　农业和农村档案包括农业科技档案、乡镇企业档案、乡镇机关档案、“七站八所”档案、行政档案等各种类别。

1984 年始，全市农林系统贯彻农林部颁发的《农牧渔业科技档案管理试行办法》《江苏省农业科技档案管理办法（试行）》及《江苏省农业科技档案管理标准》，逐步建立起农业科技档案网络体系。全市乡镇都建立农科档案室。丹徒、扬中、丹阳、句容农业局和句容多管局被省农林厅评为档案工作先进集体，句容、扬中的农科档案管理分别被市科委评为科技进步三、四等奖。

全市各级档案管理部门贯彻执行国家《乡镇企业档案管理办法》，指导乡镇企业建立科技档案室，开展科技档案的管理和利用工作。到 2005 年，全市 4400 个乡镇企业中的重点企业基本建档，其中有 4 家达到国家级、13 家达省级标准。

1997 年，市委办公室、市政府办公室与市档案局联合颁发《关于进一步加强农村档案工作的意见》，要求各县（市、区）政府和档案管理部门摆正农村档案工作的位置，列入农村目标管理考核内容，作为评比先进乡、镇、村的条件之一。市委农工部与市档案局联合颁发《镇江市行政档案管理办法》，从制度和规范上为村级建档工作提供标准依据。2005 年底，全市 910 个行政村普遍建立档案工作，建档率 90% 以上。

非公有制企业档案工作　2001 年 2 月，市委办、市政府办转发市档案局等 7 个单位《关于加强非公有制经济档案工作的意见》，健全非公有制经济组织档案管理制度。至 2005 年，全市有 60 余家非公有制规模企业建档，实现规范化管理。台资国亨化学有限公司在全省“三资”企业中，首家通过档案管理国家二级的考评认定。

职工档案管理　2002 年，市档案局会同市劳动和社会保障局制定下发《关于在全市开展职工档案工作考评定级活动的通知》和《全市职工档案工作考评标准》，在全省率先开展企业职工档案工作考评定级活动。到 2005 年，全市有 30 余家企业职工档案管理达到市一级和二级标准。

社区档案工作　市档案局借助创建示范社区的动力，争取市社区建设领导小组的支持，将档案工作列入社区规范化建设达标考核内容。选择润州区三茅宫小区开展试点，出台《社区居委会档案管理规范》，制定《镇江市社区档案管理等级评定标准》。至 2005 年，全市有 15 家社区档案工作实现规范化管理。

重大工程建设项目档案　城建档案系统全面介入市政工程的各个环节，保证工程档案材料的完整归档。全市所有重大工程建设项目档案均达到“建一流工程，存精品档案”的要求。

第三节　档案信息资源开发

一、档案查阅利用

根据《档案法》以及中央开放历史档案的决定，各级档案馆将形成已满30年（除未解密或需要控制使用的部分除外）的种类档案，分期分批向社会开放。截至2005年，市档案馆共分8批，开放档案90517卷。各级档案馆逐步形成具有全馆、全宗、案卷、卷内文件的四级检索体系，建立文件目录数据库，实行计算机检索。

全市各级各类档案馆（室）都开设阅档室，提供接待阅览、信函查档、电话查档、咨询查档、函调证明等多种方式，简化查档手续。

图23-6　2005年10月9日，市档案局参与主办“党和国家领导人在镇江”照片展

二、举办档案展览（陈列）

截至2005年，全市各级国家档案馆均已开辟档案陈列室，按照一定的主题，系统地陈列馆藏档案资料，一般每两年更换陈列内容一次。配合党和政府的中心工作和有关活动，举办各类专题性档案展览。镇江市档案馆举办“档案珍藏展”“前进中的镇江档案事业”“档案利用效益展”“爱我镇江——三年大变样照片档案展”“党和国家领导人与镇江”等，并将展览办到学校、社区。

三、档案资料编纂

1986年，市档案馆编印《京江赋》（历代名人赞镇江）一书。1990年，市档案馆与市委组织部、市委党史办联合出版《中共镇江市1925～1987年组织史资料》。1991年，市档案馆突击编印《镇江地区1954年抗洪救灾档案选编》，分送市领导及有关部门，为同年抗击洪灾提供决策参考。1992年，市档案馆与市关工委利用馆藏档案联合出版《镇江沦陷记》，被市委宣传部列为爱国主义教材。1996年，市档案馆和市委党史办联合编纂出版《中共镇江党史大事记（1949～1995）》。1983～2005年，市档案馆编纂各类档案参考资料41种、文件汇编33种。

四、现行文件资料利用中心建立

2003年5月成立镇江市文件资料利用中心。机构设立在市档案局（馆），成为集中收集、保管、开发利用，由镇江市党政机关、社会团体和事业单位形成的现行非涉密政策性、法规性、公益性文件资料信息中心。2003年6月，市委办、市政府办联合下发《关于向镇江市文件资料利用中心报送现行文件资料的通知》，对“报送单位、报送年限、报送内容、报送载体”等事项作出明确规定。到2005年，有90余家单位实现将现行文件资料随时报送到市现行文件资料利用中心，累计8000余份现行文件、资料可供社会查阅。

五、爱国主义教育基地

按照省委宣传部和省档案局联合颁发的《江苏省档案系统爱国主义教育基地建设的意见》，挖掘档案馆馆藏档案并发挥其宣传教育功能，建设档案馆爱国主义教育基地。2003年10月，市委将镇江市档案馆正式命名为市级爱国主义教育基地。2005年，镇江市和扬中、句容、丹徒、京口等5家档案馆均被命名为爱国主义教育基地。

第四节　档案管理现代化

2000年12月8日，市委办公室、市政府办公室转发《镇江市档案局关于在档案管理中推广应用计算机技术的意见》，要求各单位使用规范的档案管理软件和统一格式的数据库。市档案局专门研制文档管理软件，边推广使用边征求意见，逐步完善。至2005年，市级机关已有95%以上的单位使用计算机辅助档案管理，着手开展对室藏档案文件目录的输入工作。

2002年6月，市档案局（馆）网正式链入市政府网站，设有局（馆）简介、法律法规、馆藏介绍、查档指南、档案检索、珍档荟萃、工作信息、当前工作、咨询信箱等9个栏目。2005年，市档案局围绕政务信息资源开发利用及电子政务发展，建设网上电子文件目录中心和文件利用。

各级档案部门围绕建立目录中心的目标，加快文件条目的录入进度。2005年，全市各级档案馆馆藏历史档案文件级目录8万余条，已全部完成输入；中华人民共和国成立后档案文件目录输入200余万条；市档案馆完成文件级目录输入88万余条，占馆藏总量的35%，馆藏照片档案完成数字扫描2264张。句容、扬中市档案馆目录的录入已全部完成，丹阳市档案馆完成95%的案卷级、50%的文件级文书档案目录、95%的专门档案目录；镇江新区档案馆的馆藏照片档案实现数字化管理。

第五节　档案学研究

一、市档案学会

1984年6月6～8日，镇江市档案学会第一次代表大会召开，选举产生由26名理事组成的第一届理事会，市档案学会正式成立，为学术性群众团体。

1989年5月19日，市档案学会第二次会员代表大会召开。选举产生由27名理事组成的学会第二届理事会。

2003年6月20日，市档案学会第三次会员代表大会召开。选举由35名理事组成的学会第三届理事会。

至2005年，市档案学会拥有会员508名，其中有中国档案学会会员11名，江苏省档案学会会员79名，团体会员99家。

二、档案学术研究活动

学会结合镇江实际，对全市档案工作中面临的新形势、新任务和出现的新情况、新问题进行探索，开展课题研究和学术交流。先后举办12次研讨会，会员撰写论文或文章632篇。有100余篇论文在省以上刊物发表，其中3篇获省二等奖、12篇获省三等奖、31篇获省优秀奖。

1995年，市学会承办江苏省档案学会在镇江召开的首届青年学术论文交流会，获省第二届青年档案学术评选活动组织奖。

1996年起，市档案学会与市档案局联合主办的《镇江档案》，为镇江市档案学会的会刊。始为不定期印刷，简报形式，逐步由季刊发展到双月刊。

第六节　档案教育与人才

镇江的档案教育始于20世纪80年代初。起初为在职业务培训，后逐步发展到学校教育、专题培训和专业证书培训、岗位培训等多种形式。

一、学校教育

1985年，市档案局与市广播电视大学合作，开设电大档案班。学制3年，半脱产，由电大发给国家承认的大专文凭。1985年和1989年，共招收两届学生，毕业176人。

1988年下半年起，全市部分在职档案人员分别参加江苏省档案专业高等教育自学考试。1992年，经市计委、劳动局和教育局批准，市档案局协办，在市十六中开办首届档案微机职高班，连续招生两届，培养毕业生100人左右。

1995年起，市档案局与镇江师专成教院联合举办档案管理专业证书班，学制一年半，先后举办4期。毕业生获颁由省教委统一印制、并报国家教委备案的毕业证书，在本专业岗位上享受大专同等待遇。1998年，市档案局与市委党校联合举办大专班一期，招收在职档案专业人员152人，学制3年，半脱产。

二、业务专业培训和岗位培训

1983年以后，市各级档案部门会同各主管机关，以岗位培训、业务培训和专题培训的多种形式，培训在职档案干部。1993年起，市档案局根据《江苏省在职档案人员岗位培训方案》，制订培训计划，分别举办档案人员岗位培训及不具备规定学历人员的考前辅导班。2002年，市档案局与市人事局在全省率先联合颁发《档案专业技术人员继续教育实施意见》。对全市档案专业继续教育规范学时要求、运作程序和职能分工，实行专业技术人员继续教育证书登记制度及持证上岗制度。至2005年，全市共举办各类培训班165期，培训档案人员7830人次，1500余人取得上岗证书。

三、档案人才队伍建设

1983年，全市档案局、馆人员41人，有大专以上学历7人、仅占17%，其中大学本科只有1人。至2005年，全市档案局、馆人员增加到112人，其中大专以上学历89人，占比达79.5%，有研究生1人、本科40人。

档案专业技术职称评定　1986年成立镇江市档案专业初级职务评审委员会；1991年成立镇江市档案专业中级职务评审委员会，镇江市档案专业技术职务职称的评聘工作纳入正常化、规范化轨道。1998年后，档案专业职务评审由市人事局的人才中心负责，到2005年，全市共评出研究馆员2名、副研究馆员18名、中级职称229名、初级职称567名。

档案工作评比表彰　“七五”期间，郭盛龙被人事部、国家档案局评为全国档案系统先进工作者称号；有5个单位如扬中档案局、句容档案馆等被省人事厅、省档案局评为全省档案系统先进集体；朱象宽、钱在义等12人被评为全省档案系统先进工作者；陈文伟被江苏省广播电视大学评为先进工作者、优秀班主任。

“八五”期间，镇江市档案局被省人事厅、省档案局授予全省档案系统先进集体，徐子祥被授予全省档案系统先进工作者称号；中国农业银行镇江市分行等4家单位被江苏省档案局授予江苏省先进集体，郭荣才、宋学联等8人被省档案局授予全省模范档案工作者。

“九五”期间，顾维娅被国家档案局授予全国优秀档案工作者称号；丹阳县档案局被省人事厅、省档案局授予全省档案系统先进集体称号；陈文伟被省人事厅、省档案局授予全省档案系统先进工作者称号；镇江市中级法院等4家单位被江苏省档案局评为全省档案工作优秀集体，吴承壁等8人被评为全省档案工作优秀工作者。

“十五”期间，市城建档案馆张蔷南被国家档案局授予全国优秀档案工作者称号；扬中市档案局（馆）被省人事厅、省档案局授予全省档案系统先进集体称号、汪好被授予全省档案系统先进工作者称号；镇江市京口区史志档案办公室被江苏省档案局评为全省档案系统先进集体、赵康玲被评为全省档案系统先进个人；市档案局连续两次被市委、市政府评为镇江市文明机关，机关党支部多次获得先进党支部等称号；保管利用处获得镇江市巾帼示范岗，市档案局（馆）被镇江市评为“三五”普法先进集体、创建文明城市工作先进集体，并被评为全市国企改革三等功集体。

1983～2005年镇江市档案馆馆藏及利用情况一览表

表23-20

年份	馆藏				利用			
	档案(卷)		资料(册)		卷数(卷)		人次	
	全市	市馆	全市	市馆	全市	市馆	全市	市馆
1983	92623	44564	30933	10280	4978	797	3483	369
1984	112550	-	42882	-	10334	-	8491	-
1985	166761	-	-	-	-	-	-	-
1986	211303	-	58067	-	-	-	-	-
1987	238719	-	72267	-	68360	-	13575	-
1988	262867	-	71899	-	-	-	-	-
1989	276260	73491	74056	17268	34490	11205	8484	589
1990	281199	73491	74141	17318	47457	9274	8614	1197
1991	289819	81199	76156	17318	44912	1691	7359	311
1992	317646	84756	77147	17470	20309	2707	2635	262
1993	324907	85698	78315	17470	11263	703	2552	178
1994	330437	87120	78925	17942	18382	2384	4475	443
1995	-	-	-	-	-	-	-	-
1996	359740	98430	80009	18163	6415	1581	2010	314
1997	-	-	-	-	-	-	-	-
1998	393327	106723	77610	18497	8868	1068	3088	277
1999	375295	108551	57423	17329	9177	445	2446	135
2000	389817	110067	61497	19389	8584	527	2433	159
2001	404914	110916	62587	17527	8135	1323	2908	405
2002	419615	116414	62262	17527	7664	859	3795	334
2003	429641	130591	63872	17659	10526	1305	4389	403
2004	489691	135016	63092	17859	14376	694	5162	343
2005	518909	138039	64900	17859	17868	964	7167	400

第十四章 其他工作

第一节 调查研究

1983 年 3 月，省辖镇江市委成立始，市委办公室设置调研科。1986 年 3 月组建市委研究室，列为市委工作部门。1996 年 7 月更名为市委政策研究室；2001 年 5 月复更名为市委研究室。新成立市委农村工作领导小组办公室，与市委研究室合署办公，一套机构、两块牌子。

1986～1988 年，社会学家费孝通先后 3 次到镇江调查小城镇建设和乡镇工业问题，市委研究室均派员全程参与。1994 年起，每两年组织一次全市优秀调研成果评选活动。1996 年后在评选优秀调研成果的同时，增添调研工作先进单位与个人评选内容。

2002 年 5～10 月历时 5 个月的调研，形成《关于进一步增强城区发展活力、做大做强中心城市》系列报告。

2003 年下半年至 2004 年上半年围绕实现全面小康中城乡居民“两个收入”如何持续快速增长这一核心主题，市委研究室配合市委、市人大、市政府、市政协领导开展课题调研。形成市委、市政府《关于加快提高城乡居民收入的意见》，出台 8 个相应配套实施意见。镇江国企改革进入关键阶段。市委研究室撰写的调研文章《镇江国企改革的新思路与新举措》，在中共中央政策研究室《学习与研究》杂志上发表。

市委研究室对全市调查研究进行组织和协调，建立调研工作会议制度。每两年召开一次全市性调研工作会议，形成发布市重点调研课题制度、资料共享协作制度、优秀调研成果评选制度以及调研工作联席全会制度。

第二节 保密工作

1983 年 7 月成立市委保密委员会，下设市委保密委员会办公室。1988 年 8 月 10 日，中共镇江市委保密委员会办公室对外改名为镇江市国家保密局，作为市政府主管保密工作的职能部门。1997 年 10 月 8 日机构改革，中共镇江市委保密委员会办公室（市国家保密局）列为市委办公室管理的副处级部门机构，内设综合处和技术处。1997 年 11 月 12 日，市委保密委员会办公室建立镇江市保密培训中心，为全民事业单位，科级建制。

一、保密法制宣传

1986～1990 年，是全国第一个五年普法教育阶段，市委保密委着重宣传《保守国家机密暂行条例》。1991～1995 年实施“二五”保密法制宣传教育。1991 年 12 月印发市国家保密局制定的《关于在第二个五年普法期间开展〈中华人民共和国保守国家秘密法〉普及教育实施规划》。1997 年 3 月，市委保密委下发《关于印发〈镇江市“三五”普法期间保密法制宣传教育规划〉的通知》，这次宣传教育的重点对象是各级领导干部、重点涉密人员。2001 年 5 月，市委保密委印发《关于印发〈镇江市“四五”普法期间保密法制宣传教育规划〉的通知》，重点对象是领导干部、重点涉密人员及国家公务员。

二、保密教育培训

1988 年《中华人民共和国保守国家秘密法》颁布，市委保密委召开全市学习宣传动员大会。

1989 年 4 月举办市级机关《中华人民共和国保守国家秘密法》知识开卷答题竞赛活动。组织放映保密教育影片和录像 1540 余场，观看人数 35 万余人次。与司法局联合举办电视大奖赛，在《镇江日报》、市电台连续三次刊播《中华人民共和国保守国家秘密法》知识讲座。

1990 年 4 月，《中华人民共和国保守国家秘密法》实施一周年，市委保密委召开全市首次表彰大会，20 个先进集体和 45 名先进个人受到表彰奖励；同年 12 月，全市有 5 个先进集体和 10 名先进个人受到省委保密委员会的表彰奖励。

1992～1995 年，市委党校凡开办为期一个月以上的培训班中，必须开设保密教育课，共培训 1000 多人次。其中包括全市党内中青年干部培训班和全市党外中青年干部培训班，全市中青年妇女干部培训班、全市正科级干部培训班等班次。

1996 年，全市（含市、县、区）举办县处级以上党员领导干部、新党员和建党积极分子、乡镇党委秘书、传真机操作员、档案文件管理员等专题性保密知识培训班 18 期，共计 1800 多人，放映录像 22 场次，观看人数达 1320 人。

1999 年 12 月，与市计委信息中心联合举办第一期计算机知识和计算机保密培训班，与党校联合开展保密培训教育 5 个班次。同年，席世国泄密案在新闻媒体曝光后，市委保密委发出通知，组织全市各单位领导干部、涉密人员、保密干部收听收看。

2003 年以《中华人民共和国保守国家秘密法》颁布 15 周年为契机，在市委党校的干部培训班开办两期专题讲座；配合省保密局在公检法系统开办 3 期有 600 名办案人员参加的安全保密警示教育。

三、规章、制度

1990 年为加强对全市传真机、电传机的安全保密管理，从源头上抵制境外敌对势力的反动宣传和政治渗透，市委保密局与市公安局、国家安全局、邮电局共同制定《关于加强用户传真机、电传机使用管理的暂行规定》，建立起从 8 个方面严格把关的规章制度。同年，市委保密局先行在市交通局、市检察院开展定密试点。至 1992 年，全市 109 个单位开展依法定密的基础性工作，按法定程序完成定密工作任务，各辖市、县（区）也都相应按时完成。

1992 年 1 月，市委保密委制定《关于积极做好外供资料保密审查，确保世行贷款项目顺利实施的意见》。同年 4 月，市委保密委下发《县团级以上干部保密制度》，形成办文、通信、接待等 10 项内容的保密规定。

1996 年 3 月，市委保密委员会印发《镇江市市级机关保密工作八项基本要求》。同年 6 月根据中共中央关于“干部管理部门要把保密工作情况作为考核干部的内容之一”的要求，市委组织部、市人事局、市国家保密局联合下发《关于把保密工作情况纳入干部考核内容的通知》，从考核内容、考核办法、要求等方面作出严格规定。

1997 年，市委保密委下发《关于认真学习贯彻江泽民总书记重要讲话和全国保密工作会议精神的通知》《关于认真学习中共中央〈关于加强新形势下保密工作的决定〉的通知》，制定《市委保密委员会及其成员单位工作职责》。明确市委保密委是党管保密的专门组织，担负组织、协调、指导、检查全市保密工作开展的进程，提出改进和加强保密工作的重大措施和意见等职能，计 9 项 19 款。

市委保密局会同市公安局转发《江苏省计算机信息系统国际互联网保密管理暂行规定》，会同市信息中心印发《镇江市经济信息网保密管理暂行规定》。1999 年，市委保密委讨论制定《镇江市计算机信息系统保密管理暂行规定》，就计算机系统的保密管理和进入互联网等，从领导责任、培训上岗、配置保密设备等方面作出明确规定。

2002 年 9 月对党政机关等单位领导和涉密人员使用手机提出具体要求，下发《关于加强手机使用管理的通知》。同年 10 月针对市大中型企业经济保密工作的突出问题，印发《关于重申加强企业经济情况保密工作的通知》。2004 年 6 月，市保密局和市公安局、市信息化办公室、市信息产业局联合下发《关于加强全市信息网络安全保密工作的通知》。

第三节 党校教育

1983年3月1日起，镇江实行市管县新体制，地市党校人员联合办公，筹备成立新党校。同年6月根据市委〔1983〕44号文件，原中共镇江地委党校与中共镇江市委党校合并，成立新的市委党校，为市委直属事业单位。初始的管理体制设校务委员会，由一名副校长主持工作，实行校委会领导下的校长负责制。

随后原地委党校房屋土地出让，集中到原市委党校所在地办学并扩建校舍，校址即为镇江市九里街现址。1986年，迁并工作结束。

1988年4月成立镇江市行政干部学校，在镇江市委党校挂牌，一套班子、两块牌子。1990年12月，江苏省委以苏办〔1990〕97号文件批复，镇江市委党校明确为大专体制。

1992年1月成立镇江市社会主义政治学校，在镇江市委党校挂牌。同年12月建立校党委。由常务副校长任书记，实行校党委领导下的校长负责制。1994年7月，镇江市行政干部学校更名为镇江市行政学院。

1996年7月，市委党校与市行政学院、市社会主义政治学校合署办公，按“一个机构、三块牌子”的机制运行，为市委直属事业单位。

2000年6月根据市编委文件批复，镇江市社会主义政治学校更名为镇江市社会主义学院，2002年后不再设。

2001年8月，市级党政机构改革，中共镇江市委党校定为市委直属事业单位，正处级建制，参照国家公务员制度管理，挂镇江市行政学院牌子。核定事业编制102名，内设12个科建制职能处室。

2002年8月1日根据镇编委文件批复，将市级机关党校（市级机关干部学校）并入市委党校。原有全额拨款事业编制划拨给市委党校2名，至此市委党校人员编制增加到104名。2005年，全校在职教职员工人数为89人。

一、干部教育培训

1983年5月，中央印发《中共中央关于实现党校教育正规化的决定》。同年6月，江苏省委召开全省党校工作会议。根据中央和省委会议及决定精神，镇江市委作出加强党校正规化建设，下半年开办正规化的干部培训和进修班的决定。

从1983年9月15日举办两年制的干部培训班、半年制的干部进修班起，至2005年，镇江市委党校共举办各类培训班、进修班（轮训班）、专题班等323期，参训学员21014人次。

1. 干部学历班 大专学历两年制干部培训班，是20世纪80年代党校正规化教育中最主要的班次。1983～1988年，共举办8期，参训学员322人。对象主要是高中或相当高中学历的市管领导干部的后备人员，少量新提拔的年轻现职优秀党员干部。年龄一般在30岁以下，不超过35岁，有两年以上实际工作经历。

2. 干部培训班 1983～2005年，市委党校举办的包括青年干部培训班、中青年干部培训班、妇女干部培训班、选调生培训班、组工干部培训班、军转干部培训班、理论骨干培训班等共52期。主要对象是准备进入市级机关局级副职、科级正职和乡镇主要领导岗位的青年后备干部，以及意识形态部门的领导干部和理论骨干。主要培训内容：马克思主义基本理论，毛泽东思想基本理论，邓小平基本理论，“三个代表”重要思想，党的代表大会精神以及党的重要文献，党史，党建理论，领导科学，管理科学，法律知识，镇江经济社会发展市情，以及其他相关业务知识。

3. 干部进修班（轮训班） 党校主体班中最主要和最常见的班次。主要包括县处级干部进修班、乡镇(街道)领导干部培训班以及各种形式的干部轮训班。1983～2005年共举办87期。旨在提高现任领导干部的理论水平、政策水平,增强领导改革开放和现代化建设的实际能力。主要培训内容是基本理论、党的方针政策、中央重要文献、党的历史及党建理论、相关的专业岗位知识等。

4. 专题研讨班　包括各种形式的读书班、讲习班、提高班及书记、秘书、政工等类别的干部培训班等,也是党校主体班次的重要组成部分。1983～2005年共举办73期。专题班期限一般比较短,10～15天左右,有的班只有2天。主要内容是围绕某一个理论问题、政策问题进行专题学习、研讨,或以提高某种岗位的理论业务水平为重点。

5. 行政学院主体班　镇江市行政学院主体班包括国家公务员、参照管理机关工作人员两个系列的初任培训、任职培训和更新知识培训。从1997年开展过渡培训到2005年,共举办94期,参训学员7280人次。

6. 社会主义学院主体班　镇江市社会主义学院主体班主要包括党外中青年干部培训班、县处级党外干部班、统战干部进修班及专题学习班。1992～2002年共举办13期,参训学员532人。

1983年,市委党校根据中央关于"各级党校都要从短期轮训干部为主,逐步转向正规化培训干部为主""逐步做到有统一的班次、学制、课程内容、教材和考试考核制度"的精神,提出实施教学方式方法的全面改革,对学员进行平时考核和期终考试。20世纪90年代,党校全面进行干部岗位培训。教学方式从学历培训的课本章节式转为岗位需要的专题式。每期训练班设若干专题,学员结合阅读文件开展讨论。1998年开展争创精品课活动。

2001～2002年,市委党校建立四大"基地",即警示教育基地、国防军事教育基地、革命传统教育基地、绿化造林教育基地。建立健全评教和评学有机结合的新机制。

2003～2005年,将主体班次原四大教学板块(基础理论、党性修养、世界眼光、领导科学)调整为马克思主义理论中国化、经济社会发展与镇江市情、党性修养、执政能力与领导素养、现代管理五大教学板块。教学内容从侧重于基础理论和党性修养调整为侧重于镇江本地经济社会发展、领导能力和现代管理知识,去井冈山或者是延安革命老区,结合实地现场教学。

二、科研与调研

1. 科研成果　1985年12月,由市委党校主办、市委理论研究室编辑的不定期理论刊物《求知》学刊创刊。主要刊载党校教员的学术研究成果,对党校教员研究有中国特色的社会主义理论、发展科研事业起到推动作用。1987年,党校《求知》与市社科联《镇江社联》、市委讲师团《学习之友》合刊,定名为《镇江学刊》。三刊联合后,成为镇江市的一份综合性理论学术刊物。同年出试刊一期,1988年起全年正常出版。

1996年,《旗帜与纲领》一书由南京出版社正式出版,发行6000册。承担的课题《跨世纪的镇江经济》成为市软科学首选课题,列入省委党校《跨世纪的江苏经济》系列,获江苏省"五个一"工程奖。《龙山之路》及《茅山老区在苏南现代化发展战略中的机遇与选择》参加由省委宣传部、省社科联举办的张家港之路与苏南模式研讨会。

1999年参与国家级课题《资本集中与江苏现代化研究》,完成开放型经济与江苏资本集中课题的2万字组稿任务。全年共参与国家级、省级、市校级课题研究共7项。在镇江市哲学与社会科学优秀成果评选中,获二等奖1项、三等奖2项。在省哲学社会科学优秀成果评选中,获三等奖1项。在省党校优秀成果评选中,获二等奖1项、三等奖2项。

2000年,《新世纪执政党建设的伟大纲领》一书正式出版。《企业科技激励研究》一书由兰州大学出版社公开出版发行,获镇江市哲学社会科学优秀成果政府一等奖。《论企业文化的人本性》在《工人日报》发表,《新华文摘》要点摘登。

2001年,党校教员主编的《党员干部道德教育读本》一书由中央党校出版社出版,《企业经营风险管理》一书由当代中国出版社出版发行。《企业科技激励研究》《新世纪执政党建设的伟大纲领》两本编著分获江苏省哲学社会科学优秀成果三等奖,《21 世纪初期中国行政改革指导及对象》获本市哲学社会科学优秀成果政府三等奖。

2002 年,《现代领导公关艺术》和《入党培训教材》两本书由中央党校出版社出版。在全省党校优秀科研成果评比中,获二等奖 2 个、三等奖 3 个;在全市党校系统优秀科研成果评比中,获一等奖 1 个、二等奖 2 个、三等奖 2 个。全年举办镇江党校系统"纪念邓小平视察南方重要讲话 10 周年"理论研讨会、市学习"三个代表"重要思想理论研讨会、镇江市党校系统科研工作会议三次大型科研会议。

2003 年出版国家级编著 2 部、省级编著 1 部,参编省级教材 3 部,在省级以上期刊发表论文 28 篇(1 篇被人大复印资料全文转载)。2004 年,主持并出版国家级编著 3 部(本校教研人员撰写 44.05 万字),参编省级编著 2 部(本校教研人员撰写 12 章,计 17.84 万字);发表国家级论文 11 篇、省级论文 20 篇、市级论文 74 篇。全校获各类各级科研奖 26 项,其中,省(部)级三等奖 1 项,国家级学会一等奖 1 项、二等奖 2 项。

2005 年,全校发表和形成各类科研成果 145 项,其中出版国家级著作 2 部、出版省级编著 1 部;发表国家级论文和形成国家级课题研究成果,累计 18 项;全校科研获奖 21 项,其中中央党校社科成果一等奖 1 项。

1983～2005 年累计发表科研成果 2072 项,发表专著一批。其中,发表国家级论文、参与编纂出版国家级专著和形成国家级课题研究成果共 61 项;在省级以上刊物发表论文、参与编纂出版省级专著共 338 项。

2. 调研情况　20 世纪 90 年代,年完成调研报告平均 50 篇。1991 年下派 3 人到基层锻炼和调查。1996 年以龙山村为重点,对丹徒县集中调研 20 余天;1997 年,集中全体教员对市直 18 家股份合作制企业进行深入调查,形成调查报告 13 篇;1998 年,石春海、郭杰随钱永波等市领导开展下岗再就业调研,形成《镇江市劳动力供求失衡探析》一文,在《江苏社会科学》发表。1999 年由丁恒龙率队开展科技激励问题调研,并执笔完成调研报告《科技进步与增加就业时间差》一文,发表于《宁夏党校学报》。

2000 年组织企业开展科技激励调研、厂办科研机构调研、设施农业及农业结构调整调研、市个私经济发展调研、非公有制党建工作的调研、陈武镇农业产业化调研等项目。调查报告《企业科技激励中的问题与对策》发表于 2000 年第 10 期《经贸导报》;《关于推进农业产业化的思考》获市优秀调研报告三等奖;《镇江市非公有制企业党建工作的调查》获省党校系统党建调研二等奖,《参与重大决策,促进生产经营稳步发展》《扬中八桥镇党委努力做好改制企业党员发展工作》分别获省党建调研三等奖。

2001 年出调查研究 8 期,被市级党政机关及有关部门采纳的调研报告 4 项。2002 年出调查研究 8 期,为主班次出版论文集 1 部,签订校级课题 4 项,被市级党政机关及有关部门采纳的 6 项,在全省党校调研成果评比中获二等奖 1 个。2001、2002 年,均被市委、市政府评为镇江市调查研究工作先进集体。

2003 年 3 月,学校为县处班、中青班设计调研课题 6 项。受"非典"影响,调研活动一度中断。同年 4 月起,教研人员转入分散性的课题研究。全年全校形成 8 项调研成果。

2004 年围绕本市干部群众广泛关注的热点与难点问题,先后为 2 个中青班设计调研课题 18 项,形成以学员为主、教师参与的调研成果 18 项,其中评为优秀等级的有 16 项,评为良好的 1 项。学校科研处被市委研究室、市政府研究室评为市调研工作先进集体。

2005 年在全省党校系统协作攻关的江苏省 2005 年社科规划基金重点课题《构建和谐江苏研究》中,镇江市申报的 7 项调研子课题获准立项,形成《构建和谐江苏》3 项报告,7 项子课题研究成果进入汇编,其中1项被评为二等奖。

三、函授教育和成人教育

1. 函授教育　1985年5月,市委党校开办函授教育。先后举办中央党校函授本科、大专和省委党校函授本科、大专、中专、专转全、专转本等多种层次学历班。开设了行政管理、党政管理、公共管理、经济管理、法律、计算机信息与管理、电子商务、财务管理、社区管理等多个专业。至2005年共招收19届大专班、15届本科班、3届专转本班、8届专转全班和7届中专班。毕业学员16087名,其中本科学员5097名、大专学员6535名、专转本学员144名、专转全学员1705名、中专学员2606名。2005年末尚有4411名学员在校学习。

2. 成人教育　1994年,江苏理工大学成立成人教育学院,面向全国招收成人脱产班学生,在市委党校设立教学点。自此党校开始与江苏理工大学成教院联合办学,成立联合办学办公室,聘请班主任,建立各种规章制度,完善组织结构,实施正规的教学管理和学生日常管理。这类形式成人教育共举办各类班次115个,学员总人数8000余名。主要包括:江苏大学、华东船舶学院的成教脱产(大专、本科)班107个、学员6056人;华东船舶学院法律专业证书班70人;中央党校、江苏省委党校的在职研究生班,学员679人;1994～2002年为江苏省培养中小学教师、教练员、体育管理干部241人,其中本科174人。主要班次为:

江苏大学成教脱产大专、本科班共99个,学员5736名。江苏大学成教院金融学大专、本科班学员62名。

华东船舶学院成教脱产大专、本科班共7个,学员258名。

华东船舶学院法律专业证书班,学员70名。

1999级中央党校在职研究生班,经济学研究专业学员78名。

2000级江苏省委党校在职研究生班,经济管理专业学员68名。

2001级江苏省委党校在职研究生班,其中区域经济学专业学员72名,行政管理专业学员69名。

2002级江苏省委党校在职研究生班,法律专业学员67人。

2003级江苏省委党校在职研究生班,政治经济学专业72人;2004级江苏省委党校在职研究生班,科学社会主义专业56人;2005级江苏省委党校在职研究生班,世界经济专业74人,党史党建专业56人。

1994～2002年与上海体育学院联办函授站,为江苏省培养中小学教师、教练员、体育管理干部241人,其中本科174人,大专67人。

2005年和华厦心理网联办心理咨询师国家执业资格培训班,累计培训学员192人。

四、图书资料与电教设备

1983年3月,地市委党校图书资料室合二为一,隶属组教处。1984年,图书室和资料室从组教处划出,列为独立建制。1986年图书资料室工作人员由原来的3人增至9人,后又增至11人。1989年,图书资料室划进新成立的科研处管理;1999年,图书资料室再度实行独立建制。2001年3月校内机构改革,图书资料室与电化教研室合并,成立图书电子信息中心。

1983～2005年年均采购新书449册,累计采购新书8543册;年均优选与采购报纸31种、杂志107种;年均收管内部交流刊物31种,订购与管理杂志107种,订阅人民大学复印资料37种。先后同80多个校际单位建立并保持内刊相互交流关系,年均向外邮寄交流内刊480份,累计外寄内刊20520份;年均装订、收藏人大复印资料37种、过期资料1782份。

1985～1989年累计编写《教学参考》资料86期、印发2400份,累计提供自编自印的参考资料610万字。

1985～1995 年建设闭路电视教学系统，投资架（铺）设教学楼的闭路电视天线与信号传输电缆，添置摄像、录像、编辑、放像等初级设备；1995～1999 年建设学生公用计算机实验机房。先后购置 52 台教学电脑；2000 年下半年起进入网络化建设规划阶段。建设电子阅览室、远程卫星电视教学站、校园计算机通信网。

2000 年 12 月起，电子阅览室日均向读者提供互联网电子文本信息 1460 条，月均向读者提供各类电子信息 29200 条，月均向读者提供网上下载并打印出的文本信息约 600 张。至 2005 年，学校馆藏图书达 72365 册，报刊 35000 份。

第四节 信息与督查

一、信息工作

镇江市委信息工作始于 20 世纪 80 年代初，由文字综合部门有关人员兼任。1985 年 3 月 1 日，市委办将不定期的《情况摘编》正式更名为每日一期的《镇江信息》，要求"及时准确地反映全市当日的政治、经济、文化、外事、科技、城市建设等方面的大事要闻，中央部委以上领导同志、省委省政府领导、外省市负责同志在我市范围内的活动情况和重要讲话"。

1988 年 12 月，市委办信息工作职能从综合科分离出来，成立信息查办科，人员编制 4 名。1990 年，镇江市成为中办信息直报点。1995 年 5 月，信息查办科升格为信息查办处，机构规格仍为科级。1996 年，督察工作职能从信息查办处分离，独立组建市委办督察处。到 2005 年，市委办信息处名称一直沿用未变。

20 世纪 90 年代初，各辖市（区）委、新区党工委，各部委办局、各驻外办事处成立相应的工作机构，配备专职信息工作人员，构成全市党委信息工作网络，年均向省委报送镇江信息达 1500 条以上。通过省委《快报专刊》《重要信息专报》等信息载体，年均有数十条镇江信息被省委、省政府主要领导批示。

二、督查工作

主要负责市委重要工作部署贯彻落实的督促检查、省委办公厅的督查事项办理以及市委领导批示的转达和催办落实。2003 年 12 月，市委办公室印发《中共镇江市委办公室关于进一步加强督促检查工作的规定》，对督查工作实行分工负责，分级承办任务，及时反馈办理结果。

督促检查工作侧重于：围绕市委中心工作、工作重点和工作部署，根据市委授权和工作需要开展督查，通报有关工作进展情况，处理有关问题；及时将市委贯彻落实省委重大决策、重要工作部署的初步情况报告省委，反馈市委在抓落实过程中各个阶段的具体做法、成绩和经验、困难和问题、措施和建议；围绕市委的重大决策以及领导关注、群众关心的热点和难点问题，深入基层，督促检查。

第五节 党 刊

1984 年 6 月，《镇江通讯》正式创刊，其前身为《情况简报》。至 1992 年 2 月，共连续出刊 346 期，与全国 10 多个省市自治区、100 多个地市（县）进行交流。1992 年 2 月，《镇江通讯》获江苏省内刊准印证和刊号。

1993 年 1 月，《镇江通讯》改名《创新》，由中共镇江市委主办，月刊，彩色封页，黑白内页。时任市委书记的钱永波为刊名题字，作发刊词：贵在创新。

至 2005 年 12 月，《创新》共办 155 期。《创新》是中共镇江市委机关刊物，设置"内部吹风、专论、热点问题、工作研究、党委书记一席谈、一地一策、一厂一招”等近20个栏目。

第六节　对外交往

中共十一届三中全会前，镇江市对外交往的主要内容是接待外国友人的来访。20世纪90年代起，中共镇江市委与外国共产党代表团，与亚非拉国家和地区的民族民主政党、民族解放运动组织开展交往。

一、来访

1. 朝鲜劳动党代表团　1991年3月29日，朝鲜劳动党江原道委员会代表团一行7人，在书记金丽铉带领下到镇江进行友好访问；7月7～8日，朝鲜劳动党咸兴市委责任书记李荣泰率咸兴市友好代表团到镇江访问。

1992年5月13日，由朝鲜劳动党中央科教部副部长崔光列为团长的朝鲜劳动党友好参观团一行6人，到镇江访问。

1993年8月31日至9月1日，朝鲜劳动党江原道责任书记林亨九率江原道委员会代表团一行7人，到镇江进行友好访问，参观华东联合制罐有限公司，游览金山寺、芙蓉楼。

1995年10月30日至11月1日应江苏省委邀请，以朝鲜劳动党江原道委员会宣传书记李昌烈为团长的江原道委员会访华团一行7人访问镇江，参观市经济开发区、泰兴隆食品有限公司以及丹阳市部分企业。

2. 越南共产党代表团　1995年4月14日应江苏省委邀请，以越南共产党同奈省委书记潘文壮、副书记阮氏明凰正副团长率领的同奈省省委代表团一行15人访问镇江，参观游览金山寺、芙蓉楼。

2000年1月19日，越共中央委员、巴地—头顿省委书记黎文以率越南共产党省委书记代表团一行7人，到扬中考察农业发展状况。

2001年12月20日，越南共产党中央科教部副部长范必勇率科教部考察团一行10人到镇江访问，参观江苏大亚集团、万新公司、市博物馆、焦山等。

3. 其他国家政党代表团　1990年10月22日，泰国基金会联盟名誉会长、泰国党第一副主席沙阿·比亚旺博士率泰国基金会联盟代表团一行15人访问镇江，参观市冷藏汽车总厂和镇江市皮革制鞋总厂。

1991年1月14日，澳大利亚参议员、澳反对党联盟外交与国防委员主席巴顿·蒂格及夫人和子女，应中国国际交流协会邀请访问镇江。

1991年7月17～18日，鲁恩·戴森主席率领新西兰工党代表团一行8人，应中国国际交流协会邀请访问镇江。

1992年6月8日应中联部邀请，由中央书记、中央执委霍特拉为团长的印度共产党一行5人到镇江访问。

1992年9月21～22日应中联部所属中国国际交流协会邀请，由执政党红党众议员桑迪诺·希尔·奥波尔托率领的巴拉圭议员代表团一行8人到镇江访问，考察乡镇企业发展状况。

1998年9月3日，尼泊尔共产党中央常委卡德格·普拉沙德·麦尔玛·奥里率领尼泊尔共产党（联合马列）代表团一行5人访问镇江，参观丹阳的江苏大亚集团、练湖新村等。

1999年1月27日应中联部邀请，以罗马尼亚社会主义党主席图罗尔·莫霍拉为团长的罗马尼亚社会主义党代表团一行5人访问镇江，参观扬中HOLEC电器有限公司、农业示范园、农民新居等。

2001年4月3日应中联部邀请，塞舌尔人民阵线特使丹尼·福尔访问镇江，参观扬中HOLEC公司、新坝农业示范园、扬中民居等。

2001年9月1日应中联部邀请,萨尔瓦多法拉本多·马蒂民族解放阵线全国领导委员会、政治委员会成员萨尔瓦多·阿里亚斯访问镇江,参观镇江市政建设工程及扬中农业示范园、民居、学校等。

2002年4月6~7日应中联部邀请,莫桑比克党中央委员、国会议员赖蒙多·帕西尼阿帕率莫桑比克解放阵线老战士访华团到镇江访问,参观扬中新坝镇、默勒电器公司和镇江博物馆等。

2003年11月6日,德国共产党代表团罗尔夫·帕里默一行3人,到扬中考察社会主义新农村建设情况。

2004年8月11日,老挝车沙里省省委常委、约乌县县委书记兼县长温江·占塔蓬率县委书记考察团一行25人,到丹阳市调研县域经济发展、行政管理、财税工作和党政体制。

二、出访

1. 亚洲

1985年4月7~16日以市委副书记、市长高德正为团长,市人大常委会主任夏岩为顾问的镇江市友好访问团一行5人,赴日本津市访问,拜会津市政府、市议会、商工会议所和三重会厅、县议会、县友协等,顺访东京、大阪等地。

1985年11月9~20日,市委副书记、副市长夏良震率镇江市经济考察团一行5人,赴日本津市考察津市企业的经营管理、设备与技术等。

1987年6月5~14日,市委副书记、市对外友协会长王炳照率镇江市考察团一行5人,赴日本津市和爱知县访问。

1987年7月29日至8月7日,市委副书记沙荣盛率镇江市友好代表团一行5人,赴日本津市参加津市地区广场大厦落成典礼和镇江市赠送的汉白玉雕揭幕仪式。

1987年9月2~11日,市委书记、市人大常委会主任孙秉谦率镇江市人大代表团一行5人,赴日本津市等城市访问,与津市议会进行友好交流。

1989年3月24日至4月7日,市委副书记、市长陈璧显率镇江市友好代表团一行,赴日本津市参加津市建市100周年纪念活动。

1991年1月4~15日,市委副书记、市长钱永波率镇江市经济代表团一行5人,赴日本津市进行考察,并与金丸吉生会长正式签订《中华人民共和国江苏省镇江市派遣进修生接受事业契约》和《中华人民共和国派遣研修生接受事业费用负担和研修生待遇的有关规定》。

2004年10月7日,市委副书记、市长许津荣率镇江市经贸友好代表团赴日本东京、名古屋、津市、仓敷等9个城市开展经贸招商和友好访问活动。

2005年5月15~30日,市委副书记、市长许津荣率镇江市经贸友好代表团先后在日本名古屋、东京、仓敷、大津、大阪和韩国蔚山、汉城等8个城市开展经贸及友好城市活动。

2. 欧洲

德国　1995年4月27日至5月11日,市委书记方之焯率镇江市友好代表团一行5人,赴德国曼海姆市进行访问。

1998年4月24日至5月14日,市委副书记陈文湘率镇江市友好代表团赴德国曼海姆市访问,参加曼海姆市第385届5月市场博览会并洽谈合作在曼海姆市建设中国园、在镇江建立教学园基地和组织镇江市馆藏文物精品到曼海姆市展览等项目。

1999年6月16日至7月3日,市委副书记、市长周大平率镇江市友好代表团一行6人,赴德国曼海姆市进行考察访问,落实中国园友好项目,为镇江新区洽谈化工、液化气等合作项目创造条件。

意大利、西班牙、英国、法国、奥地利、俄罗斯　1998年5月,市委书记方之焯率团赴意大利TEKSID公司及西班牙INFUN公司访问,考察汽车生产技术管理情况。

2000 年 9 月 5～12 日，市委副书记、常务副市长张克敏率镇江市交通建设考察团一行 6 人，赴英国、法国进行访问，考察城市交通建设管理，与英中贸易协会洽谈建立双方经济合作关系。

2002 年 7 月 5 日，市委副书记、市长史和平率镇江市经贸考察团赴德国、法国、巴西访问。

2002 年 9 月 30 日，市委书记张卫国率镇江市经贸代表团赴欧洲考察访问。

2003 年 9 月 13～27 日，市委副书记张庆生率镇江市经贸代表团赴欧洲考察访问。

2003 年 10 月 19～29 日，市委副书记郭礼荣率镇江市经贸代表团先后在法国、德国、奥地利开展项目推进和名城推介活动。

3. 美洲

美国、加拿大　1988 年 7 月 27 日至 8 月 11 日，市委书记、市对外友协名誉会长孙秉谦率镇江市代表团一行 4 人，赴美国坦佩市等城市访问，实地考察坦佩市的情况，为友好城市缔结做进一步准备。11 月 30 日，市委副书记、市长陈璧显率镇江市代表团赴美国坦佩市访问。

1990 年 12 月 7～31 日，市委副书记、市对外友好协会副会长夏良震率镇江市代表团一行 3 人，赴美国坦佩市访问，并就两市交流合作项目进行商讨落实。

1991 年 9 月 21～27 日，市委书记俞兴德率镇江市友好代表团一行 3 人，对美国坦佩市进行友好访问，并就赛珍珠在镇江故居的修复及两市经济、文化领域的进一步交流进行探讨、协商。

1992 年 4 月 24 日至 5 月 7 日，市委书记、市长钱永波率镇江市代表团一行 5 人，赴美国坦佩市进行友好访问，商讨洽谈未来 3 年两市交流计划。

1993 年 5 月 9～29 日，市委副书记、市长方之焯率镇江市代表团一行 5 人，访问美国坦佩市，具体落实两市友好合作项目，并商谈 1994 年两市缔结友好城市 5 周年庆祝纪念活动方案。

1996 年 9 月 15 日至 10 月 12 日，市委书记方之焯率镇江市友好代表团以及镇江市经贸考察团一行 9 人，赴加拿大梅岗蒂克市及美国进行访问。

1997 年 8 月 12～31 日，市委副书记、市长周大平率镇江市代表团一行 5 人，访问美国坦佩市和加拿大拉克・梅岗蒂克市。

巴西、智利　1994 年 8 月 11～20 日，市委副书记、市对外友好协会副会长余耀中率镇江市友好代表团一行 5 人，赴巴西隆德里纳市等城市进行友好访问，并顺访库里提巴市、圣保罗市及里约热内卢市。

1998 年 12 月 3～26 日，市委副书记、常务副市长张克敏率镇江市友好代表团赴巴西、智利进行访问，与巴西隆德里纳市政府和智利科金博市政府两市交流经贸、文化等方面的合作意向，并促成智利科金博市接受镇江市乒乓球教练项目。

1999 年 6 月 6～21 日，市委副书记陈文湘率镇江市友好代表团一行 6 人，赴巴西隆德里纳市和智利科金博市进行友好访问，洽谈 2000 年交流计划。

4. 非洲

1997 年 8 月 1 日，市委副书记陈家宝率镇江市代表团赴非洲南部国家纳米比亚、津巴布韦考察外经贸市场并视察镇江市在两国承包的工程项目。

2004 年 8 月 23 日至 9 月 10 日，以市委书记史和平为团长的镇江市经济友好代表团一行 8 人，赴南非、埃及、希腊、西班牙、法国等 5 国开展经贸考察和友好访问。

5. 大洋洲

1996 年 11 月 7～25 日，市委副书记陈文湘率镇江市农业经济考察团一行 5 人，赴澳大利亚、新西兰进行访问。

1998 年 10 月 17 日至 11 月 3 日，市委副书记、市长周大平率镇江市友好代表团对澳大利亚、韩国、日本进行访问。访问澳大利亚期间，分别在墨尔本和悉尼举行工商、文化、科技洽谈会；在韩国举行与益山市缔结友好城市关系签字仪式；在日本对津市、仓敷市 2 个友好城市进行公务回访。

——小资料——

[清]周镐·京江二十四景图——北固晚钟

北固山，位于金、焦二山之中，三面临水，原为半岛，北侧为滚滚长江，古时有北固浦、秋月潭为入城通渠，由于临江危岩壁立，山势陡峻，形势险要，历来为屯兵防守之所。

山中有甘露寺，始于何时不详，有说建于三国孙吴甘露元年(265 年)，一说始建于南朝梁大同十一年(545 年)，又一说唐长庆五年(824 年)首建。甘露寺有山门、天王殿、大殿、藏经楼、护教堂、禅堂、雷音堂、法堂、文昌楼、画材阁、观音殿等殿堂房屋约 200 间，康熙、乾隆来山多次，建有行宫。宋时有寺僧 500 余人，犹如“十方丛林”，终日诵经声不断，晚间至翌晨钟声四溢，响彻云霄。为江南古寺名刹之一，风景胜境之区。

第二十四卷
地方人民
代表大会

卷 目

镇江市人民代表大会始建于1954年6月,是镇江市地方国家权力机关。至1983年,每届任期3年,历经7届。1983年3月,镇江市实行市领导县体制,由地辖市改为省辖市,市人民代表大会提前换届,时称第八届,每届任期5年。1997年8月调整届次,即自1983年起为第一届,以下顺延。镇江市人民代表大会常务委员会(简称人大常委会)始建于1981年9月,是市人民代表大会的常设机关,由市人民代表大会在每届第一次会议上从代表中选举产生,其任期与市人民代表大会任期一致。

1983~2005年,镇江市人民代表大会及其常务委员会历经第一至五届(其中2005年为五届任期的第三年)。23年来,市人民代表大会依照宪法和法律的规定行使职权,听取和审议本级国家机关的工作报告并作出相应决议,审查和批准本行政区域内的国民经济和社会发展计划、财政预算以及其执行情况的报告,选举本级国家机关的领导人员及省人民代表大会代表。在市人民代表大会闭会期间,市人大常委会讨论、决定本行政区域内的重大事项,依法对市政府、市中级法院、市检察院进行监督,依法任免国家机关工作人员,负责联系代表、组织视察、处理议案和代表建议等。

第一章　人大代表

镇江市人民代表大会代表(简称市人大代表)是地方国家权力机关组成人员,代表人民的利益和意志,依照宪法和法律赋予市人民代表大会的职权,参加行使国家权力。

第一节　代表选举

一、镇江市人大代表

根据《中华人民共和国全国人民代表大会和地方各级人民代表大会选举法》(以下简称《选举法》)《中国人民解放军选举全国人民代表大会和县级以上地方各级人民代表大会代表的办法》的规定,各县(市、区)召开人民代表大会,驻镇江中国人民解放军部队、武装警察部队召开军人代表大会,在酝酿、协商的基础上确定正式候选人,经过无记名投票,差额选举产生市人大代表。市人大代表具有广泛性和代表性,各方面都有适当的比例。

镇江市人大代表情况表(历届一次会议时)

表24-1　　单位:人

届　别		一	二	三	四	五
代表人数	分配数	445	400	400	355	355
	实选数	445	385	395	350	350
性　别	男	321	291	302	272	267
	女	124	94	93	78	83

续表 24-1

<table>
<tr><th colspan="2">届　别</th><th>一</th><th>二</th><th>三</th><th>四</th><th>五</th></tr>
<tr><td rowspan="4">年　龄</td><td>35 岁以下</td><td>82</td><td>51</td><td>23</td><td>46</td><td>37</td></tr>
<tr><td>36～55 岁</td><td>258</td><td>286</td><td>326</td><td>268</td><td>291</td></tr>
<tr><td>56～65 岁</td><td>86</td><td>40</td><td>41</td><td>33</td><td>17</td></tr>
<tr><td>66 岁以上</td><td>19</td><td>8</td><td>5</td><td>3</td><td>5</td></tr>
<tr><td rowspan="5">政治面貌</td><td>中共党员</td><td>275</td><td>254</td><td>272</td><td>254</td><td>248</td></tr>
<tr><td>民主党派</td><td>☆22</td><td>☆17</td><td>25</td><td>22</td><td>21</td></tr>
<tr><td>爱国人士</td><td>☆46</td><td>☆12</td><td>–</td><td>–</td><td>–</td></tr>
<tr><td>无党派人士</td><td>–</td><td>–</td><td>42</td><td>6</td><td>–</td></tr>
<tr><td>群众</td><td>☆102</td><td>☆102</td><td>56</td><td>68</td><td>81</td></tr>
<tr><td rowspan="2">民　族</td><td>汉族</td><td>428</td><td>376</td><td>383</td><td>342</td><td>344</td></tr>
<tr><td>少数民族</td><td>17</td><td>☆9</td><td>12</td><td>8</td><td>6</td></tr>
<tr><td rowspan="10">文化程度</td><td>大学本科及以上</td><td>–</td><td>–</td><td>–</td><td>–</td><td>160</td></tr>
<tr><td>大专及高职</td><td>–</td><td>–</td><td>–</td><td>–</td><td>134</td></tr>
<tr><td>大专及以上</td><td>127</td><td>147</td><td>187</td><td>244</td><td>–</td></tr>
<tr><td>中专职高及高中</td><td>–</td><td>–</td><td>–</td><td>–</td><td>51</td></tr>
<tr><td>中专</td><td>32</td><td>49</td><td>56</td><td>41</td><td>–</td></tr>
<tr><td>高中</td><td>150</td><td rowspan="2">174</td><td rowspan="2">148</td><td>46</td><td>–</td></tr>
<tr><td>初中</td><td>71</td><td>19</td><td rowspan="2">5</td></tr>
<tr><td>小学</td><td>61</td><td>15</td><td>4</td><td>–</td></tr>
<tr><td>文盲</td><td>4</td><td>–</td><td>–</td><td>–</td><td>–</td></tr>
<tr><td rowspan="7">组成情况</td><td>工人</td><td>91</td><td>56</td><td>95</td><td>64</td><td>87</td></tr>
<tr><td>农民</td><td>57</td><td>50</td><td>62</td><td>56</td><td>36</td></tr>
<tr><td>军人</td><td>14</td><td>7</td><td>7</td><td>8</td><td>8</td></tr>
<tr><td>干部</td><td>88</td><td>100</td><td>93</td><td>106</td><td>103</td></tr>
<tr><td>知识分子</td><td>92</td><td>102</td><td>111</td><td>87</td><td>87</td></tr>
<tr><td>归侨侨眷等</td><td>14</td><td>21</td><td>12</td><td>3</td><td>4</td></tr>
<tr><td>其他</td><td>21</td><td>11</td><td>15</td><td>26</td><td>25</td></tr>
<tr><td colspan="2">往届连任代表人数</td><td>154</td><td>120</td><td>100</td><td>123</td><td>123</td></tr>
</table>

说明：一至五届“政治面貌”“文化程度”按不同标准进行分类统计；一、二届民主党派、爱国人士列入“组成情况”（时称“界别”）进行统计，群众未作专项统计，二届少数民族列入“组成情况”进行统计，以☆号表示的数字为说明代表情况而列表填入

二、省人大代表

1983 年江苏省第六届人民代表大会镇江代表团代表（59 名）

丁清林　马德华　于哲民　王　骧　王立琴　王秀兰　王敏生　邓鸿勋　冯启基　叶正和

左成仁 刘益生 吕岩 孙美凤 汤通庆 许家瑜 朱华福 朱思明 阿丽 陈守建
陈良洪 陈德训 何冰皓 沈伟 吴慎裕 严富昌 张阿舟 张铁成 张皓亮 周红茹
周传理 周儒锁 洪迪康 贺善安 郭克生 康扬 倪琴 钱元骏 钱家欢 陶兴龙
夏丰秋 徐方恒 徐其敏 隋振江 眭元清 储江 储云卿 傅寿仲 傅国珍 韩章林
蒋才宽 蒋振谷 彭钊安 解国华 虞海澄 蔡凤 熊文愈 潘文翠 潘君拯
补选:胡志贤

1988 年江苏省第七届人民代表大会镇江代表团代表(51 名)

王正 王秀兰 王昌义 王忠保 王高景 毛善复 石之英 左成仁 伏镇钧 刘先觉
刘益生 汤顺宁 朱禄海 陈月海 陈宝堂 陈家震 陈斌良 陈璧显 陈耀南 沙荣盛
吴慎裕 张兴智 张淑泉 邹康南 林彬 罗荣根 费桂芬 洪迪康 胡志杰 施国庆
赵幼瑞 赵荣敏 钟书平 顾愉 顾忆贻 顾以聪 郭克生 郭桂荣 钱元骏 奚彩霞
康扬 梁全璋 储江 傅寿仲 傅国珍 彭钊安 谢元德 解国华 蔡昌荣 潘文翠
潘明建

1993 年江苏省第八届人民代表大会镇江代表团代表(51 名)

王纪亮 王晓琴 朱石坠 朱海燕 华腊明 刘承 刘先觉 刘益生 汤培珍 汤晓东
阮玲娟 阴东平 杨桂平 李霖 李长生 李茂川 吴慎裕 余德敏 应国根 沙荣盛
张兰石 张振节 张荷英 陆启洲 陈协丰 陈斌良 陈耀南 金树德 郑清 胡福明
赵宝昌 赵道本 俞兴德 施国庆 施金陵 洪迪康 宦祥保 宦继和 姚福成 贺旭平
贺善安 贾轸 夏志松 钱永波 徐鸣 黄新宇 黄澄清 蒋振谷 鲁云珠 靳红霞
潘文翠

1998 年江苏省第九届人民代表大会镇江代表团代表(38 名)

马金芳 王远根 方之焯 尹名年 李锋 李金华 李奕仁 邹建平 汪旭东 张九汉
张尤嘉 张克敏 张振节 张荷英 张惠琴 陈浩 陈文明 陈文湘 陈发祥 陈协丰
陈兴康 罗德勇 郑清 胡锡忠 胡福明 荆玉堂 俞兴德 宦继和 夏林祥 徐广福
凌启鸿 黄新宇 黄澄清 鄂金书 葛高林 董师润 蔡兰 熊晓燕
补选:张卫国

2002 年江苏省第十届人民代表大会镇江代表团代表(37 名)

王伟 王润亮 王梅芳 叶有伟 冯小铭 朱跃良 许仲林 杜秀芹 杨继昌 李亚平
吴树南 陆鸣冈 陈晨 陈兴康 陈敏娟 陈裕斌 陈霖苍 汪旭东 沈礼 宋勤华
张鸿 张卫国 张吉生 罗洪明 赵育林 荆玉堂 胡宗元 俞兴德 徐鸣 高亚明
凌云鸿 黄星娣 曹丽虹 葛高林 董师润 熊晓燕 薛和
补选:史和平

三、全国人大代表

第六届全国人大代表(6 名):王一香 李德桃 钱元骏 宦祥保 宦继和 费桂芬
第七届全国人大代表(5 名):陈璧显 李德桃 宦继和 李荣祺 吴斌荣
第八届全国人大代表(4 名):方之焯 陈次昌 李金华 潘一乐
第九届全国人大代表(5 名):周大平 潘一乐 杨桂平 姜哲 侯建伟
第十届全国人大代表(6 名):史和平 潘一乐 姜哲 侯建伟 朱国平 王龙芳

第二节　代表变更

根据《中华人民共和国全国人民代表大会和地方各级人民代表大会选举法》的规定，市人大代表在任期内因故出缺，由原选举单位补选产生市人大代表。

镇江市人大代表变更情况表（历届二～五次会议时）

表 24-2　　　　单位：人

届别		一				二				三				四				五		
会次		二	三	四	五	二	三	四	五	二	三	四	五	二	三	四	五	二	三	四
出缺	调离本市	3	4	4	5	2	6	6	1	4	–	1	3	1	–	2	5	8	6	2
	去世	1	–	5	3	1	1	–	2	1	1	–	2	2	–	1	–	–	1	1
	罢免	–	–	–	–	–	1	–	1	–	–	–	–	–	1	–	–	–	1	–
	剥夺政治权利	–	–	–	–	–	–	–	–	–	–	–	–	–	–	–	1	–	–	–
	辞职	–	–	–	–	–	–	–	–	1	–	–	–	–	–	–	–	–	–	–
补选		1	5	13	–	7	13	7	1	6	3	2	1	3	1	4	10	4	5	7
代表人数		442	443	447	439	389	394	395	392	395	397	398	394	350	350	351	355	346	343	347

说明：“五届四次”出缺、补选数字，反映五届三次后至五届四次时（大致为 2005 年度）代表变更情况，其他“届·次”依此类推。任期内去世代表：葛开泰；于允伦、道根、顾秀华、邱维汉、周孝龙；赵建平、陈联科、韦成怀；陆宗元；黄士贤；朱月琴、胡志杰；张寿鹏；陈家渊；夏良震、王林；韩朝晖、张素华；贺华平；杨扬；周以安。被下一级人民代表大会罢免代表：杨锁连；朱洪昌；姜明；王强华。被剥夺政治权利代表：秦光华。辞去职务代表：王久飞。另外，三届五次后被罢免代表：刘志强

第三节　代表联系

市人大常委会采取多种方式，加强与市人大代表的联系，为代表依法履行职责、充分发挥作用，提供服务和保障。

根据便于组织、便于活动的原则，一届始将市人大代表编成若干小组，建立小组的学习、视察、调查等活动制度，开展经常性的代表小组活动。1983 年制定加强与代表联系的办法，建立人大主任接待代表和人大常委会主任、专职委员、机关工作人员联系代表小组制度；1986 年，建立代表联络员工作制度，一般由县、区人大机关工作人员和局、公司办公室主任受聘兼任代表联络员，协助代表开展活动；1987 年试行人大常委会组成人员持证视察，组织代表就粉煤灰治理、农贸市场管理等问题与市长直接对话。每年都及时向代表传达全国、省人民代表大会会议精神，为部分代表上民主与法制辅导课；定期向代表寄送人大常委会会报，让代表了解常委会工作情况；有计划地邀请代表列席常委会会议和参加视察、调查、检查；召开代表组长、联络员或代表工作经验交流会，总结交流开展代表活动的情况和体会，推动代表工作的开展。

二届期间，1988 年，市人大常委会建立市人大常委会组成人员分工联系走访代表制度；实行代表持证视察；请市长给在市区的代表作本市政治经济形势报告；组织代表与市政府及有关部门负责人对话 5 次，就中山路建设、猪肉及副食品供应、城市卫生和交通管理、花山湾小区建设遗留问题，交换意见、提出建议。1989 年 6 月起编印《人大代表反映》，把代表提供的重要情况和意见报送市委、市政府及有关方面作研究参考。1990 年，市人大常委会办公室和市政府办公室就支持人大

代表履行职责发出通知；人大机关向代表寄发《镇江人大工作》和《江苏人大》刊物。1988 年 12 月、1989 年 12 月、1991 年 10 月分别召开代表工作座谈会、代表工作会议、全市人大代表工作经验交流会。1992 年 4 月，《中华人民共和国全国人民代表大会和地方各级人民代表大会代表法》（以下简称《代表法》）颁布实施后，市人大常委会会议、主任会议专门进行学习，通过《镇江人大工作》和新闻媒体进行宣传，召开代表组长会议研究如何学习贯彻，邀请部分代表和联络员座谈贯彻实施的体会，与有关部门共同商讨贯彻实施的意见。

三届期间，1993 年，市人大常委会办公室和市政府办公室联合给市各有关部门、单位发出《支持市人大代表执行职务的通知》。1994 年培训市人大代表小组组长和联络员；12 月召开全市人大代表工作经验交流会。1995 年召开全市人大代表工作研讨会，检查有关部门贯彻实施《代表法》的情况，组织代表参加全省人大代表工作经验交流会，组织一些有条件的市人大代表为所在地区的选民和选举单位办实事。1996 年召开全市经济情况通报会，市政府向驻镇的全国、省、市人大代表通报计划和预算执行及经济体制改革情况。1997 年 4 月召开《代表法》颁布实施五周年座谈会。

四届期间，1998 年，市人大常委会组织在镇江的 200 多名全国、省、市、县四级人大代表听取全国人大常委会联络局局长杨逢春关于学习《代表法》的辅导报告；对 20 个代表小组的 40 名正副组长和 20 名联络员进行培训。1999 年建立代表执行职务档案。2000 年组织代表听取政府工作情况通报；召开代表工作经验交流会。2001 年在原区域编组的同时，将市区 141 名市人大代表按内务司法、财经、农经、城建环保、教科文卫等 5 个条口进行专业编组，由市人大各专门委员会牵头开展活动，以发挥代表的专业优势；组织代表听取市政府重要政情通报、市检察院查办大要案情况通报，旁听市中级法院审理重大案件；组织代表开展联组视察、同行业专题视察、个人持证视察，参加各种行风监督工作。2002 年开展纪念《代表法》颁布实施十周年系列活动。

五届期间，2003 年，市人大常委会通过代表自学、代表小组集中学习、进行学习经验交流、专家辅导等措施，分期分批对全市省、市、县、乡四级人大代表进行培训；继续按区域和行业对代表进行双重编组；建立国家机关联系代表和通报工作、代表约见国家机关负责人等制度，安排代表参加政府、法院、检察院及有关部门组织的专项调研和督查活动。2004 年协助市中级法院制定法官与市人大代表结对联络制度；9 月召开代表工作经验交流会。2005 年贯彻中共中央〔2005〕9 号文件精神，加强代表工作；5 月组织 140 多名市、县、乡三级人大代表，重点就宪法与人民代表大会制度、《中华人民共和国地方各级人民代表大会和地方各级人民政府组织法》（以下简称《地方组织法》）《选举法》等内容进行培训；8 月在全省率先组织 6 名市人大代表向丹阳市和京口区人大常委会述职，接受选举单位的监督；配合省人大做好《人大代表风采》组稿工作，收集整理 4552 名市、县、乡三级人大代表相关材料。

第四节　代表表彰

为激励人大代表依法履行职责，1995 年 1 月的市三届人大常委会第十四次会议，首次评选和表彰市人大代表提出的优秀议案、建议；1999 年 3 月的市四届人大常委会第七次会议、2004 年 3 月的市五届人大常委会第十次会议，分别通过关于开展市人大代表活动先进小组和优秀市人大代表评选工作的决定。1995～2005 年，市人大常委会共作出表彰决定 8 项，评选和表彰市人大代表活动先进小组 3 次 31 个，优秀市人大代表 1 次 52 名（与先进小组合并作出决定），优秀议案、建议 5 次各 13 件、63 件。

1995～2005年镇江市人大常委会表彰代表工作先进情况表

表24-3　单位:个、人、件

市人大代表活动先进小组	优秀市人大代表	优秀议案	优秀建议	会议届次	通过时间
–	–	3	12	三届14次	1995年1月14日
–	–	3	13	三届26次	1996年12月25日
8	–	3	11	四届12次	2000年1月12日
11	–	2	15	四届26次	2002年1月18日
12	52	2	12	五届16次	2005年1月6日

第二章　市人民代表大会会议

1983～2005年,市人民代表大会会议每年举行一次,共举行23次,其中一至四届各5次,五届3次。一届人大一次会议是实行市领导县体制后第一次会议,由市第一届人民代表大会筹备委员会召集;此后市人民代表大会会议由市人大常委会召集。每届市人民代表大会第一次会议,在该届市人大代表选举完成后的2个月内,由上届市人大常委会召集。市人民代表大会会议举行前,召开预备会议,选举该次会议的主席团和秘书长,通过大会议程、大会需要设立的委员会组成人员名单和其他事项的决定。历次会议均设主席团,负责领导和主持会议;均设秘书处,在秘书长领导下办理主席团交付的事项,处理会议日常事务。市人大代表按选举单位组成代表团,各代表团分若干代表小组,代表团全体会议或者代表小组会议审议和酝酿列入会议议程的报告、议案和选举事项的候选人。一届人大一次会议时,代表共组成丹阳县、丹徒县、句容县、扬中县、北固区、金山区、郊区、谏壁区、中国人民解放军9个代表团;二次会议时,组成丹阳、丹徒、句容、扬中、城区、郊区、中国人民解放军7个代表团;三次会议始,组成丹阳、丹徒、句容、扬中、京口、润州、解放军7个代表团。一届人大一次会议始,不是市人大代表的市政府组成人员和其他方面负责人、离退休老干部代表列席市人民代表大会会议。四届人大四次会议始,20名以内公民旁听市人民代表大会会议。

第一节　市第一届人民代表大会

一、市一届人大一次会议

1983年3月31日至4月5日举行,会期6天,应到代表445名,实到442名。

会议主要议题为适应市管县体制,全面推进改革。会议听取和讨论市委副书记邓鸿勋代表市委作的《振奋精神,勇于改革,开创镇江市社会主义建设新局面》的政府工作建议报告。会议选举产生省六届人大代表59名;市人大常委会主任夏岩,副主任隋振江、陈忠廉、丁仁富、吴慎裕、伏镇钧,委员27名;市长邓鸿勋,副市长王云海、黄选能、夏良震、张信澄;市中级人民法院院长李载华,市人民检察院检察长郑宏章。会议审议和通过市中级人民法院工作报告、市人民检察院工作报告;通过关于政府工作建议报告的决议。会议收到代表联名提出议案86件,其中2件交由市人大常委会审议,84件作为建议处理。会议收到代表建议、批评和意见23件。

二、市一届人大二次会议

1984 年 3 月 27 ~31 日举行,会期 5 天,应到代表 442 名,实到 407 名。

会议听取和审议政府工作报告,市 1983 年国民经济计划执行结果和 1984 年经济、社会发展计划安排意见的报告、市 1983 年财政决算和 1984 年财政预算(草案)的报告,市人大常委会工作报告,市中级人民法院工作报告,市人民检察院工作报告,并分别通过相应决议。会议还听取《关于赴日本津市进行友好考察和访问的情况汇报》。

会议补选产生副市长李赐勋,市人大常委会委员 6 名。会议收到代表联名提出议案 33 件,其中 2 件交由市人大常委会审议,31 件作为建议处理。会议收到代表建议、批评和意见 352 件。

三、市一届人大三次会议

1985 年 3 月 23 ~27 日举行,会期 5 天,应到代表 443 名。

会议听取和审议政府工作报告,市 1984 年国民经济计划执行情况和 1985 年经济、社会发展计划安排的报告,市 1984 年财政决算和 1985 年财政预算(草案)的报告,市人大常委会工作报告,市中级人民法院工作报告,市人民检察院工作报告,并分别通过相应决议。会议还讨论《关于命名市树问题的说明》,评选确定广玉兰为镇江市市树。

会议补选产生市长高德正,副市长方之焯;市人大常委会委员 1 名。会议收到市人大常委会提出议案 1 件,代表联名提出议案 50 件,其中市人大常委会关于普及法律常识的议案提交大会审议,通过关于加强法制宣传教育、普及法律常识议案的决议;代表联名提出的 2 件议案交由市人大常委会审议,48 件议案作为建议处理。会议收到代表建议、批评和意见 329 件。

四、市一届人大四次会议

1986 年 3 月 21 ~27 日举行,会期 7 天,应到代表 447 名。

会议听取和审议政府工作报告、市经济和社会发展第七个五年计划(草案),市 1985 年经济和社会发展计划执行情况和 1986 年计划安排意见(草案)的报告,市 1985 年财政决算和 1986 年财政预算(草案)的报告,市人大常委会工作报告,市中级人民法院工作报告,市人民检察院工作报告,并分别通过相应决议。

会议通过关于批准夏岩辞去市人大常委会主任职务和 4 人辞去市人大常委会委员职务的决议;补选产生市人大常委会主任孙秉谦,委员 6 名。会议收到代表联名提出议案 55 件,其中 4 件交由市人大常委会审议,51 件作为建议处理。会议收到代表建议、批评和意见 436 件。

五、市一届人大五次会议

1987 年 3 月 27 ~31 日举行,会期 5 天,应到代表 439 名。

会议听取和审议政府工作报告,市 1986 年国民经济和社会发展计划执行情况和 1987 年计划安排意见(草案)的报告,市 1986 年财政决算和 1987 年财政预算(草案)的报告,市人大常委会工作报告,市中级人民法院工作报告,市人民检察院工作报告,并分别通过相应决议。

会议补选产生市长陈璧显,市人大常委会副主任王忠保。会议收到市人大常委会提出议案 1 件,代表联名提出议案 22 件,其中市人大常委会关于在全市范围开展增产节约增收节支运动的议案,及代表联名提出的关于动员全市人民支持茅山老区经济建设、关于尽快解决谏壁发电厂粉煤灰治理等 2 件议案,提交大会审议,分别通过相应决议;代表联名提出的 2 件议案交由市人大常委会审议,18 件议案作为建议处理。会议收到代表建议、批评和意见 337 件。

会议通过代表提出询问和质询的具体办法。代表首次向市政府交通、公安等部门提出询问。

第二节　市第二届人民代表大会

一、市二届人大一次会议

1988年1月6~11日举行，会期6天，应到代表385名，实到373名。

会议听取和审议政府工作报告，通过相应决议；听取和审议市1987年国民经济和社会发展计划执行情况及1988年计划安排建议的报告、市1987年财政预算执行情况的报告，通过关于授权市人大常委会审查批准1988年国民经济、社会发展计划及1987年财政决算和1988年财政预算的决定；听取和审议市人大常委会工作报告、市中级人民法院工作报告、市人民检察院工作报告，并分别通过相应决议。召开农业问题、市场问题2个专题座谈会。

会议审议通过关于市人民代表持证视察的决定，主席团通过《市第二届人民代表大会代表持证视察办法》《市第二届人民代表大会关于质询和询问的暂行办法》。

会议选举产生省七届人大代表51名；市人大常委会主任孙秉谦，副主任沙荣盛、王忠保、吴慎裕、孙国柱，委员24名；市长陈璧显，副市长夏良震、陈文湘、周秀德、方之焯、许晓霞；市中级人民法院院长李载华，市人民检察院检察长郑宏章。选举中，首次出现10人以上代表联名提出新的候选人的情况。

会议收到代表联名提出议案36件，其中5件并为2件交由市人大常委会审议，31件作为建议处理。会议收到代表建议、批评和意见314件。

二、市二届人大二次会议

1989年3月15~20日举行，会期6天，应到代表389名，实到368名。

会议听取和审议政府工作报告、听取和审议市1988年国民经济和社会发展计划执行情况及1989年计划草案的报告、市1988年财政决算和1989年财政预算安排意见的报告、市人大常委会工作报告、市中级人民法院工作报告、市人民检察院工作报告，并分别通过相应决议；审议通过《市第二届人民代表大会关于议案处理的办法》。召开农业、治理整顿工作和廉政建设2个专题座谈会。

会议补选产生市人大常委会副主任于哲民，委员4名。会议收到代表联名提出议案41件，其中4件交由市人大常委会审议，37件作为建议处理。会议收到代表建议、批评和意见295件。

三、市二届人大三次会议

1990年3月15~19日举行，会期5天，应到代表394名，实到338名。

会议听取和审议政府工作报告、市1989年国民经济和社会发展计划执行情况及1990年计划草案的报告、市1989年财政决算和1990年财政预算安排意见的报告、市人大常委会工作报告、市中级人民法院工作报告、市人民检察院工作报告，并分别通过相应决议。召开工农业生产、城市规划和管理、廉政勤政3个专题审议会。

会议补选产生市长钱永波；市人大常委会秘书长张绍先，委员3名。会议收到代表联名提出议案35件，其中3件交由市人大常委会审议，32件作为建议处理。会议收到代表建议、批评和意见380件。

四、市二届人大四次会议

1991年3月20~25日举行，会期6天，应到代表395名，实到355名。

会议听取和审议政府工作报告、市国民经济和社会发展十年规划纲要和“八五”计划的报告,通过关于政府工作报告和市国民经济和社会发展第八个五年计划的决议;听取市1990年国民经济和社会发展计划执行情况及1991年计划草案的报告、市1989年财政决算和1990年财政预算安排意见的报告、市人大常委会工作报告、市中级人民法院工作报告、市人民检察院工作报告,并分别通过相应决议。市计生委作《我市计划生育工作成绩与任务》的报告(书面)。召开提高经济效益、搞好行风建设、市中级法院和检察院执法3个专题审议会。

会议补选产生市人大常委会副主任王云海,委员6名。会议收到市政府、市中级人民法院、市人民检察院提出议案各1件,代表联名提出议案36件,其中市政府关于认真开展创建卫生城市活动的议案提交大会审议,通过相应决议;代表联名提出的3件议案交由市人大常委会审议,其余35件议案作为建议处理。会议收到代表建议、批评和意见414件。

五、市二届人大五次会议

1992年2月27~3月2日举行,会期5天,应到代表392名,实到340名。

会议听取和审议政府工作报告、市1991年国民经济和社会发展计划执行情况及1992年计划(草案)的报告、市1991年财政决算和1992年财政预算(草案)的报告、市人大常委会工作报告、市中级人民法院工作报告、市人民检察院工作报告,并分别通过相应决议;审议通过《市人民代表大会议事规则》。召开搞活大中型企业、加强农业社会化服务体系建设2个专题审议会;组织代表视察重点企业、丁卯桥工业区和丹阳市后巷镇五星村;镇江人民广播电台首次现场直播大会开幕实况。

会议收到市人民检察院提出议案1件,代表联名提出议案26件,均作为建议处理。会议收到代表建议、批评和意见255件。

第三节　市第三届人民代表大会

一、市三届人大一次会议

1993年3月5~10日举行,会期6天,应到代表395名,实到385名。

会议听取和审议政府工作报告、关于调整市“八五”计划的说明,通过关于政府工作报告和调整“八五”计划的决议;听取和审议市1992年国民经济社会发展计划执行情况和1993年计划(草案)的报告、市1992年财政决算和1993年财政预算(草案)的报告、市人大常委会工作报告、市中级人民法院工作报告、市人民检察院工作报告,并分别通过相应决议;审议通过《市人民代表大会关于议案处理的办法》,主席团通过《市人民代表大会关于质询和询问的暂行办法》。召开贯彻落实企业转换经营机制条例和稳定发展粮棉油、发展农业2个专题审议会;镇江电视台首次现场直播大会开幕实况。

会议选举产生省八届人大代表51名;市人大常委会主任钱永波,副主任王云海、沙荣盛、姜启才、刘承、赵亚夫,秘书长俞德高,委员28名;市长方之焯,副市长应国根、陈文湘、许晓霞、贡家荣、张吉生、滕子明;市中级人民法院院长李载华,市人民检察院检察长郑宏章。

会议收到市政府、市人民检察院提出议案各1件,代表联名提出议案54件,其中市政府、市人民检察院提出的2件议案交由市人大常委会审议,代表联名提出的4件议案,建议交由市人大常委会审议决定,50件作为建议处理。会议收到代表建议、批评和意见205件。

二、市三届人大二次会议

1994 年 3 月 3 ~7 日举行，会期 5 天，应到代表 395 名，实到 360 名。

会议听取和审议政府工作报告、市 1993 年国民经济社会发展计划执行情况和 1994 年计划（草案）的报告、市 1993 年财政决算和 1994 年财政预算（草案）的报告、市人大常委会工作报告、市中级人民法院工作报告、市人民检察院工作报告，并分别通过相应决议。举行 2 次全体会议对政府工作报告首次进行大会审议，12 名代表围绕工农业生产、外向型经济、教育、科技、城市管理、环保、社会治安综合治理等方面作审议发言。

会议补选产生市人大常委会副主任昌万海。会议收到市人民检察院提出议案 1 件，代表联名提出议案 57 件，其中代表联名提出的 3 件议案交由市人大常委会审议，其余 55 件议案作为建议处理。会议收到代表建议、批评和意见 138 件、询问 2 件。

三、市三届人大三次会议

1995 年 2 月 15 ~19 日举行，会期 5 天，应到代表 397 名，实到 342 名。

会议听取和审议政府工作报告、市 1994 年国民经济社会发展计划执行情况和 1995 年计划（草案）的报告、市 1994 年财政总预算执行情况和 1995 年财政总预算草案的报告、市人大常委会工作报告、市中级人民法院工作报告、市人民检察院工作报告，并分别通过相应决议。举行 2 次全体会议对政府工作报告进行大会审议，9 名代表围绕农副业生产、物价管理、打假治劣、城市规划管理、维护劳动者合法权益、社会治安综合治理、农村卫生事业发展等方面作审议发言。会议审议通过《市人民代表大会关于审查和批准国民经济和社会发展计划和财政预算的规则》。召开城建城管等有关部门负责人与部分市人大代表、新闻记者见面会，共同商讨城市建设和管理工作。

会议补选产生市长周大平，市人大常委会委员 1 名。会议收到代表联名提出议案 50 件，其中 2 件交由市人大常委会审议，48 件作为建议处理。会议收到代表建议、批评和意见 161 件、询问 1 件。

四、市三届人大四次会议

1996 年 2 月 29 日至 3 月 4 日举行，会期 5 天，应到代表 398 名，实到 347 名。

会议听取和审议政府工作报告、市国民经济和社会发展第九个五年计划和 2010 年远景目标（草案），通过关于政府工作报告和市国民经济和社会发展第九个五年计划和 2010 年远景目标的决议；听取和审议市 1995 年国民经济社会发展计划执行情况和 1996 年计划（草案）的报告、市 1995 年财政总预算执行情况和 1996 年财政总预算草案的报告、市人大常委会工作报告、市中级人民法院工作报告、市人民检察院工作报告，并分别通过相应决议。召开“九五”计划、农业和农村经济工作、加强民主建设 3 个专题审议会。

会议收到市政府提出议案 1 件，代表联名提出议案 44 件，其中市政府关于巩固全国卫生城市成果、争创国家卫生城市的议案提交大会审议，通过相应决议；代表联名提出的 3 件议案交由市人大常委会审议，41 件议案作为建议处理。会议收到代表建议、批评和意见 123 件。首次开展市人大代表向“一府两院”询问活动，市政府所属 51 个部门，加上法院、检察院共计 53 个单位，于 3 月 2 日用半天时间，集中接受市人大代表的询问；代表提出询问 127 件，答复满意、基本满意的有 120 件，不满意的有 5 件；不满意的 5 件加上未答复的 2 件交有关部门会后处理。代表联名就京口闸建设问题提出质询案，主席团交由受质询机关在有关会议上作口头答复，并作为建议责成相关部门在会后继续办理。

五、市三届人大五次会议

1997 年 2 月 23～26 日举行，会期 4 天，应到代表 394 名，实到 342 名。

全体与会人员学习中共中央、全国人大常委会、国务院、全国政协、中央军委《告全党全军全国各族人民书》，收看邓小平追悼大会实况转播。

会议听取和审议政府工作报告、市 1996 年国民经济社会发展计划执行情况和 1997 年计划（草案）的报告、市 1996 年财政总预算执行情况和 1997 年财政总预算草案的报告、市人大常委会工作报告、市中级人民法院工作报告、市人民检察院工作报告，并分别通过相应决议。召开工业技改和基建投入质量与效益、精神文明建设 2 个专题审议会和依法治市专题会。

会议补选产生市人大常委会副主任戚中立。会议收到代表联名提出议案 46 件，其中 2 件交由市人大常委会审议，44 件作为建议处理。会议收到代表建议、批评和意见 125 件。开展市人大代表向“一府两院”询问活动，代表提出询问 90 件。

第四节　市第四届人民代表大会

一、市四届人大一次会议

1998 年 1 月 16～21 日举行，会期 6 天，应到代表 350 名，实到 344 名。

会议听取和审议政府工作报告、市 1997 年国民经济社会发展计划执行情况和 1998 年计划（草案）的报告、市 1997 年财政总预算执行情况和 1998 年财政总预算草案的报告、市人大常委会工作报告、市中级人民法院工作报告、市人民检察院工作报告，并分别通过相应决议。

会议设立市人民代表大会内务司法、财政经济、农业经济、城乡建设环境保护、教育科学文化卫生 5 个专门委员会，审议通过《市人民代表大会专门委员会工作规则（试行）》。

会议选举产生省九届人大代表 38 名；市人大常委会主任方之焯，副主任陈文湘、沙荣盛、应国根、赵亚夫、刘建生、戚中立、邵振羽，秘书长俞德高，委员 24 名；市长周大平，副市长张克敏、张吉生、张学东、刘永忠、江里程、解信鹏、孙家庆；市中级人民法院院长郑宏章，市人民检察院检察长卞大庆。表决通过市人民代表大会各专门委员会组成人员 35 名。选举中，代表联名提出的 2 名候选人当选副市长。

会议收到代表联名提出议案 55 件，其中 5 件并为 2 件交由市人大常委会审议，50 件作为建议处理。会议收到代表建议、批评和意见 122 件。

二、市四届人大二次会议

1999 年 1 月 26～29 日举行，会期 4 天，应到代表 350 名，实到 329 名。

会议听取和审议政府工作报告、市 1998 年国民经济社会发展计划执行情况和 1999 年计划（草案）的报告、市 1998 年财政总预算执行情况和 1999 年财政总预算草案的报告、市人大常委会工作报告、市中级人民法院工作报告、市人民检察院工作报告，并分别通过相应决议。召开加强小城镇建设、加快农村现代化步伐和促进中小企业发展 2 个专题审议会。

会议补选产生市人大常委会副主任胡志贤；表决通过市人大城建环保委主任委员。

会议收到市中级法院提出议案 1 件，代表联名提出议案 81 件，其中代表联名提出的 2 件议案交由市人大常委会审议；市中级法院关于保障办案经费、确保审判机关经费保障的议案交由市人大有关专门委员会审议并提出处理意见；79 件议案作为建议处理。会议收到代表建议、批评和意见 117 件、询问 4 件。

三、市四届人大三次会议

2000 年 1 月 25 ~ 28 日举行，会期 4 天，应到代表 350 名，实到 328 名。

会议听取和审议政府工作报告、市 1999 年国民经济社会发展计划执行情况和 2000 年计划（草案）的报告、市 1999 年财政总预算执行情况和 2000 年财政总预算草案的报告、市人大常委会工作报告、市中级人民法院工作报告、市人民检察院工作报告，并分别通过相应决议。市人大内务司法、财经、农经、城建环保、教科文卫等 5 个专门委员会作年度工作书面报告。召开切实加强环境保护、实施可持续发展战略和加快农业结构调整、推进农业产业化经营 2 个专题审议会。

会议收到代表联名提出议案 79 件，其中 1 件交由市人大常委会审议，78 件作为建议处理。会议收到代表建议、批评和意见 99 件、询问 1 件。

四、市四届人大四次会议

2001 年 1 月 14 ~ 18 日举行，会期 5 天，应到代表 351 名，实到 330 名。

会议听取和审议政府工作报告、市国民经济和社会发展第十个五年计划（草案），通过关于政府工作报告和市国民经济和社会发展第十个五年计划的决议；听取和审议市 2000 年国民经济社会发展计划执行情况和 2001 年计划（草案）的报告、市 2000 年财政总预算执行情况和 2001 年财政总预算草案的报告、市人大常委会工作报告、市中级人民法院工作报告、市人民检察院工作报告，并分别通过相应决议。市人大内务司法、财经、农经、城建环保、教科文卫等 5 个专门委员会作年度工作书面报告。召开“十五”计划、历史文化名城保护建设 2 个专题审议会。

会议补选产生市长张卫国，市人大常委会副主任许晓霞、陆朝银。会议收到代表联名提出议案 109 件，其中 2 件交由市人大常委会审议，107 件作为建议处理。会议收到代表建议、批评和意见 111 件。首次先由市人大相关专门委员会审议议案并提出处理意见，经大会秘书长会议研究，提出议案处理意见的报告，提交主席团决定是否列入大会议程。

五、市四届人大五次会议

2002 年 1 月 28 ~ 31 日举行，会期 4 天，应到代表 355 名，实到 331 名。

会议听取和审议政府工作报告、市 2001 年国民经济社会发展计划执行情况和 2002 年计划（草案）的报告、市 2001 年财政总预算执行情况和 2002 年财政总预算草案的报告、市人大常委会工作报告、市中级人民法院工作报告、市人民检察院工作报告，并分别通过相应决议。市人大内务司法、财经、农经、城建环保、教科文卫等 5 个专门委员会作年度工作书面报告。召开加强城市管理、争创一流业绩和加速农村经济发展、增加农民收入 2 个专题审议会。

会议补选产生市人大常委会主任张卫国、副主任李壮云，市长史和平。会议收到代表联名提出议案 86 件，其中 3 件并为 2 件交由市人大常委会审议，83 件作为建议处理。会议收到代表建议、批评和意见 131 件。

第五节　市第五届人民代表大会

一、市五届人大一次会议

2003 年 1 月 18 ~ 23 日举行，会期 6 天，应到代表 350 名，实到 344 名。

会议听取和审议政府工作报告、市 2002 年国民经济社会发展计划执行情况和 2003 年计划（草

图 24-1 2003 年，镇江市第五届人大第一次会议举行

案)的报告、市 2002 年财政总预算执行情况和 2003 年财政总预算草案的报告、市人大常委会工作报告、市中级人民法院工作报告、市人民检察院工作报告，并分别通过相应决议。市环保局作《关于镇江市 2002 年环境保护工作情况和 2003 年主要工作计划》的报告(书面)。会议审议通过《关于镇江市人民代表大会工作机构变更的决定》，不再设立专门委员会。会议期间邀请全国人大常委会办公厅联络局副局长李伯钧作《代表法》讲座。

会议选举产生省十届人大代表 37 名；市人大常委会主任张卫国，副主任吴树南、邵振羽、胡志贤、陆朝银、李壮云、郑宏章、卞大庆、陈苏，秘书长蔡文俊，委员 23 名；市长史和平，副市长张吉生、张学东、黄宝荣、陈建设、李国忠、李茂川、王萍；市中级人民法院院长帅巧芳，市人民检察院检察长蒋伟亮。

会议收到代表联名提出议案 84 件，其中 1 件交由市人大常委会审议，83 件作为建议处理。会议收到代表建议、批评和意见 106 件。

二、市五届人大二次会议

2004 年 1 月 10～13 日举行，会期 4 天，应到代表 346 名，实到 329 名。

会议听取和审议政府工作报告、市 2003 年国民经济社会发展计划执行情况和 2004 年计划(草案)的报告、市 2003 年财政总预算执行情况和 2004 年财政总预算草案的报告、市人大常委会工作报告、市中级人民法院工作报告、市人民检察院工作报告，并分别通过相应决议。市发展计划委作《全市重大项目投资计划 2003 年完成情况及 2004 年预算安排》的报告(书面)，市环保局作《关于镇江市 2003 年环境保护工作情况和 2004 年主要工作计划》的报告(书面)。召开城市建设、国企改革 2 个新闻发布会，组织代表视察重点企业和城市建设重点工程。各代表团分别围绕加快沿江开发、发展开放型经济、提高城乡居民收入、深化企业改革、加快教育事业发展、加快城市建设、加强国防教育等 7 个议题进行专题审议。

会议补选产生省十届人大代表史和平，市人大常委会主任史和平，市长许津荣。会议收到代表联名提出议案 96 件，其中 2 件交由市人大常委会审议，94 件作为建议处理。会议收到代表建议、批评和意见 93 件。

三、市五届人大三次会议

2005 年 1 月 13～16 日举行，会期 4 天，应到代表 343 名，实到 327 名。

会议听取和审议政府工作报告、市 2004 年国民经济社会发展计划执行情况和 2005 年计划(草案)的报告、市 2005 年财政总预算执行情况和 2006 年财政总预算草案的报告、市人大常委会工作报告、市中级人民法院工作报告、市人民检察院工作报告，并分别通过相应决议。市环保局作《关

图 24-2 2005 年 1 月 13～16 日，镇江市第五届人大第三次会议现场

于镇江市2004年环境保护工作情况和2005年主要工作计划的报告》(书面)。召开为民办实事新闻发布会,组织代表视察润扬长江公路大桥、镇江博物馆、江苏大学和城市建设重点工程。各代表团围绕加快外向型经济发展、加快民营经济发展、加快生态岛建设步伐、高度重视农民增收、加强环境保护、解决好被征地农民生活保障、加强国防教育等7个议题进行专题审议。7个行业代表小组围绕政府依法行政、国民经济社会事业发展计划和财政预算、建立被征地农民生活保障、取水口保护、城市建设、未成年人思想道德建设、台港侨胞在镇江的投资环境等议题进行专题审议。

会议补选产生市人大常委会副主任张学东。会议收到代表联名提出议案129件,其中1件交由市人大常委会审议,128件作为建议处理。会议收到代表建议、批评和意见113件。

第三章　市人大常委会

市人大常委会是市人民代表大会的常设机关,对市人民代表大会负责并报告工作。市人大常委会由本级人民代表大会在代表中选举市人大常委会主任、副主任若干人及秘书长、委员若干人组成,任期同本级人民代表大会每届任期相同,行使职权到本届人民代表大会选出新的常委会为止。市人大常委会设党组,受市委领导,对市委负责。市人大常委会贯彻党的路线、方针、政策,依法行使地方国家权力机关的职权,通过重大事项决定、听取审议政府、法院、检察院工作报告及执法检查、人事任免、述职评议、工作评议、视察调研、督办代表议案建议等方式实行对"一府两院"的工作监督和法律监督,并开展任期内的日常工作。

第一节　组成人员和机构

一、市人大常委会主任、副主任、秘书长

第一至五届市人大常委会主任、副主任、秘书长人员情况见表24-4。

第一至五届镇江市人大常委会主任、副主任、秘书长名录表

表24-4

届别	职务	姓名	性别	出生年月	文化程度	党派	籍贯	任期年月	备注
一	主　任	夏　岩	男	1920.4	高中	中共	江苏睢宁	1983.3~1986.3	一届四次辞职
	主　任	孙秉谦	男	1931.6	高中	中共	江苏启东	1986.3~1988.1	一届四次补选
	副主任	隋振江	男	1922.3	高小	中共	山东牟平	1983.3~1988.1	-
	副主任	陈忠廉	男	1921.9	初中	中共	江苏扬中	1983.3~1988.1	兼任秘书长
	副主任	丁仁富	男	1925.4	初中	中共	江苏涟水	1983.3~1988.1	-
	副主任	吴慎裕	男	1922.2	高中	民建	浙江绍兴	1983.3~1988.1	-
	副主任	伏镇钧	男	1915.11	大学	民盟	江苏泰兴	1983.3~1988.1	-
	副主任	王忠保	男	1930.11	初中	中共	江苏武进	1987.3~1988.1	一届五次补选

续表 24-4

届别	职务	姓名	性别	出生年月	文化程度	党派	籍 贯	任期年月	备注
二	主　任	孙秉谦	男	1931.6	高中	中共	江苏启东	1988.1～1993.3	–
	副主任	王云海	男	1931.12	初中	中共	江苏金坛	1991.3～1993.3	二届四次补选
	副主任	沙荣盛	男	1937.11	大学	中共	江苏扬中	1988.1～1993.3	–
	副主任	王忠保	男	1930.11	初中	中共	江苏武进	1988.1～1993.3	–
	副主任	吴慎裕	男	1922.2	高中	民建	浙江绍兴	1988.1～1993.3	–
	副主任	孙国柱	男	1930.9	初中	中共	江苏丹徒	1988.1～1990.3	兼任秘书长
	副主任	于哲民	男	1926.9	大学	民盟	江苏吴江	1989.3～1993.3	二届二次补选
	秘书长	张绍先	男	1942.10	大学	中共	山东莱阳	1990.3～1993.1	二届三次补选
三	主　任	钱永波	男	1934.1	中师	中共	江苏靖江	1993.3～1998.1	–
	副主任	王云海	男	1931.12	初中	中共	江苏金坛	1993.3～1997.4	–
	副主任	沙荣盛	男	1937.11	大学	中共	江苏扬中	1993.3～1998.1	–
	副主任	姜启才	男	1934.6	高中	中共	江苏宝应	1993.3～1998.1	–
	副主任	刘　承	男	1926.7	研究生	民革	湖南隆回	1993.3～1998.1	–
	副主任	赵亚夫	男	1941.4	大专	中共	江苏常州	1993.3～1998.1	–
	副主任	昌万海	男	1937.9	高中	中共	江苏金坛	1994.3～1998.1	三届二次补选
	副主任	戚中立	男	1939.11	大专	中共	江苏常州	1997.2～1998.1	三届五次补选
	秘书长	俞德高	男	1946.11	大专	中共	浙江宁波	1993.3～1998.1	–
四	主　任	方之焯	男	1944.3	大学	中共	浙江镇海	1998.1～2001.3	–
	主　任	张卫国	男	1953.11	研究生	中共	江苏武进	2002.1～2003.1	四届五次补选
	副主任	陈文湘	男	1939.11	大专	中共	江苏张家港	1998.1～2003.1	–
	副主任	许晓霞	女	1941.12	大学	中共	江苏丹阳	2001.1～2003.1	四届四次补选
	副主任	沙荣盛	男	1937.11	大学	中共	江苏扬中	1998.1～2001.3	–
	副主任	应国根	男	1940.6	大学	中共	浙江玉环	1998.1～2003.1	
	副主任	赵亚夫	男	1941.4	大专	中共	江苏常州	1998.1～2003.1	–
	副主任	刘建生	男	1937.7	中专	中共	江苏镇江	1998.1～2001.3	–
	副主任	戚中立	男	1939.11	大专	中共	江苏常州	1998.1～2003.1	–
	副主任	邵振羽	男	1945.1	大学	民建	上海	1998.1～2003.1	–
	副主任	胡志贤	男	1943.2	中师	中共	江苏丹阳	1999.1～2003.1	四届二次补选
	副主任	陆朝银	男	1946.12	中专	中共	江苏扬中	2001.1～2003.1	四届四次补选
	副主任	李壮云	男	1950.8	大普	中共	江苏武进	2002.1～2003.1	四届五次补选
	秘书长	俞德高	男	1946.11	大专	中共	浙江宁波	1998.1～2003.1	–
五	主　任	张卫国	男	1953.11	研究生	中共	江苏武进	2003.1～2003.4	–
	主　任	史和平	男	1955.2	大学	中共	江苏溧阳	2004.1～	五届二次补选
	副主任	吴树南	男	1948.9	研究生	中共	江苏武进	2003.1～	–

续表 24-4

届别	职务	姓名	性别	出生年月	文化程度	党派	籍 贯	任期年月	备注
五	副主任	张学东	男	1948.2	大专	中共	江苏丹阳	2005.1	五届三次补选
	副主任	邵振羽	男	1945.1	大学	民建	上海	2003.1 ~	–
	副主任	胡志贤	男	1943.2	中师	中共	江苏丹阳	2003.1 ~	–
	副主任	陆朝银	男	1946.12	中专	中共	江苏扬中	2003.1 ~	–
	副主任	李壮云	男	1950.8	大普	中共	江苏武进	2003.1 ~	–
	副主任	郑宏章	男	1945.3	大学	中共	安徽霍邱	2003.1 ~	–
	副主任	卞大庆	男	1947.2	大专	中共	江苏镇江	2003.1 ~	–
	副主任	陈　苏	男	1956.3	研究生	中共	江苏句容	2003.1 ~	–
	秘书长	蔡文俊	男	1950.5	研究生	中共	江苏镇江	2003.1 ~	–

市人大常委会任命和决定接受辞职情况如下：

一届：1983 年 5 月任命陈忠廉兼任人大常委会秘书长。

二届：1990 年 3 月，孙国柱辞去人大常委会副主任、秘书长职务；1993 年 1 月，张绍先辞去人大常委会秘书长职务。

三届：1997 年 4 月，王云海辞去人大常委会副主任职务。

四届：2001 年 3 月，方之焯辞去人大常委会主任职务，沙荣盛、刘建生分别辞去人大常委会副主任职务；2003 年 1 月，俞德高辞去人大常委会秘书长职务。

五届：2003 年 4 月，张卫国辞去人大常委会主任职务。

二、市人大常委会委员

一至五届市人大常委会委员情况如下：

1. 1983 年 4 月，市一届人大一次会议选举市人大常委会委员 27 名：

丁国民	马杰三	马瑞柏	王健祥	王锡芳（女）	王锦鹏
朱月琴（女）	朱再金	邬伯翔	祁春岚（女）	苏廷科	李文华
李永月	吴秀英（女）	吴哲民	张杨铭	张林坤	张振国
阿　丽	侍　秀	金维藩	周　亚（女）	胡　赓	郭礼荣
葛开泰	蔡祖康	戴扣庚			

1984 年 2 月，王健祥、张振国、苏廷科辞职，常委会通过《关于增补六名第一届人大常委会委员的决定》。3 月，葛开泰病逝。市一届人大二次会议补选 6 名委员：韦成怀、尤国华（女）、仲双根、吴文炜、李兆斌、曹立银。

1985 年 2 月，马杰三辞职。3 月，周亚、侍秀、张林坤、戴扣庚辞职，常委会通过《关于补选镇江市第一届人大常委会委员的决定》，市一届人大三次会议补选 1 名委员：屠文勇。

1986 年 3 月，韦成怀逝世。3 月，市一届人大四次会议决定批准李文华、王锡芳、屠文勇、邬伯翔辞职，补选 6 名委员：张和福、陈剑夫、原红（女）、袁林涛、凌广业、曹图南。7 月，郭礼荣辞职。11 月，原红辞职。

2. 1988 年 1 月，市二届人大一次会议选举市人大常委会委员 24 名：

马冠松	王　乾	朱月琴（女）	朱石坠	朱再金	朱海燕（女）
刘中白	江里程	李阳春	吴永泉	沈迅宏	张杨铭
阿　丽	陈士赓	陈冬姣（女）	陈剑夫	胡美华（女）	赵锦城

袁林涛	凌广业	郭孝义	曹图南	蒋颐钧	童如镛

1988 年 9 月,沈迅宏辞职。11 月,吴永泉、阿丽辞职。

1989 年 3 月,市二届人大二次会议补选 4 名委员:马安平、马宝琅、王士飞、张甫雄。

1990 年 3 月,陈冬姣、江里程辞职。3 月,市二届人大三次会议补选 3 名委员:郑蕊芳(女)、贺华平、蒋文郁。7 月,蒋文郁、李阳春辞职。9 月,王乾辞职。

1991 年 3 月,市二届人大四次会议补选 6 名委员:刘世明、杨图南、沈伯素、陈浩、贾寿元、葛永泉。12 月,朱月琴逝世。

1993 年 3 月,贺华平辞职。

3. 1993 年 3 月,市三届人大一次会议选举市人大常委会委员 28 名:

马宝琅	马冠松	王润亮	韦开荣	毕增立(女)	吕顺洪
乔瑾瑜	华梅芬(女)	刘　云	刘建国	杜正起	李进法
严礼怀	沈宝来	陆元慈(女)	郑蕊芳(女)	姚美玲	贾寿元
谈大隆	徐广福	徐文富	郭晓山	葛永泉	董师润
童永春	谢昭美(女)	颜景康	魏晋和		

1995 年 1 月,郑蕊芳辞职。2 月,市三届人大三次会议补选 1 名委员周凤霞(女)。

1996 年 4 月,沈宝来辞职。8 月,杜正起辞职。

1997 年 2 月,王润亮辞职。

4. 1998 年 1 月,市四届人大一次会议选举市人大常委会委员 24 名:

马宝琅	王　萍(女)	王守法	卞　雨	卢道富	冯士超
任振棣	刘　云	刘乐满	李光千	李进法	李谊忠
宋鉴远	张定岐	陈　苏	陈林海	杭梅琴(女)	卓洪昶
周凤霞(女)	姚美玲	徐文富	郭晓山	谈大隆	程国祚

1998 年 11 月,刘云辞职。

1999 年 7 月,冯士超辞职。9 月,卢道富辞职。

2002 年 9 月,王守法辞职。

2003 年 1 月,周凤霞辞职。

5. 2003 年 1 月,市五届人大一次会议选举市人大常委会委员 23 名:

王　禹	朱金生	任振棣	刘乐满	庄兆林	孙纪英(女)
芮东明	芦竹轩	李　龙	李光千	李谊忠	汪天武
宋鉴远	张尤嘉	张定岐	陆　洋	陈协丰	武白苹(女)
周以蓉(女)	胡　振	钟伟德	徐文富	傅金成	

2004 年 9 月,胡振、孙纪英辞职。

2005 年 3 月,庄兆林辞职。

三、工作机构

原地辖市七届人大始,市人大常委会办事机构为办公室。

一届期间,1983 年 5 月,市一届人大常委会第一次会议决定设立政治法律、财政经济、城乡建设、教育科学文化卫生 4 个工作委员会;12 月,市一届人大常委会第五次会议决定设立代表资格审查委员会。1985 年 3 月,市一届人大常委会第十三次会议决定政治法律委员会更名为法制委员会。

二届期间,1989 年 11 月,市二届人大常委会第十四次会议决定设立代表人事委员会;同年在办公室内增设研究室。1991 年 1 月,市二届人大常委会第二十一次会议决定设立农业经济委员会。

四届期间,1998 年 3 月,市四届人大常委会第一次会议通过《关于市人大常委会工作机构变更的决定》,市四届人大常委会设立办公室、研究室、人事代表联络委员会 3 个综合办事机构、工作机构;鉴于市人民代表大会已设立内务司法、财政经济、农业经济、城乡建设环境保护、教育科学文化卫生 5 个专门委员会,市人大常委会不再设立相应的工作委员会。1999 年 1 月 19 日,市四届人大常委会第六次会议决定,在市人民代表大会教育科学文化卫生委员会内增挂市人大常委会民族宗教侨务工作委员会牌子。2002 年 8 月,中共镇江市委镇办发〔2002〕74 号文批准《镇江市人大机关机构改革方案》,原市人民代表大会 5 个专门委员会全部调整为市人大常委会工作委员会;同时单独成立市人大常委会民族宗教侨务工作委员会,市人大常委会办公室挂市人大常委会外事工作办公室牌子。2003 年 1 月,市四届人大常委会第三十五次会议通过《关于市人大常委会工作机构变更的决定》,市人大常委会工作机构,除办公室、研究室、人事代表联络委员会外,设立内务司法、财政经济、农业经济、城乡建设环境保护、教育科学文化卫生、民族宗教侨务等 6 个工作委员会。

五届期间,2003 年 9 月,市五届人大常委会第六次会议分别通过决定,在镇江新区设立市人大常委会新区工作委员会,作为市人大常委会的派出工作机构;在京口区、润州区设立区人大常委会街道工作委员会,作为区人大常委会的派出工作机构。新区工作委员会与市人大常委会内设工作机构性质、地位、级别相同,受市人大常委会和新区党工委的领导,以新区党工委领导为主,分别向市人大常委会和新区党工委报告工作。2005 年 6 月经主任会议研究,下发《关于设立市人大常委会新区工作委员会街道办公室的批复》(镇人办〔2005〕27 号),批准设立新区大港、丁卯街道人大办公室。

各工作机构在市人大常委会和主任会议领导下工作,负责市人民代表大会会议、市人大常委会会议、主任会议的准备工作,联系市政府有关部门、市中级法院、市检察院以及人大代表、人民群众,开展视察和调查研究,检查国家法律、法规以及人民代表大会及其常委会决议、决定的实施情况,督促办理议案和代表提出的建议、批评、意见,接待和处理群众的来信来访。

第二节　市人大常委会主任会议

市人大常委会主任会议由市人大常委会主任、副主任、秘书长组成,由主任或主持日常工作的副主任召集并主持。市人大常委会主任会议一般每个月举行 1 次,必要时可随时召开。1983 ~ 2005 年,市人大常委会主任会议共举行 299 次,其中一届 86 次,二届 67 次,三届 56 次,四届 55 次,五届 35 次。

1983 ~ 2005 年,市人大常委会主任会议传达学习中央、省委、市委和全国人大、省人大有关会议和文件精神,研究全国人大、省人大决议、决定在本行政区域的贯彻实施意见;讨论市人民代表大会、市人大常委会会议的时间、议程和审议意见、工作评议意见、干部述职评议意见等有关事项,检查市人民代表大会及其常委会决议、决定、审议意见的实施情况;研究主任会议成员分工;讨论市人大常委会工作报告、工作要点和历次常委会会议、主任会议、重要活动初步安排;讨论议案、重要建议、建议的处理意见;讨论有关会议、视察、调查、检查方案,并听取相关情况汇报;讨论人大工作制度,通过人大机关内部管理制度;协调市人大常委会各办事机构、工作机构的工作等。

1983 ~ 2005 年,市人大常委会主任会议听取有关工作情况汇报 102 项,法律法规实施情况汇报 48 项,议案、重要建议、建议办理情况汇报 50 项。

1983～2005 年镇江市人大常委会主任会议听取有关工作情况表

表 24-5

届别	年份	听取汇报内容
一	1983	镇江港抢救
	1984	中山路拓宽，城市总体规划修改
	1985	法律常识宣传普及，检察院工作
	1987	法院、检察院学习中央 18 号文件及执法
二	1988	工业战线、农业战线劳动模范评选
	1989	法院、检察院工作，供销社违反基本建设程序擅建宿舍楼，城乡建设和城建安排，落实常委会审议意见、修改《镇江市历史文化名城保护规划》说明书文稿
	1990	1989 年计划执行和 1990 年计划草案，1989 年财政决算和 1990 年财政预算草案
	1991	劳动模范评比，1992 年城乡建设重点项目初步安排方案，1991 年财政预算调整，1991 年审计工作
	1992	土地利用规划和土地使用制度改革，长江镇扬河段整治工程，职工教育
三	1993	发展高新技术及其产业化，解决市区特困户住房，控制和减轻农民负担，体育工作，拟组建公安巡警队伍、试行人民警察综合执法，流动人口计划生育管理，发展外向型经济，防止土地资产流失、清理土地隐形市场，商品房价格管理，房地产开发代收代交费用，法院依法审判，检察院反贪污贿赂，公安局严打和强化社会治安管理，司法局“二五”普法和依法治理
	1994	土地隐形市场清理整顿，对外缔结友好城市，市政公用事业建设管理，历史文化名城保护，审计工作，城市规划管理，“二五”普法
	1995	民族宗教工作，社会治安综合治理
	1996	广播电视事业发展，开发区建设，预算外资金管理，城市长效管理，建设现代化港口城市纲要制定，《镇江市 1996～2010 年现代化组合式港口城市建设实施纲要》，法院审判方式改革（通报）和告诉申诉工作，市徽征集
	1997	城市绿化，加强砖瓦窑管理、保护耕地，小水泥厂行业管理，四达公司厂房地基下沉问题处理，市直煤炭工业系统解困，检察院监所检察，土地规费的征收、管理、使用、减免及贯彻中央 11 号文件精神，城建配套费的征收、管理、使用、减免
四	1998	“三五”普法，法院经济审判，市本级预算外资金管理，实施初级卫生保健、加强农村卫生工作
	1999	检察院法纪检察，政府机关采购，外向型经济审议意见办理，西区发展规划纲要编制
	2000	公安机关加强基层基础工作、落实社会治安综合治理措施，市直中小企业改革和发展审议意见办理，《南郊观光农业规划》执行，土地复垦和耕地总量动态平衡，住宅小区物业管理，性病防治和性病广告整治
	2001	镇江市机构改革方案，开展禁毒斗争，检察院反贪污贿赂，乡镇行政区划调整和农村税费改革，天然气进入镇江的筹备，城市建设“四大”重点工程规划设计和建设，2002 年城建重点工程规划建设管理，城市管理，《南郊观光农业规划》落实
	2002	民办学校发展，开展严厉打击工作，法院司法改革，《南郊观光农业规划》落实
五	2003	公安机关打击经济犯罪、整顿和规范市场经济秩序，国有企业改革，困难群体医疗保障，2003 年为民办实事工程实施和 2004 年市区重点工程建设计划，法院行政审判
	2004	防控禽流感，城市房屋拆迁政策配套完善，检察院民事行政检察，农村劳动力转移，黎明河、孩儿河整治，法院机构改革，平安镇江建设
	2005	2005 年财政预算执行和 2006 年财政预算安排

1985～2005年镇江市人大常委会主任会议听取法律法规实施情况表

表24-6

届别	年份	听取汇报内容
一	1985	《江苏省山石资源管理办法》
二	1989	《中华人民共和国统计法》
	1991	《保护消费者合法权益条例》
	1992	《种子管理条例》《中华人民共和国档案法》《中华人民共和国兵役法》《中华人民共和国矿产资源法》
三	1993	《中华人民共和国保守国家秘密法》
	1994	《中华人民共和国中外合资经营企业法》《中外合资经营企业法实施条例》《防汛条例》，实施和防汛防旱准备工作，《中华人民共和国教师法》《中华人民共和国村民委员会组织法》《中华人民共和国城市居委会组织法》
	1995	《中华人民共和国药品管理法》《江苏省价格管理监督条例》《江苏省城市绿化管理条例》《中华人民共和国农业技术推广法》《江苏省实施〈农业技术推广法〉办法》
	1996	《中华人民共和国食品卫生法》《中华人民共和国城市房地产管理法》
	1997	《中华人民共和国外资企业法》《中华人民共和国中外合资经营企业法》《中华人民共和国中外合作经营企业法》《江苏省工程建设管理条例》《中华人民共和国乡镇企业法》
四	1998	《江苏省农业机械管理条例》《江苏省村镇规划建设管理条例》
	1999	《中华人民共和国森林法》《中华人民共和国促进科技成果转化法》《中华人民共和国归侨侨眷权益保护法》《江苏省经济技术开发区管理条例》
	2000	《中华人民共和国城市居委会组织法》《中华人民共和国村民委员会组织法》审议意见办理，《中华人民共和国文物保护法》《流动人口计划生育管理办法》《江苏省实施〈人民防空法〉办法》
	2001	《江苏省国有企业法定代表人任期经济责任审计条例》《江苏省华侨捐赠条例》（增）、《江苏省水利工程管理条例》
	2002	《中华人民共和国烟草专卖法》《中华人民共和国台湾同胞投资保护法》《江苏省限制开山采石的决定》
五	2003	《江苏省宗教事务条例》《江苏省限制开山采石的决定》《中华人民共和国劳动法》《中华人民共和国工会法》《中华人民共和国农村土地承包法》
	2004	餐饮业实施《中华人民共和国食品卫生法》，《江苏省限制开山采石的决定》《中华人民共和国台湾同胞投资保护法》
	2005	《江苏省文物保护条例》《中华人民共和国人民防空法》《江苏省限制开山采石的决定》《城市民族工作条例》《江苏省少数民族权益保障条例》《中华人民共和国农业机械化促进法》

1989～2005年镇江人大常委会主任会议听取议案、重要建议、建议办理情况表

表24-7

届别	年份	听取汇报内容
二	1989	有关民族宗教的建议
	1990	关于解决小码头火车挡道问题的重要建议，关于推进企业改组联合、有计划地组织企业集团的重要建议，关于促进城市工业布局规划落实、加强环境治理的重要建议，关于制定镇江市粉煤灰开发利用的规定的重要建议，关于认真治理居民危房和民办幼儿园危房、确保居民和幼儿安全的重要建议
	1991	关于尽快实施贺家弄小区幼儿园基建工程的重要建议，关于加强人民法庭建设的重要建议，关于加强检察机关侦查手段设施建设的重要建议，关于贯彻实施《中华人民共和国城市居委会组织法》、加强居委会建设的重要建议，关于统一布置化工区开发工程、尽快实施新化工区建设的重要建议
	1992	关于京口、润州两区区划的建议，关于停止南郊风景区内碎石厂的生产的建议，关于黄山水泥厂部分停产和限期搬迁的建议，关于归还伊斯兰教房产问题的建议
三	1993	关于抓好城市绿化美化香化的议案
	1994	关于建立南山森林公园的重要建议
	1995	关于确定镇江市徽的议案，关于抓紧制定市区学校发展规划及其实施办法的重要建议，关于强化自来水水源保护的重要建议
	1996	关于政府制定丘陵岗地开发计划、加快发展农村经济的重要建议，关于大力扶持联合收割机产品生产的重要建议，关于查处京口闸集贸市场违法建设的重要建议
	1997	关于再就业工程的重要建议，关于抓紧创建中国优秀旅游城市的规划工作的重要建议，关于加快镇江市东大门谏壁地区的市政建设的重要建议
四	1998	关于缓解市区交叉路口交通拥挤问题的重要建议，关于城市小区发展与学校建设配套问题的重要建议
	1999	关于保障办案经费、确保审判机关"吃皇粮"的议案，关于进一步规范本市香醋生产市场的重要建议，关于解决桃花坞路东部地区群众乘车行路难的重要建议
	2000	关于尽快易地建设镇江市新看守所的重要建议，关于规范捐资行为、确保资金安全、提高使用效益的重要建议
	2001	关于开发地下水解决镇江市丘陵地区严重缺水问题议案审议意见的办理，关于加快信息产业发展、促进我市经济繁荣的重要建议，关于建立由县级财政统筹发放农村教师工资保障机制的重要建议
	2002	关于尽快建立镇江市人才资源开发基金的重要建议，关于出台廉租房政策、改善特困职工住房问题的重要建议，关于以规划为导向、大跨度调整市场布局、在分行归市中经营好城市的重要建议
五	2003	关于实施镇江港三期工程建设的重要建议，关于利用司法和市场经济手段解决"烂尾楼"的重要建议，关于加大国家园林城市创建力度、加速生态城市建设的重要建议，关于贯彻清洁生产促进法、加快市区污染企业搬迁改造进度的重要建议
	2004	关于尽快规范教育费附加征收与使用的重要建议，关于尽快解决葛村、长岗收费站问题、适应沿江大开发、改善新区投资环境的重要建议，关于沿江开发一定要保护生命之水的重要建议
	2005	关于依法整治残疾人专用车营运问题的议案，关于加大力度、专项整治砖瓦窑业的重要建议，关于加快镇江市农副产品批发市场建设的重要建议，关于进一步加大整治、拆除违章搭建力度的重要建议

第三节　市人大常委会会议

一、会议概况

市人大常委会会议是市人大常委会依法行使职权的基本形式，由常委会主任召集，主任也可以委托副主任召集。会议由出席的主任、副主任轮流主持。

市人大常委会会议一般每2个月举行1次，有特殊需要时，可以临时召集。1983～2005年，市人大常委会会议共举行158次，其中一届31次，二届36次，三届33次，四届35次，五届23次。

1983～2005年镇江市人大常委会会议举行情况表

表24-8

届别	会次	会　期	议程数	听审报告	决议数	决定数	任免人次
一	1～5	1983年5月9～10日，6月2日～30日，8月29～30日，10月14～15日，12月19～21日	31	12	5	3	93
	6～11	1984年2月16～18日，3月20～21日，5月31～6月2日，8月2～3日，9月14～15日，12月3～5日	39	11	4	7	42
	12～17	1985年2月4～6日，3月20日，6月6～7日，8月5～6日，10月7～9日，12月6～9日	40	14	1	10	52
	18～23	1986年2月27～28日，3月19日，5月19～21日，7月24～26日，9月2～28日，11月25～28日	33	15	2	3	29
	24～31	1987年1月15～17日，3月16～17日，3月25日，5月26～28日，7月23～25日，9月17～19日，11月16～18日，12月15日	42	15	1	6	39
二	1～7	1988年1月11日，3月15～17日，4月16日，5月18～20日，7月18～20日，9月15～17日，11月17～19日	32	18	6	3	59
	8～14	1989年1月24～26日，3月9～10日，5月18～20日，7月19～20日，8月31日，9月25～29日，11月21～23日	38	13	6	11	36
	15～20	1990年1月16～17日，3月10日，5月21～22日，7月19～21日，9月25～28日，11月20～23日	40	24	5	8	55
	21～27	1991年1月22～23日，3月15日，3月25日，5月21～23日，7月25～27日，9月23～25日，11月26～28日	37	17	5	5	30
	28～34	1992年1月9～11日，2月15日，4月9日，5月13～14日，7月14～16日，9月15～17日，11月17～19日	34	11	-	9	39
	35～36	1993年1月12～13日，3月1日	7	-	-	2	19
三	1～5	1993年3月10日，5月5～7日，7月14～16日，9月21～24日，11月16～18日	34	15	3	7	95
	6～13	1994年1月14～15日，3月1日，3月7日，5月10～12日，7月19～21日，9月13～15日，10月18日，11月14～16日	33	9	3	20	44
	14～19	1995年1月12～14日，2月13日，4月25～27日，6月20～22日，8月22～24日，10月24～26日	41	15	2	15	55

续表 24-8

届别	会次	会 期	议程数	听审报告	决议数	决定数	任免人次
三	20～26	1996年1月3～5日,2月27日,4月23～25日,6月25～27日,8月27～29日,10月29～31日,12月24～25日	56	22	6	15	44
	27～32	1997年2月21日,4月22～24日,6月24～26日,8月19～21日,10月14～16日,12月23～25日	48	18	3	14	57
	33	1998年1月14日	6	-	-	-	6
四	1～5	1998年3月24～25日,5月26～28日,7月28～29日,9月23～25日,11月17～19日	30	16	2	7	103
	6～11	1999年1月18～19日,3月23～24日,5月25～26日,7月29～31日,9月21～22日,11月29日～12月2日	43	14	2	13	63
	12～18	2000年1月11～12日,3月29～30日,5月30～31日,7月26～27日,9月11日,9月28～29日,11月28～29日	33	13	1	11	29
	19～25	2001年1月9～10日,3月20～21日,5月30～31日,6月13日,7月24～26日,9月26～27日,11月27～28日	45	20	3	15	123
	26～34	2002年1月18日,4月9日,4月29日,5月29日,7月25～26日,8月29日,9月26～27日,11月21～22日,12日17日	34	10	2	16	98
	35	2003年1月13日	8	1	-	4	35
五	1～7	2003年3月31日～4月1日,4月18日,5月13日,6月17～18日,7月29～31日,9月24～25日,11月25～26日	37	14	3	16	71
	8～15	2004年1月4～5日,3月1日,3月30～31日,5月25日,6月17日,7月27～28日,9月29～30日,11月30日～12月2日	38	14	2	6	60
	16～23	2005年1月5～6日,3月23日,5月30日～6月1日,6月22日,7月28～29日,9月28～30日,11月29～30日,12月20日	39	10	2	11	38

二、讨论、决定重大事项

1983～2005年,市人大常委会讨论、决定本行政区域内的政治、经济、教育、科学、文化、卫生、环境和资源保护、民政、民族等工作的重大事项,作出决议、决定306项,其中关于市人大常委会组成人员辞职、组织机构设立的分别为31项、10项;关于市政府、市中级法院、市检察院领导变动的51项;关于市人民代表大会会议列为议案办理的45项;关于人大工作的57项,关于其他工作的112项。

关于人大工作的57项决议、决定中,1997年8月市三届人大常委会第三十次会议通过《关于调整市领导县体制后镇江市人民代表大会届次的决定》。关于召开市人民代表大会会议22项,关于人大代表工作表彰10项,关于人大换届选举19项,关于人大工作制度5项。

关于其他工作的112项决议、决定中,关于贯彻有关精神、实施重大规划等方面的37项,关于国民经济和社会发展计划及财政预算、决算的39项,关于重大课题的14项,关于授予荣誉称号的8项,关于开展工作评议的8项,关于人事任免的6项。

1. 关于贯彻实施重大规划等方面的决议、决定 1983～2005年,市人大常委会就贯彻有关精神、实施重大规划等作出决议、决定44项(表24-9中含以“☆”号表示市人民代表大会会议确定为议案方面的7项),其中贯彻有关精神和法律法规的7项,实施重大规划的13项,有关重要工作的9项,机构设置的4项,撤县建市的4项,确定市级标志的4项,与外国城市缔结友好关系的3项。

1983～2005年镇江市人大常委会关于贯彻实施重大规划等方面的决议、决定情况表

表24-9

类别	决议、决定内容	会议届次	通过时间
贯彻有关精神和法律法规	关于学习、宣传和贯彻执行六届全国人大一次会议精神的决议	一届2次	1983年6月30日
	关于进一步贯彻执行《中华人民共和国食品卫生法》的决议	一届10次	1984年9月15日
	关于贯彻执行江苏省普及初等义务教育和扫除文盲两个暂行条例的实施细则的决议	一届11次	1984年12月5日
	关于《镇江市关于贯彻执行〈江苏省山石资源管理办法〉的细则》的决定	一届14次	1985年6月7日
	关于认真学习坚决贯彻全国人大常委会《关于加强法制教育维护安定团结的决定》的决议	一届25次	1987年3月17日
	关于进一步贯彻实施《中华人民共和国婚姻法》的决议	二届4次	1988年5月20日
	关于学习贯彻市委四届六次全会精神,推进实现“两个率先”奋斗目标的决议	五届5次	2003年7月31日
重大规划	关于镇江市城市总体规划的决议 ☆	一届8次	1984年6月2日
	关于批准调整电力路拓宽规划的决议	二届4次	1988年5月20日
	关于镇江市工业布局规划调整的决议 ☆	二届5次	1988年7月20日
	关于《镇江市历史文化名城保护规划》的决议 ☆	二届11次	1989年7月20日
	关于实施法制宣传教育第二个五年规划的决议	二届24次	1991年5月23日
	关于镇江市城市总体规划修编方案的决议	三届4次	1993年9月24日
	关于镇江市科技发展“九五”计划及2010年科技远景目标的决议	三届23次	1996年6月27日
	关于继续开展法制宣传教育的决议		
	关于依法治市的决议		
	关于深入开展2001～2005年依法治市工作的决议	四届21次	2001年5月31日
	关于批准镇江市新行政中心选址方案的决定	五届4次	2003年6月18日
	关于镇江市城市总体规划的决议	五届7次	2003年11月26日
	关于批准《镇江生态市建设规划纲要》的决议	五届21次	2005年9月30日
重要工作	关于进一步发展职业技术教育问题的决议	一届3次	1983年8月30日
	关于严厉打击刑事犯罪活动的决议	一届4次	1983年10月15日
	关于普及初等义务教育的决议	一届9次	1984年8月3日
	关于治理经济环境整顿经济秩序的决议	二届7次	1988年11月19日
	关于同贪污、受贿、投机倒把等经济领域内严重犯罪活动作斗争的决议	二届13次	1989年9月29日
	关于促进中等职业技术教育深入发展的决议	二届17次	1990年5月22日
	关于编修《镇江市志》工作的决议	二届18次	1990年7月21日
	关于进一步开展“质量、品种、效益年”活动,切实提高经济效益的决议	二届26次	1991年9月25日
	关于在市区试行公安巡警综合执法的决定	三届4次	1993年9月24日

续表 24-9

类别	决议、决定内容	会议届次	通过时间
机构设置	关于全市农村人民公社政社分设工作的决议	一届 1 次	1983 年 5 月 10 日
	关于设置江苏省镇江市湾山地区人民检察院的决定	一届 13 次	1985 年 3 月 20 日
	关于批准设置镇江市丁卯桥地区人民检察院和镇江市大港地区人民检察院的决定 ☆	三届 2 次	1993 年 5 月 7 日
	关于合并镇江市大港地区、丁卯桥地区人民检察院成立镇江市经济开发区人民检察院的决定	四届 29 次	2002 年 5 月 29 日
撤县建市	关于丹阳撤县建市后县人大、县政府、县人民法院、县人民检察院更名及其领导成员职务相应更名问题的决定	二届 1 次	1988 年 1 月 11 日
	关于扬中撤县建市后县人大、县政府、县法院、县检察院更名及其领导成员职务相应更名问题的决定	三届 11 次	1994 年 9 月 15 日
	关于句容撤县建市后县人大及其常委会、县政府、县法院、县检察院更名及其领导成员职务相应更名问题的决定	三届 17 次	1995 年 6 月 22 日
	关于丹徒撤县设区后县人大及其常委会、县人民政府、县人民法院、县人民检察院更名及其领导成员职务相应更名问题的决定	四届 28 次	2002 年 4 月 29 日
市级标志	关于命名腊梅为市花的决定	一届 12 次	1985 年 2 月 6 日
	关于命名杜鹃为市花的决定 ☆	三届 13 次	1994 年 11 月 16 日
	关于确定镇江市市徽的决议 ☆	三届 29 次	1997 年 6 月 26 日
	关于镇江市市徽更名为镇江市市标的决定 ☆	三届 32 次	1997 年 12 月 25 日
缔结友好城市关系	同意镇江市与日本津市缔结友好城市关系(5、7、8、9 次会议听取相关情况报告,未作决定)	一届 9 次	1984 年 8 月 3 日
	同意镇江市与美国坦佩市缔结友好城市关系(听取相关情况报告,未作决定)	二届 9 次	1989 年 3 月 10 日
	关于镇江市与土耳其伊兹米特市、加拿大梅岗蒂克市缔结友好城市关系的决定	三届 9 次	1994 年 5 月 12 日
	关于镇江市与巴西隆德里纳市缔结友好城市关系的决定	三届 16 次	1995 年 4 月 27 日
	关于镇江市与日本仓敷市、韩国益山市、德国曼海姆市缔结友好城市关系的决定	三届 30 次	1997 年 8 月 21 日

2. 关于国民经济和社会发展计划及财政预算、决算的决议、决定　1983 年 6 月 30 日,市一届人大常委会第二次会议通过《关于一九八三年国民经济、社会发展计划和一九八三年财政预算及执行情况的报告的决议》。1988 年 3 月 17 日,市二届人大常委会第二次会议通过《关于国民经济和社会发展计划、财政预决算的决议》。1999 年 12 月 2 日,市四届人大常委会第十一次会议通过《关于批准镇江市国民经济和社会发展"九五"计划部分指标调整的决定》。

1985 年始,市人大常委会通过关于批准调整当年或上年财政预算的决议、决定共 23 项。1995 年始通过关于批准上年市本级财政决算的决定共 11 项。2000 年、2002 年分别通过关于财政担保方面的决定各 1 项。

3. 关于重大课题的决定　1993 年 5 月始,市人大常委会牵头组建镇江市经济和社会发展战略问题研究专家咨询组,以课题组为基本单位,组织全市各有关方面的专家、学者及有实践经验的老同志和工程技术人员，研究关系全市经济和社会中长期发展战略的重大课题，课题研究成果经市委常委、副市长联席会议讨论后，由市政府提请市人大常委会审议并作出决定。至2004年共作出此类决定14项。

第三至五届镇江市人大常委会关于重大课题的决定情况表

表24-10

决定内容	会议届次	通过时间
关于长江镇扬河段镇江市第二期整治工程的决定	三届9次	1994年5月12日
关于镇江市区港口改造、建设规划的决定		
关于镇江市城区交通综合整治规划的决定		
关于征润洲开发利用规划的决定	三届10次	1994年7月21日
关于镇江市城区大气环境综合整治规划的决定		
关于镇江市市场网点建设规划的决定	三届11次	1994年9月15日
关于镇江—禄口机场公路建设方案的决定	三届18次	1995年8月24日
关于焦北滩旅游景点建设总体方案的决定		
关于实施安居工程方案的决定	三届20次	1996年1月5日
关于《镇江市1996～2010年现代化组合式港口城市建设实施纲要》的决定	三届25次	1996年10月31日
关于南山国家森林公园、风景名胜区开发建设总体方案及实施计划的决定	三届29次	1997年6月26日
关于镇江市建设园林城市实施方案的决定	四届7次	1999年3月24日
关于镇江市南郊观光农业规划的决定	四届8次	1999年5月26日
关于加快镇江市旅游产业发展的决定	五届13次	2004年7月28日

图24-3　1996年7月10日，市领导与首批“镇江市人民奖章”获得者合影

4. 关于授予荣誉称号的决定　1985、1988、1991年，市人大常委会决定授予市劳动模范称号3批778名。1995年，市人大常委会成立课题组，开展调研，形成制度，分别于1996、1997、1999、2002年授予为镇江发展作出突出贡献者“镇江市人民奖章”称号，5批43人获得奖章，并分别召开授予称号大会，颁发镇江市人民奖章和荣誉证书。

第一至四届镇江市人大常委会关于授予荣誉称号的决定情况表

表24-11

类别	人数、名单	会议届次	通过时间
市劳动模范	160名	一届12次	1985年2月6日
	295名	二届3次	1988年4月16日
	319名	二届25次	1991年7月27日

续表 24-11

类别	人数、名单	会议届次	通过时间
镇江市人民奖章获得者	8 名：马永林 徐广福 唐本荣 黄新宇 曹正宗 黄澄清 康正平 陆朝银	三届 22 次	1996 年 4 月 25 日
	4 名：花健武 刘和平 周坚东 张振节	三届 23 次	1996 年 6 月 27 日
	9 名：孙家庆 宋勤华 杜正起 陈兴康 李凉和 吴汉章 杨桂平 王长明 高一峰	三届 30 次	1997 年 8 月 21 日
	7 名：王　伟 黄志源 孙复龙 周达子 史建和 朱小坤 郭道鹏	四届 11 次	1999 年 12 月 2 日
	15 名：张炳芳 王志光 王建国 朱国平 叶有伟 黄君励 许昭宏 万红根 赵亚夫 蔡　兰 薛翠娣 郑金旭 耿金文 文雁才 张志坚	四届 30 次	2002 年 7 月 26 日

三、监督

1983～2005 年，市人大常委会对市政府、市中级法院、市检察院的工作实施监督，听取和审议专项工作报告 161 项，听取和审议国民经济和社会发展计划、预算执行情况的报告及决算、审计工作报告 97 项，组织执法检查、听取和审议法律法规实施情况的报告 74 项，开展工作评议 7 次、听取和审议评议工作和整改情况的报告 7 项。

1. 听取和审议专项工作报告 1983～2005 年，市人大常委会听取和审议市政府、市中级法院、市检察院所作专项工作报告各 138、9、15 项，其中作出决议的 19 项（表 24-12 中以“☆”号表示）。

1983～2005 年镇江市人大常委会听取和审议专项工作报告情况表

表 24-12

届别	年份	听取和审议内容
一	1983	抗洪抢险，贯彻国务院、中纪委《关于坚决制止乱涨生产资料价格和向建设单位乱摊派费用的紧急通知》，加快镇江市中等教育结构改革步伐、进一步发展职业技术教育 ☆，市政府、市中级法院、市检察院严厉打击刑事犯罪 ☆，1983 年工农业生产情况和 1984 年计划初步安排，1983 年城乡建设工作，旺季市场工作
	1984	消除精神污染，镇江市城市总体规划 ☆，体育工作，教育工作和职工教育工作 ☆，国营企业第二步利改税，城市总体规划修改意见和中山路拓宽工程
	1985	城市经济体制改革，春节市场安排，中山路东段、劳动路西段拓宽工程和沿街建筑土地使用管理规定，价格改革，开展法制宣传教育，教育体制改革，加强音像管理，社会治安综合治理
	1986	开展普及法律常识工作，蔬菜产销体制改革，中山路规划建设，市中级法院、市检察院打击严重经济犯罪，老龄问题，城市总体规划实施，贯彻劳动制度改革和物价，土地使用管理
	1987	计划生育工作，元旦、春节市场供应，市检察院法纪检察工作，科技工作，与上海市开展横向经济联系的情况及 1987 年财政状况（通报），开展“双增双节”运动，学习贯彻全国人大常委会《关于加强法制教育维护安定团结的决定》、开展普法工作 ☆，经济体制改革和对外开放，市场供应和两节安排

续表 24-12

届别	年份	听取和审议内容
二	1988	电力路拓宽规划调整☆,计划生育工作,“三资”企业发展,普法工作,住房制度改革进展,农业生产,税收财务物价大检查工作(重点是物价)
	1989	治理经济环境整顿经济秩序,元旦、春节市场供应,交通工作,体育工作,根据有关审议意见、听取查处违反“控购”规定购买小汽车和违反基本建设审批程序建造宿舍情况,《镇江市历史文化名城保护规划》编制 ☆,市政府打击严重刑事犯罪维护社会治安、市检察院反贪污反受贿及市中级法院刑事审判工作 ☆,科技工作,廉政工作
	1990	春节市场安排,清理整顿书报刊和音像市场,查禁取缔“六害”,中等职业技术教育发展 ☆,解决小码头道口交通阻塞问题,城市总体规划执行,地方志编修 ☆,市检察院举报查处经济罪案工作,市中级法院执行工作,市政府、市中级法院、市检察院开展严厉打击工作,产品结构调整,五年普法工作,农业生产和今后农村工作,纠正行业不正之风,计划生育工作
	1991	开展法制宣传教育第二个五年规划的说明和 1991 年普法工作意见 ☆,开展扫黄工作,抗洪救灾,对外开放和外向型经济发展,“八五”科技发展规划制定和工业、农业、社会事业等科技分项规划编制,纠正行业不正之风,开展“质量、品种、效益年”活动 ☆,市检察院监所检察工作,农业综合开发
	1992	实施初级卫生保健加强农村卫生工作,住房制度改革进展,加强农业社会化服务体系建设,科技兴市战略实施,社会治安综合治理
三	1993	强化农业基础、发展“三高”农业,加强土地管理和土地利用规划,城市总体规划修编 ☆,全市经济工作,市检察院反贪污贿赂工作,经济开发区开发建设,加强廉政建设、开展反腐败斗争
	1994	市检察院反贪污贿赂工作
	1995	大力发展规模经济,农业生产,菜篮子工程,职工医疗制度改革试点,市直工业经济,外向型经济发展
	1996	市属企业改革,《镇江市科技发展“九五”计划及 2010 年科技远景目标》编制 ☆,“二五”普法规划实施情况和“三五”普法工作安排意见 ☆,市政府、市中级法院、市检察院依法治市规划 ☆,环城公路接线工程,行政执法监督,市检察院反贪污贿赂工作,市区港口改造建设规划等 9 项决定执行,开展严厉打击工作
	1997	反腐倡廉和行风建设,市区市场建设与管理,职工医疗制度改革试点,民用煤气扩建工程,工业科技进步重大措施和重点项目实施,水利建设和依法管理,苏南运河镇江段整治工程,市政府依法治市、“三五”普法和市中级法院、市检察院公正司法
四	1998	个体私营经济发展,加强土地管理、切实保护耕地,防汛抗洪和冬春水利重点工程建设(通报),市政府关于市级行政机关实行行政执法责任制和市中级法院、市检察院关于落实冤案错案责任追究制工作
	1999	外向型经济,乡镇企业改制,镇江—扬州长江公路大桥项目建设,医改工作,市直工业中小企业改革与发展
	2000	《镇江市建设园林城市实施方案》执行,个体私营经济发展,镇江城市绿地系统规划修编,依法治市五年规划实施
	2001	个体私营经济发展审议意见办理(书面),市政府、市中级法院、市检察院制定 2001 ~ 2005 年依法治市工作实施方案 ☆,人才资源开发,旅游产业发展,依法行政,镇江应对入世
	2002	《镇江市建设园林城市实施方案》执行,创建国家环保模范城市,市检察院反贪污贿赂工作
五	2003	“非典”防治(通报),“四五”普法教育,《镇江市城市总体规划(2002 ~ 2020)》修编☆
	2004	创建国家园林城市,城市长效管理,《镇江市沿江产业带规划》实施
	2005	沿江开发规划审议意见落实,茅山老区扶贫,新型农村合作医疗制度实施,《镇江生态市建设规划纲要》编制☆

2. 听取和审议国民经济和社会发展计划、预算执行情况的报告及决算、审计工作报告

1983～2005年，市人大常委会听取和审议计划及其执行情况的报告27项，预算及其执行情况、调整意见的报告43项，1988年及1995年始上年度决算报告12项，1986年及1996年始对上年度预算执行情况和其他财政收支审计工作报告15项；其中作出决议、决定的39项（表24-13中以“☆”号表示）。

1983～2005年镇江市人大常委会听取和审议计划、预算、决算、审计报告情况表

表24-13

届别	年份	听取和审议内容
一	1983	1983年计划，1983年预算及1～5月执行情况 ☆（计划、预算合并作出决议）
	1984	1984年地方机动财力安排使用，1984年上半年计划执行情况和下半年工作意见
	1985	1984年计划执行情况及1985年计划安排意见，1985年上半年计划执行情况和下半年工作安排意见，预算调整意见和预算完成情况 ☆
	1986	1986年上半年计划执行情况和下半年经济工作意见，1986年审计工作，1986年预算调整意见 ☆
	1987	1987年预算执行情况和预算调整意见 ☆
二	1988	1987年计划和1988年计划安排，1987年决算和1988年预算安排意见 ☆（计划、决算、预算合并作出决议），1988年1～8月计划执行情况及后4个月工作意见，1988年预算执行情况和预算调整意见 ☆
	1989	1989年1～8月计划执行情况和当前经济形势，1989年预算执行情况和预算调整意见 ☆
	1990	1990年1～8月计划和预算执行情况（为两个报告，下同），1990年预算执行情况和预算调整意见 ☆
	1991	1991年1～8月计划及预算执行情况，1991年预算调整意见 ☆
	1992	1992年1～7月计划执行情况及1～8月预算执行情况，1992年预算调整意见 ☆
三	1993	1993年1～8月计划和预算执行情况及预算初步调整意见 ☆
	1994	1993年预算执行情况及预算调整意见 ☆，1994年1～8月计划和预算执行情况
	1995	1994年预算执行情况及预算调整意见 ☆，1995年1～7月计划和预算执行情况，1994年财政总决算 ☆
	1996	1995年预算执行情况及预算调整意见 ☆，1995年预算执行情况和其他财政收支的审计工作报告（以下简称审计工作报告），1995年财政总决算 ☆，1996年1～7月计划和预算执行情况，1996年1～11月预算执行情况及预算调整意见 ☆
	1997	1996年审计工作报告，1996年财政总决算 ☆，1997年1～7月计划（重点是市直工业结构调整）和预算执行情况，1997年1～11月预算执行情况及预算调整意见 ☆
四	1998	1997年财政总决算 ☆，1997年审计工作报告，1998年1～6月计划及预算执行情况，1998年1～10月预算执行情况及预算调整意见 ☆
	1999	1998年财政总决算 ☆，1998年审计工作报告，1999年上半年计划及预算执行情况，关于国民经济和社会发展“九五”计划部分指标调整的报告 ☆，1999年1～10月预算执行情况及预算调整意见 ☆
	2000	1999年财政总决算 ☆，1999年审计工作报告，2000年上半年计划及预算执行情况，我市沿江干道拓宽改造工程申请国家开发银行贷款情况 ☆，2000年1～10月预算执行情况及预算调整意见 ☆，1999年审计意见整改情况
	2001	市四届人大四次会议“十五”计划专题审议会审议意见落实情况，2000年预算再次调整意见 ☆，2000年财政总决算 ☆，2000年审计工作报告，2001年1～8月计划和预算执行情况，2001年1～10月预算执行情况及预算调整意见 ☆，2000年同级审计发现主要问题整改情况（书面）

续表 24-13

届别	年份	听取和审议内容
四	2002	2001 年财政总决算 ☆,2001 年审计工作报告,2002 年上半年计划和预算执行情况,提请批准镇江新区利用财政资金偿还中国工商银行江苏省分行贷款的报告 ☆
	2003	2002 年预算执行情况和预算调整意见 ☆
五	2003	2002 年财政总决算 ☆,2002 年审计工作报告,2003 年上半年计划和预算执行情况,有关财政、审计审议意见整改情况(书面),2003 年 1 ~ 10 月预算执行情况及预算调整意见 ☆
	2004	2003 年财政总决算 ☆,2003 年审计工作报告,2004 年上半年计划和预算执行情况,2004 年 1 ~ 10 月预算执行情况及预算调整意见 ☆,2003 年审计中查出问题整改情况(书面)
	2005	2004 年财政总决算 ☆,2004 年审计工作报告,2005 年上半年计划和预算执行情况,市国民经济和社会发展第十一个五年规划纲要(征求意见稿),2005 年 1 ~ 10 月预算执行情况及预算调整意见 ☆

3. 组织执法检查　1983 ~ 2005 年,市人大常委会组织执法检查,听取和审议市人大常委会执法检查组、市政府、市中级法院所作法律法规实施情况的报告各 1、70、4 项;其中作出决议的 2 项(表 24-14 中以"☆"号表示)。

1983 ~ 2004 年镇江市人大常委会组织执法检查情况表

表 24-14

届别	年份	执法检查内容
一	1983	爱国卫生运动和贯彻执行《中华人民共和国食品卫生法》
	1984	市政府、市中级法院实施《中华人民共和国经济合同法》《中华人民共和国食品卫生法》☆
	1985	《中华人民共和国会计法》《中华人民共和国文物保护法》《中华人民共和国统计法》
	1986	《中华人民共和国药品管理法》《中华人民共和国商标法》《中华人民共和国义务教育法》
	1987	水利工作及《江苏省水利工程管理条例》贯彻意见,《中华人民共和国食品卫生法》《中华人民共和国计量法》《中华人民共和国文物保护法》《治安管理处罚条例》
二	1988	市政府、市中级法院实施《中华人民共和国婚姻法》 ☆,《江苏省乡村集体工业企业管理暂行条例》《中华人民共和国食品卫生法》和《江苏省食品商贩和城乡集市贸易食品卫生管理办法》《中华人民共和国义务教育法》《中华人民共和国药品管理法》
	1990	《中华人民共和国全民所有制工业企业法》《中华人民共和国土地管理法》,《中华人民共和国行政诉讼法》实施前准备工作,《中华人民共和国婚姻法》
	1991	《中华人民共和国土地管理法》《中华人民共和国文物保护法》《中华人民共和国环境保护法》,市政府、市中级法院实施《中华人民共和国行政诉讼法》
	1992	《中华人民共和国水法》实施及水利工作,《中华人民共和国全民所有制工业企业法》《中华人民共和国传染病防治法》
三	1993	《全民所有制工业企业转换经营机制条例》《中华人民共和国妇女权益保障法》《江苏省保护消费者权益条例》《中华人民共和国归侨侨眷权益保护法》《中华人民共和国义务教育法》
	1994	广播电视事业发展和《广播电视设施保护条例》实施,《中华人民共和国环境保护法》,《乡村集体所有制企业条例》实施和乡村工业发展,1994 年旱情形势和抗旱情况及《中华人民共和国农业法》实施,《中华人民共和国科学技术进步法》
	1995	《中华人民共和国产品质量法》,市中级法院实施《中华人民共和国行政诉讼法》,《江苏省职工教育条例》
	1996	《中华人民共和国劳动法》《中华人民共和国科学技术进步法》《中华人民共和国教育法》《江苏省基本农田保护条例》和《江苏省村镇规划建设管理条例》
	1997	《中华人民共和国矿产资源法》

续表 24-14

届别	年份	执法检查内容
四	1998	《中华人民共和国职业教育法》《中华人民共和国城市居委会组织法》，市人大常委会执法检查组关于《中华人民共和国防洪法》实施情况的报告，《中华人民共和国环境保护法》《江苏省企业技术进步条例》
	1999	《江苏省少数民族权益保障条例》《中华人民共和国食品卫生法》《中华人民共和国村民委员会组织法》
	2000	《江苏省发展高新技术条例》
	2001	《中华人民共和国义务教育法》《中华人民共和国体育法》《中华人民共和国农业技术推广法》
	2002	《中华人民共和国食品卫生法》《中华人民共和国会计法》
五	2003	《中华人民共和国防洪法》《中华人民共和国环境保护法》《中华人民共和国消费者权益保护法》《中华人民共和国药品管理法》，《中华人民共和国环境保护法》审议意见办理情况（书面）
	2004	《江苏省发展高新技术条例》《中华人民共和国归侨侨眷权益保护法》《中华人民共和国义务教育法》《中华人民共和国土地管理法》《中华人民共和国公路法》

4．开展工作评议　1994～2005 年，市人大常委会开展工作评议 7 次。每次评议都由市人大常委会作出决定，组织市人大代表分若干评议小组开展调研，召开评议大会，主任会议讨论评议意见后，市人大常委会以文件形式交办，并听取和审议评议整改情况的报告。

1994～2005 年镇江市人大常委会开展工作评议情况表

表 24-15

届别	评议时间	评议内容	评议概况
三	1994.9～1995.4	评议公检法机关工作 重点：公检法机关的思想作风、廉政建设和执法情况	75%的市人大代表参加评议活动，形成评议意见 129 件。 1995 年 1 月常委会审议相关报告，通过关于表彰优秀警官、优秀检察官、优秀法官各 7、4、4 名的决定
	1995.6～1996.4	评议市建委系统工作 重点：城市规划的实施与管理、城市综合开发、市容卫生管理、城市环境保护	到 8 个街道办事处听取意见，召集建委归口部门座谈，收到代表建议 70 份。1996 年 4 月常委会期间，视察京口闸集贸市场、桃园新村等地整改情况
	1996.4～1997.4	评议市政府农业工作 重点：土地管理、农田保护、农业投入、科教兴农、适度规模经营、农业综合开发	市、县、乡三级组织评议调查小组 119 个，三级人大代表 1218 人调查接触干部群众 2 万余人次
	1997.4～1997.12	评议市政府文化工作 重点：落实发展文化事业规划、措施，依法管理文物、文化娱乐和音像制品市场，加大文化投入，加强文化设施建设及文化队伍建设，勤政廉政	受评单位主要是市文化局，并涉及广播、财政、税务、工商、物价、公安等部门。 约 60 人组成 4 个专题小组进行检查评议，提出 28 条评议意见
四	1999.3～2000.1	评议市政府教育工作 重点：1997 年以后有关教育法律法规及政策的贯彻实施、有关职能部门依法履行教育行政管理职责、增加教育投入、强化师资队伍建设、全面推进素质教育等情况	市人大代表 295 名视察学校和有关单位 187 个，联系选民约 5000 人，专项审计教育经费收管用情况，问卷调查全体市人大代表，组织市教委系统科以上干部专业法考试。 评议大会列为 1999 年 7 月常委会议程，提出 85 条整改意见和建议

续表 24-15

届别	评议时间	评议内容	评议概况
四	2001.3～2001.11	评议市政府劳动保障工作 重点:《中华人民共和国劳动法》及有关法律法规的贯彻实施、下岗再就业、下岗职工基本生活保障、养老保险以及劳动保障经费的征管用等情况 围绕镇江市弱势群体有多少、困难到什么程度、解决其基本生活和医疗问题需要多少资金、通过什么渠道解决、需要多长时间解决等五个问题,进行三轮调研	召开 1820 人次参加的 152 个座谈会,查阅 428 册文书档案和行政处罚、行政复议案卷,发放 395 张民意调查表,赴南京征求省人大财经委、省劳动和社会保障厅的意见,组织市民政局、劳动和社会保障局有关人员赴无锡市学习社区建设和再就业工作经验。 评议大会列为 2001 年 7 月常委会议程,提出 10 条综合评议意见
五	2005.7～2006.5	评议市政府民政工作 重点:2003 年以后城乡困难群众生活保障和社会救助、老年人权益保障、城市社区建设、农村村民自治	发放 342 份民意调查表,就有关专项资金使用情况进行审计,专程赴省人大、省民政厅征求意见。 提出 12 条评议意见

四、任免

图 23-4 1993 年 5 月 12 日,市人大常委会为市三届二次会议通过的人事任命人员颁发任命书

1983～2005 年,市人大常委会任免 1414 人次,其中决定接受市人大常委会组成人员辞职 39 人次;决定市政府、市中级法院、市检察院领导变动 57 人次,决定接受市人民代表大会专门委员会组成人员辞职 2 人次、补充任命 3 人次;任免市人大常委会、市政府、市中级法院、市检察院干部 1307 人次;撤职等人事任免 6 人次。通过市人大常委会各委员会组成人员 278 人次;组织干部述职 145 人次。

1. 决定市政府、市中级法院、市检察院领导变动 1984～2005 年,市人大常委会会议作出决定,共接受 8 名市长、9 名副市长、1 名法院院长、1 名检察长辞职,任命 22 名副市长、7 名代理市长、1 名代理法院院长、1 名代理检察长,免去 7 名副市长职务。

第一至五届镇江市人大常委会会议决定任免市政府领导情况表

表 24-16

届别	会次	市长		副市长			任免时间
		辞职	代理	辞职	免职	任命	
一	9	–	–	–	–	许晓霞	1984 年 8 月 3 日
	10	邓鸿勋	高德正	–	–	–	1984 年 9 月 15 日
	24	–	–	–	张信澄	–	1987 年 1 月 17 日
	26	高德正	–	–	–	–	1987 年 3 月 25 日

续表 24-16

届别	会次	市长		副市长			任免时间
		辞职	代理	辞职	免职	任命	
二	8	–	–	–	周秀德	应国根	1989 年 1 月 26 日
	13	陈璧显	钱永波	–	–	钱永波	1989 年 9 月 29 日
	15	–	–	–	夏良震	姜启才	1990 年 1 月 17 日
	30	钱永波	方之焯	–	–	贡家荣	1992 年 4 月 9 日
	32	–	–	–	–	张吉生	1992 年 7 月 16 日
三	4	–	–	–	–	李宝库	1993 年 9 月 24 日
	9	–	–	–	–	孙　谦	1994 年 5 月 12 日
	12	–	–	–	李宝库	张学东	1994 年 10 月 18 日
	13	方之焯	周大平	–	陈文湘	周大平	1994 年 11 月 16 日
	17	–	–	–	孙　谦	李堂堂	1995 年 6 月 22 日
	18	–	–	–	–	刘永忠	1995 年 8 月 24 日
	32	–	–	许晓霞	–	–	1997 年 12 月 25 日
四	12	–	–	–	–	黄宝荣	2000 年 1 月 12 日
	13	–	–	孙家庆	–	–	2000 年 3 月 30 日
	18	周大平	张卫国	–	–	张卫国	2000 年 11 月 29 日
	19	–	–	–	张克敏	孙燕丽	2001 年 1 月 10 日
	22	张卫国	史和平	–	–	史和平	2001 年 6 月 13 日
	26	–	–	孙燕丽 江里程 刘永忠	–	陈建设	2002 年 1 月 18 日
五	2	史和平	许津荣	–	–	许津荣	2003 年 4 月 18 日
	3	–	–	张吉生 李国忠	–	江里程 徐郭平	2003 年 5 月 13 日
	17	–	–	张学东	–	–	2005 年 3 月 23 日
	19	–	–	–	–	陈　杰	2005 年 6 月 22 日
	23	–	–	徐郭平	–	冯士超	2005 年 12 月 20 日

2002 年 12 月 17 日，市四届人大常委会第三十四次会议，决定接受郑宏章辞去市中级法院院长、卞大庆辞去市检察院检察长职务的请求，决定由帅巧芳代理市中级法院院长、蒋伟亮代理市检察院检察长。

2. 决定接受市人民代表大会专门委员会组成人员辞职和补充任命 1998 年 7 月 29 日，市四届人大常委会第三次会议补充任命财经委委员 1 名；11 月 19 日，市四届人大常委会第五次会议决定接受城建环保委主任委员辞职请求，补充任命教科文卫委委员 1 名。1999 年 12 月 2 日，市四届人大常委会第十一次会议同意农经委委员 1 名辞职，补充任命农经委委员 1 名。

3. 任免市人大常委会、市政府、市中级法院、市检察院干部 1983～2005 年，市人大常委会任命市人大常委会干部 89 人次，免职 32 人次；决定任命市政府干部 368 人次，决定免职 111 人次；任命市中级法院干部 249 人次，免职 117 人次；任命市检察院干部 215 人次，免职 76 人次；批准任命市检察院提请县（市、区）检察院检察长 39 人次，批准免职 11 人次。

第一至五届镇江市人大常委会任免干部情况表

表 24-17　　　　单位：人次

届别	年份	市人大常委会		市政府		市中级法院		市检察院				合计
		任命	免职	决定任命	决定免职	任命	免职	任命	免职	批准任命	批准免职	
一	1983	15	–	22	–	28	–	28	–	–	–	93
	1984	3	2	7	3	4	1	3	4	6	3	36
	1985	3	1	12	7	12	3	6	1	1	1	47
	1986	–	–	9	4	3	1	7	1	1	1	27
	1987	1	1	7	3	11	4	4	–	6	–	37
二	1988	4	2	40	–	8	1	1	–	–	–	56
	1989	1	1	3	2	7	4	8	4	–	–	30
	1990	1	1	11	10	11	5	2	–	6	–	47
	1991	5	2	3	3	1	2	8	5	–	–	29
	1992	6	–	4	6	9	3	5	–	–	2	35
	1993	–	–	5	5	–	–	–	1	6	–	17
三	1993	6	8	38	–	14	10	13	3	–	–	92
	1994	–	–	4	3	13	2	8	6	–	–	36
	1995	2	1	10	8	14	3	7	4	1	1	51
	1996	3	1	17	5	1	2	7	6	–	–	42
	1997	10	4	6	6	7	6	7	5	–	3	54
	1998	–	–	–	–	–	–	–	–	6	–	6
四	1998	–	–	54	5	14	8	16	2	–	–	99
	1999	3	3	2	3	24	7	14	3	–	–	59
	2000	–	–	4	4	8	1	5	1	–	–	23
	2001	2	–	42	5	26	19	16	5	–	–	115
	2002	6	1	13	13	16	5	23	12	–	–	89
	2003	14	2	–	–	–	–	3	8	6	–	33
五	2003	2	–	42	5	5	3	6	–	–	–	63
	2004	2	2	9	7	6	23	7	2	–	–	58
	2005	–	–	4	4	7	4	11	3	–	–	33

4. 撤职等人事任免　1989 年 9 月，市二届人大常委会第十三次会议，通过关于撤销洪东生市乡镇、二轻工业局局长职务的决定。

1991 年 11 月，市二届人大常委会第二十七次会议，通过关于提请撤销马锁柱丹阳市人民法院院长职务的议案。

1993 年 7 月，市三届人大常委会第三次会议，通过关于陶太平代理镇江市大港地区人民检察院检察长的决定、关于吴庭祥代理镇江市丁卯桥地区人民检察院检察长的决定。

1994 年 9 月，市三届人大常委会第十一次会议，通过关于撤销邹庆云镇江市中级人民法院告诉申诉庭副庭长职务的决定。

2000 年 11 月，市四届人大常委会第十八次会议，听取主任会议关于任命格列为市人大常委会副秘书长（西藏干部到镇江挂职）的备案报告。

5. 通过市人大常委会各委员会组成人员名单　市人大常委会各工作委员会主任、副主任由市人大常委会任免，市人大常委会代表资格审查委员会主任委员、副主任委员、委员和各工作委员会主任、副主任、委员等组成人员名单由市人大常委会通过。1991 年 3 月，市二届人大常委会第二十二次会议通过《关于增补代表资格审查委员会成员的决定》。

第一至五届镇江市人大常委会通过委员会组成人员情况表

表 24-18　　单位：人

届别	年份	各委员会组成人员数													备注
		代表资格审查	政治法律	法制	内务司法	财政经济	农业经济	城乡建设	城建环保	教科文卫	民宗侨	代表人事	人代联	新区工委	
一	1983	6	7	–	–	9	–	7	–	9	–	–	–	–	–
	1985	–	–	1	–	2	–	2	–	1	–	–	–	–	聘请部分委员
	1987	4	–	–	–	–	–	–	–	–	–	–	–	–	增补部分委员
二	1988	–	–	7	–	11	–	7	–	9	–	–	–	–	–
	1989	7	–	–	–	–	–	–	–	–	–	–	–	–	–
	1991	3，–1	–	–	–	–	–	–	–	–	–	–	–	–	增减部分委员
		–	–	2	–	–	–	–	–	–	–	–	–	–	聘请部分委员
三	1993	9	–	7	–	9	7	9	–	10	–	8	–	–	–
四	1998	9	–	–	–	–	–	–	–	–	–	–	7	–	–
	1999	–	–	–	–	–	–	–	–	–	2	–	–	–	–
	2001	9	–	–	–	–	–	–	–	–	–	–	–	–	–
五	2003	9	–	–	10	11	12	–	10	12	10	–	9	6	–
	2005	–	–	–	–	–	–	–	–	–	–	–	–	8	–

6. 组织干部述职　市人大常委会组织市政府、市中级法院、市检察院干部述职，加强对任命干部的监督。1989 年 9 月，市二届人大常委会第十三次会议，通过关于组织干部述职的决定。

1990 年 1 月，市二届人大常委会第十五次会议始，听取和审议市政府部门正职的述职报告。1996 年 6 月，市三届人大常委会第二十三次会议始，听取和审议市中级法院副院长的述职报告；同年 10 月，市三届人大常委会第二十五次会议始，听取和审议市检察院副检察长的述职报告。

1999 年始，市人大常委会委托人事代表联络委、内务司法委，组织市中级法院审判人员、市检察院检察人员述职。2003 年始，市人大常委会会议听取关于组织审判、检察人员述职情况的报告。2005 年始，市人大常委会会议审议关于组织审判、检察人员述职情况的报告，并进行述职测评。

2000 年 7 月，市四届人大常委会第十五次会议始，以无记名投票方式，分称职、基本称职、不称职三个档次，对述职人员的述职报告和履职情况进行测评。

2002 年 7 月，市四届人大常委会第三十次会议，听取和审议市中级法院院长、市检察院检察长的述职报告，并开始按优秀、称职、基本称职、不称职四个档次进行测评。

2004 年 11 月，市五届人大常委会第十五次会议始，听取和审议市政府副市长的述职报告，并进行述职测评。

第二至五届镇江市人大常委会组织干部述职情况表

表 24-19　　　　　　　　　　　　　　　　　　　　　　　　　　　　　　　　单位：人

届别	年份	市政府		市中级法院			市检察院			测评情况		
		副市长	部门正职	院长	副院长	审判人员	检察长	副检察长	检察人员	优秀	称职	基本称职
二	1990	–	11	–	–	–	–	–	–	–	–	–
	1991	–	3	–	–	–	–	–	–	–	–	–
	1992	–	3	–	–	–	–	–	–	–	–	–
三	1993	–	2	–	–	–	–	–	–	–	–	–
	1995	–	6	–	–	–	–	–	–	–	–	–
	1996	–	6	–	1	–	–	1	–	–	–	–
	1997	–	4	–	–	–	–	–	–	–	–	–
四	1998	–	3	–	1	–	–	1	–	–	–	–
	1999	–	7	–	–	5	–	1	5	–	–	–
	2000	–	2	–	1	4	–	–	4	–	11	–
	2001	–	3	–	–	4	–	1	–	–	8	–
	2002	–	–	郑宏章	–	–	卞大庆	–	–	–	2	–
五	2003	–	4	–	–	–	–	–	4	1	7	–
	2004	张学东	2	–	–	9	–	–	10	5	16	1
	2005	江里程 黄宝荣	2	–	–	15	–	–	15	6	28	–

五、其他事项

1983 ~ 2005 年，市人大常委会传达学习中央、省委、市委和全国人大、省人大有关会议和文件精神 32 次，市委、市人大常委会领导讲话 38 次；围绕市人民代表大会会议的召开，讨论市人大常委会工作报告 22 次，讨论通过代表资格审查情况的报告 23 项、议案办理情况的报告 13 项，讨论主席团和秘书长等建议名单 20 次、选举办法（草案）11 次；围绕新一年人大工作，讨论通过市人大常委会工作要点和历次常委会会议、主任会议、重要活动初步安排 20 次；听取和审议市人大常委会办公室或代表人事委、人事代表联络委及市政府办公室关于代表建议办理情况的报告 39 项。

1984 年 12 月，市人大常委会座谈讨论纪念《宪法》颁布实施 2 周年。1988 年组织学习《宪法》《地方组织法》中关于人大及其常委会的章节。1992、1999、2000、2001、2005 年，市人大常委会分别举办《代表法》《地方组织法》《合同法》和《预算法》《劳动法》《地方组织法》等法律讲座。

1983、1996、2001、2004 年，市人大常委会听取关于政府机构设置、调整、改革情况的通报 4 项。

1985、1987、1988、1993、1996 年，市人大常委会听取关于人大有关人员出国访问情况的报告 6 项。

1991、1997、1999、2001、2004 年，市人大常委会许可对市人大代表采取强制措施或通报罢免市人大代表的有关事宜5次。

1993、1995、1996年,市人大常委在会议期间组织视察4次,分别是:人防工程,沪宁高速公路镇江段、丁长路、大运河建设情况和镇江至禄口机场公路建设方案的选址地段,环城公路接线工程,沪宁高速公路。

1999、2001年,市人大常委听取镇江市历史文化名城研讨会有关情况的报告各1项。

2000、2003年,市人民代表大会5个专门委员会作上年度工作书面报告。2001~2003年,市人大常委会人事代表联络委作上年度工作书面报告。五届始,市人大常委会各工作委员会作年度工作书面报告。

第四节　重要日常工作

一、重要会议和活动

1. 全市人大工作会议　1983~2005年,市委先后召开5次全市性人大工作会议,就深化对人民代表大会制度的认识、加强和改善党对人大工作的领导、全面履行人大各项职权、重视和加强人大自身建设等问题,进行研究部署。

一届期间,1985年12月,市委主持召开镇江市人大工作经验交流座谈会,学习中央关于地方人大常委会工作和建设的〔1984〕8号、9号文件。1987年,市委再次主持召开人大工作经验交流座谈会,研究人大常委会的工作和建设问题。

三届期间,1995年5月22~23日,市委、市人大常委会联合召开全市人大工作会议,市委组织部、市政府办公室、市公安局分别作专题发言。

四届期间,1999年8月24日,市委召开全市人大工作会议,市政府、扬中市委、丹阳市人大分别作交流发言。会议就进一步发挥人大作用问题进行分组讨论。

五届期间,2005年7月22日,市委召开全市人大工作会议,贯彻全省人大工作会议精神,市委下发《关于加强和改进人大工作的意见》,市人大常委会组织学习贯彻。

2. 学习宣传《宪法》　1983~2005年,市人大常委会深入推进以《宪法》为核心的法制宣传教育工作,提出议案并由市人民代表大会作出决议1项,市人大常委会作出决议3项,听取和审议专项工作报告9项。

一届期间,1983年在人大常委会举行例会、人大代表小组开展活动时,结合形势和工作,学习《宪法》;在六届全国人大一次会议后,全市人大代表和市、县人大常委会负责人听取大会精神的传达,市人大常委会负责人发表贯彻实施《宪法》的广播讲话;在市委统一部署开展"新《宪法》宣传月"活动,会同宣传、政法部门开展以学习和贯彻实施《宪法》为中心的法制宣传教育活动;以《宪法》为准则,开展抵制和清除精神污染、加强思想政治工作的讨论,维护《宪法》规定的四项基本原则。1984年,人大机关成立法制学习、宣传领导小组,有计划地进行法制学习和宣传。1987年通过宣讲和答记者问等形式,在全市进行《宪法》的再教育。

二届期间,1991年,市人大常委会召开以坚持和完善人民代表大会制度、抵御"和平演变"为主题的人大代表学习《宪法》座谈会;开展"《宪法》宣传月"有关活动。1992年与市法制宣传教育领导小组共同召开全市纪念现行《宪法》颁布实施10周年大会;召开全国、省、市人大代表参加的《宪法》座谈会;组织人员深入基层,了解《宪法》宣传教育情况;人大机关干部参加省统一组织的《宪法》知识竞赛。1993年在全省第三个《宪法》宣传周活动中,召开《宪法》及《宪法》修正案座谈会。

五届期间,2004年4月15日,市人大常委会召开全市人大常委会主任学习《宪法》座谈会,专题交流学习体会,研究部署进一步贯彻实施的意见;同年5月,党组中心组开展集中学习。

3. 纪念人民代表大会制度建立40、50周年 三届期间，1994年9月，市人大常委会开展人民代表大会成立40周年纪念活动，总结回顾地方建立人大常委会14年的经验和体会，宣传人大工作实绩。

五届期间，2004年9月，市人大常委会组织学习胡锦涛在纪念全国人民代表大会制度建立50周年大会和吴邦国在社会主义民主法制建设座谈会上的重要讲话；同年8月中旬~9月中旬开展宣传月活动，召开纪念人民代表大会建立50周年座谈会和人大代表工作经验交流会，组织市和辖市(区)人大干部演讲比赛，举办书画展，通过市各新闻媒体系列报道人大代表先进事迹，推进镇江人大工作和民主政治建设进程。

二、视察、调查、检查

1983~2005年围绕市人大常委会会议、主任会议的议题，进行相应的调查或执法检查。对有关重要工作和法律法规实施情况，市人大常委会组织部分组成人员和市人大代表开展视察、调查或检查，或委托工作委员会进行调查或检查。

1983~2005年镇江市人大常委会视察、调查、检查重要工作情况表

表24-20

届别	年份	视察、调查、检查内容
一	1983	视察:医院、打击刑事犯罪、农业生产和责任制、清除精神污染、节约能源、市场、村镇自来水建设、中等教育结构改革 调查:保护妇女合法权益、发展奶牛生产、园林建设
	1984	视察和调查:蔬菜产销管理体制改革、中等职业技术教育、普及初等义务教育、旺季市场供应、城市总体规划 视察:经济建设以及经济体制改革进展
	1985	视察:文物保护、经济体制改革、基层单位普及法律常识 调查:生产资料、饮食商品、城市蔬菜供应、打击刑事犯罪、查封淫秽录像
	1986	视察:普及法律常识教育 调查:司法机关依法独立行使职权
	1987	视察:治江、治港、治河、机械行业改革、保护历史文化名城、防治环境污染、茅山老区经济建设
二	1988	视察和调查:外向型经济发展和"三资"企业、农业、农村经济体制改革、住房制度改革 视察:普及法律常识教育、宁镇公路建设、电力路拓宽工程 调查:蔬菜生产供应基地建设、镇扬汽渡码头向东扩建、河滨公园建设中体育单位和城建部门发生用地矛盾、第三水厂老水口严重污染、镇江船厂违章建筑
	1989	视察和调查:贯彻中央"治理经济环境、整顿经济秩序、全面深化改革"决策 视察和检查:农业生产特别是争取秋熟丰收、以秋补夏工作 视察:文化市场清理整顿和"除六害"工作 检查:中小学布局规划特别是红旗小学、八叉巷小学扩建工作
	1990	视察和调查:5年普法教育、计划生育、社会治安综合治理、环保、农村成人教育、宁镇公路镇江段建设管理 调查:商业系统成立市饮食服务行业管理委员会、农田水利建设、农用生产资料供应、减轻农民负担、部分亏损企业
	1991	视察:大中型骨干企业和重点交通工程 调查:全市轻纺工业行业、亏损企业成因及对策、农村救灾工作和灾后恢复发展生产、校企科技挂钩 检查:廉政建设、司法、名城保护
	1992	视察和调查:农业生产、水利工程建设、乡镇工业发展和农村改革、减轻农民负担政策落实、长江镇扬河段整治工程 视察:农业机械、水利建设、灾民越冬生活安排、科技兴市 调查:"二五"普法、城市污水治理、市意杨办工作

续表 24-20

<table>
<tr><th>届别</th><th>年份</th><th>视察、调查、检查内容</th></tr>
<tr><td rowspan="5">三</td><td>1993</td><td>视察:经济开发区建设
其他:全国各省、自治区、直辖市人大农村工作座谈会在江苏召开,与会人员参观考察丹阳市新桥镇、界牌镇</td></tr>
<tr><td>1994</td><td>视察:沪宁高速公路镇江段、镇大铁路、茅山老区黑色路面、丹阳陵口至吕城大运河整治工程、邮电通信事业发展</td></tr>
<tr><td>1995</td><td>视察和调查:市直工业经济、外向型经济发展
视察:创建全国卫生城市、社会治安综合治理
调查:“八五”前三年市直工业重点项目、1994 年市本级预算外资金的征收管理使用、社区综合建设试点、市三中规划用地
检查:“二五”普法
其他:推进三茅宫、花山湾住宅区小花园建设,推广市花杜鹃和生活污水净化装置</td></tr>
<tr><td>1996</td><td>视察:农业科技、工业科技、社会事业科技、科技队伍建设、市属企业改革、经济开发区建设、文化市场管理、宁沪高速公路镇江段建设、拟授予荣誉称号人选所在单位
调查:农业综合开发、市区蔬菜基地建设、李家山小区排水系统不畅问题
其他:推进中营片区和三茅宫小区的社区综合建设试点;成立民意调查中心,先后对市区禁止燃放烟花爆竹和市政府 1996 年农业生产、菜篮子工程、城市规划建设管理、医疗卫生等 16 项工作情况进行民意调查</td></tr>
<tr><td>1997</td><td>视察和调查:工业科技进步重大措施和重点项目实施、水利建设和依法管理、创卫长效管理、创建文明社区
视察:镇江经济开发区及 921 工程、135 万吨造纸、150 万吨水泥项目、拟授予荣誉称号人选所在单位
其他:参与文苑、市花基地和城隍庙街等建设;开展民意调查,在市人大代表中征集对市徽方案的意见;对市人大常委会、市政府、市中级法院、市检察院 5 年工作进行民意调查</td></tr>
<tr><td rowspan="3">四</td><td>1998</td><td>视察:基层依法治理
调查:股份合作制试点企业、文化经济政策落实
检查:太湖流域污染企业达标排放、计划外生育费专项治理
其他:市四届人大二次会议前,组织市人大代表围绕依法治市、稳定和加强农业、深化国有企业改革、实施科教兴市和可持续发展战略等进行视察</td></tr>
<tr><td>1999</td><td>视察和调查:市直工业中小企业生产经营
视察和检查:行政执法责任制和冤案错案责任追究制落实工作
视察:长江整治、江堤达标、湖西引排、城市防洪设施等 6 大重点水利工程、高速公路沿线现代化农业示范带工程、市政府为民办实事工程、城建重点工程、市区预拌混凝土推广使用、21 世纪乐园国防园建设、外向型经济审议意见办理、拟授予荣誉称号人选所在单位
调查:镇江市历史文化名城、丘陵地区农业结构调整和农业产业化经营、减轻农民负担、增加农民收入、城市规划建设管理和旧城改造、小城镇建设
检查:公安机关打击犯罪维护社会治安、法院执行、长江流域污染企业达标排放
其他:组织协调实施南山、宝盖山公共绿地和金西水厂二期工程建设</td></tr>
<tr><td>2000</td><td>视察和调查:个体私营企业发展
调查:司法机关为国有企业服务、农业结构调整
检查:开放型经济审议意见落实情况
其他:组织近百名市人大代表座谈讨论市“十五”计划草案</td></tr>
</table>

续表 24-20

届别	年份	视察、调查、检查内容
四	2001	视察:“城市客厅”“引资大道”“珍珠项链”和“两路出新”城市建设四大重点工程、《南郊观光农业规划》落实、依法行政、社会治安综合治理 调查:城市总体规划调整和2002年城市规划建设重点项目、外向型经济发展、农业和农村经济发展、农业结构调整、农民增收、医疗制度改革 其他:与市政府一起完成茅山风景区整治工作,开展历史文化名城保护和利用研究,组织代表对金山、焦山、北固山、南山、宝华山、梦溪园等景区景点开发建设方案进行商讨,继续搞好南山文苑的完善配套;推进人防工作和民族村扶贫资金、伊斯兰教协会房产等问题的解决;对依法行政工作开展民意调查
	2002	视察:拟授予荣誉称号人选所在单位 调查:私个经济、有机农业开发、城市建设市场化运作、经营城市、高新技术园区建设、文化市场管理、少数民族扶贫 检查:市政府、市中级法院、市检察院落实依法治市工作实施方案 其他:参与并协助抓好天然气建设、京阳二期、大众钢铁、城市防洪、城东垃圾填埋场、博物馆新展厅、市区部分道路两侧街景改造等11项重点工程
五	2003	视察和检查:行政机关依法治理和政府法制建设、检察院预防职务犯罪 视察:城市总体规划修编、新行政中心选址及部分城建重点工程、“四五”普法教育调查;农业结构调整、农民增收和有机农业发展、市区中小学教育和招生、台资企业发展 其他:参与历史文化名城规划修编;人大常委会领导和委办同志挂钩联系15个重点项目,分工联系辖市(区)经济建设、抗击“非典”和防汛抗洪重点工作
	2004	视察:征地补偿、被征地农民基本生活保障、计划生育、沿江产业带规划实施、城市长效管理、“百日拆违” 调查:农技推广服务体系建设、农副产品批发市场、农民增收 检查:“四五”普法审议意见的落实情况 其他:围绕2005年人民群众迫切希望解决的问题开展民意调查
	2005	视察:茅山老区扶贫、公安工作, 调查:现代服务业发展、粮食产业化、农民增收、农村经济发展、焦化集团迁建 检查:《关于进一步加快民营经济发展的若干意见》贯彻落实情况 其他:开展专项资金绩效评审试点工作;围绕营造发展氛围、优化投资环境、强化园区建设、坚持以港兴市等专题赴山东学习考察;市五届人大四次会议前,组织市人大代表就“加快经济增长方式转变、推进产业结构优化升级”等16项内容进行视察调查;人大常委会领导挂钩联系辖市(区)工作

1983～2005年镇江市人大常委会视察、调查、检查法律法规实施情况表

表 24-21

届别	年份	视察、调查、检查内容
一	1983	视察:夏季爱国卫生运动和《中华人民共和国食品卫生法》
	1984	视察和调查:有关经济法律
	1985	视察:《江苏省山石资源管理办法》
	1986	视察:《中华人民共和国环境保护法》《中华人民共和国经济合同法》 检查:根据《中华人民共和国环境保护法》《江苏省山石资源管理办法》,检查实现中山路无黑烟一条街、搬迁居民密集区污染工厂、停止南山风景区开山采石等工作
二	1988	视察和检查:多次视察和检查谏壁发电厂粉煤灰治理和自来水厂水源保护问题 检查:《中华人民共和国计量法》 其他:对新颁布的《中华人民共和国全民所有制工业企业法》《中华人民共和国水法》《中华人民共和国保守国家秘密法》,组织有关部门和代表学习、座谈,并对企业负责人作学习辅导

续表 24-21

届别	年度	视察、调查、检查内容
二	1989	调查和检查:《中华人民共和国全民所有制工业企业法》《中华人民共和国义务教育法》《中华人民共和国土地管理法》《中华人民共和国食品卫生法》《中华人民共和国水法》《中华人民共和国统计法》 其他:举办贯彻实施《中华人民共和国食品卫生法》研讨会
	1991	视察和调查:《中华人民共和国土地管理法》《中华人民共和国义务教育法》《中华人民共和国环境保护法》《中华人民共和国文物保护法》《中华人民共和国行政诉讼法》 检查:《中华人民共和国全民所有制工业企业法》《中华人民共和国渔业法》《中华人民共和国技术合同法》《种子管理条例》
	1992	视察:《中华人民共和国水法》实施和水利工作、《江苏省社会治安综合治理条例》实施和社会治安综合治理工作、《中华人民共和国全民所有制工业企业法》《中华人民共和国档案法》 调查和检查:《中华人民共和国土地管理法》《中华人民共和国环境保护法》《中华人民共和国森林法》《中华人民共和国归侨侨眷权益保护法》《中华人民共和国未成年人保护法》《中华人民共和国残疾人保障法》《中华人民共和国义务教育法》《中华人民共和国文物保护法》《江苏省计划生育条例》《江苏省律师执行职务条例》
三	1993	视察:《中华人民共和国全民所有制工业企业法》和《全民所有制工业企业转换经营机制条例》 检查:《中华人民共和国土地管理法》《中华人民共和国食品卫生法》《中华人民共和国未成年人保护法》《中华人民共和国环境保护法》《中华人民共和国科学技术进步法》《中华人民共和国兵役法》《中华人民共和国档案法》《中华人民共和国文物保护法》《江苏省外商投资企业工会条例》《江苏省城市绿化管理条例》 其他:召开《中华人民共和国水法》《中华人民共和国农业法》《中华人民共和国农业技术推广法》《中华人民共和国义务教育法》等法律实施情况的座谈会和纪念会
	1994	检查:《中华人民共和国兵役法》 其他:会同市政府组织纪念《中华人民共和国农业法》实施一周年和宣传周活动,举办环境法制教育讲座
	1995	调查:《江苏省基本农田保护条例》
	1996	视察和检查:《中华人民共和国义务教育法》 检查:《中华人民共和国城市规划法》《中华人民共和国环境保护法》《中华人民共和国消费者权益保护法》《中华人民共和国台湾同胞投资保护法》《江苏省行政执法监督办法》《江苏省全民国防教育条例》《江苏省信访暂行条例》 其他:召开《中华人民共和国人民警察法》《中华人民共和国检察官法》《中华人民共和国法官法》实施情况汇报交流会、《中华人民共和国矿产资源法》颁布10周年座谈会和《中华人民共和国职业教育法》《中华人民共和国体育法》贯彻实施座谈会,与市政府联合举行综合整治违法建设的新闻发布会
	1997	检查:《中华人民共和国环境保护法》《中华人民共和国人民警察法》《江苏省外商投资财产价值鉴定条例》《江苏省职工教育条例》 其他:组织对行政执法责任制试点等单位的领导干部和有关干部进行法律知识考试和考核
四	1998	视察和检查:《中华人民共和国防洪法》实施情况和四市两区10个乡镇的长江岸线整治、江堤达标等防洪建设工程及城区防洪骨干工程 检查:《中华人民共和国刑事诉讼法》《中华人民共和国行政处罚法》《中华人民共和国律师法》《中华人民共和国消防法》《中华人民共和国土地管理法》《中华人民共和国水污染防治法》《公安机关督察条例》《种子管理条例》《江苏省计划生育条例》《江苏省国防教育条例》《江苏省少数民族权益保障条例》 其他:与市委共同组织94名市级机关部门正职领导干部进行法律知识学习和考试

续表 24-21

届别	年度	视察、调查、检查内容
四	1999	视察:《中华人民共和国食品卫生法》 调查:《中华人民共和国流动人口计划生育管理办法》 检查:《中华人民共和国防洪法》《中华人民共和国建筑法》《城市道路管理条例》《江苏省工程建设管理条例》 其他:与市司法局共同组织行政执法部门 244 名处职领导干部进行《中华人民共和国行政诉讼法》《中华人民共和国行政处罚法》《中华人民共和国行政复议法》《中华人民共和国国家赔偿法》等专业法学习和考试
	2000	视察和调查:《江苏省发展高新技术条例》 检查:《中华人民共和国行政复议法》《中华人民共和国气象法》《中华人民共和国防震减灾法》和《江苏省防震减灾条例》《中华人民共和国传染病防治法》《中华人民共和国台湾同胞投资保护法》《中华人民共和国归侨侨眷权益保护法》
	2001	检查:《中华人民共和国专利法》《流动人口计划生育管理办法》 其他:组织全市民族法规培训
	2002	检查:《中华人民共和国妇女权益保障法》
五	2003	视察和检查:《中华人民共和国环境保护法》 检查:《中华人民共和国烟草专卖法》《中华人民共和国老年人权益保障法》《中华人民共和国归侨侨眷权益保护法》《江苏省邮政条例》《江苏省发展高新技术条例》
	2004	视察:《中华人民共和国义务教育法》《中华人民共和国公路法》 检查:《中华人民共和国消防法》《中华人民共和国环境保护法》《中华人民共和国行政许可法》和《中华人民共和国劳动法》《中华人民共和国工会法》《江苏省宗教事务条例》审议意见落实情况
	2005	检查:《中华人民共和国劳动法》《中华人民共和国工会法》《中华人民共和国清洁生产促进法》《中华人民共和国未成年人保护法》和《中华人民共和国台湾同胞投资保护法》审议意见落实情况 其他:召开座谈会、举办知识竞赛、讲座,宣传《中华人民共和国反分裂国家法》《江苏省长江水污染防治条例》《江苏省燃气管理条例》

三、议案建议督办

1. 议案的提出与督办　一届人大一次会议始,在市人民代表大会会议期间规定时限内,大会主席团,市人大常委会、市政府、市中级法院、市检察院,代表团或 4 名以上代表,可以提出议案。一届人大五次会议始,将代表“4 人以上”改为“10 人以上”。

主席团听取和讨论议案审查委员会或大会秘书处的报告,决定议案处理方式。(1) 列入大会议程,1985 年一届人大三次会议始,大会对有关议案进行审议,必要时作出决议,市人大常委会审议关于议案办理情况的报告。(2) 交市人大常委会审议,1983 年始,市人大常委会听取或审议关于议案办理情况的汇报,必要时作出决议或决定;1989 年始,市人大常委会审议关于议案的处理意见,作出决议,然后再适时听取或审议关于议案办理情况的报告;1990 年、1991 年二届人大三次、四次会议期间,市政府办公室向大会提交关于议案办理情况的汇报;1994 年三届人大二次会议始,市人大常委会向大会提交关于议案审议、办理情况的报告。(3) 建议交市人大常委会审议决定,仅 1993 年三届人大一次会议采取此种方式。(4) 交市人大有关专门委员会审议,提出处理意见,仅 1999 年四届人大二次会议采取此种方式。(5) 作为重要建议由市人大常委会主任会议处理,相关部门将办理情况向主任会议汇报,向市人大常委会报告。(6) 作为建议处理,相关部门将办理情况向市人大常委会报告。

1983 ~ 2005 年在市人民代表大会会议期间,各方面共提出议案 1401 件,其中列入大会议程进行审议8件,作出决议6项;交由市人大常委会审议50件。市人大常委会审议议案处理意见35项,听取或审议议案办理情况的报告67项,作出决议40项、决定5项。

第一至五届镇江市人民代表大会会议期间议案提出和处理情况表

表24-22　　　　单位:件

届别	会次	议案提出件数	议案提出主体					议案处理方式					
			市人大常委会	市政府	市中级法院	市检察院	市人大代表	列入大会议程	交市人大常委会审议	建议交市人大常委会审议决定	交市人大有关专门委员会审议	作为重要建议由市人大常委会主任会议处理	作为建议处理,将办理情况向市人大常委会报告
一	一	86	–	–	–	–	86	–	2	–	–	–	84
	二	33	–	–	–	–	33	–	2	–	–	–	31
	三	51	1	–	–	–	50	1	2	–	–	–	48
	四	55	–	–	–	–	55	–	4	–	–	–	51
	五	23	1	–	–	–	22	3	2	–	–	–	18
二	一	36	–	–	–	–	36	–	5件并为2件	–	–	–	31
	二	41	–	–	–	–	41	–	4	–	–	–	37
	三	35	–	–	–	–	35	–	3	–	–	5	27
	四	39	–	1	1	1	36	3	3	–	–	5	30
	五	27	–	–	–	1	26	–	–	–	–	–	27
三	一	56	–	1	–	1	54	–	2	4	–	–	50
	二	58	–	–	–	1	57	–	3	–	–	2	53
	三	50	–	–	–	–	50	–	2	–	–	3	45
	四	45	–	1	–	–	44	1	3	–	–	3	38
	五	46	–	–	–	–	46	–	2	–	–	5	39
四	一	55	–	–	–	–	55	–	5件并为2件	–	–	3件并为2件	47
	二	82	–	–	1	–	81	–	2	–	1	7	72
	三	79	–	–	–	–	79	–	1	–	–	2	76
	四	109	–	–	–	–	109	–	2	–	–	5件并为3件	102
	五	86	–	–	–	–	86	–	3件并为2件	–	–	3	80
五	一	84	–	–	–	–	84	–	1	–	–	4	79
	二	96	–	–	–	–	96	–	2	–	–	3	91
	三	129	–	–	–	–	129	–	1	–	–	4	124

说明:二届人大四次会议时,将市政府、市中级法院、市检察院提出的3件议案交各代表团审议,根据多数代表的意见,将市政府提出的议案交大会通过决议,其余2件作为重要建议交由市政府办理,故作为重要建议由市人大常委会主任会议处理为5件

第一至五届镇江市人民代表大会会议列为议案督办情况表

表 24-23　　　　单位:件

届次	提出主体	议案内容	处理方式	市人大常委会会议听取或审议			
				届	次	决议	决定
一届一次	王长惠等 12 人	关于拟定水源保护细则,加强水源管理,确保全市人民群众健康的议案	B	一	4	–	1
	李寿山等 7 人	关于统一规划市区主要街道临街建筑,加快改变市容市貌的议案	B	一	6	–	1
一届二次	邓平晏等 6 人	关于编制大运河镇江市内区段绿化管理和整治规划建设实施方案的议案	B	主任会议决定暂不列入常委会议			
	刘应奎等 19 人	关于市政府应将镇江市城市建设总体规划提交本次人民代表大会或市人大常委会进行审议的议案	B	一	8、11	1	–
一届三次	市人大常委会	关于普及法律常识的议案	A	一	15、20	–	–
	沙荣盛等 25 人	关于加强防治环境污染,保障人民身体健康和保护风景名胜区不受污染的议案	B	一	16	–	–
	张志芳等 6 人	关于整治古运河镇江地段的议案	B	一	17	–	–
			与一届二次邓平晏等 6 人提出的议案合并处理				
一届四次	王天翔等 7 人	关于应把发展船舶工业放到重要位置上的议案	B	一	23	–	–
	滕泽生等 12 人	关于进一步加强城市规划建设管理工作的议案	B	一	22	–	–
	原　红等 10 人	关于保护妇女儿童的合法权益的议案	B	一	22	1	–
	王　引等 6 人	关于加强老龄工作领导的议案	B	一	21	–	–
一届五次	市人大常委会	关于在全市范围广泛深入开展增产节约、增收节支运动的议案	A	一	28	–	–
	王云海等 14 人	关于动员全市人民进一步支持茅山老区经济建设的议案	A	一	30	–	–
	吴明政等 10 人	关于迫切解决谏壁发电厂粉煤灰的治理问题的议案	A	一	30	–	–
	马瑞柏等 12 人	关于进一步开发和保护好镇江市历史文化名城的议案	B	二	11	1	–
	滕泽生等 10 人	关于加强环保工作,以保障人民健康和国民经济顺利发展的议案	B	一	30	–	–
二届一次	陈耀南等 15 人	关于加快小城镇建设的议案	B	二	7	–	–
	孙国柱等 63 人	4 件并为 1 件:关于统一规划旧城改造和新区开发的议案 其他领衔代表:孙延祥、郭孝义、韩朝晖	B	二	5	1	–

续表 24-23

届次	提出主体	议案内容	处理方式	市人大常委会会议听取或审议			
				届	次	决议	决定
二届二次	王志亚等 31 人	关于划清京口、润州两区区辖地界范围的议案	B	二	11、14	1	–
	兰开明等 10 人	关于抓好城市绿化美化香化建设的议案	B	二	11、13	1	–
	赵腊根等 13 人	关于加强"菜篮子"工程建设的议案	B	二	11、14	1	–
	伏镇钧等 21 人	关于加强镇江市教育工作的意见的议案	B	二	11、13	1	–
二届三次	刘世明等 12 人	关于进一步加强预算外资金管理的议案	B	二	17、20	1	–
	曹图南等 11 人	关于加强科技工作领导，切实落实"科技兴市"战略方针的议案	B	二	17、21、33	1	–
	吴慎裕等 10 人	关于开发沿江滩涂，大力栽种"意杨"，发展造纸工业的议案	B	二	17、20	1	–
二届四次	市政府	关于开展创建卫生城市活动的议案	A	二	27、32	–	–
				三	17	–	–
	童如镛等 10 人	关于充分发挥高校智力密集和多学科的群体优势，为镇江市经济建设服务的议案	B	二	24、27	1	–
	佘正国等 18 人	关于制定社会商业网点规划，尽快解决"定点难、拆迁难、资金难"的问题，加快网点建设，振兴镇江经济的议案	B	二	24、28	1	–
	伏镇钧等 12 人	关于加强镇江市城市建设的规划和管理的意见的议案	B	二	24、28	1	–
三届一次	市政府	关于粉煤灰治理及综合利用依法管理的议案	B	三	2、5	1	–
	市检察院	关于在经济技术开发区设立人民检察院派出机构的议案	B	三	2	–	1
	郭艾和等 18 人	关于迁出老港，建设"北湖"的议案	C	主任会议决定暂不列入常委会议程			
	王忠保等 12 人	关于尽快作出城市供热、制冷规划的议案					
	刘建国等 15 人	关于加强镇江市历史文化名城建设的议案	C	主任会议决定并为 1 件			
		关于抢救古城地下文物的议案		三	2、6	1	–
三届二次	刘世明等 14 人	关于建议制定《镇江市人民代表大会关于审查和批准国民经济、社会发展计划和财政预决算的规则》的议案	B	三	9、14	1	–
	沙荣盛等 11 人	关于重新确定镇江市花的议案	B	三	9、13	1	1
	彭钦彦等 11 人	关于兴建体育活动中心的议案	B	三	9、14	1	–
三届三次	刘建国等 14 人	关于保护、规划、开发铁瓮城的议案	B	三	16、20、32	1	–
	佘正国等 11 人	关于确定镇江市徽的议案	B	三	16、28、29、32	2	1

续表 24-23

届次	提出主体	议案内容	处理方式	市人大常委会会议听取或审议			
				届	次	决议	决定
三届四次	市政府	关于巩固全国卫生城市成果、争创国家卫生城市的议案	A	–	–	–	–
	陈士赓等11人	关于在市区禁止燃放烟花爆竹的议案	B	三	22、25	1	–
	童永春等12人	关于开发地下水解决我市丘陵地区严重缺水问题的议案	B	三	22、25	1	–
				四	19	–	–
	刘建中等10人	关于制定向市人代会或常委会报告教育经费收支的实施办法的议案	B	三	22、26	1	–
三届五次	沙荣盛等13人	关于加快城市绿化，美化古城镇江的议案	B	三	28、32	1	–
	张荣连等20人	关于征集镇江市市歌，弘扬镇江人民精神风貌的议案	B	三	28	1	–
四届一次	宋鉴远等11人	关于建立小企业生产力发展促进中心的议案	B	四	1、6	1	–
	郭艾和等49人	4件并为1件：关于重视加强西区老城区建设的议案 其他领衔代表：吴海平、张素华、孙平	B	四	1、5	1	–
四届二次	王云海等167人	关于切实采取有效措施认真解决蔬菜污染问题的议案	B	四	7、11	1	–
	郭艾和等32人	关于尽快规划建设“北湖”势在必行的议案	B	四	7、11	1	–
	市中级法院	关于保障办案经费确保审判机关“吃皇粮”的议案	D	经主任会议讨论，转为建议处理			
四届三次	钱永波等18人	关于加强和改进镇江市规划工作的议案	B	四	13、18	1	–
四届四次	钱永波等26人	关于尽快解决古运河城区段水位、水质问题的议案	B	四	20、25、33	1	–
	戚中立等28人	关于进一步规范土地市场，加强城市土地资产管理，为城市建设聚集资金的议案	B	四	20、25、33	1	–
四届五次	钱永波、等45人	2件并为1件：关于加强社区建设的议案 其他领衔代表：孙平	B	四	27、33	1	–
				五	7	–	–
	李进法等10人	关于开展成人仪式教育活动的议案	B	四	27、33	1	–
五届一次	许晓霞等122人	关于加快乡村道路建设，解决部分乡村交通难的议案	B	五	1、7、15	1	–
五届二次	胡志贤等159人	关于切实解决失地农民的后顾之忧，促进经济发展、社会稳定的议案	B	五	10、15	1	–
	邵振羽等28人	关于依法整治残疾人专用车营运问题的议案	B	五	10、15、22	1	–
五届三次	沙荣盛等31人	关于认真贯彻《江苏省长江水污染防治条例》，切实加强饮用水源地保护的议案	B	五	17、22	1	–

说明：A. 列入大会议程；B. 交市人大常委会审议；C. 建议交市人大常委会审议决定；D. 交市人大有关专门委员会审议；E. 作为重要建议由市人大常委会主任会议处理；F. 作为建议处理，将办理情况向市人大常委会报告

2. 建议的提出和督办　1983～2005 年在市人民代表大会会议期间，提出建议 6114 件，其中市中级法院、市检察院、市人大代表各 2、3、6109 件。市人大常委会采取多种方式进行督办。

一届始，市人大常委会将建议根据不同内容分别交市政府和有关部门办理；对需要 2 个以上部门办理的建议，确定主办单位和会办单位进行办理；通过书面、电话、上门等方式，检查督促办理工作，及时通报办理情况；对一些重要建议，通过主任会议、有关工作委员会听取汇报及组织代表视察、调查等方式，督促办理工作；对办理不认真或答复不当、代表不满意的，退回承办单位重新办理或答复。每年人大常委会会议都听取或审议代表建议办理总体情况的报告，1985 年 2 月，市一届人大常委会第十二次会议听取市政府关于解决群众吃水难建议办理情况的报告。同年印发征求意见表，征求代表对建议办理情况的意见。1987 年开展建议办理评议活动。

二届始，由有关工作委员会对代表建议提出初步处理意见，提交主任会议研究；市人大常委会采取座谈、对话、评议等方式加强催办；主任会议听取有关建议办理情况的汇报。1989 年，市人大常委会主任会议听取近 3 年议案和代表建议办理情况的汇报；10 月人大、政府联合召开办理代表建议经验交流会。

三届期间，1994 年 3 月，市人大常委会召开建议办理先进单位、先进个人表彰会。1996 年 4 月表彰议案、建议办理先进单位。1997 年 10 月，市三届人大常委会第三十一次会议听取市政府关于加强谏壁地区市政建设和环境治理建议办理情况的报告。

四届期间，2001 年，市人大常委会对修缮赛珍珠旧居建议，成立专家课题组督办。

第一至五届镇江市人大常委会督办建议情况表

表 24-24　　单位：件

届别	会次	建议件数		建议分类情况							建议办理情况					
		合计	其中议案转为建议	工业交通	农林水利	财贸金融	城建环保	教科文卫	法制其他	备注	已经或基本解决	正在或计划解决	创造条件解决	暂时难以解决	工作参考	备注
一	一	107	84	24	3	12	35	18	15	–	61		–	46	–	–
	二	383	31	50	–	37	168	87	41	–	190	112	–	81	–	–
	三	377	48	69	8	25	131	96	48	–	77	121	84	–	95	–
	四	487	51	71	23	64	188	99	42	–	169	–	213	105	–	–
	五	355	18	54	18	40	136	63	44	–	66	145	85	59	–	–
二	一	345	31	43	28	38	123	53	60	–	66	163	–	104	12	–
	二	332	37	25	13	53	139	55	36	☆	167	101	–	48	5	☆
	三	412	32	–	–	–	–	–	–	○	204	65	–	25	105	☆
	四	449	35	33	9	45	225	71	66	–	156	204	–	44	39	☆
	五	282	27	19	–	–	142	45	76	–	88	134	–	60	–	–
三	一	255	50	20	12	22	118	49	34	–	64	130	–	61	–	–
	二	193	55	–	–	–	–	–	–	○	43	85	–	26	32	☆
	三	209	48	–	–	–	–	–	–	○	58	118	–	33	–	–
	四	164	41	–	–	–	–	–	–	○	55	90	–	15	–	☆
	五	169	44	11	13	21	72	31	21	–	50	89	–	21	–	☆

续表 24-24　　单位:件

届别	会次	建议件数		建议分类情况							建议办理情况					
		合计	其中议案转为建议	工业交通	农林水利	财贸金融	城建环保	教科文卫	法制其他	备注	已经或基本解决	正在或计划解决	创造条件解决	暂时难以解决	工作参考	备注
四	一	172	50	21	15	24	69	26	15	☆	54	97	-	19	-	☆
	二	197	80	22	10	15	95	33	22	-	64	104	-	23	-	☆
	三	177	78	17	10	18	70	31	31	-	56	98	-	20	-	☆
	四	218	107	12	8	19	96	48	35	-	59	132	-	22	-	☆
	五	214	83	19	12	25	92	40	26	-	65	125	-	24	-	-
五	一	189	83	29	12	17	65	42	24	-	51	118	-	20	-	-
	二	187	94	17	24	8	73	33	32	-	60	104	-	22	-	☆
	三	241	128	36	17	19	97	21	42	☆	78	123	-	29	11	-

说明:备注"-",指当时未作统计或资料不全;备注"☆",指对交由市政府办理的建议进行统计

在市人民代表大会闭会期间,市人大代表也可以提出建议、批评和意见,市人大常委会按照与大会期间建议相同的要求进行督办。1984 年,市人大常委会在代表中开展"为建设镇江献计献策"活动,收到代表意见和建议 40 多件,分别交有关部门研究办理。1990 年,代表走访选民 1975 人次,召集或参加群众座谈会 225 个,向国家机关提出建议、批评和意见 448 件。2000 ~ 2005 年,闭会期间代表分别提出建议 57、39、22、34、23、29 件,同年办结和答复代表 36、26、12、20、16、15 件。

四、基层人大工作

1. 指导县、乡人大换届选举　1984 ~ 2003 年,镇江市共开展市、县、乡人大换届选举工作 10 次。市人大常委会成立选举工作办公室,对宣传发动、选区划分、选民登记、提名协商、投票选举、召开新一届人大第一次会议等加强组织和指导。1986 年始通过关于人大换届选举的决定 10 项,关于人大代表名额的决定 5 项(其中与换届选举合并作出决定 2 项),批准市人大代表名额分配方案 2 次;听取关于换届选举工作进展情况的报告和总结报告 13 项。1993 年始通过关于撤销市人大常委会选举工作办公室的决定 6 项。

1984 ~ 2003 年镇江市人大常委会组织和指导人大换届选举工作情况表

表 24-25

时间	总体安排	县、乡人大换届选举工作概况
1984.1 ~ 1984.5	县、乡两级人大换届选举	全市城乡选民参选率达 97.51%。代表中的知识分子、爱国民主人士和中青年的比例比上届有明显增加,并有一批农村专业户、重点户
1986.11 ~ 1987.5	县、乡两级人大换届选举	-
1987.9 ~ 1988.1	市人大换届选举	-

续表 24-25

时间	总体安排	县、乡人大换届选举工作概况
1989.9～1990.5	县、乡两级人大换届选举	根据1989年8月江苏省第七届人大常委会第十次会议《关于乡镇人民代表大会主席团在大会闭会期间设立常务主席的决定》，全市92个乡镇都在大会主席团成员中选举产生1名常务主席，负责处理乡镇人大闭会期间的日常工作。至1991年底，全市91个乡镇人大配备专职常务主席55名、兼职常务主席36名，各乡镇人大都配备专职或兼职工作人员
1992.7～1993.5	市、县、乡三级人大换届选举	全市6个县(市、区)、91个乡镇、8个街道办事处共划分927个大选区和2468个小选区，200万选民直接选举产生县级人大代表1543名、乡级人大代表5323名
1995.8～1996.4	乡级人大换届选举	全市90个乡镇2527个选区，直接选举产生乡镇人大代表5091名；乡镇新一届人大第一次会议，选举产生乡镇人大专职主席85名、兼职主席5名、专职副主席15名、兼职副主席46名，乡镇镇长90名、副乡镇长371名。88个乡镇人大配备专职秘书45名、兼职秘书43名。1996年5月召开全市乡镇人大工作经验交流会，表彰全市乡镇人大换届选举工作先进单位25个、先进个人80名
1997.8～1998.3	市、县两级人大换届选举	全市1986538名选民，直接选举产生县级人大代表1284名；6个县(市、区)新一届人大第一次会议，选举产生县(市、区)人大常委会主任6名、副主任28名、委员88名，县(市、区)长6名、副县(市、区)长39名，法院院长6名，检察院检察长6名。1998年3月10日召开全市人大换届选举总结表彰会议，表彰县(市、区)选举委员会6个、先进集体22个、先进个人100名
1998.9～1999.3	乡级人大换届选举	全市89个乡镇2469个选区，直接选举产生乡镇人大代表5020名；乡镇新一届人大第一次会议，选举产生乡镇人大专职主席83名、兼职主席6名、专职副主席29名、兼职副主席18名，乡镇长89名、副乡镇长334名。绝大部分乡镇人大配备专职秘书。1999年3月10日召开全市乡镇人大换届选举工作总结会议
2001.9～2002.4	乡级人大换届选举	全市67个乡镇1967个选区，直接选举产生乡镇人大代表4106名；乡镇新一届人大第一次会议，选举产生乡镇人大专职主席64名、兼职主席3名、专职副主席31名、兼职副主席12名，乡镇镇长67名、副乡镇长284名。2002年3月25日召开全市乡镇人大换届选举工作总结会议
2002.8～2003.3	市、县两级人大换届选举	全市806个选区198.8万选民参选，直接选举产生县级人大代表1287名；6个辖市(区)新一届人大第一次会议，选举产生辖市(区)人大常委会主任6名、副主任28名、委员104名，辖市(区)区长6名、副市区长37名，法院院长6名，检察院检察长6名

说明："时间"，指市人大常委会作出关于换届选举的决定至听取换届选举工作总结报告的时间

2. 指导县、乡人大工作　一届始，市人大常委会通过召开县(区)人大常委会负责人座谈会，对人大的全年工作及时交流；工作委员会与县(区)人大工作机构共同召开座谈会、研讨会；视察、调研、执法检查，涉及县(区)、乡镇的，请有关县(区)人大一起参加；围绕加强乡镇人大建设、农村普法教育和农田保护、村镇建设、科技兴农等法律法规的实施以及组织代表视察、调研等方面，与县(区)人大一起，对乡镇人大工作进行指导。1987年8月召开县(区)人大常委会主任会议，交流工作经验以及市人大换届选举准备工作。

二届期间，1990年，驻会的人大常委会主任每人联系一个县（市、区）人大常委会、一个乡镇人大，保持经常性联系，及时听取对市人大常委会和市政府工作的建议；7月召开为期4天的全市乡镇人大主席团常务主席学习会议；提出《关于加强乡镇人大建设的意见》，市委予以转发；主任会议听取市、县（市、区）人大办公室主任联系会反映的情况和意见，确定对乡镇人大的联系工作由代表人事委具体分管。1991年召开全市乡镇人大工作座谈会，市委批转座谈会纪要；主任会议讨论乡镇人大主席团建设和乡镇人大工作中的有关问题；10月召集部分乡镇人大干部就进一步发挥乡镇人大作用问题进行总结和交流。各乡镇人大主席团普遍制定关于主席团议事、开展代表活动、办理代表建议等制度。

三届期间，1993年，市人大常委会召开全市各县（市、区）人大常委会负责人座谈会，学习贯彻全国人大工作座谈会、全省各市人大常委会负责人座谈会精神，市委批转《各县（市、区）人大常委会负责人座谈会精神》；9月举办全市90个乡镇人大主席团常务主席培训班一周。1996年5月召开全市乡镇人大工作经验交流会（培训班）。1997年与有关部门联合发文，对县（市、区）人大机关机构设置、乡镇人大专职主席配备提出明确方案。

四届期间，1998年8月，市人大常委会举办市和各县（市、区）人大机关及部分乡镇人大主席团秘书培训班；对乡镇人大主席列席同级党委会，乡镇人大干部编制、配备、待遇等问题，帮助督促解决。1999年4月召开全市乡镇人大工作会议，对乡镇人大主席进行宪法、《地方组织法》《代表法》和人大工作业务知识培训；与县（市、区）人大联合检查，解决乡镇人大主席待遇、乡镇人大专职秘书配备和代表活动经费等问题；确定丹阳访仙、丹徒辛丰、扬中八桥、句容华阳、京口象山、润州七里甸、新区大港等7个乡镇人大为工作联系点。2000年组织乡镇人大主席、副主席和秘书进行《地方组织法》《选举法》《代表法》《江苏省乡镇人大工作暂行条例》等法律法规知识的学习和考试。

五届期间，2003年，市人大常委会多次赴辖市（区）调研，了解辖市（区）新一届人大的开局工作及对市人大工作的建议；召开3次全市人大工作座谈会，分别就做好新一届和2004年人大工作、发挥新一届人大代表的作用、开好人民代表大会会议等进行座谈交流；确定8个乡镇人大作为工作联系点，总结推广典型经验。2004年召开3次全市人大常委会主任座谈会，围绕发扬基层民主、行使好监督权、加强自身建设等进行座谈交流；召开乡镇人大工作联系点会议。3月召开工作会议，组织市人大常委会新区工作委员会，京口区人大常委会健康路、大市口、四牌楼、正东路街道工作委员会，润州区人大常委会和平路、宝塔路、中华路、京畿路街道工作委员会共56名干部进行业务知识培训；8月组织新区和街道工作委员会部分干部参加省人大常委会举办的业务知识培训班。2005年9月召开市、辖市（区）人大领导干部学习会，学习中发〔2005〕9号文件和吴邦国委员长视察江苏时的讲话精神，交流贯彻落实全市人大工作会议精神、开展人大工作的经验；召开乡镇（街道）人大工作会议和乡镇人大联系点会议；4月、11月分别举办辖市（区）人大秘书、通讯员培训班。2003～2005年，市人大常委会领导走访全市66个乡镇人大和8个街道人大工委，并帮助解决实际困难。

五、信访受理

一届、二届期间，市人大常委会及其办事机构日常受理人大代表的来信来访。一届始受理人民群众的来信来访；1997年开通镇江市人大常委会执法监督公开电话；1999年始按照《江苏省各级人大常委会对司法机关个案监督的规定》，从群众来信来访中选择个别典型、重大案件进行监督。本着分级负责、归口办理的原则，将来信来访转交市政府、市中级法院、市检察院等有关部门办理，或由市人大常委会直接办理，督促解决群众反映突出的生产生活、行政机关依法行政、司法机关依法办案等问题。

一届期间，市人大常委会收到代表、群众来信各337、1286件，接待代表、群众来访各61、276人次。1983年接待代表来信来访92件次，对代表提出的101条意见进行认真处理；1986年接待代表来信来访66件次，收到建议、批评和意见64条，对属于镇江市范围的61条及时转办。

二届期间，1988年，市人大常委会收到代表、群众来信各120、253件，接待代表、群众来访各22、71人次；主任会议听取信访工作情况汇报，明确人大办理的重点是代表的来信来访和群众反映的人大职权范围内的重大问题。1989年收到代表和群众来信366件，接待来访97人次。1990年收到来信267件，接待来访324人次；对群众信访反映的市中成药厂生产伪药品问题，决定以主任会议名义责成市卫生局主要负责人认真调查处理，并向主任会议报告调查及处理情况。1991年接待处理群众来信来访262件次，其中市人大常委会领导批办来信22件。1992年接待处理代表和群众来信来访368件次。

三届期间，市人大常委会收到人民来信2300件，接待来访2258人次。1993年，市人大常委会领导批转61件；制定《镇江市人大常委会机关信访工作制度》。1994年，市人大常委会领导批转121件；主任会议听取人大信访工作情况；11月召开全市人大信访工作会议。1996年1月召开全市人大信访工作会议，6月检查全市贯彻执行《江苏省信访暂行条例》情况。1997年11月开通镇江市人大常委会执法监督公开电话，市人大常委会办公室制定相应工作细则，规定公开电话职责、受理范围和工作程序，建立由市政府主要职能部门、法院、检察院组成的执法监督工作网络。截至12月收到来电441件次，属于受理范围的86件，均按工作程序及时交办，有50%的问题基本得到解决，20%的问题近期内可望得到解决，30%的问题暂不能解决。来电反映的问题，有70%集中在规划、环保、城管3个方面，对违法建设、小区建设配套和管理、拆承重墙装修3个突出问题，以执法监督建议书形式提出改进意见和建议，印发市政府办公室。

四届期间，市人大常委会收到来信2946件，接待来访2305批4598人次。1998年11月召开全市人大信访工作会议；督促解决大港赵魏村违法用地案，当地群众向市人大常委会赠送锦旗。1999年选择112件个案进行监督。2000年建立6个辖市(区)人大、18个市直机关部门参加的信访组织网络联席会议制度，协调解决信访和执法监督公开电话工作中的问题；选择13件个案进行监督，办结9件，经司法机关处理后，依法纠正4件。2001年开展个案监督，司法机关依法纠正5件。

五届期间，市人大常委会处理来信1562件、来访1301批2687人次。2005年选择11件个案进行监督；12月，主任会议听取内务司法委关于处理涉法来信和个案监督情况的汇报。

六、对外交往

1983～2005年，市人大常委会先后批准本市与7个国家的8个城市缔结友好城市关系；市人大常委会围绕全市对外工作的整体部署，做好来访外国议会、议员团组的接待工作和组团出访工作，挖掘和利用镇江的资源优势和文化特点，开展对外合作交流。

一届期间，1984年4月21～24日接待日本津市议会友好访问团；11月19日接待日本国津市经济访华代表团。1985年4月7～16日，以市人大常委会主任夏岩为顾问的镇江市友好代表团访问日本国津市；6月10日接待日本津市政府代表团。1986年9月30日至10月9日，市人大常委会副主任陈忠廉率镇江市友好代表团访问日本津市等城市；10月26日接待日本津市议会代表团。1987年4月7～19日，市人大常委会副主任隋振江率镇江市代表团赴日本考察；6月13日接待日本津市政府代表团；9月2～12日，市人大常委会主任孙秉谦率镇江市人大代表团首次访问日本津市议会；11月13～15日接待日本津市议会访华团。

二届期间，1988年7月21至8月11日，市人大常委会主任孙秉谦率镇江市代表团访问美国坦佩市。1989年3月6日接待美国坦佩市代表团。

三届期间，1993年4月20～26日，市人大常委会副主任沙荣盛率镇江市人大代表团访问日本津市，8月30日接待巴布亚新几内亚议会代表团，10月17日接待日本津市议会代表团。1994年4

月12日接待日本津市代表访华团。1995年接待法国参议院法中友好小组代表团、韩国全罗北道议会代表团、日本津市议会代表访华团，市人大常委会主任钱永波参加中国地方人大代表团访问美国议会，市人大常委会副主任王云海率镇江市政府代表团访问美国坦佩市，市人大常委会牵头抓好宝塔山公园（中日友谊梅樱园）二期工程。1996年接待日本三重县日中友协代表团、巴拉圭参议院外委会代表团、印度卡纳塔克邦友好代表团、韩国益山市友好代表团、日本津山市议会访华团；6月4～10日，市人大常委会主任钱永波率镇江市人大代表团访问日本津市；11月，市人大常委会副主任姜启才率镇江市友好代表团访问美国坦佩市。1997年接待日本津市议会代表团、日本仓敷市议会代表团、日本仓敷市代表团，市人大常委会主任钱永波率镇江市代表团访问韩国益山市。

四届期间，1998年10月10～21日，市人大常委会副主任应国根率镇江市人大友好访问团访问日本仓敷市和香港，就小企业扶助议题进行专项考察。1999年接待日本津市、仓敷市议会代表团。2000年接待日本津市、韩国益山市代表团。2001年8月成立赛珍珠旧居开发利用课题组，专题研究如何充分利用赛珍珠旧居开展对外交流、建设历史文化名城、发展国际旅游。2002年开展赛珍珠旧居利用和保护课题研究，10月会同有关部门举办纪念赛珍珠诞辰110周年系列活动。

五届期间，2003年，市人大常委会一位副秘书长率镇江市第一个优秀市民代表团访问日本津市、仓敷市和韩国益山市；2月28日由钱永波任名誉会长、许晓霞任会长的镇江市赛珍珠研究会成立。2004年接待美国、日本、西班牙等国家和地区的议会代表团5批60人次，参与日本津市、美国坦佩市、德国曼海姆市的缔结友好城市纪念活动和赛珍珠文化系列活动。2005年接待日本、韩国地方议会代表团和美国卡特基金中心友好人士的访问，承办赛珍珠国际学术研讨会。

七、研讨宣传

1. 研讨　一届期间，市人大常委会1986年7月参加江苏省召开的领导干部普法学习座谈会。1987年始不定期编发《镇江人大工作》，刊载人大工作经验交流、理论研讨等。

二届期间，1988年，市和各县（市、区）人大办公室会议交流人大工作理论研讨文章；6月由镇江、扬州两市人大常委会发起，召开南京、镇江、扬州、南通4市人大工作研讨会；6月参加山西阳泉、晋城、长治发起的部分中等城市人大常委会秘书长会议；10月参加在山西阳泉首次举行的部分中等城市人大工作研讨会（该研讨会成员单位最初为15个中等城市，后发展为20多个，最后定名为全国24城市人大工作研讨会，原则上每年上半年召开一次秘书长会议，下半年召开一次研讨会，市人大常委会均派员参加，并分别于1991年、1998年和扬州市人大联合承办第四次秘书长会议、第十次秘书长会议）。1989年4月参加江苏省人大工作经验交流会；9月参加南京、镇江、扬州、南通、常州、无锡等市人大工作研讨会；编印发行《江苏省镇江市议事机构·权力机关》志书，共18万字，记载自1909～1989年镇江地方议会制度的兴起演变和人民代表大会制度建设发展过程。1990年参加全省人大工作理论研讨会。1991年参加两次跨省的人大工作理论研讨；参加宁、镇、扬、通4市人大工作研讨会。

三届期间，1993年1月13日，镇江市人大工作理论研究会成立，是从事人民代表大会制度和人大工作理论研究的群众性学术团体，开展对人民代表大会制度和人大工作的理论研究。组织机构分为会员代表大会、理事会和常务理事会，秘书处是其办事机构。第一次理事会选举孙秉谦为名誉会长，王云海为会长，沙荣盛、王忠保、俞德高为副会长。第二、三次理事会增补钱永波为名誉会长，姜启才、刘承为副会长。各县（市、区）人大都成立理论研究会，建立研究网络，召开年会。1994年，人大工作理论研究会着重就全面依法行使职权、代表工作、人民群众普遍关心的热点难点问题，以及在改革和发展中出现的新情况、新问题，开展调查研究，撰写论文16篇。1995年，人大工作就依法行使各项职权、提高审议质量和实效、加强代表工作、加强法制教育、发挥乡镇人大和人大机关的作用等问题开展理论研究。1996年，人大工作就增强公民的法制意识、加强执法检查监督、加强民主法制建设的宣传等方面开展理论研究。

四届期间,1998 年,市人大工作理论研究会换届,王云海为第二届会长;同年重点围绕全面有效行使人大及其常委会职权、推进依法治市、完善监督机制、发挥代表作用等问题进行研讨。1999 年围绕行使决定权、完善行政执法责任制、提高代表活动质量、村民自治等问题开展理论研究。2000 年开展人大工作创新问题讨论,对行使决定权、个案监督、预算监督、推进基层民主等问题进行研讨。邀请市委、市人大、市政府和市中级法院、市检察院等主要领导和市民政局、社科联等有关部门负责人参加年会,直接听取对民主法制建设和人大工作所阐述的观点和见解;对适合在报刊、广播等新闻媒体上登载的论文,予以推荐,并开始参加社科联组织的论文优秀成果评选;对 1 年来交流的论文编印成册,分送市四套班子领导和各部委办局,并同兄弟其他市人大理论研究会交流;对一些时效性强的调研成果,适时向市委、市人大、市政府报告,供其决策参考;对研究中一些具有价值的意见,通过代表提出建议。2001 年对行使决定权、行使监督权、乡镇人大工作、基层民主法制建设等问题进行研讨。2002 年对监督工作、代表工作等问题进行研讨。5 年里开展近 10 次理论研讨会,参加 13 次省人大研讨会,形成论文 300 多篇,其中提交年会交流论文 100 多篇。

五届期间,2003 年,市人大工作理论研究会换届,陈文湘为第三届会长;同年重点围绕代表工作、监督工作等课题进行研讨。2004 年对加强监督、干部述职、代表工作、加强执政能力和充分发挥人大作用等课题进行研讨。2005 年对地方人大行使重大事项决定权、加强人大监督工作、代表工作、基层民主政治建设等课题进行研讨。

2. 宣传 1983 ~ 2005 年,市人大常委会加强对人民代表大会制度、人大工作和人大代表履行职责的宣传报道,增强人大工作的公开性和透明度。

一届始,1987 年,市人大常委会创办《镇江人大工作》内部刊物,小 16 开本,页码为 8 页,不定期向市人大代表和市各部委办局发放。

二届期间,1990 年,市人大常委会邀请市委、市委宣传部有关领导和新闻单位同志,探讨加强和改进人大工作宣传报道的途径和措施;将《镇江人大工作》改为每月定期印发,页码增至 16 页,并为省《江苏人大》刊物组稿。1992 年 10 月,镇江市 3 篇作品在省人大常委会举办的省首届宣传人民代表大会制度好新闻及优秀稿件评选中获奖。

三届期间,1993 年,《镇江人大工作》更名为《民主建设》,四封改为彩印,页码增至 24 页,并开始向在镇江的五级人大代表发放,与近 200 家外地人大刊物交流;不久页码增至 32 页。1994 年 9 月 5 日,市委召开人大宣传工作会议;市人大常委会召集新闻单位《主人与公仆》、热线电话的负责人和记者会议,研究工作计划和实施意见;《人民代表报》两次以头版头条位置,对镇江市人大常委会建立专家咨询组及其所开展的工作进行宣传报道。1995 年召开各县(市、区)人大办公室主任座谈会,总结《民主建设》和人大宣传工作,表彰优秀通讯员。1997 年 1 月对 1995 ~ 1996 年度宣传人民代表大会制度好新闻 6 篇、人大宣传优秀工作者 4 名、《民主建设》好稿 13 篇、《民主建设》优秀通讯员 26 名进行表彰;12 月在全市开展人民代表大会制度和《选举法》《代表法》宣传活动。

四届期间,1998 年,报纸、电台、电视台相继开辟《民主与法制》专栏和有关专题节目;《民主建设》改为双月刊;在人大机关秘书培训班上,对通讯报道的要求及方法进行培训和经验交流。1999 年,《民主建设》改为标准大 16 开本,内页增至 40 页,并改进版式、调整栏目,面向县、乡人大和各级人大代表,交流有关信息和调研成果、工作设想和实践经验。2000 年制定关于进一步加强市人大机关信息工作的意见。2001 年 1 月召开全市人大宣传工作会议。

五届期间,2003 年,市人大常委会制定加强人大宣传信息工作的意见;聘请市政府、市中级法院、市检察院、辖市(区)人大办公室主任和新闻记者为特约通讯员、70 名乡镇人大秘书为刊物通讯员;举办市及辖市(区)、乡镇人大秘书培训班,讲授新闻采写业务知识。2005 年在市及市级以上新闻媒体发表新闻、通讯、消息、言论文章 700 多篇。

八、工作制度建设

1983～2005 年，市人大常委会制定人大工作制度 53 项次，其中对市人民代表大会通过的制度进行修正 6 项次。

1983～2005 年镇江市人大常委会制度建设情况表

表 24-26

类别	序号	制度名称	会议届次	通过时间
议事规则类	1	《市人民代表大会议事规则》(修正)☆	四届 6 次	1999 年 1 月
		《市人民代表大会议事规则》(修正)☆	五届 3 次	2003 年 5 月
	2	《市人大常委会会议制度》	一届 1 次	1983 年 5 月
		《市人大常委会会议制度》(修正)	二届 2 次	1988 年 3 月
		《市人大常委会议事规则》	四届 4 次	1998 年 9 月
		《市人大常委会议事规则》(修正)	五届 3 次	2003 年 5 月
	3	《市人大常委会主任会议制度》	二届 2 次	1988 年 3 月
		《市人大常委会主任会议制度》(修正)	四届 4 次	1998 年 9 月
		《市人大常委会主任会议制度》(修正)	五届 3 次	2003 年 5 月
	4	《市人大常委会组成人员守则》	五届 3 次	2003 年 5 月
	5	《市人大常委会工作委员会工作规则》	五届 5 次	2003 年 7 月
	6	《市人大常委会新区工作委员会工作规则》	五届 7 次	2003 年 11 月
决定类	1	《市人大常委会关于授予荣誉称号的试行办法》	三届 18 次	1995 年 8 月
		《市人大常委会关于〈市人大常委会关于授予荣誉称号的试行办法〉中奖章称谓变更的决定》	三届 21 次	1996 年 2 月
		《市人大常委会关于授予荣誉称号的办法》	五届 6 次	2003 年 9 月
	2	《市人大常委会关于讨论、决定重大事项范围的暂行规定》	三届 22 次	1996 年 4 月
		《市人大常委会关于讨论、决定重大事项的规定》	三届 30 次	1997 年 8 月
		《市人大常委会关于讨论、决定重大事项的规定》(修正)	五届 6 次	2003 年 9 月
	3	《市人大常委会关于表彰民主法制建设优秀工作者的暂行办法》	三届 29 次	1997 年 6 月
监督类	1	《市人民代表大会关于审查和批准国民经济和社会发展计划和财政预算的规则》(修正)☆	四届 6 次	1999 年 1 月
		《市人民代表大会关于审查和批准国民经济和社会发展计划和财政预算的规则》(修正)☆	五届 6 次	2003 年 9 月
	2	《市人大常委会对市中级法院、市检察院行使监督权的暂行办法》	二届 13 次	1989 年 9 月
		《市人大常委会监督司法工作办法》	四届 4 次	1998 年 9 月
		《市人大常委会监督司法工作办法》(修正)	五届 3 次	2003 年 5 月
	3	《市人大常委会关于教育经费监督的暂行办法》	三届 26 次	1996 年 12 月
		《市人大常委会关于教育经费监督的暂行办法》(修正)	四届 6 次	1999 年 1 月
		《市人大常委会关于教育经费监督的办法》	五届 6 次	2003 年 9 月
	4	《市人大常委会关于加强市本级预算审查监督的决定》	四届 25 次	2001 年 11 月
		《市人大常委会关于加强市本级预算审查监督的决定》(修正)	五届 6 次	2003 年 9 月

续表 24-26

类别	序号	制度名称	会议届次	通过时间
任免类	1	《市人大常委会关于任免国家机关工作人员的暂行办法》	一届 1 次	1983 年 5 月
		《市人大常委会关于任免国家机关工作人员的办法》	二届 2 次	1988 年 3 月
		《市人大常委会任免国家机关工作人员办法》	二届 10 次	1989 年 5 月
		《市人大常委会任免国家机关工作人员办法》(修正)	五届 5 次	2003 年 7 月
		《市人大常委会人事任免工作办法》	五届 15 次	2004 年 11 月
	2	《市人大常委会关于组织干部述职的暂行办法》	三届 18 次	1995 年 8 月
		《市人大常委会关于组织干部述职的办法》	五届 5 次	2003 年 7 月
	3	《市人大常委会关于对提请任命人员进行任前法律知识考试的办法》	五届 7 次	2003 年 11 月
代表工作类	1	《市人民代表大会关于议案处理的办法》(修正)☆	四届 6 次	1999 年 1 月
		《市人民代表大会关于议案处理的办法》(修正)☆	五届 5 次	2003 年 7 月
	2	《市人大常委会关于加强与市人大代表联系的暂行办法》	一届 1 次	1983 年 5 月
		《市人大常委会关于加强与市人大代表联系的办法》	二届 2 次	1988 年 3 月
		《市人大常委会关于加强与市人大代表联系的办法》(修正)	四届 6 次	1999 年 1 月
		《市人大常委会关于加强与市人大代表联系的办法》(修正)	五届 5 次	2003 年 7 月
代表工作类	3	《市人大常委会关于处理市人大代表建议、批评和意见的办法》	二届 9 次	1989 年 3 月
		《市人大常委会关于处理市人大代表建议、批评和意见的办法》(修正)	四届 6 次	1999 年 1 月
		《市人大常委会关于处理市人大代表建议、批评和意见的办法》(修正)	五届 5 次	2003 年 7 月
	4	《市人大常委会关于加强市人大代表工作的决定》	五届 6 次	2003 年 9 月
其他	1	《市人大常委会学习制度》	一届 1 次	1983 年 5 月
	2	《关于市人大常委会委员持证视察的意见》	一届 22 次	1986 年 9 月
	3	《关于公民旁听市人民代表大会及其常务委员会会议的办法》	四届 18 次	2000 年 11 月
		《关于公民旁听市人民代表大会及其常务委员会会议的办法》(修正)	五届 6 次	2003 年 9 月
	4	《市人大常委会关于加强思想作风建设的决定》	五届 1 次	2003 年 4 月
	5	《关于列席市人民代表大会会议、常务委员会会议和主任会议的办法》	五届 16 次	2005 年 1 月

说明：☆指市人民代表大会通过的制度

——小资料——

［清］周镐·京江二十四景图——海门泛月

焦山东北江中的松寥山和夷山，古时称海门，唐以后，长江入海口东移圌山，因山峦起伏，五峰突起，故又名五峰山。山下三江会合，号称三江口，亦称海口。该山形势险要，江中置防，名圌山戍、圌山关，后又名三江营。明崇祯元年（1628年）吏部陈观阳在山顶建塔，名报恩塔，世称“万里长江第一塔”。山中名胜古迹甚多，半山有西林寺，山下有华阳观，第四峰有绍隆寺，山顶有古楞严寺，山上有72洞，洞形突兀峥嵘，各具特色，是避暑佳地，同时还有许多动人故事和传说。此画取材于夜深人静，皓月当空，普照宽阔的江面，景色茫茫，一片沉寂，一叶扁舟，扬帆而上，颇有意境。

第二十五卷

地方人民政府

卷 目

1983～2005年，镇江市政府坚持以经济建设为中心，以深化改革、扩大开放和科技进步为动力，以建立社会主义市场经济为目标，以调整结构、优化资源配置为手段，实施双轮驱动外向发展战略、科教兴市战略、沿江开发战略等，使经济增长方式向规模化集约型转变，一、二、三产业协调发展。

20世纪90年代以后，镇江市政府充分利用沿江开发城市的区位优势，以港口开放为契机，出台一系列招商引资政策和措施，下放审批权限，简化办事手续，走出去，请进来，举办“金山之光”艺术节等各类大、中型招商活动。不断优化投资环境，创办出口加工区、省级经济开发区和市级工业园区等，形成全方位、多层次、宽领域的对外开放新格局。以转换企业经营机制为突破口，不断深化国有企业改革，建立现代企业制度，增强企业活力。不断调整产业、产品结构，适应市场需求。以大项目带动大发展，发展规模经济，形成产业集群。加快高新技术园区建设，形成明显的地方经济特色，增强市场竞争力。进一步完善农村联产承包责任制，按照“保供增收”“两高一优”的指导思想，发展农业生产。以抓工业项目的办法，狠抓农业项目的落实，实施育“龙”工程，提高农业规模化生产水平。科技兴农，加大投入，不断提高科技对农业的贡献率。推进农业科技园建设，发挥新型农业的示范作用。镇江在全国率先开展住房制度改革试点和医疗保险改革试点。先后开展养老保险制度改革、教育体制改革等，不断改善全市文化体育卫生设施。围绕创建国家级卫生、园林及优秀旅游城市等活动，加强城市基础设施建设，城市面貌、道路交通及人居环境显著改善。坚持依法行政，依法治市，打造“平安镇江”。围绕创建双拥模范城，涌现出一批国家和省、市级双拥模范。

2005年，全市地区生产总值达到871.67亿元。镇江市先后获国家卫生城市、国家环境保护模范城市、全国科技进步先进市、全国社会治安综合治理优秀地市、全国双拥模范城市等称号，并通过国家园林城市的考核验收。

第一章　机构设置

第一节　市政府领导成员

1983～2005年，镇江市人民政府历经第一至第五届（改为省辖市后，下同），每届任期五年（其中2005年为第五届任期的第三年）。每届政府设市长1人，副市长8～11人。历届市人民政府市长、副市长由市人民代表大会选举产生。市人民代表大会闭会期间，代市长、副市长增补由市人民代表大会常务委员会会议决定任命。

1983～2005年镇江市人民政府市长、副市长及秘书长简况一览表

表25-1

届别	市长			副市长			秘书长	
	姓名	籍贯	任职时间	姓名	籍贯	任职时间	姓名	任职时间
第一届 1983.4～ 1988.1	邓鸿勋	江苏无锡	1983.4～ 1984.9	王云海	江苏金坛	1983.4～ 1988.1	马德泾	1984.9～ 1988.1
				黄选能	江苏启东	1983.4～ 1988.1		
				夏良震	江苏邗江	1983.4～ 1988.1		
				张信澄	江苏常州	1983.4～ 1987.1		
	高德正	江苏江阴	1984.9～ 1985.3 （代市长） 1985.3～ 1987.3	李赐勋	湖北黄陂	1984.3～ 1988.1		
				许晓霞 （女）	江苏丹阳	1984.8～ 1988.1		
	陈璧显	江苏无锡	1987.3～ 1988.1	方之焯	浙江镇海	1985.3～ 1988.1		
第二届 1988.1～ 1993.3	陈璧显	江苏无锡	1988.1～ 1989.9	夏良震	江苏邗江	1988.1～ 1990.1	马德泾	1988.1～ 1992.9
				陈文湘	江苏 张家港	1988.1～ 1993.3		
				周秀德	江苏无锡	1988.1～ 1989.1		
				方之焯	浙江镇海	1988.1～ 1992.4		
				许晓霞 （女）	江苏丹阳	1988.1～ 1993.3		
	钱永波	江苏靖江	1989.9～ 1990.3 （代市长） 1990.3～ 1992.4	应国根	浙江玉环	1989.1～ 1993.3	高茂培	1992.9～ 1993.3
				姜启才	江苏宝应	1990.1～ 1993.3		
				贡家荣	江苏句容	1992.4～ 1993.3		
	方之焯	浙江镇海	1992.4～ 1993.3 （代市长）	张吉生	江苏丹徒	1992.7～ 1993.3		

续表 25-1

届　别	市　长			副市长			秘书长	
	姓名	籍贯	任职时间	姓　名	籍　贯	任职时间	姓　名	任职时间
第三届 1993.3～ 1998.1	方之焯	浙江镇海	1993.3～ 1994.11	应国根	浙江玉环	1993.3～ 1998.1	高茂培	1993.3～ 1998.1
				陈文湘	江苏 张家港	1993.3～ 1994.11		
				许晓霞 （女）	江苏丹阳	1993.3～ 1997.12		
				贡家荣	江苏句容	1993.3～ 1998.1		
				张吉生	江苏丹徒	1993.3～ 1998.1		
				滕子明	上海	1993.3～ 1998.1		
	周大平	江苏太仓	1994.11～ 1995.2 （代市长） 1995.2～ 1998.1	张学东	江苏丹阳	1994.10～ 1998.1		
				刘永忠	江苏丹阳	1995.8～ 1998.1		
				▲李宝库	山西	1993.9～ 1994.10		
				▲孙　谦	黑龙江	1994.5～ 1995.6		
				▲李堂堂	陕西宝鸡	1995.6～ 1998.1		
第四届 1998.1～ 2003.1	周大平	江苏太仓	1998.1～ 2000.11	张克敏	江苏扬中	1998.1～ 2001.1	高茂培	1998.1～ 2001.3
				张吉生	江苏丹徒	1998.1～ 2003.1		
				张学东	江苏丹阳	1998.1～ 2003.1		
				刘永忠	江苏丹阳	1998.1～ 2002.1		
				江里程	浙江宁波	1998.1～ 2002.1		
				解信鹏	江苏江阴	1998.1～ 2003.1		
				孙家庆	江苏镇江	1998.1～ 2000.3	李国忠	2001.3～ 2003.1
	张卫国	江苏武进	2000.11～ 2001.1 （代市长） 2001.1～ 2001.6	黄宝荣	江苏丹阳	2000.1～ 2003.1		
				孙燕丽 （女）	山东栖霞	2001.1～ 2002.1		
	史和平	江苏溧阳	2001.6～ 2002.1 （代市长） 2002.1～ 2003.1	陈建设	江苏镇江	2002.1～ 2003.1		

续表 25-1

<table>
<tr><th rowspan="2">届 别</th><th colspan="3">市 长</th><th colspan="3">副市长</th><th colspan="2">秘书长</th></tr>
<tr><th>姓名</th><th>籍贯</th><th>任职时间</th><th>姓 名</th><th>籍 贯</th><th>任职时间</th><th>姓 名</th><th>任职时间</th></tr>
<tr><td rowspan="11">第五届
2003.1～</td><td rowspan="7">史和平</td><td rowspan="7">江苏溧阳</td><td rowspan="7">2003.1～
2003.4</td><td>张吉生</td><td>江苏丹徒</td><td>2003.1～
2003.5</td><td>李国忠</td><td>2003.1～
2003.3</td></tr>
<tr><td>张学东</td><td>江苏丹阳</td><td>2003.1～
2005.3</td><td rowspan="7">王守和</td><td rowspan="7">2003.3～
2004.12</td></tr>
<tr><td>黄宝荣</td><td>江苏丹阳</td><td>2003.1～</td></tr>
<tr><td>陈建设</td><td>江苏镇江</td><td>2003.1～</td></tr>
<tr><td>李国忠</td><td>江苏武进</td><td>2003.1～
2003.5</td></tr>
<tr><td>李茂川</td><td>江苏扬中</td><td>2003.1～</td></tr>
<tr><td>王 萍
（女）</td><td>山东汶上</td><td>2003.1～</td></tr>
<tr><td rowspan="4">许津荣
（女）</td><td rowspan="4">河北香河</td><td rowspan="4">2003.4～
2004.1
（代市长）
2004.1～</td><td>江里程</td><td>浙江宁波</td><td>2003.5～</td></tr>
<tr><td>徐郭平</td><td>江苏泰州</td><td>2003.5～
2005.12</td><td rowspan="3">胡宗元</td><td rowspan="3">2004.12～</td></tr>
<tr><td>陈 杰</td><td>江苏淮安</td><td>2005.6～</td></tr>
<tr><td>冯士超</td><td>江苏武进</td><td>2005.12～</td></tr>
</table>

说明：1. 该表根据镇江市人民代表大会会议选举、人大常委会会议、决定任免镇江市人民政府领导有关情况整理

2. 标▲者为挂职

第二节 市政府工作部门

1983 年 3 月，市政府设置工作部门 35 个：市政府办公室、市计划委员会、市经济委员会、市城乡建设委员会、市科学技术委员会、市编制委员会（与人事局合署办公）、市计划生育委员会、市体育运动委员会、市商业局、市公安局、市司法局、市民政局、市政府外事办公室、市老干部局、市人事局、市劳动局、市财政税务局、市粮食局、市统计局、市物价局、市工商行政管理局、市农业局、市水利农机局、市林木水产局、市化学工业局、市机械工业局、市社队工业局、市轻工业局、市交通局、市物资局、市教育局、市文化局、市卫生局、市广播电视局、市农村工作委员会。

二级局单位 8 个：市环境保护局、市标准局、市信访办公室、市档案处、市民族宗教事务处、市政府机关行政事务管理处、市政府侨务办公室、市职工教育办公室。

二级事业局 3 个：市规划设计管理处、市房产管理处、市园林管理处。

直属机构 3 个：绿化委员会办公室、职工教育办公室、农业区划办公室。

行政性公司 10 个：市电子工业公司、市冶金工业公司、市建筑工业公司、市纺织工业公司、市塑料工业公司、市煤炭工业公司、市建材工业公司、市船舶工业公司、市造纸纸品工业公司、市房屋建设开发公司（与城市改造办公室两块牌子、一套班子）。

1996年7月，市政府设置工作部门49个，部门管理单位7个，直属事业单位11个。2001年5月，市政府设立工作部门37个，议事协调机构的常设办事机构1个，直属事业单位12个。

2004年11月，市政府设置工作部门38个：市政府办公室（市政府研究室与其合署）、市发展和改革委员会、市经济贸易委员会、市人口和计划生育委员会、市教育局、市科学技术局、市公安局、市建设局、市对外贸易经济合作局、市民政局、市司法局、市人事局、市劳动和社会保障局、市财政局、市国土资源局、市审计局、市统计局、市物价局、市交通局、市规划局、市环境保护局、市城市管理局、市农林局、市水利局、市文化局、市广播电视局、市卫生局、市粮食局、安全生产监督管理局、市口岸和港口管理局、市体育局、市信息产业局、市旅游局、市外事办公室、市人民防空办公室、市政府法制办公室、市民族宗教事务局、市侨务办公室。直属特设机构1个：市国有资产监督管理委员会。直属行政机构1个：市行政服务中心。

第三节　辖市（区）人民政府

1983年实行市管县新体制后，镇江市始为省辖市，下辖丹徒、丹阳、句容、扬中4个县和京口、润州2个区。1987年、1994年、1995年，丹阳、扬中、句容先后撤县建市（县级）。1992年调整镇江市市区及丹徒县行政区划；1997年部分调整京口区、润州区与丹徒区的行政区划；1998年成立镇江新区（镇江经济开发区）；2002年，丹徒县撤县设区。2005年，镇江市下辖3个市（丹阳、句容、扬中）和4个区（丹徒、京口、润州、新区）。

第二章　重要会议

市政府召开的重要会议，主要包括市政府常务会议，市长办公会议，市政府专题会议，市政府全体组成人员（扩大）会议及其他一些重要工作会议。

第一节　市政府常务会议

市政府常务会议从1987年9月起正式设立，是为建立健全科学决策机制，完善重大决策程序，就市政府工作中的重大事项进行讨论研究和决策部署的会议制度。市政府常务会议通常每月召开一次，如有需要也可临时召开。从1987年9月至2005年底，市政府常务会议共召开295次，印发会议纪要278期。

市政府常务会议由市长召集和主持，由市长、副市长和秘书长组成，副秘书长、政府办公室主任、副主任、市监察局局长、市政府法制办主任、市政府研究室主任列席会议。会议主要讨论决策市政府工作中的重大问题；讨论通过提请市人民代表大会及其常务委员会审议的工作报告和议案；讨论通过向省政府请示或报告的重要事项；讨论通过市政府制定的重要的规范性文件；听取各部门的重要工作情况汇报；讨论决定各部门和各辖市（区）人民政府请示市政府的重要事项；讨论和通报市政府其他事项。

1987年（第一届市政府）　1987年，市政府召开常务会议7次，发会议纪要7期（以下凡发会议纪要期数与会议次数相同的省略）。主要议题是：贯彻落实省土地管理工作等会议精神，听取关于中山东路拓宽工程中21户房屋拆迁问题的汇报，大港镇建设规划的汇报，市场整顿、企业调资、城建经费安排等情况的汇报。讨论研究城市基础设施建设,农贸市场、商业网点建设,改造新河西岸道路、开展社会福利有奖募捐活动、镇大铁路建设方案、评选市劳模及召开表彰大会、建立市残疾人康复中心、筹建黄山蛋鸡场、句容县1971年创办的矿中毕业生户口“农转非”等问题。决定成立市城市规划建设管理委员会办公室;讨论通过《镇江市实施“江苏省水利工程管理条例”细则》《镇江市劳务市场管理暂行办法》《镇江市退休职工管理委员会工作规划》等一批规范性文件。

1988～1992年(第二届市政府)　1988年,市政府召开常务会议20次。会议主要议题是:贯彻落实省政府召开的市长会议及有关环保、乡镇、粮食、交通安全等工作会议精神;讨论研究城市总体规划中工业布局调整,历史文化名城保护规划,梦溪园扩建,南门大街等6个农贸市场建设,住房制度改革,外贸体制改革、深化企业改革,加快小区统一开发建设,抓紧电力路住户动迁和青年宫、图书馆工程建设,提高中小学教师工资标准,收取城市改造建设费,调整公交票价,城市国有土地登记发证,市场供应和物价,长江镇扬河段整治,农用生产资料组织供应,中小学危房检查和抢修等工作;讨论解决建设大港铁路筹资、群艺馆开馆费、供水设施建设资金等问题;同意成立市蔬菜局、镇江市残疾人联合会、市文化市场管理委员会,设立市政府驻深圳办事处、镇江市行政监察举报中心,为侦破“4·27”案件有功人员表彰奖励等;讨论通过《镇江市人民政府工作规则(试行)》《镇江市技术市场管理暂行办法》《镇江市审批利用外资项目试行办法》《镇江市企业内部劳动、工资、保障制度改革试行办法》《关于鼓励出口创汇的奖励办法》《关于处理违章建设的若干规定》等一批规范性文件。

1989年,市政府召开常务会议24次。会议主要议题是:贯彻落实省民政、旅游、房改、文化、法制等工作会议精神;讨论研究进一步清理固定资产投资在建项目、压缩基本建设投资规模、整顿治理运输市场、开放粮食市场;研究建设人民法庭、妇产科医院、残疾人康复中心综合楼,翻建市老年大学教学楼,征润洲坍江综合治理,蔬菜网点和农贸市场建设,控制城镇人口增长,“三山”风景区规划建设,加强防汛工作,整治句容河和孟家港坍江,建立待业职工救急济难互助基金会和扶持蚕桑发展基金,丹徒、句容、扬中的文化和教育部门机构分设,内调安置援藏人员,建设谏壁热电厂;开展“双增双节”运动,解决京口、润州区界划分等问题;同意建立革命历史陈列馆、设立饲料监察站;讨论通过《镇江市人防建设与城市建设相结合规划》《关于控制市区人口机械增长的意见》等一批规范性文件。

1990年,市政府召开常务会议16次。会议主要议题是:贯彻落实省机构编制、农业现代化试验区、体改、财政、监察、体育、卫生等会议精神;讨论研究元旦、春节拥军优属工作,行政机关和政工人员职称改革,“农转非”控制计划分配方案,下放知青第二个孩子户口“农转非”,丁卯工业新区开发建设,企业承包责任制完善,企业扭亏增盈和地方产品销售,大东滩改造利用,大东造纸厂热电站二期工程建设,钛白粉厂污染治理,水利工程和水费征收办法,职业技术教育,清理整顿社会团体和房屋开发公司,评选表彰年度文明单位,创“三优”(环境、秩序、服务)爱国卫生先进单位,乡镇明星企业和优秀乡镇企业家,调整首钢镇江船舶公司代管地方企业隶属关系等问题;同意成立镇江市外国投资工作委员会、设立焦南泄水闸管理所;讨论通过《镇江市人民政府关于集会游行示威管理暂行办法》《镇江市人民教育基金筹集办法》《镇江市征收城市市政公用设施建设配套费暂行规定》《镇江市文明单位建设和管理暂行办法》《关于鼓励完成全年双增双节任务的奖励办法》《镇江市蔬菜田保护管理暂行规定》等一批规范性文件。

1991年,市政府召开常务会议13次。会议主要议题是:贯彻落实省工业结构调整现场经验交流会、土地管理、内部审计、经贸等工作会议精神;讨论研究丹徒县非农业人口迁入市区收取粮油及副食品差价款问题,南门大街片区改造,京口、润州区划调整,大东滩用地规划和交通新村选址,表彰行风建设先进单位,华侨、港澳台同胞暂住管理,长江采沙、法制、统计、土地管理等问题,调整蔬菜管理体制、茧丝绸经营管理体制问题,建立出口创汇风险基金和扩充出口创汇扶持奖励基金问题,筹建市妇女儿童活动中心、长城房地产开发公司,举办镇江市商品交易会、开展销售月活动,对部分道路、新村命名或更名,筹建焦山现代碑林、加强政府机关廉政建设等问题;讨论通过《镇江市人民政府关于完善决策程序的意见》《镇江市人民政府关于提高政府机关工作效率的若干意见》《镇江市住房制度改革实施方案》《镇江市房屋拆迁管理规定》《镇江市烟尘控制区管理暂行办法》《镇江市优秀新产品奖励条例》《镇江市企业全员劳动合同制试行办法》等一批规范性文件。

1992 年,市政府召开常务会议 15 次,发会议纪要 12 期。会议主要议题是:讨论确定 1992 年全市经济建设和社会发展计划、镇江市国民经济和社会发展“十年规划”和“八五”计划纲要调整方案;部署省技改、水利、治理“三乱”等会议精神贯彻意见,建立驻外“窗口”,举办中国香港、澳门洽谈会,“金山之光”艺术节,春季商品交易会等筹备工作;研究创建卫生城市、火车站广场整治、行政人员职改等问题;讨论决定住房制度改革、外贸体制改革、粮食生猪价格改革、社会保险、第三产业发展、村镇建设、地方铁路建设方案;制定市经济技术开发区、高新技术开发区优惠政策;分解落实 1992 年市 14 个重点工程项目和技改贷项目;研究筹建热电厂、镇扬河段整治、扬中大桥建设、金西水厂扩建、污水截流工程、妇女儿童活动中心建设方案;确定市政府为民办的 10 件实事;讨论通过《镇江市城市管理暂行规定》《镇江市房地产交易管理暂行办法》《镇江市开办企业审批暂行办法》等一批规范性文件。

1993～1997 年(第三届市政府)　1993 年,市政府召开常务会议 18 次,发会议纪要 12 期。会议主要议题是:部署省财政、棉花收购、重点建设项目、三产普查、土地管理等会议精神贯彻意见;听取科技进步奖励、粉煤灰综合利用、农村劳动力用工清理、金山村渔民转产、集贸市场建设、文教体社会事业经费安排等有关情况汇报;研究审议镇江市与加拿大拉克·梅岗蒂克市和土耳其伊兹米特市缔结友好城市计划,加强因公出国、赴港澳管理意见,政府特别奖评选方案;研究城市规划管理、热电厂选址、市场建设方案,确定 1993 年为民办的 10 件实事以及城市维护和建设费使用安排;讨论决定推行股份合作制、教育改革、市场宏观调控、社会保障体系方案;讨论通过企事业管理、技术人员辞职、停薪留职管理、城镇职工社会养老保险、职工工伤及大病保险、建立投资风险基金、外债偿还基金办法;讨论通过《镇江市文物保护办法》《镇江市优惠出售公有住房暂行办法》《镇江市开采江沙资源管理暂行规定》等一批规范性文件。

1994 年,市政府召开常务会议 14 次,发会议纪要 12 期。会议主要议题是:讨论确定城乡建设项目方案、土地利用总体规划、沿江重化工工业区总体发展规划、丁长公路改造方案、圌山列为市级风景名胜保护区规划;研究制定企业股份制改造、医疗保险制度改革、企业产权制度改革、工资改革、加快第三产业发展、鼓励发展外向型经济等问题;讨论 1993 年度科技进步奖项目,建立中日友好会馆和授予日本友人荣誉市民,聘请市政府科技、经济顾问等事项;研究开发区建设、污水截流工程、苏南运河二期整治工程、筹建体育中心等问题;部署“金山之光”艺术节和创建国家卫生城市工作;讨论通过《镇江市公有企业产权交易实施意见》《镇江市职工社会医疗保险暂行规定》和实施细则、《镇江市人民警察巡察暂行规定》《镇江市城市房屋拆迁管理规定》等一批规范性文件。

1995 年,市政府召开常务会议 15 次,发会议纪要 13 期。会议主要议题是:讨论确定镇江市经济和社会发展“九五”计划、市三届四次人代会政府工作报告和加快市区经济发展的若干意见;研究制定医疗保险制度改革、工商企业拍卖、工业企业破产试点、加快企业资产重组、外贸体制改革、深化住房制度改革、制止不正当价格行为和反暴利法规等问题;贯彻落实省水利工作会议、电力工作座谈会、现代企业制度试点会议、财政审计会议、商品流通会议、土地管理工作会议精神;讨论研究政府建设、防震减灾、目标管理、夏收夏种、公有企业资产经营管理、消防、民政等问题;讨论解决减轻企业负担、企业职工生活费补助、军队转业干部住房、谏壁自来水厂水价、提高省以上劳模待遇、大市口变电所建设等问题;讨论通过《镇江市古运河风光带管理暂行规定》《镇江市城市客运交通管理暂行办法》《镇江市矿产资源补偿费征收管理办法》《镇江市城市绿化管理细则》等一批规范性文件。

1996年，市政府召开常务会议16次，发会议纪要13期。会议主要议题是：讨论确定1996年重大项目和重点项目、镇江市国土总体规划、加强预算外资金管理等问题；决定举办第三届“金山之光”艺术节和开展创建中国优秀旅游城市活动；听取市人大调研课题成果决议报告情况和为民办10件实事进展情况汇报；讨论研究环保、城市绿化、物价、企业解困等工作，研究确定重建仲裁机构、纠正行业不正之风等问题；讨论通过城市居民最低生活保障线、1996年度企业工资指导线，建立企业解困基金，调整交通收费，自来水价格，地产化肥价格等事项；研究落实省计划经济工作会议、工资会议、高新技术产业化工作会议、残疾人工作会议的贯彻意见；讨论通过《镇江市长江岸线规划使用管理暂行规定》《镇江市市区禁止燃放烟花爆竹暂行规定》《关于推行社会服务承诺制的实施意见》等一批规范性文件。

1997年，市政府召开常务会议19次。会议主要议题是：研究确定1997年国民经济计划、镇江市经济结构调整规划纲要、科技进步奖授奖方案、粮食定购计划安排、夏粮收购工作、妇女和卫生发展规划等，决定取消对工农业总产值考核、放开搞活中小企业，讨论城镇劳动就业、企业解困、增加职工工资、调整煤气和自来水价格、清理整顿电价，研究住房制度改革、启动房地产市场、南山风景区开发建设等工作；商讨成立镇江师范学院，决定镇江市与日本仓敷市、韩国益山市、德国曼海姆市缔结友好城市和授予外国人荣誉称号等问题；讨论对口支援、选拔有突出贡献的中青年专家，研究政风建设和行政执法责任制试点工作，商讨企业退休人员基本养老金调整、镇江市市徽评定、职工医疗保险卡使用管理等事项；讨论通过《镇江市区域卫生规划实施细则》《镇江市计划生育管理办法》《镇江市人民政府关于进一步改善外商投资软环境的决定》《镇江市人民政府关于进一步鼓励外商投资和举办外商投资项目优惠措施》等一批规范性文件。

1998～2003年（第四届市政府）　1998年，市政府召开常务会议14次。会议主要议题是：研究确定建立镇江新区管委会、丹徒新区选址规划、镇江旅游业发展规划等问题；对该届政府领导成员工作进行分工，对政府工作和作风建设提出要求；决定成立市政府法律顾问团；讨论市水利重点工程建设、工业污染源达标排放工作、加强城市市容和环境卫生管理、经济适用住房建设等问题；研究进一步完善城市建设配套费、土地使用费征收管理、清偿外国政府贷款、全市清费治乱减负等工作；听取市城建城管工作考察团和规划执法大检查情况汇报；部署秋播工作、防汛工作、禁止长江采沙、禁毒工作任务；讨论通过《镇江市房改房上市交易暂行规定》《关于加快发展个体私营经济的决定》等一批规范性文件。

1999年，市政府召开常务会议20次。会议主要议题是：贯彻落实全国、省有关会议精神，决定成立市规划委员会、市政府采购管理委员会及采购中心，创建园林城市，举办市第十一届运动会，命名1995～1998年度市劳动模范；部署实施财政综合预算、退伍安置、市区“放心菜”工程、禁毒工作，听取行政监察工作、重大项目安排、信息化建设规划、南郊观光农业规划、西津渡古街区保护、韦岗铁矿采空区隐患治理等汇报；研究国有企业下岗职工基本生活保障和再就业工作、港口体制改革、污水截流工程资金筹集、茧丝绸体制调整、勘界工作、加强地名管理、改善投资环境、科技奖励工作、自来水水价调整、“神州世纪游”庆典活动、城建和交通项目计划方案；讨论通过《镇江土地年租金征收管理暂行办法》《镇江市国家行政机关奖励综合管理实施办法》《关于促进城区发展的若干意见》《关于进一步扩大城镇从业人员基本养老保险覆盖面的意见》等一批规范性文件。

2000年，市政府召开常务会议16次。会议主要议题是：贯彻落实省政府（扩大）会议、计划、经济会议、体制改革等会议精神，讨论研究全市重大建设项目安排、大市口广场规划、全国中小企业社会服务体系建设试点、发展民营经济、外债清偿、丹徒闸翻建、参加省园艺博览会、行政审批制度改革、企事业单位改革、清理整顿乱收费、社会保险费改由地税部门征收、企业离退休人员养老金社会化发放、城市道路规划调整、环境保护等工作；决定成立市土地交易中心、召开国际经贸洽谈会、筹建市外贸集团；讨论通过《关于建立城市建设市场化经营新机制的实施意见》《镇江市区2000年房改政策调整方案》《镇江市房屋拆迁管理办法》《关于加强工业企业技术创新工作的实施意见》《镇江市引荐外商投资奖励办法(试行)》等一批规范性文件。

2001年，市政府召开常务会议12次。会议主要议题是：贯彻落实省社会保障工作会议，改革行政审批制度工作会议，粮食、棉花流通体制改革等会议精神；讨论2002年国民经济和社会发展主要调控目标、城建项目初步计划安排、行政审批制度改革方案、企业调整工资方案、旅游业发展意见；研究退伍士兵安置工作，工商部门与所办市场管办脱钩问题，社区建设情况，布置安全生产大检查工作，共青团农场下放镇江市管辖及对恒顺、焦化煤气集团资产授权经营等问题，确定镇江铁路实验学校移交地方办学有关事宜；讨论通过《关于加快推进市区供销社和集资企业资产变现工作的意见》《镇江市国有土地收(预)购储备办法》《关于开展殡葬市场清理整顿工作意见》《镇江市社会医疗保险暂行办法》《镇江市科技进步先进集体和先进个人表彰方案》等一批规范性文件。

2002年，市政府召开常务会议15次。会议主要议题是：明确市政府领导分工，传达落实省政府全体扩大会议和对外经贸工作会议精神；听取关于创建国家环保城市工作汇报、共青团农场养老金发放、科技进步奖评审工作、有突出贡献中青年专家选拔工作情况汇报；研究社会治安及春节安全保卫工作、全市重大建设项目投资计划、2003年经济适用房建设计划、安全生产工作、市域公路规划、市区居民困难家庭住房保障、分档收取市政公用基础设施配套费、市水利投资公司土地注入方案、退役士兵、无军籍职工接受安置等问题；讨论第二批拟废止、修订的政策措施、人才资源开发资金管理办法、“十五”信息化规划、市人大《关于我市2003年经营城市基本思路的建议》和《关于公布取消一批市级设定的行政审批项目的请示》《镇江市城市居民最低生活保障实施办法》《关于全面深化国有企业改革若干问题的改革意见》《关于大力推进下岗失业人员再就业的若干意见》《镇江市行政措施制定程序规定》等一批规范性文件。

2003～2005年(第五届市政府)　2003年，市政府召开常务会议17次。会议主要议题是：传达全省财政工作会议精神，讨论《镇江市人民政府工作规则》、市政公用基础设施配套费征收标准调整方案、市区山体滑坡治理方案、行政事业性收费管理暂行办法、航道管理办法、新区集体土地房屋拆迁安置办法、烟草制品零售点设置办法等问题；研究2004年城建重点项目规划方案和为民办实事项目安排、市直下岗职工基本生活保障和再就业资金方案、开展相对集中行政处罚权工作实施方案、2003年城建工程项目化运作土地配置方案、对优化创业环境工作实施效能监察的意见、第二轮行政审批制度改革方案；讨论研究《镇江市城市房屋拆迁管理办法》《镇江港港口管理体制改革方案》《关于进一步规范市政府领导活动安排的意见》《市政府办公室公文处理意见》《关于颁发外来投资“一卡通”的实施办法》《镇江市危险废物管理办法》《镇江市工业企业产品质量保证能力监督检查暂行办法》和《镇江市市区犬类管理暂行办法》等一批法规性文件。

2004年，市政府召开常务会议14次。会议主要议题是：传达学习全省开发区座谈会精神，听取市行政许可清理工作、安全生产、大港三期工程、南徐新城中心区控制性详规、社保基金扩面征缴外地经验及镇江下一步工作方案的汇报；研究清理固定资产投资项目、电子政务建设工作、镇大公路长岗收费站撤销方案、2005年城建重点工程计划、市公用事业改革及特许经营意见等问题；讨论市政府2004年工作要点、2004～2006年旅游发展计划、世业洲整岛建设性控制规划、2005年为民办实事项目、2005年主要调控目标等问题；讨论2004年经济适用房价格及拆迁最低补偿标准、提高征地补偿标准和开展被征地农民基本生活保障试点工作的意见、城区户外广告设置规划、规范对企业行政执法工作的意见、部分调整镇江中心城规划建设用地布局的意见；讨论研究《关于农村工作若干政策的意见》《关于加快培育发展规模经济的若干意见》《镇江市城市房屋行政强制拆迁办法》《镇江市生猪屠宰管理实施办法》等一批规范性文件。

2005年，市政府召开常务会议10次。会议主要议题是：听取全市安全生产情况汇报、经贸洽谈会、对外开放工作会议、“十运会”镇江赛区准备情况汇报、“三小车”整治方案、市政府为民办实事项目办理情况汇报；讨论“十一五”规划纲要、2005年全市经济和社会发展目标任务分解方案、2005年财政预算安排情况、新一轮禁止开山采石区域范围等问题；研究自来水价格和污水处理费调整、饮用水取水口治理方案、民用建筑修建防空地下室比例调整方案、住房保障面积标准调整方案、“三山”风景区总体规划方案、行政审批“两集中、两到位”方案、“低保”标准调整意见、医疗救助办法、加强土地集约利用工作意见、农业土地开发资金筹集使用管理实施意见、乡镇（街道）行政区划调整工作的意见、服务业发展纲要和服务业发展政策意见等问题；讨论研究《镇江市市区棋牌室管理暂行办法》《镇江市烟尘控制区管理办法》《镇江市城市排水管理办法》《镇江市城市绿化管理办法》《镇江市发展散装水泥管理办法》《镇江市丘陵山区开发与农业结构调整规划》和《镇江市处置大规模恐怖袭击事件应急预案》等一批规范性文件。

第二节 市长办公会议

市长办公会议是市长、副市长参加的工作会议，落实市政府常务会议决定的事项，讨论研究市政府日常工作中的重要问题，协调解决部门和企业的急要事务。1983年3月至2005年底，市政府召开市长办公会议2079次，印发会议纪要1957期。

1983～1987年（第一届市政府） 1983年召开市长办公会议59次。会议主要讨论研究机关干部住宅建设、少年宫建设、农村中小学校舍维修、民办教师队伍整顿、改造中山路、拓宽劳动路、第二批军队退休干部安置、大中专毕业生分配、待业青年安置、企业工资调整、市场供应、镇江农药厂改建、接插件总厂技术改造、市文物的保护维修、粮食包干控制销售、地产煤和水泥的超产加价、个体经营机动车运输管理、下放射阳农场知青半家户、有偿补息贷款和调整工业用水价格等问题；讨论组建轻工局、社队工业局和造纸、塑料工业公司，筹建镇江化工区；讨论《镇江市水源保护暂行条例》《关于征收城市建设开发配套费暂行办法》等文件初稿。

1984年召开市长办公会议29次。会议主要讨论研究成立市经济研究中心、成立镇江脱粒机总厂、新建象山变电所、解决市区供电问题；讨论殡葬管理暂行规定、发展城镇集体经济和个体经济的暂行规定、给丹阳县“八姑娘民兵班”记功授奖、修订城市总体规划、筹建各级各类贸易中心、搞活商品流通、发展乡镇工业、改革蔬菜产销体制、新建城区办公大楼、原地区农药厂划归市医药公司管理、镇扬渡口治坍护岸准备工作、市少年宫“六一”正式开放、镇江罐头厂生产安排、市中医院选址、港口电厂迁回镇江、人防水泥厂与东风水泥厂合资生产、解决向本溪钢铁公司预付钢铁贷款等问题。

1985年召开市长办公会议69次。会议听取省财政、邮电、防汛、城管等工作会议精神的汇报；讨论研究1984年国民经济计划结果和1985年经济和社会发展计划安排意见、创“三优”（环境、秩序、服务）竞赛活动意见；讨论职工因工伤亡事故处理暂行办法，征收城市教育费附加暂行办法，城市建设用地和房屋拆迁安置实施细则和环境噪声管理办法，机关住房分配办法，征收汽车购置附加费细则，成人和职工教育体制改革，外商到镇江投资的优惠政策，引进外国专家的有关规定，发展镇江市食品工业意见，农业生态环境保护，划定城市供水水源保护区，农贸市场建设规划，发展城乡建筑队伍，加强劳务输出，修复丁卯桥道路，拓宽镇焦路，中山路、劳动路更名，市职工大学和机械局职大、电子工业公司职大合并，市财政局与市干校合办市财经学校等问题；确定南山风景名胜区规划范围，通过1986年经济工作要点，成立市古运河整治委员会。

1986年召开市长办公会议45次。会议主要讨论研究做好城乡建设方面12件实事，筹建新工人文化宫及其征地事项，组建全市经济信息网络，建立市县微波传送网，设立出口创汇扶持、奖励基金和发展粮食生产专项基金；讨论发展横向经济联合、外地单位成建制迁入镇江市的有关规定，建设永安路、和平路、二马路 3 个农贸市场，整治云台山滑坡，开展卫星电视教学，对企业离退休职工实行劳动保障统筹，对旅馆、宾馆、招待所等系统收取城市建设附加费，收取供水设施统筹费，轧钢厂归属市冶金工业公司，市磷肥厂转产生铁，江南化工厂产品调整，水上职工陆上定居，镇江港对外国船舶开放，选派科技人员出国进修，在全市开展财政、税务、物价大检查等议题。

1987 年召开市长办公会议 59 次。会议听取财政、职教、防汛工作和省政府第一次法制工作会议精神的汇报；讨论研究《1987 年经济工作意见》，为城乡人民各办 10 件实事，大港总体规划，工业企业实行经营销售承包责任制，鼓励扩大出口、增强创汇能力，焦化厂技改项目回转窑建设，味精厂技改项目征地，接插件总厂征地，制革厂搬迁，改革劳动制度，引航道两侧土地使用规划，长江渡口安全，图书馆建设，商业网点建设，红旗中心小学扩建，改造黄山南路，副食品价格与供应，京杭大运河陵口段整治，技术市场管理，集资办电，宁镇公路建设等议题；协调解决企业技改项目资金缺口和地产化肥生产供应等问题；原则同意在市区范围内对机动车辆一次性征收城市道路建设费、提取口岸业务活动费；决定成立镇江市历史文化名城规划管理委员会，以代替原来的城市管理委员会和创“三优”指挥部。

1988～1992 年（第二届市政府）　1988 年召开市长办公会议 67 次。会议主要议题是：江滨新村三期工程征地、电力路拓宽改造、三友大厦征地、南门大街招商市场建设、交通银行与市公安局共同开发临街营业综合大楼、建设五条街及九里街等 6 个农贸市场、筹建黄山 10 万只蛋鸡场、江心乡蔬菜基地建设等事项；整顿公路客运市场及市区交通秩序、落实牡丹牌电视机联营项目资金和北京东风电视机厂镇江分厂二期工程资金问题、市纸浆厂兼并民生造纸厂、火柴价格供应、扩建句容化肥厂、解决扬中热电厂资金、谏壁发电厂干灰小区和渣管道路用地、钛白粉总厂合资新建 1 万吨/年钛白粉项目等问题；组建市蔬菜管理局，豆制品生产及供应，中晚秋茧收购，农药的生产、销售、组织、使用问题，农村救灾合作保险试点，处理烈士陵园内违章建筑，对下放共青团农场的城镇老居民户口就地“农转非”后粮食供应等议题。

1989 年召开市长办公会议 60 余次。会议主要议题是：中山东路南门大街段临街建设、交警支队征地、火车站西村环境整治、招商市场建设、润州山路和东岳巷道路整治、镇江老港港池污水治理、新建花山支路等事项；纸浆厂热电站浆系统改造、镇江永恒金属压铸公司用电、市第二水泥厂和蒋乔砖瓦厂季节性停电、音响设备总厂参加南京熊猫集团、煤炭调运、矿石中转码头选址等；安排大东造纸厂引进涂布生产线配套资金，筹集音响设备总厂生产资金、焦化厂铸造焦工程建设资金、纺织厂气流纺技改项目资金、轴承厂和接插件总厂技改项目资金、金西水厂技改工程借款问题等；收回丹阳市蚕茧经营权，棉花分配调拨，禁止市区违章养狗，新建江滨中学，扩建江滨小学、靳家巷小学、红旗中心小学，在河滨公园内建老年活动中心，流浪乞讨人员收容遣送等问题。

1990 年召开市长办公会议 76 余次。会议主要议题是：镇大铁路建设征地改线，在中山东路南侧建夜市场，建设交通新村选址，解决小码头铁道口交通阻塞和建立交工程方案，加强城市综合开发管理，七里甸综合市场规划建设，扩建京口闸农贸市场和整治中华路“脏、乱、差”现象，治理云台山瑞芝里塌陷，污水截流工程过江管道，大港二期工程征地拆迁等问题；组建市机床（集团）公司、墙体建筑材料改革、镇江华东铝加工厂扭亏增盈、长江水域采沙、加强镇江香醋生产和管理、煤炭工业公司第三轮承包；协调解决纸浆厂专项资金、罐头厂流动资金、焦化厂铸造煤气工程资金、印刷机械厂引进项目资金、金西水厂技改工程配套项目资金和生产用电问题；在镇江建立全国烟草工业配套材料基地、控制和治理四摆渡蚕桑区大气氟污染、开发利用滩涂种植“意杨”、加强市区国营蔬菜网点建设、饮食服务业管理、开展农村救灾和扶贫工作、促进职业技术教育发展等问题。

1991 年召开市长办公会议 90 余次，发会议纪要 90 期。主要议题是：修复赛珍珠故居、筹建京口区政法楼和南门大街招商市场、建设镇江师专理化实验楼、完善花山湾小区配套设施、建立革命历史博物馆、落实超岸寺房屋移交、综合治理运河支路、治理阳彭山和周家门山塌方、落实镇江船厂东区拆让、加强城郊接合部环境卫生管理等问题；外商投资兴办150万吨水泥厂项目、丁卯工业新区开发建设、选择部分工业企业实行放开经营试点、东风煤矿转产、韦岗地区供用电、加强市区三轮车运输管理、镇江钢厂和轧钢厂建设资金等问题；筹建市信托投资公司和市收容教育所、恢复成立镇江市城市管理委员会、充实城管执法队伍，万美商业公司划交、新建贺家弄幼儿园、保护六朝古城墙遗址、加强商业网点建设费收支管理、严防生猪五号病传入、解决航运小学危房修建、体育场与市五中地界和丹徒镇中学集资办学等问题。

1992年召开市长办公会议150次，发会议纪要127期。会议主要议题是：听取城市建设中综合开发、拆迁安置、道路拓宽等情况汇报；协调解决市政设施建设、供电、供水、供气、开发区建设等问题；研究集贸市场建设、蚕丝绸生产、交通管理、江沙开采、房改、大东滩开发、双拥等工作；调度解决工业重点技改项目和农产品收购资金；协调落实京口、润州区划调整及丹徒与大港开发区的交接工作；研究处理名城保护、办学用房、职业技术教育、焦山摩崖石刻整治、重建烈士纪念碑、火车站广场整治、粉煤灰综合利用等方面的事项。

1993～1997年（第三届市政府）　1993年召开市长办公会议134次，发会议纪要114期。会议主要议题是：研究农贸市场扩建方案、旧城改造拆迁安置计划、斜坡地质灾荒防治、公交停车场搬迁、纸浆厂系统改造、船山矿100万吨水泥项目、镇江钢厂建设进度、企业经营机制改革等问题；听取镇大铁路三期工程、扬中大桥接线工程、京杭运河整治、三国城旅游区开发、妇女儿童活动中心建设等情况的汇报；制定加快市经济开发区、大港开发区建设的政策措施；商定草巷、红红幼儿园改造，靳家巷小学拆迁，剪子巷清真寺产权归属，文化市场管理，文物古迹保护工作；讨论研究组建公安巡警支队、常住人口管理等问题。

1994年召开市长办公会议150次，发会议纪要125期。会议主要议题是：听取亚洲浆纸股份有限公司立项、京阳水泥厂专用码头建设、丁长路拓宽、"921"工程建设、彭公山晶洞开发项目、沪宁铁路建设等情况汇报；确定城市重点基础设施建设项目、加强城市规划和管理、清理整顿土地隐形市场等工作；协调解决邮政枢纽工程，四牌楼菜场的搬、拆迁安置和危房改造等问题；协调研究工商企业拍卖、东风煤矿与东风水泥厂合并、亏损企业组织结构调整、工业企业股份制改造、船山水泥厂体制等问题；协调落实镇江水泥厂搬迁资金、塑料公司贷款、"苏南环保项目"利用世界银行贷款、妇女儿童活动中心工程建设资金、消防值勤车辆装备经费等问题；研究解决水上子弟小学办学、五条街小学搬迁、十六中教学用地扩建、宗教房产归属等问题；商定治理教育乱收费、营业性娱乐场所音像制品管理、工商隶属关系调整、棉花调拨、秋粮收购等工作。

1995年召开市长办公会议156次，发会议纪要149期。会议主要议题是：研究外贸出口、农业和农村工作、市流动人口计划生育管理、驻外办事处工作、税务局机构改革、第三批苏陕干部交流等工作；讨论沿江化工区建设与发展、镇大铁路三期工程施工等工作；解决京河纸业公司、京阳水泥有限公司用地，市针织厂搬迁等问题；协调迁移花鸟市场、焦山索道管理、城市西北出入口环境综合整治等问题；商讨加快市区安居工程、农贸市场建设、巩固创卫长效管理、控制出租车辆增长等事项；研究"921"工程资金筹集和计划安排，加强家禽家畜、水产品批发交易市场和屠宰点管理，治理公路河道"三乱"，残疾车管理等问题；整顿规范城市信用合作社、协调焦化厂与市建行债务纠纷、色织总厂"八五"技改项目扫尾资金、落实民族宗教专项经费和园林景点建设资金等工作；商讨筹建市老年公寓、职教中心、体育中心等事项；协调解决城市建设与文物保护、特教中心建设、丹徒镇教育经费、回民墓地规划、市革命历史博物馆二期工程建设、长江采沙、城镇居民生活用煤、电大学生和工人技师"农转非"等问题。

1996年召开市长办公会议112次，发会议纪要106期。会议主要议题是：讨论研究组建外贸集团公司、重大科技成果产业化项目、企业职工安置和转产等事项，研究解决居民用电、调整征税范围、蚕桑技术指导站体制归属、丘陵地区缺水、城市用水等问题；研究协调企业搬迁和环保、水厂合资建设和技改项目、城市道路建设、水利枢纽工程建设、市区5大农贸市场建设、小区道路改造、国有粮店公房产权划转等工作；审定运河风光带规划、液化气厂选址、环城公路接线工程、丹阳自来水厂长江取水规划及市区山体滑坡综合治理方案，协调片区管理与物业管理、港口征地拆迁等问题；决定加强社会治安整治、生猪定点宰杀、金山公园广场管理等问题；协调筹集商业、企业流动资金，落实重点基建和技改项目银行贷款，解困基金筹集和使用等工作，决定加强因公出国外汇核批管理，加快工业品市场资金筹集进度等问题；商定确立中日友谊梅樱园活动日、设立戒毒所等事项；商议“真道堂”危房和教育、教师工资等问题，决定对计划内临时工办理“农转非”工作。

1997年召开市长办公会议116次，发会议纪要110期。会议主要议题是：研究经济开发区电力建设、年产135万吨纸项目建设、高速公路沿线农业示范带建设、市直煤炭系统解困等工作；协调韦岗铁矿采空区处理工程、镇江船厂征地拆迁、市玻璃厂停产搬迁、镇江水泥厂搬迁等问题；讨论确定镇江港总体布局规划、市区公路站场枢纽——总体规划布局等；研究运河整治工程、加快古城公园、市区“亮光”工程和污水截流工程建设等工作；整顿占道经营和梦溪广场秩序，综合整治小米山沟、马家山、王家湾、李家大山环境，协调竹林路拓宽改造拆迁、镇江—禄口机场道路建设、镇句路拓宽改造工程、改革市区出租车经营审批制度、整治助力车等问题；研究解决1997年科教兴市、市高专“九五”规划、机关幼儿园发展用地、“五柳堂”保护维修、图书馆二期工程建设、东风水泥厂职工子弟学校整体划归等问题；协调解决市电源建设费征收、镇江面粉厂破产后银行贷款、医政路改造集资、润州山路集资、太古山路改造工程统筹资金等问题，落实地方工业品市场建设资金和企业借贷兑付工作。

1998～2002年（第四届市政府）　1998年召开市长办公会议108次，发会议纪要105期。会议主要议题是：研究确定建立镇江新区方案、组建江苏跃进农用车有限责任公司、成立镇江市海外集团公司管理委员会、加强驻外联络处工作管理、开发利用德辉广场、建立再就业市场等工作；讨论市纺织工业调整压锭、加快发展个私经济和再就业工程、建设古洞煤矿等问题；贯彻落实《非法金融机构和非法金融业务活动取缔办法》；协调台商投诉、供电局建设用地、江心乡新过江电缆施放及故障抢修、大市口110千伏变电所建设方案、镇江邮电通信本地网建设、金西水厂供电线路建设等工作；解决落实市直煤炭系统有关问题、金东纸业码头对外开放、原渣土管理办公室人员分流等工作。

1999年召开市长办公会议98次，发会议纪要87期。会议主要议题是：研究大东滩土地权属和市政配套、改善外商投资环境、镇江新区拆迁安置、镇江香醋行业专项整治、砖瓦生产企业整顿、钢材市场建设；审定创建“三山”国家重点风景名胜区方案；加强镇江新区环保、宝盖路整修、会莲庵片区开发、永安市场整治管理、经济适用房建设、长江路一期改造工程、烈士陵园滑坡治理；研究科技兴市、市区绿色通道、八叉巷小学和中华路小学扩建、市第十中学重建、加强生猪屠宰管理、确定市区定点药店、联办江南学校、提高三条社会保障线水平、万佛塔装修工程、金山焦山景区有关问题；研究筹措镇扬大桥资金问题、城市建设资金、落实镇江新区扎口收费、对个私企业收费开展专项治理、市区住房基金管理、困难企业离休人员医疗经费等工作。

2000年召开市长办公会议103次，发会议纪要103期。会议主要议题是：镇江船厂搬迁、镇江市“一卡通”规划方案、金东纸业港池建设、镇江老港搬迁安置、航道处搬迁、加强金属收购业管理、市客车服务公司整建制划归等问题；城市防洪规划专家论证、落实历史文化名城研讨会有关建议、长江路拓宽一期工程拆迁、镇大公路绿化路灯、跑马山路占道经营、京口闸市场经营秩序整治、处理市侨源房地产公司拆迁回迁遗留问题、自力市场消防安全、加强京口果品市场管理、南徐路拓宽改造等问题；公交3路站房拆迁安置、八叉巷和中华路小学扩建改造、索普实验学校办学问题、新区有关初中新生入学、解决乡镇科技人员就地“农转非”、市区室外广告管理、职工医疗保险定点药店、建立市区废旧金属交易市场等问题；落实困难企业离休人员医疗经费、市本级住房基金管理、争取国家开发银行贷款、调整市煤气建设资金收取办法、加强占道经营管理、规范中小学收费等工作。

2001 年召开市长办公会议 73 次,发会议纪要 73 期。会议主要议题是:研究建立市领导信访值班工作制度,市乡镇企业管理局机构改革,引资大道和城市客厅等工程的规划建设,谏辛公路月湖段、老山路南段拓宽改造,碧榆园三期工程,金山河小学拆迁,五条街片区、江苏农垦农业机械公司拆迁安置,官塘桥集镇整治出新,出租车更新,镇江船厂搬迁,压缩全市小水泥生产,城镇垃圾处理费征收细则,镇江香醋专项整治与管理,调整市区生猪屠宰有关税费项目和标准,整治市娱乐服务暨电子游戏经营场所,整顿农贸市场经营秩序,茅山风景区整治方案,镇江大酒店污染治理,金山寺新年撞钟活动,处理南山塔园经营中存在的问题;解决高资镇群众出行难问题、城东垃圾填埋场二期工程渔民补偿问题和德辉广场延期经营期间安全消防等问题。

2002 年召开市长办公会议 85 次,发会议纪要 85 期。会议主要议题是:明确 2002 年城建重点工程建设主体及重点项目市场化经营中有关土地资产运作问题、市占道办移交给市城管办;讨论研究镇建四公司和安装公司改制,南徐路拓宽改造项目资金合作问题,学府路拓宽改造,大市口 2 号与 3 号地块、焦山新山门、京口工业园区、出口加工区、奥雷光电项目工程建设,金山花园、高家门油库拆迁,江苏大学扩建征地,八叉巷小学操场用地,黄山公墓搬迁,镇江氧气公司退城进区用地,索普集团二期工程施工,市高专学校购买市东郊宾馆扩建新校区,共青团农场属地管理,农村社会养老保险职能移交,落实污染企业搬迁和特困企业解困有关扶持政策,取缔农用中巴车载客营运,整治江南桥安全隐患和大港汽渡安全隐患,协调解决镇江蓄电池厂等 11 户企业改革和华东铝加工厂解困等问题。

2003 ~2005 年(第五届市政府)　2003 年召开市长办公会议 79 次,发会议纪要 79 期。会议主要议题是:听取 2004 年全市主要经济指标计划安排的汇报;研究镇江市农村公路建设实施意见、镇江市政府督查工作规定、水环境专项治理实施方案、医保工作目标和任务、调整金山公园等门票价格、镇江港改制、学生健康饮水、世业洲景观工程、市一中易地扩建、第一楼街(步行街)建设、外经贸企业改革实施方案、综合性经贸洽谈会筹备、加强对重点城建工程的检查督促、抓好创卫工作、突击处理好山体滑坡撤离群众的回迁安置工作等问题;协调解决一泉宾馆 6 号楼改造翻建资金、江苏环太公司合资企业与润州区渔民纠纷、市粮食企业拆迁、鹤林水泥厂重组改制相关问题;落实外资和外贸奖励基金、丹徒区医保进入市区统筹、铁路三线搬迁等各项工作;制定出台《信访工作责任督查办法》《市直和城区财税体制调整的意见》《征地补偿和被征地农民基本生活保障办法》等政策意见。

2004 年召开市长办公会议 75 次,发会议纪要 75 期。会议主要议题是:听取全市安全生产情况、2004 年市政府为民办 15 件实事的推进情况汇报;研究组建市燃气集团、菜篮子工程和调整蔬菜风险基金管理职能、农产品批发市场和金山农贸市场建设、市区出租车管理、跑马山灾民搬迁、焦山航道清淤、公布第六批市级文物保护单位、调整市区户口准入制度、公共卫生体制建设、谏壁地区环境综合整治、镇江汽车制造厂迁建、金山饭店职工失业金发放、征润洲水上派出所治安卡口用地、焦山公园房产置换、妥善处理流浪乞讨人员等问题;协调解决合纤厂破产、军分区靶场征地有关规费减免、焦山门票收入分成比例、原谏壁船厂退休职工养老金等问题。

2005 年召开市长办公会议 85 次,发会议纪要 85 期。会议主要议题是:听取市经贸委关于做好 2005 年电力迎峰度夏工作的情况汇报;研究迎峰度夏有序用电方案;讨论研究南徐大道和镇宝路绿地招标管养,“珍珠广场”改造方案,镇江扬州两市旅游专线,江苏太白集团改制搬迁,广电中心建设拆迁供电公司西大院,拆除朱方路 3 号地块沿街商业房,13 条新建道路清扫保洁市场化运作,外贸集团公司改制,焦山轮渡管理,出租汽车收费,调整移交烟花爆竹生产、批发、储存安全监管职能,明确市区和地方教育费附加分配使用管理办法,镇荣公路北延段拓宽改造,加强饮用水源取水口保护，综合整治太平河非法码头，落实镇江柴油机厂技改项目扶持政策，加快焦化煤气集团迁建、汽车制造厂等企业搬迁，市区豆制品行业卫生管理，农产品批发市场建设，健康广场建设，黄山蔬菜果品市场搬迁，市儿童医院建设，市旅游学校易地新建，花山湾二区26号、京岘山路38号和跑马山滑坡治理、金山湖整治工程，文化事业费征收管理，人力客运三轮车管理，镇江宾馆改制，华铝职工宿舍煤气爆炸事故善后处理等问题。

第三节　市政府全体组成人员（扩大）会议

市政府全体组成人员（扩大）会议由市长、副市长、顾问、秘书长，市政府工作部门各委员会主任，各办公室主任，各局局长组成。会议由市长召集或主持，一般每半年召开一次，市政府副秘书长列席会议，并根据需要安排有关部门、单位负责人列席会议。根据市政府常务会议讨论的意见，确定市政府全体组成人员（扩大）会议议题，每次主要研究一个重要问题。主要是传达贯彻党中央、国务院和省委、省政府及市委的指示、决定；部署市政府的重要工作；通报情况，协调各部门的工作；讨论其他需要全体会议讨论的事项。通常年初的会议总结上一年政府工作，安排本年度工作任务；年中的会议总结上半年政府工作，安排下半年工作任务。

1983～1987年（第一届市政府）　1984年11月29日的市政府全体组成人员（扩大）会议，交流学习《中共中央关于经济体制改革的决定》的情况，研究部署下一步工作，深刻领会和贯彻执行决定精神，开创镇江市经济工作新局面；代市长高德正作工作报告，市计委、建委、劳动局、物资局、财政局、机械局、交通局、商业局、塑料公司等单位在会上发言。

1985年3月2日的市政府全体组成人员（扩大）会议，传达全国经济工作会议精神，讨论部署1985年经济工作。7月22～23日的市政府全体组成人员（扩大）会议，市长高德正作工作报告，市计经委、机械局、经贸局、多管局、电子工业公司、供销社、农业银行等单位在会上发言。

1986年2月21～23日的市政府全体组成人员（扩大）会议，贯彻省委、市委扩大会议精神，市长高德正作《总结经验，继续前进，团结奋斗，再展宏图》工作报告，市委书记孙秉谦到会讲话，市供销社、交通局、机械局、汽车公司、塑料公司、冶金公司和农业银行在会上发言。

1986年7月21～23日的市政府全体组成人员（扩大）会议，市长高德正作《坚持不懈，奋发进取，努力完成和超额完成全年工作任务》报告，市农业局、多管局、市政公用局、司法局、商业局、机械局、二轻局、交通局、塑料公司作大会发言。与会人员于21日参观镇江高压电器厂、大东造纸厂、润州区金山大队、铝加工厂、黄山园艺场、镇江工艺品贸易中心和市少年宫。

1987年3月9～10日的市政府全体组成人员（扩大）会议，贯彻落实全国省长会议、省委工作会议和市委工作会议精神，年度总结以及落实新年任务和措施，市长高德正作工作报告。副市长黄选能汇报中山东路改造建设工程情况，并对动迁工作作动员。各县（区）和计经委、经贸委等20个部门向市政府签订责任状。8月6～7日的市政府全体组成人员（扩大）会议，动员市政府各部门和全体机关工作人员提高工作效率，更好地为基层服务，力争全面完成和超额完成全年各项任务，为1988年跨入百亿元工业城市行列，提前完成“七五”计划而努力；市长陈璧显作工作报告，市计经委、建委、外经委、财贸领导小组、体改办、农业局、公安局等单位作大会发言。

1988～1992年（第二届市政府）　1988年5月16～17日的市政府全体组成人员（扩大）会议，着重研究如何以改革总揽全局，提高工作效率问题；市长陈璧显作工作报告，市冶金公司、化工局、教育局、工商局、水利局、农业局、口岸委、计生委、供销社、农业银行等单位作大会发言。11月18日的市政府全体组成人员（扩大）会议，结合镇江市实际，贯彻落实中共十三届三中全会和国务院一系列指示精神，把省委扩大会议、省政府召开的县（市、区）长会议以及市委工作会议精神部署具体化；市长陈璧显作工作报告，市计经委、体改委、城建委、外贸局、公安局、轻工局、农业局、人民银行等单位发言。

1989年7月26～27日的市政府全体组成人员（扩大）会议，贯彻落实中共十三届四中全会和全省市长会议精神；夏良震、陈文湘、方之焯、许晓霞、应国根等副市长分别对上半年工作进行回顾，对下半年工作提出设想和安排；市长陈璧显作工作报告，市财政局、物资局、农业局、教育局、物价局、监察局、机械工业局、科委、供销社等单位作表态发言。11月13～14日的市政府全体组成人员（扩大）会议，主要讨论研究《镇江市人民政府关于当前工作的意见》和《镇江市人民政府关于加强机关思想作风建设的决定》；代市长钱永波作工作报告，市计经委、农工部、财办、科委、公安局、商业局、教育局、冶金公司、纺织公司等单位作大会发言。大会邀请市人大、政协部分领导和省新闻单位负责人参加会议，对政府工作提出意见和建议。

1990年3月6～7日的市政府全体会议，贯彻落实市委二届二次全会精神，着重研究部署在全市各级政府机关开展廉政爱民活动和建立目标管理责任制、筹集工业发展基金等问题；市长钱永波作《在全市各级政府机关开展廉政爱民活动》报告，副市长方之焯对《关于对我市国民经济和社会发展实行目标管理》以及建立两个基金问题作说明；市公安局、商业局、土管局、机械局、房管局、城管办、公用事业局等7个单位作廉政爱民活动经验介绍。6月20～22日的政府全体会议，讨论通过城市综合开发工作意见和学习《中华人民共和国行政诉讼法》；市长钱永波作《坚持开拓创新，理清工作思路，努力完成当年经济发展计划》工作报告，副市长应国根就工业生产问题作补充发言，副市长许晓霞就如何加快镇江市外向型经济发展作专题发言，市委书记俞兴德到会讲话。

1991年9月5～6日的市政府全体组成人员（扩大）会议，根据省委、省政府召开的市委书记、市长会议和市委工作会议要求，在深入调查研究基础上，进行大灾后的反思，以提高经济效益和生财、聚财为重点，研究安排工作；市长钱永波作《努力提高经济效益，增强镇江市综合发展和防灾抗灾的实力》工作报告，市计委、经委、建委、财政局、土管局等5个部门在会上发言。12月27～30日的政府全体会议，传达全省计划工作会议精神，讨论修改镇江市1991年和"八五"经济及社会发展计划，部署1991年工交和经贸工作，讨论通过市政府决策程序和提高政府机关工作效率若干规定；市长钱永波作《振奋精神，规划蓝图，突出重点，抓好起步》工作报告，市纺织公司、轻工局、机械局、化工局、医药公司、人民银行作大会发言。

1992年2月20～21日的市政府全体组成人员（扩大）会议，讨论通过九届人大五次会议《政府工作报告》，传达全省科技工作会议精神，转变政府工作作风，市长钱永波在会上作《围绕中心，狠抓落实，确保当年政府工作全面完成》工作报告。

1993～1997年（第三届市政府）　1993年7月25日的市政府全体组成人员（扩大）会议，研究新形势下如何搞好政府工作，确保全市国民经济既快又好发展，全面完成市十届人大一次会议提出的政府各项工作任务；市长方之焯作《认清形势，坚定信心，克服困难，继续前进》报告。12月24～25日的市政府全体组成人员（扩大）会议，重点研究部署1994年如何深化改革，加快发展问题；会议明确提出1994年提前实现小康目标；市长方之焯作工作报告，市委书记钱永波到会作指示。

1994年8月18～19日的市政府全体组成人员（扩大）会议，贯彻省委、省政府召开的市委书记、市长会议精神，落实市委工作会议精神，动员和组织广大干部群众搞好抗旱斗争，完成全年各项工作任务；市长方之焯作《突出重点，狠抓关键，努力把各项工作落到实处》工作报告。

1995年1月17～18日的市政府全体组成人员（扩大）会议，贯彻全国、省经济工作会议精神；代市长周大平作工作报告，市委书记方之焯到会讲话。6月9日的市政府全体组成人员（扩大）会议，研究新形势下围绕经济建设中心，加强城市社会管理，优化城市环境，创建全国卫生城市，促进经济和社会事业协调发展；市长周大平作工作报告。

1996年1月18～19日的市政府全体组成人员（扩大）会议，着重研究市区经济工作；市长周大平作工作报告。8月8～9日的市政府全体组成人员（扩大）会议，围绕促进经济发展大局，加强政府机关思想作风建设，突出解决提高办事效率、集中力量办大事、扎扎实实为基层和群众服务问题，树立“勤政廉洁、高效创优”政府形象，带领和组织全市人民实现“九五”目标；市长周大平作工作报告，市监察局局长郑蕊芳对推行社会服务承诺制作说明，5 个政风考评小组通报对政府 10 个部门行风、政风、效能考评情况。

1997 年 1 月 21 ~ 22 日的市政府全体组成人员（扩大）会议，专题研究市直工业结构调整问题，使市直工业产业结构、产品结构、组织结构、技术结构得到优化，经济运行技术和效益得到提高；市劳动局、华东铝业集团公司、华东制罐总厂、正茂集团公司、镇江味精厂等单位作典型发言。7 月 24 ~ 25 日的市政府全体组成人员会议，贯彻市委工作会议精神，着重研究本市开放型经济发展问题，对《镇江市人民政府关于进一步改善外商投资软环境的决定（讨论稿）》进行讨论。12 月 15 ~ 16 日的市政府全体组成人员会议，讨论修改《政府工作报告》，部署该届政府最后一段时期工作。

1998 ~ 2002 年（第四届市政府）　1998 年 6 月 24 ~ 25 日的市政府全体组成人员（扩大）会议，要求解放思想，深化改革，促进发展，确保全年各项目标实现；市长周大平作工作报告；与会人员对《镇江市中小工业企业产权出让暂行办法》《关于进一步深化流通体制改革的意见》《关于城市建设和城市管理体制改革的意见》进行讨论，并提出修改意见。

1999 年 1 月 18 ~ 19 日的市政府全体组成人员（扩大）会议主题是科技与人才，市长周大平作《面向新世纪，实现新突破，努力开创我市科技与人才工作的新局面》的工作报告；镇江船用柴油机厂、江苏长江电器集团、江奎集团、金钛软件公司在会上作典型发言。8 月 26 日的市政府全体组成人员会议主题是创新；市长周大平作《弘扬创新精神，全力开拓进取》报告。

2000 年 1 月 19 日的市政府全体组成人员（扩大）会议，研究竞争问题；市长周大平作《强化竞争优势，加快创新发展》的工作报告，市委书记方之焯到会作重要讲话；市教委、国土局、句容市政府在会上发言。7 月 27 ~ 28 日的市政府全体组成人员（扩大）会议，专题研究优化发展环境；市长周大平作《努力优化发展环境，加快镇江现代化建设步伐》报告，市委书记方之焯到会讲话；市监察局、人事局、国土局、物价局、镇江工商局作大会发言；会议分组讨论《关于进一步优化发展环境的意见》《镇江市投资项目“一个窗口”审批实施方案》《关于进一步强化镇江新区管理职能的若干规定》等即将出台的文件。

2001 年 1 月和 7 月，市政府分别召开全体组成人员（扩大）会议。1 月 8 日会议的主题是：贯彻市委全委扩大会议精神，在深入讨论修改《政府工作报告》过程中，统一思想，明确工作重点，实现镇江经济和社会事业跨越式发展；代市长张卫国作《突出重点，狠抓落实，实现“十五”发展“开门红”》报告，市委书记方之焯作重要讲话。7 月 14 日会议的主题是：学习贯彻省委、省政府苏南区域发展座谈会精神，围绕完成全年各项目标任务，加强政府机关思想作风建设；代市长史和平作工作报告，市委书记张卫国作重要讲话；市经贸委、建设局、农林局、公安局、工商局、新区管委会发言。

2002 年 3 月和 8 月，市政府分别召开全体组成人员（扩大）会议。3 月 1 日会议的主题是：动员全市上下在争创一流、跨越发展关键之年，完成市委四届二次全委（扩大）会和四届五次人代会提出各项目标任务；市长史和平作工作报告，市委书记张卫国到会讲话。8 月 13 日会议主题是：以实际行动落实市委四届三次全体（扩大）会议精神，以实际成果迎接中共十六大召开；市长史和平作工作报告，市委书记张卫国到会讲话。

2003 ~ 2005 年（第五届市政府）　2003 年 7 月和 12 月，市政府分别召开全体组成人员（扩大）会议。7 月 17 日会议的主题是：总结上半年、部署安排下半年任务，确保全面完成年初预定各项目标；代市长许津荣作工作报告，市委书记史和平到会讲话。12 月 23 日会议的主题是：贯彻落实市委四届七次全会（立志两个率先，奋力两步走，争当苏南后起之秀）精神，开创 2004 年各项工作新局面;代市长许津荣作工作报告和述职述廉报告,市委书记史和平到会讲话;市经贸委、建设局、劳动局在会上发言。

2004 年 7 月 14 日的市政府全体组成人员(扩大)会议,学习贯彻胡锦涛视察江苏时重要讲话和省委十届七次全会精神,按照市委四届九次全会提出的要求,以科学发展观为指导,适应国家宏观调控,确保全面完成 2004 年各项目标任务;市长许津荣作工作报告;市发改委、经贸委、外经贸局、农林局在会上发言。

2005 年 1 月和 7 月,市政府分别召开全体组成人员(扩大)会议。1 月 29 日会议主题是:学习贯彻市委四届十次全会精神,围绕市五届三次人代会审议通过的《政府工作报告》提出的总体目标,部署做好 2005 年政府各项工作,确保完成全年目标任务;市长许津荣作工作报告;市发改委、经贸委、外经贸局、财政局在会上发言。7 月 15 日的全体组成人员(扩大)会议,以科学发展观为指导,坚持"两高一争"(主要经济指标高于全省平均水平、高于当年实际水平,力争赶超苏南平均水平)目标,确保全面完成 2005 年各项目标任务;市长许津荣作工作报告;市经贸委、外经贸局、农林局在会上发言。

第四节 其他重要会议

1983 ~ 2005 年,市政府每年都召开若干工作会议、动员大会、庆祝会、表彰会、汇报会、现场会、交流会、座谈会、研讨会、洽谈会等。

1983 年 3 月 6 日,市政府在河滨饭店召开市计划经济工作会议,传达贯彻全国经济工作会议、职工政治思想工作会议和省计划经济工作会议精神,安排落实镇江市 1984 年国民经济和社会发展计划,研究部署上半年工交生产,会期 5 天。800 多名与会人员听取中央、国务院有关会议精神传达。分组讨论上级会议精神和《关于进一步搞活经济调整工作的意见》《关于技术改造若干经济政策的规定》《关于计划经济工作改革的初步意见》等文件。市财政局、物资局、科委和人民银行 4 个单位作大会发言。市政府分别召开两个座谈会,听取县、区和有关部门对当年计划安排的意见,副市长许晓霞作《关于镇江市 1984 年国民经济和社会发展计划的安排意见》报告。

1991 年 12 月 10 日为纪念国务院公布镇江市为历史文化名城五周年,市政府、市政协联合召开历史文化名城建设研讨会,副市长方之焯作《树立名城意识,加强名城研究,推动名城的保护与建设》讲话,市政协主席黄选能就文物保护、利用问题作专题发言。省政府、省建委、省文化厅有关领导,市四套班子领导,市各民主党派负责人,市和各县(市)区有关负责同志,以及一批专家、学者约 120 人出席研讨会。会议回顾总结镇江名城建设的经验和教训,探讨和研究如何进一步加强名城建设问题,明确名城建设奋斗目标。主要设想是改善 1 个中心(旧城区),建设 2 个卫星镇(大港镇、高资镇),建设 1 个工业新区(丁卯工业区),完善 6 个工业区(七里甸、官塘桥、市东南郊、丹徒镇、谏壁镇、乔家门),建成大西路民族风格一条街,建成历史文化博览区(西津渡古街等),建设六朝古城公园,完善三山风景名胜保护区,建成古运河风光带等项目。

1996 年 4 月 8 ~ 11 日,国务院办公厅在镇江一泉宾馆召开全国职工医疗保险制度改革扩大试点工作会议。国务院、国家有关部委、江苏省和镇江市有关部门、全国 29 个省(自治区)、直辖市的 574 人参加会议。国务委员彭珮云作工作报告。镇江、九江两个试点城市政府领导、卫生局、劳动局、医保局等单位分别汇报医改试点工作做法和经验;国家体改委、财政部、劳动部和卫生部提出关于职工医疗保险制度改革扩大试点的意见。会议期间,彭珮云召开省(自治区)、直辖市领导座谈会,听取 21 名副省长(自治区副主席)及其他同志意见,共商搞好扩大试点工作问题,职工医改将从镇江、九江两市扩大到全国 57 个城市。国务院副秘书长徐志坚、卫生部部长陈敏章、江苏省省长郑斯林等领导在会上讲话。

1998 年 5 月 11 日，市政府在镇江影剧院召开镇江市争创国家卫生城市总结表彰暨动员大会。副市长张克敏主持会议，市长周大平在会上作《办实事、求实效、创实绩，全力开创创卫工作新局面》讲话，为 1997 年度创卫优胜单位、金山市容杯先进单位颁奖，向 30 个职能部门下达 1998 年度创卫任务书。

2003 年 5 月 28 日，市政府在碧榆园宾馆召开全市农业和农村工作座谈会。各辖市（区）政府和镇江新区分管领导，市计经委、农林局、财政局、市农办及市有关单位负责人近 50 人参加会议。会议分析农业和农村工作形势，切实抓好农业和农村工作，确保农村经济发展，农民增收，农村社会稳定。丹阳、扬中市政府，丹徒、润州区政府，新区管委会，计委、农林局等单位领导在会上发言。

2005 年 6 月 18 日，镇江市政府承办的南京都市圈发展论坛第三次会议在镇江碧榆园宾馆国际会议中心召开。国家有关部委、江苏省有关领导、南京都市圈 11 个城市市领导及有关部门领导，江苏、安徽两省相关高校、研究院领导及专家，美国、日本专家等近百人参会。会议对汽车及机械、电子、化工等装备制造业发展状况、趋势、契机和营销模式进行研讨，搭建城际汽车工业和现代装备制造业互动合作的平台，提升南京都市圈各市制造业发展水平。论坛主题报告会上，镇江市副市长江里程、长安福特南京汽车公司总监张彤、江苏机械工业联合会副会长苏泽民、安徽社科院院长韦伟、南京财经大学副校长李廉水、南京大学国际商学院副院长刘志彪、江苏大学工商管理学院院长梅强等作重点发言。南京、镇江、扬州、泰州、芜湖、马鞍山、滁州、巢湖、淮安、铜陵、宣城等 11 个城市领导与企业家进行对话，并在《南京都市圈汽车与装备制造业合作与互动发展共识》上签字。

第三章　政务述要

第一节　深化经济体制改革

1983 年以后，镇江市政府根据中央精神，印发《关于当前我市经济体制改革的若干意见》，坚持以深化企业改革、增强企业活力为中心，围绕提高经济效益、转换企业经营机制为重点，积极开展经济体制改革，放宽经济政策，搞活商品流通，城乡改革同步发展，各项改革综合配套，为促进全市经济持续、稳定、高效发展和社会进步发挥积极作用。

一、建立现代企业制度

1．实行承包经营责任制　1984 年起，镇江市国有企业开始实行厂长负责制试点。1986 年全面推行以“两包一挂”（包上交国家利润、包技术改造任务、职工工资总额与经济效益挂钩）为主要形式的承包经营责任制。1987 年 8 月，市批转下发《关于贯彻“三个条例”，全面推行厂长（经理）负责制的意见》。到 1988 年底，全市有 123 家工业国企实行多种形式的承包经营责任制，承包面达 96.8%。95% 以上县属工业企业实行厂长（经理）负责制，确定镇江钛白粉厂等 13 家国有企业为推行承包经营责任制试点单位。有 244 家国企及集体工商企业改革内部分配制度，实行浮动工资制。

2．实行股份制试点　1987 年 2 月印发《镇江市中、小型企业实行租赁经营，工业企业实行股份制试点的试行意见》。1993 年出台《镇江市股份制试点企业的暂行办法》《镇江市企业股份合作制试行办法》，选择 20 家工商企业进行现代企业制度试点，由工厂制改为公司制，通过兼并参股、出资入股、债权改股等途径，筹集资金 3.14 亿元。以“公有资本控股、职工出资参股”为主要形式的国企产权制度改革,也由中小商业企业试点向工业企业扩展。1996 年 5 月印发《关于市属企业股份制的试行意见》,为加强和改善对国有资产管理、流动和重组,市国有资产管理局挂牌成立。1998 年,全市中小企业以股份制、股份合作制改造为主要形式的改制面超过 80%。新组建金益股份有限公司等 6 家股份有限公司。1999 年,全市国有大中型企业改制面达 57.9%,其中股份有限公司 20 家。截至 2000 年,全市已组建股份有限公司 24 家,有限责任公司 6297 家,索普、江奎、大亚、恒顺先后成功上市。截至 2002 年,全市股份有限公司发展到 27 家。

3. 组建企业集团(公司)　1995 年,市政府常务会议多次研究如何加快企业资产重组工作,印发《关于加快企业资产重组,促进经济发展的意见》,同意成立市资产经营公司,对企业改革、改制、资产重组中剥离出来的资产进行管理。随着企业经营机制改革深化,一批优势企业、先进企业兼并落后企业,促进企业联合和集团组建。先后组建路面机械、汽车、接插件、钛白粉、通用器材等企业集团(联合体)。有些企业与国内大集团、大公司实行"挂、靠、联",促进企业组织结构和产业、产品结构调整。电视机厂与北京牡丹电视机集团联营,机床厂与汉中机床厂联营,首都钢铁公司有偿兼并镇江船舶公司。截至 1997 年,全市组建市级以企业集团 135 家,其中省级企业集团 79 家,华鹏、大海、大亚、龙山鳗联、长江电器 5 家集团被评为国家部级集团。

4. 实行全员劳动合同制　1985 年 12 月,市政府印发《关于劳动合同制工人管理的暂行规定》,随之印发《关于贯彻国务院和省人民政府改革劳动制度的实施意见》,明确在企业实行劳动合同制。1987 年起,进行以优化劳动组合为主要内容的劳动用工制度改革,搞活固定工制度。1988 年,全市有 238 家县属以上国企和集体企业,约 11.4 万名职工参与优化劳动组合,择优上岗、双向选择、合同化管理等一套新型劳动制度初步形成。1991 年,市政府又下发《镇江市企业全员劳动合同制试行办法》,对实行全员劳动合同制内容、原则、政策和做法作明确规定。镇江冶炼厂等 19 家企业首批试行。企业全体职工自此与企业均签订劳动合同,实行劳动合同制范围不断扩大,新招工人、退休顶替人员、知识分子"农转非"家属全部实行劳动合同制。1995 年,全市实行全员劳动合同制企业有 2219 家,劳动合同制职工达 33.3 万人,占企业职工 98.2%。

二、深化国有企业改革

2002 年 6 月,镇江市委、市政府召开全市国企改革动员大会,印发《关于深化国有企业改革的若干意见》和 5 个补充实施意见,紧紧围绕"两个置换"(企业产权置换和职工身份置换),力争 3 年完成国企改革任务。2004 年 12 月,市政府成立市国有资产监督管理委员会,加快推进国企改革,有 300 多家市属企业改制改组,其中产权出让 160 家,破产关闭 140 家,完成任务总数 97%。国企改革涉及企业资产百亿以上,负债 120 亿元,通过产权出让获变现收入 7.39 亿元,破产关闭企业实现收入 5.51 亿元。有近 7 万名职工实现身份置换,其中 4 万名职工通过市场化方式重新上岗就业,1.8 万名职工分流安置,1.2 万名职工退养协保,提留近 6 亿元资产用于职工置换身份经济补偿。截至 2005 年,所有具备条件的市直企业都进行产权制度改革。

三、再就业工程

1987 年建立市劳务市场。1990 年建立劳务市场办事机构——职业介绍所,并相应建立行业劳务市场和企业劳务市场。全市 6 个县(市、区)都建立劳务市场,69 个乡镇建立就业管理站(所)。市政府每年召开一次劳动就业工作会议,专门研究劳动就业问题,采取多种措施,平稳过渡就业高峰。1996 年,全市全面实施再就业工程,成立再就业工程办公室,制订实施再就业工程总体方案,先后出台《关于实施再就业工程的实施细则》等 4 个配套文件。全年 17400 名下岗职工、1871 名失业职工得到安置,全市失业率为 2.1%,低于全省平均水平。

1997 年,市政府出台《关于贯彻〈省政府关于促进城镇劳动再就业若干问题的通知〉的实施意见》,制定12条促进城镇就业优惠政策。市区举办专项劳务交流会4次,小型劳务交流会12次,为270多家用人单位招收8000多名各类求职人员。

1998年8月印发《镇江市国有企业再就业服务中心管理暂行办法》。1999年,《江苏省劳动力市场管理条例》正式实施。2002年下发《关于促进下岗职工失业人员中弱势群体再就业工作的意见》,加大弱势群体再就业帮扶力度,实施再就业援助行动。市直单位为弱势群体购买公益性岗位(社区辅警员、百米一岗卫生保洁员、社区保洁员)1495个,保障市区207户双下岗、双失业家庭基本实现有1人上岗就业。

2004年11月印发《关于进一步完善和落实下岗失业人员再就业优惠扶持政策的通知》,鼓励民营企业吸纳下岗失业人员再就业,鼓励"协保"人员自谋职业和自主创业,推进下岗失业人员小额担保贷款。2005年在全省率先出台《镇江市就业失业登记管理办法》,对进城务工和跨地区就业农村劳动力不再实行流动就业证卡管理制度,而是采取城乡统一劳动力就业(失业)登记制度,实行城乡劳动者统筹就业。

四、事业单位转企改制

2003年9月,市委、市政府出台《关于市属事业单位转企改制工作的试行意见》,召开市属事业单位转企改制试点动员大会,在社会公益类、科研设计类、生产经营类选择8家单位进行试点。2004年召开转企改制推进动员会议,出台《市属事业单位转企改制工作补充意见》。全市局部调整事业单位结构布局,撤销16个,归并6个,清理一批与机关混编混岗的事业单位,公路、航道等机构实现事、企脱钩。2004年,市直500个事业单位按其业务性质、功能定位、发展方向,划分为行政管理类、社会公益类和生产经营类,有108个市属生产经营类事业单位被确定转企改制;至年底,生产经营类事业单位改制任务基本完成,部分事业单位试行协议工资制和"公推公选"领导干部。2005年推行事业单位人员聘用制度,确立"凡进必考"用人导向,实行动态管理。全市实行聘用制事业单位2282个,签订聘用合同职工6.5万人,基本全覆盖。全市市属行政管理类和社会公益类事业单位改革准备工作基本就绪。

五、深化流通体制改革

1991年12月,市政府印发《关于进一步搞活流通企业的意见》。加快国有集体流通骨干企业改制步伐,全市流通企业中,筹建股份有限公司5家;结合流通企业特点,采取股份合作、租赁、兼并、买断经营、转为私营等形式,加快放活小型流通企业步伐;全市有各级各类要素市场52家,劳动力市场、人才市场、技术市场、房地产市场、产权交易市场基本形成市、县(市、区)、乡镇三级网络。

1992年6月,镇江供销社集团正式成立,随后商业、粮食、物资集团也相继成立。大鹏集团、市百货公司、华联商厦3家企业成为流通领域首批股份制试点单位。此后,镇江大酒店等20多家企业也加入股份制改革行列。1995年,市区30多家国有粮店全面推行连锁经营。1998年,全市连锁经营企业有7家,连锁网点达125个。市蔬菜公司万方超市连锁经营,实行统一配送、统一核算、统一价格、统一标志。1999年,全市已有各类市场266个,其中消费品市场251个,年交易亿元以上市场15个,华东灯具城、东方皮革商城、眼镜市场等年成交额超5亿元。市区先后建成东门展销馆、华联商厦、镇江商业城、镇江宾馆、国际饭店等大中型商业服务网点。

2001年根据国务院《关于进一步深化粮食流通体制改革的意见》,镇江市全面推行粮食购销市场化。粮食部门确立"大市场、大服务、大购销"新观念,国有粮食购销企业彻底改变坐商作风,采取增设收购网点、上门收购等措施,方便农民卖粮。钢材市场实行24小时收发货和夜间干部值班制度。2003年,全市各级流通领域主管部门及商贸流通企业,采取多种形式,加强社会商业管理,加强现代营销网络建设,加强“两放心”工程建设,使新型业态和大型商场业绩迅速增长,促进流通业整体水平提高。2004 年 4 月,市政府印发《2004 年全市商贸流通工作要点》,加快全市流通体制改革和商贸企业改制。

六、养老保险制度改革

根据《国务院关于企业职工养老保险制度改革的决定》等文件精神,市政府于 1993 年 6 月批准成立市社会保险局。同年 7 月出台《镇江市城镇企业职工社会养老保险暂行办法》,对城镇企业职工养老保险制度进行改革,将过去固定工退休费用社会统筹和合同制工人养老保险的“双轨运行制”统一改革为对全部职工实行社会养老保险。按照“以支定收、略有结余、留有部分积累”原则统一筹建基金,由国家、企业、个人三方共同负担。截至 1993 年底,全市参加社会养老保险企业 2966 家,参保职工 16 万人,参保率达 98%。

1996 年为贯彻落实省政府第 69 号令,市政府出台《关于贯彻实施〈江苏省城镇企业职工社会养老保险规定〉的意见》,对企业职工养老保险制度再次进行改革,建立企业职工养老保险的社会统筹与个人账户相结合新制度。1998 年 6 月,市政府下发《镇江市关于贯彻实施〈江苏省城镇企业职工社会养老保险规定〉的意见》,制定实施细则,建立与全国统一的企业职工养老保险制度。

2000 年 8 月按照省有关通知精神,全市建立起“社会保险经办机构核定缴费基数,地税部门征收,财政部门专户管理,社会保险经办机构发放养老金”的社会保险新型运作机制。社会保险费由差额缴拨改为全额缴拨,基金实行收支两条线管理,养老金实行社会化发放。同年,全市建立个人账户 281687 人,建账率 100%;全市退休人员养老金社会化发放率达 99%,列全省第三。2003 年出台《镇江市城镇私营个体经济组织从业人员参加基本养老保险暂行办法》,将个私企业及其从业人员全部纳入城镇职工养老保险范畴,其养老金保险费由用人单位和劳动者共同承担,实行社会统筹和个人账户相结合;到 2003 年底,全市个私企业参保人数达 11 万人。2005 年先后出台《关于对部分企业中断养老保险缴费的达龄人员补缴养老保险费实行一次性补贴的办法》《关于对未依法参加社会保险的单位征收社会保险统筹费的试行办法》《关于来镇民工参加本市城镇企业职工养老保险和工伤保险的实施意见》《关于调整市区劳务派遣企业参保人员缴费比例的通知》等文件,使全市企业职工养老保险制度得到完善,基本实现全覆盖。

随着城镇企业职工养老保险体系逐步建立,全市机关事业单位养老保险工作相应有序推进。1993 年出台《镇江市机关事业单位工作人员社会养老保险暂行办法》及其实施细则。1994 年 1 月起,按照“一个方案、一个标准、同步实施”原则,在全市机关事业单位全面推行,并在全省率先实行一步到位。丹阳市结合当地实际,探索全收全付的养老保险基金拨付办法,离退休人员可直接到社保机构或指定储蓄所领取养老金。同年 10 月,人事部在镇江召开全国机关事业单位养老保险工作会议,对镇江市机关事业单位养老保险制度改革给予高度评价。1995 年,机关事业单位养老保险制度改革深化,在基金筹集上提高结算效率;在待遇给付上,探索合同制职工养老金与缴费年限挂钩新办法;在管理制度上,从财务、基金管理、台账档案、岗位职责制等方面建立一系列规章制度,使养老保险覆盖面逐步扩大。截至 2001 年,全市机关事业单位养老保险参保率 100%。

农村养老保险发展迅速。1993 年,全市农村居民参加社会养老保险人数达 15.6 万人,占应投保人数 18%。1994 年,全市建立市(县)管理处 6 个,乡镇保险所 83 个,配备专职保险干部 120 余人,健全管理网络,按照“多收、扩面、严管”要求开展工作。1997 年,参保人数达到 17.6 万人,比 1993 年增加 2 万人,累计收入 7500 万元,出现 21 个保费超百万元乡镇。市政府出台《镇江市农村养老保险暂行办法》,首次将养老保险工作列入市政府目标管理考核内容。截至 2000 年,参保人数达 26.31 万人,参保覆盖率 27%,保费收缴累计 9800 万元,比 1997 年增加 8.7 万人,增收 2300 万元。2005 年,全市农村养老保险实现参保 17.48 万人,比上年新增 5378 人,续保 4107 人。

七、住房制度改革

1985年,国务院将镇江市列为全国住房制度改革试点城市之一。市政府根据国家有关部门提出的房改方案,多次组织调查测算和论证。1991年形成《镇江市住房制度改革实施方案》,经省政府同意批准实施。1992年3月,市政府出台《镇江市住房制度改革方案》(简称《方案》),推行住房公积金,分步提租发补贴,新房分配交定金,职工买房给优惠,实行住房基金制,多种办法建住房等。随后出台与之相配套的《镇江市住房公积金实施办法》《镇江市公有住房统一计租暂行办法》等12个文件。选择市区22家单位进行房改试点,组织百人开展大检查。同年7月1日,镇江市房改方案正式实施。全市有1555家单位近28万职工参加房改。1992年10月,市政府第88次常务会议讨论通过《解决市区住房困难户问题实施方案》,决定用3~5年,采取政策扶持、社会统筹、单位补贴、个人购房等方式基本解决问题。

1993年,市政府印发《镇江市优惠出售公有住房试行办法》及《关于大力推进房产物业管理,做好公房售后服务的意见》等文件,严格售房程序,搞好评估立项,落实售后管理,专存售房资金,加快公房出售进程。1994年,市政府连续3年从城市住房基金中每年拨出100万元,专项解决"双特困户"住房问题。

1995年5月,镇江市被国务院确定为全国首批实施安居工程59个试点城市之一。同年6月经省政府批准,《镇江市深化城镇住房制度改革实施方案》出台。9月,市政府批转《镇江市住房公积金实施办法》《镇江市公有住房租金调整办法》《镇江市出售公有住房实施办法》等8个配套文件,与深化房改方案同步实施。所辖四市(县)深化房改方案也经省房改领导小组批准实施。1997年4月,市房改领导小组与市惩治腐败廉政建设领导小组联合发出《关于县(局)级领导干部分、购住房的规定》,实行住房新制度。市级机关所有干部取消福利分房,一律实行只售不租新规定,并在全市逐步推开。1998年,市政府出台《镇江市进一步深化城镇住房制度改革的实施方案》,规定从1998年12月1日起,全市停止住房实物分配,逐步实行住房分配货币化。执行《镇江市房屋权属登记管理办法》,启用全国统一新产权证。同年5月在全省率先出台《镇江市房改房上市交易试行办法》。1999年,市政府出台《镇江市区职工购(住)房补贴审批、发放和使用管理暂行办法》《镇江市区职工住房公积金购房贷款实施办法》,重新修订出台《镇江市房改房上市交易办法》,规范和搞活房产二级市场。全年审批房改房上市交易980户,近6万平方米,成交额6300多万元。

2000年,市政府先后出台《镇江市区职工合作建房管理暂行办法》《镇江市区2000年度房改政策调整方案》等文件。2000年8月,市政府第46次常务会议通过《镇江市城市房屋拆迁管理办法》,改以往房屋拆迁的实物安置为货币安置。2001~2003年,连年出台年度房改政策调整方案。2003年9月,市政府召开住房保障颁证大会,向京口、润州、新区79户人均居住面积8平方米以下的低保家庭颁发住房保障证,初步建立镇江市住房保障制度。2004~2005年,市政府把困难家庭住房保障工作列入为民办实事项目之一,将住房保障面积标准由原来的人均8平方米调高到10平方米,实现市区全覆盖。2005年根据国家、省稳定住房价格工作意见,市有关部门联合出台《关于稳定住房价格,促进房地产业健康发展的意见》,市政府又制定实施《镇江市区城镇居民最低收入家庭住房保障暂行办法》,为逐步解决特困家庭最基本住房问题创造条件。

第二节　扩大对外开放

1988年3月,镇江市被国务院批准为沿海经济开放地区。市政府成立镇江市对外开发办公室,建立经济技术开发区,开展招商引资活动,制定一系列优惠政策,改善投资软环境,综合经济实力显著增强。

一、制定优惠政策

市政府依据国家有关法规，结合镇江实际，制定一系列优惠政策。1987 年 5 月印发《镇江市关于鼓励外商投资的若干规定》，明确外商投资企业在合营期限内免缴地方所得税，外商投资企业生产经营所需水、电，由市计划部门列入计划，优先保证供应等优惠措施。1988 年出台《关于鼓励出口创汇的奖励办法》《关于鼓励举办外商投资项目的奖励办法（试行）》，承诺凡引荐中外合资经营、外商独资经营项目者，按批准的合同外资金额 3‰（折合人民币）给予奖励。1992 年 7 月颁发《镇江经济技术开发区吸引外商、内联企业进区投资建设的优惠规定》。1994 年 7 月，市政府第 15 次常务会议讨论通过镇政发〔1990〕100 号文件，颁发《镇江市关于进一步鼓励发展外向型经济的若干规定》，在出口创汇、利用外资和国际经济技术合作等方面，明确更多优惠措施和奖励政策。1997 年先后颁发《镇江市关于进一步鼓励外商投资和举办外商投资项目的优惠措施》《关于进一步改善外商投资软环境的决定》。2002 年 4 月印发《镇江市引荐外商投资奖励资金管理实施细则（试行）》《外商投资企业部分行政事业性收费实行优惠的通知》。2005 年 10 月，市委、市政府颁发《关于提高行政效能，优化投资环境的十项规定》。市政府先后出台《关于进一步支持开放型经济发展若干政策的意见》《镇江市对损害投资软环境行为实行责任追究的暂行规定》等文件，优化投资环境。丹阳、句容、扬中等市也出台一系列扶持开发区发展优惠政策和鼓励措施。

二、横向经济联合

1986 年 9 月根据国务院有关精神，市政府印发《关于进一步推动横向经济联合的具体执行办法》。多次组织较大规模的经济协作洽谈团，带着协作项目意向，到上海、浙江、四川、陕西、海南、广东、新疆、黑龙江等省（市、区）的 40 多个城市学习考察，宣传镇江，洽谈项目，寻找联合伙伴。建立一批友好城市（地区），与外省、市达成正式联合协议 114 项。

1986 年 9 月，市政府印发《镇江市关于进一步发展横向经济联合的实施办法》，邀请上海市经济、科技界等 92 个单位 182 位代表，到镇江参加上海镇江经济技术协作联谊恳谈会。1988 年 10 月批转施行《关于推动我市与外地经济联合的优惠办法（试行）》。市政府多次组织企业集团支援三峡库区移民工作，与西藏达孜县、陕西渭南市、湖北秭归县等贫困地区结对帮扶，签订经济技术合作项目。

1992 年 6 月，镇江市党政代表团赴友好城市宝鸡市学习、考察；市政府先后在北京、深圳、上海、海南等地设立窗口，成立驻外办事机构。1995 年重新调整三峡对口支援领导小组，全年接待云阳、秭归等县代表团 31 批共 140 多人，签订各类协议 8 个，完成项目 6 个。1998 年实施经济技术协作项目 16 项；无偿投资 200 万元，帮助达孜县兴建一条 1 公里长的水泥环城路，冠名为镇江路；无偿投资 100 万元，分别在渭南市和 4 个贫困县援建 5 所希望小学和 1 个教育中心；投资 80 万元，援建达孜县人民医院门诊楼；帮助渭南市和秭归县果农在镇江销售白水苹果和脐橙 770 多吨，总价值 250 余万元。2000 年实施经济技术协作和社会公益事业项目 15 个。无偿投资 150 万元，援建达孜县干部培训中心；镇江恒大酱醋厂在陕西联办渭南分公司。2004 年，镇江市筹措对口支援、扶贫协作资金 491 万元，实施经济技术协作和扶贫援建项目 10 个。镇江市与连云港市合作开展 6 个科技项目合作，有 12 个产业项目落户连云港，吸纳苏北劳务人员 2.4 万人。2005 年，全市筹措对口支援、扶贫资金 555.5 万元，牵头洽谈和签约经济技术合作项目 28 项。

三、招商引资

1988 年 10 月举办镇江市首次国际经济合作洽谈会，有 18 个国家和地区宾客 204 人、国内来宾 119 人参加洽谈会，签订中外合资合作项目和可行性研究报告 16 个，利用外资合作意向性协议

63项。1990年8月成立市利用外资工作委员会，加强对全市利用外资工作的组织和协调。印发《关于鼓励外商投资的规定》，下放外商投资企业审批权，调动县（市、区）招商引资积极性。市政府兵分六路出访四川、浙江、贵州、黑龙江、新疆、上海等省（市、区），举办1990年中国镇江国际经济技术洽谈会、1990年镇江商品交易会等招商引资活动。

1992年，市政府贯彻邓小平视察南方重要讲话精神，出台《关于进一步鼓励发展外向型经济的若干规定》《关于进一步扩大对外开放的若干意见》等文件。为改善投资软环境，成立市外商投资企业投诉协调中心，设立"三外"服务公开电话等。市政府先后在北京、上海、深圳、厦门等地举办经贸洽谈会（恳谈会），选排重点项目对外发布，出台优惠政策和措施；多批次出访东南亚、澳、西欧等地，开展专题招商活动。1992年5月举办北京新闻发布会暨经贸洽谈活动；同年8月组织市经贸代表团赴港澳举行新闻发布会，开展招商活动；10月举办"金山之光"艺术节，主要成果有全国水泥行业最大台商投资企业——镇江京阳水泥有限公司、亚洲最大造纸企业——金东纸业有限公司先后在高资和大港落户。1995年9月，市政府组团参加江苏省对外经贸洽谈会，展出12个大类100多个品种，对外发布224个项目，接触客商500多人，签订可行性报告22个，外贸出口1662万美元，在省辖市中居第三位。1997年新批外商投资项目140个，协议利用外资22.14亿美元，居全省第二位，创全市历史最高纪录。1999年，市政府分别在北京、厦门、镇江举办经贸洽谈会和高新技术恳谈会。2001年5月，市四套班子和各辖市（区）及市直属部门负责人100多人，赴珠三角和长三角考察；多次召开外资工作现场办公督查会议，组织企业参加广交会、华交会、深交会、厦洽会等；赴日、韩、欧美、东南亚、中国台湾等地招商150多场次。市政府邀请海外招商代理和招商顾问，举办沿江开发重大项目发布会、"国际商务机构镇江行"投资环境推介会、跨国公司长三角（镇江）投资论坛、中国镇江金秋经贸洽谈会，与中央电视台联合举办"同一首歌走进镇江"大型广场演唱会等。各辖市（区）、乡镇都在本地设立招商中心，有的还在东莞、上海等地设立招商处，常年开展招商引资活动。

"金山之光"艺术节　"金山之光"艺术节是镇江市政府举办的集文艺、经贸、内贸、科技、横联于一体的大型经济文化活动。1992年4月上旬，市政府常务会议确定举办第一届"金山之光"艺术节。5月底和8月初，市委、市政府领导带队先后在北京、中国澳门和中国香港举行新闻发布会。同年10月8日，第一届"金山之光"艺术节开幕，历时7天，20多个国家和地区的来宾和客商参加。艺术节组织对外经济技术洽谈会、商品交易会和科技恳谈会，30个洽谈分团开展活动。全市外贸企业、"三资"企业展出产品700余种、样品2000多件，接待373个中外客户，外贸供货成交额2.89亿元，签订自营出口成交合同额1539.7万美元，洽谈签约利用外资项目375个。内贸商品交易会总成交额达29.7亿元，约为计划成交额的5倍。科技恳谈会签订科技合作项目协议（合同）389项、长期科技合作协议79项、意向性协议165项。第一届"金山艺术节"特邀国内众多名星、歌星、笑星和文艺团体在开幕式和闭幕式上献演。此后，市政府每年9、10月都举办"金山之光"艺术节或其他类型大型经贸洽谈活动。（参见第四十八卷"金山之光"艺术节）

四、建设经济开发区

1990年10月，市政府决定成立镇江市丁卯桥工业新区开发建设指挥部，副市长方之焯任总指挥。1991年7月在开发建设指挥部增挂丁卯桥工业新区管理委员会牌子，事业单位实行企业管理。11月，市政府决定建立镇江市丁卯桥工业区管理委员会。

1992年建立镇江经济技术开发区大港地区管理委员会，将丁卯桥开发区管理委员会更名为镇江经济技术开发区管理委员会，并将开发区面积从5.73平方公里扩大到20平方公里左右。1993年10月，省政府批准镇江经济技术开发区为省级开发区，并更名为江苏省镇江经济开发区。此后丹阳、扬中、句容、丹徒四个省级开发区和京口、润州两个市级工业园区相继创立。1994年8月成立镇江市京口旅游经济开发区;10月原润州经济开发区更名为镇江市民营经济开发区。

1998年6月,市政府决定在原镇江经济开发区和镇江大港经济开发区基础上成立镇江新区。新组建的新区管委会和重新组建的镇江经济开发区管委会合署办公,两块牌子,一套班子。新区管委会作为市政府派出机构,以发展经济为主要职能,以项目为中心,以招商引资和改善投资环境为重点,制定经济和社会发展战略,组织和指导新区一、二、三产业协调发展,拓展招商思路,创新引资举措。加强与沪宁对接和合作,启动开发区二次规划和建设,发展三大主导产业,培育提升五大优势产业,全力打造十大产业集群,把镇江新区建设成以高新技术产业和规模经济为主体的示范区。

2000年6月,镇江高新技术产业开发区管委会正式挂牌,与镇江新区丁卯开发总公司合署办公。2003年3月经国务院批准,设立中国镇江出口加工区。同年10月30日成立镇江出口加工区管委会,12月24日通过国家八部委联合验收,正式封关运作。

五、改善投资软环境

1997年起相继出台《关于进一步改善外商投资软环境的决定》《关于简化和完善投资项目审批程序的通知》《镇江市外商投资企业投诉办法》《关于加强外商投资企业投诉协调工作的意见》等一系列文件,加强软环境建设。市政府与相关部门负责人签订责任状,推进利用外资上规模上水平。健全市、县两级外商投诉协调网络,有效维护中外双方投资者的合法权益。下放外资项目的审批权,对下放权限以上的项目,实行"一个窗口对外、一个图章审批、一条龙服务",简化审批手续,提高工作效率。成立外商投资企业俱乐部,设立市外商投资企业市长接待日制度等,取得显著成效。2000年8月印发《关于简化和完善投资项目审批程序的通知》,9月,建立市投资项目审批"一个窗口"办公制度。2003年3月成立镇江市行政服务中心,所有审批项目进中心集中办理。2003年4月印发《镇江市对损害投资软环境行为实行责任追究的暂行规定》,实施《镇江市外来投资"一卡通"试行办法》,向76名重点外商颁发首批"一卡通",提供投资、交通、通信、就医、子女入学等方面优惠服务,方便外来投资者在镇江工作和生活。

第三节　发展工业经济

一、沿江开发战略

1988年3月,镇江被国家列为沿海经济开发地区。自1992年起,全市形成沿江基础工业带雏形,投资在亿元以上大项目大多分布在沿江、沿路和经济技术开发区内。1994年确定以谏壁镇为中心,建立沿江重化工区,享受经济开发区同样优惠政策。市政府成立以副市长应国根为组长的市沿江重化工区建设领导小组,具体负责沿江化工区建设。

2003年4月,市委、市政府印发《镇江市沿江产业带规划》和《关于加快实施"沿江产业带规划"的意见》,提出镇江市沿江开发战略指导方针、基本原则和发展战略、定位与目标,重点定位产业发展与布局,并制定实施该规划的保障措施。召开全市加快沿江产业带建设推进动员会、全市推进沿江产业带建设汇报会、全市沿江开发再动员会。在经贸洽谈会期间,专题举办沿江开发重大项目发布会,一批投资规模大、产业关联度高、市场竞争力强大的项目落户沿江。以"坚持科学发展观,加快沿江开发"为主题,举办沿江开发科技论坛,邀请国内著名专家学者,就沿江开发战略中的环保、高新技术发展、产业结构调整、生态农业开发等8方面内容进行研讨。10月出台《关于加快沿江开发人才队伍建设的若干意见》。

2004年,市委、市政府下发《2004年镇江市沿江开发部门目标任务》,将沿江开发目标任务列入全市目标管理考核体系。市政府组织2004香港、深圳(东莞)沿江开发重大项目洽谈会、镇江金秋经贸洽谈会等系列招商活动,引进一批超亿元重量级外资项目,还有一批外资企业增资扩股,提高产能。沿江产业规模壮大,产业特色明显,初步形成造纸、化工、建材、工程电器、汽车配件、电子信息、木业加工、眼镜等产业集群。

二、“大推进”方略

1992年,市委、市政府提出镇江经济发展“大推进”方略:确立大项目、大开放“互动”观念,确立利用外资主攻方向转为以跨国大公司、大财团为主,以外商投股、外商独资为主的策略;在招商方式上,综合运用组团招商、项目招商、中介招商、代理招商等办法,扩大引资渠道。1995年1月,市政府印发《关于发展规模经济,培植大型化企业的若干政策意见》。1996年,镇江市开始实施“四大战略”(即港口型经济发展战略、外向带动战略、规模经济战略和科技兴市战略),把“大推进”方略作为实施港口型经济战略的重大举措,组织进行百亿龙头企业工程和百家资产重组工程等。同年3月经省政府批准,在全市5个省级开发区内,分别建立高新技术产业开发园,享受省级经济开发区和省有关发展高新技术及其产业优惠政策。

1996～1999年,市政府决定重点培育和发展化工、造纸、电子信息、汽车四大产业链,组建市产业链工作领导小组,制定《全市产业链推进工作实施纲要》,排出16个产业链重大项目,其中8个由市领导挂帅重点突破。京阳水泥年产150万吨高标号水泥项目是国内水泥行业规模最大的台商独资项目,1996年竣工投产;亚洲最大纸城——金东纸业年产135万吨纸项目1997年动工兴建,是镇江最大外商投资企业;国家“八五”重点工程——索普10万吨醋酸项目是全国最大的醋酸工程,1998年1月竣工投产;总投资10亿元的奇美化工于1998年7月竣工投产,为亚洲最大;恒顺集团香醋技改2期工程竣工,年产香醋6万吨,成为全国同行业规模最大、效益最好的企业;此后国亨60万吨塑料粒子,华东泰克西年产98.5万只发动机缸体铸件,大亚集团、长江电器集团、江奎集团、华东联合制罐、健力宝饮料、李长荣化工等一批大项目陆续建成投产。

2004年,市政府出台《关于加快推进大项目建设的若干意见》和《关于加快培育工业规模企业的若干意见》。2005年印发《镇江市加快推进大项目建设实施细则》。“大推进”方略的实施,有力地促进镇江市经济和社会发展,综合经济实力得到显著增强,支柱产业和规模经济初步形成,开放型经济和科技水平不断提高,形成鲜明港口型经济特色。

第四节　发展私营个体经济

1984年5月,市政府召开镇江市首届个体劳动者代表大会,筹备成立市个体劳动者协会。同年,镇江市第一家农民办的饭店——润州区七里甸乡红光村办的红光饭店开业。1987年,全市有个体工商户41528户、从业人员74280人,私营企业182家、从业人员2432人。到1990年,全市有个体工商户43086户,私营企业188家。总体状况仍然是户数不多,规模偏小。

1992年,市政府印发《关于搞活全市农村商品流通的意见》和《关于开发建设乡镇工业小区的实施意见》,鼓励集体和个人多渠道经营,搞活各种配套服务。丹阳、扬中分别在新桥、埤城、新坝等乡镇设立有一定规模的私企开发区。

1994年,市政府制定《关于加快我市个私经济发展的意见》《镇江市个体工商户、私营企业劳动管理暂行办法》,把发展个私经济列入地方经济发展规划和政府考核目标。同年4月召开首次全市个私经济工作会议,放宽个私企业经营范围,简化审批手续,降低入市门槛,鼓励私企与国有、集体企业平等竞争、共同发展。在第二届“金山之光”艺术节上,私营企业有11个大类、200多个品种参加展销,成交额达259万元。

1996年，市政府印发《镇江市民营科技型企业管理暂行规定》。1998年2月，市委、市政府出台《关于进一步加快发展个体私营经济的决定》。同年3月召开全市个私经济工作会议。此后每年都有相关文件或优惠政策出台，全市有308家私企成为独立法人。私企业主王剑和许世明被评为市劳动模范，在镇江历史上属首次。1999年发展个私经济和开放型经济作为"双轮驱动"经济发展战略，组团赴外省、市考察学习，参加全国大型经洽会、招商会等。

2000年，市委、市政府召开农村私营工业企业座谈会，成立市个私经济发展领导小组，提供创业指导、产业指导、招商引资、排忧解难等多方面服务。市领导与全市40家经营规模较大私企建立挂钩联系制度，帮助解决实际问题。全年有7家私营企业受到省政府表彰，10位优秀青年民营企业家被评为镇江市首届十大杰出青年光彩之星。2001年2月印发《关于进一步鼓励和促进私营个体经济发展的意见》，支持镇江市居民兴办私营企业，欢迎外地私营企业和个人到镇江投资兴业，鼓励科技人员、归国留学人员和大中专毕业生创办、经办私营科技企业。同年3月，市委、市政府召开个私经济工作会议，号召全民创业，实现全市私个经济超越式发展。各地各部门修订和完善扶持个私经济优惠措施和规定，组织私企开展大规模招商活动，各辖市（区）私营经济园区走上规模化发展道路。2002年7月，市政府在浙江台州举办镇江市私个经济招商洽谈会，对外发布招商项目430个，谈成项目118个，总投资31.7亿元。2003年，全市有42家民营企业、43名业主受到省、市表彰；丹阳市江苏天工集团生产的高速工具钢连续多年雄居国内第一、世界第二；扬中飞达制衣"宜禾"牌成为中国职业装第一品牌。

2004年5月，市委、市政府印发《关于进一步加快民营经济发展的若干意见》，进一步放宽民营企业投资领域和准入条件，首次吸纳几十位民营企业家参加市党政代表团赴浙江温州、台州等地考察、招商。同年8月，市委、市政府召开全市民营经济发展现场观摩促进会，组织民营企业家实地考察、现场观摩10家有代表性民营企业。

2005年，市政府出台《2005年全市发展民营经济工作意见》《镇江市发展民营经济工作制度》《镇江市服务民营经济部门职责分工》等相关文件。召开全市民营经济工作会议，与各辖市（区）政府签订发展民营经济目标责任状，表彰先进企业和先进个人；组织开展"百日百团"招商活动，开展"优化发展环境，加快民营经济发展促进月"活动；为民营企业引进9名外国专家，举办80余期、5000余人次参加的各类培训活动，组织30多名民营企业家在清华大学举办企业高级管理人员培训班。至2005年，全市有个体工商户78144户，从业人员145438人；有民营企业16721家，从业人员304355人。其中省级以上高新技术民营企业143家，占全市74.9%。年销售额超亿元187家，超5亿元11家。大亚集团、大全集团等7家企业进入中国民营企业500强。

第五节　强化农业基础地位

一、农村现代化建设

1990年10月，镇江市被列入江苏省农业现代化试验区。市政府选择一批乡（镇）村先行试点示范，探索社会主义现代化新农村建设的路子。1991年3月，市委、市政府印发《关于加强农业现代化建设试点村、农村工作示范村和农村经济工作薄弱村工作的通知》。1992年，扬中县新坝镇建新村等14个村被列入市级农村现代化试点村，1994年发展到25个。同年7月，市政府颁发《关于加快全市农村城镇化建设若干问题的决定》，明确城镇化建设指导思想和目标，多渠道筹措建设资金，完善社区管理体制，发展新产业，营造新环境，培育新农民，建设新城镇。

1997年经省政府批准，镇江市列入新一轮全省农村现代化试验区，确定扬中市为省级试验基点市，扬中新坝和联合、丹阳界牌、丹徒辛丰、句容后白等5镇8村为首批省级试验示范单位。1999

年，市委、市政府出台《镇江市农村基本现代化试验规划实施纲要》，在全市开展争创“农村现代化建设示范镇、村”活动，省级试验示范单位增至9镇36村。2000年4月，市政府在丹徒辛丰镇召开试验示范村项目实施现场观摩会，参观被列入省农业现代农业示范区的辛丰现代农业示范园。到2005年，镇江市有30%左右小城镇建设成为“布局合理、设施配套、交通方便、功能齐全、环境优美、各具特色”的社会主义新型小城镇，全市城镇化水平达到55%。

二、农业综合开发

镇江市农业综合开发始于1989年，主要是依靠各地各级自身力量，经过几年示范试验，取得一定成效，积累经验。1990年8月，市政府成立市农业资源综合开发领导小组，下设办公室，主管日常工作。各县(市)、区也相继成立农业综合开发领导小组及其办公室，在科学论证基础上制定全市农业综合开发总体规划。

1992年1月，市委、市政府印发《关于加快农业综合开发的若干意见》。提出镇江市农业综合开发总体目标：用10年或更长一点时间，改造6.67万公顷中低产田，深度开发3.33万公顷岗坡地，建设3.33万公顷吨粮田，复垦1.33万公顷土地后备资源，简称“1552”工程。同年确定4个试点示范基地，即句容春城乡、扬中新坝镇、丹徒辛丰镇基冯村、丹阳新桥镇新桥村。试点基地根据各自特点开发30多个工程项目，投入资金450多万元。发动群众自力更生搞开发，乡村集体经济组织和农民群众投入资金达3200多万元。

1993年，市委、市政府先后两次召开农业综合开发项目汇报会，确定农业和农村经济八大工程项目：农业综合开发工程；吨粮田建设、中低产田改造工程；长江整治和城乡防洪建设工程；健全集体经济组织，增强乡(镇)调控能力工程；农村绿化建设工程；土地复垦和开发利用工程；农业社会化服务体系建设工程；农村现代化工程。

1994年，镇江市被批准纳入国家三期开发计划，全市建立全省第一个丘陵地区有机农业园，带动面积100平方公里。“九五”期间，全市完成农业综合开发任务2.67万公顷，完成总投资14400万元。1997～1999年度在国家立项的第四期农业综合开发项目，通过省和国家的验收。

2002年，市政府重新修订《镇江市农业综合开发主导产业发展规划》，确定全力扶持“经济林果、优质稻米、优质油菜、意杨木业、蔬菜加工、生态水产”六大主导产业。2003年，第五期(2000～2002年)国家农业综合开发项目通过省级验收。2005年，农业综合开发完成治理面积4266.67公顷，总投资4373万元，其中财政资金3000万元。

三、科技兴农

1983年起，镇江市先后从日本引进草莓、甜柿、无花果、葡萄等多种经济果木，多次派研修生赴日学习。1986年以后，镇江市先后与日本、加拿大和菲律宾等国家的水稻研究所建立联系，开展多项国际合作研究项目。“七五”期间，全市累计投入农业科技试验和科技推广资金1263万元，组织农科攻关和技术开发项目180多项，推广农业科研成果109项。其中农业增长的40%来源于采用先进的科学技术。1988～1990年，全市多种经营系统获得市以上的科技成果奖38项，有7个项目获得省农林厅1990年科技进步成果奖，获奖数目列全省多种经营系统之首。

1991年，“巨峰”葡萄栽培技术获得国家级星火三等奖、“七五”全国星火计划优秀成果奖。1992年9月，市政府印发《关于加快发展外向型农业的若干政策意见》，鼓励广泛引进和消化国外先进技术，推进农业技术改造，推广高产、优质的优良品种，推广转型栽培技术。

“九五”期间设立科技兴农基金，依靠科技优势建成一批农业科技示范园。实施“品种、技术、知识”三项更新工程，制订《1999～2000年全市农业品种更新、技术更新、知识更新三大工程计划》。1999年引进国内外新品种百余个、技术培训5000余人次。

"十五"期间推进科技示范园(区)建设。2000 年,全市有各类农业示范园(区)38 个,经营面积2130 公顷,总投资 1.24 亿元。到 2002 年达到 100 个,经营面积 4000 公顷,总投资 3 亿元。2004 年,扬中市、丹阳市被评为全国科技进步先进县(市)。经科技专家评审,市政府批准 7 家市级农业科技示范园区(稻鸭共作、现代化养猪、润州渔业、张庙无公害茶叶、杜村无公害番茄、瑞京园艺、五洲山茶叶)。2005 年,全市按照市政府"各辖市(区)都要有标准化示范区,种植业、养殖业、园艺业等各业都要有标准化示范区"的要求,加快建设科技型、外向型、有机型农业园区。

四、发展特色农业

"七五"期间,市政府推广建设"四型"(基地型、加工型、合作型、观光型)特色农业。全市各地利用镇江农科所的研究成果,引进开发一大批名特优新品种,将优质粮油、生态经济林木、应时鲜果、食草畜禽、花卉苗木、特种水产、优质茶叶等作为最具特色和优势主导产业,以科技示范园为载体,带动农民致富。

1986 年在句容县全面推广草莓生产,总产 400 余吨,之后形成生产、加工、销售一条龙体系。1992 年建成 60 多公顷的无性系良种茶基地,60 多公顷螃蟹、100 万尾规模的罗氏沼虾和 30 万尾规模的草胡子鲶的特种水产品基地、年出栏 50 万只山羊和 250 万只菜鹅的食草畜禽基地。"八五"期间形成春城丁庄的葡萄合作社、白兔的草莓协会、大卓的水蜜桃合作社等各种专业协会、合作社 120 多个;建成龙山鳗联、扬中五一肉牛、句容春城葡萄协会、丹阳柳盈肉禽等龙头企业 12 个。

1995 ~2000 年,市政府实施三大工程:400 万株银杏绿色工程;2 万公顷稻田养殖增效生态工程;160 万只山羊改良富民工程。"九五"期间,全市引进 216 个新品种,推广新技术 75 项,取得 96 项新成果,其中 41 项获得市级以上科技成果奖,金山翠芽、茅山长青等茶叶在国内、省内评选中屡获殊荣。土地资源占有量逐年递增。到"九五"期末,有水面 2.13 万公顷、山林 2.67 万公顷、茶园 4000 公顷、果园 3000 公顷、桑田 2814 公顷。2004 年 4 月和 11 月,市政府在上海举办春、秋季镇江名特优农产品推介会,全市有 40 余家农业企业生产的 200 多个名特优农副产品参加展销,现场签订 54 份购销合同,合同金额达 2.5 亿元。

五、"菜篮子"工程

"七五"期间,市政府部署在城市近郊发展多种经营生产基地,兴办"菜篮子"工程。1986 年 4 月成立镇江市蔬菜工作领导小组;1988 年 5 月成立市蔬菜局;1990 年 3 月成立市菜篮子工程领导小组。全市安排扶持畜禽生产的 900 多万元配套资金,建设 4 个种猪场、3 个种禽场、年存栏 5 万只蛋鸡的黄山蛋鸡场、百头规模的驸马庄奶牛场以及一批畜禽生产基地。安排扶持水产生产的 2000 余万元配套资金、1800 余万元贷款,用以新建规模鱼池近 1333 公顷,建成连片集中的标准化、商品化鱼池 933 公顷。此后逐年投入资金,扩大种植面积,建设高标准菜田,新增钢管大棚,实施防虫网覆盖栽培,采用高科技,推广新品种,保供增收。

1991 年 1 月,市政府印发《关于建立蔬菜田保护区的决定》和《镇江市蔬菜田保护管理暂行规定》,在城市近郊建设 116 个直接为城市服务的多种经营生产基地。1995 年 11 月,市政府常务会议讨论通过《进一步加强市区蔬菜田征管工作若干规定》。到 1998 年,市区近郊有常年菜田 1100 公顷,城市居民人均占有菜地面积 3 厘,达到国务院规定的要求。

1998 年,市政府召开市区"菜篮子"工作会议,表彰在 1997 年"菜篮子"工作中做出显著成绩的 10 个先进单位、32 名先进个人,并与有关部门签订本年度目标责任状。

2003 年,市政府印发《关于继续做好市区蔬菜生产抗灾自救、确保市场供应的通知》。城区蔬菜田拓展到远郊,选择 57.33 公顷生产环境较好的粮田改造为菜田,新建高标准菜田(钢塑大棚)23.33 公顷,加快蔬菜、副食品从数量型向品种、质量型转变,提高"菜篮子"工程的经济效益、社会效益和生态效益。2005 年在江心镇新增 66.7 公顷蔬菜基地，引进各类蔬菜新品种 50 多个，推广面积 533.3 公顷。为稳定菜田面积，起草《镇江市蔬菜生产发展六年(2005～2010 年)规划》(草案)，提出新 6 年"菜园子"建设规划。

六、茅山老区开发建设

1985 年秋，分属丹阳、丹徒、句容 3 县和润州区的 19 个相关乡镇被列为茅山老区经济开发试验区。市委、市政府围绕茅山老区、经济薄弱村和弱势群体三个重点开展一系列扶持工作；1985～1993 年，茅山老区工农业总产值翻三番，达 32 亿元。

1994 年 3 月，镇江市茅山老区扶贫基金会成立，筹集 80 余万元资金，作为老区发展经济专款。1995 年为纪念茅山老区经济开发 10 周年，举办图片展览会、理论研讨会、新闻发布会和总结表彰会。1999 年，市政府印发《关于扶持茅山老区发展的意见》《关于加快茅山老区基础设施建设的若干意见》。至 2001 年，茅山老区经济发展明显加快，经济质量不断优化，基础设施建设和社会事业全面推进，人民生活水平显著提高。

2004 年，市委、市政府在茅山老区开发工作中开展"双帮双学"(政府帮、社会帮，学典型、学技能)奔小康活动，下发文件并进行具体部署。至 2004 年，农村 5000 户贫困户结对帮扶工作实施，同年有 1252 户实现脱贫致富。2005 年，市政府印发《关于进一步加快茅山老区发展的若干政策意见》，启动 93 个经济薄弱村结对帮扶工作，完成 4390 户结对帮扶，帮助 1137 户脱贫致富。同年 11 月，市委、市政府召开茅山老区开发 20 周年总结表彰大会，表彰 20 年来在建茅、支茅工作中涌现出来的 52 个先进集体和 67 名先进个人。

七、乡镇工业

1985 年，全市乡镇工业企业数达 5076 家。到 1990 年，乡镇企业完成工业总产值 74.18 亿元，比 1985 年末净增 52.23 亿元，有 16 家乡镇工业产值超亿元。

1991 年，市委、市政府印发《关于发展和提高乡镇企业的意见》《关于乡镇企业深化改革，完善承包经营责任制的意见》，提出乡镇工业发展要上规模、上水平，加速外向型经济发展的战略目标，号召全市乡镇工业"学扬中、赶新坝"，着力培植工业大户和骨干企业。1995 年，全市乡镇工业产值 352.04 亿元。有工业产值 3 亿元以上的乡镇 63 个，5 亿元以上乡镇 29 个，10 亿元以上的乡镇 5 个。丹阳市五星村成为全市首家产值亿元村。全市有 30 家乡镇企业进入大中型企业行列，其中 6 家企业获中国最大经营规模、最高利税总额乡镇企业称号。组建市以上乡镇企业集团 60 个，其中 5 个入围全国乡镇企业集团。龙山鳗业联合公司与日本东永株式会社、上海食品进出口公司合作，形成饲料生产、鳗鱼养殖、加工一条龙生产体系。

2003 年，乡镇企业结构调整效果显著，规模企业成批涌现：超过亿元的企业 60 家。至 2004 年，全市乡镇工业企业数已达 27299 家，完成工业产值 1042.25 亿元。2005 年，全市乡镇工业形成 14 个产业集聚区，进区企业 1480 家，实现工业增加值 287.6 亿元，完成销售收入 1004.3 亿元，首次突破千亿元大关。

八、水利建设

20 世纪 80 年代末，镇江市贯彻执行国务院颁布的《关于大力开展农田基本建设的决定》，发动群众搞水利，增强抗灾的物质基础，沿江圩区以堤防建设、管理双达标为主要内容。至 2005 年，全市完成江、港、洲堤防长 317.3 公里，扬中市 120.1 公里江堤全部达标。部分圩区进行水系改造，完成疏浚圩内引排河港 18 条。平原地区大搞农田建设，实行农水、农林、农机一体化，进行沟、渠、路、林统一布局，桥、涵、闸、站齐配套，恢复和提高农田水利建设标准。丘陵地区对已建的 101 座中、小型水库全面进行除险加固,提高水库的设计标准和防洪能力,同时对有条件的丘陵地区进行河道拓浚和冲田治理,提高抗旱能力,达到能蓄、能排、能降的要求。长江镇扬河段整治工程按照统一规划、分层集资、先急后缓、分期实施的办法,新建护岸3.77公里,加固护岸3.25公里。

1993年,市政府批转《关于水利工程管理范围内建设项目管理有关规定》,对水利工程设施实行更加完善的管理和保护,严厉打击长江水域非法采砂活动,加强水资源的统一管理。1995年,市政府决定城市防洪管理职能由城建部门移交给水利部门履行,并下发《关于切实加强城市防洪工作的意见》,进一步明确有关条块及单位的职责,制定镇江市江堤建设新标准,提高防洪抗洪能力。1997年10月,市长办公会议专门听取水利工作的汇报并进行研究,下发《关于加快长江整治和江堤达标建设工作的意见》,用3年时间完成长江整治和江堤达标任务。2002年,镇江市区古运河经过10年整治,初步形成一条纵贯市区的风光带。2004年,农田水利建设超额完成任务,通过省级验收。2005年根据市政府提出的镇江"南山北水"的城市发展构想,北部滨水区建设形成规划报告,航道枢纽工程行政审批取得突破,金山湖整治工程建设前期工作进展顺利。

第六节　推进城市建设与管理

一、城市规划建设

1984年12月,《镇江市城市建设规划管理暂行规定》经市人大常委会批准,市政府印发施行。1987年10月成立镇江市规划建设委员会,市长陈璧显任主任。1993年完成《镇江市总体规划》修编,并通过省专家组论证;1994年12月由省政府正式批准实施。自此确定构筑较大城市版图,将镇江逐步建成"一城、三区、五组"的城市形态,建设"三环、五横、七纵"的城市框架。市城建部门加快城市道路建设,新建、拓宽、改造一大批主干道。扩建金西水厂,建设污水截流工程;新建、改建机械化垃圾中转站。

2001年实施镇宝路拓宽改造、长江路拓宽改造二期、大市口广场以及解放路、中山路中心路段整治出新等四大重点城建工程,总投资4亿元,拆迁总面积超过10万平方米,道路拓宽建设8.2公里、新增道路9.2万平方米、新增绿地12.8万平方米。2002年实施长江路三期、解放路南段高架桥、南徐路工程等项目,全年投资达20亿元,拆迁63万平方米。2003年实施环城路拓宽改造等12项重点工程,78个城建项目,拓宽改造和建设道路21条,全年总投资101亿元,拆迁量超过120万平方米。2001～2003年城建投资量、拆迁量累计相当于"八五"和"九五"时期总和的3倍。

2005年,《镇江市总体规划(2002～2020年)》经省政府批准实施。完成中心城市分区规划的编制(包括老城、丁卯、谷阳、南徐新城)、三山风景名胜区规划、南徐新城中心区控制性详细规划、滨水区规划研究与城市设计。计划到2010年,镇江市区建成区面积达100平方公里,居住人口到达100万人左右,全面增强中心城市功能。

二、名城保护建设

1986年12月,镇江市被国务院批准为第二批历史文化名城。1991年成立镇江市历史文化名城规划、保护、建设专家咨询组,先后制定《镇江历史文化名城规划》《镇江市各级文物保护单位保护范围》,公布《镇江市文物保护办法》,作出《加强文物古迹保护的决定》。同年12月在国务院公布镇江市为历史文化名城五周年的纪念活动中,市政府、市政协联合召开历史文化名城建设研讨会,副市长方之焯作《树立名城意识,加强名城研究,推动名城的保护与建设》的讲话,市政协主席黄选能就文物的保护、利用问题作专题发言。到1993年,全市有国家级重点文保单位2处、省级文保单位24处、市级文保单位67处,确定一批文物控制单位和可易地保护的古迹，划定文物保护范围和建设控制地带，落实文保单位的保护措施，使名城保护工作逐步走上依法管理的轨道。

2000年，市政府出台《关于加强文物保护工作若干问题的意见》。市政府决定旧城区不再新上工业项目，原有严重污染的企业限期搬迁和并转。搬迁北固山下的镇江船厂、鼎石山旁的油毡厂和金山旁的味精厂生产车间。在城市建设和马路拓宽中，保留东吴铁瓮城遗址、古井紫金泉。全面维修梦溪园沈括故居、赛珍珠故居、北固山古建筑、花山湾古城墙遗址；恢复建设部分三国景点，异地复建芙蓉楼、万岁楼、宜亭、寄奴居等古迹，完成五柳堂、昭关石塔、五卅演讲厅等修缮工作。其中张云鹏故居、昭关石塔维修项目分获联合国教科文亚太地区文化遗产保护优秀奖和杰出项目奖。云台山山体滑坡得到根治，保证国家重点文保单位（原英国领事馆）和博物馆新展厅的安全。西津渡街的开发修建，古街原貌得以部分恢复，获联合国教科文组织官员的很高评价，被授予2001年度联合国教科文组织亚太地区遗产保护优秀奖。

三、南徐新城规划建设

2003年6月18日，《镇江市新行政中心选址方案的议案》经五届四次人大常委会审议通过，批准南徐大道为市新行政中心的规划定点方案。南徐大道全长5.2公里，宽100米，总投资3.7亿元，2002年12月27日竣工通车。2004年1月，市规划局完成南徐新城概念规划的编制，2月通过专家评审。同年11月，南徐新城规划建设的有关问题提交市政府第26次常务会议讨论研究，达成共识。会议确定按照生态新城区的目标定位，高起点规划，建设成为生态与人文和谐的现代城。

按照规划，南徐新城将具备主城区的各项基本功能，兼备现代城市文明与绿色生态环境协调发展的和谐功能，成为镇江城市的副中心。在空间布局上，南徐新城中心区依檀山路划为东西两片，即以行政商务、体育文化、公园休闲和高铁站前广场等公共服务设施为主的"东城"，结合长山灌渠以居住、商业配套用地为主的"西居"。新城中心区还承担辅助老城区，辐射其他新城区的功能，新城中将建设体育场馆、商务会馆、商业服务场所、文化娱乐基地、医疗服务中心、学校等设施，达到为区域内8万～10万居住人口提供完善服务的能力。

2005年，南徐新城区建设开始启动：开展50万平方米拆迁征地事项及其农民公寓建设工程；完成新行政中心设计方案论证和结构设计，进入具备开工条件的环节；开工建设九华山路和团山路；完成会展中心、体育中心的方案招标和论证；基本落实有关部门进新城区的建设方案；市规划展示馆开工建设。计划在5年内完成基础设施投资55亿元，新城区内的行政办公区、文化体育会展中心区及100万平方米左右的住宅区基本建成。

四、整治违法建设

1988年，市政府印发《关于处理违章建设的暂行规定》。1995年5月颁发《镇江市城市违法建设行政处罚实施办法》，对不符合城市市容标准、环境卫生标准的建筑物、构筑物或其他设施，依据《镇江市城市管理规定》实施处罚。同年7月成立镇江市城建监察支队，依法查处违章行为。2004年8月19日起，镇江市区开展集中整治违法建设活动，11月30日结束，活动针对4个方面的违法建设重点拆除：2001年以后的违法建设；违建"铁皮棚"；生活居住区内应拆未拆的违法建设；严重影响公共安全的违法建设。市政府专门成立拆违办公室，从有关部门抽调40多人集中办公。研究制订《集中整治违法建设工作指导意见实施办法》《违法建设自拆情况核查验收程序》《关于认真组织开展违法建设强拆工作的通知》等一系列规定，领导机关和干部带头自拆，341户党员干部的违建自拆率达100%。整治活动自拆、助拆、强拆各类违法建设5884户达13.08万平方米。活动结束后，按照属地管理和以块为主的原则，各区政府负责各自行政区划范围内违法建设的防治工作，在第一时间发现、制止和拆除违法建设，将拆违任务完成情况列入区级目标考核。

五、国家园林城市创建

1998年，市委、市政府作出创建国家园林城市的决定。1999年编制《镇江市城市绿地系统规划》；2000年编制《“三山”风景名胜区总体规划》，同时编制完成《镇江市历史文化名城保护规划》《圌山风景名胜区规划》。市政府把创建国家园林城市纳入城市建设“三年大变样、四年新提升”的总体目标中，着力营造“城市山林、大江风貌”的独特个性。

2001年起连续实施12项重点工程。建设滨江、古运河风光带，绿化面积65万平方米；投资8000余万元搬迁镇江船厂，建成东吴广场绿地；投资4亿多元，拆迁15万多平方米，先后建成大市口、东吴、花山湾、山巷、润州等广场绿地；高标准开展新城区绿化景观建设和庭院绿化建设，新增绿地88万平方米；进行环境综合整治，建成污水处理厂、垃圾填埋场、实施污水截流处理、古运河水变清、绿色示范街区、污染企业搬迁改造等十大环保工程，确保各项指标达到国家园林城市标准。2002年，镇江市获得江苏省园林城市称号；2003年，镇江市被建设部评为全国园林绿化先进城市。

2003年12月，市政府印发《镇江市市区创建国家园林城市实施方案》。2004年，三山风景名胜区被国务院批准为国家重点风景名胜区。2005年，市政府第35次常务会议讨论通过《镇江市城市绿化管理办法》。同年对市区20多条重要干道全面绿化补植，补植行道树400余株，苗木72.5万株，面积2.16万平方米。2005年10月通过国家园林城市考核验收。2006年1月，建设部正式命名镇江市为国家园林城市。

六、城市管理

1981年10月，市城市管理委员会成立，下设办公室，成为城市管理日常办事机构。1988年5月成立镇江市城市管理办公室。

1988年11月，印发《镇江市“门前三包”管理办法》颁布，这是首个城市管理地方条规。1991年11月，市政府发布2号令，决定自1992年1月1日起正式施行《镇江市城市管理暂行规定》。这个由地方政府发布的城市综合管理地方行政措施，在全省是首例，共32条。它明确市城市管理委员会办公室是市政府主管城市管理工作的办事机构。1994年2月颁布11号令，由暂行规定转为《镇江市城市管理规定》。

1995年6月，市政府决定成立镇江市城市社会管理委员会，对全市城市社会管理实施组织指挥、协调和检查监督。颁发实施《镇江市城市社会管理处罚暂行规定》《镇江市区公共场所禁烟管理办法》等16件行政措施。1996年12月，市政府颁布《镇江市“门前三包”责任制管理办法》，对“门前三包”管理部门职责分工、“三包”范围和形式、奖励和处罚作出明确规定。1998年印发《关于城市建设和城市管理体制改革的意见》，将原市城管综合执法稽查支队改组为市城市管理监察支队。市政府常务会议讨论通过《镇江市城市市容和环境卫生管理规定》，于9月30日颁布实施。

2002年6月，国务院法制办、省政府先后批复，镇江市被列为开展城市管理相对集中行政处罚权试点城市。2003年4月成立镇江市城市管理行政执法局。出台城管重心下移办法，市区54条主次干道实现24小时保洁。2004年新组建城市建筑渣土管理、户外广告管理两支专业大队和环境卫生特勤小分队，有效遏制违法违规行为。2005年先后出台《镇江市城市机动车辆清洗保洁管理暂行办法》《镇江市城市容貌标准》《镇江市户外广告规划》《镇江市夜景灯光设置规划》等规范性文件。完善行风监督员联系制度；开通城管“110”，成立应急机动中队，随时、快速解决城市管理中出现的各种问题。

第七节　加强环境保护

一、环境保护

镇江市的环境保护工作,从镇江经济和环境的实际出发,调整工业布局,实行环境目标责任制和水污染物排放许可证制度,开展点源治理和综合治理,形成一套适合本地区的环境管理体系。

1985 年,市政府印发《镇江市环境噪声管理办法》。1988 年建立市长环境目标责任制。1989 年,市政府常务会议制订市长任期环境保护目标责任状。同年 11 月,镇江市市长与省长签订首轮市长环境保护目标责任状(1988～1992 年)。以后每 5 年签订一次责任状,并都能通过省级达标验收。市政府陆续修订和制定《镇江市建设项目环境保护预审制度》《镇江市清洁能源区商业饮食、娱乐服务业环境管理办法》《镇江市水污染排放许可证管理办法》《镇江市危险废物管理办法》《镇江市实行排放污染物许可证制度实施方案》《镇江市污染治理设施管理暂行办法》《镇江市环境保护奖惩暂行办法》《镇江市烟尘控制区管理暂行办法》等一系列行政措施,使环境执法行为更加规范,更具可操作性。设立“12369”环保举报热线,加大环境执法力度,及时解决市民反映的各类环境热点、难点问题。为规范整治污染源排放口,制定《镇江市排污口规范化整治验收暂行办法》《镇江市排污口监督管理暂行办法》,开发规范化整治信息管理系统,212 家排污单位进行排污口整治,初步实现远程监控,使全市重点污染源实现达标排放。利用世行贷款建设城市污水截流工程,2003 年基本建成,具备日处理城市污水 8 万吨的能力。投入 1000 多万元建成日处理垃圾 500 吨的城市垃圾填埋场,使市区垃圾无害化处理率达 100%。投入 1.5 亿元建成 4 个热电工程,消除近 50 座小型热锅炉。

2003 年制定《镇江市全国生态示范区建设试点工作方案》,启动生态示范区建设试点工作。2004 年 6 月成立生态市建设工作领导小组,组织编制《镇江生态市建设规划》和《镇江市环境质量全面达标规划》,决定在全市开展创建省、市级“生态村”活动,扬中新坝等 8 个行政村列入省第一批创建单位。2005 年,丹徒区全面完成全国生态示范区建设各项试点任务,生态示范区 12 项基本条件和 26 项考核指标全部达到一类区标准。

二、国家环境保护模范城市创建

2000 年 12 月,市委、市政府提出创建国家环境保护模范城市(简称“创模”)的新目标,建立党政一把手总负责,主要领导亲自抓,分管领导具体抓,四套班子共同抓的“创模”领导体制。

2001 年 6 月 1 日上午,镇江市召开纪念“6·5”世界环境日暨创建国家环境保护模范城市动员大会,全市各界约 1200 人参加大会。自此创建国家环保模范城市(“创模”)工程正式启动,组建“创模”领导小组及其办公室和督查组。“创模”领导小组建立例会制度,“创模”办公室拟定“创模”工作方案和环境综合整治计划,“创模”督查组按阶段开展督查行动。连续开展严厉打击环境违法行为和清理整顿环保行动,在全国率先试行建设项目环保预审制,有近百个建设项目因不符合国家产业政策和环保政策被否定,有效杜绝新污染源产生。推行企业环境行为信息公开化,开展企业环保监督员试点,建立政府、企业、公众环保三元执法监督体系。同年 12 月 8 日,国家环保总局及中科院、北师大等 9 位专家到镇江,对镇江市创建国家环境保护模范城市环境综合整治计划进行评审,《镇江市创建国家环境保护模范城市工作方案》和《镇江市创建国家环境保护模范城市综合整治总体计划纲要及大气、水环境整治、自然保护区建设、绿色示范街区创建专项计划》通过国家环保总局评审。根据该专项计划,镇江市投入巨资启动城市污水截流处理工程、古运河水变清工程、水污染点源控制工程、谏壁发电厂大气污染控制工程、污染企业搬迁改造工程、清洁能源工程、机动车尾气污染控制工程、固体废弃物集中处理工程、自然保护区建设工程、绿色示范街区创建工程等十大工程。全市开展“清洁家园、清洁城市”活动。完成四大重点工程建设：将沪宁高速进入城区的官塘桥路拓宽到60米，路两侧进行绿化美化；市区沿江失去功能的5座老码头拆除，花1亿元将北固山下的镇江船厂搬迁，建成景色宜人的滨江风光带，新建2万多平方米的春江潮广场，绿化率达到61%；在闹市区的大市口东北角，拆除2万多平方米旧房建成“城市客厅”；将市区主干道中山路、解放路改造出新。市区新增绿地面积12.8万平方米。

2003年6月13日通过创建国家环境保护模范城市省级技术考查。同年12月10日通过国家环保总局组织的“创模”技术核查，各项指标达到国家“创模”验收标准。2004年12月，镇江市被国家环境保护总局命名为国家环境保护模范城市。

第八节　发展交通事业

一、公路建设

1989年10月，宁镇公路镇高段8.4公里建成，成为本市第一条一级公路。1990年9月，宁沪二级公路镇江段建成通车。1991年，104国道句容段拓宽改造全部完成。1990年全市实现乡乡通公路，1992年实现县乡油路化。全市公路里程达到1432公里。

1993年制定《镇江市市县公路改造规划》和《镇江市高速公路配套公路改造规划》，成立镇江市公路工程总公司。1994年，扬中长江大桥建成通车。1995年，沿江线、镇广线竣工通车。1996年，沿江新线、葛丹线工程通车。同年，沪宁高速公路镇江段建成通车，工程总投资15亿元。1997年12月，镇江市最大的公路互通立交——镇南立交桥开工建设，1999年9月建成通车。

1998年8月，市交通投资公司与英国汉森投资公司、上海中桥基建投资集团合作，三方共同出资建设镇江至大港公路，开创镇江交通史上采用市场融资方式建设公路的先河。同年，镇江禄口机场公路一期工程建成通车。1999年，218省道大港至扬中大桥段一级公路建成通车。2002年12月，南徐路生态大道建成通车，创下镇江交通建设史上建设标准最高、投资金额最多、拆迁面积最大等多项纪录。2003年，沪宁高速公路镇江段扩建工程、312国道镇江段改造工程、宁常高速公路镇江段、镇溧高速公路镇江段相继开工建设。2004年，扬中长江二桥竣工通车；农村公路完成投资5.22亿元，新建、改建农村等级公路1080公里。2005年，润扬长江公路大桥建成通车，沪宁高速公路八车道拓宽扩建工程建成通车，构成全市高速公路“十字”主通道。312国道镇江段拓宽改造工程竣工。

二、老港区改造建设

镇江港是一个发展中的多功能综合性港口，主要由老港区、高资港区、谏壁港区、大港港区组成。1988年4月，市政府成立镇江市港口规划领导小组，实施老港整治“中口袋”方案；1989年，大港二期工程开工建设，谏壁港区电厂和油库部分码头扩（新）建工程完成。1993年，市政府确定改造市区老港，加速建设市郊龙门新港区的目标。同年9月由省交通规划设计院负责编制《镇江龙门港区总体布局规划》。1994年7月，《龙门港区规划》评审会议召开，形成并通过专家组评审意见。镇江老港区历史性的迁移工程完成，在高资龙门口新建金山港区客运码头。1996年，市政府自筹资金建设龙门港区。1997年3月，市政府主持制定《镇江港总体布局规划》，1999年10月通过部、省联合审查。1999年，市政府正式实施长江路拓宽改造工程。2000年，镇江港老港区实施整体搬迁。2001年9月，龙门港务总公司挂牌成立，标志着老港区的整体搬迁顺利结束。

三、大港港区规划建设

1982年2月，大港一期工程列入国家大中型建设项目，成立镇江大港港区规划建设委员会。一期工程总投资10043万元，占地面积43公顷，占用岸线732米，建成25000吨级泊位4个，2000吨级泊位1个，万吨级锚地浮码头3个。设计年货运量130万吨，年吞吐量236万吨。

1984年8月，市政府向省政府和国家计委、交通厅上报《关于要求批准镇江大港二期工程建设计划任务书的报告》。1985年11月，一期工程胜利竣工，1986年1月1日起正式投产。1988年11月被国务院批准为大中型基本建设预备项目。1989年11月，国务院正式批准开工；12月，大港港区二期工程开始建设。25000吨级泊位4个、5000吨级泊位2个的水工部分于1992年9月竣工，全部工程于1993年2月完成。

大港一期、二期工程建成投产后，港口吞吐量大幅度递增，年年超负荷运转，港区码头能力已不能适应腹地经济发展需要，迫切需要扩建。1994年12月，《大港港区三期工程可行性报告》通过交通部审查，后因基建项目压缩等原因被搁置。1995年12月，投资近2亿元，由本市自筹、自建、自管、联营的省内第一条地方铁路——镇江至大港地方铁路全线建成并开通营运。2002年，市政府决定启动大港三期工程，2003年6月获国家发改委批准立项。三期工程拟建设4个3万吨～7万吨级海轮泊位，2个5000吨级江船泊位，1座内河港池。建成后增加吞吐能力1460万吨。2004年9月，市政府常务会议专门听取大港三期工程汇报，市政府专门成立领导小组，定期召开工作例会，检查进度，协调矛盾，解决项目、土地、拆迁等方面的问题；由市财政补贴征地费用4678万元、“三通一平”1000万元。2004年11月正式开工建设，工程概算总投资14.12亿元。

第九节　发展科教事业

一、“科技兴市”

1988年，市政府先后印发《关于促进科研生产联合的若干意见》《关于镇江市推进企业技术进步暂行办法》《镇江市技术市场管理暂行办法》。1989年6月召开市科技工作会议，确立“科技兴市”战略，发布文件对“科技兴市”战略目标、任务和保证措施等作具体部署。

1990年9月召开“科技兴市”“科技兴农”座谈会，着重研究“科技兴市”在工业、农业经济工作中贯彻落实问题。1991年5月召开市科技工作会议，对“科技兴市”战略实施情况进行总结部署。是年召开镇江市91科技协作恳谈会，组织25个分团进行洽谈活动，洽谈618个项目，前后11天签约482个。1992年，市政府批准《镇江市“八五”期间“科技兴市”的实施方案》，提出“科技兴市”的主要目标和重点任务。印发《镇江市人民政府关于对经济发展作出突出贡献者颁发政府特别奖的试行办法》，对吴汉章等47人颁发1991年度镇江市政府特别奖，对60个项目授予镇江市1991年度科技进步奖。1994年聘请14名科技顾问，建立市政府科技顾问联系人制度。

1995年11月印发《关于实施“科教兴市”战略，加速科技进步若干政策措施》，成立镇江市科教兴市领导小组，在全市范围内开展争创全国科教兴市先进城市的活动。

1996年，市政府两次召开争创会议，填报国家科委有关测评指标体系；是年，全市四县两区全部被评为全国科技工作先进县（市、区），丹阳、丹徒进入全国科技实力百强县行列；有67个乡镇被评为全省科技工作先进乡镇，占全市乡镇数的75.3%。全市共组织实施科技计划项目1400多项，承担国家、省火炬计划项目10项，星火计划项目23项。全市获得省部级科技进步奖20项，市厅级科技进步奖78项；建立润州早川葡萄示范园、江苏省蔬菜新品种引进技术示范园、扬中千亩江滩生态农业科技示范园、丹阳天元蔬菜科技示范园、句容白兔镇宁镇丘陵资源开发试验示范基地等5

个省级农业示范基地、园区。

1988 年,镇江市技术市场管理办公室成立,全市技术贸易活动逐步规范化、法制化,技术交易额逐年上升;截至年底,经认定的技术合同达 7302 份,合同交易额 11336 万元。1993 ~ 1998 年专利代理 417 件,组织专利实施项目 194 项,企业专利工作者持证人数 179 人,形成一支企业专利工作基本队伍。市科委、市委组织部、市人事局确认全市学术技术带头人后备人员 899 名。

2001 年,市政府组织企业到清华大学、哈尔滨工业大学开展科技洽谈,与中科院签订全面合作协议。印发《关于组织实施镇江市"百企创新工程"的意见》,启动百企创新工程,建立省、市工程技术研究中心 8 家,省、市技术中心 21 家,5 家企业建立博士后工作站。2002 年初,市委、市政府提出全面推进科技创新"六项工程"(高新技术产业化工程、百家企业技术创新工程、产学研结合挖井工程、农业科技示范工程、科教兴市一把手工程、学习型组织建设工程),确定百家企业访院所、百名专家访企业的"双百双访"系列活动。先后在西安和东南大学召开科技恳谈会。1998 年、1999 年、2001 年、2003 年、2005 年,镇江市 5 次获得全国科技进步先进城市称号。

二、教育事业

1983 年,镇江市实现普及小学教育,中学教育也得到同步发展,并成立镇江市职业大学。到 1985 年初步改变中等教育结构单一的状态,有计划、分阶段推进九年制义务教育。特殊教育开始纳入义务教育轨道,职业技术教育列入市国民经济和社会发展总体规划。农村基础教育开始实行"地方负责、分级办学、分级管理"为主要内容的管理体制改革。

1990 年重建镇江师范学校,恢复镇江市教师进修学校。1991 年,镇江市被省政府列为城市教育综合改革的新增试点城市,市政府出台《镇江市城市教育综合改革方案》。1992 年 6 月成立市教育综合改革领导小组,提出《关于加快教育改革和发展的意见》,明确"八五"期间全市教育改革总体思路。1994 年,全市基本普及 9 年制义务教育,职业教育办学多元化格局初步形成。

1994 年 12 月,市委、市政府就贯彻《中国教育改革和发展纲要》提出实施意见,明确"九五"期间全市教育改革总的指导思想和主要任务。1995 年 6 月下发《关于加快农村成人教育改革和发展的意见》,要求全市各乡镇集中力量办好 1 所成人中心校。地方高等教育实行与县级政府及市有关部门、企事业单位的联合办学。

1996 年,全市各重点中学、实验小学划出部分公共教育资源,附设民办公助学校。市一中与索普集团签约进行合作办学。1998 年,镇江市四中、十二中和丹阳市五中进行"两权分离"试点改革,相继开办市江南高级中学、丹阳市外国语学校、丹徒县龙山实验学校等民办和私立学校。

2000 年 7 月经省政府批准,镇江市第一所民办普通高校——镇江金山学院(筹)成立。2001 年,镇江市召开社区教育工作座谈会,明确"十五"期间全市社区教育发展规划。2004 年,市政府执行省政府有关规定,将全市农村义务教育由农民举办转变为完全由政府办,由乡镇管理转变为辖市(区)管理为主。2005 年,市政府坚持义务教育以政府为主,社会力量办学为辅。全市通过"两免一补"资助义务教育贫困生 1.4 万人次。非义务教育创建公办和民办优势互补、多种所有制形式共同发展的办学体制新格局。同年 12 月出台《关于优先发展教育事业,加快率先实现教育现代化的决定》,确立到 2007 年,全市实现教育现代化,教育事业主要指标接近中等发达国家同期水平的奋斗目标。

第十节　发展医疗卫生事业

一、国家卫生城市创建

1990 年,全市开展创建卫生城市活动,投入资金近 120 万元。1992 年 4 月,市政府投入 1 亿余元,以治脏治乱为重点,治理解放南路、宝塔北路、古运河,拓宽南门大街,新建垃圾填埋场及中转站等原先薄弱的基础设施。对130多条小街小巷路面进行修整、维修翻建213座公厕。同年10月,镇江市被命名为江苏省卫生城市。

1995年,市政府将原市城管办、创建办、爱卫办"三办"合一,成立市城市社会管理委员会(城管委)。市委、市政府联合下发《关于对市区主要路段市容环境卫生管理实行路段长承包责任制的意见》,将市区32条主要路段的市容环境卫生管理,责任分解承包给市级机关53个部门,采取10项措施,进行市容包装工程。严格禁止在16条主干道和5个广场占道经营,相继关、停、并、转、迁严重污染的工业企业和车间16个,环境质量明显提高。同年年底,镇江市获1995年度全国卫生城市和环境整治先进城市称号。

1998年,市政府下发《关于巩固创建全国卫生城市成果,实施长效管理的意见》,制定《镇江市创建国家卫生城市总体规划》。投资6亿多元,建成城市污水截流工程;按照部颁标准,合理布局环卫设施;加大环保力度,使自来水、燃气等质量在全省名列前茅,使建成区绿化覆盖率和人均公共绿地面积超过国家卫生城市标准等。1999年通过国家卫生城市省级考核,被评为全国第四次城市卫生检查先进城市。

2002年7月印发《镇江市创建国家卫生城市工作方案》,提出"把镇江建设成为清新秀丽、充满灵气和活力的江南名城"的奋斗目标,建立"党政一把手总负责,主要领导亲自抓,分管领导具体抓,四套班子共同抓"的创卫领导体制;成立由市委书记、市长为组长的创卫领导小组,下设指挥部及办公室,实行集中办公。按照"条包块管、条块结合、以块为主"的原则,对照国家卫生城市标准,将9大类70项考核指标进行分解落实,并以任务书的形式下达到4个区和22个责任部门。市纪委、组织部和卫生局等人员组成督查组,随时进行督查整改。2003年8月通过创建国家卫生城市省级考核和国家级检查指导;10月通过省灭鼠先进城市检查;11月16日通过国家卫生城市复核组的复核检查;12月24日,全国爱国卫生运动委员会正式命名镇江市为国家卫生城市。

二、医疗保险制度改革

1994年3月,国务院确定江苏省镇江市和江西省九江市为全国职工医疗制度改革试点城市。镇江市委、市政府专门召开市委常委和副市长联席会议进行研究落实。1994年12月,《镇江市职工医疗保险暂行规定》《镇江市职工医疗保险医疗费用结算暂行办法》《镇江市医疗保险收费管理暂行办法》《镇江市职工医疗保险药品报销范围》等配套文件相继出台。决定京口、润州两区与市直单位同步实施,丹阳、丹徒、扬中、句容四县(市)按照统一政策进入试点。成立市职工医疗保险管理委员会,下设负责日常行政管理的工作机构。成立市职工医保基金管理中心(后改医保局),统一经办全市职工医保业务。京口、润州两区设立办事处,作为市医保机构的派出机构。各县(市)分别建立相应机构。

《镇江市职工医疗保险暂行规定实施细则》规定,参保单位必须按标准、按季缴纳医保基金。医保局为每个参保职工建立个人医疗账户,参保职工须持医保机构制发的《职工医疗保险证历》到定点医院就诊。医保机构对定点医院实行"定额结算,总量控制,结余归院,超支不补,超收上缴"的办法,每半年结算一次。1995年,覆盖城镇职工的医疗保险格局基本形成,职工基本医疗保障明显改善,医疗费用增长过快的势头得到遏制,但也暴露出一些问题。1996年1月,国务委员彭珮云率国家有关部委负责人再赴镇江,对医改试点工作进行检查、验收和总结。同年4月,国务院办公厅在镇江市召开全国扩大试点工作会议,将医改试点从镇江、九江两市扩大到全国57个城市。

1996年7月,镇江市针对存在的问题,对全市医保政策措施作相应调整。出台《镇江市深化医院内部改革的意见》,明确规范"六不准、六取消、一处罚"等医疗行为,使新建立的各项医改机制在各定点医院运行平稳。1997年,市政府出台《镇江市完善职工医疗保障制度的若干意见》,坚持在原有方案的基础上充实、调整、完善。

2000 年 6 月，国务院副总理李岚清在京主持召开镇江、九江两市医改座谈会，对镇江的医改工作给予充分肯定。7 月，镇江市被特邀出席全国医改工作会议（上海），并在会上作经验交流发言。同年，市政府印发《镇江市完善职工医疗保险制度的意见》，决定从 2001 年 1 月 1 日起，对部分医改政策再作调整：职工医疗保险费实行“单基数”征缴，调整大病统筹金筹集和使用办法；实行国家公务员医疗补助办法；调整个人账户支付方式。参保职工无论是门诊费还是住院费，均先从个人医疗账户支付，个人医疗账户用完后，在起付标准以内的，由个人支付。超过个人起付标准以上部分由社会统筹基金按比例报销。

2001 年下半年成立镇江市药品集中招标采购中心，市直医院的药品全部实行集中招标采购，从源头上淡化医疗费用预算指标的限制。2002 年 12 月，市政府印发《镇江市社会医疗保险暂行办法实施细则》，建立起新型的城乡一体化的合作医疗保险制度。2004 年 4 月出台《镇江市合作医疗保险暂行办法》，从较低水平起步，稳步启动。全市参加合作医疗保险的城乡居民达 120.32 万人，农村居民覆盖率达 80.7%。2005 年，适当扩大医保照顾对象和提高离退休人员医疗待遇，加强离退休人员医疗统筹经费的管理。到年底，全市各类社会参保人数已达 53.14 万人，城镇职工参保率 99%，城乡居民新型合作医疗保险参保 138.2 万人，农村居民覆盖率 91.6%，社会医疗保险基金保障能力和抗风险能力增强。

三、“非典”防治

2003 年 4 月面对全国突如其来的“非典”（非典型肺炎）疫情，市委、市政府决定成立镇江市“非典”防治工作领导小组，后改为“非典”防治工作指挥部。陆续召开 6 次电视电话会议和多次紧急会议，政府常务会议多次研究防治工作，及时就重大问题做出决策；抽调 60 多人集中办公，各地各部门主要领导负总责，市领导亲自带队到各地督查“非典”防治工作。

4 月 25 日，市政府发出《镇江市人民政府关于进一步加强非典型肺炎防治工作的通告》，在新闻媒体公告，并广泛张贴。市政府相继出台《关闭市区部分公共娱乐场所的通告》《关于严格控制举办大型聚餐活动的通告》等文件。出台限制人员出差及人群聚集活动公共交通工具、公共场所工作人员做好防治工作等各项规定，最大限度地减少“非典”传播的可能性。4 月 26 日，市“防非”指挥部出台《防止通过交通工具进入市区人员传播传染非典型肺炎工作方案》，在市区设立 8 个交通检查站（全市设立 21 个检查站），累计检查各类车辆 27.5 万辆，司乘人员 92.8 万名，留检 953 人次。

5 月 3 日起，派出 7 个督查组分赴辖市（区）驻点督查，实行责任共担。5 月 6 日，市政府出台《强化外地返镇人员管理，防止传染性非典型肺炎传播的暂行办法》，对外地返镇人员逐个登记，跟踪管理，观察期每天测量体温 1 次，全市对 48642 人实行医学观察。下发《关于进一步做好阻止外地民工返乡的通知》，出台《镇江市传染性非典型肺炎控制区工作规则》，指导各辖市（区）做好设立隔离控制区的应急预案。市政府确定腾空第三人民医院作为全市“非典”患者的定点收治医院，投入经费 1000 多万元，购置诊疗及抢救设备 200 多台。

5 月 3 日，市三院收治首例“非典”疑似病人，该患者最终被排除。市政府确定第二人民医院为市区发热病人集中留观医院，成立医药用品、生活必需品两个协调小组，统一组织协调防治药品和群众生活必需品的供应。6 月，“非典”防治基本告一段落，市政府印发《关于进一步完善“非典”防治长效管理措施的通知》和《关于建立健全“非典”防治长效管理机制的意见》。7 月召开总结表彰大会，在全省创下“六个第一”：第一个发布“防非”公告，第一个在交通要道设立安全检查站，第一个建立定点收治医院，第一个建立指挥部实行集中办公，第一个在农村进行拉网式普查，第一个落实外来人员指定宾馆住宿。

第十一节　发展旅游事业

一、旅游工作

1985 年，国务院批准镇江市为全国发展旅游的重点地区。1986 年 11 月，茅山风景区被列为省级风景名胜区。1991 年 1 月，镇江“三山（金山、焦山、北固山）”风景区获得国家旅游局颁发的中国旅游胜地 40 佳提名单位证书。1991 年成立镇江市旅游事业委员会；1994 年 6 月成立镇江市旅游开发管理委员会。1996 年 12 月，市政府印发《关于加快旅游业发展的通知》。1999 年 3 月召开旅游体制专题研讨会，形成旅游体制改革方案。2001 年 4 月成立市旅游委员会，研究全市旅游业发展“十五”计划和《关于加快旅游业发展的意见》等重大事项。市政府把旅游作为新兴支柱产业加以培植，以金山为龙头，推进“三山”风景区建设，创建国家级风景名胜区。保护建设西津渡古街，开发建设南山国家森林公园，加快茅山、宝华山等旅游资源的综合开发，构筑网络健全的镇江大旅游格局。

2001 年召开全市旅游发展工作会议，印发《镇江市导游人员管理暂行办法》。副市长孙燕丽带领旅游企业 80 余人参加南京周边城市旅游交易会，到上海开展旅游推介活动；组团赴深圳进行旅游招商，举办镇江旅游节、茅山文化旅游节等活动。2002 年，市政府两次组团赴日本开展旅游促销，在深圳召开旅游专题招商会，举办经贸旅游洽谈会和第二届金山文化旅游节。邀请国内 500 家旅行社到镇江研讨参观考察，召开大型旅行社发展研讨会，推进大区域的旅游网络化合作。2003 年组织全市旅游单位百余人赴上海旅游企业走访，召开旅游推介会、新闻发布会。2004 年，市政府常务会议讨论通过《镇江市 2004～2007 年旅游行动计划》，明确未来几年镇江旅游发展目标。组织镇江旅游交易会、“长三角”旅行社联合体研讨会和金山旅游文化节。2005 年，市政府编制完成《镇江“十一五”旅游发展规划》和《“三山”国家重点风景区规划》，提出培育支柱产业、建设旅游强市的目标。加快推进旅游大项目建设，主要有北部滨水区规划建设，金山“退渔还湖”工程，世业洲旅游度假区开发建设，“江洲人家”农家乐旅游项目等。同年召开全市旅游企业推进诚信旅游服务工作会议，举办第五届镇江金山旅游文化节、第五届茅山旅游文化节、宁镇扬旅游纪念品展示交易会、诚信经营，快乐旅游——镇江旅行社巡礼图片展等活动。

二、中国优秀旅游城市创建

1995 年，国家旅游局发出创建中国优秀旅游城市的倡议。1996 年 4 月，镇江市正式申请参加中国优秀旅游城市的创建和评比，确立创建目标并纳入“九五”计划。在《政府工作报告》中，明确把旅游产业列为重点培植的先导产业。市政府成立创优领导小组，抽调力量集中办公。市政府与 25 个职能部门“一把手”签订创优责任状，要求 65 个路段长单位承包市容环境卫生。宣传镇江整体形象和旅游精品，出齐一张导游图、一本小册子、一盒录像带和一套招贴画。加强与国内外旅游机构、协会、新闻界的联系与交往。增建旅游交通硬件设施，改善城市出入路口面貌；抓旅游景点建设，抓城市绿化和环境保护，提高城市综合素质。开展“三优一满意”（优美环境、优良秩序、优质服务，旅客满意）活动，开展旅游行业精神文明建设活动，印发“十要十不要”市民守则，创建文明户 39 万户。加强技能培训，提升旅游从业人员的素质；整治旅游市场，集中打击无证导游，使交通、景点、旅游、食品卫生、娱乐场所秩序均趋于好转。1998 年 11 月下旬，镇江市通过国家旅游局的验收；同年 12 月 18 日，国家旅游局正式命名镇江市为首批中国优秀旅游城市。

第十二节 发展社会事业

在加快经济建设的过程中，市历届政府把社会事业建设放在同等重要位置，发动和依靠全市人民克服各种阻力和困难，各项社会事业取得长足进步。

一、文化工作

1994年9月，镇江市妇女儿童活动中心（好世界娱乐城）建成开放，率先在全省妇女儿童活动阵地建设中形成规模设施。1996年1月，总投资2300万元、建筑面积6880平方米的镇江市艺术中心落成。1997年，市委、市政府印发《关于进一步发展和繁荣文化事业的若干意见》，要求建设一批具有先进水平的文化设施。市区建有营业性舞厅、卡拉OK歌舞厅、录像放映点、电子游戏室等娱乐场所230多家。1999年，市图书馆馆舍扩大到1.6万平方米，成为当时省辖市中面积最大的图书馆。2001年，镇江焦山碑林维修扩建，展出碑刻由300方增加到400多方，进一步凸现大字之祖"瘗鹤铭"（碑）的珍稀独特地位。2005年建成镇江博物馆新馆，新馆与老馆浑然一体，建筑与园林完美结合，中西文化相互交融，获省文化设施建设一等奖，被国家旅游局正式批准为国家AAAA级旅游景区。

市文化部门坚持贯彻"二为"方向、"双百"方针，促进文化繁荣。文艺工作者深入生活，创作出一批好作品，涌现出一批艺术人才。每年在市级以上发表、展出、演出的作品在5000件左右，获奖作品100余件。其中获国家级奖项的有20多件，如康新民的民间文学专著《梁红玉击鼓战金山》、姚恭林、金桂芬的扬剧演唱等。音乐剧《快乐推销员》获第六届中国艺术节贡献奖。专业文艺表演团体坚持巡回演出，市越剧团坚持在浙江、上海、南京、武汉等地演出，受到各地好评。

1988年3月成立镇江市文化市场管理委员会。1994年，市政府印发《关于加强文化市场管理的意见》，就文化市场管理的范围、原则、职责等方面的问题提出10条意见。开展"文化市场法制年"活动，组织实施音像市场、歌舞娱乐场所、电子游戏经营场所的专项治理行动，加大稽查管理和扫黄打非力度，收缴各类盗版音像制品，查处违规经营网吧，对全市308家网吧的1.5万台计算机安装"净网先锋"监管软件，建立健全举报奖励制度、市场巡查制度、责任追究制度等。严把演出市场准入关，促进文化市场的规范有序、健康发展。

群众文化网络基本建成。在乡乡建有文化站的基础上，乡镇（街道）文化中心建设发展迅速，设备日趋完善，社会文化初具规模。1992年和1994年，镇江市分别有9个乡镇街道被省文化厅命名为群众文化先进乡镇。市群众艺术馆、工人文化宫等群众文化活动场所，积极开展多种形式的群众文化活动。社区文化、企业文化、军营文化、校园文化建设都取得显著成绩，经常举办群众文艺调演、舞蹈比赛、书画作品展、摄影艺术展、群众歌吟大会、创作故事演讲大赛、家庭读书、表演大赛等活动。丹阳、扬中被评为全国文化先进市，句容市跨入江苏群众文化先进市行列。

二、体育工作

镇江的体育工作发展战略，坚持以青少年为重点的群众体育，与以奥运会为最高层次的竞技体育相协调，不断在运动成绩、人才培养、群体活动等各方面取得新突破。

1986年以后，镇江市建立多层次、多形式的业余训练体制，搞好体育传统项目学校的规范化建设。1987年7月成立镇江市体育运动学校。1988年3月，国家体委命名镇江市为全国乒乓球重点城市。成立镇江市乒乓球运动领导小组，研究制定发展乒乓球运动的规划，充实教练员队伍，明确将乒乓球列为镇江市第一运动项目。市八叉巷小学建成在全省小学中先进的专业乒乓训练馆，为国家和省培养并连续输送优秀乒乓人才建立训练基地。镇江籍秦志戬、邬娜在世乒赛上先后获过冠军。市区的“市长杯”暨“津市杯”乒乓球比赛形成常设赛事。

2001 年 11 月为贯彻落实《江苏省实施城乡全民健身服务体系“八个一”工程意见》，市政府出台《实施方案》，与各县（市、区）签订目标责任书，加快体育设施网点建设，健全群众体育活动组织，举办经常性群众体育活动。全市乡镇和街道 90% 以上建立老年人体育协会、农民体育协会或社区体育协会。全市城乡建有体育指导站和各类健身俱乐部 200 个，晨练晚练点 1050 个，社会体育指导员 2834 名，达到每千人配有 1 名指导员的目标。“全民健身宣传周”活动于 1996、1998、1999 年获省体委表彰。1998 年成功举办第三届全市老年人运动会。2002 年 7 月成功主办首届社区运动会。2003 年 6 月 10 日举行当年全民健身周暨“6 · 10”全民健身日启动仪式。自当年起每年举行一次万人长跑活动，每四年举办一次农民运动会。

2004 年 5 月印发《关于进一步加快体育事业发展的意见》，明确体育事业发展的总体要求和主要目标，把体育事业纳入全市国民经济和社会发展总体规划，纳入城乡建设规划，纳入政府任期考核目标。到 2005 年底，全市建成全民健身工程 22 个，全民健身点 203 个，扩大群众健身场所面积 7 万平方米。润州区兴建占地 3500 平方米、建筑面积 1350 平方米的一泉活动中心，成为全市全民健身标志性工程之一。全市有 11 个乡镇进入省级体育先进行列，丹阳市获得首批全国体育先进县光荣称号。

三、扶贫救灾

1986 年，市政府批复同意市民政局等部门下发《关于进一步放宽政策、扶持农村贫困户发展生产治穷致富的通知》。文件定准扶持对象，定实扶持项目，定牢扶持措施，定细验收标准，定出脱贫时间，采用治标与治本相结合，国家力量与社会力量相结合，兴办扶贫经济实体与发展家庭副业相结合的方式，开展扶持工作。

1987 年，扬中县率先把保险引进救灾机制，得到民政部的肯定和推广，使镇江市成为全省第一个试点联片市。1991 年，市政府发出《关于进一步开展农村救灾保险试点工作的通知》，到年底已有 50 个乡镇开展试点，初步形成农村自我保障体系。

1991 年 6 ~ 7 月，镇江市遭受特大洪涝灾害的袭击，数以万计灾民的衣、食、住发生严重困难。市政府成立市救灾募捐委员会及办公室，开展赈灾活动。市民政系统重点解决 54189 人的冬春口粮，修复受损农房 43653 间，重建农房 19641 间，赶制与分发衣物、棉被 6 万余件（条），使灾民的生活得到可靠保障。

1998 年抗洪救灾，全市接受社会捐赠款 790.96 万元，接受捐赠物资折款 400.97 万元。灾后各级民政部门会同各级政府开展重建家园、生产自救工作。全市投入灾民建房款 149 万元，建房、修房 4664 间，发放灾民冬令生活补助费 151.5 万元。丹徒县民政局被民政部评为抗洪救灾先进单位。

2000 年，加强灾情信息自动化管理，建立灾情信息三级联网，提高灾情信息快速反应能力。2002 年，句容部分地区遭受特大洪涝灾害，市政府迅速启动紧急救灾机制，下拨救灾款，帮助受灾群众重建家园。市区组织开展“扶贫济困送温暖”捐助月活动，先后接受捐助人民币 65 万元，衣物 17936 件，其他物品折价款 4.58 万元，由市民政部门及时发往贫困地区和灾区。全市范围内开展“爱心奉献大行动”活动，每年市四套班子领导和各级党委政府走访慰问城乡特困群众，送去党和政府的温暖和慰问金。市级机关开展“献爱心、送温暖”和“慈善一日捐”活动，帮助困难职工和群众解决一些实际问题。2005 年 4 月，市慈善总会正式成立，到年底，接受社会各界捐款 3392 万元，先后开展助医、助学等一系列活动，发放救助金 205.9 万元，救助困难群众 627 户。

四、残疾人工作

1989 年 6 月成立镇江市残疾人联合会，同时成立市残疾人基金会，开展对全市残疾人白内障复明、小儿麻痹后遗症矫治、聋儿听力语言训练等三项康复工作的全面指导。1991 年,全市各县(市、区)残联相继成立,到 1996 年,有 98 个乡镇、街道建立残联组织,初步形成市、县、乡残疾人工作网络。

1992 年、1996 年、2002 年,制定下发镇江市残疾人事业“八五”“九五”“十五”计划纲要,把残疾人事业纳入全市经济社会发展规划。1993 年,市政府批转市计委等四部门《关于按比例安置残疾人就业和建立残疾人就业基金的意见》。1997 年,颁发《镇江市按比例安置残疾人就业办法》,进一步强化残疾人安置就业工作,使全市残疾人就业情况逐年好转。与此同时,开展残疾人职业教育培训,变“输血”为“造血”,鼓励他们学有所长,自谋出路。

2000 年,市政府办公室下发《关于转发市残联等部门〈关于进一步加强社区康复工作的意见的通知〉》,全市建立市、县两级指导站 7 所、社区技术资源中心 11 个,残疾人康复工作上新台阶。全市组织检查《中华人民共和国残疾人保障法》实施情况经常化。在做好日常助残工作基础上,通过每年全国助残日活动,表彰助残先进集体和先进个人,激发全社会对残疾人的关爱。

2000 年 7 月 1 日,新修改的《镇江市残疾人扶持优惠办法》开始实施。2002 年 3 月召开全市残疾人事业工作会议,全面部署《镇江市残疾人事业“十五”计划纲要》的实施。2005 年 3 月出台《镇江市区残疾人优惠扶助办法》和《镇江市特困残疾人“三助一给”康复项目工作方案》,在残疾人招工、就业培训、生活供养、医疗、文化等多方面给予优惠。

1993 年 5 月,镇江市残疾人康复活动中心建成使用。到 2001 年底,全市有五个县(市、区)基本建成残疾人综合服务设施。2001 年 5 月,镇江市残疾人志愿者服务队成立,市领导到会祝贺并授队旗。2001 年 9 月和 2004 年 11 月,先后举办两届镇江市残疾人运动会,遴选出张志强、赵斌等优秀残疾人运动人才,多次在全国和国际残疾人运动会比赛中夺冠。

五、老龄工作

1985 年 4 月成立镇江市老龄问题委员会(简称老龄委)。1986 年 11 月,全市 4 个县区和 92 个乡镇、8 个街道都建立起老龄委。到 1991 年底,全市建立起 215 个乡村老年协会。1992 年,市及各县(市)、区(除丹徒县外),均创办起老年大学。

全市老年工作围绕“五个老有”(即老有所养、老有所学、老有所医、老有所乐、老有所为)目标,变过去片面强调“老有所养”为“以为促养”。1993 年,市委、市政府召开联席会议,推动全市老龄工作。市政府批转《关于兴办老年福利企事业的若干意见》,对兴办老年福利企事业给予减免税等多方面的支持和照顾。同年底,全市兴办老年福利企事业实体 218 个。1996 年,市政府把加速制订人口老龄化对策,建设一批为老年人服务的公用设施,作为可持续发展战略之一。先后下发《1996 年全市老龄工作意见》《关于为我市老年人实行“三优”服务的意见》《关于加强镇江市老年教育工作的意见》和《镇江市“九五”期间发展老龄事业工作意见》等文件。

1997 年 8 月,《中华人民共和国老年人权益保障法》颁布。各级政府进一步加强为老年人办实事,设立老年基金会,办好老年大学,兴建退休职工活动中心和老年活动中心等设施,组织老年人旅游观光、登高联谊、文艺表演及体育比赛等活动。

2001 年,市政府下发《2001 年全市老龄工作意见》,进一步放宽对全市老年人实行的社会优待政策。组织开展全市特困老人生活状况调查,有 7000 余名特困老人列入社会救助对象。2002 年 1 月,市政府将“老龄委”更名为“镇江市老龄工作委员会”,进一步明确各成员单位所担负的老龄工作职责,研究制定今后一个时期全市老龄事业发展计划。投资 120 万元改扩建市老年活动中心;拨款 35 万元添置教学设备,拓展市老年大学办学规模。认真抓好“星光计划”,分期分批扎实推进全市社区老年福利服务设施建设。到 2004 年底,全市已建“星光计划”项目 54 个,有 10 多万老年人受益。建立特困老人救助卡,实行邻里互助;组织志愿者结对帮扶,推进居家养老社会化服务;开展创建敬老模范乡镇(街道)、村(社区)和敬老模范家庭活动,表彰老年维权先进典型。2005 年 1 月,市政府授予句容市边城镇等 8 个乡镇为市首批敬老模范乡镇(街道)称号。丹阳市行宫中学蒋罗根等 6 人被评为全国“亲老敬老之星”。2005 年 10 月 11 日(重阳节),全国首家专门面向中老年人群体的大型门户网站——镇江重阳网开通,为全市老年人服务开辟新领域。

第十三节　政务改革

一、行政审批制度改革

镇江市的行政审批制度改革从 2000 年 7 月开始。2000 年 9 月建立市投资项目审批“一个窗口”办公制度,将全市 26 个涉及内、外资项目审批的部门集中于一体化服务窗口,办理所有审批手续。2001 年 2 月成立以市长为组长的行政审批制度改革领导小组并设办公室(简称市审改办),同时制定下发《关于行政审批制度改革工作的实施意见》。要求各地、各部门对原有行政审批事项和有关收费项目进行全面清理,按照适应市场经济体制要求,精简审批事项、优化发展环境这一基本思路,拟订方案制定措施。同年 7 月 5 日,市政府常务会议讨论通过改革方案,8 月 1 日公布实施,全市有 90 个市级单位及国家、省垂直管理的单位参加。在第一轮改革中,各部门上报行政审批总事项(含审批、审核、核准、备案)993 项,其中审批、核准事项 623 项。经审核减少(含降低)审批总事项 354 项,减幅为 35.6%;审批、核准事项减少(含降低)262 项,减幅为 42.1%。审批总事项和审批、核准事项的减幅均达到省、市政府减少 1/3 和 40% 的目标。所辖各县(市)也都大幅削减审批事项,减幅均达到 1/3 和 40% 以上。2002 年 3 月开展第二轮行政审批制度改革,涉及政府部门和垂直管理部门 57 个。各部门上报行政审批事项 863 项。经审核后取消 128 项,降低级别 16 项,减幅为 16.8%。其中市政府所属部门设定的 23 项行政审批事项,因 1 项涉及企业人员安排需延迟外,其余 22 项全部取消。

2003 年 3 月成立镇江市行政服务中心,同年 10 月中心正式运行,51 个部门 575 个行政审批项目集中办理。同时,市政府印发《镇江市集中办理市级行政审批事项的若干规定》,多渠道、多形式向社会各界公开审批内容、审批依据、办事程序、申报材料、承诺期限、收费标准(简称“六公开”)。2004 年集中对市级机关行政许可实施主体、项目、规定、收费进行全面清理。经清理,保留行政许可实施主体 64 个,取消 11 个;废止行政许可规范性文件 23 件,修订 16 件;保留行政许可项目 329 项,取消 137 项,改变管理方式 85 项;取消 30 个部门涉企、涉民行政审批收费 79 项,年减轻企业和群众负担达 1000 多万元。

图 25-1　2004 年,镇江市行政服务中心大厅

2005 年组织第二次清理行政许可项目。取消市级行政许可项目 59 项,改变管理方式 46 项。同年 7 月印发《关于进一步深化行政审批制度改革提高行政效率的实施意见》,将 60 个部门(单位)的行政服务承诺书和“六公开”内容分别在《镇江日报》和中国镇江网站上公布。推进以归并行政审批职能为核心的“两集中、两到位”工作:各部门行政审批(服务)职能向一个处室集中,部门行政审批(服务)处室向行政服务中心集中;部门行政审批(服

务)事项进入行政服务中心要落实到位,部门对窗口工作人员要授权到位。同年9月,第一批实施“两集中、两到位”的17个部门的234项审批项目进入行政服务中心。2005年底,有35个部门(单位)制订方案,其中市直有23个部门进行职能归并,成立行政服务处,重新确定部门“三定方案”。即办件项目由原来17项增加到56项,实行一审一核的项目,由原来72项增加到155项,占中心项目总数46.3%;承诺件平均承诺时限,由原来14.6个工作日压缩到6.55个工作日,压缩55%,其中有16个部门承诺时限全部控制在7个工作日以内。中心办件接受群众评议50457件,评价为满意50379件,基本满意40件,满意率99.85%。

二、政务公开

镇江市的政务公开工作,起步较早。1996年开始乡镇政务公开工作试点,1999年在所有乡镇全面推行。做到“凡是可以公开的办事内容、办事程序和结果,特别是与群众利益直接相关的事项都应公开,以便群众监督”。2000年在所辖市(县)级机关中,凡与人民群众生活关系密切的,如执法监督部门、公共服务部门和涉农部门,都实行政务公开,并逐步向市(县)级政府及其职能部门推开。

2002年成立市政务公开工作领导小组。确定市政府办公室为牵头单位,市纪委、组织部、宣传部、监察局、人事局、民政局、法制办等部门为成员单位。市政府制定下发《关于全面推行政务公开制度的实施意见》,对政务公开的指导思想、原则、范围、内容、形式及要求等作出明确规定。所辖各市(县)、区政府和市政府各部门均成立由行政正职任组长的政务公开工作领导小组,全市上下形成党委统一领导,政府主抓,部门各负其责,自觉公开,各级人大、政协、纪委监督检查,广大群众积极参与支持的整体互动态势。按照“依法公开、全面实现”,向社会公开和向机关干部公开相结合的原则,市政府努力做到该公开的一律公开,能公开的全部公开,最大限度地增加工作透明度。在公开重大部署、重大改革举措,以及社会公益事业、社会关注热点问题的同时,注重突出人权、事权、财权等事项的公开。制定“一规范、二设置、三挂牌、四上墙”的操作模式,一些有条件的窗口单位和部门在其机关和业务大厅内设置电子屏幕或电子触摸屏,近30个部门开设互联网站。

2003年4月15日起,市政府机关有关部门的工作职责、服务承诺、监督电话以及办事程序等项目,定时轮流在大市口城市客厅电子大屏幕上滚动播出。同年7月在先后制定和完善18项规章制度基础上,市政务公开领导小组出台《政务公开工作目标管理考核办法》。2004年10月组织检查考核。全市有128家单位运用市政府门户网站进行公开,有38个政府组成部门通过电子政务网站实施网上公开,设置政务公开电子触摸屏129台、电子大屏幕39块,政务公开先进典型单位由6个增加到15个。2004年,全国政务公开领导小组办公室负责人到镇江调研,中央和国家有关部委以及省委、省政府对镇江市的政务公开工作给予肯定和表扬。

三、电子政务

镇江市电子政务建设起步于1992年的政府机关办公自动化工作。1996年遵循“统一规划、分头建设、多方受益、讲求实效、安全保密”的原则,搞好办公自动化基础建设。市政府办公室率先建成计算机内部局域网,开通省、市、县(市、区)三级X·25计算机数据通讯业务。1997年,镇江市被省确定为公文处理和信息管理两个应用软件上网试运行的试点城市,做到决策服务系统与应用软件开发同步进行。市政府与市财政局、地税局等部门联网,实现电子数据和信息资源共享,成为全省政府系统新网建设样板,在省辖市中推广。1998年加强办公自动化建设,参与联网的政府综合部门由上年的4个扩大到25个,并且联入省共用信息网和国际互联网。1999年开通“中国镇江”政府网站。2000年,镇江市承担全省政府系统公务电子邮件与系统建设试点工作,市直45个综合部门和所辖各县(市、区)为建设主体。同年11月开通请示、明传电报、政务信息、督查情况等数据传输试运行。2002年12月成立以市领导江里程为组长的市党政系统电子政务建设领导小组。2003年1月印发《关于镇江市电子政务建设的指导意见》,明确电子政务建设的主要目标和任务、实施步骤、保障措施等。2004年1月,各辖市(区)政府、镇江新区管委会向市政府报送的机密级以下(含机密级)内事类请示件和外事类文件,开始通过市政府公务邮件系统传输,同时开始带印章电子公文的传输。2005年9月起,市政府上报省政府的请示性文件(出国请示件除外),均采用无纸化电子传输,缩短公文运转周期。

2005年1月1日,"中国镇江"门户网站改版,对公民、企业、旅游者、投资者、公务员等对象,提供不同类型的信息服务。同年为本市企业、市民、公务人员免费开通5万户实名制电子信箱。全市电子政务网络架构基本形成,初步建成政务内网平台,各类应用也有序推进,政务公开、行政服务中心和电子口岸等工程取得阶段性成果。在建设项目网上申报审批系统上,组成申报受理、审批、督查、系统管理等4个工作平台,提供具有操作性较强的网上办事功能,为公民提供"一站式""一网式"服务。建立市人大代表建议,市政协提案网上办理系统。市政府与省政府、市政府与各职能部门以及辖市(区)政府之间,实现利用CA认证和密钥管理的带电子印章的公文无纸化传输。2005年底经省电子政务建设协调指导小组等联合测评,"中国镇江"在全省省辖市政府门户网站中排名第四,受到省政府办公厅表彰,在全国百家政府网站评选中被评为优秀网站。丹阳市政府获信息化影响中国——2005年度信息化贡献奖,全省获此殊荣的仅此一家。

四、为民服务公开电话

市政府为民服务公开电话"234560"(后改为"4424560"),于1990年元旦正式设立,24小时开通,接受市民投诉。同时设立的还有民意调查中心和《主人与公仆》专栏。市公安、工商、教育、城管、房管、商业、市政公用、供电、邮电等9个与群众生活密切相关的部门,同步开通为民服务公开电话。此后,逐步扩大到包括各辖市(区)政府在内的23个职能部门,形成全市为民服务公开电话网络。市政府制订《镇江市人民政府为民服务公开电话实施办法》,要求所有的网络成员单位都必须办好为民服务公开电话。

1991年4月,《市政府为民服务公开电话工作细则》颁布实行。市政府办公室每月编发《为民服务公开电话》专报,及时通报办理情况,促使有关部门及早妥善解决问题。1992年1月至1996年8月底,接听群众来电21821件次,接待群众来访2097人次,处理人民来信339封,协调处理各类问题324件,向领导提供重要信息500余条。

1996年9月,市行政效能投诉中心成立,为民服务公开电话作为投诉电话,集中受理法人、公民对政府各部门及工作人员的工作作风和办事效率的投诉。1997年,市政府办公室牵头组织公开电话网络单位实施"110"社会联动工程。1997年10月,市政府办公室设立督查处,与公开电话合署办公。2002年10月,市政府办公室印发《镇江市市级机关工作人员工作态度和效能问题投诉的处理办法》。2003年开通政府网上信箱,2005年1月改为"市长信箱",直接受理群众的投诉、批评和建议,及时、快捷地给予答复。

2000年4月,市区西窑居委会主任反映他们所在的老城区常年没有路灯,夜间易发治安事件。为民服务公开电话为此召集有关部门,到现场查勘,督促筹集资金9万元,于5月中旬为该片区安装路灯47盏。随后通过调查研究,提出解决市区无灯区的意见和实施方案。经市长常务会议审定批准,2000年底,市政府投入350万元,共解决69处无灯区路灯照明问题。2005年,市劳动局针对群众反映强烈的用工问题着手整治,责令用人单位与3万多人补签劳动合同,补发拖欠职工工资2000万元;市建设局完成10个老住宅片区和97条街巷道路的改造;市房管局治理危房10500平方米;市政公用局新增环保节能公交车63辆。

截至2005年,市政府为民服务公开电话(含政府信箱)受理群众投诉近82100件次,政府办公室直接办理57649件次,交网络单位办理24451件次,办结率95%以上。接待群众来信来访3259人次,办理政府信箱10649件,办结率100%。

1990~2005年镇江市政府为民服务公开电话办理情况一览表

表25-2 单位:件、期

年份	受理投诉电话	办公室办理	网络单位办理	处理网上政府信箱	处理来信来访	编印月报
1990、1991	14224	9245	4979	–	380	22
1992	3671	2494	1177	–	217	16
1993	3582	2628	954	–	197	17
1994	3861	2974	887	–	261	13
1995	4652	3417	1235	–	260	12
1996	5975	3940	2035	–	489	16
1997	5196	2939	2257	–	375	11
1998	4893	3230	1663	–	285	13
1999	4365	3058	1307	–	202	13
2000	5509	4365	1144	320	160	12
2001	5009	3925	1084	897	125	12
2002	4724	3581	1143	1583	96	12
2003	5842	4434	1408	2696	85	12
2004	5415	3963	1452	3225	78	12
2005	5182	3456	1726	1928	49	13
合计	82100	57649	24451	10649	3259	206

第四章 法制工作

1986年,省政府办公厅设立法制处。1987年5月12日,镇江市政府办公室相应设立法制科,编制2人。专职处理市政府有关的法律事务。1989年10月19日成立镇江市政府法制局,原市府办法制科同时撤销。市法制局为副处级办事机构,由市政府办公室代管,编制10人,内设法规科、执法监督检查科和市政府行政复议委员会办公室(应诉科)。

1990年,市政府各有关部门陆续设立法制工作机构。市公安局成立法制办公室;市工商局根据国家工商行政管理总局和省工商局的要求,设立法制科。同年,镇江市所辖扬中县、句容县、丹徒县、丹阳市、京口区、润州区相继成立法制局。

1996年在党政机关机构改革中,市法制局升格为一级局建制,列入政府序列。1997年,市法制局内设人事秘书处、法规处、法制监督处、复议应诉处、宣传培训处等机构;同年9月,市法制局作出关于各处室职责分工、内部工作程序和九项制度等规定。

2001年,市级党政机构改革,市法制局更名为市政府法制办公室,列入市政府工作部门。内设人事秘书处(挂宣传培训处牌子)、法规处、行政执法监督处、行政复议处等机构,核定行政编制13名,设主任1人、副主任2人。同年,扬中市、句容市、丹阳市、丹徒县、京口区、润州区的法制局均相应更名为法制办公室。

镇江市法制事务研究所　1992年3月经市编委批准,成立镇江市法制事务研究所,为市法制局下属的全额拨款全民事业单位,以全市各级行政机构、企事业单位("三资"企业)、社会团体以及公民为服务对象。其工作职责:开展政府法制理论研究,为政府领导决策和政府各部门依法行政提供法律咨询服务;开展立法研究,承办法律、法规、规章草案的前期调查和科学性、可行性论证工作;为各级行政机关代拟或参与起草规范性文件草案并进行法律论证;接受法律论证;接受委托,为各级行政机关、企事业单位("三资"企业)和其他组织担任法律顾问;接受各级行政机关、企事业单位("三资"企业)、其他组织和公民的委托,代理参与行政、经济、民事诉讼和非诉讼法律活动;为公民、法人和其他组织起草法律文书,提供法律咨询和其他法制服务;为各级行政机关和公民、法人、其他组织学法、用法提供法律标准文本和书刊资料;负责《镇江政报》《政府法制》的组稿、编辑、发行工作等。1992年5月,该所分别与市规划局、交通局、地矿局、市政公用事业局、商业局、房管局、中国银行镇江分行、中房镇江公司、市地产开发总公司、亚太玩具有限公司等20家单位签订法制顾问协议。1995年8月,法制事务研究所接受非诉讼当事人委托,成功调处一起因"文化大革命"期间政府行为调拨决定而引起的房产权属纠纷。1996年3月,法制事务研究所接受聘请,为市地方工业品市场与港商合资拆迁开发12万多平方米商品房以及扬中大桥等重大工程提供法制顾问服务。2001年5月,法制事务研究所参与大市口城市客厅和西荷花塘等片区的拆迁有关事务工作。2005年4月,法制事务研究所受市交投公司委托,参与金桥大道建设拆迁工作。随着形势发展和工作需要,该所2名编内人员与法制办形成混岗使用状态,经费由财政列支,收费按市物价局、财政局核定的标准执行。

第一节　规范性文件

一、规范性文件制定

1979年颁布的《中华人民共和国地方各级人民代表大会和地方各级人民政府组织法》明确规定:县级以上地方各级人民政府具有"规定行政措施,发布决定和命令"的职权。自1987年市政府法制工作机构成立至2005年,围绕城建、环保、财政、劳动、人事、科教文卫、公安、民政、法制等各方面,先后出台市政府规范性文件400余件。这些规范性文件的类别和主要内容(除有注明的颁发机构外,均为市政府颁发):

1. 城市建设和管理　为加强城市土地管理,市政府先后印发《镇江市外商投资企业土地使用管理实施办法》(镇政发〔1995〕191号)、《镇江市确认国有土地权属规定》(镇政发〔1995〕350号)、《镇江市土地违法案件查处办法》(镇政发〔1996〕175号)、《镇江市土地年租金征收管理暂行办法》(镇政发〔1999〕97号)、《镇江市市区国有土地使用权招标拍卖出让方案编制暂行办法》(镇政发〔2000〕106号)等。

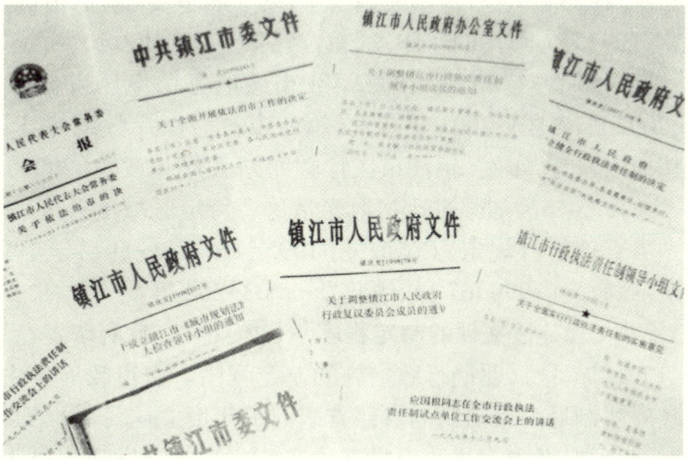

图25-2　市委、市政府规范性文件(2005年摄)

有关城市规划管理,2000年印发《镇江市城市规划管理规定》(市政府第19号令)。

在城市建设方面,先后印发《镇江

市建设工程招标投标管理暂行规定》(镇政发〔1995〕150号)、《镇江市建设工程造价管理暂行办法》(镇政发〔1997〕326号)、《镇江市工程建设监理暂行规定》(镇政发〔2000〕190号)、《镇江市排水管理暂行办法》(镇政发〔2005〕77号)等。

在加强城市市容和环境管理方面,1998年印发《镇江市城市市容和环境卫生管理规定》(市政府第18号令)。2005年经过修订,印发《镇江市市容和环境卫生管理规定》(镇政发〔2005〕113号)。同年为配合城市管理相对集中处罚权工作的开展,印发《镇江市城市管理相对集中处罚权试行办法》(市政府第21号令)。

2. 社会事业发展 在劳动人事方面,先后印发《镇江市机构编制管理暂行办法》(镇政发〔1992〕56号)、《镇江市城镇企业职工社会养老保险暂行办法》(镇政发〔1993〕187号)、《镇江市女职工劳动保护办法》(镇政发〔1997〕325号)、《镇江市劳动预备制度实施办法》(镇政发〔1999〕242号)等。

在文化、教育、卫生方面,先后印发《镇江市除四害暂行办法》(镇政发〔1995〕258号)、《镇江市市徽管理暂行规定》(镇政发〔1997〕285号)、《镇江市区域卫生规划实施办法》(镇政发〔1998〕128号)、《关于加强社会用字管理的通告》(镇政发〔1999〕102号)等。

3. 民生和社会保障 1997年印发《镇江市农村社会养老保险暂行办法》(镇政发〔1997〕216号);同年在残疾人扶助方面,印发《镇江市按比例安排残疾人就业办法》(镇政发〔1997〕86号)。1998年印发《镇江市优抚对象抚恤补助优待标准自然增长机制暂行办法》(镇政发〔1998〕92号);同年针对困难企业和下岗职工的管理,印发《镇江市企业解困资金使用办法》(镇政发〔1998〕105号)、《镇江市企业下岗职工管理试行办法》(镇政发〔1998〕106号);2002年印发《镇江市城市居民最低生活保障实施办法》(镇政发〔2002〕233号);2003年针对困难家庭住房保障,印发《镇江市市区居民困难家庭住房保障暂行办法》(镇政发〔2003〕45号);2004年,市政府办公室印发《镇江市城市居民最低生活保障办法实施细则》(镇政办发〔2004〕149号)。2005年印发《镇江市市区残疾人优惠扶助办法》(镇政发〔2005〕30号)。

4. 法制建设 1997年,市政府办公室印发《镇江市重大行政处罚决定备案审查办法》(镇政办发〔1997〕171号);1998年印发《镇江市人民政府行政执法投诉办法》(镇政发〔1998〕236号;同年印发《镇江市行政执法违法责任追究办法》《镇江市实施行政执法责任制考核办法》(镇政发〔1998〕275号)。

5. 创新型行政规定 1994年,镇江市被国务院列为医疗保险试点城市之一,下发《镇江市职工医疗保险暂行规定》(镇政发〔1994〕326号)、《镇江市职工医疗保险暂行规定实施细则》(镇政办发〔1994〕78号)等相关规定。1997年印发《镇江市职工医疗保险专用卡使用管理办法》(镇政发〔1997〕57号);同年印发《镇江市职工医疗保险大病统筹金的筹集和使用暂行办法等八项规定》(镇政发〔1997〕63号);2002年,市政府办公室印发《镇江市住院医疗保险暂行办法》(镇政办发〔2002〕170号);2003年印发《镇江市社会医疗救助暂行办法》(镇政发〔2003〕288号);2005年对其加以修订,印发《镇江市医疗救助办法》(镇政发〔2005〕57号)。

1995年为加强古运河风光带这一特定区域的开发、利用、管理,市政府印发《镇江市古运河风光带管理暂行规定》(镇政发〔1995〕15号)。此后于1999年和2003年两次加以修订,文号分别是:镇政发〔1999〕67号、镇政发〔2003〕262号。

6. 规范性文件的制定程序 1991年,市政府印发《镇江市制定行政措施程序的规定》(镇政发〔1991〕77号),明确行政措施的制定程序。由市政府各主管部门提出制发建议,于每年11月送市政府法制局。市法制局参照省政府的年度立法计划,结合本市实际,进行综合协调,提出下年度的制发计划,经市人民政府批准后实施。有的制发建议虽未列入计划,但因工作需要,或国务院和上级人民政府在立法计划外颁布的规范性文件中指定要制定实施办法和施行细则的,有关主管部门应向市政府法制局作出书面说明，报经市政府同意后制定。1991年起，市政府制定年度立法计划，明确规定由行政部门起草制定的行政措施，实行政府法制机构把关、市政府常务会议集体审议制度；对重要的行政措施，改进发布形式，以《政府令》予以公布。

2002年8月30日，市政府印发《镇江市行政措施制定程序规定》（镇政发〔2002〕179号），对1991年的制定规定作出修订，详细规定行政措施的内涵以及行政措施的立项、起草、审查、决定、公布、修改、废止和解释。

二、规范性文件清理

1990年5月为适应《中华人民共和国行政诉讼法》实施的需要，市政府对1983年以后制发的317件规范性文件进行全面清理，公布继续有效146件、需要修改73件、应予废止或自行失效98件，由市法制局具体组织实施（下同）。

1992年根据国务院办公厅《关于清理治理整顿期间所发文件的通知》（国办发〔1992〕15号）和省委、省政府《关于加快改革开放促进经济发展若干问题的决定》（苏发〔1992〕8号）精神，市政府对治理整顿期间所发文件进行清理，以镇政发〔1992〕174号文公布废止文件3件，修改文件5件。

1996年为贯彻执行《中华人民共和国行政处罚法》，保障全市各级行政机关依法行政，市政府对1983～1996年间的市政府规范性文件进行清理，清出涉及行政处罚的规范性文件139件，其中继续有效64件，废止（含自然失效）35件。

2002年为适应中国加入世界贸易组织新形势的需要，市政府对1983～2001年10月底制定的规范性文件进行全面清理，以镇政发〔2002〕115号文公布《市政府决定废止的政策措施目录》（226件）。

2003年为进一步落实国务院关于取消第一批和第二批行政审批项目的决定、《江苏省省级设定行政审批事项第一批清理方案》和《市政府关于取消一批市级设定行政审批项目的通知》，市政府对涉及行政审批事项的规范性文件进行清理。经过清理，以镇政发〔2003〕162号文，公布《废止的市政府政策措施目录》（9件）和《修订的市政府政策措施》（9件）。

2004年为保证行政许可法的顺利实施，市政府进行一次涉及行政许可项目的规范性文件的清理工作。以镇政发〔2004〕79号文，公布《废止的规范性文件目录》（21件）；以镇政发〔2004〕78号文，公布《关于修订〈镇江市无公害蔬菜管理暂行办法〉等市政府规范性文件的通知》（17件）。

第二节　行政执法与执法监督

随着政府职能的转变，政府法制机构推动全市各级行政机关依法开展行政执法和行政执法监督工作。行政执法人员实行执法检查证制度，持证上岗，亮证执法，规范行政执法行为。强化行政执法监督制度，落实《关于全面实行行政执法责任制的意见》，有计划、有步骤地全面开展行政执法监督检查活动。

一、行政执法主体

1996年10月1日，《中华人民共和国行政处罚法》颁布施行。1997年，市、辖市（区）人民政府法制局依据行政处罚法的规定，分别对本级政府所属执法主体进行全面清理，并向社会公告。通过清理，市级行政执法主体为104个，其中法定行政机关59个，法定授权组织20个，受委托组织25个。

1. 法定行政机关名单　丹阳市人民政府、扬中市人民政府、句容市人民政府、丹徒县人民政府、京口区人民政府、润州区人民政府、镇江市经济委员会、镇江市科学技术委员会、镇江市城市管理委员会、镇江市建设委员会、镇江市规划局、镇江市公安局、镇江市国家安全局、镇江市司法局、镇江市民政局、镇江市劳动局、镇江市交通局、镇江市文化局、镇江市审计局、镇江市农业局、镇江市水利局、中国人民银行镇江分行、镇江市统计局、镇江工商行政管理局、镇江市国家税务局、镇江市地方税务局、镇江技术监督局、镇江市多种经营管理局、镇江市计划生育委员会、镇江市体育运动委员会、镇江市广播电视局、镇江市国土管理局、镇江海关、镇江市卫生局、镇江市物价局、镇江市环境保护局、镇江市国家保密局、镇江市人民防空办公室、镇江进出口商品检验局、镇江动植物检疫局、镇江市民族宗教事务局、镇江市地质矿产局、镇江市计划委员会、镇江市教育委员会、镇江市对外经济贸易委员会、镇江市人事局、镇江市物资局、镇江市乡镇企业管理局、镇江市国有资产管理局、镇江市人民政府征兵办公室、镇江市公安局交通警察支队、镇江市公安局消防支队、镇江市市政公用事业管理局、镇江市园林管理局、中华人民共和国镇江卫生检疫局、镇江市绿化委员会办公室、镇江市医药管理局、镇江市公安局交巡警支队、镇江港公安局。

2. 法定授权组织名单　镇江市农业机械管理局、镇江市房产管理局、镇江供电局、镇江邮电局、镇江市烟草专卖局、镇江市档案局、镇江市盐务管理局、镇江市旅游管理局、镇江市地震局、镇江市气象局、镇江文物管理委员会办公室、镇江市船舶检验处、镇江市港航监督处、镇江市物价检查所、镇江市农业机械安全监理站、镇江市能源利用监测站、镇江市植保植检站、镇江市无线电管理委员会办公室、镇江市渔政管理站、镇江港交通卫生监督所。

3. 受委托组织名单　镇江市城市建设综合领导小组办公室、镇江市古运河管理处、镇江市给排水管理处、镇江市燃气管理办公室、镇江市城建监察支队、镇江市测绘管理办公室、镇江市建设工程管理处、镇江市建设工程造价管理处、镇江市建设工程质量监督站、镇江市建设工程招标投标管理办公室、镇江市抗震办公室、镇江市水政支队、镇江港港口建设费征稽站、镇江港口建设工程质量监督站、镇江市公路管理处、镇江市林政资源检疫站、镇江市墙体材料改革办公室、镇江市交通局水上交通稽查支队、镇江市环境监理总站、镇江市种子站、镇江市兽医卫生监督所、镇江市航道管理处、镇江市运输管理处、镇江市交通道路稽查总队、镇江市城市客运管理处。

2001 年 4 月，全市新一轮党政机构改革的完成，对市级行政执法主体重新审核确认。法定行政机关自此调整为 49 个，法定授权组织仍保持 20 个，受委托组织调整为 20 个。

2005 年，《中华人民共和国行政许可法》施行。市政府法制办会同市行政服务中心对全市行政许可实施主体和许可项目进行清理，确认市级机关行政许可实施主体 66 个，行政许可项目 329 项。

4. 市级机关行政许可实施主体名单　镇江市发展计划委员会、镇江市经济贸易委员会、镇江市教育局、镇江市交通局、镇江市公安局、镇江市建设局、镇江市民政局、镇江市财政局、镇江市人事局、镇江市劳动和社会保障局、镇江市计划生育委员会、镇江市国土资源局、镇江市规划局、镇江市城市管理局、镇江市水利局、镇江市农林局、镇江市文化局、镇江市贸易局、镇江市司法局、镇江市环境保护局、镇江市广播电视局、镇江市统计局、镇江市粮食局、中华人民共和国镇江出入境检验检疫局、镇江市对外贸易经济合作局、镇江市卫生局、江苏省镇江药品监督管理局、江苏省镇江市国家税务局、江苏省镇江工商行政管理局、江苏省镇江质量技术监督局、镇江市体育局、镇江市人民防空办公室、镇江市安全生产监督管理局、中国人民银行镇江市中心支行、国家外汇管理局镇江市中心支局、镇江市民族宗教事务局、镇江市人民政府侨务办公室、镇江市口岸管理办公室、镇江市新闻出版局、镇江市市政公用事业管理局、镇江市园林管理局、镇江市房产管理局、镇江市地震局、镇江市档案局、中华人民共和国镇江海事局、镇江市农业机械管理局、江苏省镇江市烟草专卖局、镇江市港务管理局、中国银行业监督管理委员会镇江分局、镇江市医疗保险局、镇江市气象局、镇江市盐务管理局、镇江市地方海事局、镇江市船舶检验局、镇江市运输管理处、镇江市无线电管理办公室、镇江市公安局消防支队、镇江市公安交通巡逻警察支队、镇江市公安局车辆管理所、镇江市植保植检站、镇江市林政资源检疫站、镇江市兽医卫生监督所、镇江市渔政管理站、镇江市农业机械安全监督所、镇江市文物管理委员会办公室、镇江市供电公司。

二、行政执法队伍和行政执法监督员

1992年1月，镇江市率先在全省实行行政执法检查证制度，由市法制机构统一印制证件。市属行政执法机关执法人员的执法证件，由市政府核发和管理，政府法制机构具体负责。辖市（区）所属行政执法机关的执法人员，由辖市（区）法制部门统一将名单报市法制局审核批准，执法证件由辖市（区）政府发放和管理，县（市、区）法制机构具体负责。1995年8月，省政府决定建立全省行政执法证件管理制度，并颁布《江苏省行政执法证件管理办法》，规定由省政府统一印制行政执法证，县级以上政府负责核发和管理。1996年1月，市法制局为全市3716名执法人员换发由省政府印制的行政执法证，有效期定为3年。在有效期内，每年须经发证机关注册，未经注册或未通过注册的行政执法证无效。

1996年起，市政府在每届政府任期内聘请10名人大代表、政协委员和社会知名人士、学者，作为特邀行政执法监督员，发给行政执法监督证，对行政执法人员的执法行为实行社会监督。市法制办公室组织编写《行政执法人员培训手册》，内容包括常用法律、法规、规章、市政府规范性文件、行政处罚法律文书格式、行政复议法律文书格式等。市、辖市（区）政府对申领行政执法证件者提出明确要求，经审核虽符合条件，但须进行行政执法基础知识和相关法律、法规的培训，经考试合格，方能发给行政执法证。

2003年制发《市政府特邀行政执法监督员工作暂行规定》。根据《关于行政执法人员法制培训考核工作的意见》的通知，对市级行政执法人员进行为期3天的轮训。

2004年结合换发江苏省行政执法证件，对1716名市级行政执法人员进行培训。

三、行政执法监督

1992年4月，市政府制发《关于行政机关规范性文件备案办法》，首次明确规范性文件的定义、备案方式和时间、负责备案审查和管理的工作机构，以及对不适当的规范性文件处理意见。7月制发《镇江市人民政府行政执法证件管理办法》，规定执法证件核发机构、核发的程序、执法人员必备条件、擅自使用执法证件处理方式。

1997年9月，市政府办公室印发《镇江市重大行政处罚决定备案审查办法》，规定市、辖市（区）法制部门负责所属工作部门作出重大行政处罚决定的备案审查和管理工作；重大行政处罚决定报送备案的范围；报送备案的方式；对备案审查中发现的问题依法提出处理意见。

1997年市三届五次人代会期间，召开依法治市专题会议，对建立健全行政执法责任制进行动员和部署，确定在工商、国土、环保、建委和规划5个部门开展试点工作。同年12月，全市召开行政执法责任制试点单位工作交流会。市政府成立行政执法责任制领导小组，领导小组办公室设在市政府法制局。市政府下发《关于全面实行行政执法责任制的实施意见》，规定市级行政执法部门在1998年5月底前，各辖市（区）人民政府及所属执法部门于1998年6月底前全面建立行政执法责任制。

1998年10月，镇江市人民政府制发《镇江市人民政府行政执法投诉规定》，文件规定投诉受理的机关、投诉的内容、投诉受理、投诉处理、奖励和惩罚。11月，镇江市人民政府制发《镇江市行政执法违法责任追究办法》，文件规定行政执法违法责任定义、行政执法违法行为、实行责任追究范围以及责任追究的方法。

1999年11月对23个单位的处罚案卷组织评比。2001年9月针对行政执法责任制检查考核中,个别单位行政执法工作尚未正常开展、行政执法责任制建立尚不健全等问题,根据《江苏省行政执法监督办法》的规定,对市粮食局、市宗教局、市体育局发行政执法监督决定书。10 月依据市人大常委会在审议市政府依法行政工作报告时提出的问题,对市卫生局、市教育局、市国土局、市宗教局、市环保局、市公安局、镇江工商局等部门发出依法行政工作督办单。

2005 年,市政府办公室根据同年国务院办公厅《关于推行行政执法责任制的若干意见》、省政府办公厅《关于全面推行行政执法责任制的实施意见》精神,制定《关于进一步深化行政执法责任制的实施意见》,对行政执法责任制组织领导机制、行政执法职责、建立和完善行政执法评议考核机制等方面深化、完善。

四、行政执法检查

1989 年 11 月,市政府召开首次全市行政执法情况汇报会,由市公安、环保、工商、商检局和扬中、丹徒县政府,京口、润州区政府等 15 个单位交流行政执法情况。

1990 年重点对全市行政执法机构执法依据、程序等情况进行清查。1991 年组织对《中华人民共和国土地管理法》《中华人民共和国进出口商品检验法》《道路交通管理条例》进行检查。1994 年重点检查涉及全局和群众切身利益的法律、法规,如减轻农民负担、转换企业经营机制、资源环境保护等法律法规执行情况。1996 年对《中华人民共和国土地管理法》《中华人民共和国环境保护法》《红十字标志管理办法》的执行情况进行检查,对检查中发现的违法用地问题,依法提出处理意见。

1997 年 3 月 19 日,市政府成立行政执法监督工作领导小组,办公室设在市政府法制局。领导小组决定每年有计划地组织行政执法监督检查,检查的结果作为考核依法治市目标完成和行政执法责任制度落实的重要依据,同时向市人大常委会报告并接受监督。1997 年,按季度先后检查文化市场、技术监督、城市规划和交通管理等部门的法律法规执行情况。市政府每年下发行政执法监督检查计划,根据工作重点或人民群众关心的热点难点问题,有侧重地检查执法的法律依据、处罚程序、执法文书等。通过听汇报、查台账、勘验现场、召开座谈会、问卷测试等方式,邀请市人大、市政协部门领导和市特邀行政执法监督员参加。检查结果除汇报市领导和反馈被查单位外,并通报相关行政执法部门。

1998 年,按季度先后对《中华人民共和国义务教育法》《中华人民共和国教师法》《江苏省城市绿化管理条例》《工程建设施工招标投标管理办法》《中华人民共和国食品卫生法》《中华人民共和国森林法》《中华人民共和国动物防疫法》等法律法规贯彻执行情况进行检查。1999 年对《中华人民共和国价格法》《江苏省价格管理监督条例》《治安处罚条例》《中华人民共和国劳动法》《中华人民共和国水法》《中华人民共和国防洪法》等法律法规贯彻落实情况组织检查。

1999 年 11 月,镇江市成立案卷评审领导小组,制定《行政处罚案卷评分表》,抽查 23 个市级主要行政执法机关 109 份案卷,主要评查主体是否适当、事实是否清楚、证据是否确凿、适用法律是否正确、程序是否合法、案卷装订是否规范等项目。评分结果:90 分以上案卷 57 份,占 52.3%;80~89 分案卷 34 份,占 31.1%;80 分以下案卷 18 份,占 16.6%。市物价、技术监督、公安、工商局等 12 个单位受到市政府表彰。

2000 年对《中华人民共和国人民防空法》《中华人民共和国烟草专卖法》《中华人民共和国统计法》及对市工商、城管、公安等部门就依法管理市区占道经营情况进行检查,召开行政执法公示制现场会。2001 年组织对《食盐专营办法》《中华人民共和国税收征收管理法》《中华人民共和国行政处罚法》等法律法规贯彻落实情况进行检查,对市级机关实行行政执法责任制的部门进行全面评议考核。2003 年对《中华人民共和国义务教育法》及围绕市政府中心工作和广大群众关注的热点、难点问题适时进行专项检查。

为贯彻落实国务院《全面推进依法行政实施纲要》的精神，从2004年起，每年对行政执法机关的执法案卷进行评查。同年对实施相对集中行政处罚权工作、行政执法机关对企业的行政处罚备案情况进行检查。2005年对《中华人民共和国道路交通安全法》《中华人民共和国行政许可法》贯彻落实情况进行检查。

第三节 行政复议

1987年5月，法制科组建初期，全市尚未设专职复议机构，行政复议工作由法制科承担。1990年10月1日起，《中华人民共和国行政诉讼法》施行。同年11月9日，市编委作出“关于同意市政府法制局增设市政府行政复议委员会办公室”的批复。12月8日，市政府下发《关于成立镇江市人民政府行政复议委员会的通知》，明确行政复议委员会负责市政府的行政复议和行政应诉工作，监督检查、指导协调市政府各部门和县（市、区）人民政府的行政复议、行政应诉工作。在市法制局内相应设立行政复议委员会办公室（应诉科），为办事机构，具体承办行政复议和行政应诉工作。

市和县（市、区）政府相继成立行政复议机关后，在法制部门内指定专人专（兼）职从事行政复议工作。1992年10月，全省实行行政复议应诉人员资格考试制度。1993年，市政府法制机构对全市150名行政复议、应诉人员进行资格培训，合格者由省行政复议委员会发给合格证书，从事行政复议、应诉工作。2002年6月，市政府法制办组织对全市300名复议应诉人员进行3期业务培训，组织76名复议应诉人员参加并通过省第二次行政复议应诉人员资格证书考试。至2005年，市政府法制办通过每年的业务培训和定期资格证书考试，全市有422人获得资格证书。

一、复议受理

《行政复议条例》于1991年1月1日施行后，规定9项申请行政复议范围。江苏省对条例的申请范围进行细化，规定全省可以申请复议的10项范围。1999年10月1日施行的《中华人民共和国行政复议法》，对《行政复议条例》的申请复议范围进行修改，明确11项申请行政复议的范围：对行政机关作出的警告、罚款、没收违法所得、没收非法财物、责令停产停业、暂扣或者吊销许可证、暂扣或者吊销执照、行政拘留等行政处罚决定不服的；对行政机关作出的限制人身自由或者查封、扣押、冻结财产等行政强制措施决定不服的；对行政机关作出的有关许可证、执照、资质证、资格证等证书变更、中止、撤销的决定不服的；对行政机关作出的关于确认土地、矿藏、水流、森林、山岭、草原、荒地、滩涂、海域等自然资源的所有权或者使用权的决定不服的；认为行政机关侵犯合法的经营自主权的；认为行政机关变更或者废止农业承包合同，侵犯其合法权益的；认为行政机关违法集资、征收财物、摊派费用或者违法要求履行其他义务的；认为符合法定条件，申请行政机关颁发许可证、执照、资质证、资格证等证书，或者申请行政机关审批、登记有关事项，行政机关没有依法办理的；申请行政机关履行保护人身权利、财产权利、受教育权利的法定职责，行政机关没有依法履行的；申请行政机关依法发放抚恤金、社会保险金或者最低生活保障费，行政机关没有依法发放的；认为行政机关的其他具体行政行为侵犯其合法权益的。

二、复议决定

1991～2005年，全市受理行政复议案件1789件，其中市政府直接受理480件。按照法律、法规的规定，受理的行政复议案件维持1102件，撤销153件，变更28件，责令履行职责8件，确认违法15件，撤回申请403件，其他方式结案80件。

1991～2005年镇江市行政复议受理审查情况表

表25-3　　　　单位:件

年份	受理		全市审理结果						
	全市	市政府	维持	撤销	变更	责令履行职责	确认违法	撤回申请	其他方式
1991	96	3	70	13	–	–	–	13	–
1992	46	42	32	4	7	–	–	2	1
1993	67	4	45	3	4	–	2	13	–
1994	39	5	25	2	2	–	1	9	–
1995	67	12	55	5	–	–	–	7	–
1996	71	5	39	11	3	–	–	16	2
1997	113	33	78	11	–	–	–	22	2
1998	176	52	126	13	4	1	–	27	5
1999	146	36	98	12	3	–	–	30	3
2000	206	56	129	33	4	–	–	38	2
2001	147	35	68	19	–	3	–	30	27
2002	146	24	75	10	–	1	–	55	5
2003	135	40	92	3	1	1	–	33	5
2004	116	61	36	8	–	1	2	44	25
2005	218	72	134	6	–	1	10	64	3

三、行政应诉

《中华人民共和国行政诉讼法》施行后,市政府法制局于1992年组织全市行政机关负责人参加全省首例行政案件的庭审观摩活动。2004年,国务院《全面推进依法行政实施纲要》制定实施后,市政府在丹阳、扬中、丹徒等辖市(区)和市公安、建设、城管、药监等市级行政执法机关开展行政首长行政诉讼出庭应诉试点工作。在此基础上,市政府办公室印发《关于建立全市行政首长行政诉讼出庭应诉制度的通知》,从5个方面规定行政首长应当出庭应诉:对重大、群体性行政诉讼案件以及涉及行政赔偿的行政诉讼案件;本年度本单位的第一起行政诉讼案件以及本年度败诉后的第一起行政诉讼案件;同级人民政府或上级行政机关认为行政首长应当出庭应诉的行政诉讼案件,或者人民法院建议行政首长出庭应诉的行政诉讼案件;行政机关的行政首长认为需要出庭应诉的行政诉讼案件;行政诉讼案件较多的行政机关,行政首长出庭应诉次数一般不少于1/3。

同时,市政府对行政机关行政首长出庭应诉的执行情况进行年度通报,纳入年度行政执法责任制目标管理考核范围。对不按规定出庭应诉,行政诉讼败诉情况不能得到有效改进的予以通报批评。该制度建立后,在全市范围内开展行政首长行政诉讼出庭应诉工作,改变行政机关"不应诉、不举证、不出庭、不执行"的状况。

1991～2005年镇江市行政诉讼案件审理情况表

表25-4　　单位：件

年份	受理		全市审理结果						未审结
	全市	市政府	撤诉	维持	撤销	变更	限期履行职责	其他方式	
1991	–	–	–	–	–	–	–	–	–
1992	–	–	–	–	–	–	–	–	–
1993	–	–	–	–	–	–	–	–	–
1994	–	–	–	–	–	–	–	–	–
1995	–	–	–	–	–	–	–	–	–
1996	–	–	–	–	–	–	–	–	–
1997	–	–	–	–	–	–	–	–	–
1998	–	–	–	–	–	–	–	–	–
1999	–	–	–	–	–	–	–	–	–
2000	–	–	–	–	–	–	–	–	–
2001	10	7	1	8	–	–	–	–	1
2002	23	5	3	9	2	–	–	3	6
2003	27	4	6	13	1	–	–	2	5
2004	48	34	7	12	5	–	–	24	–
2005	119	10	37	28	3	1	–	29	21
合计	227	60	54	70	11	1	–	58	33

第四节　法制宣传教育

一、法制宣传

1990年10月1日起，《中华人民共和国行政诉讼法》施行。6月22日，市委、市人大、市政府、市政协领导和机关副局级以上干部700余人参加《中华人民共和国行政诉讼法》报告会。同年8月10日～9月10日，全市开展《中华人民共和国行政诉讼法》宣传月活动，市人大、市政府、市政协、中级人民法院主要领导分别在相关会议上发表讲话。市法制局组织近2万册学习教材，分发到全市行政机关和企事业单位。

1998年9月30日，为纪念《中华人民共和国行政处罚法》颁布两周年，市法制局组织公安、工商、城管等23个执法部门，制作50余幅反映部门执法活动的宣传图板，设立在闹市区并开展咨询活动，吸引参观群众数千人，各行政执法部门现场解答涉及行政执法和群众关心的问题300余件。

1999年10月1日起，《中华人民共和国行政复议法》施行。市政府印发《关于贯彻实施行政复议法的通知》，召开全市新闻发布会进行专门部署，常务副市长张克敏接受记者专访。市法制局局长走进电台直播室进行宣讲，《镇江日报》开辟连载专栏。2000年《中华人民共和国行政复议法》实施1周年，市政府组织市级12家主要行政执法部门，在市区几个主要地段分点开展咨询活动。市法制局出动流动宣传车在主要街道作巡回宣传。《镇江日报》辟专版刊载相关内容的纪念文章和图片。2004年，市法制办邀请国务院法制办和省政府法制办领导到镇江，分别为四套班子和市级机关县处级领导举办《中华人民共和国行政许可法》专题宣讲。

二、法制培训

1990 年，镇江市先后举办《中华人民共和国行政诉讼法》培训班 250 期，2 万余人接受培训。同年 11 月，省法制局在镇江举办第四、第五两期全省政府法制干部培训班，为期 15 天。全市有 230 余名行政复议、应诉人员参加这期培训。1992 年，镇江市在全省率先实行行政执法检查证制度，92 个行政执法部门 1894 名执法人员佩戴行政执法证件。为此市政府各级法制机构分期分批组织上岗人员培训，合格者方能上岗执法。1993 年，全市法制部门对全市 150 名行政复议、应诉人员进行行政复议和应诉资格培训，合格者由省行政复议委员会颁发合格证书，取得行政复议应诉资格。1998 年，市法制局参与部署全市公务员学法培训，对全市 12000 名公务员分批进行学法考试。与市人事局共同举办 15 期行政执法人员和公务员培训班，2300 余名机关工作人员接受系统培训。1999 年，市法制局邀请大学教授、立法专家到镇江举办规范性文件起草培训班，市和各县（市）区 40 多个部门 50 余名法制干部参加。

2003 年 3 月，市政府办公室转发市法制办和市人事局《关于加强全市行政执法人员法制培训考核工作的意见》，要求行政执法人员每年必须参加法律知识更新培训，培训学习时间不少于 3 天。

2004 年 9 月，市法制办邀请国务院法制办秘书行政司副司长、《全面推进依法行政实施纲要》的主要起草人李岳德到镇江，先后为市政府组成人员和县处级以上领导干部进行专题辅导。2005 年先后举办 5 期培训班，对全市 1700 多名行政执法人员进行《纲要》的培训。

三、法制工作研讨

1992 年 5 月 15 ~ 18 日，华东、华北十省市第七次政府法制研讨工作会议在镇江召开，来自山东、福建、浙江、辽宁、吉林、上海等 10 个省市政府法制机构的主要负责人出席会议，江苏省 11 个省辖市和本市各县（市）区政府法制局长列席会议，国务院法制局副局长徐玉麟到会作重要讲话。1999 年 5 月 26 ~ 28 日，国务院法制办公室在镇江召开《中华人民共和国行政复议法》配套制度研讨会，安徽、河北、广东、上海、天津等 12 个省（市）和公安部、国土资源部、国家工商行政管理总局及江苏各省辖市行政复议机构负责同志 45 人参加。国务院法制办法制协调司司长青锋主持会议，重点阐述行政复议法条文，专题研讨“关于行政复议、应诉案件统计”等相关配套制度。镇江市着重就《中华人民共和国行政复议法》在基层的具体操作中可能遇到的问题，在会上进行专题发言。

四、法制刊物

1989 年 10 月，市法制局自成立起即创办工作简报《政府法制简讯》，由市长作刊头题字，为不定期刊物。《政府法制简讯》着重反映各地政府法制动态，法制经验交流和理论研讨文章，摘登各级领导讲话和法制工作信息。至 2005 年共编发 159 期。

1990 年起，由市政府办公室和市法制局合编双月刊《镇江政报》。主要刊登市政府和政府部门出台的行政措施，立足镇江市单位订阅，并与国内有关省市交流。至 2005 年共编发 95 期。

2002 年 5 月，市政府决定在原《镇江政报》基础上创办发行《镇江市人民政府公报》。该公报由市政府办公室、市政府法制办公室主办，大 16 开本，配有英文目录，不定期印发。主要刊登市政府颁布的规范性文件，市政府和市政府办公室制定的应公开刊登的其他文件，市政府工作部门发布的重要规范性文件及人事任免等。刊登的规范性文件为标准文本。社会各界、人民群众可按需要查阅。至 2005 年发行 22 期。

第五节 推进依法行政

一、贯彻实施《中华人民共和国行政处罚法》

1996年6月召开全市贯彻实施《中华人民共和国行政处罚法》动员大会,市法制、公安、工商、规划等部门交流体会和打算。9月,市法制局组织32个执法部门200多名执法人员集中进行培训,编写宣传材料1.4万份。市法制局局长接受记者专访,向全市作贯彻实施《中华人民共和国行政处罚法》电视讲话。分级分部门对现行有效和有行政处罚内容的规范性文件进行全面清理,对不符合行政处罚法规定的,自1996年10月1日起停止执行。结合执法证件的统一核发工作,对行政执法机构的主体资格进行清理。

1998年4月24日,市政府召开全市政府法制工作会议,表彰扬中市政府等19个政府法制工作先进单位、市公安局法制办等27个先进集体和卜健等60名先进个人,并向俞力群等10名市人大代表、政协委员颁发市政府特邀行政执法监督员聘书。

二、推行行政执法责任制

1997年2月,市政府提出逐步建立健全行政执法责任制,部署在5个部门试点。9月由市人大领导带队,市法制局会同5个试点部门实地学习考察盐城、建湖建立行政执法责任制的经验。10月,市政府第67次常务会议专题研究推行行政执法责任制工作,决定成立镇江市行政执法责任制领导小组,印发《镇江市人民政府关于建立健全行政执法责任制的决定》,对推行行政执法责任制的范围目标、方法步骤作出全面部署。同年11月21日,市政府正式批复5个试点部门实施方案。12月9日,市政府召开全市行政执法责任制试点工作交流会,会议确定1998年起在本市全面建立行政执法责任制。

1998年,市行政执法责任制领导小组印发《关于全面实行行政执法责任制的实施意见》,对市级机关57个执法单位分期分批建立行政执法责任制确定实施时间表。编印《行政执法责任制文件资料汇编》,分3批对行政执法单位分管领导和具体工作人员进行培训。及时审核批复部门实施方案,在各执法单位建立岗位责任制、学习宣传培训、行政执法程序等8项基本制度。印发《镇江市行政执法责任制评议考核办法》和《镇江市行政执法违法追究办法》,对行政执法责任制评议考核和过错责任追究作出明确具体的规定。11月17日,市法制局局长受市政府委托,就57个行政机关全面建立行政执法责任制工作情况向市四届人大常委会五次会议作专题报告。

三、开展依法行政工作

2000年4月12日,市政府召开全市依法行政工作会议,扬中市政府、市交通局等16家单位作发言交流。对物价、技术监督、交通、公安、工商、环保、劳动等7家推行行政执法责任制先进单位进行表彰。

2001年6~8月,市人大常委会用3个月时间,围绕增强领导干部法制观念、加强政府法制建设、加大行政执法力度、规范行政执法行为、健全监督保障机制等6个方面内容,对市政府依法行政工作进行督促检查。9月26日,市四届人大常委会第二十四次会议,对市政府开展依法行政工作情况进行审议。12月12日,市政府召开全市依法行政工作会议,通报市人大常委会审议情况,部署新一年度依法行政工作任务。

四、贯彻实施《中华人民共和国行政许可法》

2003 年 12 月 16 日,镇江市召开贯彻实施《中华人民共和国行政许可法》工作会议。2004 年,在全市开展行政许可清理工作,废止规范性文件 21 件,修订 17 件,取消行政许可项目 78 项,改变管理方式 39 项。依法确认具备行政许可实施主体资格的行政机关 62 个。组织对市级机关的 300 余名直接办理行政许可事项的工作人员进行行政许可法知识测试。2005 年,市政府法制办会同市行政服务中心,在原有基础上再次确认市行政许可项目 329 项,行政许可实施主体 53 个。规范涉及行政审批的中介活动,起草《镇江市涉及行政审批的中介服务监督管理暂行办法》,对涉及行政审批中介服务的时限、收费作具体规定。

五、贯彻落实国务院《全面推进依法行政实施纲要》

2004 年 3 月 22 日,《全面推进依法行政实施纲要》(以下简称《纲要》)颁布后,成立以市长许津荣为组长的市全面推进依法行政工作领导小组,领导小组办公室设在市政府法制办。市政府制定下发《关于建设法治镇江推进依法行政的实施意见》等相关文件。各辖市(区)也都分别召开依法行政工作会议,对贯彻落实《纲要》工作进行部署。

根据省政府关于贯彻落实国务院《纲要》的意见,市政府制定出台《市政府工作规则》,对完善公众参与、专家论证和政府决定相结合的决策机制作明确规定;制定颁布《镇江市政府部门行政首长问责暂行办法》,对政府部门行政首长问责的含义、政府部门的范围、实施问责的情形、启动问责的程序和违反依法行政的责任追究等作明确的界定;建立健全政务公开制度等方面制定相应的政策措施。2005 年 3 月,镇江市召开全市政府法制工作会议,就全面贯彻落实国务院《纲要》,加快推进法制政府建设进行具体部署。

第五章 外 事

1983 年 3 月 1 日,镇江实行市管县体制后,设置镇江市人民政府外事办公室,负责全市执行外交政策和处理重要外事工作,兼旅游管理职能。1983 年 7 月 6 日,中共镇江市委外事领导小组建立。1985 年 3 月,镇江市由乙类开放城市上升为甲类开放城市。1986 年 12 月,国务院批准镇江港对外国籍船舶开放。1988 年 3 月,镇江及所辖四县(市)被列为沿海经济开放区。所辖全部乡镇均被列为对外开放卫星镇。同年 9 月 1 日起经省政府授权,市政府可以自行审批市以下(不含市)经贸、科技人员出国(境)和国外非官方人员来华访问事项;10 月 15 日起经外交部授权,市政府及外事办公室有权对国外发签证通知函电。

1987 年 3 月 3 日,镇江市旅游公司成立,相当于二级局机构,与市外办合署办公。1988 ~ 1989 年,丹阳市、扬中县、句容县和丹徒县相继成立外事办公室,与同级政府对外开放办公室合署办公。1991 年 3 月 25 日,镇江市旅游公司增挂镇江市旅游局牌子,归口市外事办公室管理。1993 年 12 月 15 日,市外办与市旅游局分设,旅游管理职能从市外办分离。2001 年 5 月,镇江市人民政府外事办公室更名为镇江市外事办公室。至 2005 年,市外办内设机构为人事秘书处、出国来华管理处(挂港澳管理处牌子)、礼宾新闻处(挂涉外管理处牌子)、国际交流处、投资促进处、友协办公室,另设监察室。

市对外友好协会 1983 年 7 月 6 日,镇江在实行市管县体制后,设置中国人民对外友好协会镇江市分会,与市外办合署办公;1984 年 5 月成立中国人民对外友好协会镇江市分会办公室;1987

年5月更名为镇江市人民对外友好协会，办事机构设在市外办友好城市科。

1997年6月，市外办内设机构设立对外友协办公室，负责处理市友协日常事务，办理全国、省及镇江市友协下达的各项外事任务，审核全市各地、各部门成立对外交往机构、团体的有关事项，负责与各国对华友好组织、社会团体和各界人士间的友好交往工作，举办经济、社会、文化、科技、人才等交流与合作活动，办理友协出访和邀请来访的有关事宜。

1998年6月29日，镇江市人民对外友好协会召开第一届理事会，吸纳42家在全市具有行业代表性的单位为会员单位，产生56名理事；审议通过《镇江市人民对外友好协会章程》。推举市委书记方之焯为市友协名誉会长，选举市委副书记陈耀南为会长。2003年7月10日召开友协第二届理事会，修改协会章程，选举产生新一届理事会成员，推举市委书记史和平为名誉会长，选举市委副书记、市人大常委会副主任吴树南为会长，外交部新闻司副司长、新闻发言人刘建超应邀到会作国际形势专题报告。

第一节　外事管理

1988年，市外办编印《涉外人员学习手册》，向全市涉外部门和人员提供涉外政策指导和工作指南。1992年，市外办在全市范围内建立接待网络、驻镇江文教专家管理网络和部分“三资”企业外方人员管理网络，重点确定53个涉外参观点。举办出国工作培训班、礼仪礼节培训班和接待人员培训班，先后有200多人参加培训。编印《出国须知》手册，对出国（境）团组（人员）提供出国手续审批、出国教育、办理护照签证等服务。

1993年清理公费出国（境）旅游现象，对全市16家定点涉外饭店进行普查，并重新确认和分类。1994年建立涉外单位工作制度，召开涉外管理工作联席会议。对“三资”企业外方人员的管理、外国（境）常驻机构中方雇员管理、涉外住所及售房管理、涉外事件的处理，以及对外国记者的接待管理和与各国驻沪领事机构的交往管理等工作进行研讨。同年6月6～10日，华东四省一市领事工作会议在镇江召开，外交部领事司、上海、江苏、浙江、安徽、福建省（市）外办，以及江苏省内11个省辖市外办40人出席会议，就如何更好地利用领馆渠道，促进本地区与各领馆派遣国在经济、文化、科技等领域的交流合作，以及护照签证、涉外公证认证、涉外案例分析等课题进行探讨研究。

1995年建立涉外案件处理工作协调小组和口岸涉外管理工作协调小组，组织部分“三资”企业外方代表座谈交流镇江“以港兴市”战略；召开涉外参观单位座谈会，明确外事接待工作的标准和要求。1997年，市委、市政府印发《关于印发〈镇江市授予外国人“镇江市荣誉市民”称号试行办法〉的通知》《转发〈关于与外国驻华领馆交往工作注意事项〉的通知》等文件。1998年经市政府同意，出台《镇江市因公出（境）来华业务专办员制度》。同年12月1日起在全市范围内实施出国（境）来华业务专办员制度，80家部门（单位）的93人经过培训和考试，获得首批专办员上岗证书。

1999年制发《关于加强外国记者接待管理工作的意见》《关于加强全市涉外住所审批管理的规定》《关于转发〈关于统一使用涉外案件报告表事的函〉的通知》文件。2002年制发《镇江市涉外事（案）件处理通报制度》和《镇江市授予外国人“金山友谊奖”试行办法》等外事管理文件。建立健全处理涉外事（案）件、涉外住所审批和外宣工作网络。同年实行外国人到华邀请备案制度，对全市邀请单位登记备案，明确邀请到华三级（邀请单位、出国处、外办主任）负责制。2003年首次在全市评选并表彰外事先进单位、先进个人及优秀涉外参观单位，建立常规性评选制度。

2005年出台《关于进一步加强县处级以上领导干部因公出国（境）审批管理的通知》《镇江市聘请外国籍“镇江市经济顾问”暂行办法》《镇江市授予外国人“镇江市荣誉市民”称号实施办法》等外事管理文件。举办镇江市外事知识百题竞赛活动，向社会普及外事基本知识。与全市重点企业签订出国服务承诺书，改进审批方式，突破所有制“公”“私”界限，支持开放型企业包括重点民营企业走出国门。将外事服务工作从机关、企事业单位扩大到市民，首批开通日本、韩国和澳大利亚三国因私出国签证代办和签证信息咨询业务。

1983～2005年，处理镇江市境内外涉外事（案）件55起。1990年6月23日晚，日本大阪中心企业访华团成员面屋龙晋在镇江突发心脏病死亡，按正常程序处理后家属领回骨灰。这是自1978年对外开放以后，妥善处理的第一起外国人在镇江死亡事件。

1994年首次向外国人授予镇江市荣誉市民称号。至2005年，有24名国际友人获镇江市荣誉市民称号。1997年首次向省政府申报授予外国人江苏友谊奖。至2005年，有6名在镇江工作的外国专家获奖。1989年起，市外办代表市政府对本市境内组织申请外国人来华发放签证通知函电。1994～2005年办理邀请外国人来华签证通知函2973批、5947人次。

1983～2005年镇江市外国友人获荣誉称号一览表

表25-5

年份	获奖人姓名	国籍	荣誉称号	职务	授奖单位
1994	冈村初博	日本	镇江市荣誉市民	津市市长	镇江市政府
1994	桥本三重子	日本	镇江市荣誉市民	津市画家	镇江市政府
1994	葛山茂男	日本	镇江市荣誉市民	津商工会议所专务理事	镇江市政府
1994	冈本文男	日本	镇江市荣誉市民	三重县日中友协会长	镇江市政府
1994	柳濑恒范	日本	镇江市荣誉市民	津支部会长	镇江市政府
1994	和田俊一	日本	镇江市荣誉市民	津市大园歌谣教室校长	镇江市政府
1994	平野博	日本	镇江市荣誉市民	柴田町町长	镇江市政府
1994	奥津敏雄	日本	镇江市荣誉市民	柴田町日中友协会长	镇江市政府
1995	支显宗	新加坡	镇江市荣誉市民	–	镇江市政府
1997	莱纳曼	德国	江苏友谊奖	扬中市人民政府经济顾问	江苏省政府
1997	野崎宽	日本	江苏友谊奖	镇江市农科所名誉顾问	江苏省政府
1998	张继发	印度尼西亚	镇江市荣誉市民	实业家	镇江市政府
1998	鸟羽登	日本	镇江市荣誉市民	津铁工团地协同组合理事长，株式会社鸟羽铁工所董事长	镇江市政府
1999	泽雪	德国	江苏友谊奖	镇江默勒电器有限公司专家	江苏省政府
2000	田中冻云	日本	镇江市荣誉市民	日本书道院院长	镇江市政府
2001	罗伯特·艾格尔（Robert Egger）	德国	镇江市荣誉市民	曼海姆市第一副市长	镇江市政府
2001	卡瑞尔·克莱恩（L. J. Karel Kleijn）	荷兰	镇江市荣誉市民	联合国粮农组织高级专家	镇江市政府
2002	中田武志	日本	镇江市荣誉市民	仓敷市市长	镇江市政府
2002	冈良夫	日本	镇江市荣誉市民	仓敷市议会议长	镇江市政府
2002	上西孝道	日本	镇江市荣誉市民	仓敷市国际交流协会会长	镇江市政府
2002	佐野笃志	日本	镇江市荣誉市民	仓敷市日中友好协会会长	镇江市政府
2002	古谷重幸	日本	镇江市荣誉市民	仓敷市日中友好协会副会长	镇江市政府
2002	原田健明	日本	镇江市荣誉市民	仓敷市中日友好协会事务局局长	镇江市政府

续表 25-5

年份	获奖人姓名	国籍	荣誉称号	职务	授奖单位
2002	毕阿萨 (Pier. Luigi. Piazza)	意大利	镇江市荣誉市民	泰克西股份公司驻华(南京)首席代表	镇江市政府
2003	蔡奎晶	韩国	镇江市荣誉市民	益山市市长	镇江市政府
2004	黑田和则	日本	镇江市荣誉市民	美作町日中友好协会顾问	镇江市政府
2004	理查德·纽海塞 (Richard Neuheisel)	美国	镇江市荣誉市民	美国姐妹城市协会主席	镇江市政府
2005	塔马拉·科比 (Tamera Lynn Kirby)	美国	江苏友谊奖	江苏科技大学外籍教师	江苏省政府
2005	黄志源 (Teguh Ganda Wijaya)	印度尼西亚	江苏友谊奖	金东纸业(江苏)有限公司董事长	江苏省政府
2005	霍夫曼 (Werner Haffmans)	德国	江苏友谊奖	镇江默勒电器有限公司总经理	江苏省政府

第二节　外事活动

一、重要接待

1987 年 3 月 20 日，争取柬埔寨独立、中立、和平与合作民族团结阵线主席诺罗敦·西哈努克亲王，在外交部副部长刘述卿等陪同下访问镇江，游览金山并在江天禅寺做佛事。市长高德正陪同参观。

1995 年 9 月 6 日，坦桑尼亚前总统、南方中心主席朱利叶斯·克·尼雷尔一行 10 人，在北京出席第四次世界妇女大会后，由中国人民外交学会副会长惠震、省外办主任吴冬华陪同访问镇江，参观镇江纺织厂，游览金山公园和芙蓉楼。

1996 年 9 月 12 日，应国家主席江泽民邀请来华进行国事访问的马里共和国总统阿尔法·乌马尔·科纳雷和夫人一行 18 人，在中国政府陪同团团长、国家教委副主任王明达及江苏省副省长俞兴德陪同下，抵镇江参观访问。市长周大平、市政府秘书长高茂培等陪同来宾游览芙蓉楼，参观龙山鳗业联合有限公司、扬中新坝镇治安村农业生态示范区、默勒电器有限公司和建新村住宅小区。

1999 年 4 月 8 日应中国政府邀请，泰王国公主玛哈扎克里·诗琳通公主殿下由中国前驻斯里兰卡大使张联陪同来访，随同访问的有王室宫廷警务长、宫廷专务、泰国驻华大使、泰外交部礼宾司司长一行 25 人。诗琳通公主此行系自 1981 年以后第九次访华及首次访问江苏。市长周大平会见并宴请客人。常务副市长张克敏陪同参观金山江天禅寺、芙蓉楼、北固山和镇江博物馆。

10 月 9 日，南斯拉夫驻沪领事德拉目·亚内科维奇专赴在南牺牲的许杏虎烈士家乡，拜谒烈士墓。

2000 年 1 月 21 日，联合国副秘书长金永健夫妇到镇江访问，考察镇江新区、金东纸业公司、嘉吉饲料公司、江奎集团、大港港口、镇江博物馆。

2000 年 11 月 12 日，应国土资源部邀请，以莫桑比克矿能部部长卡斯蒂戈·兰加为团长的莫桑比克矿能部代表团一行 10 人访问扬中，考察农村电网建设情况和民居。

2001 年 10 月 13 日，韩国前总理姜英勋一行 15 人，由中国人民外交学会会长梅兆荣陪同访问镇江，并赴扬中参观农村民居。

2004 年 4 月 7 日，美国《华尔街日报》、英国路透社、德国《明镜周刊》、德国《莱比锡人民报》、俄罗斯电视一台、俄罗斯国际文传电讯社、日本《每日新闻》等10国21家重要新闻媒体记者，在参加江苏沿江开发新闻周活动期间，分两组到镇江集中采访报道，了解经济、社会发展状况，古城保护与城市现代化以及沿江开发规划和实施情况。市委书记史和平会见媒体记者，介绍镇江沿江开发情况并接受采访。记者团还分赴江奎集团和江苏飞达集团现场采访。

2005年6月24日，日本前官房长官、大藏大臣，现任日中友好沙漠绿化协会会长、滋贺地方自治研究中心理事长武村正义一行4人访问镇江。武村正义在江苏大学作题为《寻求东北亚新的平衡——一个日本人的思考》的演讲，与江苏大学师生现场交流中日热点问题；赴镇江博物馆、西津渡古街、镇江出口加工区、大港港区和金东纸业以及世业洲参观考察；在镇江市北湖（现为"金山湖"）水环境治理研讨会上，介绍日本琵琶湖水治理经验，对镇江水环境治理提出技术和配套措施建议。

1983～2005年，镇江接待的来访外宾，来自亚、非、美、欧、大洋洲的各个国家包括各国政府和党派政要、外交使节、民间友好人士、经济商贸人员、科技工作者、文教专家，以及友好城市市民、交流学生等。全市外事系统接待国（境）外邀请来宾124202人次，其中，副部长级以上党宾、国宾67批、556人次。

二、出国访问

1984年2月21日至3月6日，以副市长黄选能为团长的镇江市友好代表团一行5人，首次出访日本，实地考察三重县津市基本情况，拜会津市政府、议会和商工会议所，商谈镇江市与津市缔结友好城市关系事项，并举行记者招待会。

1985年4月7～16日，以市长高德正为团长的镇江市政府友好代表团一行5人，访问日本津市，顺访津山市和总社市。这是镇江市第一个出访友城代表团。代表团分别与津市市长冈村初博、议长安藤正男，三重县日中友好协会会长冈本文男、商工会议所会头金丸吉生会谈。达成派遣研修生、在津市举办镇江市出口产品展销会、两市互赠花卉和苗木事项，及津市向镇江赠送科技图书等合作交流项目。津市为此成立津市·镇江市友好交流协会，举行200人规模的欢迎宴会。两市领导在津市政府后花园种植雪松两棵。

1987年1月3日，书画家丁观加率镇江市文化交流团赴日本访问，在三重县美术馆举办丁观加书画展，并由日本画家桥本三重子为首的津市艺术文化交流会资助出版《丁观加书画作品集》。其间，日方在榊原温泉举行中日研讨会并出版《良宽与瘗鹤铭研究》一书。这是镇江市第一个文化交流出访团，也是第一次在友城举办个人书画展，开启镇江与日本书画界双向交流的先河。

1988年7月27日至8月11日，以市委书记、市对外友协名誉会长孙秉谦为团长的镇江市友好代表团一行4人，首次出访美国，实地考察亚利桑那州坦佩市基本情况，商谈镇江市与坦佩市缔结友好城市关系事项。

1991年1月4～15日，以市长钱永波为团长的经济代表团一行5人出访日本，考察津市经济状况，与津市签订《中华人民共和国江苏省镇江市派遣进修生接受事业的契约书》和《中华人民共和国江苏省镇江市派遣研修生接受事业费用负担和研修生待遇的有关规定》。由此，镇江开始自主向日本派遣研修生。

1993年7月20日至8月20日，江苏省镇江第一中学学生高枫、黄琳茵赴美国，进行为期一个月的访问交流，并参加坦佩市国际友好城市学生交流活动。这是镇江市和美国坦佩市首次执行友城暑期互派中学生对等交流计划。此前6月20日，美国坦佩市2名女中学生考琳和杰西卡已先期来访。在镇期间，她们分别住在即将出访美国的两位镇江女学生家中共同生活与学习，与江苏省镇江第一中学学生进行联欢与交流，并顺访北京、上海、南京、扬州等地。这项以培养中美友好事业接班人为目的的国际青少年交流活动，成为镇江和坦佩市之间一年一度的友城交流项目。

1995 年 4 月 27 日至 5 月 11 日，以市委书记方之焯为团长的友好代表团，以及展销团和经济考察团 39 人出访德国，作为中国的第一个正式代表团参加曼海姆市第 382 届五月市场博览会。镇江组织 40 多种类别 140 种规格的产品参展，直销 37.3 万元人民币，签订销售合同 117 万美元；分别在曼海姆、汉堡和吕贝克等地举办 3 场招商活动，洽谈项目 55 个，并与德国的奔驰、西门子、BASF、ABB 等大公司建立联系。

1998 年 10 月 17 日至 11 月 3 日，应韩国益山市政府、日本仓敷市政府和澳大利亚澳中集团邀请，以市长周大平为团长的镇江市友好经贸代表团赴韩、日、澳访问。在韩国举行与益山市缔结友好城市关系签字仪式；在日本，对津市、仓敷市两个友好城市进行公务回访。在仓敷市，参加两市缔结友好城市关系一周年庆祝纪念大会，市长周大平和仓敷市市长中田武志签署两市永远友好宣言书，并为两市友好城市纪念碑揭碑；仓敷市政府授予周大平市长为特别名誉市民。在澳大利亚，分别在墨尔本和悉尼举行工商、文化、科技洽谈会。

1999 年 1 月 5 ~ 12 日，镇江首次派出新闻代表团出访。以市委宣传部副部长时强为团长的市新闻代表团一行 5 人赴日本访问，与津市、仓敷市电视台、报社等新闻单位及记者俱乐部人员会谈两地新闻交流事宜。出访的新闻单位有镇江日报社、镇江电视台和镇江有线电视台。

2003 年 11 月 26 日至 12 月 5 日，经市委外事工作领导小组研究决定，市外办组织镇江市市民代表访问团赴镇江市国际友城——日本津市、仓敷市，韩国益山市访问。团员由劳模、十佳文明市民、社区干部、普通教师、工人等优秀市民代表组成。在日、韩友城访问期间，代表团成员在社区管理、教育、文艺、环保、城市建设和私个经济等领域，与日、韩市民对口交流，体验外国人居家生活。

2004 年 7 月 28 日至 8 月 2 日应国际青少年运动会组委会邀请，市外办和市体育局共同组织镇江市青少年体育代表团，赴美国俄亥俄州克里夫兰市参加第 38 届国际青少年运动会。来自 60 多个国家的 5000 多名运动员参加运动会，中国大陆派出上海和镇江 2 个代表团参赛。美国总统布什参加开幕式，与镇江代表团成员见面握手。镇江 7 名少年运动员参加乒乓球、游泳、网球竞赛项目，获得一银一铜和 1 个第六名。

2005 年 8 月 26 日至 9 月 2 日应日本仓敷市市长古市健三邀请，以句容市茶业协会会长张德敏为团长的镇江市农业技术考察团一行 6 人赴日本访问。这是镇江第一个由农民（种植能手）组成的出国考察团。考察团考察冈山、爱知、静冈、群马等县桃树、葡萄、草莓、水稻和蔬菜栽培等 20 多个参观点，茶叶加工厂及茶园防霜冻设施，农协组织、有机蔬菜合作社及其直销门市部及产品集散中心，观摩学习农作物栽培和农协组织发展等方面的实践经验和知识。2005 年 12 月 23 日，市外办召开镇江市农业技术考察团出访总结会。

1983 ~ 2005 年，镇江组织出国访问活动的特点是，访问国家从日本、美国扩大到与镇江建立友好关系和经贸业务往来的世界各国；出访团体从单纯的友好、经贸团组扩大到经济、科技、文化、教育、卫生、城市建设、金融、新闻，以及工业、农业、现代服务等各领域；出访人员从政府官员、专家学者和国有企业扩大到民间团体、普通市民和民营企业等多元化层次。这期间全市因公出国（境）团组 5613 批、20639 人次，其中派遣研修生 923 人次。

三、重大涉外活动

赛珍珠故居开馆　赛珍珠故居坐落于镇江市区登云山上，建于民国 3 年（1914 年），是一座具有东印度风格的两层楼房。此楼青砖木质结构，每层均有会客室、卧室、壁炉和卫生间，占地约 400 平方米，建筑式样与赛珍珠美国故居相似。故居修复前，该建筑一度曾为半导体厂图书馆所占用。

1989 年 3 月，美国亚利桑那州坦佩市与镇江市建立友好城市关系。镇江市市长陈璧显在接待美国姐妹城市协会主席纽海塞、坦佩市市长哈里·米切尔时，介绍了美国诺贝尔文学奖得主、女作家赛珍珠在镇江成长的历史和她在登云山寓所的情况，作为两市结好的第一件实事，决定共同修复这座有纪念意义的小楼。

其后，镇江市外办与坦佩市姐妹城市协会、两市工程专家，共同对故居进行反复勘察和修复设计工作。1990 年 12 月，镇江市友好交流协会小组访问美国坦佩市期间，镇江市和坦佩市签订合作协议书，坦佩市分批提供 5 万美元用于故居的首期修复工程，镇江市负责施工及外围道路、停车场的修建等工程项目。

1991 年底，修复工程竣工，市外办建立镇江市友好交流馆以筹备开馆。1992 年 10 月 31 日为纪念赛珍珠诞辰 100 周年，赛珍珠故居开馆。镇江市举办纪念活动，全美兼坦佩市姐妹城市协会主席纽海塞率坦佩市代表团 22 人参加开馆仪式。著名学者王元化为镇江市友好交流馆题写馆名。

1993 年，赛珍珠故居被镇江市政府公布为市级文物保护单位；2002 年被省政府公布为江苏省重点文物保护单位。同年，为筹办赛珍珠诞辰 110 周年纪念活动，镇江再次对已成危房的赛珍珠故居房屋进行大修加固，同时整修上山道路，美化周边环境。2004 年，老舍之子舒乙为赛珍珠故居题名。2005 年分别筹资 60 万元和 35 万元，对赛珍珠故居及其周边环境进行第三次大规模整修。

阿倍仲麻吕诗碑落成　1990 年 12 月 2 日，日本使臣阿倍仲麻吕（汉名晁衡）《望月望乡》诗碑落成典礼在镇江北固山举行。日本书道院院长、全日本书道联盟理事长田中冻云率书道院访华团一行 118 人，专程到镇江参加落成典礼。诗碑日文由田中冻云执笔，中文由中国书法家协会代主席沈鹏所书，著名书法家赵朴初为诗碑题写碑额。晁衡生于 698 年，卒于 770 年，于 717 年被选为遣唐留学生，在中国长安进唐太学读书，后考中进士，在唐朝任秘书监卫财卿、镇南都护等职。其汉学造诣很深，所作《望月望乡》诗在日本家喻户晓。753 年，晁衡受命为唐使，与鉴真大师及日本使臣东渡，途中船泊扬子江畔，夜晚月光皎洁，36 年未回故乡的晁衡由此写下和歌《望月望乡》——汉译为"翘首望东天，神驰奈良边。三笠山顶上，想又皎月圆。"

图 25-3　梅樱园春色（2004 年摄）

镇江市中日友谊梅樱园开园　1993 年 4 月 7 日，由中日双方共同出资营建的中日友谊梅樱园开园仪式暨首届植树活动在镇江东郊鼎石山举行。日本东洋艺术学会会长松本筑峰、厚木市日中友协会长广泽莞尔、津商工会议所专务理事葛山茂男、日本画家桥本心泉和津大园歌谣教室主宰和田俊一分别率团组 26 人专程前来参加活动。友协名誉会长钱永波、市长方之焯与日本朋友一起分别为中日友谊梅樱园和日本国津商工会议所创立百周年植树纪念的石碑揭碑，市领导向日本代表颁发参加首届植树活动的荣誉证书。首届植树活动植樱花 700 株、梅花 200 株，其中樱花由日本友人捐资种植，梅花由中方捐资种植。此后每年的 4 月上旬成为梅樱园的植树节，逐步增设建筑小品，形成完整的公园体系。由中日双方共同出资，以社会公益为目的，为地方城市建造一座公园，在国内尚属首例。

中国镇江'95 瘗鹤铭杯国际书法大赛　1995 年 4 月 30 日，'95 瘗鹤铭杯国际书法大赛颁奖仪式暨优秀作品展开幕式在市妇女儿童活动中心举行。中日友好协会会长孙平化、中国书协代主席沈鹏、省书协副主席尉天池、省妇联副主席孙燕丽、上海复旦大学教授柳曾符，以及市领导周大平、钱永波、黄选能、陈耀南、朱正伦、应国根、滕子明等莅临祝贺。日、美、韩 8 个书法代表团 123 名外宾、国内获奖者代表及镇江各界人士 400 余人参加会议。该国际书法大赛由市对外友好协会、镇江远东装饰工程总公司主办，历时8个月。日本、韩国、美国等国家32个书法团体参赛，参赛者年龄最大的95岁，最小的仅3岁，参赛作品总计13082件，其中国内6872件。中国著名书法家钱君匋、萧娴、刘正成、尉天池、张荣庆、章炳文、王镛，日本著名书法家今井凌雪、田中冻云、渡边寒鸥、豆子甲水之、岩田文堂、关野雪舟等提供41件作品参赛。日本奈良、札幌、铃鹿、松户、八王子等15个城市市长发来贺词。

良宽吟咏瘗鹤铭诗书碑亭落成　1997年3月28日，日本名僧良宽吟咏瘗鹤铭诗书碑亭落成典礼在镇江焦山鹤园举行。市委书记、市友协名誉会长方之焯，市委副书记、市友协会长陈耀南，日本前镰仓市市长小岛寅雄为诗碑揭幕，日本全国良宽会祝贺团、津市祝贺团61人与镇江市领导和书法界人士等参加落成典礼；在镇江博物馆举行良宽·瘗鹤铭中日书法名家精品展开幕式。良宽是日本江户时代的大书法家及名僧，曾留有吟咏"瘗鹤铭"诗作："此去烟村路非远，雨雪终朝空吟呻。静夜论文如昨日，风云回首已两旬。含翰可临瘗鹤帖，拥膝频叹老朽身。豫期苔迳冰消日，冷然飞锡下嶙峋。"当代日本兴起良宽与瘗鹤铭比较研究学。市友协与日本良宽研究会合作将此诗刻碑建亭立于焦山以志纪念。

镇江·美作少儿友好文库　2000年1月8日，镇江·美作少儿友好文库揭牌仪式在京口区少年宫举行。日本美作町日中友协会长赤堀满率第19次美作町友好访华团一行9人到镇江参加揭牌仪式。美作町向京口区少年宫首批捐赠40万日元和一批图书，并表示将继续分批捐赠，与镇江合作逐步完善友好文库的建设，使其成为中日青少年交往的文化基地。至同年12月，文库拥有少儿图书约3000册，向全市青少年开放。2002年12月，该会第一期捐款工程计100万日元到账。

纪念米芾诞辰950周年书法展　北宋大书法家米芾客居镇江40年并葬于镇江。2001年12月12日，由市外办、市友协与日本著名书法团体以文会联合举办的纪念米芾诞辰950周年书法展，在镇江博物馆开幕。日本28个书法团体30名书法家，镇江市领导解信鹏、戚中立及镇江书法界人士参加书展开幕式。日本东京(株)文物文化国际旅行社、《书游》杂志社在日本成立纪念米芾系列活动组委会，收到334件参展作品。其中日本著名书法家有田中冻云、岩田文堂、松本筑峰、斋藤香坡、河野道彦等。

中国镇江国际电视周活动　2002年9月为配合日韩经贸招商活动，镇江市在国际友城日本仓敷、津市，韩国益山市举办境外电视周活动。《镇江三山》《镇江三怪》《西津古渡》《镇江民间工艺》《赛珍珠》《焦山碑林》《走近镇江》等7部反映镇江历史文化、地域特点和改革开放成就的电视片，在3个城市每天播映1部，播出7天，总播出时间达315分钟，直接受众100余万人。2003年又分别在美国坦佩市、德国曼海姆市举办镇江国际电视周活动。

"赛珍珠国际"向镇江派遣志愿者　2003年，镇江市外办与美国"赛珍珠国际"达成合作协议，分批招募美国志愿者派遣至镇江，比尔·赞蒂等首批5名国际教育志愿者到镇江从事义务执教工作。合作项目还包括在赛珍珠学习和工作过的镇江市第二中学(前身"崇实女中")创立赛珍珠国际班，定向募捐帮助镇江福利院，组织镇江师生赴美国交流访问等内容。

四、服务经济

1985年3月17日至9月16日，以"人间、居住、环境与科学技术"为主题的国际科学博览会在日本茨城县筑波研究学园展出，47个国家和地区、37个国际组织及28家日本企业参展，世界各地2000万人次参观博览会。这是镇江市首次组织出国参展。在博览会中国馆内，镇江发送5000多幅宣传画册；展出的2条龙灯、12只彩灯、漆器屏风等展品，受到观众喜爱，并于展后售出。

1992年，外事部门开始向日本派遣研修生，派遣人数逐年上升。至2000年累计向日本津市、仓敷市等友好城市派遣工、农、医、语言等学科专业的研修生600余人。这些研修生经派遣日本工作后，成为镇江实用型科技人才和技术骨干。2000年起，外事部门与镇江农科所合作，每年组织由农业技术专家、种植能手等组成的农业考察团赴国外考察、学习交流；聘请日韩资深农业专家到镇江进行果树、农作物栽培技术指导。至2005年，葡萄、草莓、丰水梨、黄金桃、“越光稻”等从日本引进的优质丰产品种和有机种植技术、生态种植技术等，在句容、扬中等地得到推广，培育一批种植大户。

2001年，中国园在德国曼海姆市路易森公园落成开园。中国园系由镇江市外办推介、德国曼海姆市投资2000万元、镇江国际经济技术合作公司承建的友好工程项目。中国园设计为典型的中国江南园林风格，占地6000平方米。中国园的实体范例使建筑承建商镇江国际经济技术合作公司的业务领域得以扩展，承揽到包括中国在欧洲最大工程——总投资7000万欧元的奥地利中国文化中心项目在内的众多海外工程。

2002年，外事部门促成日本美味株式会社与恒顺集团合作，在日本推出“恒福江”商标镇江醋，与镇江醋业形成合作的还有日本福冈雅自雅株式会社和大亚商贸株式会社。日方先后投入近2000万元人民币，借助日本各大百货商店、超市、名牌销售杂志、电视、局域网等平台，宣传镇江风情，力推镇江香醋，使香醋销售量及醋产品研究、开发项目得以渐进提升。至2005年，醋胶囊、镇江香醋在日本的客户超过450万人。

第三节　友好交往

一、国际友好城市简介

日本津市(Tsu)　津市是世界上市名最短的城市，位于日本近畿地区伊势平原中部，面积101.86平方公里，人口为16.3万人。1984年6月11日与镇江市结为友好城市。

美国坦佩市(Tempe)　位于美国盐河河谷的半沙地区，邻墨西哥，面积104.1平方公里，人口15.7万人。1989年3月6日与镇江市结为友好城市。

日本柴田町(Shibata)　位于日本东北部，属宫城县管辖，北距仙台市25公里。面积53.98平方公里，人口约4万人。1994年2月23日与丹阳市结为友好城市。

加拿大拉克·梅岗蒂克市(Lac Megantic)　位于美加边境，是魁北克省梅岗蒂克地区首府。由22个小城市组成，面积1万多平方公里，人口2万人。1995年10月8日与镇江市结为友好城市。

土耳其伊兹米特市(Lzmit)　伊兹米特市属于土耳其科加埃利省，位于伊斯坦布尔和首都安卡拉之间，地形沿玛尔玛拉海峡分布。面积4726平方公里，人口30万人。1996年11月14日与镇江市结为友好城市。

巴西隆得里纳市(Londrina)　隶属于巴西经济发达的巴拉那州，是该州的第二大城市。市区人口50万人，面积2119平方公里。1997年6月4日与镇江市结为友好城市。

日本仓敷市(Kurashiki)　位于日本国本州岛西部冈山县境内，北依日本的中国山脉，南临濑户内海，距首都东京650公里。面积354.71平方公里，人口约48万人。1997年11月18日与镇江市结为友好城市。

韩国益山市(Iksan)　位于韩国全罗北道西北部，是全罗北道的交通要冲。总面积507.07平方公里，人口约33.4万人。1998年10月19日与镇江市结为友好城市。

德国曼海姆市(Mannheim)　位于德国西南部巴登-符滕堡州的西北部，总面积144.97平方公里，人口约31万人。2004年3月1日与镇江市结为友好城市。

二、国际友好城市活动

镇江市·津市 1994年4月10日,镇江市举行与日本津市结好10周年庆祝活动暨第二届中日友谊梅樱园植树活动,津市政府和民间团体组织7个代表团171人到镇江参加活动。市委书记、市友协名誉会长钱永波、市长方之焯、市政协主席黄选能和津市收入役松下宪夫、议长稻守久生在宝塔山公园为中日友谊梅樱园揭牌,市领导分别向各代表团团长颁发植树者名簿及荣誉证书。梅樱园内由日方出资种植1375棵樱花,其中津市种植888棵,占65%。镇江市政府首次授予津市市长冈村初博、柴田町町长平野博等8名日本友好人士镇江市荣誉市民称号,津市政府向钱永波、方之焯、夏良震、黄选能颁发感谢状。日本津市艺术文化团与市国画院在北固山为小泉秀观书法碑揭碑。为纪念两市结好10周年,津市出资2500万日元,购置北方大型观光客车1辆赠送镇江市,该车被命名为镇江—津市友好号。同年10月1日,古代扬子江至宝·中国历史文化都市镇江文物展和镇江市现代书画家作品展在津市广场大厦举行开幕式,日本观众达5000多人次。10月,为配合日本津市举行的纪念津市·镇江市缔结友好城市10周年活动,镇江市派出以应国根为团长的市政府代表团、文物祝贺团、文物随展团、书画团一行19人赴日本出席津市庆祝活动。同年11月,津商工会议所为纪念该所成立100周年,出资288万日元,以日本国津商工会议所会头金丸吉生的名义,向镇江市赠送依维柯客车1辆,该车被命名为津商工会议所·经济交流号。

图25-4 1984年6月,镇江市与津市缔结友好城市签字仪式

1999年10月21日,镇江市·津市缔结友好城市关系15周年庆祝大会暨文艺演出在镇江一泉宾馆举行。日中友协津支部赠送结好15周年纪念碑建碑款10万日元;赴21世纪乐园参加结好15周年纪念小筑剪彩仪式,纪念小筑题为津市海滨风光,系津市设计并出资95万日元与镇江市共建的第一座友城纪念建筑。在镇江举行中日邮票展、市川照和个人摄影展、太极拳表演、网球比赛、音乐交流、妇女地位研讨会等交流活动。邮票展展出邮票、明信片等邮品61框,津市邮政局特制《纪念镇江市·津市国际友好城市缔结15周年邮票册》,镇江邮政局制作一套2枚纪念首日封发行;摄影展展出日本农民摄影爱好者市川照和作品107幅。以津市市长近藤康雄、议会议长岩本胜、津商工会议所会头谷本悦造、日中友协津支部长柳濑恒范为首的津市政府、议会、工商界、友协及民间团体13个团组352人专程到镇江参加活动,这是两市交往史上最大的团组阵容,三重县"歌鬼"合唱团专程到镇江演出助兴。

2004年10~11月,镇江市和津市分别举办活动,庆祝两市缔结友好城市关系20周年。市长许津荣率镇江市友好经贸代表团一行10人,赴日本津市参加两市结好20周年庆祝大会,参观津市·镇江市艺术文化交流会创立20周年纪念展、参加"津祭"(津市传统节日)等庆祝活动。议长中川隆幸、副市长高桥广幸等率领的津市政府、议会、友协以及民间团体等12个代表团232人到镇江访问,参加两市结好20周年庆祝大会。参加网球比赛、津市书画摄影展、津市友人看镇江、三重县"歌鬼"合唱团庆祝专场演出等系列庆祝活动。镇江市向津市赠送六朝帝陵"麒麟石刻"复制品,被置放于津市连接日本中部国际机场直通码头;津市向镇江赠送艺术家创作的日本画、油画、水彩画、伊势型纸等艺术作品和民间工艺品。

镇江市·坦佩市　1999 年 4 月 22 日,镇江市·坦佩市缔结友好城市关系 10 周年庆祝大会在镇江碧榆园举行,以坦佩市姐妹城市协会理事、坦佩·镇江姐妹城市关系协调员凯·吉诺普斯为团长的美国坦佩市友好代表团一行 33 人专程到镇江参加活动。市领导张克敏、邵振羽、陈冬姣及有关单位负责人、群众代表约 150 人出席。坦佩市姐妹城市协会因与镇江等友城的交往成绩突出,于 1997 年被授予全美杰出贡献奖,赴美交流学生作代表性发言,市艺术剧院演出一台中西文化交融的文艺节目。

2004 年 10 月 26 ~ 28 日,美国坦佩市姐妹城市协会主席理查德·纽海塞率坦佩市代表团到镇江,出席镇江市·坦佩市缔结友好城市关系 15 周年纪念活动。两市联合举行庆祝大会暨文艺演出、轮椅捐赠仪式、镇江·坦佩经济论坛、特色游览活动、坦佩市电视周等系列纪念活动。坦佩市姐妹城市协会基金会捐赠给镇江市残联 3.6 万美元,专项用于购买 240 辆高档轮椅赠送肢残人。其中,基金会募集 1.8 万美元,向世界轮椅基金会申请 1.8 万美元。副市长张学东、坦佩市联合代表团、世界轮椅基金会中国代表处代表参加在丹阳人民广场举行的轮椅捐赠仪式,德国雷根斯堡市代表团也应邀出席。

首届镇江市国际友好城市艺术展(演)活动　2000 年 10 月 28 ~ 30 日,镇江举办首届镇江市国际友好城市艺术展(演)活动。日本津市、仓敷市和韩国益山市的 6 个代表团 159 名外宾应邀参加活动并带来各自城市的艺术品。美国坦佩市精选一批美术作品,加拿大拉克·梅岗蒂克市、土耳其伊兹米特市、巴西隆得里纳市也各有代表作品参展。活动分文艺表演和艺术品展两部分。展览作品 160 余件,由美术、书法、摄影、工艺品等组成。

第六章　侨务　港澳事务

1978 年 8 月,镇江市华侨事务处恢复建立,1981 年更名为市侨务办公室。1983 年更名为镇江市人民政府侨务办公室。丹阳县、句容县、丹徒县于 1978 年,扬中县于 1980 年、润州区于 1984 年先后成立侨务办公室。1985 年,市及辖县(区)侨办专职工作人员为市侨办 6 人,丹阳县 2 人,句容县 2 人,丹徒县 2 人,扬中县 2 人,润州区 1 人。

1993 年,市侨办由副局级建制升格为正局级建制,内设综合科、经济科和联络科等机构,增加事业编制 3 名。1997 年,市侨办人员编制核定为 16 名,其中行政编制 14 名,行政附属编制 2 名。内设国外处、国内处、经济处、人事秘书处(挂文化交流处牌子)。2001 年,市侨办改设人秘处(挂文化交流处牌子)、经济联络处、侨政处 3 个处室,行政编制核定 12 名,行政附属编制 2 名。2005 年年底,市侨办实有在职行政人员 13 名,行政附属编制 1 名。

20 世纪 80 年代初,镇江市引进全省第一家侨资企业——京侨饭店。至 2004 年,有 526 家侨港资企业在镇江投资兴业,占全市外资企业总数的 50.3%,利用侨港资额占全市利用外资总数的 70% 以上。全市侨务部门在落实侨务政策、以法护侨、扶贫帮困、对外联络、招商引资引技引智、为侨港资企业服务、华侨捐赠、社区侨务、侨务宣传以及侨务干部队伍建设等方面都取得进展。

第一节　侨　情

1994 年 3 月,全市进行侨情普查,全市实有海外华侨、港澳同胞 6905 户,计 35752 人,遍布世界五大洲 57 个国家和地区,主要分布在美国、日本、加拿大、印度尼西亚、泰国等国家和中国香港地区。

据1994年普查数据，全市实有归侨侨眷、港澳同胞眷属46550人。其中，归侨270人；华侨眷属21362人，外籍华人眷属8642人；港澳同胞眷属16276人。

1998～2004年，市侨办会同市人大民宗侨委、市政协港澳台侨委、市侨联、市致公党等“五侨”部门，对全市侨情再度摸底调查。调查结果显示：全市实有归侨侨眷、港澳同胞眷属61800名，其中归侨198名，新华侨回国服务人员12名；归侨中，城镇归侨82人，农村归侨116人；新中国成立前回国的145人；全市困难归侨124人，其中丹徒区85人，润州区31人。至2005年，全市有归侨195名；其中，丹徒区93名，润州区50名，市直43名，其他9名；城镇归侨76名，农村归侨119名。

参政议政　据1994年侨情普查，归侨侨眷、港澳同胞眷属中被选任县、区以上人民代表的有61人，任县区以上政协委员125人；有科级以上干部294人，中高级职称1076人，担任厂长、经理的153人。

1999年，镇江农科所侨眷杨图南、丹徒石马归侨吴松声，被国务院侨务办公室、全国侨联评为全国归侨侨眷先进个人；另有4人被评为省归侨侨眷先进个人。

引进外资　1986～1991年期间，全市兴办“三资”企业101个，其中侨资、港资企业有61家，占总数的60.4%。1993年，美国LCS公司投资84万美元，与淀粉厂签订面筋深加工合资合同，并领取营业执照。同年，全市全年新批“三资”企业362家，其中侨资、港资企业占67%以上。

1995年，镇江市开展侨务经济工作调查。至1995年9月，全市有947家侨港资企业，占全市批准注册外商投资企业的70%。其中536家正式开业，投产开业率56%。

2001年8月，美国国家宇航局首席科学家、美国维纳特有限公司总裁黄振春等7名博士创立的奥雷光电有限公司，落户镇江高新技术园区。该项目首期投资8333万元，以激光通讯器为主产品。2005年，注册资金210万美元的高博电池材料项目，落户镇江出口加工区。

据镇江市侨办、统计局、工商局和外经局等部门于2005年开展的新一轮镇江市华资企业专题调查，截至2004年，镇江市正常经营的华资企业526家，占全市正常经营的外资企业总数的50.3%；投资来源地涉及38个国家和地区；实际到位外资合计14.3亿美元，占全市实际到位外资总数的41.1%；2004年度华资企业营业额收入209亿元，年末从业人数74338人；华资企业大部分从事制造业，属专业人士回国创办的企业有73家，占13.9%，其中IT及软件行业6家、生物医药行业5家、机械及新材料类23家、环保类9家、其他类30家。

学术交流　1996～2005年，市侨办邀请来自美国、加拿大、日本、德国、澳大利亚等国家的海外专业人士、专家学者约90人，以学术报告会、讲座、座谈等形式，分别就计算机软件、信息技术、环保、医学、农业、化工、制药、管理等方面，与镇江市科技、技术、管理人员进行学术交流。欧洲心脏病协会院士、美国尖端科学会会员葛均波，先后于1998年、2000年、2004年3次到镇江，与市第一人民医院同行进行学术交流，并在2000年为5例心脏病人成功实施心脏介入示范手术。镇江籍美国贝勒医学院外科系教授陈昌义，先后于2000年、2004年2次到镇江，就血管疾病与镇江市卫生系统有关专业人员作学术交流。

捐赠公益　1994年，港胞丁存林捐赠30万元，资助穆源小学改善办学条件。新加坡华人支显宗捐赠310万元，在丹徒县上党兴建中学一所、改建小学一所，支显宗被授予镇江市荣誉市民称号。1995年，港胞沈炳麟建立的应善良基金会，捐赠8万元，帮助句容市天王镇蒋家边小学新建教学楼。香港苏浙同乡会向镇江中学捐款22万元港币购置计算机。同年9月，许朝坤等3名旅日华侨捐赠20万元，资助90名特困小学生完成九年制义务教育。2001年，旅德华人吕维莲及其表弟旅美华人余强，首期捐赠30万元，以其外祖父名义设立陶馨吾奖学金。日本神户三江公所理事长姜成生捐赠1万美元，作为京口区50名小学生助学款。1985～2005年，全市接受海外华侨、华人港澳同胞各项捐赠100余宗，折合人民币3000多万元，基本用于教育和社会公益事业。

第二节　侨　务

一、侨务宣传

侨务宣传形式以举办图片展、编印简报和利用网络为主。1997 年建立侨务网站。1997 年迎香港回归、1999 年迎澳门回归的主题宣传活动中，侨办系统举办“香港的历史与发展”大型图片展；发起“迎香港回归，为名城添彩，镇江市民百日奉献”活动；组织报告会；开展“澳门回归知识竞答活动”。1983～2005 年被国侨办《侨务工作研究》、省《江海侨声》（现改为《华人时刊》）等报纸杂志，以及市报市刊、电台、电视台采用的稿件共 1947 件（次）。向侨界及全社会发送《中华人民共和国归侨侨眷权益保护法》《中华人民共和国归侨侨眷权益保护法实施办法》《江苏省实施〈中华人民共和国归侨侨眷权益保护法〉办法》《江苏省华侨捐赠条例》等宣传品共计 17000 份（册）。

1. 对外宣传　侨务对外宣传，主要以在省级以上和海外涉侨媒体上刊登图片文章推介镇江。1990 年在省外宣刊物《江海侨声》第五期出专版，刊登镇江市《为侨服务，共建故里》等文章 11 篇、2 万多字，各种照片 15 幅。1991 年选送 9 幅照片，参加国务院侨办在海外举办的大型当代中国侨乡风采图片展。2000 年在菲律宾各大华文媒体上刊登介绍镇江情况的文章。2004 年 10 月，海外华文媒体看江苏·镇江行活动期间，来自美国、加拿大、俄罗斯、法国、西班牙、匈牙利、罗马尼亚、奥地利、日本等 14 个国家的 23 家海外知名华文媒体的社长、主编，《人民日报》海外版、中国新闻社、中侨网等国家级媒体记者共有 30 人参加；并在加拿大《中华时报》、匈牙利《欧亚新闻报》、日本《中文导报》、奥地利《同乡报》《人民日报》海外版等多家媒体，相继刊出镇江专版和报道文章。2005 年在《欧洲时报》、美国纽约《侨报》等 20 多家主流媒体刊出镇江专版和专题新闻。开展侨务对外宣传到 2005 年，镇江市向海外客人赠送《中国镇江》《江海侨声》《三国文化与镇江》《镇江投资指南》等宣传资料 2750 份（册），被涉外媒体采用宣传镇江的稿件 256 件次。

2. 法律宣传　1995 年和 2000 年先后举办《中华人民共和国归侨侨眷权益保护法》颁布实施 5 周年、10 周年系列宣传活动。2003 年、2004 年分别开展《中华人民共和国归侨侨眷权益保护法》宣传月活动。在《镇江日报》开设《侨务之窗专栏》，分 10 期连续介绍侨务知识、政策法规。各级领导发表电视、广播讲话 30 多次，电视滚动字幕宣传《中华人民共和国归侨侨眷权益保护法》30 余条（次），电视台、电台、报纸播发《中华人民共和国归侨侨眷权益保护法》宣传稿 200 多篇（件）。全市发放侨务法规 3200 多份，400 多名群众到活动现场咨询《中华人民共和国归侨侨眷权益保护法》知识，430 多名干部群众参加报告会、座谈会。举办近千人参加的“江奎杯”侨务知识竞赛，1.8 万余名干部群众观看以《中华人民共和国归侨侨眷权益保护法》知识、依法护侨、引资引智、华侨捐赠、为侨服务为主要内容的图片巡回展。历次宣传活动中张贴宣传标语 1200 份，悬挂横幅 131 条，出黑板报、橱窗栏 28 期。

二、侨界经贸科技活动

1998～2005 年，市侨务部门先后主办 7 次较大规模的“引资、引智、引技”活动。

1998 年 5 月 12～15 日举行市海外交流协会成立 3 周年暨对外友好交流活动，市领导及市海协会员、海外侨胞、有关单位负责人等 180 多人参加活动；安排来宾出席镇江经济开发区投资环境介绍和扬中、丹阳、句容投资情况说明会；参观金东纸业、泰兴隆食品、皮鹿丹时装、长江电器、京阳水泥等合资企业以及扬中新坝生态农业示范区。

1999 年 10 月 3～6 日，市侨办、市海外交流协会组织举办’99 镇江海外华侨华人专家学者科技恳谈活动。市领导以及有关部门和单位领导、专家，与来自美国、日本、加拿大、德国、英国、意大利、巴西等国家和地区的30多名华侨华人专家学者参加，就化工、医学、电子、计算机等方面引智合作项目进行交流、洽谈。

2000年9月19～21日，市侨办、市海外交流协会邀请来自17个国家和地区的96名海外华侨华人到镇江，举办海外交流协会成立5周年庆典暨对外经贸科技洽谈专题活动，活动将庆典联谊与经济考察、贸易洽谈、科技交流相结合，增进与海外交往。

2001年9月15～16日，市侨办举办2001世界华商镇江行活动，邀请并接待美国、加拿大、英国、德国、法国、意大利、荷兰等24个国家和地区的343名海外客商到镇江考察，分别与各县（市、区）、市有关行业和企业500多名相关人员交流洽谈，就经济、科技、贸易、文化等方面一批合资合作项目达成初步合作意向。

2002年4～6月，市侨办举办百名博士携手镇江系列活动，有美国、日本、加拿大、澳大利亚、德国、英国、法国、荷兰、泰国、马来西亚等10个国家和中国香港、台湾地区的129名专家学者、新华侨华人高科技专业人才及海外华商到镇江参观考察，并分别与市51个相关部门、企事业单位进行交流，就经济、科技、文化、教育等38个合资合作项目进行洽谈。

2003年9月20日，美国、加拿大、意大利、日本等15个国家和地区知名侨领、社团负责人、华侨华人实业家、科技专业人士64人参加"相聚镇江、共谋发展"主题活动。分别组织举行镇江市、丹阳市、丹徒区等3场投资情况说明会。

2005年5月16～18日，市海外交流协会成立10周年庆典，并举办"相聚金山 合作双赢"活动。市侨办、市海外交流协会邀请美国、英国、意大利、澳大利亚、荷兰、日本、新加坡、马来西亚、泰国、菲律宾等22个国家和地区的119名海外华商、外国友人，与市50多名有关部门（单位）负责人共同参加活动。

图25-5　2005年，镇江市海协会成立十周年庆典大会

1986～2005年，全市侨办系统接待海外华侨华人、港澳同胞、外籍友人计17656人次，其中有来自日本、泰国、新加坡、澳大利亚、菲律宾、法国、美国、加拿大、印尼、马来西亚、荷兰、西班牙、墨西哥、阿根廷等国家和中国香港地区的80多个重点团组。

1994～2005年，市侨办组织出访11次，先后赴东南亚、欧洲、北美等地区和中国香港地区，拜访近70个侨团的600余名重点侨领及当地华侨华人。截至2005年，市侨办海外侨情库收录海外重点侨胞8000余人，海外工作面达世界101个国家和地区。

三、为侨服务机制

1．"五侨"联动机制　2003年3月，市人大常委会民宗侨台委、市侨办、市政协港澳侨台委、市侨联、市致公党等5个涉侨部门召开联席会议，建立"五侨"联动机制，2005年吸纳镇江市留学人员亲属协会加入联动机制。市侨办每年征求涉侨部门意见，提出侨务工作重点难点问题。

2．市法律援助中心侨务工作站　2003年5月，该工作站由市侨办和市司法局联合设立，在全省侨务系统尚属首家。站办公室设在市侨办侨政处，由侨政处负责该站的具体事务。市司法局、市侨办为此制定《关于向归侨侨眷、海外侨胞提供法律援助的办法》，以工作站形式为镇江市归侨侨眷、海外侨胞、港澳同胞及其眷属、外籍华人在国内眷属及侨港资企业外方代表，提供具体法律援助。

3. 市海外交流协会 1995年4月22日,市海外交流协会(以下简称“海协”)召开第一次(国内)理事会筹备会议。5月12日,市海协成立,其宗旨是:面向海外,广交朋友,促进交流,加强合作,弘扬中华文化,促进经济繁荣,发展同各国人民的友好关系。市海协第一届理事会由16人组成,26名特聘顾问,10位有关企业负责人为团体会员理事,美国、日本、德国、法国、澳大利亚、泰国、印度尼西亚、马来西亚等国家和地区的华侨、华人及港澳同胞中的38名知名人士被聘为海外名誉理事、顾问。市领导陈耀南、许晓霞、滕子明被聘为名誉会长,市侨办主任左金霞任会长。2005年5月16日,市海协召开换届选举暨第三届理事会会议,通过第三届理事会领导及修改后的新章程。市领导张庆生、陈建设被聘为名誉会长,市侨办主任许宝庆当选会长。

4. 侨心助学计划 1995~1999年,镇江市实施侨心助学计划,通过接受海外侨胞、港澳同胞捐赠,为300名贫困学生解决小学至初中毕业学杂费,为市10所学校改善教学条件的侨心助学计划全部完成。1983年~2005年接受海外侨胞、港澳同胞捐赠26宗,折合人民币466.3万元。为句容、丹徒、丹阳、京口、润州302名特困生解决小学至初中毕业学杂费,为市一中、省镇中、市第二十中学、市穆源小学等14所学校兴建教学楼、改扩建校园、添置现代教学设备等。

5. 侨办企业 1993年1月1日起,镇江中国旅行社由市外办成建制划归市侨办。同年,市侨办先后创办镇江市华侨商务服务中心等13家事业、企业单位。1997年11月~2002年6月,市侨办清理10家经济实体,办理脱钩手续。2005年,镇江市华侨住房开发服务中心和镇江市华侨商务服务中心撤销。至此,除镇江中国旅行社在改制过程中,市侨办创办的经济实体全部清理或改制完毕。

四、为侨服务办实事

1. 落实华侨房屋政策 1984年依据中办发〔1984〕44号文和国务院批转《关于华侨出租房屋进行社会主义改造问题的报告》精神,市政府印发《关于华侨出租房屋改造起点和自留房标准的通知》,将华侨出租房屋改造起点放宽到130平方米,业主兼顾到国内外人口,每人均留给自住房面积15平方米。各级政府先后拨出57.5万元,用于落实此项侨房政策。1985年落实农村土改及历次运动中被侵占、没收侨房46户,计6354.3平方米,至1986年全部实现清退;落实城镇被错改造的侨房33户,计4010.8平方米,1989年全部退还。到1989年办理复工复职和退休人员30人,恢复城镇户口62人。对历史上造成的29名归侨侨眷冤假错案进行平反,恢复名誉,安排工作。

2. 侨界知识分子工作 1989年,全市归侨侨眷知识分子计214人,其中具有高级专业技术职称50人,中级专业技术职称116人,初级专业技术职称48人。他们中有57人加入中国共产党,部分归侨侨眷知识分子先后走上各级领导岗位。

1983~2005年在全市归侨侨眷知识分子中,先后受到国家级奖励24人,受到省级奖励30人,受到市级奖励32人。1989年12月,江苏丘陵地区镇江农科所副所长、研究员杨图南,镇江供电局局长、高级工程师陆孟君被授予全国优秀归侨侨眷知识分子称号。1990年4月,镇江医学院检验系副主任、副教授、主任医师顾可梁,江苏工学院高级工程师陈佩芳,市环境监测站高级工程师郭司雷3人被授予江苏省优秀归侨侨眷知识分子称号。1996年安排2名优秀归侨侨眷知识分子到福建疗养,组织镇江市15名归侨侨眷知识分子到上海参观学习。

3. 服务侨港资企业 1993年,市侨办将侨港资企业办理身份手续认可权下放到县(市)区侨办,以简化程序。1999年,市侨办以“为侨港资企业服务行动年”主题,建立起协调服务工作机制,会同江滨医院为侨港资企业外方人员办理特约医疗保健卡。2002年设立镇江市侨商经济纠纷投诉点;2003年建立侨港资企业联系制度。2003年在全省首次创办侨港资企业负责人沙龙活动,至2005年已举办5场活动,有100余家侨港资企业到会,分别就商品进出口检验检疫和海关法规、外资企业涉税及账务处理、侨港资企业发展经验交流等与镇江市海关、商检、工商、税务等部门进行座谈交流。1995～2005年共受理36起涉侨纠纷,为海外客商挽回经济损失2400多万元。

4. 维护归侨侨眷合法权益　自1994年起落实关于工龄满30年的退休归侨享受100%退休工资,工龄满25年的归侨女职工享受95%退休工资政策。1996年,市海外交流协会与镇江中天律师事务所联合成立维护合法权益的涉侨办事处。1997～2004年,全市有46户困难归侨享受市政府定补。其中1997年4名、2000年22名、2004年新增20名。2004年开始,每年补助费用为67680元,受补对象占全市困难归侨数37.1%。1999年对《中华人民共和国归侨侨眷权益保护法》贯彻情况组织调研,为归侨颁发归侨证,协调市公安、人事、劳动、教育、卫生等部门下发凭证享受优惠待遇的政策文件。1985～2005年,全市受理和接待海内外来信来访3500余件,办结率98%。涉及侨房拆迁安置、华侨祖坟迁移、归侨侨眷子女升学就业等问题。

5. 社区侨务工作　2000年5月,市侨办在京口区健康路街道办事处开展社区侨务工作试点。同年10月召开现场会在全市推广,并在全省侨政工作会议上进行交流。2002年,全市社区侨务工作全面推开,京口区健康路街道获全国社区侨务工作先进单位称号,副书记王洪元获全国社区侨务工作先进个人称号。2005年,润州区蒋乔镇、京口区正东路街道江科大社区被评为全省社区侨务工作先进单位。同年8月,市首个高校侨务社区留学生亲属协会——江科大社区留学人员亲属协会成立。

6. 侨胞、侨资企业获奖荣誉　2003年,金东纸业(江苏)有限公司、镇江泰兴隆食品有限公司获得2000～2002年度全国百家明星侨资企业称号;金东纸业(江苏)有限公司、镇江泰兴隆食品有限公司、镇江百盛商城有限公司、江苏爱派克斯数码有限公司、江苏奥雷光电有限公司获2000～2002年底江苏省明星侨资企业称号。金东纸业(江苏)有限公司获得2003～2005全国百家明星侨资企业称号;江苏建华管桩有限公司、金东纸业(江苏)有限公司、镇江普迪混凝土有限公司、江苏奥雷光电有限公司、江苏融锦集团公司、镇江百盛商城有限公司获2003～2005江苏省百强侨资企业称号。2004年,江苏奥雷光电有限公司首席执行官黄振春、丹阳融侨房地产开发有限公司董事长陈惠当选为江苏省回国创业青年典型。

第三节　港澳事务

2001年7月,市外办新增内设机构港澳事务处,与出国来华处合署办公。负责镇江市与香港、澳门特别行政区往来管理工作;审核因公临时赴港、澳和邀请港、澳相关人员来访的有关事宜;办理《因公往来香港、澳门特别行政区通行证》和应邀来访港、澳人士的通知函电。

2001年10月19～20日,外交部驻香港特派员公署吉佩定率领中国部分驻外大使、总领事和参赞一行49人到镇江访问,市委书记张卫国、代市长史和平、市委常委翟隽会见客人。

2001年11月17日,以香港特别行政区政府首长级乙级政务官徐均平为团长的香港特别行政区公务员清华大学北京课程2001年10月研习班学员团26人,到镇江考察新区企业、丹阳农村和民营企业等地。代市长史和平会见客人。

2002年11月10日,以香港教育统筹局首席助理秘书长梁松泰为团长的第44期香港特别行政区公务员北京课程班学员一行26人,由国务院港澳办联络司处长张健和清华大学对外学术文化交流中心副主任于和生陪同到镇江,考察镇江市情和发展情况,参观镇江博物馆、镇江新区企业和扬中新坝镇。副市长解信鹏会见客人。

2003年12月24日,以香港明天更好基金行政总裁袁金浩为首,由香港各主要媒体资深编辑、记者组成的香港明天更好基金传媒访问团一行23人访问镇江。访问团参观金东纸业有限公司,游览金山风景区。代市长许津荣会见并向客人介绍镇江的历史、文化、经济发展和投资环境等方面的情况。

第四节　侨联工作

1979年11月8~9日，镇江市召开第一次归侨侨眷代表大会，成立镇江市归侨侨眷联合小组，张扬铭任组长，李文泉、瞿采全任副组长。1981年12月24~25日，镇江市召开第二次归侨侨眷代表大会，选举产生第二届委员会委员11名；二届一次全委会选举产生主席朱万仁，副主席李文泉、张扬铭、范婵生、瞿采全。1982年1月28日，镇江市归国华侨联合会成立。1983年12月24~25日，镇江市召开第三次归侨侨眷代表大会，选举产生第三届委员会委员37名；三届一次全委会选举产生常委10名，主席彭钊安，副主席王锦鹏、李采兴、罗月秀、熊朝想、瞿采全。1997年12月28~30日，镇江市召开第四次归侨侨眷代表大会，选举产生第四届委员会委员38名；四届一次全委会选举产生常委12名，主席滕子明，副主席徐晓元、王锦鹏、叶惠民。

参政议政　1983~2005年，市归侨侨眷当选市级政协委员和人大代表有80名，当选市青年联合会委员4名，当选市妇联妇女代表1名。市侨联和侨界政协委员、人大代表提交提案、议案256件。其中：《关于将归侨侨眷保护法落到实处的建议》《关于加快发展我市老龄事业的建议》《关于进一步推进环卫事业市场化进程的建议》《关于镇江饮用水水源保护的建议》《关于严格保护"镇江香醋"地方名牌的建议》《尽快恢复台侨界学生中考加分政策》《扩大农村特困老归侨生活定补范围》等15件，分别被市政协、市人大评为优秀提（议）案，被市委、市政府采纳。

依法护侨　依据《中华人民共和国归侨侨眷权益保护法》，市侨联维护归侨侨眷利益和为归侨侨眷服务：落实符合工龄条件的退休男女归侨职工享受规定退休金待遇；维护侨房在拆迁中应享受的照顾政策；解决归侨子女入学和归侨侨眷子女就业；帮助归侨侨眷办理出国探亲手续。

1983~2005年镇江市侨联组织和归侨侨眷获全国侨联侨办表彰一览表

表25-6

年份	受表彰单位、个人	荣誉称号	授奖单位
1994	扬中市第一开关厂	全国侨属企业先进集体	中国侨联
1994	杨图南（侨眷）	全国归侨侨眷先进个人	中国侨联 国侨办
1999	吴松声（归侨）	全国归侨侨眷先进个人	中国侨联 国侨办
2004	叶惠民（归侨）、陆鸣冈（侨眷）	全国归侨侨眷先进个人	中国侨联 国侨办

海外联谊　1983~2005年，市侨联共接待来自美国、日本、澳大利亚等国家和中国香港、台湾地区海外华侨华人、港澳同胞近5000人次，与泰国、日本、加拿大等6个境外华人社团建立友好关系。协助镇江市有关部门引进经济项目16个，促成日本客商与镇江无线电器材厂、镇江红光服装厂的合资，牵线搭桥出口贸易2100万元，海外侨胞捐赠家乡公益事业645万元。

第七章　地方志工作

1984年11月，镇江市地方志编纂委员会及办公室成立，新中国成立后第一轮《镇江市志》的编修工作全面展开。市志编委会提出"软件硬抓""冷门热做"和"千秋大业、质量第一""力争后来居上、名城出名志”的要求，实行“分管市长方志工作日制”“编委分工负责制”“三审定稿制”等措施和制度，被江苏省地方志办公室在全省介绍推广。2003 年《镇江市志》多媒体光盘出版，收录《镇江市志》及 6 部辖市(县)区志近 1000 万字的篇幅，还收录宋、元、明、清等历代版本《镇江府志》《丹徒县志》等 5000 页文字容量的内容。

在第一轮《镇江市志》编修即将完成之际，市地方志办公室在保证市志校对出版的同时，着手编纂《镇江年鉴》。1992 年，《镇江年鉴》创刊号出版，记录自 1986 ~ 1991 年镇江市各项工作，这是在江苏省内较早由地方志办公室编撰出版的地方综合年鉴。1993 年开始，《镇江年鉴》改为一年编一部，到 2005 年《镇江年鉴》共连续出版 14 部，累计 1520 万字。《镇江年鉴》多次获得国家级特等奖或一等奖。丹阳市、丹徒区、句容市以及京口区、润州区也先后编撰出版地方综合年鉴。

1996 年根据全国第二次地方志工作会议精神，市地方志办公室研究制定全市地方志工作“九五”规划，开展续修志书的准备工作。1997 年 8 月，镇江市地方志编纂委员会召开第 20 次全体(扩大)会议，明确根据《江苏省地方志事业发展“九五”计划》，修订、完善全市地方志工作“九五”计划，在 20 世纪末着手续修志书，力争 3 ~ 5 年内完成续修新一届志书的任务；开展读志、用志活动，使地方志事业更好地为全市两个文明建设服务。

从 1994 年开始编写地情资料丛书，同年由钱永波作序，方之焯、黄选能和滕子明担任主审的《镇江改革开放十五年》正式出版；2004 年 6 月由史和平作序，黄宝荣、徐郭平担任编委会主任，市史志办公室征编的《民心——镇江市为民办实事项目集锦》一书出版，并于 2005 年获第四次省地方志系统优秀成果评比特等奖。截至 2005 年，镇江市地方志办公室共编撰出版地情资料丛书 15 册。

在旧志整理点校出版方面，元《至顺镇江志》、清《光绪丹阳县志》等先后点校出版。

第一节　地方志编纂

一、《镇江市志》编纂

1984 年 11 月，中共镇江市委决定成立镇江市地方志编纂委员会及办公室，正式开始编修《镇江市志》。《镇江市志》编纂工作起步虽然比苏南其他城市晚 2 ~ 4 年，但由于市委、市政府的重视，市志编委会实行“分管市长方志工作日制”“编委分工负责制”“三审定稿制” 等制度，《镇江市志》于 1993 年 12 月出版，是全省第一部新修省辖市市志。该书于 1994 年获江苏省修志成果一等奖，1997 年获全国第二届地方志优秀成果二等奖。所辖 6 个县(市)区志在省内也最先全面完成。

《镇江市志》的编纂工作大致分为三阶段：

1984 ~ 1986 年为第一阶段，主要进行宣传发动、组织队伍、征集资料、初拟篇目等工作。基础好、条件成熟的个别分志进入试写阶段(如《电力工业志》)。市志办征集资料 2000 万字，全市各级共征集各类资料超过 1 亿字，为转入分志编写阶段打下较好基础。

1987 ~ 1990 年 7 月为第二阶段，即分志编写阶段。《镇江市志》的编修是由各部门完成分志，再由市志办总纂成书。各分志通过自审、联审、送审三审定稿。到 1990 年 7 月，《镇江市志》66 卷分志中有 64 卷完成初稿，其中 44 卷已完成送审稿。

1990 年 8 月至 1993 年为第三阶段，即总纂成书阶段，对各个分志进行优化组合和深化加工。通过大类分纂、全书分纂等小阶段，于 1992 年 9 月完成总纂送审稿，11 月上旬召开《镇江市志》自审会。11 月下旬，江苏省地方志编纂委员会在镇江主持召开《镇江市志》稿评审会，《镇江市志》稿通过评审。1993 年 8 月完成修改任务，报省志编委会验收，1993 年 11 月《镇江市志》稿通过江苏省地方志编纂委员会验收。省志编委会验收批复："《镇江市志》是一部指导思想正确，体例完备，资料比较翔实，行文简明，文约事丰，质量较高的志稿，同意交付出版。"《镇江市志》由上海社会科学院出版社于1993年12月出版，全书2870千字。其篇幅量小于1995年1月成书的《苏州市志》(4835千字)、1995年10月出版的《无锡市志》(5000千字)和《常州市志》(5108千字)，也少于1984年12月开展地方志编纂工作、1997年3月成书的《扬州市志》(5600千字)，《镇江市志》是一本文约事丰的志书。

2003年，《镇江市志》多媒体光盘出版，收录《镇江市志》及6部辖市(县)区志近1000万字的篇幅，还收录宋、元、明、清等历代孤本《镇江府志》《丹徒县志》等5000页文字。至此新中国第一轮《镇江市志》编纂任务结束。

第二轮地方志编修工作从2001年启动，《镇江市志》(1983～2005)编纂工作经过制定规划、组织发动、篇目拟定，至2005年年底进入资料征集阶段。市属各市、区志的续修工作也先后开展起来。

图25-6　新中国第一轮修志出版的地方志书(2005年摄)

二、县(区)志编纂

《扬中县志》　编纂始于1984年10月，1990年通过省市评审。1991年11月，《扬中县志》由文物出版社出版，79万字。《扬中县志》是镇江市辖县(市)区中第一部志书。

《丹阳县志》　1983年6月成立丹阳县地方志编纂委员会，设立丹阳县志办公室，是镇江市辖县、区中开展地方志编纂工作最早的。1985年，《丹阳县志》资料搜集工作基本完成。1989年5月，《丹阳县志》进行总纂。1990年7月完成《丹阳县志》送审稿，全志共34个分志(卷)，加概述、大事记、附录计37个部分、151.2万字。1992年8月由江苏人民出版社出版。

《丹徒县志》　1984年8月成立丹徒县地方志编纂委员会，1985年3月组建县志办公室。《丹徒县志》除卷首、附录外，设30卷分志，155万字，1993年9月由江苏科技出版社出版。

《句容县志》　1983年5月，句容县组建句容县修志筹备小组及其办公室。1985年6月成立句容县地方志编纂委员会及办公室，1990年12月下旬，《句容县志》稿通过省、市评审。1994年1月由江苏人民出版社出版，全志144.5万字。

《京口区志》　编纂始于1987年6月，总字数为95万字。1992年11月由上海社会科学院出版社出版。

《润州区志》　1987年，润州区地方志编纂委员会及办公室成立。1995年3月《润州区志》由上海社科院出版社出版发行，总字数61.7万字。

三、其他志书编纂

1983～2005 年镇江市出版其他志书一览表

表 25-7

类别—志书	出版社	出版时间	出版字数(千字)
《镇江市电力工业志》	江苏人民出版社	1993 年 3 月	300
《江苏艺文志·镇江卷》	江苏人民出版社	1994 年 1 月	635
《镇江市教育志》	江苏科技出版社	1994 年 1 月	700
《镇江市广播电视志》	方志出版社	1994 年 4 月	492
《镇江市工会志》	江苏科技出版社	1994 年 5 月	510
《镇江市第二建筑工程公司志》	上海社会科学院出版社	1995 年 12 月	242
《谏壁发电厂志》	中国电力出版社	1996 年 4 月	300
《镇江市水利志》	上海社会科学院出版社	1997 年 1 月	336
《镇江市邮电志》	上海社会科学院出版社	1997 年 6 月	300
《镇江市戏曲志》	江苏文艺出版社	1997 年 11 月	350
《镇江市金融志》	中国金融出版社	1998 年 9 月	458
《镇江市土地志》	上海社会科学院出版社	1999 年 8 月	467
《焦山志》	方志出版社	1999 年 8 月	235
《镇江保险志》	方志出版社	2005 年 2 月	805

其中,《镇江市土地志》2001 年获江苏省第三次地方志优秀成果一等奖。

丹阳市在完成《丹阳县志》编纂出版工作后,陆续出版专业志、乡镇志、行业志 9 种。其中,《丹阳市建设志》于 2001 年 11 月获江苏省第三次地方志成果特等奖,该志由上海社会科学院出版社于 2001 年 5 月出版,全志 126.5 万字。1988 年 11 月由国营练湖农场新编的《练湖志》内部出版,全志 36 万字。1993 年 5 月,《皇塘镇志》由江苏人民出版社出版,全志 30 万字;同年 9 月,《丹阳市交通志》由东南大学出版社出版,全志 32.9 万字;同年 12 月,《丹阳市乡镇工业志》由中国农业科技出版社出版,全志 65 万字。1994 年 12 月,《丹阳市税务志》由中国农业科技出版社出版,全志 30 万字。1998 年 6 月,《丹阳市土地志》由江苏人民出版社出版,全志 29 万字。2000 年 4 月,《丹阳市邮电志》由上海社会科学院出版社出版,全志 20.5 万字;同年 4 月,《丹阳市教育志》由江苏古籍出版社出版,全志 51.9 万字;同年 7 月,《丹阳市自来水志》由上海社会科学院出版社出版,全志 33.5 万字。

丹徒区在完成《丹徒县志》编纂出版工作的同时,完成并正式公开出版的乡镇志:1994 年 3 月,《大港镇志》由上海社会科学院出版社出版,全志 44 万字;1997 年 3 月,《宝堰镇志》由黄山书社出版,全志 41 万字;2001 年 1 月,《辛丰镇志》由河海大学出版社出版,全志 40.5 万字;2001 年 6 月,《大路镇志》由中华书局出版,全志 51 万字。出版专业志:1998 年 5 月,《丹徒县土地志》由上海社会科学院出版社出版,全志 35.2 万字;2001 年 10 月,《丹徒县卫生志》由江苏古籍出版社出版,全志 37.3 万字;2004 年 11 月,《丹徒县水利志》由方志出版社出版,全志 65.2 万字。

在《句容县志》编纂工作的同时,2000 年 10 月由句容市、金坛市联合组成《茅山志》编纂委员会编纂《茅山志》,方志出版社出版,总篇幅 41.4 万字,《茅山志》在江苏省第三次方志成果奖评审中获特等奖。1998 年 10 月,句容市志办编纂《句容茅山志》,黄山书社出版,全志 36 万字。2001

年8月,宝华山隆昌寺编纂线装本《宝华山志合帙》,江苏古籍出版社出版。《宝华山志合帙》与《焦山志》和内部印刷成书的《金山志》《圌山》合在一起形成镇江市有特色的山志系列。1994年10月,《句容市电力工业志》由中国农业技术出版社出版,全志20万字。1998年11月,《句容市邮电志》由上海社会科学院出版社出版,全志21万字。1999年4月,《句容市土地志》由江苏人民出版社出版,全志35万字。

《扬中县志》编纂工作完成后,扬中市出版其他志书:1997年6月,《扬中邮电志》由上海社科院出版社出版,全志9.3万字。1999年8月,《扬中市土地志》由上海社会科学院出版社出版,全志36.2万字。2005年11月,《扬中市水利志》获准进入出版阶段,交方志出版社出版。

《京口区志》编纂工作完成后,京口区《象山乡志》由黄山书社于1998年1月出版,全志41.8万字。

除上述公开正式出版的志书外,镇江市志办,各县(市、区)志办,各有关单位还编撰出版一批内部印刷的志书、年鉴、地情资料书以及探讨方志编纂理论成果的书籍,如《镇江市志编修工作论文集》《镇江掌故》《金山志》《圌山》等。

2001年11月,省第三次地方志优秀成果奖公布。评选从1997年以后全省出版的地方志成果,镇江市有13项成果分获志书类、年鉴类、地情书、论文类奖,其中《镇江年鉴》(2000)获年鉴类一等奖,列省辖市年鉴第二。镇江市进行地方志成果评奖,9件成果获奖:《丹阳自来水志》《丹徒土地志》《句容茅山志》《丹阳年鉴》和《续修志书记述精神文明的初步思考》(徐培鸿)获一等奖,《句容邮电志》《象山乡志》《扬中邮电志》《润州年鉴》(2000)获优秀奖。

1983～2005年镇江市地方志书成果获奖情况一览表

表25-8

类别—志书	成果名称	获奖年份	奖项
《镇江市教育志》	江苏省第二届地方志优秀成果奖	1997	二等奖
《句容电力工业志》	江苏省第二届地方志优秀成果奖	1997	三等奖
《镇江市工会志》	江苏省第二届地方志优秀成果奖	1997	三等奖
《丹阳建设志》	江苏省第三次地方志成果奖	2001	特等奖
《茅山志》	江苏省第三次地方志成果奖	2001	特等奖
《大路镇志》	江苏省第三次地方志成果奖	2001	一等奖
《镇江土地志》	江苏省第三次地方志成果奖	2001	一等奖
《扬中土地志》	江苏省第三次地方志成果奖	2001	二等奖
《镇江广播电视志》	江苏省第三次地方志成果奖	2001	三等奖
《丹徒县水利志》	江苏省第四次地方志系统优秀成果奖	2005	二等奖
《丹徒县卫生志》	江苏省第四次地方志系统优秀成果奖	2005	二等奖
《丹阳市教育志》	江苏省第四次地方志系统优秀成果奖	2005	二等奖
《句容市交通志》	江苏省第四次地方志系统优秀成果奖	2005	三等奖

四、旧志整理与利用

镇江市地方志办公室在编纂新编《镇江市志》的同时,挖掘和整理历史上印行的旧志。对旧志中影响较大、体例完备的名志——元《至顺镇江志》,市地方志办公室组织镇江师范专科学校中文系教授杨积庆、副教授蒋文野及其他专家共4人对该志进行校点,全书66.8万字。后被列入江苏地方文献丛书序列,再次由江苏古籍出版社出版。

1984 年秋,丹阳县志办公室整理完成清代光绪《丹阳县志》,共 59.62 万字;民国《丹阳县续志》,共 11.74 万字;《丹阳县志补遗》,共 8.66 万字等 3 部旧县志的整理点校工作。1986 年 3 月,三部旧志由江苏广陵古籍刻印社出版发行。

镇江市邮电志办公室在资料征集工作中,发现珍贵历史资料《大清邮传部交通统计表》一套,计 22 卷 1832 页。资料为光绪三十三年至宣统元年(1907 ~ 1909 年)全国邮政、电政、路政、船政之统计年报。内容涉及中国邮政、海关、铁路、招商局、交通银行等方面的历史情况。邮电部拨专款 2.2 万元,修复影印这批资料。

第二节　年鉴编撰

一、《镇江年鉴》

《镇江年鉴》编撰始于 1992 年。市政府于 1992 年 4 月 9 日以镇政发〔1992〕52 号文件批转市地方志编委会《关于〈镇江年鉴〉编撰工作的意见》,规定《镇江年鉴》是“地方性综合年鉴”,在市人民政府领导下,由市政府办公室、市地方志办公室共同负责承办;明确编撰《镇江年鉴》为全市改革开放和现代化建设提供全面的信息资料;由市委、市政府主要领导担任主审,市地方志办公室主要领导担任主编。1996 年起由市政府办公室、市地方志办公室(2002 年起为市史志办公室)主要领导共同担任主编。

《镇江年鉴》结构分类目、分目和条目 3 个层次,部分分目下设立次分目,条目为记述实体。《镇江年鉴》还设置若干个专题彩色图片插页,记录镇江地区上年的大事、要事及镇江的地方文化特色。地图每年更新,并经市有关管理部门审核,由市测绘管理部门监制。《镇江年鉴》检索手段完善,卷首设中、英文目录,卷末设主题分析索引,正文内部建有条目参见系统,目录前配有《〈镇江年鉴〉主要机构(单位)简称全称对照表》。2000 年,《镇江年鉴》推出网络版。在全省首家出版年鉴合集光盘——1992 ~ 2006 年《镇江年鉴》全文检索数据库。《镇江年鉴(1992)》收录 1986 ~ 1991 年内容,此后《镇江年鉴》按年编撰出版,每年出版一册。至 2005 年连续编撰出版 14 部,文字量累计 1532 万字,平均每部 109.4 万字。《镇江年鉴》1992 年版、1993 年版由上海社会科学院出版社出版,1994 年版由江苏古籍出版社出版,2001 年版由江苏年鉴杂志社出版,其他版均由方志出版社出版。

1992 年起,《镇江年鉴》每年一部,逐年反映全市政治、经济、社会等方面的基本面貌和发展状况,一般设置特载、镇江概况、中共镇江市委员会、镇江市人民代表大会、镇江市人民政府、政协镇江市委员会、民主党派 · 工商联、社会团体、国防、政法、综合经济管理、人事(人力资源和社会保障)、农业、水利、工业、交通 · 邮政、信息化建设、城市建设与管理、环境保护、旅游 · 园林、国内贸易、对外及对港澳台经济贸易、口岸 · 港口、财政 · 税务、金融、民营经济、科学技术、教育、文化、新闻出版、卫

图 25-7　1992 ~ 2005 年的《镇江年鉴》

生、体育、社会生活、辖市（区）、镇江新区·开发园区、人物、大事记、书目·文摘·题录、统计资料、社会指南等类目。并根据全市经济社会发展情况，每年对内容进行适当调整：1992 年版特设改革开放新事例；1993 年版特设“金山之光”艺术节，增设经济技术开发区；1994 年版增设专文、附录；1995 年版特设职工医疗制度改革；1996 年版特设“‘九五’展望”“茅山老区经济开发 10 年”“承办城运会射箭比赛”“创建全国卫生城市”等，增设“市场建设”；1997 年版特设“苏南运河镇江段整治”，新设“社会保障”“个体私营经济”等；1998 年版特设“改革开放二十年”；1999 年版特设“抗洪抢险”，增设“国有资产管理”“关心下一代工作”“书目·文摘·题录”等；2000 年版特设“辉煌的五十年”，专设“许杏虎、朱颖烈士专记”“揭批邪教”，新设“经济体制改革”“信息化建设”等；2001 年版特设“‘九五’成就·‘十五’计划”“镇江市第五次全国人口普查主要数据”，增设“典型案例”“菜篮子工程”；2002 年版特设“党政机构改革”“纪念建党 80 周年”“镇江市第四次党代会”“四大重点工程建设”等，增设“工业安全生产”“国际贸易促进”“证券”等；2003 年特设“中国镇江经贸旅游洽谈会”“赛珍珠诞辰 110 周年纪念”，增设“境外企业”；2004 年版特设“沿江开发”“抗击‘非典’”，增设“社会主义政治文明建设”；2005 年版特设“贯彻落实科学发展观纪实”“创建环境保护模范城市”等。

1994 年 3 月，全国年鉴研究会会长尚丁到镇江指导年鉴工作，就年鉴编写质量等问题为镇江市各行业年鉴撰稿人员作专场报告，为《镇江年鉴》题词：“年鉴，昨天的实录，今天的镜子，明天的见证，历史的里程碑，信息时代的瑰宝！”。

从 1994 年起，《镇江年鉴》实现年内编辑，年内出版的目标，增强年鉴时效性。1995 版《镇江年鉴》被《香港经济导报》社挑选参加由中国香港、中国台湾、新加坡举办的国际图书展。

1996 年 12 月召开《镇江年鉴》创刊五周年暨年鉴工作会议，提出“提高信息含量，压缩篇幅，缩短出版周期”“出精品”的工作目标。《镇江年鉴（1994）》在全国首届年鉴评比中获得综合成果二等奖。在第二届省地方志优秀成果奖评选中，《镇江年鉴（1996）》及地情丛书等获多项奖励。1999 年 11 月 3 ~ 13 日在上海举行的全国第二届地方年鉴评比中，《镇江年鉴（1999）》在第二届全国地方年鉴评奖中获一等奖，同时获“框架设计”“条目编写”“装帧版式设计”3 个单项一等奖，被全国和省有关部门选送美国、德国参加国际书展。在北京举办的全国 1999 年最早出版的百家年鉴排名榜活动中，《镇江年鉴》（1999）列第 22 名。2001 年在省第三次地方志优秀成果评奖中，全市 18 项地方志成果获奖，其中《镇江年鉴（2000）》获一等奖。《镇江年鉴（2001）》在全国年鉴校对质量评比中获优秀等级。《镇江年鉴（2004）》获得中国版协首届中国年鉴奖暨第三届全国年鉴编纂出版质量评比综合奖一等奖，框架设计、条目编写一等奖和装帧设计二等奖；并获首届中国地方志年鉴奖特等奖。2004 年，《镇江年鉴》被列入中国年鉴资源全文数据库核心年鉴。

1992 ~ 2005 年《镇江年鉴》获省以上荣誉情况表

表 25-9

类别—年鉴	成果名称	获奖年份	奖项	颁奖单位
《镇江年鉴（1992）》	全省地方志优秀成果奖	1994	一等奖	江苏省地方志办公室
《镇江年鉴（1994）》	第一届全国地方年鉴评奖综合奖	1994	二等奖	中国年鉴研究会
《镇江年鉴（1997）》	全省地方志优秀成果奖	1997	二等奖	江苏省地方志办公室
《镇江年鉴（1999）》	第二届全国地方年鉴评奖综合奖	1999	一等奖	中国年鉴研究会
《镇江年鉴（2000）》	全省地方志优秀成果奖	2001	一等奖	江苏省地方志办公室
《镇江年鉴（2001）》	全国年鉴校对质量评比	2002	优秀等级	中国版协年鉴研究会
《镇江年鉴（2004）》	首届中国地方志年鉴奖	2004	特等奖	中国地方志指导小组

续表 25-9

类别—年鉴	成果名称	获奖年份	奖项	颁奖单位
《镇江年鉴(2004)》	首届中国年鉴奖	2005	–	中国出版工作者协会
《镇江年鉴(2004)》	第三届全国年鉴编纂出版质量评比	2005	一等奖	中国版协年鉴研究会
《镇江年鉴(2005)》	全省地方志优秀成果奖	2006	特等奖	江苏省地方志办公室
《镇江年鉴(2005)》	第二届全国年鉴编校质量检查评比	2006	特等奖	中国版协年鉴研究会

二、《镇江生活年鉴》

2004 年 6 月，首部《镇江生活年鉴》由《镇江年鉴》编辑部编辑、方志出版社出版发行。《镇江生活年鉴》旨在为全市居民家庭、境内外到镇江人士提供工作生活方面服务信息。《镇江生活年鉴》内容设置市情概要、交通旅游、邮政通信、购物消费、饮食服务、住房装饰、教育培训、劳动保障、投资理财、经商创业、法律服务、文化娱乐、婚姻生育、医疗保健等。资料时限以 2003 年度为主，为加强实用性和时效性，对资料上下时限作适当延伸。全书 30 万字，并配以彩色画页，采用 32 开本装订，便于携带。

三、辖市(区)年鉴

1993 年，《京口年鉴》创刊，年底由上海社会科学院出版社出版。《丹徒年鉴》创刊于 1993 年。《京口年鉴(1994～1996)》于 1996 年 6 月出版。1996 年，《句容年鉴》创刊。1998 年，《丹阳年鉴》创刊。2000 年随着《润州年鉴》的创刊，初步形成以《镇江年鉴》为龙头的年鉴系列。

1983～2005 年镇江辖市(区)级年鉴获奖情况情况表

表 25-10

类别—年鉴	成果名称	获奖年份	奖项	颁奖单位
《丹徒年鉴》(1996)条目编写、出版发行	江苏省第二届地方志优秀成果奖	1997	三等奖	江苏省地方志办公室
《京口年鉴》(1996)框架设计、美术装帧、出版发行	江苏省第二届地方志优秀成果奖	1997	三等奖	江苏省地方志办公室
《丹徒年鉴》(2000)	江苏省第三次地方志成果奖	2001	二等奖	江苏省地方志办公室
《京口年鉴》(2000)	江苏省第三次地方志成果奖	2001	三等奖	江苏省地方志办公室
《丹阳年鉴(2005)》	江苏省第四次地方志系统优秀成果奖	2005	一等奖	江苏省地方志办公室
《丹徒年鉴(2005)》	江苏省第四次地方志系统优秀成果奖	2005	一等奖	江苏省地方志办公室
《润州年鉴(2005)》	江苏省第四次地方志系统优秀成果奖	2005	二等奖	江苏省地方志办公室

四、《镇江统计年鉴》

1983 年以后，镇江市统计局每年发布年度统计公报，内容包括区域经济发展、社会事业、投资与城市建设、人口及生活与社会保障等。并分年度编印《镇江市国民经济统计资料》，1994 年改为《镇江统计年鉴》。1999 年，《镇江统计年鉴》由 32 开本改版为 16 开本。2003 年起，《镇江统计年鉴》由中国统计出版社出版。

第三节　地情丛书编撰

1986 年，镇江市地方志办公室开展编撰《镇江要览》，1989 年 4 月该书由江苏古籍出版社出版发行。全书 20 万字，设自然地理、建置、人口、机关团体、外事、军事、城市建设、工业、交通、邮电、商业、郊区农业、财税金融、教育、科学、文化、体育、医药工业、文物古迹、园林名胜、旅游、土特名优产品、民政、宗教、风俗、方言、民间传说、歌谣、人物简介和市辖区(县)概况等 30 个类目，成为新中国成立后第一本全面反映镇江历史与现状的资料性著述。

1994 年起，镇江市志办坚持每年编撰出版 1 ~ 2 本地情资料丛书。1994 年，由钱永波作序，方之焯、黄选能和滕子明担任主审的《镇江改革开放十五年》一书，在第二届"金山之光"艺术节之前正式出版。该书 20 万字，由 29 篇概述性文章和 44 篇典型专记组成，并附有 1979 ~ 1993 年全市及辖县(市)主要经济和社会指标统计表。

为配合纪念中国抗日战争、世界反法西斯战争胜利 50 周年活动，1995 年编印地情资料丛书之二《镇江抗日史话》，全书 20 万字，由江苏古籍出版社出版，共发行 4.5 万册，该书被列为全市爱国主义教育活动的重要内容之一。

1996 年 9 月为配合第三届"金山之光"艺术节举行，编辑出版地情丛书之三《金山之光》，全书 12.5 万字。12 月出版地情丛书之四《镇江掌故》，全书 20 万字；地情丛书之五《清末镇江邮界档案摘译汇编》。

图 25-8　镇江市史志办编纂的地情书(2005 年摄)

1997 年，市志办与有关部门联合举办纪念镇江抗英保卫战 155 周年和抗日战争镇江沦陷 60 周年系列活动。为迎接香港回归，市志办与市教委联合编辑出版地情丛书之六《镇江百年反帝斗争》，全书约 12 万字，发行 2.4 万余册。同年为服务本市经济建设，挖掘潜在人才资源，市志办与市人事局合作编辑出版地情丛书之七《我是镇江人——当代镇江旅居外地人物》，先后征集全国各地镇江籍 2141 名专家、学者、领导和各条战线杰出人物的资料，收录近千名旅居外地党政军、科技界、经济界、教育界、卫生界等有突出贡献的镇江籍人士的简历和成就，全书 57 万字，由方志出版社出版。该书出版后陆续收到许多外地镇江人来信，主动为家乡建设提建议、赠软件。市志办与镇江日报社在《镇江日报》上合办专栏《我是镇江人》，刊登介绍旅居外地镇江籍人士业绩的专访文章 52 篇；向外地镇江籍人士发行《镇江市志》《镇江年鉴》《镇江掌故》等书籍近千本，征集到外地镇江籍人士论著 600 多本(套)。

为配合全市纪念党的十一届三中全会召开 20 周年活动，1998 年 12 月由市志办负责编辑的镇江地情丛书之八《光辉的二十年——镇江改革开放历程回眸》由方志出版社出版。全书 37 万字，全面系统地记录 20 年镇江改革开放历程，全景式多侧面地反映 20 年来镇江发生的历史性、跨越性巨变。

1999 年为配合镇江解放 50 周年，编写出版地情丛书之九——《坚持江南迎解放》，全书 16.5 万字，成为面向广大干部群众和中小学生的爱国主义教材。同年地情丛书之十——《床前明月故乡情》编印出版，收录外地镇江籍人士忆故乡文章 40 余篇。同年，句容市地方办公室编辑的《句容解放五十年》、丹徒县地方志办公室编辑的《圌山》等 4 本地情丛书分别由上海社会科学院出版社出版或内部印刷成书。2000年，市地方志办公室编辑出版地情丛书之十一《镇江百年图志》。2002年，句容市史志办出版地情丛书《新句容传奇》。2003年9月，镇江市地方志研究会编辑的《镇江为你骄傲》（镇江市地情丛书之十二）由方志出版社出版，该书27万字，收录20位镇江籍两院院士、13位镇江籍全国名人的成长经历和工作成就，是镇江市第一本集中、全面介绍镇江籍院士的图书。

2004年6月由市委书记史和平作序，副市长黄宝荣、徐郭平担任编委会主任，市史志办公室征编的《民心——镇江市为民办实事项目集锦》一书，由方志出版社出版。该书结合镇江实际，从镇江市20年来各级党委、政府上千件为民办实事项目中挑选出180多个项目，编辑成册。全书30余万字，400多幅照片，从多个侧面记载镇江20年来取得的建设成就。该书选为市委、市政府在北京举办的在京镇江籍人士"叙叙家乡情"迎接2005年春节茶会礼品，并在江苏省第四次地方志成果奖评比中获特等奖。

2005年6月由镇江市丹徒区文化体育局、新四军四县抗敌总会纪念馆联合编辑、赵顺才主编的《新四军在丹徒》由中国文史出版社出版；全书22.7万字，记录丹徒人民为祖国独立和民族解放，与日本侵略者进行斗争的事迹；同年7月，为纪念中国人民抗日战争暨世界反法西斯战争胜利60周年，市史志办编印《镇江抗日斗争历史图册》；全书收录246幅照片，记录镇江地区人民和新四军坚持茅山、丹北抗战阵地，创建以茅山为中心的苏南抗日根据地，反映镇江人民抗日斗争的光辉历程；同年10月为纪念中国人民抗日战争胜利60周年、江南新四军北撤60周年、中共茅山工委书记徐明牺牲60周年，镇江市史志办公室、镇江市新四军暨茅山抗日根据地研究会、句容市徐明综合学校联合编印《魂绕茅峰——纪念徐明烈士文集》；该书约7万字，收录徐明烈士遗作、传略和徐明战友回忆徐明的文章，市领导、老同志以及徐明综合学校的老师、学生纪念徐明的文章和诗等。

1997～2005年镇江市地情书获奖情况表

表25-11

类别 地情书	成果名称	获奖年份	奖项
《镇江改革开放十五年》	江苏省第二届地方志优秀成果奖	1997	三等奖
《镇江抗日史话》	江苏省第二届地方志优秀成果奖	1997	三等奖
《丹徒文体50年》	江苏省第三次地方志成果奖	2001	一等奖
《坚持江南解放》	江苏省第三次地方志成果奖	2001	二等奖
《句容民间故事》	江苏省第三次地方志成果奖	2001	二等奖
《民心——镇江市为民办实事项目集锦》	江苏省第四次地方志系统优秀成果奖	2005	特等奖
《星河之光——扬中杰出人物纪事》	江苏省第四次地方志系统优秀成果奖	2005	一等奖
《新句容传奇》	江苏省第四次地方志系统优秀成果奖	2005	一等奖
《镇江为你骄傲》	江苏省第四次地方志系统优秀成果奖	2005	二等奖
《有朋自远方来》	江苏省第四次地方志系统优秀成果奖	2005	二等奖

第四节　方志理论研究

1985年起，镇江市地方志办公室编辑印刷《镇江史志通讯》，成为全市地方志工作者发表方志理论研究和登载镇江地情资料的平台。该刊为季刊，连续印行7年，于1992年停刊。

《镇江市志》创新设立两篇专记，与各卷平列，前无先例，而后模仿者众，是对地方志理论的一

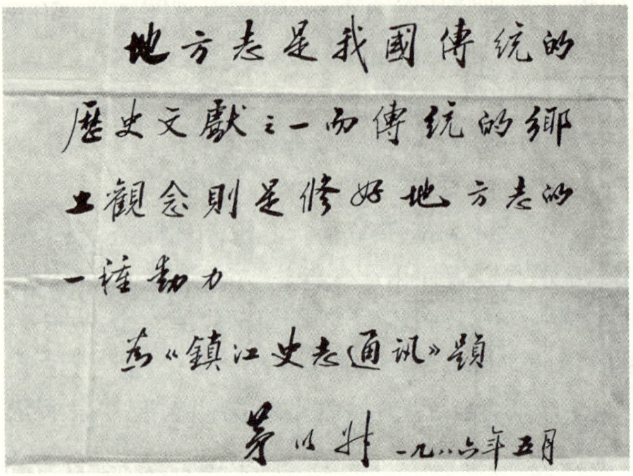

图 25-9　1986 年茅以升为《镇江史志通讯》题词

个突破。专记一为“民主革命斗争记略”、专记二为“地委行署”，这两部分内容重要，有地方特色，不入志非常可惜，若入志列卷又与志书体例有悖。总纂人员经过反复权衡，采用专记这个形式解决这个问题。

1996 年根据全国第二次地方志工作会议精神，市志办研究制定全市地方志工作“九五”规划，开展续修志书的准备工作，整理市志编修过程中的各类资料 237 卷。1997 年编辑完成《〈镇江市志〉编修工作文论集》。全书 20 万字，分为“《镇江市志》编修始末”“文件、讲话选录”（21 篇）、“回顾与反思”（24 篇）、“专家学者评论选录”（7 篇）、“附录”（5 篇）等 5 个部分，回顾和记录新中国成立以后首届修志经历，反思得失成败，并从理论高度给予总结。1999 年，《谈提高年鉴附录质量问题》等 10 余篇文章在全国、省研讨会、刊物上发表，其中《建设年鉴编校规范点滴》获全国年鉴学术论著评奖一等奖，《地方综合年鉴文稿交叉重复的处理》获全省地方志优秀成果二等奖。2000 年 4 月 7 日，镇江市地方志（年鉴）研究会、市志办与市宗教局在焦山定慧寺召开山志研讨会，金山、焦山、宝华山寺的慈舟、曙光、林祥等法师，茅山道院道长杨世华，园林、宗教、文史、方志等部门以及省志办有关人员参加。与会者交流《金山志》《焦山志》《句容茅山志》及《圌山》的编撰经验与问题，并研讨山志继承与创新、详今略古、行文规范等。

第五节　地方志（年鉴）协会（研究会）

1986 年 9 月 29 日，镇江市地方志协会成立大会在京口饭店小山会议室举行，市政协副主席戴瑛担任会长。协会主要任务是，团结全市修志工作者，发挥修志工作者才华，深入研究修志理论，促进《镇江市志》以及各分志的编修进度，并保证各分志的质量。镇江市地方志协会是全省第一家省辖市级地方志研究社团。1995 年协会换届，并正式更名为镇江市地方志（年鉴）研究会（以下简称研究会）。

研究会成立后，先后邀请国内方志、年鉴专家前来授课，其中有中国地方志指导小组组长梁寒冰、城市志指导组组长陆天虹，中国地方志协会理事李明，杭州大学教授仓修良，中国年鉴研究会会长尚丁、北京大学信息管理系教授肖东发等。研究会召开修志理论研讨会和学术年会 4 次，共收到论文 125 篇，其中 15 篇在省级以上刊物上发表，44 篇由市级刊物刊用。在镇江市地方志界的第一部方志研究理论成果《镇江市志编修工作论文集》中，80% 以上的文章出自协会（研究会）会员之手。

研究会先后参加 12 本《镇江地情系列丛书》的编写，这套丛书紧贴时代，配合中心工作，进行纵向、横向拓展，既对《镇江市志》有所补充，又为爱国主义教育提供乡土教材，还为续修志书积累资料。其中，2003 年 9 月，镇江市地方志研究会编辑的《镇江为你骄傲》（镇江市地情丛书之十二）由方志出版社出版。

研究会还组织部分会员学习考察镇江重大历史文化遗存发掘保护工作，其中有铁瓮城挖掘现场考察及成果介绍、考察横山凹三茅宫和儒里朱氏宗祠保护情况等。

2000 年，研究会被评为镇江市社科联系统先进社团。2001 年完成研究会由非法人社团转为法人社团的手续。

第八章　行政事务管理

1983年，镇江市实行市管县体制后，原镇江地区行政公署行政处与原镇江市政府行政科合并，成立镇江市人民政府市级机关行政事务管理处，为市政府二级局机构，内设机构为人秘科、总务科、房管科、接待科，同年8月增设保卫科；下属单位有市级机关水陆寺巷幼儿园、火坛楼巷幼儿园、市级机关车队、试验工厂、机关食堂、生活服务站、门诊所，京口饭店、一泉饭店、润州饭店、河滨饭店、市政府五条街招待所、伯先路招待所。

1985年6月，市政府接待处成立，原机关行政事务管理处所属各饭店划归接待处管理（五条街招待所除外）。1986年4月撤销人秘科，增设财务科。1988年4月，市政府五条街招待所更名为镇江市凤凰岭饭店。1989年6月恢复设立人秘科，撤销接待科。1992年12月成立镇江市尚友房屋开发公司。1994年4月，市住宅建设发展总公司划归市级机关行政事务管理处管理。

1995年5月，市级机关行政事务管理处更名为市级机关行政事务管理局。1997年7月更名为镇江市市级机关事务管理局，为市政府办公室管理的副处级部门机构；内设办公室、财务处（增挂国有资产管理处牌子）、房产管理处、总务处、保卫处、基本建设处、经营管理处。市级机关后勤服务机构有车队、治安保卫队、总务班、机关食堂、水电工班；局属单位有市级机关第一幼儿园、第二幼儿园、机关医院、机关生活服务公司、市尚友房屋开发公司、市住宅建设发展总公司、市级机关房屋维修站、车辆维修站。

2001年8月，市级机关事务管理局由原来的政府部门管理机构改为市政府直属事业局，正处级建制，依照国家公务员制度管理；内设机构为办公室、财务处（挂国有资产管理处牌子）、房产管理处、基本建设处、总务处、保卫处。局属单位有市级机关房屋维修站（市级机关房产物业公司）、市级机关医院、机关生活服务中心、市级机关第一幼儿园、第二幼儿园、市尚友房屋开发公司、市住宅建设发展总公司。2003年5月成立镇江市尚友机动车驾驶员培训中心。2004年4月，市级机关第一、第二幼儿园合并组建为市级机关中心幼儿园。2004年4月，镇江市住宅发展总公司、镇江市尚友房屋开发公司整建制划转中房集团镇江房地产开发公司管理。2005年3月，机关车辆维修站整建制并入市级机关房屋维修站。

第一节　机关事务管理

一、机关房地产管理

机关基础设施建设　1983年以后，先后建设市档案局办公楼、市委市政府办公楼、民主党派办公楼、老年大学教学楼、机关印刷厂厂房、机关后勤服务楼、机关医院门诊楼、市国家安全局办公楼、火坛楼巷幼儿园、水陆寺巷幼儿园教学楼等，总建筑面积1.7万平方米。以统建和集资代建的形式，在尚友新村、城隍庙街、解放桥巷、解放路片区、市电机厂、中营、向群路、运河路、滨河路、正东路、水陆寺巷、第一楼街、贺家弄、酒海街、永安路、京河路、钱家山等片区，新建和翻扩建机关干部住房16.67万平方米。

市级机关住房制度改革　1992年以前，市级机关干部住房一直实行低租金、实物福利分配的制度。1992年，镇江市启动住房制度改革，承担完成市级机关1139户、使用面积56554平方米直管住房的房租测算、定租工作，确保市级机关干部住房改革同步启动。根据房改政策，逐步向机关干部优惠出售公有住房，先后出售自管公房1468套，计13余万平方米，收回优惠售房款项5000余万元。1999年底按住房制度改革规定停止住房实物分配，全面实行货币化分配制度。

房地产物业管理　1983～1987年，市级机关物业、水电维修管理由局房产管理部门负责。1987年11月根据房屋事务管理职能和服务职能分开的原则，成立镇江市市级机关修缮站。承担市级机关住宅、办公用房及公用设施等维修服务。1995年5月成立市级机关房屋维修站暨房产物业公司，承担市级机关办公用房及水电设施设备的管理养护与维修，实施市级机关公有住房售后的管理服务、维修和地市级离退休老干部房屋维修养护等工作。2001年6～9月对市级机关大院进行较大规模的整治改造。至2005年承担市级机关3.7万平方米办公用房的维修工程，受托物业管理的机关干部住宅小区有尚友新村、滨河路小区、解放路6号住宅区、运河路片区等。

水电管理　1985年起，市级机关住宅的水电管理逐步加强，对部分住宅逐户安装分水表、分电表。1986年在市级机关东大院建设10千伏、变压器为250千伏安的双路供电配电房，后分期对配电房进行增容改造。1991年将变压器增容为500千伏安；1998年增加1台630千伏安变压器、电容量提升到1260千伏安；2005年更新1台1250千伏安变压器、电容量再提升到1880千伏安，缓解机关用电紧张的矛盾。

二、机关行政经费管理

1983年6月，市级机关行政事务管理处成立后，市级机关38个部门行政经费由总务科会计室集中收支管理。1984年，市级机关行政经费总支出317.26万元。1986年4月原总务科会计室更名为财务科。1991年授权管理的市级机关部门调整为22个单位。

1997年7月机构升格更名后，管理部门为市级机关事务管理局财务处。主要负责行政事业单位的经费预算和专项资金的编报、调整及使用、调度、报销等工作，以及医疗保险、社会养老保险和住房公积金的结算核对工作。1999年清理银行账户，实行专户存款、收支两条线。2001年授权管理的市级机关部门增加到42个。到2005年，机关行政经费收支结算1.015亿元。2002～2005年清理债权债务近3000万元。

三、机关国有资产管理

机关国有资产主要包括机关办公用房、机关部分职工宿舍、公务用车、专用仪器及办公设备等非经营性资产。1983年6月至1986年4月，市级机关国有资产管理由机关行管处总务科负责，管理38个机关部门的固定资产，建立资产档案。1986年4月转由市级机关行政事务管理处财务科负责。1997年7月在机关事务管理局财务处增挂国有资产管理处牌子，负责授权范围内的固定资产归口管理，建立健全固定资产档案。对市级机关东西大院现有房地产进行重新清理登记造册，实行产权转换，剥离所有权和使用权，基本实现机关办公用房地产权属集中、统一管理。1999年对市级机关26个部门固定资产进行清理登记，账面固定资产总额为4086万元。2001年始负责部分市级机关部门国有资产产权界定、清查登记工作。2004年3～5月组织机关国有资产清查登记，计532.9万元资产已出售、转让或报废。至2005年，市级机关固定资产账面总额为5296.7万元。

四、机关大院秩序管理

安全·保卫　1983年在市级机关行政事务管理处设保卫科，负责市级机关安全保卫工作。由市公安局内保科副科长1名兼任保卫科副科长，下设2名专职保卫干事。保卫科在机关大门口设传达室，承担来访人员登记、传呼等行政事务性工作。

1984年对市级机关大院实行汽车通行证管理制度。1988年2月，市级机关设立民警值班室，业务上隶属于地方公安部门，成员为公安合同制民警。1994年，市级机关民警值班室的合同制民警全部转为正式民警，人员及编制全部划归京口区公安分局。京口分局为此专设机关保卫股；1998 年 5 月，市级机关民警值班室撤销。

1997 年 5 月，武警镇江支队抽调部分官兵进驻市级机关大院，担负起安全保卫任务。1997 年 7 月成立市级机关治安保卫队，承担机关大院和有关住宅区的保安和传达室的接待服务工作，以及市委办、政府办车队车库保安工作。2004 年引进 20 名保安员进驻机关维护机关秩序。至 2005 年，市级机关东、西大院安装监控主机 10 台，探头 88 个；周界报警器 16 组；无线报警器 30 个，并装有与 110 联网的 CK 报警器。

绿化·卫生　1983 年以后，市级机关大院栽培大量盆景花草。1991 年 8 月，市级机关爱国卫生运动委员会成立，负责组织市级机关大院的卫生工作指导协调、督促和检查。1992 年完成市级机关东大院 3 年绿化规划，基本达到地面公园化目标。1994 年实施花房搬迁改造。从 1997 年开始组成机关大院卫生清扫小组，重点负责院内公共区域环境卫生清扫工作；聘用楼幢门卫值勤人员，负责楼幢保洁，对机关大院卫生实施全方位、全天候保洁。定期组织实施机关大院环境卫生的药物消杀和除四害。1998 年适应正东路拓宽要求，在机关大门两侧围墙，建成宽 4 米、长 240 米的高质量绿化带。2001 年 6～9 月开展机关大院的综合整治工作，新增花池花台 420 平方米，移植树木 10 种 1648 株，移植花草 6 种 3170 平方米，增加绿化面积 1560 平方米。到 2005 年，市级机关大院绿化面积 1.28 万平方米，每年培育种植各种花卉、盆景在 1000 盆以上。市级机关大院先后被省市评为园林式单位、绿化卫生先进单位、全省城市物业管理优秀大厦、市物业管理优秀办公区等。

五、机关公务用车管理

1983～2005 年，市级党政机关公务用车制度基本上沿用供给制。以行政配置为手段，靠计划批示来控制，从买车、管车、养车到用车各个环节，所需费用均由财政承担。2005 年 5 月，市级行政事业单位公务用车购置管理实施改革，市委办公室、市政府办公室出台《市级党政机关小汽车配备和使用管理暂行规定》，规范市级党政机关和直属事业单位公务车辆的编制、配备与更新管理工作。自此车辆编制由市级机关事务管理局负责审核，车辆购置经费审核由市财政局负责。根据市级党政机关和直属事业单位人员编制、领导职数以及离退休人员情况，核定市级党政机关小汽车编制数。同年 9～12 月，39 个单位提出更新购置车辆申请，25 个单位购车申请通过审核，更新购置车辆 28 台。

第二节　机关保障

一、机关重大政务、会务保障

1983～1997 年，市委、市政府及有关部门的会议保障服务，由市级机关行政事务管理处统管负责。1997 年 7 月更名为市级机关事务管理局后，下设总务处。按照管理职能与服务职能分开的要求，专设后勤服务机构总务班，承担市委、市政府及有关部门的会议保障服务，具体管理机关小礼堂、第三会议室和花园会议室。2001 年 8 月起担负市重大会议和市级机关有关部门的会务保障。自此每年保障市党代会、市人代会、市政府扩大会、市政协会、市经贸洽谈会及市四套班子会议等重要会议、重大政务活动 400 场以上。

二、机关邮电通信保障

机关邮电通信保障工作一直由机关总机、收发室承担。机关总机主要负责机关内部电话的接转，通信线路、电话机、机房设备的安装与维护管理。收发室负责收发机关各单位的报纸、杂志、信件等。1986 年 5 月核定市级机关总机事业编制 6 人；1997 年 7 月编入总务班，1998 年 6 月，机关总机编制撤销。总务班承担市级机关电话总机值班和内线电话维修，承担市级机关东大院各单位报纸杂志征订、发放和有关公函信件的收发。2001 年购置更新 400 门数字程控总机 1 台。收发室每年受理报纸 80 万份、杂志 3 万份、信件 25 万件以上，话务转接每年 10 万次以上，保证机关通信和邮电通畅。2001 年机构改革后，由市级机关后勤服务人员承担。

三、公务车辆保障

1982 年 6 月，原镇江地区机关驾驶组改为镇江地区机关汽车队，主要服务于镇江地区机关领导、各大部委办局领导外出、会议和接送站用车。1983 年 5 月，镇江地区机关车队改为市级机关车队。1988 年 12 月，市委办公室、市政府办公室分别成立车队；1990 年 12 月，两车队从市级机关车队分出，由市级机关行政事务管理处保留市级机关车队，承担市委、市人大、市政府、市政协大型会议、外出参观学习及有关活动的部分用车；负责机关生活服务、绿化卫生、地市级老干部病故丧葬用车等事务。1997 年 7 月，市级机关事务管理局所属车队定为市级机关后勤服务机构。到 2005 年，机关车队有大小车辆 7 台，每年安全行驶 10 万公里以上。

市级机关机动车辆维修任务，最初由 1978 年 5 月成立的镇江市机关实验工厂承担。1985 年 12 月更名为镇江市机关车辆维修站；1994 年 4 月与机关车队合并，运营暂停。2005 年 3 月，市级机关车辆维修站整建制并入市级机关房屋维修站。

四、医疗保障

1983 年 12 月，原镇江地委门诊所和镇江市市级机关门诊所合并，成立镇江市市级机关门诊所，营业面积 110 平方米，地址在尚友新村。主要为市级机关干部职工及其子女、离退休老干部提供医疗服务，为市级机关各单位提供预防保健、会议及外勤的医疗保障服务。1985 年 12 月，市级机关门诊所核准事业编制 19 人，为全额拨款单位。1992 年 8 月由尚友新村搬迁至永安路 3 号市级机关门诊楼，营业面积 1280 平方米。1995 年被市医保局确定为镇江市城镇职工定点医疗机构。1996 年 8 月被市卫生局批准为一级综合性医疗机构，核定为非营利性质。1996 年 12 月更名为镇江市市级机关医院。1998 年被江苏省劳动和社会保障厅授予城镇职工基本医疗保障定点医疗机构。2002 年，市级机关医院扩建面积 300 平方米。至 2005 年，每年门诊量 3 万人次以上。

第三节　机关服务

一、机关干部职工生活服务

机关食堂和浴室始建于 20 世纪 50 年代，地点在尚友新村。1983 年，原地区食堂改为镇江市机关食堂。1992 年 7 月成立市级机关生活服务公司，原机关食堂、机关浴室、机关生活服务站均划归其管理，承担市级机关工作人员就餐、洗浴、住宿以及机关干部集体户口的管理等服务工作。1993 年 5 月搬迁至市永安路 15 号机关生活服务综合楼。2001 年 2 月更名为市级机关生活服务中心。2003 年机关食堂全面改造后，原纸质饭菜票废除改用新型的刷卡结算方式，每天保障机关干部职工 200 余人就餐。

机关液化气服务站 1979 年起先后购置 800 余个煤气罐，建立起罐装液化气站，为市级机关干部职工提供液化气服务。1984 年，液化气库迁移到近郊。随着管道煤气的发展，罐装液化气供应逐渐减少，至 1987 年 5 月后取消供应。

二、机关幼儿园

市级机关中心幼儿园创办于1951年,园址在水陆寺巷,园区面积约500平方米。1969年曾停办,1979年恢复开办。1977年3月在地区机关大院内开办镇江地区机关幼儿园。1980年搬迁至火坛楼巷,园舍面积200平方米。

1983年,镇江地区机关火坛楼巷幼儿园、市级机关水陆寺巷幼儿园划归市级机关行政事务管理处管理,分别更名为市级机关幼儿园总部、分部,此后两园多次更名或合并。至2004年8月组建为镇江市市级机关中心幼儿园,分为火坛楼巷园区和水陆寺巷园区。1988年被评定为一类幼儿园。1997年5月成立金孔雀艺术团。2000年被评定为现代化幼儿园;2001年被评定为省级示范性幼儿园。2003年被评为1999~2002年度江苏省文明单位;2005年被评为2004~2005年度市文明单位。至2005年,市级机关中心幼儿园园舍面积8543.97平方米,设有22个班,在园幼儿850名;教职工72名,其中教师44名,被南京晓庄学院定为教育教学基地。

第九章　其他政务

第一节　政策研究

1984年4月9日,市政府建立市政府经济研究中心,为政府经济研究机构。该中心确定6项任务,设干事会,由市有关部门经济研究室(科)负责人组成,日常工作由常务干事会负责。常务干事会由总干事、副总干事、常务干事组成,下设调查研究、政策法规、情报资料3个科。

1991年5月在中心建立镇江市决策咨询办公室(科级建制),将政策法规科更名为数量经济研究科。1992年7月1日,市政府批复同意市经济研究中心增挂市政府研究室牌子。同年9月21日,市政府办公室文件明确,市政府研究室为市政府综合参谋部门,负责市政府系统调查研究的牵头协调工作。

1996年7月2日,市委、市政府决定,市政府研究室与市政府办公室合署,原市政府经济研究中心牌子不再使用。1997年6月9日,市政府办公室印发的市政府研究室职能配置、内设机构和人员编制方案明确,市政府研究室与市政府办公室合署,下设人事秘书处、农村经济处、工业经济处、社会发展处4个职能处(科级建制)。承担7项主要职责:根据市政府的工作部署和市政府领导的思路,组织调查研究,提出专题报告;参与镇江市经济、社会发展战略和规划的研究、论证和制定工作;围绕镇江市国民经济、社会发展等方面的运行情况调查研究,提出对策建议;围绕政府决策的需要,做好相关课题共同研究的组织工作;参与市政府部分重要文稿的起草工作;做好有关资料的搜集、分析和运用工作;完成市委、市政府交办的其他事项。

2001年7月30日,市政府办公室印发的市政府研究室职能设置、内设机构和人员编制规定明确,市政府研究室与市政府办公室合署办公,内设秘书处、综合处、农村处、城市处4个职能处(科级建制)。承担6项主要职责:参与起草市人代会政府工作报告、政府组成人员会议报告,起草市政府领导部分重要讲话和文稿;根据市委、市政府的总体工作部署和阶段性工作任务,对城市、农村的改革开放和经济与社会发展中的重要课题组织调查研究,为市领导正确决策提供科学依据;负责起草市政府有关规章和政策文件;负责编辑《参阅材料》;搜集和分析宏观政策走向及兄弟市政策动态,听取专家学者对重大问题的咨询意见,供市委、市政府参考;加强市政府特约研究员队伍的建设。

1984年4月成立到2005年,市政府研究室组织开展各类课题调研500多项,撰写调研报告

520 篇；起草《政府工作报告》和市政府领导在市政府全体人员会议等重要会议上的讲话稿 380 篇；起草市委、市政府文件 110 份。有 200 多篇文稿被市以上刊物采用，近百篇调研文稿获省级以上奖励，1 项研究课题被列为省哲学社会科学规划办公室重点课题、1 项研究课题获镇江市 2002 年度科技进步三等奖。牵头组织或参与筹备重大活动 80 项。编发内刊《参阅材料》596 期、《调查研究信息快报》18 期、《专家视点》121 期。市政府研究室先后获得市委、市政府授予的文明机关、市级机关作风建设和目标管理十佳单位、先进党组织、全市国有企业改革工作三等功单位、企业改革与管理工作先进集体、镇江市医疗保险制度改革工作先进集体等称号，被省政府研究室评为全省政府调研系统先进单位，有 50 多人次获得市委、市政府授予的先进个人称号或记功奖励。

一、专题调研活动

市政府研究室每年确定一批重点课题，开展专题调研活动，提出情况分析翔实、问题研究透彻、对策建议可行的调查报告。1986 年起草《镇江经济和社会发展纲要》（以下简称《纲要》），为全市的战略重点、战略目标、战略措施设计总体框架。该《纲要》对全市“六五”“七五”期间经济和社会发展情况进行研究分析，提出“模式转换、科技兴市、利用港口、工贸结合、优化结构、内外开拓”等经济社会发展思路，以及“七五”和“八五”战略目标和重点。同年多次组织大港港口建设专题调研。

1988 年针对物价上涨、通货膨胀问题组织调研，完成《关于通货膨胀与物价上涨主因论证》的调研报告。1989 年针对部分工业企业效益下降、亏损增加的问题，对市直 32 个微利和亏损工业企业进行调研，形成专题调查报告。1990 年在《镇江市经济发展对策研究报告》中，提出镇江市 1991 年经济工作要点 50 条。另一篇《镇江市工业结构调整的对策研究报告》，提出机械、纺织、一轻工业结构调整方案的建议。1991 年对“七五”时期镇江市工业企业技改投资效益情况进行研究分析，提出“八五”技术改造的对策建议。在《镇江市第三产业发展及现状与对策研究》中，提出调整第三产业内部结构、加速发展第三产业的对策思路。完成《镇江市城市污水处理工程项目决策方案的跟踪研究报告》《引进德国罗曼鸡养殖场项目的前期预评估研究报告》和《对筹建石油化工厂调查报告材料的几点分析意见》等 3 项论证性研究报告。

1992 年就浦东开发新政策、新情况与江苏现行政策反差作比较研究，提出江苏及镇江在向中央争取开发、开放更大自主权限和更多优惠政策的同时，主动调整适应和利用浦东大开发、大开放格局的对策建议。通过论证，提出加快沿江开发、加快企业经营机制和政府职能转换以及全市一、二、三产业的大推进目标及建议，汇编成《镇江市经济与社会发展大推进纲要》。通过对三项资金增加情况的调查，提出以增量资产调整促进存量资产调整等调控建议。对“建立船舶工业开发区”和“镇江市客货运码头择址疏解”等进行调研论证，提出相关建议方案。同年提出将东门广场更名为梦溪广场、在广场中央塑立沈括雕像的建议被采纳。与扬州市政府领导探讨建设镇扬长江通道的可行性，形成的《关于镇江扬州联合促成早日兴建镇扬长江通道的建议》，对建设通道的必要性、有利条件和资金筹集的设想进行详尽的阐述和论证，提出促成早日兴建的若干建议。同年成立“关贸总协定”课题组，形成《作好战略部署，迎接新的挑战》4 份系列报告；在《镇江沿江经济开发初探》报告中，提出以“中心城市为增长核，两个经济技术开发区为生长点，沿铁路、公路、江岸为发展线”的布局建议和“一中两翼三线”构建沿江产业带的设想；通过对江苏 1952 ~ 1991 年经济发展统计资料的研究，形成《江苏省经济波动周期趋势分析与反周期的对策思路》；对丝绸工业的发展等问题进行调研，提出蚕茧收购，提出搞好两个统一、理顺三个关系的建议；对工业行政管理体制提出 3 套可供选择的方案以及判断性意见。通过调研，形成《加快推进我省农村社会养老保险的若干思考》系列报告和《关于镇江港客运码头择址搬迁的意见》。起草《镇江市经济技术开发区高科技园若干政策规定》。

1993 年在《本市发展“策略性工业”重大项目群的建议报告》中，提出“界定时域，有限目标，集中资金,重点突破,加速升级”的工业结构升级思路,建议首批推出11个策略性工业重大项目。完成《1993年下半年镇江市经济走势的对策》《推行股份制经济的设想及建议》《1994年经济增长走势预测及对策建议》等调研报告和机构改革与政府职能转换问题、股份制研究系列报告。

1994年完成《我市发展创汇农业的实践和思考》《我市市属工业产业结构的分析及发展思路的调整》《发展策略工业,加速结构升级》《退二进三——工业企业新的增长点》《镇江市培育规模经济的总体构想与对策建议》《镇江市化学工业发展规模经济的初步设想》《镇江市经济增长走势与通货膨胀趋势预测》《1995年镇江市国民经济增长预测》《加快发展汽车工业》《1996——2000——2010年镇江大港经济开发区经济社会发展战略规划对策研究报告》等调研报告。对建设镇扬长江公路大桥问题进行深度调研,提出采用BOT方式(集投资、建设、运营于一体)利用外资建设镇扬大桥的建议方案。参与起草《镇江市职工医疗改革试点方案》等文件。

1995年完成《1994年镇江市经济增长定量分析与1995年经济增长预测》《镇江市建设现代化港口城市的战略思考》《市区工业经济发展重心转移的实证分析报告》《发展旅游业加速建设现代化港口城市》《建设现代化港口城市的突破口——论开发区建设与现代化港口城市目标的实现》《关于发展城区经济的调研报告》《加快市区经济发展的意见》等调研报告;进行医改实施情况调研,参与编写《医疗保障制度改革探索》一书;与南师大共同编撰《中国国情丛书——百县市经济社会调查·镇江卷》,完成“经济篇”五章书稿。

1996年完成《镇江市跨世纪经济与社会发展战略纲要》《增长方式转换与工业化主导结构演进——镇江市工业化阶段判别、增长路径与方案对策》《企业重组与二次创业——加速企业战略调整,促进两大根本转变》《点线相连、承东启西,共建长江商贸走廊》《促进长江三角洲地区经济协调发展的建议》《宁沪高速公路建成通车对镇江经济的影响》《上半年医保基金超支问题的调查》《市直22家单位行政事业性收费和管理情况的调查》等调研报告。会同省政府研究室和扬州市政府研究室完成建设镇扬大桥可行性研究报告《镇扬长江大桥的开发性建设与发展哑铃式经济新格局》,提出桥址选择和城市、工业、交通、商贸、旅游布局的设想。《关于开发性建设镇扬长江大桥的构想》在复旦大学与美国麻省理工大学联合召开的长江基础设施国际研讨会上发表。起草《关于规范对外商投资企业收费管理的暂行规定》。参加中国技术经济研究会主编的《1996~2000年长江沿岸中心城市的经济发展》一书中有关镇江市部分的撰写。

1997年对全市39家企业的改革和现代企业制度试点情况进行调查,形成两份专题调研报告。进行完善城建配套费和土地使用费征收管理情况调研,提出“原则不予减免,先征收后切块”的两费征管思路。撰写《加快投资主体多元化的进程,多渠道缓解资金矛盾》《综合解决能源和粮食,推进经济发展》《关注品牌》《价格竞争的实质是成本竞争》《镇江市经济发展战略的形成与实施》《1998年镇江市工业走势》《发展目标与结构演进论析——镇江市企业重组与二次创业》以及加快科技进步、镇江经济开发区社区管理、煤炭行业转产、结构调整、加快发展国有农林场圃等调研报告。起草《关于进一步深化职工医疗保障改革的意见》等文件,参与市委书记方之焯主编的《发展港口经济的构想与实践》一书部分章节的撰稿工作。

1998年完成软科学课题《资本运作与战略改组——镇江市国有经济实现战略性改组的构想》。针对全市乡镇企业外向型经济发展速度减缓的状况,组织专题调研并提出对策意见。完成促进房地产发展、旅游管理体制改革、废止铁路三号线、环境卫生管理、小城镇建设等专题调研报告。参与市委组织的职工再就业情况调研,参与完成轻工企业职工再就业调研报告起草,《关于镇江再就业特点、难点问题的研究》编入省政府研究室《探索的足迹》一书。对全市个体私营经济发展情况进行调研,起草《镇江市进一步加快发展个体私营经济的决定》。参与加快发展农村小城镇政策意见的起草及全市农村小城镇建设工作会议的筹备工作。起草《关于进一步明确镇江新区管委会职责的实施细则》。

1999 年围绕城市建设、农村经济及工业经济、高新技术进行调研，提出对策建议。城市建设方面，进行促进城区发展、加强居委会建设、加快市场建设、土地市场建设、旧城改造、旅游支柱产业建设、个体经济发展、市区燃气供应、区域化供水、建立城管运行机制和长效管理机制等课题调研。农村经济方面，进行农业产业化经营、农业产业结构调整、增加农民收入、国有场圃改革与发展、乡镇企业发展外向型经济、农村经济形势调研分析、乡镇区划调整等专题调研，总结茅西、江心、八桥、兴隆和大港等乡镇经济发展和小城镇建设的经验。工业经济和高新技术方面，就如何发挥镇江新区职能作用、建立工业产业链、中小企业改革与发展、加快高新技术发展和经济结构调整思路等课题进行调研，总结部分工业企业加强管理、降本增效的经验，完成建立四大工业产业链的软课题研究。牵头调研 20 世纪 70 年代末下放到乡镇管理的县属大集体企业职工养老保险问题；牵头调研协调解决镇江中泠啤酒有限公司中外合资双方的矛盾；参与同年医改政策制定和各阶段运行情况调研。起草加快发展国有农林场圃、促进城区发展、加强居委会建设等 12 份文件。在市级机关、县(市)区政府、科研院所和基层聘请市政府特约研究员 41 名。

2000 年进行优化发展环境、强化城市管理、加快新片区开发与老城区改造、吸引旅游客源、落实新区发展政策、润扬大桥建设与西区开发、市区给排水、医改等课题的调研；进行农业产业化经营、农业结构调整、农村宅基地流转、财政支农政策、中小水利工程体制改革、乡镇区划调整、新区建设、农业适度规模经营、农村精神文明建设等课题调研；进行“十五”期间经济社会发展思路、强化新区管理职能、推进工业产业链、加快高新技术发展、促进个体私营经济发展、中小企业改革等课题调研；总结天王、七里甸等乡镇和液压件厂、菊花电缆厂等企业改革发展的经验；完成市社科联农业可持续发展课题和市科委“十五”计划基本思路课题研究。撰写《新区粮库情况调查》《镇江市小型水利工程改制情况调查》《从老方葡萄看农副产品的品牌》《市直中小企业运行质量亟待提高》《科技兴厂是企业发展的生命线》《西区呼唤大开发》《福州、厦门、深圳等地软环境建设的考察报告》《营造良好氛围，构筑人才高地》《我市服装工业的几点思考》等调研文稿。为镇江新区丁卯片区修编完善《镇江高新技术开发园区发展规划》。联合市城管委、《镇江日报》开展城市建设与管理专题征文研讨活动，对收到的 74 篇调研文稿组织评奖，汇编成镇江市城市管理研究论文集。起草进一步强化新区管理职能、进一步优化发展环境、加快农业结构战略性调整、加快新片区开发与老城区改造相结合、镇江市引荐外商投资奖励办法等 9 份政策性文件。编印《1996～2000 年市政府研究室调研成果选编》，收编“九五”时期市政府研究室起草或组织起草的 68 篇近 40 万字文稿。

2001 年针对在市场经济条件下政府如何强化调控、加快城市建设步伐进行调研，形成《实现观念、体制、机制、政策四大创新，加快推进城市现代化进程》综合报告及 5 篇专题报告。按照城市化建设需要，根据市政府修编城市规划总体要求，提出加快城市发展、全面实现现代化对策和思路，形成《镇江市 21 世纪初期经济社会发展战略的初步研究》课题报告，被市规划局调整总体规划时作为参考。两次牵头组织社会保障问题调研、多次进行医疗保障管理体制改革调研，提出相关建议。起草优化投资环境、完善城市市场化经营等政策文件，参与乡镇区划调整和市委、市政府在海南举办的海峡两岸农业经贸恳谈会筹备工作。

2002 年牵头组织有关部门用 3 个月的时间，对全市集资情况进行调查，提出集资兑付“保稳定、促发展，抓紧兑付、又不过多增加财政负担”的建议方案。对国有企业改革和下岗职工再就业问题进行调研，形成专题报告。与市人大城乡委一起，对拓展镇江市城市资产经营问题进行调研，提出的建议成为 2003 年镇江市经营城市的基本思路。牵头组织有关部门对农村税费改革进行跟踪研究，就农村税费改革的基本经验、存在问题和对策建议广泛收集意见，形成 2 万多字的研究报告，被省哲学社会科学规划办公室列为镇江市唯一的重点课题资助项目。联合市民政局对退役士兵安置和老龄事业发展问题进行调研，提出对策建议。就入世后政府如何更好地为企业服务，组织有关部门到宁波等地考察调研,提出优化服务环境、促进企业竞争的建议。联合市有关部门调研,提出改革旅游管理体制、创新旅游运行机制的建议。对下岗职工创办的阳光家政家庭装饰公司的情况进行调研,总结推广拓展就业门路、加强社区服务的基本经验。调研并提出市水利投资公司筹建方案,被市政府采纳。对苏州、无锡、扬州三市撤县(市)设区情况进行调研,为丹徒撤县设区提供借鉴。对市直企业闲置资产情况、改善人居环境课题进行研究。贯彻省委、省政府关于转变作风年、调查研究年的精神,配合市领导深入基层调查研究,与市政府办公室共同确定,将丹徒县辛丰镇,丹阳市后巷镇、界牌镇,句容市茅山镇、行香镇,扬中市新坝镇,京口区谏壁镇,润州区七里甸镇作为首批镇江市农村调查研究示范点。开展向市各部门征集重点调研课题活动,对征集到的50个部门96个重点调研课题分解落实,督促检查,确保按期完成。与市电台、市电视台联办《学习与思考》《经营城市、发展城市》等专题节目。

2003年组织相关部门用3个月时间开展提高城镇居民可支配收入课题调研,从健全社会保障体系、大力发展第三产业、增加职工工资收入、加快发展民营经济等4个方面提出对策建议,形成1个综合报告和4个分报告,形成市委、市政府2004年1号文件。牵头组织全市房地产发展现状与趋势课题调研,调研报告获市委书记史和平的长篇批示。对旅游管理体制和运行机制进行调研,先后形成4份调研报告。通过与苏锡常地区比较,剖析存在差距,提出进一步改善全市投资环境、提高城市竞争力的建议并被市政府采纳。组织有关部门调研,形成整治残疾人车非法营运总体思路和工作方案。开展政务信息网络调研,提出整合政务信息网络资源的建议。调研形成的全市征地补偿安置工作情况报告以市政府名义上报省委、省政府。进行退役士兵安置政策、城乡统筹协调发展、沿江小城镇建设等课题调研。

2004年牵头组织各辖市(区)和市有关部门开展树立落实科学发展观、创新镇江发展思路的调研。开展发展民营经济的调研,组织起草《关于进一步加快发展民营经济的若干意见》。参加市委组织部牵头组织的全市人才工作调研,与市委研究室共同完成《长三角城市人才政策比较研究》课题报告。围绕全市产业集群发展在城市和产业提升竞争力与创新能力方面的作用进行专题调研。组织开展提升开发区建设调研,对开发区规划、产业定位、管理体制及运作机制等提出建议。组织有关部门就宏观调控对房地产业发展的影响进行研究分析,提出对策建议。对市武警支队、消防支队建设情况分别进行调研,提出的增加财政投入、改善官兵福利、加强硬件建设、提升装备水平等建议被市政府采纳。关于在大西路一带创建镇江美食(名特小吃)一条街的调研报告,获市长许津荣批示。对调整完善城乡客运管理体制、完善环境卫生管理体制、加强招商引资、"水环境专项"实施、完善县乡财政运转体制、繁荣镇江夜间经济、加快发展滩涂经济等课题进行调研。参与全市工业企业改制情况的调查,牵头组织16户改制企业的考核验收。主编《农村政策文件选编》,作为全市农村工作会议材料,下发乡镇、村。

2005年牵头组织完成市软科学课题《镇江临港工业发展研究》。《扩权强县》调研报告作为镇江市赴省专题汇报材料。与市政协联合完成推进城乡统筹发展课题调研,调研报告以市委文件形式转发。组织调研并起草《关于加快发展现代服务业的若干政策意见》。组织开展镇江市产业集群调研,形成调研报告并被市领导采用;参与中国·镇江产业集群发展论坛筹备,组织策划在市新闻媒体开辟专栏,开展产业集群系列报道。组织开展提升开发区建设水平的调研,为全市开发区的整合调整提供决策依据。牵头组织房地产与全市经济社会发展课题调研,对发展旅游业、西津渡古街的建设等进行调研,提出相关建议。提出的绍隆禅寺区划调整方案被领导决策所采纳。

二、重要活动

1986年11月15~17日,宁镇扬区域经济研究促进会年会在镇江举行。到会代表82人,收到学术论文、专题报告34篇。15名代表作大会发言。年会围绕区域经济发展和横向联合两大主题开展研讨，并组织交通、流通、旅游、金融等领域和汽车、机械、电子、化工等行业进行对口活动。

1987年10月13日，镇江市经济和社会发展战略研讨会召开。收到学术论文和专题报告60余份，200余人参会，30多人作大会发言和演讲。会议围绕“振兴镇江，发展镇江”主题，就镇江市经济、社会发展战略的总体设想、战略重点和战略步骤、行业发展方向、重点和措施等问题交流研讨，为制定镇江市1987~1995年经济和社会发展战略以及规划纲要提供依据。会后编印《镇江市经济社会发展论文报告选编》。

1988年9月，《上海经济区工业概貌·镇江市卷》出版。全书80多万字，150多幅图片，编入全市大小型企业2000多个。简要介绍镇江市的自然地理、历史沿革、经济和社会发展概况，系统介绍镇江工业的发展历史、特色和现状，是第一部全面系统记载镇江经济社会发展特别是工业情况的工具资料书。

1991年12月11~13日，宁镇扬滁区域经济研究促进会暨县级经济研讨会在镇江召开。收到论文43篇，79人参加研讨会，17名代表作大会发言。围绕促进县级经济协调发展的主题，对发展农业、加快丘陵山区农业综合开发、乡镇企业的发展提高、县级经济研究的取向等问题研讨并达成共识；对发展外向型经济、发展城郊型经济以及加强区域经济的横向联系和流通等问题进行探讨。

1999年4月，市政府办公室转发市政府研究室、市计委等部门关于开展科技与人才促进年活动的意见，决定将1999年作为全市科技与人才促进年。成立由市长周大平任组长的活动领导小组，办公室设在市政府研究室。市政府研究室多次召集县(市)区分管领导和联络员会议，赴县(市)区检查了解活动开展情况，编发活动工作简报10期；牵头组织市各新闻单位采访，通过新闻单位设立“县(市)区长谈科技与人才”专题或专栏，报道各地科技与人才促进年活动的特色。市委研究制定《关于抢占二十一世纪人才制高点的意见》，并出台12个配套文件。

1999年9月在北京举办中国镇江农业项目发布会。发布会推出55个具有良好发展前景的农业合资、合作项目，来自美、日、韩等10多个国家和地区的投资者及全国各地客商参加会议。当场签订合资、合作、独资、国内贸易等各种形式的合作项目22个，总投资6500万美元，协议利用外资3778万美元。

2000年10月在上海举办镇江市农业经贸洽谈会，推出42个农业招商投资项目，现场签约33个项目，总投资超过4亿元。

2002年4月，《争创一流，跨越发展——镇江市领导干部调研文集》由上海科技文献出版社出版发行，文集汇集各辖市(区)和市各部门领导围绕贯彻落实十五届六中全会和市第四次党代会精神、围绕跨越发展主题撰写的调查报告，共计102篇、52万字。

2002年4月举办2000~2001年全市优秀调研成果评奖活动，221篇调研文章申报，86篇获奖，其中一等奖10篇、二等奖24篇、三等奖52篇；评出51个调研工作先进集体、64名先进个人和6名优秀特约研究员。2003年4月对2002年度全市优秀调研成果予以表彰，其中一等奖20篇、二等奖40篇、三等奖60篇。

2002年11月2~3日，江苏首届城市发展论坛暨第一次会议在镇江一泉宾馆召开，由省建设厅、镇江市人民政府、省城市发展研究院联合举办。副省长王荣炳，省委宣传部常务副部长周世康，省委党校副校长汪锡奎，省发展计划委员会副主任齐乃昌，省建设厅副厅长王翔等省有关部门领导，中国科学院院士、东南大学建筑研究所所长、省城市发展研究院名誉院长齐康，中国工程院院士、东南大学教授钟训正，省政府研究室助理巡视员、省城市发展研究院院长张锋，省社科院院长宋林飞，省社科院副院长、省城市发展研究院副院长张颢瀚，南京大学公共管理学院副院长、省城市发展研究院副院长张鸿雁，省社科院研究员沈立人等专家，部分省辖市、县级市(区)政府和部门领导以及企业家共150多人参加。会议围绕城市经营理论与实践的主题进行研讨，市长史和平作题为《推进整体经营，加快城市增值》发言。副省长王荣炳向副市长黄宝荣等4人颁发省城市发展研究院特聘研究员聘书。中国科学院院士齐康围绕城市建设与发展中应当注意的建筑文化、设计城市两个问题举行专题报告会。

2002年5月13日，在京口饭店召开全市调研工作会议，传达全省政府秘书长，办公室、研究室主任会议精神，总结调研工作情况，部署调研工作任务，并为全市调研工作先进和优秀调研成果颁奖。200多人参加会议，市长史和平对全市调研工作提出"抓重点、创特色、出精品、争一流"的总体要求。

三、内部刊物

1988年，《参阅材料》由市政府办公室创办，不定期刊发，每期编发一篇文稿。刊登各地、各部门提供的镇江市改革发展动态、热点问题探讨、工作经验交流等方面文稿。1994年4月改由市政府办公室、市政府研究室共同主编。至2005年共编发596期。

2002年5月创办《调查研究信息快报》，不定期刊发，每期编发一篇文稿。主要向市领导和市有关部门、辖市（区）反映基层两个文明建设的经验和突出问题。至2005年共编发18期。

2003年7月创办《专家视点》，每月编发2～4期。主要摘编国内知名经济专家、学者最新观点，供省、市政府领导和各地、各部门参阅。至2005年共编发121期。

第二节　接待工作

1985年6月，镇江市人民政府接待处成立，副处级建制。1995年5月更名为镇江市人民政府接待办公室。2003年4月升格为正处级建制。

市政府接待办为市政府直属事业单位，核定事业编制13名，内设3个职能处（科级建制）。市政府接待处成立后，接管原机关行管处所属各饭店。下辖京口饭店、一泉宾馆、河滨饭店及旅行服务社4家事业单位。其中河滨饭店于2006年6月转企改制，产权由香港华帝集团整体收购。

1983～2005年镇江市重要接待任务一览表

表25-12

年份	日期	姓名	职务	视察地点、活动内容
1983	5月26日	宋任穷	全国政协副主席	焦山
1984	2月9日	胡耀邦	中共中央总书记	–
	3月	肖　华	全国政协副主席	焦山
	3月15日	张劲夫	国务委员	大港码头
	4月5日	茅以升	全国政协副主席、桥梁专家	镇江市第二中学
	4月28日	胡厥文	全国人大常委会副委员长	长江
	11月13日	王首道	全国政协副主席	参加在镇江举办的全国抗日根据地研讨会
	11月29日	姬鹏飞	全国人大常委会副委员长	金山、焦山
	12月	钱伟长	全国政协副主席	江苏工学院（今江苏大学）
	12月23日	陆定一	全国政协副主席	–

续表 25-12

年份	日期	姓名	职务	视察地点、活动内容
1985	9月	赛福鼎·艾则孜	全国人大常委会副委员长	参观在北京举办的镇江文物精华展
	9月	钱昌照	全国政协副主席	参观在北京举办的镇江文物精华展
	11月29日	习仲勋	中共中央政府局委员、中共中央书记处书记	金山、焦山
1986	5月	胡乔木	中共中央书记处书记	金山
	6月15日	乔　石	国务院副总理	焦山
1988	2月	芮杏文	中共中央书记处书记	焦山
	5月31日	严济慈	全国人大常委会副委员长	镇江少年宫少儿书画展
1989	2月9日	杨尚昆	国家主席	镇江冷藏汽车厂
	2月17日	宋　平	中共中央政治局委员、中组部部长	金山
	5月	邓力群	中共中央书记处书记	–
1990	1月21日	李　鹏	国务院总理	–
	5月2～3日	费孝通	全国人大常委会副委员长、民盟中央主席	金山、焦山
	7月9～10日	吴邦国	上海市委副书记	金山、焦山、南山
1991	4月17日	李瑞环	中共中央政治局常委	金山
	10月15日	吴学谦	国务院副总理	听取汇报
	11月17日	彭　冲	全国人大常委会副委员长	华东制罐总厂、金山
	11月28日	费孝通	全国人大常委会副委员长	埤城纺机厂、蚕研所、后巷彩电配件厂、镇江化工厂、扬中联合乡糖果厂、金山
1992	1月22日	江泽民	中共中央总书记	锚链厂、路面机械总厂、金山
	4月22日	廖汉生	全国人大常委会副委员长	–
	6月18日	乔　石	中共中央政治局常委	华东制罐总厂、金山
	11月23日	姚依林	国务院副总理	金山
	12月2～5日	陈丕显	原全国人大常委会副委员长	金山
1993	1月26～27日	彭　冲	全国人大常委会副委员长	芙蓉楼
	9月12～13日	倪志福	中共中央政治局委员	锚链厂、华东制罐总厂、金山
	10月26～30日	刘澜涛	原全国政协副主席	焦山、北固山
	10月29～30日	李岚清	中共中央政治局常委、国务院副总理	丹阳铝箔厂、江苏省镇江第一中学、经济技术开发区、大港开发区
1994	2月20日	李铁映	中共中央政治局委员	华东制罐总厂、华联商场、金山、焦山
	4月5～6日	胡　绳	全国政协副主席	参加二十一世纪乐园奠基仪式
	4月13日	彭珮云	国务委员	部署全国职工医疗制度改革试点工作
	4月19～25日	胡　绳	全国政协副主席	金山
	10月5～11日	彭　冲	原全国人大常委会副委员长	金山、博物馆

续表 25-12

年份	日期	姓名	职务	视察地点、活动内容
1994	10月13日	彭珮云	国务委员	参加“镇江、九江两市医疗制度改革试点、方案论证会”
	11月1～4日	廖汉生	全国人大常委会副委员长	金山
1995	3月23～26日	费孝通	全国人大常委会副委员长	金山水厂、龙山、扬中、金山
	4月2日	李锡铭	全国人大常委会副委员长	扬中新坝电器设备厂
	5月25日	王汉斌	中共中央政治局候补委员、全国人大常委会副委员长	华东制罐总厂、金山
	6月15～18日	彭珮云	国务委员	参加国务院医改调研组
	10月22日	布　赫	全国人大常委会副委员长	江奎集团、金山、北固山
1996	3月24～30日	费孝通	全国人大常委会副委员长	扬中东丰特殊合金公司、大圣集团
	4月7～11日	何鲁丽	全国政协副主席	参加医改扩大会、华东制罐总厂、金山、北固山
	9月14～15日	华国锋	原中共中央主席、中央军委主席、国务院总理，现职：中央委员	皮鹿丹时装有限公司、金山、焦山、北固山
	9月24日	李铁映	中共中央政治局委员、国务委员	听取医改工作汇报
	10月7～9日	彭　冲	原全国人大常委会副委员长	二十一世纪乐园、南山、芙蓉楼、北固山
1997	1月5日	乔　石	中共中央政治局常委、全国人大常委会委员长	江奎集团、龙山
	1月10～13日	彭珮云	国务委员	国务院医改考察调研组
	12月3～4日	彭珮云	国务委员	听取医改情况汇报
1998	4月6～12日	宋　平	原中共中央政治局常委、中组部部长	龙山鳗业集团、江奎集团、皮鹿丹、扬中默勒电器、焦山、北固山、南山、金山
	4月6～13日	毛致用	全国政协副主席	茅山
	5月5日	彭　冲	原全国人大常委会副委员长	视察京杭大运河丹阳段
	7月6～7日	尉健行	中共中央政治局常委、中纪委书记	龙山鳗业集团、江奎集团、金山
1999	3月23～25日	费孝通	全国人大常委会副委员长	扬中长江集团、飞达制衣
	4月26～27日	吕正操	全国政协副主席	金山、焦山、北固山
	6月21日	彭　冲	原全国人大常委会副委员长	茅山、新四军纪念碑
	10月6日	铁木尔·达瓦买提	全国人大常委会副委员长	扬中华夏电器厂
2000	5月29～30日	吴邦国	国务院副总理	金东纸业、索普集团、南山、北固山
	9月17～20日	丁石孙	全国人大常委会副委员长	金东纸业、江奎集团、金山、南山、茅山
	9月18日	钱其琛	国务院副总理	金东纸业、金山
	10月14～15日	李岚清	中共中央政治局常委、国务院副总理	老年公寓、索普集团、金东纸业

续表 25-12

年份	日期	姓名	职务	视察地点、活动内容
2001	4月6日	王文元	全国政协副主席	金山、焦山
	4月27～28日	王忠禹	国务委员、国务院秘书长	金东纸业、江奎集团、金山
	6月4～5日	李岚清	中共中央政治局常委、国务院副总理	京阳水泥、华东泰克西、江苏理工大学
	8月31日	张思卿	全国政协副主席	金山、焦山
	9月18日	王光英	全国政协副主席	江奎集团、恒顺集团、金山、焦山
	9月18日	王兆国	全国政协副主席、统战部部长	江奎集团、华东泰克西、金山、焦山
	9月20～21日	孙孚凌	全国政协副主席	扬中银佳集团、环太集团、宜禾服饰
	11月24日	彭珮云	全国人大常委会副委员长	听取卫生局、医保结算中心、医保局汇报
2002	4月22日	丁关根	原中共中央政治局常委、中宣部部长	金山、焦山
	4月22日	迟浩田	原中共中央军委副主席	茅山、茅山新四军纪念馆
	5月4～6日	李铁映	中共中央政治局委员、中国社科院院长	南山、金山、北固山、西津渡、博物馆
	5月16～17日	彭珮云	全国人大常委会副委员长	全国人大常委会《中华人民共和国食品卫生法》执法检查组
	8月16～17日	李岚清	原中共中央政治局常委、国务院副总理	句容后白镇茅西中学、茅西小学、新四军纪念馆、润扬长江大桥
	11月3～6日	王汉斌	原全国人大常委会副委员长	淮海战役总前委驻丹阳旧址、焦山、金山、北固山
2003	1月24日	何鲁丽	全国人大常委会副委员长	金山、焦山、茅山
	4月4日	费孝通	原全国人大常委会副委员长	参观丹阳市容
	4月22日 4月30日 5月20日	迟浩田	原中共中央军委副主席	金山、宝华山、茅山
	8月17日	吴官正	中共中央政治局常委、中纪委书记	润扬长江大桥
	10月9～11日	杨汝岱	原全国政协副主席	金山、焦山、茅山
	11月15日	顾秀莲	全国人大常委会副委员长、全国妇联主席	大亚集团、金东纸业、佳佳幼儿园、丹徒新区、南徐大道
	12月8日	李岚清	原中共中央政治局常委、国务院副总理	丹徒加工区、上隍货场、江苏大学、北固山绿地、塔影湖、润扬大桥
	12月11～16日	彭珮云	原全国人大常委会副委员长、全国红十字会会长	到镇江参加会议
2004	6月12日	李岚清	原中共中央政治局常委、国务院副总理	润扬长江大桥、宝华山、西津渡、博物馆
	7月25日	丁光训	全国政协副主席	沃尔夫集团
	9月19～20日	彭珮云	原全国人大常委会副委员长	南山、茅山、金山、新四军纪念馆

续表 25-12

年份	日期	姓名	职务	视察地点、活动内容
2005	3月28～29日	张怀西	全国政协副主席	第一人民医院、金山、焦山
	4月30日	吴邦国	全国人大常委会委员长	润扬长江大桥
	4月30日	李岚清	原中共中央政治局常委、国务院副总理	江苏大学、体育馆、河滨公园、博物馆、润扬长江大桥
	5月3日	江泽民	原中共中央总书记	润扬长江大桥、金山
	10月13～14日	胡锦涛	中共中央总书记	句容农科所、张小虎葡萄园、港南花苑、江奎集团
	11月2～5日	任建新	原中共中央书记处书记、最高人民法院院长、全国政协副主席	金山、焦山、南山、茅山、博物馆
	11月2日	韩启德	全国人大常委会副委员长	金山、焦山
	11月23～25日	李瑞环	原中共中央政治局常委、全国政协主席	金山、焦山、茅山、润扬长江大桥
	12月5～6日	顾秀莲	全国人大常委会副委员长、全国妇联主席	索普集团、江奎集团

第三节 政府驻外联络

1986 年，镇江市报经省政府同意，市政府决定设立江苏省驻京办事处镇江联络处、江苏省驻沪办事处镇江联络处和江苏省驻晋办事处镇江联络处等派出机构。明确为副局级建制，归口市计经委，业务上受省驻该地办和市政府的双重领导，具体业务由市计经委代管。

1988 年 7 月，市政府在深圳经济特区设立镇江市人民政府驻深圳办事处，为市政府直属事业单位（相当于副局级），归口市经济协作委员会管理。1992 年 5 月设立镇江市人民政府驻海口办事处，副局级事业单位，归口市政府办公室管理。1994 年在香港设立金山环球有限公司，在英国伦敦设立金山实业有限公司。为加强对金山海外公司的领导，市政府成立金山（海外）集团公司管理委员会，由副市长许晓霞任主任，负责下属各公司总经理的聘用及公司发展规划、经营方针、财务计划等事项。

1995 年 6 月，市政府印发《镇江市人民政府驻外办事（联络）处管理办法》，明确各驻外办事（联络）处是市政府派驻外省市的办事机构，受市政府领导和驻地政府的指导，日常工作统一由市政府办公室管理。2000 年 4 月经市编委批准，驻沪联络处升格为正处级。2002 年 8 月驻海口办事处撤销，并入驻深圳办事处。驻北京联络处和驻深圳办事处升格为正处级。各驻外办事（联络）处收集招商情报，陪同客商和企业到镇江实地考察，与镇江新区及各辖市（区）政府配合，共同洽谈项目，促进经济项目到镇江落户。按时完成市领导指定需要的材料和信息专报。为市领导在驻地活动提供接待和服务，安排好各项接待事务。驻北京联络处与国家部委和北京市各部门主动沟通，保持经常性联系，较好地完成市领导约见国家部委领导人汇报工作、争取支持帮助等工作任务。在大港三期工程立项、市区铁路三线搬迁、出口加工区项目、创建国家卫生城、金东纸业股份转让等全市重大项目的推进和重点工程的审批等方面做工作。上海联络处除正常工作接待外，在市领导出国途经上海机场、市级离退休老干部到上海看病、旅游时，做好迎送和接待工作，协助办理有关手续。

第四节 公文处理

1987年2月,国务院办公厅发布《国家行政机关公文处理办法》(简称《办法》),镇江市行政机关的公文流程,包括公文种类与格式、行文规则、发文与收文办理、公文归档与管理等项目,均按《办法》规定要求运行处理。1993年11月和2000年8月,《办法》经过两次修订。

2000年11月,市政府印发国务院新的《国家行政机关的公文处理办法》。2003年7月,《市政府办公室公文处理规定》经市政府第8次常务会议讨论通过后,印发各地、各部门贯彻执行。

公务邮件交换系统 1999年11月起,市政府公务邮件交换系统试开通运行。市政府(办公室)下发各部门的文件、明传电报、政务信息、督查情况等,县(市)区政府和市各部门上报市政府的请示、报告、信息、督查情况等,均可通过公务邮件交换系统传输。2000年4月印发《市政府公务邮件交换系统管理规定》,明确规定公务邮件交换系统传输的范围、时间,电子文件的效应及查询程序和各系统工作站编码。2005年,市委、市政府联合印发《关于进一步精简会议和文件的意见》,要求规范发文审签程序,压缩发文数量,发文坚持少而精,可发可不发的公文坚决不发。凡是以市政府名义的发文,必须由市政府办公室副主任核稿并提出拟办意见,报分管副秘书长、秘书长审核,经分管副市长审阅后由市长签发。

收文 上级公文、旁级文件,辖市(区)及各部门报送市政府的报告,由秘书二处统一拆封收登,报办公室分管主任提出拟办意见后,分送有关领导阅看。根据领导批示的意见,交有关处室办理落实。对下级一些格式不规范、行文关系较乱的文件,实行"四不受理"(即请示、报告不按正式文件上报,没有单位主要负责人签发的不受理;请示"一文数事"的不受理;多头主送的不受理;越级上报的不受理)的退文制度来强制规范。

阅文 文件的分发及传阅依据《文件分发及传阅实施细则》。国务院、省政府等上级机关来文由市政府办公室分管主任提出拟办意见,秘书二处根据批办意见,依照政府领导职务排列顺序及时送阅。对有工作任务和时限要求的文件,优先送分管领导传阅。国务院、省政府等来文有若干份的,由领导批示后,及时分送市委、市人大、市政协和市政府有关部门阅办。

办文 市政府办公室已形成完备的拟稿、审核、签发、缮印、校对、复核、用印、分发、归档等规范性程序。根据领导意见草拟政府(办公室)文件,均按公文制发程序办理。在送领导签发前,由办公室工作人员、处室和分管领导分别负责核稿把关。市委、市政府或两办联合发文,在市政府或办公室领导会签后送交市委办公室。凡涉及法规、政令性文件,均须转市法制办按规定程序处理。对辖市(区)及各部门报送市政府的请示,除紧急重大事项必须及时处理的,一般事项在7个工作日内办结;需要会同相关部门办理的事项,报告结果不超过30个工作日。秘书二处负责请示的催办工作,及时向有关领导反馈办理情况。自2005年9月起,推行公文无纸化传输工作,通过市政府公务邮件系统,推行带印章电子公文的传输,提高工作效率。

1983~2005年,市政府办公室共收文50948件,其中国务院文件4319件,省政府文件8790件,旁级文件12939件,政府部门和辖市(区)工作性请示、报告24900件;发文17304件,其中市政府文件7093件,市政府办公室文件3925件,传真电报2894件,常务会议、市长办公会议纪要2235件,参阅材料1157件。

1983～2005 年镇江市政府(办公室)收发文统计表

表 25-13　　单位:件

年份	收文				发文				
	国务院	省政府	其他旁级	请示报告	市政府	市政府办	传真电报	会议纪要	参阅材料
1983	171	324	579	555	264	74	53	59	42
1984	183	508	654	882	265	62	65	29	57
1985	175	401	856	856	297	117	70	49	66
1986	186	406	924	748	262	68	79	45	63
1987	177	414	663	698	237	114	87	66	75
1988	182	345	670	864	261	136	114	87	53
1989	152	304	673	645	208	114	93	84	36
1990	168	303	558	698	219	108	104	92	51
1991	192	308	529	987	282	111	102	102	29
1992	161	294	511	1103	319	119	45	139	14
1993	239	258	463	1096	374	121	71	126	40
1994	233	309	442	1188	402	201	92	137	33
1995	155	359	474	1301	419	245	106	162	23
1996	121	456	539	1330	416	296	134	119	37
1997	119	391	476	1577	404	236	222	129	18
1998	280	481	485	1203	371	281	220	119	23
1999	207	433	515	1252	348	196	241	107	73
2000	220	474	517	1389	337	202	196	119	84
2001	207	393	494	1310	379	254	172	85	76
2002	209	415	487	1444	320	187	173	100	82
2003	209	403	499	1456	356	269	160	96	83
2004	198	419	454	1177	193	206	161	89	60
2005	175	392	477	1141	160	208	134	95	39
合计	4319	8790	12939	24900	7093	3925	2894	2235	1157

第五节　公务出国(境)及赴港澳审批

1983～1987 年,镇江市公务出国均须报省审批。1988 年 3 月经国务院批准,镇江市及所辖的丹徒、丹阳、扬中、句容,被列入沿海经济开放区。同年,省政府授权镇江市人民政府自行审批市级以下人员出国事项,下发出国、赴港澳任务批件。此后,全市的临时因公出国(境)人员审批事项由市政府办公室牵头,会同有关责任部门共同办理。具体承办流程为,市政府办根据参团者的职级分为两类,一类是团员皆为科级以下者(含科级),首先下发办文单,分别由市外办、市外经贸局、市科技局等部门初审,市人事局政审,市政府下达因公出国、赴港澳任务批件(确认件)或报省请示件。另一类是团员中有县处级以上者(含县处级),须通过会审会议讨论同意后,报市领导签发,再经市委组织部、市人事局政审,最后由市政府下达因公出国、赴港澳任务批件(确认件)或报省请示件。两类中,凡参加省各部门或省直属单位组团的,由市外办出具确认介绍信。

1989年4月为使出国、赴港澳手续办理程序规范化、制度化,市政府办下发《关于健全出国、赴港澳管理制度的通知》,印制统一的初审表、证明表、鉴定表、礼品清单等表格,供申报单位使用。1990年8月,市政府办转发市国家安全局《关于进一步加强我市因公出国出境人员安全保卫工作的意见》。1992年12月转发市委组织部、市外事办公室、市人事局的《镇江市出国人员审批权限和手续的暂行规定》。

1996年8月,市委办、市政府办印发《关于应邀赴台进行经贸、交流等活动的审批办法》,对审批范围、赴台任务立项审批程序、赴台人员报批程序、手续办理、经费列支等方面作出详细的规定。该文件要求赴台人员行前必须接受市台办的政策教育,返回后应写出书面总结向所在单位和市台办报告。1999年7月,市委办、市政府办联合下发《关于严格因公出国(境)人员审批和处理叛逃、出走人员的暂行规定》,严格审批,坚决制止不符合规定的出国团组或个人,确保出国团组质量。1996~2003年,全市领导干部因公出国(境)人数逐年有所控制,呈下降趋势。1996年为2700人次,2000年为1200人次,到2003年下降到857人次,在全省13个省辖市中列第七位。

2003年9月,市政府印发《关于加强党政机关县处级以上领导干部因公出国(境)工作的意见》,严格控制党政领导干部的出访次数,市级领导1年内出访不超过1次,部门领导出访3年不超过1次;出访团组的人数一般为5人左右,1次访问不多于2个国家(地区),在外停留时间最多不超过15天。加强党政机关县处级以上领导干部因公出国(境)审批管理,实行组团预报制度。2005年3月,市委、市政府转发中央纪委等八部委《关于进一步加强党员干部因公出国(境)管理的通知》。同年7月印发《关于进一步加强县处级以上领导干部因公出国(境)审批管理的通知》,对因公出国(境)工作实行集体会审制度,由市政府办、市外办、市外经贸局、市委组织部、市国家安全局等部门组成会审小组,每周1次集体会审,控制本市人员随双跨(跨地区、跨部门)团组出访,控制和压缩一些不必要的出访团组;做好因公出国(境)人员审查和教育,做好护照(通行证)管理工作,并加强因公出国(境)人员的境外管理。2005年,全年压缩团组16批、52人次。

市政府对领导干部必需的出访任务做好审批服务工作,对一些业务部门的领导组织精悍的团组赴国外考察项目、引资引技,学习国外先进的管理经验等,加快办理速度,提高审批效率。2005年,市政府按照年初安排的重点境外招商引资和友好城市交流出访计划,主动向省政府争取,使计划内25批团组都如期出访。

1988~2005年,市政府审批同意出国(境)团组4493批次,约1.7万余人次,其中下达出国(境)批件2910件、确认件1345件、出国通知书238件。

1988~2005年镇江市政府出国及赴港澳任务批件统计表

表25-14 单位:件

年份	批件	确认件	通知书	合计
1988	5	-	-	5
1989	93	-	-	93
1990	92	-	-	92
1991	125	11	-	136
1992	175	131	7	313
1993	234	118	9	361

续表 25-14

年份	批件	确认件	通知书	合计
1994	197	84	85	366
1995	263	101	21	385
1996	259	115	12	386
1997	242	114	4	360
1998	206	92	7	305
1999	183	110	13	306
2000	196	136	17	349
2001	156	79	13	248
2002	174	91	24	289
2003	106	60	7	173
2004	113	69	8	190
2005	91	34	11	136

第六节　建议与提案办理

市政府办负责承办、转办上级和本级人大议案、代表建议及政协提案；负责指导、检查督促市政府各部门及辖市（区）政府对议案、建议和提案的办理工作。

对市人大、市政协转来的议案、建议和提案逐件核对，分类登记，按有关方面职责范围提出办理意见，填写交办单。在市人大、市政府和市政协联合召开的交办会上，将建议和提案交给有关职能部门负责办理，并由市政府分管领导提出具体的办理意见和要求。对一些重要和涉及面广的议案、建议和提案，由市政府办根据领导的批示，直接办理或协调有关部门共同办理。每年办理工作完毕，市政府办起草关于建议和提案办理情况的汇报，分别向市人大常委会、市政协常委会作专题报告。

1985～2005 年，市政府办理市人大代表议案和建议 5100 余件，办理市政协提案 7700 余件，另有少量由省政府转来的建议和提案。内容主要涉及经济建设、工业交通、农业水利、财贸金融、城建环保、劳动人事、教科文卫、民主法制、社会福利、统战工作等方面，其中涉及城建环保、人民生活等方面的建议和提案比较集中。每年议案、建议和提案的办结率为 100%，代表和委员反馈的满意率在 98% 以上。

热点重点建议、提案办理　1983 年，谏壁地区代表提出解决谏壁发电厂噪声污染问题。市环保局派出技术人员到实地调研，了解到噪声污染主要是锅炉定时排气所造成，环保部门和电厂共同研究治理办法，在资金上给予支持，促使电厂为锅炉装上消声器，减轻锅炉的排气噪声。

1988 年，关于市第二人民医院六病区危房翻建问题，先前有代表提出多年未能解决。同年召开现场会，研究确定易地翻建方案，落实资金，方案很快实施。

1990 年有代表提出解决“小码头火车挡道问题”的建议，是群众反映强烈、历届人代会年年提的难点问题。同年，市长钱永波三次主持召开市长办公会议，专题研究小码头火车挡道的治理，先在小码头铁道口建地下立交，疏散自行车和人流；然后拓宽云台山路，实行交通分流。副市长许晓霞召集铁路、交通、公安等部门，研究火车让峰通行、设立交通信号标志等临时措施。副市长方之焯前往上海铁路局,汇报镇江市小码头火车挡道治理方案,在上海铁路局、南京铁路分局的支持下,治理工作全面展开,问题得以解决。

1992 年,韩朝晖等 36 位代表提出《关于东晋古城墙保护和象山乡六、七队违章建筑》的议案,市政府指定市城管办牵头,会同京口区政府和有关部门,邀请韩朝晖代表参加,组成联合工作组。在花山湾开展查处违法建筑、清理外来人口、搞好环境卫生、保护古城墙 4 个方面的综合治理工作。清除违法建筑 63 户,动员自拆或强拆房屋 190 余间,清理 63 户外地拾荒者和社会闲杂人员,清除垃圾 200 余吨。由市文管会划定 10 米保护区,设置界桩和宣传牌,采用景点式石驳护坡保护古城墙,古址景观改善。

1993 年针对许多代表提出的提高教师待遇问题,市政府常务会议进行专题研究:教师工资等各项政策性补贴列入财政预算内支出,凡拖欠工资的地区必须在教师节前全额兑现;安排一定指标从优秀民办教师中选招公办教师;多渠道筹集建房经费,政府提供优惠政策,解决市区 130 户中小学教师的住房问题;加强教育基金征集,各地设立中小学教师奖励基金;每两年表彰一次优秀教师、优秀教育工作者,对突出贡献者给予重奖。

1995 年,丹徒荣炳乡三叉河新架桥,因跨地区解决难度较大,市政府多次召集有关部门踏勘协调,制订解决方案。最终与常州共同投资 90 万元,建成新架桥。

2001 年针对《关于树立我市良好城市形象》的政协提案,副市长黄宝荣带领市建设局、规划局、城管局、财政局、交通局、园林局等 14 个部门的负责人,分别就提案中建议的美化南大门、出租车升级换代、加强景区管理和老城区改造、加快长江路及"城市客厅"建设等问题,向提案人及与会的政协委员通报情况,共商解决方案。

2002 年针对代表们反映王家巷菜场摊点外溢,致使周边街巷脏乱差的情况,市政府确定由京口区负责,在王家巷建设一个经营面积 2000 多平方米的室内农贸市场,从根本上消除马路市场。同年,赵兴根等多位委员提出《优化投资环境,组建市行政审批服务中心》提案,得到市政府高度重视;2003 年 1 月,市政府为此组建专门的领导班子;8 月,市政府召开常务会议专题听取中心筹建情况汇报,研究出台《集中办理市级行政审批事项的若干规定》等文件;10 月 14 日,市行政服务中心正式挂牌成立。

2003 年针对代表们提出的"关于建立我市人才资源开发基金"的建议,市政府出台《镇江市人才资源开发资金管理暂行办法》,对资金的来源、使用、监督、管理等作出明确规定,建立资金专户,实行专款专用。

2004 年针对代表们提出的"关于进一步完善新型农村合作医疗制度"建议,市政府新制定出台《关于进一步加强新型农村合作医疗工作的意见》,将新型农村合作医疗工作纳入每年对各辖市(区)政府的目标考核内容,建立市级考核专项资金,专门用于该项工作的奖励。制定《镇江市医疗救助实施办法》,与新型农村合作医疗工作相对接,防止镇江市农民"因病致贫、因病返贫"的问题。

2004 年起以"中国镇江"政府门户网站为平台,开通市人大建议和政协提案网上办理系统,向社会公开人大代表建议的目录和办理结果。对 1992 年杨德明代表的"关于对工厂技师家属'农转非'"建议,明确回复不在"农转非"政策范围之内,待上级出台新规定后再酌情办理。2005 年对"修建九里至荣炳的道路"的建议,承办单位说明该路段已列入《镇江市县道公路网建设改造规划》,但工程资金需求较大,暂时难以实施;相关部门继续向上争取筹措资金,促进条件具备尽快开工建设。

2005 年为办理"关于保护恒顺金字招牌,提升城市文化内涵"的代表建议,市政府专门组织经贸委、工商局、质监局、卫生局等有关部门开展联合执法行动,为强化对全市制醋业的长效管理,市政府印发《镇江醋业管理暂行办法》,建立镇江醋业监管联席会议制度。

根据市人大五届二次会议《关于依法整治残疾人专用车营运问题的议案》,以及市政协相关提案,2005 年 8 月,市政府发布公告,取缔无牌证“三小车”在主城区非法营运。“三小车”指正三轮摩托车、人力三轮客车(含加装动力装置)和外地残疾人车。市政府实施路面执法、车辆回收、帮助安置和维护稳定等措施;对回收车辆予以折价赔偿;对无业车主发放 3 个月过渡期生活补贴,对以营运为主要收入来源的车主,发给一定数额的生活补贴。市、辖区、街道办和劳动保障部门以 1∶2 以上比例筹集工资岗位,供车主与用人单位双向选择。“三小车”车主实现就业 578 人,自谋职业 352 人,享受生活补贴 121 人。

第七节　政务信息

1988 年 11 月,市政府办公室成立信息科(1995 年 7 月改为信息处)。各辖市(区)政府、新区管委会,市政府各委办局、各驻外办事处、各直属单位也相继成立相关工作机构,配备专职信息工作人员,形成全市政务信息网络。网络成员单位定期开展活动,进行政务信息工作研讨和交流。

围绕市政府中心工作和重大决策部署,市政府办及时下发信息报送要点和约稿通知;加大对国家部委信息、外省市信息的采编力度。“深圳市构建大城管”“苏州市为创业者开辟绿色通道”“大连市出台支持保护中小企业发展办法”等外地信息为镇江市出台相关政策提供决策参考。

1998 年实行政务信息电子化传输。市政府办每年收到各类信息 15000 余条,及时印发《政务动态》《增刊》《专报》等刊物,送交市领导和各部门参阅。1989～2005 年编印《政务动态》3703 期,《增刊》《专报》860 期。

在向国务院办公厅和省政府办公厅上报贯彻国家、省重大决策部署情况,全市社会经济发展情况等共性信息的同时,也报送镇江特色的个性信息,包括医疗制度改革、社会医疗救助、丘陵山区农业结构调整、茅山老区扶贫开发、对日农业科技合作、港口开发建设、国企改革等专题。2000 年 3 月印发《关于加强政务信息工作考核的意见》;2001 年 2 月下发《关于进一步明确政务信息工作目标考核任务的通知》,对考核范围、考核办法、奖惩措施等作明确规定。2004 年 3 月,国务院办公厅批准镇江市为直报点,镇江市修订和制定出台《镇江市政务信息暂行办法》《政府系统信息工作考核评比奖励试行办法》和《市政府办公室信息工作考核评比试行办法》,每月通报 1 次信息采用及考核情况,年终进行总结评比。

1989～2005 年上报国务院办公厅、省政府办公厅信息 25651 条。其中,1989 年被国务院办公厅采用 10 条;2003 年被国务院办公厅采用 9 条,被省政府办公厅采用 265 条,其中 1 条获国务院领导批示;2004 年被国务院办公厅采用 15 条,被省政府办公厅采用 591 条;2005 年被国务院办公厅采用 14 条,被省政府办公厅采用 498 条,有 15 条信息得到省政府领导批示,1 条信息得到国务院领导批示。市农林局“镇江市无公害农产品基地建设走在全省前列”、市劳动和社会保障局“镇江市率先出台政策鼓励农民工参加养老工伤保险”等信息提高镇江影响力。市科技局“镇江市开展对日农业科技合作的主要做法、存在问题及建议”、市劳动和社会保障局“镇江市积极构建和谐劳动关系取得实效存在问题值得关注”等综合调研信息被省领导重视并给予批示。镇江海事局的“长江尹公沙航段安全事故多发制约长江航运发展急待解决”被国办专报采用,获国务院领导批示。

2001～2005 年在全省两年一度的评比中,镇江市政务信息工作连续三届获全省政务信息工作先进单位一等奖。

1989～2005年镇江市政府办公室上报信息、编印《政务动态》情况表

表25-15

年份	上报信息(条)	政务动态(期)	增刊、专报(期)
1989	631	68	15
1990	732	108	57
1991	1272	160	34
1992	693	170	28
1993	809	207	26
1994	934	221	31
1995	1283	243	22
1996	2528	252	55
1997	2717	247	39
1998	1958	248	36
1999	2179	247	12
2000	1367	247	48
2001	996	248	21
2002	1346	242	158
2003	1816	255	201
2004	2203	260	41
2005	2187	280	36
合计	25651	3703	860

第八节　督查督办

督查督办工作由市政府办组织实施，围绕市政府的中心工作进行，代表市政府履行对下级行政机关及其工作人员落实执行情况的督查督办职责，跟踪、检查、督促和催办市政府有关行政决策和工作部署的进度。

1997年，市政府办公室印发《镇江市政府系统督促检查工作暂行规定》。同年10月设立督查处，将市政府行政效能投诉中心、市政府公开电话、人大代表建议办理等职能集中划归市府办督查处。在全市四县(市)二区及市各委办局范围内，建立78个部门和单位组成的督查网络。2003年9月，市政府办印发《镇江市政府督查督办工作规定》，根据督查督办事项及其涉及的范围，将工作任务分解下达给各有关辖市(区)和职能部门，实行分工负责，分级承办，并及时反馈办理结果。

市政府办每年依据《政府工作报告》，将重点工作目标、为民办实事项目进行分解，明确实施主体和工作职责，以政府文件下发后，实行全年度跟踪督查。1998年将市政府为民办实事项目分解成43个子项目进行督查，到10月上旬的督查结果，有18个项目提前完成任务，15个项目达时序进度，8个项目滞后于进度要求，2个项目未实施。2001年将市政府重点工作目标分解成72项工作任务(不含为民办实事项目)，以镇政办发〔2001〕20号文件下发给相关单位组织实施。

2001年配合市人大视察调研活动26次,参与或现场直接协调处理问题112次。2005年,市政府办会同建设局、环保局等单位,对征润洲和黄岗饮用水水源保护方案落实情况进行专项督查。在创建国家园林城市中,市政府办会同创园办,对有关公共绿地、设施维护、环境整治等考核项目专项督查,实地解决整改问题。同年,外商、台商对镇江投资环境及部门的工作作风有意见,向市政府提出建议,市政府办将31条意见和建议逐条制成督、交办单,会同其他监督部门进行全程跟踪督查,并基本解决外商提出的合理要求,25家外资、台资企业表示满意和基本满意。

对市政府全体(扩大)会议、市政府常务会议的贯彻情况进行专项督查,编发专报材料。1998年,对市政府决策的49个事项进行督查,办理落实市领导批示41件;出《督查情况》等刊物19期,向领导提供信息60多件。2002年发市政府全体(扩大)会议贯彻情况15期;2003年发会议贯彻情况11期;2004年发会议贯彻情况5期。

2001年11月,市政府印发《镇江市城乡全民健身服务体系"八个一工程"的实施方案》,并与辖市(区)政府和新区管委会分别签订目标责任书。2002年,市政府组织督查小组,检查7个辖市(区)的11个乡镇(街道),查看20个全民健身工程(点),全市建成全民健身工程14个,工程点达63个,新增体育场地面积5万余平方米。

对政府工作和领导交办的其他事项及时督查到位,编发《督查情况》向政府领导汇报。1997～2005年,市政府办公室共编发《督查情况》193期,其中1997～2000年编发80期,2001～2005年编发113期,同期编发督查专报材料190份。

——小资料——

[清]周镐·京江二十四景图——西津晓渡

西津渡,又名金陵渡、蒜山渡,位于金山之东的超岸寺玉山西南侧,并非小码头的西津渡街,此街原名义渡码头街。1981年始将义渡码头街更名西津渡街。明正德《京口三山志》、清康熙《镇江府志》和嘉庆《丹徒县志》等均载:"超岸寺,在西津渡口……。"明万历"镇江郡属总图"明确标明西津渡在玉山超岸寺西南侧。

古代的西津渡与长江对岸的瓜洲渡为南北襟喉,交通要津,舟楫繁忙。战时,戍兵防守,为兵家必争之地;世际隆平之时,则商贾鳞集,船只穿梭往返,为大江南北的重要渡口之一,天明启渡,百舸满帆。唐宋以来著名的文人,如李白、孟浩然、权德舆、张祜、苏轼等都曾在此候船登岸,并留下许多为世传诵的诗篇。

第二十六卷
地方人民政协

卷目

中国人民政治协商会议是中国人民爱国统一战线的组织，是中国共产党领导的多党合作和政治协商的重要机构，是中国政治生活中发扬社会主义民主的重要形式。中国人民政治协商会议镇江市委员会是中国人民政治协商会议的地方委员会，在中共镇江市委的领导和上级政协的指导下，遵循宪法和政协章程，高举爱国主义和社会主义旗帜，坚持团结和民主两大主题，广泛团结和组织各民主党派、工商联、有关人民团体和各族各界代表人士，始终坚持“长期共存、互相监督、肝胆相照、荣辱与共”的方针，履行政治协商、民主监督、参政议政职能，为推进镇江市的政治、经济和社会各项事业的发展作出重要贡献。

1983年3月，镇江市实行市管县的领导体制。1983年3月29日至4月6日，中国人民政治协商会议镇江市第一届委员会第一次会议举行，新一届省辖市政协正式产生，到2005年，历经5届。

1983年3月，镇江市升格为省辖市后，中国人民政治协商委员会镇江市委员会（以下简称市政协）围绕市委、市政府的中心工作、改革发展中的重大问题和社会各界关注的热点、焦点问题，建言献策。市政协加强对民生问题的关注，努力反映民意，积极化解社会矛盾，致力于推动事关人民群众切身利益问题的解决。就加强文化建设和促进社会事业的发展，提出诸多富有建设性的建议，组织委员和专家为历史文化名城建设献计出力。

1983～1987年，市政协围绕全市国民经济和社会发展计划，组织专题调研视察活动221次，向党政部门提供调查报告104份。1988～1992年围绕改革开放、经济建设及治理整顿中政府和群众关注的重大问题组织调研活动200多次，形成建议案、调查报告和情况反映150余件报送市委、市政府。1993～1997年围绕全市经济和社会发展中的重点、难点，选择60多个专题，开展140多项视察调研，形成85份调研报告。1998～2002年完成调研课题169项，形成专题报告43份、建议案21件，其中关于加强农村小城镇建设、推进全市信息化建设、建设文化名市等建议均被市委、市政府作为建设新镇江的战略决策。2003～2005年围绕民生和镇江如何科学发展问题，通过调研共形成专题报告79份，其中多条建议被纳入镇江市“十一五”规划纲要。

第一章 政协镇江市委员会

1983年3月至2005年，政协镇江市委员会历经5届。政协委员会由全体政协委员组成。一届政协委员为335人，二届政协委员为361人，三届政协委员为360人，四届政协委员为343人，五届政协委员为344人。

第一节 政协委员

一、镇江市政协委员

市政协委员产生的程序一般为：

提名推荐 在市政协换届以前，由各民主党派、工商联、无党派人士、各人民团体、各个界别等协商提出委员建议名单。

协商确定建议名单　由中共镇江市委有关部门进行综合平衡，在向市政协党组征求意见和同各推荐方面协商的基础上，形成建议名单，并在推荐人选单位以适当方式进行公示，根据公示后的反馈意见，确定建议名单。

市政协常务委员会议通过　将委员建议名单提交市政协常务委员会进行协商和表决，过半数同意予以通过。

公布　经市政协常务委员会会议通过的委员，由市政协有关部门通知推荐单位和委员本人，向委员发委员证书，并通过新闻媒体向社会公布。

增补政协委员的程序，也需要经过提名、协商、常务委员会会议通过和公布这几个步骤。

市政协委员会由中国共产党、民主党派、人民团体、经济、教育、医疗卫生、体育、文艺、新闻出版、科技、民族宗教等社会各界代表和特邀人士组成。市政协一届委员会由23个界别335名委员，二、三、四届委员会分别由26个界别361、360、343名委员，五届委员会由27个界别344名委员组成。一届委员会设解放军界别，以后届次未设；二届委员会设对外友好界，此前和此后届次未设；一、二届委员会设农民界，三、四、五届改为农业（农林）界；一、二届委员会少数民族界和宗教界分设，三、四、五届委员会少数民族界和宗教界合为少数民族宗教界。

1983～2005年政协镇江市委员会第一至五届委员情况统计表

表26-1　　　　单位：人

界别	届别				
	一	二	三	四	五
中共	27	25	22	15	16
民革	4	6	6	7	7
民盟	11	12	12	12	12
民建	9	7	8	8	8
民进	–	4	5	5	5
农工党	5	7	7	8	8
致公党	–	4	4	4	4
九三学社	–	6	6	7	7
无党派代表人士	–	–	–	–	4
工商联	12	11	14	16	18
文艺	22	20	20	18	16
新闻出版	2	3	3	5	6
医卫	31	29	20	16	15
体育	8	8	8	8	5
教育	26	48	37	28	24
科技	59	59	24	20	21
社科	3	8	9	9	12
科协	–	–	15	14	14
工会	17	18	18	16	15
共青团青联	12	13	12	10	10
妇联	10	10	10	10	10
台联	8	9	8	8	8

续表 26-1

界别		届别									
		一		二		三		四		五	
侨联		13		16		15		13		12	
经济		–		–		34		33		36	
农业(农林)		–		–		14		14		14	
少数民族		7		6		–		–		–	
宗教		8		6		–		–		–	
少数民族宗教		–		–		14		12		13	
特邀		25		14		15		27		24	
农民		10		10		–		–		–	
解放军		6		–		–		–		–	
对外友好		–		2		–		–		–	
合计	总人数	335		361		360		343		344	
	男　女	272	63	292	69	288	72	277	66	271	73

说明:以上人数为历届政协一次全体会议选举产生时人数

二、江苏省政协委员

镇江市担任政协江苏省第五、六、七、八、九届委员的分别有 24 人、23 人、24 人、24 人、25 人,具体名单如下:

五届:赵建平、洪维新、严忠婉(女)、陈虹(女)、祁春岚(女)、肖鹤忠、吴良珠、陆汝纯、沈晓坤、筱荣贵(女)、白如海、姚敦本、高一陵、曹诒荪、叶祖荫、过旭敏(女)、吕去疾、吴起亚、施旺溪、翁家昌、马瑞柏、杨幸生、周利人、姜挹秋

六届:马瑞柏、叶祖荫、刘承、严忠婉(女)、严善明、杨幸生、肖鹤忠、吴良珠、吴起亚、沈世瑶、沈晓坤、陆汝纯、金瑞琪、姚敦本、洪维新、袁志鸿、顾忆贻、顾可梁、顾宝琳(女)、黄选能、谢保国、彭钊安、筱荣贵(女)

七届:王同章、尢敦立、朱仁和、朱宗才、刘汉兴、孙英华(女)、杨训、杨世华、何小玲、宋勤华、陈冬姣(女)、范牧昌、金瑞琪、南菁(女)、赵学松、茗山、姚恭林、顾忆贻、顾可梁、郭晓山、陶惠蓉(女)、黄选能、谢保国、解信鹏

八届:昌万海、吕顺洪、赵学松、宋勤华、姚恭林、王新男(女)、尢敦立、孙英华(女)、滕子明、郭晓山、解信鹏、顾忆贻、顾可梁、罗启富、潘吉森、范牧昌、赵杰文、朱宗才、谢保国、郑金旭、南菁(女)、杨世华、杨训、茗山

九届:周大平、吕顺洪、赵学松、张志坚、姚恭林、赵斌、王锡荣(女)、孔国娣(女)、王萍(女)、赵杰文、郭晓山、解信鹏、赵庆荣、卢章平、王贵成、孙志安、郑金旭、肖梦龙、于建武、徐翔、郑清(女)、马金芳(女)、张秀荣(女)、王德诚(女)、丁春华

三、全国政协委员

镇江市均有一人分别担任全国政协第六、七、八、九、十届委员,具体名单如下:

六届:高良润

七届:高良润

八届:吴守一

九届:吴守一
十届:宋余庆

第二节　常务委员会设置

市政协常务委员会是市政协全体会议闭会期间的常设机构,常务委员会由主席、副主席、秘书长和常务委员组成,其候选人由参加政协的各党派、团体、各民族和各界人士协商提名,经政协全体会议选举产生。主席主持常务委员会的工作,副主席、秘书长协助主席工作。

1983～2005 年政协镇江市委员会第一至五届常委人数统计表

表 26-2　单位:人

届别		一		二		三		四		五	
总人数		62		73		71		68		67	
男	女	54	8	64	9	65	6	61	7	57	10

说明:以上数字为历届换届时数字,数字中含主席、副主席、秘书长

1983～2005 年政协镇江市委员会第一至五届主席、副主席、秘书长名单

表 26-3

届别	年份	主　席	副主席	秘书长
一	1983 年 3 月	赵建平	许靖、姜挹秋、孙凤翔、戴瑛、张志清、姚敦本、洪维新、陆汝纯	姜挹秋(兼)
	1984 年 11 月	吴明政	–	彭钊安
	1985 年 3 月	–	增选:邬伯翔、于哲民 辞去:许靖	–
	1986 年 3 月	–	–	钱永祯
	1987 年 3 月	–	增选:张信澄	–
二	1988 年 1 月	黄选能	张信澄、姚敦本、陆汝纯、于哲民、邬伯翔、彭钊安	钱永祯
	1989 年 3 月	–	增选:刘承 辞去:于哲民	–
	1990 年 3 月	–	增选:陈冬姣(女)	–
三	1993 年 3 月	黄选能	陈冬姣(女)、邬伯翔、刘建生、顾可梁、解信鹏、顾忆贻	谢苏
	1994 年 3 月	–	增选:余耀中、九敦立	–
	1996 年 3 月	–	增选:裴祥林、朱仁和	–
四	1998 年 1 月	周大平	昌万海、陈冬姣(女)、滕子明、顾可梁、解信鹏、顾忆贻、九敦立、裴祥林、吕顺洪、罗启富	谢苏
	2001 年 1 月	–	增选:张克敏	–
	2002 年 1 月	–	增选:杜正起	–
五	2003 年 1 月	周大平	张克敏、陈冬姣(女)、解信鹏、吕顺洪、杜正起、宋余庆、赵杰文、赵庆荣、卢章平、潘一乐	陈惠祥

第三节　工作机构

政协镇江市委员会有两方面的机构:在常务委员会和主席会议领导下,组织委员进行经常性

活动的专门委员会（或工作组），亦是履行政协职能的活动形式；政协机关工作机构，主要是为委员活动提供各种服务。

1983年1月，政协机关从双井路2号迁至解放路21号。

1983年3月，政协镇江市第一届委员会产生，政协主席由兼任改为专任。机构设置为：学习委员会、文史资料研究委员会、政协办公室、工作组办公室，另有工业交通、农业、财贸、城乡建设、科技、教育、文化、医卫、民族宗教、社会法制、对台宣传、侨务、妇女、青少年等工作组。

1984年10月增设祖国统一工作委员会，后又成立对外经济技术联络委员会，与祖国统一工作委员会合署办公。

1988年1月，第二届委员会起，主席、副主席不再兼任委办负责人，但仍分管几个委、组，增设提案工作委员会；二届委员会机构设置为：提案工作委员会、文史资料研究委员会、祖国统一工作委员会和对外经济技术联络委员会、学习委员会、政协办公室（下设秘书科、行政科）、工作组办公室。另有经济建设、农村、财贸、城乡建设、科技、高教、普教、医卫、文化、新闻宣传、社会法制、民族宗教、妇幼、体育、青少年等工作组。

1988年在文史资料研究委员会内成立文史资料编辑部。

1989年，祖国统一工作委员会改为祖国统一联谊委员会。

1992年4月28日，市政协二届二十一次常委会作出《关于撤销工作组办公室和对外经济联络委员会，增设经济科技、社会法制、教卫文体、城乡建设委员会的决定》，原学习委员会更名为学习宣传委员会。市政协机构设置为"八委一办"，即：祖国统一联谊委员会、文史资料委员会、社会法制委员会、经济科技委员会、提案工作委员会、学习宣传委员会、教卫文体委员会、城乡建设委员会、办公室。

1993年3月，三届委员会机构设置为：提案工作委员会、学习宣传委员会、文史资料委员会、经济科技委员会、教卫文体委员会、社会法制委员会、祖国统一联谊委员会、城乡建设委员会、办公室。

1995年7月，祖国统一联谊委员会更名为海外联络委员会。

1998年2月，四届委员会机构设置为：提案工作委员会、经济科技委员会、学习宣传委员会、教卫文体委员会、文史资料委员会、社会法制委员会和民族宗教委员会（两块牌子一套班子）、港澳台侨委员会和外事委员会（两块牌子一套班子）、城乡建设委员会、办公室。

1998年4月在各委办内设办事机构，分别为：提案工作委员会秘书处、经济科技委员会秘书处、学习宣传委员会秘书处、教卫文体委员会秘书处、文史资料委员会秘书处、社会法制委员会和民族宗教委员会秘书处、港澳台侨委员会和外事委员会秘书处、城乡建设委员会秘书处，办公室设秘书处、人事信访处、研究室、老干部处、车队。

2001年11月，城乡建设委员会增挂人口资源环境委员会牌子（两块牌子一套班子）。

2003年1月，五届委员会机构设置为：学习宣传委员会（和办公室合署办公，两块牌子一套班子）、提案工作委员会、经济科技委员会、农业经济委员会、教卫文体委员会、文史资料委员会、社会法制委员会和民族宗教委员会、港澳台侨委员会和外事委员会、城乡建设委员会和人口资源环境委员会、办公室、研究室。

各委办内设机构，分别为：提案工作委员会秘书处、经济科技委员会秘书处、学习宣传委员会秘书处、教卫文体委员会秘书处、文史资料委员会秘书处、社会法制委员会和民族宗教委员会秘书处、港澳台侨委员会和外事委员会秘书处、城乡建设委员会和人口资源环境委员会秘书处，办公室设秘书处、行政处、人事信访处、老干部处、学习宣传处、车队。

第二章　政协镇江市委员会全体会议

1983年3月，镇江市实行市管县新体制，政协提前一年换届，至此政协镇江市委员会每届5年（此前为3年）。镇江市政协届次则顺延原地辖市的届次，从第六届开始计算。次年召开的中共镇江市代表大会的届次则从第一届开始计算。鉴于在同一个行政区域内，党委、政协的任期应相同，参照全国、全省同类情况的处理办法，1997年11月13～14日，市政协八届二十一次常委会议审议决定，调整镇江市政协届次，使镇江市政协的届次与中共镇江市委的届次相一致，以准确地反映镇江市行政体制的变化，即自1983年起镇江市政协为省辖市政协第一届委员会，以下顺延，具体为：原第六届调整为第一届，原第七届调整为第二届，原第八届调整为第三届。此决定自1998年1月15日起执行。以下均为调整后的届次。

市政协全体会议每年举行一次，常务委员会认为必要时，可临时召开。一届政协中，1984年11月因讨论重要人事变动，增加一次全体会议，一届政协共举行六次全体会议。每届政协第一次全体会议前，召开全体委员参加的预备会议，选举第一次全体会议主席团，由主席团主持第一次全体会议。

第一节　政协镇江市第一届委员会

一、市政协一届一次全体会议

一届一次全体会议于1983年3月29日至4月6日举行。这次会议是镇江市实行市管县领导体制后的首次会议。委员人数从上届227人增至335人。其中工作、生活在丹阳、丹徒、句容、扬中4县的委员有86人。中共镇江市委、市人大常委会、市人民政府的全体领导成员出席大会开幕式和闭幕式。中共镇江市委领导到会祝贺并讲话。全体委员列席市一届人大一次会议，听取市委副书记邓鸿勋代表中共镇江市委作的政府工作的建议报告，听取和审议政协一届常务委员会工作报告，学习《中国人民政治协商会议章程》。会议要求各级政协、各人民团体、全体政协委员及各界人士认真学习中共中央关于改革的一系列指示，充分认识改革的重要性、紧迫性，自觉地站在改革的前列，为改革献计献策，为实现市政府工作建议报告提出的各项任务，为建设一个经济繁荣、交通发达、风景优美、文明整洁、城乡协调发展的新镇江而共同努力。会议选举主席、副主席、秘书长和常务委员。会议通过常委会工作报告的决议、提案工作报告的决议和大会决议。市各有关部门负责人列席会议。

二、市政协一届二次全体会议

一届二次全体会议于1984年3月25～31日举行。全体委员列席市一届人大二次会议，听取和讨论政府工作报告和其他各项报告。会议听取并审议通过政协常务委员会工作报告和议案审查报告。与会人员学习《中共中央关于1984年农村工作的通知》和《中华人民共和国政协章程》，围绕提高经济效益、发挥科技人员作用、城市建设和管理、发展文化教育卫生事业、落实政策等方面，提出许多意见和建议。会议增选7人为常务委员。该次会议委员增至355人。会议通过常委会工作报告的决议、提案工作报告的决议和大会决议。市各有关部门负责人列席会议。

三、市政协一届三次全体会议

一届三次全体会议于 1984 年 11 月 5 日举行，时间 1 天。主要议题是讨论人事变动。会议同意一届七次常委会议关于赵建平因健康原因不再担任主席、常委，由吴明政任市政协主席、常委的决定；同意姜挹秋副主席不再兼任秘书长职务，改选彭钊安为秘书长。会议通过常委会工作报告的决议、提案工作报告的决议和大会决议。市各有关部门负责人列席会议。

四、市政协一届四次全体会议

一届四次全体会议于 1985 年 3 月 22 ~ 25 日举行。会议听取并审议通过政协常务委员会工作报告和其他报告。全体委员列席市一届人大三次会议，听取和讨论《政府工作报告》和其他报告。与会人员学习《中共中央关于经济体制改革的决定》和《中共中央、国务院关于进一步活跃农村经济的十项政策》，并就进一步加强经济体制改革、加强城乡经济建设、加快发展科教文化事业、改善和丰富人民群众生活等提出建议。会议增选邬伯翔、于哲民为副主席，增选 11 人为常务委员，接受 7 人因离休和工作调动等原因辞去副主席、常务委员职务。会议通过常委会工作报告的决议、提案工作报告的决议和大会决议。市各有关部门负责人列席会议。

五、市政协一届五次全体会议

一届五次全体会议于 1986 年 3 月 19 ~ 26 日举行。会议听取并审议通过政协常务委员会工作报告和其他报告，列席市一届人大四次会议，听取并讨论政府工作报告和其他报告。会议传达全国政协召开的地方政协工作座谈会和省政协五届十四次常委扩大会议精神。会议同意 8 人因工作变动原因辞去常务委员职务，补选 9 人为常务委员，同意彭钊安辞去秘书长职务，改选钱永祯为秘书长。该次会议委员增至 386 人。会议通过常委会工作报告的决议、提案工作报告的决议和大会决议。市各有关部门负责人列席会议。

六、市政协一届六次全体会议

一届六次全体会议于 1987 年 3 月 25 ~ 29 日举行。会议听取并审议通过政协常务委员会工作报告和其他报告，与会人员列席市一届人大五次会议，听取并讨论政府工作报告和其他报告。会议传达中共江苏省委统战工作会议和省政协工作会议精神，增选张信澄为副主席，3 人为常务委员。会议通过常委会工作报告的决议、提案工作报告的决议和大会决议。市各有关部门负责人列席会议。

第二节　政协镇江市第二届委员会

一、市政协二届一次全体会议

二届一次全体会议于 1988 年 1 月 5 ~ 9 日举行。会议听取并审议通过政协常务委员会工作报告和其他报告，与会人员列席市二届人大一次会议，听取并讨论政府工作报告和其他报告。会议号召要认真学习、贯彻中共十三次代表大会精神，为深化经济体制改革、开展政治体制改革继续发挥政协应有的作用。会议选举主席、副主席、秘书长和常务委员。会议通过常委会工作报告的决议、提案工作报告的决议和大会决议。市各有关部门负责人列席会议。

二、市政协二届二次全体会议

二届二次全体会议于1989年3月15～21日举行。会议听取并审议通过政协常务委员会工作报告和其他报告，与会人员列席市二届人大二次会议，听取并讨论政府工作报告和其他报告，学习《政协全国委员会关于政治协商、民主监督的暂行规定》。同意于哲民因工作调动，辞去副主席、常委、委员职务。增选刘承为副主席，3人为常务委员。该次会议委员增至368人。会议通过常委会工作报告的决议、提案工作报告的决议和大会决议。市各有关部门负责人列席会议。

三、市政协二届三次全体会议

二届三次全体会议于1990年3月12～18日举行。会议听取并审议通过政协常务委员会工作报告和提案工作情况的报告，与会人员列席市二届人大三次会议，听取并讨论政府工作报告和其他报告。中共镇江市委书记俞兴德到会讲话。与会人员学习《中共中央关于坚持和完善中国共产党领导的多党合作和政治协商制度的意见》和中共江苏省委、镇江市委关于贯彻这一意见的通知。围绕政府工作报告进行大会发言。会议增选陈冬姣为副主席。会议通过常委会工作报告的决议、提案工作报告的决议和大会决议。市各有关部门负责人列席会议。

四、市政协二届四次全体会议

二届四次全体会议于1991年3月1～6日举行。这次会议本着"协商于决策之前"的精神，先于人代会单独举行。会议听取并审议通过政协常务委员会工作报告和提案工作情况的报告。听取并协商讨论政府工作报告、全市"八五"计划及十年规划纲要等。学习中共十三届七中全会精神，传达中共江苏省委和镇江市委扩大会议精神，中共镇江市委书记俞兴德到会讲话。会议围绕政府工作报告进行大会发言，并召开6个专题协商座谈会。会议通过常委会工作报告的决议、提案工作报告的决议和大会决议。市各有关部门负责人列席会议。

五、市政协二届五次全体会议

二届五次全体会议于1992年2月25日至3月1日举行，中共镇江市委书记俞兴德到会讲话。会议听取并审议通过政协常务委员会工作报告和提案工作情况的报告。列席市二届人大五次会议，听取并讨论政府工作报告和其他报告。会议学习中共十三届八中全会精神，围绕政府工作报告进行大会发言。召开关于科技兴市、加强农业和农村工作、加强名城建设与管理、精神文明建设及社会治安综合治理等4个专题座谈会。会议期间，组织生活在县(市)郊区的100多名委员参观丁卯工业新区、镇大铁路一期工程，市区的200多名委员前往古运河施工现场进行慰问活动。会议通过常委会工作报告的决议、提案工作报告的决议和大会决议。市各有关部门负责人列席会议。

第三节　政协镇江市第三届委员会

一、市政协三届一次全体会议

三届一次全体会议于1993年3月3～10日举行。中共镇江市委书记钱永波出席开幕式并讲话。会议审议通过市政协常务委员会工作报告和提案工作情况的报告；组织委员参观二届政协工作汇报展和观看《前进中的镇江政协》《古运河整治一期工程》录像片。与会人员列席市三届人大一次会议，听取和讨论政府工作报告及其他报告，并召开"进一步加强城市规划、建设、管理"专题协商会。大会共收到提案329件,民主党派、人民团体提案24件,共计353件;经大会提案委员会讨论审查,决定立案的350件。会议选举主席、副主席、秘书长和常务委员。会议通过常委会工作报告的决议、提案工作报告的决议和大会决议。市各有关部门负责人列席会议。

二、市政协三届二次全体会议

三届二次全体会议于1994年3月1~6日举行。会议审议通过市政协常务委员会工作报告和提案工作情况的报告。与会人员列席市三届人大二次会议,听取和讨论政府工作报告及其他报告,进行大会发言。会议增选余耀中、九敦立为市政协副主席,增选4人为常委。会议共收到提案368件,其中,委员个人或委员联名提案334件,民主党派、人民团体提案34件。提出提案的委员181人,406人次。提案中属经济建设内容的204件,科教文卫体107件,政协统战方面的16件,其他方面41件。经大会提案委员会讨论审查,全部予以立案办理。中共镇江市委书记钱永波在闭幕式上作《团结奋进,再创伟业,在参政议政中发挥更大的作用》的讲话。会议通过常委会工作报告的决议、提案工作报告的决议和大会决议。市各有关部门负责人列席会议。

三、市政协三届三次全体会议

三届三次全体会议于1995年2月14~18日举行。会议审议通过市政协常务委员会工作报告和提案工作情况的报告。与会人员列席市三届人大三次会议,听取和讨论政府工作报告及其他报告;围绕政府工作报告进行大会发言,14位委员作专题发言,7位委员作书面发言,市委、市政府有关领导参加会议听取委员发言。与会人员学习江泽民总书记《为促进祖国统一大业的完成而继续奋斗》的重要讲话。会议收到提案320件,提出提案的委员184人,占委员总数的50.1%,所有提案全部立案。会议对1994年度优秀提案进行表彰。中共镇江市委书记方之焯在闭幕式上作《团结奋进,努力作出更大贡献》的讲话。会议通过常委会工作报告的决议、提案工作报告的决议和大会决议。市各有关部门负责人列席会议。

四、市政协三届四次全体会议

三届四次全体会议于1996年2月26日至3月4日举行。中共镇江市委书记方之焯作《加强团结,形成合力,为实现跨世纪宏伟目标而共同奋斗》讲话。会议学习讨论方之焯的讲话和省委书记陈焕友在省政协七届四次会议上的讲话;审议通过市政协常务委员会工作报告和提案工作情况的报告。与会人员列席市三届人大四次会议,听取和讨论政府工作报告和《镇江市国民经济、社会发展第九个五年计划和2010年远景目标规划》及其他报告;11位委员围绕政府工作报告等作大会发言;召开进一步巩固"创卫"成果、加快经济开发区建设、支持和帮助困难企业走出困境、深入开展扫黄"打非"、进一步完善职工医疗改革5个专题座谈会。会议收到提案417件,提出提案的委员186人,471人次,立案413件,对4件不立案的作为来信处理;对1995年度优秀提案进行表彰。会议增选裴祥林、朱仁和为副主席。会议通过常委会工作报告的决议、提案工作报告的决议和大会决议。市各有关部门负责人列席会议。

五、市政协三届五次全体会议

三届五次全体会议于1997年2月22~25日举行。中共镇江市委书记方之焯作《团结奋进,开拓创新,为实现我市两个文明建设的宏伟目标而努力奋斗》讲话。会议学习讨论方之焯的讲话,审议通过市政协常务委员会工作报告和提案工作情况的报告。与会人员列席市三届人大五次会议,听取和讨论政府工作报告和其他报告;13位委员围绕政府工作报告等作大会发言;与会人员25日上午收看邓小平同志追悼大会实况转播。会议收到提案411件,立案404件。其中集体提案45

件,委员个人联名提案359件,537人次。会议对42位1996年度“双尽职”委员(本职工作尽职、履行政协职责尽职)和21件1996年度优秀提案进行表彰。会议通过常委会工作报告的决议、提案工作报告的决议和大会决议。市各有关部门负责人列席会议。

第四节　政协镇江市第四届委员会

一、市政协四届一次全体会议

四届一次全体会议于1998年1月15~20日举行。市委书记方之焯作《加强团结,形成合力,为开创镇江市现代化建设新局面而共同奋斗》讲话。会议学习讨论方之焯的讲话,审议通过市政协常务委员会工作报告和提案工作情况的报告。与会人员列席市四届人大一次会议,听取和讨论政府工作报告和其他有关报告。围绕政府工作报告等进行大会发言,选举产生四届市政协主席、副主席、秘书长和常务委员。会议收到提案325件,立案316件。立案提案中集体提案26件,委员个人或联名提案290件,414人次。会议通过常委会工作报告的决议、提案工作报告的决议和大会决议。市各有关部门负责人列席会议。

二、市政协四届二次全体会议

四届二次全体会议于1999年1月25~28日举行。市委书记方之焯作《同心同德,群策群力,为把一个充满生机和活力的新镇江推向新世纪而努力奋斗》讲话。会议学习讨论方之焯的讲话,审议通过市政协常务委员会工作报告和提案工作情况的报告。与会人员列席市四届人大二次会议,听取和讨论政府工作报告和其他报告。围绕政府工作报告等进行大会发言和召开专题讨论会,对1998年度优秀提案进行表彰。会议收到提案442件,立案436件。立案中集体提案39件,委员个人或联名提案397件,606人次。会议通过常委会工作报告的决议、提案工作报告的决议和大会决议。市各有关部门负责人列席会议。

三、市政协四届三次全体会议

四届三次全体会议于2000年1月24~27日举行。市委书记方之焯作《同心协力,共创辉煌》讲话。会议审议通过市政协常务委员会工作报告和提案工作情况的报告。与会人员列席市四届人大三次会议,听取和讨论政府工作报告和其他报告;围绕政府工作报告等进行大会发言;召开“国有企业改革与发展”“关于镇江形象”“加快旅游发展”专题讨论会;选举王剑等3人为常委。会议收到提案460件,立案455件,其中:集体提案42件,委员联名提案76件,委员个人提案337件。提出提案的委员183人,571人次。会议表彰1999年度优秀提案。会议通过常委会工作报告的决议、提案工作报告的决议和大会决议。市各有关部门负责人列席会议。

四、市政协四届四次全体会议

四届四次全体会议于2001年1月13~17日举行。市委书记方之焯作《阔步新世纪,共创新伟业,为实现富民强市目标而努力奋斗》讲话。会议审议通过市政协常务委员会工作报告和提案工作情况的报告。与会人员列席市四届人大四次会议,听取和讨论政府工作报告和其他报告,讨论“十五”计划及2010年远景目标。围绕政府工作报告等进行大会发言,8位委员作发言。召开“农业结构调整和农民增收减负”“城市规划建设和管理”专题讨论会。增选张克敏为副主席、黄波生为常委。会议收到提案536件,立案530件,其中:集体提案49件,委员个人和联名提案481件。提出提案委员242人,819人次。会议表彰2000年度优秀提案、政协好新闻、“双尽职”(本职工作尽职、履行政协职责尽职）委员和镇江市政协1998～2000年度优秀调研报告。会议通过常委会工作报告的决议、提案工作报告的决议和大会决议。市各有关部门负责人列席会议。

五、市政协四届五次全体会议

四届五次全体会议于2002年1月27～30日举行。中共镇江市委书记张卫国在开幕式作重要讲话，会议审议通过市政协常务委员会工作报告和提案工作情况的报告。与会人员列席市四届人大五次会议，听取和讨论政府工作报告和其他有关报告；围绕政府工作报告等进行大会发言。会议增选杜正起为副主席。会议期间收到提案510件，立案500件。会议通过常委会工作报告的决议、提案工作报告的决议和大会决议。市各有关部门负责人列席会议。

第五节　政协镇江市第五届委员会

一、市政协五届一次全体会议

五届一次全体会议于2003年1月16～21日举行。中共镇江市委书记张卫国在开幕式上发表重要讲话。会议审议通过市政协常务委员会工作报告和提案工作情况的报告。与会人员列席市五届人大一次会议，听取和讨论政府工作报告和其他报告；围绕政府工作报告，就提高市民素质、加快镇江留学人员创业园建设、发展非公有制经济、经营城市、发展旅游业、中小企业改革、发挥高校优势促进地方经济发展、加快社区建设等8个问题进行大会发言；分6个专题讨论组，分别就“发展农村经济、增加农民收入”“全面提高对外开放水平”“发展私营个体经济”“全面提升城市管理水平”“职业教育改革与发展”“就业和社会保障”，与市政府分管领导及有关职能部门的负责人面对面进行协商座谈。采用无记名投票，选举产生五届市政协主席、副主席、秘书长和常务委员55人。会议期间共收到提案462件，立案459件。会议通过常委会工作报告的决议、提案工作报告的决议和大会决议。市各有关部门负责人列席会议。

二、市政协五届二次全体会议

五届二次全体会议于2004年1月8～10日举行。中共镇江市委书记史和平在开幕式上作重要讲话。会议审议通过市政协常务委员会工作报告和提案工作情况的报告。与会人员列席市五届人大二次会议，听取和讨论政府工作报告和其他报告；围绕政府工作报告等，市各民主党派、工商联及部分委员就接轨大上海融入“长三角”、延伸优势产业链提升城市竞争力、统筹协调城乡发展全面建设小康社会、大力优化环境优先发展民营经济、加大扶持力度促进私营出口企业发展、坚持“以民为本”实现城市建设新提升、在房屋拆迁土地征用中切实维护群众利益、加快公共卫生体系建设促进经济社会协调发展、构建新型农村社会养老保障制度、加强近现代革命史迹保护利用展现镇江历史文化亮点等10个问题进行大会发言；还围绕农业增效、农民增收、食品安全、加快企业改制、加强农村基础教育、全面提升城市管

图26-1　2004年，市政协举办“对接沪宁、融入长三角发展”论坛，形成建议案

理水平等5个方面举行专题座谈会。会议期间收到提案430件，立案428件。会议通过常委会工作报告的决议、提案工作报告的决议和大会决议。市各有关部门负责人列席会议。

三、市政协五届三次全体会议

五届三次全体会议于2005年1月12～15日举行，中共镇江市委书记史和平在开幕式上作重要讲话。会议审议通过市政协常务委员会工作报告和提案工作情况的报告。与会人员列席市五届人大三次会议，听取和讨论政府工作报告和其他报告；围绕政府工作报告等，市各民主党派、工商联围绕振兴全市蚕桑产业、优先发展公共交通、加快高新技术产业发展、完善融资担保体系、改善乡镇财政运行状况、建设稳定高效农技推广体系、做大做强全市旅游产业、激活大西路文化市场等8个问题进行大会发言；围绕发展特色农业、推进民营经济加快发展、打造精品发展旅游业、加强名城保护彰显名城特色、建立长效机制创建平安社区等5个方面举行专题座谈会。会议期间收到提案459件，立案447件。本次全体会议取消人工撕票签到，采用电子系统签到。出席和列席人员报到情况可实时显示。会议通过常委会工作报告的决议、提案工作报告的决议和大会决议。市各有关部门负责人列席会议。

第三章　政协镇江市委员会常务委员会议

根据政协章程规定，中国人民政治协商会议镇江市委员会设常务委员会主持会务，常务委员会由主席、副主席、秘书长和常务委员组成，其候选人由参加政协的各党派、团体、各民族和各界人士协商提名，经政协全体会议选举产生。主席主持常务委员会的工作，副主席、秘书长协助主席工作。常务委员会负责召集并主持政协全体会议，每届第一次全体会议前召开全体委员参加的预备会议，选举第一次全体会议主席团，由主席团主持第一次全体会议。全体会议闭会期间，常务委员会议负责审议通过重要建议案；决定工作机构的设置和变动，并任免其领导成员；根据秘书长提议，任免副秘书长等。常务委员会议一般每3个月举行一次。1983～2005年共召开常务委员会议116次。

第一节　常务委员会议

一、一届政协常务委员会议

一届政协（1983～1987年）共召开常委会议26次。会议主要内容是听取和讨论市委工作和任务的报告、关于全市严厉打击刑事犯罪活动情况的通报；听取和讨论市计划委员会、市城乡建设委员会、市商业局、市外办工作情况的通报；听取市委关于整党工作情况、市政府关于城市经济体制改革工作情况的通报；听取市政府关于全市经济体制改革情况和有关部门工作情况的通报；听取和协商讨论全市“七五”计划、城市建设规划和港口对外开放、名城保护与开发的情况通报等。常委们提出要重视科技、教育、医卫方面的改革，要多调查研究，听取各方面意见，积极而慎重地制订改革方案和实施计划，抓紧实行；要充分利用镇江优势，发展脱粒机、喷灌机、锚链、汽车、水泥等拳头产品，特别要大力发展建材工业，发展建筑业，以此带动全市国民经济的发展；要加强对农业生产的领导，摆正粮食生产的位置，注意农业结构调整的合理性；在物价改革中，国营商业在市场上要起主导作用，对那些趁改革之机随意提价、涨价等问题要严肃处理；对城市规划的具体实施、城市管理（包括交通、卫生）、物价管理和蔬菜基地的安排等方面存在的问题，提出意见和建议。

二、二届政协常务委员会议

二届政协(1988～1992年)共召开常委会议24次。会议主要内容是学习、贯彻邓小平视察南方重要讲话,研究政协工作如何根据全市实际,增强大统战观念,真抓实干办实事,为加快改革开放步伐、实现高起点大跨度发展服务。会议对全市经济治理整顿、产品结构调整、农业综合开发、搞活大中小型企业、发展外向型经济、高校思想政治工作和社会主义精神文明建设及民主法制建设等,进行协商讨论。常委会还对市政协工作的机构设置、人事任免及市政协各项重要工作安排进行讨论审议。

三、三届政协常务委员会议

三届政协(1993～1997年)共召开常委会议21次。会议主要内容是听取和讨论全市经济形势和金融情况通报,听取"三国名城"旅游观光活动、反腐败斗争、治理乱收费情况通报,听取市政府工作、开展反腐倡廉、查处大案要案情况通报,听取创建国家卫生城市活动情况通报和举办城市总体规划展览情况介绍,听取讨论全市经济和社会发展情况通报等。会议审议通过《关于加强菜田建设的建议案》《关于进一步宣传贯彻〈中外合资经营企业法〉的建议案》《关于振兴我市国有公交企业的建议案》《优先发展我市汽车工业的建议案》《关于进一步贯彻落实〈教师法〉的建议案》《关于提高市直工业经济运行质量的紧急建议案》,通过《关于进一步参与创建全国卫生城市活动的决议》《关于加强了解和反映社情民意工作的意见》等。

四、四届政协常务委员会议

四届政协(1998～2002年)共召开常委会议29次。会议主要内容是听取讨论国有企业下岗职工基本生活保障和再就业的工作情况通报,听取讨论抗洪抢险、水利重点工程建设和农村经济工作情况通报,听取讨论国民经济和社会发展计划执行情况通报等。会议审议通过《住宅小区物业管理的建议案》《确立食品工业为我市支柱产业的建议案》《落实政策,稳定农技队伍的建议案》《进一步加强我市建筑市场管理的建议案》《进一步加强我市小城镇建设的建议案》《建立和完善社区卫生服务的建议案》《进一步优化台商投资环境的几点建议》《整治主城区违法违章占道的建议案》《发展全市旅游业的建议案》《加强信息化建设的建议案》《创建园林城市的建议案》《做大做强我市民营经济的建议案》《加大扶持力度,加快我市文化产业发展的建议案》《加快转变政府职能,积极应对入世的建议案》《我市城区水资源污染综合防治的建议案》《合理保护利用矿产资源,促进建设保护生态城市的建议案》《适应农村税费改革形势,加快建立新的农村基础教育发展保障体制的建议案》《加强我市中小企业信用体系建设的建议案》《加快发展我市服务业的建议案》《搞好市区弱势群体社会保障和提高其生活水平的建议案》等。

五、五届政协常务委员会议

五届政协(2003～2005年)共召开常委会议16次。会议主要内容是协商讨论市政府《关于国有中小型骨干企业产权制度改革的实施意见(讨论稿)》《关于改制企业职工劳动关系调整的补充意见(讨论稿)》,听取中级法院、检察院工作情况通报,协商讨论全市食品安全情况,听取讨论市政府制定"十一五"规划的通报等。会议审议通过《促进我市房地产业持续健康发展的建议案》《加快我市农村劳动力转移的建议案》《加强我市农产品安全建设的建议案》《提升我市工业企业竞争力的建议案》《进一步加快民营经济发展的若干意见》《加快完善镇江市区老住宅小区基础设施的建议案》《加强中小学教师队伍建设的建议案》《镇江对接沪宁融入长三角发展的建议案》《长江饮用水水源保护和污染防治的建议案》《推进统筹城乡发展,加强"三农"工作的建议案》等。

第二节　主席会议

政协主席会议由主席、副主席、秘书长组成,处理常务委员会的重要日常工作。一般每月举行一次,必要时临时召集。会议由主席主持,或由主席委托副主席主持。副秘书长、各专门委员会负责人和办公室、研究室主任以及与议题有关的其他人员列席。

主席会议的主要任务是:协商讨论地方重大方针政策以及社会生活中的重大问题,提出建议和意见;审查以政协或常务委员会名义向党委、政府提出的重要建议案;拟定常务委员会会议的议程、日程,审议提交常务委员会会议的文件;执行常务委员会会议的决议;审议政协及其常务委员会的工作计划、工作报告和重要活动方案;审议专门委员会的年度计划和总结;处理常务委员会的其他重要日常工作。

从1983年市政协一届一次全体会议到2005年市政协五届三次全体会议,共举行290余次主席会议。市政协主席会议就市直工业中小企业产权制度改革、预防和化解基层人民内部矛盾、整治镇江市主城区违法违章占道、加强西津渡历史街区规划保护、加强中小企业信用体系建设、加快服务业发展、搞好弱势群体社会保障、推进全市信息化建设、合理保护利用矿产资源,促进生态城市建设、加快建立新的农村基础教育发展保障体制、发展市旅游业、加强长江饮用水源保护和污染防治、进一步加快民营经济发展的若干意见、加强食品安全监管、完善老住宅小区基础设施、促进镇江市房地产业持续健康发展、加快镇江市职业教育改革与发展等进行专题协商讨论。

第四章　政协工作

第一节　视察调研

政协镇江市第一届委员会(1983～1987年),组织专题调查视察活动221次,向党政部门提出调查报告104份,主要包括在围绕全市国民经济和社会发展计划进行协商监督等方面,提出意见和建议被采纳。如1985年,省政府在对镇江市整体规划的批复中,规定老港区是客运和市区为人民生活服务的货运港区,对老港区的功能要进行疏解,向大港、高资两地发展。市政协就此多次召开专题座谈会,用5个多月时间会同有关部门,整理10万字的资料,提出整治老港口可行性方案及其调研报告,报送中共镇江市委和市政府。市政府采纳政协改造老港的意见,经交通部和省政府联合在镇江召开的可行性研究审查会的论证分析,批准有市政协参与提出的镇江老港整治方案,并安排经费,由市政府组织实施。

政协镇江市第二届委员会(1988～1992年),围绕改革开放、经济建设及治理整顿中政府和群众关注的重大问题,选准课题,组织调研。就经济结构调整、农业和农村工作、城市规划、名城保护、大港港口管理体制、搞活大中型企业、深化企业内部改革、商业网点建设、茅山老区经济开发、粉煤灰治理、高校学生思想政治工作和医药卫生、民主法制、对外开放等方面的问题,共组织调研视察活动200多次,参加活动的委员有3500多人次。市政协常委会议和主席会议,加强对专题调查的领导和审议工作,定期听取调研成果的汇报和对重大课题进行审议。5年共形成建议案、调查报告和情况反映150余件,报送中共镇江市委、市政府,大多受到重视和采纳。

政协镇江市第三届委员会(1993～1997年),专委会在常委会和主席会议领导下,围绕镇江市经济和社会发展中的重点、难点,选择60多个专题,开展140多项调研、视察,向市委、市政府提出

85 份报告。1993 年“关于加强农村技术推广网络建设的建议”送到市委、市政府后，分管书记作重要批示，市委以镇办发〔1993〕60 号文件全文批转各级党委和政府执行落实。为把镇江建设成现代化港口城市，市政协组成 1 个多学科的队伍，先后对 20 个专题进行广泛的调查论证，提出 22 份专题报告。1995 年 8 月召开建设现代化港口城市献计献策会。就镇江现代化港口城市的雏形、框架及加快建设的措施等方面，建言献策，提出 60 多项 340 余条建议，为 1996 年制定“九五”规划提供决策参考。

政协镇江市第四届委员会（1998 ~2002 年），围绕市委、市政府工作中心和重点，完成调研课题 169 项，形成专题报告 43 份，建议案 21 件。关于加强农村小城镇建设、整治主城区违法违章占道、发展旅游业、推进全市信息化建设、防治城区水资源污染、保护和利用山石资源、建设中小企业信用体系、发展服务业等建议案，受到市委、市政府重视。大多数建议案被市政府以文件形式转发，要求各地、各部门结合实际贯彻执行。推进信息化建设的许多建议被写进市第四次党代会报告中。组织委员对文化工作开展调研和评议，形成系列调查报告，提出“建设文化名市”的建议被市委、市政府采纳。

政协镇江市第五届委员会，2003 年形成专题报告 39 份，2004 年完成调研视察课题 28 个，形成专题报告 21 份，2005 年形成专题报告 19 份。2003 年围绕食品安全问题，组织百名委员分 4 个视察组，就豆制品市场和“地沟油”流向餐桌等突出问题明察暗访。经五届四次常委会审议形成《关于加强我市食品安全建设的建议案》，市委、市政府转发这一建议案，要求市有关部门认真落实。《关于提升我市工业企业竞争力的建议案》，中共镇江市委主要领导作重要批示，市政府全文予以转发。在对接沪宁、融入长三角发展，实现镇江加快发展的举措中，市政协组建综合调研组和 11 个专题调研组，经过半年的调研，形成 31 份主题报告和 17 份专题报告，经五届十一次常委会议审议，形成《关于镇江对接沪宁、融入长三角发展的建议案》，受到重视。五届十四次常委会审议形成的《关于我市推进统筹城乡发展，加强“三农”工作的建议案》，市委、市政府全文转发建议案，许多建议被吸纳到“十一五”规划纲要中。

第二节　反映社情民意

了解和反映社情民意，向党委、政府提供决策参考，是人民政协的一项重要任务。1996 年，按照全国政协主席李瑞环的讲话精神和江苏省政协的要求，市政协发挥 30 多名信息员的作用，搜集并反映许多有价值的情况和问题；同年编发《社情民意简报》6 期，报送市委、政府和有关部门。

1998 年，四届四次常委会议对教卫文体委员会提交的《关于我市医疗制度改革运行情况》的调查报告进行专题审议之后，向市政府提交《进一步完善医改政策，促进医疗保障制度健康发展》的重要社情民意。

1999 年召开全市政协社情民意工作会议。在整理报送的社情民意中，许多是领导关注和群众关心的热点难点问题。关于国有企业改革和发展的体制障碍及社会保障问题的社情民意，全国政协以《1999，国企改革改什么》为题，在《政协信息》上发表。关于《遏制台湾岛内分裂势力》4 点建议上报后，省政协专门编发一期《社情民意》简报，引起了有关方面的关注。关于《宝华山风景区重复售票》的情况，反映到市委、市政府后，市委分管领导立即批示，句容市政府采取有效措施予以纠正，受到游客好评。

2000 ~2002 年，《社情民意简报》主要反映内容有：《圌山风景区保护刻不容缓》《关于我市城区土地开发、经营收益的几点建议》《振兴我市中医药事业刻不容缓》《“平改坡”应尽早成为政府行为》《关于取消茅山苏南抗战胜利纪念碑收费、降低纪念馆收费标准的建议》《以乡镇、社区为单位建立大病医疗互助基金》《医疗保险制度改革不容忽视的几个问题》《建议抓住有利时机整顿砖瓦企业》《关于我市个私经济实现跨越发展的建议》《关于在长江路小码头地区设置公交集散场地的建议》。

2003 年编发《社情民意简报》24 期,《要重视镇江港位次下降的问题》《我市"全国重点乒乓城"建设明显滑坡》《机动车乱停放严重,亟需增设各种停车场》《增辟市民健身场所》等内容引起有关部门重视。《关于"非典"对农村劳务输出的影响和对策建议》,副省长黄莉新作出批示,要求省有关部门进一步加大农村劳动力转移的力度。《关于老师地方岗位补贴的意见》受到重视,并妥善解决。

2004 年,市政协设立社情民意电子邮箱,开通社情民意热线免费电话,加上原有的社情民意信笺,反映社情民意有 3 个传递主渠道,共收集信息 101 条,编发《社情民意简报》23 期。其中比较重要的有《失地农民"农转非"手续应及时办结》《进一步加强我市看守所建设》《在古运河镇江城区段建设"中国大运河诗画廊"》《部分台商关于进一步完善镇江市投资环境的意见》《尽快妥善解决台资企业吉昌橡胶公司所遇问题》。同年 3 月,市政协邀请 10 名市民到政协机关,与市政府有关部门的负责人讨论民生方面热点问题。

2005 年收集信息 96 条,市委、市政府领导 17 人次对 12 件社情民意信息作出批示。如委员们对落实市委、市政府《关于进一步加快民营经济发展的若干意见》提出 15 条建议,市领导批示市经贸委进行督办。公安部门对反映"市区塔山路周边环境亟待改善"的问题进行专项整治。《关于加快圌山风景区保护和建设的建议》《建议将赛兆祥纪念碑石安置在赛珍珠故居》和《关于加快发展现代商贸流通业的意见和建议》等均得到有关部门的重视。

市政协不定期地以"委员约谈"形式,就镇江经济和社会发展中的重点问题听取委员意见。2001 年约谈的问题有"发挥高校优势,促进镇江经济发展""加强青少年道德教育"等,2002 年约谈的问题有"加快住宅小区整治,改善市民居住环境""培育和发展我市物流业""技工队伍建设""推进旅游项目化运作"等。

第三节　提案工作

政协提案是政协委员、参加政协的党派、人民团体和政协专门委员会,向政协全体会议或者常务委员会提出的、经提案审查委员会或者提案委员会审查立案后由承办单位办理的书面意见和建议。政协提案是人民政协履行政治协商、民主监督、参政议政职能的一个重要方面。经审查立案的提案,根据提案内容和有关单位的职责分工确定承办单位。经审查不予立案的,根据不同情况,分别以适当方式转送有关单位研究、参考,并通知提案者。经审查立案的提案,由政协按归口管理的原则,送交有关单位承办。全体委员会议期间的提案,通过召开承办单位会议集中交办;闭会期间的提案,随时交办。提案的办理结果由承办单位直接向提案人反馈。

1983 年 3 月召开的一届一次会议,由于主要任务是实现市管县新体制后的换届工作,会议没有提出提案。1984 年 3 月召开的一届二次会议,决定将提案改为议案和批评、建议、意见,并作出"一人提出、三人附议,经议案审查委员会和全体委员半数通过始得立案"的规定,会议期间审查立案的议案只有 25 件,批评、建议、意见为 91 件。1984 年 11 月召开的一届三次会议,其任务是补选市政协主席和常委,提案工作未列入会议议程。1985 年 3 月召开的一届四次会议,根据省政协的意见,决定废除有关议案和批评、建议、意见的规定,恢复提案工作,并明确提出委员提案实行提案人数、内容、时间不限制,会议期间委员提出提案 182 件。其中,属于经济建设与体改 19 件;财贸物价 11 件;城乡建设环保 80 件;科教文卫 41 件;政协统战 8 件;落实政策 23 件。

从市政协一届五次会议(1986 年 3 月)至 1991 年年底,共收到委员提案 1953 件(包括全会闭会后委员所提提案),提案内容涉及经济建设、改革开放、科技兴市、农业生产、城建环保、港口建设、文教卫体、统战工作和人民生活等方面,其中当年解决或正在解决提案有1537件,占78.7%,由于种种原因不能解决的提案有416件,占21.3%。1988年设立常设机构——提案工作委员会,办案逐步程序化,委员对提案办理满意或基本满意率达90%左右。

1992年共提出提案309件,其中以党派和人民团体名义提出的集体提案达17件。提案内容涉及政治、经济、科技、文化和人民生活等方面,提案的采纳、吸收率达89%以上,委员对提案办理满意或基本满意率达90%以上。

1993~1997年,三届委员会经审查立案的提案共1927件,比二届委员会(1988~1992年)1829件增长5.4%。民主党派、人民团体、政协专门委员会、委员界别小组的集体提案总数达179件,为上届委员会的3.7倍。提案内容中:经济建设方面1101件,占57.1%;科教文卫体方面477件,占24.8%;政治法律、劳动人事方面165件,占8.6%;政协统战方面99件,占5.1%;其他方面85件,占4.4%。提出提案的委员有299人,占委员总数的81%。提案答复率达100%,提案办理见面率达80%以上,提案采纳率达85%,提案办理满意、基本满意率达90%以上。

1998~2002年,四届委员会共征集提案2473件。经提案委员会审查立案2427件,其中:市各民主党派、工商联、有关人民团体的提案220件,委员个人和联名提案2207件。立案提案按类别分,经济建设方面1517件,科教文卫体方面478件,政法、劳动人事方面201件,政协统战工作方面71件,其他方面160件。根据职责分工和归口办理的原则,立案提案由各相关部门和单位全部办复。所提意见和建议被采纳落实或列入计划逐步解决的有2115件,占办复提案总数的87.1%,对所提问题因条件限制或其他原因暂时难以解决的312件提案,承办单位如实作解释说明。提案者对1868件提案的办理情况给予反馈,满意和基本满意率达92.3%。

市政协五届一次会议至五届二次会议,市各民主党派、工商联、有关人民团体和市政协委员共提出提案497件,经审查立案484件。提出提案的委员239名,占委员总数的69.5%。根据职责分工和归口办理的原则,立案提案分别送交中共镇江市委和市政府有关部委办局、市人大常委会办公室、市政协办公室、辖市(区)人民政府、有关人民团体等68个部门和单位研究办理。截至2003年12月,所有提案全部办复,从反馈的情况看,一次办理的满意和基本满意率为94.6%。

市政协五届二次会议至五届三次会议,市各民主党派、工商联、有关人民团体、政协专门委员会和市政协委员共提出提案450件。其中:集体提案76件,委员个人和联名提案374件。按类别分,经济建设方面233件,科教文卫体方面79件,政治法律、劳动人事方面57件,政协统战工作方面21件,其他方面60件。根据职责分工和归口办理的原则,立案提案分别送交中共镇江市委、市政府有关部委办局、市人大常委会办公室、政协办公室、辖市(区)人民政府等70个部门和单位研究办理。截至2004年12月,所有提案全部办复。所提意见和建议得到解决或列入计划准备解决的411件,占立案提案总数的91.3%。对所提问题因条件限制或其他原因暂时难以解决的39件提案,承办单位如实作解释说明。提案办理的满意和基本满意率为96.4%。

市政协五届三次会议至五届四次会议,市各民主党派、工商联、有关人民团体、政协专门委员会和政协委员共提出提案498件,其中:集体提案72件,委员个人和联名提案426件。按类别分,经济建设方面262件,科教文卫体方面86件,政治法律、劳动人事方面69件,政协统战工作方面16件,其他方面65件。根据职责分工和归口办理的原则,立案提案分别送交中共镇江市委和市政府有关部委办局、市政协办公室、辖市(区)人民政府等65家承办单位办理。截至2005年底,按照规定全部办理完毕,提案者反馈表示满意和基本满意的达96.7%。

提案选介 政协一至五届四次会议期间,市各民主党派、工商联、人民团体和广大政协委员共提出提案8107件。提案内容涉及经济建设、科教文卫、政协统战、劳动人事等各个方面。许多提案产生较好的社会效益和经济效益。

提案者:中国农工民主党镇江市委员会

案　由:关于强化国有大中型企业项目投资管理提高投资成功率的建议

提案内容:20世纪90年代以后,镇江市国有大中型企业进行的投资项目虽有成功的范例,但在管理上也存在一些问题:政府对立项认识有偏差;项目投资管理部门制度不健全;国有大中型企业内部对项目投资管理混乱。为了从根本上减少镇江市大中型企业项目投资失误率,我们建议:第一,强化项目管理,由市计委牵头,设立项目投资管理办公室,对于国有大中型企业在500万元以上的投资项目,必须经市项目投资办公室审批。第二,重视项目前期工作,强化项目实施期管理。第三,改革项目资金管理制度,确保资金专款专用。第四,确立项目负责人负责制。

办理情况:镇江市计划委员会1998年5月8日函复。

你们提出的强化项目投资管理,提高项目投资成功率的建议很有现实意义,我们深表赞同。今后,我们将突出抓好以下几方面工作,使项目投资管理进一步科学化、规范化、制度化。第一,加强项目前期论证,切实把好项目决策关。使建设项目达到经济上合理、技术上先进、条件上可行,提高项目成功率。第二,严格项目审批制度,切实把好新建项目审批关。凡新上项目,资金不落实的不予审批,从根本上改变长期存在的无本投资和超负债投资状况。第三,进一步规范投资行为,落实建设项目法人责任制。第四,推行投资体制改革,对投资项目实行全过程管理。

提案者:中国民主同盟镇江市委员会

案　由:关于积极推进镇江市农业产业化进程的建议

提案内容:在产业化经营模式方面,镇江市已基本形成"农户+市场、农户+基地、农户+公司"多元发展模式。在经济合作组织形式方面,镇江市已经组织或即将组织的形式有农民联合体、专业合作社、专业协会。为了把镇江市农业产业化引入健康良性循环的正确轨道,建议:第一,要积极稳妥地推进农业产业化进程。第二,要把农民利益放在第一位。第三,大力发展专业合作社,帮助农民进入市场。第四,创办示范生产基地,推进农业产业化进程。第五,摆正农业产业化中政府作用的位置,政府要变微观指导为宏观指导,变指令性计划为指导性意见,变强制性行政为引导性推广,更多地在政策和服务上发挥政府的作用。

办理情况:镇江市人民政府办公室1999年7月26日函复。

提案所涉及的内容市领导十分重视,已指示市有关部门研究。为了使农业产业化经营的各项措施真正落到实处。市里在工作安排上,确定了中长期规划和年度奋斗目标。确定今年重点抓好三大工程的实施,即:规模化生产基础工程、科技攻关示范开发工程、加工流通龙头企业扶持工程。为更好地引导和帮助农业走向市场,市县乡各级通过多种形式、尝试各种办法,搞活农村流通,其中鼓励和扶持农村专业合作社就是一个有效手段。市农口有关部门还开展了培养农民经纪人的活动,有效地促进了农民进入市场。目前,我们正在进一步地调研,采取进一步的措施,不断把农业产业化经营推向深入。

提案者:中国民主建国会镇江市委员会

案　由:关于加强港口建设的几点建议

提案内容:镇江港已被列入全国主枢纽港之一,进入国家重点建设的港口行列。为此建议:第一,坚定不移地贯彻市委、市政府确定的"以港兴市,以外促内,建设港口城市"的发展战略,切实把港口建设放在社会发展战略的高度上来认识。第二,维护《镇江港总体布局规划》的严肃性,珍惜港口岸线这一不可再生资源。第三,加大步伐争取大港三期工程建设上马。第四,发展集装箱运输,下大力气帮助港口扭亏。

办理情况:镇江市人民政府2000年11月1日函复。

建议很好，我们经过认真研究采取6条措施：第一，实行“政企分开”，加快港口管理体制改革。第二，以港口为核心，加快发展现代物流业。第三，以巩固和发展国家主枢纽港地位为目标，切实加强公用码头开发建设。第四，营造一流环境，建立口岸绿色通道。第五，积极推进大港三期工程建设。第六，制订出台《镇江市企业专用码头管理办法》。

提案者：镇江市台湾同胞联谊会

案　由：关于吸引人才，为科学技术努力创造更大发展空间的建议

提案内容：制定优惠政策，改善生活条件，优化工作环境，对于吸引人才的确非常重要，但为科学技术努力创造更大的发展空间，这是关键之中的关键。建议：第一，以企业为主体，以高校和科研机构为主力，建立镇江市科技创新体系，构建镇江市科技发展框架。第二，以高新科技企业为骨干，建立和壮大对高新科技有远见的企业家队伍，以激发对高新科学技术研究、创新的热情。让国内外高新科技人才知道，镇江是他们知识和才能得到发展的最佳去处。

办理情况：镇江市人民政府办公室2001年3月函复。

建议很好，一语道中引进人才的关键。如何为科技人员、工程技术人员创造更大的发展空间，使他们能够在企业技术创新中大展宏图，为镇江工业经济发展作出巨大贡献，市经委制定了《关于加强工业企业技术创新工作的实施意见》等相关政策，充分调动广大科技人员投身企业技术创新的积极性，做法是：第一，构筑企业技术创新三大体系，全面推进企业技术创新工作。第二，以信息化带动工业化，促进高新技术产业化和产业高新技术化。相信这一定能为科技人员提供更大的发展空间，使他们能够为镇江的工业经济发展作出更大的贡献。

提案者：中国致公党镇江市委员会

案　由：关于抓住机遇，招商引资，大力发展开放型经济的建议

提案内容：为了抓住入世机遇，强化招商引资，推进镇江市开放型经济的跨越发展，我们建议：第一，创新思想，提升发展理念，增强竞争意识。第二，狠抓机遇，乘势而上，加大招商引资力度。首先，各县（市）区及有关部门要站在全局的高度，制定符合全市发展并带地方特色的主导产业结构规划，拓展招商引资渠道。其次，以扩大外商投资领域为契机，以完善的招商网络为依托，开拓新的项目源。及时掌握外资到位情况，根据实际到账资金数额给予引资人和项目负责人相应的奖励。第三，全市动员，人人动手，努力优化投资环境。

办理情况：镇江市政府办公室2002年6月12日函复。

该提案内容翔实，思维开阔，针对镇江开放型经济的现状提出的各项建议很有借鉴意义，并具有较强的操作性，市外经局组织专题讨论，制定了以下12条措施：坚定积极、合理、有效地利用外资的思想不动摇；加快农业和服务业利用外资的步伐；主攻大项目和高科技项目；切实延伸招商触角；实行上下联动、内外结合的全方位招商；加强项目增资和“以外引外”工作；建立重点项目外资到位责任制和旬报制；认真落实吸引外商投资的鼓励措施，包括引荐外资的奖励办法；建立各级免费服务中心；实行外商投诉处理与领导干部外资工作责任状挂钩；塑造城市形象；坚持不懈地宣传镇江，扩大镇江市知名度。

提案者：中国农工民主党镇江市委员会

案　由：关于加快建立镇江市农民基本医疗保障制度的建议

提案内容：建立全民医疗保障特别是建立农村农民的社会医疗保障，是镇江市医改工作发展的必然要求。因此，我们建议加快制定以大病保险为主的多层次、多类型的农民医疗保险体系和办法，建立镇江市农民基本医疗保障制度。

办理情况：镇江市人民政府办公室2003年4月16日函复。

镇江市已在句容、丹阳、扬中进行了农村医疗保险的试点，目前我们有条件、也有能力建立包括农村在内的城乡一体化医疗保障体系。我们的基本构想是：第一，将农村医疗保险统一纳入整个社会医疗保障体系建设。第二，坚持多渠道筹资，加大政府投入。第三，对农村困难人员实施医疗救助。第四，提高农村医疗保险的统筹层次。

提案者：镇江市总工会

案　由：关于对改制后企业加强服务的建议

提案内容：镇江市的企业改制已基本结束，取得了预期效果，但还存在着一些问题：少数企业存在职工应签订无固定期合同、但未执行的现象，企业承诺清欠职工工资补缴养老金、医疗保险等未兑现等。我们建议：第一，加强跟踪检查，确保承诺目标的严肃性。第二，加强职能作用到位，加快推进依法管理。第三，强化服务功能，进一步营造良好的发展环境。

办理情况：镇江市人民政府办公室2005年7月19日函复。

提案非常适时和切中要点，为此，我们将采取以下措施：第一，大力提升改革质量。用对改制企业检查验收的方式倒逼改制企业完善各项改革手续，全面提升改制质量。第二，切实维护职工权益。坚决纠正在国有企业改制重组中侵害职工合法权益的行为，保证职工群众充分享受改革发展的成果。第三，加强对改制企业的服务，努力营造良好的发展环境，不断加强与有关部门的沟通协调，促进改制企业有关政策落实到位，着力构建融资服务平台，利用市中小企业服务中心，为改制企业提供小额融资担保。

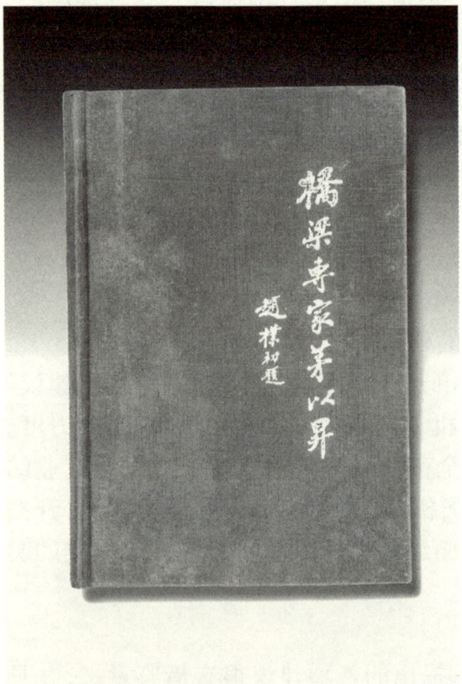

图26-2　1990年12月，市政协编纂的《桥梁专家茅以升》出版发行

第四节　文史资料征编出版

根据政协章程规定，中国人民政治协商会议地方委员会根据统一战线组织的特点进行关于中国近代史、现代史资料的征集、研究和出版工作。1983年后，文史资料工作向政协委员和各界人士征集大量“三亲”（亲历、亲见、亲闻）史料。1983～2005年出版37辑文史资料综合辑和文史资料专辑，共700多万字。

1983～2005年部分年份出版的文史资料专辑情况表

表26-4

文史资料名称	出版年份
镇江文史资料四县专辑	1983
柳翼谋先生纪念文集	1986
镇江政协四十年	1989
镇江乡情	1990
爱国老人马相伯	1990

续表 26-4

文史资料名称	出版年份
桥梁专家茅以升	1990
纪念陆小波先生	1991
艺海苦航录	1992
吕凤子纪念文集	1993
嫘祖传人	1993
严惠宇纪念文集	1994
三国演义研究	1994
镇江宗教	1995
辛亥镇江将军录	1997
名城卫士	1998
黎明前后	1999
李宗海先生诗词楹联选	2000
创业之星	2001
岁月沧桑古运河	2002
走进茅山	2003

1983～2005 年根据全国政协和省政协的要求，开展文史资料工作大协作，分别向全国政协和省政协提供大量文史资料。

第五节　联谊会工作

市政协联谊会成立于 1988 年，是市政协领导下由曾经担任过政协委员的同志组成的群众性、联谊性、地方性、非营利性社会团体。联谊会负责组织会员学习邓小平理论、"三个代表"重要思想、科学发展观，学习党的路线、方针、政策和国家的重大法规法令，帮助会员了解国际国内形势、了解本市各项建设的情况，关心并支持人民政协的工作；组织适当的参观、访问联谊活动；关注社情民意，向市政协反映情况；尽会员之所长，发挥余热，献计献策。联谊会设会长 1 人，副会长若干人，秘书长 1 人，任期与市政协同步。

镇江市政协联谊会第一至四届领导成员名单

表 26-5

届别	起至年月	会　长	名誉会长	副会长	秘书长
一	1988 年 6 月 18 日～1993 年 7 月 12 日	黄选能	－	张信澄、姜挹秋、孙凤翔、戴瑛、姚敦本、陆汝纯、洪维新、伏镇钧	钱永祯
二	1993 年 7 月 12 日～1999 年 12 月 16 日	黄选能	－	张信澄(常务)、姜挹秋、孙凤翔、戴瑛、姚敦本、陆汝纯、洪维新、伏镇钧	谢　苏
三	1999 年 12 月 16 日～2003 年 2 月	周大平	黄选能	昌万海、张信澄(常务)、姜挹秋、孙凤翔、姚敦本、洪维新、陆汝纯、邬伯翔、朱仁和、伏镇钧	谢　苏
四	2003 年 2 月～2005 年 12 月	周大平	黄选能	昌万海、张信澄(常务)、姜挹秋、姚敦本、洪维新、朱仁和、伏镇钧	谢　苏

———小资料———

[清]周镐·京江二十四景图——江上救生

镇江北临长江，与瓜洲隔江相望，历为大江南北交通要冲。由于江面宽阔，水流湍急，波涛凶险，每遇疾风激浪，时有舟覆人溺之患。在唐、宋、元、明数百年间，历代官员为加强津渡安全，不断整饬积弊，不得超载，不得索要渡资，严禁小舟私渡，订立会规，并相应的增置巨舫，避免小船私渡而遭不测，以抵御风溺之险。清康熙四十一年(1702年)镇江出现了民间慈善团体，创设了京口救生会，并在西津渡路段观音洞对面的宴公庙建立会址，从事江上救生，并制定救生人员抢救遇难者，分别情节予以奖银。京口救生会的诸多义举引起社会关注和支持，发扬救人为乐的慈善精神，迄今仍为人赞颂。

第二十七卷

民主党派

工商联

卷目

镇江市有中国国民党革命委员会(简称民革)、中国民主同盟(简称民盟)、中国民主建国会(简称民建)、中国民主促进会(简称民进)、中国农工民主党(简称农工党)、中国致公党(简称致公党)、九三学社(简称九三)7个民主党派的市委委员会和镇江市工商业联合会(简称工商联)。他们同中共镇江市委风雨同舟,亲密合作,是镇江爱国统一战线的重要力量。

1983~1984年,镇江有5个民主党派市委会(民革、民盟、民建、农工党、九三学社)和1个省直属小组(民进),25个基层支部和9个市属小组,成员460人。市工商联会员1565人。市各民主党派成员以城市为主、中上层有一定代表性的人士为主、各自分工发展的重点范围为主。其中,有5名民主党派、工商联的主委(会长)分别担任市人大常委会副主任、市政协副主席;有3名民主党派成员分别为全国人大代表(钱元骏、李荣琪)、全国政协委员(高良润)。1988年10月,民进市委会召开第一次全体会员大会;1989年1月,致公党市委会正式成立。至此,全市民主党派市委会增加到7个,成员总数1179人。

镇江各民主党派、工商联按季或半年召开一次市委会(执委会),每1~2个月召开一次工作会议,各支部(支社、分会)和直属小组负责人出席或列席。基层组织每月过一次组织生活,学习中共中央重要文件,特别是关于统一战线方面的文件;学习本党派、工商联全国、全省重要会议文件;学习本党派、工商联的历史和章程;讨论本党派、工商联的工作;对镇江市政治、经济、社会等方面热点、难点、重点工作开展调研,形成议案、提案和建议,提交市人大、市政协会议或政府有关部门办理。

20世纪80年代起,镇江各民主党派坚持与中国共产党"长期共存、互相监督、肝胆相照、荣辱与共"的方针,重视自身组织建设,努力提高成员素质。90年代后,镇江市各民主党派有计划地稳步发展新成员,特别是吸收年纪较轻、综合素质较好、具有中高级职称、有一定知名度或影响力的党外人士。其中,全国人大代表(潘一乐)和全国政协委员(吴守一)各1名。1999年末,全市民主党派成员增加到1665人。2005年末,全市7个民主党派市委会有3个总支4个基层委员会113个支部支社,成员总数2123人,比1985年末的616人增加1507人。其中,具有高级职称994人,占成员总数46.8%;担任处级实职以上领导干部13人,被聘为市特邀(约)人员78人。担任各级人大代表51名,其中,全国人大代表1名(潘一乐),省人大代表4名。担任全国政协委员1名(宋余庆),省政协委员10名。

1980年6月,镇江市工商联恢复组织工作。至2005年,市工商联和辖市(区)工商联组织健全。全市有基层商会67家,行业商会33家,会员总数7666户(人)。

1983~2005年在中共镇江市委领导下,镇江坚持和完善多党合作制,把握加强中国共产党的领导和发扬社会主义民主这两条主线,营造团结、民主、和谐的政治局面,为民主党派、工商联的工作创造良好条件。镇江各民主党派、工商联把工作重点逐步转移到为社会主义现代化建设事业服务上来,通过参加中共镇江市委双月座谈会、通报协商会和各级人大、政协会议,坚持与政府有关部门对口联系制度、特邀(约)人员活动制度,参与国家政治生活和地方重大事务管理,履行政治协商、参政议政、民主监督的职能。其间开展经济、科技、文化、教育、医卫、城市规划与建设等多方面的咨询服务和智力支边、"光彩事业""情系老区献爱心、扶贫助残送温暖""送医药送文化送科技下乡"等活动;开展对港澳台和海外侨胞联谊活动和庆祝香港、澳门回归系列活动;开展维护安定团结,发展爱国统一战线,促进祖国和平统一活动;开展为发展镇江经济、扩大改革开放建言献策活动;开展党外特邀(约)人员参加全市党风党纪、行风监督、专项整顿治理检查等各项活动。

1983～2005年，镇江各民主党派重点围绕中心工作和社会热点问题，组织党派成员调查研究，向中共镇江市委、市政府建言献策。通过市人大、市政协会议，先后提出各种议案、建议或提案4660多件。市工商联作为镇江工商业界人士组成的人民团体和民间商会，在推动非公有制经济发展、开拓市场、解决下岗人员再就业等方面做出贡献。自1992年起，市各民主党派、工商联13个参政议政联合协调组，提出调研课题118个，向中共镇江市委、市政府提出专项调研报告和书面建议32份，为推进镇江经济建设、社会事业发展、民主政治建设和社会进步发挥作用。

1983～2005年，全市各民主党派、工商联广大成员参加各级社会主义学院(校)党外干部培训，统一战线理论研讨，工作经验交流，加强自身思想建设、组织建设、队伍建设，与中共中央在政治上保持一致。其中被民主党派中央、全国工商联表彰为全国优秀党务(社务)工作者、优秀党员(会员、社员)、先进基层组织、全国先进支部、全国先进个人、为社会主义两个文明建设服务先进个人、机关建设先进个人、抗击“非典”先进集体和先进个人、抗洪救灾先进集体和先进个人等称号的有32(人)次。

2005年镇江市各民主党派基本情况一览表

表27-1

名称	组织情况(个)				成员情况(人)			参政情况(人)									
	市委会	总支部	基层委员会	支部支社	总数	高级职称	新成员	人大代表				政协委员				任实职数(处以上)	市特邀(约)人次数
								辖市(区)	市	省	全国	辖市(区)	市	省	全国		
民革	1	–	–	10	178	55	21	2	2	–	–	12	15	1	1	3	7
民盟	1	1	2	34	633	335	32	5	2	1	–	20	26	2	–	4	12
民建	1	1	–	16	264	55	9	4	8	1	–	31	18	1	–	1	21
民进	1	–	–	18	250	92	17	2	2	–	–	16	15	2	–	2	10
农工党	1	1	1	17	379	192	19	4	8	1	–	28	18	2	–	3	12
致公党	1	–	–	4	95	29	13	–	2	–	–	5	12	1	–	–	9
九三学社	1	–	1	14	324	236	19	3	2	–	1	15	18	1	–	–	7
合计	7	3	4	113	2123	994	130	20	26	3	1	127	122	10	1	13	78

第一章　民革镇江市委员会

1983～2005年，民革镇江市委切实加强自身建设，开展各项工作，履行参政党职责，为促进改革开放和中国特色社会主义事业的发展，以及促进祖国和平统一等方面作出贡献。

第一节　组织建设

一、党员(代表)大会

镇江市民革组织建于1957年，时为民革江苏省镇江市直属支部。1962年3月，民革镇江市第一次党员大会，选举产生民革镇江市第一届委员会，主委为杨公崖，副主委为李瑞吉(驻会)、杨效颜。1980～2001年先后召开民革镇江市第二至七次党员(代表)大会，选举产生各届市委会。

1980 年 12 月，民革镇江市第二次党员大会，选举产生由 7 人组成的民革镇江市第二届委员会，主委为洪维新，副主委为耿德星（驻会）、丁国民；时有党员 14 人。

1984 年 10 月，民革镇江市第三次党员大会，选举产生由 11 人组成的民革镇江市第三届委员会，主委为洪维新，副主委为耿德星（驻会）、丁国民（驻会）、康扬；时有党员 42 人。1986 年 6 月，耿德星离休。7 月增选刘承为副主委兼秘书长（驻会）。

1988 年 5 月，民革镇江市第四次党员大会，选举产生由 13 人组成的民革镇江市第四届委员会，主委为刘承，副主委为康扬、杨立，秘书长为刘中白。民革市委推举洪维新为名誉主委，丁国民为顾问；时有党员 102 人。1991 年 3 月增选孙英华（女）为副主委（驻会）。

1991 年 11 月，民革镇江市第五次代表大会，选举产生由 13 人组成的民革镇江市第五届委员会，主委为刘承，副主委为杨立、孙英华、九敦立；时有党员 105 人。

1996 年 9 月，民革镇江市第六次代表大会，选举产生由 13 人组成的民革镇江市第六届委员会，主委为九敦立，副主委为杨立、孙英华。大会选举尹乃强、杨正平、汤顺骅为民革江苏省第八次代表大会代表。根据民革江苏省委文件精神，确认民革江苏省第七次代表大会当选为省委委员的刘承、九敦立、孙英华、杨立为民革江苏省第八次代表大会的代表。时有党员 115 人。2001 年 6 月增选王加友、朱富坤为副主委；8 月增选尹乃强为副主委（驻会）。

图 27-1　1996 年 9 月，民革镇江市第六次代表大会

2001 年 12 月，民革镇江市第七次代表大会，选举产生由 13 人组成的民革镇江市第七届委员会，宋余庆为主委，王加友、朱富坤、尹乃强为副主委；时有党员 134 人。2003 年 1 月增选王萍（女）为副主委。

1980～2005 年民革镇江市委员会第二至七届主委、副主委一览表

表 27-2

届别	任职时间	主委	副主委
第二届	1980. 12. 12～1984. 10. 27	洪维新	耿德星 丁国民（1983 年 10 月驻会）
第三届	1984. 10. 28～1988. 5. 11	洪维新	耿德星　丁国民　康　扬 刘　承（1986 年 7 月增选）
第四届	1988. 5. 12～1991. 11. 28	刘　承	康　扬　杨　立 孙英华（女、1991 年 3 月增选、驻会）
第五届	1991. 11. 29～1996. 9. 19	刘　承	杨　立　孙英华 九敦立

续表 27-2

届别	任职时间	主委	副主委
第六届	1996.9.20～2001.12.19	九敦立	杨　立　孙英华　王加友 朱富坤(2001 年 6 月增选) 尹乃强(2001 年 8 月增选)
第七届	2001.12.20～2006.12.19	宋余庆	王加友　朱富坤　尹乃强 王　萍(2003 年 1 月增选)

二、组织机构

民革镇江市委主任委员会议由主委、副主委和秘书长组成。2002 年 12 月,民革第十次全国代表大会闭幕后,民革镇江市委主任委员会议由主委、副主委组成。

民革镇江市委员会下辖内设机构(机关职能部门)、专门工作委员会和基层组织。1983～1999 年 5 月设组织处和宣传处。1999 年 6 月增设办公室。专门工作委员会从 1983 年 3 个逐渐增加到 2001 年 5 个,2002 年起调整为 4 个。基层组织:从 1983 年 3 个支部和 1 个直属小组,逐步发展到 2005 年 10 个支部。

1983～2005 年部分年份民革镇江市委员会成员情况表

表 27-3　　单位:人

年份＼项目	总数	男	女	成员组成情况					高级职称	省级以上代表	
				卫生界	教育界	科技界	文化界	其他		人大	政协
1983	40	34	6	3	10	6	0	21	-	1	1
1986	70	54	16	6	19	11	1	33	-	1	1
1988	102	76	26	15	23	16	2	46	8	1	1
1991	105	75	30	16	20	20	3	46	13	1	1
1996	115	82	33	16	25	22	6	46	28	-	2
2001	134	92	42	18	34	20	5	57	37	-	2
2005	178	115	63	32	44	22	4	76	55	-	2

第二节　参政议政

1983～2005 年,市民革党员担任历届省人大代表 2 人,担任市人大代表 12 人次(其中常委会委员 4 人次,常委会副主任 1 人);担任全国政协委员 1 人(2003 年 3 月起),担任省政协委员 7 人次(其中常委会委员 5 人次),担任市政协委员 56 人次(其中常委会委员 19 人次,副主席 6 人次);担任市辖县(市)、区政协委员 42 人次(其中常务委员 13 人次,副主席 3 人次);担任市纪检监察、检察、法院、公安、税务、财政、国土、教育等部门特邀(约)监察(监督)员 20 人次。

1983～2005 年,民革镇江市委每年组织党员中的人大代表、政协委员和民革市委参政议政工作委员会的成员，围绕镇江经济建设、政治建设、民主与法制建设，中共镇江市委、市政府及其职能部门的党风与廉政建设，以及社会事业发展中人民群众关心的热点、难点问题进行调研，形成书面材料在人大、政协会议期间以议案、建议、提案和大会发言的形式，履行参政议政、民主监督职责。民革市委在市政协历次全会期间，作大会发言17次，递交提案近90件，其中17件提案被市政协评为优秀提案，许多建议被相关职能部门工作中采纳并解决。

民革镇江市委提出的提案中：针对城市建设，提出《关于加强城市规划、建设和管理的几点建议》《切实加强城市建设和管理，为历史文化名城添光彩》《切实贯彻〈中华人民共和国城市规划法〉，认真实施总体规划》《理顺城市规划管理体制，保证城市总体规划实施不走样》《以一流的城市规划，营造一流的城市环境》；围绕改善市区道路交通和城市管理状况，提升镇江城市形象，提出《关于改善市区交通秩序的建议》《关于禁止在市区干道两侧占道经营的建议》《创建国家卫生城市要以治本为主》《关于改革现行城管执法体制，实行城市管理综合执法的建议》；针对城市化建设，提出《将大市口东北地块（1号地块）建成城市中心公共绿地的建议》《关于加快主城区道路建设的几点建议》《解放思想、与时俱进，不断完善经营城市新机制》《深化改革，促进住房建设发展》；围绕企业改革、科技兴市、促进经济发展，提出《对搞活市直工业企业的两点建议》《关于调整我市工业结构的几点建议》《关于开创我市科技和人才工作新局面，实施"科技兴市"战略的建议》《紧紧抓住机遇，促进旅游业大发展》《建议在润扬大桥通车后，开通镇江—扬州城际公交线路，以带动镇江旅游业发展》《关于营造公平竞争的社会和政策环境，大力发展民营经济的建议》《关于做大做强我市旅游产业的建议》《关于进一步发展我市沿江经济的几点建议》《大力优化环境，优先发展民营经济》；对事关社会治安、百姓生活和维护劳动者权益，提出《关于加强公安建设，确保人民安居乐业的建议》《切实搞好镇江社区建设的建议》《进一步提高市民素质、提升镇江城市文明水平》《关于建立交通巡逻警察队伍的建议》《关于改善我市饮用水水源状况的建议》《关于防止和解决因公共基础设施建设而引起被征地农民生活水平下降的建议》《规范国有企业经营者行为，保障工人合法权益》；有关政治协商和统战工作方面，提出《"双月座谈"协商制度贵在坚持》《中共镇江市委党校应开设专门课程，讲授统战理论、政策和与之相关的知识》《关于轮训民主党派和工商联专职干部的建议》；支持革命传统教育事业发展方面，提出《关于将市烈士陵园陈列馆建设列入市政府2000年重要工作内容，并加大财政支持和社会捐助的建议》《关于烈士陵园环境发展规划的建议》；发展社会保障方面，提出《进一步发展我市医疗卫生事业》《进一步发展镇江市社会保障事业》等建议；有关涉台工作方面，提出《关于切实贯彻执行〈中华人民共和国台湾同胞投资权益保护法〉的几点建议》《关于解决在镇台商及其子女生活中有关问题的建议》。

2003～2005年，镇江市政协副主席、民革镇江市委主委宋余庆在全国政协十届一次～三次会议期间，先后递交《强化政府职能、发挥市场机制作用，完善我国医疗保障体系》《关于效益审计，督促政府为人民掌管好财政资金的建议》《关于在科学发展观指导下，办人民满意的高等教育的建议》《关于制定更加严格的排放标准，切实保护水资源质量的建议》等提案12件，在更高层次上参政议政。

2005年民革镇江市委员会组织、党员、参政情况一览表

表27-4

组织情况（个）		党员情况（人）			参政情况（人）									
市委会	支部	总数	高级职称	新成员	人大代表				政协委员				任处以上实职数	市特邀特约人员数
					辖市（区）	市	省	全国	辖市（区）	市	省	全国		
1	10	178	55	21	2	2	－	－	12	15	1	1	3	7

第三节　主要活动

一、学习宣传

1983年，民革镇江市委创办《镇江民革简讯》。1985年11月12日召开纪念孙中山逝世60周年座谈会，号召全市党员继承孙中山遗志，为实现新时期社会主义事业的总任务和推动国共第三次合作、实现祖国和平统一而奋斗。

1987年6月，民革镇江市委组织党员学习《人民日报》社论《旗帜鲜明地反对资产阶级自由化》。10月组织党员学习中共十三大《沿着有中国特色的社会主义道路前进》的政治报告。1988年12月31日召开纪念中国国民党革命委员会成立40周年大会。1989年4月26日起，学习《人民日报》社论《旗帜鲜明地坚持四项基本原则》和《中共十三届四中全会公报》，教育党员坚持"一个中心、两个基本点"的基本路线。认真学习、贯彻《中共中央关于坚持和完善中国共产党领导的多党合作和政治协商制度的意见》。学习民革第七次全国代表大会精神，进行"处理好民革与共产党的关系，搞好参政议政和社会服务工作"的思想教育。

1991～2001年，民革镇江市委以建设有中国特色社会主义理论为主线，学习邓小平视察南方重要讲话，学习社会主义市场经济理论和统战理论、政策以及中共十四届六中全会通过的《中共中央关于加强社会主义精神文明建设若干重要问题的决议》；传达民革江苏省第八次代表大会精神和民革九大会议精神，把民革九大提出的各项任务落到实处；召开纪念中共十一届三中全会召开20周年座谈会，举办面向全体党员的党课；根据在镇江召开的民革江苏省第四次组织工作会议精神，民革镇江市委召开全委（扩大）会议，为2001年民革镇江市委的换届做好思想和组织准备。

2002～2005年，民革镇江市委传达贯彻民革第十次全国代表大会精神。主委宋余庆在全体党员会议上作《深入学习中共十六大和民革十大精神，努力开创镇江民革各项工作新局面》的讲话。其间举办中青年党员学习班暨全体党员党课，主委宋余庆作《坚持中国共产党的领导，发挥参政党作用》的主题报告。

二、社会服务

1981年8月，民革镇江市委创办市民主党派第一个办学单位——镇江市中山业余学校，为在"文化大革命"期间未能受到初中到高中阶段正常教育的青年，进行文化补课；为从事会计工作但未上过专业学校的人员，进行职业培训。1986～1989年，中山业余学校开设职工高中文化补习班和成人高等教育自学考试辅导班。平均每年招收学员1600余人（次），其中高中文化补习班学员人数约占65%，参加市职工高中文化统考合格率高于全市平均水平。自2002年9月起，学校与华东船舶工业学院联合开办大专学历教学班，在市区教学点开课的基础上，又在大港镇设教学点开课，为农村青年提供高等教育服务；医卫支部每年组织2～3次为农村居民服务的义诊活动。

1985年2月，民革镇江市委创办本市民主党派第一个咨询服务单位——镇江市中山文化经济咨询服务社，为企、事业单位提供相关服务。1986～1989年，中山文化经济咨询服务社承担并完成连云港财经学校财税中专镇江班的教学任务，38名学员获国家承认的中专毕业文凭；承担并完成镇江市建筑中专函授班财会学科教学任务；分期举办润州区乡镇工业会计培训班，受训学员90人；举办工商企业法人代表经济法规培训班2期；对18个聘请该社为顾问的单位，进行定期财务工作辅导。

1985年7月，民革镇江市委创办镇江市民主党派第一个书画艺术团体——镇江市中山书画社，同年举办书画义卖活动，所得6000余元全部捐赠市少儿基金会。1991年7～8月，镇江洪灾，中山书画社组织社员举办书画赈灾义卖展，所得2000元全部捐赠灾区。2002～2005年开展送教、送医、送文化活动。中山书画社除每年组织社员到大港、丁岗等地现场书写春联赠送农村居民外，还多次与坐落在丁岗镇葛村的润东文昌书苑进行书法艺术交流。

1990～2001年，民革镇江医卫支部多次组织党员到厂矿企业和农村进行义诊，受益职工和农村群众累计2000余人。1991年7～8月开展为镇江市抗洪救灾作贡献活动，党员捐款4088元、粮票480斤。1998年9月开展捐助活动，党员和民革市委下属办学单位和经济实体捐款13274元，资助遭受长江、嫩江、松花江流域特大洪涝灾害的群众重建家园。2003年6月，民革镇江各支部党员捐款3640元，捐助苏北贫困地区特困群众。

三、祖国和平统一促进工作

1978年12月至1985年，民革镇江市委进行民革党员海外关系情况调查，鼓励党员加强与国外和港澳台地区的亲友联系，为开展海外联谊、促进祖国和平统一工作打基础。

1986～1989年，民革镇江市委进行海外联谊和对台宣传工作，协助海峡两岸亲人20余人取得联系，接待民革党员在台亲人回乡探亲4人次；举办“台湾政治、经济情况和两岸关系发展形势”报告会；举办“纪念孙中山诞辰120周年”书画、篆刻、图片展。

1990～2001年，民革镇江市委组织党员学习江泽民1995年春节前夕发表的《为促进祖国和平统一大业的完成而继续奋斗》的讲话，4次举办学习讨论会、心得交流会，40余人次向台湾亲友宣传江泽民讲话精神；学习国务院发表的《台湾问题与中国的统一》《一个中国的原则与台湾问题》白皮书，号召全市党员加强与在台亲友联络；举办海峡两岸书画展、海内外书画展、纪念辛亥革命80周年书画展；召开迎接香港回归座谈会，展望祖国和平统一的前景，教育党员坚决反对分裂、反对“台独”，推进祖国和平统一进程；举行庆祝中华人民共和国成立50周年书画展、迎澳门回归座谈会和书画笔会；接待台湾书画家陆鹭，组织中山书画社社员与之交流书画艺术；参与接待台胞谢铁樵，协助其在大港港口实现“愿祖国统一而横渡长江”的心愿。

2002～2005年，民革镇江市委组织党员学习全国人大十届三次会议通过的《中华人民共和国反分裂国家法》，与对口联系单位镇江市人民政府台湾事务办公室联合举办座谈会，教育党员坚持“一个中国原则”，坚决反对“台独”势力和任何有碍祖国实现完全统一或阻挠海峡两岸交流与交往的言行；鼓励有台湾关系的党员向在台亲人宣传《中华人民共和国反分裂国家法》。

第二章 民盟镇江市委员会

改革开放后，镇江民盟把促进发展作为参政议政工作第一要务，激发广大盟员参政议政、建言献策的热情，为镇江经济和社会事业的发展作贡献。

第一节 组织建设

一、盟员代表大会

镇江民盟直属小组(直属无锡市民盟分部)成立于1952年10月。1953年3月，民盟中央总部决定民盟镇江市直属小组划归民盟南京市支部领导，1956年5月成立民盟镇江市第一届委员会。1980～2001年先后召开民盟镇江市第五至第十届盟员代表大会，选举产生各届委员会。

1980 年 12 月，民盟镇江市第五次盟员大会选举产生由 15 人组成的民盟镇江市第五届委员会，主任委员伏镇钧，副主任委员许安民、曹诒孙、汪澜；时有盟员 73 人，下设 10 个基层组织。

1984 年 8 月，民盟镇江市第六次盟员代表大会选举产生由 18 人组成的民盟镇江市第六届委员会。六届一次全委会选出常务委员 9 人，主任委员伏镇钧，副主任委员高良润、于哲民、许安民、曹诒孙、汪澜；时有盟员 193 人，下设 14 个基层组织。

1987 年 12 月，民盟镇江市第七次盟员代表大会选举产生由 21 人组成的民盟镇江市第七届委员会。七届一次全委会选出常务委员 9 人，主任委员伏镇钧，副主任委员高良润、于哲民、冼福生、李荣琪（女）。时有盟员 329 人，下设 22 个基层组织。1989 年增选滕子明为副主任委员。

1991 年 11 月，民盟镇江市第八次盟员代表大会选举产生由 21 人组成的民盟镇江市第八届委员会，推举名誉主委 1 人。八届一次全委会选出常务委员 8 人，主任委员滕子明，副主任委员冼福生、李荣琪（女）、夏煦仁。时有盟员 452 人，下设 31 个基层组织。1994 年、1995 年和 1996 年 3 月先后通过市委扩大会及市委会增补朱宗才、赵杰文、郎黔山、汪廷义、郑清（女）、范牧昌 6 人为市委委员，增补 4 人为常务委员，增补赵杰文为副主任委员。

图 27-2　2001 年，民盟镇江市委换届大会高校组分组讨论现场

1996 年 10 月，民盟镇江市第九次盟员代表大会选举产生由 23 人组成的民盟镇江市第九届委员会，推举名誉主委 1 人。九届一次全委会选出常务委员 9 人，主任委员滕子明，副主任委员夏煦仁（专职）、赵杰文、郑清（女）、范牧昌。时有盟员 536 人，下设基层组织 27 个。

2001 年 12 月，民盟镇江市第十次盟员代表大会，选举产生由 22 人组成的民盟镇江市第十届委员会，推举名誉主委 1 人。十届一次全委会选出常务委员 9 人，主任委员赵杰文，副主任委员郑清（女）、范牧昌、张志芳、佘其瑞（女）。会议还选举产生出席民盟江苏省第九次代表大会代表 9 名。时有盟员 655 人，下设基层组织 27 个。

1983～2005 年民盟镇江市委员会第五至十届主委、副主委一览表

表 27-5

届　别	任职时间	主　委	副主委
第五届	1980. 12～1984. 8	伏镇钧	许安民　曹诒孙　汪　澜
第六届	1984. 8～1987. 12	伏镇钧	高良润　于哲民　许安民　曹诒孙　汪　澜
第七届	1987. 12～1991. 11	伏镇钧	高良润　于哲民　冼福生　李荣琪（女） 滕子明（1989 年增补）
第八届	1991. 11～1996. 10	滕子明	冼福生　李荣琪（女）　夏煦仁（驻会） 赵杰文（1996 年 3 月增补）
第九届	1996. 11～2001. 12	滕子明	夏煦仁　赵杰文　郑　清（女）　范牧昌
第十届	2001. 12～2007. 1	赵杰文	郑　清（女）　范牧昌　张志芳　佘其瑞（女）

二、组织机构

截至2005年，民盟镇江市委下辖江苏大学委员会、江苏科技大学委员会以及总支部1个、支部34个，盟员633人，其中具有高级职称的335人。

1983～2005年民盟镇江市委员会成员情况表

表27-6

年　份	新发展人数(人)	成员总数(人)	基层组织数(个)	备　注
1983	62	168	14	－
1984	25	193	14	－
1985	39	232	14	－
1986	46	278	14	－
1987	51	329	22	－
1988	51	380	22	－
1989	51	431	22	－
1990	6	437	22	－
1991	15	452	31	－
1992	9	461	31	－
1993	16	477	31	－
1994	13	490	31	－
1995	20	510	31	－
1996	26	536	27	总支2个、支部20个、直属小组5个
1997	30	566	27	－
1998	26	592	27	－
1999	24	616	27	－
2000	22	638	27	－
2001	17	655	27	－
2002	21	557	30	总支1个、基层委员会1个
2003	26	582	30	－
2004	29	604	37	总支1个、基层委员会2个、支部31个、直属小组3个
2005	32	633	37	总支1个、基层委员会2个、支部34个

第二节　参政议政

民盟镇江市委发挥人才聚集、社会联系广泛的优势，参政议政，对镇江区域经济和社会发展建言献策。截至2005年，有8位盟员被选为省、市、县(区)人大代表，其中1人被选为市人大常委会副主任；有48位盟员被推选为省、市、县(区)各级政协委员；担任处级以上实职的干部人数有4人；市特邀(约)人数为12名。

1980～1983年根据民盟中央和民盟江苏省委统一部署，民盟镇江市委组织全体盟员对宪法修正草案进行讨论，提出修改意见；对高等教育体制问题和改革城市中等教育以及改善中年知识分子工作和生活条件，进行调查研究，向上级组织反映情况，提出建议并得到答复。

1984～1987年，镇江民盟盟员中有各级人大代表和政协委员34人，占盟员总数13%。在人大和政协会议上，提出许多有价值的意见和建议。民盟镇江市委多次召开常委会，就镇江市“七五”计划工业合理布局、防治环境污染、保护风景名胜和发展教育事业等方面，提出修改和补充意见，并整理成书面建议，送中共镇江市委、市政府，其中有些建议被市政府采纳实施。

1987～1991年，镇江民盟盟员中各级人大代表和政协委员有40人，在人大、政协会议提出的议案、建议和提案有260多件，全部得到答复。1991年，民盟蚕研所支部按民盟镇江市委要求，组织7人专家组到句容县调查蚕桑受灾情况，写出《发挥人才优势，开展科技救灾——句容县蚕桑生产受灾、救灾情况的调查报告》，对恢复和发展句容县蚕桑生产，提出切实可行建议被采纳落实。

1992年，5位镇江盟员被聘为各级党委和政府部门的特约监察员、特约审计员、特约教育督导员、党风联络员和行风联络员。同年4月，中共镇江市委统战部召开各民主党派负责人联席会议，决定成立12个跨党派横向联系的参政议政协调组。民盟镇江市委承担“农业经济与蚕桑”“高等教育”“思想政治工作与青少年教育”3个参政议政协调组的牵头任务，组织开展各项调查活动。

1993年，镇江市人大、政府、政协换届后，盟员中当选镇江市副市长1人，当选副区长1人，区县（市）政协副主席2人，全国政协委员1人，省人大代表和政协委员5人，市县（区）人大代表和政协委员43人，被聘为特邀监察员、特邀审计员、特邀检察员、邮电行风监督员6人。同年，盟员中各级政协委员，向政协会议提交个人和联名提案24件、集体提案5件，获市政协表彰的优秀提案4件，其中集体提案《进一步加强镇江市精神文明建设的建议》，在市政协三届一次全委会上作大会发言。

1994年，民盟镇江市委向市三届二次政协会议提交5件集体提案、34件个人和联名提案，其中3件提案被市政协评为优秀提案。提案《全社会都来关心青少年一代健康成长》，在市政协三届二次全委会上作大会发言，市教育局为此提出“丰富和充实德育内容”等5条措施。提案《关于加强茧丝绸行业宏观调控的建议》，市政府两次召开专题讨论会，市政府下发文件《关于做好今年蚕丝流通体制改革的通知》。提案《中小学乱收费问题的调查和建议》引起市政府高度重视，责成市教育局、财政局、物价局召开有关会议，重新确定镇江市中小学收费标准。民盟镇江市委牵头的青少年教育参政议政协调组完成《让爱国主义思想在青少年中生根》的调查报告；蚕桑专业参政议政协调组完成《关于加强茧丝绸宏观调控的补充建议》的调查报告；农业经济参政议政协调组组织多学科专家深入丹徒县及京口、润州两区实地考察调研，完成《关于恢复和发展我市棉花生产的建议》的调查报告。

1995年，民盟镇江市委对制订全市“九五”计划和2010年远景目标及廉政建设等方面提出14条修改建议。提交集体和个人提案54件，其中《关于加强茧丝绸行业宏观调控的建议》、夏煦仁副主委《关于加快我市第三产业的七点建议》、八中教师朱庆棽《全社会都要关心青少年思想品德教育》分获市政协年度优秀集体提案奖和优秀个人提案奖。民盟镇江市委还协助民盟江苏省委中、小学美育教育现状调研组在丹徒县开展调研活动。

1996年，民盟镇江市委向市政协提交5件集体提案、37件个人和联名提案。其中《进一步加强中小学美育教育的建议》获优秀集体提案奖，副主委夏煦仁《实施我市“安居工程”的建议》、郎黔山《进一步深化社会医疗保险制度改革的建议》、汪廷义等《组建教育电视台、开办电视教育频道的建议》分获优秀个人提案奖。

1997年在市政协全会期间，民盟镇江市委向大会提交6件集体提案、78件个人和联名提案。副主委夏煦仁代表市民盟作《建议从四个方面加强精神文明建设》发言，提案《增设公益广告的建议》获大会优秀提案奖，盟员张典焕、吴宏星、荆国南获个人“双尽职”表彰。9名代表出席民盟江苏省委第八次代表大会，滕子明、夏煦仁、郑清当选为省委委员。主委滕子明出席中国民主同盟第八次代表大会。

1998 年,民盟镇江市委向市政协全会提交提案 48 件,其中集体提案 5 件。《加强薄弱学校建设的建议》被评为优秀集体提案;《大力发展非公有制经济的六点建议》《对抗洪救灾款物进行跟踪审计的建议》被评为优秀个人提案。召开参政议政座谈会 5 次,围绕下岗职工再就业、加速本市个私经济的发展、加快本市旅游业的发展、创建国家级卫生城、润扬大桥桥址选定的论证等方面,提出意见和建议 34 条。全年完成各种论文、调查报告 11 篇,其中《积极推进我市农业产业化进程》《把我市船舶工业作为新的经济增长点大力培育的建议》《切实加强中小学劳动教育的建议》《进一步发挥民主党派在政协中的作用》《关于加强民主党派基层组织建设的几点意见》《统战工作如何落实十五大精神》《农业产业化的调查报告》《农民知识化的调查报告》分别在市政协会议、市统战系统培训班、省民盟参政议政调研成果交流会交流。

1999 年在镇江市政协四届二次全委会上,民盟镇江市委提交集体提案 5 件、个人提案 82 件,其中获表彰优秀提案 3 件。《关于积极推进我市农业产业化进程的建议》作大会发言。在市政协提案工作理论研讨会上民盟镇江市委 3 篇论文入选并作大会交流发言。

2000 年在镇江市政协四届三次全委会上,民盟镇江市委提交集体提案 6 件、个人和联名提案 83 件,其中获大会表彰优秀集体提案 1 件、优秀个人提案 2 件。就"教育与青少年思想政治工作""依法治市"等"双月座谈会"主题,民盟镇江市委事先召开献计献策座谈会,酝酿意见和建议。确定"如何发挥我市高校优势为镇江经济建设服务的建议""高校扩招后的师资队伍建设""建立素质教育评估督导制度的建议"等一系列参政议政调研课题。

2001 年,民盟镇江市委在市政协四届五次全会上作《重视农村环境污染的防治,走可持续发展农业之路》大会发言;提交集体提案 6 件,其中 1 件被评为优秀集体提案;提交个人提案 68 件,其中 2 件被评为优秀个人提案。

2002 年,民盟镇江市委组织盟内新老政协委员座谈,通报新提案《WTO 对江苏教育的影响与对策》《规划建设镇江市第二少年宫的建议》《加强我市少儿校外教育阵地建设的建议》和大会发言《弘扬名城历史文化,打好旅游牌》。《关于加快市高等职业教育发展的建议》获市政协优秀集体提案奖;《关于改善南山植被的建议》《关于增加开达蚕研所的 105 路公交车次的建议》获市政协优秀个人提案奖;《尽快出版标有新地名的镇江市地图的建议》获优秀社情民意奖;盟员中有 7 名政协委员获"双尽职积极分子"称号。江苏大学校长、盟员杨继昌,江苏大学副校长、民盟镇江市委主委赵杰文出席民盟中央第九次全国代表大会,杨继昌当选为民盟九届中央委员,在更高层次上参政议政。

2003 年在市政协五届一次会议期间,民盟镇江市委向大会提交集体提案 9 件、个人提案 80 件,其中《关于加强城市规划管理,推行建设工程规划许可公示制度的建议》被列为重点提案,作《弘扬名城历史文化,促进旅游产业快速发展》大会发言。民盟镇江市委负责人参加双月座谈会,就"私个经济发展""沿江经济开发""提高文明素质,提升文明水平""人才培养""打造旅游精品"等议题向中共镇江市委、市政府提出意见和建议。在社情民意工作中,《关于建造湿地公园的建议》《关于教师"阳光工资"的几点建议》《建议立法追究隐瞒事故疫情者的责任》等被省、市所采用。

2004 年在市政协五届二次会议期间,民盟镇江市委向大会提交《尽快解决润扬大桥征地遗留问题》《关于加快实施城中村改造,更好地提升城市品位的建议》《建造湿地公园促进可持续发展》《尽快加大执法力度,遏制室内环境污染》等集体提案 10 件、个人提案 57 件;作《在房屋拆迁、土地征用中切实维护群众利益》大会发言。民盟镇江市委提出《关于推行建设工程规划许可公示制度的建议》,市政府批转市规划局办理,市规划局详细答复该提案。

2005 年在市政协五届三次会议期间,民盟镇江市委向大会提交集体提案 8 件、个人提案 85

件,作《激活大西路文化市场,带动老城区开发振兴》大会发言。针对全市人口老龄化进程加快、参保人员年龄结构不断趋于老化、医保基金支付压力越来越大等问题,民盟镇江市委提出集体提案,镇江市医疗保险局作出答复。集体提案《关于整合旅游资源,做大做响镇江旅游品牌的建议》《关于推行建设工程规划许可公示制度的建议》获市政协优秀集体提案奖;《关于尽快成立市农副产品质量安全检测中心的建议》《关于切实加强南门高架桥岔路口交通管理的建议》《关于老城区中小学布局调整的建议》《关于建立镇江市儿童医院的建议》《关于在用电高峰季节采取用电控制措施的建议》获优秀个人提案奖;《关于教师"阳光工资"的专题报告》获市政协优秀社情民意奖。关于《开发旅游商品,增加旅游收入》《镇江名城保护与建设的调查报告》《加强名城保护,彰显名城特色》《发展长三角对接经济,彰显镇江文化个性》等在市政协全会上作专题发言。

2005 年民盟镇江市委员会组织、成员、参政情况一览表

表 27-7

党派名称	组织情况(个)				成员情况(个)			参政情况(人)									
								人大代表				政协委员				任实职数(处以上)	市特邀(约)人次数
	市委会	总支部	基层委员会	支部(小组)	总数	高级职称	新成员	辖(市)区	市	省	全国	辖(市)区	市	省	全国		
民盟	1	1	2	34	633	335	32	5	2	1	–	20	26	2	–	4	12

第三节　主要活动

一、学习宣传

1983～2005 年,民盟镇江市委围绕中共中央新时期的方针、政策和民盟中央、民盟江苏省委对政治宣传工作的要求,结合镇江改革开放的新形势、新特点,组织全市广大盟员开展学习宣传活动。20 世纪 50 年代中后期,《镇江盟讯》建刊,为内部期刊,"文化大革命"时曾中断,20 世纪 90 年代改为定期出版的季刊,到 2005 年共出版 84 期。

1993 年,民盟镇江市委组织盟员学习《邓小平文选》第三卷,加深对建设有中国特色社会主义理论的认识和理解。编辑《社会主义市场经济简明知识》读本供盟员学习。围绕"在社会主义市场经济条件下党派工作应有何新的举措"等议题进行座谈研讨。举办硬笔书法评选、诗歌征文、报告会 3 项活动,纪念毛泽东同志诞生 100 周年,其中"心中想念毛泽东"硬笔书法对外巡展,取得较好效果。

1994 年,民盟镇江市委组织盟员学习邓小平理论、中共十四届三中全会文件和中共《关于加强党的建设几个重大问题的决定》,举办学习辅导报告 2 次、学习座谈会 18 次。征集学习文稿 31 篇,在《镇江盟讯》上陆续刊出。

1996 年 5 月,民盟镇江市委组织 300 多位盟员集会,纪念民盟镇江市委员会成立 40 周年。民盟镇江市委宣传处处长张苏明获市统战系统"纪念中国共产党建党 75 周年暨红军长征胜利 60 周年"书画展一等奖。

1997 年,民盟镇江市委宣传处制作庆香港回归图片,先后到江苏理工大学、镇江一中等学校和金山公园(市民族宗教局借展)等 16 个单位巡回展出,观众万余人。民盟镇江市委组队参加全市"庆香港回归"知识竞赛、文艺会演,并在《镇江盟讯》刊出庆香港回归征文专辑。

1998 年,民盟镇江市委举行纪念中共十一届三中全会 20 周年座谈会,编印纪念文集;在民盟中央、民盟省委、本市新闻媒体和刊物发表民盟活动的专访、报道30余篇。

1999年，民盟镇江市委向各基层发出材料，坚决拥护中国政府的严正声明和立场，强烈谴责以美国为首的北约轰炸中国驻南联盟使馆的暴行。民盟镇江市委“三胞”联谊工作委员会召开学习座谈会，狠批李登辉“两国论”。参加市政协“纪念人民政协成立50周年”歌咏比赛，小合唱《中国、中国，鲜红的太阳永不落》、男声独唱《说句心里话》分获二等奖和优秀奖。召开“与共和国成立同龄人”座谈会。《镇江盟讯》刊出庆祝中华人民共和国成立50周年征文专辑；参加省委统战部、省民盟“风雨同舟50年”征文活动。召开澳情报告会，举办澳门资料图片巡回展，推荐8名盟员书画家作品入选市统战部迎澳门回归书画展。配合中共镇江市委，在盟员中开展“新世纪镇江风采”大讨论活动。

2000年，《镇江盟讯》出版专辑，纪念《中共中央关于坚持和完善中国共产党领导的多党合作和政治协商制度》发表10周年。民盟镇江市委组织全盟各基层支部宣传委员与三胞联谊工作委员会成员，召开《一个中国的原则与台湾问题》白皮书学习座谈会；组织盟员学习中共十五届五中全会精神，为镇江“十五”计划建言献策；向民盟中央投递人物专访、人物纪实、扶贫实录稿件5篇，其中《访全国政协委员吴守一教授》被市政协评为“好新闻”二等奖。

2001年4月，民盟镇江市委所属近百名来自市各高校、科研院所、文化、医卫、普教的盟员代表集会，纪念中国民主同盟成立60周年。市政协副主席、市民盟主委滕子明作《风雨同舟，共创伟业》讲话。大会表彰江苏理工大学委员会等7个先进集体、卞新国等29名优秀盟务工作者。召开学习江泽民“七一”重要讲话座谈会。《镇江盟讯》出刊纪念中国共产党建党80周年、纪念民盟成立60周年、庆祝申办奥运成功、民盟镇江市第十次代表大会等专辑。

2002年，民盟镇江市委组织广大盟员学习中共十六大精神，参加市统战系统学习贯彻中共十六大精神理论研讨会。《江苏盟讯》宣传镇江民盟组织，刊载《镇江地方民盟组织专辑》《镇江市民盟机关风采展》。在市政协会议和新闻媒体发表纪念民盟先辈冷遹诞辰120周年、李公朴诞辰100周年讲话和文章。

2004年，民盟镇江市委组织学习修改后的宪法和政协章程；举办新盟员学习班、盟员骨干暑期培训班，学习新盟章和民盟历史。

2005年，民盟镇江市委学习中共十六届五中全会精神、《中共中央关于进一步加强中国共产党领导的多党合作和政治协商制度建设的意见》，增强参政意识。组织部分盟员赴扬州学习考察。《镇江盟讯》从同年第二期始由胶印版改为彩色版，并增设《盟员心声》等栏目。

二、专题调研

民盟镇江市委每年提交市人代会和市政协会的议案、建议和提案，注意抓住社会热点和群众关心的问题，开展专题调研，提出有价值的意见和建议，许多建议和意见被采纳。

1992年，民盟镇江市委承担“农业经济与蚕桑”“思想政治工作与青少年教育”课题调研，形成《我市立体农业综合开发的一个典型——来自句容白兔乡的调查报告》《茅山地区蚕桑生产情况与问题的调查报告》《我市双差生的现状及其建议》报告。为促进镇江立体、高效农业的发展，建立健全农村市场以及调动社会力量关心下一代健康成长，向有关部门提供较有价值的决策依据。

1998年，民盟镇江市委完成各种论文、调研报告11篇。其中《积极推进我市农业产业化进程》《把我市船舶工业作为新的经济增长点大力培育的建议》《切实加强中小学劳动教育的建议》《农业产业化的调查报告》《农民知识化的调查报告》等调研成果，分别在市政协会议、市统战系统培训班、省民盟参政议政调研成果交流会上作专题发言和交流。

1999年在市体改委的支持配合下，民盟镇江市委成立市直中小企业改制调研组，先后到镇江市电机厂、轻机厂、光学仪器厂、电容器厂、汽配厂、制革厂、塑料五厂等企业调查研究，召开市直中小企业改制理论研讨会，形成调查报告《关于我市国有中小企业如何走出困境的几点建议》，提请市政府决策参考并被采纳。

2000年，《关于在我市设立物价听证制度的建议》《关于乡镇医院排污问题亟待关注》等调研报告被市政府《政务动态》刊载。民盟镇江市委召开部分中小学校长和政教主任座谈会，就镇江中小学思想政治工作方面的新动态、新思路进行调研。围绕建立与完善镇江社会保障体系的议题，与市政协、市农工党组成调研组，前往市劳动局、财政局等部门调研，共同完成市政协大会专题发言材料《认真贯彻中共十五届五中全会精神，进一步完善我市社会保障制度》。

2002年，民盟镇江市委主要负责人参加中共镇江市委举行的双月座谈会，形成的《关于我市个私经济发展的几点建议》《关于我市社区建设的几点建议》等专题调研被采纳。

2003年，民盟镇江市委领导参加市政协和有关部门组织的对句容监狱、文物保护、人才市场和劳动力市场、镇江市旅游业、老年化社会问题的专题调研活动。民盟镇江市委组织近80名盟员赴溧水、高淳就民风民俗、旅游项目开展调研活动，为镇江整合旅游资源、打造旅游精品建言献策。

2004年，民盟镇江市委参加市政协和有关部门组织的教师队伍建设、蔬菜基地建设、沪宁对接等课题调研。还就行政执法等工作开展调研，形成《相对集中行政执法工作的几点思考》《关于巩固和发展镇江市医疗保险制度成果的几点建议》等4份调研报告。

2005年，民盟镇江市委开展食品安全、平安创建、和谐劳动关系、农村义务教育、农村合作医疗、社区建设、环境保护等专题调研。《京口区工商局办、换照收费不规范》调研报告形成后，市领导专门对其作出批示。

三、民主监督

镇江多名盟员陆续被聘为市特邀（约）监察员、审计员、检察员、教育督导员以及邮电、公安、文化行风监督员（1997年6名，2002年11名，2005年增加到12名）。向有关部门提出问题，并有针对性地提出解决问题的建议和办法。民盟镇江市委的领导、盟员中的镇江市人大代表、镇江市政协委员通过参加市人大常委会、市政协组织的专项检查，依法进行法律监督和民主监督。

1994年，民盟镇江市委特约监察员参加中共镇江市委党风廉政检查组赴句容县、润州区等地检查反腐倡廉工作；特约检查员、监督员参与市物价、政纪、文化市场、警纪的检查。1997年在行风政纪监督活动中，盟员中的特邀（约）人员，4次参加全市行风检查活动。1999年，民盟镇江市委完成《关于我市地税系统行风建设综合评议意见》的报告。2000年在行风民主评议活动中，民盟镇江市委完成对市交通系统作风建设情况的综合评议材料。2002年，民盟镇江市委副主委佘其瑞参加对市质量技术监督局、市纠风办的行风监督评议活动。2003年参加市教育、旅游系统政风、行风评议工作。2005年，民盟镇江市委参加市级满意机关评议活动；参加市政协对教育局、城管局办理政协提案的评议活动。

四、社会服务

民盟镇江市委开展社会办学、扶贫济困、科技咨询、送医送药下乡等社会服务活动，取得良好的社会效益。

1. 办班兴学 1984年，民盟镇江市委兴办镇江市振华学校。1984～1987年，振华学校建立6个办学点，办班153个，培训学员7174人次。1988～1991年，振华学校办教学班84个，培训学员3137人次。1999年，振华学校培训学员1037人，其中成人高考辅导班60%的学员被高校录取。2001年，振华学校办班26个，其中“专升本”班1个，成人高等教育自学考试辅导班13个，成人高考辅导班（文、理）2个，招收学员500多名。

1995年经镇江市人民政府批准，成立镇江市振华职业技术学校，为民盟镇江市委所属全日制中等职业技术学校，实行董事会领导下的校长负责制，其职业技术教育由市劳动局主管，与华东船舶工业学院联教。学生在校学习3年专业技能知识，等同高中文化基础知识，参加省统一成考成绩合格者，转入华东船舶工业学院大专班学习，学制2年。该校首届（1998年）毕业生55人，其中21人升学，6人由学校介绍参加工作，3人入伍。2000年，职业技术学校办班13个，在校学生359人。2001年，职业技术学校办中技专业2个班（烹饪、服装），职业中专2个班（计算机应用与维修、综合高中），大专班1个（计算机信息管理），在校生150人。

1984～2005年，民盟镇江市委所属振华学校、振华职业技术学校，先后办班450多个，招收（培训）学员18800多人（次）；2004～2005年，所属振华职业技术学校、振华学校在校生400多名，为镇江各条战线输送大批人才。

2. 扶贫济困　1990年，民盟镇江市委受国家科委扶贫办公室委托，在大别山地区组织实施推广养蚕新技术，组织专家赴大别山英山县进行考察，写出2万余字考察报告。1991年春派出由专家、技术人员组成的扶贫小组赴英山县蹲点，就三眠蚕饲养的技术服务，为当地系统培训300余人。在两个乡建立示范点，同年春茧收到10余万斤。三眠蚕饲养期短，食桑量少，且品位高，收购价高出一般蚕茧20%，为农民带来实惠。

1991年夏，镇江遭受百年罕见洪涝灾害，民盟镇江市委组织基层盟员捐赠钱物，支援救灾。

1992年，民盟镇江市委在丹徒县荣炳乡设立扶贫点，帮助茅山老区人民脱贫致富。民盟镇江市委主委滕子明率队赴荣炳乡考察，初步拟订扶贫计划，包括400公顷农田综合开发、133.33公顷桑田开发计划和中药材栽培科技咨询。1993年向荣炳乡提出“水库综合开发”6点建议。

1994年，民盟镇江市委参与由市政协发起的“向弃残婴儿献爱心”活动，向市福利院、茅山老区抗旱各捐款500元，向甘肃扶贫乡捐款400元。11月，民盟镇江市委与上海市民盟多学科咨询中心合作，市蚕研所蚕桑专家、盟员周匡明和上海食用菌专家一起，前往陕西省略阳县开展科技扶贫工作，与该县正式签订4项可行性扶贫协议，包括三眠蚕饲养技术推广和培训，帮助兴建一个蚕药厂和一个蚕簇厂，协助筹建一个缫丝厂以及提供桑树品种改良的技术咨询。4项协议逐步落实。

1996年，民盟镇江市委向淮安希望工程捐款3000元，资助失学女童；参加赴茅山老区“光彩事业”扶贫等活动。1997年向市特困企业捐款600元；资助丹徒县西麓、石马两所中学7名特困生全部学、书杂费，以完成初中学业。1998年助学捐款1356元，与丹徒县西麓中学开展“一帮一”活动，船院支部、文化支部、二中支部分别资助3名特困生1学年学习费用。在该校开展师资培训专题讲座，精选400余册图书支持该校图书馆。同年，抗洪捐款2万余元。2000年，民盟镇江市委向陕北革命老区（包括市革命博物馆、市水利工程等）捐物、捐款。2002年参加市委统战部组织的献爱心活动，组织盟内专家开展义务咨询。2004年，民盟镇江市委机关开展向西北革命老区“扶贫济困送温暖”活动。2005年，市民盟与各基层组织向东南亚海啸受灾地区捐款3400元。

3. 科技咨询　1987年12月至1991年11月，民盟镇江市委组织盟员开展科技咨询服务，4年完成人学科技服务项目20多个。1992年月11月，民盟镇江市委邀集水产、植保、栽培、蚕桑4名专家赴丹徒荣炳乡，现场进行科技咨询服务，提出鱼蚌混养、水库开发、茭白栽培等农业立体化综合开发8项建议。1993年，民盟镇江市委所属苏南科技公司和兴华科技咨询服务部向社会提供咨询服务46项。

1994年，民盟镇江市委所属苏南科技服务公司加入国家科委信息网，并与清华大学、江苏理工大学直接挂钩，使科技信息迅速转化为生产力。该公司全年提供科技咨询66项，完成10个中外合资企业项目的牵线搭桥。1995年，苏南科技公司在全国省、市、自治区（除西藏）设联络点250多个，与台湾、香港地区79家公司长期保持科技信息交流。获江苏省科委第三届江苏技术市场金桥奖集体奖。1996年，苏南科技公司获第三届镇江市优秀民营科技型企业称号。1999年，苏南科技公司获镇江优秀企业奖。

2000年,民盟镇江师专支部举办“中国高新技术发展概况”科普讲座。

五、成果表彰

1980年12月~1984年8月,盟员中取得科研成果26项,出版著作和教材26种,发表论文、文章470多篇。被评为先进工作者、优秀教师以及获得全国、地区、市科技奖和创作奖的盟员有52人。盟员严忠婉被授予全国“三八”红旗手,陈毓苑被授予省、市“三八”红旗手称号。

1984年8月~1987年12月,盟员受到各级表彰奖励的有60人,占在职盟员总数30%左右,其中受到国家级表彰16人,省级3人,市级23人,单位18人。

1988~1991年,镇江盟员受到全国、省、市及有关部门表彰奖励的有143人,占盟员总数的36%。

1992~1996年,镇江16位盟员获各级政府和有关部门嘉奖,18位盟员参加国际、国内重大学术交流活动,35位盟员获省级以上科技奖,完成出版个人著作47部,发表省级以上论文207篇。七届全国人大代表、民盟镇江市委副主委、中国农科院蚕研所研究员李荣琪,其蚕桑科研方面的先进事迹被编入1992年上海人民出版社出版的《中国当代名人录》一书。

2001年在纪念中国民主同盟成立60周年表彰活动中,镇江江滨医院外科医生、盟员陈吉祥获民盟中央授予的纪念中国民主同盟成立60周年先进个人称号;民盟江苏大学基层委员会等3个基层组织获民盟江苏省委授予的先进基层组织称号,冯鑫明、陈吉祥等6位盟员获江苏省盟务工作积极分子称号。

2004年,民盟江苏大学委员会、镇江船院支部、镇江职高支部、丹阳六中支部获江苏省民盟先进基层组织称号,佘其瑞、李君荣、陈阳、张至庆、孙平江、胡建伟等6人获江苏省民盟先进盟员称号。

第三章　民建镇江市委员会

镇江市是江苏省内较早建立民主建国会组织的城市。1951年12月,民建镇江小组建立。1956年3月,民建镇江市筹委会成立。1957年4月,民建镇江市委员会成立,时有会员81人,设7个基层组织。1983~2005年,民建镇江市委根据改革开放新形势,发挥优势,发挥参政议政、民主监督、社会服务的作用。

第一节　组织建设

一、会员代表大会

1984~2001年先后召开民建镇江市5~9次民建会员(代表)大会,选举产生各届委员会。

1984年11月,民建镇江市第五次会员大会召开,选举吴慎裕为主任委员,陆汝纯、胡鲁璠、冯启基、陈钧、蔡蔚仪为副主任委员,决定蔡蔚仪兼秘书长,推举蒋志云为顾问。

1988年11月,民建镇江市第六次会员大会召开。选举吴慎裕为主任委员,胡鲁璠、蔡蔚仪、邵振羽为副主任委员。

1991年12月,民建镇江市第七次会员大会召开。选举吴慎裕为主任委员,邵振羽、郭晓山、陆崇俭为副主任委员。六届委员会期间,新发展会员26人。1996年7月增补潘吉森、杨青为七届市委委员,杨青任民建镇江市委驻会副主委。

1996 年 11 月,民建镇江市第八次代表大会召开。选举邵振羽为主任委员,郭晓山、陆崇俭、杨青、潘吉森为副主任委员。七届委员会期间,新发展会员 38 人。1998 年 3 月增补孙中良为市委委员。2000 年 8 月增补杨桦、景广源为市委委员。

2001 年 11 月,民建镇江市第九次代表大会召开。选举邵振羽为主任委员,郭晓山、陆崇俭、杨青、强南山为副主任委员。2001 年 12 月,机关直属支部改选。八届委员会期间,新发展会员 64 人,其中企业经营者 22 人,与经济界联系的专家学者和政府工作人员 38 人,大专以上学历占会员总数 97.7%,平均年龄 38.2 岁。

1983~2005 年民建镇江市委员会第五至九届主委、副主委一览表

表 27-8

届　别	任职时间	主　委	副主委
第五届	1984.11~1988.11	吴慎裕	陆汝纯、胡鲁璠、冯启基、陈钧、蔡蔚仪
第六届	1988.11~1991.12	吴慎裕	胡鲁璠、蔡蔚仪、邵振羽(1990 年 11 月增补)
第七届	1991.12~1996.12	吴慎裕	邵振羽、郭晓山、陆崇俭、杨青(1996 年 7 月增补)
第八届	1996.11~2001.11	邵振羽	郭晓山、陆崇俭、杨青、潘吉森(1999 年 6 月调离)
第九届	2001.11~2006.12	邵振羽	郭晓山、陆崇俭、杨青、强南山

二、组织机构

1985 年 4 月,民建镇江市委建立镇江大东造纸厂民建支部,是江苏省第一个民建基层单一企业支部。1986 年起,民建镇江市委对原有基层组织进行调整和改选。至 1988 年末,民建镇江市委下辖 10 个支部、1 个直属小组。其中工业企业支部 2 个、行业支部 5 个、机关支部 1 个、妇女支部 1 个、丹徒支部 1 个,丹阳直属小组 1 个。

1989 年 7 月,丹阳支部成立。1991 年 1 月,民建光学支部成立。民建镇江市委对支部进行调整改选,将原有 12 个支部(小组)划分为 16 个基层支部,其中地区支部 2 个、工业企业支部 3 个、行业支部 8 个、机关支部 2 个、妇女支部 1 个。

1992 年 3 月,民建镇江市委内设参政议政、咨询培训、自身建设 3 个工作委员会。8~11 月,民建镇江市委将原有 16 个基层支部调整为 13 个新支部(大东、光学、机械、轻工百货、食品、医药、化纺、交通船舶、丹阳、丹徒、机关、工商联、桃园)。

1995 年 6 月,丹阳支部换届;12 月,大东支部换届。1996 年 3 月,丹徒支部换届;9 月,交通支部换届。1997 年 5 月,民建工商联支部换届;6 月,民建镇江市委在原有参政议政、咨询培训、自身建设 3 个工作委员会基础上,增设老龄工作委员会。

1998 年 8 月,市直支部换届;吸收 3 名非公经济人士入会。1999 年 7 月,丹阳总支成立,下辖 3 个支部。2000 年 3 月,交通支部分为交通和财经两个支部,丹徒支部换届;4 月,财经支部成立;5 月,工商联支部换届;7 月,光学支部换届。同年,民建丹阳总支被评为全国和江苏省先进集体,民建丹徒支部被评为江苏省先进集体,杨桦、周建国、殷洪顺被民建省委授予优秀会员称号。

2002 年,民建镇江市委重新组建各专门工作委员会,近 50 名会员进入各专委会;8 月,丹阳总支换届。2003 年,民建镇江市委对基层支部进行调整,增设京口、润州两个支部;4 月,企业支部成立。2004 年,京口支部与泰兴总支结成友好支部;完成会员数据库工作,建成电子会务平台。

截至 2005 年,市民建市委下辖 1 个总支、16 个基层支部,会员 264 人,其中女会员 71 人;平均年龄 54.8 岁;大专以上会员 179 人,专业技术人员 206 人,其中具有高级职称 55 人;在职会员 146 人。会员中各级人大代表 13 人、政协委员 50 人。

第二节　参政议政

1983年，镇江实行市管县新体制，市人大和市政协分别作出换届决议，民建镇江市委2名会员代表参与政治协商、10名会员担任市人大代表，其中担任市人大常委会副主任1人，常委2人；22名会员担任市政协委员，其中担任市政协副主席1人，常委4人。

1985年，民建大东支部根据国内外造纸工业生产和销售情况，对20多年来大东造纸厂生产的在国际市场上享有盛誉的特白书写纸售价低的现状，向省政府提出调价建议，同年增收160万元。

1986年，市政府就《镇江市经济和社会发展"七五"计划（草案）》，向各民主党派征求意见，市民建对本市造纸工业的发展与"七五"规划提出建议。为拓宽镇江造纸原料来源，市民建提出"开发沿江滩涂，大力栽种意大利杨树发展造纸工业"的建议，镇江市政府高度重视，专门成立"意杨办"，推进意杨发展。市民建会员中的省人大代表为纸浆厂浆价问题提出建议被采纳后，解决该厂25年没有解决的老大难问题，每年增收1600万元。同年，会员中的市、区政协委员对大西路、中山路两条街的商业网点进行调查考察，提出合理分布商业网点的报告，为市领导决策提供参考。医药界会员联合有关人士于1986、1987年两次对镇江市11家中药店的中药配方取样抽查，对药味、剂量、质量和价格进行考评，写出调查报告，市有关领导对存在问题责成主管部门采取措施，迅速纠正。

1987年4月，民建市委参加企业管理，会员提出合理化建议118条。1988年11月～1991年12月民建第六届委员会期间，向市政协二届三次会议提出《大力加强职业道德建设》的提案；向市政协二届四次会议作《组建企业集团深思》和《搞活流通领域建设》的专题发言。1990年，大东造纸厂引进涂布项目缺资3000万元，市民建会员中的省人大代表在省人代会上提出议案，省人代会后6天就落实资金，保证工程的进度。1991年在开展"质量、品种、效益年"活动中，民建会员提出19条建议，被采纳12条，实现效益688万元。

1991年12月至1996年11月民建第七届委员会期间，11名成员担任省、市、县（区）各级人大代表；31名成员担任省、市、县（区）各级政协委员；2名成员在政府担任县处级实职，3名成员担任县科级实职。向市政协会议提交13件集体提案，其中3件被评为优秀集体提案；民建界别政协委员提交90多件个人提案，其中《建设现代化主枢纽港、大力发展开放型经济》《优先加快发展我市的汽车工业和船舶建议》《关于实施名牌战略发展规模经济的建议》《关于贯彻执行分税制为核心的财税改革的建议》《优化产品结构，加大力度，发展汽车和船舶工业》等提案被市政协评为优秀个人提案。1994年，29名市民建会员参加由中共镇江市委统战部协调组织的12个参政议政协调组的活动。

1996年11月至2001年11月民建第八届委员会期间，向市政协会议提交集体提案9件，其中4件被评为优秀集体提案；提交个人提案、建议102件；提交调研报告7件。民建镇江市委领导参加各类情况通报会、座谈会、征求意见会66次。1997年11月，民建镇江市委主委邵振羽、名誉主委吴慎裕出席中国民主建国会第七次全国代表大会；民建镇江市委副主委、市工商联会长潘吉森出席全国工商联第八次会员代表大会。1999年在镇江市政协四届四次会议上作《全力建设物流基地，积极发展物流产业的建议》大会发言；提交《进一步深化我市中小企业改革的建议》，市领导责成市经贸委研究。

2000年，民建镇江市委主要领导参加中共镇江市委召开的双月座谈会，就镇江全年工作、依法治市、发展开放型经济等专题发表意见。民建镇江市委参加中共镇江市委、市政府召开的情况通报会，提出对镇江市"十五"规划的意见和建议。2001年，民建镇江市委建议《组建律师自愿团参与政府接待群众来访》被市政府采纳，市司法局据此出台《镇江市律师参与重大纠纷和突发事件调处工作规则》。《关于整顿规范市场经济秩序》的建议被《团结报》《江苏内参》采用，并被民建江苏省委评为优秀成果奖。同年所撰信息被全国政协、民建中央采用13条（次）、省级部门采用7条（次）、市级采用9

条(次)。民建镇江市委被民建江苏省委评为2000～2001年度信息工作先进集体。《在行政审批制度改革中要注意几种倾向》一文获2001～2002年度省民建信息工作优秀成果奖。

2002～2005年民建第九届委员会期间,民建镇江市委向市政协提交集体提案22件、个人提案136件,大会发言材料5篇。《重视取水口水源保护》《进一步规范法律服务市场秩序》《提高企业核心竞争能力》等5件集体提案,被市政协评为优秀集体提案。报送各类信息300余条。其中,2003年在市政协五届二次会议上,民建镇江市委作《坚持以民为本,实现城市建设新提升》大会发言;2004年,集体提案《提高企业核心竞争力》得到市政府及相关部门重视。

1983～2005民建镇江市委组织、成员、参政情况一览表

表27-9

年份	组织情况(个)				成员情况(人)			参政情况(人)									
								人大代表				政协委员				任实职数(处以上)	市特邀(约)人次数
	市委会	总支部	基层委员会	支部	总数	高级职称	新成员	县市区	市	省	全国	县市区	市	省	全国		
1983	1	–	–	8	–	–	16	8	8	1	–	8	18	3	–	–	–
1984	1	–	–	–	99	–	8	–	–	–	–	–	–	–	–	–	–
1985	1	–	–	–	105	–	–	–	–	–	–	–	–	–	–	–	–
1986	1	–	–	–	–	–	–	–	–	–	–	–	–	–	–	–	–
1987	1	–	–	–	–	–	–	–	–	–	–	–	–	–	–	–	–
1988	1	–	–	10	123	–	6	3	3	1	–	4	14	3	–	–	–
1989	1	–	–	12	138	–	16	4	3	1	–	6	16	3	–	–	–
1990	1	–	–	16	139	18	4	6	3	1	–	8	16	3	–	–	–
1991	1	–	–	16	141	20	6	6	3	1	–	8	15	3	–	–	–
1992	1	–	–	13	141	–	3	–	–	–	–	–	–	–	–	–	–
1993	1	–	–	13	150	–	13	–	–	–	–	–	–	–	–	–	9
1994	1	–	–	13	149	20	9	4	6	1	–	11	16	2	–	–	5
1995	1	–	–	13	154	22	5	4	6	1	–	11	16	2	–	–	5
1996	1	–	–	13	160	23	8	4	6	1	–	13	16	2	–	–	6
1997	1	–	–	13	170	26	14	4	6	1	–	15	16	2	–	–	6
1998	1	–	–	13	180	28	14	2	5	–	–	17	13	2	–	–	6
1999	1	1	–	15	192	30	14	1	6	–	–	20	12	1	–	1	9
2000	1	1	–	16	202	33	12	1	6	–	–	20	13	1	–	1	10
2001	1	1	–	16	212	37	10	2	6	–	–	25	13	1	–	1	10
2002	1	1	–	16	216	38	10	4	5	–	–	26	13	1	–	2	18
2003	1	1	–	16	232	42	19	4	6	1	–	27	17	1	–	2	35
2004	1	1	–	16	255	50	25	4	8	1	–	30	18	1	–	1	21
2005	1	1	–	16	264	55	9	4	8	1	–	31	18	1	–	1	21

第三节 主要活动

一、学习宣传

1984～1988年,民建镇江市委通过举办会员学习班、时事政治报告会、法制讲座、学习十三大文件读书会，以及坚持每月一次的会课制度；召开一年一度先进表彰大会，组织参观访问、重大节日纪念活动等形式，进行形势和中共党的路线、方针、政策的教育。会员受到各种奖励和表彰204人次。

1988～1991年，民建镇江市委组织会员学习邓小平视察南方重要讲话和中共十三届四中全会文件，举办两期骨干培训班。1989年，中共中央发表《坚持和完善中国共产党领导的多党合作和政治协商制度的意见》，民建镇江市委组织会员学习。1990年，大东支部被评为省先进支部，陈少华被评为省优秀会员。1991年，冯启基被评为有突出贡献的科技人员，享受国务院特殊津贴。

1991～1996年，民建镇江市委编印《工作简讯》35期，组织全体会员参加会课、会史教育以及爱国主义教育和形势教育培训班、报告会70余次。以纪念民建成立50周年为契机，开展会章会史教育、爱国主义和革命传统教育系列活动，举办纪念中国抗日战争和世界反法西斯战争胜利50周年报告会、新会员培训班。1992年3月1日，江苏省政协、市政协、市委统战部、市民建、工商联等8个单位联合集会，纪念陆小波诞辰110周年。同年，大东支部获全国先进集体称号，殷洪顺、柳骏被授予中国民主建国会优秀会员称号，杨兵获镇江市优秀科技工作者称号，郭晓山被评为有突出贡献的中青年专家。1993年6～7月，民建镇江市委开展“确立社会主义市场观念”大讨论活动，以自学为主，辅以专题讲座和讨论交流，正确认识和理解社会主义市场经济下的思想观念、价值取向、思维方式和生活方式。同年在省各民主党派、工商联为经济建设服务经验交流暨表彰大会上，交通支部被评为先进集体，褚桂成被评为先进个人。1995年，交通支部被评为民建省级先进集体，杨青被评为省优秀会员。同年10月，民建丹徒支部全体成员参观民建革命先辈、民建江苏省第一届工作委员会主任委员冷御秋故居；12月，民建镇江市委召开纪念中国民主建国会成立50周年大会，民建镇江市委主委吴慎裕作《风雨同舟五十载，建言献策谱新篇》的讲话。

1997年围绕香港回归、中共十五大召开、民建中央七大和民建省委五大召开等重大事件，民建镇江市委采用会课、报告会、培训班、知识竞赛、编辑《喜迎香港回归专辑》等形式，开展“爱国、爱党、爱会”思想教育活动。同年4月，民建镇江市委集会纪念中国民主建国会镇江市委员会成立40周年。1998年，民建市委开展学习邓小平理论、十五大精神的“四个一”读书活动：读一本好书、写一篇心得、参加一次考试、开展一次交流。以纪念中共十一届三中全会召开20周年为契机，参与民建省委开展的“辉煌二十年”征文活动。通过纪念黄炎培先生诞辰120周年和开展响应中共“五一”口号50周年纪念活动，进行多党合作和优良传统教育。举办“台湾形势和对台政策”报告会。同年6月，会刊《工作简讯》改版为《镇江民建》。

1999年结合国庆50周年、澳门回归、人民政协成立50周年和中共中央〔1989〕14号文件颁布10周年等重大活动，民建镇江市委以座谈、会课、歌咏等形式，开展坚持中国共产党领导的多党合作和政治协商制度的教育。编印《镇江民建》增刊——《庆澳门回归诗词专辑》。谴责以美国为首的北约集团野蛮轰炸中国驻南联盟使馆，批驳李登辉分裂祖国的“两国论”，与中共中央在政治上保持一致。民建丹阳总支专程赴许杏虎烈士家吊唁，慰问亲属，并赠送市书法家题写的“怒目斥北约，挥泪祭英灵”的铜制牌匾和慰问金。

2000年为迎接中国加入世界贸易组织，民建镇江市委举办“中国加入世贸组织的意义及入世后的中国”等专项报告会。组织开展“怎样当好一个民建会员”大讨论；12月28日召开纪念中国民主建国会成立55周年暨表彰先进集体、优秀会员大会，授予丹阳总支，丹徒、交通、食品、工商联机关等5个支部先进集体称号以及周建国等22名优秀会员称号。组织各支部负责人去淮安参观学习、举办新会员培训班、开展征文及征集书画作品活动、向会员赠送《中国民主建国会会史稿》；会员王剑获市委宣传部、市工商联等8家单位组织的首届镇江市“十大杰出青年光彩之星”评选提名奖，并列席中共镇江市委三届十二次全委（扩大）会议；会员孙中良的《依靠法治和监督惩治腐败》一文，被省民建评为2000～2001年度社会宣传优秀作品。

2001 年，民建镇江市委组织会员参加全国统一战线知识竞赛，组织学习中共十五届六中全会精神及江泽民“七一”讲话，号召会员学习《公民道德建设实施纲要》。组织纪念中共建党 80 周年“五个一”活动：开展一次征文、读一本好书、参观一次图书展或书画展、观看一次爱国影片、组织一次知识竞赛。承办苏中片宣传工作会议。组织 12 名骨干会员参加市委统战部民主党派中青年干部培训班学习。

2002 年，民建镇江市委学习中共十六大报告，参与举办冷遹先生诞辰 120 周年系列纪念活动。举办新会员培训班。组织全体会员参加会课两次，邀请会员刘秋生律师作《中小企业应对入世策略》专场报告。

2003 年是民建镇江市委基层组织建设年，基层支部开展“评先创优”活动。会员赵红《浅谈民建基层组织的现状及其对策》一文，被选入《民建自身建设理论研究论文汇编》。9 月，邵振羽、何为民、刘跃进 3 名会员被民建省委授予抗击“非典”先进会员称号。

2004 年贯彻《民建中央关于进一步加强基层组织建设的意见》，民建镇江市委开展“争创先进支部、争当优秀会员”活动，完善支部制度。在省级组织成立 50 周年暨先进支部优秀会员表彰大会上，丹徒支部被评为省先进集体，强南山、倪坚、杨云婷 3 位会员被评为省优秀会员。同年召开民建市委（扩大）会议，要求各基层支部学习“三个代表”重要思想，学习民建江苏省委宣传思想工作会议精神。开展“三增强”“四热爱”（增强对“三个代表”重要思想的认识、增强对社会主义制度优越性的认识、增强中华民族凝聚力，热爱中国共产党、热爱祖国、热爱社会主义、热爱人民）主题教育活动。表彰在“三增强”“四热爱”教育活动中的先进集体 3 个：京口支部、桃园支部、丹阳一支部；优秀会员 28 名。

2005 年，民建镇江市委组织会员学习中共十六届四中、五中全会精神和中共中央〔2005〕5 号文件以及中共江苏省委〔2005〕18 号文件精神。召开座谈会，组织征文活动，纪念中国人民抗日战争暨世界反法西斯战争胜利 60 周年。组织 17 名支部负责人和民建市委机关干部参加民建江苏省委在江苏省社会主义学院举办的支部主任和机关干部培训班学习。在全市统一战线服务“两率先”经验交流会上，驻会副主委杨青作《关注弱势群体，构建和谐社会》交流发言。同年，民建镇江市委组织全体会员参加“建设新世纪参政党、做合格民建会员”征文活动。民建镇江市委召开基层组织建设总结暨表彰大会，丹徒支部、市直支部、企业支部、丹阳一支部等 4 个支部被授予先进集体称号，36 名优秀会员受到表彰；京口支部被民建省委评为省级先进支部，邵振羽被评为全国优秀会员。

二、专题调研

1983 年，民建镇江市委对镇江历史悠久享有盛誉的镇江香醋和镇江酱油开展专题调查，撰写的调研报告受到商业部重视，促成恒顺厂拿出扩建年产 5000～8000 吨的方案。

1990 年根据民建中央《关于对商品流通中当前若干问题开展调查研究工作的通知》要求，民建镇江市委围绕治理整顿和深化改革，民建镇江市委组织会员专题调研，撰写《关于加强市场管理的建议》等调研报告 11 篇。

1991 年，民建镇江市委组织会员参加“质量、品种、效益年”活动，撰写调查报告《靠科学管理上质量，向科学管理要效益》。

1992 年由民建镇江市委牵头，与市九三学社联合组建的交通港口参政议政协调组，就如何发挥镇江交通港口优势问题，对镇江老港专题调查，多次邀请市规划局、港务局、港务处、轮船公司等单位有关负责人座谈，对新港的选址及岸线规划管理提出建设性意见，其中向中共镇江市委、市政府提交的《依港兴市，开辟龙门口新港区势在必行》的专题报告被采纳并实施。

1993 年，民建镇江交通支部针对镇江老港功能衰退问题，牵头开展“整治老港、开辟新港”的专题调研,对港口改造建设及大港开发区规划多次提出建议;11 月,该支部出席省各民主党派、工商联为经济建设服务经验交流暨表彰大会,被授予省先进集体称号。

1994 年,民建镇江市委牵头,组织交通港口、财税两个参政议政协调组,对镇江依港兴市的战略目标以及新财税体制运行中存在的一些问题展开调研,形成《关于切实加强镇江港口岸线管理的建议》《关于加强我市执行新财税制度管理的建议》两份调研报告,作为集体提案向市政协会议提出,被市政协评为优秀集体提案。对调研报告中建议的实施情况跟踪调查。

1995 年,民建镇江市委组织有关会员,就"实施名牌战略,推动镇江规模经济发展";"加强企业内部管理、提高经济效益"两个专题展开调研。"八五"期间,民建镇江市委向市有关部门提交 5 份调研报告。

1999 年,民建镇江市委组织会员对城市建设和规划、农业产业化、小城镇建设、港口建设、市直工业和乡镇企业的改革和发展、水利建设等问题进行调研,其中《关于加强港口建设的几点建议》《关于市直工业中小企业扭亏解困的建议》两份调研报告,送交中共镇江市委和市政协。民建交通支部从单位经营管理出发,提出《港口水厂何去何从——关于大港港区自来水厂亏损原因的调查及摆脱困境的思考》的调研报告,得到中共镇江市委、市政府主要领导的高度重视,专门研究和解决港口水厂亏损问题。

2000 年,民建镇江市委贯彻民建江苏省委关于《进一步加强专题调研工作,努力提高参政议政质量和实效》的意见,加强与市经贸委对口联系,及时了解镇江经济运行情况,参与市直工业中小企业产权制度改革调研,探索市直工业中小企业改革、发展和解困途径。

2005 年,民建镇江市委针对镇江乡镇财政出现财政基础薄弱、收入增长乏力;刚性支出逐年膨胀,收不抵支以及乡镇财政赤字扩大、债务沉重等问题,组织专题调研,提出推进乡镇财政建设的建议。市财政局制定措施,完善制度,促使全市乡镇财政平稳运行。同年,民建市委针对私家车增多带来停车难问题,组织专题调研,提出加快市区停车场建设的建议,被市规划局编制城市公共停车设施专业规划所采纳。

三、民主监督

1992 年以后,民建镇江市委所属多名会员被聘为市特邀(约)监察员、审计员、检察员、教育督导员以及邮电、公安、文化行风监督员。1993 年为 9 人,2000 年为 10 人,2002 年为 12 人次,2003 年为 35 人次,履行民主监督职责。民建镇江市委的领导,会员中的市人大代表、市政协委员,通过参加市人大常委会、市政协会议以及组织的专项检查,依法进行法律监督和民主监督。

1992 年,市民建会员中的特邀(约)人员,配合有关部门对行风和廉政建设进行检查。1998 年,民建会员中的市人大代表、市政协委员及特邀(约)人员参加民主监督实践,就勤政、廉政及行风建设提出批评和建议。1999 年,民建会员中的市人大代表、市政协委员及特邀(约)人员积极反映社情民意,对镇江党风廉政建设、行风建设行使检查监督和建议权。2000 年,民建会员中的市人大代表、市政协委员及特邀(约)人员参加相关视察、检查和行风评议活动,就党风廉政建设、交通、税务、教育、公安等部门行风建设提出意见和建议。2002 年,民建镇江市委作为旅游行风评议组牵头单位,完成对市旅游局的行风评议。2004 年,市民建会员中的特邀(约)人员参与镇江党风廉政建设责任制落实情况检查考核,民主评议通信系统行风建设等专项活动,对检察、公安等 10 多个单位行风实施监督,提出意见和建议。

四、社会服务

1983 年,民建镇江市委协助云台鞋厂改善经营管理,扭亏为盈;设立建联商店,推销地方产品,安置待业青年,在市政协大会上被授予先进集体称号;接受新疆维吾尔自治区乌鲁木齐市南关酱醋二厂的咨询项目，委派专人上门服务，改变该厂原来品种单调、口味单一的状况；为苏北盐城、湖北宜昌等地企业提供咨询服务，帮助改善经营管理，扩大销售业务；开展工商专业培训班，试办职业教育；配合市服务公司举办3期门市部主任短期培训；召开“五好”（指爱国守法，热心公益好；学习进取，爱岗敬业好；男女平等，尊老爱幼好；移风易俗，少生优育好；勤俭持家，保护环境好）家庭代表茶话会，与市政协妇幼工作组联合举办《儿童家庭教育讲座》，举办为期7周的少儿暑期活动站。

图27-3　20世纪80年代，民建镇江市委组织会员赴云南传授食品加工技术

1991～1996年，民建镇江市委与市工商联联合开办的中华职业学校向社会输送毕业生400余名。1991年，镇江遭受特大洪涝灾害，民建会员捐款1947元，粮票676斤，衣服39件；市委会、中华职校捐款1700元。1992年，民建市委被授予镇江市职业教育技术先进集体称号。1993年，中华职校被民建省委评为经济建设服务先进集体称号。1996年5月在会员中开展“向希望工程献爱心”捐款助学活动，124名会员捐献3340元。1996～2001年，中华职校培养职高生178人。

1998年抗洪抢险，市民建会员除向所在单位及社会捐款外，还通过市委会向灾区捐款7150元，向希望工程捐款2625元。

1999年，会员中的私营企业家安置近200名下岗职工再就业。2002年起，民建镇江市委实施“民建—斯威特爱心助学奖学金”项目，帮助家境贫困的高三学生上大学。在谏壁中学连续4年共资助60名高三学生，每人每学年2000元助学款，其中54名进入高等学校继续深造，本科生占88%。实施“爱德重返校园”项目，帮助农村贫困家庭失学或濒临失学的学龄儿童完成小学教育，以丹徒区荣炳、上会、西麓中心小学为帮扶点，向50名家庭贫困的学龄儿童每人每年提供200元学杂费，连续资助6年直至完成小学学业。2005年，民建江苏省委、镇江市委、爱德基金会领导一行专程到上会三联小学举行少儿图书捐赠活动，捐赠价值6000多元的图书。

2003年，民建镇江市委妇女工作委员会在女会员中开展“社会妈妈”认捐活动，募集1290元，捐助句容春城中学一名女学生，直至其初中毕业。2001～2005年，民建镇江市委筹集捐赠款约40万元用于社会公益事业，为冷遹故居争取维修资金10万元。所属京口支部资助汝山小学贫困生一名。在抗洪救灾、防治“非典”、扶贫助学等公益事业中，会员个人捐资20余万元。会员企业家录用下岗职工、农民工2700人次。2005年，会员捐款9万余元支援印度洋海啸灾区。妇女工作委员会、企业支部和市委会机关在连云港市灌云县沂北乡三图村的省民建扶贫点，帮扶4户贫困农户。

第四章　民进镇江市委员会

1983年前，镇江未建立中国民主促进会组织，仅有4名从外地转来的民进会员。同年11月，民进中央常委段力佩和民进江苏省委秘书长金光灿等在镇江发展6名成员。1984年1月成立民进江苏省委镇江市直属小组。1985年4月成立民进镇江市支部委员会，支委3人，谈晨钟为支部主任，有会员45人，至年末，会员发展到72人。1988年10月在民进镇江市支部委员会基础上，成立中国民主促进会镇江市委员会。

第一节　组织建设

一、会员代表大会和扩大会议

1988～2001年先后召开民进镇江市第一至第四次会员代表大会，选举产生各届委员会。

1988年10月，中国民主促进会镇江市第一次会员全体大会召开，112名会员出席，选举产生中国民主促进会镇江市第一届委员会，市委委员7人，选举江苏工学院（现为江苏大学）周汝霖教授为主委，谈晨钟、朱世耀（兼秘书长）为副主委。1990年10月经民进镇江市委召开一届八次委员（扩大）会议，决定增补王鸾飞为市委委员。1991年7月，民进镇江市委第一届十一次扩大会议决定，增选周勇为副主委兼秘书长，免去朱世耀兼秘书长职务。同年8月，民进镇江市委第一届十三次扩大会议决定，增选解信鹏为市委委员。同年12月，中国民主促进会镇江市第二次代表大会召开，选举产生民进镇江市第二届委员会，市委委员8人，选举解信鹏为主委，朱世耀、周勇（兼秘书长）为副主委，选举解信鹏等5人为江苏省民进"五大"代表。1992年8月，民进镇江市委第二届第三次全体会议决定，增选张科志为市委委员、市委专职副主委兼秘书长（民进江苏省委会1993年批复同意）。

1996年3月经民进镇江市委委员会议选举，增补李柏椵、陈国栋、肖梦龙、顾晓白为第二届市委委员。同年10月，民进镇江市第三次代表大会召开，选举产生民进镇江市第三届委员会，市委委员10人，选举解信鹏为主委，周勇、张科志（兼秘书长）、陈国栋为副主委，选举周勇等6位会员为省民进第六次代表大会代表。1998年1月，主委解信鹏在镇江市人大四届一次会议上当选为副市长。2001年9月，民进江苏省委同意民进镇江市委副主委职数由3人增加到4人，市委委员职数由11人增加到13人。2001年12月，民进镇江市第四次代表大会召开，选举产生民进镇江市第四届委员会，市委委员13人，选举解信鹏为主委，陈国栋、李柏椵、陈勇（2004年11月被免职）为副主委。2002年1月，民进镇江市委会任命李柏椵为副主委兼秘书长。2003年8月，李柏椵任驻会副主委。

1992年12月，主委解信鹏出席民进中央第七次代表大会。1997年，解信鹏、陈国栋、李柏椵、周勇等9名代表（含特邀）出席民进江苏省第六次代表大会，解信鹏、陈国栋当选为民进江苏省第六届省委委员，解信鹏被选为民进中央第八次全国代表大会代表。2002年12月，主委解信鹏出席在京召开的中国民主促进会第九次全国代表大会。

1988～2005年民进镇江市委员会第一至四届主委、副主委一览表

表27-10

届　别	任职时间	主　委	副主委
第一届	1988.10～1991.12	周汝霖	谈晨钟、朱世耀（兼秘书长）、周勇（1991年7月任职）
第二届	1991.12～1996.10	解信鹏	朱世耀、周勇（兼秘书长）、张科志（1992年8月任职）
第三届	1996.10～2001.12	解信鹏	周勇、张科志（兼秘书长）、陈国栋
第四届	2001.12～2007.2	解信鹏	陈国栋、李柏椵、陈勇（2004年11月被免职）

二、组织机构

1988年10月，民进镇江市委决定成立办公室、组织处、宣教处3个工作机构。1989年5月，民进镇江市委保留组织处、宣传处，撤销办公室，设立联络咨询服务处。同年7月，民进镇江市委决定成立参政议政、咨询、教育、文化、妇女、三胞、育才业余学校管理等7个工作委员会。1991年12月，民进镇江市委在参政议政工作委员会下成立普通教育、文化旅游、思想政治工作与青少年教育3个工作小组。1992年6月，民进镇江市委撤销联络咨询服务处，设立行政处。1993年7月撤销行政处，设立办公室。1997年4月，民进镇江市委员会下设学习宣传、参政议政，三胞老龄、妇女、咨询服务5个工作委员会。2002年1月，民进镇江市委会决定设立学习宣传、参政议政、三胞老龄、妇女、咨询服务、民进书画研究会6个专门委员会。2005年，民进镇江市委会成立育才业余培训学校理事会，李柏椵任理事长。

1988年12月，民进镇江市十二中支部、镇江市实验小学支部相继成立。1989年4月，民进镇江市第十三中学支部成立；7月，民进镇江市五中支部成立。1990年2月，民进丹阳市直属小组成立，民进镇江市机关支部成立；4月，民进镇江市第十中学小组和民进镇江市谏壁中心小学小组合并成立民进镇江市谏壁镇联合支部；11月，民进镇江市二中小组、电子工业学校小组、市十四中小组合并成立民进镇江市二中、电子工业学校、市十四中联合支部。1991年4月，民进镇江市实小支部换届；5月，民进镇江市十二中支部换届；10月，民进丹阳支部成立。1992年3月，民进镇江市综合支部成立。1993年1月，民进镇江市委召开全体会员大会，传达民进中央七大会议精神，表彰6个基层支部、19名会务积极分子。1993年12月，民进谏壁地区联合支部换届，民进镇江市第二中学、电子工业学校联合支部换届，民进镇江市机关支部换届。1994年1月，民进镇江市综合支部换届并更名为民进镇江市科教文卫支部，民进镇江市润州区小教支部成立；4月，民进镇江市京口区小教支部成立；6月，民进镇江市实验小学支部、民进镇江市文化支部成立，民进镇江市十二、十六中联合支部换届。1995年2月，民进丹阳支部换届。1996年，丹阳支部、镇江市实验小学支部被评为省先进支部。1997年8月，民进镇江市第二中学电子工业学校联合支部、第五中学支部、第十二中学支部、润州小教支部、京口小教支部换届；10月，民进机关支部、谏壁支部换届；12月，科教文卫支部换届。1998年3月，镇江市实验小学支部换届，丹阳支部换届；民进书画研究会召开第四次会员代表大会，选举新一届理事会，王同顺当选为会长；4月，民进镇江市技工学校综合支部成立。1999年7月，民进第一中学小组换届。2000年4月，民进文化支部换届；10月成立民进第三职业高级中学小组；11月成立民进镇江中学小组、民进镇江市第十八中学支部，机关支部、润州小教支部、镇江市实验小学支部换届；12月，民进镇江市第二中学电子工业学校联合支部、镇江市第十中学支部、京口小教支部换届，民进华东船舶工业学院小组成立。2001年4月，民进丹阳支部换届。2003年8月29日，民进华东船舶工业学院支部成立。2004年是镇江民进组织建设年，《镇江民进》会刊增设“组织建设年”专栏，交流基层组织建设情况。2004年3～5月，民进镇江市委所属京口小教支部、市实验小学支部、第一职高支部、第十八中学支部、润州小教支部、丹阳支部、技工学校综合支部、文化支部、第十中学支部、科教文卫支部、机关支部、二中电子联合支部分别完成换届工作；9月，华东船舶学院支部更名为江苏科技大学支部，镇江市第十八中学支部更名为镇江市江滨中学支部，原镇江市十二中支部、镇江市十三中支部合并为中教退休支部，原镇江市十中支部更名为谏壁支部，原二中电子联合支部更名为第二中学支部；民进镇江市委副主委李柏椵和陈建红、张宁生参加民进省委在南京召开的民进江苏省基层组织建设工作暨先进基层组织表彰大会。10月，民进丹阳支部主委陈建红出席在北京召开的民进全国基层组织建设工作暨先进基层组织表彰大会，民进丹阳支部获民进全国先进基层组织称号；镇江市高级技工学校综合支部被评为民进江苏省先进基层组织。2005年12月，民进江苏大学支部成立。

截至2005年，民进镇江市委下辖18个基层支部，会员250人，其中具有高级职称92人。会员中，担任人大代表市级2人、辖市（区）2人；政协委员省级2人、市级15人、辖市（区）16人；任县处级以上实职2人。

第二节　参政议政

1988年10月，民进镇江市委成立后，历届市委会围绕中共镇江市委、市政府的中心工作，参加有关镇江重要问题的协商，参政议政，履行民主监督职责。民进镇江市委领导班子成员通过参加中共镇江市委、市人大常委会、市政府、市政协以及中共镇江市委统战部召集的民主协商会、座谈会、情况通报会、征求意见会以及视察调研，就镇江的改革开放、经济建设、人事安排、反腐倡廉和群众关心的热点、难点问题，提出意见和建议。民进镇江市委所属多名会员被聘为市特邀(约)监察员、审计员、检察员、教育督导员以及行风监督员，履行民主监督职责。1991年被聘为市特邀(约)人员5名，1997年增加到7名，2005年增加到10名。

1991年12月至1996年10月，普通教育、文化旅游、政治工作与青少年教育工作3个参政议政小组，先后召开普通教育、文化旅游参政议政协调组会议20余次，写出调查报告40余份，提交提案30余份。组织会员中的人大代表、政协委员每两月开展一次“议政日”活动。1992年在镇江市政协二届五次会议上，提出《建议扩建市电子工业学校》《要求扩建镇江影剧院后台》《建议设立专职城市建设管理的副市长》提案，建议均落实解决。其中《建议扩建市电子工业学校》的提案，市领导召集有关部门协商解决学校校址问题。同年3月，民进主委解信鹏被镇江市人民政府任命为镇江市教育局副局长；4月，镇江成立社会主义政治学校，中共镇江市委任命解信鹏为副校长。1993年3月，主委解信鹏在政协镇江市三届一次全委会上当选为副主席。得知联合国第四次世界妇女代表大会将于1995年在北京召开，1994年11月，民进镇江市委妇女工作委员会提出加强有关妇女方面信息资料宣传及妇女人才培养的建议，市领导给予批示。同年，民进会员、润州区侨办秘书长王道美被江苏省人民政府侨务办公室评为先进个人。1995年，民进镇江市委向市政协提交《关于镇江市职业高中专业设置思考》《关于市区中小学布局亟待调整的建议》等调研文章，向有关部门提交提案16件。集体提案《关于稳定教师队伍的几点建议》，被市政协评为1993年度优秀提案；《加强城市文化市场管理的意见》被市政协评为1994年度优秀提案；《加强成人教育，提高全民素质》被市政协评为1995年度优秀提案；《重视“文化扶贫”》被市政协评为1996年度优秀提案。

1996年10月至2001年12月，会员中政协委员完成调查报告30件，提交提案167件，其中集体提案20余件，个人提案140余件，5件集体提案、7件个人提案被市政协评为优秀提案。1998年在市政协四届一次会议上作《关于进一步发展我市特教事业的几点建议》《营造良好的文化环境，繁荣我市的文化建设》的大会发言；民进镇江市委与市文化局实行对口联系制度，并达成协商纪要。1999年提交5篇论文参加市政协提案委员会组织的论文研讨，4篇论文参加市政协学习委员会组织的论文研讨。2001年在市政协四届四次会议上作《关于加大扶持力度、加快我市民办中小学发展的建议》大会发言；《关于公交8路车应向谷阳新村延伸的建议》被市公交公司采纳；集体提案《加强我市农村文化站建设的几点建议》被市政协评为1997年度优秀提案；《进一步发展我市特教事业的建议》被市政协评为1998年度优秀提案；《关于巩固创建中国优秀旅游城市成果的建议》被市政协评为1999年度优秀提案；《关于抓好物业管理，提高城市管理水平的建议》被市政协评为2000年度优秀提案；《关于大西路两端改造的建议》被市政协评为2001年度优秀提案，并被民进江苏省委《优秀提案集》收录；两名会员被市政协授予双尽职称号。

2001年12月至2005年12月，民进镇江市委向市政协会议提交集体和个人提案146件。2002年在市政协四届五次会议上提交集体及个人提案33件，作《科学规划、加快实施，努力将我市建设成为文化强市》大会发言。集体提案《关于制定我市文化品牌发展规划的建议》被市政协评为年度优秀提案。针对镇江博物馆展厅面积不足500平方米，固定展出的文物仅占全部馆藏文物1%的现状，提出《关于加强我市重点文化设施建设投资》的提案，镇江市政府将“建设镇江博物馆新展厅”列入16项民心工程。2003年在市政协五届一次会议上提出集体及个人提案36件，其中《充分发挥高等院校资源优势，促进镇江地方经济发展》提案，被市政协评为优秀提案；会员张宁生出席江苏省各民主党派、工商联为经济建设服务经验交流暨表彰大会，被表彰为先进个人。2004年在市政协五届二次全会期间提交集体提案3件、个人提案31件；其中集体提案《关于接轨上海、融入长三角的建议》《关于制定优惠政策，吸引优秀高校毕业生留镇工作的建议》以及张宁生《关于加快建立我市人才资源库的建议》等3件个人提案，被市政协评为优秀提案。同年提交《加快镇江港三期建设、推动我市经济建设跨越发展》等调研报告。民进镇江市委提出《接轨上海、融入长三角》提案，建议由市领导牵头负责成立接轨上海领导小组及办公室，建立与上海市、区、县党政领导两地定期会晤机制，抓好产业、载体、基础设施、科技人才、金融五方面接轨等，该提案入选民进江苏省委2004年参政议政调研成果汇编。同年，民进镇江市委副主委李柏嘏提出的《加强我市取水口卫生环境管理的建议》被《镇江信息》刊登；《建议免费开放革命历史博物馆》被镇江《政府动态》刊登并采纳实施。民进镇江市委委员、京口区政协副主席沈成钧反映《麻将声声，敲击社会安定》的社情民意，相关部门对棋牌室进行一次较大规模的集中整顿。2005年在市政协五届三次会议期间，民进提交集体提案6件、个人提案37件；完成《提升我市人与自然和谐发展的几点建议》《要进一步做好“以港兴市”的文章》《提高城市交通能力优先发展公交事业》等调研报告；民进镇江市委提出建议，公交发展要与城市发展相适应，确立“大公交”观念，城市交通与对外交通紧密衔接，参与编制《城市公共交通专项规划》；集体提案《关于建设公交专用车道管理体系的建议》，被市政协评为优秀提案。针对个人提案《加强出入境人员的传染病（艾滋病）监测工作，为经济发展保驾护航》，外经局、卫生局、公安局、检验检疫局等四部门联合出台《关于做好外派和归国劳务人员等重点人群艾滋病防治工作的意见》，镇江市人民政府批转实施；提案《关于政府在招商引资和重大经济活动中，应建立聘请律师参与的工作机制的建议》《关于加大劳务输出的几点建议》《公开竞标确立改制企业资产评估机构，防止国有资产流失》被民进江苏省委采用。

图27-4　2005年，民进镇江市委调研公共交通事业

1983～2005年民进镇江市委员会组织、成员、参政情况一览表

表27-11

年份	组织情况（个）				成员情况（人）			参政情况（人）									
								人大代表				政协委员				任实职数（处以上）	市特邀（约）人次数
	市委会	总支部	基层委员会	支部	总数	高级职称	新成员	辖市（区）	市	省	全国	辖市（区）	市	省	全国		
1983	–	–	–	–	10	–	–	–	–	–	–	–	–	–	–	–	–
1984	–	–	–	–	–	–	–	–	–	–	–	–	–	–	–	–	–
1985	–	–	–	1	72	–	–	–	3	–	–	2	5	–	–	–	–
1986	–	–	–	–	–	–	–	–	–	–	–	–	–	–	–	–	–

续表 27-11

年份	组织情况(个)				成员情况(人)			参政情况(人)									
								人大代表				政协委员				任实职数(处以上)	市特邀(约)人次数
	市委会	总支部	基层委员会	支部	总数	高级职称	新成员	辖市(区)	市	省	全国	辖市(区)	市	省	全国		
1987	–	–	–	–	–	–	–	–	–	–	–	–	–	–	–	–	–
1988	1	–	–	–	112	–	–	–	–	–	–	–	–	–	–	–	–
1989	1	–	–	–	–	–	19	–	–	–	–	–	–	–	–	–	–
1990	1	–	–	–	–	–	–	–	–	–	–	–	–	–	–	–	–
1991	1	–	–	19	139	–	–	1	3	–	–	4	6	–	–	–	5
1992	1	–	–	19	146	–	7	1	3	–	–	–	–	–	–	1	5
1993	1	–	–	14	151	39	8	–	1	–	–	9	7	1	–	2	3
1994	1	–	–	14	153	42	3	–	–	–	–	–	–	–	–	–	–
1995	1	–	–	12	158	–	7	–	–	–	–	–	–	–	–	–	–
1996	1	–	–	14	162	40	5	–	1	–	–	–	–	–	–	–	7
1997	1	–	–	14	174	57	12	–	–	–	–	–	–	–	–	–	7
1998	1	–	–	14	182	61	9	–	1	–	–	12	14	–	–	2	–
1999	1	–	–	14	188	68	6	–	1	–	–	12	15	–	–	1	6
2000	1	–	–	18	199	72	12	–	1	–	–	12	16	1	–	2	7
2001	1	–	–	18	203	89	8	–	1	–	–	12	15	1	–	2	8
2002	1	–	–	18	208	81	4	–	1	–	–	11	16	1	–	2	8
2003	1	–	–	18	219	81	13	1	2	–	–	14	14	2	–	1	4
2004	1	–	–	17	235	86	17	1	2	–	–	15	15	2	–	1	7
2005	1	–	–	18	250	92	17	2	2	–	–	16	15	2	–	2	10

第三节　主要活动

一、学习宣传

民进镇江市委利用多种形式对会员和所联系的人士进行中共有关方针政策和民进性质、任务、作用的学习教育。1985 年暑假期间举办为期 3 天统战理论和民进组织知识学习班;12 月,民进镇江市支部举行纪念中国民主促进会成立 40 周年庆祝活动。1988 年 12 月 17 日,民进镇江市委会召开全体会员大会,传达民进第六次全国代表大会精神。1991 年 7 月,民进镇江书画研究会举办庆祝中国共产党成立 70 周年书画展览。1992 年暑期,民进镇江市委举办骨干会员培训班。年终,6 个支部(小组)被评为先进集体,19 名会员被评为先进会务积极分子。1993 年 10 月,民进镇江市委副主委张科志、丹阳支部主任贺润生赴山东济南参加民进华东六省一市工作经验交流研讨会;11 月,周勇、朱德先参加江苏省民主党派经济工作先进个人表彰会。1994 年,民进镇江市委组织全体会员学习《邓小平文选》和社会主义市场经济理论,学习中共十四届四中全会《决定》,加深对中国特色社会主义理论的理解;2 月召开 1993 年度工作总结表彰大会,9 个先进集体和 24 名先进个人获表彰;民进书画研究会与蒋乔镇镇政府开展书画联谊活动;9 月与市人大科教文卫委员会、市政协教卫文体委员会联合举办教师节庆祝大会;10 月,民进市委与十中支部联合举办爱国主义宣传活动，受教育师生约5000名。

1995年，民进镇江市委组织全体会员到茅山新四军抗日纪念馆参观学习，组织部分镇江籍老会员座谈镇江人民抗战的革命史话，组织会员听郭孝义教授所作的中国抗日战争历史辅导报告；10月，民进镇江市委副主委张科志参加在江西南昌召开的民进华东六省一市第四次工作经验交流研讨会；12月召开庆祝民进中央成立50周年大会。

1997年，民进镇江市委向各支部、小组下发《关于认真贯彻中共十五大精神的通知》，组织市委委员、支部主任参加市委统战部举办的学习班；6月，组织文化界、教育界部分会员参观焦山抗英古炮台，文艺界会员参加市委统战部举办的迎香港回归文艺演出，会员吴林森担任总导演，会员毛新年为反映镇江人民抗英斗争新编历史歌舞剧《血祭京江》作乐曲总谱。同年，民进会员吴林森获国家文化部第七届群星奖银奖。

1998年，民进镇江市委组织市委委员和支部主任参加由市委统战部举办的学习中共十五大文件和邓小平理论心得体会交流会，7人参加由市委统战部、市社会主义学校主办的市各民主党派基层骨干培训班学习；12月12日召开民进镇江市委会成立10周年庆祝大会，与会者参观"镇江民进10年记略"图片展和民进书画研究会成员的书画作品展。同年，民进会员吕存获"江苏省工艺美术(乱针绣)名人"称号。

1999年为纪念新中国成立50周年、《中共中央关于坚持和完善中国共产党领导的多党合作和政治协商制度的意见》发表10周年和迎接澳门回归，民进镇江市委在基层支部开展学习《邓小平新时期统一战线理论纲要》活动，组织学习交流2次，召开纪念镇江解放50周年座谈会。民进书画研究会和市焦山碑刻博物馆、江苏省机械储运总公司联合举办庆祝镇江解放50年画展。分别召开座谈会，抗议以美国为首的北约对中国驻南联盟使馆的野蛮轰炸，谴责李登辉分裂祖国的"两国论"。民进书画研究会近10名成员作品参加由市委统战部举办的"迎澳门回归，盼祖国统一"书画展。同年根据优秀会员事迹写成的报告文学《肝胆相照，三代人的不懈追求》，获全省统战系统"风雨同舟50年"征文活动三等奖。民进镇江市委获中共镇江市委统战部组织的"风雨同舟50年"征文优秀组织奖。民进会员王家骏获中国文联授予的海峡两岸德艺双馨艺术家称号和上海海内外个人书画大奖赛金奖。吴林森创作的扬州评话《一笔救灾款》获江苏省戏剧曲艺大奖赛唯一的一等奖。2000年，民进镇江市委组织基层支部学习《中共中央关于制定国民经济和社会发展第十个五年计划的建议》《党政干部统一战线知识读本》等文件；组织各支部主任赴民进丹阳支部学习交流；11月接待民进省委教育工作委员会一行5人到镇江调研新教学大纲贯彻情况，协助调研组赴镇江市教委基教处、京口区教育局、二中党支部、十八中党支部、靳家巷小学调研；接待民进南通市委会、民进淮阴市委会机关人员和民进南京市委会妇女工作委员会到访交流；民进会员肖梦龙主持完成省社科"九五"规划重点科研项目"吴文化考古研究"。

2001年，民进镇江市委学习《"三个代表"学习读本》《邓小平新时期统一战线理论纲要》等资料。2003年学习中共十六届三中全会精神和中央、民进省委的有关文件，开展"三增强""四热爱"主题教育活动；10月组织机关干部观看人民公仆郑培民先进事迹图片展。2004年，民进镇江市委建立健全学习制度，通过召开座谈会、观看影片、图片展览，撰写纪念文章，开展纪念邓小平诞辰100周年教育活动；12月，民进镇江市委召开年度总结表彰大会，邀请东南大学公共卫生学院副院长尹立红教授作公共卫生与疾病预防专题辅导讲座。

2005年3月举办民进镇江市委会支部主任读书班，学习领会《中共中央关于进一步加强中国共产党领导的多党合作和政治协商制度建设的意见》。同年6月28日举办民进镇江市级组织成立20周年庆祝大会，开通民进镇江网站；举办"辉煌的二十年"镇江民进书画艺术精品展；《镇江民进》编印20周年纪念特刊，《江苏民进》杂志制作4个版面的"镇江民进"专版。同年8月，民进镇江市委机关支部、丹阳支部分别举办中共中央〔2005〕5 号文件学习班。

二、社会服务

1984 年 12 月，民进镇江市直属小组与镇江市教育局教研室联合邀请外地有教学经验的教师会员到镇江举办中小学语文、数学、历史等教学讲座，邀请扬州师范学院知名教授到镇江举办“叶圣陶教育思想”讲座。在镇江实验小学举办 5 个少儿英语班，学生 240 人，采用手脑并用和适合少儿的“游戏”教学法。1985 年 4 月，民进镇江市支部与京口、润州区教育局联合邀请民进江苏省委常委、南京长江路小学特级教师王兰到镇江举办小学语文教学讲座，800 多名小学教师到会听讲。

1992 年，民进镇江市委主办的镇江市育才业余学校全年办班 96 个，培训学员 3410 人次，被民进江苏省委会评为先进集体。1993 年 8 月，会员王鸾飞赴京参加民进中央尊师重教基金会举办的第四届优秀教师会员参观活动。1996 年为纪念红军长征 60 周年，会员吴于元、许以敏、马凤英、解素娥参加润州区老园丁宣讲团活动，分别到该区各中、小学宣讲 77 次，5500 多师生受教育。

1997 年，民进会员、润州区侨联副主席王道美联系旅日华侨为镇江第 20 中学捐款 150 万日元兴建校舍和操场；联系旅日华侨许朝坤、杨根宝先生为润州 20 名特困小学生每年捐款 6000 元，直到初中毕业。1998 年，会员向市民政部门捐赠抗洪救灾款 11000 多元；民进会员吕存为焦山万佛塔设计佛像，为丹阳总前委旧址纪念馆创作大型油画《邓小平在丹阳》。1999 年，会员为建造江苏民进希望小学捐款 5465 元；民进会员、润州区侨联副主席王道美与日本侨商联系，筹集 2 万多元人民币，捐助润州区实验小学贫困学生。2005 年 3 月与开卷书店联合举办学雷锋图书义卖活动，将该日收益捐给希望工程。

第五章　农工党镇江市委员会

中国农工民主党镇江市地方组织始建于 1957 年 3 月，直辖于农工党江苏省委员会的市支部委员会，时有党员 21 名。1962 年 3 月 25 日，中国农工民主党镇江市召开第一次全体党员大会，选举产生中国农工民主党镇江市第一届委员会。至 2005 年，中国农工民主党镇江市历经 7 届委员会。

中国农工民主党镇江市委员会所属党员以医药卫生界高、中级知识分子为主，由 1957 年的 21 名党员发展至 2005 年的 379 人，其中卫生界 253 人、教育界 70 人、科技界 30 人、其他界别 26 人，具有高级以上职称 192 人。1983 ~ 2005 年，农工党镇江市党员中，有 1000 多人次得到各级、各部门表彰。其中 3 人享受国务院、2 人享受省政府特殊津贴。

第一节　组织建设

一、党员和党员代表大会

1980 年 11 月召开农工党镇江市第二次党员大会。大会回顾过去 18 年中社会和工作实践情况，阐述农工党镇江地方组织在新形势下新的历史使命，选举 7 名委员组成农工党镇江市第二届委员会。张志清被推选为主任委员，金维藩、张文梁为副主任委员。

1984 年 10 月召开农工党镇江市第三次全体党员大会。大会选举 12 名委员（另保留 1 个名额）组成农工党镇江市第三届委员会。张志清当选主任委员，姚敦本、金维藩、张文梁（驻会）、顾忆贻当选为副主任委员。

1988年4月召开农工党镇江市第四次党员大会。张志清作《实事求是、解放思想，在社会主义和爱国主义的旗帜下团结奋进》工作报告，选举16名（另保留1个名额）委员组成农工党镇江市第四届委员会。姚敦本当选为主任委员，张文梁（驻会）、顾忆贻、王桐林、佘蕴山当选为副主任委员。

1991年12月召开农工党镇江市第五次党员代表大会。姚敦本作《高举爱国主义、社会主义旗帜，发挥我党优势，为祖国统一、振兴中华服务》大会报告，选举19名委员组成农工党镇江市第五届委员会。顾忆贻当选为主任委员，王桐林（驻会）、佘蕴山、夏承林当选为副主任委员。1995年5月增补束瑞祥为副主任委员。

1996年10月召开农工党镇江市第六次党员代表大会。顾忆贻作《加强自身建设，提高参政议政水平，为实现我市跨世纪宏伟蓝图而奋斗》工作报告，选举18名委员（另保留1个名额）组成农工党镇江市第六届委员会。顾忆贻当选为主任委员，夏承林、束瑞祥（驻会）、史荣坤当选为副主任委员。2000年12月增补郑金旭、赵庆荣为副主任委员。

2001年12月召开农工党镇江市第七次党员代表大会。大会选举18名委员（另保留1个名额）组成中国农工民主党镇江市第七届委员会。赵庆荣当选为主任委员，；史荣坤、郑金旭、罗春媛（女）、王建宏（驻会）当选为副主任委员。2003年8月因工作调动，罗春媛（女）辞去副主任委员职务，增补李建华（女）为副主任委员。

1983～2005年中国农工党镇江市委员会第一至七届主委、副主委一览表

表27-12

届　别	任职时间	主　委	副主委
第二届	1980. 11～1984. 10	张志清	金维藩、张文梁
第三届	1984. 10～1988. 04	张志清	金维藩、张文梁、姚敦本、顾忆贻
第四届	1988. 04～1991. 12	姚敦本	张文梁、顾忆贻、王桐林、佘蕴山
第五届	1991. 12～1996. 10	顾忆贻	佘蕴山、王桐林、夏承林、束瑞祥（1995年5月增补）
第六届	1996. 10～2001. 12	顾忆贻	夏承林、束瑞祥、史荣坤、郑金旭（2000年12月增补）、赵庆荣（2000年12月增补）
第七届	2001. 12～2006. 12	赵庆荣	史荣坤、郑金旭、王建宏、罗春媛（2003年8月调走）、李建华（2003年8月增补）

二、组织机构

农工党镇江市委员会第一至四届召开全体党员大会，第五至七届召开党员代表大会。在党员（代表）大会闭会期间，大会选举出的委员会领导农工党镇江市工作。委员会贯彻集体领导原则，每年举行2～3次全委会议，日常工作由主委、副主委（驻会）、秘书长负责领导。1983年，农工党镇江市委员会机关设组织处、宣传处。1988年增设办公室。1994年末成立学习、参政议政、老年、三胞联谊、妇女等5个工作委员会。农工党镇江市委员会基层支部以党员所属界别、单位或行业等进行划分，开始时基层支部3个，至2005年末，市委员会下属基层支部（委员会）增加到20个，其中1个基层委员会下设3个支部。

1983～2005年部分年份农工党镇江市委员会成员情况表

表27-13　　单位:人

年份	总数	成员组成情况				高级职称	省级以上代表	
		卫生界	教育界	科技界	其他		人大	政协
1983	77	58	7	5	7	31	1	1
1986	113	85	14	6	8	-	1	1
1988	169	116	31	8	14	-	1	2
1991	209	147	33	16	13	85	1	2
1996	265	171	47	22	25	114	1	2
2001	327	221	58	26	22	146	-	2
2005	379	253	70	30	26	192	1	2

第二节　参政议政

1983～2005年，农工党镇江市委员会围绕省、市各项中心任务和社会热点、难点问题开展调查研究，搜集社情民意，撰写建议、提案900多件，其中有影响的重要建议和提案100多件。市委会主要领导参加中共镇江市委、市政府举行的双月座谈会、协商会、通报会和征求意见会等各种会议，列席市政府召开的全体(扩大)会议，就地方经济发展、重大改革措施、重要人事安排、党的建设、科技兴市、港口建设、城市建设、创卫、医疗制度改革、医德医风建设、个私经济发展战略、反腐倡廉等方面工作建言献策。

1983～1996年，农工党镇江市委在市人大、政协“两会”上，主委姚敦本《关于治理镇江长江段中口袋》工程方案等提案得到采纳和实施；农工党镇江市委会和党员中的人大代表、政协委员先后提出《制定贯彻中共中央(1989)14号文件配套措施》《建议设见义勇为奖，成立市见义勇为基金会》《加强基层政权建设》《关于我市传染病防治工作中的几个问题与建议》《关于我市公共场所卫生管理的建议》《关于整顿医药市场的建议》《关于我市建立健全社区医疗服务体系的建议》《关于农村合作医疗情况的调查》《关于实现我市2000年农村人人享有初级卫生保健的建议》《关于认真贯彻教师法的几点建议》《关于加强农村食品卫生工作》《关于建立农民医疗保险》《关于加强我市公共卫生体系建设》《关于利用煤矿医院闲置设施筹建市老年公寓》等一系列提案和建议。1990年在市政协二届三次全会上作《关于合理开发和综合利用我市非金属矿产资源》大会发言；《爱我中华，振兴镇江——我为市长献一策》合理化建议被评为一等奖。

1997年，农工党镇江市委主委、省政协委员顾忆贻在省政协七届五次全委会上联名提出《关于整治句容便民河，彻底解决当地血吸虫病流行问题》的提案，省水利厅、卫生厅和血防办专门对句容便民河进行实地调研，将整治工程列入江苏省《为民办十件实事》之一，拨出4000万元专款进行整治。省政协委员顾忆贻、郑金旭撰写的提案《国家和省政府应做好对镇江市卫生事业的补偿》(刊登在《镇江政务动态》)，省财政厅采纳医改补偿提案建议，给予镇江卫生机构100万元的专项补偿。

1998年，农工党镇江市委在市政协四届一次会议上作《关于进一步完善我市医疗保障制度的建议》大会发言。市委会提出有关《发展农村卫生事业》和《建立农民医疗保险》两件集体提案，被市政协列为重点提案。《关于减轻中小学生过重学业负担》《关于进一步在我市开展全民健身活动建议》提案，作为市政协“主席会议建议案”交市政府办理。《关于提高国有大中型企业投资成功率》提案被市政协评为优秀集体提案；市政协常委、农工党镇江市委副主委束瑞祥提出的《在中小学大力开展科普教育的建议》被评为个人优秀提案。农工党镇江市委参加市社保局、医保局的全市医改情况调研，形成的论文《建立和完善费用控制机制，深化我国职工基本医疗制度改革》刊登在《中国卫生经济》杂志上；《建立职工基本医疗救助制度的实践与思考》刊登在《中国卫生资源》杂志上；《定点医院在医改中的实践与思考》刊登在《中国卫生软科学》杂志上；《医改中企业医疗机构的思考》和《退休人员参加医改的实践与思考》刊登在《现代医疗保险》杂志上。

2002年，农工党镇江市委向市政协四届五次全会提出6件集体提案，递交市人大、市政协个人建议和提案96件，其中提案《关于举行赛珍珠诞辰110周年国际学术研讨会》获优秀集体提案奖。提案《关于以招商引资为抓手，大力促进我市文化产业的发展》获优秀个人提案奖。主委赵庆荣在中共镇江市委双月座谈会上，提出《关于加快我市私营经济发展的几点建议》，中共镇江市委研究室29期《决策参考》全文刊登，并被中共中央《零讯》采纳。

2003年，市政协委员孔繁芝提出《优化投资软环境，组建市行政审批中心》的提案，被列为市政府一项重要工作得到解决，市政府称赞其为“今年最有采纳价值和社会影响的提案”。《加强我市重大环境风险预警，建立突发性事件应急处理机制》《王家巷马路菜场问题》《关于整治花山湾占道经营问题的建议》等集体和个人提案及建议，被市人大、市政协评为优秀提案和建议，并被列为重点督办。农工党党员、省人大代表陆鸣冈在江苏省十届一次人代会上，领衔提出《关于尽快出台我省沿江岸线管理和使用的统一法规》《重视镇江段的开发工作，确保全省沿江开发总体战略目标的如期实现》的议案，具有针对性强、可操作性强的特点，被省人大列为大会12件议案中的2件。陆鸣冈提出《关于医疗广告宣传一定要进一步规范和加强管理的意见》的建议，被列为省人大重点督办建议之一。在省政协九届一次全会上，主委赵庆荣提出《做好铁本事件善后工作》提案。

2004年，农工党镇江市委针对社会信用制度建设存在多头管理、信息指标不全、资源分散、相互封锁等问题提出建议，被农工党江苏省委会采用，作为集体提案提交省政协，被省政协评为年度优秀集体提案。农工党镇江市委分别向省、市提出《关于加强公共卫生体系建设》提案，被市政府纳入为民办实事项目之一。12月，市第三人民医院迁建和新建市疾控中心、卫生监督所同时动工，提出提案《建设行政中心网站，完善审批功能，更加便民、高效、廉洁和规范》，市政协领导带队到现场视察、督办。

2005年，农工党党员、省人大代表陆鸣冈在省人大十届三次会议上提出《铁本事件善后事宜的议案》及4条建议，中共江苏省委、省政府作出批示：高度重视、充分调动各方面积极性，以超常规方式打造重组方案的落实；省发改委做出答复。省政协九届三次全会举办“医疗卫生改革与发展”为专题的委员论坛会，主委赵庆荣作《对我省新型合作医疗的思考与建议》的发言，发表在《江苏政协》上。《建设诚信江苏》提案被省政协评为优秀集体提案。《关于企业知识产权保护》《关于建立基层公共卫生网》提案，被农工党江苏省委会采纳。在市政协五届三次全会上，农工党镇江市委提出建议，做好外派和归国劳务人员的艾滋病防治工作；市外经贸局、公安局、卫生局、出入境检验检疫局为此联合行文提出工作意见。农工党镇江市委提出的《关于加快城市农民基本医疗制度建设》《关于建设行政中心网站、完善网上审批功能的建议》被市政协评为优秀集体提案；党员卢昌宏、许宏根等4人的《关于制定我市低保救助政策的建议》被市政协评为优秀个人提案。

第三节　主要活动

一、学习教育

1983～2005年，农工党镇江市委组织党员学习贯彻中共十三大、十四大、十五大、十六大会议精神，学习毛泽东思想、邓小平理论和“三个代表”重要思想，对党员进行中共党史、爱国主义和中国特色社会主义教育。结合重大纪念节日，开展抗日战争胜利50周年，中国共产党建党

70、80 周年，农工党建党 60、70 周年等纪念庆祝活动；组织党员参观上海中共一大会址和浙江南湖“一大”游船；每年坚持组织党员晋谒农工党创始人邓演达烈士墓，参观新四军革命纪念馆等活动。

结合镇江城市建设发展形势，农工党镇江市委组织“百名党员看镇江”“百名党员看润扬大桥”活动，进行“我为家乡再创辉煌”思想教育。组织学习 1989 年《中共中央关于坚持和完善中国共产党领导的多党合作和政治协商制度的意见》和 2005 年《中共中央关于进一步加强中国共产党领导的多党合作和政治协商制度建设的意见》。

农工党镇江市委各支部开展多位一体的复合式、联组式学习教育活动，把集中学习、参观考察与丰富多彩的活动结合起来。江苏大学委员会、教育支部和丹阳支部，学习活动既有学习、讨论，又有参观、考察、调研。丹徒支部、一院支部、气象支部和中医院支部多次与兄弟支部开展联组活动，把学习和讨论本地区、本单位的建设和发展结合起来。二院支部、江科大支部年有计划、月有安排，学习活动制度化、规范化。农工党镇江市委组织党员参观、考察润州、京口和丹徒新区等 6 处镇江市城市建设工程。

2002～2005 年，各支部配合农工党镇江市委自身建设年、参政议政年、社会服务年和学习年等主题开展活动。

二、社会服务

1. 医疗、科技咨询服务　20 世纪 80 年代初，农工党镇江市委与镇江京口医院联合开办康复医疗中心，配备、充实医务骨干力量。

1983～1991 年，农工党镇江市委面向社会，开展医疗、科技咨询服务。农工党镇江市委和医院支部组织高级医务专家人员深入街道、学校、幼儿园、港口、京口红旗医院、象山医院、丹阳敬老院、扬中三茅乡镇医院，以及丹徒上党、句容白兔等农村和厂矿企事业单位，为居民、学生、职工进行体检、医疗技术咨询、专家门诊、举办医学讲座等，直接受益 5000 多人次。1988 年上半年，农工党镇江市委四届三次主委办公会议研究决定，成立镇江市前进保健咨询服务部，得到市计经委、市工商行政管理局批准。

2. 抗洪救灾　1991 年 7 月，全市洪涝灾害，农工党员投入到天气监测、灾区义诊咨询、山体滑坡监测等各项抗洪抢险、救灾中去，一批农工党党员受到有关部门表彰。1998 年夏，全市遭遇百年不遇洪水，时任丹徒县副县长、农工党丹徒支部副主任赵庆荣带病坚持在第一线，坚守丹徒闸防洪 2 个月。

3. 文化、卫生、科技“三下乡”活动　1991～2005 年，农工党镇江市委开展文化、卫生、科技“三下乡”活动。1991 年，农工党镇江市委组织慰问组送《双推磨》等折子戏赴江苏省第三地质大队安基山矿区，丰富野外一线地质工作者的文化生活。1992～2005 年在镇江卫生部门和各医院支持下，以农工党镇江市委和基层支部为单位，先后组织专家和党员 2500 多人次、200 多场的送医送药和体检活动，下农村、进社区、上工地、到学校、去港口、入寺院，为数十个乡镇和茅山老区农民，润扬大桥

图 27-5　1991 年，《双推磨》赴安基山矿区慰问演出

建设工程技术人员，大、中学校教师和民营企业家等做义务健康咨询服务、送医送药活动，受益群众10多万人次。送文化、送科技各类书籍5000多册。

4.“非典”防治　2003年防治“非典”期间，农工党镇江百名党员，坚守在各个不同岗位上，有3个集体、6名个人获得农工党中央、省委的表彰；3人次获得中共江苏省委、省政府以及市委、市政府表彰；6个支部和32名党员获得农工党镇江市委会表彰。

5. 办学助学做好事　1992年以后，农工党镇江市委利用暑假，举办“国际音标”文化补习班等不同类型的短期学习班4期、10个班，参加学习的学生500多人次。举办前进高考补习班，招收两个班100余名补习生，高考录取率在同类学校中名列前茅。为社会弱势群体和贫困学生献爱心，向西部教育扶贫等共计捐款6万多元，向贫困灾区捐棉衣3000多件。帮助农工党员协调解决有关职务变动、工作调动、职称晋升、就医、就业等许多方面的问题；帮助党员解决医疗费用10多万元，协助100多位党员、家属和机关干部解决大病、重病的诊治。

第六章　致公党镇江市委员会

1985～2005年，致公党镇江市委员会坚持“致力为公、参政兴国”的宗旨，履行参政议政、民主监督职能。依法维护归侨侨眷的合法权益和海外侨胞的正当利益，加强与华人华侨和港澳同胞的联系，在凝聚侨心、“反独促统”“招商引智”等方面发挥作用。围绕中共镇江市委、市政府中心工作，开展调查研究，建言献策；以启动“致福工程”为主要形式开展社会服务。

第一节　组织建设

一、党员大会

1989年1月召开第一次党员大会，选举产生中国致公党镇江市第一届委员会，委员会6人组成，其中主委1人，副主委2人。1991年增补委员1人，时有党员40人。

1991年12月召开第二次党员大会，选举产生中国致公党镇江市第二届委员会，委员会8人组成，其中主委1人，副主委2人。1994年8月增补委员1人。1996年10月增补副主委1人。

1996年11月召开第三次党员大会，选举产生中国致公党镇江市第三届委员会，委员会8人组成，其中主委1人，副主委2人。2001年2月，致公党镇江市委员会增补委员2人；4月和8月各增补副主委1人。

2001年12月召开第四次党员大会，选举产生中国致公党镇江市第四届委员会。委员会7人组成，其中主委1人，副主委2人，时有党员56人。

1985～2005年致公党镇江市委员会历届主委、副主委一览表

表27-14

届　别	姓　名	职　务	任职时间	备　注
镇江支部（中央直属）	许雄翊	负责人	1985.3～1989.1	－
	钟金尧	负责人	1985.3～1989.1	－
	王锦鹏	负责人	1985.3～1989.1	－

续表 27-14

届别	姓名	职务	任职时间	备注
第一届	顾可梁	主委	1989. 1 ~ 1991. 12	-
	王锦鹏	副主委	1989. 1 ~ 1991. 12	-
		秘书长(兼)	1989. 1 ~ 1991. 8	-
	钟金尧	副主委	1989. 1 ~ 1991. 12	-
第二届	顾可梁	主委	1991. 12 ~ 1996. 11	-
	钟金尧	副主委	1991. 12 ~ 1996. 11	-
	薛学陶	副主委、秘书长(兼)	1991. 12 ~ 1996. 10	-
	陈　浩	副主委、秘书长(兼)	1996. 10 ~ 1996. 11	1996 年 10 月增补
第三届	顾可梁	主委	1996. 11 ~ 2001. 12	-
	薛学陶	副主委	1996. 11 ~ 2001. 12	-
	陈　浩	副主委、秘书长(兼)	1996. 11 ~ 2001. 12	-
	卢章平	副主委	2001. 4 ~ 2001. 12	2001 年 4 月增补
	李庭林	副主委(驻会)	2001. 8 ~ 2001. 12	2001 年 8 月增补
第四届	卢章平	主委	2001. 12 ~ 2006. 12	-
	陈　浩	副主委	2001. 12 ~ 2006. 12	-
	李庭林	副主委(驻会)、秘书长(兼)	2001. 12 ~ 2006. 12	-

二、组织机构

1985 年 3 月，致公党镇江市支部委员会成立（致公党中央直属支部），设支部负责人 3 名，时有党员 13 人。1988 年 6 月，致公党镇江市委员会筹备小组成立。1989 年 2 月成立妇女工作委员会。1992 年 5 月成立科技支部；同年 6 月成立教育支部、医卫综合支部。

1997 年 5 月，致公党镇江市委所属支部换届并更改名称。第一支部（科技支部）设主委 1 人，委员 2 人；第二支部（教育支部）设主委 1 人，委员 2 人；第三支部（医卫综合支部）设主委 1 人，委员 2 人。1998 年 3 月，致公党镇江市委成立老龄工作委员会，时有党员 43 人。2001 年 3 月所属支部换届。

2002 年 8 月，镇江市市级机关机构编制委员会批准致公党镇江市委机关机构设置、人员编制方案：市委机关设办公室、组织处、宣传处；核定行政编制 4 名，行政附属编制 1 名。2003 年 5 月，致公党镇江市委会成立参政议政、学习宣传、海外联谊 3 个工作委员会。至 2005 年，致公党镇江市委员会有 4 个基层支部和 5 个专门工作委员会；时有党员 95 人，主要分布在教育、科技、医卫、经济界。

1985～2005 年部分年份致公党镇江市委员会基层组织一览表

表 27-15

	基层组织名称	建立时间	备　注
基层支部(组)	科技组、教育组、医卫综合组	1985. 8	后改组为支部
	科技支部	1992. 5	–
	教育支部	1992. 6	
	医卫综合支部	1992. 6	
	第一支部	1997. 5	2001 年 3 月 3 个支部进行换届
	第二支部	1997. 5	
	第三支部	1997. 5	
	江苏大学支部	2002. 4	–
专门工作委员会	妇女工作委员会	1989. 2	–
	老龄工作委员会	1998. 3	
	参政议政工作委员会	2003. 5	
	学习宣传工作委员会	2003. 5	
	海外联谊工作委员会	2003. 5	

第二节　参政议政

1985～2005 年，致公党镇江市委开展调查研究，建言献策，反映社情民意，提出大量具有针对性和可操作性的建议和意见。致公党镇江市委主要领导参加由中共镇江市委或委托相关部门主持召开的民主协商会、座谈会、恳谈会、情况通报会等 50 多次，对镇江市重要事务、经济和社会发展、重要人事安排等方面提出建议。致公党党员应聘担任镇江各级特邀(约)监察员、检察员、审计员、行风监督员、教育督导员 30 多人。致公党镇江各级组织及党员向上级组织和有关报刊报送信息、宣传稿件 150 多篇。

1985～2005 年，党员中担任省人大代表 2 人，省政协委员 3 人(其中常委 1 人)；市人大代表 8 人(其中常委 4 人)，市政协委员 23 人(其中副主席 2 人，常委 6 人)；区政协委员 9 人(其中副主席 2 人，常委 4 人)；县政府副县长 1 人；区政府副区长 1 人。

1985～2005 年，致公党镇江市委所属党员中的各级人大代表向人大会议提交议案 7 件；向政协各届次全会提交大会发言材料 8 篇、专题发言材料 15 篇、集体提案 26 件；所属党员中的各级政协委员向政协会议提交个人提案 502 件；其中被市政协评为优秀集体提案 9 件，优秀个人提案 36 件。这些议案、建议和提案，内容涉及经济建设、体制改革、城市规划和建设、医疗卫生、社区建设、旅游开发、新农村建设、维护侨权等。致公党镇江市委集体提案：1996 年《进一步做好"海外学子"工作，为我市经济建设服务》、1998 年《加强外经工作力度，推动外向型经济发展》、2000 年《齐抓共管，构筑预防职务犯罪的堤坝》、2003 年《关于着眼长远，更新观念，加快镇江留学人员创业园建设的建议》《关于营造特色，错位发展，开创镇江旅游业新向面的建议》、2004 年《关于加大扶持力度，促进我市私营进出口企业发展的建议》、2005 年《关于建设稳定高效农业推广体系的建议》《关于在我市沿江开发中实现土地资源节约利用的建议》等。在提案办理过程中，致公党镇江市委配合和协助镇江市政协提案委与提案涉及的相关部门和单位以及提案人加强沟通，反馈提案办理信息，提高提案办理质量。

1985～2005年中国致公党镇江市委员会组织、成员、参政情况一览表

表27-16

年份	组织情况（个）				成员情况（人）			参政情况（人）									
								人大代表				政协委员				任实职数（处以上）	市特邀（约）人次数
	市委会	总支部	基层委员会	支部	总数	高级职称	新成员	辖市（区）	市	省	全国	辖市（区）	市	省	全国		
1985	–	–	–	1	21	–	21	–	3	–	–	–	6	–	–	–	–
1986	–	–	–	1	27	–	6	–	3	–	–	–	6	–	–	–	–
1987	–	–	–	1	30	–	3	–	3	–	–	–	6	–	–	–	–
1988	–	–	–	1	34	–	4	–	5	–	–	–	11	1	–	–	–
1989	1	–	–	3	40	–	6	–	5	–	–	–	11	1	–	–	–
1990	1	–	–	3	40	–	0	–	5	–	–	–	11	1	–	–	–
1991	1	–	–	3	40	–	0	–	5	–	–	–	11	1	–	–	–
1992	1	–	–	3	40	–	0	–	5	–	–	–	11	1	–	–	–
1993	1	–	–	3	40	–	0	–	–	1	–	–	13	2	–	–	–
1994	1	–	–	3	42	–	2	–	–	1	–	–	13	2	–	–	–
1995	1	–	–	3	42	–	0	–	–	1	–	–	13	2	–	–	–
1996	1	–	–	3	43	–	1	–	–	1	–	–	13	2	–	–	–
1997	1	–	–	3	49	–	6	–	–	1	–	–	13	2	–	–	–
1998	1	–	–	3	53	–	4	–	–	2	–	2	13	2	–	–	–
1999	1	–	–	3	53	–	0	–	–	2	–	2	13	2	–	–	–
2000	1	–	–	3	55	–	2	–	–	2	–	2	13	2	–	–	–
2001	1	–	–	3	56	–	1	–	–	2	–	2	13	2	–	–	–
2002	1	–	–	4	62	20	6	–	–	2	–	2	13	2	–	–	9
2003	1	–	–	4	72	23	10	–	2	–	–	5	12	1	–	–	10
2004	1	–	–	4	83	27	11	–	2	–	–	5	12	1	–	–	14
2005	1	–	–	4	95	29	13	–	2	–	–	5	12	1	–	–	9

第三节　主要活动

一、理论学习

致公党镇江市委先后组织学习中共十二大至十六大一系列重要文件及重要决定，学习《中共中央关于坚持和完善中国共产党领导的多党合作与政治协商制度的意见》（中发〔1989〕14号文件），邓小平理论和“三个代表”重要思想，学习《中国致公党章程》、党史和致公党第八次至十二次全国代表大会精神，学习全国、省、市历次“两会”精神以及统一战线和多党合作制理论等，组织迎香港、澳门回归，中国共产党成立70周年、80周年，中国致公党成立80周年暨镇江组织建立20周年等纪念庆祝活动。

2000年，致公党镇江市委开展“怎样当好一名新时期合格的致公党员”大讨论活动，历时8个月，开展系列活动29场次，党员参与率90.7%，党员撰写理论、心得文章22篇。

2003年4月，1993年10月创办的《致公简讯》（不定期）全面改版，更名为《镇江致公》（杂志型季刊）。至2005年共编发46期，与国内50多个省、市致公组织进行交流。《镇江致公》成为致公党镇江党员学习掌握国家大政方针、了解致公党重要的工作途径和交流党务工作经验、党员学习心得、进行理论探讨、展示党员风采、反映社情民意的园地。

二、社会服务

1. 开展“三下乡”活动　1985～2005年，致公党镇江党员深入街道、农村，走访群众、实地调研，为普通百姓送医送药、送春联、送科技、送法律、送温暖30多场次；走进校内，向大、中、小学生进行爱国主义革命传统教育50多场次，近3000人受教育；参与社区工作，义务为社区群众服务。

2. 支援灾区和扶困　1989年，中国部分地区遭遇特大洪水灾害，致公党镇江党员联系海外亲友捐寄救灾款11400港元和数百美元，动员国内归侨、侨眷捐款8000多元人民币。2001年捐款2400元，帮助镇江医学院一名因家中遭火灾父母伤残、导致无力支撑学业的学生完成学业。2003年动员全体党员捐款7730元，帮助一名患白血病的小学生，争取到全国致公组织和社会各界资助30多万元。2005年1月，印度洋海啸导致许多海外同胞遭受灾难，致公党镇江党员主动捐款3520元人民币。

3. “致福工程”　2003年9月8日在致公党江苏省委倡导和支持下，致公党镇江市委在丹徒区高资镇试点开办“致福工程”电脑培训点，全年办班12期，培训农民120人。2004年，省政府拨款100万元扩大试点，相继在南京、常州、扬州、苏州、镇江5市开办6个“致福工程”培训点，培训农民2900多人。至2005年，全省13个市开办“致福工程”培训点20个，培训农民近2万人。镇江“致福工程”培训点2个，培训农民2000多人。致公党镇江市委为此受到中共中央统战部，民革、民盟、民建、民进、农工、致公、九三学社、台盟8个民主党派中央和全国工商联联合表彰，被授予为全面建设小康社会作贡献先进集体称号。

图27-6　2003年，“致福工程”镇江第一个培训点开班仪式

4. 海外联谊　致公党镇江市委发挥侨海特色，动员广大党员利用接待国外亲友、出国访问考察和参加学术交流等机会，开展海外联谊和牵线搭桥工作，招商引资、引进资金和人才。从20世纪90年代始，市人大民宗侨委、市政协港澳台侨委、市侨办、市侨联、市致公党5个侨海单位共同协商，建立镇江“五侨”联动机制，合力做好侨务工作。

第七章　九三学社镇江市委员会

1983年前，镇江市有九三学社社员2人。同年11月，九三学社江苏省工作委员会同意在镇江发展社员并筹建组织，成立九三学社镇江师专临时小组，隶属九三学社扬州分社，时有社员4人。

1984年1月,九三学社镇江市直属小组成立,郭孝义任负责人;3月初成立九三学社镇江市委员会筹备小组;5月,九三学社江苏省工作委员会批准成立九三学社镇江市委员会;7月,九三学社镇江市委员会成立。1993~1995年,九三学社镇江7名社员获国家级奖励,19人次获部、省级奖励,12人次获市级奖励,18人次参加国际学术交流会议,100多人参加国内各级学术交流,发表论文227篇、著作7部。1996~2000年,九三学社镇江社员中,5人次获国家级奖励,80人次获部、省、市级科技进步奖,50人次获省市先进个人奖,20人次参加国际学术交流会议,发表论文近千篇,学术专著10部,取得各类科研成果100多项,发明专利20多项。2005年,九三学社镇江社员中享受国务院特殊津贴的有11人。

第一节 组织建设

一、社员大会

1984年7月,九三学社镇江市第一次社员大会召开,选举产生九三学社镇江市第一届委员会,委员3人,邬伯翔任主委。时有社员26人,其中高级职称1人,中级职称25人。至年末有社员40人,3个活动小组。1984年7月至1988年5月先后召开两次社员大会,增补7名市委委员,1位副主委。

1988年5月,九三学社镇江市第二次社员大会召开。主委邬伯翔代表第一届委员会作《高举两面旗帜,发挥更大作用》的工作报告,选举产生九三学社镇江市第二届委员会和出席九三学社江苏省第二届代表大会的代表。新一届委员会由13人组成,邬伯翔任主委,郭孝义、钱元骏任副主委。同年10月,九三学社江苏省第二届代表大会召开,九三学社镇江市委有7位代表出席会议,邬伯翔当选为省委常委,郭孝义、陶惠蓉(女)当选为省委委员。同年12月31日~1989年1月8日,九三学社第五次全国代表大会在北京召开,郭孝义作为代表、陶惠蓉(女)作为列席代表出席会议,陶惠蓉(女)当选为九三学社中央候补委员。

1992年4月,九三学社镇江市第三次社员代表大会召开,审议并通过邬伯翔所作的第二届委员会工作报告和大会决议,选举产生第三届委员会组成人员和出席九三学社江苏省第三次代表大会的代表。新一届委员会由14名委员组成,主委邬伯翔,副主委杨训、张作义。1994年12月14日召开三届九次全委会,增补3名市委委员,第三届委员会组成人员增至17人;增补潘一乐、罗启富为副主委。

1996年11月,九三学社镇江市第四次社员代表大会召开。61名代表审议并通过第三届委员会工作报告,选举产生第四届委员会组成人员15名和出席九三学社江苏省第四次代表大会代表7名,通过大会决议。邬伯翔为名誉主委,罗启富为主委,杨训、张作义、潘一乐为副主委。1997年5月,九三学社江苏省第四次代表大会在南京召开,罗启富、张作义当选为九三学社省委委员。

2001年9月,九三学社镇江市委四届十七次全委会,增补王贵成为副主委。同年12月,九三学社镇江市第五次社员代表大会召开,罗启富代表第四届委员会作《敬业奉献,开拓进取,开创二十一世纪我市社务工作新局面》工作报告。会议选举产生14名新一届委员会和8名出席省第五次代表大会代表,表彰2000~2001年度先进基层组织。潘一乐当选为主委,王贵成、俞立群当选为副主委。同年12月28日,九三学社江苏省四届六次全会扩大会议增补潘一乐为省委委员。2002年5月29日~6月1日,九三学社江苏省第五次代表大会召开,潘一乐当选为省委常委和九三学社第八次全国代表大会代表,俞立群当选为省委委员。2005年,市政协五届十四次常委会决定,任命俞立群为市政协专职副秘书长,同时兼任九三学社市委驻会副主委及秘书长。

1984～2005 年九三学社镇江市委员会第一至五届主委、副主委一览表

表 27-17

届　别	任职时间	主　委	副主委
直属小组	1984. 1～1984. 7	–	郭孝义(组长)
第一届	1984. 7～1988. 5	邬伯翔	郭孝义(1985 年 5 月增补)
第二届	1988. 5～1992. 4	邬伯翔	郭孝义、钱元骏
第三届	1992. 4～1996. 11	邬伯翔	杨训、张作义、罗启富(1994 年 12 月增补)、潘一乐(1994 年 12 月增补)
第四届	1996. 11～2001. 12	罗启富	杨训、张作义、潘一乐、王贵成(2001 年 9 月增补)
第五届	2001. 12～	潘一乐	王贵成、俞立群

二、组织机构

1985～1987 年,九三学社镇江市委先后组建成立科技综合、化纺、机电、教育、江苏工学院、农科院蚕业研究所、船舶工业公司、镇江师范专科学校、镇江医学院附院等支社和华东船舶学院直属小组等 10 个基层组织。1988 年 5 月至 1992 年 4 月,九三学社镇江市委先后组建成立九三学社谏壁直属小组和镇江船舶学院、江苏会计专科学校支社。1992 年 4 月至 1996 年 11 月先后组建建委支社、谏壁支社、镇江高等专科学校支社和江苏冶金学校支社。1996 年 11 月至 2001 年 12 月,九三学社镇江市委通过《关于进一步加强支社自身建设的意见》,作出《关于进一步加强基层组织建设的决定》,制定《九三学社镇江市委员会机关人员工作职责及工作制度》。1998 年 9 月,九三学社镇江市委召开基层支社工作经验交流会,江苏理工大学、科技综合支社获先进称号,镇江师专、医卫、蚕研所 3 个支社获表扬。同年 11 月,九三学社丹阳支社成立。1999 年,江苏理工大学支社、镇江师范专科学校支社、综合科技支社、医卫支社获九三学社江苏省基层组织先进集体。2000 年 6 月,九三学社江苏理工大学基层委员会成立,时有成员 51 人,下设 3 个支社,委员会由 6 人组成。2002 年 4 月,九三学社江苏大学委员会成立,王贵成任主委,下设五个支社。

1985 年 5 月,九三学社镇江市委会下设办公室和学习、文教 2 个专门工作委员会及 1 个科技咨询服务部。1992 年,市委会下设经济与科技、医药卫生、教育、妇女、海外联络、科技咨询服务 6 个专门工作委员会;市委会机关下设办公室、组织处、宣传处,设专职副主委主持机关日常工作。2001 年,市委会下设经济与科技、教育与医药卫生、妇女、法制与海外等 4 个专门工作委员会。

2005 年,九三学社镇江社员共有 324 人,其中高级职称 236 人,女社员 83 人,在职人员 160 人,平均年龄 57 岁;基层组织数 15 个,其中基层委员会 1 个。

1984～2005 年部分年份九三学社镇江市委员会成员情况表

表 27-18　　单位:人

年份	总数	男	女	成员组成情况					高级		
				卫生界	教育界	科技界	农林经济界	其他	职称	中共党员	享受国务院特殊津贴
1984	40	37	3	1	9	30	–	–	–	–	–
1986	113	97	16	2	36	72	–	3	15	6	–
1987	138	115	23	12	43	76	5	2	46	10	–
1988	172	144	28	12	55	91	11	3	95	10	–

续表 27-18

年份	总数	男	女	成员组成情况					高级		
				卫生界	教育界	科技界	农林经济界	其他	职称	中共党员	享受国务院特殊津贴
1989	188	160	28	12	60	103	11	2	118	10	-
1990	188	156	32	13	62	110	-	3	122	-	-
1993	209	174	35	15	71	110	11	2	144	16	-
1995	224	186	38	14	87	110	11	2	154	16	-
1999	274	216	58	20	112	126	10	6	190	21	-
2000	279	218	61	21	108	113	33	4	194	21	15
2002	284	218	66	26	100	119	34	5	213	19	13
2003	301	230	71	29	107	125	34	6	220	19	11
2004	308	232	76	30	110	124	38	6	226	19	11
2005	324	241	83	31	115	134	38	6	236	19	11

第二节 参政议政

九三学社镇江市委员贯彻中共中央《关于坚持和完善中国共产党领导的多党合作和政治协商制度的意见》，履行参政党职能。九三学社镇江市委主要领导和有关成员应邀参加中共镇江市委召开的协商会、通报会、座谈会，对镇江大政方针、重要人事安排和与地方经济建设、人民生活有关的一些重大问题反映情况、提出意见和建议。九三学社镇江三届市委（1993～1996 年）任期内参加中共镇江市委双月座谈会、情况通报会 9 次。九三学社镇江四届市委（1997～2001 年）任期内参加中共镇江市委召开的双月座谈会、情况通报会 32 次。

1990～2005 年，九三学社镇江市委提交议案、建议和提案 819 件，其中 1996～2000 年提交集体提案 27 件；2001～2005 年提交集体提案 30 件。很多建议被中共镇江市委、市政府及有关部门采纳，多个提案得到九三学社中央、省委及市政协表彰，其中有 3 条建议被九三学社中央作为提案提交给全国政协大会。

1984 年，邬伯翔提出《关于组织农用运输车配套动力生产的建议》，中共镇江市委、市政府领导责成有关职能部门落实，组织科技人员进行方案设计；市委委员李镇三提出《关于镇江毛纺厂投产的咨询意见》，经市人大常委会讨论通过，被市纺工局采纳并立项实施。

1985 年 3 月在市政协一届四次全会上，主委邬伯翔被增选为市政协副主席，后连续当选为市政协二届、三届委员会副主席。

1987 年 7 月应日本国津市政府邀请，镇江市各界人士访日代表团一行 5 人赴日本进行为期 10 天的友好访问，主委邬伯翔以民主党派负责人身份参加，这在镇江市是第一次。

1990 年，社员蒯元璋在市政协二届三次全会上提出《关于提高原料茧品质的建议》，政府相关部门 3 次组织调研，提出解决办法。同年，镇江市春茧出丝率由 9%～11% 上升到 16%。

1991 年，社员蒯元璋、王平义通过社市委向市政府提交《关于镇江市蚕桑生产抗涝救灾的意见》《棉花灾情和灾后田间管理意见》被采纳。

1994 年在市政协三届二次全会上，九三学社镇江市委提交提案《关于粉煤灰的进一步使用和加强管理》，相关职能部门约请有关成员进一步调研并提出具体方案；主委邬伯翔提出“长航码头搬迁的调研报告”，市政府予以实施。

1996～1997年，九三学社镇江市委集体提案《依靠科技进步，转变经济增长方式》《对我市培育发展高新技术产业的三点建议》，被市政协评为年度优秀集体提案。

1998年在市政协四届一次全会上，主委罗启富当选为市政协副主席。集体提案《关于在大市口建绿化区的建议》，受到中共镇江市委、市政府重视，规划部门及时修改原有设计，把建设市民广场列入规划，后建成大市口城市客厅。该次政协会议，九三学社镇江市委提交集体提案5件，其中《树立典型，扶持先进，支持大卓乡农业示范带建设的建议》获市政协优秀提案奖。

1999年2月，名誉主委郇伯翔、主委罗启富分别撰写的文章《镇江市城市规划的定位、定性问题》《高起点、高标准建设好现代化园林城市》入选新华丛书编辑委员会编辑的《光辉的历程——庆祝中华人民共和国建国50周年大型纪实文集》。社市委集体提案《进一步加强高校周边环境的治理》被市政协评为年度优秀提案。

2000年在市政协四届三次全会上，九三学社镇江市委的《关于加强素质教育的探讨性建议》被列为大会重点提案，市政府组织相关部门召开现场办案会，就加强素质教育向政协委员进行专题汇报并现场听取意见；提案《注入推广活力 改革农业基层推广机构运行机制》，镇江市有关领导批示市委政策研究室、市政府政策研究室、农业局等部门联合组织调研，在此基础上，中共镇江市委、市政府联合下发《关于进一步加强基层农技推广队伍建设的通知》，该提案被九三学社中央表彰，提交全国政协作为全国政协提案。统战信息《对打假工作的三点建议》，被《人民政协报》刊用；社情民意《加强素质教育的几点建议》，被《镇江政协》刊用；《对我市效能管理的四点建议》，被《镇江信息》《政务动态》采用。社市委领导关于解决供销社股金和社会集资问题的4条建议及慎提“争雄苏南”建议均被中共镇江市委、市政府采纳。同年10月，九三学社中央与九三学社湖南省委在岳阳举办长江沿岸城市经济发展研讨会，九三学社镇江市委副主委张作义在会上作《依托长江 联运发展 发挥科技优势 开发西部经济》专题发言。镇江九三学社社员就“十五”规划、人事制度改革、素质教育、反腐败、国企改革、经济改革等提出意见、建议，向九三学社江苏省委、市委统战部报送信息50条，被社省委采用45条，市委统战部采用43条。社市委的信息、宣传工作先后获九三学社省委信息工作集体一等奖，市委统战部信息工作先进集体。本年度社市委提案工作被社省委评为先进集体二等奖。

2001年在市政协四届四次全会上，九三学社镇江市委集体提案《关于严格规范执法，狠刹违章建筑的建议》，被市政协评为优秀提案。主委罗启富提出《加强劳动用工管理，规范社保费用征缴》和副主委张作义提出《狠抓奥运工程质量，严防贪污腐败》的建议，被《团结报》刊用；张作义提出《上市公司所在地应享受一定比例的证券交易印花税》和社员周道生提出《高校应成为“创造教育”的摇篮》的建议及《九三学社镇江市委为彩票发行的公证性问题建言》被《人民政协报》刊用。

2002年在市政协四届五次全会上，九三学社镇江市委集体提案《关于注意窗口形象，加强出租车管理的建议》，被市政协评为优秀提案；社员陈沛华提出《关于强化社保费征管的几点建议》，被九三学社中央表彰，录用为全国政协提案。九三学社镇江市委就中共十六大召开、民主党派工作、司法公正、股票发行、反腐败、普法教育、政绩观念、网吧管理等社会热点问题，向中共镇江市委统战部、九三学社江苏省委提出意见、建议74条，90%以上被九三学社中央采用，被社省委评为信息工作先进集体。

2003年在市政协五届一次全会上，主委潘一乐当选为市政协副主席。集体提案《猪肉产品进入超市销售，应实行市场准入制》提出后，市贸易局、工商局、技术质量监督局、卫生局等4家单位联合出台《关于加强镇江市区超市外来猪肉管理的意见》，并成立生猪屠宰执法大队。

2004年在市政协五届二次会议上，专题发言《全面重视和初步实施我市农村社会养老保险制度》。市劳动和社会保障局全面调研并在扬中市初步试点后，起草出台《镇江市农村基本养老保险试行办法》。集体提案《关于镇江人大率先建立听证制度的建议》《关于加强我市农村社会养老保险工作的建议》,被市政协评为优秀提案。围绕“三农”问题、公车制度改革、中共党内监督条例的颁布、国务院政府工作报告等方面的内容提出建议50余条,40余条被中央、省、市有关方面采用,其中2条被中央统战部采用。信息工作被九三学社江苏省委评为先进集体一等奖。

2005年,九三学社镇江市委对镇江“十一五”规划纲要和环保工作提出意见和建议。在市政协五届三次全会上,提交《关于在我市世业洲建立科技生态植物园的建议》《关于尽快修编和落实镇江市公共交通规划》《对加大我市人才政策落实力度的几点建议》等集体提案6件,个人及个人联名提案58件,内容涉及经济、教育、社会保障、旅游、医药卫生、公共设施、城市规划、城市管理等方面。

1998～2005年,九三学社镇江市委连续7年获九三学社江苏省委和镇江市统战系统统战信息先进集体。九三学社镇江市委副主委张作义被九三学社中央称为“信息大户”,多次在市委统战部和九三学社江苏省委召开的相关会议上作经验介绍。

截至2005年,九三学社镇江市委所属社员中104人次担任市级以上人大代表、政协委员,其中两人当选为全国人大代表,1人当选为江苏省人大代表,4人当选为江苏省政协委员。潘一乐担任全国人大代表15年,先后向全国人大提交议案、建议60多件,其中撰写的议案《〈劳动法〉修改进程亟待加快》《长江(南京大桥)以下江段应按海港模式管理》,得到许多全国人大代表附议,被列为大会议案;《在我国建立植物遗传资源委员会》的建议受到科技部重视,专门成立办公室;《关于加大对农业投入的几点建议》得到国家发展和改革委员会、农业部、财政部、中国农业银行监督管理委员会等部门联合答复。全国人代会期间,潘一乐被聘为镇江日报社“京城热线”特约记者,把全国“两会”重要精神和活动情况通过热线电话告诉镇江人民。

1983～2005年九三学社镇江市委员会组织、成员、参政情况一览表

表27-19

年份	组织情况(个)				成员情况(人)			参政情况(人)									
								人大代表				政协委员				任实职数(处以上)	市特邀(约)人次数
	市委会	总支部	基层委员会	支部支社	总数	高级职称	新成员	辖市(区)	市	省	全国	辖市(区)	市	省	全国		
1983	–	–	–	1	4	–	–	–	–	–	–	–	–	–	–	–	–
1984	1	–	–	3	40	–	36	–	–	–	–	–	8	–	–	–	–
1985	1	–	–	7	82	11	41	–	4	–	1	3	6	–	–	–	–
1986	1	–	–	7	113	15	31	–	3	1	1	2	7	–	–	–	–
1987	1	–	–	10	138	46	25	–	4	1	–	3	13	–	–	–	–
1988	1	–	–	11	172	95	32	1	6	1	–	3	13	–	–	–	–
1989	1	–	–	11	188	118	19	1	6	1	–	3	14	–	–	–	–
1990	1	–	–	12	188	122	3	6	6	1	–	4	14	–	–	–	–
1991	1	–	–	12	198	135	–	–	–	–	–	–	–	–	–	2	–
1992	1	–	–	2	205	139	6	–	–	–	–	–	–	–	–	2	–
1993	1	–	–	13	209	144	5	–	4	–	1	4	16	2	–	2	–
1994	1	–	–	13	219	147	12	–	4	–	1	–	–	–	–	2	–
1995	1	–	–	13	224	154	8	–	4	–	1	5	17	2	–	2	8
1996	1	–	–	13	233	158	9	–	4	–	1	5	17	2	–	2	6
1997	1	–	–	13	–	168	12	–	4	–	1	–	–	–	–	2	–
1998	1	–	–	14	258	179	–	4	3	–	1	7	19	2	–	–	4

续表 27-19

年份	组织情况（个）				成员情况（人）			参政情况（人）									
								人大代表				政协委员				任实职数（处以上）	市特邀（约）人次数
	市委会	总支部	基层委员会	支部支社	总数	高级职称	新成员	辖市（区）	市	省	全国	辖市（区）	市	省	全国		
1999	1	–	–	14	274	190	17	4	2	–	1	8	18	2	–	–	6
2000	1	–	1	15	279	194	7	5	3	–	1	13	19	2	–	–	7
2001	1	–	1	14	274	191	7	5	2	–	1	14	18	2	–	–	8
2002	1	–	1	15	284	213	16	5	2	–	1	14	17	2	–	–	7
2003	1	–	1	15	301	220	22	3	2	–	1	14	17	1	–	–	7
2004	1	–	1	14	308	226	8	3	2	–	1	14	17	1	–	–	7
2005	1	–	1	14	324	236	19	3	2	–	1	15	18	1	–	–	7

第三节　主要活动

一、学习活动

九三学社镇江市委提供学习资料、举办专题报告会、支社组织集中学习，不定期举办骨干成员、新社员培训班或研讨班及座谈会、纪念活动，学习新时期统战理论和党派知识。1984 年 9 月召开全体社员大会，庆祝中华人民共和国成立 35 周年，畅谈中华人民共和国成立 35 年来取得的伟大成就；同年 12 月召开全体社员大会，学习座谈《中共中央关于经济体制改革的决定》，征集关于科技体制改革和教育体制改革的意见和建议，落实九三学社如何为“四化”建设服务的具体形式、任务。1986 年 9 月邀请高等院校、厂矿企业、科研及设计单位的中共党组织负责人参加纪念九三学社成立 41 周年茶话会；在传统中秋佳节，举行“三胞”社员茶话会，盼望祖国早日和平统一。1987 年 5 月邀请九三学社中央委员、江苏省委常委、扬州市委主委祁龙威教授到镇江作九三学社社史讲座；同年 7 月，与镇江市政协、市科协联名邀请九三学社上海市委主委杨槱院士到镇江作访美考察报告。1989 年 8 月召开九三学社成立 44 周年座谈会，新老社员 70 多人聚集一堂，回顾九三学社历史，畅叙民主党派与中共长期共存、亲密合作的历史意义和现实意义。1990 年召开市委扩大会，学习《中共中央关于坚持和完善中国共产党领导的多党合作和政治协商制度的意见》；9 月举行“纪念九三学社成立 45 周年”大会，学习社中央名誉主席、著名桥梁专家茅以升生平先进事迹。1991 年召开庆祝中国共产党成立 70 周年座谈会，3 次举办学习《中共中央关于坚持和完善中国共产党领导的多党合作和政治协商制度的意见》心得交流会。1993 年，各民主党派市委联合举办“毛泽东与中国革命”报告会，纪念毛泽东同志诞辰 100 周年；31 名九三学社社员参加中共镇江市委统战部、市社会主义政治学校举办各民主党派、工商联、无党派人士骨干培训学习。1995 年 6 月举办中青年社员培训班，学习新时期统战理论、党派知识、九三学社社史；8 月召开全体社员大会，举行纪念九三学社建社 50 周年大会，出纪念专辑 1 本。1996 年 1 月，市政府、市政协召开纪念茅以升同志诞生 100 周年大会，副主委张作义代表社市委在会上发言。1997 年 6 月召开“庆香港回归”专题座谈会，收看香港回归庆典和“毋忘国耻”录像；组织九三学社社员骨干 20 余人参加中共镇江市委统战部举办的培训班、研讨班、经验交流会。1999 年召开全体社员大会，在全市九三学社成员中开展向王选学习活动；9 月召开由社市委委员、各基层组织负责人及部分老领导、老同志参加的座谈会，庆祝中华人民共和国建国 50 周年和人民政协成立 50 周年；12 月召开迎澳门回归形势报告会。2001 年 6 月组织庆祝中国共产党诞生 80 周年活动，组织全体市委委员和基层组织负责人参观嘉兴南湖革命纪念馆，与九三学社嘉兴市委交流社务工作，瞻仰上海中共一大纪念馆。2002 年围绕中共十六大提出“创新”主题，结合纪念第十四届国际科技与和平周活动，特邀九三学社成员、江苏大学创造学研究所所长、镇江市科技创新报告团副团长周道生作科技创新报告。2003 年 11 月特邀九三学社成员、市博物馆馆藏室主任毛颖作《前事不忘 后事之师》专题演讲。2005 年 9 月召开纪念九三学社成立暨抗日战争和世界反法西斯战争胜利 60 周年座谈会。

二、专题调研

1992 年，九三学社镇江市委参与工业经济与科技、农业经济与蚕桑的专题调研，牵头撰写《对提高企业活力的几点建议》调研报告，参与民盟市委会牵头编写《本市立体农业综合开发》专题报告。1993 年，九三学社社员提交调研报告，内容涉及城市建设、社会治安、教育卫生、环境保护、科技、工农业生产等。1994 年 8 月，九三学社镇江市委主委邬伯翔带领市政协委员、九三学社社员、民建会员对市直汽车工业的现状及其发展情况作专题调研，实地考察 16 个有关生产企业，向中共镇江市委、市政府提交《优先发展市直汽车工业的思考与建议》调研报告，建议将汽车工业作为镇江支柱产业优先发展。同年 9 月根据九三学社中央与江苏省委要求，九三学社镇江市委与九三学社江苏理工大学支社对江苏理工大学研究生导师情况进行专题调研，撰写《关于江苏理工大学研究生导师情况的调查报告》。同年，九三学社镇江市委牵头，民盟、民建、致公党等成员参加，对镇江引进设备的使用及管理情况进行专题调查，向中共镇江市委、市政府提出《关于改善引进设备使用管理的建议》。1995 年，主委邬伯翔提交《我市汽车生产现状分析及发展策略探讨》的调查报告，相关领导亲自登门征求意见，并聘任他担任市汽车工业发展工作领导小组成员。

九三学社镇江三届市委（1993 ~ 1996 年）任期内参加市人大、市政协各种会议及专项考察 248 人次。1996 年，九三学社镇江市委组织社员中的市人大代表、市政协委员考察、调研活动 6 次、28 人次。1997 年，镇江九三学社社员中的市人大代表、政协委员参加考察、调研活动 4 次、22 人次。

九三学社镇江四届市委（1997 ~ 2001 年）任期内参加市人大、市政协组织的各种会议及专项调研、考察 230 人次。2000 年，九三学社镇江市委形成的调研报告《认清形势，努力探索，不断进取，开创环境保护工作新局面》，在市政协四届三次全委会上作专题发言。2001 年，九三学社镇江市委形成的调研报告《加强科技开发，振兴镇江经济》，在市政协四届四次全委会上作专题发言。2002 年，九三学社镇江市委形成的调研报告《加强城市管理，创建城市家园》，在市政协四届五次全委会上作专题发言。2003 年，九三学社镇江市委形成的调研报告《关于加强我市社区建设的几点建议》，在市政协五届一次全委会上作专题发言。2004 年，九三学社镇江市委形成的调研报告《全面重视和初步实施我市农村社会养老保险制度》，在市政协五届二次全委会上作专题发言。2005 年，九三学社镇江市委调研文章《加快农民致富进程的几点建议》《巧妙发掘农业旅游的“五高策略”》，分别被《新华日报》和《人民政协报》刊用。

三、民主监督

1995 ~ 2005 年，镇江九三学社多名社员被聘为市特邀（约）监察员、行风监督员。1995 年，8 名社员受聘；2002 ~ 2005 年，每年均有 7 位社员受聘。1995 年，特约监察员、副主委张作义应邀参加对县处级干部住房和用车检查，时间长达 20 天。九三学社镇江三届市委（1993 ~ 1996 年）任期内参加中共镇江市纪委、监察局组织的检查监督活动 18 次。九三学社镇江四届市委（1997 ~ 2001 年）任期内参加中共镇江市纪委、监察局组织的检查监督活动 80 人次。

1998 年，社员中的市人大代表、政协委员及担任特约、特邀监督员的社员参加有关部门组织的公证制度、警风警纪、公路交通执法、医疗卫生作风等检查监督和考察、调研活动 12 次、28 人次。1999

年，社员中的特邀（约）人员，对地税局、公安局、检察院、法院、审计局的工作进行有效监督。2001年，社员中的特邀（约）人员参加各种形式的检查监督活动16人次，听取纪检、监察、公安、税务等情况通报，分别对市政府有关部门行风建设、环境保护、城市建设和管理、打击假冒伪劣商品、教育乱收费等问题进行评议。2002年，社员中的特邀（约）人员有8人次参加行风评议、监督检查，有20名社员参加“创文明机关”评议活动。2003年，社员中的特邀（约）人员参加各种形式的检查监督活动18人次，对纪检、监察、公安、检察、法院、税务、法制、教育等部门行风建设认真进行评议。2004年，镇江九三学社社员中7名特邀监察员、监督员参加行风评议、党风廉政建设活动18人次。

四、科技咨询

九三学社镇江市委开展科技咨询服务和办学、讲学、培训及智力支边活动。1984年11月与市机械工程学会联合开办在职科技人员“机械工程刊授进修大学镇江辅导站”，举办数字电子技术、机械制图、机械零件等科技讲座、短训班6次。1985年成立九三学社镇江市科技咨询服务部，面向中小企业、乡镇企业开展科技咨询服务和办学等工作，同年即完成科技决策咨询、技术服务15项，开展义务咨询5次，涉及专业有建筑、规划设计、地质、测绘、机械、蚕桑、纺织、医学等方面。1989年，镇江市科技咨询服务部更名为镇江市梦溪科技服务部，全年承担17项科技咨询服务项目，开办2个大专进修班。1991年成立镇江市九三节能技术研究所，开展节能技术科技咨询服务。1992年，九三学社镇江市委下属的镇江梦溪科技服务部和九三学社镇江市润州科技服务部共完成各类科技服务项目20余项，为镇江企业进行技术培训、技术咨询和中介服务。1993年，镇江市计划委员会先后同意成立镇江市三星百货贸易服务部、镇江市兴华物资贸易公司、镇江市兴中科技服务部、镇江市明华信息咨询服务社、镇江市五星机械电子产品经销公司、镇江市黑马广告装潢技术公司、镇江市永达科贸公司、镇江市环球经贸公司等，开展经贸科技咨询服务工作。

五、社会服务

1987年11月，九三学社镇江市委与市磷肥厂联合召开蚕药座谈会，对开展蚕药生产应用技术、品种、质量、市场等问题进行研讨，全省各地多管局、蚕种站、专业户代表60余人出席会议。同年7月组织医卫小组8位社员到农科院蚕业研究所开展科普宣传及咨询活动，对心血管等常见病防治进行宣传咨询。1990年8月，社员柳德康、吴云参加九三学社中央在黔西南开展的国家“星火计划”和“科技扶贫”工作，撰写《关于桑蚕的种植、饲养与加工项目的考察论证报告》，通过贵州省相关部门论证，经九三学社中央研究同意归口立项。1994年，社员蒯元璋、吴世泰作为第二批人员接受九三学社中央委派到黔西南进行科技扶贫工作。1998年抗洪救灾，九三学社镇江市委组织社员以各种形式支援灾区人民，通过多种途径捐款1.5万多元，通过市委会捐款2715元。1999年响应九三学社江苏省委倡议，在镇江全体社员中开展扶贫助学基金捐资活动，捐款5360元。2005年11月组织10余名医疗专家冒雨到江苏飞达集团为企业员工进行义诊；与丹阳支社、中科院土壤研究所支社共同举办“构建和谐农村”主题调研活动，社市委因此获九三学社中央颁发的“第十七届国际科学与和平周”特别贡献奖，3名社员获九三学社中央表彰，4个基层组织、3名社员获九三学社江苏省委表彰。

六、刊物宣传

1984年起，九三学社镇江市委创办内部刊物《镇江社讯》（季刊），宣传中共方针、政策及党派活动情况，反映社市委的重要活动及参政议政情况，加强与广大社员的联系与沟通。2004年庆祝九三学社镇江市委员会成立20周年，《镇江社讯》专门出版纪念专刊，全程记录纪念活动盛况；编制纪念专辑，集中展示镇江九三学社20年的发展历程和社内优秀人才的风采。2005年，季刊更名改版为《镇江九三》，采用彩色封面和扉页，刊名由全国人大常委会副委员长、九三学社中央主席韩启德院士题写。截至2005年共印发61期。

第八章　镇江市工商业联合会

1983～2005年，镇江市工商联参政议政、服务民营经济、加强组织建设和培育非公有制经济代表人士队伍，多次受到市委、市政府和省工商联表彰。

截至2005年，市工商联向市政协提交集体提案200余份，开展各类专题调研数以百计。建言献策内容涉及民营经济发展、软环境建设等经济、社会众多领域，一些建议被市委、市政府工作报告及文件采纳。1984年，全市工商联会员1565人(个)；2005年末，全市会员总数达7666人(个)，行业商会33家；82名工商联界别人士担任县(市)以上各级人大代表、政协委员。市工商联副会长、江苏飞达集团董事长朱国平当选为第十届全国人大代表。

第一节　组织建设

1983年11月8～19日，全国工商联第五届会员代表大会和民建第四次全国代表大会同时举行。镇江市工商联第四届主委陆汝纯、委员胡鲁璠和民建主委吴慎裕赴京出席会议。

1984年4月，镇江市工商联开展会员基本情况调查(包括丹阳、丹徒、扬中、句容四县工商联会员)，详细了解会员基本情况、业务专长、“三胞”(台湾同胞、港澳同胞、国外侨胞)关系，基本摸清1956年公私合营以后会员变化情况。1984年末，镇江有会员1565人，其中已登记的，市区767人，四县497人。

一、会员代表大会

会员代表大会是镇江市工商联最高权力机构，一般5年由执行委员会主持召开一次。1984年11月～2005年12月，镇江市工商联先后召开过5次会员代表大会。

1984年11月21～23日，镇江市工商联第五次会员代表大会举行。到会代表审议批准陆汝纯所作的题为《围绕新时期的总任务，争创两会工作新局面》工作报告，并通过相应决议。大会选举市工商联第五届执行委员会委员57人，常务委员23人，主任委员陆汝纯、副主任委员吴慎裕、林静波、钱本富、吴祖武、李雨全、吴于藻、肖鹤忠、陈亦华。1987年12月增选何畏为副主委。

1989年12月14～16日，镇江市工商联第六次会员代表大会举行。陆汝纯代表第五届执委会作题为《发挥优势，求实创新，为实现新时期的历史任务而奋斗》工作报告，通过给老会员致谢信和大会决议。大会选举市工商联第六届执行委员会委员45人，常务委员18人。选举陆汝纯为主任委员，朱仁和、何畏、陈亦华、林静波为副主任委员。

1993年11月16～18日，镇江市工商联第七次会员代表大会举行。参加会议正式代表154名，列席代表8名。代表们审议通过朱仁和代表第六届执行委员会所作的工作报告；通过给工商联老会员致谢信；举行镇江市商会揭牌仪式。大会选举市工商联第七届执行委员会委员39人，常务委员13人。选举产生会长朱仁和，副会长林存德、陈亦华、朱经才、胡国祥、高亚平，特邀顾问10名。

1997年7月29～30日，镇江市工商联第八次会员代表大会举行。与会代表审议通过朱仁和代表第七届执行委员会所作《同心同德，团结奋进，为开创工商联工作新局面而努力奋斗》工作报告；大会通过给离任执行委员的致敬信和致全市非公有制经济会员的倡议书；表彰2个县(区)工商联、11 个乡镇(街道)工商联分会和 8 名先进个人。会议选举市工商联第八届执行委员会委员 44 人,常务委员 27 人。选举产生会长潘吉森,副会长陈伟、朱经才、柏新民、李光千,并聘请市政府有关部门 5 位领导为特邀顾问。

2002 年 4 月 10 ~ 11 日,镇江市工商联召开第九次会员代表大会。与会代表审议并通过市工商联副会长陈伟所作的《与时俱进,开拓进取,努力做好新时期工商联工作》工作报告。会议选举市工商联第九届执行委员会委员 51 人,常务委员 30 人,选举孙志安为会长,陈伟、柏新民、高浩良、朱国平、李光千、王剑、鄂秀萍为副会长。

1983 ~ 2005 年镇江市工商业联合会第四至九届领导一览表

表 27-20

届别	姓名	性别	职务	任职时间	备注
第四届	陆汝纯	男	主任委员	1980.12 ~ 1984.11	–
	吴慎裕	男	副主任委员	1980.12 ~ 1984.11	–
	周　松	男	副主任委员	1980.12 ~ 1984.11	–
	李友芳	男	副主任委员	1980.12 ~ 1984.11	–
	李雨金	男	副主任委员	1980.12 ~ 1984.11	–
	吴于藻	男	副主任委员兼秘书长	1980.12 ~ 1984.11	–
第五届	陆汝纯	男	主任委员	1984.11 ~ 1989.12	–
	吴慎裕	男	副主任委员	1984.11 ~ 1989.12	–
	林静波	男	副主任委员	1984.11 ~ 1989.12	–
	钱本富	男	副主任委员	1984.11 ~ 1989.12	–
	吴祖武	男	副主任委员	1984.11 ~ 1989.12	–
	李雨金	男	副主任委员	1984.11 ~ 1989.12	–
	吴于藻	男	副主任委员	1984.11 ~ 1989.12	–
	肖鹤忠	男	副主任委员	1984.11 ~ 1989.12	–
	陈亦华	男	副主任委员兼秘书长	1984.11 ~ 1989.12	–
	何　畏	男	副主任委员	1989.12 ~ 1989.12	1989 年 12 月增补
第六届	陆汝纯	男	主任委员	1989.12 ~ 1993.11	–
	朱仁和	男	副主任委员	1989.12 ~ 1993.11	–
	何　畏	男	副主任委员	1989.12 ~ 1993.11	–
	陈亦华	男	副主任委员	1989.12 ~ 1993.11	–
	林静波	男	副主任委员	1989.12 ~ 1993.11	–
	胡国祥	男	副主任委员(兼)	1990.4 ~ 1993.11	1990 年 4 月 12 日增补
第七届	朱仁和	男	会长	1993.11 ~ 1997.7	陆汝纯任名誉会长
	林存德	男	副会长	1993.11 ~ 1997.7	–
	陈亦华	男	副会长	1993.11 ~ 1997.7	–

续表 27-20

届　别	姓　名	性　别	职　务	任职时间	备　注
第七届	朱经才	男	副会长	1993.11～1997.7	–
	胡国祥	男	副会长(兼)	1993.11～1997.7	–
	高亚平	男	副会长(兼)	1993.11～1997.7	–
第八届	潘吉森	男	会长	1997.7～2002.4	陆汝纯、朱仁和、胡国祥任名誉会长
	陈　伟	男	副会长	1997.7～2002.4	–
	朱经才	男	副会长	1997.7～2002.4	–
	柏新民	男	副会长	1997.7～2002.4	–
	李光千	男	副会长(兼)	1997.7～2002.4	–
第九届	孙志安	男	会长	2002.4～2007.3	–
	陈　伟	男	副会长	2002.4～2002.11	–
	柏新民	男	副会长	2002.4～2007.3	–
	高浩良	男	副会长	2002.4～2005.7	–
	朱国平	男	副会长(兼)	2002.4～2007.3	–
	李光千	男	副会长(兼)	2002.4～2007.3	–
	王　剑	男	副会长(兼)	2002.4～2007.3	–
	鄂秀萍	女	副会长(兼)	2002.4～2007.3	–
	谈金和	男	副会长	2002.11～2007.3	2002 年 11 月增补

二、同业公会

1990 年初，镇江市工商联就组建同业公会向市政协全委会提出集体提案，主委陆汝纯就此问题作专题发言。同年 5 月，镇江市工商联邀请市委统战部、市体改委、市商业局、市中百公司领导赴浙江专题考察，形成《关于组建同业公会加强行业管理的意见》，经镇江市人民政府批复，年内组建百货同业公会，并发展一批新会员，会员总数 150 户(人)左右。

1996 年，镇江市工商联制定《关于进一步明确工商联与其分会、行业组织之间有关问题的意见》，协调内部关系，促进基层组织发展。市百货同业公会先后被市政府评为先进社团，被省工商联、市老龄委评为先进集体，其业绩受到《中国商报》《社团报》和《中华工商时报》报道。丹阳市工商联以专业市场为依托，吸收省内外客商会员 105 户，率先建立江苏东方皮革商城皮革鞋业商会，为县级行业组织的建立创造经验。

2004 年，全市工商联系统有行业商会 29 家，其中新组建 7 家。2005 年，全市有行业商会 33 家，会员总数 7666 户(人)，其中会员企业数 3210 户。2005 年 4 月，丹阳眼镜商会主办 2005 丹阳国际眼镜新技术、新材料、新设备展览会，这是丹阳首次举办眼镜专业展，也是镇江第一次由行业商会主办的国际性展会，吸引 100 余家国内外企业参展，近 1500 位中外客商前来观展，韩国大丘眼镜商会专门组团参加展览会。

三、基层商会组织

1985 年 8 月，镇江市工商联派员会同丹阳县负责筹备恢复工商联的人员，去江阴学习。1986

年4月,丹阳县恢复工商业联合会。1988年12月,句容县恢复工商业联合会。

1994年,镇江市工商联印发《工商联组织建设和会员发展意见》《工商联乡镇(街道)分会工作意见》,得到省工商联认可,转发全省各地参阅。丹阳、丹徒、扬中等县(市)工商联在调查研究基础上,根据本地实际,提出《加强工商联乡镇基层组织建设的实施意见》,被县(市)党委批转。同年6月和8月,京口、润州工商联相继成立。同年,丹徒县大路、辛丰、黄墟、高资、高桥、丁岗、江心、西麓、世业9个乡镇和丹阳市吕城镇、扬中市长旺镇、京口区谏壁镇先后组建工商联分会,累计吸收非公有制经济成分新会员近700户。经各县(市)区党委批准,县(市)区工商联及其所属分会均增挂商会牌子,全市基本形成市、县(市)区、乡镇(街道)三级组织体系和工作网络。截至1996年,全市工商联会员总数4959户(人),其中非公有制会员3165户(人),占会员总数63.8%,成为镇江各级工商联会员队伍中的主导力量。

1998年,镇江出现第一个成立中共党支部的丹阳市司徒镇商会,第一个成为股份制企业股东的丹阳市折柳镇商会,第一个拥有办公用房产权的京口区汝山乡商会。2004年,镇江基层商会有72家;2005年,基层商会有67家。

第二节　参政议政

1980年12月至1984年11月,镇江市工商联成员中当选为省、市、县、区各级人大代表23人,担任省、市、县、区各级政协委员47人。吴慎裕提出《利用句容荒山种植意大利杨树,建立纸浆原料基地》的建议,市人大常委会极为重视。镇江市工商联先后开展对商业网点分布、豆制品节日供应、提高酱油质量、恢复传统食品、发展中药事业等项目调查,提出建议供政府参考。1983年5月,镇江市工商联与市商业局出席全国工商联和民建中央委员会在北京召开的全国传统食品咨询工作座谈会,在会上作《扩大镇江香醋生产规模、建立年产万吨香醋厂》的发言。在北京举行新闻记者招待品尝会,会后配合市商业局制定恢复和发展传统食品规划。

1984年11月至1989年12月,镇江市工商联领导多次参加中共镇江市委召开的民主协商会,就改革开放、“七五计划”、重大人事安排、沿海地区经济发展战略、社会主义精神文明建设、人民生活等重大问题参加协商讨论。1989年12月~1993年11月,镇江市工商联在调查研究基础上,参与地方重大方针政策的研讨会,提出意见和建议。1991年围绕镇江市国民经济和社会发展“八五”计划,邀请部分企业负责人和部分工商界政协委员进行座谈。同年3月在市政协全委会上,陆汝纯、陈亦华等4人联名作题为《搞活流通,发展经济——关于搞活我市商品流通工作的几点建议》的发言得到采纳。

1993年11月至1997年8月,镇江市工商联部分领导成为市参政议政协调组成员,并被市委、市政府有关部门聘为特约监督员,参与政务监督和行风建设。1996年3月在市政协三届四次全会上,镇江市工商联会长朱仁和被增补为市政协副主席。1997年在省、市、县三级担任人大代表、政协委员的工商联会员达88人,其中非公有制经济代表人士69人,市政协委员18人、常委5人。1993~1997年,镇江市工商联向市政协历次会议提交集体提案36件,其中,《整顿各类收费、制止乱收费,减轻个体、私营企业负担》《对不发达的县乡特别是贫困地区优先优惠鼓励发展个体、私营企业》《建立职工解困基金》《加强机动出租车辆管理》《抓住当前有利河势,不失时机地安排落实整治长江镇扬河段二期工程》等建议被党政部门采纳,有的被写进市委有关报告和市政府制定的《关于加快镇江个体私营经济发展的意见》等文件。《培育私营、民营企业经济巨人》《树光彩形象,创光彩业绩》《积极引导,强化措施,促进我市私营经济健康发展》等提案被评为优秀提案。在省政协八届四次全委会期间,提出《应加快建设镇扬长江大桥立项与开工》的提案,省交通厅领导为办理提案专程到镇江听取市工商联意见,“镇扬大桥”项目被列入省“九五”计划和2010年远景目标纲要。

图 27-7 2000 年,市工商联提出《关于建立信贷担保机构,解决个私企业发展资金困难的建议》被市政府采纳,镇江市诚信担保责任有限公司成立

1997 年 8 月至 2002 年 4 月,镇江市工商联先后提交市政协四届历次会议集体提案 48 件,大会发言 5 件。其中,4 件被评为优秀提案。《抢抓机遇,大胆推进,快速健康地发展我市非公有制经济》《关于对个私企业乱收费现象仍然严重,必须坚决制止的建议》《着力营造良好环境,实现私营个体经济发展大跨越》《与时俱进,争创一流,努力推进全市民营经济做大做强》等为大会发言,以及建立信贷担保机构、开展融资服务和扩大社会保障覆盖面等提案,受到市政府重视,对建立诚信担保公司、实行个私企业收费登记、推动私营企业从业人员参加社会保障等发挥作用。2002 年 4 月至 2005 年,镇江市工商联向市政协五届历次会议提交集体提案 34 件,大多涉及民营经济发展。在市政协五届一次会议上,镇江市工商联作《深入学习贯彻十六大精神,充分释放非公有制经济巨大增长潜力》大会发言。2004 ~ 2005 年,市工商联连续两年编撰《镇江市民营经济发展形势分析报告》;连续两年向市政协全会集体提交有关促进融资担保发展的提案,在市政协全会上作专题发言,加快融资担保体系建设被纳入市委工作报告和政府工作报告。2005 年在市政协五届四次会议上提交的集体提案《关于推进企业工资集体协商工作建议》,市委、市政府印发《关于进一步推进企业工资协商工作的实施意见》,市劳动部门加大政策宣传力度,开展检查。镇江市工商联就《加快产业集聚》《发展现代家庭工业》等问题在市政协全会上作专题发言。在市委双月座谈会上,提出进一步优化民营经济发展环境的建议,市委、市政府加快关于民营经济发展若干意见的出台,并制定配套细则。

第三节 主要活动

一、光彩事业

1995 年,光彩事业在镇江逐步兴起。镇江市工商联引导非公有制经济代表人士帮助茅山贫困地区脱贫致富,参与当地解困赈灾、支教助学、帮残扶弱和捐资乡(镇)、村兴办实体经济等社会公益。涌现出扬中高纪龙、方道德、黄杏娣和句容徐怀国、杜良龙等一批扶贫助困、乐施善捐、热心公益的先进典型人物。

1996 年,镇江市工商联帮助贫困乡村培训机械加工、饮食服务、汽车维修和纺织挡车工等专业技工 930 人,安排特困子弟就业近 300 人,实施扶贫助困项目 8 项,实际投入资金 171 万元;组织私营企业主开展向茅山老区送温暖活动,向特困户捐赠棉被和银杏树苗;发动会员为市慈善基金会、红十字会和贫困地区捐款近 30 万元;推荐非公有制经济代表人士参加市光彩事业促进会。丹阳市工商联以扶贫助学为重点,会员捐款 64 万元。句容市工商联通过帮带工程,引导部分经济效益好的私营企业出资帮助贫困村办厂开店、安排特困户子女就业和免费进行技能培训。扬中市工商联带动个私企业为建设扬中大道捐款 45 万元。丹徒县工商联激励会员参与扶贫支农,全年捐款逾百万元。

1997年，光彩事业以支援老区为重点，突出扶贫助学主题。镇江市工商联会员全年扶贫支教、支持社会公益和慈善活动捐款170万元。市工商联组织部分民营企业家赴句容磨盘乡开展“献爱心、送温暖、结对助学”活动，赠衣被30箱939件，捐资1万元。镇江亨利达保安设备有限公司董事长周志坤等私营业主捐资重建丹徒县辛丰镇东彪小学。

1998年洪涝灾害，全市工商联会员支援抗洪各项捐赠106万元。市工商联组织非公有制经济代表人士多次到抗洪一线，捐款赠物，慰问抗洪军民。受灾较重的丹徒、扬中、句容等县（市）的工商联率领会员分赴抗洪重点险段，与灾区人民一起守护沿江大堤。丹徒县工商联被评为全国工商联系统先进单位，获得“人民不会忘记”荣誉牌。

1999年，镇江非公有制经济人士捐款1400万元。其中，扬中、丹徒、京口捐款资助江堤达标工程建设160万元；丹阳、句容、润州捐款资助修路架桥、通电供水建设1200万元，仅丹阳飞达工具集团就捐款815万元。

2002年以扶持弱势群体为重点，镇江会员全年扶贫帮困和为社会公益事业捐款1500余万元。

2003年，镇江募集光彩事业资金1.22亿元。其中，项目投资5100万元，支持地方建设事业5200万元，扶贫助学1900万元，配套50万元新建希望小学1所。镇江市工商联机关和45家会员企业捐款捐物150.5万元防治“非典”。

2004年，镇江募集捐赠光彩事业总金额为1037.2万元。9月，镇江市工商联投资350万元兴建的镇江市飞达光彩学校落成，为全省第一所外来务工人员子女学校。

二、下岗职工再就业工程

图27-8　1998年，市委统战部、市工商联召开非公有制经济人士参与再就业工作会议

1997年在市政协三届五次全会上，镇江市工商联提出《对安置下岗职工再就业的企业要有优惠政策》的集体提案，有关建议被政府采纳。1998年，镇江市工商联成立再就业工作领导小组，配合地方党政部门，组织、动员会员和非公有制企业帮助国有、集体企业，分流安置下岗职工。镇江市工商联向全市非公有制经济企业和代表性人士发出《响应党中央号召，参与再就业工程倡议书》；会同新闻单位对个私企业吸纳下岗职工的先进事迹进行专题采访报道；与市委统战部联合召开全市非公有制经济人士参与再就业工作会议；发动会员捐钱款、捐衣被、捐食品，开展向轻工、纺织等系统下岗特困职工家庭送温暖活动。镇江百盛商城安置下岗“纺嫂”；海王石化和丹徒工商联会员企业参与劳动力、人才市场的再就业洽谈活动，吸纳下岗职工；扬子玩具、永和电器、泰中商贸、好胜家政、景源消防器材公司和金聚德、六朝春大酒店等私营企业，把就业机会优先提供给市下岗职工；福达刃具厂和三维塑料电器公司通过技改和研制新品，扩大生产能力，创设新的工作岗位，招募下岗职工。扬中、丹阳、句容工商联会员企业以民间资本主动参与当地乡镇企业改制，在收购、兼并困难企业的同时安置职工再就业。截至年末，全市经工商联各级组织实现再就业的国有、集体企业下岗职工近3000人。

在全市乡镇企业改制中，集体转私营1067家，占总数的29.4%，回收资金2.2亿元。全市各地工商联会同劳动部门、工会组织多次举办招工会和转岗技能培训等活动，个私企业全年吸纳下岗职工 3000 人。

2004 年,镇江市工商联会同市劳动和社会保障局两次为百家市直民营企业举办专场招聘会,解决近千名高校毕业生和下岗职工就业问题。江苏天工、江苏飞达、沃得机电、中电电气、大全集团、镇江江天汽运集团 6 家被评为省级吸纳就业先进民营企业。

三、服务经济

1983 ~ 2005 年,镇江市工商联全方位开展咨询、联络、信息、融资、维权、培训等工作。

1992 年二季度,镇江市工商联在深圳"海上世界"举办有 21 家企业参加的'92 镇江名特优新产品展示交易会,为镇江产品进入特区开路。同年 6 月与市经委、纺工局举办有 11 家企业参加的'92 夏季地方产品展销会。

1993 年成立镇江市商会法律服务部,受理非公有制经济成分的法律事务,调解民事矛盾和经济纠纷,同年累计接待法律咨询百余人次。

1994 年创办镇江市会计师事务所(工商联)业务部,吸收一批会计顾问单位,立足会员,面向社会提供会计、审计等方面财会服务,协助政府财税部门开展 1994 ~ 1996 年度财税物价大检查和财务年审工作。7 月成立镇江商会京江商贸经济培训学校,设立商业营销和星级宾馆服务等专业,陆续开办初、中级营业员技能考核培训班,并与上海市旅游教育研究协会中西进修学校联合举办全日制涉外星级宾馆中、高级服务员培训班。在第二届"金山之光"艺术节期间组织 21 家个体、私营企业设立展位,陈列 11 个大类近百种产品,协议促销 2591 万元。京口区、丹徒县工商联分别筹建个体私营企业资金存贷专户和会员互助储金会。

1995 年,镇江市工商联推荐 54 家会员参加"全省首届民营企业综合指标 50 强"评选活动,镇江市亨威金融保险机具有限责任公司和镇江市京口区金聚德烤鸭大酒店入选。参与镇江市重组仲裁机构领导工作,向省、市推荐经济仲裁员;向市内外用人单位输送中、高级技工 200 多人。

1996 年 8 月,镇江市工商联与市农业银行合作,多方筹资 85 万元,建立镇江市商会基金。通过互助形式,对自愿加入基金的会员进行资金余缺调节,以优惠存贷比例向急需短期小额流动资金企业发放贷款。在县(市)区工商联推行会员互助储金和会员企业存贷专户试点。截至年末累计融资 50 多万元。

1997 年,镇江市工商联新吸纳商会基金 65 万元,使其总额达 150 万元,全年会员企业放贷 320 万元。

1998 年,镇江市工商联与市监察局、物价局配合,选定宝华半挂车配件、金聚德烤鸭大酒楼、扬子玩具有限责任公司等 10 家私营企业,试行收费登记管理制度。京口区工商联编印个私企业收费项目及收费标准,协助物价部门实行收费许可证、收费员证、收费登记卡制度。在会员企业中开展消灭无标生产活动,首批选定 12 家生产型私营企业,通过市级检查验收和省级抽查。宝华半挂车配件有限公司通过 ISO 9000 论证,取得出口免检权。6 月,镇江市工商联自筹资金 20 多万元,创办商会信息培训中心,与国际互联网、全国和省工商联商务经济互联,为非公有制企业提供商情服务和现代办公技术培训。设立镇江市汇泉律师事务所商会接待处,直接为非公有制企业提供法律服务。

1999 年在市政协四届二次全会上,镇江市工商联提出《把个私经济纳入镇江〈十五规划〉》《大力推行个私企业收费登记制度》《扩大个私企业社会保障覆盖面》等集体提案,推动多项新政策的出台和促进个私经济发展措施的落实。其中集体提案《尽快建立个私企业信贷担保机构》,被市政协评为年度优秀提案。市工商联主动参与成立为非公有制经济企业融资服务的诚信担保有限责任公司,由市、区二级财政出资,部分服务性团体参股,13 家私营企业集股,资本金 505 万元,公司性质为混合型经济。公司委托市财贸办公室和市工商联派负责人分别担任董事长和副董事长。

1999 年 6 月 ~2001 年 12 月累计为私营企业办理担保业务 364 笔，金额 1.35 亿元。同时该公司资本金进入证券公司运作，实现收益 11.6 万元。公司资本金也由原 500 万元增加到 1030 万元，其中私营企业购股 330 万元。

2000 年，镇江市工商联配合市工商银行向私营企业授予资信等级和修改《中小企业抵押贷款暂行办法》，共同组织信贷业务推介活动，帮助沟通银企关系；协助市诚信担保公司向非公有制企业开展融资担保服务，涉保业务 223 笔，保额 5241 万元，年末贷款余额 2758 万元；组织私营企业参加苏州高新技术成果展览会、昆明首届全国民营企业产品交易会和上海国际工业博览会；考察上海浦东、浙江绍兴民营经济；举办镇江市非公有制经济人士“致富思源、富而思进”教育大型图片巡回展览。

2001 年，镇江市工商联为镇江科发磁电有限公司、镇江西京工贸有限公司等非公有制企业解决发展中的困难；协助市技监局开展私营企业技术监督，组织全市首次服务质量奖评比和质量月知识竞赛活动，引导 10 多家私营企业开展 ISO 9000 质量体系认证工作；动员多家私营企业参与市诚信担保公司股本扩充，吸纳新股金近 300 万元，全年为私营企业办理涉保业务 140 笔，金额 8084 万元。

2002 年，镇江市工商联走访市直会员企业 80 余家，了解企业生产经营状况，为私营企业提供融资担保服务，全年办理涉保业务 142 笔，金额逾 8500 万元。参与市政府招商活动，邀请上海、浙江等地私营企业到镇江洽谈投资项目，组织 19 家私营企业负责人赴连云港参加省政府“苏南企业家苏北行”经贸考察活动，签订合作意向 18 项，协议投资 5980 万元。会同市信息产业局和市信息中心，运用镇江招商网新建民营企业网，为全市非公有制企业发展网上电子商务提供平台。7 月 9 日和 8 月 22 日，市工商联先后召开国有企业改制情况通报会和国企改革与民企发展恳谈会，向 50 多名非公有制骨干企业负责人传达市委、市政府深化国企改革若干意见，动员启动民间资本，支持国企改制。安排市规模骨干非公有制企业代表与市政府 18 个部门负责同志座谈，就参加国企改制交换意见，促成镇江金聚德烤鸭大酒店有限公司对京口发动机厂收购项目的签订。

2003 年，镇江市工商联承办镇江市利用民资改组国有企业项目推介会、企业重组投融资担保见面会。中大国际、华信投资、上海伟龙、浙江星湖、江苏苏宁、无锡红豆等香港、深圳及江、浙、沪百家民企巨头，参加重组项目洽谈，投资总规模超过 28 亿元，涉及工业、商业、建设、旅游、服务等 97 个企业 100 个项目。组织会员企业参加苏北地区投资贸易洽谈会、无锡私营企业高新技术洽谈会和省工商联民企境外融资上市专项信息发布会等活动，促成镇江方源化工投资 3000 万元外墙体金属漆项目、江苏雅泰投资 5000 万元生态农业项目签约。市工商联会同市劳动和社会保障局连续组织 3 场全省联动高校毕业生、下岗再就业援助招聘会，为会员企业引进千余名生产科研骨干和生产技术人员。组织 50 余家会员企业负责人参加民营企业高素质技术培训专场座谈活动，探讨企业高素质技工需求和培训方法。

2004 年，镇江市工商联为民营企业走向海外发展外向型经济开辟“绿色通道”，与市公安局出入境管理处进行协调，从优从快为民营企业办理出境手续。9 月组织 40 家民营企业参加香港贸易发展局在上海举办的中小企业合作展览会；部分市直民营企业赴温州、成都、长春、上海和苏、锡、常等民营经济发达地区考察；百家民营企业参加 CEPA 商机座谈会、香港贸易服务推介会。10 月，市工商联会同市计委组织 16 家民营企业参加全省赴东陇海线考察投资活动，签订雅泰物流、水晶制品深加工、电动车配件生产等超亿元意向性合同。大全集团、江苏天工、江苏船山集团、江苏沃得机电、江苏飞达工具、中电电气、镇江焦化煤气等 7 家获全省民营企业纳税大户称号。

2005 年，镇江市工商联协助市委、市政府办好沪、杭、甬三地民营经济投资恳谈会，邀请 40 余名客商参会；协同镇江新区招商局赴福州、厦门、北京等地开展招商活动；会同市发改委组织 16 家民营企业参加第二届苏北地区投资贸易洽谈会，促成豪威橱柜、电磁设备厂和美商签约 1000 万美元。

四、专题调研

1986 年起，镇江市工商联和民建镇江市委会配合市政协财贸工作组考察市区商业网点情况，形成报告供城市建设部门决策参考；与农工党镇江市委会配合市政协医卫组考察中药质量包括饮片加工炮制、中药配方及价格等，写出调查报告，提出改进措施；多次参与市政府组织的市物价检查，提出改进意见；在城市规划、环境污染、工业布局、节日供应等方面，与有关部门联合进行专题调查，提出意见和建议。

1997～2002 年，镇江市工商联参加省工商联对镇江 3 个县（市、区）25 个不同类型和 20 个外向型私营企业以及赴深圳、海口的调研考察；参加市委、市政府及有关部门对私营企业和赴浙、闽及苏南等民营经济发达地区调研考察；组织县（市、区）工商联负责同志赴温州、宁波、绍兴考察调研；组织对南京、扬州、盐城融资服务工作的学习调研，以及对全市私营企业文化建设典型的调研活动。形成 10 余篇质量较高的私营企业现状及发展对策的调研报告或论文。镇江市工商联与市社科联共同召开 2 次理论研讨会。其中，1998 年，有 3 篇论文分获市一等奖和优秀奖；1999 年，有 2 篇获市一等奖，5 篇获二等奖。镇江市工商联被省工商联评为调研工作先进单位。

2002～2005 年，镇江市工商联先后开展"上规模民营企业情况调研""私营企业抽样调查"等 10 余次问卷活动，对全市 20 多家年营业总收入超亿元民营企业、10 余家规模型改制企业和 100 多家中小型民营企业进行逐户走访，着重掌握企业在投融资、技术创新、市场拓展等方面的资料；深入各辖市（区）及乡镇开展"融资担保机构的建设与发展""贯彻落实民营经济政策情况""引导民营企业参与新农村建设"等 10 个专题调研。2003 年深入基层商会和会员企业调研，形成《关于进一步优化投资环境》《大力发展民营经济》等 13 篇调研报告。2004～2005 年为推进镇江醋业"原产地域保护产品"审批工作，专门向市委、市政府提交调研报告。

五、对外联络

1992 年，镇江市工商联促成镇江市纸箱厂与香港维京印刷有限公司达成合资项目，总投资 80 万美元，成为江苏省纸箱行业首家合资企业。

1993 年，镇江市工商联先后接待海外来访 3 批 7 人次，与韩国、菲律宾、加拿大、澳大利亚、美国等国家和中国港、澳、台地区 30 家商会建立友好关系，协助引进镇江商业城合资项目。

1994 年，镇江市工商联巩固和发展与境外 30 多个经济社团、工商企业和一批实业界知名人士的友好联系。3 次组团赴境外考察，镇江 9 家私营企业、13 名企业主随团成行。8 月，海内外华人友好商会在香港举行成立大会暨 1994 年友好商会工作研讨会，镇江市商会成为首批会员，并在会上宣传镇江的投资环境和优惠政策。10 月，第二届"金山之光"艺术节期间，市工商联邀请美国加州首府商业代表团一行 8 人到镇江洽谈贸易，促成美商分别与扬中市外贸公司、江苏亚太广告公司签订合作协议。

1995 年，镇江市工商联参加海内外华人友好商会在福州举行的第二次年会，与华商会成员单位以外的海外 10 多家商会、60 多位工商界名流建立正常联系，新建与新加坡、马来西亚、泰国等国中华总商会联系，与香港观塘工商业联合会缔结友好商会关系，并聘请香港隆泰行经理葛新为特邀顾问。接待国内 12 个省、市商会来访。

1996 年，镇江市工商联两次组织 35 名会员企业负责人赴泰国、新加坡、马来西亚等国家和香港、澳门地区开展经贸考察，与泰国中华总商会缔结为友好商会；同香港董大仙工商业联合会就缔结友好商会事宜达成共识。镇江市工商联先后带领县（市、区）工商联领导和部分会员参加海内外华人友好商会 1996 年会，参加 1996 年江、浙、沪工商联（商会）研讨会。

1997 年，镇江市工商联两次组织非公有制企业的厂长、经理赴东南亚国家及香港、澳门地区开展商务考察与经贸洽谈活动，45人随团成行，发展与当地华人商会和工商界知名人士的友好交往关系，促成部分商贸合作项目。

1999年，镇江市工商联协助市经委组织非公有制企业参加江苏名品精品新品交易会，协议成交5700万元；巩固与境外50多个工商社团联系，组织个私企业主赴东南亚考察商务，参加新加坡工业联合会的投资洽谈和省外经贸局举办的中德贸易恳谈活动。

2001年9月17～19日，第六届世界华商大会在南京举行。镇江市工商联副会长柏新民率有关民营企业家组成镇江市商会代表团出席大会，参与大会各项主要活动，结交海内外客商和工商社团，宣传镇江优越投资环境和优惠创业政策，邀请港澳实业家和国内知名企业到镇江考察投资。华商大会前夕，镇江市工商联配合市政府举办“世界华商镇江行”活动，随市领导先后接待美国、加拿大、阿尔巴尼亚、罗马尼亚等国华商和泰国中华总商会主席郑明如，围绕海外企业与本市民营企业合作穿针引线，促成部分合作项目。

2003年，镇江市工商联与美国内陆帝国国际商会、德国巴登符腾堡州国际经济合作协会、德国中小型企业联合总会、荷兰贸易促进会、日本贸易振兴会、英格兰东北经济发展署、香港贸易发展局等20余家境外商会建立联络协作关系；邀请美、德、日、荷4国商会代表考察镇江新区、丹徒新区投资环境，推进项目洽谈；组织民营企业家参加英国驻沪领事馆南京招商活动；筹划组织民营企业家赴台湾地区商务交流。

2004年，镇江市工商联组团出访和接待到访40多批次500余人。组织近百名民营企业家分别参加英国、荷兰、巴西、德国、日本等国家贸促会，商会在江苏省举办的商贸信息发布会，经贸合作论坛和商务洽谈等活动。10月邀请美国内陆帝国国际商会、荷兰贸易促进会、德国中小型企业联合会、日本贸易振兴会和台湾同胞投资企业协会考察镇江市投资环境；邀请省工商联领导和南京天地国际集团、江苏苏宁建设集团等20家知名民营企业负责人到镇江进行商务交流。11月组织两批企业家赴台湾、香港地区参加商务交流，参加香港“中小企业国际推广日”活动。

2005年，镇江市工商联邀请欧盟、亚洲投资项目组织成员与民营企业家座谈，考察镇江新区投资环境；组织30余家民营企业参加法国、美国等国家商会在江苏举办的商贸信息发布会、经贸合作和商务洽谈活动；促成威信染纺出访巴西开展商务考察。

——小资料——

［清］周镐·京江二十四景图——半江红树

此画具体方位不详，疑是金山之西征润洲沿江一线，时在暮春季节，江岸桃花盛开的景色。远眺江南岗峦起伏，群山连绵，隐约可见。江畔一叶扁舟正扬帆悠然而过，港湾深处渔翁正在张网捕鱼，这是颇富诗意、景色优美的山水画卷。

第二十八卷
工会　共青团
妇联

卷 目

镇江市工青妇组织发挥各自的组织优势和自身特点，充分履行各项社会职能，团结和组织各自相关的对象群体，参与全市的政治、经济、文化和社会建设，广泛开展中国特色社会主义理论教育和各具特点的群众活动，提高各自群体的思想政治觉悟、文化业务技能。

1983～2005年随着经济体制改革的不断深入和社会主义市场经济体制的建立，企业所有制性质、劳动用工制度、劳动关系形态发生深刻变化，职工队伍的结构、成分、素质发生深刻变化，因此工会工作的领域、对象和方式方法也发生深刻变化。职工队伍由相对集中的公有制企业向非公有制企业转移，工会组织由相对集中的城镇企业向乡村社区企业扩展，大批农民工成为工人阶级队伍的新成员，非公有制企业职工成为工会会员队伍主体。各级党委坚持全心全意依靠工人阶级的指导方针，加强与改善党对工会工作的领导，为工会工作提供强有力的组织支撑和政治保证。1990年，中共镇江市委下发《关于贯彻落实〈中共中央关于加强和改善党对工会、共青团、妇联工作领导的通知〉的实施意见》。市政府与市总工会建立会商会制度。此后，市委就工会重点工作多次下发文件，发挥工会在改革、发展、稳定中的桥梁纽带作用。1996年，市委召开首次工会工作会议，以后基本每年一次，形成推进工会重点工作、保证工会依法履行社会职能的重要机制。2005年，市政府的会商会更名为市政府与工会工作联系会议，就企业改革和社会管理中涉及职工和工会工作的重大问题与工会进行会商。年末，全市工会会员发展到60余万人。

1983～2005年，共青团镇江市委围绕党在不同时期的中心任务和社会特点，构建共青团社会化工作体系，加强团员教育管理，提高团员综合素质，充分发挥团员青年生力军、突击队的作用。团市委抓住青少年思想道德建设、未成年人保护、服务农民转移就业的"康桥工程"、青年志愿者行动、"青年文明号"创建、希望工程等不同时期工作主线，开展"青春献七五""八五立功"竞赛、青年读书节文化节、青年岗位建功、学技术增效益、创新创效、"护源"行动、保护母亲河等一系列活动，社会效益经济效益显著。2005年，共青团员发展到16万人。

1983～2005年，镇江市妇女联合会充分发挥党和政府联系妇女群众的桥梁纽带作用，团结带领全市广大妇女投身镇江改革开放和现代化经济建设。整合运用社会综合资源，切实维护妇女合法权益，广泛开展教育宣传活动，积极拓展妇女工作内涵，提升镇江妇女工作新形象。2005年，妇联组织覆盖妇女140万人。

第一章　镇江市总工会

1983～2005年，全市工会履行建设、参与、教育和维护的社会职能，形成并完善以职工代表大会制度为基本形式，工资集体协商、集体合同、厂务公开为载体的企业民主管理机制；以建设学习型、知识型职工队伍为目标，群众性技术创新、重点工程竞赛、职工技能比武等为载体的职工素质提升机制；以劳动法律宣传、教育培训为重点，劳动争议调解、劳动关系和谐企业创建为载体的职工权益保障机制；以实施送温暖工程为载体，生活、教育、就业、医疗、住房和职工互助互济为重点内容的扶贫帮困机制。工会组织迅速发展，独立基层工会组织由1201个发展到2359个，会员从近24万人增加到60余万人。

第一节　组织机构

1983年,镇江市实行市管县体制,省辖镇江市总工会成立办公,并在京口、润州两区设办事处。1989年,京口、润州两区成立总工会。1999年6月,镇江新区工会工作委员会成立。2002年4月,丹徒撤县改区,县总工会更名为区总工会。至2005年末,市区有18个行(产)业、局工会工作委员会,独立建会的基层工会组织发展到2359个,会员608041人。

1983~2005年镇江市基层工会组织一览表

表28-1　　　　单位:个、人

年份	工会组织数	职工数	会员数
1983	1201	360125	239802
1984	1285	369875	263956
1985	1405	394782	280757
1986	1450	408222	293343
1987	1519	420118	309646
1988	1596	443111	324074
1989	1692	431359	342006
1990	1764	372122	348540
1991	1793	370245	342478
1992	1897	393830	322360
1993	2033	388397	320530
1994	2058	377414	318340
1995	2124	372070	316007
1996	1833	378275	319028
1997	1653	364026	307895
1998	1545	306980	276729
1999	1628	347421	277976
2000	1904	379772	343579
2001	1221	321150	319552
2002	1412	345224	321205
2003	1552	361421	331205
2004	1853	479696	475249
2005	2359	649561	608041

第二节　镇江市工会代表大会

1983~2005年,镇江市工会代表大会先后召开第八至十二次代表大会。大会认真总结工作,部署下一时期的任务目标,选举产生新一届委员会。

一、市工会第八次代表大会

1984年4月11～14日，镇江市工会第八次代表大会在新华影剧院召开，这是实现市管县体制后召开的一次代表大会，市辖丹阳、丹徒、扬中、句容4县均有代表参加。出席会议的正式代表646名，列席代表32名。大会听取并审议通过朱月琴代表市总工会第七届委员会所作的题为《充分发扬工人阶级主人翁精神，建设镇江振兴中华》的工作报告和顾鹤良作的财务工作报告、陶爱珍作的经费审查工作报告。大会采用无记名投票方式，选举产生镇江市总工会第八届委员会委员55人、候补委员12人；第八届经费审查委员会11人。朱月琴当选为主席。

二、市工会第九次代表大会

1989年5月16～18日，镇江市工会第九次代表大会在前进礼堂召开。出席会议的正式代表543名，特邀、列席代表44名。大会听取并审议通过朱月琴代表市总工会第八届委员会所作题为《团结全市职工，积极投身治理整顿，深化改革为振兴镇江作出新贡献》的工作报告和顾鹤良作的财务工作报告、陶爱珍作的经费审查工作报告。大会采用无记名投票方式，选举产生镇江市总工会第九届委员会委员49人，候补委员11人；第九届经费审查委员会委员9人。毕增立当选为主席。

三、市工会第十次代表大会

1994年5月10～13日，镇江市工会第十次代表大会在工人文化宫召开。出席会议的正式代表499名，特邀、列席代表8名。大会听取并审议通过毕增立代表市总工会第九届委员会所作的题为《团结动员全市职工，在加快改革开放、争取更大发展中发挥主力军作用》的工作报告和顾鹤良作的财务工作报告、陶爱珍作的经费审查工作报告。大会采用无记名投票方式，选举产生镇江市总工会第十届委员会委员53人；第十届经费审查委员会委员11人。毕增立当选为主席。鉴于毕增立工作调动，1997年12月，镇江市总工会十届九次全委（扩大）会议补选陈苏为主席。

四、市工会第十一次代表大会

1999年5月10～12日，镇江市工会第十一次代表大会在工人文化宫召开。出席会议的正式代表500名。大会听取并审议通过陈苏代表市总工会第十届委员会所作的题为《奋发进取，争创一流，带领全市职工为实现跨世纪发展目标而奋斗》的工作报告和陈苏作的财务工作报告、陶爱珍作的经费审查工作报告。大会采用无记名投票方式，选举产生镇江市总工会第十一届委员会委员55人；第十一届经费审查委员会委员11人。陈苏当选为主席。

五、市工会第十二次代表大会

2004年7月9～10日，镇江市工会第十二次代表大会在镇江一泉饭店召开，399名正式代表、13名特邀代表以及先进模范代表和部分企业党政领导出席大会。大会听取并审议通过陈苏代表市总工会第十一届委员会所作的题为《务实奋进，开拓创新，团结全市职工为全面建设小康社会而奋斗》的工作报告和王愉夫作的财务工作报告、孙明冲作的经费审查工作报告。大会采用无记名投票方式，选举产生镇江市总工会第十二届委员会委员49人；第十二届经费审查委员会委员8人。陈苏当选为主席。

第三节　主要活动

一、劳动竞赛

1983年4月,市总工会会同市计划经济委员会、市科委组织工业、交通、基建系统职工开展“合理化建议月”活动。1984年,活动开展面从市区扩大到县,全市共收到职工合理化建议24684件,年经济效益在万元以上的项目43个。

1985年结合经济体制改革,合理化建议活动内容从主要为生产技术服务扩展到经营决策、体制改革、信息反馈和现代化管理等方面,参与提建议的人员中技术、经营、管理人员大为增多,出现“当厂长知音”“向厂长进言”“有奖征集建议”等形式,活动范围进一步扩大。

1986年,全市组织开展“七五”立功竞赛活动,举办14个工种操作技术比赛;1987年在镇江纸浆厂召开现场会,推广该厂开展增产增收竞赛经验。当年,全市参与立功竞赛的职工达到15万人,立功受表彰者24179人。合理化建议活动开始实行目标考核,完善管理制度,落实奖励规定。1986~1989年,全市职工共提出合理化建议255576件,被采纳90104件,实施52049件,实现可计算经济价值1.63亿元。

1990年,全市10万职工参加岗位技术练兵,千名选手参加百工种市级技术比武,职工提合理化建议7万余条,群众性生产活动为企业增收节支4500万元。1991年全市开展以“质量、品种、效益”为主要内容的“做企业主人、为八五奉献”立功竞赛活动,职工提合理化建议29329条,实现增产节约5531万元;1992年,全市开展以增强主人翁责任感、增强技能、奉献岗位、立志成才为主题的“两增强一奉献”活动,全市80%单位开展多种形式劳动创造活动,10万职工参加岗位练兵、技能比武,职工提合理化建议16495条,实现综合经济效益7875万元;1993年,全市开展“找项目、找资金、找人才”为主要内容的“加快发展大推进、万人献计献策”活动,全市职工提合理化建议1336条,企业引进人才61人,回笼资金3425万元,完成技术攻关82项,获经济效益985万元。

1994~1997年,全市开展“做企业主人,为八五奉献”和“跨世纪奉献杯”立功竞赛活动,全市职工提合理化建议37.9万条,创经济效益20614万元。

1998~2002年,全市围绕城市建设、经济建设重点工程项目开展“跨世纪奉献杯”重点工程劳动竞赛。2003年围绕市委、市政府提出的城市建设“三年大变样”工作目标,市总工会会同交通、建设部门在南徐路、润扬大桥南接线、檀山路、润州路、镇江船厂迁建等30多项重点工程开展建功立业劳动竞赛。

2004年,全市实施“托星计划”,通过“培训、练兵、比武、晋级”机制为职工技能提升提供快速通道。全年有16万职工参加146个工种比武活动,10万职工技能得到提升,1000多人晋升高级工,100多人晋升技师。当年,全市开展群众性经济技术创新活动,2万多名职工参加创新、创造学习培训,职工提合理化建议32万条,技术革新6000多项。全市建立500多个创新示范岗,得到全国总工会肯定。2005年9月,省总工会在丹阳召开全省非公企业经济技术创新活动推进经验交流会,推广镇江经验。

二、劳动模范评选表彰

1983~2005年,市政府先后组织6次劳动模范表彰。至2005年,全市产生各级先进模范人物2000多人,其中市级劳动模范1448人。镇江华晨华通路面机械有限公司职工宦继和,从事工程机械结构件加工制作工作40年,实现技术改进、技术革新120多项,完成重大技术攻关项目22项,为企业创造直接经济效益380万元，先后获全国劳动模范、全国技术能手等称号，并获得全国五一劳动奖章，当选第六届、第七届全国人大代表。镇江市第三中学教师金燕，身患重病，仍坚持教学第一线，在教学、科研各方面取得优异成绩，获全国先进工作者、全国优秀教师等称号。

1983～2005年镇江市劳动模范一览表

表28-2

年　份	姓　名
1985年	蔡昌荣、蒋世寿、宦继和、孔建忠、孙广波、桂波儿（女）、洪迪康、孙广学、周继贤、戴斌、王延康、王华兴、袁士林、童本洪、许其福、金德康、华心一（女）、陈一先（女）、谭云霞（女）、薛松、王昌义、侯小追、吴和贵、孔斌连、傅惜寸、张振节、陈长生、刘中沂、张桐成、姚全礼、欧成忠、尤宝亮、陈跃松、邬跃、董忠文、王锦福、杨世忠、张兴明、韦亦荣、王书龙、戴继延、徐本喜、王芸生、梁义国、陆孟君（女）、陈广英（女）、秦建国、焦振林、沈仁芳、孙邦新、何顺珠（女）、范廷证、郭司雷、宗永春、翟万洪、陈家育、袁志林、洪得明、佘正国、葛自成、马其英（女）、朱文宏、徐云（女）、王万成、王昌和、张绍瑞、许美玲（女）、温希全、田青、徐建民、卢谱寿、虞炳发、林雯（女）、严善民、朱养荣、丁荣贤、范德平、杨积山、周锁海、陶林、王希元（女）、沈承欢、徐全兴、周汝霖、刘和法、戴树宏（女）、石云龙、徐文焕、刘东满、许林才、霍义平、江琪（女）、傅国珍（女）、许增浩、郭桂荣（女）、刘馥（女）、戴林森、张秀英（女）、陈桂林、刘鹏山、丰应龙、陈菊萍（女）、成美霞（女）、邱维汉、孙红珍（女）、贡俊华（女）、王延平、壮逸凤（女）、程惠珍（女）、周锁川、费桂芬（女）、袁采凤（女）、陈祥屏、张孟芬（女）、韦夕瑾（女）、管旦旦（女）、马嘉言、黄锁春、丁无忌、王云祥、王双顶、冯元良、成宝昌、戎洪朝、房招娣（女）、陈天庆、陈菊敏（女）、丁桂兰（女）、赵国荣、朱志清、张洪富、汤新盛、王堪、赵文娟（女）、张忠华、马圣发、程金保、赵芝萍（女）、朱金声、奚彩霞（女）、周伯南、董玉田、袁家栋、施秀兰（女）、祝开华、唐如松、李霖、谢保国、朱明福（女）、葛蓉（女）、王春泉、陈春生、贾国英（女）、丁佑基、冷祥茂、谢邦良、蒋宏才、黄克文、朱铁军、方礼敬
1988年	宦继和、陈建林、蒋世寿、孔建忠、陈锦城、纪可荣、魏永利、童本洪、朱贞源、邱月芬（女）、戎建国、笪宏杰、金子荣、陈一先（女）、宋连宝、赵玺、王昌义、包顺泉、季莹、杜永贵、葛锁清、周汉清、吴伟成、周明坤、徐兴荣、王新、曹明权、邹国枫、赵家强、邱福元、陈扣成、王友宏、戴金喜、孙广学、狄洪宪、龚月华（女）、张振节、李静（女）、周盘敏、谈德顺、王厚昌、陈锡培、陈广英（女）、周正春、沈敖炳、徐秉节、饶宽仁、陆孟君（女）、徐里生、周松林、刘世和、郭司雷、夏京、蔡昌荣、蔡美地、方耀祥、周志远、樊学礼、张月芬（女）、翟万洪、徐云（女）、王昌和、吕慎言、佘正国、王万庆、叶荷生（女）、葛自成、高洪娣（女）、乔家顺、王瑞云（女）、方奇、魏振声、汤洪生、王煜庆、王意葆（女）、汤昌鸿（女）、朱荣富、周传理、凌玲（女）、林信正、沈其亮、曹德璋、陈昶、刘和法、刘恭植、尹邦彦、冯孝治、汤幼清、孙风琴（女）、王广盛、刘国保、张双林、叶建国、贾军、马安平、周龙（女）、郭桂荣（女）、林彬（女）、鄂锦崑、董鼎明、杨钧、王云祥、薛成锦、郑茂泉、袁末清（女）、宦玉松、朱玲美（女）、黄锁春、殷正新、束成亮、周青梅（女）、陈礼林、李霖、丰应龙、赵钦诚、吴金保、朱昌国、吴福生、邹永福、董石澜、张小红（女）、成萍（女）、王建平、吴文娟（女）、荆小大、周天富、陈龙龙、邓明清、徐万川、徐瑞芝、张长富、袁逢春、王文彬、赵顺才、徐瑾玉（女）、王月珍（女）、吴廷霖、吴干荣、严明进、沈童生、朱叶青（女）、张映柏、李霖、朱明福（女）、董文佩、赵正喜、潘承智、严幼斋、王关远、刘学森、徐志义 、吴国平（女）、尹学山、巫巧林、谢邦良、卢良珍（女）、司晓明、吴荣根、马恩富、严荣飞、石录顺、徐建中、陈正保、张盛明、华瑞玲（女）、王乾、李长生、贾桂芳（女）、顾民娴（女）、朱友武、仇明生、薛春才、刘小红、毛高芳（女）、刘云、吴八英（女）、沈伟、张荷英（女）、唐冠生、傅增南、赵惠云、何继坤、殷露宝、徐明山、蒋明生、王才生、薛大林、曹安萍（女）、孔云翔、卜荣华、仲荣庆、吴瑞才、张白龙、马星梅（女）、王翠兰（女）、汤水清、王良福、谭三林、花时新、范柏林、龚敖林、潘龙生、赵国栋、田瑞荣、王林根、蒋近方、刘玉贵、谭土福、贡孝南、陈金芳、魏国臻、丁岳峰、韦仁瑞、盛敖齐、陈宝堂、胡兆生、孙锁坤、彭灿松、姜嘉华（女）、魏锦民、朱生海、杨锁连、宗敖生、吴斌荣、陈和生、荆根川、陈双顶、刘敖兰、邓东生、单玉清（女）、张小英（女）、刘方敏、朱焕龙、孙国贤、王长发、陈书荣、李毛毛、李志和、陈兴康、戴正林、丁才元、张信才、戴光耀、夏修礼、潘贝生、陈月海、胡聚祥、张映芝、杨克林、赵发根、胡旭东、林承杰、徐玉康、阴腊根、钱之华、陈敦泽、杨福林、王开喜、张敬财、张秀凤（女）、糜森云、赵熙虎、王纪焱、徐怀国、洪正德、周信兰（女）、谭仪玲（女）、佘志仁、戴启昌、黄月珍（女）、黄友德、陆明芝、朱国富、黄忠贤、朱康洋、严纪林、黄克龙、季正龙、戴春清、孙荣华、朱晨光、朱锦华、鄂春英、赵锦成、赵美芳（女）、刘通喜、傅汝林、陆正达、秦荣强、徐鸿馥、赵亚夫、徐勋（女）、张家玺、陈明发、曹子森

续表 28-2

年　份	姓　名
1991 年	赵小梅(女)、冷青松、万红根、宦继和、罗敏、戴晓业、宗有三、康顺杰、南麟骏、刘大龙、宋勤华、杜正起、葛登宝、朱顺鑫、刘永康、吴成生、张峻、张余、史中义、朱光宇、马道钰、徐翠英(女)、姚承宗、康顺伟、程文兰(女)、丁祝兵、周玉明、王伟、骆志远(女)、曹图南、卜孝苟、夏白玉、姚永新、史茂顺、王中南、裔延和、杨世忠、芮达山、王延康、马生荣、杨连喜、张凤年、唐少云、张盘金、杨建新、高鸿翔、奚彩霞(女)、陈广英(女)、陈锡培、苗广明、江群、高连飞、陈长庚、花健武、冷长江、吴正录、黄志忠、刘新春、王广才、陆伟、张志功、徐大网、王宝海、杨思潮、李冬庆(女)、单锦华、冯顺义、严永生、李荣钦、徐云(女)、芮平、余桂玲(女)、雍根才、佘正国、何巧珍(女)、魏振声、田青、张玉玲(女)、单永泰、沈长林、张焕方、赵世进、陈发林、刘南和、居忠泽、王晓华(女)、狄盛昌、薛世安、贾又敏(女)、马召福、杨兆昇、孙广辉、王来生、王充德、刘恭植、赵正保、焦清华(女)、荆筱彩(女)、王厚昌、孙家康、郑勤芳(女)、孙复龙、陈国顺、汤培珍(女)、王琴娣(女)、陶天成、于建明、郭桂荣(女)、陈建鸣(女)、林彬(女)、徐伟辉、陶祖翚、颜月华(女)、方勤德、夏林祥、许永明、周志英(女)、沈童生、魏庆贵、殷志芳、朱金声、何庄临、瞿坤荣、朱平、王秉钧、张涵秋、李菊芳(女)、张金根、朱建伟、陶世芳、花尚元、丰应龙、陈宪玲(女)、杨幼华(女)、戈佩萍(女)、乔金娣(女)、张欣午、倪美英(女)、阮玲娟(女)、袁丹龙、成小红(女)、王才培、王增明、韦海泉、李大明、欧阳锁龙、郝月华(女)、张元勇、吴福申、马志华、马洪喜、陈留庚、刘国荣、王秀兰(女)、刘菊芳(女)、姜和坤、徐海川、谌代锦、秦菊生、顾章辅、夏家云、李仁康、徐平(女)、李霖、戴治兰(女)、雷廷新、吉虎林、张网春、倪侠、王纪亮、耿平安、高云峰、左龙翔、陈正保、张纪保、聂小泉、黄梅(女)、余锐、王渊海、韦恩烈、汤世春、胡震寰、孙茂芝、徐建平、周东保、谢锦文、华瑞玲(女)、张德培、张良友、周志明、周登坤、刘龙二、帅根林、丰锁英(女)、孙和林、裴定振、壮捷方、杨炳良、沈梅英(女)、韦福林、张锁浩、管仁华、袁金美(女)、蒋跃进、朱年福、吴金松、张晓华、成文良、马根火、陈兴康、朱冬青、陈云、庄锡庚、盛竹梅(女)、徐毛、陈金川、唐锁法、汪德配、姜伟南、刘宗伦、朱洪福、周萍(女)、李德元、王一堂、陆行舟、恽书芳、张百平、汪玉良、孙木忠、霍鸣、冷金华、顾纪林、毛海炳、张秀琴(女)、时伟平、卢恺海、张淦玉、周壮保、唐厚智、赵忠华、蒋秀英(女)、邱明宏、张荣连、关云洪、徐志明、孙瑞华、徐明法、邓洪源、康锁才、朱成贵、谈朝文、周冬根、周柏林、陈龙、王松成、李鸿儒、沈宝来、冯启义、王绪红(女)、田小牛、王和才、陶廷忠、颜正兴、吕存明、袁常舜、步杏潮、白怡华(女)、戴巧华、巫美银、严书才、韩世富、朱成荣、路洪明、王林和、吴进喜、李仁昌、胡生龙、许建东、高海清、王纪炎、胡传胜、靳夕明、张信才、钱来舜、吴形亮、赵熙虎、张荣根、陈顺芝、范选进、骆礼顺、蔡晓春、黄万隆、唐本荣、李明富、曹正根、姚涵仁、汪荣贵、朱连明、张贤春、姚春保、罗俊芳(女)、陈锦怀、朱克明、施炳建、钱扬中、朱明根、朱云梅(女)、王德安、王梅芳、洪乃平、王宏祥、秦双林、唐天熙、高履足、林启涌、何斯美(女)、吴汉章、张白银、叶彩珍(女)
1995 年	裴冠群、黄新宇、邓木金、法浩然、张寿祖、史国平、邓炳南、何晨冠、赵祝人、朱瑞成、朱春生、王志坚、王琏、王志华(女)、王可夫、钱家华、王敬伟、黄孝洪、吕桂林、陆培明、万美平、周镇生、焦宏春、徐殿祥、陈斌、江金才、钱年喜、陈三亚、金应山、周家有、邹兆根、杨镇星、姚以德、王茂杰、武镇平、范廷证、陈树春、陈曰友、王康元、史秀强、王萍(女)、叶有伟、徐翠萍(女)、李晨(女)、朱乾秋(女)、吴半彤、杭建国、刘小娟(女)、蔡文兰(女)、戴自良、许新、周达子、花有文、何国平、孙玉坤、谢春生、秦忠慈、魏有章、胡洪生、邹国枫、王心荣、张德田、张骏、沙建群、朱尧生、陆元慈(女)、王良安、刘永年(女)、张德才、孙国宏、范玉传、张玲(女)、茅梅林、欧阳洪良、徐兆瑞、沈国英(女)、邱国金、汪小华、王云亮、丁治平、俞兰英、孙浚渊、王东海、茅明朝、刘东升、张登生、陈康兰(女)、韦元根、景迎阳、李绍坤、仲伟贵、蔡八斤、李庆志、朱才林、庞永玲(女)、徐国平、陈左梁、魏建荣、陈英骏、鲁广元、李霖、周锦森、吴丹柯、陆廷良、蒋巧娣(女)、丁竞康、顾德华、薛兴发、巫红娣(女)、陈龙、刘梅粉(女)、王俭学、张培、刘和平、殷红林、张刘苟、黄锦华、王强、戴锁兆、吕武全、徐锁林、邱正庆、陈联芳、秦金锁、芮志林、陈二玉、唐敖齐、邹炳南、眭明生、金鹤宏、朱小坤、刘玉林、徐春芳、陈玉琴(女)、陈嫦梅(女)、唐和杰、史书凤(女)、眭瑞泉、史玉美(女)、周小南、臧荣刚、顾运祥、邢双富、姜连生、余功才、杨桂平(女)、尹学山、张敬财、朱德志、颜小林、陈瑞清、周定芳(女)、白怡华(女)、李全松、贡承香、张小马、黄晓鸿(女)、钱罗成、余锁根、杨庆荣、陈敦芳(女)、常本贵、高基龙、陈月美(女)、朱国富、何尔平、于中泉、董明海、何宇华、虞德顺、匡锡和、仇明贵、李裕高、夏元龙、曹建国、朱佩琴(女)、黄可威、李前锋、储国良、蒋宇平、王元生、俞禄生、许明汉、戴荣林

续表 28-2

年　份	姓　名
1999 年	徐剑声、李建平、陈洪如、丁基程、周德庚、左文生、赵开润、孙爱民、李远祥、邱健亭、徐涛、周镇生、吴春梅（女）、丁志兰（女）、徐忠俊、倪正顺、李永朴、于月英（女）、薛立根、潘正东、徐良全、宋成举、刘志辉、徐龙心、金子荣、焦宏春、裔延和、王海斌（女）、万美平、陶跃骏（女）、孙炳健、袁金梅（女）、张振节、朱学飞、夏仁宇、周兴东、孙一峰、冷青松、任逵、刘艳（女）、陈闵俐（女）、宋艳（女）、李少龙、唐顺平、徐贵宝、徐世才、李明、姚以德、陶运平、赵峰、苏启善、陈展、吴永刚（女）、吕小建（女）、马家林、姚方珍（女）、符俊仁、徐振兴、钱尼才、姚凤英（女）、顾灵伟、赵长亮、孙新柱、邓志祥、陈萍（女）、方菲（女）、毛炳江、周莉（女）、陈福根、方家龙、姜平、施卫东、葛世伦、徐柏林、吴昌宗、胡干生、杨新、吴顺唐、张禾瑛（女）、门继军、张玉梅（女）、刘芳（女）、孙开泰、王海平、张国兴、施正宏、吴永泉、徐安康、谈文琴（女）、丁福祥（女）、许长贵、许世明、王剑、姚恒庆、殷永生、张增发、王仁福、潘耀平、黄可威、黄建军、王言模、马金生、周明人（女）、杨光林、薛翠娣（女）、左元楼、李裕高、朱忠贵、苏忠来、华均成、王正秀（女）、王根定、高益彪、江晓鹏、毛金发、季志海、张庭久、谭荣生、陈兵（女）、冷顺康、赵新秋、夏扣忠、杜秉臣、朱立荣、钱志平（女）、张学超、陆明梅（女）、佘明全、薛国盛、潘军、贾国祥、徐正祥、卢建国、李网义、王网顺、王士元、吴福才、洪瑞华、贺毅、陈金江、殷厚成、桓福荣、李荣喜、朱长保、姜哲、朱开平、陈三亚、毛和良、李国海、盛玉龙、芮东生、许留兆、朱春晓、张锁荣、吴双福、华明通、戎光先、殷小坤、贺小妹（女）、钱文霞（女）、李梅仙（女）、王秀兰（女）、张伟斌、眭见强、吴新法、花尚元、聂双喜、臧荣正、毛荣虎、严明、许生才、唐敖齐、何国祥、彭玉明、吴国忠、钱锡荣、丁志云、贾文郁、姚杏生、许建武、陈建国、姚锁春、丁荣汉、陈正龙、杜三苟、黄顺玉、孙国祥、刘健岁、陈银忠、史荣生、胡小锁、谭先贵、姜锁保、孙苏华、鲁广元、凌继华、丁永茂、孙家政、张万生、汤正银、王春英（女）、李福华、张秀凤（女）、王义英（女）、周开贵、周俊、张亚夫、姜芳（女）、巫罗才、刘扣根、张代玉、陈小月、张利民、文茂根、陈敦芳（女）、余功才、周杨、刘义福、方继生、张德敏、纪荣喜、杨修林、王柏生、周龙祥、徐国平、王笃林、李贞国、栾必荣、奚华新、孙国芳、李凤琴（女）、朱秀明、陈寒冰（女）、李晓玲（女）、蒋元海、郭阳珍（女）、郭怀保、陈庭云、郭道鹏、王禄宝、王学斌、钱永祥、周元霖、陈道胜、董保龙、徐子良、刘炳荣
2003 年	陈卫平、吴兆祥、李根伟、陈生荣、许忙耕、魏芳琴（女）、陈顺平、吴德福、张强、闵锁银、戴宝金、徐国阳、董振华、赵南军、江明福、吴伟芬（女）、周梅生、朱建中、翟志高、祁宁澄、蒯开明、张伟栋、冷保荣、陆卫国、刘振刚、陈黎（女）、王新男（女）、束品德、孙云霞（女）、王国俊、王川方、吴广云、盛腊梅（女）、徐雪君、孙发强、蔡跃、工建明、王树立、张大松、刘新、范明仙（女）、林敏、周建平、石小武、管鹤楼、袁琦、郭琰、戴嘉平、卢萍（女）、杜广棣、樊明再、艾永道、周冬林、彭文生、吕建峰、许江军、王以进、鄂金书、王兴泰、张毅、汤文俊、周素英（女）、陈超、陈长荣、明守跃、徐道梧、吴荣生、王仁贵、石飞、戴坚、朱智宏、徐军、王学如、鄂霖（女）、朱龙顺、茅根方、陈健、许能斌、沈中立、周文明、高毅、季镇仲、赵志香（女）、曹巧云（女）、刘东明、王进、尹瑞林、裴福恩、潘洪秋、戴起勋、姚寿广、方复镇、金燕（女）、邓干成、徐杰、祁美云（女）、张尤历、睢开华（女）、沈玉林、蒋正福、李平、杨建国、吴周宏、吴昌生、赵权升、葛庆茹（女）、沈晓昆、徐镇伟、张水娟（女）、左金霞（女）、吴维忠、魏开宝、潘卫生、毛丽华（女）、李瑞林、方良春、赵学军、丁杏兰（女）、毛春林、胡兰生、仇广福、李光千、丁春华、陈网保、鄂秀萍（女）、张耀良、丁力、黄国平、张志康、汤文彪、张秀芳（女）、杨龙宝、严宏坤、于金书、邹毓文、张海云（女）、束元庆、邵育浩、戎金华、李国芬（女）、方美芳（女）、杨春龙、杜连新、巫宇声、郦梅生、洪宇（女）、张金龙、马洪山、陶益新、吴光明、陈国平、曹正国、汤龙保、钱云宝、朱建农、沈中泉、张为民、杨嘉庆、肖国强、姜小红（女）、毛月妹（女）、徐发龙、杨红（女）、严永红（女）、丁爱顺、周解初（女）、方庆生、金天培、郭志平、孙宝忠、方寿根、刘来群、章壮钧、陈雪峰、周春芳、周道春、段国平、许桂英（女）、李忠玉、孙荣华、杨红梅（女）、陈巧根、朱映华、施福林、仲纪华、高月琴（女）、王恩福、赵文俊、薛恒川、印德荣、匡健、李冬英（女）、陈廷荣、徐翔、陆廷秀、许德富、沈志坚、吴美蓉（女）、冯刚、王月清（女）、汤锁洪、龚骏华、吴顺山、陈继红（女）、杜秉臣、潘琴芳（女）、郭德文、吴永泉、戴国方、周以安、沙志俊、张玉宏、刘立生、姚小琴（女）、虞国顺、朱荣华、朱造元、徐金山、汤志翔、王洪林、董春宝、柯丹霞（女）、王金生、刘玉霞（女）、童财宝、季行芳（女）、余伟明、蒋玉坤、孙玉芳（女）、叶晓东、张小亭、孙礼江、胡立仁、宋春、窦家凤、陈万祥、赵增麟、赵勇、谢勋、程金根、徐建国、蔡顺林、黄健

说明：收录年份为评选年份

三、职工思想教育

1. 职工读书活动　1983年，市总工会在全市职工中开展“振兴中华”读书活动，向全市职工推荐30本社会科学和文学方面的读本；1984年，全市职工读书活动向读书与自学相结合方向发展，在继续组织阅读社会科学和文学作品的同时，推动职工自学现代自然科学和技术业务知识，鼓励职工自学成才。

1985年6月，市总工会下发《关于大力推进职工读书、自学活动的意见》《关于职工自学成才奖励试行办法》。全市全年共产生读书、自学小组2248个，参加读书活动职工33771人；市区和四县参加初中文化补习的青年职工69908人，占应补人数90.4%；参加青年职工初等技术补课35409人，占应补人数51.6%。

1986～1988年，全市参加读书自学活动的职工每年约3.3万人。1989年，市总工会引导职工开展读好书、拒坏书活动，强化有关舆论宣传。当年，全市8所职工学校在学的初中、高中、中专(专科)、大专学员有3300人。1992年，全市有928个读书小组、3.8万人参加读书自学活动。此后，由于多种原因，职工集体读书活动形式逐渐转向个人自学。

2. 主题教育　1984～1986年，城市经济体制改革兴起。市总工会引导教育职工认识改革的必要性和必然性，参与改革、推进改革。1986年2月，市总工会组织改革开放万人问卷抽样调查，历时4个月，调查冶金、煤炭、电力等18个行业中的43家企业，被调查职工10700人。调查结果表明，职工支持改革率90%以上，显现主题教育活动成果。

1987年，市总工会在职工中开展“坚持四项基本原则、反对资产阶级自由化”的主题教育，全年培训骨干1.9万人，组织宣讲和演讲1540场，听众37500人。1988年在职工中开展“三讲三树立”征文活动。

1989年1月，市总工会下发《关于在职工中开展形势教育的实施意见》，教育和组织职工严守纪律，坚守岗位，维护安定团结的政治局面。1990年2月，市总工会在职工中开展“工人阶级怎样为国家分担暂时困难”大讨论，全市举办国情、厂情报告会632场，28万名职工参加；举办座谈会、讨论发布会987场，职工受教育面62.6%。1991年4～10月，市总工会组织开展“爱党、爱国、爱社会主义、爱厂、爱岗”为主题的“五爱五大讲”教育活动，下发《关于向赵小梅同志学习的决定》。1992年，市总工会开展以“学社会主义理论，知国情；信社会主义优越性，反演变；爱社会主义制度，当主人；干社会主义事业，作贡献”为主题的教育活动。

1993年开展“确立社会主义市场经济新观念，塑造主人翁形象”的主题教育活动，全市举办市场经济观念讨论207场次，演讲、报告会51场次，知识竞赛7场次，应征文章750篇。1994年，全市各级工会组织职工学习建设有中国特色社会主义理论，参加市总工会举办的“学习《邓小平文选》第三卷”培训班的职工有500人次。市区8大服务行业、143家窗口单位参加“讲职业道德、做文明职工”的窗口单位8条龙竞赛。

1995年2月开展“树企业形象，展四德风采，兴班组新风”主题教育活动；6月召开“讲职业道德，做文明职工”同行业竞赛总结表彰大会，19个先进集体和18家先进个人受到表彰。市总工会与市委宣传部、市经委等部门联合开展“塑企业形象工程”活动，在不同行业选树18个试点班组。

1996～1997年，全市开展“三学、三树、实现三项工程”主题教育活动，组织职工学理论、学科学、学技能，树立正确的世界观、人生观、价值观，实施“环境净化、质量优化和素质强化”三项工程，全市近10万职工参与。1997年，市总工会举办大型革命历史展览——《红岩魂》，观展人数12.8万人次；各级工会开展“庆七一、迎香港回归”、学习中共十五大文件等主题教育活动。1998年，全市组织万余名职工参加全国班组职工中共十五大知识竞赛。同年9月举行《我在改革大潮中》征文演讲，讴歌改革开放20年取得的成就。

1999年，市总工会开展“面向二十一世纪主人翁形象大展示”活动，成为全市“新世纪镇江风采”大讨论的重要组成部分。市总工会组织500个班组、万名职工参加全国邓小平理论学习和竞赛活动；召开争当文明职工活动表彰暨经验交流会。2000年开展“致富思源、富而思进”教育活动，被省总工会授予教育活动先进集体。2001年3月开展《“工会杯”我与镇江投资环境》征文和大讨论活动，各行各业400多名职工参加，制作4期《我与投资环境》电视专题片。

2002年根据市委、市政府提出的文明市民再教育工程要求，全市3万多名职工参与公民道德知识竞赛。2003年组织全市3万多名职工参加省“学习党的十六大知识竞赛”活动。8月，市总工会召开全市“建设学习型组织，提高职工素质”工作会议，会同市劳动保障局、教育局、经贸委等联合下发《关于提升职工学历层次和技能水平的工作意见》等文件。

2004年开展“新时期创业精神大讨论”系列活动，省总工会授予市总工会“学习三个代表，力争两个率先”主题教育先进单位。同年12月，市总工会与市级机关工委等6个单位联合开展“优化投资环境，争当服务标兵”立功竞赛活动，组织评选镇江市十大杰出投资环境和投资环境服务标兵。

2005年，市总工会开展“凝心聚力谋发展，立足岗位争贡献”主题教育系列活动，全市近5万职工参加。3月召开全市职工素质工程工作推进会，与12家基层单位签订年度职工学历教育和技能培训协议书。全市全年8.5万名职工参加学历提升和各类技能培训。市总工会和15家基层单位被省总工会授予“两争一树”(争创学习型组织、争做知识型职工，树新时代职工形象)先进集体和学习型组织示范点称号。

四、参与企业改制

1984年11月，市总工会向市委、市政府报送《关于企业改革中涉及职工切身利益和工会工作的几个问题的请示报告》，切实保障职工代表大会行使参与企业决策和管理的权力，得到市委支持。职工代表大会成为职工支持、参与、保障改革健康发展的重要机制。

1986年，镇江企业实行浮动工资制。市总工会根据企业特点和职工心理承受能力，提出适当拉开浮动比例、照顾老职工利益的建议，被市政府采纳。1987年，市总工会参与《镇江市中外合资企业劳动规定》的制定。1988年，市总工会针对市政府《镇江市企业内部劳动、用工、保险制度的试行办法》草案提出6项修改建议，其中3项被市政府采纳。

1989年，部分困难企业停产，市区企业待岗职工8900人。市总工会通过调查，及时向市政府提出妥善安排待岗职工生活的建议。市政府出台相关措施加以解决。市政府要求在决定改革重大事项特别是涉及职工切身利益的政策措施时，要认真听取工会意见或邀请工会一同研究，吸收工会同级领导参加改革的专门机构，同时决定建立市政府与市总工会、共青团、妇联等群众团体会商会制度。

1990～1997年通过市政府与市总工会的会商会制度，先后就企业承包经营责任制、企业3项制度改革、企业股份制改造等涉及职工切身利益的重大改革措施进行会商。其中包括在实行企业经营承包的同时推行共保合同、在建立现代企业制度中坚持全心全意依靠职工办企业，推行平等协商和集体合同制度，加强企业民主管理等多项建议得到市政府支持。市总工会分别对20家现代企业制度试点单位和市直首批股份制合作改制企业进行调研，提出在改制试点中，必须坚持民主管理、民主决策，保持企业工会组织的独立性和完整性，得到市委的重视和认可。

1998～2001年，市总工会通过“跨世纪奉献杯”立功竞赛活动，动员组织职工在企业改制中为改革的平稳过渡和现代企业制度的建立发挥积极作用。

2002年，市委、市政府决定对市直企业实施“国退民进”改制，计划用2～3年时间完成任务。6月，市总工会成立市直企业改革(改制)工作指导组；7月，市总工会、市经贸委联合下发《关于企业改制中有关工会工作若干问题的指导意见》。2003 年 4 月，市总工会、市工改办、商改办、建改办联合下发《关于做好职代会审议企业改制方案工作的意见》，市总工会据此指导企业制定改制或破产方案和职工分流安置方案，使职代会审议成为企业改制必经的一道民主程序。2005 年，市总工会参加市委、市政府对"改制企业回头看" 检查工作，着重检查改制企业职代会履行职能情况。

从 2002 年 6 月至 2005 年底，市总工会先后参与指导市直一百多家企业推进改制工作，被市委、市政府授予推进企业改制二等功单位。

1994 年 12 月，市体改委、市总工会联合出台《关于有限责任公司内部设职工持股会的试行意见》。1995 年 3 月，镇江市职工持股管理委员会正式成立。同年 6 月，市体改委与市总工会建立市职工持股管理委员会联席会议制度，落实市邮电局等四家单位为持股会试点单位。11 月，市体改委、市经委、市总工会联合下发《关于企业职工持股会设立管理的意见》。2000 年 4 月，市总工会与市体改委联合下发《镇江市建立健全职工董事、职工监事制度规定（暂行）》；与市经贸委、体改委联合出台《关于加强我市职工董事、职工监事制度建设的意见》。2001 年 8 月，镇江市职工持股管理委员会下发《镇江市职工持股会审计办法》。至 2005 年经审批的镇江企业职工持股会共 47 家，总股本 5. 228 亿元，吸纳职工股本金 1. 78 亿元。到年底随着企业改制调整产权结构等因素，职工持股会数量减到 20 家。

五、推进企业民主管理

1. 企业职代会制度　1985 年 9 月，市属集体所有制企业镇江搪瓷厂通过职代会民主选举厂长。1986 年 2 月，市总工会下发《关于进一步加强民主管理工作的意见》，重点放在审议企业生产经营重大决策、加强干部监督和健全职工代表大会制度。1990 年 8 月，市总工会开展企业民主管理达标竞赛。年终验收结果，工业、交通、基本建设系统全民所有制企业达标超半数。

1992 年 1 月，市委办公室、市政府办公室联合转发市总工会《关于加强企业民主管理工作的意见》。1995 年开展民主管理工作竞赛活动。当年 11 月，市委组织部、宣传部、体改委、经济委员会、市总工会联合召开镇江市职工民主管理工作会议，授予 28 个单位、32 名个人为民主管理先进单位和优秀职工代表称号，19 名厂长（经理）被授予全心全意依靠职工办企业优秀厂长（经理）称号。1998 年 2 月，市总工会与市委组织部、经委联合下发《关于进一步加强职工代表大会民主评议企业领导干部的意见》。

1999 年起，市总工会加大在非公企业推行职代会制度的力度，在小企业比较集中的区域创造性地推出联合职代会制度。2003 年开展非公企业民主管理达标竞赛活动。当年 6 月成立推进非公企业职代会制度建设工作领导小组；8 月，市委、市政府转发市总工会《关于在非公有制企业建立职工代表大会制度的意见》；9 月，市总工会与市经贸委、市劳动和社会保障局、工商局联合召开市非公企业职代会工作交流会。2004 年 8 月，在各辖市（区）推行职工代表证制度试点工作，列出职工代表主要职权，提高企业职代会工作质量，保障职工代表的合法权益。至 2005 年，全市 1700 多家非公企业建立职代会制度。

2. 厂务公开　1998 年 12 月，市纪委、市委组织部、市总工会联合下发《关于开展"厂务公开、民主管理"试点工作的意见》，在全市推行厂务公开工作。1999 年 7 月，市厂务公开领导小组下发《关于在全市深入开展"厂务公开、民主管理"工作的意见》。8 月，市厂务公开领导小组议定职责范围、议事规则及成员单位工作分工，确定推行厂务公开 100 家典型示范单位。

2000 年 12 月，市厂务公开领导小组下发《关于进一步做好我市厂务公开工作的意见》；镇江医学院在全市高校中首家推行院务公开。2002 年 6 月，市厂务公开领导小组授予 37 家单位镇江市厂、院、校务公开工作先进单位称号，授予 36 人镇江市厂、院、校务公开工作先进个人称号。同年 7 月，镇江港务管理局获"全国推行厂务公开工作先进单位"称号。2003 年，在非公企业进行厂务公开试点。2004 年，全市 294 家非公企业建立厂务公开制度。2005 年，全市 90% 以上独立建会的企事业单位建立厂务公开制度。

六、集体合同与工资集体协商

1994 年 12 月，市总工会与市政府及有关部门就企业集体合同试点等问题进行会商，确定全市推行。1995 年 3 月举办 2 期企业集体合同和集体谈判培训班，170 多名学员参加培训。

1996～1998 年，集体合同制度在企业全面推开，且向区域、行业发展。全市 1114 家企业、20 家区域、行业经平等协商签订集体合同，覆盖职工 33.6 万人。合同文本、协商签约程序、审批监督检查、建档立卷等工作逐步完善规范。

1999 年 5 月，市总工会与市劳动局联合下发《镇江市企业工资集体协商暂行办法》。2000 年 3 月，市总工会与市劳动、财政、国税、地税等局联合下发《镇江市企业实行工资集体协商实施细则》；4 月，市总工会与市劳动局联合下发《关于明确企业工资集体协商程序的通知》。

2001 年 6 月出台《关于聘任工资集体协商指导员的暂行规定》；8 月与市劳动局联合下发《关于明确 2001 年市直五十户企业规范化实施工资集体协商制度的通知》；9 月，市劳动局、市经贸委、市总工会联合下发《关于建立健全集体协商、集体合同制度监督保障机制的意见》。

2002 年，市总工会联合市劳动局开展"集体合同和劳动合同管理年"活动。3 月，市劳动局、市经贸委、市总工会联合出台《关于聘任集体合同、工资集体协商指导员的办法》，并联合下发《关于进一步推行平等协商集体合同和工资集体协商制度的意见》。

2003 年 5 月，市总工会与市劳动和社会保障局、市经贸委、企业家协会联合下发《关于对市各企业主管部门推行工资集体协商制度实行目标管理的通知》。

2004 年在全省率先开展大规模的企业工资集体协商工作。1 月，市总工会等 7 部门联合下发《关于进一步加强我市工资集体协商工作的意见》；2 月，市总工会成立工资集体协商工作指导组；7 月组织部分担任镇江市工资集体协商特邀督察员的人大代表，对市机械、贸易系统开展工资集体协商工作情况进行督察；9 月，句容市建立工资协商二次签约制度，此后在镇江全面推广。

2005 年，镇江开展"工资集体协商管理年"活动。4 月，市委召开全市工资集体协商暨厂务公开推进会议。6 月，市总工会与市劳动和社会保障局、市经贸委组成 6 个检查组，对各辖市（区）、资产经营公司工资集体协商推进工作进行为期 10 天的专项检查。9 月，市政府与市总工会会商会明确各相关部门要全力推进工资集体协商工作。10 月，市政府召开全市工资协商工作汇报会，专题听取各辖市（区）各有关部门推进工资集体协商工作情况。至 2005 年，全市开展工资集体协商的企业 3228 家，其中 861 家企业单独签订工资协商合同，经市劳动和社会保障部门审核的有 659 份，市直 95% 改制企业均签订工资协商合同。

图 28-1　2005 年，全市工资集体协商暨厂务公开推进会

工资集体协商工作推进职工工资水平的提高。2005 年，市在岗职工年均工资达到 1.99 万元。市总工会、润州区总工会、扬中市总

工会被评为江苏省工会推进工资工作先进单位。

七、劳动保护

1990 年，市总工会对煤炭、化学、机械、建筑材料工业的所属企业职业危害情况进行调查，20 家企业、422 个尘毒作业点尘毒浓度合格率仅为 38.4%。当年在全市开展安全标准化班组创建和重大事故隐患和严重职业危害控制点活动。

1991 年，市政府与市总工会就企业尘毒危害治理等问题进行会商，确定由市总工会会同劳动部门拟定专门文件，市政府批转执行。当年，全市创安全合格班组 2080 个，安全标准化班组 120 个。1998 年起，用 2 年左右时间，在全市企业普遍推进贯彻实施“危险源点监控法”，市 6 大重点行业、71 家重点企业、64 家消防重点单位列入首批试点单位。到 2001 年，全市有 345 个企业对 5696 个危险源点进行监控，开展面 84% 以上。2002 年，市总工会召开乡镇（街道）企业推行“危险源点监控法”会议，把实施“危险源点监控法”工作向非公有制企业和乡镇企业延伸。2004 年实施“危险源点监控法”从 5 年前试点向全市 1000 多家企业拓展延伸，对 1 万多个危险源点进行分级监控，纳入政府安全生产目标考核体系。市总工会获江苏省实施“事故隐患和职业危害监控法”先进集体称号。

1983～2005 年，全市 1375 家企业、2851 个车间、16879 个工会小组建立工会劳动保护组织。

八、“送温暖”帮扶活动

20 世纪 80 年代，全市企业以公有制为主体。各级工会广泛开展“生活后勤一条龙竞赛”活动，推动企业办好食堂、医务所室、幼托园所、浴室以及集体宿舍等生活后勤设施。企业工会普遍成立职工互助储金会组织，设立互助基金，开展困难职工、住院职工、离退休职工的走访慰问活动。工会坚持职代会在企业集体福利事业方面的协商共决制度，将职工劳动保险、企业分房、食堂管理、困难职工生活补助等民生事项列入企业民主管理和民主监督的重点内容。

1990 年后随着企业体制改革力度加大，分流下岗职工增多。部分职工生活发生困难，再就业矛盾突出，扶贫帮困、再就业成为工会关注的工作重点。1992 年春节前后，市总工会发起“四万”（进万家门、知万家情、解万家难、暖万家心）活动。全市 1464 家单位走访慰问职工 11.8 万人，补助困难职工 25725 人，金额 11.7 万元。到 1994 年，全市累计慰问困难职工 26 万人次，发放慰问金 484 万元。

1995 年 1 月，市总工会向全市职工和社会各界发出《送温暖、献爱心，向特困职工家庭伸出友爱之手》倡议书，慰问职工 39769 人，发放慰问金 313.6 万元；3 月《镇江市送温暖工程特困基金管理办法》出台，对特困基金的性质、管理、救助对象、办理程序等作出规定，并成立特困基金管理领导小组；12 月成立镇江市职工职业介绍所，1996 年为 300 名下岗职工安排就业。

1996 年，市总工会实施“送温暖工程”，为 277 户特困职工家庭建立档案，并与市有关部门制定扶贫解困措施和优惠政策，首次向困难职工发放特困职工证 75 本。特困职工凭证在水电费、房租、子女上学、就医、有线电视和卫生清扫等收费方面享受优惠政策或减免。

1997 年，市总工会配合市委开展的“双结双帮”活动，选定 119 名特困职工家庭与县处级领导干部结对互助。

1998 年起，市总工会与市委组织部在全市各级党组织和党员干部中广泛开展“为农村老党员提供基本生活保障，为贫困户排忧解难脱贫致富”的“两为”主题活动，确定 600 名农村老党员和 700 户困难职工家庭为帮扶对象。1998～1999 年，全市 2800 个基层党组织和 11.2 万名党员以不同方式参加这项活动，其中 635 名县处级领导干部与贫困家庭结对帮扶。1998 年 6 月，市总工会在全省首创开展以“三帮二送一监督”为主要内容的“上新岗、创新业”活动，即：帮下岗职工转变择业观念，帮下岗职工培训职业技能，帮下岗职工再创新业；送信息，送温暖；监督规范下岗程序，督促企业建立再就业中心，按时发放下岗职工基本生活费和离、退休金，纠正以下岗作为处罚职工手段的错误做法。建立再创业扶持基金和市女职工再就业互助金，扶持创业先进典型20个，43名职工在再创业中得到资金扶持。

1999年1月，市政府转发市总工会《关于开展“奉献公仆情、温暖职工心”扶贫解困捐款活动的意见》，全市百名党政领导慰问1200户困难职工家庭，发放慰问金20万元（简称“百千万”）。当年全市“百千万送温暖”活动慰问职工32881人，发放慰问金490多万元。2001年，全市慰问困难职工9.79万人次，发放慰问金1630.19万元。当年，全市开展“爱心奉献、帮困助学”活动，镇江商业城、谏壁发电厂等20多家企事业单位募集助学款14.8万元，72名特困职工子女得到资助顺利就学。

2002年元旦春节期间，各级工会开展以送生活、送岗位、送医疗、送政策、送保险为主要内容的“送温暖”活动，慰问困难企业672家、困难职工39427名，发放慰问金846.2万元。当年“七一”前夕，市委办转发市总工会《关于开展“为党旗添光彩”帮困捐助活动》的文件，为困难职工子女筹集助学款。10月成立困难职工援助中心。市总工会成立创新业职工服务中心，扶持成立12家“上新岗、创新业”示范基地，扶持67名下岗职工从事蛋鸡养殖、鲜花行、粮油店、陶吧等经营项目，带动一批下岗失业职工实现再就业。

2003年5月，市政府办公室转发市总工会等9部门（单位）关于《镇江市市区〈特困职工证〉发放实施办法》的通知。2004年9月，市政府办公室转发市总工会等13部门《关于建立完善特困职工扶贫帮困救助机制的意见》的通知。2005年，市总工会在全市组织发起“党员进万家”主题实践活动，为全市59个部门提供1070名困难职工作为结对帮扶对象。市总工会在全省率先建立完善生活救助、就业援助、医疗救助、住房救助、教育救助等五大帮扶机制。到2005年累计发放特困职工证1896户，扶持“上新岗、创新业”示范基地72个，1053名困难职工子女得到助学帮助。

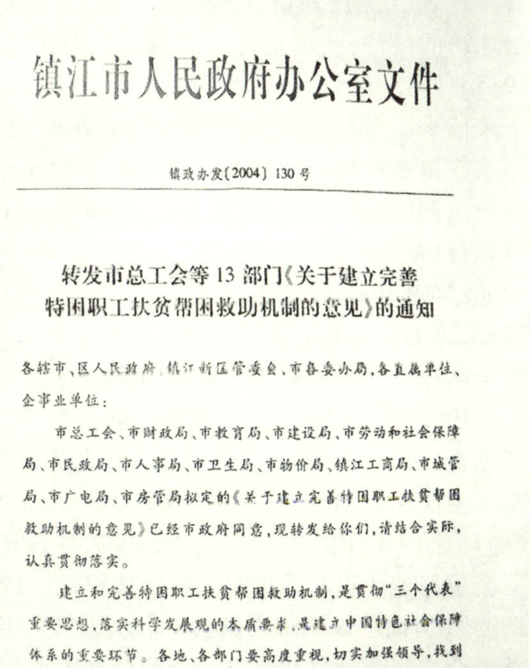

镇江市人民政府办公室文件

镇政办发〔2004〕130号

转发市总工会等13部门《关于建立完善特困职工扶贫帮困救助机制的意见》的通知

各辖市、区人民政府，镇江新区管委会，市各委办局，各直属单位、企事业单位：

市总工会、市财政局、市教育局、市建设局、市劳动和社会保障局、市民政局、市人事局、市卫生局、市物价局、镇江工商局、市城管局、市广电局、市房管局拟定的《关于建立完善特困职工扶贫帮困救助机制的意见》已经市政府同意，现转发给你们，请结合实际，认真贯彻落实。

建立和完善特困职工扶贫帮困救助机制，是贯彻“三个代表”重要思想，落实科学发展观的本质要求，是建立中国特色社会保障体系的重要环节。各地、各部门要高度重视，切实加强领导，找到

图28-2　2004年出台的建立帮困救助机制文件

九、女职工工作

1989年11月，镇江市工会女职工委员会成立。1990年3月6日召开纪念“三八国际妇女节”80周年暨女职工工作表彰大会，25个基层“四好”女职工委员会、42名女职工干部和10名“女职工之友”受表彰。1991～1995年，全市开展“巾帼建功、巧手奉献”“万人献计策”活动，全市女职工共提合理化建议124002条，其中采纳实施19395条，创经济效益5892万元；评选并表彰市先进女职工委员会97个，先进女职工干部173名，“女职工之友”52名。先进集体7个，先进个人28名受到全国总工会、省总工会表彰。

1996年，市总工会开展“巾帼绘九五、巧手争贡献”活动。3月成立女职工再就业培训服务中心，采取多种形式为下岗女职工提供再就业免费培训。1997年2月，全市开展“巾帼创新业”活动，促进失业、下岗女职工再就业、创新业。1998～2000年，组织结对帮扶特困女职工活动，以基层女职工委员会为单位，与76名单亲特困女职工结成帮扶对子。

2000～2005年根据《江苏省女职工“巾帼绘十五、创新展风采”“十五”发展规划》的要求，镇江实施素质强化、创新建功、自主创业、爱心助困和家庭文明“五大行动”。2001年，市总工会举办4场劳务交流大会，登记接待1430名下岗求职女职工，介绍成功1100人，进行就业指导400人。当年以夜校形式免费培训女职工6000多人次。2002年3月6日召开“巾帼绘九五、巧手争奉献”表彰大会，表彰30个先进集体、47名岗位成才女职工、8名二次创业新女性、24个爱心奉献先进集体和18户文明新风家庭。3月8日，市总工会与市劳动局联合举办“庆三八”专项劳务交流会，30多个单位提供近1000个岗位，1200名女工签订意向性用工合同。

2003年，镇江秀丽油漆有限公司总经理王秀英等6名女性经市总工会推荐被授予江苏省百名杰出创业女性称号。4月，市总工会与市劳动和社会保障局联合下发通知，在全市开展签订女职工权益保护专项集体协议的工作，到2005年，女职工权益保护专项集体协议签订率60%。2004年11月5日，市女职工委员会举行第四届全委扩大会议，授予丹阳市建设工程有限责任公司等17家企业为镇江市非公企业工会女职工示范单位称号。2005年5月，市总工会制定《关于镇江市实施“争创五一巾帼标兵岗、争当五一巾帼标兵”的意见》，在全市女职工中开展争创活动。

到2005年底，全市建立基层工会女职工委员会1827个，工会女会员达到21万人。

十、工会信访和法律工作

1. 职工来信来访　1984年2月，市总工会制定《关于人民来信来访工作的规定》，明确职工来信来访的接待、处理及统一管理。1985年，市总工会设立法律顾问处，开展工会法律咨询服务。1985～1987年，镇江市、县两级工会培训基层工会干部1539名；市总工会法律顾问处接待处理职工来信来访388件次。1987年7月，国务院发布《国营企业劳动争议处理暂行规定》，全市工会法律工作重点转向劳动争议调解工作。1988年，市、县总工会与同级劳动部门，推动企业依法建立劳动争议调解组织，培训调解人员。1988年11月6日，《镇江市国营企业劳动争议处理实施意见》公布施行，全市503家企业建立劳动争议调解委员会。1988～1989年，市总工会直接受理劳动争议40起，均妥善作出处理。1990年，市总工会设立信访接待室，接待职工来信来访389件次，结案率85%，协助政府有关部门处理突发事件3起，调解劳动争议25起。同年，市总工会组织万名职工参加全国总工会组织的劳动法律知识竞赛。

1992年，《中华人民共和国工会法》（以下简称《工会法》）颁布实施，12月，镇江8万职工参加江苏省总工会组织的《工会法》知识竞赛，获得竞赛组织一等奖。1992～1993年，市总工会组织4次工会法律培训，培训工会干部336人。1994年成立实施《中华人民共和国劳动法》（以下简称《劳动法》）工作协调小组。1995年7月召开贯彻实施《工会法》《劳动法》动员大会，要求全市各级工会更好地代表和维护职工的合法权益。1996年4月召开工会法律工作会议，开展创建合格“劳调委”（劳动争议调解委员会）活动。1999年建立市总工会常委信访接待日制度。2000年9月，市总工会与市劳动局联合召开企业劳动关系协调工作经验交流会，对100家基层合格劳调委进行确认。2001～2003年开展学习宣传新修订的《工会法》。2003年，市总工会与市劳动保障局联合开展职工权益维护年活动，重点解决全市改制企业劳动关系调整问题，全年对2818家企业进行执法检查，立案533件，结案528件。7～9月参与由市人大财经委牵头组织，市劳动、卫生、安监等部门参加的《劳动法》《工会法》贯彻实施情况调研，并由市人大常委会牵头，制定镇江市实施《劳动法》《工会法》近期目标和四年规划。12月，市委、市政府下发《关于深入贯彻实施〈劳动法〉〈工会法〉的意见》，包括劳动工资、保险、就业、民主管理、职工教育以及工会组建等10大类42项指标。2005年6月，市政府转发市总工会、市劳动和社会保障局等部门制定的《关于开展创建劳动关系和谐企业活动的试行意见》，在全省率先启动创建“劳动关系和谐企业”工作。

2. 学习贯彻“一办法五条例”　根据全市“四五”普法重点，2001～2005年，镇江市开展宣传江苏省"一办法五条例"(《江苏省实施〈工会法〉办法》和《江苏省劳动合同条例》《江苏省社会保险费征缴条例》《江苏省工资支付条例》《江苏省集体合同条例》《江苏省安全生产条例》)等劳动法律法规活动。2005 年 5 月召开学习贯彻"一办法五条例"推进大会,发放《"一办法五条例"汇编》3.5 万册,举办培训班 596 期,培训 2.3 万人。市总工会接待来访 1630 批,接待总人数 23618 人。其中集体上访 236 批、人数 21814 人,来信来访年结案率 91%,连续 4 年获得市委、市政府表彰的信访工作先进单位的表彰。为职工提供法律服务和法律咨询 7629 人次,提供法律援助 61 人次;基层工会劳动调解组织协调处理各类劳动争议纠纷 5217 起,涉及劳动者 7151 人。其中 5 人以上的集体劳动争议 135 件,涉及劳动者 1584 人,涉及工资、社会保险金额 290 万元。

十一、职工文体

1. 职工文化　1983 年 5 月,镇江市参加省总工会组织的"主人翁"歌会,获得 1 个一等奖、2 个二等奖。1985 年 2 月,市总工会组织职工文艺调演,26 支代表队选送节目。1986 年 10 月在全省职工文艺会演中,镇江市选送的独幕话剧《酒不醉人》等 5 个节目,获演出、创作奖 4 个。1987 年 9 月,14 家企业参加镇江市区厂歌(行歌)演唱会,其中 4 个单位获优胜奖;12 月举行职工业余曲艺、话剧小品会演。1989 年,全市举行革命歌曲大家唱活动,近万名职工参加,全年会同文化部门举行或独办职工文艺会演、调演 14 次。1990 年 4 月,市总工会选送戏剧小品《情怀》等 3 个节目参加江苏省职工文艺创作调演,获团体总分第四名。同年,《情怀》获全国戏剧小品电视大赛优秀演出奖。1991 年,22 个代表队近千名职工参加"颂歌献给党"歌咏比赛。1992 年 5 月,全市举办"难忘的旋律——红太阳颂"歌会,纪念毛泽东《在延安文艺座谈会上的讲话》发表 50 周年;10 月,镇江市举办首届中国镇江"金山之光"艺术节灯会,展出灯 17 组,观众 40 余万人次。1993 年 12 月,市总工会、市委宣传部等 4 单位联合举办纪念毛泽东诞辰 100 周年群众歌咏比赛。1997 年 4 月,市委宣传部、市总工会等四家单位联合举办迎回归"百年梦圆"群众文艺会演;5 月,全市举办"百家企业、百首歌曲、百年梦圆"庆回归活动。1999 年,全市举行庆镇江解放 50 周年声乐大赛,"红五月"职工文艺演出,"爱我中华、知我中华"微缩景观展、庆国庆文艺调演。2000 年开展"五一文化周"活动;9 月举办"迎国庆、祖国颂"歌曲演唱会。同年 6～9 月,在工人文化宫广场举办 11 场"愉快的周末职工文化广场"活动。2003 年 4 月,市委宣传部、市总工会等 6 部门举办首届镇江市职工文化节,为期半年,有职工卡拉 OK 大赛、"职工风采"广场文艺演出等 10 余项活动。2005 年举办"歌唱祖国"广场职工文艺演出、职工歌手大赛等活动,组织职工艺术团赴基层慰问演出。

2. 职工体育　1984 年 9 月举办全市工人运动会,设篮球、排球、足球、乒乓球等 6 个比赛项目,11 人破 6 项市纪录;11 月组织市代表队参加省第二届工人运动会,比赛总成绩居全省第三位。1989 年组织职工参加市第九届运动会职工部比赛,有足球、篮球等 6 个项目,全市 38 个系统和市直属单位组成 142 个代表队,运动员 1700 多名。1993 年 4～11 月,镇江市第十届运动会(职工部)历时 7 个月,设象棋、乒乓球、篮球、足球等 6 个项目,全市 85 个代表队、711 名运动员参加比赛。1994 年 3 月,市总工会、市体委、市教育局等单位联合举办全市"迎三城会"春季健身长跑活动,78 个单位 94 个方阵参加。1996 年 3 月,组织 15 家单位 800 多名职工参加市"健力宝杯"春季长跑活动。1998 年组团参加江苏省第十四届运动会,承办省运会职工部象棋赛。2000 年,市总工会会同市级机关工会组织机关第三届职工运动会。2004 年承办江苏省十二届运动会职工部乒乓球比赛,大会组委会授予"最佳赛区"和优秀组织奖。2005 年 1 月组织 21 个职工方阵参加市迎新年万人健身长跑活动。市总工会和 13 个基层单位获市政府颁发的优秀组织奖。

3. 基层文体　1983～1988 年,全市基层单位职工业余文艺团队有 103 个,参加人数 1978 人;有业余文艺创作组 61 个,参加人数 392 人;业余体育协会 137 个,各种球队 1547 个,每年举行各项体育比赛3000多场次，参赛职工5万多人次；职工俱乐部157个，图书（馆）室693个，藏书117.7万册。1988年，市工人文化宫成立市职工灯谜、摄影、美术等12个协会，全市文体兴趣爱好小组发展到4466个，参加职工30094人。1989年10月，市新工人文化宫建成开放，举办包括展览、文艺、兴趣、书市、体育等类别的市职工兴趣爱好博览会。同年开展创“合格俱乐部”“优秀俱乐部”竞赛。

1990年以后，企业体制发生变化，多数企业职工俱乐部、图书（馆）室为生产经营场所挤占，职工业余文体爱好组织逐年锐减。2000年后，新型的企业文化理念逐渐形成，职工文体活动渐趋回暖。索普集团、金东纸业等大型国有、外资企业举办以职工文体为主要内容的文化艺术节活动，创建企业文化。到2005年，全市70%大中型企业职工文体活动阵地以“职工之家”面貌逐步恢复，出现电子阅览室、影视放映室等新型活动场所。小企业文化建设逐渐趋热，文化活动周、活动月，以及以重大纪念日、节假日为契机的企业、行业职工集体文体展示活动成为企业职工文体活动的主要形式。

第四节 工会自身建设

一、工会组织建设

1983年，全市基层工会1201个，会员239802人。1985年根据全国总工会有关文件精神，市总工会下发通知，扩大会员发展对象，吸纳在本企业连续工作1年以上的城镇临时工、合同工，不论其户口城镇还是农村，只要本人自愿，均可按章入会，开始在乡镇企业接收会员组建工会，3～5月，丹阳县总工会率先在司徒乡组建15家乡镇企业工会和乡工会委员会。市冶金机械厂成立市区第一家乡镇企业工会。到1989年，全市百人以上的乡镇企业工会组建率70%以上。全市工会单位职工入会率87.1%，其中市区拥有会员282331人。

1992年3月，镇江市外商投资企业工会联合会成立。1993年6月，市委、市政府批转市总工会、市外经委等6部门《关于加强外商投资企业工会组建工作的意见》，召开“三资”企业组建工会工作会议。市总工会下发《关于我市外商投资企业工会组建工作若干问题的意见》，召开外商投资企业工会工作经验交流会。全市外资（包括中外合资）企业工会数由1992年的12家上升至1993年的123家。

1998年，全市外商投资企业组建工会401家，占开业企业数95%；100%的乡镇建立工会，乡镇企业建立工会269家，私营企业建立工会696家；建会企业职工入会率94%。

1999年4月，市私营企业工会联合会成立；11月，市区第一家区域性私营企业联合基层工会——正东路片区工会成立。2000年4月，金东纸业（江苏）有限公司工会成立，是全省规模最大的外商投资企业工会；全市首家进城务工人员工会组织三元巷社区工会成立；10月，首家工程项目工会香江花城工程项目工会成立。同年，市总工会把组织农民工加入工会作为重点，全市12万农民工加入工会，占农民工总数80%。2004年，全市又有9.2万名进城务工人员加入工会组织。市总工会探索在乡镇（街道）建立总工会，至2005年底，全市有9个乡镇建立总工会。

二、职工之家

1984年根据全国总工会的决定，全市普遍开展以整顿工会组织为内容的建设职工之家活动。中共镇江市委办公室批转市总工会党组《关于在全市范围内整顿基层工会组织，开展建设职工之家活动的意见》。市总工会先后下发整顿建家的“六条标准”和《整顿建家验收评分细则》，并在镇江汽车钢圈厂工会进行试点。至1987年，全市有1206家基层工会建成合格职工之家，基本完成整顿建家任务。

1991～1996年，全市工会以创建模范职工之家为目标，重点创建分工会、工会小组。1994年5月，授予镇江化工厂工会等16个单位为市模范职工之家；授予丹阳市环卫处工会等30个单位为市先进职工之家。1996年，在外商投资企业、私营企业和乡镇企业工会组织中开展"企业爱员工、员工爱企业，评选关爱员工的好领导、关心企业的好员工"，即"双爱双评"建设职工之家活动，推动非公企业工会建设。

1999年，市总工会下发《关于开展新时期建家活动的实施意见》，对机关、企事业建家工作提出具体要求。2002年，市总工会下发《关于在非公有制企业全面开展创建"合格职工之家"活动的意见》。到2005年，全市创全国模范职工之家13个，省模范职工之家52个，市模范职工之家481个。

三、工会干部培训

1983年9月，市总工会举办工会干部读书班，对56名新任基层工会主席、副主席进行学习《邓小平文选》和工会基本知识培训。同年，全市培训工会干部、积极分子8747人。1984～1986年，全市每年培训工会干部、积极分子1.6万人。1987～1989年，每年培训工会干部、积极分子1.3万人以上。1989年，全市基层工作工会专职干部1351人中，50岁以下占81.6%，大专、中专、高中文化程度占67.9%。职工200人以上的基层工会，专职工会主席按同级中共组织和行政领导副职配备率78%。20个基层工会主席试行由会员直接民主选举产生。

1990年4月，市总工会与市委组织部下发《工会干部三年培训规划》，到1993年9月，市总工会举办培训班3期，培训工会干部791人，全国总工会、省总工会调培266人；总计1057人，占应培数65%。1994年3月，市总工会举办学习十四届三中全会和《邓小平文选》学习班，全市500多名工会干部参加培训学习；9月，市总工会首次举办"三资"企业工会干部培训班，66名"三资"企业工会主席参加培训。

1996～2000年，全市1023名基层工会主席经过培训持证上岗，持证上岗率90%以上；6571名工会干部接受各类适应性培训，280名工会干部接受法律知识专业培训。

2001～2005年，市总工会继续开展工会干部岗位资格和适应性培训，对象主要是非公企业工会干部和新上岗工会主席。2001年始，市总工会每年举办《劳动法》《工会法》培训班。2002年，企业实施大规模"国退民进"改制，市总工会对全市基层工会主席进行改制政策培训。2005年包括工会干部在内的2.5万人接受过"一办法五条例"培训。

1983～2005年，全市数百名工会干部参加全国总工会、省总工会的调培，12人获全国优秀工会工作者称号，34人获全国优秀工会积极分子称号；92人次获省优秀工会工作者称号，118人次获省优秀工会积极分子称号。

第五节　工会直属企事业单位

一、工人文化宫

1983年，镇江市工人影剧院经翻建、扩建后落成开放。1985年，丹阳县新建工人文化宫活动楼建成开放。1987年，丹徒县工人文化宫建成开放；10月，扬中县工人文化宫开放。1989年，镇江国际海员俱乐部成立。

1989年9月，原市工人文化宫（城西迎江路）更名为镇江市迎江文化宫；10月，城东新的市工人文化宫建成开放，建筑面积1.35万平方米。1993年5月，市迎江文化宫更名为镇江市劳动人民文化宫。2001 年,市总工会对城东的市工人文化宫实施扩建工程,次年 8 月竣工,扩建增加面积 6189 平方米。

二、工人疗养院

1984 年 3 月,江苏省工人镇江疗养院恢复运行。1991 年 7 月,因院址山坡地质灾害,院区房屋受损面积 1044 平方米,疗养院休养业务被迫停止。1992 年,经市规划局批准复建新疗养区,建筑面积 2000 平方米。2000 年 9 月,疗养院在市总工会机关大院内开设东门门诊分部,列入市医疗保险定点单位。2002 年 7 月,疗养院门诊部迁至市劳动人民文化宫。

三、职工学校

20 世纪 70 年代,镇江市职工学校在老城区杨家门原址复课,主要开设在职职工初中、高中文化补习班。1984 年 2 月,市工会干部学校经市编委批准设立,授权市职工学校同时承担全市工会干部培训任务。1998 年,市总工会在梦溪路 5 号(市总工会大院内)新建镇江市工会干部培训中心,1999 年 11 月竣工,建筑面积 7182 平方米。1999 年,市职工学校从杨家门迁至工会干部培训中心。2002 年,职工学校与江苏科技大学联合办学,开办职工本、专科学历成人后续教育。2002 年 9 月,市劳动和社会保障局确定市职工学校为创业培训基地,开办下岗职工创业培训班。同年,市工会干部学校获省总工会确定的全省工会干部教育培训工作先进集体称号。2004 年,中华全国总工会确定市职工学校为工会职业培训示范点;10 月,省总工会确定镇江市职工学校为工会创新业示范活动中心。2005 年 10 月,省总工会授予市职工学校江苏省工会职工教育先进学校称号。

四、职工互助保险会

1995 年 11 月经中华全国总工会中国职工保险互助会批复同意,中国职工保险互助会镇江办事处成立。1998 年 5 月,中国职工保险互助会镇江办事处管理委员会成立。1999 年,丹阳市、句容市、扬中市、丹徒县、京口区总工会成立互助保险会代办处。2000 年,润州区总工会成立代办处。2002 年 6 月经镇江市民政局批准注册,镇江市职工保障互助会成立;6 月 30 日召开成立大会,通过《镇江市职工保障互助会》章程,选举第一届理事会和监事会。2005 年 3 月,实施《镇江市在职职工住院医疗互助保障计划》。同年 11 月实施《镇江市职工重大疾病互助保障计划》,保障范围为各类原发性恶性肿瘤等 8 种重大疾病。

五、职工旅行社

1993 年 4 月,镇江市职工旅行社成立,事业性质,隶属市总工会。2001 年 11 月,职工旅行社改制为镇江职工旅行社有限责任公司。2002 年以后一直名列江苏省诚信旅行社和市十强旅行社之列。

第二章　共青团镇江市委员会

1983 ~ 2005 年,团市委在巩固和加强共青团组织自身建设的工作中,紧紧抓住党建带团建、团组织建设工程、农村基层团组织建设、“六有团支部”达标竞赛、“五四红旗团委”创建、基层组织建设推进年、提升新经济组织建团率和社区建团率等各不同阶段的工作重点,主动应对社会变革及经济体制改革带来的深刻变化。1994～2005年累计新发展团员总数202749人，推荐优秀团员青年加入中国共产党组织的共达22309人。2005年，全市73.29万青年中，共青团员总数16万人，占青年总数21.8%。

1992～2005年，团市委坚持每两年1届，举办7届“镇江青年十杰”评选活动。创建全国青年文明号25个，省级青年文明号198个。希望工程筹集各界善款450余万元，援建希望小学15所，帮助2.2万余名省内外贫困学生完成各阶段学业。

第一节　组织机构

一、领导机构

1983年，江苏省实行市管县新体制，原镇江地区团工委与原镇江市团委合并，组建新的中国共产主义青年团镇江市委员会（以下简称团市委），列为县处级建制。

镇江市团组织的领导机构，依据团的章程规定，由团员代表大会选举产生。市团代会每5年举行1次，以无记名投票方式差额选举产生团的委员会。2002年，中共镇江市委决定成立团市委党组。

二、工作机构

1983年，团市委内设办公室、组织部、宣传部、学校和少年工作部、工农青年部，均为科级建制。1993年6月经市编委批准，成立经济发展部。

2002年8月，中共镇江市委办公室印发《共青团镇江市委员会机构改革方案》（镇办发〔2002〕77号），确定团市委内设7个工作机构：办公室、组织部、宣传部、城市工作部、青农部、学少部（并挂“市未成年人保护委员会办公室”“市预防青少年违法犯罪工作领导小组办公室”牌子）、社会工作部（并挂“统战部”“权益部”“市希望工程办公室”牌子），核定编制17人，附属行政编制1人，其中领导职数4名（书记1名，副书记3名），处长9名（正科7名，副科2名）。办公地点设在市青年宫4楼。

三、直属单位

1. 镇江市团校　1984年，镇江市团校成立，为全额拨款事业单位，编制4人。市团校是一所团干部学校，以短期培训、轮训为主，专职培养基层团干部和青少年工作者。主要开展上岗培训、在岗培训、专题培训、社会调查等内容。2004年，镇江市团校获全国职业资格培训优秀工作站荣誉称号。1984～2005年，市团校举办各种类型团干部培训班800多期，培训5万多人次。

2. 镇江市青年宫　1986年2月，全市青年劳动集资筹建市青年宫。1988年12月5日正式奠基开工建造。1990年12月30日，市青年宫建成并对外开放。市青年宫地处城区双井路22号，占地面积773.4平方米，主楼7层、裙楼2层，建筑面积3016平方米，使用面积2500平方米。主要面向全市广大青少年，开展立意新鲜、形式多样的文化体育活动。

市青年宫为差额拨款事业单位，编制27人。2005年下设行政管理部、文化艺术部、娱乐活动部、综合开发部。设有乒乓厅、台球厅、艺术展示廊、舞蹈培训厅、阅览室、青少年围棋、少儿剑桥英语培训基地等活动场所。

3. 镇江中国青年旅行社　1986年9月，镇江中国青年旅行社成立，系中国青年旅行总社的分支机构，内设接待部、国内旅游部、旅游开发公司。1996年在镇江旅行业中率先改制，由中国青年旅行总社、江苏中国青年旅行社等共同投资，组建股份有限公司。改制后，职工30余人，配有英、日、粤等语种翻译导游人员，配备进口、国产大、中、小型旅游客车，固定资产1000多万元。

至2005年，镇江中国青年旅行社一直为中国旅行社协会会员单位，先后获江苏青年文明号、江苏省诚信旅行社、镇江旅行社十强等称号。（参见第十七卷第十章第二节第一目旅行社）

4. 镇江市青年职业服务中心 2003年2月经江苏省人力资源和社会保障厅许可、市工商行政管理局批准，镇江市青年职业服务中心成立。中心主要提供劳务派遣、劳务外包、政策教育咨询、委托代理劳动保障、岗位培训、职业指导等项综合服务。至2005年，镇江市青年职业服务中心先后受到团中央、农业部、人力资源和社会保障部、省人力资源和社会保障厅、省工商局和团省委等上级机关表彰，被评为全国农村青年转移就业先进单位、省优秀青年职业中介企业、A级信用单位、江苏省农村劳务输出先进单位。

四、基层团组织

1983年起，全市工交、农林、商贸、机关以及乡镇、街道、行政村等行业和单位逐步建立健全各级基层团组织。1986年，团市委在全市开展“青春献七五”主题活动，对市供电局团委等10个团组织授予“红旗团委”称号，对一批团组织和团干部分别授予“青春献七五”主题活动组织奖和最佳活动奖。1990年，团市委实施团组织建设3年工程方案。到1991年年底，基层合格团委占总数60%以上，合格团支部占总数70%以上。

1992年，团的各级组织层层签订“八五立功”责任状，签状率95%以上，全年创经济效益2640万元。1993年，4县（市）区调整、充实团委，市区22个局（公司）通过团代会或人事调整形式配备专、兼职团干部。同年，团市委先后会同市有关部门下发《关于团办实体的若干规定》《关于加强外商投资企业团的建设若干问题的规定》《关于推荐优秀青年人才作生产和工作骨干的意见》。1994年，团市委率先在全省提出党建带团建的口号和要求。同年，中共镇江市委转发团市委《关于在建立市场经济体制进程中加强共青团建设的若干意见》，着力抓好农村和新型经济组织的团建工作，全市65%以上外资企业建立团组织。1995年，团市委提出“全团抓团建，重点在农村”的工作思路，制定《镇江市农村基层团组织建设三年规划》。扬中团市委开展团建月活动，全市126个行政村团组织建立或健全；丹阳市调整村级团支部书记100余名；句容团市委开展“基层组织建设季”活动。

1996年4月，团市委在丹阳召开“六有团支部”（有班子、有队伍、有制度、有活动、有项目、有台账）达标竞赛活动推进大会，全市实现农村基层团组织健全率99%，村级团组织配备率99.5%。

1997年，团市委以香港回归、党的十五大胜利召开为契机，以“服务青年做跨世纪新人，服从中心创跨世纪伟业”为主题，在县（市）区团委中开展“十佳团组织”“十佳团支部”竞赛；在基层团委（总支）中分县（市）区、城区两块进行“争优夺杯”竞赛。1998年7月，团市委下发《1998～2000年农村基层团组织建设三年规划》，规划目标为：建立一支德才兼备、作风过硬的团干部队伍；建立一支有理想、有道德、能承担农村经济、社会和各项事业发展的团员青年队伍；建立一支与团组织联系紧密，在某一领域或行业起领头作用的跨世纪青年人才队伍。1999年，团市委以社区建团为重点，相继在全市10个街道成立团工委。丹阳市团委被团省委授予江苏省团工作先进县（市）区称号；镇江市交通局等10个单位团委被团省委授予“五四红旗团委”称号。2001年，团市委开展基层团组织建设年活动。围绕小城镇、企业和社区团建工作，先后在3月、7月和10月召开全市小城镇团工作推进会议，相继出台有关工作意见。全市大中型国有企业建团率100%，各类新经济组织建团率30%。京东纸业公司、京阳水泥公司、丹阳眼镜市场、金钛软件公司等大型外企、个私企业和专业市场相继建成团组织。同年全面启动基层团委（支部）换届，换届率分别达93.7%、98.9%，优化基层团干部年龄、文化结构。32家单位获各级“五四红旗团委”称号，其中国家级1家，省级7家。

2002 年是镇江共青团基层组织建设推进年。建立团建工作联系点制度，召开团建工作双月汇报会、团建工作现场推进会，编发新经济组织团建和街道社区团支部工作手册。小城镇团建试点范围进一步扩大，从原有 7 个乡镇增加到 16 个乡镇。全市社区建团率 73%，新经济组织新建团组织 700 多家。

2003～2004 年，全市新经济组织建团率提升到 69.5%（其中私营企业 20 强，建团率 85%；“三资”企业 20 强，建团率 65%），社区建团率达到 97%。全市首批 120 家团组织与 60 个社区团支部结对。新创建全国团建先进县（区）1 家，全国“五四红旗团支部”2 家。

2005 年，全市共青团系统启动电子政务建设。新建城市青年中心 2 家，农村青年中心 6 家。全市评选出国家级“五四红旗团委”1 家、省级“五四红旗团委”5 家、“五四红旗”团支部 6 家、“五四红旗团委标兵”1 人。

五、团员

1985 年，全市青年总数为 65.98 万人（14～28 岁），团员总数 14.1 万人，占青年总数的 21.4%。1986 年 2 月，团市委向全市 65 万青年发出劳动集资兴建市青年宫的倡议；广大团员青年开展“爱我镇江，建我乐园”活动，通过劳动竞赛、个人募捐、修旧利废、承包外委工程、义务加班、义演、义售、青年劳动日、技术咨询、技术服务等多种劳动集资形式，经过近 1 年艰苦努力，筹得总集资款 114 万元，连同团中央下拨的 13 万元，成为青年宫建设资金的重要来源。1987 年，团市委对兴建青年宫劳动集资活动中表现突出的团员青年进行表彰，授予 142 个基层团组织为功勋团组织，111 名团干部为功勋团干部。1989 年根据团中央有关文件，团市委在全市各级团组织实施团员证制度，向全市共青团员颁发团员证，并举行颁发团员证仪式。1990 年 3 月 2 日，团市委、军分区联合召开学雷锋动员大会，丹阳蒋墅乡“八姑娘民兵班”第十任班长王小琴与会介绍民兵班坚持 26 年学雷锋先进事迹。同年 4 月起，全市设立常年学雷锋服务点，每月第二、第四星期日为学雷锋活动日。同年 9 月，为迎接亚运会“亚运之光”火炬传到镇江，团市委、市体委举行交接仪式，在大东造纸厂工人方阵、润州区农民方阵、陆军船艇学校解放军方阵、船舶学院学生方阵护送下，沿市区主干道巡游宣传，沿途观看群众 10 余万人。

1991 年 6～7 月，镇江遭遇特大洪灾，全市各相关单位和区段的团员青年奋战在抗洪抢险第一线。8 月 15 日，团市委召开镇江市青年抗洪救灾群英会，表彰 10 个抗洪抢险英雄突击队、20 名抗洪抢险英雄青年突击手和一批先进集体、先进个人。1992 年 11 月，团市委和市委组织部联合颁发《镇江优秀团员作党的发展对象工作细则》，每年吸收一批优秀团员入党。1996 年，团市委与化工、纺织、华东列电、警官学校等团组织联合举办团员青年岗位技能培训班，800 多人参加学习；全市推荐优秀团员 3500 名作为党的发展对象。

2001 年，全市 21 支团员青年突击队在重点工程现场开展劳动竞赛，集中启动“小事做起来，美化新镇江”绿色环保行动；新建东郊合山“成人纪念林”；开辟 12 块共青团员绿地和 4 个城市环保监督岗。2002 年，团市委在创卫活动中，组织千名以上共青团员、社会各界志愿者开展路面大清扫、绿色环保等义务活动。2004～2005 年，团市委带领广大团员，投入科学发展观和“镇江精神”大讨论，投入到以“青春献率先，服务促发展”为主题的系列活动中去。

1994～2005 年镇江市共青团基本情况统计表

表 28-3

年份	基层团组织				青年总数（万人）（14～28 岁）	团员总数（万人）	专职团员干部总数(人)	团员入党数（人）	新发展团员（人）
	团委（个）	团总支（个）	支部（个）	团工委（个）					
1994	414	–	–	–	63.20	12.84	375	800	17500
1995	445	681	–	–	64.30	13.60	342	1179	17552
1996	546	753	–	–	64.50	13.70	326	1643	18613
1997	414	381	–	–	51.60	14.31	458	1837	17997
1998	461	7062		–	50.98	14.50	451	1851	19608
1999	279	4023		–	55.09	10.98	232	1271	11149
2000	431	5950		–	57.00	12.00	387	1485	15867
2001	1285	5330		–	56.22	12.27	252	2497	12300
2002	338	7518		19	61.43	14.64	323	1350	16600
2003	394	7460		12	71.67	15.64	289	3044	17137
2004	410	6884		6	74.51	15.76	189	2374	18526
2005	313	7392		13	73.29	16.00	201	2978	19900

第二节　共青团镇江市代表大会

一、共青团镇江市第九次代表大会

1980 年 4 月 21～23 日，共青团镇江市第九次代表大会在新华影剧院召开。出席大会正式代表 628 名，列席代表 9 名。周凤霞代表第八届团市委作《紧紧团结在党的周围，为实现“四化”贡献青春》工作报告，大会交流大干“四化”的先进事迹和基层团组织建设先进经验，并选举产生共青团镇江市第九届委员会委员 40 人，常委 9 人，选举王荣生为书记。1983 年 3 月，镇江市升格为地级市，团市委领导机构作相应调整，原镇江地区团工委副书记郭礼荣为书记。

二、共青团镇江市第十次代表大会

1985 年 1 月 28～30 日，共青团镇江市第十次代表大会在丹徒县招待所会堂召开。出席大会正式代表 407 人，列席代表 25 人。江里程代表第九届团市委作《高举光荣的团旗，为振兴经济繁荣镇江而英勇奋斗》工作报告。大会选举产生共青团镇江市第十届委员会委员 43 人，选举江里程为书记。

三、共青团镇江市第十一次代表大会

1988 年 4 月 25～28 日，共青团镇江市第十一次代表大会在新华影剧院召开。出席大会正式代表 395 名，特邀代表 20 名。会议审议通过江里程代表第十届团市委所作的《推进改革，放胆实干，为我市经济和社会事业的发展贡献青春》工作报告。大会选举产生共青团镇江市第十一届委员会委员 50 人，选举江里程为书记。

四、共青团镇江市第十二次代表大会

1993 年 5 月 18～21 日，共青团镇江市第十二次代表大会在新华影剧院召开，出席大会正式代表 294 名，特邀代表 20 名。会议审议通过王润亮代表共青团镇江市第十一届委员会向大会所作的《面向新世纪，建树新功业，在镇江现代化建设伟大进程中创造青春辉煌》工作报告。大会选举产生团市委第十二届委员会委员 35 人、候补委员 15 人；选举王润亮为书记。

图 28-3　1993 年，共青团镇江市第十二次代表大会开幕式

五、共青团镇江市第十三次代表大会

1998 年 5 月 4～6 日，共青团镇江市第十三次代表大会在镇江影剧院召开。各县(市)区及各行业 300 名代表出席大会。会议审议通过胡宗元代表第十二届团市委所作的《担当跨世纪重任，争做新时代先锋，团结带领我市团员青年为在更高起点上构筑镇江发展新优势而努力奋斗》工作报告。选举产生团市委第十三届委员会委员 35 名、候补委员 15 名；选举胡宗元为书记。

图 28-4　1998 年 5 月 4 日，共青团镇江市第十三次代表大会在镇江影剧院开幕

六、共青团镇江市第十四次代表大会

图 28-5　2002 年 9 月 16 日，共青团镇江市第十四次代表大会在一泉礼堂开幕

2002 年 9 月 16～18 日，共青团镇江市第十四次代表大会在镇江一泉礼堂召开。出席大会正式代表 300 名。会议审议通过庄兆林代表团市委第十三届委员会所作的《实践“三个代表”勇当跨越先锋，团结带领广大团员青年为促进镇江起飞，实现富民强市而努力奋斗》工作报告。选举产生团市委第十一届委员会委员 35 名、候补委员 15 名，以及出席共青团江苏省第 12 次代表大会代表。选举庄兆林为书记。

1985～2002 年共青团镇江市第九至十四届代表大会代表情况表

表 28-4

届别	召开时间（年、月、日）	代表情况
九	1980.4.21～23	正式代表 628 名，列席代表 9 名。代表中女代表 238 名，占代表总数 37.9%；专职团干部 332 名，占代表总数 52.9%；代表中党员 115 名，占代表总数 18.3%；代表平均年龄 24.3 岁，其中 25 岁以下代表 431 名，占代表总数 68.6%；26～28 岁代表 151 名，占代表总数 24%；29～30 岁代表 19 名，占代表总数 3%；31 岁以上代表 27 名，占代表总数 4.3%
十	1985.1.28～30	正式代表 407 名，特邀代表 10 名，列席代表 25 名。代表中女代表 124 名，占代表总数 30%；专职团干部代表 187 名，占代表总数 46%；先进集体、先进个人代表 111 名，占代表总数 27%；知识分子代表 52 名，占代表总数 13%；少数民族代表 4 名；党员代表 102 名，占代表总数 25%。代表平均年龄 28 岁，其中 25 岁以下代表 226 名，占代表总数 56%
十一	1988.4.25～28	正式代表 395 名，特邀代表 20 名。代表中女代表 104 名，占代表总数 26.3%；专职团干部代表 235 名，占代表总数 59.5%；先进集体、先进个人代表 110 名，占代表总数 27.8%；少数民族代表 5 名，侨属代表 3 名，台属代表 1 名；大专以上文化程度 141 名，占代表总数 35.7%；高中（含中专、中师、中技）文化程度 230 名，占代表总数 58.2%；初中文化程度 24 名，占代表总数 6.1%。代表平均年龄 25.8 岁，最大 37 岁，最小 16 岁
十二	1993.5.18～21	正式代表 294 名，特邀代表 20 名。代表中专职团干部代表 138 名，占代表总数 46.9%；先进集体、先进个人代表 151 名，占代表总数 51.4%；少年工作者代表 11 名，占代表总数的 3.7%；女代表 92 名，占代表总数 31.3%；少数民族、侨属、台属代表 10 名；党员代表 130 名，占代表总数 44.2%；大专以上文化程度 174 名，占代表总数 59.2%；高中（含中专、中师、中技）文化程度 121 名，占代表总数 41.2%；初中文化程度 5 名，占代表总数 1.7%。代表平均年龄 26.5 岁
十三	1998.5.4～6	正式代表 300 名。代表中专职团干部代表 161 名，占代表总数 53.7%；各条战线先进人物、先进集体代表 139 名，占代表总数 46.3%；党员代表（含预备党员）192 名，占代表总数 64%；女代表 91 名，占代表总数 30.3%；少数民族代表 12 名，占代表总数 4%；台属代表 2 名，占代表总数 0.7%；大专以上文化程度 216 名，占代表总数的 72%；高中（含中专、中师、中技）文化程度 77 名，占代表总数 25.7%；初中文化程度 7 名，占代表总数 2.3%。代表平均年龄 27.2 岁
十四	2002.9.16～18	正式代表 300 名。代表中专职团干部代表 149 名，占代表总数 49.7%；先进模范、先进集体代表 140 名，占代表总数 46.7%；少年工作者 11 人，占代表总数 3.7%；在校学生代表 9 名，占代表总数 3%；解放军、武警部队代表 5 名，占代表总数 1.7%；少数民族代表 3 名，占代表总数 1%；党员代表 210 人，占代表总数 70%；女代表 123 名，占代表总数 41%；大专以上文化程度 274 名，占代表总数的 91.3%；高中（含中专、中师、中技）文化程度 6 名，占代表总数 2%

第三节　重要工作与活动

一、未成年人思想道德建设

1990 年 8 月，团市委成立镇江市青少年思想政治研究会。1992 年 4 月 1 日，团市委会同市关工委、市教育局、市民政局联合命名镇江市烈士陵园、茅山新四军抗日斗争历史陈列馆、镇江革命历史博物馆、伯先公园、焦山古炮台为首批镇江青少年革命传统教育基地，对青少年进行“二史一情”（中国革命史、中国现代史、国情）教育。

1993年初，团市委发出通知，要求全市团员青年认真学习《邓小平文选》第三卷；7月组织学习邓小平建设有中国特色社会主义理论知识竞赛，全市1万多名青少年参赛。在团省委组织的知识竞赛中，镇江团市委、句容团县委获优秀组织奖。同年，全市在少先队中开展“学雷锋、学赖宁，争当星级好队员，争当科技小明星”主题活动。

1994年，共青团镇江市少工委全面推进跨世纪中国少年雏鹰行动，开展“五自”（自学、自理、自护、自强、自律）学习实践和“手拉手”互助活动，推动全市未成年人思想道德建设深入开展。

1996年5月，团市委、市关工委会同镇江日报社等单位联合举办以“读书求知、奋进成才”为主题的镇江市第二届青少年读书节。团市委开展创建农村青少年图书室活动，力求每个行政村图书室有800册以上藏书，有固定的藏书设施和完善的借阅制度。11月2日适合青少年阅读的政治、法律、历史、农村实用技术书籍20余万册分别运往全市284个行政村。

1998年11～12月，团市委与市委宣传部联合举办以“读书、实践、创业、成才”为主题的镇江市第三届青少年读书节，全市数万青少年参加读书报告会、书市、音乐会、文艺调演、读书格言征集等20余项读书活动。

2000年11月，团市委、市文化局、市广电局、镇江日报社、市关工委联合举办以“面向新世纪，学习新知识，迎接新挑战”为主题的镇江市第四届青少年读书节，相继开展青少年英语口语大赛、青少年网络知识大赛，开通读书节网站等项活动。

2004年根据团中央《关于加强和改进未成年人思想建设的若干意见》以及省、市有关要求，团市委以“励志”“修身”“护源”三大行动为主要载体，启动“明天工程”。9～11月，团市委联合市文明办、市教育局、市广电局举办首届中学生思想道德建设辩论赛，全市8所中学组队参赛，省镇江中学获第一名。团市委结合有关节假日，开展做爱国主义教育基地红领巾志愿者、成人纪念林管护、暑假“四个一”（参观一次爱国主义教育场所，参加一次社区志愿服务活动，为回报父母长辈做一件实事，学习一项生产技能或自理自护知识）等项活动。

2005年，团市委以“明天工程”为统揽，开展16岁居民身份证颁发仪式、千名少先队员集中入队仪式、中小学互动式现代公民教育、“同在蓝天下，你我共成长”手拉手大型主题队会、“聚沙成塔”短信募捐、推进爱心辅教、帮教“1+1”社区法制课堂等一系列主题教育活动。

二、康桥工程

2003年2月，团市委在全国率先提出并实施康桥工程，服务农民转移就业。利用电视、报纸等大众媒体及橱窗等宣传阵地，鼓励农村团干部带头先行外出创业，发挥示范效应，先后培养康桥工程先进典型40人。团市委投入15万元，成立全省第一家专门服务农村就业的中介机构——镇江青年职业服务中心，承担“康桥工程”职业中介职能，为青年提供职业介绍、劳务输出、权益维护等项综合服务。句容、丹阳、丹徒相继建成县级中介服务机构，全市48个乡镇陆续开辟康桥工程服务窗口。开通镇江青年人才网站，举办“新春”“金秋”大型就业招聘会各1场，“送岗位下乡”招聘会2场，“同心抗‘非典’，携手奔小康——民工专场招聘会”3场，赴连云港对口专场招聘会1场，吸引城乡青年10万人次参与，解决就业21617人，其中农村劳动力17783人，城镇待业人员3834人。

2004年，团市委举办各类招聘会35场，吸收求职者15万人次，转移就业25337人，其中本市农村劳动力19268人。新建乡镇康桥工程服务站20个，省级农村青年技能培训基地7个。新增全国农村青年创业致富带头人3人，省农村青年创业致富带头人12人，省十大杰出青年农民1人。全市培训各类青年技术农民6000多人。

2005 年，团市委开展定向培训、订单培训，培训求职青年 5000 多人次，全年举办全市性大型招聘会 21 场，实施康桥工程亲情连线等项活动，实现转移就业 26594 人，其中转移本市农村劳动力 16959 人，超额完成年度目标任务。康桥工程全年举办各类招聘会、供需见面会 50 余场，转移农村劳动力 4.9 万余人次，扶持近 600 名农村青年走上创业道路。

三、志愿者行动

1994 年 3 月 4 日，团市委召开镇江市青年志愿者服务队成立大会，全市成立 102 支志愿者服务队；次日组织上千名青年志愿者开展“学雷锋志愿者奉献日”活动，为广大市民提供医疗保健、维修家电、心理咨询等项服务。市青年宫与市邮电局一起开设 168 青春热线，长期为青年朋友开展咨询服务。团市委招募有各种技能的青年志愿者 60 余人。全市有 30 多位各行各业的英雄、模范、高级知识分子和残疾人成为青年志愿者服务对象。

1995 年，团市委以“真诚奉献送温暖，欢乐祥和迎新春”为主题开展“一帮一”扶贫济困系列活动。3 月 4 日，数千名青年志愿者入社区赴厂矿，为近万名市民提供医疗保健、家电维修等多种服务；全国第三届城市运动会期间，镇江青年志愿者为大会提供文明礼貌的优质服务，获团省委颁发的优秀组织奖。

1996 年，青年志愿者活动重点转向“送温暖、献爱心”常态服务，组织实施“114”助小康计划，用 2 年时间在全市推广 10 个新品种、新技术；建立 10 个高标准科技兴农基地；为 40 个贫困村脱贫致富，做好以科技为重点的服务工作。

1997 年，“114”助小康计划实施最后一年，40 个相对贫困村年底基本实现脱贫。1998 年洪灾，全市组织千余支青年志愿者突击队抗洪抢险。1999 年，青年志愿者继续开展“送温暖，献爱心，一助一”帮扶活动，教育、卫生系统选派 5 名青年志愿者赴陕西汉阳县贫困老区，参加扶贫接力计划。8 月 14 日，“母亲河，我与你同行”绿色传递长江线主旗，经历 24 个城市传递到镇江，团市委、市环保局举行接旗仪式。本市团员、学生、青年志愿者代表分别宣誓，近 150 人在主旗和地方旗上签字，并举行环保知识咨询和宣传活动，全市掀起“保护母亲河”行动热潮。

2000 年，青年志愿者活动坚持长期服务与周期服务相结合。3 月 5 日，中国青年志愿者第一个活动日期间，开展集中志愿服务活动；4 月 22 日，团市委组织 200 余名青年志愿者投入“保护母亲河”行动，开展宣传和清洁活动，在沿江 4 个重点区域设立“保护母亲河”青少年环保监督岗。8 月，教育、卫生系统第二批选派 5 名青年志愿者，赴陕西参加扶贫接力计划。12 月，市区 30 余家基层团委组织千余名团员青年，开展保护母亲河宣传活动，在市区广场、公园和 8 块共青团绿地，分别开展签名、卫生扫除、监督污染源、维护公园绿地等各种绿色助申奥活动。

2001 年，团市委、市学联、市少工委启动为期 3 年的“美化新镇江”绿色环保行动，新建合山“成人纪念林”，开辟 12 块共青团绿地和 4 个城市环保监督岗，两次开展大规模集中性城市卫生清洁大行动。11 月，配合城市道路交通整治，开展“文明交通从我做起”青年志愿者授旗宣誓活动，千余名团员和青年志愿者坚持节假日交通协勤。

2002 年，镇江青年志愿者活动实施网络化管理。团市委举行青年志愿者服务总队授旗和服务站挂牌仪式。9 月，组织 500 余名青年志愿者为第 14 届世界女子篮球锦标赛镇江赛区提供翻译、医疗等多项服务。

2003 年开展“点燃生命的希望——镇江青年骨髓捐献志愿者”行动。3 月 1 日，团市委联合市红十字会等单位在大市口广场举行“点燃生命的希望——镇江青年骨髓捐献志愿者”集中采血检测活动，1602 名青年志愿者参加采血检测，创全国地级市之最。镇江商业银行戚熙娟、安利镇江分公司杨荣康、镇江国际旅行社田磊 3 名志愿者配型成功，其中戚熙娟、杨荣康捐髓成功。在镇江博物馆、社会福利院、市烈士陵园、市中心血站建成首批青年志愿者服务基地。全市成立 51 个社区青年志愿者服务站，开展“新春送温暖，服务进万家”“爱心辅教行动”“美化环境日”等连续性青年志愿者服务活动。

2004年3月4日，团市委召开“感动镇江”志愿者行动10周年纪念大会，正式更名为镇江市志愿者协会。10人被评为优秀志愿者，丹阳市蒋墅镇八姑娘民兵班等12个集体被评为优秀服务集体。3月13~14日，团市委与市红十字会再次联合开展骨髓捐献志愿者行动，2573人参加骨髓捐献抽血取样。中船公司葛永德、谏壁发电厂刘志明成功捐献造血干细胞。团市委以“六有”（有场地、负责人、服务队伍、服务项目、工作机制、明显标志）为标准，建立51个社区志愿者服务站。

2005年，团市委开展“志愿者注册周”活动，市区8.7万人注册。1696名青年志愿者参加“点燃生命的希望——镇江青年骨髓志愿者”行动集中血样检测。镇江骨髓捐献志愿者吴正前往南京为白血病患者侯女士实施骨髓捐献。采取社会化招募方式，选聘志愿者协会副秘书长2人，社区志愿者服务站站长91人；开展“创建文明城市，共建美好家园”为主题的万名志愿者文明劝导、交通协勤服务活动；开展“保护母亲河·绿色迎十运”护绿志愿大行动，营建“双清双美青年林”以及全国第十届运动会镇江赛区志愿服务工作。

1994~2005年，镇江青年志愿者从最初以团员青年为主，发展到遍布全市各行业和地区、各个年龄层次，工人、农民、军人、医生、教师、学生、个私业主等各种职业层面。

四、学技增效活动

1986~1991年，团市委以“青春献七五”和“八五立功”竞赛活动为主线，动员团员青年学科学、学技术；组织全市性青工技术比武50场，参赛人员3000余人；开展争当“科技星火带头人”活动，累计创经济效益近亿元。

1992年7月，团市委与市乡镇工业局联合举办全市乡镇企业青工技术比武活动，组织车、钳、焊、挡车、缝纫5大工种比武，46名青工获镇江市乡镇企业青工技术标兵称号。8月下旬，各工种前14名优胜选手赴南京参加省级乡镇企业青工技术比赛，6人取得好名次，团市委和市乡镇工业局获优秀组织奖。9~10月，团市委、市科委等5家单位联合举办“镇江市青年科技成果博览会”，全市团组织创经济效益2640万元。

1993年围绕“强市富民争贡献，顽强崛起献青春”主题，突出“岗位立功和科技立功”，分列青年厂长（经理）、青年科技人员、青年供销人员3支队伍，铺开4条战线（工交企业、窗口行业、农业和乡镇企业）的“八五立功”竞赛。团市委会同市经委、人事局、财政局、劳动局、科委等部门联合下发《青年职工岗位成才活动的若干问题的规定》《关于做好推荐优秀青年人才上岗工作的意见》。

1994年9月在华东船舶学院举办首届镇江青年奥林匹克竞技运动会，历时两个多月，分10大工种18个项目比赛，参赛人数2万多人，53位选手被授予镇江市青年岗位能手称号，其中32位选手被授予镇江市新长征突击手称号。

1995年，全市各级团组织围绕“学技增效”开展多项主题活动，增创效益8500多万元，取得青年科技成果620多项，义务奉献工时1500多万个，900多支青年突击队完成各种急、难、险、重任务5000多项。

1996年举办镇江市第二届十佳青年企业家评选和镇江市第二届青年奥林匹克竞技运动会。丹徒县汽车配件厂夏林祥被团中央、国家经贸委、劳动部评为全国优秀青年岗位能手，镇江大酒店陈悦等7人被评为江苏省青年岗位能手。全市农村各级团组织主动与科技、农业部门联合开展“争当科技兴农带头人”竞赛。

1997年8月，团市委召开青年岗位能手活动推进大会，组织100多名大中型企业团干部观摩金河集团、谏壁发电厂等单位青年岗位能手活动现场。全市评选出全国青年岗位能手3名，省级青年岗位能手26名，市级青年岗位能手182名。

1998 年举办镇江市第三届奥林匹克竞技运动会，在全市企业团组织中开展“扭亏增盈”立功活动。团市委举办镇江市农业科技推广项目洽谈会，与各有关团组织签订责任状，编辑出版《镇江农业科技推广项目》一书，向全市农村青年推广 98 个农业项目。

1999 年，团市委在企业逐步推行“创新创效”活动，30 多家试点单位通过成立青年科技协会等形式，推进企业技术创新、管理创新、营销创新、服务创新。在农村推广农业科技项目 56 个，建立农业科技推广项目示范基地 113 个，新建农村科技图书室 38 个，培养青年科技兴农产业带头人 400 多名。

2000 年，全市 107 家企业近 2 万名青工参加由团组织牵头实施的“创新创效”活动，为企业创效 2525 万元。在农村启动新世纪农村青年科技致富工程，农村各级团组织领办项目 25 个，新建示范基地 16 个，绿色证书培训 4300 余人，组织农业专家乡村行 50 多人次，向青年农民发布新项目、新技术 156 项。

2001 年，全市企业“创新创效”试点单位新增 30 家，新报课题 64 项，完成 34 项。青年岗位能手师徒结对 1000 多对。农村青年科技致富工程领办新项目 37 个，新建示范基地 25 个，发布新项目、新技术 200 多项，6000 多人通过绿色证书培训。

2002 年，全市 18 个课题被评为优秀创新项目奖，10 人被评为镇江市杰出青年岗位能手。在农村开辟 14 家青年工场，编印《农村青年科技推广项目》等书籍，发布 360 余条农业科技致富信息，培养全国青年科技致富带头人 1 名，省级青年科技兴农带头人 13 名。

2004 年，团市委联合化工、金融、质监、卫生等部门开展各类青年技能操作大赛 10 场，千余名青工参加，涌现出市级新长征突击手 10 名，市级青年岗位能手 30 名，培养 100 名青年创新创效带头人和 150 名青年高级技工，完成 300 个科技创新项目。

至 2005 年，全市以基层团组织为单位举办的小型多样岗位练兵和技术培训 1000 余次，近 1 万名青工参加基层操作员比武活动，5000 人次参加争当青年岗位能手青工技术比武活动，2000 多对师徒结对，基层单位成立互学小组 850 个，取得各项成果近百项，其中部分获省、市成果奖，累计为企业创经济效益 3000 余万元。

五、青年文明号

1994 年 1 月，青年文明号活动在公安、公交、电力、铁路、交通、邮电、内贸、金融、税务、旅游、工商、供销等主要窗口行业先行展开，逐步推进到全市国家重点建设工程、工矿企业和党政群机关团体。

1996 年，全市有 3 个全国青年文明号、14 个省级青年文明号和一批市级青年文明号。团市委在全省率先推出青年文明号服务卡，下发镇江市《青年文明号管理暂行规定》。会同市客运管理处联合开展出租车行业创建青年文明号竞赛活动。

1997 年 8 月，团市委组织卫生、电子、贸易、焦化煤气集团等行业 50 支青年文明号服务队，分赴江滨新村、三茅宫小区等处开展“青年文明号服务卡助万家”集中奉献活动。出租车行业经公开评选，产生首批 10 辆“青年文明号”出租车。11 月，团市委成立镇江市“青年文明号”监督委员会。至年底，全市有市级青年文明号 311 个，省级青年文明号 60 个，全国青年文明号 5 个。团市委被团中央授予全国创建青年文明号优秀组织奖。

1999 年，青年文明号活动推行申报公示制度。镇江供电局官塘变电所、市工商银行中山路办事处储蓄所、市自来水公司金西水厂控制室、省交通工程总公司淮江高速公路项目经理部被命名为全国青年文明号。

2000 年，青年文明号活动向社区和家庭延伸。12 月，团市委组织 8 个行业的国家和省级青年文明号集体，开展青年文明号先进事迹报告团巡回演讲。全市累计建成国家级青年文明号 10 个，省级青年文明号107个，市级青年文明号608个。

2001年，全市8个大型社区设立青年服务站，成立数十支专业服务小分队，开展社区书画展、广场文艺演出等社区大家乐活动。全年创国家级青年文明社区2家，省级青年文明社区2家。

2002年，全市启动青年文明号信用建设示范行动，命名“十佳诚信”青年文明号17家。全市建成各类社区青少年服务站55个，创国家级青年文明社区3个，省级青年文明社区3个。

图28-6 2003年5月，省级青年文明号江天集团南门快客站团员青年坚守在抗击“非典”第一线

2004年，团市委被团中央授予全国创建青年文明号优秀组织奖。至2005年，青年文明号创建10年，全市30多个行业近8000个青年集体开展创建。除全国青年文明号、省级青年文明号外，市级青年文明号累计1012个。镇江市被确定为全国100个推行青年文明号服务卡重点城市之一。

六、青年创业行动

2003年5月30日，团市委吸纳14个行业主管部门领导，成立镇江市创业指导委员会。7月在全省率先召开青年创业大会，编印《镇江青年创业指南》，成立镇江青年创业指导中心。开辟“创业超市”，设立江苏大亚集团等10个青年创业实践基地，举办大学生创业计划大赛等项活动，全市涌现出3名全国青年创业带头人和19名省级青年创业带头人。9月举办江浙沪青年民营企业家创业论坛，全市2600多青年参加论坛活动。2004年，镇江市青年创业指导中心全年举办“创业超市”3期，为创业青年提供面对面指导。依托创业者俱乐部，开展创业双月谈活动，全年培训创业青年500余名，其中近百名走上自主创业之路。2005年举办首届岗位争优开门红，“十行百星”评选活动，举办“青春镇江·创业无限”市领导见面会，组织青年商会成员到上海等发达地区开展联谊交流，举办现代服务青年创业论坛，开展“未来企业家”免费创业贷款在基层等项活动。11月，团市委举办现代服务业青年创业论坛，邀请国内服务业青年企业家浙江传化集团副总裁、物流基地有限公司总经理姚文通、上海世博进出口有限公司总经理钱骏、镇江润扬国际商贸城董事长颜茂枝等人，介绍创业经历，讲解现代服务业创业兴业的先进理念和经验，镇江青联委员、创业指导中心会员、高校大学生、有志创业青年1000多人到场听讲。

七、希望工程

1994年7月，镇江市成立希望工程办公室。在团市委十二届三次全委会上，向社会发出“携手筑起希望工程，共同托起明天的太阳”的公开信，与会80名团干部现场捐款3000元。市希望工程办公室与市关工委联合开展捐献图书活动，将近万册图书送到茅山老区各学校。捐集资金近60万元，受捐助者为贫困儿童和希望工程所属公益事业。利用中国青少年发展基金会“一加一”助学基金，直接解决185名贫困学生的就学困难。市希望工程办公室与省希望工程办公室挂钩联系，获得江苏教育出版社8万元捐助金，资助兴建全市第一所希望小学——句容袁巷希望小学。

1995年3月，团市委参加团省委、省希望工程办公室、省建设银行联合举办的首期“江苏省希望工程有奖储蓄”活动；5月，市希望工程办公室会同市建设银行在青少年中开展节俭储蓄活动；9

月，市希望工程办公室与市邮电局联合召开“镇江市希望工程有奖明信片首发式”新闻发布会。全年筹集资金 10 多万元，接受省内外捐助 30 余万元，援助省内外贫困少年 400 余名，建起 20 多个“希望书屋”，新建句容茅山、丹徒宝堰两所希望小学。

1996 年，团市委制订“希望工程 118”助学计划，全年援助建成句容茅西、丹徒西麓、上党 3 所希望小学，建立希望书屋 11 个，结对资助贫困儿童 405 名。

1997 年，全市希望工程以送文化、送科技、送温暖活动为主线，筹集资金 77.6 万元，援建希望小学 2 所，建成希望书屋 54 个，结对资助省内外贫困儿童 323 名。

1998 年 7 月，市希望工程办公室与镇江日报社联合开展“希望工程——卖报助学劝募”夏令营活动；9 月开展“手拉手，送温暖”支援陕西渭南捐款和希望小学结对共建活动。启动城区特困家庭子女助学项目，救助对象由农村扩充到城市，由小学延伸到中学、大学。全市筹集资金 50 多万元，援建丹徒县石马乡福和小学，资助省内外贫困生 200 余名，促进老区基础教育事业发展。

1999 年，市希望工程办公室启动为期 2 年的学校、医院、企业与希望小学结对共建活动。在全省率先成立希望工程志愿者协会，900 余人自愿加入“爱心助教”和“义务劝募”志愿者行动。举办希望工程夏令营，城区 50 名特困生免费接受专业辅导培训和实践教育。南京国际礼品公司一次性捐赠 20 万元，帮助茅山老区句容市行香镇邹巷村兴建扬子江希望小学。全年全市募集希望工程捐款 40 余万元，新建希望小学 1 所，资助贫困学生 362 名。

图 28-7　2002 年 9 月 1 日，市希望工程捐款资助的句容市后白镇曹村希望小学举行落成典礼

2000 年，全市希望工程以“一助一”结对助学为形式，各级团组织踊跃参与义购贺卡、爱心助学活动。全年筹集希望工程捐款 20 余万元，资助贫困学生 216 名。2002 年通过发布公益广告、播放滚动字幕、制作《情系希望》专题片等形式，提高希望工程社会认同度。一家私营企业出资 30 万元援建句容后白镇曹村希望小学；北京华联镇江店设立“希望之星”奖励基金。全市筹集希望工程捐款 42.95 万元，结对资助省内外贫困学生 800 余人。2004 年 9 月 29 日举办“有爱就有希望”广场文艺演出，纪念希望工程在镇江市创办 10 周年。全年筹集希望工程捐款 59.42 万元，资助贫困学生 147 名。2005 年，团市委和市希望工程办公室举行“希望之星”表彰大会和“希望之星”夏令营，30 名受表彰“希望之星”参加活动。全年接受社会各界捐款 37.98 万元。

八、爱心支点行动

1999 年，青少年维权工作网络建立。11 月，团市委、市综治委等单位以《中华人民共和国预防未成年人犯罪法》实施为契机，在全市基层行政职能部门开展创建优秀青少年维权岗活动，确立 11 月为青少年维权月。

2002 年，青少年维权岗在原有 8 个行业基础上，向教育、卫生、民政等系统拓展，创建规模由 30 个扩大到 180 个基层集体。全市有国家级优秀青少年维权岗 4 个，省级优秀青少年维权岗 10 个。

2003 年，配合“平安镇江”创建活动，结合“护源行动”，抓好青少年权益保护以及预防和减少青少年违法犯罪工作。团市委牵头召开全市未成年人保护工作会议和“平安镇江 · 护源行动”推进大会，在全市推广青少年模拟法庭。全年新增省级优秀青少年维权岗 5 个，市级 28 个。

2004年7～12月,团市委在全市开展以青少年维权与思想建设同行为主题的青少年维权月活动。举办3期青少年权益保护研讨班;完善涵盖各辖市(区)和15个行业青少年权益保护体系;在全市成立社区青少年法律学校20家;成立由相关专业人员组成的青少年自护教育宣传团,深入社区、学校宣讲近30场。团市委会同文化、工商、公安、卫生等部门先后开展校园周边环境综合整治、青少年音像制品宣传周、网吧专项整治等项活动,收缴网吧计算机130台,查处非法容留未成年人进入网吧案14起,收缴一批非法音像制品。

2005年,团市委开展青春自护、青少年网络文明行动、青少年维权岗在行动、青少年自护训练营夏令营等一系列维护青少年合法权益、保护青少年健康成长的主题教育活动。团市委被省委、省政府授予2003～2006年度平安江苏创建先进集体称号。

第四节　青少年组织

一、中国少年先锋队镇江市工作委员会(简称市少工委)

1. 组织　1985年11月12～13日,团市委召开实行市管县体制后首届少先队员和辅导员代表大会,183名少先队员、辅导员出席,列席代表32名。会议决定成立镇江市少先队工作委员会。1991年11月2日、1996年5月30日、2001年10月12日分别召开第二次、第三次、第四次少代会,选举出第二届、第三届、第四届少工委。在第四次少代会上,10名学生被评为市"十佳"少先队员,10名教师被评为市"十佳"少先队辅导员。

2. 活动　1985年1～6月,镇江市少先队员参加全国万名"创造杯"少先队竞赛活动。全市28万名少先队员、1万多名辅导员和少年工作者参与,开展"创造杯"活动5784次,平均每所学校开展3项,全市有265项在全国和省内获奖。1986年1～11月,全市各级少先队组织开展"树理想、学创造、做主人"为主题的教育活动。广大少先队员在活动中"争做发光的小星星",全市评选出175名"红星"队员、24个"银星"小队、130个"金星"中队、30个"繁星"大队。1988年,团市委、市教育局、市少工委组织全市中学少先队员,参加全国、省开展的中学少先队员创造性活动竞赛,全市54个中队获全国优秀活动奖,64个中队获全省最佳和优秀活动奖;42名辅导员分别获全国、省中学少先队创造性活动辅导艺术奖。团市委获团省委优秀组织奖。12月,全市100名少先队员获"名城小名人"称号。1989年9月26日,市少工委在新拓宽竣工的电力路举行庆祝中华人民共和国成立40周年暨市少先队大型检阅式,22个方阵、2000多名少先队员接受检阅,市区2万多人观看表演。丹徒中心小学等5个方阵获最佳方阵奖,宝塔路中心小学鼓号队获特别奖。1990年,市少工委在全市开展"学赖宁,争做优秀大(中)队"主题活动。3月31日,全市千名少先队员在烈士陵园隆重举行"缅怀先烈、遥祭赖宁"活动暨"少年先锋岗"上岗仪式;5月27日,全市"像赖宁那样……"电视演讲比赛在市少年宫举行。

1991年,市少工委在全市开展"我和灾区队员心连心——手拉手"活动。由市少工委牵头,在"手拉手交朋友,手拉手齐步走,手拉手争上游"的行动口号下,全市首批34所学校开展结对活动。1993年5月29日,镇江市少先队营地在镇江粮食学校正式挂牌成立,全省尚属首家。开营仪式上,团市委、市教育局、市关工委、市少工委联合表彰"十佳"少先队辅导员、"十佳"关心支持少先队好领导、"十佳"五星级队员、"十佳"科技小明星。1994年,"跨世纪中国少年雏鹰行动"在镇江由试点进入逐步推广阶段,市少工委在全省率先出台市级雏鹰奖章实施细则。7月,市少先队举办"雏鹰学飞翔"夏令营活动;11月在宝塔路中心小学召开镇江市"雏鹰行动"现场经验交流会,举行首批雏鹰技能奖章颁奖仪式。国庆节前夕,在少先队建队45周年之际,市少工委在市体育场举行"在五星红旗下成长"少先队鼓号检阅式,全市7000余名少先队员、16支鼓号代表队接受检阅。

1995 年,镇江市成立全国首家红领巾广播电台。市少工委被全国少工委授予全国雏鹰行动先进集体称号。

1999 年 10 月 20 日,团市委、市教委、市少工委在市体育场举行少先队建队 50 周年庆祝大会暨少先队综合检阅式,3300 余名少先队员参加。大会表彰 13 名红领巾标兵队员、11 名红领巾功勋辅导员和 13 名关心少先队工作好领导。2002 年,市少工委实施少先队辅导员持证上岗制度,1100 余名辅导员参加岗位基本知识考核,举办全市少先队辅导员技能大赛。2003 年,全市开展"实施宏伟蓝图,做好全面准备"少先队教育活动。2004 年纪念少先队建队 55 周年。市少工委与市关工委联合举办"做了不起的镇江人"主题队会活动,在全市 12 所小学集中展示。

二、镇江市青年联合会(简称市青联)

1. 组织　镇江市青年联合会是以共青团为核心的全市青年团体联合组织。委员由各团体会员、各界人士、人民团体等有关单位推荐、协商产生,每届任期 5 年。

1985 年 1 月 28 ~29 日召开镇江市青年联合会一届一次全体委员会议,选举产生 11 名常委以及主席、副主席。1989 年 4 月,召开二届一次全体委员会议。1995 年 5 月,召开三届一次全体委员会议,选举产生 49 名常委。2000 年 5 月召开四届一次全体委员会议,选举产生市青联新一届领导成员,选举主席 1 人,副主席 6 人。2005 年 10 月 31 日至 11 月 1 日召开五届一次全体委员会议,出席会议的委员 220 名,会议选举常委 50 人,选举主席 1 人,副主席 11 人。

2. 活动　1987 年 4 月 28 日至 5 月 5 日,市青联协同团市委举办首届镇江青年文化节,组织"龙的传人"演讲赛、业余歌手大赛等 97 项活动,全市城乡 27 万青年参加。

1989 年 9 月 16 ~28 日,市青联参与团市委等 6 单位联合举办的镇江市第二届青年文化节。先后举办"革命传统代代传"火炬接力赛、青年百米书画创作活动、青年文学征文、企业精神演讲赛、青年硬笔书法大赛、青年象棋邀请赛、"青春美"时装表演大赛、"祖国家乡与我"演讲会、"中学生日常行为规范知与行"电视赛、红领巾故事会等 20 余项活动。

1991 年 4 月 23 日至 5 月 4 日,团市委、市青联会同有关部门举办第三届青年文化节,先后举办 34 项文化体育活动。5 月 4 日在纪念"五四"暨表彰大会上,表彰优秀团组织、优秀团干部以及 10 个科技兴农最佳青年工程、50 个青年红旗突击队、100 名青年新长征突击手、100 名青年科技星火带头人。

1992 年,团市委、市青联成立镇江青年学雷锋服务总队,命名 50 支青年学雷锋服务队,组建 50 对学雷锋共学共建对子,向社会开放 10 个常年为民服务点,推动全市学雷锋活动深入开展。1993 年,评选镇江市首届"十佳"青年企业家和"十佳"销售功臣。1998 年评选镇江市首届十大杰出青年农民。1999 年开展"情系弱势群体"希望工程捐资助学活动。编写《镇江杰出青年风采录》,举办以"投身科教兴市实践,迎接知识经济挑战"为主题的镇江杰出青年科技论坛。12 月举办迎接新世纪火炬传递健身长跑活动,全市 1 万余名青少年分成 105 个方阵在市区进行健身长跑。2005 年评选镇江市首届十大杰出青年项目经理。1992 ~2005 年,团市委、市青联先后举办 7 届镇江市十大杰出青年评选活动。

第一至七届镇江市十大杰出青年一览表

表 28-5

届别	年份	姓名
第一届	1992	王士同、王广盛、王正亮、王伟、孙双金、杨桂平、赵斌、殷小平、郭桂荣(女)、黄国林
第二届	1995	于忠泉、王志强、王根宝、史国平、朱国平、刘和平、孙静、李巧玉、袁寿其、戴勇
第三届	1997	张玉梅(女)、王成章、张小龙、朱辉明、李震宇、张俊、周建清、吕桂林、王雅美(女)、韦立忠
第四届	1999	丁力、王中盛、仲高平、肖翀宇、沈海坚、张龙喜、宋菊(女)、荆夕坤、钱某、戴文
第五届	2001	丁志兰、马雪松、王辉、刘建、沈卓、陈铮、姚志强、姚恒平、钱志平、徐翔
第六届	2003	丁春华、丁建宁、王道力、石小武、许文林、李少龙、张建伟、陈万祥、罗晓蓉(女)、顾剑
第七届	2005	韦国芳、李国海、毕勤胜、汤呈繁、杜盛钢、倪道宏、贾照明(女)、曹雪林、杜海云、滕庆联

三、镇江市学生联合会(简称市学联)

1. 组织 镇江市学生联合会是全市高校学生会、研究生会和中等学校学生会的联合组织,是江苏省学生联合会和镇江市青年联合会的团体会员。

1986 年经中共镇江市委批准,镇江市学生联合会复建。5 月 11 日召开复建后第一次代表大会,50 名代表出席大会,通过市学联章程,选举产生第一届委员会。

1991 年 5 月 18 日、1996 年 12 月 14 日、2001 年 4 月 28 日分别召开第二次、第三次、第四次学代会,选举产生市学联第二届、第三届、第四届委员会。

2. 活动 复建后的市学联先后举办“创新创造”“18 岁成人仪式教育”、全市大、中专学生文化科技卫生“三下乡”社会实践、青年志愿者进社区等项活动。

1987 年 7 月 7 ~ 30 日,市学联组织在镇江 6 所高校 110 名师生,利用暑假期间赴茅山老区 7 个乡镇,开展“东进播火”社会实践活动。内容包括开设方便门诊、提供经济信息、开展助耕帮户;举办培训班 12 期,受训 600 人;提出建议 142 条,为 7 个乡镇完成技改项目 50 个,增加产值 600 万元,实现利润 60 万元。

1989 年起,市学联组织在镇江高校连续参加 10 届“挑战杯”全国大学生课外学术科技作品竞赛。

图 28-8 2002 年 3 月 9 日,市学联、市绿化办组织全市 800 余名青年学生在东郊合山种植“成人纪念树”

1990 年起每年组织开展大、中专学生暑假“三下乡”社会实践活动。同年,2 万余名青年大学生分成 200 多支实践小分队,奔赴全国 25 个省、市、自治区贫困乡村和困难企业,开展镇江 99 暑期大学生服务实践活动。2000 年暑期,以驻镇高校为主体,成立镇江市大学生社会实践服务总团,百余名大学生奔赴茅山老区,参与文艺会演、家电维修、卫生保健等项活动。团市委被团省委授予江苏省大学生社会实践先进集体称号。

2003 年起,开展大学生志愿服务

西部计划，号召毕业生到西部、到基层、到祖国最需要的地方去。

四、其他组织

1. 镇江市青年管理现代化协会 1985年7月，镇江市青年管理现代化协会第一次代表大会在镇江钛白粉厂召开。协会拥有个人会员358人，团体会员51个。至1988年举办三届青年管理优秀论文评选，征集论文789篇，评选优秀论文217篇，编印成集。

2. 镇江市青少年思想政治研究会 1990年8月30日，在谏壁发电厂召开镇江市青少年思想政治研究会成立大会。各县（区）团委、少工委负责人，各局（公司）团委书记，各大型厂矿企业团委、团总支负责人，各县（区）少工干部、市区各小学少先队辅导员等200余人为首批会员。市委常委、宣传部部长、该研究会会长朱正伦在会上作题为《如何做好青少年思想政治工作》的讲话。研究会针对青少年特点，以爱国主义教育为核心，开展青少年工作理论研究、社会调查、交流工作经验等项活动，同时创办内部刊物《研究通讯》。

3. 镇江市志愿者协会 1995年3月2日，团市委率先在全省成立镇江市青年志愿者协会，颁布协会章程，对协会宗旨、任务、会员、组织、经费来源作出具体规定，协会为镇江市青年联合会团体会员。

2004年3月，市青年志愿者协会经市民政局批准，更名为镇江市志愿者协会。至2005年，全市建立各级志愿者协会5个，成立各类专业志愿服务队15支，志愿服务大队600余支，城区志愿服务站91个。全市各级志愿者开展“一助一结亲”“为奉献者奉献”“骨髓捐献”“环境保护”“交通协勤”等一系列志愿者服务活动，一批志愿者集体和个人分别受到国家、省、市有关部门表彰和奖励。志愿者行动坚持长期化、规范化、制度化建设，初步形成以志愿者协调委员会为统揽，辖市（区）志愿者协会为骨架，行业志愿服务大队、各类志愿服务基地为补充，社区志愿者服务站为基点的主体组织网络，建立起从招募、培训、使用到管理、评估、奖励等较为完善的志愿者组织机制。

4. 镇江市青年商会 2004年11月5日，镇江市青年商会成立，有会员58名，团体会员9个。会员分布在工业、农业、交通、商业、现代服务等领域，平均年龄32.2岁。青年商会第一次全体会议选举理事28人，组成理事会，镇江钛白粉股份有限公司总经理当选会长。青年商会先后推出青商论坛、市领导与创业青年见面会等多项活动。

5. 镇江市青少年书画协会 2000年12月27日，镇江市青少年书画协会由团市委、市青联创办成立，60多名各界青年书画家为首批会员。协会成立期间，举办镇江、苏州、连云港青年书画联展。

第三章 镇江市妇女联合会

妇联是党领导下的各族各界妇女的群众组织，是党和政府联系妇女群众的桥梁和纽带。市妇联注重加强妇女素质教育和培训，培养选拔优秀人才，有计划地吸纳社会精英，充实妇女干部队伍，提高女性参与管理国家和社会事务的能力。重视少年儿童健康成长，加强培养社会主义现代化建设事业接班人的力度。不断强化各级妇联组织建设，拓展妇女工作网络，促进全市妇女儿童事业整体推进，为镇江经济、社会事业又好又快发展作出积极贡献。

1998年8月31日至9月5日，镇江市妇联主席周凤霞、句容市红梅特种养殖有限公司总经理杨红梅光荣出席中国妇女第八次代表大会。1999年，镇江市妇联被省妇联评为先进集体；2004年3月被全国妇联表彰为全国“三八”红旗集体。

第一节　组织机构

一、领导机构

1983 年 5 月，中共镇江市委任命市管县新体制后的市妇联领导。1993 年 9 月根据《中华全国妇女联合会章程》，市妇联主任更名为市妇联主席，市妇联执行委员会选举产生常务委员会，作为市妇女代表大会闭会期间的领导机构。常务委员会由主席（主任）1 人，副主席（副主任）若干人组成。

2004 年 2 月，市政府成立镇江市妇女儿童工作委员会办公室（副处级），与镇江市妇联合署办公。

二、工作机构

市妇联的常设工作机构为五部一室。1991 年将组织联络部、宣传部合并为组宣部，设立市妇联研究室（科级建制，后于 2002 年撤销）；1993 年，生产福利部更名为妇女权益保障部，与法律顾问室合署办公。妇女权益保障部继续对应承担上级妇联生产福利部、法律顾问处职能和任务，加强以法维权、政策性维权、建设性维权工作。

2005 年，市妇联工作机构五部一室。下设办公室、组织联络部、宣传部、城乡工作部、权益部、儿童工作部，人员编制 18 名。主席 1 名，副主席 3 名；正副处长（部长、主任）8 名。

三、辖市（区）级机构

2005 年，镇江市辖市（区）妇联 6 个，妇女工作委员会 1 个，乡镇、街道等妇联组织 56 个。

2005 年镇江市辖市（区）乡镇、街道妇女组织一览表

表 28-6

辖市（区）妇女组织名称	辖市（区）乡镇、街道妇女组织
丹阳市妇联	云阳镇、司徒镇、延陵镇、访仙镇、界牌镇、埤城镇、新桥镇、后巷镇、吕城镇、皇塘镇、珥陵镇、导墅镇、陵口镇、练湖农场、丹阳开发区
句容市妇联	华阳镇、黄梅镇、下蜀镇、宝华镇、白兔镇、边城镇、后白镇、天王镇、郭庄镇、茅山镇、句容开发区
扬中市妇联	三茅镇、油坊镇、八桥镇、西来桥镇、开发区
丹徒区妇联	高桥镇、辛丰镇、谷阳镇、江心镇、荣炳镇、宝堰镇、上党镇、高资镇、世业镇、新城管委会
京口区妇联	谏壁镇、象山镇、丹徒镇、工业园、新民洲农场
润州区妇联	蒋乔镇、七里甸街道、和平路街道、金山街道、宝塔路街道
新区妇工委	丁岗镇、大路镇、姚桥镇、大港街道、丁卯街道

说明：2005 年末政区调整后，镇江市辖市（区）乡镇、街道妇女组织也有所调整

四、直属单位

市妇联直属全民事业单位 4 个。1987 年 12 月，镇江市红红幼儿园建立；1992 年 7 月，镇江市妇女儿童活动中心建立。1994 年 4 月，佳佳幼稚园建立，1998 年 7 月，东吴幼儿园建立。2003 年，佳佳幼稚园、东吴幼儿园、妇女儿童活动中心停止运行。

1991 年 6 月建立镇江市妇女干部学校,2003 年该校建制撤销,保留牌子。1993 年 2 月和 1996 年,分别成立姐妹公关公司和巾帼服务中心;2005 年 3 月,两单位撤销事业性质。

1994 年 1 月成立好世界娱乐城有限责任公司;2003 年 5 月经市政府批准对该公司资产进行处置和置换。

五、市级团体会员

市妇女联合会实行团体会员制。团体会员享有权利参加妇联组织的有关活动,接受妇联业务指导;市妇联帮助和支持团体会员开展工作。1983～2005 年,镇江市妇联团体会员主要有女企业家协会、女文艺家协会、妇女学研究会。

1. 女企业家协会　1987 年召开第一届会员大会,选举产生会长及 34 名理事,通过女企业家协会章程。2001 年召开第二届会员大会,选举产生第二届女企业家协会会长及副会长,理事 34 名。

镇江女企业家协会开展培训、咨询、信息等服务。会员以"立足本职,服务社会"为宗旨,在各自领域为社会进步和经济发展起到示范引领作用。

2. 女文艺家协会　1995 年 10 月,镇江市女文艺家协会成立,召开第一届理事会,通过女文艺家协会章程,选举许晓霞为协会名誉会长,周凤霞为会长,会员 35 名。2000 年召开第二届理事会,选举周凤霞任协会名誉会长,周宜一为会长,会员 39 名。

协会成立后,举办陈梅琴、顾凤珍书画作品展暨研讨会等活动。

3. 妇女学研究会　1988 年 11 月,镇江市妇女学研究会成立,为镇江市哲学社会科学联合会团体会员。1988 年、1997 年、2003 年先后三次召开会员代表大会。截至 2005 年发展会员 56 人。

妇女学研究会吸纳科研机构、高校中高学历、高职称的研究人员入会,形成由妇联干部与社会理论工作者相结合的研究队伍。先后撰写《发挥妇联作用,策应沿江开发》《妇联组织如何应对入世挑战》《关注贫困母亲调查报告》等文章。为争取省妇儿工委重点调研招标课题,形成《镇江市基层妇儿工委机构状况调查报告》。对区划调整及乡镇合并后农村妇女组织建设、《中华人民共和国妇女权益保障法》贯彻执行、家庭美德等问题进行调研,形成《更新观念、突破"平台"、夯筑农村妇女组织建设新高地》《浅论家庭美德建设的特殊地位与家教的创新》等调研文章,为不同时期制定妇女工作发展的政策、策略提供参考。

第二节　镇江市妇女代表大会

1983 年,镇江实行市管县新体制后,市妇女代表大会延续原地辖市妇代会的届次。1983～2005 年,镇江市妇女先后召开八～十二次代表大会,每 5 年举行一次。

一、镇江市妇女第八次代表大会

1984 年 5 月 27～30 日举行。会议代表 478 名,特邀代表 12 名,列席代表 10 名。会议选举产生 46 名执行委员、8 名常务委员。选举陈冬姣为主任。会议审议通过陈冬姣所作的《全市妇女奋发自强,为建设镇江振兴中华而奋斗》工作报告。陈冬姣于 1984 年 10 月至 1987 年 10 月调离期间,赵凤英接任市妇联主任一职。

二、镇江市妇女第九次代表大会

1989 年 6 月 15～17 日举行。会议代表 450 名,特邀代表 16 名,列席代表 1 名。会议选举产生 46 名执行委员,13 名常务委员。选举陈冬姣为主任。1989 年 10 月,陈冬姣调离;1990 年 2 月,郑蕊芳接任市妇联主任。1993 年 9 月,市妇联主任更名为市妇联主席。1994 年 10 月,郑蕊芳调离,周凤霞接任市妇联主席。

三、镇江市妇女第十次代表大会

1994 年 12 月 8 ~ 10 日举行。会议代表450 名,特邀代表16 名,列席代表 1 名。会议选举产生45 名执行委员,13 名常务委员。选举周凤霞为主席。会议审议通过周凤霞所作的《全市妇女开拓创新,团结奋进,为加快镇江的建设和发展建功立业》工作报告。

四、镇江市妇女第十一次代表大会

1999 年 12 月 16 ~ 18 日举行。会议代表 400 名,特邀代表 40 名。会议选举产生 45 名执行委员,13 名常务委员。选举周凤霞为主席。会议审议通过周凤霞所作的《扬时代精神,创巾帼辉煌,为实现镇江跨世纪宏伟目标而努力奋斗》工作报告。2002 年 12 月,周凤霞调离,武白苹接任市妇联主席。

五、镇江市妇女第十二次代表大会

2004 年 12 月 28 ~ 30 日举行。会议代表 400 名,特邀代表 40 名。会议选举产生 49 名执行委员,13 名常务委员。选举武白苹为主席。会议审议通过武白苹所作的《科学发展,全面提升,团结动员全市妇女为实现"两率先、两步走"努力奋斗》工作报告。

第三节　重要工作与活动

一、妇女儿童事业发展规划

1996 ~ 2005 年,镇江市政府先后制定颁发《镇江市 1996 年 ~ 2000 年妇女发展规划》《镇江市儿童少年事业发展"九五"规划纲要》(简称"九五"规划)和《镇江市 2001 年 ~ 2005 年妇女发展规划》《镇江市 2001 年 ~ 2005 年儿童发展规划》(简称"十五"规划)。规划突出镇江地方特点,内容涵盖教育、就业、参政、卫生保健、权益保护、社会环境等领域,把农村和薄弱地区作为重点地区,把妇女儿童发展中的重点、难点问题作为重要指标。

市妇联联合有关部门,在城镇妇女中开展"巾帼建功"活动;在农村妇女中开展学文化、学技术、比成绩、比贡献的"双学双比"竞赛活动。解决妇女在政治、经济、社会生活、婚姻家庭等方面出现的问题,对招生招工提干中存在的轻视歧视妇女、妇女生育费用的社会补偿、女工劳动保护等问题组织专题调研。市、县妇联相继建立法律顾问机构,培训法律骨干,为妇女群众提供法律咨询服务。市妇联主动配合公安等部门取缔卖淫嫖娼和打击拐卖妇女儿童犯罪活动,解救受害妇女儿童,对失足妇女开展帮教。

市妇联着力建立托幼组织,推动托幼事业;关注家庭教育,建立各类儿童活动阵地;普及科学育儿知识,相继建立各级各类家长学校,探讨新时期家庭教育的特点和经验。

二、参与改革开放和现代化建设

1983 ~ 1994 年,各级妇联组织广大城镇妇女学习《中共中央关于城市经济体制改革的决定》,动员妇女参加农函大、职大、电大等学习。开展为完成"七五"计划"插红旗、戴红花、争贡献""做四有职工,为四化建功立业""妇女发明有奖竞赛"等活动。市妇联与市总工会联合,在广大女职工中开展"三讲五个一"和"巾帼争建功、巧手比奉献""万人献计策、主人讲贡献"等活动。评选出全市"十大女状元",举办"巾帼建功巧手奉献"技术发明成果展览。在农村,各级妇联层层建立联系户制度,重点抓好妇女为主的帮助贫困户劳动致富。开展区域性专业竞赛、新技术推广应用竞赛,主要有粮食“金花赛”、棉花“银花赛”、蚕桑“银茧赛”、多种经营致富赛、庭院经济效益赛，出现一批生产女能手、种田女状元、致富专业户。

1995～1999年，城镇各级妇女组织在女职工中开展以岗位练兵、岗位成才、岗位建功为内容的“巾帼建功”竞赛活动。全市设立争创巾帼示范岗432个，近10万名女职工参加争创活动，其中116个岗位分别获省、市“巾帼示范岗”称号。全市女职工、女科技人员提出合理化建议5万余条，技术革新106项，创经济效益3000万元。开展“巾帼创新业”活动，建立市、县两级下岗女工再就业服务中心3个。全市妇联系统创办的经济实体和服务项目吸纳下岗女工近千名；举办劳务市场招聘活动20余次，参加人数5400人；配合劳动部门举办再就业技术培训班，3000多名下岗女工接受培训。镇江市中国旅行社招聘下岗女工为“导游嫂”，镇江商业城吸纳纺工系统下岗女工为“商嫂”。

在农村妇女中开展以“三八”龙头项目为重点的学文化、学技术、比成绩、比贡献竞赛活动。130多个妇女致富龙头项目，集试验、示范、培训、扶贫为一体，推进贸工农一体化经营。全市2万公顷丰产方，其中省、市级示范方16块，“三八”绿色工程基地6块。各级妇联通过姐妹结对扶贫、女能手带动、科技和项目扶贫等措施，帮助5000名贫困妇女脱贫。开展绿色证书、农民技术员课程、市场营销知识培训学习活动，全市30万农村妇女掌握一至两门实用技术，其中女农民技术员278名，获绿色证书178人。

2000～2005年以创业为主线，帮助妇女创造新业。实施巾帼社区服务工程，帮助妇女在社区实现创业和再就业。全市建立54个妇女再就业培训机构、37个妇女创业与发展实践基地、41支中介队伍，举办2451期培训班，为51871名妇女提供服务；举办女性就业洽谈会50余场，提供4451个岗位。采取面向社会征集、电视报纸推介妇女创业项目等形式，帮助扶持妇女创业，全市有628个各级巾帼示范岗。

2005年开展“牵手创业、姐妹同行”主题活动。召开全市妇女创业推进大会、成功创业女性巡回演讲、电视专题访谈。成立由36名专家、学者组成的镇江市妇女创业导师团，为创业女性提供指导和服务。新市民巾帼文明行动被评为镇江市第九届精神文明建设10件新事之一。

农村妇女组织通过科技培训、科技结对、科技示范、科技指导等形式，建立各类示范基地、专业协会、合作经济组织186个，牵线236名科技专家与260名农村妇女结对，28860名农村妇女接受农业新技术培训，转移农村妇女劳动力3.5万余名。2005年印发400册“情系三农、服务妇女”联系簿，畅通农村妇女与科技专家交流沟通的绿色通道。借助资金援助，设立妇女创业专项基金，以无息贷款形式，为有创业意愿和能力但缺乏资金的妇女提供有效扶持。

1983～2005年全国三八红旗手一览表

表28-7

年份	姓　名
1983	王明、黄君励、徐连娣、邢留娣、莫罗娣、张春英、姚桂女、孙美凤、夏菊影、马光琳、高培丽、陈德训、孔宪华、王淑娴
1989	石耘、郭桂荣、丁秀明
1992	华瑞玲
1994	傅玉香
1996	黄杏娣
1998	贾又敏
2004	周宜一、马金芳

说明：收录年份为评选年份

1983～2005 年江苏省三八红旗手一览表

表 28-8

年份	姓 名
1983	王大华、方淑英、杨玉珍、王连英、薛镜如、姚银娣、
1988	张纪英、张映凤、吴莲芬、王菊华、毛高芳、魏允中、邵素桢、吴君楚、陈兆成、蒋善娣、朱叶青、凌千珍、殷建慧、庄丽君、姜梅梅、张琴哎、袁末清、金留凤、李素秋、杨桂萍、王学英、张根娣
1993	朱文如、傅玉香、吴俊秀、邬娜、何斯美、胡聚琴、李士琴、黄步芳、徐腊花、祝杏娣、孔繁丽、程沫、周君、姚天娥、周蕴晖、郑勤芳、吴继飞
1998	陈丽珍、陈萍、孔国娣、殷建萍、汪宝芸、杨先梅、林钰雯、笪华姝、朱怀珍、杨红梅、侯建伟、朱玲美
2003	姜建美、林云辉、杨玲、张秀凤、朱和珍、杨琴、尹跃琴、严巧兰、丁晓红、陈红卫、周小梅、周凤霞

说明:收录年份为评选年份

1990～2005 年镇江市三八红旗手一览表

表 28-9

年份	姓 名
1990	王平义、荆筱彩、孙瑞如、周蓉如、潘纯英、蔡凤英、崔红英、何月霞、顾绳柳、沈友和、商菊芳、王彩英、徐云、赵乐曾、张禾瑛、周惠芬、王晓华、华燕芬、房先萍、焦常仁、赵瑶婉、毕勤奋、梁赞和、陆孟君、赵卫萍、徐桂萍、贺旭平、何建生、雷蕾、陈丽珍、张邦媛、徐翠英、鲁云珠、王秀英、邱明珠、童自华、曹汝琴、王玲、赵英昌、郭金茹、梁玉华、马桂英、唐红妹、凌千珍、李晨燕、凌荣华、潘佩凤、王武女、徐英梅、窦腊美、孙桃英、李梅英、李腊英、孙美红、李银凤、顾怀英、杨国英、沈克勤、丁永敏、康丽珍、李小珍、朱志巧、姚步云、盛和凤、胡洪秀、谭息青、岳锡兰、戴所娣、祝家凤、丁木青、李留英、符星兰、王六英、张玉霜、陈腊珍、姚美英、庞素娟、陈锁梅、徐冬英、孙留青、丁珊梅、张金梅、谢云兰、殷腊娥、单玉青、姜梅梅、袁金美、王清美、蔡明珠、张玉芳、赵宏宇、成小红、洪挺梅、乔梅珍、张玲娣、赵吉英、余正鸣、朱观兰、宋士兰、巫巧云、顾继英、卢志琴、邹远凤、陈家凤、施素青、许发萍、高小妩、孟淑琴、周秀华、马代娣、余玉玲、杜兰珍、秦小青、欧阳冬美、刘贻兰、王桂英、顾锁娣、祝克琴、窦桂兰、洪春娣、胡玉荣、姚巧娣、黄彩阳、朱荷英、范梅英、戴巧英、魏英愁、薛桂兰、李锁娣、满雪娟、王菊英、唐美华、王润、黄铁英、张崇英、傅怀琴、郭桂荣、杨荣娟、徐三明、蒋君辉、李惠银、周奇泙、邹静华、沈梅英、商春梅、陈兰英、谢素芳、余华荣、薛和英、严兰英、梁琴
1993	董国勤、杨荣娟、许芝英、李佐荣、朱安琳、杨小根、颜月华、乔青、周智明、谢玉琴、王星南、景翠文、王嘉犹、许桂英、丁海青、徐金英、韩阿香、吴白梅、郭树萍、蒋冬英、罗丽敏、马荣娣、任桂青、殷祥娣、吴八英、窦九英、邓梦兰、丁梅仙、東国英、赵晓华、郝月华、王毛英、徐晓仙、唐锁妹、马二兰、丁冬英、陈玉仙、殷菊仙、何方琴、李杏艳、韦玲珍、吴珍娣、周巧凤、王清美、夏书娥、刘金英、蔡芳、孙惠芳、贡书英、沈桃青、丁梅珍、谢成英、郑秀珍、罗萍、陈敦芳、严玉珍、笪小贝、刘晓华、王天珍、尹桂珍、章守凤、张远丽、孙维珍、周乃群、陈桂英、祁秀琴、戴颖华、方云、郭春芳、陈金芬、景来娣、朱秀英、金国英、杨巧珍、方纪英、杨秀兰、丁竞、王晓鸣、辛亢、张茂玉、朱秀珍、刘百亭、陈玉英、孟庆岚、徐世娟、朱妲娜、许建荣、吴秋华、储宛萍、顾春英、刘彩荷、肖舜英、周永华、赵凤英、卞瑞芳、余桂华、魏萍、高健华、陈汉英、凌桂莲、孔繁莉、吴继飞、冯维宁
1994	楼宏青、张桂兰、马光琳、卞素琴、郭淑清、朱乾秋、韩汝玲、夏希平、茅继宁、陈玉大、黄跃生、魏春香、于月英、张秋红、步梅君、张良玉、蔡平洁、彭素冰、张敏、孙美智、徐桂琴、周正美、刘芳、吴继飞、白杨、姜嘉华、韩晓菊、姚步珍、吉木英、符惠琴、张玲仙、周书凤、陈巧梅、朱玲美、潘国芳、孙莉华、张玲、阮玉英、庞巧仙、蒋菊仙、张爱萍、李双英、陈永岚、王红梅、宋文霞、庄玉枫、王玉英、戴丽珍、陈润兰、石竹兰、徐品珍、张连芳、马金芳、薛桂兰、李平、谢成英、熊晓燕、任步芳、许兆娣、杨晓萍、杨莲、刘虎英、周菊青、葛志芳、杨素荣、张远丽、杨松云、赵贞岚、汤国英、袁腊梅、王中房、金小平、庄红君、夏建新、殷顺梅、郭进、尚秀兰、何丰、解月华、张梅芳、吴萍、杨敏、张迎春、赵慧、杨秀芬、陆元慈、盛芝华、臧德丽、戴音、袁达芳、边红霞、糜惠君、毛秀娣、王菊华、潘军凤、钱喜兰、邱月琴

续表 28-9

年份	姓　名
1999	谢翠菊、蒋贻琳、张玉梅、朱亚红、周素英、戚建亚、沈友和、王育明、夏希平、刘菊萍、伏萍、王仁华、王柏英、尉丽平、石燕远、宋艳、刘明、彭文霞、尹宁、田建华、陈兰英、张秋芳、周冬英、刘素珍、陈腊珍、王晓萍、徐腊凤、韦文华、唐凤英、张小英、景玉芳、谭红霞、郑木英、周书凤、梅珍、陈英芳、韦囡娥、韦春树、郦采英、景玉梅、郭春花、刘伟英、夏荷女、陈全英、徐香玉、王梅青、吴鸣芳、曹慧、沈亚明、虞腊青、刁善芳、湛晴、徐文、潘国娟、贡明花、曹丽虹、侯至琴、范玉宏、田正萍、管凤华、朱网琴、刘萍、丁传云、郭正英、王新安、於罗英、凌华华、刘玲姊、刘玉华、姚小平、陈月霞、殷玉青、陈罗荣、陶春芳、朱小庆、江淑芳、庄维红、黄红兰、马菊萍、金红、李霞、侯成兰、徐晓莲、左建红、祝健、闵烈英、黄为群、赵美玲、薛桂兰、唐春兰、张美珍、李云芳、骆秀芬、卜美琴、杨晓萍、石之瑛、班同霞、曹淑仪、陈志慧、薛和英、陈利、金贵玲、陈燕、谢桂娣、袁其萍、朱勤、孙春妹、解书萍
2004	曹秀云、蒋淑云、王长虹、陈多莉、袁美霞、王明宜、殷爱玲、王小梅、卫俊英、潘莉君、殷淑萍、陆筱梅、周文娟、张怡、王云、蒋朝霞、李正欣、倪远、郝景凤、赵小敏、喻一萍、王月英、邵锦亚、庄发、周爱仙、袁晓枫、汪洁、周菊仙、岳仙娥、阎桂芳、刘腊梅、葛秀芳、邢淑珍、查文、蔡腊娣、杨志萍、周绿娥、韩琴、施菊美、丁锦华、袁芬、张发梅、王玉华、吴玉梅、冯雪英、葛迎芳、黄燕鸿、贡秀珍、李鸣、王郦、郑小顺、刘凤珍、汪小春、王修珍、孔素红、王勇英、巫美珍、赵爱光、许桂英、胡金香、戴芳华、黄珏凯、丁贤红、戎国兰、沈俊萍、薛为、黄红年、钱云、包桂芳、秦桂兰、陈纪芳、方红、张伟琴、陆叶、戴颖华、姚月琴、冯梅珍、曾妩婷、王健玲、史玲娣、何青、杨燕、张爱珍、刘雅萍、张雪健、张剑敏、夏萍英、胡云霞、刘小平、范成静、王静红、梅怀萍、魏红霞、孙海莎、易晓平、孙海芬、陈曲萍、罗和英、付金花、刘春云、刘晓华、王红燕、赵红、尤启红、解娟

说明：收录年份为评选年份

三、维护妇女儿童合法权益

1983 年以后，市妇联先后对《中华人民共和国婚姻法》《中华人民共和国继承法》《中华人民共和国妇女权益保障法》等国家法律法规组织学习宣传，编印《妇女常用法律知识手册》《万名妇女学法竞赛计划》等学习资料，组织各种宣讲会、座谈会、举办培训班、开办电视讲座、举办打击刑事犯罪图片展、绘制婚姻宣传图解、设立宣传咨询站、开展送法下乡、万家学法、以案说法等普法活动。

1989 年，市妇联会同市劳动局、市总工会、市卫生局联合印发《女职工劳动保护规定》。各级妇联针对劳动保护、溺弃女婴、外来妇女的婚姻、第三者插足、卖淫和吸毒妇女犯罪等问题，调查研究，解决实际问题。逐步完善信访制度，形成三级信访网络。1990～1999 年，三级信访网络处理来信来访 8000 余件，2000～2004 年，处理来信来访 5000 余件。

2000～2004 年，市政府和有关部门先后出台《镇江市关于预防和制止家庭暴力的若干规定》《镇江市女职工劳动保护办法》《母婴保健法实施办法》《机关、事业单位女职工生育保险暂行办法》《镇江市城镇企业职工生育保险实施办法》等一系列保护妇女权益的政策措施，把《中华人民共和国妇女权益保障法》《中华人民共和国婚姻法》《中华人民共和国未成年人保护法》等与妇女儿童相关的法律法规列入“四五”普法规划。

2005 年，市妇联接待来信来访 744 件，结案率 98%。全市有 3 支妇联维权代言人队伍，411 人成为妇联维权人；45 名妇联干部由基层法庭特邀陪审员过渡为人民陪审员，参与庭审案件 154 件，为 34 人提供法律援助；35 名特聘法律工作者为 80 多名外来务工妇女提供有效法律咨询。

实施《镇江市儿童少年事业发展规划纲要》　全市连续多年举办适合少年儿童特点的“小青蛙故事演讲赛”以及小玩具智力拼插大赛。制定“春蕾计划”，动员全社会为儿童办好事，办实事，协调组织社会各界为贫困地区儿童送温暖，献爱心，主动参与“让遗弃残疾儿童回归社会”活动。从 1994 年起，在实施“春蕾计划”中，全市筹集资金 276 万元，新建 4 个“春蕾”班，帮助 2000 余名贫困女童。1995～1999年，各级妇联为贫困女童捐款130多万元，扶助3000余名贫困女童完成学业。

贯彻《江苏省家庭教育"九五"计划》　市妇联与县(市、区)签订家庭教育目标管理责任状，推动家庭教育工作步入规范化轨道。全市依托学校、幼儿园创办家长学校1600多所，普及家教知识、提高家长素质、改善家教方法。制定《优秀家长学校标准及评估细则》。开展"社会妈妈"活动，扶助350多名贫困儿童，活动被评为2003年镇江市精神文明建设15件新人新事之一。到2004年，全市建立各级小公民道德实践基地100多个，引领615所各类家长学校成为育人的重要阵地。

2005年，各级妇联启动"同成长，双合格"活动，向全市少先队员及其父母发出"父母和孩子共同成长，争做合格父母、培养合格人才"的倡议。开展"亲子读书夏令营"活动，全市新建"爱心书屋"30多个；举办青春期家庭教育、心理健康家庭教育讲座近200场，全市6万多名家长接受教育和辅导；《京江晚报》40多名小记者与句容"春蕾班"留守儿童结对联欢。

四、推荐选拔妇女干部

1983年以后，市妇联配合人事、组织部门有计划地培养妇女干部，建立妇女干部库。市妇联与市委组织部联合举办女干部培训班12期，自办女干部培训班11期，与高校、学校联办大专班、中专班2个。举办妇女干部及妇女专题讲座45场，接受培训人次近4万人。选送基层妇联主席和县处级女领导赴省培训，选派优秀妇联干部赴香港学习。

2002年，市委组织部首次与16个单位和部门签订培养女干部目标责任书。市妇联先后向市人大、市政协、市委组织部、市委统战部专项推荐人大女代表、政协女委员候选人47名。2005年，全市建立7个妇女基层组织建设示范点，其中1个为省级示范点，举办各类女干部培训班8期，培训女干部780多名。推行妇女代表联系制度，指导省、市妇女代表团和妇女代表小组开展活动，建立市、辖市(区)、乡镇(街道)三级工作联系点。

——小资料——

[清]周镐·京江二十四景图——鹤林古木

鹤林，系指京口南郊鹤林寺，在黄鹂山下，背依磨笄山。鹤林寺始建东晋，原名竹林寺，因南朝宋武帝刘裕未发迹前曾在此务农，时群鹤常飞舞其间，刘裕称帝后改竹林寺为鹤林寺。

鹤林寺，为南郊三大古寺之一，地处群山丛林之中，林木茂密，有“八景之胜”之称。其中太傅松尤为有名。因鹤林寺原多巨松，至明代仅剩十三株，“乔木高荫，见者咸肃”。明代宰相杨一清爱其苍凉挺拔，加以保护，并有《十三松记》予以赞美。后杨一清遭奸臣陷害，此处苍劲有力的古木，象征他一生忠贞不屈，十三松改名为“太傅松”。

第二十九卷

机构编制

人事　劳动

卷　目

1983 年 8 月，原镇江地区行署人事局和镇江市人事局撤销，成立镇江市人事局。同年 6 月，编委会办公室成立后，与人事局合署办公。2005 年，市人事局内设 11 个处室，下设外国专家局、人才服务中心、人事教育培训中心、人事考试考工中心、军转培训中心汇萃园、退休干部服务中心等 12 个事业单位。编办（正处级）内设行政编制处、事业编制处、督查处和事业单位法人登记中心等 4 个处室（单位）。

1986 年，毕业生就业从国家统一分配逐渐走向市场“双选”（双向选择）。1988 年 11 月，镇江市成立并开放人才市场，各县（市、区）相继建立人才服务机构。1993 年成立考试中心，负责党政机关考试录（聘）用干部工作。1996 年，科技干部和专业技术职称管理职能从市科学技术委员会划入市人事局，重新组建为专业技术人员职称管理科（处）和专业技术干部管理科（处）。1999 年成立市人事争议仲裁委员会及其办公室，并逐渐建立起全市人事争议调解网络。2000 年在全省率先成立外国专家局，综合管理引进国外智力工作。2005 年，镇江人才市场已成为集猎头服务、人才招聘、人才租赁、人才测评、人才派遣、委托择业、社会化培训和职称社会化评审等 8 大类 60 多项服务于一体的综合性人才开发基地。1983 ~ 2005 年，镇江市共举办 26 场毕业生专场招聘会，经人才市场推荐毕业生就业 2.2 万人，异地派遣大中专毕业生 8000 多人。

实施公务员制度是对传统干部人事管理的重大改革。1982 年，中共十二大召开后，废除领导干部职务终身制度，建立干部退休制度。1984 年下放企业、事业单位用人自主权，按机关、企业、事业分类管理干部，并逐步将企业领导人、专业技术人员从国家干部中分离。1986 年采用考试与考核相结合的办法，录用机关工作人员。至 1992 年，全市各级党政群机关和金融、财政等各类系统共录（聘）用工作人员 2643 人。1993 年，行政机关中除工勤人员以外的工作人员按公务员制度管理。1998 年，全市完成职位分类和人员过渡，并逐步完善公务员调任录用、奖励惩处、辞职辞退、交流轮岗、回避、竞争上岗及其他综合管理制度。2005 年，党委、人大、政府、政协、法院、检察院、各民主党派和工商联等 7 大类机关工作人员依照《中华人民共和国公务员法》纳入公务员管理范畴。镇江市 1 万多名机关干部参加《中华人民共和国公务员法》的培训学习，组织和人事部门全面开展公务员登记工作和工资制度改革。

1993 年，镇江市在全民所有制企业中推行管理和技术人员聘用制。1998 年进行事业单位人事制度综合配套改革试点，市直教育、文化、卫生等 9 大系统 22 家单位参加试点。镇江市于 1985 年、1993 年进行工资制度改革。

1998 年，镇江市首家博士后科研工作站在江奎集团设立。至 2005 年，全市共有 1 个留学人员创业园、8 家博士后科研工作站、3 家博士后技术创新中心、23 个研究生实践基地。1983 ~ 2005 年，镇江市共接收军转干部 6145 名。

1983 年，镇江市实行劳动部门介绍就业、自愿组织起来就业和自谋职业相结合的就业方针。1986 年，国务院颁布《国营企业四项暂行规定》；1992 年，国务院颁布《转换企业经营机制条例》，企业开始实行用工、分配、人事 3 项制度改革；1995 年，《中华人民共和国劳动法》正式实施，企业的用工、分配和社会保障制度进入法制化、规范化轨道。1983 ~ 2005 年，全市共安置待业人员 26.97 万人，城镇失业登记率始终控制在 4% 以内，低于全省平均水平；1996 ~ 2000 年累计转移农村劳动力 62.03 万人。

1983 ~ 1994 年，镇江市劳动工资改革围绕“市场机制决定，企业自主分配，职工民主参与，政府监督调控”的总目标，转换分配机制，确立坚持效率优先、兼顾公平的分配原则，实行按劳分配为主体、多种分配方式并存的分配制度，推进分配制度改革。1986年，镇江市劳动部门全面推行企业浮动工资制。1988年，镇江市全面推广工效挂钩的工资形式。1994年通过工改，企业职工平均每月增加标准工资85元，全市企业职工人均年工资4900元。1995年7月1日以后，镇江市实施企业最低工资制度，镇江市区（含京口、润州、丁卯、大港经济技术开发区）、丹阳、扬中执行江苏省1995年度企业最低工资一类标准（月最低工资210元）；句容、丹徒执行江苏省1995年度企业最低工资二类标准（月最低工资175元）。

1983年，镇江市劳动局创办镇江技术培训中心。1985年，镇江初步形成以技工学校和职业学校（职业班）的专业培训，企事业单位的定向培训，技术培训中心和各级劳动服务公司对通用工种的培训，社会团体和民主党派举办的短期培训等就业前培训格局。2005年，全市再就业培训16800人，农村劳动力培训3万人，创业培训914人。

1987年4月，镇江市劳动争议仲裁委员会成立。2005年，全市乡镇成立仲裁办事处67个。全市各级劳动仲裁机构（含乡镇仲裁办事处）共立案受理劳动争议案2010件；审理结案1966件（含上年结转），按期结案率98%。

第一章 机构与编制

1983年后，全市实施事业单位转企改制，理顺管理职能；对行政、企事业单位分别核编，加强事业单位的编制管理；根据不同时期的任务需要，及时进行调整机关、事业单位的机构设置和人员编制的工作。

第一节 机构改革

一、党政机关机构改革

1983年以后，党政机关围绕政府职能转变和提高行政效能，进行一系列调整和改革，尤其是1996年、2001年和2005年三次机构改革调整，精简幅度较大。

1996年的行政机构改革以“转变职能，促进政企职责分开；理顺关系，合理划分职权；精兵简政，提高工作效率；因地制宜，积极稳妥推进”为原则，至1997年基本结束。市级党政机构从89个减少为58个，精简34.83%，市级机关人员从4718人减少为4179人，精简12.9%。首次系统规范地开展定职能、定内设机构、定人员编制和领导职数的“三定”工作。

2001年的机构改革以“坚持党的领导主要是政治、思想和组织领导；转变政府职能，实现政企、政事、政社分开；精简、统一、效能；权责一致、理顺关系；依法行政、规范管理；实事求是、因地制宜”为原则，完成党政机构的“三定”工作和人员分流。党政机构从58个减少为46个，精简20.68%，人员数从4546人减少为3409人，精简25%。对专业经济管理部门进行改革和资产重组，组建市轻工、机械、电子、纺织丝绸、冶金建材、建筑工程、煤炭、物资等8大资产经营管理公司和华耀集团公司。2002年进行市级党群机构改革，市级人大、政协、民主党派、群团等机关“三定”规定全部出台，内设机构、领导职数和人员编制得到相应精简。

2005年的机构改革，坚持“上下基本对应、因地制宜和权责一致”原则，组建市政府国有资产管理委员会，重新组建市口岸和港口管理局，改组发展计划委员会为发展和改革委员会，更名市计划生育委员会为市人口与计划生育委员会，将市安全生产监督管理局从部门管理机构调整为市政府工作部门，调整市经济贸易委员会的职能。2005年，市政府工作部门38个，直属特设机构1个，直属行政机构1个。

二、事业单位机构改革

2002年，事业单位开始研究实施转企改制，重点探索宣传、文化、教育、卫生事业单位的结构布局调整和自收自支经营型事业单位的改制撤销。对市城管、园林、水利、侨办、规划、卫生、交通、建设等系统所属事业单位深化改革工作进行政策咨询和业务指导。2003年按照"有利于发展，注重实效，公开、公平、公正和以人为本、稳步推进"的原则，市属生产经营型事业单位实施转企改制，全市108家事业单位列入改制范围，13家事业单位先行试点。至2005年，68家事业单位完成改制或撤销任务，36家事业单位有序推进转企改制工作。

1985～2005年中共镇江市委组织机构沿革表

表29-1

年份	工作机构	直属机构	部门管理机构
1985	市委办公室、组织部、宣传部、统战部、农工部、政法委员会、老干部局、国家安全局	市级机关党委会、保密委员会办公室、"五讲四美"办公室、血防办公室、高等院校工作委员会、党史办公室	—
1996	市委办公室、组织部、宣传部、农村工作部、统一战线工作部、政法委员会、政策研究室、台湾工作办公室、市级机关工作委员会	党史工作办公室、市委党校、档案局	老干部局、保密委员会办公室、办公室机要局
2001	市委办公室、组织部、宣传部、统一战线工作部、政法委员会、研究室、台湾工作办公室、机构编制委员会办公室、市级机关工作委员会	史志办公室、市委党校、档案局	老干部局、信访局、保密委员会办公室
2005	市委办公室、组织部、宣传部、统一战线工作部、政法委员会、研究室、台湾工作办公室、机构编制委员会办公室、市级机关工作委员会	史志办公室、市委党校、档案局	老干部局、信访局、保密委员会办公室

1985～2005年镇江市人民政府组织机构沿革表

表29-2

年份	工作机构	直属机构	部门管理机构	其他
1985	市政府办公室、计划委员会、经济委员会、城乡建设委员会、科学技术委员会、编制委员会、计划生育委员会、人民政府外事办公室、多种经营管理局、体育运动委员会、农林局、水利局、人事局、环保局、劳动局、统计局、物价局、交通局、机械工业局、化学工业局、轻工业局、乡镇工业局（第二轻工业局）、教育局、卫生局、文化局、广播电视局、商业局、粮食局、工商行政管理局、民政局、公安局、物资局、司法局、审计局、税务局、人防办公室	绿化委员会办公室、防汛防旱办公室、农林区划办公室	行政：侨务办公室、宗教事务管理处、信访办公室、档案处、市级机关行政管理处、标准计量局、职工教育办公室、经济体制改革办公室、财贸领导小组办公室、事业：规划设计管理处、房地产管理处、园林管理处、市政公用事业管理处、接待处、地方志办公室	行政性公司：船舶工业公司、冶金工业公司、电子工业公司、建材工业公司、纺织工业公司、塑料工业公司、煤炭工业公司、汽车工业公司、房屋建设开发公司、建筑工业总公司、医药总公司、供销社、丝绸公司

续表 29-2

年份	工作机构	直属机构	部门管理机构	其他
1996	市政府办公室、计划委员会、经济委员会、经济体制改革委员会、教育委员会、科学技术委员会、建设委员会、对外经济贸易委员会、财贸办公室、公安局、国家安全局、监察局、民政局、司法局、人事局、劳动局、财政局、地方税务局、审计局、统计局、物价局、工商行政管理局、技术监督局、机械工业局、化学工业局、轻工业局、电子工业局、冶金工业局、口岸管理委员会、交通局、规划局、环保局、国土管理局、城市管理委员会、人防办公室、农业局、水利局、多种经营管理局、乡镇企业管理局、贸易局、粮食局、文化局、广播电视局、卫生局、体育运动委员会、计划生育委员会、法制局、侨务办公室、外事办公室	事业：旅游事业管理局、农业机械管理局、房产管理局、地震局、经济协作委员会办公室、社会保险局、老龄委员会办公室、政府接待办公室、地方志编纂委员会办公室、残疾人联合会、贸易促进会	信访局、市级机关事务管理局、民族宗教事务局、地质矿产局、市政公用事业管理局、园林管理局、国有资产管理局	–
2001	市政府办公室、发展计划委员会、经济贸易委员会、教育局、科学技术局、公安局、民政局、司法局、财政局、人事局、劳动和社会保障局、国土资源局、建设局、规划局、城市管理局、交通局、水利局、农林局、信息产业局、对外贸易经济合作局、文化局、卫生局、计划生育委员会、审计局、环境保护局、广播电视局、体育局、统计局、旅游局、物价局、粮食局、民族宗教事务局、口岸管理办公室、人民防空办公室、外事办公室、侨务办公室、法制办公室	事业：贸易局、房产管理局、园林管理局、市级机关事务管理局、农业机械管理局、农业资源开发局、地震局、贸易促进会、政府接待办公室、经济协作办公室、市政公用事业管理局、供销合作总社	–	议事协调机构的常设办事机构：经济体制改革委员会办公室
2005	市政府办公室、发展和改革委员会、经济贸易委员会、教育局、科学技术局、公安局、民政局、司法局、财政局、人事局、劳动和社会保障局、国土资源局、建设局、规划局、城市管理局、交通局、水利局、农林局、信息产业局、对外贸易经济合作局、文化局、卫生局、人口和计划生育委员会、审计局、环境保护局、广播电视局、体育局、统计局、旅游局、物价局、粮食局、民族宗教事务局、口岸和港口管理局、人民防空办公室、外事办公室、侨务办公室、法制办公室、安全生产监督管理局	行政：行政服务中心 事业：房产管理局、园林管理局、市级机关事务管理局、农业机械管理局、农业资源开发局、地震局、贸易促进会、政府接待办公室、经济协作办公室、公用事业管理局、供销合作总社	–	特设机构：国有资产监督管理委员会

第二节　编制管理

1983 年，镇江市原地区行政公署组成地级镇江市政府领导班子，镇江市委有工作部门及直属机构(含纪委)12 个，市政府有工作部门和直属单位 62 个，还有人大、政协、法院、检察院及 5 个民主党派和 8 个群众团体，省核定原地、市行政编制 2621 名，实有行政人员 3536 人，超编 915 人。

2005 年，镇江市委有工作部门 10 个(含纪委)，直属事业机构 3 个，市政府有工作部门 38 个，直属机构 12 个，还有人大、政协、法院、检察院、7 个民主党派和工商联、10 个群众团体。核定行政编制 1989 名，政法专项编制 1001 名，政法其他编制 751 名，行政附属编制 349 名，政法附属编制 16 名。行政实有人员 1850 人，政法实有人员 1182 人，政法其他实有人员 398 人，政法附属实有人员 11 人，行政附属实有人员 246 人。市直事业单位编制总数 22757 名，其中全额拨款编制 7463 名，差额拨款编制 5903 名，自收自支编制 9391 名；市直事业单位实有人员总数 17492 人，其中全额实有 6387 人，差额实有 4773 人，自收自支实有 6332 人。

一、党政机关编制管理

1983 ~2005 年，机构编制管理经历从宏观管理到宏观管理与微观控制相结合的进程。1985 年，实行机构编制的宏观控制，此后逐步建立起编制部门牵头、各有关部门协调配合的机构编制宏观管理机制。1985 年结合党政机关局部调整，全市开展机构编制检查清理，停止增设机构、机构升格和增加人员编制，镇江市撤销市级非常设机构 22 个，收回三员(调研员、监导员、巡视员)空编。1992 年开始转换行政机构职能，在商业、粮食、物资和供销等专业经济管理部门组建企业集团，并加强市级机关科级干部职数控制。1992 年首次实现 1983 年以后全市党政机构总量“零”增长。1993 年配合新一轮机构改革，从严控制党政群机关新增机构和人员编制，年底起冻结机关进人。1994 年全面核查党政机关机构性质和人员编制，理清机关内部混岗、借用人员情况；建立市、县医疗保险基金管理机构和市公安刑警支队，完成国税、地税分设。1998 年，镇江市实行增人计划卡制度，完善减员空编后补充人员管理办法，实行编制和计划双控制，防止机构编制膨胀反弹，市直机关人数净减 128 人。1998 ~2000 年连续 3 年保持党政机关实有人数负增长。2003 年组建市行政服务中心、城管执法局、港务管理局和住房基金中心。比照国家级开发区标准，赋予镇江新区相应经济审批权和行政级别。2005 年深化行政审批制度改革，完成第一批“两集中、两到位”(即：部门审批〈服务〉职能向一个处室集中，成立集中行使审批〈服务〉职能的行政服务处室；行政服务处室向市行政服务中心集中，整建制进中心运作)部门的内设机构改革任务。对环保、国土管理体制改革调整，环保系统在全省首批开展市辖(区)、开发区派出机构试点工作，市国土资源局对丹徒、京口、润州三个辖区国土资源局实行垂直管理。

二、事业单位编制管理

至 1985 年，市属事业单位 248 个，审核定编 165 个。1986 ~1988 年在全市范围开展事业单位定编、核编工作，建立事业单位编制管理台账。1992 年结合事业单位管理体制改革，深化事业单位分类管理、结构管理和计划管理。1993 年，全市开展事业单位登记和法人资格认定工作，市直共认定登记法人事业单位 330 个，非法人事业单位 118 个。1994 年开展全市乡镇电力站等为农服务机构的定性定编工作。1995 年开始开展事业单位年度检验，全年 476 家市直事业单位参加年检，占登记单位的 95%。1998 年取消新建科级以下事业单位的行政级别，并实行事业单位编制和计划双控制。1998 ~2001 年连续 4 年保持财政全额拨款事业单位实有人数负增长。2003 年局部调整事业单位结构布局，撤销 16 家职能弱化或消失的事业单位，归并 6 家职能重复、业务相近的事业单位;清理一批与机关混编混岗的事业单位;完成全市中小学重新核编工作;加强农业技术推广服务体系和社区劳动保障服务体系建设,界定农技推广公益性职能。2005 年对市直事业单位的机构编制实行分类控制,初步建立机构编制督查机制。

第二章　人事管理

中共十三大后,镇江市开始实施干部分类管理,在机关、事业单位、企业推行不同的干部管理制度;完善人员调配、工资福利、人才选拔、奖惩、离退休等机关事业单位人事管理制度,在党政机关建立公务员制度,完善企事业单位人员的职称评聘制度,加强对企业人事管理的宏观指导。

第一节　干部管理

1983 年后,镇江市贯彻中央关于经济体制改革的决定和改革干部管理体制要求,干部管理工作从计划为主逐步发展为分类管理以及以市场配置为主的管理模式,促进人才合理流动,搞活干部管理。1985 年将科以下干部的管理权限下放到主管局,扩大企事业单位的用人自主权,初步扭转集中管理过多的状况。1988 年 9 月鼓励专业技术人员流动。1992 年 6 月,镇江市出台《关于加快人才引进和促进人才流动的意见》,提出人才引进和流动主要通过人才市场进行双向选择。1993 年 2 月出台《镇江市全民所有制企业管理人员和技术人员聘用制暂行办法》,建立适应社会主义市场经济体制的聘用干部管理机制。2005 年,全市机关事业单位干部(含公务员)有 1.30 万人,各类专业技术人员 12.19 万人。

一、人事计划管理

1990 年 11 月,市人事局成立综合计划科,主要负责全市机关事业单位的职工人数、工资总额、干部增资计划的管理和工资基金管理、人员和工资的统计工作。

1. 人员计划管理　从 1991 年起按照“控制总量、调整结构、保证重点、充实基层”的要求,市人事局对机关事业单位实行人员计划管理。1992 年,镇江市实行“增人计划单”(1996 年改为“增人计划卡”)办法,凭单(卡)办理各项人事关系。1997 年控制工勤人员增长。2000 年,机关进人总量下降 24.8%。2001 年执行编制和计划的双控政策,机关和全额事业单位实现人员的“零”增长(公开招考公务员除外)。2002 年严控大龄、低学历人员调入全额拨款事业单位,对本科和中级职称以下人员实行“凡进必考”。按照“总量控制,结构调整,分类管理”原则,压缩事业单位一般性人员的增长,保证重点政策性安置计划的落实和专业技术人员的补充,逐步规范事业单位临时用工管理。2001 ~ 2004 年,市直全额拨款事业单位连续 4 年实现人员负增长。

2. 人事统计　1997 年,镇江市实行全市干部统计工作考评制度,根据统计组织工作、统计报表质量和统计分析等对辖市(区)人事局和市直各主管局进行考评。2001 年出台加强人事统计工作的意见,规范和指导各辖市(区)人事统计工作,同时全市各级人事统计单位全部实现计算机统计。2001 年起针对全市近万家非公有制企业开展管理人员和专业技术人员资源状况调查工作,初步摸清全市人才资源总体情况。2002 年针对镇江经济发展的支柱产业,全市开展六大行业高级人才资源的专项调查工作。

二、公务员管理

1993 年 8 月，国务院颁布《国家公务员暂行条例》后，全市干部管理逐渐走向制度化、规范化和科学化。1997 年相继制定《镇江市国家公务员制度实施方案》《镇江市机关现有工作人员向国家公务员过渡实施办法》，开展机关工作人员向公务员过渡工作。1998 年，镇江市各级国家行政机关全面实行公务员制度。8 月，完成入轨阶段的各项任务，包括职位分类、人员过渡及市公务员调任、录用、辞职辞退、行政奖励、综合管理等相关政策的拟定。市、县、乡三级共设置职位 12395 个。9973 人过渡为公务员，未过渡 1183 人，分流 395 人。已过渡人员中市级机关 3741 人，县级机关 4057 人，乡镇机关 2175 人；县处级 296 人，科级 3127 人，科员办事员 6550 人。1997～2005 年共实施 10 次公务员公开招考工作，提供 1338 个职位，录用公务员 1183 人。

1. 考核　1995 年，镇江市出台《机关工作人员年度考核暂行办法》。公务员考核包括平时考核和年度考核，年度考核根据德、能、勤、绩、廉等方面，其结果分为优秀、称职、基本称职和不称职 4 种等次。1995 年以后，全市各级行政机关参加年度考核的公务员占总人数 98% 以上，其中约 13% 被评为优秀等次，0.19% 被评为不称职等次。

2. 任免　1993 年，国家公务员职务实行委任制，原则上一人一职，确因工作需要可以兼职，但不得在企业和营利性事业单位兼任职务。初步建立职数审核、晋升资格审查、职务任免备案和任命书颁发制度。

1999 年制定《市级机关科级干部职数和任用管理暂行办法》，规范市级机关科级干部职数管理和晋职、降职、交流与回避等任用制度。

2000 年探索建立公务员最高任职年龄制度，明确规定科级领导干部的最高任职年龄（男 55 岁，女 50 岁）和晋升科级正、副职的最高年龄（正职年龄一般在 45 岁以下，最高不超过 50 岁；副职年龄一般在 40 岁以下，最高不超过 45 岁）。2001～2005 年，市级机关 200 余人因达到最高任职年龄而改任非领导职务。

2001 年在试点的基础上，全市 600 多个职位实行竞争上岗。竞争上岗逐渐成为公务员选拔任用的一个重要方式。

3. 奖惩　1993 年根据国务院颁发的《国家公务员暂行条例》，奖励的种类有嘉奖、记三等功、记二等功、记一等功、授予荣誉称号等 5 种，行政处分种类有警告、记过、记大过、降级、撤职、开除等 6 种，镇江市遵照条例对公务员进行奖惩，沿用至今。

1996～2003 年，全市共有 13950 人受到嘉奖，2975 人记三等功，178 人记二等功，30 人记一等功，247 人被授予荣誉称号，308 人受到行政处分。

1998 年，全国开展做人民满意的公务员活动，镇江市丁万万被人事部授予全国人民满意的公务员称号。1999～2005 年，镇江市沈玉军、邓志祥、蒋元海等 3 人被省政府授予全省人民满意的公务员称号。2000 年、2004 年镇江市两次开展做市人民满意的公务员活动，40 名公务员受到表彰。2001 年、2003 年镇江两次在全市范围内开展创一流有功单位和突出贡献奖评比表彰活动。2003 年开展非典型肺炎防治工作评比表彰工作，20 人被评为非典型肺炎防治工作先进工作者。

2002 年 10 月，市政府制定机关工作人员工作态度和效能投诉处理办法。对群众投诉的公务员 9 种不作为行为，按照情节轻重分别给予诫勉、调离岗位、扣除目标奖、辞退等处理。

三、培训

1985～1996 年，人事培训业务主要由市人才服务中心实施。1997 年，市人事局设立培训教育处，建立人事培训教育中心。培训教育中心、培训教育处联合办公，组织培训活动。1999 年初，市人事培训教育中心与人事考试中心合署，培训教育处单独开展培训工作。2003 年 7 月起，市人事培训教育中心与培训教育处合署办公。人事培训业务主要包括人事干部培训，公务员的初任、任职和在职更新知识培训，人才资源开发培训，职称、职（执）业资格考试辅导培训和企事业单位专技人员、管理人员培训，转业军官培训等。

1990年前后，市人事局先后与全国数十所高校合作，开展人才资源开发培训，通过委托培养、定向招生、联合办学等形式，选送镇江籍高中毕业生到高等学校接受本科、大专学历教育，共培养8500多名本、专科毕业生。

1996～1997年，全市开展党政机关干部的大规模培训，1.5万多名机关工作人员参加国家公务员过渡培训。1998～2005年开展依法行政普法教育、世界贸易组织知识、普通话、公务英语会话、计算机办公基本能力、公务员行为规范、行政许可法、电子政务知识和公共管理知识等9项全员培训考核，累计完成10余万人次培训考核。1998～2005年，全市748名新录用公务员和540多名科级公务员分别接受初任培训和任职培训。

1997年起，专业技术人员培训成为人事培训的重要内容。到2005年，培训项目发展到20多项，累计培训18000多人次。2001年组织编写继续教育培训教材《现代科技、经济与管理》，启动大规模专业技术人员继续教育培训活动，截至2005年，全市20多万人次参加继续教育培训。2005年起建立中国镇江人事培训网，开发网络培训、考试及管理系统，并与人事部高级公务员培训中心、北京鲁班培训机构、北京环球职业教育机构合作，先后开通卫星远程和网络远程培训，形成面授、卫星远程培训和网络远程培训三位一体的全方位培训服务体系。

根据国务院、中央军委“军队转业干部要先培训后上岗”的要求，镇江市坚持“学用结合、按需施教、注重实效”的原则，对军转干部进行岗前培训。1983～1984年，由部队对转业干部离队前进行政治训练、思想教育工作。1985年以后，由地方军转部门对所有军转干部按系统、专业组织培训。1985～2005年举办各类培训班21次，培训人员4545人，参加省组织的各类培训1457人。1994年10月，镇江市转业军官培训中心正式投入使用。1995年11月，培训中心作为全国唯一的培训中心建设成果，参加全国军转干部先进事迹及成果展。

四、军转干部安置

镇江市军队转业干部安置工作领导小组为军转安置工作的领导机构，其办事机构设在市人事局。市委组织部负责副团以上干部的安置工作，市人事局负责营及以下干部和技术干部的安置。

军队转业干部安置按照一般回原籍或入伍所在地安置的原则。1983～2000年，镇江市接收安置的原则是军转干部原籍或入伍所在地为镇江（不含高等院校入伍的），配偶常住户口在镇江连续8年以上（1998～2000年改为5年）。2001～2005年安置原则为军转干部原籍或入伍所在地为镇江，配偶随军到镇江或结婚时常住户口在镇江。1983～2005年共接收安置军转干部6145人。从1999～2005年连续7年率先在全省完成安置任务。

1983～2000年，镇江市实行指令性计划分配的安置方式。1985～1987年在“军队改革体制、精减编制、减少员额一百万”的大裁军期间，镇江市共接收安置军转干部1927人，安置到企事业单位占90%；1998～2000年在“五十万裁军”期间，全市共接收安置军转干部760人，机关事业单位占90%。2001年，国家颁布实施《军队转业安置暂行办法》，首次提出军队转业干部可以选择计划分配或者自主择业的方式安置。镇江市开始采用计划安置与自主择业相结合的安置方式。2001～2005年共接收49人自主择业军转干部。2004～2005年在国家“二十万裁军”期间，镇江市共接收军转干部535人，进党政机关的占89%，事业单位占8%。

1983～2005 年镇江市接收安置军转干部明细表

表 29-3　　单位:人

年份	接收总数	师团职	营及以下	技术干部	自主择业	安置去向(%)			备注
						党政机关	事业单位	企业	
1983	363	52	261	50	–	36	22	42	–
1984	264	41	182	41	–	35	19.30	45.70	–
1985	538	78	375	85	–	17.50	39.20	43.30	“百万裁军”期间
1986	850	72	637	141	–	9.90	53.50	37.60	
1987	539	38	379	122	–	4	68.90	28.10	
1988	373	49	257	67	–	17.30	67.90	14.80	–
1989	185	26	115	44	–	15.10	60	24.90	–
1990	125	26	66	33	–	14.10	54.80	31.10	–
1991	131	25	67	39	–	15.30	58.40	26.30	–
1992	112	24	67	21	–	16.10	47.30	36.60	–
1993	244	50	136	58	–	18.40	43.40	43.20	–
1994	201	46	96	59	–	15.40	63.20	21.40	–
1995	151	28	91	32	–	49	28.50	22.50	–
1996	185	40	95	50	–	46.80	35.50	17.70	–
1997	188	26	111	51	–	49.70	38.60	11.70	–
1998	174	40	90	44	–	58.60	35.60	5.80	“五十万裁军”期间
1999	310	61	153	96	–	38	52.60	9.40	
2000	276	46	139	91	–	73.20	23.90	2.90	
2001	154	26	79	37	12	74.30	20.70	5	开始接收自主择业军转干部
2002	120	24	73	18	5	73.20	20.40	6.40	–
2003	127	32	72	13	10	82.60	13.90	3.50	–
2004	278	53	156	53	16	88.90	9.90	1.20	“二十万裁军”期间
2005	257	37	163	51	6	90.40	8	1.60	
合计	6145	940	3860	1296	49	–	–	–	–

五、事业单位人事制度改革

1998 年 9 月,镇江市正式启动以内部机构管理改革、实行全员聘用合同制、推行竞争上岗和双向选择、实行专业技术职务和工人技术等级评聘分开和搞活内部分配为内容的人事制度综合配套改革。1999 年召开事业单位人事制度综合配套推进改革大会,市直 146 家单位 1.5 万名职工列入扩大推行改革范围,占总数的 50%。同年,县(市)区改革全面启动。2000 年,镇江市实施改革单位初步建立以全员聘用合同制为标志的新的用人机制。

1. 实施人员聘用制　1998 年以后,镇江市深化以聘用制为主要内容的事业单位用人制度改革。2001年制定并完善聘用合同制管理、人员分流安置、规范临时用工管理等政策办法。2002年,全市实施聘用制的单位占总数的86%以上,实施人数占总数的88%以上。2004年出台《事业单位人员聘用制实施办法》,规范事业单位的聘用制工作。至2005年,全市2282家事业单位签订聘用合同,占应实行单位总数的93%,已签订聘用合同的人数为65510人,占应实行人数的97%。

2. 分配制度改革　1998年,镇江市围绕深化事业单位分配制度改革,制定《深化事业单位分配制度改革的意见》等5个相关配套文件。2001年,部分事业单位开展多元化分配制度改革试点。2002年在全省率先制定岗效工资制、技术要素参与收益分配的办法,8个行业20家事业单位进行多元化分配制度改革试点。2004年配合事业单位转企改制,推出事业单位实行协议工资制的办法。

3. 人事争议仲裁　1999年11月,镇江市成立人事争议仲裁委员会及其办公室,制定《镇江市人事争议仲裁暂行办法》《人事争议仲裁委员会办案规则》《人事争议仲裁委员会仲裁员管理暂行办法》,聘请18名专兼职仲裁员,开始正式受理并处理人事争议案件,履行仲裁职能。截至2005年共接待和受理人事争议案件105起。2003年,镇江市卫生、教育、园林、建设等10家市属主管局及其下属单位,建立人事调解组织。2004年3月起在全市市属主管局、驻镇高校、各辖市(区)及各大事业单位全面推开。全市共建立人事争议调解组织154个,专兼职调解委员856人,各辖市(区)调解组织111个,初步建立起基层事业单位调解组织工作网络。

第二节　专业技术人员管理

1983～1995年,专业技术人员由市科技局统一管理。1996年,市人事局按照职能配置重新组建专业技术人员职称管理科和专业技术干部管理科,1997年更名为专业技术人员职称管理处和专业技术人员管理处。鼓励专业技术人员流动,选拔表彰优秀的专业技术人员,推进职称评聘分开。

一、专业技术人才队伍(含科技干部)

为充分调动专业技术人员的积极性,1983年,镇江市继续办理科技干部农村家属“农转非”手续。1999年出台《关于进一步搞活人才工作的若干意见》以及11个配套实施办法,对优秀拔尖人才或专家给予系列的激励政策。出台高级专家提高退休费比例和延长退休年龄的意见。2001年对于符合条件的专业技术人才引进,允许配偶及子女户口随迁。2002年取消进城人口计划指标管理,实行户口迁移条件准入制,专业技术人员及家属“农转非”工作结束。2003年下放用人单位高级专家延长退休年龄审批权。至2005年,全市拥有各类专业技术人才12.19万人,其中,高级7418人(正高176人),占6.09%;中级34389人,占28.21%;初级57169人,占46.90%。

二、职称管理

1998年,镇江市出台《镇江市专业技术职称工作规范化管理意见》,明确各级职称办的工作职责。继而在全市开展以取消职称评审指标管理、强化岗位设置、硬化评审标准与条件、竞争上岗、完善专业技术职务聘任制、推行专业技术任职资格考评与聘任相分离为内容的职称综合改革,10多个事业单位先行试点,1999年全面推开。2000年,镇江市取消指标控制,明确业绩取向,评审职称逐渐打破学历、资历限制。重组现行专业技术职称评审机构。2001年,全市开展职称社会化评审工作。2002年出台职称社会化评价具体办法,全面推进职称社会化评价工作。2004年,出台加强专业技术人才评价工作的实施意见,并开展非公经济组织专业技术人员职称评审。2005年探索评价主体多元化和评价方式多样化,建立符合不同专业特点、具有地方特色的专业技术资格评价制度,如直接认定特殊专业技术人才的专业技术资格,逐步实行中、高级职称二级评审,开展农村实用人才评价工作。

三、拔尖人才评选和表彰

从1991年开始，镇江市评选表彰市有突出贡献中青年专家，每两年一次，每次选拔表彰约40人。1992年，举办市青年科技成果博览会，表彰125名青年科技人员。1998年出台市有突出贡献的中青年专家淘汰制管理办法、市知名专家终身荣誉制度及专家联系制度，对专家实行动态管理。1999年建立专家评委库，首次应用专家评委库开展专家评审，评委库有91名评委。2002年，评委库有评委215名。2003年，出台市有突出贡献的中青年专家选拔与管理办法，完善专家管理制度。截至2005年，全市共有专家（含享受政府特殊津贴人员）342人，其中，国家级突出贡献中青年专家3人，享受政府特殊津贴人员86人，省级突出贡献中青年专家47人，市知名专家3人，市级突出贡献中青年专家291人。

第三节 工资福利管理

1985年，镇江市实施新中国建立后机关事业单位的第二次工资改革，建立以基础、职务工资为主的工资制度。1993年进行第三次工资制度改革，机关和事业单位工资制度分设，并建立正常的工资增长机制。随着社会生产、生活水平的提高，机关事业单位干部福利也有相应改善，镇江市出台一系列地方补贴政策，提高各种福利费标准，还相继建立休假、优秀公务员休养等多种福利制度。

一、工资总额计划和工资基金管理

从1991年起开始建立工资基金审批制度，对机关事业单位工资基金使用情况进行定期检查。1993年，分类管理自收自支、差额、全额事业单位工资基金。1995年，镇江市对部分有条件的单位陆续施行总额包干和与经济效益挂钩的工资制度，进行事业单位项目承包等多元化分配试点，搞活事业单位内部分配。1998年，镇江市出台进一步加强机关事业单位工资基金管理的意见，加强对工资基金消费的宏观调控。2004年，事业单位的收支纳入财政集中支付，基金审核工作取消。

二、工资

1985年工资制度改革后，机关事业单位工资由基础工资、职务工资、工龄津贴、奖励工资4部分组成。至1993年工资改革，分别于1986年10月、1987年10月、1988年、1989年10月、1992年3月调整5次工资。

1993年10月，镇江市分设机关和事业单位工资标准。机关干部实行职级工资制，工资由基础工资、职务工资、级别工资和工龄工资组成，机关工人工资由岗位工资、技术等级工资和奖金3部分组成。事业单位实行职务等级工资制，工资由职务工资和津贴组成，其中津贴根据经费来源，对全额、差额、自收自支事业单位分别实行占工资总额的30%、40%、40%以上。1993年的工资改革还建立与考核挂钩的工资正常晋升机制。

1999年6月，考核晋升级别与按年限晋升级别同时进行。机关和事业单位工作人员在连续两年考核称职（合格）的基础上，于2000年10月1日晋升一档职务（岗位）工资。这个阶段，在正常晋升工资的同时，国家先后5次调整工资标准（1997年7月、1999年7月、2001年1月、2001年10月、2003年7月）。江苏省先后5次（1995年11月、1996年10月、1997年7月、1998年10月、2000年10月）调整职务岗位津贴或综合补贴标准，镇江市遵照执行。2003年7月规定事业单位增加工资总额人均不超过220元/月。

1985～2005年，镇江市先后出台机关工作人员差旅费包干、误餐补贴、节编奖、考勤奖、地方岗位补贴等地方补贴政策，2005年标准为差旅费包干240元/月、误餐补贴160元/月、节编奖100元/月、考勤奖80元/月、地方岗位补贴人均220元/月。

1994～2005年镇江市机关事业单位工资情况表

表29-4

单位	年份	人数(人)		年工资总额(千元)		人均年工资(元)	
		机关	事业	机关	事业	机关	事业
市直	1994	4946	18840	29984	113378	6062.27	6017.94
全市		16930	61240	96056	346271	5673.72	5654.33
市直	1996	5362	19916	42601	139160	7944.98	6987.35
全市		17500	70068	121563	478988	6946.46	6836.04
市直	1997	5486	20647	48456	175769	8832.66	8513.05
全市		17727	73468	149952	569143	8458.96	7746.81
市直	1998	5506	20691	60042	189891	10904.83	9177.47
全市		17545	73347	170503	658096	9718.04	8972.36
市直	1999	4954	22054	66695	231401	13462.86	10492.47
全市		16760	75857	197996	768981	11813.60	10137.25
市直	2000	4926	21434	81069	284153	16457.37	13257.11
全市		16369	73132	221861	839611	13553.73	11480.76
市直	2001	4215	22879	79992	359953	18977.94	15732.90
全市		14261	73730	229598	1010906	16099.71	13710.92
市直	2002	4251	22150	90673	382982	21329.80	17290.38
全市		13817	71975	250147	1099541	18104.29	15276.71
市直	2003	4291	21066	106945	404100	24923.09	19182.57
全市		13794	71998	289396	1212272	20979.85	16837.58
市直	2004	4475	20826	126511	468583	28270.61	22499.90
全市		14068	72737	340041	1396394	24171.24	19197.85
市直	2005	4554	18893	145560	492660	31963.11	26076.32
全市		14111	68970	386269	1458038	27373.61	21140.18

说明:1995年数据资料缺失

三、福利

机关事业单位福利主要是困难补助、遗属补贴以及假期待遇等。

1. 福利费的调整及使用　1987年、1992年、1997年调整福利费,1987年调整为2.5元/月人,1992年调整为4元/月人。2005年福利费标准为20元/月人,各单位采取包干使用的办法,主要用于集体福利和本单位职工困难补助。

2. 丧葬费调整　1990年,机关事业单位职工死亡丧葬费从300元提高到600元。1994年取消机关事业单位职工死亡一次性补助不超过3000元的规定,超过3000元的按照10个月离退休或工资的标准补足。

3. 遗属生活困难补助　1985年以后,镇江市对遗属生活困难补助进行7次调整(1988、1989、1993、1995、1996、1999、2003年)。从2003年起,遗属生活困难补贴调整为220元/月。

4. 年休假制度　1991年起，镇江市正式实施机关事业单位工作人员休假制度。全市各级国家机关、事业单位工作人员，凡工作年限满5年不满10年的，每年休假7天；工作年限满10年不满20年的，每年休假10天；工作满20年以上的，每年休假14天。

5. 优秀公务员健康休养　2004年起，镇江市直机关开始实行优秀公务员健康休养制度。截至2005年，市直机关组织3批共计70多人进行健康休养。各辖市(区)也相应开展公务员健康休养工作。

第四节　离退休人员管理

1998年出台《镇江市机关事业单位工作人员退休管理暂行办法》，规范机关事业单位退休管理。截至2005年，市直机关事业单位离退休人数8525人，其中离休干部705人。市直离退休人员离退休费年均为28169.6元。全市离退休人数为30258人，其中离休干部为1488人。全市离退休人员离退休费年均为19951.6元。

机关机构改革提前退休情况　1996年、2001年两次机关机构改革期间，办理一批人员提前退休，在工资待遇上给予优惠。1996～2001年6月办理提前退休180人。2001年7月至2005年12月办理提前退休245人。

退休人员活动费　1984年5月，全市退休人员每人每年20元的活动费，由单位掌握使用；1993年1月1日起提高到96元，管理费24元；2000年1月1日起提高到176元，管理费24元。

50年代退职人员(含1960年)增加生活补贴情况　1985年7月、1990年6月、1993年10月、1997年7月、1997年10月、1998年10月、1999年7月、1999年10月、2001年1月、2001年10月、2002年7月、2003年10月、2005年10月增加退职费。1985～2005年，抗日战争时期参加工作的，城镇户口增加到401元，农村户口增加到396元；解放战争时期参加工作的，城镇户口增加到396元，农村户口增加到391元；新中国成立后参加工作的，城镇户口增加到391元，农村户口增加到383元。

增加离退休费情况　1985～1993年工改前分别于1986年、1990年、1993年3次提高退休人员退休费。1989年，离退休人员按在职人员相应职级普调一级的平均增资额增加离退休费，低于8元的按8元增加。1993年对1985年工改前退休人员增加退休费16元。1993～2005年，国家和省先后14次(1993年10月、1995年10月、1995年11月、1996年10月、1997年7月、1997年10月、1998年10月、1999年7月、1999年10月、2001年1月、2001年10月、2003年7月、2003年10月、2005年10月)增加离退休费。离休人员比照在职人员增加离休费。

镇江市1983～2005年历次提高退休补助费比例情况表

表29-5

工作时间	1986年7月1日			1990年1月1日			1993年1月1日		
工　龄	30年以上(含30年)	20～30年(含20年)	10～20年(含10年)	30年以上(含30年)	20～30年(含20年)	10～20年(含10年)	30年以上(含30年)	20～30年(含20年)	10～20年(含10年)
1953年前工作	15%	10%	–	–	–	–	20%	15%	–
1953～1957年工作	10%	5%	–	–	–	–	15%	10%	5%
1957年以后工作	–	–	–	10%	5%	–	15%	10%	5%

说明：1. 表中比例为退休补助费占标准工资的比例

2. 特殊情况提高退休费比例。市以上劳模、劳动英雄、部队军以上单位授予的战斗英雄，可提高本人标准工资的5%～15%。因工致残退休人员提高5%。独生子女的父母提高5%。凡在海拔3500米以上工作满10年以上，提高5%～10%。高级专家工作30年以上做出显著成绩、有突出贡献、获得市以上劳模称号、获得省级以上科技成果或科技进步四等奖以上的，提高5%～15%。提高后的退休费，不得超过本人原标准工资

1993年10月镇江市工改后的退休费比例情况表

表29-6

工龄	35年以上（含35年）	30～35年（含30年）	20～30年（含20年）	10～20年（含10年）	不满10年
机关干部	88%	82%	75%	60%	40%
机关工人、事业单位人员	90%	85%	80%	70%	50%

说明：表中比例为退休费占基本工资的比例

离退休人员地方生活补贴　镇江市直机关对离退休人员实行地方性补助和生活补贴，人均350元/月。事业单位于2003年7月由各单位自定方案，增加离退休人员生活补贴。离退休人员增加的地方生活补贴不列入养老保险费支付。

第五节　人才交流

一、人才引进

1986～1990年，全市调进各类技术干部2918人，接受国家统配毕业生1.25万人。1991年，全市引进国家统配大中专毕业生、研究生3807人。1992年接收各类毕业生2365人（不含部省属单位接收的毕业生和师范院校毕业生），引进技术干部357人（其中中高级技术职称73人）。

1993年，国家取消统一分配大学生就业制度后，以组团外出招聘、举办市场招聘等形式引进大中专毕业生。1993年，镇江市引进大中专毕业生（不含师范生）3840人，1994年引进4500余人，国家教委授予市人事局全国普通高等学校毕业生分配工作珍惜人才奖，全市争取到国家教委高校毕业生重点保证单位计划指标80名。1995年引进5289人，720名本科生中约2/3为外地生源。1996年引进6032人，其中国家部属重点高校本科以上毕业生520人，占全市接收本科以上毕业生总数的67.7%。全市5家单位被列为国家教委高校毕业生重点计划保证单位，争取到计算机、无线电、自动控制等全国紧俏专业毕业生146名。1997年引进5970人，全市在职大中专毕业生总数由1992年的5.8万人上升到8.58万人。1998年，镇江市引进急缺专业毕业生1010人，其中市区643人。1999年引进本科以上毕业生1200人。2000年引进本科以上毕业生1190人。2001年引进本科学历或中级职称以上人才1528人，硕士45人。北京大学、清华大学、复旦大学、上海交通科技大学、南京大学、东南大学等6所高校在镇江建立研究生实习基地，清华、北大30余名硕士、博士到镇江实习挂职，东南大学40名博士到镇江考察洽谈。2002年，镇江市引进本科学历或中级职称以上人才1852人，开始筹集专门用于人才引进开发的人才资源开发资金。从华东师范大学引进6名博士生到镇江挂职锻炼，华晨华通、江奎集团、恒顺集团等单位引进10余名毕业研究生来单位实习。尝试猎头服务方式，先后为镇江美驰轻型车系统（第二）有限公司、镇江四星钢塑零件有限公司等单位引进20余名中高级专业技术和管理人才。2003年，全市引进本科或中级职称以上人才2310人。2004年引进本科以上毕业生2850人，其中研究生318人。牵头组织江苏沿江七市赴武汉人才招聘会；组织举办江苏沿江八市人才·毕业生工作座谈会；沿江八市人才招聘团11月下旬起，先后赴南京、武汉、成都等地招贤纳才。2005年，全市引进本科学历或中级职称以上人才3510人，其中，硕士研究生以上高层次人才330人。同济大学、华东师范大学、中国矿业大学、南京工业大学、合肥工业大学、安徽理工大学、西安石油大学等高校在镇江市建立毕业生就业基地，与研究生社会实践设站单位清华大学、南京理工大学、上海财经大学开展研究生社会实践协作。

二、外国专家工作

2000年9月,镇江市引进国外智力工作职能由市科委转到市人事局,同时成立镇江市外国专家局(副处级建制,设在人事局),内设业务处室外国专家办公室,挂镇江市引进国外智力办公室牌子,综合管理引进国外智力、向国外派遣实习培训人员等工作。2001~2005年,全市共执行49个引智项目。2003~2005年共执行6个基地项目。

2001年2月,江苏省内首家中英文外国专家工作网站——镇江市外国专家网(www.feb.gov.cn)开通。6月,镇江成立市国际人才交流协会,作为专门从事国际间专业人才交流的非盈利性社会团体。

2002年,市外专局组织的镇江焦化煤气集团公司煅烧焦生产技术工艺攻关项目被列为2002年国家重点引智项目、市"十五"规划重点攻关项目。镇江市联系的日本权威蚕实用品种选育专家宫下民雄先后获江苏友谊奖、国家友谊奖。意大利专家麦金获市政府荣誉证书。首次邀请英、美两国4位高层次专家到镇江指导城市规划。10月,"镇江市千亩早川葡萄示范园"(在句容市)和丹阳市日本稻鸭共作技术示范推广基地被命名为江苏省引进国外智力成果示范推广基地。

2004年,荷兰NMCP(荷兰管理咨询组织)乳品专家奥滕霍夫先生到丹阳康力乳业公司指导乳品研制技术,英国3位BESO(英国海外执行局)专家(园林、景观设计专家麦克尔·埃里森、防洪专家伯纳德·马斯登和旅游规划专家朱迪斯·斯蕾)到镇江指导扬中市环岛景观生态规划。德国两位SES(德国退休专家组织)专家居比策先生和科尼希博士到镇江指导丹阳市沿江开发基础设施建设投融资项目,并被聘为丹阳滨江新区开发建设特邀顾问。12月,市外国专家局为德国专家魏立德(丹阳四达化工从事绝缘材料研究)颁发全省外国专家证发放体制改革以后的第一号外国专家证。

2005年7月,德国SES城市规划专家艾希勒博士、旅游策划专家米赫到镇江指导世业洲国家级旅游度假区规划论证和旅游策划。

三、毕业生就业

1983~1984年,全市共接收大中专毕业生1200人,其中大专以上557人,中专643人,分配去向主要是轻纺、建材、交通、教育等基层单位。1985年,镇江市改革对大中专毕业生的接收分配方法,组织力量赴全国各地参加由国家有关部委召开的高校毕业生信息交流会,接收急需专业人才。1986年,毕业生就业逐渐从国家统分统配走向市场双选,至1990年,镇江市双选毕业生有4700多人,交流毕业生640人。

1991年4月18日,镇江市召开大中专毕业生工作表彰大会,表彰67个毕业生工作先进单位和111名优秀大中专毕业生。1992年成立毕业生就业指导服务中心,开展多种形式的人才、技术服务。全市举办各类大中专毕业生岗前培训150多期,90%以上的应届毕业生参加培训。1994年通过成人教育渠道选送684名高中毕业生到南京大学等4所高校进行大专层次的专业培训。1995年,市场双向选择就业的大专以上毕业生达90%。1996年开始编制下达毕业生就业计划,保证本地生源毕业生及时就业。1997年,2140名各类毕业生通过市场双向选择落实就业单位,占毕业生总数的36%。11月,全省大中专毕业生就业工作会议在镇江召开。1998年,全年举办3场大型毕业生专项招聘会,签约和达成意向人数1200余人;在全市范围内推行毕业生见习期试聘制度;全市普通院校、地方院校毕业生就业率达64%,市区生源普通院校统配毕业生就业率达85%,自费生就业率达45%;职大、电大、普通专科班毕业生共派遣282人,占生源总数65.7%。1999年,市大中专毕业生首次突破万人,全市共举办8次毕业生就业专项集市,提供近5000个就业岗位,下达优秀生和特困生编制指导性计划,鼓励和引导毕业生多渠道就业和入学深造等,市直普通院校大中专毕业生待业登记率控制在5%以内。2000年,70%以上签订协议大中专毕业生通过市场双向选择就业。2003 年,镇江市出台促进毕业生就业的 10 条具体措施(包括向毕业生免费开放所有人才集市、举办系列毕业生专场招聘会、重点帮助特困家庭毕业生解决就业问题、事业单位新增人员主要面向应届大中专毕业生公开招录等),夏冬两季大中专毕业生交流大会常态化。与苏州、无锡、常州三市签署协议,成立苏南四市毕业生就业工作协作组,建立联席会议制度,就毕业生就业、人才招聘、政策协调等方面定期沟通、广泛合作。承办"苏州、无锡、常州、镇江"苏南四市接收毕业生专场,共计 520 多家用人单位进场,3.83 万余名大中专毕业生进场求职。同年 10 月,镇江成为苏、浙、沪三省毕业生就业工作协作组成员。2004 年成立由 8 个职能部门组成的镇江市高校毕业生就业领导小组,全年接收大中专毕业生 9572 人。2005 年,镇江市毕业生总量突破 1.7 万人,人事部门帮助 2000 余名特困家庭毕业生和中低层次人才实现就业。

四、高层次人才载体

1998 年,镇江市首个企业博士后科研工作站在江奎集团设立。2003 年在全省率先出台《企业博士后科研工作站建设与管理暂行办法》,规范和完善博士后管理工作。截至 2005 年,全市拥有江奎集团、大全集团(江苏长江电气集团有限公司)、江苏大亚新型包装材料股份有限公司、江苏恒顺集团公司、金东纸业(江苏)有限公司、镇江华晨华通路面机械有限公司、江苏宏达化工新材料股份有限公司和镇江金钛软件有限公司等 8 家企业博士后工作站,江苏恒顺集团公司、镇江通讯广播设备厂、江苏索普(集团)有限公司 3 家企业博士后技术创新中心。2005 年,镇江市人事局和江奎集团被省人事厅授予博士后管理工作先进单位称号。镇江市设立博士后工作站和博士后技术创新中心以后,进博士后工作站和博士后技术中心的博士达 25 名,6 名博士后出站,共参与承担 43 个科研项目,其中国家和省级科研项目达 11 项,项目研究累计投入 1500 万元,利润达 2000 万元,申请专利 4 项,博士后在国内外刊物上发表学术论文 50 多篇。

2000 年 7 月,镇江留学人员创业园成立,成为省内首家由市人事局与高新技术开发园区联合创办的创业园。2002 年 7 月,创业园被原人事部批准为与镇江市人民政府共建,为江苏省首个由人事部与地方政府共建的留学人员创业园。2002 年,镇江市出台加强建设镇江留学人员创业园建设暂行办法,并制定政策支持留学人员到镇江创业。2004 年,创业园赴北京参加由中宣部、人事部、教育部、科技部共同组织的中国留学人员回国创业成就展。2005 年 11 月,创业园被科技部正式批准为国家级高新技术创业服务中心。创业园与国家级镇江高新技术创业服务中心、镇江软件园实行三块牌子、一套班子合署办公,累计进驻企业 90 余家,其中留学生企业 28 家。项目总投资 2.2 亿元,总注册资本 1.6 亿元,吸纳科技从业人员 900 余人,其中博士 26 人,硕士 38 人。园区有 5 家留学生企业被认定为省级高新技术企业,共申请各类专利 34 件。入园留学生企业拥有博士后工作站和省级工程技术中心各 1 个、市级工程技术中心 1 个。创业留学人员中,2 人被评为江苏省优秀留学人员先进个人,分别获得省政府 1 万美元的资助,2 人获市有突出贡献的中青年专家称号。

五、人才市场

人才市场建设　1988 年 11 月,镇江市在全省率先建立并开放人才市场。随后,各区、县人才交流服务机构相继成立。1988 ~ 1990 年,镇江人才市场开始探索举办人才集市,促进大中专毕业生和专业技术人员进入市场双向选择,共举办人才集市 9 次,600 多家(次)单位、1.1 万人次专业技术人员、4700 多名毕业生参加双向选择;370 余名在职专业技术人员,640 名毕业生交流成功;220 多家单位选到合适人才。

1988 年,《镇江人才市场信息》创刊,至 1990 年共出刊 19 期,为市区企事业单位和基层提供信息技术服务。

1991 年,镇江人才市场与全国 50 多个省、市人事部门建立横向信息联系。在市人才服务中心建立南京航空学院函授大学镇江站，招收35名管理科学专业函授生；举办人事干部岗位培训班和各类技术短训班各5期，参训学员各达500多人。

1992年，镇江市制定《加快人才引进和促进人才流动意见》，明确人才引进在户口、住房、身份、工资待遇等方面的优惠政策。人才集市每月定期举办，逐渐走向定期化、小型化、多样化，成立人才招聘部，开始推广专项招聘模式。全市人才市场网络体系初步形成，京口、润州两区和丹阳市、丹徒县、句容县相继建立人才市场，市化工局、物资局、镇江经济技术开发区等6个行业系统建立行业人才市场。

1993年5～8月在全市范围开展企事业单位涉外经济、科技和管理人才的余缺情况调查，形成《关于解决加速经济发展中人才问题的调查报告》。1994年建立并开放企业家人才市场。1995年顺应人才流动加剧的趋势，在参加职工医疗保险、办理养老保险、建立党组织、人事关系及档案代管等方面，为流动人员提供服务。市人才服务中心代管人事关系和档案达598份。

1996年，镇江市制定和实施代管人员参加社会保险、缴纳住房公积金、建立集体户口和党小组的有关办法，委托代管人事关系、档案的流动人员比1995年增长50%。1997年，镇江市出台《镇江市人事代理暂行办法》，委托代管人事关系和档案的流动人员达1125人。

1998年，人才市场开始实行人才招聘广告审批及进场招聘制度，开展周六定期招聘及咨询服务，建立人才信息库，运行毕业生就业、人事代理管理软件，新开通的镇江人才信息网站实现与40余家市内大中型企业、14所全国知名高校以及中国北方人才市场等3家国家区域性人才市场的联网。

2000年，镇江市实现主要人事人才业务电脑统一办理，招聘大厅综合网上双选就业、网上办理引进手续、合同鉴证、文凭查验、人才测评、人才信息查询等多种功能，人才网站与全市50多家大中型企业、全国40余所知名高校和武汉、北方等区域性人才市场联网，访问量达11万人次，初步建成网上人才市场。2001年注册“人才在线”域名，访问量同期增长3倍，并联合在沪教育部直属高校毕业研究生就业工作协作组举办“人才在线”首届网上高级人才交流大会。2002年，网上市场访问量逾40万人次。2003年开通网上人才交流大厅，搭建“非典”期间的人才流动服务平台，100余家单位与6000余名求职者在网上洽谈。基本实现人才业务的远程在线服务和部分业务项目（招聘、求职等）网上一办到底。2004年，全市近20万人次网上求职。2005年自主开发人才业务流程、人事档案电子影像、人才业绩档案、成本管理、培训机构管理、人才派遣业务、干部网上培训园、职称评价等8大系统软件。

人事人才服务　1999年，镇江市拓展市场招聘、人事代理、会员服务、档案保管、职称评审、专家特聘工作证办理等综合性人事人才服务项目，成立市人才事务所，加强人才中介和代理服务。2000年8月3～5日，北大、清华百名博士江苏行考察服务团到金东纸业江苏股份有限公司、江苏索普（集团）有限公司、镇江江奎电子实业有限公司等3家企业考察，镇江市52家单位与博士生达成112项初步协议。2001年出台《镇江市企业经营管理人才任职资格制度暂行办法》，举办一次经营管理人才交流大会。建立人才培训超市，人才市场开办培训项目5个、培训班12个，并组织44名外经外贸骨干分子赴上海外经外贸学院进行专题进修。2002年举办私营企业、电子行业等多项专场招聘会。周末集市全年进场单位980家，提供岗位1.7万个，进场2.6万人次。举办各类培训班30个，参训1300人次。人才测评近3000人次，协议代理达9400人。2003年成立市人才职业培训中心，举办40余个企业内训班，培训2000多人次。实施企业经营管理人才任职资格制度，全市80余家企业的170余名厂长、经理申报初级或中级任职资格。2003年10月起，镇江电视台开设专栏播报人才市场业务信息。人才市场通过ISO 9001国际质量管理体系认证，并建立新建企业信息沟通、企业定期联系等制度，成立职业介绍所和客户服务部。2003年，镇江市与上海市人才服务中心签订人才开发合作协议，在信息共享、互为代理、互设招聘窗口等方面开展合作。2004年10月，镇江市同浙江宁波市签订两地合作交流协议，跨区域人才合作机制正式启动。2004年，镇江市举办招聘市场110余场，进场8.3万人次。在全市60余家制造业企业、30多个不同职位进行薪酬调查，为企业吸引和留住人才提供指导。2005年通过产权置换，4500平方米的新人才市场投入使用，单场招聘规模（进场单位及人数）提升2～3倍。新建人才派遣有限公司，派遣各类专业人才2040人；与北京时代光华公司建立合作关系，上海交大MPA教学基地在镇江挂牌；中国人事人才培训网卫星远程培训学院成立镇江分院；全年举办各类培训班50多个，常年在读生1060多人。至2005年，市人才市场人事代理总人数达19228人，库存人事档案3.21万份。

第三章　劳　动

1983～2005年，镇江市安排就业方式由主要依靠国有（全民所有制）单位安排就业转变为国有、集体、个体共同发展，并通过私营经济和外商投资经济扩大就业；由主要依靠发展工业特别是重工业吸收劳动力，转变为通过发展劳动密集型的第三产业和消费品工业扩大就业；由消极等待国家招工安置转变为鼓励劳动者创业，创新兴办劳动就业服务企业；由单纯依靠行政调配手段组织管理就业转变为运用行政、经济和社会服务相结合的手段促进就业，城乡分割的就业格局开始松动。2005年，全市新增城镇就业2.55万人，新增转移农村劳动力6.78万人；1.67万名下岗失业人员和3600多名“4050”大龄人员实现再就业；全市年末城镇登记失业率3.5%；全市开发社区公益性岗位4607个。基本建成联结各辖市（区）、乡镇（街道）和社区的全市劳动就业管理服务信息系统，全年发布各类就业信息98787条。

1983年后，镇江市推行工资制度改革，推行计件工资、岗位工资、组合结构工资、定额工资等多种内部分配方案，允许企业或企业承包人采取总挂、单挂、复合挂等形式，扩大企业自主权，实行工效挂钩，实行浮动工资制。1995年后，镇江市推行最低工资标准、工资指导线、工资集体协商等制度。开展岗前培训、转岗培训、农村劳动力转移培训、创业培训，领导技工教育、实施技能鉴定。2005年，全市技术职工达13.4万人，占在岗职工总数的42.4%。1983～2005年累计岗位技能培训22.43万人，8万人次通过技能鉴定取得职业资格。

1987年，镇江市成立仲裁委，受理劳动争议案件，办理劳动合同鉴证，对调解员进行培训，推行劳动争议预防预备制度。2005年为劳动者追回经济损失1397万元，为用人单位追回经济损失86万元。

1995年，镇江市成立劳动监察大队，开展劳动监察工作。2005年，劳动监察机构开展社会保险扩面稽查，取缔非法职业中介，规范用工行为，整顿劳动力市场秩序。

第一节　管理机构

1983年，市劳动局升格为处级行政机构，内设人秘、计划调配、工资、培训和安全生产5个科室，下设市劳动服务公司、技工学校、锅炉检验所3个全民事业单位。

1986年，国务院下发《国有企业“四项暂行规定”》，执行中出现职工和企业之间的劳动争议、劳资纠纷，还涉及维护下岗、失业职工的合法权益等问题。1987年4月，市劳动局成立镇江市最早涉及社会保险的机构——社会劳动保险管理处，承担并行使全市集体企业固定工和全民、集体、“三资”企业合同制职工养老保险的职能；1987年，镇江市劳动局、计经委、总工会联合成立首家劳动争议仲裁机构——市劳动争议仲裁委员会（后改为劳动局劳动争议仲裁科），承担并行使劳动仲裁、合同鉴证和管理、合同制工人流动管理3项职能。1988年组建企业劳动争议调解机构。

1992 年,市劳动局原计划调配科调整为就业处;原工资福利科调整为养老保险处,新建三资企业委员会管理科、解困办公室,开设劳务市场,市技工学校更名并升格为高级技工学校。

1994 年贯彻执行《中华人民共和国劳动法》;1997 年,市劳动局新建政策法规科,负责协调局内有关行政措施的起草及修改工作及规范性文件的审核工作等。在 1997 年的机构改革中,市劳动局下放的职能有:企业内部机构设置、企业内部分配、企业职工调动的工资处理,改由企业自主确定;逐步取消指令性的工资计划。加强的职能有:劳动力市场的建设与管理、工资总量的宏观调控和管理、企业社会保险制度改革的深化、劳动监察、劳动关系调节与劳动争议仲裁处理等。2001 年的机构改革中,市劳动局更名为市劳动和社会保障局,部分职能重新作调整。划入的职能:市人事局承担的机关事业单位工作人员养老保险职能,市民政局承担的农村养老保险职能,原市医保局承担的医疗保险管理职能。划出的职能:原市劳动局承担的安全生产综合管理、职业安全监察、矿山安全监察职能,交由市经济贸易委员会承担。转变的职能:不再对企业招用职工进行审批,改为依照劳动力市场管理法规和劳动合同制度进行管理。不再审核调控新建国有企业的定员标准,改为重点调控企业的工资总额及工资水平。不再制定企业职工奖惩方面的行政规章,改为制定适用于各类企业惩处职工的基本准则,作为企业制定内部规章制度以及处理劳动关系的依据。不再承担协调企业与事业单位和机关的工资政策的职能。职业的分类、职业技能鉴定、职业技能竞赛的组织实施,职业技能标准的拟定和职业技能培训教材的组织编写工作,交由事业单位或社会中介组织承担。劳动定员定额标准的拟定工作由社会中介组织承担。

截至 2005 年,市劳动和保障局内设办公室、政策法规处、劳动工资和规划处、劳动监察处、劳动争议仲裁处、就业处、培训处、养老保险处、社会保险基金监督处等 9 个行政处(室)。下设劳动就业管理中心、社会保险基金管理中心、高级技工学校、医疗保险处、职工医保基金管理中心、医保信息中心、劳动监察支队、职业技能鉴定指导中心、技工教育教学研究室、劳动保障信息管理中心、离退休职工管理服务中心等 11 个直属全民事业单位。

第二节 企业用工制度

1983 ~ 2005 年,镇江市企业用工逐步由政府计划配置向劳动合同制转变,经历 3 个阶段:实行劳动部门介绍、自愿组织起来和自谋职业相结合的就业制度(1983 ~ 1986 年);推行全员劳动合同制(1987 ~ 1997 年);加强督察与完善(1998 年后)。

1984 年起,镇江企事业单位使用临时工、季节工都要签订劳动用工合同,集体企业招工由企业主管部门审批,允许矿山井下、水上运输及少数特殊行业和工种招收农村合同工和轮换工。1985 年,市劳动局和市计经委联合拟定《改革城镇集体经济组织用工制度的通知》,明确企业有权拟定招工计划;变企业职工调动为流动,实行双向选择,能进能出;厂长有权任免管理干部等,用工制度改革取得进展。

1986 年,镇江劳动部门推行以优化劳动组合为主的用工制度改革。从 1986 年下半年开始到 1997 年总体实行,历时 11 年。首先选择镇江市锚链厂、焦化厂等 9 家单位试点,1987 年全面推开,采取先国有后集体再外资、乡镇、个私逐步推进的方式。截至年底,全市实行优化劳动组合企业由 1986 年的 11 家增加到 64 家,参加职工 2.3 万人。企业推行择优上岗,合同化管理,组合不上的撤岗待业。

1988 年 10 月,镇江市政府颁发《镇江市企业内部劳动、工资、保险制度改革试行办法》,全市劳动合同制工人 4 .35 万人,占职工总数的 10%。全市实行优化劳动组合的企业有 303 家,职工 11.4 万人,占全民、集体企业职工总数的 35%。未被组合的富余人员 3500 人。省劳动局把镇江作为搞活固定工制度、优化劳动组合的试点市。

1991 年,镇江市出台《镇江市企业全员劳动合同制试行办法》,全员劳动合同制向全行业推进。1992 年,全市劳动工作逐步转入社会主义市场经济体制新轨道,在安置城镇劳动力方面简政放权,落实企业用人自主权和内部分配自主权,改革市区工人调配办法,在全国率先实行不再明确职工全民、集体身份界限的做法,便于就业人员流动。年底,市区机械、冶金、轻工、电子等 18 个行业 505 家企业、15 万名职工全部实行全员劳动合同制。全市实行劳合制企业 2219 家,职工 33.3 万人,居全省第二位。1996 年开展集体合同试点工作,1997 年全面推进,同年,全市 472 家企业签订集体合同,实施劳动合同制的达 1437 户、141617 人,工作进展居全省第二,受到省劳动局通报表扬。

1998 年后,镇江市政府以加强宏观调控,出台扶持政策,提供咨询服务,完善督察等手段,巩固和完善劳动用工制度改革。截至 2005 年,全市已有 702 家改制企业的 9.19 万名职工身份实现转换。市直 116 家已完成验收改制企业中,有 86.2% 的职工与改制后企业签订合同重新上岗,7.1% 的职工实行退休、协保,得到妥善安置,6.7% 的职工自愿解除和终止劳动合同,领取经济补偿金,走向社会自谋职业;改制后留用的职工中,新签 5 年以上劳动合同的占 67%,签订 3 ~5 年合同的占 20%,签订 2 年合同的仅占 13%。

第三节　就　业

一、城镇劳动者就业

1983 年,镇江市新增城镇就业对象主要为应届初高中毕业生、复员转业退伍军人、随军或转业干部家属、上山下乡结转人员等。城镇待业人员就业,主要依靠广开门路,通过新办集体和个体经济,发展各种服务网点。全市全年安排就业 3143 人,其中招收城镇待业人员 720 人,镇江市劳动力就业安置中城镇待业人员占 23%,1983 年以前的待业人员基本得到安置。同年,农村招工 971 人,占 31%;复员退伍军人 411 人,占 13%;自谋职业 1041 人,占 33%。1983 ~1985 年,镇江市招收城镇待业人员分别为 720 人、3380 人和 4506 人。

1986 年以后,镇江市郊区及农村征地、失地劳动力逐年增多,农村劳动力转移和企业下岗、失业职工成为城镇就业重点工作。

1989 年,全市 1.7 万人待业。市政府出台《关于进一步做好就业工作的意见》,提出 10 条扩大就业安置政策措施。同年,全市全民、集体企业分别招收 1883 人和 1926 人,集体所有制企业招收人数首次超过全民所有制企业。1990 年,市城镇待业人员上升到 2 万余人,为鼓励待业人员到乡镇企业、街道企业就业,市政府出台《关于认真做好城镇待业人员就业工作的意见》,从 8 个方面制定扶持优惠政策。针对镇江乡镇待业人员占待业总人数 45%、个别县(市)占 60% 的情况,各级劳动部门贯彻就地就近安置原则,全年全市共安置 11023 人,待业率为 2.2%,低于省下达的指标。镇江市委、市政府要求劳动部门重视城镇就业群体中特困户人员的就业,优先解决社会上多子女未能就业、家庭人均收入低下、失去父母的子女和待业职工无正常生活来源等特殊困难家庭人员的就业。

图 29-1　20 世纪 80 年代帮扶招聘会——家庭劳务洽谈会

同年,全市安置特困户120余人就业。

1992年以后,城镇下岗失业人员增多。1993年,全市下岗失业人员超过1万人,下岗失业人员再就业矛盾凸显,全市启动"再就业工程",在2000年之前一直成为劳动工作的重中之重。

2001年1月1日起,镇江市对非国有企业职工和国有企业中实行劳合制后参加工作的职工,不再安排下岗,控制下岗职工总量,下岗职工总数由年初的8303人降至年底的5712人,下降31.2%。全年全市安置城镇失业人员11951名,城镇登记失业率3.26%。社区就业服务试点、特困群体再就业援助行动、政府出资购买公益性岗位等举措全面实施。随军家属、转业干部家属得到妥善安置,退伍士兵首次实行社会化安置。

根据下岗保障与失业保险并轨三步走(即双轨、转轨、并轨)实施方案,2001年元月1日起,市区停止下岗职工进再就业中心,各县(市、区)从7月1日起停止进中心,直接进入社会享受失业保险。同年,全市共有2981名下岗职工退出中心,其中2976人与企业终止或解除劳动关系,占出中心人数的99.83%。全市享受失业保险人数达到14911人,增长54%,失业保险成为主要保障形式。

城镇就业与再就业融入社会保险后,2002年,全市各级劳动部门开展"万人就业,全市援助"活动。市委、市政府一年内连续下发《关于大力推进下岗失业人员再就业的若干意见》《关于促进下岗职工失业人员中弱势群体再就业工作的意见》《镇江市企业经济性裁员意见》3个文件。市直筹集保障资金6800万元,用于发放下岗职工基本生活费和代缴各项社会保险费,66家政府保障企业的11107名保障对象和困难企业的军转干部基本生活得到保障。调整解困金使用方向,实施由生活保障型向就业保障型转变,促进就业再就业工作。全年全市安置城镇失业人员13527人,年末,城镇登记失业率3.81%,控制在省市目标之内。一批下岗失业人员走上自谋职业、自主创业和多种形式就业之路。

2005年,镇江市委、市政府决定用3年时间在全市开展创建"充分就业街道、社区"活动,使市区10个街道、111个社区全部成为"充分就业街道、社区"。同年,社区就业重点是解决"双下岗双失业"家庭中的1名成员实现再就业。市财政共安排200万元专项资金用于市区"无双"街道社区创建工作,1586户的2567名下岗失业人员实现再就业,占市区双下岗、失业人员总户数的93.95%,成为全省率先开展小额担保贷款信用社区试点。逐步形成政府促进就业、市场调节就业、个人自主择业的市场就业新机制。城乡从业人数达148.46万人;城镇登记失业率3.5%。

1983~2005年镇江市劳动力安置情况表

表29-7 单位:人

年份	年末职工人数	安置待业	待业率(%)	年份	年末职工人数	安置待业	待业率(%)
1983	360224	3143	1.20	1995	455474	10060	2.52
1984	366778	7133	1.10	1996	446175	12322	2.10
1985	394688	9177	0.50	1997	432981	11908	2.20
1986	407986	11639	0.70	1998	373557	15197	2.32
1987	420261	7672	2.08	1999	358046	11106	3.06
1988	437116	10500	1.50	2000	341831	10467	3.23
1989	431359	10647	2.00	2001	315569	11951	3.26
1990	440150	11023	2.20	2002	299945	13527	3.81
1991	453270	10003	2.08	2003	290177	15848	3.88
1992	441130	11500	1.98	2004	291020	24300	3.70
1993	442310	11700	1.97	2005	291571	25500	3.50
1994	444552	11800	2.80	合计	–	269700	–

说明:1998年后为全市年末在岗职工人数

二、农村劳动力转移

1983～1985年，全市总计从农村招工3978人，其中全民工2411人，集体工1567人。

图29-2　2000年，京口区开展农村劳动技能培训

1986年后，一些原本从事农业生产的农村劳动力由于征地、失地、劳动力富余等原因转向非农业生产，俗称"农转非"。除一部分进城自谋职业外，农村劳动力转移问题凸显出来。为应对农村劳动力转移引发的城市就业压力，市劳动部门采取出台政策鼓励、支持乡镇企业就地吸收消化，引导有一技之长者参加劳动力市场招聘，组织无专长者经过培训再安置，扶持自谋职业等措施分流。1988年起，镇江对进城农村劳动力普遍实行务工许可证制度，统一由劳动部门审批。各单位对无务工许可证者原则上予以清退。继续实行政策规定和计划指标双重控制，全年办理"农转非"402人，低于上级下达800人的计划指标。1983～1998年，镇江市农村从事非农业生产的从业人员平均每年以9%速度递增，截至1996年，全市计有16.5万名"农转非"人员。

2000年，镇江市开展农村劳动力开发就业培训试点工作，通过培训实现农村劳动力转移。全年全市试点30个乡镇，培训农村剩余劳动力近3万人，促进城乡劳动力的合理流动。

2004年，镇江市委、市政府决定将新增城镇就业2.2万人，新增转移农村劳动力6万人列入市政府当年为民办15件实事之首，标志着农村劳动力转移已从劳动部门就业安置融入政府关注的民生工程。全市全年围绕"6万农民大转移，增收富民奔小康"目标，培训农村劳动力35644人，先后在41个乡镇举办农村劳动力转移招聘会；扬中市对11.6万名农村劳动力结构状况进行剖析，富余劳动力实现有序转移；京口区农村创业帮扶队和就业指导站促进转移；润州区的"农民夜校"和订单式培训转移成功率高。当年，城镇就业和农村劳动力转移两项为民办实事均提前两个月超额完成全年目标。全市实现新增城镇就业2.43万人，完成全年目标的109.1%；新增转移农村劳动力6.27万人，其中新增本地转移42067人，新增市外输出20638人，完成全年目标的103.3%。

2005年，镇江市率先在全省出台《镇江市就业(失业)登记管理办法》，对进城务工和跨地区就业的农村劳动力不再实行流动就业证卡管理制度，采取城乡统一的就业(失业)登记管理制度，要求各级公共职介机构免费为进城务工的农民提供就业信息和政策咨询，免费提供职业指导和职业介绍服务。全年新增转移农村劳动力6.78万人。1996～2000年，镇江市累计转移农村劳动力62.03万人，其中劳务输出25.3万人，就业再就业压力得到缓解。

三、自谋职业

1983～2005年，镇江市自谋职业经历政府鼓励支持、融入政府就业与再就业工作、与自主创业并举三个阶段。

1983年，镇江市鼓励、支持各类待业人员改变单纯依靠国家安置就业的观念，走向市场，自谋职业，国家给予政策支持和法律保护。1983～1985年，镇江市自谋职业人员逐年增加，分别为1041人、2334人和2516人，总计5891人，占3年全市城镇就业总人数的30.28%。

1990年，镇江市出台《关于认真做好城镇待业人员就业工作的意见》，鼓励城镇待业人员自谋职业。明确实行税收优惠政策：对安置城镇待业青年新办的集体企业，安置待业青年人员超过职工总数60%的，报经市、县税务机关批准，可免征所得税2～3年。对从事饮食、旅店修理、修配、加工、浴池、理发、缝纫等服务业务的，可减免营业税2年。安置待业青年人员比例不足60%、纳税有困难的，可按税收管理体制规定，报经批准，酌情给予减免税照顾。

图29-3　20世纪90年代设立临时摊点，帮扶弱势群体

1995年，镇江市出台《关于实施再就业工程的意见》（镇劳字〔1995〕第250号），明确具体扶持政策为：对自谋职业的失业职工，可将其应享受的失业救济金，一次性发给本人，作为启动资金；对职工从事理发、修理、缝纫等个体经营的，可一次性给予300元补助费；对与企业解除劳动关系、自谋职业的富余职工，企业应按劳动部〔1994〕481号文件规定的经济补偿标准支付经济补偿费。从事个体经营的失业职工和富余职工，经工商部门批准，可在1年内减半征收工商管理费；城建、规划、工商、税务、公安等部门对自谋职业的企业富余和失业职工所需场地、摊位、能源等，积极支持，统筹规划，优先安排，减免征有关费用，并在用地、用电、用水等方面与国有、集体企业一视同仁。

2001年后，镇江市各级劳动部门扶持自主创业。2003年，全市有2990名下岗失业人员领取工商营业执照，实现自谋职业，享受各项税费减免391万元。115名自谋职业人员享受创业小额贷款159.8万元。市区有1342名自谋职业者一次性领取失业保险金564万元，750名大龄失业人员享受自谋职业奖励金116万元。截至2005年，镇江市已形成政府促进就业，市场调节就业，个人自主择业的市场就业新机制，一批20世纪90年代初的打工者、小老板已成为自主创业中的大老板、企业家。

四、再就业援助工程

镇江市再就业工程于1993年启动，劳动部门逐步走出被动安置的困境，并形成依靠全社会开展送政策、送岗位、送培训、送服务、送温暖并举的再就业援助工程。援助对象是家庭贫困未就业的高校毕业生和长期失业的人员、零就业家庭、残疾登记失业人员，其中重点是残疾人高校毕业生、家庭贫困和一户多残家庭中的残疾人、特困失业职工等，为时10余年。

1993年，镇江市制定促进待业青年第二次就业的鼓励政策，标志着再就业工程启动。同年，全市共有待业人员22568人，安置11700人（其中二次就业率达60%以上），待业率为1.97%，低于省、市政府下达的指标。1995年《镇江市关于实施"再就业"工程的意见》（镇劳〔1995〕年250号）出台，提出实行国家政策扶持与就业服务相结合，企业安置、个人自谋职业和社会帮助安置相结合，竞争就业与组织生产自救相结合的方针，再就业及其援助工程进入全面实施阶段。

1996年，全市成立再就业工程办公室，统领全市再就业及其援助工程。1月28日举办镇江商业城招聘"商嫂"劳务洽谈会，通过培训397名"纺嫂"成为"商嫂"；联合税务、工商、公安、城管等部门与甘露商城和城西小商品批发市场联系，优先为下岗和失业职工提供摊位，减免税收，有200多名下岗职工实现自谋职业；组织劳务交流活动34次，8000多名下岗、失业职工实现再就业；向北京、深圳等地输送城镇下岗、失业人员110名，向境外劳务输出下岗、失业职工51人。全市失业率为2.1%，低于全省平均水平。

在“再就业”援助工程中,劳动部门注意做好解决市直困难企业和下岗待业困难职工的解困工作。市政府下发〔1996〕45号文,明确劳动、公安、财政、机关工委负责解困基金的筹集,日常办事机构设在市劳动局,1996年对困难企业职工发放人均135元的解困金,享受职工达6400多人。市劳动、工商、公安等部门联合出台允许企业开辟临时市场,个人到农贸市场摆摊设点,工商部门免费等优惠措施,解决3000多名困难企业职工再就业问题。1998年,劳动局出台《镇江市企业下岗职工管理暂行办法》等政策性文件,加强就业机构中职业介绍、就业培训、失业保险、劳服企业建设;发挥失业保险在保障失业人员基本生活和促进再就业方面的双重功能。

1999年1月25日,镇江召开全市劳动工作会议,明确职工下岗后,对年龄偏大、工龄较长、身体较差的实行内退或留职定补;对有再就业能力,本人在社会上有一份稳定职业的,可实行留职停补,对因本人原因一时进企业再就业中心有特殊困难的,也可实行留职停补,并签订最多不满两年的保留劳动关系协议;对自谋职业、自主经营有稳定收入的可适时调整劳动关系;对其符合中发〔1998〕10号文件界定条件的下岗职工全部进入企业再就业服务中心,签订基本生活保障和再就业协议,以此变更劳动合同的相关内容。

2000年,市劳动部门采取清退外来劳动力,进行腾岗安置;发展社区服务、物业管理,创建再就业基地,进行拓展安置;利用闲置设备、房产,进行挖潜安置;恢复生产,兴办三产,进行自我安置;通过内外部劳务交流,进行市场安置;实施“一三一”工程(即年内对每一位下岗职工进行1次职业指导、提供3次有效的再就业信息、1次免费培训)等举措推进再就业援助工程的进展。

五、劳动力市场

1983~1986年,镇江市尚未建立劳务市场,所辖市(区)建有劳动服务公司。1987年,市政府批准建立劳务市场,首次劳务交流大会于12月27日举行,前来登记洽谈的待业青年、待业技工、在职工人、退休退职人员及郊县富余劳动力计1584人,自愿成交1109人,成交率70%;其中瓦木工、汽车驾驶员、司炉工、船员水手、翻砂工、炊事员等成交率高。1987年以后,所辖市(区)先后均建立职业介绍所。

1993年,全市91个乡镇均建立就业管理所(站),轻工、二轻、商业、物资、粮食、化工6个行业成立职业介绍机构。船院保姆介绍所、节约巷保姆介绍所、丹徒县粮校保姆介绍所、润州区万事帮公司、师专文教介绍所相继成立,初步形成以劳动部门办的职业介绍机构为主体、社会团体办职业介绍机构为补充的职业介绍格局。

1994年,原地处大市口的劳务市场搬迁至市区运河路12号,新启用的劳务交流大厅面积240平方米,是原交流场所的6倍,成为苏南地区规模较大的劳动力交流场所之一,大厅设置9个窗口,办理劳动合同鉴证、失业和养老保险、就业训练与办理招工招聘等工作。

1991~1995年,市劳务市场举办商业城招聘“商嫂”、好世界娱乐城举办下岗女工劳务交流大会等。

1998年,镇江劳务市场培植市场就业新机制,开设再就业服务窗口,实行双休日劳务市场,365天为求职者提供服务,设每月15日、28日为劳务交流洽谈日,全年举办劳务洽谈会34次,有1456家用人单位招收10870名各类求职人员,为12153名求职者办理用工手续,发布292期劳动力供求信息。同年,市劳动局投资180万元,在市区中山路德辉广场二楼创建再就业自立市场,为下岗职工自谋职业创造便利。按照《江苏省劳动力市场管理条例》的要求,全面启动劳动力市场“三化”(即制度化、专业化、社会化)建设,全市初步形成职业介绍机构的骨干框架。

2002年,市劳务市场从运河路12号搬迁至运河路79号劳动大厦并更名为镇江市劳动力市场。该市场交流大厅占地1500平方米,迎门24平方米电视屏幕常年滚动人力资源信息,大厅内设有招聘洽谈固定摊位36个,可同时容纳500人进场,大厅外6000平方米广场可为大型招聘会服务。2004年,市劳动力市场被评为四星级职业介绍机构,丹阳、句容、扬中劳动力市场分别被评为三星级职业介绍机构。

截至2005年,镇江市劳动力市场受全市经济发展的拉动,呈现供需两旺势头。集中招聘会由原来的每周一场增加到两场,大型就业招聘会每月一次。全市乡镇全部建立劳动保障所,推进乡镇劳动力市场建设,一批乡镇已经建立功能完善的乡镇劳动力市场。

第四节　劳动工资

1983～2005年,镇江市围绕"市场机制决定,企业自主分配,职工民主参与,政府监督调控"的总目标,进行劳动工资制度改革。在效率优先、兼顾公平的原则下,推行按劳分配为主体、多种分配方式并存的分配制度。

一、工资制度改革

1. 企业内部分配　继1980年镇江市企业全面恢复奖金制度后,1983又改进企业计件工资发放形式,把一部分基本工资和奖金结合实行浮动工资、联产承包,旨在多劳多得、奖勤罚懒。同年奖金水平控制在企业职工1.5个月标准工资总额之内,1984年提高到2个月标准工资总额,各项经济指标完成特别好的先进企业,经企业主管局和市劳动局批准可增加到3个月。多年形成的"干多干少一个样,干好干坏一个样"的藩篱逐步拆除,给企业拥有分配自主权留下空间,调动企业和职工的积极性。

为扩大企业分配自主权,1984年,镇江市执行国家向企业实行奖金征税制度,企业发放奖金执行"上不封顶,下不保底"。缴足国家税收,留下企业发展基金,剩下的均属企业自主分配。同年经省、市两级政府批准,镇江对50家企业试行工资总额同经济效益挂钩浮动(以下简称工效挂钩)。其中,全民企业36家,占全民企业总数12.8%;职工32392人,占企业职工总数35.5%。试行挂钩浮动后,工资总额较1983年净增49.46万元,利税年净增443.84万元,税利和工资增长比例为1∶0.11。

1985年,镇江市执行第三次工资改革前,企业工资标准五花八门,不仅同一工资等级有十几个甚至几十个不同的工资额,还有大批无级人员,仅交通系统就有千余人。市劳动部门在工资改革中将职工均按岗位划分,干部岗位的套入新拟干部工资标准,工人岗位的套入新拟工人工资标准。没有干部身份在工人岗位执行行政、技术改制工资标准的人员,按指定级别进入新拟工人工资标准。执行工人工资标准的干部和没有干部身份从事干部工作人员,实行指定进入的办法。

1985年镇江市职工按岗位划分工资标准表

表29-8

新拟企干工资标准	17	16副	16	15副	15	14副	14	13副	13	12副	12	11副	11	11副	10
现行工人工资标准	一	-	二	-	三	-	四	-	五	-	六	-	七	-	八

1985年,工改初步理顺企业工资关系,是1980年以后增资面最广、增资幅度最大的一次。

1986年,市劳动部门全面推行企业浮动工资制,初步解决浮动工资的"浮、捆、挂、考"问题,以此作为打破内部分配"大锅饭"、深化内部改革的突破口。下半年,市属244家全民、集体工商企业全面实行浮动工资制,参加职工人数占职工总人数的89.7%。随着浮动工资制逐步推开,破除8级工资制,调动企业管理人员和职工的积极性。企业内部试行划小核算单位,实行计件工资、岗位

工资、组合结构工资、定额工资等多种内部分配形式

1987年,镇江劳动部门在四县两区扩大实行浮动工资的同时,选择一些有条件的企业试行组合式工资、计件工资或万元税利工资等形式,加大改革企业分配制度的力度。截至1992年,镇江市企业的劳动用工、分配自主权得到根本性落实。在分配制度上,企业调整工资不再搞一刀切。企业职工的工资、奖金、津贴、补贴以及基本工资性收入全部纳入工资总额,取消工资总额以外的所有单项奖,企业在核定的工资总额范围内有权自主安排使用,包括自主决定工资等级标准,增级增薪、降级减薪的办法、条件、时间和对象,自主选择分配形式和制定考工晋级办法。对企业的内部分配,除工资总额、档案工资和企业领导的收入外,其他均由企业自主决定。

2. 工效挂钩 镇江市推行企业工效挂钩分为选择单位试点(1984～1987年)和全面推行(1988～1994年)两个阶段。挂钩形式主要有总挂、单挂、复合挂等,为时10年。

1984年,镇江市选择20家全民企业先行试行工资总额与经济效益挂钩(以下简称总挂),连同市政府确定的1985年产值翻番的企业共50家试点单位。市脱粒机厂、蓄电池厂、钛白粉厂、冶炼厂、恒顺酱醋厂等5个厂当年7月实行挂钩,其余均从同年第四季度执行。挂钩的具体要求是:以1983年实际上缴税利(或计税利润)和工资总额为基数(不含奖金或超额计件工资、物贴),税利增长(同时完成主要经济技术指标),工资总额相应上浮;税利下降,工资总额相应下降。工资总额逐年递增,一定3年不变。上浮工资可以用于厂内职工浮动升级,建立职务津贴和苦、脏、累工种岗位津贴,工种工龄津贴制度和一次性承包公关奖励。

1984年镇江市工效挂钩试点企业工资情况表

表29-9

挂钩单位	同年上缴税利(万元)	工资总额(万元)	税利增长(%)	工资增长(%)	税利增长1元,工资上浮(元)	人均月增资(元)
镇江市脱粒机厂	34.09	45.60	15	5	0.44	2.75
镇江市钛白粉厂	175.10	64.01	7	5	0.26	2.71
镇江市冶炼厂	41.82	42.18	15	5	0.23	2.74
镇江市恒顺醋厂	87.50	38.43	10	5	1.00	2.52
镇江市蓄电池厂	172.20	39.11	6	5	0.10	2.80

据1984年底对36家全民企业调查统计,税利增长6%有3家,增长7%～10%有10家,增长11%～15%有12家,增长16%～20%以上有11家。增长最高的市液压件厂幅度达50%。36家全民企业同年入库利润4140.32万元,比1983年增长443.84万元,提高12%,工资上浮49.46万元,占利润增长数的11.14%,参加浮动的工资总额2128.67万元,约占2.32%。即入库税利绝对数增长1元,工资增长0.11元。

经过50家挂钩企业3年试点,1987年,全市实行总挂的20家企业,上缴税利基数5158.52万元,工资总额基数2588.31万元,实际上缴税利5932.11万元,增长773.59万元,占15%;工资增长286.08万元,占11.05%;税利增长1元,工资额增长0.36元。实行"两保一挂"(即保企业计税利润、保技术进步和固定资产增值,与经济效益挂钩)11家,上缴税利基数838.19万元,实际完成1035.32万元,增加197.13万元,占23.52%;工资总额基数664.76万元,新增工资67.41万元,占10.14%。实行实物(营收)挂钩的4家,用以制约的实际上缴税利基数为422.14万元,实际完成438.8万元,增长4%,新增工资45.98万元。集体挂钩企业15家。

1984～1987 年镇江市工效挂钩企业效益工资增长表

表 29-10

年份	税利增长(%)	工资增长(%)
1984	18.31	3.44
1985	8.60	7.42
1986	8.60	7.42
1987	15.00	10.90

1988 年，镇江市全面推广工效挂钩，同年 6 月召开的全市劳动工资会议明确：凡是全民所有制企业和已经实行承包经营责任制的集体企业都要创造条件实行多种形式的工效挂钩办法。对不实行工效挂钩的企业，可以实行工资总额包干的办法。挂钩的形式可以因厂而异。可以与上缴利润挂钩，也可以与实物量、销售量、出口创汇、减亏指标、百元营收工资含量等挂钩。具体由劳动、财政部门根据企业的生产、经济效益情况核定企业的工资总额与经济效益的增长比例系数，所增效益工资由企业自主分配。同年，全市批准实行工效挂钩的企业达 482 家，职工 17 万人，比 1987 年的 50 家增加 8 倍多。其中市区有 12 家企业推行“两包(保)两联”工效挂钩形式(即工资总额与经济效益挂钩相联系，经营者收入与经济效益挂钩相联系)；镇江塑料、纺织、矿山等行业普遍实行计件工资；市脱粒机厂实行结构工资；粮食系统对苦、脏、累工种实行岗位津贴，更多的企业则选择实行浮动工资、定额工资、岗位工资等多种分配形式。

1989 年，市劳动局出台工效挂钩政策，要求能挂的企业都挂上。1990 年，镇江市企业普遍实行工效挂钩，其中全民所有制企业 482 家，职工 14.94 万人，分别占全民企业及职工人数 98.77% 和 98.68%；集体所有制企业 605 家，职工 9.83 万人，分别占集体企业及职工人数的 94.98% 和 91.7%。挂钩形式因厂而异，有上缴税利、实现税收、实现利润、百元产值工资含量、实物工资含量、外贸创汇额、综合经济指标、提成工资、工资总额包干复合指标、工资浮动分档包干等 11 种。市劳动部门多次调整和完善工效挂钩办法，建立工资储备金制度，按同年效益工资的 20% 提取储备基金，以丰补歉。效益工资由企业自主分配，自主决定工资制度、分配形式及增资条件、对象等。

1991 年，镇江工效挂钩企业由单一挂钩形式逐步向复合指标挂钩形式过渡。同年，镇江市对 32 家全民企业实行总挂总提，其中 8 家企业实行复合指标挂钩办法，将工效基数以外的副食品价格补贴、奖金等纳入工资基数和成本管理，改进挂钩方案核定办法，将原来年终核定方案、年终结算的办法改为年初核定、年终考核结算，取消企业工资总额上封顶、下保底的办法，合理拉开企业间分配差距，促进企业走向市场。

1993 年，镇江市区有 32 家企业实行岗位技能工资制，14 家企业试行企业厂长(经理)规模效益工资制，并试行“弹挂一体”的工资形式。全市提取新增效益工资的企业 349 家，其中市华东铝加工厂实现税利 2145 万元，比 1992 年增长 37%，应提新增工资 368.84 万元，人均 1540 元；经济效益指标持平，没有提取新增效益工资的 31 家；因效益下降而扣减工资总额基数的 20 家，印染厂人均下浮 150 元。对市区规模大、经济效益好的 14 家企业厂长(经理)实行规模效益工资，镇江化工厂领导月收入最高者达 2354 元，最低者也有 712 元。1994 年为完善工效挂钩，市劳动部门推进企业岗位技能工资制度改革，通过工改企业职工平均每月增加标准工资 85 元，全市企业职工人均年工资 4900 元。

二、工资调控

1994 年，镇江市企业普遍实行工效挂钩工资分配制度后，市劳动部门又采取实行最低工资标准、实现工资指导线、推行工资集体协商等制度履行政府调控与监督职能。

1. 最低工资标准制度　1995年7月1日起，镇江市实施企业最低标准工资制度。市区（含京口、润州、丁卯、大港经济技术开发区）、丹阳市、扬中市执行江苏省1995年度企业最低工资一类标准（月最低工资210元）；所辖句容市、丹徒区执行二类标准（月最低工资175元）。市劳动部门一方面通过建立工资预留制度，保证最低工资的发放；一方面建立企业职工最低标准、失业救济标准、最低生活保障三条线，保障困难企业职工的基本生活。

2000年，市区及所辖丹阳市、扬中市最低工资标准为每月340元，2001年上调到每月360元；丹徒区、句容市每月290元，2001年上调到每月300元。2001年7月1日起，全市实行小时最低工资标准，按月最低工资标准的130%测算。2003年7月1日起，市区（含京口、润州、新区）及所辖丹阳市、扬中市最低工资标准由每月370元调高到450元，所辖丹徒区、句容市由每月320元调高到390元。同年调整最低工资口径，劳动者个人缴纳的社会保险不含在最低工资标准之中，由企业另行支付。2004年，镇江再次调整企业最低工资标准，全市在岗职工年平均工资和企业在岗职工年平均工资分别达到17382元和14840元，分别比2003年增长14%和13%。到2005年11月1日，市区（含京口区、润州区、镇江新区）、丹阳市、扬中市执行江苏省二类企业最低工资标准550元/月，丹徒区、句容市执行江苏省三类企业最低工资标准480元/月。

2. 工资指导线制度　1996年，镇江市在全省率先发布企业工资指导线，指导企业结合生产经营实际情况，适度调整职工工资。对生产经营正常且盈利的企业，可按工资增长的基准线增长工资，但最高增长不得超过工资增长的预警线；对生产经营困难或亏损企业，可按工资增长的下限增长，也可以实行零增长。工资指导线的颁布实施，标志着企业工资增长不再由政府掌控，企业根据经济效益自主决定增资，劳动部门充分发挥政府宏观调控和监督作用。

1997年，市劳动部门指导企业建立正常工资增长机制，通过对市直491家企业开展工资收入大检查，制定《关于九七年度企业经营者收入与业绩挂钩考核的意见》，接着对近700家市直企业全年工资计划予以审核，市区有41家企业实行工资预留制度。

1998年，市劳动部门首次发布部分工种的劳动力价位，指导企业自主确定工资水平。市劳动局围绕全市造船、造纸、化工、建材产业，对其100家企业、1.1万名职工进行大范围的抽样调查，形成50个岗位、330个职位的劳动工资指导价位，全市企业全面实行工资增长指导线制度。

1999年，市政府公布全年企业工资增长指导线，市劳动局结合全市工资增长目标，将指导线细化到地区、行业和部门，纳入政府目标考核内容，并出台工资增长的具体办法。首次公布外商投资企业部分岗位和工种的劳动力工资指导价位，对改制企业出台《关于改制企业工资管理的若干规定》。9月出台具体的增资方案，对全市1700家企业增资方案和幅度逐一审查和备案。对暂时不能调资的企业，一次性发放年补贴200~300元。1999年底，全市职工平均工资8100元，列全省第5位，超过全省平均工资水平300元，增幅达到37%。

2000~2005年，市劳动部门调查公布51个工种、105个职业的工资指导价值和制造业人工成本指数，开展以岗位工资为主体的企业内部分配制度改革，逐步形成以企业工资指导线为主要内容的工资调控框架。截至2005年对90家企业的4.77万名职工岗位（工种）、年龄、工龄、学历、专业技术等级、全年工资收入等情况进行抽样调查，最终公布30个行业的255个职位、1020个有代表性的职业（工种）的工资指导价位，引导劳动力合理流动和调整劳动力素质结构，指导企业合理确定劳动者个人工资水平和各类人员的工资关系。

3. 工资集体协商制度　工资集体协商，是指职工代表与用人单位代表就企业内部工资分配制度、分配形式、支付办法、标准等事项进行平等协商，在协商一致的基础上签订工资协议的行为。1999年，镇江市新型工资分配制度初步形成后，市劳动局会同市总工会、经贸委等相关部门，依照“在岗职工25人以上，生产经营正常，独立建会的企业，95%都要开展工资集体协商”的相关法律规定，联合出台《镇江实行工资集体协商暂行办法》，并在镇江钛白粉股份有限公司等30家企业进行试点。2002 年在总结试点经验的基础上进行推广。2003 年,市劳动和社会保障局提出推行工资集体协商、促进工资增长的主张,被市委、市政府列入 2004 年 1 号文件;被市人大列入贯彻《中华人民共和国劳动法》《中华人民共和国工会法》3 年行动计划的重要内容。2005 年,市委、市政府出台《关于进一步推行工资集体协商的实施意见》。年末,全市 1000 多家企业实行该制度,实行率达 80%。与 2000 年相比,全市在岗职工平均工资增长 13% 以上,2005 年在岗职工年平均工资 19894 元。

三、工资水平

1983～2005 年,全市职工平均工资增长速度较快,1984 年、1992 年、2001 年增幅分别达到 31.2%、26.3%、21.9%。在全市国民经济各行业中,电力、煤(燃)气及水的生产和供应、公共管理和社会组织等行业的在岗职工工资相对较高。

1983～2005 年镇江市职工平均工资一览表

表 29-11　　单位:元

年份	全市在岗职工平均工资			全市企业在岗职工平均工资		
	平均工资	增幅(%)	增资额	平均工资	增幅(%)	增资额
1983	730	-	-	783	-	-
1984	960	31.51	230	1027	31.16	244
1985	1039	8.23	79	1127	9.74	100
1986	1225	17.90	186	1311	16.33	184
1987	1363	11.27	138	1463	11.59	152
1988	1634	19.88	271	1781	21.74	318
1989	1874	14.69	240	2043	14.71	262
1990	2116	12.91	242	2360	15.52	317
1991	2266	7.09	150	2552	8.14	192
1992	2871	26.70	605	3223	26.29	671
1993	3709	29.19	838	4191	30.03	968
1994	5023	35.43	1314	5355	27.77	1164
1995	6018	19.81	995	6387	19.27	1032
1996	6668	10.80	650	6916	8.28	529
1997	7160	7.38	492	7200	4.11	284
1998	8184	14.30	1024	6932	-3.72	-268
1999	9294	13.56	1110	7554	8.97	622
2000	10276	10.57	982	9207	21.88	1653
2001	11742	14.27	1466	10245	11.27	1038
2002	13198	12.40	1456	11388	11.16	1143
2003	15264	15.65	2066	13182	15.75	1794
2004	17382	13.88	2118	14840	12.58	1658
2005	19894	14.45	2512	16931	14.09	2091

1983～1992 年镇江市全民所有制单位在岗职工平均工资一览表

表 29-12　　单位:元

年份＼行业	农、林、牧、渔、水利业	工业	地质普查和勘探业	建筑业	运输、邮电业	商业、饮食、物资供销业	房地产、公用事业、居民咨询服务业	卫生、体育、社会福利事业	教育、文化、广播事业	科研、技术服务业	金融、保险业	国家、党政机关和社会团体
1983	644	751	–	890	839	689	769	833		861	795	927
1984	831	1017	–	1329	1078	938	991	1051		1035	1082	1214
1985	817	1108	1256	1503	1182	1009	1062	1080	1174	1066	1149	1089
1986	1015	1332	1590	1726	1473	1228	1253	1276	1272	1227	1296	1298
1987	1063	1465	1677	2029	1657	1342	1361	1366	1400	1408	1443	1428
1988	1166	1795	1952	2312	2000	1654	1589	1640	1698	1663	1652	1650
1989	1411	2044	2221	2595	2364	1898	1911	1954	1960	1928	1902	2013
1990	1721	2358	2424	2713	2666	2178	2139	2377	2201	2170	2212	2199
1991	1700	2519	2431	2948	3060	2352	2250	2383	2227	2303	2462	2330
1992	2059	3134	3103	3959	3931	3019	2892	2743	2804	2868	3021	2993

说明:1983、1984 年教育文化体育卫生社会福利广播事业为合并统计

1993～1997 年镇江市全部单位在岗职工平均工资一览表

表 29-13　　单位:元

年份＼行业	农、林、牧、渔业	采掘业	制造业	电力、煤气及水的生产和供应业	建筑业	地质勘查业、水利管理业	交通运输、仓储和邮政通信业	批发零售贸易、餐饮业	金融保险业	房地产业	社会服务业	卫生、体育和社会福利业	教育、文化艺术和广播电影电视业	科学研究和综合技术服务业	国家机关、党政机关和社会团体	其他行业
1993	2424	4282	3943	5660	5219	4058	5018	3881	3816	3348	3512	3594	3357	3646	3846	3325
1994	3654	5516	4925	7887	6467	5055	6106	5148	7473	6176	5188	5943	5951	6495	6392	6633
1995	4334	6674	5945	10478	7697	6880	7374	6101	6876	6646	5897	6770	6746	7286	7124	7059
1996	4599	7073	6269	11023	8374	8286	8263	6755	8531	7820	6673	7828	7764	8413	8686	8061
1997	4681	7443	6557	11501	8404	9237	8203	7248	8972	8667	7580	8717	8847	9286	9591	9234

1998～2002 年镇江市全部单位在岗职工平均工资一览表

表 29-14　　单位:元

年份＼行业	农、林、牧、渔业	采掘业	制造业	电力、煤气及水的生产和供应业	建筑业	地质勘查业、水利管理业	交通运输、仓储和邮政通信业	批发零售贸易、餐饮业	金融保险业	房地产业	社会服务业	卫生、体育和社会福利业	教育、文化艺术和广播电影电视业	科学研究和综合技术服务业	国家机关、党政机关和社会团体	其他行业
1998	5254	7645	6925	14997	8896	8615	9279	7023	9892	9027	8193	10581	9902	10264	10799	9959
1999	5835	9370	7727	17987	10064	10528	10340	7199	11917	10810	9394	12045	11269	11829	12784	11627
2000	6851	10808	8592	19358	10822	11237	11407	7269	13208	11876	10168	13323	12746	13094	14264	12883
2001	7103	11986	9298	22558	11608	12215	13468	8052	14657	13843	11736	16431	14974	16350	16336	15638
2002	8030	13042	10101	24108	14642	13729	15414	8460	16090	16172	12760	17065	17472	18627	18563	14816

2003～2005 年镇江市全部单位在岗职工平均工资一览表

表 29-15　　单位:元

行业 年份	农、林、牧、渔业	采矿业	制造业	电力、煤(燃)气及水的生产和供应业	建筑业	交通运输、仓储和邮政业	信息传输、计算机服务和软件业	批发和零售业	住宿和餐饮业	金融业	房地产业	租赁和商务服务业	科学研究、技术服务和地质勘查业	水利、环境和公共设施管理业	居民服务和其他服务业	教育	卫生、社会保障和社会福利业	文化、体育和娱乐业	公共管理和社会组织
2003	8702	14650	11685	27363	16561	14804	28406	11049	9292	18678	18030	16612	21123	13700	17229	19426	18535	19090	22190
2004	11306	17054	13116	28649	18728	16904	28640	12930	10044	20386	21634	19604	26077	16772	13027	21806	21409	21552	26241
2005	13008	18619	15203	32113	21308	19566	29929	14419	11306	23535	23971	21437	29305	18091	23477	23784	24587	25204	31216

说明:2005 年,电力、煤气及水的生产和供应业改成电力、燃气及水的生产和供应业

第五节　培训与鉴定

1983～2005 年,镇江市劳动局培训工作总体分为岗前培训、在岗培训、转岗培训、农村劳动力转移培训、创业培训和开办技工学校。

一、劳动者培训

1983 年,镇江市劳动局为给待业青年就业创造便利,创办镇江技术培训中心,与市计经委、教育局、粮食局、人民银行联合发出《关于就业前培训工作的若干意见》,明确“待业青年均需参加岗前培训,经过考核,择优录取”。市劳动局采取“坚持自愿报名,自费学习,不包分配,择优推荐”的办法,提倡半工半读,勤工俭学,有组织、有计划地开展培训,培训期一般为 1 年。其中实行学徒期的技术工种,培训 1 年后,初中毕业生见习 1 年,高中毕业生见习半年。见习期满吸收为合同制工人。1983～1985 年,全市共招收培训生 6301 人,初步形成以技工学校和职业学校(职业班)的专业培训、企事业单位的定向培训、技术培训中心和各级劳动服务公司对通用工种的培训、社会团体和民主党派举办的短期培训等岗前培训格局。

1986 年,市劳动局会同市计经委、财政局等部门制定《关于就业前培训若干问题的暂行规定》,初步形成以市技术培训中心为主体的培训网络。办短期培训班和定向培训仍是岗前培训主要形式。1989 年,镇江市先培训后就业人数逐步形成规模,同年,此类就业人数即占全部就业人员 85% 以上,超额完成省政府下达的就业前培训目标要求。

1986～1990 年,国家“七五计划”时期,市劳动部门通过职工全员在岗培训,技能结构发生变化。1988 年,全市初、中、高级技术工人所占技术工人总数之比重为 72 ∶ 25 ∶ 3;1990 年为 60 ∶ 35 ∶ 5。两年内初级技术工人比重下降 12 个百分点;中、高级技术工人比重则分别上升 10 个和 2 个百分点。

1992 年,市就业培训中心通过新增自办、联办班,举办烹饪、机加工、焊工等专业技术培训班,全年为企业培训 6500 名在岗职工。

1994 年 8 月,市劳动局举办 3 期学习《中华人民共和国劳动法》专题培训班,企业领导、劳资干部、工会干部计 800 余人参加,全市 8 万余名职工参加《中华人民共和国劳动法》知识竞赛。1995 年,市各级劳动部门继续举办贯彻《中华人民共和国劳动法》培训班 130 期,1000 余名劳资干部、工会干部、企业领导参加培训。

1996 年,镇江市劳动部门加强企业下岗、失业、富余人员的转岗培训。针对纺织行业不景气的状况,对 350 名“纺嫂”进行专业培训,使之转为“商嫂”;组织有一定创业愿望的人员进行工商、税

务、劳动法等政策法规培训，使其走上自谋职业的道路。

1997 年，全市各级劳动部门共举办适应性培训、转岗培训、岗位技能培训 112012 人次；企业单位考核发证 6172 份，比 1996 年增加 17 个百分点。技术工人初、中、高级结构比重分别为 47∶47∶6；技师占技术工人比重为 6%；61 个技术工种持证率达 50%。首次举办 35 人参加的高级技师培训班，新评技师 80 人，比 1996 年提高 23 个百分点。

电信、旅游、休闲、家政服务、物业管理等行业的发展，为下岗、失业、职工创造转岗就业机遇，促进培训工作的开展。1998 年，镇江市劳动部门开展创业培训，建立创业培训基地，基地下设综合部、创业者协会、专家咨询团、创业培训部、创业项目部等部门。通过转岗培训和提供多项优惠政策，帮扶有创业愿望的下岗、失业、富余人员自谋职业或自主创业。1998 年，全市共举办各类培训班 342 期，培训 23049 人，其中培训下岗、失业职工 15044 人，培训后再就业率达 72%。

2000 年，镇江市各级劳动部门把培训的重点放在抓再就业、创业培训及农村劳动力培训上，镇江市作为劳动保障部 30 个"创业者培训"试点城市之一，全年共培训创业者 150 人，同年底有 24 人进入创业阶段。2000 年，镇江市推进农村劳动力开发就业培训的试点，全年培训 3 万余人。

2001 年，镇江劳动部门利用媒体、互联网、人力资源市场等载体公布镇江市农村劳动力转移就业培训参考专业，方便农民工培训就业。主要专业有：就业指导、创业培训、微机操作、营业员、推销员、家政服务、服装制作、美容、美发、护理工、插画艺术、花卉栽培、红案初级、白案初级、面点小吃、卤菜制作、糕点制作、电视机维修、冰箱维修、小家电维修、制冷和空调设备维修、电焊工、水电工、电子装配、车工、钳工、铣工、木工、瓦工、摩托车修理、汽车修理、油漆工等。全市全年开办各种专业培训班 847 期，就业培训 20942 人，再就业培训 18764 人，培训合格率 95.5%，培训后一定期限内再就业率达 62%；创业培训 237 人，有 93 人实现就业。

2002 年，镇江市就业与再就业培训致力于提高劳动者技能。同年，全市再就业培训人数达 9000 人，再就业率 60%。全年就业人数 8400 人，岗位开发 2258 个。农村劳动力开发就业培训试点深入，培训人数 2 万人，农村劳动力向城镇转移就业率 1.5%。

2004 年，市农村劳务输出工作协调小组办公室为方便农村劳动力转移就业培训，编印《农村劳动力转移就业培训》简明读本。简明读本设出行篇、就业篇、维权篇、守法篇、生活篇、发展篇计 6 篇 80 个条目，为农村劳动力转移就业培训者提供贴近生活、增加知识、维护合法权益等信息。同年，全市开展各类社会培训 12376 人，比上年增长 21%，其中下岗失业人员 962 人，劳动预备制 1244 人，在职职工 7293 人，农村劳动力转移等其他培训 2877 人。2005 年，全市举办再就业技能培训班 4 期，创业培训班 10 期，再就业培训 1.68 万人，农村劳动力 3 万人，创业培训 914 人。

二、技能鉴定

1983～2005 年，镇江市劳动局通过对劳动者进行技能培训与鉴定，举办各类技能比赛，组织考评员队伍和建立培训基地等手段，培训与鉴定技能型人才。从机械、电工等 6 个通用工种的培训鉴定到汽车、电子等特殊行业 100 余个工种的培训鉴定；从技能培训到技能开发培训，培训一大批各类级工、技师、高级技师以及众多的国家级、省市级技能比赛能手，为改变镇江市劳动者技术结构提供权威性依据，逐步缓解经济建设的需求与技能型人才匮乏的矛盾。

1983～1987 年，镇江市企业职工技能培训与鉴定尚未实行劳动部门统一组织考核、统一鉴定发证。1988 年，市劳动培训部门采取先培训考核、后统一发证的办法试行企业新工人考核定级，以及中、高级技术工人考核晋级制度，改革先前用工资等级等同职工技术等级的做法，改用发培训鉴定证书的形式确认职工的技能等级。1～3 级工为初级工，4～6 级为中级工，6 级以上为高级工或技师、高级技师。

1989 年，全市建立各级各类工人技术等级考核委员会 18 个，168 个单位开展工人转正定级，中高级技术工人考核发证工作，全市颁发初中高三级技术等级证书3267份。经过1988～1990年的试行，企业新工人考核定级，以及中高级技术工人考核晋级制度得到推行。

1992年，市劳动培训部门组织岗位技能比赛，全市10个行业万名职工参赛，最终591人获镇江市首批高级工技术等级证书。1993年，镇江职业技能培训由企业拓展到社会，市劳动培训部门引领市公交公司、省交通技校、市旅游职业学校、市饮服公司、市科技情报所、市百货公司等单位建立社会职业技术培训站，开始实行职业技能鉴定制度。在化工、公路、电子、塑料等行业建立技能培训鉴定考核站；成立汽车驾驶和修理、烹饪服务工人技能考核专业委员会，负责社会办学行业工种的技能鉴定工作。同年，全市经过技能鉴定发放工人技术等级证书7383份，新评工人技师111人。

1996年，全市各级劳动培训部门举办电工、钳工、路工、清洁工、烹饪、汽车驾驶与修理、摩托车修理、微机操作等30余个工种，88个培训班，培训技术工人4800人次。首次举办全市特二级烹调师培训班，15名参考学员经省天马国家职业技能鉴定所考核鉴定，全部通过考试，合格率100%。同年，市劳动部门下发《镇江市职业技能培训考核鉴定管理规定》等4个文件，及时列出首批实行职业资格证书的50个技术工种，组织开展全市十项技能大赛活动，历时6个月，参赛职工逾10万人。为确认市中等职业学校的教学质量，市技能鉴定中心组织对全市中专、技校、职业中学九六届毕业生的技能鉴定考核，其中电工、车工、钳工、商品营业员、汽车驾驶与修理5个通用工种（专业）的考核鉴定以统考代鉴定，参考学生837人，统考合格率83%。

1995年，市职业技能鉴定指导中心组织专人参加劳动部举办的职业技能鉴定业务理论学习班，1996年选送32名各行各业的专家、名师、工程技术人员、学校教师赴国家劳动部九江培训中心参加考评员业务培训班，均通过鉴定理论、考试设计实务等课程考核并取得技能鉴定考评员资格证书。1997年，镇江市首次举办职业技能鉴定培训班，约700名各类专业技术人员参加培训，其中145人通过考核分别取得初、中、高级考评员资格，建立6支通用工种考评员队伍。省职业技能鉴定检查组对镇江市技能鉴定工作作全面检查评估后评定为优，综合测评列全省第四。

2000年，市劳动局培训部门在镇江索普集团、赛博电视机厂开展企业内部培训考核向社会化鉴定过渡试点，并开展技术能手评选、表彰活动。全年共推荐、评选产生国家和省、市技术能手12人。市自来水公司职工孙建军被全国总工会授予全国技术能手称号，获此称号者全省仅2人。至年底，全市95个工种（职业）持证率达60.7%，在职职工培训面达23%。全市技术职工总数为16万人，技术工人初、中、高级技能结构之比重为34∶56∶10；全年新聘技师179人，全市技师总数1712人，其中高级技师25人。全年外资、合资企业共有750人取得职业资格证书，实现外资、合资企业职工技能鉴定零的突破；美容、美发、按摩等服务性行业技能鉴定实现合资企业职工技能鉴定零的突破；大中专毕业生共1751人参加职业技能鉴定，实现大中专院校职业技能鉴定新突破。1996～2000年，镇江市劳动局共发职业资格证书6.8万份，其中高级职业资格证书者0.6万份。抽样调查显示高级工占技术职工10%，45岁以下高级工仅占高级工总数的28%，45岁以下技师只占技术总数的6%，技能型人才较缺乏。

2001年，全市在岗技术工人初、中、高（含技师和高级技师）技能结构比重达到28∶60∶12，高级工比重比2000年提高2个百分点。95个准入职业在岗职持证率达72%，市区达75%，居全省前列。在同年全国计算机大赛中，镇江市选代表队获得全省团体并列第一；市教师进修学校陈戎军获高级组个人第一，陈戎军代表江苏省参加全国比赛，获全国高级组个人第七名。

2002年，镇江市将高级技工、技师和高级技师津贴调整到每月70元、130元和200元；首次明确技师学院毕业生年薪待遇不低于本科生和硕士生；出台《关于开展技师任职资格社会化鉴定试点工作意见》，明确16个职业必须经过社会化培训、鉴定、评审，在全省率先开办在职职工技师学历培训班。镇江劳动和社会保障局与市教育局、驻镇高校联合，在大中专院校推行“双证书”制度（即毕业证书、职业资格证书），推行就业准入制度。同年大中专院校毕业生中有5001人参加职业技能鉴定,其中本科生514人。联合技术监督、建设、房管和信息产业局率先在全省物业管理、司炉工、移动电话维修等岗位推行持证上岗制度。参加全国统一职业技能鉴定663人,比上年增长74%。2002年,全市技术职工14.7万人,培训率达40%。在岗职工持职业资格证书率达72%,就业准入控制率60%。全市有国家职业技能鉴定所11个,其中市区7个,涉及24个职业工种,年鉴定量1.5万人次。

2003年,镇江高技能人才培养工程全面启动,全市确定12家高级技能人才培训基地。同年鉴定高级技工3021名,新评技师327人,高级工比例提升为15.6%,在全省职业技能鉴定考务专项检查中,镇江市总分列全省第一。同年在全国建工系统焊工技能大赛中,市3名选手进入全国前十名,成为江苏队获得全国团体冠军成员。

2004年,镇江劳动和社会保障局与市总工会等部门举办全市十项职工职业技能大赛,10万名职工岗位技术练兵、比武。通过竞赛产生29名市级技术能手、32名技师、139名高级工,为江苏省劳动和社会保障厅推荐13名技能人才顶尖选手,参加中华技能大奖、全国技术能手、江苏省技术能手以及有突出贡献技师(高级技师)的评选;参加2004年广州杯技能大赛、常州大学城杯职业技能大赛,镇江市代表队分获两个电工第三名和一个钳工第五名;组队参加省焊工职业技能大赛分获第二、第五、第六名。协助有关部门组织参加全省钻探工、服装制作工技能大赛,获省优秀组织奖。同年,镇江市建立高技能人才培训基地,初步建立省级机电项目高技能人才培训基地3家,市级机电等项目高技能人才培训基地13家。全市全年新增高级以上技工3445人(其中技师508人),比2003年同期增长8%。

2005年,全市已建成5个省级、10个市级高技能人才培训基地,建立340个企业培训联络点和20个民办职业培训机构。联合镇江市醋业协会在全市首次组织食醋制作工职业技能大赛,并初步形成食醋制作工行业标准方案,打造醋业名片;劳动局联合建设局承办全省砌筑工职业技能大赛,市选手分获第一、第四;联合市烹饪协会通过举办镇江名菜名点职业技能大赛,产生12名镇江名菜名点首席烹调师;联合市交通局在组织参加全省汽车维修工大赛中,获团体第三和钣金工个人第一名。通过竞赛产生25名技师、238名高级技工。国电谏壁发电厂职工张建伟在参加全国电力行业30万千瓦火电机组机、电、炉值班员技能大赛中,获得汽机专业组第一名,成为2005年江苏省唯一1名中华技能大奖获得者。镇江市还产生3名全国技能能手和57名省技能能手。

2005年,市劳动保障部门在索普集团、华晨华通、恒顺集团、镇江船厂和省电三公司开展企业培训技师试点工作,企业认定技师方案初步形成,对长期在企业一线发挥骨干作用的技术工人,由企业进行业绩评定确认企业内评技师,享受企业技师待遇。江苏交通高级技工学校(江苏交通技师学院)、索普集团为省高技能人才培训示范基地。镇江技师学院成为江苏省技工学校首批技能型紧缺人才培养实训基地。2005年,全市职业技能鉴定所(站)由20世纪末7家增加到15家,优选出397名考评员,建立覆盖102个职业(工种)的考评员数据库,高级考评员由2000年的219人增加到397人。全市完成职业技能鉴定21000人次,核发职业资格证书19600份,比2004年同期增长10%。截至年底,镇江市在岗职工31.6万人,其中技术职工13.4万人,占42,4%;技术职工中企业11.84万人,占88.4%;机关1.56万人,占11.6%。全市技术职工技能结构初、中、高之比为26∶60∶14。建立起5个省级、10个市级高技能

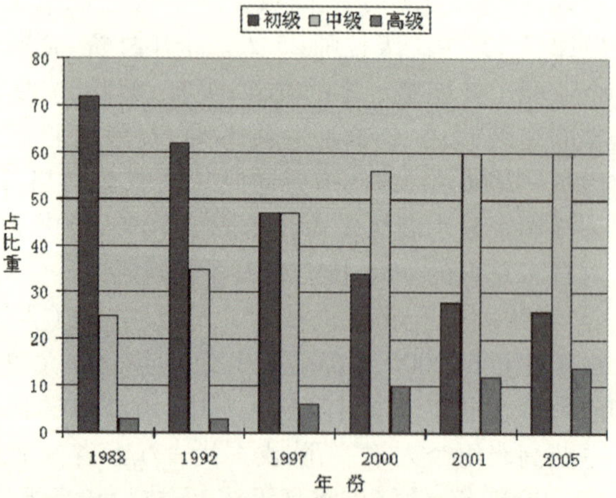

图29-4　1988～2005年部分年份镇江市劳动力技术结构情况统计

人才培训基地，设立40个企业培训联系点和20个民办职业培训机构。岗位技能培训22.43万人。技师、高级技师增加2000人。有8万人次取得职业资格，就业准入职业持证率80%以上。

1983～2005年部分年份镇江市劳动力技术结构情况统计表

表29-16

年份	初、中、高级工占技术工人总数之比(%)		
	初级	中级	高级
1988	72	25	3
1992	62	35	3
1997	47	47	6
2000	34	56	10
2001	28	60	12
2005	26	60	14

三、技工学校

1983年以后，以镇江市技工学校为代表的各类技工学校经历中级技工学校(1983～1998年)、高级技工学校(1999～2000年)、技师学院(2000年以后)3个阶段；以市属技工学校、省重点技工学校、国家省(部)级重点技工学校为代表。

1983年，镇江所在地拥有江苏省电力技工学校、江苏省镇江交通技工学校、市技工学校、江苏省汽车运输公司镇江客运分公司技工学校、市农机技校5所全日制中级技工学校。其中市技工学校为市劳动局下属事业单位，其余均为非劳动系统所办技校。5所技校常年招收初、高中毕业生，主要开设机械、电子等通用专业。

1984年，市技工学校建制为800人，占地4.33公顷，资产约250万元。学校规模及办学条件均居全省苏南各市同类技校之末。市技校当年毕业生92人，考核全部合格。按照“公开去向，自愿报名，全面考核，择优分配”的办法均进行分配。

1986年前后，企业下岗、失业职工逐年增多。市技校毕业生就业门槛低且具有一定动手能力，镇江市各技校招生、分配势头较好。从1988年起市技工学校毕业生实行两证制度(毕业证书和技术等级证书)。明确规定毕业考试成绩达到3级工技术等级标准的，同时与毕业证书发给2级技术等级证书；少数优秀毕业生可申报4级以上(含4级)技术等级。两证由市劳动局验证，市技校颁发。毕业生取得3级工以上(含3级)技术等级证书被单位录用后试用期为半年，试用期满后享受3级工工资待遇；取得4级工以上(含4级)技术等级证书的试用期满后享受3级半工工资待遇；少数未达到2级工技术等级的，不发给技术等级证书。同年，镇江市高级技术工培训中心成立(设在市技工学校内)。1990年，省劳动厅对市技校进行检查评估，结果名列全省第6，被确认为省重点技工学校，成为市属技工学校第一家省级重点技校。

1992年，车、钳、电专业的毕业生参加镇江、南通、扬州三市四级技工等级考核，730名毕业生，技术达3级的346人，占47%；四级的364人，占50%；8人通过首次五级技术等级考核。为提升市技校硬件设施，市政府批准世界银行对市劳动技校贷款50万美元，完成一标设备仪器的安装调试和二标招标工作。

1993年，市技校已达7所，建立18个校外培训基地，所辖市都建立校外培训基地，普遍实行校长负责制。各校坚持校内校外培训相结合、职前职后相结合、城乡结合、户教结合的社会化办学模式，省镇江交通技校和市技校均通过省重点技校的评估。

1994年，省劳动厅批准在镇江技校的车、钳、铸、铆、焊、纺织挡车、建筑泥瓦等18个专业中招收“农转非”学员。在此优惠政策扶持下，全市7所技工学校共招生3166人，其中招收“农转非”966人，省交通技校和市劳动技校被省政府命名为省级重点技工学校。

1996年，市劳动局技能鉴定中心组织对全市中专、技校、职业中学九六届毕业生技能鉴定考核，其中电工、车工、钳工、商品营业员、汽车驾驶与修理5个通用工种（专业）的考核鉴定以统考代鉴定，参考学生837人，统考合格率83%。同年，市劳动技校参加省五级车、钳工统考，91名学生中89人通过考核，取得省劳动厅颁发的钳工五级工证书，合格率98.9%，名列参考学校第三，连续5年被评为省级文明单位。

1997年，镇江市取得钳工五级工统考团体第三名；同年，省交通技校、电力技校、市劳动技校、冶金技校均通过省教委规范化评估，市劳动技校被评为全省规范化教育示范学校，交通技校被国家劳动部批准为高级技工学校，成为镇江市辖区内第一所高级技工学校。全市技校招生完成率达100.6%，居全省第二位，比1996年增加15.6个百分点；毕业生全部实行双证考核，双证率88%，毕业生推荐就业率85%。全市技校车工专业学生首次参加省五级工统考，合格率96.6%。

1998年经省市两级政府批准，镇江农村机电技校正式挂牌招生。这是全省第一家以向“农”字头方向发展的技工学校。省电力技校停招技工学历教育班，以电力系统内部培训为主。同年，市技校经劳动和社会保障部批准改建为高级技工学校，成为镇江市辖区内第二所、市劳动系统第一所高级技工学校。招收高级部机电一体化（业余班）44人，首次开办机电一体化全日制大专班。该校物理教师刘艳被评为市级劳动模范（1999年升格为省级劳动模范），成为市技校第一位市级劳动模范，全省技工院校唯一一名省级劳动模范。

1999年，市技校应届毕业生获准参加江苏省普通高校对口升学招生考试，有55名毕业生被各类高等院校录取。

2000年，劳动和社会保障部下发《关于加快技工学校改革的通知》，提出“调整布局，提高层次，突出特色，服务就业”16字方针，8月，省交通技校和市高级技工学校经江苏省省政府批准增挂技师学院的校牌。

20世纪末21世纪初，镇江已形成中级、高级、技师3个层次，集技工学历教育、职业培训、产教结合为一体的办学格局，数控机床、机电一体化、办公自动化等现代专业在各校普遍设立，与江苏大学、江苏科技大学、南京机械工程学院等高等院校联办大专班取得成果。2001年，全市技校招生比2000年增长25%，毕业生就业率达92%。

2001年镇江市技工院校基本情况表

表29-17　　单位：人、万元

学校	隶属	教职工数	教师人数	在校生数	专业设置	固定资产	基本状况
省交通高级技校	省交通厅	108	64	1096	公路施工、工程机械、公路施工与监理、汽车修理与驾驶	2000	已形成集技工学历教育、职业培训、产教结合为一体的办学格局
镇江高级技校	市劳动局	163	95	2071	机械制造、电气工程与维修、计算机应用与维修、家电与维修	2700	与市劳动培训就业中心建立起集职业培训、技能鉴定、就业指导为一体的综合职业培训基地
省电力技校	省电力局	78	46	158	电气运行、电工、钳工	668	1998年起已停招技工学历教育班，以系统内培训为主
市冶金技校	市冶金工业局	61	37	1070	机电一体化、钳加工、铆焊、冶炼	1000	以技工学历教育为主

续表 29-17

学 校	隶 属	教职工数	教师人数	在校生数	专业设置	固定资产	基本状况
省司法技校	省司法厅	22	8	-	硅酸盐	2227	1998 年起已停招技工学历教育班,以系统内培训为主
市汽运技校	市客运公司	28	19	80	汽车修理	100	以技工学历教育为主
市商业技校	市商业局	36	19	191	餐旅服务、市场营销、涉外宾馆、商品经营	200	以技工学历教育为主
市机械技校	市机械局	19	13	18	设备安装、机电、机动车驾驶与维修	300	以技工学历教育为主
市化工技校	市化工局	22	19	287	化工工艺	300	以技工学历教育为主
市农机技校	市农机局	16	11	278	汽驾与维修、农机监理与维修	300	以技工学历教育为主
丹阳技校	丹阳市劳动局	58	35	874	纺织、服装制作、机械、烹饪	951	以技工学历教育为主
丹徒技校	丹徒劳动局	25	8	161	钳加工、机床切削、服装工艺	195	以技工学历教育为主
句容技校	句容市劳动局	124	38	79	机电一体化、服装设计与工艺	680	与句容市职高联办

2002 年,镇江全市有市属技校 11 所,其中市内技校 8 所,县属技校 3 所;2 所高级技校(国家重点技校,技师学院),1 所省重点技校(市冶金技校)。拥有教职工 555 人,教师 315 人(理论教师 191 人,实习教师 124 人)。教师中高级职称 41 人,占教师总数 13%;中级职称 94 人,占 29.8%;技师 13 人,兼职教师 86 人。在校学生 7092 人。全市技校开设有公路、汽车、机械、电子、计算机、纺织、服装、化工、酒店管理、烹饪等 11 个大类 80 多个工种,其中复合专业和高新技术专业占 28%。

2003 年,全市 9 所技校招收新生 4510 人,其中市高级技工学校招收新生突破千人,比上年增长 27%,应届毕业生就业安置率达 99%。镇江市高级技工学校(镇江技师学院)先后引进 5 名研究生和 84 名本科生充实教师队伍;投入近 3000 万元新建 4.5 万平方米标准运动场、9000 平方米学生实验楼、1000 平方米计算机中心以及购买 130 台(套)各类机床,新建 8000 平方米学生公寓。9 月通过中大华远公司的 ISO 9000 质量管理体系认证,首届技师班毕业。以综合实习楼和新实习车间启用为标志,市高级技工学校的硬件设施明显提升。同年,省交通技校和市高级技校顺利通过国家重点技校的复评验收。

2004 年,全市 9 所技校招生 4714 人,比上年增长 4.5%,其中高教部招生 1567 人,占总数 33.24%,超目标 8 个百分点;全日制技师班招生 58 人,中级部招生 3438 人。技工学校同年就业率 100%。

2005 年,镇江技工学校调整招生思路,明确重点技工学校、尤其技师学院不得招收未参加中考的学生,且提高录取分数线,对新生实施入学素质考试等。全市 8 所技工学校招生总数为 4339 人,涉及 64 个专业(工种),超年度目标 6.8 个百分点。高级部(高级工、技师)招生 1553 人,占招生总数 36%,超目标 6 个百分点。学生素质改观,技师学院高级部招生 450 分以上的占 80%,600 分以上的 40 人。同年,全市技校应届毕业生 2747 人,其中技师 53 人,高级工 317 人,中级工 2348 人。定向培训 111 人,推荐就业 2607 人,全部实现就业,就业率达 98%,超目标 3 个百分点。镇江市招生、就业工作连续五年受到省劳动和社会保障厅表彰。

2001～2005年，镇江技工学（院）校达13所，多年以培养中级工为主的格局逐步被培养高级工（为高中毕业生以上学生设置的专业）所取代。

第六节　劳动仲裁

为贯彻1986年国务院下发的《企业四项暂行规定》，应对劳动保障领域复杂的社会矛盾，1987年，镇江市成立劳动仲裁机构。劳动仲裁工作经历建立机构和组建队伍（1987～1993年）、建立制度走上法制化轨道（1994～2000年）、“服务在先，推进富民”（2001年以后）3个阶段。在推进全员劳动合同制、促进就业和再就业以及社会保险、劳动报酬、经济补偿金、工伤待遇等劳动争议方面调解仲裁。

1987年4月，镇江市计划经济委员会、市劳动局、市总工会联合成立镇江市劳动争议仲裁委员会。该委下设办公室与市劳动局劳动争议仲裁科合署办公，工作重点为调解或仲裁职工因下岗、失业、辞退、开除等与企业引发的劳动争议。1988年4月，镇江市组建企业劳动争议调解委员会（简称劳调委）。市仲裁委举办基层工会、劳资、调解员培训班，规范企业劳动合同的管理，减少劳动争议的发生。截至1989年，全市共建立企业劳调委1046个，组建率达98.49%。同年10月，市仲裁委开始办理劳动合同鉴证工作，对全市全民、集体、合资企业，以及个体户、私营企业用工的劳动合同进行鉴证。1987～1991年，全市共受理劳动争议案件178起，处理结案率100%。其中企业胜诉占32.58%，职工胜诉占39.89%，企业和职工部分胜诉占27.53%。

1992年，镇江劳动争议案件中劳动合同制工人因履行劳动合同与用人单位发生争议突出，集体劳动争议案件尤甚。市各级劳动仲裁部门举办业务培训班培训骨干，依法做好劳动合同鉴证工作和到期合同的考核续订工作。经省劳动厅举办培训和考核，1993年，市劳动局仲裁科14名专职仲裁干部和25名兼职仲裁干部获劳动部颁发的仲裁员资格证书，标志着镇江市劳动仲裁机构及专、兼职队伍已建立。同年10月9日，市仲裁委依法组成仲裁庭，首例公开裁决案为镇江邮电局开除一职工争议案，裁决结果企业胜诉。同年对全市91家实行全员劳动合同制企业进行合同鉴证，纠正无效和部分无效合同1435份。

1994年，镇江市全面推行仲裁庭、仲裁员办案制度、仲裁案件检查制度、汇报制度和疑难案件会办制度，维护企业和劳动者的合法权益。在此期间，镇江劳动争议仲裁案件与1993年相比有增无减，工资、福利争议，违约争议凸显。全市各级劳动仲裁部门加强劳动争议预防工作，帮助企业完善规章，修订劳动合同文本，依法处理劳动争议。1991～1995年，镇江各级劳动仲裁机构立案受理各类劳动争议案件448件，其中调解处理412件，仲裁36起，结案率95.3%。

1996年鉴于镇江劳动争议数量多、增幅大，争议状况日趋复杂，集体争议和非国有企业的争议上升为重点，处理争议人员素质不适应需要等情况，镇江各级劳动仲裁部门遵循重在源头、重在基层、重在调解、重在执行的工作方针，全年依法受理劳动争议案件137起，调解92起，仲裁21起，结案率95%，争议处理准确率100%。1997年推出3项新举措：推行当事人举证与仲裁庭协助取证，发挥简易程序处理劳动争议快捷、便利的优点，提高争议处理的结案率和准确率；会同市总工会开展创建合格劳调委活动，加强基层单位劳调委的组织建设，经评选验收，全市全年103家基层单位被评为合格劳调委；与镇江正和律师事务所合办的劳动法律事务部与全市18家企业建立常年劳动法律顾问关系，全年为他们提供法律咨询1431人次，帮助上述企业修订完善劳动纪律条款，纠正违法和无效条款157项，为消除企业劳动隐患争取主动。全市全年依法受理劳动争议案件165起，企业胜诉10%，职工胜诉61%，双方各有胜负29%，不服仲裁起诉到法院的15起。

1998年，镇江市各级仲裁委建立和完善仲裁委例会制度、案件通报制度、重大疑难案件会审制度、仲裁庭和局职能处室联系制度、仲裁不予受理上级仲裁委复议制度等6项制度。市仲裁委和市总工会分别对市轻工、机械等系统725名基层劳动争议调解员进行培训,培训考核合格者发给省总工会印发的劳动争议调解员上岗证书。全市全年各级仲裁委受理劳动争议案件248件,仲裁裁决73件,调解结案104件,其他方式结案71件。审结案件中,职工胜诉占63%,用人单位胜诉占18%,双方部分胜诉占19%。

1999年,市仲裁委与市总工会配合开展企业劳动争议劳调委达标活动;举办各类培训班25期,培训企业劳资、工会、厂长、经理1047人。通过培训,诸如因解除、变更劳动合同,拖欠工资和社会保险费,职工下岗、待岗,资产转移中劳动关系变化产生争议等,基层劳调委均能发挥调解作用,分流市仲裁委的压力。同年,全市各级仲裁委受理劳动争议案件306件,其中,职工胜诉占47%,用人单位胜诉占9%,双方部分胜诉占44%。

2000年,镇江市建筑二公司、建筑公司、供销社大鹏集团、煤炭石油公司、新型建筑材料总厂、丽华丝织厂、天龙毛绒公司、隆泉锅炉、三明新型墙体材料厂、纺织品批发站、京谷大厦等13家单位在改制、破产、清盘分流安置职工时,先后引发4700余名职工集体上访事件。市直2001年受理案件比2000年增加95件,增幅达117%。同年,国有、集体企业和有限责任公司劳动争议案件增长速度快,增幅分别达104%、35%和1400%,个体私营企业案件数比2000年减少181件,比重从2000年56%下降到12%;集体争议案件上升速度高于一般案件,比2000年增长67%,增幅最大的是集体和国有企业,案件数分别比2000年增长550%和80%;劳动报酬争议高居首位,占案件总数的30%,因解除劳动关系而引发的要求撤销解除劳动关系决定,或因解除劳动关系而要求对方进行赔偿、经济补偿的劳动争议占案件总数的28%;职工胜诉率超过企业。

为遏制劳动争议案件上升势头,市仲裁委采取措施推行劳动争议预防预报制度:一是由市劳动局、市总工会联合发出《关于进一步做好企业劳动争议预防预报工作的通知》,明确要求各企事业单位建立劳动争议预防预报制度;二是对全市企业劳动争议调解委进行整顿,由市劳动局、总工会牵头开展争创企业"合格劳调委"活动。通过对108家企业检查验收,确认其中的100家;三是抓好一批劳动争议多发的企业,对全市77家市直改制企业的劳动关系进行调查摸底,推广6家企业预防劳动争议案件发生的成功经验;四是结合镇江实际情况,确定18家先进乡镇劳动仲裁办事处,推进乡镇仲裁办事处建设。截至2000年,镇江市各级劳动仲裁均建立仲裁委例会制度、案件通报制度等一系列制度,使劳动仲裁走上法制化轨道。

针对不少企业存在有劳动没合同,有合同不平等,有约定不履行的问题,镇江市仲裁委将2002年定为开展"两个合同"(集体合同、劳动合同)管理年,与劳动监察部门联手维护劳动者合法权益。全年国有、集体、外资企业劳动合同签订率由年初96%提高到99%,乡镇、私个企业劳动合同签订率由年初的58%提高到88.6%,集体合同覆盖各类企业职工面78.3%,各项指标均超过省下达目标。合同履行质量明显提高,全市鉴证各类劳动合同4.9万份,纠正无效合同858份;查处无故拖欠工资和超时加班加点等一批案件。同年,市劳动仲裁部门协助市信访局协调处理地方铁路公司、建材厂、华通集团、工贸中心、泰兴隆食品有限公司、荣华饭店、冷藏车厂等30余家单位因拖欠、克扣工资,保险福利,企业改制,下岗职工出中心,经济性裁员,关闭破产企业职工安置、签订、变更、终止、解除劳动合同等引发的计千余名职工集体上访事件。由于做到规范仲裁处理制度,庭审前移(即将仲裁庭开到企业第一线),主动接受社会监督,有效提高办案质量。

2003年,镇江华达照明公司拖欠350名职工工资引发集体争议,职工四处上访且情绪激烈。接报后市仲裁委及时立案受理,参与调解,最终企业与职工达成调解协议。协助相关部门协调处理谏壁船厂、地方铁路公司、妇女儿童活动中心、大东实业总公司等10余家单位逾千名职工集体上访事件。2003年7月1日应聘在镇江市奥雷光电公司的金中先生(美籍华人)和其委托代理人镇江鼎豪律师事务所律师俞仁明,要求仲裁与奥雷光电公司(被诉人)之间的劳动纠纷并递交书面申诉书,这是镇江首例涉外劳动争议案件。市仲裁委于7月7日正式立案受理,8月15日、29日两次开庭,9 月 11 日最终裁决部分支持金中先生的诉讼,奥雷光电公司支付其工资人民币 28538.94 元、补偿金 37950 元。2003 年,全市共受理劳动争议案件 682 件,涉及职工 1706 人、金额 1700 万元,比 2002 年分别增长 16%、12% 和 13%。其中,劳动报酬案由占 30%,解除劳动合同案由占 23%,工伤争议案由占 20%。审结案件中,职工胜诉占 55%,用人单位胜诉占 11%,双方部分胜诉占 34%。

2004 年 3 月,全省劳动仲裁系统率先出台《镇江市劳动争议仲裁案件法律援助实施办法》,对经济确有困难的劳动争议当事人实施缓、减、免仲裁费,从制度上保证劳动者权益不因经济困难而受影响;编写《申请劳动争议仲裁程序指南》;7 月,出台《镇江市劳动争议当事人选择仲裁员试行办法》,乡镇仲裁办事处在 2003 年 55 个基础上增加 12 个,各办事处都具备开展工作的基本条件,正常运行率 80%,全年处理劳动争议案件 354 件。

同年,全市各级仲裁机构(含乡镇办事处)共立案受理追索劳动报酬、工伤争议、劳动合同、保险福利等劳动争议案 2062 件(市直受理 262 件),增长 202%。结案中职工胜诉占 72%,企业胜诉占 5%,双方部分胜诉占 23%。通过仲裁处理,共为全市劳动者追回经济损失 1397 万元,为用人单位追回经济损失 86 万元,当事人服从仲裁处理达 85% 以上。

2005 年,镇江劳动争议案件数量持续增长,其中非公有制企业居其首。同年,市直仲裁机构立案受理外资企业、私营企业和有限责任公司的劳动争议案件 278 起,占全年受理案件总数 322 件的 86.34%。从劳动争议案件内容而言,社会保险、劳动报酬、经济补偿金、工伤待遇争议居多;从发生争议单位而言,几乎涉及国家机关、事业单位、大专院校、金融保险机构及各类企业。随着企、事业单位改制工作结束,劳动争议显现出主体多元化、内容多样化、方式复杂化、规模扩大和矛盾尖锐化特征。调解案件稳中有升,企业用人管理普遍存在制度不健全、管理不规范、行使用工权不慎重且不愿与劳动者相沟通的情况,加大劳动争议仲裁部门的工作难度。同年处理的劳动争议案件中,劳动者胜诉 210 件。

2005 年,全市各级劳动仲裁机构(含乡镇仲裁办事处)共立案受理劳动争议案 2010 件,审理结案 1966 件(含 2004 年结转),按期结案率 98%,受理案件数和结案数均创历史新高。结案中职工胜诉占 84%,企业胜诉占 3%,双方部分胜诉占 13%。全市乡镇成立仲裁办事处 67 个,正常运行率达 80%,被江苏省劳动社会保障厅、省总工会、省企业家协会联合评为先进劳动争议仲裁委员会。

1987～2005 年部分年份镇江市调解仲裁情况统计表

表 29-18

年份	受理案件(起)	调解、仲裁结果		
		企业胜诉(%)	职工胜诉(%)	企业、职工部分胜诉(%)
1987～1991	178	33	40	28
1997	165	10	61	29
1998	248	18	63	19
1999	306	9	47	44
2000	495	10	51	39
2003	682	11	55	34
2004	2062	5	72	23
2005	2010	3	84	13

第七节 劳动监察

随着1995年《中华人民共和国劳动法》的正式实施,镇江市劳动监察机构建立。1995～2005年,市劳动监察以《中华人民共和国劳动法》为依据,以维护企业和职工权益为主旨开展工作。从规范企业用工到社保扩面征缴,其监察范围扩大,维权力度加深,执法手段完善,社会效益凸显。

1995年,镇江市劳动局监察科暨劳动监察大队建立。同年立案查处市区42家单位严重违反劳动法的行为,结案39起,结案率92%。其中包括为职工追回企业风险抵押金,补办就业证,补签劳动合同,补办待业保险,补办养老保险,为职工追回克扣和拖欠工资,处理集体上访和怠工事件等。

1996年,镇江劳动监察部门对市金龙大酒店、富民制衣厂、光学仪器厂擅自使用外来劳动力,特别是对泰兴隆快餐食品有限公司1～3月违法加班868人次,超时加班12252小时进行处罚。全年取缔非法劳务中介11家;对4322家用人单位进行劳动用工年检,追回克扣拖欠工资70.88万元。

1998年,市劳动监察大队对市区较大规模的餐饮业和"三资"企业进行执法检查,主要监察招用下岗职工的单位是否依法签订临时性劳务协议;是否有私招乱雇外来农村劳动力,挤占下岗职工的行为;是否有以下岗为惩罚手段,随意侵犯下岗职工合法权益的行为等。市区"三资"企业中的远东包装公司为74名职工补缴7.1万元养老保险金,镇江通讯广播设备厂和镇江玻璃厂分别为职工补缴失业保险金3万元和2万元。

1999年,市劳动监察已形成综合运用巡视监察、专项监察、举报专查、综合监察等手段的工作模式,全方位地对用人单位的劳动用工、劳动合同签订履行、工资支付、劳动工作时间、职业技能培训和鉴定、社会保险扩面征缴等实施监督检查。同年先后进行6次规模较大的专项检查:开展劳动用工年检,跟踪落实整改专项检查活动;组织开展私营企业执行《中华人民共和国劳动法》情况检查活动;清理整顿社会劳务中介机构,维护劳动力市场秩序;开展社会保险费征缴执法检查活动;组织开展对78家欠缴失业保险费的单位进行执法检查。通过开展专项执法活动,在整改期内追缴到位失业保险费66万元,推动全面开展社会保险登记、申报工作。截至年底通过专项检查和劳动用工年检,督促用人单位补缴社会保险费350.25万元,对严重违反劳动法规、经教育不改的75家用人单位实施行政处罚。组织开展私营企业执行《中华人民共和国劳动法》情况执法检查活动,共检查私营企业480家,规范企业用工,整顿劳动力市场秩序。

2000年,全市共监察检查用人单位1859家,立案查处635家,结案624件,结案率98%,受理来信来访举报733起,查处严重违法单位221家,取缔非法中介机构25家。督促用人单位与职工签订劳动合同7779份,补发拖欠或克扣职工工资59.27万元,责令用人单位补办用工和登记备案手续4672人,扩面参保1299人,上半年清欠社会保险费424万元。

2001年,劳动监察部门联合市公安、新闻部门对全市非法劳务中介进行专项检查,采取"新闻部门暗访—公安部门配合—劳动部门查处—新闻媒介曝光"的执法形式,取缔25家非法中介,对12家非法中介机构实施行政处罚。根据群众举报,对立成电子有限公司、元鼎饰材有限公司等15家单位执行国家工时制度确实存在强迫职工无节制加班加点事实后,迅速下达14份限期整改指令书,对拒不整改的立成电子有限公司实施行政处罚。规范外商投资企业、私营企业的用工、劳动合同、社会保险等劳动管理行为。市、区两级劳动监察部门联合公安、新闻单位对中山路、朱方路沿街所有饮食、娱乐服务业进行检查,规范用人单位在劳动用工、劳动合同的签订及履行、依法参加社会保险、技术工种持证上岗等方面的行为。

2001年6月15日,市直劳动监察部门正式加入"110"社会化联动报警服务体系。劳动者在自己的合法权益受到侵害或发现用人单位有劳动违法行为时,可直接拨打"110"进行投诉举报和紧急求助。劳动监察受理范围主要为:用人单位不为新招聘职工办理用工手续;用人单位不与职工签订劳动合同，不履行劳动合同的内容；用人单位不依法参加社会保险，不依法为劳动者缴纳社会保险金；用人单位克扣或无故拖欠职工工资；用人单位强迫职工超规定加班加点；用人单位招聘职工时，非法收取职工的“入厂押金”等不合理费用，扣押职工身份证及其他有效证件；违反规定，安排未取得职业资格证书的劳动者从事技术工种工作；未取得职业介绍许可证开办职业介绍机构或兼办职业介绍业务等。全市各级劳动监察机构加大对用人单位侵害青少年、非法使用童工的检查和打击力度，将维护青少年合法权益、禁止使用童工列为必查内容，市劳动监察支队被劳动和社会保障部、共青团中央授予全国优秀青少年维权岗称号。

2002 年，全市国有、集体、外资企业劳动合同签订率由年初的 92% 上升到 99%；乡镇、私营企业、个体工商户劳动合同签订率由年初的 58% 上升到 88.6%；全市集体合同覆盖各类企业职工面达 78.32%。同年，市直监察部门先后开展 4 次社会保险专项执法活动，含对旅行社、餐饮、休闲娱乐、美容美发、药品、小商品专卖店等非公有制企业社会保险专项扩面，中山路沿街单位扩面检查、欠缴社会保险费大户的专项检查等。专项检查单位 491 家，扩面参保 3295 人。

2003 年 6 ~ 8 月，市监察部门在全市范围内开展劳动保障维权专项执法检查，排出 350 家单位为检查重点，3 个月全市检查用人单位 1076 家，涉及职工 107254 人，立案查处违法案件 183 件，责令补签劳动合同 17677 人，督促补发拖欠职工工资 122.31 万元，清退用人单位收取职工不合理费用 1.75 万元，扩面参保 6729 人，对严重违法行为实施行政处罚 53 件。8 ~ 9 月在全市范围内开展贯彻实施《禁止使用童工规定》活动，全市上门检查用人单位 403 家，查出 32 家单位非法使用童工 45 人，均进行不同程度的处罚。

2004 年，全市扩面参保 14992 人，其中医保 5437 人。5 ~ 6 月，全市各级监察机构联合公安、工商、总工会等部门首次开展农民工权益、劳动合同专项检查活动。将使用农民工较为集中的建筑、装饰、服务、加工等劳动密集型非公有制企业作为重点检查对象，将劳动合同的订立、工资发放、参加社会保险等作为检查重点内容。查处镇江京口罗尔特纺织厂非法使用童工案，责令该厂立即付清 9 名童工工资计 5640 元，责令厂方出资护送她们回原籍，并根据国务院《禁止使用童工规定》对该厂实施行政处罚。扬中、丹徒也分别查出非法使用童工 12 名和 18 名，均受到行政处罚。同年，市劳动监察率先在市直企业推行劳动保障信用等级评选活动，信用等级分“AAA”“AA”“A”三级。由劳动和社会保障局信用评定办公室分别从劳动用工、劳动合同、社会保险、工资支付、福利待遇、工作时间、劳动保护及规章制度等方面考核打分。最终评定江苏索普（集团）有限公司等 30 家企业为“AAA”级；镇江百盛商城有限公司等 9 家为“AA”级；智英电子（镇江）有限公司为“A”级。

2005 年，市劳动监察部门组织开展 4 次专项检查。联合公安、人事、新闻等部门开展清理整顿劳动力市场秩序检查，对 15 家合法职业介绍机构进行指导服务，规范其职介行为；查处并取缔 14 户非法中介；对市区城乡接合部 23 家劳动密集型单位进行全面检查、规范和指导。开展禁止使用童工专项执法活动。1 个月内检查用人单位 398 家，涉及劳动者 40195 人，查出 9 家用人单位非法使用童工 45 名并予严肃处罚，责令单位依法护送童工回原籍。开展为期 3 个月社会保险扩面、稽核专项执法检查。6 ~ 9 月仅市直劳动监察部门就责令 258 家用人单位为 7805 名劳动者补办社会保险，其中医疗保险 5289 人，对拒不为劳动者参保的 7 户用人单位依法实施行政处罚。2005 年春节前开展农民工工资专项追讨，市直劳动监察部门在信访室设立追讨农民工工资信访接待处，成立 4 个追讨工资执法小组，1 月 9 日至 2 月 8 日，集中处理拖欠农民工工资举报上访 41 起，为农民工追回工资 108.34 万元。2006 年春节前集中开展农民工工资专项执法检查。11 ~ 12 月，全市各级劳动保障检查部门联合建设局、总工会、新闻媒体等部门在辖市区范围内开展农民工工资清欠大检查，共检查用人单位 903 家，涉及农民工 93504 人，为 6193 名农民工追回拖欠克扣工资 1332.01 万元。2005 年，市直劳动监察机构先后被劳动和社会保障部授予全国清理整顿劳动力市场专项大检查先进集体、全国禁止使用童工专项大检查先进单位称号，被江苏省劳动和社会保障厅授予全省劳动保障监察先进集体称号。

第三十卷

法　　治

卷　目

1983～2005年，镇江市政法部门认真履行宪法和法律赋予的神圣职责，坚持以经济建设为中心，全力维护社会稳定，密切配合，各司其职，公正执法。严厉打击严重刑事犯罪、多发犯罪和经济犯罪；全面落实社会治安综合治理的各项措施，夯实基层基础；广泛开展普法教育，提高全民法制意识；稳步推进司法改革，保证公平和正义；加强政法队伍建设，不断提高政法干警政治业务素质；开展平安镇江创建活动，坚持依法治市，为保障全市社会政治稳定和改革开放、经济发展做贡献。

中共镇江市委政法委员会是市委工作机构，组织协调、案件督查、干部协管，推进公安、检察、法院、司法行政等政法部门工作。政法委严厉打击严重刑事犯罪、多发犯罪和经济犯罪，强化社会治安管理，确保社会治安大局稳定；把维护社会政治稳定作为首要职责，慎重妥善处理各类敏感问题和重点对象，全面提升维护社会政治稳定的能力；把服务社会和保障经济发展作为重要职责，改革和创新管理工作，为经济和社会发展提供良好法治环境；推进社会治安基层组织建设，确保国家法律顺利实施，维护推动社会秩序稳定，创新推出全市党员、干部义务巡防工作。

1983～2005年，镇江市公安机关严厉打击各类违法犯罪活动，加强对公共场所、特种行业、危险物品、网络安全、水上治安、户政、出入境、监所等的管理。到2005年底，全市公安机关破获各类刑事案件15.9万起，查处涉赌违法案件4739起、涉娼违法案件1083起、涉毒违法案件453起，维护人民群众生命财产安全，促进社会治安持续稳定。市公安消防部队执行全市范围内的灭火与应急救援任务，至2005年累计接警出动18078起。

镇江市检察机关实行检务公开，进行公诉改革，开展反贪污贿赂、反渎职侵权、反职务犯罪预防工作。2005年，市人民检察院批准逮捕2286人，起诉3186人。

镇江两级法院审判业务包括刑事、民事、行政、知识产权、国家赔偿和审判监督、执行等多个方面。2005年，全市法院受理刑事一审案件2158件，审结2104件；受理民商事一审案件15134件，审结13799件；受理行政一审案件258件，审结237件。

2005年，镇江市有镇江监狱、江苏省句容监狱、江苏省边城监狱3座，有江苏省未成年犯管教所、江苏省女子劳教所、江苏省句东劳教所3所。各监狱加强狱政管理、教育改造、生活卫生管理工作，同时开展劳动生产经营。

第一章　政法委员会

1983年实行市管县体制时，成立中共镇江市委政法委员会。1990年7月经市级机关工委镇机工〔1990〕27号文批准，建立市级机关工委政法分工委。1991年4月经市编委镇编委〔1991〕31号文批准，市委政法委建立政策法律研究室。1991年10月根据镇江市委镇发〔1991〕53号文，撤销市社会治安综合治理领导小组，成立市社会治安综合治理委员会，下设办公室，与市委政法委合署办公；5个县（区）也相继成立社会治安综合治理委员会，全市99个乡镇、街道和1000多个厂矿企事业单位也都成立社会治安综合治理领导小组和办公室。

1994年11月经市编委镇编委〔1994〕70号文批准，市委政法委增加内部机构案件协调室。1994年11月，市委政法委成立《江苏法制报》镇江通联站。1997年8月经市党政机构改革领导小组审核、镇办发〔1997〕75 号文批准，市委政法委为市委工作机构，挂市社会治安综合治理委员会办公室的牌子；内设机构为办公室、研究室、案件督查协调处、干部处、社会治安综合治理处。2001 年 7 月经镇江市委镇办发〔2001〕53 号文批准，保留市委政法委员会，为市委工作机构；市社会治安综合治理委员会是协助市委、市政府领导全市社会治安综合治理工作的常设议事机构，与市委政法委合署办公。2002 年 5 月成立市预防青少年违法犯罪工作领导小组，7 月成立市综治委学校及周边治安综合治理工作领导小组，9 月成立流动人口管理工作领导小组。2003 年 3 月 12 日，《江苏法制报》镇江记者站挂牌成立。

第一节　严厉打击严重犯罪

1983 年，全市执行中央关于严厉打击严重刑事犯罪活动“两年见效、三年好转”的战略决策。1986 年，全市刑事案件发案总数比前三年总数下降 26.33%，治安案件下降 44.14%。1986～1991 年，全市开始打流窜、反盗窃、扫“黄源”、除“六害”（卖淫嫖娼，制作、贩卖、传播淫秽物品，拐卖妇女、儿童，私种、吸食、贩运毒品，聚众赌博和利用封建迷信骗财害人）专项治理。重点打击经济领域出现的严重贪污、受贿、挪用公款等经济案件，破获各类刑事和经济案件 11610 起，缴获赃款赃物总值 824.45 万元，挽回经济损失 1241 万元，审判处理一大批严重刑事犯罪分子和严重经济犯罪分子。1993 年 6～9 月底，全市侦破各类刑事案件 1854 起，查获各类违法犯罪分子 1319 人，追缴赃款赃物总值 114.2 万元；摧毁犯罪团伙 110 个，成员 724 人，其中地方恶势力 119 人。1994 年 9 月开展以“扫黑打恶”“治乱除霸”为重点的整治斗争，破获各类刑事案件 3225 起，破案率高于全省平均水平，创 10 年来最高。1996 年 4 月先后侦破省市有影响的“4·20”“2·16”“5·28”“6·13”等现行案件；开展“扫黄、打非、禁盗”等专项斗争，查封或取缔违法经营的歌舞厅 70 家、发廊 17 家、按摩室 1 家、电子游戏室 16 家，收缴各类非法音像制品 5 万余盒。

1997 年，全市组织开展破案会战、禁毒、追逃、国有大中型企业及周边治安秩序整治和社会治安集中整治等专项斗争，侦破各类刑事案件 3458 起，摧毁犯罪团伙 175 个，成员 726 名，缴获赃款赃物总值 2322 万元。在禁赌、禁娼、禁毒和打击严重暴力犯罪、“扫黄打非”等专项斗争中，查处色情场所 242 家，查破涉娼案件 720 起，查获涉娼成员 774 名；查缴黄色淫秽书刊 5000 余册、非法出版物 6000 余册，非法音像制品 5 万余盘（张），取缔无证放映点、出租点 46 家。

1998 年，全市开展破案防范百日会战、反盗抢机动车、整顿金融保险邮电网点、打击涉税骗汇走私犯罪、禁毒追逃、“扫黄打非”等专项斗争，破获各类刑事案件 4132 起，抓获刑事犯罪嫌疑人 2746 人。2000 年开展“三打三强化”（打击抢劫、盗窃、流窜，强化外来人口管理、防控体系建设、可防性案件控制）、“打拐”、公共娱乐场所集中整顿、百日破案竞赛、打黑除恶等专项斗争和专项治理，破获各类刑事案件 9655 起，抓获各类违法犯罪嫌疑人 15168 人，摧毁犯罪团伙 241 个，成员 1027 人。2001 年，全市侦破刑事案件 14768 起，查获犯罪嫌疑人 4262 人，摧毁犯罪团伙 330 个，成员 1205 人，涉恶案件全部攻克。2003 年开展“春雷”“天网”和夏季治安整治、冬季打防攻势等系列斗争。2004 年开展“春雷”“净网”“捕狼”“清风”等专项斗争和集中治理。2005 年开展“打黑除恶”“迎十运保平安”“秋风”“闪电”等一系列专项行动和专项斗争，全市侦破刑事案件 10544 起，刑事案件发案率下降 0.3%，没有发生在全省有重大影响的恶性案件。

第二节　维护社会政治稳定

1989 年 5 月 16～20 日，市区有部分学生上街游行示威，散发传单，张贴标语，发表演讲，强行登车，给市区正常的生产、工作、生活秩序带来较大影响。政法部门出动公安干警 6000 余人次，抓获冒充大学生煽动闹事的不法分子2人,乘机进行流氓抢劫活动的犯罪分子9人。1990年3月,镇江市组建市警察机动大队;4月,市政府颁发《关于集体游行示威管理暂行规定》。

1994年,镇江市、县(市、区)两级成立维护稳定联络工作小组,全市政法部门妥善处置因物价上涨过快、农民负担过重、亏损企业职工生活困难等矛盾引发的群体性苗头事件。

1995年,全市政法部门落实维护稳定工作措施,保证"世妇会""城运会"以及纪念抗日战争胜利50周年等重大活动和节日安全,协助政府及有关部门化解群众上访事件412起。1996年,各级政法部门深入开展查禁取缔邪教组织专项斗争,查禁邪教活动点12个。1997年,政法部门协助处置因下岗、征地、区划调整等原因到市政府集结上访的群众94批、3079人次,确保香港回归和中共十五大召开期间社会政治稳定。

1999年,全市政法部门投入中华人民共和国成立50周年、迎澳门回归等重大活动的安全保卫工作。对以美国为首的北约轰炸中国驻南联盟使馆、取缔邪教非法组织等重大事件迅速应对。

2000年3月,镇江市因清理整顿供销社社员股金和企业集资而引发群体性封堵铁路事件,市政法各部门有效控制和平息事态。2001年围绕中美撞机事件、中国成功申办奥运、中国加入WTO(世界贸易组织)、建党80周年以及美国遭受"9·11"恐怖袭击事件等,市政法各部门建立重大事项和信息工作上报制度,破获"5·14"系列现行煽动性案件多起,处置到市委、市政府聚集上访201批次、5834人次。2002年,全市政法部门保障党的十六大、2002中国镇江经贸旅游洽谈会等重要活动和重大节日期间的社会政治稳定,处置到市委、市政府聚集上访事件427批次、14137人次。2003年,全市政法部门在预防非典型性肺炎期间参与防疫管控,查处18起在互联网上发布虚假消息、散布谣言的案件,查破刑事案件2起、行政案件122起,缴获伪劣商品、物品货值126万余元。2004年,全市政法部门完成金秋经贸洽谈会等各类大型活动安全保卫及警卫任务192批次。

2005年,全市政法部门完成润扬大桥通车、金秋经贸洽谈会、"同一首歌走进镇江"大型演唱会、胡锦涛等中央领导到镇江视察、"十运会"镇江赛事等各类安保警卫任务,化解社会矛盾600余起,确保重要敏感期无集访,未发生影响稳定的重大事件。

第三节 服务社会和经济发展

1992年7月,中共镇江市委批转市委政法委员会关于政法部门《为加快改革开放和经济建设保驾护航的十二条意见》。1993年1月,市委政法委员会召开扩大会议,要求政法各部门正确处理好解放思想与严格执法的关系、打击与服务的关系、数量与质量的关系、政策与法律的关系。2000年1月,中共镇江市委办、市政府办公室转发市委政法委《关于政法工作为国有企业改革和发展服务的几点意见》,市公安机关推出服务经济建设15条措施,市检察机关制定《镇江市人民检察院服务国有企业实施办法》,市两级法院出台妥善处理国有企业在改制、兼并、租赁、重组中引发的劳动争议案件的相关措施,市司法行政机关与市经济委员会联合下发《关于积极为国有企业改革和发展提供优质法律服务和法律保障的意见》。2001年,市委政法委围绕农村三大改革和城市四大重点工程建设,制定《关于认真做好农村改革和城市重点工程建设中维护稳定的意见》《关于全市政法部门在集资兑付工作中积极发挥职能作用的若干意见》。2003年,市委政法委为贯彻中共镇江市委、市政府加快沿江开发的要求,制定《政法部门服务沿江开发的工作意见》。同年7月,中共镇江市委办、市政府办转发《关于政法工作服务"两个率先"、支持国企改革的意见》。2004年开展"警企零距离"活动,为企业排忧解难办实事1360件;建立阳光审判机制,落实绿色诉讼通道;加强与企业联系,做好职务犯罪预防工作;扩大非诉讼业务,发挥政府法律顾问团在促进政府依法行政工作中的重要作用。

2005年,市委政法委制定《镇江市公安局服务经济社会发展八条措施》,落实优化投资软环境工作举措；制定《镇江检察服务承诺十二条》，刊载于《镇江日报》，公开向社会承诺。

第四节　健全基层组织

1983 年，中共镇江市委、市政府决定在 34 个乡新建公安派出所，建所乡镇达 80.6%；基层司法助理员配备 95%；内部单位建立保卫组织 142 个，专职保卫干部 544 人；81% 的厂矿企业建立调解会，11 个厂矿和高校建立专业护厂（校）队。至 1985 年，全市初步形成社会治安基础工作网络，2000 多个乡镇以上企事业单位建立调解组织和护厂队、护校队、联防队。

1991 年，中共镇江市委、市政府选派 43 名公安、司法干部到乡镇、街道任职，专管综合治理工作，综治办专职工作人员达 170 人，专职联防队 110 支 1180 人，厂校兼职治安防范队伍 289 支、2229 人。1992 年，全市 86 个乡镇、街道配备专管社会治安综合治理工作的副乡（镇）长、副主任，各乡镇、街道综治办专职工作人员增加到 226 人，建立 119 支专职联防队伍、2226 个调解组织、714 个暂住人口管理组织，专、兼职管理员 1284 人，聘请数百名治安信息员，企业新增保卫人员 378 人。1994 年，中共镇江市委、市政府批转市委组织部、政法委和市公安局、司法局、民政局等 5 个部门联合下发的《关于全市集中整治期间加强基层组织建设的意见》。

2000 年，各地各部门新建党员先锋巡逻岗、青年志愿者巡逻队等群众义务防范组织 650 支、2244 人，社区联防队、保安队 205 支、1037 人，布建 129 个社区警务站。全市各乡镇、街道配备分管政法综治工作的副书记、副乡长，配备专职工作人员 106 人。2001 年 12 月，市委组织部、市编办、市综治办联合下发《关于认真做好乡镇（街道）综治办专职干部配备工作的通知》，各乡镇（街道）必须成立社会治安综合治理委员会及其办事机构——社会治安综合治理办公室；乡镇（街道）综治干部一律为行政编制，编制不得挪作他用。2002 年，全市 75 个乡镇（街道）综治办专职干部配备 94 人，落实享受政法津贴工作。布建 314 个社区警务站，社区民警增加到 750 人。

2004 年，镇江市制定《关于建立全市社会矛盾纠纷调处机制的实施意见》。2005 年，市、辖市（区）、乡镇（街道）建立三级大调解中心，81 个乡镇（街道）按要求建设到位，配备工作人员 386 人，办公用房 435 间，面积 10581 平方米。同年 3 月，市、县、乡三级成立专门社区矫正工作机构，首批组建近 100 人的矫正工作者队伍，90% 以上社区建立青少年社区法律学校，新建 12 个青少年教育基地。

第五节　政法队伍建设

1983 年 3 月实行市管县体制后，市委政法委协助市委对政法各部门领导班子进行调整配备，原局级领导干部 26 人减少为 17 人，原科级干部 94 人减少为 80 人。新领导班子平均年龄有所下降，文化程度有所提高。

1984 年，市级政法系统 7 个机关党组、19 个党支部、525 名党员参加整党活动。1985 年底，18 个党支部、501 名党员通过登记。同年输送 11 名政法干部到大专院校脱产学习；与教育部门协作，开办职业大学法律班，培养法律工作后备力量。1988 年 9 月，中共镇江市委批转市委政法委《关于充实和加强我市各级政法委员会的意见》，明确党委政法委的工作职责、工作制度，明确政法委员会是“党委部门、政法编制、公安待遇”。1989 年，市和县（区）党委、政府的综合治理领导小组全部恢复，乡镇一级综合治理领导小组全部建立。

1992 年 12 月，市及各县（市、区）的政法部门制定队伍整顿和建设的意见、措施，清调各类人员 15 人。1993 年 8 月，市政法部门停止 55 项收费项目，退还当事人各类保证金、帮教费 18 万元。对利用职权用公款私装电话和用赞助款购买各种机动车辆全部清理登记造册，列入单位固定资产。

查处18起违法违纪案件，追究刑事责任5人、党纪政纪处分11人。

1994年，全市政法部门查处政法干警违法违纪案件25件30人，其中党员20人、科级干部6人。同年12月，市委政法委、市综治委举办首期社会治安综合治理干部培训班。1995年，市委政法委规定政法干警“四个不准”（不准用公款钓鱼、不准赌博、不准进异性按摩室、不准接受当事人的吃请和钱物）。1996年举办第二期基层综治保卫干部培训班。同年4月，中共镇江市委下发《关于贯彻中办厅字〔1995〕28号文件，加强各级党委政法委员会工作的通知》，明确规定党委政法委10项工作职能。1996年，全市政法部门开展学济南交警、学漳州110、“法官检察官形象年”活动，市国家安全局被评为全国国家安全系统“二五”普法先进集体。1997年，镇江市开展政法队伍集中教育整顿活动，法院系统全面复查4895件审结案件，停收“两庭”建设费和经济案件办案补助费；市公安机关对移动电话、预算外资金、行业不正之风和副科级以上干部住房等情况开展专项清理整顿，清理移动电话83部，停办收旧网点73家。全市查处违法违纪案件21起24人，清理辞退5人。

1998年，市委政法委根据协管干部要求，参加组织部门对县（市、区）正副检察长、反贪局长的考察，参加省高院对市县两级法院领导班子的考察考核。同年4月，全市政法部门开展以“公正执法、文明执法”为主题的教育整顿活动，复查各类案件31806件，纠正696件；清理各类非警人员127人；清理“小金库”金额55.54万元、违规存放赃款71.43万元、“三乱”资金23.6万元；查处违法违纪干警93人次，给予党纪政纪处分33人，请调1人，辞退11人，追究刑事责任5人。

2000年4月1日，中共镇江市委、市政府召开电视电话会议，对“双争”活动进行再动员、再部署，并下发《关于在全市政法系统进一步开展“双争”活动的工作意见》，活动中表彰先进集体291个、先进个人779人，其中受中央和省表彰的单位41个、个人427人。同年8月，市委政法委将6名人民满意政法干警、5个人民满意政法单位组成先进事迹巡回报告团。

2002～2005年，全市每年举办全市乡镇（街道）综治办主任培训班。2005年，全市政法部门深入开展“公正执法树形象”集中教育活动和“规范执法行为、促进执法公正”专项整改活动。人民群众对政法干警满意率达98.5%，左康祥、吴猛、滕庆联等一批公正执法、爱岗敬业、甘于奉献的先进典型，受到省级以上表彰。

第二章　社会治安综合治理和平安建设

1983～2005年，镇江市动员和组织全社会的力量，运用政治、法律、行政、经济、文化、教育等多种手段进行社会治安综合治理。1986～1988年，扬中县连续3年被评为江苏省社会治安综合治理先进县。1997年，扬中市委政法委书记、扬中市综治委副主任王裕荣，获全国社会治安综合治理先进工作者称号。2002年，镇江市开展平安建设活动，为全省首创。2003～2005年，镇江市连续3年被中共江苏省委、省政府表彰命名为全省社会治安综合治理先进城市。2005年，镇江市被中央社会治安综合治理委员会授予全国社会治安综合治理优秀地市称号。

第一节　社会治安综合治理

一、政策措施

1991年9月，镇江市制定《1991～1995年镇江市社会治安综合治理规划》，提出5年奋斗目标和具体措施。中共镇江市委、市政府组织有关部门制定《镇江市公共场所治安管理办法》。

1992 年 1 月，中共镇江市委、市政府以镇发〔1992〕1 号文件下发《1992 年社会治安综合治理意见》，结合全国人大常委会《关于加强社会治安综合治理的决定》和《江苏省社会治安综合治理条例》，开展较大规模的宣传学习活动。同年 3 月，市委农村社会主义思想教育领导小组和市社会治安综合治理委员会联合发出《关于结合农村社教，推进社会治安综合治理工作的意见》。

1996 年，镇江市制定《关于在全市开展创建社会治安综合治理模范区活动的实施意见》《关于加强全市乡镇街道社会治安综合治理组织建设的工作意见》，依法治市工作全面启动。同年 9 月，中共镇江市委、市政府根据中央社会综合治理委员会关于“九五”期间和 2000 年社会治安综合治理工作规划要求，以镇发〔1996〕79 号文件转发《镇江市 1996～2000 年社会治安综合治理工作规划》。

2000 年，各地各部门以“创安”活动为载体，社会治安综合治理责任制签订率 100%，有 5 个单位被实施一票否决，16 个单位受到黄牌警告。2002 年，市综治委出台《关于在全市广泛开展“创建安全文明优胜杯”活动的意见》。

2003 年，市委、市政府印发《关于在全市开展“建设平安镇江、创建最安全地区”活动的决定》，提出通过两年创建，使全市率先进入全省最安全地区行列。同年，市建设局、公安局、房管局、规划局和综治办联合下发《关于进一步加强我市城区新建居民住宅小区治安防范设施建设的实施办法》，市综治委下发《关于在全市非公有制企业开展社会治安综合治理工作的意见》，市综治委、组织部、机关工委、公安局、人事局等部门联合发出《关于动员在职党员、干部积极参与社会治安防范工作的通知》，市委政法委、市综治办等 7 部门联合下发《关于加强市区居民住宅小区安全防范设施建设的意见》。2005 年，市委、市政府把居民住宅老小区安全防范改造列入政府为民办实事工程。

二、专项治理

1989 年 11 月，中共镇江市委、市政府成立除“六害”领导小组，公安机关围绕重点地区、重点场所、重点案件和重点人头，开展破案件、追逃犯、挖团伙、端黑窝等专项工作，破获一批卖淫嫖娼、拐卖妇女儿童等案件。到 1991 年底，全市查处这类案件 2039 起，5483 名违法犯罪分子受到打击处理。

1993 年 8 月，市社会治安综合治理委员会决定整顿文化市场、收旧业和人力三轮客车业。至年底，市区收旧业由原来 161 家减少到 120 家，1500 多辆无证照人力三轮客车停止营运。

1996 年 12 月，全市初步形成城乡治保会、调委会和专兼职联防队三级防控网络，治安防控力量基本覆盖城乡。1997 年，镇江市开展创三安（安全文明单位、安全文明村、安全文明小区）活动，全市 2913 个创三安单位、村和小区达标 1391 个，达标率 47.8%。1999 年底，全市达标的安全文明乡镇（街道）87 个、安全文明小区 228 个、安全文明村 1307 个、安全文明单位 1511 个，分别达应创建数的 89.7%、82.3%、94.9% 和 95.3%。全市 97 个乡镇、街道全部建立综治办并配备专抓综合治理的党政副职。

1999 年 5 月，市社会治安综合治理委员会牵头召集市教委、公安、工商、文化、卫生以及京口、润州两区等 12 个有关部门和地区，开展为期 5 个月的学校及周边治安秩序整治的专项行动。取缔违章开设的录像厅、歌舞厅、游戏机室、桌球室 63 家，收缴淫秽书刊和音像制品 1334 件、游戏机 227 台，扣缴电脑主机 196 台、赌博用电脑板 41 块，破获各类违法犯罪案件 121 起，抓获涉案成员 39 名。

2004 年 1 月，市人大五届二次会议提出关于依法整治残疾人专用车营运问题议案。2005 年 8 月，中共镇江市委、市政府开展市区“三小车”（残疾人车、正三轮摩托车和人力三轮客车）整治，回收“三小车”2700 辆，其中无牌证“三小车”1148 辆，有牌证正三轮摩托车 254 辆，残疾人车 398 辆，人力三轮客车 900 辆。对市区 339 辆残疾人车统一置换新车，对 900 辆人力三轮车以旧换新。“三小车”车主实现就业578人，自谋职业352人，享受生活补差121人，帮扶就业率95%。

第二节　平安建设

2002年，市综治委提出平安建设的口号，是全省第一个提出的城市，出台《关于在全市广泛开展“创建安全文明优胜杯”活动的意见》，突出抓居民杂居区、城郊接合部、公共复杂场所、公有制企业及销售额在5000万元以上的非公有制企业的创安。年末对问题突出的9个单位实施一票否决，对14个单位实施黄牌警告。2003年1月13日，中共江苏省委、省政府表彰命名镇江市为全省社会治安综合治理先进城市。8月，中共镇江市委、市政府印发《关于在全市开展“建设平安镇江、创建最安全地区”活动的决定》。9月5日，市委、市政府召开“建设平安镇江、创建最安全地区”动员大会，要求全市100%的辖市（区）达到社会治安安全辖市（区）的创建标准，90%的乡镇（街道）达到社会治安安全乡镇（街道）的创建标准，力争3年创建任务两年完成，全市社会公众安全感和群众对政法队伍的满意度均达到90%以上，政法干警犯罪率为零，使全市率先进入全省最安全地区行列。活动中，市综治委制定《全市乡镇（街道）“建设平安镇江、创建最安全地区”活动考评办法》和《“平安镇江”创建活动奖惩办法》，市建设局、公安局、房管局、规划局和综治办联合下发《关于进一步加强我市城区新建居民住宅小区治安防范设施建设的实施办法》，市综治委下发《关于在全市非公有制企业开展社会治安综合治理工作的意见》。市综治办、团市委、公安局等7部门发起全市青少年网络文明行动，市综治委、组织部、机关工委、公安局、人事局等部门联合发出《关于动员在职党员、干部积极参与社会治安防范工作的通知》。同年7月9日，市委、市政府举行全市党员、干部义务巡防授旗仪式。2004年1月，中共江苏省委、省政府再次命名镇江市为全省社会治安综合治理先进城市。丹阳、扬中率先跻身全省平安创建先进县（市、区）行列，被省委、省政府命名为社会治安安全县（市、区）；润州区被省综治委命名为创安工作先进单位。全市46个乡镇（街道）被中共镇江市委、市政府命名为社会治安安全乡镇（街道）。群众对创建活动的知晓率达100%，98%的群众认为治安状况良好和有安全感，97%的群众对政法干警满意和基本满意。

图30-1　中央电视台法制频道栏目记者采访镇江市老小区平安建设工作（2004年摄）

2004年，市委政法委、市综治办等7部门联合下发《关于加强市区居民住宅小区安全防范设施建设的意见》，5月26日，中共镇江市委、市政府在镇江第二中学召开全市青少年思想道德教育暨预防青少年违法犯罪工作现场会。同年在社会科学文献出版社出版的《中国城市竞争力报告》中，在秩序与安全指数项目中，镇江市位居首位。

2005年，镇江市投入3000多万元对全市80%以上的居民住宅老小区实施安全防范设施改造；全市90%以上的村实行契约化保险式联防；全市全面推行军警民联防活动，形成群防群治工作格局。镇江市首次被中央社会治安综合治理委员会授予全国社会治安综合治理优秀地市称号；在全省社会治安综合治理和平安创建检查考核中，镇江市名列全省总分两个第一；镇江市社会治安综合治理工作连续三年在全省名列前茅，被中共江苏省委、省政府首批命名为社会治安安全市，被省社会治安综合治理委员会评为社会治安综合治理先进市；全市7个辖市(区)全部进入省社会治安安全县(市、区)行列，在全省13个省辖市中是唯一的。

第三节　见义勇为

1992年3月6日上午，市建筑材料厂工人朱仁智在红光饭店门前与一名抢劫歹徒奋勇搏斗，身负重伤。3月25日，中共镇江市委、市政府召开朱仁智"见义勇为模范"命名表彰大会，被表彰的还有协助擒获歹徒的方恒广、王正岳、高澎、王培训、王金柱、戴桂香、周龙英。

1993年，市委常委会原则同意设立镇江市见义勇为奖励基金。同年7月，中共镇江市委办公室、市政府办公室以镇办发〔1993〕34号文件转发市综治委《关于建立镇江市见义勇为奖励基金的意见》，要求全市各地区、各部门、各单位本着自愿原则筹措基金，年底筹集基金50万元。同年6月18日凌晨，年仅22岁的镇江市润州区蒋乔镇派出所治安联防队员费维忠只身与7名盗窃犯罪分子搏斗，不幸被害，光荣牺牲，润州区团委追认他为"新长征突击手"，省政府追认他为革命烈士。

1993～1995年，全市表彰奖励见义勇为先进个人18人，奖励人民币6.6万元。其中有与放火歹徒搏斗而瘫痪的丹阳市皇塘镇南建村村民高新大，与歹徒搏斗而受伤的朱仁智、李明喜、贾正荣、朱绪春，勇扑火灾的张方来、孙国宏和为抢救他人而突遭车祸身亡的李兆银、单廷瑞等。

1997年10月，镇江市见义勇为基金会成立，时任市人大常委会副主任的王云海任会长，时任市公安局局长卞大庆任常务副会长。年底，筹集资金205万元。

1998年5月3日凌晨，丹阳市练湖农场锦湖二村发生一起入室抢劫杀人案。户主余金贵(丹阳市公安局行管科副科长)将犯罪分子苏锦(男，28岁)抓获，6月29日，他作为特邀代表出席省第五次人民群众见义勇为先进分子表彰大会。

1999年12月12日上午10时30分，沪宁线句容市宝华镇境内东河道口监护员王祖修，面对向道口疾驶而来的列车，奋勇抢救88岁的宋永珍和她年仅4岁的重外孙女，自己却牺牲了。2000年4月，王祖修被江苏省人民政府追授省见义勇为英雄称号。

2002年8月，市委党史办会同市委政法委、市公安局和市见义勇为基金会共同征编的《正气之歌——镇江市见义勇为先进分子事迹选》由中国文史出版社出版。该书按全国、省、市、县(区)获奖等级，收录镇江市改革开放以后涌现的92名见义勇为先进分子和杰出代表的事迹。

2004年，见义勇为基金接受捐款600.58万元。2005年，市审计局对2004年度接受社会捐款的使用和管理情况进行专项审计调查。审计表明，见义勇为基金不断增长，定向捐款能落实捐赠人意向。

2003～2005年镇江市获市级表彰的见义勇为人员一览表

表30-1

姓名	性别	表彰年份	事迹	表彰单位	受表彰名称
臧宏沛	男	2003	抓获犯罪嫌疑人	镇江市政府	镇江市见义勇为先进分子
孙明梅	女	2003	与犯罪嫌疑人搏斗	镇江市政府	镇江市见义勇为先进分子
柴　钰	女	2003	抓获犯罪嫌疑人	镇江市政府	镇江市见义勇为先进分子
何高生	男	2003	勇救溺水者	镇江市政府	镇江市见义勇为先进分子
赵文庆	男	2003	提供犯罪嫌疑人线索	镇江市政府	镇江市见义勇为先进分子
邹翔云	男	2003	抓获犯罪嫌疑人	镇江市政府	镇江市见义勇为先进分子
邵应宝	男	2003	提供犯罪嫌疑人线索	镇江市政府	镇江市见义勇为先进分子

续表 30-1

姓名	性别	表彰年份	事迹	表彰单位	受表彰名称
张炳祥	男	2003	抓获犯罪嫌疑人	镇江市政府	镇江市见义勇为先进分子
洪　涛	男	2003	与犯罪嫌疑人搏斗	镇江市政府	镇江市见义勇为先进分子
顾建法	男	2003	与犯罪嫌疑人搏斗	镇江市政府	镇江市见义勇为先进分子
董发茂	男	2003	提供犯罪嫌疑人线索	镇江市政府	镇江市见义勇为先进分子
秦金民	男	2003	抓获犯罪嫌疑人	镇江市政府	镇江市见义勇为先进分子
曹如根	男	2003	提供犯罪嫌疑人线索	镇江市政府	镇江市见义勇为先进分子
沈红平	男	2003	扑救火灾	镇江市政府	镇江市见义勇为先进分子
施小明	男	2003	抓获犯罪嫌疑人	镇江市政府	镇江市见义勇为先进分子
傅兴阳	男	2003	抓获犯罪嫌疑人	镇江市政府	镇江市见义勇为先进分子
陆朝华	男	2003	与犯罪嫌疑人搏斗	镇江市政府	镇江市见义勇为先进分子
董　涛	男	2005	抓获犯罪嫌疑人	镇江市政府	镇江市见义勇为先进分子
戴金中	男	2005	与犯罪嫌疑人搏斗	镇江市政府	镇江市见义勇为先进分子
周玉芳	男	2005	扑救火灾	镇江市政府	镇江市见义勇为先进分子
陆新梅	女	2005	抓获犯罪嫌疑人	镇江市政府	镇江市见义勇为先进分子
毛尔铭	男	2005	抓获犯罪嫌疑人	镇江市政府	镇江市见义勇为先进分子
徐巧生	男	2005	提供犯罪嫌疑人线索	镇江市政府	镇江市见义勇为先进分子
许礼华	男	2005	勇救跳楼者	镇江市政府	镇江市见义勇为先进分子
胡　源	男	2005	提供犯罪嫌疑人线索	镇江市政府	镇江市见义勇为先进分子
周　明	男	2005	抓获犯罪嫌疑人	镇江市政府	镇江市见义勇为先进分子
陈　瑶	女	2005	提供犯罪嫌疑人线索	镇江市政府	镇江市见义勇为先进分子
陈正春	男	2005	抓获犯罪嫌疑人	镇江市政府	镇江市见义勇为先进分子
孙　伟	男	2005	抓获犯罪嫌疑人	镇江市政府	镇江市见义勇为先进分子
王玮瑜	女	2005	提供犯罪嫌疑人线索	镇江市政府	镇江市见义勇为先进分子
乔金城	男	2005	勇救溺水者	镇江市政府	镇江市见义勇为先进分子
江兰英	女	2005	提供犯罪嫌疑人线索	镇江市政府	镇江市见义勇为先进分子

说明：1985～1987 年没有资料保存，公安局 1988 年设立见义勇为机构

第三章　公　安

1983～2005 年，全市公安机关以维护社会稳定为第一责任，严密防范和严厉打击各种敌对势力、敌对分子的渗透、颠覆与破坏活动，严厉打击各种刑事犯罪，及时发现、疏导化解大量社会矛盾。建立市公安局 110 指挥中心；加强公安指挥系统和信息化网络建设；建立健全以“民警巡逻为中心，卡口值守为重点，群防群治为依托”的动态防控机制；组织查禁黄、赌、毒、娼等社会丑恶现象

专项行动;深化社区警务战略,落实治安责任制;重视公共安全管理,最大限度地减少涉危安全隐患;开展道路交通秩序整治,加强城乡道路交通安全管理;加大现代消防设施投入,排查整改消防隐患;服务经济社会发展,推出《服务经济社会发展八条措施》等一系列服务举措;简化审批手续,提高审批效率。

第一节 机构队伍

一、机构沿革

1983 年 3 月,镇江撤销地区公安处,重组镇江市公安局,设政治处(下设组织、纪检、宣教科)、秘书科、行政科、政保科、内保科、警卫科、治安科、交通科(下设车辆管理所、自行车管理所)、消防科、预审科(管辖看守所)、收审站(兼管行政拘留所)、刑警大队、交警大队、消防大队、治安大队(下设园林中队)、江苏省人民警察学校镇江教学班、调研组。市区组建城区和郊区 2 个分局。丹阳、句容、扬中、丹徒 4 个县公安局同属市公安局管辖。

1984 年 4 月,市国家安全局成立,政保科部分干部调市国家安全局。

1985 年 4 月,城区、郊区分局分别更名为京口区公安分局、润州区公安分局。

1988 年,交警大队升格为交警支队(1997 年 6 月,增挂公路巡逻民警支队牌子,后更名为交通巡逻警察支队)。4 月,消防大队升格为消防支队,消防科撤销。5 月设市保安服务公司、市公安干部学校(1998 年 9 月更名为市人民警察培训学校)。10 月,治安大队更名为治安巡警大队(后更名为防暴队)。12 月,交警大队升格为交警支队(1997 年 6 月增挂公路巡逻民警支队牌子,后更名为交通巡逻警察支队)。

1992 年 3 月,镇江市建立市收容教育所,隶属市公安局领导。5 月设市驻税务民警办公室,建立市机动车检测场。10 月设火车站广场管理处(2000 年 6 月增挂公交分局牌子;2004 年 2 月,公交分局整建制划归交巡警序列,保留公交分局牌子;7 月公交分局法制科更名为卡口大队,增挂交通巡逻警察支队卡口大队牌子;公交分局治安警察大队增挂交通巡逻警察支队火车站广场大队牌子)。

1993 年 6 月设丁卯开发区分局、大港开发区分局(1998 年 9 月撤销,组建新区分局);设立水上分局(1997 年 7 月,增挂水上警察支队牌子)。

1994 年 10 月,刑警大队升格为刑警支队。1995 年 3 月,分局刑警队更名为刑警大队。6 月,劳动教养收容审查站更名为收容审查所。1996 年 8 月设江苏省公安交通警察总队高速公路支队宁沪镇江大队,隶属于交警支队领导。1997 年 1 月,原看守所更名为镇江市第一看守所,收容审查所更名为镇江市第二看守所。1998 年 4 月,市看守一所、二所合并,更名为镇江市看守所。6 月设禁毒科(后更名为禁毒支队)、经济案件侦查支队(后更名为经济犯罪侦查支队)。1998 年 12 月建立市戒毒所。

1999 年 1 月,镇江市组建中共镇江市公安局委员会、中共镇江市公安局纪律检查委员会。5 月设特种(防暴)警察支队;7 月,治安管理处更名为治安警察支队(2000 年 3 月,两支队合并为治安警察支队)。2003 年 2 月设城管分局。

至 2005 年底,市公安局组织机构如下:政治部(下设干部人事处、组织教育处、宣传影视处、老干部处)、纪委、监察室、督察室、警务督察大队、110 指挥中心、办公室、审计处、行政财务处、法制处、信访处、户政处、出入境管理处、信息通信处、公安信息中心、行政服务处、信息网络安全监察处、技防室、人民警察学校、国内安全保卫支队、经济文化保卫支队、禁毒支队、行动技术支队、监管支队、看守所、水上警察支队、刑警支队、经济犯罪侦查支队、治安警察支队、交巡警支队。市区设京口分局、润州分局、新区分局、水上分局、公交分局、城管分局、丹徒分局，丹阳、句容、扬中3个辖市公安局同属市公安局管辖。

二、队伍建设

1981年9月，市公安局开办江苏省人民警察学校镇江教学班，为全日制中专班，学制2年，招收4届学员，毕业316人。1988年5月成立市公安干部学校（1998年更名为市人民警察培训学校）。1989年底，全市公安民警80%以上具有大、中专文化水平。至2005年底，市公安局民警均具有大、中专以上文化水平，其中大专以上文化水平占80%。2001年，全市45岁以下民警接受公务员计算机应用能力考核。2001～2005年分3批举行执法资格考试，3412名民警参加，及格率100%，优秀率86.7%。2004年4月至2005年底选派39名派出所长、11名交巡警队长、9名刑警队长参加省公安厅“三长”（派出所所长、刑警队长、交巡警队长）学校业务培训。

根据公安部《关于坚决纠正公安系统不正之风的决定》的要求，1986年，全市公安系统开展以端正党风、警风，解决民警特权思想和对群众态度“冷、硬、横、推”问题为重点的纪律纠风集中整顿。1990年9月至1991年4月，两次开展“加强公安队伍廉政建设、纠正行业不正之风”集中教育整顿。1993年4月9日，全市公安机关举行首次授衔仪式，评授警衔人员1964名，其中三级警监4名，一级警督30名、二级警督178名、三级警督342名，一级警司418名、二级警司592名、三级警司331名，一级警员53名、二级警员16名。2000年起，全市公安机关开展警务公开和人民满意创建活动，建立新型警务公共关系。2000～2001年，全市公安系统开展以“全心全意为人民服务的宗旨教育，实事求是的思想路线教育，严格、公正、文明执法的法制教育”为主要内容的“三项教育”活动。2003年，全市公安系统落实公安部有关严禁违反枪支管理使用规定、严禁酒后驾驶机动车等为主要内容的“五条禁令”，开展“贯彻十六大，全面建小康，公安怎么办”大讨论以及“从严治警、执法为民”主题教育活动。

1991～2005年镇江市公安机关受表彰情况一览表

表30-2

奖项		集体（个次）	个人（人次）	授奖单位
记功	一等功	2	4	省委、省政府授予集体1次、个人1次；公安部授予集体1次；省公安厅授予个人3次
	二等功	30	93	省委政法委授予集体1次；省公安厅授予集体18次；市委、市政府授予集体11次、个人52次；省公安厅授予个人40次；市公安局授予个人1次
	三等功	368	1153	省委、省政府授予集体2次；省委政法委授予集体1次；市委、市政府授予集体12次、个人62次；省公安厅授予集体4次、个人19次；市公安局授予集体349次、个人1072次
文明单位		80	－	省文明委授予6次；市委、省政府授予74次
文明行业		10	－	省文明委授予1次；市委、市政府授予9次
二级英模		－	1	公安部
特级优秀警察		－	1	公安部
劳动模范		－	16	全国总工会授予1次，省总工会授予2次，市总工会授予13次
岗位标兵能手		－	130	市公安局

第二节　保卫工作

一、国内安全保卫

1983年4月,市政府成立机关保卫科,由市公安局内保科民警任科长。1988年,在市级机关设立民警值班室。1998年底,机关保卫科升格为机关保卫大队。2005年1月,机关保卫大队整建制划归京口公安分局管辖,负责市级机关安全保卫工作,加强值班巡逻和安全检查,维护市级机关正常办公秩序。

1999年7月,全市公安机关按照中央和省、市委部署,在取缔邪教工作中坚持普遍教育和重点帮教相结合,采取开办普法教育学习班集中帮教、专业队重点跟踪帮教、"家教式"帮教和"一帮一、几帮一"普遍帮教、"家庭式"帮教等多种帮教模式促使转化。至2005年底,全市教育转化率为99.1%。

二、经济文化保卫

1. 基层保卫组织

保卫处、科　这是企事业单位最主要的保卫组织形式。1981年底,市区有保卫组织97个,专职保卫干部324名。1982~1983年期间,市区26个保卫组织被撤并,保卫干部减少61名。1983年6月,中共镇江市委、市政府发文重申在机构体制改革中,保卫组织不能削弱、更不能撤销的精神,明确要求机关、学校、厂矿企事业单位现有保卫处、科要充实加强,保卫干部保持相对稳定。1991年,市区保卫处、科增至165个,保卫干部增至585名。2004年9月,国务院颁布《企业事业单位内部治安保卫条例》,规定单位应根据内部治安保卫工作需要,设置治安保卫机构或配备专、兼职治安保卫人员,报公安机关备案。2005年,全市有3599家企业事业单位设置治安保卫机构,其中专职保卫处、科808个,合署保卫机构2791个,专兼职治安保卫人员10237名。

企业公安　经市公安局审查并报省公安厅批准,1991年,全市相继成立6个企业公安机构,分别是谏壁发电厂、镇江纸浆厂、镇江树脂厂、镇江纺织厂4个派出所,镇江供电、镇江邮电2个民警办公室。企业公安行政上受所在单位领导,业务上受所在地公安机关领导,与单位保卫处、科合署办公。2000年上半年,根据省政府关于撤销企业事业单位公安机构的规定,全市6个企业公安相继撤销。

经济民警队　1983年12月经省公安厅批准,谏壁发电厂、市化轻公司分别成立经济民警分队。随后,镇江纸浆厂、镇江树脂厂等单位也相继成立经济民警分队、小队。1991年,全市有经济民警队28支615人。1995年始,一些企业事业单位经济民警队的保卫职能逐渐被护厂队、护校队所取代。2005年底,全市仅索普集团公司、镇江焦化煤气集团、江苏船山集团有限公司、江苏太白集团有限公司、韦岗铁矿公司等5家大型企业保留经济民警队。

护卫队　包括护厂队、护校队等,其成员由单位从职工中选调或从保安公司聘用,行政上隶属企业事业单位,业务上由各级公安机关、保安公司指导。1984年9月,江苏电力建设第三工程公司在全市首先成立护卫队。1985年1月,市政府批转市公安局《关于在我市企事业单位建立护厂(校)队的请示》。1991年,全市有护卫队150支1212人。之后,许多单位从各级保安公司聘用专职保安组建护卫队,其中金融、卫生、教育等系统的护卫队80%以上由专职保安构成。2005年,全市有护卫队230支3100人。

2. 经济保卫

1985年12月,市政府转发市公安局《关于在厂矿企事业单位实行治安保卫承包责任制的意见》。1986 年 4 月，治安保卫承包责任制在全市推行。1987 ~ 1989 年，市公安局会同有关部门，在全市范围内组织开展以“防盗窃、防治安灾害事故”为主要内容的创“安全合格财会室”和“安全合格仓库”活动，并建立年审制度。2004 年，市公安局按照《企业事业单位内部治安保卫条例》确定的“重点单位重点保护”原则，对重点单位重新进行判定。同年，全市公安机关开展系列“平安创建”活动，以“发案少、秩序好、平安稳定、员工满意”为目标，形成人防、物防、技防三位一体的单位内部治安防控体系。2005 年，全市确定各级治安保卫重点单位 1187 家，其中省级重点单位 7 家、市级重点单位 148 家、区（市）级重点单位 1032 家；51 家治安保卫重点单位安装视频监控系统 302 套、监控探头 1883 个。

3. 文化保卫

文化保卫工作的范围主要包括学校、医疗机构、科研单位、新闻单位、文博系统和党政机关等。1983 年以后，市公安局每年都组织 1 ~ 2 次校园及周边地区治安秩序专项整治行动，指导学校加强内部治安防范，加强校园周边治安管理和道路交通管理，整治校园周边违规经营网吧、游戏机室、歌舞厅等文化娱乐场所。2004 年起，市公安局会同市教育局等部门相继开展“平安校园”“安全文明校园”等系列创建活动。在全省率先推出校园警务站，2005 年，全市 285 所中小学校全部建立校园警务站，选派 389 名民警担任法制副校长或法制辅导员；全市学校有专职保安 462 名，安装各类技防设施 547 套，其中视频监控系统 181 套，周界报警、红外报警系统 366 套。

三、警卫工作

1984 年 3 月根据中共中央办公厅和公安部要求，警卫改为武警编制，业务工作仍由公安机关领导，市公安局警卫科为副团建制。1995 年 12 月，警卫科由副团建制升格为正团建制。1998 年，警卫科改为警卫处。

至 2005 年，镇江一泉宾馆先后接待过杨尚昆、胡耀邦、宋平、江泽民、李鹏、李瑞环、李岚清、胡锦涛等党和国家领导人；镇江宾馆以接待外宾为主，先后接待过泰国公主诗琳通、韩国前总理姜英勋以及西哈努克等外国贵宾；碧榆园宾馆、国际饭店等为本市举行党代会、人代会、政协会、经贸洽谈会等重要会议场所。警卫工作人员严密警卫方案，务求绝对安全。2005 年完成 6 批专列、5 批一级警卫任务。随着镇江经济社会发展，前来参观考察的警卫对象日益增多，涉足的考察场所有金山、焦山、北固山、南山、茅山等风景区以及金东纸业、江奎集团、索普集团等大、中型企业。

第三节　打击犯罪

一、严厉打击刑事犯罪

根据中共中央 1983 年 8 月 25 日《关于严厉打击刑事犯罪活动的决定》及 1983 年 9 月 2 日六届全国人民代表大会常务委员会第二次会议通过的《全国人民代表大会常务委员会关于严惩严重危害社会治安的犯罪分子的决定》，1983 年 8 月至 1987 年 1 月，全市公安机关先后组织三次战役，开展严厉打击严重刑事犯罪分子的斗争，抓获各类犯罪嫌疑人 5120 名，其中逮捕 4108 名，劳教、少教 458 人。1999 年以后，全市公安机关开展“打黑除恶”专项斗争，公安部在全国公安机关启用“网上追逃”新机制。至 2005 年底，全市公安机关摧毁黑社会性质有组织犯罪团伙 4 个（其中公安部督办 2 个、省督办 1 个），抓获团伙成员 61 名，破获各类案件 202 起；摧毁恶势力犯罪团伙 195 个（其中公安部督办 4 个、省督办 4 个），抓获团伙成员 1286 名，破获各类案件 1895 起；缉获网上逃犯 5734 名，其中公安部 B 级通缉逃犯 1 名、公安部督捕逃犯 1 名、省厅督捕逃犯 19 名、命案逃犯 82

名。2004～2005年，全市发生命案84起，破80起，破案率95.2%。

公安刑事科学技术不断发展。1983年，市公安局建立痕迹显现检验室、计算机人像组合、尸体解剖室、活体检查室、警犬工作室等专业工作室。1996年建立指纹管理中心。2004年10月建立DNA实验室。1983年有专业技术人员38人；2005年增加到90人，其中23名技术人员获得高、中级技术职称，3人被江苏省公安厅聘为刑事技术（法医、理化、痕迹）行家，3个课题被镇江市科技局立项、1个课题被江苏省公安厅立项并拨专项经费资助，1部专著获镇江市第九届优秀科技论文一等奖。1983～2005年，全市刑事技术人员勘查各类现场7.6万余个，利用刑事技术破案1.7万余起，受理检验鉴定6.1万余起，出具鉴定书和检验报告5.7万余份。

1983～2005年镇江市刑事案件发案破案情况统计表

表30-3

年份	发案数（起）	破案数（起）	破案率（%）	年份	发案数（起）	破案数（起）	破案率（%）
1983	893	698	78.16	1995	3937	3283	83.39
1984	1213	974	80.30	1996	3689	3222	87.34
1985	1431	1153	80.57	1997	7105	3458	48.67
1986	1317	1081	82.08	1998	9117	4132	45.32
1987	1365	1140	83.52	1999	11246	7089	63.04
1988	1702	1366	80.26	2000	16052	9655	60.15
1989	3155	2212	70.11	2001	14234	8681	60.99
1990	3258	2364	72.56	2002	12777	7906	61.88
1991	3823	2725	71.28	2003	12724	7742	60.85
1992	3646	2345	64.32	2004	21928	9643	43.98
1993	3832	2898	75.63	2005	21869	10544	48.21
1994	4040	3225	79.83				

说明：1. 上述破案数仅指当年案件，积案不包括在内

2. 2004年，公安业务数据统计口径作调整

附：刑事犯罪案例

“坟山军区六十兄”流氓犯罪团伙案 1982年4月至1983年8月，梅某某、徐某某、薛某某、宦某某、梅某某、陈某某、朱某某、李某某等35人组成的“坟山军区六十兄”流氓集团在丹阳新桥、访仙、建山、后巷、埤城及武进县小河、孟城一带寻衅滋事、殴打无辜，打伤7人，强奸、猥亵妇女114人次，盗窃作案69起。经丹阳公安机关侦查，35名作案成员被全部抓获，其中逮捕24名。1983年12月30日，梅某某、徐某某、薛某某被判处死刑；宦某某、梅某某被判处死刑，缓期2年执行；陈某某、朱某某被判处无期徒刑；李某某等12人分别被判处4～12年有期徒刑。

王某某系列强奸杀人案 1991年7月至1995年8月，犯罪嫌疑人王某某先后窜至谏壁、辛丰等地，对田间劳动的单身妇女实施强奸，作案6起，致死2人、致伤3人。1996年，王某某被判处死刑。

杨某某投放危险物质案 丹阳市吴塘初级中学门卫杨某某，对该校要求门卫一律到食堂就餐规定不满，2002年12月5日凌晨1时许窜入学校伙房内，将“毒鼠强”撒入剩饭中。当日晨，该校师生食用有毒剩饭所煮的稀饭后，127人相继出现中毒症状。经法医鉴定，4人重伤、66人轻伤、57人轻微伤。2002年12月25日，杨某某被判处死刑。

以张某某为首的涉黑犯罪团伙案　2004年5月以后，以张某某为首的17名贵州桐梓籍作案成员组成涉黑犯罪团伙，在丹阳市聚众斗殴、寻衅滋事、妨害公务、非法拘禁、敲诈勒索、聚众赌博作案110起，涉及受害人20名、公共场所11家，在社会上造成恶劣影响。2005年10月，张某某被判处有期徒刑19年。

二、侦办经济犯罪案件

1985年，市公安局从刑侦、内保、预审部门抽调民警，组成经济案件办公室，负责诈骗、投机倒把等案件侦破工作。因这类案件当时多发生在内部单位，故1985～1989年，经济案件办公室设在内保科。这一时期经办7起诈骗案件，挽回经济损失80余万元。1989年针对经济案件多发的实际，市公安局在刑警大队增设经济案件侦查中队，承接经济案件办公室业务。1989～1991年，市公安局办理经济案件44起，挽回经济损失450余万元。20世纪90年代，经济犯罪案件仍持续多发，社会危害加重。1998年1月，市公安局成立经济案件侦查支队，所辖县（市、区）公安机关相继成立专门的经济犯罪侦查部门，负责侦办包括金融诈骗、扰乱市场经济秩序、妨害公司和企业管理秩序等77种经济犯罪案件。

1999～2005年，全市公安经侦部门受理各类经济犯罪案件2067起，立案侦查1523起，破案1494起，依法打击处理1614人，挽回经济损失2.24亿元；相继破获京口旅游开发区特大“巨蛋”诈骗案、龙山“和和鳗精”制品营销公司非法经营案、以张某某为首的票据诈骗团伙案等有影响案件。全市公安经侦部门出台一系列优化投资发展软环境举措，完善面向企业预警防范制度。截至2005年向企业发送《防范建议书》648份，避免企业经济损失6690万元。

附：经济犯罪案例

“2003·8·22”非法经营案　2003年3月，群众举报在镇江市城郊接合部京口区汝山乡、丹徒新区以及润州区官塘桥乡有大批外来人员聚居，并以美商得利集团全球得利计划组织（下称得利集团）名义，从事类似传销性质活动。经侦支队侦破得利集团在镇江市进行非法传销活动的案件，抓获传销骨干分子15名，捣毁非法传销窝点83个，妥善疏导不明真相群众1900余人，挽回经济损失100余万元。

以张某某为首的票据诈骗团伙案　2002年以后，以张某某为首的河南籍票据诈骗团伙9名犯罪嫌疑人分别在北京市，山东省威海市、德州市、潍坊市，安徽省马鞍山市，湖南省衡阳市，贵州省遵义市，陕西省咸阳市、渭南市、铜川市，宁夏银川市以及江苏省镇江市、泰州市、徐州市等地实施票据诈骗作案30余起，案值近2000万元，被公安部列为2004票据诈骗第一案。2004年，市公安局经侦支队破获此案。

三、禁毒斗争

1. 禁毒机构　1995年11月，市政府成立禁毒工作领导小组（后更名禁毒委员会），下设办公室，与市公安局禁毒部门合署办公。1998年1月，镇江市公安局成立全市第一个禁毒专业机构——禁毒科（后更名禁毒支队），各地公安机关也相应成立禁毒部门。1999年4月1日，强制戒毒所成立，位于市区九华山脚下，与收容教育所合署办公。

2. 毒品专项斗争　20世纪80年代末受国际、国内毒品犯罪活动影响，镇江的毒品问题开始滋生发展。1989年11月29日，润州饭店25名内蒙古包头市旅客，有13人吸食毒品，京口公安分局宝塔路派出所现场查获海洛因25克，这是镇江解放后查处的首例涉毒案件。1994年发现本地有人吸毒，此后全市涉毒人数逐年增多。自1998年7月全市发生第一例吸毒致死案起，至2005年，全市因吸毒致死49人。2000年，全市登记在册吸毒人员为987人，2005年为1756人。1998年开始，全市公安禁毒部门先后开展“遏制毒源”“扫毒行动”和公路查缉毒品会战、禁毒人民战争等

图 30-2　2005 年,镇江市举办焚烧毒品大会

一系列禁毒专项行动。1998～2005 年,全市破获毒品违法犯罪案件 4604 起,其中百克(粒)以上特大毒品犯罪案件 73 起;打击处理毒品犯罪嫌疑人 1050 名,其中被判处死刑 17 人、死缓 17 人、无期徒刑 37 人;缴获毒品海洛因 20.5 千克、摇头丸 1680 粒、氯胺酮(K 粉)467 克、麻古(冰毒片)1311 粒、冰毒 35 克、易制毒化学品醋酸酐 500 公斤;铲除毒品原植物罂粟 9.56 万株。

2000～2002 年,市公安局开展为期 3 年的禁毒严厉打击整治行动,切断多条进入镇江市的毒品贩运通道,遏制毒品犯罪活动蔓延态势。破获以周某某、李某某为首的涉及 5 省 8 市特大贩毒团伙案,抓获犯罪嫌疑人 21 名,缴获海洛因 3.8 千克、毒资 15 余万元及一批贩毒通信工具等,主犯周福蓉被判死刑。2001 年 6 月,市禁毒办组织全市第一次集中公开焚毁毒品大会,当场销毁海洛因 6000 余克。同年 8 月,全市发现首例因吸毒感染艾滋病病例。2002 年 12 月,公安禁毒部门发现并破获本市第一例贩卖"摇头丸"案件,此后吸贩新型毒品问题日趋严重,毒品种类也从单一的海洛因发展到以海洛因为主,摇头丸、K 粉、麻古(冰毒片)等新型毒品并存。2003 年后,作案分子贩毒方式从以往大宗贩毒、"多拿少跑"转变为"少拿多跑",公安机关加大对零星贩毒的打击力度。2005 年 6 月,市禁毒委组织全市公开焚烧毒品大会暨禁毒志愿者授旗仪式,集中焚毁 4.7 千克海洛因、摇头丸等毒品,648 名禁毒志愿者代表参加授旗宣誓仪式。至 2005 年年底,全市与吸毒有关的艾滋病病例 17 例,其中 2 例死亡;全市实行强制戒毒 1096 人次,实行劳教戒毒 503 人次。

3. 禁毒宣传　2000 年 8 月,市禁毒办与市妇联联合开展为期 3 年的"不让毒品进我家"活动;9 月,市禁毒办与市广电局拍摄制作镇江市第一部禁毒专题电视片《远离白魔》。2002 年 6 月,市禁毒办在市区大市口广场举办《禁毒在镇江》大型禁毒图片展览。2003 年 4 月,市禁毒办同市教育局、团市委和市妇联,在全市举办中小学生禁毒主题板报比赛活动;5 月,市禁毒办联合市广播电视报社等开展"鑫土地杯"禁毒征文比赛,印发《禁毒征文作品选》5 万册,免费发给全市青少年。2003 年 4 月,市禁毒办、综治办制定《全市开展创建无毒社区活动方案》《镇江市创建无毒社区活动考核办法》;6 月,市政府部署无毒社区创建工作。2004 年 5 月,市禁毒办联合镇江广播电视报社、镇江存仁堂医药连锁有限责任公司等单位举办以"抵制毒品、参与禁毒"为主题的"存仁堂杯"禁毒知识竞赛活动;6 月 3 日,市禁毒办会同镇江广播电视总台摄制播放《星周刊》"禁毒特别节目"。2005 年 4 月根据国家禁毒委员会部署,市禁毒办会同公安、检察、法院、总工会、团市委、妇联等有关部门,开展禁毒人民战争宣传周活动;6 月,市禁毒办联合市司法局、市电视台摄制 4 期禁毒特别节目,在市电视台《法制十二分》栏目播出。开展创建无毒社区活动。2005 年,全市创建无毒社区 58 个,占应创建无毒社区总数的 71.6%。

第四节　治安管理

一、社会丑恶现象查禁

1983 年 1 月,镇江市人民政府发布《关于严禁赌博活动的布告》。1987 年 1 月和 1988 年 1 月,市公安局又先后发布《关于坚决制止赌博活动的通告》《关于严禁赌博活动的通告》，在全市范围集中开展查禁赌博活动。1987年查处赌博违法人员4356人；1988年查处5700多名涉赌人员。

1996年12月至1997年2月底，全市公安机关开展禁赌、禁娼、禁毒及打击暴力犯罪的"三禁一打"专项斗争，查处各类案件492起，抓获违法犯罪人员4438名，摧毁违法犯罪窝点178个，缴获赃款赃物总值148万元。

进入21世纪，涉赌、涉娼等违法犯罪活动呈现出犯罪手段多样化、作案方式隐蔽化、组织形态团伙化、作案主体智能化的趋势，全市公安机关适时开展专项整治工作。2004年1～3月开展以打击黄、娼、赌、毒违法犯罪活动为主要内容的"清风行动"，查破各类违法犯罪案件661起，抓获违法犯罪嫌疑人2277名，捣毁违法犯罪窝点87个。针对镇江市火车站、黄山路等地部分游戏机室利用游戏机赌博的情况，市公安局对17家涉赌的游戏机室实施严厉打击，收缴各类赌博游戏机128台，查处业主、从业人员及赌徒33名。6～8月开展集中查处棋牌室等场所赌博活动专项整治行动，查处案件158起，查处违法犯罪嫌疑人1564名，16家违规棋牌室被责令停业整顿。2005年，全市公安机关查处涉赌违法案件4739起、1万人，查处涉娼违法案件1083起、1493人，查处涉毒违法案件453起、485人。

二、公共场所管理

20世纪80年代初，镇江市区有公共场所523家。到2000年，镇江市娱乐服务场所有2911家，其中无证照或证照不全的495家，经营面积不达标的709家，硬件设施不达标的1357家。通过清理整顿，全市确定15个重点地区、27个重点场所、19起重点案件。同年6月30日和7月1日，国务院和省政府部署由公安、检察、文化、工商联合开展专项行动，加强娱乐服务场所管理，严厉打击卖淫嫖娼、赌博、吸毒、贩毒等社会丑恶现象。专项行动中，全市查破卖淫嫖娼、赌博、吸贩毒案件1072起，查处涉案人员1739名，摧毁娼赌毒窝点158个，缴获海洛因1200余克。2004年3月1日，市公安局制定《全市娱乐服务场所分级管理工作意见》《公共场所治安管理几项基本制度》，对全市娱乐场所实施分级管理制度。至2005年，全市有公共场所3252家。

三、特种行业管理

1986年，镇江市区有旅馆293家。1987年增加到346家。同年，市公安局实行三级审批制，即由属地派出所签署意见、分局审核、市局审批，市区旅馆盲目增加的态势得到控制。1988～1991年针对旅馆业拉客、骗客、提供卖淫场所等危害社会治安问题，市公安局取缔、吊（注）销旅馆营业执照36家，停业整顿、治安处罚176家，查处违法人员83人。2000年4月，市公安局在全市开展旅馆业治安管理信息系统建设，2002年9月建成。通过该系统联网，实现跨地区快速查询、查证。至2005年，全市有旅馆1016家，其中市区360家；通过旅馆信息系统抓获网上在逃人员274人。

1983年，全市有印刷业企业119家。1989年3月，市公安局会同工商、文化等部门成立印刷业清理整顿工作机构，对58家发放特种行业经营许可证，对20家无照经营的单位和个人依法予以制止，对18家有重大隐患的单位予以限期整改，对6家无生产条件的单位由工商部门吊销其营业执照。同年，公安、工商、文化等部门开展4次全市性的查禁非法出版物和色情书刊专项行动，查封各类违禁书刊5.1万余册，取缔3家非法从事书刊批发业务的个体户。1997年3月8日，国务院颁布《印刷业管理条例》，确定印刷业由公安机关实施特种行业管理。2002年由于行政审批制度改革，国务院取消公安机关对印刷业审核审批，对印刷业业主要加强日常监督管理。至2005年底，全市有印刷业企业668家，其中市区302家。

印章业旧称刻字业。1983年，全市有刻字业单位48家。1990年，市公安局对刻字业单位发放特种行业经营许可证。1997年12月6日，《江苏省印刷、刻字业治安管理办法》废止。同年，省公安厅下发《关于改革和加强公共场所特种行业审批发证管理工作的通知》，明确刻字业由省公安厅审批,市级公安机关核发特种行业许可证。2001 年 5 月 20 日根据省公安厅有关“印章治安管理信息系统选用经公安部检测认定的国盾软、硬件,由江苏国盾科技实业公司具体实施”的要求,市公安局与国盾公司签订合作协议,使用公安部认定的国盾公司提供的印章治安管理信息系统软、硬件。国盾公司设立印章制作中心,在各辖市(区)设立若干个印章刻制点。市公安局成立镇江市印章治安管理信息中心,在各级公安治安管理部门设立审批点并联网运作。至 2005 年,全市有印章业单位 52 家,其中市区 12 家。

1991 年,市公安局会同市计委、工商、物资、供销社等部门对收旧站、店逐一核查并重新登记,由公安机关核发特种行业许可证。同年,全市有废旧金属收购业站、店 464 家,其中市区 252 家。1994 年 1 月 25 日,公安部颁布《废旧金属收购业治安管理办法》,要求公安机关应对非生产性废旧金属收购业进行必要管理,对违反废旧金属收购业治安管理行为强化处罚措施。2002 年由于行政审批制度改革,国务院取消公安机关对设立生产性废旧金属收购业的审核审批,对其主要加强日常监督管理。至 2005 年底,全市有废旧金属收购业站、店 713 家,其中市区 350 家。

1988 年 8 月,公安部将典当业纳入特种行业管理。同年 8 月 26 日,镇江市第一家典当行在市区大西路开业。1995 年 5 月,公安部颁布《典当业治安管理办法》,明确规定公安机关对典当业进行治安管理和监督检查。1997 年,省公安厅下发《关于改革和加强公共场所特种行业审批发证管理工作的通知》,明确省公安厅负责典当业审批,市级公安机关核发特种行业许可证。2005 年 4 月 1 日,公安部、商务部联合颁布《典当管理办法》,明确典当行的准入标准、日常管理等内容。至 2005 年,全市有典当行 4 家,其中市区 3 家。

四、危险物品管理

2001 年 6 月根据省公安厅部署,消防部门将民用爆炸物品的监管职权移交治安部门管辖。同年,市公安局在治安支队成立危险物品管理科,管理危险物品的生产、储存、运输、销售、购买、使用和销毁等,根据不同情况下发“限期整改通知书”或“停业整顿通知书”,严格审查、考核和培训从业人员。

2001 ~ 2005 年,公安机关相继开展“治爆缉枪”“治危除患”“防范达标攻坚战”等一系列危险物品专项整治,收缴大量散失社会的危险物品,消除社会安全隐患。2003 年,镇江市危险物品运输车辆在全省率先安装 GPS(全球定位系统)卫星定位系统。2005 年在全省率先建立危险物品电子文档。至 2005 年,全市有危险物品单位 618 家,其中民爆物品单位 156 家、剧毒物品单位 291 家、放射物品单位 33 家、烟花爆竹单位 7 家、枪支使用单位 131 家。

五、网络安全监管

公安网监部门督促指导互联网接入服务单位、信息服务单位、应用单位、上网服务场所落实安全管理制度、安全专管人员和安全保护措施,同时与接入商建立协作关系。2002 年,市公安局开展“净网行动”,发现并删除网上有害信息 3000 余条,关闭有安全隐患的网站论坛 4 个。2004 年 3 月,市公安局会同工商、文化等部门,开展对全市网吧等互联网上网服务营业场所专项整治,检查网吧 1230 家次,取缔黑网吧 16 家,对违规情节严重的 3 家网吧停业整顿。同年 7 ~ 11 月,全市开展打击淫秽色情网站专项行动,排查出淫秽色情网站线索 22 件,破获网上传播淫秽物品刑事案件 2 起,查获网络传播淫秽物品治安案件 5 起,治安处罚 5 人,处罚违规单位 3 家,查封关闭网站 10 家。2005 年开展互联网专项调查整治工作,对全市互联网接入服务单位、信息服务单位、互联网网站和其他网上服务项目开展基础调查。2005 年开展打击网络赌博专项斗争,查破网络赌博案件 4 起,查处涉案人员 19 人,缴获涉案赌资 200 余万元;开展打击网上淫秽色情及点对点、视频聊天有害信息专项整治行动,查处色情视频聊天网络违法案件 5 起,查获违法人员 5 人。全市网吧落实实名刷卡上网制度，至2005年安装率100%，在线率95%以上，重点网站论坛备案率100%；镇江市有经营性互联网接入单位6家，固定IP（网络之间互连协议）专线用户1500个，网站网页2200个，其中政府网站33个，学校网站23个，BBS（电子公告板）论坛73个。

六、水上治安管理

全市公安水警部门主要承担长江航道和京杭大运河航道镇江段水上治安管理，直接管辖江段里程105公里，运河里程42公里。辖区主要涉水交通枢纽有润扬长江公路大桥、镇扬汽渡和谏壁船闸等。针对长江水位变化等时令特征，完善信息预警和应急处置机制，加强实战演练，逐步形成以110报警点为主、各水上派出所为辅的打防控工作格局，遏制水上各类违法犯罪活动。1983～1993年，公安机关对水上船舶主要采取日常巡逻检查的方法实施治安管理，水上分局对辖区船舶开展船舶证簿牌的申领和发放工作。1995年，水上分局在江面上设立长江第一个水上110报警点。

图30-3 20世纪90年代初的水上巡逻艇

2000～2005年随着全省“沿江大开发战略”实施，镇江沿江码头、水运经济呈现繁荣局面，涉水企业码头发展为60余家。水上公安机关以开展“警企零距离”等形式，加强涉水企业、码头的治安防控工作。在金东纸业码头等重点部位建立6个水上警务站，建设监控系统10套、摄像头75个，逐步形成以公安机关为龙头、社会监控系统为支撑、辖区单位专业治保力量协同参与的群防群治工作模式，实现对辖区重点码头、汽渡、船闸、涉危单位及苏南运河镇江段等重点部位、重点水域、重点时段的动态防控。

至2005年发放船舶户口簿980本、船民证1900余张、临时船民证2100余张。水上公安机关配合水利等部门，严厉打击非法采砂。1983～2005年，水上公安机关集中开展水上治安整治行动250余次，先后侦破刑事案件1200余起，其中重特大案件150余起，查处治安行政案件4400余起。

七、治安卡口防控

1994年6月，市公安局在312国道戴家门收费站设立治安卡口，在句容下蜀、黄梅、天王和丹阳横塘设立市际治安卡口，由交警、巡警、刑警、派出所共派民警值守。1999年设立镇扬汽渡市际治安卡口和大港汽渡市际治安卡口，分别由水上分局征润洲水上派出所、大港水上派出所管理。2004年7月，公交分局法制科更名为卡口大队，管理市区长岗、官塘桥、檀山路、朱方路4个城市出入口治安卡口。至2005年，全市有镇扬汽渡，丹阳市珥陵、新桥、吕城，句容市下蜀、天王，扬中市大桥、二桥、二墩港，丹徒区大港汽渡等市际治安卡口10个，省辖市城市出入口警务查报站7个，辖市（区）出入口警务查报站7个，卡口民警125人，保安联防队员134人。配备接入公安互联网络的公安业务系统，对车辆进行自动识别比对，动态视频图像可上传至市公安局和省公安厅。治安卡口、查报站全部实行24小时勤务。

第五节　户政管理

一、常住人口管理

1983～1992年,国家实行计划经济体制下紧缩的户口登记及迁移政策。1993年后,镇江加大户籍管理制度改革力度,出台一系列改革举措,打破计划经济体制下形成的旧户籍管理格局,逐步实行以居住地和就业地落户为原则,以合法固定住所、稳定职业或生活来源、实际居住为落户基本条件的户口准迁制度,建立城乡统一的户口登记管理。

2003年5月,市政府批转市户粮领导小组关于《镇江市进一步深化户籍管理制度改革的实施意见》。同年7月起,在全市范围内取消农业户口、非农业户口、地方城镇户口、蓝印户口、自理口粮户口等各种户口性质,按照实际居住地登记户口,统称居民户口。除迁往省外的迁移证标注户口性质外,新印发的居民户口簿、常住人口登记表和迁移证不再标注户口性质。至2005年,镇江市常住户100.09万户,常住户口267.61万人。

二、暂住人口管理

1985年4月,市公安局颁布《关于实施对外来人口换发暂住证的通告》。1989年11月,市政府下发《镇江市市区贯彻〈江苏省暂住人口管理办法〉实施细则》。1991年,全市暂住人口登记40355人。1996年颁布《镇江市暂住人口管理方法》。

2000～2005年底,全市登记暂住人口86.57万人,核发暂住证53.66万张,登记房屋出租户41086户。至2005年,全市暂住人口34.77万人。

建立健全暂住人口管理网络,形成市、县(市、区)、乡镇(街道)三级组织和政府、职能部门、用工单位(房屋出租户)、暂住人口协管员等四级管理力量。市公安局加强对房屋出租户规范化管理,开发建成暂住人口信息系统,实践暂住人口分层次管理模式,预防和打击外来人员违法犯罪行为。至2005年,全市建立暂住人口管理办公室219个,登记站871个,聘用暂住人口专、兼职协管员1936人。

三、居民身份证管理

1986年底,镇江市开始居民身份证发放、管理。1990年底,全市集中发证基本结束。市公安局居民身份证制作所制发镇江市居民身份证198.4217万人。据1990年度人口统计,全市常住人口258.1613万人,其中应发证人数为204.1376万人,发证率97.2%。全市公安机关开展居民身份证和临时身份证的正常申领、换领、补领、缴销等管理工作,完善各项管理制度。至2005年,全市制发居民身份证约300万张。2005年10月,镇江市停止制作第一代居民身份证。同年,全市换发61.6521万张第二代居民身份证。

第六节　出入境管理

1999年10月经省公安厅批准,镇江市公安局出入境管理处对全市公民申请出国可以作出批准与否的决定。

一、出境管理

1992年8月10日起,江苏省开始启用新版护照,改手工填写为写照机写照。2000年6月1日启用97版护照，护照的受理、审批、签发全部实行网络化、电子化。2002年2月1日取消公民申请护照时附发出境登记卡，方便公民出入境。2003年11月28日，镇江市实行按需申领护照。属登记备案的国家工作人员需提交所在单位意见或上级主管单位按照人事管理权限出具的审批意见，普通居民只需凭户口簿、身份证申领护照，无需提供单位和派出所意见。

1983～2005年镇江市审批出国出境人数表

表30-4　　单位：人

年份	1983	1984	1985	1986	1987	1988	1989	1990	1991	1992	1993	1994
总人数	57	170	226	111	141	387	388	533	637	828	776	787
年份	1995	1996	1997	1998	1999	2000	2001	2002	2003	2004	2005	
总人数	724	808	1191	2226	3508	4449	4551	9697	11866	15932	17997	

二、入境管理

1985年经国务院批准，镇江市成为甲类开放城市。按规定，凡在镇江作短期停留的外国人、华侨以及港澳台居民，均须在24小时内（农村72小时）到所在地派出所或委托暂住宾馆代办申报临时户口。

2005年10月，江苏省开始正式签发5年台胞证。港澳居民来往大陆凭港澳居民来往内地通行证。华侨凭中华人民共和国护照出入境。

1983～2005年境外人员进入镇江市人数表

表30-5　　单位：人

年份	总人数	外国人	华侨	港澳人员	台湾居民	年份	总人数	外国人	华侨	港澳人员	台湾居民
1983	11153	6153	605	4395	–	1995	10934	7300	56	1525	2053
1984	14261	5931	295	3250	–	1996	11573	7248	56	1400	2869
1985	14825	5315	252	2741	–	1997	11102	7121	125	1151	2705
1986	12341	4122	248	3038	46	1998	10899	6383	58	1106	3352
1987	13824	5342	424	2700	208	1999	13172	7529	37	1397	4209
1988	6941	3066	101	673	2273	2000	11322	6486	33	1041	3762
1989	11042	3611	97	1299	3263	2001	18051	11817	50	1038	5146
1990	11739	6480	130	1492	3580	2002	19606	14259	43	788	4516
1991	8186	4116	170	1426	2474	2003	10677	7698	68	657	2254
1992	10060	3942	224	1962	3932	2004	13819	9951	97	710	3061
1993	11933	6312	139	1880	3602	2005	15862	12002	148	664	3048
1994	11990	7706	111	1835	2338						

第七节　监所管理

一、镇江市看守所

图 30-4　20 世纪 80 年代老看守所

1982 年底,位于镇江南郊的看守所开始筹建。1983 年由于抓捕犯罪分子较多,年底监所虽未全部建成,但提前使用。全部工程 1985 年底建成,1986 年投入使用,总面积 4146 平方米,总投资 86 万元,有监房 33 间,可关押人犯 160 人。2001 年开始筹建新的镇江市看守所,选址于京口区丹徒镇左湖村。2002 年 10 月,市看守所、市收容教育所、强制戒毒所、行政拘留所(简称"四所")工程项目在京口区丹徒镇左湖村开工建设。"四所"工程使用面积 10.378 公顷。2005 年 2 月,新看守所正式启用,占地面积 5 公顷,监管、劳动、生活等各种设施配套齐全;监所建筑面积 21578.58 平方米,有标准化监房 70 间,关押量可达 982 人。该所拥有周界报警系统、会见管理系统、监房对讲系统、监控系统、应急报警系统、违禁物品检测系统、门禁系统、电化教育(广播)系统、通讯指挥系统、生活保障系统等子系统,形成全面智能化网络系统。

1995 年根据在押人员现实表现,市看守所把在押人员分为思想稳定、不稳定及危险三个层次,采取不同措施,加强动态管理。同年 7 月起,各个监室开始实行 24 小时双人轮流值班制度。1996 年,市看守所实施"三包"(包管理,包教育,包安全)"五勤"(勤巡视、勤观察、勤检查、勤谈话、勤分析)"把六关"(收押、提审、看病、劳动、接见、押解)。2000 年推行警务公开,将看守所、治安拘留所管理等有关内容、监督电话和民警姓名、照片等基本情况在接待室公布上墙,确定每月 15 日和 30 日为所长接待日,接受社会监督。2003 年,市看守所投入资金 1.2 万余元,改善监所设施和环境。2005 年 2 月 6 日 6 时至 10 时 40 分,经省公安厅批准,市公安局各部门、各警种协同配合,实施对镇江市看守所整体搬迁,400 余名在押人员被安全押往新看守所。

1983 年,77 名在押人员坦白交代余罪,获取线索 163 条。1994 年"百日安全竞赛活动"期间,61 名在押人员坦白余罪,获取线索 87 条,破获案件 20 起。2001 年围绕"打黑扫恶""追逃""反盗抢机动车"等专项斗争,先后开展集中狱政攻势 4 次,317 名在押人员坦白余罪,获取线索 584 条,破获案件 24 起。2003 年将民警通过狱政攻势获取线索和破案情况与目标管理考核相挂钩,实行一案一奖。2005 年获取各类违法犯罪线索 331 条,破获案件 254 起。

二、镇江市拘留所

1984 年 5 月,市公安局将拘留所迁至收容审查站,划出两间房屋用于治安拘留,由收容审查站代管。1989 年,拘留所归市公安局治安科领导。2005 年 2 月,拘留所随市看守所搬迁至京口区丹徒镇左湖村 87 号。市拘留所完善《处置突发事件应急预案》,加强日常演练,按性别、年龄、违法性质及拘留期间的表现等对被拘留人员实行分级管理,注重保障被拘留人员合法权益。

三、收容教育所、强制戒毒所

1991 年 4 月筹建收容教育所。1992 年 12 月，收容教育所建成使用，位于蒋乔镇檀山村原皮防所旧址，隶属市公安局领导。1999 年 4 月，强制戒毒所建立，与收容教育所合署。2005 年 8 月，新收容教育所、强制戒毒所建成，占地 1.32 公顷，建筑面积 6813.87 平方米，用房 32 间，大小接待厅 2 个，设计关押量 200 人。

1999 年 4 月起，戒毒所正式收治戒毒人员。对查获初吸毒品人员一律送戒毒所强制戒毒，动员吸毒人员主动到戒毒所自愿戒毒。同年 11 月，市公安局印发《关于提前解除或延长收容教育、强制戒毒人员期限的条件和审批程序的通知》，严格对提前解除或延长收容教育人员、强制戒毒人员期限的审核审批程序。

对被收容教育、强制戒毒的人员坚持教育、感化、挽救的方针。对新入所学员及时进行健康、性病、艾滋病检查，发现性病及其他疾病及时采取治疗措施，逐人建立病历档案。对新入所人员坚持在 24 小时内谈话教育，告知其依法享有的权利和必须遵守的有关规定。对收容教育人员按照性别、有无性病和成年、未成年分开管理，根据过错程度和悔改表现实行分级管理。严格落实出入所登记管理、收容教育和强制戒毒区出入、提询、会见等制度。成立教研小组，开设法律班、公民道德素质教育班、扫盲班、劳动技能培训班，对收教、戒毒学员进行规范的课堂教育。建立与市人大常委会、市政协有关部门和市妇联等单位的协作制度，邀请专家、学者到所进行法律知识、性病知识讲座。

第八节　交通管理

1983 年，市公安局成立交通民警大队，下设车辆管理所、自行车管理所，外勤一、二中队，大队机关设事故组、宣传组和后勤组，有交通民警 103 人。1988 年 3 月根据国务院“全国城乡道路交通管理工作统一划归公安机关管理”指示精神，市公安局接管交通局交通监理机构，同时将交通民警大队上升为镇江市公安交通警察支队。交警支队下设交通法规研究室、人事秘书科、财务装备科、秩序管理科、汽车驾驶员培训中心、车辆管理所、一大队、二大队、三大队、四大队。原自行车管理所并入车辆管理所。1991 年底，全市有交警 476 人，其中市区 192 人。1996 年 8 月设江苏省公安交通警察总队高速公路支队宁沪镇江大队，隶属交警支队领导。1997 年 6 月增挂镇江市公安局公路巡逻民警支队牌子。1999 年 5 月，交警支队更名为镇江市公安局交通(巡逻)警察支队。2004 年 2 月，公交分局整建制划归交巡警支队管辖，保留公交分局牌子。至 2005 年，全市交巡警 829 人，其中市区 390 人。

一、道路交通管理

2005 年，镇江公安交巡警部门管辖道路总里程 5806.305 公里；其中，高速公路 101.55 公里，国道 140.531 公里，省道 288.828 公里，县乡道 4702.386 公里，城区主干道 270.66 公里、次干道 174.6 公里、支路 127.75 公里。

城市道路交通管理采取高峰站点、平峰巡线的勤务模式，每天早晨和下午上下班高峰时，人流较大路段均增加流动或临时岗。公路管理采取 24 小时路面巡查模式，着重事故多发路段、时段的整治。发挥既管道路交通又管路面治安的双重职能，实行路面民警控点，巡逻车巡线，治安卡口“守门”的巡防工作机制，与诸警种形成协同作战的“大巡防”工作格局。

结合城市道路拓宽改造和临街高层建筑建设，市公安局交警部门督促指导有关单位加快城区停车场建设步伐；利用道路交通的有限资源，科学设置临时停车点。至 2005 年，市区有社会停车场 29 处 1577 个泊位，路内临时停车点 36 处 499 个泊位。

镇江市管辖的沪宁高速公路镇江段81.35公里，扬溧高速公路镇江段20.2公里。市公安局交巡警部门制定《高速公路镇江段恶劣天气联动预案》，强化日常动态巡逻检查，开展专项整治，及时发现和消除事故隐患，提高管理高速公路交通秩序和处置突发事件、事故的能力。

图 30-5　2005 年大巡防

2005年，市区主干道设置指路标志213块、指示标志1150块、禁令标志616块、警告标志101块，宣传标牌313块、漆划交通标线108584平方米、隔离护栏22722米，有灯控路口64个，其中多相位信号灯路口30个。全市32条道路上设置固定测速设备38组，电子监控系统17套，提高非现场执法能力。

二、车辆、驾驶人员管理

公安机关的各级车辆管理所是车辆及驾驶人源头安全管理的职能部门，隶属于各级公安交巡警部门，负责办理汽车、摩托车新车上牌及转移、变更、报废注销等手续；负责各类机动车定期检验；负责全市汽车、摩托车驾驶人的考试，驾驶证发证、换证、定期体检以及日常安全管理；负责非机动车号牌的发放。1985年1月，市公安局建立机动车驾驶员培训中心，对新驾驶员集中培训，进行正规的基础理论教育和驾驶操作训练。1997年实行驾驶员无纸化学科考试。

1983～2005 年镇江市道路交通事故统计表

表 30-6

年份	立案事故（起）	死亡（人）	伤人（人）	经济损失（元）	年份	立案事故（起）	死亡（人）	伤人（人）	经济损失（元）
1983	116	24	85	25827	1995	570	342	319	3978400
1984	106	18	82	50190	1996	447	293	243	2836605
1985	155	22	122	133840	1997	440	293	297	2898513
1986	540	151	238	349499	1998	718	294	500	4175394
1987	639	195	244	764258	1999	1480	346	943	4855324
1988	407	174	226	579568	2000	1733	364	1223	6871001
1989	347	157	190	579690	2001	1427	388	1108	7084676
1990	311	125	197	444140	2002	1396	377	1046	7296742
1991	334	141	194	484355	2003	1214	379	847	7332289
1992	476	235	317	2208575	2004	893	435	667	5331342
1993	529	367	270	2793365	2005	903	411	782	3588450
1994	614	353	386	3337200					

说明：1986年之前，公安机关仅负责城市道路交通管理和事故处理、统计工作，农村地区和公路交通管理由交通部门负责。因此，1985年(含)之前的数据仅限于城市道路。1986年之后的数据则包括城市道路和公路

1987～2005 年镇江市机动车统计表

表 30-7　　单位:辆

年份	机动车保有量		汽车		摩托车		挂车		拖拉机		其他	
	总数	个人	总数	个人	总数	个人	总数	个人	总数	个人	总数	个人
1987	38282	–	11206	–	6583	–	293	–	19219	–	981	–
1988	39507	21327	13390	467	6494	5049	309	0	17883	15374	1431	437
1989	43186	24695	14281	639	8048	5662	313	0	18848	17304	1696	1090
1990	46111	28282	15174	642	9468	7935	313	0	19193	18531	1963	1174
1991	51469	31026	16665	814	12037	10296	303	0	19790	18220	2674	1696
1992	60906	39428	18817	928	16551	14811	283	0	20906	20336	4349	3353
1993	78707	56175	21461	1389	30323	29092	258	0	21836	21263	4829	4431
1994	102277	78934	23257	2229	51121	49979	228	0	21611	21070	6060	5656
1995	118178	92928	25327	2681	67241	65238	0	0	20748	20567	4862	4442
1996	141762	115835	27624	3632	87082	85469	0	0	20708	20469	6348	6265
1997	170483	138484	31826	4483	109553	105192	0	0	21663	21573	7441	7236
1998	195405	153896	42973	7245	124129	119166	0	0	19586	19479	8717	8006
1999	241667	212404	32711	6638	187771	185374	0	0	12319	12148	8866	8244
2000	255374	228173	42998	18867	211712	209276	664	30	0	0	0	0
2001	292086	261499	49529	22308	241790	239159	767	32	0	0	0	0
2002	317262	283417	57593	27181	258826	256201	843	35	0	0	0	0
2003	349580	311696	69024	34707	279627	276947	929	42	0	0	0	0
2004	384362	342332	81153	42867	301992	299409	1217	56	0	0	0	0
2005	403491	363497	85074	48560	317458	314891	959	46	0	0	0	0

1983～2005 年镇江市机动车驾驶人统计表

表 30-8　　单位:人

年份	1983	1984	1985	1986	1987	1988	1989	1990
驾驶人	–	–		–	–	53474	48025	41074
年份	1991	1992	1993	1994	1995	1996	1997	1998
驾驶人	53301	63124	72577	88019	105973	149624	186546	180192
年份	1999	2000	2001	2002	2003	2004	2005	
驾驶人	244783	269558	277035	302014	332212	369508	420465	

说明:1987 年前,机动车登记、发证和驾驶员培训、发证均由交通部门负责,公安机关只负责路面秩序管理,故有关数据空缺

附:重大道路交通事故案例

王某某超载驾车致 51 人伤亡　1993 年 1 月 15 日 23 时 40 分许,安徽省肥东县石塘镇驾驶员

王某某驾驶皖01/50845客车，从上海载客52人（核载26人）往安徽肥东行驶。途经312国道丹阳段223千米+900米处，由于该车方向机上下转动连接器损坏，导致方向失控，车辆撞上右侧公里百米桩，向前滑行23.5米后翻入路边河塘，致30人死亡、21人受伤。

孙某违章占道行驶肇祸　2001年1月1日14时40分，镇江市江天汽运集团驾驶员孙某驾驶苏L90689大客车，沿镇荣公路由镇江往丹徒宝堰方向行驶，至镇荣公路24千米处，因违章占道行驶，与相对方向丹徒县宝堰镇驾驶员张某某驾驶的苏LC1603个体中巴车（核载19人，实载64人）相撞，造成9人死亡、19人受伤。

董某某超速驾驶肇事案　2003年1月30日19时10分，安徽省定远县驾驶人董某某驾驶苏BK7382大货车，行至312国道丹阳段285千米+400米处，与相对方向镇江市驾驶员高某驾驶的苏L00528桑塔纳轿车（载6人，其中儿童2人）相撞，致3人死亡、4人受伤。

郭某某违规超车肇事案　2005年11月29日12时50分许，安徽省蒙城县驾驶人郭某某驾驶豫PA8080重型半挂牵引车（挂车号：豫P—B849挂），由丹阳市后巷镇往埤城镇方向行驶，行至338省道197千米+20米处，在超越同方向王某某驾驶的无号牌二轮摩托车及王某某驾驶的江苏LC1159号方向盘式小型拖拉机后，右转弯往埤城卫生院方向行驶时，与王某某驾驶的摩托车发生碰撞后，又与王某某驾驶的拖拉机相擦，致使拖拉机失控撞断右侧桥墩和护栏掉入太平河中，致3人死亡、3人受伤。

第九节　消　防

一、消防组织和训练

1. 消防组织

公安消防队伍　1983年1月1日，公安部决定将各级消防机构全部纳入人民武装警察序列，转为现役，受当地公安机关和省武警总队双重领导。市公安局消防科36名民警转为现役。同年3月1日，市公安局设立消防大队，辖3个直属中队和4个县中队。1988年3月，消防大队升格为消防支队，为正团级建制，下设政治处、后勤处、战训科、防火科。同年12月20日，武警江苏省消防总队授予武警镇江市消防支队官兵警衔。1994年1月，消防支队战训科改为司令部，防火科改为防火处。同年11月至1996年10月，丹阳、句容、扬中、丹徒相继成立消防大队，京口、润州成立消防股（科）。1998年5月，镇江市大港开发区组建消防四中队。

群众消防组织　1985年，市区义务消防队有280支，队员2.15万人。1987年，镇江市港务局第二港务公司组建企业专职消防队。全市企业专职消防队还有纸浆厂、6904油库、高家门油库、船山石灰石矿、谏壁发电厂、纺织厂、焦化厂7家。1998年8月，金东纸业有限公司成立专职消防队。2005年9月，镇江发电有限公司成立专职消防队。同年10月，全市55个乡镇成立保安联防消防队，有队员330人，承担农村地区初期火灾扑救任务。

2. 消防队伍训练

消防业务训练　20世纪80年代以后，消防部门重点由原来业务基本功训练逐步向适应性训练转变。1991～1993年根据公安部消防局颁发《消防技能训练规划》，镇江市公安专职消防队伍实行消防战斗员业务技术等级训练制度，全市应考战斗员624人次，参加考核595人次，占应考人数的95.3%，总达标率为85%。1994年，为提高消防官兵在毒气、浓烟、高温、爆炸等恶劣环境下扑救重特大恶性火灾事故的实战能力，镇江市消防部队的训练开始向特勤化、专勤化、技术化方向转变。同年9月组建集训队，并参加武警江苏省消防总队举办的全省首次消防专勤比武。

1995年，《公安消防部队执勤业务训练大纲（试行）》出台，镇江市消防部队训练走上按纲施训的规范化道路。1996年，消防支队出台《关于认真落实执勤业务训练大纲(试行)的意见》，对基层中队干部、战斗员、驾驶员、通信员等不同层次人员实行分类施训。

2001年，江苏省第三届消防运动会在镇江举行，全省13个市的公安、专职、义务消防队440名运动员参加。镇江代表队有34人参加，其中义务消防队团体分位居全省第一，专职消防队团体分位居全省第四，公安、专职、义务消防队团体总分位居全省第四。

2003~2005年深入开展大练兵活动，本着“缺什么，补什么；差什么，练什么”的思路，严格训练、严格要求，部队抢险救援能力、立体作战能力、跨区域增援机动能力、远距离灭火能力均有明显提升，初步具备信息化火场指挥和网上练兵、模拟练兵等能力。

消防战术训练　1982年起，镇江市按照公安部《关于城市消防管理工作的规定》要求，开展熟悉重点要害部位的地理位置、生产性质、建筑特点、道路水源、消防措施的“五熟悉”活动，对消防重点单位逐个进行调查研究，制定灭火作战计划，开展实地灭火演练。

1990年，消防支队召开油罐火灾扑救对策研讨会。1992年组织化工火灾扑救对策研讨，全市累计制定消防重点单位灭火作战计划480多份。1995年11月8~17日，镇江市首次在京谷大厦开展高层建筑灭火演习，制订《镇江市消防支队高层建筑灭火演习组织指挥考核方案》，提高部队扑救高层建筑火灾能力。同年11月，镇江市参加武警江苏省消防总队在扬子石化炼油厂原油罐区进行的跨地区联合实战演习。2000~2003年，消防支队集中开展化工火灾扑救及堵漏技术研究和攻关，新建油罐、化工装置等模拟训练设施，开展深井救人、管道堵漏、高温磁压堵漏等技术训练。2004年11月17日，举办车辆装备展示暨特勤训练汇报表演，集中展示消防车辆装备、技术装备、防护装备，表演高层建筑灭火、油池火灾扑救等训练科目。

二、消防设施

1. 专业消防装备　1985年，市区消防队配有机动消防车11辆，其中，黄河泡沫车1辆、吉普干粉车1辆。各中队配备氧气呼吸器，企业专职消防队配备11辆消防车。1987年，消防大队配备火场照明车。1988年，消防支队配备东风140直臂云梯车。1991年配备东风高喷140车、东风140泡沫车。1998年配备1辆集照明、通信、扩音、录音、化学物质性质查询等多功能于一体的通信指挥车。2001年配备1辆最大工作高度53米的德国产云梯车。2002年配备1辆集牵引、排烟、起重等功能的抢险救援车。2003年配备2个灭火机器人，分别装备在大港中队、云阳中队。2004年，配备2辆12吨大功率水罐泡沫消防车、4辆8吨水罐泡沫消防车，以及冲锋舟、热成像仪、可燃气体探测仪、视频生命探测仪、漏电探测仪、有毒物质密封桶、多功能毒液抽吸泵、高压清洗机、公众洗消帐篷等一批抢险救援器材。2005年配备1辆化学灾害事故处置洗消车、1辆32米登高平台消防车。

图30-6　20世纪80年代消防车

2. 公共消防设施　1985年，全市有消火栓263个。1995年，全市有道路市政消火栓624个，消防安全重点单位内部消火栓451个，可用天然水源42处，人造消防水源104处。2003年，全市有道路市政消防栓1437个。其中，镇江城区977个，丹阳257个，句容115个，扬中88个；消防安全重点单位内部消火栓986个。

3. 消防信息化建设　1988~1991年，消防支队配备手持台40部，基地台8部。1998年配备通信指挥车。1999～2001年依托新建的消防指挥中心，建立350M数字集群无线通信网络，在所有消防车上安装350M集群或常规电台。丹阳、句容、扬中、丹徒等消防大队也相继装备数字化通信设施。2003～2004年建设办公自动化系统，设计和使用消防信息网页，扩大信息交流。2005年建成集会议、电视电话、移动指挥于一体的多功能作战指挥室，更换指挥程控交换机，在全市消防车上安装GPS卫星定位系统。

三、消防监督管理

1. 消防管理制度 1985年，镇江市制订《防火防爆安全管理规则》。1992年1月28日，《镇江市化学危险物品管理办法》施行。1993年，《镇江市建筑工程防火管理办法》施行。

1995年，《江苏省消防条例》颁布施行。同年11月16日，市区启康大厦因未经消防验收局部投入使用，装修中发生火灾而被消防支队处罚，这是《江苏省消防条例》生效后全省实施的首例处罚。

1997年1月1日，《镇江市市区禁止燃放烟花爆竹暂行规定》施行。2000年，消防支队发出《关于实行消防监督责任倒查追究制度的通知》，明确建筑工程消防审核、消防监督检查、火灾原因调查等具体执法活动责任倒查制度。2001年，消防支队成立消防执法工作领导小组，制定执法责任分解、执法情况报告、集体会审、罚缴分离、内部监督制约等制度。

2. 防火检查 20世纪80年代以后，全市公安消防部门每年麦收期间，公安消防部门均会同供电、农机等部门组成联合检查组，分赴田间场头检查麦收防火工作。制订《关于加强高温季节化学危险品安全管理的通知》，加强高温季节危险物品管理。

1994年下半年至1995年，市公安消防部门开展公共娱乐场所安全检查暨专项治理整顿。1996年，对全市高层建筑、地下工程等消防设施进行一次普查，对装有火灾自动报警和自动喷水灭火系统的单位进行专项检查测试。1997年为迎接香港回归和中共十五大召开，集中开展化学危险物品、公共娱乐场所、建筑内部固定消防设施专项检查。2001年组织开展公众聚集场所、燃气市场、化学危险品道路运输消防安全专项治理。2003年制订出台《镇江市抽样性消防监督检查工作实施方案》，优化消防监督检查模式。同年3月结合山西小石门悬空寺和湖北武当山遇真宫火灾事故，会同文物管理部门对文物保护单位消防安全状况逐一进行检查。根据省消防总队《关于对过氧乙酸经销单位立即开展安全检查的通知》要求，对全市石油化工单位和医药公司等过氧乙酸经销单位进行消防安全检查。2004年集中开展“百日消防安全”专项整治、人员密集场所专项整治和火灾隐患排查整治活动。2005年结合全国“十运会”安保，集中开展消防执法月等专项行动。

3. 消防安全重点单位保卫 1989年，市公安消防部门对全市列管的138个消防重点保卫单位的防火工作实行重点管理。1992年重新调整确立消防重点保卫单位，把大中型企业、利税大户逐步列入消防重点保卫单位，加强经常性监督和检查。1999年按照《江苏省消防安全重点单位消防安全标准》，重新确定消防安全重点单位214个。2002年以贯彻《机关、团体、企业、事业单位消防安全管理规定》为契机，指导重点单位制定《每日防火巡查记录表》《消防工作月报表》《建筑消防设施运行情况月报表》等消防档案。

4. 易燃易爆化学物品监督管理 1985年7月，市消防大队在丹阳举办第一期区、县防火员培训班，经考试合格发给防火安全监督员工作证。随后，对爆炸物品保管员、押运员、爆破员和监炮员进行考核，发给保管证、押运证、爆破员证和安全员证，无证者不得上岗。同年底，市区经营、使用爆炸物品单位有30家，专门仓库22座，采石宕口38处，保管、押运、爆破、监炮人员216人，从事易燃易爆化学物品工作人员1540人。

1991年12月，《镇江市化学危险物品管理办法》开始实施。1992年，全市对24家烟花爆竹生产企业进行整顿，重新核发许可证。1993年对化学危险物品运输重新审核，换发新证。1994年推行雷管编码制度；同年 8 月成立爆破安全技术考核培训中心；同年 10 月起，贯彻公安部《易燃易爆化学品消防安全管理办法》，开展化学危险品从业人员消防安全知识与技能培训，并做好换发证工作。1997 年重点抓好涉爆企业重大火险隐患整改工作。1998 年根据公安部《关于开展民用爆炸物品安全大检查，加强农村"三小"企业民用爆破器材管理工作的通知》精神，开展爆炸物品安全管理专项整治工作。同年 10 月，市政府下发《转发市公安局〈关于加强民用爆炸物品安全管理工作的意见〉的通知》，开始组建乡镇民用爆炸物品管理服务站。

2001 年 6 月根据省公安厅部署，消防部门将民用爆炸物品的监管职能移交治安部门。2002 年 3 月 15 日根据《危险化学品安全管理条例》规定，公安消防部门依法履行对易燃易爆化学物品生产、储存及经营单位新建、改建、扩建工程的消防设计审核和消防验收职能，依法实施消防监督检查。

5. 城市消防规划　市公安消防部门会同城市建设主管部门制定城市消防规划，将其纳入城市经济和社会发展总体规划，统一建设，提高城市防火能力。1995 年 11 月制定《镇江市"九五"消防发展规划》。1997 年 4 月，市政府下发《镇江市城市消防规划》，并根据镇江市城市建设总体规划，相应制订年度城市消防实施方案。

2002 年 3 月，市公安局、建设局联合下发《关于做好乡镇消防规划编制工作的通知》，将辖区内重点中心镇和国家、省示范镇作为试点，加快推进小城镇消防规划制（修）订工作。至 2004 年，全市 55 个乡镇已全部编制小城镇消防规划，并通过检查验收。2005 年结合"十一五"规划编制和南徐新城、北部滨水区建设，对《镇江市城市消防规划》进行整体修编。

全市各级消防部门推动社区消防基础设施建设和社区消防安全责任制落实，不断提升社区消防管理、教育、服务、保障的综合功能，提高社区防范火灾能力；倡导"邻里守望、火灾共防、安全共享"的全新社区消防理念，先后树立京口区江滨小区、扬中市双新小区等示范典型。

四、灭火救援

1. 接警出动

市公安消防部队执行全市范围内的灭火与应急救援任务。1983～2005 年，全市消防部队接警出动共 18708 起，出动车辆 33487 辆，警力 135334 人，抢救被困人员 1641 人，疏散被困人员 799 人，抢救财产价值 9.93 亿元。参战人员无死亡，受伤 4 人。其中，2000 年全市接警出动 1065 起，车辆 1852 辆，警力 10737 人，抢救被困人员 54 人，抢救财产价值 53491.2 万元。

2. 重大案例

扬中市长江化工厂火灾　1996 年 5 月 31 日 13 时，扬中市长江化工厂发生火灾，烧毁厂房 1100 平方米，烧伤 9 人，其中重伤 3 人，直接财产损失 97.3 万元。扬中消防大队 13 时 15 分接到报警，迅速出动 3 辆消防车、16 名消防官兵赶赴火场扑救，13 时 40 分谏壁中队 2 辆消防车、12 名官兵增援。18 时 40 分，火灾被彻底扑灭。经调查，火灾原因是该厂两名工人在向离心器放料过程中，违章使用未经防静电处理的橡胶导管，加上落差较大，原料流速快，造成大量静电积聚，产生火花引起可燃气体爆燃。

谏壁发电厂火灾　2001 年 3 月 19 日，镇江市谏壁发电厂约 1200 平方米地下电缆沟发生火灾。支队指挥中心 13 时 47 分接到报警，出动三中队、二中队、四中队、五中队、特勤，扬中、丹阳和常州特勤中队 17 车 77 人到场处置。镇江支队被市政府记集体二等功 1 次，支队 4 人记个人二等功 1 次，2 人记三等功 1 次。

江苏索普（集团）有限公司漂粉精仓库火灾　2003 年 7 月 12 日 10 时 35 分，镇江市化工开发区江苏索普（集团）有限公司漂粉精仓库发生火灾。市消防指挥中心于 10 时 37 分接到报警，出动谏壁中队、特勤中队 7 辆消防车，29 名官兵赶赴现场扑救，索普集团专职消防队 2 辆消防车、12 名

队员也参加火灾扑救，11 时 56 分将火完全扑灭。火灾过火面积 1040 平方米，直接经济损失 68.36 万元。起火原因为装卸工在另一库房装完尿素后，从漂粉精库房向集装箱上装运漂粉精时，身上沾有的尿素撒落在集装箱内，遇搬运中撒落在集装箱内的漂粉精发生化学反应引起。

江苏远东水泥有限公司火灾　2003 年 10 月 4 日 9 时 30 分，镇江句容市小衣庄境内江苏远东水泥有限公司旋窑车间发生煤粉爆炸起火。镇江消防指挥中心接警后，调集丹徒中队 3 辆车、15 人赶赴现场扑救。消防官兵到达现场后，火灾已造成 1 人死亡、8 人重伤（其中 1 人送医院抢救无效死亡）、1 人轻伤。据调查，火灾原因系该公司职工在旋窑车间三层细煤仓清除煤粉时，由于大量煤粉通过楼梯溅落至一层单筒冷却机部位，又遇新江南营造集团伟业机电安装有限公司职工气割作业时的明火引起火灾。火灾直接经济损失 19323 元。事故责任人江苏远东水泥有限公司旋窑车间副主任王某某移交公安机关追究刑事责任；江苏远东水泥有限公司和新江南营造集团伟业机电安装有限公司被依法罚款，相关责任人被依法给予党纪、政纪处分或行政处罚。

镇江市利生管业有限公司火灾　2003 年 10 月 25 日 12 时 40 分左右，镇江市利生管业有限公司的原料仓库和生产车间发生火灾。接到报警后，镇江市消防支队同时调集句容大队、特勤中队、丹阳中队和七里甸中队 10 辆消防车和 46 名消防官兵前往救援，省消防总队同时调派江宁、溧水 2 个中队 4 辆消防车及 20 名官兵，跨区域增援火灾现场。16 时 10 分，历时 3 个多小时的大火被扑灭，保住联合铜材厂价值 300 多万元的生产设备和电磁线生产车间。此次火灾过火面积达 1500 多平方米，共造成直接经济损失 83.8 万余元。起火原因为该公司生产车间旁垃圾堆遗留火种引燃周围可燃物，并蔓延至生产车间与仓库之间堆放的成品管件引起。

338 省道丹阳后巷段丙烯腈车泄漏事故　2005 年 6 月 27 日 12 时 30 分许，1 辆隶属于吉林省九天储运有限公司、牌号为吉 B－42896 的危险化学品运输车，从连云港港口装载 25 吨丙烯腈运往位于镇江新区的国亨化学有限公司，行驶至 338 省道丹阳后巷段时，与相向行驶的苏－41246 挂车发生刮擦侧翻到路旁沟中并导致呼吸阀损坏而发生泄漏。丹阳警方、镇江支队接到报警后，迅速调派特勤中队 1 辆抢险救援车、1 辆 12 吨水罐泡沫车及 10 名官兵，携带堵漏、照明、输转等专勤器材前往救援，并对沿线 2 个村庄 1000 余名群众紧急疏散，在公路两侧 400 米范围内设置隔离带，事故未造成人员伤亡。

省道丹阳段丁酮车泄漏事故　2005 年 7 月 10 日 4 时 20 分许，一辆牌号为皖 N－19278 载有 14 吨丁酮的危险化学品运输车，在 241 省道丹阳段 47 公里处发生倾覆丁酮泄漏事故，并造成 1 人被埋压。丹阳警方调集丹阳市消防大队云阳中队、开发区中队 6 辆消防车 20 名官兵，赶赴现场开展救援工作。5 时 45 分，镇江支队调集特勤中队 1 辆抢险救援车、1 辆 12 吨水罐泡沫车及 10 名官兵，携带堵漏、照明、输转等专勤器材前往增援。消防救援力量到达事故现场后，用现场器材装备对埋压人员进行成功施救，并在公路两侧 200 米范围内设置隔离带，对附近村民进行疏散。

中山东路招商市场火灾　2005 年 7 月 14 日 18 时 10 分左右，位于镇江市中山东路 51 号的招商市场顶楼发生火灾，火灾过火面积约 180 平方米，火点位于第 7 层的七星歌舞厅大厅领舞台。支队指挥中心 18 时 15 分接警后，调动辖区中山路中队 3 辆消防车 14 名消防官兵于 18 时 20 分到场扑救。18 时 23 分，指挥中心又一次性调集特勤中队、九里街中队共 7 辆消防车 30 名官兵前往增援。19 时 08 分火势被控制，19 时 40 分扑灭大火。

1983～2005年镇江市火灾情况统计表

表30-9

年份	次数（次）	伤亡		直接经济损失（万元）	起火原因									
		死（人）	伤（人）		放火（起）	违反操作规程（起）	安装使用电气（起）	用火不慎（起）	玩火（起）	炉灶烟囱起火（起）	吸烟（起）	自燃（起）	火因不明（起）	其他（起）
1983	14	2	1	0.77	-	5	-	5	1	-	2	-	-	1
1984	11	-	1	2.51	1	4	-	3	1	-	1	-	-	1
1985	21	1	1	2.77	1	2	6	4	-	-	6	-	1	1
1986	40	-	9	10.48	1	16	9	7	2	-	-	1	4	0
1987	31	1	6	17.99	1	3	7	7	-	3	-	-	5	5
1988	21	2	3	18.01	-	5	5	9	1	-	-	-	-	1
1989	21	2	2	28.97	1	6	6	5	-	1	-	-	1	1
1990	47	3	6	10.46	1	5	13	16	4	-	-	1	1	6
1991	46	5	5	19.87	4	1	18	14	2	-	-	1	4	2
1992	156	0	11	311.96	7	20	32	58	7	0	5	14	9	4
1993	184	1	30	144.20	8	25	42	56	10	0	6	17	11	9
1994	177	6	15	479.45	6	21	44	58	12	0	8	14	8	6
1995	163	7	13	244.76	4	22	44	59	8	0	6	7	11	2
1996	194	8	9	472.41	6	30	52	66	10	0	4	19	7	0
1997	605	5	20	600.17	24	142	87	1011	19	0	21	68	22	121
1998	684	2	13	522.95	22	112	186	97	22	0	21	52	46	126
1999	1019	4	19	480.27	14	21	102	61	13	0	16	10	30	21
2000	513	6	18	495.45	15	32	228	110	18	0	29	4	28	49
2001	327	6	15	224.02	7	29	122	59	11	0	21	10	36	32
2002	413	3	6	293.53	16	20	119	82	23	0	29	9	52	63
2003	348	18	19	485.02	5	26	96	98	22	0	13	12	40	36
2004	408	10	8	271.14	9	37	98	106	21	0	12	22	61	42
2005	431	13	4	190.74	10	28	110	99	9	0	20	20	88	47
合计	5874	105	234	5327.90	163	612	1426	2090	216	4	220	281	465	576

第十节　科技建设

2002年，镇江市公安局成立科技处，与信息通信处合署办公，负责全局科技建设、管理、保障等工作。

一、公安通信基础设施建设

1. 有线通信　1982年2月，市公安局安装50门供电式人工交换机，设话务员3名，业务范围为局内部门通话。1983年9月，公安专线开通至县公安局及公安分局。1985年7月，总机及话务员划归通信科,公安长途专线由2线制改为4线制,各县公安局电话交换机全部安装开通使用。1985年下半年,通信科成立有线组,负责全局有线通信的管理和维护。1988年,150门交换机投入使用;采用租杆挂线和租用邮电线路方式,开通市公安局至大市口派出所首条公安专线,以后陆续开通至其他主要派出所公安专线,市公安局有线通信专网初具规模。1992年8月,市公安局MD110数字程控交换机与人工交换机成功割接并投入运行。1994年完成市区公安专线二期工程,开通市公安局至京口、润州公安分局的80门公安专线。1995年底,丹徒县局程控交换机调试开通,镇江公安专网自动化改造任务全部完成。2000年,程控交换机扩容为200个用户。

2001年9月,全市建成公安电视电话会议系统,包括市公安局主会场及4个市(县)局、3个分(区)局分会场,为高清晰高质量的交互式电视电话会议系统。三级网电视会议系统采用MPEG2编码技术,利用三级骨干网2兆数字传输方式。

至2005年底,全市公安机关装备程控交换机6套,其中数字程控交换机5套,中继线路262条,电话容量达3260门,装备电话机4332部,开通内线电话3191门。辖市局、分局全部开通三级网电视电话会议系统,装备会议终端8套。

2. 无线通信　1984年底,市公安局开始筹建150兆二级通信网。1985年6月,在市区虎头山架设基地台天线,扩大无线电波覆盖范围,开通市公安局无线基地台,24小时全天候值守。同年8月1日前,各县(市)局相继架设开通基地台。根据省公安厅与武警部队实行通信联合组网的要求,市公安局无线基地台由武警支队调派武警战士值守。1985年,全局装备各类无线电台142台套,其中基地台10套、固定台2部、车载台24部、手持台106部。电台仅配备到市公安局领导、主要业务科及县(市)局领导。1987年后,市公安局开通技术侦察科和京口、润州、交警等无线业务通信网,并陆续开通基层派出所无线通信。1989年4月,通信科统一对市区手持台进行改频,对电台呼号进行调整。1997年12月开始建设350兆无线集群通信系统,首期建成市局机关8信道单基站,配发350兆手持台20部。1997～2004年,350兆系统先后进行扩容、改造和本地联网工程,实现本地可自动漫游。2000年,全市公安机关逐步停用150兆通信网。2004年12月2日,市局350兆无线集群通信系统扩容、改造和联网一、二期工程通过专家组验收。

2005年,全市公安机关350兆无线集群通信系统有11个基站(含3个分基站),开通信道65个,入网电台2517部,一线执勤民警350兆电台配备率61%。各基站通过镇江节点联网,用户可跨网单呼、组呼,可自动漫游,集群车台完全覆盖全区,手持台除少数边远乡镇和西北部山区,基本做到有效覆盖,覆盖率83%。

3. 机要通信　1982年底,市公安局开通单路真迹文字传真文件(明传)收发。1986年底,通信科成立传真机要组,开通三类传真,负责全局明传电报的收发和机器维护。1989年4月,通信科成立机要股,负责全局明、密电报的收发、办理。1990年6月开通密码电报业务。1994年12月开通市公安局到县(市)局的密码通信业务。1999年6月,机要通信业务划归市公安局办公室管理。同年9月开通市公安局与市委机要局之间的横向加密通信。2002年11月开通省公安厅与市公安局的公安保密传真数据综合通信系统远程终端。2005年,根据公安部统一部署和《江苏省市县级公安机要传输保密系统实施方案》,市公安局组织开展公安机要传输保密系统建设工作。

4. 公安网络　1997年,市公安局机关局域网开始建设,先期为户政、刑侦、出入境、法制等部门开通上网。同年5月,市区派出所全部以DDN专线方式联成网络。同年底,市公安局至县(市)局均开通DDN线路,全市人口信息系统联网成功,刑侦系统使用网络开始接报案件信息网络传输和CCIC远程查询业务。2000年2月开通各分局、派出所及机关大院以外部门联通公安网络的拨号上网功能,用户可通过电话线路拨号,验证用户名、密码后登录公安网。同年,扬中、丹阳组建县级局域网和城域网。2002年建成市公安局机关大院内局域网,完成市公安局至各辖市局、分局"三级网"建设。2003～2005年,公安网络由64KDDN专线发展到2兆数据专线直至100兆、1000兆带宽,局域网由100兆升级至1000兆。其中市公安局机关,丹阳、句容市公安局,丹徒区公安局,京口公安分局建成1000兆局域网,扬中市公安局,润州、新区公安分局建成100兆局域网。市公安局至各辖市局传输带宽达155兆,至京口分局为1000兆、新区分局为100兆、润州分局为2兆。

2005年,市公安局安装二级网、信息中心及指挥中心三道防火墙,完成入侵检测系统建设,实时检测经过网御的数据流,及时检测和处理网络病毒,对恶意或非恶意入侵,能主动切断连接并自动告警,确保网络安全。同年,市公安局安装网络版防病毒实时监控系统,为全局计算机提供病毒库升级;建成“一机两用”监控系统,通过该系统进行入网注册,加强对各类计算机管理,及时发现网内计算机的各类违规行为。开展“1203”工程(公安信息系统的应用基础设施与授权管理体系应用示范工程)建设,制发2013张公安民警数字身份证书,证书发放率52%。

至2005年底,公安网络已连接包括长航公安及林业公安在内的所有辖市局、分局,四级接入网覆盖市局所有基层所队。市公安局有三级网7个、四级网接入点110个。

二、公安计算机信息系统建设

1985年4月,市公安局购置1台IBM～XT微机,用于刑事犯罪情报资料的存储和检索。1986年,省公安厅配发1台STM～DT微机,与省公安厅联网,用于全局业务报表统计制作和网络数据传输。同时,开发工资管理系统,工资发放实现微机管理。1994年11月建成市区派出所人口信息系统,市区26个派出所推向前台办公。1997年建成指纹自动识别系统。1999年建成开通市公安局公安网站。2000年开通人口、车辆、出入境等信息查询,增添网络监控、每日案件、公安情况、公安简报及部门信息浏览功能。2003年1月,市公安局建成开通互联网公安门户网站,网络域名为http://www.zjga.gov.cn,2004年10月改版。

2001年10月,市公安局成立“金盾工程”(公安通信网络与计算机信息系统建设工程)建设领导小组。2004年启动“金盾工程”一期建设。2005年底建成人口信息管理系统、违法犯罪人员信息系统、边检前台查验信息系统、涉毒人员信息管理系统、公民出国境管理信息系统、在逃人员信息系统、境外人员管理信息系统、被盗抢汽车信息系统、机动车/驾驶人信息管理系统、经济犯罪案件信息管理系统、安全重点单位信息系统、重大刑事案件信息管理系统、国保基本信息系统、现场指纹远程传输系统、信息网络安全监察信息系统、公安人事管理信息系统、有害气功案件信息管理系统、民警违法违纪案件线索受理查办系统、派出所综合信息系统、综合信息查询系统等20个业务应用系统,建立人口基本信息、出入境人员/证件信息、安全重点单位信息、违法人员信息、在逃人员信息、被盗抢汽车信息、机动车驾驶员/机动车信息、公安民警基本信息等8大资源库。

2005年,计算机及应用系统在全市公安机关得到普遍应用,警务综合信息系统、综合查询系统、办公自动化及电子邮件系统已成为日常公安业务的重点支撑系统。全市公安机关装备小型机6台、服务器407台、微机及笔记本2620台、磁盘阵列6台、磁带机2台。

三、公共安全技术防范

1985年5月,市公安局在刑警大队机动队设刑事技术预防室,负责监督、管理全市安防产品的生产和销售。1996年更名为市公安局技术防范办公室,与镇江市保安服务总公司合署办公。2002年12月分设后,独立办公,下设秘书科、技术指导科,负责管理全市技防工作和安防行业。

1997年6月,市公安局在指挥中心建设联网报警中心,面向京口、润州、镇江新区、丹徒地区,为企事业单位、居民住宅提供安全技术防范服务。1999年1月,市公安局在指挥中心建立视频监控中心。2002年5月,市公安局在指挥中心建立GPS卫星定位系统报警服务中心,面向全市,为出租车、公务车、商务车、特种车辆等移动目标用户提供安全技术防范服务。

2003年,市公安局会同市社会治安综合治理办公室等部门联合印发《镇江市城市新建住宅小区安全防范设施建设的实施办法》，指导推动新建小区技防设施建设。2004年根据全省统一部署和建设“平安镇江”要求，镇江市开始启动技防镇、技防小区、技防街、技防单位等技防建设。至2005年底，全市技防镇、新建住宅小区建设率达100%，建设技防街32条；联网报警技防设施中心5个，用户4000余户；GPS卫星定位报警中心2个，用户400多个。

图30-7　2005年，镇江市技防街——斜桥街路面监控中心

四、公安科技管理

1992年3月，市公安局成立公安科技工作领导小组，由通信科承担公安科技管理职能。2002年，市公安局成立科技处，与信息通信处合署办公。2003～2005年对看守所智能化项目系统、旅馆业信息管理系统等项目进行全程跟踪管理。2004年，市公安局被省公安厅确定为全省科技强警评估体系试点单位，科技处利用两个月时间就科技工作领导及管理水平、科技投入及成效、科技发挥的作用等3大类、19项内容，对全市各级公安机关进行测评，其中丹阳市公安局被推荐为本市第一批科技强警示范区。2004年起，市公安局自行编制《计算机操作基本技能培训教材》，分层次、分阶段对各级民警进行计算机知识及操作培训考核，全局50岁以下民警达到人人会操作计算机、会网上查询、会录入数据。

五、社会面治安监控系统

根据省公安厅《关于开展全社会治安监控系统建设的工作意见》，2004年，镇江市全面启动社会面治安监控系统建设。同年1月，市公安局成立社会治安监控系统建设办公室，具体负责治安监控系统建设。同年，各级公安机关在全市所有建制乡镇建立治安监控中心，在各乡镇主要出入口、重点要害部位安装监控摄像机，构建农村治安监控网络。2005年，市公安局在市区5个主要城市出入口建立治安监控中心，并在城市广场、党政机关、体育场馆等重点要害部位安装监控摄像机，实施实时监控。同年9月，市社会治安综合治理办公室和市公安局联合印发《关于进一步加强对全市社会面治安监控系统规范管理的意见》。全年全市建治安监控系统1840套，安装监控摄像机9385个。

第四章　检　察

1983～2005年，镇江检察机关和检察事业从恢复初创到蓬勃发展，从坚持“严格执法，狠抓办案”的工作方针到确立“强化法律监督，维护公平正义”的工作主题，不断向着严格、公正、文明执法前进，为维护宪法和法律正确实施和社会公平正义，为建设平安镇江、法治镇江，保障改革开放和现代化建设的顺利进行积极作出贡献。

第一节　机构队伍

一、机构

1978 年 7 月，江苏省人民检察院镇江分院重建。1983 年 3 月实行市管县体制，江苏省人民检察院镇江分院和原镇江市人民检察院撤销，成立江苏省镇江市人民检察院。原镇江市人民检察院分设城区、郊区（后分别改为京口区、润州区）人民检察院。镇江市人民检察院管辖丹阳、丹徒、扬中、句容四县和京口、润州两区人民检察院。全市有检察干警 233 人，其中市检察院有 43 人，设 6 个科室。

1985 年 3 月，镇江市第八届人大常委会第十三次会议批准，设镇江市湾山地区人民检察院，负责江苏省第十四劳改支队等 5 个劳改、劳教单位的监所检察工作。

1993 年 5 月经镇江市第十届人大常委会第二次会议批准，设镇江市大港地区人民检察院和镇江市丁卯桥地区人民检察院。同年，为加强反贪工作，市检察院成立反贪污贿赂工作局，1995 年为副处级建制。

1998 年，市检察院设立职务犯罪预防处，为反贪局内设机构。2002 年 3 月，职务犯罪预防处单独设立。

2002 年 3 月经中共镇江市委批准，市委办公室印发《江苏省镇江市人民检察院机构改革方案》，市检察院设 15 个职能部门（其中反贪污贿赂局为副处级建制，其余为科级建制）。另按有关规定设置监察处与纪检机构合署办公，设机关党委、老干部处分别负责机关党务和老干部工作。核定市人民检察院机关政法专项编制 150 名。同年经高检院审批及镇江市第四届人大常委会第二十九次会议同意，镇江市大港地区人民检察院、丁卯桥地区人民检察院合并成立镇江市经济开发区人民检察院。

2005 年，镇江市人民检察院机关内设机构 15 个。市院机关和直属行政机构编制人数合计 188 人，其中政法专项编制 171 人，事业编制 10 人，附属编制 7 人。下辖 6 个基层院，2 个派出院，全市在编检察干警 497 名。

1983～2005 年镇江市人民检察院历任检察长情况表

表 30-10

机构名称	姓 名	性别	出生年月	文化程度	籍 贯	任职时间
镇江市人民检察院	王忠保	男	1942 年 8 月	高中	江苏武进	1982.8～1983.4
	郑宏章	男	1945 年 9 月	大学本科	安徽霍邱	1983.4～1998.1
	卞大庆	男	1947 年 2 月	大专	江苏江都	1998.1～2003.1
	蒋伟亮	男	1955 年 6 月	大学本科	江苏无锡	2003.1～2012.6

二、队伍

1. 领导班子

1983 年实行市管县体制后，一批中青年干部走上领导岗位。1985 年后贯彻执行干部队伍革命化、年轻化、知识化、专业化方针，逐步改善各级领导班子的年龄结构和知识结构。1994 年，市检察院处级以上干部参加以廉洁自律为专题的民主生活会，党组一班人在住房、用车等方面坚持低标准。市检察院连续 3 年获得市级机关目标管理一等奖，市院党组被市委组织部推荐为市级机关勤政廉政典型之一。

1996～1997 年，市检察院协助党委组织部门对县（市）区检察院领导班子进行届中考察和换届考察,优化基层院领导班子。两级院正副检察长参加省检察院举办的学习刑事诉讼法培训班。全市检察机关实行检察长负总责的“一岗双责”制度。

2000年在领导班子测评中,市检察院领导班子满意和基本满意率95%以上;6个基层检察院领导班子满意率和基本满意率90%以上;2002年,6个基层检察院领导班子作调整,优化班子结构。2003年出台《加强领导班子思想作风建设的决定》,通过述职、述学、述廉,落实领导干部党风廉政责任制。2005年在保持共产党员先进性教育活动中,市检察院党组制定21条整改措施,在全省率先实施基层院检察长向市检察院述职述廉。同年制定并实施《个人重大事项报告制度》,规定两级院领导班子成员必须向组织报告的12种情形,加强党内监督。

2. 队伍专业化

1983年,全市有检察干警233名,大部分已明确法律职称。1999年按照《中华人民共和国检察官法》,全市检察机关首次评定检察官职级412人,其中五级至一级检察官330人,四级至三级高级检察官82人(包括部分刚离、退休老同志)。2005年,全市检察机关有检察干警497人,其中检察员356人(含检察长9人,副检察长30人,检察委员会委员40人),助检员40人,书记员69人,法警32人。全市396名检察官中三级高级检察官2名,四级高级检察官54名,一级检察官131名,二级检察官95名,三级检察官78名,四级检察官36名。

干部人事制度改革　严格检察职业准入制度,省级统一招考,择优录用,依法选任检察官。1999年,市检察院和半数以上基层检察院进行部分中层干部竞争上岗和普通干警双向选聘的人事制度改革。2000年,全市所有基层检察院均推进中层干部竞争上岗和普通干警双向选择。1996年、2002年进行两次大规模机构改革。2005年9月,市检察院机关利用近1个月时间首次实施全员不定岗竞争上岗活动,有57人报名参加竞争,占市院机关总人数47%。37人成为市检察院中层干部(正职17人,副职20人),其中8人晋升正职岗位,10人晋升副职岗位。竞岗后,市检察院中层干部平均年龄由原来43.5岁下降至40.8岁,文化程度本科学历由原来78.3%提升为89.1%,其中副职全部为本科以上学历。

学历教育　检察机关恢复重建初期,检察干警主要来自公安、法院及地方其他部门和军队转业干部,文化层次较低,大专及以上学历很少。1983~1987年,检察机关主要选派部分干警参加各级党校、政法院校和省检察院业务训练班的学习,包括短期离职培训和在职函授。1988年始,多数干警参加获取检察专业证书学习,至1993年相继取得资格证书,其中56名干警在此基础上,完成广播电视大学法律班学习任务,部分干警参加自学考试、党校学习等相继取得法律专、本科文凭。1992年8月,市检察院建成检察官培训中心。1993~1994年通过公开招聘,市检察院从全国高校集中引进22名大学本专科毕业生。至1995年底,全市检察干警大专以上文化层次占干警总数84.6%,1999年达91%。2001年参加全国统一司法考试有12名干警通过。2005年选派33名优秀干警参加法律硕士考试,10名干警顺利通过。全市497名检察人员中,本科以上学历366人,占总数73.6%,其中硕士学位17人,占总数3.4%;大专及大专以下学历131人,占总数26.4%。

业务培训　1983~2000年,检察机关以学习和执行《中华人民共和国刑法》《中华人民共和国刑事诉讼法》为主要内容,对向社会新招录的检察人员和书记员、检察员、助理检察员分期分批集中举行各种形式业务培训。2001年对法警业务、公诉文书改革和检察信息、调研等实施专项培训,在全国检察机关检察人员基本素质考试中取得优良成绩。2002年,对2001年12月31日前担任检察官、不具备修改后《中华人民共和国检察官法》规定学历和经历条件的,均进行专门培训并参加全国统一考试;对62名年龄较大的干警按规定组织续职培训。2004~2005年根据高检院制定的检察人才队伍建设规划,开展“两争一创”(争当能力型、实干型检察官,创建规范化检察院)活动,加强专项培训和岗位练兵,大力培养专家型、复合型侦查能手、办案能手。市检察院在全省检察机关开展的优秀侦查员评比、民事行政办案能手竞赛中均名列第一。全市检察机关全员培训考核统一考试、公诉对抗赛、民事行政法律文书评比、司法警察素质达标在全省名列前茅。

3. 基层院

1998 年 10 月，最高人民检察院出台《关于加强基层检察院建设的意见》，全市基层检察院建设进入快速发展时期。1999 年，扬中、句容、京口等基层院相继建成新办公大楼，市检察院和各基层检察院配置多媒体示证系统，开通三级电话会议网。2000 年制定《镇江市检察机关 2000 年基层院建设和"双争"活动实施意见》，全市所有基层院被评为省"五好"达标检察院，其中 6 个被评为省人民满意的检察院。2002 年根据最高人民检察院《基层检察院建设纲要》，市检察院对基层院建设的发展方向、指导原则、主要内容、建设标准、争创载体、考核表彰和工作指导提出明确要求。继丹徒区检察院被列为全省检察机关基层建设示范院后，市检察院又确定扬中、句容检察院为全市基层建设示范院。2003 年根据各基层院特点，狠抓特色工作，分别确立科技强检、规范化建设、队伍建设四个示范院和公诉改革、侦查模式改革、预防职务犯罪、青少年维权工作四个创建特色工作单位。2004 ~ 2005 年实行市检察院领导定点联系基层院制度，帮助解决实际问题，推进争先创优活动。丹阳市检察院被评为全国、全省先进检察院，句容市检察院被评为全省先进检察院。

4. 思想政治建设

1983 年，全市检察机关组织干警学习中共十二大、全国六届人大会议精神，将服从和服务于党的总任务、总目标作为指导思想，开展检察工作。1985 年结合全党整风，对党员干部进行党性、党风、党纪教育，对全体干警进行理想和纪律教育。1987 年，全市检察系统开展争当文明检察干警、争创文明检察院，树立检察干警好形象"两争一树"活动。1988 年学习中共十三大文件和中共十三届三中全会精神，结合庆祝检察机关重建十周年，开展"争先创优"活动。1989 ~ 1990 年学习贯彻中共十三届三中、四中、五中全会精神，进行坚持四项基本原则，反对资产阶级自由化的教育。制定《关于清除腐败，加强廉政建设的规定》，开展以"为检清廉、秉公执法"为主题的职业道德教育，严肃处理违纪案件。

1991 年结合纪念建党 70 周年，开展以"爱我检察，树好形象"为主题的"新时期人民检察官形象大讨论"活动。1992 年学习邓小平视察南方重要讲话和中共十四大文件，推动检察机关新一轮思想解放。1995 年 4 月，扬中市检察院和市检察院青年法医孙复龙分别被高检院记集体一等功和个人一等功，市检察院被评为市级机关勤政廉政先进单位。1997 年，开展"检德高尚、检风廉明、检纪严肃、检容严整"主题教育活动。市检察院青年法医孙复龙被授予中国优秀青年卫士提名奖。

1998 年按照高检院部署，针对队伍建设存在的突出问题，开展集中教育整顿和文明行业创建活动。市检察院起诉处和丹阳市、扬中市、大港地区检察院被评为镇江市文明行业示范单位，丹阳市检察院被最高人民检察院授予集体一等功，市检察院技术处副处长孙复龙被评为全省十大杰出青年卫士。纠正自 1996 年以后办理的确有错误的 13 件案件，清理赃款人民币 616.94 万元、港元 100 元、美元 4000 元、赃物 157 件。清理机关办公司等问题，清退一批不合格人员。市检察院在全省检察机关首创警诫制度，规范干警行为。同年抗洪抢险中，润州区检察院被省检察院评为抗洪抢险先进集体。扬中市周志华检察长被省检察院评为抗洪抢险先进个人。

1999 年，检察机关以"好班子、好队伍、好机制、好业绩、好形象"为目标，开展争创人民满意检察院，争当人民满意检察干警活动。市检察院法医孙复龙获得第二届中国优秀青年卫士、江苏省优秀共产党员称号和镇江市人民奖章。

2000 ~ 2002 年，检察机关开展"三讲"教育，学习贯彻"三个代表"重要思想，开展"双争"活动和教育整顿，抓好各项制度建设和作风建设。2001 年，全市所有检察院被评为"五好"达标检察院，其中 6 个基层检察院被评为省人民满意的检察院，市检察院公诉处处长董新建被评为江苏省劳动模范。2002 年，市检察院被授予镇江市首届市级文明机关称号。

2003 年结合“强化法律监督，维护公平正义”主题教育，检察机关开展“争创学习型检察院、争当学习型检察官”活动。2004 年开展“法律监督护正义、公正执法赢民心”服务品牌活动，全市检察机关连续两年未发生违法违纪案件，句容市检察院连续 20 多年无违法违纪案件发生。市检察院公诉处、开发区检察院侦查监督公诉科被评为全省青年文明号，润州区检察院公诉科被评为全省巾帼示范岗。市检察院制定《关于进一步加强市院机关规范化建设的决定》，把创建规范化检察院作为工作重点。

2005 年，全市检察机关开展保持共产党员先进性教育活动，通过举办“十佳公诉人”“十佳检察官”评选等活动，培养和宣传一批先进典型。全市检察机关有 9 个集体和 7 名个人受到高检院和团中央表彰，30 个集体和 31 名个人受到省委、省政府和省检察院表彰，62 个集体和 178 名个人受到市、区两级党委、政府表彰。

第二节　检察改革

一、检务公开

1998 年 11 月，市检察院出台《关于在全市检察机关实行“检务公开”的决定》，要求检察人员办案时，根据不同对象、不同程序阶段分别向犯罪嫌疑人、被害人、证人告知权利义务；检察人员执行检务时，要出示相关证件；检察人员到外单位办案、工作时携带检风监督卡，工作结束后，交由接待单位填写后寄回本院纪检监察部门。至 2005 年，检务公开从范围、依据、程序、结果、监督措施等内容逐步扩充和规范，促进公正执法。

二、青少年维权

1985 年 9 月，市检察院与市公安局组成联合调查组，对青少年犯罪情况进行调查，形成书面材料，提出预防和减少青少年犯罪对策。1991 年，全市检察机关贯彻《中华人民共和国未成年人保护法》，相继成立未成年人刑事案件审查组，选派有一定办案经验、有事业心，热心于未成年人犯罪帮教工作的干警专门从事这项工作。

1999 年，市检察机关以争创“优秀青少年维权岗”为契机，在批捕、起诉、监所各个检察环节全面保护未成年人合法权益，形成专门台账、专门人办案、专门法律文书的“三专门”制度；与未成年犯罪嫌疑人、被告人父母等亲属见面，与其所在居委会、村委会、派出所见面，与其学校班主任见面的“三见面”制度。设立维权信箱热线，推出维权工作联系卡，开展检校共建。

2003 年始，各检察机关加大对青少年司法保护举措，全面推行量刑建议、圆桌审判等制度。京口区检察院在吸纳《联合国少年司法最低限度标准规则（北京规则）》精神的基础上，出台《未成年人不起诉观护制度》，对犯罪情节轻微、社会危害性不大的未成年人及超过 18 周岁在校生犯罪，在不影响其学习和生活前提下，让其进入社区、敬老院、孤儿院等场所参加一些力所能及的公益活动，通过检察机关和家庭、社区、学校及单位等社会力量对犯罪嫌疑人进行一段时间观护，确认其有悔改表现，不致再危害社会后，依法作出不起诉决定。至 2005 年底，全市检察机关创建 1 个国家级、5 个省级和 2 个市级“优秀青少年维权岗”。

三、公诉改革

1. 主诉检察官办案责任制　1999 年在丹阳、润州试点基础上，市检察院制定《主诉检察官制度暂行规定》，全面推行主诉检察官办案责任制。同年 4 月底，全市任命主诉检察官 31 名，平均年龄35岁，占审查起诉部门总人数41%，成立主诉检察官办案小组24个。制订《主诉检察官负责制办案人员考核实施细则》，对主诉检察官所办案件进行量化考核，使主诉检察官权责利相统一。2000年进行主诉检察官助手制试点，实行助手制与小组制并行，强化主诉检察官主导地位。同年，由主诉检察官决定起诉的案件1526件，占总数88%，正确率为100%。2001年设主诉检察官办公室，集中研究重大疑难复杂案件。市检察院制定《镇江市检察机关主诉检察官监督制约十项规定》《主诉检察官廉政档案》《案件回访考察表》《主诉检察官讲评记录》等表卡簿册。2002年，市检察院制定《审查起诉下限案件暂行规定》。同年5月，市检察院邀请23名人大代表、政协委员、特邀检察员担任检察机关出庭公诉案件监督员，参与听庭评庭，加强监督。2003年始，镇江在全省率先制定一套以考评考核为核心的主诉官监督制约制度，成立由检察长、纪检监察部门和干部处、公诉部门负责人组成的督察组，负责对主诉检察官监督制约，此做法被最高人民检察院纪检组转发。

2. 普通程序简化审 2000年，市检察院制定《关于公诉案件适用简易程序的规定》，在全市适当扩展简易程序的适用。2002年，市检察院在全省率先与市中级人民法院会签出台《普通程序简化审实施规则》，节约司法资源，提高办案效率。同年适用普通程序简化审方式审理案件256件404人，占出庭公诉案件42%。2003～2005年，全市检察机关适用简化程序审理案件831件，占全部公诉案件57%。

3. 多媒体示证 2000年，全市各基层检察院都配备多媒体示证系统，并逐步用于庭审之中。同年，全市两级起诉部门运用多媒体示证系统出庭191件次，使用率居全省首位。

4. 量刑建议 2002年4月，市检察院制定《关于实施量刑建议制度的意见》，结合公诉法律文书改革，制作量刑建议书统一格式，在全市检察机关实行。同年，全市检察机关对案件提出书面量刑建议437件、625人，被法院采纳289件、411人，采纳率66%。2003～2005年，全市检察机关提出书面量刑建议3135件，被法院采纳2645件，采纳率84%。市检察院公诉处撰写的量刑建议调研报告，在最高人民检察院公诉厅优秀调研报告评比中获奖。

四、人民监督员制度

2004年8月，市检察院成立人民监督员制度试点工作领导小组，蒋伟亮任组长。同年9月聘任陆鸣冈、张鸿等11名社会各界人士为市检察院人民监督员。全市检察机关按有关程序共选任74名人民监督员，设置办事机构、办公场所，并负责培训全市人民监督员；制定《人民监督员办公室工作职责》《人民监督员一般监督工作细则（试行）》《对“三类案件”实行人民监督员监督的工作细则（试行）》和监督工作流程图，并将这些规章制度纳入市检察院制定的《规范化手册》。2004年10月起，全市检察机关全面试行人民监督员制度。同年12月，镇江经济开发区检察院对一起拟作不起诉处理的贪污案启动全市首例人民监督员案件监督程序，经投票表决，人民监督员同意检察机关拟不起诉意见。2005年4月，市检察院在全省率先出台《对“五种情形”实行人民监督员监督的实施细则（试行）》。同年底，全市有9件案件进入人民监督员监督程序，由人民监督员监督评议。其中，不服逮捕案件1件，拟作不起诉案

图30-8 2005年3月3日，镇江市召开人民监督员案件监督评议会

件8件。

第三节　反贪污贿赂

1983年,全市检察机关立案查处经济犯罪案件58件,其中贪污案52件,追回赃款20.9万元。1984年,全市检察机关查处各类经济犯罪案件61件,其中万元以上大要案9件,上升4.5倍。1985年,市供销系统查出千元以上经济案件线索26起,立案查处4起。1986年,受理各类经济案件174件,立案侦查134件,立大案要案42件,占立案数31.5%。1988年8月起,全市两级检察机关相继设经济罪案举报中心,受理各类举报线索568件,初查120件,对15件构成犯罪的依法立案侦查。

1989~1997年,反贪污贿赂工作强化。1989年9月,最高人民检察院会同最高人民法院发布《关于贪污、受贿、投机倒把等犯罪分子必须在限期内自首坦白的通告》。全市立案侦查各类经济犯罪案件192件,比上年增长215%,其中贪污案75件,贿赂案94件,占立案数的88%,比上年增长252%。立案查处万元以上大案62件(含要案1件),为国家和集体挽回经济损失317万元。1992年调查亏损企业191个,立案70件73人,为亏损企业挽回经济损失146.84万元。1993年,市检察院成立反贪污贿赂工作局,以查办发生在党政领导机关、行政执法机关、司法机关和经济管理部门的犯罪案件为重点,查办贪污、贿赂、挪用公款案132件,占立案总数69.7%;集中查处偷税抗税案31件,假冒商标案22件。1995年,全市检察机关立案侦查210件,其中贪污案66件,贿赂案63件,挪用公款案32件;大案要案140件,占立案数67%;通过办案,为国家和集体挽回经济损失1742.46万元。同年立案查处原市城市建设开发领导小组办公室主任王某某(副处级)受贿案、原市多管局副局长徐某(正处级)挪用公款案等4件县处级领导干部犯罪案件。1996年,查处金融系统经济犯罪案件9件、乡镇站所工作人员犯罪案件11件、建筑工程领域经济犯罪案件28件、亏损企业经济犯罪案件69件,4类案件共117件,占立案总数62.2%。市检察院与京口区检察院联合查处原市城乡建设委员会副主任赵某某(正处级)受贿大案。1997年在市纪委、审计部门配合下,市检察院对德辉广场集资案中暴露出来的贪污、贿赂犯罪线索进行调查,查处经济犯罪案件15件、16人,其中立案查处原市政府副秘书长刘某某(正处级)、李某某(副处级)贪污、受贿大案。

1998年,全市检察机关立案侦查89件,其中贪污案17件,受贿案45件,挪用公款案22件;大案要案84件,占立案数94.4%;通过办案,为国家和集体挽回经济损失1143万元。1999年在市检察院直接组织指挥和参与下,由丹徒县检察院立案侦查该县原公安局副局长兼交警大队大队长卞某某特大经济犯罪案件。2000年,全市立案查办国有企业管理人员职务犯罪案50件,占立案数的40.1%。2001年立案123件,其中市检察院发现线索并立案侦查的有42件,占立案总数34.1%。同年查处京口区原区委书记秦某某(正处级)特大受贿案件、京口区原区长沈某某(正处级)行贿、挪用公款案。2003年,全市立案侦查104件,其中贪污案30件,受贿案44件,挪用公款案25件,行贿案2件,为国家挽回经济损失1520.61万元。2005年查处江苏省某集团公司原董事长党委书记王某某(正厅级)受贿案。同年受理案件线索205件,立案侦查72件,其中贪污案8件;受贿案46件,挪用公款案10件,行贿案8件;立案查处乡科级以上干部贪污贿赂案件34件,占立案总数的47.2%,为国家挽回经济损失1200多万元。

1983~2005年,全市检察机关受理各类经济犯罪案件6936件;立案2787件,其中,贪污案1058件,受贿案620件,挪用公款案394件,偷(抗)税案125件,假冒商标案38件;侦查终结2692件,为国家和集体挽回经济损失21825.46万元。

第四节　反渎职侵权

1983 年，全市检察机关立案侦查法纪案件 6 件，其中重大责任事故 4 件、破坏邮电通讯 1 件。1984 年，法纪工作立案 16 件，其中重婚案 8 件。

1985 年，市检察院和京口、润州两区检察院将一度与经济检察科合署办公的法纪检察科分设，再次独立建制，全市法纪检察干部增至 22 名。同年立案查处案件 31 件。1987 年突出查处侵犯公民人身权利和民主权利、玩忽职守、重大责任事故等 3 类案件，全市立案侦查 31 件，其中侵犯公民民主权利案 5 件，玩忽职守案 7 件，重大责任事故案 13 件，重点案件占立案总数 80%。1992 年，重大责任事故案件持续上升，尤其是建筑施工伤亡突出，矿山开采事故频发，个别企业事故重复发生，少数国家工作人员严重官僚主义、失职渎职、徇私舞弊；全市全年受理重大责任事故 54 件，立案查处 14 件。1993 ~ 1994 年把解救人质、保障公民人身权利作为重要任务，受理非法拘禁案 49 件，立案侦查 13 件，解救人质 22 名。1995 年对办案数量实行量化管理，提出人均办案 2 件的具体目标；立案侦查各类法纪案件 41 件，其中重、特大案件 11 件。

1997 年，法纪检察受理案件范围变化较大，全市立案查处法纪案件比往年有较大幅度下降，共立案侦查 8 件，其中玩忽职守 1 件、非法拘禁 3 件、重大责任事故 4 件。1998 年成立全市法纪检察特别侦查队，查办原润州公安分局宝塔路派出所所长丁某某徇私舞弊案，从接到线索到案件突破仅用 7 天。1999 年，市检察院下发《镇江市人民检察院法纪特别侦查队管理暂行规定》；立案侦查滥用职权等犯罪案 5 件，比上年增长 66.7%，增幅列全省第二。

2001 年，扬中市检察院查办该市联合镇原经管站站长兼农村合作基金会负责人玩忽职守违法发放资金及疏于管理，造成集体资金 1200 余万元无法收回的玩忽职守犯罪。此后，市检察院与市两级法院刑庭庭长召开研讨会，会签《关于办理农村合作基金会运行中发生的渎职犯罪案件的意见》。2002 年把查办司法、行政执法人员徇私舞弊类犯罪案件以及滥用职权、玩忽职守、利用职权侵犯公民人身权利和民主权利等犯罪案件作为查案工作重点，立案侦查渎职侵权犯罪案 10 件 12 人，立案数上升 42.8%，其中立案查处司法工作人员犯罪案 4 件 6 人。

2003 年，全国人大常委会《关于〈中华人民共和国刑法〉第九章渎职罪主体适用问题的解释》出台，全市检察机关用其指导办案。同年，立案 6 件，有 4 件是根据解释精神办理的案件。同年起，以事立案被纳入年度工作目标。同年 4 月初，润州区检察院获悉镇江市疾病控制中心（原市卫生防疫站）有关人员涉嫌玩忽职守线索后，以事立案，实现查案工作从以人找事向以事找人的转变。2004 年把加强办案质量作为反渎职侵权工作重点，侦查终结的 8 件案件，除 1 件移送不起诉外，其余 7 件全部移送审查起诉，无一撤案。2005 年受理各类渎职侵权案件线索 29 件，立案侦查 7 件，其中玩忽职守案 3 件，滥用职权案 3 件。市检察院出台《查办渎职侵权犯罪个案奖励办法》。针对安全生产领域事故易发多发特点，市检察院和市安全生产监督管理局会签《关于建立安全生产事故通报、案件移送制度的意见》，全市检察机关与安监部门共同出事故现场 14 次，参与事故调查分析会 11 次。

图 30-9　2005 年，市检察院反渎职侵权局成立

1983～2005年，全市检察机关受理法纪案件1969件；立案侦查442件，其中，玩忽职守案24件，滥用职权案7件，徇私舞弊案12件，重大责任事故案182件，侵犯人权案73件，妨害邮电通讯案4件，重婚案28件；侦查终结418件。

第五节　职务犯罪预防

一、组织机构

1996年7月，市检察院要求有条件的县（市、区）院尽快设立预防职务犯罪机构，暂无条件的要有专人负责。1998年，市检察院成立职务犯罪预防处，为反贪局内设机构。至1999年4月，各基层院成立预防科，条件不具备的，也都选配预防工作专（兼）职干部。全市检察机关选配预防专职干部12名，兼职干部19名。2002年3月，市检察院将预防工作从反贪局分离出来，专门成立预防处。

2003年6月成立市预防职务犯罪工作领导小组。2004年7月，全市召开预防职务犯罪协会成立大会，首批发展71家协会会员，选举产生37名理事，并由理事会选举产生协会领导成员，市检察院检察长蒋伟亮当选为会长。至2005年，全市预防职务犯罪协会成员单位达560余家。

二、预防工作

个案预防　1998年始，全市检察机关逐步形成“注重个案预防，打防结合，边办案边预防”的做法。2000～2003年对319件重大典型案件开展个案预防，发出检察建议书300余份，上法制课290余场，受教育人数5.5万余人。2004年，省检察院组织优秀检察建议评选，镇江3份检察建议获优秀奖。2005年，全省检察机关组织优秀个案预防项目评选，丹徒区检察院、扬中市检察院选送的个案预防项目被评为优秀个案预防项目。

专项预防　1999年，全市检察机关重点抓投资100万元以上重大工程建设、重大技改项目专项预防，全市选择10余个重点工程签订廉政协议书。市检察院对投资1亿多元的金西水厂二期工程和投资1800万元的镇江通讯广播设备厂“金税工程”实行同步监督。2000年总投资超过1亿元的市第一人民医院门急诊综合大楼土建安装工程招标，市检察院首次对招投标工作实施全程监督。2002年，市第四人民医院540余万元的外墙装饰工程招标，南京某装饰公司转借资质证书，违背相关法律规定，检察机关建议业主作废标处理。2003年推动建设单位实行建设合同与“廉政合同”双签制，两级检察院介入1000万元以上工程（项目）19个，500万元以上工程（项目）12个。

系统预防　1998年，市检察院推动建筑领域加强制度管理。1999～2000年，市检察院出台《服务国企实施办法》，制作检企联系卡，与36家国企建立联系制度。各基层院与辖区内国有企业签订预防协议书，对协议单位生产经营过程中采购、销售、财务、保管等环节进行重点预防。2001年，市检察院分别与海关、税务等行业部门签订共同开展预防职务犯罪协议。2003年与工商、建设、卫生、教育、交通、水利等重点行业签订相互配合共同开展预防职务犯罪工作意见。2005年，市检察院组织全市优秀预防项目（系统预防）评选活动，润州、句容等4家单位预防项目被评为优秀系统预防项目。

预防宣传　1994年11月，市检察院和市纪委在工人文化宫联合举办镇江市首次大型反腐倡廉成果展，历时近半月，参观人数十余万。2002年组织预防职务犯罪知识“千人竞答”活动，全市19个系统和300多家行业主管部门2万余人次参加答题；举办“清风杯”预防职务犯罪电视知识竞赛活动，邀请金融、税务、卫生等7个系统代表队参加，市电视台全程录播。2003年，市检察院制作《回顾与展望——镇江市反腐倡廉十年成果展》。2004年7月，市预防职务犯罪领导小组和市检察院联合举行以“预防和遏制职务犯罪,我们共同的责任”为主题的预防职务犯罪大型图片展宣传活动,为期一个多月,展出宣传展板140余块,巡回播放警示教育片80多场次,全市20个系统780余家单位约2.83万人观看展览。2005年,市检察院编辑出版《共同的责任——镇江市预防职务犯罪工作巡礼》宣传画册,赠送给1145名人大代表、政协委员;举办以“预防职务犯罪,你我共同的责任”为主题的“谏壁杯”全市征文活动,历时3个月,收到各类文章392篇,评选获奖文章17篇,编辑出版《镇江市预防职务犯罪征文选》。

第六节　批准逮捕、公诉

一、批准逮捕、审查起诉

1. 打击严重刑事犯罪　1983～1987年,全市检察机关受理公安机关提请逮捕各种人犯7129人,决定批准逮捕5780人;受理公安机关移送起(免)诉6504人,决定起诉5803人,免予起诉344人。其中,1983年批捕2029人,起诉2037人;1984年批捕1836人,起诉1922人。在批捕的人犯中,属于杀人、放火、抢劫、强奸以及其他严重破坏社会秩序的重大刑事犯罪分子1705人,占29.5%。经过严厉打击斗争,刑事犯罪案件减少。1985～1987年,每年批捕、起诉人数仅约600人。

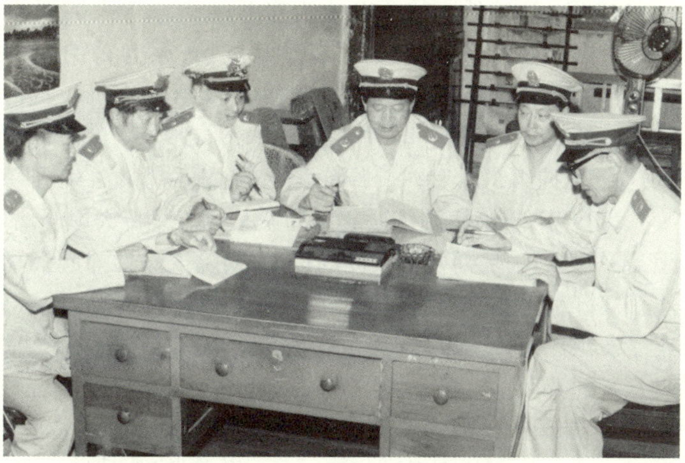

图30-10　1983年9月,润州区检察院干警研究案件

1988年起,全市刑事案件呈逐年上升趋势。1988～1998年,全市检察机关受理公安机关提请批捕刑事案犯17849人,决定批准逮捕15504人;受理公安移送起(免)诉18792人,决定起诉16467人。

1989年5月,发生一起图谋劫车抢枪的反革命破坏案件。市、县检察院与公安机关对3名反革命犯和1名包庇犯及时予以批捕、起诉。同年,检察机关配合公安机关开展“打击流窜犯罪”“除六害”等专项斗争22次。

1990年,“6·26”和“9·15”两次集中收捕,批准逮捕人犯886人。1991年8月至1992年,全市开展反盗窃斗争,集中批捕盗窃案犯1097人,起诉1398人;市检察院成功办理“9·18”全国特大非法出版案。该案涉及27个省、市、自治区,85个市县、275家单位、370名人员,主犯被判处死刑。1993年,检察机关集中批捕各类刑事案犯674人,占全年批捕人犯总数40.2%。同年,全市开展宁杭公路句容段打击“车匪路霸”和长江水域打击“江盗水霸”专项治理行动。

1994～1995年突出打击恶性暴力犯罪、重大盗窃和拐卖妇女儿童犯罪以及车匪路霸、流氓团伙特别是带黑社会性质的犯罪团伙。在全市范围内开展禁毒禁娼、打击盗窃机动车、整顿公共场所治安秩序、打击制售非法出版物活动等专项斗争。

1996年4月下旬至1998年,开展第二次严厉打击斗争,批准逮捕4539人,决定起诉4935人,其中重特大案件的犯罪嫌疑人1981人。对省、市挂牌的句容“2·15”纵火案、镇江市区“5·13”杀人匿尸案、“5·26”杀人分尸案、“4·20”残害学童案、“6·13”杀人抛尸案等一系列重特大案件,均在受案后1小时内批准逮捕,1～3天内提起公诉。京口区检察院批捕、起诉全国五大扫黄案之一的李某某等人特大贩卖淫秽光盘案,6名涉案人员均被判处有期徒刑,其中主犯李某某被判处有期徒刑13年。

1999～2002年,全市检察机关批准逮捕8078人,决定起诉9962人。其中起诉重、特大案件被告人3163人。2001～2002年开展第三次严厉打击斗争,批准逮捕犯罪嫌疑人4193人,起诉5347人。参与"打黑除恶"暨整顿市场经济秩序,侦防侵财性犯罪、"百日会战""春雷行动",打击抢劫、抢夺"双抢"犯罪和打击涉枪、涉爆犯罪等专项斗争。1999年,市检察院审查起诉镇江物贸(集团)总公司及孔某某等3人虚开增值税专用发票1.77亿元案。2000年对全省最大走私案镇江市物资交易中心、江苏省石油总公司谏壁分公司及孔某某、朱某某等走私普通货物一案依法提起公诉。该案涉案金额1.17亿元,涉及被告单位和被告人16名。2001年,全市办理经济诈骗、制售假冒伪劣商品、虚开增值税发票等严重危害市场经济秩序犯罪案件49件、76人。2002年,句容发生的许爱文等6人活埋他人致死案依法起诉,4名被告人被判处死刑。同年,公安机关打击市红太阳装饰城两股黑恶势力,检察机关对以戴某某、孙某为首的37名犯罪嫌疑人依法批捕起诉。同年,市检察院批捕起诉欧某某等5人贩卖毒品6200余克等一批涉案人员多、涉案金额大、社会影响恶劣案件。在禁毒、"扫黄打非"等专项斗争中,1999～2002年批准逮捕涉毒案件犯罪嫌疑人698人,起诉690人;批捕组织、容留、介绍卖淫,传播淫秽物品的犯罪案件嫌疑人284人,起诉379人。

2003年,市检察院依法起诉潘某某等三人特大虚开增值税专用发票案,涉案金额高达1500余万元,潘某某被法院判处无期徒刑;市检察院依法批捕起诉马某某间谍案,京口区检察院依法批捕起诉陆某某等利用邪教组织破坏法律实施案。2004年,市检察院批捕起诉在镇江市区公共场所聚众斗殴致二人死亡的"8·19"聚众斗殴案55名被告人、"5·5"绑架杀人案3名被告人、盗窃摩托车价值20余万元的特大盗窃案10名被告人等;依法起诉涉及毒品犯罪被告人90人、危害税收征管被告人36人、侵犯知识产权被告人20人;依法起诉涉嫌走私总货值2亿元、偷逃关税3000余万元的4名被告人和1个被告单位,非法制造500余万张"中华"牌香烟注册商标标识的8名被告人等。2005年起诉市区邮政宾馆持枪抢劫杀人案;京口区检察院办理省公检法联合挂牌督办的黄某网络赌球案。

1983～2005年镇江市人民检察院审查批捕情况表

表30-11 单位:人

年份	受理公安提请	批准逮捕	其中追捕	批捕重大案犯	不批准逮捕
1983	2282	2029	-	439	55
1984	2340	1836	-	740	258
1985	907	655	-	219	109
1986	809	606	-	175	94
1987	791	654	-	132	81
1988	1145	936	14	-	128
1989	1469	1230	-	339	131
1990	1446	1201	-	-	126
1991	1303	1091	-	459	70
1992	1572	1404	3	-	142
1993	1878	1676	22	553	171
1994	2185	1913	2	653	213

续表 30-11

年份	受理公安提请	批准逮捕	其中追捕	批捕重大案犯	不批准逮捕
1995	1648	1514	9	670	121
1996	2074	1859	10	843	174
1997	1266	1099	–	365	136
1998	1863	1581	–	348	284
1999	2161	1833	5	284	320
2000	2349	2052	67	354	259
2001	2382	2289	78	1105	62
2002	1966	1904	51	787	36
2003	1745	1707	60	–	38
2004	1838	1764	65	–	25
2005	2406	2286	77	–	54
合计	39825	35119	463	9644	3087

1983～2005 年镇江市人民检察院审查起诉情况表

表 30-12 单位:人

年份	受理公安移送	起诉	其中追诉	重大案犯	免予起诉	不起诉
1983	2059	2037	18	444	75	6
1984	2192	1922	–	–	152	11
1985	781	653	–	–	41	4
1986	718	614	–	–	50	9
1987	754	577	7	–	26	4
1988	958	907	12	–	69	2
1989	1608	1149	–	352	92	3
1990	1652	1498	–	553	117	–
1991	1264	1043	–	–	70	6
1992	1828	1598	19	467	147	4
1993	1831	1644	16	–	71	1
1994	2318	2035	3	605	69	2
1995	1876	1658	5	–	58	1
1996	2364	2156	2	1061	105	5
1997	1273	1135	–	458	–	26
1998	1820	1644	4	462	–	4
1999	2337	2101	4	446	–	5
2000	2864	2514	17	511	–	–
2001	3206	2980	43	1387	–	28
2002	2886	2367	36	819	–	28

续表 30-12

年份	受理公安移送	起诉	其中追诉	重大案犯	免予起诉	不起诉
2003	2692	2275	8	410	–	32
2004	2826	2440	28	–	–	28
2005	3711	3186	61	–	–	24
合计	45818	40133	283	7975	1142	233

2. 侦、捕、诉分开 1988 年前，检察机关自行侦查的贪污贿赂、渎职侵权等经济、法纪案件，从侦查到批捕、起诉直至出庭公诉，都由侦查部门一手承办。1988 年始，自侦案件的批捕、起诉、出庭公诉由刑事检察部门办理。1989 年，全市检察机关实现侦、捕、诉分开。1993 年起，批捕、起诉部门改为刑一、刑二部门，分别承担公安机关侦查的案件和检察机关自侦案件的批捕、起诉、出庭公诉任务。1997 年起，刑一、刑二部门重新恢复职能，成为批捕、起诉部门。1989 ~ 1996 年受理自侦部门提请逮捕贪污贿赂案犯 747 人，经审查决定逮捕 702 人，不捕 35 人；受理法纪案件案犯 73 人，决定逮捕 71 人，不捕 1 人。受理自侦部门移送起诉、免诉的贪污贿赂案犯 1866 人，经审查决定起诉 915 人，免予起诉 501 人，不起诉 3 人；受理法纪案件案犯 319 人，决定起诉 137 人，免诉 115 人，不起诉 1 人。1997 年实施修改后的《中华人民共和国刑事诉讼法》，检察机关立案管辖范围缩小。至 2005 年受理自侦部门提请逮捕的贪污贿赂犯罪嫌疑人 465 人，决定逮捕 423 人，不捕 39 人；受理渎职侵权案犯罪嫌疑人 16 人，决定逮捕 16 人。受理自侦部门移送起(不)诉的贪污贿赂案犯罪嫌疑人 1049 人，决定起诉 714 人，不起诉 119 人；受理渎职侵权案犯罪嫌疑人 68 人，决定起诉 65 人，不起诉 11 人。

3. 提高办案质量 1983 年为加快办案进度，一度因公、检、法"联合办公"取消或部分取消检察机关的办案程序，影响办案质量。1984 年，各级检察机关学习中央关于"从重从快，一网打尽"和"要加个'准'字"的精神，严格依法办案。1985 年决定不批准逮捕人犯 109 人，占公安提请人数的 12%，其中经检察机关审查复核罪证后发现犯罪事实失实而不捕 12 人。1990 年，全市起诉案件准确率达 99.9%。全市各检察机关严格掌握免予起诉条件，实行不服免诉或不起诉决定申诉由上级控申部门负责复查的办案制度，建立双重制约机制，控制免诉率。1991 年，自侦案件免诉率由 1990 年的 45.9% 下降至 32.2%。

2003 年贯彻宽严相济的刑事政策，全市检察机关确立慎用逮捕权执法理念，正确掌握逮捕条件。市检察院公诉处建立案件质量监控体系，保障案件质量。2004 年通过案件质量专题分析，建立侦捕诉联动的案件质量监控体系。2005 年开展"规范执法行为、促进执法公正"专项整改活动，以侦查监督、公诉等 7 个主要业务部门为整改重点，从执法程序、执法行为等 7 个方面深入排查办案中存在的突出问题，提出加强案件流程管理等 6 项具体整改措施，确保办案质量。

二、出庭公诉

1983 年严厉打击斗争展开后，向法院提起公诉刑事案件急剧增加。全市各检察机关依法出庭支持公诉。1986 年，京口区检察院等基层院通过组织出庭观摩，总结出庭经验，提高出庭支持公诉水平。1987 年，全市检察机关首次开展"优秀公诉人"评选活动，各县(区)院对 23 名公诉人进行 34 次出庭考核，评出县(区)级优秀公诉人 8 名，市级优秀公诉人 6 名。1995 年，首次组织全市检察机关公诉答辩对抗赛，11 月参加全省检察机关公诉答辩对抗赛，镇江市检察院获集体第三名。

1996 年 10 月修改后的《中华人民共和国刑事诉讼法》开始实施。省检察院、省法院在润州区检察院作庭审制度改革试点。镇江市检察院在京口、丹阳进行庭审方式改革试点，组织观摩交流。

1999 年参加全省公诉人理论考试，镇江考试成绩名列前茅。市检察院对全市检察机关形象好、素质佳的 11 名公诉人授予优秀主诉检察官称号。

2004 年组织首次自侦案件出庭公诉考核活动，促进公诉人出庭技能和水平的提高。2005 年，市检察院组织开展十佳公诉人暨优秀考核庭评选活动，评选出十佳公诉人和 8 个优秀考核庭。全市检察机关选派 6 名选手参加全省检察机关公诉对抗赛，获团体第二名、抽签组第一名。

三、参与社会治安综合治理

1. 对免予起诉(不起诉)人员考察帮教 1983～1996 年先后对 806 名免诉人员进行考察帮教，他们中绝大多数人成为遵纪守法公民。

2. 向涉案单位发检察建议 1984～2005 年，全市各检察机关向有关单位发出书面检察建议 1265 份，口头建议 538 次，均有回复和反馈，促进这些单位建章立制，预防犯罪。1985 年，句容县检察院针对教师奸污女学生案发突出情况，向县教育局发出检察建议，防止这类案件发生。2002 年，市检察院办理汤某某等 9 人盗窃价值 40 余万元缝纫设备案件，针对企业安全防范中存在的漏洞，发出检察建议 3 份，帮助企业及时整改。

3. 开展法制宣传 利用出庭公诉的机会，对被告人和旁听群众进行法制教育。1987 年，县、区检察院与 4 个乡村、19 个厂矿企业建立法制宣传联系点。20 世纪 90 年代起，联系点重心向中小学转移。1993～1995 年，全市检察机关为各中小学上法制课 60 余次，听课人数 2 万多人次。2001 年与学校、企事业单位、社区建立治安联系点 110 个，向 80 余所中小学校派出检察官担任法制副校长，开设法制讲座，预防和减少青少年犯罪。同年，市检察机关通过电视台组织 10 次庭审现场直播和录播。2002 年，全市检察机关全面开展“检察进社区”活动，建立综合治理联系点 346 个，16 名检察官担任中小学法制副校长，上法制课 800 余场次。市检察院会同市教育局、丹徒区检察院在治安工作相对薄弱的丹徒区高资镇建立帮扶联系点，使该镇社会治安综合治理工作跨入先进行列。2003～2005 年，市检察会同有关部门与丹徒区上党、江心，句容市春城等乡镇建立联系点，这些地区治安面貌得以改观，跨入先进行列。2005 年，各基层院以院、部门和党支部为责任单位，在全市范围内建立 20 个“检察进社区”活动联系点，加强普法教育。

4. 预防青少年犯罪 1991 年始，全市各级检察院相继成立未成年人刑事案件审查组。京口区检察院最早制订未成年人刑事案件审查组工作细则，使办案与矫治工作同步进行。2000 年，市检察院制订《未成年人犯罪案件审查起诉暂行规定》。同年，京口区检察院开通未成年人保护司法热线，扬中市院开通“知心姐姐”热线，丹徒县院派干警担任中学法制副校长，润州区院举办多期“家长法制学校”和座谈会，指导中学生开设模拟法庭。2002 年，镇江经济开发区院在校园内设立维权信箱，编发校园简报，在校生犯罪明显减少。2003 年，市检察院会同团市委对优秀青少年维权岗实行动态管理，对市级争创单位进行检查验收，对国家级、省级争创单位进行指导。2004 年，全市范围内开展以“维护未成年人合法权益、预防青少年犯罪”为主题的“护源行动”。京口区检察院先后被省检察院、高检院和团中央评为优秀青少年维权岗，被省检察院记集体二等功。全市检察机关创建 1 个国家级、5 个省级和 2 个市级优秀青少年维权岗，湾山院检察长柳建华被团中央、高检院评为全国青少年维权先进个人。2005 年，镇江经济开发区院在实现在校生 3 年零犯罪目标的基础上，与江苏省第二未成年犯管教所签订帮教共建协议，成立全市首个社区青少年矫治机构——新区扶育中心，对有违法或者有犯罪倾向的青少年和未成年犯进行矫治。

5. 贯彻“宽严相济”刑事政策 1990 年根据中央政法委员会“既惩罚犯罪，又注意挽救有轻微违法犯罪行为的人”的政策精神，对一些犯罪情节轻微、危害不大的初犯、青少年犯等，运用不诉、免诉等法律手段，尽量采取就地监督改造的办法，依靠基层组织和群众力量，帮助他们改造。1997 年，全市检察机关贯彻“宽严相济”的刑事司法政策，依法适用不起诉制度；适用简易程序快速办理轻微刑事案件，缩短办案期限。2005 年，基层检察院审查的案件 50% 以上适用快速办理机制，使犯罪嫌疑人尽快从诉讼程序中解脱出来。

第七节　侦查监督　审判监督

一、侦查活动监督

1983～1996年，全市检察机关通过审查批捕、审查起诉，对应当逮捕而未提请逮捕、应当起诉而未移送起诉的，决定追加逮捕331人，占批捕人数1.78%；追加起诉219人，占起诉人数1.12%；对依法不应当追究刑事责任或证据不足的，决定不批准逮捕1873人，占提请批捕人数8.57%，不起诉58人。

1997～2005年，全市检察机关对侦查中违法问题发出《纠正违法通知书》或口头纠正意见83次。通过审查批捕、审查起诉，追加逮捕436人，占批捕人数2.64%；追加起诉283人，占起诉人数1.37%；决定不批准逮捕1214人，占提请批捕人数6.75%；决定不起诉175人，占移送起诉人数0.74%。

二、刑事立案监督

1996年10月修订的《中华人民共和国刑事诉讼法》实施前，对应当立案而公安机关未予立案，经批准后检察机关依法自行立案侦查。1997～2005年，修订的《中华人民共和国刑事诉讼法》实施，全市检察机关向公安机关发出说明不立案理由通知书386份和通知立案书11份，公安机关立案368件607人，纠正公安机关不当立案22件、40人。1999年，京口区大市口派出所民警郭某某在处理一纠纷中，与该区法院审判员郑某发生顶撞，遂产生报复心理，故意将郑丢失在派出所的一本卷宗隐匿不还，并指使他人以此敲诈郑7000元。案发后对郭某某仅作调动处理，未被依法追究。经检察机关监督纠正，郭某某等3人被公安机关立案侦查。2002年6月，扬中市检察院立案监督一起涉及3个单位、5名直接责任人员，涉案金额4000余万元，偷税额近200万元的虚开增值税专用发票案，检察机关发出要求说明不立案理由通知书后，公安机关及时予以立案侦查。

三、审判监督

1. 审判活动监督　1983～2005年，全市各级检察院书面或口头向法院提出纠正意见120余次，主要是：违反规定拒绝受理案件；擅自将受理案件期限不计入审判期限而超期审理；开庭审理时，不依法出示证据或出示不够规范；违法适用简易程序审判案件；判决书用语不规范等。

2. 刑事判决、裁定监督　1983～2005年，对法院认定事实有误或定性不当、影响量刑判决的案件，全市各级检察院依法提出抗诉65件，其中提请省检察院抗诉3件，经法院审理后改判28件。2005年，扬中市检察院提起抗诉周某等人盗窃、职务侵占、收购赃物案，市检察院经审查认为一审法院改变检察机关指控罪名，认定犯罪性质错误，遂依法支持抗诉，经二审法院开庭审理，全部采纳抗诉意见，予以改判。对于判决虽有不当，但尚不符合抗诉条件案件，检察机关则与法院加强沟通，取得共识。

第八节　监所检察

1984年，镇江市检察院向省第二监狱派出驻监检察组，各市、县、区检察院监检部门坚持驻看守所办公制度。1986年9月建立湾山地区检察院，负责省第十四劳改支队、少管所、劳教所等5个单位监所检察工作。

一、打击被监管人又犯罪活动

打击服刑罪犯和劳教人员在改造期间犯罪活动是监所检察工作首要任务。1983 年,全市检察机关办理“两劳”人员又犯罪案件 176 件、316 人,其中劳改人员加刑案件 115 件、209 人,劳教及留场人员重新犯罪案件 61 件、107 人。1983 ~ 2005 年受理提请批捕又犯罪“两劳”人员 76 人,决定批准逮捕 70 人,不批准逮捕 3 人;受理移送起诉 657 人,决定起诉 641 人,免予起诉 1 人,不起诉 1 人。

二、监督刑罚执行和监管活动

1987 年后,监所检察工作从办案、打击又犯罪活动,发展到全面承担各项法定职责,纠正超期羁押,维护犯罪嫌疑人、被告人合法权益。1988 ~ 2002 年,全市检察机关对超期羁押提出纠正意见 272 次。2003 年开展超期羁押专项清理行动,加强纠防超期羁押长效机制建设。至 2005 年,检察环节连续 6 年无超期羁押情况,其他办案部门超期羁押现象也大为减少。2005 年,全市无一超期羁押。

加强对监管改造机关提请减刑、假释和监外执行审查。1992 ~ 2005 年经检察机关审查,对监管机关提请减刑、假释和监外执行的服刑人员 194 人,因不符合条件不予呈报。由检察机关提出应予呈报的 13 人,对保外就医条件消失的罪犯依法督促收监。2002 ~ 2004 年上半年对 9721 件减刑、692 件假释、243 件保外就医案件进行专项检查。2004 年 5 月向社会公布开展减刑、假释、保外就医专项检查举报电话 7 部。2005 年对 4706 件减刑、假释、暂予监外执行案件进行审查,并结合社区矫正监督工作,监督有关部门收监执行 14 人。同年,市检察院制定《镇江市检察机关参与社区矫正工作实施办法》,与市社区矫正领导小组等部门联合签发 15 份文件,规范社区矫正管理工作。

1987 ~ 2005 年,全市检察机关对监管场所违法情形提出纠正意见 270 余次,配合看守所、劳改劳教单位或单独进行安全防范检查,消除各类隐患,确保监所安全。

三、查办监管改造中职务犯罪案件

1987 年,市检察院和湾山地区检察院查办首例监管场所管教人员职务犯罪案件。句东劳教所原南区中队副队长王某某,因体罚虐待致死劳教人员被判处有期徒刑 5 年。1989 年,市检察院协助湾山检察院深入句东劳教所宣讲,该所 9 名管教干部投案自首,1 名犯有受贿罪的管教干部被逮捕。1988 ~ 2005 年,市检察院和湾山检察院立案查办监管改造场所的职务犯罪案件 18 件 20 人。

2003 年,全市 9 个派驻检察室全部达到三级以上规范化等级检察室,其中丹阳市院驻所检察室被高检院评为一级规范化检察室。2005 年 6 月 1 日起,高检院决定在江苏、黑龙江、重庆三省市试行监所检察工作流程规范化,镇江市检察机关按照省院实施方案全面试行。

第九节　民事行政检察

民事行政检察工作起步较晚,检察机关恢复重建 10 年后才开始试点。

1990 年 9 月,市检察院民事行政检察科建立。1992 年受理各类民事行政申诉案件 28 件,其中向法院提出书面检察建议 2 件,口头建议 3 件,经法院再审改判 1 件。1993 年受理不服人民法院已生效的民事、经济、行政裁判申诉案件 45 件,立案 5 件,提请省检察院抗诉 1 件。1994 年受理各类民事行政申诉案件 77 件,立案审查 10 件,对明显不公的判决提起抗诉 1 件。各县、(市)区检察院相继成立民事行政检察科。

1995 ~ 2001 年,全市检察机关受案 1431 件,立案 395 件,由市检察院提出抗诉 74 件,提请省检察院抗诉 74 件,提出检察建议 16 件,经法院再审改判 73 件,调解结案 7 件。1997 年始,受案数、抗诉数明显增加，并呈逐年增加趋势，全年抗诉13件(含提出抗诉和提请抗诉)。1998年抗诉31件，1999年抗诉29件，2000年抗诉46件，2001年抗诉33件。1998年，京口机械设备厂诉华东列车电站基地一案，经市检察院提出抗诉，镇江市中级法院改判后，避免华东列电40余万元国有资产损失。1999年，市检察院和丹阳市检察院在审查丹阳伯威房地产发展有限公司不服法院一、二审判决的申诉中，侦破丹阳市法院荆林法庭原庭长刘某某受贿3万元的犯罪事实，依法判处刘某某有期徒刑2年6个月，缓刑3年。2000年，由市检察院提出抗诉的江苏理工大学副教授赵某某房屋析产纠纷申诉，获得改判。2001年，市检察院办理丹徒县高桥镇农村合作基金会与郭某、凌某借款纠纷案获改判，为集体挽回经济损失40余万元，平息当地群众上访。1995～2001年，息诉688件，占受案数48%。

2002～2005年，全市检察机关受理民事、行政申诉案件912件，立案审查348件，向人民法院提出抗诉44件，发检察建议45件，提请省检察院抗诉49件，法院再审改判28件，调解结案23件，和解6件。

2002年始，全市推广再审检察建议运用，在一定程度上实现对法院裁判的同级监督，简化办案程序，缩短办案时间，增加办案总量。2003年，丹阳市凯星家具装饰工程有限公司因借贷纠纷案，通过两级法院审理均败诉后向市检察院申诉，市检察院经审查认为判决不当，向市中级法院发出检察建议，被采纳再审，依法改判金额200余万元。尝试支持起诉和刑事附带民事诉讼工作，保护国有资产。2004年，丹徒区检察院办理一件支持起诉案件，法院判决采纳检察机关意见，为国家挽回6.97万元经济损失。2005年，全市发出再审检察建议18件。法院已复查的16件(含上年2件)中，决定再审7件，主持当事人达成和解协议6件，不予再审3件，采纳率为81%，进入再审程序案件有5件被改判或调解。2002～2005年，全市息诉485件，占受案数53%。

第十节　控告申诉检察

一、控告检察

1. 举报受理　1983年，镇江市、县两级检察院设立控告申诉检察科，区检察院暂由办公室指定专门人员负责控告申诉检察工作。1985～1987年受理群众来信来访6182件，其中属检察机关管辖的案件线索975件。1988年8月起，镇江市两级检察机关相继设立举报中心(室)，公布举报电话，与控告申诉检察部门合署办公。同年底，受理各类举报线索568件，属检察机关管辖的448件，占78.9%，初查120件，立案侦查15件。1989年8月15日，最高人民检察院会同最高人民法院发布《关于贪污、受贿、投机倒把等犯罪分子必须在限期内自首坦白的通告》。在《通告》规定的两个半月内，全市受理群众举报经济犯罪线索1206件，104人向检察机关投案自首，其中立案40人，决定起诉1人，免予起诉17人。1988～1992年受理举报线索7395件，其中属于经济犯罪案件线索4720件，经初查，立案419件，占立案总数65%。1993～1997年，全市检察机关受理举报线索12741件，比前5年增长72.3%，每年立案数分别达188件、198件、210件、188件和165件。

保护群众举报热情，建立奖励、保护、宣传制度。1989年，镇江市首次对33名举报有功人员奖励，发放奖金4270元。既严肃查处打击报复举报人案件，又为经查失实的被举报人正名。1995年，全市两级检察院筹集奖励基金34万元，奖励举报有功人员37人，发放奖金1.37万元。1996年，筹集举报奖励资金45万元，奖励举报有功人员11人，发放奖金5400元。1999年，奖励举报有功人员89人，发放奖金1.174万元。

1998年，市检察机关举报中心成立10周年。1999年起根据最高人民检察院决定，将每年6月最后一周定为“举报宣传周”。1999～2005年，全市检察机关受理各类举报线索10147件，属检察机关管辖线索有5094件,署名举报率上升,初查成案率提高。

2. 涉检信访　1996年,全市检察机关处理群众集体上访18件、191人,告急信访5件。1997年处理群众集体上访18件、197人,其中告急信访3件。2002年重点清理解决上访老户反映问题,清理交办案件和积压举报线索,解决群众反映强烈的实际问题。2003年下半年起开展集中处理信访突出问题专项活动,加强监督制约。2004年清理2003年以后涉法上访案件551件、812人,其中涉检上访340件、361人,办理各类涉法上访(含涉检)案件340件,办结息诉331件(赴省进京上访均已办结)。

3. 接访制度　1996年,全市两级院检察长接待来访342次,批阅群众来信1954件,督办群众反映强烈的问题。检察长接待日作为一项制度长期坚持下来,每年接待群众来访最多时600余人次。在检察长接访基础上,全市检察机关又实行业务部门负责人接访制度。2003年,市检察院党组成员参加镇江市党政领导干部信访接待日和确保部分企业军转干部思想稳定工作。

4. 首办责任制　2002年3月,市检察院出台《镇江市检察机关控告申诉案件首办责任制试行规定》,减少越级访、多头访、重复访。

二、刑事申诉检察

1983～1987年根据中央关于复查历史老案有关指示,全市检察机关对部分历史老案进行复查,对140件处理不当案件作出纠正和善后处理。1992～1997年受理现行刑事案件申诉成为刑事申诉检察工作的主要内容,立案审查刑事申诉案31件,纠正5件。

2001年以后,全市重点办理清理超期羁押和服刑人员申诉、不起诉案件复查、对不服检察机关处理决定申诉案件。2001～2005年立案审查刑事申诉案43件,纠正13件,其中依法提起抗诉9件,建议复议2件,返还不当扣押款39.53万元。

三、刑事赔偿

1995年,国家实施《中华人民共和国国家赔偿法》。到2005年,全市检察机关受理刑事赔偿申请14件,经立案审查决定赔偿8件,参照《中华人民共和国国家赔偿法》补偿3件,不予赔偿2件,因侦查机关未撤销案件不能进入赔偿程序1件;检察机关支付赔偿金和补偿金计人民币168852.23元。在14件刑事赔偿申请中,由检察机关立案侦查贪污、贿赂、挪用公款案占9件,公安机关立案侦查刑事案件5件。在决定赔偿和补偿的11件中,检察机关立案侦查7件,公安机关立案侦查4件。在决定赔偿和补偿的11件及不能进入赔偿程序的1件中,属于错误逮捕8件,其中公安机关侦查导致错捕5件,检察机关侦查错捕3件。

第十一节　重大案例选编

丁某某抢劫、抢夺、盗窃案　被告人丁某某,男,27岁,无业,1988年7月1日被逮捕,同年8月6日被提起公诉。

1986年1月7日下午,被告人丁某某面戴口罩,跟踪去高资信用社送营业款的高资商场营业员曹某某等两人。当曹某某在信用社等候交款时,被告人丁某某趁其不备,将曹某某放在柜台上营业款1300元抢走逃跑。同年4月27日下午2时许,被告人丁某某身披雨衣携带作案工具,尾随工商银行镇江中山西路储蓄所女储蓄员两人,由后门闯入储蓄所,持刀威逼两女,用布带将两女手脚捆扎,并以言语恫吓,劫取储蓄所现金14535.5元后逃离。1988年5月11日、15日,被告人丁某某还分别在丹徒县西麓乡、丹阳火车站,持刀和玩具手枪进行抢劫,因遭遇被害人反抗和群众追赶而未遂。1985～1988年,被告人丁某某在镇江、句容等地,采取撬门、扭锁等手段,盗窃作案8起,窃取现金、手表、自行车、烟酒等价值1887元财物。法院经审理，认定被告人丁某某构成抢劫罪、抢夺罪、盗窃罪，应数罪并罚，判处其死刑，剥夺政治权利终身。

曹某某、何某某投机倒把案　被告人曹某某，男，39岁，原系安徽省蚌埠市明珠书社经理，1991年12月27日被逮捕，1992年5月30日被起诉。被告人何某某，男，54岁，无业，1992年1月29日被逮捕，同年5月30日被起诉。

1989年底至1991年7月间，被告人曹某某为牟取暴利，采取以原版书、剪辑拼凑和私自编造及盗用、伪造书名、书号、出版社名称等手段，先后在安徽省固镇县商标印刷厂等单位，非法印刷《黑欲》《欲魔》等非法出版物1279160册（套、张），已发行、销售1238800册，非法经营额达462.6万余元。被告人曹某某还销售非法出版物24091册（套），非法经营额5.65万余元。被告人何某某销售非法出版物49077册（套），非法经营额13.2万余元，并帮助被告人曹某某印制非法出版物封面。

法院审理认为，被告人曹某某、何某某以牟取暴利为目的，制作和销售非法出版物，数额特别巨大，情节特别严重，构成投机倒把罪，依法判处被告人曹某某死刑，剥夺政治权利终身，判处被告人何某某有期徒刑15年。

欧某某、李某某、欧某某、吕某某贩卖毒品和周某某包庇毒品犯罪分子案　被告人欧某某，男，1962年10月26日出生，无业，2002年8月10日被逮捕。被告人李某某，男，1972年3月5日出生，2002年8月10日被逮捕。被告人欧某某，男，1955年9月24日出生，2002年8月10日被逮捕。被告人吕某某，男，1946年9月8日出生，2002年8月10日被逮捕。被告人周某某，女，1962年12月27日出生，无业，2002年8月14日被逮捕。

2002年11月5日，镇江市人民检察院对上列被告人向镇江市中级人民法院提起公诉。被告人欧某某纠约被告人李某某、欧某某贩卖毒品牟利，由欧某某从重庆毒贩处购得毒品，李某某负责将毒品从重庆带至丹阳，再由欧某某在丹阳向外贩卖。2001年12月至2002年7月间，欧某某多次从重庆毒贩处购得毒品海洛因6235.521克，交由李某某带至丹阳市。案发后，公安机关从李某某暂住处收缴毒品海洛因1347.313克。除上述缴获的和少量用于被告人吸食的毒品海洛因外，其余毒品均由欧某某在丹阳贩卖给他人。其中，2002年6月和7月，欧某某分别在丹阳市邱家村和丹阳市儿童医院附近交给被告人吕某某毒品海洛因50克和38.208克，由吕某某代销。吕某某卖给他人毒品海洛因65克。案发后，公安机关从吕某某身上收缴毒品海洛因23.208克。

被告人周某某于2002年1月在建设银行办理一张以自己名字登记的银行卡，长期提供给被告人欧某某使用，并多次帮助欧某某提取款项计11万余元。当得知李某某被抓获后，周某某明知欧某某系毒品犯罪分子，却仍帮助欧某某将该银行卡销户。归案后，又拒不供认该卡为欧某某使用的事实，作假证明包庇欧某某。

法院经审理，以贩卖毒品罪分别判处被告人欧某某、李某某死刑，剥夺政治权利终身，并处没收个人所有全部财产；以贩卖毒品罪判处被告人欧某某死刑，缓期2年执行，剥夺政治权利终身，并处没收个人所有全部财产；以贩卖毒品罪判处被告人吕某某有期徒刑15年，剥夺政治权利5年，并处没收个人财产人民币2万元；以包庇毒品犯罪分子罪，判处被告人周某某有期徒刑8年。

被告人成某某等21人故意伤害、聚众斗殴案　2004年2月10日，镇江市人民检察院将被告人成某某、胡某某、黄某某、张某、王某某、韦某某、杨某某、张某某、钱某、孙某某、陈某某、魏某某、朱某某、李某某、宋某某、张某某、郑某、张某、苗某某、凌某、王某（均系无业人员）向镇江市中级人民法院提起公诉。

2003年8月18日下午，被告人胡某某、张某某通过电话骚扰被告人朱某某女友，导致朱某某与胡某某多次在电话中争吵并相互谩骂，后双方互约斗殴。被告人胡某某将上述情况告知被告人成某某后，成某某决定组织聚众斗殴，并与被告人黄某某、张某为胡某某组织人员、提供凶器、现金以及车辆并联系私人诊所准备斗殴；被告人韦某某在黄某某、张某指使下纠约被告人杨某某、陈某某、孙某某、宋某某、郑某、张某某、苗某某等20余人帮助胡某某准备斗殴。当晚,被告人朱某某为实施斗殴,纠约被告人张某、凌某、华某某、李某、郦某某等20余人,与胡某某相约在镇江市长江路斗殴。

8月18日晚,被告人胡某某一方人员分乘3辆汽车寻找被告人朱某某。19日凌晨,胡某某等人在长江路发现正在寻找其斗殴的朱某某等20余人分别乘坐一辆摩托车和5辆出租车,即上前追堵。在长江路"金属壳"舞厅附近,朱某某被追逼从摩托车上跌落并被胡某某一方人员持刀追砍,在逃跑中背部被砍伤(经鉴定为轻伤);朱某某一方参与斗殴人员华某某、李某、郦某某、王某乘坐龚某某驾驶的出租车被胡某某等人拦截,并遭胡某某、王某某、韦某某、杨某某等10余人持刀和自来水管砍、捅。华某某、李某被捅砍致死;郦某某下车后被胡某某持自来水管殴打,逃跑中被庞某(在逃,另案处理)持刀砍伤(经鉴定为重伤);驾驶员龚某某被宋某某、张某某持刀砍伤(经鉴定为轻伤)。

法院审理认为,上列被告人因琐事逞强争霸而聚众斗殴,故意伤害他人致重伤、死亡,应当以故意伤害罪和聚众斗殴罪追究其刑事责任,依法判处被告人成某某、胡某某、韦某某死刑;判处被告人黄某某、张某、王某某、杨某某死刑,缓期2年执行;判处被告人张某某、钱某、孙某某、陈某某无期徒刑,均剥夺政治权利终身。被告人朱某某等10人分别被判处15年至5年有期徒刑。

陈某某贪污案 被告人陈某某,男,28岁,原系镇江市公安局四牌楼派出所内勤,1994年3月31日被取保候审。

1991年12月至1993年4月,被告人陈某某任四牌楼派出所内勤期间,利用收取、保管治安案件罚没款的职务便利,采取收据少开罚没现金数额、收款不缴账手段,侵吞罚没款计10509.06元。

京口区人民检察院认为,被告人陈某某行为已构成贪污罪,且认罪态度不好,于1994年7月2日向京口区人民法院提起公诉。法院经审理后对以上事实予以认定,以贪污罪依法判处被告人陈某某有期徒刑6年,剥夺政治权利1年。被告人陈某某不服,提出上诉。镇江市中级人民法院经审理认为:原审法院判决认定上诉人陈某某犯贪污罪事实中有10105元所依据的证据既不充分,又不确凿,不能认定,只有406.06元能认定贪污,但情节显著轻微不认为是犯罪,据此判决陈某某无罪。经市、区两级检察院审查并经市检察院检察委员会研究,确认镇江市中院判决错误,提请省检察院抗诉。此案经省高级法院审理,认为三级检察机关认定陈某某犯贪污罪事实清楚,证据充分,终审判处陈某某有期徒刑5年,剥夺政治权利1年。

第十二节 科技建设

2000年根据最高人民检察院科技强检要求,镇江各级检察院相继成立科技强检工作领导小组,推动检察工作信息化建设。2001年确保每个基层院有1名信息化技术人员。全市170余名干警通过国家计算机一级考试,市检察院45岁以下干警全部取得省计算机应用中级证书。2002年,市检察院检察语音专线网、视频会议系统、计算机局域网相继建成并投入使用,实现内部语音、视频和数据三网合一传输。市检察院每个办公室开通网络数据传送,45台桌面工作站全部投入运行。广泛应用多媒体示证系统、看守所检察信息管理系统软件等。2003年,市检察院制定并下发《关于加快全市检察机关信息化建设的决定》《镇江市检察机关信息化建设总体规划》,全面启动检察机关三级网建设,丹徒区院被确定为争创科技强检示范院单位。丹徒、润州、句容、京口等基层院初步完成局域网建设。开通检务公开网站,使用刑事案件数据库录入系统,实现驻所检察室与看守所网络联接。市检察院新添置5辆办案用车、60余台电脑。2004年建成以市检察院为中心,连接各基层院局域网的三级检察专网。2005年,市检察院将湾山、镇江经济开发区两个派出院作为建设重点,为其建成三级网。

2005年,市检察院先后投入经费400余万元(不含侦查指挥中心),基层院投入经费1000余万元,建成各自集计算机局域网、视频会议及专网电话三网合一的信息网络平台,开设检察信息内、外网网站,建成各自信息发布系统。全市检察机关有服务器23台,办公电脑620多台,达到人均1台办公电脑的要求。大多数单位建成多媒体示证系统、刑事案件数据库录入系统、社区矫正系统、行贿犯罪数据库查询系统、移动办案录音录像系统、案件统计管理系统、政府电子政务接入系统等。全市检察机关均建立数字化监控室,对职务犯罪侦查全部实行全程录音录像。市检察院及丹阳、镇江经济开发区等检察院还投资近千万元,建成职务犯罪侦查指挥中心和监所特审室同步录音录像系统。全市8个基层院办案用房、专业技术用房建设全部达标。

第五章 审 判

镇江市中级人民法院前身是镇江地区中级人民法院,管辖镇江市、丹徒县、丹阳县、句容县、扬中县、武进县、金坛县、高淳县、溧阳县、溧水县、宜兴县共11个县(市)人民法院。1983年3月实行市管县体制,成立镇江市中级人民法院(以下简称市中级法院),下辖丹阳县、句容县、扬中县、丹徒县人民法院和新成立的城区、郊区人民法院(1984年分别更名为京口区、润州区人民法院)。1987~2002年,丹阳县、扬中县、句容县和丹徒县人民法院先后更名为丹阳市、扬中市、句容市人民法院和镇江市丹徒区人民法院。

1983~2005年,镇江两级法院审判业务从刑事、民事审判两大类拓展到2005年的刑事、民事、行政、知识产权、国家赔偿和审判监督、执行等多个方面;案件类型从普通的杀人抢劫、婚姻邻里纠纷发展到知识产权、金融证券、涉外商事、劳动争议、企业破产等多类型案件。内设机构1983年为6个部门,2005年扩大到20个部门。全市法院收、结案件数由1983年的2992件和3679件(含旧存)发展到2005年的32633件和29869件。1983年,全市法院有干警356人,其中市中级法院64人,大专以上学历6人。2005年,全市法院在编干警719人,其中市中级法院141人;全市法院在编干警具有本科以上学历的占75%,具有研究生学位(含在读)的占10%。

1983~2005年,镇江两级法院办理刑事、民事、行政、执行等各类案件49万余件。1995年2月,市中级法院刑一庭被最高人民法院、最高人民检察院、公安部和国家税务总局联合授予全国打击伪造倒卖盗窃发票违法犯罪活动先进集体称号。

第一节 机构队伍

一、机构

1983年3月,镇江市中级人民法院成立,原镇江地区中级人民法院、镇江市人民法院撤销,李载华任院长。内设第一、第二刑事审判庭、民事审判庭、经济审判庭、信访科、办公室等部门。干警64人,其中正副庭长8人、审判员6人、助理审判员10人、书记员13人、法警7人。李载华、徐端恕、王慎毅、孙锁保、韩志坚、崔玉林等6人为审判委员会委员。全市恢复和建立16个人民法庭。

1985年,全国法院干部业余法律大学江苏分校镇江分部成立。1986年增设行政庭和执行庭。1987年成立中共镇江市中级人民法院党组纪律检查组(纪检组)。1988年成立告诉申诉审判庭。

1992年撤销第二刑事审判庭。1995年设立法警大队,1997年更名为法警支队。

1997 年实施机构改革。市中级法院内设 14 个职能机构:办公室、刑事审判第一庭、刑事审判第二庭、民事审判庭、经济审判第一庭、经济审判第二庭、行政审判庭、告诉申诉审判庭、执行庭、研究室、法医技术处、教育培训处、行政装备处、政治部(下设组织人事处、宣传教育处、老干部处)。法警支队为院直属行政机构。按照有关规定,设纪检组(监察室)和机关党委。核定专项政法行政编制 146 名。设院长 1 名,副院长 4 名,政治部主任 1 名(副处级);正副处长(庭长、主任、支队长)44 名,其中处长(庭长、主任、支队长)19 名,副处长(副庭长、副主任、副支队长)25 名。

1998 年建立市中级法院法官培训中心(全民事业单位)。1999 年成立立案庭、审判监督庭,撤销告诉申诉审判庭。2001 年成立民事审判第一庭、民事审判第二庭、民事审判第三庭,撤销民事审判庭、经济审判第一庭、经济审判第二庭。

2002 年实施第二次机构改革。市中级法院内设 15 个职能部门。改革后的内设职能部门在原有基础上增加宣传教育处和组织人事处,撤销教育培训处,其职能并入宣传教育处。保留政治部。核定政法专项编制 133 名。设院长 1 名,副院长 4 名,政治部主任 1 名(副处级);正副处长(庭长、主任、支队长、政委)46 名,其中处长(庭长、主任、支队长、政委)21 名,副处长(副庭长、副主任、副支队长)25 名(含监察室副主任 2 名)。2003 年执行庭更名为执行局,科级建制,内设综合协调处、执行裁决处、执行实施处。

1983～2005 年镇江市中级人民法院历任院长表

表 30-13

机构名称	职　务	姓　名	民族	出生年月	文化程度	任职年月
镇江市中级人民法院	院长	李载华	汉族	1936. 3	高中	1983. 5～1998. 2
		郑宏章	汉族	1945. 3	大学本科	1998. 2～2002. 12
		帅巧芳(女)	汉族	1953. 3	大学普通班	2003. 1～2011. 2

二、队伍

1. 干警学历　1985 年前,全市法院大专以上学历人数占干警总数 5. 15%。1985 年 9 月,全国法院干部业余法律大学江苏分校镇江分部正式开学。2001 年撤销前,分部共招收学员 486 名,其中 276 人获法律大专文凭,210 人获专业证书。2001 年,全市 751 名法院在职干警,大专以上学历 94. 14%。市中级法院 146 名干警中,大专以上学历 139 人,其中业余法律大学毕业学员 62 人。至 2003 年,市中级法院本科以上学历人数占干警总数 62%。同年,市中院 9 名审判业务骨干通过在职攻读硕士学位全国联考,进入南京大学等高校攻读法律硕士学位。2005 年,市中级法院分别与西北政法大学、河北大学、兰州大学等高校采取合作联合办班形式,全市法院近百人(其中市中级法院 24 人)在职攻读硕士学位。

2. 政治教育　1984 年,市中级法院对全体干警考核德、勤、能、绩,提高工作效率和办案质量。1986 年,全市法院开展机关作风纪律整顿,坚持“两便”(方便案件审理、方便群众诉讼)原则,走出机关,就地办案。1988 年针对“经商热”和通货膨胀给干警带来的影响,市中级法院党组研究制定秉公执法、清正廉洁十项规定,要求干警恪守审判工作纪律,不经商、不牟利。1991 年面对百年不遇特大洪涝灾害,全市法院组成突击队参与抗洪抢险,全体干警向灾区捐款;京口、句容法院被最高人民法院授予抗洪救灾集体三等功,句容法院退休干部华天被最高人民法院授予抗洪救灾一等功。1997 年开展“讲文明、树新风”“争当文明法官、争创文明法院”活动。2000 年根据省、市委部署,开展以“讲学习、讲政治、讲正气”为主要内容的党性党风教育。2001 年按最高人民法院统一部署,开展以“加强法官职业道德教育,整顿领导班子、整顿审判纪律、整

图 30-11　法官上门释法答疑(2005 年摄)

顿工作作风”为主要内容的“一教育三整顿”活动。2003 年召开学习“三个代表”重要思想理论研讨会,结合镇江实际开展镇江法院精神大讨论,总结、提炼出以“服务大局、司法为民,公正高效、廉洁文明,团结拼搏、开拓奋进”为内容的镇江法院精神。2005 年,全市法院以制度建设为核心开展“规范司法行为,促进司法公正”专项整改活动,创建规范司法行为示范点。

3. 队伍建设　1983 年,市中级法院党组协助地方党委组建好基层法院领导班子。1985 年,全市法院开始实行干部招录制度,面向城镇高中毕业生、在职工人和城镇复转军人,择优录取 110 名干部。1989 年,市中级法院成立党总支,党支部由原来的 1 个增加为 4 个。1996 年,市中级法院成立机关党委。2000 年,全市法院相继出台审判长(执行长)选任制实施意见,实行审判长选任制,全市法院选任审判长 152 名。2003 年起逐步实行支部建在庭上,专门配备党支部专职书记。2004 年,市中级法院按照定编定员、人员分流、中层领导职位缺额竞争上岗、审判长择优选任上岗、一般干警双向选择 5 个步骤,组织实施法院机构和人事制度改革,4 名年轻同志走上领导岗位,中层正职平均年龄降低 5 岁。

三、司法改革

1983 年,全国范围内开展严厉打击斗争,全市法院参加各级党委政法委主持的公、检、法、司党内联合办公,对重大疑难案件和有争议案件,及时提请党内联合办公会议审议讨论。

1984～1988 年,全市法院相继建立和健全岗位责任制,把竞争机制引入法院工作。1988 年,全市法院改革民事审判工作审判方式:由适用简易程序为主逐步向以适用普通程序为主转变;坚持调解无效即判决;建立相对稳定的合议庭;逐步公开审判案件;坚持法院调查取证的前提下,强调当事人举证责任。

1992 年 5 月,市中级法院成立经济纠纷调解中心。中心即告即收、即收即调、简化程序、快速结案,减少企业诉讼投入。各基层法院也相继成立经济纠纷调解中心。1995 年因中心运作存在管辖不分、调节程序不规范等问题,两级法院经济纠纷调解中心建制先后撤销。

1992 年起,全市法院开始推行巡回审判。6 月,丹徒县法院成立丹徒县公路巡回法庭,派驻县公路管理站办公。随后各法院相继成立行政巡回法庭。截至 1993 年 7 月,全市法院共向土地、交通、公路、税务、水利等行政管理机关派出 12 个行政巡回法庭。京口区、丹阳县法院成立清理空关房、房屋拆迁、区属企业债权案件和清贷等专门合议庭。

1994 年,全市法院推行民事、经济审判方式改革,逐步采用由当事人当庭举证、质证、辩论,审判人员当庭认证、查证的庭审模式。全市法院民事、经济纠纷一审案件直接开庭率达 32%。

1996 年,全市法院组织观摩庭、试点庭,改革刑事诉讼审判方式。1998 年,全市法院相继出台审判方式改革实施意见,制定《严格审限制度的规定》《旁听评议制度》《案件评查制度》等配套制度。全市法院合议庭、独任庭定案率 97.5%,公开审理率 92.5%,当庭宣判率 62%。

1999 年 6 月,市中级法院实行立审分离,所有案件均由立案庭审查立案。各基层法院亦相继实行立审分离。随后全市法院建立以统一立案、排期开庭、审限跟踪为重点的审判流程管理制度。

全市法院受理的案件90%在3个月内审结。两级法院逐步实行归口统一执行新机制，由原来各部门分散执行过渡到执行庭统一执行。

2000年，全市法院推行“阳光审判”，增强审判透明度，一、二审案件除法律规定不公开审理外，全部公开审理，申诉案件试行公开听证制。

2001年起，市中级法院改革减刑、假释案件的审判方式，改变主要以书面审查材料办案的做法，对执行机关报送的案件，选择部分听证，实行申诉案件复查听证制。

2002年改革审判监督工作，实行审监分离。在民事诉讼和行政诉讼中强化当事人举证责任，实行举证时限制度、民事案件庭前证据交换制度，试行刑事案件庭前证据展示制度。依法扩大简易程序适用范围，推行刑事案件普通程序简化审，对国家赔偿确认案件亦实行公开听证。

图30-12　2001年，市中级法院监所减刑假释听证会

2003年推行案件普通程序简化审理，对争议不大的简单民商事案件推行速裁方式，全年适用简易程序审理的案件超过结案总数80%，其中一个月内审结的超过60%。

2004～2005年，全市法院深化改革，落实司法便民措施。全市各级法院完善方便群众诉讼的措施和设施，实行审查、立案、收费“一条龙”窗口式服务。对人民法庭受理的案件实行网上远程立案，对涉及老弱病残等有特殊困难当事人的案件推行巡回审理、就地审理。全市法院规范案件质量监督评查工作。市中级法院制定《案件质量监督评查工作实施办法（试行）》《各类案件质量监督评查暂行标准》，推行审判质量效率评估体系和考评机制，加强案件质量评查和法官审判业绩考核。

2004年推行刑事案件庭前证据展示制度，深化行政诉讼审判方式改革。市中级法院制定《行政诉讼普通程序简便审理的有关规定（试行）》。2005年，市中级法院制定《民事案件庭审规范》《关于进一步完善民事案件公开审判制度的意见》，扩大审判公开范围。市各级法院完善民事诉讼庭前调解和行政案件协调工作，尝试利用社会资源协助解决矛盾纠纷。改革司法鉴定机构职能，实行由自主鉴定向对外委托鉴定转变，健全委托鉴定工作机制，公开司法鉴定信息，实行当事人告知制度和重大事项合议制度。

第二节　刑事审判

1983～2005年，全市法院充分发挥刑事审判职能作用，依法审理各类一审刑事案件32005件。

1983～2005年镇江市法院刑事一审案件收结情况表

表30-14　　单位：件

年份	受理数（含旧存）	审结数	年份	受理数（含旧存）	审结数
1983	1445	1370	1986	732	705
1984	1706	1632	1987	651	583
1985	717	682	1988	868	795

续表 30-14

年份	受理数(含旧存)	审结数	年份	受理数(含旧存)	审结数
1989	1025	949	1998	1449	1391
1990	1211	1141	1999	1753	1697
1991	1050	972	2000	1925	1868
1992	1329	1264	2001	2263	2221
1993	1288	1204	2002	1914	1838
1994	1727	1632	2003	1864	1791
1995	1564	1513	2004	1844	1745
1996	1821	1750	2005	2158	2104
1997	1165	1122	合计	33469	32005

一、破坏社会主义市场经济秩序罪案件

1982 年前,破坏经济秩序罪案件集中在投机倒把类上。1983 年开始呈多样化趋势。至 1998 年,破坏经济秩序罪案件已从单一的投机倒把发展到走私、信用卡诈骗、虚开增值税专用发票、假冒注册商标、合同诈骗、非法经营等十余种类型,案件数量也从 1983 年 3 件增加到 1998 年 27 件。投机倒把案件逐步减少,1997 年刑法实施后,投机倒把罪名取消。

1983～1997 年,全市法院受理各类破坏经济秩序罪案件 139 件,其中投机倒把案件 32 件、偷税案件 54 件,分别占 23.02%、38.85%。1998～2005 年受理 387 件,其中出售、购买、运输、持有、使用假币以及票据、信用卡诈骗等破坏金融管理秩序罪案件 107 件,偷税、虚开增值税专用发票等危害税收征管案件 130 件,合同诈骗、非法经营、强迫交易等扰乱市场秩序案件 97 件,分别占 27.65%、33.59% 和 25.06%。

二、侵犯公民人身权利、民主权利罪案件

侵犯公民人身、民主权利罪案件在整个刑事案件中所占比例一直较高。1983 年 9 月,全市法院把杀人、强奸、故意伤害、绑架等案件作为严厉打击重点。同年,全市法院新收该类案件 295 件,占新收刑事案件总数的 24.67%。1998 年新收该类案件 380 件,占新收刑事案件总数的 27.26%。2005 年,这一比例下降,新收该类案件 333 件,占新收刑事案件总数的 16.17%。发案绝对数最多的是 2000 年和 2001 年,分别为 413 件和 431 件,案件类型主要是故意伤害罪和强奸罪。

全市法院加强对侵犯公民人身、民主权利自诉案件的审理,多做调解工作;对拒不认罪,态度恶劣的少数被告人依法判处刑罚。1998 年,全市法院受理案件中,自诉案件 173 件,占该类案件总数 45.53%,其中调解结案 63 件,撤诉 93 件。2001 年受理案件中,自诉案件 200 件,占该类案件总数 46.40%,其中调解结案 71 件,撤诉 78 件。2005 年受理案件中,自诉案件 130 件,占该类案件总数 39.04%,其中调解结案 35 件,撤诉 64 件。

三、侵犯财产罪案件

侵犯财产罪案件历来是高发性案件。侵财性案件主要是抢劫、盗窃、诈骗三类,尤以盗窃为主。案件数量逐年上升,总体呈现共同犯罪、外来人员流窜作案增多,案值越来越大,犯罪低龄化等特点。1983 年,全市法院受理抢劫、盗窃、诈骗等侵财性案件 362 件,占刑事案件总数 30.27%;受理抢劫 15 件、盗窃 300 件、诈骗 47 件。1998 年,全市法院受理抢劫 78 件、盗窃 516 件、诈骗 22

件。1997年《中华人民共和国刑法》实施后，侵占、职务侵占、挪用资金等新案件陆续出现，但数量较少。1998年受理侵财性案件656件，占刑事案件总数46.66%。2005年受理侵财性案件1014件，占刑事案件总数49.25%；受理抢劫114件、盗窃791件、诈骗44件。

四、妨害社会管理秩序罪案件

妨害社会管理秩序罪案件在发案数量上起伏很大。1983年受理325件，占刑事案件总数27.17%；1987年受理38件，占刑事案件总数6.09%。1988年，全市法院开展"打流氓、禁赌博"专项斗争。1990年开展"除六害"专项斗争。1993年前的妨害社会管理秩序罪案件中，流氓案件占绝对多数。1983年317件，1987年60件，分别占该类案件总数97.54%、94.74%。1993年始，流氓案件所占比例明显下降，为64.13%。1994年开展集中整治城乡社会治安专项斗争，审结妨害社会管理秩序罪案件153件。1996年，流氓案件所占比例为54.35%。引诱容留卖淫、涉毒、制作贩卖淫书淫画等案件在绝迹多年后死灰复燃。1984年、1987年和1988年各受理引诱容留卖淫案件9件、毒品案件1件、制作贩卖淫书淫画案件2件，此后呈现增多趋势。1997年《中华人民共和国刑法》颁布实施后，流氓罪罪名被聚众斗殴、寻衅滋事等新罪名取代。1998年受理妨害社会管理秩序罪案件130件，占刑事案件总数的10.65%。受理案件最多的是2001年，共448件，占刑事案件总数22.42%。2001～2002年开展禁毒、扫黄等专项斗争。2005年受理妨害社会管理秩序罪案件269件，占13.06%。

五、贪污、贿赂罪案件

1997年前，贪污贿赂罪案件时多时少特点比较明显。1983年，全市法院受理36件，其中贪污30件、受贿6件。1986年受理102件，其中贪污84件、受贿18件。此后连续7年，贪污贿赂罪案件未超百件。最少的是1988年，32件，其中贪污21件、受贿8件、挪用公款3件。1994年受理142件，其中贪污70件、受贿46件、挪用公款26件，是1983～2005年受理该类案件最多的一年。1998年后，该类犯罪发案相对平稳。1998年、2005年均为74件，其间发案数最少年份为2002年，51件。案件类型仍是贪污、受贿、挪用公款居前三位。

1988年，镇江市京口区物资总公司负责人吴某某、陈某某因受贿12万元和7万余元，分别被市中级法院判处死缓和无期徒刑。1996年，原镇江市建设委员会副主任赵某某因受贿被判处无期徒刑。1998年，原镇江市人民政府副秘书长李某某因受贿、贪污、巨额财产来源不明被判处有期徒刑20年。1999年，原丹徒县公安局副局长卞某某因贪污、受贿、挪用公款、巨额财产来源不明、徇私枉法被判处死刑，缓期2年执行。2000年，原镇江市政府副秘书长俞某某因受贿被判处有期徒刑12年。2001年，原镇江市京口区区委书记秦某某因受贿被判处无期徒刑。2003年，江苏镇纺集团有限责任公司董事长、总经理杨某某因挪用公款113万元、受贿13万余元、贪污1万余元，被判处有期徒刑18年；镇江市接插件总厂元件五厂厂长刘某某因贪污公款63万元、受贿39万余元，被判处无期徒刑，并处没收个人全部财产。2005年，原镇江市国土资源管理局副局长朱某某因受贿、贪污、巨额财产来源不明被判处有期徒刑19年。1997～2005年对20件行贿案件被告人和1件单位行贿案件被告单位判处刑罚，对3件介绍贿赂案件被告人追究刑事责任。

1992～1996年，全市两级法院对114件贪污贿赂案件退回检察机关补充侦查；1997～2005年，检察机关对7件贪污贿赂案件予以撤诉。对事实清楚、证据确凿充分的案件，即使被告人拒不认罪，也依法对其处以刑罚。2005年，市中级法院对曾担任中国投资银行江苏省分行行长、华夏银行南京分行行长、江苏省丝绸集团公司董事长、江苏省国信资产管理集团公司董事长王某某"零口供"受贿案件，判处无期徒刑，并处没收个人全部财产。

第三节　民商事审判

1981年前采取“大民事”审判格局,经济领域纠纷主要靠行政手段解决,少量经济纠纷由民事审判庭审理。1981年始,全市两级法院经济审判庭相继建立,直至2001年,形成民商事审判格局。1983～2005年,全市法院审结各类一审民商事案件超过22万件。

一、民事审判

1983～1991年,《中华人民共和国继承法》《中华人民共和国土地管理法》《中华人民共和国民法通则》《中华人民共和国收养法》《道路交通事故处理办法》等一系列法律法规陆续颁布实施,全市法院受理一审民事案件从1983年1825件增加到1991年5481件。1983～1991年,全市法院审结一审民事案件23487件。1992～2005年,全市法院受理一审民事案件数从5626件增加到9000余件,以平均每年4%的幅度增长,解决争议标的金额也日益增大,民事案件占诉讼案件总数60%以上。2005年,市中级法院制定《关于加强全市两级法院诉讼调解与社会矛盾纠纷大调解机制对接工作的决定》,分别与市总工会、市公安局等单位协调配合,实现劳动争议纠纷、道路交通事故赔偿纠纷诉讼调解与社会矛盾纠纷大调解机制有效对接。市中级法院被镇江市政府评为2004～2005年度全市人民调解工作先进集体。

1983～2005年镇江市法院民事一审案件收结情况表

表30-15　　单位:件

年份	受理数(含旧存)	审结数
1983	1825	1465
1984	1753	1469
1985	1686	1358
1986	2090	1706
1987	2615	2172
1988	3307	2743
1989	4492	3820
1990	4932	4107
1991	5481	4647
1992	5626	4878
1993	6256	5573
1994	6251	5746
1995	5996	5562
1996	7299	6914
1997	9193	8660
1998	10613	9781
1999	10717	9945
2000	10287	9778
2001	9747	9344
2002	5556	5233
2003	7219	6644
合计	122940	111545
2004	14255(民商合一)	12524(民商合一)
2005	15134(民商合一)	13799(民商合一)

1. 婚姻家庭纠纷案件 1983～2005年，全市法院审结一审婚姻家庭纠纷案件55747件。1989年受理1785件，比1983年938件上升近90.3%。这一时期婚姻家庭案件上升幅度每年在17%～35%左右。婚姻家庭案件在整个民事案件中比例一直稳定在45%～57%，1990～2002年呈小幅上升，2003～2005年逐年下降。1995年后，一改婚姻家庭案件在整个民事案件中占首位的状况，代之以债务案件。

2. 侵权案件 1983～2005年，全市法院审结一审侵权纠纷案件24359件。1986年前，民事侵权案件多为打架斗殴、邻里关系、交通事故等案件。1987年起，侵权案件增加包括姓名权、名誉权、荣誉权、肖像权等人身权类案件。此类案件主要特点：申请鉴定数量居其他案件之首，对损伤程度、伤残等级、医疗事故认定、劳动能力及医疗费用、误工时限等一方当事人多为申请法医学鉴定；内容和范围逐步扩大，公民不仅在人身、财产权利受到侵犯时寻求法律保护，而且商品流通中因商品买卖、产品质量不合格等造成财产、人身损害也提起诉讼。2004年后，交通事故损害赔偿纠纷案件多发，2003年全市法院受理306件，2004年474件，2005年1166件；此类案件矛盾易激化，因环境污染、医疗事故等引起群体性纠纷多。2000年后，市中级法院逐步规范此类案件审理尺度，保障司法公正。

3. 劳动争议案件 1983～2005年，全市法院审结一审劳动争议案件1923件，其中1994年后审结1678件。20世纪80年代至90年代初，全市法院受理劳动争议案件较少，大多是劳动报酬纠纷类案件。1994年，《中华人民共和国劳动法》颁布实施，劳动争议案件逐年上升。1994年受理一审劳动争议案件78件，2005年受理315件。劳动争议案件除传统的开除、除名辞退、辞职等身份性争议外，涉及劳动者财产利益的工资、保险、福利、培训、工伤赔偿等权利性争议大量涌现，还出现竞业禁止、返还档案争议等新类型劳动争议案件。全市法院平等保护劳动者合法权益与用人单位用工自主权和企业管理权，妥善处理多起群体性劳动争议纠纷。

二、商事(经济)审判

全市法院将经济审判工作服从、服务于党和政府工作大局，为调节经济关系、维护经济秩序、促进经济发展服务。1991年9月，市中级法院制定10项措施为大中型企业服务。2003年，市中级法院制定支持企业改革23条意见。

1983～2005年镇江市法院各类一审经济纠纷案件收结情况表

表30-16 单位：件

年份	受理案件数(含旧存)	审结案件数
1983	162	141
1984	290	267
1985	707	619
1986	1108	941
1987	1724	1339
1988	2214	1600
1989	3028	2145
1990	2995	2162
1991	3148	2478
1992	3806	2881

续表 30-16

年份	受理案件数(含旧存)	审结案件数
1993	4524	4596
1994	5729	5005
1995	6762	6129
1996	7972	7386
1997	7716	7160
1998	6374	5898
1999	7053	6585
2000	7422	6987
2001	6819	6406
2002	10289	9773
2003	7302	6667
合计	97114	87165
2004	14255(民商合一)	12524(民商合一)
2005	15134(民商合一)	13799(民商合一)

1. 合同纠纷案件　1983～2005 年,全市法院审结各类合同纠纷案件 102932 件。1983 年 9 月,全市法院进入经济合同纠纷案件审理初创阶段。1985 年审结各类合同案件 380 件。1983～1985 年,全市法院审结被告在外地经济纠纷案件 711 件,为全市有关企、事业单位收回呆滞货款 1130 万元。1983～1986 年发现犯罪线索 47 件,53 人移送公安、检察或者有关行政部门依法处理。1992～1993 年,全市法院审结涉及大中型企业案件 87 件,解决标的额 12963 万元,为大中型企业追回宕欠款 6411 万元。1992～1996 年,全市法院审结购销合同纠纷案件 13988 件,解决标的金额 125244 万元;加工承揽合同纠纷案件 2420 件,解决标的金额 24188 万元;建设工程承包合同纠纷案件 444 件,解决标的金额 7693 万元。1996 年,市中级法院制定服务国有企业 7 项措施。1992～2005 年,全市法院审结农村承包合同纠纷案件 824 件,解决标的金额 2947 万元。

2. 金融纠纷案件　1983～2005 年,全市法院审结各类金融纠纷案件 26070 件。1993 年,全市两级法院以防范和化解金融风险为工作重点;京口区、润州区法院针对辖区内金融机构多、案件数量增长幅度大、专业性强的特点,确立“快立、快审、快结”审判机制,成立清理银行贷款金融资产合议庭,构建金融资产案件审理绿色通道。2000 年 7 月,镇江市政府组织开展创建金融安全区活动,市中级法院提出提供司法服务 5 条措施。1992～2005 年,全市两级法院依法审结涉及国家整顿金融秩序、清理金融三乱、农村合作基金会案件 25509 件。

3. 破产案件　1992 年,市中级法院受理首例企业破产案件。至 2005 年,全市法院审理企业破产案件 387 件。随着改革开放向纵深发展,与企业改制相关的破产案件、企业承包、企业出售、企业兼并、企业公司制改造等案件不断诉至法院。2000 年,市中级法院通过处理镇江市东方轧钢厂、镇江市铸钢厂等 10 家市属国有、集体企业破产案件,帮助破产企业职工解决拖欠工资及医疗费用 4400 万元,涉及职工逾千人。2001 年审结全市首例中外合资企业镇江华鑫钢铁有限公司破产案件。2002 年审结由 4 个自然人投资镇江百事佳贸易有限责任公司破产案件。2004 年审结金狮房地产开发有限公司和二十一世纪乐园破产案。2005 年,市中级法院被镇江市委、市政府授予全市国有企业改革二等功单位称号。

4. 知识产权案件 1993年，市中级法院开始知识产权纠纷案件的审理。至2001年组建民三庭，审结商标、著作权等知识产权案件25件。2002～2005年审结商标、著作权、侵犯商业秘密等民事侵权知识产权案件75件，审结正东唱片有限公司诉扬子江音像公司著作邻接权纠纷案件等一批在国际上有一定影响的知识产权民事案件。市中级法院在审理江苏索普集团诉英国石油公司（BP）侵犯商业秘密纠纷一案中，首次采取引进专家证人制度，允许外籍专家作为证人就技术问题出庭作证，一定程度上解决审判人员在知识产权案件审理过程中遇到的专业技术问题。2004～2005年审理非法制造、销售注册商标标识罪，假冒注册商标罪5件。

5. 涉外案件 1993年，市中级法院首次审理涉外案件。至2005年（其中，2003～2004年涉外案件管辖权一度被取消，2005年3月，最高人民法院核准市中级法院再次取得涉外案件管辖权），全市两级法院审结涉外、涉侨、涉港澳台经济纠纷案件138件，其中，对外加工、对外装配、中外合资、外商独资及购销合同纠纷案件75件，占涉外案件总数54.35%。

第四节　行政审判

1987年2月，市中级法院组建全省第一个行政审判庭。至1989年底，全市6个基层法院全部设置行政审判庭。1987～2005年，全市法院审结各类一审行政案件1616件。

1987～2005年镇江市法院行政一审案件收结情况表

表30-17　　单位：件

年份	受理数（含旧存）	审结数	年份	受理数（含旧存）	审结数
1987	-	-	1997	113	105
1988	16	11	1998	59	55
1989	22	21	1999	103	99
1990	29	26	2000	110	106
1991	32	27	2001	135	134
1992	40	33	2002	132	122
1993	41	36	2003	183	153
1994	41	39	2004	337	316
1995	35	32	2005	258	237
1996	70	64	合计	1756	1616

一、行政处罚案件

1987～2005年，全市法院受理行政处罚案件451件，占各类行政一审案件26.57%，居行政案件之首。其中治安管理处罚案件146件，土地管理处罚案件122件，技术监督、工商管理行政处罚案件63件，规划管理行政处罚案件53件，卫生、物价、海关、统计、烟草、税务等其他行政处罚案件67件。

行政审判工作开展初期，行政处罚案件数量较少，案件类型相对集中单一，主要是税务、工商、土地、标准计量行政处罚案件。1987～1995年，全市法院受理行政处罚案件61件，占同期行政案件总数29.7%。1996～2000年，行政处罚案件受案数上升，案件类型扩展，受理158件，占同期行政案件受案数35.1%，其中被判撤销35件。2001～2005年，行政处罚案件大幅上升，受理行政处罚案件232件,其中被判撤销12件。

二、行政许可案件

1990～2005年,全市法院受理行政许可案件168件,占各类行政一审案件9.89%。1989年前,全市法院无行政许可案件。1990年,全市仅丹阳法院受理2件。1992年、1994年,全市法院分别受理1件。1995～1997年无该类案件。1998年3件,1999年10件。2000年后,城市房屋拆迁许可、建设工程规划许可、商品房预销售许可纠纷大量出现,行政许可诉讼案件逐年增多。2000～2005年,全市法院受理151件。开始出现行政许可集团诉讼案件,如2002年3月受理华某等19人诉镇江市规划局建设工程规划许可案件。

三、其他类行政案件

1. 土地纠纷行政案件　1987～2005年,全市法院受理土地纠纷行政案件157件,主要类型为土地权属争议行政处理确认案件、土地登记发证案件、农村集体土地承包经营权纠纷案件、土地征用及土地征用补偿纠纷案件。1987～2000年,土地纠纷行政案件主要集中于农村村民宅基地使用权纠纷、农村集体经济组织因土地所有权或使用权纠纷,不服县(市)、乡人民政府作出处理或确认决定行政案件,全市法院受理29件。2001～2005年,土地征用及补偿行政案件大量出现,全市法院受理76件。

2. 房屋产权登记发证行政案件　1987～2005年,全市法院受理房屋产权登记发证行政案件178件,占各类行政案件总数10.48%。1987～1995年,全市法院产权登记发证行政案件受理数相对较少,仅受理10件。1996～2000年受理31件。2001～2005年受理137件。

3. 城市房屋拆迁裁决行政案件　1992年前,全市法院无拆迁裁决纠纷行政案件。1993年、1994年各受理1件,1995年受理2件。1996～2000年受理48件。2001～2005年受理106件,比前五年上升120.8%。

4. 劳动和社会保障行政案件　2002年前,全市法院无劳动和社会保障行政案件。2002～2005年受理此类案件76件,分别是5件、13件、25件和33件,其中工伤认定行政案件65件、养老保险行政案件6件。

5. 行政赔偿案件　1991年前,无行政赔偿案件。1991～2005年,全市法院受理行政赔偿案件149件,其中单独提起行政赔偿69件,行政诉讼附带行政赔偿案件80件。1996～2000年,全市法院受理12件,其中判决行政机关赔偿3件。2001～2005年受理129件。

6. 国家赔偿案件　1995年《中华人民共和国国家赔偿法》施行后,市中级法院设立赔偿委员会,下设办公室,与行政庭合署办公。1995～2005年,全市法院审理国家赔偿案件49件,其中决定赔偿9件。

第五节　执　行

一、执行案件

1983～2005年,全市法院受理各类执行案件(含旧存)152246件,结案131647件,结案率86.47%。

1983～2005 年镇江市法院执行案件收结情况表

表 30-18 单位:件

年份	受理数(含旧存)	结案数
1983	221	142
1984	394	337
1985	246	182
1986	107	36
1987	686	344
1988	1013	565
1989	1252	949
1990	1727	1451
1991	4431	2602
1992	5794	3624
1993	6426	5418
1994	5901	5127
1995	9401	8667
1996	9062	8257
1997	11498	10282
1998	14591	12102
1999	15215	13165
2000	13685	12731
2001	12416	11778
2002	11227	10526
2003	9822	8618
2004	8671	7571
2005	8460	7173
合计	152246	131647

1990 年 10 月,《中华人民共和国行政诉讼法》施行。之后,行政机关申请法院执行的非诉行政执行案件逐渐增多,从土地、工商、建设、规划处罚案件,扩大到公路、水利、税务、卫生防疫、计划生育、质量监督、城市绿化等行政处罚或行政处理案件。

1992～2005 年镇江市法院非诉行政执行案件收结情况表

表 30-19 单位:件、万元

年份	收案(不含旧存)	执结(含旧存)	追回金额
1992	340	349	160. 43
1993	339	383	107. 88
1994	595	623	194. 77

续表 30-19

年份	收案(不含旧存)	执结(含旧存)	追回金额
1995	1680	1664	379.78
1996	1332	1343	680.54
1997	1516	1497	481.83
1998	1327	1319	309.10
1999	1441	1456	808.20
2000	1093	1121	739.22
2001	1241	1240	830.71
2002	774	761	658.12
2003	915	325	928.87
2004	430	398	231.41
2005	384	431	329.25
合计	13407	12910	6840.11

二、解决“执行难”问题

1983 年,全市法院所审案件进入执行程序 221 件。1985 年 394 件,比 1983 年上升 78.28%。执行中被执行人难找、被执行财产难寻、协助执行人难求、被执行财产难动的“执行难”问题逐渐凸显。

1. 执行会战　1992 年,市中级法院先后参加全省法院赴山东、浙江、东北三省和苏南、苏北等地区执行大会战,并在本地多次开展会战。同年受理执行案件 5794 件,执结 3624 件,比 1991 年分别增加 30.8% 和 39.3%。1998 年 6~9 月,全市法院抽调 256 人参加集中清理执行积案活动,清理同年 3 月底前受理的未执结案件,清案 2328 件,清案执结率 85%。1999 年 7 月,中共中央办公厅颁发〔1999〕11 号文件,动员全党全社会力量解决“执行难”问题,全市法院开展“法庭执行会战”“金融执行会战”“异地执行会战”。2000 年,全市法院开展“金融会战”“法庭会战”和“百日清案”活动,执结一些难案;试行统一协调、统一指挥执行工作新机制,尝试债权转股权、企业经营权转让、不动产产权转让返租、受益权抵债等执行工作新方法,帮助尚有生机的困难企业走出困境。

2. 执行机制改革　1999~2000 年,全市法院逐步健全审执分离模式。2000 年后初步形成“党委领导、人大监督、各界配合、法院主办”的执行工作格局。推进执行机制改革,在执行机构内部实行执行裁决权、实施权和异议审查权“三权分离”工作机制,分权制衡。扬中法院率先建立“110”快速执行机制。全市法院实行执行听证、债权凭证、公告执行等制度以及资产使用权抵债、劳务抵债、债权转股权等执行新方法,提高执结率。2001~2005 年,全市法院执结案件 3155 件,解决申请执行标的金额 64.78 亿元,案件执结数虽是前 5 年的一半,但执结申请执行金额是前 5 年的一倍。2003 年,全市法院建立以分权制约为基础、以期限管理为核心、以执行长和合议庭为主导的执行工作管理模式。2005 年 5 月,市中级法院在全市法院推广丹阳市加强对执行工作统一组织领导并将执行工作纳入社会治安综合治理和“平安创建”考核的经验。丹阳市成立由市委副书记挂帅、十多个部门领导组成的执行工作协调领导小组,协调解决一批涉及政府部门、村委会、改制企业等长期难以执行的案件。

3. 执行行为规范　2001 年起,市中级法院督办全市法院执行案件。截至 2005 年立案督办

279件。2004年起，市中级法院开始立案复议当事人不服基层法院对执行异议作出裁定的案件，当年受理10件，2005年受理24件。2005年起，市中级法院开始对自办案件当事人提出执行异议立案审查，同年受理18件。全市法院开展“规范执行行为，促进执行公正”专项整改活动，推进执行工作规范化建设。对执行财产查封、存款扣划，财产评估、拍卖、变卖，款物管理交接，执行查询，执行异议，执行听证，执行合议，重大执行行动等各个执行环节进行规范，防止消极执行和乱执行现象。

第六节 审判监督

1988年前，依审判监督程序进入再审程序案件大多是刑事案件，民事、经济纠纷案件较少。1988年4月，市中级法院成立告诉申诉庭，各基层法院也相继成立告诉申诉庭，负责审查受理立案、处理来信来访，申诉复查、审查再审申请，审理再审案件。1999年，全市两级法院相继撤销告诉申诉庭，分设审判监督庭和立案庭。

一、刑事审判监督

1983～1987年，全市法院全面复查新中国成立以后因反革命罪被法院判处刑罚的原国民党起义投诚人员，以及知识分子和侨属侨胞、台属台胞等涉及统战方面的刑事案件。在复查刑事申诉案件时，全市法院把“一个重点，两个遗留”（一个重点即“文化大革命”前判处的反革命和政治性案件；两个遗留即“文化大革命”期间判处的刑事案件，有关统战政策方面的申诉案件）案件作为重点。这方面案件占刑事申诉案件31.6%。1987年基本完成刑事审判落实政策任务。

1988～1989年，全市法院审结697件（含旧存），其中改判247件。改判案件中，宣告无罪49人，减轻刑罚165人，免予刑事处罚5人，其他28人。

1990～1994年，全市法院审结各类刑事申诉案件762件，其中维持443件，改判159件。进入21世纪，刑事申诉案件明显下降。2002～2005年，立案复查146件刑事申诉案件，审理刑事再审案件20件（包括本院提起再审、上级法院指令再审以及提审17件，检察机关抗诉3件），对其中1件进行改判。

二、民事审判监督

20世纪70年代末，民事申诉案件很少。1980～1989年，全市法院受理181件，其中改判26件。由于审判力量集中在1983年严厉打击斗争案件上，民事申诉案件处理不够及时，1983年仅结1件，未结案件23件；1984年仅结5件，未结案件28件。进入90年代，民事审判监督工作受到重视，民事申诉、申请再审案件逐渐增多。1993年，全市法院审结民商事审判监督案件64件。进入21世纪，民事申诉、申请再审案件大幅增加。2000～2005年，全市法院立案复查民商事申诉、申请再审案件1116件；审理再审案件563件（包括本院提起再审、上级法院指令再审以及提审470件，检察机关抗诉93件），对其中183件予以改判。

三、减刑 假释

1983～2005年，市中级法院审理减刑、假释案件51355件。

2004年6月根据最高人民法院〔2004〕121号《关于在全国各高、中级人民法院开展减刑、假释工作专项大检查的通知》精神，全市对1998年以后减刑、假释案件进行一次大检查。市中级法院专门成立领导小组，在审监庭设立办公室，具体负责减刑假释案件大检查活动的组织协调和督促检查。专项检查对20848件减刑、假释案件逐一检查，未发现有违反政策和法律的现象。

1983～2005年镇江市法院减刑、假释案件审结情况表

表30-20　　单位：件

年份	减刑	假释	合计	年份	减刑	假释	合计
1983	141	29	170	1995	1887	51	1938
1984	339	393	732	1996	3644	256	3900
1985	520	164	684	1997	2903	30	2933
1986	768	92	860	1998	2113	81	2194
1987	1658	170	1828	1999	2797	267	3064
1988	1086	290	1376	2000	2527	348	2875
1989	1225	421	1646	2001	2087	238	2325
1990	1089	244	1333	2002	3110	285	3395
1991	1362	154	1516	2003	4626	287	4913
1992	1146	467	1613	2004	4107	239	4346
1993	1547	224	1771	2005	3943	195	4138
1994	1738	67	1805	合计	46363	4992	51355

第七节　立案　信访

一、案件受理

1996年前，全市法院没有专门立案机构，立审不分，各类案件由审判业务庭各自直接受理，人民法庭亦可直接受理。这种立审不分的立案方式造成“告状难”以及个别案件立“人情案”“关系案”，甚至出现“经济纠纷案件抢着办，民事纠纷案件拖着办，刑事自诉案件不肯办”的现象。1996年，全市法院逐步实行立审分离，全市法院规范诉前告知制度，制定《起诉须知》《诉讼当事人须知》等，张贴于接待室和宣传橱窗内。1999年6月，市中级法院立案庭成立，率先在全省采用接待咨询、审查立案、核收费用“一站式”柜台服务，并逐步推广。2002年，扬中法院实行上门指导立案，指导辖区内大企业做好复杂案件的起诉工作。2004年，市中级法院出台司法便民11条措施，其中对确系情况紧急或涉及群体性纠纷案件，在正常工作时间之外及时为当事人办理立案手续和采取证据、财产保全措施。各基层法院实行网上远程立案，人民法庭可通过局域网立案。

1983～2005年镇江市法院立案受理情况表

表30-21　　单位：件

年份	受理数	年份	受理数
1983	3658	1995	25244
1984	4390	1996	28125
1985	4111	1997	31588
1986	5406	1998	35455
1987	8685	1999	36419
1988	8543	2000	37560

续表 30-21

年份	受理数	年份	受理数
1989	10873	2001	34869
1990	14102	2002	34147
1991	16499	2003	32235
1992	19724	2004	31035
1993	20866	2005	32633
1994	21133	合计	497300

二、涉诉信访

1982 年,市中级法院设信访科,各基层法院设信访室。1988 年,全市法院相继成立告诉申诉庭。1999 年前后相继成立立案庭,重要职能之一就是处理来信、接待来访。

1998 年,市中级法院制定《信访接待工作制度》,对信访登记办理、办结期限、信访人员行为、领导阅批、院长接待等方面予以规范。1999 ~ 2000 年,全市法院以法院信访机构为基础,与地方有关机关、单位和基层组织协作,做好涉诉信访工作。扬中、丹徒等法院建立信访联系制度,润州、丹徒法院制定全年院长接待日期表。全市法院普遍实行信访首问负责制。市中级法院制定《关于进一步做好院长、庭长接访工作的意见》,明确院长、庭长预约接访制度。2002 年,全市法院推行信访工作流程管理,实行申诉审查听证制,加强信访案件原承办部门领导监督制。2003 年,全市法院相继制定信访工作责任制,明确信访工作第一责任人为法院院长,建立信访工作考核办法和全市法院突发事件应急处置机制。2005 年落实申诉信访工作责任制,解决重点涉诉信访案件。市中级法院集中处理涉诉上访工作受到省法院表彰。建立全国"两会"期间信访突发事件应急处置机制,市中级法院成立信访突发事件应急处置小组。2005 年 4 月 15 日,丹徒法院对郭某某、项某某多年来持续不断缠访、闹访行为,依法作出信访案件终结决定,这在全市法院为首次。

1983 ~ 2005 年镇江市法院处理来信、接待来访情况表

表 30-22　　单位:件

年份	来信数	来访数	总计
1983	8469	11783	20252
1984	7160	5470	12630
1985	8220	10210	18430
1986	9304	10569	19873
1987	9564	11972	21536
1988	7981	10695	18676
1989	7343	10379	17722
1990	6949	11538	18487
1991	6440	12700	19140
1992	5670	12728	18398
1993	2997	6822	9819
1994	3059	9134	12193
1995	2928	7681	10609

续表 30-22

年份	来信数	来访数	总计
1996	4640	10129	14769
1997	4281	10925	15206
1998	2511	22923	25434
1999	2216	25694	27910
2000	2320	21460	23780
2001	2916	14809	17725
2002	2552	11012	13564
2003	2819	10910	13729
2004	3361	8514	11875
2005	3447	7323	10770
合计	117147	275380	392527

第八节 重大案例选介

张某某等流氓团伙犯罪案 张某某、许某某、陈某某、于某某等 18 人结成流氓犯罪团伙,1983 年携带凶器,先后在镇江市区聚众斗殴 13 场,寻衅滋事 6 次,造成重伤 3 人,轻伤 8 人,2 户住宅被冲砸,20 余名群众被打。市中级法院认定张某某是流氓犯罪团伙首要分子,许某某、陈某某、于某某是流氓团伙主犯。1983 年 9 月以流氓罪判处张某某、许某某、陈某某、于某某死刑,剥夺政治权利终身;分别判处其他 10 名犯罪团伙骨干成员死缓、无期及 5 年以上有期徒刑。

首例奖券纠纷案 1993 年 2 月,镇江某厂 16 名工人,向市中级法院提起诉讼:1992 年 9 月间,同厂一女工生病,19 名职工每人出资 2 元,委派徐某及另一女工买慰问品前去看望。徐某购物所得奖券中特等奖,要求法院判令徐某将所得奖金平分。法院查明:原告所称奖券系 9 月 15 日购物获得,实际上主办单位 12 月 9 日才将该奖券发给商家,商家 12 月 29 日将该奖券交付发奖台,原告诉称的 9 月间不可能有人获得该奖券。且该奖券合法持有人已经出现,其购物所获奖券的日期与地点真实可信。徐某持有奖券并得巨奖一事纯属虚构,原告遂向法院申请撤诉。1993 年 2 月 25 日,法院依法裁定准予撤回起诉。

原市政府副秘书长李某某贪污受贿案 1994～1996 年,原镇江市政府副秘书长李某某利用兼任镇江市地方工业品市场建设工程指挥部副总指挥的职务便利及其地位和职权,为他人谋取不正当利益,从中索取或收受他人 373500 元(其中 10 万元未遂)、港币 1 万元及金戒指 2 只,并贪污减免的城市建设配套综合费 143825 元,另有 24 万元巨额财产来源不明。市中级法院审理认为:其行为已分别构成受贿罪、贪污罪、巨额财产来源不明罪,依法应数罪并罚。判处李某某有期徒刑 20 年,并没收财产人民币 3 万元,没收犯罪所得财物及非法所得人民币 27000 元和美元 3000 元。

老子铜像著作权纠纷案 1999 年 6 月 25 日,江苏华夏艺术有限公司(铜像设计单位)向法院起诉茅山道院(铜像所有者),认为其使用塑像工程全景图、道观园林工程规划平面图不合法,建造老子塑像与道观广场过程中有侵权行为。市中级法院经审理,同年 11 月当庭作出一审判决:茅山道院侵犯原告华厦公司塑像工程全景图著作权,应在判决生效后 30 日内在《新华日报》上公开向原告赔礼道歉;立即停止销售并销毁印有塑像工程全景图的元符宫门票及塑像工程纪念册;赔偿华厦公司经济损失 4.5 万元,并支付生产销售以老子像为标本的工艺品等利润 45075.5 元;驳回原告其他诉讼请求。

首例全民所有制企业计划内破产案　首钢镇江谏壁船厂为全民所有制小型企业，破产前职工574人，其中在职职工280人。1996年，该厂因经营管理不善，连续5年亏损，不能清偿到期债务。经企业申请并经镇江市人民政府同意，全国企业兼并破产和职工再就业工作领导小组于2001年4月28日下发〔2001〕9号文件，正式批准该厂列入2001年全国企业兼并破产项目。市中级法院2001年6月受理该案，在审理案件过程中，利用拍卖土地所得1780余万元解决企业拖欠职工工资及医疗保险金、失业保险金和养老保险金，支付每位职工相当于上年度平均工资水平3倍的补偿金。

特大组织卖淫案　1998至2000年6月，万某某、邓某某夫妇经营句容市万鑫大酒店，在职工万某某等人协助下，容留控制20余名卖淫女在万鑫大酒店内卖淫180余人次，从卖淫女收取小费中每次提成。2001年10月，市中级法院对该案作出一审判决：万某某犯组织卖淫罪，判处无期徒刑，剥夺政治权利终身，并处罚金20万元；邓某某犯组织卖淫罪，判处有期徒刑14年，剥夺政治权利4年，并处罚金10万元。其他被告人万某某等12人以协助卖淫罪分别被判处有期徒刑（含部分缓刑）和免予刑事处罚。

大学生故意杀人案　2004年3月27日，在校大学生夏某与女友入住镇江市京江饭店。次日凌晨1时左右，双方发生口角，夏某在争执中猛扼女友颈部，致其窒息死亡。案发后，夏某自杀未遂，后在医院就诊时委托他人代为投案，并等候公安人员直至归案。市中级法院经审理认为，夏某案发后能自动投案，如实供述自己的罪行，系自首，依法可从轻处罚。案发后，夏某家人积极给予赔偿，被害人父母也希望对夏某从轻处理。2004年7月，市中级法院以故意杀人罪判处被告人夏某无期徒刑，剥夺政治权利终身，夏某服判。该案由市中级法院院长帅巧芳亲任审判长。

第六章　司法行政

1980年11月，镇江地区行政公署建立行署司法局。1981年1月，镇江市革命委员会建立市司法局。1983年3月实行市管县体制，行署司法局和市司法局实行联合办公，随后建立新的镇江市司法局。1983年底，镇江市司法局下辖丹阳县司法局、丹徒县司法局、句容县司法局、扬中县司法局、城区司法局、郊区司法局。2005年底，镇江市司法局下辖丹阳市司法局、句容市司法局、扬中市司法局、丹徒区司法局、京口区司法局、润州区司法局、镇江新区司法工作办公室。

第一节　机构队伍

一、机构

1997年6月根据市政府批准的《镇江市司法局职能配置、内设机构和人员编制方案》，市司法局为市政府工作机构，是市政府主管全市司法行政工作的职能部门。直属行政机构是市公证处。

2001年7月，根据市政府批准的《镇江市司法局职能配置、内设机构和人员编制规定》，市司法局列入市政府工作部门，内设10个职能处室（科级建制）。

2005年底，市司法局内设10个职能处室（科级建制）。另按有关规定设置纪检监察机构。直属事业单位是市公证处。

二、队伍

1983 年 3 月，新设立的镇江市司法局有人员 64 人（包括市法律顾问处 5 人、市公证处 4 人以及公社、街道司法助理员 6 人）。同年部分人员调出，分别组建镇江市城区、郊区司法局。

1997 年 6 月根据市政府批准的《镇江市司法局职能配置、内设机构和人员编制方案》，核定市司法局行政编制 69 名。领导职数为：局长 1 名，副局长 4 名；处长（主任）10 名（正科级），副处长（副主任）20 名（副科级）。同年底，市司法局实有 60 人，其中大专以上文化 46 人，占 76.7%；中共党员 37 人，占 61.7%；35 岁以下 27 人，36～54 岁 27 人，55 岁以上 6 人。

2001 年 7 月根据市政府批准的《镇江市司法局职能配置、内设机构和人员编制规定》，核定市司法局政法专项编制 64 名（含派驻单列的纪检监察编制）。领导职数：局长 1 名，副局长 4 名，正处长（主任）12 名（正科级，含公证处主任和依法治市领导小组办公室副主任各 1 名），副处长（副主任）19 名（副科级）。

2005 年 12 月底，市司法局在编 66 人，其中行政编制 64 人，行政附属编制 2 人。实有在职人员 66 人，其中行政编制 65 人、行政附属编制 1 人；局领导 6 人、调研员 2 人、副调研员 1 人、处长（主任）12 人、副处长（副主任）15 人、主任科员 5 人、副主任科员 10 人、科员 7 人、工勤人员 4 人、行政附属编制 1 人、其他 3 人。中共党员 57 人，占 86.4%。文化程度，硕士研究生学历 4 人，占 6%；大学学历 52 人，占 78.8%；大专学历 10 人，占 15.2%。全局平均年龄 41 岁，其中 35 岁以下 19 人，36～54 岁 40 人，55 岁以上 7 人。

第二节　法制宣传

一、“八二宪法”宣传

1982 年 12 月 4 日，第五届全国人民代表大会第五次会议通过修改后的《中华人民共和国宪法》。之后，市司法局举办“新宪法宣传日”“新宪法宣传周”等活动，翻印新宪法宣讲大纲 3000 份，编印新宪法宣讲材料 13 种，共计 3.9 万余份，为基层单位培训宣传骨干 650 余人，为市级机关干部和厂矿、学校等单位宣讲 18 场，听讲人数 1.8 万多人。各县司法局培训新宪法宣传骨干 480 余人。

1992 年 12 月 4 日，市委、市人大、市政府召开纪念新宪法颁布 10 周年纪念大会，《镇江日报》头版头条发表市政府代市长方之焯署名文章《加强法制建设 促进我市改革开放和经济发展》。

二、“严厉打击”宣传

1983 年 8～12 月，市、县两级司法行政工作人员向全市干部群众宣讲全国人大常委会《关于严惩严重破坏社会治安的犯罪分子的决定》141 场，听讲人数 5.16 余万人；编印宣传材料 60 种、11 万余份；举办宣传橱窗、栏 76 期，绘制图板 269 块，举办流动图片展览 70 期；出动宣传车 6 辆、24 台次；开展“严厉打击宣传日”活动 40 次。市司法局培训宣传骨干 900 余人。12 月举办镇江市打击刑事犯罪活动罪证展览会，展出近 1 个月，观众 10 多万人。1984 年 1 月中旬起到丹徒、丹阳、句容、扬中 4 县轮流展出。

2001 年 4 月，市司法局印发《关于在“严打”整治斗争中大力开展法制宣传教育工作的意见》，就指导思想、宣传重点、宣传方式提出具体要求。

三、法律常识普及

1984 年 11 月，中共镇江市委向全市批转市司法局党组关于《镇江市普及法律常识教育规划》，决定从1986年起用5年时间在全市城乡开展普法教育(简称“一五”普法)。1985年10月,市政府成立市普法教育办公室。1989年10月,市政府成立市法制宣传教育领导小组及其办公室,办公室设在市司法局。到1990年底,全市所有乡镇、街道均建立普及法律常识领导小组,全市200万普法对象有188万人参加普法学习,参学率94%,完成率90%。“一五”普法期间,全市编写、印发各类普法宣传学习材料25万余册,培训普法骨干4万余名。全市41个单位、39名个人分获全国及省、市普法先进集体和先进个人称号。

1991～1995年,全市开展第二个五年普法教育(“二五”普法),全市210多万普法对象,有180多万人接受不同形式的普法教育,普及率86%。1995年11月底,江苏省普法检查团检查验收镇江“二五”普法,综合平均分95分。全市有48个单位、74名个人分获全国及省、市普法先进单位和先进个人称号。

1996～2000年,全市实施第三个五年普法教育(“三五”普法)。210万普法对象有190万人接受不同形式的普法教育,普及率90%以上。2000年12月,江苏省“三五”普法检查验收团通过验收。全市15个集体、24名个人分获全国和省“三五”普法先进集体和先进个人称号。

2001年6月,全市第四个五年普法教育(“四五普法”)启动。扬中市开创青少年普法新经验“小手拉大手,全民跟法走”。2002年,镇江率先在全省组织法律志愿者队伍,推进法律进社区活动,在全市112个社区开展法律服务,举办法律咨询近200场,上法制课100余次;同年起,市区每月18日在市中心广场开展“18”(要法)法制宣传咨询。2003年4月起,市依法治市领导小组办公室、市司法局和镇江电视台联合开办《法治12分》电视栏目,每周一档,每档12分钟,包括《法治动态》《以案说法》两个子栏目;2004年12月,《镇江法治网》正式开通,该网站设十多个导航栏目。2005年底,镇江“四五”普法得到省普法检查验收组肯定。镇江市被中央宣传部、司法部命名为2001～2005年全国法制宣传教育先进城市。全市13个单位、20名个人分别被评为全国和省“四五”普法先进集体和先进个人。

四、依法治市

“二五”普法期间,全市一些地方、部门开展依法治村、依法治校、依法治厂等依法治理活动。句容县天王镇党委、政府制定依法治理三年规划,成为全市第一个实施依法治镇单位。1991年1月,全市依法治理工作现场会在天王镇召开。1993年7月,中共镇江市委办公室、市政府办公室转发市委组织部、宣传部、研究室和市民政局、司法局《关于在全市开展依法治村民主管理工作的意见》,这是全省第一个关于依法治村民主管理工作规范性文件。同年,全市有32个村、23个厂(校)开展依法治理工作。1995年3月,中共镇江市委办公室、市政府办公室转发市委宣传部、市司法局《关于镇江市开展“二五”普法教育和依法治理工作的实施意见》,全面推行依法治村。同年,全市有2个区(市)、65个乡镇、1090个村、65个厂矿实行依法治理。

1996年8月,中共镇江市委印发《镇江市依法治市工作规划》,全市依法治市工作正式开始;9月,中共镇江市委、市政府成立市依法治市领导小组,与市法制宣传教育领导小组两块牌子、一套班子,办公室设在市司法局。至2000年,全市6个县(市、区)以及99个乡镇、1389个村、158个居委会、102个大中型企业、193所普通中学(占全市基层单位98%以上)依法治理,通过省依法治省领导小组考核验收。

2001年5月,中共镇江市委批转市依法治市领导小组《镇江市2001～2005年依法治市工作规划》。2004年8月,中共镇江市委印发《法治镇江建设纲要》,提出法治镇江建设的总体目标:2005年前完成规划、动员、部署工作,2006～2015年基本实现以市区和各辖市城区为核心区域的法治化目标;2016～2020年全面提高镇江区域政治生活、经济生活、社会生活法治化水平,人民管理国家、社会事务和经济文化事业的权利得到全面实现和保障,公共权力的配置和行使受到有效规范和约束。

第三节　律　师

一、律师组织

1. 律师事务所（法律顾问处）　1983年，律师执行职务的工作机构是法律顾问处，全市有5家：镇江市法律顾问处、丹阳县法律顾问处、句容县法律顾问处、丹徒县法律顾问处、扬中县法律顾问处。

1987年根据省司法厅要求，市司法局决定将全市法律顾问处统一更名为律师事务所。1996年和1999年根据司法部和省司法厅的有关规定，全市律师事务所两次更名，先后采用“镇江＋字号＋律师事务所”和“江苏镇江＋字号＋律师事务所”的形式。

2005年底，全市有37家律师事务所，其中合伙所28家（市区16家、丹阳8家、句容2家、扬中2家）、合作所6家（市区4家、句容2家）、个人所2家（市区）、分所1家（市区）。

2005年镇江市律师事务所一览表

表30-23

名　　称	地　　址	形　式	执业律师（人）
江苏镇江中坚汇律师事务所	镇江市解放路22号经协大楼6楼	合作	24
江苏镇江王江南律师事务所	镇江市解放路22号经协大楼9楼	合伙	4
江苏镇江东方之光律师事务所	镇江市中山东路254号1号楼4楼	合伙	5
江苏镇江政和律师事务所	镇江市健康路1号	合伙	13
江苏镇江大唐人律师事务所	镇江市东吴路125号4楼	合伙	7
江苏镇江江成律师事务所	镇江市正东路139号尚友大厦8楼	合伙	26
江苏镇江金东吴律师事务所	镇江市正东路141号3号楼1楼	合伙	5
江苏镇江朱方律师事务所	镇江市正东路77号6楼	合伙	12
江苏镇江君业律师事务所	镇江市解放路22号京城大厦2楼	合伙	6
江苏镇江甘露律师事务所	镇江市解放路146号	合伙	10
江苏镇江汇泉律师事务所	镇江市运河路64号5楼	合伙	10
江苏镇江坚平律师事务所	镇江市中山东路273号交行3楼	合伙	4
江苏镇江鼎豪律师事务所	镇江市解放路69号4楼	合伙	5
江苏镇江金荣恒顺律师事务所	镇江市城市客厅金汇大厦4楼	个人	7
江苏镇江王学剑律师事务所	镇江市水陆寺巷3－1号3楼	个人	8
江苏博事达律师事务所镇江分所	镇江新区兴港西路95－1号	－	3
江苏镇江金华通律师事务所	镇江市健康路17号12号楼1楼	合伙	4
江苏镇江南昆仑律师事务所	镇江市解放路265号江茂大厦3楼	合作	21
江苏镇江强生律师事务所	镇江市中山东路25号8楼810室	合伙	5
江苏镇江思扬宏律师事务所	镇江市健康路1－1号	合作	6
江苏镇江金银河律师事务所	镇江市朱方路288号5楼	合作	6
江苏镇江丹正律师事务所	镇江市中山西路8号	合伙	6
江苏镇江诚和律师事务所	镇江市中山东路338号	合伙	5

续表 30-23

名　　称	地　　址	形　式	执业律师(人)
江苏镇江丹凤律师事务所	丹阳市丹凤北路 228 号	合伙	9
江苏镇江金矛律师事务所	丹阳市云阳路 21 号	合伙	10
江苏镇江正威律师事务所	丹阳市云阳路 21 号 6 楼	合伙	9
江苏镇江陈志伟律师事务所	丹阳市后巷镇中心大街	合伙	4
江苏镇江金正平律师事务所	丹阳市新民东路 58 号 3 楼	合伙	11
江苏镇江维尔达律师事务所	丹阳市丹金路 14 号福康苑 2 楼	合伙	13
江苏镇江君合力律师事务所	丹阳市云阳路 5 号文化城 4 楼	合伙	9
江苏镇江恒闻律师事务所	丹阳市新市口交通商住楼 3 楼	合伙	5
江苏镇江汇瑞律师事务所	句容市华阳镇人民路 70 号	合作	9
江苏镇江金风华律师事务所	句容市北环路梅花小区 17 幢 6－9 号	合作	6
江苏镇江巨荣律师事务所	句容市梅花小区 25 幢 203 室	合伙	8
江苏镇江邦河律师事务所	句容市东门金港大厦 3 楼 301 室	合伙	5
江苏镇江江洲律师事务所	扬中市开发区新扬南路司法局院内	合伙	15
江苏镇江正新律师事务所	扬中市开发区新扬南路司法局院内	合伙	9

2. 律师协会　1996 年 1 月，江苏省司法厅批复同意成立镇江市律师协会，接受镇江市司法局指导。1 月 30 日，镇江市第一次律师代表大会召开，出席会议代表 50 名，代表全市 24 家律师事务所 208 名律师(其中专职律师 145 人、兼职律师 25 人、特邀律师 38 人)。大会通过《镇江市律师协会章程》，选举陈家兴为会长。

1998 年 1 月，市律协召开常务理事会，决定成立涉外、经济、刑事、民事行政 4 个业务委员会。2002 年 6 月，市律协召开理事会，决定将业务委员会调整为刑事专业委员会、民事行政专业委员会、商事专业委员会、国际业务与知识产权专业委员会。同年下半年，市律协决定成立律师事务所诚信等级考核评审委员会；将 4 个专门委员会调整为 3 个专门委员会(纪律处分委员会、收费纠纷调处委员会、律师维权委员会)和 4 个专业委员会(刑事专业委员会、民事行政专业委员会、商法专业委员会、国际业务知识产权专业委员会)。2004 年 9 月根据全国律协和省律协要求，市律协将纪律处分委员会更名为惩戒委员会。2005 年 3 月，镇江市第二次律师代表大会召开，出席会议代表 59 人，代表全市 34 家律师事务所 282 名执业律师。出席会议的还有行政代表 22 人，特邀代表 10 人。大会审议通过镇江市律师协会第一届理事会工作报告、修改后的镇江市律师协会章程，选举苏建春为会长。常务理事会决定：聘请中共镇江市委副书记郭礼荣为市律协名誉会长，成立市律协 4 个工作委员会(律师维权和财务工作委员会、业务鉴定和机构建设工作委员会、奖惩及调解工作委员会、教育培训和文体宣传工作委员会)和 4 个专业委员会(刑事专业委员会、商事专业委员会、民事和行政专业委员会、国际业务和知识产权专业委员会)。

二、律师资格与职称

1. 律师资格　1983 年，全市律师工作人员 21 人，其中大专及以上文化程度 8 人，占 38%；具有律师资格 7 人，占 33%；镇江市法律顾问处有律师工作人员 8 人。同年，全市每 10 万人仅有律师工作人员 0.87 人。1986 年，司法部规定，须经全国律师资格统考合格，才授予律师资格。同年，全国举行第一次律师资格统一考试。2001 年，修正的《中华人民共和国律师法》规定：“取得律师资格应当经过国家统一的司法考试。”

2005年底，全市律师工作人员475人，其中：硕士、双学士15人，法律专业本科281人，其他专业本科25人，大专129人，中专、高中23人，外语专科以上2人；专职律师324人（市区202人、丹阳70人、句容28人、扬中24人），占总人数68.2%；兼职律师9人，实习律师30人，律师助理及行政人员112人；女律师50人，占10.5%。同年，全市每10万人中有律师工作人员16.2人，是1983年的18.62倍。

2. 律师职务（职称） 律师职务分一级、二级、三级、四级律师和律师助理，其中一级、二级律师为高级职务（一级律师为正高级专业技术职称），三级律师为中级职务，四级律师和律师助理为初级职务。1988年5月，镇江市司法局成立镇江市律师专业中级职务评审委员会。同年8月，全市首次律师专业职务评聘工作结束。经评审有62人取得律师职务任职资格，其中一级律师1人，二级律师4人，三级律师15人，四级律师23人，律师助理19人。

2001年，专业技术职务实行社会化评审，统一由市人事部门管理，市司法局律师系列初、中级职称评审职能全部移交。1988～2005年，全市共评聘高级律师29人，其中一级律师1人，二级律师28人。

三、律师改革

1984年，全市聘请特邀律师3人。1985年，全市聘请兼职律师5人。到1986年5月，全市录用律师工作人员23人。1986～1990年，全市70人通过全国律师资格统一考试取得律师资格。

1986年1月，市司法局对全市3家法律顾问处（律师事务所）采取“单独核算、自负盈亏、自收自支、结余留用”的经费管理办法。至1991年，全市8家国资律师事务所有7家经费实行自收自支。

1988年5月，镇江市对外经济律师事务所成立。1989年5月，镇江市江南律师事务所成立，成为全市第一家合作制律师事务所，与国家编制和经费脱钩。

1988年5月，市司法局与市第一律师事务所签订承包责任制合同。以后这一措施改为目标管理、岗位责任制，并在全市各律师事务所推行。1993年，市司法局在市第一律师事务所引进激励机制和竞争机制，实行效益浮动工资制和目标责任制试点，1994年在全市推行。

1993年起，市司法局向市人事编制等部门争取事业编制，引进律师人才。同时继续聘请兼职律师和特邀律师，最多时全市律师事务所有兼职律师30人（1996年和2001年），特邀律师53人（1997年）。1995年起，律师事务所依法享有用人自主权，办理有关人员录用及辞退手续。1999年底，全市律师工作人员由1993年190人发展到321人，其中专职律师从98人发展到175人。

1992年底，全市律师事务所11家，1993年新建5家，1994年和1995年各新建4家。1995年全市建立第一家不占国家编制和经费的合伙制律师事务所——丹阳市公元律师事务所。1997～1999年，全市新建7家律师事务所，其中合伙制所5家。按照司法部统一要求，2000年9月初～10月底，全市21家国资律师事务所除1家注销外，转制为合伙制律师事务所14家、合作制律师事务所6家。2003年，江苏镇江金荣恒顺律师事务所成立，是全省第一家个人开业律师事务所。2005年，全市第一家外地律师事务所镇江分所成立。同年，全市37家律师事务所，有2家获得从事证券法律业务资格（7名律师获此资格）、3家获得从事企业股份制改造执业资格（19名律师获此资格）、12家能办理海商海事业务、12家能办理涉外业务、21家能办理知识产权业务、37家能办理房地产业务。

四、律师业务

1983年，全市法律顾问处担任16家法律顾问，主要是镇江市区企业。2005年，全市37家律师事务所担任2410家法律顾问，其中政府法律顾问团组33家，国家机关政府负责人95家，企业1168家（其中大中型企业78家），外商投资企业521家（其中台港澳地区396家），境外投资项目17家，乡镇企业224家，社团及组织80家，事业单位217家，公民个人55家。

1994年，镇江律师在全国首家推出“家庭律师”法律顾问服务项目。1997年，市司法局派出6名律师组成法律顾问组，担任市政府常年法律顾问。1998年12月，镇江市政府法律顾问团成立。顾问团成员由市司法局在全市选择若干律师组成，日常工作由市司法局负责。2003年，顾问团派出76人次律师为政府提供各类法律服务，其中参与政府重大项目谈判39次，提供法律意见书35份；顾问团参与领导信访接待85次，接待法律咨询143件，对重大涉法问题提出建议87件，解决重大涉法问题34件。同年，全市改制企业近140家，律师参与的改制企业90%以上。顾问团在改制启动前认真审查企业改制有关操作程序、资金筹集、资产财务处理、房地产处置、劳动关系调整等5个方面配套文件，依法出具法律意见书，被市政府采纳。2004年，各辖市区都成立政府法律顾问团。

1983年，全市办理刑事诉讼辩护与代理364件，2005年为884件。1983～2005年，全市共办理16409件。其中，由被告或其亲属委托担任辩护的占74%，法院指定担任辩护的占9%，其他为自诉案件代理和公诉案件代理。

1983年，全市办理民事诉讼代理（含经济合同纠纷代理，1984年后分列）168件。2005年为3440件。1983～2005年共办理33393件。1991～2005年办理30897件，其中婚姻家庭类13373件，财产继承类1875件，房地产类4339件，知识产权类554件；涉外及台港澳地区206件；涉及财产标的16亿元。

1984年，全市办理经济诉讼代理119件，2005年办理1900件。1984～2005年共办理28334件，索回赔欠款42亿元。1991～2005年办理25483件，其中经济合同纠纷类17949件，占70%；涉外及台港澳地区367件；涉及财产标的75亿元。

1988年，全市办理行政诉讼代理2件，2005年办理196件。1988～2005年共办理1091件，其中代理被告占47%，代理原告占53%。

1983年，全市办理非诉讼法律事务87件，2005年办理2517件。1983～2005年共办理36218件。1991～2005年办理34409件，其中审查起草修改合同章程8830件，出具法律意见书6266件，提供咨询建议书6596件，涉外见证210件，参加谈判3439件，参与调解仲裁6240件；涉外及台港澳地区427件；涉及财产标的28亿元。

1983～2005年，全市律师解答法律咨询23万人次，代写法律文书4.3万余件。

第四节　公　证

一、公证组织

1. 公证机构　1983年，全市有5家公证处：镇江市公证处、丹阳县公证处、句容县公证处、丹徒县公证处、扬中县公证处。全市仅有1家公证处可办理涉外公证业务，涉外公证员仅有1人。1985年经省司法厅批准，分别成立京口区、润州区公证处。2000年10月，省司法厅决定不再批准超出控制指标的新的公证机构。2005年底，全市公证处仍为7家，其中有5家公证处可办理涉外公证业务，涉外公证员19人，占全部执业公证员的48.7%。

2005 年镇江市公证机构一览表

表 30-24

机构名称	机构住所	执业公证员(人)
镇江市公证处	镇江市中山东路 45 号华星大厦 8 楼	12
丹阳市公证处	丹阳市云阳路 21 号 6 楼	6
句容市公证处	句容市人民路 70 号 1 楼	5
扬中市公证处	扬中市开发区新扬路	4
丹徒区公证处	镇江市中山西路 8 号 1 楼	5
京口区公证处	镇江市市政路 28 号 1 楼	4
润州区公证处	镇江市市政路 28 号 4 楼	3

2. 公证员协会　2001 年 2 月,省司法厅批复同意成立镇江市公证员协会。同年 7 月,镇江市公证员协会召开成立大会,大会通过《镇江市公证员协会章程》,选举张俊昌为会长。同年 11 月,市公证员协会召开一届二次理事会,决定成立经济业务委员会和民事(涉外)业务委员会。

二、公证员资格与职称

1. 公证员资格　1983 年,全市 5 家公证处有公证工作人员 10 人(其中市公证处 4 人),当年全市每 10 万人仅有公证工作人员 0.41 人。1985 年,全市 7 家公证处有公证工作人员 22 人。1992 年,司法部规定,公证员须通过全国资格统一考试。同年 5 月,全国举行第一次公证员资格统一考试,镇江有 10 人成绩合格。2005 年,全市 7 家公证处有公证工作人员 62 人,全市每 10 万人有公证工作人员 2.1 人,是 1983 年 5.1 倍。62 名公证工作人员中:执业公证员 39 人(市区 24 人、丹阳 6 人、句容 5 人、扬中 4 人),占 62.9%;硕士、双学士 2 人,法律专业本科 28 人,其他专业本科 3 人,大专 25 人,高中 3 人;大专及以上文化程度占总人数 93.5%。

2. 公证员职务(职称)　公证员职务分一级、二级、三级、四级公证员和公证员助理。其中一级和二级公证员为高级职务(一级公证员为正高级专业技术职称),三级公证员为中级职务,四级公证员和公证员助理为初级职务。1988 年 6 月,市司法局成立镇江市公证专业中级职务评审委员会。同年 8 月,全市首次公证专业职务评聘工作结束,29 人取得公证员专业职务任职资格,其中二级公证员 1 人,三级公证员 17 人,四级公证员 7 人,公证员助理 4 人。

2001 年,专业技术职务实行社会化评审,统一由市人事部门管理,市司法局公证系列初、中级职称评审职能全部移交。

1988～2005 年,全市评聘高级公证员 15 人,全部为二级公证员,后有 1 人晋升为一级公证员。

三、公证管理

1. 公证质量　1983 年 4 月,全市公证工作座谈会要求确保公证质量。1996 年,全市加强公证质量检查,每季各公证处自查,半年市司法局组织互查,年终由省司法厅抽查。1999 年,市司法局制定《镇江市公证质量管理制度》《镇江市公证文书立卷归档及档案管理制度》等规范性文件。2004 年,市司法局制定《镇江市公证工作百分考核办法》,百分考核公证质量占 45 分。

2. 公证改革　1987 年,各公证处内部实行目标管理、责任到人,全年实际办证数超过年初目标数近一半。1988 年,改为"包死基数、超收分成"承包责任制;1989 年继续推行目标管理、岗位责任制。1993 年 9 月,市人民政府印发《镇江市公证暂行办法》,是全省较早出台的公证工作规范性文件。1996 年,公证改革继续推行主任负责制和目标管理责任制。同年 7 月,市中级人民法院、中国人民银行镇江分行、市司法局联合印发《关于公证机关依法赋予强制执行效力的债权文书执行问题的联合通知》，对符合文件所列条件的借款合同、还款协议和以给付物品为内容的协议，公证机关可根据债权人的申请出具公证书，赋予强制执行效力。这一解决债务纠纷的方法在全省为第一家。1997年，省高级人民法院、省司法厅制定类似规定。2001年，全市各公证处推行主办公证员制和要素式公证文书。2002年3月，镇江市公证处由局直属行政机构改为直属事业单位，成为执行国家公证职能，自主开展业务，独立承担责任，按市场规律和自律机制运行的公益性、非营利性事业法人。

四、公证业务

1983年，全市5家公证处办理各类公证368件；2005年，全市7家公证处办理各类公证32961件。1983～2005年共办理各类公证404537件。1986～2005年，全市各公证处拒办违法、违规公证3882件，其中民事公证2269件，经济公证1613件。在办理公证过程中发现并制止不法经济活动751件，涉及金额91275万元。

1983年，全市办理国内经济公证28件；2005年办理19093件。1983～2005年共办理211830件。20世纪80年代办理的国内经济公证，各类承包经营、租赁经营、联营、购销、劳务合同等公证居多；90年代以后，还（借、贷）款、招投标、各类经济合同公证居多。

1983年，全市办理国内民事公证288件；2005年，办理10771件。1983～2005年共办理156077件。办理的国内民事公证，房屋拆（回、搬）迁公证所占份额最大，达15%以上，最多的1992年近4000件。

1983年，全市办理涉外公证52件；2005年，办理3097件（含涉台地区公证179件，涉港地区公证20件）。1983～2005年共办理涉外公证36630件（含涉台地区公证2161件，涉港地区公证488件）。1988年，镇江市开始办理涉台地区公证业务。1989年办理涉台地区民事公证30件。办理的涉外公证（含涉中国台湾、中国香港地区公证）中，以民事公证为主，一部分是经济公证，主要是劳务合同公证和贷款合同公证。公证书发往的国家和地区有40多个，以美国、日本、澳大利亚、加拿大、新加坡、牙买加、新西兰、德国、毛里求斯以及中国台湾地区为主。

1987年，市公证处在市建筑交易中心驻场办公，先后办理一系列重大建筑工程的招投标公证。

1990年前，镇江市公证处为市区旧城改造和建设办理拆迁安置协议、拆迁补偿协议、发放回迁号等公证699件。1991年起，市公证处为市区旧城改造和主干道拓宽改造工程办理拆迁安置协议、拆迁补偿协议等各类公证。

20世纪80年代后期至90年代中期，市公证处为96家企业办理“代理发行融资券协议书”公证192件，发行债券总额近5亿元。逐步扩展为全市金融机构办理贷款合同、抵押贷款合同、质押贷款合同、消费贷款合同、住房公积金贷款合同等公证业务，办证数以平均每年2%的比例上升。2001～2005年办理该类合同公证5.2万件，贷款总额约20亿元。

1990～1995年，市公证处为市国有企业办理第一轮承包经营合同公证、租赁经营合同公证30件。1995～2005年为船山矿、索普集团、太白集团等企业、事业单位的体制改革，办理招标、拍卖、兼并、资产重组、产权转让、股份制改造、公司章程、公司创立大会、股东大会等各类公证220件。

1999年起，市公证处为市政府采购中心办理汽车采购及定点维修、计算机采购、大中型办公用品采购等政府采购招投标公证1080件。

2000年起，市公证处为市国有土地使用权招投标出让、公开拍卖、挂牌出让、转让、抵押、出租等行为办理公证580件，经济标的3.1亿元。

第五节　法学教育与法学研究

一、法学教育

1982年起，华东政法学院在江苏省招收法律专业专科函授生。1993年起增加法律专业本科函授，直到1997年。其间，镇江市有150余人取得毕业证书。

1984年7月经市政府同意，市司法局、市中级人民法院、市人民检察院在市职业大学开办法律班，学制3年。1984年招收40人，1985年继续招收40人。市司法局负责法律班班主任及部分教学工作。

1988年11月经省司法厅批准，设立中华全国律师函授中心镇江辅导站（设在市司法局）。中华全国律师函授中心在江苏开考法律专业专科，1996年增加律师专业专科，1999年增加律师专业本科。2005年11月，镇江辅导站工作全部移交给市自学考试办公室。1988～2005年，镇江辅导站注册学员2300多人。2000学年度，镇江辅导站在册学员超过300人，成为全省第一个当年注册学员占全市总人口万分之一的辅导站，被司法部法规教育司、中华全国律师函授中心评为全国先进辅导站。

1989年，华东政法学院开办法律专业证书班，市司法局先后举办两期，全市司法行政系统69人取得证书。

1990年，省司法厅、省计划经济委员会、省工商行政管理局、省税务局、省广播电视厅联合开办江苏省经济法律法规广播教育中心。广播教育举办3期，镇江市企业、事业单位经营、管理、财务等方面7221人取得证书。

1993年，省司法厅自学考试委员会，在全省开考法律专业本科段自学考试，镇江116人报考282门科目。到2001年下半年，全市1900余人报考4064门科目。1993年下半年～2001年下半年，全市16300余人次报考35885门科目。

1994年起，省司法厅委托苏州大学法学院为全省司法行政系统举办法律专业证书班。市司法局先后组织4期，238人取得证书，参学人员多为基层法律服务人员。2001年，苏州大学法学院举办法律专业证书升法律大专证书教育，市司法局组织1期，55人取得大专毕业证书。

1997年，市司法局委托江苏理工大学举办法律大专班，70人取得大专毕业证书。

1999年，市司法局委托镇江市委党校举办法律大专班，40多人取得党校大专毕业证书。

2001年11月，市司法局组织全市291名司法行政人员参加司法部举办的全国司法行政系统公务员基本素质教育考试，参考率99.8%，人均成绩列全省各辖市第四名。

2002年3月，国家司法考试首次举行。镇江市824人报名，89人合格，通过率10.8%；2003年，407人报名，50人合格，通过率12.3%；2004年，416人报名，59人合格，通过率14.2%；2005年，488人报名，46人合格，通过率9.4%。同年，省司法厅与东南大学远程教育学院联合举办法学专业专升本教育，全市183人参加入学考试，报考人员绝大多数为律师和基层法律服务人员。2003年9月经省教育厅批准，设立东南大学远程教育镇江市司法局教学点，招生专业层次为法学专升本，至2004年累计招收学员360人，2005年首批93人毕业。

二、法学研究

镇江市法学会经中共镇江市委政法委员会批准成立。市法学会是江苏省法学会的团体会员，受市司法局归口管理。

1986年2月，镇江市法学会召开第一届会员代表大会，讨论通过《镇江市法学会章程》，选举产生第一届理事会及其常务理事会,推举华子泉为名誉会长,选举王忠保为会长。1987 年,镇江市法学会分别成立刑法学刑诉法学研究会、民法学民诉法学研究会、青少年犯罪研究会以及劳改法学研究会。

1989 年 5 月,镇江市法学会召开第二届会员代表大会,修改通过《镇江市法学会章程》,选举产生第二届理事会及其常务理事会,选举朱少龙为会长。

1991 年 2 月经镇江市民政局审核,镇江市法学会符合国家社会团体登记管理的有关规定,准予社团登记。同年底,市法学会有会员 364 人。

1995 年 1 月,镇江市法学会召开第三届会员代表大会,修改通过《镇江市法学会章程》,选举产生第三届理事会及其常务理事会,推举张学东为名誉会长,选举陈家兴为会长。

1996 年 1 月,镇江市犯罪学研究会成立,为镇江市法学会团体会员,受市法学会领导,挂靠市公安局。同年 8 月,镇江市法学会决定将镇江市法学会民法学民诉法学研究会更名为镇江市民法民事诉讼法学研究会。该会为镇江市法学会团体会员,受市法学会领导,挂靠市中级人民法院。

镇江市法学会成立后,召开学术研讨会十多次(包括分学科研讨会),并参加市政府哲学社会科学优秀成果评选,获多项二、三等奖。经省、市有关部门批准,第一届理事会曾创办《法学通讯》季刊和法律服务咨询机构,1989 年均停办。

第六节　基层组织与法律服务

一、基层法律服务

1984 年起,全市各乡镇、街道陆续建立法律服务所,司法助理员一般兼任本乡镇、街道法律服务所主任。法律服务所和司法办公室实行“一套班子、两块牌子”的“室所合一、政事不分”的体制。全市有 3 个乡成立司法办公室(法律事务所)。1985 年 1 月,润州区谏壁镇法律事务所成立,这是镇江市第一家挂牌的乡镇法律服务机构。

1985 年 7 月,市司法局制定《乡镇法律事务所工作暂行规定》,全市有 57 个乡镇建立法律事务所(其中丹阳 30 个、丹徒 14 个、句容 11 个、扬中 1 个、润州 1 个),以后逐年增多。1987 年 5 月,司法部制定《关于乡镇法律服务所的暂行规定》,乡镇基层法律服务机构一律改称法律服务所,工作人员称为基层法律工作者,城市街道也参照建立法律服务所。全市最多时有 107 个法律服务所(1998 年),393 名法律工作者(2000 年)。

1988 年底,市司法局参照律师系列职务评聘,对全市基层法律工作者试行职务评聘,1989 年 6 月结束,该项工作为全国首创。

至 1991 年,全市有 98 个乡镇、街道建立法律服务所,基层法律工作者有 342 人。1985 ~ 1991 年,全市乡镇(街道)法律服务所调解各类纠纷 27381 件,其中经济纠纷 9018 件;宣讲法律 10974 场,受教育人数近百万人次;协办公证 30417 件,其中经济合同公证 6895 件;民事代理 13461 件;索回欠款和避免经济损失 2. 3 亿元;业务收费 256 万元。1991 年为 1119 家企事业单位和基层政府担任常年法律顾问。

1993 年 10 月,丹阳市界牌镇率先实行“室所分离”。到 1995 年,全市有 15 个乡镇实行“室所分离”。至 2000 年,镇江市 98 个乡镇、街道(乡镇区划调整前数字)全部建立司法所。2001 年 11 月至 2002 年 3 月,全市 88 家基层法律服务所重新组合成 73 家合伙制法律服务所,成为自主执业、自收自支、自我管理、自我发展、提供法律服务的事业法人。2003 年 9 月,市人民调解工作指导委员会、市刑释解教人员安置帮教工作领导小组制定《关于进一步做好人民调解和安置帮教工作的实施意见》。同年,各地司法所达到规范化建设标准,人员调整充实到 3 人,设立独立调解室,配备电话、电脑等设备。

2005年底，全市建立司法所60家，司法所工作人员174人（其中大专以上文化程度109人、高中中专文化程度65人）；全市有法律服务所72家，其中乡镇所55家、街道所12家、其他所5家；有法律工作者304人，全年担任法律顾问1600家。1991～2005年，全市基层司法助理员（以及后来的司法所工作人员）参与调解疑难复杂民间纠纷3.3万多件。1985～2005年，全市法律服务所代理诉讼事务5.6万余件，代理非诉讼事务3.2万余件，协办公证9万余件，办理法律援助2000余件，解答法律咨询27万余人次，代书7.8万余件，避免、挽回经济损失15亿元，业务收费6000万元。

二、人民调解

1983年，全市三级调解组织普遍建立，101个乡级单位（88个乡、4个镇、8个街道、1个省属农场）有79个建立调解工作领导小组，其余乡镇有专人兼管；1410个村民委员会、173个居民委员会建立人民调解委员会；16755个村民小组（生产队）都有调解员。全市三级调解组织有调解员25951人。1988年，全市13家外资企业有4家设立调解组织。1992年起，市司法局逐步推广创建标准化人民调解委员会，全市达标率逐年增高。

自20世纪90年代中期起，全市形成一种在党委、政府统一领导下，由公安、法院、司法、工商、土地、城建、民政、妇联等有关部门参加的大调解大服务格局。1999年4月，市司法局、市社会治安综合治理委员会办公室联合印发《关于进一步发挥人民调解工作在维护社会稳定中作用的意见》。同年，全市各县（市）区先后由综治委牵头，建立重大疑难纠纷调解指导中心。2000年，全市各乡镇（街道）先后由综治办牵头，建立疑难纠纷调处中心。同年，全市县级重大疑难纠纷调解指导中心更名为司法调解指挥中心，乡级疑难纠纷调处中心更名为司法调解中心。同年底，全市建立联防联调组织37个，市际接边乡镇有10个建立联合调解组织；全市272个200人以上企业建有调解组织248个，占91%。

2002年7月，市中级人民法院、市司法局联合印发《关于人民调解工作改革的若干规定》，实现人民调解制度与司法诉讼制度有效衔接。2003年4月，市政府成立镇江市人民调解工作指导委员会，下设办公室（市司法局内）。同年，各辖市（区）和77个乡镇（街道）全部建立人民调解工作指导委员会，并在一些民营企业、外资企业开展建立调解组织试点工作。

2004年6月，市司法局、市总工会联合印发《关于进一步加强企业人民调解工作的实施意见》；市司法局、市消费者协会决定成立镇江市消费者协会人民调解委员会。同年8月，市中级人民法院、市司法局联合印发《进一步加强对人民调解工作指导管理的意见》。同年9月，市司法局制定《镇江市标准化人民调解委员会条件（暂行）》。

2005年，全市民营经济组织建立调解组织12家；挑选13名业务能力强、公道正派的人民调解员担任人民法院人民陪审员。同年，全市有人民调解委员会1602个（其中村、居调委会1139个、乡镇及街道调委会76个、企事业单位调委会357个、区域性行业性调委会19个、其他调委会11个），调解人员16776人（其中高中以上文化程度16061人）。

1983～2005年，全市人民调解组织调解各类民间纠纷近30万件，调解成功28.3万余件，成功率94%（其中1998～2005年，每年调解成功率在95%以上）；防止因民间纠纷引起自杀案件2600余件、2600余人，防止因民间纠纷激化为刑事案件1300余件、1900余人。2001～2005年，劝阻群体性上访370余起、6500余人。

1993年11月，丹阳化肥厂调委会被司法部授予模范人民调解委员会称号，扬中县联合镇永平村调委会主任王兆奇、句容县下蜀镇刘圩村调委会主任吴美本被司法部授予模范人民调解员称号；2005年3月，丹阳市陵口镇调委会主任徐腊娥被司法部授予标兵人民调解员称号。

第七节　法律援助

1993 年,润州区中华路街道办事处司法助理员开展法律援助工作。1996 年,市司法局在律师管理部门设立法律援助工作机构。

1998 年 3 月,镇江市法律援助中心设立,10 月正式开展工作。至 1999 年 11 月,全市 6 个辖(市)区司法局均成立法律援助中心。

市司法局指导市民政局等单位成立法律援助中心或法律援助工作站。根据驻镇江监所较多的特点,市司法局先后与驻镇监所联系,在监所设立法律援助工作站。

“148”法律服务专线,是司法行政机关开通的面向社会提供法律咨询、法律服务的专线电话。1999 年 4 月,市司法局开通“4415148”法律服务专线电话;5 月,全市 6 个辖市(区)司法局全部开通“148”法律服务专线,并实现市、县两级联动。2002 年,启用“12348”作为全国统一的法律服务专用电话号码。1999 ~ 2005 年,全市法律服务专线电话接受各类电话咨询 1.7 万余次;接待群众来访 1.3 万余人次,移交有关部门解决近千件,解决纠纷 2000 余件,提供法律援助 800 余件,由律师事务所、公证处、法律服务所承办 3000 余件,挽回和避免经济损失 1700 余万元。

2001 年 7 月,市司法局组建市重大纠纷律师调处志愿团,志愿团全年成功参与调处重大涉法纠纷 4 起。2005 年,市总工会成立由 10 名执业律师组成的镇江市职工法律援助律师团;全市 3 所高校建立法律援助分中心;全市两级法律援助中心有专兼职法律援助人员 30 人,其中执业律师 18 人;市司法局和市委宣传部联合组建《镇江日报 · 法制周刊》律师志愿团,30 名律师参加,为读者提供法律援助。

1999 ~ 2005 年,全市法律援助机构办理各类法律援助案件 4300 余件,其中刑事案件 700 余件,民事案件 1300 余件,其他案件 2300 余件。这些案件一半以上是全市两级法律援助机构专职律师办理,其余主要是由各律师事务所和基层法律服务所办理。办理案件中,受援人以妇女、老年人、一般贫困者、未成年人、残疾人为主。2005 年,全市各律师事务所、法律服务所义务开展法律援助,执业律师承办法律援助案件近 2000 人次。

第八节　司法鉴定　安置帮教　社区矫正

一、司法鉴定

2001 年 2 月,中共镇江市委、市政府成立由 13 个职能部门组成的镇江市司法鉴定工作委员会,办公室设在市司法局。12 月,市司法鉴定工作委员会在全市聘请 133 位专家,成立面向社会服务的精神疾病、法医病理、毒物分析、物证技术、法医临床、环境污染、价格认证、质量技术等 8 个司法鉴定专家组;镇江市第四人民医院法医精神病鉴定所成立,是全市乃至整个苏南地区第一家司法鉴定机构。2002 年先后成立镇江恒信司法会计鉴定所、镇江立信司法会计鉴定所,以及镇江市司法鉴定中心(主要承担本市范围内司法鉴定复核鉴定和特殊情况初鉴的功能,由市司法鉴定工作委员会办公室具体负责)。2003 年先后成立镇江佳信价格鉴定司法鉴定所、镇江明诚司法会计鉴定所。同年,全市有司法鉴定机构 6 家,注册司法鉴定人员 64 人,其中硕士及以上文化程度 8 人,本科文化程度 32 人;副高及以上职称 29 人,中级职称 35 人。

2005 年经重新审核、登记,镇江市第四人民医院司法鉴定所、镇江明诚司法会计鉴定所、镇江立信司法会计鉴定所、镇江恒信司法会计鉴定所、江苏大学司法鉴定所准予设立。同年,全市面向社会服务的司法鉴定机构 5 家,其中法医类 1 家、精神疾病类 1 家、司法会计类 3 家。全市面向社会服务的司法鉴定人员 65 人，其中注册司法鉴定人 53 人。注册司法鉴定人中，文化程度硕士及以上 5 人、本科 30 人、专科 18 人；副高及以上职称 31 人、中级职称 22 人。2002～2005 年，全市完成司法鉴定 709 件，采信率 100%。

2005 年镇江市司法鉴定机构一览表

表 30-25

机构名称	机构住所	业务范围	执业司法鉴定人
江苏大学司法鉴定所	镇江市医政路 3 号	法医临床与病理鉴定	8
镇江市第四人民医院司法鉴定所	镇江市南门大街 246 号	法医精神病鉴定	15
镇江明诚司法会计鉴定所	镇江市南门大街 368 号浩远大厦后四楼	司法会计鉴定	8
镇江立信司法会计鉴定所	镇江市南府巷 2 号	司法会计鉴定	7
镇江恒信司法会计鉴定所	镇江市正东路 10 号	司法会计鉴定	9

2002～2005 年镇江市司法鉴定业务情况表

表 30-26

年份	完成鉴定数						接受委托数					
	采信率（%）	法医病理	法医临床	精神疾病	司法会计	合计	公检法	律师事务所	企事业单位	个人	其他	合计
2002	100	–	–	–	–	175	172	3	–	–	–	175
2003	100	–	–	122	36	158	153	5	–	–	–	158
2004	100	–	–	151	30	181	174	–	4	1	2	181
2005	100	6	22	139	28	195	182	13	–	–	–	195
合计	–	6	22	412	94	709	681	21	4	1	2	709

二、安置帮教

1993 至 1996 年 8 月底，镇江市回归刑释解教人员 3986 人，安置 2152 人，安置率 54.0%；帮教 2604 人，帮教率 65.3%；重新犯罪 305 人，重新犯罪率 7.7%。

1996 年 8 月，镇江市社会治安综合治理委员会决定建立镇江市刑释解教人员安置帮教工作领导小组，下设办公室，日常工作由市司法局承担。1998 年，全市 6 县（市）区全部成立刑释解教人员安置帮教工作领导小组及办公室，65% 的乡镇成立安置帮教工作机构。至 1999 年，全市 97 个乡镇（街道）全部建立安置帮教工作站。安置帮教工作站按照回归人员具体情况进行安置，包括：原单位安置、落实责任田安置、社会救济安置、从事个体经营安置、创办实体安置、创建基地安置等。2003 年起，各地强化基础，抓好安置帮教工作站规范化建设和建立推广村（居）委会安置帮教基金的工作。2005 年，全市又建立 7 家安置帮教基地。

1998～2005 年，全市回归刑释解教人员 6721 人，其中原单位安置 192 人，落实责任田安置 3493 人，从事个体经营安置 1802 人，创建 10 个安置基地安置 94 人，其他方式安置 493 人，总计安置 6074 人，安置率 90.4%；帮教 6450 人，帮教率 96.0%；重新犯罪 242 人，重新犯罪率 3.6%。2005 年，安置率为 92.88%，帮教率为 99.41%，重新犯罪率为 2.05%。

1983～1999 年，镇江市减速机厂先后接收安置刑释解教人员 21 人（其中只有 2 人是原厂职工），无一人重新违法犯罪，有的还担任生产科长、车间主任、班组长等职务，成为厂里生产骨干。1998 年，该厂党总支书记顾立美被司法部授予全国安置帮教工作先进个人称号。扬中市新坝镇联盟村自1999年建立村安置帮教工作领导小组后，帮教率100%，该村所有刑释解教人员生活均有着落，无一人重新违法犯罪。2000年起，丹阳市鼎泰材料有限公司先后安置刑释解教人员10多人，无一人重新违法犯罪，其中还有人分别当上车间主任和生产小组长。2003年6月，全市第一家民营企业安置帮教基地在该公司挂牌成立。

三、社区矫正

2005年3月，中共镇江市委、市政府决定成立镇江市社区矫正工作领导小组，办公室设在市司法局。中共镇江市委办公室、市政府办公室转发市司法局关于《镇江市社区矫正试点工作方案》，设立市社区矫正工作领导小组办公室联络员，建立全市社区矫正三级（市、县、乡）工作网络，联合有关部门向全社会招募社区矫正志愿者2500多人。

2005年5月，丹阳市访仙镇举行全市首家社区矫正衔接集中宣告仪式，标志社区矫正试点工作展开。同年，全市55个乡镇（街道）有53个举行衔接集中宣告，在册矫正对象856人，其中从公安派出所接受矫正对象687人。未移交对象除同年年底刑期届满外，大多为下落不明和法律文书不全的人员。在册矫正对象中，管制37人，缓刑554人，假释47人，剥夺政治权利194人，暂予监外执行24人。各地为8名矫正对象落实最低生活保障，为167名矫正对象落实责任田，为12名矫正对象解决就业问题。丹徒、丹阳有关乡镇为4名矫正对象维修年久失修的住房，句容下蜀镇帮助1名矫正对象办起水泥制品厂，吸纳15个农村劳动力。全市社区矫正对象无一人重新犯罪。

第七章　仲　裁

第一节　机　构

1997年9月，镇江仲裁委员会开始组建，同年11月，江苏省重建仲裁机构领导小组批复同意《镇江仲裁委员会重组方案》。

1998年4月，镇江市人民政府以镇政办发〔1998〕85号文确定第一届镇江仲裁委员会组成人员，首批聘请127名省内外法律界、经贸界、科技界、金融界等领域的专家、学者和权威人士担任仲裁员。同年8月，镇江仲裁委员会经江苏省司法厅审查，准予设立登记，并从登记之日起受理仲裁申请。同年9月，镇江仲裁委员会正式挂牌，是全市唯一受理民商事纠纷仲裁申请的仲裁机构，由1名主任、3名副主任和11名委员组成，下设秘书处，为正处级事业单位。秘书处下设案件承办部、仲裁事务部和行政管理部，秘书长由市政府法制局局长兼任。

2000年11月，镇江仲裁委员会召开一届二次会议，审议通过《镇江仲裁委员会办事处设置暂行办法》。2001年7月，镇江仲裁委在扬中市设立镇江仲裁委员会扬中办事处；2004年在丹阳、句容、镇江新区设立仲裁办事处；2005年在丹徒区设立仲裁办事处。

2002年4月，镇江仲裁委员会换届，张吉生任主任；8月召开第二届仲裁员聘任大会，188名新聘仲裁员受聘，6名第一届优秀仲裁员受到表彰。2003年2月，镇江市政府调整第二届仲裁委员会成员，江里程任主任。2004年7月，镇江仲裁委从全市部分大中型企业聘请140名仲裁联络员，在镇江市消费者协会设立消费争议仲裁庭。

第二节　业务工作

1998年受理案件1件，为租赁合同纠纷，标的53万元。1999年受理案件6件，涉及买卖合同、租赁合同等,标的1548.4万元。2000年受理案件13件,涉及买卖合同、租赁合同、借款合同、广告发布、转让合同等,标的1108.7万元。2001年受理案件12件,涉及转让合同、抵押合同、借款合同、买卖合同等,标的3411.4万元。2002年受理案件13件,涉及装饰合同、抵押合同、借款合同、买卖合同、广告发布合同等,标的1890万元。2003年受理案件30件,涉及建设工程合同、运输合同、借款合同、买卖合同、租赁合同等,标的6414.86万元。2004年受理案件61件,涉及买卖合同、租赁合同、加工承揽合同、运输合同、联营合同等,标的3916.45万元。2005年受理案件110件,涉及建设工程合同、运输合同、借款合同、买卖合同、租赁合同等,标的5600万元。

2004年,《中华人民共和国仲裁法》颁布10周年,市政府印发《关于进一步推行仲裁法律制度的通知》,组成由市人大内司委、市政府办公室、市法制办、工商局、仲裁委参加的检查组,对镇江人行、镇江银监局、市建设局、市房管局、市保险行业协会所属单位和企业贯彻实施《中华人民共和国仲裁法》的情况进行检查。

2005年9月开通镇江仲裁网站,网站设置仲裁指南、仲裁动态、仲裁法规、仲裁论坛等栏目及相关仲裁文书格式,方便当事人在网上提出仲裁申请。

第三节　重大案件选介

买卖电梯案　1999年经招标,镇江电信公司与江苏津奥、天津奥的斯签订总标的为1800余万元的电梯购销安装合同。合同签订后,天津奥的斯公司在履行中发生困难,镇江电信公司依合同规定要求天津奥的斯尽快履行义务,双方多次谈判均未取得一致,镇江电信公司依法申请仲裁。镇江仲裁委受理后,按照法律规定程序由专家、教授组成仲裁庭审理该案。镇江仲裁委裁决:鉴于江苏津奥公司所签合同受天津奥的斯公司委托,合同对天津奥的斯同样具有约束力,天津奥的斯应返还已付款和双倍定金。

镇江国际饭店租赁案　2001年,镇江国际饭店将其1~3楼租赁给一浙江商人,租期10年。2004年,镇江国际饭店实施整体转让计划,需提前与现有承租人解除合同。双方协商不成,导致承租人上访,对镇江投资环境产生负面影响。同年3月,镇江仲裁委员会受理该纠纷,双方最终达成调解协议,保证政府引资项目的顺利实施。

第八章　监狱　劳(管)教所

第一节　镇江监狱

一、机构

江苏省镇江监狱,位于镇江市学府路7号,始建于民国24年(1935年),原名江苏省第六监狱。1950年2月更名为苏南镇江监狱。1951年10月改称镇江区监狱。1955年8月改名为江苏省第二监狱,隶属江苏省公安厅。1983年8月划归江苏省司法厅劳改工作局管辖。1993年12月更名为江苏省镇江监狱。1995年隶属江苏省监狱管理局管辖。2001年5月,镇江监狱被定为高等级警戒监狱。

1985年,监狱占地面积27.9公顷。1986年经批准,镇江划出5.5公顷作为江苏省劳改工作警官学校(现江苏省司法警官高等职业学校)校址。1995~2002年因镇江城市建设需要,又两次出让给地方土地3.1公顷。到2005年,监狱占地面积19.3公顷。

1983年,监狱设9个科室、15个中队级建制。1986年1月,监狱成立纪律检查委员会。1987

年机构调整,设置14个科室、4个大队级建制。1997年10月,监狱民警正式列入国家公务员序列管理。2005年机构改革后,设部、室、处9个,监区、大队14个。2005年,监狱有民警491人,职工74人,监狱总资产为14875.57万元,主营业务收入8612.96万元。

二、狱政管理

1. 监管模式

分级管理　1997年始,监狱制定《罪犯分级管理暂行规定》,依据罪犯犯罪性质、刑罚种类、刑期、入监时间和余刑长短、计分考核得分、改造表现等情况,将全监罪犯评定为5个等级,佩戴不同颜色标牌,对不同等级罪犯实施不同等级处遇,罪犯等级实行动态管理。

区域管理　2002年,监狱将整个监管区划为劳动区、生活区、公共区和警戒区4个区域,制定不同区域的管理办法。2003年,为各监区罪犯配发不同颜色区别服。2004年对区域外围实行封闭式管理,区域内部实行规范化管理,公共区域实行责任制管理,彻底杜绝罪犯在监区单独流动的现象。

1998~2005年,监狱连续7年没有罪犯脱逃;1992~2005年,连续14年没有发生狱内重大案件、罪犯自杀和工伤死亡等事故。

2. 权益保障

减刑、假释　1983年减刑79人,假释10人。1992年前,罪犯减刑、假释呈报实行民警集体研究制度。1992年始,罪犯减刑、假释呈报增加公布罪犯改造实绩程序。1994年12月始实施减刑、假释条件公开、程序公开、评议公开、结果公开制度。未发生罪犯对减刑、假释呈报与裁定有异议案件。2005年减刑1460人,假释45人。

会见、通讯　1983年,监狱扩建会见室,会见室中间筑起一道水泥台,罪犯与家属面对面会见。1990年会见室水泥台上方安装防护网(铅丝编制物),罪犯与家属隔网会见。1995年起,罪犯每月可与直系亲属电话限时通话一次,通话内容由值班民警监听,并做记载。1999年,监狱新建会见楼,设有普见室、宽见厅和特优会见室。普见、宽见和特优会见条件均与改造表现挂钩,即与分级管理中的等级待遇相适应,经逐级审批后执行。罪犯每月可与家属通信一次,收信次数不限。罪犯收发信件,需经监区民警检查(法律规定不受检查的除外),并将扣发信件情况作详细登记。罪犯亲属寄给罪犯包裹、汇款等由专人按规定办理领发或转账手续,逐件签字登记。

申诉、控告　1985年9月始,镇江市人民检察院监所检察组作为常驻机构进入监狱。1986年始,监狱每个监区均设有监狱长信箱、纪检监察信箱和检察信箱。罪犯申诉、控告和检举信件均有专人负责管理。凡属于对民警违法行为的控告,由驻监检察组查处,属于违纪的由监狱纪检部门查处。罪犯写给各级党政机关、法院、检察院或其负责人的申诉、控告、检举信,均及时依法传递。

保外就医　1994年前,符合法律规定保外就医条件的罪犯经监狱审查后,由监狱业务部门与罪犯家属联系,并征得当地公安机关同意,报请江苏省监狱管理机关批准,方可执行保外就医。1995年始,罪犯保外就医办理,首先由押犯监区研究提出初步意见,报监狱狱政科申请、监狱医院初审、监狱会审后,再报省监狱管理局指定医院专门鉴定小组鉴定,最后报江苏省监狱管理局批准执行。

3. 考核奖惩

1985年,监狱开始在罪犯中实施计分考核,即罪犯改造、生产双百分考核。2005年2月,监狱印发《罪犯改造计分考核实施办法》,计分考核分为基础分考核、奖励分考核和专项奖励加分三项,实行累进计分、按分计奖、累进激励制度。计分考核作为行政奖励(包括监狱表扬和监狱改造积极分子)的依据,行政奖励又与法律奖励(减刑、假释)挂钩。

罪犯违反监规,监狱根据情节给予警告、记过和禁闭处分。罪犯服刑期间又犯罪的,由监狱立案侦查结束后,移送人民检察院起诉,追究刑事责任。

三、教育改造

1. “三课”教育　1983年,监狱系统地对罪犯进行三课(政治、文化、技术)教育。1985年,镇江监狱在全省监狱系统率先成立罪犯文化技术学校。1992年始,镇江市在监狱内设高等教育自学考试考点,罪犯可自愿报名参加国家自学考试。至1994年有1030名罪犯获初中文化合格证书,1419名罪犯获监狱或镇江市劳动局颁发的各类专业技术合格证书和等级证书,110名罪犯获电工、电焊、锅炉等特殊工种上岗合格证书,63名罪犯报名参加高等教育自学考试。1995年后,监狱先后开展“录像探亲”“视频会见”和法律援助、特困帮扶等多形式多主题的教育活动。2003年启动创建现代化文明监狱,监狱三课教育均达到司法部创建现代化文明监狱规定标准。

2. 个别教育　1983~1991年,监狱实行“三必谈”教育模式:即调查处理犯人中出现的问题时必须进行谈话教育、对受处分的犯人必须谈话教育、对犯人入监或出监时必须谈话教育。1992年制定个别教育实施“三包”“五必谈”制度。“三包”:即对重点罪犯落实专人包管、包教、包转化责任制;“五必谈”制度:即对新入监或新调入监区的犯人必谈,发现犯人情绪异常时必谈,对加刑、禁闭、严管、降级或警告以上处分的犯人必谈,对家庭和恋爱对象发生变故的犯人必谈,对分管小组的犯人每季度必须谈话一次。1999年,监狱先后建立“预约谈话”、民警谈话日和谈话公示等制度,细化个别谈话教育要求,改进个别谈话考核方式,落实个别教育“十必谈”制度。“十必谈”是指:新入监或服刑监狱、监区变更时,处遇或者劳动岗位调换时,受到奖励或者惩处时,罪犯之间产生矛盾或者发生冲突时,离监探亲前后或者家庭发生变故时,无人会见或者家人长时间不与其联络时,行为反常、情绪异常时,主动要求谈话时,暂予监外执行、假释或者刑满释放出监前,其他需要进行个别谈话教育的。2005年,罪犯遵纪服法率达98%以上。

3. 心理矫治　1999年,监狱设立心理咨询科,建立心理咨询和矫治工作网络,购置专用设备,建起咨询室和宣泄室,初步开始对罪犯开展心理矫治工作,建立重点罪犯心理档案150份,消除两名罪犯自杀隐患。2000~2005年期间,镇江监狱先后出台《心理矫治工作考核细则》《心理咨询工作规定》《心理矫治工作流程》等规定,在罪犯中设立心理咨询信箱,在监狱启明报上开辟心理健康之友,先后完成罪犯心理测试2618人次,开展罪犯心理咨询和心理治疗1222人次。至2005年,全监有6名民警通过全国职业心理咨询师资格考试,一批民警通过职业心理咨询员资格考试,监狱被司法部指定为罪犯心理矫治培训实习基地。

2005年,监狱推进罪犯改造质量评估试点工作,规范新入监罪犯评估操作流程,被江苏省监狱管理局确定为新犯改造质量评估试点单位。

4. 社会帮教　1987~1990年,监狱先后与镇江市纺织厂、扬中县、宝应县、泰州市等签订80多份帮教协议,接待对罪犯进行帮教的单位和组织40多个,帮教罪犯180多人次。1991~1997年,有53个社会单位或组织到监狱进行帮教活动,先后有883名罪犯家属与监狱签订家庭帮教协议书。1998年,监狱先后建立各类社会帮教基地20余个,在全省首家成立罪犯特困家庭帮扶基金。2000年在仪征市建立罪犯返乡教育基地,近百名罪犯接受教育。2003~2005年,监狱与社会各界或罪犯亲属签订帮教协议,每年分别为1584份、1628份和1835份。2005年在镇江焦山古炮台和烈士陵园建立服刑人员教育基地;邀请镇江市书法协会、律师事务所等社会团体送书、送法、送艺进监;与镇江《京江晚报》社联合开展帮教志愿者招募活动,27名志愿者与罪犯结对帮教。

四、生活卫生管理

1983~1995年,罪犯伙食实行货币定量标准。监狱组织罪犯养鸡、种菜、养猪,用于改善伙食。1996年起,罪犯伙食实行实物量标准,依据《中华人民共和国监狱法》规定,伙食安排每周向罪犯公布。2002年,监狱实行法定节日罪犯伙食特别补助。2003年改扩建罪犯伙房2000平方米,更新伙房餐厨设备,其中专用运餐车设有保温装置。1983~2005年,监狱没有发生一起罪犯集体食物中毒事故。

1983~1987年,罪犯被服(犯人的衣、被、鞋等)费每人每年30元,实行包干制和交旧换新。罪犯刑满时,收回被服,用于监区内部调剂。1995年,监狱开始统一配发罪犯被服:单衣、单裤、单鞋、内衣、内裤第一年两件(双),以后两年一件(双);棉衣、棉鞋四年一套(双);棉被、棉褥、蚊帐、草席四年一床。工作服及劳保用品发放,享受社会同工种待遇。

1984年起,监狱建立卫生管理网络。1996年始对罪犯生活费按实列支,独立核算,专款专用,足额支付。2001年起对罪犯生活日用大宗物资实行招标采购。

1996年,监狱医院被评为一级甲等医院。2003年,新建医院综合楼3000平方米。医院每两年对罪犯进行一次健康检查。2003年以后,狱内罪犯发病率小于4%,病死率在0.6‰以下,均低于镇江市城镇居民实际水平。

第二节 江苏省句容监狱

一、机构

江苏省句容监狱位于句容市下蜀镇境内,占地294.60公顷,始建于1973年8月21日,名称为江苏省第十四劳动改造管教队。1984年5月10日经江苏省司法厅党组批准,名称改为江苏省第十四劳动改造管教支队。1994年11月23日经省政府批准,江苏省第十四劳动改造管教支队更名为江苏省句容监狱。

1986年,江苏省第十四劳动改造管教队内设16个科室、6个大队(下辖23个中队)、1所医院、1所学校和10个直属单位(纸袋厂、直属队、机电中队、油库、炸药库、物资仓库、汽车运输队、下蜀中转站、招待所、服务公司),有在职民警508人,职工628人。

二、教育改造

1. 思想教育 罪犯入监时组织入监教育。教育罪犯认清犯罪根源,安心教育改造。运用多种形式,组织罪犯学习法律、法规和有关改造方面的文件,进行理想前途、爱国主义、人道主义等方面的教育。

2. 文化技术教育 1986年11月14日,江苏省湾山煤矿文化技术学校成立,对在押犯进行文化技术教育。每年组织文娱小分队在各个监区进行巡回演出。投入20多万元在监区配备12台大屏幕彩电,供罪犯收看、学习。投入大量人力、物力,营造"绿化、净化、美化"的改造环境。鼓励罪犯参加高等教育自学考试,先后有233人次报名参考,有42人通过68门课程。在罪犯中开展"劳动能手、技术能手、革新能手"评比活动。

3. 心理矫治 2003年7月29日,镇江市第四人民医院心理学专家一行5人,对句容监狱23名服刑人员进行心理咨询。同年12月,句容监狱与江苏大学举行共建心理健康教育基地揭牌仪式。2004年6月17日,句容监狱召开职业健康安全管理体系认证文件发布会。南京质量协会、南京金川科技服务中心老师就有关程序进行分析讲解。

三、监狱管理

1986~2005年,句容监狱以"打造最平安监狱"为目标,加强防控体系建设、隐患排查、应急处置和领导责任。在防控体系建设上,修建内巡逻道,加强物防技防建设,周界监控报警装置全部运行使用。在隐患排查方面,建立定期排查与不定期排查相结合的全天候、全方位、全覆盖机制,对隐患实行首问制和事故责任追究制,把事故隐患消灭在萌芽状态。在应急处置方面,完善应急处置预案,调整应急防暴大队成员,开展应急防暴和消防演练,提升快速处置突发事件的能力。监狱主动协调与驻监武警、检察机关的关系,形成应急处置合力。在领导责任制方面,明确单位"一把手"对安全稳定工作负第一责任,每年监狱与各监区第一责任人签订改造、生产、队伍建设、党风廉政建设责任状,每季度对科监区领导的工作进行全面评估与考核,并将结果与年终评比和晋职晋级挂钩。做好生活卫生工作,保障罪犯合法权益,对监狱进行文明管理。加强在职干警、职工的教育力度。加强领导班子和干警队伍建设。坚持从优待警、从优待工,充分调动干部、职工对监狱管理、对罪犯改造的积极性。

第三节　江苏省边城监狱

一、机构

江苏省边城监狱,位于句容边城镇小茅山,占地43.33公顷。该监狱是1985年11月,由原江苏省古城少管所和原江苏省地方国营小茅山陶瓷厂组成,时称江苏省第二少年犯管教所,1986年5月更名为江苏省第二少年管教所,2004年6月更名为江苏省第二未成年犯管教所(2008年11月6日更名为江苏省边城监狱)。1995年,监狱党委书记、政委王泉仁被司法部评为全国优秀监狱长,并赴京参加全国监狱工作会议;1996年被司法部、人事部评为全国司法行政系统先进集体;2000年被评为全国司法行政系统政治工作先进集体;2003年被省委省政府评为人民满意政法单位,并立集体一等功;2005年党委书记、监狱长潘孝银被司法部评为全国优秀监狱长。

二、教育改造

1986～2005年,边城监狱收押十年以上重刑未成年犯和十年以下成年犯。从1986年起,每年组织服刑人员到革命传统教育基地进行革命传统教育。1986年设立编辑机构,组织罪犯创办铅印小报《京江育新报》(2001年5月改为《育新苑》)。同年12月成立江苏省小茅山文化技术学校,对罪犯开展政治、文化、技术教育活动。1988年9月始先后与徐州、苏州、无锡、镇江、泰州、常州等全省13个省辖市签订帮教协议。1991年8月开展未成年犯回原籍"试读"工作。1995年12月成为全省监狱系统首家规范化管理示范单位。从1996年开始,每年均举行服刑少年成人仪式。1997年2月开设罪犯亲情热线电话,1998年4月实行罪犯与亲属亲情共餐和特优会见制度。

2000年3月,监狱拨款5万元,民警职工捐款6137元,帮教单位、社会团体捐款1.8万元,成立罪犯特困帮扶基金,帮助特困罪犯。2002年8月创建成为省级文明示范少管所,9月实施监企适度分离改革。2003年1月在罪犯中开展心理矫治试点工作。"非典"期间,民警、职工和罪犯未发生一例"非典"病例。2004年10月成立罪犯心理健康指导中心,对罪犯进行心理健康辅导。2005年始,每年组织罪犯参加全国高等教育自学考试。

三、监狱管理

1986～2005年,江苏省边城监狱推行狱务公开,实行民主管理,在服刑人员中开展规范化管理、规范达标工作,创建现代化文明监狱。设置监狱长信箱、举报箱、举报电话,向犯罪家属发公开信,在罪犯刑满释放前进行谈话,完善行风建设和执法执纪制度建设等。2000年11月启动监狱住房城市化。1989～2005年,监狱连续16年实现"三无"(无罪犯自杀、无脱逃欺诈、无非正常死亡)

目标。1995～2005年,连续10年安全生产无事故。1985～2005年无民警受刑政处罚。

第四节　江苏省未成年犯管教所

一、机构

江苏省未成年犯管教所(以下简称省未管所)是一个集关押未成年犯、女犯为一体的低等级警戒监狱,为江苏省省直机关,隶江苏省监狱管理局,处级建制。该所地处句容市境内,紧邻沪宁高速句容道口,创建于1954年,是全国首批建成的少管所之一。原址在安徽省郎溪县,1960年初迁到现址。占地面积171.87公顷。

1986年5月10日经江苏省劳改局审批,该所正式启用“江苏省少年管教所”印章(以前为大队级建制,称“少年犯管教所”,隶属于句东农场。同年3月25日,江苏省公安厅决定该所与句东农场分开,升级为支队级建制)。当时设5个科室、1个大队级医院和12个中队。1987年从省第二少管所调入99名少年犯,组建茶厂大队,1989年茶厂大队撤销。1993年组建纸箱包装厂。1994年完善大队建制,调整、组建一大队(印刷厂)、二大队(包装厂)、三大队(电感厂)、四大队(茶厂)、五大队(农业)、六大队(服务)共6个大队,实行三级管理。1997年增设狱内侦查科。1998年增设供应科。2001年增设刑罚执行科,原狱内侦查科撤销。2002年4月,原大队、中队统一改称为监区、分监区。2003年9月增设安全生产科,12月增设青少年犯罪与改造研究所,均为正科级建制。2004年6月23日,该所正式更名为江苏省未成年犯管教所。2005年,生产科与企管科合署办公,撤销生产科,增设心理矫治科(后该科室更名为心理健康指导中心)。

二、教育改造

1. 思想道德教育　省未管所坚持因人施教、分类教育、以理服人的原则,采取集体教育与个别教育相结合、所内教育与社会教育相结合的方法,开展符合未成年犯自身特点的一系列教育活动。

2. 文化技术教育　1985年成立江苏省暨南文化技术学校,配备专业的警察教师队伍,外聘社会师资力量,根据未成年犯的文化程度,实施扫盲教育以及小学至初中的九年制义务教育。1986年以后,根据未成年犯的刑期、文化程度和刑满释放后的就业需要,依托习艺培训基地,对未成年犯进行职业技术教育和技能培训。先后开设电脑操作、实用电工、机电技术与应用、车缝及车缝机械维修、印刷操作等专业技能培训课程,学员经培训考核合格,获劳动部门颁发的技术等级资格证书。2002年、2003年分别创办全国首家监内中专班和高等教育自学考试助学考试点,210人次参加自学考试,有171人次获得单科合格证,开创与社会联合办学的新渠道。该所监区建立图书室、阅读室、电视演播室,组建未成年犯文艺队,创办《导航》报和“暨南之声”广播站,开设书画等艺术培训班,还按年度交替举办“体育节”和“艺术节”,开展各种文体活动和竞赛,丰富未成年犯的改造生活,培养未成年犯的健康情绪。

3. 心理矫治工作　2005年,省未管所设立心理矫治科(后更名为心理健康指导中心)以及监区心理辅导站,建立一支具有国家三级和国家二级职业资格的心理咨询师和心理辅导员队伍,还与南京大学犯罪预防与控制研究所、江苏省社会科学院合作,设立心理矫治工作站,开展经常性的心理矫治业务培训和个案会诊,提高心理矫治工作队伍的整体水平。指导中心设有心理咨询热线电话和心理咨询视频系统,未成年犯可通过热线电话和咨询系统,进行心理咨询。中心通过组织未成年犯开展心理健康知识普及教育、团队与沟通训练、编演心理剧、学做心理健康操,并运用目标激励法、赏识激励法和游戏治疗法,促进未成年犯的心理健康成长。特别是在未成年犯改造质量评估工作方面,经过近两年的探索,彰显出未成年犯改造工作科学化的新亮点,编写《未成年犯改造质量评估概要》《未成年犯改造质量评估理论及实务操作手册》《未成年犯个别化矫正方案制定指导书》和《未成年犯矫正作业制定指导书》，推动未成年犯改造质量评估试点工作，为全省乃至全国的罪犯改造质量评估工作积累经验。

4. 辅助教育和社会帮教　1986 年以后，每年都利用“家长开放日”、六一儿童节、母亲节、父亲节、三八妇女节等特殊节日，开展主题教育活动，使未成年犯认识到犯罪的危害，感悟到亲情的伟大，认识到肩负的责任，自觉接受改造，积极重塑自我。1999～2008 年，江苏省副省长、省委副书记、省政协主席张连珍每年都率队到所开展大型主题帮教活动，促成该所首家建成预防青少年犯罪警示教育基地，开办“科学教子”希望家长学校，与地方教育、公安、检察、法院等 30 余个社会帮教团体签订协议书，建立共建关系，与 16 个高等院校的团委或团支部建立长期帮教合作关系，利用社会力量对青少年罪犯进行帮教。预防青少年犯罪警示教育基地建成以后，年均接待近 1 万人次的青少年学生来所开展警示教育或帮教活动，促进社会教育资源的引进和利用。

5. 激励与奖惩　1986～2005 年，省未管所坚持用激励与奖惩方法对未成年犯进行教育改造。特别是在生产经营中，创新罪犯劳动力管理方法，针对未成年犯身心特点，在法律框架内探索激励机制，落实分级处遇政策，调动罪犯的劳动积极性，收到一定效果。

三、监所管理

1. 安全工作责任制　1986 年，省未管所实行监管安全“一把手”负责制、“一票否决制”和领导逐级挂钩承包责任制，逐级逐人签订监管安全工作责任状，提高安全责任意识。加强隐患排查整改机制、防控机制、应急处置机制和责任追究机制建设，建立和完善 24 小时全天候、滚动式巡督查等制度，实行首问负责制，推行片警制和精细化管理，强化民警直接管理，促进安全防范工作的落实。

2. 安全设施建设　改造警戒设施，安装智能化门禁系统、停电应急设施和会见监听对讲系统，购置安检门和金属探测仪，架设周界红外监控与报警系统，提高安全防范水平。监所实现无罪犯脱逃、无狱内重特大案件发生的目标。

3. 依法治所　省未管所实施“阳光工程”，罪犯计分考核、减刑、假释、暂予监外执行等执法环节一律公开；全面推行减刑、假释的听证制、公示制和申请复议制，定期开展执法检查，加强对民警执法过程的监督和管理，在罪犯减刑、假释、暂予监外执行以及行政奖励办理中，未发生一起民警违法违纪案件。罪犯权益和生活物资得到保障，卫生医疗状况不断改善，未发生狱内食物中毒事故和传染性疾病的暴发流行。贯彻落实宽严相济的刑事司法政策，突出宽管处遇特色，加大投入打造花园式监区与个性化监舍，建有文化干道、主题雕塑等标志性建筑。服刑人员可以走出大墙，参观家乡巨变；可以收听收音机，与家人特优会见、共餐和电话；可以订购健康书报，在监舍种养各类植物花草，在床头摆挂亲属的相片和情调健康的饰物。

第五节　江苏省女子劳教所

一、机构

江苏省女子劳教所（江苏省女子强制隔离戒毒所，以下简称省女所），位于黄梅镇境内，距句容市区 12 公里。原为省句东劳教所女劳教中队，1980 年开始收容女性劳教人员。1986 年成立女劳教大队，1998 年更名为江苏省句东劳教所女子分所。2002 年 4 月经省政府批准建立江苏省女子劳教所，2003 年 1 月 17 日正式挂牌成立，是全省唯一收容女性劳教人员的劳教场所。全所占地 10.37 公顷。

1986 年以后,省女所针对劳教对象的特点,加强所政管理,开展对女性劳教人员(含女性强制隔离戒毒人员)教育矫治,发展劳教经济。2001 年 2 月,女子分所被中组部、中宣部、中央政法委、公安部、民政部、人事部等授予全国同邪教组织斗争先进集体称号;2002 年 4 月,女子分所被司法部记集体一等功;同年 10 月,女子分所被江苏省社会治安综合治理委员会评为刑释解教安置帮教工作先进集体;2003 年 6 月,省女所被省政法委、省社会治安综合治理委员会评为全省严打整治斗争先进集体。

二、教育矫治

省女所成立以后,贯彻落实"教育、感化、挽救"的劳教工作方针,采取思想教育与心理疏导相结合,课堂化教学与辅助教育相结合,集体教育与个别谈话相结合,行为矫正与劳动习艺相结合等矫治方法,结合女性矫治对象思想、心理、行为特点,教育劳教对象树立公民意识,学会做人、做事,学会生活。2003 年,所报《新语园地》创刊,并定期印发。先后组建润蕾文艺队、时装表演队、健美操表演队和拉丁舞、瑜伽、绘画、书法、文学写作、十字绣、手工编织等兴趣小组。将每年 4 月定为文化活动月,开展读好书、主题演讲比赛、文艺汇演、书画展、体育竞赛等文体活动,至 2005 年,共举办 3 届文化活动月,3 届体育运动会。

三、戒毒矫治

省女所是省劳教局确定的全省 3 个戒毒矫治试点单位之一。2005 年初成立专门试点大队,开展"三期一延伸"戒毒矫治流程试点,即将矫治过程分为脱毒戒断期、康复矫治期、回归适应期、延伸跟踪考察等四个阶段,综合运用心理矫正、药物治疗、物理治疗和康复训练等手段,提升戒治水平和成效,探索建立具有江苏特点的劳教戒毒模式。2005 年 6 月投资 180 万元的禁毒教育中心建成,成为该地区唯一长期向社会开放、系统宣传禁毒知识、展现劳教机关戒毒成效的永久性禁毒教育基地。

四、所政管理

1. 劳教管理 1998~2005 年未发生过安全事故,场所持续安全稳定。2005 年起推行"封闭式、半开放式、开放式"三级管理模式。劳教人员区分不同管理等级可享有到所内超市自选购物;会见、亲情共餐或同居,拨打亲情电话;刷卡自选就餐;周末探亲,自行回家处理问题;放假,所内试工,所外执行等处遇。投资 100 余万元用于布局调整、环境美化、设施改造和器材配置,建成包括运动场、大队文化活动室、劳教人员社区活动中心、教育中心在内的"五室两场两中心"等功能设施。2005 年 11 月,司法部劳教局在江苏省召开推进管理工作改革经验交流会时,现场观摩省女所三级管理模式。

2. 执法工作 2003 年 3 月成立劳教人员法律援助工作站,建立特困扶助制度,对家庭困难的矫治对象发放困难扶助金。2004 年 5 月制定劳教人员计分考核奖惩办法,对劳教人员实行计分考核。减(延)期、提前解教、加扣分、放准假等重点问题,坚持会办制度,做到条件、评议、程序、结果四公开。建立并完善执法救济,2004 年 3 月实行劳教人员延期、处分聆询制度,充分听取劳教人员辩解。2005 年 7 月建立适度劳动报酬制度。

3. 信息化建设 2005 年建立包括演播室、多媒体教室在内,网络覆盖全所、终端遍布每个劳教人员宿舍的数字化教育系统,开通有线电视、"心之桥"所内广播站,建立所内网吧。

五、队伍建设

2003 年 1 月成立所党委,8 月成立工会和共青团江苏省女子劳教所委员会。建所以后,所党委围绕当好中国特色社会主义事业建设者、捍卫者的根本方向,先后组织开展保持共产党员先进性教育、理想信念教育、社会主义荣辱观教育、社会主义法治理念教育和深入学习实践科学发展观等专项活动。针对女性民警工作生活压力大、情绪变化快、共性问题多的特点,2005 年 5 月启动民警心理健康教育。

第六节　江苏省句东劳教所

1951 年 8 月,镇江专署公安处在句容县下甸、高庙两处创建江苏省地方国营暨南农场,场部设在下甸,对内称江苏省第二十二劳动改造管教队。1970 年 5 月对内称江苏省第十二劳动改造管教队,江苏省地方国营暨南农场更名为江苏省地方国营句东农场,取句容城东之意,“句东”之名始于此。1973 年末,场部由下甸移至石山头。1979 年 11 月 6 日,农场二大队被命名为江南地区劳动管教场所。12 月 22 日在江苏省地方国营句东农场基础上设江苏省句东劳动教养管理队。1984 年 6 月改江苏省地方国营句东农场为江苏省国营句东农场。1986 年 6 月 5 日取消江苏省第十二劳动改造管教队、江苏省国营句东农场,对内对外统称为江苏省句东劳动教养管理所(简称句东所,下同),隶属于江苏省司法厅劳教局。

1987 年 9 月,句东所将东区改为不满 18 周岁的未成年劳教人员收容点,集中收容未成年劳教人员。同年,句东所创办特色学校,被司法部确定为全国对外开放劳教所,接待全国除台湾、西藏以外的各省市劳教单位参观学习。1989 年初设立大队建制的女劳教人员收容点,集中收容全省女性劳教人员。1990 年,句东所实施军营式与校园式相结合的管理教育模式,在全国探索劳教工作特色经验交流会上作专题汇报。6 月成立电教中心,在劳教人员中开展电化教育。1991 年 3 月,省妇联与句东所女民警和女劳教人员共度“三八”节日。1992 年开展劳教人员“三试”(试工、试农、试学)工作。1995 年 6 月举办首期劳教人员家长学校。8 月,句东所新建收容点,开展女劳教人员戒毒工作。1996 年成立少教中队,集中收容教养犯罪少年。1998 年,句东所女教大队更名为江苏省句东劳教所女子分所。同年,少教中队升格为大队,与入所中队合署办公,称句东所四大队。12 月,句东所四大队被团省委、省社会治安综合治理委员会、司法厅联合授予优秀青少年维权岗。

2000 年 6 月成立江苏省句东劳教所劳教人员法律援助站,首批 26 名劳教人员接受法律援助。2001 年初,中区收容点改扩建工程开工,至 2004 年 4 月二期工程结束,句东所逐步撤销原散布的南区、东区、西区、北区收容点,实现集中收容。2002 年 5 月承办全省劳教系统人民警察基本技能训练成果汇报表演,获得第三名。2003 年以少年教养工作为主题的《失落的花季》纪录片获得全国电视教育片一等奖。同年,句东所四大队被省社会治安综合治理委员会等 15 个部门联合表彰、授予预防青少年违法犯罪先进集体称号;句东所被省委、省政府授予人民满意政法单位称号,记集体一等功。2004 年开展劳教人员职业技术培训,250 名劳教人员获得职业资格等级证书。同年,句东所四大队被团中央、司法部联合授予优秀青少年维权岗称号。2005 年,句东所开展三级管理模式试点工作,承办全国劳教管理模式改革现场会。

第三十一卷

军事

卷 目

镇江市位于长江和京杭运河交汇处，沪宁铁路与公路的节点，属水陆要津；同时，东与上海邻近、西与南京接壤，素为军事要地。中华人民共和国成立后，镇江曾长期为省军区、野战军军部所在地。镇江有地方部队、武警部队及众多驻军部队、军事院校。

镇江地方部队、武警部队和驻军部队把战备训练摆在中心工作位置，开展新"三打三防"（打武装直升机、打巡航导弹、打隐形飞机，防精确打击、防电子干扰、防侦察监视）训练，提高应急能力和实战能力。各单位按照"一保战备，二保生活"的保障原则，搞好各项专业勤务保障，开展后勤保障社会化改革。民兵组织经过调整，逐步向城镇转移、向大中企业转移、向重点地区转移，民兵占总人口的比例控制在10%左右。在基干民兵中大量组建专业技术分队和应急分队，提高民兵队伍的科技含量和应急能力。民兵政治教育实行"四级责任制"，军分区、县级人武部、基层人武部、民兵营各司其职。丹阳开展平原作战训练，句容开展丘陵作战训练，扬中开展水上作战训练，丹徒区、京口区和润州区开展城市反空袭防卫作战训练。民兵训练对象从以步兵为主到以专业技术兵为重点，民兵训练方法从小型、就地、分散训练到乡镇集中训练，到各辖市（区）民兵训练基地集中训练。

1995年，镇江市成立国防动员委员会，市域人民武装动员、政治动员、经济动员、人民防空动员、交通战备动员、科技动员、信息动员机构健全。2005年，镇江兵役登记率和应征报名率提高，在全国双拥模范城评比中，镇江市获得"四连冠"（分别是1994年，1997年，2000年，2004年）；各辖市（区）也都先后被评为江苏省双拥模范城（县、区）。

人民防空工作实行地方政府和军队双重领导体制，平战结合的防空体系完备。1996～2005年共筹易地建设费1.43亿元。

第一章　军事组织

第一节　中国人民解放军

一、地方军事机构

镇江军分区　镇江市的军事机构，为中国人民解放军正师级建制，隶属于江苏省军区，同时是中共镇江市委的军事部门和镇江市政府的兵役机关。1983年实行市管县体制，原隶属于镇江军分区的丹徒、丹阳、句容、扬中县人武部仍属镇江军分区，镇江市人武部撤销，新建京口、润州区人武部，亦属镇江军分区。

镇江军分区设司令部、政治部、后勤部。

镇江军分区兼镇江警备司令部。主要负责分配驻军警备执勤任务，组织实施对外出军人、军车的检查纠察，协助地方公安交通管理部门处理军车违章和交通事故；协助地方有关部门查处冒充军人、军车或者军队单位的违法犯罪活动，制止损害军队声誉和军人权益

图 31-1 20 世纪 90 年代末期建成的镇江军分区办公楼

行为，帮助过往军人解决困难，组织协调驻军参加集会和协助地方维护社会治安等。

1983～2005 年，镇江军分区历任司令员有严维道、范导汾、凌广业、蒋文郁、贾寿元、王海棠、黄波生、甄邢兵，历任政治委员有彭光、曾学才、卓洪昶、陈主志，历任副司令员有范导汾、马杰三、宫崇炳、李述经、王永康、易祥发、任寿南、陈信章、高永松、樊明，历任副政治委员有毕春华、赵长隆、屠文勇、张兴阁、陈主志、徐正明，历任参谋长有董安高、陆志仁、钱自成、陈信章、赵挺、王禹。镇江军分区辖 3 个离职干部休养所。第一干休所 1976 年由江苏省军区干休所改制建立，第二干休所 1979 年建立，第三干休所 1986 年由铁道兵镇江干休所划入建立。

辖市(区)人民武装部 所在辖市(区)的军事机构，正团级单位。镇江市所辖的 3 个市和 3 个区人民武装部隶属于镇江军分区，同时是所在市、区党委的军事部门和市、区政府的兵役机关。1983 年以后，人民武装部军地隶属关系经历"军队—地方—军队"的变化，丹徒、丹阳、句容、扬中县和京口、润州区人民武装部，1986 年 6 月改划地方建制，1996 年 4 月收归军队建制。丹阳、扬中、句容县先后于 1987 年 12 月、1994 年 5 月、1995 年 6 月撤县建市，丹徒县于 2002 年 4 月撤县建区，原县人民武装部分别改称市、区人民武装部。县级人民武装部设军事科、政工科、后勤科。

二、驻军

73016 部队 1950 年 3 月在福建组建。部队有两个红军连队：一个是保障第一连，1930 年 10 月 7 日在江西吉安后街以 148 名安源煤矿工人为基础组建，是红军第一个工兵连队，被命名为中国工农红军第一方面军工兵连，亦称"工兵红一连"，先后参加中央苏区五次反"围剿"战斗、二万五千里长征、平型关战斗、抗美援朝战争；另一个是舟桥第二连，1927 年秋收起义时在湖南桑植县成立，翌年编入贺龙率领的湘鄂西工农红军第四军，先后参加延安保卫战、解放大西北战斗、抗美援朝战争。2003 年，部队被南京军区评为全面建设先进单位。

73033 部队 前身是 1945 年 5 月建立的胶东军区炮兵团，1950 年 1 月编为华东警备第 4 旅炮兵团，同年 11 月编为第 100 师炮兵团，1953 年 4 月编为山东军区炮兵团。部队在解放战争期间，先后参加昌邑平度地区反投降战役、胶东平(度)掖(县)保卫战、胶东威海保卫战、长山岛战役。1999 年，部队被南京军区评为全面建设先进部队。

73056 部队 最早是 1927 年清涧起义所诞生的西北工农革命军游击队，以后逐步发展壮大。部队在土地革命战争时期参加第一、第二、第三次反"围剿"战斗，抗日战争时期参加"保卫陕甘宁、保卫党中央"战斗，解放战争时期参加解放大西北的战斗，抗美援朝战争期间参加保卫平壤战役、第五次战役、上甘岭战役、金城反击战。

83106 部队 前身是华北军区第 8 纵队，解放战争时期参加临汾战役、晋中战役、太原战役。后向西北、西南进军，参加扶眉战役、秦岭战斗、解放成都战役。纵队第 23 旅在临汾战役中首先登城，被华北军区授予"光荣的临汾旅"称号。1950 年 3 月，部队兼川西军区，肃清川西匪患。1951

年 3 月，部队入朝作战，参加第五次战役和金城以南、北江以西反击作战。1953 年 7 月，部队从朝鲜回国，调归华东军区建制。1976 年 3 月，部队从南京移驻镇江。1985 年 9 月，部队与陆军第一军合并整编为陆军第一集团军。

预备役部队　驻镇江预备役部队前身是 1937 年 12 月建立的山西临汾县民众模范自卫总队，后改编为决死第 5 大队、第 18 集团军汾东支队、晋冀鲁豫军区第 68 团、陆军第 536 团、某师炮兵教导团。1998 年 11 月，改编为预备役部队。

镇江船艇学院　1983 年 6 月，中国人民解放军汽车管理学校附属船艇大队命名为陆军船艇技术学校。1986 年 6 月更名为陆军船艇学校。1992 年 9 月改建为海军镇江舰艇士官学校。1995 年 5 月复称为陆军船艇学校。1999 年 9 月更名为镇江船艇学院。学院是以培养陆、空军船艇部队指挥、技术、管理人才的指挥院校，专业设置涉及军事学、管理学、工学 3 个学科的 19 个专业。学院有本科、大专、中专 3 个培训层次，军官、士官、水兵同校合训，有培训军官的本科班、大专班，培训专业士官的中专班，培训专业学兵的水兵队。学院先后进行 81 个科研项目研究，获军队科技进步三等奖 5 个，全国教育科学军队教育成果一等奖 2 个，院校级科技成果奖 9 个。在教育科研上获国家级优秀成果奖 2 个，军队级成果一等奖 1 个，组织专题性学术活动 20 次，承办“陆军船艇交通勤务保障”等大型学术会议 2 次。学院共发表学术论文 400 多篇，其中国际会议和国外学刊 9 篇、国内重点刊物 40 多篇，出版研究专著 1 部、教材 18 部，获各类各级论文奖 50 多个。学院承编的《陆军船艇战时保障条令》颁发全军执行，《陆军船艇部队作战指挥管理系统》《陆军船艇器材计算机管理系统》在部队和机关应用。

图 31-2　镇江船艇学院(1999 年摄)

第 359 医院　1969 年 6 月，中国人民解放军第 359 医院在镇江成立。第 359 医院为综合性驻军医院，主要担负镇江、扬州、泰州地区驻军、人武部、干休所人员的预防、医疗、保健任务。1989 年，医院骨科、口腔科被南京军区确定为矫形外科专科中心、口腔颌面外科专科中心。2002 年，骨科升格为骨科研究所。骨科在儿麻矫治、断指(肢)再植、脊柱侧弯前后路矫治，口腔科在颌面部巨大肿瘤切除、口内治疗及修复整畸、义齿制作上具有明显专科优势。2002 年以后，医院年均门诊量 12 万余人次，急诊抢救 1.2 万余人次，收治 7000 余人次，手术 4000 余人

图 31-3　中国人民解放军第 359 医院(2005 年摄)

次。医院是镇江市职工社会医疗保险定点单位，是第 4 军医大学、第 2 军医大学、南京医学院、安徽医科大学、镇江医学院、皖南医学院等大专院校的教学医院。医院建院 30 多年来，共获科研成果奖 73 项，其中，国家科技进步三等奖 1 项，军队科技进步二等奖 3 项，军队医疗成果二等奖 2 项，军队科技进步三等奖 20 多项。

山西省军区镇江离职干部休养所　2003 年，66169 部队镇江干休所改称山西省军区镇江干休所。

65301 部队镇江离职干部休养所　1979 年 4 月成立。

73011 部队镇江离职干部休养所　1985 年 11 月，83106 部队镇江干休所改称 73011 部队镇江干休所。

总参谋部通信代表室　总参通信驻镇江地区军事代表室 1979 年 12 月组建，主要担负对通信装备生产进行质量监督和检验验收任务。

南京军区镇江房地产管理分局　1987 年，南京军区镇江房地产管理分局成立，隶属于南京军区房地产管理局，主要担负镇江、常州、扬州、泰州、南通地区的军队空余房地产的维护管理任务。

南京军区文化工作站　1986 年，南京军区政治部文化工作站文化影视训练中心在镇江成立，为南京军区文化站的二级站，担负南京战区（范围包括江苏、浙江、福建、江西、安徽省和上海市）陆、海、空、二炮部队技术骨干的中级培训任务；指导全区文化工作分站的初级技术培训工作；同时担负镇江、常州驻军部队基层文化活动的检查指导，调配发行文体器材、影片、音像制品等任务。

第二节　中国人民武装警察部队

1983 年，中国人民解放军执行内卫执勤的部队与公安部门实行兵役制的武装警察、消防警察、边防警察统一组成中国人民武装警察部队，是国家武装力量的组成部分之一。

武警镇江市支队　1983 年，镇江地区人民边防武装警察支队与 83053 部队第 3 营营部、第 9 连、第 7 连各一个排，组建为中国人民武装警察部队镇江市支队，隶属于江苏省武警总队和镇江市公安局。

图 31-4　20世纪80年代武警镇江市支队营房

图 31-5　20世纪90年代镇江市消防支队营房

镇江市消防支队　1983 年 1 月，镇江消防队转为现役部队，纳入人民武装警察部队序列，受省武警总队和市公安局双重领导。同年 3 月，市消防队扩编为市消防大队。1988 年 3 月，市消防大队组建为市消防支队。

镇江边防检查站　中华人民共和国镇江边防检查站建立于 1987 年 2 月，是隶属于江苏省边防总队的现役部队，具有公安性、军事性、涉外性的特点，在口岸边检站中属一类站。镇江边防检查站是代表国家行使出入境检查的职能部门，担负长江南岸镇江段64公里沿线的2个江心浮筒、1处检疫锚地、11座码头、25个泊位的边防检查、监护和巡逻，打击偷渡、走私、贩枪、贩毒和涉边违法犯罪活动。1996年抓获9名偷渡人员和4名偷渡组织者。2000年3月6日，查出一宗采用揭换海员证照片等手段组织他人偷渡的重大团伙偷渡案，抓获偷渡组织者11人。同年3月21日，从1艘外籍轮船上抓获6名外籍偷渡人员和1名偷渡组织者，2名遥控指挥的"蛇头"，其中1名外籍"蛇头"被驱逐出境。

图31-6　20世纪90年代镇江边防检查站营房

第二章　地方部队建设

镇江地方部队，即镇江军分区及所属县级人民武装部，隶属于中国人民解放军江苏省军区系统。

第一节　政治教育

镇江军分区把加强政治教育作为部队建设的基础工程。20世纪80年代初期，军分区官兵主要学习党在社会主义初级阶段的基本路线，中共中央、国务院重要会议精神以及重要文件和重要政策。

1985年，军分区重点学习党中央关于国防战略转变和裁军百万的重大决策，统一思想认识，领会精神实质，使广大干部战士认识到把长期立足于"早打、大打、打核战争"的指导思想转变到和平时期的长期建设上来，是根据对国际形势的科学分析作出的英明决策；认识到战争因素和战争危险依然存在，军队的职能没有改变，仍然要准备打仗，做好打赢高科技条件下局部战争的准备。

1992～1993年，驻镇江部队学习邓小平视察南方重要讲话和中共十四届三中全会《关于建设社会主义市场经济若干问题的决定》。军分区党委常委运用生产力标准正确看待改革形势的学习体会，被南京军区转发。

1999年，驻镇江部队开展"讲学习、讲政治、讲正气"教育，重点学习邓小平著作，先后进行4次集中辅导、5次集中交流，展示分区领导和机关干部250篇学习体会文章。

中共十三届四中全会后，军分区抓紧"三个代表"重要思想的学习教育，认识到"三个代表"重要思想反映党的性质、任务和宗旨，体现党所领导的建设有中国特色社会主义事业的本质要求。

2002年中共十六大后，军分区学习科学发展观，确立科学发展观在军队建设和国防建设中的指导地位。

第二节　军事训练

图 31-7　73667 部队坦克进行水上训练

1983 年以后，镇江军分区按照总参谋部制订的训练大纲，突出首长、机关训练。1986 年，军分区举行分区和人武部两级首长、机关带部分民兵通信分队的步兵团反空降战斗演习，演练组建部队和组织部队开进、宿营、战斗准备、战斗实施、撤出战斗 5 个课题。1994 年 9 月，军分区组织分区、人武部两级首长、机关为驻军补充满员的应急动员演习，采取自导自演、上导下演相结合的集团作业方式，分进入战备阶段、动员准备阶段、动员实施阶段进行。

1996 年，军分区首长、机关训练突出高科技理论学习和外军研究，注重应用性训练，摸索内地分区按纲施训的路子。1997 年，军分区制定《军官学习高科技知识三年规划》，开展人武部军官科技练兵训练。2000 年 3 月，省军区在丹徒县人武部召开人武部科技练兵试点现场会，观看人武部实施科技练兵录像片，研讨《人武部军事训练与考核纲目》，观摩人武部参谋训练考核演示、战备方案课件演示、国防潜力资料查阅演示和城市反空袭综合演示。2001 年 3 月，省军区在镇江军分区召开有各军分区司令员、参谋长参加的军分区首长机关科技练兵座谈会，镇江军分区介绍科技练兵试点经验和编制的《军分区军事训练与考核纲目》，并进行反空袭作战条件下的军分区行动、科技力量动员和参谋新技能、网上综合演练等课题汇报表演。

军分区投资建设训练场地等训练软、硬件设施。至 2005 年，分区机关和人武部建成军事训练与信息管理系统、科技人才信息动员系统、科技资源信息系统、国防动员潜力信息系统。

镇江军分区每年结合形势、任务和年度军事工作重点，下发军事学术研究课题，提出完成学术文章的数量质量要求，将军事理论研究作为一项制度。1999 年 9 月，军分区组织全区军事学术研究交流，7 个单位、9 名个人进行大会交流。2000 年，军分区被省军区表彰为军事理论研究先进单位。2004～2005 年，军分区针对未来反空袭作战的特点和本身担负的任务，联系辖区内谏壁发电厂、润扬长江公路大桥等重点防护目标，对战时抗敌空袭的防护方法、可能造成的损失和消除空袭后果的对策等组织研究，并深入电厂、大桥实地勘察，完成《城市反空袭战斗中大型火力发电厂的防护与抢修》《润扬大桥伪装与防护》等 60 多篇军事学术论文。

第三节　后勤保障

驻镇江部队按照"一保战备、二保生活"的保障原则，做好供给、军需、运输、卫生、营房等专业勤务工作。2002 年起，军分区按照中央军委指示，推进后勤保障社会化改革。

一、地方部队自身后勤保障

供给标准由全军统一制订。1980 年，镇江地方部队干部工资制度作部分改革，由单一的行政级别工资制改为职务、级别工资制。1988 年 10 月，全军恢复军衔制，军官工资由职务工资、军衔工资、基础工资、军龄工资构成,专业军士和军士长实行工资制,义务兵仍实行津贴制。1999年12月,实行士官制度,士官工资由军衔级别工资、基础工资和军龄工资构成。军官和士官军衔级别工资分为若干档次。

镇江地方部队执行二类区一类灶伙食费标准。各部队开展业余性、自给性的农副业生产,为部队提供农副产品,补助官兵伙食。被装供应为南温气候区标准。

镇江军分区每年制定军事运输计划,主要安排保障军事训练、军事演习、驻地抢险救灾和其他专项运输任务。民兵预备役部队远程演练用车,与地方交通部门协调,征用地方车辆运送兵员和装备。军分区对在编车和编外车进行全面技术普查鉴定,建立车牌号管理责任制,制订《战役机动兵团过境油料保障方案》,结合军事演习检验方案的可行性,进一步理顺战时油料供应关系,提高战时油料保障能力。

镇江地方部队医疗实行驻军医院、团以上单位卫生队、营卫生室、连卫生员四级保障机制。重视对离退休老干部的保健工作。并与地方联合开展计划生育工作。

1983年后,镇江地方部队逐步建起一批"完善、永久化"营房。先后被南京军区、省军区评为园林式营区。

二、后勤社会化保障

2000年,中共镇江市委、市政府、军分区按照"政府部门主导,军队组织实施,社会力量参与,市场机制运作"的原则,制订《镇江市关于支持驻镇部队推进后勤社会化保障改革的意见》。市委、市政府在政策、资金上给予支持,为推进军队后勤保障社会化提供服务。

驻镇江部队通过招投标等方式引进社会力量,承包部队饮食保障任务。政府将军队饮食保障纳入城市"菜篮子"工程,对不能独立起伙的部队单位,由就近地方单位食堂接收部队人员搭伙。

镇江市将驻军商业服务纳入商业网点规划,将商业服务体系延伸到驻军单位,特别是连锁性质的商业企业服务到部队。军分区和各驻军单位撤销由军队管理的军人服务社,使其从军队保障体制中分离,除制式装备和专用器材外的军民通用物资,实行集中采购、集团购买,所需商业服务全部由社会提供。

镇江市把城市(镇)规划区内驻军单位的水、电、气供应纳入城市(镇)建设规划。对需与市政供水、供电、供气干(管)道连接的铺至营区边界;对需要水电增容、增加用水、电、气指标和开通双路供电的给予解决;确需开通双路供水的,在条件允许的情况下给予保证。

镇江市将距离部队医疗机构30公里以上的驻军单位军人及符合享受优惠医疗条件的随军家属的就医纳入地方医疗服务体系,政府主办的医院免收挂号费,并设立军人病房。符合基本医疗保险规定的就医检查费、治疗费、手术费、住院费予以优惠。对急诊、危重伤病员先救治后收费。对军队系统离退休干部,地方医疗机构提供医疗保健方便,并实现军队干休所卫生所与当地急救中心联网。

镇江市交通管理部门及交通运输企业按照《国防交通条例》的有关规定,优先安排军事运输,并做好保密工作。部队连以上单位驻地尚未开通公交车的,市政公交部门增设站点或开通专线车,把公交线路延伸至部队营区边界。免收现役军人、伤残军人和军队离退休干部搭乘公交车车费。政府将通往驻军营区的道路建设纳入市政建设规划,将道路修至营区。由军队管理的连接军事设施的公(道)路,以民用为主的,无偿移交地方统一规划、管理和养护。地方石油企业为交通不便、远离部队油库(站)的部队确定油料供应点。对符合改革条件的部队加油保障实体,在不影响执行任务的前提下,从军队保障体系中分离出去,通过当地石油企业提供加油服务。

第三章　武警部队建设

1983年1月，中国人民武装警察部队镇江市支队重建以后，保持高度安全稳定，圆满完成以执勤、处突、反恐为中心的各项任务。支队连续25年实现无执勤事故，连续19年实现无行政责任事故、无案件发生。

第一节　政治工作

1984年，武警镇江市支队组织部队学习中共中央整党决定和十二届二中全会精神。同年5~8月，支队分两批对所属10个中队和机关进行教育整训，组织学习毛泽东关于军队建设的著作和《邓小平文选》中有关加强部队革命化、现代化、正规化建设的论述。从领导班子、支部建设、政治思想、作风纪律、执行勤务、军事训练、部队管理和警民关系等8个方面开展整训。从1984年开始，根据《中国人民解放军战士政治教育大纲》规定，武警镇江市支队战士主要学习《中国革命常识》《从鸦片战争到五四运动》《党员必读》《马克思主义常识》等，在部队中进行爱国主义、社会主义、共产主义思想教育。在部队中进行中央文件的学习教育，并针对个别战士给犯人传递物品信件等现象，进行反腐防变教育。1985~1986年，支队开展整党，组织学习"整党决定""经济体制改革决定"和中央领导的讲话。1988年，支队按照总政颁发的《新时期连队党支部建设纲要》，建立健全各项制度。1989年，支队建立积极分子入党前集中培训制度，提高对党的认识，端正入党动机，规定凡没有经过培训的，一般不应接收入党。1993年，支队开展以党的基本路线为重点的中共十四大精神学习教育。1995年，支队针对部队实行"双休日"制度，明确确定周五下午为党员活动时间。1996年5月底至6月底，支队对部分建设状况弱的党支部进行一次集中帮助整顿。1997年，部队学习邓小平理论和党的十五大精神，开展以"做党和人民忠诚卫士"为主题的四个教育。支队邀请有关人员上课，举办演讲比赛，组织爱国主义宣誓。1998年，部队以党委和机关干部为重点，针对精神状态方面存在的突出问题，贯彻整风精神，开展"保持昂扬的精神状态"思想教育。1999年7~8月，支队开展以"讲学习、讲政治、讲正气"为主要内容的党性党风教育。1999年，部队先后开展"法纪教育""三爱教育""揭批邪教和坚持唯物论教育""贞守革命气节教育""反对'两国论'教育"等专题教育。针对以美国为首的北约轰炸中国驻南联盟大使馆的行为，部队开展《坚决拥护中央决策，全力维护社会稳定》宣传教育。2002年，支队党委认真贯彻落实"三个代表"重要思想，开展以防止和克服形式主义、官僚主义为重点的端正领导作风教育整顿。2003年，支队党委贯彻"三个代表"重要思想，开展"践行'三个代表'、争做'五个模范'"教育。2005年开展"积极适应中国特色军事变革，努力争做党和人民忠诚卫士"为主题的专题教育和密切内部关系、遵纪守法、执勤战备等经常性教育。

第二节　军事执勤

1983~2005年，武警镇江市支队完成镇江地区监狱看押、在押犯罪嫌疑人的看守、党政首脑机关的警卫、临时重大任务的安全保卫和城市武装巡逻、押解、押运、处置突发事件等各项执勤任务。

一、内卫勤务

1983年支队正式成立以后，担负数以千计长、短途押解押运任务，均做到安全无事故。

1991年10月10～13日，支队100名官兵在支队领导带领下，赴扬州市完成国家主席江泽民和朝鲜人民民主共和国主席金日成等国家领导的一级警卫任务。

1998年3月20日下午，丹阳市河阳镇蔡基村发生一起劫持人质案，丹阳市武警中队应急分队按照现场指挥部命令，迅速到位制服手持凶器的歹徒，救出人质。

2005年，武警镇江市支队完成党和国家领导人一级警卫任务7次、"第14届中日友谊梅樱园活动""金秋经贸洽谈会"等大型活动现场警卫警戒任务9次，配合公安机关执行城市治安巡逻任务出动兵力8620人次。

二、军事训练

1987年，举办预提骨干、擒敌技术、军体骨干等集训达200人次，组织一次散打、拳击骨干集训，培养拳击散打骨干15人，参加镇江市拳击邀请赛和江苏省拳击比赛。1988年，支队轮训队完成执勤业务骨干、通信骨干、爆破与反爆破骨干、预提班干等内容的4次集训。在江苏省第二届拳击锦标赛中，夺取3枚金牌、1枚银牌和1枚铜牌，并取得总分第一名。1990年，支队抓好新兵基础训练，在总部组织的新兵训练考核中，支队取得队列、擒敌技术优秀成绩和实弹射击、器械体操第一成绩，受到总部通报表彰。1997年，支队第四中队参加总队苏南片机动分队拉动演练比武，获团体第四名、运输业务第一名、军械业务第三名。1998年，第四中队中队长陈四一获"标兵"教练员称号。2000年5月，在总队首届士官比武竞赛中，五中队班长曾有华被总队评为"十大训练尖子"。2001年8月，支队举办以处置突发事件为背景的应急小分队专业训练，并组织建队以后科目最多的比武和14个课目的汇报表演。

三、执勤与"处突"

执勤与处理突发事件是武警部队担负的经常性任务。1983年在"严厉打击刑事犯罪活动"第一战役第一仗中，全支队共出动兵力299人次，逮捕嫌犯228名，派出巡逻组、便衣组及设卡组36个，计72人，出动兵力357人次，处决死刑犯63名。押解犯人1464人次，行程7.5万公里。

1983年以后，支队担负5县市看守所、1个收审站的看守勤务、1个监狱和1个农场的看押勤务。

2000年3月22日，在处置镇江"3·22"大规模堵铁路群体性事件中，支队共出动兵力2700余人次，主要担负设卡、封控、疏出堵人任务，并协同兄弟部队完成疏散堵塞铁路路面的上访人群任务，16人立三等功。

第三节 警务装备

1983年以后，部队装备经历由少到多、由旧到新和由落后到先进的多次更换过程。装备管理由个人保管发展到集中专人保管，管理制度健全、正规，现代装备完好率100%，达到"齐装满员"的总要求。

部队通信工作发展大致经过两个阶段：1985年以前主要以有线通信为主；1985年以后，通信工作逐渐步入无线通信时代。1990年以后，无线通信由单频发展到双频，再由双频发展到无线电寻呼系统。2002年，支队投资40余万元建成机关指挥自动化系统和8个执勤单位的"三级网"，实现人防、物防和技防的有机结合，提高执勤质量。

部队机要工作以《中华人民共和国保守国家秘密法》和《保密工作细则》为依据，健全保密制度，加强保密检查，坚持依法保密，全面提高部队保密能力。23年来共收发文件、传真电报7万余份，均未发生失、泄密事故。

第四章 拥政爱民

镇江地方部队与驻军把拥政爱民列入工作议程，在支援地方重点工程建设、抢险救灾、扶贫帮困、军民共建等方面做了大量工作。

第一节 支援地方重点工程建设

20世纪80年代改革开放后，支援地方重点工程建设成为驻镇江部队的重要任务。1984年3月，83913部队赴丹徒县石马乡修建农村花园2处，面积6.6万平方米，植树1.1万株。1987~1989年，73016部队承担宁镇公路7.7公里的路基土方工程施工任务，出动兵力405人次、机械车辆3927台次，挖填主体工程土石方49.1万立方米，清除障碍19万立方米，清除淤泥7613立方米，修筑平交道7条，经地方交通部门检查验收全部合格，其中镇江4公里路段被评为全优工程。1992年，驻镇江部队参加古运河、运粮河、通济河、句容河整治和解放路南段、宝塔路北段扩建以及丁卯开发区平整土地等28个重点工程项目，投入10万余个劳动日。83423部队参加古运河整治工程，出动兵员2500人次、车300台次，运土3750立方米。1994年，丹徒县世业乡江滩综合开发，镇江消防支队、第359医院等先后出动400余名官兵植树30公顷，世业乡政府特立“爱民林”纪念碑。

1995年，在全市创卫工作中，驻镇江部队主动参与。为了突击清除3500米长铁路两侧和1000米运粮河两岸的杂草垃圾，镇江船艇学院、83423、83454、83030、37921部队和武警镇江市支队，出动官兵1.5万人次、车辆100台次，清运各类垃圾1.4万吨，冒雨把上述路段多年积存的垃圾全部清除。

1997年，驻镇江部队支援地方建设投入6000多个劳动日。某部第2营出动200多人帮助丹徒县石马乡维修水利工程，清除淤泥452立方米。某部第2营参加润州区灭螺大会战，在七里河段500米范围内除草排淤。83423部队4次出动官兵1200多人次、20多台车辆参加市政府组织的创卫突击整治工作。某部炮营参加沪宁高速公路10公里绿化带植树会战，奋战一天半，在4公里绿化带栽下龙柏、意杨。1998年7月，83423部队官兵高标准地完成镇江至常州段108公里的光缆施工任务。部队提前10天完工，南京军区验收获96分，名列军区第一。

图31-8 2001年，驻镇江官兵建设“双拥林”

2001年3月，镇江军分区、镇江船艇学院、73056部队、73016部队、73045部队、73018部队、驻镇江预备役部队等，出动5000名官兵，奋战一周，在沪宁高速公路镇江支线两侧21公里长的66.7公顷地段植树11万株,成活率87%。镇江市政府把这片树木命名为“双拥林”。

2004年10月16日,镇江开展秋季爱国卫生运动,镇江船艇学院、73057部队、73860部队出动2000多名官兵和200多辆汽车,清扫东吴路、象山大道、花山湾到马家山、老南徐路、运河新村等道路和小区,铲除杂草,清运垃圾。

2005年3月19日,1000多名官兵,在即将建成通车的润扬大桥脚下种下2.5万株意杨,成为镇江市第二片“双拥林”。

第二节　抢险救灾

一、抗洪

镇江北临长江,保护江堤安全是抗洪斗争的首要任务。1983年7月,镇江连降暴雨,长江水位猛涨,全线告急,市区和4个县都出现险情。军分区立即组成抗洪抢险领导小组,各县(市)人武部派出领导干部参加地方抗洪抢险指挥部,组织132个民兵抢险队、1.4万余名基干民兵参加战斗。

1991年6月,镇江发生洪涝灾害。镇江军分区协调驻军1.76万人次,组织民兵700多个建制连、32.1万人次,投入抗洪抢险斗争。部队和民兵转移群众4600余人,抢运物资8200吨,打桩580根,装运草包33万个,清障9000立方米,挖运土石18.9万立方米,堵决口、漏洞413处,加固堤坝31公里。镇江军分区被南京军区评为抗洪救灾先进单位。83423部队出动兵力8313人次,车辆802台次,排除险情20处,抢收小麦120公顷,装运草包2万余个,抢运各类物资850吨,有5个单位和16名官兵立功。73016部队出动903人次,动用车辆640台次,解救群众8254人,某营立集体一等功,营长万志安立二等功。镇江武警支队先后赴狮子山、延陵乡、江心洲抢险8次,出动官兵2050人次,汽车906台次,装填草包3700个,挖运土石170立方米,加固堤坝210米,解救疏散危难群众1533人,帮助群众抢运物资1万余件,装卸救灾物资100余吨,有13名官兵立功。镇江消防支队投入兵力1056人次,出动消防车94台次,排涝260小时,营救群众150人,运送生活用水120吨。同时,对184个粮棉油、水电气重点单位和125个化学危险品库进行逐个检查。

灾后防疫是救灾中刻不容缓的任务。1991年入夏后,特大洪涝灾害使江苏省大部分地区受灾。第359医院于7月16日至8月17日,派出4个医疗队和4个医疗组,赴兴化县大垛镇、高邮县川青镇、丹徒县荣炳乡等地抗洪前线防病治病。共巡诊300多个工作日,行程2000余公里,巡诊54个村镇,诊治病人55079余人次,抢救危重病人89人次;免费发送药品220种,价值12460余元;发送医疗器械126件,价值10600余元。为灾区培训卫生人员306名,发放宣传资料600余份,开展健康教育34学时,受教育1020人次。

图31-9　子弟兵抗洪(2000年摄)

1995年7月上旬,丹徒县长江外

围大堤发生坍塌和决口,133多公顷土地被淹。某部炮营官兵分赴江心乡和高桥镇,连续奋战两天一夜,堵住决口。

1996年7月30日前后,长江镇江段水位超过历史最高水位21厘米,沿江地段全线告急。军分区司令员王海棠、政委卓洪昶组织民兵进行抗洪救灾。全市出动8.8万名民兵,组成1000多个抢险队,日夜坚守在大堤上。扬中市、丹徒县的沿江乡镇民兵全体出动,连续奋战5昼夜。全市民兵挖土3000立方米、装草包10万只,加固、抢堵江堤4.5公里。丹徒县姚桥镇民兵营长严喜子被卷入涵洞,身上多处受伤仍然坚持战斗,县政府、人武部为他记三等功。

1997年8月19日,台风暴雨袭击镇江。驻镇江部队出动350人、16台车、登陆艇1艘,参加高桥跃进桥闸抛石抢险和市区新河西岸突击加固。军分区成建制组织民兵4400余人,加高江堤600余米,装填草包3.5万个,堵塞漏洞12处。

1998年,在抗击长江百年未遇特大洪水斗争中,军分区先后协调出动部队官兵9.1万人次、组织300多个民兵建制营和700多个民兵建制连的民兵39.4万人次在抗洪第一线。部队官兵和民兵抢险排险200余处,加固堤坝140余公里,抛石50余万吨,完成土石方85.6万立方米,协助地方及时转移老、弱、病、残、幼8990多人。部队官兵和民兵预备役人员先后战胜8次洪峰袭击。镇江军分区被南京军区评为抗洪抢险先进单位;丹徒县人武部政委蔡凡秀被南京军区评为抗洪抢险先进个人,立二等功。第359医院医疗队出动36次,医护人员1032人次,救护车辆70余台次,诊治抗洪官兵和地方群众1.1万多人次,抢救伤病员141人,投入药品价值12万余元,深入部队抗洪驻地举办流行病、传染病防治知识讲座,指导官兵做好疫情防治工作。

2000年7月4日,镇江突降大暴雨,镇江军分区迅速协调部队官兵1000多人,组织民兵预备役人员4000多人参加抗洪,解救被围群众近千人,抢救物资5万多件,加固堤坝1850米,装运草包、编织袋10万多个。

二、抗旱

1994年7、8月,镇江持续干旱,83423部队、83444部队、83454部队、87306部队、镇江武警支队、镇江消防支队、镇江房管分局等出动官兵8600人次、车辆550台次,修渠4800余米,为灾区人民送水1800余吨。镇江军分区组织民兵开展“四护一送”(护水、护渠、护电、护机,为重灾区群众送水)活动。全市投入416个民兵建制连(排),组织10万多民兵,完成急难险重任务1246次,修挖渠道5500余米,抢修机械100余台,抗旱保苗10万余公顷。

每逢干旱,镇江消防部队发挥装备优势,为群众运送生活用水。1994年送水1800吨,1995年送水312吨,1997年送水240吨,1999年送水100多吨。

三、抢险

1983年1月,镇江连降大雪,公路交通受阻。83120部队立即成立抗风雪指挥组,召开紧急动员会议,组织570名官兵,突击清理4公里长的路面积雪,恢复公路交通。派出一个连的兵力,把受阻的26台车辆一一推过山坡。

1990年8月12日下午,83423部队在某地驻训期间,突发矿难。第2营第6连仪器站长汪涛、专业军士章立峰、战士薛经强、王保卫等11名官兵,冒着生命危险,救出窒息在充满一氧化碳深井下的5名遇险群众。

1993年1月16日凌晨,一辆载有51名由沪返皖回乡过年民工的客车,在312国道丹阳段翻入路基外的河塘内。丹阳市消防中队立即调出3辆消防车、20名官兵开赴现场;镇江市消防支队立即调出5辆消防车、30名官兵赶往增援。河塘面积大,水又深,消防官兵冒着－8℃的严寒,跳入河塘,抢救落水乘客,在公安、交通干警和群众的配合下,救出32人,打捞出19具尸体。人数清点无误后，官兵们又迅速把现场清理完毕，及时恢复312国道的交通。

1993年4月6日9时30分，扬中市丰乐桥渡口的引桥突然折断坍塌，30余人落入江中。正在这里执勤的武警班长刘宝玲立即跳入河中，从滚滚江水中先后救起6名群众。市武警支队党委给刘宝玲记三等功。

1998年7月26日4时许，一艘水泥船装载石块由大港常运码头起航，因机械发生故障，船只随江水漂流，撞上大港自来水公司取水趸船，致使趸船严重受损，造成整个大港片区供水中断。7时，镇江消防支队派第3中队、特勤中队和大港港口专职消防队的7辆消防车赶赴大港送水，直至29日13时趸船修复，大港片区恢复供水，救援官兵和消防队员才撤离现场。

1998年8月18日凌晨，扬中市永胜自来水厂职工在白水池内充放氯气时操作不当，造成氯气总阀无法关闭，导致大量氯气喷涌外泄。扬中市消防中队立即派出6名官兵和1辆"东风"水罐车赶到事发现场时，已有不少居民出现呕吐恶心症状。消防官兵5人用水枪喷射稀释空气中的氯气，1人进入现场内部寻找漏气部位，发现泄气部位后迅速关闭阀门，解除险情。

1999年6月10日，长江口1艘福建莆田轮船公司的"荔兴"168号货轮，装载着800余吨瓷砖，从广州运往南京。10日上午，行经上海长江口时，因天下大雨，风大浪高，货轮偏离航线。12时30分，风力加强，货轮倾覆。正在海上进行毕业综合实习的陆军镇江船艇学校数十名官兵，听到呼救声便立即改向开往出事水域，经过半个多小时的奋勇抢救，10名落水船员全部安然无恙，并就近作妥善安置。同年6月，73016部队紧急派出以"排雷大王"孙传波等三人小组，去浙江宁波某工地排除挖出的3枚炸弹。因弹体埋在地下时间太长，部分已经锈坏，随时都有爆炸可能。排雷小组经过4个多小时紧张工作，3枚炸弹被安全排除，使工程建设得以继续进行。

2000年6月30日凌晨1时7分，沪宁高速公路87.5公里处（丹阳境内）一辆装载重24.5吨液化气的储罐车，因驾驶员疲劳开车发生翻车事故，储罐车冲入路边约10米深的路沟中。上午9时32分，市消防支队先后调集丹阳大队、特勤中队、第4中队7辆消防车和60名消防官兵参加抢险救援。奋战28个小时，采取冷却保护、疏散隔离、挖洞穿绳、吊装起运、途中护送等措施，成功处置这起翻车事故。

第三节　扶贫帮困

20世纪80年代中期，镇江军分区在全区民兵中，特别是在"先富起来"的民兵干部和基干民兵中，开展"争当致富之友"活动。1988年，扬中市民兵扶贫186户，脱贫130户，占69.9%；1998年扶贫824户，脱贫625户，占75.8%。1989年句容市民兵扶贫396户，脱贫386户，占97.5%；1990年扶贫412户，脱贫356户，占86.4%。

1991年，镇江洪灾严重，镇江军分区机关干部、战士、职工、家属捐献现金5198.52元、粮票6070斤、服装鞋帽1342件。军分区第三干休所老干部向安徽淮河流域遭受涝灾的群众3次捐款6175元、粮票1700斤、衣被461件。

1994年，镇江发生旱灾，驻镇江部队官兵为帮助解决受灾群众生活困难捐款2万元，捐献衣被21400件。

1996年，镇江船艇学院开展支持希望工程活动，帮助丹徒县上党镇25名因贫困失学儿童完成9年义务教育。镇江武警支队向茅山老区捐款8000多元，图书1600多册，帮助建起2个图书室。镇江军分区第一干休所离休老红军赵天月从丹徒县妇联提供的特困家庭档案中得知荣炳乡北留巷村胜利小学三年级学生刘小美的母亲早年病故，父亲智能低下，生活全靠70多岁的爷爷负担，面临辍学的情况，主动与刘小美结对助学，每年负担刘小美的学杂费、课本费，直到刘小美初中毕业。镇江武警支队卫生队班长张学春，先后为驻地群众治病250多人次，捐出平时节省的津贴费和捡废品所得的268元支援镇江丁长路建设；向茅山老区、镇江“恤孤楼”工程和希望工程捐献310.2元。《人民武警报》《镇江日报》报道张学春的事迹，张学春被武警总部评为学雷锋先进个人。

1998年，镇江洪涝灾害严重，军分区共捐款8.4万元、衣被2500件，还将地方单位抗洪期间慰问军分区的10万元转赠受灾群众。镇江军分区第三干休所捐款1.3万元。83444部队捐款3万元，另资助8名特困学生上学。83454部队撤出抗洪前一天，组织80名官兵为五州山村民架设电话线杆15根，使当地群众期盼已久的电话入网得以实现。

1999年，扬中市按照水利部标准开展“百里环岛江堤达标”建设。扬中市人武部全体干部、职工捐出10月的全部工资，支援江堤混凝土护坡工程建设。

2003年，军分区定点挂钩扶助7个贫困村，结对帮扶23户贫困户、38名特困学生。军分区与茅山中心小学结对，赠送价值近百万元的电教设备；军分区领导每人分别资助1名特困学生；在该校设立奖学金，每学期对10名品学兼优的学生给予奖励。

2005年，扬中市人武部协调筹集120余万元为八桥镇万福村修筑一条宽5米、长5公里的水泥“爱民路”，将战斗河上的“晃晃桥”改建为一座钢混结构的“便民桥”。协调民政、税务等部门将1个企业改成福利企业，年产值1200万元；牵头与农林局、房管局等5家单位新建万福农业发展有限公司，申请注册“万福”商标。

第四节　军民共建

镇江军分区和各驻军部队主动与地方单位结对共建，为群众做好事、办实事。军分区组织发动广大民兵开展学雷锋做好事活动。干休所的离退休老干部，写革命回忆录，讲革命传统课，当校外辅导员，发挥他们在军民共建中的政治优势。

军分区第一干休所从1980年起先后与同兴楼茶馆、第二制药厂、镇江商场、贸易局工贸中心结对挂钩，开展共建活动。1980～1989年，组织老红军常玉清、彭寿生、陈志万、陈安良、赵天月等16名离休干部，为部队、机关、学校、工厂作传统报告100多场，听众8万余人。

1984年，83913部队协助共建挂钩的丹徒县石马乡小唐庄村开展评选五好家庭活动，制订村规民约，宣传好人好事，全村无违反计划生育政策，无封建迷信活动，无赌博行为，无打架斗殴事件，无刑事犯罪案件。

1984～1995年，军分区第三干休所与润州区实验小学、京口区实验小学签订共建合约。组织10余名离休干部在两所小学讲传统，作报告，担任校外辅导员，参加学校举办的艺术节，随学生一道去灾区慰问受灾群众，配合学校做学生思想政治工作，两校的少先队大队先后被共青团中央少工委授予“全国红旗大队”称号。

1984年3月，军分区决定每年3月15日、16日为人武干部和民兵“为烈军属助耕日”。丹徒县人武部组织1.25万个学雷锋小组，为2420名烈军属助耕。

1992年民兵整组期间，军分区开展“民兵奉献日”活动。1993年后把这项活动制度化，规定每年在5月10～25日期间，农村以乡镇为单位，城市以厂矿为单位，安排1天时间，组织民兵集中行动，为群众做好事、办实事。1993年的“民兵奉献日”，全市近4万名基干民兵在人武部门带领下，打着旗帜，佩戴标志，在1100多个服务点做好事4200多件，挖土、清除垃圾2.5万立方米。

1996年，镇江武警支队开展“五个奉献日”（元旦、春节、五四、八一、国庆）活动，为驻地群众修理家用电器156件，修理自行车85辆，理发560人，为群众看病600多人，向社会捐献8000余元，植树4200多棵。

1997年，沪宁高速公路镇江段沿线的8个驻军单位与2个服务区的4个收费站和48个客运站结对共建共同维护道路安全。军分区第一干休所离休干部毕春华，长期担任3所小学的校外政治辅导员，经常给小学生讲革命传统，教唱革命歌曲，2001年被江苏省关工委评为关心下一代优秀工作者。镇江武警中队结对帮扶驻地78岁老太太张英，官兵定期为老人家打扫卫生，送生活用品，陪老人聊天，逢年过节都把老人接到中队照顾。中队还为老人装电话，便于老人有事情和官兵联系。2004年6月，老人患病，卧床不起，中队安排炊事班开小灶，为老人做饭、端茶送水、清洗衣物，直至老人恢复健康。

第五章　后备力量建设

第一节　党管武装体制

国防后备力量建设实行党管武装的双重领导体制，即在中共中央和中央军委的统一领导下，实行上级军事机关和同级地方党委的双重领导体制。镇江实行这种体制主要是坚持四项制度：一是地方党委书记兼任军分区和人武部领导职务制度，二是军分区和人武部主要领导参加同级地方党委工作制度，三是市、县两级建立人民武装委员会制度，四是地方党委常委议军制度。

1983～1986年，中共镇江市委书记兼任镇江军分区第一政治委员，1986年改为兼任军分区党委第一书记。1983～2005年，中共镇江市委历任书记兼任镇江军分区第一政治委员（第一书记）的有王一香、孙秉谦、俞兴德、钱永波、方之焯、张卫国、史和平。方之焯1998年被评为全国国防后备力量建设新闻人物，张卫国2002年被评为南京军区党管武装好书记，史和平2004年获得全国关心国防后备力量建设新闻人物荣誉奖。

镇江军分区主要领导有1人参加市委工作，司令员或政治委员为市委常委。军事机构主要领导参加地方党委工作，便于地方党委了解军事工作情况，把军事工作列入地方党委议程，解决国防后备力量建设中需要地方支持和协调的问题；便于军事机构了解地方工作情况，围绕地方中心工作开展军事工作，落实国防后备力量建设的各项工作任务。1983～2005年，镇江军分区历任中共镇江市委常委有彭光、范导汾、曾学才、王海棠、陈主志。

人民武装委员会简称武委会，是地方党委领导人民武装工作的协调机构，主要任务是在地方党委领导下，协调各方面力量，贯彻落实中共中央和中央军委关于国防后备力量建设的方针、政策，完成各个时期国防后备力量建设的工作任务。镇江市武委会一般每年召开一次会议，总结上年度工作，研究部署下年度任务。镇江市武委会主任由中共镇江市委书记担任，副主任由市长、军分区司令员和政治委员担任。1983～2005年，镇江市武委会历任主任有王一香、孙秉谦、俞兴德、钱永波、方之焯、张卫国、史和平，历任副主任有范导汾、曾学才、高德正、钱永波、蒋文郁、方之焯、贾寿元、王海棠、周大平、卓洪昶、陈主志、黄波生、史和平、许津荣、甄邢兵。

图31-10　2002年，中共镇江市委常委议军会

中共镇江市委常委会每年召开1～2

次专题讨论军事工作的会议，即常委议军会。参加会议的除市委常委外，视会议内容吸收军分区不是市委常委的首长和部门领导以及市政府分管副市长和副秘书长参加，有时还通知地方相关部、委、办、局领导参加。会议内容主要是传达上级军事部门的重要文件，汇报国防后备力量建设的进展情况，研究解决国防后备力量建设的重大问题，并作出相应的决议。如遇紧急重大任务，则随时召开常委会议进行讨论研究。

第二节　民兵建设

1985 年，中共中央 22 号文件提出“减少数量（1991 年 12 月改为控制数量）、提高质量、抓好重点、打好基础”的十六字方针，实现民兵建设指导思想的战略性转变，由原来临战状态转到和平建设时期的轨道上来。20 多年来，镇江市压缩民兵规模，调整民兵布局，改进编组方法，加强教育训练，健全规章制度，强化兵员管理，使民兵做到招之即来，来之能战。在基干民兵中大量组建专业技术分队和应急分队，民兵队伍的科技含量和应急能力显著提高。

一、民兵组织建设

镇江市民兵分为基干民兵和普通民兵两大类。基干民兵是民兵组织中的骨干力量，是平时进行军事训练和战时参军参战的主要对象。参加基干民兵为年龄在 18～28 岁之间的退出现役的士兵和经过军事训练的民兵，以及选定为当年参加军事训练的民兵。以男性为主，女性适当选编。2005 年，基干民兵占民兵总数 14.3%，其中女基干民兵占基干民兵 10% 左右。镇江市在基干民兵中组建专业技术分队，包括高炮、地炮、高机、通信、防化、工兵、侦察、军械修理、空军专业兵、海军专业兵等技术兵种。2005 年，专业技术分队民兵占基干民兵 34.1%。镇江市在基干民兵中组建随时执行应急任务的应急分队，是为适应新形势下战备执勤和维护社会稳定的需要而建立的机动分队。每个民兵应急分队有 4 个专业兵种，应急排有 1～2 个专业兵种。2005 年，应急分队民兵占基干民兵 6.7%。普通民兵是民兵中人数最多的一类。普通民兵由从基干民兵转改过来的民兵和符合民兵条件而未参加基干民兵的男性公民组成。2005 年，普通民兵占民兵总数 85.7%。

1. 民兵编组　民兵编组的基本原则，是民兵组织与生产、行政组织相适应，便于领导，便于教育训练和开展民兵活动，便于快速动员和执行应急任务。

1983 年后，根据行政体制变化、经济体制改革和产业结构调整的新情况，调整民兵的组织编制。一是农村取消民兵师、团建制，改为以乡为单位建立基干民兵营，以村为单位建立民兵连和基干民兵排，以村民小组为单位建立民兵排；二是城市根据各厂矿企事业单位民兵的多少，分别编组民兵团、营、连、排，将过去民兵班不跨班组、民兵排不跨车间的编组方法，改为民兵班可跨班组、民兵排可跨车间编组，对一些专业技术复杂、训练难度较大的专业技术分队，还可跨厂跨系统编组；三是随着乡镇企业发展和从业人员增多，农村民兵组织逐步向乡镇企业转移，坚持常年生产、人员比较稳定、组织机构比较健全的乡镇企业都建立民兵组织，根据民兵多少建立民兵营、连、排，由乡镇人武部直接领导。

1985 年后，镇江市大规模组建民兵专业技术分队和应急分队。全市专业技术分队退伍军人占 50% 左右，大专学历占 40% 左右，专业对口率达 95%。应急分队一兵一编，不重复交叉编组，做到随时可用。

1990～2005 年，各县（市、区）采取多种方法编组。句容县把长期在外做工和经商的基干民兵调整到普通民兵组织中去，农村基干民兵只编 18～28 岁退伍军人和经过军事训练的人员，其余基干民兵全部编在乡镇企业。丹阳市基干民兵编组主要方向上多编，次要方向上少编；重点地区多编，一般地区少编；县城多编，农村少编；富裕企业多编，亏损企业少编。扬中市民兵组织实行由规模小、效益差的企业向规模较大、效益较好的高新技术企业拓展，调整将要停产的16家企业民兵组织，扩大8家企业集团的编组范围；由一般性非技术行业向与军工对口行业拓展，压缩县供销联社、商业局等非技术单位的民兵数量，扩大卫生、交通、邮电等3个系统的编组；由国有企业向多种所有制企业拓展，在6家中外合资企业和4家私营企业建立民兵组织，从总体上体现民兵训练经费均衡负担原则。南京军区、省军区推广句容民兵组织拓展的经验。

2. 民兵整组　镇江市每年进行一次民兵组织整顿，每次15天左右时间。民兵整组包括思想政治教育、总结全年工作、搞好出入转队、选配民兵干部、纯洁民兵队伍和健全活动制度等内容。各单位整组结束后，自上而下逐级进行检查验收。

镇江市民兵整组中，民兵干部占民兵总数的10%左右。选配民兵干部有四条原则：从思想好、身体好、热爱民兵工作、具有一定军政素质和文化水平的复员退伍军人和优秀民兵中选拔；专职和兼职相结合，农村行政村民兵营长配专职，城市厂矿企业民兵营（连）长由工厂或车间、工段的行政干部兼任，另设专职副营（连）长；保证党对民兵组织的领导，党支部书记兼民兵营政治教导员、连政治指导员，民兵营、连长参加党支部委员；实行任命制，20世纪80年代后考虑到民兵组织是国家武装力量的组成部分，民兵干部的任免应当按照军事工作的特殊要求办理，以保证军事机关对民兵组织的领导指挥，将选举制改为任命制，即民兵干部由基层党支部提名，征求民兵意见后报上一级党组织批准，由人武部任命。

镇江市通过整组结束时的基干民兵集结点验活动，检验民兵整组成果。点验活动由军分区或市、区人武部组织实施。被抽点单位的基干民兵，按规定时间到指定地点集中，统一着迷彩服，按建制整队，听口令指挥，过军事化生活。点验人员逐人核对，逐件检查武器装备。基干民兵参点率在95%左右。2005年8月15日，军分区点验首批兵员动员、交通战备、应急装备科技支前保障民兵的参点率达100%。

二、民兵军事训练

1980年初，民兵军事训练开始改革。减少训练人数，只挑选一部分基干民兵参加训练。在挑选训练对象时，以新入队的18岁民兵为主，同时从原民兵中挑选政治表现好、身体健康、有较高文化水平、接受能力强、家庭劳动力比较充裕和热爱民兵工作的基干民兵参训，保持民兵组织的稳定和提高民兵训练合格率。改变训练方法，实行“训练周期制”，以2年为一个训练周期，并将2年训练时间集中一次训完，1年完成周期训练人数的1/2，训练人员固定。改革民兵干部训练，采取民兵干部和军事教员合一训练，将每年轮训民兵营、连长改为以培训教员为重点，挑选年纪轻、有一定文化和军事素质的民兵干部参加集训。

1980年后，各县（市）陆续建起民兵训练基地，由生活设施、教学设施、训练场地三部分组成。生活设施做到通水、通电、通路、通电话；有100～150人床铺及全套生活用品和宿舍，有桌凳、碗筷齐全的食堂，有阅览室、乒乓球室、篮球场、电视室等文化娱乐场所，有符合环保要求的厕所。教学设施包括能容纳200人上课并有电化教学设备的教室和办公室、资料室、沙盘室、兵器室、器材室。训练场地有能容纳200人集合站队和100人进行队列训练，并有单杠、双杠、木马等军体设施的操场，能进行投弹训练和实弹投掷的投弹场，能进行射击预习和轻武器一、二练习实弹射击的射击场，能进行步兵班攻防战术训练的战术训练场。

镇江军分区把应急分队建在大中型企业和治安敏感地区、重要目标附近，发生情况可以随时赶往现场；建立应急指挥所，各县（市）有周密的行动预案，有便捷的通信联络手段，有必要的交通工具，有统一的服装标志，有充足的武器弹药和防暴器材。

图 31-11　1989 年，民兵高炮实弹射击训练

1984～1985 年，军分区举办 10 期集训班，训练高炮、高机、侦察、通信、防化、工兵、海军水雷、空军油机等专业技术兵，合格率 99%。1987 年，军分区组织民兵高炮、高机分队实弹射击，取得连、排、班全部优秀的成绩。

1991 年 4 月 22～30 日，军分区组织高炮、高机分队检验性实弹射击，取得连射击、班射击全部优秀的成绩。1999 年 8 月，军分区举办民兵高技术专业分队科技练兵成果演示活动，7 支专业技术分队冒雨进行防空袭作战演练，民兵战场救护、野战条件下车载自适应调频电台开设通信站、快速开设卫星地面接收站、通信光缆故障测定与抢修、无线电波数据通信、炮兵激光模拟射击和各种武器装备的隐真示假等科技含量较高的课目演示，取得成功。2005 年，军分区组织 2 个民兵高炮连和 1 个民兵导弹连进行强化训练和实弹射击，在省军区实弹射击考核竞赛中，取得命中 1 个拖把和 1 个巡航导弹模具“空中开花”的成绩。

三、民兵政治教育

中共十一届三中全会以后，镇江市民兵政治教育转入马克思主义战争观教育的轨道，教育民兵居安思危，既投身经济建设，又投身国防建设。

1984 年，镇江市创办民兵青年业余综合学校。到 1985 年 1 月底止，全市 1363 个行政村有 1293 个行政村办起综合学校，入校学员 78063 人。

1984 年开始，镇江市每季对民兵上一堂政治课。军分区负责制订教育计划，编写补充教材；县（市）人武部负责抓好教育试点，开教育准备会；基层人武部负责办教育辅导站，组织教员集体备课；民兵营（连）负责对民兵授课，组织讨论和考核。各地在民兵政治教育中请老战士、老民兵和先进模范人物给民兵讲课，组织民兵参观军营和重大工程建设、访问先进单位、开展社会调查。1985 年后，各地订阅《中国民兵》《东海民兵》等刊物，组织“学刊、用刊”开展民兵政治教育。

图 31-12　1984 年，民兵青年综合业余学校

2000～2005 年，针对台独势力猖獗的形势，镇江民兵政治教育内容加大军事斗争准备的容量。各辖（市、区）在纪念中国人民志愿军出国作战 50 周年、纪念中国人民抗日战争胜利 60 周年等活动中，给基干民兵上以关注台海斗争形势、做好军事斗争准备为主要内容的政治教育课。

第三节　预备役

镇江市按照《中华人民共和国兵役法》规定，每年结合民兵整组、兵役登记和退伍安置进行预备役士兵的登记工作。各辖市（区）人武部对部队确定服预备役的退伍军人，对新编入预备役的士兵、由第一类预备役转入第二类预备役的士兵，对调入调出本地、本单位的预备役士兵，对年满35岁退出预备役的士兵，都及时办理登记建卡立档工作，纳入经常化的国防动员潜力管理。

1997年，镇江市第一次进行预备役军官评授军衔工作。全市授予预备役军官军衔大校6名、上校76名、中校312名、少校290名、上尉357名、中尉48名。

1999年，镇江预备役部队成立，对现役官兵依据条令条例，按照连队模式，严格管理。对预任军官进行考察，严格把握预编士兵的入编关，按照新兵征集的要求进行体格检查和政治审查，在位率保持90%以上。预备役部队依据《中国人民解放军预备役部队军事训练大纲》，组织开展军事训练。

图31-13　2005年，镇江预备役防空演习

2003年4月25日，部队组织镇江市城市防空作战演习，探索高技术条件下军民联合防空的路子，提高镇江城市防空的规模与层次。

2005年5月，参加省军区组织的全省民兵预备役高炮分队实弹射击考核，完成高炮连对低空目标、连对中空目标、连对巡航导弹3个习题的5次射击考核。2005年8月20日至9月26日，部队在南京郊区某地，参加由总部组织的"机动－2005"工程保障实兵演习，3次转移阵地，完成单兵动作训练、单炮手操作训练、协同训练、枪代炮射击训练，完成3次预演和6次合练，并接受总部、南京军区和省军区首长的检阅。

第六章　兵役工作

1983～2005年，镇江市基本每年征集一次义务兵。镇江市每年成立征兵工作领导小组，由地方党政副职领导任组长，军分区司令员或参谋长、政治部主任、后勤部部长、市政府副秘书长任副组长。1983～2005年，市征兵领导小组历任组长有王云海、夏良震、陈文湘、张学东。市征兵领导小组下设办公室，军分区军动科科长任主任。

第一节　征兵宣传

图 31-14　2004 年，丹阳市培棠村新兵在"岳氏宗祠"前佩戴红花

镇江市征兵宣传贯穿于兵役登记和征兵实施的全过程，每到征兵期间，抽出大批干部组织成宣传队伍，出动宣传车，利用墙报、黑板报、标语、报刊、广播、电视、录像等宣传工具，开展宣传活动。

在普遍宣传基础上，突出典型宣传。1997 年，宣传丹徒县上会镇烈属老太太戴凤兰送四代亲人参军报国的事迹。2001 年，宣传扬中市八桥镇万福村每次征兵出新兵、平均六户一个兵的事迹。2004 年，宣传岳飞后裔聚居的丹阳市培棠村子弟弘扬"精忠报国"精神踊跃参军的事迹。

加强新兵驻地地域风情教育。有驻香港部队征兵任务的单位，宣传香港的历史，香港回归的意义等。有驻新疆部队征兵任务的单位，宣传"新疆是个好地方，天山南北好风光"，以及西部大开发的意义，请中学地理教师、政治教师讲授新疆的地理知识，介绍新疆生产建设兵团戍边屯垦的历史和功绩。2002 年，扬中有驻西藏部队的征兵任务，市征兵领导小组将该市援藏干部、达孜县委副书记沈大银给家乡青年写的《致扬中广大适龄青年的一封信》，广为印发，反复播放。

第二节　兵役登记

镇江依据《中华人民共和国兵役法》，每年对年满 18 周岁的男性公民，不分民族、种族、职业、家庭出身、宗教信仰和教育程度，均在当年 9 月 30 日以前进行兵役登记，摸清适龄公民的年龄、文化、政治、身体状况。每年除登记当年年满 18 周岁青年外，还对 19～22 周岁的青年往年没有登记的进行补登，往年已作登记的进行核对。经兵役登记和初步审查后，兵役机关将适龄青年区分为应征、缓征、免征、不征 4 类。并确定当年征集服现役的预征对象。

1987 年起，适龄公民均在本人户口所在地登记，填写《兵役登记表》。经乡、镇和街道初步审查后报县（市、区）审批，符合应征条件的发给《应征公民证》。缓征、免征、不征的适龄公民，由县（市、区）兵役机关批准。确定预征对象工作，由应征公民户口所在乡、镇政府和街道办事处，按照分配的名额，对已登记的应征公民，进行身体目测、政治初审、文化摸底和病史调查，选定政治思想好、身体好、文化程度高的青年为预征对象，并报县（市、区）兵役机关批准后发给《预征对象通知书》。

兵役登记结束后，市征兵办公室召开形势分析会，要求对有组织外出的预征对象，纳入劳务输出组织统一管理，指定专人负责；在外工作单位相对稳定的，纳入用工单位职工统一管理；外出工作单位不固定的，与其家庭和个人建立双向联系制度。乡、镇、街道人武部建立预征对象管理自动化系统，将预征对象的资料输入电脑存储，以便随时检索；建立预征对象外出请假制度，经批准后方可离开；实行预征对象外出返回审查制度，须持有用工单位的鉴定和居留地公安派出所关于现实表现的证明。

第三节　兵员征集

一、征兵条件

年龄:1983～2005年,男兵18～20周岁,女兵18～19周岁。1984～1987年,厂矿、企事业单位的职工放宽到21周岁。1989～2005年,高中毕业以上的青年和企业、事业单位的职工放宽到21周岁,大专毕业以上的青年放宽到22周岁;其中1999年,南京军区部队征集的大学本科毕业生放宽到23周岁。

文化:1983～2005年,农业户口的应征青年初中毕业以上文化程度,非农业户口的应征青年高中(含职业高中)毕业以上文化程度,女性应征青年是当年的应届高中毕业生。

二、体格检查

1983～1990年,公安部、总参谋部、总政治部制订的《应征公民体格检查标准》,规定应征青年除具有健康体魄外,必须五官端正,无影响外观的缺陷,四肢功能齐全,无残疾。1991年和2003年,国防部颁发的《应征公民体格检查标准》2次提高身高、体重、视力、听力标准。2003年标准是:身高男1.62米以上、女1.6米以上;体重按照人体标准体重\[标准体重=(身高－110)公斤\]计算,男不超过标准体重的20%、不低于标准体重的10%,女不超过标准体重的15%、不低于标准体重的15%;视力,陆勤人员右眼裸眼4.9、左眼裸眼4.8;高中以上文化程度人员可放宽到右眼裸眼4.8、左眼裸眼4.6;听力,一侧耳语5米、他侧不低于3米。

征兵体格检查按照卫生部、总参谋部、总后勤部颁布的体格检查标准,确定合格、暂不合格、平时不合格和不合格等级,选拔合格者入伍。

三、政治审查

1980年以后,征集兵员的政治条件,注重应征青年本人、直系亲属的政治态度和现实表现。1990年10月6日,公安部、总参谋部、总政治部颁发的《关于征集公民服现役的政治条件的规定》,对征集兵员的政治条件是:拥护中国共产党的路线、方针、政策,坚持四项基本原则,热爱中国共产党,热爱社会主义祖国,热爱人民军队,政治历史清楚,遵纪守法,品德优良,乐于奉献,全心全意为人民服务,决心为保卫祖国、保卫人民和平劳动而英勇奋斗的适龄青年。2005年,仍执行此规定。

四、新兵审定与交接输送

在征兵体检、政审后,由辖市(区)征兵领导小组召开定兵会审定,征兵办公室主任、体检组长、政审组长和接兵部队负责人参加,对体检、政审双合格的应征青年进行全面衡量,集体定兵,择优定兵。

被批准入伍的应征公民,由辖市(区)征兵办公室填发《入伍通知书》。应征公民接到《入伍通知书》后,按照辖市(区)征兵办公室规定的集中时间和地点,以乡镇、街道为单位集中,组织欢送,由干部带队往指定地点报到。新兵全部报到后,辖市(区)征兵办公室按接兵单位编队,进行纪律和乘坐车船常识教育,组织发放被服,并与接兵部队负责人办理交接手续,召开欢送大会。然后按省、市下达的运输计划,分批起运离境。

1986～1991年,镇江市兵役工作连续6年实现"无责任退兵"。

第七章　国防动员

国防动员是国家行为,国家的人力、物力、财力都是国防动员的对象。镇江市国防动员委员会在健全国防动员机构、开展国防动员教育、制订国防动员规划、调查国防动员潜力、拟制国防动员预案、组织国防动员演练等方面做了大量工作。

第一节　国防动员机构

1995 年,镇江成立市、辖市(区)两级国防动员委员会。镇江市国防动员机构实行“三级、三层、三结合”结构:三级,即市、县(市、区)和乡(镇、街道)三级设立国防动员工作机构;三层,即市、县(市、区)两级机构分决策层(国动委领导)、协调层(办公室)、执行层(动员组);三结合,即组织机构单设与指定结合,成员单位军队与地方结合,人员配备专职与兼职结合。

镇江市国防动员委员会由市委书记任第一主任,市长任主任,军分区司令员任常务副主任,军分区政委、市委分管副书记、市政府分管副市长、市委秘书长任副主任。1997 ~ 2005 年,镇江市国防动员委员会历任第一主任有方之焯、张卫国、史和平,历任主任有周大平、史和平、许津荣,常务副主任有王海棠、黄波生、甄邢兵。

市国防动员委员会设秘书长、副秘书长。秘书长由军分区参谋长担任,副秘书长由市政府分管副秘书长担任。

市国防动员委员会每年召开一次会议,大都与市人民武装委员会会议合并召开。每次会议,市国防动员委员会第一主任、主任、副主任、秘书长、副秘书长和委员参加,有时因会议内容需要吸收相关部门领导参加。会议内容主要是总结上一年工作和部署下一年任务。

第二节　国防动员建设

一、人民武装动员

1996 年以后,市人民武装动员办公室每年组织 4 次兵员潜力调查。第一次在 1 ~ 3 月,通过民兵整组将所有符合民兵条件的人员编入基干民兵或普通民兵,掌握民兵预备役组织潜力;第二次在 4 ~ 6 月,对符合部队专业技术条件的 18 ~ 35 周岁的男性公民进行预备役登记,提高民兵专业技术分队的对口率;第三次在征兵工作结束后,对没有征集入伍的预征对象、因文化水平低当年不征集的应征对象、因家庭唯一劳动力和正在全日制学校就读的缓征对象,及时编入民兵预备役组织;第四次在年底或下年初,将部队确定服预备役的退伍军人编入民兵预备役组织。对 35 岁以下的男性退伍军人进行调查,重点掌握近 10 年退伍军人的专业种类、数量、质量和分布情况。

2001 ~ 2005 年,镇江市把规范编制的专业技术兵、摩托化步兵、对口专业技术分队人员整合为人民武装 5 类专业队伍:兵员动员类,主要包括军兵种部队预编兵员、战时首批兵员动员对象和服预备役退伍军人、地方与军事专业对口技术人员等;防卫作战类,主要是遂行城市反空袭作战的防空分队、重要目标的防卫作战分队;信息作战类,主要是支援部队信息作战的信息攻防分队;支前保障类,主要是配合部队渡海登岛作战的海上民兵分队、保障主力军团机动集结的民兵保交护路专业分队、担负作战物资前送和伤员后送的战勤保障专业分队、补充和抢修武器装备的装备支前保障分队;维稳反恐类,主要是承担维稳反恐和急难险重任务的民兵应急分队。

二、政治动员

镇江政治动员对象分为三类:第一类是部队官兵,由各部队政治机关组织实施教育。第二类是民兵预备役人员,主要由人武部门组织实施教育。第三类是人民群众,由各级党、政、军机关共同组织实施教育。各级干部的领导层,主要采取组织党委中心组学习、领导干部过"军事日"、机关干部政治学习等教育形式;大中小学学生的基础层,结合学校语文课、历史课、地理课、思想品德课教学,通过学生军训、参观军营、请老战士讲传统活动等;人民群众的普及层,各街道、乡镇把国防教育纳入社区和农村社会主义精神文明建设,与拥军优属工作紧密结合进行。

政治动员内容包括:国防理论教育,学习马克思主义战争观、中共三代领导核心和十六大关于加强国防建设和国防教育的论述,正确认识战争与和平的关系,树立居安思危的忧患意识。国防形势教育,了解国际战略格局的发展走向,周边地区的安全形势和严峻的台海形势,树立有备无患的战备意识。国防法制教育,学习《中华人民共和国兵役法》《中华人民共和国国防法》《中华人民共和国国防教育法》《中华人民共和国军事设施保护法》《民兵工作条例》等法律法规,参加民兵预备役建设,随时准备参军参战,树立国防义务意识。国防精神教育,重点进行革命英雄主义教育,培育部队官兵和民兵听党指挥、不怕牺牲、讲求科学、敢打必胜的战斗意志、战斗精神和战斗作风。

三、经济动员

2002 年上半年,对辖市(区)内高技术产业、新技术资源进行专题调查;对市区医院和辖市(区)医院的医护人员数量、特色科室及大型医疗设备进行调查,填写图表 20 余份,采集数据 180 余组。2003 年 6 ~ 9 月,组织专门力量进行全市范围内的潜力核查,分基本情况、农业资源、工业概况、矿产资源和建筑业、医疗卫生、物资储备、财政金融、测绘气象、水文情况等 9 个大类 50 个子项,填写近 60 种表格。2004 年,经济动员办公室对国民经济潜力进行全面调查,设 60 多个子项,填 90 多张表格,建立完整的镇江市国民经济动员潜力资料库。

四、人民防空动员

镇江市人民防空办公室建有 7 支直属人防专业队:由市公安局组建的治安专业队,担负城市重要经济目标、领导机构和要害部门的守护、警卫任务;由市消防部队组建的消防专业队,担负重要目标、街道和重要设施的防火灭火任务;由市交通局组建的交通运输专业队,担负疏散人员和物资的运输任务;由市卫生局组建的医疗救护专业队,担负开设战场救护、后方医院,对受伤人员实施战地抢救、转移、治疗,组织指导群众自救的任务;由市电信、移动和联通公司组建的通信专业队,担负保障指挥和通信警报信号畅通的任务;由市物化轻办公室负责组建的防化专业队,担负对有毒物品的转移、隐蔽,对核辐射、化学、生物武器袭击后果的侦探和剂量检查,指导群众防护的任务;由市建设局组建的抢险抢修专业队,担负对遭空袭破坏的路、桥、水、电、气设施的抢修任务。

1996 ~2000 年,镇江市人防建成地下指挥所和地面指挥中心。地下指挥所是战时组织城市防空袭作战的基本指挥场所。地面指挥中心与市人防办的办公场所合二为一,有较完备的指挥通信保障体系,平时可作为市政府处置突发事件的指挥平台。预备指挥中心使用面积 1.7 万平方米,抗力等级 4 级,防化等级乙级。安装短波电台、卫星通信、GPS 定位系统、计算机终端设备的通信车投入使用。2005 年,市人防办制订《镇江市人民防空应急行动方案》及配套保障计划,编制完成《镇江市人口疏散方案》,句容市、丹徒区人防办编制《人口接收方案》。按照省政府制订的重要经济目标分类分级标准,镇江市有重要经济目标 50 个,其中一级 4 个、二级 11 个、三级 35 个。市人防办对镇江市区的 15 个一、二级重要经济目标,建有信息档案和防护方案,各重要经济防护目标的防护组织机构健全，防护专业队伍和装备器材落实。

五、交通战备动员

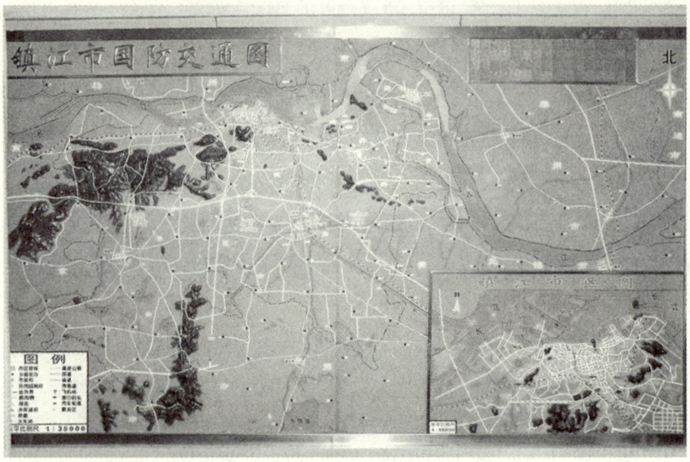

图 31-15　镇江市交通战备多媒体浮雕式电子沙盘

2001～2005 年，针对交通系统企事业单位改制步伐加快，市交战办坚持每年进行一次队伍整顿，以保持各类保障队伍稳定。应急分队，尽量不与民兵组织和预备役部队交叉混编，以保证紧急情况下第一波次拉动力量的落实。针对交通货运企业逐步萧条的现实，吸纳 23 个地方厂矿企业的货运力量加入交战保障队伍。2005 年，镇江市有路桥抢修、码头抢修、水陆运输、抢装抢卸、船舶抢修、航道疏浚打捞、长江渡运等 20 支专业保障大队。

镇江市交战办每年对各类交通潜力进行一次全面核对，对潜力实行动态管理。截至 2005 年底，镇江公路总里程近 5500 公里，形成公路运输网络。润扬长江公路大桥、镇扬汽渡、大港汽渡、扬中大桥与扬中长江北渡，构成长江南北 4 条通道。全市有各种运输车辆 8.93 万辆，其中货车日可完成运输量 2000 多万吨公里，客车日可完成运输量 3500 万人公里。大港港区、谏壁港、龙门港、高资港构成镇江港口群体，吞吐量 6863 多万吨。全市有内河航道 60 条、597 公里，有内河船舶 607 艘，总载重量 11.99 万吨。全市有汽车维修企业 1056 家，有船舶修造企业 20 家，镇江船厂具有修造万吨级船舶能力。

六、科技动员

2003 年 4 月根据镇江市社会科技力量分布特点，重点在科研机构、高新技术企业、军工企业等专业对口的单位组建科技支前保障大队，包括工程机械维修、柴油发动机维修、光电设备维修、电子仪表维修和军械维修 5 个专业。2004 年下半年，对市科技支前保障大队进行组织整顿和专业调整，组建舰船发动机维修中队、通信设备维修中队、火炮维修中队和工程设备维修中队。

2003 年 2～4 月，市科技动员办公室组织开展科技动员潜力调查工作。全市调查科研机构 44 家、高新技术企业 102 家、军工企业 2 家；登记符合条件的科技人员高级职称 159 人、中级职称 377 人、初级职称 751 人；调查科技设备 800 余种、科技产品 6000 余种、获得省部级以上认定的科研成果 198 项。市科技动员办公室对调查资料进行具体分析，对战时可利用程度进行评估，并撰写评估报告，建立科技动员数据库。

2004 年 5 月制订《镇江市国防科学技术动员预案》，明确各辖市（区）科技动员的单位、对象、数量及完成时限，科技动员集结的时间、地点、方法，科技动员的批次、编组、输送、交接方式，科技动员支前力量实施平战转换的办法和措施，科技动员实施过程中的组织指挥和各项保障。2005 年，市科技动员办公室开展科技动员定点单位的推荐和认定工作，把部队最需要的科技人才、科技产业、科研成果等科技资源预先储备和管理好。

七、信息动员

市信息动员办公室依托各成员单位，按照《中华人民共和国国防法》《中华人民共和国电信条例》《中华人民共和国无线电管理条例》《国家通信保障应急预案》《国家突发公共事件总体应急预案》和信息产业部《战备通信应急管理规定》《江苏省突发公共事件总体应急预案》等有关规定，成立邮政、无线电监测、固定电话、移动通信、计算机网络、车载通信等应急专业分队，并对战时的分工协同作研究安排。

图 31-16　2003 年，科技人员检修通信线路演练

2005 年，市信息动员办公室进行国防潜力调查。调查范围为全市范围内邮政、无线电、固定电话、移动通信、计算机网络、车载通信等潜力资源和江苏大学、江苏科技大学的信息人才资源。依据调查获得的资料，制订全市信息动员预案。预案按照总则、情况分析判断、动员潜力分析、动员任务、动员决心和原则、组织指挥、动员响应和实施程序、保障措施等阶段编制，明确各成员单位的具体任务、信息动员支前力量实施平战转换的办法和措施、信息动员过程中的组织指挥体系。

第三节　国防动员演练

镇江市国防动员委员会成立后，通过动员演练检验各种预案的可行性，锻炼各级动员组织的指挥能力，提高各种专业队伍的实战能力。1997 年 9 月 15 ~ 17 日，为探索现代高技术条件下城市防空袭作战的特点和规律，市人防机关参加江苏省军区组织的军、师两级带省、市人防办公室参加的防空袭作战演习，按照市防空袭预案和演习指挥部出的各种情况，正确判断处理。1999 年 12 月28 ~ 29 日，市国防动员委员会在丁卯开发区组织城市反空袭演练，在近似实战的条件下，演练城市反空袭作战“防、打、抢、消”（搞好防护伪装，打击敌空袭兵器，抢修被炸工程，消除空袭后果）4 个阶段的 27 个训练课目。2002 年 4 月上旬至 8 月中旬，市国防动员委员会在丹阳市召开“战役集团机动保障”试点演练观摩会，围绕确保战役集团安全顺利过境这一基本目的，系统研究探索平时准备什么和战时如何组织实施等问题。2003 年 7 月 29 ~ 30 日，市国防动员委员会与丹阳市国防动员委员会进行战时动员指挥综合演练，根据自身所担负任务，着重进行威慑封锁的平战转换、动员支前和登岛作战阶段的城市防卫、持续动员等课题的网上同步推演，并在丹阳市组织实兵演示。从 2003 年 6 月下旬开始，市经济动员办公室组织由市经贸委和市财政局、粮食局、劳动局、统计局、卫生局及中石化镇江分公司等成员单位参加的网上演练，7 月中旬在丹阳开发区进行实兵演练。2004 年 4 月 19 日，组织句容市、扬中市、丹徒区、京口区、润州区 5 个辖市（区）进行战时动员指挥演练，熟悉辖市（区）国防动员委员会战时动员指挥的内容、程序和方法。2005 年 4 月 15 日至 5 月 25 日，根据省军区命令，市国防动员委员会组织“苏动—2005”演练，完成省军区赋予的 321 公路钢桥的架设及迂回道路的构筑、镇扬汽渡场的开设和民兵高炮分队模拟战役军团机动任务。这次演练共拟制演练（摄像）剧本 3 部、演练文书 12 份；制作 VCD 光盘、影像资料 9 件；协调参演人员 380 余人，其中市、县级以上领导 4 人，市国防动员委员会有关办公室 10 人，民兵高炮分队 206 人、交通专业分队 60 人，地方群众 100 多人；协调友邻部队车辆 17 台，征用地方各类装备 49 件，开辟绿色专用通道 3 条；共投入演练经费 28 万余元。市人防办提出“防空袭决心建议”“消除空袭后果建议”。市经济动员办公室和交战动员办公室在演练中互相协作，演练“沪宁高速公路被炸后快速开辟通过道路”的课题，迅速架设30余米长的钢结构临时栈道。市科技动员办公室演练战时指挥机构开设及组织指挥、应急分队应急动员、战时国动委通信保障、保障战役伴动及政治工作等课题，熟悉科技动员平战转换的内容，掌握组织实施科技动员支前的方法。

第八章　人民防空

1983年以后，随着党和国家工作重心的转移，人民防空工作由过去侧重于战备效益转为战备效益、经济效益、社会效益相统一。

第一节　组织机构

一、领导机构

1982年3月根据中发33号文件《关于调整全国各级人民防空组织体制有关问题的通知》精神，镇江市人民防空领导小组改称镇江市人民防空委员会。1985年以后，一直由市政府分管副市长任主任，市政府、军分区、市委组织部、市委宣传部、市人民防空办公室的领导任副主任，成员由市政府有关部门及辖市(区)政府主要负责人担任。镇江市人民防空委员会历任主任为：王敏生、黄选能、方之焯、贡家荣、张克敏、黄宝荣。

1995年，镇江市成立国防动员委员会，市人民防空办公室为国防动员委员会的办事机构。1996年国家颁布《中华人民共和国人民防空法》，规定“县级以上各级人民政府和同级军事机关领导本行政区域的人民防空工作”，明确人民防空工作的军地双重领导体制。

二、办事机构

1982年3月，市人民防空办公室明确为市政府主管人防工作的常设职能部门。

1983年实行市管县体制，市人民防空办公室升格为省辖市一级局机构，核定人员编制16人，内设人秘、财物、指挥、工程4个科。1990年，为适应平战结合工作需要，增设平战结合科。1997年党政机构改革，市人民防空办公室为市政府工作机构，核定人员编制21名，其中行政编制18名，行政附属编制3名，内设人事秘书处、指挥通信处、工程管理处、计划财务处(挂审计处牌子)、平战结合管理处5个职能处室。

2001年党政机构改革，保留市人民防空办公室，为市政府主管人民防空的工作部门，同时又是市国防动员委员会的常设办事机构，核定行政编制16名，内设人事秘书处(挂“政策法规处”的牌子)、指挥通信处、工程处、计划财务处(挂“平战结合处”的牌子)。2005年，为适应行政审批制度改革，经市编委批准，在工程处增挂“行政服务处”牌子。

三、基层单位

镇江市南山622人防工程管理处，成立于2002年6月，为全民事业单位，主要负责人防指挥所的管理，指挥通信网、防空警报网、数据信息库的技术保障和维护等工作。

镇江市人民防空工程管理处，其前身为镇江市人民防空勤务保障队。1983年11月经镇江市编制委员会办公室批准，将镇江市人民防空勤务保障队改为镇江市人民防空工程管理处，全民事业单位。主要从事人防工事服务，负责人防工程维护管理等。

镇江市人民防空建筑工程处，其前身为镇江市人民防空工程队。1983年11月经镇江市编制委员会办公室批准，将镇江市人民防空工程队改为镇江市人民防空建筑工程处，为全民事业单位。主要从事人防工程的建筑安装、人防工程建设服务以及房屋建筑工程施工、地基与基础工程施工等。

镇江市人民防空通信站，成立于1983年12月，为全民事业单位。主要履行人防指挥通信、警报通信和信息化等工作任务。

镇江市洞天娱乐中心，成立于1993年4月，为全民事业单位，主要从事娱乐经营。受市场因素影响，1997年娱乐经营停业。1998年起主要从事云台山工事群的开发利用、维护管理。

镇江市东吴商乐公司，成立于1993年7月，为全民国有企业，主要从事百货、五金、金属材料、建筑材料、歌舞娱乐、信息咨询、机电维修等。

江苏省第二建筑设计研究院镇江设计室，其前身为镇江市人民防空设计室、江苏省人民防空科研设计院镇江设计室。1983年10月经镇江市人民政府批复，成立镇江市人民防空设计室。1992年，江苏省人民防空科研设计院将全省省辖市人防设计室组成设计联合体，镇江市人民防空设计室更名为江苏省人民防空科研设计院镇江设计室。1996年随省人防科研设计院更名而更名为江苏省第二建筑设计研究院镇江设计室，为全民事业单位。主要从事建筑、人防工程和地下空间的开发利用、科研设计。

第二节　组织指挥

一、防空袭预案

1985年拟制《镇江市防空袭预案》。

1995年根据中央军委新时期战略方针和城市建设的新变化，对经省审批的《镇江市防空袭预案》进行修订。修订后的《镇江市防空袭预案》，涵盖人口疏散、人防专业队伍动员、空情、工程、三防、道桥管线抢修，治安保卫、交通管制、灯火管制、政治工作和交通运输、医疗救护、物资供应三位一体的后勤工作等10个保障计划。

2004年5月，《镇江市防空袭预案》修改后为《镇江市人民防空应急行动方案》，共三个部分。第一部分《基本方案》，包括镇江市基本情况、敌情判断、上级意图和本级决心、主要任务和行动、组织指挥。第二部分《保障计划》，包括通信警报、工程、物资、交通运输、医疗救护、消防和政治工作7个保障计划。第三部分《附图》，包括敌情判断图、人民防空应急行动部署图、重要经济目标分布图和人口疏散保障图等。

二、重要经济目标防护

2000年初，镇江市开始对重要经济目标防护进行调研。2004年确定49个单位为全市重要经济目标，其中一级重要经济目标4个、二级重要经济目标11个、三级重要经济目标34个，分别得到省政府、省军区和市政府、军分区的批复。各经济目标单位，按照目标等级、种类和拟制防护措施的要素，全部制定防护措施。

三、群众防空组织

1997年根据《中华人民共和国人民防空法》，由镇江市公安治安支队、消防支队、交通局、卫生局、建设局、信息产业局、供电公司和福仕特集团，分别组建治安、消防、运输、医疗救护、抢险抢修、通信和防化7支群众防空专业队伍，共计700人。编11个连，33个班。治安专业队90人为一连，消防专业队60人为二连,运输专业队40人为三连,医疗救护专业队90人为四连,通信专业队100人(含30人抢修专业)为五连,防化专业90人为六连,建工抢险抢修专业队100人为七连,道桥抢险抢修专业队30人为八连,供电抢险抢修专业队30人为九连,自来水抢修专业队40人为十连。燃气抢险抢修专业队30人为十一连。每年进行人防专业队整组,制订战时扩编和补充方案;对专业队所在单位每年下达训练任务和指标,对特殊专业采取集中训练。每2~3年,组织一次人防专业队骨干或干部共同课目集中培训。

四、防空袭演练

1987年7月5日,市人防办参加省军区三级首长、机关抗登陆战役背景下的防空演习。

1997年9月15~17日,市人防办参加省军区组织的军师两级带省、市人防办进行的防空袭作战演习。演习前,组织11名机关干部听取了军事理论讲座,系统学习"高技术条件下反空袭作战特点""现代城市防空袭作战问题"以及"防空袭演练一般程序"等课题。演习中,共拟制各类战斗文书32件、标图5份,传收文电78份。

1999年12月,市委、市政府和镇江军分区共同组织城市反空袭综合演练。参加演练的有市本级和6个市(区)20支民兵、人防专业队共500余人,在近似实战的条件下,演练城市反空袭作战"防、打、抢、消"(搞好防护伪装、打击敌空袭兵器、抢修被炸工程和消除空袭后果)4个科目。

2001年9月,人防办全体机关人员与镇江军分区一起参加省军区组织的"天网2001"网上防空袭演练。

2003年4月,在市国防动员委员会的组织下,配合预备役高炮二团进行城市反空袭作战演习。演习以未来城市反空袭作战不能担负的任务,模拟实战的时空条件,演练"走、藏、打、消"等科目。市人防办组织3支人防专业队180人、居民群众100多人参演,进行警报发放,预期疏散和紧急掩蔽以及灭火、防化、救护等内容的演练。

2005年4月,人防办全体人员参加由镇江军分区组织的镇江市防卫作战综合演练,人防系统演练14个科目,近300人参加。同年11月,人防办领导和机关参加省军区和省人防办组织的"苏防2005"网上演练。

第三节　通信警报

一、通信

1983年底,镇江市人防通信站成立。

1986年1月,省市长途直达专线撤销,改租镇扬长途专线,省市间联络由扬州市人防通信站接转。同年7月,通信设备设施统由人防通信站自维。在1987年全省人防通信站工作评比中,获省政府、省军区"先进话务班"锦旗。

1988年,扬州、镇江、泰州三市六路微波通信试验成功。

1989年,在省人防办的支持下,利用人防办主楼的高程竖起净高50米的通信铁塔,扬、镇、泰三市的六路微波正式开通,镇、扬长途专线停租。

1995年,市人防办投资38万元,改造通信机房、购置设备,以PHSOPNOS1000全数字时分程控机替代原来的JGL100共电交换机。

1997年,省人防改租电视传输的微波干道,投资21万元,购置一套DSC-216点对点用户微波系统,完成南郊九华山到人防总机的微波接力,使镇江市的人防战备通信进入全省人防系统程控通信网,并为常、扬、泰三市进入省网创造条件,路由为南京—镇江—扬州—泰州—常州。

1999年，投资35万元参加省网改造，用DMW点对点代替DSC－216点对点微波系统，使无线信道增加到30路，其中语音传输12路，图像传输8路，计算信息传输6路，异步传输2路，为丹阳、扬中、句容联网创造了条件。镇江市人防通信站被评为省人民防空工作先进基层单位。

2004年，投资168万元建设622人防地面指挥中心弱电系统，主要由综合布线、计算机网络及信息安全、数字会议、安保监控等13大系统，2005年5月18日投入使用。

2005年，投资421万元建设622工程地下通信集成系统，主要有无线移动通信、集中控制、音响设备、铁塔及防雷接地等12大系统和机动应急通信系统。

二、音响警报网

截至1984年，镇江市共装警报器17台，其中6台分布于近郊5个乡镇（谏壁2台、七里甸1台、官塘桥1台、汝山1台、九里街1台）。1984年9月，进行一次全市性试鸣。

1990年，新装了10台7.5千瓦电动警报器，使原有的15个点17台警报器增加到25个点27台警报器。1991年11月25日，市政府颁发了《镇江市人民防空警报设施管理暂行规定》。

1996年12月10日下午，时隔12年后，全市又一次进行防空警报试鸣，音响覆盖率达到95%。

1997年新增13台警报器。同年10月13日适逢日寇空袭镇江60周年，市政府决定自1997年起每年的这一天为镇江市防空警报试鸣日。为全市35所中学发放防空警报录音磁带，利用校园广播施放防空警报。10月27日，市政府颁发《镇江市人民防空警报设施管理规定》。辖区内的丹阳、扬中、句容三市人防警报建设提前两年达标，于1998年进行首次试鸣。

2000年，利用电信局的传呼设备，对23台警报器实现无线集中控制。

2003年，市政府决定将原来的10月13日警报试鸣日改为9月18日，全市统一。

2004年，市本级新增6台警报器；2005年新增4台警报器，同时投资115万元，建成全市警报器的无线集中控制系统。

第四节　人防工程

一、工程建设

1983年后，人防工程建设由国家投资供应三材，企事业单位提供人力，开始向结合民用建筑修建防空地下室转变，建设单位按民用建筑总投资的6%修建防空地下室。由于国家投资逐年减少，镇江市人防工程建设随之收缩，利用山体修建的坑道式人防工程由掘进被覆转为加固改造和口部处理。1983～1990年，竣工的重点人防工程建设有：树脂厂地下会堂人防工程，1983年竣工，建筑面积2236平方米；少年宫地下活动室人防工程，1984年竣工，建筑面积671平方米；洗配厂越山半隧道工程，1989年竣工，建筑面积2000平方米；工人文化宫地下活动室人防工程，1990年竣工，建筑面积1200平方米。

1990年以后，结合民用建筑修建防空地下室成为人防工程建设的主渠道。1992年结合南门大街片区改造，市人防办修建了招商市场地下室人防工程，这是镇江市首个结合高层建筑修建的防空地下室，也是第一个平战结合骨干人防工程，建筑面积3900平方米。中国人民银行、中国农业银行、中国交通银行、镇江烟草公司、镇江商业城、镇江国际饭店、镇江市劳动局、镇江国税局、地税局都建有防空地下室。1997年，市人防办结合城市广场建设修建了梦溪广场人防工程。2000年，全市人防工程总量达16.9万平方米，列全省辖市第七位，人均0.27平方米，列全省第二位。

2001年6月，市政府投资6000万元在镇江南山修建镇江市人民防空指挥所工程，2002年开工建设，建筑面积7500平方米。

图 31-17　镇江市人民防空指挥所(2005 年摄)

进入 21 世纪,镇江市新建住宅小区成为人防工程建设的主力军。东方花苑、香江花城、米山人家、春江华庭、丁卯花园、康馨花园等小区均修建防空地下室。2001～2005 年,市区修建人防工程达 12 万平方米,工程总量达 28.9 万平方米,位居全省第七位,人均 0.39 平方米,位居全省第八位。

二、经费筹集

人防易地建设费是人防工程建设资金的主要来源。20 世纪 80 年代,按省计委、省人防办关于按民用建筑总投资的 6% 结合基本建设修建防空地下室的规定执行,不能自行修建,将此经费交市建委统一安排修建。镇江市利用该项经费修建少年宫地下活动室、一中地下教研室、电信局地下机房、人民银行地下金库、工人文化宫地下健身房等一批防空地下室。

1994 年 8 月,市政府批转市人防办等 6 个部门关于贯彻执行《江苏省地方人防建设资金筹集规定》的意见规定:凡按规定应建“满堂红”防空地下室而未建的,按“满堂红”面积每平方米 2600 元,其他民用建筑,按地面建筑面积每平方米 28 元由建设单位向人防办缴纳易地建设费;任何部门和个人无权批准减免,凡不按规定缴纳易地建设费的,规划管理部门不得核发建设工程规划许可证。但在意见的执行过程中,由于管理关系不顺,制约措施不到位,随意减免现象严重,导致大量易地建设费流失。2000 年以后,基本做到应收尽收。

1996～2005 年镇江市人防易地建设费筹集一览表

表 31-1　　单位:万元

年度	1996	1997	1998	1999	2000	2001	2002	2003	2004	2005
金额	106	232	136	421	553	1365	1489	2862	3137	3962

第三十二卷

科学技术

社会科学

卷目

1983～2005年，镇江市委、市政府认真实施“科技兴市”战略，出台一系列政策推进科技进步和科技创新，加强科技人才的培养、引进和管理，推进科技合作与交流，促进科技成果转化，更好地为全市经济建设和社会发展服务。截至2005年底，全市拥有各类科研开发机构600多家，拥有各类专业技术人员12.19万人，全市科技投入达20亿元以上，其中研究与开发活动经费投入11.1亿元，占全市地区生产总值的1.28%。高新技术产品实现销售收入347.5亿元、利税63.4亿元，占全市工业产品销售收入和利税的28.2%和57.2%。全市组织实施科技计划项目由1983年229项上升到2005年1320项。全市高新技术企业227家，其中：省级高新技术企业195家，国家火炬计划重点高新技术企业37家。全市有628项省级高新技术产品。专利年申请量从2001年323件上升到2005年2066件。1983～2005年，镇江市获得国家科技进步奖22项。1986～2005年，镇江市获得江苏省科技进步奖299项。1997～2005年，镇江连续五次获得“全国科技进步先进城市”称号；扬中市、丹阳市两次获得“全国科技进步先进县（市、区）”称号，句容市、丹徒区、京口区、润州区被评为全省科技进步先进县（市、区）。

科普活动引向深入，全社会科技意识、创新意识增强。1987～2005年，全市累计参加“讲理想、比贡献”活动22312人，提出科技建议3487条，实现2502条；提出技术项目4516项，其中重大技术成果项目807项，创经济效益26294.14万元。1989～2005年，镇江累计举办17届科普宣传周活动，组织各类科普报告会、讲座3391场，233万人次参加各类科普活动。到1996年，全市90个乡镇已全部建立科协组织，涌现出20000个科技示范户和250个各种农技科协组织。2004年，丹徒区再创全国科普示范区获得成功，扬中市、京口区创建省级科普示范市（城区）获得成功。

强化气象监测，合理利用气象资源，气象预测、预报准确率不断提高。建立镇江市主要灾害性天气预警系统、地质灾害警报平台，气象在全市经济建设和社会发展以及减灾防灾中的作用益发凸显。1983～2005年，全市气象科技人员承担各类科研项目163项，其中省、部级6项，市、厅级85项，市局级72项，投入科研经费51万元，获得省、部级科技成果二等奖4项，三等奖5项，四等奖4项。1994年起，镇江市开始人工影响天气科学试验。2001～2005年在句容、丹阳区域10余次开展流动火箭人工降雨作业。2005年成功预报地质灾害，该课题获江苏省气象局科技进步二等奖。

防震抗震有序推进。加强防震减灾知识宣传，组织开展“全国地震·防震·法规知识竞赛”和巡回展活动，建立全市地震科普教育基地，提高群众防震、抗震意识，加强地震群测群防。1998年1月，市政府办公室印发《镇江市破坏性地震应急预案》，明确应急期的职责和任务，有序开展各项应急工作，保持社会稳定。认真编制防震减灾规划。从1999年始，镇江市逐步建立防震减灾计划体制和相应经费渠道，将防震减灾事业所需经费纳入各级财政预算，使防震减灾工作与全市经济建设和社会发展相适应。

社会科学队伍加强，成果显著。到2005年，全市各类哲学社会科学学会、研究会从1984年11个发展到49个，会员由2000多人发展到3.7万多人。推进学术研究与交流，紧紧围绕市委、市政府工作中心，围绕全市改革开放和现代化建设中出现的重点、难点问题和人民群众普遍关心的热点问题，开展专项课题研讨，为领导决策服务。1984～2005年，全市举办各类学术研讨活动上千场次，交流论文万篇以上，参加人数10万多人。其中，层次较高、规模较大、影响和效果较好的重要学术活动40多次。1982～2005年，镇江市参加江苏省10次社科成果评奖，镇江市社科工作者有75人次获奖64项。1988年6月～2005年6月，全市先后举行6次哲学社会科学优秀成果评奖，接受申报1511项，获奖近400项。

第一章 科研机构及队伍

1983 年起，随着科技体制改革深入和市场经济发展，镇江市科研开发体系发生很大变化。截至 2005 年底，全市拥有各类科研开发机构 600 多家，其中部属研究所 1 家，省属研究所 2 家，高校研究所 13 家，市属研究所 13 家，厂办研究所 400 家，民营科研开发机构近 200 家；建成一批国家级、省级和市级公共科技服务平台。

第一节 科研机构

一、省、部属研究所

地、市合并前，镇江先后建立过 5 个部、省属研究所。1985 ~ 2005 年，镇江有中国农业科学院蚕业研究所、江苏省丘陵地区镇江农业科学研究所、江苏省船舶设计研究所有限公司。

1. 中国农业科学院蚕业研究所 位于镇江市西郊四摆渡，是全国唯一的国家级蚕业研究所。中国蚕学会和全国蚕、桑品种审定委员会的办事机构也设在该所。（参见第十三卷第十章第一节农业科研和农技推广机构）

2. 江苏丘陵地区镇江农业科学研究所 位于句容市市区。始建于 1958 年，为重点研究丘陵地区农业生产规律的省级科研单位。（参见第十三卷第十章第一节农业科研和农技推广机构）

3. 江苏省船舶设计研究所有限公司 位于镇江市正东路 37 号。前身为江苏省船舶设计研究所，创建于 1978 年，隶属江苏省交通厅，是江苏省唯一省属专业从事船舶设计研究的科研事业单位。根据江苏省委、省政府〔2000〕100 号文件，2001 年着手改制。2003 年，从原来事业单位正式改制为科技型民营企业。下设办公室、科技管理办公室、船舶专业室、钢结构专业室、机电专业室、《江苏船舶》编辑部等部门，主要从事各类民用运输船舶、军辅船舶、工程船舶、特种船舶和大型钢结构的科研设计工作。

建所 20 多年来，研究开发各类船舶 400 余种，完成科研课题 60 多项，多次获部、省奖，受到国内造船界一致好评，为中国造船和航运事业的发展发挥十分重要作用。2003 年承担交通部组织的京杭运河船型标准化示范工程中的 500 吨级、1000 吨级标准货船的研发工作。同年 12 月通过交通部组织的鉴定验收，2004 年 1 月 1 日起正式颁发实施。

公司建立计算机内部局域网络系统，先后引进澳大利亚 Maxsurf 船舶辅助设计软件、世纪科怡档案管理系统软件、船舶标准全文系统光盘版等，计算机出图率 100%，全面实现计算机辅助设计和管理能力。《江苏船舶》杂志是该专业国内发行量最大的科技期刊之一，也是江苏省唯一的船舶科技期刊。

二、高校科研机构

1983 年，驻镇高校科研机构有江苏工学院排灌机械研究所、农产品加工工程研究所、机电控制工程研究所、能源动力研究所和镇江船舶学院振动噪声研究所、焊接研究所、微电子与自动化研究所、金属材料研究所等 8 所。随着驻镇高校的快速发展，到 2005 年，驻镇高校具有独立法人地位的研究院、重点实验室和研究所等科研机构增加到 13 个，其中：江苏大学 10 个，江苏科技大学 3 个。高校重点科研机构选介：

1. 江苏省流体机械工程技术研究中心　位于江苏大学内。前身为创建于1962年的吉林工业大学排灌机械研究室。1963年成建制迁入镇江农业机械学院。1981年成立排灌机械研究所。1999年1月,江苏省科学技术委员会批准建立江苏省流体机械工程技术研究中心。2001年12月成立江苏大学流体机械工程技术研究中心。到2005年底,拥有职工40余人,其中特聘中国工程院院士1人,博士生导师8人,教授(研究员)12人,副教授(副研究员)18人,享受政府特殊津贴者6人。新世纪“百千万人才工程”国家级人选1人,省、部级有突出贡献的专家及青年专家5人,省、部级新世纪学术带头人及学术骨干4人。

流体中心主要针对影响流体机械工业特别是各类工农业用泵及泵站工程、排灌机械工程、节水灌溉工程、石油化工工程和环境保护工程等发展的重大关键性、基础共性技术问题,进行系统的工程化研究与开发。在泵水力模型和特性研究、无堵塞泵设计和开发、低比转速及无过载泵的设计、泵计算机辅助水力设计、军工及特种石油化工泵产品开发、新型节水灌溉技术及装备研究、泵内流动数值模拟及实验研究、人工心脏泵技术、机电一体化泵技术,泵站自动控制技术、试验台及其自动化测控系统设计、园林艺术工程等方面的研究成果,达到国内领先水平。

历年来,有200余项科研成果通过省、部级以上鉴定,其中有4项成果获国家科技进步奖,80余项成果获省、部级科技进步奖,获国家专利50余项,出版著作及各类标准50余部,发表论文1000余篇,80%以上科研成果已成功转化为生产力。全国约80%的喷灌机和水泵CAD软件、70%的无堵塞泵、60%的小型潜水电泵、50%的轴流泵水力模型、40%的低比速及无过载泵、30%的水泵试验台为该中心设计和开发,并在南水北调、三峡工程、引滦入津、东深供水、太湖流域综合治理等国内外大中型工程上广泛应用,取得十分显著的经济效益和社会效益,为中国流体机械行业技术进步和经济发展作出积极贡献。

2. 江苏大学农产品加工工程研究所　位于江苏大学内。1983年在全国率先创办,以农业机械设计与制造学科的农产品收获、干燥及保鲜为基础。1986年获批为农产品加工工程硕士点,1993年获批为全国第一批农产品加工工程学科博士点。1995年,研究所与农业机械设计制造学科共同获批设立农业工程博士后流动站。1998年,首批获批设立食品科学与工程博士后流动站。到2005年底,该所拥有教授14人、副教授16人、中级职称8人,其中博士研究生导师13人,硕士研究生导师15人。

研究所设有食品科学与工程博士学位授权一级学科和食品科学,粮食、油脂及植物蛋白工程,农产品加工及贮藏工程,水产品加工及贮藏工程和食品营养与安全等5个博士学位授权二级学科,生物化学与分子生物学及“食品工程”等6个硕士学位授权学科。农产品加工及贮藏工程学科是江苏省“九五”“十五”“十一五”重点学科,是江苏省“十一五”国家重点学科培育点,学科梯队两次被评为江苏省优秀学科梯队。特色研究方向为农产品品质现代快速无损检测技术、农产品功能因子的提取与利用、农产品生物转化技术及装备、农产品安全控制技术等,在农产品加工品质分析与评价、粮食与植物蛋白工程、功能食品开发、食品加工全程质量控制、食品非热力杀菌、食品安全快速检测、食品高效分离提取和食品生物技术等方面具有较好的研究基础和优势。

3. 江苏省汽车工程重点实验室　位于江苏大学内。1998年12月经江苏省教育委员会批准,以车辆工程学科为基础,结合江苏大学动力机械及工程、机械制造及自动化学科、材料科学与工程学科等学科组建,涵盖机械工程博士后流动站、动力工程与工程热物理学科博士后流动站、车辆工程、载运工具应用工程、动力机械及工程、机械制造及自动化学科、材料科学与工程学科博士点及相关硕士点。到2005年底拥有研究人员38人,其中博士生导师12人,教授26人,副教授、高级工程师10人,工学博士15人。

主要科研方向:汽车综合节能与环保技术,汽车及零部件的现代设计和试验技术,汽车噪声与振动控制技术，汽车先进制造技术，新能源及新材料在汽车上的应用。组建以来，江苏省汽车工程实验室共获得部省级科技进步奖21项，完成省级科技成果技术鉴定课题25项，申请国家专利24项，出版教材和科技专著12部，在国内外学术刊物上发表论文205篇。

4. 江苏科技大学金属材料研究所　位于江苏科技大学内。始建于1983年，有教授（研究员）4人，副教授（高工）8人，博士8人和工程实验技术人员多人，其中享受国务院特殊津贴专家2人，国家及省、市劳动模范，"五一"劳动奖章获得者，有突出贡献的中青年专家3人。

该所坚持理论联系实际、教学与科研相结合，进行特种金属材料的科学研究和科研开发工作，承担国防重点预研、省（部）重大科技转化专项基金、科技攻关、国际合作等数十项研究项目，先后与国外7所高校、研究院（所）建立科技合作和学术交流关系。已获得省（部）级、市级科技进步奖、发明专利20多项，其中一些项目达到国际、国内先进水平，并填补国内空白。其中，《高强度、高阻尼减震降噪材料及形状记忆合金研究》获部级科技进步三等奖；《高强度（硬度）、耐磨损、高导电的电阻焊电极合金系列产品》获省、部级科技进步二、三等科技进步奖；《大型导电结构专用铜合金》获部级科技进步二等奖，自20世纪80年代起，已有近60台套成功应用于武钢、宝钢、鞍钢、本钢等大型钢铁企业的进口薄板闪光焊自动生产线上；《高导热、高强度、高耐磨连铸结晶器内膜铜合金系列产品》获部级科技进步三等奖，国内30多家大型钢铁公司、特钢厂使用；《马口铁空罐电阻焊焊机系列化标准化焊轮》获部级科技进步三等奖：《大容量汽轮发电机转子槽楔铜合金及其护环、轴套、底座等铜合金材料坯件》获省、市科技进步三等奖。

5. 江苏科技大学振动噪声研究所　位于江苏科技大学内。成立于1988年，有教授（研究员）2人，副教授1人，工程实验技术人员2人，其中享受国务院特殊津贴专家1人。该所以舰船及鱼雷武器的减振降噪为主要研究内容，形成以国防科研为主，军民用兼顾、研究方向明确、科研任务与成果稳步发展的特色团队。在舰船动力设备的隔振与阻尼减振、轮机的监控与故障诊断、舰艇的声隐身与水下噪声控制等方面，先后承担国防预研、预研基金以及国防型号研制任务、江苏省以及国家自然科学基金项目等40余项国防科研与民用科技项目。在舰船的隐身与声学设计技术研究、动力机械运动仿真与故障诊断技术研究、声纳设备的减振降噪与振动控制技术研究、机械设备的动态响应与噪声控制技术研究等方面，取得一系列新成果，先后获省、部级科技进步奖12项，包括部级一等奖1项、二等奖3项、三等奖8项，为国防建设与学校发展作出贡献。研究所成员在国际振动学会、中国振动工程学会、中国造船工程学会等学术团体中担任各种重要职务，具有较大影响力。

6. 江苏科技大学自动化研究所　位于江苏科技大学内。成立于1993年，是集产、学、研为一体的高科技科研集体，下设自动化控制系统开发部、计算机网络事业部和楼宇系统工程部和镇江市东方伟恒升新技术公司，拥有一支以教授、高级工程师、博士和硕士研究生为骨干的30多人科技队伍，具备从事大型系统（工程）和多专业集成系统（工程）设计施工的能力，取得江苏省公安厅颁发的从事技防工程设计、施工资质证书。多年来致力于工矿企业及船舶控制系统的设计、开发与研制，在计算机集中监控和计算机分布式监控等方面开展大量研究，完成科研、科技开发项目40多项，10多项科研项目通过省、部级鉴定，获省部级科技进步一、二、三等奖10项，拥有专利5项，发表重要论文90余篇。

三、市属研究所

1983年，全市有市化学工业研究所、市科技情报研究所、市电子研究所、市机械研究所等市属研究所14个，职工总数521人。1985年，镇江市开始实施科技体制改革。除市科技情报研究所、市环境科学研究所、市农业机械化研究所和市农业气象研究所等4家公益性科研机构实行财政事业费包干以外，市财政取消对所有工业类研究所的科技事业费补贴。这些研究所面向市场，通过开展技术开发、技术转让、技术咨询、技术服务，陆续创办40个经济实体，实行企业化管理，实现经费自给。至1991年，全市有市属科研机构51家，有科研机构性质（即部分从事科研工作）的事业单位8家。随着科技体制改革深入和市场竞争日益加剧，一些科研开发机构进入企业，成为企业技术开发部门；一些研究所因为科研开发实力较弱，在激烈的市场竞争中被淘汰。截至2000年，全市市属科研开发机构27家，编制总人数1219人，在职职工837人。2001年，市政府办公室转发市人事局等部门《镇江市事业单位人员分流安置暂行办法》通知后，市纺织工业研究所、市化工研究设计院、市轻工研究所、市影视剧服饰道具研究所、市塑料研究所、市机械研究所等进入企业；市建筑设计研究院、市工艺美术研究所等转制为企业；市医药工业研究所、市农业机械化研究所被撤销。2005年，全市尚在进行科学技术研究的市属研究所有13家，即：市科技情报研究所、市计量测试技术研究所、市环境科学研究所、市特种设备安全监督检验所、市建筑科学研究所、市规划设计研究院、市工程勘测设计研究院、市工业民用建筑设计研究院、市水利勘测设计院、市蔬菜研究所、市农业气象研究所、市水产科学研究所、市林业特产研究所。

四、厂办科研开发机构

1979年，市光学仪器厂建立全市第一个厂办研究所。1983～1985年，市液压件总厂、市林业机械厂等6家企业先后建立厂办研究所。1988年，全市厂办研究所增加到12家。

1992年，市科委坚持科技工作向工业企业转移的科技工作思路，大力发展厂办科研开发机构，作为整个“八五”期间推动企业科技进步一项重要工作。同年初，市科委在全市范围进行厂办科研开发机构现状调查。9月，市政府印发《镇江市工业企业厂办科研开发机构暂行办法》，对厂办科研开发机构的条件、任务、运行机制、审批程序、优惠政策等作出规定。年底，全市新成立厂办科研开发机构34家，其中镇江锚链厂制链设备与工艺研究所成为镇江市第一家具有法人资格的独立厂办研究所。

1993年初，市政府召开全市厂办科研开发机构工作会议，提出大中型骨干企业都要建立厂办科研开发机构。同年末，全市厂办科研开发机构发展到92家，其中具有法人地位的7家。

1994年，市科委大力推进厂办科研开发机构建设，增强企业技术开发能力，全市厂办科研开发机构发展到217家，其中具有法人地位的63家。全市厂办科研开发机构有科技人员3612人，其中高级工程师310人，工程师755人。

1995年，厂办科研开发机构建设作为重要任务列入市科技进步目标管理。全市新建厂办科研开发机构115家，总数达332家。同年，江奎集团公司在厂办科研开发机构基础上建成镇江市第一家工程技术研究中心。到1997年，华东铝加工厂、镇江钛白粉厂等企业先后成立工程技术研究中心，全市工程技术研究中心或企业技术中心发展到10家，逐步成为企业产品开发、试验检测中心。其中江奎集团公司工程技术研究中心被批准为省级工程技术研究中心。次年，江奎集团公司建立国家博士后工作站。

1998年，全市厂办科研开发机构以提高经济效益为中心，以组织实施科技项目为龙头，以加快科技成果向现实生产力转化为重点，推进产学研结合，加速企业科技进步。5月，市政府召开全市厂办科研开发机构工作会议，表彰1997年度取得显著成绩的20家先进厂办科研开发机构。至年底，全市385家厂办科研开发机构共承担各类科技项目398项，全年完成287项。江苏长江电器集团依托6所高等院校成为省级工程技术研究中心。

2000年，全市规范、整顿厂办研究所，开展合格厂办科研开发机构认定工作，并列入市科技进步目标管理责任状。市科委按照有人员、有经费、有场所和设备、有课题、有技术依托单位的“五有”标准，制定《镇江市合格厂办科研开发机构认定办法》，共8大类27项评价指标。同年认定江苏长江电器集团技术中心等46家为合格厂办科研开发机构。凡被认定合格的厂办科研开发机构,享受市属科研开发机构同样优惠政策。全市初步形成以厂办科研开发机构为基础,以省市工程技术研究中心为骨干,以高校、研究院所为支撑的企业技术开发体系。

2005年,市科技局根据《镇江市科技计划项目实施管理及验收管理办法》,对在建的21家市级工程技术研究中心(重点实验室)建设情况,从水平和作用、队伍建设和人才培养、科学研究及成果、开放交流与运行、成果转化及工程化、依托单位经济运行状况等6个方面进行中期评估,10家中心被评为优秀,11家中心合格。年底,全市厂办科研开发机构发展到400家,合格厂办科研开发机构增至77家,其中5家成为省级工程技术研究中心或企业技术中心,13家成为市级工程技术研究中心,12家企业与高校、科研院所联合建立科研开发实体。全市有企业博士后科研工作站6个,企业博士后技术创新中心3个。

五、民营科研开发机构

1985年,全市第一家民办研究所——三能光电应用研究所成立。到1991年,全市建立22家民营科研开发机构。

1994年,全市经认定的民营科技机构发展到184家,涉及多个科技领域,其中国有民营90家,集体民营73家,私有民营21家。镇江市正光机电非标设备厂被评为省优秀民营科技企业。

1996年,市科委与市地税局联合下发《镇江市高新技术民营科技型企业认定的通知》,认定镇江市首批8家高新技术民营科技型企业,从认定之日起,所得税减按15%缴纳。同年,市科委、体改委、工商联、工商局、地税局联合开展市第二届优秀民营科技型企业和优秀民营科技工作者评审,共评出17家优秀民营科技型企业和24名优秀民营科技工作者。

1997年,市政府批准下发《镇江市民营科技企业暂行规定》,民营科技企业新增12家,全市民营科技企业从业人员1879人,其中高级职称265人、中级职称494人、初级职称492人,成为镇江市经济发展重要力量。1家民营科技企业获"江苏省等级信誉咨询企业(机构)"AA级称号,1家民营科技企业获"江苏省等级信誉咨询企业(机构)"A级称号。

1998年,镇江市民营科技企业协会成立。对民营科技型企业采取与国有企业"一视同仁"的政策措施,在信息、减免税优惠、科技项目立项、科技贷款、成果鉴定和评奖、申报高新技术产品和高新技术企业的认定、专业技术职称评定、知识产权保护等方面为民营科技企业发展服务。

1999年,全市民营科技企业数据库建立。配合《江苏省民营科技企业条例》施行,市科委会同体改委、工商局、地税局、工商联联合评选第三届镇江市优秀民营科技企业和优秀工作者,评选出市优秀民营科技企业18家,民营优秀科技工作者22名。

2000年,江苏恒宝实业发展总公司、江苏超力电器公司、镇江蓝宝石电子公司、镇江东方生物工程公司、江苏华丰饲料有限公司等5家企业被评为江苏省私营科技企业五十强,由江苏省政府授予铜牌。镇江市电站辅机厂参加在北京人民大会堂召开的中国民营科技企业和负责人表彰大会,厂长虞瑞鹤获得"开拓奖"。

2004年,江奎集团等10家民营科技企业进入"江苏省百家重点民营科技企业培育计划"。2005年,全市经认定的民营科技机构近200家。

第二节　科技创新公共服务平台

1998年,镇江市生产力促进中心成立,成为镇江市第一家面向全社会、提供科技进步和技术创新的科技公共服务平台。市辖各县(市)区也先后建立起生产力促进中心。截至2005年,全市有国家级镇江高新技术创业服务中心、中国留学人员创业园、丹阳眼镜产品质量监督检验中心和江苏大学车辆产品实验室等4家国家级科技创新公共服务平台;镇江沿江绿色化工产业技术服务中心、扬中电力电器技术服务中心、镇江光电子及通信元器件产业技术服务中心等3家江苏省区域性中小企业专业技术创新服务中心；江苏船舶数字化设计与制造工程技术研究中心、丹阳眼镜技术中心和镇江市光电子技术中心等3家省级科技创新公共服务平台。

一、镇江高新技术创业服务中心

1996年11月，镇江高新技术创业服务中心经江苏省科学技术委员会批准建立，是集管理、科研、生产、经营、服务于一体的全民事业单位，实行企业化管理，由镇江高新技术产业开发园区直接领导，业务上接受省科委和市科委归口管理。

图32-1　镇江高新技术创业园(2005年摄)

1998年，镇江高新技术产业开发园区管委会借用企业闲置厂房对入驻企业进行体外孵化，开始创业。镇江河长电子有限公司等5家企业入驻创业中心进行体外孵化。同年5月，创业中心一期工程标准厂房等基础设施开工建设。

2003年5月，镇江新区按照“高起点规划，高标准建设”的要求，启动建设创业中心二期工程，规划占地100亩。

2005年，二期工程首期建设的创业中心综合服务大楼和专家公寓楼建成。至此，镇江高新技术创业服务中心总建筑面积达41600平方米，其中办公用房760平方米，孵化器厂房27500平方米，服务设施用房7900平方米。同年12月经科技部批准，镇江高新技术创业服务中心被认定为国家高新技术创业服务中心。年底，镇江高新技术创业服务中心在孵企业总数达89家，其中2005年新增在孵企业50家；累计孵化毕业企业29家，其中2005年孵化毕业企业8家；在孵企业实现工业总产值72435万元，净利润2339万元，上缴税金976万元，出口创汇1862万美元；孵化毕业企业累计实现工业总产值216877万元，出口创汇8715万美元。

二、镇江市生产力促进中心

1998年，镇江市生产力促进中心经镇江市编制委员会批准，在原镇江市科技开发中心基础上成立，是镇江市科技局直属的公益性非盈利自收自支事业机构。

2004年8月在全市事业单位改制中，市科技局对下属的市生产力促进中心、市科技情报研究所、市技术贸易中心、市科技培训中心、市对外科技交流中心、市科技活动中心等6个事业单位进行整合，重组建立公益性事业单位镇江市生产力促进中心，对外保留市科技情报研究所、市生产力促进中心二个法人主体，二块牌子一套班子。下设科技咨询部、科技培训部、科技信息服务部、对外科技交流服务部、办公室等部门。2005年，中心通过ISO 9001：2000质量管理体系认证。

2000～2005年，该中心承担并完成江苏省科技创新服务体系计划《科技成果转移服务能力建设》“沿江对俄合作科技创新服务能力建设”“镇江光电子及通信元器件产业基地公共服务平台”“镇江沿江绿色化工产业基地公共服务平台”，科技部国家火炬计划“镇江沿江绿色化工产业基地技术创新服务能力建设”等项目。

三、市科技信息网

1983年，市科委设立科技情报科，并挂市科技情报研究所牌子，负责全市科技情报管理工作；丹阳、扬中、句容、丹徒等县科委设情报股；市电子技术研究所、市化工研究所、市建筑科学研究所、市轻工研究所、市纺工研究所等科研机构设有情报部门或专职科技情报人员；市标准计量局设有技术标准情报研究所。全市专业系统情报网络基本健全。镇江恒顺酱醋厂的情报机构为行业省级科技情报中心站。

1983年，市科技情报研究所内设文献资料室、情报调研室、编译室、科技声像室等部门。1984年增设技术情报开发室，挂靠单位有镇江市科技情报学会、镇江市科技翻译协会。

1985年，《中共中央关于科学技术体制改革的决定》颁布后，市科技情报研究所作为全市科研管理体制改革的试点单位开始改革，实行所长负责制、综合承包责任制，面向市场，开展国内外科技情报研究、文献收集和交流、科技成果中介等社会化服务工作；承担政府部门的研究课题，并广泛为企业提供产品、科研项目的可行性论证。该所先后完成《我国家用电器发展现状及我市发展对策的研究与建议》《粉煤灰的综合利用与研究》等情报调研报告20余篇，为镇江科技发展、经济建设发挥桥梁作用。

1991年随着国家科技情报事业改革，国家科技情报研究所更名为国家科技信息研究所。同年，镇江市科技情报研究所更名为镇江市科技信息研究所。1992年，研究所增挂镇江市技术交易所、镇江市计算机培训中心、镇江市科教翻译培训公司等牌子。1995年后，研究所依托江苏省科技信息研究所的科技文献、科技信息和科技网络资源，面向市场，为企业提供文献收集、科技查新、科技成果中介等社会化服务工作。

1997年根据省科技厅统一部署，镇江市与江苏省科技厅共同投资兴建镇江市科技信息网，年底建成投入运行。文献查询、科技查新、科技成果中介等社会化服务工作归入镇江市科技信息网。网络设在市科技大厦，形成上连省中心，下与丹阳、丹徒、句容、扬中等4县(市)相连的信息网络，成为镇江能够开展因特网接入服务的科技先导网。

1998年，市政府调整市信息化工作领导小组成员，市信息化工作领导小组办公室设在市科委。市信息化工作领导小组办公室编制完成《镇江市信息化规划(1999～2010年)》。2000年，实现从64K DDN到2M SDH光缆转换，在全省首先开设服务器托管业务；同年通过省科技厅组织的鉴定；2001年获镇江市科技进步二等奖。

2000～2002年，镇江承担省科技计划项目“Internet培训体系”“基于科技网建立政府上网平台”等软硬设施环境建设，为全市信息网络培训和政府上网工程的实施提供有效服务。在镇江科技信息网支撑下，2002年，市科技局建立办公局域网，基本实现办公自动化。

2003年，镇江科技网成为镇江市6大Internet自治网络之一，依托江苏科技信息网络，共享江苏省科技、教育、文化3大系统10家单位的主要优质文献信息资源。至2005年底，可为社会提供总量达8000G各种电子文献资源，包括中文科技期刊1万种、外文期刊1.5万种、中外会议资料30万篇、学位论文40万篇、中外专利文献1800万件、中外标准30万件、国内外科技报告30万件、中国重要报纸全文350万篇等文献信息资源。

第三节　科技人员

1983～1995年，镇江市科技人员由市科委统一管理。1996年，镇江市科技人员管理职能划归市人事局。市人事局按照职能配置，重新组建专业技术人员职称管理科和专业技术干部管理科，1997年更名为专业技术人员职称管理处和专业技术人员管理处。鼓励专业技术人员流动，选拔表彰优秀专业技术人员，推进职称评聘分开，专业技术人员管理服务逐步走向规范化、专业化。2005年，全市有科技人员12.19万人。

一、科技人才管理

1983年继续办理科技干部农村家属“农转非”手续，充分调动科技人员积极性。1998年出台全市专业技术职称工作规范化管理意见，在全市开展以取消职称评审指标管理、强化岗位设置、硬化评审标准与条件、竞争上岗、完善专业技术职务聘任制、推行专业技术任职资格考评与聘任相分离为主要内容的职称评聘综合改革，10多个事业单位先行试点，1999年全面推开。1999年出台《关于进一步搞活人才工作的若干意见》以及11个配套实施办法。对优秀拔尖人才或专家给予一系列激励政策，出台高级专家提高退休费比例和延长退休年龄意见。

2000年取消指标控制，明确业绩取向，评审职称逐渐打破学历、资历限制。重组现行专业技术职称评审机构。2001年对符合条件的专业技术人才引进，允许配偶及子女随迁。同年，全市开展职称社会化评审工作。2002年出台职称社会化评价具体办法，全面推进职称社会化评价工作。同年，取消进城人口计划指标管理，实行户口迁移条件准入制，专业技术人员及家属“农转非”工作结束。

2003年下放用人单位高级专家延长退休年龄审批权。2004年出台加强专业技术人才评价工作实施意见，开展非公经济组织专业技术人员职称评审。2005年探索评价主体多元化和评价方式多样化，建立符合不同专业特点、具有地方特色的专业技术资格评价制度，直接认定特殊专业技术人才的专业技术资格，逐步实行中高级职称二级评审，同时开展农村实用人才评价工作。至2005年底，全市拥有各类专业技术人员12.19万人，其中高级7418人（正高176人），占6.08%；中级34389人，占28.2%；初级57169人，占46.88%。

二、拔尖人才评选和表彰

1. 有突出贡献中青年专家评选　1984年起，国家、省、市开始每两年一次对在专业技术工作中作出突出贡献的中青年专家进行选拔奖励。至1991年，经国务院批准，市第四人民医院主任医师严善明、市煤炭工业公司高级工程师张白川、镇江农科所研究员杨图南等人先后获国家有突出贡献中青年专家称号；经江苏省政府批准，黄荣德、蔡惠礼、余远霖、谢保国、吴汉章、尢敦立、赵炳生、何斯美等8人先后获江苏省有突出贡献中青年专家称号；经市政府批准有42人获镇江市有突出贡献中青年专家称号。获得有突出贡献中青年专家称号的人员分别奖励晋升一至二级工资和奖金。经国务院批准，杨图南等7人享受政府特殊津贴。

1991年始，镇江评选表彰有突出贡献中青年专家，每两年评选一次，每次选拔表彰约40人。1992年举办市青年科技成果博览会，表彰125名青年科技人员。1998年出台市有突出贡献中青年专家淘汰制管理办法、市知名专家终身荣誉制度及专家联系制度，对专家实行动态管理。1999年，建立“专家评委库”，首次应用专家评委库开展专家评审，评委库有91名评委。2002年，评委库有评委215名。2003年出台市有突出贡献中青年专家选拔与管理办法，完善专家管理制度。

至2005年底，全市评选出有突出贡献中青年专家（含享受政府特殊津贴人员）341人，其中：国家级3人，享受政府特殊津贴人员86人；省级47人；市知名专家3人，市级突出贡献中青年专家291人。

2. 优秀科技工作者评选　1991年，市政府首次评选科技进步先进集体和优秀科技工作者。之后，每两年评选一次。1991年评出117名。至2005年评比表彰1117名。

3. 科技实业家创业奖评选　1993年，市政府首次设立科技实业家创业奖，每两年评选一次，当年有15人获奖。1993～2001年，全市有78人获奖。

4. 科技新星评选　1997年，市委组织部、市科委、市人事局联合开展“科技新星”评选活动。首届评选出19人。1999年，第二届评选出28人。此项评比只进行过两届。

5. 科技标兵评选　1999年,全市首次开展“科技标兵”评选活动。以后每两年评选一次。“科技标兵”享受市劳模待遇,同年有14人获市“科技标兵”称号。2001年,15人获市“科技标兵”称号。2004年,15人获市“科技标兵”称号;2005年,15人获市“科技标兵”称号。

第二章　科技管理

1983年以后,全市经济建设逐步重视依靠科技进步和提高劳动者素质。市委、市政府先后制定出台一系列推进科技进步政策措施,开展一系列科技管理体制改革,多元化科技投入机制逐步完善,科技经费投入大幅度增加,以企业为主体的科技创新机制逐步形成。高新技术企业和高新技术产业快速发展,经济竞争力迅速提高。

第一节　科技政策

中共十一届三中全会后,镇江市委、市政府把科技工作摆上重要战略位置,进一步落实知识分子政策,围绕全市经济社会发展重点,做好新技术的引进、推广,加强科研院所建设,抓好科技人才培养和开发,调整、充实市、县科技领导机构。1983年,市委、市政府出台《关于加强科学技术工作的决定》,市政府出台《镇江市科学技术进步奖励办法》。市科委、财政局、税务局、中国工商银行镇江支行等4家单位制定《镇江市科技发展基金管理条例》。同年至1989年期间,镇江市还相继出台《关于鼓励技术进步若干经济政策的规定(试行)》《关于知识分子待遇问题的若干规定(暂行)》《关于促进我市对外经济技术协作的暂行规定》《镇江市技术市场管理暂行办法》《镇江市关于促进科技人员合理流动充分发挥科技人员作用的几点意见》《关于推进市属科研机构改革的试行意见》《镇江市科技成果鉴定办法》《镇江市推进企业技术进步暂行办法》《镇江市技术市场管理暂行办法》《镇江市民办科技机构管理暂行办法》等一系列科技政策文件。

1989年,镇江市委、市政府确立“科技兴市”战略,结合全市国民经济和社会发展规划,出台《关于依靠科技进步振兴镇江经济的决定》,明确提出“科技兴市”战略目标、任务和保证措施,并从当年起,各级科技三项经费纳入本级财政专项预算。1992年,市政府批转市科委提出的《镇江市“八五”期间“科技兴市”实施方案》,进一步明确科技兴市的具体奋斗目标和保证措施。

1991～1995年贯彻中共中央、国务院关于科技体制改革和科技工作的各项方针政策,镇江市委、市政府先后出台《关于加快人才引进和促进人才流动的意见》《关于促进我市科技进步有关税收问题的处理意见》《关于对“四技收入”免征营业税问题的通知》《镇江市农业技术承包服务暂行规定》《关于镇江市发展高新技术及其产业化和用高新技术改造传统产业的意见》《镇江市民办科技机构管理暂行办法补充规定》《镇江市工业企业厂办科研开发机构暂行办法》《镇江市科技项目承包暂行规定》等一系列科技政策。1995年全国科学技术大会后,市委、市政府贯彻中共中央、国务院《关于加速科学技术进步的决定》,出台《关于实施“科教兴市”战略加速科技进步若干政策措施的通知》,提出加速科技进步7个方面29条政策措施。

1998年,市政府根据《江苏省发展高新技术条例》等规定,出台《关于加快高新技术产业化的若干意见》,从7个方面提出37条政策措施。进一步加快全省沿江火炬高新技术产业开发带镇江区建设,逐步形成以高新技术产业为主导的经济发展新格局,努力实现全市跨世纪奋斗目标。

1999年,市政府出台《镇江市科技奖励实施办法(暂行)》,建立和完善科技激励机制。就企业技术创新、百企创新工程、市(县)乡镇科技进步、民营科技型企业、专业技术职称评聘、科技人才队伍建设和学术技术带头人培养、基层农技推广队伍建设、专利管理工作、城市科普工作、科技动员工作、信息化、留学人员创业园等相继出台28项政策文件。

2003年，市政府进一步规范科技人员收入分配行为，出台《镇江市技术要素参与收益分配暂行办法》，明确技术要素股份和综合技术股份的政策界定，明确企事业单位可“从转让、出让许可权取得的净收入中提取不低于25%的金额奖励给职务科技成果完成者和本单位为成果转化做出重要贡献的其他人员”。这一政策措施出台，在江苏省辖市中是第一家。

“十五”期间出台《中共镇江市委、镇江市人民政府关于进一步加强人才工作的意见》《镇江市特殊人才专业技术资格评审办法》《镇江市博士后科研工作站建设与管理暂行办法》《中共镇江市委办公室、镇江市人民政府办公室关于加强我市高层次和紧缺人才引进工作的意见》《镇江市人才柔性流动管理暂行办法》《关于加快沿江开发人才队伍建设的若干意见》《中共镇江市委、镇江市人民政府关于进一步加快民营经济发展的若干意见》《关于加快发展软件产业的实施意见》《镇江市专利申请费用资助暂行办法》《中共镇江市委、镇江市人民政府关于加强高技能人才队伍建设的实施意见》等政策性文件，进一步调动广大科技人员的积极性和创造性，推进科技创新。

第二节　科技管理机构

一、市级科技领导及管理机构

1983年，镇江市科技工作领导小组成立，镇江市科学技术委员会重新组建。市科委下设科技计划科、科技干部科、科技管理科、科技情报科（科技情报研究所）、行政办公室、微机推广应用办公室，代管市地震办公室。1985年4月，市科委增设全民事业单位镇江市科学技术开发中心。

1992年6月，市政府成立镇江市发展高新技术产业领导小组，代市长方之焯任组长，成员由市科委、计委、经委、人事、劳动、财政、税务、工商、银行、海关、开发区等相关部门领导组成。领导小组下设办公室，办公室设在市科委。

1996年5月，市委成立镇江市科教兴市领导小组，市委副书记、市长周大平任组长，组员由科委、教委、组织部、宣传部、计委、经委、农工部、人事局、财政局、人行、科协等部门领导组成；领导小组下设办公室，办公室设在市科委。

1997年7月根据《镇江市科学技术委员会职能配置、内设机构和人员编制方案》，镇江市科学技术委员会为市政府工作机构，下设9个职能处室（科级建制）。

2001年7月，镇江市级机关机构改革，根据《关于印发〈镇江市科学技术局职能配置、内设机构和人员编制规定〉的通知》，镇江市科学技术委员会更名为镇江市科学技术局，列入市政府工作部门。在职能调整中，市科技局引进国外智力工作职能划出交市人事局，镇江市信息化领导小组办公室职能移交市信息产业局；原市计划委员会承担的拟定全市科技发展中长期规划、编制重大科技攻关和重点实验室项目的计划及相关经费安排等职能划入市科学技术局；市科技局新增市国防动员委员会科技动员办公室及其职能；同时，市科技局将科技创新基金项目组织申报、高新技术风险投资基金管理及组织实施、专利申请、技术合同认定及登记等事务性工作和民营科技企业及综合工程系列职称评审工作分别交事业单位或社会化组织承担。职能调整后的市科技局下设7个职能处室（科级建制）。局办公室增挂市国防动员委员会科技动员办公室牌子，综合计划处增挂市科教兴市领导小组办公室牌子，高新技术发展及产业化处增挂市高新技术产业化发展领导小组办公室牌子，社会发展处同时挂政策法规处牌子，科技成果与技术市场处同时挂科技保密办公室牌子。

2003年11月24日，市科技局增挂镇江市知识产权局牌子，撤销原镇江市知识产权办公室，撤销社会发展处及增挂的政策法规处牌子；增设协调管理处、政策法规处2个内设机构，协调管理处同时挂市知识产权联席会议办公室牌子。

二、县（市）区科技管理机构

1983年地市合并后，丹阳县、扬中县、句容县、丹徒县分别重新组建科学技术委员会。1984年，城区科学技术委员会建立。

1996年7月根据县（市）区党政机构改革方案，丹阳市、扬中市、句容市、丹徒县等分别在县（市）政府机构中设立科学技术委员会；随着京口区、润州区的设立，两区在区政府机构中设立科学技术局。

2001年政府机构改革后，丹阳市、扬中市、句容市、丹徒县等科学技术委员会更名为科学技术局。京口区和润州区的科技管理部门保留科学技术局。镇江新区机关保留经济科技局。

2002年12月，丹阳市建立丹阳市国家火炬计划新材料产业基地管理办公室，为丹阳市科技局下属的科（股）级事业单位。

三、乡镇科技管理机构

为推进乡镇企业科技进步，促进农村经济发展，1996年始，全市各辖县（市）区89个乡镇设置乡镇科委，并配置乡镇科技助理。

1997年8月，市委、市政府下发《关于印发〈镇江市乡镇党政机构改革指导意见〉的通知》，要求各乡镇设置科教文卫办公室，设置科技干部职位，切实抓好乡镇科技进步管理工作。

1999年1月，市委组织部、市科委联合下发《关于进一步加强乡镇科技工作组织领导等有关问题的通知》，明确规定各乡镇由负责经济工作的领导分管科技工作，配备中青年专职科技管理人员（原科技助理）具体负责乡镇科技工作。同年5月，市委、市政府首次召开全市乡镇科技工作会议，下发《关于进一步加快乡镇科技进步的决定》，要求建立健全乡镇科技管理机构，加强乡镇科技工作网络体系建设，设立科教兴乡（镇）领导小组或委员会，由乡镇主要领导任组长，分管领导任副组长，科技、经济、社会事业、组织人事等有关部门（公司）负责人任成（委）员。同年，市科委、市委党校联合举办首次乡镇科技管理干部培训班，90%以上的乡镇科技助理参加培训。

2001年后，各辖市（区）制定党政机构改革的实施意见，乡镇、开发区、街道的科技工作由分管经济工作的副书记、副镇长分管，并在行政机关内设置科教文卫办公室和科教文卫助理职位。

第三节　科技规划

一、镇江市“七五”科技发展计划

1986年，市科委制定并发布《镇江市“七五”科技发展计划》。实施“七五”科技发展计划，镇江科技经费总投入9485万元，其中国家、省、市三级拨款847.55万元，科技贷款3448万元。组织实施各类科技计划项目944项，其中省以上重点攻关项目21项、国家级和省级星火计划45项、省级火炬计划7项；完成科技计划项目618项，获国家级科技成果奖12项，省级科技进步奖90项，市级科技进步奖311项。

二、镇江市“八五”科技发展规划

1991年8月，《镇江市“八五”科技发展规划》经市政府批准发布实施。规划确定“八五”期间，全市科技工作以培育全市科技优势，加快传统产业改造，提高技术结构档次为主线，以高速精密车床和数控车床、高级美术铜版纸及纸制品、时分农用程控交换机等8类战略产品，聚氨酯发泡塑料加工成套设备、高档钛白粉等34类重点发展产品，以及喷气纺纱机、二肽糖、人－a干扰素等10类科技先导产品作为科技进步促进镇江经济发展的立足点，以攻克相关的124项产品关键支撑技术、50项工业发展共性技术、34项农业重点攻关和推广技术、27项社会事业重点技术为主要任务，用科学技术促进和支撑全市经济和社会事业持续、稳定、协调发展。

"八五"期间，全市组织实施各类科技计划项目4509项，其中省以上各类科技计划项目833项。组织实施国家级和省级火炬计划77项，是"七五"期间的10倍；组织实施国家级和省级星火计划51项，是"七五"期间的2.1倍。"八五"期间，全市获国家级科技成果奖12项，省级科技进步奖90项，市级科技进步奖311项。

三、镇江市"九五"科技发展计划

1996年8月经市十届人大常委会第23次会议审议通过，市政府发布《镇江市科技发展"九五"计划及2010年科技远景目标》。规划以发展高新技术及其产业、加快高新技术开发区建设、推动全社会科技进步为重点，不断增强科学技术综合实力和转化能力，使经济发展和社会进步逐步转移到依靠科技进步和提高劳动者素质的轨道上来。到"九五"期末，全市农业科技进步贡献率要达到55%，工业科技进步贡献率要达到48%；全市高新技术产业增加值占工业增加值的16%，高新产品出口额占全市出口额20%左右，培育认定高新技术企业50家，完成5.73平方公里高新技术产业开发区二期工程建设，加快实现高新技术产业化，逐步形成以高新技术为主导的经济新格局。

"九五"期间，全市组织实施各类科技计划项目6960多项，其中省以上各类科技计划项目1060个。组织实施国家级和省级火炬计划85项、国家级和省级星火计划75项。获国家级科技进步奖6项，省级科技进步奖56项，市级科技进步奖322项。至2000年，全市有省级高新技术产品243个，市级高新技术产品151个，省级高新技术企业56家，市级高新技术企业26家，高新技术产品群、高新技术企业群初步形成。2000年，全市高新技术产品销售收入70.6亿元，占全市工业产品销售收入的15.21%；高新技术产品利税额12.84亿元，占全市工业产品利税额的42.47%；高新技术产品出口额1.6821亿元。镇江市高新技术发展水平在全省的位次由1996年的第9位上升到第5位。

四、镇江市"十五"科技发展计划

2001年3月确定全面实施"科教兴市"和"可持续发展"战略，市政府发布《镇江市科技发展第十个五年计划》。规划以提高科技创新能力、加快实现高新技术产业化为重点，促进经济增长方式根本转变，推动生产力发展质的飞跃。到"十五"期末，全市组织实施各类科技计划项目4000个，工业科技进步贡献率48%，农业科技进步贡献率58%。全市科研与开发经费达国内生产总值的1.6%以上，市、县科学事业费和科技三项经费占财政支出比例分别达到3.5%和2.5%以上，大中型工业企业R&D经费占销售收入比例达1.5%以上。加速建设高新技术园区和科技企业孵化器，培育高新技术产品群、产业群和企业群，促进产业升级和结构优化。到2005年，全市高新技术产品销售额达250亿元，高新产品增加值占工业增加值的比重达30%，出口创汇占全市出口创汇总额23%。加快农业结构升级，重点在优质粮油、特色果蔬、种草养畜、花卉苗木、特种养殖、农副产品加工等领域开展科技攻关和成果转化，依靠科技着力提高农业资源利用效率，提高农产品品质和附加值，提升设施农业和机械化水平。

"十五"期间，全市组织实施市级以上各类科技计划项目4792项，其中省级以上各类科技计划项目1000多项。2005年，全市科技投入20亿元以上，其中科研与开发活动经费支出11.1亿元，占全市地区生产总值的1.28%；市县两级地方财政科技拨款1.03亿元，占全市地方财政支出的

3.5%;市本级财政科技拨款4962万元,占市本级财政一般性支出的3.5%;争取国家省各类科技拨款1.41亿元,是2001年的120多倍。全市高新技术产品实现销售收入347.5亿元、利税63.4亿元,占全市工业产品销售收入和利税的28.2%和57.2%。至2005年底,全市有高新技术企业227家,其中:省级高新技术企业195家,国家火炬计划重点高新技术企业37家;有628项省级高新技术产品,632项市级高新技术产品。

第四节　科技投入

根据镇江市科技发展规划,全市科技投入不断增加,组织实施的各类各级科技项目数量大幅增加,投资渠道也逐步实现多元化。到"十五"期末,镇江市初步形成以政府投入为引导、企业投入为主体、社会投入为主要来源的多渠道、多层次投融资体系;以银行、企业和担保机构为一体的投融资机制已见雏形;一批成长型的科技企业,直接进入资本市场融资。

1983~1985年,全市组织实施科技项目229项,财政科技投入经费286.55万元(含省级财政科技投入)。"七五"期间,国家、省科学技术发展计划增加星火计划。1986年,全市首次承担省星火计划8项。1987年增加火炬计划。同年,全市首次承担国家、省"火炬计划"2项。1989年,全市开始将各级科技三项费用列入本级财政预算,按本级财政实际支出的0.5%比例逐年安排。同年,全市安排科技三项经费90.4万元,比上年增加2.6倍。1986~1990年,全市组织实施的科技计划主要有重点攻关计划、星火计划、火炬计划、新产品试制及确认计划、成果推广计划、专利实施计划、智力引进计划和软科学计划等(含指令性计划和指导性计划)。组织实施各类科技计划项目944项,全市科技经费总投入9485万元,其中国家、省、市三级拨款847.55万元,科技贷款3448万元。完成科技计划项目618项,产值超7亿元,实现利税1亿元以上。

1991年,全市组织实施各类科技计划339项,其中攻关计划、星火计划、火炬计划14项,国家重点科技成果推广计划6项,省、市科技新产品试制计划140项。科技经费总投入8761万元,其中各级科技拨款240.6万元,科技贷款2236万元。全市110项新产品被认定为省级新产品,获国家级科技成果奖6项,省科技进步奖22项,市级科技进步奖61项。

1992年,全市组织实施各类科技计划项目477项,其中省农业综合试验示范基地建设、社会发展应用研究、地方专项、国家重点成果推广等项目40项,国家、省星火计划和火炬计划19项,国家级重点新产品试制计划15项,市级各类科技计划221项,县(市)区各类科技计划74项。全市科技总投入9000.44万元(不含企业自筹投入),其中科技拨款259.55万元、科技贷款8741万元,65项科技计划项目通过验收,获省科技进步奖20项。

1993年,全市组织实施各类科技计划项目449项,其中国家、省星火计划14项、火炬计划11项,国家级重点新产品试制计划22项,省级新产品确认计划56项,省级新产品试制计划120项,星火计划利用世行贷款4项。市级科技三项费用拨款60万元,省专项拨款51万元,科技贷款计划1.32亿元,贷款资金实际到位7461万元,65项科技计划项目通过验收,获省科技进步奖20项。

1994年后,科技计划工作坚持以面向经济、贴近企业、增加数量、提高水平、强化实施为指导思想,形成从国家、省、市级计划到县(市)区、局、企业计划,从火炬计划、星火计划,到成果推广、工艺攻关、技术开发等较完整的科技计划体系。同年,全市组织12类科技计划项目833项(其中省以上项目253项),比上年翻一番。当年,全市科技投入2.2亿元,其中各级财政科技拨款450万元(市本级科技三项费用85万元),科技计划贷款8670万元。

1995年,全市组织实施各类科技计划项目2430项,其中省级以上火炬计划18项、星火计划20项、重点新产品试制计划148项,高新技术产品20项,省专项计划14项,国家重点成果推广计划4项,智力引进计划12项;市级各类科技计划1119项,其中新产品试制计划123项,工艺攻关计划

552 项,成果推广计划 254 项,微机推广计划 61 项,国际科技合作项目 107 项;县局级科技计划 408 项。全市科技投入经费 3.59 亿元,其中县以上科技拨款 808 万元、科技贷款 8912 万元,实际落实 6702 万元,企业自筹科技投入 2.83 亿元。全年完成 1430 项科技计划项目,获省科技进步奖 9 项,市科技进步奖 61 项。

1996 年,全市科技投入 4.06 亿元,其中县以上科技三项经费 936.5 万元,较上年增长 78.4%;市级科技三项经费 330 万元,占财政预算支出的 1.2% 以上。县(区)科技三项经费全部超过同级财政预算支出的 1%。同时,争取上级科技拨款 92.8 万元,科技贷款 1.015 亿元,实际到位资金 8190 万元。企业自筹科技投入 3.139 亿元。全年组织实施 10 类科技计划 1400 多项,其中省级以上火炬计划 10 项、星火计划 23 项,国家级重点新产品试制计划 12 项,国家重点成果推广计划 3 项,国家智力引进计划 15 项,省市级新产品试制计划 361 项,科技成果推广计划 201 项,农业科技项目 70 项,专利实施计划 22 项,国际科技合作计划 81 项。全年完成科技项目 939 项,新增经济效益 2.47 亿元。科技成果获省部级科技进步奖 20 项,获市厅级科技进步奖 78 项。

1997 年,全市组织实施各类科技计划项目 1693 项,其中省级以上火炬计划 10 项、星火计划 14 项、国家级新产品试制计划 18 项,国家智力引进计划 12 项,省级新产品试制鉴定计划 166 项,省级新产品确认计划 27 项、社会发展计划 5 项、专项攻关计划 2 项、农业科技计划 8 项;市级各类科技计划 838 项,其中新产品试制计划 267 项,工艺攻关计划 166 项,成果推广计划 201 项,微机推广计划 25 项,专利实施计划 27 项、农业科技计划 49 项、社会发展计划 103 项。全市争取到火炬计划、星火计划贷款规模 9350 万元,其他各类科技贷款 383.4 万元,争取到火炬计划贴息 45.74 万元。全年市县两级科技三项经费投入 1083.7 万元,企业自筹科技投入 2.72 亿元。全年完成 1430 项科技计划项目,获省科技进步奖 12 项,市科技进步奖 67 项。

1998 年,镇江市全社会科技投入大幅度增长,全市科技投入 4.3 亿元,其中,省级以上科技项目拨款 661 万元;市、县二级科技三项经费投入 1387.8 万元,比上年增长 28.1%(市本级 432 万元)。全年组织实施市级以上各类科技项目 1331 项,其中省级以上火炬计划 14 项、星火计划 12 项,国家级新产品试制计划 16 项,国家智力引进计划 8 项,省级新产品试制鉴定计划 166 项,省级新产品确认计划 58 项、社会发展计划 4 项、专项攻关计划 6 项、农业科技计划 3 项;市级各类科技计划 838 项,其中新产品试制计划 247 项,工艺攻关计划 189 项,成果推广计划 170 项,微机推广计划 71 项,专利实施计划 24 项、农业科技计划 56 项、社会发展计划 153 项。全市火炬计划、星火计划总投入 32169 万元,其中贷款规模 15840 万元。全年获国家科技进步奖 1 项、省科技进步奖 12 项、市科技进步奖 59 项、特等奖 1 项。各类科技计划项目新增经济和社会效益 6.3 亿元。

1999 年,全市组织实施市级以上各类科技项目 1300 多项。承担省级以上火炬计划 21 项,其中国家级火炬计划 8 项,总投资 25027 万元,贷款规模 12370 万元,获省火炬计划贴息 48 万元;承担省级以上星火计划 12 项,总投资 8480 万元,贷款规模 3650 万元。全年市县两级科技三项经费投入 1592.5 万元,企业自筹科技投入 4 亿多元,争取省级以上拨款 572.2 万元。全年完成 1430 项科技计划项目,新增经济和社会效益 6 亿元。获省科技进步奖 7 项、市科技进步奖 68 项。

2000 年,市、县两级科技三项费用投入 1772 万元,其中,市本级 600 万元,达到财政预算支出 1.2% 以上,增幅 20%;各县(市)区科技三项费用达到财政预算支出的 1.3% 以上;获国家、省科技拨款支持 1024.6 万元。全市围绕大力发展高新技术及其产业和以高新技术改造传统产业,其中 180 项列入省级新产品试制计划、8 项列入国家级新产品试制计划、294 项列入镇江市新产品试制计划,项目列入省级以上火炬计划 28 个,列入省级以上星火计划 14 个。

2001 年,全市组织实施市级以上各类科技项目 966 余项,其中围绕高新技术产业发展组织实施火炬计划、星火计划、新产品试制计划及省市重点攻关计划等 298 项,总投资 7.17 亿元,贷款规模 7167 万元,落实火炬计划贴息 117 万元、星火计划贴息 45.5 万元;市、县两级科技三项经费投入

2442万元，其中市直905万元。高新技术产品群、企业群进一步壮大，全市高新技术产业化水平位居全省第四位。全年完成616项科技计划项目，新增经济和社会效益6亿元。获省科技进步奖18项、市科技进步奖69项。

2002年，市科技局制定《镇江市科学技术局科技计划及其经费管理办法（试行）》，明确科技计划管理和经费管理的职责、程序和要求等，提升全市科技计划管理水平。全市组织实施市级以上各类科技计划项目600项，承担省级以上项目67项，其中省级以上火炬计划41项、星火计划15项，“十五”重点科技攻关计划5项、高技术研究计划1项、制造业信息化计划3项、国家863计划地方引导项目2项。全市科技投入9.5亿元，据对列入当年省级以上火炬计划41个项目统计，贷款规模2.86亿元；争取省级以上拨款1566万元，获省火炬计划贴息294万元。市、县两级科技三项经费投入3165万元，其中市直1094万元。获省科技进步奖15项、市科技进步奖73项。

2003年，全市组织实施市级以上各类科技计划项目1106项，承担省级以上项目211项，其中国家863重大科技专项——镇江水环境质量改善与生态修复技术研究及示范1项、省级以上火炬计划48项、星火计划15项，“十五”重点科技攻关计划9项、高技术研究计划4项、国家能源与科技成果转化资金项目6项、省农业科技计划6项、省农业高技术研究项目2项。全市科技投入13亿元以上，争取省级以上项目经费超过5000万元。市、县两级科技三项经费和科技专项投入4855.5万元，占地方财政支出的1.5%以上。获省科技进步奖16项、市科技进步奖64项。

2004年，全市组织实施市级以上各类科技计划项目700多项，承担省级以上项目220项，其中国家星火计划4项，省级“十五”重点科技攻关计划12项、高技术研究计划3项、火炬计划47项、火炬计划贴息28项、星火计划贴息7项、社会发展计划13项。全市科技投入17.5亿元，争取省级以上项目经费7646万元。市、县两级科技三项经费和科技专项投入7489万元。获省科技进步奖11项、市科技进步奖63项。

2005年，全市组织实施市级以上科技计划项目1320多项，承担省级以上项目260项，其中国家中小企业创新基金项目10项、国家农业科技成果转化基金1项、省科技成果转化专项资金项目7项、重大农业科技攻关招标项目1项、高新技术研究计划4项、“十五”重点科技攻关计划5项，省级以上火炬计划53项、社会发展计划16项、软科学研究计划项、自然科学基金16项。全市科技投入20亿元以上，其中研究与开发活动经费投入11.1亿元，占全市地区生产总值的1.28%；争取省级以上项目经费超过1.41亿元；市、县两级科技三项经费和科技专项投入1.03亿元（其中：科技三项经费6460万元），占市本级财政一般性支出的3.5%。获省科技进步奖11项、市科技进步奖63项。

第三章　科技合作与交流

1986年以后，镇江全方位、多层次开展科技合作与交流活动。1990～2000年，全市实施国外智力引进项目81项，与十多个国家开展政府间科技合作，实施政府间科技合作项目20项。1991～2005年，市政府先后举办10次科技协作恳谈会，累计签订科技协作项目2485项。

第一节　国内科技合作与交流

市政府组织的全方位科技合作交流活动始于1991年。同年9月，市政府举办首次’91中国镇江科技协作恳谈会。这次恳谈会，按行业和县（市、区）组成25个分团，2830人参加恳谈。应邀到会的国内高等院校、科研院所、大型企业等 372 个单位，712 名代表，洽谈项目 618 个，举行项目发布会 23 场，签约项目 482 个，技术合同金额 2356.2 万元。

1992 年，镇江举办首届“金山之光”艺术节期间，举办’92 中国镇江科技恳谈会，以文艺为媒，广泛开展经贸和科技洽谈。全市组成 29 个恳谈分团，应邀专家 657 人，全市 322 家企事业单位、5000 多人参加洽谈，洽谈项目 650 项，签约项目 468 项。

1994 年在市第二届“金山之光”艺术节期间，举办第三届科技恳谈会，应邀到会国内外专家 632 人，签约项目 298 项。市政府聘请 14 名国内不同学科、技术方面的知名学者、专家为镇江市首批科技顾问。

1996 年在市第三届“金山之光”艺术节期间，举办第四届科技恳谈会，应邀到会国内外专家 511 人，洽谈科技项目 584 项，签约项目 311 项，同时举办多场学术报告会。

1997 年 8 月举办首届镇江高新技术洽谈会。根据全市高新技术发展需求，有针对性地邀请北京、上海、南京、湖南等地 15 家大专院校、科研院所与全市 150 家企业进行信息交流与项目洽谈，洽谈项目 110 个，大会集中签约 9 项高新技术合作协议。

1998 年，镇江组团参加中科院—江苏省高新技术及其产业合作交流洽谈会，市内企业与中科院正式签约项目 6 个，技术贸易额 2000 万元。

1999 年举办’99 镇江高新技术洽谈会，邀请国内外专家 398 人，围绕全市四大高新技术发展领域 8 个高新技术产品群，集中开展高新技术转让、联合开发、共建产业基地等洽谈，洽谈项目 315 项，签订高新技术合作项目协议 163 项。

2001 年举办’2001 镇江高新技术洽谈会。中国科学院、中国工程院和国内一流高校院所等 280 多位专家应邀参加，洽谈项目 389 项，签订协议 237 项，其中高新技术项目占 75%。新聘阮长耿等 5 位院士、专家为市政府科技顾问。

2002 年启动百家企业访院所、百名专家访企业的“双百互访”创新系列活动。同年，与驻镇高校江苏大学、华东船舶工业学院，共同举办以“科技协作，共创未来”为主题的科技成果展示洽谈会。

2003 年在市金秋经贸洽谈会期间，举办’2003 中国镇江高新技术洽谈会，正式签约项目 115 项。同时，举行国家“863”重大科技专项“镇江水环境改善与生态修复技术研究及示范”项目启动仪式，举行“绿色化工”学术报告会。

2004 年全面实施产学研合作“111”计划(组织 100 家企业与高校院所进行对接洽谈，签订 100 项科技协作项目和人才培养协议，建立 10 个产学研结合基地、研发中心或科技实体)。同年，中国镇江金秋经贸洽谈会期间，举办科技合作专题，该计划的实施企业与高校、研究院所签订 130 多项科技合作协议，联合建立 15 个产学研合作实体。

2005 年 10 月举办’2005 中国镇江高新技术洽谈会，以“863”成果转化为主题，洽谈合作项目 102 项，正式签约项目 65 项，技术转让额 3094 万元。同年还举办镇江对接上海科技合作洽谈会，参加中国农业科技交流成果展、省农洽会和江苏省军民两用技术展示洽谈会等。

第二节　国际科技合作与交流

一、工业国际科技合作

1985 年，镇江液压件厂引进德国 S_2 液压转向器生产技术。1991 年邀请德国专家到厂指导，成功生产出标准样机并投入批量生产。

1994 年起，镇江船舶螺旋桨厂与俄罗斯维特公司多次互访，双方签订合作协议，引进维特公司可调距推进器设计和制造技术。1995年经科技部批准,合作项目被列入中俄政府间科技合作项目。此后,螺旋桨厂又引进维特公司的可调距推进器设计软件和可调桨叶片平衡仪等相关设备。其间,螺旋桨厂从俄罗斯引进人才,并组织专业技术人员赴俄进行实地考察、交流和培训。2000年,螺旋桨厂生产的可调距推进器新产品试销成功,取得较好经济效益。2001年,螺旋桨厂随省科技代表团赴俄访问考察,初步达成合资成立镇江维特推进技术发展公司意向。2002年8月,双方签订关于成立镇江维特船舶推进技术研究发展中心协议书,以"中心"为依托,面向中国和东南亚市场承担各种船用推进器研究、设计和市场推广;引进设计技术和培训技术人员,组建合资企业。

1999年,俄罗斯圣彼得堡国立技术大学教授尤·阿·菲利伯夫到丹徒县高压电器厂进行技术指导,帮助解决旋转隔离开关耗铜量大、成本高的问题。在菲利伯夫指导下,该厂改进产品设计,新产品每台可省铜材50%,仅此一项每年为工厂创造效益100万元以上。2000年,丹徒县高压电器厂赴俄考察,与俄罗斯圣彼得堡国立技术大学高压电器教研室就开发硅橡胶高压绝缘子及其相关产品达成合作意向,合作研制开发出3150~5000A大电流旋转式隔离开关。该产品具有结构新颖轻巧,有色金属耗量小,导电系统无温升偏高、局部发热现象等优点。

1999年底,镇江华东电力设备厂与俄涅瓦电力设备厂开始就大电流离相封闭母线项目进行磋商,并多次互访与交流。2001年,该项目列入江苏省国际科技合作项目。2002年4月,华东电力设备厂与圣彼得堡国立技术大学的专家交流大电流离相封闭母线技术,到涅瓦电力设备厂考察,签订初步合作协议。7月,俄涅瓦电力设备厂副厂长及总设计师到镇江华东电力设备厂考察,双方签订正式合作协议。11月,俄涅瓦电力设备厂再次到华东电力设备厂考察,双方签订补充合同,并达成2003年在镇江成立强迫风冷离相封闭母线研发中心的一致意见。该合作项目被列入2002年科技部"双引"项目和政府间国际科技合作项目。

2000年,镇江船用柴油机厂邀请德国MAN B&W公司专家,就引进L16/24中速柴油机生产过程中的技术问题进行咨询服务,使该厂生产的L16/24柴油机拥有先进的性能指标和全新的结构设计。2001年经江苏省科技厅审定,镇江被列为江苏省沿江火炬带对独联体国际科技合作与交流示范基地。2002年,镇江机电一体化产业园实施中俄政府间项目2项,科技部"双引"项目4项,省国际合作项目3项,设立3家中俄合作研发中心,完成销售8.3亿元。次年,产业园完成销售9.8亿元。

2003年,镇江宏达化工有限公司与俄罗斯列别捷夫研究所签订引进"年产100吨注射成型、加工成型硫化工艺的液态硅橡胶生产技术"和"年产20吨有机硅电子灌封胶系列生产技术"2项合作协议。镇江电工器材厂执行科技部"双引"项目,与乌克兰就合作生产"高可靠、智能化高压真空电器"的产品标准、工艺流程、质量监督管理、产品价格等达成一致并签订合作协议。同年,镇江先后派出4批技术人员赴俄罗斯及独联体国家进行技术交流,俄方有近30名专家到镇考察指导和技术交流。俄方和华东电力设备制造厂、镇江螺旋桨厂分别合作建立研发中心。镇江船用柴油机厂在引进、消化、吸收德国先进技术基础上,承担国家火炬计划项目—5L23/30H中速柴油机,开发出新一代船用柴油机。

2004年,镇江金秋经贸洽谈会期间,召开中、俄、乌、白科技合作洽谈会。镇江100多家高新技术企业和民营科技企业的代表与俄罗斯、乌克兰和白俄罗斯的专家就34个科技合作项目深入洽谈,签署11项科技合作协议。

2005年,江苏康尔臭氧有限公司与俄罗斯合作单位就大型臭氧发生器技术转让和合作研发达成初步合作协议。

二、农业国际科技合作

农业国际合作与交流是镇江农业科技工作的一个亮点，特别是进入21世纪以后，对日农业科技合作有了更大发展。

1. 蔬菜制种技术　1989年，镇江农科所及镇江对外交流中心与日本名古屋野崎采种场合作，"蔬菜制种技术"智力引进项目立项，先后引进日本花菜、甘蓝等40多个蔬菜品种，促进全市蔬菜花卉制种业、特别是园艺科技发展。经试种，有10多个绿花菜、甘蓝品种表现较好。1995年10月，江苏省蔬菜新品种引进技术示范园在润州区七里甸镇农业试验场挂牌。该园启动国外蔬菜新品种的引进、蔬菜无公害栽培技术示范等项目。1996年，日本蔬菜专家、日本爱知县野崎采种场野崎宽被镇江市人民政府聘请为镇江市农业科技开发名誉顾问。

2. 水稻旱育稀植技术　镇江是全省最早进行水稻旱育稀植技术推广示范的城市。日本水稻旱育稀植技术专家原正市先后4次到镇江技术指导。1992年，水稻肥床旱育稀植技术被省列为"八五"期间重大引智项目。同年省科委、省农林厅、省引智办在镇江联合召开全省水稻旱育稀植技术推广现场会。

3. 草莓种植技术　1982年起，日本国爱知县经济专家伊藤克已接受镇江研修生，赠送日本草莓良种脱毒苗并多次来镇江指导草莓生产，试种成功后在句容农村推广种植。草莓项目的推广和深度开发列入国家火炬计划。此后，镇江丘陵山区建成相当规模的草莓、葡萄、桃、无花果、梨等应时鲜果和蔬菜花卉制种生产基地，累计推广面积50多万亩，产生经济效益17亿元，成为当地农业的主导产业。1989年，伊藤克已被聘请为镇江市农业科技开发名誉顾问。

4. 早川葡萄栽培技术　1991年，市引进国外智力办邀请日本著名葡萄专家早川进三到镇江传授其X整形水平棚架葡萄栽培技术，在市农科所和润洲区蒋乔镇建立两个早川葡萄科技示范园。1994年，早川进三被镇江市人民政府聘请为镇江市农业技术开发名誉顾问，同年被国家外专局授予国家友谊奖。

5. 稻鸭共作技术　2000年，镇江从日本引进稻鸭共作技术，经过消化吸收再创新，形成利用鸭子的役用功能，生产无公害稻米、鸭肉的整套生态农业新技术。2002年，稻鸭共作技术与役用鸭选育通过成果鉴定。镇江水禽所选育出役用效果优异的役用鸭，编写出国内第一本稻鸭共作专著《稻鸭共作——无公害有机稻米生产新技术》。2003年，该书由中国农业科技出版社出版，获第八届镇江市优秀科技论文专著特等奖。同年，江苏省、镇江市、丹阳市联合召开稻鸭共作推广会。2004年7月，镇江市人民政府与中国农科院水稻所在镇江联合举办第四届亚洲稻鸭共作研讨会。日本、韩国、越南、俄罗斯等国家以及中国香港、台湾地区的代表参加，为历届亚洲稻鸭共作研讨会中参加国家和人数最多的一次盛会。日本农文协专务坂本尚、日本全国稻鸭协会会长万田正治教授被聘为镇江市人民政府顾问。2005年，中国农业电影电视中心在镇江拍摄《种稻致富新技术——稻鸭共作》的数字电影。

图32-2　发酵床养猪（2003年摄）

6. 发酵床养猪技术　2003年，镇江从日本引进发酵床养猪技术，与鹿儿岛大学入来牧场签订合作协议。发酵床养猪技术，是利用当地的土著微生物，通过发酵床分解畜禽粪便，较好解决猪粪难处理问题。2005 年 11 月，江苏省科技厅与市科技局共同在镇江召开全省发酵床养猪技术推广现场会。

多年来，镇江市除派出农业科技人员赴国外考察、学习外，还派出农业科技人员参加援外工作。丹阳市农业局曹福生、赵秋然，镇江市农业局屈振国被派去几内亚；丹阳市农业局韦楼才被派去马里。丹阳练湖农场也多次派出农业科技人员去几内亚、坦桑尼亚、喀麦隆等国，支援当地发展农业生产，受到所在国的欢迎。

三、政府间科技合作

中外政府间科技合作项目，由中外总理定期会晤委员会科技分委员会设定，由科技部资助项目出访人员国际旅费，并对重点项目进行专项经费资助。

镇江组织实施的政府间科技合作项目始于 1989 年。根据中捷（捷克斯洛伐克）科技合作协议，1989 年 11 月，捷克斯洛伐克贝尔赫日莫夫制刷厂到镇江制刷厂考察，初步达成协议：中方按捷方技术规格为捷制造漆刷刷头，在此基础上再确定建立合资企业。

1993 ~ 1997 年，市科委三次执行中国—墨西哥政府间科技合作“墨西哥高岭土的特征与评价”等项目。1997 年，“墨西哥高岭土的特性与评价合作”列入中国—拉美 1997 ~ 1998 年度科技合作项目计划。6 月，市科委组织市地矿局、苏州中国高岭土公司、宜兴精陶公司赴墨西哥依大力古州华亚地区进行高岭土资源考察、洽谈，推进该项目实施。

1996 年组织实施江苏理工大学与巴西合作的“焊接机器人的自动控制系统研究”和“工业自动控制”项目，以及市科委与阿根廷合作的“幽门螺旋杆菌与十二指肠治疗合作研究”等 3 个政府间合作项目。

1999 年，镇江市华立开关设备厂的“12KV 新结构系列旋转式隔离开关”、正茂集团有限责任公司的“引进环保推进器系列产品制造技术”、镇江丹徒高压电器厂的“引进新结构隔离开关制造技术”等列入当年中俄政府间科技合作计划项目。

2000 年，华东船舶学院承担的“核反应堆发电装置 AL2O3/Nb 连接技术”项目，列入当年中俄政府间科技合作项目。

2002 年，全市执行中俄政府间合作项目 2 个。2003 年执行中俄政府间国际科技合作项目和科技部“双引”项目 4 个。2004 年执行中俄间政府间合作项目“高效环保型电脱盐、电脱水技术”。

2005 年，经中俄总理定期会晤委员会第九届例会认定，江苏宏达化工新材料股份有限公司承担的“二甲基二氯硅烷饱和酸水解工艺技术”和镇江波威船舶工程设计有限公司承当的“船用表面桨装置联合开发”2 个项目，被列为 2005 中俄两国政府间合作项目。

第三节 引进国外智力

1983 年以来，随着国家对外开放程度加大，镇江企事业单位及社会团体开展对外科技交流与合作活动越来越多，这些交流合作活动受到科技部、国务院外国专家局引进国外智力办公室等部门的支持，以立项方式，给予一定资金资助，鼓励单位及个人开展对外科技合作与交流。

1989 年，镇江农科所通过引进国外智力项目，引进日本名古屋野崎采种场的“蔬菜制种技术”和津山市的“甲鱼快速养殖技术”。

1990 ~ 1994 年，全市引进国外智力项目 16 项，其中：国务院引进国外智力办公室项目 15 项，省引进国外智力办公室项目 1 项。1995 年，引智工作列入镇江市政府年度科技进步目标管理责任状。1996 ~ 2000 年，工业、农业和社会事业等领域的国家智力引进项目 66 项，引进日本、德国、意大利、美国、法国、俄罗斯、荷兰等国多名专家来镇进行技术指导。2000 年 9 月后，智力引进项目归口市人事部

门管理。(参见第二十九卷第二章第五节第二目外国专家工作)

第四章　科技进步与成果

第一节　工业科技进步

一、工业科技管理

1983年,镇江市科学技术委员会设工业计划科,负责全市工业科技计划管理工作。1985年,市科委工业计划科和农业计划科合并,成立科技计划科,负责拟订并组织实施全市科研开发年度计划,管理科技三项费用和匹配贷款以及配套物资计划;会同市计经委审定新产品,办理减免税手续;推行科研计划体制改革,简化手续和审批层次,建立各种形式的科研合同制;与财政、税务、银行联合制定《镇江市科技三项经费有偿使用办法》和《镇江市科技发展基金管理条例》。

1988年,国家科委开始组织实施火炬计划。1989年,镇江首次承担2项省级火炬计划。1989年,农业科技管理工作划归农业计划科。1990年,全市确立坚持“有限目标,重点突出”的原则,以微电子技术、机电一体化、生物工程和新材料四个领域为科技主攻方向。同年,市科委出台《镇江市优秀新产品开发荣誉证书的有关规定(试行)》和《镇江市科技计划项目优秀管理奖评选办法(试行)》,鼓励企业开发新产品积极性,提高科技计划项目组织水平。

1991年,市经委、市科委联合制定《镇江市工交企业新产品开发工作意见》,建立和完善全市新产品开发三级管理体制。1992年,市政府成立镇江市发展高新技术产业领导小组。同年,市委、市政府批准成立镇江市高新技术产业开发区。市政府批转市科委制定的《关于镇江市发展高新技术及其产业和利用高新技术改造传统产业的意见》。根据“八五”科技发展规划,确定55家为全市发展高新技术重点企业。1994年,市科委设立高新技术处。全市开始组织实施工艺技术攻关和成果推广两类计划,对新产品试制计划、工艺攻关计划的重点项目加大支持力度。

1996年经省政府批准,在镇江经济技术开发区内建立镇江高新技术开发园区。省科委批准建立镇江市高新技术创业服务中心。1998年,市政府出台《关于加快高新技术产业化的若干意见》,为全市高新技术产业发展提供政策导向和措施保证。10月,市委、市政府召开全市培育高新技术产品群工作会议,明确培育高新技术产品群的总体思路和具体目标。全市首次认定市级高新技术产品54个。1999年,全市首次认定市级高新技术企业15家。市科委和统计局建立全市高新技术统计季(年)报制度,定期发布市高技术产品统计调查结果,准确掌握全市高新技术产品发展状况,为政府决策提供依据。

2001年,市政府转发市科技局《关于组织实施镇江市“百企创新工程”的意见》,全市第一批172家企业入选,其中大中型骨干企业56家、高新技术企业71家、民营企业50家。对进入“百企创新工程”企业,从企业领导者创新素质、技术创新能力、产品技术水平和竞争力、技术创新效果等4个方面8项重点指标进行目标评价考核,激发全市企业依靠科技进步增强发展后劲。

2002年,市政府召开全市“百企创新工程”暨信息化带动工业化交流会,表彰34家“百企创新工程”先进单位。科技部先后批准建设国家火炬计划对俄合作高新技术产业化镇江机电一体化工业园、扬中电力电器产业基地、丹阳新材料产业基地,国家火炬计划镇江光电子与通信器件产业基地通过科技部专家评审。2003年,科技部批准建设国家火炬计划镇江沿江绿色化工产业基地。至此,镇江形成高新技术产业发展“一园四基地”格局。2004年,镇江光电子与通信器件产业基地和扬中电力电器产业基地,在全国高新技术产业化工作会议暨火炬计划15周年表彰大会上,被科技部授予"全国火炬计划先进特色高新技术产业基地"称号。丹阳新材料产业基地被授予"江苏省先进高新技术产业基地"称号。全省高新技术特色产业基地建设经验交流会在扬中召开，扬中电力电器产业基地成为全省首批5个示范基地之一，镇江市作为特色基地建设工作先进单位代表在会上作交流发言。

2005年对工业科技攻关项目的立项和经费使用进行改革。首次采用科技招标方式，确定"通信微波器件关键技术开发及产业化"与"制造企业信息化技术集成软件开发及示范"项目实施主体。同年12月，镇江高新技术创业服务中心被科技部认定为国家级创业服务中心。

二、工业科技计划

镇江工业科技计划每年组织实施市级火炬、星火、新产品开发、工艺攻关、成果推广等12类科技计划项目均在千项左右。

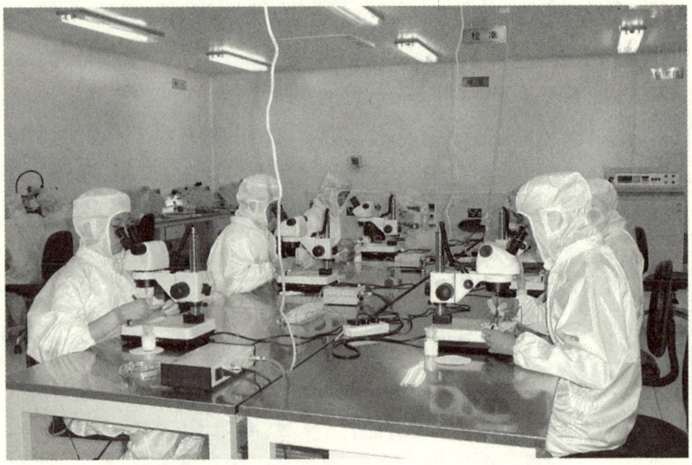

图 32-3　奥雷光电生产车间一角(2002 年摄)

1. 国家"863"计划项目　1986年，国务院批准《高新技术研究发展计划("863"计划)纲要》，国家"863"计划正式启动。镇江市企业先后承担3项国家"863"计划，其中：江苏长江电气集团承担的"内嵌WEB服务器的网络断路器"项目，列入2002年国家"863"计划地方引导项目，这是全市首次由企业承担国家"863"计划项目。江苏奥雷光电有限公司承担的"1310nm垂直腔面发射激光器规模化生产技术"项目，列入2003年度国家"863"计划项目。江苏长江电气集团公司承担的"离散型制造企业信息集成系统研究及其在开关电气行业应用"项目，列入2005年国家"863"计划项目。

2. 国家科技攻关计划项目　2003年，江苏奥雷光电有限公司承担的国家科技攻关计划"功率型高亮度发光二极管及封装产业化关键技术"课题，为全市企业首次承担的国家科技攻关计划。

3. 国家创新基金项目　1999年经国务院批准设立科技型中小企业技术创新基金，专门用于支持科技型中小企业技术创新活动。创新基金以贷款贴息、无偿资助和资本金投入等方式，通过支持成果转化和技术创新，培育和扶持科技型中小企业。同年，镇江江苏正丹集团公司和镇江江奎信息系统集成公司两家企业申报的项目获立项。

2000年，镇江市电站辅机厂等6家企业承担的项目获立项。2001年，镇江船舶螺旋桨厂等4家企业承担的项目获立项。2002年，镇江奥雷光电有限责任公司等3家企业承担的项目获立项。2003年，镇江金钛软件有限公司等6家企业承担的项目获立项。2004年，江苏稳润光电有限公司等4家企业承担的项目获立项。2005年，江苏华阳金属管件有限公司等10家企业承担的项目获立项。国家创新基金项目自1999年启动至2005年，全市企业共承担35项创新基金项目，获国家拨款2375万元。

4. 国家火炬计划项目　国家火炬计划是经国务院批准，由国家科委牵头组织实施的一项旨在促进高新技术研究成果商品化、产业化、国际化的指导性计划。1989年，镇江市首次承担2项省级火炬计划项目；1990年承担5项省级火炬计划项目；1991年首次承担国家级火炬计划项目。1992年，国家科委正式批准将镇江、扬州两市列入苏锡常火炬带，从而形成江苏省沿江高新技术产业开发区带的新格局。1991～1995年，全市承担50项省级和9项国家项目；1996～2000年，全市承担83项省级和26项国家项目；2001～2005年，全市承担220项省级和95项国家项目。

5. 省工业科技计划项目　1983年，镇江合成建材厂牵头江苏省建材研究所等承担的“PVC建筑塑料开发及应用试验”项目，列入省“六五”重点科技攻关项目。

1987年，镇江市冷藏汽车厂牵头江苏省天文仪器厂等承担的“20英尺冷藏集装箱”项目，列入省“七五”重点攻关项目。

1998年，江苏省流体机械工程技术研究中心承担的“高效无堵塞泵”、江苏长江电器集团公司承担的“江苏长江集团CLMS应用示范工程CJ－CIMS”等四个项目，列入省“九五”科技攻关项目。

“十五”期间，镇江52个工业项目列入省工业重点科技计划。

2001年，镇江焦化煤气集团公司承担的“锂离子电池负极材料”及镇江江奎集团公司承担的“数码相机用光电转换组件”两项目列入省科技攻关计划；江苏大学承担的“无轴承（磁悬浮）永磁同步电机及数字控制系统研究”列入省高新技术研究计划。

2002年，江苏奥雷光电有限公司、江苏长江电气集团有限公司等4家企业承担的项目列入省科技攻关计划；江苏省流体机械工程技术研究中心承担的“F50填充石墨材料制备技术及其在高速磁力泵上的应用研究”列入省高新技术研究计划。

2003年，镇江华晨华通路面机械有限公司、江苏天工工具股份有限公司等11家企业承担的项目列入省工业科技攻关计划，其中江苏长江电气集团有限公司的“成套电力电器仿真软件与在线检测系统开发及推广应用”项目为省市联合招标项目。江苏奥雷光电有限公司、江苏理工大学环境工程研究所、镇江金源环境工程有限公司和江苏大学4家单位各承担1项省高新技术研究计划；江苏赛博电子有限公司和镇江蓝宝石电子实业有限公司承担省制造业信息化示范项目。

2004年，江苏绿扬电子仪器集团有限公司、镇江金钛软件有限公司等12家企业承担的项目列入省科技攻关计划，其中江苏稳润光电有限公司承担的“半导体照明重大应用产品开发及示范”项目为省科技招标项目，镇江新宇化工有限责任公司承担的“深亚微米级α－含氟烷基丙烯酸酯正性电子光刻胶”项目为长三角联合攻关计划；江苏大学承担3项高新技术研究计划；江苏长江电气集团有限公司承担的“面向网络化制造的数字化企业示范”项目为省制造业信息化招标项目。

2005年，江苏超力电器有限公司、江苏南自通华科技发展有限公司等5家企业承担的项目列入省科技攻关计划；江苏大学、江苏科技大学分别承担3项、1项省高新技术研究计划。

三、国家火炬计划特色产业基地

2002年，科技部批准镇江市建立国家火炬计划扬中电力电器产业基地、国家火炬计划丹阳新材料产业基地、国家火炬计划江苏沿江对俄合作高新技术产业基地镇江机电一体化产业园、国家火炬计划镇江光电子与通信元器件产业基地。2004年批准镇江市建立国家火炬计划镇江沿江绿色化工产业基地。

1. 国家火炬计划镇江光电子与通信元器件产业基地　镇江新区经过多年发展，初步形成一批具有一定规模、技术水平高、产业特色鲜明的光电子信息制造企业，形成光电子器件、光通信器件、光显示器件、光存储器件及信息家电等高新技术产品密集区。到2002年底，区内有光电子与通信器件制造企业50多家。科技部专家根据实地考察、评审，经科技部火炬中心审查，授予镇江高新技术产业开发园区为国家火炬计划镇江光电子与通信元器件产业基地。镇江江奎集团有限公司、江苏奥雷光电有限公司等8家企业基本符合国家火炬计划产业基地骨干企业的条件，被认定为国家火炬计划光电子与通信元器件产业基地的首批骨干企业。

到2005年底，国家火炬计划镇江光电子与通信元器件产业基地内有光电子与通信元器件制造和服务企业55家，其中基地骨干企业8家，重点高新技术企业4家，江苏省高新技术企业20家。

产品主要集中在激光音视产品和套件、军用车载移动通讯产品、光电子与通讯器件连接器及关联产品等领域。建立有国家工程技术研究中心1家,省工程技术研究中心5家、市工程技术研究中心18家。基地内企业承担国家"863"计划1项、国家技术攻关计划1项、国家火炬计划项目10项、国家重点新产品计划6项、国家科技型中小企业创新基金项目5项、省重大科技项目8项、省科技项目攻关2项、省火炬计划项目20项、省星火计划项目3项;申报国家专利101项,其中发明专利15项,实用新型专利54项、国外专利4项、软件著作权8项。

图32-4 国家火炬计划扬中电力电器产业基地奖牌(2005年摄)

2. 国家火炬计划丹阳新材料产业基地 该基地主要包括丹阳市区及经济开发区、后巷、界牌、新桥等地域。2002年初步形成以新型复合材料、精细化工材料、高性能金属材料、新型建筑装饰材料等4大类产品为主的产业群。江苏大亚新型包装材料股份有限公司、江苏正丹集团公司等8家企业被认定为基地首批骨干企业。2005年,基地有新材料企业146家,其中骨干企业8家、国家火炬计划重点高新技术企业9家、省级高新技术企业35家。基地内企业高新技术产品实现销售收入55.8亿元,占全市高新技术产品销售收入的16.1%。

3. 国家火炬计划扬中电力电器产业基地 该基地主要包括江苏扬中市经济开发区、新坝镇、三茅镇区域范围。2001年拥有电器企业80余家,产品主要包括高低压开关柜、电力变压器、配电箱、母线槽、电力电缆等七大系列上千个品种。江苏长江电器股份有限公司、华鹏集团公司等10家企业被认定为首批骨干企业。2005年,基地内有电力电器企业105家,其中骨干企业10家,国家火炬计划重点高新技术企业5家,省级高新技术企业31家;基地内企业高新技术产品实现销售收入41.7亿元,占全市高新技术产品销售收入的12.0%。

图32-5 镇江沿江绿色化工产业基地(2005年摄)

4. 国家火炬计划镇江沿江绿色化工产业基地 该基地主要包括京口区谏壁镇镇江化工区至镇江新区大港国际化工区区域。主要产品有醋酸、钛白粉系列产品、低尘超细促进剂、水杨酸、水杨酸甲脂、水杨酰胺以及医药产品利血生片、复方尼群地平片、复方益肝灵片等。江苏索普(集团)有限公司、江苏太白集团镇江钛白粉股份有限公司等7家企业被认定为首批基地骨干企业。2005年,基地有企业70余家,其中骨干企业7家、省级高新技术企业17家、国家重点高新技术企业3家。基地内企业高新技术产品实现销售收入67.4亿元,占全市高新技术产品销售收入的18.0%。

5. 国家火炬计划江苏沿江对俄合作高新技术产业基地镇江机电一体化产业园 2002年6月由科技部批准设立。7月初,国家火炬中心、省政府及省科技厅在镇江举行产业园挂牌仪式。镇江机电一体化产业园中正茂集团、镇江华东电力设备厂、镇江中船设备有限公司、丹徒高压电器厂等4家骨干企业，通过与俄罗斯的全面合作，成为规划建设中的江苏沿江对俄合作基地的重要组成部分。

四、高新技术产品

1993年，江苏省科委开始认定省级高新技术产品。到2005年底，镇江有628项被认定为省级高新技术产品。其中：1994～1995年，“交直流电脱盐成套设备”等51项产品被认定为省级高新技术产品；1996～2000年，“全联式离相封闭母线”等192项产品被认定为省级高新技术产品；2001～2005年，“微波功分器”等385项产品被认定为省级高新技术产品。

1998年，根据“全市培育高新技术产品群工作会议”精神，全市重点培育激光影音产品及计算机应用软件产品群、新型电子元器件产品群、精细化工产品群、高性能复合材料产品群、新型工程机械及特种船舶产品群、智能化电力电器及仪器仪表产品群、汽车电子及关键零部件产品群、生物工程技术及新医药产品群等8大高新技术产品群。同年起，镇江开始认定市级高新技术产品。到2005年，全市有632项市级高新技术产品。其中：1998～2000年认定180项产品为市级高新技术产品；2001～2005年认定452项产品为市级高新技术产品。

1999年，市科委和统计局建立市高新技术统计季（年）报制度。同年，全市高新技术产品实现销售收入50.4亿元，利税8.8亿元。2005年，全市高新技术产品实现销售收入347.5亿元，利税63.4亿元。

五、高新技术企业

1992年起，江苏省科委开展省级高新技术企业认定工作。1992～1995年，全市19家企业被认定为省级高新技术企业。1996～2000年，全市41家企业被认定为省级高新技术企业。2001～2005年，全市135家企业被认定为省级高新技术企业。至2005年，全市累计有195家企业获省级高新技术企业认定。

1999年始，镇江开始认定市级高新技术企业。至2005年，全市累计认定227家市级高新技术企业。

第二节　农业科技进步

一、农业科技管理和推广

1983年后，全市农业科技管理工作逐步从单纯的农业科技计划管理转向综合管理。农业科技管理也从科技计划科分离出来，单独成立农村科技科。

1986～1990年通过宁镇丘陵资源综合示范基点和农业科技示范窗口，100多项农业实用技术得到推广，其中小麦良种扬麦5号累计推广面积16.67万公顷，增产4200万公斤。镇江农科所推广的草莓种植技术，到1991年，句容县累计种植面积2.04千公顷，产值2421万元，农民直接得益1800万元。1988年，市科技局印发《镇江市1988～1995年农业科技攻关、农业技术重点推广项目计划》。

1992年，全市推广丹阳试验成功的水稻旱育稀植技术。同年，全市累计推广面积150.53公顷。1993年引种与推广市农科所培育的中粳糯稻“镇稻二号”。1994年推广水稻抛秧及其配套技术，省力、省工、高产高效，农民“种田不弯腰，效益大提高”，该推广项目获镇江市科技成果推广奖。

1995～1997 年，镇江市分三批开展创建江苏省科技工作先进乡镇活动。经省科技厅批准，全市 89 个乡镇中有 67 个乡镇被评为江苏省科技工作先进乡镇。

1995～1998 年，全市大力推广新型大棚覆盖技术和蔬菜防虫网覆盖技术。1997 年，上海市蔬菜技术推广站站长、研究员钱丽珠多次到镇江指导，提供蔬菜新品种、新技术。6 月，钱丽珠被聘为镇江市政府科技顾问。

1999 年，全市推广在粳稻套播麦综合配套高产栽培技术。2000 年，从日本引进稻鸭共育技术，试验成功并推广，至 2005 年，全市推广 3. 33 千公顷，全省推广 5. 33 千公顷。

1999 年 8 月，市政府在京举办"'99 中国镇江农业项目发布会"。市领导率领市科委、市农业局、市多种经营管理局、市农业综合开发办负责人，与中国农科院洽谈开展科技合作事宜。市科委先后举办山芋新品种苏薯 8 号推广会、农友瓜果新品种观摩品尝会、生态养殖现场观摩会、镇江农科所成果推广会、杂交粳稻 8 优 161 现场观摩会和镇江市多种经营新品种、新技术、新成果展示交流会。

2000 年，市科委先后举办种草养畜、无籽西瓜、稻鸭共作、杭白菊等农业科技成果推广会。7 月，中国农科院副院长许越先带领中国农科院蔬菜所、果树所、油料所、水稻所、畜牧所、茶叶所、蚕研所等 11 个所的 15 位专家到镇江考察。镇江市人民政府与中国农科院签订农业科技合作协议。聘请副院长许越先为镇江市人民政府科技顾问。会上签订 23 项合作项目。其后，镇江有关部门、农业企业与中国农科院专业所开展多项农业科技合作。中国农科院水稻所、茶叶所、饲料所等与镇江市合作成效显著。

2001 年镇江高新技术洽谈会期间，中国科学院院士、上海植物生理生态研究所研究员沈允钢，到镇江作《21 世纪的绿色植物产业展望》报告，中国农科院研究员安晓宁作《现代高效农业结构与农业现代化》报告。市科委先后举办食用菌成果推广会、镇江农科所成果推广会、江苏省稻鸭共作成果推广会、畜禽养殖成果推广会。2002 年，市科技局先后举办新太阳热消毒、秋冬番茄栽培等成果推广会。2003 年，市科技局先后举办稻－鸭－萍、秋番茄种植、珍稀食用菌工厂化栽培、黄鳝生态养殖等成果推广会(观摩会)。

2005 年在省科技厅重大科技项目招标中，镇江江苏沃得农业机械有限公司等单位的"油菜联合收割机研制与开发"中标。同年，市科技局与市妇联在全市开展"抓党员示范引路、送科技进村入户、帮农民增收致富"活动，推广稻鸭共作、发酵床养猪、蔬菜无公害标准化种植、食用菌栽培、有机物茶栽培和制作等实用技术。

二、农业科技计划

1. 农业科技项目　农业科技计划资助范围随着时代不断发展而不断拓宽，农业科技计划资助经费逐年增加。进入 21 世纪，市级农业科技计划年度项目经费突破 100 万元。2005 年，项目经费达 270 万元。

1983～1985 年，全市组织实施"低山丘陵经济植物综合开发利用的研究""平菇代料高产栽培试验""茶园开沟施肥机具的研究""白蚁生物防治研究""多功能稻种消毒技术的研究""四季鹅的良种选育""池塘鱼蚌混养优质高产规律的试验研究""开发丘陵山区农牧结合技术研究"等市级农业科技计划项目近 30 项。

"七五"期间，全市组织实施"新型耕作栽培技术及其应用的研究""四季鹅繁育体系的研究""丘陵地区山羊饲养繁殖和综合利用技术研究""高产中粳'8169－22'新品系的繁殖与推广""新农药'扑虱灵'的应用技术""丘陵适生果树的引种鉴定及配套栽培技术研究""枇杷优质品种利用及高产栽培""万亩快速高产桑园栽培技术和养蚕高产优质技术研究"等市级农业科技计划项目 67 项。"四季鹅高产高效益综合技术开发利用""镇江丘陵地区综合开发技术试验基点""丘陵地区果园配套技术的研究”“香菇袋式保护地高产栽培技术研究”等4个项目，作为省“七五”重大攻关项目“丘陵山区资源综合利用研究”子项，在省科委列项。

“八五”期间，全市组织实施省农业科技项目10项；“丘陵地区提高复种指数配套栽培技术”“黄苗寒青小白菜胞质雄性不育系选良与利用”“水稻旱育稀植高产栽培技术”“山羊杂交改良配套技术的推广应用”“国外蔬菜新品种引进试验示范”“油菜菌核病防治新技术研究”“出口蔬菜基地建设”“饮料蛋白的开发与生产”“烯效唑在油菜生产上的开发利用”“丘陵地区硼肥应用技术研究”“水稻联合固氮工程菌技术开发”等市级农业科技计划项目93项。

“九五”期间，全市组织实施句容农业综合试验示范基地的“出口鲜洋葱和脱水萝卜生产、加工开发”“水平大棚架优质葡萄栽培新技术的示范推广”“山羊杂交高产高效技术推广”“以色列温室高新技术引进与示范”“千亩江滩猪鱼饲生态循环综合开发”“家蚕微粒子病的防治研究”“黄苗小白菜异源胞质雄性不育系及其优良组合选育” 等省级农业科技项目25项；“丘陵玉米开发”“美洲斑潜蝇发生与防治研究”“光合细菌防治鱼病技术研究”“镇稻88作后季稻试验示范及利用研究”“杂交油菜超稀植高产高效栽培技术研究”“丘陵地区低产土壤钾素平衡施肥技术研究”“三元杂交商品瘦肉型猪的研究与推广”“肉鸡腹水综合症病源及防治的研究”“有机废弃物芦苇末综合利用技术示范”“镇江市气象资料库及灾害性天气预测预警综合服务系统”“化肥增效剂应用技术研究”“三麦机械精少量播种技术的研究”“家禽恶食癖综合症病原及防治技术”“青虾网箱养殖技术研究”“葡萄设施栽培技术研究”“稻曲病发生及防治”“苏薯八号示范推广技术”“丘陵地区适生优质牧草品种引进及示范推广”“光合细菌健康主养鲫鱼开发”“气候变暖对农业生产的影响及对策”“水稻旱直播种机的改进研制”“银黑双色地膜在夏秋季蔬菜生产上的应用推广”“稻鸭共作技术的研究与推广”“油菜联合收割机研制现开发”“草莓11月份早上市栽培配套技术研究”“彩色长毛兔和獭兔引种和繁育推广”“湿地造林树种优良新品种繁育与示范推广”“欧亚种葡萄避雨栽培技术研究”等市级农业科技项目152项。

“十五”期间，全市组织实施“高产、优质、抗病籼稻Ⅱ优084的研究”“螟虫的治理策略及防治技术研究”“辣椒标记性状黄苗突变体特异种质自交系及其杂交利用研究”“番茄秋冬栽培技术研究”“油菜栽植机械的研制”“猪‘O’型口蹄疫两次免疫程序研究”“有机活性肥料开发”“日本砂梨优良品种引进及其水平棚架栽培技术的研究”“优质有机稻米标准化栽培技术研究与开发”“役用鸭品种的选育”“酶技术嫩化‘茅山老鹅’加工新工艺”“野生苦瓜茶深度开发加工”“黄鳝人工生态繁殖技术的研究”“土著菌微生物在养猪业上的应用研究”“池塘养殖水体水质生态调控技术研究”“竹醋液在无公害蔬菜生产上的应用研究”“珍稀食用菌标准化生产技术示范推广”“草莓基质栽培新品种、新技术研究”“日本奶牛双轨饲养技术的引进与推广”“水稻条纹叶枯病预警及防控预案研究”“红叶石楠工厂化扩繁技术的研究”“中日合作农村经济发展战略规划”“有机茶生产及清洁化加工技术示范”“苦瓜深加工产品开发及综合利用技术研究”“生物农药虫瘟菌制剂的开发与应用技术”“优质高产抗条纹叶枯病粳稻新品种的选育”“结球甘蓝胞质雄性不育系的选育及利用”“集成模块式节水微灌设备的研制”等农业科技计划249项。蚕研所研究开发的“SM—1在诱导三眠蚕生产超细纤度茧丝中的应用”，利用药物诱导三眠蚕，诱导率可达100%，龄期短、发育快、丝质优异，是蚕业科技的一大突破，达到国际先进水平，获国家发明二等奖；“我国主栽桑树配套系列品种选育与推广”“抗病丰产桑新品种育2号及早桑育151、育237的育成与推广”获国家科技进步二等奖。镇江农科所的“新型耕作栽培技术及其应用研究”“扑虱灵防治稻飞虱的毒理应用技术及推广”获国家科技进步三等奖；“多效稻种消毒剂线菌清的研究及其开发利用”获省科技进步二等奖，“高产优质抗病中粳稻新品种—镇稻88”获省科技进步二等奖及市政府科技特别奖；“广适型超级杂交稻Ⅱ优084的选育和应用”，是国内大面积生产中将高产、优质及综合性有机物结合得最好、具有广泛适应性的超级杂交稻品种，通过国家审定。丹阳市农业局等完成的“杂交水稻机械采授粉制种实用新技术”获国家发明四等奖。丹阳市农技推广站等单位完成的“水稻三高一稳栽培技术的机理及推广应用”获农牧渔业部科技进步二等奖。镇江红旗食用菌研究所,利用造纸厂的工业有机废弃物——苇末,生产食用菌获得成功,开辟废弃物资源化利用的新途径,为国内首创。镇江在国内最先应用“蔬菜防虫网覆盖技术”达到国内领先水平,推广到全国25个省市区。镇江市蔬菜研究所承担的省“九五”农业重点攻关项目“黄苗小白菜异源胞质雄性不育系及其优良组合选育”,选育出青星1号、青星2号两个优势组合,达到国内领先水平,成为镇江市获得的第一个国家农业科技成果转化资金项目,2004年通过科技部验收。江苏大学、镇江高科技农业示范园承担的“智能温室攻关与产业化开发”项目,列为省“十五”重大攻关项目,2004年通过省级鉴定,智能化温室研究成果达国际先进水平,设施栽培技术达国内领先水平。江苏沃得农业机械有限公司、江苏大学、镇江市农业机械推广站联合承担的“油菜联合收割机研制与开发”项目,在省科技厅、省农机局的联合招标中中标。市农业机械推广站与丹阳市天欣农业装备有限公司联合申报的“水稻机械化旱直播技术及关键设备”,获国家农业科技成果转化资金支持。

2. 星火计划 1986年起,镇江市开始承担国家和省星火计划组织实施工作。

1986~1990年,全市承担国家、省级星火计划36项,投入资金680万元,验收、完成32项,其中4个项目达到国际先进技术水平,4个项目填补国内空白或达到国内领先水平,6个项目填补省内空白。“镇江香醋发酵新工艺及饮料醋开发研究”“羊毛/红麻混纺呢绒研制”“优质桑茧丝绸综合技术开发和应用”“聚氨酯泡沫塑料生产设备及深加工成套设备研制”“GP装饰布系列产品开发”等5项成果获国家星火计划科技成果三等奖。

1992年,市科委制定《镇江市“八五”星火计划发展纲要》,引导乡镇企业提高科技水平和管理水平,促进一批有特色的乡镇工业、农业产业的发展。丹阳的汽车配件、精细化工、床上用品、蚕茧丝绸、食用菌、稻鸭共作,丹徒的轴承、磨浆机,扬中的电器桥架、开关柜等发展成为当地的支柱产业。1993年,丹阳市皇塘镇被批准为省级星火技术密集区。1995年,丹徒辛丰镇成为省级星火技术区。1996年,扬中新坝镇成为省级星火技术区,丹徒辛丰镇成为省级星火技术密集区;丹阳市皇塘镇成为国家级星火技术密集区。“八五”期间,镇江组织实施国家、省级星火计划33项;“九五”期间,镇江组织实施国家、省级星火计划22项。

2004年后,长江电器集团和中电电器集团公司被批准为江苏省星火龙头企业,江南食用菌有限公司和江苏农林职业技术学院被科技部星火办认定为国家星火计划农民科技培训星火学校,镇江农科所被认定为国家星火计划专家大院,春城葡萄协会被认定为国家星火计划农村专业技术示范协会,句容农技推广中心被认定为国家星火计划农村区域科技成果转化中心。“十五”期间,镇江组织实施国家、省级星火计划62项。

三、农业科技试验示范园区

1986年,润州区驸马庄农牧结合集约化开发试验基点,从以粮为主的单一结构,改变为粮食—经济作物—饲料作物—肥料作物的多元结构,形成丘陵岗坡林、果、茶、草立体利用,粮、饲、经、肥作物合理布局,养殖业猪、禽、奶牛、鱼全面发展,资源合理利用,种植养殖加工配套发展的经济格局,被国家、省列为星火计划高效增收农田生物研究基点。1987年,该基点被加拿大国际发展研究中心列为亚洲农作制度研究网农牧结合中国驸马庄基点。此后,加拿大国际发展研究中心、联合国粮农组织、欧共体等21个国家的49位专家到驸马庄考察、交流,对基点成果给予高度评价。

1989年,句容市被省科委确定为江苏省农业综合试验示范基地,主攻方向为:以粮、经、饲为支撑,重点开发经济林果和食草畜禽,形成宁镇丘陵经济、生态资源综合开发技术服务体系。基地根据镇江丘陵地区的气候、土壤、地理位置,提出发展不耐贮运应时鲜果的思路,总结出“做给农民看,带着农民干,帮着农民销,实现农民赚”的经验。1995年,句容丘陵资源开发试验示范基点第二阶段工作通过省科委验收。镇江农科所在句容先后建起以应时鲜果示范为主的白兔园、后白园，以种草养畜示范为主的磨盘园，以有机农业为主的戴庄园。

图 32-6　2005 年 10 月，中共中央总书记胡锦涛视察白兔镇万山红遍农业园

1993 年，省级早川葡萄示范园在润州区蒋乔镇挂牌，副省长吴锡军参加挂牌仪式。

1998 年，镇江市启动市级农业科技园区建设。首批市级农业科技示范园区为：丹徒县可持续性发展农业科技示范园、句容市春城葡萄科技示范园、镇江市种业科技示范园、镇江南山农业科技示范园、京口高科技农业科技示范园、扬中特种水产科技示范园、国外蔬菜新品种引进技术示范园、早川葡萄科技示范园。

2000 年，全市加大市、县科技经费对农业科技项目的扶持力度，以项目实施带动示范园区建设。京口高科技农业园、丹阳市蔬菜科技示范园被省科技厅认定为省级农业科技示范园。至此，镇江拥有省、市、县级农业科技示范园 38 个。

2002 年，江苏省丘陵资源开发句容综合试验示范基地和丹阳市蔬菜科技示范园被省科技厅列为“十五”省级重点园区。

2004 年，镇江新建镇江市稻鸭共作科技示范园、镇江市张庙无公害茶叶科技示范园、镇江市润州渔业科技示范园、镇江市杜村番茄科技示范园、镇江市瑞京园艺科技示范园、镇江市五洲山茶叶科技示范园、镇江市现代化养猪科技示范园共 7 个农业科技示范园。

第三节　社会事业科技进步

一、社会事业科技计划与管理

1996 年前，镇江市社会事业科技计划项目未单独设立。1996 年，市科委增设市级社会发展科技计划，重点围绕人口与健康、资源可持续利用、生态与环境保护、城市现代化与农村城镇化、公共安全与劳动安全、减灾与防灾等领域，组织实施科技计划项目，鼓励多学科、跨行业联合申报和攻关，择优推荐与资助，为社会事业可持续发展提供技术支撑。同年，安排肿瘤治疗、计划生育、血吸虫病防治、废弃物处理、城市规划与建筑等领域科技计划指令性项目 25 项，省社会发展科技计划项目 2 项。

“九五”期间围绕区域可持续发展示范工程、粉煤灰综合利用、环境监测、小城镇垃圾资源化利用、肿瘤早期诊断、白血病防治、心血管疾病、中医中药消化道疾病、地质灾害防治对策等，组织实施科技计划指令性项目 183 项，其中：省社会发展科技计划项目 14 项。另外，安排市指导性社会发展计划 500 多项。

2001 年围绕城市水环境质量改善与生态修复工程示范技术、城区水环境分析与预测、小城镇水环境综合治理、污水排放在线监测、供水安全预警及应急处置、中小企业科技创新信息服务系统、基础地理信息系统、城市智能化公共交通系统、轻钢结构住宅、地区雷电防御对策、城市防洪规划、心脏肺脏联合移植、同种异体心脏移植、肝移植、微创手术、异种骨移植、帕金森氏综合症、智能材料住宅等组织实施科技计划指令性项目257项,其中:省社会发展科技计划项目15项。另外,安排市指导性社会发展计划633项。2002年受理社会发展科技项目263项(含申报省自然科学基金项目10项),经专家咨询,批准立项148项,其中指令性计划41项、指导性计划107项,另择优推荐申报省级计划32项,获省科技厅批准立项10项。在结题的54个项目中,被省内外专家评为国内先进和省内领先水平32项、国内领先12项。2003年,全市批准立项社会发展指令性计划53项、指导性计划138项。全年完成社会发展项目100多项,其中鉴定验收的52个项目,成果水平达到国内先进水平以上的占50%以上。"镇江市水环境质量改善与生态修复技术研究与示范"经科技部批准列为国家重大科技专项。2004年确定市社会发展指令性计划62项,下达市指导性计划152项,获省科技厅批准立项13项,获省社会发展指导性计划11项。在结题50个项目中,有30多项成果达到国内先进或省内领先水平,25项获市科技进步奖。2005年,确定市社会发展指令性计划71项,下达市指导性计划124项,获省立项支持16项。在结题的50多个项目中,有30多项成果达到国内先进或省内领先水平。

二、医药卫生科技

1996年以后,镇江市在医疗卫生、计划生育、中医中药等领域组织实施新技术推广和应用研究项目650多项。"七五"期间,全市"利凡诺中期妊娠引产""癌病高发区扬中县环境状况研究"等5项成果获省科技进步奖;"八五"期间,"氰戊菊酯及其与甲苯联合作用的神经毒理学研究"获省科技进步奖;"九五"期间,镇江市社会保险局和江苏理工大学合作开发的"职工医疗保险信息管理系统"、扬中市人民医院的"食管癌和贲门癌切除术严重并发症的预防和处理"、镇江第一人民医院的"白细胞滤过器在体外循环中对心肺保护作用的实验研究"和"Cox迷宫手术加瓣膜置换的临床研究"获省科技进步奖;镇江医学院的"树突状细胞与免疫相关性疾病关系的研究"获市科技进步一等奖,镇江医学院附属医院的"急性白血病耐药性研究"获市科技进步二等奖。2002年,扬中市人民医院的"隐血珠在上消化道癌初筛普查中应用价值的研究"获省科技进步三等奖、市科技进步一等奖;江苏大学等承担的"颈椎椎体间异体骨螺纹融合支架的研制和临床应用",获省科技进步三等奖。2003年,江苏大学附属医院承担的"造血干细胞分离保存和血小板活化因子分析测定及临床研究"和"幽门螺杆菌与胃十二指肠疾病关系及致病机制的研究"获省科技进步三等奖。同年,市科技局参照江苏省重点实验室管理办法,批准成立镇江市呼吸病分子免疫学重点实验室和镇江市实验血液病分子免疫学重点实验室,聘请江苏大学附属医院郑金旭为镇江市呼吸病分子免疫学重点实验室学术委员会主任,聘请市第一人民医院许文林为镇江市实验血液病分子免疫学重点实验室学术委员会主任。2004年,江苏大学附属医院的"异种骨移植的实验研究及临床应用"、市第一人民医院的"骨髓增生异常综合症的实验诊断研究"都取得较高的研究水平和应用价值。

三、环境科技

1992年,句容酒厂"酒精蒸馏热泵废热回收利用"获省科技进步奖。2000年,镇江市环境监测中心站等完成的"江苏省排放污染物总量监测规范(工业废水部分)"获省科技进步奖。多年来,全市围绕加快城市现代化、保障城乡可持续发展、建立"以人为本"最佳人居环境的战略目标,确定"显山、露水、透绿、现蓝"的城市发展规划,启动实施一系列水环境整治工程,取得一批科技成果。2003年,市委、市政府设立镇江市城市水环境质量改善与生态修复技术示范工程,聘请中国科学院生态环境研究中心副主任、研究员曲久辉、清华大学环境工程系副主任、教授余刚、中国环境科学研究院研究员金相灿等3位国家"863"水专题专家组专家为市政府科技顾问。市政府成立镇江市城市水环境质量改善与生态修复技术示范工程领导小组。12月,科技部批准

"镇江市城市水环境质量改善与生态修复技术示范"列入国家"十五"863计划资源环境技术领域2003年第二批课题。2004年2月,"镇江水环境专项"的5个分项课题承担单位确定;5月,科技部副部长邓楠到镇江视察"镇江水环境专项";6月,"镇江水环境专项"通过科技部"863"领域办公室陈复和"863"主题专家组曲久辉、余刚、俞汉青、崔福义等专家的中期检查;11月,"镇江水环境专项"在科技部武汉"水专项"工作会议上,被科技部"863"领域办公室和"863"主题专家组评为前三名。截至2005年10月,"镇江水环境专项"开展在小尺度下水生植物适应性、人工湿地淤堵等共性问题的研究,围绕水质、水量、泥砂的耦合分析进行数学模型研究等大量工作,发表科研论文15篇,申报专利2项。1996~2005年,镇江市固体废弃物综合利用、城乡水环境治理、地震和斜坡地质灾害防治、气象灾害预测预报等领域组织实施科技成果推广和应用研究项目150多项。

四、城建交通科技

"七五"期间,"丹徒县机电排灌设备节能技术改造试点工程""粉煤灰双层地基研究及应用"等2项成果获省科技进步奖;"八五"期间,"镇江市土地定级估价研究""混凝土外加剂在建筑施工中的推广应用""高层建筑'内支外爬'模板、脚手架施工技术的研究和应用""有粘结多波超长束现代预应力混凝土施工技术的研究与实践"等科技成果获省科技进步奖。"镇江市综合交通规划""道路运政业务技术管理系统"等科技成果获镇江市科技进步一等奖。1996年以后,镇江市在城乡建设规划、设计、施工、古建筑保护、园林绿化、市政建设等领域组织实施科技成果推广和应用研究项目190多项。

第四节　科技成果

一、成果鉴定

1985年,镇江市出台《镇江市科学技术进步奖励条例》,镇江市科学技术委员会主持或协助上级科委组织对全市科技成果的鉴定。1994年,国家科学技术委员会重新发布《科学技术成果鉴定办法》,市科委转发并执行。科技成果鉴定形式有:检测鉴定、会议鉴定和函审鉴定3种形式。1985~1994年,镇江市科技成果管理工作由市科委专利与成果管理办公室负责。1995年后由市科委科技管理科负责。2001年机构改革后由市科技局科技成果与技术市场处负责。1986~2005年,镇江市通过国家、省、市科技成果鉴定的项目有2500余项。

二、成果推广

"七五"至"十五"期间,镇江市先后有500余项先进适用技术列入市科技成果推广计划。1988~1991年,镇江市承担6项国家重点科技成果推广计划。1992年,镇江市成立科技成果推广工作指导小组,加大科技成果推广力度。1995年,市科委评选出20项优秀科技成果推广项目并加以表彰。2004年,镇江市2个项目获得省科技成果转化专项资金项目立项,获得2900万元省科技成果转化资金资助。2005年,镇江市7个项目立项,获得10190万元省科技成果转化资金资助。

三、成果奖励

根据《国家科学技术奖励条例》,江苏省人民政府、镇江市人民政府每年组织评审省、市级科技进步奖或特别奖。1983~2005年,镇江市获得国家科技进步奖15项,其他国家级奖7项。1986~

2005 年,镇江市获得江苏省科技进步奖 299 项,评定市科技进步奖 1326 项。

1985～2001 年镇江市获国家科技进步奖成果一览表

表 32-1

成果名称	主要完成单位	获奖时间	奖励名称及等级
铸造焦的工艺和装备——常规焦炉试制一级、二级、特级铸造焦	镇江焦化厂等 3 家	1985 年	国家科技进步二等奖
SFJ—1 型浆纱机	丹阳棉纺厂	1985 年	国家科技进步二等奖
(苏蚕 3 号·秋 3)×苏蚕 4 号的育成和推广	中国农业科学研究院蚕业研究所	1985 年	国家科学技术进步二等奖
保幼激素"738"和蜕皮激素　蚕业生产上的应用	中国农业科学研究院蚕业研究所	1985 年	国家科学技术进步二等奖
家蚕新品种"苏 3×苏 6"选拔和推广应用	中国农业科学研究院蚕业研究所	1985 年	国家科学技术进步三等奖
江苏省蚕桑区划研究	中国农业科学研究院蚕业研究所	1985 年	全国农业资源调查和农业区划三等奖
中国蚕业区划研究——中国种植业区划系列成果	中国农业科学研究院蚕业研究所	1985 年	全国农业资源调查和农业区划一等奖
SM—1 诱导三眠蚕生产超细纤度丝的应用	中国农业科学研究院蚕业研究所	1986 年	国家发明二等奖
家蚕品种资源的研究	中国农业科学研究院蚕业研究所	1986 年	国家科技进步二等奖
西藏作物品种资源考察	中国农业科学研究院蚕业研究所等	1987 年	国家科技进步二等奖
旋耕机工作部件及其与拖拉机配套合理性的研究	江苏工学院	1987 年	国家科技进步二等奖
优良蚕桑茧丝绸综合技术开发和应用	中国农业科学研究院蚕业研究所	1987 年	国家星火科技奖
我国主栽桑树配套系列品种荷叶白、团头荷叶白、桐乡青、湖桑 197 号的选育与推广	中国农业科学研究院蚕业研究所	1988 年	国家科技进步二等奖
抗病丰产品种育 2 号及早生桑育 151、育 237 的育成与推广	中国农业科学研究院蚕业研究所	1988 年	国家科技进步二等奖
弱酸棕 RL 的研究	镇江染料厂	1989 年	国家科技进步三等奖
低油耗、低污染、低爆压柴油机涡流燃烧室的发明	江苏工学院	1991 年	国家发明四等奖
内燃机测试分析系统的开发与研究	江苏工学院	1991 年	国家"七五"科技攻关集体奖
杂交水稻机械授粉制种实用新技术	丹阳市农业局	1991 年	国家发明四等奖
桑黄化型萎缩病病原及防治技术体系	中国农业科学研究院蚕业研究所	1995 年	国家科技进步二等奖
家蚕春用多丝量新品种春蕾×镇珠的育成与推广	中国农业科学研究院蚕业研究所	1998 年	国家科技进步二等奖
超大规格船用电焊锚链成套设备	正茂集团镇江锚链厂	1998 年	国家科技进步三等奖
家蚕品种资源特殊性状研究及种质的创新与利用	中国农业科学研究院蚕业研究所	2001 年	国家科技进步二等奖

1983～2005年镇江市获省、部级二等以上科技进步奖成果一览表

表32-2

成果名称	主要完成单位	获奖时间	奖励名称及等级
家蚕浓核病毒的研究	中国农业科学研究院蚕业研究所	1983年	农牧渔业部技术改进二等奖
纸板方格簇制造机具及加工工艺	中国农业科学研究院蚕业研究所	1983年	农牧渔业部技术改进二等奖
“杀虱灵”防治家蚕壁虱病	中国农业科学研究院蚕业研究所	1985年	中国农业科学院技术改进二等奖
家蚕春用多丝量新品种春蕾×明珠的育成	中国农业科学研究院蚕业研究所	1985年	中国农业科学院技术改进二等奖
桑树一代杂种—丰驰桑的育成	中国农业科学研究院蚕业研究所	1985年	中国农业科学院技术改进二等奖
桑树品种资源考察、收集与整理	中国农业科学研究院蚕业研究所	1985年	中国农业科学院技术改进一等奖
江苏省淮北粮棉油、木果桑优势产品增产技术与配套技术开发	中国农业科学研究院蚕业研究所	1986年	江苏省科技进步一等奖
大锻体断裂韧性的快速预测方法及其应用	谏壁发电厂等7家	1986年	江苏省科技进步二等奖
利凡诺中期妊娠引产	镇江医学院附属医院等12家	1986年	江苏省科技进步二等奖
黄淮海平原中低产地区优势产品开发研究—蚕桑业开发研究	中国农业科学研究院蚕业研究所	1986年	中国农业科学院技术改进二等奖
桑树密植快速丰产栽培技术	中国农业科学研究院蚕业研究所	1986年	中国农业科学院技术改进二等奖
江苏省农田水利分区治理技术及推广	镇江市水利局等8家	1987年	江苏省科技进步一等奖
我国主栽桑树配套系列品种荷叶白、团头荷叶白、桐乡青、湖桑197号的选育与推广	中国农业科学研究院蚕业研究所	1987年	农业部科学技术进步一等奖
桑黄化型萎缩病病原的抽提及抗血清制备和应用	中国农业科学研究院蚕业研究所	1987年	中国农业科学院技术改进二等奖
家蚕外部形态超微结构	中国农业科学研究院蚕业研究所	1988年	中国农业科学院技术改进二等奖
江淮稻区主要病虫害综合防治技术体系	丹阳县农业局等2家	1989年	江苏省科技进步二等奖
多效稻种消毒剂线菌清的研究及其开发应用	江苏丘陵地区镇江农科所等9家	1990年	江苏省科技进步二等奖
我国主栽桑树配套系列品种荷叶白、团头荷叶白、桐乡青、湖桑197号的选育与推广	中国农业科学研究院蚕业研究所	1991年	农业部科学技术进步二等奖
小麦产量生理调节机理及应用	扬中县农业局等10家	1992年	江苏省科技进步一等奖
麦纹枯病发生规律及其综合防治技术与应用	江苏丘陵地区镇江农科所等7家	1993年	江苏省科技进步二等奖
麦类纹枯病发生规律及其综合防治技术与应用	江苏丘陵地区镇江农科所等7家	1993年	江苏省科技进步二等奖
桑黄化型萎缩病病原及防治技术体系	中国农业科学研究院蚕业研究所	1995年	农业部科学技术进步二等奖

续表 32-2

成果名称	主要完成单位	获奖时间	奖励名称及等级
生物卫星空间搭载试验	中国农业科学研究院蚕业研究所	1995 年	国防科工委科学技术进步二等奖
家蚕新突变基因的发现分析及其利用	中国农业科学研究院蚕业研究所	1996 年	农业部科学技术进步二等奖
《中国蚕业学》	中国农业科学研究院蚕业研究所	1996 年	农业部科学技术进步一等奖
家蚕春用多丝量新品种春蕾×镇珠的育成与推广	中国农业科学研究院蚕业研究所	1997 年	农业部科技进步二等奖
5L23/30H 中速柴油机	镇江船用柴油机厂	1997 年	江苏省科技进步一等奖
家蚕春用耐氟多丝量品种华峰雪松	中国农业科学研究院蚕业研究所	1998 年	中国农业科学院技术改进二等奖
家蚕品种资源特殊性状研究及种质的创新与利用	中国农业科学研究院蚕业研究所	1999 年	农业部科技进步一等奖
桑树诱变及多倍体育种技术及应用研究	中国农业科学研究院蚕业研究所	1999 年	浙江省科技进步二等奖
欧鳗养殖及其主要病害防治技术	镇江润联水产养殖有限公司	1999 年	江苏省科技进步二等奖
空调器散热片用铝合金亲水铝箔	华东铝加工厂	1999 年	江苏省科技进步二等奖
新型优质蚕品种选育	中国农业科学研究院蚕业研究所	2001 年	“九五”国家重点科技攻关计划优秀科技成果
大型旋转艇体焊接远红外热处理设备研制	江苏大学	2001 年	江苏省科技进步二等奖
家蚕的空间飞行实验研究	中国农业科学研究院蚕业研究所	2003 年	中国人民解放军总装备部军队科技进步二等奖
离心泵水力设计进展及其内部流动三维湍流场数值模拟	江苏大学	2003 年	江苏省科技进步一等奖
耐热、耐磨、高强度铝基陶瓷颗粒复合材料的研究	江苏大学	2003 年	江苏省科技进步二等奖
船山石灰石露天采场西帮及北帮台阶安全技术研究	江苏船山集团有限责任公司等 2 家	2003 年	江苏省科技进步二等奖
4LGT－150 型联合收割机的研制	江苏大学	2003 年	江苏省科技进步二等奖
强激光驱动非接触式光接受系统及其工程界面测试技术	江苏大学等 3 家	2004 年	江苏省科技进步一等奖
多裂纹问题积分方程方法	江苏大学	2004 年	江苏省科技进步一等奖
LXZYH2000 型沥青路面铣刨机	江苏华晨华通路面机械有限公司	2004 年	江苏省科技进步二等奖
高光泽高白度优质印刷性能系列铜版纸	金东纸业（江苏）有限公司	2004 年	江苏省科技进步二等奖
工具系统基础共性技术研究—HSK 工具系统的研究及其应用	江苏大学等 2 家	2004 年	江苏省科技进步二等奖
智能化温室成套设施、环境调控及高效栽培技术的研究	江苏大学	2004 年	江苏省科技进步二等奖

续表 32-2

成果名称	主要完成单位	获奖时间	奖励名称及等级
高效无阻塞泵的研究开发及推广应用与产业化	江苏大学等 2 家	2004 年	江苏省科技进步二等奖
超细纤维显性三眠蚕品种 SG/853 白、543B 的育成和推广	中国农业科学研究院蚕业研究所	2004 年	中国农业科学院技术改进二等奖
车辆半主动悬架及其控制系统关键技术研究与应用	江苏大学	2005 年	江苏省科技进步二等奖
蜂胶有效成分的超临界 CO2 萃取及其产品功能学评价的研究	江苏大学等 2 家	2005 年	江苏省科技进步二等奖
耐热双限性夏秋用蚕品种华秋 × 明昭的育成和推广	中国农业科学研究院蚕业研究所	2005 年	中国农业科学院技术改进二等奖

1986～2005 年镇江市获江苏省科技进步奖项目统计表

表 32-3　　单位:项

年度	一等奖	二等奖	三等奖	四等奖	年度小计
1986	–	2	5	12	19
1987	1	–	4	15	20
1988	–	–	4	13	17
1989	–	1	6	10	17
1990	–	1	5	11	17
1991	–	–	6	16	22
1992	1	–	5	14	20
1993	–	2	6	5	13
1994	–	–	2	6	8
1995	–	–	2	16	18
1996	–	–	3	9	12
1997	–	2	14	–	16
1998	–	2	10	–	12
1999	–	1	6	–	7
2000	–	3	6	–	9
2001	1	4	13	–	18
2002	–	1	14	–	15
2003	1	3	12	–	16
2004	2	5	4	–	11
2005	–	2	10	–	12
合计	6	29	137	127	299

说明:自 1997 年起江苏省不再设立科技进步四等奖

第五章　知识产权

1985 年 4 月 1 日,《中华人民共和国专利法》实施,镇江市专利管理逐步展开。随着国家专利和知识产权制度的逐步完善,知识产权管理体系不断健全,专利工作从刚开始的专利代理申请发展到全方位展开,专利申请量和专利授权量大幅攀升。特别是在大力宣传普及专利法、推进企业实施知识产权战略、组织全社会做好专利申请和知识产权保护、打击假冒他人专利的违法行为等方面取得良好效果。镇江市专利管理办公室分别于 1997 年、1999 年、2001 年连续三次被江苏省科委、江苏省专利局等部门评为江苏省专利(知识产权)工作先进集体,2004 年度、2005 年度连续两年获江苏省知识产权工作先进集体称号。

第一节　知识产权管理机构

图 32-7　1985 年,镇江第一个获国家专利的证书

1985 年,镇江市专利管理所成立,为镇江市科委直属事业单位(正科级单位),负责全市专利管理工作。同年增挂镇江市专利事务所牌子。1998 年,镇江市专利管理所更名为镇江市专利管理办公室。2000 年,原所属镇江市专利事务所与镇江市科委脱钩,改制为合伙制专利事务所。2001 年,镇江市专利管理办公室更名为镇江市知识产权办公室。

2003 年,镇江市科技局增挂镇江市知识产权局牌子(副处级单位),撤销镇江市知识产权办公室,增设协调管理处、政策法规处。

2005 年,镇江市成为全国知识产权试点城市。市成立以分管市长为组长的知识产权试点工作领导小组,制订《镇江市知识产权试点工作方案》,部署落实全市知识产权试点工作各项措施。随后,句容市、扬中市、丹阳市和丹徒区相继成立知识产权局,其他辖区、驻镇高校和部分大中型企业明确主管专利工作的领导、专利管理部门及从事专利工作人员。

第二节　专利申请与授权

1985～1990 年,全市申请专利 331 件,授权专利 240 件。

1991～1995 年,全市专利申请 500 件,比前 5 年申请总量增长 51.06%;授权专利 509 件,比前 5 年授权总量增长 112.08%。

1996～2000 年,全市专利申请总量为 913 件,比“八五”期间增长 82.6%;授权专利 680 件,比“八五”期间增长 33.60%。

“十五”期间,全市专利申请数量和质量大幅攀升,专利年申请量从 2001 年的 323 件上升到 2005 年的 2066 件,年平均增幅达到 55.41%,其中发明专利的年申请量平均增幅为 53.91%。专利年授权量从2001年的197件上升到2005年的729件,年均增幅达到35.15%。

第三节 专利实施

2002年起,专利实施计划数列入镇江市人民政府的科技进步责任考核目标。同年组织专利实施计划项目57项;实施专利68件,其中发明7件、实用新型专利41件、外观设计专利20件、实现年工业总产值8.26亿元、利税1.37亿元。

2003年组织专利实施计划项目66项;实施专利68件,其中发明专利5件、实用新型专利37件、外观设计专利26件、实现年工业总产值66.78亿元、利税4.92亿元。

2004年组织专利实施计划项目84项;实施专利124件,其中发明专利27件、实用新型专利42件、外观设计专利55件,实现年工业总产值34.34亿元、利税2.50亿元。

2005年组织专利实施计划项目196项;实施专利214件,其中发明专利29件、实用新型专利106件、外观设计专利79件,实现年工业总产值92亿元、利税10.68亿元。

第四节 专利资助

2002年,镇江市开始对专利申请实施资助。当年,分二批资助专利申请321件,其中发明专利2件、实用新型专利106件、外观设计专利213件。每件发明、实用新型和外观设计专利申请的资助金额为500元,总计资助金额16.05万元。

2003年,镇江市组织资助专利申请617件,其中实用新型专利159件、外观设计专利458件。每件专利申请资助金额500元,总计资助金额30.85万元。另外,对11项实施较好的发明专利每件给予2000元资助,资助经费2.2万元。

2004年,镇江市58件专利申请获得江苏省财政资助,其中发明44件、实用新型10件、外观设计4件。每件发明专利申请获资助4000元,实用新型专利申请获资助2000元,外观设计专利申请资助1000元,共获资助20万元。同年,镇江市对当年的专利申请开始按照实际申请费用进行资助,共资助882件,其中发明专利71件、实用新型专利175件、外观设计专利636件,总计资助金额17.48万元。

2005年5月,《镇江市专利申请费用资助暂行办法》出台,对当年的专利申请按照实际申请费用进行资助,共资助专利申请1761件,其中发明专利189件、实用新型专利217件、外观设计专利1355件,总计资助金额36.06万元。对2005年度申请的190件发明专利给予奖励资助,每件1000元,计19万元。

第五节 专利保护与执法

"八五"期末,专利行政执法工作在全市开展。1995年6月,市专利管理办公室与丹阳市科委、后巷镇政府联合执法检查,通过当地政府责令侵犯丹阳华明电子有限公司外观设计专利权的4家企业立即停止生产和销售。

1996年,《江苏省查处冒充专利行为办法》公布。1997年依照该办法,市专利管理办公室与工商部门在江苏省专利管理局的支持和直接参与下,联合对丹阳市后巷镇天线市场进行行政执法,查获7家企业的冒充专利天线产品。江苏电视台《大写真》栏目、江苏有线电视台《星网传播》《公众视线》栏目等新闻媒体报道此次执法行动。

1998年,市专利管理办公室与市贸易局联合开展商贸流通领域假冒专利的行政执法。经对镇江商业城等10家重点商贸企业18.1万余种商品检查，确认7件假冒专利商品，通过《镇江日报》等新闻媒体予以曝光，并全部清除出柜台。

2000年，市科委被增补为市"打假"工作领导小组成员。市专利管理办公室及市打假办联合下发《关于在全市开展专利行政执法检查的通知》。市专利管理办公室独立对市区和扬中、丹阳等重点商贸企业，开展专利行政执法检查，查处涉及5家企业的7件假冒专利商品。

2003年，市专利管理办公室在江苏省春季专利执法联合行动中，在全市商贸行业开展查处冒充专利产品的行政执法活动，对涉嫌冒充专利的152件商品采取清除出柜措施，其中6件予以立案处理。同年，市科技局还对2家生产冒充专利产品的企业立案处理。

2004年春季开展全市商贸流通领域专利执法行动。对全市具有一定规模商场的24万种上柜商品和库存商品登记检查，专门设立台账，49件假冒、冒充专利商品被清除出柜台；并对7件涉嫌冒充专利商品予以立案处理。11月，市知识产权局与市药品监督管理局联合对140多家药店，开展为期3个月的专利执法行动，对全市15家食品和药品流通企业的300余项有专利标记的商品进行抽查和专利法律状态的检索，对专利标注不规范企业，发出书面通告责令整改。

2005年底，市知识产权局、镇江药监局、市卫生局等联合对全市各医疗卫生机构，开展药品（医疗器械）专利执法专项行动，对涉嫌冒充专利的2种药品（医疗器械）依法作出处理。

2004年12月30日至2005年12月，全市处理专利纠纷案件4起，结案4起。

第六节 技术市场

1988年，市政府发布《镇江市技术市场管理暂行办法》，镇江市技术市场管理办公室成立。丹阳市、扬中县、句容县、丹徒县在1989年底前成立相应机构，负责技术合同的登记、统计，审批和技术贸易管理。之后，全市技术市场工作日趋活跃。到1991年经过市技术市场办公室认定的独立技术贸易机构225家，从事技术贸易活动的科技人员近千名；经认定登记的技术合同3278项（含小额合同项数），合同金额8360万元。全市举办技术市场法律法规培训班107期。

1992年，市政府批转市科委《关于进一步发展镇江市技术市场的若干意见》，建立镇江市技术贸易中心。同年成立镇江市技术市场（常设），隶属市科委，地址设在镇江市科技情报研究所。市技术市场管理办公室获江苏省科委首届"技术市场金桥奖"。市科委和工商局为加强技术合同管理、维护技术市场秩序、及时处理技术合同纠纷，共同设立镇江市技术合同仲裁庭，1993年正式挂牌，设在镇江市技术市场管理办公室。该庭受市经济合同仲裁委员会领导，为市工商局仲裁委员会派出的常设机构，采用经济合同仲裁规则规定的程序进行仲裁，实用法律以《中华人民共和国技术合同法》为主。这是江苏省首家由工商行政主管部门和科技主管部门联合成立的仲裁机构。

1993年，全市经认定登记的技术合同1023项，合同金额4211万元，比1992年增长16%，其中驻镇高校450项，合同金额1963万元，占全市46.6%。镇江市技术合同金额在全省排名第四，仅次于南京、无锡、苏州。

1994年，市科委与市工商局联合举办首届技术经纪人培训班，对从事技术中介业务的专职人员进行法律法规和业务知识系统培训。市技术市场办公室牵头在全省率先成立镇江市科技咨询服务协会，有63家成员单位，设立9个专业委员会。镇江市技术市场办公室获国家科委全国第二届技术市场金桥奖。

1995年，市技术市场办公室与市地税局工交分局联合下发《关于镇江市技术市场税收征管问题的通知》，落实技术贸易"四技"活动优惠政策，在市技术市场办公室设立税务代征代扣点。同年代征技术贸易机构营业税、所得税38万元，根据国家优惠政策办理上年度技术转让合同营业税退税15万元。全市103家企业171项产品(技术)赴南京参加'95中国高新技术新产品博览会,签订技术合同127项,合同金额21053万元,技术交易额339万元;全市获金奖25项、银奖14项、优秀奖11项,并获优秀组团奖。9家企业10个项目参加国家科委在北京举办的全国科技与经济建设中的热点、难点招标;东西部对接暨技术成果转化展示交易会,10个项目中9个项目获全国重大优秀科技成果项目证书。

1998年,全市认定登记技术合同7302项,合同金额11336万元,首次突破亿元。江苏理工大学科茂公司、江苏理工大学流体工程研究中心申报江苏省AAA级等级信誉咨询机构。

2000年,省科技厅举办江苏省高新技术成果网上交易会,镇江分会场组织技术需求、难题招标、招商、人才需求项目375项,位居全省第三,参加网上交易人数3000人次。13人被批准为江苏省注册咨询专家。

2001年,全市经过认定登记的技术合同840项,合同金额20506万元,首次突破2亿元。代征收各种税款152万元,比上年度增加60%,经市地税局审批减免税款100万元。

2002年,市技术市场管理办公室与市科技成果处合并为科技成果与技术市场处(保留市技术市场管理办公室牌子),负责全市技术市场的行政管理。市技术贸易中心作为市科技局下属事业单位,仍为市技术合同认定登记点,承担市区所有技术合同的认定登记,并为市地税局的税收代征点。

2003年根据国家"外国企业和外籍个人向国内提供技术转让可减免营业税"的规定,市首家外资企业镇江银丰铸造有限公司获减免营业税160多万元。市技术贸易中心获中国技术市场协会金桥奖。

2004年下半年,市技术贸易中心整合到镇江市生产力促进中心,市生产力促进中心作为技术合同认定登记点。同年,全市经过认定登记的技术合同913项,合同金额31391万元,首次超过3亿元。镇江市技术贸易中心获市政府授予的"为民营经济服务先进集体"称号。

2005年为落实科技部《技术合同认定登记管理办法》和《技术合同认定规则》,进一步加强对技术性收入的核定,聘请江苏大学和江苏科技大学的教授担任镇江市技术合同专家,并实行"直接免税"办法,统一管理和服务。全市经过认定登记的技术合同915项,合同金额40048万元,首次超过4亿元。全年代征税款125.8万元。市科技局获科技部授予的"技术市场管理工作先进集体"称号。

第六章　科技普及

1983年以后,镇江市加强对科普工作领导,推进各级科学普及工作开展,努力促进科技繁荣和发展,促进科技人才成长和提高,促进科学技术与经济结合,促进公民科学素质提高。

第一节　科普组织

一、镇江市科学技术协会

1983年5月,中共镇江市委决定,设立市科学技术协会。全市4县2区均建立县(市)区科协,92个乡镇中有56个建立乡、镇科协,市区有5个厂矿建立科协。同年,市委、市政府下发《关于加强科学技术工作的决定》,要求加强、充实市、县科协的组织机构,组建乡科学技术普及协会,调整、充实市、县各专业学会。开展各种技术讲座、技术交流、科技咨询服务等活动,促进城乡科技联系,推动工农业生产的持续发展。以市科协为主筹建科技干部进修学院(后获批成立镇江市科技干部进修中心)和全市现代化的科技活动中心,推动科技干部进修、学术交流和科学普及活动。

1987 年 2 月,市委下发《关于市科学技术委员会等单位建立党组及干部任职的通知》,决定撤销市科委科协党组,市科委、科协分别建立党组。

1988 年,镇江市委办下发《转发市科协、市计经委〈关于加强厂矿科协工作的报告〉的通知》,进一步明确厂矿科协的性质、地位和任务,加强对厂矿科协的组织领导。

1990 年 11 月 26 ~ 28 日,镇江市科学技术协会第三次代表大会召开(第一、二次镇江市科学技术协会代表大会分别于 1959 年 9 月和 1981 年 7 月召开)。正式代表 201 人,特邀代表 39 人。大会审议通过《市科协章程》,选举出由 81 名代表组成的镇江市科协第三届委员会和由 31 名委员组成的常务委员会,孔繁昌为主席。

1991 年 3 月根据全国政协有关文件精神,镇江市政协七届四次会议决定恢复镇江市科协为市政协界别组成单位。随后,各县(市)区科协相继恢复为当地政协组成单位。市科协及部分县(市)区科协负责人先后被选入同级人大、政协常委会,充分发挥科协作为人民团体参与管理地方国家事务和参政议政作用。

1995 年 1 月 12 ~ 13 日,镇江市科学技术协会第四次代表大会召开,出席大会代表 245 名,特邀代表 50 名。选举产生市科协第四届委员会,谈大隆为主席。2000 年 1 月 21 ~ 22 日,镇江市科协第五次代表大会召开,出席大会代表 296 名。会议推选出 100 名第五届委员会委员,汪天武为主席。

2003 年,市委印发《中共镇江市委关于进一步加强和改善党对科协工作领导的意见》。

二、学会建设

市科协归口管理镇江市自然科学团体,包括以学会为主体的协会、研究会、企事业科协,几乎涵盖镇江主要行业,包括企业科协、非公有制企业和中外合资企业科协。1983 ~ 2004 年,市科协根据有关精神,对学会、协会、研究会进行过 4 次大的调整。

1983 年为适应市管县新体制,对原地、市二级相同专业的 7 个学会予以合并,对原地、市专业不同的 15 个学会,根据具体情况作适当调整。调整后,原地、市科协所属 32 个学会调整合并为 26 个。

1995 年,市科协制定《学会工作考评实施细则》,并不断优化。同年,镇江市公路、土木建筑、电工技术、蚕桑 4 个学会被中国科协授予全国地方学会先进单位称号。

1999 年,市科协配合市政府和各级科协组织开展社团清理整顿,对所属学会、协会、研究会第二次调整。将原所属 52 个学会、协会(研究会)中的造船、防痨、中药研究、腐蚀与防护、电力电子 5 个团体组织撤销合并,使 48 个团体全部成为法人社团。

2000 年,首家中外合资企业科协——镇江三维塑料电器有限公司科协成立。全市企业科协达 33 家。2002 年成立镇江市南方机械有限公司科协等 4 个科协组织。市纺织工程学会召开第五届代表大会,团体会员中非公有经济占三分之二;新当选的理事,来自民营企业的占 56%,其中担任常务理事的有 3 名,这是镇江市学会改革的新尝试和新起点。

2003 年,市科协对所属学会、协会、研究会第三次调整,全市 48 个学会 12000 多名会员重新进行登记。各市级学会在换届改选中,注重对会员结构和理事会结构进行战略性调整,加大私营、外资企业中优秀企业家和专家进入学会理事会的比例。市标准化、纺织、畜牧、水产等 4 个学会中私营、外资企业会员占 25% 以上,进入理事会班子最低的比例为 16%,最高比例达 56%。市纺织工程学会 33 家团体会员单位中三分之二是非公有制企业,27 名理事中非公有制企业的企业家、科技专家有 15 名;9 名常务理事中有 4 名为非公有制企业家。

2004 年,市科协对所属学会、协会、研究会第四次调整。下发《关于 2004 年镇江市科协所属学会协会改革发展的意见》,完成对所属 50 个市级学会年检工作,完成学会协会结构调整和换届改选工作。到 2005 年底,市科协所属学会、协会、研究会的数量由 1983 年的 26 个发展到 2005 年的 51 个,会员由 2000 名发展到 12000 多名。

2005 年镇江市科协所属学会、协会、研究会一览表

表 32-4

名　称	地址及挂靠单位	理事长
镇江市农学会	正东路 141 号　市农林局	章壮金
镇江市林学会	丁卯桥路 80 号　林业站	刘　峰
镇江市水利学会	市水利局	张进荣
镇江市蚕桑学会	市丝绸公司　学府路 3 号	周志强
镇江市畜牧兽医学会	运河路 111 号　市畜牧兽医站	陈生荣
镇江市农机学会	丹徒路 71 号　市农机研究所	赵挺俊
镇江市气象学会	环城路 40 号　市气象局	秦荣强
镇江市水产学会	东吴路 109 号　市渔政处	戴小平
镇江市花卉盆景协会	中山东路 340 号　市园林管理处	王建国
镇江市电工技术学会	迎江路 18 号	周　洋
镇江市机械工程学会	市政路 41 号　市机械资产经营公司	邓明富
镇江市电机工程学会	电力路 182 号　市供电局	张　龙
镇江市电子学会	市电子资产经营公司	朱来宝
镇江市微电脑应用协会	解放路 22－6 号　科贸公司	鞠时光
镇江市计算机学会	解放路 22－6 号　科贸公司	宋顺林
镇江市标准化协会	运河路 18 号　市质量技术监督局	吕荣伟
镇江市计量测试学会	运河路 18 号　市质量技术监督局	乐　意
镇江市工程图学学会	江苏大学工程图学教研室	卢章平
镇江市老专家协会	正东路 34 号	应国根
镇江市土木建筑学会	正东路 131 号　市建设局	邓学才
镇江市公路学会	市公路管理处　市交通局	李　强
镇江市测绘学会	中山东路 35 号　测绘管理办公室	张连华
镇江市化学化工学会	－	姚继平
镇江市特种设备行业协会	运河路 18 号　市质量技术监督局	朱昌圣
镇江市质量监督协会	运河路 18 号　市质量技术监督局	乐　意
镇江市纺织工程学会	中山东路 379 号　市纺织资产经营公司	邹鸿喜
镇江市地学会	中山东路 254 号	方开鸿
镇江市环境科学学会	解放路 20 号　市环保局	朱金贵
镇江市创造发明学会	经折巷 2 号　市科协科普部	陆介平

续表 32-4

名　称	地址及挂靠单位	理事长
镇江市医学会	将军巷 9 号　市卫生局	于洪杰
镇江市中医学会	将军巷 9 号　市卫生局医政处	李照金
镇江市护理学会	将军巷 9 号　市卫生局	许筱唐
镇江市药学会	东吴路 69 号　市药品监督局	李照金
镇江市中西医学会	市二院	朱辟疆
镇江市针灸学会	市中医院	任南新
镇江市预防医学会	将军巷 9 号　市卫生局	史荣坤
镇江市劳动保护学会	市劳动局劳保处	纪桂明
镇江市烹饪学会	市政路　市贸易资产经营公司	李学科
镇江市数学学会	江苏大学理学院	缪铨生
镇江市物理学会	江苏大学梦溪校区	董师润
镇江市心理学会	江苏科技大学	邹农基
镇江市力学学会	江苏大学理学院	骆　英
镇江市图书馆学会	解放路　图书馆	赵玉明
镇江市青少年科技辅导员协会	经折巷 2 号　市科协科普部	姚崇芬
镇江市情报学会	市科技情报研究所	蒋立群
镇江市珠算协会	正东路 141 号　市财政局	石　耘
镇江市轻工学会	学府路 3－2 号	季凯华
镇江市科普作家协会	市工人文化宫职工学校	徐长庚
镇江市癌症康复协会	电力路 8 号　市一院	凌能侃
镇江市草莓协会	句容市白兔镇镇政府内	纪荣喜
镇江养生学研究会	五环大厦	余耀中

第二节　学术交流

市科协和所属学会围绕市委、市政府的中心工作，开展各项学术研讨、专题调查研究和科技服务活动，促进学术交流与合作，促进科技成果转化，推动全市经济社会的发展。1983～2005 年，各市级专业学会、协会、研究会组织学术交流 147 次，9800 多人（次）参加交流活动，交流学术论文 1072 篇。

一、学术交流品牌

1. 镇江科技论坛　论坛创办于 2002 年，两年一届，镇江市人民政府主办、市科协承办。每届论坛主题，聚焦镇江发展中的热点、难点问题，观点和意见力求具有科学性、前瞻性和可操作性。

2002 年 10 月 29～31 日举办首届镇江科技论坛，全市 900 多名科技工作者参加。论坛主题为科技创新与跨越发展。邀请中科院、工程院院士张淑仪、李伯虎、郭重庆、赵其国和全市 100 多位专家、学者、企业家，围绕镇江市经济工作中的热点、难点问题建言献策。向市委呈送专家建议报告，内容包括高新技术改造传统产业，安全、高效、优质农业，科技创新与人才建设等。

2004 年 6 月 10～22 日举办第二届镇江科技论坛，由市政府和省科协联合举办、市科协承办。论坛设 8 个分论坛，以科学发展观为指导，以加快沿江开发为主题，内容涉及沿江开发、产业发展、制造业、交通、水环境、农业、私营经济、科技创新等多个行业，刘大均、钱志新、虞孝感等国内一批知名院士、专家到镇江交流研讨。论坛期间，科技工作者围绕各自研究的课题，撰写论文 60 余篇，2000 多名政府工作人员、企业家、科技工作者共同参与。

2. 镇江电力科技论坛　该论坛创办于 2004 年，系市科协与国电谏壁发电厂科协联合打造。镇江电力科技论坛（后更名为镇江经济科技论坛），每年一届，是市科协与企业科协开展大型学术交流活动的重要形式。

2004 年 8 月 13 日举办首届镇江电力科技论坛，主题为“树立科学发展观，促进国电企业可持续发展”。中国工程院院士、浙江大学教授岑可法，东南大学火电专家徐治皋、杨建明教授分别作《我国电力高效低污染利用可持续发展的思考》《我国电站自动化信息化展望》《超临界、超超临界汽轮机的关键技术》的报告，镇江及周边城市的电力工程技术人员 120 余人参加论坛。

2005 年 11 月 30 日，举办第二届电力科技发展论坛，主题为“建立节约型经济，促进企业持续发展”。针对企业的再创新能力、可持续发展和战略性决策等深层次问题展开研讨。邀请东南大学博士生导师周强泰等专家学者到会演讲，全市 400 多名有关方面专家、科技工作者围绕“循环经济中的火电生产”“我国超（超）临界汽轮机技术的发展”进行学术交流。

二、重要学术交流活动

1985 年，市农机学会配合省农机学会积极开展农村经济改革新形势下如何发展农机事业的调查研究；市医学会举办全国性口腔医学专题讲习班以及小儿麻痹症、放射学、心脏等专题研讨会；市物理学会邀请中国科学院学部委员、上海物理研究所所长汤定元到镇江讲学。

1989 年，市公路学会组织省内的世界银行贷款与投标程序的学术交流活动，对江苏省、镇江市兴建公路如何利用世界银行贷款进行研讨。

1992 年，市电力电子、电工技术、电子、微电脑应用、机电等学会、协会，先后举办《全自动捆扎微机控制系统》《用可控硅技术改造龙门刨床》《CAD/CAM 应用》《计算机实用软件技术》等讲座，并各自结合专业组织学术交流活动。镇江医学会邀请二位日本眼科专家到镇江讲学，并在市第一、第二人民医院做眼科观摩示范手术。

1993 年，镇江市力学学会先后邀请南京航天航空大学教授吴永端和江苏工学院研究员陈次昌分别作《激光强化对材料疲劳寿命影响》及《访问日本期间学术研究情况》的学术报告。此外，还邀请美国田纳西大学空间研究院研究员摩登教授到镇举办《混沌与非线性及其应用》学术讲座。受中国物理学会教育委员会国际交流组委托，市物理学会与华东船舶工业学院联合承担并组织筹办第二次国际物理教学研讨会。

1994 年，市蚕桑学会召开振兴镇江蚕业学术研讨会，邀请中国农科院镇江蚕研所专家作《我国茧丝绸发展现状及未来》的学术报告，并专门研讨茅山老区蚕桑科技示范区开发项目等有关问题。

1996 年，市科协特邀中科院院士、南京水利科学研究院名誉院长、交通部技术顾问窦国仁博士，中科院院士、南京土壤研究所教授赵其国到镇江针对交通、港口、农业发展分别作题为《长江口深水航道工程及其战略意义》和《现代农业与现代土壤学——谈江苏省农业持续发展中的问题》报告。参加院士报告会的市人大、市政府、市政协及市各有关部门的领导和各条战线的科技人员达 400 多人。

1997 年香港回归之际，市科协组织市环保、电机、医学专业的科技人员前往上海参加“沪港科技合作交流会”，扩大与海外以及祖国大陆与港、澳、台地区之间的联系，引导学术交流活动向深层次拓展。

2000 年 7 月 5 日,市科协邀请东南大学研究生院 5 名博导、41 名博士生组团到镇江参加暑期社会实践活动,就江奎集团博士后工作站建设,以及如何在南京建立江奎集团和东南大学联合博士后流动站及相关科研课题、技术项目的合作达成意向性协议。

2005 年 8 月,省机械工程学会、市科协、市经贸委联合举办省网络化制造技术论坛,镇江企业、高校、科研机构及周边地区约 200 名科技人员参加。同年 10 月 28 日,镇江市化学化工学会与江苏大学化学化工学院联合,在江苏大学举办 2005 镇江绿色化工暨产学研合作研讨会,从拓宽科技合作、技术服务和人才培养领域着手,以构筑镇江市绿色化工产业链,构建区域经济、循环经济体系为内容,加强和推进产学研合作。会上,江苏大学化学化工学院与 12 个单位签订产学研合作协议。

三、专题调研

1986 年 8 月,市科协召集市农学、林学、蚕桑、水利、水产、农机、气象和畜牧兽医等 8 个学会,举行茅山地区开发农业经济研讨会,组织各专业科技人员献计献策并建立联合课题组。会后 8 个学会组织 150 多人,历经 4 个多月调查考察,撰写 13 篇专题论文,汇编成《关于镇江茅山老区农业经济开发意见》论文集。

1987 年 5 月,市公路学会与东南大学路桥专业副教授周宪华及丹阳县公路学会共同合作,组织工程技术人员实地调查勘察,采用计算机测算分析研究,在全省首先制订丹阳县乡道路网规划。

1988 年围绕全市公路、交通管理问题,市公路学会受市交通局委托,会同东南大学深入镇江各县市收集第一手资料,开展学术研讨活动,完成镇江市道路网规划。同年,市蚕桑学会与市丝绸公司针对全市蚕茧生产中出现的"蚕茧大战"问题,多次组织科学考察,认真剖析"蚕茧大战"的前因后果,撰写出专题调查报告和合理化建议,为领导决策提供参考。

1999 年,市科协组织市化学化工、电子学会专题调研本行业产业链现状和发展前景,论证、培育和构筑市工业经济中比较成熟的产业链,组织市电子、机械、自动化、化学化工、电力电工等方面 70 多名科技工作者筹建市高新技术服务团。

2000 年,镇江市勘察测绘研究院科协组织科技人员完成《镇江市城市勘测地理信息系统》《控制测量数据采集与规格化处理的研究》和《土工试验颗分计算绘图处理程序的开发研究》等科研项目 42 项,在省以上刊物发表论文 8 篇,其地形地籍软件 CASS3.0 升级为 CASS4.0,实现全数字化测图。

2001 年,市科协组织市气象学会、地学会等多个学会开展句容地区水资源大型调研、论证,电子学会编制的高新技术发展等规划受到政府部门高度重视。

2003 年,市科协与市委组织部对 6 个辖市(区)进行调研,走访 28 个基地,与 80 余名职能部门和乡镇负责人、协会负责人、党员经纪人、种养殖大户座谈交流,起草《关于进一步深化我市农村党员、基层干部科技素质培训工作的意见》和全省首个《镇江市农村党员、基层干部科技素质培训示范基地标准》(试行),为镇江市农村党员基层干部科技素质培训工作的长效开展打下坚实基础。同年,市科协组织科协界别 14 名政协委员对市沿江经济开发建设、供电设施平台网络建设、焦化煤气集团企业科协、市勘察测绘院科协等展开调研、考察,为相关课题撰写提案。

2004 年,市科协充分发挥作为政协界别组成单位和科技界人大代表的作用,组织政协委员和科技工作者围绕沿江开发、水环境整治等课题开展调研,市政协科协界委员联络小组获市政协表彰。

2005 年,市科协组织相关学会、协会、高校、科研院所申报首届江苏省科协软科学成果奖,《恒顺醋业现代物流"一流三网"同步管理系统》《农村信息技术普及途径研究》等 23 个软课题参评。其中 8 个课题获省课题成果奖,获奖份额占全省 12.7%。同年,市老专家协会向市政府提供决策建议、调研成果35项。与市安监局、江苏大学专家60余人,对镇江全市安全生产、道路交通和火灾安全进行为期6个月调查研究,走访全市三市三区、百家单位,召开百场座谈会,调查近千人,收集、整理几十万字数据、资料,撰写出6个专题报告。此项安全生产课题受到国家安监总局的高度重视,国家安监局局长李毅中亲笔回复,并批示吸纳其建议和意见。市老专家协会中人大代表提出的《关于加大力度,专项整治砖瓦窑议案》《关于加强农副产品批发市场建设的议案》被列为重要议案。砖瓦窑业整顿的调查报告被收入《江苏省科学决策报告书》,供各级党委和政府决策参考。

四、优秀科技论文评选

1986年起,市科协每两年组织一次优秀科技论文评审活动。1994年,市科协获得优秀论文组织奖。1996年市政府决定,将原由市科协组织的第五届优秀科技论文评选改由市政府进行表彰,成立镇江市优秀科技论文评委会负责评审。镇江市优秀科技论文评委会由有关学科专家、工程技术人员41人组成。评审工作实行专家评审回避制度和公开评审结果接受社会监督制度。

1986~2005年,全市评选出优秀论文1768篇,一部分获奖论文在国内外知名专业期刊上发表。2005年,第九届优秀科技论文特等奖获得者许文荣等撰写的《成人骨髓间质干细胞体外诱导分化为心肌样细胞》论文,在希腊举办的世界肿瘤医学大会获得杰出科技成果奖,是获此奖项的第一位中国人。

五、国际民间学术交流

1982年和1984年,市科协先后接待美、日、澳3批民间科技访华团以及美国密苏里州、密执安州2个科技教育访华团和石油、农业、牙医、解剖、按摩、包装设计等7个专业访华团。其中牙医、农业、解剖、按摩、包装设计等6个团与镇江400多名科技人员进行各种形式的交流活动。

1986年,市科协国际部先后接待美国外科医师代表团、日本国土研究会考察团、日本鹿儿岛农业技术考察团、日本继续教育考察团、马来西亚电气工程师代表团、苏联经济考察团等32名专家到镇江访问考察。市科协组织64名专家按对口专业与国外专家分别进行座谈,交换学术论文,加强科技合作。日本鹿儿岛农业考察团通过访问镇江农科所、中国农科院蚕研所,双方签约一批科研合作项目。

1988年,市医学会预防学组邀请美国加利福尼亚医院环境职业系主任拉比博士到镇江介绍美国职业安全近况;市畜牧兽医学会参加国际学术会议,递交学术论文1篇。

1989年,市医学会邀请美国泌尿外科学会会员、广州医学院教授风仪萍到镇江进行泌尿科国内外最新技术、疗法等讲座。

1990年经市科协推荐,镇江无线电厂周钢和大东造纸厂张力生赴日进修精密钣金加工技术和造纸技术。次年进修期满回国,均成为业务和技术骨干。

1991年,市科协选派市塑料研究所庄锦煌赴日进修发泡塑料专业。同年,市科协接待马来西亚工程师代表团。

1995年,市医学会邀请美国明尼苏达州明尼阿波尼斯联合医院的南·希瑞克女士到镇江进行有关医疗保障制度和医院管理的学术交流。同年,市科技干部进修中心组织选派4人参加第二期江苏省赴日企业管理研讨班。

1998年4月,市医学会邀请欧洲心脏病协会院士、德国医学博士、美国尖端科学学会会员、德国心脏病学会会员葛均波教授作《当代冠脉介入术》和《血管类超声和冠脉类多普勒超声检查应用的价值》的学术报告。5月,特邀美国纽约教授联谊会副会长、中国台湾阳明医学院教授丁汶谷作《癌的观察》《癌的探索》的学术报告,市医学会会员300多人参加报告会,并就相关专业交流与研讨。同年,世行环境咨询专家王华博士、美国禹如斌博士应市环保学会邀请到镇江交流。

1999 年，邀请美国纽约州政府规划、环保官员江伟道到镇江考察指导，作《城市规划、环保及管理》学术报告会。同年组织防震、抗震、人防科技人员赴美参观考察，加强国际民间学术交流。

2002 年 11 月组织 8 名科技人员赴中国台湾考察现代加工与检测技术。

2003 年，市科协先后组织 5 个科技团组 27 名科技工作者出访，其中组织城建环保项目交流团和科普考察团赴澳大利亚、新西兰考察学习，组织城建科技交流团和质量保障技术交流团赴中国台湾和港澳交流，组织学会工作交流团赴韩国交流。

2004 年，市科协先后组织市规划学术交流团、市药品质量学术交流团、个私企业科技考察团等赴欧洲、中国台湾等地区进行学术交流，加强国际以及对中国香港、台湾地区的民间科技交流与合作。组织镇江市电子、生物技术、电力、机械等行业的科技人员参加中国科协主办，中国工程院、上海市政府联办的以“工程师塑造可持续发展的未来”为主题的 2004 年世界工程师大会。

2005 年，新开辟欧盟中国协会、德国百合花集团、中国台湾文化与经贸交流促进会等作为对外交流工作平台。同年，镇江市城市建设与管理考察团赴欧洲进行科技交流。

第三节　科普活动

一、科普宣传周

科普宣传周是参加人数最多、活动范围最广、影响最大、效果最好的重大科普宣传活动，成为全市进行科普宣传的重要形式。该活动由镇江市科普宣传周领导小组统一部署，由市科协组织实施。1989 年 11 月中旬，镇江市举办第一届科普宣传周活动。市委、市政府办公室专门发文转发市科协科普宣传周实施意见。举办高新技术、科技进步法、省科技进步条例等报告会及农村实用技术科技知识竞赛。特邀东南大学李廉水教授为镇江、扬中、丹徒等地的领导干部作知识经济科普报告。市化学化工学会举办由大中型企业参加的市化学化工知识竞赛。组织农村干部群众参加省“红太阳”杯百万农民学科技知识竞赛活动。对先进集体和先进工作者代表进行表彰。组织万人科普宣传和科技咨询服务，万人科技传播，万名农民学科技知识竞赛，万名青少年科技读书竞赛，万名科技工作者捐赠科技图书下乡等“五个万”活动。组织 7.1 万名农民参加省“瑞禾·瑞泽”杯百万农民学科技知识竞赛活动，19 名农民榜上有名。举办崇尚科学文明、反对迷信愚昧系列大型科普巡回展。组织全市各级科协组织及其所属团体以及科普周成员单位，开展“送科技到社区、军营、乡村、学校、工厂、剧场、家庭、公园、农户、监狱”的“十送”活动。丹徒、扬中科协特邀南京农业大学科技服务团的专家教授到茅山老区丹徒县宝堰镇和扬中市开展科技下乡活动。1989～2005 年，镇江累计举办 17 届科普宣传周活动，组织各类科普报告会、讲座 3391 场，举办科普展览 392 次，播放科技电影、录像、电视讲座、科普广播 4096 场次；发放科普资料 133 万余份，组织“三下乡”活动 420 余次，组织各类科技竞赛、科技培训 1477 次，全市 233 万人次参加科普宣传周期间的活动。1996 年，市科协与江苏省委宣传部、镇江市委宣传部、省科普美协联合编绘《源与流——世界科技发展史画库》一书，作为大众科普读物，获第六届全国“五个一工程奖”。

二、“讲理想、比贡献”竞赛

1987 年，中国科协、国家计委、国家经贸委联合发起和组织“讲理想，比贡献”竞赛活动。镇江市工业企业广大科技人员围绕企业中心工作，发扬“爱国、爱厂、爱岗位”和拼搏奉献精神，促进企业科技进步，提高工业增长的质量和效益。

1987～2005 年，全市累计参加“讲理想、比贡献”活动的人数达 22312 人，提出科技建议 3487 条，实现 2502 条，提出技术项目 4516 项，其中重大技术成果项目 807 项，创经济效益 26294.14 万元。多个单位和个人被评为“讲理想、比贡献”先进集体和先进个人。丹阳棉纺厂科协工程师王希贤获中国科协、国家计委授予的首届“讲理想、比贡献”先进个人奖。

三、城市科普

1984年,全市举办“破除封建迷信”和“人体结构和发生”科普展览,7万多人次参观。组织放映《电子计算机的原理和构造》《激光的应用》等13部科技影片,普及计算机新技术。

1988年,市科协与市劳动局、市总工会等在市属工矿企事业放映科普录像片、技术讲座片、安全教育片和思想教育录像片。

1989年,市科协在全市范围内开展卫生科普影视宣传月活动,提供一批科教录像片,生动、细致地揭示疾病的起因、环境污染和不良卫生习惯给人类带来的危害以及简便有效地防治措施、综合治理的办法等。

1991年11月20日,市科协等7家单位联合举办镇江市首届计算机汉字录入竞赛,有16个单位27人分别参加团体和个人比赛,市科技情报所队获团体第一名,市电脑排印厂来煜焜(女)获个人第一名。同年12月,镇江代表队参加江苏省首届计算机汉字录入大奖赛,获团体第四名。

2000年,市委办公室发出《关于加强城市科普工作的意见》。市区8个街道办事处全部建立科协组织。京口区委、区政府专门下发关于加强街道和社区科普工作意见。华东船院、林科所、农科所和少年宫被命名为省级科普教育基地。全市城市科普工作基本形成市、区和街道3级科普工作网络。

2001年,京畿路街办、健康路街办被江苏省科协命名为江苏省科普文明街道。邀请专家教授为领导干部举办高新技术报告会,以在职县处级干部为普及对象,普及计算机知识,33名县处级领导干部参加。组织“崇尚科学文明、反对迷信愚昧”大型科普巡回展等一系列科普宣传教育活动。

2002年,组织京口、润州两区8个街道和镇江新区港中新村社区分别和9个市级学会、协会结对,签订《“科教进社区”共建文明社区责任书》。市科协被市委、市政府评为创建文明城市工作先进集体,科普工作纳入镇江精神文明建设规划。城区3万余人接受科普法教学活动。

2003年6月29日,市科协庆祝《中华人民共和国科学技术普及法》颁布实施一周年,所有街道、科普示范社区及其他有关社区的橱窗都更新为“6·29”科普行动日宣传挂图、科普法宣传挂图和“了解科学知识、养成文明习惯”系列挂图。各级科协组织开展庆祝活动,宣传科普法,宣传科学生活、环境保护、健康保健等科学的生活方式。开展“史前探秘与宇宙遨游大型科普展”、科普短信、“首届食品卫生法知识竞赛”等系列科普活动。京口区四牌楼街道、扬中市新坝社区被江苏省科协命名为江苏省科普文明街道(社区)。同年,市科协联合市双拥办为驻镇部队1500名官兵举办两场高科技知识讲座,为驻镇部队首长举办“科技一日游”活动,为南京军区后勤部镇江房管局100余名官兵和科技拥军挂钩结对单位驻镇某防空旅开展计算机培训工作。组织法律、计算机、农艺、市场经济等方面的专家教授,深入到驻镇军营举办科技讲座。“非典”期间,“防非”宣传在驻镇部队巡回展出。在镇江市“四创”全国双拥模范城活动中,市科协被市委、市政府、军分区授予“四创”三等功单位。

2005年5月27日~6月25日,镇江市老专家协会、镇江市教育局主办题为“宇宙漫游、地下觅宝、史前探秘”大型展览,2万多名中小学生、机关干部、企事业单位职工和离退休人员参观。展品分为史前世界、宇宙天文、土壤地矿三大部分,分别展示亿年前,自有生命以来,生物进化过程中具有代表性的珍贵化石标本,各地质年代地球上的各种岩石、矿物和土壤以及各种天文望远镜和空间探测器拍摄到的珍贵天体照片。

四、农村科普

1983 年，随着党和农村经济政策进一步贯彻落实，县区科协组织因地因时制宜，运用多种形式开展科普活动。如组织科技广播、出科技黑板报、举办科技培训讲座等。扬中县各乡都设立农业科技咨询处，每旬逢一、四、七、九日由专人值班接待群众咨询。1984 年出现农村科普组织的新形式——专业性协会、研究会。全市有县、乡（镇）专业性协会、研究会 11 个。乡镇企业开始出现科协组织。扬中县化工仪表厂在全市第一个建立厂科协。

1988 年，市科协开展农村实用技术培训和科技扶贫工作，推广农业生产新技术。同年全市实用技术受训人数 38445 人，帮扶贫困户 2043 户，当年脱贫 1490 户。至 1989 年底，全市建立乡镇科协 84 个，各种农村专业技术协会、研究会 171 个，乡镇企业科协 7 个，初步形成以乡镇科普协会为基础的农村科普网络。

1992 年，全市农村开展“讲精神文明，比科学致富，建科普文明村”活动。全市建科普文明村 46 个。江苏省科协授予扬中县永胜乡科协“讲、比、建”活动先进集体。

1993 年 11 月，中共镇江市委批转市委组织部、市科协《关于对全市农村党员和基层干部进行实用技术培训的意见》，市委组织部、市科协制订并组织实施《镇江市农村党员和基层干部实用技术培训三年规划》。同年，市科协深化在农村开展创建科普文明村活动，评选出科普文明村 52 个。农村各种专业技术协会（研究会）不断涌现。年底，全市已建立 278 个专业技术协会，拥有会员 9791 人。创办科普服务经济实体 32 个，科技扶贫 907 户，脱贫 706 户。丹徒县荣炳乡食用菌协会在全乡 15 个村选择 15 户会员作为技术示范户，实行一户带多户，并与重点扶贫的 10 户挂钩，帮助脱贫农户 105 户，被镇江市人民政府评为扶贫先进单位。

1994 年，市委宣传部、市科协联合制定《科普文明村评比试行标准》。1995 年，全市有 200 多个村开展“讲、比、建”活动，40 个村被命名为科普文明村。科普文明村普遍建立农业技术协会，种植、养殖等专业技术组织；培养发展 3937 个科技示范户和专业户，建立 40 多个农业社会化服务组织。其中 6 个村实现产值超亿元，8 个村农业总产值超 5000 万元；6 个村被选为农业现代化试点村，3 个村被命名为省级文明单位，12 个村被命名县（市）文明单位。

1996 年，全市 90 个乡镇全部建立科协组织；14 个乡镇、65 个行政村获得科普文明镇、村的称号。全市建立省、市、县三级科技示范基地 229 个，涌现出 20000 个科技示范户和 250 多个农技协组织。

1997 年，市科协将科普工作与农村实用技术培训及“三下乡”活动相结合，与发展科普网络相结合。全市完成农村党员、基层干部实用技术培训 3 年规划任务，培训 6.3 万名农村党员、基层干部，命名表彰 79 个市科普文明村镇，发展 10 个市级培训教学示范点，开展 10 个“三下乡”活动。同年，“讲精神文明、比科技致富、创建科普文明村”活动被列入 1997 年镇江市精神文明建设十件大事之一。4 月，在丹阳市界牌镇召开镇江市科普文明村镇命名表彰大会，对 1996 年度达标的 14 个乡镇、65 个行政村命名表彰，颁发奖牌。同年 11 月，中国科协书记处书记常志海到丹徒县辛丰镇基冯村考察科普文明村建设情况，对基冯村创建活动表示赞赏。

1999 年 9 月 17 日，江苏省首家市级农民专业技术协会市草莓协会在句容白兔镇成立。草莓种植大户纪荣喜当选协会会长，市人大常委会副主任、市农业科技服务团团长赵亚夫被聘为协会顾问，56 名草莓种植农民成为协会首批会员。同年，市科协在全省率先成立市农业科技服务团，办公室设在市科协，有 134 人承担各类农业项目 88 项。在市第十一届科普宣传周期间，市农业科技服务团农业、多管、离退休专家组分别在句容白兔镇上兰村、茅庄村等地开展大棚草莓大田栽培管理技术专题讲座、旱川葡萄黑豆病防治现场技术咨询和鱼虾混养技术现场指导。句容分团围绕农业结构调整，为 3 个乡镇引进人参果苗，协助茅西乡规划新农业科技区。

2000 年，农村科普工作不断深化，农村党员、基层干部实用技术培训新的三年规划相继出台。至年底，全市有 10 家单位开展江苏省农村科普示范基地的申报工作。12 月，丹徒县被江苏省科协命名为江苏省农村科普示范县。2001 年，命名表彰丹徒县上党镇等 7 个镇为镇江市科普文明乡镇。

2002 年，市科协组织贫困村书记、村长 60 余人到丹阳行宫镇特种水产养殖示范基地、镇江市农业开发林木引育科技示范园等考察，帮助他们与基地合作，脱贫致富；市科协牵头组织的 60 公顷欧美速生杨基地在白兔镇启动运营。农业科技服务团组织开展食用菌、果树栽培、病虫害防治等多种形式的培训，推行无公害蔬菜、水果种植。

2003 年，市科协与市委宣传部、市委农办联合发出《关于加强科普文明乡镇动态管理的通知》，对已命名的 5 家科普文明标兵乡镇和 45 家科普文明乡镇实行动态管理，好中选优。丹徒区谷阳镇等被授予镇江市科普文明街道称号。

2004 年，丹徒区再创全国科普示范区获得成功。同年，扬中市创建省级科普示范市获得成功，京口区创建省级科普示范城区再告成功，京口区大市口街道、润州区和平路街道、京口区江滨新村第一社区、润州区桃园新村第一社区和扬中市文化新村社区分别获江苏省科普文明街道、社区称号。

五、青少年科技活动

1984 年 6 月，镇江市成立市青少年科技辅导员协会，下设数学、物理、化学等 9 个专业小组。所辖 4 个县和城区也先后成立青少年科技辅导员协会。协会成立后，先后 3 次组织全市 15 所中小学的天文爱好者 430 多名师生参加掩星观测等活动。同年，举办全市青少年科技活动成果展览，其中小发明、小制作和小论文有 480 多件（篇），各种动植物标本 350 多个，获省级以上奖状、奖品 95 件。

1988 年 1 月经市科协、市教育局推荐，市一中学生邹钢参加中国科协组织的第三届全国中学生数学冬令营选拔赛，获二等奖。9 月，被选入国际中学生数学奥林匹克竞赛中国代表队，前往澳大利亚堪培拉参加第 29 届国际中学数学奥林匹克竞赛，获银牌。

1989 年，市科协有关学会、协会举办镇江市 1989 年科技夏令营，下设地震测绘、电子、气象、地质 4 个分营。

1991 年，省丹阳中学董建强制作的“夜间车辆交会灯光自控装置”，获江苏省亿利达青少年发明三等奖。后又在江苏、浙江、上海、两省一市亿利达青少年发明奖联合评审中获三等奖。

1993 年，市科协组织青少年参加全省 7 个科技竞赛项目，获一等奖 2 个、二等奖 4 个、三等奖 13 个。其中丹阳市练湖中心校“卫星搭载番茄种子对比种植实验”被评为江苏省一等奖，参加全国评比获二等奖。

1994 年，市科协、市教育局共同组织 180 名中学生参加江苏省奥林匹克化学竞赛，许晶、魏华、陈竞凯、方银河获一等奖，赵滨等 9 人获二等奖，让昊等 8 人获三等奖。

1994 年，省教委、省科协联合举办’94 江苏省青少年“爱文杯”计算机表形码汉字录入竞赛。市十六中王镇俐、文蓓同学获得职业中学组 2 个特等奖，赵静、郝小玲获一等奖，胡晓燕获二等奖。王镇俐、文蓓、赵静被选入江苏省代表队参加全国竞赛，王镇俐、文蓓获得冠军、赵静获亚军。

1995 年，市科协、市教委和市青少年科技辅导员协会组织青少年和科技辅导员参加第一届’95 全国青少年信息学（计算机）“同创杯”奥林匹克分区联赛（江苏赛区），获一等奖 1 名、三等奖 2 名，有 90 人取得全国初级选手证书。参加’95 江苏省第二届“金钥匙”青少年航模竞赛，获一等奖 2 名、二等奖 2 名、三等奖 22 名，丹阳市少年科技辅导站获组织奖和先进集体奖；参加第三届江苏省青少年生物百项科技活动，获一等奖 2 名；参加江苏省第八届“青少年科技活动”理论研讨学术论文评选，获一等奖 2 名、二等奖 3 名、三等奖 6 名、四等奖 3 名。镇江市青少年科技辅导员协会、丹阳市少年科技辅导站均被评为先进集体。此外,协会组织参加"消除碘缺乏病"社区科普宣传活动,被中国科协青少年工作部、联合国儿童基金会中国代表处授予优秀组织奖。同年,市科协、市教委和市青少年科技辅导员协会联合组织,全市有16所中学近300名中学生参加天文、气象、电力、高炮科技夏令营活动。分别参观南京紫金山天文台、南京大学太阳塔、南京地震台展览馆,中山植物园;谏壁发电厂发电机组和机组集控室;高炮武器装备等。

1997年,在第九届江苏省青少年生物百项科技活动中,全市有9项作品分别获得一、二、三等奖。丹阳市珥陵镇祥里完全小学的优秀集体项目"猕猴桃整枝与产量、质量关系试验"获一等奖和全国生物百项项目三等奖;润州区中华路小学的"镇江市大运河京口闸水污染的观察报告"和"爱护花草树木、美化环境考察"获优秀项目二等奖;丹阳市云阳中学的"环境保护宣传教育系列活动"被评为全国优秀活动奖。在江苏省第二届珠算式心算比赛中,市珠算协会选派姚桥小学5名四年级学生组成的代表队参赛,夺得团体冠军。在个人全能和单项的36枚奖牌中,小选手获得其中16枚。

1998年,镇江博物馆等5所青少年科技教育示范基地和镇江市二中等9所科技特色学校由省科协等部门命名。丹徒县上会中学叶辉发明的化肥穴施器,获江苏省第十届亿利达青少年发明奖二等奖(一等奖空缺);市第八中学韩婷发明随身携带的笔架,获第九届江苏省青少年发明创造活动一等奖,市八中吴薇和王莉华分获二等奖。

1999年,市科协组织全市4.6万名中小学生参加"金钥匙"科技知识竞赛等系列科普活动。会同市教委、华东船院计算机中心在全市中小学生中组织筹建计算机奥林匹克兴趣小组、中学生发明创造兴趣小组,利用假期开展专项活动,对100名爱好计算机的中小学生进行编程强化训练。市实验小学王元昊发明的弓式调温型电热切割器获省小学组青少年创造发明一等奖,丹阳市珥陵镇祥里实小种技小组的猕猴桃传粉与产量质量关系的实验和中华路中心小学环境小卫士组的校园周围环境污染情况调查等项目获省优秀项目二等奖。

2000年,全市组织7.8万名中小学生参加第12届国际科学和平周全国中小学生(江苏地区)活动,扬中、丹阳代表队获全省县级比赛团体一等奖;镇江代表队12人获省级个人特等奖,106人获省级一等奖。在省青少年发明创造比赛中,市18中张璐发明的曲线、直线长度测量仪,获省青少年发明创造比赛初中组一等奖,另有16项发明创造、科幻绘画和科学创意作品获二、三等奖。在省车模比赛中,镇江代表队获该次比赛的全部金牌。年底,市科协被江苏省科协评为全省2000年度唯一一家青少年科技教育工作先进单位。

2001年,市一中高二学生吕子青获江苏省第13届亿利达大赛唯一的二等奖(一等奖空缺),列全省第一,镇江市科协获组织工作先进单位。同年,市科协所属青少年科技辅导员协会组织全市77所中小学校6000多名学生参加2001年度江苏省青少年奥林匹克计算机技术应用素质竞赛。镇江实验学校宁明照、丹阳市珥陵中心校蒋云浩、丹阳市实验小学戴骏玮获小学组一等奖,镇江金山中学李迎迎获初中组一等奖,镇江中学张炎获高中组一等奖。另有142名选手分获小学、初中、高中组二、三等奖,镇江实验学校获小学组前六名,镇江市科协获优秀组织奖。

2002年,市科协会同12家单位在市青年宫举办为期20天的镇江地学科普展。展览大厅陈列制作精美的图片、动植物标本、古生物化石和一些鲜为人知的镇江地质现象及镇江地质对全国地学研究的贡献,还有地动仪模型和DD—1短周期测震仪等仪器,吸引1.2万余名观众参观。同年,全市组织近12万人参加"金钥匙"竞赛,市科协获全国"金钥匙"竞赛工作贡献奖。组织49所中小学参加计算机奥林匹克竞赛,收集操作应用作品179件。市实验小学、中华路小学分别获省优秀科技活动一、二等奖,丹阳市访仙中心校钱洲楠获小学组个人一等奖。

2003年,市科协组织近18万人次参加省以上各类青少年科技竞赛活动,其中2159名学生获得省级奖,参赛和获奖人数均列全省前茅。在第15届国际科学与和平周全国中小学"金钥匙"科技竞赛中,镇江市代表队获省团体二等奖,镇江市科协、丹阳市科协、扬中市科协同时获全国中小学生“金钥匙”科技竞赛贡献奖。在省科技创新活动中，市中华路小学获省优秀科技活动一等奖，丹徒区宝堰中心小学王治获论文初中组一等奖。在计算机奥林匹克竞赛中，全市85件作品参加省级比赛，2名选手获省最佳选手奖（最高奖项，全省共3个）。

2004年，全市组织10.7万名中小学生参加“金钥匙”科技竞赛活动，镇江市代表队获省团体二等奖，市科协、市教育局被评为省青少年科技教育先进单位。同年，全市4600余名中小学生分别参加省科技创新活动竞赛、计算机奥林匹克竞赛（操作应用阶段）、省青少年奥林匹克联赛（编程阶段）、小学生数学思维能力邀请赛等中小学生科技竞赛活动，5人获得省一等奖，687人分获省二、三等奖。

2005年，镇江市科协组织9.1万人参加第17届江苏省中小学“金钥匙”科技竞赛，获省一等奖109人、二等奖327人、三等奖656人。同年组织参加江苏省青少年科技创新大赛，全市获省级学校团体奖1名、优秀科技教育工作者1名，省优秀科技教育三等奖1名、优秀科技实践活动三等奖1项，个人获一等奖2名、二等奖9名、三等奖2名。市内组织的该项赛事评出一等奖96项、二等奖168项、三等奖272项。

第四节 科技活动平台

一、厂会协作

1989年始，市科协开展厂会协作工作。同年，市科协组织农、医、纺、环保等学会科技人员40余人参观谏壁发电厂，安排有关学会派出技术人员为谏壁发电厂做好技术服务工作。

1994年，市标准化协会组织有关企业60多人，参加中国电视大学举办的ISO 9000系列质量标准体系文件编写的学习培训。市元件五厂成为镇江市首家通过ISO 9000系列标准认证的企业。同年，市标准化协会为250家企业、600多人次提供各种技术服务。帮助起草企业标准有困难的单位签订技术合同7份，为企业制订产品标准9个；促使385家企业标准备案，废止1990年以前备案的企业标准51个，确认62个，采标验收60项，复验40项。

2002年，市科协响应“千厂千会协作行动”号召，加大全市厂会协作力度，组织上报厂会协作结对项目53个，完成项目39个，申报项目奖项24个，项目竣工率73%，创经济效益2.9亿元，降本增效900万元。市科协获省科协、省经贸委、省计委颁发的江苏省厂会协作优秀组织奖。谏壁发电厂科协与电机工程学会协作开发直流炉改造为汽包炉项目、市畜牧兽医学会与市牛奶公司合作开发无公害牛奶项目均获江苏省厂会协作项目二等奖。

2003年，市科协与市工商局、个私协会联合组织由100多家民营企业与60多个学会、协会共同参加的私企科技结对暨签约项目推进会，促进科技成果转化。活动期间，江苏大学、华东船舶工业学院、镇江高专3所驻镇高校现场发布最新科研成果，21个学会、协会与22家私营企业签订科技服务项目合作协议22项。同年，市科协及所属团体组织厂会协作项目59项，新增经济效益3000多万元，降本增效1300多万元。

2004年，市科协以厂会协作为抓手，促进项目合作。市水禽研究所、市畜牧兽医学会与市科隆科技开发公司开展稻鸭共作役用鸭配套组合选育研究与推广项目研究，引起国内外专家普遍关注。市老专家协会与镇江兴农土壤改良剂厂合作开发的工业有机废渣净化处理技术与资源再生的开发利用项目、市水利学会与古运河管理处合作开发的古运河水环境改善和保护技术项目，促进经济增长质量提高，效益明显改善。截至2004年底，全市申报厂会协作项目79个，完成58个。报省评奖项目31个，稻鸭共作技术的应用与推广项目获省科协、省经贸委、省发改委厂会协作一等奖，获得二等奖项目1个、三等奖项目3个、表扬奖项目5个；市科协获省科协、省经贸委、省发改委厂会协作优秀组织奖。当年协作项目竣工率81%，创经济效益1.5亿元。

二、金桥工程

“金桥工程”是根据中国科协以经济建设为中心，促进科技与经济相结合的宗旨而开展的一项活动。市科协从1993年始实施“金桥工程”，成立“金桥工程”协调指导小组和办公室，制定实施方案和工作计划。

1995年，市科技咨询服务中心在科协系统实施“金桥工程”，全年签订咨询服务项目1030项，合同金额420万元；实现合同955项，合同金额440万元。

2002年初，市科协在全市范围内开展中国科协“金桥工程”项目申报工作。以国有大中型企业为主体，首次申报11个项目，其中6个项目被纳入中国科协“金桥工程”项目，实现历史上零的突破。项目内容涉及电力、信息工程、地矿、建筑等专业，其中有4个项目入选中国科协第八批金桥工程项目（江苏省9个项目），位居全省首位，尤其是丹阳市科协组织申报的3个项目全部入选。

三、科技咨询

市科协充分利用科协所属各专业学会的优势，通过技术咨询、技术开发、技术转让、技术服务，促进科技与经济结合，促进科技成果转化。

1983年，市科协组织协调锅炉学会、机械工程学会成立咨询服务网络系统和机电咨询服务部。锅炉学会先后承担镇江塑料厂锅炉房尾部烟风系统的技术改造任务和恒顺酱醋厂蒸汽流星斗的安装任务。1984年10月，市科协所属镇江市科学技术咨询服务中心（以下简称市咨询中心）正式成立，将原机械、锅炉压力容器、土建、电机等市级学会科技咨询服务部及镇江医学院、镇江市农业气象研究所等科技咨询服务部等13个单位统一组织协调，初步建立全市性科技咨询服务网络。同年，科技咨询服务中心签订咨询服务合同52项，完成44项，委托单位获经济效益228万元。1985年，市咨询中心为丹徒县保险公司进行理赔科技咨询。组织机械和印刷、纺织和机械、印染和机械等跨专业的理赔咨询服务，保险公司和投保单位对理赔项目和金额都很满意。镇江市客运分公司科学技术协会面向有车单位开展汽车技术咨询服务，内容包括汽车使用、汽车保修、汽车节能以及技术工人培训等。同年，市咨询中心和所属咨询服务部承接咨询项目136个。

1986年，镇江市科技咨询服务中心在全市推广“三新”应用技术，为产品创优质、上等级、出口创汇、扭亏增盈、治理“三废”等方面进行科技咨询服务。1986～1988年组织科技人员6155人次参与咨询服务，完成合同2342项，实现合同额312.5万元。完成“七五”期间帮扶计划79个，年增产值8339万元，增加利税998.9万元。

1989年，咨询服务加强横向联系，市科技咨询服务中心参加中国科协咨询信息联络网和上海市科技咨询中心技术市场信息网。1990年，市科技咨询服务中心获中国科协第二届“金牛奖”，先进集体三等奖。

1991年，全市组织科技人员1844人次，完成科技咨询合同700项，合同金额95.08万元，创经济效益1420万元。1993年，市科协、财政局、税务局对原《镇江市科协系统科技咨询服务费用收支管理办法》作出补充规定，进一步发挥科技群团优势，把科学技术转化为生产力。同年，市科技咨询服务中心帮扶中小企业及乡镇企业22个，全年实现技术合同894项、合同金额303万元。1994年11月1日，市科技咨询服务中心召开创建10周年庆祝会。1984～1994年，成员单位从初创时24个，发展到85个，参加“中心”咨询服务活动的科技人员19108人次，累计完成“四技”（技术咨询、技术开发、技术转让、技术服务）服务项目4307项，合同金额达1153万元。市科技咨询服务中心及所属成员单位被中国科协评为先进集体2个、先进个人3名；被省科协评为先进集体8个、先进个人51名；被市科协评为先进集体30个、先进个人120名。市科技咨询服务中心邹东海获省科委“金桥奖”。

1996年,市科技咨询服务中心开展“四技”服务,签订技术合同1351项,合同金额303.86万元,实际完成合同项目1363项、金额388.86万元。2000年,筹建镇江市科学技术咨询中心工作网站,开展全省范围内的“科企牵手”技术创新活动。全年签订技术合同1263项,合同金额827.3万元;实现合同1063项,合同金额690.5万元。

2003年,企业科协开展“四技”服务,签订“四技”合同870项,金额1290万元,实现合同822项,金额1029万元。协助省科技咨询服务中心成立江苏省中恒保险公估公司。

四、科技培训

科技培训是市科协为镇江经济建设服务平台之一。1983年,698名学员分别参加市科协举办的电工、电子基础、世界语、初级日语、初级英语等学习班。同年5月中旬,市科协与市工程图学学会举办描图技术讲座,邀请南京工学院制图教研室工程师陈天佑传授他撰写的《描图技术》等技术经验,全市179名描图工参加培训。至1990年,市科协举办英、俄、日、法、德、世界语6个语种的培训以及铸造、锻压传动等各种进修、培训班133期,学员人数16100多人。

1992年,市科技干部进修中心举办外语、经济及新技术推广等学习班21期,731人参加学习。各学会举办57个专业培训班,3123人参加学习。1993年,镇江市科技干部进修中心经中国科协审核批准,被吸收为全国继续教育中心网络成员。此后,凡举办符合有关继续教育规定的学科,经考试合格均可发给中国科协印制的继续教育结业证。同年,市委组织部、市科协根据中组部、中国科协统一部署,组织开展农村党员、基层干部实用技术培训。1995年,市锅炉压力容器学会、市烹饪协会与市劳动就业培训中心举办司炉工、液化气充装人员以及压力容器特殊工种持证上岗人员等培训班10期,300多人参加学习。市烹饪协会举办2期7个班,培训280名合格的初、中级厨师。同年,市科协成立镇江市大学生科技智力服务中心,举办金融、财会等10多个专业的大专班和专科升本科班,招收410名大专以上学生。市科技干部进修中心,除继续开办英、日外语班,还举办初、中级电工,计算机班以及高新技术讲座班,356人参加学习。1993~1995年,全市举办各类实用技术培训班7352期,培训农村党员和基层干部48万人次,其中6.3万多人基本掌握1~2门实用技术。1994年,丹阳市委组织部、丹阳市科协、句容白兔镇党校以及吴青龙、柳国平、万注保等8人,受到省委组织部、省科协的表彰。1995年,丹徒县科协周志龙、丹阳市科协潘炳夫及扬中市永胜镇科协,被评为全国科普先进工作者和先进单位。

1997年,市科协加强与驻镇高校和外省高校的沟通与联系,开办职称日语班、夜大金融班、全脱产本科自考班等16个班,招收学员538人。1999年,市科协会同市委组织部编制《2000~2003年市农村党员、基层干部实用技术培训3年规划》,汇编全市400家省、市、县、乡4级示范基地(点)12万字的《镇江市农村党员、基层干部实用技术培训示范基地名录》,加快典型示范推广和农村科学技术普及。同年,全市表彰农村党员、基层干部实用技术培训15名先进集体和40名先进个人,命名第三批市农村党员、基层干部实用技术示范点12家。

2001年,市科技干部进修中心重点面向科技工作者开展入世知识、英语、计算机等方面的培训,同时面向社会开展多种形式的成人教育、职业技能培训、岗位培训。与驻镇73056部队联办计算机培训班,开展知识拥军,支持部队科技练兵活动。仅半年时间,该部队机关干部计算机操作人人达到二级以上水平。2002年,市水产学会举办培训46期,参训3385人次。科技干部进修中心开设计算机、外语、青少年科技素质教育培训班98个,培训总人数4500人次;与交通局联合开办交通执法及窗口服务人员交通英语口语会话班,人数多达590名。苏福马股份有限公司镇江分公司科协、市电子学会等20多个基层科协组织,开展科技人员继续教育工作,培训500余名科技工作者。2003年,各市级学会、协会、企事业科协开办各类培训班91个,培训科技人员4800人次。市科技干部进修中心开办各类培训班近百个，受训人员5000余人次。新增雅思英语、互联网软件应用等培训班，计算机、英语培训项目从原来的18个、15个项目增加到25个、30个项目。谏壁发电厂科协邀请江苏大学专家以多媒体教学形式，为8期640余名企业党员干部进行高新技术、前沿科技、最新科研成果的培训。2005年7月，市委组织部、市教育局、市科协三家联合举办农村自考班，招收企业管理、财务管理学员200多人。

第五节　科普载体建设

一、《镇江科技报》

《镇江科技报》创办于1979年。1982年，为全省较好的2家科技报之一，被省科协推荐给全省各市（县）科协。《镇江科技报》报道全市科技成果，推广先进经验，有针对性地向中小企业提供国外市场上的最新信息。1983年，为满足各厂矿企业、机关、学校等方面的需求，进一步改进《镇江科技报》版面，丰富内容，发行量由5000份增加到1万份，在省科协召开的各市县科技报交流会上获得好评。1984年，《镇江科技报》创刊5周年，中国科协副主席茅以升亲笔题词。1985年，《镇江科技报》配合纪念宋代科学家沈括逝世890周年活动出版专刊。

二、《镇江科技通讯》

1989年，市科协编辑发行《镇江科技通讯》。与市委组织部、市委宣传部、市科委、市计经委一起组织省优秀科技工作者举办“振奋精神、献身科技”报告会等活动。《镇江科技通讯》后更名为《镇江科协》，内部发行2200册。

三、《江南科技》

《江南科技》原名《科技与市场》，创办于2001年，经省新闻出版局同意，面向省内试刊发行。《科技与市场》是一本旨在推动科技应用性研究、促进科技成果转化的月刊，大16开，56页，最高发行量5000本。该刊刊登大量科技成果，介绍科技应用性研究、科技成果转化方面经验，登载相关理论探讨文章，刊登科技动态和科技新闻。2005年，经省新闻出版局批准，《科技与市场》更名为《江南科技》，刊号为苏新出准印JS－L032，由市科协主办。《江南科技》为双月刊，大16开，56页。

四、镇江公众科技网

2000年，市科协建立镇江科协信息网站。2003年建立稳定的科协系统信息员队伍。2005年，镇江公众科技网初步建成，主要栏目有：走进科协、政务公开、科协动态、科技咨询、科普百科、科技工作者之家等。

第七章　气象测报

1980年，镇江新建农业气象研究所。1981年恢复成立镇江专区气象局。1983年，镇江实行市管县体制，镇江专区气象局同时更名为镇江市气象局，下辖句容、丹阳、扬中县（市）气象局和丹徒县气象站、镇江农业气象研究所。同年，由于省辖市的南京、常州、无锡当时未成立气象局，镇江市气象局仍管辖原镇江地区范围内的武进、金坛、溧阳、宜兴、高淳、溧水、江宁县的气象业务工作。1985 年随着常州、无锡、南京市气象局建立，武进、金坛、溧阳县气象局划归常州市气象局管理，宜兴县气象局划归无锡市气象局管理。1993 年，高淳、溧水、江宁县划归南京市气象局管理。

第一节　气象监测

1983～2005 年，全市气象科技工作快速发展。气象科研领域涉及综合气象观测、预测预报、气候、气候变化、农业气象和生态、雷电、人工影响天气等，在科技兴气象和人才强局的战略思想指导下，制度、经费和人员得到充分保障，为提高天气预报准确率，减灾防灾，合理利用气候资源作出贡献。

一、观测内容

1983 年，镇江市有 5 个担负地面气象观测的气象台站。镇江气象台为 4 次观测（02、08、14、20 时），丹徒、丹阳、句容、扬中为 3 次观测（08、14、20 时），均为一般站，白天守班。观测项目为：云、能见度、天气现象、气压、空气的温度和湿度、风向和风速、降水、日照、蒸发、地温、雪深。镇江气象台和丹阳气象站还担负航空危险报任务，主要为军队和民航提供气象资料，特别是不利航空飞行的气象信息（始于 1960 年）。

1986～1987 年，镇江气象台实行 24 小时守班，4 次观测。1991 年 1 月 1 日，丹阳气象站取消航空危险报任务，镇江气象台的航空危险报任务移至丹徒气象站，1995 年 7 月 15 日停止。1994 年 1 月 1 日，由于观测场周围环境恶化，镇江气象台停止地面气象观测，由丹徒气象站地面观测资料代替镇江气象台资料。2001 年 4 月 1 日，丹徒、丹阳增加天气加密报拍发任务，地面观测资料参加全球交流。

二、观测设备

镇江市气象台布有一台 711 型测雨雷达，可探测到 300 公里范围内的降水情况。1994 年 8 月，建成镇江市第一座卫星云图接收站，可观测到亚洲甚至全球云的覆盖状况。雷达和卫星云图资料的应用，有效地提高全市天气预报准确率，特别是对台风、暴雨、强对流等灾害性天气的监测预报。

随着气象现代化建设推进，1996 年 10 月 1 日，镇江辖区所有台站使用计算机制作地面气象观测记录报表。2002 年 8 月根据国家和省气象局的统一部署，全市 4 个气象站内建成Ⅱ型多要素自动气象站，2003 年 1 月 1 日投入业务试运行，与人工观测实行双轨业务运行。2003 年起，全市又在气象台站外建成城市自动站 1 个、中尺度自动站 7 个、雨量自动站 2 个，并实现数据自动上传与共享。2005 年 1 月 1 日，全市 4 个自动气象站实行单轨业务运行，其观测记录作为正式资料上传并保存，实现地面气象观测自动化。

第二节　气象预报

1983 年以后，镇江市天气预报均由镇江市气象局气象台（1998 年 12 月前为预报科）制作并传递。镇江市电台广播镇江的气象预报和天气形势，同时在市各报纸上刊登，其预报项目有风、雨、水平能见度、天气状况等。随着气象科技水平提升，天气预报种类、项目、时效亦逐渐扩大、完善。20 世纪 80 年代起，天气预报质量不断提高。在降水天气预报质量中，镇江市一直处在全省前列。

镇江市气象台预报区域有5个，即镇江市区、丹徒县(区)、扬中市、丹阳市、句容市。

一、预报种类

长期天气预报　20世纪80年代以后，镇江气象台将月、季的长期天气预报纳入日常业务。预报内容主要是：旱涝、冷暖趋势、入(出)梅时间、梅雨量及梅雨雨量分布及可能发生的重要天气过程、重大灾害性天气等。

中期天气预报　中期天气预报的内容是镇江市和所属各市(区)的气温、降水、大风等气象要素预报和出现的天气过程。中期天气预报和发布时间，一般在旬前1天定期发布。遇有某些特殊需要，则随时增加3天以上(如5天、7天或跨旬)的中期预报。

短期天气预报　短期天气预报，分12、24、36、48、72小时的天气预报。镇江市气象部门的短期天气预报，在电视、报纸、电台、电话“96121”和电子显示屏公开发布。短期天气预报的内容为镇江市和各分片预报区域的气象要素预报(气温、风向、风速、晴、阴、雨、雾、雪、霜等)和天气形势预报。

短时天气预报　短时天气预报，亦称“超短期天气预报”，时效为12小时以内的大风、暴雨、冰雹、台风、龙卷风等突发性重要灾害性天气预报，逐步发展到3小时内的精细化短时预报。已经正式纳入气象业务，主要是为镇江市区域的党委、政府以及与气象关系最密切的有关部门服务。

气象指数预报　2000年起，镇江市气象局研制人体舒适度指数、紫外线指数、煤气管道冰冻指数等气象指数，并在电视和“96121”电话咨询中播出。

气候评价　镇江的气候评价于1984年试作，1985年正式开展该项业务。每年的《气候评价》，均是在各气象台、站对自己辖区范围的气候初步评价基础上，进行全面调查和系统整理完成。内容包括：本年度气候特点、重大天气气候事件、气候年景和对工农业等各项生产建设的影响状况等。2004年始，气候评价从半年度、全年度增加到每个月、季。

二、预报方式

电台广播　1983年以后，每日分早、中、晚三次，将未来12、24、48、72小时天气预报，通过电台进行10多次广播，其中有固定的《天气预报》节目，全文广播不同时效的天气预报，并用记录速度重复播放；另外通过《新闻节目》和《快讯节目》等，简要广播天气预报。在梅汛期或遇有台风等重大灾害性天气，临时增加天气预报的广播时次。

报纸刊登　《镇江日报》每天均在一版的专栏内刊登当日的天气预报。《京江晚报》创刊以来，每天均在一版的专栏内刊登。遇有重要天气过程或逢重要节假日和大型活动时，则在报纸上刊载“节日天气”或“天气新闻”。

电话、传真传递　将镇江市领导机关和各生产指挥部门列入“气象服务一览表”，用电话、传真将天气预报内容和天气演变趋向，定时向重点服务单位详细报告。这些单位是：(一) 领导机关，如中共镇江市委、镇江市人民政府等；(二) 新闻宣传部门，如《镇江日报》《京江晚报》、广播电台、电视台等；(三) 市重点部委办局；(四) 生产指挥机关，如抗旱防汛指挥部、重点工程指挥部、港口、海事局等；(五) 重点厂矿企业等。对重大灾害性天气，2000年前携带天气图、气象传真、卫星照片去领导机关当面汇报，2000年后用手提电脑连线的方式汇报。

预警信号　2004年始，镇江市公众预报服务，采用灾害性天气预警信号方式进行。主要是在灾害性天气即将出现时，通过电视台、广播电台插播和“96121”以及天气预报电子显示屏实现。

电话自动答询　1985年始，镇江市设立气象预报自动答询机，人们可通过电话随时收听未来天气预报。1998 年始，镇江改用电话“121”自动播送天气预报。2004 年改为“96121”，内有 9 个信箱为市民进行天气预报服务。2002～2005 年与中国移动、联通、电信合作，先后开通手机和小灵通电话天气预报传播业务。

气象警报　1986 年起，镇江气象部门增设气象警报系统。该系统包括设在气象台的警报发射机和装在重点专业有偿服务用户的气象警报器等。重要天气将临时，预报值班员可随时开机呼叫发布气象警报，各用户可在室内利用警报器随时接收天气警报信息，便于迅速采取防范措施。2002 年随着科技、电子技术发展，用电子天气预报显示屏替代气象警报系统。

电视播放　1985 年前后始，镇江电视台开始播放镇江全市每日气象预报和天气警报。20 世纪 90 年代初始，镇江有线电视台和丹徒电视台先后开始播放镇江市区及所属县（市）区的天气预报。1999～2000 年，镇江气象预报曾在中央电视台播放。

公众气象网及气象信息服务网　2003 年，镇江公众气象网正式开通（http://www.jszjqx.gov.cn），到 2005 年为止，镇江主流网络媒体和政府门户网站先后连接该网，镇江公众气象网每天 3 次更新天气预报。

镇江气象信息服务网是为镇江人民进行气象服务和镇江气象系统内部业务的网络，1998～2005 年，服务内容不断充实、优化。2000 年前，为市委、市政府主要领导和分管领导安装镇江气象信息服务网软件；与镇江市水利局、水文局、农业局联网，水利气象适时资料共享。2004 年以后，全市安装的 38 个自动气象站每个小时的气象要素都显示在网络上，服务内容包含卫星云图、雷达图像和数值预报产品以及最新的长、中、短天气预报和气象指数预报、地质灾害预报、灾害性天气预警信号、台风实况和路径预报等内容。

材料印发　镇江中、长期天气预报服务，主要是采取印发材料服务方式。将已制作出的旬、月或季天气预报打印成书面材料分送至主要单位。对重大灾害性天气预报，以《重要天气报告》《专题天气情况报告》等材料分发。此外根据全国农业气象服务要求，1983 年始，编发《农业旬月简报》，按旬、月定期将各县和市区前期气象要素（气温、降水、日照等）及其距平状况的旱涝、田间持水量等，上报中央和省、市、县有关领导部门参考。

第三节　气象服务

一、农业气象服务

墒情测报　1980 年起，镇江市把农业墒情服务列入气象基本业务，组织各县气象站在农业生产的重要关键季节，如春播（4～6 月）和秋播（9～11 月）期间，每月逢 5、10 日，每隔 5 天普查一次土壤墒情，通过取土、烘干、称量等方法测出各类地型、多种农田、不同深层的田间最大持水量（%），按标准确定土壤墒情等级（正常、轻旱、轻涝、重旱、重涝），编印成全市范围内的《农业气象墒情简报》，印发各级党政领导机关和农业生产指挥部门参考。

雨情测报　1980 年起，全市重新组建农业气象观测网。各县气象站测定的降雨数据和不同地区的雨量分布，除向县领导机关提供外，并以电报（2003 年开始用气象专用网络）传递至江苏省气象局、镇江市气象局。镇江市气象局将各市（区）雨情汇总编印成《雨情简报》，报送省及中央，并分发至市（区）各级领导及农业生产指挥机关。

播种期预报　每年的播种期预报分为春播期和秋播期两种。播种期预报是依据长期天气趋势预报，对各地春、秋播种主要作物的积温、光照，结合气温、地温、降水、墒情等资料，提出播种期的预报意见和最佳适播日期。

农作物气象条件分析　每年对主要农作物进行气象条件分析，重点是冬小麦、水稻和经济作物等的各发育生长期(如发芽、出土、越冬、播种、收获等)所需的气象条件(温度、积温、水分、蒸发、日照等),通过综合分析,提出农业生产建议,达到不误农时、增产增收的目的。

农业产量预报　每年作冬小麦和水稻的产量预报。在冬小麦和水稻收获前的1个月左右,依据前期农业气象条件,结合冬小麦和水稻的生长发育群体状况,运用卫星遥感新技术,从气候学上计算其亩穗数、穗粒数、颗粒重等因子,判断单产和总产量,确定丰、平、歉年景。

二、专业专项服务

1980年起,镇江市在全省率先开始试办专业专项气象服务。专业专项气象服务重点是重要厂矿企业,供电发电和交通部门,港口生产单位,城市财贸、粮食、蔬菜、商业部门,大型建设项目,砖瓦建筑材料部门等。1986年起,专业专项服务快速发展。全市各级气象部门的专业专项服务单位逐年递增,从1982年6个,增加到2005年197个。全市供电、发电、港口、交通运输等单位接受专业专项气象服务且经济效益明显,多次赠送锦旗或表扬信对气象局表示感谢。

三、人工增雨

1994年,镇江市开始人工影响天气科学试验。同年7月成立镇江市人工降雨指挥部,指挥部由镇江市政府、军分区、市抗旱防汛指挥部、市气象局等部门组成。市人工降雨指挥部办公室设在镇江市气象局。1994年7月下旬到8月初,实施镇江人工降雨试验,由飞机作业共7个架次在云中播撒碘化银,成功增雨50~70毫米,缓解镇江市和句容丘陵地区的严重干旱问题。

2001~2005年,6~7月间镇江市气象局应句容市、丹阳市政府请求,派出多名气象科技人员在该区域10余次开展流动火箭人工增雨作业。

四、现场流动服务

镇江市气象局曾多次派出由预报、观测人员组成的流动气象台,深入到重大活动现场,就近就地开展气象预报服务,现场发布预报、警报。

第四节　气象科研

1983~2005年,全市气象科技人员承担各类科研项目163项,其中,省、部级6项,市、厅级85项,市局级72项,计投入科研经费51万元。获得省、部级科技成果二等奖4项,三等奖5项,四等奖4项,市、厅级一等奖1项,二等奖6项,三等奖12项,四等奖3项。

镇江市主要灾害性天气预警系统　1997~2000年,镇江市气象部门针对镇江主要灾害性天气气候开展调查统计和科研攻关活动,运用全市气象观测站的原始气象数据和灾害性天气气候的影响,基本弄清镇江范围内台风、暴雨、大风、干热风、霜冻、雷击、冰雹、龙卷风、大雾、寒潮等主要灾害性天气气候的特点和地区分布差异及演变规律,并运用这些资料结合统计预报和动力分析预报手段,与国内外数值预报产品相结合,制作预报镇江市主要灾害性天气预警系统。2001年,该课题获镇江市人民政府科技进步二等奖。

地质灾害警报平台　根据镇江市地处丘陵地区,地质斜坡灾害频繁特点,气象科技人员研制镇江市地质斜坡灾害预报预警平台,成功预报2005年地质灾害,该课题获江苏省气象局科技进步二等奖。

第八章　防震减灾

1983 年以后，镇江市地震监测台（站）设置和监测技术手段不断完善，地震监测能力达到中国地震局规定的 A 类水平，1990 年被国家地震局评为全国地方地震工作先进集体，2000 年获全省防震减灾工作综合评比第 1 名、全国防震减灾工作综合评比优秀奖和地震灾害防御工作单项全国第 1 名，2001 年获全省防震减灾工作综合评比第 1 名、全国防震减灾工作综合评比第 3 名和法制工作单项全国第 1 名，2002 年获全省防震减灾工作综合评比第 3 名，2003 年获全省防震减灾工作综合评比第 2 名，2004 年获全省防震减灾工作综合评比第 3 名，2005 年获全省防震减灾工作综合评比优秀奖和地震应急救援工作单项全省第 1 名。

第一节　防震减灾工作体系

一、机构

1983 年，镇江市地震办公室为市科学技术委员会下属单位，人员编制 8 人。

1984 年 1 月 13 日，江苏省人民政府办公厅《转发省地震局〈关于市、县地震工作机构调整改革的报告〉的通知》，对全省地震工作机构进行调整，调整后的市、县地震办公室既是市、县政府中的局级管理机构，又是开展地震观测和研究工作的业务部门。市地震办公室为市科委代管单位，机构规格副处级，编制 8 人，句容县地震办公室编制 3 人，丹徒县地震办公室编制 1 人，全市地震专业人员共 12 人。

1996 年 11 月 6 日，镇江市地震办公室更名为镇江市地震局，为市政府直属事业单位，机构规格正处级。11 月 19 日，句容市地震局成立，随后扬中、丹阳、丹徒 3 县（市）也于同年相继成立地震局。

1998 年 7 月 8 日，市地震局确定为依照公务员制度管理的正处级事业单位。同年 10 月成立镇江市地震工程检测中心，为隶属于市地震局的全民事业单位，核定事业编制 6 名，人员经费自理。

2002 年 6 月，市编委批复同意在市地震台增挂镇江市地震监测预报中心的牌子（1 套机构，2 块牌子），并核增事业编制 2 名，经费由市财政列支。同年，市地震局由原来归口市科技系统管理改为归口市建设系统管理。

截至 2005 年底，镇江市地震局下辖丹徒区、丹阳市、扬中市、句容市 4 辖市（区）地震局，拥有市地震台（挂市地震监测预报中心牌子）市地震工程检测中心等 2 个下设事业单位和市地震台、苏 16 井、苏 17 井、苏 18 井、白龙寺井等 5 个地震监测台（站），具备监测江苏境内发生的 M_S（面波震级）2.0 级以上地震的能力，对于发生在镇江市境内的 M_L（地方性震级）≥2.0 级地震具备 10 分钟左右作出地震“三要素”速报能力。

二、防震减灾工作联席会议制度

1979 年 7 月 9 日，江苏省溧阳发生 M_S6.0 级地震。同年 7 月 14 日，镇江地区行政公署将镇江地区防震抗震领导小组自动转为镇江地区防震抗震指挥部，负责溧阳震区防震抗震工作，加强对镇江地区防震抗震工作的组织领导。

1990 年 2 月 10 日，江苏省常熟—太仓地区发生 M_S5.1 级地震。根据《江苏省政府关于加强防震减灾工作的通知》精神，8 月 11 日，镇江市政府成立镇江市防震抗震领导小组，加强辖区防震减灾工作。11 月 22 日，市防震抗震领导小组召开第 1 次会议。1993 年 6 月 17 日，因人事变动市政府调整镇江市防震抗震领导小组。12 月 16 日，镇江市防震抗震领导小组召开第 2 次会议。

1998 年 4 月，市政府成立市防震减灾领导小组。丹徒、丹阳、句容、扬中 4 县（市）政府同年相继成立防震减灾领导小组。同年 5 月 28 日，市防震减灾领导小组召开第 1 次会议，部署贯彻落实防震减灾法。1999 年 12 月 8 日，市防震减灾领导小组召开第 2 次会议，部署应急预案编制工作，中国地震局副局长何永年、司长卢寿德出席会议。

2001 年 11 月 12 日，市政府建立以市地震局为办事机构的市防震减灾工作联席会议（地震时将自动转为市抗震救灾指挥部），进一步加强对防震减灾工作组织领导。

2003 年 10 月 29 日，南京都市圈防震减灾区域联防协调会成立。协调会是由南京、镇江、扬州、淮安、马鞍山、芜湖、巢湖、滁州等 8 个城市地震局组成的区域性防震减灾工作协调组织。同年 10 月 29 ~ 30 日，首届联席会议在南京召开。2005 年 11 月 1 日，南京都市圈防震减灾区域联防协调会第 3 届联席会议在镇江市召开，镇江、马鞍山、芜湖等 8 市地震局负责人及相关人员参加会议。

2004 年 12 月 7 日，市政府建立市防震减灾工作联席会议制度。8 日，再次调整市防震减灾工作联席会议成员名单。9 日，镇江市召开第 1 次防震减灾工作联席会议，出台《镇江市防震减灾工作联席会议工作制度》《镇江市防震减灾工作联席会议主要职责》《镇江市防震减灾联席会议办公室主要职责》等文件。

第二节　地震监测预报

一、地震监测台（站）

1. 镇江市地震台　镇江市地震台位于镇江市官塘桥乡显阳村（N32°09′、E119°27′），1975 年开始选址，1979 年 10 月建成，设有测震（短周期模拟量测震）观测项目，配有 DD－1 短周期地震仪。1980 年，增设核旋和磁称 2 个地磁测项，配有 ZNC 核子旋进式磁力仪等观测仪器。同年 9 月，定名镇江地震台，隶属于江苏省地震局，为全民事业单位，正科级建制，核定事业编制 5 名，固定人工值守。1992 年 1 月，省属镇江地震台调整为市属地震台，更名为镇江市地震台，隶属市地震办公室领导，核定编制 5 人。1994 年起，事业经费由市财政全额负担。在原省属镇江地震台调整为市属地震台同时，对原观测项目进行调整，停止核旋和磁称 2 个地磁测项，保留测震观测项目。1994 年淘汰已老化

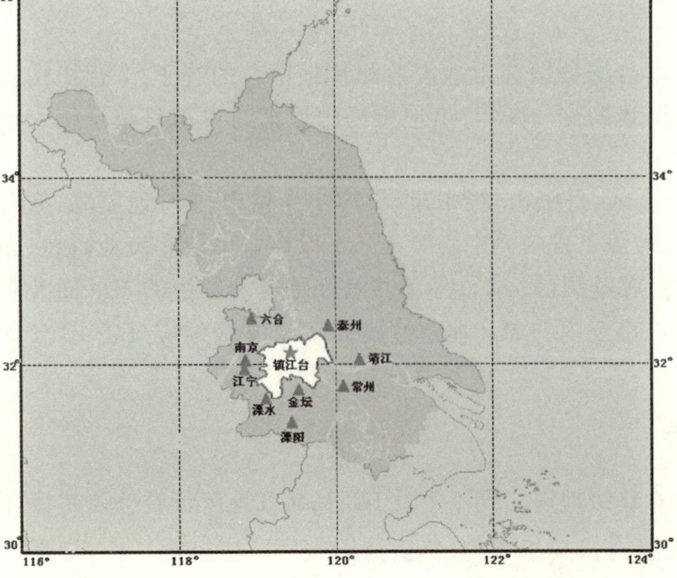

图 32-8　镇江市数字地震台网分布图（2005 年摄）

DD—1 测震仪,更新为 DJ—1B 型短周期测震仪。1997 年,市地震台数字化改造项目被首选列入江苏省数字地震台网建设项目(S95 -01 -01)。1998 年完成数字化观测项目仪器设备安装调试工作。年底纳入江苏省数字地震台网,率先成为江苏省数字地震台网 11 个数字化地震遥测子台之一,使镇江市具备监测和完整记录发生在江苏省境内震级为 M_S2. 0 级以上地震能力,达到中国地震局规定的 A 类水平。2003 年,完成镇江市地震通讯网络系统建设项目,实现市地震局与 4 辖市(区)地震局、市各监测台(站)、市政府、省地震局、12 个省辖市地震局、省内有关地震台宽带局域联网,并在市地震局监测预报处设置 FTP 服务器。同年筹建镇江市数字地震台网项目,为江苏省防震减灾技术系统建设项目之一,2004 年 4 月建成,5 月进入试运行,8 月通过省地震局专家组验收。该台网的建成,使镇江及其周边地区的地震监测能力达到 M_L2. 0 级,速报时间达到 15 分钟以内。

2005 年,全市先后建设镇江市宽频带数字地震台、镇江市数字强震台站项目,均为江苏省防震减灾技术系统建设项目。11 月,镇江市宽频带数字地震台项目土建施工。12 月,镇江市数字强震台站项目完成选址及土建工程。

截至 2005 年底,市地震台已成为具有多种观测项目的综合性地震台,拥有数字地震仪、DJ—1B 型短周期地震仪等 2 台套地震观测仪器,1 个数字处理中心和 1 个信息中心,是江苏省数字地震台网 11 个子台之一,具备监测江苏省境内发生的 M_S2. 0 级以上地震的能力,对于发生在镇江市境内 $M_L \geq 2.0$ 级地震具备 10 分钟左右作出地震“三要素”(发震时刻、震中和震级)速报能力,测震能力达到中国地震局规定的 A 类水平。

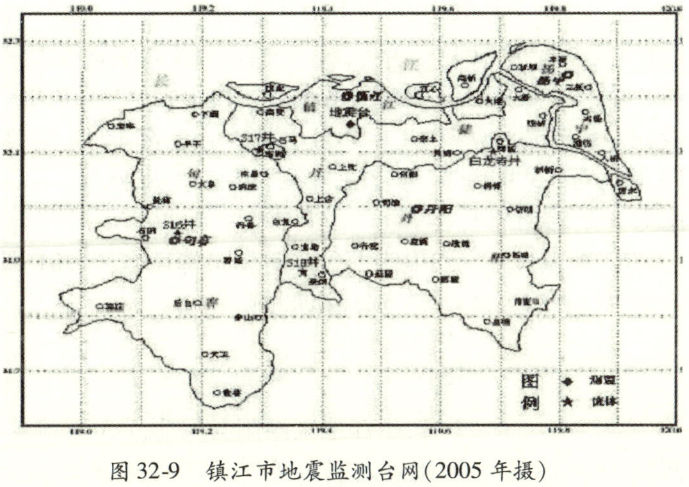

图 32-9　镇江市地震监测台网(2005 年摄)

2. 苏 17 井　苏 17 井原井号为 ZK -10 井,位于镇江市船山石灰石矿西约 2. 5 公里处(N32°06′16″、E119°17′58″),是 1967 年 9 月成井的普查找矿钻孔。1974 年 9 月开始用于地震观测,设有水氡测项。1977 年 6 月增设流量测项。1980 年 5 月增设动水位测项。8 月,被国家地震局正式列入苏鲁皖豫华东井网,并启用统一井号:苏 17 井。1983 年增设水电导测项。1985 年增设水温测项。同年 10 月,全国水化基本台网调整论证会确定船山矿测报点为全国水化二类台,定名镇江水化台。1986 年 10 月,镇江水化台施工建设,1987 年 3 月 28 日建成,4 月 1 日投入使用。同年 9 月,经全国地震水化基本台网验收小组现场验收合格,正式纳入全国水化基本台网。同年增设气压、降雨、气温等 3 个辅助测项。1991 年,增设水汞测项。1995 年 6 月,镇江水化台水汞测项通过国家地震局验收。8 月,镇江水化台被国家地震局正式命名为地下流体国家基本台。1997 年,苏 17 井数字化改造项目被首选列入“江苏省‘九五’计划重点项目”—“江苏省数字地震前兆台站(网)技术改造(95 -01 -02 -江苏)项目”,后因种种原因未能实施。1998 年停测水电导项目。截至 2005 年底,苏 17 井设有水位、水氡、水温、水汞等 4 个模拟量主测项和气压、雨量、气温等 3 个辅助测项。

3. 苏 18 井　苏 18 井位于镇江市丹徒县荣炳乡南岗山(N31°52′、E119°21′),是 1973 年成井的普查找煤钻孔,1978 年用于地震观测,设有动水位、水温、流量等 3 个测项。1981 年增设水氡测项。同年被国家地震局正式列入苏鲁皖豫华东井网,并启用统一井号:苏 18 井。1983 年增设气压、气温、降雨等 3 个辅助测项。1984 年增设地电测项。1987 年 1 月至 1993 年 5 月,曾一度在丹徒荣炳小南山山洞开展地形变观测。1990 年,丹徒县荣炳地震测报点被国家地震局授予全国地方地震工作先进集体称号。1991 年增设水电导测项。因苏 18 井实施堵漏改造工程,同年 11 月 12 日 8 时停测,12 月 15 日 8 时恢复观测。1992 年在全省率先安装自记水温仪。7 月,丹徒县荣炳地震测报点被命名为丹徒县荣炳地震观测站。1996 年,停测水电导项目。1999 年,丹徒县政府确定丹徒县荣炳地震观测站为隶属于丹徒县地震局的全民事业单位,核定事业编制 2 名,经费由丹徒县财政全额拨付。2001 年始,筹建苏 18 井数字化改造项目。2003 年列入江苏省防震减灾技术系统建设项目之中。2005 年编制完成镇江市丹徒区荣炳地震观测站数字化改造方案。8 月,苏 18 井数字化改造项目土建工程开始实施,苏 18 井停测,11 月土建工程完成,12 月恢复观测。年底土建工程通过江苏省地震局专家组验收。截至 2005 年底,苏 18 井设有水位、水温、水氡等 3 个模拟量主测项和气压、雨量、气温等 3 个辅助测项。

4. 苏 16 井　苏 16 井原井号为南(Ⅴ)2 井,位于镇江市句容城东(N31°57′、E119°10′),是 1973 年 4 月成井的石油勘探钻孔。1977 年 7 月由水文站进行地震观测,设有流量测项。1979 年转交给句容县地震办公室进行地震前兆观测,增设水位测项。1980 年新建观测井房并安装水位自动记录仪进行动水位观测。1981 年增设水氡、水温等 2 个主测项和气压、气温、降雨等 3 个辅助测项。1984 年被国家地震局正式列入苏鲁皖豫华东井网。1985 年 1 月,启用统一井号:苏 16 井。1993 年,因苏 16 井观测环境遭到破坏,被迫将动水位观测改为静水位观测,并停测水氡、流量、水温等测项。1999 年 3 月,句容市地震局上报《关于我市地震观测井改造项目的请示》,提出将江苏省石油勘探局于 1993 年在句容市房家坝的钻井改造为地震观测井方案,得到省市有关部门认可,并将房家坝井定名"新苏 16 井"。同年,新苏 16 井数字化改造项目被列入"江苏省'九五'计划重点项目——江苏省数字地震前兆台站(网)技术改造(95 - 01 - 02 - 江苏)项目"。新苏 16 井数字化改造项目于 1999 年开始建设,2000 年 12 月通过省地震局专家组验收并投入运行。2000 年 9 月 1 日停止老苏 16 井模拟量观测,改由新苏 16 井(此后改称新苏 16 井为苏 16 井)进行数字化观测,设有地热、水位、氡、汞等 4 个数字化主测项和气压、气温、降雨等 3 个辅助测项。

5. 白龙寺井　白龙寺井位于丹阳市埤城乡。1981 ~ 2005 年,一直进行地震观测,设有静水位观测,另有气压、降雨等 2 个辅助测项。

二、震情监视

1974 年 4 月 22 日,镇江地区溧阳县发生 5.5 级地震后,镇江市震情监视工作开始,主要开展测震、地震前兆观测、地震宏观和微观异常调查统计、震后趋势判断等震情监视工作。1980 年,镇江地区行政公署地震办公室建立震情值班、震情会商制度。1985 年 12 月,镇江市地震办公室制定震情值班制度。根据《地震预报管理条例》《震后地震趋势判定公告规定》《地震监测管理条例》,市地震局先后制定一系列有关地震监测预报方面的规章制度。2000 年,市地震局制定《镇江市地震监测预报方案》。2001 年,市地震局制定《镇江市地震局震情监视和短临跟踪工作措施》《镇江市震后早期趋势判断技术方案》《镇江市短临预报方案》《镇江市地震局震情会商制度》。2003 年,市地震局建立地震活动和前兆信息数据库。同年制定《镇江市地震局地震速报责任区规定》《镇江市地震台数字操作规范》。

1984 年 2 月 16 日,镇江市丹徒县石马乡唐岗村南发生 $M_S2.1$ 级地震,苏 16 井水位自记曲线在震前 9 分钟出现锯齿状脉冲波形;苏 17 井水位自记曲线在震后 1 分钟突升 6 毫米。同年 5 月 21 日,江苏省如东县以东南黄海海域发生 $M_S6.2$ 级地震,苏 17 井水位自记曲线震时上升 10 毫米,水氡在长达 1 年半趋势上升背景上,于震前 20 天左右出现下降转折;苏 16 井水位自记曲线震时上升 2 毫米,水氡在震前 2 天数值偏低;苏 18 井水位自记曲线震时上升 2 毫米;白龙寺井水位自记曲线震前10天左右下降5毫米，震时水位上升31毫米；震前10天左右，在市郊八公洞茶场附近发现数万只蛤蟆在公路和田埂上有规律地爬动，不下水；发震当日，丹阳陵口乡潘家大队一口民用井井水发黄并伴有泥臭味；震后，市地震办公室及时向社会公布“该地震属主震余震型，近期发生破坏性地震的可能性不大”的消息，稳定社会秩序。

1987年7月下旬，句容春城发生小震群活动，前后发生小震22次，最大震级为$M_L1.9$级。震前5个月，苏16井水位一反常态，在长趋势缓降背景上，出现与流量同步变化，时有突降；震前2个月左右，水位波动频繁，突降为主，最大瞬时突降11毫米。地震专家们分析认为，上述异常均为句容春城小震群的前兆信息；震后，市地震办公室开展震感调查、召开震情会商会等震情监视活动。

1990年2月10日，江苏省常熟—太仓地区发生$M_S5.1$级地震。震前，苏16井出现异常，分别是1989年11月19日，水位突升4毫米；11月27日，水位上升20毫米，且流量与水位变化同步；11月28日6时至9时，水色变为乳米黄色，出现水氡值偏高异常。1989年11月10日后，苏17井水氡出现3个多月的高值变化和突跳异常；镇江蚕种场05井多次抽出热水，最高46℃～50℃。除上述短临异常外，震前还出现过人感地动，东煤站机井地下水自动上冒溢流等短临异常；震后，市地震办公室召开震情会商会，加强监测，密切监视震情。

1994年9月16日，台湾海峡发生$M_S7.3$级地震，苏16井、苏17井、苏18井的动水位均出现水震波，水氡均出现震时反映，白龙寺井的静水位也出现水震波。

1994年10月4日，日本北海道发生$M_S7.9$级地震，苏16井、苏17井、苏18井的动水位均出现水震波，水氡均出现震时反映，白龙寺井的静水位也出现水震波。

1996年11月9日，南黄海发生$M_S6.1$级地震，市地震局迅速开展震情监视，及时向社会公布“该地震属孤立型地震，近期不会发生破坏性地震”的消息。

1999年2月16日（大年初一），丹阳市发生$M_S2.5$级地震，市地震局迅速赴地震现场进行震感范围调查，编写《震情简报》，向市政府报告震情，并加强震情跟踪监测。

2001年10月17日，句容市春城境内发生$M_L2.8$级地震。句容市地震局派人赶往地震现场进行震感调查，镇江市地震局编写《震情简报》，向市政府报告震情，并加强监测。

2002年3月31日，台湾花莲发生$M_S6.8$级地震，苏16井地热、水位出现震时及震后映震反映。10月15日，溧阳发生$M_L3.0$级地震，苏16井气汞数据于该地震发生前后出现1组高值突跳，地震专家们分析认为该异常属地震前兆短临异常。

2003年9月26日，日本北海道发生$M_S8.0$级地震。苏16井水位曲线在该地震发生前后有明显的前兆异常和震时、震后映震反映。

2005年11月26日，江西省九江、瑞昌间发生$M_S5.7$级地震。市地震台10分钟左右报出地震三要素；市地震局编写《震情简报》，向市政府报告震情，加强监测，并作出“镇江市近期发生破坏性地震可能性不大”的震后地震趋势判断，稳定社会，消除群众恐震心理。

1983～2005年，市地震局做好古运河水冒泡泛黑水、运河边坡坍塌、动物宏观等各种宏观、微观异常的调查核实工作。在2001年APEC会议、2005年“十运会”、中国镇江金秋经贸洽谈会、“五一”“十一”等重大会议和重大节日期间加强震情监视，及时消除群众恐震心理，稳定社会秩序。

三、地震群测群防

1976年唐山地震后，镇江市建立以“四土”（土地电、土地磁、土地倾、土地应力）仪器为主的群众测报点和观测鸡、猪、牛、鱼等动物生活习性的宏观测报点。至1983年底，全市群众测报点有13个微观测报点、15个宏观测报点，33名业余测报员。1984年1月，全市测报点减为12个。1985年根据全国群测群防地震工作会议精神，市地震办公室及时淘汰落后观测手段，加强台站建设，以科学性强的“三水”（水位、水温、水氡）观测取代落后的“四土”观测。至1985年底，全市12个“四土”测报点全部撤销。1987年底，市地震办公室又陆续撤销八一四地质队的地电、地磁、重力，高资井水位等。1989年底，江苏工学院水中氯离子、水温测项和部分宏观测报点也先后中止观测。2002年，市及4辖市（区）新建市地震台宏观测报鱼塘等8个宏观测报点。市地震部门注重加强监督管理。2003年，市地震部门对宏观测报网点有关人员进行培训。同年，丹阳市地震局与丹阳市林场下属养鸡场、养鱼塘等单位签定异常情况及时反应协议书。

四、地震活动

镇江市位于长江中下游地震活动带内，是中等强度地震多发地区之一。1996年2月5日，《国务院办公厅转发国家地震局关于我国地震重点监视防御区的确定和加强防震减灾工作意见报告的通知》，明确镇江市所有陆地面积均列入重点监视防御区，涉及丹阳、句容、扬中3市和丹徒、京口、润州、镇江新区4个区。镇江市大地构造位置属下扬子台褶带的宁镇断褶带，有茅山断裂带和长江破碎带等10多条活动断裂，存在发生破坏性地震的地质构造背景。

1983～2005年，镇江市境内发生有感地震3次，分别是：1984年2月16日14时19分，镇江市丹徒县石马乡唐岗村南（N32°08′、E119°19′）发生 M_S2.1级地震，北至高资镇，南至韦岗镇，西至桥头镇、下蜀镇，东南至船山矿、韦岗铁矿和石马乡的巢凤大队、石马大队、巫岗大队等地有感，并能听到地声和部分旧民房顶上的瓦响。1999年2月16日（大年初一）10时7分31秒，丹阳市（N32°01′、E119°37′）发生 M_S2.5级地震，丹阳市个别地区有轻微震感。2001年10月17日11时53分，句容市春城境内（N31°53′、E119°19′）发生 M_L2.8级地震，句容市个别地区有轻微震感。

1983～2005年，镇江市受邻区和海域地震波及影响造成有震感的地震有13次。

1983～2005年镇江市受邻区和海域地震波及影响情况表

表32-5

地震时间	震区	震级	波及影响情况
1983年11月7日5时9分	山东省菏泽市马岭岗公社和东明县大屯公社交界地区（北纬35.2度、东经115.2度）	M_S5.9级	镇江市区和丹阳县有轻微震感，房屋轻晃
1984年5月21日23时37分44秒	江苏省如东县以东南黄海海域（北纬32.7度、东经121.7度）	M_S6.2级	镇江市区裂度为Ⅳ度，市民普遍感觉到地面摇晃，门、窗、床、桌格格作响
1986年5月23日	南黄海	M_S4.7级	镇江市区有感
1987年2月17日11时3分	江苏射阳海边	M_S5.1级	镇江市区普遍有感，房屋摇晃，尤其是高层建筑震感明显，个别人员感到楼房晃动幅度较大，站立不稳
1990年2月10日1时57分21.8秒	江苏省常熟—太仓地区（N31°44′、E121°44′）	M_S5.1级	镇江市区部分市民有感
1991年11月5日16时47分21.01秒	江苏省大丰县和射阳县交界处（N33°26′、E120°27′）	M_S4.7级	镇江市区部分市民有感，高层建筑上班的职工震感较明显，感到房屋轻晃，桌上花盘摆动
1994年9月16日14时20分	台湾海峡（北纬25度、东经118.5度）	M_S7.3级	镇江市区一些高层建筑如物资大厦、长城大酒店、外贸大厦、镇江市工商银行等单位办公人员感到楼房摇晃，并有头昏跌倒，楼内吊灯普遍轻度摆动
1994年11月2日	江苏省溧阳汤桥	M_S3.1级	镇江市句容南部袁巷、磨盘乡等地明显有感，袁巷中学师生听到地声

续表 32-5

地震时间	震区	震级	波及影响情况
1995 年 9 月 20 日	山东苍山	M_S5.2 级	镇江市区高层建筑有震感,部分 12 层楼以上的职工感到楼房晃动,办公桌移动,脸盆水晃动
1996 年 11 月 9 日 21 时 56 分	南黄海(N31°42′、E123°06′)	M_S6.1 级	镇江市区明显有感
2002 年 3 月 31 日 14 时 52 分	台湾花莲(N24°14′、E122°11′)	M_S6.8 级	镇江市区部分高楼有感
2003 年 7 月 29 日	江苏省泰兴市境内	M_L3.3 级	扬中市大部分地区有感
2005 年 11 月 26 日	江西省九江、瑞昌之间	M_S5.7 级	镇江市区个别高层楼房里的人和正在做晨练的人感觉到轻微震感

第三节　震灾预防

一、法制建设

1998 年 3 月 1 日,《中华人民共和国防震减灾法》施行。5 月,市政府召开全市防震减灾工作会议,贯彻落实《中华人民共和国防震减灾法》和全省防震减灾工作会议精神。6 月,市地震局制订《镇江市地震局行政执法责任制实施方案》及相配套的 10 项规章制度。

2000 年,市人大常委会、市政府开展全市防震减灾执法检查。12 月 18 日,市计委下发文件,要求做好重大建设工程地震安全性评价工作。2001 年,市地震局对全市地震系统法制工作情况进行调查。2002 年 7 月 1 日,《镇江市地震安全性评价管理实施细则》施行。市地震局对全市开展地震行政执法基本情况调查。

2003 年 3 月,市地震局召开纪念《中华人民共和国防震减灾法》施行 5 周年座谈会和举办纪念《中华人民共和国防震减灾法》施行 5 周年为主题的大型纪念宣传活动。2004 年、2005 年,市地震局组织参加市《中华人民共和国行政许可法》宣传周活动、“12・4”法制宣传日宣传活动和市“18”广场法制宣传活动。

二、防震减灾知识宣传

1984 年 5 月 21 日,南黄海海域发生 M_S6.2 级地震,波及镇江。市地震办公室迅速了解地震三要素,初步判断该地震属“主震余震型”,近期发生破坏性地震的可能性不大。经市政府批准,市地震办公室及时将上述地震情况和震后趋势判断通过广播通报全市,安定人心。次日晨 7 时左右,镇江师范专科学校 1 幢 5 层楼学生宿舍,因某学生听到“咚咚”响声后误以为发生地震而引发恐震“跳楼事件”,造成 1 人重伤、20 多人轻伤,引起省、市领导高度重视,市地震办公室专题调查后,及时向该校师生进行地震科普知识宣传教育。6 月 7 日,市地震办公室在《镇江日报》以“我市近期不会发生破坏性地震”的醒目标题公开信息,安定社会。1986 年 5 月 23 日,南黄海发生M_S4.7级地震,镇江市有感。市地震办公室通过向市政府和市领导汇报震情、印发《震情简报》、电话解答群众询问等方式,及时安定人心。1986 年,市地震办公室开展纪念唐山地震 10 周年活动,组织中学生收看 5 省市中学生地震知识竞赛,发放 5000 份由市地震办公室出版的镇江地震专刊。1987 年 2 月 17 日,射阳海边发生 M_S5.1 级地震,镇江市普遍有感,市地震办公室迅速将地震情况通过新闻媒体向社会报道，接待记者采访，解答群众询问，很快安定公众情绪，社会生活正常。1989 年，市地震办公室在市区建立江苏工学院、一中、镇中等 7 个宣传网点；在全省首创利用火柴盒宣传地震知识，生产 10 万盒印有“地震来了怎么办?”等防震抗震知识画面的火柴，投放江苏、安徽 30 多个市、县城乡市场，取得较好宣传效果。同年，市地震办公室在全市开展防震意识调查，与市测绘学会等单位联合举办市地震测绘夏令营活动。1990 年 2 月 10 日，江苏省常熟—太仓地区发生 M_S5.1 级地震，波及影响镇江。市地震办公室及时编写震情稿件，加强地震知识宣传报道，明确指出“本市近期不会发生破坏性地震”，通过广播电台反复广播，及时稳定群众情绪。同年，市区设有 12 个防震减灾宣传网点。市地震办公室组织参加全市科普宣传周活动，展出 12 块地震知识大型版面。市地震办公室与市保险公司、市抗震办公室联合举办“保险杯地震知识竞赛”。1991 年 1 月中旬，镇江市区地震谣传四起，严重影响市区社会正常生活秩序。丹阳、句容等县(市)受市区地震谣传波及，时间长达 10 余天。市地震办公室及时草拟震情询问电话，消除群众疑虑。市委召开全市各部门负责人紧急会议，会上明确提出近期镇江不会发生破坏性地震，要求各级领导坚守岗位，做好群众思想工作。1 月 18 日，市政府转发《市地震办负责人就目前镇江会不会发生地震问题发表书面谈话》，并印 600 份，下发全市各单位，直到居委会，同时印发许多地震科普知识小册子，进一步稳定群众情绪，很快平息这场地震谣传。1993 年，市区有防震减灾宣传网点 10 个。1994 年 9 月 16 日，台湾海峡发生 M_S7.3 级地震，镇江市高层建筑震感明显，市地震办公室及时向市政府汇报震情，编写震情稿件，在市各大报刊上报道，回复询问电话，安定民心。同年 11 月 2 日，江苏省溧阳汤桥发生 M_S3.1 级地震，镇江市句容南部袁巷、磨盘乡等地明显有感，市地震办公室及时向市政府和市有关单位汇报震情、回复群众来电，安定民心，保持社会稳定。同年，市区防震减灾宣传网点调整为 5 个。市地震办公室组织参加全国“地震及其预防”少儿绘画作品评选活动、纪念唐山地震 28 周年系列宣传活动、镇江市第 6 届科普宣传周活动。1995 年，市区防震减灾宣传网点调整为 4 个。

1996 年 11 月 9 日，南黄海发生 M_S6.1 级地震，镇江市明显有感。市地震局及时通过电视台等新闻媒体向市民发布地震消息，安定群众情绪。截至 1996 年 11 月 11 日 3 时，省地震台记录到余震 40 多次。据地震专家分析认为，这次地震是 1 次“孤立型”地震，本省陆地近期不会发生破坏性地震，《镇江日报》等媒体及时公告，保持全市生产、生活秩序正常。同年，市委宣传部根据中宣部和国家地震局联合制定的《关于防震减灾宣传工作的规定》和省有关部门联合签发的有关文件精神，将防震减灾宣传教育列入镇江城市宣传工作内容之中。

1997 年，市地震办公室与市教委联合印发《关于转发省地震局、省教委〈关于加强防震减灾科普知识教育〉的通知》。市地震办公室举办市中学生地震科普夏令营活动，组织参加省第 9 届科普宣传周活动，组织青少年参加全市抗震防灾知识竞赛活动，协助市二中举办唐山地震专题防震减灾知识有奖竞赛活动。

1998 年，市地震局在建设和巩固好市区原有 4 个宣传网点的同时，增设一中、四中、合纤厂、镇纺集团 4 个宣传网点。利用“7·28”唐山地震 22 周年契机，组织开展全国地震·防震·法规知识竞赛活动和全国地震·防震·法规知识展巡回展活动；组织参加市第 10 届科普宣传周活动，随“送科技下乡”队伍到蒋乔镇，进行《中华人民共和国防震减灾法》和防震减灾科普知识宣传。

1999 年 4 月 22 日，市地震局与市地矿局联合开展纪念第 30 个世界地球日防震减灾宣传活动。9 月，市地震局组织参加市第 11 届科普宣传周活动，与市科委、市科协等 20 多个单位联合举办万人科普 1 条街活动；组织参加全省防震减灾知识竞赛活动，编写《镇江市防震减灾简报》5 期。

2001 年 9 月，市地震局与市委宣传部联合印发《关于做好“十五”期间防震减灾宣传工作的通知》《关于印发〈镇江市震情宣传报道统一口径的规定〉的通知》《关于转发中共中央宣传部和中国地震局〈关于防震减灾宣传报道中应注意的几个问题的通知〉》。市地震局与市教育局、市劳动和社会保障局联合印发《关于加强各级各类学校防震减灾知识宣传、教育、普及工作的通知》。同年，市地震局组织参加市“十五”计划宣传活动，市世界地球日宣传活动，市科普宣传周宣传活动。

2002 年 7 月，市地震局新建市地震科普教育基地。同年，市地震局与市科技局、市科协等单位联合举办镇江地学展，展出动植物标本、古生物化石、测震仪、展板等；与市教育局联合举办市中小学地震科普知识宣传工作现场交流会。

2003 年 5 月，镇江市区、句容、丹阳等地相继发生大范围地震谣传，少数地区群众甚至搭建防震棚，群众生活受到严重影响，市及 4 辖市(区)地震局，采取电视专访、现场向群众解释等方法，及时平息地震谣传，保持社会稳定。

2004 年，句容市华阳镇第一小学被授予江苏省防震减灾宣传科普教育基地称号。5 月，市地震局组织参加全国第 4 届科技活动周暨镇江市第 16 届科普宣传周活动。

2005 年 5 月，市地震局组织参加全国第 5 届科技活动周暨镇江市第 17 届科普宣传周活动，组织开展地震科普知识进社区活动。8 月，市地震局开通市地震局网站，通过网站开展防震减灾法律法规知识和自救互救知识宣传教育。10 月成立镇江市防震减灾科普示范学校创建工作领导小组。市地震局与市教育局、市科协商定，向省地震局上报 8 所中小学校作为镇江市第 1 批创建市防震减灾科普示范学校，丹徒区地震局也成立防震减灾科普示范学校创建工作领导小组。11 月 26 日，江西省九江、瑞昌间发生 M_S5. 7 级地震，市区有轻微震感。市地震局及时在镇江电视台和《京江晚报》上发布“镇江地区近期发生破坏性地震可能性不大，市民尽可以放心”等消息，市地震台副台长还就镇江近期会不会发生地震等问题接受记者采访，在电视上播放，消除群众疑虑。

三、抗震设防管理

1986 年，句容县地震办公室根据区域地震活动性、地震构造背景及历史地震等，对工程建设场地进行地震烈度复核，确定工程场地基本烈度，先后为句容县电视塔、句容县汽车站等项目提供项目场地基本烈度资料。1987 年，市地震办公室参与苏北油田小区划中茅山带北延问题及有关历史地震的部分调研工作；参与省地震局地震工程室对市焦化厂场地地震动参数的测定工作等。1990 年，市地震办公室在扬州市地震办公室的配合下完成市江滨中学基建桩基振动测试工作。1991 年，市地震办公室配合省地震工程研究所完成扬中夹江大桥桥址区地震烈度鉴定项目；市地震办公室为市木浆厂、句容水泥厂等预选厂址提供区域地震基本烈度鉴定意见书。根据中国第 3 代地震烈度区划图评定，镇江市地震烈度为Ⅵ度和Ⅶ度。1992 年，市地震办公室提交《镇江经济技术开发区地震地质综合报告》《镇江化工厂热电站地震地质论证报告》《镇江石马水泥厂地震地质及烈度鉴定报告》。1993 年，市地震办公室与其他单位配合完成桩测质检报告 7 份，复合地基质检报告 1 份；市地震办公室对市金江花园住宅区、市黄山水泥厂新厂址做地震地质调研工作。1997 年 3 月 25 日，句容市政府在全省率先发布《关于将地震安全性评价纳入基本建设管理程序的通知》。1998 年，市地震局严格执行《中华人民共和国防震减灾法》有关规定，加大工程建设场地地震安全性评价工作管理力度。10 月 10 日，市地震工程检测中心获省地震局颁发的丙级《地震安全性评价许可证书》。从此，拉开镇江市丙级地震安全性评价工作的序幕。同年对丹徒新区等工程建设场地进行地震安全性评价。1999 年对润扬大桥、金东纸业等工程建设场地进行地震安全性评价。

2000 年 4 月，市地震局与市计委、市经委联合印发《关于加强工程建设项目场地地震安全性评价管理工作的通知》，市地震局被列入市投资项目审批“一个窗口”组成单位。9 月，市地震局在全省率先进驻“一个窗口”办公，负责抗震设防要求管理，为全省抗震设防要求管理工作起到示范作用。10 月，丹阳市地震局进入丹阳市投资项目审批“一站式”服务中心办公。

2001 年对扬中夹江二桥、索普醋酸等工程建设场地进行地震安全性评价。同年 12 月，市地震局与镇江质量技术监督局、市建设局联合印发《关于贯彻国家标准〈中国地震动参数区划图〉的通知》。联合举办《中国地震动参数区划图》应用培训班。2002 年 4 月根据国务院公布的《地震安全性评价管理条例》，市政府第 67 次常务会议讨论通过《镇江市地震安全性评价管理实施细则》，于同年 7 月 1 日起施行。同年，句容、丹阳 2 辖市计经局分别在《句容市基本建设项目审批表》和《丹阳市基本建设项目、房地产开发项目申请书》上增设“地震部门抗震设防意见”一栏表格。

2003 年 6 月，市地震局负责的工程建设项目抗震设防要求和地震安全性评价报告审批事项被列入《镇江市第二轮行政审批制度改革方案》。10 月，市地震局进驻市行政服务中心办公，负责镇江市工程建设项目场地抗震设防要求审核和地震安全性评价报告审批以及地震监测设施和地震观测环境保护事项。句容市和丹阳市将工程建设项目场地抗震设防要求审核和地震安全性评价报告审批纳入市行政审批服务中心基本建设项目的审批程序中。同年，对镇江新区、九州大厦等工程建设场地进行地震安全性评价。

2004 年 9 月，全市工程建设项目抗震设防要求确认、地震安全性评价报告审定以及对地震监测设施和观测环境可能造成危害的项目审定批准（含商品房项目、技术改造项目）被正式列入市行政服务中心第一批试行一审一核制行政许可项目目录中。2005 年，市地震局被市政府确定为第一批市级行政许可实施主体。镇江市地震局网站（www. zjdzj. gov. cn）正式开通，建设工程项目业主可通过该网站了解地震行政审批事项及审批的方法步骤，下载相关表格。7 月，市编委批准同意市地震局在震害防御处增挂行政服务处牌子，归并、集中其他处室承担的行政审批及相关服务职能，整建制进入市行政服务中心统一对外服务。9 月，市政府将抗震设防管理工作列入市“园区工业项目行政许可绿色通道”基本建设阶段流程图，批准同意市地震局在项目选址定点阶段参与联合踏勘、联审会办。句容市地震局、丹阳市地震局、丹徒区地震局先后被 3 辖市（区）政府确定为行政许可实施主体。同年对市疾病预防控制中心综合业务楼、市广电大楼等工程建设场地进行地震安全性评价，确保全市建设工程地震安全。

第四节　地震应急救援

一、地震应急预案

1986 年 6 月，市地震办公室制定《镇江市地震办公室地震应急预案实施细则》，这是镇江市最早的应急预案。1994 年 11 月，市地震办公室修订印发《镇江市地震办公室地震应急预案实施细则》。1996 年 11 月 9 日，南黄海发生 M_S6. 1 级地震，镇江市明显有感，市地震局按应急预案开展工作，消除群众恐震心理。

1998 年 1 月，市政府办公室印发《镇江市破坏性地震应急预案》，对应急机构的组建和有关部门在各个应急期的职责、任务明确分工。同年，《句容市破坏性地震应急预案》《丹阳市破坏性地震应急预案》《丹徒县破坏性地震应急预案》也先后出台。1999 年，《扬中市破坏性地震应急预案》出台。同年 2 月 16 日（大年初一），丹阳市发生 M_S2. 5 级地震，丹阳市个别地区有轻微震感。市地震局立即启动应急预案，有序开展各项应急工作，保持震区春节期间人心稳定。10 月 10 日，《镇江市地震局破坏性地震应急反应预案》印发实施。4 县（市）地震局均制订相应的破坏性地震应急预案。同年，市有关要害部门、生命线工程单位、部分企事业单位和乡镇共 78 家编制地震应急预案。11 月 1 日，市委宣传部和市地震局联合印发《镇江市破坏性地震应急宣传预案》，成立市地震应急宣传领导小组。市政府投入 18. 5 万元为市地震局更换 1 辆应急用车。市地震局建立《镇江市地震局地震预报应急技术档案》。2000 年 9 月，市地震局印发《镇江市地震局有感地震应急处置办法》，全市编制地震应急预案的单位增至 85 家。2001 年 10 月 17

日，句容市春城发生 $M_L2.8$ 级地震，句容市个别地区有轻微震感，市地震局立即启动应急预案，有序开展各项应急工作，震区人心稳定，生产生活未受到不利影响。2001 年 10 月 31 日，为适应机构改革后市有关部门调整和职能变化情况，市政府办公室修订印发《镇江市破坏性地震应急预案》。2002 年，句容市、丹阳市先后修订印发《破坏性地震应急预案》。同年，全市编制地震应急预案的单位增至 150 家。句容市华阳镇第一小学举行模拟地震应急演习。2003 年，市政府投入 18.6 万元为市地震局更换 1 辆应急用车。7 月 29 日，市地震局利用泰兴市境内发生 $M_L3.3$ 级地震，扬中市大部分地区有感的机会，开展一次实地地震应急演习。2004 年，市政府组织开展全市防震减灾工作自查。扬中市、丹徒区政府重新修订印发破坏性地震应急预案，市有关部门和单位在市地震局的帮助指导下完成破坏性地震应急预案修订工作。各辖市（区）政府及市有关部门和单位共 83 家填写《破坏性地震应急预案登记备案表》《地震灾情信息速报网络人员通讯录》。句容市地震局和丹阳市地震局配备地震应急专用车。句容市华阳镇第一小学举行模拟地震应急演习。2005 年，全市 150 家单位填写或修订《破坏性地震应急预案登记备案表》和《地震灾情信息速报网络人员通讯录》，落实地震灾情速报网络人员 217 名。句容市华阳镇第一小学举行模拟地震应急演习。

二、地震救援

1976 年 7 月 28 日，唐山发生 $M_S7.8$ 级地震，镇江市地震救援工作从此开始。为支援唐山人民抗震救灾，同年 8 月 29 日，镇江市卫生局从市各医院抽调 23 名医务人员组成医疗队，从南京飞赴唐山灾区抢救伤病员。镇江市医药公司先后 2 次紧急调运药品支援唐山灾区，镇江市第一人民医院、解放军三五九医院接收 398 名唐山转来的重伤病员住院治疗，这些重伤病员治愈后于 1977 年 2 月陆续返回唐山。1995 年 3 月，镇江市政府举办首届镇江市震灾评估及上报培训班，培训全市首批震灾现场调查和评估技术人员，市及 4 县（市）2 区有关部门、大型企业代表 50 余人参加培训，经考试合格全部获得震灾评估资格证书。2001 年，市地震局与常州市地震局联合举办地震现场工作培训班。2002 年 12 月 9 日，“镇江市防震减灾应急指挥中心”项目批准立项。2005 年 3 月 18 日，市地震局与市公安局联合向市政府上报《关于组建“镇江市地震灾害紧急救援队”的请示》，并附《镇江市地震灾害紧急救援队组建方案》。12 月 26 日，市政府批复同意组建。同年 4 月，中国地震局下发《关于镇江市防震减灾应急指挥中心建设的批复》，同意建设镇江市防震减灾应急指挥中心。镇江市防震减灾应急指挥中心项目被列入市政府关于“十一五”规划建议中和市发改委制定的“十一五”规划（草案）中。

第五节　防震减灾目标及规划

一、防震减灾十年目标

1998 年 4 月，《镇江市防震减灾十年目标实施纲要》开始编制。9 月 30 日，镇江市政府第 11 次常务会议审议通过，1999 年 12 月施行。镇江市防震减灾十年目标是：到 2000 年，镇江市区、经济开发区和大型企业基本具备抗御 6 级左右地震的能力；2005 年，镇江市 4 县（市）具备抗御 6 级左右地震的能力，广大乡镇和农村具备相应的抗御地震灾害的能力。

二、防震减灾规划

1989 年 8 月，市地震办公室编制完成《镇江及邻区地震构造图（1∶1000000）及说明书》（编图范围 N29°25′～35°05′、E116°00′～122°25′）、《镇江历史地震及震害》附《镇江及邻区地震震中分布图(1:1000000)》(编图范围 N32°20′～31°40′、E119°00′～120°00′),为《镇江市城市抗震防灾规划》中需要编制的地震危险性评估和震害预测提供两项重要基础资料。

1991 年 8 月,镇江市政府印发《镇江市城市抗震防灾规划》,这是镇江市发布实施的最早的防震减灾规划。1995 年 8 月,市地震办公室编制完成《镇江市防震减灾“九五”计划和 2010 年规划》,经市政府同意纳入《镇江市经济和社会发展“九五”计划和 2010 年远景目标》。“九五”期间,全市建立健全防震减灾工作体系和法规体系,建设以数字化、自动化、网络化为主的地震监测系统和地震预警、应急、决策和指挥系统,提高地震监测预报水平和快速反应能力,在 2010 年前,争取使全市县(市)区及乡以上城镇达到抗御 6 级左右地震的能力。

1999 年 10 月,《镇江市防震减灾“十五”计划和 2015 年远景目标》完成编制工作,经市政府审核同意编入《镇江市国民经济和社会发展第十个五年计划》。“十五”期间,全市健全和完善防震减灾工作体系和法规体系,将防震减灾工作纳入市国民经济和社会发展总体规划和计划,加快防震减灾技术系统现代化建设和现有地震监测台网技术改造,地震监测台网建设达到省内领先水平,部分项目达到国内领先水平,全市城区、新区、开发区、生命线工程单位、重大工程和部分大中型企业具备抗御 6 级左右地震的能力,广大乡镇和农村应具备相应抗御地震灾害能力。

2005 年 9 月,《镇江市防震减灾“十一五”规划和 2020 年远景目标》完成编制工作,报送市发改委审定。11 月上报市政府和省地震局批准。到 2020 年,全市基本具备综合抗御 6 级左右地震能力,抗御符合本地区地震基本烈度值的能力,各辖市(区)城区的防震减灾能力力争达到省内先进水平。

第九章　社会科学

1984～2005 年,全市社科类学会、协会(研究会)举办各类学术研讨活动上千场次,交流论文万篇以上,参加人数 10 多万人。市社科联先后 3 次被江苏省社科联评为先进社科联。2004 年被江苏省社科联授予江苏省社科普及宣传周优秀组织奖。2005 年被江苏省社科联授予社科应用研究精品工程优秀组织奖。

第一节　组织概况

一、镇江市哲学社会科学界联合会

镇江市哲学社会科学界联合会(以下简称市社科联),是在中共镇江市委领导下,由全市依法核准登记的社科类学会、研究会、协会等学术社团联合组成的学术性群众团体,实行团体会员制。它的最高权力机构是会员代表大会,由代表大会选举产生的理事会和常务理事会是会员代表大会闭会期间的执行机构,每届任期 4～5 年。理事会每年召开一至两次理事会议,听取工作报告,决定重大事项。

1983 年 9 月 23 日,镇江市哲学社会科学联合会筹备组召开第一次会议。1984 年 4 月,镇江市哲学社会科学联合会第一次代表大会召开,市社科联正式成立,主席为吴明政。1988 年 7 月召开第二次代表大会,主席为贾轸。同年,市编委批准成立镇江市社会科学研究所,与市社科联二块牌子一套班子。

1992 年 4 月、1996 年 9 月分别召开第三、四次代表大会，主席分别为冯士超、时强。2002 年，市政府办公室发文，核定市社科联 3 个行政编制、5 个事业编制。市社科联常设工作机构有办公室（兼学会工作部）和编辑部，编印出版期刊《镇江社会科学》。同年 11 月经市委批准市社科联建立党组。

2003 年 1 月 3 日召开第五次代表大会，镇江市哲学社会科学联合会更名为镇江市哲学社会科学界联合会，主席为陈伟。

二、学会建设

随着全市社会科学事业蓬勃发展，各类哲学社会科学学会、协会、研究会快速发展。市哲学社会科学学术团体由 1984 年的 11 个发展到 2005 年底的 49 个，个人会员由当时的 2000 多人发展到 3.7 万多人，大多数基本学科都有学会、协会（研究会）。

1. 学会、协会（研究会）清理整顿　按照中央和省政府有关文件精神，市社科联先后两次对所属学会清理整顿。

1989 年贯彻国务院《社会团体管理条例》，市社科联对所属 37 个学会第一次进行全方位的调查摸底和清理整顿。全市三分之一学会换届改选，健全学会领导班子。经过清理整顿，所属学会全部顺利重新登记。

2000 年按照国务院和民政部文件精神，市社科联对所属学会第二次清理整顿，理顺登记机关、业务主管部门与学会三者之间的关系。全市核准注册登记法人社团 1 个；年检合格，由原非法人社团转为法人社团 26 个；经核准注销学会 12 个。

2. 学会、协会（研究会）评比表彰　1984～2005 年，市社科联坚持每二年评选一次学会、协会（研究会）优秀工作者、先进集体的制度，累计评出学会、协会（研究会）优秀工作者 218 人次，先进单位 146 家次，其中镇江市工商行政管理学会、镇江市税务学会、镇江市城市金融学会，连续 10 次被评为先进学会。

1984～2005 年镇江市社科联所属学会、协会、研究会情况一览表

表 32-6

名　称	成立时间	成立时会员数（人/个）	2005 年会员数（人/个）
镇江市世界语协会	1982.5	518	112
镇江市图书馆学会	1982.7	160	200
镇江市农村金融学会	1982.9	100	300
镇江市农村经济学会	1984.3	130	130
镇江市经济学会	1984.4	40（团体会员）	92（团体会员）
镇江市哲学学会	1984.4	80	50
镇江市统计学会	1984.4	150	150
镇江市中共党史学会	1984.4	120	130
镇江市新闻学会 镇江市新闻工作者协会	1984.5	200	800
镇江市档案学会	1984.6	230	302
镇江市教育学会	1984.6	650	650
镇江市计划生育协会	1984.8	50（会员单位）	2.5 万

续表 32-6

名 称	成立时间	成立时会员数(人/个)	2005 年会员数(人/个)
镇江市历史学会	1984. 12	160	180
镇江市统战理论研究会	1984. 12	81	121
镇江市思想政治工作研究会	1985. 1	67(会员单位)	104(会员单位)
镇江市粮食经济研究会	1985. 5	80	100
镇江市经济管理现代化协会	1985. 7	70	70
镇江市税务学会	1985. 8	270	1585
镇江市财政会计学会	1985. 10	460	460
镇江市逻辑学会	1985. 12	50	198
镇江市交通运输协会	1986. 6	140	150
镇江市地方志(年鉴)研究会	1986. 9	80	80
镇江市群众文化学会	1986. 10	200	300
镇江市供销社经济学会	1986. 12	260	260
镇江市诗词协会	1987. 4	84	1800
镇江市语言学会	1987. 5	70	70
镇江市工商行政管理学会	1987. 6	23(会员单位)	138(会员单位)
镇江市妇女学研究会	1988. 11	54 会员单位 7 个	54 会员单位 7 个
镇江市卫生经济学会	1989. 5	140	150
镇江市劳动学会	1991. 4	211 团体会员 72 个	164 团体会员 70 个
镇江市工人运动研究会	1991. 7	58(团体会员)	58(团体会员)
镇江市金融学会	1992. 5	300	500
镇江市城市金融学会	1992. 6	140	1035
镇江市审计学会	1992. 8	102	216
镇江市检察官协会	1992. 11	115	287
镇江市《三国演义》学会	1992. 12	117	122
镇江市人大工作理论研究会	1993. 8	80	80
镇江市纪检监察学会	1993. 8	68(团体会员)	94(团体会员)
华东军大镇江校史研究会	1993. 10	108	50
镇江市群众性精神文明建设研究会	1993. 11	120	120
镇江市钱币学会	1994. 4	52	96
镇江市成人教育协会	1996. 12	123(单位会员)	140(单位会员)
注册会计师协会	1997. 9	215	148
镇江市收藏学会	1998. 1	200	200
新四军暨茅山抗日研究会	2000. 6	226	313
镇江市历史文化名城研究会	2001. 5	133	133

续表 32-6

名　称	成立时间	成立时会员数(人/个)	2005 年会员数(人/个)
镇江市保险学会	2001.6	6(团体会员)	20(团体会员)
镇江市赛珍珠研究会	2003.2	66 15(单位会员)	66 15(单位会员)
镇江市党的建设学会	2005.3	200	216
镇江市吕凤子研究会	2006.7	71	71

第二节　学术研究与交流

一、专项课题研讨

1984～2005 年,市社科联紧紧围绕市委、市政府工作中心,围绕全市改革开放和现代化建设中出现的重点、难点问题和人民群众普遍关心的“热点”问题,强化应用性和对策研究,为领导决策服务。

1986 年,国务院批准镇江市对外开放,镇江港对外国籍船舶开放。为加快发展港口型经济,市社科联与南京等港口城市联系,邀请市计经委、交通、港务局等有关部门领导和沿江 7 个港口城市的专家、学者等 100 多人举办研讨会,并到镇江大港港口进行实地考察调研。与会代表对镇江市发展港口型经济和大港港口对外开放提出许多建设性意见。会后市社科联将会议论文整理成《对外开放参考资料汇集》,分送给市委、市人大常委会、市政府、市政协以及有关部门领导作为决策参考。

1991 年 11 月至 12 月,为探讨镇江企业如何走出国门,到国外创办实体企业的有效途径,市社科联主动与市体改委和市锚链厂等 4 家企业联合举办镇江企业跨国经营研讨会,请有关部门领导讲解跨国经营的有关政策法规,请出过国门的国企负责人介绍情况和经验,研讨国企走出国门必须具备的素质和要求。全市 30 多家企业参加研讨会。

1997 年 4 月,市社科联围绕经济结构调整确定 14 个子课题,分发各工业主管局、各学会、协会和特约研究员进行调研。经过数月筹备,9 月 15 日,镇江市工业经济结构调整研讨会举行,100 多人参加研讨会。市委领导对研讨会充分肯定,为优秀论文颁发奖状。

1998 年 4 月针对全市下岗职工再就业形势较为严峻状况,市社科联与市劳动局、市劳动经济学会、市解困与再就业办公室联合举办镇江市再就业工程研讨会。研讨会收到论文 30 多篇。省劳动厅副厅长袁美芬、市委常委、宣传部部长朱正伦出席研讨会并作讲话。该次研讨会成果为市委、市政府领导和有关部门实施再就业工程提供一定的决策参考。

1999 年 12 月,市社科联与市委宣传部、市司法局、市依法治市领导小组共同举办依法治市理论与实践研讨会。会议收到论文 70 多篇,评出优秀论文 24 篇。市委书记方之焯出席研讨会并讲话。

2000 年 9 月,市社科联与市台办联合举办新世纪对台经济理论研讨会,会议着重就优化台商投资环境,改善台商投资企业劳资关系对策进行探讨,会议成果随后转化为市政府政策性文件。

二、学术活动

1984～2005 年,全市社科类学会、协会(研究会),举办各类学术研讨活动上千场次,交流论文万篇以上,参加人数 10 万多人。其中,层次较高、规模较大、影响和效果较好的重要学术活动 40 多次。

1984～2005年镇江市社科联重要学术活动一览表

表32-7

时间及主题	学术活动名称	具体时间	主办单位	研讨内容	规模
1984年4月～1988年6月 重点围绕推进城市经济体制改革,确立商品经济是改革的目标而进行学术活动	城市经济体制改革理论研讨会	1985.6	市体改委、市社科联	研讨城市体制改革的目标、方法、步骤和任务及其重点	200人
	抗日战争胜利40周年学术讨论会	1985.8	市社科联、市历史学会	研讨抗日战争胜利的根本经验和法宝	150人
	自然界普遍规律讨论会	1986.7	市委党校、市社科联	自然界的普遍规律与范畴以及人与自然的关系	80人
	社会主义精神文明建设研讨会	1986.10	市委宣传部、市社科联	社会主义精神文明建设的方针和指导思想及目标任务	80人
	深化企业改革与搞活企业理论研讨会	1986.12	市体改委、市社科联	研讨企业实行改革初期所面临的问题和改革重点	200人
	经营承包责任制理论研讨会	1987.5	市经委、市社科联	研讨实行经营承包责任制的重点内容和任务及责任	200人
	关于经济改革的探讨和哲学思考研讨会	1987.10.	市社科联、市哲学学会	对经济改革的哲学思考	100人
	镇江市经济和社会发展战略研讨会	1987.10	市政府、市委宣传部、市计经委、市社科联	研讨镇江市近期经济社会发展构想和发展战略	200人
	社会主义初级阶段理论研讨会	1987.12	市委党校、市社科联	研讨社会主义初级阶段的特征及其根本任务	80人
1988年7月～1992年3月 重点围绕全市经济建设中出现的难点、热点问题作为学术研究内容	纪念十一届三中全会10周年暨生产力标准理论研讨会	1988.1	市委宣传部、市社科联、市委党校	研讨十一届三中全会在中国历史上的地位作用及深远影响	300人
	西方近代哲学思潮研讨会	1988.11	市社科联、市委党校、江苏省哲学史和科学史研究会	从考察西方近现代哲学思潮演变的基本线索入手,着重思考科学与哲学、人学与哲学的关系,研究马克思主义哲学发展的趋势和动向	150人
	《马氏文通》出版90周年纪念会	1988.12	市社科联、市语言学会、市逻辑学会	《马氏文通》在中国汉语语法上的地位与作用	150人
	纪念“五四”运动70周年学术讨论会	1989.4	市社科联、市青年管理现代化学会	正确理解“五四”科学民主精神,更好地发扬“五四”光荣传统	200人
	坚持四项基本原则、反对资产阶级自由化理论讨论会	1989.12	市委宣传部、市社科联	阐述在中国坚持四项基本原则的重要性、必要性	50人

续表 32-7

时间及主题	学术活动名称	具体时间	主办单位	研讨内容	规模
1988 年 7 月 ~ 1992 年 3 月 重点围绕全市经济建设中出现的难点、热点问题作为学术研究内容	企业两权分离研讨会	1990.5	市体改委、市社科联	研讨企业如何实现两权分离	150 人
	“效益之路”理论研讨会	1990.6	市委宣传部、市社科联等七个单位	研讨如何以市场疲软为契机，提高企业效益	200 人
	农村社会化服务体系建设研讨会	1990.8	市委农工部、市农村经济学会、市社科联	研讨在市场经济条件下如何加强农村社会化服务体系建设	100 人
	纪念鸦片战争 150 周年、镇江保卫战学术研讨会	1990.8.4 1990.8.7	市政协、市社科联、市历史学会及高校单位	研讨鸦片战争及镇江保卫战的深远影响和重要意义	400 人
	加快对外开放、发展外向型经济研讨会	1990.11	市外经贸委、市社科联等十多个部门和单位	着重研讨发展外向型经济的指导思想，战略目标和实施对策	300 人
	集贸市场建设研讨会	1990.12	市商业局、市商业经济学会、市工商学会、市社科联	研究如何加强全市集贸市场建设和管理	200 人
	港口与城市经济发展研讨会	1991.1	市社科联、市口岸委、市港口协会	探讨港口发展与城市关系以及港口在城市经济建设中的地位作用	100 人
	纪念辛亥革命 80 周年学术报告会	1991.5	市社科联、市历史学会	孙中山丰功伟绩与近代中国革命	200 人
	抗洪精神理论研讨会	1991.8	市委宣传部、市讲师团、市社科联	着重研讨抗洪精神的内涵、表现、成因、意义及如何进一步弘扬抗洪精神等问题	300 人
1992 年 4 月 ~ 1996 年 8 月 学习贯彻邓小平南方重要讲话和十四大精神，动员全市人民进一步解放思想，确立市场经济观念，大胆创新而开展的学术活动	企业跨国经营研讨会	1992.10	市体改委、市社科联	研讨跨国经济的具体做法和要求	80 人
	江苏省企业机制与企业环境研讨会	1992.10	省社科联、省经济学会、市社科联	对经济生活中出现的热点、难点问题进行剖析研讨	100 人
	招商市场经营机制研讨会	1992.10	市工商局、市工商管理学会、市社科联	研讨招商市场如何确立经营机制	100 人
	建立社会保障体系对策研讨会	1992.11	市社科联、市工人运动研究会	研讨建立社会保障对企业长远发展意义及保障体系建设一系列对策措施	80 人
	纪念毛泽东诞辰 100 周年理论研讨会	1993.12.26	市委宣传部、市思想政治工作研究会、市社科联	研讨毛泽东思想在新时期的继承和发展	50 人
	股份制与三项制度改革研讨会	1994.12	市劳动经济学会、市社科联	研讨股份制与三项制度改革的相互关系及重点	80 人
	纪念抗日战争胜利 50 周年学术讨论会	1995.8	市历史学会、市社科联	研讨抗日战争胜利的重要影响	50 人

续表 32-7

时间及主题	学术活动名称	具体时间	主办单位	研讨内容	规模
1996 年 9 月～2002 年 12 月 重点围绕学习贯彻十五大精神和建立社会主义基本经济制度而开展的各种学术和理论研讨活动	财税工作与经济结构调整研讨会	1998. 3	市税务学会、市财政会计学会、市社科联	研讨财税工作与经济结构调整的相互关系	100 人
	镇江市再就业工程研讨会	1998. 4	市劳动局、市劳动经济学会、市社科联	研讨再就业工程的目标和具体任务及措施	100 人
	镇江市工业经济结构调整对策研讨会	1998. 6	市政协、市社科联	研讨市直工业结构调整的方向和重点	100 人
	发展个私经济研讨会	1998. 6	镇江工商局、市工商管理学会、市社科联	研讨发展个私经济的方针和政策	150 人
	苏南地区第二次个私经济理论研讨会	1998. 8	苏、锡、常、镇工商局，工商学会，社科联	研讨苏南发展个私经济的思想障碍及对策	80 人
	以大桥为契机加快两市发展理论研讨会	1998. 9	镇江、扬州两市社科联	研讨大桥经济发展的重要意义和深远影响	80 人
	纪念十一届三中全会 20 周年理论研讨会	1998. 10	市委宣传部、市委党校、市社科联	研讨十一届三中全会的深远影响、重要意义以及对今后改革开放发挥的指导作用	200 人
	新世纪对台经济理论研讨会	1998. 10	市台办、市社科联	研讨对台经济拓展的策略和思想	20 人
	纪念《马氏文通》出版 100 周年学术讨论会	1998. 10	江苏教育出版社、市语言学会、市社科联	纪念《马氏文通》出版 100 周年	120 人
2003 年 1 月～2005 年底 重点围绕贯彻十六大精神和“三个代表”重要思想，紧密结合市委、市政府提出的“两率先”“两步走”和全面建设小康社会的战略目标而进行的各类学术活动	学习十六大精神座谈会	2003. 1	市委宣传部、市社科联	联系镇江实际学习贯彻十六大精神和实质	40 人
	镇江市党风廉政建设反腐败工作源头治理积极预防专题研讨会	2003. 3	市纪委、市纪检监察学会、市社科联	研讨反腐败源头治理和积极预防的极其重要性	120 人
	海峡两岸中华文化发展论坛	2004. 7	市委宣传部、省社科联、市社科联	研讨两岸中华文化发展的历史渊源和发展趋势	30 人
	纪念邓小平诞辰 100 周年理论研讨会	2004. 8	市委宣传部、市社科联	研讨邓小平理论在建设有中国特色社会主义中的历史功绩和重要指导地位	150 人
	第三次赛珍珠国际学术研讨会	2005. 6	市政府主办 市赛珍珠研究会承办	纪念赛珍珠诞辰 113 周年、中国抗日战争胜利 60 周年为主题的学术研讨和交流	80 人
	纪念抗日战争胜利 60 周年学术讨论会	2005. 8	市委宣传部、市社科联	研讨抗战胜利的重大意义及全民族团结抗战精神对今天的改革开放仍有指导意义	80 人

三、学术交流

为借鉴和吸收外地优秀社会科学成果，社科联注意加强与外地社科联、社科工作者的学术合作和交流，让外地了解镇江，扩大镇江影响和知名度，更好地为镇江改革开放、经济和社会发展服务。1985 年以后，重要横向学术交流活动有九次。

1985～2005 年部分年份镇江市社科联与外地开展横向学术交流活动一览表

表 32-8

时　间	地 点	学术交流内容	成　果
1985 年 7～10 月	南京、武汉、九江	参加南京、武汉、九江等市社科联召开的长江港口城市经济理论研讨会	与省内港口城市社科联和宁镇扬社科联建立联席会制度，为省内港口城市信息交流搭建平台
1986 年 10 月	镇江	市社科联主动与南京等港口城市社科联联系，促成市计经委、交通局、港务局等单位参加南京市召开的 7 市港口经济讨论会，邀请与会者参观大港港口并研讨镇江港口经济发展	将专家学者对镇江发展港口型经济建言整理装订送市委、市人大、市政府、市政协领导，推动镇江港口型经济发展
1992 年 12 月	镇江	省社科联、省经济学会联合在镇江市召开江苏省企业机制与环境研讨会，市委宣传部、市体改委等部门领导参加研讨	对镇江市企业转换经营机制具有借鉴和指导作用
1993 年 7～8 月	哈尔滨、宜昌	参加三北社科联负责人协作会议、三峡工程与长江流域经济发展研讨会	拓展同外界社科联的联系渠道，对提高本市社科联学术水平，宣传镇江起到积极作用
1998 年 4 月	洛阳	参加全国社科联在洛阳召开的社科联协作会议，研讨社科联在新的历史条件下如何开展工作	镇江市社科联被评为全国先进社科联
1998 年 10 月	镇江	与江苏省语言学会、江苏教育出版社、市语言学会联合举办《马氏文通》出版 100 周年学术研讨会，学术界泰斗及知名人士 100 多人到马建忠故乡进行学术交流	为宣传镇江历史文化名城发挥积极作用
1998 年	镇江各高校	市社科联加强与驻镇江高校联系和合作。为提高高校青年教师从事科研积极性，把教学与科研结合起来，把镇江改革开放和经济建设中的热点难点问题作为青年教师研究攻关的重点	《乡镇经济发展战略研究》《地方经济效益体系研究》《企业资本结构》等课题获奖
1999 年 5 月～2000 年 12 月	无锡、镇江	和苏、锡、常社科联联合召开发展个私经济研讨会；2000 年 12 月，四市社科联在镇江召开发展个私经济研讨会	研讨苏南发展个私经济存在问题及对策，刊于《江苏科技信息》
2000 年 11 月～2005 年 4 月	镇江、扬州	与江苏理工大学和扬州市社科联、扬州大学共同发起联办“以大桥为契机加快两市发展”“润扬大桥与区域经济发展”理论研讨会	两次研讨论文汇集成册，研讨成果对两市旅游、交通及商贸领域产生积极影响

第三节　社科成果

1988 年 6 月，经市政府批准，开展镇江市哲学社会科学优秀成果评奖活动。市社科联成立 21 人组成的市评奖委员会，下设评奖办公室，制定《评奖办法》《评审人员手册》，确定评奖对象、范围、明确评审标准和操作程序，每 4 年评奖 1 次。

1999 年 8 月，根据省社科优秀成果评奖委员会和省社科联统一部署，各市社科评奖和省每两年一次的社科评奖相衔接，以此推动全省哲学社会科学事业的大繁荣大发展。经市评奖委员会全体会议讨论并报市政府批准，镇江市哲学社会科学评奖由原来规定每 4 年一次改为每 2 年一次。

1988 年 6 月～2005 年 6 月，镇江市人民政府先后举行六次哲学社会科学优秀成果评奖，接受申报 1511 项，获奖近 400 项；在参加省 10 次社科成果评奖中，镇江市社科工作者有 75 人次获奖 64 项。

1988～2005 年镇江市人民政府社科优秀成果评比申报、评奖一览表

表 32-9　　　　单位：个

日期	申报数	评奖情况				
		特别成果奖或荣誉奖	一等奖	二等奖	三等奖	决策咨询奖（表扬优秀作品奖）
1980 年 1 月 1 日至 1988 年 6 月第一次评奖	449	荣誉奖　5	5	29	46	
1988 年 7 月至 1995 年 6 月第二次评奖	370	荣誉奖　7	6	19	50	表扬优秀作品奖 31
1995 年 7 月至 1999 年 6 月第三次评奖	216	–	5	10	40	
1999 年 7 月至 2001 年 6 月第四次评奖	120	–	5	10	40	决策咨询奖　6
2001 年 7 月至 2003 年 6 月第五次评奖	145	–	3	10	48	
2003 年 7 月至 2005 年 6 月第六次评奖	211	特别成果奖　1	4	10	46	
合计	1511	特别成果奖　1 荣誉奖　12	28	88	270	表扬优秀作品奖 31 决策咨询奖　6

1982～2005 年镇江市获省哲学社会科学优秀成果评奖奖项一览表

表 32-10

评奖次序	成果名称	类别	作（编）者	单位
第一次（1979.1～1982.12）	获三等奖 6 项			
	《论贺铸及其词》，载《研究生论文集》江苏人民出版社 1983 年 3 月出版	论文	钟振振	镇江师范专科学校
	《关于〈红楼梦〉时间进程和人物年龄问题探讨——兼论电子计算机在红学研究中的初步运用》，载《红楼梦学刊》第二辑 1984 年	论文	彭昆仑	镇江市科委
	《吴嘉纪诗笺校》（古籍整理）上海古籍出版社 1980 年 2 月出版		杨积庆	镇江师范专科学校
	《赵声》（普及读物）江苏古籍出版社 1984 年 4 月出版		肖梦龙	镇江博物馆
	《谈镇江地区出土青铜器的特色》，载《文物资料丛刊》1981 年第 5 期	论文	刘　兴	镇江博物馆

续表 32-10

评奖次序	成果名称	类别	作(编)者	单位
第一次(1979.1～1982.12)	《地理谣谚谭》,载《民间文学论坛》1982 年创刊号	论文	王骧	镇江师范专科学校
第二次(1983.1～1986.12)	获合作二等奖 1 项			
	《苏南抗日斗争史稿》 《苏南抗日斗争史稿》编写组(中共江苏省委党史工作委员会)江苏人民出版社 1987 年 9 月	编著	作为《苏南抗日斗争史稿》编写组集体项目,编写组成员有:陈鹤锦,中共江苏省委党史工作委员会二处处长;张衡,中共江苏省委党史工作委员会二处副处长,蒋慧恕,镇江茅山革命历史纪念馆筹建办公室调研员;莫仲钧,中共镇江市委党史办公室编纂科科长;肖淮苏,中共党史资料出版社编辑。	
	三等奖 1 项			
	《沈括的以大观小之法》,载《美术研究》1986 年第 4 期	论文	蒋立群	镇江市科技情报所
	合作三等奖 1 项			
	《中学语文教学概论》 江苏古籍出版社 1986 年 10 月	编著	万恒德　主编	盐城师范专科学校
			滕碧城　副主编	镇江师范专科学校
	获"优秀作品证书"项目奖 1 项			
	《江苏岁时风俗谈》 江苏古籍出版社 1985 年 3 月	普及读物	王骧	镇江师范专科学校
第三次(1987.1～1989.12)	二等奖 1 项			
	《镇江交通史》 人民交通出版社 1989 年 2 月第一版	编著	张立　主编 石受禄、韩云辰 副主编	镇江市交通局
	三等奖 2 项			
	《地方财政管理》中国财政经济出版社 1990 年 4 月第一版	编著	杨绍明	江苏会计专科学校
			方荷生	苏州大学
	《对吴国历史文化的新探索》,载《江苏史论考》江苏古籍出版社 1989 年 10 月第一版	论文	肖梦龙	镇江博物馆
第四次(1990.1～1992.12)	三等奖 8 项			
	《技术经济学》企业管理出版社 1992 年 1 月出版	编著	梅强、张海峰 主编	江苏理工大学 镇江市计委
	《党的建设规律新探》中国广播电视出版社 1992 年 4 月出版	编著	余耀中 主编	镇江市政协
	《江苏航运史》(近代部分)人民交通出版社 1990 年 10 月出版		郭孝义	镇江师范专科学校
	《秘书工作基础》江苏人民出版社 1990 年 12 月出版	编著	朱正伦	镇江市委宣传部
	《长江流域城市生态经济发展对策初探》,载《自然杂志》1991 年第 4 期	论文	蒋立群、李映红	镇江市科技情报所
	《"复关"对我国产品的冲击和影响》,载《国际贸易》1993 年第 7 期	论文	蒋毅一	江苏理工大学

续表 32-10

评奖次序	成果名称	类别	作(编)者	单位
第四次(1990.1～1992.12)	《论吴文化的发展与特色》,载《南方文物》1992 年第 1 期	论文	肖梦龙	镇江博物馆
	《乡镇商品经济新论》	编著	丁克宽	扬中市体制改革委员会
第五次(1993.1～1995.12)	三等奖 7 项			
	《纵论经济管理》江苏人民出版社 1996 年 5 月	编著	宋定国 主编	镇江市委研究室
	《中国医疗保险配置卫生资源的理论与实践研究系列论文》,连载《中华医院管理杂志》1995 年第 11 卷第 10 期,1996 年第 12 卷第 6、9、11、12 期	论文	刘挺	镇江市第一人民医院
	《新时期领导干部自我修养》军事谊文出版社(京)1995 年 7 月	著作	余耀中	镇江市政协
	《〈马氏文通〉论集》河北教育出版社 1995 年 11 月	著作	蒋文野	镇江师范专科学校
	《太平天国的航运业》,载《近代史研究》(京)1994 年第 2 期	论文	郭孝义	镇江师范专科学校
	《焦山石刻研究》江苏美术出版社 1996 年 4 月	论文	袁道俊	镇江焦山碑刻博物馆
	《中国民俗地理》苏州大学出版社 1996 年 12 月	著作	高曾伟	镇江市高等专科学校
第六次(1996.1～1998.12)	二等奖 1 项			
	《发展港口型经济的构想与实践》	编著	方之焯 主编	中共镇江市委
			宋定国 副主编	太平洋保险公司镇江分公司
	三等奖 6 项			
	《道德的实现:先进性与广泛性的结合》等 6 篇(系列论文)	论文	唐永泽	镇江医学院
			朱冬英 等	江苏理工大学
	《关于国有制和个人所有制的思考》	论文	孔陆泉	镇江市委党校
			金丽馥 等	江苏理工大学
	《现代消防管理概论》	著作	季俊贤、缪应祺 主编	镇江市消防支队 江苏理工大学
	《论英语教学中语篇能力的培养》等 5 篇	系列论文	唐祥金	镇江市高等专科学校
	《系统哲学引论一种当代思想的新范式》	译著	钱兆华 主编	江苏理工大学
	《镇江在江河交汇处升起》	编著	钱永波 主编	镇江市人大常委会
第七次(1999.1～2000.12)	三等奖 7 项			
	《中国利用外商直接投资政策的国际比较及调整建议》(系列论文 4 篇),载《中国软科学》1999 年第 7 期	论文	赵进	江苏理工大学
	《构建我国中小企业服务体系的研究》,载《中国软件科学》2000 年第 12 期	论文	梅强、沈杰	江苏理工大学

续表 32-10

评奖次序	成果名称	类别	作(编)者	单位
第七次(1999.1～2000.12)	《论我国可持续发展的能源战略选择》,载《数量经济技术经济研究》1998年第9期	论文	路正南、田立新	江苏理工大学
	《企业科技激励研究》兰州大学出版社2000年12月	著作	丁恒龙	镇江市委党校
	《论我国风险投资退出机制的构建》,载《管理现代化》2000年4月	论文	徐晖	镇江新区招商局
	《新世纪执政党建设的伟大纲领——学习"三个代表"论述的体会》兰州大学出版社2000年第10期	著作	姜辉、石春海	镇江市委党校
	《实用创造学》南京师范大学出版社2000年第8期	著作	周道生	镇江师范专科学校
			陶晓春	镇江市高等专科学校
	决策咨询奖1项			
	《农民负担稳定合理机制研究》1999年7月	论文	李武武	镇江市旅游局
			时强	镇江市委宣传部
第八次(2001.1～2002.12)	二等奖1项			
	《中小企业信用担保理论、模式及政策》经济管理出版社2002年6月	著作	梅强、谭中明	江苏大学
	三等奖10项			
	《生命哲学在中国》广东人民出版社2001年11月	著作	董德福	江苏大学
	《哲学视域中的管理思想演变论纲》,载《江海学刊》2002年2月	论文	尹卫东	镇江市政府研究室
	《茅山区域文化》江苏古籍出版社2001年6月	著作	张春蕾、夏和生	镇江市高等专科学校
	《自主性德育论》吉林人民出版社2002年7月	著作	王长乐	江苏大学
	《现代英语教学论——理论与实践研究》	著作	唐祥金	镇江市高等专科学校
	《京口文化》南京大学出版社2001年1月	著作	严其林	镇江市高等专科学校
			程建	镇江市文管会
	《企业内部分配管理》东南大学出版社2001年12月	著作	孔玉生、施国洪	江苏大学
	《企业技术创新绩效的综合模糊评价及其应用》,载《经济管理》2002年5月	论文	胡恩华	江苏大学
	《现代领导公关艺术》中央党校出版社2002年7月	著作	丁恒龙	镇江市委党校
			眭培林	丹阳市委党校
	《关于农村税费改革跟踪研究》	论文	顾大福	镇江市人民政府
			毕广生	镇江市财政局
第九次(2003.1～2004.12)	三等奖2项			
	《百年回眸——哲学视野中的西方管理思想流变》	著作	尹卫东	镇江市政府研究室
	《当前我国高校非主流文化的变迁与对策》	论文	丁钢	镇江市高等专科学校

续表 32-10

评奖次序	成果名称	类别	作(编)者	单位
第十次(2005.1～2006.12)	三等奖 8 项			
	《象外之意——周易象学与中国书画美学》	著作	张乾元	江苏大学
	《能源经济系统分析》	著作	田立新、傅瑛	江苏大学
	《中小企业改制中的社会保险措施研究》	决策咨询报告	史和平	中共镇江市委
			梅强	江苏大学
	《江苏丘陵山区经济发展研究》	决策咨询报告	储东涛	江苏省委党校
			张甫雄	镇江市委宣传部
	《高等职业教育发展的战略与实践》	著作	杨国祥、丁钢	镇江市高等专科学校
	《以巴春秋》	著作	冯士超	镇江市人民政府
	《现代高校管理》	著作	沙志平	镇江市江滨医院
	《长江下游的徐舒与吴越》	著作	毛颖	镇江博物馆
			张敏	南京博物院

第四节　社科期刊

一、《镇江社会科学》

1984 年 4 月，镇江市社科联内部刊物《镇江社联》试刊出版，请中国语言学家、中国语言研究所原所长吕叔湘为《镇江社联》封面题写刊头。《镇江社联》为季刊，到 1985 年底出刊 5 期，发表理论文章近 100 篇，约 50 万字。1987 年 12 月 8 日，根据苏出发〔87〕第 176 号文件精神，市委宣传部决定，将《镇江社联》与镇江市委党校的《求知》和市委讲师团出版的《学习之友》合刊，定名为《镇江学刊》，请原南京大学校长匡亚明题写刊名。1987 年 12 月 16 日经江苏省新闻出版局(JS)字第 3287 号批准为内部刊物。《镇江学刊》由原来的季刊改为 64 页双月刊。1996 年，江苏省首届社科联系统 44 家综合性理论期刊评比，《镇江学刊》获“优秀期刊”称号。这是全省各市社科联省级刊号理论期刊的唯一优秀奖。2001 年改为单月刊。2002 年改为《镇江社会科学》，大 16 开本，双月刊。

《镇江社会科学》开设栏目有：《主编放言》《热点探讨》《名城名人》《小康社会》《新农村建设》《金融研究》《对策与思考》《社科信息》等。刊发的论文被省级以上出版物收录或刊物转载的占 20% 左右，与全国 100 多家社科期刊建立交流联系，中国人民大学图书馆、上海图书馆、江苏图书馆等征订收藏。

1984～2005 年，《镇江社会科学》共出版 118 期，刊登论文近 2000 篇，先后举办过“效益之路”“坚持立国之本，走好强国之路”和“社会主义大家谈”“机遇与发展”等征文活动，两次协作开展镇江精神大讨论，为推动思想解放和镇江的改革开放以及三个文明建设发挥理论引导作用。

二、学会(研究会)刊物

市社科联各学会(研究会)先后办起 30 多种刊物，其中期刊 6 种。经过两次报刊整顿，均由江苏省新闻出版局批准为内部刊物。《镇江工商行政管理》《镇江税务》《镇江审计》《镇江工运》等刊物较受社会各界关注和好评。

1984～2005年镇江市社科主要期刊一览表

表32-11

刊 名	创刊时间	主管单位
《党建之窗》	1984.1	市委组织部
《镇江社会科学》	1984.4	市社科联
《镇江图书馆通讯》	1986.4	市图书馆
《民主法制》	1988.5	市人大常委会
《镇江机关党建》	1990.6	市委市级机关工委
《镇江工商》	1991.1	市工商局
《镇江工运》	1991.7	市总工会
《镇江教育》	1991.12	市教育局
《镇江审计》	1992.5	市审计局
《镇江检察》	1992.10	市检察院
《法苑纵横》	1999.2	市中级法院
《保险导刊》	2001.12	市保险学会
《镇江党政干部论坛》	2003.10	镇江市委党校

——小资料——

[清]周镐·京江二十四景图——竹林听泉

竹林，系指京口南郊夹山下的竹林寺。原山间竹林似海，由此去鹤林、招隐古寺，山径全部掩映竹林之中，盛夏不用打伞遮日。

竹林寺，始建于东晋，原名“夹山禅院”，后为明代僧人林皋复建，改名竹林寺。寺内原有泉池，后泉涸池废，林皋法师重新开凿，名“林公泉”，并以竹管引水入釜，烹以待客。雨后听泉，石缝中滴嗒叮咚之声如磬。

第三十三卷

教　育

卷目

1983～2005年，随着镇江市改革开放和现代化建设的不断推进，镇江市教育事业取得较快发展。全市各级党委、政府坚持“百年大计、教育为本”的理念，把教育事业放在优先发展地位，使教育更好地面向现代化、面向世界、面向未来，从普通教育到特殊教育、职业教育、成人教育，从基础教育到中等专业教育、高等教育，从学历教育到终身教育，全市逐步形成比较完整的国民教育体系。到2005年，全市有普通高校5所，在校大学生6.41万人（其中博士研究生350人，硕士研究生3593人），教职工7860人；普通中小学345所，在校生（含幼儿园、特殊教育学校）37.05万人（其中高中30所、学生5.40万人，初中96所、学生10.73万人，小学219所、学生15.88万人，幼儿园207所、在园幼儿4.97万人，特殊教育学校5所、学生714人），教职工2.54万人；职业学校29所，在校生4.45万人，教职工2357人。

教育改革不断推进。全市农村基础教育实行“地方负责，县、乡、村三级办学，县、乡两级管理”的新型管理体制。逐步推行办学体制改革、学校内部管理体制改革、教育教学改革、招生制度改革、学校评价制度改革等多项改革。1987年，全市农村教育开始以“经、科、教（经济、科技、教育）结合”“普、职、成三教（普通教育、职业教育、成人教育）统筹”为主要内容的农村教育综合改革实验。1988年，市政府确定丹阳市为全市农村教育改革实验区，次年丹阳被列为全国“百县农村教育综合改革实验区”。1989年，丹阳市界牌镇，丹徒县荣炳乡，扬中县联合乡、新坝镇，句容县东昌镇，润州区蒋乔镇等6个乡镇被确定为江苏省首批“燎原计划”示范乡（镇）。1991年，全市“燎原计划”示范乡（镇）扩大到23个，并纳入教育综合改革实验。镇江市被省政府列为城市教育综合改革新增试点城市。1992年，全市农村教育综合改革全面展开。1994年，全市在深化城乡教育综合改革同时，大力发展职业技术教育和成人教育，逐步形成普、职、成三教统筹、协调发展局面。1999年，全市进一步改革和发展高中教育。2002年，根据国务院办公厅和江苏省人民政府《关于完善农村义务教育管理体制的通知》精神，全市农村义务教育实行地方政府负责，分级管理，以县为主的体制。同年，市区和辖市（区）部分中小学进入省级基础教育课程改革实验区。2003年秋，全市小学、初中起始年级进入省级基础教育课程改革实验。2005年7月，全市普通高中进入省高中课程改革。

九年制义务教育全市普及。全市中小学努力改善办学条件，实现“一无两有”（校校无危房，班班有教室、人人有课桌凳），积极推进义务教育实施。到1990年底，全市基本普及初等义务教育。1994年，全市基本普及初级中等义务教育。1995年，全市基本普及九年制义务教育，基本扫除青壮年文盲。1986～2005年，随着义务教育实施，全市中小学布局调整基本到位，教育资源配置逐步优化，教育发展水平有了整体提高。全市达到省规定1万人配套1所完小、3万人配套1所初中的学校布点要求。全市九年制义务教育入学率、巩固率和毕业率均接近100%，初中毕业生升学率98.6%。2005年底，镇江市通过省“高水平、高质量普及九年制义务教育”的评估验收。

教育现代化工程积极实施。1996年，镇江拉开实施教育现代化序幕。全市结合中小学布局调整、消除中小学危房、改造薄弱学校，从创建教育现代化乡镇，创建示范（重点）窗口学校（幼儿园），提高教育整体水平等三个层面，积极推进教育现代化工程实施。1999年，全市提前一年完成省、市“九五”期间改造薄弱学校任务。2000年，全市通过省实施教育现代化工程示范乡镇或先进乡镇验收的乡镇55个，占全市乡镇总数的61.80%。2005年底，全市除丹徒区高桥镇、世业镇和镇江新区丁岗镇外，其他乡镇均通过省、市实施教育现代化工程示范乡镇或先进乡镇验收。全市创建四星级、三星级普通高中20所,国家级、省级以上重点职业学校17所,省示范初中58所,省实验小学65所,省示范性实验幼儿园65所,省特殊教育现代化学校3所。

素质教育全面推进。镇江市素质教育实践活动始于20世纪90年代,逐步扭转“应试教育”,降温“择校热”,培养学生德、智、体、美、劳全面发展。1991年,全市开始推进小学素质教育实施。1993年向初中拓展,并逐步向高中延伸。1995年,市教育局提出“轻负担、高质量、有特色、现代化”实施素质教育要求,全市中学实施素质教育步伐加快。1999年,全市素质教育进入全面、科学、准确理解和把握素质教育内涵和实施要求阶段,坚决摒弃单纯以考试成绩和升学来评估教育质量做法。2000年3月,全市教学工作会议明确提出学校要突出学生的主体地位、突出创新精神和实践能力的培养,努力开创生动活泼、民主开放、科学高效的课堂教学新局面,全市中小学教学质量稳步提高,学生创新精神不断提升。2001~2005年,全市多次召开小学初、高中教育教学研讨会,深入推进素质教育实施。小学阶段着重抓好良好思维习惯、学习习惯、做人习惯的养成;初中阶段着重抓好面向全体学生、全面提高学生素质的教育教学;高中阶段着重抓好拔尖、优秀、合格“三类人才”的培养。

教师队伍建设切实加强。1983~2005年,镇江市广泛、持久、深入开展“正师风、扬师德、廉洁从教、为人师表”主题教育活动,努力提高教师队伍的道德素质;坚持全方位、多层次、多渠道的继续教育,不断提高教师队伍的业务素质,2005年全市小学、初中、高中、中等职业学校、特殊教育学校教师学历达标率分别为99.97%、98.48%、95.11%、79.06%、100%;通过对教师专业资格认证、规范化考核、职称评审、实行教师聘任制等措施,严格教师队伍的管理;通过启动“青蓝工程”,着力培养出中青年骨干教师1434人,中小学教师学科带头人227人;通过农转非、民转公等政策性措施,帮助符合条件的教师在农村的家属和未成年子女户口农转非,择优选招3190名民办教师为公办教师;通过学习贯彻教师法,不断提高教师的政治待遇、经济待遇和福利待遇,努力为教师办实事,调动广大教师教书育人的积极性。1985~2005年,全市教师受国家综合表彰105人,受省综合表彰194人,受市级综合表彰763人;先后8批70名教师被省教育厅评为特级教师,17名校长被市教育局命名为名校长。到2005年,全市中小学教师中有3人享受政府特殊津贴,6人被确认为镇江市有突出贡献中青年专家,5人被授予镇江市人民奖章。从1985年起每年教师节,全市各地都举行庆祝表彰活动,全市尊师重教蔚然成风。

教育投入逐年加大。1985年起,全市实行“分级办学、分级管理”,陆续出台一系列增加教育经费投入的具体政策与措施,逐步形成以国家财政拨款为主,多渠道集资办学为辅的教育经费投入新机制。1985年起,全市开始征收城乡教育费附加;优惠税收政策,鼓励中小学勤工俭学,大力发展校办产业。1990年在市区范围内建立人民教育基金。1994年,全市开始征收地方教育附加费。在此基础上,鼓励社会集资和个人捐助。1990~2005年,全市教育事业费政府拨款年平均递增18%,其中占全市年度财政支出比例,9个年份高于20%以上,7个年份高于10%以上。到2005年,全市人均教育经费达331元。

第一章 机 构

第一节 教育行政机构

1983年3月,镇江实行市管县领导体制,原镇江地区教育局与镇江市教育局合并组建新的镇江市教育局,内设办公室、人事科、政治工作科、中等教育科、初等教育科、工农教育科、校办工业科。1985年4月,增设职业教育科、计划财务科,改政治工作科为组织宣传科,中等教育科、初等教育科合并为基础教育科。1988 年,市教育局工农教育科改为成人教育科。1990 年,市教育局设办公室、普通教育科、职业教育科、成人教育科、组织宣传科、人事科、计划财务科等 7 个科室。

1995 年 4 月 25 日,镇江市人民政府撤销市教育局、市高等教育办公室、市职工教育办公室,建立镇江市教育委员会。市教育委员会成为市政府主管教育的综合职能部门,内设办公室、基础教育处、职业教育处、成人教育处、高等教育处、组织宣传处、人事处、计划财务处、监察室等 9 个处室。1998 年,机构改革,市教委增设体育卫生与艺术教育处。

2001 年,镇江市教育委员会更名为镇江市教育局,内设办公室、基础教育处、体育卫生与艺术处、职业与社会教育处、高等教育处、组织宣传处、人事处、发展规划与财务处、监察室、督导处等 10 个处室。

第二节 教育督导机构

1990 年,市政府设立镇江市教育督导室,负责全市教育督导工作。市教育督导室为市教育局内设科室。1996 年,市教育督导室成为市教育局挂靠机构。

2001 年,镇江市教育督导室更名为镇江市人民政府教育督导室,成为教育局的挂牌机构。同时,市教育局设督导处。

2005 年,市委、市政府研究决定市教育局与市政府教育督导室合署办公。

第三节 教育业务及其他机构

一、市招生办公室 自学考试办公室

1983 年 3 月,组建新的镇江市招生委员会,下设招生办公室。市招生办公室隶属市教育主管部门领导,业务上接受省招生办公室领导,主要职责是负责市区和辖县(市)的普通高校、普通中专的报名、考试、体检、组织材料和录取工作以及空军飞行学员的招生工作。

市区和辖县(市)的自学考试工作最初由市招生办公室承担。1985 年 10 月,设立市自学考试办公室。市招生办公室与市自学考试办公室两块牌子,一套班子。市自学考试办公室主要职责是负责市区和辖县(市)的自学考试、全国计算机等级考试、全国英语等级考试的组织工作,包括考生成绩管理、教材预订和发放、考试合格证书及毕业证书的颁发等事宜。

1986 年,市区和辖县(市)各类成人高校的招生工作开始由市招生办公室统一管理。市招生办公室、自学考试办公室设有秘书科、招生科、自学考试科。

1983 ~ 2005 年镇江市招生情况统计表

表 33-1 单位:人

类目 年份	普通高考		成人高考		中专考试		空军招飞	
	报名数	录取数	报名数	录取数	报名数	录取数	报名数	录取数
1983	6198	1906	–	–	11789	323	–	–
1984	6414	2432	–	–	23003	496	–	–
1985	7815	2775	–	–	19131	1120	–	–
1986	8760	2754	2838	1191	19871	1106	–	–
1987	5401	2501	1512	686	19711	1588	–	–
1988	5674	2562	2431	1174	20915	1842	–	–

续表 33-1

类目 年份	普通高考		成人高考		中专考试		空军招飞	
	报名数	录取数	报名数	录取数	报名数	录取数	报名数	录取数
1989	5502	2449	2016	1108	16103	1602	–	–
1990	4976	2401	2262	1064	26216	1677	–	–
1991	8500	1981	2720	892	28000	1781	–	–
1992	8321	2718	2322	828	29285	2679	–	15
1993	7393	3876	3040	1327	29737	2613	–	14
1994	6011	3978	4405	2225	30685	4138	284	12
1995	6176	3371	6880	2962	30423	4893	–	10
1996	6484	3641	7080	2962	30540	6492	167	10
1997	7119	4021	8069	3051	34947	6697	263	10
1998	7352	3779	7328	2787	30259	6741	206	11
1999	8262	6685	7575	3193	25079	6203	140	5
2000	9768	7507	6982	3242	24085	4254	155	7
2001	11195	8723	8892	5420	29847	4027	163	5
2002	10771	8926	10188	6375	34314	4600	216	5
2003	11750	9968	11835	5755	37260	5108	265	4
2004	14107	12133	8792	6207	8792	6207	235	8
2005	17564	16342	7751	5256	7751	5256	255	7

二、市教学研究室

1983 年，原镇江市教研室与原镇江地区教研室合并，组建镇江市教育局教学研究室。

“七五”期间，市教研室提出《关于进一步搞好教改实验课题研究的意见》，从市、县、乡教育教学管理部门和学校等 4 个层面对教改实验和课题研究提出具体要求。

“八五”期间，市教研室贯彻省教委《关于当前小学教育改革的意见》，积极推进小学素质教育。教学研究工作主要围绕素质教育的实施，抓好学科课程、环境课程和活动课程的建设。1993 年，市教研室面向全市招聘中学各学科教研员，成功实现新老教研员的过渡衔接，提升教研队伍的素质。

“九五”期间，市教研室在全市组织开展“课堂教学年”活动。以提高教学质量为重点，加强高中各学科基地建设。按照教育部颁布的课程改革方案要求，组织课程改革通识培训和学科培训，并在市区和部分县(市)中小学进行基础教育课程改革试点。

2003 年起，市教研室结合基础教育课程改革实验，组织“课改校校行”“课改案例征集评选”“送教下乡”“课改优秀课展示”“名师在线”“预约服务”等富有特色的活动。开展的“优质教学资源下乡工程”得到中央、省、市领导的充分肯定并在全省推广。

2005 年，市教研室面向全省成功进行教研员招聘，教研员队伍的整体结构渐趋合理，专业素养有了提高。市教研室有专职教研员 31 人，其中中学高级教师 26 人，市中小学学科带头人 16 人，市骨干教师 4 人，特级教师 1 人，省“333 工程”培养对象 2 人。

三、市教育科学研究所

1985年4月,镇江市教育科学研究室组建,下设教育科学规划办公室、理论研究室、教育信息办公室。1990年12月,更名为镇江市教育科学研究所。

市教育科学研究所成立以后,积极抓好各级教科研机构和队伍建设。各辖市、区教育行政部门都设立教育科研机构,乡镇中学、中心小学各级各类学校都成立教科室(组),全市健全市、县(市)和学校三级教科研网络。

市教育科学研究所负责全市教育科研规划课题的申报立项、过程管理和组织鉴定工作。“七五”“八五”期间,全市完成8个省级重点课题研究,其中4个为省教委教育科研规划的重点课题。“九五”期间,完成省级课题50项、市级课题300项;“十五”期间,完成省级课题100项、市级课题600项。

市教科所编印《镇江课改通讯》,参与编辑《镇江教育》,建立镇江市教育科研网,普及教育科研理论知识,提供咨询服务,交流教育科研信息,介绍教育科研经验,推广教育科研成果,积极为提高教育教学质量服务。

进入21世纪以后,市教科所先后对全市中小学布局调整、课程改革、校本课程开发、青少年心理健康教育等开展调查研究,形成研究报告,为全市教育改革发展提供决策依据。

四、市电化教育馆

市电化教育馆是市教育局直属事业单位,设有电教教研中心、教育信息网络中心、电视节目制作中心(镇江电视台《教育在线》栏目组)、外语计算机培训中心等,主要职责为指导、管理全市中小学电化教育工作。

1983年7月,市教育局建立镇江市电化教育组。1984年4月,更名为镇江市电化教育馆,与镇江市教学仪器站合署办公。1988年6月馆、站分开。

市电化教育馆着力抓好全市电化教育基地建设。1984～2000年,全市创建国家级电教实验学校2所、省级现代教育技术实验学校20所、省级现代教育技术示范学校8所、市级现代教育技术实验学校31所。全市50所中小学先后被确认市级现代教育技术实验学校。

市电化教育馆编印《电教通讯》《电教专辑》和《镇江电教》,建立各学科电教中心教研组,积极开展电化教学实验和电化教学理论研究。至2005年底,市电化教育馆上报全市承担的88个中央教科所的“十一五”现代教育技术研究课题,建立课题管理平台,实现课题网上管理。

市电化教育馆做好电视专题片、电视教材的拍摄和制作工作。1999～2005年,负责采编的《教育纵横·镇江教育时空》在江苏教育电视台播出节目近百期;拍摄的课堂实况录像、少儿“小梅花”《京剧》录像在全国、省评课活动中获得一、二等奖;开通的《名师在线》栏目,满足了社会、家长对名校、名师的需求。2005年2月起,市电化教育馆摄制的《教育在线》在镇江电视台开播。

市电化教育馆承担全国和省外语、计算机应用能力(等级)考试的报名、培训和考务,并负责全市中小学教师信息技术培训、考核。1998年始,先后以“现代教育技术”“信息技术与教育”“信息技术与课程整合”为主要内容,组织三轮中小学教师现代教育技术培训。至2005年底基本完成对全市近2万名适龄教师的培训考核任务。2001年底至2005年,全市各中小学网络管理员300多人次接受培训。

市电化教育馆承担市教育信息化工作领导小组办公室工作,负责对全市教育信息化建设工作的管理和协调。2001年3月,镇江市教育信息网(www.zje.net.cn)建成并开通运行。2005年,全市所有学校实现宽带接入。

五、市教育装备与勤工俭学管理中心

2002年8月，市校办工业公司和市教学仪器站合并成立镇江市教育装备与勤工俭学管理中心。中心是市教育局直属事业单位，下设办公室、行财部、装备部、物资配备部、物业管理和资源开发部、招标室等部门。

2005年3月，市校舍住房管理处、市教育投资公司并入市教育装备与勤工俭学管理中心，但对外仍保留其独立法人资格。

六、市少年宫

1981年9月，市少年宫在原少年之家旧址筹建，1984年5月31日落成，6月1日向全市少年儿童开放。市少年宫占地面积5000余平方米，建筑面积5284平方米，是由1栋4层的游艺楼与6层教学楼、地下室、电梯井、天象馆以及前后连廊组成的整体建筑，可同时容纳3000名少年儿童开展活动。1996年5月1日，新建西楼落成。

镇江市少年宫是市教育局主管的校外教育机构，设有办公室、教学部、活动部、社团部、后勤部等5个行政办公部门。

1984年以后，市少年宫充分发挥校外教育精神文明建设的功能，切实履行校外教育的职责。该宫的特色兴趣课程、教育科研、小公民基地建设和许多科普、群文活动等均走在全省前列，在江苏省和华东地区有较大影响。2005年，市少年宫推出各类教学展览25次，社团群文活动36次，参与学员33500人次。

市少年宫常年举办文艺、科普等培训活动。设有校外培训4大类（科文、书画、音舞、体育）50多个兴趣培训项目，拥有由专家、名师包括外籍教师组成的近百人师资队伍，建有市“小杜鹃”少儿京剧团、民乐团、“红领巾”合唱团、业余电台、少儿舞蹈队、少儿书画社、“神鸟”故事队、古筝演奏团等8大学生业余社团，培训了一大批文艺、科技新苗。

市少年宫是镇江市对外交流的重要窗口，多次接待来自美、日等国的访华团，也先后派出少儿代表团赴美国坦佩市、日本仓敷市访问，增进中外少儿之间友谊。

市少年宫是江苏省教育学会校外教育专业委员会常务理事单位、华东地区校外教育研究会理事单位，江苏省科普教育基地、中国科学院紫金山天文台镇江天文普及推广中心、镇江市少儿艺术教育实验基地。

七、市教育国际交流中心

2000年2月，镇江市教育国际交流中心组建，4月正式挂牌。同年，市教育国际交流中心成立镇江市教育旅行社（2003年6月因业务整合注销）和镇江市海华出入境服务中心（2004年因业务整合注销）。

市教育国际交流中心是镇江市教育局下属从事教育国际交流的机构，主要工作范围：为出国留学人员提供信息咨询和手续办理业务；组织接待国外教育访华团组，组织中小学生的境外修学旅行；外籍教师的引进和管理，开发教育交流合作项目；举办外语和涉外业务培训等。中心内设办公室、财务室、留学部、培训部；下设镇江市华宇教育交流服务中心和镇江市英特尔教育交流培训中心。

市教育国际交流中心积极配合省教育厅做好对外教育交流工作。2000～2005年，全市有3人获得省政府公派留学奖学金；7人被国家汉语推广办公室、孔子学院总部的中外教师交流项目录取，分别赴美国、英国、新加坡任汉语教师；17名优秀中学生获新加坡全额奖学金赴新留学；2名高中学生入选“学生使者”项目，赴美交流一年。中心努力促进友好城市间的教育交流和合作；为中小学校申请聘外资格和外教手续办理及管理等相关事宜。2000～2005 年，中心配合省教育厅和市教育局人事部门，在全市中小学选送 100 多名教师赴英国、澳大利亚、新西兰、加拿大等国参加境外培训，选送 300 多名教师参加境内培训；组织 400 多人次的学生境内外修学旅行；开设各类外语培训 12 期，参加培训学员 600 多人次。

八、市教育会计结算中心

2000 年 7 月成立镇江市教育系统会计人员委派管理中心、镇江市教育系统会计业务代理中心。市教育系统会计人员委派管理中心负责对委属学校（单位）会计人员从业资格的审查和委派、考核、培训工作以及票据管理；市教育系统会计业务代理中心负责为不具备会计机构或专业会计人员的委属学校（单位）代理会计业务。两机构为市教委直属全民事业单位，“两块牌子，一套班子”，人员经费自收自支。

2004 年 5 月，镇江市教育系统会计业务代理中心更名为镇江市教育会计结算中心。市教育会计结算中心为全额拨款事业单位。主要负责教育局下属单位预算内资金、预算外资金和会计业务的结算管理等工作。

2005 年 1 月，市教育会计结算中心正式集中核算，即在各学校（单位）资金的支配权、使用权、财务管理自主权不变的情况下，取消主办会计、出纳会计岗位，只设报账会计，由结算中心采取“大厅办公，分组核算”模式，集中办理会计核算，提供会计服务，进行会计监督。除校办企业、工会财务以外，市教育局所属 33 个学校（单位）所有财务收支全部纳入结算中心集中核算。

第二章 教育改革与现代化

第一节 体制改革

一、办学体制改革

改革办学体制，改变政府包揽办学的格局，建立以政府办学为主，社会各界参与办学或联合办学的格局，推进教育事业发展。

1. 农村基础教育管理体制改革 1983 年前，镇江市农村中小学县办县管，郊区农村中小学区办区管。1984 年下半年，市教育行政部门在扬中县进行农村基础教育管理体制改革试点。1986 年 5 月根据《中共中央关于教育体制改革的决定》，在扬中试点基础上全市农村基础教育开始实行以“地方负责、分级办学、分级管理”为主要内容的管理体制改革。市政府举办首次分管教育的乡镇长培训班。全市各乡镇均建立教育管理机构——教育管理委员会或教育管理办公室。此后，全市农村初中、小学以乡（镇）办乡（镇）管为主，实验小学、完全中学、职业高中以县办县管为主。教育经费实行县、乡（镇）分管，由县包干到乡镇，经费不足部分，由乡（镇）政府通过征收教育费附加及其他渠道筹措。乡镇中心小学和乡镇初中校长由县教育局征求乡镇政府意见后任免，副校长和其他小学校长由乡镇政府任免。教师管理，公办教师县、乡共管，以县为主；民办教师县、乡共管，以乡为主。教育业务由县统管。同年，丹阳、扬中两县被省人民政府授予基础教育先进县称号，丹徒荣炳、丹阳界牌、句容东昌、扬中联合、润州蒋乔等 5 个乡镇被省人民政府授予基础教育先进乡称号。

2002 年，根据国务院办公厅和江苏省人民政府《关于完善农村义务教育管理体制的通知》精神，全市农村义务教育由“人民教育人民办”转变为完全由政府举办，从以乡镇人民政府管理为主转变为以辖市(区)人民政府管理为主,实行“由地方政府负责、分级管理、以县为主”的体制。辖市(区)人民政府对农村义务教育负有主要责任,乡(镇)人民政府承担相应责任。

2. 民办学校机制形成 随着办学体制改革步伐加快,民办学校开始出现。全市按照《中国教育改革和发展纲要》提出的“积极鼓励、大力支持、正确引导、加强管理”的方针,推动社会各界依法办学。市政府和市教育行政部门制定相关管理规定,促进社会办学规范、健康、有序发展。

1997 年,镇江市批办丹阳市外国语学校和镇江市江南学校两所民办学校。

1998 年 6 月,镇江市第四中学、第十二中学,丹阳市第五中学开始实行“两权分离”“(办学权和所有权分离)改革试点。2000 年,市教委制定《关于深化“两权分离”改制试点工作的意见》,从学校机构设置、人事管理、经费筹措及使用、校舍校产管理等方面,落实校长的办学自主权和办学责任,规范“公办民营”学校运作方式。同时,对幼儿园办园体制改革进行调研,提出“骨干为主、一般为辅,稳步改革、自主发展,宏观调控、强化指导”的办园体制。同年 8 月,江苏索普集团、市教委、京口区教育局联合创办索普实验学校,开始股份制办学尝试。

2001 年 7 月,市政府批准京口区所属镇江市实验小学和润州区所属润欣学校改制,按民办学校机制运行。8 月,镇江市第十二中学改制班级独立办学,在胜利路建立东校区。

2004 年 7 月,镇江市第四中学恢复公办体制。

至 2005 年,全市改制学校、股份制学校和民办学校有 17 所。其中市直属 2 所,丹阳市 3 所,句容市 4 所,扬中市 3 所,京口区 3 所,润州区 2 所。

二、教育综合改革

1987 年,镇江开始以“经、科、教(经济、科技、教育)结合”“普、职、成三教(普通教育、职业教育、成人教育)统筹”为主要内容的农村教育综合改革实验。次年,市政府确定丹阳市为全市农村教育综合改革实验区。丹阳界牌,丹徒荣炳,扬中联合、新坝,句容东昌,润州蒋乔为所辖县(区)试点乡镇。根据国家实施“燎原计划”的通知精神,同年 12 月,镇江开始实施“燎原计划”。

1989 年 4 月,界牌、荣炳、联合、新坝、东昌、蒋乔等 6 个乡镇被确定为江苏省首批“燎原计划”示范乡(镇)。同年 5 月,丹阳市被列为全国“百县农村教育综合改革实验区”。

1991 年,全市“燎原计划”示范乡(镇)扩大到 23 个,并纳入教育综合改革实验。年底,镇江市被省政府列为城市教育综合改革新增试点城市。市教育局制订《镇江市城市教育综合改革方案》,确定把“加快城市职业技术教育的发展”和“企业教育综合改革”作为城市教育综合改革的起步项目。同年,丹阳市被列为全省 12 个全国农村教育综合改革实验县之一。

1992 年 6 月,镇江市教育综合改革领导小组成立。农村教育综合改革全面推开,城市教育综合改革开始试点。镇江市城市教育综合改革方案及改革启动工作在全国城市教育综合改革研讨会上交流并获得国家教委和许多省、市好评。1993 年,省政府在镇江召开教育综合改革现场会。6 月,丹阳市接受省农村教育综合改革实验区工作评估。1994 年,镇江市农村教育综合改革和城市教育综合改革进一步深化。推进义务教育实施,加强初、高中毕业生实用技术培训;以发展职业技术教育为重点,积极调整中等教育结构,大力发展职业技术教育,扩大职业学校招生比例,办好骨干职业中学,开展多层次、多形式的职业技术教育;成人教育以乡镇成人教育中心为基地,推广农村实用技术,开展技术人才培训。全市逐步形成普、职、成三教统筹、协调发展的局面。

1996 年,结合中小学布局调整,镇江拉开了实施教育现代化序幕,全市农村和城市教育综合改革纳入区域教育现代化工程。

三、学校内部管理体制改革

1984年学习建湖县钟庄乡学校内部管理体制改革的经验，市教育局在句容县有关乡镇中小学进行内部管理体制改革试点。1987年，全市开始实施以“校长负责制”“教职员工聘任制”和“教育岗位责任制”为主要内容的学校内部管理体制改革试点。1988年，市教育局制订《中小学教师考核工作意见(试行)》，加大对职责、岗位和工作量的考核力度，为评估教师工作提供依据。到1990年，全市61%的学校推进内部管理体制改革。

1991年，全市将教师工作考核列为学校内部管理体制改革重要内容，对教师工作进行多种形式、不同层次的考核。1992年下半年，市教育局把内部管理体制改革的重点放在人事和分配制度改革上，并确定首批试点学校。1993年8月，市教育局首次将教育人才引入市场机制，进行双向选择，促进人才交流，扩大学校用人自主权。1994年，以人事制度和分配制度改革为重点的学校内部管理体制改革在全市中小学全面推开。各校初步建立起“多劳多得、优质优酬”的分配制度，为实施教师职务聘任制奠定基础。1996年，全市各中小学校进一步健全教师岗位责任制，促进新的科学民主的学校内部管理体制和工作运行机制的形成。

2000年初，全市普教系统中小学全面实施全员聘用合同制。学校人事通过公平竞争，择优录用；人事管理逐步实现从国家用人向单位用人、从身份管理向岗位管理、从行政指令性管理向合同法制化管理的转变。同年，江苏省镇江中学等5所学校在定编、定员、定岗位、定工作量的基础上实行工资总额动态包干。

至2005年，学校内部管理体制改革逐步与学校人事制度改革有机结合。中小学实行校长负责制，发挥党组织监督保障作用和教职工民主管理作用；教职工实行聘任制和校内结构工资制，教职工由校长聘任上岗，教职工也可在一定范围内选择自己的工作岗位，学校按教职工工作量和工作实绩进行分配；实行全员岗位责任制，学校对教职工定岗位、定工作量、定工作规范，定期考核。

四、招生考试制度改革

改革招生考试制度，由“应试教育”向全面提高国民素质转变。

1. 初中招生考试制度改革　1984年起，取消小学毕业升学考试，实行毕业会考，凡语文、数学成绩及格且操行合格者即可升入初中。重点中学初中按毕业会考成绩择优录取与按小学毕业生家庭住址划片就近入学相结合进行招生。1986年，小学毕业生按初中施教区划片就近入学。1988年，取消重点初中择优录取，小学毕业生全部按家庭住址划片就近入学。

1997年，民办镇江市江南学校初中部开始在市区自主招生。1998年，镇江市第四中学两个改制班、镇江市第十二中学两个改制班(后改为镇江市第十二中学东校区)开始自主招生。

2004年，镇江市第四中学停止改制试点。市区初中自主招生的学校只有镇江市外国语学校(原镇江市第十二中学东校区)和江南学校。

2. 高中招生考试制度改革　1985年7月，市区初中毕业会考与升学考试“两考”合一。1992年，市区初中毕业生报考重点中学、中专、中师实行体育加试。1995年，市区重点高中试行免试保送、推荐加考试、考试选拔相结合的招生办法。丹阳市进行下放中考命题权的改革试点。全市中考首次进行政治学科开卷考试。1996年，全市初中毕业生升入高一级学校均需参加体育考试。1998年，全市初中毕业考试与升学考试“两考”分开进行。初中毕业考试由学校命题并组织考试；升学考试除丹阳市外，实行全市统一命题。市区重点高中实行免试保送和考试选拔相结合的招生办法。同时，在扬中市进行高中阶段招生指标分配与办学水平、质量评估结果挂钩的试点。1999年，全市初中毕业考试增设理化生实验、劳技等考查科目。升学考试除体育考试提前单独进行外,文化考试实行“3+2”的模式,即语文、数学、英语(含听力和笔试)加理科综合(物理、化学)和文科综合(政治、历史)。地理、生物在初二年级时结业会考,历史、艺术(含音乐、美术)毕业考试在初三年级第二学期进行。升学考试由市统一命题,市区和各县(市)组织考试和阅卷。

2000年,中考由全市统一组织进行,升学考试的文化考试增设英语口语测试(提前单独进行英语等级测试),理科综合理化合卷中物理试题的分值由50分提高到70分。2002年起,根据省教育厅《关于进一步推进中考制度改革的意见》,全市中考分文化考试、体育考试。文化考试的语文、数学、英语(含口语、听力和笔试)、物理、化学、政治等6门学科采取毕业考试和升学考试“两考合一”,地理、生物两门学科仍在初二年级进行结业会考,历史、艺术(含音乐、美术)毕业考试仍在初三年级第二学期进行。

2005年,根据省高校招生委员会、省教育厅《关于2005年江苏省初、高中学生英语口语等级测试有关问题的通知》精神,全市初中英语口语等级测试成绩计入中考英语学科总分。根据教育部《国家基础教育课程改革实验区2004年初中毕业考试与普通高中招生考试制度改革的指导意见》和省教育厅《关于初中毕业生升学考试与普通高中招生制度改革的若干意见》的精神,镇江市区重点普通高中部分统招生计划按学校在籍毕业生比例分配到各初中学校。

第二节　教学改革

1983年后,贯彻中共中央颁布的《关于教育体制改革的决定》,全市中小学结合省《中小学教学改革纲要》的精神,从转变教育观念入手,开展教学改革。市、县(区)建立健全三级教研网络,确定教改课题,强调抓好基础,着力提高教学质量,全面提高学生素质。

1985~1986年,市教育局先后在句容县、丹阳县召开全市教学改革经验交流会。1987年,全市确定116个县级、27个市级教改实验研究课题。

1991年,全市中小学教学改革向改革创新、形成特色方向发展。全市有市、县级教改试点学校150个。全市教育系统开展“教育转轨”大讨论,着力把以升学为中心的应试教育转到以提高素质为核心的国民基础教育轨道上。全市普通高中教育实施两项改革:根据国家教委颁发的调整后的新教学计划,高中课程分为必修课、选修课、活动课3个部分;从1990年入学的高中学生开始,实施过渡性会考。1992年,全市小学素质教育进一步深化,初步纠正“三偏一重”(偏育、偏科、偏分,课业负担过重)现象。同年,市教育局召开实(附)小和试点学校素质教育整体改革经验交流会,举行全市小学素质教育整体改革现场观摩活动。1993年,随着《中国教育改革和发展纲要》及其《实施意见》的颁布施行,全市实施素质教育开始从小学向初中拓展,并逐步向高中延伸。“面向全体,全面发展,生动活泼地发展”作为素质教育的内涵,得到社会认同。同年秋,全市小学、初中开始执行国家教委《九年义务教育全日制小学、初级中学课程计划(试行)》。1995年,市教育局明确提出实施素质教育要做到“轻负担、高质量、有特色、现代化”的要求,初中实施素质教育步伐加快。同年,省教委确认镇江市第十一中学和第十二中学、丹徒县江心中学、丹阳市云阳中学、句容市东昌中学、扬中市第一中学为省级素质教育试点学校。

1996年秋季开始,全市中小学开展“课堂教学年”活动。1998年,结合贯彻国家教委《关于当前积极推进中小学实施素质教育的若干意见》和省教委《关于在全省中小学深入实施素质教育的意见》,市教委对严格执行课程教学计划、开齐课程、上足课时、严格控制学生在校时间、节假日不集体补课、严格控制学生作业量和考试次数、杜绝乱编乱印乱征订资料等落实素质教育的10条基本要求的情况在全市中小学进行检查。1999年,中共中央、国务院发布《关于深化教育改革全面推进素质教育的决定》,全市教育系统掀起新一轮学习素质教育政策、理论和总结、反思教育教学工作的热潮。同年3月，全市高中教育工作会议召开，坚持"素质教育的重点是创新教育、素质教育的主体是学生、素质教育的主阵地是课堂"的思想，促进全市素质教育的经验成果向初中、高中各学段全过程延伸，向学科课程、活动课程、环境课程全方位扩展。11月，召开全市创新教育研讨会。12月，市委、市政府召开全市教育工作会议，制定《关于加快实现教育现代化全面推进素质教育的意见》。2000年，进一步提升课堂教学素质化的内涵，突出学生的主体地位、突出创新精神和实践能力的培养。同年秋，全市省重点普通高中开始执行教育部颁发的适应课程改革要求的过渡性的新教学计划。普通高中全部学科分为必修和选修两类，信息技术和艺术正式列入课程；强化综合实践活动，分为研究性学习、劳技教育、社区服务和社会实践4个门类。

2001年秋，全市所有普通高中开始执行教育部颁发新教学计划。2002年，市区和辖市(区)部分中小学进入省级基础教育课程改革实验区。全市以课程改革为契机，进一步推进课堂教学素质化，举办综合性、区域性教学展示活动，组织课程改革"校校行"调研。2003年秋，全市小学、初中起始年级进入省级课程改革实验，课程改革实验从局部实验转入全面实践。10月，省教育厅专家组对市属学校和京口区学校的课程改革工作进行检查评估。11月28日，近千名小学教师、教科研人员在丹阳参加全市小学新课程改革观摩活动。2004年，全市围绕义务教育阶段课程改革实验，举办校本课程建设现场会、课程改革培训交流会。5月12日，镇江市小学课程改革现场观摩研讨会在扬中举行，近700名教师与会。

2005年，全市开展"提高课堂教学质量年"活动。同年，全市普通高中全面进入新课程改革，执行省颁课程改革实施方案。镇江市第一中学、江苏省丹阳高级中学、江苏省扬中高级中学、镇江市谏壁中学被省教育厅确定为全省新课程实验样本学校。

第三节　教育现代化

一、乡镇教育现代化工程创建

1996年，市委、市政府召开镇江市实施教育现代化工程动员大会，提出推进全市教育现代化的战略目标和基本思路。各辖市(区)制订《教育现代化实施规划》，积极创建江苏省实施教育现代化工程示范(先进)乡镇和国家级、省级示范(重点)学校(幼儿园)。同年下半年，丹阳市珥陵、界牌两个乡镇首批通过省实施教育现代化工程示范乡镇验收。1997年，丹阳市新桥、访仙、里庄、大泊等4个乡镇通过省实施教育现代化工程示范乡镇验收。1998年9月，市委、市政府在丹阳市举行实施教育现代化工程现场会，对丹阳市珥陵等6个省实施教育现代化工程示范乡镇授牌。同年，丹阳市司徒、后巷、吕城、云林、行宫、前艾、窦庄、横塘、导墅、开发区、练湖农场，扬中市新坝、三茅、长旺、八桥等15个乡镇通过省实施教育现代化工程先进乡镇验收。1999年，丹阳市云阳、埤城、麦溪、运河、蒋墅、胡桥、延陵、荆林、皇塘、折柳、全州、建山、陵口、河阳，扬中市丰裕、联合、三跃、永胜、兴隆、油坊、西来桥，句容市后白、二圣、大卓，丹徒县高资，京口区象山等26个乡镇通过省实施教育现代化工程示范乡镇验收。

2000年，句容市华阳、天王、行香、东昌，丹徒县辛丰、黄墟、上党、宝堰等8个乡镇通过省实施教育现代化工程先进乡镇验收。至此，全市55个乡镇通过省实施教育现代化工程示范乡镇或先进乡镇验收，占全市乡镇总数的61.80%，其中丹阳、句容两市所有乡镇均通过省教育现代化示范或先进乡镇验收，并接受了省县域教育现代化试评估；全市有4所普通高中通过国家级示范高中省级验收，有3所职业学校通过国家级职业高中评估验收。全市创建省级重点普通高中15所、省级示范初中10所、省实验小学22所、省级示范性实验幼儿园29所。

2001 年,教育现代化工程先进乡镇验收工作由市政府组织实施。

至 2005 年,全市除丹徒区高桥镇、世业镇和镇江新区丁岗镇外,其他乡镇均通过省、市实施教育现代化工程示范乡镇或先进乡镇的验收。同年 12 月,镇江市教育工作会议召开,制定《关于优先发展教育事业,率先实现教育现代化的决定》,推进教育现代化工程新一轮实施。

二、示范(重点)学校创建

在推进教育现代化过程中,各地把与学校布局调整、改造薄弱学校、各类示范(重点)学校的创建结合起来,进一步改善办学条件,提高办学效益,提升教育整体水平。

1996 ~ 1999 年,全市加大学校布局调整力度,积极实施省、市《改造薄弱学校行动计划》,提前一年完成"九五"期间改造薄弱学校任务。同时,各地各校加快示范(重点)学校建设步伐。至 2005 年,全市创建四星级、三星级普通高中 20 所,占全市普通高中数的 66. 66% ;创建省示范初中 58 所,占全市初中数的 60. 42% ;创建省级实验小学 65 所,占全市小学数的 29. 68% ;创建省示范性实验幼儿园 65 所,占全市幼儿园数的 31. 4% 。

2003 ~ 2005 年镇江市星级高中统计表

表 33-2

验收年份	三星级高中	四星级高中
2003	镇江市实验高级中学　镇江市谏壁中学　扬中市新坝中学　丹阳市第五中学　丹阳市高级中学　丹阳市第六中学　丹阳市珥陵高级中学　丹阳市访仙中学　丹阳市吕城高级中学　句容市第三中学　句容市后白中学　镇江市第二中学	镇江市第一中学　江苏省镇江中学　江苏省丹阳高级中学　江苏省扬中高级中学
2004	镇江市第九中学	江苏省句容高级中学
2005	扬中市第二中学	江苏省大港中学

三、教育信息网建设

镇江市以教育信息化引领教育现代化实施,加快镇江教育信息网建设。2000 年始,不到半年时间,全市完成网络基本建设。2001 年,镇江教育信息网开通运行。同年 11 月,全市教育信息化工作会议召开,提出实现"校校通(宽带网)"的目标。

2001 年,市教育局制订镇江市教育信息网建设规划,筹建拥有 100G 的教育信息资源库,开通覆盖全市的教育信息网,并提出全市"十五"期间中小学教育信息化建设的总体目标。同年 9 月 22 日,教育部课程教材发展中心主任助理、教育部"世纪曙光工程"总负责人刘坚等考察市教育信息中心,对镇江市教育信息网的设计思想、网络构架、资源库建设及应用前景给予高度评价。10 月 21 日,教育部"世纪曙光工程"负责人、北京师范大学教授师书恩,北京师范大学基础教育信息技术课程研究中心主任苗逢春及实验区的项目负责人、专家 30 余人考察镇江市教育信息网建设和应用情况。镇江市教育信息中心被教育部确定为"世纪曙光工程"项目成员单位。

2002 年,市教育信息网二期工程完成。镇江教育信息网被教育部定为全国示范网。同年,全市 80% 乡镇中心校、乡镇初中以上学校实现"校校通"目标。2003 年,镇江市率先采用"高宽带、胖中心、瘦终端"的网络结构模式,在全国教育城域网中进一步推广。同年,全市 84% 乡镇中心校、乡镇初中以上学校实现宽带接入。全市开始启动教育信息化示范学校和教育信息化先进学校的创建。同年底有 3 所学校首批通过教育信息化示范学校验收,49 所学校首批通过教育信息化先进学校验收。2004 年,全市又有 30 所学校通过教育信息化先进学校验收。

2005 年,市电化教育馆研发“家校通”平台,市区 15 所学校成为该平台首批用户。同年,全市所有乡镇中心校、乡镇初中以上学校均实现宽带接入,全面完成“校校通”任务。至年底,全市创建教育信息化示范学校和先进学校达 96 所。

第三章　基础教育

第一节　学前教育

1983～2005 年,镇江市学前教育包括幼儿园、学前班教育。2005 年全市办园数量较 1983 年虽然下降(主要是部门办园和集体办园下降),但教育部门办园数量上升,办园质量提高,幼儿入园率提高。幼儿园园长、教师学历提高,教材版本、教学手段、教学方法日益丰富,幼儿园环境设施有了较大改善。幼儿入园率从 1983 年的 59.5% 提高到 2005 年的 95%。

一、事业发展

1. 幼儿园　1983 年,全市有幼儿园 1666 所,其中教育部门办 39 所,其他部门办 93 所,集体办 1534 所。全市在园幼儿 71215 人,入园率 59.5%。1984 年,润州区由区妇联牵头,文教局、卫生局参加,负责管理全区幼儿园教育;文教局和部分乡镇先后配备幼儿教育辅导员,专门负责教师培训和业务指导。1987 年 5 月,京口区政府成立由区妇联、文教局、劳动人事局等部门负责人和 2 名不脱产的幼儿园主任组成幼儿教育管理委员会,加强对区属幼儿园领导。1988 年,市教育局根据省教委《关于制定幼儿园评估方案的意见》和《镇江市幼儿园办园标准及评估细则》,对市区及县城公办民办幼儿园进行评估定类,首批评出中山路小学幼儿园等 7 所一类幼儿园。

1989 年 5 月,市教育局、市计经委、市总工会、市妇联等部门制定《关于加强工矿企业幼儿园所工作的意见》,明确市区厂矿企业幼儿园实行地方负责、社会办学、分级管理和有关部门分工负责的管理体制。同年,对厂矿企业办幼儿园和部分乡镇中心幼儿园评估定类,第二批评出色织总厂幼儿园等 5 所一类幼儿园。1990 年 12 月,市教育局对全市一类幼儿园进行全面检查验收。一类幼儿园环境设施均有改善,教育质量显著提高。同年,全市有幼儿园 1059 所,班级 2173 个,在园幼儿 59563 人,幼儿入园率 72.30%。

1991 年,全市各类幼儿园普遍实行“地方负责、分级管理和各部门分工负责”管理体制。京口区在教育行政部门设置幼儿教育股,主管行政辖区内的幼儿园工作,市级机关、部队和市属企事业单位办的幼儿园全部划归京口区教育局管理。扬中、句容、丹徒、丹阳教育行政部门均配备幼教干部,加强对幼教工作的领导和管理。截至 1991 年底,全市先后评估定类五批 79 所幼儿园,其中一类园 24 所,二类园 47 所,三类园 8 所。

1992 年,市教育局、财政局、物价局、妇联等部门联合下发《关于调整幼儿园(班)收费标准的通知》,对收费项目、标准、办法、经费报销范围及开支渠道、经费管理等问题作出明确规定。凡经过评估定类的幼儿园或登记注册的幼儿园(班),均按新标准实行分类收费。农村幼儿园(班)参照新标准收费。

1992 年镇江市各类幼儿园(班)收费标准一览表

表 33-3 单位:元/人·月

类别	公办幼儿园(班)			集体办幼儿园(班)			备 注
	合计	管理费	保育费	合计	管理费	保育费	
一类园	35	18	17	41	24	17	机关、企事业单位办幼儿园(班)参照公办标准收费
二类园	31	18	13	37	24	13	
三类园	27	18	9	33	24	9	

1994 年,市教育局根据省教委印发的《江苏省幼儿园(班)登记注册办法》,制订《农村幼儿班登记注册标准》《镇江市幼儿园评估标准及细则》,建立幼儿园登记注册制度,凡经评估"及格"标准以上的幼儿园(班)即准予注册、发证。全市 1010 个幼儿园、班(其中 3 个班以上的幼儿园 131 所,农村幼儿班 879 个)全部完成登记注册任务。全市用于登记注册的经费 3470. 84 万元。

1995 年,京口区红红幼儿园创办全市第一个寄宿制幼儿钢琴班,佳佳幼儿园创建艺术幼儿园。同年,全市有幼儿园 254 所,其中教育部门办 27 所、其他部门办 91 所、集体办 134 所、民办 2 所,班级 2403 个,在园幼儿 82224 人。

1996 年,扬中市被省教委、省卫生厅、省妇联联合表彰为幼儿教育先进县(市)。1997 年创建省示范性实验幼儿园,全市 4 所幼儿园被首批确认为省示范性实验幼儿园;一类园有 48 所,全市 3~6 周岁幼儿入园率 88. 4%。京口区解放路幼儿园由京口区教育局和台湾大地幼教集团共同投资改扩建,更名为镇江市大地幼稚园。6 月,京口区教育局投资创办公办民助的京河路幼儿园。至 2000 年,全市有幼儿园 186 所,其中一类幼儿园 78 所,省示范性实验幼儿园 19 所;班级 1903 个,在园幼儿 53093 人,全市幼儿入园率 90. 20%。

2001 年,各地幼儿园探索"国有民营"的办园机制。京口区江滨幼儿园与台湾大地幼教集团合作办园,丹阳市司徒幼儿园股份制办园。2002 年,润州区江南新村小区耗资 460 万元新建配套的江南幼儿园。江滨幼儿园被市教育局认定为首家双语实验班幼儿园。至 2005 年,全市有幼儿园 207 所,其中教育部门办 82 所、其他部门办 32 所、集体办 54 所、民办 39 所,班级 1481 个、在园幼儿 49694 人,幼儿入园率 95%。全市一类幼儿园 104 所,省示范性实验幼儿园 65 所,其中省示范园覆盖率 31. 4%。全市乡镇中心幼儿园建园率 100%,90% 的乡镇中心幼儿园达到镇江市一类幼儿园标准。

2. 学前班 1988 年始,京口区实验小学、中华路小学、千秋桥小学、八叉巷小学等首办 5 个学前班,招收幼儿 224 名。1989 年,全市有 10 所小学办学前班 12 个,招收幼儿 460 名,教师由聘任的离退休教师担任。1990 年,有 9 所小学办 10 个学前班,招收幼儿 366 名。1991 年,486 名幼儿入学学前班。1992 年,630 名幼儿入学学前班。1993 年起,学前班逐步撤销。

2005 年镇江市幼儿园情况一览表

表 33-4 单位:所、个、人

地 区	园数		班级数	在园幼儿数	教职工数	
		省示范性实验幼儿园				专任教师
合 计	207	65	1481	49694	2625	1810
丹阳市	44	18	409	15201	632	454
句容市	34	16	284	9805	502	386
扬中市	18	10	152	5107	309	209

续表 33-4

地　区	园数		班级数	在园幼儿数	教职工数	
		省示范性实验幼儿园				专任教师
丹 徒 区	17	6	163	4972	60	39
京 口 区	30	12	239	8069	609	401
润 州 区	40	2	175	4985	403	243
镇江新区	24	1	59	1555	110	78

二、保育与教育

镇江市学前教育保育、教育并重，城乡学制、教材逐步统一，保育管理逐步规范。

1. 学制、课程　全市统一实施学前三年幼儿教育，学前班学制为 1 年。幼儿园适龄儿童一般为 3 周岁至 6 周岁。1987 年起，全市各县区幼儿园的课程设置渐趋统一，普遍开设语言、常识、计算、音乐、美术、体育、游戏等课程。1990 年起，根据镇江市重新编写的《镇江市在园幼儿发展情况报告书》和江苏省教委编写的《幼儿园教育活动画册》设置相关课程内容，幼儿园课程增设社会、健康和主题型综合课。

2. 教材　1985 年以后，根据幼教工作需要，市教研室编写《幼儿园游戏手册》《镇江市幼儿园各科教学进度表（上、下册）》《幼儿日常行为规范知与行一百例》等教学用书。同时，多方面组织幼教教研活动，幼儿园一日活动调研，幼儿园教学管理调研，幼儿园游戏、体育活动调研，开展幼儿木偶表演比赛、幼儿智力竞赛，幼儿小制作评比，幼儿文娱表演比赛等。1987 年起，采用全国统编教材。2003 年，实施幼儿园课程改革，全市均使用省编教材《幼儿园综合活动丛书》。

3. 管理　2000 年起，全市幼儿教育管理逐步规范。市教委制订《镇江市幼儿园教育常规管理细则》《镇江市幼儿园在园一日活动安排表》，规范幼儿园保教工作。幼儿在园一日活动，依照“十六个基本环节”有序进行，这“十六个基本环节”大、中班依次为：来园、晨间锻炼、早操、教学活动（一）、自选和自由活动、餐点、教学活动（二）、盥洗、午餐、饭后、午睡、起床及餐点、户外活动、自由选择游戏、离园。小班为每周一节教学活动，环节略有增减。

2001 年，中央教科所农村幼教项目暨农村幼教工作会议在句容市召开。全市认真贯彻教育部《幼儿园教育指导纲要（试行）》，积极推行幼儿教育改革，摆脱“保姆式”的教育模式，全面实施素质教育。市、县（区）教研室牵头成立教科研领导小组和学科专业研讨小组，负责组织和指导幼儿园教育科研工作。

2002 年，市教育局加强幼儿园教学常规管理，制定“教科研组长职责”“教科研组活动要求”，在全市范围内进行幼儿园优秀教研组评比，对近 200 名业务园长、教研组长和教研骨干进行培训。同年，扬中市江州新村幼儿园被列为中央教科所教研实验基地，多家幼儿园的研究成果在全国、省、市得到推广应用。

2005 年 9 月，全市幼儿园“好习惯伴我行”启动仪式在镇江市中山路幼儿园举行，着力培养孩子们对好坏行为习惯敏捷的辨别能力。

三、幼儿园选介

镇江市中山路中心幼儿园　中山路中心幼儿园于 1950 年 10 月创办。时名为镇江市干部子弟学校幼儿班，后更名为中山路小学附属幼儿园，隶属于中山路小学。1989 年，有 7 个班，在园幼儿 269 人，教职工 24 人。1991 年，由京口区文教局定名为中山路中心幼儿园，负责辖区内公办幼儿园的管理与指导，与中山路小学脱钩。

2005年底，有12个班级，330多名幼儿，40多名教职员工。园内有两幢综合性教学活动楼和一幢富有童话情趣的小楼，占地面积1427平方米；建有闭路电视系统、安全监控系统、现代化办公管理系统和可供幼儿身心健康发展的各种教学玩具、多媒体教学设备。幼儿园坚持以“培养健康身心，塑造智慧儿童”为办园宗旨；以“球类活动（趣味篮球、快乐幼儿乒乓）”“花儿朵朵双语教学”“快速心算”为特色教学活动，形成鲜明的办园风格与特色。

中山路中心幼儿园是镇江市首批省示范性实验幼儿园，是省现代化教育技术示范学校、江苏省文明学校、江苏省和谐校园、全国创新建设十佳幼儿园、21世纪中国学校体育发展研究实验基地优秀实验学校、全国尝试教学理论研究实验基地全国先进单位、教育部《科学教育——开发儿童少年潜能研究》总课题实验幼儿园、全国教育科学“十五”规划教育部重点课题“科学教育与技术教育理论研究”实验幼儿园、江苏教育学院教育实习基地。先后获得镇江市文明单位、市绿色学校、市三八红旗集体、市优秀涉外参观单位、市幼儿乒乓培训基地和京口区模范幼儿园等荣誉。

镇江市大地幼稚园　镇江市大地幼稚园前身为私立道署街幼儿园，1950年改为公立，更名为镇江市解放路幼儿园，隶属于镇江市解放路小学。1991年，成为京口区文教局直属幼儿园。1997年，由京口区教育局和台湾大地幼稚园共同投资改扩建，更名为镇江市大地幼稚园。同时，保留镇江市解放路幼儿园园名。1999年，幼儿园被评定为江苏省示范性实验幼儿园。

2001年，在融合“蒙台梭利”“瑞吉欧”教学法，并结合自身特点的基础上创办全人教育实验班，被批准为京口区英语特色幼儿园。2003年，引进专职外教，开办全人教育国际班。

2005年，该园获得省级示范园评估优秀等级称号，并成为国家“十五”科学教育重点课题研究实验园和中央教科所“十一五”课题研究实验园。先后接待加拿大、日本等国友好人士参观访问。有在编教师12人，自聘教职工24人，其中外教1人；设10个班级，其中国际班3个，教育实验班7个，幼儿共265人。全园占地905平方米，建筑面积1800平方米，外场地930平方米，绿化面积385平方米。设有各班专用的活动室、盥洗室、午睡室和形体房、认知室、感统室、画室、图书室等专用活动室。

第二节　小学教育

1983～2005年，全市学龄儿童人数逐年下降，在校生1983年264891人，2005年下降到158763人。1986年7月《中华人民共和国义务教育法》施行后，全市小学生入学率、毕业率、升学率逐年提高，辍学率逐年下降。学校布局日趋合理，教育教学水平不断提升。

一、事业发展

1983年，全市有小学2192所，班级8039个，在校学生264891人。其中市辖区有小学125所，班级851个，学生35303人。1984年，实施市、区分级办学，分级管理。镇江市区的小学由京口区文教局管理，郊区的中小学由润州区文教局管理。1985年，全市有小学2067所，班级7955个，在校学生255098人。其中市辖区小学126所，班级905个，学生37010人（京口区小学43所，班级446个，学生20344人；润州区小学83所，班级459班，学生16666人）。全市学龄儿童入学率98.96%，小学毕业生升学率93.82%，其中市辖区99.5%。

1990年，全市有小学1659所，班级7620个，在校学生225139人。其中市辖区有小学108所，包括京口区36所，润州区72所。全市学龄儿童入学率98.93%，基本普及初等义务教育。小学毕业生升学率93.28%。1992年，市辖区区划调整前，市辖区有小学103所（京口区36所，其中企业办小学5所；润州区67所，其中企业办小学7所）。10月，镇江市成立大港经济技术开发区，有小学23所，其教育工作由镇江市大港经济技术开发区教育主管部门管理,教学业务由丹徒县教育局代管。11月,市区行政区划调整后,原属京口区的20所小学划归润州区,其中企业办小学3所。原属润州区的32所小学划入京口区,其中企业办小学3所。年底,京口区有小学47所(其中企业办小学6所),班级483个,在校学生19519名。润州区有小学55所(其中企业办小学6所),在校学生14741名。

1997年,江苏省教委对全省实验小学进行重新确认、评估。丹阳市实验小学、镇江实验小学、镇江市中山路小学被重新确认为省实验小学,另有4所小学被新确认为省实验小学。1998年,镇江市成立镇江新区,大港片区和丁卯片区所有小学均划归镇江新区。全市有小学955所,班级6622个,在校学生241754人。其中市辖区有小学100所(京口区40所,润州区37所,镇江新区23所)。

2000年6月,全市首家股份制民营学校镇江市索普实验学校成立。镇江实验小学更名为镇江实验学校,该校新增初中部,为九年一贯制学校。全市有小学770所,班级6074个,在校学生224644人;教职工12728人,其中专任教师10984人。市辖区有小学91所(京口区40所,润州区32所,新区19所)。全市小学学龄儿童入学率100%,毕业率99.87%,小学毕业生升学率98.93%。

2001年,镇江实验学校成立公办民助学校,校名为润欣学校。丹阳市实验小学、镇江市实验小学实行“两权分离”改制试点。2002年,丹徒撤县设区,丹徒区有小学109所。

2005年,全市有小学219所,班级3734个,在校学生158763人;教职工10554人,其中专任教师8689人。市辖区有小学107所(京口区23所,润州区26所,新区4所,丹徒区54所)。全市小学适龄儿童入学率99.98%,巩固率99.92%,毕业率99.99%,小学毕业生升学率99.97%。全市省级实验小学65所,优质资源小学占小学总数27.85%。1985~2005年,全市先后撤并小学1848所。

2005年镇江市小学基本情况统计表

表33-5　　单位:所、个、人

地区	学校数	班级数	毕业生数	招生数	在校学生数	教职工数	教师数
市属	–	2	75	–	74	9	9
丹徒区	54	520	4275	2227	18834	1290	1065
京口区	23	474	3620	3179	21174	1197	1129
润州区	26	344	2599	1969	14958	969	908
镇江新区	4	78	686	583	3882	213	187
丹阳市	49	1208	11466	6544	52655	3096	2744
句容市	50	709	7450	3792	31360	2431	1602
扬中市	13	399	3933	2032	15826	1349	1045
合计	219	3734	34104	20326	158763	10554	8689

说明:市属2个班系原中山中学内设小学班

二、学制课程

1984年8月,教育部颁布《全日制六年制城市小学教学计划(草案)》,市区六年制小学均执行该计划。低、中、高年级每周总课时数分别为23课时、24~25课时、25~26课时,在校活动总量分别为31课时、32~33课时、33~34课时。同年,京口区中山路小学和实验小学各有一年级1个班进行四年制试点,开设课程除与普通班相同外,另在四年级加授英语。

1985年,京口区八叉巷小学、中山路小学、实验小学各有一年级1个班进行五年制学制试点。

1990 年，市辖区小学除五年制试点班级外，各校均执行全日制六年制城市小学教学计划。

1990 年镇江市全日制六年制城市小学教学计划情况表

表 33-6　　　　单位：节

课程 \ 周时数 \ 年级		一	二	三	四	五	六	上课总时数	百分比（%）
思想品德		1	1	1	1	1	1	210	4.10
语文	小　计	10	10	10	10	9	9	2030	39.50
	讲　读	9	9	7	7	6	6	–	–
	作　文	–	–	2	2	2	2	–	–
	写　字	1	1	1	1	1	1	–	–
数　学		6	6	6	6	6	6	1260	24.50
自　然		–	–	–	2	1	2	210	4.10
地　理		–	–	–	–	2	–	70	1.40
历　史		–	–	–	–	–	2	105	2.00
体　育		2	2	2	2	2	2	420	8.20
音　乐		2	2	2	2	2	2	420	8.20
美　术		2	2	2	1	1	1	315	6.10
劳　动		–	–	1	1	1	1	105	2.00
每周总课时		23	23	24	25	25	26	–	–
并开课程		6	6	7	8	9	9	–	–
自习		2	2	2	2	2	2	–	–
课外活动	体育活动	2～3	2～3	2～3	2～3	2～3	2～3	–	–
	科技文娱活动	1～2	1～2	1～2	1～2	1～2	1～2	–	–
	校会班队活动	2	2	2	2	2	2	–	–
每周在校活动总量		31	31	32	33	33	34	–	–

1995 年，国务院颁布“双休日”后，全市小学各年级按新的教学计划安排教学。1997 年，全市小学执行省教委《关于严格执行全日制中小学课程（教学）计划的通知》，对课程（教学）计划适当调整。2002 年，市区和辖市区部分中小学进入省级基础教育课程改革实验区。同年秋，执行《江苏省义务教育课程设置实验方案》。2003 年下半年，全市小学、初中起始年级均进入省级基础教育课程改革实验，课程改革实验从局部实验转入全面实践。

三、教育教学

1. 教育工作　20 世纪 80 年代以后，全市各小学对学生加强爱国主义、远大理想、文明行为思想教育，推进素质教育，积极开展第二课堂活动，组织科技、艺术、文学、体育、社会调查等兴趣小组。中华路中心小学、伯先路中心小学在全国“创造杯”竞赛中夺杯。丹徒中心小学积极开展读书读报活动，受到团中央、教育部、文化部的联合表彰。

1989 年以“有理想、有道德、有文化、有纪律”为目标，根据学生年龄特点，开展“学雷锋、树新风、创三好”及“五讲、四美、三热爱”等形式多样的主题教育活动，把教育和实践结合起来。1990年，京口区各小学建立德育处；京口区成立社区教育委员会及各地区分会。润州区成立由象山乡牵头的象山社区教育委员会和由6所学校牵头的社区教育组织。各小学普遍建立家长学校、家长委员会，初步形成学校、社会、家庭三结合的教育网络。

1992年，全市小学素质教育整体推进。市教育局召开实（附）小和试点学校素质教育整体改革经验交流会。1994年，全市开展全国少工委提出的跨世纪人才工程—“雏鹰行动”，颁发雏鹰技能奖章（除丹阳市外）13万枚，队员获奖率95%以上。宝塔路中心小学被评为“全国雏鹰红旗大队”。1995年，市区广泛开展“走进名城、做名城小主人”活动。小码头小学、伯先路小学的学生人人争当“小码头古街小卫士”，设立维护名城“文明岗”。有近90年校史的镇江市民族学校穆源小学开展富有特色的德育活动，该校师生坚持与老校友、著名出版家范用开展通信活动，交流思想，探讨人生。全市11所小学被命名为首届镇江市模范学校。

1997年，全市小学围绕香港回归开展德育活动。润州区45位退离休教师组成“老园丁宣讲团”，到全区中小学宣讲香港历经百年沧桑、回归祖国的伟大意义，激发青少年学生的爱国热情，同年被评选为“镇江市精神文明建设十件新事之一”。1998年隆重庆祝中国少年先锋队建队50周年，共青团镇江市委、市教委、市少工委在体育场联合举行以“展雏鹰风姿、向世纪献礼”为主题的少先队综合检阅仪式。同年，15所小学被命名为第二届镇江市模范学校。

“十五”期间，镇江市“好习惯伴我行”养成教育活动仪式在镇江实验学校启动，旨在培养小学生的做人习惯、学习习惯、生活习惯和劳动习惯，逐步强化小学生自身素质。镇江实验学校成为中国青少年研究中心、少年儿童研究所实践研究基地。《镇江实验学校审美教育特色》一书选入全国首批《中国特色学校丛书》。2005年3月18日《人民日报》头版报道中华路小学学生庆祝“世界儿歌日”的活动盛况。该校开展儿童诗歌教育20余年，成立“中华儿童诗社”，吸引全校学生读诗、写诗，参加诗歌朗诵演出，发表儿童诗作，使校园具有高雅的文化品位。

2. 教学工作　1984年，镇江市实验小学、镇江市中山路小学各有一个4年制试点班，进行“注音识字、提前读写”实验，红旗中心小学、八叉巷小学、南门小学等校相继加入。同时，还进行数学、常识教学的同步改革实验。1985年，京口区在中山路小学、实验小学、八叉巷小学五年制班级进行小学数学“马芯兰教材教法”实验。1988年，市实验小学和中山路小学四年制“注音识字、提前读写”实验班首届学生毕业，合格率92%。

1989年5月，京口区对外县市举行首届“金山之春”教学观摩活动，此后每年举行一次。1990年，京口区3所学校五年制试验班学生毕业，毕业平均成绩为95.8分，优秀率达93%。1993年，全市各小学组织学生参加全国小学数学奥林匹克竞赛活动，京口区红旗小学成功、润州区劳动路小学袁颖憨、丹阳市折柳小学袁俊华、丹阳市全州小学薛荣军等4名同学获得全国小学数学奥赛一等奖，另有7名学生获全国小学数学“奥赛”奖。

1994年底，在南通举行的全省“李吉林情境教学”赛课中，中山路小学教师张晨晖获一等奖，镇江市实小教师屈瑾相关论文获一等奖。1998年11月，张晨晖参加实验赛课，获全国一等奖。

1999年，京口区制定《京口区课堂教学实施素质教育的指导意见》及相应评价表，用三年时间在全区推行实施。京口区举行对全省儿童作文心理研究实验综合汇报活动，编辑出版《童年足迹》专集，全国著名特级教师斯霞题词。同年3月，德国曼哈姆教育代表团到镇江实验学校参观访问。

2001年，全市小学低年级“综合生活实践”课程改革，丹阳市、扬中市、京口区和丹徒县的339所学校开展实验，确定其中23所学校为样本校。全市有17所学校12项市级教研课题申报立项，课题研究带动课程改革。镇江市参加全国试验区优秀录像评选的两节课，分获一、二等奖。市教育局召开新课程培训会议，小学在广泛开展“综合生活实践课”改革基础上，逐步拓展到“小班化教学”“珠心算”和绿色教育的校本课程、特色课程的开发与研究，同时就开设“英语课”“电脑课”进行专题研究。2003年，镇江实验学校获教育部“科学教育——科学认读”实验学校称号。

2004～2005年，义务教育阶段中小学起始年级全部进入省级课程改革试验区。教科研部门继续开展“课改校校行”，完善课改联络员制度，举办校本建设现场会、培训交流会、课改优秀课展示、送教下乡等活动，积极稳妥推行课程改革。期间，京口区“区域性推进有效教育研究”课题被批准为省“十五”重点课题。镇江市小学课程改革现场观摩研讨活动在扬中市实验小学举行；镇江市校本教研现场会在润州区召开。全市小学新课程观摩活动在镇江实验学校举行。

四、体育卫生艺术

认真贯彻执行江苏省学校体育、卫生两个《暂行规定》。1985年，市区鹤林中心小学等10所小学经检查验收为体卫合格学校。1986年，对贯彻执行两个规定全面检查、验收，全市学校施行面达100%，优秀率：京口区小学为12.1%、润州区小学为9.6%；达标率：京口区小学为94.8%、润州区小学为85.2%。

1. 体育　1983年，鹤林中心小学成立小足球队。1984～1985年，鹤林小学连续两年代表镇江市小学生和日本津市来镇访问的儿童进行足球友谊比赛。1985年，八叉巷中心小学、鹤林中心小学被评为江苏省体育传统项目学校先进集体。

图33-1　八叉巷小学闪亮的奖牌诠释着“乒乓精神”（2005年摄）

1987年，市教育局、市体委批准八叉巷小学附设镇江市少儿乒乓运动学校。11月，省体委、省教委命名八叉巷小学、南门小学分别为省级体育乒乓球、排球传统项目学校。1988年，国家体委宣布镇江市为全国乒乓球重点城市。全国“振华杯”乒乓球赛在八叉巷中心小学设赛场，国家体委副主任、中国乒乓球协会主席徐寅生到镇巡视“振华杯”乒乓赛，并考察八叉巷中心小学开展乒乓球运动情况。市体委、市教育局命名中山路小学、鹤林中心小学、陈家门中心小学为市级体育田径、足球类传统项目学校。八叉巷中心小学被评为全国先进体育传统项目学校。

1989年，中山路小学附设镇江市少儿业余田径运动学校，有教练2人，少儿运动员32人。1990年，国家体委授予八叉巷小学为全国先进体育传统项目学校；以周启明为团长、陈自立为秘书长的镇江市中小学生乒乓球代表团赴日本宫城县柴田町进行友好访问。1997年，镇江市5所小学被省教委、省体委表彰为贯彻《学校体育工作条例》先进单位。1999年，宝盖路中心小学被教育部、国家体育总局联合授予全国学校体育、卫生工作先进集体称号。暑假期间，该校承办江苏省第十三届少儿乒乓球比赛。同年被命名为省级体育传统项目学校。

2000年，蒋乔中心小学被国家体育总局表彰为全国群众体育先进单位。2001年，宝盖路中心小学参加省第十五届少儿乒乓球大赛，获男子乙组团体冠军；参加省少儿乒乓球锦标赛获金牌1枚，银牌1枚。2002年6月，镇江市体育局、教育局命名31所小学为镇江市市级体育传统项目学校。2003年，在苏州“风情园”杯武术比赛中，李家大山小学学生获少年组太极拳一等奖。2004

年，市体育局、教育局命名市区26所小学为2005～2008年度镇江市体育传统学校。全市第一个田径俱乐部——镇江市阳光青少年体育俱乐部，在镇江实验学校成立。

2005年，全市全面实施《学生体质健康标准》，落实学生每天锻炼一小时的要求。李家大山小学武术队在无锡举行的“神州杯”全国武术邀请赛中获团体总分第一名。桃园中心小学在江苏省无线电测向比赛中获团体总分第一名。

2. 卫生　1988年8月，市教育局、卫生局在小学中开展以预防龋齿为主的宣传教育活动。1989年10月，镇江市实验小学医务室被评为省卫生工作先进集体。1990年，京口区文教局、卫生局对区内38所小学卫生工作实行目标管理情况检查验收。经考核，评分90分以上学校17所。

2004年11月，市教育局、卫生局启动创建“健康促进学校”工作，首批确定25所中心小学试点，把学生营养、减轻学生课业负担、常见病防治、学生食品卫生、学生心理健康教育等工作结合起来，为学生创建健康的学习氛围，培养良好的卫生习惯。

3. 艺术　1987年，润州区实验小学成立少儿京剧班，组织儿童学习京剧基础知识，排演京剧唱段和折子戏，参加文艺演出，成为全市首家少儿京剧业余活动团体。解放路中心小学两名学生参加省第二届少女儿童故事大王比赛获一、二等奖；润州实小两名学生在全国硬笔书法比赛中获三等奖。

1995年，全市开展“让孩子唱孩子的歌”活动，有30余万名中小学生投入活动。在江苏省首届“让孩子唱孩子的歌”歌咏比赛中，全市参赛6个节目，获3个一等奖，2个二等奖，1个三等奖，镇江市教委和丹阳市教育局获组织奖。

1997年，在省第二届少儿艺术节上，宝塔路中心小学的民乐合奏《春到南枝》获一等奖，桃园中心小学京剧片段《奔袭》《锁麟囊》分获一、二等奖。获奖的京剧节目应邀参加江苏卫视开播晚会。

2004年，根据省教育厅《关于创建江苏省艺术教育特色学校活动的通知》，镇江市教育局在全市中小学开展创建市艺术教育特色学校活动，通过申报评估，命名11所小学为首批镇江市艺术教育特色学校。同年5月，镇江市委、市政府与中央电视台少儿频道联合举办以“少儿频道走进我家，中国动画走进孩子”为主题的“心连心”大型广场文艺演出。

五、小学选介

镇江市实验小学　镇江市实验小学的前身是南京女子中学实验小学。民国23年(1934年)7月，江苏省政府将南京女子中学实验小学迁至镇江，改名为江苏省立镇江实验小学。至1933年底镇江沦陷前，全校有小学13个班，幼稚园1个班。

镇江解放后，学校改名为江苏镇江师范附属小学。“文化大革命”期间改名镇江市卫东学校，增设初中班。1972年，初中班停办。1978年，定为市重点小学。1983年10月，经省教育厅批准，改名为镇江市实验小学。江苏省镇江师范学校复建后，该校又增挂镇江师范学校第二附属小学校牌。

1988年起，开始全面规划校园建设，1995年第二代校舍全部建成，总面积达6545平方米，学校各类专用教室和活动室齐全，校园环境得到极大改善。

2001年8月，学校经市政府批准实行“两权分离”办学体制改革的试点工作。

2002年以来，学校信息资源丰富的“数字化校园”基本建成，校园网络集学校管理、教师教学与进修、学生自主学习及文化娱乐为一体，功能完善。学校先后获得江苏省文明单位、江苏省巾帼文明岗、江苏省体育传统项目学校、江苏省绿色学校、江苏省科技特色学校、全国少先队辅导员专业化优秀实验学校、江苏省教科研先进集体、江苏省少年儿童教育科研实验基地、江苏省健康促进学校(铜奖)学校、镇江市中小学党建工作先进集体、镇江市安全文明学校、镇江市教育信息化示范学校、镇江市中小学生行为规范示范校等多项荣誉。

镇江市中山路小学　1950年10月创建，其前身为苏南镇江专区干部子女学校。1954年2月与“仁章路小学”合并，更名为镇江市中山路小学。1960年，被江苏省批准为五年制教学改革试点学校，其教育实验工作形成传统。1973年5月，被定为镇江地区唯一的一所江苏省重点小学。1980年起成为对外开放学校，成为镇江市窗口学校，成为实施素质教育的先进典型，在全省同类学校中享有较高的声誉。1991年，成为江苏省首批实验小学之一，连续三届获得省模范学校称号（仅评过三届）、连续八届获得省文明单位称号。

1992～2005年，中山路小学以“办规范而自由的教育，过完整而幸福的生活”为理念，以争创“全省一流名校”为目标，不断加强硬、软件建设，学校办学条件日益改善，优质资源逐步扩大，先后获得江苏省模范学校、江苏省文明单位、江苏省绿色学校、江苏省德育先进学校、江苏省电化教育示范学校、江苏省现代教育技术示范学校、江苏省青少年科技教育特色学校、镇江市科技教育特色学校和镇江市安全文明校园等荣誉。

2005年，学校占地面积9721平方米，有41个教学班，2102名学生；116名专任教师，其中有享受国务院特殊津贴的专家1名，江苏省特级教师5名，全国优秀教师3名，全国茅以升家乡教育奖获得者2名，省优秀教育工作者4名，市学科带头人、骨干教师12名。

第三节　普通中学教育

镇江市中学教育包括普通初中教育和普通高中教育（简称普高）。1986年7月起，初中开始实施义务教育，结合初中布局调整和办学条件改善，有计划撤并单轨或不完轨初中，不断提高初中规模效益。20世纪90年代中后期，为适应高校扩招和满足群众对优质高中教育的需求，镇江市加快示范性普通高中建设，积极发展高中教育，办好一批优质高中。到2005年，全市有普通中学126所，班级3179个；在校学生161367人，其中初中在校生107324人，高中在校生54043人；专职教师9829人。全市学校布局调整成效显著，初中、高中从2000年的104所、37所分别调整到2005年的96所、30所。

一、事业发展

1. 初中教育　1983年，全市有普通中学305所，其中完全中学50所，初级中学255所，初中2385个班；在校初中生114178人。市区有普通中学33所，其中完中14所，初中19所，初中367个班；在校初中生18565人。全市小学毕业生升学率76.8%，初中毕业生升学率27.40%。初中生年巩固率92.40%。

1985年，全市基础教育实行“地方负责，分级办学，分级管理”的新型管理体制。镇江市城区普通中学由市教育局管理，郊区中学由润州区文教局管理。同年6月，侧重培养体育人才的普通中学南徐中学开办，招生44人，初一年级、高一年级各设1个班（1987年其高中部并入市体育运动中等专业学校。1988年，南徐中学由市体委主管，成为镇江市体委下属事业单位）。1986年，全市开始实施九年制义务教育。全市有普通中学308所，其中完全中学55所，初级中学253所；初中班级2182个，在校初中生101814人。全市小学升学率93.82%，初中升学率39.52%。市区小学毕业升学率99.5%，基本普及初中教育，初中毕业升学率68.42%。

1988年，根据《江苏省合格初中基本标准》，市教育局制定《镇江市“合格初中”检查验收评分细则》。取消重点初中，小学毕业生全部按家庭住址划片就近入学。1989年，市教育局命名镇江市第十五中学等20所初中为首批合格初中。镇江市政府下发《关于制止小学和初中学生流失的意见》，市教育局建立中小学学生连续全程跟踪、毕业证书审验制度和辍学生报告制度。1990年，全市初中学生流失率从1987年的9.2%下降到5.93%。

1991年,全市初中从1987年的308所调整到246所。同年底,全市命名“合格初中”67所。1992年11月,镇江市区行政区划调整。原属润州区管辖的镇江市第九中学等5所中学划归京口区管理,并由京口区代管国营共青团农场中学、谏壁发电厂中学、省电力建筑工程三公司中学。至年底,京口区有8所中学,78个班级,其中初中66个班级,高中12个班级,在校学生3512人,教职员工282人。润州区有10所中学,52个班级,其中初中50个班级,高中2个班级,在校学生2453人,教职员工265人。成立大港经济技术开发区,全区有圌山中学、北角中学和宏成中学等3所中学。

1994年,全市全面实现9年制义务教育,义务教育人口覆盖率100%,比省总体要求提前3年实现。全市有初中161所,在校生104909人。1995年,全市初中毕业生升学率71.5%,比“七五”期末提高24个百分点。

1996年,引进民办学校的办学机制。同年9月,各重点中学、实验小学开始附设民办公助班(校);镇江市第一中学与索普集团签订协议,合作办学。1997年,丹阳市外国语学校等民办学校开办。1998年,镇江市第四中学、第十二中学和丹阳市第五中学,开始“两权分离”改革试点。

1999年,根据省教委《关于加强初中教育的若干意见》,全省开展创建江苏省实施教育现代化工程示范初中。镇江铁路中学和铁路小学合并组建镇江铁路实验学校。2000年,扬中市第一中学等6所学校被省教育厅认定为第一批省实施教育现代化工程示范初中。2001年,全市又有4所学校被认定为第二批省实施教育现代化工程示范初中。原隶属南京铁路分局管辖的镇江市铁路实验学校移交镇江市,更名为镇江市中山中学,为市教育局直属学校。2002年,有10所学校被教育厅认定为省实施教育现代化工程示范初中,有11所初中通过省教育现代化工程示范初中的评估验收。至此,全市有省实施教育现代化工程示范初中31所。同年,丹徒县撤县设区,全区有普通中学19所,其中初级中学14所。

2003年,在原镇江市第十二中学东校区成立镇江市外国语学校,体制为“公办民营、两权分离”的改制学校。2004年,镇江市第四中学初中由原来的公有民办转为公办机制。镇江市第十二中学并入镇江市第二中学。原民办镇江市江南学校与镇江市江滨中学脱钩。镇江市第十八中学迁入镇江市江滨中学原址办学,保留镇江市江滨中学校牌。原镇江市第十八中学校园划归镇江市实验高中。8月,镇江新区中学迁入原江苏省大港中学校址,更名为镇江新区大港中学。全市有14所学校被省教育厅认定为省现代化示范初中。

2005年,全市有省实施教育现代化示范初中58所,占学校总数的61.46%。全市初中入学率99.97%,巩固率99.76%,毕业率97.48%。全市第一所住宅小区配套初中——镇江市实验初级中学一期工程竣工,同年9月招生。原镇江市十三中、镇江中学初中部并入镇江市实验初中。市属中学专门以中山中学作为进城农民工子女的专读学校,投入专项资金近100万元。

2. 高中教育　1983年,全市有完全中学50所,其中高中班级343个,在校高中生17182人。市区完全中学有14所,高中班级102个,在校高中生4796人。1986年,全市55所完全中学,高中班级394个,在校高中生21783人。

1991年,全市以创建省合格重点高中为中心,不断提升高中办学水平。同年,江苏省丹阳中学被省教委确认为省首批合格重点高中。1992年4月,江苏省镇江中学、镇江市第一中学、扬中县高级中学被省教委确认为江苏省第二批合格重点高中。1993年,丹徒县大港中学、句容县中学被省教委确认为合格省重点高中。1994年,全市有普通高中42所,在校学生18784人。全市初中毕业升学率61%,其中市区94%,市区基本普及高中阶段教育。1995年,市区高中阶段教育实现连续三年基本普及,普及率达94.9%,比“七五”期末提高28个百分点。

1998年,引进民办学校办学机制。镇江市江南高级中学招生。1998年,江苏省丹阳中学被确认为达到国家级示范性普通高中标准的省级重点高中。丹阳市中学、丹阳市吕城中学、丹阳市珥陵中学、丹阳市第五中学被省教委确认为省重点高中。1999 年,镇江市第四中学、句容市后白中学被省教委确认为省重点普通高中。2000 年,镇江市第一中学、江苏省扬中高级中学被确认为国家级示范高中。丹阳市第六中学、扬中市新坝中学被省教委确认为省重点高中。

2001 年,江苏省镇江中学被确认为国家级示范高中。句容市第三中学被确认为省重点高中。全市初中毕业生升学率超 90%,基本普及高中阶段教育。2002 年,镇江市第二中学、镇江市实验高级中学、丹徒县谏壁中学、丹阳市访仙中学被批准为省重点高中。至此,全市有国家示范高中 4 所,省重点高中 19 所。

2003 年 8 月,镇江市第二中学开办 2 个“赛珍珠国际班”,招收苏、皖、赣 3 省 6 市 11 县的学生 76 名,由美国赛珍珠国际组织选派 2 名美国教师讲授英语。丹徒区大港中学更名为江苏省大港中学。

2004 年,全省开展普通高中星级评估,镇江市有 18 所普通高中首批通过省普通高中星级转评。其中原国家级示范高中 4 所转评为省四星级高中,14 所原省重点高中转评为三星级高中。另有 2 所学校转评为省二星级高中。

2005 年,江苏省大港中学被确认为四星级高中,镇江市第九中学被确认为三星级高中。至此,全市有四星级高中 6 所,三星级高中 14 所,占高中总数的 63.33%。高中阶段教育发展迅速,全市初中毕业生升学率 95.50%,其中市区初中毕业生升学率保持在 98.60%。同年,镇江市第一中学更名为江苏省镇江第一中学,新校区于 1 月 8 日奠基。

2005 年镇江市中学情况一览表

表 33-7　　　　单位:所、个、人

地区	学校数			班级数		毕业生数		招生数		在校生数	
	合计	初中	高中	初中	高中	初中	高中	初中	高中	初中	高中
市　属	16	12	4	290	176	4610	2586	4207	2801	12668	8903
丹徒区	22	17	5	290	118	5790	1798	4518	2176	14144	6048
京口区	6	5	1	60	28	1144	471	949	490	2762	1330
润州区	5	4	1	43	14	763	289	653	248	1984	681
镇江新区	1	–	1	31	2	632	42	583	–	1546	52
丹阳市	40	30	10	702	388	13827	5780	11342	6428	37143	18844
句容市	22	19	3	450	179	10408	2846	7391	3453	25195	10301
扬中市	14	9	5	251	157	4573	2513	3938	2593	11882	7884
合　计	126	96	30	2117	1062	41747	16325	33581	18189	107324	54043

二、学制课程

1985 年,镇江市教育局在初级中学进行初中三年级分叉与“三加一制”及四年制初中的试点。镇江市第六中学、镇江市第十中学、镇江市官塘中学进行普通教育与职业教育分叉的实验。

1986 年,市区部分完中从高二年级开始实施文理分班。市教研室先后编印《镇江地理》《镇江历史》《镇江生物》等乡土教材与劳技课教材,并在省内率先编制和实施《中学各科德育目标》。

1988 年，镇江市第一中学从秋季始，在镇江市中山路小学及镇江市实验小学四年制试点班毕业生中招生，开办 1 个四年制初中班。课程设置增加美育，音乐课增加乐器弹奏，美术课增加书法等内容。

1986～1990 年镇江市区普通中学教学计划一览表

表 33-8　　　　单位：节

学科名称	初中					高中					
	一年级	二年级	三年级	四年级试点班		一年级	二年级			三年级	
				上学期	下学期		上学期	下学期		文科班	理科班
								文科	理科		
政治	2	2	2	2	2	2	2	2	2	2	2
语文	6	6	6	6	6	5	5	5	5	5	5
数学	6	6	6	5	5	5	5	6	6	6	7
外语	5	5	5	5	5	5	5	5	5	5	5
物理	–	3	4	3	3	4	4	2	4	–	5
化学	–	–	4	–	2	3	4	2	4	–	4
历史	3	2	–	2	–	3	–	3	–	5	–
地理	3	2	–	2	2	–	2	3	2	5	–
生物	2	2	–	–	–	–	2	1	2	–	3
生理卫生	–	–	2	2	2	–	–	–	–	–	–
体育	2	2	2	2	2	2	2	2	2	2	2
音乐	–	1	1	1	1	1	–	–	–	–	–
美术	1	1	1	1	1	1	–	–	–	–	–
每周上课时数	30	32	33	31	31	31	31	31	32	30	33
劳动技术课	每学年折合 48 课时					每学年折合 104 课时					
社会实践课	–					每学年一周左右					
青春期或人口教育	初一下学期 6～8 课时青春期教育					高一上学期 8～10 课时人口课					
“三防”知识教育	初二上学期 12～14 课时					–					
课外活动	每周 6 课时其中体育锻炼 2 课时					班活动 1 课时，团队活动 1 课时，学科活动 2 课时					

1991 年 7 月，根据国家教委、省教委意见，全市从高中一年级始，执行调整后的普通高中教学计划，高中课程设置主要分为必修、选修、活动课 3 部分，并同步实施普通高中会考制度。

1992 年调整后的镇江市普通高中教学计划一览表

表 33-9　　单位：节

学科名称	高一	高二	高三	授课总时数
政治	2	2	2	184
语文	4	4	5	392
数学	5	4	5	426
外语	5	4	–	306
物理	3	3	–	204
化学	3	3	–	204
生物	–	3	–	102
历史	2	2	–	136
地理	3	–	–	102
体育	2	2	2	184
劳动技术	每学年 4 周	每学年 4 周	每学年 4 周	432
社会实践活动	每学年安排 2 周,在劳动技术课、课外活动或学科教学活动的时间内进行			
每周必修课总课时数	29	27	14	–
选修课	3	4	16	
课外活动	6(体育锻炼 3,其他 3)	6(体育锻炼 3,其他 3)	6(体育锻炼 3,其他 3)	
每周活动总量	38	37	36	

1993 年,国家教委制定《九年义务教育全日制小学、初级中学课程方案(试行)》。全市小学、初中的起始年级从秋季起实施该方案。

1993 年镇江市小学、初中学年时间安排表

表 33-10

周数 \ 阶段 / 项目	小　学	初　中	备　注
上　课	34	34	初中最后一学年第二学期上课减少 2 周,毕业复习考试增加 2 周。
校传统活动	1	1	
社会实践活动	1	1	
期末复习考试	2	3	
机　　动	1	1	
假　　期	13	12	包括寒暑假,农假、节日假,可组织有意义的活动,但不得用于集体补课
总　　计	52	52	

1993 年镇江市九年义务教育初级中学课程安排表

表 33-11 单位:节

项 目		一年级	二年级	三年级	总课时
学科	思想品德	–	–	–	–
	思想政治	2	2	2	200
	语文	6	6	5	563
	数学	5	5	5	570
	外语(1)	4	4	–	272
	外语(2)	4	4	4	400
	社会	–	–	–	–
	历史	2	3	2	234
	地理	3	2	–	170
	自然	–	–	–	–
	物理	–	2	3	164
	化学	–	–	3	96
	生物	3	2	–	170
	体育	3	3	3	300
	音乐	1	1	1	100
	美术	1	1	1	100
	劳动	–	–	–	–
	劳动技术	2	2	2	200
	周学科课时	32	33	27	–
活动	晨会(夕会)	每天 10 分钟			
	班团队活动	1	1	1	100
	体育锻炼	3	3	3	300
	科技问题活动	–	–	–	–
	周活动课时	4	4	4	–
地方安排课程		–	–	5	160
周课时总量		36	37	36	–

1995 年,全国实行新工时制,全市全日制中小学从秋季开学始按新的教学计划安排教学。1997 年,市教育局执行省教委《关于严格执行全日制中小学课程(教学)计划的通知》,课程(教学)计划调整实行总量控制,中学总课时每周限定在 35 节以内。

2000 年秋,全市全日制普通高中一年级新生实施教育部全日制普通高级中学新课程计划。新课程增加“信息技术”必修课,使用现行省编高中计算机教材。2002 年,市区和辖市(区)部分小学、初中进入省级基础教育课程改革实验区。从秋季开始,执行省教育厅制定的《江苏省义务教育课程设置实验方案》。2003 年秋始,全市小学初中起始年级均进入省级课程改革实验,课程改革实验从局部实验转入全面实践。2005 年 9 月,全市高一年级全面进入高中课程改革试验。普通高中开始执行江苏省课改新课程计划，课程有必修和选修两部分构成，并实现学分制。全市涌现出镇江市第一中学、江苏省丹阳高级中学、江苏省扬中高级中学、镇江市谏壁中学省级课程实验样本高中4所。高中学制为三年，每学年52周，其中教学时间40周，社会实践1周，假期11周。

三、教育教学

1. 教育工作　全市学校教育以培养学生有理想、有道德、有文化、守纪律为中心，着重强调对学生的理想和纪律教育，渗透革命传统教育、劳动教育和常规教育，加强社会主义民主和法制教育、良好的个性心理品德教育，引导学生树立正确的世界观、人生观和价值观，不断提高学生的思想道德素质。

1984年，全市各校开展“创三优一学”（创优良校风、创优美环境、创优良教学、学习英雄模范人物）活动，组织学生学习朱伯儒、张海迪、华山抢险英雄集体的爱国主义与奋发图强、刻苦自励的精神。1985年，江苏省镇江中学、镇江市第一中学、镇江市第四中学、镇江市第十五中学被评为镇江市首批文明学校。

1986年，各校确立德育工作校长负责制。市区学校开始建立德育工作领导小组，重视学校、社会、家庭三结合教育，建立学校治安综合治理岗位责任制和承包责任制；重视思想政治教育系列化、网络化，探索德育工作的科学化、社会化。1987年，市教育局在全市中学颁布试行《镇江市中学生品德行为准则》。1988年，全市认真贯彻国家教委颁布的《中学生日常行为规范》，各校制订分阶段实施计划，推行日常行为规范、基础文明训练的量化管理。1989年，市教育局下发《关于在中小学升国旗唱国歌的通知》，加强爱国主义教育及有关国旗、国歌、国徽基本知识教育。同时有计划有步骤地实施《中学德育大纲》，组织教师参加制订与贯彻有关学科的德育目标。1990年，各校围绕“纪念鸦片战争150周年”“学雷锋学赖宁”，组织形式多样的主题教育活动。

1992年起，根据江苏省教委制订的《江苏省中学德育工作考核评估方案》，全市中学试行德育考评选优制。全市有19所学校被评为镇江市德育先进学校、39所学校被评为常规管理先进学校。同年5月，市教育局关心下一代工作委员会成立；7月，市政府命名镇江市革命历史博物馆等18个市级中小学德育基地。1993年，全市中小学生开展以爱国主义为主题的读书活动，市教育局获省教委颁发的爱国主义教育读书活动组织奖。全市9所中学被确认为省级德育先进学校。

1994年，共青团镇江市教育局委员会发起组织全市第一支青年志愿者（又称中学生志愿者）队伍，开始为期一周的首次“94亲情热心行动”。镇江市人民政府命名镇江经济技术开发区、扬中长江大桥和丹阳市新桥镇为第二批市级中小学德育基地。省教委命名镇江茅山新四军纪念馆为首批省级校外德育基地。

1995年，镇江市教委、共青团镇江市委于五四青年节在镇江烈士陵园举行镇江市18岁成人宣誓仪式。同年12月，市政府命名茅以升铜像及纪念馆为市级中小学德育基地。市区一万名中小学生参加由茅以升科技教育基金会、《中国儿童》杂志社发起并举办的全国“茅以升杯”桥梁知识竞赛。镇江博物馆、焦山碑刻博物馆被省教委命名为第二批省级校外德育基地。6所中学被省教委确认为省初中素质教育试点学校。

1997年，以香港回归为契机，对学生进行爱国主义和革命传统教育。同年，江苏省镇江中学被授予江苏省模范学校称号。至1998年11月，市教育督导室对16所市属中学进行素质教育评估。所评学校全部达到良好以上等级，其中7所中学被授予素质教育先进学校称号。1998年，9所中学被评为第二届镇江市模范学校。

1999年，全市各校贯彻《中小学德育工作规程》，落实各项德育目标，德育工作经常化、制度化、科学化。同年，全市中小学以国庆50周年、五四运动80周年和澳门回归、迎接21世纪等庆典、纪念活动为载体，开展多种形式教育活动。

2000年,全市加强学生思想品德、纪律法制和国防教育,中心小学、乡镇初中以上的学校均配备法治副校长或法制辅导员。各校组织学习《中华人民共和国预防未成年人犯罪法》,严肃校纪,整顿校风,整治校园周边环境。同年,江苏省镇江市中学等6所中学被授予第三届江苏省模范学校称号;镇江市第一中学等6所中学被评为1999年度江苏省德育先进学校。2001年提出镇江市"十五"期间德育工作主要任务和措施。同年9月,市区中小学开展争做文明青少年活动,被市委宣传部推荐为"2001年度镇江市精神文明建设十佳新人新事"。同年,14所中学被授予镇江市模范学校称号。2003年,以载人航天飞船成功发射等重大活动为载体,加强青少年学生爱国主义、集体主义、科学精神以及正确的人生观和价值观教育;以"创建平安校园"活动为载体,加强青少年学生法制教育,召开青少年违法犯罪预防工作研讨会,大力开展禁毒宣传活动;以争做"文明小市民"为载体,教育学生从点滴小事做起,养成良好习惯,努力探索学校教育、家庭教育、社会教育一体化途径。2004年,市教育局开展以"五全教育"(交通安全、消防安全、饮食安全、活动安全、身心安全)和"五种意识"(校长制定安全教育规范、教师执行安全措施、学生自我保护、家长支持配合、社会服务监督)为内容的中小学安全教育活动,并按照省教育厅关于九年义务教育阶段统一作息时间要求,对学生在校时间做出明确规定。

2005年,镇江市召开中小学德育工作会议,明确工作重点是养成教育和心理健康教育。全市开展"好习惯伴我行"等养成教育系列活动。根据省教育厅要求,从春季学期起,在初中各年级试行《镇江市初中学生综合素质评价实施意见(试行)》。

2. 教学工作　1984年,认真贯彻教育部"纠正片面追求升学率倾向的十项规定",市教育局印发《关于办好初中,提高初中教育质量的意见(试行草案)》。同年5月,在市第十五中学召开全市劳技教育现场会,推进各校开辟"第二课堂"。根据全国普教工作会议精神,全市高中数学、物理、化学3科降低教学要求。1985年,市教育局召开全市普通教育改革会议,改进中学各学科教学。在招生制度上再次降低择优与提高就近划片入学的比例,逐步淡化重点初中。

1986年,市区9所中学在5个学科开展"单元教学""竞赛链式教学""组式竞赛""四自能力的教学""自学辅导教学"试验。1988年,市教研室举办语文新教材教法研讨班。市中学物理情感教学课题组成立,对采用"预习－讨论－综合－复习"的教学模式进行专题研究。1989年,市教育局印发《镇江市中小学教师教学常规基本要求》,加强对教学过程的质量管理。10月,市教研室就贯彻市《教学常规》基本要求进行调研。1990年,市教育局在市第一中学召开全市中学劳动技术教育经验现场交流会。同年,在全国高中数学联合竞赛中,市区中学获一等奖1名、二等奖2名、三等奖8名。

1991年,全市召开教学改革经验交流会和教学工作会议,中学教学改革开始从模仿、移植逐步向有所创新、形成特色方向发展。1992年,市一中学生吴欣获中国数学奥林匹克竞赛二等奖,并入选国家中学生数学奥林匹克集训队。全市教学研究工作围绕德育、教法和提高师资素质等方面展开,重点抓好24个市级研究课题,物理情感教学法研究被定为省级课题。相继建立中学语文、英语、数学、生物等学科备课中心组,加强教材教法研究。

1994年,苏浙闽沪百校中学语文教改研讨会在镇江中学举行,近200人与会。会议交流论文23篇,全国著名特级教师钱梦龙和于漪分别上示范课和作书面发言,扬州大学教授顾黄初和南京师范大学教授何永康在会上分别发言。同年,全市中学生在省以上各种学科竞赛中200多人获奖,其中有全国数学一等奖1人,化学一等奖1人,表形码汉字输入竞赛特等奖1人、一等奖1人。江苏省丹阳中学学生魏华在全国化学竞赛中以优异成绩入选国家奥赛冬令营集训队。1995年3月,市教育局召开全市教学工作会议,就切实减轻中小学生过重课业负担提出5条措施。市教育局在丹阳市进行中考考试命题权下放到县(市)的试点。首次进行中考政治学科开卷考试。全市普通高中为高一级学校输送新生3371名,其中本科1272名、专科1693名、中专406名,录取总人数再创历史纪录。

1996年,全市初中毕业考试一次毕业率89.41%,优秀率51.52%,优秀率比上年提高8.6%。1998年,全市初中毕业考试与升学考试分开进行。1999年3月,全市贯彻高中教育工作会议精神,以“课堂教学素质化”为攻坚目标,从更新教学观念,优化教学活动,抓实制度建设,加强教科研工作4个层面推进素质教育。同年,全市初中毕业考试增加物理、化学、生物实验考查和劳技考核;升学考试实行“3+2”的考试模式。2000年,市教委下发《关于减轻中小学过重课业负担的紧急通知》,分别与各辖市区教育局、直属各学校签订减轻学生过重课业负担责任状,向社会公布举报电话。

2001年,全市高中落实“研究性学习”,初中继续开展“综合活动教学”。市教育局在全市选择10所办学水平较高的学校作为高中主要学科教研活动基地。同时聘请52位教学经验丰富的专家和学科骨干,成立高中学科专家组。同年,全市11195人报名参加高考,录取8723人,其中本科4667人,高考录取率77.92%(市区录取率为81.76%),比全省平均录取率高9个百分点。2002年,市区和辖市(区)部分初中进入省级基础教育课程改革实验区。15所中学被评为“2001~2002学年镇江市无流生学校”。国家级教科研课题“信息技术与学科课程整合研究”实验取得阶段性成果。

2003年秋季,全市初中起始年级均进入第八次全国基础教育课程改革省级实验区,课改实验从局部实验转入全面实践。全市11746人参加全国高校招生统一考试,专科以上达线9766人,达线率83.1%,录取率84.83%,其中本科达线人数7042人,占达线人数的72.1%,实际录取5421人。本二以上达线率、各科总均分列全省第四。同年,市教育局有关部门编写的《镇江人文·中学乡土语文读本》,由江苏人民出版社出版,《中国教育报》刊文《乡土清风进课堂》予以介绍。2005年9月,全市高一年级执行省颁课程改革试验方案。市教育局出台《落实江苏省普通高中课程改革实施方案的实施意见(试行)》《镇江市普通高中课程改革指导意见(试行)》,统一下发有关高一课程课时安排的指导性意见。镇江市委、市政府结合“十一五”规划,提出“优先发展教育事业,加快率先实现教育现代化”的目标。

四、体育卫生

贯彻执行江苏省学校体育、卫生工作两个暂行规定,全市学校在提高达标率的同时,抓好学校体育传统项目建设,加强对体育卫生工作的研讨,全面提高学生身体素质。与此同时,全市学校开展创建艺术教育、特色学校活动。1996年9月,镇江市第二中学校歌《献身可爱的中华》在世纪之声全国歌曲大赛中获银奖。2000年,镇江有7个中学生戏曲节目赴省参加调演,4个节目获一等奖。2004年,5所中学被镇江市教育局命名为首批镇江市艺术教育特色学校。

1. 学校体育　1985年,市区开办培养具有一般中学文化水平与较高体育运动技术水平人才的镇江市南徐中学。镇江市第四中学被命名为省级田径、排球传统项目学校;江苏省镇江中学、镇江市第二中学、镇江市第三中学分别被命名为市级田径与足球、田径与排球和田径传统项目学校。1988年11月,以市教育局副局长陈学思为团长,镇江市第四中学校长高长法为领队的镇江市中学生排球队应邀去日本访问。

1992年起,市区初中毕业生报考重点中学、中师、中专实行加试体育,成绩计入升学总分。体育考试成绩不及格,重点中学、中师、中专不予录取。1993年,国防教育逐步纳入中小学教育体系。同年,市教育局荣获江苏省全民国防教育先进单位称号。1996年,镇江市第四中学(排球),丹阳市里庄中学(篮球),丹徒县大港中学(田径)等3所中学被命名为省级体育传统项目学校。

2000年,镇江市第一中学乒乓球队,代表中国参加在法国举行的世界中学生乒乓球锦标赛,囊括4项冠军。全市中学生田径运动会有36人7队破39项51次市中学生组别纪录。全市中考体育合格率98.5%。2002年6月,镇江市体育局、教育局命名20所中学为镇江市市级体育传统项目学校。2003年,在镇江市中学生田径运动会上,达一级运动员标准的1人,二级运动员标准的27人,重点高中组10人4队17次12项破运动会组别纪录,市区初中组7人1队11次8项破市中学生运动会组别纪录。镇江组队参加省青少年业余无线电通信赛,获团体冠军,同时获6个第一名,总成绩列省辖市之首。

2004年,21所中学被镇江市体育局、教育局命名为2005~2008年度镇江市市级体育传统项目学校。2005年,全市全面实施《学生体质健康标准》,落实让学生每天锻炼1小时要求。市区试行将学生平时体育学习成绩计入体育考试总分。镇江市中学生田径运动会,参赛55个队,运动员700多人。江苏省镇江中学打破保持16年的镇江市女子4×100米接力的最高纪录;有2队3次2项、13人12次11项打破对应组别最高纪录;有26人在14个项目上达到国家二级运动员标准。

2. 学校卫生　1985年,镇江市一中校医王芝云结合青少年生理心理特点,研究设计的防治近视眼的静气功保目操及视标旋转式视力检查器,获市政府颁发的科学技术进步三等奖。静气功保目操被摄制成录像带及练功录音带,先后8次在省电视台播放。1987年,镇江市第一中学红十字会会员在世界红十字会在昆明组织的夏令营活动中向20多个国家的代表演示静气功保目操。1989年,镇江市第一中学红十字会先后被评为省、全国红十字会工作先进集体。

1990年,江苏镇江中学校医务室已能运用心功能遥测器检测学生在赛场运动时的心律;镇江市第一中学红十字会员已能进行心肺复苏急救,并向全市公开表演。同年,市区14所中学配备25名专职校医,其中主治医师占85%。各校医务室初具规模,备有各种常用药品和器械,能及时处理一般的常见病与外伤、急救等。1995年,全市教育行政部门和学校认真实施《学校卫生工作条例》,市区中小学健康教育课开课率连续三年达100%。1994~1995学年度,学生健康知识及格率、知晓率和健康行为形成率,市区中学分别为97%、97%、87%,均达到并超过全国卫生城市检查考核规定指标。

1996年2月,全市学校认真实施国家教委《学校健康教育评估方案(试行)》,各中小学依据省教委制定的《健康教育》教材,开好健康教育课,并根据不同时期、不同季节,抓好防病教育。2000年,贯彻国家体卫工作条例。句容市通过省农村学校卫生试点县考核验收。市区学生稳妥有序地推进"学生健康饮水工程"和"学生奶"试点。

2001年4月,根据1992~2000年间《全国学生常见病综合防治规划》,市教委、卫生局对全市中小学进行学生常见病综合防治终期考评。考评结果表明,10年间全市学生常见病综合防治情况良好。市区学生蛔虫感染率由2.51%下降为0.87%,贫血由33.48%下降为25.95%,营养不良由28.37%下降为23.29%,沙眼、龋齿患病率得到有效控制。但视力不良患病率居高不下,肥胖检出率有所增加。

2005年,市教育局、卫生局联合制定《镇江市"健康促进学校"方案》,25所学校成为全市首批"健康促进学校"创建试点学校。

五、中学选介

江苏省镇江中学　学校前身为清光绪十八年(1892年)创办的南泠学舍(书院),光绪二十九年改为镇江府中学堂。民国元年(1912年)改称镇江府属四县公立中学。1913年改为江苏省第六中学。1927年,江苏省第六中学和江苏省立第九师范合并,定名为江苏省立镇江中学。1932年,江苏省教育厅改江苏省立镇江中学为江苏省立师范学校。1936年,江苏省立南京中学迁镇,在镇江南郊黄鹤山麓重建江苏省立镇江中学。1937年,尚在兴建中的江苏省镇江中学校舍及设备悉被日机炸毁。抗日战争期间，江苏省镇江中学部分流亡师生先后曾在上海租界和皖南屯溪短期复校，然终被迫离散。1946 年 2 月，因原镇江南郊黄鹤山校舍被毁，江苏省镇江中学在镇江西郊七里甸原江苏省中等学校军训营房复校。解放初，江苏省镇江中学更名为苏南镇江中学。1953 年更名为江苏省镇江中学。同时学校被确定为全省首先办好的 14 所重点中学之一。1963 年，学校被列入全省 18 所示范学校。1980 年，学校被定为全省首批办好的 95 所重点中学之一。2001 年通过国家级示范性普通高中省级验收，2004 年转评为江苏省四星级普通高中。

学校秉承"一切为民族"的校训，牢固确立"关怀教育"的理念和培养"有深厚文化教养的现代人"的办学宗旨，逐步形成"团结、奋进、求实、创新"的校风，"实、活、严"的教风，"勤奋、踏实、创造"的学风。形成"传统与现代交融，严谨与开放结合，立德与笃学并举，教师与学生共进"的办学特色。学校高度重视教师队伍建设。大力实施"135"工程、青蓝工程、名师工程。至 2005 年底，学校有江苏省特级教师 4 人、正教授级中学高级教师 3 人、江苏省"333 工程"培养对象 4 人、镇江市学术技术带头人 4 人、镇江市学科带头人 14 人、镇江市中青年骨干教师 44 人。学校 228 名专任教师中，有中学高级教师 110 人、中学一级教师 102 人；中级以上职称教师占教师总数的 93%。

校园总面积 108840 平方米，建筑面积 62467 平方米，运动场总面积 22050.8 平方米，400 米跑道及省级标准塑胶田径场 18054 平方米，另有篮球场 4 个，排球场 4 个及器械运动场地等。学校绿化面积达 43500 平方米。学校建有 3 幢教学楼、3 幢学生公寓、1 幢同时容纳 3000 人就餐的学生生活服务中心、5012 平方米的体育馆，多功能报告厅，藏书 10 万册的图书馆一座，面积一万多平方米全新的现代化科技实验大楼和微控中心一座。学校建有可供 25 组学生同时进行分组实验的设备齐全的物理、化学、生物实验室 24 个，微机室、电化教室各 8 个，劳技专用教室 6 个以及语音室、音乐室、乐器室、舞蹈教室等。学校现代教育装备设施先进完善，全校 60 个教室都装备有数码投影仪和实物展台，建成多功能广播系统和校园网络系统。2005 年，学校有 54 个高中教学班级，在校学生近 3000 名。

一百多年的办学岁月，学校培育许多知名校友。其中著名的有国务院原副总理李岚清、教育部原部长蒋南翔、中央宣传部原副部长许立群、南开大学原校长滕维藻、河北省科学院原院长邹仁鋆、北京电影制片厂原厂长汪洋、上海市语文特级教师于漪等。

江苏省镇江第一中学　学校前身是私立京江中学，民国 26 年（1937 年）4 月由镇江商界巨子陆小波、早年参加辛亥革命的爱国民主进步人士冷御秋和著名爱国实业家严惠宇等人创建。1952 年，学校改为公立。1953 年，更名为镇江市第一中学。1959 年，被定为镇江地区重点中学。1978 年被定为江苏省重点中学。1980 年被批准为江苏省首批办好的重点中学。1999 年率先通过了国家级示范性普通高中的省级验收。2003 年首批转评为省四星级普通高中。2005 年经江苏省教育厅等部门批准更名为"江苏省镇江第一中学"。

学校与日本大阪府府立千里高校、淀川工业学校、澳大利亚东唐卡士中学和费林德斯高级中学以及德国曼海姆卡尔 - 费里德希中学建立友好关系。至 2005 年底，有专任高中教师 205 人，其中具有研究生学历的教师 64 人，高级教师 85 人，在职省特级教师 3 人，教授级高级教师 1 人，省"333"人才 3 人，市有突出贡献的中青年专家 7 人，市学术技术带头人 3 人，市学科带头人 14 人，市级骨干教师 44 人。中共中央政治局原常委、国务院原副总理李岚清，中科院院士汪尔康、中国工程院院士孙家广、俄罗斯外籍院士谢先德等曾在校就读。邹钢在国际数学奥赛中获银牌；刘欣、贾泽驰分别在国际大学生英语、西班牙语演讲比赛中获第一名；展再金年届而立即成为国际货币基金组织中最年轻的专家；汤非在电影《红发卡》中担任女主角；校乒乓球队囊括 2000 年国际中学生乒乓球锦标赛四项冠军。

学校始终把课程改革改作为提升学校内涵，实现“学生个性化培养，教师个性化教学，学校个性化发展”的新平台，坚持“课题研究引领课程改革”的策略，取得了可喜成效。起步于1999年的“综合实践活动课程的研究与实验”，形成“人本、多元、开放、互动”的研究性学习的“镇江一中模式”，在全省推广，学校被命名为苏南片综合实践活动师训基地。学校坚持“由问题到课题，由课题到课程”的校本课程开发思路，形成“社会生活、科学技术、体育艺术、探究实验、语言文学”五大模块，98个专题的校本课程，得到“教育部第一期全国普通高中新课程实验省(区)校长研修班”领导和专家的高度评价。学校推进“问题导学”的课堂教学模式的研究与实践，构建新课程背景下新的课堂文化和课堂结构，提升师生的生命活动质量，推动教师的教学方式、学生的学习方式和师生互动方式的根本变革。

长期以来，学校坚持“为每一个学生的主动和谐发展提供优质服务”的理念，践行“至诚无息”的校训，秉承“诚勤”的校风，全面推进素质教育，逐步形成了“重基础、重实践、重个性发展”的办学特色，“重基础，重建设，重发展”的德育特色和“轻负担，高质量，重基础，扬个性”的教学特色，先后获得“江苏省文明单位”“江苏省模范学校”“江苏省德育工作先进学校”“省十一五教育规划科学教育研究课题实验单位”“新课程样本学校”“江苏省园林式单位”“江苏省汉语国际推广中小学基地”“江苏省五四红旗团委”“江苏省平安学校”等称号。

镇江市第二中学　前身系始建于清光绪十年(1884年)的美国教会办的镇江私立崇实女子中学，为长江流域最早之女子中学，1952年更为现名，2002年被评为江苏省重点高中，2003年底转评为江苏省三星级高中。2004年增挂茅以升中学校牌。学校现为镇江市市属中学唯一的公办完全中学，占地4.6万平方米，校舍建筑总面积16003平方米。校园绿化面积23850平方米，绿化覆盖率为52%。校园优美，中国现代建筑与西洋楼群交相辉映，气势恢宏而雅静，天籁钟灵以毓秀，为世人公认读书之佳境。校址是市级文物保护单位。2005年有初中6个班级，高中25个班级。在校学生1300多人。教职工142人，其中专任教师131人，高级职称教师46人，中级职称教师51人，初级职称教师34人。拥有市学术技术带头人、市学科带头人、市中青年骨干教师和研究生(硕士)学历的教师20多人。

学校先后被授予“镇江市教育收费规范学校”“镇江市教育信息化先进学校”“创建国家环境保护模范城市先进单位”“镇江市十佳平安校园”“镇江市安全文明校园”“镇江市科技教育先进学校”“镇江市安全文明单位”“镇江市体育工作先进学校”“镇江市体育传统项目学校”“镇江市学生行为规范示范校”“语言文字规范化示范校”、镇江市总工会“五一劳动奖状(先进企事业)”和“江苏省基础教育课程改革先进集体”等称号。江苏省“‘冬季三项’锻炼活动先进学校”；被教育部关工委表彰为全国五好小公民“我是90后”读书征文活动“示范学校”。

第四节　特殊教育

一、事业发展

1985年前，镇江市聋哑学校归京口区管辖，有8个班，在校学生100人，教职员工23人。招生范围由原来的地区所辖各县改为市辖各县。

1985年10月，镇江市教育局下发《关于试办弱智儿童辅读班的意见》。11月，京口区文教局在伯先路中心小学开办弱智儿童辅读班，首批招收11名弱智儿童入学。1986年，京口区弱智儿童辅读班由伯先路小学迁入京畿岭小学，再迁至太古山小学内。同年12月，第二批招收弱智儿童12人，成立镇江市京口区辅读学校，成为镇江市第一所智力残疾儿童学校。市教育局制订特教发展规划，把特殊教育纳入义务教育轨道。润州区文教局分别在谏壁中心小学、陈家门中

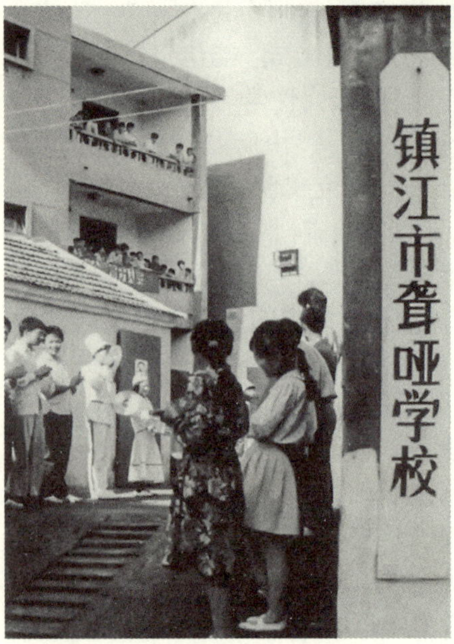

图 33-2　镇江市聋哑学校(1990 年摄)

心小学和蒋乔中心小学附设弱智儿童辅读班,收弱智学龄儿童 31 人。丹阳在延陵中心小学创办第一个培智班。1987 年,京口区千秋桥小学在校内设弱智儿童辅读班,收弱智儿童 16 人,配专任教师 2 人。1988 年,中华路中心小学在校内设弱智儿童辅读班,收学区内弱智儿童 7 人,配专任教师 1 人。扬中县在三跃中心校招收一个聋哑班,招收聋哑儿童 14 人。1989 年,丹阳市创办聋哑学校,招收学生 25 人。京口区辅读学校迁入宝塔路横街原宝塔路幼儿园。同年,市实验小学在校内设弱智儿童辅读班,收弱智儿童 9 人。

1990 年,句容县创办聋哑学校,招收学生 20 人。同年,"京口区第二辅读学校"在桃花坞小学内开办,招收区内东片弱智儿童 6 人,有专任教师 2 人,保育员 1 人。丹阳在延陵、皇塘、访仙 3 所中心小学开办培智班,招收弱智生 29 人。同年底,全市有特教学校 5 所、31 个班级,在校学生 380 人。

1985～1990 年镇江市区弱智儿童辅读学校(班)一览表

表 33-12

地区	校　名	建校(班)时　间	班级数(个)	学生数(人)	备　注
京口区	镇江市京口区辅读学校	1985. 11	4	48	另设学前班 1 班,学生 11 人
	千秋桥小学辅读班	1987	1	15	
	中华路中心小学辅读班	1988	1	9	该班为一、三、五年级复式班
	镇江市实验小学辅读班	1989	1	11	
	镇江市京口区第二辅读学校	1990	1	6	
润州区	谏壁中心小学辅读班	1986	1	9	
	陈家门中心小学辅读班	1986	1	16	
	蒋乔中心小学辅读班	1986	1	8	
合计	–	–	11	122	

1991 年 9 月,扬中县聋哑学校成立。同年底,全市已有聋哑学校 4 所,班级 15 个,在校学生 216 人,教职员工 59 人,其中教师 36 人。有弱智儿童辅读学校 4 所,普通小学附属辅读班 21 个,在校学生 220 人,教职员工 40 人,其中教师 38 人。其他弱智儿童均在普通小学随班就读。1993 年,丹阳延陵中心小学培智班改为延陵镇辅读学校。同年,丹阳市、京口区分别被评为全国特殊教育先进县(市)和省特殊教育先进县(市)。

1995 年,扬中市被评为全国特殊教育先进县(市)。9 月,镇江市聋哑学校搬迁至宝塔山都天庙 100 号,更名为镇江市特教中心。同时,京口区辅读学校由桃花坞小学搬迁至梦溪园巷 24 号,更名为镇江市梦溪学校,规模由 2 个年级,16 名学生,发展到 5 个教学班,其中 4 个九年义务教育班,1 个学前孤独症儿童教育班,并率先创办职业先修班,全校有 67 名学生,10 名教职工。同年,全市特殊教育学校 8 所,班级 51 个,在校学生 1244 人。特殊教育办学水平和质量得到提高,适龄盲聋哑弱智儿童接受初等教育比例达 91. 4%。

1996年，镇江市特教中心办职业先修班。1997年，全市残疾儿童接受初等教育入学率96.41%，其中市区为97.2%。句容市聋哑学校更名为句容市特殊教育学校。11月，镇江市特教中心举行60周年校庆活动暨镇江市特教中心、镇江市盲聋哑学校、镇江市职业先修中学挂牌仪式。1998年9月，镇江市特教中心在原有盲聋哑初等教育基础上，增设聋人高中班(三年制)，招收新生6人。8月，润州区教育局投资18万元，将润州区辅读学校迁至原和平路小学，有7个教学班、80多名在校生、20名教职工，形成具有专业特色的独立校园。1999年12月，市特教中心通过省特殊教育现代化示范学校综合评估验收，被命名为江苏省特殊教育现代化示范学校。同年，丹阳市聋哑学校更名为丹阳市特殊教育学校。

2000年9月，镇江市特教中心聋学前班开办，完善学校聋部办学规模。扬中市聋哑学校开始探索培智教育，招收第一个培智班。全市有特殊教育学校7所，班级69个，在校学生597人，教职工159人，其中教师122人。2001年12月，扬中市聋哑学校更名为扬中市特殊教育中心学校，成为集聋哑、弱智教育为一体的综合性寄宿制特殊教育学校。丹阳市特殊教育学校被省教育厅命名为江苏省特殊教育现代化示范学校。全市残疾儿童入学率达95%。

2002年，润州区辅读学校整体并入镇江市特教中心，镇江市特教中心发展成为聋弱一体的综合性中等特殊教育学校。2003年，丹阳市被列为省级残疾儿童少年随班就读支持保障体系实验区，农村特教生全部实行随班就读。丹阳市特殊教育学校进一步发挥特教中心功能，对该市残疾儿童随班就读和社区残疾人教育提供咨询、培训、指导。江苏省唯一受援项目——中比合作弱智儿童康复中心，在镇江市特教中心挂牌。2005年，句容市特殊教育学校被省教育厅命名为江苏省特殊教育现代化示范学校。同年，全市有特殊教育学校5所，班级44个，在校学生714人。教职工144人，专任教师111人。其中省现代化特殊教育先进学校3所。

2005年镇江市特殊教育学校情况一览表

表33-13　　单位:所、个、人、平方米

地区	学校数	班级数	在校学生数	教职工数	教师数	校园占地面积	校舍建筑面积
市　属	1	14	148	57	50	12240	4647
京口区	1	5	88	13	9	780	980
丹阳市	1	10	238	37	28	13600	5930
句容市	1	9	135	17	12	6602	2008
扬中市	1	6	105	20	12	6600	2000
总　计	5	44	714	144	111	39822	15565

二、学制课程

镇江市特殊教育形成前为教育—九年义务教育—综合高中教育的特殊教育体系，其中聋教育由学前教育、义务教育、高中教育组成，学制15年。

1. 聋哑学校　1980年后，镇江市聋哑学校采用全国统编聋哑学校教材。1985年始，镇江市聋哑学校执行下列课程设置表。

1985 年镇江市全日制九年制聋哑学校课程设置表

表 33-14

课程		一	二	三	四	五	六	七	八	九
思政	思想品德	1	1	1	1	1	1	–	–	–
	思想政治	–	–	–	–	–	–	2	2	2
语文	语言训练	3	3	3	–	–	–	–	–	–
	阅读	6	7	7	7	7	5	6	6	6
	叙述	–	–	–	2	2	1	–	–	–
	作文	–	–	–	–	–	2	3	3	3
	写字	1	1	1	1	1	1	–	–	
数学		5	5	5	5	5	5	5	5	5
自然常识		–	–	1	1	1	1	–	–	–
社会常识		–	–	–	1	1	1	–	–	–
生物		–	–	–	–	–	–	2	2	2
律动		2	2	1	–	–	–	–	–	–
体育		2	2	3	3	3	2	2	2	2
美工		1	1	2	2	2	2	1	1	1
劳动		1	1	1	2	2	–	–	–	–
劳技		–	–	–	–	–	5	5	5	5
晨会		每天 10 分钟								
班团队活动		1	1	1	1	1	1	1	1	1
体育活动		2	2	2	2	2	2	2	2	2
科技活动		1	1	1	1	1	1	1	1	1
个别矫正		2	1	1	1	1	–	–	–	–

（表头：年级／周课时／课程）

1985～1994 年，镇江市聋哑学校一至九年级语文、数学、自然常识、社会常识等学科均采用全日制聋校教材；一至六年级思想品德、美工、写字采用全日制聋校教材；七至九年级思想政治、美术、写字采用普教苏教版教材；一至九年级健康教育采用普教苏教版教材。

1995～2005 年，镇江市特教中心（含原聋哑学校）义务教育阶段教材全部改用全日制聋校实验教材。

1999 年春季起，镇江市特教中心聋五至九年级劳动课内容改为电脑和缝纫。2002 年起，聋八、九年级开设英语课。

各辖市区学校自创办起一直沿用全国统编的全日制聋校实验教材，并根据省教育厅要求开设课程。课程以语文、数学为主，同时开设思想品德、自然、历史、地理、体育、美术、律动、手工劳动和职业劳动课等。课堂教学以书面语为主、聋人手语为辅。扬中市聋哑班，设置职业劳动课，学生在课上学习缝纫、理发、自行车修理等劳动技能，为今后自食其力创造条件。丹阳市特殊教育学校课程设置顺应社会要求，使每个特殊学生掌握一到几门职业技术专长，为升学与就业开拓广阔空间。

1996～2005年，镇江市特教中心先修部学生初一至初三年级，语文、数学、外语、地理、历史、生物、物理、音乐、美术、写字等学科均用普教初中人教版教材；思想政治、健康教育、美术为苏教版教材；劳技用职业高中烹饪教材。

1998～2002年，镇江市特教中心聋高中学生高一语文、数学用普教初中人教版教材；高二语文、数学学科用职业高中教材；高一至高三英语学科用普教初中人教版教材；计算机学科用苏州大学编教材；思想政治用普教高中人教版教材。2002～2005年，高二语文、数学学科改用普教人教版高中教材。

1998～2005年镇江市特教中心聋高中课程设置表

表33-15

课时／年级／课程	一	二	三
思　政	2	2	2
语　文	10	10	10
数　学	8	8	8
美　术	1	1	1
体　育	1	1	1
电　脑	8	8	8
每周总课时	30	30	30
晨　会	每天10分钟		
班队活动	1	1	1
课外活动	1	1	1
每周在校活动总量	32	32	32

2. 辅读学校　1987年始，各小学附设培智班，开设语文、说话、数学、美工、体育、音乐、劳动等课程，开发学生智力，培养生活自理能力。

镇江市京口区辅读学校建校时，学制定为八年。1987年8月按照省教委、民政厅《关于办好培智学校(班)的意见》，改学制为九年。课程设置与普通小学相同，采用全日制普通小学教材，但相应放慢教学进度和降低要求，使弱智儿童毕业时能达到小学四至六年级水平。1990年后，各辅读学校均按照国家教委对于弱智学校课程设置的要求安排教学，采用全国统编的配置学校教材。

1990 年镇江市辅读学校课程设置(试行)表

表 33-16　单位:课时

课程＼年级		一	二	三	四	五	六	七	八	九
思想品德		1	1	1	1	1	1	1	1	1
语文	讲　读	7	7	7	6	6	6	6	6	6
	作　文	–	–	–	–	2	2	2	2	2
	说　话	2	2	2	2	–	–	–	–	–
	写　字	1	1	1	1	1	1	1	1	1
数　学		6	6	6	6	6	6	6	6	6
常　识		–	–	–	2	2	2	2	2	2
体　育		2	2	2	2	2	2	2	2	2
音　乐		3	3	3	2	2	2	2	2	2
图　画		2	2	2	2	1	1	–	–	–
手　工		1	1	1	1	–	–	–	–	–
生活指导		2	2	2	2	1	1	1	1	1
劳动技术教育		–	–	–	–	4	4	6	8	10
每周总课时		27	27	27	27	28	28	29	31	33
课外活动	班队会	1	1	1	1	1	1	1	1	1
	体育活动	1	1	1	1	1	1	1	1	1
	兴趣活动	2	2	2	2	2	2	2	1	1
每周在校活动总量		31	31	31	31	32	32	33	34	36

镇江市特教中心的培智教育为学前教育、义务教育(含初级职业教育),学制 10 年。

三、教育教学

20 世纪 80 年代,镇江市聋哑学校在语文教学中,重点加强学生语言训练和书面语言训练,加强健康卫生教育,并在学生中开展舞蹈、放幻灯、讲故事、绘制地图、测量场地、种植、砌花坛、扎风筝等课外活动,丰富儿童课余生活。1989 年,该校被省教委授予德育先进学校称号。1995 年,该校更名为镇江市特教中心,坚持“以人为本,化弱为强,着眼发展,残而有为”的办学理念,构建“以学定教、以需定教”的个别化校本课堂教学模式,着力开发残疾学生潜能。1997 年,被评为江苏省德育工作先进学校。同时该校教育科研水平一直处于省内领先水平,先后承担 5 项省、市级课题研究,开设省、市级观摩示范课百余节,教师中近 300 篇论文在市级以上刊物发表交流。2003 年,全国聋教育与新课标研讨会在镇江召开,市特教中心作为全国聋教育语文新课标制定者之一作会议发言。2004 年 5 月,镇江市特教中心成为中挪(SIGAM)双语聋教育江苏省 5 所项目实验学校之一。

润州区辅读学校采取多种教育方法启发引导智障儿童了解社会,分辨是非,学会做人。课堂教学中,采取分层次教学方法,让不同智商学生各有提高。在课外,组织兴趣小组,开展各类活动,提高智障儿童素质。学生毕业时 40% 的学生智商提高 6 至 10 分。

扬中市特教中心把“个别化教育”作为研究的方向和重点,有针对性地为每个学生制定教育计划，弹性处理教育因素。设立舒心室，对学生进行个别心理辅导，缓解心理压力，培养学生健康的思维和行为方式。

特殊教育为地方培养一批素质较高的人才和残而有为的劳动者。镇江市梦溪学校职业先修班，对弱智学生进行烹饪职业训练，毕业时学生取得红、白案双证书，就业率100%。《江苏教育报》《特殊教育》等报刊先后对学校的烹饪特色教育进行专题报道。润州区辅读学校毕业生中有三分之一走上工作岗位，成为保安、厨师、缝纫工、机械工等自食其力的劳动者。镇江市特教中心有20余名聋人高中毕业生跨入高等学府。2003年，该校应届聋高中毕业生全部考取北京联合大学、金陵科技学院，其中王晴成为全省聋高中高考总分第一名，被南京金陵职业学院录取。

镇江市特教中心建成包括聋儿康复语训、听力检测、职业教育、体能康复、专长培养和多媒体电化教学等16个高标准现代化的专用教室，每个班配置电视机和视屏展示仪，建成校园局域网，学生人机比达10∶1。丹阳市特殊教育学校建成实验室、仪器室、律动舞蹈房、电脑室、美术室、手工房、刺绣室、烙铁画室、听力测听室、个别语训室、集体语训室，逐年完善教育信息化工程，建成校园网、网络教室，购置计算机50余台。学校被评为镇江市信息技术示范学校，学校网站被评为“丹阳市十佳网站”。扬中市特教中心与民政福利企业扬中市春艳服装厂合作，建起4600多平方米的实训楼，成为学校实训基地，为残疾学生融入主流社会提供优良教育环境。

四、体育艺术

镇江市特殊教育学校均配有专职体育、美术教师，坚持“两课两操两活动”制度，着力提高残疾学生的身体素质，展示学生的才华和特长，帮助残疾学生自强、自立、自尊、自信。

1. 体育　20世纪80年代，镇江市聋哑学校在学生中组织乒乓球队、篮球队，多次组织参加省、市体育比赛。1987年，该校学生参加省第二届伤残人运动会获女子乒乓球团体总分第三；1989年，在全省聋哑学生田径运动会上，该校选手获团体总分第六，八年级学生秦美获女子400米、800米两枚金牌。1990年，京口区辅读学校9名学生参加省第二届特殊奥林匹克运动会，获2枚金牌、1枚铜牌。

1997年7月，镇江市特教中心代表队在江苏省聋哑学生游泳比赛中获团体第一名，共获9枚金牌，奖牌总数16枚。1998年7月，学校承办江苏省首届聋校乒乓球比赛。1998～2002年，润州区辅读学校在全国和省特奥运动会上获得10金14银13铜的成绩。

2002年，扬中特教中心通过校园集体舞、阳光体育锻炼和体育兴趣小组，锻炼提高学生身体素质。同年5月，镇江梦溪学校在江苏省残疾人运动会上获1银4铜。2004年，句容市特殊教育学校聋生赵磊在第二届江苏省残疾人游泳锦标赛上获50米自由泳第三名，100米自由泳第三名。同年11月，扬中市特教中心聋生王璐在镇江市残疾人运动会上获女子跳远金牌。

2005年，句容市特殊教育学校聋生赵磊在全国残疾人田径锦标赛上获5000米第二名，1500米第三名。镇江市梦溪学校参赛运动员在江苏省第四届特殊奥林匹克运动会上获得1金3银5铜的好成绩。

2. 艺术　20世纪80年代，镇江市聋哑学校在美术教学中，根据不同年级学生，分别指导和培养他们掌握贴画、写生画和创作画的基本技能。1986年，部分学生的作品被选送到日本津市展出。1987年，学生的书法在全市比赛中获一、二等奖。

90年代，镇江市梦溪学校成立工艺、雕刻、舞蹈、鼓号等小组，通过适合其身心发展的特点，多层次、多方位地开展学生艺术教育，为残疾学生展示才华提供舞台。该校舞蹈队多次代表镇江市参加全国、江苏省特殊教育学校艺术汇演。2001年11月，舞蹈《竹林深处》在第五届全国残疾人艺术汇演中荣获表演、创作、辅导银奖；获华东六省一市赛区的金奖。2003年11月，舞蹈《大红绸子飘起来》和《美丽的丹顶鹤》分别获江苏省第四届盲、聋、培智学校学生艺术汇演三等奖和优秀奖；

学生工艺作品《孔雀》《收获的希望》《十二生肖图》《过大年》《犬舞九天》参加首届全国特殊教育学校师生美术大赛江苏省美术作品评选，获2个二等奖、3个三等奖。

1998年，镇江市特教中心成立“希望艺术团”。1999年10月，该校小品《从我做起》获省第三届盲、聋、弱智学校学生艺术录像评比戏剧小品类二等奖暨全国盲、聋、弱智学校学生艺术录像优秀奖。2004年，舞蹈《大树与小鸟》在市中学生文艺演出中荣获初中组一等奖。2005年9月，该校学生吴倩被中国残疾人艺术团破格录取。

2001年，润州区辅读学校舞蹈队表演的卡通小舞剧《猫和老鼠》在第五届全国残疾人艺术汇演中获致残类金奖第一名。2005年5月，扬中市特教中心聋生苏菲的竹编作品《爱心》，在镇江市残疾人职业技能柳（竹）编比赛中获一等奖第一名。

第四章　中等职业技术教育

“六五”期末，全市职业教育消除空白县，职业教育恢复发展。

“七五”期间，全市职业教育发展迅速。“七五”期末，全市职业中学已发展到51所，职业高中在校生8877人；中专中师11所，在校生5325人。

“八五”期间，全市职业教育发展势头良好。“八五”期末，全市有职业高中48所，在校生8409人；中专中师学校13所，在校生16718人。

“九五”期间，全市教育系统实施《中华人民共和国职业教育法》，加快职业教育发展。“九五”期末，全市各类中等职业学校71所，中等师范学校2所，省属中专6所，技工学校12所；地方中专、职业高中51所；其中国家级重点职业高中2所，省重点职业高中12所，省合格职教中心2所，部省级重点中专4所，国家级重点技工学校2所。各类职业学校占地3870.63亩，建筑面积860998.4平方米，在校生5.6万人。

“十五”期间，全市职业教育在调整中稳步发展。“十五”期末，各类中等职业学校调整为39所，其中高职高专3所，国家级重点职业学校7所，省级重点职业学校7所，省合格职教中心4所，国家级实习实验基地1个，省级示范专业15个；全市高等职业学校招生3.4万人，各类高等职业学校在校生1.8万人；全市各类中等职业学校招生9.5万人，在校生5.5万人（含省属校），其中职业高中、职业中专（地方中专，下同）在校学生4.15万人，技工学校在校生1.35万人。各类中等职业学校在校生占全部高中教育在校生的比例为50%，各类中等职业学校累计培养毕业生9万人。全市职业学校固定资产达62863万元，其中市中等职业学校实验实习仪器设备资产总值达9455万元。全市基本形成中等职业教育与高等职业教育同步发展的职教体系。

第一节　中等师范

1983年，镇江市中等师范学校仅有江苏省丹阳师范学校1所。1984年，经省政府批复同意，恢复镇江师范学校。

丹阳师范学校、镇江师范学校招生对象主要为应届初、高中毕业生，学制一般为三年，少数体师班学制为二年，另招大专班（“三·二”分段）为五年制。为解决农村、山区、边远地区教师缺乏问题，两所师范学校实行面向扬中、句容、丹阳、丹徒定向招生。

丹阳师范学校、镇江师范学校设置的专业，由单一普师发展到包括普师、幼师、美师和音师、体师、英师、民师7个专业。办学层次由培养中师学历的小学师资提高到培养大专学历的小学师资。

“六五”至“九五”期间，两所师范学校承担为全市所辖市(县)、区培养小学教师及幼儿教师的任务，为镇江市输送中等师范毕业生9177人。

一、江苏省丹阳师范学校

原为著名美术家、教育家吕凤子创办于民国元年(1912年)。1988年，学校有15个班，619名学生；教职工61人(其中高级讲师10人、讲师27人)；校园占地面积16174平方米。截至2005年，丹阳师范学校从1952年改为公立以后，培养中小学师资3965人，轮训在职教师2470人，1983年后函授毕业生有4406人。

1993年，学校试办“三・二”分段音乐大专专业，为全省培养音乐、舞蹈教师。1994年，试办“三・二”分段普师大专专业，为全省培养专科学历的小学教师。1995年初，以丹阳师范学校学生为主体的江苏省中师生艺术代表团出访泰国，演出的舞蹈节目受到泰国友人和专家好评。

1996年，学校在丹阳经济开发区启动易地新建工程，一期征地6.87公顷，投资5000万元，新建校舍4万平方米。9月，开设培养小学教师的五年一贯制师范专业，与重点高中(班)同批录取，录取后实行农转非，毕业后享受大专待遇，按当年分配政策就业。

1997年1月，镇江师范专科学校与丹阳师范学校签订联合办学协议书，镇江师范专科学校以培养本科层次的初中教师为主，丹阳师范学校培养专科层次的小学教师为主。

1998年8月，学校新校址一期工程完工，学校整体搬迁至新校址。1999年，丹阳师范学校建设达到一定规模，新校园总体布局合理，功能配套齐全，学校有教职工109人，其中专任教师70人，兼课教师12人，具有高级讲师职称的教师28人，省、市级中青年专家2人，特级教师2人。6月，学校接受省教委组织的中师办学条件标准化评估验收，学校办学条件达到省中等师范学校办学条件标准良好等级。同年，丹阳师范学校大专学历的在籍学生933人，大专层次小学教师成为丹阳师范学校培养的主体，学校基本完成师范教育三级培养向二级培养的过渡。

2000年7月，丹阳师范学校结束三年制中师招生。同年，招收五年制学生198人。2001年7月，丹阳师范学校首届五年制大专班毕业，继续向镇江市各县、市(区)招收各类专业五年制学生240人，并与江苏教育学院联合开办音乐本科函授班。2002年，丹阳师范学校面向各县、市(区)招收普师、英语教育、计算机教育专业五年制大专班学生221人，并与江苏教育学院联合开办美术本科函授班。1985～2002年，丹阳师范学校输送中师合格毕业生4693人。2002年12月，丹阳师范学校举行建校90周年庆典，教育部原部长何东昌、全国教育科学规划领导小组教育管理学科组组长吴椿等为校庆题词。

图33-3　江苏省丹阳师范学校(2002年摄)

2003年4月1日，丹阳师范学校整建制并入镇江市高等专科学校，成为镇江市高等专科学校丹阳校区，同年招生196人。2004年，镇江市高等专科学校丹阳校区面向各县、市(区)招收普师、英语教育专业学生160人，均为五年制大专班。2005年，镇江市高等专科学校丹阳校区有教职工118人，其中专兼职教师94人；教师中副教授33人，讲师36人；在校学生1557人，共41个班级，其中五年制师范类大专班22个。

丹阳师范学校在长期办学中成绩显著，多次获得嘉奖和荣誉称号。1984年，受到省政府嘉奖，被评为全国语言文字工作先进单位。1985年，在全省中师生美术作品评比中，获一个一等奖、两个二等奖。1986年,《江苏教育》《人民教育》等杂志报道丹阳师范创建优良校风的成功经验。同年,在全国语言文字工作会议上学校受到表彰。1987年,在省中师生音乐、舞蹈比赛中,获2个创作一等奖,3个演出一等奖,2个创作、演出二等奖;同年,学校受到国家教委表彰。1988年7月,在国家教委举办的中师生音乐、舞蹈节目评比活动中,丹阳师范学校选送的《骏马奔驰》获一等奖。1992年12月,学校被评为江苏省教师培训工作先进集体。1997年7月,丹阳师范学校男生群舞《前赴后继》被选送中央电视台,获优秀节目奖。1998年4月,被评为江苏省语言文字工作先进单位。

二、江苏省镇江师范学校

镇江师范学校1984年底复校,在市区桃花坞路建新校舍。1985年招初中毕业生,学制3年,设普师班与体师班,普师班学生407人,体师班学生41人,教职员23人,其中教师13人。

1990年,学校实施国家教委下发的《三年制中等师范学校教学方案(试行)》。下半年,镇江市教师进修学校并入镇江师范学校,实行"两块牌子,一套班子"。在职进修的中师、幼师函授学员129人,小学、幼儿园教师大专自学考试学员533人,师范在校生896人,民办教师学员106人。

1991年下半年,学校开始正式施行新教学方案,推动教育教学改革,在开足必修课同时,充分发挥选修课的延伸、补充作用,开设《乡土历史》《乡土史地教法》《小学自然教法》《小学教科研方法》等12门选修课。镇江师范学校学生李倩在宁、镇、扬片中师生小学思想品德课教学比赛中获一等奖。1992年9月,镇江师范学校中师函授、幼师函授和小学数学研究班分别开学。1995年,镇江师范学校被江苏省教委评为江苏省中小学校长培训工作先进集体。1996年,镇江师范学校在校学生22个班,1012人,教职工127人,其中专任教师72人;图书仪器等教学设备总值68.47万元,学校固定资产总额1114.31万元;校园面积6.23公顷,校舍建筑面积22400平方米,基本达到省颁办学条件标准。12月,镇江师范学校被命名为镇江市校园文化示范基地。

图33-4　江苏省镇江师范学校(2000年摄)

1997年1月,镇江师范专科学校、镇江师范学校签订联合办学协议书。9月,镇江师范学校开始招收五年制大专班学生,同时镇江市第四期小学校长岗位培训班开学。11月,镇江师范学校经省评估验收,成为办学条件标准化合格学校。1998年,镇江师范学校绿化面积2.59公顷,绿地率49.4%。经省评估验收,镇江师范学校被江苏省绿化委员会、江苏省教育委员会授予花园式学校称号,被镇江市授予"青少年环保教育基地"。同年,在江苏省中师生计算机操作比赛中,镇江师范学校学生获2个一等奖。

2000年7月,镇江师范学校停止招生。2001年4月,镇江市第三中学高中部与江苏省镇江师范学校合并成立镇江市实验高级中学,江苏省镇江师范学校停办。1984～2000年,学校输送中师合格毕业生4484人。

第二节 普通中等专业学校

一、镇江市全日制普通中等专业学校

镇江市全日制普通中等专业学校系指省属和市属全日制普通中等专业学校(亦称地方职业中专,以下简称中专校),由行业主办,按系统归口管理。省属中专校面向全省招生,市属中专校面向全市招生,主要招收初中毕业生(学制3年或4年)及少量高中毕业生(学制2年)。考核合格,颁发省教育厅验印的普通中等专业学校毕业证书,双向选择就业。

1985年初,全市有江苏省冶金经济管理学校、江苏省粮食学校、江苏省句容农业学校、江苏省劳动经济学校等4所中专校,在校学生1670人,教职工434人,其中教师206人。下半年,市政府批准市电子工业局开办镇江市电子工业学校,省政府批准开办江苏省中药学校,江苏省司法厅在镇江桃花坞新建江苏省劳改工作中等专业学校,丹阳职业高级中学更名为丹阳县中等专业学校。同年底,全市有中等专业学校8所。

“七五”期间,镇江市体委开办镇江市体育运动学校。全市普通中专校发展到9所,招收学生6648人(其中招收初中毕业生3200人,高中毕业生3448人),在校学生累计达15897人,毕业学生4782人。江苏省冶金经济管理学校被评为省中专校四项管理先进学校。1989年,江苏省句容农校接受国家教委、江苏省教委下达的任务,招收首届西藏班学员39人。全市中专在校学生3788人,教职工945人,其中专任教师512人,校舍总面积为137113平方米。

“八五”期间,经省政府批准,镇江市卫生学校、镇江市中等专业学校建校。经省评估验收,全市有8所中专学校通过合格评估,江苏省冶金经济管理学校、句容农业学校被确定为省(部)级重点中专校。全市11所省、市属中专校共招收学生16963人(其中招收初中毕业生15008人,高中毕业生1955人),在校学生累计达40227人,毕业学生7100人。“八五”期末,教职工1096人(其中专任教师578人),校舍总面积为193034平方米。

1996年,镇江电大中专部开始招收初中毕业生,江苏省句容农校开始试办高职班。

1996年镇江市全日制普通中专校情况一览表

表33-17　　单位:个、人

学校名称	班级数(系科)	在校生数	教职工数	专任教师数	校　址
江苏省江海贸易学校	9系科	1901	156	92	镇江市南徐路
江苏省中药学校	8系科	1491	122	64	镇江市京岘山路
江苏省劳动经济学校	4系科	1243	87	49	镇江市九里街小米山
江苏省冶金经济管理学校	14系科	2261	140	60	镇江市中山西路
江苏省劳改工作警官学校	6系科	1359	178	84	镇江市桃花坞路
镇江市体育运动学校	9个班	118	39	31	镇江市健康路
镇江卫生学校	2系科	993	61	32	镇江市跑马山
江苏省句容农业学校	–	1792	161	70	镇江市句容
镇江市电子工业学校	6个班	222	52	31	镇江东郊
镇江市中等专业学校	130个班	5529	–	–	镇江东郊汝山
丹阳市中等专业学校(丹阳职教中心校)	40个班	1724	205	107	丹阳市

1997 年,江苏省冶金经济管理学校开始招收初中五年制高职班;江苏省劳改工作警官学校更名为江苏省司法警官学校。1998 年 4 月,江苏省江海贸易学校商贸专业被省教委确定为现代化建设试点专业。同年,在镇省级重点中专校均开始举办五年制大专班。1999 年 1 月,江苏省冶金经济管理学校、省司法警官学校、省江海贸易学校、省句容农校达省体育优秀级标准。1999 年,江苏省冶金经济管理学校成建制并入江苏理工大学。2000 年,江苏省句容农校被教育部批准为首批国家级重点职业学校;江苏省药科学校与中国药科大学联合创办高等职业技术学院,并被教育部确定为国家高等职业教育示范点;江苏省江海贸易学校整建制并入华东船舶工业学院。

“九五”期间,全市 11 所省、市属中专校和电大中专部计招生 35316 人(其中招收初中毕业生 34142 人、高中毕业生 1174 人),在校生累计 113145 人,毕业生 30094 人。“九五”期末,教职工 951 人,其中专任教师 553 人。

2001 年,江苏省句容农业学校更名为江苏省农林学校;江苏省劳动经济学校整建制并入镇江市高等专科学校;江苏省药科学校并入中国药科大学,成为中国药科大学镇江校区。2002 年,江苏省农林学校升格为江苏省农林职业技术学院。2004 年 5 月,江苏省司法警官学校升格并更名为江苏省司法警官高等职业学校。2005 年,镇江职教中心校更名为镇江机电高等职业技术学校。省属中专调整、撤并后,招收中职学生 2287 人,其他 5 所市属中专招生 8538 人。

“十五”期间,全市省、市属中专校计招收初中毕业生 31927 人,在校学生累计 90291 人,毕业生 25930 人。“十五”期末,全市中专校教职工 742 人(其中专任教师 575 人);中专校校园占地面积 10786.67 公顷。

1985 ~ 2005 年,全市先后有 11 所中专校,其中 8 所为普通中等专业学校(省、部属校 6 所;市属校 2 所:市体育运动学校及市卫生学校),3 所为职业中专校(镇江市电子工业学校,镇江市中等专业学校,丹阳市中等专业学校)。

1985 ~ 2005 年镇江市全日制普通中专校情况一览表

表 33-18

校名(校址)	总毕业/招生(人)(含招初、高中生及五年制)	主要专业设置	创办时间	更名、变更情况
江苏省冶金经济管理学校(镇江市中山西路)	8055/8953(含招初中生 6253 人、高中生 2700 人)	财务会计、外贸经济、市场营销、劳动工资、文秘公关、会计电算化、机电一体化、计算机应用、基建预算管理、用电管理、电气设备安装、化工机械、工业电器自动化等	1958 年 9 月	1999 年整建制并入江苏理工大学,更名为江苏理工大学冶金学院
江苏省镇江粮食学校(镇江市南徐路)	6489/6802(含招初中生 5558 人、高中生 1244 人)	粮油食品加工、粮油储藏与检验、市场营销、计算机与信息管理、电算会计与审计、食品工程、电子电器、旅游与饭店管理、电子电气、商品检测与经营、商业自动化等	1981 年 9 月	1995 年 5 月更名为江苏省江海贸易学校;1999 年 10 月并入华东船舶工业学院
江苏省劳动经济学校(镇江市九里街)	2945/3997(全部初中生)	劳动管理、劳动计划统计、工资福利等	1985 年 3 月	2001 年 6 月并入镇江市高等专科学校

续表 33-18

校名(校址)	总毕业/招生(人)(含招初、高中生及五年制)	主要专业设置	创办时间	更名、变更情况
江苏省劳改管理干部学校(镇江市桃花坞路)	5232/6540(含招初中生4356人、高中生2184人)	劳改管理、劳改、经济管理、狱政管理、司法、法律、企业管理等	1985年9月	1986年更名为江苏省劳改工作警官学校;1997年更名为江苏省司法警官学校;2004年5月升格并更名为江苏省司法警官高等职业学校
镇江市体育运动学校(镇江市健康路)	511/704(全部初中生)	田径、举重、重箭、射箭、射击、击剑、武术、柔道、跆拳道、排球、足球、手球等	1987年9月	
江苏省中药学校(镇江市京岘山路)	4591/5544(全部初中生)	中药和药物分折等	1988年9月	1994年9月7日更名为江苏省药科学校;2001年11月15日整建制并入中国药科大学
江苏省句容农业学校(句容市)	5615/10274(含招初中生8844人、高中生1430人)	城镇规划与园林绿化、城市园林、园林建筑、现代园艺、食品加工与检测、畜牧兽医、宠物保健与疾病防治、财务管理、物流管理、商务日语、计算机应用、机电一体化等	1953年	2001年更名为江苏省农林学校;2002年6月升格为江苏省农林技术学院
镇江卫生学校(镇江市跑马山)	5628/7346(全部初中生)(不含常州卫生学校镇江办班点招生数)	校医、护理、预防、检验等	1988年3月24日	
镇江市电子工业学校(镇江市东郊)	1571/3336(全部初中生,不含常州无线电工业学校镇江班)	电子技术应用与电声器件、塑料成型工艺及模具设计、计算机应用、电子信息技术、机械制造与工艺、无线电技术、机电一体化等	1985年7月6日	1984年7月10日成立常州无线电工业学校镇江班;1985年7月6日经市政府批准成立镇江市电子工业学校;2005年常州无线电工业学校镇江班最后一届毕业生离校
丹阳市中等专业学校(镇江市丹阳市区)	5839/8445(全部初中生)	财会、审计、经贸外语、电子电工、机械、经贸日语、人秘司法、装潢设计、文秘、工艺美术、数控技术,机电一体化,计算机等	1985年6月	丹阳市中等专业学校在该市各职业中学设有办班点
镇江市中等专业学校(镇江市东郊汝山)	18777/28775(全部初中生)	财会、文秘、工艺美术、数控技术,机电一体化、机械、计算机、幼师、酒店管理、制浆与造纸、化工机械、市场营销、计算机应用等	1993年开始招生,1994年经省批准成立	1995年3月市教委决定将“镇江市中等专业学校”设立在镇江市京江职业中学(胜利路);2001年7月市教委决定将“镇江市中等专业学校”设立在市职教中心。镇江市中等专业学校在各县市(区)均设有办班点
附:电大中专部(镇江市高等专科学校内)	2662/2956(全部初中生)	财会,化工、计算机、办公自动化、市场营销、统计、应用电子、餐旅等	1996年开始招生	

二、职业学校附设中专班

1. 成人中专　1985年，市教育局同意市机械职工中专校、市商业职工中专校招收初中毕业生。1986年始，市塑料职工中专校、市化工职工中专校、市建筑职工中专校、市纺织职工中专校（丹阳市）、市建材职工中专校、句容卫生职工中专校、江苏省劳改管理干部学校（在市区、扬中、句容、丹徒设立办班点）等学校先后开始招收初中毕业生。1985～2005年，全市成人中专校（招收初中毕业生）共招收110个班、4430人，在校学生累计370个班、13969人；其中市区成人中专校招收88个班、2928人。

2. 职教中心校自费普通中专班　1994年，镇江市机械职业中学（原镇江市第五中学）招收财会自费普通中专班，镇江市京江职业中学（原镇江市第八中学）招收装潢美术自费普通中专班。1995年起，丹阳市职教中心校、句容市职教中心校、丹徒县职教中心校、扬中市职教中心校等学校也先后开始招收自费普通中专班。至2005年，各办班点共招收111个班、4577人。

三、镇江市中等专业学校

1993年，镇江市中等专业学校开始筹建并招生。1994年4月，经江苏省教委、省计委批准正式建校。学校先后挂靠镇江市京江职业中学、镇江市职教中心校，属职业中等专业学校性质，由市教育局统一领导和管理。1996年，经省专家组评估，成为江苏省第三批合格普通中等专业学校。1997年，镇江市中等专业学校与镇江市职教中心合署办公，分别在市区、丹徒、扬中、句容设立办班点，面向全市招收应届初中毕业生，承担中等职业教育学历教育的任务。至2005年，镇江市中等专业学校招生34050人（其中市区20304人、丹徒6870人、扬中4702人、句容2129人、丹阳45人），为镇江市及周边地区输送22472名毕业生。

第三节　职业高中

1983年，镇江市政府成立中等教育结构改革领导小组。同年，市政府批转中等教育结构改革领导小组《关于加快中等教育结构改革的步伐，积极发展职业教育的意见》。1984年，全市职业高中（含其他类别学校附设的农、职业班，下同）招收61个班、2743名新生，其中市区招收27个班、1296人。全市职业高中发展到120个班、5277名学生，其中市区48个班、2276名学生。镇江市第五中学、第八中学完成过渡，成为独立设置的职业高中。1985年，全市57所职业高中招收职高学生82个班、3650名新生。全市职业高中有163个班、7137名学生，开设专业56个，比上年净增43个班、1860名学生。其中市区14所职业高中招生30个班、1452名新生，市区职业高中有67个班、3178名学生，比上年净增19个班、902名学生，设有财会、机械、幼师、美工、邮电、供电、烹饪、电工、化工等29个专业。同年，镇江市第五中学、镇江市第八中学、句容县高庙职中确定为江苏省首批办好的重点职业中学。

"七五"期间，全市把职业技术教育事业纳入国民经济与社会发展总体规划之中。市教育局在镇江机械职业中学（原镇江市第五中学）、镇江市第十三中学职业高中班试行毕业生"双证制"（技术等级考核合格证书、职业学校毕业证书）试点工作。全市有187名职业学校毕业生被推荐对口升入高一级学校。"七五"期末，全市51所职业高中招收95个班、3752名新生，全市职业高中有226个班、8877名学生；其中市区15所职业高中招收43个班、1890名新生，市区职业高中有104个班、4463名学生。镇江市京江职业中学（原镇江市第八中学）被国家教委确认为首批省级重点职业中学（国标）。

"八五"期间，全市职业教育呈现出良性发展的态势，全市职业高中调整为48所（市区12所）。1992年5月，国家教委向镇江市机械职业中学、句容高庙职业中学颁发省级（国标）重点职业中学证书。至此，全市有3所省级（国标）重点职业中学。同年11月，镇江市政府制定《关于加快教育改革和发展的意见》，将市区职工教育经费从占职工工资总额1.5%提高到2.5%，主要用于发展中等职业教育和就业前培训。1994 年 7 月，镇江市首家职业教育中心校在丹阳挂牌。镇江市政府将新建镇江市职教中心校作为“为民办实事”之一。1995 年 8 月，镇江市职教中心校开工建设，一期工程征地 131 亩。同年，全市职业高中招收 69 个班、2714 名新生，其中市区职业高中招收 18 个班、726 名新生，专业达 30 个；全市职业高中有 211 个班、8409 名学生，其中市区职业高中有 74 个班、3001 名学生。市教委制定《镇江市职业学校教学管理规范》，据此对全市职业中学进行教学管理检查与评估。镇江机械职业高级中学、京江职业高级中学、丹徒三山职业高级中学、丹阳职业高级中学被表彰为镇江市职业学校教学管理先进单位。

“九五”期末，全市各类中等职业学校达 71 所、各类专业 60 多个。1996 年 3 月，镇江市第一职业高级中学（原镇江市机械职业中学）机电一体化专业、句容高庙职业高中的现代农业专业被确定为省级专业现代化建设试点专业。9 月，镇江市职业教育中心校建成交付使用，镇江市第一职业高级中学（原镇江市机械职业中学）整建制并入镇江市职业教育中心。同年，全市职业高中招收 66 个班、2381 名新生，市区 11 所职业高中招收 22 个班、824 名新生。1997 年 4 月，经市政府批准，镇江市艺术学校成立，系市教委与市文化局联办，主要为全市培养中级文化艺术专门人才。年底，市职业教育中心校通过省合格职业教育中心验收，成为镇江市建成的第一所高起点、高质量、高标准的对外开放窗口学校。同年，全市职高招收 88 个班、3355 名新生，其中市区 11 所职业高中招收 22 个班、880 人。镇江市第一职业高级中学、镇江市第二职业高级中学、丹阳市职业高级中学被省教委授予江苏省职业高中教学管理先进学校。年底，全市建成职业教育中心校 5 所。1998 年 3 月，扬中市职业高级中学、丹阳新桥职业高级中学、镇江市润州职业高级中学、丹阳市少阳职业高级中学被评为第五批省级重点职业高中。4 月，以镇江职教中心为龙头的跨部门、跨行业、跨地区、跨学校的“镇江第一职教集团”成立。镇江职教中心开始与江苏理工大学、南京经济学院、南京机械高等专科学校、镇江市高等专科学校建立合作办学关系，试办大专班。9 月，镇江市第十七中学与镇江市第十六中学职高合并，并保留镇江市旅游学校校牌，在原镇江市第十六中学校址办学。镇江市职业教育中心的商贸专业、镇江市第三职业高中（镇江市第十六中学）的服装专业、镇江市旅游学校的旅游专业被确定为省级专业现代化试点专业。丹阳市吴塘职业高中被省确定为省级农村改革试点学校。1999 年 3 月，镇江市职业教育中心增挂镇江市高等专科学校东校区校牌。4 月，镇江市旅游教育集团在市旅游学校挂牌成立。9 月，镇江市率先在职业高中试办综合高中班。年底，全市有国家级重点职业高中 1 所、省合格职教中心 2 所、重点职业高中 12 所。全市职高 898 人参加省普通高校单独招生考试，录取本、专科生 617 人。2000 年，镇江职业教育中心校、丹阳职业教育中心校被教育部认定为首批国家级重点中等职业学校。经教育部、公安部批准，镇江市旅游学校成为全市唯一一所获得国家合法自费留学中介资格认定单位。5 月，全市 1786 名职业学校毕业生参加对口升学考试，录取 1316 人，其中本科录取人数 117 人。6 月，镇江在全省率先成立“镇江市职业教育就业指导办公室”，全市形成就业指导网络。同年，全市职业高中招收 59 个班 2506 名新生。全市职业高中发展到 175 个班 5882 名学生，其中市区职业高中有 24 个班 595 名学生。全市 12 所省级重点职业学校招生人数较上年大幅增长，其中市教委所属 3 所职业高中招生较上年增长 63%，丹阳市职业教育中心较上年增长 69%。

“十五”期间，全市着力整合优化职业教育资源，继续加大中等职业教育改革与专业结构调整力度。市政府下发《关于加快推进职业教育改革和发展的意见》，同时《镇江市职业教育培训统筹征收及使用管理办法》开始实施。2001 年，全市各类中等职业学校招生 4017 人，占高中阶段学校招生比例 50% 左右，在校生 4 万余人。职业学校学生参加对口单招考试 1518 人，录取本科 187 人，专科 1191 人。镇江市第二职业高中艺术专业 45 人参加普通高考，录取本科 15 人、专科 30 人。全市职业高中应届毕业生 4224 人，就业总数 4095 人（其中升学 1423 人），就业率 96.9%。应届职业高中毕业生全部参加职业技能鉴定考核，中级工通过 4017 人，通过率 95.1%。年底，全市建成 3 所国家级重点职业学校、11所省重点职业学校，创建5个省级专业现代化试点专业。同年，在省教育厅、省劳动和社会保障厅共同举办省首届“职教之星”艺术节上，镇江市获一等奖1名、三等奖3名、优秀奖10名。市教育局获组织奖。2002年，镇江市职业教育中心校、丹阳市职业教育中心校、江苏交通高级技工学校、江苏农林职业技术学校、镇江市高等专科学校被评为江苏省职业教育先进集体，丁铁铃等7人被评为江苏省职业教育先进个人，周达子被评为全国职业教育先进个人。全市职业学校教师本科学历占65.12%。2003年，全市中等职业学校毕业生一次就业率、专业技术等级考核合格率及双证（毕业证、技术等级证）通过率均达90%以上。11月7日，镇江市教育局代表江苏省参加全国职业培训就业指导工作会议，并作专题发言。同年，全市各职业学校多方位多渠道开展教师培训，14名教师参加省教育厅组织的出国（境）培训，6名教师参加市组织的出国（境）培训，127名职校教师参加省“四新”培训，20名文化课教师、3名专业课教师参加省骨干教师培训，35名教师参加省编中等职业学校文化基础信息技术课程新教材培训，85名教师到企业锻炼。全市职业学校教师本科达标率80%，其中硕士学位教师4人，15人参加硕士学位学习。2004年，镇江市教育局制定《镇江市中等职业学校会考改革方案》。镇江市职业教育中心校、丹阳职业教育中心校被教育部重新认定为首批国家级重点中等职业学校。镇江市职业教育中心校被教育部等六部委认定为江苏省技能型紧缺人才示范性培养基地、国家级数控技术职业教育实训基地。镇江市职业教育中心校等5所学校5个专业通过省示范专业验收。镇江旅游学校等7所学校9个专业通过市级示范专业验收。2005年，扬中市、句容市、镇江市丹徒区职业教育中心校被教育部重新认定为第二批国家级重点中等职业学校。丹阳市职业教育中心校被省教育厅确认为江苏省首批培养培训实训基地建设项目学校。镇江市丹徒区职业教育中心校、扬中市职业教育中心校被省教育厅确认为技能型紧缺人才培养培训实训基地建设项目学校。镇江市第三职教中心校等5所学校5个专业通过省示范专业验收。在省教育网站评比中，镇江职教网被评为江苏省唯一的一等奖，镇江市教育局被评为省第二届职教之星优秀组织奖。同年，全市13所职业高中招收90个班4710名新生，全市职业高中发展到248个班11845名学生。全市有国家级重点职业学校5所，职业高中毕业生专业技术等级考核合格率及双证率（毕业证、技术等级）均达90%。全市职业高中对口单招录取2109人，其中本科672人，录取率列全省第二。镇江市教育局被教育部、国家发改委等部门表彰为全国职业教育先进单位。

1985～2005年，全市中等职业学校招收职高学生1624个班68459人，其中市区招收职高学生434个班18101人（含招收农转非学生18班662人）。全市39所职业学校，其中省重点以上职业学校14所（含国家级重点职业学校）；职业高中18所，省级示范专业15个，市级示范专业22个，创建1个国家级和4个省级紧缺人才培养培训基地。18所职业高中占地面积506691平方米、校舍建筑面积223460平方米、有图书355386册。

镇江机电高等职业技术学校　镇江机电高等职业技术学校是经江苏省教育厅批准成立的一所全日制高等职业技术学校，是一所国家级重点职业技术学校，其前身是教育部首批认定的国家级重点中等职业学校——江苏省镇江职业教育中心校。江苏省镇江职业教育中心校建于1996年9月，学校坐落于镇江市学府路。江苏省镇江职业教育中心校一期工程建成后，镇江市将原江苏省重点职业中学——江苏省镇江第一职业高级中学整建制并入该校。“九五”期间，江苏省镇江职业教育中心校先后被评为江苏省合格职业教育中心校、江苏省重点职业中学、国家级重点中等职业学校、省专业现代化建设工作试点学校，是江苏省窗口学校。2001年7月，在镇江市职业学校布局调整中，镇江第二职业高级中学整建制并入江苏省镇江职教中心校，两个龙头学校实现镇江职教的“强强联合”。2005年1月，经省教育厅批准，江苏省镇江职业教育中心校挂靠江苏联合职业技术学院成立镇江机电高等职业技术学校（江苏联合职业技术学院镇江机电分院）。学校占地面积11公顷，建筑面积7万平方米，5年制高职专业10个，三年制中职专业20多个，有专任教师282

人，在校学生4800人。校内教学实训基地50多个，与80多家企事业单位建立稳定校外实习基地。

镇江市市区职业高中有关情况一览表

表33-19

校　名	校　址	开办职业教育年月	主要专业设置	变更情况
镇江市第十四中学	镇江市励家塘	1980年	化工、造纸	1992年并入镇江市江滨中学
镇江市第十一中学	镇江市古通巷	1981年9月	财会	1983年停办职高，其专业并入镇江市第五中学
镇江市第十二中	镇江市薛家巷6号	1981年9月	造纸	1982年停办，其专业并入镇江市第十四中学
镇江市第十九中学	镇江市牌湾街	1981年9月	木工	1983年停办
镇江市第八中学（镇江市艺术学校）	镇江市胜利路160号	1981年	幼师、工美、供电、制药、彩印、邮政、物资、化纤	1985年被确定为省首批办好的职业中学；1988年被确定为第一批省重点职中；1989年更名为镇江京江职业中学，1996年更名为镇江市第二职业高级中学；1990年被认定为（国标）省重点职业学校；2001年并入市职业教育中心校
镇江市第十三中学	镇江市万古一人巷	1981年	电子、塑料、麻纺	1994年停办职高部
镇江市第六中学	镇江市和平路	1981年9月	化工	1983年停办职高，其专业并入镇江市第十四中学
镇江市第五中学（镇江市机械职业中学）	镇江市健康路15号	1982年9月	机械财会、铝加工、食品加工、服务、城市金融	1985年被确定为省首批办好的职业中学；1988年被确定为第一批省重点职业中学；1989年更名为镇江机械职业中学；1992年被认定为（国标）省重点职业学校；1996年更名为镇江市第一职业高级中学，同年整建制并入市职业教育中心校
江苏省丹徒职业教育中心校	丹徒区三山镇	1982年9月	电子电器应用及维修、机电、文秘、市场营销	原名三山中学；1996年更名为丹徒县三山职业高级中学；2000年更名为江苏省丹徒职业教育中心校；2001年省认定为第四批合格职业教育中心校。2005年被教育部认定为第二批国家级重点中等职业学校
镇江市第十七中学（镇江市旅游学校）	镇江市新河路	1984年	旅游服务、烹饪	1998年停办，与镇江市第十六中学职高部合并成立镇江市旅游学校，1999年通过省级重点职业高中验收
镇江市第十六中学	镇江市宝盖山	1984年	服装、环保、计量等	1998年职高与镇江市旅游学校合并成立镇江市旅游学校
镇江市电子工业学校	镇江市东郊	1984年	电子	-
镇江市黄山中学	镇江市黄山路	1984年9月	财会、企业管理、化工、机械、建材、预备兵役、水电	1985年增挂润州职业中学校牌，1999年增挂镇江市第三职业技术教育中心校牌；1998年3月被评定为（国标）省重点职业中学
镇江市中华职业进修学校	镇江市宝盖山	1984年9月	营业员	1991年6月更名为中华职业学校，2000年停办

续表 33-19

校　名	校　址	开办职业教育年月	主要专业设置	变更情况
谏壁发电厂中学	镇江谏壁发电厂内	1984 年 9 月	电气化	1987 年停办职高
镇江铁路中学	镇江火车站西侧	1985 年 5 月	电工	2001 年停办
镇江市第十中学	镇江市谏壁镇西	1985 年 9 月	化工、纸浆	2001 年汝山中学与镇江市第十中学职高部合并，在原丹徒中学建立京口职业教育中心（行政隶属镇江市第十中学领导）；2003 年新校建成后增挂京口职业教育中心校校牌
丹徒区谏壁职业高级中学	丹徒区龙山村	1986 年 9 月	财会、机电、计算机	原丹徒县谏壁中学分校，1995 年更名为丹徒谏壁职业高级中学
镇江市船舶职业中学	镇江市北固山对面	1986 年 9 月	电焊、机械	1999 年并入镇江医学院
镇江市粮食职业中学	镇江市电力路	1987 年	粮油、商业粮食加工	1994 年停办
镇江市城建职业中学	镇江市桃花坞	1987 年	驾驶及修理、城镇建设等	2002 年 4 月更名为市建设学校，2003 年 5 月市建筑职工中专整建制并入市建设学校
镇江市交通职业中学	镇江市第一楼街	1987 年	汽修	2003 年停办
镇江市机械职业中学船舶分校	镇江柴油机厂内	1987 年 9 月	机械加工、电焊	1994 年停办
镇江市江滨中学	镇江市江滨新村	1992 年	造纸、化工	1998 年停办职高
镇江市汝山中学（镇江市京口职业技术学校）	镇江市东郊汝山	1993 年 9 月	机电、财会	2001 年职高与镇江市第十中学职高部合并，成立京口职业教育中心校
丹徒区高资中学	丹徒区高资镇	1994 年 9 月	机电、化工	原丹徒县高资中学，2002 年更名为镇江市高资职业中学
镇江市振华职业技术学校	镇江市风车山	1995 年 9 月	机电、计算机	–
镇江市职业教育中心校	镇江市东郊汝山	1996 年 9 月	机械、财会、营销、数控、机电、幼师、工美、计算机	1998 年通过省合格职教中心校验收，1999 年更名为江苏省镇江职教中心校，2005 年更名为镇江机电高等职业技术学校
镇江市新华职业中学	镇江市梦溪路 5 号	1998 年 9 月	电子与计算机、机电一体化	–

图 33-5　江苏省镇江职业教育中心校（2000 年摄）

图 33-6　镇江市京江职业中学（2000 年摄）

第五章　普通高等教育

第一节　发展概况

1983～1985年，镇江市有江苏工学院、镇江船舶学院、镇江教育学院、镇江医学院、江苏会计专科学校、镇江师范专科学校、镇江市职业大学等高校7所。1985年底，教职工3523人，其中专任教师1568人，在校学生7593人。

1986～1991年，镇江市有江苏工学院、镇江船舶学院、镇江医学院、江苏财经高等专科学校(1991年1月由江苏会计专科学校更名)、镇江师范专科学校、镇江教育学院、镇江广播电视大学(1986年创办)、镇江市职业大学等8所高校(其中部属2所、省属3所、市属3所)。各高校共设有43个系、部，149个专业，2个博士生点，14个硕士生点，各类研究所(室)44个，实验室87个，藏书170多万册。1991年底，在职教职工4801人，其中专任教师1902人。专任教师中具有高级职称533人，中级职称1101人。在校学生9397人，其中研究生172人。各校累计为国家培养各类毕业生13871人。其中，1986～1990年为11177人，1991年为2694人。期间，镇江各高校与地方合作的科技项目有271项，科研经费829.4万元，累计承担纵向、横向课题604项。1991年，各高校校办产业年收入总计2335万元。

1992年3月，国家教委批准建立镇江市高等专科学校，同时撤销原镇江职业大学、镇江教育学院、镇江广播电视大学建制。9月，全国人大常委会副委员长彭冲为镇江市高等专科学校题写校名。1993年，国家教委批准镇江船舶学院更名为华东船舶工业学院，国家主席江泽民题写校名。1994年1月，国家教委批准江苏工学院更名为江苏理工大学，实现由一般性工科院校向综合性理工大学历史性转变。

1996～2000年，镇江高校实行新的办学体制。原隶属机械工业部的全国重点大学江苏理工大学，1998年9月划转为江苏省管理，属省重点建设高校。华东船舶工业学院是隶属中国船舶总公司，以面向船舶工业为主，积极为地方服务的工科院校。镇江医学院是省属医学本科院校。镇江师范专科学校是省属高等师范院校。镇江市高等专科学校是市属普通高校。

2000年2月，江苏省政府批准江苏财经高等专科学校与南京经济学院、江苏经济管理干部学院三校合并，组建新的南京经济学院，并筹建南京财经大学。江苏财经高等专科学校由此成为南京财经大学桥头校区，是南京财经大学二级民办学院红山学院办学基地。7月，省政府批准镇江市唯一的民办普通高校金山学院筹建，校名为民办金山学院(筹)，首期招生140名。

截至2000年底，镇江有江苏理工大学、华东船舶工业学院、镇江医学院、镇江师范专科学校、镇江市高等专科学校、民办金山学院(筹)6所高校，占地面积约240公顷，各类建筑面积93.63万平方米，图书馆藏书226.8万册。专业涵盖理、工、医、文、史、经、法等多个学科门类，有9个部、省级重点学科，2个省级工程中心，2个省级重点实验室，3个博士后流动站，11个博士点，43个硕士点。普通全日制在校生26243人，其中研究生707人，本科生19979人。各类成人高等学历教育在校生12885人，其中本科生3493人，专科生9392人。在镇高校教职员工有4959人，其中专任教师2062人；有中国工程院院士1人，博士生导师37名，正高职称189人，副高职称976人。

2001年4月，江苏省政府同意省劳动和社会保障厅所属省劳动经济学校成建制并入镇江市高等专科学校。8月，教育部同意江苏理工大学、镇江医学院和镇江师范专科学校合并组建一所新的多科性大学，校名为江苏大学，同时撤销原三校建制。2002年6月，经省政府批准，江苏省农林学校升格为江苏农林职业技术学院。2003 年 4 月，镇江市人民政府将江苏省丹阳师范学校整建制并入镇江市高等专科学校。2004 年，江苏省司法警官学校升格为江苏省司法警官高等职业学校（隶属江苏省司法厅）。2005 年 1 月，省教育厅批准镇江机电高等职业技术学校（江苏联合职业技术学院镇江机电分院）成立。

至 2005 年，镇江市有全日制普通高校 5 所，即江苏大学、江苏科技大学、镇江市高等专科学校、江苏农林职业技术学院和民办金山职业技术学院。在校学生 6.41 万人，其中博士研究生 350 人、硕士研究生 3593 人、本科生 4.3 万人。教职工 7860 人，其中具有副高级以上职称 1400 余人。设各类专业 160 多个，学科涉及工、理、文、医、法、经、管、教、农等多个领域。学科建设上，有国家级重点学科 1 个，博士后流动站 5 个，博士点 26 个，硕士点 75 个，博士生导师 90 多人，其中江苏大学的学科实力进入全国高校"百强"之列。镇江市地域内，还有江苏省司法警官高等职业学校、镇江机电高等职业技术学校、中国药科大学高等职业技术学院镇江校区和南京财经大学桥头校区。

1986～2005 年，镇江有近 25 万人报名参加自学考试。开考专业从 1985 年 5 个专科发展到 11 个大类 110 余个本、专科专业。自学考试本、专科毕业生有 10644 人。1990 年、1996 年、2001 年市自考办被评为全国自学考试先进集体。2005 年，全市各类自学考试报名总人数 60833 人，其中学历考试 40026 人，非学历考试 20807 人。全年组织 15 次考试，其中学历考试 4 次，有毕业生 9765 人；非学历考试 11 次，9881 人取得各类非学历证书。

1986～1991 年镇江市普通高等学校基本情况表

表 33-20　　单位：人

项　目	1986 年	1987 年	1988 年	1989 年	1990 年	1991 年
普通高校毕业生人数	1792	2282	2099	2387	2617	2694
普通高校招生人数	2681	2535	2929	2617	2755	2734
普通高校在校生人数	8366	8956	9096	9398	9467	9397
普通高校教职工人数	3402	3644	4504	3795	3718	3825
普通高校专任教师	1601	1791	1789	1812	1763	1797
其中：教授	26	31	36	41	52	51
副教授	157	245	264	321	377	356
讲师	610	624	640	673	673	731
教员	148	184	171	83	76	544
助教	660	707	678	694	585	115

1992～2005 年镇江市普通高等学校基本情况表

表 33-21　　单位：所、人

年　份	学校数	毕业生数	招生数	在校生数	毕业班学生数	教职工数	
							专任教师
1992	6	2722	3666	10233	2589	4842	1872
1993	6	2562	4951	12112	2735	4982	1830
1994	6	2738	5041	14898	3985	4925	1823
1995	6	3935	5151	16060	4786	4829	1824
1996	6	4775	5472	16710	4142	4825	1798
1997	6	4123	5395	18010	4558	4782	1824

续表 33-21

年　份	学校数	毕业生数	招生数	在校生数	毕业班学生数	教职工数	
							专任教师
1998	6	4404	5994	19542	4869	5071	1855
1999	6	4806	8272	23006	4745	5058	1977
2000	5	3986	9624	26243	–	4394	2062
2001	3	4180	13828	37984	5811	5287	2542
2002	4	5590	12203	39269	–	5023	2642
2003	4	7702	12913	45865	–	5292	3034
2004	5	8273	15223	53959	–	7147	3183
2005	5	9765	18199	64139	–	7860	3762

第二节　江苏大学

江苏大学是一所以工科为特色的教学研究型综合型全国重点大学，是全国首批具有博士学位授予权的高校，综合实力位居全国高校百强之列。学校坐落在镇江市东郊学府路，校园占地203公顷，各类建筑面积105万平方米。前身为镇江农业机械学院、江苏工学院、江苏理工大学。2001年8月1日，教育部批准江苏理工大学、镇江医学院和镇江师范专科学校合并组建为江苏大学，同时撤销原三校建制。

“七五”期间，江苏工学院设有33个专职科研机构。1986～1991年，全院共评审鉴定科研项目195项，专利申请71项，已获专利权53项。1991年，全院承担科研项目275项，科研经费达908.5万元。

1994年，江苏工学院更名为江苏理工大学。同年，各类在校生突破6000人，有13个院、系，28个本科专业、24个专科专业。1996年，江苏理工大学硕士点由原来14个增加到18个，新增博士导师8人，省跨世纪科学带头人1人，省骨干教师5人。

1998年，江苏理工大学各类在校生近1.5万人。设有8个学院、5个系、2个部、34个本科专业；有博士点6个、硕士点23个，具有工程硕士学位授予权；建有3个博士后流动站、6个部级重点学科、3个省级重点学科、2个工程中心和1个省级重点实验室；学校有教职工近2300余人，其中教授100余人、副教授近400人、讲师近700人；校园占地面积近100公顷，各类建筑面积28万多平方米，图书馆藏书65万册。有10多项科研成果获国家级奖励，300多项成果获部、省级奖励。同年到账科研经费3240万元。出版专著37部、发表论文556篇，获得专利权15件，有5人入选省“青蓝工程”培养人选第一批跨世纪学术带头人。

1999年，江苏理工大学经省政府同意，对并入的省冶金经济管理学校进行重新组建。新组建的江苏理工大学冶金学院作为学校第二校区。

2000年，江苏理工大学在全国录取本专科生4567人、研究生410人，各类全日制在校生达16000人；全年到账科研经费首次突破亿元大关。全年成果鉴定41项，出版专著42部，发表学术论文745篇，专利授权16件。

2001年，江苏理工大学、镇江医学院和镇江师范专科学校合并组建江苏大学。校园占地面积133.33公顷，各类建筑面积70万平方米。有教职工3300余人，其中特聘中国工程院院士5人、中国科学院院士1人，教授150余人、副教授500余人。同年新增正高职称22人、副高职称66人。

学校录取本科生 5344 人、专科生 3315 人,研究生 471 人,各类全日制在校生逾 2.3 万人,其中研究生 1200 余人。学校设有 23 个学院(部),61 个本科专业,9 个部省级重点学科,2 个省级工程中心,1 个省级重点实验室,3 个博士后流动站,10 个博士学位授权点和 33 个硕士学位授权点。工学类专业在全校比例为 43.5%,理学类为 12.7%,经管类为 20%,文学类、法学类为 14%,医学类为 10%。综合考虑文、理与师范的交叉,师范教育约占 10%。全年到账科研经费 5575 万元,其中纵向科研经费突破 500 万元。全年纵向立项课题 60 项,有 21 项成果获省部级奖励。全年出版专著 62 部,发表学术论文 1056 篇,专利申请 23 件。

图 33-7　江苏大学正门(2005 年摄)

2002 年,江苏大学全面启动"十五"建设,校园西侧新征地 80 公顷。校园占地 200 公顷,各类建筑面积 80 万平方米。全年完成基建项目 14 项,新增校舍 10.5 万平方米。

2003 年,学校招收本科生 6815 人,全日制本科在校生 24412 人,录取博士研究生 95 人、硕士研究生 730 人、工程硕士 200 余人,在校研究生 2500 人。同年省政府同意镇江市江滨医院划归江苏大学,作为江苏大学附属医院。

2004 年,江苏大学分为校本部、北固、梦溪、中山 4 个校区。全年录取新生 6800 人,录取博士生 127 人,硕士生 1035 人,研究生规模突破 3500 人。全日制在校学生 3 万余人。

2005 年,学校占地面积 203 公顷,各类建筑面积 105 万平方米,新增建筑面积 3 万平方米,在建面积 22 万平方米,完成基建投资 3 亿元。设有 20 个学院、69 个本科专业。拥有 5 个博士后科研流动站、5 个博士学位授权一级学科,28 个博士点、95 个硕士点、16 个工程硕士授权领域,7 个国家级、省级重点学科,6 个省级重点实验室、省级工程研究中心,具有 MBA 学位授予权。学校有教职工 4500 余人,其中特聘院士 7 人,博士生导师 120 余人,正高职人员 300 余人,副高职人员 800 余人。全日制在校学生 3.2 万余人,其中研究生 4600 余人,外国留学生 90 余人。新增 3 个国家级重点学科培育点、3 个博士点、35 个硕士点,填补了医学学科博士点空白。专利申请 122 件,其中发明专利 99 件;专利授权 38 件,科研经费总量 1.17 亿元,其中纵向经费 2600 万元,横向经费 9100 万元。学报自然科学版成为美国《工程索引》(EI)收录期刊,医学版成为美国《化学文摘》(CA)来源期刊。同年,被教育部表彰为全国本科教学工作优秀学校。

江苏大学是全国就业工作先进单位。2005 届毕业生就业率 97.35%,学校获江苏省毕业生就业工作先进集体称号。

江苏大学京江学院　1999 年成立的公有民办二级学院。2005 年,经教育部批准由江苏大学和江苏大学教育发展基金会共同举办独立学院,全部为四年制本科层次,在校学生 1883 人;教职员工 128 人,其中专任教师 112 人。

京江学院共享江苏大学优质教育资源,48 个专业及方向,涵盖理、工、文、法、经、管、医等 7 大学科门类,各类建筑面积 30 余万平方米,教学计算机近千台,多媒体教室 8600 座位,语音实验室 700 座位。

京江学院牢固确立"依托母体、立足江苏、面向全国、服务经济、高起点、创特色、争一流"的办学思想,追求卓越的办学理念,探索新的人才培养模式,其"京江学院新的人才培养模式构建与实践"获江苏省教育教学成果一等奖,"独立学院教学质量保证体系的构建与实践"获江苏大学教学成果特等奖。京江学院历届毕业生就业率在 90% 以上。

第三节　江苏科技大学

江苏科技大学坐落于镇江市东门梦溪路与学府路交会处，是一所省部共建、以工为主、特色鲜明的普通高等学校，具有博士学位授予权，是江苏省重点建设高校。学校始终坚持为船舶工业、国防工业和蚕业服务，形成船舶、国防、蚕业三大特色，逐步发展成为一所工、管、农、文、理、经、教、法等诸学科协调发展的多科性大学。学校设镇江3个校区和张家港校区，占地面积113.7公顷。

江苏科技大学始于民国22年（1933年）创办的上海大公职业学校。1970年3月迁至镇江，1971年2月，更名为镇江船舶工业学校。1978年12月，升格为镇江船舶学院。1993年6月，更名为华东船舶工业学院。同年，完成基建投资1300万元。学院所属的成人教育学院，获江苏省社会办学先进单位称号。1994年，华东船舶工业学院董事会成立，同时成立董事会基金管理委员会、科技合作联谊会和人才培养联谊会。首批参加学院董事会的有50个企事业单位。2003年4月，教育部同意在华东船舶工业学院的基础上筹建江苏科技大学。

"七五"期间，镇江船舶学院加强重点课程建设，修订专业教学计划，加强教学管理。在院内成立教学实习分厂，与上海沪东造船厂等厂家确立长期合作关系。

"八五"期间，学院成立综合技术研究所，焊接、船舶结构力学、轮机工程、机械制造工艺设备4个专业获硕士学位授予权。1995年，科研效益产出取得重大突破，在中国船舶工业总公司主持召开的国防预研成果鉴定会上，有11个科研项目通过鉴定，其中有3项达国际先进水平，6项处于国内领先地位。同年，学院招生"并轨"后实行高额奖学金办法，设特等奖学金2500元/人·年，一等奖学金1500元，二等、三等分别为1000元、500元，学生受奖面30%以上。

"九五"期间，根据国务院对军工院校调整部署，学院由原隶属中国船舶总公司，转为"中央和地方共建，以地方为主"的办学体制，划转江苏省管理。学校设8个系、部，以及设立成人教育学院和船舶工业工程师继续教育学院。建成19个本科专业，1个第二学士学位专业，8个研究生专业，6个专科专业和3个高等职业教育专业。授予硕士学位的学科、专业有7个。由原来单一工科发展成具有工学、经济学、管理学和文学4大学科门类，机电并重，强弱电结合，船舶、机械、电子、能源、材料、建筑、环境、外国语、经济和管理等均衡配套的学科专业布局。学院的综合科技实力在全国1075所院校中排名167位。

2000年，校园占地面积105公顷，校舍面积32.71万平方米，图书馆藏书76.56余万册，教学科研仪器设备计5549台套，价值4976.43万元。学校有教职工1300余人，其中正高级职称52人，副高级职称300余人，博士生导师6名。在校各类学生9000余人，其中全日制在校生近6000人（本专科生5775人，硕士研究生101人，博士研究生6人）。学校实行弹性学制，设立辅修专业，实行分级教学，开设选修课。

2001年，中国农科院蚕业研究所与船院合并，建立西校区。2002年，学院成立民办二级学院（南徐学院）。征用土地11.33公顷，首次招收321名全日制本科学生。学院西校区一期工程完成10.5万平方米，总投资约1.65亿元的基建任务，学院形成东、南、西3个校区办学格局，多校区办学机制启动。同年，学院总占地面积达113.33公顷。拥有各类设备10312台件，价值7532.59万元。校舍建筑面积43.88万平方米，实验室及实习场所31个。图书馆藏书127.4万册（件）。学校有教职工1600余人。其中：中国工程院院士1人，部级以上科技专家13人，全院教授、副教授380余人，博士生导师21人。学院有博士点1个，硕士点10个，本科专业35个，涵盖工学、管理学、理学、农学、人文科学5大学科门类。

2003年4月，教育部同意在华东船舶工业学院的基础上筹建江苏科技大学。2004年举行江苏科技大学揭牌典礼。同年，江苏省船舶行业协会成立大会在江苏科技大学召开，校长吴立人当选为首任会长。学院在地区船舶行业中的人才、技术和信息中心地位进一步确立。学校有教职工1700多人，招收硕士研究生214人，本专科学生3977人，成教学生3524人，在校生规模达2万余人。

图33-8　江苏科技大学正门（2005年摄）

2005年，经省教育厅批准，江苏科技大学与张家港市政府合作建办张家港校区，首届406名学生入学。至此学校有东、南、西、张家港4个校区以及驻上海办事处，固定资产总值63087.7万元。其中教学、科研仪器设备资产12007.7万元。馆藏纸质图书118.4万册。有教职工1700多人。同年，招收硕士研究生282人、本专科学生3093人、成教学生2381人，在校生规模2万余人。学校有2个省级重点学科和5个省部级重点实验室、1个省级公共技术服务平台、1个国防科工委重点建设专业、1个省级品牌建设专业、3个省级特色建设专业。有1个博士研究生培养点、27个硕士点、5个工程硕士领域。有39个本科专业，分属工、商、理、文等学科门类。船舶与海洋结构物设计制造学科被遴选为江苏省国家重点学科培育建设点。材料加工工程、轮机工程、计算机应用技术3个学科被列为江苏省重点建设学科。全年实到科研经费3785.59万元，其中各类纵向项目经费达1533万元。全年获批省级课题3项；3篇论文分获中国高教学会优秀论文二等奖和优秀奖，5篇论文分获江苏省高教学会二、三等奖；22名教师获优秀教学质量奖。全年引进博士研究生5人，硕士研究生61人，先后有8人赴国外进行学习。同年，学校入选省"青蓝工程"中青年学术带头人培养人2人、优秀青年骨干教师培养人10人、优秀学科梯队1个，申报省"高峰人才"项目1项。

到2005年，学校连续13次获得大学生暑期社会实践全国先进单位。2005届毕业生就业率，本科99.56%、专科97.01%，在省内高校中位居前列。

江苏科技大学南徐学院　成立于2002年，是江苏科技大学按照新机制、新模式设置的本科层次的民办二级学院。2005年5月经教育部批准变更为独立学院。学院独立使用江苏科技大学南校区，占地面积近20公顷，坐落在镇江南徐新城中心地段。2005年，在校学生1036人；教职员工71人，其中专任教师38人。

南徐学院专任教师主要由江苏科技大学选派其中具有副教授以上职称和博士、硕士学位的教师占60%以上。学院实行学分制、导师制、主辅修制；为确保教育教学质量，由江苏科技大学名师组成老专家组、教学督导组全程监控课程教学。学院依托江苏科技大学专业优势，设置船舶与海洋工程、土木工程、工程管理、机械设计制造及其自动化、机械电子工程、热能与动力工程、轮机工程、电气工程及其自动化、电子信息工程、计算机科学与技术、通信工程、信息管理与信息系统、信息管理与信息系统（网络营销方向）、经济学（国际贸易方向）、物流管理、人力资源管理、旅游管理、工商管理（财务与会计方向）、英语、材料成型及控制工程、环境工程、高分子材料与工程、社会体育等23个本科专业（专业方向）。

南徐学院根据区域优势和市场需求，确定"面向制造和服务行业，培养基础知识面宽、实践动手能力强的高素质应用型实用人才”的办学思路。强调对学生实践、应用能力与就业、创业能力的培养，学生就业率一直在90%以上。

第四节　镇江医学院

镇江医学院是省属医学本科院校，坐落于镇江市解放路北端北固山南麓。

1986年以后，镇江医学院在全国最早开设医学检验专业，临床检验教研室成为省级重点课程教研室。

1992年，镇江医学院职工筹资购进10余台频谱治疗仪。首例踝骨骨折经手术内固定后形成骨痂的患者，经频谱照射3天，水肿消失，固定钢钉拔除，彻底解除痛苦。同年，与南京铁道医学院合作，首先在国内开展以鼠树突状细胞分离提取、形态学特征及一系列免疫功能为主要目标的研究，成果显著，获铁道部科技进步二等奖。

1993年，镇江医学院发挥专业优势，在治疗肿瘤、治疗不育等领域提高科研水平和教学质量。同年，开办夜大学，扩招代培生、自费生260人。

1996年10月，镇江医学院与市第一人民医院达成协议：镇江市第一人民医院列为镇江医学院附属医院，挂牌镇江医学院附属人民医院。

1997年6月，镇江医学院通过国家教委专家组对本科教学工作评价。9月16日，由镇江医学院和日本国三重县日中友好医院交流协会级株式会社共同投资的江苏中日医学交流中心，在镇江医学院举行开业典礼暨揭牌仪式。

图33-9　镇江医学院正门(2000年摄)

至2000年，镇江医学院占地面积9.36公顷，教学及辅助用房3.1万余平方米，生活用房4.5万平方米，学生宿舍1.4万平方米。有教职工504人，其中专任教师252人，博士生18人，硕士生36人。全日制在校生2633人，其中本科生2194人，专科生439人。成教1835人。设置7个本科专业及方向和2个专科专业，300余门课程。院内有24个基础教研室、22个专业教研室。有附属医院2所、省内外教学医院28所、实习医院47所。图书馆藏书21万余册，中外期刊1100余种，并拥有中外医学信息计算机检索系统。学院拥有固定资产5606万元，教学、科研仪器资产值1478万元。在研项目117项，其中部、省级以上77项。

2001年8月，经教育部批准，江苏理工大学、镇江医学院和镇江师范专科学校合并组建江苏大学，同时撤销镇江医学院建制。

第五节　镇江师范专科学校

镇江师范专科学校是省属高等师范院校，位于镇江市区正东路，占地面积8.73公顷，其中校本部4.7公顷，建筑面积6.5万平方米。

“七五”期间，学校重建。1992年6月，学校设置的23门重点课程通过验收。其中，《光学》《物理化学》课程建设分别获江苏省高校优秀教学成果奖集体二、三等奖。12月，国家教委师范司金长泽司长专程来到师专考察，对师专的硬件建设、学校管理、开放式教育、学生动手能力培养、重点课程建设、师资队伍建设、学生“三自”管理等7个方面高度赞许。

1993年8月，中共江苏省委组织部、宣传部、高校工委、省教委党组，授予全省10所高校“江苏省党的建设和思想政治工作先进普通高等学校”称号，镇江师范专科学校名列其中。同年，镇江师范专科学校成立成人教育学院。

1995年2月，学校受国家教委委托牵头研制的“高等师范专科学校二、三年制教学方案”经论证审定通过，由国家教委师范司印发试行。同时，学校制定《镇江师范专科学校有限制学分制教学管理暂行规定》，用学分制来保证新方案的实施，并从95级学生开始全面试行。

1996年，省教委确定镇江师范专科学校“九五”期间的主要任务和发展目标：“立足镇江，服务常州、扬州，逐步把学校办成以培养初中教师为主的高等师范学校”。1997年，镇江师范专科学校与江苏省镇江师范学校、丹阳师范学校实现联合办学，成立联合办学委员会。

图33-10　镇江师范专科学校正门(2000年摄)

1999年，镇江师范专科学校在连续7年获省大学生社会实践活动先进单位基础上，又获全国大学生社会实践活动先进单位称号。《镇江师专学报》被评为江苏省一级期刊和全国优秀社科学报。镇江师范专科学校受原国家教委委托牵头研制的《高等师范专科教育二、三年制教学方案(试行)》，被认为是中国师范教育50年重大改革措施之一。

至2000年，镇江师范专科学校设有7个系，9个师范专业和3个非师范专业，同时设有成人教育学院、夜大学部和国际劳务培训中心。学校有全日制在校生2334人，其中本科生1643人，夜大、函授、成教等各类学生2000人。建有39个教育实习基地。教职工406人，专任教师167人，其中教授10人，副教授49人。其他系列高级职称17人，外籍教师3人。图书馆藏书36.8万册。连续10次获省大学生社会实践活动先进单位。

2001年8月，经教育部批准，江苏理工大学、镇江医学院和镇江师范专科学校合并组建江苏大学，同时撤销镇江师范专科学校建制。

第六节　镇江市高等专科学校

1992年3月5日，国家教委批准建立镇江市高等专科学校，同时撤销原镇江职业大学、镇江教育学院、镇江广播电视大学建制。9月22日，镇江市高等专科学校挂牌成立，是市属综合性普通高校，集高等职业技术教育、高等师范教育、广播电视教育于一体，为地方经济建设和社会发展培养理科、工科、文科等各类高等专业技术人才。学校坐落于镇江东郊学府路。

1993年，镇江市高等专科学校征地1公顷，校园面积基本达到国家教委有关规定；建成300米田径运动场，1000平方米的实习工厂厂房，8430平方米教学综合楼。

1996年，镇江市高等专科学校确定化工、机电、经济管理等专业作为重点建设的专业或专业方向。学校招收高等职业技术类学生438名，占学校招生总数的62.3%，其中单独对口招生120名，“3+1”职业高中师资类本科生40名。同年向社会输送高等职业技术类学生512名，占当年毕业生总数的77.1%。

1997年，学校占地面积从4.67公顷增加到5.67公顷，并完成16公顷校园用地的勘测和规划。校舍面积由2万多平方米增加到5万平方米。全日制大专在校生达1800多名。1993～

1997 年,为镇江市输送各类大专层次毕业生近 3000 名,引进各类教师 80 多名,专职教师人数达 200 多名。到 1997 年底,4 名教师晋升正高职称,62 名教师晋升副高职称,90 多名教师晋升中级职称。

2001 年,经省政府批复同意,省劳动和社会保障厅所属省劳动经济学校成建制并入镇江市高等专科学校。学校与加拿大荷兰学院合作开办通信与网络技术(商业信息技术)专业,与日本津市高田短期大学缔结为友好学校。

2003 年,市政府将丹阳师范学校成建制并入镇江市高等专科学校。学校设有校本部、北校区和丹阳校区,总计占地 53.33 公顷。全日制在校生 8000 余人,教职工 700 余人,教授、副教授 130 多人。设有 18 个系、部,开设 5 大学科门类的 40 多个专业。同年开设 10 个四年制双专业,其中双专科专业 5 个。与加拿大荷兰学院联合办学,开设商业信息技术、旅游与酒店管理 2 个专业,2 门课程被评为江苏省高等学校优秀课程,旅游与酒店管理专业被确定为省品牌专业建设点。学校建有卫星电视接收系统、校园闭路电视系统和校区间的高速校园网,建有计算机中心、电教中心、多媒体教室和各类实验室 20 多个,建有实习工厂和 20 多个校外实习基地。学校图书馆加入全省高校数字化图书馆系统。

2005 年,学校本部占地 27 公顷,建有校舍 19 万多平方米,在校学生 6280 人, 教职工 600 余人,拥有一支 419 人的专职教师队伍,其中教授、副教授 128 人、中级职称 257 人。学校设有 17 个系、部,有理科、工科、文科、师范等 60 多个专业或专业方向,其中 20 多个是双专科专业。与新西兰奥克兰商学院合作开办"电子商务"专业,与澳大利亚亚历山大技术学院合作开办"国际贸易实务"专业。学校主要面向江苏省招生,经教育部批准在吉林、青海、海南、浙江、江西、山东、四川、安徽、湖北、湖南等省招生。

"十五"期间,学校获批主持的国家级课题 1 项,省教育厅课题 19 项,省电大课题 9 项,市级课题 7 项,校级课题 17 项。《镇江高专学报》被全国地方高校学报研究会评为市属高校优秀学报。镇江高专学报编辑部被评为 2005 年高校科技期刊先进集体。其间,毕业生当年就业率均在 90% 以上,其中 2005 年达 95%。

第七节　其他高校

一、江苏农林职业技术学院

2002 年 6 月,江苏农林职业技术学院经省政府批准成立,为隶属于省农林厅的全日制普通职业高等学校,前身为江苏省农林学校,主校区坐落于句容市北城区,分校区位于南京市江宁区湖新镇。学院占地面积 92.27 公顷,建筑面积 16 万多平方米,图书馆藏书 25 万多册,中外文期刊 400 多种。建有校园网站,拥有 20 多公顷高标准的现代农艺示范场、园艺示范场、牧场、花卉市场、树木标本园和蔬菜种植园区等校内生产实习基地和 40 个高标准实验室。学院设有风景园林(林学)、农艺、畜牧兽医、经济贸易、电子信息与自动化、社会科学与艺术等 6 个系科 40 多个专业。各类在校生 3500 多人,教职工 254 人,其中专任教师 141 人。

学院在上海、苏州、无锡等地与 300 多家企业建立教学实习基地,是南京农业大学、南京林业大学、扬州大学和安徽农业大学校外办学基地,还先后被确定为国家林业行业特有工种职业技能鉴定站。学院在校外租赁 66.67 公顷土地进行草坪、花卉、苗木、畜牧生产,为开展实践性教学、农业技术推广、农村产业结构调整起到示范和带动作用。草坪和苗木的推广面积 166.67 公顷,每亩净增产值 1000 多元。2002 年,学院获江苏省职教工作先进单位称号。

学院先后选派 40 多人到德国、美国、荷兰、日本等国考察、研修,并与日本上野农业高等学校结为友好学校,开展对外交流和农业合作。

2005 年,校舍建筑面积扩至 22.5 万平方米,图书馆藏书增至 30.4 万册,拥有各类实验室 90 个,新增教学科研设备总值 1650 万元,使其教学仪器设备总值增至 2920.4 万元;新增固定资产 4700 万元,学院固定资产增至两亿元。同年,在校学生 6024 人;教职员工 372 人,其中专任教师 299 人。2005 届毕业生就业率为 98.9%。学院与南京青龙山生态园林开发有限公司合作创办江宁新校区,一期工程占地 13.3 公顷、建筑面积近 3 万平方米,接纳 1200 多名新生。

二、金山职业技术学院

2004 年,金山职业技术学院经江苏省人民政府批准成立,是镇江市第一所全日制民办普通高等学院。学院坐落于扬中市,由扬中资岳文化发展有限公司投资兴建,占地 26.7 公顷,规划用地 60 公顷。同年 7 月,一期工程竣工并投入使用,建成 2 幢教学楼、图书馆、学生公寓和教职工宿舍。建有 2 个大型计算机中心、校园宽带网、电子阅览室、电工电子实验室、多媒体教室等现代化教学设施。

金山职业技术学院设有机电系、计算机系、管理系、外语系和基础部,开设计算机应用、汽车技术服务、建筑工程管理、电气自动化、商务管理、广告设计与制作、应用电子技术、市场营销、公共事务管理、人才资源管理、涉外旅游等专业。学院面向全国招收高中毕业生,学制三年。2004 年,首届招生 460 人;2005 年,在校学生 1297 人;教职员工 112 人,其中专任教师 62 人。

学院重视国际交流与合作,聘请美国、澳大利亚等国家教师来院讲学,与澳大利亚墨尔本 I. D. E. A 学院建立姊妹校合作关系。学院与南京大学等名校合作办学,并与苏州、上海、常州以及广东等地台资企业实行订单式委培,主要为长江三角洲地区的台资和外资企业培养应用型、外向型的中、高级复合人才。

三、江苏省警官高等职业学校

1985 年 9 月,江苏省司法厅建立江苏省劳改管理干部学校。1986 年,更名为江苏省劳改工作警官学校;1997 年,更名为江苏省司法警官学校;2004 年 5 月,经江苏省人民政府批准,升格为江苏省警官高等职业学校。学校坐落于镇江市桃花坞路,占地 15.33 公顷,校舍建筑面积 6 万余平方米,其中新建学生公寓楼近 2 万平方米,藏书 12 余万册,拥有宽带校园网、有线电视网、图书馆、电子阅览室、多媒体教室、语音室、微机室、警体训练馆及射击场、4 个校内实训基地。主要专业设置有刑事执行(监所管理、社区矫正方向)、法律事务(基层法律服务方向)、安全防范技术(安全防范管理、安全防范技术方向)、司法信息技术(监所信息管理方向)4 大专业 6 个方向,在校生 1138 人。

图 33-11 镇江机电高等职业技术学校成立庆典(2005 年摄)

四、镇江机电高等职业技术学校

2005 年 1 月,镇江机电高等职业技术学校(江苏联合职业技术学院镇江机电分院)由省教育厅批准成立。学校举办国民教育序列五年制高职(大专)和三年制中专学历教育,融升学与就业指导于一体,承担中、高级技能型人才培养和职前、职后岗位技术培训任务。同年 4 月 26 日,举行揭牌仪式。(参见第三十三卷第四章第三节职业高中)

五、中国药科大学高等职业技术学院镇江校区

中国药科大学高等职业技术学院镇江校区坐落于镇江市桃花坞，学校占地6.7公顷。2000年，被评为国家首批示范性高等职业技术学院建设单位。2005年，在校学生2000多人，教职工143人。学院图书馆藏书9万余册，刊物近300种。学院面向全国招收应届高中毕业生，开设药物制剂技术、药学（药品质量控制与保证）、化学制药技术、中药制药技术、国际经济与贸易（医药营销）等专业。

学院建成近1万平方米的校内实训中心，包括药物制剂生产线、在线和离线药物质量控制中心、生产设备保养和检修实验室等，实现学生实训、技能考核、师资培训等多功能要求。学院开发仪器分析实验仿真系统。学生在校内就能接受药品生产、质量检验及药品经营方面的完整训练。

毕业生就业率，2003届为99.33%、2004届为97.79%、2005届为98.9%。

六、南京财经大学红山学院

南京财经大学红山学院坐落于句容市下蜀镇桥头集镇，为南京财经大学二级民办学院红山学院办学基地，占地面积67公顷，建筑面积14万平方米。学院拥有5个语音实验室，7个学生用机房，16个多媒体教室。图书馆面积5473平方米，藏书23万册，配有电子检索和电子阅览设备。2005年，在校学生1921人；教职员工259人，其中专任教师230人。

第六章　成人教育和社会力量办学

1985年，全市青壮年职工初中文化补课、初级技术补课（简称“双补”）基本达到国务院《关于加强职工教育工作决定》规定的“双补”合格率60%～80%的要求。

“七五”期间，全市农村开展从扫盲到业余小学、初中、高中、职业高中、电视中专到大专等多层次的文化教育，共培养758名大专生和2200名中专生，有65万人次参加各种实用技术培训；至1990年，全市青壮年非文盲率达95.5%；全市参加各级各类学习的职工（50学时以上）达509735人，其中岗位培训431274人。

“八五”期间，全市扫除青壮年文盲33576人，青壮年非文盲率达99%；组织农村各类实用技术培训和文化学习86.8万人次；全市有合格成人教育中心校86所；参加各级各类学习的职工（含干部教育）68.01万人，其中岗位培训60.49万人，大中专学历教育和文化基础教育7.42万人。全市城镇职工年全员培训率42%。

“九五”期间，全市扫除文盲14041人，组织农村各类培训累计143万人次，农村劳动力平均受教育年限8.62年，全市城镇企业职工年全员培训率46.4%；学历自学考试参考人数8.13万人次；成人中专招生1.02万人。全市92个乡镇都建有乡镇成人教育中心校，其中建成省重点成人教育中心校12所，市级重点乡镇成人教育中心19所。

“十五”期间，全市加强农科教结合基地建设，创建省级农科教基地3个；各种形式的短期职业培训每年1.1万～1.5万人次；成人教育年培训总量稳定在35万人次，城镇企事业单位职工全员培训率47.5%以上。“十五”期末，全市有省级社区教育实验区1个，市级社区教育中心37个，各类民办学校152所，成人教育专职人员296人，兼职教师600人。农村劳动力受教育平均年限10.3年，人均预期受教育年限13.4年。

第一节 扫盲教育

1984 年,镇江市政府组织对全市扫盲验收复核工作,全市平均非文盲率 94.3%(郊区 95.2%、丹徒县 95.3%、丹阳县 97.2%、句容县 89.6%、扬中县 94%),各县、区都达到国务院规定的基本扫除文盲单位标准(非文盲率 85%、小学入学率 95%、基本控制复盲)。1985 年,全市有扫盲班(教学点)72 个,招收业余函授学生 2867 人,脱盲总人数为 439 人,其中丹阳县 80 人、丹徒县 48 人、扬中县 186 人、润州区 125 人。4 月,经江苏省教育厅验收,丹阳县被认定为江苏省基本扫除文盲合格县。

“七五”期间,据全省人口抽查,镇江市文盲占总人口比例为 13.5%。全市青壮年非文盲率 85% 的乡镇有 92 个,行政村有 1341 个;青壮年非文盲率 95% 的乡镇有 76 个,行政村有 1260 个。丹阳横塘镇、皇塘镇和句容下蜀镇先后获省扫盲先进乡镇称号。至 1990 年,镇江市 15～40 周岁人口为 1301460 人,其中文盲 64449 人,全市青壮年非文盲率为 95.2%。全市有 42 个乡镇、671 个行政村的青壮年非文盲率未达 95% 标准,城区有 45 个居委会文盲率高于 2%。要达到村村青壮年非文盲率 95% 的标准,必须扫除 15 周岁以上建国后出生的文盲 2.2 万人。

“八五”期间,全市扫除文盲 33576 名,青壮年非文盲率由“七五”期末的 95.2% 提高到 98.3%,全市 91 个乡镇,所有行政村和居委会的非文盲率分别都超过 95% 和 98%,通过省和国家验收。到 1995 年,镇江市提前 3 年全面完成基本扫除青壮年文盲任务。五年中全市扫盲经费投入 420.115 万元,其中政府拨款 222.99 万元,教育部门补助 73.94 万元,社会各界筹措 32.96 万元,其他 86.225 万元。

“九五”期间,国家教委确认丹阳为全国“两基(基本扫除青壮年文盲、基本实施九年制义务教育)”工作先进县(市),全市通过省基本扫除青壮年文盲年审。市教育局、市公安局联合下发《关于在第五次人口普查中做好脱盲人员文化程度调查登记工作的通知》,各地教育、公安、统计部门共同协作,圆满完成“五普”前脱盲人员核查登记工作。至 2000 年,全市脱盲 2642 人(巩固数为 2544 人),其中丹阳市 870 人、丹徒县 1493 人、句容市 140 人、扬中市 25 人、润州区 114 人。全市青壮年非文盲率 99.76%,其中丹阳市 99.67%、丹徒县 99.77%、句容市 99.76%、扬中市 99.85%、京口区 99.91%、润州区 99.72 %、镇江新区 99.56%。全市行政村中有 1394 个行政村青壮年非文盲率 98% 以上,成人识字率 92.9%。

“十五”期间,随着外来人口涌入(全市外来人口 272005 人)和少量脱盲人员复盲,全市青壮年非文盲率少数地方滑至 98.50% 左右。镇江市教育局下发《镇江市“十五”期间扫盲工作意见》,继续努力扫除青壮年文盲。2005 年,市政府转发市教育局制定的《镇江市 2005～2007 年扫盲工作意见》,确保 3 年内使全市 15 至 49 周岁的 17883 名剩余青壮年文盲全部脱盲。年底,市教育局召开全市扫盲工作推进会。

第二节 农村成人教育

一、发展概况

1984 年,全市有乡镇成人教育中心校 28 所。农村成人教育开始转向组织各类人员参加实用技术培训。到 1985 年底,全市建成乡镇成人教育中心 43 所,办文化技术学校 10 所,在校成人 1333 个班、61553 人。全市办综合学校 875 所,有 1966 个班、59644 人。

1986 年,共青团镇江市委员会、镇江市教育局等 10 部门联合下发《关于在农村青年中开展实用技术培训工作的意见》,有计划、有组织做好全市农村青年实用技术培训工作。到年底,全市开办综合学校1118所,有3047个班、128702人。1987年,市政府把建立成人教育中心校列为年度“十二件实事”之一。市教委制定《镇江市成人教育中心校合格标准及验收办法》。全市新建乡镇成人教育中心校17所,参加农村成人教育学习人数为201190人。1988年,市教育局制定《成人教育工作干部考评暂行办法》,对农村成人教育干部实行量化考评。12月,市政府对25个农村成人教育先进集体和19个先进个人予以表彰。同年,全市参加农村成人教育学习人数为175827人。至1990年,全市有乡镇成人教育中心校92所,乡镇企业办文化技术学校508所,村办综合学校667所。

“八五”期间,镇江市委批转市委组织部、市科协《〈关于对全市农村党员和基层干部进行实用技术培训的意见〉的通知》,全市把“农科教(农业、科技、教育)结合”和“三教(普通教育、职业教育、成人教育)统筹”作为农村成人教育工作的重点。全市岗位培训和实用技术培训86.6万人次,其中对乡镇企业职工培训22.1万人次,比“七五”期间净增6万人次。1991年,全市农村成人教育以岗位培训为主体,积极开展各类培训。同年,对23554名应届初中毕业生进行实用技术培训,占应届初中毕业生数97.8%。1992年,全市农村成人教育参加学习和培训人次187605人,学历班在校生833人。全市建成合格成人教育中心校20所,省重点成人教育中心校2所。至此,全市计有合格成人教育中心校83所,占乡镇总数90%。全市新建村(厂)成人学校872所,累计1774所,占乡镇骨干企业和行政村的87%。1995年,市委、市政府下发《关于加快农村成人教育改革和发展的意见》。市教育局下发《关于进一步加强乡镇成人教育中心校和村农民文化技术学校建设的意见》。全市农村教育费附加总额的5%以上作为成人教育中心校经常性事业费,乡村企业职工教育经费中,职工工资总额的0.5%由乡(镇)统筹使用。单独建制后被确认为省重点的成人学校享受完全中学待遇。年底,全市建成省、市重点成人教育中心校12所(丹阳6所、丹徒1所、句容2所、扬中3所)。

“九五”期间,市委、市政府召开全市乡镇成人教育中心校现代化建设工作会议,全市农村成人教育围绕“科教兴农”战略,积极实施“二·四·八”(即在每100名乡镇企业职工中有2名大专生、4名中专生、8名中技生)人才培养、绿色证书和成人职业教育三大工程。1996年,全市乡村企业职工培训率25.5%,60岁以下劳动力初步掌握1~2项实用技术,农村劳动力平均受教育年限8.37年,其中丹阳8.45年、丹徒8.45年、句容8.26年、扬中8.30年。1998年,全市21个乡镇通过省级教育基本实现现代化乡镇验收,占乡镇总数23.33%,名列全省第三。2000年,镇江市被确定为全国农村劳动力开发就业培训试点城市。全市建成乡镇成教中心校90所,其中省重点乡镇成人学校12所、市重点乡镇成人学校8所;建成省级教育现代化乡镇47个,各行政村建立农民文化技术学校1199个。全年成人教育经费(含扫盲经费)投入为602.76万元(政府拨款410.27万元、教育部门补贴61.96万元、社会各界筹措54.79万元),农民人均教育经费0.31元,农村教育经费占教育费附加比例为2.25%。“九五”期末,全市有技术培训学校1533所,在校生491753人,农村平均受教育年限8.62年,农村劳动力文化指数达9.21。

“十五”期间,全市农村加强以“新品种、新技术、新知识”为内容的农村成人文化技术培训。农村成人教育经费从每年0.25元~0.4元/人,提高到0.5元~0.8元/人。全市通过创建镇江市示范村(企)成人文化技术学校,进一步完善县(市)区、镇、村三级农村培训网络。“十五”期末,全市有乡镇成人教育中心校57所,其中省重点成人教育中心校14所、市重点成人中心校11所;市示范村(企)成人文化技术学校188所,省重点农科教结合基地4个,形成覆盖全市的县(市)区、镇、村三级农村成人教育培训网络。农村劳动力受教育平均年限10.3年。

二、乡镇成人教育中心校建设

1984 年 3 月，丹阳县后巷乡办起全市第一所以文化技术教育为主体的综合性、多功能的农村成人教育基地——丹阳后巷成人教育中心校。1985 年，各县（区）可从农民教育经费中提出 30% ~50% 用来补助乡镇成人教育中心校基地建设。同年底，全市已建成乡（镇）成人教育中心校 43 所。

图 33-12　镇江市第一所农村成人教育中心校——丹阳后巷成人教育中心校（1996 年摄）

“七五”期间，全市 90 个乡（镇）先后因地制宜、因陋就简建立农村成人教育中心校。市政府转发市教育局《镇江市合格乡（镇）成人教育中心校暂行标准及验收办法的通知》，加快乡镇成人教育中心校标准化建设。“七五”期末，全市 46% 的乡镇成人教育中心校已有独立基地，校舍面积达 1.5 万平方米，24 所成人教育中心校经市政府验收成为合格乡镇成人教育中心校。扬中新坝成人教育中心校、丹阳后巷成人教育中心校被评为全省农村成人教育先进集体。全市成人教育中心校培训结业总人数为 21784 人，培训在职干部 16528 人（其中乡干部 3919 人），培训乡村企业在职干部 13480 人。

“八五”期间，全市加快合格成人教育中心建设步伐。镇江市教委下达《镇江市重点成人教育中心校评估标准及细则（试行）》，决定在全市建立一批市重点成人教育中心校，并建立乡镇成人教育中心校联系点制度。“八五”期末，乡镇成人教育中心共招 72 个中专班、2774 人，15 个大专（包括大专专修）班、704 人。全市有合格成人教育中心校 86 所、省重点成人教育中心校 1 所，11 所成人教育中心校达市重点成人教育中心校标准。全市成人教育中心校校舍建筑面积 3.2 万平方米，比“七五”期末增加 1.8 万平方米；有专职公办教师 245 人，其中大专以上学历 137 人，专职教师占总人口的比例由“七五”期末万分之零点四提高到万分之零点九，农村成人教育经费由每年 0.10 元/人提高到 0.25 元/人。

“九五”期间，全市继续加强乡镇成人教育中心校现代化建设。市教委组织两期成人学校校长培训班，全市乡镇成教中心校校长基本上做到持证上岗。全市有合格成人教育中心校 90 所。2000 年，培训结业总人数为 134403 人（培训乡村在职干部 23191 人，其中乡镇干部 5339 人）；从学员中提拔、聘用乡镇干部 277 人，乡技术员 252 人；聘用村干部 847 人，村技术员 496 人。全市成人教育中心校有专职教师 294 人，兼职教师 833 人。学校总占地 39.51 公顷，校舍建筑面积 108483 平方米，教学仪器 2027 件，图书资料 230521 册，电脑等教学设备 1029 台，附设工厂 20 个，场圃 9 个，职工 441 人，固定资产 813.8 万元。当年年度总产值 1834.5 万元，利润 130.95 万元。科技成果中受县奖励学员 174 人，受市奖励 83 人，受省奖励 26 人；推广技术项目 152 个，产生社会经济效益 8096.9 万元。五年中，全市成人教育基建及办学经费总投入 7882.98 万元。

2002 年，全市有乡镇成人学校 72 所（其中独立设置 56 所、成教职教合并 5 所、成教普教合并 11 所），乡镇骨干成人教育中心校 24 所，其中省重点成人教育中心校 14 所，市示范成人教育中心校 10 所。乡镇成人教育中心校下伸办学点 871 个：分校 13 所，村校 714 所，厂校 144 所。全市成人教育中心校有专职教师 185 人，兼职教师 737 人，学校占地总计 253.87 公顷，建筑面积 106510 平方米，自建（含指导）农科教结合示范基地 75 个，年度投入经费 679.57 万元。

1986～2000年镇江市乡镇成人教育中心校办学情况统计表

表33-22　　　　单位:个、人

年份	入学情况		各类文化班		各类技术班		中专班(高中)		大专班	
	班数	人数	班数	人数	班数	人数	班数	人数	电大职大人数	与高校挂钩培训人数
1986	275	9716	989	37479	702	29464	30	885	347	382
1987	1937	100898	205	7056	1732	94382	626	28690	473	393
1988	1838	110653	187	7906	1651	102747	317	13998	290	449
1989	1658	98822	112	3671	1546	951551	55	2004	303	508
1990	1589	102549	106	4006	1442	97345	30	982	33	180
1991	1519	80480	24	818	1477	79087	14	464	-	111
1992	1491	105561	32	1358	1445	103646	13	517	-	40
1993	1450	77613	180	8419	1246	68219	21	852	45	78
1994	1853	103983	238	8309	1569	93957	40	1410	45	262
1995	2015	108750	251	10373	1709	96242	50	1855	-	280
1996	1754	99481	124	5408	1545	90964	75	2595	83	431
1997	1991	111822	86	3630	1803	104514	86	2893	40	745
1998	2232	155522	99	3006	2001	147445	118	4349	40	682
1999	-	103434	-	-	-	300244	-	7396	-	1011
2000	-	134403	-	-	-	311259	-	3982	-	1033

三、"5112"教育富民工程实施

2001年,市政府办公室批转镇江市教育局、农林局、劳动与社会保障局、科技局、科协五部门联合制定的《镇江市贯彻实施省教育厅等关于实施"5112"教育富民工程的意见》,全市"5112"教育富民工程启动,创建1个省级和18个市农科教结合示范基地,全年劳动力培训33万人次,农村新增和剩余劳动力转移教育培训6916人次,培训转移5175名村劳动力,培养120180名农村致富骨干,推广176个农业科技致富示范项目,培训下岗(失业)、转岗职工29843名,培训后再就业下岗(失业)、转岗职工18773名,2万名农村劳动力接受3～6个月就业培训。

2002年,市政府建立市"5112教育富民工程"领导小组,成立由市教育局等部门组成的镇江市农科教结合示范基地专家咨询组。市教育局下发《关于进一步加快农村劳动力培训转移工作的通知》,全年劳动力培训总量364085人次,农村新增和剩余劳动力转移教育培训34962人次,农村致富骨干培训12.97万人次,城镇企业下岗(失业)转岗职工培训27542人次,培训后再就业19808人次,培训转移农村劳动力4433人次;全市推广农业示范致富示范项目(包括新品种、新技术)247个(省级立项14个、市级立项37个、县级立项79个、其他117个),辐射农户27166户,产生直接经济效益12577.1万元。建立职业学校或农村劳动力转移就业指导服务机构62个,建立农业信息网站

* "5112"教育富民工程,是省委、省政府"十五"期间提出的一项富民工程,即全省通过职业教育与成人文化技术培训,转移500万农村劳动力,培养100万农村致富骨干,重点推广1000个农村科技致富示范项目,培训200万下岗、失业、转岗职工,全面提高城乡劳动者科学文化技术素质,使接受教育培训的人员年收入高于全省从业人员年均收入的10%以上。

或网吧33个，本年度用于教育富民工程的专项经费644.44万元（政府投入394.2万元、学校自筹200.29万元、社会捐助49.95万元）。

2003年，全市组织农村各类从业人员实用技术培训30.2万人次，农村新增和剩余劳动力转移教育培训4.04万人次，培养11.09万名农村致富骨干，培训下岗（失业）、转岗职工1.45万名，培训后再就业下岗（失业）、转岗职工9998人，培训转移农村劳动力5911人，重点推广20个致富示范项目。市教育局拨款8万元设立劳动力转移工作奖励基金，表彰2002年度市农村劳动力培训转移工作先进单位。

2004年，市委、市政府成立镇江市农村劳务输出工作协调小组，下发《关于进一步做好农村劳动力转移工作意见》。市教育局成立农村劳动力转移培训工作领导小组，把培训目标分解到各乡镇，列入乡镇政府目标考核之中，大力推进“两后双百工程”（对未能升学的初中毕业生100%进行职业技能培训，培训后符合就业条件的100%推荐就业）。镇江市在全省率先建成社会教育信息网站，全市农村各类从业人员培训36.31万人次，农村新增和剩余劳动力转移教育培训47784人次，培训下岗（失业）、转岗职工15447人，培训后再就业下岗（失业）、转岗职工10730人，培训转移8233人 村劳动力到外地就业，培训农村致富骨干11.7471万人。

2005年，全市积极推进职业教育、成人教育基地的重组和优化配置，加强职业教育、成人教育的沟通和融合，强化农村职成教三级网络建设。全市组织农村各类从业人员实用技术培训39.08万人次，转移农村劳动力5万人，培养农村致富骨干8.5万人，培训下岗（失业）、转岗职工17577人，下岗（失业）、转岗职工培训后再就业14111人，重点推广80个农村科技致富示范项目，创建农科教结合示范基地1个。

“十五”期间，全市创建3个省级农科教结合示范基地，先后组建22个职业教育培训基地。五年农村劳动力培训总量为175万人次，经教育培训转移农村劳动力18万人（含职业学校、乡镇成校培养的职业学历教育毕业生直接就业数），推广农业科技致富项目443个，近10万名农村劳动力接受3～6个月的就业培训。培训下岗（失业）、转岗职工10.49万人，下岗（失业）、转岗职工再就业73420人。

2001～2005年镇江市教育培训农村劳动力就业情况统计表

表33-23　　　　单位：人

年份	小计	职业学校、乡镇成人学校学历教育直接就业数			职业学校、乡镇成人学校培训转移数			社会办学机构培训转移数		
		本地就业	外地就业	境外就业	本地就业	外地就业	境外就业	本地就业	外地就业	境外就业
2001	39714	–	2993	16	–	5175	2498	–	28658	374
2002	32005	4298	4380	111	5161	4433	568	7032	5748	274
2003	27729	1839	2136	45	6233	6307	443	5760	4744	222
2004	40864	2759	2726	–	13324	8427	201	8357	4886	184
2005	42171	3365	3156	100	9424	8653	168	12029	4988	288

第三节　职工教育

一、发展概况

“六五”期间，全市贯彻执行全国职教委等5部门《一九八四年青壮年职工文化技术补课工作的几点意见的通知》,重点抓“双补”(青壮年职工初中文化补课和初级技术补课)”、政治轮训和专业干部培训。市区职工高中结业考试2306人报考,其中1304人获得单科考试合格结业证书,317人取得5门单科考试合格结业证书并换发职工高中毕业证书,享受高中毕业待遇。到1985年底,全市参加文化、技术补课的职工有5万多人,其中职工初中文化补课合格率93%,初级技术补课合格率85%,提前完成中央提出的“双补”任务。全市职工教育基本形成一个层次较多样、门类较齐全、结构较合理的职工教育网络。

“七五”期间,全市职工教育转移到以工人中级技术培训和岗位培训为重点的全员培训,全市岗位培训(含岗位职务基础培训、达标培训、多职能培训、职务变换培训、升职培训、岗位职务更新培训)和其他各项技术培训取得新进展。参加各级各类学习和培训50学时以上的职工50.9735万人次,43.1274万人次参加岗位培训,其中11.28万人次参加技术等级培训,3.8万余名中级技工和2000多名高级技工经过培训合格。接受大专学历教育和文化基础教育78461人,年均参加学习101947人,占职工总数33%。“七五”期末,全市有职工教育专职管理干部566人,职工教育专职教师574人,各类职工学校74所(其中高等学校4所,中等专业学校11所,职工学校59所);职工教育校舍面积117975平方米,人均0.34平方米;5年职工教育经费投入1093.04万元。

“八五”期间,全市有477337人次参加工人岗位培训,其中162573名中级技工和79966名高级技工中,经过培训分别有76356名中级技工和37854名高级技工结业;接受大专学历教育和文化基础教育74194人;职工教育经费总投入8652.995万元,占工资总额的1.70%。“八五”期末,全市有职工教育专职管理干部544人,职工教育专职教师589人,各类职工学校99所(其中高等学校1所、中等专业学校15所、职工学校83所),职工教育校舍面积142844平方米,人均0.40平方米。

“九五”期间,中共镇江市委组织部、镇江市经委制定镇江市企业管理人员培训规划纲要。1996年,全市高层次紧缺人才培训工程开始启动,100余人参加国际商务、自动控制等专业硕士研究生课程进修班学习,其中10余人攻读国际商务硕士学位,企业领导及后备人员岗位任职资格培训稳步进行。市教委制定镇江市实施《江苏省职工教育条例》的意见及《镇江市企业职工教育评估细则(试行)》,对职工教育管理体制、运行机制、保障体系和成果效益提出评估要求和标准,并在全市13个企业教育综合改革试点单位试行。市经委系统组织7.9万人参加工商管理资格考试和现代营销、电子商务专业培训;人事部门组织1.4万人参加公务员任职培训;劳动部门组织8.8万人参加各种技能培训,有61个职业实行国家就业准入制,持证率82%;工会系统组织1.9万人参加读书自学活动。职工教育对质量体系论证起到保证作用,全市有150家企业顺利通过ISO-9000标准质量体系论证。到2000年,全市有职工教育专职干部285人,专职教师424人,各类职工学校81所,校舍专用面积115442.5平方米,人均0.37平方米。5年间,全市职工教育累计参加学习776354人次,年均155270人次,全员年培训率46%以上(其中干部累计参加学习290107人,年均58022人;职工累计参加学习486247人,年均97249人)。职工教育经费总投入13332.85万元,占职工工资总额的1.64%。

“十五”期间,职工教育工作进入新的发展阶段。2001年,职工教育全员培训率保持在46%。2002年,职工教育全员培训率46.5%以上。2003年,城镇在职职工培训率47.2%以上。2004年,城镇企事业单位职工全员培训率47.5%,各类从业人员培训总量在30万人次以上。2005年,城镇企事业单位职工全员培训率保持在47.5%。同年,在国务院召开的全国职业教育工作会议上,镇江市职业教育受到国家七部委表彰。

二、成人中等学校

镇江市独立设置的各类成人中等专业学校主要承担成人中专教育及其他干部、职工培训任务,职工中学主要承担职工文化基础教育。其中职工中专主要招收具有初中毕业文化程度、40岁以下、工龄2年以上的在职职工,经过省组织统一入学考试,脱产学习3年,具有与全日制中等专业学校同等学历。

1983年,全市成人业余中学招生1875人;市区职工中学8所,有学员5370人。1984年,全市有成人职工中专6所,学员544人。市区职工中学增加到18所,学员5895人,另有业余函授学员23734人。1985年,全市有各类成人中等专业学校15所(含职工中专9所、党校1所、市县教师进修学校5所),招生588人(全脱产457人、业余33人、函授98人),在校学生2661人,教职工391人,专任教师201人。其中市区7所职工中专有学员749人(含函授生181人)。全市56所职工中学(其中市区职工学校27所)招生2892人,在校学生8356人,教职工173人,专任教师60人。

1986年,全市有成人中等专业学校22所(干部、职工中专10所,党校5所,市、县教师进修学校5所及镇江电视广播中专校、句容镇江电视广播中专校各1所),招生2052人,在校学生3882人,教职工395人,专任教师219人。同年7月,市区电大镇江分校开办成人中专部,招收学员174人,连同市区原有7所职工中专共有学员1063人。同年,全市45所职工中学(其中市区33所)招生3955人,在校学员7426人(全脱产357人、函授业余7069人),教职工150人,专任教师52人,兼任教师116人。1987年,国务院批转国家教育委员会《关于改革和发展成人教育的决定》,全市成人中专开始向多功能方向发展,试行一套班子、多块牌子(成人教育中心、培训中心、技工学校等),开办职业高中班、职业中专、技工班、岗位培训班等,同时突破单一培养规格,实行三种证书制度(毕业证书、单科及格证书、专业证书)。1990年底,全市成人中等专业学校有在校学生27525人,教职工1142人,专任教师493人。其中市区电大中专部、机械、化工、建筑材料、塑料、商业、纺织、建筑8所职工中专有学员1371人,教职工163人(其中专任教师98人)。全市21所成人中专校舍占地面积达38.25公顷,建筑总面积187636平方米,其中教室55015平方米,实验室11733平方米、图书室11334平方米、行政用房17933平方米、学生宿舍42768平方米、学生食堂11950平方米,固定资产总计802.53万元。同年底,全市有职工中学27所,56个班2954人。

1992年,市教育行政部门根据国家教委和省教委要求,对全市11所成人中专进行评估。1994年底,江苏省劳改管理工作中等专业学校、镇江市商业职工中等专业学校、丹阳卫生职工中等专业学校、镇江市机械职工中等专业学校、镇江市建筑职工中等专业学校等5校经省教委评估验收,被认定为江苏省合格成人中专。1995年,全市有15所成人中专(含省属远距离学校镇江点)招生(省劳改管理干校、句容卫校、丹阳卫校、镇江纺校面向全省招生),录取新生2939人;其中应届初中毕业生358人,高中毕业生1575人;参加脱产学习的727人,业余函授学习的2212人;文科类占74%,其中财会占48%;工科类26%。同年,职工中学招生33个班、1687人。

1996年起,全市成人中专校统一使用国家教委和省教委编写的政治、英语、语文和数学教材。1997年,江苏省劳改管理干部中等专业学校被确定为江苏省首批示范性成人中等专业学校。9月,有43名成人中专优秀应届毕业生被保送到有关成人高校学习。1996~2000年,全市各类成人中专累计招生10288人,年均招生2058人;输送毕业生8936人,年均毕业生1787人;成人高中累计参考8587人次,年均参考1717人次;创建省重点职工学校1所。

2001年,全市各类成人中等专业学校21所(含职工中专、教师进修学校、党校、普通中专成教部),招生351人,毕业2211人,在校生2994人;教职工561人,专任教师268人。为适应城镇职工教育变化,职工中学开始转向各类技术培训及下岗职工再就业培训。5所市、县党校未招生。2002年,全市13所成人中等专业学校招生618人,在校学生1384人,毕业1089人,教职工315人。其中8所职工中专招生558人,在校生1155人,毕业758人,教职工126人;4所市(县)教师进修学校招生50人,在校生229人,毕业331人,教职工189人。另镇江卫生学校成人中专部招生10人,在校生76人,毕业147人。2003年7月,句容市卫生职工中专招生90人(其他学校未招生),全市8所成人中等专业学校计在校学生294人,毕业生403人,教职工231人,其中专任教师147人。同年，全市组织1100人次参加成人高中结业考试，其中毕业825人。2004年，全市各类成人中等专业学校均未招生。2005年，镇江市机械职工中专、镇江市化工职工中专、句容市卫生职工中专、镇江市金茂职业技术学校当年未招生，全市有在校学生91人，毕业128人。全市组织1000人次参加成人高中结业考试。

第四节　成人高等教育

1984年，市机械职工大学与市仪表职工大学有学员162人，教职工42人，其中专任教师28人。电大镇江分校有全科教学班51个、学员1454人，单科教学班5个、学员124人；教职员工43人，其中专任教师19人。市区上半年高等教育自学考试807人报名，下半年2438人报名。江苏工学院受人事部、机械部委托举办首届设备管理高级研修班。1985年，市机械职工大学、市仪表职工大学并入镇江市职业大学（保留原有校牌，共有学员223人）；电大镇江分校有全科教学班51个，单科教学班5个，学员2036人。镇江船舶工业学院开办夜大学和职工大学，开设机械制造工艺与设备、工业电气自动化、企业管理等专业，招收学员445人。镇江市高等教育自学考试办公室成立，全市高等教育自学考试报名16456人。

1986年，市区10222人报名参加高等教育自学考试，199人取得专科毕业证书。江苏工学院开办夜大学，招收学员33名。1987年8月，经市政府批准，镇江市老年大学成立。9月，该校招生，设书画专业基础甲、乙班各1个，学员88人。1988年9月，中国书画函授大学镇江分校开办，设书法、国画、实用美术设计基础3个专业，招收361名学员。年底，机械部批准江苏工学院成人教育学院成立。市老年大学全校有3个班，学员116人。市自学考试办公室被省评为自学考试教务工作先进集体。1989年，全市4所成人高校（江苏工学院、镇江船舶学院、镇江师范专科学校、镇江教育学院）函授部、夜大学招生401人，在校学生1499人，毕业289人；教职工353人，其中专任教师203人。同年高等教育自学考试市区报名9470人，5人取得本科毕业证书，271人取得专科毕业证书。11月，中国书画函授大学在镇江老年大学设立中国书画函授大学镇江老年部。1990年，市属3所成人高校（职业大学、镇江教育学院、镇江市广播电视大学）招生290人，在校学生1417人，毕业749人，教职工200人，其中专任教师104人。高等教育自学考试市区10447报名，190人取得专科毕业证书，4人取得本科毕业证书。市区高等教育自学考试由1983年的5个专业发展到27个专业，其中本科4个，专科19个，中专4个。市区高等教育自学考试从1986年开始有专科毕业生，到1990年1131人毕业，其中本科9人、专科1121人、中专1人。1986～1990年，全市有职工成人高校7所（包括3所夜大），参加自学考试7.78万人次。

1991年，市属3所成人高校招生374人（镇江市职业大学15人、镇江教育学院106人、镇江市广播电视大学253人），在校学生1074人，毕业456人，教职工212人。老年大学专业增加到13个，学员突破500人。高等教育自学考试报名2.26万人次，经过考试获得各类毕业证书2069人，其中本科36人、大专2019人、中专14人。1992年，市属原职业大学、镇江教育学院、镇江广播电视大学合并，成立镇江市高等专科学校。新建立的镇江市高等专科学校电教部、师训部招收成人高等教育学生262人，在校学生780人，毕业199人。全市高等教育自学考试报名25153人，毕业309人。

1996年，镇江市高等专科学校电教部、师训部招收成人高等教育学生308人，成人教育在校学生756人，毕业201人。江苏冶金职工大学并入江苏冶金经济管理学校，招收成人高等教育学生26人，成人教育在校学生76人。全市教师自学考试报名7662人，毕业698人。全市自学考试开考41个专业，其中本科8个、专科31个、中专2个，全年报名参加考试36186人，是1983年自学考试开考以来报名人数最多的年份。全年自学考试毕业生477人，其中本科49人、专科428人。市自学考试办公室被评为全国先进单位。6月6日，经中国船舶工业总公司批准，华东船舶工业学院设立中国船舶工业总公司工程师继续教育学院。1997年，江苏冶金职工大学招收成人高等教育学生159人，在校学生219人。江苏理工大学、华东船舶工业学院、镇江师范专科学校招收成人高等教育专业证书教学班（学制1.5年）。1998年6月，市教委批准成立股份制镇江东吴进修学院。1999年，中小学教师自学考试在籍考生9715人，毕业957人。经省教委批准，确定镇江师范专科学校、镇江东吴进修学院、华东船舶工业学院为高等教育学历文凭考试试点学校。2000年，江苏冶金职工大学招收成人学员220人，高等成人教育在校学生335人，毕业134人，教职工140人。镇江市高等专科学校招收高等成人教育学员464人，成人教育在校学生1065人，毕业305人。华东船舶工业学院函授部招收高等成人教育学员399人，成人教育在校学生983人，毕业153人；夜大学招收高等成人教育学员226人，成人教育在校学生720人，毕业365人。镇江师范专科学校函授部招收高等成人教育学员210人，成人教育在校学生480人，毕业55人；夜大招收高等成人教育学员183人，成人教育在校学生409人，毕业120人；成人脱产班招收高等成人教育学员103人，成人教育在校学生153人，毕业50人。镇江医学院夜大学招收高等成人教育学员791人，成人教育在校学生1652人，毕业96人；成人脱产班招收高等成人教育学员79人，成人教育在校学生183人。江苏理工大学成人脱产班招收高等成人教育学员554人，成人教育在校学生1853人，毕业462人。全市有5.6万人参加高等教育自学考试，本、专科毕业生2300余人，其中教师自考毕业1400余人。高等教育学历文凭考试试点学校——镇江东吴进修学院招收8个专业280人。市、县两级老年大学基本解决办学经费和办学用房问题。

2001年，全市18～21岁适龄青年接受高等教育的比例超过25%。2002年，成人高考报名参考人数有所增加，全市成人高考录取率63%。市老年大学2002～2003学年度有34个专业、67个班级，参加各专业学习的学员有3464人次。2003年，全市成人高校招生10648人，在校成人学生25578人，毕业5415人。全市高等教育自学考试报名36088人，毕业1451人；教师自学考试报名1726人，毕业232人。1983～2003年，全市自学考试累计报名近25万人，平均每1万个市民中就有860人报名参加过自学考试。2004年，全市成人高校招生10648人，在校成人学生18664人，毕业6732人。全市高等教育自学考试报名37420人，毕业4902人；教师自学考试报名58528人，毕业315人。全市各类考试报名58528人，其中学历考试42655人，非学历考试15873人。同年，全市成人高考录取率为70.6%。2005年，全市成人高校招生8198人，在校学生20070人，毕业5463人。全市高等教育自学考试报名36823人，毕业4860人；教师自学考试报名40026人，毕业1377人。全市有60833人报名参加各类考试，其中40026人报名学历考试，20807人报名非学历考试。全年组织15次考试，其中学历考试11次，9765人毕业，9881人取得各类非学历证书。全市7751人报名参加成人高考，录取率为67.8%。市老年大学占地面积1000平方米，校舍面积2700平方米；开设35个专业、90个班级，在校学员3000余人，参加各专业学习的学员4200人次；教职工84人，其中任职教师62人。

第五节　社会力量办学

“七五”期间，镇江市人民政府制定《镇江市社会力量办学暂行管理办法》，全市社会力量办学开始走向规范化管理。镇江市财政局、镇江市教育局下发《关于加强社会力量办学财务、财产管理的通知》，要求社会力量办学单位必须加强对校产的管理，接受教育主管部门和财政、审计部门的监督和检查。1986～1987年，经镇江市教育局登记办学的企事业单位、民主党派、人民团体、学术团体单位和个人有53个。1988年，全市审批社会力量办学单位38个；1989年，全市审批23个；1990年，全市审批44个。

“八五”期间，镇江市人民政府下发《关于加强社会力量办学管理的意见》，镇江市教育局、物价局、财政局、工商局、公安局联合下发《关于社会力量办学必须领取许可证的通告》。市教育局制定《镇江市社会力量办学评估工作意见》，对全市社会力量办学单位的办学方向、行政管理、教学管理、财务管理、办学效益 5 个方面进行全面评估。市教育局、镇江工商局联合下发《关于加强社会力量办学招生广告管理的通知》，规定社会力量办学发布招生广告，须经教育行政部门批准。1992 年，全市社会力量办学单位对照《社会力量办学评估指标体系》进行自查自评。1993 年，市教育局组织社会力量办学评估小组，对全市社会力量办学进行复查评估。1994 年，市教育局对持有省社会力量办学许可证进行长期办学的单位进行年检，并对有关人员组织上岗培训。1995 年，市教委（原市教育局）对持有社会力量办学许可证的办学单位进行年检，凡不在规定时间办理年检手续的，按年检不合格处理，并取消其办学资格。

“九五”期间，市教委、物价局、财政局转发省教委、物价局、财政厅《关于整顿社会力量办学收费的通知》，严格规定各社会力量办学单位收费要在省规定范围内拟定标准并报市物价批准。市教委拟定《镇江市社会力量办学暂行规定》《镇江市社会力量办学教学管理暂行规定》，加强社会力量办学管理，提高社会力量办学质量。全市各社会力量办学单位开展对下岗工人再就业培训，为下岗职工免费进行再就业培训 4000 人次。社会力量办学培训总量为 11 万人次。全市社会办学机构 73 个，在校生 25527 人。1996 年，市教委对全市 43 个社会力量办学单位（培训班、学校、中心）全面评估，6 个单位获优秀、32 个单位合格、2 个单位基本合格、3 个单位不合格。全年社会力量办学培训 2 万余人次。1997 年，市教委及县（市）教育局分别对辖区内的办学单位逐个进行评估，市区评出 6 个优秀办学单位、35 个合格办学单位、2 个不合格办学单位，另有 9 个办学单位取消办学资格；华东船舶工业学院、镇江中山业余学校和镇江市机关干部文化学校受到市政府表彰。同时，查处镇江市养生益智技术培训中心、镇江天达电器公司培训部等办学机构的违规办学行为，检查评估结果在《镇江日报》等新闻媒体向社会公布。1999 年，全市开展社会力量办学年检和督查，核发国家社会力量办学许可证 56 个，临时办学许可证 17 个，新批社会力量办学单位 7 家。全市社会力量办学单位达 73 个，在校生 25527 人，其中高等教育层次学校 10 所，学生 3132 人；中、初等教育层次学校 31 所，在校生 6219 人；民办幼儿园 2 所，在园幼儿 882 人。全市社会办学的管理人员 364 人，专兼职教师 1073 人。全市社会力量办学总资产 1.08 亿元，其中单位自有资产 5007.3 万元。市教委社会力量办学管理办公室主动会同工商、公安等部门对媒体上刊发的招生广告进行审核，全年查处违规广告 20 余次。2000 年 8 月，市政协开展“加大扶持力度，加快我市民办教育事业发展”的专题调研，就民办中小学存在的问题提出建议。市教委社会力量办学管理办公室在华东船舶工业学院举办全市社会力量办学管理人员岗位培训，进一步加强社会力量办学规范化管理。

“十五”期间，全市大力宣传《中华人民共和国民办教育促进法》，举办民办教育学习会，开展市区社会力量办学机构年检和督查工作。全市组织市区社会力量办学单位参加省社会办学单位成果展示活动，选送艺术、书画、计算机类作品近百件，获一等奖 4 个、二等奖 9 个、三等奖 11 个，镇江市教委获优秀组织奖。2001 年，市教育局（原市教委）对持有市教委颁发的社会力量办学许可证的市区 12 所教育机构进行审核，市民政局对符合登记条件的教育机构依法予以核准登记，发给民办非企业单位登记证书。2003 年，全年审批社会力量办学广告 200 个，查处违规广告 12 起。经年检，35 个办学单位合格，6 个办学单位停止招生，新审批单位 1 个。2004 年，市教育局举办全市教育系统《民办教育促进法实施条例》培训班，推动全市民办教育事业发展。同年 9 月 1 日，由教育部统一印制的民办学校办学许可证正式启用，全市有各类民办教育机构 109 个。2005 年，市教育局对民办教育机构进行年度督导评估，依据评估结果换发民办学校办学许可证。市教育局制定《镇江市民办学校设置暂行规定（试行）》，进一步明确民办教育机构设置条件和标准、审批办法和流程、管理与监督，完善专家评议制度。市教育局同意江苏大学成人教育学院等15家单位继续举办非学历教育培训。市社会力量办学管理办公室更名为市民办教育管理办公室。

第七章　教师队伍

第一节　教师总量与构成

一、教师总量

1983年，全市普通高等学校教职工2692人，其中专任教师1284人；中等专业学校教职工471人，其中专任教师239人。中小学、幼儿园有教职工23448人，包括教育部门办12126人，其他部门办976人，集体办10346人。普通中学教职工8996人，其中专任教师6973人，包括高中专任教师1154人，初中专任教师5819人。农职中教职工217人，其中教师185人。小学教职工11327人，其中专任教师10476人。幼儿园教职工2908人，其中专任教师2569人。初、高中每班平均有教职工3.30人，每个教职工负责学生14.60人，每个专任教师负责学生18.84人；小学每班平均有教职工1.31人，每个教职工负责学生23.38人。每个教师负责学生25.29人。

1986年，全市普通高等学校教职工3402人，其中专任教师1601人；中等专业学校教职工854人，其中专任教师430人。普教系统教职工33536人，其中教育部门办17666人，其他部门办2324人，集体办13546人。普通中学教职工11232人，其中专任教师6872人，包括高中专任教师1368人，初中专任教师5504人；农职中教职工656人，其中教师503人；小学教职工13991人，其中专任教师10576人；幼儿园教职工4182人，其中专任教师3866人；特殊教育教职工41人，其中专任教师37人。

1990年，全市普通高等学校教职工3718人，其中专任教师1763人。中等专业学校教职工1200人，其中专任教师674人。普通中学教职工10379人，其中专任教师7862人，包括高中教师1378人，初中教师6484人。农职中教职工891人，其中专任教师660人。普通小学教职工12898人，其中专任教师11736人。幼儿园教职工3480人，其中专任教师2787人。特殊教育学校教职工79人，其中专任教师61人。中小学、幼儿园教师学历合格率超过省平均水平。当年，高中每班平均教师3.82人，每个教师平均负担学生13.54人；初中每班平均教师2.92人，每个教师平均负担学生15.87人；小学每班平均教师1.54人，每个教师平均负担学生19.18人。

1994年，为适应高中阶段教育加快发展的需要，镇江市首次从省外引进高中师资。河南师范大学、陕西师范大学、湖南师范大学、江西师范大学等校应届师范毕业生20余人到镇江市从事教育工作。

1995年，全市普通高等学校教职工4829人，其中专任教师1824人；中等专业学校教职工1315人，其中专任教师709人。普通中学教职工10942人，其中专任教师8095人，包括高中教师1402人，初中教师6693人；职业中学教职工1334人，其中专业教师1004人；小学教职工12795人，其中专任教师11283人；幼儿园教职工3879人，其中教师3304人；特殊教育教职工132人，其中专任教师104人。

2000年，全市普通高等学校教职工4394人，其中专任教师2062人；普通中等专业学校教职工1152人，其中专任教师679人；普通中学教职工11050人，其中专任教师8461人，包括高中教师2175人，初中教师6286人；农职业中学教职工1736人，其中专任教师1274人；小学教职工12728人，其中专任教师10984人；幼儿园教职工3422人，其中专任教师2853人；特殊教育教职工159

人,其中专任教师 122 人。

2005 年,全市各级各类学校有教职工 37050 人,其中专任教师 27113 人。高等教育学校(机构)教职工 7860 人,其中专任教师 3762 人。中等职业学校教职工 2357 人,其中专任教师 1815 人。普通中学教职工 12115 人,其中专任教师 9829 人;职业中学教职工 1340 人,其中专任教师 1066 人;小学教职工 10554 人,其中专任教师 8689 人;幼儿园教职工 2625 人,其中专任教师 1810 人;特殊教育学校教职工 144 人,其中专任教师 111 人。

2005 年镇江市各辖市(区)中小学、幼儿园、特教教职工情况表

表 33-24　　单位:人

地区	普通中学		中等职业学校		小学		幼儿园		特教	
	教职工数	专任教师数	教职工数	专任教师数	教职工数	专任教师数	教职工数	专任教师数	教职工数	专任教师数
合　计	12115	9829	2357	1815	10554	8689	2625	1810	144	111
市　属	1807	1487	782	604	9	9	–	–	57	50
丹徒区	1462	1182	322	251	1290	1065	60	39	–	–
京口区	344	331	38	37	1197	1129	609	401	13	9
润州区	241	200	81	63	969	908	403	243	–	–
新　区	125	113	–	–	213	187	110	78	–	–
丹阳市	4043	3326	582	463	3096	2744	632	454	37	28
句容市	2468	1871	375	263	2431	1602	502	386	17	12
扬中市	1625	1319	177	134	1349	1045	309	209	20	12

二、学历结构

1983 年,全市高中教师大学本科毕业及以上学历 583 人;初中教师大学专科毕业及以上学历 2379 人,其中大学本科及以上 513 人,占初中教师总数 8.8%;小学教师中师毕业及以上学历为 2421 人。随着教育事业的发展,全市中小学教师学历水平不断提高。

镇江市部分年份中小学、幼儿园、特教专任教师学历结构一览表

表 33-25　　单位:人

年　份		1985	1990	1995	2000	2002	2003	2005
普通高中	教师总数	1285	1378	1402	2175	2567	2934	3436
	研究生毕业	–	–	–	–	14	12	21
	大学本科毕业	638	722	836	1800	2226	2648	3247
	合格率(%)	49.65	52.39	59.63	82.76	87.26	90.66	95.11
	大学专科毕业	–	589	–	360	319	269	164
普通初中	教师总数	5506	6484	6693	6286	6657	6645	6393
	大学本科毕业	460	537	658	1721	2489	2761	3560
	所占比例(%)	8.35	8.28	9.83	27.38	37.39	41.55	55.69
	大学专科毕业	2084	4029	4843	4252	3914	3669	2736
	合格率(%)	46.20	70.42	82.19	95.02	96.18	96.76	98.48

续表 33-25

年 份		1985	1990	1995	2000	2002	2003	2005
中等职业学校	教师总数	349	660	1004	1274	1187	1185	1815
	研究生毕业	–	–	–	–	–	–	7
	大学本科毕业	–	162	274	641	773	828	1428
	合格率(%)	–	24.55	27.30	50.31	65.12	69.87	79.06
	大学专科毕业	–	413	–	577	371	326	356
小学	教师总数	10332	11736	11283	10984	10046	9470	8689
	大学本科毕业	–	–	–	118	295	356	961
	大学专科毕业	–	–	–	3675	4632	5117	5706
	所占比例(%)	–	–	–	34.53	49.04	57.79	76.73
	高中中师毕业	6668	9400	10158	6999	5059	3957	2017
	合格率(%)	64.54	80.10	90.03	98.25	99.40	99.58	99.97
幼儿园	教师总数	2567	2787	3304	3080	1844	1770	1810
	大学本科毕业	–	–	–	–	14	33	79
	大学专科毕业	–	–	–	–	662	707	951
	中师高中毕业	1081	1344	2045	2833	1101	989	749
	合格率(%)	42.11	48.31	61.90	91.97	96.37	97.68	98.29
特教	教师总数	22	61	104	122	106	113	111
	大学本科毕业	–	–	–	–	6	10	14
	大学专科毕业	–	–	–	–	48	59	73
	高中中师毕业	–	–	–	–	52	44	24
	合格率(%)	–	–	–	–	100	100	100

第二节 教师管理

1985 年 4 月,镇江市全面实行“基础教育分级办学、分级管理”的新体制。1986 年 5 月,市教育局发出《关于进一步严格执行加强中小学教师队伍管理工作几项规定的通知》,对调离教师岗位、教师调出本市作出严格规定。之后,通过师德师风建设,规范教师考核、聘任,职称评定,中青年骨干教师和中小学学科带头人建设、名校长命名等一系列措施,加强教师队伍的管理,不断提升教师的整体水平,努力建设一支高素质的教师队伍。

一、师德师风建设

1996 年,全市广泛开展“正师风、扬师德、廉洁从教、为人师表”主题教育活动。市教委下发《关于严禁中小学教师从事有偿家教、私自外出兼课的通知》《关于严禁教师接受学生及其家长礼物的通知》,市教委直属学校(单位)先后有 1500 多名教师向社会作出承诺。1997 年,全市广泛开展“爱生敬业、乐于奉献、教书育人、为人师表”师德主题教育活动。全市 35 名中小学班主任被省教委授予中小学优秀班主任称号,44 名班主任被市教委授予优秀班主任称号。1998 年 5 月,市教委党委、市教委、市教育工会联合作出在全市教育系统中开展向丹徒县三山中心小学青年教师孔国娣学习活动的决定。1999 年 3 ~ 8 月，市委宣传部、市教委、市人事局、市广播电视局、镇江日报社联合在全市中小学教师中开展镇江市师德标兵评选活动，10 位教师被评为镇江市师德标兵。10 位教师被评为镇江市师德先进个人。2001 年教师节，镇江市委、市政府表彰 116 名镇江市优秀教育工作者，受表彰的全体优秀教育工作者向全市教育工作者发出“讲三德、做三好”（讲社会公德，在社会做好公民；讲职业道德，在学校做好教工；讲家庭美德，在家庭做好成员）的倡议。2002 教师节，市委、市政府表彰第八批省特级教师和 100 名镇江市“讲三德、做三好”标兵。2003 年，市教育局党委发出通知，在市属学校开展向身边的好集体——市教育工会、身边的好校长——方复镇、身边的好党员——金燕学习活动。2004 年，全市中小学开展教师职业道德系列教育活动。市教育局制定《镇江市加强中小学教师职业道德建设暂行规定》，对全市教师提出职业道德建设要求，充分发挥学生、家长、社会舆论的监督作用，设立“师德建设”意见箱，公布“师德建设”投诉电话。5 月，市教育系统召开让人民满意的教育动员大会，3500 名教师代表与会，180 名教师代表向社会作出承诺。2005 年，全市教育系统利用暑期开展第二批党员先进性教育。市教育局举行优秀共产党员先进事迹报告会。全国模范教师、丹徒区姚桥中心小学珠心算教师钱志萍，省优秀教育工作者、勤政廉政好干部、市外国语学校党支部书记夏俊峰，省优秀教育工作者、市实验高级中学名校长方复镇，全国优秀教师、市三中教师金燕等 4 名优秀共产党员，以爱岗敬业、淡泊名利、为人师表、无私奉献的生动实践，诠释新时期教育系统共产党员的先进品质和时代风采。同时，在全市中小学教师中开展以“爱教育、爱学生、爱自己”为重点的师德师风集中教育活动。作为“三爱”教育活动的两大载体——“百千万”爱心大行动和城乡教师手拉手活动同时展开，即百名校长联系百名“暂差生”，千名党员帮扶千名“贫困生”，万名教师帮助万名“学困生”，全市 8000 多名“贫困生”、500 多名“暂差生”得到学校、教师的特别关爱和帮助。

二、民办教师转正和教师资格认定

镇江市委、市政府出台文件，对全市多年从事教育工作的中小学民办教师，择优选招为公办教师。1992 年，对具有中级职称者、小学民办教师和中学民办教师分别具有大专学历和本科学历者在同等条件下优先选招。1993 年，全市又规定凡获省辖市人民政府以上表彰的劳动模范和省以上教育、人事行政部门表彰的优秀教师、优秀教育工作者等荣誉称号的民办教师，首先选招为公办教师。到 1995 年，全市有 2915 名民办教师被择优选招为公办教师。1996 年，又选招 275 名民办教师为公办教师（其中民办教师 103 人，缺额教师代课教师 115 人，民办职工 57 人）。至此，全市完成解决中小学民办教师转为公办教师这一历史任务，实现市委、市政府提出的目标要求。

教师专业资格认定工作有序进行。1987 年 8 月，全市举行中小学教师“专业合格证书”文化专业知识考试。1996 年，根据省教委部署，全市基本完成教师资格认定过渡工作，认定教师资格 22640 人，其中幼儿园教师 888 人，小学教师 11884 人，初级中学教师 6121 人，高级中学教师 1761 人，中等职业学校教师 1862 人，中等职业学校实习指导教师 124 人。2002 年 5 月中旬至 10 月上旬，镇江市开始首次进行教师资格认定。全市 8268 名在职教师提出申请，认定 7863 名。2003 年，根据省教育厅统一部署，镇江市开展面向社会认定教师资格工作，1500 多人报名申请，至 2004 年，认定 1265 人具有相应教师资格。其间，市属学校从外省市引进 67 名应届师范类本科毕业生和 9 名骨干教师，缓解高中扩招后的师资缺口矛盾。2005 年 5 月，镇江市第一次公开招考教师 60 名。

三、教师考核、聘任

1988 年，市教育局拟订《镇江市中小学教师考核工作意见（试行）》，并在部分学校试行和推广。1989 年 2 月，市教育局制定《镇江市中小学教师职务聘任（任命）工作暂行规定》，各级教育行政部门和学校在完善任命制的同时，积极创造条件实行聘任制。3月，市教育局制定《镇江市中小学教师教学常规基本要求(试行)》。1990年8月，市教育局发出《关于认真做好中小学教师职务续聘任(任命)工作的通知》。各校根据《镇江市中小学教师考核工作意见》，在教师任期期满时，科学进行考核，考核结果作为续聘任(任命)的依据。续聘任(任命)期限一般为一至三年，即将达到离退休年龄教师的任期，一般以达到离退休年月为止。同年，全市61%学校进行学校内部管理制度改革单项实验。

1991年，教师考核列为学校内部管理制度改革的重点内容，全市所有中小学因地制宜对教师进行多种形式、不同层次考核，考核经验得到国家教委领导及有关会议充分肯定。市教育局《扎实认真做好中小学教师考核工作》的经验文章，被人事部列为年度全国专业技术人员考核工作经验交流会议材料。1992年始，镇江市中小学教师职务评聘工作转入经常化，每年进行一次。市教育局制订《镇江青年教师培养工作实施意见(试行)》，实施培养中小学青年教师的“135”工程，即“一年入门、三年过关、五年胜任”的基本要求，并分别就政治表现与师德修养、工作数量与出勤情况、教育工作、教学工作和教育研究与业务进修5个方面，规定具体要求和考核办法。1994年，全市举行青年教师教学基本功竞赛第一轮比赛，14名青年教师获竞赛一等奖，并获镇江市青年岗位能手称号，其中13人被授予镇江市新长征突击手。1997年，第二轮青年教师教学基本功竞赛结束，参训人员近500人。

2000年，全市中小学全面实施全员聘用合同制。市教育局在江苏省镇江中学等5所学校进行工资总额动态包干试点。2004年，镇江市将师德师风建设作为对教师、校级领导以及学校考核和奖惩的重要依据。

四、教师职称评审

1987年，镇江市首次中小学教师职务评定工作开始，市教育局成立市属中学教师初级职务评审委员会和镇江市中小学教师中、高级职务评审委员会。1988年1月开始进行全市中学教师任职资格评审。至1991年底，全市评定中学高级教师472人，中级和小学高级教师4537人，初级教师12464人。之后，全市中小学教师职称评定工作转入经常化、制度化，职称晋升人数逐年增加。

1997年，职称评审工作严格坚持1955年7月1日以后出生教师必须提高一个学历档次的标准，职评政策向40岁以下教师倾斜，40岁以下晋升中学高级教师职务占26%。1998年，全市中小学教师中，具有中级专业技术职务的分别有3478人和4440人，分别占教师总数37.55%和39.40%。具有中学高级教师职称的教师有723人，占教师总数7.8%。全市在职特级教师23人，占全市中小学教师数的1.12‰。

2004年，全市对申报中、高级职称人员，首次进行水平能力测试。到2005年，全市评审出中学高级教师1503人，中学一级教师4216人，小学中中学高级教师51人、高级教师4480人。

根据教育部、国家计委1978年制定的《关于评选特级教师暂行规定》，江苏省1978年始进行评选特级教师工作。1984～2005年，全市先后8批70名教师被省教育厅评为江苏省中小学特级教师。

五、中青年骨干教师、中小学教师学科带头人评选

1995年，启动培养中青年骨干教师的“青蓝工程”。1998年，全市首批230名中小学教师被评为镇江市中青年骨干教师。2001年2月，全市第二批462名中小学教师被评为中青年骨干教师。2003年，全市第三批742名中小学教师被评为镇江市中青年骨干教师。

镇江市中小学教师学科带头人评定。2000年2月，首批评定73名；2002年3月，第二批评定154名；2004年，第三批评定177名。同时，对之前评出的24名原学科带头人，因实绩不突出被淘汰。

六、名校长命名

2001年教师节，市教委命名王长明等9人为首批镇江市名校长。2004年教师节，市教育局命名8人为第二批镇江市名校长。镇江市两批17名名校长的命名，在镇江初步形成省内外有影响的名校长群体。

第三节 业务培训

一、培训机构

1983年7月，原镇江地区教师进修学院更名为镇江教育学院(1992年3月，镇江教育学院并入镇江市高等专科学校)，开展以高师函授为主的多种形式的师资培训工作，为全市培训在职中学教师。1984年，原镇江市教师进修学校撤销，新建京口区教师进修学校和润州区教师进修学校，负责两区教师的进修、培训工作。各县教师进修学校负责各地小学、初中教师、干部的进修、培训工作。1990年9月，经市政府批准，京口、润州两区教师进修学校撤销，恢复镇江市教师进修学校，并入镇江师范学校，承担京口、润州两区小学、幼儿园师资培训和校长培训任务。“七五”期末，全市有高等师范专科学校和教育学院各1所、中等师范学校2所、教师进修学校5所，基本形成中小学师资的培养、培训网络。2001年，全市4所教师进修学校全部通过省级办学条件评估验收，其中丹阳市教师进修学校达到省级示范学校标准。2001年8月，镇江市中小学教师(校长)培训中心成立，挂镇江市教师进修学校牌子。2003年，镇江市中小学教师培训中心并入镇江市高等专科学校。

二、学历教育

1983年，全市高中教师学历达标率50.5%，初中教师学历达标率40.88%，小学教师学历达标率23.11%。为提高教师学历水平，同年，镇江教育学院面向市属四县招收高师专科函授生，至1989年9月，有870名专科函授学员毕业。学院还设有上海体育学院专科函授站，南京师范大学本科函授站，承担专、本科辅导工作。

1985年始，京口、润州两区的教师进修学校坚持做好小学教师学历教育。至1988年，两区有三届中师函授生215人毕业，由丹阳师范学校发给毕业证书，两区小学教师的文化达标率显著提高。

1994年下半年，江苏省本科段教师自学考试开考，首批试点开考的专业为数学教育专业和历史教育专业。报考对象为已取得开考专业专科学历或取得高中教师《专业合格证书》的中学在职教师，对口招考。

1996年，全市参加学历进修人员9391人，其中中学2177人，小学5676人，幼儿园1538人。同年，小学、初中和普通高中教师学历达标率分别为91.28%、85.86%和61.14%，职高教师学历达标率为28.96%。小学教师大专学历占7.1%，初中教师本科学历占9.8%。镇江市首次开办研究生课程进修班。研究生课程进修班分别与南京师范大学和苏州大学联办，开设六个专业(语文、数学、外语、物理、化学和教育管理)，有340人参加，占全市中学教师总数的3.74%。

1998年，中小学教师第一期研究生课程进修班340名学员结业，与苏州大学联合举办的第二期研究生课程进修班开班，350名教师分别参加语文、数学、英语、物理、化学、政治、历史、教育管理等8个专业的进修学习。

2002年，全市有22名教育硕士和12名在读教育硕士。48名中小学骨干教师被南京师范大学等高校录取为教育硕士。全市具有教育硕士学位或学历(含在读)的高中教师占高中教师总数的3.2%。

2003年，教育局制定《关于加强中小学教师学历进修工作的意见》，明确教师学历进修的领导责任、制度建立和经费保障，鼓励教师提高学历层次，对通过自学考试提高学历的教师给予奖励。

至2005年，全市教师自考专科、本科段有毕业生7808人。同年，全市近200名教师在职攻读硕士学位，近1000名教师在职参加提高学历进修。全市高中教师、初中教师、小学教师、中等职业学校教师、特殊教育学校教师学历达标率分别为95.11%、98.48%、99、97%、79.06%、100%。

三、继续教育

20世纪80年代，师资培训工作重点由学历教育转为继续教育。京口、润州两区教师进修学校承担小学教师专业合格证书文化考试前的辅导工作，考试合格率70%。1986～1989年，京口、润州两区教师进修学校采取多种形式举办各种培训班13期，培训小学行政干部和教师522人次。至1989年，两区118名小学、幼儿园教师获得专业合格证书。

1987年起，镇江教育学院组织中学教师专业合格证书考试辅导，至1989年有750人参加辅导班学习。同时该校以系列专题讲座为主线，进行继续教育，1986～1989年底，听取专题讲座教师1275人次，形成全市性初中教师继续教育网络。1989年10月，市教育局制定《镇江市中小学教师继续教育试行条例》，逐步实现中小学教师继续教育制度化、规范化。

1992年，市教育局下发《镇江市青年教师培养工作实施意见（试行）》，启动培养中小学青年教师"135"工程。同年，全市通过举办各类函授、岗位培训，培训教师2400多名。

1996年，全市中小学教师参加各类进修人数1.9万人，占中小学教师总数80%。

2001年3月，市教育局印发《镇江市中小学教师队伍建设"十五"规划》，组织市属学校教师和其他专业技术职务的人员参加继续教育公共关系必修知识培训考核。2002年，全市开展教师全员培训、骨干教师培训、学历培训、计算机和英语专项培训、校长培训等业务活动，受训人员1.14万多人次。全市建立以特级教师、市级学科带头人共179人组成的教师培训导师库。

2003年，全市启动中小学教师信息技术与教育培训，80%的教师参加考核，多数教师初步掌握应用网络资源开展教育教学方法。2004年始，市教育系统分期分批安排中小学英语教师赴英国、加拿大等国培训。2005年，普通高中进入新课程，全市加强新课程培训力度，25名高中各学科骨干教师参加国家级高中新课程学科培训，6名信息技术专业教师参加教育部组织的技术能力培训，434名高中各学科备课组长参加省厅组织的高中新课程学科培训，51名中小学校长参加省教育厅组织的"校校通"工程培训。同年，全市组织高中阶段起始年级任课教师进行新课程培训。

四、骨干教师培训

2001年，市教育局制定《关于做好中小学骨干教师市级培训工作的意见》，委托镇江市中小学教师（校长）培训中心举办市级中学骨干教师培训班3期，小学骨干教师培训班2期，幼儿园骨干教师培训班1期。

2003年2月，为在职在岗的市级中小学教师学科带头人及业绩特别突出的教师举办首期学科带头人研修班，有学员30人，研修时间一年半，240学时。

2005年，全市选派37名学科带头人赴华东师范大学、北京师范大学、南京师范大学参加研修培训。778名教师参加市中青年骨干教师培训。同时还先后选送多名骨干教师参加国家级和省级培训。

五、校长培训

市教育局委托镇江教育学院（从1992年起委托镇江市高等专科学校）对初中学校校长进行岗位培训。

1983～2005年，全市举办中学领导干部岗位培训班22期，800余名中学校长培训结业。期间，高中校长参加由省厅组织的校长岗位培训，小学校长由各县区组织培训。1997年，全市中小学校长新一轮提高培训全面启动。镇江高专负责中学校长培训，各县(市)区教师进修学校具体负责本地区小学校长提高培训。至2005年，镇江高专先后举办6期中学校长提高培训班，180余名校长参加培训。

2001年起，镇江市中小学教师培训中心举办小学校长岗位培训班7期，200余名校长培训结业，实行持证上岗制度。

第四节　待　遇

一、政治待遇

中共十一届三中全会后，教师的政治待遇和社会地位不断提高。各级历届党员代表大会、人民代表大会、政治协商会议都吸纳教育界人士参加。各级党组织重视在教师中发展党员，一批中青年教师选拔到党政机关和学校领导岗位。每年教师节，镇江市各级领导走访学校，看望教师；举行庆祝会表彰教师，并授予荣誉称号。1985～2005年，全市教师受国家综合表彰有105人，其中全国教育系统劳动模范10人，全国优秀教育工作者12人，全国优秀教师79人，全国中小学优秀班主任4人。受省综合表彰194人，其中省劳动模范10人，省优秀教育工作者149人，省优秀班主任35人。受镇江市级综合表彰763人，其中镇江市劳动模范50人，镇江市优秀教育工作者713人。

至2005年，全市中小学教师中有3人享受政府特殊津贴，6人被确认为江苏省有突出贡献中青年专家，25人被确认为镇江市有突出贡献中青年专家，5人被授予“镇江市人民奖章”称号。

二、经济待遇

1. 工资　改革开放以后，国家几次连续调整教职工工资，建立健全教师工资按时足额发放保障制度，实行地方行政首长负责制，列入财政预算，按时足额发放。

1985年，根据国家规定，教师工资改革实行以职务工资为主的结构工资制，由基础工资、职务工资、工龄工资和奖励工资四部分组成。中小学教师同时实行教龄津贴。1987年1月起，全市中小学教师实行职务聘任制，执行职务工资。10月起，全市对幼儿园、小学、普通中学、职业中学、中等专业学校、特殊教育学校、中等及初等成人教育学校(含教师进修学校)的专职教师，以及少年宫、少年科技站的专职教师，按工资标准(基础工资、职务工资之和)提高10%。1988年，教师职称评定后实行职称工资。全市教师职称评聘后，工资待遇普遍提高，中学高级教师增幅尤为显著。1989年10月起，根据省政府有关规定，中小学、幼儿园教师，从事教学工作满30年，退休后工资按退休前标准全额发放。

1993年10月1日起，实行工资改革，中小学教师实行专业技术职务等级工资制。工资构成主要分为专业技术职务工资和津贴两部分，职务工资占70%，津贴占30%。在职教师津贴按所任工作岗位、工作量、业绩在校内浮动发放。教师保留教龄津贴。连续两年履行教育教学职责，经考核合格的工作人员，每两年晋升1个工资档次。考核优秀的3%可提前晋级。同时规定，凡到县(不含县)以下学校工作的中专以上学校毕业生，可直接享受定级工资，并上浮1档职务工资，作为乡村教师岗位津贴；对终身在乡村任教的，其浮动工资在离退休时可计入离退休基数。同年10月31日，第八届全国人民代表大会常务委员会第四次会议通过《中华人民共和国教师法》，确定教师的平均工资水平不低于或高于本地区国家公务员的平均工资水平，并逐步提高。

1997年7月1日起，随着国家机关和事业单位工资调整，中小学教师普遍调整工资标准。1998年10月，普遍调整职务岗位津贴。1999年7月，全市教师提高职务工资和津贴标准。全市对自1996年以来连续3年考核定为优秀的、1998年或1999年度获市级以上各种表彰的9种情况的人给予提前晋升1档职务工资。

2000年10月，全市增加中小学教师职务岗位津贴。2001年1月和10月，两次提高教师职务工资和津贴标准。2002年始，年度考核优秀和记三等功的教职员工，可享受一次性奖金，标准为当年12月份职务工资与津贴两项之和的50%。2003年7月，教师工资标准再次提高。镇江市实施“阳光工资”，对在职人员发放地方岗位补贴，对退休人员发放生活补贴费。镇江市教育局、人事局、财政局联合制定《镇江市中小学教师拔尖人才培养管理暂行规定》，对拔尖人才的生活待遇做出明确规定，其中省特级教师每月津贴500元（不含市财政拨付的80元津贴），镇江市学科带头人每月津贴200元，镇江市骨干教师每月津贴30元，镇江市名校长每月津贴300元。

2. 福利　1983年，全市对教龄满20年、工资达中教五级或小教三级以上的公办教师的农村家属和未成年子女可以转为城镇户口。镇江市区为51名中小学教师的农村家属和130名未成年子女办理户口迁入城镇手续。1988年教师职称评聘后，全市教师中级以上职称、教龄满20年、年龄40周岁以上，家属和未成年子女可农转非。

1988～1990年，市区投资508万元用于建设中小学教工宿舍，建房面积14567平方米，三年内每年解决100多户教职工住房困难（含旧房腾仓改善）。1990年，市区中、小学教职工家庭人均居住面积分别达6.6和6.39平方米，与居民人均居住面积大致持平。1991～1995年，全市投资7500万元新建城镇教职工住房18.36万平方米。到1995年，全市城镇教师家庭人均居住面积提高到9平方米。市区教师家庭人均居住面积8.02平方米，略高于同期居民家庭人均居住面积，住房成套率达64.27%；教师住房困难户和无房户占教师总数的比例由1990年末的25.3%下降到1995年的9.7%。1996年，市县两级党委、政府成立教师住房建设领导小组，加大教师住房建设投入。全市教职工住房开工面积10万平方米，竣工面积86734平方米，超额完成省下达任务的18.6%，完成投资6042万元，建成住房1024户，基本解决教职工中人均居住面积4平方米以下的特困户住房问题，教职工家庭人均住房面积和住房成套率分别达11.5平方米和58%。1997年，全市教师人均住房面积12.6平方米，镇江市区9.5平方米。

根据国家规定，中小学教师均实行公费医疗，参加社会医疗保险。全市每两年为教师进行一次健康检查。

第八章　教育条件保障

第一节　教育布局规划

一、布局调整

1999年，全市教育现代化工程建设以布局调整为突破口，加快薄弱学校改造进程。通过撤并、以强带弱，提前完成改薄任务，区域教育的整体水平提高。

2001年，全市完成改扩建小学39所，中学11所；撤并小学158所，中学3所；异地新建小学3所，中学1所。在原镇江师范学校校址建镇江市实验高级中学，市第二职业高级中学并入镇江职业教育中心校。

2002年12月，市教育局委托市规划设计研究院对主城区中小学布局规划重新编制。

2003年，面对城市化进程加速的机遇，市教育局提出“在经营城市中发展教育”的思路，通过政府实行以地带校、落实房地产开发中教育配套、盘活教育存量资产等多种渠道，筹措教育发展资金。依据城市建设总体规划，编制主城区中小学布局近期和远期规划，把按照现代化标准建设中小学融入新一轮城市开发和建设规划中。同年，在市规划、土地主管部门支持下，市区落实2个教育配套项目（恒顺置业集团开发的学府路北靶场配套1所初中，占地3.33公顷，校舍建筑面积1.3万平方米；镇江瓯龙房地产开发公司开发的京岘山路两侧，配套1所九年一贯制学校，占地3.2公顷，校舍建筑面积1.2万平方米），直接利用社会资金增加义务教育投资近1亿元。成立市教育投资中心，着手对闲置的教育存量资产如土地、校舍等进行市场化运作，将受益部分用于中小学建设。

2004年12月，《镇江市主城区中小学布局规划（2003～2020年）》开始实施。市教育局结合城市规划，调整普通高中布点，实现规模办学，与周边城市高中发展趋势相吻合。主城区形成省镇江第一中学、省镇江中学、省大港中学3所四星级高中，市实验高级中学、市第二中学2所三星级高中的合理布局。省镇江中学改扩建校舍达5万平方米，投资7000万元以上，学校办学规模扩大43%。市实验高级中学由于原第十八中学校区的并入，校园面积增加1.8公顷，达8.7公顷，增加校舍1万平方米。省镇江第一中学老校区完成1万平方米综合楼建设，位于东郊23.3公顷新校区征地工作完成（居民拆迁2005年启动）。同年，市教育局采用“合并、改造、配套”措施，优化主城区初中学校布局。“合并”：将市第十二中学并入市第二中学；市第四中学高中并入省镇江中学，初中由原来的公有民办转为公办机制；原民办江南学校与市江滨中学脱钩，新建6239平方米教学楼和塑胶田径场，市第十八中学迁入市江滨中学原址办学，保留市江滨中学校名。“改造”：市第三中学新建3幢教学楼3022平方米，铺设运动场塑胶跑道250米；市第六中学新建、改造校舍5484平方米，建设综合楼1幢，重建学校大门，新建运动场和300米塑胶跑道；市外国语学校完成5829平方米的综合楼主体工程。4所学校新建校舍2万平方米，塑胶田径场2个，总投资2000万元。“配套”：依据城市规划相关法规，规划城市住宅小区开发建设中教育配套项目，经过国土、规划、教育部门通力合作，主城区义务教育阶段学校确定近10个项目。

2005年，根据全市经济社会发展和教育发展实际，“以初中为重点，促高中，带小学”，推进教育布局调整，提前两年完成省“十五”中小学布局调整规划目标。《镇江市主城区中小学布局规划》出台后，在投入近亿元基础上，同年又追加投入1亿元，使各学校面貌焕然一新。1月8日，镇江市第一中学举办新校区奠基仪式，作为市政府为民办实事项目之一。新校区校园占地23.3公顷，总投资1.8亿元，建筑面积8万平方米。投资5000万元的市第十一中学新校区和市旅游学校新校区工程启动。同年，新建市实验初级中学，9月，一期工程竣工并招生。学校主要为住宅小区华都名城提供教育配套服务，解决黄山南路周边地区“入学难”问题，是21世纪以来市区新建的第一所初中，占地32819平方米，总建筑面积16131.8平方米，总投资6000万元。由于教育布局调整，原市第十三中学撤销后并入，另有部分师资来自省镇江中学初中部。

“十五”期间，全市小学改扩建68所，撤并543所，异地新建10所，小学由原848所调整为219所；中学改扩建27所，撤并17所，异地新建7所。

二、主城区中小学布局规划

按照镇江市总体规划，《镇江市主城区中小学布局规划（2003～2020年）》坚持以初中布局为切入点、促高中、带小学的工作思路，本着依法规划，适度超前，统筹兼顾，分步实施，服务全局，提高效益原则，经过反复论证，七易其稿，自2002年12月起历时一年半，最终形成较为规范性的文件。2004年11月25日，市政府发文，原则同意《镇江市主城区中小学布局规划》。《规划》分近期（至2007年）和远期（2008年～2020年）两个阶段实施。

近期，主城小学生约为4.47万人，需撤并小学20所、迁建1所、保留30所、新建11所，另保留1所、新建2所九年一贯制学校；主城初中生约为2.24万人，初中需撤并4所，迁建4所、保留11

所、新建6所,另撤并1所、保留1所、新建2所九年一贯制学校初中部;主城高中生约为2.10万人,需撤并3所完中的高中部,迁建1所职业高中,保留4所普通高中、2所职业高中,新建2所普通高中。远期,规划学校102所,其中小学59所,九年一贯制学校3所,初中29所,普通高中8所,职业高中3所。

第二节　教育校舍资产

一、校舍建设

"七五"期间,全市修复中小学危房、新建校舍96.3万平方米,添置课桌椅12.8万套,修复、扩建面积均占1990年末实有校舍面积的50%,累计投资9933.3万元,其中社会、个人集资3127万元,占总投资的31.48%,全市中小学校舍面貌明显改观。

1990年镇江市普通中学校舍情况表

表33-26　　单位:所、平方米

地　区	学校数	学校占地面积(亩)	校舍建筑面积	其　中		教工住宅面积	学生宿舍面积
				当年新增面积	危险房屋面积		
合　计	248	5660	870412	33962	39811	123204	61078
直　属	18	490	118550	11725	2767	5258	1612
润州区	18	324	36122	450	855	3662	1182
丹徒县	58	1042	126699	3693	7580	20555	12438
丹阳市	83	2281	338147	2140	10797	42272	21334
句容县	46	973	152569	11169	9685	33391	16359
扬中县	25	550	98325	4785	8127	18066	8153

1990年镇江市农职业中学校舍情况表

表33-27　　单位:平方米

地　区	学校占地面积(亩)	校舍建筑面积	其　中		教工住宅面积	学生宿舍面积
			当年新增面积	危险房屋面积		
合　计	540.0	88100	4246	7112	8700	6676
直　属	81.3	27900	–	–	2006	1482
润州区	25.7	1154	–	–	100	30
丹徒县	81.0	7559	25	112	1034	1476
丹阳市	157.0	30344	1300	7000	1450	450
句容县	168.0	13700	2921	–	3090	1866
扬中县	27.0	7443	–	–	1020	1372

1990 年镇江市小学校舍情况表

表 33-28　　单位：所、平方米

地　区	学校数	学校占地面积	校舍建筑面积	其　中		教工住宅面积	学生宿舍面积
				当年新增面积	危险房屋面积		
合　计	1585	6726	1030612	27429	30410	67009	3042
直　属	36	182	63129	2595	320	1148	1200
润州区	72	310	55901	1047	2013	1629	–
丹徒县	336	1319	211226	4326	8107	9575	–
丹阳市	502	2296	344659	4373	8644	30267	1085
句容县	506	2020	231655	10804	7379	17666	697
扬中县	133	599	124042	4284	3947	6724	60

1991 年，镇江遭受特大洪涝灾害，中小学校舍遭受严重损害，全市中小学新增危房 8.25 万平方米。同年，全市修建、新建中小学校舍 22 万平方米，投入资金 4300 多万元。1992 年，全市修建、新建中小学校舍 20.67 万平方米，投资 4730 万元；购置课桌凳、教具、仪器及图书资料的投资达 770.13 万元。1993 年，全市新建、扩建和修建改造校舍 14.44 万平方米，投资 5218.1 万元（其中教育附加 1392.22 万元，勤工俭学 598.96 万元，社会群众集资 1396.74 万元）。此外，投资 1029.67 万元购置课桌凳、教具、仪器及图书资料。同年，在市区塔山路（京口区象山乡星星村一组）新建镇江市特教中心，11 月破土动工。该工程主要有教学楼、综合楼、学生宿舍楼、学生食堂等，建筑面积 4800 平方米，投资 350 万元，资金来源为市区人民教育基金经费。1995 年，全市新建中小学校舍 11.5 万平方米，投资 3500 万元；修建、扩建中小学校舍 59500 平方米，投资 3500 万元。其中勤工俭学收益和社会群众捐资、集资用于中小学办学条件改善经费分别达 1090.3 万元和 4338.8 万元。

1995 年镇江市普通中学校舍情况表

表 33-29　　单位：平方米

地　区	学校占地面积	校舍建筑面积	其　中		教工住宅面积	教工宿舍面积	学生宿舍面积
			当年新增面积	危险房屋面积			
合　计	3894488	891824	40960	16358	59548	104141	73868
直　属	344426	115361	3172	5664	9301	3694	2272
京口区	126736	24164	1180	–	77	2343	494
润州区	118000	14800	–	–	–	1082	610
新　区	17800	6240	–	–	–	772	27
丹徒县	626092	142842	1987	7198	9523	16077	16189
句容市	883516	186852	10730	310	20760	29757	23148
扬中市	437958	108469	4393	3186	4895	12035	7447
丹阳市	1339960	293096	19498	–	14992	38381	23681

说明：教工住宅是属于个人的私有财产，教工宿舍属于单位集体所有，下同

1995 年镇江市农职业中学校舍情况表

表 33-30　　单位:平方米

地　区	学校占地面积	校舍建筑面积	其　中		教工住宅面积	教工宿舍面积	学生宿舍面积
			当年新增面积	危险房屋面积			
合　计	443172	107521	15298	1096	8147	7073	19602
直　属	64420	32744	3511	199	2414	371	2247
京口区	–	–	–	–	–	–	–
润州区	16675	3154	1000	–	200	100	1200
丹徒县	88627	19466	2073	897	1389	1492	5591
句容市	120898	25574	7714	–	3000	3630	4772
扬中市	13187	6671	–	–	600	240	1262
丹阳市	139365	19912	1000	–	544	1240	4530

1995 年镇江市小学校舍情况一览表

表 33-31　　单位:平方米

地　区	学校占地面积	校舍建筑面积	其　中		教工住宅面积	教工宿舍面积	学生宿舍面积
			当年新增面积	危险房屋面积			
合　计	5242685	1253511	51666	9004	14823	60577	3809
直　属	–	–	–	–	–	–	–
京口区	174364	75910	5914	–	638	3185	–
润州区	205365	45247	2216	–	108	421	–
新　区	56805	15316	224	564	–	1266	–
丹徒县	840338	192315	6712	4506	390	8023	703
句容市	1493944	255346	18698	3844	5777	16103	250
扬中市	445331	255346	2239	90	998	5541	–
丹阳市	2026538	414031	15663	–	6912	26038	2856

1998 年,全市新建校舍 20 万平方米,市职教中心三期工程如期竣工并交付使用。2000 年,全市投入 1.3 亿元,新建、扩建校舍 20 万平方米,其中改造危旧校舍面积达 3.1 万平方米。2001 年,全市新建、扩建校舍 15 万平方米,投资 1.03 亿元,竣工 13 万平方米;修复改造危旧校舍 5.37 万平方米,基本消除 D 级危房。市区投资 1200 万元,新建、扩建校舍 2.2 万平方米,竣工 1.3 万平方米。同时,制订农村中小学危房改造和城市薄弱学校改造规划。同年,镇江市投入危房改造资金 4889.9 万元,拆除 D 级危房 21208 平方米,撤并学校 181 所,新建校舍 93949 平方米,改扩建危旧校舍 53655 平方米。2002 年,农村中小学加快布局调整、危房改造。全年撤并中小学 89 所,拆除 C 级、D 级危房 7.2 万平方米,新建、扩建校舍 22.3 万平方米,完成投资 6547 万元。辖市、区全部通过省“农村中小学无危房县(市、区)”的验收,其中句容市中小学危房改造工作受到省政府表彰。

2004 ~ 2005 年,镇江加大农村中小学“六有”(有整洁校园、有卫生食堂、有热饮水、有水冲厕所、有安全宿舍、寄宿生一人有一张床)工程投入力度,新建、改造学生食堂 50295 平方米,新建、改造学生宿舍 27301 平方米,新建、改造厕所 249 座,计 21182 平方米,并维修、新铺道路,美化、绿化校园。全市“六有”工程建设投入资金 8500 多万元,农村中小学办学条件得到明显改善。句容、扬中、丹阳 3 市通过省级验收,丹徒区通过省级预检。

1991 ~ 2005 年,全市学校基本建设总投资 21.16 亿元,建成校舍 269 万平方米。

1991～2005年镇江市教育系统基建投资完成情况表

表33-32

年　度	完成基建投资总额(万元)	竣工面积(平方米)	年　度	完成基建投资总额(万元)	竣工面积(平方米)
1991	410	10560	1999	27036	330439
1992	560	13960	2000	19342	275876
1993	690	15620	2001	11115	185597
1994	790	18300	2002	19180	289127
1995	2190	49300	2003	23894	151810
1996	15993	239466	2004	28764	283321
1997	20127	315008	2005	21114	178519
1998	20420	333228			

2005年镇江市高中办学条件一览表

表33-33　单位:平方米

地　区	学校占地面积	校舍建筑面积				
		合　计	教学及辅助用房	行政办公用房	生活用房	其他用房
合　计	2157987	957492	374847	103026	347537	132082
市　属	282798	86119	36547	7878	15050	26644
丹徒区	318522	149531	49793	12613	61841	25284
京口区	72670	25507	9750	5139	7988	2630
润州区	34448	19672	9337	1273	9062	0
新　区	46585	16736	5939	1469	8086	1242
丹阳市	706904	347362	133874	48043	131382	34063
句容市	335033	145200	44954	11315	63279	25652
扬中市	361027	167365	84653	15296	50849	16567

2005年镇江市初中办学条件表

表33-34　单位:平方米

地　区	学校占地面积	校舍建筑面积				
		合　计	教学及辅助用房	行政办公用房	生活用房	其他用房
合　计	3022835	999571	470482	119041	296030	114018
市　属	145022	104197	60767	17589	8738	17103
丹徒区	503891	128866	59194	15420	42783	11469
京口区	93061	31863	22588	4867	4173	235
润州区	73604	11836	6417	1937	2184	1298
新　区	–	–	–	–	–	–
丹阳市	1243711	407954	177649	46491	130050	53764
句容市	670728	213421	88488	23093	83448	18392
扬中市	292818	101434	55379	9644	24654	11757

2005年镇江市中等职业学校办学条件一览表

表 33-35　　单位:平方米

地　区	学校占地面积	校舍建筑面积					图书(册)	教学用计算机(台)
		总　计	教学及辅助用房	行政办公用房	生活用房	教工住宅		
合　计	1271777	499925	229860	34711	208051	27303	838404	5185
市　属	204614	140692	60045	12515	65607	2525	171434	1256
丹徒区	279991	76419	33973	4497	33689	4260	164952	1004
京口区	–	–	–	–	–	–	–	–
润州区	40000	12380	4387	1266	6727	–	39000	110
丹阳市	345123	139169	71460	6368	50265	11076	244200	1349
句容市	291693	89633	40406	4965	34820	9442	142318	949
扬中市	110356	41632	19589	5100	16943	–	76500	517

2005年镇江市特殊教育学校办学条件一览表

表 33-36　　单位:平方米

地　区	学校占地面积	校舍建筑面积				
		合　计	教学及辅助用房	行政办公用房	生活用房	其他用房
合　计	39822	15565	8218	1094	5548	705
市　属	12240	4647	2682	275	1690	–
京口区	780	980	936	44	–	–
丹阳市	13600	5930	2540	500	2490	400
句容市	6602	2008	1010	125	768	105
扬中市	6600	2000	1050	150	600	200

2005年镇江市小学办学条件一览表

表 33-37　　单位:平方米

地　区	学校占地面积	校舍建筑面积				
		合　计	教学及辅助用房	行政办公用房	生活用房	其他用房
合　计	4208938	1218825	661038	111666	197957	248164
丹徒区	653553	144093	76100	14712	20683	32598
京口区	210487	101614	67592	11899	8564	13559
润州区	185012	75838	45184	7364	10598	12692
新　区	120343	30975	11696	2618	8114	8547
丹阳市	1524630	445104	223681	38560	71577	111286
句容市	985193	240571	134271	23098	45827	37375
扬中市	529720	180630	102514	13415	32594	32107

2005 年镇江市幼儿园办园条件一览表

表 33-38　　单位:平方米

地　区	园占地面积	校舍建筑面积				
		合　计	教学及辅助用房	行政办公用房	生活用房	其他用房
合　计	750446	323030	221338	17528	34711	49453
丹徒区	59738	22984	16395	1527	3504	1558
京口区	67227	59017	43905	1879	5094	8139
润州区	50397	30622	20539	1618	2367	6098
新　区	26485	9951	7723	708	685	835
丹阳市	274726	94977	62494	5903	11359	15221
句容市	187935	58737	37773	3601	6451	10912
扬中市	83938	46742	32509	2292	5251	6690

二、校办工业园

为适应发展中小学校办企业需要,1992 年 11 月,经市政府批准,镇江市校办工业园在润州区官塘乡缪家甸村境内建立,占地规划 50 亩,征用 22 亩,位处 312 国道北,镇宝路西。

第三节　教育设备设施

1988 ~2002 年,镇江市属中学教学仪器装备投入 1244. 39 万元,其中 1988 ~1990 年投入 33 万元,1991 ~1995 年投入 236. 09 万元,1996 ~2000 年投入 675. 30 万元,2001、2002 两年投入超过 300 万元。

1988 年底,全市有中小学实验室、仪器室及各类器材室 1085 个,占地总面积 4. 8 万平方米,理化生实验仪器、器材总值约 530 万元。至 1990 年底,实验室、仪器室及各类器材室增至 1990 个,比 1988 年增长 83%;占地总面积增至 7. 4 万平方米,比 1988 年增加 50%;各类实验仪器及器材总值增至 1020 万元,比 1988 年增长 90%。1995 年,市属初级中学装备语音设备,镇中、一中等 4 所学校装备了计算机机房,其他初中达 II 类配备标准。2000 年,市属中学补充配备电视机,做到“三机一幕”进教室。2001 年,完成省教委 570 万元“核心图书”的送配指标。至 2003 年底,全市新购置课桌凳 39300 套,维修出新近 13 万套,新购置讲台 1670 张、维修讲台 5070 张,所有教室电灯安装达到标准,总投入资金 1100 余万元,全市中小学校达到省“三新一亮”工程标准。

1991 ~2002 年镇江市属学校教学仪器经费安排情况表

表 33-39　　单位:万元

年　度	理化生	电教	图书	音体美	计算机	合计
1991	14. 03	4. 96	3. 20	–	–	22. 19
1992	13. 82	–	11. 98	1. 26	–	27. 06
1993	27. 87	6. 20	12. 35	9. 17	–	55. 59
1994	9. 79	32. 03	3. 88	1. 27	–	46. 97
1995	10. 36	56. 16	11. 40	6. 36	–	84. 28
1996	30. 44	44. 22	21. 25	0. 07	–	95. 98
1997	28. 02	104. 74	5. 83	0. 81	–	139. 40

续表 33-39

年　度	理化生	电教	图书	音体美	计算机	合计
1998	46.31	80.25	25.66	4.00	-	156.22
1999	34.37	71.01	11.10	3.49	-	119.97
2000	20.19	99.41	28.04	16.09	-	163.73
2001	47.46	-	47.97	14.83	82.18	192.44
2002	12.00	-	21.57	15.00	63.00	111.57
合计	294.66	498.98	204.23	72.35	145.18	1215.40

说明：不包含学校自筹经费

“十五”期间，镇江进一步加大对教育信息化投入，仅市属学校每年投入教育信息化经费达700万～800万元。

2000年，教育信息网络建设投入400多万元。2001年，筹建100G的教育信息资源库，开通覆盖全市教育信息网，在全省处于领先地位。2002年，镇江市教育信息网二期工程建成，丹阳市建成县级教育城域网。2003年，市教育信息网新增大容量视频器、大容量VOD服务器，建成宽带传输教育城域网、卫星地面接收站和信息资源库。率先采用“高宽带、胖中心、瘦终端”的网络结构模式，被教育部列为向全国38个实验区城市教育城域网新建、改造的推荐建网模式之一。至年底，全市乡镇中心校、初中校以上学校84%实现宽带接入，接入宽带达10兆或100兆。

2005年初，全面启动农村中小学“校校通”工程建设。到12月底，全市农村“校校通”工程建设投入资金6000多万元（不含省帮扶句容、丹徒项目）。全市建制学校全部宽带接入，农村中心校以上学校基本建有第二层次以上校园网，全市实现“校校通”，所有学校均能享受网络资源。全市校园网数248个；小学机生比1∶12；中学机生比1∶8；多媒体投影3000多套，高中和改制中小学基本实现多媒体投影进教室；网络计算机教室800多个，建成拥有近500G的教育教学教辅资源库。创建国家级现代教育技术实验学校3所、省级现代教育技术示范学校5所、省级现代教育技术实验学校20所、镇江市现代教育技术实验学校80所。

第四节　教育经费

一、经费投入

1985年以后，全市贯彻《中共中央关于教育体制改革的决定》，实行“分级办学、分级管理”，陆续出台一系列增加教育经费投入的具体政策与措施，逐步形成以国家财政拨款为主，以多渠道集资办学为辅的教育经费新体制。

1. 财政拨款

1992年，市委、市政府进一步明确教育经费政策，确保财政拨款“三增长、一优先”。

1993年，市委、市政府进一步开通教育经费渠道。市财政用于教育的拨款总额明显提高，比上年增长15.37%。适当提高市属中学、中等师范公用经费定额标准，即初中由每生每年12元提高到24元，高中由每生每年15元提高到30元；修缮费由每年每平方米1元提高到2元；教育仪器设备费普通中学由每生每年2元提高到5元，职业中学由每生每年5元提高到10元；师范生教育事业费由每生每年60元提高到100元。1994年，市委、市政府切实保证教师工资和生均公用经费逐年增长，市财政支出中教育经费所占比例和市财政性教育经费支出占国民生产总值的比例，达到或高于省规定标准。从1995年起，市财政每年安排不低于100万元的基础教育专项资金。

随着农村义务教育管理体制调整，市委、市政府强化教育发展保障体系，在建立以政府为主的基础教育投入机制、保障农村教师按时足额发放费用等方面进行探索。2001 年，各级政府按照中央在农村推行税费改革的部署，继续加大财政对教育投入比例，确保教育经费做到“三增长一优先”。农村中小学教师工资基本实现由县（区）级财政统一发放。

1990～2005 年镇江市教育经费一览表

表 33-40　　单位：万元

年　度	教育事业费			教育基建费		按人口平均教育经费（元）
	金额	较上年增长（%）	占财政支出（%）	金额	较上年增长（%）	
1990	7321	19.56	19.83	60	10.86	28
1991	7744	5.78	18.53	60	-	30
1992	8885	14.74	21.02	40	-33.33	34
1993	11522	29.68	16.89	43	7.50	44
1994	18586	61.31	23.50	110	155.81	71
1995	20630	11.00	22.86	102	-7.27	78
1996	27764	34.58	25.88	311	204.90	105
1997	31324	12.82	24.91	529	70.10	118
1998	37437	19.51	26.30	600	13.42	141
1999	40840	9.09	24.36	37	-93.83	153
2000	43742	7.10	21.02	20	-45.95	164
2001	56110	28.28	22.65	300	1400.00	211
2002	63748	13.61	18.44	326	8.67	239
2003	70787	11.04	14.30	220	-32.52	265
2004	84701	19.66	13.21	1620	636.36	317
2005	87681	3.52	10.95	425	-73.77	328
年平均递增（%）	18.00		-	13.94		-

说明：表列数字，摘自历年教育经费统计年报。以下各表除另加注者外，来源相同

2. 教育费附加

1985 年始，全市征收城乡教育费附加。1985～1991 年，全市征收城乡教育费附加 1.13 亿元，其中“七五”期间征收 8473.8 万元。1991 年，征收 2840.61 万元。

1992 年，市委、市政府进一步明确征足收好教育费附加，征收比例允许县（市）、区作适当调整，并在城乡私营企业和个体工商户中开征。同年，全市计划征收城乡教育费附加 3119.5 万元（其中城市 850 万元，农村 2269.5 万元）。到年底全市实际征收教育费附加 3254.75 万元（其中城市 847.4 万元，农村 2407.35 万元），实际征收数为计划征收数 104.33%。1993 年，市政府规定城乡教育附加征收标准应在不低于现行规定（即城市按三税 3%，农村按农民人均纯收入 1.5% 征收）的前提下，各县（市）、区可根据实际需要确定。同时决定在市区各类企业和个体工商户中统一征收和使用职工教育经费，即在企业实际提取的职工教育经费中，按企业全部在职职工工资总额的 1% 计征市区职业技术教育专项经费，用于改善市属职业高中、技工学校的办学

条件，新建镇江市职业技术教育中心和就业培训基地。1994 年，市委、市政府进一步落实城市企业（含私营企业、个体企业）教育费附加按增值税、营业税、消费税（简称“三税”）的 3% 征收，农村乡镇企业和个体企业按销售收入的 4‰征收。开征必要的地方教育附加费，城市按企业“三税”的 1%，农村乡镇企业和个体企业按销售的 1‰征收（所收经费 50% 上解省财政）；乡镇以上新建设房屋（新建住宅中经济适用房除外），按建筑面积每平方米 10 元（楼、堂、馆、所及营业性用房每平方米 20 元）征收（由财政部门代征，所收经费 70% 上解省财政）。1995 年起，镇江市对购置小轿车等专控商品在现行征收消费附加费的同时，加征 2% ~3% 的地方教育附加费，由财政部门代征，主要用于市教育重点项目建设。同年，全市征收教育经费 12321.8 万元，其中教育附加费 9996.44 万元，地方教育附加费 1396.56 万元，人民教育基金 614.8 万元，职教经费 314 万元。

1996 年，全市征收教育费附加、地方教育附加费 15488 万元，其中城市教育费附加征收 12588 万元（市直 991 万元），地方教育附加费 2083 万元（市直 669 万元）。1997 年，全市征收教育费附加、地方教育附加费 1.6 亿元，其中城市教育费附加征收 1600 万元（市直 1000 万元），地方教育附加费 2400 万元（其中市直 800 万元）。1998 年，全年各项教育经费征收额达 1.73 亿元，其中教育费附加 1.4 亿元，市直分别为 1800 万元和 1000 万元。

2000 年，全年征收各项教育规费 1.8 亿元，其中市直 0.23 亿元。扬中、丹阳市基本建立农村教育费附加“乡征、县管、乡用”的征管机制。

2004 年，市监察局、财政局、教育局、地税局、审计局、纠风办联合制定《镇江市教育费附加、地方教育附加和地方教育基金征收使用管理规定》，对教育费附加、地方教育附加和地方教育基金的征、管、用各个环节提出明确要求。

3. 配套费

1992 年，市委、市政府进一步明确开通收费渠道，从城市零星住宅建设费中提取 5%，城市维护费中提取 8%，用于城市中小学、幼儿园建设；省基建资金和专控商品附加费按不低于 20% 比例，专项用于中小学校舍修建。1993 年，市政府明确由教育部门统一安排用于中小学、幼儿园设施的配套建设和校舍维修的 5% 城市零星住宅建设费，暂按现行住宅基建造价（500 元/平方米）折合成每平方米 25 元征收，以后随造价的提高逐步提高。1994 年，市委、市政府进一步明确城市零星住宅建设教育配套费，从 1995 年起，按折合成每平方米 30 ~35 元标准征收，此经费仍由财政部门征收，并不得减免。

4. 人民教育基金

1990 年，市委、市政府决定，在市区范围内建立镇江市人民教育基金。市政府成立镇江市人民教育基金筹集管理领导小组，印发《镇江市人民教育基金筹集办法》，明确基金筹集从 1990 年起到 1994 年止，连续筹集 5 年。1990 年度，筹集人民教育基金 470 多万元，全部投入校舍建设。1991 度，市区各部门、单位筹集人民教育基金 240 万元，年度分别安排市特教中心、孔家巷小学、牌湾小学、市六中、红红幼儿园的校舍建设项目。1992 年度，市区征收经费 215 万元，其中京口区 10 万元、润州区 4 万元、市直属 201 万元。所征经费安排京口区实验小学续建综合楼 33 万元，润州区孔家巷小学、牌湾小学续建经费 47 万元，市特教中心续建经费 75 万元，市十一中危房翻建实验楼 45 万元，京口、润州两区幼儿园改造经费 10 万元，计 210 万元投入中小学校舍建设。另外安排 5 万元用于中美友好城市（镇江市—坦佩市）学生交流活动。1993 年度征收市人民教育基金 172 万元。具体安排：镇江市特教中心新建工程投入 100 万元，镇江市实验小学综合楼投入 20 万元，京口区靳家巷小学投入 12 万元，润州区孔家巷小学搬迁基建工程投入 40 万元。1994 年度人民教育基金征收 98.9 万元，全部投入校舍建设。

从 1995 年起，市区人民教育基金按新标准征收，即凡月工资收入在 400 元以上（含 400 元）者以及个体工商业者，按每人每年36元征收；月工资收入在251～399元者，按每人每年24元征收；月工资收入在250元以下(含250元)免征。同年征收人民教育基金614.8万元。

5. 学杂费

收费标准　1987年，每生员杂费收费标准，全市高中9元，初中8元，小学高年级5元、中年级4元、低年级3元。1992年重新规定每生员中小学收费标准：小学14元/学期，初中22元/学期，高中70元/学期。2000年调整后中小学学杂费每生员标准为：小学70元/学期，初中100元/学期，省重点高中每生员840元/学期，市重点高中每生员640元/学期，一般高中每生员490元/学期。2002年，各类高中学费的收费标准上调10元。2003年，对公办普通高中招生择校生实行"三限"(即限分数、限人数、限钱数)政策。2005年初，全市义务教育阶段学校推行"一费制"收费，规定杂费标准为小学85元/学期、初中125元/学期，对开设信息技术教育的学校可收取信息技术教育费，标准为小学20元/学期、初中30元/学期。

2001～2005年镇江市中小学学杂费收入统计表

表33-41　单位：万元

年　度	合　计	杂费收入		高中学费收入
		初中	小学	
2001	13109.60	5262.10	3176.40	4671.10
2002	17857.30	8171.10	2764.80	6921.40
2003	22418.30	9783.80	2935.80	9698.70
2004	19831.30	8279.70	2691.40	8860.20
2005	19237.20	7077.40	2679.00	9480.80
合　计	92453.70	38574.10	14247.40	39632.20

收费规范　1995年秋起，全市中小学实行收费公开登记制度，统一使用镇江市中小学收费登记簿，中小学生每生一册，并出具统一票据。

2000年，全市减轻中小学生不合理负担费用950.9万元，清退各类违规收费金额33.7万元，查处中小学乱收费案件8起。

2001年，市教育局进一步规范收费行为。2002年，根据省物价局、教育厅的部署，市物价局、教育局联合开展教育收费规范学校创建活动。镇江市第三中学、镇江市特教中心、丹徒区实验小学、丹徒区三山职业中学被评为教育收费规范学校。

2003年，建立由教育、监察、财政、物价、审计、纠风办参加的"镇江市治理教育乱收费工作联席会议"制度，加强沟通与协调，形成合力。全市中小学收费公示面100%。公办高中招收择校生"三限"规定得到较好落实。在全市中小学开展教育收费规范学校创建活动中，绝大部分省级重点中学、示范初中、实验小学达标；集中开展"三清"(清理违规收费项目、清查违规收费行为、清退违规所收费用)活动，取消未经省物价、财政部门批准的6个收费项目，清退违规收费800余万元，给予5名责任人党纪、政纪处分，取消5所学校省、市模范学校评选资格。

2004年，继续加强教育行风建设，规范教育收费行为，开展创建教育收费规范学校活动。全市中小学收费公示率100%，全市有教育收费规范学校135所，占全市学校总数31%。全年查处中小学乱收费问题196件，清退违规金额145万元，5名校长因教育乱收费受到党纪政纪处分。

6. 勤工俭学

1986年，市校办工业公司由集体所有制转为全民事业单位，成为全市勤工俭学的管理机构。

1988 年后,市教育局大力发展校办产业,鼓励中小学组织勤工俭学收入。到 1990 年,全市 1545 所中小学开展勤工俭学,校办企业 1349 家,拥有职工 2.27 万人,固定资产 5232 万元,流动资金 1.1 亿元,5 年实现产值 8.74 亿元,利润 9424 万元,上缴国家税收 3554 万元。勤工俭学收入中,用于补助教育经费 3987 万元,用于改善办学条件经费 2357 万元,用于改善师生福利经费 1630 万元。全市产值、利润平均以 23.9% 和 15.4% 的速度递增。

1991 年,全市勤工俭学产值、利润继续以 28% 和 21.2% 的速度增长,实现产值 3.1 亿元,利润 2726 万元。1992 年,市委、市政府进一步明确大力发展校办企业,创收部分按规定比例用于发展教育事业。同年,全市校办企业实现产值 45925 万元,利润 4026 万元,人均创收 119 元,列全省第 4 名。全年勤工俭学创收补助教育经费 1324 万元,其中提供改善办学条件经费 813 万元。1994 年,全市校办企业 2040 家。同年,市政府在市教育工作会议上分别授予江苏飞翔实业总公司等 10 家校办企业和庄建平等 21 名校办企业法定代表人为明星校办企业、明星校办企业家和优秀厂长(经理)称号。1995 年,全市勤工俭学实现产值 13.66 亿元、利润 8888 万元,分别是 1990 年的 5.3 倍和 3.56 倍。同年全市勤工俭学补充教育经费 2696 万元,是 1990 年的 2.9 倍。全市实现利润超过 50 万元的企业有 38 家、超过百万元的企业有 11 家、超过 200 万元的企业有 4 家。

1996 年初,全市召开勤工俭学工作会议,明确"九五"期间,勤工俭学发展总体水平进入全省前列。2000 年,全市勤工俭学实现工业产值 40 亿元、利润 9561 万元。"九五"期间累计补充教育经费 1.38 亿元(不含税收优惠扩大部分)。

1986 ~ 2005 年,镇江校办企业实现销售总额 252 亿元,创造利润 13.69 亿元,补助教育经费 3.97 亿元,其中用于改善办学条件 2.53 亿元,用于集体福利 0.52 亿元,用于个人福利 0.71 亿元。随着税收优惠政策取消,许多校办企业进行改制和资产重组,到 2005 年全市校办企业仅有 556 家。

1986 ~ 2005 年镇江市校办企业勤工俭学情况一览表

表 33-42

单位:家、万元

年度	企业数	资产	负债	所有者权益	销售额	总利润	补助教育经费	其中:		
								改善办学	集体福利	个人福利
1986	1147	4363	–	–	10222	1406	1005	417	–	–
1987	1246	7779	–	–	15236	1575	682	121	–	–
1988	1555	8688	–	–	20480	2096	761	31	–	–
1989	1567	10663	–	–	23078	2111	825	473	134	218
1990	1525	15611	–	–	26082	2250	883	558	127	198
1991	1691	20656	–	–	35164	2726	971	573	176	222
1992	1782	33718	–	–	51315	4026	1324	813	238	273
1993	2031	49665	–	–	86749	5857	1730	1035	327	368
1994	2040	61749	–	–	116097	7088	2393	1445	436	511
1995	1960	75888	–	–	153215	8888	2696	1674	400	601

续表 33-42

年度	企业数	资产	负债	所有者权益	销售额	总利润	补助教育经费	其中：改善办学	集体福利	个人福利
1996	1715	106917	70979	35938	165582	9427	3080	1970	358	752
1997	1580	118744	78028	40616	177786	9515	2790	1855	377	558
1998	1306	129084	82701	46383	168835	8845	2700	1787	290	623
1999	1192	135761	89775	45986	181020	9435	2742	1955	224	563
2000	1035	122183	74653	47540	186389	9561	2506	1706	339	461
2001	861	133267	83506	49762	199548	10115	2806	1815	418	573
2002	833	151495	97222	54273	227271	9717	3091	2185	412	494
2003	649	148869	96870	51999	233299	10044	2884	2088	363	433
2004	612	156800	101443	55357	207460	10511	2019	1517	268	234
2005	556	175826	110145	65681	235515	11669	1831	1290	295	–
合　计	–	–	–	493535	2520343	136862	39768	–	–	–

7. 社会集资及个人捐助

1996~2000年，全市农民个人集资4.69亿元，用于农村改善办学条件，解决学校危房，建设乡镇教育现代化工程。改革开放以后，社会和私人捐资办学者较多，如邵逸夫援建镇江一中、润州实验学校教学楼等项目。2004年，金东纸业向市二中赛珍珠班捐赠40万元。

二、经费支出

教育事业费支出按照事业类别划分为：高等教育经费、中学经费、中专经费、职业教育经费、小学经费、普通业余教育经费等。按各类事业的分目支出，分为两大部分：人员经费和公用经费。前者包括工资、补助工资、福利费及人民助学金等，系按国家、省、市统一规定开支；后者包括公务费、业务费、设备购置费、修缮费等，一般由教育行政部门会同财政部门制定开支标准和按实际需要核拨。

1990～2005 年镇江市教育事业费支出一览表

表 33-43

单位:万元

年度	合计	人员经费							公用经费					
		小计	工资	补助工资	职工福利费	离退休人员费用	人民助学金	主要副食品价格补贴	小计	公务费	设备购置费	修缮费	业务费	其他费用
1990	7321	5761	2929	1401	341	735	82	273	1559	309	214	851	153	32
1991	7743	5861	2962	1413	355	825	88	218	1882	426	251	896	255	54
1992	8885	7469	3565	2042	408	1144	76	234	1416	405	234	501	224	53
1993	11522	9655	5128	497	-	1678	105	2247	1867	852	243	738	-	34
1994	18586	16913	10879	764	-	3132	126	2013	1673	580	285	677	-	132
1995	20630	18520	11007	653	-	3543	149	3169	2110	827	552	595	-	137
1996	27764	24179	15396	526	-	4613	126	3518	3585	1137	493	1874	-	81
1997	31324	28291	18012	541	-	6049	139	3550	3033	1259	476	1145	-	154
1998	37437	33626	12731	8854	973	8994	197	1875	3811	903	1268	1123	418	99
1999	40840	37275	13982	9660	1111	10099	152	2271	3565	754	1079	1151	476	106
2000	43736	40122	15262	9964	886	12022	155	1834	3614	904	1074	1088	432	117
2001	56097	52815	20245	14442	1056	14491	87	2495	3282	706	898	1099	411	169
2002	63748	61009	24276	16132	1168	17116	55	2264	2739	733	734	822	334	116
2003	70787	66264	25070	16335	827	20363	128	3542	4523	1195	912	1560	829	27
2004	84701	80542	28159	22029	851	25819	20	3663	4159	1424	1159	748	688	141
2005	87681	82746	27740	21605	1366	28117	79	3839	4936	2065	1309	772	500	290

1990～2005年镇江市预算内中小学生人均教育事业费及公用经费支出一览表

表33-44　　单位:元

<table>
<tr><th rowspan="2">年度</th><th colspan="5">预算内人均教育事业费</th><th colspan="5">其中:预算内人均公用经费</th></tr>
<tr><th>中专</th><th>职业中学</th><th>普通高中</th><th>初级中学</th><th>小学</th><th>中专</th><th>职业中学</th><th>普通高中</th><th>初级中学</th><th>小学</th></tr>
<tr><td>1990</td><td>1386.92</td><td>420.71</td><td colspan="2">247.72</td><td>142.47</td><td>644.62</td><td>176.35</td><td colspan="2">50.56</td><td>17.85</td></tr>
<tr><td>1991</td><td>1442.50</td><td>460.81</td><td colspan="2">256.52</td><td>152.40</td><td>643.33</td><td>173.95</td><td colspan="2">64.16</td><td>19.24</td></tr>
<tr><td>1992</td><td>2888.00</td><td>385.80</td><td colspan="2">277.16</td><td>192.62</td><td>900.00</td><td>156.04</td><td colspan="2">35.78</td><td>12.66</td></tr>
<tr><td>1993</td><td>1528.00</td><td>493.00</td><td colspan="2">384.00</td><td>246.00</td><td>346.00</td><td>161.00</td><td colspan="2">68.00</td><td>16.00</td></tr>
<tr><td>1994</td><td>1956.00</td><td>544.00</td><td>886.00</td><td>588.00</td><td>392.00</td><td>397.00</td><td>114.00</td><td>100.00</td><td>50.00</td><td>14.00</td></tr>
<tr><td>1995</td><td>2396.00</td><td>1014.00</td><td>833.00</td><td>676.00</td><td>481.00</td><td>391.00</td><td>253.00</td><td>78.00</td><td>59.00</td><td>22.00</td></tr>
<tr><td>1996</td><td>2636.00</td><td>1143.00</td><td>1160.00</td><td>886.00</td><td>559.00</td><td>620.00</td><td>215.00</td><td>188.00</td><td>116.00</td><td>26.00</td></tr>
<tr><td>1997</td><td>2548.91</td><td>1333.20</td><td>1171.35</td><td>1004.01</td><td>629.89</td><td>305.30</td><td>219.33</td><td>129.76</td><td>81.66</td><td>29.52</td></tr>
<tr><td>1998</td><td>2863.17</td><td>1494.80</td><td>1747.80</td><td>1114.88</td><td>702.45</td><td>333.12</td><td>213.74</td><td>244.54</td><td>94.65</td><td>40.66</td></tr>
<tr><td>1999</td><td>2604.28</td><td>1566.97</td><td>1787.38</td><td>1163.82</td><td>736.54</td><td>234.22</td><td>233.74</td><td>216.96</td><td>114.29</td><td>33.41</td></tr>
<tr><td>2000</td><td>2785.27</td><td>2072.37</td><td>1871.64</td><td>1069.18</td><td>782.52</td><td>502.57</td><td>348.14</td><td>203.51</td><td>94.89</td><td>26.69</td></tr>
<tr><td>2001</td><td>2559.35</td><td>1956.68</td><td>1901.96</td><td>1318.92</td><td>1155.92</td><td>188.13</td><td>255.14</td><td>179.41</td><td>90.31</td><td>19.10</td></tr>
<tr><td>2002</td><td>2439.78</td><td>1811.65</td><td>1993.20</td><td>1442.57</td><td>1423.05</td><td>191.18</td><td>67.96</td><td>99.06</td><td>92.93</td><td>22.71</td></tr>
<tr><td>2003</td><td>2530.78</td><td>1786.63</td><td>2047.40</td><td>1553.71</td><td>1676.37</td><td>60.81</td><td>68.07</td><td>137.51</td><td>92.89</td><td>60.96</td></tr>
<tr><td>2004</td><td>–</td><td>1597.19</td><td>2114.71</td><td>1993.54</td><td>2163.21</td><td>–</td><td>82.14</td><td>93.89</td><td>93.00</td><td>62.45</td></tr>
<tr><td>2005</td><td>–</td><td>1443.72</td><td>2272.12</td><td>2219.88</td><td>2339.60</td><td>–</td><td>52.04</td><td>120.65</td><td>133.06</td><td>76.52</td></tr>
</table>

——小资料——

[清]周镐·京江二十四景图——招隐听鹂

招隐，即南郊的招隐寺，招隐山原名兽窟山。东晋学者、大雕塑家戴逵之子戴颙隐居于此。他一生不求仕禄，不畏权贵，南朝宋武帝刘裕对他屡加诏聘，请他出山作官，戴颙不为所动，均辞而不就，终日携斗酒、双柑和桐琴，于林下石边，静聆黄鹂鸣喋，从百鸟啾啁声中提炼音乐旋律，他“听鹂整弦，新声变曲”，在这里创作了十五部曲谱和一部长曲，其中尤以“游弦”“广陵”“止息”三部曲为传世佳作，在中国音乐史上写下了灿烂的一页。

镇江市志

（1983~2005）

第四册

镇江市地方志编纂委员会
镇江市史志办公室

ZHENJIANG SHIZHI

方志出版社

目　录

第四册

第三十四卷　文　化

第三十五卷 文 物

第三十六卷 报刊 广播电视

第三十七卷 书 目

第三十八卷 卫 生

第三十九卷　体　育

第四十卷　社会主义精神文明建设

第四十一卷　社会事务管理

第四十二卷　民族　宗教

第四十三卷　社会保障

第四十八卷 专 记

第四十九卷 前志拾遗 勘误 卷目

第三十四卷
文　化

卷 目

1983～2005年，镇江文化事业体制改革逐步深入，依法加强文化市场和新闻出版行业管理，大力发展文学艺术、群众文化、民族民间文艺、对外文化交流等各项文化事业，人民群众文化生活日益丰富多样化。全市文艺队伍发展壮大，2005年，全市有市级文艺家协会会员2393人，省级文艺家协会会员685人，全国文艺家协会会员102人。镇江文化事业呈现蓬勃发展、欣欣向荣新局面。

20世纪80年代，镇江文艺创作逐步复兴，文艺作品日渐增多。文学作品有中长篇小说《白发狂夫》《忠王李秀成》《惊鸿照影》《党小组长》等，戏剧作品有大型扬剧《金山情曲》，影视作品有《喋血黑谷》《春归》《酸哥甜妹》等，民间文学作品有《金山民间传说》《镇江民间故事》《梁红玉击鼓战金山》《脸谱故事》等，完成十大文艺集成、志书搜集和整理工作。1989年起，开始举行一年一次少年儿童创作故事比赛。摄影作品有《黑白之间》《“土”家洋客》《高原雪晴》《风雪黄昏》。美术作品有《新邻居》《沧桑图》《渔家小妹》《神伫》《月光如水》《树园》等代表作。90年代，镇江文艺创作不断繁荣，文艺作品百花齐放，文艺创作及活动注重服务于地方经济社会发展，为人民群众奉献大批思想性、艺术性、观赏性俱佳的优秀文艺作品。文学作品有长、中篇小说《皇陵镇》《同志同志》，戏剧作品有大型扬剧《鳗鱼明星》、大型越剧《宫闱村歌》、音乐剧《快乐推销员》，小品《代笔》《巷口》《送人情》，影视作品有《京江祭》《江南风云》《大将军赵声》等，摄影作品有《都市旋律》《空中芭蕾》《采茶女》《风骨》。美术作品有《湖湾秋云》《两棵树》，音乐作品有《水乡小夜曲》等。国庆、建党、纪念改革开放等系列文艺活动不断活跃。一批作品获奖，市开始组织文学艺术奖评选。21世纪后，文艺创作和活动更加注重保持民族性、体现时代性，不断促进内容创新、传播手段创新，出现网络文艺创作，各项文艺活动继续活跃，文艺新人迭出，文化业态呈现大发展大繁荣局面。文学作品中、长篇小说有《青春期》，70后青春文学女作家饶雪漫出版中、长篇小说达50多部，连续3年位列全国作家实力排行榜前10位。戏剧作品有小丹剧《称婆婆》、小扬剧《吴二赔情》、扬州评话《一笔救灾款》，影视作品《独领风骚——诗人毛泽东》获全国电视星光奖特别奖、金鹰奖最佳作品奖和江苏省“五个一工程”奖。民间文学作品有《大地的吻》《俗话大观》《口传文化研究十人集》，摄影作品有《阳光下》《家园·乐园》《老剃头铺子》《街头广告画家》，美术作品有《百合》（中国画）、《红玫瑰和白玫瑰》（插图）、《声声慢》（中国画），音乐作品有《拥抱新世纪》等。1983～2005年，全市文艺创作作品有182件在省级以上刊物发表；有575件参加省级以上展览或演出比赛，其中有107件获奖。

民族民间文化传承和保护得到重视。20世纪80年代，全市组织大规模民间文学三套集成采风活动，采录民间传说、歌谣、谚语各类民间文学作品1600余万字，编纂93本乡镇卷本（手抄）。20世纪90年代建立全国第一家以挖掘、收藏、研究、开发民间文艺资料为主的镇江民间文艺资料库。开展民歌演唱、民间艺术绝技表演、民间文化艺术品展览等丰富多彩活动，民间特色文化艺术在“活态”保护中焕发新姿。2005年，《白蛇传传说》和《镇江香醋酿造技艺》进入首批国家非物质文化遗产名录。全市有12人被联合国教科文组织和中国民间文艺家协会授予民间工艺美术大师、一级民间工艺美术家和民间工艺美术家称号。

群众文化丰富多彩。1983年，全市有56个乡（镇）建立文化中心。1992年11月，丹阳市珥陵镇、导墅镇、运河镇、新桥镇、界牌镇、横塘镇、司徒镇和扬中县兴隆镇、长旺乡成为省首批群众文化先进乡（镇）、街道。1996年，丹阳市、扬中市成为省级群众文化先进县（市）。1998年，丹阳市被命名为全国文化先进市，句容市被命名为江苏省少儿故事之乡；2003年，句容市被命名为中国民间艺术之乡（少儿故事）。广泛开展各种门类文艺演出和综艺作品展览等群众性文化活动，至2004年先后举办3届农民艺术节、4届社区艺术节。创办的“欢乐家园”广场文化活动、少儿创作故事比赛等被评为省级品牌文化活动。

图书馆事业快速发展。1987年2月，全市有14个乡镇图书室被市政府评为乡镇文明图书室。镇江市图书馆创新服务模式、拓展服务领域，设立的“中国文心雕龙资料中心”成为国内《文心雕龙》研究最多最全的资料中心；先后被文化部命名为国家一级图书馆、全国文明图书馆、读者喜爱的图书馆。2000年，全市乡镇图书馆（室）达标率56%。至2005年，全市7所公共图书馆藏书总量142.3万册（件），图书流通68.5万人次。

文化产业伴随着文化体制改革逐渐兴起。20世纪80年代图书报刊市场得到发展，20世纪90年代歌舞娱乐、电子游艺、图书报刊、音像放映租赁等市场全面发展。至2005年，镇江市有歌舞娱乐、音像、电子游艺、互联网上网服务等文化市场经营单位1314家。

对外文化交流日益活跃，成为镇江人民与各国人民友好合作的重要纽带。与日本、韩国、德国、美国等国际友好城市互办书画、文物精华展览，进行歌舞戏曲演出，民间技艺交流等互访文化活动，传播中华优秀文化，引进外国优秀文化成果，为镇江文化事业发展注入生机和活力。

第一章　文化体制改革

20世纪80年代，镇江市文化单位推行以承包经营责任制、人员聘任制、竞争上岗等为主要内容的改革，破除统得过死和吃大锅饭等体制弊端。同时发展文化经营，实行以文补文、多业助文等改革措施，改善文化事业投入，促进文化事业发展。90年代，镇江文化市场得到巩固和发展，文化单位参与市场竞争，发挥文化优势，开办多种文化经营项目，取得较好社会和经济效益。进入新世纪，深入进行国有文化事业单位转企改制工作，创新体制，转换机制，面向市场，促进文化产业的改革和发展。

第一节　文化工作机制改革

1983年对文化单位工作机制改革进行试点。同年，市新华书店大西路门市部新书发行试行经营管理承包责任制。1984年对市扬剧团、市越剧团实行承包责任制。1985年对市艺术表演团体试行承包经营责任制，市越剧团试行演出队承包责任制，市曲艺团试行演出承包分成制。

1987年首次对市扬剧团实行团长聘任制。1989年与市越剧团、扬剧团聘任团长签订剧团工作责任状。1991年全面实行目标管理，将目标分解到部门、班组；用人方面规定调进事业单位工作人员必须参加市人事局统一组织的考试后择优调入。同年向全市公开选拔录用镇江博物馆、革命历史博物馆讲解员10名，公开选拔20名学员送安徽艺校学习。1993年，市新华书店出台联销计酬、联毛利计酬等经济责任制，市演出公司实行风险承包责任制。

1996年在市直单位实行行政领导干部任期目标责任制。1998年，市群艺馆进行人事制度综合配套改革试点（实行全员聘用合同制、中层干部竞争上岗、分配制度改革）。2000年，市图书馆、镇江博物馆、市电影发行放映公司、镇江影剧院、市艺术中心进行机构编制管理、收入分配制度改革。同年，全额、差额拨款的文化事业单位将经费自给率纳入考核指标体系。

2001年，市文化局机关实行中层干部领导职位全部公开竞争上岗。2003年，新华影剧院、市艺术剧院、市文物商店进行人事制度综合配套改革，在新华影剧院进行经营者年薪制的试点。2004年向全市文化系统公开招聘市文化馆副馆长、市文物商店副总经理职位。

第二节　文化机构改革

1987年起，先后调整11个专业表演团体。其中撤销1个（市京剧团），精简3个（丹徒县、扬中县锡剧团，句容县黄梅剧团），资源整合7个后新建2个（市歌舞团、市扬剧团、市越剧团、市曲艺团、市艺术学校合并组建镇江市艺术剧院，“4团1校”建制保留；丹阳市丹剧团、锡剧团合并组建丹阳市戏剧总团）。

1999年7月，经营性文化事业单位改制。镇江市演出公司改制，组建镇江市演出有限责任公司（混合所有制）。2000年将市文化旅行社交市群艺馆托管。2001年，镇江博物馆和市图书馆的古籍图书部进行整合，镇江博物馆的绍宗藏书楼8万余册图书移交图书馆，市图书馆古籍总量超过18万册，在全省省辖市中跃居第二位。市文物商店成立职工参股的汲雅文化旅游品有限公司，依据镇江文化资源，开拓旅游品市场。2004年，市电影公司（含人民、大华、谏壁影剧院）以“单位全部改制、资产分块转让、职工统一安置”的方式实行事业转企业改制。

第三节　文化单位经营

1983年，文化单位经营由计划经济向市场经济转变。1985年经营收入63.4万元。1988年，市文化局直属18个单位中有14个单位申办48项文化经营活动的工商营业执照，如开办艺术培训、信息咨询、舞厅、录像放映、复印、招待所等。1995年，文化主业收入4100万元，多种经营收入3000万元。1996年市文化直属单位经营收入突破亿元，实现利润240万元。1997年，市文化直属单位经营收入7640.9万元，利润138.4万元。20世纪90年代末，市直属经营性文化单位经营项目和事业性文化单位的服务项目纳入文化产业进行规范管理。到2005年，市文化直属单位经营产业有：文艺演出业，艺术表演团体1个（市艺术剧院），演出经纪机构2个（镇江市演出有限公司、镇江华艺演出有限公司），文艺演出场所1个（镇江影剧院）。电影放映业，电影放映单位2个（新华影剧院、镇江影剧院）。文艺培训机构2个（市文化馆、市图书馆）。文化信息机构2个（市图书馆电子阅览室、《文心雕龙》资料中心数据库）。文化旅游业，旅行社1家（镇江文化旅行社），另有镇江焦山碑刻博物馆、镇江博物馆、沈括纪念馆、镇江革命历史博物馆、茅山新四军纪念馆、镇江民间文化艺术馆。文化（文化艺术品）展销业，经营单位2个（镇江市文物商店、汲雅文化旅游品有限公司）。文化娱乐业，歌舞厅1家（市艺术中心歌舞厅）。电子信息（网吧）业，网吧2家（镇江影剧院日月谈网吧、市文物商店光明网吧）。

图34-1　镇江市艺术中心全景图（2000年摄）

镇江市艺术中心　位于山门口街37号（原市

图书馆馆址),1994年7月开工,占地面积2453平方米,房屋建筑面积6828平方米,投资2300多万元(市政府投入500万元,自筹借贷1800万元)。1996年1月26日开业,是镇江市“八五”期间标志性工程,设有餐厅、钢琴酒吧、歌舞厅、KTV包厢、电影小厅、电子游艺室、小商场、美容美发、咖啡屋等经营项目,同年营业收入399万元。1996年起,连续5年举办“星期天免费音乐会”,被誉为“名城独特的文化风景线”和文化品牌。1997年4月开办全市第1家合法的邮币卡市场,营业收入385万元。1998年为镇江唯一的涉外演出场所,开展各类艺术培训,营业收入516万元。1999～2001年6月,营业收入585万元(1999年422万元、2000年128万元、2001年1～6月35万元)。2001年,艺术中心因经费不足,与市群艺馆整合。

第二章 机构管理

镇江市文化局是主管全市文化艺术事业的政府工作部门,负责贯彻执行党和国家关于文化艺术工作的方针、政策和法规,拟订全市文化事业发展规划,指导文化体制改革,管理文学艺术、影视戏曲、图书馆、文博等社会文化事业及全市重大文化活动和文化市场。

镇江市文学艺术界联合会(以下简称镇江市文联)是全市性的文艺家协会和辖市(区)文联组成的人民团体,是江苏省文学艺术界联合会的团体会员。市文联是推动镇江社会主义先进文化建设,促进镇江文艺大发展大繁荣的重要力量。

第一节 文化系统机构

一、机构沿革

1983年3月,原镇江市(县级)文化局与原镇江地区文化局合并成立镇江市文化局。全市文化系统有行政管理机构7个:镇江市文化局、丹阳县文化局、丹徒县文教局、扬中县文教局、句容县文教局、城区文教局、郊区文教局。市文化局有直属单位19个:市图书馆、市文化馆、市京剧团、市新华书店、市电影发行放映公司、镇江中国画院、市裱画店、镇江博物馆、市文物商店、市文化服务公司、市剧目工作室、镇江影剧院、镇江市茅山革命历史纪念馆筹备小组办公室、市文工团、市扬剧团、市越剧团、市曲艺团、市文艺学校、市古旧书店。1985年成立市文物管理委员会办公室。1996年,镇江市文化局增挂“新闻出版局(版权局)”牌子。1999年,镇江市及丹阳、扬中、丹徒新华书店归划省新华发行集团。

2005年,全市文化系统有行政管理机构8个:镇江市文化局、丹阳市文化局、句容市文体局、扬中市文体局、京口区文教局、润州区文教局、丹徒区文体局、镇江新区社会发展局。镇江市文化局有直属机构19个:市图书馆、市文化馆、市艺术剧院、镇江中国画院、文华会计代理中心、市文物管理委员会办公室、市文化市场稽查队、镇江博物馆、市革命历史博物馆、茅山新四军纪念馆、镇江影剧院、新华影剧院、市民间文化艺术馆、市艺术创作研究中心、市文化经济发展中心、焦山碑刻博物馆、市艺术中心、市文化旅行社、市演出管理处(市演出有限公司)。

二、文化经费

镇江市文化局所属文化企事业单位按经费渠道分为自收自支的文化经营性企事业单位和市财政拨款的文化事业性单位。1983年3月,10个直属文化事业单位由市财政按单位性质、人员工资总额实行全额和差额拨款。其中4个公益性事业单位人员工资实行全额拨款(市图书馆、市文化馆、镇江中国画院、市剧目工作室);8个艺术表演团体(市京剧团、市扬剧团、市越剧团、市文工团、市曲艺团、市文艺学校)按在职人员工资总额差额拨款,同年拨款54.4万元。1986年,市财政拨文化事业费83.36万元。20世纪80年代中期,文化事业单位开展有偿社会服务活动("以文养文、以工养文",90年代后期称"文化产业"),增加文化事业经费收入。1992年市财政拨文化事业经费136.24万元,1996年332.08万元。1997年11月组建镇江市文华会计代理中心,负责对市直属全额、差额拨款事业单位会计业务的代理监管。2001年,市财政拨文化事业经费889.3万元。2005年,8个直属文化事业单位由市财政全额拨款(市图书馆、市文化馆、镇江中国画院、市艺术创作研究中心、市文华会计代理中心、市民间文化艺术馆、市文化市场稽查队、市文化经济发展中心),差额(定额)拨款2个(市艺术剧院、市艺术中心),共拨文化事业经费1288.71万元。2005年,文化事业费收入8798.96万元。

市财政对文化事业经费逐年加大投入,提高对艺术表演团体人员工资拨款比例,提高文化事业单位专项、基础设施建设经费。1983~2005年,市财政拨给文化事业单位的项目经费908.01万元,基础设施建设701万元。

第二节　镇江市文学艺术界联合会

一、文学艺术界代表大会

镇江市文学艺术界第一次代表大会于1985年4月27~29日召开,主席为贾玉书。市文联实行团体会员制,有文学工作者、戏剧曲艺工作者、美术工作者、书法工作者、摄影工作者、音乐舞蹈工作者6家协会及所属县文联(1960年成立丹阳县文联、1986年成立扬中县文联、1987年成立丹徒县文联、1989年成立句容县文联)。镇江市文联是江苏省文联团体会员。镇江市文联第二次代表大会于1990年5月23~25日召开,各"××工作者协会"更名为"××家协会",文联主席为贾玉书。

1995年5月18~20日召开镇江市文联第三次代表大会,主席为贾玉书,同年新成立电影电视艺术家协会。2000年9月26~27日召开镇江市文联第四次代表大会,主席为欧阳箐,同年音乐舞蹈家协会分设为音乐家协会和舞蹈家协会。

1985~2005年镇江市文联会员情况表

表34-1　　单位:家、人

年　份	文艺家协会数	辖市(区)文联数	市级协会会员	省级协会会员	国家级协会会员
1985	6	1	730	187	16
1992	7	4	1151	285	37
1999	8	4	1752	447	69
2005	9	5	2393	685	102

二、镇江市文学艺术奖评选

1989年7月,镇江市人民政府设立文学艺术奖,由市文联负责组织实施。

1989年11月11日举行授奖大会,164件作品获奖(1978~1989年的作品),其中荣誉奖2个、一等奖4个、二等奖39个、三等奖63个、鼓励奖56个。1996年第二届文学艺术奖评选,一等奖5人、二等奖11人、三等奖21人。2000年第三届文学艺术奖评选,获奖作品10件,获提名奖作品18

件。2003 年,第四届文学艺术奖评选,获奖作品 12 件,获提名奖作品 19 件。

三、新人培养

1. 文艺新秀工程 始于 2000 年 11 月举办的青年文艺家读书班,26 名 40 岁以下文艺工作者参加学习,邀请省内知名文艺理论家和历史学家授课。2001 年 8 月 21 日与 18 位文艺新人签约,确定为培养对象。根据协议,文艺新人提交创作(发展)计划,包括创作、参赛、发表、获奖的目标和实施步骤;市文联为新人建立艺术档案,提供必要扶持和服务;在签约时效内,市文联和各协会组织文艺新人去湘西、山东、上海等地采风,邀请专家辅导,选送部分人员参加更高层次培训,促进文艺新人综合素养提高。经过 5 年时间,第一期文艺新秀发表各类文艺作品达数百件,有作品在各种赛事、展览中入选或获奖。如章紫燕的中国画、插图入选第十届全国美展获铜牌奖;郑为人的书法作品入选第八届全国书法篆刻展;董晨鹏的长篇纪实文学获江苏省"五个一工程"奖;赵晓军的摄影作品入选第十届中国国际摄影展览;尤恒的中篇小说入选"年度中国最佳中篇小说";管燕参加长三角地区民歌邀请赛并获优秀民歌手奖等。

2. 推文艺新人大赛 2001 年 5 月,市文联参与中国文联、江苏省文联的联动,组织推文艺新人大赛,有 100 多名选手报名。比赛设声乐、器乐、戏曲、舞蹈、书法、绘画、模特表演等,分少儿组和青年组,20 余位选手分获各项目的新人奖、优秀奖,进入"十佳""十优"行列,获得晋京决赛资格。在全国推新人决赛中,蒋斯元、庄靖薇、胡欣婷等分获少儿戏曲表演、少儿舞蹈、少儿朗诵银奖。2004 年推文艺新人大赛,全市有 400 余名选手报名,120 余名选手参加江苏省比赛,其中 30 余名参加第十届全国推文艺新人大赛,17 人获得"十佳""十优""十新"奖项。在江苏省和全国比赛中,镇江选手成绩突出,团体总分名列全省前茅。

3. 社会艺术水平考核 1999 年 10 月,全国书画(业余)等级考核在镇江市启动,同年考生 200 多人。2000 年考生有 500 多人,除市区外,还在扬中、丹阳、句容设立考点。申报考级的项目有书法、儿童画、素描、国画、篆刻等。考生除学生外,还有工人、机关干部、教师、军人、离退休人员。同年,江苏省社会音乐水平考级镇江考区启动(2003 年考生突破千人)。2001 年,参加书画考级达 1100 多人,市文联受到全国书画等级考核委员会表彰。2005 年,社会舞蹈水平考级在镇江推开。

第三节 文化出版管理

一、版权(著作权)管理

2000 年,组织全市版权管理执法人员及新闻单位等 100 余人,参加全国版权与版权贸易知识竞赛,市新闻出版局获组织奖。2001 年,根据上级要求对市政府各部门使用计算机软件进行调查,要求政府部门带头使用正版软件。2002 年 4 月,在"4. 26"世界著作权日期间举办"邮政文化杯"新著作权法知识竞赛,有 40 多个单位参加,收到答题卡 10122 份,有 46 人获奖。组织"开展保护知识产权,拒绝侵权盗版"万人签名活动和为期一周的盗版光盘换正版光盘低价销售活动。10 月,中国音乐著作权协会镇江代表处成立(设市新闻出版局版权处)。11 月,举行中国音乐著作权协会镇江代表处揭牌暨签约仪式,有 10 家使用背景音乐的经营单位签订镇江市音乐作品许可使用协议,首批领取《音乐作品使用许可证》。妥善处理微软公司投诉镇江 13 家企业侵权案。2003 年加强软件正版化和音乐著作权保护工作,在报刊头版位置宣传版权保护知识;在市电视台《法制十二分》制作专题节目,走进直播室宣传音乐著作权保护的意义。组织打击盗版教材、教辅读物,全市组织专项检查 4 次,出动 1430 人次,检查考试、教育、成才、法律等专业书店和校园周边书店 280 家次,收缴各类盗版教材、教辅读物 1400 册。与市教育局、市扫黄办等部门联合,对教材、教辅读物的征订、发行、收费等环节进行监督管理。打击各类侵权行为，开展图书、音像市场治理，收缴盗版音像制品23万张。在市扫黄办、公安、工商等部门配合下，组织数次软件销售市场的集中检查，收缴各类盗版软件5000余种。召开100余家计算机销售商和设立互联网站的单位负责人参加的打击盗版软件专项治理会议。下发《关于禁止预装盗版节目的通知》《关于禁止通过互联网非法传播软件的通知》。妥善处理第二批微软投诉侵权企业，微软公司称赞市版权局为“版权卫士”。2004年，开展“尊重知识，拒绝盗版”音像市场法制宣传活动。组织“4.26”世界知识产权日广场咨询宣传活动，接受群众咨询，发放音像市场法律法规、鉴别盗版音像知识材料1000多份。组织“全国著作权知识大赛”，全市有1020人参加。开展网吧经营场所软件正版化工作，全市近百家网吧进行整改，及时解决6起侵权投诉案。2005年开展政府软件正版化工作。对87个行政机关和134家事业单位进行调查摸底。4月26日，在大市口广场举办“保护知识产权，促进创新发展”暨“4.26”世界知识产权日宣传咨询活动，40多块展牌展示全市保护知识产权工作的发展。制定《关于重申出版物售前送审制度的通知》《镇江市出版物售前审读工作制度》《出版物审读人员工作职责》。全年收缴盗版图书17241册，盗版电脑光盘8207张。

二、印刷管理

1989年对全市印刷业进行整顿，对印刷厂的承印手续等问题作明确规定。1990年全市印刷业发展较快，大小印刷厂遍布城乡，为加强管理，会同公安部门对印刷业进行整顿。停办3家不合条件的印刷厂，对10家印刷厂提出限期整改要求；对600多家印刷厂颁发江苏省新闻出版局印制的印刷业许可证，29家印刷厂颁发书报刊印刷许可证；制定《关于加强新闻管理工作意见》《关于当前印刷、发行新武侠小说几个问题的通知》。1993年查处句容工商印刷厂等厂家非法印刷《废都》事件。1994年会同公安部门查处刑卫荣非法出版案和誉驰公司非法印刷、销售出版案。1996年，根据江苏省新闻出版局的要求，对全市30家书刊印刷企业进行调整，取消丹徒县第二彩色印刷厂等6家企业的书报刊印刷许可证，对句容市振文印刷厂等5家企业颁发书报刊印刷许可证。1998年8月，举办全市印刷企业60余名厂长参加的政策法规、印刷技术、政治理论岗位培训，通过12天的学习、考试，参培厂长取得江苏省书刊印刷厂长岗位培训合格证书。1999年，根据国家新闻出版局、公安部、国家工商总局对全国印刷行业进行全面清理整顿的精神。成立由市政府副秘书长任组长的清理整顿印刷行业领导小组，在公安、工商等部门配合下对全市1080家印刷企业进行清理整顿，保留905家，取缔印刷违法出版物企业2家。2001年4月，成立镇江市印刷行业协会，全市有60家印刷企业加入协会。2002年整顿和规范印刷市场秩序，671家印刷企业通过验收，占全市印刷企业的75%。淘汰不合格印刷企业，印刷业的总量、结构、布局得到调整。2003年，研制开发“镇江市印刷业监管系统”，对生产现场实时监控；制定颁发印刷管理“五项制度”，采取以自报和抽查形式掌握企业承印情况。2004年，在市区推广“镇江市印刷业管理系统”，开展对生产假冒伪劣包装印刷产品的专项检查，配合省新闻出版局完成调查处理“9.26”非法出版案涉嫌企业，立案处理市区5家违规企业。2005年，与各印刷企业签订年度守法经营责任书；现场检查企业承印手续、承印制度和印刷行为；组织对全市674家企业年检换证工作；组织40人参加省新闻出版印刷行业职业技能比赛，夺得飞腾企业排版团体第一名、出版专业排版团体第二名和飞腾专业排版个人奖5名，市印协获得组织特别大奖。

三、文化市场管理

全市文化市场管理由多个政府部门参与：镇江市文化局作为文化市场主管，负责文化经营许可证审核、发放、管理；市公安局负责违法犯罪查处；市工商局负责经营资质审核、发放工商营业执照；市消防支队负责消防安全检查、验收；市物价局负责价格管理；市广电局负责音像市场管理

(1989年后文化系统的录像制品发行由文化系统负责)。1984年对市区书报刊销售点组织5次检查,查缴不健康报刊184种,没收10多万份非法印刷品。1989年8月,全市大规模清理书报刊市场,检查书报摊250个,检查面达97%,没收查禁非法书刊200多种、3900册。市新华书店自查封存查禁书刊30多种、5306册。1991年9月18日破获一起特大非法出版案(称"9.18"非法出版案,此案涉及全国27个省、市、自治区68个城市),调查取证300多个印刷厂和书报刊销售点,3名案犯非法经营约556.4万元。12月26日,"9.18"案办案协调会在镇江召开,中宣部副部长李忠德、公安部治安局局长李济周、中宣部出版局副局长高明光参加会议。1992年9月,全国清理整顿书报刊和音像市场工作小组(简称全国扫黄办)在镇江召开表彰会,镇江市公安局"9.18"专案组等13个单位和10名个人受嘉奖。1994年11月,检查全市书报刊网点330个,录像出租、放映点450个,娱乐场所180家,收缴淫秽书刊120册、非法出版物1800余册、非法音像制品10000盒(盘),取缔无证经营书摊和录像放映点14个、无证娱乐场所6家,吊销4家违法经营单位执照,查抄窝点7个、立案3起、收审8人。1995年对电子音像出版物清理整顿,查处全省较有影响的陈章跃电脑制黄、贩黄案。检查1131家经营单位,收缴非法音带430盘,非法录像带12641盘(淫秽色情带160盘),非法CD4000张,VCD2876张,非法书刊338册,取缔音像出租放映点7家,立案3起,拘留6人。1999年以娱乐市场、演出市场、图书市场为重点,先后80余次联合行动,处罚娱乐场所6家,取缔书报刊游商、地摊72个,没收查禁书刊6891册,非法小报1859份,盗版挂历74份,非法音像制品2056盘,盗版电影VCD1300张。2002年端掉1个贩卖非法图书窝点,收缴非法图书近1000册。2004年对市区南门大街夜市等热点、难点地段进行16次专项整治,取缔无证经营点128家,收缴非法音像制品5813张。2005年在全市开展非法报刊专项整治,收缴各类非法小报6000张、盗版图书17241册、盗版电脑光盘8207张,停办8种报刊。

第三章　文　学

1980年10月,镇江市文学工作者协会成立。1990年改名为镇江市作家协会。至2005年底,市作家协会有团体会员7个(丹阳、句容、扬中、丹徒、京口、润州等市、区作家协会和金东纸业文学社),个人会员285人,其中江苏省作家协会会员57人、中国作家协会会员8人。

第一节　文学创作

中共十一届三中全会以后,文学创作中许多"左"的框框被陆续打破,镇江文坛上出现多年没有过的活跃,一批20世纪40、50年代出生的文学作者,成为创作主力。如王川创作出版科幻小说《震惊世界的喜马拉雅——横断龙》以及《白发狂夫》《五色廊》《一佛一世界》等长篇小说和报告文学;庐山创作出版《忠王李秀成》《大渡河畔千古恨》等太平天国系列长篇小说;张国擎创作出版《葱花》《惊鸿照影》《走出噩梦》等中、长篇小说和报告文学。进入21世纪,一批20世纪60、70年代出生的年轻人相继登上镇江文坛,如中跃、雨城、初雪等都写出一批反映现实生活的中、长篇小说,有的在江苏省"五个一工程"中获奖。以写青春文学而闻名全国的女作家饶雪漫(70年代出生),在国内20多家出版社出版中、长篇小说达50多部,有的作品一版再版,深受年轻读者欢迎,连续3年列全国作家实力排行榜前10位。镇江文坛还出现"夕阳红"和"朝阳红"现象(离退休老人和少年作者的作品)。如金秉英(出生于1909年,1993年被中央电视台录《东方之子访谈录》),先在台湾报刊发表作品引起关注,后在大陆出版小说、散文,75岁后写出20世纪20年代北京女中学生生活题材的长篇小说《京华女儿行》以及多篇回忆散文；王亦珍(一真)、沈伯素、张远鉴等也在古稀之年写出《大千尘埃》《机关》《石径》等长、中篇小说。他(她)们年轻时爱好文学，退休后写出的作品，大多是他们一生积累的力作。1999年出版诗集《早晨的阳光》的夏宇，小学四年级就开始发表童话，2000年中学生的她出版第二本诗集《春之音》；6岁的丹徒区儿童窦蔻连续写出《窦蔻流浪记》《窦蔻的年华》《童年的眼睛》等作品而受到社会关注。还有一些身残志坚、坚持写作的文学青年，以写散文见长的胡萍长期生病卧床，市作协多次给予帮助，推荐她参加省作协；周晨(1984年出生)是身患癌症的青年，在病榻上写出一批短篇小说、散文和诗歌，在生命垂危之际，《金山》杂志发表他的10首诗歌，市文联帮助他出版25万字的作品集《奔跑者》。

散文创作颇为活跃，无论是抒情、叙事，还是杂感、随笔，都有不同年龄、不同职业的爱好者参与，出版散文集的有50余人。

唐金波的《太阳石》《太阳山》和董晨鹏的长篇纪实文学《炮打紫石英号》是报告文学中的代表，《炮打紫石英号》获得江苏省“五个一工程”奖。

新世纪以后，许多作者改变传统的手写纸质本创作方式，开始使用电子文本创作，网上发表作品。如柳筱苹、初雪的长篇小说在网上被频繁点击而引起更多读者关注；朱亮的多部作品被“榕树下”等文学网站列为推荐作品；长篇小说《转来转去》被“国学网”列为“今人新著”重点推出；青年作者刘颖颖在网上写作“穿越小说”《若相惜》而被出版社出版；马季致力网络文学研究，出版《读屏时代的写作——中国网络文学十年史》，成为国内知名的网络文学学者。作者们同时开始关注文学作品的社会效益和经济效益。吴文庆的太平天国长篇系列和徐策的两部长篇都有较多的印数；饶雪漫成为市场欢迎、读者喜爱、靠作品致富的作家。

1983～2005年，镇江作者(不包括在外地的镇江人)出版的长、中、短篇小说(集)共有130多部，长篇小说占80%。

第二节 重要活动

一、文学征文

1991年，举办迎“七一”诗歌大赛，作品演唱会，市广播电台选播得奖作品。1993年，举办镇江诗词大赛，编印《镇江诗词集萃》；市文联还与有关单位联合举办“三国文化与经济建设”征文大赛，收到50余篇论文，编印论文集。1995～1998年，市文联与市环保局、市妇联、市教委共同主办“环保征文”“妇女、家庭征文”“我的就业观征文”“可爱的镇江征文”。1999年，举办“共和国礼赞”文学征文。2000年，举办新世纪新人文学大赛。2001年联合举办“未来的田野”科幻作文写作活动。2004年，组织庆祝新中国成立55周年和纪念邓小平诞辰100周年散文大赛。2005年，举办纪念抗日战争胜利60周年文学征文和手机彩信小说大赛。

二、深入生活

市作协多次组织作者深入劳动生产第一线，感受时代气息、激发创作灵感、汲取创作养料，先后组织江洲笔会、芙蓉楼笔会、“双城记”笔会(与扬州市作协合作)等，在媒体开辟专栏、专页或专题节目。1993年，组织青年作者参与对镇江蚕桑丝绸业现状调查、史料搜集，在政协镇江市文史委的编纂下，出版《嫘祖传人》。1998年，组织“辉煌的二十年”镇江文艺家采风团，到农村和开发区，历时6天，行程千里，参加采风的20多位作家、艺术家，创作一批反映改革开放20年巨变的作品。在市政协、市委组织部、市委宣传部的联动下，安排重点作家下基层挂职深入生活，作家庐山赴句容两年时间，完成反映茅山地区社会生活的长篇小说《皇陵镇》。2003年，组织15名作家深入镇江

15 家企业体验生活，写出长篇报告文学集《以发展论英雄》。

三、作品研讨

1. 镇江作者新作研讨会　1985 年，举办贺毅武的中篇小说《党小组长》座谈会。20 世纪 90 年代先后举办王川的长篇小说《白发狂夫》研讨会（与人民文学出版社联合在北京举行）、《金山》杂志发表的《谏电魂》主旋律作品研讨会、金秉英文学创作研究会、张国擎作品讨论会（江苏文艺出版社与《十月》杂志社联合在北京举行）、柏嘏、程原作品研讨会（与丹阳文联联合举办）和中跃作品讨论会。2001 年举办王娟瑢作品研讨会等。

2. 名人名作讨论　1985 年举办第三届全国《三国演义》学术讨论会。1991 年举办赛珍珠文学创作讨论会。1993 年举办诗人闻捷诞生 70 周年纪念会和创作艺术座谈会。2002 年第五届《文选学》国际学术研讨会由市政府主办，汇聚 90 多位大陆、港、澳、台和美国、日本、韩国的文选学研究学者。

四、各类奖项

1996 年，第一届文学奖（镇江市作家协会设立）评选，1978～1995 年底在省以上出版社、文学期刊、报纸文学副刊发表或获奖的作品参加评选，评出 56 位获奖作者。2001 年第二届文学奖评选，《同志同志》等 4 部长篇小说和《志愿兵马五》等 5 部中篇小说获奖。

在省以上获奖的文学作品有：王川的长篇小说《白发狂夫》获人民文学奖提名奖并入选“阅读中国——建国六十年长篇小说 500 部”；张国擎的中篇小说《葱花》获马来西亚首届华文小说二等奖；饶雪漫的儿童小说《校服的裙摆》获冰心儿童图书奖；沈伯素的中篇小说《机关》获 2002 年度深圳文学奖；初雪的中篇小说《青春期》被列为 2002 年度最佳中篇小说；饶雪漫的儿童文学丛书获新时期儿童文学奖、首届中青年小说作家擂台赛金奖；杨祥生的《乡长的自行车》获全国微型小说第三届年度二等奖；杨祥生、初雪、王德毅的 3 篇微型小说分获第一、二、三届全国微型小说年度三等奖。苏学文的《丰子恺漫画品读》和董晨鹏的《炮打紫石英号》（长篇纪实文学）分别获得江苏省第四届、第五届“五个一工程奖”。王川的美学辞典《美丑大典》获中国作家创作成果金奖并入选中国数字学术文库。王川的散文《浮图》和陆潮洪、庐山的散文获“锦绣江苏”海峡两岸征文佳作奖；张晓平的散文《范用的穆源》获《飞天》杂志文学奖；赵立源的散文诗《四月，我看见了一抹朝霞》在 2005 年公安部举办的“纪念任长霞征文”中获优秀奖。

第四章　戏剧曲艺

1980 年 10 月，镇江市戏剧曲艺工作者协会成立。1990 年改名为镇江市戏剧曲艺家协会。

1985 年～2006 年召开五次会员代表大会。至 2005 年，镇江市戏剧曲艺家协会有会员 315 名，其中省戏剧家协会、省曲艺家协会会员 103 人，中国剧协、中国曲协会员 11 人。

第一节　戏曲创作和活动

一、戏曲创作

镇江市文化局设剧目工作室（后改名艺术研究中心），各专业剧团大都设专业编剧人员（编导），他们也参与业余戏曲创作活动。20 世纪 80 年代中期，经常举办专业剧团创作剧目会演、现代戏创作节目调演、专业剧团青年演员会演等活动，以促进创作，丰富群众文化生活。20 世纪 80 年代后期，随着专业剧团大幅调整，出现专业人才流失。

1984～2005 年镇江市参加省以上戏曲表演比赛获奖作品一览表

表 34-2

作品	作者	获奖名称	奖别
我知道（幼儿木偶剧）	中山路幼儿园	1984 年江苏省少儿歌舞学校剧木偶录像评奖	一等奖
血锤记（小锡剧）	顾大鹏	1986 年江苏省首届业余法制文艺调演	优秀创作奖
金山情曲（大型扬剧）	杨雪怀	1986 年江苏省新剧目观摩演出	剧本奖
二嫂子关店（扬州评话）	濮永顺	1987 年江苏省业余曲艺创作调演	创作一等奖
情怀（戏剧小品）	丹文、宗济泉	1988 年江苏省首届业余戏剧小品比赛	创作一等奖
同龄人（戏剧小品）	臧辉南	1990 年江苏省业余戏剧小品巡回评奖	一等奖
末班船（戏剧小品）	市直代表队	1990 年江苏省业余戏剧小品巡回评奖	一等奖
鳗鱼明星（大型扬剧）	杨雪怀、袁镇奇	1990 年江苏省新剧目调演	剧本奖
心声（戏剧小品）	雪怀、洪林	1992 年华东地区戏剧小品大赛	一等奖
巷口（戏剧小品）	谷青、成亮	1994 年文化部第四届群星奖	优秀作品奖
		1994 年江苏省戏剧小品曲艺大赛	一等奖、最佳剧作奖
梦丽娜的梦（扬州评话）	林洪、镇弘	1994 年江苏省戏剧小品曲艺大赛	一等奖、最佳剧作奖
代笔（小品）	吴林森、周文明	1994 年文化部第四届群星奖	优秀作品奖
		1995 年华东地区第四届戏剧小品大赛	一等奖
宫闱村歌（大型越剧）	贺毅武	1996 年江苏省青年戏曲节	剧目奖
送人情（小品）	潘圣仪	1997 年文化部第七届群星奖	金奖
		1997 年江苏省第二届戏剧小品曲艺大赛	一等奖
夜审（小品）	吴林森	1997 年江苏省第二届戏剧小品曲艺大赛	一等奖
称婆婆（小丹剧）	陈国庆、陈东辉	1999 年江苏省第三届戏剧曲艺大赛	一等奖
		2001 年全国第十一届群星奖（戏剧曲艺类）	金奖
一笔救灾款（扬州评话）	吴林森	1999 年江苏省第三届戏剧曲艺大赛	一等奖
		2001 年全国第十一届群星奖（戏剧曲艺类）	金奖
吴二赔情（小扬剧）	丹凤	2001 年全国第十一届群星奖（戏剧曲艺类）	金奖
夕阳红似火（小品）	史怡	2004 年江苏省第二届小戏小品大赛	银奖
这趟没白来（小品）	金恩渠	2004 年江苏省第二届小戏小品大赛	铜奖
支点（小品）	张乐	2005 年江苏省第三届小戏小品大赛	一等奖、作品奖

二、戏曲活动

1984 年举办专业剧团现代戏调演，纪念扬剧金派艺术创始人金运贵活动，扬剧团“金派”剧目专场纪念演出。1986 年，江苏省新剧目观摩演出中镇江市扬剧团《金山情曲》获 9 项奖励；江苏省首届扬剧艺术节上，镇江市扬剧团的《情网血》获 6 项 9 个奖。全国青年越剧演员电视大选赛中，镇江市越剧团王雅美获优秀演员奖。1989 年后分别组织专业剧团会演、优秀青年演员大选赛、邀请京剧表演艺术家宋长荣及其老师醉丽君到镇演出，京剧爱好者大联欢等。1990 年，江苏省新剧目调演，镇江市扬剧团的《鳗鱼明星》获剧本奖、舞美奖和演员奖。1996 年演出市场萎缩，剧团生存矛盾突出，专业剧团大幅度调整，人才流失，专业戏曲活动淡出舞台。

镇江业余戏曲活动，始终在群众业余文化活动中占有一席之地，更由于专业戏曲工作者的转行加入，业余戏曲活动水平不断提升。业余戏曲爱好者依托社区、单位俱乐部、公园等场所自发组成的戏曲票友组织有十几个，市群众艺术馆、工人文化宫成立业余京剧队和业余淮剧队。活动多以自娱自乐为主，也开展一些小型公益性演出。1983 年 12 月，举办全市农村文化中心创作节目调演。1988 年 1 月，市文化局、剧协、电视台等单位举行“保险杯”业余戏剧小品电视比赛，16 个小品参演；5 月参加江苏省首届业余戏剧小品比赛，其中《情怀》被选调参加江苏民间艺术团，并参加江浙皖沪 4 省市戏剧小品大奖赛；10 月，京剧爱好者和原京剧团部分演员，成立镇江市京剧艺术研究会、市职工京剧协会，开展票友演唱活动；到小学开展戏剧教学，在市少年宫开办京剧兴趣班。1994 年 5 月，举行镇江市戏曲卡拉 OK 大奖赛，有 100 多人参加，选手最小的 4 岁，最大的 73 岁；7 月，在全国职工创作故事大赛上，镇江火车站职工王长庚被中华全国总工会、中国曲艺家协会授予“全国职工故事家”称号；10 月，组织 7 名业余选手参加嵩生杯京剧名票邀请赛（常州），全部获奖。1997 年 12 月，举办杨雪怀剧作研讨会、杨雪怀剧作选段演唱会。2001 年成立镇江市小杜鹃少儿京剧团，京剧表演艺术家梅葆玖到镇江参加成立揭牌仪式，并担任名誉团长。2003 年 12 月，组织镇江“润阳杯”中青年京剧票友大赛，各辖市（区）、驻镇部队和外国友人都有选手参加。2004 年 5 月，数个戏曲爱好者租用市老干部活动室成立康盛剧社（民间戏剧文化社团），剧社实行理事会领导下的社长负责制，开展京、扬、越、锡、话等剧种的创作、辅导和公益性演出。通过送戏进大学活动，让大学生了解戏曲，培养更多青年观众（称“黑头发战略”）。2005 年 9 月，承办镇江市首届中青年戏剧票友大赛，剧种有京剧、扬剧、越剧、锡剧、黄梅戏等。

第二节 戏曲研究

1984 年 4 月，举办农村小戏创作讨论会，对参与镇江市农村文化中心调演的 20 多个剧本进行讨论、修改；12 月参加江苏省农村小戏创作表演竞赛，有 3 个小戏获奖。扬剧是镇江民间流行并盛兴的剧种，镇江著名扬剧表演名家金运贵对扬剧传统唱腔《梳妆台》等进行改革，以“堆字”为基调，缩小原曲调的音域，根据人物感情变化，在行腔中运用顿逗和装饰音，使唱腔吞吐含情，这种似唱似吟、唱吟结合，优美柔和、顿逗吞咽的唱腔被称为“金调”。“金派”洒脱的表演风格是扬剧界和戏迷敬重、喜爱的流派，《二度梅》《珍珠塔》《西厢记》《借子》等是金派经典名段。1984 年为纪念扬剧“金派”艺术创始人金运贵举行报告会、纪念演出，重印《金运贵唱腔选集》等。

1992 年，召开贺毅武剧作品研讨会，就创作并演出的《都市七彩虹》《微笑之歌》《宫闱村歌》等剧本进行讨论。后举办王长庚故事创作研讨会、“文华奖”剧目观摩研讨会、杨雪怀剧作研讨会等。鼓励剧作者多出作品，出好作品。

镇江曲艺流行以徒口讲说表演的扬州评话艺人在实践中创造特色，形成各自的传授系统。扬州评话界最有成就的流派之一“王派”，致力刻画历史人物，描绘三教九流，形成说表细腻、神采夺人，具备“甜、粘、锋、辣”的独特白描艺术风格。镇江扬州评话表演名家王筱堂是“王派”第三代传人，以描写细致、结构严谨、首尾呼应、头绪纷繁而井然不乱见长，表演讲求细节丰富，人物形象鲜明，语言风趣生动。他的《水浒》以人物结构故事，通过 4 个主要人物，串连整个《水浒》的内容；对前辈的书艺进行扩展，使之更加完整和丰满。20 世纪 90 年代，市曲艺团多次接待日本横滨大学教师黄成武和学生对扬州评话艺术家王筱堂先生的访问，并将王筱堂的扬州评话《武松》录像带回日本。1992 年，挪威奥斯陆大学教授、丹麦人易德波慕名访问，对扬州评话艺术特色深入研讨。1997

年，王筱堂去丹麦哥本哈根参加中国口头文学国际研讨会。

第三节　戏曲团体

1983年，镇江市属专业戏曲艺术团体有6个，县属有句容县黄梅戏剧团、丹徒县锡剧团、扬中县锡剧团、丹阳县丹剧团、丹阳县锡剧团。当时剧团上演被禁止多年的优秀传统戏和新编现代戏，演出市场出现繁荣状态。剧团常分为两支演出队伍，每年有10个月巡回于周边省、市、乡镇，经费大多自收自支。尔后，演出市场逐步萎缩，上座率下滑，经费入不敷出，剧团生存矛盾突出。1985年起县属剧团被“保留建制、精减缩编”。1989年7月试行“文企联姻”，挂钩企业为剧团提供经费资助，剧团为挂钩企业服务。1996年9月，镇江市扬剧团、越剧团、歌舞团、曲艺团、文化艺术学校组合成立镇江市艺术剧院。

一、镇江市扬剧团

1983年，团址在双井路20号(原市少年宫)，同年迁至庄泉山黄山支路9号。演职员60余人，集体所有制。演出收入为主要经费来源，部分财政补贴。剧团常年在苏北、上海地区演出。主要演员有筱荣贵、姚恭林、金桂芬等。主要剧目有：《白蛇传》《狸猫换太子》《孟丽君》《三试浪荡子》《殷小姐娶妻》等。创作剧目有：《两张汇款单》《辣椒情》《潇洒夫妻》《娇妻告夫》《金山情曲》《情网血》等。1996年9月并入市艺术剧院。

二、镇江市越剧团

1983年，团址在伯先路24－1号，演职员近50人，集体所有制。演出收入为主要经费来源，部分财政补贴。剧团常年在江、浙、沪、皖等地演出。主要剧目有《孔雀东南飞》《是我错》《康皇告状》《何文秀》《罗衫血泪》《扁担姻缘》《江姐》《宫闱村歌恋》。1996年9月并入市艺术剧院。

三、镇江市曲艺团

1983年，曲艺团有演职员12人，集体所有制。曲种有扬州评话、苏州评弹、苏州评话等。经费自给自支。剧团常年在江苏、上海，宁波、杭州、德清等地演出。1985年底，有演员4人。主要书曲目有扬州评话王派第三代传人(王筱堂)《水浒》和《西汉》《八窍珠》《绿牡丹》《施公案》《济公》《乾隆下江南》《金鸡独立图》《陈司令看“亲家”》《谢谢你》等，苏州评弹书目《双珠凤》《玉蜻蜓》《飞燕传》《自食其果》《苦楝树下叙悲欢》等。1996年9月并入市艺术剧院。

四、镇江市京剧团

1983年，团址在第一楼街96号，演职员95人，经费主要是财政拨款。主要剧目有《三堂会审》《甘露寺》《金玉奴》《红娘》等。1987年4月撤销。

五、镇江市文化艺术学校

1988年6月更名恢复镇江市文化艺术学校(原镇江文艺学校)，文化艺术学校安置原京剧团23人。1989年创作排演通俗喜剧《土地爷上任》(贺毅武创作)。1996年9月并入市艺术剧院。

六、艺术创作研究中心

原为1983年7月设立的市剧目工作室，事业编制，编制6人。1989年4月，剧目工作室增挂“艺术研究中心”牌子，编制8人。1995年更名为艺术创作研究中心。20世纪80～90年代中期是戏剧创作高峰期,之后以歌曲、小品、舞蹈、导演等为创作重点。

第五章 电影电视

1983 年是电影放映兴盛时期,全市有电影放映单位 219 个、电影放映队 156 个,其中丹阳县、丹徒县、扬中县、句容县农村电影放映队 120 个;年放映电影 10.98 万场。同年,全市新建乡镇影院 12 家,有电影放映公司 5 家(市电影放映发行公司、四县 4 家)。1985 年,全市放映电影 10.14 万场,观众达 7878.2 万人次。1987 年,全市所有影剧院 35 毫米放映机实现换机自动化。1988 年,全市电影放映总收入 970 多万元。1989 年,全市乡镇有 75 个影剧院,逐步由室外放映过渡到室内放映,由包场放映过渡到售票放映,由小机放映过渡到大机放映。看电影是群众文化娱乐生活的重要组成部分,电影票难买一度成为市民的话题。随着文化市场兴起,电影放映受到影响,电影观众逐年减少。1993 年,全市放映单位在册数 197 个,有电影放映队 77 个,其中农村 71 个,城镇 6 个;有放映活动 108 场,放映电影 68061 场,观众 21.25 万人次。2002 年全国电影发行机制改革,全市 86 家影剧院,有 6 家加入江苏省东方院线(镇江市新华影剧院、镇江市工人文化宫影剧院、丹阳市豪华影剧院、丹阳市人民电影院、扬中市影剧院、扬中影视中心)。至 2005 年底,全市电影放映单位注册 134 个,电影放映管理机构 5 家(镇江市电影发行放映有限公司,丹阳市、句容市、扬中市、丹徒区电影公司)。全市有电影放映队 55 个。

镇江市电影电视艺术家协会成立于 1995 年。2005 年,镇江市电影电视艺术家协会有会员 180 名,其中省级协会会员 26 名,国家级协会会员 4 名。

第一节 影视创作

一、影视剧创作

1984 年开始,镇江年轻的影视剧文学作品爱好者创作出一批富有镇江地方文化特色的影视作品:《堆花团面塑》《南乡的歌》《最后的房子》等。2001 年以后,影视作品的拍摄、发行运用市场化方式操作。镇江电视台作为制片方拍摄的《愿望年代》,是一部反映镇江地域文化的现实题材电视剧,在中央电视台多个频道播出。配合市纪委、政法委、检察院等部门,联合创作拍摄《升华与蜕变》《不尽长江滚滚来》《金色的航程》《满眼风光北固楼》等十余部电视专题片。

1984~2003 年镇江市电视剧(电影)创作、摄制情况表

表 34-3

片名	作者	摄制(播出)单位	获奖情况
雨中曲	林庆生	1984 年上海电视台摄制、播出	-
喋血黑谷	蔡再生、林庆生	1985 年潇湘电影制片厂	第八届、第九届《大众电影》百花奖提名
党小组长	贺毅武	1985 年北京电影制片厂(电影)、河南电视台(电视剧)	-
春归(2 集)	朱世耀(执笔)、景广明	1985 年上海电视台、镇江市文化局、镇江电视台联合摄制,中央电视台播出	上海电视台第三届百花奖二等奖

续表 34-3

片名	作者	摄制(播出)单位	获奖情况
橄榄色(2 集)	顾成	1987 年镇江市公安局和江苏省电视台摄制、播出	–
酸哥甜妹(2 集)	朱世耀	1989 年镇江电视台和恒顺酱醋厂联合拍摄,中央电视台播出	–
焉知祸福、啼笑皆非	林庆生、田震鹏	1988 年江苏电视台摄制播出、入江苏电视台百集电视系列剧《秦淮人家》	–
罪恶的阴影	蔡再生	《电影新作》1988 年第 5 期	–
军魂		《电影新作》1989 年第 5 期	
税务官	陈图鹏、唐明觉、陆京川	《剧影月报》1990 年第 1 期	–
商神(3 集)	庐山	1990 年江苏电视台摄制、中央电视台播出	–
消逝的山村(上、下集)	朱世耀	1990 年天津电影制片厂、中央电视台和镇江市环保局摄制,1991 年 10 月中央电视台播出	–
神夭(5 集)	庐山	1991 江苏电视台摄制、播出	–
京江祭(5 集)	庐山、孙恒隆	1991 年镇江市政协和内蒙古电视台联合摄制,中央电视台播出	获第十一届全国优秀电视剧飞天奖提名、第四届骏马奖
江南风云(10 集)	汪大铭、王振琳(执笔)、罗冠群	1991 年南京电影制片厂、中共镇江市委党史资料征集研究委员会联合摄制,中央电视台播出	1991 年江苏省纪念建党 70 周年征文奖
大将军赵声(3 集)	贺毅武、曹洪	1991 年镇江市政协、市委宣传部、镇江电视台联合摄制,镇江、江苏和中央电视台播出	列入江苏爱国名人系列电视剧
反串(30 集)	景广明	2003 年中央电视台国际总公司投资拍摄、发行	–

二、影视服饰制作

镇江市有设计制作影视服饰的传统。1984 年,原戏具工艺厂改名为镇江市影剧服装工艺厂,为《敦煌》等许多故事片制作服装道具。20 世纪末,改制后的影视服装厂,成为全国影视服装业重点生产基地之一。先后为中央电视台热播的电视连续剧《封神榜》《朱元璋》《关中往事》等以及韩国、新加坡等国近百部电影、电视剧设计制作服装,深受国内外影视界好评。

第二节　电影发行和放映

一、镇江市电影发行放映公司

1983 年,镇江市影剧公司和镇江地区电影发行放映公司合并,成立镇江市电影发行放映公司。公司地址在火坛楼巷 1 号,下辖市区人民、大华电影院和新华、镇江、谏壁影剧院,具有全市电影发行放映业务管理和经营职能,1989 年改为自收自支全民事业单位。1991 年设立镇江市电影发行公司音像发行站。2002 年全国电影发行放映实行院线制,公司发行电影拷贝职能被取消,同年发行收入仅 37 万元,较 1997 年下降 86%;放映收入 53 万元,较 1997 年下降 82%。2004 年,公司国有资产出让，实行“国退民进”，转企改制重新注册为镇江市电影发行放映有限公司。2005 年公司未从事电影发行放映业务。

1986～2001 年镇江市电影发行放映情况统计表

表 34-4

年度	节目(个)	拷贝(个)	放映场(场)	观众人数(万人次)	放映收入(万元)	发行收入(万元)
1986～1991	2002	–	722300	40000.00	6183.66	2692.88
1992	323	–	110800	4385.10	1252.50	512.70
1993	253	675	68061	2125.00	679.80	285.70
1994	193	–	52620	599.00	817.80	365.20
1995	–	–	34596	363.20	1122.10	371.60
1996	–	237	24597	235.60	896.30	309.90
1997	162	194	19697	187.30	745.50	373.00
1998	106	143	11835	138.00	713.70	362.50
1999	104	160	10115	70.40	313.80	156.10
2000	84	108	8288	37.60	224.20	116.17
2001	76	96	10026	103.90	347.10	156.00

二、农村电影放映队

1983 年，全市农村电影放映队 120 个，从业人员 360 人，放映形式为乡镇影剧院固定放映和所属村、镇流动放映。20 世纪 80 年代，看电影是农民的主要文化生活，农村电影放映队深受欢迎。1988 年，扬中人均看电影突破 5 元钱，在全国电影工作会议上介绍经验。1993 年，电视、音像市场发展，电影观众流失，全市农村电影队 71 个，有放映活动 29 个。1995 年，农村电影放映队和影剧院由集体和个人承包。2002 年，全国电影发行放映实行院线制，农村电影放映队失去计划拷贝来源，经济效益持续滑坡。2005 年全市有农村电影队 46 个，其中丹阳市 25 个，扬中市 12 个，句容市 9 个。放映经费短缺、设施设备老化是农村电影队存在的问题。

第三节　放映(演出)场所

一、新华影剧院

位于大市口西南角(中山东路 271 号)。1983 年有职工 30 人，隶属市电影发行放映公司。1984 年 6 月隶属市文化局，国有企业，独立核算。1987 年改为全民事业单位(自收自支)。2000 年加入全国首批“中华院线”连锁影院电脑网络系统，实现电脑售票。2002 年 6 月加盟江苏省东方院线。2005 年 6 月更名为镇江市新华影城。影城建筑面积 3727 平方米，有职工 29 人，设 6 个放映厅(其中新华厅、京华厅、增华厅采用英国 CP650 解码器和全套高保真还音系统装置)，采用阶梯式放映，敞开式售票，观众自选座位、滚动放映。成立新华影迷俱乐部，全年电影放映收入 260 万元。

二、镇江影剧院

原镇江地区影剧院，1983年改名为镇江影剧院，国有企业，独立核算。1983年8月划归市文化局，职工38人。1987年改为全民事业单位(自收自支)。1988年8月安装冷气设备，将观众厅木质翻椅换为沙发软席，有1312个座位。1997年与市演出公司合并，仍独立核算。1999年从演出公司划出，为独立法人事业单位。2005年，影剧院占地面积4049平方米，房屋建筑面积3955平方米，有职工22人。演出达72场(台)，票房收入70万元，电影放映收入25万元。

三、人民电影院

地址在中山路1号(中山桥旁东南侧)，1983年9月，中山路拓宽，被拆除。1987年12月，中房镇江公司与市电影放映发行公司共同投资，在中山西路(阳彭山)复建(现中山西路52号)。房屋建筑面积2900平方米，投资550万元。阶梯式观众厅，有1169张高背沙发座席，配中央空调，英国道尔贝特司声音处理器，可放映4声道、6声道，70毫米和各种35毫米影片，时为全国第一座新建70毫米宽胶片立体声电影院。还设可容90人的舞厅，198个座席的录像、镭射影碟放映厅，电子游戏室、咖啡厅、小卖部等多种服务设施。1989年2月6日开业，首映70毫米立体声影片《金鞋》，放映221场，观众18.13万人次，放映收入35.3万元，发行收入18.08万元。1995年票房收入超350万元，列全省影院第五位。2000年加入全国首批“中华院线”连锁影院电脑网络系统，实现电脑售票。2002年加入江苏省东方院线和盛世亚细亚集团院线。2004年3月，影院资产公开挂牌，竞价拍卖，以1000万元拍卖给常州常丰内燃机有限公司。

四、大华电影院

地址在大西路355号。1983年为镇江首家放映立体声电影院。1984年7月安装冷气设备，拆除舞台，扩大观众厅，座位增至1043座，改为软席，为镇江第一家“五化”(座位软席化、光源氙灯化、声响立体化、放映自动化、设施冷气化)放映单位。2003年停止放映。2004年7月转让给民营企业主。

五、谏壁影剧院

前身为东风剧场，1983年隶属市电影发行放映公司。1987年改为全民事业单位(自收自支)。1992年投资27.5万元建650平方米综合服务楼，是谏壁镇综合性文化娱乐场所。2003年停止放映。2004年8月资产转让，10月注册镇江京润影剧院有限责任公司。

六、人防电影院

1983年隶属市人防管理处，全民事业单位(自收自支)，有12名职工。1985年，舞台、放映设备扩建更新，长条木椅改为654个软席座位。除放映电影，还接待扬剧、淮剧小剧团的演出。1989年夏停业。

七、群艺影剧院

1983年隶属市群众艺术馆，全民事业单位，职工13人。1984年更名为群艺影剧院。1985年起放映“大夜市”电影。1993年停业。

八、花山湾影剧院

1984年由镇江市京剧团、市文化艺术学校投入44万元，市政府投资30万元，在花山路一区14

号开工建设，占地面积1867平方米，房屋建筑面积1041平方米，观众厅有714张木质翻椅。1987年4月营业，隶属市文化局，全民企业，独立核算。1987年12月改为事业单位，企业化管理，独立核算，编制31人。1993年停业。

九、文化宫影剧院（东宫影剧院）

1984年由市总工会投资筹建，位于市环城路5号，建筑面积1200平方米。1989年10月开放，观众厅787张沙发椅（楼下587张，楼上200张），舞台200平方米，化妆室40平方米，自动舞台吊杆14道，此外拥有调音调光台、中央空调、松花江5505型放映机2台等，时为设备比较好的影剧院，隶属镇江市工人文化宫。1995年后，电影放映时映时停。2002年加入江苏东方院线。2003年8月，场地租赁给浙江（杭州）金海岸演艺大舞台经营，更名为文化宫金海岸演艺大舞台。

十、工人影剧院

原名工人电影院，位于迎江路。1982年2月，市总工会翻建，面积为2417平方米，设两层楼座，底厅852座，楼厅502座，木质翻椅；有演员宿舍1000平方米，70个床位。1983年元旦竣工使用，更名为工人影剧院，为演戏和电影放映两用场所，隶属市工人文化宫。1992年“金山之光”艺术节中，接待上海市歌舞团、新疆军区歌舞团、安徽省黄梅戏剧团的演出。1993年划归市劳动人民文化宫。1994年承办庆祝工人文化宫成立40周年活动，邀请山东省京剧团演出。1995年后电影放映时映时停。2005年，市工人文化宫调拨2台松花江电影放映机。

第六章　音乐　舞蹈

1980年10月成立镇江市音乐舞蹈工作者协会。1990年改名为镇江市音乐舞蹈家协会。2000年分拆为镇江市音乐家协会、镇江市舞蹈家协会。

2005年，市音乐家协会有会员319名，其中省音乐家协会会员75名，中国音乐家协会会员13名。市舞蹈家协会有会员158名，其中江苏省舞蹈家协会会员32名，中国舞蹈家协会会员10名。

第一节　音　乐

1983年开始，随着人们思想解放和生活水平提高，镇江市民对音乐的喜爱也与日俱增。文化部门或独立或联合举办一系列的音乐活动，在一定程度上满足人们的需求，活跃群众文化生活，更促进音乐创作、普及的发展；为专业音乐工作者和音乐爱好者搭建展示艺术才华的平台，使新音乐人才不断涌现。

一、音乐创作

镇江的音乐创作一直比较活跃。从1983年到1990年，镇江词曲作者在《江苏音乐》、上海《儿童歌声》等10多种音乐刊物上发表音乐作品60多首。进入新世纪后，在各种音乐活动和赛事上得到展示的作品为数更多。

1984～2005 年镇江市获省级以上奖励音乐作品一览表

表 34-5

时间	作品	作者	获奖情况
1984.10	园林工人多自豪	刘同祥 吴霄词 张祖荣曲	《全国建设者之歌》征集评选 三等奖
1985.6	浇花	铁流 贾静华词曲	全国少儿小百灵赛歌三等奖
1991.6	营业员之歌	谢建华词 张平曲	江苏省工人歌曲征歌活动　金奖
1991.6	镇化企业精神歌	张习曲	江苏省工人歌曲征歌活动　金奖
1995.1	水乡小夜曲	陈茉玲曲	江苏省民歌民舞民乐大赛　一等奖
1995.12			文化部第五届群星奖 创作一等奖
1995.12	江南梦境	陈茉玲曲	文化部第五届群星奖 创作三等奖
1997.8	采木耳	王弘曲	江苏省第二届少儿艺术节　创作一等奖
1998	廉政歌	谢建华词　王平东曲	第三届江苏省五个一工程奖
1999.11	江南吟	朱秀清曲	文化部第九届群星奖 银奖
2000.7	拥抱新世纪	陈茉玲曲	第四届江苏省五个一工程 作品奖
2001.8	数新楼	朱秀清曲	全国少儿文艺蒲公英奖　金奖
2001.8	我伴妈妈织鱼网	铁流词　王弘曲	江苏省第三届少儿艺术节创作　一等奖
2002.8			全国第二届少儿文艺蒲公英奖　金奖
2003.12	运河两岸好家乡	陈茉玲曲	第五届江苏省五个一工程 作品奖
2003.12	给妈妈放个假	王弘曲	江苏省第五届五星工程 银奖
2003.12	永远的绿岛	朱秀清曲	江苏省第五届五星工程 银奖
2003.12	外婆家	王弘曲	江苏省第五届五星工程 金奖
2004.7			新苗杯全国儿童音乐大赛　金奖
2004.7	太阳花	朱秀清曲	新苗杯全国儿童音乐大赛　金奖
2005.8	一本书	天戈词　王弘曲	江苏省第四届少儿艺术节 一等奖
2005.11	祖国之爱	朱秀清曲	中国音乐晨钟奖

二、音乐活动

图 34-2　《快乐推销员》在上海国际艺术节演出剧照(2002 年摄)

歌曲《焦山多娇》(徐在明词、晓玲曲、王晓坤演唱)参加中央人民广播电台 1984 年新春文艺全国大联播;《竹林深处是我家》(铁流词、茹银鹤曲)由上海乐团演唱并灌制磁带,作为全国电台交流节目;《古琴曲集锦》(刘善教演奏)《大江之歌》(谢建华词、汪秋逸曲、王晓坤演唱)先后入选全国市(地、州、盟)广播电台文艺广播协作会;同年举办"祖国啊母亲"歌咏大会,全市 18 个系统和单位、3000 多名业余歌手参加。1985 年首次举办青年歌手电视大奖赛，有 800 余名歌手参赛。1986 年 7 月成立镇江梦溪琴杜（社长为古琴艺术家刘景韶），来自全国各地的数十位古琴艺术家，中国音协负责人周巍峙、孙慎、张非、黄翔鹏和音乐家程云、孟波、金萱、陈凌青等应邀到镇江。1987 年举办镇江市首届“人民警察之声”音乐会，演出合唱、独唱、二重唱节目 14 个，江苏电视台向全省转播实况；12 月举办“雕塑奖”历史文化名城歌词征文活动，收到镇江和外地作者的 300 首歌词，歌词由《镇江日报》出专刊登出。20 世纪 90 年代后，大型音乐活动更加频繁。1991 年 12 月举办“镇江之歌”演唱会，镇江词曲作者创作的 12 首歌曲参加演唱，电视台、电台录音播放。1992 年举办王晓坤、陈茉玲作品音乐会，演唱他们创作的歌曲 26 首；举办罗永宁二胡独奏音乐会。1995 年全国第二届民歌大赛，镇江选手孙静（女声独唱）获民族唱法金奖。1996 年“可爱的镇江”征歌，南京、上海、苏州、北京等地不少著名词曲作家都来稿，活动收到作品 150 多件。1997 年 12 月 31 日首次举办新年音乐会——’98 京阳之春新年音乐会（文化局和京阳水泥有限公司联合主办）。2002 年 5 月举办镇江市历届省、市级比赛获奖歌手演唱音乐会，吸引众多音乐爱好者参加；市艺术剧院创作的音乐剧《快乐推销员》在第三届全国歌剧观摩演出中获优秀剧目奖和优秀剧本、优秀导演、优秀男主角、优秀女主角、优秀配角、最佳舞蹈设计 6 项单奖并受邀晋京参加庆祝党的十六大优秀剧目展演。2003 年纪念古琴家刘景韶诞辰 100 周年，中国古琴界大师龚一、戴树红等从京、沪、粤、闽等地汇聚镇江，与镇江古琴爱好者和音乐界人士交流。2004 年 5 月，市艺术剧院的音乐剧《快乐推销员》经过大幅度修改，在第七届中国艺术节上获文化部第十一届文华新剧目奖和编导奖，并参加第六届上海国际艺术节演出。

三、音乐考级

2000 年，市音乐家协会开始承担音乐考级，考级的人数和乐种逐年增加，从最初的 100 余人，发展到 2005 年的 1300 余人；考级人员从少年儿童发展到中学生和老人；考级点从市区发展到丹阳、扬中和句容，各基层考点的参考人数也逐年增长。

音乐考级促进少年儿童音乐水平的提高，为学校和社会培养了音乐人才。镇江市钢琴十级乐手朱新培获全国推新人比赛总决赛“十佳”一等奖，董思超进入前 20 名并获得“十新”称号；学生朱格在全国钢琴比赛中获得银奖；句容扬琴十级乐手朱卉获全国推新人比赛总决赛优秀奖，歌手谭碧颖获全国推新人十优歌手奖等。

第二节　舞　蹈

改革开放以后，镇江的舞蹈活动有较大发展，除民族民间舞外，交谊舞、国标舞、街舞等开始成为年轻人追求的时尚。20 世纪 90 年代中期，舞蹈教学列入业余培训范围，受培训者趋小龄化。群众舞蹈走进许多老年人生活，成为老人晨（晚）练活动中的一景。2002 年 1 月举办首届舞蹈考级师资培训班，50 余名少儿舞蹈教师获江苏省舞蹈家协会颁发的资格证书；6 月成立镇江舞蹈考级站。至 2005 年，镇江参加国标舞学习的青少年达千余人。

一、舞蹈创作

舞蹈工作者注重舞蹈业务研讨，除提高自身艺术水平，更注重提高社会舞蹈辅导能力。辅导的舞蹈《水乡小鸭》获亚洲艺术魅力大赛少儿组舞蹈十佳，《二泉映月》获江苏省推新人大赛金奖，舞蹈《好日子》《荷花吟》《春绿》《追潮》等分获江苏省旅游系统、政法系统、技术监督系统、大学生艺术节一等奖；市文化馆的少儿国标舞获江苏省少儿舞蹈大赛团体、全能多项奖励。

1991～2005 年镇江市获省以上比赛奖励舞蹈作品一览表

表 34-6

时　间	作　品	作者(表演)	获　奖
1991.6	泼墨鹤鸣（双人舞）	刘振兴　刘松林　陈泉美表演	华东地区第二届社会舞蹈调演优秀创作奖、优秀演出奖
1991.12			江苏省第二届音乐舞蹈节 创作一等奖 表演一等奖
1991.12	大雁和狐狸	市中山路小学创作演出	江苏省第二届音乐舞蹈节　表演一等奖
2001.8	未来之光	张静	江苏省第三届少儿艺术节　金奖
2002.2	骑韵	董朝霞　赵昕	全国青少年音、舞、器比赛少儿组金奖
2003.12	风中细语	沈晨	第五届江苏省音乐舞蹈节　金奖
2003.12	龟兔小乐队	赵昕 董朝霞，中山路小学演出	江苏省第五届五星工程奖　金奖
2003.12	小萝卜头的梦	廖丽美	江苏省第五届五星工程奖　银奖
2005.8	猜月亮	吴林森	江苏省第四届少儿艺术节　金奖

二、舞蹈活动

1983 年底，民间舞蹈《九狮图》《大刀舞》《双推车》参加江苏省（苏南片）民间舞蹈调演。1986 年，举办首届“金山之春”歌舞调演，其中舞蹈节目有 13 个，占全部节目 54％。省有关部门挑选 7 个歌舞节目参加江苏省民间音乐舞蹈调演。1988 年 10 月，首次举办镇江市交谊舞比赛，市群众艺术馆组织创作的舞蹈《车水号子》和《嬉雨》入选第二届中国艺术节（华东・南京）。1991 年 7 月，举行全市群众音乐舞蹈创作节目调演。1992 年，第二届镇江“金山之光”艺术节开幕、闭幕演出的大型音乐舞蹈晚会，创作演出《荆蛮渔叉舞》《金山战鼓舞》《满眼风光北固楼》等舞蹈作品。进入 21 世纪后，在大型演出活动中，舞蹈节目占有相当大比例，还出现舞蹈专场演出。先后举办“红年杯”镇扬体育舞蹈比赛、电视双人舞比赛、现代舞大赛、瘗鹤铭杯舞蹈大赛和浮玉杯首届少儿舞蹈大赛等。2004 年 7 月，举办江苏省少儿舞蹈编导培训班，全省各地近百名舞蹈工作者汇聚镇江，由省舞协主席等人授课，参与者普遍反映收获甚丰。2005 年 8 月，江苏电视台体育频道、市舞蹈家协会等共同主办“中国・镇江青少年国际标准舞公开赛”，来自江、浙、沪等地区 25 个代表队，400 对选手参加。

第三节　歌舞团体

一、镇江市歌舞团

1983 年，文工团迁至庄泉山黄山支路 9 号。1985 年底演职员 18 人。1988 年 4 月更名为镇江市歌舞团，全民事业单位，演职人员 29 人。1990 年租用解放路部队营房。1995 年搬至花山湾影剧院，演职员近 50 人。1996 年 9 月并入市艺术剧院。

二、镇江市艺术剧院

1996 年 9 月，原市歌舞团、市扬剧团、市越剧团、市曲艺团和市文化艺术学校合并，演职员 142 人，全民事业编制，差额拨款单位。院址在黄山支路 9 号。以综艺歌舞及音乐剧为发展方向。2005 年有演职员 85 人，其中高级职称 4 人，中级职称 65 人，初级职称 12 人。主要创作有歌舞剧《血祭京江》(1997 年);音乐剧《快乐推销员》(1999 年),2003 年入选省“五个一工程奖”,2004 年获第十一届文华新剧目奖、编导奖,入选江苏省首届舞台艺术精品工程剧目。

三、镇江市艺术学校

1997 年,镇江市第二职业高级中学增挂镇江市艺术学校牌子。2000 年,市文化局与市教委联合开办中专班,选招学生 40 名,学制 3 年,设器乐、声乐、舞蹈等科目。2003 年有 2 名学生毕业分配到市艺术剧院。后中专班未续办。

第七章 美术 书法 摄影

1980 年,镇江市美术工作者协会成立。1986 年成立的镇江市油画研究会和镇江市水彩水粉画研究会以及所属市、区的美术协会(或名美术书法协会、书画协会),是市协会团体会员。1990 年改名为镇江市美术家协会。至 2005 年,有会员 274 名,其中省协会会员 102 人,国家级协会会员 12 人。

1980 年,镇江市书法工作者协会成立。1990 年改名为镇江市书法家协会。镇江市书法家协会实行团体会员和个人会员相结合的体制,县(市)区文联系统的书法家协会均为团体会员。至 2005 年,有个人会员 195 人,其中江苏省书协会员 95 人,全国书协会员 19 人。

1980 年,镇江市摄影工作者协会成立。1990 年改名为镇江市摄影家协会。至 2005 年,市协会有会员 330 人,其中省协会会员 95 人,中国摄影家协会会员 14 人。

第一节 美 术

美术教育一直受到镇江社会各界重视,除中小学有美术课外,厂矿企业常开设自办的美术短训班,各级少年宫、文化馆站有美术兴趣班,老年大学开设美术欣赏课。1999 年起,镇江开始举办美术(业余)考级。参加美术考级人数逐年增加,各个年龄段考生都有,考生来自各行各业。多渠道、多层次、多形式的美术教育网络,为美术教育普及注入新活力。镇江专业美术工作者知识结构不断提升,大多具有大专学历,部分具有教授和国家一级、二级美术师职称。

一、美术作品

创作好作品是镇江美术爱好者的追求,举办美术作品展览,是展示交流美术创作态势的活动。美术工作者和爱好者参加省以上美术展览和比赛,出现一批艺术上乘的作品。

1983 ~ 1989 年,镇江先后举办画展 26 次,其中综合性展览 4 次、专题性展览 10 次、个人作品展 12 次,每次展出作品几十件到一百多件不等。1986 年举办首届油画展,收到作品 59 件。1989 年举办庆祝中华人民共和国成立 40 周年镇江市美术作品展,收到作品 103 件。期间镇江先后有 7 件美术作品入选全国美术展;在省以上展览和比赛中 7 件作品获优秀奖,8 件作品获一等奖,5 件作品获佳作奖,2 件作品获创作奖;其中车长森、王国平的作品《大厦从这里升起》获全国首届职工美术作品赛一等奖,赵绍虎的《凤仙花开》《拔根芦柴花》分获全国首届风俗画大奖赛优秀奖、佳作奖,柳学健的《寒香》获当代中国水墨画新人展优秀奖,王燕的《乡村》、戴军的《小学生运动会》均获江苏省第二届少儿版画展一等奖。

1990 ~ 1999 年,镇江先后举办画展 57 次,其中综合性展览 7 次,专题性展览 14 次,个人作品展36次。1990年举办版画艺术展，收到作品近百件。1995年举办镇江市中国画小品展，收到作品120件。期间镇江先后有3件美术作品入选全国美术展；在省以上展览和比赛中5件作品获金奖，35件作品获优秀奖，5件作品获一等奖，2件作品获佳作奖。包信源的《麒麟送子》（国画）获'90上海中国民间艺术博览会一等奖，杨雷的《换季》获全国第二届山水画展优秀奖，杨逸塘的《湖湾渔汛》获当代中国乡村田园画展金奖，席耀良的《三个"三好生"》（速写）获陕西阳光艺术杯全国书画艺术大赛金奖，赵绍虎的《悲歌》（中国画）获"金陵祭"全国名人书画作品展金奖。

2000～2005年，镇江先后举办画展22次，其中综合性展览3次、专题性展览5次、个人作品展14次。2005年举办京江画派古今展，收到作品120件。期间镇江先后有3件美术作品入选全国美术展；在省以上展览和比赛中6件作品获金奖、9件获优秀奖、1件获佳作奖。庄道静的《发廊》《潮》均获全国工笔画大展金奖，沈荣的《瓷韵》获全国第二届李剑晨奖水彩画双年展金奖，马宏峰的《远山的呼唤》（中国画）获锦绣河山——当代中国书画展金奖，王川的《白蛇传》（壁画）获中国首届壁画艺术展佳作奖，徐志敏的《花儿朵朵》（中国画）获文化部第十二届群星美展优秀奖。

图34-3　2004年，国画《百合》获第十届全国美展银奖

1984～2004年镇江入选全国美术展作品一览表

表34-7

届次	入选时间	作　品	获奖情况	作　者
6	1984.10	新邻居（油画）	–	车长森
6	1984.10	沧桑图（版画）	–	王　川
6	1984.10	渔家小妹（水彩画）	–	席耀良
6	1984.10	刘少奇像（年画）	–	赵绍虎
7	1989.7	神伫（油画）	–	赵家兴
7	1989.7	月光如水（水粉画）	–	袁公任
7	1989.7	树园（油画）	–	杨　雷
9	1999	湖湾秋云（中国画）	–	杨　雷
9	1999	两棵树（中国画）	–	丁观加
9	1999	为了子孙好乘凉（宣传画）	–	冯爱民
10	2004	百合（中国画）	银牌奖	庄道静
10	2004	红玫瑰和白玫瑰（插图）	铜牌奖	章燕紫
10	2004	声声慢（中国画）	–	章燕紫

二、美术服务

1985年创作韦岗战斗遗址纪念碑大型浮雕（朱庚成等人）、京侨饭店的壁画《簪花仕女图》（王

川)。1986年在博物馆门前塑起大型雕塑《女奴与矢篮》(杨晓农)、创作长途汽车站巨幅国画《天下第一江山》(丁观加、贾玉书等10人)。1988年创作人民电影院门厅的大型陶瓷壁画《白蛇传》(臧桂昌)。1989年创作工人文化宫门厅彩绘壁画《劳动创造世界》(王川、车长森等)。1991年，20余位书画家与镇江残疾人联合会举办镇江市书画家扶残助残献爱心笔会,献出书画作品70幅。1992年在梦溪广场塑沈括塑像(朱乃罡)、创作芙蓉楼大型壁画群(王川设计)、华联商厦沿街橱窗大型彩绘玻璃壁画《摩登世界》(王川、车长森等)、焦山万佛塔壁画群(王川等)、博物馆门前群雕《强吴雄风》(王川)、金桥大道上的文物柱(王川)等。21世纪后,王川等人又绘制多幅大型壁画(彩石浮雕)和环境艺术作品。如壁画《百里京江》《千年南徐》《群星璀璨》《白蛇传》《千秋江山》《樵夫·将军·皇帝》《华阳著书、罗浮炼丹》《太阳城壁画群》和群雕《乾坤坛》等。2000~2001年，书画家为茅山老区兴教助学协会献出书画作品(条幅、扇面等)数十幅。2003年市文联、美协组织书画家创作30多幅作品,赠给镇江慈善总会。

三、美术交流

邀请国内外画家到镇江举办画展、讲座,镇江画家也在国内、国外(日本、新加坡、马来西亚、芬兰、罗马尼亚、瑞士、德国、加拿大、美国等)多次举办个人画展,为镇江画界开拓眼界、激发创作热情提供机会。1985年邀请北京大学教授朱青生讲授国内外美术动向与现代派绘画问题。20世纪90年代后期,邀请省美协范保文等知名画家共同探讨水彩画、油画创作问题。2002年举办全国诗书画名家作品邀请展。2005年邀请南京艺术学院油画研究生孙仕荣举办“油画人体写生示范研讨会”与作品观摩;在举办京江画派古今展的同时,举办京江画派学术论坛,收集发表镇江画家、文博专家、美术理论家论文30余篇,交流和探讨京口画派的形成、艺术风格和代表人物。(参见第三十四卷第十三章对外文化交流)

四、镇江中国画院

镇江中国画院原为镇江国画馆,1982年更名,全民事业单位,院址设在镇江北固山中峰气象台旧址。有工作人员8名,1985年增至13名。设雕塑创作组(1987年6月归属建委)、镇江书画社(2003年撤销)。至2005年,有工作人员9人,其中高级职称5人,中级职称2人,初级职称2人。

20世纪80年代起举办书画展览、开办镇江书画社、工艺雕塑室、综合服务部等经营活动，1983~2005年实现服务经营收入64.42万元。

1984年9月,画院创作60幅画,举办《江南行》画展,中国对外展览公司收购并在中国驻外使馆巡回展出。1985年以后,创作数百幅优秀作品,入选国家级画展有30幅,入选省级画展有50多幅。1987~1988年,画院集体合作山水画《苏北晴雪》入选建军60周年全国美展;《两棵树》(丁观加)、《湖湾秋云》(杨雷)入选第9届全国美展;工笔画《潮》《清秋》《发廊》(庄道静)分获全国第5届工笔画大展金奖和全国迎奥运画展金奖。1998年,在北京中国美术馆举办《镇江中国画院画展》。多次应邀为中国历史博物馆、北京天安门楼厅、钓鱼台国宾馆、北京中南海、中央军委大楼、天津部队、太行山老区、北京军区后勤部、抗洪救灾官兵以及驻镇部队、许杏虎烈士纪念馆等作画70多幅。

画院多次接待日本、美国、澳大利亚、加拿大、德国及东南亚地区等专业团体数千人次赴镇交流。1985年,著名画家黄胄到画院交流,当场挥毫创作一幅4尺整张的《五驴图》。2004年,画院40余幅作品,在日本举办《镇江津市缔结友好城市20周年画展》。画院丁观加、李苇成、朱称俊、杨逸圹、薛元中分赴日本、芬兰、瑞士举办个人画展。

第二节　书　法

20世纪90年代开始，每年春节前组织书法家下乡为农民、为文明建设有突出成就的地区、为拥军活动义务书写春联，成为喜迎春节活动中最热闹的场面之一。新世纪后，书法爱好者逐渐增多，文化部门适应社会需求，开展书法普及、书法考级活动，在老年大学及青、少年宫开设书法兴趣班。

一、书法作品

1983～1989年，镇江先后举办书法篆刻展览20次，其中综合性展览11次，个人作品展览（单人或联合）9次，每次展出作品几十件到百余件不等。1983年举办浮玉书法篆刻展览，展出作品111件。1986年3月在江苏省美术馆举办李宗海诗书联展。1988年6月在北京中国美术馆举办镇江少年宫少儿书画展览，其中书法作品56件。镇江先后有4件作品入选全国书法篆刻展；在省以上展览和比赛中1件作品获金奖、14件获优秀奖、7件获佳作奖。

1990～1999年，镇江先后举办书法篆刻展览25次，其中综合性展览19次，个人作品展览（单人或联合）6次。1992年举办镇江首届青年书法篆刻大赛，展出作品近120件。1994年7月21日在江苏省美术馆首展镇江书法精品展，1996年1月又在北京中国美术馆展出，展出作品百余件，全国书协及首都书法界专家给予较高评价，国务院副总理李岚清参观展览。在北京展览期间，《中国书法》《书法》《美术观察》《文艺报》《中国书画报》《书法报》《书法导报》等多家媒体选登作品。期间镇江先后有18件作品入选全国书法篆刻展，在省以上展览和比赛中有6件作品分获金奖、特等奖、优秀奖、佳作奖。

2000～2005年，镇江先后举办书法篆刻展览15次，其中综合性展览9次，个人作品展览（单人或联合）6次。2003年12月，第三届纪念米芾国际书法展在镇江博物馆举办，展出中日书法作品350多件，其中日方作品300件。期间镇江先后有5件作品入选全国书法篆刻展；在省以上展览和比赛中4件作品分获金奖、优秀奖和一等奖。

1984～2003年镇江市入选全国书法篆刻展览作品一览表

表34-8

届次	入选时间	作　品	作　者
2	1984.9	行书《诗一首》	李宗海
3	1987.10	草书录《刘熙载（艺概）语》	贾玉书
4	1989.8	篆刻《啸傲风月》两方	朱培尔
5	1992.6	篆刻作品一方	朱培尔
6	1995	篆　刻	朱培尔
6	1995	书　法	曹秉峰
6	1995	书　法《明人题画诗》	宇文家琳
7	1999	书　法	吴丽明
8	2003	书　法	郑为人
8	2003	书　法	马宏峰
8	2003	书　法	王明龙

1986～2000 年镇江市入选全国中青年书法篆刻作品展作品一览表

表 34-9

届次	入选时间	作　品	作　者
2	1986.7	书法一件　　获优秀作品奖	丁观加
3	1990.10	篆刻十二方	朱培尔
4	1992.5	行书手卷一件	曹秉峰
4	1992.5	篆　刻	朱培尔
5	1993.10	篆　刻	朱培尔
5	1993.10	书　法	曹秉峰
5	1993.10	篆　刻	管松生
6	1995	篆　刻	朱培尔
6	1995	书　法	曹秉峰
6	1995	篆　刻	管松生
6	1995	书　法	宇文家琳
7	1997	书　法	宇文家琳
7	1997	书　法	郑为人
7	1997	篆　刻	纪容建
7	1997	书　法	阚爱萍
8	2000	书　法	郑为人
8	2000	书　法	宇文家琳

说明：此展 2000 年后不再举办

二、书法研究

20 世纪 80 年代中期，镇江书法家不断有研究书法、篆刻的文章发表于国内各类书法报刊上。1987 年朱培尔的《创作札记》为《青少年书法报》连载（1987～1989），《书法批评散论》为《书法导报》连载。1996～2000 年有 7 篇书法理论文章入选康有为书学国际研讨会、第二届全国近现代书法研讨会、全国隶书研讨会、全国中师书法教育学术研讨会。进入 21 世纪后，罗勇来完成《中国书法全集・清代卷》的撰写，王同顺的《焦山摩崖石刻研究》、衡正安的《镇江古代书法家研究》由省书协统一出版。出版《瘗鹤铭研究》（罗勇来）、《衡正安书学论集》等。

第三节　摄　影

20 世纪 80 年代初，除文化、新闻及照相经营单位外，从事摄影艺术创作的人很少。80 年代中期后，许多单位自备摄影、摄像设备，安排专人使用，年轻的摄影爱好者大量涌现，部分离退休老人也以摄影、摄像自娱自乐，摄影工作者和爱好者人数剧增。摄影工作者、爱好者不仅在日常工作、生活中发现精彩瞬间，还走进名山大川、乡间田头，沙漠冰川等处进行采风摄影创作。随着互联网技术发展，网上“在线影展”成为摄影者交流、展示作品的新平台。

一、摄影作品

1984 年，镇江举办市管县新体制后的第一届摄影作品综合性展览，展出作品 130 幅，以后每隔 3 年左右举行一届，是反映全市总体水平、规格最高的艺术展览。此外配合镇江经济建设和精神文明建设举办形式多样专题摄影作品展览。1984 年举办庆祝中华人民共和国成立 35 周年美术书法摄影作品展，其中摄影作品88幅。1986年先后举办“可爱的家乡”摄影展览（作品120幅）及镇江市经济建设新貌摄影展览（作品200多幅）。1989年举办镇江解放40年暨改革开放成果图片展览（作品近4000幅）。1991年，庆祝建党70周年举办美术书法摄影作品展，其中摄影作品101幅。1992年10月在“金山之光”艺术节中举办“镇江风情”美术书法摄影精品展，其中摄影作品有75幅。1993年1月在北京王府井大街中国摄影家画廊举办镇江市经济建设摄影展览，展出80多幅摄影作品。1997年4月，应友好城市德国曼海姆市邀请在该市议会大厦举办镇江风情摄影艺术展览（作品44幅）。1999年8月，德国曼海姆市在市博物馆展出作品100幅；镇江解放50周年摄影展展出作品150幅，被评为镇江1999年精神文明建设十佳新事之一。2001年举办风采——镇江市优秀共产党员大写真摄影展览；同年组织6个小型图片展览，由出国访问的市领导分别带往日本、德国等城市展出，26幅反映镇江风光的作品被德国曼海姆市博物馆收藏。2003年举办“立志两率先，奋力两步走，争当苏南后起之秀”图片展。2004年举办1949～2004年镇江历史变迁图片展。

1986～2004年镇江市入选全国摄影艺术展览作品一览表

表34-10

届次	入选时间	作　品	获奖情况	作　者
14	1986.10	黑白之间、水乡渔歌	-	沈　汛
14	1986.10	天高任鸟飞	-	庄润贵
15	1988.10	小河静静流	-	沈　汛
15	1988.10	遥望万里	-	王念约
15	1988.10	象形	-	袁曾亭
16	1990.8	“土”家洋客	铜牌奖	佘佳虎
17	1994.5	丰收季节	-	王国平
18	1997	都市旋律	-	王国平
18	1997	空中芭蕾	-	王　伟
18	1997	暑假生活	-	赵国华
19	1999	踏征程	-	章　亭
21	2004	街头广告画家	-	赵国华
		雨伴琴瑟	优秀奖	
21	2004	爱心的汇聚	优秀奖	何　克
21	2004	自行车	优秀奖	张　群

1987～2005年镇江入选中国国际摄影艺术展览作品一览表

表34-11

届次	入选时间	作　品	获奖情况	作　者
4	1987.10	高原雪晴	铜牌奖	袁曾亭
5	1989.10	风雪黄昏	-	吴丹青
6	1992.10	采茶女	-	邹练军
8	1998.11	风骨	-	袁曾亭
9	2001	阳光下	优秀奖	袁曾亭
10	2003	家园·乐园	-	赵晓军
11	2005	老剃头铺子	-	陈　婕

二、摄影竞赛

文化部门与相关单位联办群众性摄影比赛，普及摄影活动，激发摄影爱好者创作热情。1993年7月与市妇联等单位合作举办家庭趣味摄影大赛，参赛作品200多幅，其中13幅获奖作品参加省举办的同题展览。1997年举办“爱我镇江”精神文明摄影大赛，有350多名参赛者，作品1500幅，12位作者获奖，有54幅作品展出，活动被评为镇江市1997年精神文明建设十佳新事之一。1999年1月1日与《镇江日报》摄影部联合举办“文明新风在商业城元旦一日摄影比赛”，拍摄300多幅商业城文明服务美好瞬间，活动受到市民欢迎。2002年“跨越的新镇江”摄影大赛，发动全市摄影爱好者积极参与，组织重点作者深入重点工程和基层采风拍摄，并邀请新华社、《人民日报》《人民画报》《香港大公报》等十余家媒体记者到镇江采访拍摄，丰富大赛和展览内容。展览于镇江经贸旅游洽谈会开幕当天展出，中外来宾给予好评。摄影作品展览又移至大市口广场，观众达10万人次。大赛被评为镇江市2002年度精神文明建设新人新事之一。

第八章　民间文艺

镇江民族民间文化保护起步较早。改革开放后，全市组织13次大规模口头文学田野作业调查。1985～1987年，组织4000多名民间文学工作者和爱好者参加的民间文学三套集成采风活动，共采录民间传说、歌谣、谚语各类民间文学作品1600余万字，编纂93本乡镇卷本(手抄)，记录当地最原始的口头文学传统作品及有关风俗人情。1994～1996年，全市开展大规模民间艺术普查，调查刺绣、石雕、竹编、面塑、编织、泥塑、风筝、瓷刻、烙画、剪纸等10多个门类的民间艺术，并对耕作文化的田歌、打麦号子、插秧号子、耥草山歌、耕田嘞嘞、车水号子等进行调查，采取录音、摄像等保护手段，拍摄全市20多位民间艺术家和他们传统技艺流程和绝技的珍贵照片。摄制《吴歌女王孙阿英》《南乡田歌》《华山太平叫叫》《上党挑花》《正则绣》《堆糕花团面塑》《竹编》《茅山道教音乐》等资料专题片。2005年对所辖市、区的民间故事手、民歌手进行普查，形成民间故事手、民歌手名录近千人。同年《白蛇传传说》和《镇江香醋酿造技艺》进入首批国家非物质文化遗产名录。

1991年，建立全国第一家以挖掘、收藏、研究、开发民间文艺资料为主的镇江民间文艺资料库。1995年后，全市分别有12人被联合国教科文组织和中国民间文艺家协会授予民间工艺美术大师、一级民间工艺美术家和民间工艺美术家称号。

镇江市民间文学工作者协会成立于1980年10月。1985年4月一度并入镇江市文学工作者协会，1986年11月恢复单立，1990年改名为镇江市民间文艺家协会。至2005年，市民间文艺家协会有会员227人，其中省协会会员104人、国家级协会会员16人。

第一节　民间文艺创作活动

一、采风调查

1985年12月，镇江市和丹阳县民间文学工作者9人组成联合采风调查组，在江苏省民间文学工作者的参与下，对丹阳云林乡6个自然村进行采风调查。走访43位故事手、歌手，采录民间文学作品345篇(首)，录制磁带32盘。《江苏省民间文学集成通讯》集中报道这次活动，刊登调查组的采风报告、采风作品，介绍一批故事手和歌手。1987年3月，市民间文学集成办公室，部署全面的民间文学普查工作。至8月底,4县1区(除京口区外)93个乡镇民间文学普查工作基本结束。乡乡编有资料本,总字数达1400万。这次普查发现南朝民歌《华山畿》的发生地是丹徒石桥乡华山村;发现1首《火烧洋楼十杯酒》歌谣手抄本,歌谣长100行,记叙光绪十五年(1889年)正月初六,英租界巡捕无端打死1名中国小贩而引起镇江人民愤怒火烧领事馆事件,歌谣手抄本为镇江近代史研究提供有价值的资料。1992年4月,市民间文艺家协会、镇江民间文艺资料库、市群艺馆、丹徒文化馆联合组织民间文学工作者对丹徒县石桥乡华山村进行全面采风调查,采访83人次,搜集到《华山畿》和其他故事46篇(《华山畿》的不同异文有12篇)、歌谣11首、童谣及谜语180首、民俗54条、丧事唱词3首。1990~1995年,是一次规模不大但延续时间较长的调查。重点了解民间艺术(工艺)生存状况,调查人员走访20多位民间艺术家,拍摄片长20多个小时的录像资料、1000多张照片,记录25类59种民间艺术如面塑、泥塑、挑花、石雕、木雕、竹编、瓷刻等技艺的生产流程。1998年6月,镇江民间文艺工作者参加江苏省民间文艺家协会组织的扬中新时期民间文艺采风,全省有30多人参加,采用现代化采录方法,深入农家田头,足迹遍及12个乡镇数十个村,采访对象数百人,采录新时期民间歌谣400余首、民间故事100多篇。2001年6月,市民间文艺调研小组对茅山等3个乡镇民风民俗进行调查,为乡镇村落文化研究提供资料。

二、成果展示

1987年10月在金山寺楞伽台举办镇江历史文化名城民间故事家、歌手大奖赛,将采风调查的发现,用舞台表演的方法使之立体化。大奖赛有弹唱《华山畿》、民歌表演《新婚仪式歌》、民歌演唱《耥草山歌》等25个节目,有64人被授予故事家、歌手、搜集家的称号,中国民间文艺家协会、北京大学民俗学会等部门也参与此活动。1990年1月举办吕存正则绣艺术展览;10月举办镇江民间美术品展览,展出挑花、刺绣、面塑、剪纸、雕刻、竹编、灯彩等类400多件作品。1995年春节期间在丹徒石桥华山村举办民间艺术绝技赛,展现丹徒县各乡46名民间技艺高手的风采。1996年10月举行全市首届“民间一绝”表演赛,30多名表演者分别组成4县(市)、2区代表队,表演1人同时使用6种乐器、蔬果雕刻、邮票拼贴、长竹笛制作和演奏(创吉尼斯纪录)等绝活。活动评出32位民间艺术家绝技奖。

2001年举办白蛇传民间文化艺术展,展示与白蛇传故事有关的400余件文物拓片、古籍书刊、民俗用品、图片文字、民间工艺品等,展览分为8个部分:白蛇传的产生、流传和演进;白蛇传与民间文学;白蛇传与文学;白蛇传与戏曲;白蛇传与民俗;白蛇传与民间艺术;白蛇传与旅游;白蛇传在国外。运用现代设计手法,营造传统文化和现代审美相结合的民间文化空间,显示民间艺术魅力。后经过修改,成为镇江民间文化艺术馆内常年性陈列。2002年江苏省农民艺术节综合展镇江展区,推出在全国有影响的镇江民间艺术重点,有10多件艺术品获优秀奖。2003年举办白蛇传民间工艺美术展,展览以白蛇传故事贯穿,组织民间艺术家进行专题创作,通过正则绣、竹编、石雕、瓷刻、扎染画缋、烙铁画、泥塑等民间艺术品,再现白娘子和许仙的爱情故事。2004年11月27日,举办首届长三角地区“嘴上功夫”民间艺术邀请赛,来自镇江和周边省市10个城市44位艺术家参加角逐,决出金、银、铜奖16个。2005年举办《端午金山脚下话白蛇》口述艺术传承活动,原生态的故事、歌谣、谚语在“活态”的保护中得到充分展示。民间中国网、《中国艺术报》《扬子晚报》等大批媒体作专题报道;举办走进本土文化——民间说唱广场活动,在全市掀起“话白蛇、齐保护、共弘扬”万人签名征集活动,征集到相关民间艺术品、资料等近千件;组织以剪纸艺术为表现形式的白蛇传创作活动,在200多幅创作作品中精选26幅剪纸,举办白蛇传与镇江民间剪纸艺术展。

三、民间艺术作品获奖

1. 民间文学　1983年10月,江苏省首届民间文学作品授奖大会,康新民的《肴肉不当菜》等作品获一等奖，郭维庚的《玉蕊仙子》等作品获二等奖，吴林森、方范的《米芾画月》获三等奖；12月，在首次全国民间文学作品授奖会上，镇江民研会的《镇江民间故事》获荣誉奖，康新民的《肴肉不当菜》等一组故事获三等奖。1990年，康新民的《梁红玉击鼓战金山》获1983～1988年全国第二届民间文学评奖二等奖。1998年3月，江苏省第二届民间文学作品评奖，郭维庚的《脸谱故事》获专著类一等奖第一名；吴林森、方范的《三戏乾隆》等5篇作品获单篇类二等奖；吴润生的《文曲星》获专著类三等奖；臧辉南的《丹阳酒的传说》等5篇作品获单篇类三等奖。2001年9月，江苏省首届中国民间文艺山花奖评选，康新民的《大地的吻》获学术著作优秀奖。

2. 根艺　1987年6月首届根艺展览，王朔的《虎啸》、王长喜的《水上芭蕾》获一等奖。1991年9月第二届中国根艺展览，王朔的《鹿鸣翠谷》获一等奖。

3. 舞蹈　1991年9月中国第二届民间艺术节，扬中县文化馆采集整理的民间舞蹈《狮舞龙飞》获金奖。1998年10月，句容民间龙舞艺术团在“江苏省庆祝建国50周年喜迎新世纪大赛”中获双龙组金奖，丹阳城北民间舞龙队获银奖，镇江市解放路小学“小龙人”舞龙队获优秀传承奖。1999年中华首届国安杯舞龙大赛，句容葛村的《二龙戏珠》获金奖，并参加在天安门广场举行的澳门回归庆典活动。

4. 山歌　口技　1995年9月，江、浙、沪吴歌大赛，丹徒南乡山歌队孙阿英获一等奖，被授予“山歌女王”称号。2000年首届中华民间绝技大赛，张松林获口技类金奖。

5. 贴画　竹编等　1996年12月，在中国民间艺术展览会上，韩荣庆的邮票拼贴画《菊》、吕存的正则绣《天禄》、邵同义的瓷刻《齐白石像》、耿月新的竹编《张学良书法》获金奖。1997年全国十大民间艺术家精品展，耿月新展出《孔子像》等20多件竹编作品；中国文联党组书记高占祥参观后题词“清竹一到月新手，便成艺术新华章”，授予耿月新金质奖牌。1998年9月中国首届国际民间艺术博览会，耿月新的竹编《郑板桥书法》、韩荣庆的邮票拼贴画《龙腾》、邵同义的瓷刻《齐白石像》、朱文祥的扎染画绘《打马球》获金奖。2002年首届中国民间工艺博览会，耿月新的竹编《茶壶》获特等奖。2004年首届中国民间艺术百绝群英会，韩英的邮票拼贴画《山花》获金奖。

6. 雕塑　剪纸　1997年上海首届艺术博览会，马啸天的雕塑作品《如意》创吉尼斯纪录。2004年第二届华夏韵剪纸艺术展，陈佑丰的剪纸《猴王》获金奖。

镇江市民间工艺美术家荣誉称号一览表

表34-12

姓　名	出生时间	艺术形式	荣誉称号
吕　存	1955	正则绣	民间工艺美术大师（1995年）
韩荣庆	1944	邮票拼贴画	一级民间工艺美术家（1995年）
马啸天	1964	木雕	一级民间工艺美术家（1995年）
周伴华（女）	1935	绒线编织	民间工艺美术家（1995年）
王　朔	1936	根雕	民间工艺美术家（1995年）
耿月新	1948	竹编	民间工艺美术家（1995年）
符国俊	1950	面塑	民间工艺美术家（1995年）
沈建国	1951	面塑	民间工艺美术家（1995年）
邵同义	1960.11	刻瓷	民间工艺美术家（1995年）
吕去疾	1909.11	正则绣	一级民间工艺美术家（1997年）
吕　缘（女）	1953.12	正则绣	民间工艺美术家（1997年）
赵　斌	1969	石雕	民间工艺美术家（1997年）

说明：荣誉称号由联合国教科文组织和中国民间文艺家协会授予

第二节　非物质文化遗产保护

镇江市民族民间文化保护工作起步较早，挖掘民间艺术资源，对民间艺术种类和传承对象的普查资料搜集较完整。2004 年，“以《白蛇传》为代表的镇江口述文学”被确定为江苏省民族民间文化重点保护工程试点项目。年底，确定 6 个镇江市民族民间文化保护工程试点项目。2005 年镇江市非物质文化遗产领导小组成立，形成以镇江民间文化艺术馆、镇江民间文艺家协会为主，所属各辖市(区)文化馆以及各社会力量和文化志愿者参加的组织网络。《白蛇传传说》和《恒顺香醋酿造技艺》，被确定为首批国家级非物质文化遗产名录。

一、镇江市民族民间文化精品简介

1. 白蛇传传说　《白蛇传传说》是中国四大民间传说之一。镇江是《白蛇传传说》的重要发源地和白蛇传民俗文化圈的中心点。初唐，镇江萌芽了金山寺和尚降伏白蛇的原始传说；宋代，镇江民间流传白蛇传话本《雷峰塔》；明末，著名文学家冯梦龙的话本《白娘子永镇雷峰塔》，把镇江宋代的地名景观针子桥、五条巷、镇江渡口码头、金山寺等，都描写进话本的情节中；清代，方成培改编的《雷峰塔传奇》，增加了“水漫金山寺”情节，使得故事更添浪漫色彩。作为口头文化遗产，“水漫金山”一词已成为全国人民非常熟悉的口头俗语，并收进《汉语大词典》。镇江的金山寺、保和堂、白龙洞、法海洞等地方风物遗迹，既是故事场景，更成为传说发生在镇江的“信物”。每逢端午节(五月初五)，镇江各个剧场、书场都轮番演出《白蛇传传说》的戏曲、曲艺；家家户户吃“十二红”、喝雄黄酒，门上插菖蒲、身上揣香包；民间表演“唱麒麟”“秵草山歌”“荡湖船”；中药店门口发放中草药熬制的免费避暑汤药等。这些民俗事项，都成为镇江白蛇传口头文化遗产和文化空间最具代表性的文化要素。

图 34-4　扬剧《水漫金山》(2002 年摄)

2. 董永传说　《董永传说》最早载于西汉文学家刘向的《孝子传》；元《至顺镇江志》记载汉董永墓在丹阳延陵，有碑记其事，地名董碑，亦名董坟；明万历年间青阳腔唱本《槐荫记》中说：“董永原籍为丹阳县人”；清光绪《丹阳县志》则曰：丹阳延陵南有望仙桥、董永墓。镇江丹阳延陵是董永传说的主要传承地之一。与董永传说的相关遗迹有：望仙桥、清乾隆三十七年十月立的《重修望仙桥记》石碑、延陵镇董家村、司徒镇董阁庄村。

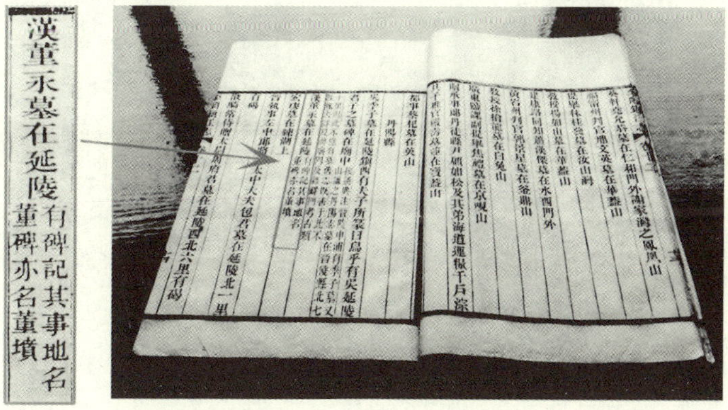

图 34-5　元《至顺镇江志》(2005 年摄)

传说汉代，延陵有个孝子董永，家道贫寒，靠替财主做佣工赡养父亲。偶遇一位美丽的村姑，做了他的妻子。此后，男耕女织，过着幸福美满的生活。那村姑本是玉帝的第 7 个女儿(七仙女)，私配凡人的事被玉帝知道后，天威震怒，派天兵天将把七仙女抓回天庭，打入天牢。此后，其子在望仙桥“望仙盼母”的故事流存民间。

3. 古琴艺术（梅庵琴派）　梅庵琴派，源于清代中晚期的山东，1917年形成于南京，开创者为山东诸城王宾鲁（字燕卿），因授琴于南京高等师范学校“梅庵”而得名。是近现代极有影响的古琴流派之一。第二代传人刘景韶师从名家徐立孙，尽得《梅庵琴谱》所刊十四曲。1986年在镇江成立“梦溪琴社”，传授梅庵派古琴曲目。既保留《梅庵琴谱》的精髓，又吸收广陵派等江南流派的特长，镇江成为全国古琴艺术的重要传承基地。

图34-6　刘景韶在镇江寓所院中弹琴授艺（1986年摄）

4. 扬剧　镇江是扬剧“金派”艺术的主要发源地和传承地。“金派”创始人金运贵（1906—1970），本名刘秀卿，艺名新善贞，幼年学京剧。1924年，扬州人陈登元创办第一个女子扬剧班，金运贵学小花脸（生行），“对子戏”为主，1925年在上海登台演出，成为扬剧第一代女演员。1936年她钻研堆字唱腔，自己编写幕表戏上演。1952年她到镇江金星扬剧团（镇江扬剧团），对传统唱腔《梳妆台》进行新尝试，以“堆字”为基调，缩小原曲调音域，根据人物感情变化，在行腔中运用顿逗和装饰音，使唱腔吞吐含情，这种似唱似吟、优美柔和、顿逗吞咽、别于传统唱法的“金派唱腔艺术”脱颖而出。镇江市扬剧团以“金派”艺术为特色与扬州市扬剧团和江苏省扬剧团，形成三足鼎立的扬剧流派艺术。

图34-7　金运贵、筱荣贵排练照（1985年翻拍）

图34-8　“秦淮灯彩”传承人陈柏华在制作荷花灯（2005年摄）

5. 秦淮灯彩　句容秦淮灯彩源于六朝时期。句容秦淮灯彩造型典雅、色彩明洁，有质朴纯美的乡土气息。其传统工艺融合多种制作材料，汲取纸扎、绘画、书法、剪纸、皮影、刺绣、雕塑等艺术之长。秦淮灯彩题材十分丰富，除小巧玲珑传统的荷花灯、兔子灯、蛤蟆灯等纸扎花灯外，还有神话传说、戏曲人物、民风民俗等各种题材的大型组灯《中国龙文化》《双龙戏珠》、柱型灯《定海神针》和情景灯《白蛇传》等，都有较高的历史价值和人文价值。

6. 镇江恒顺香醋酿制技艺　清道光二十年（1840 年），镇江丹徒人朱兆怀创建“朱恒顺糟淋坊”，在生产色酒的过程中摸索出独特的固态分层发酵香醋酿造技艺。《丹徒县志》（1889 年刻）记载：“京口（今镇江）黑醋味极香美，四方争来货之”。1909 年获南洋劝业会金奖，先后 5 次获国际金奖，3 次蝉联国内金奖。

图 34-9　醇化后的成品香醋（2005 年摄）

镇江恒顺香醋生产技艺，对于原料的选取极其讲究，需用江浙的优质糯米，加入自制麦曲发酵成米酒。然后采用“固态分层发酵”工艺，在酒液中加入麸皮、稻糠拌成固态并接种，每天分层翻动一次，进行降温、透氧醋化发酵，20 多天后醋醅成熟。最后加米色进行淋醋，生醋煎煮后在陶罐中长时间露天存放。最终酿成“酸而不涩，香而微甜，色浓味鲜，愈存愈醇”的恒顺香醋。“固态分层发酵”工艺，需经过大小 40 多道工序，代表着我国酿造技术传统特色的最高水平。

7. 封缸酒酿造技艺　丹阳酒最早的文字记载见于晋代王嘉的《拾遗记》：“云阳出美酒”。元代，丹阳酒作为贡品献入皇宫，故有贡酒、宫酒之名。1910 年，丹阳黄酒（百花酒）在首届南洋劝业会上获头等奖。

图 34-10　入坛后的封缸酒（2005 年摄）

丹阳封缸酒制作工序有 17 道之多，如洗米→蒸饭→淋饭→加药→拌饭→搭窝→来酿→封缸→榨酒→入坛→成品，因需长期封缸陈酿而成，故名“封缸酒”。丹阳黄酒鲜、甜、醇、厚。陈年黄酒颜色为琥珀色至褐红色，具有极高的营养价值、药用价值。“旦阳”牌封缸酒，在首届中国黄酒节上获特等奖。

二、镇江民族民间文化保护工程试点项目简介

1. 南乡田歌　南乡田歌可追溯至 7000 年前的耕作文化时期。田歌，又称秧田歌、插田歌等，是长江流域稻农插秧、除草、车水、挖地劳作时自发创造传唱的一种民歌。田歌曲体一般为两句体、四句体或多句体的段式结构，除领合的部分曲目为规整形节奏，其他大多以自由疏散的节奏节拍。

图 34-11　1995 年，市民间文艺家康新民在田间采录《耕田嘞嘞歌》

丹徒南乡田歌主要有《耕田嘞嘞》《插秧田歌》《打麦号子》《耥草田歌》《车水号子》等。分传统歌谣、即兴创作和新民歌三种，由民歌手自行创作编排，用口传心记方式传唱流播，是民间音乐的活化石。

图 34-12 二龙戏珠(2005 年摄)

2. 二龙戏珠 二龙戏珠源于清康熙六年(1667 年)的句容市三阳地村,为节庆庙会时表演的民间舞蹈。其架上能缀满蜡烛,游动翻滚,烛火始终向上,黑夜表演,婉如闪电,俗称“火龙”,又称“低架龙”“滚地龙”。

每条龙身长 19 米,10 人一条龙。一人持龙珠领珠,另有数十人举旗打伞、敲打锣鼓、表演云片。出行时,锣鼓开道,龙旗龙伞,浩浩荡荡。表演中,两条巨龙在翻、滚、转、穿、跳、跃间,完成“珠引龙舞、云随龙翻、龙云穿插、二龙戏珠”等十余个套路及几十种队型。

太平天国时,三阳地村龙灯一度失传。战乱初定后,村民吴达全去南京学习扎灯工艺,二龙戏珠得以世代相传。1988 年二龙戏珠被编入《中国民间舞蹈集成》。

3. 马灯阵舞 丹阳皇塘镇南建村的马灯阵舞源于唐代,原为唐太子宫内消遣娱乐所用,后传至民间;润州蒋乔镇嶂山村的马灯阵舞源于清代,人称“嶂山马灯”,春节尤盛。

图 34-13 马灯阵舞(2005 年摄)

4. 丹阳啷当 丹阳的马灯阵舞,讲究布阵和阵法变化,有梅花阵、荷花阵、提篮阵、双十字阵、单鼓浪阵、双鼓浪阵等阵式。演出者 60~100 人不等,分别装扮成《西游记》《白蛇传》《八仙过海》《济公》等传说中的人物,伴以民间说唱,多为滩簧(锡剧曲调)和吉祥祝福类的民谚、民谣。

图 34-14 啷当演唱的道具竹板、竹鼓(2005 年摄)

“啷当调”起源于南宋时期,清道光三十年(1850)前后,瞽词艺人流向江浙一带,后定居丹阳。艺人们沿丹阳城门卖唱,几经衍变,促进了以丹阳民歌旋律为结构的“啷当”的诞生。“啷当”以唱为主,分单口、对口、群口、走唱、坐唱。以单口坐唱为主要形式,唱腔统称“啷当调”,演唱者按曲目内容确定板式。啷当艺人用竹板、竹鼓,配以江南丝竹,敲打竹板,边敲边唱。书目为滩头和本头两类。滩头一唱到底无道白;本头为正书、说唱并重。书目繁多,多为民间传奇故事和戏曲唱本。清光绪年间,丹阳城乡茶馆、庙堂、晒场等地说唱“啷当”已成风气。

5. 扬中竹编　扬中竹编约源于宋朝，由外地移民引入。扬中是长江中小岛，竹资源极为丰富，带动了竹编业发展，但大多为日常生活用具。民国初年，扬中篾匠艺人郭国兴以每寸21根细竹篾编成一张“二龙戏珠”图案的竹席，后又编“丹凤朝阳”竹席，在巴拿马万国博览会上夺得金奖。扬中竹编有选材－断料－剖竹－抽宽－刮篾－拉丝－染色－编织－装饰等九大技艺流程。竹篾细如发丝，作品薄如蝉翼。编织采用“蒙七”之技法。竹编作品显现原生态的自然状态，采用“均衡”和“对称”的形式结构，并将书法、诗画融入作品之中，由实用型向观赏型转型。

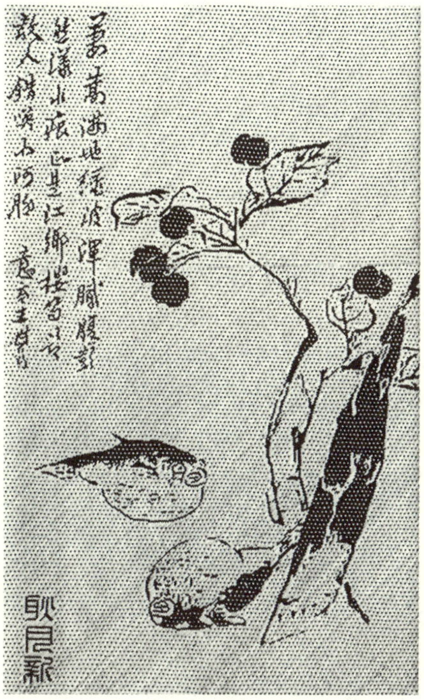

图34-15　耿月新的竹编作品《河豚》（2005年摄）

图34-16　挑花（2004年摄）

6. 上党挑花　明清时期，挑花是丹徒上党民间衡量妇女贤良与才德的重要标准，“谁家女子巧，要看针线好”。上党挑花，是将白布或浅蓝布固定在竹架上，用针将五彩丝线挑制在底布的经线和纬线格上，手法有素色挑、彩色挑、单面挑、双面挑等，挑出的图案色彩绚丽，立体感强。挑花者不用纹样，全凭即兴创作，自由发挥。上党挑花图案取材于生活中所见的山水、动植物等，多为蝙蝠（福）、桃（寿）、芙蓉（富）、桂花（贵）、莲子（连）、鱼（余）等。绣品可制作帐帘、枕套、床单、围腰、鞋垫、荷包等，可作老人的赠品、新生婴儿的祝福礼物、恋人定情物等。

第三节　镇江民间文化艺术馆

一、沿革

1988年，在市群众艺术馆内筹建镇江民间文艺资料库。1991年建立镇江民间文化艺术馆，全民事业单位，人员编制5人。2002年与镇江民间文艺资料库合署，迁至长江路207号（原英国亚细亚火油公司旧址）。2003年10月20日开馆，人员编制7人。

镇江民间文化艺术馆的白蛇传民间工艺美术展和镇江民间艺术精品展，有上百件精湛的民间艺术品。资料库收藏26个省、自治区和直辖市132个地级市的民间文艺集成资料和内部资料等4000余册，珍贵手稿600余卷，近200小时原生态的音像资料等。其中省内周边城市采风手卷124

卷1500余万字，如清光绪年间的《益智图》手卷；完整记载江苏境内民间音乐采风集成的手写、油印卷共27卷，详细记录1982年以来收集的《苏州吹打乐》《南通民歌选》《徐州歌曲集》《镇江区域民歌》等，是江苏仅存的一套记录传统民间音乐词曲的采风原始稿、原生态歌词曲谱。库存镇江市资料主要为辖市（区）各个乡镇民间普查采风原始资料本79档（卷）112册。如《镇江工匠传说采风调查稿》忠实记录了1961年在镇江地区调研采访的40名手工艺人讲述的102篇流传于手艺人中间的故事，市农民歌手王以凤捐赠的家里祖传的记载反映光绪十五年（1889年）正月初六镇江火烧英国领事馆事件的唱本《火烧洋楼十杯酒》等孤本。音像录像资料主要有记录民间故事家、歌手讲唱的采风录像带96盒，记录剪纸、面塑、泥塑、石雕、木刻等民间艺术家技艺流程的民间田野作业采风录像带43盒等。1987～2005年，民间文化艺术馆挖掘和培养本地各类民间艺术家近300人。2001～2005年实现经营收入36.24万元。

二、组织活动

1989年5月，组织上党乡、上会乡、三山乡17位民歌手和南京大学8名法国、美国、日本、德国、澳大利亚留学生在上党镇举办中外民歌演唱会，近百名歌手参加；举办丹徒县劳动山歌号子调演，有8个乡镇近百名农民歌手参加比赛。1994年12月民间文艺资料库组织采风组，为20位民间艺术家摄制8个多小时的资料片，拍摄300多张照片资料。1995年12月，中国民间文艺家协会举办中学生故事作品大奖赛，镇江市第一中学史薇创作的故事《纪爷爷》获一等奖；镇江师范学校凌岚和镇江市第一中学左洁分获三等奖。1997年10月，康新民的学术论文《世纪之交的非语言符号走向》入选首届世纪之交文学评论国际会议。1998年2月，扬中常敦明制作的创吉尼斯世界纪录的长达3.14米的巨笛参加北京人民大会堂举办的首都知识分子元宵节晚会演出。2003年2月，耿月新的竹编《农家乐》参加中央电视台“百花迎春——2003年中国艺术界春节大联欢”。2005年6月，“金山脚下话‘白蛇’民间传承活动”在金山芙蓉楼举行，演员表演荡湖船调和麒麟唱、耥草山歌以及京剧、豫剧、评话、弹词等民间文艺节目，演员年龄最小的12岁，最大的84岁；9月举办走进本土文化——民间说唱广场活动，征集到相关民间艺术品、资料等近千件；举办《白蛇传与镇江民间剪纸艺术展》，在200多幅创作作品中精选26幅剪纸作品参展。

第九章　群众文化

1983年，群众文化事业有较大发展，综合性活动阵地有镇江市文化馆、市工人文化宫、市少年宫等。1985年开始，市少年宫与日本、澳大利亚、美国多次开展互访、艺术交流等活动；同年，基层工人俱乐部有148个。1990年12月，镇江市青年宫建成使用。2002年，市文化馆、市工人文化宫、市青年宫、市少年宫把文化活动与经济活动相结合，“以文补文”“多业助文”，扩大服务领域，增加群众文化事业单位自身发展活力。创办“欢乐家园”广场文化、少儿创作故事比赛、职工乒乓球活动基地、青年艺术俱乐部、“小杜鹃”少儿京剧团等特色活动。

1983年，全市有56个乡（镇）建立文化中心（集群众文化、群众体育、科学普及、业余教育、时政宣传为一体的综合性群众文化基地）。1985年，全市94%农村乡镇建文化中心。1990年，文化部授予丹阳市文化馆为全国先进文化馆，扬中县兴隆文化站为全国先进文化站。1991年，全市各县（市）、区、乡镇（街道）群众文化网络基本建成，在“乡乡有文化馆”基础上，一个由国家办、集体办、个人办、多体制、多渠道、多形式的群众文化格局形成。1992年后，区划调整、乡镇合并，结构变更以及经费、编制等因素，全市99个乡镇（街道）文化中心站正常运作不足50%。2001年后，逐渐调整、恢复。至2005年,全市41个乡镇、2个工业园区、1个农场全部建成文化站(文广中心),乡镇文化体育团队有455支。

第一节　群众文化活动

一、活动

群众文化活动涉及面宽,参与群众呈逐年增加趋势。群文部门组建灯谜、集邮、美术摄影、收藏、京剧、盆景、写作、读书藏书等多个协会和俱乐部,各文化艺术门类的普及和提高较好满足了基层群众文化需求。

1983年12月,举办全市农村文化中心创作节目调演,四县一区(郊区)5个文艺代表队,演出4场50个剧目。1984年,市群艺馆与市文化局剧目室共同辅导农村业余小戏创作39个,其中3个小戏参加江苏省农村业余小戏竞赛,分别获奖。1985年,举办首届青年歌手电视大奖赛、纪念抗日战争胜利40周年歌咏大赛;开办音乐舞蹈、美术摄影、小戏创作等培训班5个,培训学员近100人。1986年组织群众性新故事创作,其中《没有公章的奖状》《戏中戏》《醋科长的悲喜剧》《二嫂子关店》,在华东地区及省级新故事大赛中获创作大奖、演讲大奖和一等奖。故事小分队深入学校、工厂、部队、农村演讲百余场,深受欢迎。1989年10月,戏剧小品《情怀》、女声表演唱《五更相思》、舞蹈《车水号子》《嬉雨》入选江苏省民间艺术团,参加第二届中国艺术节(华东·南京)演出。

1990年镇江经济技术洽谈会期间,专业、业余文艺工作者联合创作演出迎宾文艺晚会,演出歌舞《鱼趣》《鹤魂》《京口颂》等。1992年9月,镇江市代表队参加由文化部、中国新故事学会举办的全国新故事大赛,团体总分名列第三。由晏楷、李柏椵创作、李君梅演讲的《冒牌党员》获优秀创作奖、演讲二等奖。同月举行全市群众文艺录像比赛。参赛节目70个,作品有小品、曲艺、舞蹈、声乐、器乐、戏剧等,参赛人员广,作品内容丰富,有歌颂党、歌颂祖国、赞美家乡及反映社会生活的节目,格调清新健康,生活气息浓;活动评出14个节目为表演一、二、三等奖,14个节目为创作二、三等奖。1993年组织镇江市首届群众文化论文评奖活动,参评作品为1986~1992年间在市级以上理论刊物发表的论文,《勃兴特色文化是群众文化发展的历史趋势》《民间节日文化价值初探》2篇在国家级刊物发表的论文获一等奖。1995年举办纪念抗日战争和世界反法西斯战争胜利50周年群众歌咏比赛,参赛人数达2万余人,主要演唱抗日战争历史歌曲和其他爱国主义歌曲,赛场气氛热烈、隆重、激动人心。

1996年10月举办"金秋盛会"群众文艺调演,演出以"歌颂可爱的家乡——镇江"为主题,一批具有鲜明时代特色和浓郁乡土气息的音乐、舞蹈、戏剧小品、曲艺节目受到观众欢迎。1998年举办镇江群众文化新作品调演暨纪念改革开放20周年文艺汇演,各县(市)区创作演出100多个节目,并经专家评选出优秀节目参加决赛。丹阳市小丹剧《称婆婆》、丹徒县小锡剧《吴二赔情》分获创作、表演双一等奖;丹阳市摇滚说唱《楼·路·桥》获演出一等奖。1999为喜迎澳门回归,举办镇江市首届家庭读书、表演大赛。全市120多个家庭参赛,15个家庭进入决赛。句容谭小玉家庭、扬中施大同家庭获得一等奖。

2000年起,工人文化宫每年组织文艺演出队和电影放映队到省电三公司、省交通工程公司、在建工地等慰问演出近百场,最远到河南郑州。2001年举办镇江市首届农民艺术节,开展各种门类文艺演出和综艺作品展览等群众性文化活动150多场次,4100多人参与创作、演出、展示,观众20多万人次,繁荣丰富广大农民的文化生活。至2004年先后举办3届农民艺术节。2001年举办首届社区艺术节,7月初开始,历时3个月。艺术节期间,全市开展各种大合唱、广场舞蹈、鼓乐、小品、曲艺等社区文艺演出30多场次,演职人员1200余人,观众20万人次;举办书法、绘画、摄影、民间工艺等社区综艺作品展览20多场次，参展作品近千件，参观人数4万余人次。至2004年先后举办4届社区艺术节。2002年5月1日拉开“欢乐家园”广场文化活动帷幕，全年举办15场。广场文化活动，配合节庆、服务中心，深受市民喜欢和积极参与，推进社会群众文化发展。2003年举办14场，2004年举办14场，2005年举办16场。在江苏省文化建设优秀成果奖评比中，获品牌文化活动三等奖。

二、获奖

1984～2005年，女声独唱《水乡小夜曲》、小品《送人情》、小扬剧《吴二赔情》、小丹剧《称婆婆》、扬州评话《一笔救灾款》获全国历届“群星奖”金奖。美术《源与流——世界科技发展史画库》获全国“五个一工程”奖。小品《巷口》《夜审》，油画《走进田野》《高原颂》，摄影《晨雾》，书法《杜甫诗》，男声独唱《月照长江》、民歌《永远的绿岛》，舞蹈《巾帼魂》等分获省级“五星工程奖”一、二、三等奖、金奖、银奖、铜奖等122个。国标舞、舞厅舞获国家级奖项7个。

第二节　少儿文化活动

1983年起，组织多届少年儿童书画摄影展（赛）、庆“六一”百米长卷现场书画活动、金山游园少儿专场演出、“世纪之星”少儿音乐会、少儿舞蹈比赛、少儿古筝音乐会、小学生消防文艺汇演、庆“六一”少儿广场文艺演出、少儿拉丁舞专场等活动。从1988年起，举办镇江市青少年“增华阁”作文大赛已连续17年，参赛者由最初的100多人发展到3万多人。1989年4月举办镇江市首届少儿创作故事演讲大赛，有千余少年儿童参加，评出“故事大王”和优秀创作奖。每年“六一”前后举办少儿创作故事大赛，提倡少儿自己写、自己讲故事，大批优秀故事深受少年儿童喜爱。1994年出版优秀少儿故事集《后院的秘密》。2000年，吴林森创作的少儿故事《糖心山芋》获全国首届“蒲公英”演出金奖、创作银奖。在江苏省文化建设优秀成果奖评比中，“少儿创作故事大赛”获品牌文化活动“提名奖”。少儿创作故事演讲大赛受到中国故事学会等部门的高度评价。2002年，凌晨、白笑晨获全国少儿艺术戏曲大赛银奖。2004年在第十届全国推新人大赛中，吴思函、贾欣怡获全国“十佳奖”，吴思函获全国第八届“小梅花”戏剧大赛银奖。

第三节　文化馆（宫、站）

一、镇江市文化馆

镇江市文化馆1983年由地区、市文化馆合并组成，馆址在大西路366号，面积1000多平方米，有职工20人，全民事业单位。1984年3月更名为镇江市群众艺术馆。1988年在原址翻建6层大楼，面积3000余平方米，设音乐舞蹈戏曲部、美术摄影部、社会调编部、民间文艺资料库（镇江民间文化艺术馆前身）。建有业余艺术学校、舞厅、录像厅、群艺影剧院等基地，开展艺术培训、音像制品发行放映、文化娱乐、餐饮服务等活动。1997年8月，“退商还文”拆除门前小商场，改建文化广场，成为“周末大舞台”（欢乐家园）广场文化活动场地。2001年底，市群艺馆与市艺术中心整合，迁至山门口街37号，面积约7000平方米。2002年，镇江市群众艺术馆更名为镇江市文化馆。至2005年，有职工62人，其中高级职称7人、中级职称22人、初级职称10人。

1983年起，群众文化活动主要开展音乐、舞蹈、美术、书法、摄影、故事、小品等培训、辅导。1994年后，共组织各类演出、展览、赛事活动100余项，承办“金山之光”艺术节游园活动、少儿书画展、“金秋盛会”群众文艺调演、“爱我镇江”精神文明摄影大赛、“群众歌咏大会”“广场民间舞乐大赛”“千禧龙腾”少儿书画大赛、老年文艺会演、“新宴春杯”十佳歌手大赛、社区艺术节、农民艺术节、友好城市青少年国际舞公开赛等面向基层群众的艺术赛事和活动。

2003～2005年，镇江市文化馆面向少年儿童举办美术、音乐、舞蹈考级，少儿艺术培训近百期，培训学员3.5万人次。少儿文艺创作在音乐、曲艺、舞蹈、戏剧、美术、书法、器乐等方面多次获奖，如器乐合奏《锄禾日当午》、民乐合奏《山趣》、表演唱《数新楼》、舞蹈《龟兔赛跑》、童声合唱《给妈妈放个假》、古筝齐奏《战台风》、儿童画《家乡的菜市场》、吴书春子的书法等作品，分获国家级金奖、银奖和省级奖。

1. 群星艺术团　1994年成立，有团员60人，设声乐队、器乐队、舞蹈队、时装队、少儿故事队。1996年充实戏剧、曲艺等文艺队伍。2000年，成立群星舞蹈学校、中老年艺术沙龙艺术团。2004年成立群星合唱团、少儿国标舞艺术团。2005年成立群星民乐团。拥有多支团队的群星艺术团，每年深入厂矿、学校、农村等演出40多场，观众逾万人，是“欢乐家园”广场文化活动的主要力量。

2. 业余艺术学校　开办西画、国画、书法、声乐、模特等教学班数十个；交谊舞培训班每月2期；举办音乐、舞蹈、美术、书法、摄影、表演等20余类短期培训班（讲座）数百期，培训学员近万人次。

3. 群众文化示范基地　1996年，群众艺术馆建立5个群众文化示范基地。2003年，启动“文化指导员进社区”工作，先后派遣文化指导员20人赴50个社区进行文化活动指导、协助组织策划。至2005年有群众文化示范基地14个。

二、镇江市工人文化宫

镇江市工人文化宫隶属于市总工会，1983年位于迎江路，面积5000平方米，全民事业单位，工作人员49人。设有溜冰场、工人影剧院等14个活动场所。1989年10月在梦溪路5号建新宫，面积2万平方米，编制94人。2002年，工人文化宫扩建，总面积达2.6万平方米。有保龄球馆、健身健美厅、棋牌活动中心、练歌厅、影视厅、艺术培训中心、乒乓馆等。先后组建灯谜、集邮、摄影、收藏、京剧、盆景等11个协会，每年举办各类文体活动80多项（次），为机关、企事业单位、工会和社区、学校提供服务。2005年有工作人员71人。

三、镇江市青年宫

镇江市青年宫建成于1990年12月，地址在双井路22号，占地面积773.4平方米，建筑面积3016平方米。青年宫隶属团市委，全民事业差额拨款单位，编制27人。开展计算机、英语、舞蹈、器乐等培训。2005年有工作人员23人。

四、镇江市少年宫

镇江市少年之家1982年在原址（双井路20号）扩建，建筑面积5284平方米，1984年6月1日开放，更名为镇江市少年宫。设歌咏、舞蹈、戏剧、器乐、图书阅览、电视、书画、无线电、微机、乒乓等活动厅。

少年宫每年举办与革命前辈、英雄模范、科学家、艺术家等见面会，开展诗歌朗诵、故事演讲、写作征文、书画展览、集邮展拍、科普营地等活动。镇江市“小青蛙”讲故事比赛持续15届，参赛者由最初40多人发展到1400多人。2002年后，少年宫发展到校外培训4大类（科文、书画、音舞、体育）50多个兴趣培训项目，年培训近万人次。少年宫设有“小杜鹃”少儿京剧团、民乐团、“红领巾”合唱团、业余电台、少儿舞蹈队、少儿书画社、“神鸟”故事队、古筝演奏团等学生业余社团。先后接待美国访华团6次，澳大利亚访华团1次，日本仓敷市少男少女访华团19次。少年宫少儿艺术代表团4次出访日本。2005年10月应美国坦佩市协会邀请，少年宫少儿访美艺术团一行23人，参加美国坦佩市狂欢节，并交流访问旧金山、洛杉矶等城市。

五、农村文化站(中心)

1992年,全市97个乡镇建成文化站,总面积2.6万平方米。后区划几经调整,乡镇数度分合,撤乡并镇,乡镇文化站(中心)不断调整。2000年,全市99个乡镇(街道)文化中心(站)正常运作的不足50%。2001年后逐渐调整和恢复。至2005年,全市有44个乡镇级文化站(或文广中心),其中丹阳14个、句容10个、扬中5个、丹徒区9个、京口区2个,润州区1个,新区3个。有22个乡镇文化站建图书馆(室),其中丹阳、扬中乡镇文化站图书均达万册,全部实现电脑借阅。27个乡镇文化站开通文化信息资源工程基层点,有专职工作人员55人,兼职79人。乡镇各种文化体育团队达455支,如丹徒上党镇的"挑花"队、海燕村的"田歌队",谷阳镇的"谷娃艺术团",丹阳皇塘镇的民间"马灯阵舞表演队",句容黄梅镇的民间"龙舞队",润州区蒋乔镇的戏剧曲艺队等。

1992~1994年,全市先后有18个乡镇文化站被命名为江苏省先进文化站;丹徒上党镇、丹阳皇塘镇为江苏省民间艺术之乡,句容县被文化部授予全国少儿故事之乡称号,扬中市被中华诗词学会命名为全国诗词之乡。2001年,丹阳新桥镇和扬中新坝镇的儿童文化园被命名为国家级儿童文化园。

第十章　图书馆

1983年,镇江市有市图书馆、市少儿图书馆、丹徒县图书馆。高校图书馆有江苏工学院、镇江船舶学院、镇江师范专科学校、镇江医学院、镇江市高等专科学校图书馆,中国农科院镇江蚕业研究所图书馆等。有市区企业、中小学、医院、街道等图书馆(室)289个。

1986年后,镇江图书馆事业发展较快。1988年始,图书馆系统逐步实行计算机管理。同年,镇江船舶学院图书馆微机形成网络,现代化程度在省内居前列。农科院蚕业研究所图书馆,是镇江最大科研图书馆,藏书6万余册,还是全国蚕业信息网络牵头单位,在国内外蚕业信息交流中发挥重要作用。1991年底,全市公共、院校、科研三大系统图书馆已发展到46所,藏书总量341.2万册,其中中专以上院校图书馆22所,藏书223.5万册,科研系统图书馆19所、藏书21.6万册。全市有乡镇图书馆(室)87个,藏书总数达30.14万册。扬中县的兴隆、油坊、长旺,丹阳市的导墅、界牌等12个乡镇已建成万册图书馆,占乡镇总数的14%。2000年,乡镇图书馆(室)达标率56%。至2005年,全市7所公共图书馆藏书总量142.3万册(件),图书流通68.5万人次,阅览座席1306张。

第一节　镇江市图书馆

1983年,镇江市图书馆在山门口街37号,馆舍面积2297平方米,藏书35万册。全民事业单位,设采编部、辅导部、阅览室、古籍部、资料部及市少儿图书馆。1985年6月,迁入解放路17号原江苏省立镇江图书馆旧址,同年接待读者15万人次。1991年扩建后,面积增加到1万平方米。1999年二期工程竣工,馆舍面积超过1.6万平方米,同年外借图书、光盘42.25万册(件)。2000年后,图书馆按照多功能、开放型、现代化管理要求,建立多种网站和数据库检索,为读者、学术研讨提供快捷信息平台。古籍善本、民国文献为馆藏特色,如《四部丛书》《四库全书珍本》《万有书库》等,最为珍贵的有35种清代文人藏书,版本之多,国内罕见。2005年,地方文献收集达193种391册,藏书84.5万册,接待读者46万人次。2005年有工作人员42人,其中高级职称8人。

一、服务活动

1986 年 3 月，设立信息学术部，编印《信息摘编》简报。1987 年 4 月，日本津市先后向市图书馆赠书 4 批，共 5000 余册，图书馆设立日本津市友好赠书阅览室和旅日华人黄成武先生赠书陈列室。1994～1995 年深入基层图书馆(室)辅导，对阅览室的管理、布局、采购、分类、编目、登记、流通、开放等业务，进行系统辅导和培训。设立学校、监狱、乡镇、社区、部队等馆外流通点 126 个。2000～2004 年组织参加江苏省读书大奖赛、镇江市征文演讲比赛等多项读书活动，扩大图书馆服务范围。2005 年帮助农民工子女较多的靳家巷小学分编图书近 6000 册；在农民工比较集中的市螺旋桨厂和振华职校、老年公寓、小衣庄部队工兵团等 20 多处设立馆外图书流通点或建图书馆分馆。

二、业务建设

图 34-17　中国文心雕龙资料中心在镇江揭牌(2004 年摄)

1983～1998 年期间，增添《四库全书》影印本；对馆藏古籍按照“四库法”重新整理编目，健全目录体系。2000 年筹资 14.48 万元，引进汇文图书业务管理系统，为管理标准化和网络化创造条件。2003 年投入 50 万元购进服务器、扫描仪、交换机等设备，建成江苏省信息资源共享工程镇江市级中心。2004 年，市图书馆与广东联合编目中心合作，实现书目数据网上联机套录，提高采编数量和质量；创办镇江《文心雕龙》研究资料中心，收集包括著名学者王元化、王运熙、杨明照，日本学者纲村繁、兴膳宏，台湾学者王更生、吕武志等《文心雕龙》研究专著、手稿、油印本近 200 种、400 多部，成为国内《文心雕龙》研究资料最多最全的资料中心。2005 年，近 3000 多篇论文录入《文心雕龙》研究资料数据库，形成独特的文献资源体系。

市图书馆古籍总量超过 18 万册，善本数量 200 多种，达 4500 册之多。经南京图书馆鉴定的善本书 99 种、104 部、1944 册，在省辖市图书馆古籍藏量中位居前列。

2005 年镇江市图书馆善本书简况表

表 34-13

类别		数量	备注
版本	明版	81 部	–
	清版	17 部	–
	稿本	3 部	–
	抄本	3 部	–
分类	经	6 种　6 部　42 册	均为明版
	史	30 种　30 部　1008 册	明 19 部　清 7 部　清稿 3 部　清抄 1 部
	子	27 种　29 部　257 册	明 22 部　清 5 部　清抄 2 部
	集	35 种　38 部　635 册	明 33 部　清 5 部
	丛	1 种　1 部　2 册	明 1 部

第二节　少儿图书馆

1983年,少儿图书馆位于镇江市中山路,面积120平方米,工作人员3人,独立建制,隶属镇江市图书馆。藏书近1万册,期刊近60余种,领有阅览证儿童2500人。1984年10月,中山路扩宽,少儿馆借市少年宫开放。1992年5月,少儿馆搬回市图书馆内,人员、图书、报刊都有图书馆派出和提供。1993年,少儿馆设中小学生借阅室、幼儿阅览室、中小学生活动室、少儿读书成果展览厅、演讲厅、电脑培训室等,2000册少儿图书为小读者开架借阅,藏书5.5万册。2005年,藏书19342册,领有阅览证儿童3207人,全年接待少儿读者3676人次,借阅图书9.56万册次。

第三节　绍宗国学藏书楼

1983年,绍宗国学藏书楼归镇江博物馆管理,地址在伯先公园内,对外开放。藏书楼藏书按照四库全书分类法编目,编成完整的书本式古籍书目,共著录古籍书3700多种、7万余册。在藏书中善本,以明代刻本居多。藏书楼丛书诸多,如《四部丛书》《四库全书珍本》《万有书库》等。珍藏有35种清代文人、藏书家康有为"万木草堂"的藏书。("万木草堂"藏书被清政府查抄后大量流失,绍宗国学藏书楼有如此多版本,在诸藏书楼中罕见)。

2001年6月,绍宗国学藏书楼古籍归口镇江市图书馆,全部8.5万余册古籍搬运到镇江市图书馆古籍书库,2002年3月,镇江市图书馆将这些古籍整理上架,对外开放。

第四节　高校图书馆

1983年,镇江市有江苏工学院、镇江船舶学院、镇江教育学院、镇江医学院、江苏会计专科学校、镇江师范专科学校、镇江市职业大学等7所高校图书馆。1984年后,镇江医学院图书馆发展较快,藏书增加到10万册,中外期刊1500多种。1991年开始引进医学文献数据库,2001年时拥有中外文献数据库5个,藏书增加到23万册。2005年,全市有江苏大学、江苏科技大学、镇江市高等专科学校、江苏农林职业技术学院和民办金山职业技术学院等高校图书馆,藏书总量达750多万册,在数据库、网络数字化、信息资源、信息服务、自动化等建设方面达到国内先进水平。

一、江苏大学图书馆

2001年8月,江苏理工大学、镇江医学院、镇江师范专科学校、江苏省冶金经济学校合并组建江苏大学,4校图书馆合并为江苏大学图书馆,原江苏理工大学图书馆为校本部馆,原镇江医学院图书馆为医学分馆,原镇江师范专科学校图书馆为梦溪分馆,原江苏省冶金经济管理学校图书馆为中山分馆。江苏大学图书馆馆舍面积3万多平方米,中外文纸质图书200万册,中外文期刊3500多种,电子图书80多万册,电子期刊3万多种,中外文全文数据库34个,二次文献数据库和自建数据库100多个。江苏大学图书馆通过校园网与CERNET和INTERNER连接,提供国际国内远程联机检索,校内外用户均可通过远程终端或互联网访问江苏大学图书馆,可为读者提供多层面、多渠道的文献信息服务。信息服务系统的自动化程度达国内先进水平。

二、江苏科技大学图书馆

原为镇江船舶学院图书馆,1993年学院图书馆更名为华东船舶工业学院图书馆。1999年江海贸易学校图书馆并入该馆。2001年华东船舶工业学院图书馆新建书库2857平方米,引进WIN-

DOWS 平台下支持机读目录格式、具备较强网络功能汇文系统,为校区之间图书馆实行联网管理提供技术平台。2004 年,学院南校区图书馆建成,面积 8000 平方米。2004 年 5 月,华东船舶工业学院图书馆更名为江苏科技大学图书馆。2005 年馆舍总面积 27613 平方米(东校区图书馆为总馆,南、西校区图书馆为分馆)。各校区文献统采统编,资源共享,统一管理。有数据库 23 个,书刊文献总量 106.97 万册。

三、镇江市高等专科学校图书馆

至 2005 年,馆舍面积 1.29 万平方米,有图书 42 万册,电子图书 70 万册,中外文电子期刊 1 万多种。采用汇文管理系统。

镇江市市区部分图书馆藏书情况表(部分年份)

表 34-14

单位	年 份	册 数(万册)
镇江市图书馆	1983	42.50
	1990	53.50
	1998	69.10
	2005	84.50
江苏大学图书馆	2001	200.00
	2005	400.00
江苏科技大学图书馆	2005	10.70
镇江市高等专科学校图书馆	2005	42.00
丹徒区图书馆	2005	8.00
索普集团图书馆	2005	1～2
谏壁发电厂图书馆	2005	1～2

第十一章　图书(音像)发行

1983 年,镇江图书发行主要由市新华书店及所辖丹阳、句容、丹徒、扬中新华书店负责。各新华书店除设立门市部外还在各地供销社设立代销点。20 世纪 80 年代初中期,集体单位和私人开始兴办图书(音像)经销点,有的专门从事图书销售、租赁,有的是图书、音像同时兼营。到 90 年代发展较迅速,镇江的车站、码头、交通要道、较大的居民居住区都有图书(音像)租赁、零售、销售发行点。1995 年,镇江图书销售点 466 家(市区 220 家、丹阳 69 家、扬中 61 家、丹徒 63 家、句容 53 家)。集体和个体开办的图书(音像)销售点开始大部分从所在地新华书店进货,后南京(长三角)图书批销市场设立后,基本上处于自批、自销状态。1996～2004 年,各新华书店在供销社的代销点逐渐减少,农村集体集镇图书(音像)发行由设在各地的图书(音像)零售、出租点供给。至 2005 年底,全市有图书报刊发行网点 540 家。

音像制品 20 世纪 80 年代初期由市及各县新华书店负责发行,广播部门负责对录像放映带(包括 VCD、DVD)管理。1989 年底按照省政府对音像制品管理分工,文化部门(单位)的录像带发行、管理由文化部门负责。1997 年,镇江文化系统设立音像制品发行站(录像带、VCD 等)9 家(市区 4 家),录像放映点 49 个(市区 14 个),录像带(VCD、DVD)出租、零售 313 家(市区 60 家)。2005 年底,镇江有音像制品经销单位 558 家,其中从事批发 5 家、零售 196 家、出租 357 家。

第一节　新华书店

1983 年,江苏省新华书店镇江中心支店,恢复江苏省镇江市新华书店原称,管辖丹徒、丹阳、扬中、句容 4 个县新华书店,店址在解放路 200 号。1991 年 4 月 23 日,镇江市新华书店图书发行大楼开业,总面积 2967 平方米,共 4 层,总造价 276.9 万元,店址在中山东路 222 号。1999 年 4 月,江苏新华发行集团成立(发行集团是江苏凤凰出版传媒集团子集团)。镇江市新华书店隶属于该集团,是其全资子公司。4 月 25 日,江苏新华发行集团与镇江市文化局正式办理人事移交。

2004 年 9 月,集团公司要求镇江市新华书店与丹徒区新华书店(原丹徒县新华书店)实行同城整合,丹徒区新华书店隶属于镇江市新华书店。至 2005 年,镇江市新华书店有中山东路书店、中山桥门店、东门门店、文化宫书店、大西路门店、四牌楼书店、农工商书店、江苏大学图书超市、谏壁门市部、大港门市部、丹徒新区分店、宝堰门店、大路门店、辛丰门店网点 14 处,以及多种经营部门音像书店、复印机打字机商店(含文化用品)、镇江市新华实业公司。全店职工由 1983 年的 90 人增至 2005 年的 142 人。

一、网点建设

20 世纪 80 年代后,逐步形成多渠道发行体制,镇江新华书店筹措资金,扩大综合门市部和专业门市部建设,到 90 年代初,镇江新华书店网点达 10 个(不含社会网点),至 2005 年网点达 14 个。

1. 综合门市(中心门店)建设　1991 年 4 月 23 日,镇江市新华书店综合门市(中心门店)中山东路书店建成开业,营业面积 2000 平方米。至 2005 年经营品种达 6 万余种,一楼社会科学、文学类图书,二楼科技、外文、生活、艺术类图书及音像制品,三楼少儿、文化教育类图书及文化用品、办公用品、电子产品等,是镇江最大的图书、音像制品、文化用品经营企业。

图 34-18　镇江市新华书店中山东路书店一景(2005 年摄)

2. 小门市建设　1983 年,解放路门市部新辟科技外文图书营业厅,增营业面积 80 平方米,实行开架售书,方便读者选购。1985 年,解放路门市部将临街的图片仓库挤出 10 多平方米,成立专营磁带的门市部。为进一步拓展业务,1984 年设立批发部(1993 年更名为批销中心,2003 年撤销)。1984 年 10 月 3 日,新建的东门门市部开业,举办外文书、江苏版图书展销。1988 年 12 月设立火车站门市(2003 年 4 月撤销)。1996 年与市图书馆联合开设教育书店、特价书店。1999 年 6 月在解放路 233 号设立四牌楼书店(2001 年 10 月搬迁至大西路 4 号)。1999 年 12 月设立大港门市部。2000 年在江苏大学内设立图书超市。2002 年 11 月设立农工商书店(矿机路 1 号农工商超市内)。2003 年设立文化宫书店及何家湾门市部(2004 年因拆迁撤销)。2004 年设立恒顺全家福书店(2005 年撤销)。

2005年在大港中学内开设丹徒新区分店。

1983～2005年镇江市新华书店网点建设一览表

表34-15　　单位:个

年份	综合门店数量	专业门市数量	小计	年份	综合门店数量	专业门市数量	小计
1983	5	–	5	1995	6	1	7
1984	8	–	8	1996	7	2	9
1985	8	–	8	1997	7	2	9
1986	3	2	5	1998	8	2	10
1987	6	1	7	1999	9	2	11
1988	6	1	7	2000	7	1	8
1989	4	2	6	2001	7	1	8
1990	6	1	7	2002	8	1	9
1991	7	3	10	2003	13	1	14
1992	7	2	9	2004	14	1	15
1993	6	1	7	2005	13	1	14
1994	6	1	7	–	–	–	–

二、体制改革

20世纪80年代初,国家允许出版社自办发行,允许集体和个体经营书店、书亭、书摊,实行以国营新华书店为主,多种经济成份、多条流通渠道、多种购销形式、少流转环节的图书发行新格局。图书流通领域出现民间批发渠道,国有新华书店一统天下的发行格局被打破。镇江市新华书店从1983年开始,在业务科拆包房实行拆包房发货承包责任制,销售部门推行按销售额计奖制、商品保管全奖全赔责任制,储运科实行中转、二级发货责任制等,实行"五定二保"经营责任制(定人员、定销售、定库周转、定亏损、定提奖率,保证发行质量,保证经济效益)。增人不增资、减人不减资,把扩大发行和个人报酬相结合,由"大锅饭"逐步演化为"分灶吃饭",国家、集体、个人共同受益,责任共担,利益分享。

1984年,市新华书店通过5个月整顿,图书发行、经济效益、职工收入均好于1983年。1985年3月,市新华书店被镇江市政府授予企业全面整顿先进单位。书店内部打破干部终身制,采用任命和聘用相结合办法,老干部实行任命制,新干部实行聘用制。1988年,中宣部、国家新闻出版署颁布《关于当前图书发行体制改革的若干意见》,推进"三放一联"的发行改革思路(放权承包,搞活国营书店;放开批发渠道,搞活图书市场;放开购销形式和折扣,搞活营销机制;推行横向联合,发展各种出版发行企业群体和企业集团)。面对激烈市场竞争,市新华书店进行多种改革尝试,增强自身竞争力,实行联销计酬分配制度改革,推行全员合同制用工制度改革,推行承包经营等。1996年,新华书店从承包经营逐步发展到目标管理责任制、资产经营责任制,推行经营者年薪制考核办法,实行干部竞聘上岗、职工优化组合、书店内部待岗、职工内部退养等。2004年,镇江市新华书店、丹徒区新华书店两店整合,江苏省新华书店集团有限公司整体改制,镇江市新华书店参与改制工作。第一阶段改制分流员工49人,其中解除劳动合同23人,内部退养25人,办理退休1人,占总人数29.88%。

2005 年,镇江新华书店图书销售额 5116.18 万元(1983 年 239.55 万元),利润总额由 1983 年的 15.33 万元提高至 97.07 万元,劳动效率由 1983 年的 2.66 万元/人上升为 36.03 万元/人,固定资产由 1983 年的 28.07 万元提高到 1048.36 万元。

三、图书购销

1. 购销概况　20 世纪 80 年代初期,图书出版、发行系统是计划经济为主模式,图书订进主要是目录报订及上级店新书分配。订货渠道是省级新华书店及新华书店在北京、上海、重庆发行所。1983 年,市新华书店实现销售额 239.55 万元。

80 年代中、后期,随着图书发行体制改革,减少流通环节,出版社开始自办图书发行,直接向基层书店发货,基层店也向出版社进货,打破以往只在新华书店内部进货的传统,形成多渠道进货格局。市新华书店与全国 100 多家出版社建立特约经销或其它形式业务往来。1989 年 10 月 1 ~ 10 日,镇江市新华书店首次与出版社联合举办京版九社图书联展。共组织书源 7.6 万元,销售 3.7 万元,全年实现销售额 659.6 万元。

90 年代开始,图书订货会盛行,成为基层书店采购图书的主要途径之一,市新华书店每年都参加相应订货会,订货购进 10 万元至 150 万元不等。90 年代起,市新华书店每年邀请名家到镇江进行签售活动,先后邀请著名作家叶辛、鲁彦周、叶兆言,著名画家丁聪,镇江籍出版家范用,台湾著名作家诗人席慕蓉,央视主持人水均益、白岩松等到镇江举办签售活动,获得很好社会反响及好的销售效果。同时邀请名家举办各种讲座,签售书籍,邀请文化名人余秋雨在华东船舶工业学院举办文化讲座,签售《文化苦旅》《山居笔记》共 900 册。邀请《红岩》作者之一杨益言在中小学校作 15 场革命传统报告,签售《红岩英烈的故事》《红岩烈士传》近万册。邀请著名儿童文学作家秦文君、祁智、周锐等,为 1.5 万多名学生作作文讲座,签售《芝麻开门》3710 册。自 1991 年起举办"镇江书市",每年举办一次,至 2001 年结束。2001 年,市新华书店实现销售额 4884.55 万元。

2002 年起举办首届镇江南山读书节,读书节每 2 年举办 1 次。在读书节上,除书市外,书店还举办许多公益性活动,如"十佳藏书家"评选、捐助贫困生爱心活动、在学校捐建"新华希望图书室"、向社区图书室捐书、服务"三农"、文化讲座等活动。书店举办专题书市和展销,如科技书市、外语读物书市、美术书市、计算机书市、少儿图书展销、教辅类图书展销等。重要纪念日、节假日举办优惠活动。继续邀请名家到镇江签售,先后邀请畅销书《水煮三国》作者成君忆到镇江举办管理学知识讲座,讲座首次采用市场运作方式,与市企业家协会联合举办,采用购票、赠书形式,取得较好效益。邀请著名儿童作家曹文轩、杨红樱、秦文君等走进校园,签售图书 10200 余册、价值 11.3 万元。邀请著名表演艺术家六小龄童走进京口实验小学,与京剧班同学及小戏迷见面,整个活动签售图书近千册。邀请台湾作家王文华、蔡智恒(网名"痞子蔡")走进江苏大学举办讲座,签售图书 1650 册。

2004 年 6 月,市新华书店进入省店连锁经营范围,根据连锁经营、统一采购要求,市新华书店只能向省新华书店采购图书,不能向其他渠道进货。进货方式是新书主发,二次添配,折扣划一,可退货,有一定比例要求。2005 年,中山东路书店图书销售额 1300 万元,音像制品销售额 256.67 万元,文化用品销售额 120 万元,电子产品销售额 335.75 万元。大西路、东门、谏壁、文化宫、红豆、四牌楼、江苏大学图书超市、中山桥、宝堰、大路、辛丰、丹徒新区等中、小门市部,销售额在 50 万 ~ 80 万元。当年,市新华书店实现销售额 5116.18 万元。

2. 批发及教材(学习材料)发行　20 世纪 80 年代初期,批发销售主要面向郊区供销社。80 年代中期,图书市场逐步放开,集体和个体书店发展很快,成为批发销售重要客户。1984 年,批发部承包经营后更名为批销中心,由面向市内集体、个体批发拓展为向省内外新华书店批发。省内除南京、连云港地区外,其他地区均有批发业务。省外业务拓展到安徽、浙江等地区。批发销售大幅增加,其中 2001 年批发销售额达 1146 万元。

市新华书店承担单位学习材料发行任务,分别发行中共十三大、十四大学习文件材料 17.25 万册、19 万册。2003 年发行《三个代表重要思想学习纲要》8000 余册;2005 年发行共产党员先进性教育学习材料 50 余种、1.4 万册。

镇江学校用教材一直由市新华书店计划发行,学校按学生人数订购,实行预订制。至 2005 年,市新华书店已做到 27 年“课前到书、人手一套”。

四、多种经营

1984 年,镇江市新华书店坚持“以书为主、以副补主、主副两旺、全面发展”的方针,在图书为主的原则下,开拓新的业务领域,分别于 1984 年 10 月成立新华科教文服务部(资金由职工入股而成),经营文化用品、办公用品等;1987 年 11 月成立音像书店,经营音像制品(包括磁带、录像带、CD、VCD、DVD、光盘等);1988 年开办镇江新华书店招待所(地处火车站),设旅馆业务;1991 年 4 月成立镇江市复印机打字机商店,经营复印机、打字机、油印机及相关耗材; 1993 年 6 月成立镇江市新华实业公司。多种经营的资金主要来源于职工集资,属集体所有制性质。

1983～2005 年镇江市新华书店经营实绩一览表

表 34-16

年份	人数(人)	销售总额(万元)	利润总额(万元)	劳动生产率(万元/人)	年末固定资产原值(万元)
1983	90	239.55	15.33	2.66	28.07
1984	100	293.59	26.10	2.94	38.88
1985	110	380.58	28.40	3.46	74.11
1986	115	420.80	28.43	3.66	74.11
1987	113	467.62	29.11	4.14	60.66
1988	125	560.82	32.03	4.49	148.62
1989	124	659.60	34.78	5.32	147.62
1990	116	814.45	36.59	7.02	147.62
1991	151	951.22	37.71	6.30	432.78
1992	158	1075.85	15.32	6.81	431.41
1993	133	1400.99	21.05	10.53	446.40
1994	154	1507.14	21.62	9.79	514.63
1995	168	2102.37	33.70	12.51	768.36
1996	165	2753.94	40.98	16.69	777.99
1997	165	3775.04	64.17	22.88	785.67
1998	165	3885.99	64.30	23.55	839.29
1999	163	4208.79	64.50	25.82	903.90
2000	161	4598.47	51.37	28.56	1001.77
2001	158	4884.55	55.08	30.91	1043.43
2002	128	5003.88	78.24	39.09	1041.43
2003	128	5086.25	78.33	39.74	1043.79
2004	140	4965.01	91.29	35.46	1052.47
2005	142	5116.18	97.07	36.03	1048.36

第二节 市区其他各类书(音像)店及发行单位

一、书店

1983年,镇江市区设有镇江市古旧书店。同时期,市区集体、个体图书销售点兴起,从事图书零售、出租业务。1989年集体单位图书销售点23家,个体图书销售点56个、出租点17个。1994年,市区集体单位和个人开办的图书销售租赁点达110家。至2005年,镇江市区图书发行单位除市新华书店,还先后设立过开通书店、明星书城、成才书店、开卷书店、席殊书店、先锋书店、大众书局、江左书店、朝阳图书公司、博世图书公司等书店(公司)。

镇江市古旧书店1983年迁往大西路,整修门市,扩大陈列,与上海中华书局、上海书店建立特约经销关系。1985年销售24.25万元,利润6203元。20世纪90年代,书店长年经营亏损,至2003年8月底账面亏损31.14万元。因市政建设需要,租赁经营场所被拆除,书店歇业。

二、音像发行单位

音像发行先后设立镇江市广播电视音像发行站、市电影公司音像发行站、市文化馆音像发行站、镇江市兴杰音像有限公司等从事音像制品发行。20世纪80年代,集体、个体音像店开始兴办,销售磁带(歌曲带)。随着音像制品事业发展,90年代业务扩展到销售、出租录像带、VCD、DVD,有的音像店也兼营图书的零售、出租。2004年市区有音像经营单位(不含新华书店)161家,其中批发1家、零售41家。2005年底全市各音像发行网点556家,市区有图书(音像)发行单位2家(市新华书店、市兴杰音像有限公司)。

第十二章 文化市场

20世纪80年代初,镇江市图书报刊批、零、租网点增多,图书报刊市场逐渐形成。80年代中期,市区有13个单位开办营业性舞厅;有私人开设电子游艺室、台球室,从事音像制品录音带销售、发行、放映等。1991年底,市区有歌舞卡拉OK厅、录像放映室、电子游戏室等239家。1993年,文化娱乐市场、图书报刊市场、音像市场、电子游艺市场进入快速发展时期,12月成立文化市场稽查队,管理全市文化市场。1994年,全市文化市场经营单位1242家,其中歌舞厅(卡拉OK厅)217家(文化系统自办39家、中外合资企业办10家、社会其他企事业单位办159家、个体办9家),电子游戏室221家,台球活动室142家,录像放映、租赁、批售255家,图书发行网点407家。市区有歌舞厅、卡拉OK厅98家(1990年16家),大多为装潢档次较高、活动项目丰富的娱乐场所;电子游戏室99家,台球活动室27家,图书发行网点175家。1995年下半年对文化娱乐市场、游艺市场进行调控,严格审批限制发展。同年,全市文化市场经营单位发展到1483家,其中市区有歌舞厅、卡拉OK厅109家,电子游戏室129家,美术品经营16家。至1997年,全市有歌舞厅(卡拉OK厅)235家,电子游戏室199家,台球活动室244家,录像放映、租赁、批售371家。其中市区歌舞厅、卡拉OK厅90家,电子游戏室59家,台球活动室50家,录像放映、租赁、批售78家,美术品经营11家。90年代末,网吧兴起。2001年,市区有网吧70家,2002年又增加40家。2005年,镇江市有文化市场经营单位1314家。市区594家文化经营单位中,歌舞厅、舞厅、KTV、练歌房75家,电子游艺室54家,台球活动室14家,保龄球馆5家,音像制品经营单位279家,网吧149家,演出经营单位11个，美术品经营单位4家，其他游乐场所3家。

2005年镇江市文化市场经营单位情况统计表

表34-17　　　　单位：家

地区	歌舞厅	电子游戏室	台球活动室	保龄球馆	音像制品经营单位			网吧	演出经营单位				美术品经营单位	其他游乐场所
					批发	零售	租赁		剧场	剧团	演出经纪机构	民间乐队		
城　区	65	24	9	5	2	59	108	109	7	2	2	–	4	2
丹徒区	3	23	4	–	–	40	26	40	–	–	–	–	–	–
京　口	3	6	–	–	–	5	23	–	–	–	–	–	–	–
镇江新区	4	1	1	–	–	3	13	–	–	–	–	–	–	1
丹阳市	73	68	19	–	–	12	126	107	8	1	–	1	–	13
句容市	7	5	3	1	–	32	21	36	1	1	1	–	1	7
扬中市	23	12	13	1	1	45	40	33	9	–	–	–	–	–
合　计	178	139	49	7	3	196	357	325	25	4	3	1	5	23

说明：城区统计范围含润州区

第一节　歌舞娱乐市场

1985年初，市区有市体育馆、市电影公司、工人文化宫、人防电影院、京侨饭店、伯先公园、金山公园、河滨公园、镇江展销馆、少年宫、和平乐园、百乐门游艺场等12家营业性舞厅。初由单位组织包场，逐渐改以个人购买门票，5月对营业性舞厅作严格限制。1990年，镇江市区的市群艺馆舞厅、市云台洞天游乐场舞厅、市旅游饭店舞厅、市青年旅行社卡拉OK厅、市电影公司舞厅、市甘露舞场、市体育馆舞厅等16家营业性舞厅、卡拉OK厅，设施较简陋。1992年较大的宾馆饭店（京口饭店、镇江宾馆、镇江大酒店、河滨饭店等）、公司（市物资集团、市金属材料公司、市糖烟酒公司、市自来水公司、市水产公司、市蔬菜公司、市供销社大鹏集团、市人防办等）、商场（镇江商场）、工厂（镇江冶金机械厂、华东印铁制罐厂等）都投资办文化娱乐场所。1993年7月，市区有文化娱乐场所78家，其中：经济部门办54家，文化系统办8家，体育馆、青年宫、工人文化宫办16家。场所竞争较为激烈，分层次服务、分层次消费成为文化娱乐场所特点。红玫瑰歌舞厅、雅典娜卡拉OK厅、华罐娱乐总汇、白天鹅歌舞厅、天都娱乐总汇等场所规模大、装潢高档、活动项目丰富，受到消费者欢迎。1993年举办镇江市“大鹏杯”卡拉OK演唱大奖赛，全市500多名演唱爱好者参加。1994～1995年开展创建五好歌舞厅活动，全市15家舞厅先后被评为江苏省五好歌舞厅。1994～1996年对歌舞厅乐队、歌手考核、登记、核发营业性演出许可证。1997年对歌舞娱乐场所盈利性侍陪进行整治。至2005年，全市有歌舞娱乐场所178家。

第二节　图书报刊市场

镇江市图书报刊市场兴起于20世纪80年代初期，社会团体、个人开设书报刊销售摊点，从事图书、报刊，零售、租赁等经营。1987年，市区图书报刊销售网点50家（不包括市新华书店门市部），其中集体单位开办4家，居委会开办7家，个体开办24家。1988年，市区图书报刊销售摊点（门市部）115家，其中全民性质（新华书店、供销社代销点）19家、集体单位23家、个体性质73家(其中专门从事出租的17家)。这些书店(摊)遍及车站、码头、交通要道、居民区及学校。1993年7月,市区书报刊销售点117个,其中新华书店门市部5个,邮电系统门市部及报刊亭27个,供销社代销点9个,集体单位28个,个体48个。很多书报刊销售网点开始拥有自己的读者,精品书屋成为读者喜欢的特色书店。书店向着多层次、高品位方向发展。1994年,市邮电局在市区主要干道两侧开设报刊销售亭49个,1995年增至60多个。2005年,市区图书报刊发行网点157家。

第三节 音像制品市场

20世纪80年代初,音像制品的批、销是由市新华书店负责,后集体单位、个体开始销售录音磁带,港台流行歌曲深受年轻人欢迎,市场较火爆。80年代中期,录像带成为录像市场的主要发行产品。市广播电视局成立音像制品发行站,负责录像带发行管理。90年代初,市文化局设立市电影公司、市群艺馆销售音像发行站,负责文化系统音像制品发行和管理。1990年1月对全市文化系统音像制品发行、放映和销售经营单位的分布、放映条件、经营方式、收费标准、管理状况调查摸底,对整顿合格单位重新核发音像制品经营许可证。市区各影院先后开办录像放映。1997年对市区音像市场集中整顿,与经营者签订责任书。文化系统有音像制品发行单位4家,录像放映点14家,音像制品租赁点60家。电影镭射碟(激光视盘)90年代初进入音像市场,90年代后期录像放映带被VCD、DVD碟片取代。2000年,VCD、DVD放映机普及,录像放映基本停业。随着网络信息兴起,音像市场发展受到影响。2005年7~9月开展保护知识产权、整顿音像市场集中收缴行动,收缴非法音像制品价值5.79万元,处罚违规经营单位2家。

第四节 电子游戏市场

20世纪80年代初出现个体开办的电子游戏室,以智力型游戏节目为主。进入90年代,电子游戏室发展较快。1991年1月制定《镇江市台球、电子游戏机室娱乐活动的管理规定》,对经营者必须具备的条件、经营原则、管理和审批、处罚等提出要求。1992年对电子游戏室进行检查,取缔带赌博性电子游戏机97台。1993年对全市电子游戏机赌博现象集中整顿,取缔6家游戏机室,对18个证照不全业主限期整改,时有50家电子游戏室。1994年有电子游戏室89家,668台游戏机。1997年对游戏室接纳未成年人进行整治,与经营者签订责任书。年底有电子游戏室59家、游戏机413台。2000年对电子游戏场所集中整治,压缩和取缔电子游戏机室179家。按照经营面积70平方米、35台机的标准整顿后,市区有25家电子游戏室。

第五节 互联网上网服务市场

20世纪90年代末,镇江出现个体互联网上网服务场所(网吧),集中在驻镇高校周围。每间网吧5~10台电脑,消费为10~15元,以上网和单机游戏机为主。2000年以后,网吧市场快速发展,经营单位和电脑数量快速增加,开始出现网络游戏(时由市电信局主管),对青少年吸引力越来越大。2001年9月网吧划归文化部门主管,对其发展作限制性规定,时有网吧70家。2002年新增加40家。2004~2005年对全市320余家网吧进行整治,对接纳未成年人、超时经营、传播网上有害信息等行为进行处罚,共查处违规网吧经营单位141家,其中停业整顿21家,吊销文化经营许可证1家、罚款48万元。

第六节　演出市场

20世纪80年代后期演出市场逐渐萎缩，去剧场(院)购票看演出的观众逐年减少。1988年8月，市文化局成立市演出管理处(挂市演出公司牌子)，负责全市演出市场管理和经营，以主办、承办和代办等形式，引进国内外文艺表演团体到镇江演出，活跃市场。1989年接待昆剧、儿童剧、越剧、扬剧、黄梅戏到镇江演出，对昆剧、京剧、儿童剧做大量的普及宣传。1990年对市区4家影剧院下达全年演出指标，接待高档次的艺术表演团体145个，演出1984场，观众110万人次，演出收入172.8万元。

1992年后，每年市政府经贸洽谈会开、闭幕式，新年音乐会及节庆活动给演出市场增加亮点。1992年配合“金山之光”艺术节，组织东方歌舞团、乌克兰芭蕾舞团、上海市歌舞团、新疆军区歌舞团、安徽省黄梅戏剧团到镇江演出。1993年市演出公司实行承包机制。1994年接待各类艺术表演团体208个(市区54个)，演出1899场次(市区709场)，观众75.27万人(市区18.57万人)，演出收入315.93万元(市区123.73万元)。1999年7月，市演出公司实行企业制度改制，更名为市演出有限公司。同年组织7台演出，演出31场次，观众3.55万人次，演出收入58.2万元。2005年镇江市有演出场所4个(市体育馆、工人影剧院、镇江影剧院、文化宫影剧院)，演出中介机构2个(镇江市演出有限公司、镇江华艺演出有限公司)，表演团体1个(市艺术剧院)。

第十三章　对外文化交流

20世纪80年代初期，随着全市对外开放、友好城市建立，文化系统发挥行业优势，开展丰富多样的对外文化交流活动。

第一节　书画交流

1985年10月赴日本三重县津市举办镇江市摄影艺术展，展出24位作者的50幅作品；同年又组织150幅作品赴日本冈山县津山市举办展览；12月，作为交流，在镇江市工人文化宫举办日本三重县津市、冈山县津山市摄影艺术展览，展出作品190幅。1986年8月，以小泉秀雄为团长的日本津市书法学术交流团到镇江，参观镇江中国画院，并在北固山立诗碑。1987年1月，以镇江中国画院副院长丁观加为团长的镇江市文化交流团，访问日本津市，在三重县美术馆举办《丁观加书画作品展》，出版《丁观加书画作品集》；5月，以日本女画家桥本三重子(即桥本心泉)为团长的津市艺术文化交流会访问团到江南写生，桥本三重子向镇江捐赠自己出资出版的《丁观加书画作品集》280册；11月，镇江中国画院丁观加、薛元中等3人作品组成“镇江三山展”在新加坡豪珍画廊展出。1988年，日本津市女画家桥本心泉画展访华团到镇江，参加在镇江博物馆举办的“桥本心泉画展”，并赠送37万日元。1990年，日本津市友人桥本心泉、和田俊一、柴山许水到镇江中国画院访问交流，并种樱花树。1992年，日本著名书法家豆子甲水之为团长的新道书会访华团，参观镇江博物馆明清馆藏书画和焦山碑林。1993年，日本第八次长江江南文化考察团41人访问镇江；团长鹈琦博教授画展3月8日在市工人文化宫开幕，展出作品113幅；10月，镇江市少儿书画团10人(7名小学生)应邀赴日本津山市美作町访问和书画交流；11月，筹备近一年的中日国际破体书法赛在镇江举行，收到来自中国、日本、韩国、荷兰、中国香港地区的16341件作品，展出661件获奖作品，特等奖获得者为镇江市书法家曹秉峰。

1994年,以松本筑峰为团长的日本东洋书道艺术学会访华团,到镇江参加“镇江市文化交流贡献奖”仪式;8月应德国曼海姆市长艾格尔邀请,镇江中国画院丁观加及夫人赵乐曾,分别在曼海姆等地举办丁观加中国水墨画展,国务院副总理李岚清为画展题额;9月,为庆祝中国镇江和日本津市缔结友好城市十周年,镇江市现代书画作家代表团访问日本津市,在津市广场大厦举办镇江现代书画作品展、杨逸塘中国画展、李苇成中国画展、薛元中速写作品展。1995年举办“中国镇江'95瘗鹤铭国际书法大赛”颁奖仪式暨优秀作品展开幕式,日本、韩国、美国等8个书法团参赛,参赛作品13082件(国内6872件);澳大利亚著名社会活动家、画家翁真如在镇江中国画院举办作品观展,作品30余幅;5月,以韩宏民为团长的美国旧金山书法交流团5人,到镇江中国画院进行交流;9月应江苏理工大学和丹徒县艺术学校邀请,日本高崎市画家吉田宫久一在焦山书画厅举办吉田宫久一艺术作品展;10月,江苏理工大学田致鸿在日本群马县高崎市民美术馆举办田致鸿画展,展出水墨画作品30幅。

1997年1月,市对外交流协会和韩国文化艺术研究会在汉城举办韩中书画名家交流展,展出中韩书画名家作品200余件;3月,日本名僧、书法家良宽吟咏的良宽·瘗鹤铭中日书法名家精品展在镇江博物馆举行;8月,镇江中国画院丁观加赴加拿大举办画展,展名为“诗情画意扬子江系列三乡情诗意·水色交融”,展出作品22幅。1998年10月,日本中国书法学院院长旅日书法家刘洪友率书法学院研修团37人,到镇江研习书法,在焦山实地临碑;11月,松本筑峰率日本东洋书道艺术学会访华团访问镇江,在市博物馆举办日本破体书法展,展出松本筑峰、小林桂峰、金子峰水等书法家101幅作品。1999年8月,德国曼海姆市摄影作品展在镇江博物馆举行,展出德国汉姆斯巴赫摄影协会作品100幅。2000年1月,瘗鹤铭中日书法名家邀请展在镇江博物馆开幕,展出作品650件,其中有沈鹏、刘正成、翁闿运、尉天池、章炳文、叶叙玄、豆子甲水之、高桥祥云、斋藤香坡、梅原鸿道、柴山抱海等中日书法名家作品参展,日本中国书法学院院长刘洪友率书法交流团88人参加邀请展;10月举办首届镇江市国际友好城市艺术展(演)活动,日本津市、仓敷市和韩国益山市的6个代表团159名友人参加活动,美国坦佩市、加拿大拉克·梅岗蒂克市、土耳其伊兹米特市、巴西隆得里纳市送作品参展,活动分艺术品展和文艺表演,参展美术、书法、摄影、工艺作品160件,中日韩艺术家联合献演一台多民族特色的节目。

2001年5月,中国镇江焦山碑林拓展在日本东京大崎口美术活动举办,展出拓片作品250件;9月,镇江“中国园”在德国曼海姆市落成,落成典礼期间举办镇江风情摄影展(54幅作品)、中国民乐演奏(琵琶、古筝、扬琴、二胡、笛子)和茶艺表演等宣传活动;12月,纪念米芾诞辰950周年书法展在镇江博物馆开幕,日本28个书法团体30名书法家参加开幕式,在334件参展作品中有日本著名书法家田中冻云、岩田文堂、松木筑峰、斋藤香坡、河野道彦等的作品。2003年10月,日本三重县津市柳濑多香子同门会(美术团体)在镇江博物馆举办柳濑多香子同门画展,柳濑多香子女士将油画《孩童与犬》捐赠镇江博物馆;12月,第三届纪念米芾国际书法展在镇江博物馆举行,展出中日书法作品350件(其中日方300件)。2004年11月,松本筑峰会长率日本东洋书道艺术学会访华团17人,参加焦山破体诗碑亭建碑10周年活动。2005年6月,镇江焦山碑林20余件拓片,参加中国镇江·日本津市友好城市21周年文化交流展览;10月,镇江国际友好城市艺术文化节,举办镇江·仓敷第七次书法交流展、中日《瘗鹤铭》学术交流会、中日书法交流会。

第二节 群众文化交流

1987年8月,以和田俊一为团长的日本津市大园歌谣教室民间文化交流团在镇江市群艺馆进行民间文化交流,举办中日联欢晚会,中日演员表演《秧歌舞》《樱花舞》《拉网小调》《阿波诵》等舞蹈、声乐、弦曲节目;12 月,日本津市艺术文化交流会出版《镇江·您好》纪念册,介绍镇江中日交流及镇江文艺事业概况。1988 年 8 月,应日本三重县津市大园歌谣教室主宰和田俊一邀请,市群艺馆刘松林赴津市进行民间文化交流,向大园歌谣教室日本朋友传授中国民间舞《东北秧歌》《胶州秧歌》等。1989～1993 年,和田俊一先后 4 次率领津市大园歌谣教室文化交流团到镇江与市群众艺术馆和文艺界人士举行卡拉 OK 演唱表演和舞蹈、服装设计、编织等交流。1993 年 8 月,镇江市民间文化交流团 2 人,应和田俊一邀请,赴津市进行舞蹈、服装设计的交流。1994 年 4 月,日本津市政府派出多个代表团参加镇江·津市缔结友好城市十周年纪念活动。其中,津市艺术文化交流访华团、大园歌谣教室访华团、吟舞访华团、文化艺术团体联盟访华团分别与镇江文化艺术界进行交流,双方同台表演舞蹈《中国秧歌》《樱花》《阿波诵》《源义经》等。镇江影剧院在门厅展出津市文化艺术团体联盟访华团的西洋画和速写作品。镇江中国画院在北固山举行小泉秀观书法碑刻的拓碑仪式。1995 年 4 月,日本津市大园歌谣教室一行 5 人与市群众艺术馆交流,主宰和田俊一传授日本民间《鼓》舞,关守稔子教师传授舞蹈《北国之春》等;11 月应日本津山市美作町政府邀请,镇江市少儿演奏团一行 11 人在美作町、津山市、奈良市访问演出。

1996 年 4 月举办"中国镇江'96 中日友谊梅樱园活动日"文化活动。镇江文艺工作者和津市艺术文化交流协会访华团、津市大园歌谣教室访华团在梅樱园同台歌舞,表演《夜樱》、古筝齐奏、山歌等文艺节目,镇江 6 名工艺美术家现场表演正则绣、面塑、竹编、邮票拼贴画、烙铁画等民间绝活。举办中日梅樱书画展,展出中日书画作品 34 件;日本朋友参观镇江中国画院和博物馆,中日画家联袂泼墨绘作《梅樱图》;10 月,镇江扬州评话表演艺术家王筱堂应邀赴丹麦参加哥本哈根大学亚洲学院举办的中国口头文学国际研讨会,在中国驻丹麦大使馆和欧洲著名汉学家易德波家乡表演扬州评话;同月,市外事办、日本津市国际交流协会、津市大歌谣教室联合主办"镇江市·津市文化艺术交流十周年汇报演出",中日文艺家表演舞蹈《茉莉飘香》《樱花舞》《赏花舞》《北国之春》,京剧《霸王别姬》,联唱《水乡风情》,吟诗《枫桥夜泊》等。1997 年 10 月,镇江市少儿艺术交流团 14 人访问日本美作町和仓敷市,进行艺术交流。1998 年 4 月,日本津市、仓敷市、奈良市的 5 个代表团 82 人到镇江,参加'98 中国镇江中日友谊梅樱园活动,观摩太极拳、锣鼓、乡村歌舞等民俗风情节目,并同台表演日本歌舞。1999 年 1 月,以小柴信之为团长的日本三重县"歌鬼"合唱团 51 人应邀来访演出,音乐会演出 30 首世界名曲;3 月,镇江少儿民乐团 22 人赴日访问,参加仓敷市音乐节;4 月,以画家、镇江市荣誉市民桥本心泉为团长的日本津市艺术文化交流会访华团 29 人,应邀参加'99 中日友谊梅樱园活动;7 月,镇江市青少年民族乐团 25 人赴日本津市访问演出,与三重县歌鬼合唱团联合举办演唱会;10 月,镇江市少年艺术团 19 人赴日本冈山县美作町参加文化节。

2000 年 2 月,德国艺术家帕尔特海姆在长江镇江段举行艺术品长江放漂活动,德国驻华大使于倍寿博士专程到镇江;10 月,刘华明、罗永宁应邀赴日本,在津市"东海地区市长会"举办二胡专场演奏会。2004 年 9 月,德国曼海姆市交响管乐团在镇江举行交响管乐演奏会,庆祝镇江与曼海姆市缔结友好城市;10 月,举办"镇江市·津市缔结友好城市 20 周年"系列活动,市群艺馆与日本三重县歌鬼合唱团同台演出,表演舞龙、民间舞蹈、民乐小合奏、口技、戏剧演唱等节目。2005 年镇江国际友好城市艺术文化节期间,德国曼海姆市库尔发茨男声合唱团到镇江演出;日本仓敷市书法家代表团、仓敷市古筝代表团、津市艺术文化交流会代表团、韩国益山市市立合唱团参加艺术节,中日韩艺术家同台表演。

第三节　文博交流

1987 年 6 月,以日本东京都大学教授谷川道雄为团长的日本历史学者代表团 6 人,到镇江参观京口城和丹阳县齐梁帝陵墓。1988 年 5 月,镇江博物馆组织 9 件银器、瓷器珍品参加国家文物局在美国举办的中国古代艺术展览。1991 年 10 月，美国坦佩市协调员罗伯特·姵歇尔一行，到镇江实地考察赛珍珠故居修复事宜。1992 年 3 月，镇江博物馆选调唐代金银器“鎏金摩羯纹银盒”等 4 件文物，参加中国文物交流中心在澳大利亚举办的永恒中国文物展览；4 月，镇江博物馆的“金银器鎏金饮酒筹”“鎏金双鸾纹菱形银盒”等 11 套 29 件文物，参加中国文物交流中心纪念中日邦交正常化 20 周年在日本举办的文物展览。1992 年 10 月，美国赛珍珠基金会访华团 18 人到镇江访问，参观赛珍珠旧居，赠送纪念品。1994 年 10 月，为纪念镇江和津市缔结友好城市十周年，古代扬子江至宝·中国历史文化都市镇江文物展、镇江市现代书画作品展在日本津市广场大厦开幕，镇江市派出政府团、文物祝贺团、文物随展团、书画团 19 人出席开幕式。1996 年 5 月，应韩国延世大学校长宋梓邀请，镇江市文化交流团 3 人参加延世大学建校 100 周年中国瘗鹤铭与长江流域碑刻拓片展示会，镇江焦山碑刻博物馆 200 余幅书法拓片参展，并召开瘗鹤铭和碑刻艺术研讨会。1998 年 6 月，《中国书法家神笔王铎》中日联合摄制组，到镇江博物馆拍摄馆藏王铎诗书作品及部分米芾作品明代拓本，并赴金山、北固山、米芾墓等地拍外景。1999 年 6 月，美国彩虹电视台 5 人到镇江拍摄制作赛珍珠旧居专题片。

图 34-19 2001 年 5 月，焦山碑刻拓片在日本展出

2001 年 5 月，与日本中国书法学院、日中文化交流促进会联合主办的中国镇江焦山碑林原拓展在日本东京大崎 O 型美术馆举办，展出焦山碑林拓片精品 250 件；12 月，镇江博物馆组织多件馆藏文物赴以色列参加中国百件珍宝展。2004 年 1 月，镇江博物馆选调 4 件文物分别参加国家文物局在日本举办的历代王朝展、法国举办的中国园林艺术展；秋季，镇江博物馆文物参加国家文物局在美国纽约举办的走向盛唐展；9 月，美国赛珍珠国际组织总裁珍妮特·明泽等 3 人访问镇江，参加赛珍珠系列文化交流活动。2005 年 4 月，镇江博物馆出调文物参加国家文物局在日本举办的中国古代帝王展；6 月，焦山碑刻博物馆 20 余件馆藏拓片参加中国镇江·日本津市友好城市 21 周年文化交流展览；同月，赛珍珠国际基金会董事会主席约翰·郎率领赛珍珠国际研讨会外宾代表团 15 人参加 2005 年中国镇江赛珍珠国际研讨会。

第四节 民间文化等交流

1987 年 6 月，日本津市友好代表团一行 15 人到市图书馆访问，商讨加强图书交流的问题。1995 年 7 月，韩国汉阳大学中语、中文学科助教授、文学博士吴秀卿和龙仁大学舞蹈学科教授、理学博士李炳玉参观镇江民间文艺资料库收藏的民间艺术品和民间文学资料。1996 年 6 月，从教于日本横滨大学的黄成武（父亲是镇江人），向镇江市图书馆捐赠 54 箱 2200 多册中日文图书。1998 年 3 月，日本江南访华团 17 人参观市图书馆，并赠《人物大辞典》一套。1999 年 1 月，竹编艺术家耿月新赴阿曼、荷兰、叙利亚参加国际文化节，展示《梅兰竹菊》《郑板桥竹》等 20 多件作品，并现场表演竹编技艺；11 月日本东北民俗之会代表团到丹徒上党乡，进行稻作文化实地考察。2003 年 11～12 月，吕存的正则绣《陶然入吴歌》《穆桂英》《中国龙》和费维本的玻璃雕绘画艺术台屏《葡萄草虫图》《天香》，参加省政府 2003 中法文化年在法国巴黎举办的锦绣江苏——中国江苏工艺美术精品展。2004 年 4 月，美国麻省布鲁克兰图书馆汀女士访问市图书馆并进行交流。

第三十五卷

文 物

卷　目

镇江历史悠久,文化、文物底蕴丰厚。1986 年 12 月 8 日,国务院批准镇江为全国第二批历史文化名城。1996 年始,由市常务副市长兼任市文物管理委员会主任,一位副市长兼任第一副主任。市人大常委会、市政府先后颁布《镇江历史文化名城保护规划》《镇江市文物保护办法》《关于加强文物保护的若干问题》等文件,加强对历史文化名城保护。全市多类文博单位、文保机构相继建立,博物馆由原来 1 家(镇江博物馆)发展到多种类型的博物馆、纪念馆、陈列馆(室)16 家,民办博物馆先后兴起。

1984 ~ 1985 年,全市进行大规模文物普查。配合城市建设,对近百处基建工地进行抢救性考古勘探、发掘,获得许多珍贵文物与地下文物遗存分布资料。经过文物普查及专访调查和群众上报,一批具有地方特色的西周青铜器,唐、宋时期的精品文物和重要古迹被发现,对镇江三国时期铁瓮城进行考古发掘,成果丰硕。与华东师范大学地理系协作,在全国首先采用先进遥感技术大面积调查镇江商周吴文化台形遗址、土墩墓分布的全貌。至 2005 年,经市政府批准公布的文物保护单位,由原来的 70 多处发展到 90 多处。馆藏文物在 2 万余件,精品文物有较大幅度增加。镇江博物馆、焦山碑刻博物馆、茅山新四军纪念馆等先后进行较大规模整修、扩建工程,改善环境、景观,扩大布展、陈列空间。文物陈列多采用声、光、电等现代化科技手段,取得良好视觉效果,面貌为之一新。

全市文博事业干部、职工人数大幅增加,由原来 70 多人发展到 125 人,文博事业和文物保护经费亦有大幅度增加。至 2005 年底,全市有全国重点文物保护单位 3 处,省级文物保护单位 19 处,市、县(区)级文物保护单位 172 处,镇江市文物控制单位 35 处。

16 家各级各类博物馆、纪念馆、陈列馆(室)常年举办各种展览,开展历史唯物主义、爱国主义、革命传统教育。大多数馆和大专院校、部队、企事业单位结为德育基地(爱国主义教育基地)共建单位,先后被国家、省、市有关部门列为全国爱国主义教育基地、江苏省爱国主义教育基地、镇江市德育基地、国防教育基地,成为镇江展示、宣传名城的重要窗口。

第一章　博物(纪念)馆

1983 ~ 2005 年,镇江文博事业长足发展。各辖市(区)成立博物馆、纪念馆,这些单位在不同时期配合形势举办各种展览,收到良好社会效益。1985 年在北京举办镇江文物精华展,为 1986 年镇江被国务院批准公布为全国历史文化名城进行宣传准备。1994 年在日本举办古代扬子江至宝展。这些文博单位绝大多数为省、市爱国主义教育、德育教育和国防教育基地,与省、市许多学校、工厂、部队结成共建教育基地,定期开展活动。社会团体和民间力量先后兴办扬中市的油灯博物馆,镇江市区的啸天雕塑艺术馆、门票博物馆、乐器收藏陈列室、酒瓶收藏室等,成为展示文物艺术品和镇江历史文化内涵的窗口。镇江形成国有馆和民办博物馆、纪念馆共同发展的局面。

第一节　镇江博物馆

镇江博物馆位于城西云台山麓，始为原英国领事馆旧址，是一组具有东印度风格的建筑群，占地面积约1.17万平方米。20世纪80年代被江苏省人民政府公布为近现代历史遗迹及革命纪念建筑重点文物保护单位，1996年被国务院批准公布为全国重点文物保护单位。

镇江博物馆是一座地方历史综合艺术博物馆。2002年，市委、市政府对镇江博物馆进行整修、扩建、改造，在馆舍南面原伯先路小学旧址建设新展厅；对老馆区基础设施和环境景观进行改造。工程所需资金来源主要有市财政拨款4600万元，市文化局自筹款630万元，国家、省专项补助470万元，共5700万元。2004年底，新展厅建设和老馆区改造工程完成。经过扩建、整修和改造，馆占地面积2万平方米，馆舍面积1.07万平方米。花园式博物馆于2005年4月29日正式对外开放。同年12月被评定为国家AAAA级风景旅游区。

图35-1　镇江博物馆——强吴雄风雕塑(2005年摄)

博物馆收藏3万余件从新石器时代至明、清、民国时期的文物，其中国宝级文物1件(青铜凤纹尊)、一级文物92件(套)、二级文物316件(套)。特别是西周及春秋时期的吴国青铜器，清代宫廷瓷器为馆藏特色，享有盛名。基本陈列有吴文化青铜器展、古代金银器精品展、明清绘画书法精品展、“京江画派”书画精品展、历代陶瓷器精品展、古代工艺精品展等6个展览，集中反映精品文物，凸显镇江3000年悠久历史和丰厚文化底蕴。管理实现智能化，陈列采用光、电等现代科技手段，有先进的安全防盗报警系统和中央空调系统。

在考古发掘、文物科研方面主要有：1987～1988年，市文物管理委员会与华东师范大学地理系，联合采用遥感技术开展镇江地区商周吴文化台形遗址与土墩墓的分布调查，运用此技术作大范围文物普查当时在全国属首举。《镇江地区商周吴文化台形遗址与土墩墓遥感考古研究》项目，获国家文物局科技进步三等奖；《吴国青铜器综合研究》获国家文物局科技进步二等奖、省文化厅科技进步一等奖。2001～2003年连续三年参加“三峡考古大会战”，获国家文物局好评。由馆考古部参加的江苏句容、金坛周代土墩墓群考古，被评为“2005年十大考古新发现”。镇江博物馆被评为江苏省优秀博物馆、全国一流的花园式博物馆，独具魅力的文化旅游景点。

2005年镇江博物馆馆藏一级文物一览表

表35-1　　　　单位：件

序号	名称	时代	数量	质地	现状	尺寸(厘米)	来源
1	䂂生盨	西周	1	铜	修复完整	高20.7、长26、宽8	1963年唐嵩山捐赠
2	青铜变形兽面纹簋	西周	1	铜	完整	高14、口径22.2	1982年9月丹徒大港母子墩西周墓出土
3	“伯”簋	西周	1	铜	基本完整	高24、口径22.2	1982年9月丹徒大港母子墩西周墓出土

续表 35-1

序号	名称	时代	数量	质地	现状	尺寸(厘米)	来源
4	青铜鸳鸯尊	西周	1	铜	完整	高 22.2、口径 18.3	1982 年 9 月丹徒大港母子墩西周墓出土
5	青铜雷纹鬲	西周	1	铜	修复完整	高 39.5、口径 32	1982 年 9 月丹徒大港母子墩西周墓出土
6	青铜提梁卣	西周	1	铜	基本完整	高 34.5	1982 年 9 月丹徒大港母子墩西周墓出土
7	青铜鸟盖壶	西周	1	铜	基本完整	高 49、口径 20×13.8	1982 年 9 月丹徒大港母子墩西周墓出土
8	青铜夔纹鼎	西周	1	铜	修复完整	高 26.5、口径 26.5	1976 年 12 月丹阳司徒公社青铜器窖藏出土
9	青铜乳丁纹簋	西周	1	铜	完整	高 14 、口径 21	1976 年 12 月丹阳司徒公社青铜器窖藏出土
10	青铜带环簋	西周	1	铜	完整	高 10.9、口径 18.7	1976 年 12 月丹阳司徒公社青铜器窖藏出土
11	青铜凤纹尊	西周	1	铜	修复完整	口径 41.4、高 34、腹径 107	1976 年 12 月丹阳司徒公社青铜器窖藏出土
12	青铜棘刺纹尊	西周	1	铜	修复完整	高 27.8	1976 年 12 月丹阳司徒公社青铜器窖藏出土
13	青铜人面纹錞于	东周	2	铜	修复完整	高 56.5 ~ 43、底径 24.5 ~ 20.8	1985 年 4 月谏壁王家山东周墓葬出土
14	青铜甗	春秋	1	铜	基本完整	高 58	1979 年 3 月丹徒谏壁粮山东周墓出土
15	青铜罍	春秋	1	铜	完整	高 39.5、口径 30.5	1979 年 3 月丹徒谏壁粮山东周墓出土
16	青铜虎子	东周	1	铜	完整	长 26.8、宽 16.5	1985 年 4 月谏壁王家山东周墓葬出土
17	青铜蟠虺纹双耳三足盘	春秋	1	铜	完整	高 15.5、口径 44.3	1966 年溧阳社渚公社西南 4 公里的许大山界出土。
18	青铜蟠虺纹双耳三足盘	春秋	1	铜	完整	高 15.5、口径 44.3	1966 年溧阳社渚公社西南 4 公里的许大山界出土
19	青铜勾鑃	战国	3	铜	修复完整	柄长 22 ~ 8.2、高 91 ~ 21.5、口径 24.5 ×18 ~ 11.3 ×7	1975 年高淳县顾陇公社松溪大队出土
20	青铜勾鑃	战国	3	铜	修复完整	柄长 22 ~ 8.2、高 91 ~ 21.5、口径 24.5 ×18 ~ 11.3 ×7	1975 年高淳县顾陇公社松溪大队出土
21	青铜勾鑃	战国	1	铜	–	–	1975 年高淳县顾陇公社松溪大队出土
22	嘉禾六年铜弩机	东吴	1	铜	完整	高 8.7、长 17.8	1965 年 5 月,丹徒辛丰河达公社小庄生产队东晋墓出土
23	佛像飞鸟香薰	西晋	1	铜	基本完整	高 15、底径 19.6、腹径 12	1974 年句容县四牌楼收购站
24	汤鹏铁画	清	1	铁	略残	纵 140、横 76	–
25	咸淳六年印侍郎铁刀	南宋	1	铁	完整	长 83.3、宽 4 ~ 4.6、背 0.5 ~ 0.8、茎径 19.5	1974 年丹徒县高资公社团结大队出土

续表 35-1

序号	名称	时代	数量	质地	现状	尺寸(厘米)	来源
26	辛酉十一年太平天国铁炮	太平天国	1	铁	完整	长 104、外口径 12、内口径 6	1978 年高淳县夏坎公社出土
27	红陶甗	新石器	1	陶	修复完整	–	1981 年句容城头山遗址出土
28	原始瓷罐	西周	1	瓷	基本完整	高 17.5、口径 13.8、腹径 21.6	1976 年高淳县永宁公社西周墓出土
29	原始瓷圆腹罐	春秋	1	瓷	口沿略缺	高 26.4、口径 23.3	1973 年丹阳皇塘公社大庄大队春秋墓出土
30	黑釉小罐	东汉	1	瓷	完整	高 3.7、口径 3.5	1973 年大泊公社瓜渚大队宗头山出土
31	釉陶虎子	东汉	1	瓷	完整	高 21、长 24.5、腹径 14.5	1972 年金坛县香草河东汉墓出土
32	上虞窑青瓷扁壶	东吴	1	瓷	修复完整	高 23.2、口径 6、腹宽 21	1970 年金坛县白塔公社惠群大队东吴墓出土
33	青瓷羽翼纹虎子	西晋	1	瓷	修复完整	高 20.4、口径 7.4、长 30	1960 年镇江市丹徒镇出土
34	青瓷羊头盘口壶	东晋	1	瓷	基本完整	高 30、口径 18.1、底径 12.5	1961 年镇江农机学院东晋墓出土
35	青瓷龙首把直流尊	东晋	1	瓷	基本完整	高 16.7、口径 13.5、腹径 17.4	1979 年镇江冶炼厂东晋墓出土
36	青瓷虎子	南朝	1	瓷	基本完整	高 20.4、口径 7.4、长 30	1984 年市文物商店收购
37	琉璃陶楼	北宋	1	陶	基本完整	高 46、广 41、深 29.5	1978 年 2 月溧阳县竹箦公社中梅大队元祐六年墓出土
38	青白瓷梅瓶	北宋	1	瓷	基本完整	高 36.7、口径 10、底径 10.5、腹径 20.8	1973 年 4 月镇江磷肥厂北宋墓出土
39	琉璃水榭(二阁一楼)	北宋	1 套 3 件	陶	基本完整	后进:高 47、广 30.4、深 36.5,前进:高 25、广 24.7、深 16.5	1978 年 2 月溧阳县竹箦公社中梅大队元祐六年墓出土
40	琉璃凉亭	北宋	1	陶	基本完整	高 38.5、广 32.5、深 28	1978 年 2 月溧阳县竹箦公社中梅大队元祐六年墓出土
41	紫定瓶	北宋	1	瓷	修复完整	高 23.3、口径 6、底径 8、腹径 16.2	镇江市南郊水泥制杆厂北宋墓出土
42	肩舆	北宋	1	陶	修复完整	肩舆高 17.5、杠长 32、人高 22	1978 年 2 月溧阳县竹箦公社中梅大队元祐六年墓出土
43	琉璃青龙	北宋	1	陶	修复完整	高 44、长 68	1978 年 2 月溧阳县竹箦公社中梅大队北宋墓出土
44	琉璃白虎	北宋	1	陶	修复完整	长 60、宽 41	1978 年 2 月溧阳县竹箦公社中梅大队北宋墓出土
45	琉璃朱雀	北宋	1	陶	修复完整	高 26、长 29	1978 年 2 月溧阳县竹箦公社中梅大队北宋墓出土
46	陶玄武	北宋	1	陶	修复完整	高 17、长 21	1978 年 2 月溧阳县竹箦公社中梅大队北宋墓出土
47	苏州泥塑童戏像	宋	5	陶	修复完整	高 10	1976 年镇江市五条街骆驼岭宋代遗址出土

续表 35-1

序号	名称	时代	数量	质地	现状	尺寸(厘米)	来源
48	青花云龙纹瓷罐	元	1	瓷	完整	高 26、口径 22.2、腹径 35.5	金坛县洮西公社湖溪大队元代窖藏出土
49	刘尅砖墓誌	东晋	1	砖	基本完整	长 28、宽 15.5、厚 4.3	1962 年镇江市东南郊汝山贾家湾东晋东墓出土
50	刘尅砖墓誌	东晋	1	砖	基本完整	长 28、宽 15.5、厚 4.3	1962 年镇江市东南郊汝山贾家湾东晋东墓出土
51	刘岱石墓誌	南齐	1	石	基本完整	长 65、宽 55、厚 7	1969 年句容袁巷乡小龙口出土
52	草字砖(元嘉十六年墓)	南朝	2	砖	基本完整	长 35、宽 25	1983 年 3 月句容县春城乡南朝墓出土
53	牡丹花罗合领夹衫	南宋	1	纱	基本完整	长 122、宽 71	1975 年 7 月金坛县茅麓乡南宋周瑀墓出土
54	雕漆柄团扇	南宋	1	漆木	修复	长 38.5	1975 年 7 月金坛县茅麓乡南宋周瑀墓出土
55	矩纹纱交领禅衫	南宋	1	纱	基本完整	长 122、宽 71	1975 年 7 月金坛县茅麓乡南宋周瑀墓出土
56	鎏金莲瓣形银盒	唐	1	银	修复完整	高 7.5、底径 6.5、腹宽 9.5	1982 年元月镇江市丁卯桥唐代窖藏出土
57	鎏金双鹦鹉纹银盒	唐	1	银	修复完整	高 8.5、口径 11	1982 年元月镇江市丁卯桥唐代窖藏出土
58	银鎏金“论语玉烛”龟形酒筹筒	唐	1	银	修复龟底残缺	高 34.2、长 20.4、宽 1.4	1982 年元月镇江市丁卯桥唐代窖藏出土
59	银涂金论语酒令筹	唐	1 套 50 根	银	完整	长 20.1、宽 1.4	1982 年元月镇江市丁卯桥唐代窖藏出土
60	鎏金双凤压花菱形盘	唐	1	银	基本完整	高 4.8、口径 15.3×21	1982 年元月镇江市丁卯桥唐代窖藏出土
61	鎏金双凤纹大银盒	唐	1	银	修复完整	高 26、底径 25.6、腹径 31	1982 年元月镇江市丁卯桥唐代窖藏出土
62	鎏金双凤纹大银盒	唐	1	银	修复	高 26、底径 25.6、腹径 31	1982 年元月镇江市丁卯桥唐代窖藏出土
63	鎏金鱼化龙纹大银盆	唐	1	银	基本完整	高 7.3、口径 34.5、底径 24	1982 年元月镇江市丁卯桥唐代窖藏出土
64	墨书计重银铤	唐	2	银	完整	长 36.2、宽 7.6	1982 年元月镇江市丁卯桥唐代银铤窖藏出土
65	禅众寺舍利银椁	唐	1	银	完整	高 12.4、底长 9.7、底宽 8	1960 年元月镇江市甘露寺铁塔地宫出土
66	长干寺舍利银椁	唐	1	银	完整	盖长 11.5、底头宽 4.3、头高 4.9	1960 年元月镇江市甘露寺铁塔地宫出土
67	长干寺舍利金棺	唐	1	金	完整	盖长 6.4、头宽 1.9、头高 22.8	1960 年元月镇江市甘露寺铁塔地宫出土
68	瘗鹤铭水前拓本	康熙前	1	纸	完整	长 25.2、宽 16.8	-
69	管军万户府铜印	元龙凤二年	1	铜	完整	长 7.8、宽 7.8、高 8	1975 年 12 月丹阳全州公社出土

续表35-1

序号	名称	时代	数量	质地	现状	尺寸(厘米)	来源
70	禹迹图石碑	宋	1	石	边角略残	宽89.4、高95.4	镇江师专文庙
71	曼陀罗尼经咒	宋	1	纸	完整	直径26	1976年镇江市新火车站小太古山工地出土
72	银包口漆盘(元嘉十六年墓)	南朝	1	银漆	修复	高1.6、口径12.8、底径11.2	1983年3月句容县春城乡南朝墓出土
73	乾隆御题金山图玉插牌	清	1	玉	基本完整	长20、宽15	1974年收购
74	金佛像牌	东晋	1	金	完整	长5.1、宽2.8、厚0.1	镇江跑马山一号东晋墓拣选
75	绞胎盘	唐	1	瓷	基本完整	高4.2、口径21.6	邗江出土
76	周瑀太学生牒文	南宋	1	绢	修复完整	长114.5、宽32	1975年7月金坛县茅麓乡南宋周瑀墓出土
77	唐佛像立轴	晚唐	1	纸	残缺	长43.5、宽26	溧阳上黄公社桥南大陈茵眉捐赠
78	文徵明隶书立轴	明	1	纸	基本完整	长156、宽33	袁左良捐赠
79	文徵明隶书立轴	明	1	纸	基本完整	长156、宽33	袁左良捐赠
80	杨继盛墨迹手卷	明	1	纸	基本完整	-	焦山古物馆
81	陈道复金焦图周贞庵诗手卷	明	1	纸	基本完整	宽31.2、长118.1	焦山古物馆
82	谢廷循杏园雅集图手卷	明	1	绢	基本完整	长1181、宽37	唐寿民捐赠
83	高其佩山雉堂幅	清	1	纸	基本完整	长130、宽71	市文物商店收购
84	八大山人花鸟手卷	清	1	纸	完整	长471、宽26	镇江焦山古物馆
85	张夕庵镇江名胜册页	清	1册12页	纸	基本完整	长34.8、宽19.4	王鸾云、姚克庄捐赠
86	蓝孟春山诗话图堂幅	清	1	绢	基本完整	长184、宽90.5	严忠婉捐赠
87	禹之鼎蒹葭书屋图手卷	清	1	绢	完整	长159.8、宽42.3	袁左良捐赠
88	华喦听松图立轴	清	1	绢	完整	长104.5、宽42.5	唐寿民捐赠
89	陈毅、丘东平给汤通庆的题词	1939	1	纸	完整	长12、宽9	1982年汤通庆捐赠
90	“打倒土豪劣绅”标语	1927	1	纸	完整	长43、宽19.5	1965年宜兴县陆平村钱金大捐赠
91	大照电灯公司执照	光绪	1	纸	完整	-	-
92	青瓷飞鸟百戏堆塑罐	东吴	1	瓷	修复完整	高47.5、口径8.8、腹径28.5	1973年金坛县唐王公社东吴墓出土

第二节　镇江革命历史博物馆

镇江革命历史博物馆位于新河路60号，占地面积3800平方米，馆舍面积2600平方米。1991年3月，利用市级文保单位古超岸寺改建而成，筹建中老红军、老干部倡议捐款，19.4万人捐款150

万元。6月27日开馆,陈列镇江革命斗争史展览。1997年,进行二期工程建设,建成集专题展厅、办公用房为一体的综合楼。2001年,专题展厅建立茅以升生平事迹陈列馆。该馆是综合性博物馆,承担镇江地区范围的近现代革命文物、史料的调查、征集和研究。馆藏文物、史料、图片有3500余件(幅),其中革命历史图片800多幅,举办反映旧民主主义革命、新民主主义革命、社会主义革命建设时期镇江的地方历史陈列;开展学术科研工作,每年均有学术论文在相关学术刊物和研讨会采用和交流。

建馆后,先后举办纪念抗日战争胜利50周年、镇江改革开放20年成就展、共和国辉煌的50年、台湾在我心中、光辉的历程——纪念中国共产党建党80周年、可爱的家园、科技以人为本,全面建设小康等系列专题展览。以图片为主采取小型流动展览辐射形式,每年制作3~4个与中心工作相结合、贴近实际的小型巡回展览,到镇江各大、中、小学校展出。定期举办爱国主义教育讲座,组织红色之路夏令营等形式多样的革命传统教育活动。1999年以来,与近50家企事业单位、学校建立爱国主义教育基地共建关系。2000年被省教委命名为江苏省学校德育基地,2001年被省委宣传部命名为江苏省爱国主义教育基地,每年约有3万观众参观或接受其他形式服务。至2005年接受服务观众近45万人次。

2005年,市委、市政府落实宗教政策,古超岸寺归还宗教部门,镇江革命历史博物馆并入镇江博物馆。

第三节　茅山新四军纪念馆

茅山新四军纪念馆坐落在句容市东南25公里的茅山镇。茅山为江苏省甲级风景名胜区、全国AAAA级风景名胜区、全国红色旅游经典景区。

1938年夏,陈毅、粟裕等率领新四军东进抗日,创建以茅山为中心的苏南抗日根据地,是中国共产党在华中敌后最早创建的革命根据地之一。经省委批准,1985年9月建成茅山新四军纪念馆。1998年重新翻建,建筑面积达3700平方米。馆内有珍贵文物和历史资料2000余件。馆内新四军苏南抗日斗争历史陈列分5大部分:苏南人民奋起抗击日本侵略军、茅山抗日根据地的开辟、新四军东进北上、苏南抗日根据地的艰苦坚持、苏南人民夺取抗日斗争的胜利。陈列采用声、光、电多媒体现代科技手段,以及图表、灯箱、蜡像、雕塑等不同形式,生动再现陈毅、粟裕、谭震林等老一辈无产阶级革命家的光辉业绩和当年抗日军民浴血奋战的悲壮场面。1995年9月1日,在句容市茅山镇东南的望母山巅,建成苏南抗战胜利纪念碑。碑高36米、宽6米,镌刻的9个贴金大字的碑名由原国防部长张爱萍题书。1997年秋冬发现"碑前放鞭炮,空中响军号"的奇观。

图35-2　"碑前放鞭炮,空中响军号"的苏南抗战胜利纪念碑(2005年摄)

建馆以后,每年平均接待国内外观众40余万人次。许多大专院校、部队和企事业单位与纪念馆结成德育基地、共建单位,纪念馆先后被列为江苏省爱国主义教育基地、全国国防教育基地、全国爱国主义教育示范基地,获江苏省优秀博物馆、全国文明单位等称号。

第四节　新四军韦岗抗战纪念馆

新四军韦岗抗战纪念馆坐落在韦岗镇西南宁镇公路西侧的高骊山麓。1985年，镇江市人民政府为纪念抗日战争胜利40周年，在韦岗建纪念馆，隶属于茅山新四军纪念馆，由韦岗战斗胜利纪念碑和韦岗战斗历史陈列室两部分组成。

1985年9月1日纪念碑落成，碑高25米，碑身正面镌刻“韦岗战斗胜利纪念碑”9个金色大字，郭化若将军题书。碑身塑成一支古铜色带刺刀的巨型步枪。碑座正面浮雕为青松衬托的新四军袖标N4A。背面浮雕为军民欢庆胜利的场景。东侧镌刻陈毅《韦岗初战》七绝一首：“故国旌旗到江南，终夜惊呼敌胆寒，镇江城下初遭遇，脱手斩得小楼兰。”粟裕题诗一首：“新编第四军，先遣出江南，韦岗斩土井，处女奏凯还。”碑后刻有镇江市人民政府的韦岗战斗纪念碑文，记述1938年6月17日，粟裕率新四军先遣支队在韦岗伏击日军，取得江南首战告捷的史实。碑旁建有韦岗战斗历史陈列室，展出文物、图片资料。

1992年，韦岗伏击战场遗址被列为市级文物保护单位。保护面积为200万平方米，遗址占地(包括绿化用地)约1.5万平方米，每年平均接待国内外游客10万余人次。与许多大专院校、部队和企事业单位结为德育基地、共建单位，被列为镇江市德育基地、江苏省爱国主义教育基地。

第五节　焦山碑刻博物馆

焦山碑刻博物馆位于旅游胜地焦山，隶属市文物管理委员会。

图35-3　焦山碑刻博物馆——御碑亭(2005年摄)

碑林陈列始于北宋庆历八年(1048年)所建宝墨亭，明代扩建为宝墨轩，藏碑渐丰，清代以来，碑刻充实，后屡遭兵变，碑刻毁失严重。1960年建焦山碑林，1988年扩修，成立焦山文保所，同年被国务院公布为全国重点文物保护单位。1991年改为焦山碑刻博物馆，由摩崖石刻与碑林陈列组成。

摩崖石刻主要集于焦山西侧峭壁，绵延200余米，存有六朝以来刻石百余方，书体真、草、隶、篆各具风采。历代书家尊称“大字之祖”的《瘗鹤铭》即位于此。摩崖上现存唐刻《金刚经偈句》、宋刻《壮观亭瘗鹤铭》《米芾题名·题刻》《陆游踏雪观瘗鹤铭》等，均属上品。20世纪90年代中期，摩崖山体滑坡，国家文物局拨款200余万元，进行山体加固，整修道路等摩崖整治，控制摩崖石刻的坍塌。1998年通过南京博物院专家的指导，对摩崖石刻做防风化试验。2000年对道路两侧及崖壁上的枯树、杂草进行清除，崖面进行清理整治。2002年对山体滑坡、道路堵塞进行清理。2002年3月，焦山碑林进行大规模维修扩建。扩建后，碑林面积从3500平方米增加到7000平方米，展出碑刻由300多方增加到400多方，专门建造100平方米的大厅展示镇馆之宝《瘗鹤铭》。碑林陈列分序馆、史料馆、文苑馆、瘗鹤铭馆等，敷陈江南碑刻精粹，展示历代书法风范，为名城胜迹，国之瑰宝。著名碑刻有唐《魏法师碑》《陇西李府君墓志铭》、宋《蓄狸说》、明刻宋米芾临《兰亭禊帖》以及清《澄鉴堂法帖》等。2003年，碑刻博物馆获江苏省文物系统先进集体称号。

主要业务活动:2001 年 5 月 11 ~16 日,与日本中国书法学院、日中文化交流促进会联合主办中国镇江焦山碑林原拓展在日本东京大崎 O 型美术馆举办,展出焦山碑林拓片精品 250 件。2004 年,对《瘗鹤铭》品牌商标注册。2004 年 9 ~11 月,与陕西汉中博物馆在焦山碑林和汉中博物馆,联合举办两地摩崖石刻为代表的"南北二铭"(即北石门铭)展览。2005 年 4 月,与上海博物馆、上海鲁迅纪念馆联合,在上海鲁迅纪念馆举办"墨运翰藻,汉魏风骨"——镇江焦山摩崖石刻和上海博物馆藏碑拓展,并举行学术研讨会和笔会。6 月,焦山碑刻博物馆 20 余件馆藏拓片参加"中国镇江・日本津市友好城市 21 周年文化交流"展览;9 月,与西安碑林、陕西汉中博物馆在西安碑林联合举办"碑碣墨韵"——镇江焦山碑林、陕西汉中博物馆、西安碑林馆藏名牌拓片展。这是南北两大碑林第一次联袂展览; 10 月 8 日,日本著名画家桥本心泉率津市艺术文化交流协会代表团专程到焦山再次观赏《瘗鹤铭》碑,并就《瘗鹤铭》研究学术问题进行交流。焦山碑刻博物馆《瘗鹤铭》品牌打造,获江苏省文化建设重要成果提名奖。

第六节　茅以升生平事迹陈列馆

茅以升,1896 年 1 月 9 日生于镇江市,是闻名中外的桥梁专家,被誉为"中国桥梁之父",又是著名的教育家、社会活动家,第六届全国政协副主席。1989 年 11 月 12 日在北京逝世。其子女根据他生前遗愿,将他 800 多件遗物、史料和手稿捐赠给家乡人民。市委、市政府决定在镇江建立茅以升纪念馆。20 世纪 90 年代初,这批遗物运抵镇江,收藏在镇江博物馆,举办过多次茅以升专题展览和纪念活动。2001 年 7 月 10 日,市领导决定在镇江革命历史博物馆建茅以升生平事迹陈列馆。此后,茅以升小女儿茅玉麟先后提供 300 多幅茅以升生平图片。2001 年 9 月 28 日,茅以升生平事迹陈列馆对外开放,茅以升在国外的子女及亲属和国际友人前来参观。至 2005 年,茅以升生平事迹陈列馆共接待观众 3 万多人次。

润扬大桥规划建设之际,市委、市政府与省交通厅商定将大桥纪念馆与茅以升纪念馆融为一体,联合建设。2003 年 12 月,市文化局与润扬大桥发展有限责任公司签订共同建设茅以升纪念馆及捐赠移交茅以升遗物协议。2004 年,茅以升纪念馆在镇江世业洲润扬大桥公园内开工建设,馆舍面积 1000 平方米,由镇江革命历史博物馆负责内容设计,润扬大桥建设指挥部负责形式设计。(2006 年开始布展,镇江革命历史博物馆同时清点、移交茅以升全部遗物。同年 8 月,茅以升纪念馆正式落成开馆。)

第七节　梦溪园沈括故居纪念室

梦溪园(沈括故居)遗址,位于镇江东门梦溪园巷 21 号。1985 年,镇江市人民政府为纪念中国北宋时代伟大的科学家、《梦溪笔谈》作者沈括逝世 890 周年,在其居住的梦溪园遗址,后为清代严氏宗祠 2 幢 6 间房屋及庭院修建沈括纪念室。梦溪园沈括故居纪念室大门面西,门上嵌横石额"梦溪园"三字为茅以升题书。梦溪园沈括故居纪念室共两进,中为庭院,占地面积 458 平方米。

第一进纪念室共 3 间,南面 1 间专设的玻璃柜内,陈列着在文物普查中发现的宋代梦溪园的"梦溪"石刻(门额石)。横额上款刻"皇宋乙丑",下款刻"中元日建"。此石刻明确记载梦溪园定名及建园日期。庭院中布置假山,恢复部分梦溪园,新建透空花窗、连月宫门隔扇及龙形围墙,整修石板路、古井,种植梅、兰、桂、竹、桃、梨、棕榈等 10 多种花木、盆景。后进展厅面南,厅房对面青砖照壁上嵌李一氓题"梦溪园"三字石刻。展厅中央安置雕塑沈括全身坐像,内悬挂方毅、钱三强、钱伟长分别所题"梦溪园""通才硕学""学坛巨擘"3 块金字匾。厅室内挂两幅黑底贴金的抱柱对联:"数卷奇文物志无心匀翠墨　一钩初月南航北驾为苍生""沈酣於东海西湖南川北国之游梦里

溪山尤壮丽　括囊乎天象地质人文物理之学笔端谈论自纵横”。

厅室内,东、西、北面座架式橱窗内,陈列文字图片及实物、模型,展现沈括主要科学成就,包括天文、数学、地理、化学、地质、生物、建筑、医学等方面内容。还有不同版本的《梦溪笔谈》和近现代人的研究成果。展厅墙壁挂有陆定一、赖少其、唐弢、萧娴、陈大羽等纪念沈括的书画。左室挂有中国书法家协会主席启功题的“笔谈垂范”金字匾,以及著名书画家程十发、谢稚柳、顾廷龙等人的书画。

第八节　赵伯先纪念馆

赵伯先纪念馆位于伯先公园内大门北侧的中式房屋建筑中。赵伯先(1881—1911),原名赵声,字伯先(又作百先),自号雄愁子,丹徒县人。早年追随孙中山先生,致力于推翻满清封建专制统治的革命斗争,是庚戌广州新军起义、辛亥广州黄花岗起义总指挥。辛亥革命胜利后,民国元年(1912年),孙中山领导的南京中华民国临时政府追赠赵伯先为上将军(一说为大将军)。

纪念馆以图片与文字陈列分6部分:1. 青年壮志,弃儒学军,以革命为己任;2. 致力于革命的宣传鼓动,唤起民众,培植革命力量;3. 奔走南北,运动军队,图谋发难;4. 组织领导广州庚戌新军起义;5. 受命策划指挥辛亥黄花岗之役;6. 尽忠革命,人民颂扬。展出内容凸显赵伯先为推动和领导革命发展建立的不可磨灭的功勋,并播放电视剧《赵声》。

第九节　赛珍珠故居陈列室(镇江市友好交流馆)

赛珍珠故居(镇江市友好交流馆)位于登云山上,用故居设立的镇江市友好交流馆收存、陈列赛珍珠著作和相关物品、资料及中美友好交往展品。

图35-4　赛珍珠故居(2005年摄)

赛珍珠(1892—1973),出生于美国,3个月后被身为传教士的双亲带到中国,在镇江居住18年之久。因著作中“对中国农民生活史诗般的描述”,于1938年获诺贝尔文学奖,她被认为是“沟通东西方文明的人桥”。

1989年,镇江市与美国坦佩市签订共同出资修复赛珍珠故居协议。1991年,市政府牵头,市外事办与半导体厂办妥故居房屋的交接手续,外事办负责按修旧如旧的原则,对故居大修,恢复原貌,年底竣工。1992年10月,故居开馆,中美双方共同商定,定名为镇江市友好交流馆。

1993～2001年对故居进行多次维修及防治白蚁工作。2002年,故居第二次大修,同时扩大展品,重新布展,镇江市友好交流馆更名为赛珍珠故居。2005年对故居内部分项目进行修缮,拆除周边违章建筑,实施大规模的环境绿化,对展室作局部调整充实。赛珍珠故居多次接待海内外重要来宾,成为镇江对美国交流的窗口之一。

第十节　其他纪念、陈列馆

一、新四军四县抗敌总会纪念馆

位于丹徒区宝堰镇,原怡和酒行旧址(建于1921年,一座明清风格的建筑群)。1938年7月7日,新四军一支队挺进苏南敌后抗日,在此召开镇江、句容、金坛、丹阳四县各界人士代表会议,建立四县抗敌自卫委员会(即四县抗敌总会),为建立苏南抗日根据地奠定基础。1993年建馆,占地面积2668平方米,馆名由张爱萍题书,将陈毅、王必成办公旧址按原状布置,另开辟500平方米展厅,介绍苏南抗日根据地创建和发展过程,展示四县抗敌总会战斗历程。1998年,被列为江苏省国防教育基地。

二、冷遹纪念馆

位于丹徒区黄墟镇,2002年建立,馆址为冷遹(字御秋)故居,2层楼建筑。冷御秋(1882—1959),丹徒黄墟人,著名民主革命家。新中国成立时参加开国大典,历任第一届全国人大代表、全国政协委员、华东军政委员会委员、华东水利部副部长、江苏省副省长、省政协副主席等职。纪念馆用图片、文字、实物,展出冷御秋生平事迹。

三、镇江中外旅游门票博物馆

位于市桃花坞三区6号。2001年10月28日开馆。馆藏中外旅游门票16万枚,有民间、新中国成立初期、"文化大革命"时期的早期券等各类珍品;有世界最大的门票、最长的门票,有金、银、铜、铁等各种金属券。馆内设有门券发展史、门券集藏史、趣味门券、国外门券、门券资料等5个陈列室,并有光盘门券演示。2002年"五一"期间举办全国首届旅游门票交流大会,全国18个省市200多名收藏爱好者相聚镇江,交流门票10多万枚,是全国门券收藏界一次大规模活动。创办内部资料《中外旅游门券》,加强与全国各地信息交流。创办全国门券界的门户网站——门票博物馆(www. cfttm. com),浏览量达5万余人次,有新加坡、日本、美国、德国、中国台湾、中国香港等20多个国家和地区的网友上网浏览。

四、镇江市啸天雕塑艺术馆

位于东吴路188号105室,是全市首家民办博物馆,成立于1999年。馆内设有微型石雕五百罗汉厅、历史名竹雕作品厅、世界之最红木如意厅、百米长卷五百罗汉厅、红木作品厅、杂项厅、书画聚雅轩、艺术长廊,主要藏品800余件,以木、石、竹为主。

图35-5　民间创办的啸天雕塑艺术馆展厅(2005年摄)

五、丹阳市博物馆

位于丹阳市丹金路1号,成立于2000年12月,占地4000多平方米,馆舍是一幢仿古城楼建筑,共3层,建筑面积2600平方米,收藏文物近万件,有青铜器、玉器、石器、陶瓷器、钱币等，馆藏文物特色以西周及春秋时期的青铜器，六朝时期的青瓷器为主。

六、句容市博物馆

位于华阳镇葛仙湖公园。成立于1997年，与句容市图书馆合楼办公。2003年，句容市新建博物馆，占地面积0.59公顷，建筑馆舍面积1800平方米，展出文物以历代铜镜、系列钱币等藏品为主。

七、总前委旧址纪念馆

位于丹阳市城河路宝塔弄5号，含旧址与纪念馆两个部分，旧址为2层楼房1幢，占地1344平方米，建筑面积为2540平方米，另有门楼1座。1949年4月下旬，渡江战役胜利后，由邓小平、刘伯承、陈毅、粟裕、谭震林5人组成总前委从南京到达丹阳，在此指挥上海战役。旧址按原貌布置陈列。纪念馆为3层楼房1幢，建筑面积490平方米，1998年落成。内设光辉的总前委展览，运用图文、声像等现代科技手段，完整地呈现总前委光辉历程。1998年被命名为江苏省全民国防教育基地。

八、扬中市油灯博物馆

位于扬中市文化路，建于1998年5月。藏有自西周至近现代各类油灯2000多件，包括银、铜、铁、锡、玉、石、木、玻璃各种材料质地的油灯。有西汉的西王母灯、汉代的熊形灯、宋代的夹瓷盏（省油灯）、元代的内藏式灯（气死猫）、明清的孔明灯，青花、粉彩灯和利用力学原理的台壁两用灯、近现代各种煤油灯、西藏的银质酥油灯等。

第二章 文物保护

20世纪80年代初，市文物管理委员会、市文化局开始文物的实地勘察、调查、普查和申报。1985年，镇江市政府批准公布的第一批文物保护单位。1986年、1987年市政府批准公布第二批文物保护单位。至1987年，市级文保单位为47处。1992年5月，市政府公布第三批市级文物保护单位。1993年6月，市政府公布第四批市级文物保护单位。1999年12月，市政府公布前隍村新四军一支队驻地旧址等18处为第五批市级文保单位，原中国人民银行镇江分行旧址等8处为市级文物控制单位。2004年6月，市政府公布“镇江商会”等15处为第六批市级文保单位，张云鹏故居等9处为市级文物控制单位。至2005年底，镇江有全国重点文物保护单位3处（由省级提升），省级文保单位19处，市、县（区）级文物保护单位172处，市文物控制单位35处。

1991年，城建部门在开发花山湾小区中，发现六朝唐宋古城墙遗址，及时进行发掘、保护工作。1992年在市区演军巷片区开发中发现明代陶氏楠木厅等建筑群，实施就地保护。1993年，在仓巷片区改造中，为保护张云鹏故居不受影响而调整规划。依照文物保护法，先后对焦山炮台、丹阳南朝陵墓石刻、焦山碑林、五柳堂（在陶氏建筑群中）、镇江英国领事馆旧址、梦溪园旧址（部分恢复）、宗泽墓、米芾墓、张云鹏故居等10多处各级文保单位进行整修、恢复、扩建等工程。1994年7月，市文化局、市文管会办公室、市公安局联合组织对砖木结构的文保单位古、近代建筑进行防火安全大检查。1994年对镇江144名文物保护员进行登记，市文管会办公室聘请60

名镇江市文物保护员。1995年,与58家文保单位的使用单位签订镇江市文物保护单位保护合同。2005年底,对文物保护员队伍进行调整,重新聘请并签订保护协议,健全业余文物保护员网络,及时有效联系,加强文物保护,完成全部国家级文保单位和省级文保单位的档案文字资料卷的电子化。

第一节　机构管理

一、机构队伍

1985年4月,镇江市文物管理委员会重新恢复,下设办公室。1985年12月,为纪念沈括逝世890周年,市政府决定整修原梦溪园部分遗址,建立沈括纪念室,属市文管会办公室管辖。1988年1月,下辖单位焦山碑林与焦山抗英炮台保管所成立。1991年10月,成立镇江焦山碑刻博物馆,与焦山抗英炮台保管所合署办公。

除京口区、润州区外,各辖市(区)相继成立文物管理机构。丹阳市由文化局文物科管理,句容市文管会与句容博物馆合署办公,扬中市由扬中市图书馆代行文物管理工作,丹徒区由区文体局文化科行使文物管理职能。

文物管理工作队伍不断充实壮大。1994年对镇江144名文物保护员登记,其中京口、润州60名,丹阳50名,丹徒9名,句容18名,扬中7名。至2005年底,全市有文物管理机构6所,文物系统干部职工125人,高级职称14人。其中镇江市文管办4人,镇江博物馆31人,镇江革命历史博物馆15人,镇江焦山碑刻博物馆10人,茅山新四军纪念馆10人,梦溪园沈括纪念室4人,韦岗战斗胜利纪念室2人,镇江文物商店34人;丹阳市文化局文物科2人,丹阳市博物馆5人;扬中市文管办1人;丹徒区文管办及文化科3人,新四军四县抗敌总会纪念馆4人。

二、经费

镇江文物保护经费逐年增加,1985年后,国家和省相关专项补助经费间有下拨。1993年7月起文物保护经费逐年递增。1995年后,市级专项经费下拨趋于正常。1994年起,省级文物保护专项补助877万元,国家文物保护专项补助387万元,市级专项文物保护经费1000余万元。2005年,镇江市文物保护专项经费达120万元,其他方面投入文物保护经费达5000万元左右。

三、政策规划

镇江地上、地下文物资源十分丰富。1989年7月,市九届人大常委会第十一次会议通过《镇江市历史文化名城保护规划》。1990～1991年1月,市文物管理委员会和市规划管理局抽调专人,对镇江55处文保单位划定保护范围。划定的保护范围分为二级,文物本身为绝对保护范围,其外围划出一定区域为环境保护范围,以保持环境风貌。对重点文保单位在二级保护范围内增设一道建设控制地带。在该区域建筑的造型、高度、色调等应与文物相协调。如文物集中的“三山”“南郊”,其保护范围和建设控制地带要求按照上述风景名胜区规划的保护规定执行。1992年9月,镇江市政府公布甘露寺铁塔等57处文保单位的绝对保护区范围和环境保护区范围。

1993年7月28日,镇江市政府第10号令,颁布《镇江市文物保护办法》,要求在大型基建确定之前,规划、建设要征求文物部门意见;大型基建之前,进行考古勘探以及文物保护经费逐年递增。1995年,市文化局、市建委联合下发《关于加强城市建设中文物勘探、考古工作的通知》。1996年4月,江苏省政府公布镇江丹阳水经山南朝陵墓石刻、焦山碑林、铜钟的保护范围及建设控制地带。1997年,市文化局、市规划局联合下发《关于加强城市规划中文物勘探、考古工作的通知》。此后,对镇江市文物保护单位使用修缮管理、镇江市民间博物馆登记管理、市文物市场管理等均制定规范性管理举措。

1999 年 12 月，镇江市政府公布张云鹏故居及花园等 18 处第五批市级文保单位和大港沿江土墩墓群（魏家墩）等 8 处保护范围。2005 年 11～12 月，市文管会与市规划局，对市历史文化街区进行重新规划，西津渡、伯先路、大龙王巷等“三老街”被规划为历史保护街区。规划总面积达 40 万平方米。其中 14.4 万平方米定为保护区。按照《历史文化名城保护规划》，保护区内的文物建筑在未来城市建设中，将遵循“修旧如旧”“以存其真”的原则予以保护，不得“大拆大建”。

四、文物市场管理

镇江文物市场起步于 20 世纪 80 年代后期。集中在城西，散见于中华路、宝塔路、西津渡、小码头街等地。1987 年，在西津渡街南段设民间收藏品交流市场。1991 年起，集中在市体育场，后移至义士路、滨河路与花鸟市场摆在一起（西津渡有少许）。1999 年，文物市场地点划定在西津渡小码头街。2003 年，在大西路开辟银山门古玩城。在城南近郊（南郊）林隐路花鸟市场设有部分出售文物、古玩的摊点。文物市场多处于分散经营、相对集中状态，多为临时性摊点，数量时多时少，固定店面集中在西津渡、小码头一条街以及伯先路一带。文物合理流通，收藏市场也得以发育。但镇江文物流通受经济发展制约，长期以来没有形成一定规模的市场，从业人员和企事业单位素质有待提高。

图 35-6　银山门古玩城一角（2005 年摄）

市文物商店为镇江市文物流通主要单位，位于解放路 191 号，主要经营珠宝、玉器、名人字画、砚台、印章、瓷铜杂件等古玩商品，创店 40 多年，属全国同行业老店之一，是镇江对外开放的重要窗口之一。1983 年以后，镇江文物商店经营面积从初建的 200 多平方米增加到 960 平方米，年销售额从 100 多万元增加到 350 万元，职工人数由 15 人增加到 38 人。为满足各阶层文物爱好者的需要，增设礼品部，专供文房用具，镶嵌饰品、陶瓷、苏州刺绣、景泰蓝、紫砂壶等中高档礼品。同时，承办外汇汇兑、代客包装、保险托运等业务。

市文物商店对流散于民间的传世文物广征博集。1989 年出版《集古珍赏“镇江卷”》，收集 28 件（套）文物精品。至 2005 年，向市博物馆捐献清乾隆年限以上文物 81 件（套）。参加全国各地的展销会和商品拍卖会。文物商店调整经营策略，扩大销售网点，发展山西太原晋宝斋、大连市文物总店、南京金陵饭店等代销点。2005 年，在镇江博物馆设置分店，创造较好经济效益。

第二节　国家级文保单位申报与保护维修

一、国家级文保单位申报

1988 年 1 月，丹阳南朝陵墓石刻（修陵、建陵、庄陵、兴安陵、修安陵石刻等 11 处）和焦山碑林被批准为第三批全国重点文物保护单位。1996 年 11 月，第四批全国重点文物保护单位公布，句容梁南康简王萧绩墓石刻纳入丹阳南朝陵墓石刻。2004 年,从省级文保单位中选出一部分申报第六批全国文物保护单位:有元代昭关石塔、赛珍珠故居、铁瓮城遗址、宋代铁塔、丹阳总前委旧址、三野司令部驻地旧址、新四军江南指挥部旧址等(待批)。

二、国家级文保单位保护维修

1. 丹阳南朝陵墓石刻区规划保护论证　1992 年 4 月,由国家文物局、省文化厅、省建委、省文管会、南京博物馆、华东师范大学、镇江市政府、丹阳市政府、镇江市文化局、市文管会、镇江博物馆、市文管会办公室等单位,联合组织专家学者对丹阳南朝陵墓石刻区进行综合规划保护论证,以进一步加强对陵墓区石刻的保护工作。1993 年,对句容萧绩墓石刻进行洗涤、封闭缝隙、灌浆加固等修复工作。

2. 焦山碑林和摩崖石刻保护维修　1992 年 3 ~ 10 月,焦山碑林进行较大规模维修扩建,占地面积由 3500 平方米增加到 7000 平方米,展出碑刻由 300 多方增加到 400 多方。同时,为以后征集新碑预留展示空间。按序馆、史料碑刻、文苑碑刻、《瘗鹤铭》厅四大类布展,《瘗鹤铭》厅为 100 平方米大厅。

1992 年 3 月 ~ 1997 年 5 月,对焦山摩崖石刻进行综合治理。前期调查从地质构造、地形地貌、气候及江水淘蚀、植物对岩体的劈锲及酸雨危害方面分析,确定治理水患、稳固山体、保护文物的指导思想,邀请南京工程兵学院,制定焦山摩崖石刻综合治理方案。1995 年 4 月 ~ 1996 年 1 月,对焦山摩崖石刻康有为石刻至佛海流径段危石加固。1996 年 1 ~ 6 月,对摩崖石刻鹤山段岩体加固。1997 年 2 ~ 4 月,对焦山摩崖石刻米芾题刻段加固整治,修建总长 209. 7 米的 6 条排水沟。在石刻内沿江坡脚段,设置浆砌石块防冲刷墙。在沿摩崖石刻 300 米道路沿线打下 400 毫米的抗滑灌注柱 62 根,直径 1000 毫米人工桩 15 根,沿山体打进 210 根预应力锚杆。在巨公崖上方,打进每根预应力达 60 吨的高强度锚索 15 根。对长 2000 米的裂隙采用树脂胶泥封闭环氧树脂化学压浆,钢丝网片喷锚,使岩体连成一体。

3. 其他维修　2002 ~ 2005 年,先后对镇江英国领事馆旧址 1、2、3、4 号楼维修。对镇江博物馆库房及英国领事馆旧址 5 号楼外墙改造;对博物馆老馆区改造、扩建(详见镇江博物馆条)。

第三节　省级文保单位申报与保护维修

一、省级文保单位申报

1995 年,五柳堂、总前委三野司令部驻地旧址、张家祠堂正厅被列为第三批江苏省文保单位。2000 年 9 月,镇江古城墙遗址被增补为第四批江苏省文保单位。2002 年 9 月,冷遹(即冷御秋)旧居、赛珍珠旧居、新四军江南指挥部旧址被公布为第五批省文保单位。2004 年,按照省文物局要求,经各辖市(区)申报,镇江商会旧址、赵伯先故居、张云鹏故居、吕氏三杰故居、烟墩山墓地、西津渡街、江苏省立镇江图书馆、句容三天门、华阳洞摩崖石刻、贺甲战斗旧址、梦溪园沈括故居等申报第六批省级文保单位(待批)。

二、省级文保单位保护维修

1. 焦山古炮台(即鸦片战争抗英炮台遗址)维修　1983 年前,国家文物局、省文化厅 3 次拨款对炮台清理、抢修。1983 年 11 月,国家文物局、省文化厅又拨款对炮台有残顶的 5 号炮堡进行修复。按要求 5 号堡内采用大径圆杉木作横梁(20 ~ 30 厘米直径),圆杉顺序密集排列架在堡内墙上,梁顶之间空隙用三合土加垫,炮堡顶盖牢固。11 月中旬动工,12 月底竣工。同时,对

2、3、4、5、6、7 号炮堡的东炮口、西炮口在维修基础上重新加固支撑。在 5 号堡大石叠砌的左墙脚下，嵌有石刻“一九八三年十二月修复，镇江市文物管理委员会”标记。在清理 5 号炮堡内积土时，发现铁铸球形炮弹、铁炮架、大铁锤和带铁箍的木轮等遗物。修复焦山炮台营门（面南），门额木横匾刻“焦山炮台”。

1986 年冬，市文化局、市文管会决定复制鸦片战争时期两门大炮（包括炮架炮车），放置于 4、5 号主炮堡内，再现当年激烈战场情景。市文管会和南京博物馆文物维修技术研究所，派人去北京中国人民革命军事博物馆等单位查阅有关大炮炮架、炮车资料，请教研究火炮历史专家，搜集到道光二十年（1840 年）江海防炮台设置的整体大炮形制图和制作概要。南博文物维修技术研究所工艺厂设计施工制作，以镇江出土的道光年炮身铸有“耀威大将军铁炮”等铭文的万斤巨炮为模式，用玻璃钢铸成，外观形似铁铸。其炮架、炮车及四轮以坚木为主，配以方钢圆轴、铁滑轳，本身有铁金属固件及大、中、小泡钉等均采用当时形制。1989 年 10 月 17 日，复制的两门大炮运抵焦山，安装在 4、5 号炮堡内，供游人欣赏。

图 35-7　西津渡古街（2005 年摄）

1987 年，国家文物局、省文化厅拨专款，修复作为配套工程的原清军驻守焦山炮台营房 6 间 1 披，同年 7 月 15 日动工，9 月 29 日竣工，整体营房建筑面积长 27.5 米，宽 6.5 米，青砖木结构。修复后的营房，作为抗英事迹陈列室和管理人员公用房。

1996 年 3 ~ 5 月，对焦山炮台 4、5 号炮堡进行维修，对炮口、炮门附近的杂草杂树进行清除，对排水、防水和裂隙填实加固。2005 年 10 月，对焦山炮台保护再次维修。

2. 宗泽墓整修恢复　1984 年 3 ~ 6 月，省文化厅拨款整修恢复宗泽墓。在原墓地基础上，修复墓圹、墓包、墓碑（碑曰“宋宗忠简公讳泽之墓”）及前列平台、台阶、圆形花坛，墓道长约 90 米、宽 3 米余，墓道两旁种植冬青树。1990 年，省拨款完整修复宗泽墓道前牌坊，横额镌刻“宗泽墓”。1996 年 7 月 22 日，宗泽墓被人盗掘，坟包被破坏，发现后，文管部门及时进行修复。

3. 新四军四县抗敌总会会址维修　新四军抗敌总会纪念馆原址宝堰镇怡和酒行，是建于 1921 年的一座明清风格建筑群。年久失修，损坏严重，影响文物的陈列与安全。2002 年，镇江市与丹徒区文管部门筹措资金 10 万余元进行较大规模的修缮。

4. 张家祠堂维修　1994 年投入 2 万元，对句容县后白乡芦江村张家祠堂整修墙体、拾漏。2004 年投入 4.5 万元进行落架、大修，恢复古典门窗，治白蚁、木结构油漆、修屋架屋脊等。

5. 其他维修　1994 年，对元代昭关石塔维修。1998 年，在总前委旧址纪念馆成立之前，对旧址建筑整修、装饰。1999 ~ 2000 年，对陶氏住宅建筑群五柳堂整修，恢复旧貌。2002 年冷御秋纪念馆成立前，对冷遹故居进行修缮、装饰。

1983～2005年镇江市文物保护维修获奖(省以上)项目一览表

表35-2

项　目	奖　项
“耀威大将军”万斤巨炮两门及炮架炮车	江苏省优秀文化科技奖
镇江地区吴文化商周台形遗址、土墩墓	国家文物局文化科技优秀成果三等奖,江苏省文化科技优秀成果二等奖
张云鹏故居保护维修	2000年联合国教科文组织亚太地区文化遗产保护奖中“杰出项目奖”
昭关石塔保护维修	2001年联合国教科文组织亚太地区文化遗产保护奖中“杰出项目奖” 2005年首届江苏省文物保护优秀工程评比优秀技术奖
五柳堂保护维修工程	2005年首届江苏省文物保护优秀工程评比特别贡献奖
吴国青铜器综合研究	国家文物局文化科技进步二等奖,省文化厅文化科技进步一等奖

第四节　市级文保单位申报与保护维修

一、市级文保单位申报

1986年11月,市政府批准公布中山纪念林塔为市级文保单位。1987年7月,市政府批准公布王宗培烈士墓等15处为市级文保单位。1992年5月,市政府批准公布冷遹(冷御秋)故居等9处为市级文保单位。1993年6月,市政府批准公布原镇江五三图书馆等11处为市级文保单位、原镇江商会等20处为文物控制单位。1999年12月,市政府批准公布前隍村新四军一支队驻地旧址等18处为市级文保单位,中国人民银行镇江分行旧址等8处为市级文物控制单位。2004年6月,市政府批准公布镇江商会等15处为市级文保单位。至2005年底,市、县(区)级文物保护单位共172处。

二、市级文保单位保护维修

1. 太史慈墓重修保养　1985年对北固山中峰的太史慈墓重修,恢复墓包、墓后、挡土墙,树立“东莱太史慈之墓”墓碑。1999年2月对太史慈墓维修保养。

2. 鲁肃墓修复　1985年,第三届《三国演义》学术讨论会在镇江召开,地处旧城外大学山的东吴大将鲁肃墓9月动工修复,10月16日竣工。建安二十二年(217年),鲁肃去世,终年45岁,葬于京口(镇江),清光绪年间建筑望肃楼(今已无存),墓前立碑曰:“东吴将军鲁肃之墓”。1993年秋,移墓址到北固山麓,立碑为“吴横江将军鲁肃之墓”。

3. 中山纪念林塔整修　1986年,纪念孙中山诞辰120周年,江苏省绿化委员会、农林厅拨专款,整修北固山中峰中山纪念林塔,采用优质大理石抬高塔基,塔身四面镌刻“中山纪念林”贴金字,塔墓四周为石栏杆。同年11月12日竣工,在塔前举行纪念仪式。

4. 米芾墓重修　1986年8月～1987年2月,由省、市拨款,市文管会负责重修宋代杰出书画大师米芾墓。墓位于南郊鹤林寺附近黄鹤山北麓,重修的米芾墓包括墓圹、坟包,外围护墓石,墓前竖中国书法家协会主席启功题书“宋礼部员外郎米芾元章之墓”巨碑。墓前有平台、台阶,两边砌有玉带坡,再前为原牌坊柱修复的完整牌坊,坊柱刻:“抔土足千秋襄阳文史宣和笔”“丛林纳数武宋朝郎署米家山”。

5. 北固山“天下第一江山”石刻修复　1987年9月,选用优质青石料,按原拓修补“一江山”3字,镶嵌在青砖墙壁上,恢复旧观。

6. 王宗培烈士墓整修　1988年10月,对在1925年“五卅”惨案镇江反帝爱国运动中牺牲的王宗培烈士之墓(位于北固山中峰)进行整修,同年11月27日竣工。

7. 沈括纪念室维修　1985年纪念宋代杰出科学家沈括逝世890周年,利用沈括故居梦溪园遗址(清代建筑两进平瓦房),整修为沈括事迹陈列室,同年11月竣工。1994年4月在梦溪园遗址北侧修建平房3间,接待梦溪园陈列室参观者,当年竣工。

8. 韦岗战斗纪念碑展览厅整修　1995年7月对韦岗战斗纪念碑展厅内外整修、装饰。

9. 明代楠木厅迁建　原市区大西路汤万泰户住宅有明代楠木厅一座,1996年2月迁建至宝塔山公园,当年竣工。

10. 镇江商会旧址维修　市文管会与市工商联共同维修伯先路上的镇江商会建筑,恢复其原貌。2004年5月动工,同年10月竣工。

11. 其他维修　1999年以来,分别对合山炮台、古津泉、四脚墩遗址、赵氏佳城、米芾墓等进行维修、保养、修缮。

第五节　部分文物保护单位简介

一、莲花洞遗址

位于镇江市南6公里,润州区蒋乔镇檀山白龙洞北坡。莲花洞为一岩厦,系沿三迭系青龙灰岩的裂隙溶蚀而成,标高约35米,朝向北东45°,洞长11.9米,宽3米~6米不等,由堆积物表面至洞顶最高距离约5米。洞前有120平方米台地1块,洞穴堆积物可分4层,自上而下为褐黄色砂质亚粘土、棕红色亚粘土、棕褐色亚粘土、褐色亚粘土。1981年3~6月,南京博物院、镇江博物馆和丹徒县文教局对该洞进行发掘。在洞东部,发掘面长约6米、宽约3米、深1米~4.8米不等,出土1枚智人右下第3臼齿,伴生的有鬣狗、棕熊、豪猪、猪獾、貉、梅花鹿、水牛、棕熊、西藏黑熊、中国犀、猕猴等18种哺乳动物化石,时代属更新世晚期。

2001年11~12月,南京博物院、镇江博物馆第二次对莲花洞发掘,获一批哺乳动物化石。7件石制品,其中有石核5件、刮削器2件(旧石器),个别石制品系用石英和火成岩制成,时代中更新世晚期到晚更新世早期。

二、城头山遗址

位于句容市大卓乡本湖光里村,遗址面积约2.8万平方米,高出地面7米的土墩。1981年,试掘42平方米,文化层厚3.2米~3.8米,分为3层;底层发现灰坑2个,出土石锛、石镞、陶器,以夹砂陶、红陶为主,其次是泥质灰陶、红衣陶及黑衣陶,纹饰有弦纹、捺窝纹等,常见器有鼎、釜、罐、盆、碗、豆等,属崧泽文化晚期。中层较薄,发现灰坑1个,出土石锛、刀、镞、纺轮、骨椎、夹砂陶器等,上层石器少见,有炼铜坩残片、青铜镞、夹砂陶器较多,印纹硬陶、原始瓷有增加,纹饰有弦纹,拍印斜方格纹等,陶器以鬲、罐、盆、盘、豆为主,属湖熟文化晚期至西周(《考古》1985年第4期)。

三、大港沿江土墩墓

位于大港镇西葛村魏家墩祝赵村双墩,一为肖家土墩墓,位于祝赵村东北约250米,俗称双墩。地处低丘土山顶部,海拔约37米,有东西2座封土墩。墩距约100米,东墩高约4.5米,底经约3.5米,西墩高约5米,底经约3.6米。1984年,发掘东墩,发现已盗掘一空,仅见墓底设石块铺垫,堆土内多周代灰陶、夹砂陶和伪纹硬陶器残片。另一为魏家墩墓,位于西葛村东,西部较为平坦,土墩底经约50米,高4米余,地面曾采集到原始瓷、印纹硬陶、夹砂陶、泥质灰陶残片。

四、高陵

位于丹阳市司徒镇大坟村东。东吴时孙坚(155—192),字文台,吴郡富春(今浙江富阳)人,系孙权之父,曾任长沙太守,后为袁术联合参与割据战争,初平三年(192 年),刘表击孙坚于岘山(今湖北襄樊南)交战中,孙坚被射死,“坚薨还葬曲阿”(《三国志·吴孙策传》)。子孙权称帝,追谥曰武烈皇帝,墓曰“高陵”。清光绪《丹徒县志》有载,高陵底径约 30 米,封土高约 15 米,保存基本完整。

五、七星堆古墓区

句容市西北路和商业街交会点。时代为汉到东晋,原有封土堆 7 座,像北斗星一样分布,被当地人称为七星堆。现存 6 个封土堆,《葛府君碑额》在此出土。《潜研堂金石文跋尾》说:“碑额三行”,云“吴故衡阳郡太守葛府君之碑”,楷书,径 3 寸许。

六、五柳堂

图 35-8　五柳堂(2005 年摄)

位于市演军巷 16 号,在陶氏住宅群中,系镇江丝绸商人陶氏住地,原有 7 进房屋,尚存 3 进(已修缮过)。一进为楠木厅侧座;二进亦楠木厅,系明末或清初建筑,用料硕大,屋面起架平缓,出檐较深,梁、柱、枋件均系明代建筑特征。如立柱顶部有卷刹,上置斗拱,石础石礅采用白大理石质地,做法讲究,具有一定等级;第三进为阁楼厅,均为面阔间。总建筑面积 999 平方米,其中第二进厅屋誉称“五柳堂”为主屋。第三进为清代道光年之前的建筑,其东边稍后有“游经楼”(称藏书楼),为民国早期建筑,皆为主屋“五柳堂”的附属建筑,此组建筑代表镇江地方民居特色。

七、茅谦墓

位于润州区蒋乔镇。茅谦(1848—1917),清末举人,为已故著名桥梁专家茅以升的祖父,亦是一位水利、建筑专家,有遗著《水利刍议》等。墓原以两块青石板盖封,棺木悬吊于墓室,墓四周以臼石望柱相围,石鼓座等物。现墓封土底径 4 米,高约 2 米。

八、殷家祠堂及殷氏六房旧宅

位于丹徒区黄墟镇黄墟小学内,存祠堂正厅与后堂 2 进,中间为小天井。正厅与后堂均为 3 开间,前有观仪台,四边是云柱栏杆,整体建筑保存完好,现为小学图书馆。殷氏六房旧宅位于黄墟小学东侧,有石门,内有 1 座清雍正年间的建筑,占地面积约 2400 平方米。该建筑按八卦刊六段图设计。由当年巨商殷霹雳的六弟所建,有一条长 100 多米的弄堂,将整个建筑分为两部分,东边有四进住房,西边有六进住房,每进 3 间房屋,进进串通,各有天井,花园自成体系。此宅没有正大门,仅有 2 个边门进出,东边有一座大厅和天井,门壁上方是整座壁雕工艺,做工精细,显现较高的艺术价值。

九、张家祠堂

位于句容市后白乡芦江村。原为张姓祖祠，有三组建筑，共五进。中轴为家祠，左右两轴为住宅，仅存中轴第三进一座厅房，坐北朝南，面阔五间，通长24米，进深11米，墙厚0.54米，檐柱高4米，硬山式，木结构，以楠木为主，俗称楠木厅。厅前后出檐较远，达1.3米，两山墙下为青砖叠砌，上部砌空斗墙并各有砖雕门窗，山墙沿屋顶坡势贴砖制博缝。厅内立柱下设青石覆盆柱础，柱顶做卷刹，构架的联接结构，多彩形式简单的斗拱、蜀柱、垫板，正中明间脊檩左右下侧做有三角形的简单木雕，其外缘置叉手，梁为月梁形，主梁稍有琴面，梁底沿边刻双线，斗拱、外檐二攒一斗三升，内部梁枋出单拱与重拱，不出跳，内外斗拱坐斗均刻花瓣状，有方有圆是这座建筑的重点装饰部分。整个建筑用料粗大，结构简明，形制古朴，装饰简练，属明代中期建筑。1987年10月28日，句容后白乡政府干部王国义介绍，原张家祠堂大门上昔日有对联："晋朝忠臣第，清河家声远；唐代孝子家，江南义台张"（系祖辈亲见传之后裔知晓）。

十、儒里明清古建筑群（朱氏住宅、朱氏宗祠、敦睦堂）

位于镇江新区姚桥镇儒里，始建于明末。朱氏住宅，位于儒里西街9号东，系朱熹后裔住宅，号称武状元第。建筑群占地面积约千余平方米，系徽派砖木结构。该住宅平面呈长方形，坐北朝南，南北长38.6米，东西宽20米，前后共五开间三进，计22间，带12间厢房，后有林院。朱氏宗祠，位于儒里丁字街心北侧，祠堂有五开间三进计17间，门厅、天井、回廊俱全，多砖木结构，始建于清康熙廿五年（1686年）。敦睦堂，即儒里百乐村张氏宗祠，位于百乐村、夹沟村东，占地面积1600平方米。祠堂前后三进，前二进为五开间，后进为七开间，屋脊古封式，祠堂中进梁柱为楠木。

十一、王家花园

位于京口区谏壁镇月湖村，在大运河东岸，"爱吾庐"俗称"王家花园"，为镇江籍上海金融家王耀宇的住所。王家花园始建于民国19年（1930年），花园与住宅并列，呈三条中轴线，99间房屋，建筑面积3835平方米，"燕誉堂"为正厅，花园内原有八角亭、假山、竹园、荷花池及名贵花木（今已残缺），具有代表性的近代镇江私家园林住宅。

十二、吕凤子故居

位于丹阳市云阳镇新桥西路，著名书画家吕凤子故居，始建于清光绪初年。原有平房四进24间，1937年12月毁于日军炮火。现存房舍为1946年重建。故居占地面积1040平方米，现有平房16间，建筑面积400平方米，前后两院，保存完好。院内有吕凤子亲手栽培的白薇、柏枚、双桂等树木，至今生机盎然。吕凤子居室为砖木结构，平房2小间，面积约40平方米，今为其后人居住。

十三、省庐

位于镇江市京口饭店内，系别墅式楼房3层，砖木结构，占地面积约300平方米，周围植有桂花草木。1929年2月，江苏省会迁至镇江，"省庐"是专为省主席建造的住所，陈果夫、王懋功等任省主席时曾在此居住过。

十四、镇江自来水厂旧址

位于市区长江路28号，创建于1934年，又名江边水厂。占地面积0.75公顷，计有5栋建筑（大门东2栋，1栋主楼，1座滤水间，1座泵房），水厂门口有2幢房屋为日式建筑。另有岗楼1座，为江苏创立最早的自来水厂。自来水厂，初为地方士绅集资解决城西商业区消防之用，名为镇江第一救火会自来水厂。因经费限制,设备简陋,供水不足,于1931年扩建,1934年竣工。

十五、德士古火油公司旧址

位于市区原苏北路(今长江路)市钛白粉厂大门内东侧,建于1866年,为美商在华经营的火油(俗称洋油)公司之一。旧址为美式2层楼房,砖木结构,后墙向南伸出3间平房为生活用间,作为厨房、盥洗间,屋面为平面形制与楼房相似。2000年城市改造拓宽马路被易址重建。

十六、前隍村新四军一支队驻地旧址

位于丹徒区宝堰镇前隍村。原为祠堂,3间平房,面阔4米,进深7檩,檐高3.2米。1938年6月,陈毅率新四军一支队挺进江南,设司令部于此。1988年拨款修缮。

十七、贺甲战斗旧址暨烈士碑亭

位于丹阳市行宫乡贺甲村。旧址为贺甲祠堂,占地面积160平方米,三进。1939年11月8日,新四军一支队老二团、新六团和丹阳独立支队在贺甲村围歼侵华日军及伪军100余人。现存二进2间,硬山顶,覆小瓦,墙壁呈弹孔累累状。为纪念这次战斗,村东建有纪念死难烈士碑亭。

十八、近月轩惨案旧址

旧址在丹阳市访仙镇访仙桥东侧"近月轩"茶馆处。1940年6月24日,访仙镇逢集,日军10余名窜至镇上,用机枪扫射和刺刀屠杀正在"近月轩"茶馆内的中国同胞100余人。今茶馆尚存,2层楼房,坐北朝南,略有改建。

十九、中共京(宁)沪线路北特委旧址

位于丹阳市界牌镇红旗村。旧址为村民姚德才、乔良成2家私宅,建于1935年,2层楼房,砖木结构,附2厢平房。1945年,中共抗日党政军机关在此租借房屋,为抗日指挥中心。中共京(宁)沪线路北特委、新四军江南指挥部曾驻此,指挥扬(中)、丹(阳)、武(进)、丹(徒)等地区的抗日斗争。陈毅、谭震林等曾在此指挥过抗日斗争。

二十、总前委、三野司令部驻地旧址

位于丹阳市云阳镇。1949年4月,解放军渡江战役胜利后,第三野战军(原华东野战军)司令部,随总前委迁至丹阳,分别驻在城内宝塔弄5号,戴家花园和东门大街46号胡氏宅,在这里指挥解放上海的战斗。

二十一、私立京江中学旧址

位于镇江市中山东路东端大学山上。该校建于1937年4月,创始人有陆小波、冷御秋、严惠宇等,经省教育厅立案批准开办。同年9月开学,12月,镇江沦陷,学校停办,学校辗转至江都、上海,屡经停办。抗战胜利后,在镇江恢复上课,先在磨刀巷,后迁大学山,1949年镇江解放后,续办。1953年3月,改名镇江市第一中学。现存3座教学楼,平房,砖木结构,清水叠砌墙,占地面积约700平方米。

二十二、柳诒徵墓

原墓地在润州区官塘乡朱家岗村。1995年3月迁葬南郊菊花山西麓,对面即马家坟。柳诒徵(1880—1956),著名历史学家、教育家、国学大师。迁建坟墓坐东朝西,依山而筑,用块石驳砌方形

1米高的挡水土墙。石驳内用砖砌方形栏杆式墓圹，再用白石子和水泥敷护，圹中有栏相隔，南侧是其父母墓穴。柳诒徵墓圆形，直径3米余，中有封土，高约1.5米，墓前竖“柳诒徵翼谋、吴素鸾夫人之墓”大理石碑，碑高1.6米，宽0.68米。墓后竖碑3方，右碑上刻著名学者周谷城撰书诗一首，左碑为其孙柳曾符书慈舟诗一首，中碑为镇江市政协和市文管会重迁建的记事碑。墓四周呈环形凭吊台，墓道、台阶总长为25米，两侧植柏树20余株，整个墓区置于绿树丛中。

至2005年镇江市国家级、省级、市级文物保护单位一览表

表35-3

级别	编号	名　称	时代	地　址	公布时间	使用(保管)单位
国家级	1	焦山碑林	南朝至民国	焦山公园内	1988年1月13日	焦山碑刻博物馆
	2	丹阳、句容南朝陵墓石刻	南朝齐梁	丹阳市荆林、建山、胡桥、埤城、前艾等乡镇境内，共11处；句容市石狮乡	1988年1月13日、1996年11月	所在乡镇政府
	3	镇江英国领事馆旧址	1889～1890年	伯先路85号	1996年11月20日	镇江博物馆
省级	1	断山墩遗址	西周－春秋	丹徒县丁岗镇平昌村	1982年3月25日	丁岗镇政府
	2	延陵季子碑	唐大历十四年(779年)重建	丹阳市九里镇南街	1982年3月25日	九里镇政府
	3	铜钟	唐中和三年(883年)	丹阳市人民公园	1982年3月25日	丹阳市人民公园
	4	铁塔	宋	镇江北固公园内	1982年3月25日	北固公园
	5	宗泽墓	宋	镇江京岘山北麓	1982年3月25日	象山乡陈家湾村委会
	6	昭关石塔	元	镇江西津渡街	1982年3月25日	小码头居委会
	7	隆昌寺无梁殿、铜殿	明万历三十三年(1605年)	句容市宝华山隆昌寺内	1982年3月25日	隆昌寺
	8	圌山炮台遗址	清道光二十年(1840年)	大港镇五峰山下	1982年3月25日	某海军基地
	9	赵伯先墓	1912年	市南郊夹山竹林寺东	1982年3月25日	南郊风景区管委会
	10	焦山炮台遗址	清道光二十年(1840年)	焦山东麓	1982年3月25日	焦山碑刻博物馆
	11	“五卅”演讲厅	民国	市伯先公园内	1982年3月25日	伯先公园
	12	新四军四县联合抗敌会议会址	民国	丹徒县宝堰镇	1982年3月25日	丹徒新四军四县抗敌总会纪念馆
	13	五柳堂	明、清、民国	市演军巷16号	1995年4月19日	市文管会办公室
	14	张家祠堂正厅	明	句容市后白镇芦江村	1995年4月19日	芦江村委会
	15	总前委、三野司令部驻地旧址	1949年4月	丹阳市云阳镇	1995年4月19日	丹阳市文化局
	16	镇江古城墙遗址(三国铁瓮城古城墙遗址、东晋花山湾古城墙遗址)	三国、东晋	市烈士陵园、京口区古城公园	2000年10月1日	市烈士陵园、京口区建设局

续表 35-3

级别	编号	名　称	时　代	地　址	公布时间	使用(保管)单位
省级	17	冷遹故居	近代	丹徒区黄墟镇	2002 年 10 月 26 日	黄墟镇政府
	18	赛珍珠故居	近代	润州山路 6 号	2002 年 10 月 26 日	市友好交流馆
	19	新四军江南指挥部旧址	1945 年	丹阳市界牌镇红旗村	2002 年 10 月 26 日	界牌镇红旗村委会
市级	1	龙脉团山遗址	商周	七里甸七里村龙脉桥附近	1982 年 3 月 25 日	七里村委会
	2	荆王刘贾墓	西汉	市区青云门鼓楼岗鼓楼二村 1 号	1982 年 3 月 25 日	鼓楼岗居委会
	3	太史慈墓	三国东吴	北固山中峰	1982 年 3 月 25 日	北固公园
	4	观音洞一条街(包括西津渡、待渡亭)	六朝——清	小码头街	1982 年 3 月 25 日	小码头居委会
	5	米芾墓	宋	南郊黄鹤山北麓	1982 年 5 月 17 日	南郊风景区管委会
	6	僧伽塔	明	鼎石山	1982 年 5 月 17 日	宝塔山公园
	7	虎踞桥	明	南门外运河上	1982 年 5 月 17 日	市政公用局、南门居委会
	8	超岸寺	清	新河路 60 号	1982 年 5 月 17 日	镇江市革命历史博物馆
	9	鹤林寺大殿	清	南郊磨笄山之西黄鹤山东北	1982 年 5 月 17 日	镇江瓷厂、水泥厂
	10	慈寿塔	清	金山	1982 年 5 月 17 日	金山江天禅寺
	11	焦山顶快炮台	清	焦山西峰	1982 年 5 月 17 日	焦山碑刻博物馆
	12	天下第一泉	清	金山塔影湖畔	1982 年 5 月 17 日	金山公园
	13	城隍庙戏台	清	城隍庙街 6 号	1982 年 5 月 17 日	凤凰岭饭店
	14	清真寺石刻	清	剪子巷 150 号	1982 年 5 月 17 日	市彩色印刷厂
	15	清真寺	清	清真寺街 84 号	1982 年 5 月 17 日	市伊斯兰教协会
	16	招隐寺(读书台、听鹂山房、虎跑泉)	清	南郊兽窟山北	1982 年 5 月 17 日	南郊风景区管委会
	17	火星庙戏台(包括两廊看台)	清	火星庙巷	1982 年 5 月 17 日	市十六中学
	18	唐老一正斋药店旧址	清	中山东路	1982 年 5 月 17 日	市房管局
	19	亚细亚火油公司旧址	近代	长江路 207 号	1982 年 5 月 17 日	商业贸易公司
	20	德士古火油公司旧址	近代	长江路原钛白粉厂内东端	1982 年 5 月 17 日	建设局
	21	瓦木公所旧址	清	拖板桥小学内	1982 年 5 月 17 日	拖板桥小学
	22	广肇公所	清	伯先路 82 号	1982 年 5 月 17 日	云台房管所
	23	福音堂	清	大西路 343 号	1982 年 5 月 17 日	市基督教三自爱国运动委员会

续表 35-3

级别	编号	名 称	时 代	地 址	公布时间	使用(保管)单位
市级	24	太平天国堑壕遗址	清	南郊招隐寺	1982 年 5 月 17 日	南郊风景区管委会
	25	伯先公园	民国	伯先路	1982 年 5 月 17 日	伯先公园
	26	税务司公馆旧址	近代	长江路	1982 年 5 月 17 日	市前进印刷厂
	27	烈士纪念塔	现代	北固山	1982 年 5 月 17 日	烈士陵园管理处
	28	“五卅”运动镇江外交后援会旧址	近代	仙鹤巷	1982 年 5 月 17 日	市第十五中学
	29	梦溪园遗址	宋	梦溪园巷 21 号	1985 年 11 月 21 日	沈括纪念室
	30	中山纪念林塔	民国	北固山	1986 年 11 月 7 日	北固公园
	31	戴家山遗址	新石器时代	江苏大学校内东北角	1987 年 7 月 3 日	江苏大学
	32	莲花洞遗址	晚更新世	蒋乔镇檀山白龙岗北坡	1987 年 7 月 3 日	莲花洞居委会
	33	烟墩山遗址	西周	大港镇烟墩山	1987 年 7 月 3 日	大港镇政府
	34	“天下第一江山”石刻	宋	北固山后峰	1987 年 7 月 3 日	北固公园
	35	赵氏佳城	宋	大港镇车碾口	1987 年 7 月 3 日	-
	36	紫金泉	宋、元、明	大市口解放路北	1987 年 7 月 3 日	大市口广场办
	37	古泮泉	宋、明	东门坡中山路口处	1987 年 7 月 3 日	东门坡居委会
	38	杜鹃楼与杜鹃花	清	南郊鹤林寺大殿后	1987 年 7 月 3 日	鹤林寺小学
	39	杨一清墓	明	蒋乔乡檀山	1987 年 7 月 3 日	蒋乔乡檀山村委会
	40	太平天国新城与清军水师标统署	清	姚一湾小营盘	1987 年 7 月 3 日	云台房管处
	41	丁卯桥遗址	清代	丁卯村	1987 年 7 月 3 日	丁卯经济开发区
	42	育婴堂旧址	清	梳儿巷 29 号	1987 年 7 月 3 日	梳儿巷居委会
	43	新河街一条街	清	新河街	1987 年 7 月 3 日	新河街居委会
	44	基督医院	近代	市第一人民医院内	1987 年 7 月 3 日	市第一人民医院
	45	王宗培烈士墓	民国	北固山	1987 年 7 月 3 日	北固公园
	46	老气象台旧址	民国	北固山	1987 年 7 月 3 日	市国画院
	47	崇实女中旧址	近代	风车山	1987 年 7 月 3 日	市第二中学
	48	美孚火油公司旧址	近代	迎江路	1992 年 4 月 27 日	市工人文化宫
	49	四脚墩土墩墓群	西周	丹徒镇西南磨盘山附近	1992 年 4 月 27 日	丹徒镇
	50	合山快炮台遗址	近代	象山东南合山顶	1992 年 4 月 27 日	市焦化厂
	51	真道堂旧址	近代	宝盖路 127 号	1992 年 4 月 27 日	市基督教三自爱国运动委员会
	52	绍宗国学藏书楼	民国	伯先公园	1992 年 4 月 27 日	镇江博物馆

续表 35-3

级别	编号	名　称	时　代	地　址	公布时间	使用(保管)单位
市级	53	伯先路近代建筑群	近代	伯先路	1992 年 4 月 27 日	京畿路街道办
	54	柳诒徵墓	现代	官塘桥乡严岗村朱家岗	1992 年 4 月 27 日	南郊风景区管委会
	55	韦岗伏击战战场遗址	民国	镇句公路韦岗段	1992 年 4 月 27 日	–
	56	原镇江“五三”图书馆	民国	新马路市第一人民医院内	1993 年 6 月 30 日	市第一人民医院
	57	老存仁堂药店	清	大西路 496 号	1993 年 6 月 30 日	老存仁堂药店
	58	箴庐	民国	健康路 1 号	1993 年 6 月 30 日	许氏亲属
	59	张云鹏故居	清末民初	仓巷 69 号	1993 年 6 月 30 日	张家后裔
	60	节孝祠堂牌坊及碑刻	清	宝盖路 244 号	1993 年 6 月 30 日	市第十六中学
	61	江苏省立镇江图书馆	民国	解放路 17 号	1993 年 6 月 30 日	镇江市图书馆
	62	定波门瓮城遗址	明	老北门	1999 年 12 月 22 日	老北门居委会
	63	赵伯先故居	清末	大港镇东街	1999 年 12 月 22 日	大港镇政府
	64	前隍村新四军一支队驻地旧址	近代	丹徒县宝堰镇前隍村	1999 年 12 月 22 日	宝堰镇前隍村委会
	65	中共京(宁)沪线路北特委旧址	1945 年	丹阳市界牌镇红旗村	1999 年 12 月 22 日	丹阳市文化局
	66	新丰车站抗日战斗旧址	近代	丹阳市大泊镇黄泥坝村	1999 年 12 月 22 日	丹阳市大泊镇黄泥坝村委会
	67	培根师范旧址	1928 年	扬中市长旺镇长旺村	1999 年 12 月 22 日	长旺镇长旺村委会
	68	贺甲战斗旧址暨烈士碑亭	近代	丹阳市行宫乡贺甲村	1999 年 12 月 22 日	行宫乡政府
	69	近月轩惨案原址	近代	丹阳市访仙镇	1999 年 12 月 22 日	访仙镇政府
	70	城头山遗址	新石器	句容市大卓乡本湖光星庙村	1999 年 12 月 22 日	大卓乡本湖光星庙村委会
	71	七星堆古墓区	汉 – 东晋	句容市西北路和商业街交会点	1999 年 12 月 22 日	句容市文管会
	72	大港沿江土墩墓群	西周	大港镇西葛村魏家墩祝赵村双墩	1999 年 12 月 22 日	大港镇西葛村、祝赵村委会
	73	高陵	三国	丹阳市司徒镇大坟村东	1999 年 12 月 22 日	司徒镇大坟村委会
	74	茅谦墓	清末	润州区蒋乔乡	1999 年 12 月 22 日	蒋乔乡政府
	75	镇江近代江防工事遗址	近代	金山公园 1 处、北固公园 2 处、象山 2 处、焦山公园 4 处	1999 年 12 月 22 日	金山公园、北固公园、象山乡政府、焦山公园
	76	省庐	近代	京口饭店	1999 年 12 月 22 日	京口饭店
	77	私立京江中学旧址	近代	中山东路东端大学山上	1999 年 12 月 22 日	市第一中学

续表 35-3

级别	编号	名　称	时　代	地　址	公布时间	使用(保管)单位
市级	78	王家花园	清末	丹徒区谏壁镇月湖村	1999 年 12 月 22 日	丹徒区房管所
	79	葛洪炼丹井	东晋	句容市华阳镇联盟三村 5 号	1999 年 12 月 22 日	句容市华阳镇联盟三村村委会
	80	儒里明清古建筑群(朱氏住宅、朱氏宗祠、敦睦堂)	明、清	丹徒区姚桥镇儒里	2004 年 6 月 30 日	丹徒区文体局
	81	殷家祠堂及殷氏六房旧宅	清	丹徒区黄墟镇	2004 年 6 月 30 日	丹徒区文体局
	82	吕凤子故居	1946 年	丹阳市云阳镇新桥西路	2004 年 6 月 30 日	丹阳市文化局
	83	镇江自来水厂旧址	1934 年	长江路 28 号	2004 年 6 月 30 日	镇江市自来水公司
	84	磨盘墩遗址	春秋	京口区丹徒镇南罗湖村北 200 米处	2004 年 6 月 30 日	-
	85	油库墩土墩墓	西周－春秋	镇江东郊谏壁镇	2004 年 6 月 30 日	京口区政府
	86	枕子山遗址	商代中晚期至春秋	润州区蒋乔镇大华山村东南	2004 年 6 月 30 日	润州区政府
	87	句容浮山墩墓群	西周晚期	句容城西南甸岗村以南	2004 年 6 月 30 日	句容市文体局
	88	绍隆禅寺大殿	明	镇江新区大港镇	2004 年 6 月 30 日	新区社发局
	89	颜真卿墓	唐	句容市行香镇	2004 年 6 月 30 日	句容市文体局
	90	辛丰金家墩汉墓	东汉	丹徒区辛丰镇	2004 年 6 月 30 日	丹徒区文体局
	91	华阳观	东汉	镇江新区大港镇	2004 年 6 月 30 日	新区社发局
	92	苏南抗战胜利纪念碑	近代	句容市茅山镇	2004 年 6 月 30 日	镇江市文化局
	93	江苏省镇江潮水位站	近代	镇江北固山江边	2004 年 6 月 30 日	-
	94	镇江商会	1929 年	伯先路	2004 年 6 月 30 日	市工商联

注:1991 年,经南京大学历史系第 2 次对花山湾城址进行考古发掘,认定花山湾古城址是唐城遗址

第六节　案件查处

1993 年 12 月,市佛教协会未经市文物主管部门同意,擅自拆除“古定福寺”大殿。1994 年,市文管会下发《对违法拆除市级文保单位“古定福寺”大殿的通报决定》。

1994 年 7 月,句容县文管会查处该县开发区古墓葬被盗挖倒卖案件,并向市文管会报送《关于县开发区大批古墓葬被盗挖倒卖情况的汇报》。

1999 年 9 月,京口茶叶试验场以生产自救为名,在未申报的情况下毁坏省级文保单位花山湾古城墙遗址(当时是市级文保单位)长达 10 多米。文化、文物、公安、工商等 9 个部门,联合组成调查组进行查处,后恢复被毁的城墙。同年,在老北门发现镇江明代定波门瓮城遗址。通过行政执法、交涉,使房地产公司修改设计方案,原定两幢住宅楼的建设计划改为一幢,并留出展示地块,镇江古城门遗址得到保护。

2002 年,丹阳市破获 1 个中原地区专业文物犯罪团队,抓获 3 名盗挖市级文保单位“三女墩”

的犯罪分子，分别将其判处有期徒刑。

2004 年，丹徒区姚桥华山村砖瓦厂在取土过程中，破坏一些古墓葬，在查处的同时，举办砖瓦厂厂长文物保护法制培训班。

2004 年，市建设局擅自拆除由文管办登记保护的民国建筑镇江面粉厂，被处以 50 万元的罚款。

2005 年 1 月，句容市侦破白兔镇 4 人盗挖古墓葬案，追回文物 62 件，其中三级文物 3 件。

第三章 考古发现

考古发掘是抢救、保护地下文物和开展科学研究的重要手段，也是博物馆征集、收藏文物的重要途径。1983 ~ 2005 年，镇江考古发掘取得丰硕成果。配合基建工程进行发掘、抢救，保护一大批珍贵文物；丰富市博物馆的馆藏文物，形成镇江馆藏文物特色；通过不断丰富馆藏，扩大名城镇江及镇江博物馆的知名度。

第一节 考 古

1983 年始，考古部门每年都配合城市基本建设，对几个乃至十几个建设工地进行抢救性考古勘探、发掘，发现不少重要遗迹，获取大量文物。同时参加国家和重大工程的考古工作。至 2005 年底，配合基建工程，累计对约 200 处工地进行考古勘探、发掘，出土文物标本数万件。

1983 ~ 2005 年镇江市主要考古发掘成果一览表

表 35-4

序号	年代	考古发掘地点	发现遗址遗物	备注
1	1984 年	镇江市中山东路南侧	元末明初古城垣遗迹	–
2	1985 年	中山西路山门口街	唐代木结构下水道遗迹	
3	1985 年	千秋桥街工商银行大楼工地	唐代独木古船 1 只	–
4	1985 年	市气象台	宋代城垣遗址	–
5	1985 年	南门大街食品大厦工地	六朝古船 2 只	–
6	1995 年	市区吴家门	元代建筑遗址	–
7	1996 年	市区丹阳码头	宋代冶铸业作坊遗址	–
8	1997 年	中山东路润州房地产开发工地	镇江古穿城运河宋代河岸及桩基遗迹与唐代砖砌埂岸遗迹	–
9	1997 年	镇江车管所基建工程	明代姜志鲁夫妇合葬墓，出土随葬器物 30 多件	–
10	1997 年冬	焦山西麓江边探寻瘗鹤铭	瘗鹤铭的“无”及“欲”字半边“欠”字	–
11	1998 年	医政路东端	三国木结构建筑遗迹	–
12	1998 年	南水桥泵站工地	明清石闸南水关遗址	–
13	1998 年	正东路东段	宋代范公桥遗迹	–

续表 35-4

序号	年代	考古发掘地点	发现遗址遗物	备注
14	1998 年底	老北门	明初镇江府定波门瓮城遗址	-
15	2001 年	润扬长江大桥建设工地蒋乔枕子山遗址	商周时代文物(标本)数百件	在大桥建设工地对枕子山遗址进行抢救性发掘
16	1989 年、2001 年	丹阳市凤凰山	新石器时期至商周时期房址、灰坑、下水道等遗迹,出土文物多件	-
17	2002 年 9 月	丹阳市荆林	六朝、明、清墓葬 5 座,文物数十件	配合“西气东输”工程涉及南朝陵墓石刻,对荆林片区进行抢救性发掘
18	2002 年 6 月	丹徒镇左湖石桌山	南宋夫妇合葬石室墓	-
19	2003 年	丹徒区辛丰镇金家坟	东汉末年穹窿顶式双室砖墓 1 座	此墓葬形制在镇江地区尚属首次发现
20	2004 年	铁瓮城发掘工地南侧	发现成排城墙砖	发掘证实南城门的位置
21	2004 年	丁卯桥宝盖山工地	大批完整的六朝青瓷鸡首壶和陶俑等文物	-
22	2005 年	索普集团建设工地	5 座古葬墓及一批西汉时期文物	-

2001～2004 年镇江博物馆参加三峡工程抢救性考古发掘成果一览表

表 35-5

时间	考古发掘地点	勘探面积	发掘面积	考古发现	备注
2001 年 9 月～2002 年 1 月	重庆万州曾家溪	1 万平方米	2000 平方米	墓葬 20 座	参加三峡抢救性发掘 4 次,参加考古队员 42 人次
2002 年 9～12 月	重庆云阳石家包墓群第一次发掘	2 万平方米	1000 平方米	汉代墓葬 21 座	抢救文物 2000 多件,完成考古报告 6 篇,相关论文 2 篇,资料规范完备
2003 年 11 月～2004 年 1 月	重庆云阳石家包墓群第二次发掘	-	500 平方米	汉代墓葬 20 座	-
2004 年 2～4 月	重庆云阳塘坊墓地抢救性发掘	2 万平方米	500 平方米	汉、六朝墓葬 14 座	-

第二节　重大发现

1983～2005 年,镇江重大考古发现主要有商周台形遗址、吴国葬制土墩墓考古和铁瓮城考古。

1987～1988 年,镇江博物馆与华东师范大学地理系遥感研究所、镇江市文管会联合,采用遥感技术对镇江辖县(市)区数量众多、范围广宽的商周时期属吴国文化台形遗址与土墩墓分布情况开展调查,取得历史性突破。遥感调查全市台形遗址计 185 处,土墩墓 3134 座。制作《镇江商周台形遗址与土墩墓分布图》,经过 1 年多实地抽样核查验证,具有科学性与准确性,解决众多土墩墓定位问题。在核查验证中,误差很小,总体准确率 95% 以上。遥感调查从宏观上全面反映镇江商周台形遗址与土墩墓分布全貌及存在数目。运用遥感技术在镇江进行考古调查,在全国尚属首次,引起全国考古界关注。

铁瓮城位于市区北固山前峰。三国时，孙权于汉末建安十三年(208 年)将其政权中心“自吴(今苏州市)迁至京口(今镇江市)而镇之”，在京口期间，孙权曾筑城，称铁瓮城，又称子城。“子城吴大帝所筑，周六百三十步，内外固以砖，号称铁瓮城”(元《至顺镇江志·卷二》)。1991 年镇江博物馆与南京大学历史系联合对铁瓮城进行考古发掘，在烈士路北侧 100 米土岗上发现铁瓮城西垣，见包砖墙基。1992 年在烈士陵园西北侧发现铁瓮城北垣，见包砖墙基。1994 年、1995 年分别在青云路北侧鼓楼岗顶部南侧和塑料二厂内发现铁瓮城南垣，亦见包砖墙结构。1996 年，在鼓楼新村东侧土岗豁口处发现铁瓮城东垣。铁瓮城南城门考古发现城的鼓角门遗址是一次突破。

从多次考古资料证实，环绕烈士陵园及鼓楼新村外围的，呈马蹄形的陡峭土岗，即是铁瓮城的西、北、东三面城垣；南侧鼓楼旧址所在的高出周围地面 3 ~ 5 米，东西走向的土埂(塑料二厂至府学街南一线)即是铁瓮城南垣。所发现铁瓮城垣的遗迹至今保存基本完好，它们闭合相连，形如卓瓮。考古测知，铁瓮城周长约为 1100 余米，与志书记载“周六百三十步”基本吻合。

铁瓮城南北长约 340 米，东西宽约 220 米，形似瓮状。瓮口，即在今鼓楼岗，两侧环鼓楼新村以及整个烈士陵园，瓮底坐落在镇焦路南侧，与北固山中峰、后峰遥相呼应。这种“因山为垒，缘江为境”的筑城特点，在当时南方古城建筑中是具有代表性的。铁瓮城考古遗址，包括城垣、城内、城外三方面。城西垣形制特殊：城高 20 余米，分上垣、下垣，中段设二层台。上垣高 10 余米，即在山体外侧加筑夯土，夯土外侧再加砌包砖墙，墙高约 3 米，其上为近 40°的斜坡城垣，并铺盖面砖，以防雨水浸蚀；二层台以下为下垣，结构亦与上垣类似，高约 14 米。城西垣因山就势，形制独特，它以下垣(直墙 + 斜坡墙) + 二层台 + 上垣(直墙 + 斜坡墙)的特殊形式，与古代通常的平地所筑城垣，且单坦到顶，墙体近直的形态特征迥异。而南、东、北三垣亦曾发现夯土及包砖墙，但因地基出土的海拔较高，故只设单垣，未见上、下垣结构。铁瓮城考古亦发现孙吴建筑遗址，反映城内地下文化遗存迄今保存较好，内涵丰富。1997 ~ 1998 年，在铁瓮城西垣西侧 30 余米外一线金田及丹房西处工地发现环城石路及城壕，石路宽约 6 米，城壕宽约 10 米，深约 2 米。这反映铁瓮城在建造时规格高、规划全面，故城的实际范围，应包括环城外侧 50 米一线的石路、城壕在内。至 2004 年，镇江文物部门对铁瓮城遗址进行 10 多次考古发掘，合计面积近千平方米。

2005 年 4 月，修建镇(江)、溧(阳)、宁(南京)、常(州)高速公路，在省文物局安排下，镇江博物馆和省内外 10 多家单位参加全省对土墩墓较大规模考古抢救性发掘工作，计发掘清理土墩墓 40 余座，抢救文物标本 3800 多件，被评为 2005 年度全国十大考古新发现。

第四章　文物普查征集

1984 年 12 月至 1985 年 7 月，开展群众性文物普查，为博物馆征集收藏文物创造条件。之后又进行文物普查补课，通过小规模专项调查，文物捐赠，案件查处中的文物移交，收购流通的文物拣选，考古发掘出土文物等增加馆藏文物。在文物普查及小型专题调查中，还重视对地面不可移动文物的勘察、深查，有所发现，有所收获，丰富镇江文物保护内涵。

第一节　文物普查

1984 年 12 月，开展第三次群众性较大规模文物普查。在市县区培训普查骨干 1432 人，印发宣传材料 24620 份。普查中，获等级文物线索 4594 条，文物 14033 件(处)。其中：古动物化石 54

件、古遗址105处、古墓葬和土墩墓281处、古建筑256处、古井古桥209座、石碑刻碣1058方(件)、名人旧居和纪念建筑90处、革命文物142件、古树名木373棵、其余为流散文物和古钱币等。1985年7月,举办文物普查成果展览,召开文物普查总结表彰大会,市政府表彰文物普查和文物保护先进集体42个、先进个人93名。连同县区,全市共表彰先进集体110个,先进个人365名。

一、珍贵文物

全市文物普查中发现一批珍贵文物。丹徒县荣炳乡西前嶂村,在土墩墓中发现西周至战国的陶鼎、陶罐、陶盆、陶碟等近百件随葬品。句容天王供销社上缴县文物管理办公室汉代三足铜鼎2只,铜镜5面,铜尺1把、上铸铭文"长安铜尺"字样。丹阳访仙乡出土一批西周早期青铜器,其中一件提梁卣形制独特,纹饰精致,堪为江南吴文化青铜器瑰宝。另有乐器青铜镦子,形状别具一格(该二件参加赴京文物精华展);丹徒出土一件原始五子瓷盘为独一无二之发现,随之发现西周至春秋的各种几何印纹陶器,原始瓷器是当时本地土著荆蛮族创造的灿烂文化。宋代文物有句容发现的南宋淳祐乙巳年(1245年)城砖,证实宋代句容即有高大壮阔的城墙。句容城东马槽巷之南居民住房中,发现明末清初厅房一座。其梁柱顶端及檐柱与梁交接处皆有卷刹雕花装饰,且梁柱粗大,梁枋宽厚,石础为圆鼓形,整个建筑沿袭明代风格。丹徒大港乡大港村60多岁的赵老伯有祖传70年的《赵氏宗谱》(民国四年修),宗谱记载三十八世自宋代以来历代家族情况。润州区象山乡发现一座明代万历五年(1577年)古墓,发现"明配太学生两峰袁君李孺人墓志铭"(送焦山碑林保存作为重点碑刻之一)。扬中联合乡吴茂兰家,保存明、清和民国元年版医书十种三十余册,其中有李中梓著《医宗必读》和《御纂医宗金鉴》《动科铁镜集症》《徐氏医书八种》等,这些版本已不多见。九华山发现明代碑刻十多方,其中一方巨碑,高3.2米,宽0.95米,额款为"明京口九华山济川大师禅塔碑",此碑记载开山祖师济川创立地藏寺的经过,为明崇祯年潘一桂书。

1985年5月,市商业部门职工柳芷春、柳明春姐妹向市文物普查办公室申报家中藏有梦溪石刻一方。石上镌刻铭文,上款为"皇宋乙丑",居中"梦溪"二大字,落款为"中元日建"。经考证,系梦溪园幸存遗物,字为沈括题书。"皇宋乙丑"是宋神宗元丰八年(1085年),"中元日建"即七月十五日中元节,明确记载梦溪园建于北宋元丰八年七月十五日。

二、革命文物

句容发现新四军铜质证章,系1941年皖南事变前使用的证章。有牛角制作的新四军财粮章,印谱上刻有镰刀、锤子、五角星。丹阳司徒乡一带农民组织的抗日自卫武装,使用的"丹西国民抗敌自卫大队部"木条戳。丹阳里庄乡发现新四军江南留守处负责人薛斌用的德制手枪。丹徒大港乡席家村,发现"中共山北县委第一届党代会"遗址。

三、吴文化台形遗址与土墩墓专题调查

1984~1985年文物普查,发现吴文化台形遗址72处,土墩墓1405座。(参见第三十五卷第三章第二节重大发现)

四、重要文物古迹专题调查

1. 圌山关江北岸大沙炮台专题调查　1992年11月13~14日,对大沙炮台遗址深入调查,经丹徒县高桥镇到柳州村富德圩临江岗丘地大沙炮台故址寻觅,高地上尚见两圆形明炮台基址,两小弹药库,面积长宽各为4.5米,水泥、砂、混凝土质地和青砖筑就。已分别为农户堆物及养猪舍。距炮台址后稍远,有营房1座,计3间,亦为水泥、砂、石、混凝土青砖质地,房内有隔墙,上有大木梁、枋,内部呈拱形顶,外墙四边上沿呈微拱形,中间微凸出呈平顶状,墙面有窗,中间有门,占地面

积约55平方米,已为集体堆谷库。在一小弹药库门口地下发现一白石碑,碑面字迹风化磨损浸蚀不清,断续可见部分碑文,“丹徒县知事……宜章,清理台掌官地协商事务所所长王为会同联合三日查勘炮台、营房官地所引(乡民强占纠纷事……又委调查员何……清理所属官地数……估价银四百五十两予……为伊所有……为此示仰该处乡民遵守,不得再滋生事端……)中华民国六年三月十三日示 发富德圩定贴”(注:该碑由丹徒县文管会收藏)。此碑证实大沙炮台和大江南岸的焦山顶炮台、象山东(含山顶)后炮台皆同属晚清洋务运动时期产物。20世纪60年代,市博物馆馆长陆九皋曾去大沙炮台调查,尚存有营房弹药库,其形制质地与焦山顶等处炮台类似,于台址发现一石碑,上刻“炮台停止使用”字样,落款为“中华民国五年”。证实大沙炮台民国初年废弃后,当地农民竞相争占炮台所属官地耕种,遂引争斗,滋生事端,后官府出面组织查勘,将官地作价售予,不得强占。

2. 东吴大将鲁肃墓(原始墓地)发现 据康熙《镇江府志》载:“鲁肃墓在城东苦竹山。”东晋陶渊明著《搜神后记》云:“王伯阳家在京东有大冢,伯阳妻卒,乃平其冢以葬,伯阳在厅议事,有人乘肩舆导从至,曰:我鲁子敬也,安冢在此200余年。伯阳妇郗鉴(东晋大臣)兄女也。”由此可知王伯阳为有一定声望、地位的东晋人,这是鲁肃墓在京口并传说的最早记载。又北宋初《太平广记》“冢墓”类载:“王伯阳家在京口,宅东有一冢,传是鲁肃墓。”据此,1993年春季至1994年春末夏初,文管部门先后4次赴丹徒县谏壁乡甸上苦竹里村(今更名新竹村)调查,通过八旬老人王铁民,生产队长王同生陪同寻访,查知民国初至20世纪50年代初鲁肃墓还完好保存,为一大土墩坟包,前置墓碑,他们多次到墓地瞻仰,对具体墓址印象深刻。老人带到墓地原址察看,此乃一岗丘地,只见墓地背依东北一里许的高大青龙山,面对西南开阔地及凤凰山,墓后一株大榆树矗立岗上为标记。为查访墓碑下落,村委会开会,发动村民回忆,终于在村民王端祥家前院东侧菜地墙边发现墓碑,白大理石质地,上款刻“民国五年丙辰岁季春月”,居中为“汉东吴汉昌太守横江将军鲁公子敬之墓”,落款“里人王修让敬之”“殷进贤书”。

3. 唐代大书法家颜真卿(即颜鲁公)墓祠发现 宋《景定建康志》载:“宋嘉泰进士王遂,金坛人,历任监察御史,官至工部尚书,曾著有《唐颜鲁公祠记》”,内载:“知句容县张君椝以县图经见寄,载县东来苏乡后颜村有颜尚书冢,石龟俱在”,“鲁公归葬后颜,即虎耳山句容为邑”。1994年11月,市文管会与市名城研究会实地调查,走访颜真卿40代裔孙颜伟修,前往颜真卿墓地。在句容县行香乡之西南虎耳山南尚存颜鲁公祠并发现完整石碑一方,青石质地,碑文刻“特授江宁府句容县正堂加十级记录十次,为鹊巢鸠占等事实,本府宪批,据县民颜运锦、颜运鹏赴府呈称,身祖颜鲁公葬于唐,立祠设庵产载明县志……边款刻道光十六年二月”。此碑为实物资料,证实颜鲁公后裔颜运锦、颜运鹏定居句容。经颜伟修指点,在颜鲁公祠之西约80米鸡笼山与龙山交会处,墓地为一大土围子(墓圹),颜鲁公墓即在其中,旁依12个颜氏家族墓。至此,颜鲁公墓与祠基本查清。

4. 杨一清墓调查 杨一清(1454—1530),字应宁,云南安宁人,明代正德、嘉靖年间大学士。其墓地,旧志载在润州区蒋乔乡檀山村,岘山(小九华山)下西南丘地。然80多年前,镇江著名学者陈庆年2次去卢湾村调查,其《横山乡人日记》中有载,提出杨一清墓应在卢湾村。

经调查,在卢湾村北大山上,有大坟3座,其中1座最大坟包高约4米,坐东朝西即为杨一清墓。原墓前石牌坊已毁,墓前向西约40米处,存青石石马1对,由石马向西10余米处有龟趺4只,由此再向前30余米处水库中有石兽1只,另1只石兽临水库东边(原来墓前无水库)。1999年7月,市文物管理部门组织实地考察,现墓地与陈庆年所记实况相符,确认杨一清墓应在卢湾村。

五、小范围文物普查

1992年9月,对市区部分地方古近代建筑普查,计有陈庆年故居、鲍皋故居、张云鹏故居、陶氏花园及建筑群、旗人武官住宅与潘氏住宅、蒋氏住宅花园及袁氏住宅楼等,有的已列为文物保护单位。

1996 年,对境内各级文保单位现状进行调查,发放现状调查表和文保单位居民住户登记表近 200 份。据调查统计,市区有 12 处(组)文保单位仍作民居使用,住户约 492 户,人口 1439 人,居住面积 16749 平方米。其中小码头一条街沿街面有住户 187 户,人口 472 人,面积 5415 平方米;伯先路近代建筑群有住户 86 户,人口 342 人,面积 3942 平方米;梦溪园有住户 101 户,人口 317 人,面积 3491 平方米。

1998 年 4 月,对苏南运河镇江段沿线(京口闸到谏壁闸段,谏壁闸至丹阳吕城段)文物资源情况进行调查。8 月,对全市石质文保单位现状作调查。

1999 年 3 ~4 月,对将被开发的大港镇东街片区建筑进行实地勘查,发现伯先里 28 号赵甫琪住宅、旌德里 9 号赵颂成塾师先兄住宅、旌德里 53 号冷德成住宅、东街 12 号西南赵定邦住宅、太平里 44 号赵子云住宅以及古银杏树 4 株,禁示石碑 3 方、古井 2 口,建议保护。

2005 年 6 ~9 月,按照上海同济城市规划设计研究院制作的《镇江市古城风貌控制性详细规划》方案,对宝塔路以西、宝盖路以北、伯先路以东、大西路以南大约 0.5 平方公里范围和中华路两侧范围内的古民居、古近代建筑进行重点调查,普查出 240 处(座)有价值的建筑,作为尚未公布的文保单位不可移动文物,请市政府批准公布保护。

第二节 文物征集

茅山新四军纪念馆,馆藏文物资料实物共 6000 余件,全部为征集而得。每年征集革命历史文物 20 余件。

焦山碑刻博物馆,征集到明故达公墓志铭及盖 2 方;明故达公孺人墓志铭及盖 2 方;王公墓志盖(宋)1 方;民国《宋兴宁陵实录》1 方;《五月九日碑》(民国)1 方;《印心石屋》(清)6 方;大炮(清代)1 尊。

镇江博物馆 1983 ~2005 年征集文物近 2000 件。

1983 ~2005 年镇江博物馆征集文物一览表

表 35-6 单位:套件

名称	考古发掘	捐赠	其他途径征集
碑帖	-	1	3
字	-	48	15
画	-	170	29
金属	-	2	46
镜	-	2	164
货币	-	97	47
集品	1185	-	-
陶瓷	-	7	228
玉杂件	-	-	77
近现代	-	-	344
革命博物	-	-	362
合计	1185	327	1315

第五章 文物科研

1983年后文博工作紧密结合，通过征集文物、考古调查、发掘及采用科技手段考古调研，多有新发现、新进展，弥补历史文献、志书记载之缺，提高业务人员的认知水平，丰富地方史实的内涵。

第一节 重大项目

一、吴文化研究

1. **苏南地区遥感考古研究** 镇江地区吴文化台形遗址土墩墓分布规律遥感研究（有遥感考古调查情况报告），镇江吴文化台形遗址土墩墓调查验证报告，遥感调查吴文化台形遗址土墩墓在编制《国家文物地图集》上的应用等。

2. **吴文化台形遗址土墩墓发掘研究** 吴文化研究历史回顾与现状，宁镇地区吴文化台形遗址、土墩墓的发掘研究，镇江地区长江沿线吴文化台形遗址的考古调查。（见《华东师范大学学报》1992年《遥感考古专辑》）

二、南朝石刻《瘗鹤铭》的研究

镇江博物馆研究论述主要有《焦山瘗鹤铭沉浮记》一文，含：千古文苑公案，山压蓬瀛第一山，《瘗鹤铭》的传说，《瘗鹤铭》原刻何时何处落水，焦山山上有几本《瘗鹤铭》，《瘗鹤铭》留下的问题。（见《书与人》1993年第二期）

三、三国东吴“铁瓮城”发掘与研究

1991～2004年，镇江博物馆和南京大学历史系考古专业联合对“铁瓮城”进行多次考古发掘、研究，成果丰硕。（参见第三十五卷第三章第二节重大发现）

第二节 研讨会

1985年12月2～4日，镇江市人民政府与中科院自然科学史研究所联合在镇江举行“纪念北宋杰出的科学家、进步的政治活动家沈括逝世890周年纪念大会和学术研讨会”。参加这次纪念活动的有北京、上海、浙江、安徽、山西、内蒙古、四川、江苏等8个省市科学研究所、新闻出版部门、大专院校近40个单位、60多位专家学者，会议收到论文70余篇。来宾有中科院自然科学史研究所所长席泽宗，中科院高能物理研究所研究员、学部委员何泽慧，中科院南京紫金山天文台研究员、台长、学部委员张钰哲，中国宋史学会副会长徐规等。

1991年4月26～27日，中国书法家协会学术委员会和镇江市文物管理委员会联合举办《瘗鹤铭》古刻石学术研讨会。来自全国各地及镇江研究《瘗鹤铭》的专家、学者及日本书法家岩田文堂、小泉秀观，画家桥本心泉共46人参加会议，收到学术论文近30篇。此次研讨会进一步推动《瘗鹤铭》的学术研究。

1997年，市革命历史博物馆与市政协文史委、市历史学会联合举办迎香港回归、纪念镇江鸦片

战争抗英保卫战155周年学术研讨会。

1997年,茅山新四军纪念馆、革命历史博物馆与市委党史办、市党史学会联合举办纪念新四军建军60周年研讨会。

第三节　论　著

1983年至2005年,市文博工作者等专业人员陆续在《考古》《文物》《文物通讯》《文物工作》《中国文物报》《中国历史博物馆馆刊》等刊物,南京博物院主办的《东南文化》以及省考古学会、省博物馆学会主办的《文博通讯》,市文管办主办的《镇江文博》等刊物发表研究论文、报道性文章有百余篇。

主要出版的论著、论文集、刊物有:《镇江文博》(季刊),镇江市文物管理委员会办公室编,1992年至1995年共刊出12期;《江南胜迹》,镇江博物馆肖梦龙主编,江苏科学技术出版社1993年12月出版;《陆九皋文博论著选》,1998年8月出版,镇江市文华印刷厂印;《刘兴考古选》,2000年9月出版,镇江市文华印刷厂印;《焦山碑林石碑鉴赏》,镇江中国画院车长森编著,黄山书社2001年9月出版;《沈括研究文集》,镇江市文管会办公室编(王玉国主编),香港文学报社出版公司,2002年7月出版;《吴国青铜器综合研究》,镇江博物馆肖梦龙、刘伟著,科学出版社2004年9月出版;《新四军与苏南抗日根据地》,茅山新四军纪念馆编著,江苏人民出版社2005年11月出版。

第三十六卷

报刊　广播电视

卷目

20 世纪 80 年代，镇江大众传媒有了初步发展。《镇江市报》复刊，有线广播发展到无线广播，电视从转播节目到自办节目。90 年代，报纸由小报改大报，晚报创刊，广播形成系列台，电视无线有线并存。进入 21 世纪后，报纸数字化，广播整合为 3 个频率，电视台无线、有线台合并拥有 4 个频道，金山网开通，有线数字电视开通。

1982 年后，《镇江市报》复刊，《镇江科技报》《乡土》《商业文摘》《镇江广播电视报》等报纸创刊，驻镇高校、所辖县（市）、大型企业（行业）陆续办起报纸。1985 年 1 月，《镇江广播电视报》正式出版。同月，《镇江市报》改名为《镇江日报》，改周四刊为周六刊。《蚕业科学》《农机化科技》《镇江水利》《镇江船舶学院学报》《江苏工学院学报》《镇江师专学报》《镇江企业管理》《镇江文史资料》《镇江革命史料选》《镇江史志通讯》《金山》等期刊陆续创刊。1989 年，《丹阳市报》复刊（1995 年更名为《丹阳日报》）。90 年代前后，镇江市委创办《镇江通讯》（1992 年改名《创新》）、市人大创办《民主建设》、市政协创办《镇江政协》、市纪委创办《镇江纪检》（1992 年改名《清风》）、市委宣传部、组织部以及市社科联等政府部门创办期刊，领取省新闻出版局内部发行期刊号。1991 年 10 月 1 日，《镇江日报》正式使用计算机排版系统和激光照排、胶版印刷。1993 年 1 月 1 日，《镇江日报》由 4 开 4 版扩为 4 开 8 版。1996 年 8 月 30 日，位于市区中山东路 4 号，高达 19 层，建筑面积达 1.2 万平方米的镇江日报综合楼落成使用。1998 年 1 月 1 日，《镇江日报》由四开小报改版为对开大报。1998 年 1 月 1 日，《京江晚报》创刊，镇江开始形成既有日报、又有晚报的报纸新格局。进入新世纪，报刊传媒拓展网络化、数字化新领域。2002 年 12 月 31 日，综合性门户网站—金山网开通，设置频道 30 个，逐步发展成为镇江市最大新闻网站。《镇江日报》《京江晚报》等报纸实行数字化。2003 年对报纸进行整顿，《扬中报》《句容报》停刊。2004 年 2 月，《丹阳日报》由丹阳市委主管、主办变更为镇江日报社主管、丹阳日报社主办。2005 年，镇江市有公开发行报纸 7 种，公开发行期刊 16 种。

80 年代初，镇江广播事业以有线广播喇叭为主，形成市广播站为中心、乡镇放大站为基础的市郊相连的城市有线广播网；各辖县（区）亦办有有线广播站。1984 年 4 月 20 日，镇江人民广播电台开播，形成有线广播、无线广播并举格局。1987 年，丹阳、句容、扬中改站设立广播电台，润州设立广播站；1993 年 1 月，镇江市城区有线广播终止播音；同月，镇江经济广播电台开播。1994 年 8 月，镇江人民广播电台文艺台开播；1995 年 5 月，镇江人民广播电台新闻台开播，镇江人民广播电台形成 3 个系列台运行格局。进入 21 世纪，镇江人民广播电台体制进行整合，撤销 3 个系列台独立法人单位建制，改为新闻综合、经济生活、交通 3 个内设频率。

1983 年，镇江电视转播台只转播中央电视台、上海电视台节目。1984 年 8 月在镇江电视转播台基础上筹建镇江电视台，10 月 1 日开始试播自办电视新闻节目。1985 年 10 月 5 日开播。1990 年始，丹阳、句容、扬中分别在电视转播台基础上筹建电视台。1992 年 12 月 1 日起，镇江电视台自办节目从每周播出 3 天改成每天播出。1993 年 10 月 1 日，镇江有线电视台试播。同年，丹阳、句容、扬中亦开通有线电视，建有线电视台。1994 年 1 月 1 日，镇江有线电视台开播，播出 20 套节目，日播出时间达 207 小时，其中自办节目 2 套，播出自办的新闻、专题和经济信息节目。开播一年用户达 4.5 万户。1995 年，有线电视网覆盖面扩大，同年新增用户 2 万户，达 6 万余户。同年 12 月，丹徒电视台开播。1999 年京口区广播电台改为京口区广播电视台。2002 年 4 月，镇江电视台和有线台合并，成立新的镇江电视台，节目由 2 个频道增至 3 个频道播出。

原镇江电视台一套不变，原镇江有线电视台一、二、三套分别改为镇江电视台二、三、四套，统一使用镇江电视台呼号、台标。丹阳、句容、扬中电视台亦与有线电视台合并为新的电视台。2004 年，镇江市有线数字电视开通。

第一章　报　纸

1983 年，镇江出版发行的报纸有《镇江市报》（市委主办）、《镇江科技报》（镇江市科协主办）、《乡土》（江苏省民间文艺工作者协会主办）。1984 年 10 月由省商业厅主办《商业文摘》（半月刊）创刊。1985 年 1 月，由市广播电视局主办的《镇江广播电视报》（周刊）创刊。1989 年 2 月《丹阳报》复刊（1956 年 4 月创刊，1961 年 2 月停刊）。

1991 年内部发行的行业报、企业报有 24 家。1992 年 12 月《扬中报》复刊（1957 年创刊，1961 年停刊）。1993 年全市公开发行报纸有《镇江日报》《消费文摘报》《镇江广播电视报》《丹阳报》，内部发行报纸 19 家。1995 年领取省新闻出版局批准的准印内部报纸 22 家，其中县（市）级 2 家，行业类报纸 6 家、大专院校 5 家、市属企业 9 家；《关心下一代周报》发行量达 25 万份。1997 年全市内部报纸进行整顿，有 11 家企业（行业）报改为内部资料性出版物；同年 9 月，国家新闻出版总署“新出版〔1997〕869 号”文件批复同意《消费文摘报》更名为《京江晚报》）。1999 年 5 月，《华东船院报》列入全国发行。

2003 年，全市开展报纸专项治理，《扬中报》《句容报》停办，《丹阳日报》有偿兼并。2004 年 2 月，《丹阳日报》由镇江日报社主管，丹阳日报社主办。

2005 年全市拥有公开发行报纸《镇江日报》《镇江广播电视报》《京江晚报》《丹阳日报》《江苏科技大学报》《江苏大学报》《镇江高等专科学校报》7 家。

2005 年镇江市公开发行报纸名录

表 36-1

报名	法人	刊号	类别	刊期	开版	主管单位	地址	期发行量
镇江日报	汤才顺	32－0015	G0105	日报	对开 8 版	中共镇江市委	镇江市中山东路 4 号	4.5 万
京江晚报	孙肖苏	32－0064	G0701Z	日报	4 开 16 版	镇江日报社	镇江市中山东路 4 号	3.0 万
江苏声屏·镇江广播电视报	马天翼	32－0082－01－12	G0501B	周一	4 开 28 版	省广播电视学会	镇江市中山西路 94 号	11.5 万
丹阳日报	肖金涛	32－0070	G0106	日报	4 开 16 版	镇江日报社	丹阳开发区东方路转盘处报业大厦	3.7 万
江苏大学报	江小慧	32－0809－(G)	G031101	半月	4 开 4 版	江苏大学	镇江市学府路 301 号	－
江苏科技大学报	张坚强	32－0821－(G)	G031101	旬	4 开 4 版	江苏科技大学	镇江市梦溪路 2 号	－
镇江高等专科学校报	王桂龙	32－0838－(G)	G031101	二十天	4 开 4 版	镇江高专党委	镇江市学府路 61 号	－

第一节 《镇江日报》

镇江日报社拥有《镇江日报》《京江晚报》、金山网等3个媒体平台及内部交流刊物《镇江报业》。原《镇江市报》1982年3月1日复刊,是中共镇江市委机关报。1985年1月1日,《镇江市报》正式改名为《镇江日报》。1996年8月,镇江日报社位于镇江市中山东路4号的报业大楼建成启用。同时,具有先进水平的新闻采编计算机局域网系统投入运行,采编人员告别“纸与笔”,启动报业数字化,实现新闻采编全流程电脑操作。《京江晚报》创刊于1998年1月1日,首创镇江的晚报先河。综合性门户网站—金山网,2002年12月31日开通,设置频道30个,逐步发展成为镇江市最大的新闻网站。

镇江日报社坚持发挥舆论导向作用,坚持弘扬主旋律、实践“三贴近”(贴近实际、贴近生活、贴近群众),在创新中积极发挥主流媒体作用,适时调整报纸版面,根据读者和时代要求,进行改扩版。《镇江日报》《京江晚报》在省级以上好新闻评选中频创佳绩。《镇江日报》《京江晚报》举办的“增华阁”青少年作文大赛、“多景楼”摄影大赛、律师志愿团、晚报小记者、社会妈妈、春秋两季房展会和车展会等活动成为报社品牌活动,得到社会广泛参与和好评。

镇江日报社与国内上百家地市报、城市党报建立友好联系。镇江日报社派出新闻工作者参加各级各类新闻、文化代表团和采访团,先后访问台、港、澳地区和亚洲、欧洲、北美洲、南美洲、大洋洲的数十个国家。

一、沿革

1982年3月1日,《镇江市报》复刊(复刊前曾出《镇江通讯》4期),4开4版,周三刊,随后改周四刊,为中共镇江市委机关报。办报宗旨是“宣传政策,推动改革;联系群众,歌颂先进;交流信息,传播知识;丰富生活,促进四化”。镇江印刷厂划给报社,承印《镇江市报》。经费来源于地方财政补贴和营业收入。复刊后的镇江市报社在大西路112号办公。1985年1月1日,《镇江市报》改名为《镇江日报》,改周四刊为周六刊(星期一无报)。

1990年10月,镇江日报社出资250万,迁入中山东路338号中山大厦二楼、十三楼和十四楼办公,工作条件大为改善。1991年10月1日,正式使用计算机排版系统和激光照排、胶版印刷,结束“铅与火”的历史,步入电子出版时代。1993年1月1日,《镇江日报》由4开4版扩为4开8版。1994年7月建成计算机网络系统。

1996年,实行社务委员会领导体制。同年8月30日,位于市区中山东路4号,高达19层,建筑面积1.2万平方米的镇江日报综合楼落成,配备计算机采编设施,新闻采编告别“纸与笔”。1998年1月1日,《镇江日报》由4开小报改版为对开大报。同年末,镇江日报社成为全市人事制度改革试点单位,改革内部机构编制管理,实行竞争上岗,改革分配制度,实行专业技术职务内聘,实行全员聘用合同制。

2002年9月,报社实行党委领导下的社务委员会负责制。社务委员会为报社行政决策机构,社长为报社法定代表人;《京江晚报》的编制、人员、资产整体并入报社;报社内部实行统一领导、分类管理。镇江日报社社务委员会下辖镇江日报编务委员会、京江晚报编务委员会、经营管理委员会、行政管理委员会。2005年11月,镇江日报社下属单位镇江印刷厂和镇江扬子新闻服务公司合并转企改制成功,完成产权转让。镇江日报社固定资产由1990年的269万元发展到2005年的4390万元。

1984～2005年《镇江日报》获全国、江苏省新闻作品奖一览表

表36-2

时间	新闻名称	获奖情况	作者
1984年	新屋落成八千间　耕地多出两千亩（消息）	全国好新闻三等奖	贲留川
1984年	潜心十载探“红楼”巧用电脑揭奥秘	江苏省报纸优秀作品一等奖	欧阳箐
1985年	第二次曝光——记一位退休的摄影工作者（通讯）	全国好新闻三等奖	呼延镇
1985年	不争出国考察机会　主动让去厂长职位	江苏省报纸优秀作品一等奖	王左人 茂宜
1985年	镇江香醋在北京	江苏省报纸优秀作品一等奖	范德平
1985年	闻风而“？”	江苏省报纸优秀作品一等奖	苏黎
1990年	主人与公仆	江苏省报纸优秀作品一等奖	林少麟　顾洪恩　蒋勃
1992年	梦想成真	江苏省报纸优秀作品一等奖	肖苏　鲍金才　欧阳筠
1993年	脚印与烙印	江苏省报纸优秀作品一等奖	霜木
1995年	忠诚与奉献	江苏省报纸优秀作品一等奖	徐溯
1996年	永为人民鼓与呼——记《镇江日报》女记者贾又敏	江苏省报纸优秀作品一等奖	景异玮　梁波　顾洪恩
1996年	王彦波现象大讨论	江苏省报纸优秀作品一等奖	唐金波　张乃新　景异玮
1998年	种粮本辛苦还须多体恤	江苏省报纸优秀作品一等奖	苏宜　肖苏
1999年	母亲节的悲哀——5月9日许杏虎烈士家乡见闻	江苏省报纸优秀作品一等奖	刘乃生 艾谷
1999年	“才”因事用	江苏省报纸优秀作品一等奖	杨苏宜
1999年	虎子、颖颖回故里	江苏省报纸优秀作品一等奖	石小刚　李恒　吴丹青
2000年	镇江与“六艺节”分会场擦肩而过	江苏省报纸优秀作品一等奖	刘杨堂
2000年	月光曲	江苏省报纸优秀作品一等奖	朱宏瑗
2001年	激活“细胞”应对入世	江苏新闻奖	刘乃生　徐肖东
2002年	胡家勤你在哪里？	江苏省报纸优秀作品一等奖	花有文　李恒　余宽平
2002年	七旬党员鲍元瑞义务宣讲一千场	江苏省报纸优秀作品一等奖	刘乃生　严峰　鲍金才
2003年	摘果护果都是为了爱	江苏省报纸优秀作品一等奖	姚秀峰
2003年	寒门学子四年践诺传佳话	江苏省报纸优秀作品一等奖	刘乃生 习斌
2004年	润扬大桥科技武装	江苏省报纸优秀作品一等奖	王心军　刘杨堂
2004年	民心凝聚党旗下	江苏省报纸优秀作品一等奖	蔡小俊　昌连　夏盘林　如宏　徐肖东
2005年	“农民创造”催生亿元大企业	江苏省报纸优秀作品一等奖	蔡小俊　严峰　鲍金才
2005年	种桃大王生意经里的“三农”	江苏省报纸优秀作品一等奖	司马珂

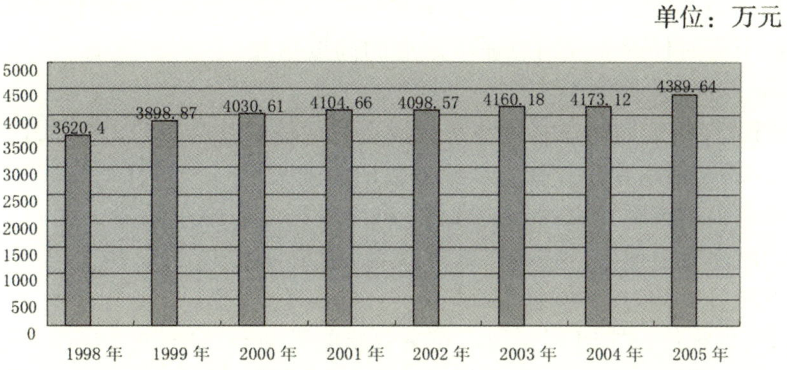

图 36-1　1998～2005 年镇江日报社固定资产原值变化情况

二、宣传

1. 版面

1985 年 1 月 1 日,《镇江市报》改名《镇江日报》后,一版为要闻版,二版为经济生活版,三版为文化体育版,四版为社会生活版,加强言论工作,改进会议报道,在保持城市报纸特点前提下,大力加强农村报道。

1991 年 11 月 17 日,《镇江日报》试刊《星期天》版,按采编合一体制运转。版式为 4 开 4 版单面双色。1992 年正式把“星期天”作为报头。1992 年 12 月,《星期天》从 4 版扩为 8 版,其中 1、4 版的通版设计走在省内同行前面,省新闻出版局称镇江日报《星期天》是“后起之秀”。1993 年 1 月 1 日,《镇江日报》由 4 开 4 版扩为 4 开 8 版。1994 年 10 月 1 日,告别“黑与白”单色调历史,《镇江日报》第一张彩报问世。

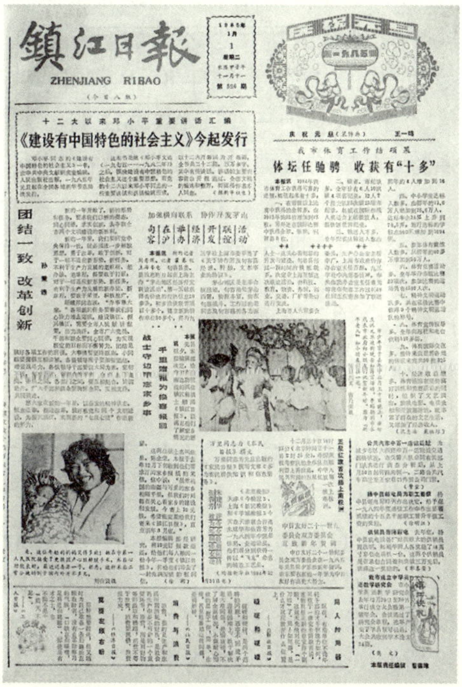
镇江日報
ZHENJIANG RIBAO

十二大以来邓小平重要讲话汇编
《建设有中国特色的社会主义》今起发行

团结一致 改革创新

加强横向联系 协作开发市山
句容在沪举办经济开发联谊活动

我市体育工作结硕果
体坛任驰骋 收获有“十多”

图 36-2　1985 年 1 月 1 日《镇江日报》

1997 年 1 月 1 日,《镇江日报》对版面格局作较大调整。根据“加强新闻,加大信息,精办专刊,精设专栏”指导思想,将原综合新闻版扩为城市新闻和县市新闻两个版。1998 年 1 月 1 日,《镇江日报》由 4 开小报改版为对开大报。2000 年 1 月 1 日,《镇江日报》分设“A”“B”版,成为每天 8 版的全彩报纸。

2004 年,《句容日报》《扬中日报》在报刊治理中停办,《镇江日报》增加地方新闻比重,每周两个专版,报道辖市新闻;开设《辖市走笔》《围绕三农》《人物写真》《辖市观察》《百姓素描》等小栏目。

2005 年,调整《镇江日报》版面格局。时事新闻版分设为国内新闻版和国际新闻版。辖区新闻由每周 4 个半版的周刊改为每周两整版,由原来的区块固定模式改为混合组版。同年,《镇江日报》探索要闻版改革,尝试改进会议报道和领导活动报道编排处理。

2. 重要地方事件报道

1992 年,以邓小平视察南方重要讲话为指针,积极引导“90 年代镇江精神大讨论”,促进思想解放。1995 年,对镇江作为全国医改试点城市进行大篇幅报道。1998 年 3 月 2 日至 7 月 20 日,先后推出《明察暗访看窗口》和《角色转换看窗口》目击式和体验式专栏,发稿 22 篇。

2001 年 12 月 23 日,《镇江日报》A2 版头条刊登《工商部门经过 7 小时伏击守候　截获大批假名酒包装盒》一稿,引起时任国务院副总理李岚清的高度重视。12 月 29 日,李岚清批示国家工商总局,要求查清案情,对造假者绳之以法。

2002 年,组织策划《胡家勤你在哪里?》系列报道取得较好社会效果。8 月,扬州市 1 名志愿军老战士致信镇江日报社,请求帮助寻找上甘岭战役的救命恩人——镇江籍女战士胡家勤。报社群众工作部费尽周折在山东省肥城市找到胡家勤,并约请两位志愿军老战士在赴朝 50 周年纪念日期间在镇江聚会。此事吸引他们一些战友前来欢聚,市领导及军分区、24 军等单位负责人前来祝贺。市领导称赞镇江日报社为市"双拥"工作办了一件实事、好事。

2003 年上半年,组织抗击"非典"报道。在主要新闻版面开辟"抗非"报道专栏,安排记者夜以继日深入一线,采写数百篇鲜活报道,生动及时反映医护人员、公安民警和交通卡口、乡镇村组、街道社区的"抗非"斗争,紧随"抗非"形势发展变化,不断推出评论员文章。

2003 ~ 2004 年,《镇江日报》开展"新时期镇江精神"大讨论,引导全市人民奋力实现"两个率先"。2004 年,推出《践行"镇江精神",推进"两个率先"》专栏,刊发系列评论及典型报道,组织有关方面主要负责人专访及专家学者署名文章,诠释和注解新时期"镇江精神",报道各界人士座谈新时期"镇江精神"动态。在首届市民论坛举办之际,日报在头版头条刊登市委书记史和平署名文章。

2005 年 4 月 30 日,润扬大桥建成通车,《镇江日报》与《扬州日报》互动,推出《大桥两岸高端谈》和《感受大桥状态》系列报道、长篇主题通讯《梦想与跨越》和通车典礼报道,形成报道强势,取得理想社会效果。同年 8 ~ 9 月开展"三小车"(残疾人车、正三轮摩托车和人力三轮客车)整治宣传。开辟《整治三小车,共创文明城》专栏,以消息、通讯、特写、评论、访谈、图片等形式,营造舆论强势,为整治行动顺利推进、提前完成提供有力支持。

3. 重大典型宣传

"八五"期间,先后报道抗洪烈士周宜顺、见义勇为英雄费维忠、雷锋式好干部朱留坤、"张海迪式"女青年骆焱、军中"孔繁森"林正书 等典型人物事迹。1993 年,《镇江日报》推出通讯《燃烧的橄榄绿》,热情讴歌雷锋式好干部武警镇江支队参谋兼丹阳中队队长朱留坤与病魔抗争、献身部队建设的无私奉献精神。镇江日报社与有关单位联合举行座谈会,并对朱留坤作连续报道。镇江市委、市政府决定,号召全市人民向朱留坤学习。《民主与法制》全文转载《燃烧的橄榄绿》。《人民武警报》《解放军报》、新华社、《新华日报》等新闻单位陆续派记者采访作长篇报道。武警总部和省武警总队分别作出表彰和学习朱留坤决定。1995 年 11 月 14 日发表《忠诚与奉献—记一等功臣林正书》的通讯,报道某集团军镇江干休所原政委、一等功臣林正书"人到哪里,就把红旗扛到哪里""生前总为别人想,死后常让别人想",在全国引起强烈反响。12 月 10 日,新华通讯社、人民日报、解放军报联合推出《军中孔繁森——林正书》的长篇通讯,人民日报发表评论员文章《向孔繁森式的好干部林正书学习》。

"九五"期间先后报道好人王彦波事迹;镇江恒顺酱醋厂厂长、党委书记马永林,镇江日报记者贾又敏,江苏省丹化集团公司仪表修理工张敏俐 3 个精神文明建设典型人物事迹;优秀教师孔国娣及人民的好警察孙开泰事迹。1996 年 1 月 12 日,《镇江日报》发表《好人一生难平安》通讯,报道年仅 24 岁的陆军船艇学校学员王彦波在山东莒县汽车站,为帮一位老大娘取车顶的床板摔伤,以致下肢终身瘫痪事迹。针对有人认为王彦波这样做不值得的观点,报社请读者就"王彦波这样做值得吗""能称得上英雄吗"参加讨论,发表《重读〈纪念白求恩〉》等 7 篇谈"王彦波现象"评论。邀请市经委、社科联、党校等联合举办企业界座谈会、理论讨论会。"王彦波现象大讨论"引起新华社、人民日报、光明日报、工人日报、人民政协报、《党建》杂志社等 10 多家新闻单位的热情关注和报道,中央电视台、中央人民广播电台、解放军报、经济日报、北京青年报等相继辟专题或专栏作连续报道，对新时期如何弘扬雷锋精神起到很好的导向作用。

“十五”期间，先后报道义务宣讲员鲍元瑞、捐髓第一人戚熙娟事迹。2002 年 9 月，《镇江日报》发表《七旬党员鲍元瑞义务宣讲一千场》，介绍被镇江市委和扬中市委授予义务国防教育模范和传播先进文化标兵的老党员鲍元瑞。2003 年 10 月，《镇江日报》发表《戚熙娟，我市捐髓第一人》通讯，报道镇江市首位骨髓志愿捐献戚熙娟，抛下病中爱女进京捐髓事迹。她挽救了素不相识的河南小伙子张庆，先后被授予江苏省红十字会“爱心大使”、镇江市“感动镇江”十大人物、镇江市“三八红旗手”、江苏省劳动模范和江苏省五一劳动奖章等称号。

4. 社会活动

国庆35周年活动 1984 年，纪念镇江解放 35 周年和新中国成立 35 周年，举办《热爱家乡——镇江》知识竞赛及《夸夸我们家乡美》征文活动，组织 4 县和城区 5 个征文专版。《热爱家乡——镇江》知识竞赛在全市引起强烈反响，当天报纸发行量增加 2 万份。

“增华阁”中小学生作文比赛 1988 年，《镇江日报》举办首届“增华阁”中小学生作文比赛。至 2005 年连续举办 18 届，规模与影响日益扩大。参赛人数 1997 年突破 1 万人，2002 年起每年参赛人数都在 3 万人以上。大赛成为镇江一项文化盛事，被誉为“写作节”。2002 年起，每年举行开赛前的优秀作品广场朗诵会。2003 年举办“增华阁”少儿书画大赛，设立“增华阁”助学基金。2005 年，“增华阁”系列文化活动被评为镇江市第九届精神文明建设新人新事。

献爱心、送温暖，帮助病残弃儿回归社会 1994 年 5 月，《镇江日报》发起“献爱心、送温暖，帮助病残弃儿回归社会”活动。活动被市民推为 1994 年镇江市精神文明建设十佳新事之首，并受到全国残联主席邓朴方高度赞扬。此后，逐年推出“献爱心，送温暖，一助一结亲”“献爱心，送温暖，为希望工程捐款”等系列活动。

挂牌服务、为民解忧 1995 年，《镇江日报》推出《挂牌服务、为民解忧》专栏，开展“向城区垃圾开战”“你知道医保专用卡使用方法吗?”“房改咨询”等活动。每次活动事先在《镇江日报》公布挂牌单位及负责人，挂牌时间、地点、服务内容及方法，为群众提供实实在在的服务。“向城区垃圾开战”挂牌服务，第一天就吸引数以千计的市民，京口、润州区政府及市政公用事业局等 12 个部门两天接受市民投诉 384 件，现场解决 56 件，活动得到市委、市政府高度重视，向全市各市、县(区)机关干部发出倡议，并请驻镇部队官兵协助，开展义务劳动，清除垃圾 1683 吨。

公益志愿者义务大行动 1997 年，镇江日报社在广大公益志愿者支持下，组织 4 次公益志愿者义务大行动。3 月 30 日，送医下乡。来自市区各大医院和姚桥医院的医务工作者到句容市郭庄镇和春城乡，义务为老区群众看病上千人次。4 月 6 日，古城公园植树，市领导与 300 余市民在古城公园植下丁香、银杏、雪松、桂花等生日树、友谊树、出国纪念树、金婚银婚新婚纪念树。6 月 22 日，兵分四路到桃园小区灭蚊蝇。进入 10 月，公益志愿者活动扩大，市区及丹阳、扬中、句容都以不同形式开展“银发工程”活动，看望福利院老人、义务为老人进行身体检查和健康咨询等。

卖报劝募夏令营 1998 年 7 月 17 ~ 27 日，《镇江日报》《京江晚报》与团市委、市希望工程办公室等单位联合主办希望工程——为城区特困家庭子女卖报劝募夏令营。自愿报名参加活动学生 142 人，募捐希望工程资金 42000 余元，资助 73 名大中小学生，用爱满足失学儿童“我要上学”愿望。

房展会 2002 年 10 月 1 日，镇江日报社举办首届房展会。房展会以社会效益为主，以“打造新镇江房市、提倡新人居理念”为主题，拓展镇江市房地产业空间。房展会完全按市场化运作，展位 60 多个，面积 2800 平方米。38 家镇江规模较大的房地产开发商、房产中介公司、房产装饰公司、建筑材料生产厂家、家电商场、银行以及律师事务所参展。房展会签订销售协议 2 亿多元。

摄影大赛 2004 年 4 月 23 日，镇江日报社主办首届“天翻地覆慨而慷——镇江 4 · 23 一日摄影大赛”。10 月 1 日，大赛优秀作品在大市口广场展出，纪念中华人民共和国成立 55 周年。之后，赛事改为年赛，定名为“多景楼”摄影大赛。

律师志愿团　2005 年 10 月，镇江日报社依托《镇江日报·法制周刊》和“金山网”，组建镇江日报律师志愿团。

三、经营活动

《镇江市报》复刊后由镇江邮电局发行。1982 年，镇江日报报业经营总收入 10 万元。1988 年落实两级经营承包责任制，报社与下属公司、工厂、部门实行经营承包，公司、工厂、部门与工作人员落实经营承包。并组建新闻服务公司、现代装饰艺术公司、扬子书刊经营部。同年实现广告收入 89.79 万元，比 1987 年增长 84%。1989 年 1 月 1 日，《镇江日报》自办发行，由镇江日报社发行部负责。发行部备有汽车 3 辆、三轮摩托车 1 辆专程运送辖市（县、区）报纸，由就地招聘的投递员负责征订和投递。1991 年 5 月 1 日，辖市（县）报纸改由客车中转代运。实行自办发行 3 年，投递报纸及时准确，发行量呈上升趋势，从 1989 年发行 3.5 万份增加到 1991 年 4.2 万份。1995 年经营总收入突破 1000 万元。“九五”后期，报业经营大幅扩张，收入迅速增长。“十五”期间 5 年经营总收入累计 2.1 亿元，为“九五”期间 2 倍，为 1982～2000 年 19 年总和的 1.4 倍。2003 年，镇江日报社获江苏省报业先进经营管理工作者称号，2004 年获全国先进经营管理工作者称号。2005 年，镇江日报广告收入 1560.18 万元。

单位：万元

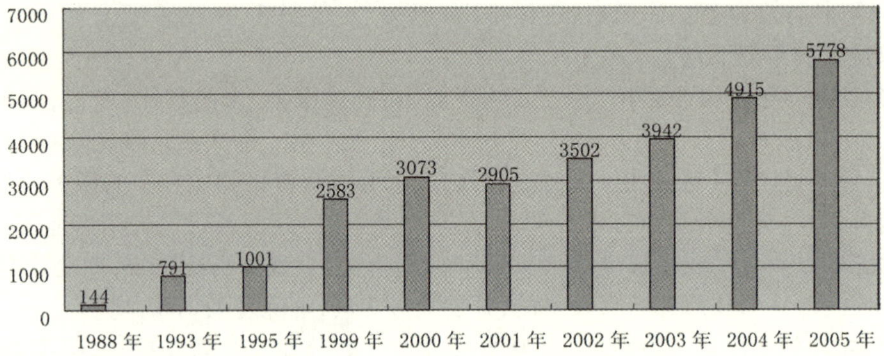

图 36-3　1988～2005 年镇江日报社经营总收入情况

单位：万元

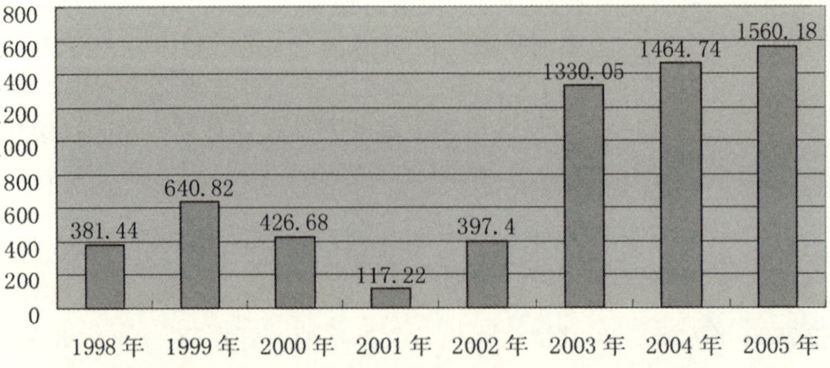

图 36-4　1998～2005 年《镇江日报》年度广告收入情况

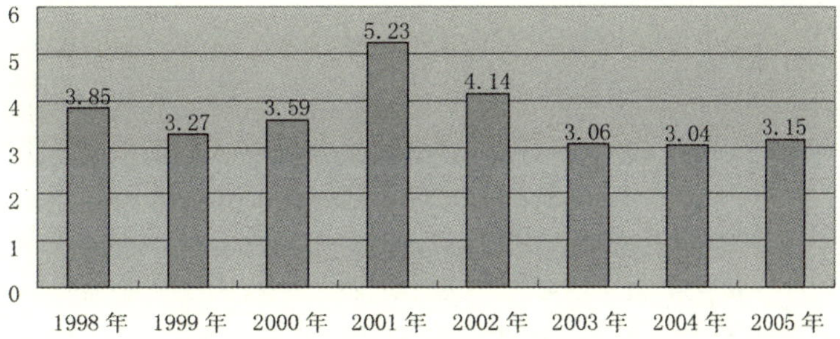

图 36-5　1998～2005 年《镇江日报》年均发行量

四、技术与设备

1983 年，复刊后的《镇江市报》采用上海人民印刷厂生产的 203 型铅版卷筒轮转机印刷。1991 年 4 月，投资近 300 万元，购置北大方正电脑激光照排系统和北人产 JJ－204 卷筒胶印机，报纸印刷彻底告别“铅与火”时代；10 月 1 日，胶印出第一张《镇江日报》。1994 年 8 月，投资 150 万元，购置 2787－02 胶印轮转机，实现报纸单面套彩印刷，告别“黑与白”，迎来彩报时代。

1996 年 8 月，镇江日报社在全国地市报中率先建立新闻采编计算机网络系统，新闻采编告别“纸与笔”，实现采编全流程电脑操作。1999 年，报社实施新一轮技改，成为全国首家使用北大方正文韬 4.1 新闻采编软件单位。同年投资 410 万元，购置 4784 轮转胶印机。

2002 年 1 月，投资 284 万元，购置上海 P19 机四个印刷单元；9 月，投资 540 万元，购置的高斯 SCC 型印刷机正式开机，首次实现双面彩报印刷。2004 年 4 月，投入 1390 万元，购置上海高斯机 4 个半塔。其间激光照排、发排、接收主机，厂房改造、电力增容累计投入 300 余万元。

2004 年 12 月，镇江日报社组建图片管理系统，实现图片处理电脑化、传递方式网络化、图片管理数字化，为报社、镇江市积累大量图片资料，走在全国地市报行业前列。2005 年更新组版设备，组版软件由 3.14 升级为飞腾 4.1 专业版，增强版面出新功能。

第二节　《京江晚报》

《京江晚报》是新中国成立以来镇江第一张晚报。《京江晚报》申办工作历时 5 年。1992 年 12 月，《京江晚报》筹办组进行试刊，确立日报、晚报“互有分工，互为补充、互为对手、互有竞争”格局。1998 年元旦，晚报正式问世，4 开 8 版，办报宗旨为“宣传政策、反映生活、倡导文明、传播知识”。至 1998 年 10 月，晚报订数突破万份（半数以上为私人订阅）。

1999 年，报社招聘下岗职工或协保人员自办发行队伍，负责市区《京江晚报》投递工作。2004 年起日报和晚报市区的投递基本由自办发行队伍承担。晚报逐步得到市民认可，广告收入和发行数量呈上升趋势，2005 年广告收入达 3053 万元，报纸年均发行量达 4.25 万份。

京江晚报
1998 年 1 月
1
方之焯、周大平殷殷嘱托
京江晚报要一炮打响
江泽民等出席新年音乐会
五千人撞钟贺新岁
铁肩担道义　妙手著文章
迎新
迎新弄里满庭芳
控制区覆盖率达 100%　市区居民再无烟尘之忧
灯火通明处　银行结帐时
液化气泄漏引起爆燃
健力宝（镇江）饮料有限公司

图 36-6　1998 年 1 月 1 日，《京江晚报》问世

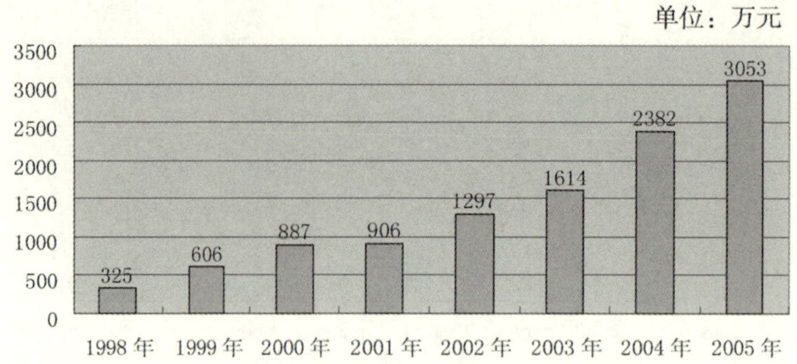

图 36-7　1998～2005 年《京江晚报》广告收入

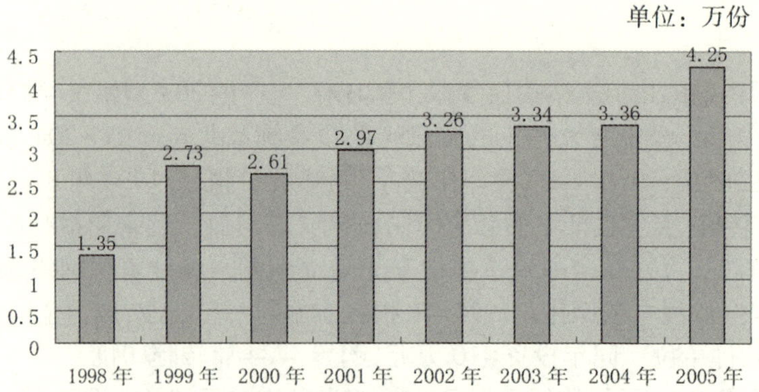

图 36-8　1998～2005 年《京江晚报》年均发行量

一、宣传

1. 版面　《京江晚报》加强地方性，贴近社会、贴近市民。8 个版中设立 3 个地方新闻版，新闻信息密集，时效性强，受到读者广泛好评。

2000 年 1 月 1 日，《京江晚报》4 开 8 版扩为 4 开 16 版，一改创刊时的婉约风格，采用矩阵分割，大标题，粗线条，浓墨重彩，给人较强的视觉冲击力。增加《晚报速递》《焦点新闻》《影视看台》《读书》等专刊，提高晚报信息容量。2001 年 8 月 1 日起，《京江晚报》全面改版，推出全新彩报，版式出新。2003 年 8 月 11 日起，《京江晚报》由下午出报改为上午出报。2003 年 12 月 1 日，《京江晚报》试行改版扩版，周一至周五由 16 版增加到 24 版。2004 年，晚报开设《京江民生》版面，对群众关心的问题和政策，通过典型事件做深度报道，为群众指出解决问题的途径和方法。加强与市政府督查处合作，刊发每月投诉重点问题。

2005 年 9 月，为了解晚报读者的文化构成、阅读爱好、对晚报各版面的总体评价，推出有奖读者调查问卷，收到答卷 1025 份，其中书面 911 份，网上 114 份，为晚报改扩版提供有益参考依据。

2. 重大选题报道　1998 年，晚报推出专栏，《不拘一格上岗去》系列报道，引导下岗失业人员自谋出路，走创业之路。2000 年，推出新闻连载，以《胡大个抓小偷》为题，随行采访时任京口公安分局反扒能手胡雪林机智擒贼事迹。2001 年 9 月 12 日，出一期早报，详细报道“9・11”事件和世界各国反应，抢在中午出版的各家晚报前面。当天，晚报零售创下近 2 万份最高纪录。

2002 年刊发《镇江好市民刘连平享誉京沪线》的通讯，报道镇江港务集团有限公司龙门分公司第五党支部书记刘连平在夜行列车上浴血勇斗歹徒，置个人安危于度外的事迹。刘连平先后获江苏省见义勇为先进个人、镇江市首届百佳文明市民等称号。

同年加强经济新闻和城建工程深度和广度报道力度。对长江路、南徐路和润扬大桥等工程，组织记者深入工地一线采访，采写一批图文并茂稿件。“五一”期间，刊发《黄金周出黄金》等系列报道，及时捕捉市场信息，推出《空调大战提前引爆》等稿件，产生较好社会影响。同年，在迎接党的十六大报道中，记者发现市民叶滋荃几十年来持续记录每天家庭生活开支，账目十分详尽完整，写出通讯《账本上的小康之路》，引起中央领导重视，中央和省级媒体纷纷跟进报道，产生巨大社会影响。

2005 年 6 月底至 8 月初，开展“体验百味感受艰辛”活动，组织 10 多位年轻记者深入基层、深入生活，擦皮鞋、蹬三轮、卖西瓜、送牛奶、送邮件、当保洁员等，感受普通群众劳动艰辛，写出 41 篇亲历式报道。同年，组织记者、编辑分赴多个热点部门和行业蹲点体验采访，以 10 个整版篇幅连续推出《黑车治理，难题破解终有时》《维权不易，食品安全任重道远》《不在维权，就在去维权的路上》《环境监察，一次又一次地出发》《占道摊点，城市成长中的烦恼》等蹲点札记稿件。

二、社会活动

1. 小记者团 2001 年起，在镇江中小学生中组建京江晚报“小记者团”，引导孩子们参加社会实践。组织保护母亲河环保行动、城乡小记者手拉手、共成长、七彩夏令营、小记者看润扬大桥、观光生态农业、参观现代企业、与儿童文学作家见面等活动。2004 年，京江晚报分获江苏省和全国小公民道德建设实践基地称号，“小策划人论坛”获得江苏省小公民道德建设优秀活动项目一等奖。2005 年 1 月起，晚报推出《小记者》专版，每星期用一个整版刊登小记者习作，鼓励小记者参加活动热情。至 2005 年底，小记者团发展到 5000 人。

2. “社会妈妈”活动 2002 年 12 月 3 日推出长篇通讯《拾荒老太倾情育弃婴》(获 2002 年度市报纸好新闻一等奖、2002 年度镇江新闻奖，被央视、辽宁卫视、《新民晚报》《新华日报》《中国妇女报》《法制日报》等 20 多家媒体转载)，记述七旬拾荒老人杨兆英贫病交加，却收养外地弃婴杨路。通讯引起极大反响，1 个多月时间，各方捐款 6 万多元，杨路和拾荒奶奶生活得以改变，杨路和同龄的孩子一起走进校门。从杨路身上，镇江人看到还有许多这样的孩子需要帮助。2003 年 3 月，晚报与市妇联联合启动“社会妈妈”活动，成为一场规模较大、持续时间较长的新闻救助活动。“社会妈妈”专用基金账户共收到 30 多万元捐款，有 132 家企事业单位、学校和社会团体，180 多个家庭及一批个人参加“社会妈妈”活动，近千名贫困学生与“社会妈妈”结对，得到物质和精神帮助。活动被评为镇江市 2003 年度精神文明建设新人新事，成为镇江帮困助学品牌。

三、舆论监督

晚报对关系群众利益的问题和来信来访，投入大量精力处理，促使一些长期得不到解决问题最终得以解决。2001 年 1 月 18 日起，对“黑猪肉”问题追踪采访，通过通讯、消息、读者来信、言论等，前后 14 篇稿件，最终促成工商等部门对“黑猪肉”查处，保护消费者利益。2001 年 11 月 7 日起，前后 3 篇通讯《“黑羊肉”专业村揭秘》《丹阳“黑羊肉”有人管了》《东乡羊肉：今冬遇“寒流”》，对混迹市场的死羊曝光，鞭笞了不法养殖户及不法商贩的无良行为，促使冬季羊肉市场健康发展。

2002 年 9 月 20 日，通过厨师爆料，记者采写通讯《惊曝火锅业内幕》，使得部分火锅店锅底回收等“潜规则”曝光，引起火锅业和市民关注。随后以《“火锅内幕”石破天惊——各界“声讨”无良商家》《火锅业“瑕不掩瑜”——老百姓可吃上放心火锅》《这厢人声鼎沸 那厢门可罗雀——火锅店家阴晴两重天》等文章，打消群众对火锅业的普遍疑虑，既保护消费者利益，又促进火锅业健康发展。

2003 年 6 月 3 日推出《“世外桃源”正遭灭顶之灾》的通讯，披露风景秀丽的南山风景区竟成擅倒垃圾场所，引起市民和有关方面关注，最终促成相关部门对事件查处。

2004 年，镇江市区棋牌室已逾千家，每日沉湎于棋牌室的人数至少二万人。2004 年 6 月，独家披露棋牌室泛滥、暴利、赌博、扰民等问题，引起社会高度关注。有关部门及时开展集中整治棋牌室专项活动。同年，晚报接待投诉 3000 多件（次），通过《来电实录》《记者出击》《读者飞鸿》《你来我网》等见报 1400 多件，转办并回复 700 多件（次）。

1998～2005 年《京江晚报》获全国、全省新闻作品奖一览表

表 36-3

时间	新闻名称	获奖情况	作者
1998 年	天之罪还是人之过（消息）	江苏省报纸优秀作品二等奖	董洪林
1999 年	悲歌从天落——访许杏虎烈士家乡	中国晚报新闻奖一等奖	董洪林
2000 年	这样的班主任该不该下课	中国晚报新闻奖一等奖	沈湘伟　孙　霞
2001 年	怎能给六朝石刻安假肢（通讯）	江苏省报纸优秀作品二等奖	王　锐　方良龙
2002 年	账本上的小康之路（通讯）	中国晚报新闻奖一等奖　江苏省新闻奖　江苏省报纸优秀作品一等奖	柳昌焰　吴凤龙
2003 年	24 户“低保”代表受赠住院保险	中国晚报新闻奖一等奖	张翀煜　范国富
2004 年	小平为我签名	中国晚报新闻奖一等奖	林　玲

第三节　《金山网（电子报）》

1997 年 10 月 1 日，镇江日报社所属信息刊在互联网上建立站点，首次推出电子版，成为江苏省较早上网报纸之一。

图 36-9　《金山网（电子报）》网页（2005 年截图）

2002 年，镇江日报社投资 70 万元，筹建镇江“金山网”。11 月 6 日网站试运行，12 月 31 日正式开通。“金山网”依托《镇江日报》《京江晚报》，是镇江唯一全面报道地方新闻、及时向网民传输权威新闻报道的新闻网站。“金山网”分新闻、服务、专刊、专题 4 大版块。报纸新闻信息每天及时上网，突破传统报纸版面和出版时间等诸多限制，开辟“芙蓉楼”“塔影湖”“甘露寺”“增华阁”等 10 个频道，为现代都市建设与人民日益丰富的文化生活需求提供全面信息服务。2003 年，增设新闻专题、论坛、游戏、贴图、链接等功能，突出新闻性、地方性、娱乐性和互动性。

为适应网络快速发展需要，金山网多次改版，除强化本地新闻，设立“新闻中心”“镇江手册”“金山专刊”“市民备忘”“信息快车”版块外，另增设房产、汽车、招聘求职等热门频道，共有频道 20 多个。主要服务频道有：走进镇江、芙蓉楼、健康美容、摄影在线、镇江旅游、楼市家居、镇江车市、小记者、求职招聘、分类信息、他她时尚、博客、金山论坛。金山网存储容量超过 2000 万字，成为宣传镇江、推介镇江的又一重要窗口。2005 年 8 月开通新版数字报，网友可及时浏览查询《镇江日报》和《京江晚报》。同年，“金山网”最高日点击量超过 7 万。

第四节 《镇江广播电视报》

《镇江广播电视报》1984 年 12 月 26 日试刊，1985 年 1 月 5 日正式出版。该报由镇江市广播电视局主办，委托镇江人民广播电台编辑出版，地址在观音桥巷 55 号镇江人民广播电台内。1987 年 8 月，第 141 期起使用新的国内统一刊号。1988 年 2 月，经镇江市编制委员会批准，成立镇江广播电视报社，直属镇江市广播电视局，《镇江广播电视报》仍由镇江市广播电视局主办。

1990 年 1 月，全国报刊整顿，第 262 期起改刊号为江苏省内部报刊准印证。同年 2 月，社址迁至火坛楼巷 1 号（市电影公司招待所三楼）。1991 年 2 月，第 318 期起使用报刊证号。8 月，第 348 期起恢复使用国内统一刊号。同年 10 月 26 日，第 356 期《镇江广播电视报》采用电脑激光照排、套色胶印，完成报纸印刷变革。1992 年底，社址迁入中山西路 94 号广电大楼。1994 年 3 月 4 日，第 479 期起，《镇江广播电视报》改为周五出版。同年 10 月 28 日，第 513 期首次出版彩报。1997 年 10 月 2 日，第 666 期起，月末、节日出彩版报。1998 年，使用国内统一刊号 CN32－0082，报头改为《江苏声屏・镇江广播电视》。

2000 年 1 月，《江苏声屏・镇江广播电视》报徽评选揭晓：报徽图案由线条和色块组成。红、黄、蓝三色线条组成的形状象征一份翻开的广电报，衬托的半圆形红色色块像一轮即将冲出地平线的太阳。

2004 年 2 月 19 日，镇江市第一批由国家新闻出版总署统一编号、核发的新版记者证颁发，镇江广播电视报社 15 名编辑、记者获领新证。11 月，镇江广播电视报社拥有江苏卫视公共频道《晚安镇江》节目制作和播出权，成为全省首家兼办电视节目的平面媒体机构。12 月，《江苏声屏・镇江广播电视》通过江苏省“城市语言文字”工作评估审查。

图 36-10 《江苏声屏・镇江广播电视》报徽图案（2005 年摄）

一、版面

1985 年 1 月 5 日正式出版，报纸 8 开 2 版，介绍镇江人民广播电台一周主要节目，预告中央电视台一套、江苏电视台和上海电视台一周节目（后又增加镇江电视台一周节目预告），刊登电视剧情简介，开办广告业务，每周六出版。1987 年 1 月，第 105 期起改为 4 开 4 版，增设《一周广播新闻摘要》《一周文艺广播节目》《调频立体声广播节目预告》等栏目。

1993 年 1 月，第 418 期起扩版为 4 开 8 版。设有《一周节目》（2 个版）《剧情介绍》（2 个版）、《综合新闻》《广闻博览》《专访特写文萃》《影院影人影讯》等版面。10 月，配合镇江有线电视台试播，第 458 期起试登中央电视台三套、四套节目表和云南、贵州、四川、新疆、西藏台电视节目。

1996 年 1 月 5 日，第 575 期起《镇江广播电视报》扩版为 4 开 12 版，同年 4 月 26 日，第 591 期起扩版为 4 开 16 版。1998 年 1 月，第 679 期起扩版为 4 开 24 版，新增 8 个版的《视听生活周刊》，增加《本期导读》《声屏集萃》《连载》《特写》《生活百科》《影视文摘》《视听生活》等版面，《一周电视》增至 7 版（每天一版排列）。5 月 28 日至 7 月 23 日，开办两个月的“贝克世界杯专版”，全面报道 1998 世界杯足球赛战况。1999 年 2 月 4 日，第 736 期起推出特刊豪华版《精品购物橱窗》，每期 4 版，限量发行，免费赠阅。

2000年5月,第803期起,报纸分A、B版两叠,增设《屏前幕后》《剧情大观》《电影天地》《文化长廊》《收视向导》《声屏视点》《生活时尚》《广电在线》等专版。2001年,第849期起,推出《本市一周新闻》栏目。第852期起,推出《都市生活》豪华版,每期4版,铜版纸印刷。第881期起,增设《城市客厅》专版,为读者提供“走一走、歇一歇、侃一侃”的园地。第883期起,推出《房周刊》《美食广场》等专版。

2002年,第888期起,推出《卫生健康》专版。第895期起,与市政府“为民服务公开电话”联办《投诉与督查》专栏,将“为民服务公开电话”、市行政效能投诉中心、市政府办公室督查处处理市民投诉情况及时公布于众,起到政府与市民之间“连心桥”作用。第896期起,增加《小说连载》专版。第899期起,与中央电视台《幸运52》节目组合作,在镇江独家发布CCTV《幸运52》节目相关信息。第908~913期,推出2002韩日世界杯专版《世界杯大看台》,每期4版,铜版纸印刷。同时举办有奖竞猜、“婷美足球宝贝”评选等系列活动。第920期起,推出都市生活《我爱我家》专版,每周4版,豪华印刷。

2003年,第940期起,增设《时尚》《状态》《消费》《的士》等专版;1月24日,第943期起,推出集“餐饮、休闲、娱乐、文化、保险”定向服务内容的副刊《镇江星期五》,每期4版。第953期起,特邀镇江籍著名医学专家、上海复旦大学中山医学院原院长杨秉辉教授在《健康》版开设专栏《杨秉辉医师信箱》,解答读者相关疾病防治咨询。第963期起,原副刊《镇江星期五》改名为《消费大观园》。第966期起,推出《家装专列》专刊,每期4版,彩色印刷。第974期推出“国庆专刊”豪华合订本(72版)。

2004年,第992期出版《2004年元旦特刊合订本》。第993期起,《健康》版增为2个专版,另增2个《旅游》版。第1036期起,《提醒》版推出“市民生活备忘”栏目,发布“交通、出行、政策、法规、节日、纪念日”等信息。第1043期起,恢复与为民服务公开电话联合开办《投诉与督查》栏目,实现信息互动,服务百姓。

2005年,第1045期起设有《娱乐》《美食》《汽车》《时尚》《警方》《关注》《提醒》《文化》《广电》《健康》《客厅》《剧情》《预告》《读书》《视点》《房产》《分类》《旅游》《我爱我家》《家装专列》等。

二、发行

创刊时,每期发行2万份,报价0.02元/份,由邮局发行,镇江日报社印刷厂承印。1986年度,报纸发行达10万份。1987年,报价调整为0.05元/份,发行量达13万份。至年底,《镇江广播电视报》遍及城乡,发行逾15万份。

1989年1月,《镇江广播电视报》第210期起改为自办发行为主。报社通过辖县(市)广播电视局及郊区各乡镇广播电视站设立发行站点发行,邮局保留部分零售。全年订价7.80元,零售价0.15元/份。报刊发行超过16万份。

1990年,发行量20万份,第300期发行量22万份。1991年,第320期发行量26万份。1992年起,《镇江广播电视报》实行自办发行和邮局发行双轨运行。1993年,报价调整为0.30元/份,全年定价15.60元,发行量12.5万份;1996年调为0.6元/份,全年定价31.20元;1996年以后,年发行保持在10万份以上。

1987～2005年《镇江广播电视报》获全国、江苏省作品奖一览表

表36-4

作 品	类别	作 者	获奖情况
“燕子”报春	专访	夏少俭	1987～1988年度江苏省广电报优秀作品一等奖
今夜多辉煌	通讯	潘圣仪	1994年度江苏省广电报优秀作品一等奖
娱乐片的误区	评论	沙 加	1994年度江苏省广电报优秀作品一等奖
1994年第44期1～4通版	版面	葛文斌	1994年度江苏省广电报优秀作品一等奖
《廉政歌》列为省百首爱国主义新歌之首	消息	孙悦萌	1996年度江苏省广电报优秀作品一等奖
1998年第35期1、8通版	版面	葛文斌	“科达杯”全国广电报版式设计大赛一等奖
江苏广播剧:重新崛起	通讯	江 宁	1998年度全国城市广电报优秀作品一等奖
一个普通镇江人的拳拳之心	通讯	江 宁	1998年度全国城市广电报优秀作品一等奖
洪水一天不退去我们一天不放松	摄影	卞 婕 康 平 平 川	1998年度江苏省广电报优秀作品学会奖
	通讯	江 宁 葛文斌 邹玉玲 范珍珍 姚 敏	1998年度全国城市广电报优秀作品一等奖
大华电影院放映《桥》观者踊跃	消息	江 宁	1999年度江苏省广电报优秀作品一等奖
永恒的背影	通讯	孙悦萌	1999年度江苏省广电报优秀作品一等奖
警惕影视婚外情的道德恶化倾向	评论	江 宁	2000年度全国城市广电报优秀作品一等奖 2000年度江苏省广电报优秀作品一等奖
解决五种矛盾,实施三大工程——破解城市广电报危机构想	论文	江 宁	2000年度全国城市广电报优秀作品一等奖
新形势下做好广播电视系统思想政治工作的思考	论文	镇江广播电视局	全国人文科学优秀成果一等奖
他们和任国庆一样奉献在高原	专访	马天翼	2000年度全国城市广电报优秀作品一等奖
城市广电报与网络尚未“亲密接触”	消息	马天翼	2001年度全国城市广电报优秀作品一等奖
主持人白岩松提前20多秒喊出申奥喜讯	消息	江 宁	2001年度全国城市广电报优秀作品一等奖
波音客机高空遇险引出的故事	通讯	马天翼	2001年度全国城市广电报优秀作品一等奖
救助姚斌	通讯	马天翼	2001年度全国城市广电报优秀作品一等奖
一位“土记者”的追求	通讯	江 宁	2001年度全国城市广电报优秀作品一等奖
警匪片应少一点“匪气”	评论	王春龙	2001年度全国城市广电报优秀作品一等奖
镇江老百姓的电视作品将向国际进军	消息	王春龙	2002年度全国城市广电报优秀作品一等奖
“镇江国际电视周”在日韩成功举行	消息	陈 蓓	2002年度全国城市广电报优秀作品一等奖
《英雄》让我们看了什么	评论	黄宏斌	2002年度江苏省广电报优秀作品一等奖
书写时代是我创作的基点	专访	-	2002年度全国城市广电报优秀作品一等奖

续表 36-4

作　品	类别	作　者	获奖情况
访著名剧作家陆天明	专访	葛文斌　姚　敏	2002 年度全国城市广电报优秀作品一等 2002 年度江苏省广电报优秀作品一等奖
天下文章尽写镇江风流	通讯	王春龙　江　宁	2002 年度全国城市广电报优秀作品一等奖
人治、法治、德治	言论	尤志心	2002 年度全国城市广电报优秀作品一等奖
老叶“触电”	专访	石　土	2003 年度全国城市广电报优秀作品一等奖 2003 年度江苏省广电报优秀作品一等奖
把视角对准平民	专访	江　宁	2003 年度全国城市广电报优秀作品一等奖
扬州评话《后水浒》正式出版	消息	石　土	2003 年度全国城市广电报优秀作品一等奖
总有一些东西可以震撼人心	评论	刘继红	2004 年度全国城市广电报优秀作品一等奖
老树新花伴春风	通讯	江　宁	2004 年度全国城市广电报优秀作品一等奖
“军营五日”二三事	通讯	亢小鹏	2004 年度全国城市广电报优秀作品一等奖 2004 年度江苏省广电报优秀作品一等奖
“独领风骚——诗人毛泽东”喜获金鹰大奖	消息	宗　边	2004 年度全国城市广电报优秀作品二等奖 2004 年度江苏省广电报优秀作品一等奖
唐磊:清新淡雅的丁香花	专访	葛文斌	2005 年度江苏省广电报优秀作品一等奖

第五节　其他报纸

1994～1995 年,镇江驻镇高校、所辖县(市)、大型企业(行业)、部门创办报纸 26 家,其中辖市 3 家,驻镇高校 4 家,行业主管部门 7 家,大中型企业 12 家。1997～1998 年,报刊整顿,有的停办,有的转为连续性内部资料出版物。2003 年又对报纸进行整顿,《扬中报》《句容报》停刊。至 2005 年底,镇江主办发行的其他报纸有 18 种,其中公开发行 4 种,连续性内部资料性出版物 14 种。

一、《丹阳日报》

创刊于 1956 年 4 月 1 日,时名《丹阳报》,报社坐落在丹阳县白云街 33 号 1 间民房内,是中共丹阳县委主办的第一张报纸,为 8 开 2 版。1961 年 2 月 13 日停刊。1989 年 2 月 1 日,《丹阳日报》(时名为《丹阳市报》)复刊,社址设在城河北路建筑公司内,报纸为 4 开 4 版,周 2 刊,期发行量为 4 千多份,由中共丹阳市委主办。2002 年 7 月 8 日,《丹阳日报》扩为 4 开 16 版,增设《新华视点》《今日社区》《科技博览》《文娱新闻》《市民广角》等栏目。2004 年 2 月,全国报业整顿,由中共丹阳市委主管主办变更为镇江日报社主管、丹阳日报社主办,其他登记项目不变。

二、《句容报》(内部发行)

1956 年 7 月 1 日创刊,1961 年停刊,1994 年 7 月 1 日复刊,中共句容县委主办,复刊前,试刊 5 期,复刊后为周二刊,4 开 8 版,发行 2 万余份,2003 年在全国报业整顿中停刊。

三、《扬中报》(内部发行)

创刊于 1957 年,停刊于 1961 年,是扬中县委主办的机关报,1992 年 12 月复刊,4 开 4 版,周报,设新闻、经济社会新闻综合版,专刊国内新闻版,副刊版。分设《江洲论坛》《法制园地》《乡镇工业》《党的建设》《健康之友》等栏目,发行量 5500 份。2003 年在全国报业整顿中停刊。

四、《镇江科技报》

1979年9月创刊，月刊，4开4版，镇江市科学技术协会主办，《镇江科技报》编辑部编辑。发行量1000份。1983年2月以前，发行范围以市区为主，面向镇江地区。1983年3月以后，面向镇江市所辖四县两区，并在全国交流。一版是要闻，二版为农业科技信息，三版为工业技术信息，四版为科普知识。设有《计划生育》《健康顾问》《青少年之友》等专栏。1990年因资金困难而停刊。

五、《江苏科技大学报》

1984年9月29日出版试刊号，定名《镇江船院》，4开4版，铅字印刷。社址在镇江市环城路2号镇江船院内A6一楼。1984年10月25日，出版第一期，刊期暂定月刊。1991年5月10日，改为半月报。1993年2月28日由铅印改胶印。7月10日更名《华东船院报》。1994年9月2日面向学生征订发行。1999年5月30日，编入全国发行，刊号为CN32—0821。2001年9月5日，校报由新5号体改为新6号字体，信息量由2.4万字/期扩至3万字/期。每期报纸发行量突破5000份。2002年3月5日，改旬刊，2004年2月25日，改名《华东船舶工业学院报》。同年6月5日，学校更名为江苏科技大学，学报相应改名为《江苏科技大学报》。由中共江苏科技大学委员会主办。

六、《消费文摘报》

1984年10月创刊，时名《商业文摘》，半月刊，后改为周刊，4开8版，全国发行（刊号CN32—0064，邮发代号27—62），江苏省商业厅主管，《商业文摘》编辑部编辑发行，其宗旨是宣传党的商业经济方针改革，传播改革信息和经商、商业、消费知识。1996年改名为《消费文摘报》，江苏省贸易厅主管，镇江市贸易局主办，镇江市邮电局发行，面向全国。1984～1996年，共发行598期，发行总量达1800多万份。改名后的《消费文摘报》为4开4版，一版：社会热点扫描、焦点问题透视、政策信息传真；二版：市场信息预报、消费走势分析、经营之道集锦、新商品发布、法律咨询顾问；三版：现代家庭、古玩收藏、保健医生、投资指南；四版：海外市场、港台消费、文体艺苑、旅游观光。1997年停办，保留刊号，后被《京江晚报》沿用。

七、《镇江高等专科学校报》

1985年10月1日创刊，时名为《镇江职大报》，20日刊，4开4版，江苏省教育工委主管，镇江高专党委主办。1992～2003年报名为《镇江高专报》，2004年报名改为《镇江高等专科学校报》。社址在镇江市学府路61号。校报一版为校园新闻，介绍学校举办的重大活动和学术研究情况；二版为教学园地，讲述教学活动中的方式方法与心得；三版为学生生活；四版为文艺天地，展示学校师生的文艺作品。

八、《镇江农村信息报》（内部发行）

1993年1月创办，镇江市农村信息中心主办，10日一期，主要为农民和农村基层干部提供经济政策、科技、市场等各类信息，发行量最高达2万份。至2000年底，因机构改革停办，共发行288期。

九、《关心下一代周报》

创刊于1993年，由江苏省关心下一代工作委员会与镇江市关心下一代工作委员会联合主办。1995年1月1日起双周刊改为周刊。报纸以为关心下一代工作服务，为造就四有新人做好宣传教育工作为宗旨，把家庭教育、学校教育与社会教育结合起来，加强报纸的思想性、新闻性、知识性和可读性，不断扩大在全省中小学生和家长、教师及青少年教育工作者中的影响。《周报》在省内发行量不断上升：1998 年 59.6 万份，1999 年 67.9 万份，2000 年 95.6 万份，2001 年 99.1 万份。2001 年 4 月《周报》获国内统一刊号，明确主管、主办单位为江苏省关心下一代工作委员会，报社随迁至南京。

十、《江苏大学报》

2001 年 10 月创刊，半月刊，4 开 4 版，中共江苏大学委员会主办，江苏大学报编辑部出版。社址在江苏大学（镇江市学府路 301 号）。《江苏大学报》是在原《江苏理工大学报》《江苏医学院报》《镇江师范高等专科学校报》基础上组合而成的。校报一版为要闻，刊登校内重要新闻及全国的时事热点；二版为教学科研，探索和发现教学科研的路径和方法；三版为校园生活，讲述学子在校生活的点点滴滴；四版为文艺副刊，为江大学子提供展示文学艺术的平台。

1983 ~ 2005 年镇江市部分报纸（内部发行）一览表

表 36-5

报纸名称	刊期	主办单位	刊号	开张	备注
镇江消费报	周二	市消费者协会 镇江工商局	JSXB02004	4 开 4 版	★
镇江轮联报	半月	镇江轮联公司	–	4 开 2 版	–
镇江公安报	旬报	市公安局	–	4 开 4 版	–
名城文化报	半月	市文化局	–	4 开 4 版	–
镇江税务报	半月	市税务局	JSXB02008	4 开 4 版	★
华东铝报	半月	华东铝加工厂	JSXB02009	4 开 4 版	★
谏电报	旬报	镇江谏壁发电厂	JSXB02007	4 开 4 版	★
船山矿报	半月	镇江船山石灰石矿	JSXB020011	4 开 4 版	★
镇江港报	旬报	镇江港务管理局	JSXB020013	4 开 4 版	★
镇江科技导报	不定期	市科学技术联合会	JSXB020012	4 开 4 版	★
镇钛报	半月	镇江钛白粉有限公司	JSXB020014	4 开 4 版	★
金河纸业报	半月	金河纸业有限公司	JSXB020015	4 开 4 版	★
镇江焦化煤气报	半月	镇江焦化煤气集团公司	JSXB02016	4 开 4 版	★
大东报	半月	镇江大东造纸业有限公司	JSXB02010	4 开 4 版	★
江苏财经高专报	半月	江苏财经高等专科学校	JSXB12040	4 开 4 版	–
镇江师专报	半月	镇江师范专科学校	JSXB12042	4 开 4 版	–
镇江价格信息	旬报	市物价局	–	–	–

说明：备注栏没有“★”标志的为 1998 年整顿中改为连续性内部资料性出版物

第六节　驻镇记者站

1983 年，镇江仅有《新华日报》驻镇记者站。1985 ~ 1996 年增《扬子晚报》《江苏电力报》《江苏工人报》《中国船舶报》驻镇记者站。2002 年增《江南时报》《江苏法制报》驻镇记者站。1998 年 10 月《镇江日报》派驻丹阳、句容、扬中记者站。到 2005 年底驻镇记者站有 9 家（不含镇江日报派驻的)。

《新华日报》镇江记者站　前身是《苏南日报》驻镇记者站。1953年设立,后被撤销,1968年11月复建,1971年成立《新华日报》镇江记者站。主要任务是调查研究,采写典型,搞通联工作。办公地点在镇江市政府大院2号楼。

《扬子晚报》镇江记者站　成立于1985年,办公地点在镇江市梦溪园巷4号3单元205室。

《江苏科技报》镇江记者站　1985~1990年为《江苏科技报》镇江记者站;1993~1998年为《江苏科技报》镇江通联站;2000年为《江苏科技报》镇江记者站,办公地点在镇江市健康路经折巷2号。

《江苏电力报》镇江市记者站　1987年成立镇江供电局新闻通讯站;1988年改名为《江苏电力报》镇江市记者站,有12名通讯员。1993年,镇江供电局劳动人事制度改革,记者站人员调整,有站长、副站长各1名、3名工作人员、42名通讯员。2001年,镇江供电公司成立,记者站隶属宣传部,办公地点在镇江供电公司。《江苏电力报》镇江市记者站,先后采写《镇江供电局职工代表轮流当局长》《镇江在全国首次推出职工持股会试行意见》《我们的改革之路走对了》等百余篇文章。

《江苏工人报》镇江记者站　1988年10月27日建立,地点在镇江市总工会。每年发稿量、用稿量、好稿量在全省均名列前茅。

《江苏经济报》镇江记者站　1993年,《江苏经济报》镇江工作站成立。1997年隶属市经贸委。1999年更名镇江记者站,地点在解放路22号经协大楼2楼。

《中国船舶报》江苏记者站　1996年10月创立,华东船舶工业学院党委宣传部部长任站长。2001年7月,江苏科技大学党委宣传部部长任站长。地点在梦溪路2号江苏科技大学内。

《江南时报》镇江记者站　2002年建立,办公地点在镇江市环城路74号3栋105室。

《江苏法制报》镇江记者站　2002年4月成立,由江苏省委政法委主办。2005年划归新华报业集团,挂靠镇江市政法委,办公地点在镇江市学府路3号。

此外,1985年,江苏人民广播电台在镇江设记者站,办公地点在镇江市政府大院。

第二章　期　刊

1983年,镇江市出版的期刊有14种:《蚕业科学》《农机化科技》《教学与进修》《国外农业—蚕业》《镇江水利》《镇江环保》《排灌机械》《蚕业文摘》《镇江船舶学院学报》《江苏工学院学报》《镇江师专学报》《镇江企业管理》《镇江文史资料》《镇江革命史料选》。1985年创办《金山》《镇江史志通讯》《镇江职大》。20世纪90年代前后,镇江市委创办《镇江通讯》(1992年改为《创新》)、市人大创办《民主建设》、市政协创办《镇江政协》、市纪委创办《镇江纪检》(1992年改名为《清风》)、市委宣传部、组织部以及市社科联等部门也都创办期刊,领取省新闻出版局内部发行期刊号。1994~1995年,镇江出版期刊达36种,其中国内外公开发行有10种,内部发行有26种。1997~1998年根据中央、省出版管理部门期刊整顿、调整要求,有16家内部发行期刊改为内部资料性出版物。2005年底,镇江公开出版发行的期刊有16种:《金山》《中国蚕业》《蚕业文摘》《蚕业科学》《江苏船舶》《江苏大学学报(社会科学版)》《江苏大学学报(自然科学版)》《江苏大学学报(医学版)》《江苏科技大学学报(自然科学版)》《江苏科技大学学报(社会科学版)》《农业装备技术》《镇江高专学报》《排灌机械》《污染防治技术》《江苏调味副食品》《江苏实用心电学杂志》)。连续性内部资料出版物有《创新》《民主建设》《镇江政协》《镇江宣传》《清风》《镇江社会科学》《镇江农村经济》《镇江教育》《党建之窗》《镇江工商》《镇江财会》《船舶高教研究》《镇江青年》《镇江医学》

《中外船舶科技》《镇江供销社经济》等。

第一节　文艺期刊

《金山》是镇江市文联创办、镇江唯一国内外公开发行的文学期刊。1985 年 2 月 6 日，中共江苏省委宣传部批复，同意文艺双月刊《金山》在国内外公开发行。1986 年 1 月出版创刊号。国内统一刊号：CN32 - 1035/I，国际标准刊号：ISSN1005 - 9407。金山期刊编辑部为市文联内设机构，1991 年 6 月改为市文联下属全民事业单位，独立法人单位，全称为金山杂志社。1997 ~ 1999 年，《金山》由市文联与镇江日报社合办，获得人力与资金支持。刊期由创办初期的年出二期、年出三期到季刊、双月刊，1999 年起出月刊。开本为 16K，2001 年 1 月到 2002 年 12 月开本为 20K，后又恢复 16K。发行方式为自发和邮发。

2002 年起，金山杂志社与中国微型小说学会联袂举办每年一届的全国微型小说评选活动。邀请叶辛、陈建功等名家担任评委。获奖作品从上一年度全国报刊公开发表的数万篇作品中遴选，成为国内外华文微型小说界的亮点和焦点。每届评选活动，国内外 30 多家报刊、国内 6 家大型网站均作连续报道。《新民晚报》对一等奖作品以整版篇幅选载，提高《金山》在华文文学界的知名度。《金山》与龙源期刊网合作，打造网络期刊品牌，2005 年起，《金山》跻身中文期刊网络阅读亚洲排行第 47 位。杂志社策划出版多部报告文学集，开设青少年文艺学院，组织青少年“童话节大赛”“日记大赛”“七彩假日”等品牌活动。1999 年在第三届江苏省期刊质量评估中，被评为二级期刊。2002 年第四届评估分级中，被评为一级期刊。

第二节　社会科学期刊

1983 年，镇江市社会科学类期刊有 5 种(《镇江文史资料》《镇江师专学报》《江苏工学院学报》《镇江企业管理》《镇江革命史料选》)。1985 年创办《镇江史志通讯》《镇江职大》。1990 年前后，镇江市委及政府有关部门和驻镇高校创办内部发行期刊约 24 种。1997 ~ 1998 年，对期刊进行整顿、调整，有的停刊，有的转为连续性内部资料出版物。至 2005 年社科类期刊公开发行的有 3 种，内部发行(连续性内部资料出版物)有 16 种。

一、《江苏大学学报(社会科学版)》

其前身是《镇江师专学报(社科版)》，由镇江师范专科学校主办，1979 年创刊，季刊，16 开本。2003 年，镇江师专与江苏大学合并，改名为《江苏大学学报(社会科学版)》，季刊，16 开本。江苏大学主办，刊址在梦溪园巷 30 号。是国内外公开发行的哲学、社会科学类学术理论期刊，是全国中文核心期刊、中国人文社会科学核心期刊、RCCSE 中国核心学术期刊、全国百强社科学报、江苏期刊方阵优秀期刊和江苏省一级期刊，设《政治学研究》《法律研究》《历史学研究》《文学研究》《语言学研究》《经济管理学研究》《赛珍珠研究》等栏目。

二、《镇江文史资料》

中国人民政治协商会议镇江市委员会主办，镇江市政协文史资料研究委员会编辑出版。1979 年下半年创刊，不定期出版(每年至少出 2 辑)，32 开本，每辑约 10 万字，发行量 1500 ~ 2000 份。80 年代中后期每年发行一辑。刊址镇江市政协内。主要内容是刊载爱国民主人士在旧民主主义革命、新民主主义革命时期亲身经历和与镇江有关的历史事件及人物资料。

三、《镇江企业管理》

镇江市计划经济委员会主办,《镇江企业管理》编辑部编辑。其宗旨是面向企业,宣传党和国家的经济工作方针、政策,交流企业管理经验,探讨与研究企业管理实践中提出的问题,普及企业管理知识,介绍企业管理方法,为提高企业经营管理水平服务。1983 年创刊,为不定期,1984 年改为月刊。16 开本,40 页,发行量 4000 份,最高达 8000 份。发行范围主要是镇江市辖市(区),并与近 70 个省市经济部门交流,后停刊。

四、《镇江革命史料选》

中共镇江市委党史征集委员会办公室编。其宗旨是征集、整理、保存和交流地方党史资料,为编写地方党史和革命史及进行革命传统教育提供资料和素材。1983 年 10 月创刊,不定期,大 32 开本,内部发行,主要内容有历史文献、资料、照片、回忆录、访问记、人物(烈士)介绍、革命报刊介绍和专题研究等。1989 年 3 月停办。

五、《镇江史志通讯》

镇江市地方志编纂委员会办公室主办,其宗旨宣传贯彻党和国家对地方志工作的方针政策,交流修志经验,把指导性、资料性、知识性有机结合起来,为修志工作服务。1985 年 3 月创刊,16 开本,50 页。季刊,内部发行,发行范围为镇江市所辖 4 县 2 区,省内外交流,发行量为 1000 份。设《方志论坛》《修志实践》《铁瓮春秋》《古今人物》《京口艺文》《名城漫谈》《文物古迹》等栏目。90 年代初,全市开展清理机关部门内部刊物,刊号被取消而停办。

六、《江苏科技大学学报(社会科学版)》

2001 年 1 月,《华东船舶工业学院学报(社科版)》创刊,季刊。2004 年 12 月,更名为《江苏科技大学学报(社科版)》,双月刊,16 开本。江苏科技大学主办,刊址为镇江市梦溪路 2 号。2004 年 12 月,《华东船舶工业学院学报(社科版)》在江苏省期刊质量评估分级中被评为一级期刊。

七、《镇江高专学报》

江苏省教育厅主管,镇江市高等专科学校主办。1986 年创刊,季刊,16 开本。社址在镇江市学府路 61 号。《镇江高专学报》是较早面向国内外公开发行的高职高专院校学报之一。2001 年 12 月,学报获《中国学术期刊(光盘版)检索与评价数据规范》执行优秀奖;2002 年 12 月,被评为江苏省一级期刊; 2004 年 5 月,获全国高职高专优秀学报一等奖; 2005 年 8 月,编辑部被评为全国高校科技期刊先进集体。

1983～2005 年镇江市社科类部分期刊一览表

表 36-6

刊名	主办单位	刊期	开张	发行形式	刊号
镇江史志通讯	市地方志	季刊	16 开	内部	-
镇江革命史料选	市党史办	不定期	大 32 开	内部	-
镇江文史资料	市政协	不定期	32 开	内部	-
▲创新	市委	月刊	16 开	内部	JSXK02001
▲民主建设	市人大	月刊	16 开	内部	JSXK02002

续表 36-6

刊名	主办单位	刊期	开张	发行形式	刊号
▲镇江政协	市政协	双月	32 开	内部	JSXK02003
▲镇江宣传	市委宣传部	半月	32 开	内部	JSXK02004
▲清风	市纪委	月刊	16 开	内部	JSXK02005
镇江学刊	市社科联	双月	16 开	内部	JSXK02006
▲镇江农村经济	市委农工部	季刊	16 开	内部	JSXK02007
▲镇江教育	市教育局	双月	16 开	内部	JSXK02008
镇江企业管理	市经委	月刊	16 开	内部	JSXK02009
镇江工运	市总工会	月刊	16 开	内部	JSXK020010
▲党建之窗	市委组织部	月刊	16 开	内部	JSXK020011
镇江金融	人行镇江分行	季刊	16 开	内部	JSXK020012
▲镇江工商	镇江工商局	双月	16 开	–	JSXK020013
▲镇江财会	市财政局	季刊	16 开	–	JSXK020014
▲镇江供销社经济	市供销社	季刊	16 开	–	–
镇江高专学报	市高专	季刊	16 开	公开	32 – 1511/G4
监狱学研究	省劳改警校	双月	16 开	–	JSXK2159
镇江陆军船艇	陆军船艇学校	季刊	16 开	–	JSXK2032
江苏科技大学学报(社科版)	江苏科技大学	季刊	–	公开	32 – 1765/N
江苏大学学报(社科版)	江苏大学	季刊	16 开	公开	32 – 1655/C
财经学刊	省财经学校	季刊	16 开	–	–
▲团内通讯	团市委	月刊	16 开	–	–

说明:有“▲”刊物 1998 年改为连续性内部资料性出版物

第三节　自然科学期刊

1983 年,镇江市出版的自然科学类期刊有《蚕业科学》《农机化科技》《蚕业文摘》《国外农业—蚕业》《镇江水利》《镇江环保》《排灌机械》《江苏调味副食品》《江苏船舶》《江苏工学院学报(自然科学版)》等 10 种。1995 年公开发行的自然科学类期刊 7 种,内部发行 4 种(《船舶高教研究》《中外船舶科技》《医学检验进修杂志》《船院译丛》)。1998 年期刊整顿,有的停办,有的转为连续性资料性出版物。2005 年底公开发行的 12 种,内部发行(连续性内部出版物)4 种。

一、《蚕业科学》

1963 年创刊,1966 年“文化大革命”停刊,1978 年复刊,季刊,16 开本,全国发行,中国蚕业学会主办,中国农业科学院蚕业研究所出版。1980 年,被农业部列为中国农业科技对外交流刊物,与日本、朝鲜、波兰、印度、法国等国家的刊物交换。1992 年获中国科协优秀期刊奖,全国农口学会优秀期刊奖。1995 年获江苏省优秀期刊奖。2002 年获第三届全国优秀农业期刊学术类一等奖。2003 年起该刊由中国蚕学会、中国农业科学院蚕业研究所共同承办。2004 年获全国优秀期刊学术类一等奖。

二、《农业装备技术》

1975 年创刊，时名《镇江农机资料》，由镇江农机学院、镇江市农业机械技术站主办，双月刊，大 16 开，56 页。1986 年改版为《农机化科技》，1992 年改版为《江苏农机与农艺》，2002 年改版为《农业装备技术》，双月刊，大 16 开，56 页。由江苏大学农业装备工程研究院、镇江市农业机械技术推广站主办，是公开发行的科技期刊。主要栏目有装备工程、展望预测、现代农业、设计与工艺、机手之友、农业开发、四新集萃、信息窗等。被列入 CNKI 中国知识基础设施工程，为中国学术期刊综合评价数据库统计源期刊、中国核心期刊（遴选）数据库全文收录期刊、中国期刊全文数据库全文收录期刊、中国学术期刊综合评价数据库全文收录期刊。1985 年、1989 年期刊获全国地市农机科技情报网刊评比一等奖；1989 年、1991 年编辑部被中国农机学会评为农机科普先进集体；1997 年获江苏省农机局颁发的江苏省农机化科技进步二等奖。

三、《江苏大学学报（自然科学版）》

1980 年创刊于镇江农机学院，原刊名《镇江农业机械学院学报》，1982 年更名为《江苏工学院学报》，1994 年更名为《江苏理工大学学报》，2002 年改为现刊名，双月刊，16 开本，国内外公开发行，为 EI 核心期刊、全国中文核心期刊。收录本刊的国际权威数据库有：美国《工程索引》（EI）、美国《数学评论》（MR）、美国《化学文摘》（CA）、俄罗斯《文摘杂志》（AJ）、美国《剑桥科学文摘》（CSA）和德国《数学文摘》（ZBL MATH）。期刊先后获全国优秀科技情报成果一等奖、全国高校自然科学学报编辑质量二等奖、全国优秀农机科技期刊奖、江苏省高校自然科学学报优秀学报奖、首届江苏期刊方阵优秀期刊、教育部全国高校优秀科技期刊一等奖。

四、《江苏船舶》

1980 年创刊，双月刊，16 开本。江苏省交通厅主管，江苏省造船工程学会和江苏省船舶设计研究所主办，社址在镇江市正东路 5 号。《江苏船舶》是国内销量最大的船舶期刊，面向国内外公开发行，主要内容有内河及海洋船舶、渔船、高性能船及高速渡船、玻璃钢船、工程船、船舶检验、船用设备和新材料介绍、各种设计与报价的实用资料、船业信息等。

五、《排灌机械》

1982 年创刊，季刊，小 16 开。1985 年改为国内外公开发行，双月刊。1989 年改为季刊。2000 年改为双月刊，大 16 开。国家机械工业局主管，中国农业机械学会排灌机械分会和江苏理工大学流体机械工程技术中心主办，社址在镇江市学府路 301 号江苏理工大学内。1992 年、1996 年被北京高校图书馆期刊工作研究会鉴定为全国中文核心期刊。2002 年，被颁发中国科学技术核心期刊证书。先后获全国农机科技优秀期刊一等奖、优秀科技情报成果二等奖、全国农机系统优秀科技期刊。

六、《江苏调味副食品》

1982 年创刊，季刊，小 16 开本，2003 年以后改双月刊，大 16 开本。江苏省商业厅科工处主管，江苏省调味副食品行业协会主办，社址在镇江市中山西路 84 号。

七、《江苏科技大学学报（自然科学版）》

1986 年 1 月创刊，时名《镇江船舶学院学报》；2001 年 1 月，更名为《华东船舶学院学报（自然科学版)》。2005 年 12 月,更名为《江苏科技大学学报(自然科学版)》,双月刊,江苏科技大学主办,刊址在镇江市梦溪路 2 号。1995 年期刊获江苏省高等学校自然科学学报系统优秀学报、全国高校自然科学学报三优评比优秀学报二等奖。2004 年获全国高校科技期刊二等奖,编入《中文核心期刊要目总揽》2004 年版,江苏省期刊质量评估分级中被评为一级期刊。

八、《江苏大学学报(医学版)》

1991 年 7 月创刊,时名《镇江医学院学报》,镇江医学院主管。1995 年取得国内统一刊号,全国发行。1999 年获江苏省优秀学报称号。2002 年改为《江苏大学学报(医学版)》,江苏大学主管。季刊,16 开本,刊址在梦溪园巷 30 号。

九、《江苏实用心电学杂志》

1993 年在山东省济南市创刊,双月刊,16 开本。江苏省卫生厅主管,镇江医学院、南通医学院及徐州医学院主办。编辑部设在山东省济南市一零六医院内。1996 年获全国统一刊号 CN 32 - 1484/R 及国际统一刊号 ISSN 1008 - 0740。编辑部地址先后变迁于山东省济南市及江苏省徐州市,2000 年 6 月定址江苏省镇江市江苏大学附院内。《江苏实用心电学杂志》2001 年 8 月获中国科技期刊数据库期刊原文收录。2003 年 7 月被中国期刊全文数据库(CJFD)(光盘版)全文收录,获中国学术期刊综合评价数据库(CAJCED)统计刊源证书。

十、《中国蚕业》

1995 年 2 月 15 日创刊,季刊,16 开本。前身是 1980 年 2 月 15 日创刊的《国外农学蚕业》。农业部主管,中国农业科学院蚕业研究所主办,刊址在镇江市四摆渡蚕研所内。设研究简报、技术应用、知识广角、改革探索、行业管理等栏目。

第三章　广播电视

1983 年设镇江市广播电视局(下称市广电局),地址在蛤蟆院 38 号。市广电局管理全市广播电视宣传、事业建设和音像制品发行放映工作。下辖镇江市人民广播站、镇江电视转播台、镇江实验电台、镇江市广播电视修理服务部。1988 年 3 月,市广电局迁至观音桥巷 55 号。1990 年底,局下辖镇江人民广播电台、镇江电视台、镇江市城市有线广播管理站、镇江广播电视报社、市广播电视服务公司、江苏省音像制品发行社镇江唱片发行站、市音像发行站、广播电视微波站。1992 年,市广电局迁入中山西路 94 号新广电大楼。同年底,下辖镇江人民广播电台、镇江电视台、镇江市城市有线广播电视管理站、镇江广播电视报社、市广播电视服务公司、江苏省音像制品发行社镇江唱片发行站、市音像发行站、有线电视供片站。

2002 年,镇江市广播电视局实行“局台合一”体制,即广电局和广电总台“一套班子、两块牌子”,称镇江市广播电视总台(局)。下设镇江人民广播电台、镇江电视台、镇江广电网络技术中心、镇江广电发展中心、镇江广播电视报社、镇江广电后勤管理服务中心。2003 年位于长江路的新广电中心工程启动,2005 年工程开工。

第一节　广　播

一、镇江市人民广播站

1983 年,镇江市人民广播站全站 50 人,设编辑部、机务组、线路工程队。镇江以有线广播为主,有市郊相连的城市有线广播网。市内有线广播专线 32.7 公里,郊区广播线路 113 公里,郊区有 7 个广播放大站,拥有扩音机总功率 7150 瓦,全市有线广播喇叭 4.03 万只,其中郊区 2.03 万只,入户率 67%,通响率 80%。镇江市人民广播站每天播音 11.5 小时,自办节目占 66%,自办节目有《镇江新闻》《新人新事新风尚》《青少年节目》等 6 个新闻专题;听众点播等 4 个文艺节目;天气预报等多个服务性节目。新闻中增加现场录音、现场采访等音响报道,镇江重要新闻在当天晚上播出,占《晚间新闻》30%。

1983 年 7 月筹建镇江人民广播电台,市人民广播站更名为镇江市城市有线广播站,镇江市人民广播站呼号用至 1984 年 4 月 19 日。1984 年 4 月 20 日,镇江人民广播电台开播,镇江市城市有线广播站自办节目停止,专事转播镇江人民广播电台节目,并负责市区、郊区有线广播网维护和管理。1988 年 7 月,润州区人民广播站成立,郊区 7 个乡镇广播放大站划入润州区。时半导体收音机普及,城市有线广播日渐萎缩。1990 年全站职工 25 人,设办公室、技术部、工程部。市区有线广播专线 42(杆)公里,广播喇叭 0.6 万只。1993 年 1 月,镇江市城区有线广播终止播音。

二、镇江人民广播电台

1983 年 7 月,筹建镇江人民广播电台。1984 年 4 月 20 日正式开播,频率 1593 千赫,波长 188.32 米,功率 1000 瓦,呼号镇江人民广播电台,有职工 69 名,设台长室、总编办公室(含播音组)、新闻部、文艺部、综合部、技术部(含传音组和发射组),发射台在京岘山无线电实验台内。1986 年,技术部发射组升格为发射台。1987 年 1 月 6 日,镇江人民广播电台调频立体声广播正式开播,发射功率 50 瓦,作为镇江人民广播电台第二套节目,每天中午和晚间各播出 1 小时立体声音乐文艺节目(晚间为重播)。同年 8 月 22 日,镇江人民广播电台中波频率改为 1224 千赫,功率为 1000 瓦。1993 年 1 月,镇江经济广播电台开播,使用中波、调频播出,中波频率 900 千赫,功率 1000 瓦;调频频率 99.4 兆赫,功率 1000 瓦。1994 年 8 月,镇江人民广播电台文艺台正式开播,使用中波、调频播出,中波频率 1098 千赫,功率 1000 瓦;调频频率 96.3 兆赫,功率 50 瓦。1995 年 5 月,镇江人民广播电台新闻台开播,波长 245.9 米,频率 1224 千赫,功率 1000 瓦,形成所属 3 个系列台运行格局。2002 年 8 月,电台体制进行整合,撤销 3 个系列台独立法人单位建制,改为新闻综合、经济生活、交通 3 个内设频率。2005 年 5 月电台启用调频 90.5 兆赫为经济生活频率使用。

1. 宣传

节目　1984 年 4 月建台初期,节目是在原镇江市人民广播站节目基础上调整充实而设置,全天播音 14 小时零 5 分,其中自办节目 11 小时 25 分,兼有新闻性、文艺性、服务性。1985 年元旦首次调整节目,压缩转播时间 1 小时 5 分;加强文艺类节目,增加至总时量的 70%。1987 年 1 月起,除中波节目外,开设立体声调频广播节目。1990 年底,周一至周六全天播音 13 小时零 5 分,星期天播音 15 小时 15 分。全周播出的节目中,新闻类节目 21%、社教类节目 9%、文艺类节目 51%、服务类节目 19%,其中自办节目占 91%。《理论与实践》《星期 80 分》等成为特色节(栏)目。

1992 年 1 月,电台首次将直播室移向户外,在华联商厦举办“乐在华联”现场直播。5 月推出《早上好》60 分钟新闻板块,午间推出《走进直播室》节目(12：10～13：00)。1993 年 1 月,镇江经济广播电台成立，节目全部以直播形式播出。1994 年 8 月，镇江人民广播电台文艺台成立，以文学、音乐为主，深受青少年听众喜爱。1995 年 5 月，镇江人民广播电台新闻台成立，注重新闻报道的及时性，扩大新闻报道容量；并开办红领巾广播台。

1996 年，文艺台改为交通文艺台，每天播出 16 小时。1997 年，经济台开办《镇江一周英语新闻》，每周日 8：30～9：00。1999 年，经济台"热线传递"获江苏省十大优秀栏目。2000 年，镇江交通文艺广播电台改为镇江交通广播电台，为听众提供及时的路况信息及车辆、交通方面内容。《热线传递》《百姓热线》获镇江十大名优栏目。2000 年，镇江经济广播电台和中国国际广播电台合作开办《走进镇江》节目，首次向全世界 140 多个国家和地区宣传推介镇江，《走进镇江》节目获 2001 年度中国广播电视新闻奖——"彩虹奖"三等奖和第四届镇江新闻奖。

2001 年，经济台《热线传递》获江苏省优秀栏目。2002 年，邀请中国国际广播电台和全国 30 家城市电台来镇江采访，集知名广播媒体之力宣传镇江。2003 年，镇江电台经济频率加入中国"长三角"经济广播网合作联盟，拓展外宣新空间。2003 年 12 月，镇江人民广播电台和中央电视台合作，在金山风景区录制大型群众歌会《激情广场》（镇江版），向海内外观众展示镇江自然风光、历史人文，新时期镇江人精神风貌。2004 年 8 月，镇江人民广播电台与中央电视台合作，录制《艺苑风景线》特别节目——《大江放歌》，作为当年镇江市金秋经贸洽谈会开幕式文艺演出，曾在中央电视台多次播出。镇江人民广播电台在中央人民广播电台播用的新闻和专题报道，名列华东地区地级市前茅，被中央人民广播电台评为 2004 年度通联先进单位。2005 年，镇江人民广播电台《行风热线》开播，每周 3 期。

广播剧制作　1984 年制作《女记者》。1986 年制作《辛亥上将军》《玛特渥·法尔高纳》。1987 年制作《十六的月亮》《离合》《美丽的孔雀尾巴》。1989 年制作《土地爷上任》。1990 年制作《警察和罪犯的儿子》。1994 年开始直播 18 集系列广播剧《星期天的故事》。1995 年制作《大写的军人林正书》。1997 年制作《大江七月血》。1998 年制作《运河情》。1999 年制作《贝城日记》。2000 年制作《金牌》。2002 年制作《茅山红杜鹃》。2003 年制作《阻击 SARS》。2004 年制作《鸡血石》。

2. 产业经营

1984 年，镇江人民广播电台先后设立综合部、广告部、经济信息部负责广播广告业务，工作人员 3～4 人。1984 年，开设《广告·文艺》节目，以代理外地广告为主；1985 年后陆续增设《广告》《信息之窗》《企业之友》《新产品介绍》《健康之友》《经济信息》《周末广告》《为您服务》等节目。到 1989 年，电台与全国 179 家城市电台建立代理广告业务联系，广告收入突破 25 万元；代理外地广告业务全面转向拓展本地广告市场。1992 年，广告创收超过 40 万元。

1993 年 1 月，镇江经济广播电台成立，实施主持人直播、大板块节目、市场化运作模式，迅速赢得听众和市场认可，通过品牌广告和众多商家特约播出，全年实现创收 100 多万元。1994 年 8 月，镇江文艺台开播，通过品牌宣传和活动推广等经营手段实现创收 67 万余元。1995 年 5 月，镇江新闻台开播。通过整合各种社会资源，采取多种经营方式，同年创收超 100 万元。

2003 年 12 月 20 日，与中央电视台合作，录制大型群众歌会《激情广场》（镇江版），创收 60 余万元，实现电台第一次产业链条拓展。2004 年 8 月，与中央电视台合作，录制《艺苑风景线》特别节目——《大江放歌》，活动创收 100 余万元，创下镇江电台独立承办活动创收之最。2005 年，在"同一首歌——走进镇江"大型歌会方阵组织中，创收 200 多万元。组织活动成为镇江电台广告经营重要手段之一。

1984～2005 年镇江市人民广播电台经营创收情况表

表 36-7　单位:万元

年份	1984	1985	1986	1987	1988	1989	1990	1991	1992	1993	1994
创收金额	5.00	8.83	6.73	8.33	18.00	25.72	10.90	21.25	40.47	259.03	226.1
年份	1995	1996	1997	1998	1999	2000	2001	2002	2003	2004	2005
创收金额	284.49	277.18	339.00	296.98	315.30	442.50	356.50	433.20	533.28	656.09	578.17

3. 技术设施

录制和传播设施　1984 年 2 月,电台传音系统、节目制作中心和播出系统在观音桥巷,从观音桥巷传音机房到京岘山中波发射机房架设信号传输电缆(普通市话电缆)4500 米。传音机房由镇江市广播站文艺演播室改建,面积 31 平方米。全台有 635 型录音机 13 台,传音机房有 635 型录音机 4 台和 L602 型录音机 2 台,用于播放节目。增音设备用 6 路前级增音机代替,收音转播节目用 SW430 型电子管收音机。1985 年迁入新建传音机房,新购置 1 台 T4014C 型调音台为前级增音控制桌,播音室也迁入新建的 2 间语音播音室,每间 16 平方米,配置录音设备和空调。1987 年 1 月开播调频广播,主要设备有 TF415 型调频发射机 1 台、T4014C 型调音台 1 台、LY636 型立体声录音机 2 台、夏普 9000 型收录机 1 台和中华 J3002 型音箱 1 只。二层四面折合振子天线架在机房四楼屋顶,天线高度 35 米,共投资 7 万多元。同年,传音机房增添日本 JVC 产 FM 和 AM 调谐器为收音转播接收机。1989 年,改造调频发射天线,增加二层天线振子,增大天线增益。播音室配备 T4019 调音台 1 台,用 4 台 637 型录音机更换 635 型录音机。同年 11 月 5 日通过市县微波网向丹阳、句容、扬中县广播站传送节目信号。1990 年 11 月 15 日,购置的 BK—3 自动播控设备投入运行,传音机房实现播出程序自动化。同年底,镇江人民广播电台有 635、637 型录音机 18 台,调音台 6 台,文艺复制线 2 条。

1992 年 12 月,播出机房迁至中山西路 94 号,有录音室 3 套。主要设备有 4010 调音台(上海唱片厂生产)、635 录音机(山西榆次生产)、221 录音机(苏州录音器材厂)和 2 台 5050 录音机。电台技术用房有中波传音机房、录音室各 1 套。中波传音机房主要设备有 4014 调音台 1 台(上海唱片厂生产)、637 录音机 4 台和 5 千瓦电子调压器 1 台。中波信号传输用多芯电缆(10 瓦调频点频机)。1993 年 1 月,镇江经济台播出机房主播室使用美国生产的直播调音台,备播室使用国产调音台,用美国产哈里斯调频发射机。1994 年 8 月,镇江文艺台主播室使用英国生产声迹播出调音台,备播室使用英国生产声迹制作调音台,用上海产腾达调频固态发射机。1995 年,镇江新闻台原 3 间录音室分别改为主播室、备播室和导播室。主播、备播使用美国丰立 PHONIC 型调音台,信号传输用多芯电缆。2001 年 4 月,电台启用数字音频自动播出系统(音频工作站),实现音频录制和播出数字化。

信号传输采用光纤传输分两个信号传输通路:一路送往中波发射台的 1224KC 信号和 900KC 信号;一路送往九华山电视发射台的三路调频信号(经济频率 90.5 兆赫、新闻频率 99.4 兆赫、交通频率 96.3 兆赫)。

发射系统　发射系统设在镇江市东郊京岘山。建台时,有无线电实验台 1000 瓦中波发射机 4 台,发射塔 3 座,购置 12 千瓦汽油发电机组 1 台作为发射台备用电源。1985 年,京岘山发射台征地 0.81 公顷,扩大发射天线场地,并对发射天线地网改造。完成 1593 千赫频率稳定度调整工作,2 台发射机稳定度由原来相差 100 多赫兹调整到相差 10 赫兹以下,达到国家规定指标。1986 年添置 1000 瓦中波发射机 3 台、控制桌 1 张。1987 年 9 月,新建 87 平方米高压配电房,自行设计安装主备电源低压自动切换装置。1988 年发射台铺设上山水泥路 160 多米,架设 10 千伏高压输电线 2

公里，新盖两路供电高压配电房，面积为90.3平方米，完成第二路供电系统配套建设。1989年10月，市广播电视局组织广播、电视场强测试，测得镇江人民广播电台场强覆盖半径为12.35公里。1990年传音电缆终端由无源均衡器改用有源均衡器，使用进口的DBX165A型限幅压缩器，改善信号传输质量，提高发射机平均调幅度，提高收听效果。至年底，电台发射台拥有1000瓦发射机7台，各种测试仪器9件。

2001年7月镇江经济台、2002年10月镇江文艺台、2005年6月镇江新闻台的发射系统分别由广电大楼移至九华山顶，天线高度由海拔70米增至240米。

采访设备　20世纪80年代至90年代，采访主要是人工用笔记录加便携式磁带采访机。2000年，开始添置数字录音笔，记者采访实现数字化采访。设备采用固态存储器件，录音素材以音频文件方式编辑和存储。

2001年4月，电台启用数字音频自动播出系统（音频工作站）24个站点。其中，管理中心设管理站1个、慢录站1个、审听站1个、精品制作站1个；新闻频率设主播站1个、备播站1个、录制站1个、文稿站2个、广告站1个、审听站1个；经济频率设主播站1个、备播站1个、录制站1个、文稿站2个、审听站1个；交通频率设主播站1个、备播站1个、录制站1个、文稿站2个、广告站1个、审听站1个。系统服务器为惠普ML330G3型，磁盘阵列为AMAPT9512U3S型，总容量约300G。2003年添置电台专业使用的采访通。2004年2月8日购买戴尔2600型服务器1台，完成音频自动播出系统服务器备份。2004年3月投资搭建8个站点的新闻文稿审编系统，极大提高电台的新闻采、编、审工作效率。

1983～2005年镇江人民广播电台获省以上作品奖一览表

表36-8

年度	作品	奖项	作者
1990	抗英大炮对我说	全国少儿节目一等奖	袁　萍
1994	一对盲人夫妇的故事	全国新闻专题二等奖	张永涛　江　鸣　严　悦
1996	一个仍在延续的故事	全国经济台新闻专题一等奖	范梅源　濮雨婷
1990	企业活力辩证谈	江苏省社教理论一等奖	江　鸣
1994	商业局长走进个体服饰行	江苏省广播新闻一等奖	王国芳　于　勇
1995	警民同心——说句心里话	江苏省广播主持人节目一等奖	江　鸣　王　村　张　舒
1996	乡镇企业进城招聘下岗职工	江苏省广播新闻一等奖	于　勇　任承曦
1996	走进我们生活的国际互联网	江苏省广播社教一等奖	黄青石　武　宁
1997	开弓有神、丝丝流韵	江苏省广播文艺音乐节目一等奖	孙小梅　董永新　李　跃
1997	为了家乡这片热土	江苏省广播播音作品一等奖	周　萍　黄　岩
1997	刘鹗和他的铁路梦	江苏省社教专题一等奖	夏凌云　任建华　姚建东
1998	名牌也要争市场	江苏省新闻专题一等奖	袁剑峰　王国芳　姚建东
1999	“中国制造”迎接“WTO”—— “入世”对中国汽车工业的影响	江苏省社教专题一等奖	刘雨辰　魏　燕
1999	百年国企江苏恒顺依靠科技焕青春	江苏省广播新闻专题一等奖	陆秋莉
2000	最后一班岗	江苏省播音主持作品一等奖	周　萍
2002	千里迢迢看女儿	江苏省播音主持作品一等奖	黄　岩

续表 36-8

年度	作品	奖项	作者
2003	爱的旅程	江苏省广播新闻专题一等奖	孙文萍　刘雨辰 孙悦萌　张　舒
2004	和越剧结缘的老人	江苏省广播文艺一等奖	周　萍　朱　红
2004	让我叫你一声爸爸	江苏省优秀播音主持作品一等奖	黄　岩
2004	鸡血石	江苏省广播文艺广播剧一等奖	孙小梅　陶　伟 葛少华　李　群

第二节　无线电视

一、镇江电视转播台

1983 年 11 月，苏北微波干线开通，镇江电视转播台正式传送江苏电视台节目信号。1984 年，职工 15 人，5、7 两个频道，每周共转播 117 小时。同年 8 月，电视转播台共有彩色电视发射机 4 台，总功率 2150 瓦。10 月，镇江电视台成立，镇江电视转播台成为镇江电视台的发射部分。

二、镇江电视台

1984 年 8 月，在镇江电视转播台基础上筹建镇江电视台，由广播电视部 9 月批准成立，台址在蛤蟆院 38 号，职工 28 人。10 月 1 日试播自办电视新闻节目。1985 年 10 月 5 日正式开播，有 3 个频道播出：5 频道转播中央电视台节目，7 频道播镇江电视台节目和转播上海电视台节目，19 频道转播江苏电视台节目。自办节目发射功率 100 瓦，仅覆盖市区及附近部分地区。全台职工 39 人。1986 年 1 月，增设电视发射台。1986 年 8 月，建成第一座卫星地面接收站，年底，全台职工增至 45 人。1987 年 12 月，增设经济信息部。1988 年 3 月，台址搬迁至观音桥巷 55 号。1989 年 8 月，市县微波站开通，镇江电视台通过微波传送，经丹阳、句容、扬中电视转播台转播，全市人口覆盖率达 90.2%。

1990 年底，镇江电视台有职工 67 人，共 5 个频道，平均每周播出 247 个小时，其中自办节目每周 3 次，平均每周播出 11 小时 05 分。电视台拥有 11 台摄像机，17 台背包录像机，6 条编辑线和 1 辆三讯道转播车。发射台有 5 个频道转播 6 套节目。1992 年 12 月 1 日，镇江电视台自办节目改成每天播出。5 频道播自办节目，7 频道、30 频道、19 频道、22 频道转播中央一套二套、江苏电视台、上海电视台节目。1993 年 1 月，镇江电视台搬至中山西路 94 号广电大楼。1994 年 12 月镇江电视台试播白天节目（9：00～12：45），每周播出 60 小时。首次使用镇江电视台台标播出。1995 年 5 月，节目播出时间从 11：55 至次日凌晨 0：40 结束，节目播出贯通流畅。1996 年，首次使用直升飞机对镇江进行航拍。1997 年 4 月改造播控中心，改微波传送为光纤传送，提高节目图像质量和稳定性。7 月增设二套节目——镇江教育频道。10 月正式进入镇江有线网络。播出时间从12：00～22：10。至此，镇江电视台有 2 个频道播出自办节目。1998 年首次与中央电视台合作直播“爱立信中国乒乓球擂台赛 1998～1999 年度第一阶段决赛”，开创镇江电视史先河。

2002 年 4 月，镇江电视台和有线台合并，成立新的镇江电视台，镇江电视台节目由 2 个频道增至 3 个频道播出。一套节目 8：05～23：30 结束；二套节目从 9：50～21：30 结束；三套节目从 12：20～22：00 结束。2004 年 4 月 23 日开办《每日英语新闻》。

2005年,镇江电视台设置台长室、办公室、总编办公室、新闻中心、社教部、外宣部、文艺部、制作部、播出部、广告部等部门,拥有3个频道,1个250平方米演播厅。

1. 节目设置与制作

电视台自办节目,1984年试办每周一档(周一)。1985年7月增为每周二档(周一、周五),播出时间约3小时;每周日上午摘编一周"镇江新闻"。自办节目有镇江新闻、专题节目、文艺节目和广告、经济信息。1986年9月起,镇江电视台节目固定在7频道播出。1988年2月起,每周播出三档(周一、三、五)。1990年3月,基本稳定每周播出11小时,新闻节目、社教节目、文艺节目、服务节目各占28%、5%、50%、17%。1992年12月,每天有新闻。1995年7月,节目播出时间由9:00~12:45、18:00~0:40,调整为11:55~0:40。2000年4月,一套二套节目改版,一套节目是新闻、专题、电视剧为主的综合频道,二套是涵盖生活、时尚、综艺、少儿、影视在内的娱乐休闲频道。

新闻类节目 镇江电视台建台开设《镇江新闻》。1988年2月,《镇江新闻》更名为《新闻报道》,每周播出三档,每档15分钟,周二、四、六播出。1989年8月增设《一周要闻》,周日播出。1991年元月,《新闻报道》更名为《本市新闻》,每周播出7档,每档10分钟,实现电视新闻全周播出。1994年4月,创专题节目《新闻透视》,每档5分钟,每周7档,与《本市新闻》一同播出。1995年,直播《今日新闻》,由国际新闻、国内新闻、本市新闻组成,时间由15分钟增至30分钟。2000年,在《镇江新闻》基础上,新增《晚间报道》《新闻透视》《今晚8点》《一周英语新闻》《一周手语新闻》。

2002年8月,镇江电视台、有线电视台合并,镇江电视台开办《镇江新闻》,每档15分钟,每周7档,取代原镇江电视台《本市新闻》和镇江有线电视台《有线新闻》;开《晚间报道》,增加当晚发生的重要新闻,每周7档。合并《新闻透视》《金山聚焦》,开办专题节目《金山聚焦》,每档8分钟,每周7档。《星周刊》继续开办。2004年民生类栏目《咱老百姓》开播,每周4档;《镇江英语新闻》开播。2005年11月,合并《镇江新闻》《金山聚焦》《星周刊》,开办《直播镇江》,每档60分钟,每天18:30~19:30播出,全周播出;板块有"今日要闻""金山播报""金山聚焦""媒体大搜索""高阳说故事"等。

社会教育类节目 1985年10月,设知识类栏目《生活之友》,社教类节目不固定。1988年设《五光十色》《党的生活》。1989年设《第一江山》《生活大观》,开办《江天博览》,文化类专栏,每档15分钟,每周一档。1992年设《社会广角》,社会报道类专栏,每档15分钟,每周一档。1992年设《法制前沿》,1995年更名为《法制十二分》,每档12分钟,每周一档。1994年1月开办《中国镇江》,同年起,每月向欧洲东方卫视和黄河卫视供片。1994年9月到1997年,美国美洲东方卫视每月播出一档,每档50分钟。1998年更名为《看镇江》,全方位介绍镇江风土人情及社会变迁,每档15分钟,每周一档,并在境外播出。1995年设《消费点击》,消费指导类专栏,每档10分钟,每周一档,后停播。1998年设《民主与法制》《生活大观》。2000年新增《法制前沿》《快乐天使》

文艺类节目 1989~1993年,开设《艺海拾贝》《艺苑撷英》(《江天博览》《第一江山》《五光十色》)等专题文艺类节目,每周一档,片长15~20分钟。1993~2000年,开办《缤纷世界》,每周一档,周日21:00首播,片长30分钟。1998年《中国镇江掠影》《缤纷世界》《江天博览》合并为《看镇江》。

经济类节目 20世纪90年代初期,开设创收类栏目:《经济信息》《市场纵横》《你点我播》等。90年代中期设《经济大观园》《正午60分》《共度好时光》等。1997年起,点歌类节目由总编室归属广告部。2000年前后,取消点歌类栏目,经济信息类栏目更名为《经济时空》。2002年,推出《都市生活》。

2. 活动与对外宣传

1993 年,由中央电视台与镇江电视台联合摄制的《江东古地新大港》专题片在央视《神州风采》栏目中播出。1994 年,创立《看镇江》,介绍镇江的历史文化、风土人情和政治经济。1995 年 3 月 7 日,美国美洲东方卫星电视台(AATV)与镇江市政府新闻办、镇江电视台合作,首次开设《中国・镇江》栏目,是第一个对外宣传窗口。1996 年,镇江电视台和中国教育电视台联合开办《四季风》栏目,镇江电视台制作,中国教育频道每天定时播出 30 分钟。1997 年 6 月,《华东神韵》镇江版在美国斯科拉电视台播出,是开辟的第二个对外宣传窗口。1998 年 5 月镇江电视台在欧洲东方卫视播出固定节目,是对外宣传的又一窗口。

2000 年 5 月,镇江电视台与北京金牧场影视公司拍摄 20 集电视剧《愿望年代》,12 月在镇江举行开机仪式,2001 年 6 月底出成片,进行市场化运作。这是镇江首次参与拍摄制作的长篇连续剧。电视剧获江苏省第十九届电视周"金凤凰"奖,"五个一工程"奖和第二十一届中国电视金鹰奖提名。

2001 年 11 月,中央电视台科技频道(十套)通过卫星播出长达 1 小时的《家园》镇江专版—《古城话古今》。市委副书记刘永忠作为主嘉宾与央视著名主持人赵忠祥对话,介绍镇江历史、文化、风土人情、区位优势、发展思路等。同年,11 月 28 日和 12 月 2 日,凤凰卫视欧洲台播出《镇江,充满灵气和活力的地方》,全片 25 分钟。

2003 年,镇江电视台与中央文献研究室、江苏省委党史工办合作拍摄大型文献专题片《独领风骚——诗人毛泽东》,10 月在镇江进行封镜仪式和新闻发布会。该片获镇江市文明委第八届精神文明建设——新人新事奖、江苏省第二十届"金凤凰"奖一等奖、2003 年度江苏省电视文艺专题(政府奖)特别奖、第二十二届中国电视"金鹰"奖专题电视文艺节目最佳作品奖、第十八届中国电视文艺星光奖(政府奖)专题节目地方组特别奖。

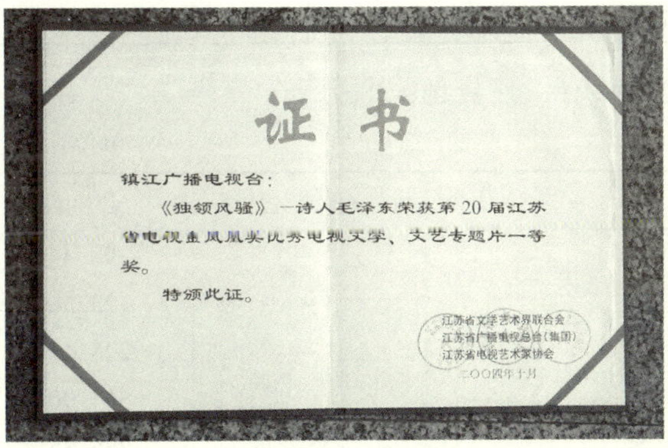

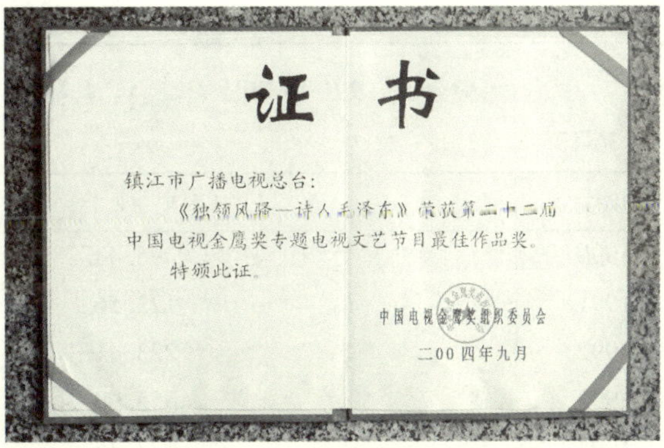

图 36-11　《独领风骚—诗人毛泽东》专题片部分获奖证书(2004 年摄)

2004 年,镇江广电局和镇江电视台承办由中国广播电视学会、江苏省旅游局、镇江市政府主办的全国卫视"中国历史文化名城——镇江"电视片大赛。10 月 9 日在"春江潮"广场开镜。有中央电视台、国务院五洲文化传播中心、湖南卫视等 18 家电视台参与制作 20 部专题节目,在各台播出。

2005 年 9 月,央视《同一首歌》节目走进镇江,镇江电视台积极借调各种设备(六讯道转播车、大摇臂和长焦镜头),确保《同一首歌》在镇江顺利举办。

3. 电视剧(片)制作

1985 年拍摄《春归》。1986 年拍摄《星星曲》《金色舰队》。1988 年拍摄《刑警档案》。1989 年拍摄《酸哥甜妹》。1991 年拍摄《大将军赵声》。21 世纪后,与其他单位联合拍摄电视片《赛珍珠在镇江》(2004)、大型电视纪录片《梅兰芳》、大型系列片《中国名人故里》(2004)。

1996～2005 年镇江电视台获省以上作品奖表

表 36-9

年度	作品	奖项	授奖单位
1996	金山月影	全国文艺类二等奖	–
1996	中国第一库—— 镇江民间文艺资料库	江苏省社教专题类一等奖	–
2000	中国古镇——镇江	全国纪录片二等奖	中国纪录片研究会
2001	大字之祖瘗鹤铭	中国中华荟萃纪录片二等奖	中国纪录片研究会
2001	江南水乡角直	江苏省优秀电视播音主持奖一等奖	江苏广播电视局
2002	因为有爱	省政府一等奖、省电视新闻专题一等奖	江苏广播电视局
2003	与狼共舞	江苏省电视评论一等奖	江苏广播电视局
2004	明天有约 40 期	省电视文艺政府奖	江苏广播电视局
2004	毛家传人	江苏省电视社教专题一等奖	江苏广播电视局
2004	水稻栽培	江苏省科教电视片一等奖	江苏广播电视学会
2005	猴奶奶	中国中华荟萃纪录片二等奖	中国纪录片研究会
2005	独领风骚——诗人毛泽东	江苏省五个一工程奖	江苏省委宣传部
2005	观音手	江苏省社教短纪录片一等奖	江苏广播电视局
2005	重塑人生	江苏省长纪录片一等奖	江苏广播电视局
2005	直播镇江—今日要闻	江苏播音与主持作品一等奖	江苏广播电视局
2005	明天有约	省电视文艺十佳栏目奖	江苏广播电视局

1990～2005 年镇江电视台（含有线台）广告创收情况表

表 36-10　　单位：万元

年度	电 视 台	有 线 台	合　计
1990	98. 44	–	98. 44
1991	123. 56	–	123. 56
1992	223. 41	–	223. 41
1993	555. 90	9	564. 90
1994	627. 35	159	786. 35
1995	864. 74	287	1151. 74
1996	1044. 12	399	1443. 12
1997	1523. 29	607	2130. 29
1998	2002. 42	732	2734. 42
1999	2212. 90	1100	3312. 90
2000	2426. 90	1310	3736. 90
2001	1604. 27	872. 69	2476. 96
2002	2383. 78	306. 24（1～9 月）	2690. 02
2003	3662. 42（含节目制作费 237. 68）	–	–
2004	4807. 23（含节目制作费 62. 32，节目活动费 28. 57）	–	–
2005	4008. 77（含节目制作费 181. 35）	–	–

4. 技术设施

建台初期，主要以日本SONY公司制播设备为主，利用SONY公司的VO系列高带机、SONY公司Betacam采编播设备等，建起新闻演播室、配音室、制作机房和播出机房，形成比较完整的制播系统，微波信号从8楼播出机房送到九华山电视发射塔进行发射传播。1988年购买三讯道电视转播车。1996～1997年，电视台进行技术改造，一套、二套节目都改为自动播控系统操作，由原来的微波传输改为光纤信号传输到九华山发射塔。

2000年，电视台引进数字采编播设备，购置多套日本松下公司DVCPRO系列数字摄录像设备，由摸拟信号向数字信号逐步转换。2001年起，原来的SONY系列采编设备逐步替换成松下公司的数字设备。2002年，编辑机房改造和调整，增加多条编辑线和非线性编辑系统。

2003年改造建成250平方米多功能演播厅，对原尼桑电视转播车技术改造，播出机房的控制台、机架、屏幕墙均更新，新增16×4音视频矩阵、音视频跳线架、波形监视器、GPS时钟、应急垫片机和UPS电源等，播出的信号传输采用进口光发、光收机送至5楼有线播控机房，整个播控系统技术指标得到很大提高。2004年搭建虚拟演播室，丰富专题节目制作手段。2005年原新闻演播室技术改造，建成全数字化新闻直播机房。

第三节　有线电视

镇江有线电视台筹建初期，编制40名(1993年底增加编制20人)，经费自理，设总编办公室、采编部、广告部、网络部、技术部。1993年10月1日，镇江有线电视台试播。1994年1月1日，镇江有线电视台开播，播出20套节目，日播出时间207小时，其中自办节目2套，播出自办新闻、专题和经济信息节目。开播1年用户达4.5万户。1995年，有线电视网覆盖扩大，同年增加用户2万户，总数达6万余户。

1996年，教育频道(试播)，实行节目负责人制。11月，设立无建制的教育频道采编部。市区有线电视用户突破8万户。1997年1月6日，教育频道正式开播。1997年11月，教育频道更名为经济频道。

1998年5月，经济频道原班人马设立“第三套节目”部；广告部成立广告中心，实行经营承包机制；网络部设播控中心；有线电视服务部承包经营饭店一家。1998年12月，有线电视台探索制播分离、广告与综艺节目市场化，注册组建镇江有线电视发展总公司，对节目广告中心、节目录制中心、播控中心、网络工程中心独立的经营承包部门，以协议方式，给予人员进出、考核、分配以及一定财务自主权。

2002年4月，镇江有线电视台与镇江电视台合并重组，镇江有线电视台的一、二、三套分别改为镇江电视台二、三、四套，统一使用镇江电视台呼号、台标。2004年，镇江市有线数字电视开通。

一、频道

1993年10月1日，有线电视台试播，开设12个频道和一套调频立体声广播节目。12个频道中，传送16套电视节目，有中央电视台1～4套节目和中国教育电视台两套节目，全天播出；云南、贵州、四川、西藏4套先行上星的边远省级卫视台，每两家合用1个频道，隔天交替播出。上海电视台和江苏电视台第一套节目，采用微波接收方式进网传输，转播无线的镇江电视台一套节目，连同镇江有线电视台自办的一套综合节目，4套节目在晚间播出。镇江台与新疆台，镇江有线电视台自办的另一套图文节目与上海台，均系合用频道，镇江有线电视网传送的调频立体声广播，系中央人民广播电台第三套节目。

1994年10月24日，有线电视台增设新频道，将频道增加到18个。增加浙江、山东卫视，以微波接力传送的方式收转上海东方台，停转西藏卫视；将原两套节目合用1个频道的镇江台与新疆台、上海台与有线二套(图文)分开，安排独用频道全日播出。1996年2月16日，央视加密频道在镇江落地，有线电视网传送的频道增加到21个。央视加密频道为央视5套(体育)、6套(电影)、7套(少儿军事科技农业)、8套(文艺，后改为电视剧)。1996年12月10日，有线电视台教育频道试播，采用14频道，1997年1月6日教育频道正式开播。1997年10月18日，镇江电视台二套进入有线电视网，频道数增到22个。1998年春节起，增加广东、湖南、陕西卫视频道；1998年11月，试转新上星的上海卫视，同年停转新疆、扬州台节目。1999年12月，增加江苏电视台二套、江苏电视台教育频道，停转上海东方台，频道数达26个。2000年12月28日，增转央视9套和北京、安徽、福建东南卫视，频道数达31个。

2001年8月，央视新开办的科教、戏曲频道和河北卫视在镇江落地。2002年7月，江苏电视台公共频道进网传输。2003年5月，央视新开办的新闻频道在镇江开通。2004年5月，央视少儿频道在镇江开通；11月，开播央视"电视指南"频道。2005年元月，重庆、辽宁卫视进网；4月，江苏电视台影视、少儿、体育频道进网。有线电视频道数达36个，其中包括：央视1～11套及新闻、少儿、中教1(共14套)，江苏台8套，镇江台3套，外省市卫视10套。

二、节目设置

1993年，有线电视台试播，开设两套自办节目，第一套设新闻、文艺、服务类节目，每天播出16.5小时。第二套节目为图文信息节目，每天24小时滚动播出。开设《有线新闻》，每档10分钟，每周播出6档，周一到周六播出；点歌类栏目《千千阙歌》。1994年1月1日，有线电视台正式开播，播出自办节目，设有《CATV新闻》《金山聚焦》《京江商情》等栏目。

1995年9月，《CATV新闻》更名为《镇江有线新闻》，由隔日扩为每周5天。为提高新闻时效，在每天21∶00播出的新闻节目中增设《本台记者刚刚发回的报道》栏目，与金山寻呼中心合作设《24小时新闻热线寻呼》，拓宽新闻信息来源。开办新闻专题节目《金山聚焦》，每档5分钟，与《有线新闻》一同播出。2001年开办《星周刊》，为谈话类节目，每档30分钟，每逢星期日播出。

三、有线电视网络

镇江市有线电视网络1993年7月起步(1993～1995年为一期工程，1996～1999年为二期工程，1999～2000年为三期工程)。按规划，镇江有线电视干线从市广播电视大楼前端机房输出后分为东干线、西干线和南干线3个主要部分。东干线长度为13公里(远期规划为16公里)，覆盖江滨新村、花山湾、桃花坞、丁卯开发区以及城中区的四牌楼、南门大街和大市口附近地区，包括电力路以东约20平方公里的片区范围，覆盖区人口近25万，确定江滨新村、花山湾、桃花坞小区为首批开通试验片区。西干线规划总长度11公里，初期建设约8公里，覆盖桃园、三茅宫、太古山、跑马山等片区，覆盖区人口近8万。南干线覆盖李家山小区为主，初期干线长2公里，覆盖人口3万～4万。1993年8月5日，有线电视试验开通的江滨新村、花山湾和桃花坞小区开始登记收费，到年底3小区全部接通。1994年采用光缆传输技术，开始西干线和南干线建设，当年户数近36800户，谏壁地区开通有线电视。1995年6月，镇江有线电视台对老城区进行勘察和施工，对平房或零星楼幢，安排勘察设计和干线布网；实行"先安装后收费"，设立办事处，方便老城区群众就近联系登记。

1996年，镇江有线电视台从市到县(市)区广播电视传输覆盖网完成一期工程调研论证。1997年，全省有线电视联网镇江段光纤杆路基本完成，县(市)区光纤环状网共计架设光纤262.7公里，镇江建成传输线路1712.5公里。1998年，省至市、市至各辖市(区)广电光缆传输网全部开通，实现江苏理工大学有线电视与镇江有线电视的联网与开通。1999年，镇江广播电视实现综合覆盖率100%。上联省城、下通各辖市(区)、总长度5200芯公里的广播电视光纤传输网建成开通。

1999 年 6 月,《镇江市城区有线电视网络改造方案》通过省内专家评审。2000 年 5 月,市区有线电视网络改造工程开工,采用环形加星形的干线网络结构,传输结构上建立模拟平台和数字平台。10 月 29 日,镇江市有线电视光纤环网改造工程开工,第一座光中继站(诚和站)投入使用。2002 年,配合市政府重点工程,有 18 条道路管线入地,铺设广播电视主干线管道 35 公里。同年 9 月,镇江广播电视系统体制改革,实行网台分离,建立镇江广电网络技术中心(副处级单位)。内设办公室、网络技术部、播控中心(后更名为播控部)、用户管理部、网络维修中心(后更名为运维部)、电视发射台、中波发射台。2003 年,21 条道路实施原架空线路管线下地,全年累计道路建设管道 100 孔公里。同年 7 月,镇江市广电局会同镇江市建设局、镇江规划局发出《关于加强有线电视广播电视设施建设管理的通知》,首次对市区有线电视网络建设规划、施工资质、测试要求、技术指标、行业验收标准等作出统一规定;11 月组建数字电视办公室。2004 年 8 月,设立监察队,加强有线电视监察执法工作。

2004 年 12 月 30 日,镇江有线数字电视开通,采取模拟电视和数字电视并存运行方法,保留原模拟频道 36 套节目,开设 6 个节目包 24 套付费节目,有线电视节目源达 64 套。2005 年,有线电视网新增 2 个数字电视频道、1 个模拟电视转播频道,在恒美嘉园、学府芳邻、我家山水新月苑等 19 个新建小区建成第一个数字电视样板小区。

——小资料——

[清]周镐·京江二十四景图——龙洞吟秋

龙洞,在南郊檀山白龙岗的北坡,该洞为一岩厦,系沿三迭纪青龙灰岩的裂隙溶蚀而成。

据《京口山水志》和《丹徒县志》记载,有乡人入洞得龙骨(化石)数块,认为龙潜其中,脱骨而去,故名白龙洞。洞有石屏,状如莲花,又称莲花洞。

龙洞地居群山深处,遍野林木。每届秋临野菊盛开,山岭一片金黄,丛林尽染,有黄、有橙、有红、有绿,五彩缤纷,秋虫唧唧,金桂飘香,为登高寻古揽胜的最佳季节,天高气爽,景色宜人。

第三十七卷

书目

镇江是国家历史文化名城,有着深厚的文化积淀。山水形胜,钟灵毓秀,长江水与运河水共同孕育镇江一代代人才,在各自的领域耕耘并有诸多的著作奉献社会。本表根据搜集到的资料,收录1983年至2005年期间,镇江市(含丹阳市、句容市、扬中市、丹徒区)各单位、个人及居住外地镇江籍人士,在国内外出版社公开出版的书籍(含著作、编著、译著),包括外籍作者论及镇江的论著。所有书籍按出版时间排序,出版年月相同者按出版字数(降序)排列,仅有年份的书籍排列在当年的后面。表中还收录部分VCD光盘。

镇江市部分作者图书书目一览表

表37-1

书名	编著者(单位)	出 版 者	出版年月	字数(千)
释迦方志	道宣	中华书局	1983.1	63
人的聪明才智哪里来	茅家义	农村读物出版社	1983.4	47
茅于美词集	茅于美	香港广宇出版公司	1983.5	–
混凝土预制技术问答	顾网	山东科学技术出版社	1983.7	135
党的学说论集	法扬	四川人民出版社	1983.9	192
潜艇船体修理	徐书	中国人民解放军海军工程学院出版社	1983.9	–
中国企业经营法制管理	王河	中信出版社	1983.10	360
新编毒物分析化学	胡乃钊	沈阳药物学院出版社	1983.10	–
黄花集	陶雄	花城出版社	1983.12	–
金边牡丹	赵绍虎	江苏人民出版社	1983	–
竹青	李苇成	江苏美术出版社	1983	–
马套丢钱	李苇成	江苏美术出版社	1983	–
神秘的墓穴	李苇成	江苏美术出版社	1983	–
文心雕龙	刘勰	上海古籍出版社	1984.1	
于漪文体教学教案选	于漪	陕西人民出版社	1984.2	145
思想方法与工作方法	吴秉元	中国社会科学出版社	1984.3	173
赵声	萧梦龙	江苏古籍出版社	1984.4	50
临床实用中药学	颜正华	人民卫生出版社	1984.6	–
报纸体裁	赵永福　许恒声译	新华出版社	1984.6	115
四连杆机构综合概论(第一册)	李学荣	机械工业出版社	1984.7	232
文心雕龙绎旨	刘勰	齐鲁书社	1984.7	110
于漪教案选	于漪	上海教育出版社	1984.8	246
语文教苑耕耘录	于漪	福建教育出版社	1984.8	215
镇江史话	王骧等	江苏古籍出版社	1984.9	180
读书敏求记	钱曾	书目文献出版社	1984.9	166
管理会计学	李天民	中央广播电视大学出版社	1984.10	348
历代名人小简	吴增祺	岳麓书社	1984.10	155
海盗十三号	步罗庚	花山文艺出版社	1984.10	100

续表 37-1

书 名	编著者(单位)	出 版 者	出版年月	字数(千)
太平天国对外关系史	茅家琦	人民出版社	1984	282
电气化铁道远动技术	钱清泉	中国铁道出版社	1984	–
英译唐人绝句百首	吕叔湘	湖南教育出版社	1994	–
清词百首	于在春选注	人民文学出版社	1984	–
现代中医临床新选(日文版)	朱良春等	日本健康图书出版株式会社	1985.1	450
忠王李秀成	庐山	重庆出版社	1985.1	240
戴伯韬教育文集	戴伯韬	人民教育出版社	1985.2	–
[光绪]《丹阳县志》、[民国]《丹阳县续志》、[民国]《丹阳县续志补遗》(点校整理合编本)	丹阳县地方志编纂委员会	江苏广陵古籍刻印社	1985.3	600
管文蔚回忆录	管文蔚	人民出版社	1985.3	244
怎样学好历史	夏春江 吴三元	知识出版社	1985.3	107
江苏岁时风俗谈	王骧	江苏古籍出版社	1985.3	60
孔子评传	匡亚明	齐鲁书社	1985.4	306
四连杆机构综合概论(第二册)	李学荣	机械工业出版社	1985.4	136
记叙文一百题	于漪 陶本一	陕西人民出版社	1985.5	235
说明文一百题	于漪 陶本一	陕西人民出版社	1985.5	214
狼窝里的战斗	康新民 陆潮洪	新华出版社	1985.6	–
刘鹗及老残游记资料	刘德隆 朱禧 刘德平	四川人民出版社	1985.7	472
议论文一百题	于漪 陶本一	陕西人民出版社	1985.8	250
中国古典画论选译	许祖良 洪桥	辽宁美术出版社	1985.9	–
美国的皇族—历届总统的儿女们	邹海仑 蔡曙光译	中国展望出版社	1985.10	174
李绅诗注	王旋伯	上海古籍出版社	1985.11	130
沈括诗词辑存	胡道静	上海书店	1985.11	–
梅朵电影评论集	梅朵	四川文艺出版社	1985.11	–
混凝土预制技术	顾网	山东科学技术出版社	1985.12	142
茅于美词集	茅于美	湖南人民出版社	1985.12	–
伦敦雾迷	席耀良	江苏美术出版社	1985	70 幅
李傲学画	赵绍虎	人民美术出版社	1985	–
巾帼之歌	任则喻 毛家义等	科学技术出版社	1986.1	270
混凝土预制质量检验与全面管理	顾网	山东科学技术出版社	1986.1	185
医方囊秘	严德馨 方春阳	云南科技出版社	1986.2	–
语文园地拾穗集	于漪	海南人民出版社	1986.2	–

续表 37-1

书　名	编著者(单位)	出 版 者	出版年月	字数(千)
中国宋代科学家苏颂	颜中其	吉林文史出版社	1986.5	130
列宁与新闻事业	赵水福　傅显明	北京广播学院出版社	1986.5	19.3
抒情小赋赏析	赵景深　殷海国	甘肃人民出版社	1986.6	182
西王妃洪宣娇	庐山	北方妇女儿童出版社	1986.7	160
电信传输理论	王明鉴	人民邮电出版社	1986.8	350
东王杨秀清	庐山	重庆出版社	1986.8	203
新四军征途书画作品选	镇江市中国画院市美协	人民美术出版社	1986.8	-
四川古代画家故事	许祖良	四川美术出版社	1986.9	128
梅子与丁郎	丹阳编写组	中国民间文艺出版社	1986.10	128
镇江市旅游服务指南	镇江市政府外事办公室	江苏人民出版社	1986.11	78
动态数据处理——时间序列分析	项静恬　史久恩	高等教育出版社	1986.12	363
金山	程兆群　李守静	江苏人民出版社	1986.12	32
唐代金银器	陆九皋　韩伟	文物出版社	1986	-
美术论集 第四辑	沈鹏　陈履生	人民美术出版社	1986	-
新编毒物分析化学	胡乃钊	群众出版社	1986	-
中医内科诊治精要	徐木林	湖北科学技术出版社	1987.1	600
中医自学丛书——中药学	颜正华	江西科学技术出版社	1987.1	-
正在形成的世界—中学生成长趣事	李意如	北京少年儿童出版社	1987.2	130
高等教育管理学原理	陶增骈	辽宁人民出版社	1987.3	164
红氍毹上	陶雄	中国戏剧出版社	1987.4	-
教育学	冯忠汉　廖时人	人民教育出版社	1987.6	257
新闻学概论	赵水福译	新华出版社	1987.7	244
京口恨	姚凡	江苏少儿出版社	1987.7	192
国际广播探析	赵水福	中国广播电视出版社	1987.7	107
换热器原理及计算	朱聘冠	清华大学出版社	1987.8	643
后勤工程与管理	王宏济译	中国展望出版社	1987.8	363
刘鹗小传	刘德隆　朱禧 刘德平	天津人民出版社	1987.8	212
爱,从现在开始	吉传仁	吉林人民出版社	1987.11	163
除暴芒山道	王耀南　朱顺津	浙江美术出版社	1987.11	-
上海经济区工业概貌·镇江市卷	镇江市人民政府 上海市经济学会	学林出版社	1987.12	526
作文讲评五十例	于漪	山东教育出版社	1987.12	383

续表 37-1

书　名	编著者(单位)	出 版 者	出版年月	字数(千)
沙场情泪	庐山	江苏文艺出版社	1987.12	200
经济合同纠纷案例解析	王河	中国商业出版社	1987.12	–
旅游接待英语(英汉对照)	张丹子	上海外语教育出版社	1987	–
机构设计计算基础及程序	李学荣	机械工业出版社	1987	–
戏剧——综合的美类工程	戴平	上海人民出版社	1988.1	437
现代汉语虚词解析词典	鲍克怡	上海教育出版社	1988.1	222
哲学与社会主义现代化建设	吴秉元	河北人民出版社	1988.2	283
神州游踪	姚荷生	江苏人民出版社	1988.2	240
教育学(师专用)	睢文龙　冯忠汉　廖时人	人民教育出版社	1988.3	341
维修性设计指导	王宏济	昆仑出版社	1988.4	576
新机器机构的创造发明—机构综合	李学荣	重庆出版社	1988.4	238
投影教材及编制技术	沈纯	解放军出版社	1988.5	260
维修性工程理论与应用	沈纯责编	昆仑出版社	1988.6	630
马建忠编年事辑	蒋文野	河北教育出版社	1988.6	79
经济决策概论	欣士敏	上海科学技术出版社	1988.7	359
镇江市场大观	许洪声	中国展望出版社	1988.7	348
迷人的生存科学——生态学	吴鼎福	江苏科学技术出版社	1988.8	146
中医学问题答库中药学分册	颜正华	中医古籍出版社	1988.8	–
生活名物史话	茅家义等	上海人民出版社	1988.10	325
金山诗选	范然选编	南京大学出版社	1988.11	242
北王韦昌辉	庐山	重庆出版社	1988.11	235
温病学多选题评述	张腊荣	上海科学技术出版社	1988.11	112
台湾三十年(1949－1979)	茅家琦	河南人民出版社	1988	331
公安三袁选集	王骧等选注	湖北人民出版社	1988	–
美与欣赏	王霞林	江苏人民出版社	1989.1	226
镇江交通史	镇江市交通局	人民交通出版社	1989.2	429
免疫学和免疫学检验	陶义训	人民卫生出版社	1989.2	376
楚天科星	李海珍主编	复旦大学出版社	1989.2	242
核磁共振 CT	罗时葆	东南大学出版社	1989.4	400
镇江要览	镇江市地方志办公室	江苏古籍出版社	1989.4	222
朱良春用药经验	朱良春	上海中医学院出版社	1989.4	120
云南洱海科学论文集	刘德隅主编	云南民族出版社	1989.5	510
代理	卢万祥	南京出版社	1989.5	21

续表 37-1

书　名	编著者(单位)	出 版 者	出版年月	字数(千)
朱称俊山水画集	朱称俊	人民美术出版社	1989.5	–
接口与通信	高传善	复旦大学出版社	1989.6	711
机构与机械零件	马永林　盛庆梁	高等教育出版社	1989.6	454
美国金矿	徐增亮	原子能出版社	1989.6	255
镇江港史	《镇江港史》编审委员会	人民交通出版社	1989.6	235
广播新闻学基础	许恒生　赵水福	中国国际广播出版社	1989.6	107
亚鸣书画集	周亚鸣	南京大学出版社	1989.6	4 印张
给第三者	吴润生	河海大学出版社	1989.6	–
史学概论	王有录 夏春江等	中州古籍出版社	1989.8	244
丁香花,孤独的回忆	方范	广西人民出版社	1989.8	110
山水诗奇葩—谢灵运谢朓诗选注	殷海国	中州古籍出版社	1989.8	79.2
刑法分则教程	刘灿璞	文汇出版社	1989.9	300
两汉思想史	祝瑞开	上海古籍出版社	1989.9	295
人体模特儿众生相	王川	东方出版社	1989.9	106
纺线力学问题	陈人哲	纺织工业出版社	1989.10	310
台湾现代美术运动	陈履生	人民美术出版社	1989.10	–
北固山诗词选	范然选编	南京大学出版社	1989.11	245
云南大盈江流域泥石流	张信宝　刘江	成都地图出版社	1989.11	200
马列主义新闻学理论基础	傅显明　赵水福等译	中国国际广播出版社	1989.11	181
武汉青年抗日救亡史	徐永昭	武汉工业大学出版社	1989.11	170
文学集趣	匡纪龙	南京大学出版社	1989.12	284
三山集	应天仇	南京大学出版社	1989.12	111
云南自然保护区	刘德隅等	中国林业出版社	1989.12	–
历史文化名城—镇江	镇江市政府接待处	江苏文艺出版社	1989.12	–
晚清史论	茅家琦	河南人民出版社	1989	296
少女与诗	徐长顺	山东文艺出版社	1989	–
扬子潮	王永昌主编	南京大学出版社	1989	–
中国特色的企业集团	王河	中国财经经济出版社	1990.1	290
血证证治与现代研究	陈如泉	湖北科学技术出版社	1990.1	290
现代科学技术发展动向	刘化樵	人民出版社	1990.1	182
文曲星—陈毅诗文轶事	吴润生整理	中国民间文艺出版社	1990.1	10
楚汉相争(评话话本)	张善安口述 许晓云　吴汉兴整理	上海文艺出版社	1990.3	514

续表 37-1

书　名	编著者(单位)	出 版 者	出版年月	字数(千)
铁路各种心理概论	吴秉元	中国铁道出版社	1990.3	200
茅山情	汪大铭	上海社会科学院出版社	1990.3	102
焦山	程兆群　李守静	江苏人民出版社	1990.3	40
学海探珠	于漪	人民教育出版社	1990.4	124
重唱雷锋之歌	江鸣主编	南京出版社	1990.4	118
镇江名胜诗词选	王骧等选编	江苏古籍出版社	1990.4	3.4 印张
至顺镇江志(点校本)	杨积庆　贾秀英 蒋文野　笪远毅 点校	江苏古籍出版社	1990.6	561
张闻天研究文集（第一集）	张培森	中共党史资料出版社	1990.6	360
教育生态学	吴鼎福	江苏教育出版社	1990.6	273
塑料性能评定	黄德余	中国标准出版社	1990.6	203
吕叔湘文集(第一集)	吕叔湘	商务印书馆	1990.6	-
中国麋鹿	曹克清	学林出版社	1990.7	317
天黑了,该上路了	雨城	南京出版社	1990.7	220
土壤肥力物质基础及其调控	陈思凤	科学出版社	1990.8	318
提升法施工技术	苏红雯	中国建筑工业出版社	1990.8	216
古今中外佳作精选	于漪	语文出版社	1990.9	360
镇江乡情(镇江文史资料第 18 辑)	政协镇江市委员会	中国文史出版社	1990.9	162
绮丽的金山	刘雨男	南京大学出版社	1990.9	44
铁路企业文化建设	吴秉元	中国铁道出版社	1990.10	216
火车车轮的制造	孙文俊编审	冶金出版社	1990.10	215
古镇逸事	张国擎	南京出版社	1990.10	195
刘二刚书画选集	刘二刚	江苏美术出版社	1990.10	3 印张
执政党建设概论	法扬	南京大学出版社	1990.11	177
铀矿找矿勘探地质学	徐增亮	原子能出版社	1990.12	508
中国共产党江苏省镇江市组织史资料(1925.5～1987.10)	中共镇江市委组织部　中共镇江市委党史办公室 镇江市档案局	中共党史出版社	1990.12	246
桥梁专家茅以升(镇江文史资料第 20 辑)	政协镇江市委员会	中国文史出版社	1990.12	210
实用法学教程	刘云	文汇出版社	1990.12	200
伟大的变革——镇江市资本主义工商业的社会主义改造	中共镇江市委统战部　党史办	中国文史出版社	1990.12	160
吕叔湘文集(第二集)	吕叔湘	商务印书馆	1990.12	-

续表 37-1

书 名	编著者(单位)	出 版 者	出版年月	字数(千)
小河的眷念	范继平	南京文化杂志出版社	1990.12	-
本草衍义	颜正华等点校	人民卫生出版社	1990	-
中药学	颜正华	贵州 科技出版社	1990	-
江南一剑	吴润生等	中国戏剧出版社	1990	-
亚鸣书画集	周亚鸣	江苏美术出版社	1990	-
王同顺行书宋词	王同顺	上海书店	1990	-
中国优秀企业家吴斌荣	张国擎	中国经济管理出版社	1991.1	-
白发狂夫	王川	人民文学出版社	1991.2	344
维修性工程	甘茂治	国防工业出版社	1991.2	304
大学生法律基础教程	王河	中国青年出版社	1991.2	260
土壤、植物和其他生物样品的光谱分析	张国珍译	山东科学技术出版社	1991.2	260
中国共产党与社会主义精神文明建设	吴秉元	重庆出版社	1991.2	137
穿越旷野	沈亚丹	安徽文艺出版社	1991.3	-
京华女儿行(京城娇女恨)	金秉英	内蒙古人民出版社	1991.4	327
机械维修性	沈纯译	国防工业出版社	1991.4	243
老骥伏枥	李海珍主编	湖南科学技术出版社	1991.4	226
自动控制系统可靠性原理	王文启译	国防工业出版社	1991.4	174
管工技术	徐庚章 赵宝康	兵器工业出版社	1991.4	159
三笔书法	刘龙	南京大学出版社	1991.4	152
太和风云	李秦	中国国际广播出版社	1991.4	110
闪光的星座	镇江市委组织部 宣传部	南京出版社	1991.4	110
成语随想录	胡学鸣	中国国际广播出版社	1991.4	-
高等大气物理学	周秀骥	北京气象出版社	1991.5	1052
两滴水	钱吕明	江苏文艺出版社	1991.5	-
史记辞典	仓修良	山东教育出版社	1991.6	1850
中国科学技术法制管理	王河	吉林科学出版社	1991.6	313
难忘的岁月	镇江市党史办	中国文史出版社	1991.6	282
忠魂谱—镇江市革命烈士传专辑	镇江市党史办 民政局	南京大学出版社	1991.6	276
教育学的学与用	廖时人	人民教育出版社	1991.6	249
束沛德文学评论集	束沛德	明天出版社	1991.6	231
十年耕耘录——镇江市地方党史论文选(1981~1991)	镇江市党史办	南京大学出版社	1991.6	175

续表 37-1

书　名	编著者(单位)	出 版 者	出版年月	字数(千)
太阳石	唐金波	上海三联书店	1991.6	169
镇江书话	王玉国	南京大学出版社	1991.6	164
幽默小说选	生晓清	南京出版社	1991.6	130
中药学	颜正华	人民卫生出版社	1991.6	–
教育学教学咨询	睢文龙等	人民教育出版社	1991.7	487
社会主义价格理论与实践	蒋家俊	四川人民出版社	1991.7	273
小镇上的维纳斯	濮永顺	中国国际广播出版社	1991.7	219
风尘孽缘	庐山	花山文艺出版社	1991.7	180
中国酒令	金小曼	天津科学技术出版社	1991.7	–
大渡河畔千古恨	庐山	江苏文艺出版社	1991.8	170
丁观加作品选	丁观加	江苏美术出版社	1991.8	2 印张
周祥贵散文集	周祥贵	江苏文艺出版社	1991.8	–
动态和静态数据处理	项静恬	高等教育出版社	1991.9	935
实用通讯写作	马海根	中国国际广播出版社	1991.9	208
慷慨潇洒揽风流	王娟瑢	江苏文艺出版社	1991.9	160
婚姻大斜谷	王川	北方妇女儿童出版社	1991.9	140
圆柱齿轮加工误差机理、诊断及消减	经以广	沈阳出版社	1991.10	712
城市建设综合开发企业会计	裔褒生	东北财经大学出版社	1991.10	450
文学撷趣	匡纪龙	南京大学出版社	1991.10	370
现代振荡反应的数学理论和数值方法	张锁春	河南科学技术出版社	1991.10	349
艺术的回声	许祖良	南京出版社	1991.10	250
丹阳	周松林	江苏人民出版社	1991.10	150
绿色的梦	刘枫	南京出版社	1991.10	–
中国科技法学	王河	法律出版社	1991.11	390
扬中县志	《扬中县志》编纂委员会	文物出版社	1991.11	–
中外著名山川湖泊辞典	黄懋枢　于洸	山东友谊书社	1991.12	400
计算机概论	秦元勋	湖南科学技术出版社	1991.12	286
纪念陆小波先生(镇江文史资料第22辑)	政协江苏省文史委　政协镇江市文史委	江苏人民出版社	1991.12	150
赛珍珠	王玉国	南京大学出版社	1991.12	93
广西百色盆地东部地区第三系储层研究	方少仙	成都科技大学出版社	1991.12	–
太平天国通史	茅家琦	南京大学出版社	1991	1412

续表 37-1

书 名	编著者(单位)	出 版 者	出版年月	字数(千)
播种者之歌	陈惠春选编	江苏少年儿童出版社	1991	-
正是炉火纯青时	胡学鸣	中国国际广播出版社	1991	-
秦汉少年英雄传奇	王永昌	未来出版社	1991	-
杨逸塘山水画集	杨逸塘	北京出版社	1991	-
中国书法名作鉴赏辞典	李名方等	南京大学出版社	1991	-
三字经注解字帖	李山泉	江苏古籍出版社	1991	-
京口纪胜	陆潮洪	江苏人民出版社	1992.1	220
建筑工程基础数学	孙福兴	中国建筑工业出版社	1992.2	1264
食品生物化学	张国珍	中国农业出版社	1992.2	521
中国科学技术法制管理	王河	吉林科技出版社	1992.2	320
广播电视探析	赵水福	北京广播学院出版社	1992.2	226
丹徒	濮永顺 姚季平	江苏人民出版社	1992.2	143
句容	王振林 刘寿保 程尊平	江苏人民出版社	1992.2	132
江苏省对外开放重点工业卫星镇(镇江市)	杭祖安	江苏科学技术出版社	1992.3	120
通讯系统——电子通信中信号与噪声引论	卞正中	西安交通大学出版社	1992.3	750
色彩美学	郭廉夫 张继华	陕西人民美术出版社	1992.3	217
紫藤架下	李柏椴	南京文化杂志出版社	1992.4	-
环境地质学	徐增亮	青岛海洋大学出版社	1992.5	510
国际经济学	张二震 仇向洋译	江苏人民出版社	1992.5	350
陈直纪念文集	西北大学秦汉史研究室	西北大学出版社	1992.5	221
吕凤子传	朱亮	南京出版社	1992.5	200
脸谱故事	郭维庚采集	上海文艺出版社	1992.5	134
奥林匹克趣味百科	朱金官	中国大百科全书出版社上海分社	1992.6	387
海洋平台的建造与维修	虞维明	海洋出版社	1992.6	320
图文声像新闻采访学	谈忠余	广西教育出版社	1992.6	300
焦山碑刻	刘昆等	古吴轩出版社	1992.7	-
吕叔湘文集(第三集)	吕叔湘	商务印书馆	1992.7	-
吕叔湘文集(第四集)	吕叔湘	商务印书馆	1992.7	-
镇洪魔	张国擎	中国工人出版社	1992.7	-
丹阳县志	《丹阳县志》编纂委员会	江苏人民出版社	1992.8	1512
眼耳鼻咽喉——头颈外科	张振声	东南大学出版社	1992.8	-

续表 37-1

书　名	编著者(单位)	出 版 者	出版年月	字数(千)
镇江人物辞典	马德泾　范　然 马传生　李继东	南京大学出版社	1992.9	1434
分子放射生物学	夏寿萱	原子能出版社	1992.9	395
名人与镇江	范然	南京大学出版社	1992.9	170
中国镇江风景名胜	刘雨男　刘挺	南京大学出版社	1992.9	161
镇江沦陷记	镇江市关心下一代工作委员会 镇江市档案馆　张怿伯	南京出版社	1992.9	42
名优特产品企业史・镇江篇(1～5卷)	蔡仁贵　吴浩然 陈洁	江苏人民出版社	1992.9	–
铁军出山风云	黄宗林	江西省新闻出版局	1992.10	380
月亮照样升起	千山	香港金陵书社	1992.10	–
赛珍珠研究	刘龙	云南人民出版社	1992.11	384
陶渊明集全译	郭维森　包景诚	贵州人民出版社	1992.11	300
计算机应用初步	高传善等	复旦大学出版社	1992.11	175
散文阅读技巧	于涟	华东师范大学出版社	1992.11	100
京口区志	《京口区志》编纂委员会	上海社会科学院出版社	1992.11	95
苦愚斋戏曲选	郁亦行　莫秀荣	上海学林出版社	1992.12	196
第二条战线——中共华中十地委、茅山工委领导的城市地下党工作	镇江市党史办	南京大学出版社	1992.12	180
太平天国与列强	茅家琦	广西人民出版社	1992	287
教你写作文——中学生作文指引	于漪	香港朗文出版有限公司	1992	100
中国当代艺术家画库——薛元中	薛元中	中国画报出版社	1992	16K 32 页
九洲春风	朱立新编	哈尔滨出版社	1992	–
杨逸塘山水作品选(折叠式)	杨逸塘	北京美术摄影出版社	1992	–
顾凤珍作品选(折叠式)	顾凤珍	北京美术摄影出版社	1992	–
杨雷画选(折叠式)	杨雷	北京美术摄影出版社	1992	–
乐图南书法选	乐图南	南京大学出版社	1992	–
有机合成化学进展	戴立信	化学工业出版社	1993.1	588
光缆工程基础	王明鉴	北京邮电学院出版社	1993.1	388
党的学说与执政党建设	余隽　法扬	南京大学出版社	1993.1	320
防盗谋略	茅家义	文汇出版社	1993.1	224
吕凤子纪念文集(镇江市文史资料第24辑、丹阳市文史资料第9辑)	政协镇江市委员会 政协丹阳市委员会	江苏人民出版社	1993.1	175
油画讨论集(美术论集－第五集)	刘玉山　陈履生	人民美术出版社	1993.1	–

续表 37-1

书　名	编著者(单位)	出 版 者	出版年月	字数(千)
中华名中医治病囊秘—严德馨卷	严德馨	文汇出版社	1993.1	–
中国历代中医抗衰老秘要	严德馨	文汇出版社	1993.1	–
扬中	唐成海	江苏人民出版社	1993.2	120
荧屏拾穗——广西电视台电视节目解说词选	谈忠余	广西民族出版社	1993.3	464
镇江电力工业志	镇江市供电局	江苏人民出版社	1993.3	300
大学教育环境论要	刘明浚	航空工业出版社	1993.3	192
实用旅俄会话便览	许祖良	南京出版社	1993.3	34
少阳集	(宋)陈东撰 张国擎校注	北京古籍出版社	1993.3	–
中国小说描写辞典	殷海国	汉语大词典出版社	1993.4	830
中国企业集团群体集约经营管理	王河	中国经济出版社	1993.4	500
经济发展理论与实践	欣士敏	轻工业出版社	1993.4	366
中国历史地理	施和金	南京出版社	1993.4	230
毛泽东哲学思想与中国铁路建设	吴秉元	文津出版社	1993.4	200
世纪之坝	策划刘荣波等	作家出版社	1993.4	157
计算机应用初步习题分析与解答	高传善等	复旦大学出版社	1993.4	125
白马湖之恋	庐山	现代出版社	1993.4	120
皇塘镇志	《皇塘镇志》编纂委员会	江苏人民出版社	1993.5	300
错过花季	方范	北方文艺出版社	1993.5	219
养一斋诗话笺注	潘德舆著　吴宗海笺注	新天出版社	1993.5	200
中学乡土语文读本	镇江市教育局教研室 市教育科研所 市教育学会中语会	华夏出版社	1993.5	156
镇江年鉴(1992)	《镇江年鉴》编辑部	上海社会科学院出版社	1993.6	1265
一佛一世界—中国僧尼生活实录	王川	江苏文艺出版社	1993.6	190
国学大师丛书·柳诒徵评传	孙永如	百花洲文艺出版社	1993.6	184
佛印	林景悟	黄山书社	1993.6	88
连杆曲线图谱	李学荣	重庆出版社	1993.6	59
吕叔湘文集(第六集)	吕叔湘	商务印书馆	1993.6	–
反思有益	余耀中	中国广播电视出版社	1993.6	–
乐图南钢笔行书	乐木千选编	南京大学出版社	1993.6	–
中国知识产权法制管理	王河	中国经济出版社	1993.7	380

续表 37-1

书　名	编著者(单位)	出 版 者	出版年月	字数(千)
艺林纪事	赵绍龙	南京出版社	1993.7	200
展望90年代高科技	杨沛霆	中国国际广播出版社	1993.7	140
丹徒县志	《丹徒县志》编纂委员会	江苏科技出版社	1993.9	1550
英汉光学术语释义词典	嵇钧生	航空工业出版社	1993.9	668
古代山水诗名篇赏析	殷海国	复旦大学出版社	1993.9	397
丹阳交通志	《丹阳交通志》编纂委员会	东南大学出版社	1993.9	329
毛泽东建党思想发展概论	陈绍辉　法扬	南京大学出版社	1993.9	281
镇江文物古迹	王玉国	南京大学出版社	1993.9	168
中国畜牧业经济学导论	李明哲　张光辉　王钟建	农村读物出版社	1993.9	118
少女青春的奥秘	于慰	上海人民出版社	1993.9	109
第一次情感的震荡	曹霞	上海人民出版社	1993.9	80
萨天锡逸诗(永和本)	(元)萨都剌著　(日)岛田翰校　李佩伦校注	山西古籍出版社	1993.9	65
中国名老中医经验集萃	朱良春等	北京科技出版社	1993.9	–
吕叔湘文集(第五卷)	吕叔湘	商务印书馆	1993.9	–
中国知识产权法制管理	王河	中国经济出版社	1993.10	377
爱情契约	陈图鹏	北方文艺出版社	1993.10	100
爱之梦	朱亮	北方文艺出版社	1993.10	100
我不是坏蛋	矫健巍	北方文艺出版社	1993.10	100
追求	郜志坚	北方文艺出版社	1993.10	100
北方的云	尚辉	北方文艺出版社	1993.10	–
美丽的杀手	赵立源	北方文艺出版社	1993.10	100
活杀	李柏嘏	北方文艺出版社	1993.11	235
赛珍珠(修订本)	刘龙　王玉国	黄山书社	1993.11	125
中港边境秘闻录	张国擎	江苏文艺出版社	1993.11	–
镇江市志	镇江市地方志编纂委员会	上海社会科学院出版社	1993.12	2870
丹阳市乡镇工业志	徐金良	中国农业科技出版社	1993.12	650
张闻天研究文集(第二卷)	张培森	中共党史资料出版社	1993.12	500
电力电子基础	冷增祥	东南大学出版社	1993.12	432
秦汉文化和华夏传统	祝瑞开	学林出版社	1993.12	351
学校管理学概论	孙灿成	人民教育出版社	1993.12	289
国际贸易政策的研究与比较	张二震	南京大学出版社	1993.12	280

续表 37-1

书　名	编著者(单位)	出 版 者	出版年月	字数(千)
历史教训与现实思考——苏联东欧共产党历史演变	钱根禄　法扬	新疆大学出版社	1993.12	240
青山垂虹	李伶	中国广播电视出版社	1993.12	200
青春科旅	李海珍主编	湖南科学技术出版社	1993.12	168
中国文学史知识丛书·萨都剌	周双利	中华书局	1993.12	105
名人传	朱亮	北方文艺出版社	1993.12	-
长江下游城市近代化轨迹	茅家琦	江苏人民出版社	1993	270
大学教育环境论要	刘明浚	航空工业出版社	1993	192
我爱穆源	范用	香港天地图书有限公司	1993	82
竟陵派钟惺谭元春选集	吴调公　王骧等选编	湖北人民出版社	1993	4.5 印张
中国当代艺术家画库—李苇成	李苇成	中国画报出版社	1993	16K 32 页
中国当代艺术家画库—罗勇来	罗勇来	中国画报出版社	1993	16K 32 页
盛夏的黄昏	赵立源	金陵书社出版公司	1993	-
最后的晚宴	张国擎	百花洲文艺出版社	1993	-
你不可改变我(英文版)	张国擎	译林出版社	1993	-
潇洒人生	朱立新	哈尔滨出版社	1993	-
中国当代艺术家画库—羊群	羊群	中国画报出版社	1993	-
江苏艺文志·镇江卷	杨积庆	江苏人民出版社	1994.1	635
计算机系统组织及其应用	沈西挺　仲文	电子科技大学出版社	1994.1	620
句容县志	句容县地方志编委会	江苏人民出版社	1994-01	1445
新型汽车故障诊断与排除	何仁　江蕴梅　何潮源　何金灿	福建科学技术出版社	1994.1	558
教育学(师专用)修订本	睢文龙　廖时人　朱新春	人民教育出版社	1994.1	465
辩护的艺术	蔡曙光　邹海仑合译	光明日报出版社	1994.1	155
现代室内装饰手册	陈同纲　陈震邦	中国计划出版社	1994.1	130
色彩设计	陈震邦　张文莉	机械工业出版社	1994.1	130
地方志论文集	张守德　张远辉	齐鲁书社	1994.1	120
现代住宅室内装饰设计大观	阮长江	江苏科学技术出版社	1994.1	500 页
东北民族教育史	陶增骈	辽宁大学出版社	1994.2	520
汪静之诗集	汪静之	北方文艺出版社	1994.2	150
船体结构	吴仁元　谢祚水　李治彬	国防工业出版社	1994.3	261
现代经营战略与决策	黄宝荣　茅进　陈晨	江苏人民出版社	1994.3	200

续表 37-1

书 名	编著者(单位)	出 版 者	出版年月	字数(千)
路	冷冰鑫	敦煌文艺出版社	1994.3	52
镇江年鉴(1993)	《镇江年鉴》编辑部	上海社会科学院出版社	1994.4	1052
亚欧陆桥通览	王开筠译	新疆科技卫生出版社	1994.4	547
计算机网络教程	高传善 张世永	复旦大学出版社	1994.4	489
互换性与测量技术基础	于永芳 吴佳常 张宝林 杭雪珍	中国科学技术出版社	1994.4	380
惊鸿照影	张国擎	北京出版社	1994.4	321
会计报告编制分析应用	李世聪 党璋	南京大学出版社	1994.4	244
现代中国税制	杨抚生 陶一新 周平 吴继勇 黄竹梅	电子科技大学出版社	1994.4	240
计算机辅助工艺设计	赵良才	机械工业出版社	1994.4	218
环境教育概论	吴鼎福	江苏教育出版社	1994.4	216
巨奖得主	朱亮	华夏出版社	1994.4	130
西北散记	许进	南海出版公司	1994.4	100
桑树的营养与施肥	龚垒	中国农业科技出版社	1994.4	60
镇江工会志	《镇江工会志》编纂委员会	江苏科学技术出版社	1994.5	510
教你写作文	于漪	山东教育出版社	1994.5	261
社会主义初级阶段的劳动工资和社会保障	蒋家俊	复旦大学出版社	1994.5	244
汽车途中故障应急修理200问	何仁 陈哲和 赵德臻	福建科学技术出版社	1994.5	116
书人	袁晓	北方文艺出版社	1994.5	100
上海－巴黎两地书	黄允 何溯	上海人民出版社	1994.5	91
昨夜星辰昨夜风	孙未	上海人民出版社	1994.5	81
中国医学的尿疗法	朱锦富	世茂出版社	1994.5	－
毛泽东哲学思想的新发展与建设有中国特色的社会主义	吴秉元	文津出版社	1994.6	410
苏禄王在中国	王肇建 夏春江	中国社会科学院出版社	1994.6	281
大学新生必读	王道兴 尹家明 刘凤英	东南大学出版社	1994.6	227
悲壮的女性	李伶	中国广播电视出版社	1994.6	178
黑船	杨祥生	百花文艺出版社	1994.6	160
《破体书法国际展》作品集	王苏镇 袁曾亭	江苏教育出版社	1994.6	－
电子线路与电子技术	胡斌	山东科学技术出版社	1994.7	403
科技文献检索与利用:机械工程分册	何立民 陶林梅 阳宪章 赵伯兴	杭州大学出版社	1994.7	340
半透明情感世界	吉瑞香	北京少年儿童出版社	1994.7	186

续表 37-1

书　名	编著者(单位)	出 版 者	出版年月	字数(千)
虫类药的临床应用(增订本)	朱良春	山西科技出版社	1994.7	169
两相流泵的理论与设计	陈次昌　刘正英　刘天宝　袁寿其	兵器工业出版社	1994.7	163
财经英语阅读与理解	贾桂华	同济大学出版社	1994.8	440
英汉家用电器新词汇	程新生　马云杰　胡斌	科学出版社	1994.8	310
都市七彩虹	贺毅武	中国戏剧出版社	1994.8	250
大学英语应试听力	吴玮翔　贾桂华　王娟　史志祥	河海大学出版社	1994.8	250
镇江改革开放十五年	镇江市地方志办公室	江苏古籍出版社	1994.8	200
《三国演义》研究	镇江市《三国演义》学会　政协镇江市文史委	江苏古籍出版社	1994.8	200
汽车检测技术	卫修敬	东南大学出版社	1994.8	156
经济头领生长点	段跃	北京少年儿童出版社	1994.8	142
职业道德	尹汉学　李炳义　徐炳芳	警官教育出版社	1994.8	120
观念腾飞起跑线	李沧海	北京少年儿童出版社	1994.8	108
伴我潇洒生存	丁少华	北京少年儿童出版社	1994.8	107
微机操作与中西文字处理	吴陈	东南大学出版社	1994.9	461
新编会计原理	李世聪	南开大学出版社	1994.9	297
财经职业道德概论	闰昊东　杨宁　张连顺	甘肃人民出版社	1994.9	215
江花别样红	扬中市文化局	江苏文艺出版社	1994.9	200
虫类药的应用	朱良春	山西科学技术出版社	1994.9	169
扬中企业家风采录	扬中市文化局	江苏文艺出版社	1994.9	90
句容电力工业志	句容县供电局	中国农业科技出版社	1994-10	200
镇江市教育志(1912—1991)	镇江市教育局编志办公室	江苏科学技术出版社	1994.10	700
自动检测技术	颜本慈	国防工业出版社	1994.10	348
怎样看组合音响电路图	胡斌	人民邮电出版社	1994.10	324
社会主义政治经济学新编	蒋家俊	浙江人民出版社	1994.10	285
煮火	张国擎	远流出版事业股份有限公司	1994.10	200
布谷声声	沙启闾	大地文学出版社	1994.10	186
型砂	胡彭生	上海科学技术出版社	1994.11	1142
建筑施工新技术	顾网　蒋亭玲	山东科学技术出版社	1994.11	600
中国民族服饰文化研究	戴平	上海人民出版社	1994.11	335

续表 37-1

书　名	编著者(单位)	出 版 者	出版年月	字数(千)
太阳山	唐金波	百花文艺出版社	1994.11	200
妙笔生辉——于老师教记叙文	于漪	复旦大学出版社	1994.11	175
能力训练三级跳	靳忠良	北京出版社	1994.11	99
心中的陕西(篆刻集)	唐戈	江苏人民出版社	1994.11	147 方
京江画派研究	赵力	湖南美术出版社	1994.11	10.8 印张
镇江年鉴(1994)	《镇江年鉴》编辑部	江苏古籍出版社	1994.12	1200
中国房地产经营法制管理	王河	中国经济出版社	1994.12	420
眼耳鼻咽喉科护理学	张振声	东南大学出版社	1994.12	-
华罗庚	王元	开明书店	1994.12	-
许浑研究	李立朴	贵州人民出版社	1994.12	-
绍虎画集	赵绍虎	香港东方文化中心	1994	16K 20 页
中医学问题答题库——中药学分册	颜正华	中医古籍出版社	1994	-
沙清泉木刻选·刀痕	沙清泉	南京出版社	1994	-
宋明思想和中华文明	祝瑞开	学林出版社	1995.1	360
金属力学性能　(第 2 版)	罗启福参编	机械工业出版社	1995.1	360
计算机应用初步(修订版)	高传善等	复旦大学出版社	1995.1	256
当代消防管理工作实践与认识	季俊贤	上海科学技术出版社	1995.1	135
后院的秘密	吴林森　贾叙伦	海燕出版社	1995.1	134
活杀	李柏椴	北方文艺出版社	1995.2 (第二次出版)	235
倦鸟	赵立源	成都出版社	1995.2	-
实用 Turbo C 程序设计	吴陈	东南大学出版社	1995.3	559
财政学概论	杨晓达	东南大学出版社	1995.3	244
镇江书法精品集	朱正伦主编	上海书店	1995.3	4 印张
润州区志	《润州区志》编纂委员会	上海社会科学院出版社	1995.3	-
寻荒	庐山	长春出版社	1995.4	191
王时敏画集	陈履生　李老十	人民美术出版社	1995.4	-
新疆能源手册	徐世国　王开筠副主编	新疆人民出版社	1995.5	990
病理学	徐秉栋	东南大学出版社	1995.5	525
船舶动力装置安装工艺学	赵汝斌　邹春平	国防工业出版社	1995.5	293
财政学	刘明远	中国财经经济出版社	1995.5	261
汽车转向制造系设计	唐宇明	东南大学出版社	1995.5	244

续表 37-1

书　名	编著者(单位)	出版者	出版年月	字数(千)
儿童文苑漫步	束沛德	江苏少年儿童出版社	1995.5	200
面纱里的歌	朱世耀	中国展望出版社	1995.5	175
镇江抗日史话	镇江市地方志办公室	江苏古籍出版社	1995.5	167
王鉴画集	陈履生　李老十	人民美术出版社	1995.5	-
句容革命斗争史	句容县史志办公室	上海社会科学院出版社	1995-06	171
现代咨询导引	欣士敏	中国统计出版社	1995.6	316
管理会计学	张晓麟	湖南出版社	1995.6	260
历代骈文精华	殷海国	上海文艺出版社	1995.6	169
艺术包装纵横谈	贺毅武　李永	京华出版社	1995.6	160
西藏民居	陈履生	人民美术出版社	1995.6	-
西藏寺庙	陈履生	人民美术出版社	1995.6	-
分析化学(上册 化学分析)	陈定一	学苑出版社	1995.7	402
现代控制理论	于渤	水利电力出版社	1995.7	283
西方经济学	杨晓达	中国财政经济出版社	1995.7	247
照相机的选购使用与维护	胡维标	福建科学技术出版社	1995.7	136
烂漫少女族	徐奕琳	上海人民出版社	1995.7	97
柳曾符书学论文集	柳曾符	华正书局	1995.7	-
分析化学(下册 仪器分析)	陈定一	学苑出版社	1995.8	650
Fox Pro2 - 5 for DOS 的使用与编程	葛世伦	科学出版社	1995.8	536
分析力学	谈开孚	哈尔滨工业大学出版社	1995.8	334
财政与信贷	陈琪　黄正平 张金贵	电子科技大学出版社	1995.8	280
热土	宋坤荣	江苏人民出版社	1995.8	170
摄影技术与技巧	胡维标	福建科学技术出版社	1995.8	152
中国尿疗法“回龙汤”	朱锦富	解放军出版社	1995.8	101
中药学(本科教参)	颜正华	人民卫生出版社	1995.8	-
芦花翻白的时候	赵立源	成都出版社	1995.8	-
工程师通用手册(修订版)	邬伯翔	江苏科技出版社	1995.9	3000
镇江年鉴(1995)	《镇江年鉴》编辑部	江苏年鉴杂志社	1995.9	1235
高科技研究中的数值计算	蒋伯诚	国防科技大学出版社	1995.9	670
古代文化基础	郭维森　柳士镇	岳麓书社	1995.9	540
计算机基础与 FORTRAN77 程序设计	宋顺林	东南大学出版社	1995.9	486
张闻天与二十世纪的中国	张培森	中共党史出版社	1995.9	200

续表 37-1

书 名	编著者(单位)	出 版 者	出版年月	字数(千)
魂系苏城	沙启闻	大地文艺出版社	1995.9	96
洪宗礼语文教学论集	洪宗礼	江苏教育出版社	1995.10	464
中条裂谷铜矿床	孙继源 冀树楷 真允庆	地质出版社	1995.10	300
健身健美手册	朱金官	中国大百科全书出版社	1995.10	223
当代中国军队的正规化训练	朱艾华	国防大学出版社	1995.10	220
论学习实践	杨斐然	江苏教育出版社	1995.10	154.5
防骗谋略—诈骗犯罪法律问题研究	茅家义	上海世界图书出版公司	1995.10	30
送你一片红叶	刘仆	南京出版社	1995.10	150
逐个电影大辞典	张俊祥 程季华	上海辞书出版社	1995.10	-
三峡放歌词曲精粹	刘荣波	中国文联出版公司	1995.10	-
财务会计学	吴君民 张佳春	哈尔滨工程大学出版社	1995.11	486
哮喘病的治疗	殷凯生	南京大学出版社	1995.11	483
现代工业企业管理	陈国忠 张光明 孙培林	江苏人民出版社	1995.11	360
预防犯罪对策	梅德衡	中华工商联合出版社	1995.11	280
唐伯虎全传	庐山	长春出版社	1995.11	251
新编企业会计模拟实验教程	陆新葵 成骏	电子科技大学出版社	1995.11	180
水上交通站	赵守俭	大地文艺出版社	1995.11	160
《马氏文通》论集	蒋文野	河北教育出版社	1995.11	145
膜片弹簧与蝶形弹簧离合器的设计与制造	林世裕 范海荣 刘学章 赵永彬 周孔亢	东南大学出版社	1995.12	498
微型计算机应用技术	黄国健 虞平良 曾芬芳	上海交通大学出版社	1995.12	318
葱花	张国擎	江苏文艺出版社	1995.12	260
荧屏思维(2)	谈忠余	广西人民出版社	1995.12	230
泵和水轮机的内流测试分析	杨敏官	兵器工业出版社	1995.12	202
中国当代艺术家画库 罗勇来画集	罗勇来	中国画报出版社	1995	(16 页)
中央领导与黄河	卢旭 袁仲翔	黄河水利出版社	1996.1	135
日本对华企业名录(1996~1997)	施用海	中国对外经济贸易出版社	1996.1	-
现代管理会计学	李天民	立信会计出版社	1996.3	457
中国新经济法学	王劲松 王远明	中信出版社	1996.3	451
流体力学教程	施卫东	西南交通大学出版社	1996.3	325
工程材料	王特典	东南大学出版社	1996.2	310
创新之路	蒋国星 唐明觉	江苏人民出版社	1996.3	300

续表 37-1

书　名	编著者(单位)	出 版 者	出版年月	字数(千)
雪下的热	方范	安徽文艺出版社	1996.3	205
树立正确的世界观,人生观,价值观——新时期共产党员党性修养读本	编委主任于洸	中国人民大学出版社	1996.3	141
医学检验名词汇编	王鸿利	上海科学技术出版社	1996.4	465
生化分离技术	严希康	华东理工大学出版社	1996.4	348
吕凤子画鉴	吕去病	江苏人民出版社	1996.4	240
医学微言	朱良春	人民卫生出版社	1996.4	279
现代统计学	赵喜仓	企业管理出版社	1996.4	223
旗帜和纲领	石春海　瞿洪钧	南京出版社	1996.4	180
JAVA 虚拟机规范	王克宏	清华大学出版社	1996.4	152
苦旅	缪立新	广西民族出版社	1996.4	120
施得钰曲艺作品集	施得钰	江苏文艺出版社	1996.4	91
汽车动力性燃料经济性模拟计算方法与应用	何仁	机械工业出版社	1996.4	88
中医学问答题库　中药学分册	颜正华	山西科技出版社	1996.4	-
于漪语文教育论集	于漪	人民教育出版社	1996.5	544
桩基振动分析与质量监测	柳祖亭	东南大学出版社	1996.5	493
模具制造学	何家敏	机械工业出版社	1996.5	262
打不死的写作	雨城	江苏文艺出版社	1996.5	260
纵论经济管理	宋定国	江苏人民出版社	1996.5	260
JAVA 语言入门	王克宏	清华大学出版社	1996.5	227.5
导弹卫星测控系统工程(上册)	刘蕴才	国防工业出版社	1996.6	384
导弹卫星测控系统工程(下册)	刘蕴才	国防工业出版社	1996.6	381
轿车先进设备使用维修 200 问	何仁　孙跃东	福建科学技术出版社	1996.6	357
新编电信传输理论	王明鉴	北京邮电大学出版社	1996.6	342
流体机械	施卫东	西南交通大学出版社	1996.6	217
枣庄人物	张守德　张远辉	济南出版社	1996.6	190
书圣王羲之	王春南	江苏文艺出版社	1996.6	150
同心	陈宏贵主编	河海大学出版社	1996.6	132
城镇房地产开发经营	束金中	中国科学技术大学出版社	1996.7	280
财政金融	刘明远　张贵乐	东北财经大学出版社	1996.7	225
冷冰鑫咏陇诗选	冷冰鑫	敦煌文艺出版社	1996.7	70
王原祁画集(上下)	陈履生　李老十	人民美术出版社	1996.8	-
王石谷(明清中国画大师研究丛书)	陈履生	吉林美术出版社	1996.8	-

续表 37-1

书　名	编著者(单位)	出 版 者	出版年月	字数(千)
镇江年鉴(1996)	《镇江年鉴》编辑部	江苏年鉴杂志社	1996.9	1190
体育教程	张耀先	中国商业出版社	1996.9	380
大学生管理学:新生必读	范明	东南大学出版社	1996.9	251
微电子电路 CAD/CAT 导论:PC 机辅助教育教程	黄建文　顾健	电子科技大学出版社	1996.9	239
群众文化学探索与研究	王苏镇　吴林森　王弘	北京燕山出版社	1996.9	193.5
金山之光	镇江市地方志办公室	上海社会科学院出版社	1996.9	125
二十世纪书画名家年龄、干支、年号、公元速查表	陈履生	人民美术出版社	1996.9	–
柳诒徵劬堂题跋	柳曾符　柳定生	华正书局	1996.9	–
农业现代测试技术研究	沈德珍	中国农业科技出版社	1996.10	500
世界文学精彩素材大全	申卫平	农村读物出版社	1996.10	248
刘国松评传	陈履生	广西美术出版社	1996.10	–
汉书辞典	仓修良	山东教育出版社	1996.11	2350
句容年鉴(创刊号)	《句容年鉴》编辑部	江苏年鉴出版社	1996-11	720
中国国情丛书——百县市经济社会调查(镇江卷)	镇江卷编辑委员会	中国大百科全书	1996.11	520
中国刑法学纲要	刘灿璞　茅家义	上海世界图书出版公司	1996.11	470
摇摇摆摆的舞姿	张国擎	中国文联出版社	1996.11	431
知识产权法制实务	王河　徐松林	华东理工大学出版社	1996.11	390
医学徵言	朱良春	人民卫生出版社	1996.11	279
黄炎培	尚丁	人民出版社	1996.11	162
防贪谋略	茅家义	上海世界图书出版公司	1996.11	25
马相伯集	朱维铮	复旦大学出版社	1996.12	1127
中国广播影视法规政策实用手册	赵水福	中国广播电视出版社	1996.12	357
电视新闻创优方法辨析	贡吉玖	中国广播电视出版社	1996.12	290
陈庆年文集	许进　徐苏	南海出版公司	1996.12	250
王羲之评传	郭廉夫	南京大学出版社	1996.12	234
大学生管理学:毕业生就业指南	范明	东南大学出版社	1996.12	225
泵与风机	张世芳	机械工业出版社	1996.12	150
世界科技发展史画库	王建邦　朱正伦　冯士超	江苏科学技术出版社	1996.12	525 页
十万山人书画集	平生	人民美术出版社	1996.12	–
李杜探新	乔长阜	黄山书社	1996.12	–

续表 37-1

书　名	编著者(单位)	出 版 者	出版年月	字数(千)
分析化学(供中药专业用)上	陈定一	上海科学技术出版社	1996	377
分析化学(供中药专业用)下	陈定一	上海科学技术出版社	1996	377
家用汽车	毛务本	化学工业出版社	1996	357
中国当代艺术家画库—席耀良	席耀良	中国画报出版社	1996	16K 16 页
打不死的写作	雨城	南京出版社	1996	–
电视发射机与差传机原理—使用—维修	孙庆有	中国广播电视出版社	1997.1	380
狼烟	李伶	长城出版社	1997.1	305
惊世鼙鼓	李伶	长城出版社	1997.1	304
计算机辅助绘图	曾芬芳	上海交大出版社	1997.1	300
HOTJAVA 使用指南	王克宏	清华大学出版社	1997.1	188.5
经济春秋纵横	黄宗林	江西省新闻出版局	1997.2	420
市场经济条件下乡镇企业党的建设	江锡奎	南京大学出版社	1997.2	238
合同战术对抗训练理论与实践	毛林森　朱艾华	军事谊文出版社	1997.2	180
沈子丞书画集	江洲	人民美术出版社	1997.2	–
中国民俗地理	高曾伟	苏州大学出版社	1997.3	200
内蒙古自治区科学技术志	赵训张	内蒙古人民出版社	1997.4	1410
我是镇江人	镇江市地方志办公室　镇江市人事局	上海社会科学院出版社	1997.4	547
颜德馨诊治疑难病秘笈	颜德馨	文汇出版社	1997.4	220
镇江百年反帝斗争	镇江市教育委员会 镇江市地方志办公室	方志出版社	1997.4	120
素描时光	林岚	上海人民出版社	1997.4	99
大型锅炉装置及其原理	田子平	上海交通大学出版社	1997.5	490
家用摄录一体机原理—使用—维修	石昭生	中国广播电视出版社	1997.5	460
焊接电工	周玉生	机械工业出版社	1997.5	300
结构优化设计概念	谢祚水	国防工业出版社	1997.5	300
新编管理会计基础	李天民	立信会计出版社	1997.5	192
低比速离心泵理论与设计	袁寿其	机械工业出版社	1997.5	148
家用音响设备原理 – 使用 – 维修	孙建京	中国广播电视出版社	1997.6	456
有线电视原理 – 使用 – 维修	田万成	中国广播电视出版社	1997.6	450
常用电子仪器原理 – 使用 – 维修	孙建京	中国广播电视出版社	1997.6	432

续表 37-1

书 名	编著者(单位)	出 版 者	出版年月	字数(千)
JAVA 软件包的使用	王克宏	清华大学出版社	1997.6	395
镇江邮电志	镇江市邮电局	上海社会科学院出版社	1997.6	300
JAVA 语言调试技术	王克宏	清华大学出版社	1997.6	208
扬中邮电志	扬中市邮电局	上海社会科学院出版社	1997.6	193
电气技术	朱伟兴	机械工业出版社	1997.6	22.6
榜书字帖	乐图南	中国和平出版社	1997.6	8.8 印张
微型计算机原理－使用－维修	马道均	中国广播电视出版社	1997.7	800
JAVA 语言 API 类库	王克宏	清华大学出版社	1997.7	786
JAVA 语言编程技术	王克宏	清华大学出版社	1997.7	366
预算会计	吴继勇 杨抚生 曹信邦 陆解芬	东南大学出版社	1997.7	326
会计学基础	陆新葵 王海林	东南大学出版社	1997.7	280
关键纺纱器材	荆越	中国纺织出版社	1997.7	277
农用运输车的使用维修	李耀明 左言言	东南大学出版社	1997.7	260
拖拉机的使用维修	张际先	东南大学出版社	1997.7	250
植物保护机械的使用维修	王光亮 向忠平	东南大学出版社	1997.7	210
农民致富好帮手—农用车	张际先 李耀明	东南大学出版社	1997.7	116
机械工程手册:专用机械卷(一)	冯炳元 桑正中 王松光 张天明	机械工业出版社	1997.8	1654
建筑结构设计施工图集—混凝土结构	张长信 董奇石	中国建筑工业出版社	1997.8	1431
镇江年鉴(1997)	《镇江年鉴》编辑部	方志出版社	1997.8	962
中国学生作文年鉴－高中卷	于漪 陶本一	山西教育出版社	1997.8	588
互换性与技术测量基础	潘宝俊	中国标准出版社	1997.8	410
会计基础	任永平 徐文学	华南理工大学出版社	1997.8	316
证券投资学	赵喜仓 徐文芹 欧阳玉秀	东南大学出版社	1997.8	255
环球信息网 WWW 浏览器—Hot-java	王克宏 刘波 丁理	清华大学出版社	1997.8	236
关汉卿全传	庐山	长春出版社	1997.8	223
句容历史文化新编	范美庆 卫向阳	江苏人民出版社	1997.8	213
运筹学	路正南 孙怀胜	东南大学出版社	1997.8	188
成语别解—新闻采写一得谈	纪迅	黄山书社	1997.8	100
现代市场经济通论	李炳炎 赵玉平 陈琪 梅强	山西经济出版社	1997.9	317
消防安全系统工程	季俊贤 李锦飞	上海科学技术出版社	1997.9	225

续表 37-1

书　名	编著者(单位)	出 版 者	出版年月	字数(千)
现代消防管理概论	季俊贤　缪应祺	上海科学技术出版社	1997.9	287
JAVA 语言 APPLET 编程技术	王克宏	清华大学出版社	1997.9	198
建筑施工测量手册	吴来瑞　邓学才	中国建筑工业出版社	1997.10	390
镇江水利志	《镇江水利志》编辑委员会	上海社会科学院出版社	1997.10	336
丹阳市土地志	《丹阳市土地志》编纂委员会	江苏人民出版社	1997.10	290
发展港口型经济的构想与实践	方之焯　宋定国	江苏人民出版社	1997.10	270
语文教学谈艺录	于漪	上海教育出版社	1997.10	194
地面工程(第二版)	邓学才	中国建筑工业出版社	1997.10	164
VHDL 语言及其应用	黄建文　艾西加　魏方	中国铁道出版社	1997.10	125
金陵血泪	朱成山	南京出版社	1997.10	110
工商管理培训简明读本	沈卯元　陈琪	哈尔滨工程大学出版社	1997.10	60
赵绍虎画集	赵绍虎	天津人民美术出版社	1997.10	2 印张
粉煤灰利用手册	王福元　吴正严	中国电力出版社	1997.11	736
张闻天研究文集(第三集)	张培森	中共党史出版社	1997.11	500
实用数据通信	高传善	上海科学技术出版社	1997.11	456
镇江戏曲志	镇江市文化局	江苏文艺出版社	1997.11	350
中西医结合方法学	陈如泉	中国医药药科出版社	1997.11	345
黄河中游侵蚀环境特征和变化趋势	张信宝等	黄河水利出版社	1997.11	248
镇江文物精华	镇江博物馆	黄山书社	1997.11	260
芳草斜阳忆行踪——伟人、师长、朋友的故事	尚丁	上海文艺出版社	1997.11	220
非线行系统中数据处理的统计方法	项静恬　史久恩	科学出版社	1997.11	201
农用水泵的使用维修	吴春笃　陈红勋　陈汇龙	东南大学出版社	1997.11	190
耕作机械的使用维修	毛罕平	东南大学出版社	1997.11	180
收获机械的使用维修	邱白晶	东南大学出版社	1997.11	180
财务管理学	孔玉生等	海洋出版社	1997.12	380
李杜新论	乔长阜	黄山书社	1997.12	125
蒋光年诗书画选集	蒋光年	中国工商联合出版社	1997.12	–
实用肿瘤病理方法学	许良中	上海医科大学出版社	1997	–
微机监控系统原理	钱清泉	中国铁道出版社	1997	–
中国联营企业法制管理	王河	广东高等教育出版社	1998.1	400

续表 37-1

书 名	编著者(单位)	出 版 者	出版年月	字数(千)
句容茅山志	句容市地方志办公室	黄山书社	1998.1	360
人口生态学	吴鼎福	南京师范大学出版社	1998.1	347
智慧的源泉—于老师谈现代文阅读	于漪 陈军	山东教育出版社	1998.1	276
多题型高考精品作文选评	尤志心	中国青年出版社	1998.1	208
立体织物与复合材料	道德锟	中国纺织大学出版社	1998.1	182
朱乃罡雕塑选集	朱乃罡	人民美术出版社	1998.1	4 印张
贱民的圣歌	张国擎	漓江出版社	1998.1	–
走出噩梦	张国擎	群众出版社	1998.1	–
选泵指南	关醒凡 施卫东 高天华	成都科技大学出版社	1998.2	815
常用机电设备手册	邬伯翔	江苏科技出版社	1998.2	614
同志同志	柏古	时代文艺出版社	1998.2	270
计算机辅助机械制图	卢章平 王育平	机械工业出版社	1998.2	195
鸳鸯谷	李伶	中国文联出版公司	1998.2	188
学生字帖汉隶《曹全碑》标准字帖	郭廉俊 高峰	安徽美术出版社	1998.2	–
学生字帖王羲之书《兰亭序》标准字帖	郭廉俊 高峰	安徽美术出版社	1998.2	–
无线电识图与电路故障分析入门	胡斌等	人民邮电出版社	1998.3	539
峡光坝影:三峡工程大江截流好新闻作品选萃(上、下)	刘荣波	中国三峡出版社	1998.3	456
历史教育学新编	施和金 朱昌颐	南京师范大学出版社	1998.3	316
福建历代货币汇编	刘静扬 王增祥	福建美术出版社	1998.3	150
医疗语言学初论	姜学林	中国医药科技出版社	1998.3	140
龙马牌农用运输车使用与维修	邱梅开	中国物资出版社	1998.3	110
时风牌农用运输车使用与维修	陈步达	中国物资出版社	1998.3	102
五叶牌农用运输车使用与维修	陈步达	中国物资出版社	1998.3	100
双力牌农用运输车使用与维修	陈步达	中国物资出版社	1998.3	100
刘鹗散论	刘德隆	云南人民出版社	1998.3	–
诗魂一号	朱立新	中华工商联合会出版社	1998.3	–
中国纹样辞典	郭廉夫 丁涛	天津教育出版社	1998.4	570
楷书结构字帖	郭廉俊	安徽美术出版社	1998.4	–
无线电元器件检测与修理技术入门	胡斌等	人民邮电出版社	1998.5	522
寻找支点	张国擎	江苏文艺出版社	1998.5	350
三湘院士风采录	杨敬东 李海珍	湖南科学技术出版社	1998.5	247

续表 37-1

书　名	编著者(单位)	出 版 者	出版年月	字数(千)
刘览庭诗文集	刘览庭	远方出版社	1998.5	240
天神	柏古	东方出版社	1998.5	225
曹雪芹·红楼梦种种	江慰庐	黄山书社	1998.5	158
指缝中流出的歌	郜志坚	东方出版社	1998.5	147
三棵黑松	周松林	东方出版社	1998.5	100
巨力牌农用运输车使用与维修	张孝祖	中国物资出版社	1998.5	83
机械加工工艺装备设计手册	蔡兰等	机械工业出版社	1998.6	2838
家电原理与检修大全	胡斌	电子工业出版社	1998.6	1900
钳工工艺与技能训练	徐冬元	高等教育出版社	1998.6	440
顾宪成高攀龙评传	步近智　张安奇	南京大学出版社	1998.6	250
鸦雀有声—沙松居随笔	尚丁	广西人民出版社	1998.6	242
木材工业实用大全:家具卷	王恺	中国林业出版社	1998.7	1032
中国歌谣集成(江苏卷)	郭维庚　金煦 唐雨奇	中国 ISBN 中心	1998.7	940
家庭药用手册	杨秉辉　张希德	东方出版中心	1998.7	315
邮政营销	范鹏飞	中国科学技术出版社	1998.7	393
国际贸易学	张二震　马野青	南京大学出版社	1998.7	313
中国国际货运代理指南	魏小荣	中国对外经济贸易出版社	1998.8	1300
镇江年鉴(1998)	《镇江年鉴》编辑部	方志出版社	1998.8	1003
石油天然气储层地质学	方少仙　侯方浩	石油大学出版社	1998.8	510
图说集约化养殖新技术	徐圣言　姜松	科学出版社	1998.8	169
图说拖拉机和农用车的使用与维修	张际先　李耀明	科学出版社	1998.8	166
图说植物保护机械的使用与维护	王光亮　李羊林	科学出版社	1998.8	158
图说联合收割机的使用与维护	邱白晶	科学出版社	1998.8	143
概率论	朱翼隽	机械工业出版社	1998.8	114
图说收割机和脱粒机的使用与维护	李耀明　张际先 丁向群	科学出版社	1998.8	86
丁卯集笺证	(唐)许浑著 罗时进笺证	江西人民出版社	1998.8	43
系统哲学引说——一种当代思想的新范式	钱兆华等译	商务印书馆	1998.8	26
范建生画集	范建生	香港王朝艺术出版有限公司	1998.8	16K 28 页
田致鸿画集	田致鸿	香港王朝艺术出版有限公司	1998.8	16K 28 页
杨秉辉风景速写	杨秉辉	上海画报出版社	1998.8	-

续表 37-1

书　名	编著者(单位)	出 版 者	出版年月	字数(千)
学生字帖楷书标准字帖	郭廉俊　高峰	安徽美术出版社	1998.8	-
王平画集	王平	香港王朝艺术出版有限公司	1998.8	-
图说果蔬、畜产品、水产品加工新技术	姜松	科学出版社	1998.9	260
跟我学作文	严华银	江苏教育出版社	1998.9	101
组合音响修理技术自学读本	胡斌	电子工业出版社	1998.10	1024.5
局域网与城域网	高传善	电子工业出版社	1998.10	584
学生同义词反义词对照词典	鲍克怡	汉语大词典出版社	1998.10	500
家庭音响组合原理与操作	胡斌	北京工业大学出版社	1998.10	485
家用录像机原理－使用－维修	曹直文　石昭生	中国广播电视出版社	1998.10	427
光辉的二十年	镇江市地方志办公室	方志出版社	1998.10	370
录像机修理技术问答与故障检修618 例	胡斌等	人民邮电出版社	1998.10	306
江苏人民革命斗争群英谱(句容分卷)	汤才顺　商震 范美庆　卫向阳 朱延生	江苏人民出版社	1998.10	224
朱良春用药经验集(增订本)	朱良春	湖南科学技术出版社	1998.10	182
人生况味	冷冰鑫	甘肃人民出版社	1998.10	166
王同顺书法作品集	王同顺	辽宁美术出版社	1998.10	-
哮喘病学	殷凯生	人民卫生出版社	1998.11	935
象山乡志	《象山乡志》编纂组	黄山书社	1998.11	418
探索集	黄选能	上海社会科学院出版社	1998.11	387
镇江在江河交汇处升起	钱永波	江苏人民出版社	1998.11	367
句容邮电志	句容市邮电局	上海社会科学院出版社	1998.11	209
工程兵班长	朱艾华	军事科学出版社	1998.11	174
小学生字帖楷书标准字帖	郭廉俊　高峰	安徽美术出版社	1998.11	-
小学生字帖颜真卿书《颜勤礼碑》标准字帖	郭廉俊　高峰	安徽美术出版社	1998.11	-
小学生字帖柳公权书《玄秘塔碑》标准字帖	郭廉俊　高峰	安徽美术出版社	1998.11	-
放射生物学	夏寿萱	军事医学科学出版社	1998.12	802
现代汉语方言大词典分卷·丹阳方言词典	李荣　蔡国璐	江苏教育出版社	1998.12	474
特种发动机原理与结构	朱仙鼎	上海科学技术出版社	1998.12	357
反义词写作应用词典	鲍克怡	江苏教育出版社	1998.12	320
特密斯(TMS)复合高效混凝土外加剂的研究及其应用	陈国忠	上海科学技术出版社	1998.12	283

续表 37-1

书　名	编著者(单位)	出 版 者	出版年月	字数(千)
郑板桥事迹考	许图南	中国文联出版公司	1998.12	231
穿越时空	朱亮	东方出版社	1998.12	210
中国谚语集成(江苏卷)	王骧	中国 ISBN 中心	1998.12	111
镇江市标准地名应用手册	镇江市地名委员会　镇江市民政局	西安地图出版社	1998.12	-
镇江中国画院画集	镇江中国画院	江苏美术出版社	1998.12	-
李国鼎与台湾财经	茅家琦	福建人民出版社	1998	94
墨海扬波—镇江中国画院文集	丁观加	古吴轩出版社	1999	260
镇江书画五十年	朱正伦	中国广播电视出版社	1999	-
依维柯汽车结构与维修	毛务本等	辽宁科学技术出版社	1999.1	486
中国诗学概论	黄志浩	汕头大学出版社	1999.1	320
教师职业技能训练问答	陈宏遂　俞棠棣	南京师范大学出版社	1999.1	197
乳腺病理学	许良中	上海医科大学出版社	1999.1	-
最新摩托车维修手册	王忠等	辽宁科学技术出版社	1999.2	500
黄河志书评集	林观海　袁仲翔	河南人民出版社	1999.2	334
镇江博物馆建馆四十周年纪念文选(1958~1998)	王玉国	黄山书社	1999.2	202
财务管理理论探索	王庆成	中国人民大学出版社	1999.3	434
明珠之光	叶锦春	中国文联出版社	1999.3	205
少阳集	张国擎校注	北京古籍出版社	1999.3	200
我借真情话人生	史隆存	上海大学出版社	1999.3	191
坚持江南迎解放	镇江市地方志办公室	方志出版社	1999.3	165
欲望、色情、陷阱	张国擎	北京出版社	1999.3	-
镇江市广播电视志	《镇江市广播电视志》编纂委员会	方志出版社	1999.4	492
句容市土地志	《句容市土地志》编纂委员会	江苏人民出版社	1999.4	350
船舶与海洋工程概论	谢祚水	国防工业出版社	1999.4	344
塔楼上的巫婆(灰姑娘册)	蔡曙光	中国广播电视出版社	1999.4	-
睡美人	蔡曙光	中国少年儿童出版社	1999.4	-
傻小子丹尼斯	蔡曙光	中国少年儿童出版社	1999.4	-
穿长筒靴的猫	蔡曙光	中国少年儿童出版社	1999.4	-
机械制图与公差	卢章平	东南大学出版社	1999.5	724
劳伦斯:《有妇之夫》(上、下卷)	邹海仑　李传家　蔡曙光合译	中国少年儿童出版社	1999.5	540

续表 37-1

书　名	编著者(单位)	出 版 者	出版年月	字数(千)
微机常用工具软件	高镇　朱荣国	高等教育出版社	1999.5	450
章次公医术经验集	朱良春	湖南科技出版社	1999.5	428
凤凰对歌	张国擎	北京出版社	1999.5	315
企业战略管理	施金龙	科学出版社	1999.6	207
柳学健画集	柳学健	人民美术出版社	1999.6	3 印张
镇江年鉴(1999)	《镇江年鉴》编辑部	方志出版社	1999.7	1166
计算机图像处理技术在农业工程中的应用	方如明	清华大学出版社	1999.7	284
严德馨诊治疑难病秘笈	严德馨	文汇出版社	1999.7	–
句容解放 50 年	句容市党史工委	上海社科院出版社	1999.8	902
至顺镇江志	(元)俞希鲁编纂　杨积庆　贾秀英　蒋文野　笪远毅　点校	江苏古籍出版社	1999.8	668
丹徒年鉴(1999)	《丹徒年鉴》编辑部	中国县镇年鉴社	1999.8	566
镇江市土地志	《镇江市土地志》编纂委员会	上海社科院出版社	1999.8	467
扬中市土地志	《扬中市土地志》编纂委员会	上海社科院出版社	1999.8	362
高二作文 老师来示范	严华银等	苏州大学出版社	1999.8	285
焦山志	《焦山志》编纂委员会	方志出版社	1999.8	235
让语言亮起来	严华银　蔡明	江苏教育出版社	1999.8	228
丰子恺漫画品读	苏学文	江苏教育出版社	1999.8	138
中共镇江党史专题选(1949 ~ 1998)	中共镇江市委党史办公室	新华出版社	1999.9	700
桐城派研究	周中明	辽宁大学出版社	1999.9	320
明清苏南望族文化研究	江庆柏	南京师范大学出版社	1999.9	282
群英谱(扬中分卷)	扬中分卷编辑委员会	江苏人民出版社	1999.9	240
瓶子里的爱情	邹海仑　蔡曙光　合译	中央编译出版社	1999.9	220
除草剂使用新技术	张敦阳	江苏科技出版社	1999.9	163
丹阳年鉴(1999)	《丹阳年鉴》编辑部	中国县镇年鉴社	1999.10	698
高等数学	田立新	北京理工大学出版社	1999.10	553
机械制造基础	戈晓岚	北京理工大学出版社	1999.10	443
野性乱黑话石鲁	王川	台湾文盛企业出版公司	1999.10	350

续表 37-1

书　名	编著者(单位)	出 版 者	出版年月	字数(千)
天皇老子	柏古	内蒙古人民出版社	1999.10	235
实用论新探	陈林	南京师范大学出版社	1999.10	200
东王杨秀清	吴文庆	湖南文艺出版社	1999.11	370
中国婚姻家庭史	祝瑞开	学林出版社	1999.11	358
税务检查技术	沈中立　张宁忠	中国税务出版社	1999.11	322
柳诒徵说文化	柳诒徵	上海古籍出版社	1999.12	254
春风又绿江南岸	王娟瑢	中国文联出版社	1999.12	234
荆氏家谱	龚纬	香港天马图书有限公司	1999.12	160
镇江南山史话	赵玉明　徐苏	黄山书社	1999.12	127
镇江沦陷记	张怿伯　嵇钧生编注	人民出版社	1999.12	124
徐长顺散文诗选	徐长顺	作家出版社	1999.12	70
镇江古今建筑	杨瑞彬　刘明祥	古吴轩出版社	1999.12	-
镇江市地理	镇江市教委教研室	中国地图出版社	1999.12	-
行者晴空	徐长顺	东北朝鲜民族教育出版社	1999.12	-
高考语文一卷通	陈国俊　尤志心	东北师大出版社	2000.1	488
新教材作文大全	尤志心　初雪	陕西师大出版社	2000.1	346
高考 3 + x 丛书·语文	尤志心	江苏教育出版社	2000.1	330
陶渊明全集	丁福林	长春出版社	2000.1	290
社会保障制度改革研究	金丽馥　石宏伟	中国经济出版社	2000.1	220
大地的吻	康新民	中国文联出版社	2000.1	200
哮喘	殷凯生	北京医科大学出版社	2000.1	180
桥墩	杨祥生	安徽文艺出版社	2000.1	150
戴敦邦新绘全本红楼梦	戴敦邦	上海古籍出版社	2000.1	-
机械制造技术基础	袁国定　朱洪海	东南大学出版社	2000.2	353
自然辩证法教程	钱兆华	湖北教育出版社	2000.2	273
寻常巷陌	沈伯素	中国文联出版社	2000.2	138
家用音响电路原理与检修方法	胡斌　杨海兴	人民邮电出版社	2000.3	539
大千尘埃	一真	中国文联出版社	2000.3	470
数学分析	吴顺唐　颜世瑜	南京大学出版社	2000.3	250
世风漫说	沈伯素	中国文联出版社	2000.3	149
唐诗宋词钢笔字帖(中学版)	高峰　春天	中国少年儿童出版社	2000.3	-
怎样看家用电器数字电路图	胡斌　李正明	人民邮电出版社	2000.4	515
机械设计	马履中	北京理工大学出版社	2000.5	570

续表 37-1

书　名	编著者(单位)	出 版 者	出版年月	字数(千)
现代临床输血指南	陈国年　张远鹏	上海科学技术文献出版社	2000.5	199
自助旅游手册·镇江	熊兴邦	中国旅游出版社	2000.5	60
春之音	夏宇	中国文联出版社	2000.5	–
丹心碧血	中共镇江市委党史办公室　镇江市民政局	中国文史出版社	2000.6	480
皇陵镇	庐山	时代文艺出版社	2000.6	360
高三语文教学与测试(上册)	王永昌　顾晓白	苏州大学出版社	2000.6	342
炮打紫石英号——中英长江事件始末	董晨鹏	云南人民出版社	2000.6	265
生物资源的超临界流体萃取	马海乐	安徽科学技术出版社	2000.6	257
镇江年鉴(2000)	《镇江年鉴》编辑部	方志出版社	2000.7	1085
小学生模仿·创新写作大全	秦兆基　尤志心	中国少儿出版社	2000.7	792
润州年鉴(2000)	《润州年鉴》编辑部	方志出版社	2000.7	710
京口年鉴(2000)	《京口年鉴》编辑部	方志出版社	2000.7	568
丹徒年鉴(2000)	《丹徒年鉴》编辑部	方志出版社	2000.7	565
中国企业管理丛书	王振光　王河	中国青年出版社	2000.7	360
丹阳自来水志	《丹阳自来水志》编纂委员会	上海社会科学院出版社	2000.7	355
名师学案·初二语文	尤志心	经济日报出版社	2000.7	320
严德馨临床经验辑要	严德馨	中国医药药科出版社	2000.7	–
内科学(全国成人高等医学学历〈专科〉教育第一轮规划教材)	殷凯生	人民卫生出版社	2000.8	1120
施工组织设计的编制与实施	邓学才	中国建筑工业出版社	2000.8	411.8
审计学	李国栋	机械工业出版社	2000.8	384
材料成型学	李新城	机械工业出版社	2000.8	384
支气管哮喘的现代诊治	殷凯生	江苏科技出版社	2000.8	261
历代诗人咏丹阳	陈智勇	中国戏剧出版社	2000.8	123
内科学(成人高等专科教育临床医学专业系列教材)	殷凯生(副主编)	东南大学出版社	2000.9	780
丹阳年鉴(2000)	《丹阳年鉴》编辑部	中国县镇年鉴社	2000.9	705
电脑装潢设计与制作	陈天滋等	人民邮电出版社	2000.9	520
实用软件工具应用	朱娜　林庆　鞠时光	东南大学出版社	2000.9	342.4

续表 37-1

书　名	编著者(单位)	出 版 者	出版年月	字数(千)
涡流室式柴油机的燃烧过程和燃烧系统	李德桃	科学出版社	2000.9	268
语文学习方法论	陈东	新华出版社	2000.9	250
初中语文阅读能力提升宝典	尤志心	内蒙古少儿出版社	2000.9	232
镇江文化旅游	张大华	上海社会科学院出版社	2000.9	200
李宗海诗词楹联选	政协镇江市文史委员会	江苏美术出版社	2000.9	150
絮语·梦园	张明杰	远方出版社	2000.9	147
镇江百年图志	镇江市地方志办公室	方志出版社	2000.9	50
斗室文史杂著	刘季高	上海古籍出版社	2000.9	–
茅山志	《茅山志》编纂委员会	方志出版社	2000.10	414
复杂建筑施工放线(第二版)	邓学才	中国建筑工业出版社	2000.11	302
有限元法教程	李建康	东南大学出版社	2000.11	294
走进聊天室	胡斌　马志恒	内蒙古人民出版社	2000.11	255
国史要义	柳诒徵	华东师范大学出版社	2000.11	203
步行井冈——文革事件纪实	张晓雪	云南人民出版社	2000.11	150
古柳泽	张国擎	中国青年出版社	2000.12	510
液压、气压传动与控制	方昌林	机械工业出版社	2000.12	431
语文学习方法论	陈东	新华出版社	2000.12	250
经济周期波动的监测和预警	项静恬	中国标准出版社	2000.12	195
屠龙集	周志龙	中国文联出版社	2000.12	144
颜色的直觉	夏宇	作家出版社	2000.12	120
镇江美术摄影五十年	朱正伦主编	中国广播电视出版社	2000.12	6 印张
无闷集	刘二刚	河北教育出版社	2000.12	–
春之音	夏宇	中国文联出版社	2000.12	–
孙中山评传	茅家琦	南京大学出版社	2000	724
郭著《太平天国史事日志》校补	茅家琦	台湾商务印书馆	2000	160
电气化铁道微机监控技术	钱清泉	中国铁道出版社	2000	–
于漪教育文丛	于漪	上海教育出版社	2001.1	725
临床血液学检验	许文荣　谷俊侠	东南大学出版社	2001.1	614
京口文化	严其林　程建	南京大学出版社	2001.1	259
感悟随笔	李圣	黄河出版社	2001.1	240
中国百年百名中医临床家—朱良春	朱良春	中国中医药出版社	2001.1	225

续表 37-1

书 名	编著者(单位)	出 版 者	出版年月	字数(千)
医用实验化学	朱卫华 嵇学林	东南大学出版社	2001.1	213
企业科技激励研究	丁恒龙等	兰州大学出版社	2001.1	187
庄润贵摄影作品集	庄润贵	国际统一出版社	2001.1	6 印张
风动我心	柳筱苹	中国文联出版社	2001.1	5 印张
欧洲的掠夺—西方艺术品二战蒙难记	吴福元	江苏人民出版社	2001.1	–
机械设计实践	杨超君等	哈尔滨工程大学出版社	2001.2	520
电工与电子实验	周新云等	机械工业出版社	2001.2	158
薛元中画集	薛元中	江苏美术出版社	2001.2	2 印张
耿一林画集	耿一林	江苏美术出版社	2001.2	1 印张
电路实验教程	陈晓平	东南大学出版社	2001.2	–
哮喘病药物治疗学	殷凯生	人民卫生出版社	2001.3	665
对象关系型数据库管理系统的开发技术	鞠时光	科学出版社	2001.3	257
情絮无涯	郭韵	作家出版社	2001.3	240
追求综合效应	于漪	湖北教育出版社	2001.3	189
孙双金语文教学艺术	孙双金	百家出版社	2001.4	307
中国岫岩玉	于洸等	科学出版社	2001.4	–
谈官德	余耀中	新华出版社	2001.4	–
且文且思且画	刘二刚	湖北美术出版社	2001.4	–
汽车工程手册(试验篇)	苏清祖等	人民交通出版社	2001.5	1700
丹阳市建设志	《丹阳市建设志》编纂委员会	上海社会科学院出版社	2001.5	1500
杨一清集(上、下)	唐景绅 谢玉杰点校	中华书局	2001.5	780
实用仪器分析	杨银元等	北京大学出版社	2001.5	550
成本会计学	狄为 张金贵	哈尔滨工业大学出版社	2001.5	390
A 计划丛书—高中物理	朱春晓	南京师范大学出版社	2001.5	302
微型计算机控制技术	应锐男	东南大学出版社	2001.5	253
高中数学教育艺术	臧立本	中国工人出版社	2001.5	200
朱良春用药经验集(二版增订)	朱良春	湖南科技出版社	2001.5	182
微型计算机原理与应用	张荣标	东南大学出版社	2001.5	175
汽车电器及电子设备	杨建宁	东南大学出版社	2001.5	175
电工与电子技术	赵不贿	东南大学出版社	2001.5	175
求索集	毛纪庚	中国工人出版社	2001.5	170
自动检测技术	刘贤兴	东南大学出版社	2001.5	163

续表 37-1

书　名	编著者(单位)	出 版 者	出版年月	字数(千)
镇江年鉴(2001)	《镇江年鉴》编辑部	江苏古籍出版社	2001.6	1094
金属工艺学	刘会霞	机械工业出版社	2001.6	465
汽车污染与控制	苏清祖等	吉林科学技术出版社	2001.6	460
农村电能运用	郎黔山	北京理工大学出版社	2001.6	423
高一语文精讲练习	顾晓白　严华银等	南京师范大学出版社	2001.6	307
新基础化学学习指导	谢吉民等	东南大学出版社	2001.6	302.7
茅山区域文化	张春蕾　夏和生	江苏古籍出版社	2001.6	260
情絮无涯	郭韵	作家出版社	2001.6	240
我想飞	雨城	人民日报出版社	2001.6	240
江苏人民革命斗争群英谱(丹徒分卷)	丹徒分卷编委会	江苏人民出版社	2001.6	231
党员干部从政道德教育读本	镇江市委党校编写组	中共中央党校出版社	2001.6	203
中学作文教学导轮	于漪	山东教育出版社	2001.6	162
初中语文阅读与训练(一年级上)	严华银等	江苏古籍出版社	2001.6	158
作文示范与实践	严华银等	江苏古籍出版社	2001.6	144
江干小唱	于文清	香港天马公司	2001.6	72 页
新基础化学	谢吉民等	东南大学出版社	2001.7	493
材料合成化学	徐甲强等	哈尔滨工业大学出版社	2001.7	439
液压、气压传动与控制	方昌林	机械工业出版社	2001.7	431
汽车电器与电子设备	陈照章等	机械工业出版社	2001.7	420
在系统可编程器件与开发技术	赵不贿等	机械工业出版社	2001.7	398
精密与特种加工	王贵成　张银喜	武汉理工大学出版社	2001.7	350
机械制造学	王贵成	机械工业出版社	2001.7	301
走进阅读世界	严华银等	苏州大学出版社	2001.7	250
走进记叙文写作世界(初中版)	严华银等	苏州大学出版社	2001.7	247
游泳教程	王平　詹国祥	苏州大学出版社	2001.7	159
管理学学习指导	张光明	哈尔滨工程大学出版社	2001.7	145
蚕桑实用技术手册	朱宗才	台海出版社	2001.7	100
名人名言名家钢笔规范字帖·青年版	高峰　阿缘	广州出版社	2001.7	100
昭明太子集校注	俞绍初校注	中州古籍出版社	2001.7	–
于漪文集 6 卷本	于漪	山东教育出版社	2001.8	2542
实用抗感染药物手册	殷凯生	人民卫生出版社	2001.8	1050

续表 37-1

书　名	编著者(单位)	出 版 者	出版年月	字数(千)
民法学	喻志耀等	中国民主法制出版社	2001.8	630
材料加工原理	蒋成禹等	哈尔滨工业大学出版社	2001.8	548
精选电子制作图解 66 例	门宏等	人民邮电出版社	2001.8	519
基础会计教程	吴君明　狄为　张学军	科学出版社	2001.8（第二次印刷）	462
财务管理学(上)	张佳春　侯丽生	中国统计出版社	2001.8	428
材料合成与制备方法	曹茂盛	哈尔滨工业大学出版社	2001.8	407
工程材料力学性能	刘瑞堂等	哈尔滨工业大学出版社	2001.8	405
生物化学	黄诒森	人民卫生出版社	2001.8	396
新经济法原理	高庆年	中国民主法制出版社	2001.8	345
句容民间故事	句容市地方志办公室　句容市文化体育局	江苏古籍出版社	2001.8	267
纳米材料导论	曹茂盛等	哈尔滨工业大学出版社	2001.8	264
经济学基础	李炳义	上海交通大学出版社	2001.8	229
走进高考作文世界	严华银等	苏州大学出版社	2001.8	203
辉煌天工路	唐金波　严荣华	人民日报出版社	2001.8	220
全国公共英语等级考试三级词汇必备	田红等	中国致公出版社	2001.8	200
俗话大观	王荣华	北京燕山出版社	2001.8	200
乳蛋制品加工技术	李增利等	金盾出版社	2001.8	183
财务管理学	陈纪南等	中国统计出版社	2001.8	150
全国公共英语等级考试一、二级词汇必备	孔令璇等	中国致公出版社	2001.8	150
实时数据库原理及应用	张志檩	中国石化出版社	2001.9	778
中国企业集团群体集约管理	王河	中国经济出版社	2001.9	500
摩托车调试修理工技师培训教材	申屠淼	机械工业出版社	2001.9	482
高中研究性学习指导用书	殷俊　唐云龙等	东南大学出版社	2001.9	435
农药应用表解	潘以楼等	江苏科学技术出版社	2001.9	400
普通无机化学精要与分级训练	缪应祺　仰榴青　袁爱华	东南大学出版社	2001.9	309
会计管理	周莉　王建	黑龙江人民出版社	2001.9	270
全球化背景下的网络社会	刘文富等	贵州人民出版社	2001.9	243
数据挖掘技术及其应用	刘同明等	国防工业出版社	2001.9	211
刘勰与文心雕龙	王守信　孔德志	齐鲁书社	2001.9	–
人工智能教程	王士同等	电子工业出版社	2001.10	472

续表 37-1

书　名	编著者(单位)	出 版 者	出版年月	字数(千)
茅山民间文学集成	冯可珠主编	上海科技文献出版社	2001. 10	286
感悟随笔	李圣	黄河出版社	2001. 10	240
教育机制论	王长乐	吉林人民出版社	2001. 10	220
江苏人民革命斗争群英谱(镇江分卷)	镇江分卷编委会	江苏人民出版社	2001. 10	193
窦蔻流浪记	祁智	江苏儿童出版社	2001. 10	122
古城掠影	杨瑞彬	苏州古吴轩出版社	2001. 10	10. 5 印张
镇江无墙	李健	中国文联出版社	2001. 10	5 印张
十大明君	刘华明等	印刷工业出版社	2001. 10	–
官德感言	余耀中	作家出版社	2001. 10	–
句容年鉴(2001 版)	《句容年鉴》编辑部	江苏古籍出版社	2001-11	910
信息处理技术	徐科军	武汉理工大学出版社	2001. 11	383
生命科学在中国	董德福	广东人民出版社	2001. 11	350
原野上的红蜡烛	沙毅	新疆人民出版社	2001. 11	330
中医学问答题库中药分册	颜正华	山西科技出版社	2001. 11	–
大学物理教学指导	李巧改	苏州大学出版社	2001. 12	428
风雨人生路—嵇直纪实传奇	嵇钧生	香港文学报社出版公司	2001. 12	291
中德财务会计比较研究	任永平	东北财经大学出版社	2001. 12	255
会计学基础	任永平	黑龙江人民出版社	2001. 12	250
企业信息化及实践案例	韩向东等	南京师范大学出版社	2001. 12	250
历史踪迹——20 世纪的扬中	叶锦春	人民日报出版社	2001. 12	200
文化相对主义:赛珍珠的中西文化观	姚君伟	东南大学出版社	2001. 12	204
刘天蔚小品戏曲选集	刘天蔚	中国文联出版社	2001. 12	200
历史踪迹	叶锦春	人民日报出版社	2001. 12	200
戴敦邦道教人物画集	戴敦邦	上海古籍出版社	2001. 12	–
沁芳诗文集	姜伏虎主编	中国文联出版社	2001. 12	–
最新上市公司财务与会计实务全书	曹莉莎等	中国物价出版社	2002. 1	330
眉飞色舞	饶雪漫	福建少年儿童出版社	2002. 1	136
最熟悉的陌生人	饶雪漫	江苏少年儿童出版社	2002. 1	103
可以跳舞的鱼	饶雪漫	海天出版社	2002. 1	100
物理教学技能训练	赵志清	香港银河出版社	2002. 1	55
新版饼干配方	马海乐	中国轻工业出版社	2002. 1	50
医学免疫学	刘恭植等	中国科技大学出版社	2002. 1	75

续表 37-1

书 名	编著者(单位)	出 版 者	出版年月	字数(千)
蔷薇醒了,茉莉开了	饶雪漫	少年儿童出版社	2002.1	–
茗山日记(上册)	茗山	上海古籍出版社	2002.2	553
集成电路识图轻松入门	胡斌	人民邮电出版社	2002.2	498
医学影像学英语阅读	彭卫斌等	第二军医大学出版社	2002.2	360
新经济法判解	谈建俊	中国民主法制出版社	2002.2	297
档案管理学	杨国祥等	机械工业出版社	2002.2	280
喀斯特地区扶贫开发理论与实践	吴沿友	贵州民族出版社	2002.2	200
现代韵文词汇	张鼎盛	湖南出版社	2002.3	588
长江流域青铜文化研究	高崇文	科学出版社	2002.3	435
点击健康	彭卫斌等	农村读物出版社	2002.3	122
线性代数与概率统计复习指南	王学弟等	东南大学出版社	2002.3	100
公司法	易在成等	中国人民大学出版社	2002.3	60
执照	蔡曙光译	外文出版社	2002.3	9
青春期	初雪	中国文联出版社	2002.3	10 印张
神秘的龙虎洞	王娟瑢	当代中国出版社	2002.3	4 印张
争创一流,跨越发展——镇江市领导干部调研文集	镇江市政府办公室 市政府研究室	上海科技文献出版社	2002.4	520
港中经济案例选集	王河	香港时代出版社	2002.4	280
贝多芬的头发	邹海仑 蔡曙光合译	人民文学出版社	2002.4	176
QQ 兄妹	饶雪漫	安徽文艺出版社	2002.5	121
冰淇淋恋爱了	饶雪漫	广东教育出版社	2002.4	120
最熟悉的陌生人	饶雪漫	江苏少儿出版社	2002.4	103
屡建奇功的 60 军	陈忠龙	中共党史出版社	2002.5	520
奢侈病	蔡曙光 张杰合译	中国友谊出版公司	2002.5	243
医患沟通艺术	姜学林等	第二军医大学出版社	2002.5	200
ISO14000 标准实用指南	郑铭等	化学工业出版社	2002.5	180
预防医学学习指导	李君荣等	东南大学出版社	2002.5	150
茗山纪念文集	江苏镇江茗山法师生平事迹收集整理工作筹备委员会	江苏古籍出版社	2002.5	118
戴敦邦图说唐诗	戴敦邦	上海辞书出版社	2002.5	–
丹徒年鉴(2002)	《丹徒年鉴》编辑部	方志出版社	2002.6	600

续表 37-1

书　名	编著者(单位)	出 版 者	出版年月	字数(千)
茅山抗战故事	句容市史志办公室 茅山新四军纪念馆	江苏古籍出版社	2002.6	336
中文 Solid Edge9.零件设计教程	符永忠等	北京希望电子出版社	2002.6	444
企业风险管理	张国明　李振一 江景	当代中国出版社	2002.6	260
我想飞	雨城	人民日报出版社	2002.6	240
世纪风采	荆波	人民日报出版社	2002.6	200
顾瑛—艺术状态系列画集	顾瑛	中国民族摄影艺术出版社	2002.6	–
丹阳年鉴(2002)	《丹阳年鉴》编辑部	方志出版社	2002.7	660
现代企业管理学	潘丰等	电子科技大学出版社	2002.7	471
新型智能开关电源技术	刘贤兴	机械工业出版社	2002.7	454
沈括研究文集	镇江市文管办	香港文学报社出版公司	2002.7	440
镇江供水九十年	《镇江供水九十年》编纂委员会	江苏古籍出版社	2002.7	332
自主性德育论	王长乐	吉林人民出版社	2002.7	300
金融概论	夏红芳等	电子科技大学出版社	2002.7	274
臭氧技术及应用	储金宇等	化学工业出版社	2002.7	250
医学统计学	李君荣等	东南大学出版社	2002.7	250
现代领导公关艺术	丁恒龙等	中共中央党校出版社	2002.7	212
新日语教程	王保田	湖南人民出版社	2002.7	210
口传文艺研究十人集	康新民主编	中国文联出版社	2002.7	210
德语学习词典	庄莉等	同济大学出版社	2002.7	200
农药的安全使用技术	吴春笃等	中国环境科学出版社	2002.7	162
穿越时空的随想	何春华	时代文艺出版社	2002.7	160
卫生专业技术资格考试指南	许文荣等	知识出版社	2002.7	90
市场营销学	陈彪	学苑出版社	2002.7	40
镇江年鉴(2002)	《镇江年鉴》编辑部	方志出版社	2002.8	1080
财务会计学(上)(下)	吴君民等	科学出版社	2002.8	882
京口年鉴(2002)	《京口年鉴》编辑部	方志出版社	2002.8	664
高举旗帜开创未来——镇江市学习实践“三个代表”论文集	唐金波　奚有贵	红旗出版社	2002.8	456
电力电缆安装运行技术问答	史传卿	中国电力出版社	2002.8	372
大学生体育导学	李明学等	苏州大学出版社	2002.8	340

续表 37-1

书　名	编著者(单位)	出 版 者	出版年月	字数(千)
正气之歌—镇江市见义勇为先进分子事迹选	中共镇江市委党史办　政法委　市公安局　市见义勇为基金会	吉林人民出版社	2002.8	276
中国涉外经济法与 WTO 规则	易在成等	法律出版社	2002.8	250
图书情报事业与社会经济的发展	蔡曙光	中国友谊出版公司	2002.8	250
家用电器单元电路识图与故障分析	胡斌	机械工业出版社	2002.8	233
家用电器维修基础知识	胡斌	机械工业出版社	2002.8	225
断层影像解剖学学习指导	姜平等	苏州大学出版社	2002.8	200
农产品加工新技术手册	徐圣言等	中国农业科技出版社	2002.8	128
细胞生物学与医学遗传学实验指南	金洁	第二军医大学出版社	2002.8	51
数学(第二册－微积分初步)	张国昌等	南海出版社	2002.8	－
中国镇江美食大典	《中国镇江美食大典》编委会	江苏科学技术出版社	2002.8	－
李名方文集	李名方	中国文联出版社	2002.9	2130
内科学(21 世纪高等医学院校教材)	殷凯生(副主编)	科学出版社	2002.9	1690
南京航空航天大学校史	刘明浚	航空工业出版社	2002.9	603
电子线路基础轻松入门	胡斌等	人民邮电出版社	2002.9	474
计算机基础学习指导书	刘以安	东南大学出版社	2002.9	470
财务会计学	孔玉生等	兵器工业出版社	2002.9	430
汽车空调	夏云铧等	辽宁科学技术出版社	2002.9	410
蓝天心韵	刘明浚	航空工业出版社	2002.9	355
劬堂学记	柳曾符　柳佳	上海书店出版社	2002.9	308
旅游资源学	高曾伟　卢晓	上海交通大学出版社	2002.9	257
通天竹	馥馨	京华出版社	2002.9	252
家用电器检测与维修技术	胡斌	机械工业出版社	2002.9	238
古邑春秋	张国金	江苏古籍出版社	2002.9	216
智慧的余思	尹卫东等	吉林文史出版社	2002.9	200
燃烧学	王谦等	中国科学文化出版社	2002.9	193
卫视:聚焦镇江	朱邦治　袁剑峰　张晓平　宋桂芳	人民日报出版社	2002.9	140
研究生入学考试真题—模拟—详解英语	李崇月	北京理工大学出版社	2002.9	80
李破石书法	李破石	国际文化出版公司	2002.9	10
中国历史文化名城—镇江(VCD)	朱邦治　袁剑峰　孟腹警	中国国际广播音像出版社	2002.9	(4 小时)光盘

续表 37-1

书 名	编著者(单位)	出 版 者	出版年月	字数(千)
中国扬中岛	卢万福 顾群	中国文史出版社	2002.10	2000
实用内科诊疗规范	殷凯生	江苏科学技术出版社	2002.10	1480
闻捷全集(1~4卷)	闻捷	北岳文艺出版社	2002.10	1200
石径	张远鉴	时代文艺出版社	2002.10	500
高等数学 AB 卷	姚洪兴等	北京学苑出版社	2002.10	460
车辆理论基础	周孔亢	兵器工业出版社	2002.10	427
中国微型小说排行榜	唐金波	作家出版社	2002.10	240
乡歌	臧辉南	中国文联出版社	2002.10	190
我不是你的冤家	饶雪漫	安徽文艺出版社	2002.10	160
大港风情	赵增麟	时代文艺出版社	2002.10	150
从政日记新诗三百首	陈利慧	作家出版社	2002.10	107
新药发现的药理学基础	钱晖等	化学工业出版社	2002.10	100
江南名城镇江	姚元龙 王玉国	江苏人民出版社	2002.10	90
家用电子产品维修工	胡斌等	人民邮电出版社	2002.11	405
经济全球化新论	汪仁宏	黑龙江人民出版社	2002.11	280
岛园神韵	彭纪龙	时代文艺出版社	2002.11	260
后水浒(评话话本)	王筱堂口述 欣士敬整理	中国文联出版社	2002.11	228
晚清财政经济研究	周志初	齐鲁书社	2002.11	192
数学物理方程	王文初	东南大学出版社	2002.11	163
吕叔湘全集	吕叔湘	辽宁教育出版社	2002.12	7700
AutoCAD Mechanical 6	卢章平等	清华大学出版社	2002.12	736
水污染控制工程	缪应祺	东南大学出版社	2002.12	665
计算机辅助设计技术	王明强	科学出版社	2002.12	408
中小企业信用担保理论、模式及政策	梅强等	经济管理出版社	2002.12	335
学习障碍儿的教育指导	周平等	人民军医出版社	2002.12	224
局域网应用技术	戴子刚等	东南大学出版社	2002.12	203
会计流程实验	孔玉生	中国经济管理出版社	2002.12	200
缘起今生	陆渭南	时代文艺出版社	2002.12	200
园艺设施学	李萍萍等	中国农业出版社	2002.12	200
预防医学	高坚瑞等	东南大学出版社	2002.12	180
当代诗人咏镇江	蒋光年 于文清	中国致公出版社	2002.12	20
现代恶性淋巴瘤病理学	许良中	上海科学技术文献出版社	2002	–

续表 37-1

书　名	编著者(单位)	出 版 者	出版年月	字数(千)
AutoCAD 2002 入门与提高 Autodesk 官方培训教程	卢章平	清华大学出版社	2003.1	733
国际市场营销学	赵银德	机械工业出版社	2003.1	575
传说不等于事实	李德柱　李寅宇等	中国城市出版社	2003.1	364
联想无限:柳传志的管理艺术	康毅仁　汪洋	民主建设出版社	2003.1	351
大学物理实验教程(第 2 版)	刘映栋	东南大学出版社	2003.1	334
马相伯	薛玉琴　刘正伟	河北教育出版社	2003.1	265
趣谈中国摩崖石刻	姚淦铭	百花文艺出版社	2003.1	247
水摆夷风土记	姚荷生	云南人民出版社	2003.1	210
知识转化论	吕国忱	黑龙江人民出版社	2003.1	200
京华寻梦	金秉英	百花文艺出版社	2003.1	174
灯谜乐园	王正亮	中国文联出版社	2003.1	150
江海争流雄镇江	吴润生	团结出版社	2003.1	127
稻鸭共作—无公害有机稻米生产新技术	沈晓昆　戴网成　王志强	中国农业科学技术出版社	2003.1	124
不尽风流瘦扬州	吴润生	团结出版社	2003.1	120
柳传志,一个中国企业领袖的成长	于绍乐　卢怀谦	北京工业大学出版社	2003.1	116
高职、高专、成人高校数学(第三册·多元微积分)	张国昌　臧正松	中央民族大学出版社	2003.1	–
混沌动力系统的重构预测与控制	姚洪兴	中国经济出版社	2003.2	180
工程材料学习指导	孙振国	机械工业出版社	2003.2	159
新视野大学英语学习手册(第二册)	王月芳	苏州大学出版社	2003.2	462
国际金融学	谭中明	中国科学技术出版社	2003.2	438
微型计算机原理与接口技术	陈红卫	科学出版社	2003.2	410
工程数学	叶惠民	东南大学出版社	2003.2	407
经济法学学习指导	王国金	中国统计出版社	2003.2	300
工程材料	孙振国	机械工业出版社	2003.2	365
社区卫生管理学	周绿林	东南大学出版社	2003.2	342
陶弘景丛考	王家葵	齐鲁书社	2003.3	366
Agent 计算	程显毅	黑龙江科学技术出版社	2003.3	358
职业安全健康管理体系实用指南	刘宏	化学工业出版社	2003.3	250
沿海中小城市的现代化	张卫国	江苏人民出版社	2003.3	181
来不及学坏	饶雪漫	福建少儿出版社	2003.3	106
唐诗宋词钢笔字帖(中学版)	高峰　春天	中国少年儿童出版社	2003.3	–
生物医学技能实验与研究	肖德生	人民卫生出版社	2003.4	721

续表 37-1

书 名	编著者(单位)	出 版 者	出版年月	字数(千)
医疗保险统计学	李君荣	人民卫生出版社	2003.4	471
中学生作文快捷通	周钢	复旦大学出版社	2003.4	282
柳传志谈联想经验:第三只眼睛看联想	任新	线装书局	2003.4	278
非典型肺炎防治手册	殷凯生	江苏科学技术出版社	2003.4	260
医疗保险学	周绿林	人民卫生出版社	2003.4	140
《文选》与“文选学”:第五届文选学国际学术研讨会论文集	中国文选学研究会	学苑出版社	2003.5	815
离家出走的孩子	张璘	广西师范大学出版社	2003.5	500
管理信息系统	何有世	东南大学出版社	2003.5	317
戴木帽的女孩	张璘	广西师范大学出版社	2003.5	160
朗文国际英语教程(教师用书1-4)	何平	上海外语教育出版社	2003.6	842
SolidWorks2003 二次开发基础与实例教程	江洪	电子工业出版社	2003.6	730
机械工程测试技术	谭庆泰	中国科学文化出版社	2003.6	289
新世纪教师素养专题	于漪	东北师范大学出版社	2003.6	284
柳永集	孙光贵 徐静 校注	岳麓书社	2003.6	194
气血与长寿(人体衰老新解)	严德馨	上海科学技术出版社	2003.6	-
镇江年鉴(2003)	《镇江年鉴》编辑部	方志出版社	2003.7	922
空调器应用安装与维修从入门到精通	夏云铧	北京科学技术出版社	2003.7	920
全新版大学英语导学及同步训练(第一册)	宋小平	苏州大学出版社	2003.7	706
全新版大学英语导学及同步训练(第二册)	林健	苏州大学出版社	2003.7	706
体育与健康	詹国祥	吉林大学出版社	2003.7	506
为了教育的明天	刘鹤中	人民日报出版社	2003.7	480
新视野大学英语学习手册(第三册)	陈红	苏州大学出版社	2003.7	475
数据库技术及其应用	刘秋生	东南大学出版社	2003.7	437
新视野大学英语学习手册(第一册)	胡清平	苏州大学出版社	2003.7	426
中国涉外经济贸易法制管理	王河	法制出版社	2003.7	380
大学生体育导学	李明学	苏州大学出版社	2003.7	353
模具制造工艺与装备	袁国定	机械工业出版社	2003.7	296
天算	符泽	作家出版社	2003.7	280
寿险精算数学	邹公明	上海财经大学出版社	2003.7	250

续表 37-1

书 名	编著者(单位)	出 版 者	出版年月	字数(千)
无机化学	谢吉民	人民卫生出版社	2003.7	254
非寿险精算数学及实务	邹公明	上海财经大学出版社	2003.7	225
高地上的灿烂	钟程发	作家出版社	2003.7	190
深夜涛声紧	沈士钧	中国广播电视出版社	2003.7	180
风险理论	邹公明	上海财经大学出版社	2003.7	180
生物化学与分子生物学	黄诒森	科学出版社	2003.8	893
当代市场营销学	赵银德	机械工业出版社	2003.8	740
丹阳年鉴(2003)	《丹阳年鉴》编辑部	方志出版社	2003.8	700
病原生物学检验—理论与临床	许化溪	人民卫生出版社	2003.8	679
流体力学(第二版)	罗惕乾	机械工业出版社	2003.8	552
食品加工机械与设备	陈斌	机械工业出版社	2003.8	507
高等数学测试 AB 卷	姚洪兴	学苑出版社	2003.8	460
新型智能开关电源技术	刘贤兴 李众 李捷辉	机械工业出版社	2003.8	454
与时俱进 开拓创新	唐金波 奚有贵	红旗出版社	2003.8	452
大学英语导学及同步训练	成善祯	苏州大学出版社	2003.8	400
实用合同手册	王河	宁夏人民出版社	2003.8	400
操作系统	鞠时光	武汉理工大学出版社	2003.8	397
于漪与语文教育	于漪 陈小英	国际文化出版社	2003.8	349
临床血液学和血液学检验实验指导	许文荣	人民卫生出版社	2003.8	344
信息安全概论	赵跃华	武汉理工大学出版社	2003.8	320
医用化学	谢吉民	人民军医出版社	2003.8	318
华东黄金旅游线导游词	钱钧	浙江人民出版社	2003.8	306
赛珍珠纪念文集	许晓霞 俞德高 赵珏主编	吉林文史出版社	2003.8	300
物理化学实验	张春晔	南京大学出版社	2003.8	296
医学免疫学	邵启祥	人民军医出版社	2003.8	295
镇江,为你骄傲:镇江籍两院院士、全国名人	镇江市地方志研究会	方志出版社	2003.8	273
人体寄生虫学	仇锦波	人民军医出版社	2003.8	273
新的使命 新的探索:源头治理腐败的理论与实践	郭礼荣	光明日报出版社	2003.8	215
窦蔻,是这样成长的	窦钎	文汇出版社	2003.8	215
窦蔻的年华	窦蔻	文汇出版社	2003.8	215
镇江人文・中学乡土语文读本	镇江市教育局教研室等	江苏人民出版社	2003.8	141

续表 37-1

书　名	编著者(单位)	出 版 者	出版年月	字数(千)
工程化学实验	张春晔	南京大学出版社	2003.8	137
不必知道我是谁	饶雪漫	安徽文艺出版社	2003.8	110
寻宝记	沈士钧	新疆电子出版社	2003.8	80
戴敦邦新绘《红楼梦》稿本:画稿、眉批、札记	戴敦邦	上海书店出版社	2003.8	-
丹徒年鉴(2003)	《丹徒年鉴》编辑部	方志出版社	2003.9	610
放大器电路识图与故障分析轻松入门	胡斌	人民邮电出版社	2003.9	443
可编程序控制器原理及应用	吴中俊	机械工业出版社	2003.9	395
环境影响评价导论	郑铭	化学工业出版社	2003.9	370
经济法学	王国金	中央民族大学出版社	2003.9	350
电源电路识图与故障分析轻松入门	胡斌	人民邮电出版社	2003.9	300
现代企业学	刘文	中国物资出版社	2003.9	300
大学计算机基础试验教程	林庆	中国科学技术大学出版社	2003.9	289
一个人的海	柳筱苹	时代文艺出版社	2003.9	216
我能为你做点什么:"句容现象"思考	张国擎	江苏文艺出版社	2003.9	170
中国有个金丹阳	三木公	时代文艺出版社	2003.9	150
黑板报彩色报头花边设计	范德平	江苏美术出版社	2003.9	-
中文 solid Works 2003 与 CAM Works 实用技术精粹	付永忠	科学出版社	2003.10	757
模具结构设计	袁国定	机械工业出版社	2003.10	543
模具常用机构设计	袁国定	机械工业出版社	2003.10	320
开开心心学英语	张璘	新世界出版社	2003.10	300
新编基础会计习题集	王秀萍	科学出版社	2003.10	300
机械零件结构工艺性 300 例	戴起勋	机械工业出版社	2003.10	278
扬中人在吉林	张宏达	中国文联出版社	2003.10	250
泥土　脚印	范用	凤凰出版社	2003.10	172
生命随想	何春华	时代文艺	2003.10	160
原谅我们的十七岁	饶雪漫	福建少年儿童出版社	2003.10	128
我们最快乐的日子	饶雪漫	福建少年儿童出版社	2003.10	110
当你	余耀中	时代文艺出版社	2003.10	-
心灯	钟敏	时代文艺出版社	2003.10	-
成本会计	张华	中国工商出版社	2003.11	420
李岚清教育访谈录	李岚清	人民教育出版社	2003.11	384

续表 37-1

书　名	编著者(单位)	出 版 者	出版年月	字数(千)
活宝	庐山	中国文化出版社	2003.11	245
口语交际	胡永生　严华银	上海交通大学出版社	2003.11	188
在生活中学习,在学习中生活(家政篇)	周钢	上海科学技术文献出版社	2003.11	62
润州年鉴(2003)	《润州年鉴》编辑部	方志出版社	2003.12	644
解开马克思"个人所有制"之谜	孔陆泉	内蒙古人民出版社	2003.12	580
玻璃的电熔化与电加热	陈金方	华东理工大学出版社	2003.12	575
数字电子技术	成立	机械工业出版社	2003.12	399
金陵之恋	叶开君	远方出版社	2003.12	380
金诗纪事	王庆生校注	上海古籍出版社	2003.12	378
制约民营经济发展非经济因素研究	凌宁　张志等	中国市场出版社	2003.12	280
爱的花瓣	贾叙伦　马冬华	时代文艺出版社	2003.12	256
走进茅山	庐山	中国文史出版社	2003.12	250
星光下的絮语－周光华作品选	周光华	新华出版社	2003.12	230
中国的智慧	韦政通	岳麓书社	2003.12	222
故院书法	王一真	人民日报出版社	2003.12	160
98 华南暴雨科学试验研究	周秀骥等	气象出版社	2003	352
蒋经国的一生和他的思想演变	茅家琦	台湾商务印书馆	2003	365
一个人的海	柳筱苹	时代文艺出版社	2003	216
实用纤维支气管镜彩色图谱	殷凯生	中华医学音像出版社	2003	–
中央空调系统应用与维护	夏云铧	机械工业出版社	2004.1	866
材料连结原理与工艺	邹家生	哈尔滨工业大学出版社	2004.1	537
社区保健学	高坚瑞　罗采凤 刘伟　王铁英	湖南科学技术出版社	2004.1	427
抵达之谜　(英)奈保尔(V·S·Naipaul)著	邹海仑　蔡曙光 张杰合译	中国物资出版社	2004.1	310
五色廊	王川	人民文学出版社	2004.1	247
以率先发展论英雄—来自镇江市"排头兵企业"的报告	孙燕丽主编	中国广播电视出版社	2004.1	232
张玉书传奇	徐根发	时代文艺出版社	2004.1	224
文心雕龙散论及其他(增补本)	周绍恒	学苑出版社	2004.1	190
童年的眼睛	窦寇	天津人民出版社	2004.1	170
爱在仙境的日子	饶雪漫	上海人民出版社	2004.1	125
十井巷—朱开宝散文集	朱开宝	作家出版社	2004.1	51
海疆见闻	陈耀群	时代文艺出版社	2004.1	–

续表 37-1

书　名	编著者(单位)	出 版 者	出版年月	字数(千)
唐云书法作品集	唐云	大众文艺出版社	2004.1	–
数字逻辑电路设计	鲍可进　赵念强 赵不贿	清华大学出版社	2004.2	543
风花雪月的江南	张春晓	山东画报出版社	2004.2	210
苏州历史名人・范仲淹	秦兆基	古吴轩出版社	2004.2	130
君羊诗选	苏学文	时代文艺出版社	2004.2	100
爱的滋味	蔡永祥	中国文联出版社	2004.2	–
最新会计实务疑难问题详解及实用指南	曹莉莎 丁江涛等	河南大学出版社	2004.3	2200
旗帜在实践中高扬	宋成玺	光明日报出版社	2004.3	400
虚拟试验技术	王国权	电子工业出版社	2004.3	398
废水生物脱硫机理及技术	缪应祺	化学工业出版社	2004.3	384
食品与农产品品质无损检测新技术	陈斌　黄星奕	化学工业出版社	2004.3	274
邓小平哲学思想与社会主义实践	吴秉元	香港天马图书出版公司	2004.3	–
数控技术基础	杨继昌　李金伴	化学工业出版社	2004.4	329
有限元法与面向对象编辑	俞铭华	科学出版社	2004.4	312
百年会眸:哲学视野中的西方管理思想流变	尹卫东	苏州大学出版社	2004.4	238
感受新广播	镇江人民广播电台	中国广播电视出版社	2004.4	260
科学活坐标：　博学多才的沈括	刘希俊	哈尔滨工业大学出版社	2004.4	217
文人饮食谭	范用	三联书店	2004.4	200
爱看书的广告	范用	三联书店	2004.4	164
失职的猫	高息林	中国文联出版社	2004.4	155
我是女巫我怕谁	饶雪漫	春风文艺出版社	2004.4	135
咱们班	饶雪漫	福建少年儿童出版社	2004.4	128
木古他的夏天	饶雪漫	二十一世纪出版社	2004.4	116
很爱很爱你	饶雪漫	二十一世纪出版社	2004.4	115
按时长大	饶雪漫	二十一世纪出版社	2004.4	107
郭飞诗词曲	郭飞	中国戏剧出版社	2004.4	60
我和语文教学	于漪	人民教育出版社	2004.5	488
论思想路线和领导方法—毛泽东哲学思想及其应用研究	吴秉元	香港天马图书出版公司	2004.5	420
职业安全管理	刘宏	化学工业出版社	2004.5	325
现代农业科技干部读本	丁恒龙　郭杰	中共中央党校出版社	2004.5	220

续表 37-1

书　名	编著者(单位)	出 版 者	出版年月	字数(千)
建立和完善农村社会主义市场经济体制	丁恒龙　金丽馥	中共中央党校出版社	2004.5	220
小妖的金色城堡	饶雪漫	春风文艺出版社	2004.5	180
童年的眼睛	窦蔻	天津人民出版社	2004.5	170
我不是你的冤家	饶雪漫	安徽文艺出版社	2004.5	130
我是坏女生	饶雪漫	中国少年儿童出版社	2004.5	115
中国历史文化名城丛书:镇江	刘昆　王玉国　杨瑞彬	旅游教育出版社	2004.5	71
经济法学	王河　刘定华	高等教育出版社	2004.5	45
大亨	沈寂	上海辞书出版社	2004.5	–
大班	沈寂	上海辞书出版社	2004.5	–
大画怪怪世相	曲光	百花文艺出版社	2004.5	–
阳光碎片	徐长顺	群言出版社	2004.5	–
丁观加(大器丛书)	丁观加	河北教育出版社	2004.5	–
刘二刚(大器丛书)	刘二刚	河北教育出版社	2004.5	–
内科学	殷凯生(副主编)	东南大学出版社	2004.6	980
无机与分析化学	郭文录	哈尔滨工业大学出版社	2004.6	530
新编农药应用表解	潘以楼　许德华等	江苏科学技术出版社	2004.6	400
镇江生活年鉴(2004)	《镇江年鉴》编辑部	方志出版社	2004.6	301
民心—镇江市为民办实事项目集锦	镇江市史志办公室	方志出版社	2004.6	234
感悟札记	李圣	长征出版社	2004.6	200
收回评论权	罗戎平	作家出版社	2004.6	200
融雪–扬子诗选	王明法	南京出版社	2004.6	–
镇江统计年鉴(2004)	镇江市统计局	中国统计出版社	2004.7	1280
传统文化新读本	施忠连	上海辞书出版社	2004.7	807
丹阳市卫生志	丹阳市卫生局	南京出版社	2004.7	800
丹阳年鉴(2004)	《丹阳年鉴》编辑部	方志出版社	2004.7	700
清清的鹤溪河	符志成	中国文联出版社	2004.7	200
《世说新语》选译新注	王建设	社会科学文献出版社	2004.7	192
不成集	姜均	中国文联出版社	2004.7	180

续表 37-1

书　名	编著者(单位)	出 版 者	出版年月	字数(千)
少阳集注	陈智勇注	中国文联出版社	2004.7	180
回忆与思考	柳肇瑞	学林出版社	2004.7	151
兰陵萧氏与南朝文学	曹道衡	中华书局	2004.7	177
我要我们在一起	饶雪漫	浙江少年儿童出版社	2004.7	130
京江画派	赵力	山东美术出版社	2004.7	-
一代英杰—颜真卿(上.下)	吴文庆	内蒙古人民出版社	2004.8	1200
镇江年鉴(2004)	《镇江年鉴》编辑部	方志出版社	2004.8	950
丹徒年鉴(2004)	《丹徒年鉴》编辑部	方志出版社	2004.8	610
京口年鉴(2004)	《京口年鉴》编辑部	方志出版社	2004.8	600
数字通信技术	朱小龙	化学工业出版社	2004.8	516
变配电原理、运行等检修	段大鹏	化学工业出版社	2004.8	463
材料科学研究方法	罗启福等	国防工业出版社	2004.8	450
实用应用软件教程	朱娜　林庆　鞠时光	东南大学出版社	2004.8	420
识读无线电电路图快速入门	门宏	人民邮电出版社	2004.8	395
电力电缆(用电工人技能手册)	史传卿	中国电力出版社	2004.8	348
传热学学习指导及典型习题分析	周根明	中国电力出版社	2004.8	323
阴阳脸	柯平	东方出版社	2004.8	270
水泵原理、运行维护与泵站管理	陈汇龙　闻建龙　沙毅	化学工业出版社	2004.8	228
打官司纪实	张鼎盛	新世界出版社	2004.8	218
信息时代的图书情报事业：机遇与挑战	蔡曙光	浙江文艺出版社	2004.8	173
季札与季子庙	丁松亭等	中国文联出版社	2004.8	110
卞美岗画集	卞美岗	中国文联出版社	2004.8	-
新视野大学英语读写教程导读与练习	朱俊松	外语教学与研究出版社	2004.8	-
立党为公 执政为民	唐金波　奚有贵	红旗出版社	2004.9	579
吴国青铜器综合研究	肖梦龙　刘伟	科学出版社	2004.9	420
新句容传奇	句容市史志办公室	吉林文史出版社	2004.9	333
听鸟	周志良	中国文联出版社	2004.9	300

续表 37-1

书　名	编著者(单位)	出 版 者	出版年月	字数(千)
大学英语四、六级语法疑难与突破	王建忠	苏州大学出版社	2004.9	277
人面桃花	格非	春风文艺出版社	2004.9	248
沁芳诗文集(续)	姜伏虎	中国文联出版社	2004.9	240
民间风采	康新民	江苏人民出版社	2004.9	220
季节风	臧星波	中国文联出版社	2004.9	185
离爱一个 ID 的距离	饶雪漫	二十一世纪出版社	2004.9	100
李名方书法集	李名方	南京出版社	2004.9	50
当代诗书画咏镇江	欧阳箐	广陵书社	2004.9	–
中国历史文化名城镇江研究丛书:第一册《千古江山》	霍义平　高曾伟	江苏人民出版社	2004.9	1844
中国历史文化名城镇江研究丛书:第二册《六朝都会》	王玉国	江苏人民出版社	2004.9	
中国历史文化名城镇江研究丛书:第三册《江河要津》	范然　张立	江苏人民出版社	2004.9	
中国历史文化名城镇江研究丛书:第四册《科技巨匠》	严其林　纪东	江苏人民出版社	2004.9	
中国历史文化名城镇江研究丛书:第五册《文选名篇》	曹道衡　俞绍初　笪远毅	江苏人民出版社	2004.9	
中国历史文化名城镇江研究丛书:第六册《文心司南》	涂光社	江苏人民出版社	2004.9	
中国历史文化名城镇江研究丛书:第七册《诗苑英华》	孙润祥	江苏人民出版社	2004.9	
中国历史文化名城镇江研究丛书:第八册《民间风采》	康新民	江苏人民出版社	2004.9	
中国历史文化名城镇江研究丛书:第九册《金戈铁马》	沈伯素	江苏人民出版社	2004.9	
中国历史文化名城镇江研究丛书:第十册《释道胜境》	徐苏　罗福春	江苏人民出版社	2004.9	
船舶辅机	姚寿广	哈尔滨工程大学出版社	2004.9	–
工程热力学纲要指南及典型习题分析	姚寿广	国防工业出版社	2004.10	386
学者文丛:红楼梦疑难问题探索	彭昆仑	人民日报出版社	2004.10	300
窦蔻妈妈教子笔记	杨叶紫	九州出版社	2004.10	210
县乡人口与计生工作的创新与思考	陈利慧	中国人口出版社	2004.10	200
食缘	顾克敏	中国文联出版社	2004.10	160
甘蓝类精品蔬菜	潘跃平	江苏科学技术出版社	2004.10	156

续表 37-1

书　名	编著者(单位)	出 版 者	出版年月	字数(千)
巴黎纪游	陈伟远	中国文联出版社	2004. 10	108
惠农银行币研究	胡世平	中国文史出版社	2004. 10	103
地方党校干部培训专题讲座	姜辉　丁恒龙等	中共中央党校出版社	2004. 11	492
慈舟禅师纪念文集	心澄　徐巧道	中国社会科学出版社	2004. 11	280
高校德育环境论	王桂龙	吉林文史出版社	2004. 11	275
有朋自远方来	句容市史志办公室	方志出版社	2004-11	550
文坛四才女	周文杰	黑龙江人民出版社	2004. 11	275
金秉英作品集	金秉英	作家出版社	2004. 12	715
现代色谱分析	何华　倪坤仪 余江南	化学工业出版社	2004. 12	489
句容市交通志	句容市交通局	方志出版社	2004-12	300
江苏沿江开发专题研究报告	课题组	江苏人民出版社	2004. 12	468
施工员日记	邓学才	中国建筑工业出版社	2004. 12	400
星河之光—扬中杰出人物纪事	马群　冯鸿鸣 蔡德才	方志出版社	2004. 12	362
现代质量管理学	顾平	科学出版社	2004. 12	353
诸葛菜的喀斯特适生性研究	吴沿友等	贵州科技出版社	2004. 12	250
水上家园	范继平	人民日报出版社	2004. 12	250
多晶硅微机械构件材料力学行为及微机械粘附问题研究	丁建宁	高等教育出版社	2004. 12	170
中国古代画论中的辨证思维—兼谈其思维结构	陈见东	天津人民美术出版社	2004. 12	-
图书馆实践与探索	赵玉明　徐苏	群言出版社	2004. 12	-
长江三角洲低层大气与生态系统相互作用研究	周秀骥等	气象出版社	2004	627
沈括评传	祖慧	南京大学出版社	2004	-
老朱画集	朱称俊	美国加州中国文艺出版社	2004	12K 145 页
金山文苑·感动镇江	唐金波　王红蕊	人民日报出版社	2005. 1	536
图表细说电子技术识图	胡斌等	电子工业出版社	2005. 1	458
经济法制顾问（上册）	王河	北京出版社	2005. 1	400
精算学基础(二):生命表的构造理论	邹公明　范兴华	华东理工大学出版社	2005. 1	360
董永故事的展演及其文化结构	郎净	上海古籍出版社	2005. 1	350
Solid Works 实例解析—曲线、曲面、仿真、渲染	江洪等	机械工业出版社	2005. 1	328
病房警世录—医患沟通案例评析	姜学林	人民军医出版社	2005. 1	251

续表 37-1

书　名	编著者(单位)	出 版 者	出版年月	字数(千)
镇江古代书家研究	衡正安	天津人民美术出版社	2005.1	250
莎士比亚经典故事集	张璘等	北京十月文艺出版社	2005.1	207
校园的裙摆	饶雪漫	长江文艺出版社	2005.1	180
走进电子世界连环画	胡斌等	电子工业出版社	2005.1	172
花都开好了	饶雪漫	北京少年儿童出版社	2005.1	6.25 印张
两个人的下雪天	饶雪漫	北方妇女儿童出版社	2005.1	5.5 印张
包信源写意山水	包信源	中国工人出版社	2005.1	3.5 印张
戴敦邦新绘和谐自然册页	戴敦邦	上海辞书出版社	2005.1	–
吕凤子文集	吕去病	天津人民美术出版社	2005.1	–
镇江古代石刻及焦山碑林书法研究	王同顺	人民美术出版社	2005.1	–
镇江保险志(1871～2003)	《镇江保险志》编纂委员会	方志出版社	2005.2	805
经济学基础(第二版)	李炳义	上海交通大学出版社	2005.2	350
计算机辅助工艺设计	张胜文	机械工业出版社	2005.2	350
可编程序控制器的使用和维护	王伟等	化学工业出版社	2005.2	341
公共关系基础理论与务实	陶海洋	华东理工大学出版社	2005.2	320
社会主义文明理论研究	吴秉元	天马图书出版公司	2005.2	320
道路交通安全工程	刘志强等	化学工业出版社	2005.2	286
实用应用软件实战演练	朱娜等	东南大学出版社	2005.2	248
岁月留痕	王娟瑢	作家出版社	2005.2	236
中国新格律诗论	周渡	雅院出版公司	2005.2	100
解读面孔	蔡曙光译	中国社会科学文献出版社	2005.2	90
思源集	贡义林	中国文联出版社	2005.2	40
金代文学家年谱	王庆生	凤凰出版社	2005.3	1138
军人子弟	王申春	作家出版社	2005.3	500
汽车电子技术与维修	陆文昌	化学工业出版社	2005.3	299
经营城市的理论和实践	石春海　黄宝荣　鄂金书主编	江苏人民出版社	2005.3	260
生活德育论	陈善卿　张炳生　辛国俊	东北师范大学出版社	2005.3	249
安慰	吴绍祥	人民日报出版社	2005.3	272
故人	吴绍祥	人民日报出版社	2005.3	202
中小学教师职业道德新探	张炳生　陈善卿	首都师范大学出版社	2005.3	200

续表 37-1

书　名	编著者(单位)	出 版 者	出版年月	字数(千)
弗吉尼亚·伍尔夫和女权主义	吴庆宏等	中国社会科学出版社	2005.3	174
金山文苑·镇江导游	陈启跃　高曾伟　李臻	人民日报出版社	2005.3	160
梁星乙书法集	梁星乙	中国文联出版社	2005.3	4.5 印张
《马氏文通》读本	吕叔湘　王海棻	上海教育出版社	2005.4	534
Solid Works 建模实例解析	江洪等	机械工业出版社	2005.4	421
印度佛学源流略讲	吕澂	上海人民出版社	2005.4	276
走进高中新课改—数学教师必读	喻平	南京师范大学出版社	2005.4	248
故事人生	王长庚	中国文联出版社	2005.4	195
藏在心底的水晶	饶雪漫	福建少年儿童出版社	2005.4	141
雪漫	饶雪漫	广西人民出版社	2005.4	130
戴敦邦新绘水浒传	戴敦邦	上海古籍出版社	2005.4	–
戴敦邦新绘一百零八将	戴敦邦	上海古籍出版社	2005.4	–
东方经典神话	艺红	现代出版社	2005.4	–
当代市场营销学	赵银德等	机械工业出版社	2005.5	9362
计算机绘图精学精练教程	吴巨龙	化学工业出版社	2005.5	350
中国民间故事精选	蔚家麟	长江文艺出版社	2005.5	330
买书琐记	范用	生活·读书·新知三联书店	2005.5	318
道路交通安全工程	刘志强等	化学工业出版社	2005.5	286
汽车辅助制动装置	何仁	化学工业出版社	2005.5	262
中国古代音乐考释	周武彦	吉林人民出版社	2005.5	260
台北的忧郁	王锺陵	河北教育出版社	2005.5	184
太阳的葬礼	王锺陵	河北教育出版社	2005.5	88
苏东坡说禅	师雅惠	国际文化出版公司	2005.5	80
当你孤单你会想起谁	饶雪漫	古吴轩出版社	2005.5	70
影响了我的二十篇小说	格非	百花文艺出版社	2005.5	–
不登堂集	石春海	人民日报出版社	2005.5	–
哮喘病学	殷凯生等	人民卫生出版社	2005.6	1707
现代毒理学概论	顾祖维	化学工业出版社	2005.6	888
名师与高徒	朱良春	中南大学出版社	2005.6	820
医疗机构医务人员三基训练指南	殷凯生(副主编)	东南大学出版社	2005.6	460
社会主义新论	石春海	光明日报出版社	2005.6	450
pro/e wildfire 模具设计	王匀等	机械工业出版社	2005.6	381
Solid WorKs 产品设计造型实例解析	江洪等	机械工业出版社	2005.6	374

续表 37-1

书　名	编著者(单位)	出 版 者	出版年月	字数(千)
Solid WorKs 渲染精彩实例解析	江洪等	机械工业出版社	2005.6	321
新四军在丹徒	赵顺才	中国文史出版社	2005.6	227
解读河汾诸老	刘达科	作家出版社	2005.6	226
魏延传	刘金平	中国文史出版社	2005.6	204
京口掌故	钟程发　熊兴邦　沈霄翱	人民日报出版社	2005.6	168
镇江年鉴(2005)	镇江市史志办公室	方志出版社	2005.7	1113
无线电识图与电路故障分析轻松入门(第二版)	胡斌等	人民邮电出版社	2005.7	512
体育与健康	詹国祥	吉林科学技术出版社	2005.7	510
无线电元器件检测与修理技术轻松入门(第二版)	胡斌等	人民邮电出版社	2005.7	499
机械制造技术	任家隆	机械工业出版社	2005.7	490
空调制冷专业课程设计指南	路诗奎	化学工业出版社	2005.7	350
奥氏体钢设计与控制	程晓农　戴起勋	国防工业出版社	2005.7	348
质量控制与可靠性工程基础	施国洪	化学工业出版社	2005.7	319
马相伯传略	朱维铮	复旦大学出版社	2005.7	272
奔跑者	周晨	北方文艺出版社	2005.7	250
中国东部作家丛书・补丁集	殷光中	北方文艺出版社	2005.7	220
新课程生态教学	赵美华	新世纪出版社	2005.7	200
县委书记	庐山	北方文艺出版社	2005.7	180
中国中古诗歌史	王锺陵	江苏教育出版社	2005.8	897
丹阳年鉴(2005)	《丹阳年鉴》编辑部	方志出版社	2005.8	662
以人为本科学发展	唐金波　奚有贵	光明日报出版社	2005.8	616
现代柴油发动机组的应用与管理	苏石川	化学工业出版社	2005.8	560
微电子设备与器件封装加固技术	杨平等	国防工业出版社	2005.8	560
安全科学理论与实践	江苏大学安全工程系	北京理工大学出版社	2005.8	551
归宿	唐金成	作家出版社	2005.8	482
理论力学(简明教程)	景荣春	清华大学出版社	2005.8	450
工程制图与设计	袁浩等	化学工业出版社	2005.8	429
高速加工工具系统	王贵成等	国防工业出版社	2005.8	373
生存模型的构造理论	邹公明	上海财经大学出版社	2005.8	363

续表 37-1

书　名	编著者(单位)	出 版 者	出版年月	字数(千)
关键是培养语文意识	钱吕明	中国文史出版社	2005.8	360
数字化设计制造技术概论	杨平等	国防工业出版社	2005.8	340
VC++程序设计解析与训练	祁云嵩	华东理工大学出版社	2005.8	320
实验流体力学	朱仁庆	国防工业出版社	2005.8	310
香草	赵立源	上海三联书店	2005.8	264
天唱	李北	上海三联书店	2005.8	240
铸就城市之魂:新时期“镇江精神”文萃	许星	中央文献出版社	2005.8	240
大学外语阅读与赏析(第一册)	王建忠	中国农业出版社	2005.8	220
大学外语阅读与赏析(第二册)	万石建	中国农业出版社	2005.8	210
大学外语阅读与欣赏(第三册)	朱俊松	中国农业出版社	2005.8	240
大学外语阅读与赏析(第四册)	葛纪红	中国农业出版社	2005.8	220
西津渡	徐策　童舒	江苏文艺出版社	2005.8	200
一路有你	何春华	上海三联书店	2005.8	194
布满翅膀的天空	胡萍	江苏文艺出版社	2005.8	9.4 印张
有机合成化学进展	戴立信	化学工业出版社	2005.8	-
国际市场营销学	周祖城　赵银德等译	机械工业出版社	2005.8	-
压铸模设计应用实例	姜银方等	机械工业出版社	2005.9	775
图表细说元器件及实用电路	胡斌等	电子工业出版社	2005.9	768
走向辉煌—句容撤县建市10周年巡礼	《走向辉煌》编委会	方志出版社	2005.9	755
丹徒年鉴(2005)	《丹徒年鉴》编辑部	方志出版社	2005.9	611
汽车安全工程	葛如海等	化学工业出版社	2005.9	521
现代商品学概论	张烨	科学出版社	2005.9	380
电子线路快速识图	胡斌	福建科学技术出版社	2005.9	365
大学生心理健康教程	夏纪林	吉林大学出版社	2005.9	360
汽车评估师	王若平等	北京理工大学出版社	2005.9	340
美术考古和美术研究	何志国	中国文史出版社	2005.9	297
江苏人民打击日寇英雄事迹·镇江卷	中共镇江市委宣传部　镇江市委党史办	江苏人民出版社	2005.9	250
静坐斜阳读风景	郭韵	作家出版社	2005.9	202

续表 37-1

书 名	编著者(单位)	出 版 者	出版年月	字数(千)
形与形象	王强	上海三联书店	2005.9	156
跨国财务	赵银德等译	机械工业出版社	2005.9	–
实用模具设计与制造手册	袁国定等	机械工业出版社	2005.10	1545
润州年鉴(2005)	润州区史志档案办	方志出版社	2005.10	460
中国经济发展与外商直接投资问题研究	康君 赵喜仓等	中国统计出版社	2005.10	260
京江画派学术论坛文集	车长森主编	中国文联出版社	2005.10	233
大明镇重案	符泽	人民日报出版社	2005.10	200
风雨桃花洲	季冠武	中国文史出版社	2005.10	164
能源经济系统分析	田立新等	社会科学文献出版社	2005.10	158
QQ 兄妹	饶雪漫	福建少年儿童出版社	2005.10	121
莞尔的幸福地图	饶雪漫	福建少年儿童出版社	2005.10	115
挥着翅膀的女孩	饶雪漫	福建少年儿童出版社	2005.10	115
花糖纸	饶雪漫	福建少年儿童出版社	2005.10	105
王同顺楹联专集	王同顺	辽宁美术出版社	2005.10	20
韩荣庆邮票拼贴画	韩荣庆	中国文联出版社	2005.10	7.5 印张
建筑地面与楼面手册	邓学才	中国建筑工业出版社	2005.11	1070
经济法制顾问(下册)	王河	北京出版社	2005.11	460
张良	吴文庆	中国文史出版社	2005.11	410
社会信用管理体系－理论、模式、体制与机制	谭中明	中国科学技术出版社	2005.11	386
金泉沙龙	欣士敏	中华书局	2005.11	260
镇江杂文选	镇江市杂文学会	上海三联书店	2005.11	211
新四军与苏南抗日根据地	史建和主编	江苏人民出版社	2005.11	1800
糖衣	饶雪漫	作家出版社	2005.11	7.5 印张
防癌须知	许良中	上海科学技术文献出版社	2005.11	–
汉语熟语英译词典	尹邦彦	上海外语教育出版社	2005.12	1220
辐射及其安全防护技术	陈万金等	化学工业出版社	2005.12	434
Solid Works 动画演示及运动分析	江洪等	机械工业出版社	2005.12	407
记忆的追问	刘亮	香港文汇出版社	2005.12	402 页
风骚比较新论	李金坤	江西人民出版社	2005.12	350
应用统计学	施金龙	南京大学出版社	2005.12	350

续表 37-1

书　名	编著者(单位)	出 版 者	出版年月	字数(千)
西夏语音研究	张竹梅	宁夏人民出版社	2005.12	335
风雨西津渡	庐山	长江文艺出版社	2005.12	320
大学—文化与内涵	丁钢	合肥工业出版社	2005.12	284
苦愚斋文选—足迹	郁亦行	香港文学报社出版公司	2005.12	280
走近大运河	江苏省委党史办 镇江市委党史办	中央文献出版社	2005.12	274
运动中的力量:社会运动与斗争政治	吴庆宏译	译林出版社	2005.12	260
守法伦理的理论逻辑	刘同君	山东人民出版社	2005.12	230
企业绩效评价理论与方法研究	陈留平	黑龙江人民出版社	2005.12	200
冯钟燕教授纪念文集	编委主任于洸	海洋出版社	2005.12	190
全宋诗订补	吴宗海等	大象出版社	2005.12	-
兔八哥和他的伙伴们	吴福源译	江苏少儿出版社	2005.12	-
吴涂楼书诗传承	李元寿	江苏美术出版社	2005.12	-
朱正伦书法作品集	朱正伦	山东美术出版社	2005.12	-
百年沧桑—中国国民党史	茅家琦等	鹭江出版社	2005	1163
泥土　脚印	范用	上海三联书店	2005	112
镇江古代书家研究	衡正安	天津人民美术出版社	2005	-
吴默帛画选	董文政	人民日报出版社	2005	-
意生象外—艺术探索	王平	中国文联出版社	2005	-

小资料

[清]周镐·京江二十四景图——兽窟危亭

招隐山，原名兽窟山，古时该地处于荒山僻岭的群山之中，人迹罕至的群兽出没之区。直至清末民初，该地还不断出现豺狼、野猪伤及人畜事件。其半山之谷，尚有一处狰狞怪石，状形似狮、如虎，怪石堆后的峭壁岩下，有大小不一的洞穴数处，且互通连，其中有一巨大的岩洞，名“狮子窟”，又名“狮子洞”，洞深数丈，古时该处为百兽聚蔽之区，后渐为云游僧结茅庐作参禅之所，明末清初建有“种竹堂”“拜经台”“留余山居”诸胜，遂为西山八景之一。该洞历经沧桑，屋宇乏人维修，逐渐倒坍颓废，几存其遗址，然该处景观奇绝，仍不失名胜古迹之佳地。

第三十八卷

卫生

卷　目

1983年以后，镇江市医疗卫生事业适应社会主义市场经济体制，不断深化改革，建立城乡新型医疗卫生制度。实施区域卫生规划，政府财政投入增加，以公益性为主体的医、教、研、防、监卫生机构齐全，建成一批国家级、省级卫生城、镇、村和新卫生基础设施。培养、引进一批科技骨干人员，多项医疗新技术达到省内和国内先进水平；群众健康水平提高，传染病发病率下降，人均寿命期望值达74.3岁，接近世界发达国家水平。

1983～1995年，市卫生系统探索一系列改革，取得一定成效。1995年，镇江医学院附院被国家卫生部评为三级甲等医院。1996年后，根据《中共中央国务院关于卫生改革与发展的决定》和国务院8部委《关于城镇医药卫生体制改革的指导意见》文件精神，先后制订两轮区域卫生规划，对资源进行优化配置，机构重新布局。2000年起新建市疾病预防控制中心和市卫生监督所，对市直5所医院设计不同功能定位，进行重点投资。2002年市一院建成一座代表镇江医疗卫生系统现代化水平的门急诊综合大楼。2003年2月，市江滨医院整建制划入江苏大学。市四院与市妇幼保健所合并，创建成三级甲等市妇幼保健院。镇江市第三人民医院和镇江市中医院分别迁入新址。市区建成民营医院3所。所辖各市（区）相继新建功能较为齐全的综合医院、疾病预防控制中心、卫生监督所、妇幼保健院（所）和急救中心等机构。1983年和2005年相比，市直医院门急诊由139.13万人次上升至272.60万人次，住院病人由32260人次上升至67790人次；全市卫生机构由567个发展到920个，医院床位由5889张增加到8099张，每千人占有床位由2.53张增加到3.11张，卫生技术人员由7781人增加到13485人，每千人拥有卫技人员由3.20人增至5.04人。

1983年，全市财政支出卫生事业费984万元，1993年增加到2174万元。"八五"期间，各级财政共投入卫生事业经费达11918.70万元，比"七五"期间6756.30万元增长76.41%。1995～2005年，市直医疗卫生单位投资6.8亿元，建成总面积达18万平方米业务用房，分别是前10年的2.88倍和11倍。1997～2005年，市直医院百元收入积累率为19.69%，高出全省平均值11个百分点；净资产收益率为14.62%，高出全省2.7个百分点。"十五"期间全市投入卫生事业费59013万元。

1983年，市区公费医疗费为124.80万元，1985年上升到208.40万元。1994年前，职工医疗费用年均增长33.00%。1994年，国务院确定镇江为全国城镇职工医疗保险制度改革试点城市。1995年，镇江实行"总量控制"和"定额结算"相结合的医疗费用支付等办法。2002年起，这一制度由国家企事业单位职工扩大到城市居民。至2005年，职工医疗保险覆盖面达到100%，基金收支平衡、略有结余，医疗费用过快增长势头得到遏制。和医改前相比，医疗费用增幅下降21%，两周患病就诊率提高10%。镇江市医改经验得到国务院肯定并在全国推广。

1983～1990年，全市每年春、夏、秋三季开展以清理环境除"四害"为主的群众性爱国卫生运动。1990年后，该项运动与创建卫生城、镇、村相结合。至2005年，镇江市、句容市创建成国家卫生城，丹阳市和扬中市分别创建成全国卫生城；全市创建成1个国家级卫生镇、8个省级卫生镇、32个省级卫生村；98.3%农村居民用上自来水，卫生户厕覆盖率80.2%。"十五"期间，每年完成22万人次预防接种任务。市区法定传染病发病率由1983年的1092.85/10万下降至2005年的358.4/10万；继消灭天花和基本消灭血吸虫病等疾病以后，基本消灭白喉、麻风、脊髓灰质炎、血丝虫病、疟疾和新生儿破伤风等传染病。全市新法接生 100%，孕产妇死亡率从 1983 年的 32.2/10 万下降至 2005 年 20.41/10 万，婴儿死亡率下降至 5.4‰。

1984 年起，为落实“科技兴卫”工程，每年在卫生事业经费中安排一定比例的专项科技经费。2000～2005 年，每年安排经费均达到 360 万元。培养、引进一批科技骨干人员，至 2005 年，市直医疗卫生单位博士、硕士研究生 176 名；省、市级“333”和“169”科技人才，卫生系统有 120 人。至 2005 年，全市引进万元以上设备 3976 台，其中 20 所综合医院引进万元以上设备 1920 台。市区建成国家级临床实验室 2 个，建立省级医学临床重点专科 4 个、市级临床重点专科 20 个。全市建成国家级疾控实验室 3 个，市一院成立中德（江苏）心脏中心。江大附院、市一院和市四院先后成功开展心、肝、肺移植或联合移植手术及非亲缘性异基因骨髓移植手术和成功培养试管婴儿等技术，多项技术在省内或国内处于较领先水平。

第一章　机构队伍

1983 年 3 月，镇江市实行市管县体制，以原镇江地区卫生局为主与原镇江市卫生局合并，组建新的镇江市卫生局，直接管理市直医疗卫生单位和指导辖市（县、区）卫生工作。1983～1985 年，厂、矿和学校卫生由市政府相关主管部门设立卫生科（室）管理；1986 年后，市卫生局对其进行业务技术指导；1992 年成立市卫生管理委员会。

第一节　行政机构

1983 年 3 月组建新的镇江市卫生局，内设科、室 16 个。1987 年成立镇江卫生检疫所，正处级单位，隶属于镇江市卫生局。1989 年，镇江卫生检疫所上划至卫生部直接管理，对外挂牌镇江进出口食品卫生监督检验所。1995 年，镇江市被确定为全国城镇职工医疗保险制度改革试点城市，市卫生局撤销保健科和公费医疗办公室，设医保处（2001 年撤销）。1997 年，市爱国卫生运动办公室整建制划入市城管局；2001 年，市爱卫办又划归市卫生局。

2001 年，市卫生局药政处划入镇江市药品监督管理局，社会卫生处更名为疾病控制处，成立基层卫生和妇幼保健处（简称基妇处）。2004 年 9 月，市红十字会改由市政府分管领导直接联系。2005 年，市卫生局内设机构 15 个。各辖市（区）卫生行政机构体制和名称也发生相应变化，乡（镇）卫生工作由当地政府部门的文教卫生助理具体负责指导。

第二节　事业机构

1983 年，全市卫生机构 567 个，其中市区卫生机构 349 个。2005 年，全市卫生机构 920 个，其中市区卫生机构 440 个。全市卫生机构含市、区卫生局直接管理的医院、防保等单位，卫生系统外的医院（所、室）、乡镇卫生院、村卫生室等。

1983～2005年镇江市及市区卫生机构情况表

表38-1　单位：个、张

年份	卫生机构数			床位数		
	全市	市区		全市	市区	
		医院、卫生院	其他		医院、卫生院	其他
1983	567	39	310	6174	3090	109
1984	686	38	425	6402	3193	119
1985	620	36	360	6501	3293	200
1986	669	35	388	6822	3323	419
1987	673	34	385	7046	3366	495
1988	723	34	431	7124	3508	431
1989	704	34	420	7242	3528	509
1990	722	35	436	7580	3823	463
1991	717	34	428	7706	3825	470
1992	723	33	436	7830	3798	553
1993	731	33	447	7929	3957	523
1994	731	38	442	8216	4251	581
1995	731	38	439	7885	4182	496
1996	731	40	437	7520	4108	183
1997	851	41	493	7464	4129	124
1998	850	41	492	7668	4201	151
1999	851	42	491	7596	4188	78
2000	723	44	412	7963	4064	229
2001	720	43	370	7732	4223	49
2002	797	42	335	7869	4244	113
2003	879	38	344	8088	4436	168
2004	940	39	401	8176	4639	23
2005	920	38	402	8320	4648	121

说明：1．“其他”栏内含厂矿企业、村卫生室；
　　2．此表内容不含第359医院

1983～2005年镇江市市区主要医疗卫生单位沿革情况表

表38-2

现名	沿革	等级
江苏大学附属医院（镇江市江滨医院）	1980年5月称镇江医学专科学校附属医院 1984年10月更名为镇江医学院附属医院 1985年5月又名镇江市江滨医院 2003年2月划入江苏大学使用现名	三级甲等
中国人民解放军第359医院	中国人民解放军第359医院	三级乙等
镇江市第一人民医院（江苏大学附属人民医院）	1984年5月，镇江市人民医院更名为镇江市第一人民医院 2003年，市新区医院划并入该院，成立市第一人民医院新区分院，又称镇江市新区人民医院	三级乙等
镇江市儿童医院	2005年在市第一人民医院儿科基础上成立	－

续表 38-2

现名	沿革	等级
镇江市第二人民医院(镇江市惠民医院)	1971 年始称镇江市第二人民医院 2001 年,市港口医院划归为镇江市第二人民医院 2004 年 2 月,该院增挂镇江市惠民医院牌子	二级甲等
镇江市第三人民医院	1983 年 5 月镇江市传染病院改为现名	二级甲等
镇江市第四人民医院 镇江市妇幼保健院	1986 年,镇江地区精神病院更名为镇江市精神病院 1988 年又更名为镇江市第四人民医院 1992 年,镇江市妇产科医院并入该院 2002 年 12 月,镇江市妇幼保健所并入四院,增挂镇江市妇幼保健院牌子	市四院为二级甲等;市妇幼保健院为三级甲等
镇江市中医院	1958 年始称镇江市中医院	二级甲等
镇江市口腔医院	1959 年 9 月称镇江市牙病防治所 1985 年 4 月更名为镇江市口腔医院	二级乙等
镇江市疾病预防控制中心	2001 年 1 月撤销镇江市卫生防疫站、镇江市血吸虫病防治所、镇江市皮肤病防治所和镇江市健康教育所,组建镇江市疾病预防控制中心和镇江市卫生监督所	地市级一等
镇江市卫生监督所		
镇江卫生学校	1988 年 3 月成立镇江卫生学校筹备小组,挂靠常州卫生学校牌子招生 1990 年 4 月启用镇江卫生学校(筹)印章 1992 年 10 月正式成立镇江卫生学校	二星级中专学校
镇江市医保结算中心	1998 年 2 月成立镇江市医疗保险管理局,2001 年更名镇江市医疗保险结算中心,市政府重新成立镇江市医疗保险局	–
镇江市中心血站	前身是镇江市第一人民医院中心血库 1992 年 5 月成立镇江市中心血站	–
镇江市急救中心	1982 年 7 月成立镇江市救护站 1997 年 11 月更名为镇江市急救中心	–

图 38-1 江大附院全景鸟瞰(2005 年摄)

图 38-2 市第一人民医院门急诊综合大楼(2005 年摄)

图 38-3　市疾控中心和市卫生监督所(2005 年摄)

图 38-4　市卫生学校图书馆(2005 年摄)

图 38-5　市急救中心(2005 年摄)

图 38-6　市医疗保险结算中心(2005 年摄)

第三节　卫技人员

1983 年,全市卫生技术人员 7781 人,其中医生 3203 人,护士 1725 人,其他人员 2853 人;市区卫生技术人员 4659 人,其中医生 1989 人,护士 1172 人,其他人员 1498 人。2005 年,全市卫生技术人员 13485 人,其中医生 5437 人,护士 4001 人,其他人员 4047 人;市区卫生技术人员 6555 人,其中医生 2664 人,护士 2178 人,其他人员 1713 人。

1983～2005 年镇江市及市区卫技人员情况表

表 38-3　　单位:人

年　份	卫技人员		医　生	
	全　市	市　区	全　市	市　区
1983	7781	4659	3203	1989
1984	8054	4888	3247	2062
1985	8119	4893	3303	2172
1986	8375	5125	3447	2285
1987	8534	5189	3402	2232
1988	9064	5507	3620	2370
1989	9258	5582	4258	2687
1990	9744	5824	4451	2800
1991	9958	5972	4688	2938
1992	10328	6170	4926	2976

续表 38-3

年 份	卫技人员		医 生	
	全 市	市 区	全 市	市 区
1993	10569	6202	5014	2995
1994	10954	6380	5109	3072
1995	11286	6407	5341	3077
1996	11367	6301	5318	2948
1997	11941	6561	5548	3050
1998	10303	6646	5638	3075
1999	10460	5201	5692	3121
2000	10773	5304	3860	1996
2001	11928	6618	4389	2438
2002	11878	6472	4794	2421
2003	10504	5110	4421	2039
2004	13203	6406	513.	2532
2005	13485	6555	5437	2664

说明:1. 2003 年起市区含丹徒区;

2. 此表内容不含第 359 医院

第二章 卫生改革

1983 ~ 2005 年,全市卫生系统坚持积极稳妥、先易后难、逐步推进原则,进行运营机制、人事制度、医疗保险等一系列改革,促进卫生事业发展。

第一节 医疗保险制度改革

1983 年前,市卫生局设立公费医疗办公室,负责对市区国家机关、事业单位干部和职工医疗费用报销。1985 ~ 1992 年,市公费医疗改为“统一领导、分散管理、各负其责、定额包干、结余留用、超支由单位自理”办法,但减资增效不明显。1993 年,实行“公费医疗支出与享受单位、享受个人挂钩”和“超支自补”规定,下半年企业职工实行大病医疗保险。1994 年,市区公费医疗较上年仍超支 589 万元,人均支出增加 167.61 元。

1994 年 4 月,国务院确定江苏省镇江市为全国城镇职工医疗保险制度改革试点城市之一。通过医改基础数据调查与测算,制定《镇江市职工医疗保险暂行规定》和实施细则,并出台一系列政策性文件。同年 11 月,新职工医疗保险制度在市江滨医院和市第一人民医院模拟运行。

1995 年元月 1 日起,新职工医疗保险制度在全市投入运行。同年底,市直医院业务收入下降 33.65 个百分点,人均医疗费比医改前下降 15.30%。全市职工两周就医率 75.40%,比医改前上升 5.75 个百分点,需住院而未住院的职工比例,由 1994 年的 26.50% 下降到 1995 年的 13.70%。

1996 年建立和完善新运行机制、补偿机制和管理体制,完善“定额结算”付费办法,建立住院病人付费登记制度,全面实施“总额控制、结构调整”方案和《医疗服务与销售药品收支分别管理、分开核算暂行办法》,制订《镇江市深化医院内部改革的意见》,对医务人员实行以效率、效益、质量、行为指标为主要考核依据的奖金分配制度。

1999年,镇江市成为全国医改重点联系城市。同年,实行“统筹基金费用总额控制、个人账户费用按实支付”的办法,对离休人员医疗费用实行单独管理。出台《关于进一步做好长住外地参保职工医疗费用管理的通知》,改善对长住外地人员的服务。医疗保险定点药店投入运营。2000年完善职工医疗保险制度,对大病医疗保险调整资金统筹和使用办法,并且在二级以上医院实行部分疾病按病种收费,强化对医疗费用综合考核力度和住院病人付费清单、病人签名等制度。

2001年,市医疗保险管理局更名为镇江市医疗保险结算中心,其职责范围不变。

2002年,医保费用结算实行刚性总控向弹性结算过渡。根据各定点二、三级医疗机构上年实际运行情况,结合当年使用资金,确定下达各定点医疗机构工作量指标(指导值)、就诊人头与门诊人次比、定额均次费用指标上下限和医保费用预算指标,由各定点医疗机构掌握使用,工作量合理增加部分视不同情况给予补助。对定点二、三级医疗机构和药店实行预算管理。

2003年强化长住外地人员医疗费用管理,出台《镇江市社会医疗保险长住外地人员医疗费用管理暂行办法》等文件,方便参保职工就医,全面实施医疗保险定点医师制度。

2004年对市区188个定点医疗机构2282名医师,统一实行计算机管理。全市农村推行新型合作医疗制度,市卫生局制订《关于合作医疗结算和若干处理意见》,规范费用报销、审核、结算的程序和要求,完善零星报销手续。同年底,全市社会医疗保险参保人员为194.98万人,占全市总人口67.28%;其中,基本医疗保险参保48.7万人,市区参保29.5万人;城乡居民合作医疗保险参保120.28万人,城镇职工参保率达98%;农村居民医保覆盖率达82.1%,基金收支平衡,略有结余。多层次社会医疗保险体系初步形成,医疗费用过快增长的势头得到遏制。和医改前相比,镇江市医疗费用增幅下降21个百分点,基本医疗得到保障,职工两周患病就诊率比医改前提高10个百分点。

第二节　运营机制改革

1983年,全市有16个公社(乡镇)卫生院和县以上医院部分后勤部门、医技科室进行管理制度改革试点,推行以考核经济指标为主的岗位责任制。1985年,京口区卫生局对所辖三所医院职工进行德、能、勤、绩考核,实行定项目、定指标、定规范、定时间、定任务、超额奖励的“五定一奖”制度,在国家规定范围内对个人奖金适当拉开档次。同年,市第二人民医院和句容县人民医院开展党委(总支、支部)领导下的院(所、站、校)长负责制试点工作。1988年,在推广市第二人民医院院科两级负责制基础上,市江滨医院、市第一人民医院实行科室“定人员、定任务、定质量指标、定行为准则、定效率、定创文明单位”,达标者予以奖励的考核办法。1990年,全市16个二级以上医院对目标管理责任制内容作完善和补充,增加优质服务等项目在目标管理考核中比重,防止片面追求经济效益倾向。1993年,全市县以上医疗卫生单位全面推行院(所、站、校)长负责制,实行党政分开。1994年后,全市医疗卫生单位后勤服务改革,逐步停办幼儿园、浴室和食堂等,采取多种形式社会化服务。

2000年1月,市卫生局成立医疗卫生单位会计机构负责人委派管理中心,建立会计委派制,对市直医疗卫生机构财务科长岗位实行公开选拔,竞争上岗。2001年7月,在市江滨医院试点基础上,全市二级以上医院实行病人选择医生制度。病人可以在医院自由选择门诊、住院和手术医生。同年12月底,全市17所二级以上医院开展病人选择医生的临床科室56个,占门诊科室35%;住院临床科室85个，占科室总数63%；门诊病人选择医生总数44万人次，占当年门诊总人次17.5%；入院病人择医手术3290例，占手术病人总数48.30%。2002年，市卫生局与相关部门联合出台《关于加快非营利性医院运行机制改革的意见》，在市直4所医院推行以净资产增长率、可动用资金增长率、百元收入积累率等涉及医院可持续发展的12项指标作为重点考核内容的风险经营责任制。2003年，风险经营责任制在市直医院全面推开。

多途径解决群众就医难看病贵问题。2001年成立镇江市药品集中招标采购中心，实行药品集中采购招标，降低药价；同年底，50家药品企业准入，参加采购招标药品价值1000万元，药品平均价格下降25%。2004年市区、2005年全市药价分别让利患者550万元和5000余万元。限制药品收入占医药收入比例，2005年，市直7所医院药品收入占比由平均60%降至39.70%，在全省处于最好水平。建立惠民医院，对低保特困人群和城市农村贫困人群就医实行优惠政策。2002～2005年，全市开展惠民医疗服务机构45家，减免医疗费用450万元；市区惠民医院（市二院），3年为贫困群众减免276.50万元。2005年，江大附院、市第一人民医院和市第四人民医院开设慢性病方便门诊，实行“专病特约定点医疗”。建立社区卫生服务中心首诊制和与二、三级医院双向转诊等制度。至2005年，在社区卫生服务机构门诊和住院者，平均费用分别比二级以上综合医院下降50.70%和49.50%，逐步实现小病进社区、大病进医院要求；市直6所医院门诊均次费用年平均增幅6.70%，为全国平均年增幅的50%；住院均次费用平均年增幅7.30%，为全国平均年增幅的三分之二；参保职工医药费用平均个人制度内自付比例为17%，为全国的42.50%。

第三节 人事制度改革

1987年起，卫生技术人员进行技术职称改革。到1991年，市直医疗卫生单位卫生技术人员3126人中，3097人晋升技术职称，占整个卫技人员99%。此后，市直卫生系统技术职称改革步入正常化轨道，每年进行一次。

1992年起，部分市直医疗卫生单位开始实行专业技术人员聘任制、工人合同制及落聘人员待聘制。1999年起，市直卫生系统实行专业技术职务评聘分开（每两年一周期）、管理人员和职工转岗、待岗、下岗等劳动人事制度改革。2000年实行职工全员聘用合同制，继续执行专业技术评聘分开，中层干部竞争上岗。市直医疗卫生单位4600名职工与单位签订聘用合同，重新聘用3455名专业技术人员和392名专业技术工人。

2001年，市直医疗卫生各单位和市人才服务中心建立人事代理关系，由市人才服务中心代理新进人员相关人事业务。同年8月起，卫生系统除引进研究生、副高级以上专业技术职称人员以外，各类新进人员都实行代理。同年，市直卫生系统人员实行第二周期聘任工作，对职岗不符的不再聘任，达到退休年龄人员进入过渡岗，并增设优秀人才岗位。2003年实施第三周期聘任工作，进一步完善评聘分开制度，聘任2851人，高职低聘48人，低职高聘1人，缓聘15人，落聘3人，辞职15人，开除3人，解聘14人。2004年成立镇江市市直卫生单位人事调解委员会。至2004年，市直卫生系统办理人事代理407人，占职工总数11.2%。

2005年实施第四周期聘任制，除对卫技人员在不同单位规定不同比例外，相应扩大高级政工职称的聘用比例。至2005年，江大附院和市直医院有3334人晋升技术职称，是1986年的2.62倍。高、中、初级职称的技术人员各占18.21%、46.61%和35.18%。

1986 年、2005 年江大附院、市直医疗卫生单位技术职称统计对比表

表 38-4　单位：人

年份	初级职称	中级职称	高级职称	合计数
1986	1017	226	31	1274
2005	1173	1554	607	3334

第四节　多渠道办医

1982 年，根据江苏省《个体开业医生暂行管理办法》，镇江市境内个体行医开始恢复与发展。1983 年，丹徒县和镇江城区（京口）个体诊所有 41 个，其中牙医诊所 2 个。2000 年，丹阳市个体开业诊所 50 个，其中中医 23 个，口腔科（牙科）24 个。同年，根据国务院办公厅转发国务院体改办等 8 部门《关于城镇医药卫生体制改革的指导意见》，句容市行香中心卫生院进行股份合作制试点，取得初步成效。润州在市区成立首家股份制医院（南徐医院）。2001 年，润州区痔科医院、金江医院和京口区汝山医院实行带资产剥离，由集体所有制转为民营医院体制。至 2005 年，经市卫生局注册并取得医疗机构执业许可证的民营医院有康洁齿科、市东吴医院、市中山医院等；丹徒、京口、润州和镇江新区批准 109 个个体诊所。全市医疗机构形成以公办为主体、民营个体为辅的办医格局。

1983～2005 年部分年份镇江市市区民营医院、诊所情况表

表 38-5　单位：个

年份	医院	诊所	牙科诊所
1983	-	41	2
1986	-	37	8
1989	-	35	7
1997	-	40	10
2000	2	69	20
2005	8	109	19

第三章　爱国卫生

20 世纪 80 年代，爱国卫生运动以治理城乡环境、除四害、农村改水改厕为重点，结合“五讲四美三热爱”活动，开展健康教育工作；以多种形式宣传除害防病、食品卫生等卫生科普知识。1990 年后，爱国卫生运动以开展创建“卫生城市”“卫生镇、村”活动为中心，全方位开展健康教育、除四害和环境治理。镇江市先后建成省级卫生城市、全国卫生城市和国家卫生城市。丹阳市、扬中市、句容市先后建成省级卫生城市、全国卫生城市。至 2005 年，全市建成国家级卫生镇 1 个，省级卫生镇 8 个、卫生村 32 个。

第一节　健康教育

一、卫生科普宣传

20世纪80年代，镇江市卫生防疫站编印《讲卫生》报，每年6期，每期1万份，免费发送全市各县(区)。同时医院成立预防保健科，专人负责卫生宣传和医院健康教育。1988年4月7日，为第一个“世界无烟日”(1989年始，改为每年5月31日)。市直各医疗卫生单位制作宣传画板，编印宣传资料，开展“吸烟有害健康”宣传教育活动。以后每年“世界无烟日”都开展控烟、禁烟宣传活动。

90年代后，镇江市卫生部门先后编印发放《创建卫生城市宣传报》《肠道传染病防治知识》《除四害手册》《心脑血管病防治知识》《糖尿病防治知识》《职业病防治知识》《预防食物中毒》等宣传资料50余万份(册)，推荐发行《祝您健康》《今日保健》《中国健康教育》等健康教育科普杂志2万余册。1992年结合“创建卫生城市”活动，编印发放《干部职工居民健康知识读本》80万册。1995年，镇江市人民政府制定《镇江市公共场所禁止吸烟暂行规定》。镇江市爱卫会命名40个公共场所单位为“无吸烟单位”。1996年起，镇江电视台、镇江人民广播电台、镇江经济台开设《健康知识园地》专题节目。1998年4月开展新中国建立以来第一个“健康教育宣传月”活动，主题为“拥有健康就拥有一切”。宣传月活动中发放各类宣传资料5.6万份，接待卫生咨询2.02万人次，为群众健康检查2600人次。1999年，市属医院、站、所等20余名正(副)主任医师，编写健康保健处方集，印刷40万册，供各医疗单位就诊人员阅读，2001年修订、印刷160万册。住院病人相关卫生知识知晓率90%。同年，镇江市被评为江苏省“无烟草广告”先进城市。

2003年预防“非典”期间，举办“从不随地吐痰做起，告别不文明行为，共创美好环境”万人签名活动，印发防治“非典”读本、宣传资料55万多份。2005年，《镇江日报》开辟卫生宣传版面，每月1次。至2005年，镇江市卫生部门设计印刷食品卫生、计划免疫、预防结核病等宣传画10万多张发放至基层；制作卫生知识展板60多块，在全市巡回展览。

二、学校健康教育

1983～1990年，镇江市卫生部门在学校开展讲卫生、学生常见病、口腔保健、预防近视眼和青春期学生卫生保健等健康知识教育，在中小学开展“爱牙日”“爱眼日”等活动。

1990年起，全市中、小学普遍开设健康教育课，开课率80%，发行健康教育课本10万册。1994年发行健康教育课本22万册。1995年，市区大中小学健康教育开课率95%，中小学生健康知识知晓率和健康行为形成率分别为100%和95%。

1996年，镇江市全面贯彻《学校健康教育评价方案》，对学生进行全面系统的健康教育，学校开课率100%。2004年，市卫生部门推进“健康促进学校”创建活动，首批启动25所“健康促进学校”。2005年，全市建成“健康促进学校”21所，评出市级金奖学校4所、银奖学校9所、铜奖学校8所。

三、社区健康教育

1990年，市区在宝塔路街道和正东路街道开展居民健康教育示范点。1994年，市区每个街道都建立健康教育示范社区。1997年，各健康教育示范区都建有宣传橱窗、固定宣传栏和阅览室，订有与健康、卫生相关报纸、杂志，方便居民阅读。编印《市民健康教育知识读本》《健康行为问答》等宣传材料，保证每户居民有3种以上健康教育资料，资料入户率85%以上。2005年，市区有健康教育示范社区 39 个,固定卫生宣传橱窗 416 个。同年,成立镇江市健康教育讲师团,开设市民健康教育学校,聘请市直卫生单位 101 位正(副)主任医师与社区结对,在社区、企事业单位举办预防糖尿病、心血管病等健康知识讲座 13 次,听众近 3000 人次。居民健康知识知晓率和健康行为形成率分别为 90% 和 80% 。

第二节　除“四害”

1990 年前,“四害”为臭虫、老鼠、苍蝇、蚊子。1991 年,“四害”中臭虫改为蟑螂。

1982 年起连续四年施用药物消杀臭虫。1985 年,市区臭虫侵袭户率由 1982 年的 13. 1% 下降到 1. 8% 。1986 年 10 月,市区基本消灭臭虫。

1983 年起每年春秋两季开展灭鼠活动。1983 年春季灭鼠 69. 8 万多只。1986 年,镇江市区鼠密度由灭鼠前的 13. 2% 下降到 5. 7% 。1988 年,扬中县和镇江港务局被省爱卫会命名为“无鼠害县”和“无鼠害(港)”,扬中县为江苏省第一个无鼠害县。1989 年,京口区成为省级“灭鼠先进单位”。1990 年起,市区每年开展两次化学药物灭鼠活动,投药覆盖率和到位率 95% 以上。1992 年,市区鼠密度降至 0. 31% 以下。1992 年 6 月,镇江市被省爱卫会命名为“灭鼠先进城市”。1998 年 6 月和 2003 年 10 月分别通过省级复查考核。

1991 ~ 1993 年,市区每年春秋季开展大规模灭蟑突击周活动,采取物理防治与药物防治相结合。1993 年,蟑螂侵袭率从灭蟑前 77% 降至 2% 左右。1994 年,灭蟑用药 500 公斤,灭蟑药物到位率 98% 以上,覆盖率 92% 以上。1995 年 8 月,镇江市被省爱卫会命名为“灭蟑先进城市”。2000 年 9 月和 2005 年 10 月通过省级“灭蟑先进城市”复查验收。

20 世纪 90 年代前,灭蝇以整治环境,减少蝇类孳生场所为主,辅以药物(常用敌敌畏)喷洒灭蝇。90 年代后采取综合性灭蝇措施,城郊清除、整治露天粪坑。1997 年,郊区清除露天粪坑 8000 多只,基本消灭露天粪坑,新建、改建无害化贮粪池 2000 多个,郊区卫生厕所普及率 75% ,城区居民生活实行垃圾袋装化,普及率 80% ,城市垃圾、粪便无害化处理率 98% 以上。1997 年 9 月,镇江被省爱卫会命名为“灭蝇先进城市”。2002 年 9 月,通过省级“灭蝇先进城市”复查考核。

第三节　农村改水改厕

一、改水

1981 ~ 1985 年,农村改水形式主要以建灶边井、插管井、压把井为主。全市挖掘各类井 6764 口,建村水站 48 个,累计受益人口 48. 2 万人,改水普及率 36. 3% 。1984 年起,城市自来水管网延伸至市郊区。1985 年,市郊区有 5. 88 万人饮用自来水,占其总人口 45. 6% 。1986 年,扬中县率先实现全县农村普及自来水。1986 ~ 1999 年,改水形式主要以建村水站、联村小水厂为主,有条件的建乡镇自来水厂,全市共建村水站(厂)、自来水厂 295 座,其中村水站(厂)219 座,镇自来水厂 76 座,累计受益人口 186 万人,改水普及率达 84. 6% 。

2003 年,镇江市委、市政府提出用 3 年时间全面实施新一轮农村改水工程。丹徒区、润州区农村改水纳入城市供水规划,实施区域供水;京口区农村由谏壁自来水厂实施管网延伸供水;新区农村由大港港区实施联网供水。2003 ~ 2005 年,全市建成乡镇自来水厂 79 座,供水规模万吨以上的有 23 座,5000 吨有 23 座。管网覆盖 63 个乡镇、536 个行政村,改水累计受益人口 202. 3 万人,自来水普及率 98. 3% 。全市累计投入改水资金 16806 万元,其中省、市、县(区)三级财政 3208 万元。创建全国农村先进水厂 2 个、省级农村先进水厂 24 个、市级农村先进水厂 36 个。

二、改厕

1983～1999年，市郊区改厕37.22万户，其中卫生户厕22.43户，无害化户厕14.79万户，卫生户厕普及率49.79%。

2000～2005年，全市累计投入改厕经费9519万元，新建（改）户厕累计48.85万户，其中卫生户厕18.66万户，无害化户厕30.19万户 。2002年新建、改建无害化贮粪池2000多座。至2005年底，全市累计改厕85.62万户，其中卫生户厕41.09万户，无害化户厕44.53万户，建成无害化户厕普及村61个。市郊区农村卫生户厕普及率95%，无害化户厕普及率57.4%。

第四节　卫生城市（镇、村）创建

一、省卫生城

1990年，镇江市开始创建省级卫生城市。同年，市区开展大规模卫生运动9次，参加人员8.7万人次，清运垃圾5998吨。市区集资753万元，维修、更新公共厕所206座，一级厕所普及率由25%上升到50%。1991年，市区重点治理烟尘污染，烟气黑度达标率为96%，烟尘浓度达标率为93%，市区水冲式厕所占52.4%。1992年，市爱卫会制定《镇江市1992年创建卫生城市活动方案》，开展以治“脏”“乱”为重点的环境卫生综合治理，开展3次大规模的环境清理，清除垃圾1万多吨，卫生死角1480个，杂草1.3万平方米。市区新建、翻新、维修公共厕所445座，水冲式厕所占90.65%。粪便无害化处理率76%。垃圾清运率和保洁率100%。同年10月被江苏省爱卫会命名为省卫生城市。

二、全国卫生城

1993年，镇江市开始创建全国卫生城市。同年，市区投入2.1亿元进行城市基础设施建设，建成日产30万吨金山水厂一期工程（日产水15万吨）；新增城市绿化面积40公顷，市区人均公共绿化面积3.4平方米；新建日处理能力3000吨城东垃圾填埋场1个。

1995年投入近5亿元，加大城市公共卫生基础设施建设。开展3次大规模卫生运动，10万军民上街打扫卫生，万名中小学生上街开展“你扔我捡”活动，清除垃圾3.7万吨。市城区自来水普及率99.97%，郊区自来水普及率77%。投入300万元，新建、改建公共厕所41所，市区公厕全部实现水冲式，其中二类以上厕所占20.4%。新增城市绿化地13.23万平方米，城市绿地率22.8%，人均公共绿地4.4平方米。1995年12月被全国爱卫会命名为全国卫生城市。

三、国家卫生城

1997年，镇江市开始创建国家卫生城市。当年新建水冲式公厕168座，垃圾中转站10座，建成垃圾收集房500余座，城市居民垃圾袋装化普及率80%。城市垃圾、粪便无害化处理率98%以上，自来水普及率100%。社区健康教育全面开展，学校健康教育开课率保持在95%以上，学生和居民健康知识知晓率、行为形成率均达90%。12月，镇江市通过省爱卫会国家卫生城市省级调研。

1999年开展“五小行业”（小饮食店、小理发店、小旅店、小浴室、小歌舞厅）和卤菜加工场所卫生整治，公共场所卫生达标率和卫生设施配备率分别为68%和85%，健康教育网络覆盖面90%以上。通过全国第四次城市卫生检查和创建国家卫生城市省级考核。

2000年后，市区食品卫生许可证发（核）证率98%以上，食品卫生检测总合格率为88%以上，食品从业人员体检率、培训率为98%以上，未发生重大集体性细菌性食物中毒事故和食品污染事件。市区公共场所卫生许可证 发(核)证率98%以上，公共场所卫生监测合格率93%以上。市区自来水出厂水、末梢水4项指标总合格率为98.5%以上。法定传染病报告率≥98%，2000年以来无爆发疫情发生。儿童计划免疫调查建卡率达到100%，计划免疫相关传染病控制在部颁标准内。坚持“以环境整治为主，药物消杀为辅”的原则，狠抓四害孳生地治理，市区四害密度控制在国家规定标准内。

2003年，镇江市在全省率先制定《镇江市健康教育规划》，确定健康总体目标，学校、医院、社区、行业健康教育网络覆盖率90%。8月，镇江市通过国家卫生城市省级考核和国家级检查指导；11月，全国爱卫会组织国家卫生城市复查组进行复查；12月，镇江市被全国爱卫会命名为国家卫生城市。

2004年，创卫工作转入常态长效管理阶段。市创卫办和爱卫办下发《关于创卫工作实行长效和常态管理的通知》，制订《关于构建国家卫生城市和长效管理机制的意见》，组织10多次全面检查和专项检查。同年11月，通过省爱卫会对“国家卫生城市”的复查考核。2005初，根据省爱卫办对创卫巩固工作整改意见，镇江市人民政府下发《关于创卫工作存在问题限期整改的通知》，召开4次推进会议。各区、各部门对照要求，全面排查和整改。

四、卫生镇和卫生村

1998年12月，镇江市人民政府颁发《关于开展创建卫生镇(村)活动的决定》。同月，召开镇江市创建卫生镇(村)工作会议。集镇环卫设施不断完善，对集镇公厕高标准改建，达到国家二、三类标准。单位内部公厕全部改为水冲式。新建集镇垃圾填埋场，垃圾进行无害化处理。农村居民饮上安全卫生自来水。至2005年底，全市建成国家卫生镇1个，省级卫生镇8个、卫生村32个，市级卫生镇24个、卫生村92个。其中市区建成省级卫生镇1个、卫生村6个，市级卫生镇9个、卫生村38个。

第四章　疾病预防与控制

1983年以来，全市认真实施《中华人民共和国传染病防治法》，坚持执行《计划免疫程序》。1988年起，全市与计划免疫相关的传染病(百日咳、麻疹、乙脑、流脑、新生儿破伤风)一直控制在卫生部部颁标准(3/10万)以下。市区儿童建卡率和“四苗”(卡介苗、脊髓灰质炎糖丸疫苗、百白破三联疫苗和麻疹减毒活疫苗)覆盖率都在95%以上。1989年、1991年、1996年，全市先后通过世界卫生组织、联合国儿童基金会、卫生部3个目标评审。1983～1989年，传染病的总发病率在1000/10万以上；2005年，传染病总发病率为358.4/10万。连续23年未发生白喉，连续16年未发生脊髓灰质炎病例。1993年，市区疟疾的发病率控制在1/10万以下，达到卫生部基本消灭疟疾标准。1995年、1996年，市区麻风病、丝虫病分别通过卫生部“基本消灭标准”考核；以查螺灭螺、查病治病为重点的血防工作进一步加强，控制血吸虫病蔓延。

第一节　计划免疫

一、概况

1983年，全市实行儿童预防接种证使用制度。1984年以乡(镇)街道为单位开设计划免疫门诊,实行按月集中接种。每个儿童在12个月龄内完成“四苗”的基础免疫,完成乙型脑炎疫苗和流行性脑脊髓膜炎多糖疫苗接种,以及百白破三联疫苗的加强免疫。1986年起普及推广常年接种门诊或接种日。1987年建立“双卡制”(凭免疫接种证入托、入学制度)。1988年,市区儿童建卡率98.3%,“四苗”覆盖率97.6%。与计划免疫相关的传染病发病率均达卫生部规定控制指标。全市先农村后城市推广计划免疫保偿制。润州区新生儿一次交30元保偿费,京口区0~7岁儿童每年交10元保偿费,可以享受0~7岁国家规定的计划免疫程序服务。保偿期间,按照合同规定,对发生相应传染病患者,给予一次性经济补偿。1990年开展创建计划免疫规范化接种门诊活动,1995年,全市计划免疫规范化门诊合格率100%。1991年1月1日起对新生儿进行乙肝疫苗接种,以阻断母婴乙肝传播。同年底对市区8所医院调查,接种率为90.42%。1993年,新生儿乙肝疫苗接种率99.35%。1997年起停止对7岁、12岁儿童卡介苗的复种,并逐步将腮腺炎、风疹和甲肝减毒活疫苗纳入计划免疫管理,规定对8个月龄儿童接种腮腺炎减毒活疫苗,对12月龄儿童接种风疹和甲肝减毒活疫苗。

1989年、1991年、1996年,润州区、句容市(县)分别代表镇江市接受并通过联合国儿童基金会、世界卫生组织、卫生部联合评审组随机抽查的计划免疫3个85%的目标评审(分别以省、县、乡为单位达85%以上)。1996年,镇江市卫生防疫站被卫生部授予全国计划免疫先进集体。

2000年7月1日将乙肝疫苗纳入儿童计划免疫程序。2001年3月起停止接种单价风疹疫苗和腮腺炎活疫苗,使用麻疹-腮腺炎-风疹三联疫苗,对18月龄儿童接种。

二、强化脊灰免疫

1. 强化服苗　1990年始,全市范围内连续16年对4岁以下儿童开展16次32轮脊髓灰质炎减毒疫苗强化服苗活动。全市累计强化服苗222.08万人次,服苗率96%以上;市区累计服苗41.1万人次,服苗率97%以上。2001年5月,省卫生厅对镇江市进行消灭脊髓灰质炎的各项指标预评审,全市达到全国标准。

2. AFP病例监测　为预防脊髓灰质炎病例漏报,卫生部要求,凡属急性弛缓性麻痹(AFP)与脊髓灰质炎麻痹症状相似的病例,均要逐级上报。1991年8月,全市建立AFP监测系统,实行“零”病例报告和电话快报制度。全市19所可能有AFP病例就诊的医疗单位(5个市级医院、5个县级医院及9个乡镇医院)被纳入主动监测系统。卫生防疫站每旬开展一次主动监测,每年对监测的医院进行抽查,开展AFP主动搜索和漏报率调查。1994年以后,全市15岁以下人口的AFP监测报告率均超过1/10万。1996年以后,AFP双份合格粪便采集率均超过80%,AFP各项监测指标均达到或超过世界卫生组织标准。

第二节　传染病

一、疫情

1983年,市区报告乙类传染病12种,计4244例,发病率为1092.85/10万;死亡3人,死亡率0.77/10万。全市报告乙类传染病13种,计17534例,发病率为720.01/10万。1988年,全市计划免疫相关传染病发病率提前两年达到卫生部控制指标。1983~1989年,市区报告传染病13种,其中甲类1种(霍乱)、乙类12种,累计33715例。每年发病率在1000/10万以上,其中1988年达1454.51/10万。肠道传染病累计31092例,占总发病数92.22%。

1990年,市区首次报告性病(淋病)3例,全市报告45例。1990~1996年,市区报告传染病12种,其中甲类1种(霍乱)、乙类11种,累计24583例。其中1990年发病率927.51/10万,1996年降至353.43/10万。1990～1996年，肠道传染病累计24039例，占总发病数97.76%。

1998年，全市麻风病患病率控制在0.5/10万以下。通过卫生部“基本消灭麻风病”达标考核。1997～2005年，市区报告传染病17种，其中甲类1种（霍乱）、乙类16种，累计报病16223例，发病率均在500/10万以下。2002年，发病率降至149.63/10万，2003年后，发病率回升（2003年247.76/10万、2004年545.57/10万、2005年385.40/10万），主要是性病及结核病报病数增加。1997～2005年，肠道传染病下降，肠道传染病累计9692例，占总发病数57.74%。

2001年，市区首次报告1例艾滋病（重庆籍）。2002～2005年，市区性病累计报告1261例，占总发病数的10.85%；结核病累计报告4324例，占总发病数的26.65%。期间，全市艾滋病报告74例，其中市区26例。

1983～2005年镇江市法定传染病发病与死亡情况表

表38-6

年份	镇江市				市区			
	发病数（人）	发病率（/10万）	死亡率（/10万）	病死率（/10万）	发病数（人）	发病率（/10万）	死亡率（/10万）	病死率（/10万）
1983	17534	720.01	0.78	0.11	4244	1092.85	0.77	0.07
1984	16105	658.22	0.94	0.14	4838	1224.89	1.01	0.08
1985	16493	671.46	0.57	0.08	4540	1121.51	0.25	0.02
1986	20312	822.08	0.81	0.10	5111	1225.18	0.72	0.06
1987	20454	820.63	0.76	0.09	4061	952.48	0.23	0.02
1988	23453	925.15	0.55	0.06	6413	1454.51	0.23	0.02
1989	17954	704.52	0.39	0.06	4508	1013.18	–	–
1990	17597	683.72	0.27	0.04	4179	927.51	–	–
1991	18982	733.86	0.27	0.04	4181	923.66	0.22	0.02
1992	14575	557.67	0.34	0.06	3975	850.15	0.21	0.03
1993	11760	447.43	0.23	0.05	4106	799.78	0.39	0.05
1994	11389	429.82	0.23	0.05	4246	812.71	0.38	0.05
1995	6210	232.53	0.11	0.05	2023	365.59	–	–
1996	5847	220.91	0.04	0.02	1873	353.43	–	–
1997	6019	227.48	0.19	0.08	1535	287.53	–	–
1998	5352	201.65	0.04	0.02	1509	259.52	–	–
1999	4333	163.44	–	–	1179	202.79	–	–
2000	3621	135.37	–	–	1146	195.35	–	–
2001	3290	121.9	0.15	0.12	968	163.54	0.68	0.41
2002	3664	134.95	0.11	0.08	891	149.63	0.17	0.11
2003	5265	193.55	0.11	0.06	1579	247.76	0.47	0.19
2004	8226	307.94	0.26	0.09	3208	545.57	0.85	0.16
2005	8555	294.57	0.48	0.16	4208	385.40	0.37	0.10

二、主要传染病防治

1. 肠道传染病

肠道传染病防治策略主要采取“两管一灭”（管水、管粪，灭蝇）和加强饮食卫生管理为主的综合措施。

霍乱　1981年起，每年5月1日（2000年改为4月1日）至10月，各医疗单位开设肠道门诊，对原因不明的腹泻病人登记，对疑似霍乱病人采样送检。1991后，肠道门诊年检索率均达江苏省规定的10%以上。2000年前，市区部分年份发生霍乱病例，卫生防疫部门对病人及时进行隔离治疗，对疫点内人群预防服药、饮用水消毒，对疫点进行快速灭蝇等防治措施，迅速控制疫情，未发生二代病人。

肝炎　1991年1月1日起对新生儿进行乙肝疫苗接种，以阻断母婴乙肝传播。1994年起根据江苏省统一部署，每年春季开展压"高峰"活动，对重点人群接种"甲肝"减毒活疫苗。2005年，肝炎发病率从1992年的347.12/10万降至135./10万。伤寒、菌痢发病率从1983年的12.62/10万、769.17/10万下降到0.73/10万、77.94/10万。

2. 传染性非典型性肺炎（SARS）

2003年2月，市卫生局制订《传染性非典型性肺炎疫情控制处理预案》，细化《传染性非典型性肺炎流行病学调查指南》，制定车站、公共场所、交通工具、学校、幼儿园、医院、社区、家庭"非典"防控指南。预防"非典"期间，市区配备4辆疫情应急车，24小时开通值班电话，建立覆盖全市24小时疫情报告体系，实现疫情报告"零距离"。同年4月24日，市成立防治"非典"指挥部，办公室设在市卫生局。市三院作为疑似确诊病人和危重病人收住院定点医院，市二院作为留观定点医院，359医院作为后备医院。防治"非典"期间全市疾病预防控制中心为车站、商场、高考、中考考点等近百个单位提供消毒服务。市区完成消毒面积40余万平方米，其中可疑疫点210多个，对1200多辆客车、出租车消毒。全市建立包括铁路、教育、交通、旅游、文化、公共事业、建设和外经等8大系统参与的疫情监测网络，发现发热病人576人。对市区宾馆、饭店等服务行业中外来人员发热病人检索，发现相关线索300多个，未发现疑似病人。对返乡人员进行登记，市区登记32599人，发现疑似病人1例。全市二级以上医院对发热病人登记1617人，留察1049人。确定专门收治"非典"病人医院4所。全市处理可疑疫情20余起，对疑似病人、密切接触者及相关可疑人员开展现场流行病学调查300余人次。

3. 艾滋病

20世纪90年代后，镇江市人民政府办公室先后下发《关于加强艾滋病监测管理工作的通知》《镇江市预防控制艾滋病性病行动计划（2003～2010年）》《关于切实加强艾滋病防治工作的意见》《关于加强献血员艾滋病病毒抗体（HIV）检测与管理的通知》《镇江市艾滋病控制处理预案》《镇江市关于在既往有偿供血人群中开展HIV筛查通知》等文件。

2002年成立艾滋病防治领导小组和艾滋病防治技术指导小组。市和各辖市（区）疾病预防控制中心配备专业人员负责艾滋病防治工作，丹阳市疾控中心成立艾滋病防治科。同年起，加强艾滋病、性病监测体系和信息系统建设。2004年，镇江市人民政府召开三病（血吸虫病、结核病、艾滋病）防治会议，保证全市人均1元艾滋病防治工作经费。同年底，全市建立艾滋病初筛中心1个，初筛实验室17个；设有初筛实验室的二级以上医院普遍开展对手术病人、产妇、受血者和供血者的艾滋病抗体常规检测。2005年6月起，全市启动艾滋病网络直报系统。2002～2005年，全市HIV（艾滋病毒）检测43万多人次，检出HIV阳性73例。

2005年，市卫生局、财政局、民政局联合下发关于《镇江市艾滋病及常见机会性感染免费或减费药物治疗实施办法》《镇江市艾滋病免费自愿咨询与检测实施办法》。全市对5名HIV感染者落实优惠政策，其中为3人提供免费抗病毒治疗，5人享受低保，1名孤儿免费上学。

4. 结核病

1983年1月起实行结核病报病工作。同年，全市登记活动性肺结核病人1275人，登记率52.7/10万；市区登记活动性肺结核病人167人，登记率35.2/10万；市区新发初治涂阳病人治愈率66.70%。1984年实行结核病登记报告制度。1985年，第二次全国结核病流行病学抽样调查，镇江市活动性结核患病率639/10万,涂阳患病率200/10万。1987年推行肺结核短程化学治疗方案。1990年在京口区健康路街道南站居委会、丹徒县黄墟镇开展第三次全国结核病流行病学抽样调查,活动性结核患病率318/10万。同年,市区新发初治涂阳病人治愈率68.60%。2000年在润州区宝塔路街道开展第四次全国结核病流行病学抽样调查,实检人数1432人,实检率为97.5%,活动性结核患病率为447/10万、涂阳患病率223/10万。同年,市区新发初治涂阳病人治愈率73.10%。

2002年1月起,在全市推广现代结核病控制新策略(DOTS)做法。同年10月,市区肺结核病人由市三院承担治管工作,逐步建立社区结核病治管工作模式。结核病报病率100%,系统管理率96%,追踪到位率96%,病人家属筛查率100%。2003年实行免费抗结核治疗。2005年,全市登记活动性肺结核病人2258人,市区登记活动性肺结核病人830人;全市新发初治涂阳病人治愈率92.3%,市区治疗病人343人、治愈329人、治愈率95.10%。

5. 麻风病

20世纪60~80年代,全市开展麻风病普查,查出病人均住院治疗。全市累计发现麻风病人1235例,其中市区172例。1982~1984年对麻风病人家庭进行访问。1986年根据省所统一部署,对现症病人进行联合化疗,除2名禁忌症外,联化受治率100%,规范服药率100%。1986~1991年结合治愈病人访问,进行家属检查。1990年对历史上发生过病人的村、工厂进行一次线索调查4999人,未发现病人。1995年,镇江市通过省级"基本消灭麻风病"考核。1998年,全市通过卫生部"基本消灭麻风病"考核。

第三节 血吸虫病及其他寄生虫病

一、血吸虫病防治

镇江市地处长江下游,是血吸虫病流行重疫区。1982年,全市达到基本消灭血吸虫病国家标准。1983年,镇江市郊区有螺面积14.84万平方米,无阳性螺面积。

1984年起,受诸多社会和自然因素综合影响,螺情、疫情逐步回升。1990年恢复成立镇江市血防所,润州区、丹徒县相继成立血防站。市卫生部门与农林、水利等部门配合,落实各项防治措施,控制疫情蔓延。1993年,市郊区有螺面积363.71万平方米,其中江滩有螺面积356.36平方米,占97.98%。2000年,全市有螺面积598万平方米,其中阳性螺面积25万平方米。2005年底,全市86个乡镇(场)、607个村,其中有血吸虫病流行69个乡镇(场)、464个村;有螺面积1577万平方米,其中江滩有螺面积1469万平方米。市区33个乡镇(场)、271个村,其中有血吸虫病流行24个乡镇(场)、148个村;有螺面积1248.23万平方米,其中江滩有螺面积1179.91万平方米,阳性螺面积129.6万平方米。

1. 防治措施

血防经费投入 血防经费筹集主要实行市、县两级财政按辖区人口拨付防治经费和落实血防义务工制度。1992年,丹徒、润州、扬中、句容和镇江市直等5个单位启动世界银行贷款血吸虫病控制项目,贷款15.49万美元(物资折算)。1989~2005年,全市累计投入经费2393.42万元,其中市区累计投入经费934.12万元,各部门集资339.85万元。

查螺 1983年以后,查螺继续采用系统抽样调查、环境抽样调查、全面细查三种方法,重点地段全面搜索,寸土不漏。1991年,查获阳性钉螺。2004年4月首次用GPS定位仪查螺,螺点定位误差小于10米。1989~2005年,全市查螺累计用劳动日114.63万个,查螺面积累计145542万平方米。市区查螺累计用劳动日33.51万个,查螺面积47032.13万平方米,查出有螺面积7876万平方米,累计阳性螺面积856万平方米。2005年,除丹阳市外,其他各辖市(区)均有阳性螺分布。

灭螺 消灭钉螺除使用药物外,辅以改造环境、综合开发等措施。1990年,镇江市血防所开展江滩综合开发控制沿江血吸虫病流行研究，在有螺江滩铲苇、植杨树，林间套种大麦、油菜等旱作物，对挖土留下的江滩洼塘深挖整治成水塘进行水产养殖等。1993 年，铲芦、植杨 166.67 公顷，开发鱼池 60 公顷，改变钉螺孳生环境，土层钉螺死亡率从 27% 升至 58.9%。同年 11 月，全国血防工作会议代表 180 多人到镇江丹徒世业洲、句容下蜀桥头江滩观摩综合灭螺现场。1995 年，镇江综合灭螺成果获江苏省医学科技进步一等奖。2002 年，润州区在蒋乔镇檀山村莲花洞有螺水系采用环境治理与农业生产相结合，水泥硬化改造与灭螺相结合治理方法，灭螺效果明显。省血防办在此召开现场会，向全省推广。同年，全市春季实施"春风行动"江滩灭螺会战，投入工日 5000 多个，经费 250 万元，使用灭螺药物"氯硝柳胺"253 吨；市区投入工日 2000 多个，使用灭螺药物 53.5 吨，灭螺面积 232 万平方米。2005 年，全市春季实施"春风Ⅱ号行动"。市区投入工日 4293 个，使用 4% 氯硝柳胺 192 吨，50% 氯硝柳胺 0.68 吨，灭螺面积 521.3 万平方米，钉螺死亡率 80.2%，钉螺密度下降 90.6%，阳性钉螺密度下降 94.84%。至 2005 年底，全市改造江滩面积 731 公顷，其中兴林抑螺 318.67 公顷，挖塘养殖 181.33 公顷，垦种 184 公顷，水改旱或水旱轮作 47 公顷。

图 38-7　药物喷洒灭螺（2000 年摄）

图 38-8　河道铲草皮沿边浸杀灭螺（2000 年摄）

1989～2005 年，全市灭螺累计用工 95.21 万个，灭螺面积 9529 万平方米，巩固灭螺面积 4054 万平方米；市区灭螺累计用工 40.62 万个，灭螺面积 4383 万平方米，巩固灭螺面积 1760 万平方米，环境改造灭螺面积 268 万平方米，填埋土石方 104 万立方米。

1989～2005 年镇江市查灭螺情况统计表

表 38-7　　　　单位：万平方米、万个

地区	查螺面积	查螺工日	灭螺面积	巩固灭螺面积	环改灭螺面积	灭螺土石方数	灭螺工日
合　计	145541.83	114.63	9529.22	4053.85	1159.75	600.77	95.21
丹阳市	30220.64	32.65	29.00	734.90	28.60	98.45	6.01
句容市	42275.16	23.51	736.76	1283.60	104.88	126.64	33.79
扬中市	26013.90	24.96	1746.82	275.31	98.76	108.19	14.79
丹徒区	24925.72	15.51	2725.70	602.69	806.40	140.90	15.04
京口区	5250.02	6.40	540.06	218.19	103.23	20.61	3.70
润州区	16720.69	11.52	3709.88	939.16	17.88	105.98	21.62
镇江新区	135.70	0.08	41.00	-	-	-	0.26

说明：2002 年丹徒撤县设区，统计口径有所调整

急性感染防治　制定防治急感工作方案、预案，建立防治急感例会制度。加强防治急感宣传，发放宣传册、告村民书，制作宣传栏、展版，利用广播、电视、报纸、授课等方式开展宣传。对接触疫水人员做好登记、随访、查病工作。1995～2005 年，每年下发防蚴霜 5000 人份左右。随访查病中，

对有明确的尾蚴性皮炎者，则在接触疫水4周后先行预防服药，8～10周时再查病，对查出病人进行正规治疗。

查病治病　1983～2005年，全市累计检查172.01万人次，查出病人12321例，其中新病人1151例。市区累计检查32.09万人次，查出病人3192例，其中新病人267例。全市发生急感72例，分布在京口区、润州区、丹徒区和句容市。其间，全市累计治疗病人13175人次，对高危人群进行吡喹酮预防服药29538人次。市区累计治疗病人5487例，扩大治疗5325例，治愈率95%以上。1990年，全市有晚期病人1035例，治愈658例，其中市区有397例，治愈352例。2005年，全市有晚期病人603例，其中市区139例。

2. 血防宣传

1989年编写出版《血吸虫病问答》卫生丛书3万册，全市发行。每年血防宣传周，设立血防咨询台、出动宣传车进行宣传。在疫区中小学校普遍开展“四个一”(上一次血防知识课、看一部血防录像或电影、参加一次血防活动、写一篇血防题材作文)活动。1991年，组织血防专题文艺汇演和血防宣传版汇展活动。1992年，镇江市血防办与市广播电台、电视台联合举办血防宣传活动，进行系统血防知识教育。2001～2005年在血防健康教育活动中，举办各类培训班32期(次)，培训各级各类血防人员526人次；开展各种形式血防健康教育活动4220次，其中播放血防影视291场；开展血防专题宣传71场次，广播血防知识788次，学校给学生上血防健康教育课1298次；全市受教育人数累计345.5万人次。

二、疟疾和丝虫病防治

1978年起加强发热病人血检疟原虫工作。1988年，全市发生疟疾243例，发病率为9.8/10万，首次低于10/10万。至1989年，全市发热病人血检计144.25万人次，查出阳性2306人次，其中市区血检5.88万人次，查出阳性321人次。1980～1989年，全市治疗疟疾现症病人2.77万人次，清理复治5.82万人次，休止期根治32.11万人次，流行季节预防服药67.26万人次。因1989年发生献血员间日疟流行，1990年全市疟疾年发病率回升到10/10万以上。之后，采取对献血员在献血前顿服氯喹，禁止血站共用分浆计，防止交义感染等措施，疟疾疫情得到控制。1992年，全市疟疾疫情控制在10/10万以下。1993年后，市区疟疾发病率控制在1/10万以下。1995年后，全市疟疾疫情控制在1/10万以下。扬中市(1999年)、丹徒县(2001年)、丹阳市(2002年)、句容市(2003年)先后通过基本消灭疟疾省级达标考核，京口区、润州区各项指标达到卫生部颁发的基本消灭疟疾标准。2004年11月，全市通过省级达标考核。

图38-9　血防查病与宣传结合进行(1995年摄)

1983年后，全市继续开展血丝虫病防治。1996年，对照国家卫生部门颁布的消灭丝虫病标准，各地分别通过自行考核、市级考核和部级考核。至此，全市基本消灭丝虫病。

三、肠道线虫病防治

镇江区域人群肠道寄生虫病感染率比较高，虫种主要为蛔虫、钩虫和鞭虫，多虫感染者较为普遍。1989～1997年，全市开展基线调查，先后粪检5452人，查出感染者2688人，平均感染率49.3%，其中蛔虫38.5%，钩虫11.2%，鞭虫11.7%。1997年，润州区和丹徒县在基线调查同时，在部分重点人群中开展驱虫工作。1997～2000年，服药对象以社区为主，其他年份以学龄前儿童和中小学生为主。1995～2005年，全市集体驱虫31.21万人次。2002年，扬中市率先达到江苏省有效控制肠道线虫病标准，其他辖市（区）人群感染率也都控制在10%以下，提前实现《镇江市寄生虫病防治十五规划》目标。

第四节　碘缺乏病

镇江地区地方病主要是碘缺乏病，简称地甲病。1983年，在全市范围内调查7～14岁儿童22589人，甲状腺肿大者8625人，甲状腺肿大率为38.18%；调查居民70145人，甲状腺肿大者22402人，甲状腺肿大率为31.94%。小学生患病率8.23%，居民患病率4.81%，丹阳界牌镇居民患病率13.72%。人群尿碘排泄量测定1134人，尿碘都低于100μg/gCr（碘值范围8～4978μg/gCr）。饮用水源碘含量测定110份，水碘中位数8.75μg/L（水碘值范围为16～58μg/L）。根据当时划分病区标准，镇江市属于轻病区。

1985年，全市在7～17岁中小学生中开展普服碘油胶丸，句容县全民采取供应加碘食盐。1993年，镇江市人民政府下发《关于镇江市2000年消除碘缺乏病行动规划的通知》。1995年底起，全市实施全民食用加碘盐。1996年，碘盐覆盖率78.13%，同时对特需人群（新婚育龄妇女、孕妇、学龄前儿童和中小学生）补服碘油丸。1995～2000年，全市补服碘油丸77.67万人次，其中学龄儿童61.3万人次，0～2岁幼儿12.7万人次，新婚育龄妇女及孕妇3.7万人次。2000年，镇江市实现消除碘缺乏病阶段目标。

第五节　慢性非传染性疾病

一、慢性病调查

2000年3月制订《镇江市2000～2010年慢性病预防和控制规划》，确定恶性肿瘤、高血压、糖尿病、心血管疾病等为防治工作重点。2004年9～11月，京口区江滨新村、润州区三茅宫社区采用分层随机整群抽样方法对7992人开展基线调查，慢性病逐渐成为危害居民健康的主要疾病和主要死因。主要慢性病患病率（标化现患率）依次为高血压、糖尿病、结石病、冠心病、胃及十二指肠疾病、关节炎、骨质增生、脑卒中、慢性肝病、贫血、COPD（慢性阻塞性肺病包括：支气管哮喘、慢性支气管炎、肺心病和肺气肿等）、胆囊炎、恶性肿瘤。前10位死因中有8位为慢性非传染性疾病，前5位死因顺位是恶性肿瘤、呼吸系统疾病、心脏病、脑血管病和消化系统疾病。

2004年5月1日起，全市范围内实行死因登记制度。同年7～12月，全市登记《死亡医学证明书》5020份，前十位死因依次为恶性肿瘤、脑血管病、心脏病、呼吸系统疾病、损伤和中毒、消化系统疾病、内分泌疾病、泌尿生殖系统疾病、传染病和寄生虫病。2005年底，全市居民报告总死亡率为336.42/10万，在导致死亡的前10位死因中慢性非传染性疾病占8位，恶性肿瘤、循环系统疾病、呼吸系统疾病分占前三位。

二、精神疾病监管

2004年，京口区被卫生部确定为全国重点精神病疾病防治队伍建设项目示范区；2005年被列为重点精神病监管治疗项目示范区。京口区对1000例重型精神疾病患者建档立卡，将患者相关信息全部录入全国精神病卫生管理系统。社区卫生服务中心，对经过专家诊断复核的400例有肇事倾向的患者跟踪随访，对贫困患者给予免费治疗，每半年进行一次疗效评价。

三、肿瘤防治

扬中市是肿瘤高发区。1985年6月，扬中成立肿瘤防治研究所。1986年起逐步建立并健全覆盖全县（市）的肿瘤防治网。1991年建立居民肿瘤发病登记报告制度。1991～1995年，扬中新发生恶性肿瘤5077例，粗发病率367.60/10万（发病数/总人数），男性粗发病率为409.55/10万，女性粗发病率为326.04/10万。肿瘤前五位为胃癌、食管癌、肝癌、肺癌、结直肠癌，占89.80%。1995年起，扬中开展以“疏通水道、改良饮水、管粮防霉、健康教育、适当补硒”为主要内容的综合性预防措施，胃癌、食管癌发病率和死亡率呈现下降趋势。1998年，江苏省人民政府确定扬中市为全省9个肿瘤综合防治重点县（市）。同年，扬中市人民政府制定《扬中市恶性肿瘤综合防治方案》。1998～2002年，扬中新发恶性肿瘤5002例，粗发病率为346.40/10万，男粗发病率为413.52/10万，女粗发病率为315.73/10万。肿瘤前五位为胃癌、食管癌、肺癌、肝癌、结直肠癌，占全部肿瘤86.21%。

2005年7月1日起，全市乡及乡以上医疗卫生单位，实行恶性肿瘤病人登记报告制度。同年7～12月，全市收集恶性肿瘤病例报卡1666张，恶性肿瘤报告死亡率为94.09/10万，占各种死亡人数的比例为35.51%，居各系统死因首位，其中尤以消化系统恶性肿瘤病死率最高。胃癌、肝癌、食管癌、大肠癌4种恶性肿瘤死亡率，占全部恶性肿瘤死亡率70%以上。

第五章　公共卫生

全市开展经常性卫生监督监测和专项整治活动，建立健全食品卫生、公共场所卫生、饮用水卫生、学校卫生、劳动卫生基础档案。1996年后，镇江市区食品、公共场所、饮用水、放射等行业卫生许可证发（核）证率、从业人员健康体检率、培训率都在95%以上。对接触危害因素工人体检13万多人次，诊断矽肺病2000多人。2001年成立镇江市卫生监督所之后，卫生监督覆盖面扩大，城市和乡村监督检查覆盖率95%以上。卫生监督增加医疗、妇幼保健、血源管理、传染病执法等12项内容。食品卫生、饮用水卫生、职业卫生、放射卫生、消毒产品等有害因素监测年达12万份，为重大节日和社会经济活动提供卫生监督保障，保证人民生命安全和健康。

图38-10　卫生执法大检查（2002年摄）

第一节 食品卫生

一、食品卫生监督监测

1983年，全市卫生防疫部门负责对食品生产经营单位监督管理和食品卫生许可证的发放。同年，市区对43%的餐饮、食品单位和80%左右的个体摊贩发放食品卫生许可证。同时，市区对熟食、冷饮、糕点、消毒牛奶等13类食品卫生检测，食品卫生合格率67.6%。市区抽检餐饮单位餐具消毒合格率56%。此后，全市各级卫生防疫站对食品生产和经营单位开展经常性卫生监督，监督覆盖率100%，监督频次每户2次以上。重大节日和重大活动前，集中开展食品卫生监督执法。一般餐饮单位餐具消毒要求"一刮、二洗、三汰、四消毒、五保洁"，对宾馆、酒楼等大、中型餐饮单位要求购置餐具消毒机。1984年，市区食品卫生从业人员体检率、培训率达85%。1986年，食品卫生许可证发(核)证率79.5%，个体户发(核)证率71%。1988年，镇江市区组织11次食品卫生执法监督，警告和限期改进12户，停业1户，罚款19户；销毁处理变质食品3.22吨、变质罐头200箱。同年7月，查获假"西凤酒"6万多瓶，全部没收处理。

1990年后每年组织10次以上执法检查，监督频次每户4次以上。1993年纪念食品卫生法(试行)颁布实施十周年，全市印发各种宣传材料1万多份，培训食品从业人员2096人次。1994年7月1日~10月8日，开展强化食品卫生监督执法100天活动，全市组织10次执法检查，检查食品生产、经营和销售单位1.7万户，监督覆盖面100%，处罚273户，限期整改224户，停业301户。1995年，市区食品卫生从业人员体检率、培训率提高至95%以上。1996年10月，全市开展食品卫生宣传周活动，印发食品卫生法2万份，宣传资料1.3万份；举办相关学习培训班127期，1600多名食品生产经营管理人员和1万多名从业人员接受培训。此后每年11月第一周，开展食品卫生宣传周活动。1997年对市属1621户食品生产经营单位累计监督5054户次，覆盖面100%，执法检查20多次，检查3977户，行政处罚12个单位，收缴冰箱100多台、食品加工生产工具1000多件，销毁变质食品6吨。丹阳市卫生防疫站查获一起专门用氢化钠毒狗、贩卖狗肉的犯罪团伙，收缴、封存并销毁有毒狗肉10余吨。2000年，市区食品卫生合格率上升到78.49%，市区抽检餐饮单位餐具消毒合格率90%。

1983~2001年，市区共警告限改食品生产经营单位10068户次，处罚4172户次，罚款3056户次，吊销卫生许可证109户次，销毁过期、变质、劣、假食品3695.2吨。至2002年，市区食品卫生从业人员共体检18.52万多人次。2003年，镇江市率先在全省开展食品卫生量化分级监督管理工作，评出A级信誉度单位30个。同年预防"非典"期间，取消大型聚餐宴席5万余桌。2003~2005年，市区食品卫生从业人员体检6.03万人次。对体检、培训合格者发放健康证，持证上岗，对患"六病"(痢疾、伤寒、病毒性肝炎、活动性肺结核、化脓性或渗出性皮肤病及其他有碍食品卫生的疾病)从事食品行业人员调离，调离率100%。2004年，检测食品增加到36类，检测项目增加到197个。2005年，市区食品卫生合格率平均为83.92%；检测餐具7270件(次)，合格6697件(次)，合格率92.12%。同年底，镇江市有A级信誉度食品经营单位120个，B级信誉度单位331个，C级信誉度单位179个。

二、食品卫生专项整治

1983年后，市区每年开展3~5次以打假、劣为重点的食品专项整治和保护地方食品品牌整治活动。每年3~4月下发关于禁止加工销售河豚鱼通知，组织食品监督员检查。2002年4月上旬对城区、大港、谏壁等地62家大中型饭店进行突击检查，查出86条河豚鱼计40.2公斤，其中鲜活的62条，宰杀 14 条，熟食 10 条，当众销毁处理。被查单位依法受到警告、罚款处罚。

2003 年，开展肴肉肉制品专项整治。市区肴肉生产企业 13 家，通过整治，对 2 家无卫生许可证生产单位依法予以取缔，立案查处；对 3 家肴肉生产过程中不符合卫生要求的企业给予行政处罚。

图 38-11　食品卫生检查(2002 年摄)

2004 年重点开展醋业卫生专项整治。制订市《规范镇江香(陈)醋生产流通秩序工作方案》《镇江香醋生产企业基本卫生要求》。全市制醋企业 87 家，有卫生许可证 64 家，警告或责令改正 48 家。查封违规“镇江(陈)醋”或“精品醋”外包装箱 2300 余只(丹徒恒宏酿造厂)，查封假冒“镇江香(陈)醋”商标标识 14.4 万套(恒惠香醋厂 1.7 万套、恒通酱醋厂 12.7 万套)。经过 3 个月专项整治，80% 的制醋企业基本达到规定的生产条件和要求。同年查获过期劣质瑞士糖 22 吨、过期“草原兴发”麻辣驼肉串等冷冻食品 29 吨、“三精水”饮料 38 吨、无证生产焦糖色素约 10 吨、霉变大米 5 吨，均予以销毁。

2002 ~ 2005 年，市区先后开展对纯净水、保健食品、豆制品、乳制品、酒类、食品批发销售市场、建筑工地食堂、农村食品卫生等 30 多项 75 次专项整治活动。累计检查 1.5 万多户次，警告改进 2600 多户次；查出违规产品 61 种，没收违规、假劣产品 127 吨；处罚 700 户次，取缔 49 户次。

三、食物中毒预防和处置

1983 年以来，镇江市实行节假日食物中毒防治应急值班制度，24 小时接受报告和进行事故处理。1993 年起，镇江市实行重大聚餐申报制度。夏秋季及重大节日，餐饮单位接待大规模的聚餐活动，事先要向卫生部门申报登记。此后，申报登记范围扩大到重大活动。1993 年 9 月 7 日，润州区富春熟食店因出售受副溶血性弧菌污染的盐水鹅熟食食品，造成 112 人不同程度食物中毒。润州区卫生防疫站查封该店，封存剩余卤菜。后店主擅自将剩余卤菜转移到春富熟食店继续出售，又发生 118 人中毒。润州区卫生局吊销上述两店卫生许可证，工商局吊销营业执照，润州区法院对两熟食店店主以生产销售伪劣食品罪分别判有期徒刑 2 年与 1 年零 6 个月。1997 年 4 月 1 日，丹徒县丁岗镇 1300 多名中小学生，饮用未煮熟的豆浆后出现不良反应(豆皂素、脲激酶中毒)。市、县卫生局迅速组织医护、防疫人员赶赴现场，开展流行病学调查，收治病人，未发生人员死亡。2001 年进一步规范《重大接待等活动卫生保障事先申请制度》，要求在承接重要接待任务和重大活动前，都应提交重大接待活动卫生监督申请单，向卫生防疫部门告知接待人数、地点、警戒级别等，以便卫生部门监督。

第二节　公共场所卫生

一、公共场所监督与监测

1987 年起对公共场所进行经常性卫生监测，主要检测指标：微小气候(气温、气湿、风速等)、照度、噪声、二氧化碳、细菌总数等。1988 年，镇江市政府下发《关于贯彻国务院〈公共场所卫生管理条例〉的意见》，对涉及公共场所 7 大类 28 个行业公共场所进行卫生监督管理。同年，市卫生防疫站对

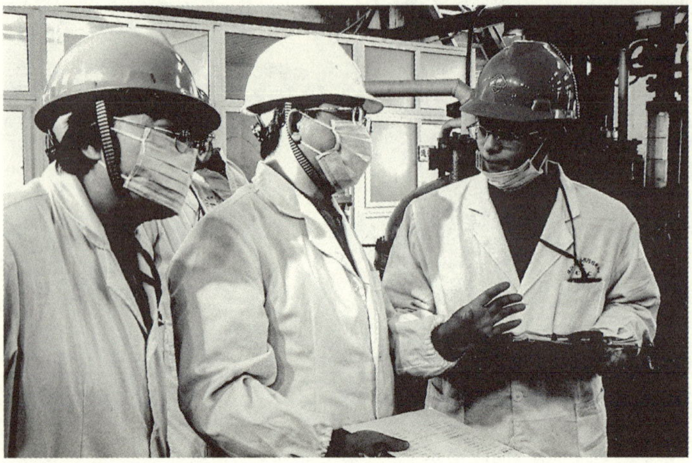

图 38-12 卫生防疫工作人员到工厂车间检测(2000 年摄)

市直管旅店、理发店、浴室、游泳场馆、文化娱乐场所、商场以及其他公共场所220个单位建立卫生档案。1991 年前,公共场所经常性卫生监测检测平均合格率在70% ~80%;1992 年后,在80%以上。1998 年起增加一氧化碳、甲醛等检测指标。

1987 ~2001 年,市区公共场所监督覆盖面100%。市卫生防疫站累计发(核)卫生许可证12761户次,健康体检率95%以上,“六病”患者调离率100%,卫生知识培训率90%以上。2002 ~2005 年,市区公共场所监督覆盖面100%。市卫生监督所累计发(核)卫生许可证1262户次,健康体检率、卫生知识培训率98%以上,“六病”调离率100%。2005年,公共场所经常性卫生监测检测4002份,合格3642份,合格率为90.01%。

二、饮用水监督监测

1. 自来水厂 1983 年后,卫生防疫部门对2家自来水厂水源水、出厂水、末梢水水质,定期开展卫生监督监测工作,每季进行一次全项目(32项)监测,其余月份监测18个项目。1983 ~1989年,水质合格率在90% ~95%;1990 年后,水质合格率98%以上。水质管理人员健康体检率、卫生知识培训率100%,全部持健康证上岗。

2. 集中式供水 1990 年前,市郊厂矿企业共有自备深水井近200个。1995 年,制定《镇江市集中式供水单位卫生许可证考核细则(试行)》,做好集中式供水单位卫生监督监测,严格卫生许可证发放的审查验收。集中式供水单位卫生许可证有效期4年,每年复核1次。水质每年检测1次,1999 年后,水质合格率均超过90%。2005 年,厂矿企业自备深水井缩减至近50个。

3. 二次供水 1994 年,市区高层二次供水水箱1432只,卫生防疫部门逐步建立水箱卫生管理档案。1997 年起,市区每年组织清洗消毒队对二次水箱(池)清洗消毒。1998 年,二次供水水箱(池)建档率98%,并对市区二次供水进行18个卫生项目监测。2001 年,市区二次供水水质合格率90%以上。

三、医院污水处理卫生监督监测

1983 年起对市区医院污水处理定期监督监测。每季监测一次,监测4个项目(结核杆菌、总大肠菌群、肠道致病菌、总余氯)。1983 年,医院污水处理合格率为71.88%。1986 年起,市直5家医院,逐步完备污水处理设施,新建、改建污水处理站。1990 ~1999 年,医院污水处理合格率达80%以上;2000年后在90%以上。2005 年监测5家医院,样品28份,项目112个,合格105个,合格率93.75%。

第三节 学校卫生

一、学校卫生监测

1983 年后加强学校卫生监测工作。市区学校食堂卫生许可证发(核)证率100%,从业人员体检率、培训率100%。1989年后，市卫生防疫部门对市区大中专学校、市属中学，区卫生防疫站对小学进行综合性卫生监督监测评价。监督监测内容包括：学生健康教育、教室照明、学生宿舍、保健设施、环境噪声、洗浴设施、运动场地器械、学生食堂、课桌椅配备、厕所等。市区大、中、小学校卫生监督总体合格率100%。

2002年起，每年开展以学校食堂和校园周边食杂店、小吃店（小餐桌）为重点的专项整治。2003年始，全市各学校（含幼托机构）开展创建A级食品卫生信誉度学校食堂工作。同年“非典”后，市卫生防疫部门加强学校公共卫生突发事件监测，健全学校疫情监测网络，制定突发疫情应急预案，建立健全学校卫生档案。2004年3月，市卫生部门与城管、公安、工商等部门联合执法，对市区、新区学校周围流动食品摊点开展综合整治。至2005年先后开展8次大范围专项整治活动。2005年，全市投入860多万元，改（扩）建学校食堂145个，创建A级学校食堂53个。同年，处理学校疫情17起。

二、学生生长发育监测

1985年对城乡儿童、青少年生长发育水平进行调查。调查城乡中、小学计12所；7～18岁儿童青少年11303人。根据调查结果，制定“镇江市城乡7～18岁儿童青少年形态发育的评价标准曲线图表”。

1991年对2所中学2364名学生生长发育水平（身高、体重、营养）进行综合评价。身高发育水平上等占20.4%，下等占3.0%；体重发育上等占20.4%，下等占3.0%；营养不良占28.2%，肥胖占7.4%。

1996年对市区大、中、小学生生长发育状况开展调查。调查学校15所（大学2所、城市中学4所、乡村中学5所、城乡小学各4所），调查7～22岁学生8358名，中学生形态发育均值总体水平表现为男大于女。男女均值差，身高：城市为5.33厘米，乡村为5.25厘米；体重：城市为4.49公斤，乡村为3.71公斤。形态发育均值总体水平表现为城市大于乡村，城乡均值差，身高：男生为1.51厘米，女生为1.43厘米；体重：男生为1.86公斤，女生为1.08公斤；胸围：男生为2.40厘米，女生为1.46厘米。

2004年，京口区、润州区对4010名初中学生进行健康体检，初中生生长发育状况为身高上等占42%，下等占1.3%；体重上等占66%，下等占0.32%。

2005年在全市范围内选择中专、市属中学、县属中学、乡属中学、市属小学、县属小学和乡属小学各两所，进行学校健康情况监测。

2005年镇江市区监测点学校健康监测结果统计表

表38-8　　单位：%

地区	身高		体重		营养不良	轻	中	重	肥胖	视力不良	龋齿	沙眼	贫血
	上等	下等	上等	下等									
市属中专	33.50	4.10	35.40	4.50	9.20	60.20	11.80	–	2.00	43.20	14.60	13.20	6.80
市属中学	47.00	0.59	65.40	–	12.20	58.00	8.80	3.20	18.50	77.60	6.90	17.70	7.50
市属小学	24.70	10.70	20.60	3.10	4.80	49.90	9.10	–	6.10	31.10	30.10	6.80	4.80
县属中学	36.00	0.53	50.00	1.20	16.70	1.00	5.60	–	6.80	72.60	16.00	8.20	2.20
县属小学	24.90	0.99	16.10	2.10	2.10	58.80	3.20	–	7.20	19.20	20.00	3.00	1.40
乡属中学	35.00	0.60	50.00	1.30	15.30	67.90	1.10	–	6.00	68.60	17.00	8.60	2.10
乡属小学	32.00	1.40	22.70	3.10	3.10	47.80	3.20	–	8.90	24.30	28.00	4.40	1.40

三、学生常见病防治

1985年起，市区开展小学生肠道寄生虫集体驱虫。1987～1989年，市区开展中小学生头虱、疥疮普查普治。1987年普查22所学校11888名学生，查出头虱626人、疥疮102人，均给予治疗。1988年，市区小学生肠道寄生虫集体驱虫服药6924人。

1989年在全市学生中开展近视眼、头虱、肠道寄生虫病、龋齿等疾病调查防治工作，调查学生38467名，总患病率为26.21%，其中视力不良率36.71%，龋齿患病率27.82%，寄生虫病患病率14.15%。1990年对全市2.21万中小学生视力跟踪调查，视力不良率为35.8%，沙眼为9.6%。1991年，市区小学生肠道寄生虫集体驱虫服药11500人。1992年10月，市卫生防疫对市区1所大学、2所中学1784名学生贫血情况调查，学生贫血率为66.30%，其中大学生贫血率为74.58%，高中生贫血率为47.45%，初中生贫血率为70.45%。1996年在市区大、中、小学生开展身体健康状况调查，调查学校19所（城区10所、郊区9所），调查学生8478名。学生主要常见病和异常体征阳性率或患病率居前5位的依次是贫血、视力低下、乳龋、临界高血压或高血压、龋齿。视力监测8209名，小学生视力均值5.06，在正常范围。初中生、高中生、大学生视力分别为4.87、4.75、4.78，低于正常水平。同年，市区小学生肠道寄生虫集体驱虫服药15000人。

1997年、2002年，京口、润州两区分别对城乡中小学生常见病监测，危害小学生健康状况的主要常见病为视力不良、龋齿、贫血和沙眼等。

1997年、2002年京口、润州两区小学生常见病监测情况统计表

表38-9

年份	项目	患病人数（人）	患病率（%）
1997	龋齿	4696	26.36
	视力不良	4272	23.98
	贫血	3613	20.28
	沙眼	1375	7.72
2002	龋齿	7871	46.34
	视力不良	6331	37.27
	贫血	1501	13.54
	沙眼	1428	8.41

第四节 职业病防治

一、放射卫生

1. 医用诊断X射线机放射卫生监督监测 1985年起，全市开展医用X线机防护监测，实行《医用诊断X线机使用许可登记制度》及分级监测管理。丹阳市、扬中市负责本辖区内监测管理，市区及其他辖市（县）、区由镇江市卫生防疫站负责监测管理。全市医用放射卫生许可证发证率100%。1986年、1995年和2005年，放射卫生监测合格率分别为80.2%、86.5%和93.5%。

1986年对101个单位171名从事放射工作人员肿瘤发病情况开展回顾性调查，患肿瘤者1人。1988年起对放射工作人员开展职业健康检查，每两年检查一次。1989年起对全市从事放射工作人员进行个人吸收剂量监测,并为被监测者建立个人档案。同年,对二级医疗机构98名放射工作人员监测。1988～2005年,职业健康检查累计体检4371人次,其中1993年确诊"慢性放射性白内障"一例。2005年,个人剂量监测465人,监测率89.4%。

2. 工业X射线探伤机放射卫生监测　1986年始,镇江市对6家单位的工业X线探伤机开展放射卫生监测工作。2005年,市直工业X射线探伤机使用单位为15家,机器类型主要为2005型、2505型、2515型及3005型等4种;使用工业伽玛(γ)探伤机1家。1990～2005年,合格率70%～90%。

3. 放射性同位素放射卫生监测　1996年,全市放射性同位素使用单位25个(50台)。1999年监测24个单位,合格率为97%;2005年,全市10个单位使用放射性同位素装置主要为料位计、测厚仪、密度计等装置75台,监测合格率100%。

4. 放射事故管理　根据国务院《放射性同位素与射线装置放射防护条例》及有关规定,加大对放射工作单位的监管力度,加强对射线装置的管理,市区未发生放射事故。

1989年9月,丹阳市建山水泥厂2号放射窑料位计量用的一只铯137放射源被拾荒者盗窃,省、市和县卫生、公安部门组织人员追踪,在上海宝钢废钢码头寻获。事后建山水泥厂相关负责人受到开除处分。

二、职业卫生

镇江市职业危害因素涉及制鞋、箱包、皮革、玩具、家具、制刷、化工、油漆、机械、电子、装饰材料、煤矿、矿山和建材等行业。市卫生部门按照《中华人民共和国职业病防治法》和《职业健康监护管理办法》要求,对有危害因素项目和接触有害因素人群进行监测。1983年市区监督54个单位。

图38-13　深入车间一线对企业职业病知识进行普查(2003年摄)

1983～1986年对市区16家制鞋厂使用氯丁胶接触苯的工人进行体检,396名直接接触苯的工人中,2人确诊为轻度苯中毒,患病率为0.51%;观察11人,占2.78%,低于全国普查中同种病种发病率。1986年对市区32个重点厂矿企业2175名接触尘毒的工人进行体检,发现各种中毒患者14名,检出率为0.64%;观察130名,占5.98%。对市区、丹徒县、句容县45个粉尘单位、6500名接触粉尘工人进行X线胸片普查,新发现各类尘肺127人,其中I期125人,II期2人;新发现0⁺期104人,新发病例数上升50%。之后,全市每年都对接触粉尘工人开展X线胸片普查,进行尘肺诊断。

1986年后对接触铅量较大的象山冶炼厂、丹徒蓄电池厂、丁岗蓄电池厂等企业工人进行体检,在250名直接接触铅作业的工人中发现铅吸收25人,占10%;铅中毒15人,发病率为6%。乡镇企业铅危害情况较突出。1987年对32家厂矿接触铅、苯、汞及其它毒物的1044名职工进行职业病体检,发现职业病患者2人,患病率为0.02%。

1993年,市区监测有毒物的厂矿18家,作业点合格率74.4%;监测粉尘厂矿36家,作业点合格率37.9%。2005年,全市有职业危害因素企业1709家,其中市区425家。同年,全市监督360个单位,市区85.6%的企业在职业病危害作业场所设置职业病防护设施,为职工配备个人防护用品。

1983～2005年,全市累计对1206个单位的接触危害因素的工人进行健康体检,体检13.83万人次,查出患病2571人。其中接触粉尘8.55万人次,查出患病2348人;接触其他有毒物质3.69万人次,查出患病223人;接触物理因素1.59万人次,未查出患病人。

1986～2005年，尘肺诊断组会诊尘肺胸片8486张，诊断各型矽肺2147人；诊断职业病212人（铅、苯、汞慢性中毒109人，其他职业病103人）。

1986～2005年镇江市市区职业危害因素监测合格率统计表

表38-10　　单位:%

项目＼时间	1986～1995年	1996～2002年	2002年后
粉尘监测合格率	35～50	65～80	85以上
化学因素监测合格率	40～70	75～80	90以上
物理因素监测合格率	50～70	70～80	80以上

第五节　消毒与病媒消长监测

一、一次性使用医疗、卫生用品卫生监测

1992年以后，镇江市一次性使用医疗、卫生用品产品由输液器、注射器增加到一次性麻醉包、引流袋、导尿管、采血针、注射针头、负压引流器、手术器械盒、吸痰器等几十个品种。1992～2002年先后对215家一次性使用医疗、卫生用品生产企业的设施、生产环境卫生许可进行检查审核，均取得省级卫生行政部门发放的卫生许可证和国家、省级药品监督部门的生产注册证书。2003年，一次性医疗用品企业划归食品药品监督管理局管理。至2005年，累计监测卫生用品企业173家，检测卫生用品产品210份，合格199份，合格率94.76%；环境监测2464份，合格2307份，合格率93.63%。

二、医疗及托幼机构消毒质量监测

2002年起，市疾病控制中心对7所市属医院、10所辖市（县）区级医院、6所乡镇卫生院、10所个体牙科诊所进行内窥镜和口腔诊疗器械消毒质量监督监测。市属、辖市（县）区级医院胃镜、肠镜、支气管镜诊疗室、口腔诊疗室，都设有专用流动水清洗消毒槽，采用多酶洗液浸泡清洗，定期开展消毒灭菌效果监测。清洗、消毒、监测记录齐全。乡镇级医院、私营牙科诊所诊疗器械清洗、消毒不规范或缺失。

1992～2005年对市区托幼机构消毒质量进行监测，监测5个项目（室内空气、手表面、环境物体表面、玩具物体表面、紫外线），监测样品9028份，合格6557份，合格率72.63%。

三、病媒消长监测

1994年起，市卫生防疫部门对苍蝇、蚊虫、老鼠、蟑螂的季节消长进行监测调查。1994～2005年捕获蝇62377只，蝇种为绿蝇、家蝇、金蝇和麻蝇；其中蝇密度1996年最低，为6.51只/笼；2004年最高，为21.09只/笼。1994～2005年捕获蚊虫1801只，蚊种为淡色库蚊、中华按蚊、三带喙库蚊；蚊虫密度1995年最低，为3.50只/笼人工小时；2004～2005年最高，为16只/笼人工小时。1994～2005年捕获鼠类111480只，鼠种为褐家鼠、黄胸鼠、小家鼠；鼠密度1998年为0.68%，2003年为0.43%。1994～2005年捕获蟑螂23040只，虫种为美洲大蠊和德国小蠊。蟑螂密度1997年为0.043只/盒，2005年为0.37只/盒。

第六章　妇幼保健

1983年以后实施孕产妇围产期保健管理和儿童保健系统管理。20世纪90年代中期开展创建“爱婴医院”“爱婴市”活动。1997年底，镇江市6个县(市)、区全部建成“爱婴市(县)”。1998年，全市有98所爱婴医院。

20世纪90年代后期，3岁以下儿童和幼儿园儿童体检率均在95%以上。2001年，镇江市托幼机构卫生保健合格率98%。2003年10月通过省卫生厅和省教委联合组织的监督检查。

第一节　妇女保健

一、妇女病查治

1983年开展以子宫脱垂和尿瘘为重点的妇女病查治工作，市区实查妇女11466人，查出妇女病患者5395人，患病率47.05%；阴道炎和宫颈炎两病占患病人数的85.83%，未发现子宫脱垂和尿瘘病人。20世纪90年代每两年开展一次妇女病普查，妇女病患者每年复查一次，妇女病普查率每年都在40%以上。1996年，全市实查24603人，受检率为41.16%，患病率为32.70%。2005年，全市检查56663人，受检率为56.75%，患病率为34.39%。1996～2005年，全市妇女病检查123.03万人次，查出患妇女病45.37万人次，患病率为31.30%；市区累计检查妇女31.11万人次，查出患妇女病12.10万人次，患病率为38.89%。妇女病以宫颈糜烂、阴道炎为主，两病占总患病的64.04%。查出310例性病患者和24例癌症病人，给予及时治疗。

二、孕产妇系统保健

20世纪80年代起提倡科学接生，强调住院分娩，提高产科质量，降低孕产妇死亡率。1983年，市区住院分娩率99.34%。1984年后，市区孕产妇死亡率基本控制在30/10万以下。1986年发生1例新生儿破伤风。

1988年，镇江市开始实行孕产妇围产期保健制度。孕妇怀孕12周前进行孕期检查，建立孕产妇保健卡；分别在孕第20、28、32、38周进行产前检查，并住院分娩；产后第3、7、14、28天由街道卫生所人员上门进行产后访视；产后42天母婴一起到医疗保健单位进行健康检查。1990年，全面落实卫生部《全国城市围产保健管理办法》《农村孕产妇系统保健管理办法》，建立妇幼保健网络，在城区和郊区全面推开围产期保健工作。1990年，市区有孕产妇3074人，实行保健管理建卡2917人，建卡率94.89%，早孕建卡率81.91%；产前受检率96.55%，产后访视率93.95%，产后42天健康检查受查率70.82%。1992年，镇江市开始推行优生优育系列保健保偿制。1994年，制定《妇幼保健保偿实施细则》。

1996年后，市区住院分娩率均在99.90%以上，科学接生率100%。1997年，市区孕产妇保健保偿覆盖率100%，投保率83%。1999年，孕妇投保率92%，孕产妇保偿率91%。2002年后，孕妇投保率96.10%以上，孕产妇保偿率95%以上。

20世纪90年代，婴儿死亡率控制在16‰以内，2000年后控制在10‰以内。2005年，全市孕妇保健建卡率、系统管理率分别为93.23%、79.91%，住院分娩率为99.67%，孕产妇死亡率为20.33/10万，围产儿死亡率为5.37‰。市区孕产妇保健建卡率、系统管理率分别达到95.26%、

85.76%，住院分娩率为99.98%，孕产妇死亡率14.4/10万，围产儿死亡率为1.33‰。

三、婚前保健

1986年5月起，镇江市将婚前健康检查列为常规性工作，确定妇幼保健所为定点检查单位。1988年，市区婚检率为48.59%，患病率7.58%。1991年后，婚检率都在90%以上。1992～2003年，市区应婚检累计97633人，实检89221人，婚检率为91.38%；查出患病9759人，患病率为10.94%。疾病排列前3位的是：生殖系统疾病占55.92%、内科疾病占23.61%、法定传染病占13.42%。查出性病56人，经过治疗予以婚育。累计查出影响婚育疾患者314人，其中暂缓结婚290人，不宜生育14人，给予医学指导。2003年10月，国务院婚姻登记条例中提倡自愿婚检，2004年、2005年婚检率降为1.69%和4.1%。

四、爱婴医院、爱婴市创建

为实现《90年代中国儿童发展规划纲要》中期目标提出的"使所有医院和妇产科医院成为爱婴医院"的要求，1994年6月，市妇产科医院和市第二人民医院试点，设立母婴同室病房。住院产妇母乳喂养率由试点前的60%上升到95%以上，产妇产后出血率下降50%，新生儿肺炎发病率下降10%。上述两医院分别于1994年9月和10月被联合国儿童基金会和卫生部命名为"爱婴医院"。

1995年，镇江提出"将镇江建成江苏省第一批爱婴市"的奋斗目标。1996年，市政府制订《创建爱婴市实施方案》，成立创建"爱婴市"领导小组。全市印发《母乳喂养健康教育手册》3.25万册，孕妇家庭教育普及率95%以上，孕产妇母乳喂养知识知晓率90.5%。婴儿人工喂养率由创建前平均40%降至15%以下，4～6个月婴儿母乳喂养率85%以上，产妇死亡率控制在25/10万以内，婴儿死亡率控制在14‰以内。1996年9月，京口区人民医院被卫生部命名为"爱婴医院"。同年，镇江市（含京口区、润州区）"爱婴市"创建工作通过省级验收。1997年底，全市6个县（市）、区全部建成"爱婴市（县）"。

2005年12月，镇江市妇幼保健院和丹阳市妇幼保健院分别通过省卫生厅评审，被卫生部分别授予"三级甲等妇幼保健院"和"二级甲等妇幼保健院"。

第二节 儿童保健

一、托幼机构保健

1985年，市区有幼儿园94个，托儿所141个。凡有50名以上儿童的园（所），都配有专职或兼职儿保医生和保健老师。1994年执行卫生部和国家教委颁发的《托儿所、幼儿园卫生管理办法》，实行托儿机构卫生保健许可制度。1997年按照《江苏省托儿所、幼儿园卫生保健标准》，对市区49所一类托儿所、幼儿园全面考核，经评估验收，全部达到合格标准，获得江苏省托儿所、幼儿园卫生保健合格证。1999年，市区一、二类幼儿园卫生保健建档率94.6%。一类托幼机构于2000年、二类托幼机构于2001年卫生保健合格率达98%。2001年11月对104所二、三类托幼机构进行评审，卫生保健合格率95.32%，儿童健康保健建档率98%。2002年，托幼机构卫生保健合格率98%以上。2003年10月通过省卫生厅和省教委联合组织的监督检查。2005年，托幼机构卫生保健合格率保持在98%以上。

二、儿童保健系统管理

1983年，市区7岁以下儿童22568人，体检21455人，受检率95.07%；查出患病1371人，患病率 6.39%；查出患缺点 3801 人，患缺点率为 17.72%。1986 年，贯彻卫生部《城乡儿童保健工作要求》《散居儿童卫生保健管理制度》，加强婴幼儿保健系统管理。1991 年启用“江苏省儿童出生保健卡(册)”，记录 0～7 岁儿童保健系统管理情况，作为儿童入托、入园基础健康依据。

1983～1991 年累计体检儿童 209818 人次，查出患病 9985 人次，疾病前 3 位为中度贫血(19.97%)、恒牙龋齿(17.43%)、气管炎(16.1%)；查出患缺点 79883 人次，患缺点率前 3 位为乳牙龋齿(50.78%)、轻度贫血(41.05%)、轻度沙眼(23.07%)。20 世纪 90 年代中期后，3 岁以下儿童和幼儿园儿童体检率均在 95% 以上。1995 年、1997 年、2005 年，全市 3 岁以下儿童保健系统管理率分别为 88.48%、90.01% 和 91.61%。

2002 年 4 月起，镇江市开展新生儿疾病(苯丙酮尿症、先天性甲状腺功能低下和听力障碍)筛查工作，当年确诊 5 例听力障碍和 1 例甲状腺功能低下患儿。同年 12 月，镇江市新生儿疾病筛查中心通过省级验收，取得执业许可。2003 年 1～11 月，全市新生儿遗传代谢性疾病筛查 8736 例，听力障碍筛查 3544 例，筛查率分别为 51.23% 和 22.9%，新确诊 10 例听力障碍患儿、2 例先甲低和 1 例苯丙酮尿症患儿。2005 年 1～11 月，全市新生儿遗传代谢性疾病筛查 14337 例，听力障碍筛查 8801 例，筛查率分别为 80% 和 49%，检出 5 例先甲低、10 例听力障碍。

第三节　计划生育技术

1983 年始定期对全市医院妇产科、计划生育科进行节育技术质量抽查。1987 年制定节育技术操作常规。1992 年实行考核上岗制度，对从事计划生育 4 项手术人员进行登记、考核、发证，促进节育技术质量的提高。

1984～1994 年，全市每年男女结扎在 10 万人以上。1995～2001 年，每年男女结扎在 5 万～10 万人。2000 年后，每年男女结扎低于 5 万人。2005 年，全市结扎 2.5 万人。1984～1992 年，每年上环 20 万～40 万人次，1993 年后，每年上环人数超过 40 万人次。1984～2005 年，全市男女结扎 198.41 万人，上环 866.53 万人次。

第七章　基层卫生

20 世纪 80 年代初期，全市乡镇卫生院、村卫生室建成率 100%。1986～1996 年，乡镇卫生院由县(区)直接管理下划至乡(镇)直接管理，产生许多弊端。1996 年后，乡镇卫生院逐步上划至县、(市)区管理。乡镇部分合作医疗由于个人筹资难，变为个体行医。2003 年起，农村推行新型合作医疗制度，乡镇卫生院和村卫生室逐步转型为社区卫生服务中心和社区卫生服务站。全 2005 年底，全市有社区卫生服务中心 67 个，社区卫生服务站 389 个；社区卫生服务网络建成率 100%，服务人口覆盖率 100%。全市参加新型合作医疗的农村居民 158.2 万人，参保率 91.64%；京口、润州、丹徒 3 个区参加新型合作医疗 29.63 万人，参保率分别为 80.01%、84.55%、86.23%。

第一节　基层卫生机构

一、乡镇卫生院(卫生服务中心)

1983 年 3 月，市区两个区医院合并改称城区人民医院。1985 年，郊区有蒋乔、象山等 7 个乡卫生院和2个乡卫生所，职工206人，其中卫生技术人员170人。有6所卫生院能施行下腹部手术和节育"四项手术"（人流、结扎、上环、引产）。1992年，随着城市区划调整，润州区划出4所乡镇卫生院归京口区管辖。2003年始，乡（镇）卫生院逐步转型为农村社区卫生服务中心。至2005年底，全市有社区卫生服务中心（乡镇卫生院）67个，其中市区28个（京口区6个、润州区7个、丹徒区15个）。

二、村卫生室（卫生站）

1982年，农村实行联产承包责任制，村卫生室以村办或村办乡管等多种形式管理。1987年，镇江市郊区有村卫生室66个。同年12月，对村卫生室按甲级标准进行整顿和建设，开展创建文明卫生室活动。1988年，大港渔业村建立渔民村卫生室，郊区行政村全部建成卫生室。1990年，市区61%的村卫生室达到文明卫生室标准。

1991年，村卫生室集体办医率98%。1997年，全市甲级卫生室914个，其中市区44个。2002年，市区村级集体办医率100%，乡村医生培训率100%。2003年始，村卫生室逐步转型为农村社区卫生服务站。至2005年，全市有社区卫生服务站389个，其中市区91个（京口区11个、润州区7个、丹徒区73个）。

2005年镇江市社区卫生服务中心（站）情况统计表

表38-11 单位：个

地区	卫生服务中心（乡镇卫生院）	卫生服务站
全　市	67	389
丹徒区	15	73
京口区	6	11
润州区	7	7

三、厂矿（校）卫生室（所、院）

1985年，镇江有厂矿（校）卫生室（所、院）283个，卫生技术人员1290人。1996年，市属和部、省属厂矿（校）卫生机构285个（校33），卫生技术人员1172人。20世纪90年代后期，随着企业改制和医疗保险制度推行，厂矿（校）卫生机构逐年减少。2005年，市属和部、省属厂矿（校）卫生机构140个（校27个），70%单位卫生机构工作运转正常，少数单位卫生机构逐渐萎缩和取消，被新型社区卫生服务中心所取代。

第二节　合作医疗（新型合作医疗）

20世纪80年代初，农村实行联产承包责任制，经济结构发生变化，合作医疗缺乏相应的经济支持，加上管理松懈，出现半办、甚至停办现象。"合医合药合防""合医合药不合防""合防不合医药"等多种村级办医模式应运而生。润州区5万农业人口，自愿参加合作医疗农民60%以上，每年就诊人数为8万~10万人次。1990年后，全市逐步恢复集体办医，润州区86%的村坚持合作医疗。1991年，村卫生室集体办医率98%。2002年，市区应建村卫生室全部建立，集体办医率100%，推行镇村一体化管理，管理率100%。

2003年，市政府出台《镇江市关于建立新型农村合作医疗制度实施意见》，明确由政府组织引导，卫生部门主管，以辖市（区）为单位，以集体为主、个人为辅集资的大病统筹运作模式。同年，丹徒区制订《合作医疗保险实施方案》和实施办法，10月中旬启动，财政人均补助10元，年底参保率60%，2004年1月1日开始结算报销。京口区、润州区、镇江新区2004年7月1日开始结报。

2005年，全市参加新型合作医疗的农村居民138.2万人，参合率91.6%；累计补偿91.1万人次，其中门诊补偿84.8万人次，住院补偿6.3万人次。累计补偿医药费用5360万元，其中补偿5000元以上1265人次，补偿万元以上319人，个人最高补偿达4万元。市区全年门诊25.23万人次，门诊优惠金额222.05万元，住院优惠金额101.21万元，住院补偿金额748.39万元，个人最高补偿额3万元。

2005年镇江市市区新型合作医疗情况统计表

表38-12

<table>
<tr><th rowspan="3">地区</th><th rowspan="3">参保人数（万人）</th><th rowspan="3">参保率（%）</th><th colspan="6">农村居民</th><th rowspan="3">城镇居民交费（元）</th><th rowspan="3">门诊人数（万人）</th><th rowspan="3">门诊优惠金额（万元）</th><th rowspan="3">住院优惠金额（万元）</th><th rowspan="3">住院补偿金额（万元）</th><th rowspan="3">个人最高补额（万元）</th></tr>
<tr><th rowspan="2">个人交费（元）</th><th colspan="4">各级财政补贴（元）</th><th rowspan="2">合计（元）</th></tr>
<tr><th>省</th><th>市</th><th>区</th><th>乡</th></tr>
<tr><td>合计</td><td>29.63</td><td>85.50</td><td>–</td><td>–</td><td>–</td><td>–</td><td>–</td><td>–</td><td>–</td><td>25.23</td><td>222.05</td><td>101.20</td><td>748.39</td><td>–</td></tr>
<tr><td rowspan="2">丹徒区</td><td rowspan="2">24.32</td><td rowspan="2">86.24</td><td>茅山老区15</td><td>25</td><td>5</td><td>15</td><td>–</td><td>60</td><td rowspan="2">–</td><td rowspan="2">23.03</td><td rowspan="2">222.05</td><td rowspan="2">83.58</td><td rowspan="2">315.6</td><td rowspan="2">3.00</td></tr>
<tr><td>其他地区25</td><td>–</td><td>–</td><td>25</td><td>–</td><td>55</td></tr>
<tr><td>京口区</td><td>2.30</td><td>80.01</td><td>45</td><td>–</td><td>5</td><td>10</td><td>5</td><td>65</td><td>65</td><td>1.12</td><td>12.86</td><td>11.63</td><td>59.58</td><td>2.50</td></tr>
<tr><td>润州区</td><td>3.01</td><td>84.55</td><td>45</td><td>–</td><td>5</td><td>10</td><td>5</td><td>65</td><td>65</td><td>1.08</td><td>5.99</td><td>5.99</td><td>73.21</td><td>3.00</td></tr>
</table>

第三节　社区卫生服务

1998年8月，镇江市在京口区江滨新村小区和润州区三茅宫小区组建社区卫生服务站试点，同年10月正式运行。2001年，镇江市人民政府制订《镇江市社区卫生服务机构设置规划（2001～2005年）》。2003年制定《镇江市社区卫生服务站建设标准》。同年，市区建成社区卫生服务站14个，建成率67%，覆盖人口30万人。2005年制定《镇江市社区卫生服务机构医保结算办法》，凡经卫生行政部门审批合格的社区卫生服务中心（站），纳入医保定点医疗机构。在社区卫生服务机构就诊的门诊医疗费用，个人支付20%，比二、三级医院就诊费用低15%和20%。

2005年，全市社区卫生服务机构门急诊量203万人次，占全市门急诊总量15%，住院5.1万人次，出诊服务11.1万人次，残疾人康复服务5199人次，妇幼保健服务24.4万人次，预防接种服务70.4万人次；建立家庭病床369张，60岁以上老人建档率85.42%。同年，京口区、润州区被省政府授予“江苏省社区卫生服务先进区”，6个社区卫生服务中心通过镇江市市级示范中心验收。

第四节　初级卫生保健

1991年，根据国家计委、农业部、卫生部、环保局、全国爱卫会《关于我国农村实现“2000年人人享有卫生保健”的规划目标》和江苏省规定的农村13项具体奋斗目标，镇江市人民政府下发《关于加强农村卫生保健工作的意见》。京口、润州两区制订实施方案，经区人大常委会审议通过，纳入国民经济和社会发展总体规划同步实施。随之，区、乡（镇）、村层层建立初级保健组织。1995年，京口、润州两区通过市初级卫生保健达标考核。1996年，两区健全三级预防保健网，应建村卫生室100%，其中甲级卫生室73%，乡村医生培训率100%，集体办医率100%，合作医疗覆盖率85%；安全卫生用水普及率93.48%，卫生厕所普及率74%，无害化户厕23.6%。通过省级验收，京口、润州提前4年实现“2000年人人享有卫生保健”目标。1997年，全市以县（市）区为单位，提前3年实现“2000年人人享有卫生保健”目标。

1998年开展乡（镇）初级卫生保健达标建设活动。1999年，润州区蒋乔、官塘，京口区象山、谏壁等乡镇分别通过省级验收。2000年，全市89个乡镇有87个乡镇达到初级卫生保健标准，提前实现省政府提出的达标要求。

第八章 医疗 护理

2005年，全市各类医疗卫生机构920个，其中医院33所（不含乡镇卫生院71所），包括20所综合医院、5所中医院、8所专科医院。全市设有病床8099张，每千人有病床3.11张；其中中医病床919张，占总床位数11.0%。卫生技术人员13485人，其中中医药、护、技人员1096人，占卫生技术人员总数8.10%。每千人拥有注册医师1.68人、拥有注册护士1.39人。省级医学临床重点专科4个，市级医学临床重点专科20个，其中中医专科1个。省、市重点培养技术人才86名，其中中医11人。

第一节 中 医

一、机构建设

1983年，全市有中医院2所（镇江市中医院和丹阳县中医院）。句容县中医院、扬中县中医院和丹徒县中医院分别创建于1984年、1987年和1989年。1994年底，市及县级中医机构门诊、病区、设施、人员、管理及功能基本配套，达到江苏省中医院临床科室设置标准。此外，县以上综合性医院均设有中医科、中药房、针灸科和5%的中医床位；乡镇卫生院85%设有中医科，80%设有中药房；645个村卫生室有290个能提供中医药服务。全市开设中医病床634张，有各类中医药护技人员1124人。一个以市、县中医院为龙头，综合、专科医院中医为辐射面，乡村两级中医为基础的中医药网络基本形成。1999年始，全市开展争创农村中医工作先进乡镇活动。至2003年，全市39个乡镇通过“农村中医工作先进乡镇”达标验收。2004年4月，丹阳、扬中两市被列入江苏省中医管理局“农村中医工作先进县”建设单位。2005年12月，丹阳市通过江苏省中医管理局的评审验收，获得江苏省农村中医工作先进市称号。至2005年，市区（主城区）有9个社区卫生服务中心设有传统中医的诊疗项目列入医疗保险报销范围。

二、医疗设备

20世纪80年代初期，市、县中医院医疗设备简陋，诊疗手段仍是传统的望、闻、问、切，辅以手工操作的三大常规、小型X光机及简易手术器械等。进入20世纪90年代，随着医院规模扩大，中西医结合业务发展，用于购置设备的资金逐年增加，更新加快，主要设备逐步大型化、现代化。

至2005年，镇江市中医院拥有飞利浦6排螺旋CT机、飞利浦全数字拍片系统（DR）、德国STOZE公司腹腔镜、美国惠普和LOGIQ5PrO彩色超声诊断仪、800MAX光机、C型臂X光机、全自动生化分析仪、五分类血球分析仪、血气分析仪、血凝仪、日本奥林巴斯电子胃镜、肠镜、输尿管肾镜、纤维咽喉镜等万元以上设备140多台（件）。

丹阳市中医院医疗设备有德国西门子直线加速器和亚秒多排螺旋CT、1000mAX光机、大型C臂机、美国惠普彩色B超、彩色电子胃肠镜、体外碎石机、超声乳化仪、德国三晶片腹腔镜、高压氧舱、日立全自动生化分析仪、多功能麻醉呼吸机、眼科AB超、眼科手术显微镜、眼科YAG激光机、角膜曲率仪等大中型设备50多台（件）。

句容市中医院拥有200MAX光机、结肠镜、电子胃镜、彩色B超、麻醉机、十二孔无影灯、高频电刀、碎石机、腰椎牵引床2张、心电监护仪4台等一批先进仪器设备。

扬中市中医院配备有日产东芝全身CT、惠普彩色B超、奥林巴斯电子胃镜、300MA X光机和X光闭路电视透视摄片系统、高频心电图、血球计数仪、全自动生化分析仪等现代诊疗仪器和设备。

丹徒区中西医结合肾病医院（丹徒县中医院）主要医疗设备有300MAX光机、r计数器、尿液分析仪、荧光显微镜、人工肾机4台（DBB－22B、Baxter－1550、Baxter－550）、结肠透析仪2台、全自动生化分析仪、反渗水装置、西门子彩超、血球计数仪等。

三、专科专病

1985年，镇江市属综合性医院中医完成门急诊42.92万人次，占门急诊总数的30.45％。

市及辖市（区）中医院及各级医疗机构中医科室，在继承中医特色的基础上，创建中医专科专病。1997年确定市中医院肝病（臌胀）专科、丹阳市中医院骨伤科、扬中市中医院消化科、丹徒县中医院中西医结合肾内科为镇江市中医重点专科。江苏省政府及省卫生厅、省中医药管理局先后命名镇江市中医院诸润庭、滕又轩、唐星（主任中医师）、李裕国（副主任中医师）、张圣德（主任中医师）、任南新（主任中医师），市一院柯梦笔（主任中医师）为江苏省名中医；1995年命名市二院赵福礼（主任医师）、丹徒县中西医结合肾病医院朱辟疆（副主任医师）为江苏省名中西医结合专家。

2005年，全市二级以上综合性医院年门急诊人次数为213.97万，中医院年门诊人次数为65.73万，占全市二级以上医院年门急诊人次的30.72％；全市二级以上综合性医院出院人数为6.07万，中医院出院人数为1.06万，占全市二级医院出院人数的17.46％。

2005年，全市71所乡镇卫生院有四分之一开设特色专科专病，沿用祖传秘方和医术，结合现代检测手段和诊疗方法诊治疾病，治愈率较高。丹阳市导墅骨伤科、胡桥眼科、司徒和荆林外科、云阳口腔科、小儿科和老年病科，句容市的黄梅和磨盘骨科、陈武的妇科、二圣的无名肿毒、石狮的小儿疳积科，扬中市三茅痔科、兴隆骨伤科、新坝和丰裕韩氏中外科，丹徒区的上会针灸、大路中药熏蒸室、石桥无痛痔科和腰腿痛科、姚桥骨病专科等，成为所在乡镇卫生院门诊量、住院病人数、业务收入的支柱科室。

1. 镇江市中医院　坚持发展传统肛肠科、肝病科、骨伤科、针灸科、推拿科、中医外科、小儿科、妇科等。20世纪末，聘请市内眼科主任医师谈祥玲、消化科主任医师杨兆昇、病理学副主任医师法锡元、胸外科主任医师须厥良、普外科副主任医师陈兆成，结合现代先进的检查仪器、检查方法，先后组建成眼科中心、中西医结合消化中心。眼科中心开展超声乳化加人工晶体植入术治疗白内障，中西医结合治疗眼底疾病方面在全市有明显优势。中西医结合消化中心是在脾胃专科、消化科和病理科基础上组建成的镇江市唯一中西医结合的消化病专科。在传统优势骨伤科基础上，陆续成立颈椎病、肩周炎、腰炎症、骨关节病等专科群体。

2. 丹阳市中医院 针灸科、推拿科和骨伤科是该院支柱科室。2005 年,骨伤科门诊量 1.7 万人次,收治住院病人 1000 人次,手术 1000 人次以上。经申报和专家评审,被国家中医药管理局确定为镇江地区唯一一家农村医疗机构中医特色专科建设单位。

3. 句容市中医院 痔科、针灸科和伤骨科的技术在当地处于领先水平,2005 年已成为该院门诊量、业务收入的骨干科室。

4. 扬中市中医院 1987 年成立以来,逐步形成一个以中医为主、中西医结合的综合型大内科,设有气管炎专科、心血管专科、肿瘤专科、内分泌专科、消化专科、小儿专科等科室,开设床位 40 张。

5. 丹徒区(县)中医院 中西医结合肾病内科诊治慢性肾炎、肾功能衰竭、尿毒症等疾病有明显优势,平均每年诊疗 9000 余人次,住院 400 人次左右,治愈好转率 92%,就诊者有来自黑龙江、山东、新疆等 20 余省、市、自治区的患者,是一个专科盘活一个医疗机构的成功范例。

6. 市直医院 市直医院重视中医专科建设和中西医结合工作。江大附院(江滨医院)中医外科建科 50 余年来,传承清朝御医之后金伯恭技艺,研制 20 余种外用中药治疗疮疡性疾病,在肛肠理论研究和肛肠手术创新方面居全市领先地位,该科日门诊量常年保持在 50 人次以上。针灸科开展用电针治疗女性尿道综合症和用水针治疗小儿脑瘫等疾病也取得较好效果。市一院中医科在江苏省名中医、主任中医师柯梦笔主持下,开设中医消化、肾病、冠心病、老年病、儿科、妇科、肿瘤专科专病门诊,年门诊量占全院门诊人次 9% 以上。市二院骨伤科推拿手法(如中滚法、一指禅法、项法、按法等),与针灸结合,治疗肩周炎、腰肌劳损、腰椎间盘突出、小儿脑瘫等,具有较好疗效。市一院、市三院、市四院的针灸、推拿特色明显。

第二节 西 医

一、机构建设

1983 年后,全市各级医疗机构得到全面发展。市及县级综合医院基本达到江苏省农村三级医疗网建设标准和要求,专业分科设置齐全,建立急诊、抢救系统,做到急诊三室分开。门诊部设内、外、妇、儿、中医等科室,住院部分设内、外、妇、儿、传染病区,医技科室设药剂、检验、放射、供应、病案统计等科室。同年,全市医院床位 5889 张,卫生技术人员 5543 名,每千人口平均占医院床位 2.41 张。1985 年 5 月,镇江市传染病医院迁入新址,占地面积从 1.5 万平方米扩大到 4 万平方米,病区由 2 个逐步扩至 8 个,床位也由 100 张增至 280 张。

20 世纪 80 年代后,市直综合性医院临床和医技各科开始向专科化、专业化方向发展。内科先后分设呼吸、心血管、消化、神经、血液、风湿、内分泌、肾脏、肿瘤等专业科室,外科先后分设普外、骨外、胸外、神经、泌尿、烧伤、整形、小儿、肿瘤等专业科室,妇产科分设妇科、产科、计划生育科等,小儿科分设普通儿科和新生儿科,辅助诊断和治疗科室越来越多,专业越分越细。

1992 年 12 月,镇江市妇产科医院整建制并入镇江市第四人民医院。2002 年 12 月,镇江市妇幼保健所整建制并入镇江市第四人民医院。市四院增挂镇江市妇幼保健院牌子,妇产科扩大成 4 个病区,床位 160 张。

2005 年,江苏大学附属医院设 53 个临床、医技科室,开放病区 27 个、床位 724 张;镇江市第一人民医院设 75 个临床、医技科室,开放病区 23 个、床位 838 张;镇江市第二人民医院设 41 个临床、医技科室,开放病区 8 个、床位 300 张;镇江市第三人民医院设 34 个临床、医技科室,开放病区 8 个、床位 280 张;镇江市第四人民医院设 48 个临床、医技科室,开放病区 18 个、床位 665 张。同年底,全市医院有床位 8099 张,与 1983 年相比床位增长 37.5%;卫生技术人员 13485 名,卫生技术人员增长79.5%,每千人平均占有医院床位达3.11张。医疗机构遍布市区街道和农村乡(镇)、村级单位,基本满足全市城乡人民就医需要。同年,全市有综合医院20所,各类专科医院8所(其中口腔医院2所、精神病院1所、传染病院1所、痔科医院1所、烧伤医院1所、康复医院2所),疗养院1所。市区还设有28个社区卫生服务中心、91个社区卫生服务站。全市有67个社区卫生服务中心、389个卫生服务站。

1983～2005年部分年份镇江市市直6所医院卫技人员情况统计表

表38-13

年份	实际开放床位数(张)	合计	卫生技术人员(人)						
			小计	执业医师	执业助理医师	注册护士	药剂人员	检验人员	其他
1983	1730	2449	1785	558	–	784	144	65	234
1985	1890	2571	1813	563	–	804	136	86	224
1989	2172	2966	2190	758	–	1025	172	115	120
1995	2653	3608	2636	1010	7	1154	182	123	160
2000	2614	3905	2930	1106	8	1299	196	141	180
2001	2582	3919	2946	1069	11	1317	194	141	214
2002	2585	3721	2993	1109	21	1361	190	137	175
2003	2728	3968	3009	1121	17	1376	187	142	166
2004	2795	4003	3105	1138	45	1398	184	143	197
2005	2888	4105	3261	1260	33	1454	181	145	188

说明:市直6所医院为江大附院(江滨医院)、市一院、市二院、市三院(市传染病院)、市四院(市精神病院、市妇产科医院)、市口腔医院(市牙病防治所)

二、医疗器械

改革开放以后,全市各级各类医院经济实力不断增强,医疗器械添置引进、更新换代加快。2005年,全市20所综合医院,拥有万元以上医疗设备2313件,其中50万元以下为2170件,50万元～100万元为76件,100万元以上为67件。市直六所医院万元以上设备1903件,其中50万元以下有1798件,50万元～100万元有50件,100万元以上有55件。

2005年镇江市市直6所医院万元以上设备数量统计表

表38-14　单位:件

规模 / 医院名称	50万元以下	50万元～100万元	100万元以上	总计
	1798	50	55	1903
江苏大学附属医院	532	13	18	563
镇江市第一人民医院	525	16	16	557
镇江市第二人民医院	190	7	9	206
镇江市第三人民医院	130	2	3	135
镇江市第四人民医院	325	12	9	346
镇江市口腔医院	96	–	–	96

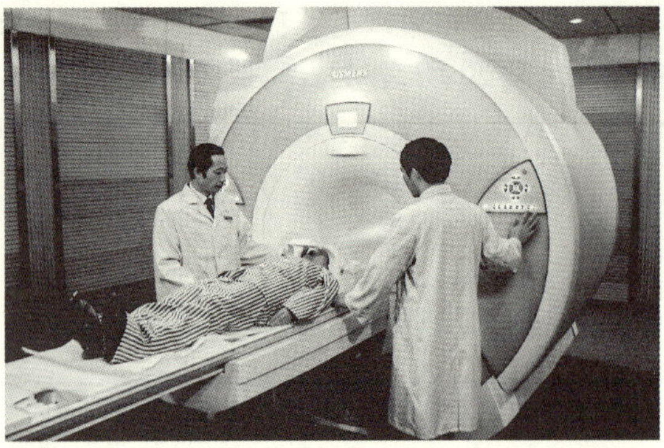

3.0T 磁共振(MRI)

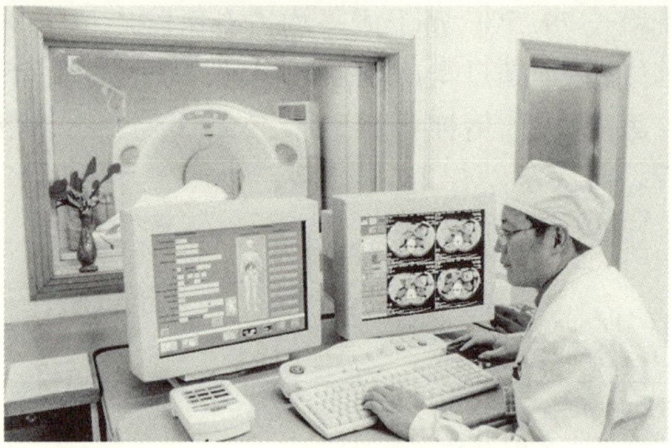

多排螺旋 CT

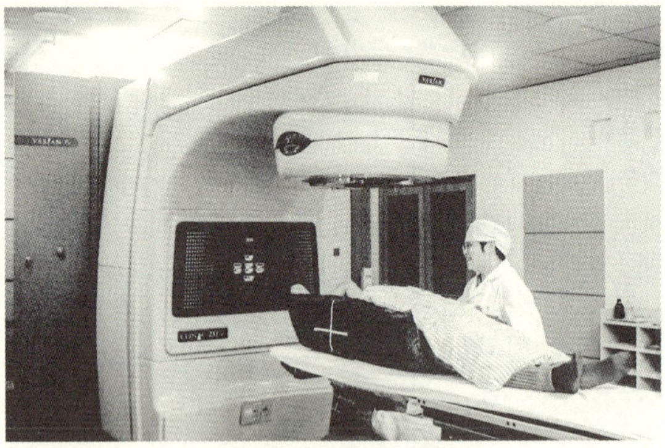

加速器(适形放疗器)

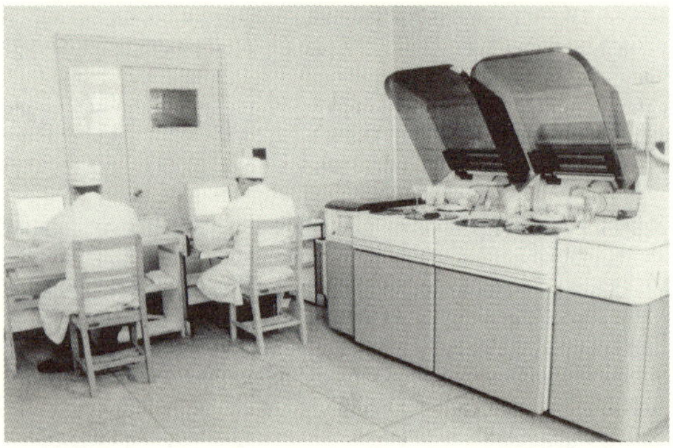

全自动生化仪

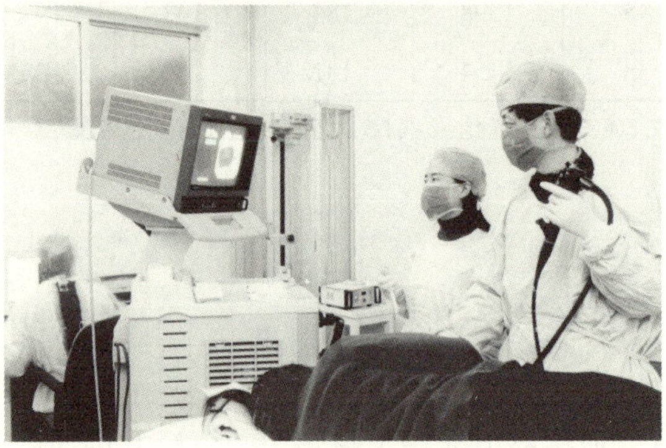

彩色电子胃镜

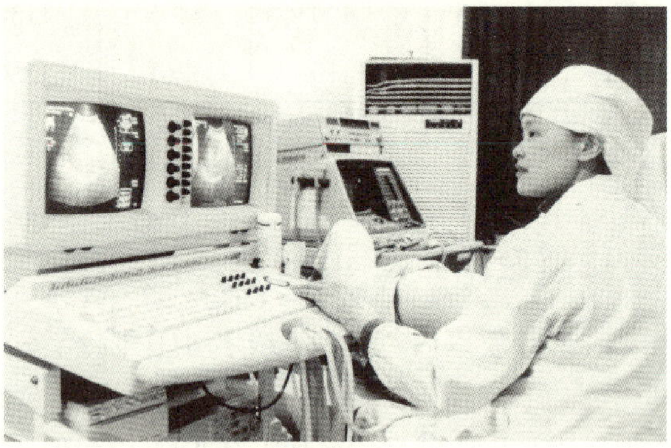

彩超

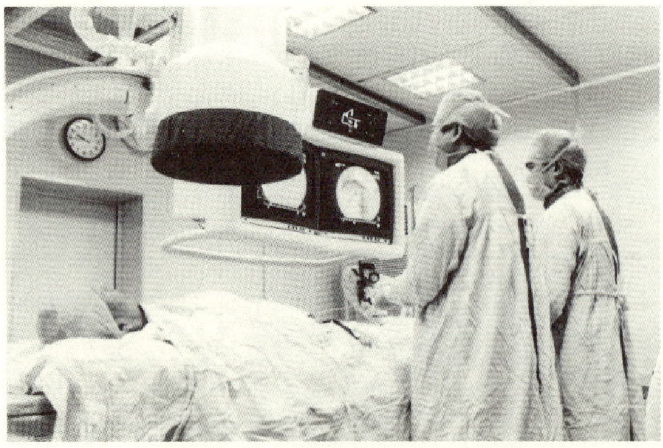

数字减影血管造影系统 (DSA)

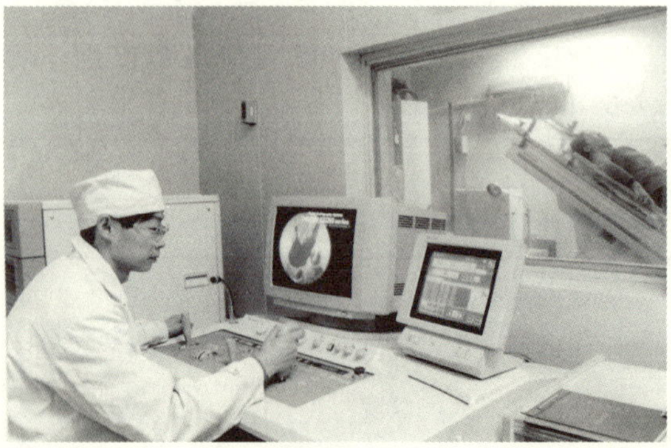

数字胃肠机

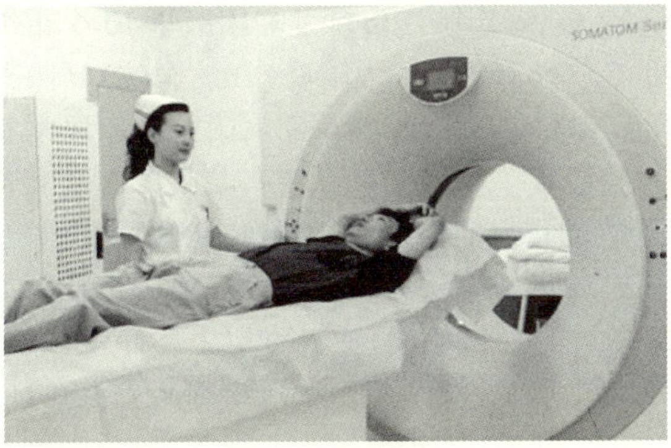

64层螺旋CT

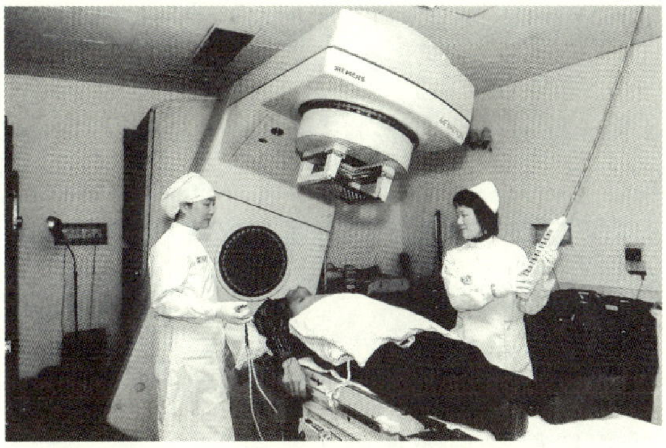

X－刀

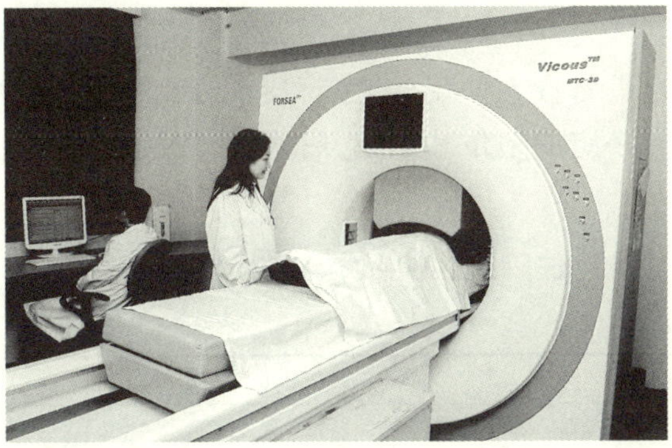

热疗仪

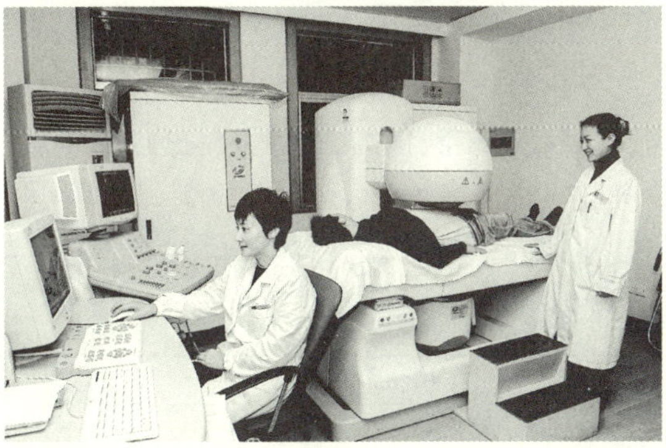

聚焦刀

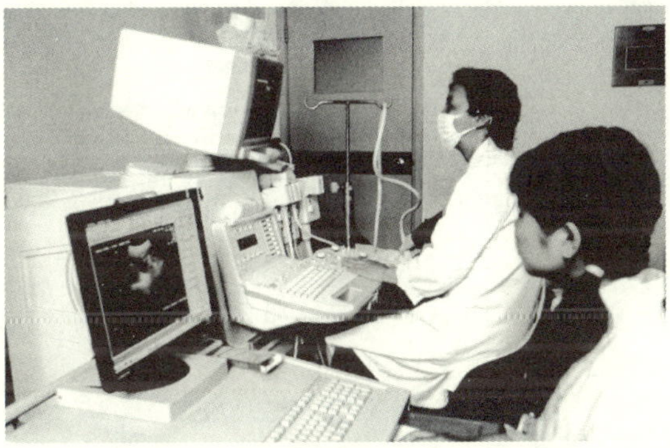

腹部彩超

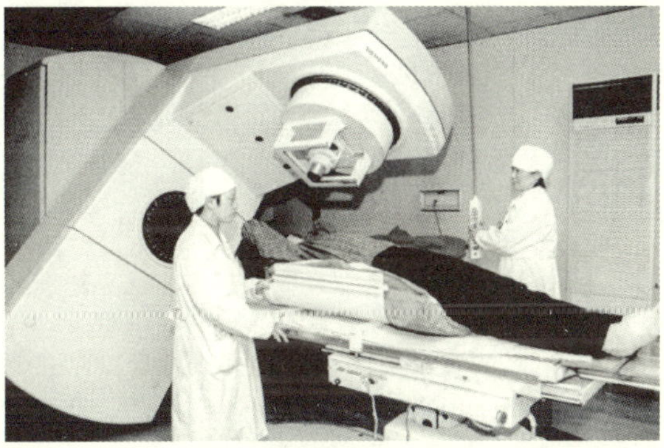

首台医用直线加速器

图38-14　镇江市先进医疗器械组图(2005年摄)

三、重点专科建设

1992年首批确定市直7个医疗单位15个结构合理、优势突出、人员配备和设备齐全、可提供优质技术服务的临床医学专科为市重点专科，其中有江滨医院的心血管内科、骨外科、肝胆外科、脑外科、小儿科，市一院的心血管内科、消化内科、胸外科、肝胆外科、脑外科，市二院的检验科、血液科，市三院的肝炎科，市四院的精神内科，市中医院的针灸科等。重点专科采取滚动式优生劣汰，定期组织专家评审小组逐个考核验收。1995年重新确认江滨医院耳鼻喉科、心血管内科、肺科，市一院胸外科、心内科、消化内科，市二院血液科，市三院肝炎科、市四院精神科等为市级重点专科。1998年，经考核确认江滨医院的心血管内科、呼吸内科、小儿科，市一院的心血管内科、胸心外科、神经外科等6个临床为重点专科。

进入21世纪，随着建设基本现代化医院进程加快，辖市(区)人民医院和市直医院科技创新能力增强,重点专科建设力度不断加大。2001年经过评审考核,确定镇江市首批临床医学10个市级重点专科。2002年确认镇江市第二批市级临床医学重点专科12个,江大附院(江滨医院)呼吸科和市一院心胸外科被江苏省卫生厅确定为省级临床重点专科。2003年确认江大附院临床医学实验室、镇江市中心血站输血实验室为市级医学临床重点实验室。2004年确认市一院临床医学实验室、镇江市疾控中心生物安全标准化实验室为向社会开放的重点实验室;江大附院检验科、核医学科,市一院肾内科、ICU(重症监护室),市四院妇产科通过评审被确认为镇江市第三批市级临床重点专科,下达重点专科专项建设经费。2005年,市一院心内科、神经外科通过省卫生厅评审验收,跻身省级重点专科行列。至此,全市有4个省级医学临床重点专科,17个市级医学临床重点专科,4个市级医学临床重点实验室。

四、诊疗技术

全市各级各类医院规模扩大、功能完善,大型医疗设备投入使用,诊疗新技术、新项目不断开展,医疗技术不断提高,有的专科诊疗水平在省内具有一定的地位和影响,门诊量、住院病人数和业务收入逐年增加。

1983~2005年镇江市市区7所医院门诊、住院病人情况统计表

表38-15 单位:人次

年份	门诊人次	出院人次
1983	1391322	32260
1984	1458745	30876
1985	1397194	31299
1986	1471798	31684
1987	1610931	32286
1988	1641619	34660
1989	1609346	35043
1990	1686958	33750
1991	1754270	34795
1992	1825872	36596
1993	1632383	39475
1994	1531763	39821
1995	1521134	41597
1996	2051593	47738
1997	2330182	48260
1998	2760090	48000
1999	2279648	47704
2000	2249024	48268
2001	2184448	50573
2002	2262599	53072
2003	2345534	56858
2004	2478322	64949
2005	2725666	67790
合计	44200441	987354

说明:市区7所医院系指江大附院、市一院、市二院、市三院、市四院、市中医院、市口腔医院

1996～2005年镇江市市区7所医院医疗业务收入表

表38-16 单位:万元

年份	收入合计	门诊收入	住院收入
1996	22270.34	10289.73	11980.61
1997	25650.28	11965.97	13684.31
1998	26768.58	12910.78	13857.80
1999	29419.46	14491.40	14928.06
2000	34896.97	17969.90	16927.07
2001	39106.85	19123.97	19982.88
2002	44068.50	21144.54	22923.96
2003	53699.19	24056.49	29642.70
2004	61628.16	26384.41	35243.75
2005	69884.35	29793.10	40091.25
总计	407392.7	219262.4	188130.3

1. 江大附院 20世纪80年代初,开展蝶形开放治疗急性坏死性胰腺炎。1983年开展纤维支气管镜诊治肺部各种疾患。1985年开展纤维结肠镜检查、肝穿刺、经皮肝穿刺造影、肝动脉插管造影、肠系膜上、下动脉造影及原发性肝癌介入化疗等。1991年成功分离胸腹、心包、肝脏相连的联体婴儿,下肢深静脉造影对深静脉瓣膜功能不全者施行探查及戴戒术。1995年开展支气管肺泡灌洗术行肺间质性疾病诊疗。1996年开展先天性心脏病室间隔、房间隔缺损、动脉导管未闭等封堵非开胸介入治疗术。1999年开展幽门螺杆菌与胃十二指肠疾病关系研究,并对病人进行规范检测和治疗。2001年开展三维适形放射治疗,由单一放疗发展成多学科综合治疗,采用放疗与化疗、术前术后放疗、放疗与介入等综合治疗肿瘤方法案;开展镇江市首例同种异体肝移植术。2004年开展镇江市首例肝、肾联合移植手术和主动脉夹层腔内封堵治疗术。2005年进行近距离组织间放射性粒了植入术治疗晚期肿瘤手术。

2. 市一院 20世纪80年代后陆续开展多器官大脏器移植以及腔镜微创手术、介入手术等项目。1982年率先开展逆行胰胆管造影及网篮取石术。1986年开展动脉栓塞术、肿瘤化疗栓塞术。1987年开展镇江市内首例同种异体肾移植术。1991年开展心脏冠状动脉造影术。1992年开展心脏射频消融术和腹腔镜手术。1995年开展超选择性颅内动脉瘤栓塞术、动静脉畸形栓塞术、动脉内溶栓术、胆道镜手术。1996年开展冠状动脉搭桥术。1998年开展冠状动脉成形术、冠状动脉支架术。1999年开展首例骨髓移植术。2001年开展肝移植术、市首例心脏移植术。2003年成功开展江苏省首例心肺联合移植术;率先开展机器人辅助腹腔镜手术、等离子切割系统治疗前列腺肥大、封堵器治疗先天性心脏病房缺、室缺、动脉导管未闭。2004年开展无关供体异基因外周血造血干细胞移植治疗恶性血液病。

3. 中国人民解放军第359医院 9名专家担任全国、全军和军区专业学术组织领导职务。该院骨科在肢残矫形、创伤救治、脊柱外科、显微镜下组织修复重建等方面特色优势明显,1980～1985年实施腰椎间盘突出症手术7000多例,治愈率98.2%,在国内处于领先水平。主任医师邬华彬创新发明的“腹外斜肌移位治疗股四头肌瘫”“重症儿麻后遗症治疗”研究成果分别获得1985年军队科技进步二等奖、1987年国家科技进步三等奖。口腔科擅长口腔修复、颌面部创伤救治及颌面部恶性肿瘤综合治疗。医院被确定为南京军区颌面外科中心、南京军区口腔医学中心、南京军区矫形外科专科中心、南京军区骨科研究所、全军牙病防治中心、全军肢体伤残中心。

4. 市二院　每年平均开展新技术、新项目30多项。20世纪80年代中期，市二院独立开展高位颈椎管内巨大神经鞘瘤切除术、全髋关节置换术、伊里扎诺夫骨延长术、狄克氏脊柱手术和断肢再植术。至2005年实施2000余例颈椎、腰椎手术、无一例失败；体外震波碎石治疗1万余人次；开展门脉高压分流手术、全胰切除术、先天性阴道缺如阴道再造术、介入技术、电化学治疗食管癌、肺癌、膀胱全切回肠代膀胱和肾上腺肿瘤摘除术；开展筑巢式PCR检测慢性粒细胞白血病。

5. 市三院　20世纪80年代起对收治的结核病患者，先后推行新四联短程化疗、间歇化疗和严格的督导治疗方案，使初治肺结核治愈率96%，复治肺结核治愈率99%。90年代初期建立肝病研究室，摸索出一套快速、简便、低廉的诊疗急性甲、乙、丙、丁、戊、庚型肝炎方法。采用抗病毒和活血化瘀相结合的中西医疗法，治疗慢性病毒性肝炎、肝硬化（腹水）和重型肝炎患者。2000年，慢性肝炎、肝硬化（腹水）治愈率92.5%，重型肝炎治疗好转率61.5%。

6. 市四院　设市级心理卫生中心、市法医鉴定所、新生儿疾病筛查中心、产前诊断中心和生殖助孕中心，精神科在华东地区处于领先水平。1987年开展成人与儿童心理测定。1989年开展音乐和认知行为治疗及A型性格测定。1997年开展各类儿童精神疾病的防治。2002年开展森田治疗，在治疗抑郁障碍、强迫症、各类躯体化障碍、家庭、社会适应障碍、进食障碍及老年各类精神障碍等方面，取得多项科研成果。同年，对全市新生儿开展苯丙酮尿症（PKU）、先天性甲状腺功能低下（CH）和新生儿听力障碍筛查和治疗。2004年后通过超促排卵、阴道B超监测卵泡发育、夫精宫腔内人工授精（IUI）、体外授精—胚胎移植（IVF—ET）术等不同助孕先进技术，使200多例不孕症妇女妊娠。2005年1月19日，镇江市首例“试管婴儿”双胞胎成功分娩。

第三节　护　理

一、护理队伍和管理

20世纪80年代初，各医院以功能制护理为主要模式，所有护理人员均参与每个病人护理，每个护士只负责完成其中一项治疗工作，如监视生命体征，给药或治疗。1983年，江滨医院率先在外科病区实行小组责任制护理模式，把病人从入院到出院视为一个连续性整体，由责任护士对小组病人承担护理责任。1985年在全市推广责任制护理。同年，床位与护士之比、医生与护士之比，县及县以上医院分别为1∶0.39、1∶1.03，乡镇卫生院为1∶0.21、1∶0.46。

1994年起，镇江连续5年开展“十佳护士”评选活动。90年代中后期，整体护理工作开始试运行，为病人提供包括生理、心理、社会、文化等方面的护理服务及护理教育。1996年，省卫生厅给全市符合规定的2987名护士颁发护士执业证书，其中有2777名护士登记注册。同年6月，全市213名护士首次参加全国执业考试，达到卫生部规定合格分数线的有192名，合格率90.14%。1997年，全市在江滨医院二病区、七病区先行试点，建立模式病房。1998年，市一院在二、九病区，市二院在二、四、六病区实行系统化整体护理。1998年，县以上医院全部推行系统化整体护理。2000年，市直两所三级医院所有病区全部推行系统化整体护理。实行系统管理，基础护理和生活质量护理得到加强，特级、一级护理合格率，护理技术操作合格率，常规器械消毒合格率均达85%以上。至2005年底，辖市、区级人民医院全面实行系统化整体护理。同年，全市评出7个类别32名护理明星。

2005年，床位与护士之比、医生与护士之比，县及县以上医院提升为1∶0.47、1∶1.07，乡镇卫生院提升为1∶0.37、1∶0.62。同年，全市卫生机构有注册护士4001人，其中副主任护师34人、主管护师1271人、护理师1291人、护士999人、其他406人；市区7所医院有注册护士1554人，其中副主任护师34人、主管护师772人、护理师507人、护士241人。

1983～2005年镇江市护理人员情况表

表38-17 单位:人

年份	全市	市区	丹阳市	句容市	扬中市	丹徒区
1983	1939	1172	253	172	128	214
1984	1973	1143	245	181	182	222
1985	2041	1214	249	198	163	217
1986	2140	1257	282	212	161	228
1987	2262	1289	309	229	184	251
1988	2639	1623	347	268	138	263
1989	2919	1668	454	335	210	252
1990	2989	1739	453	323	212	262
1991	3047	1774	454	327	219	273
1992	3139	1833	472	332	221	281
1993	3114	1789	466	334	253	272
1994	3222	1852	499	332	268	271
1995	3346	1871	551	325	312	287
1996	3416	2000	521	316	325	254
1997	3380	1852	607	302	328	291
1998	3517	1873	646	391	337	270
1999	3619	1832	696	415	389	287
2000	3743	1959	730	433	352	269
2001	3947	2159	752	440	318	278
2002	3954	2162	793	447	283	269
2003	3790	1946	830	451	291	272
2004	4192	2242	872	500	285	293
2005	4292	2178	936	498	389	291

二、护理技术

20世纪80年代后,市区综合医院和专科医院护理人员针对内科急危重症救治和外科一系列含有高新技术的手术及临床新技术新项目的引进,积极开展护理研究,改进和提高护理技术水平。如抢救重度有机磷农药中毒护理技术,散发性脑炎护理技术,导入分娩护理技术,ICU、CCU重症监护护理、心理护理、康复护理、造口护理,心脏直视手术、脏器移植手术(角膜、肾、心、肺、肝、骨髓)、显微外科手术、介入治疗等手术后护理。

1991年制订《基础护理技术操作常规手册》《镇江市县级以上医院护理质量综合检查评分标准及护理病历、护理文件书写质量标准》,全市医院护理操作实行规范化、程序化管理。主要包括无菌技术、铺床、口腔护理、床上擦浴、鼻饲、氧气吸入、生命体征测量、口服给药、静脉输液、灌肠、病人搬运、女病人导尿、穿隔离衣、洗胃、尸体料理、保护带应用、心脏复苏等项目。每个项目都以量化的方法从目的、评估、准备、流程、注意事项、评价等各个方面制订严格考核标准。各专科护理均有相应基本操作常规。

护理技术与临床诊疗，同步发展和提高，成功地配合临床、医技科室各项工作开展。每年有多篇论文发表在国家或省、市级刊物上，或参加全国及省、市学术交流。1985 年以后，江大附院撰写护理论文 131 篇，获省级科技进步二等奖 1 项，市优秀科技论文 10 篇。2000 年后，市一院开展高新护理技术 13 项，3 项科技研究项目通过市级鉴定，获市科技进步三等奖 1 项。

第四节　支农　救灾　支边　援外

一、卫生支农

1991 年制定《镇江市卫生支农管理办法》，要求城市医院与农村乡镇中心卫生院实行技术挂钩。城市医院定期选派专家、医疗技术骨干到农村卫生院开设专家、专科门诊，查房、会诊，选择性开展手术，并为农村卫生院培训专业技术骨干，农村卫生院的疑难重危病人也可直接转诊到挂钩的城市医院治疗。同年，镇江医学院附属医院、市一院、市二院、市中医院分别向句容、扬中、丹徒县派出 8 批 30 多人参加的卫生支农医疗队。1997 年，市医学会、红十字会和市直医疗单位，组织卫生支农和扶贫医疗队送药下乡 36 次，参加下乡卫生服务的医务人员 567 人次，受益群众 8600 多人次，向茅山老区送药及捐款 3.7 万元。2000 年，市及辖市(县)、区医院，组织下乡医疗队 31 个，下乡医护人员 297 人次，举办农村医护人员培训班 17 期，培训农村医护人员 481 人次，为群众手术 130 多例。坚持开展卫生支农、“三下乡”活动，成为全市二级以上医院一项重要任务和常年工作。

二、灾害救护

1983～2005 年，镇江市遭受多次自然灾害，其中最严重的有两次，卫生系统承担抗灾和救死扶伤任务。

1991 年 6～7 月间，全市发生百年未遇的特大洪涝灾害，16 个乡镇、105 个医疗单位受灾严重。全市卫生系统组织抢救队 36 个、1500 多人，安全转移群众 2100 多人次，转移病人 150 人，抢救集体财产价值 5000 多万元，救护受伤干群 1500 多人次。各级卫生部门向灾区派出卫生医疗工作队 602 个、7722 人次，巡迴医疗重点灾区 350 个行政村，免费为群众治疗 4 万多人次，发放宣传资料 50 余万份，为 12.23 万户群众进行环境消毒，消毒面积 1284 万平方米，消毒水井 4 万口，为群众预防服药 6.5 万人次。向灾区发放药品 2816 件，价值 129.3 万元，预防消毒药品 68.4 吨，价值 46 万元。县及县以上医疗单位还开展救灾义诊活动。同年，全市累计报告乙类传染病 12 种 18926 例，总发病率为 733.86/10 万，与 1990 年相比上升 7.31%，灾区未发生血吸虫病急感病例，实现中央和省、市政府提出的大灾之年无大疫目标。

1998 年 7～8 月，沿江各地发生自 1954 年以来又一次全流域特大洪水。全市出动医疗防疫人员 1500 人次，救治病人近 10 万人次，为 10540 户灾区居民进行饮水和环境消毒，对接触血吸虫病疫水的 1.8 万抗洪解放军指战员、武警官兵及抢险突击队员登记、随诊和追踪查病，免费发放医疗预防、卫生消毒等药品，总价值 74.42 万元。灾区防病健康教育覆盖面 96% 以上，较好控制疫情，未发生血吸虫病急性感染和霍乱、肝炎等重大传染病流行，法定传染病总发率比上年下降 17.32%。

三、支边扶贫

1997 年以后，根据江苏省卫生厅统一安排，镇江市卫生系统先后承担省、市政府下达援助四川省三峡库区、陕西渭南市和安康地区、西藏达孜县、江苏泗洪县和连云港市灌南县、赣榆县等地卫生支边和扶贫任务。

1997 年 3 月～1998 年 5 月，丹徒县人民医院为西藏达孜县人民医院进修培训 4 名藏族医务人员。1998 年完成对口扶贫江苏泗洪县人民医院任务，支持医疗设备经费 20 万元。支援三峡库区秭归县医疗卫生设备费 20 万元；向西藏达孜县支援光量子血疗仪等医疗设备及现金 10 万元。1998～1999 年，市一院为西藏拉萨市人民医院进修培训 1 名藏族普外科医师。1999 年 7 月～2001 年 7 月派出市直医院 10 名医生参加“苏陕扶贫接力项目”，到陕西安康地区汉阴县医院、中医院和旬阳县医院开展医疗扶贫工作。2003 年，市四院接受拉萨市达孜县妇幼保健院进修医生 1 名，2004 年为陕西汉阴县人民医院进修培训麻醉师 1 名，2005 年为山西太原精神病医院进修培训精神科、神经科医师各 1 人。同年 8～12 月，江滨医院、市一院派出 4 名医生分两批赴陕西渭南市妇幼保健院工作，并捐赠胃镜 1 台、半自动生化分析仪 1 台，帮助该院组建消化科和心血管科。至 2005 年，全市共援助设备资金约 100 万元。

四、援外医疗

1985 年以后，市直医院及辖市(县)医疗单位选拔卫技人员参加卫生部和省卫生厅组织的定期援外医疗，先后组织 23 批次 67 人次到坦桑尼亚、苏丹、伊朗、几内亚、斯里兰卡、圭亚那、马耳他、日本等国援外医疗。援外卫技人员以高度的责任感和高超的医疗技术，全心全意为当地人民服务，受到援助国政府和人民赞誉，被称为白衣外交使节。

2001 年 6 月，受省卫生厅委托，镇江市独立组建 19 人代表卫生部的中国援助桑给巴尔医疗队，工作 2 年。2003 年 12 月被卫生部表彰为先进集体；2004 年，医疗队队长周伟明被省卫生厅表彰为先进个人，被卫生部誉为“不是外交官的外交官”，并受到全国政协主席李瑞环的接见。

1985～1989 年镇江市县及县以上医院医疗工作量统计情况表

表 38-18　　单位：万、%

年份	诊疗人次	门诊人次	急诊人次	观察室收容人数	本年住院人数	出院人数	治愈率	好转率	病死率	健康检查人数
1985	234042	213.61	13.05	4.35	5.76	5.74	66.70	27.10	1.40	9.34
1986	253.98	322.58	15.17	5.02	6.28	6.27	67.60	27.10	1.40	7.85
1987	281.72	255.68	17.15	5.35	6.92	6.91	68.40	26.30	1.30	6.74
1988	284.58	259.53	17.93	5.27	6.74	6.72	69.80	25.20	1.20	9.56
1989	281.28	254.96	15.17	4.73	6.92	6.94	68.08	26.96	1.06	7.85

1985～1989 年镇江市乡卫生院(含中心卫生院)医疗工作量统计情况表

表 38-19　　单位：力、%

年份	诊疗人次	门诊人次	急诊人次	观察室收容人数	本年住院人数	出院人数	治愈率	好转率	病死率	健康检查人数
1985	286.80	273.82	5.35	2.63	8.25	8.25	77.60	19.80	0.30	7.01
1986	316.28	306.75	7.09	2.82	8.60	8.59	77.50	19.40	0.30	7.35
1987	354.10	334.65	6.82	4.67	9.69	9.73	79.90	17.70	0.20	7.11
1988	359.03	345.23	6.21	3.23	9.70	9.68	80.00	18.20	0.20	9.86
1989	321.21	306.14	6.10	4.38	9.07	9.07	78.75	19.52	0.14	9.14

1995～2005 年镇江市医院医疗工作量统计情况表

表 38-20　　单位:万

年份	诊疗人次	门诊人次	急诊人次	住院总人次	出院总人次
1995	500.28	458.82	33.06	13.82	13.86
1996	590.45	544.35	45.50	14.00	14.02
1997	620.01	576.20	39.47	13.55	13.57
1998	679.32	614.35	49.10	13.48	13.49
1999	631.57	578.39	42.99	13.23	13.23
2000	654.37	595.44	45.81	13.22	13.21
2001	635.11	582.07	43.06	13.39	-
2002	665.05	596.03	49.40	14.26	14.29
2003	687.60	422.86	44.60	14.59	14.70
2004	749.61	672.52	50.54	18.81	16.18
2005	840.60	749.36	58.16	16.74	16.79

第九章　医政管理

20 世纪 80 年代,市及辖县、区卫生行政部门对医疗机构进行整顿,切实加强医院建设与管理,保证各项制度付诸实施。输血事业、医疗急救和医疗事故处理等工作,由小到大,逐步完善并发展成为独立的事业单位。90 年代,医政管理逐步走上法制化轨道。随着计算机信息技术在医疗卫生系统的广泛应用,医政工作向现代化管理的方向前进。

第一节　医疗质量管理

20 世纪 80 年代,全市各级医院逐步实行医疗质量管理院、科两级负责制。加强岗位责任制,健全总值班、大查房;科主任、主治医师轮流上门诊及严格三级查房制度。制订医疗质量管理效率指标和质量指标,加强门诊、急诊和病区医疗质量管理。各级医院相继成立医疗质量管理委员会、病案质量管理委员会、医院内感染管理委员会、医疗差错事故鉴定委员会、医院药事管理委员会等质量监控组织,强化医疗质量管理。

1989 年制订县及县级以上医院麻醉科(含手术室)、消毒供应室、放射科、临床检验科、病理科、急诊科(室)的建设和质量管理评分标准,以及《镇江市县及县以上医院病历书写规范实施细则》《镇江市中医院病历书写规范实施细则》《镇江市县级以上医院护理质量综合检查评分标准》等 10 多个质量管理规范。

1992 年成立镇江市临床检验中心,在全市开展检验质量控制,先后在二级以上医院检验科,进行 8～12 项生化室间质量控制工作,平均 VIS(变异指数得分)成绩 71.2～81 分。90 年代中期始,市级医院加大医疗质量控制力度,每季度检查 1 次,并将检查结果同科室职工工资、奖金和技术职务评定挂钩。

2001 年对各级各类医院、各级卫生人员手术范围做出明确规定，并在二级以上医院推行重大、高难度手术及新技术、新项目实施前公证制度。2004 年始在一级医院检验科开展生化 8 项室间质控，VIS 平均成绩 110.9 分。定期或不定期对县以上医院组织医疗质量检查，内容包括门诊、住院病历评分、处方合格率、医疗设备完好率、医护人员业务知识技能考核，对医技科室制订专项质量考核标准。同年，重新修订《麻醉科建设与质量管理评分标准》《镇江市医院手术室建设与管理考核细则》，实施省颁发第四版《病历书写规范》。

第二节　文明、等级、基本现代化医院创建

一、文明医院创建

1984 年 3 月，全市在县以上医院启动创建“文明医院”活动。各级医院加强基础管理、基础设施建设和基本技术训练，医疗质量管理从定性考核转向定量考核。修订医院发展总体规划和阶段实施计划。1985 ~ 1992 年，经省卫生厅检查、考核、验收，镇江市获得省文明医院称号的市直医院 5 所（市二院、江滨医院、市一院、市三院、市四院），县级人民医院 2 所（句容县人民医院、丹阳市人民医院）。1986 年、1990 年，市二院两次被卫生部授予全国卫生文明单位称号。

1991 年，全市开展争创市和省“十佳医院”工作，同年获镇江市十佳医院称号的单位有：江滨医院、市三院、市四院、丹阳市人民医院、丹阳市中医院、丹阳市云阳医院、扬中县八桥中心卫生院、扬中县油坊卫生院、句容县行香卫生院、丹徒县黄墟卫生院。1999 年 12 月，市一院获人事部、卫生部、国家中医药管理局授予的全国卫生系统先进集体称号；2000 年 3 月获江苏省十佳医院称号。2003 年，江大附院再次被省政府授予文明单位。

二、等级医院创建

1992 年，全市分段实施建设等级医院计划。丹阳市人民医院和延陵、下蜀、大港、八桥、谏壁 5 所乡镇卫生院为首批试点单位。1993 年底，丹阳市人民医院达到二级甲等医院标准，成为江苏省首批获得此等级的市（县）医院之一。延陵、下蜀、八桥、谏壁 4 所乡镇卫生院为一级甲等医院。

1994 年 9 月和 1995 年 12 月，市一院、江滨医院分别通过省三级医院基本标准（三级乙等）和三级甲等医院评审。1994 年，句容县人民医院、市二院经省评审被确认为二级甲等医院。1995 年，丹徒县人民医院、扬中市人民医院、市四院被评为二级甲等医院。1996 年，镇江市中医院通过江苏省中医院分级管理评审委员会专家组评审，成为市首家二级甲等中医院。同年底，全市 54 所乡镇卫生院被评为一级甲等医疗卫生机构，35 所乡镇卫生院被评为一级乙等医疗卫生机构。1995 年、1996 年、1997 年，扬中市中医院、句容市中医院、丹徒县中医院分别通过二级乙等中医院评估验收。2000 年，丹阳市中医院通过二级甲等中医院验收。2005 年 9 月，丹阳市妇幼保健院通过省级二级甲等评审组评审；同年 12 月，镇江市妇幼保健院通过省卫生厅三级甲等妇幼保健院评审。

三、基本现代化医院创建

2002 年 3 月，市区 2 所三级医院和辖市（县）级 4 所二级医院启动创建基本现代化医院工作。同年，市一院门急诊外科综合楼、市四院妇幼保健大楼、句容市人民医院门诊综合大楼相继建成；市直 6 所医院的 HIS 系统（医院信息管理系统）一期工程通过专家验收，2003 年先后投入使用。同

年，镇江市启动新一轮“科技兴卫工程”，市直医院率先试行“一站式”“一卡通”服务。市一院成功开展心肺联合移植、非亲缘性异基因骨髓移植手术，填补省内空白。

2004 年，江大附院配备有国内多项先进设施新外科大楼开工兴建。全市二级以上医院全部建成 HIS 系统，推进医院信息化、规范化管理。市二院被市政府确定为市区首家惠民医院，对低保特困人群实行优惠政策。同年，江大附院、市四院等单位成功开展肝肾联合移植、试管婴儿等一批高新技术项目；市直医疗单位引进博士、硕士研究生和副高职称以上人才 28 名；全市卫生系统有省“333”工程培养对象 6 名，市“169”工程培养对象 51 名。

2002 ~ 2005 年，全市新增 4 个省级医学临床重点专科、14 个市级医学临床重点专科、4 个市级医学临床重点实验室。2005 年，江大附院开展经桡动脉穿刺进行心脏介入手术治疗疾病。同年，确定张尤历等 32 人为镇江市医学重点人才。全市二级以上医院实行医疗信息公示制度，实施大型设备检查报告资源共享及部分生化检验结果互信举措。2000 ~ 2005 年，市直医院门诊病人均次费用、出院病人平均费用、药品收入占医药收入的比重均居全省最低水平，各项质量指标均控制在规定范围内，较好地实现用比较低廉的费用提供比较优质医疗服务的目标。2005 年 9 月，市一院向省卫生厅申请，申报为省创建基本现代化医院单位。

第三节　医疗事故处理

1984 年，市及辖市(县)区相继成立医疗事故技术鉴定委员会。凡发生医疗纠纷或事故，逐级进行鉴定，形成省、市、县(区)三级管理体系。

1989 年 5 月调整镇江市医疗事故技术鉴定委员会，全市医疗事故处理日趋法制化。

2002 年 9 月 1 日，遵照国务院《医疗事故处理条例》规定，镇江市医学会成立医疗事故技术鉴定工作办公室，聘请 189 名专家为镇江市医疗事故技术鉴定专家库成员。2002 ~ 2005 年先后受理 146 件医疗纠纷，组织专家鉴定 140 件，其中定为事故 38 例(一级事故 8 例、二级事故 5 例、三级事故 16 例、四级事故 9 例)。

第四节　血液管理

一、采供血机构整顿

1989 ~ 1997 年，全市开展 4 次较大规模血源整顿，取消各种非法机构和一人多卡、多处献血现象，做到一人一卡定点献血，管理血源、采血、供血三统一。1997 年底，全市重新注册登记献血员 1.8 万人，保留镇江市中心血站、丹阳市血站、句容市血站和扬中市人民医院中心血库，实行“一地一站”设置。1998 年 3 月，4 所血站(库)通过省卫生厅组织的第二周期血站评审和验收，获省卫生厅颁发的采供血机构执业许可证。

2004 年 3 月撤销扬中市人民医院中心血库，成立镇江市中心血站扬中分站。2005 年底，全市从事采供血工作的卫技人员 96 人，其中检验人员 25 人、护理人员 46 人、行政管理 15 人。

二、无偿献血管理

1994 年 4 月，镇江市成立无偿献血领导小组。1995 年起，每年 5 月 8 日为镇江公民无偿献血日。1996 年 5 月 17 日，市政府颁布《镇江市公民义务献血暂行办法》。1998 年 7 月，全市贯彻《中华人民共和国献血法》，正式启动公民义务献血工作。

2002 年 3 月，镇江市在全省首家推出一次献血由 200 毫升向 300 毫升和 400 毫升过渡。同年年底，全市无偿献血 14850 人次，占临床用血 85.10%。至 2005 年底，全市累计 12.21 万人次参加无偿献血，累计献血量 3078 万毫升，其中 2005 年无偿献血 493.49 万毫升，占临床用血量 98.4%。同时，市区各医院推广成份输血，到 2005 年底，成分输血占临床用血 98.10%。

三、血液质量控制

坚持制度化、标准化、规范化、科学化、信息化管理。1992 年 6 月，镇江市中心血站在全省率先开展对献血者抗—HCV（丙肝）检测。1995 年 3 月开展抗 HIV（艾滋病抗体）检测，并对血液进行（乙肝表面抗原、丙肝抗体、血清谷丙转氨酶、梅毒、胆红质）复检，确保向病员提供合格血液。2000 年，在全省采供血机构中第一家通过 ISO 9002：1994 版质量管理体系认证，并于 2003 年转版为 ISO 9001:2000 版。2005 年，市中心血站在全省同行业率先用全自动生化分析仪检测血液 ALT，率先安装检测数据后台备份系统，率先实现供应临床用的血液 100% 的进行白细胞滤除和血浆 100% 的进行病毒灭活。

第五节　医疗急救事业

一、院前急救

1982 年 7 月 1 日，镇江市救护站对外开展救护业务，配有房屋 914 平方米、救护车 6 辆和工作人员 20 名。丹阳、句容、丹徒、扬中县人民医院均配有 1～2 辆救护车，负责区域内医疗急救工作，初步形成市、县（区）院前急救服务网络。1983～1986 年，市救护站实施救护 6339 人次，平均每年救护 1585 人次。

1988 年 1 月筹资 35 万元，组建无线救护电台，150 兆车载台对讲机启用，增强院前、院内急救能力。1997 年 8 月 28 日，市救护站向社会开通两条 120 急救电话。2003 年，市急救中心（1997 年 11 月市救护站更名为市急救中心）配置 120 电话录音监控系统。2004 年建立 120 社区急救学校、农民急救学校和青少年急救学校，设立 120 爱心救助专用基金，组建“120 急救志愿者服务队”，在江苏大学开设院前急救医学选修课，取得良好社会效果。

1998～2005 年共实施救护 30333 人次，平均每年救护 3792 人次。此外，还在 312 国道和沪宁高速公路车祸、抗洪救灾等突发事件中发挥重要作用。

二、院内急救

1984 年始，全市县以上医院急诊室逐步改为急诊科，成为一个专门科室，建立急诊、抢救系统，做到急诊三室分开，逐步装备呼吸机、心电图机、电动吸引器、电动洗胃器、除颤起博器、腰穿包、气管切开包、静脉切开包、清创缝合包、输液包、输血包、导尿包、产包等设备。1991 年，县以上医院观察室实现病区化管理，三分之二以上综合医院形成独立急诊小区，病人院前急救及时率 90% 以上，院内危重病人抢救成功率 98%。

1. 江滨医院急诊中心　1984 年，江滨医院将门急诊室改建为急诊科。1998 年成立急救中心，成为独立的急诊区，建筑面积 720.6 平方米，设有急诊科、观察室和急诊病房（120 病房），还设有重症监护室（EICU）。1999 年，急救中心开启急救绿色通道，对危重病人实行全程优质服务，制订重大创伤事件及集体性中毒等公共卫生突发事件的应急处理预案。该中心在多创伤合并多脏器功能不全的救治，各类急性中毒性疾病的诊断治疗，急性肺水肿、重症脑血管病、重症胰腺炎合并多脏器功能不全的救治方面，积累较丰富的临床经验。

2. 市一院急诊中心　1987 年，市一院成立急诊科。2003 年成立急诊抢救中心，建筑面积 3104

平方米，设内、外、妇、儿等诊室，抢救室，重症监护室，观察室，120病房，急诊手术室，清创室，急诊CT室等。配置先进抢救设备，如心肺复苏泵、进口呼吸机、进口监护仪、除颤仪各1台。该中心创建交通事故和急性心肌梗塞绿色通道，实行先救治后交费原则。多年来急救人次、观察人次及抢救人次始终居全市之首。

3. 市四院急诊中心 1986年，市四院成立抢救室和观察室，2002年更名为急救中心，建有独立的急诊小区，急诊、抢救、治疗三分开，设有内、外、妇、儿诊室及急诊药房、急诊化验室、重症监护室、观察病室，建筑面积696.5平方米。先后配有除颤心电监护仪、多参数监护仪、多功能医疗柱、便携式血液分析仪、熊牌呼吸机等先进的抢救设备。多年来成功抢救心跳呼吸骤停、急性呼吸衰竭、重型颅脑破裂、先兆子痫、宫外孕大出血、产后大出血、出血性休克、癫痫持续状态等多种病例。

第十章 医学教育 医学科研

1983～2005年，镇江市医学教育发展成效显著。建立起初、中、高级和在职继续教育等较为完整的医学教育体系，拓展办学功能，培养大批医药卫生人才，使镇江卫生人才的需求走出长期短缺困境，实现供求基本平衡。逐步建立健全卫生在职职工岗位培训、继续教育及终身医学教育等一套全员培训制度，加强医疗卫生队伍建设。

医药科研工作蓬勃开展。1990年后3次召开全市卫生科技大会，制订“八五”“九五”“十五”镇江市医学科技发展规划，实施“科技兴院”“科技兴卫”工程，加强医学科研管理，提高医药卫生人员科研积极性，研究、引进新技术、新项目和新设备，提高疾病防治水平。

第一节 医学教育

一、高等医学教育

1. 镇江医学院 1984年6月，镇江医学专科学校升格为镇江医学院。设全日制本科、专科和成人教育，以本科教育为主。本科有5年制临床医学(含全科医学)、医学检验、医学影像和4年制药学、公共事业管理(医疗保险、计算机医学应用)等7个专业和专业方向；专科有临床医学(含校医)、医学影像、医学检验、卫生检验、药学、医疗保险、护理学等8个专业和专业方向。形成以临床医学为基础、医学检验为特色的发展格局。1983～2000年为国家培养各类医学人才9237名，其中专科生4689名、本科生4548名。2000年，在校学生4400多人(成教学生1800人)。2001年，该院并入江苏大学，更名为江苏大学医学院、江苏大学医学技术学院和江苏大学药学院。(参见第三十三卷第五章第四节镇江医学院)

2. 江苏大学医学院 江苏大学医学院由基础医学系、预防医学系、临床医学一、二、三系和护理学系等6大系、1个研究中心、1个实验教学中心、1个动物实验中心组成。拥有内科学、儿科学、外科学、麻醉学、肿瘤学、精神病与精神卫生学、生理学、人体解剖与组织胚胎学等8个二级学科硕士学位授权点。设有临床医学、护理学2个本科专业。2002～2005年，每年招收本科生300名左右。

3. 江苏大学医学技术学院 江苏大学医学技术学院是全国首批开设医学检验本科专业的学院之一，医学检验专业为江苏省特色专业。学院设有2个研究所、1个实验教学中心、9个系、2个专业（医学检验、医学影像学）。拥有临床检验诊断学、博士学位点和临床检验诊断学、免疫学、病原生物学、影像医学与核医学4个硕士学位点。2002～2005年，每年招生本科生145名。

4. 江苏大学药学院　江苏大学药学院是江苏省综合性大学中第一所独立设置的药学院。学院设立药学、药物制剂和制药工程3个系、2个研究所（新药研究基地和生药学研究所）、1个药学中心实验室。拥有生药学、药剂学和中药学3个硕士学位授权点，设有药学、药物制剂和制药工程3个本科专业。2002～2005年，每年招收本科生165名。2005年，在校本科生670人，研究生88人。

5. 江苏大学京江学院（民办）　江苏大学京江学院是江苏省首批公有民办二级学院。2005年经教育部批准为独立学院，属公有性质，按民办机制运行，全部为4年制本科层次。学院坐落在江苏大学内，设有护理学、医学检验、制药工程、药物制剂、公共卫生事业管理、公共事业管理（医疗保险）等6个医学类专业。2005年招收民办本科生375名。

二、中等医学教育

1983年，镇江市有建制的中专卫生学校5所（镇江市卫生进修学校、丹徒卫生进修学校、扬中卫生进修学校、丹阳卫生职工中专学校、句容卫生职工中专学校），专职教职工61人，符合省教委、省卫生厅招生条件的只有丹阳、句容卫生职工中专学校，年度招生60人（丹阳统招生医士30人，句容统招生助产士30人）。1992年，5所中专卫生学校有专职教职工133人，全部具备自主招生能力，年度招收学生384名（其中统招208名，包括护士专业102人、医士53人、助产士53人）；毕业学生328名，其中毕业统招生192名。1995年，全市3所中专卫校（镇江卫生学校含丹徒分校、丹阳卫生职工中专学校、句容卫生职工中专学校），招新生550名，毕业学生250名，在校学生1200人。

1999年3月，根据省计经委、省教委和省卫生厅（苏卫科教〔1999〕3号）文件要求，全省市、县（市）卫生职工中专校和卫生进修学校医科类专业不招应届初中毕业生，实行关、停、并、转。全市各辖市（区）卫生职工中专学校都更名为卫生系统培训中心，承担本地卫生系统卫技人员继续再教育。1999～2005年，镇江卫校和辖市（区）卫生职工中专学校先后与南京医科大学、苏州大学、江苏大学、东南大学成人教育学院、江苏职工医科大学联合办学，开设护理学（业余专科、业余专升本）、临床医学（业余专科、业余专升本）、预防医学（业余专升本）等大专、本科函授班，招收学员2050名。1983～2005年，全市5所卫生中专学校共招收各类专业学生10951名。

1985年7月～1987年7月，江滨医院、市一院和市二院以常州卫生学校镇江分校名义招生自费代培生护士208名、检验人员39名，学制3年。毕业后全部定向分配到各医疗单位，享受国家统配生待遇，为医院护理队伍、检验技术人员输送新生力量。

三、在职继续教育

1. 临床进修　1983～2005年，市直7所医院先后选送2700名医务人员外出进修，提高一级科室临床技术水平，同时为二级科室的成立和发展培训技术力量。20世纪90年代后期，江滨医院、市一院每年派出重点学科带头人赴美国、英国、加拿大、日本、澳大利亚等国家和中国香港、中国台湾地区进修、学习。1997～2005年，江滨医院出国进修37人次；江滨医院和市一院接收临床医生进修任务最多，每年各为35～50人，市二院、市三院、市四院每年约10～15人。

2. 学历教育　20世纪90年代后，全市成人高等教育专业证书教育迅速发展，学习时间一般为一年半，采取全脱产或集中面授与业余自学相结合的半脱产形式完成学业。1991～2005年，市直6个医疗卫生单位68人参加南京医科大学（南京医学院）、南京中医药大学（南京中医学院）、东南大学医学院（南京铁道医学院）、江苏大学医学院（镇江医学院）举办的护理、临床医学、临床检验和影像大专、本科专业的证书班学习，获得大专水平 34 人、本科水平 34 人。1983～2005 年，市直 9 个医疗卫生单位通过自学考试获得中专毕业 1 人、大专毕业 693 人、本科毕业 178 人。其间，市直 11 个医疗卫生单位在职医务人员参加各类函大、夜大、电大教育，获得中专毕业 208 人、大专毕业 538 人、本科毕业 334 人。

3. 学分证书教育　1994 年 12 月，市直医院开始实施住院医师继续教育学分制。1995 年 7 月，全市各级各类医疗卫生事业单位，对具有初级以上技术职称或中专专业学历以上的在职专业技术人员，全面推行继续教育证书制度。每年组织全市住院医师参加省卫生厅统一命题的规范化培训第一阶段理论考试和结业考试；组织全市护理专业人员参加市医学专家命题的规范化培训结业的理论考试和临床实践技能考核。2002 年 1 月成立全市继续医学教育委员会，制订《镇江市继续医学教育"十五"计划》《镇江市卫生技术人员继续教育实施细则》，规范继续医学教育项目申报、评审、公布以及学分授予、学分登记、证书审验等管理工作。1999～2005 年，全市 694 名住院医师参加省卫生厅统一命题的规范化培训结业考试，合格人数 597 名，合格率为 86%。2001～2005 年，全市 660 名住院医师参加省卫生厅统一命题的规范化培训第一阶段理论考试，合格人数 593 名，合格率 89.8%；全市 747 名护理专业人员参加规范化结业理论考试，合格人数 716 名，合格率为 95.9%；703 名护理专业人员参加规范化结业技能考核，合格人数为 680 名，合格率为 96.7%。2002～2004 年，全市举办各类继续医学教育项目 124 个，一级学科覆盖率 100%，二级学科覆盖率 81%；继续医学教育对象获得规定学分的年均达标率 84% 以上；市级以上继续教育项目完成率 90%；卫生技术人员继续教育证书人手一册。

第二节　医学科研

一、卫生科技管理

1983 年，全市卫生科技工作管理体系基本形成。1986～1991 年，全市经省、市批准立项医药卫生科研项目 123 项，引进、运用新疗法、新技术 321 项。1991 年建立局级医药科研项目申报、评审和立项管理机制，每年向各市（县）、区及市直医疗卫生单位发布卫生重点招标课题范围，鼓励各医疗单位开展新技术、新项目的引进和开发应用，以及专科专病等临床应用研究。1992 年，镇江市建立卫生科技发展基金，主要用于攻关项目招标、特殊科技项目资助（专科建设）、医学科技成果推广应用和医学科技项目奖励。

1992 年、1998 年、2003 年，镇江市第一次、第二次、第三次卫生科技大会召开，制订《"八五"卫生科技发展规划》《"九五"卫生科技发展规划》《镇江市卫生科技发展基金管理实施办法》，表彰卫生科技工作先进集体 17 个、科技标兵 12 名、先进个人 77 名。

1992～2005 年，全市申报医学卫生科研课题 1466 项，其中省（部）级立项 59 项，厅市级立项 633 项，市卫生局立项 361 项。1997～2005 年，市卫生科技发展基金匹配给市直医疗卫生单位的省、市、局级立项科研科题经费 500 多万元。

二、主要科技成果

镇江发行的医药科技期刊有《镇江医学》《镇江医学院学报》《实用心电学杂志》《医学检验进修杂志》等 4 种，市直医疗卫生单位主编或参编的专著 132 部。1983～2005 年发表在中华系列杂志（主类别 69 种）的论文 862 篇。

2000～2003 年开展科研课题研究 362 项，其中省（部）级 20 项、市（厅）级 265 项；获得科研成果奖 64 项，其中江苏省科技进步三等奖 5 项，省卫生厅医学新技术引进一等奖 1 项、二等项 5 项，省教委医学院优秀教学成果二等奖1项、三等奖1项，镇江市科技进步一等奖1项、二等奖17项、三等奖33项。

2002～2005年，江大附院、市一院有14篇论文被美国科学情报主办的《科学引文索引》（简称SCI）收录。至2005年，镇江市卫生系统获国家、卫生部（含爱卫会）、省（含军区）三级以上、市（地区）二等以上的科技成果奖177项。

第十一章　规划　经费　基建

1981～2005年先后制订全市卫生事业发展5个五年计划。随着镇江市国民经济和社会发展步入快速发展时期，市及辖市（区）政府财政补助卫生事业拨款逐年增加，卫生系统三级医疗机构和防保单位基本建设全面展开。20世纪90年代中期，镇江市完成省政府下达的农村卫生三项建设任务，乡（镇）卫生院、防疫站、妇保所业务用房基本达到配置标准。镇江市中医院及辖市（区）中医院先后重新选址征地，新建门诊、病房大楼；市及县级人民医院大都新建配有智能化管理系统的门急诊大楼、病房大楼和医技大楼。

第一节　区域卫生规划

1996～2003年，镇江市两次制订区域卫生规划和实施办法。

《镇江市区域卫生规划（1996～2000年）》分三部分：第一部分，对镇江的自然概况、生态因素、居民的健康状况和卫生服务利用、卫生资源等方面进行分析；第二部分，提出到2000年镇江市卫生事业发展必须实现的40个指标；第三部分，是实现这些指标的对策和措施。这一轮规划的主要目标：居民平均期望寿命男性71.5岁，女性73.5岁，婴儿死亡率控制在15‰以内，孕产妇死亡率控制在30/10万以下；法定甲乙类传染病发病率在1995年基础上下降10%；农村自来水受益人口达85%，农村改厕60%等。2000年基本实现规划所制订指标。

《镇江市区域卫生发展规划（2003～2010年）》共七章、三十五条。规划确定的目标是：用5～7年时间，初步建立起适应社会主义市场经济体制要求、符合镇江市实际的卫生管理体制和运行机制，合理配置、有效利用区域内卫生资源，规范医疗卫生市场，基本形成功能完善的卫生服务体系、措施有力的疾病预防控制体系、高效医疗救治体系，构建具有明显的集约型、效益型和可持续发展特征的区域卫生发展新格局。至2005年主要完成迁、建镇江市第一人民医院新区分院、镇江市儿童医院、江大附院外科大楼、镇江市第三人民医院（镇江市传染病防治院）、市疾病预防控制中心和市卫生监督所、市急救中心、市中医院、市口腔医院、镇江市卫生局等重大工程。

第二节　卫生经费

一、卫生经费投入

卫生经费主要来源于财政补助，随不同时期工作任务、工资增长、行政区划调整等有所变化。财政补助对镇江卫生事业拨款逐年增加，但卫生事业费占财政总支出比例有所下降。2005年，全市卫生事业费比1983年增长15.79倍，占财政支出百分比却下降4.79%。

1983～2005 年镇江市卫生事业费情况统计表

表 38-21

单位:万元、%

年份	财政一般预算支出	卫生事业费	卫生事业费占其比例
1983	12357.20	984	7.96
1984	15572.70	1139.20	7.32
1985	16810	1077.50	6.41
1986	23394.30	1338.40	5.72
1987	22048.90	1168.70	5.30
1988	26739	1297.20	4.85
1989	33077.70	1341.60	4.36
1990	36913.10	1610.40	3.63
1991	41797.70	1838.70	4.40
1992	42269	1927	4.56
1993	68224	2174	3.19
1994	79099	2853	3.61
1996	107296	3711	3.46
1997	125740	4175	3.32
1998	142362	5042	3.54
1999	163977	5906	3.60
2000	202164	6845	3.39
2001	244340	8093	3.31
2002	286733	8568	2.99
2003	366636	11900	3.25
2004	441250	13933	3.16
2005	521789	16519	3.17
合计	3110847.60	106567.70	3.43

说明:此表数据由卫生系统统计提供

二、卫生经费支出

卫生事业经费支出主要分列医院经费、卫生院补助费、防治防疫事业费、妇幼保健经费、药品检测经费、卫生学校经费、干部培训费、处理群众医疗欠费经费、合作医疗补助费、其他卫生事业费等10项。

1983～2005 年镇江市市级卫生事业费支出情况统计表

表 38-22

单位:万元

年份	财政总支出	文教、卫体、科学事业费支出合计	文教卫体科占总支出(%)	卫生事业费	中医事业费	公费医疗经费	卫生、中医、公费医疗占文教卫体科(%)
合计	1429680	336274	23.52	63101.7	3576.3	42094.8	32.35
1983	5199.90	1440	27.69	477.60	–	124.80	41.83
1984	6921.10	1808.90	26.13	554.30	–	149	38.88
1985	7592.90	2160.90	28.46	564	–	208.40	35.74

续表 38-22

年份	财政总支出	文教、卫体、科学事业费支出合计	文教卫体科占总支出(%)	卫生事业费	中医事业费	公费医疗经费	卫生、中医、公费医疗占文教卫体科(%)
1986	10528. 90	2382. 20	22. 62	687. 60	–	243. 20	39. 09
1987	10061. 20	2386. 20	23. 72	531. 90	29	320. 50	36. 94
1988	12081. 90	2913. 10	23. 11	614	30. 70	392. 60	35. 61
1989	14493. 40	3240. 20	22. 35	603. 60	35. 20	554	36. 81
1990	15674. 80	3671. 50	23. 42	730. 10	32. 50	530. 80	35. 23
1991	18327. 80	4297. 20	23. 45	818. 30	41. 80	765. 50	37. 83
1992	17068. 20	4700. 80	27. 54	897. 30	47. 10	792	36. 94
1993	31118	6412	20. 61	988	43	1159	34. 15
1994	30974	9337	30. 14	1307	66	1640	32. 27
1995	35273	10354	29. 35	1396	86	1709	30. 82
1996	41947	12108	28. 86	1640	130	1682	28. 51
1997	52633	14074	26. 74	1998	149	1969	29. 25
1998	62479	17113	27. 39	2687	180	2278	30. 06
1999	73412	19912	27. 12	3469	249	2620	31. 83
2000	89636	22629	25. 25	4076	282	2937	32. 24
2001	111535	27913	25. 03	5159	404	3573	32. 73
2002	135166	31957	23. 64	5600	532	3965	31. 60
2003	186662	37999	20. 36	7962	273	4155	32. 61
2004	214356	47431	22. 13	9271	404	6096	33. 25
2005	246539	50034	20. 29	11070	562	4231	31. 70

说明：此表数据由卫生系统统计提供

第三节　基本建设

1983～2005 年，镇江市卫生系统单体建筑面积 1000 平方米以上医疗卫生用房 58. 91 万平方米，累计投资 11. 75 亿元。

1983～2005 年镇江市卫生系统单体 1000 平方米以上医疗卫生用房情况表

表 38-23

地区/单位	面积（平方米）	总投资(万元)
丹阳市	120640	27212
句容市	78953	13864
扬中市	69582	9066
丹徒区	63913	5467
京口区	15164	2387
润州区	7376	404

续表 38-23

地区/单位	面积（平方米）	总投资（万元）
市卫生局	16387	3310
江大附院	30317	3512.80
359 医院	16810	4450
市一院	70876	28007
市二院	12089	1512.70
市三院	9697	1104
市四院	33965	9500
市中医院	5400	338
市疾控中心	23600	5930
市中心血站	5100	600
镇江卫校	9256	810
合 计	589125	117474.50

一、中医院

1983 年以后，镇江市中医院及辖市（区）中医院基本建设步伐加快，先后重新选址征地，新建布局合理、符合标准的门诊、病房大楼及行政、医技、生活用房。到 2005 年，全市 5 所中医院新建单体 1000 平方米以上医疗用房 8 幢，建筑面积 5.7 万平方米，总投资 9640 万元。1988 年 12 月建成的丹阳市中医院病房大楼建筑面积 1.5 万平方米，投资 1800 万元，时为全省县级市中楼层最高、面积最大、设施最好的中医院，所有病房都设有卫生间，具备集中供氧、中央负压、中央空调、警报呼叫、电视电话、背景音乐等 10 大功能。

1983～2005 年镇江市 5 所中医院单体 1000 平方米以上医疗用房建设情况表

表 38-24

建筑名称		面积（平方米）	层高	总投资（万元）	开工时间	竣工时间	备注
镇江市中医院病房楼		5400	6	338	1987 年	1989 年 3 月	-
丹阳市中医院	门诊楼	5380	4	580	1987 年	1989 年	-
	病房楼	21600	12	4600	1996 年	1998 年	-
句容市中医院门诊病房楼		14000	10	2800	2003 年 8 月	2006 年 9 月	-
扬中市中医院	病房楼	1450	3	57	1989 年 4 月	1990 年 5 月	-
	门诊楼	4780	6	600	1999 年 10 月	2000 年 12 月	-
丹徒区中医院	病房楼	1320	4	65	1989 年 3 月	1990 年 6 月	2002 年国家征用拆迁
	综合楼	3500	5	600	2001 年 2 月	2002 年 10 月	-
合计		57430	-	9640	-		

二、市及辖市（区）级人民医院

1983～2005 年，全市 7 所辖市（区）级人民医院新建单体 1000 平方米以上医疗用房 14 幢，建筑面积 12.33 万平方米，总投资 3.51 亿元。市区 6 所医院新建单体 1000 平方米以上医疗用房 23

幢,建筑面积17.38万平方米,总投资4.81亿元。其中单体1万平方米以上大楼有江大附院外科大楼(1.44万平方米)、中国人民解放军第359医院医疗大楼(1.23万平方米)、镇江市第一人民医院门急诊综合楼(4.43万平方米)、镇江市第四人民医院妇幼保健大楼(2.77万平方米)、市一院门急诊综合大楼、市四院妇幼保健大楼,配有先进的医疗设备和智能化的管理系统,集门诊、功能科室、手术室、病房于一体,为病人提供一个宽敞明亮、舒适安全的就诊、住院环境。市一院大楼顶层还配有急救直升飞机停机坪,为全省卫生系统标志性建筑。

1983~2005年镇江市市区6所医院单体1000平方米以上医疗用房建设情况表

表38-25

建筑名称		面积（平方米）	层高	总投资（万元）	开工时间	竣工时间	备注
江大附院	门急诊楼	6766	5	203	1984年4月	1985年8月	
	外科大楼	14400	13	1500	1990年	1991年12月	
	输液室	2356	4	1925	–	1997年	购买原江奎公司厂房
	肿瘤病房楼	6795	7	1617.3	2002年	2005年	
359医院	办公楼	2800	6	350	1991年	1992年	
	制剂楼	1734	2	250	1991年	1992年	
	医疗大楼	12276	13	3850	1994年	1998年	
市一院	医技大楼	5600	6	564.50	1982年	1985年2月	
	内科大楼	7180	7	701.90	1986年	1988年	原外科大楼
	放疗中心	1600	4	232.40	1990年	1992年	
	医技辅楼	2033	4	299.90	1992年	1994年	
	制剂大楼	3273	7	885.30	1996年	1998年	
	门急诊综合大楼	44344	22+1	22800	1999年	2003年	
	儿童医院	3442	5	1562.50	2004年	2005年	
	行政楼	3404	6~7	960.50	–	2004年2月~2005年8月	购买原木器厂厂房
市二院	病房大楼	4961	6	498.90	1989年1月	1990年11月	
	医技大楼	1106	4	105.10	1992年12月	1994年5月	
	门急诊大楼	6022	7	908.70	1997年	1999年10月	
市三院	(1-3)病区	1750	3	200	1980年1月	1983年	
	(4-6)病区	2947	3	200	1984年11月	1986年	
	三国城新址3号楼	5000	4	704	2005年3月	2006年12月	肝病病房楼
市四院	心理卫生楼	6219	6	500	1989年12月	1992年10月	原妇幼病房大楼
	妇幼保健大楼	27746	17	9000	1998	2003	
合计		173754	–	48086.50			

1983～2005 年镇江市辖市（区）级 7 所医院单体 1000 平方米以上医疗用房建设情况表

表 38-26

建筑名称		面 积（平方米）	层高	总投资（万元）	开工时间	竣工时间	备注
丹阳市人民医院	病房楼	23800	16	8066	1999 年	2001 年	–
	门诊楼	20600	6	8635	2004 年	2006 年	–
句容市人民医院	病房楼	10540	9	2542.4	1999 年 5 月	2000 年 12 月	–
	门诊楼	8708.30	5	1879	2001 年 4 月	2003 年 10 月	–
扬中市人民医院	门诊楼	11800	6	2031	1994 年 3 月	1996 年 12 月	–
	医技楼	4690	3	777	1994 年 3 月	1996 月 12 月	–
	制剂楼	1900	4	302	1998 年	1999 年	–
	康复楼	4320	5	727	2001 年 2 月	2001 年 12 月	–
丹徒县（区）人民医院	门急诊楼	1120	3	50	1987 年 3 月	1988 年 6 月	–
	病区楼	5120	5	250	1991 年 10 月	1993 年 4 月	–
京口区人民医院	门急诊楼	1815	7	203	1979 年 2 月	1983 年 3 月	在原门急诊楼基础上加了 3 层
	康复楼二期	3038	3	480	1992 年	1993 年	
润州区人民医院综合大楼		3850	4	500	1991 年 5 月	1993 年 4 月	造价为估计
新区人民医院综合楼（镇江市第一人民医院新区分院）		22000	6	8700	2004 年 12 月	2006 年 5 月	–
合计		123301.30	–	35142.40	–		

第十二章 市红十字会 医学会

新中国成立前，与医疗卫生关系密切的社会、学术团体有红十字会和医学会。新中国成立后，这两个社会、学术团体仍发挥其章程规定的作用。

第一节 市红十字会

一、组织沿革

1983 以后，市红十字会会长由市政府分管副市长兼任，常务副会长由市卫生局副局长兼任，设多名副会长，由相关部门分管领导兼任。历经三届更迭，会员 6000 多人。2004 年 9 月，市红十字会业务上由市卫生局指导改为由市政府直接领导。镇江市第一人民医院、镇江市江滨医院、镇江市第四人民医院、镇江市中心血站、镇江市救护站先后分别被省红十字会认定为红十字医院、红十字中心血站和红十字救护站。各辖市(区)建有相应红十字会。

二、主要活动

1. 社会募捐及赈灾救济　1985年,市红十字会在市区开展社会募捐活动,募集捐款18.38万元,援助非洲灾民。1998年为江西九江洪水灾区送去价值50万元的大米、衣服和药品;将台胞捐赠的价值143万元、5500床高档棉被转交给青海、西藏和张家口灾区。2003年,市红十字会接受社会各界捐赠款物合计264.6万余元,支持防治"非典"工作。2005年,印度洋发生强烈地震引发海啸,市红十字会募集139万元支持灾区。1983~2006年,市红十字会向灾区先后投入救灾物资折合1512.39万元,20余万群众受益。

2. 救护培训　1984~2000年开展卫生救护培训28.05万人次。1996年开展群众性卫生救护训练。2002年~2005年,市红十字会按照总会标准,结合安全生产及行业特点,在公安、交通、电力、建筑、旅游、教育等行业中开展心肺复苏、创伤救护等业务培训10.96万人次,普及培训22.39万人次,三防知识培训2767人次,培训师资200余人。在辖区104、312国道,101、218、224等省道沿线,以卫生院为依托,建立30个红十字救护点,设置全省统一的标志牌。为加强救护点建设,向句容袁巷、扬中兴隆等10个救护点补充价值4.15万元的救护器材和物资,为市区800余辆出租车和公安巡警配备急救包。

3. 支持中华骨髓库　2002年起连续开展"点燃生命的希望——镇江青年骨髓捐献志愿者行动"。截至2005年底,镇江市共采集造血干细胞血样标本7200人份,列全省地级市之首。其中已有70位骨髓捐献志愿者与白血病患者初次配型相合,戚熙娟等13位志愿者成功实现造血干细胞捐献。2005年7月9日,中国药科大学镇江校区在校大学生孙磊为香港市民俞小波捐献骨髓造血干细胞,这是江苏省第二例镇江市首例为香港市民捐髓的志愿者。市造血干细胞捐献工作被江苏省红十字会评为先进单位。

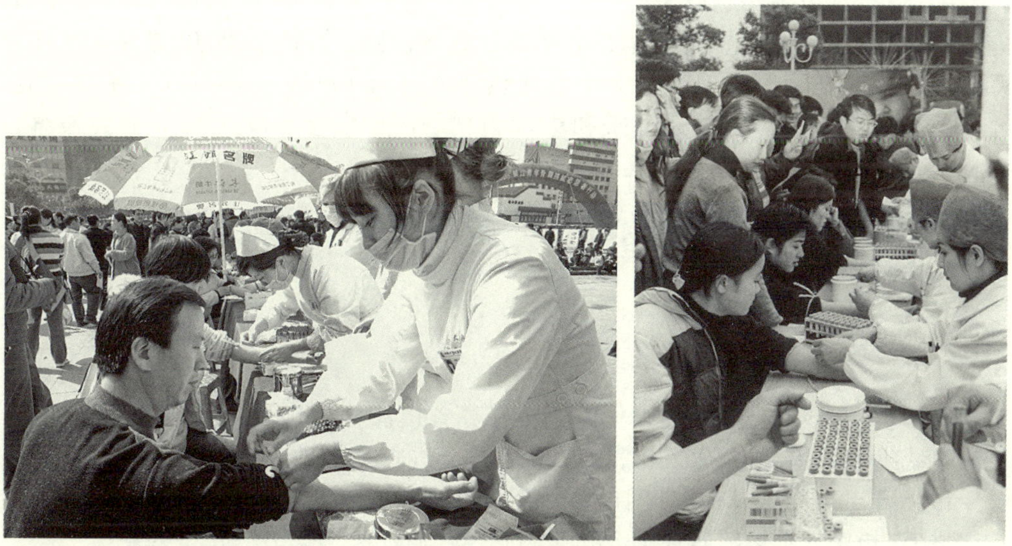

图38-15　捐献骨髓采集标本活动(2005年摄)

4. 公民无偿献血　镇江市无偿献血始于1995年,并将该年的"5·8"世界红十字日确立为镇江市第一个公民无偿献血日。1997年,《中华人民共和国献血法》颁布施行,全市无偿献血工作进入法制化轨道运作。参加无偿献血人数由初期100余人到2005年的累计达12.21万余人次,献血量由初期每年2万毫升到2005年累计达3078.02万余毫升,单采血小板971人次,市区临床用血100%来源于无偿献血。

市红十字中心血站沈宣东、戴道明等4人获卫生部、中国红十字会颁发的无偿献血铜质奖章。2002～2004年度，丹阳市获省无偿献血先进城市称号，李照金等3人获省无偿献血促进奖，苗萍等83人获省无偿献血奉献奖，受到省卫生厅、省红十字会表彰。

5. 红十字工作进社区　每年元旦、春节期间，开展“红十字博爱送万家”活动，为困难群体送温暖。句容市、丹徒区部分乡镇（茅山革命老区），从2002年起连续4年得到红十字会拨发价值40万元的生活用品（棉被）和慰问品，解决老区2000多户困难家庭。市红十字会为福利院送去价值5.2万余元的棉被、衣物、食品等生活物资。不定期组织红十字医院医务人员到福利院、敬老院、老年公寓、康复中心，免费为孤寡老人、残疾儿童体检，累计体检2万余人次。向怀润大药房、东门参药店募集价值9365元的常用药品，支持特教中心医务室建设。每逢春节，组织看望和慰问居住在九华山已治愈的20多名麻风病休养员。“5·8”世界红十字日，组织红十字医院等单位的专家和医务人员走上街头，深入社区、老区，为群众义诊、医疗咨询服务，参加人数4万多人次，近20万人接受服务。

6. 宣传和青少年工作　2000年后，红十字会以每年“5·8”世界红十字日和纪念中国红十字会“庆百年华诞”活动，结合“关爱生命”“博爱助人”“捐款捐髓——红十字在行动”等主题，宣传“人道、博爱、奉献”的红十字精神、宗旨和职责。全市各级红十字会和教育部门密切配合，积极发挥“红十字学校工作委员会”的指导作用。结合素质教育，在校内外广泛开展符合红十字会宗旨、适合青少年特点的“救死扶伤、扶危济困、敬老助残、助人为乐、尊师爱幼”等形式多样活动。全市各类学校结合举办夏令营、冬令营，发动9万余名红十字青少年到车站、码头、街道、敬老院等为民服务，做好事20万人次。镇江一中、二中、十一中、江滨中学等14所学校举办心肺复苏、4项救护技术培训班，提高学生自救互救技能。

7. 对外交流　20世纪90年代后，红十字国际委员会的杰根·理德、国际联合会的罗布特·布鲁沃、东亚地区代表处古浩德等到镇江考察，对市红十字会工作给予高度评价和赞赏。1997年秋，香港警官学校高级警司赵以平一行5人，到镇江进行救护业务交流。市公安干警的心肺复苏、救护技术表演，受到香港客人高度评价。香港、台湾红十字会、四川省人大红十字会，九江、无锡、宿迁、常州、扬州等兄弟市红十字会到镇江考察与工作交流。市红十字会工作人员参加省红十字会组团赴德国、法国等国家和中国台湾、中国香港等地区红十字会考察、学习与交流。

第二节　医 学 会

一、组织沿革

镇江市医学会（在涉外交往中称中华医学会江苏省镇江分会）始建于1947年初，许本谦任理事长。1951年办理会员登记。1957年，镇江市医学会进行换届改选，张志清任学会第二届理事长。1966～1976年，“文化大革命”期间市医学会组织瘫痪。1978年2月，镇江地区召开医学会成立大会（后称镇江市医学会第三届理事会），至2005年，镇江医学会历经五届更替。

二、主要活动

1. 学术交流和培训　1978～1987年采取“请进来，派出去”办法，邀请上海、北京、天津、湖南、武汉、西安等地专家和教授到镇江讲学。至1987年底举办大中型学术交流会议647次，请外地专家开展学术示范活动150余次；举办各种形式培训班24期，培训医疗卫生技人员528人，参加各种学术交流会42316人次。1989 ～2000年组织召开市级学术会议378次，出席会议达18900余人次；承办省级以上学术会议 27 次，出席会议人员达 2880 人次；接待美国、日本、泰国等国及中国港、澳、台地区多名医学专家，进行学术交流。2000～2005 年，学会学术活动由届初的每年 20 余场次，逐渐增加到每年近百场次。在此期间，承办全国性学术会议 10 次，省级跨地区学术会议 66 次，市级学术活动 580 余次，培训医务人员 5 万余人次。

2. 科普宣传　1989～2000 年接受群众咨询达 4200 余人次。其中 1999 年捐赠给句容市农村科技书籍达 4000 余册。2003 年"非典"流行期间，组织专家深入街道开展"非典"防治知识宣传。2004 年邀请上海中山医院主任医师、教授杨秉辉在市影剧院举行健康知识讲座，近千名群众参加。为基层医务人员开展专题学术讲座 30 余场次，受益医务人员达 2500 余人次。根据党中央提出的"建设新农村、培养新农民"号召，学会组织部分专家编写 10 万字《农村常见病百问百答》新农村丛书。

3.《镇江医学》编印　1978 年，《镇江医学》杂志开始出版并内部发行。至 1987 年，《镇江医学》杂志面向全国交流，每年 12 期 1.2 万余册。1997 年，该杂志被省、市新闻出版局批准为省级内部发行刊物。2001～2005 年共编辑出版《镇江医学》期刊 30 期，刊登各类学术论文近 2000 篇。

4. 论文发表　1980～1987 年，市医学会成员撰写论文 1068 篇，其中在全国性医学杂志上发表学术论文 205 篇，在省级医学杂志上发表学术论文 394 篇，在国外医学杂志上发表 10 余篇，翻译外文医学科学资料 62 篇，获技术成果奖 45 篇（全国科技成果奖 6 篇，省科技成果奖 7 篇，全军科技成果奖 21 篇，地区、市科技奖 11 篇）。1987 年，有 71 篇医学论文入选镇江市第一届优秀科技论文汇编。1989～2001 年组织会员参加市科协举办的全市优秀科技论文评选工作，参加评选的 316 篇论文中有 180 篇获奖；全市卫生系统还选拔 65 名跨世纪学科带头人。2000～2005 年，5 年间组织专家对 408 篇论文、专著评选，其中多篇论文获奖。

5. 医疗事故技术鉴定　根据国务院《医疗事故处理条例》规定，自 2002 年 9 月 1 日起，医疗事故技术鉴定由医学会承担并组织实施。至 2005 年底接待医疗投诉 500 余例次，电话咨询 300 余人次，受理医疗事故技术鉴定 146 起，完成鉴定 140 起。

——小资料——

[清]周镐·京江二十四景图——八公早梅

八公，系指位于镇江南郊回龙山与招隐山之间的八公洞。据传，梁昭明太子萧统从建业（即南京）来招隐寺读书，并在此完成了举世闻名的中国第一部文学作品选集——《昭明文选》。在此期间侍读的八个太监一直守候在他身边，萧统去世后，他们仍守护在读书台、增华阁直至终老，先后安葬在此洞，故名八公洞。

八公洞地处重山环抱之中，有多座寺庵，环境幽绝。由于遍植梅花而闻名于世，每届早春，梅开争妍，吸引了众多的文人雅士前来探幽寻古赏梅，并留下许多名人诗篇。

第三十九卷

体 育

卷目

镇江体育运动源远流长，尤其是民间传统体育如舞龙灯、踢毽、跳绳、放风筝、钓鱼、棋类、武术、登高、长跑等较为盛行，有些项目在省内闻名遐迩。改革开放以后，中共镇江市委、市政府进一步加强对体育工作的领导，镇江市体育运动进入一个新的发展时期，各类体育组织相继成立，各种体育设施场地逐年增加，各项体育事业迅速发展，全市城乡健身锻炼蔚然成风。

1986～1999年，镇江市体育运动发展势头良好，以全民健身为基础的全市体育工作成效显著，体育特色学校遍地开花。至1997年，全市有省级体育传统学校8所、市级45所，大、中、小学校体育达标施行面100%，达标率94.6%，优秀率16.2%。职工体育紧贴经济，紧贴职工，大中型企业坚持开展以基层为主、锻炼为主的竞赛活动。1999年4月，京口区四牌楼街道举办首届社区运动会，开创社区体育运动新局面。农村体育以争创"全国体育先进县"为动力，推动农村体育全面展开。1988年，素有"篮球之乡"称号的丹阳市率先跨入全国体育先进县行列。至1999年底，镇江市有省级体育先进乡镇36个、市级体育先进乡镇14个。同期，全市竞技体育跃上新台阶，在办学、训练、竞赛等方面进行一系列改革，促进竞技水平提高，1人1次破1项全国纪录，在省以上比赛中夺得522个冠军，33人57次破48项省少年组纪录，379人675次破137项市纪录。

进入21世纪，镇江市体育工作步入快速发展新阶段。至2005年底，全市全民健身服务体系基本形成，45%的人经常参加体育锻炼；80%以上街道和乡镇达到江苏省全民健身服务体系工程基本要求；80%的行业、系统建立体育协会或体育俱乐部；全市有全民健身工程22个、工程点203个；每年全民健身周期间参加活动人数10万人以上，组织全民健身活动100多项次。镇江全民健身周活动连续9年分别受到国家体育总局和省体育局表彰。

至2005年底，全市竞技体育取得较快发展。业余训练规模不断扩大，教练员训练水平不断提高，成功承办各级各类体育竞赛，向省以上运动队输送优秀运动员136名。全市输送的运动员在国际和亚洲比赛中夺得金牌16枚，奥运奖牌4枚。全市有国家级体育传统学校1所、省级11所、市级51所，国家级高水平体育人才培养基地1所。

1992～2005年，全市体育产业稳步健康发展，体育彩票销售6.62亿元，为体育事业发展增添活力和后劲。完成市体育馆改造、市体育场1万平方米塑胶跑道和部分看台建设工程，新建2300平方米新闻大楼、3000平方米健身广场、2000平方米体育运动学校学生公寓。至2004年第四次全国体育场地普查，全市各类体育场地总数2106个，人均体育场地面积0.74平方米。

第一章　机构管理

1983～2005年，镇江体育机构自身职能逐步扩大，众多下属事业单位应运而生，体育社团蓬勃发展，体育经费逐年增加，国际交流日趋频繁。

第一节　行政事业机构

一、行政机构

1983 年，原镇江地区体育运动委员会与原镇江市体育运动委员会合并，组建新的镇江市体育运动委员会（简称市体委），为正县（处）级建制，内设秘书科、训练竞赛科、群众体育科，行政编制 12 人。1996 年，党政机构改革，逐步实现“管体育”与“办体育”职能分离，内设科室增设产业管理处，行政编制 14 人。2001 年，市体育运动委员会更名为市体育局，列入市政府工作部门，内设办公室（挂体育经济处牌子）、竞技体育处、群众体育处，行政编制 12 名。市体育局下辖 10 个事业单位。

二、事业单位

1983 年 7 月成立镇江市中心业余体校（挂市体育场牌子），为全额拨款事业单位。承担选拔、培养体育优苗和为广大市民提供健身服务等职责，开展田径、篮球、排球、足球、游泳、击剑、网球、艺术体操等训练项目。

1984 年 8 月，中华全国体育总会镇江分会成立，下设办公室，为全额拨款事业单位，负责对全市各体育协会和群众性体育组织的管理、指导、监督，积极推广群众体育活动，团结全市体育工作者发展体育运动。

1987 年 7 月成立镇江市体育运动学校，为全日制中等专业学校，学制 3 ~ 4 年，全额拨款事业单位。主要任务是培养体育后备人才，向上级输送优秀运动员，为全市企事业单位、中小学校培养体育师资。1991 年，有教职工 46 人，其中高级职称 3 人，中级职称 16 人，在校生 86 人。2005 年，在校生 100 余人。

随着体育事业发展，至 2005 年，先后设立负责体育人才培养、体育彩票发行、体育科研等业务的事业单位 10 家。

镇江市体育局直属事业单位一览表

表 39-1

单位名称	成立时间	性　质	职　责
镇江市中心业余体校	1983. 7	全额拨款	选拔、培养体育优苗，为广大市民提供健身服务
中华全国体育总会镇江分会办公室	1984. 8	全额拨款	对全市各体育协会和群众性体育组织管理、指导、监督，积极推广群众体育活动，
镇江市优秀运动队	1984. 8	全额拨款	承担专业运动员训练任务，为国家队输送优秀人才
镇江市体育馆	1985. 3	差额拨款	开展群众性健身活动，举办各类体育文化活动及大型集会，丰富广大市民精神文化生活
镇江市体育运动学校	1987. 7	全额拨款	培养体育后备人才，向上级输送优秀运动员，为全市企事业单位、中小学校培养体育师资
镇江市五环俱乐部	1990. 1	自收自支	为运动训练、体育竞赛、全民健身活动提供后勤服务
镇江市乒乓球运动学校	1992. 1	全额拨款	选拔、培养青少年乒乓球优秀人才，推动全市乒乓球运动发展
镇江市体育彩票管理中心	1997. 12	自收自支	管理全市体育彩票销售发行工作
镇江棋院	2003. 8	全额拨款	开展青少年棋类训练，选拔、培养后备人才，推动全市棋类运动普及和提高
镇江市体育科学研究所	2004. 8	全额拨款	贯彻科技兴体方针，为镇江市运动训练和全民健身提供科学指导和技术服务

第二节　体育社团

一、镇江市体育总会

1987 年 12 月 28 日，镇江市体育总会成立，石承农为主席。至 1991 年底，全市陆续成立 14 个单项体育协会，承担全市三分之一体育竞赛任务，并组队参加省以上竞赛，计有 410 人 19 次参加省、华东地区和全国性的比赛，获 8 枚金牌、10 枚银牌、6 枚铜牌。1992 年，市体育总会举办竞赛 33 次，3189 人参赛，在省赛中获金牌 28 枚、银牌 18 枚、铜牌 18 枚。1994 年 12 月，市体育总会换届，有 20 余位企业家当选为委员，为体育走社会化之路增添活力。2000 年，体育总会由非法人社团转为法人社团，重新明确各体育社团性质、权利、义务，增强社团负责人法制意识，各体协步入健康发展轨道。2001 年，对气功、武术协会及其下属公司进行清理整顿，注销气功协会。制定《镇江市体育社团管理办法》《镇江市体育社团财务管理办法》《镇江市体育社团考核评比办法》，规范社团日常行为，有效发挥体育社团的桥梁和纽带作用。

图 39-1　镇江市乒乓球运动学校校门
（2002 年摄）

二、体育协会（俱乐部）

体育运动在镇江有广泛群众基础，体育社团发展较快，很多单项体育协会在市体育总会成立前就已建立。1966 年，信鸽协会成立；1982 年，武术协会成立；1983 年，桥牌协会成立；1984 年，老年体育、乒乓球、棋类、钓鱼协会成立；1986 年，健美、无线电、足球协会成立。市体育总会成立后，又陆续成立篮球、排球、体育舞蹈、保龄球、羽毛球协会和农民、残疾人体协。至 2005 年底，全市有 26 个单项、行业体协和体育俱乐部。

2005 年镇江市体育协会（俱乐部）一览表

表 39-2

协会名称	成立时间	会员数(人、个)
镇江市信鸽协会	1966	300
镇江市武术协会	1982. 7	460
镇江市桥牌协会	1983. 9	730
镇江市老年体育协会	1984. 3	5000
镇江市乒乓球协会	1984. 4	105
镇江市棋类协会	1984. 4	100
镇江市钓鱼协会	1984. 4	3000
镇江市无线电运动协会	1986. 6	120
镇江市健美协会	1986. 7	1000
镇江市足球协会	1986. 11	120

续表 39-2

协会名称	成立时间	会员数(人、个)
镇江市排球协会	1991.6	50
镇江市农民体育协会	1991.10	101
镇江市篮球协会	1993.6	80
镇江市门球协会	1996	400
镇江市举重竞技运动协会	2000.12	322
镇江市残疾人体育协会	2001.4	68
镇江市华东武术馆	2001.7	80
镇江市保龄球协会	2001.11	70
镇江市体育舞蹈协会	2002.7	110
镇江市黑带健身俱乐部	2002.10	80
镇江市易迈户外运动俱乐部	2003.10	60
镇江市中山棋牌俱乐部	2003.12	40
镇江市羽毛球协会	2004.2	100
镇江市菜菜鸟户外运动俱乐部	2004.12	100
镇江市鸿雁乒乓俱乐部	2005.10	110
镇江市车迷协会	2005.8	80

图 39-2　2005 年,镇江市健美协会健美队广场表演

镇江市各个单项体协、行业体协、体育俱乐部,广泛开展形式多样丰富多彩的体育竞赛和群体活动。1993 年,全市 15 个体协共举办 38 次、4800 多人次参加的各类竞赛和活动。同年,镇江市健美协会的健美队在江苏省健美锦标赛中获团体冠军,后又连续两年获团体冠军,将流动奖杯永留镇江市。1997 年,镇江市乒乓球协会被国家体委评为全国群众体育先进单位。镇江市老年体协常年活跃于社区 27 个体育指导站,组织开展晨(晚)练活动。

第三节　体育经费

体育经费列入财政预算,并随着经济发展逐年有所增加。市体育局充分运用市场机制,大力培育和开发体育市场,取得良好经济效益。体育彩票销售大幅增长;体育场馆向社会开放,组织大型演艺和展销活动;举办国际国内重大体育竞赛等;体育产业收入促进体育事业发展。1983 ~ 2005 年,市财政拨体育经费 6394 万元,体育彩票公益金收入 2413 万元,预算外收入 1896 万元,省体委拨专项资金 516 万元。

1983～2005 年镇江市体育经费一览表

表 39-3

单位:万元

年度	财政拨款				市体育彩票公益金收入					预算外收入			省拨经费
	合计	行政经费	事业经费	其中:基本建设	合计	群体	竞技	基本建设	其他	合计	基本建设	其他	
1983	28	3	25	–	0	–	–	–	–	5	–	5	5
1984	40	3	37	–	0	–	–	–	–	7	–	7	4
1985	55	3	52	–	0	–	–	–	–	12	–	12	7
1986	47	3	44	–	0	–	–	–	–	14	–	14	8
1987	44	3	41	–	0	–	–	–	–	16	–	16	10
1988	64	4	60	–	0	–	–	–	–	15	–	15	8
1989	81	5	76	–	0	–	–	–	–	15	–	15	7
1990	111	5	106	–	0	–	–	–	–	31	–	31	8
1991	163	5	158	–	0	–	–	–	–	28	–	28	12
1992	121	8	113	–	0	–	–	–	–	148	120	28	10
1993	132	9	123	–	0	–	–	–	–	169	150	19	12
1994	184	16	168	–	0	–	–	–	–	168	150	18	11
1995	205	18	187	39	0	–	–	–	–	56	30	26	10
1996	199	26	173	–	15	–	–	15	–	656	632	24	4
1997	289	31	258	–	51	–	–	51	–	67	45	22	12
1998	349	32	317	–	102	–	–	102	–	80	54	26	41
1999	414	42	372	–	234	16	4	214	–	24	–	24	20
2000	381	47	334	–	402	9	7	387	–	46	–	46	38
2001	584	59	525	–	267	16	15	236	–	23	–	23	52
2002	593	79	514	100	457	24	20	410	4	53	–	53	61
2003	704	100	604	–	321	102	110	105	3	39	–	39	26
2004	783	116	667	100	248	107	110	16	15	49	–	49	26
2005	823	129	694	40	316	139	106	53	18	175	–	175	124
合计	6394	746	5648	279	2413	413	372	1588	40	1896	1181	715	516

说明:此表统计数字不含辖市(区)

第四节　国际交流

一、出访

1983～2005 年,全市组织乒乓球、篮球、足球、排球、田径、围棋等各类体育团体出访亚洲、欧洲、澳洲、美洲 20 余个国家和地区,计 19 批次、197 人次。

1983～2005 年镇江市体委(体育局)组团出访国家一览表

表 39-4

时间	名 称	地 点	出访人数
1989. 11. 17～26	镇江市马拉松代表团	日本津市	5
1990. 3. 30～4. 6	镇江市少年乒乓球代表团	日本宫城	15
1990. 8. 23～29	镇江市少年乒乓球代表团	日本津市	15
1991. 4. 1～8	镇江市少年足球代表团	日本津市、广岛	19
1991. 11. 11～28	镇江市少年体育代表团	日本宫城	23
1993. 11. 20～	丹阳中学生马拉松代表团	日本	22
1994	镇江市乒乓球代表团	日本津市	10
1997	镇江市围棋友好代表团	日本	6
1999. 9. 22～	99 国际乒乓球公开赛	日本	1
2000. 6. 8～18	随省团考察澳大利亚体育场馆	澳大利亚悉尼	1
2000. 11. 21～12. 8	丹阳市篮球队	澳大利亚悉尼	16
2001. 7. 3～	随省团赴捷克考察	捷克	1
2001. 8. 22～29	随省围棋代表团出访	日本名古屋	1
2002. 3. 26～4. 2	镇江市体育考察团	日本仓敷	5
2003. 11. 26～12. 1	镇江市球友男女篮球队	美国西雅图	28
2004. 3. 30～4. 5	镇江市体育代表团	韩国益山	8
2004. 4. 23～5. 5	随省全国第十届运动会考察团	希腊、德国	1
2004. 7. 28～8. 3	镇江市体育代表团	美国克里夫兰市	14
2004. 8. 25～	镇江市移动通讯公司乒乓球队	日本津市	6

二、来访

1983～2005 年,镇江市体委(体育局)接待日本、美国、韩国、俄罗斯、巴西、澳大利亚等 10 余个国家和地区的体育代表团和体育旅游者 44 批 1338 人到镇考察与交流,承办乒乓球、篮球、足球、排球、围棋等项目双边和多边比赛。

1986～2005 年外国和地区体育代表团访问镇江一览表

表 39-5

<table>
<tr><th>时间</th><th>来访团队</th><th>人数(人)</th><th>主要活动内容</th></tr>
<tr><td>1986</td><td>日本津市青少年足球队</td><td>20</td><td rowspan="3">共进行 11 场比赛,镇江队 6 胜 1 平 4 负</td></tr>
<tr><td>1987</td><td>日本津市青少年足球队</td><td>20</td></tr>
<tr><td>1988</td><td>日本津市青少年足球队</td><td>20</td></tr>
<tr><td>1988. 5. 7</td><td>日本、法国游泳爱好者参加首届国际横渡扬子江代表队</td><td>-</td><td>日本 21 岁的向井智成为第一位横渡扬子江的外国人</td></tr>
<tr><td rowspan="3">1994</td><td>国际男排邀请赛</td><td rowspan="3">104</td><td>-</td></tr>
<tr><td>美国自行车队</td><td>-</td></tr>
<tr><td>日本商务考察团</td><td>-</td></tr>
</table>

续表 39-5

时间	来访团队	人数(人)	主要活动内容
1995	马来西亚、韩国、瑞典、中国香港地区体育人士到镇江考察	109	-
1995. 12. 28	镇江“绿茵杯”国际足球邀请赛	20	瑞典海勒辛堡队 2∶1 胜江苏队
1996. 12. 24	镇江市第一届“市长杯”暨“津市杯”中日乒乓球对抗赛	10	镇江选手包揽 6 项冠军
1997. 8. 26～27	日本爱知县乒乓球代表团	25	双方对抗赛,镇江市夺得 3 座奖杯
1997	日本爱知县乒乓球代表团	25	-
	日本本山高中访问团		-
1998. 3. 2～5	俄罗斯冰上芭蕾舞团	30	-
1998. 5. 27	德国不伦瑞克体育舞蹈团	30	-
1998. 6. 11	美国体育使者和风之夜明星篮球队对抗赛	20	-
1999. 3. 22	日本津市体育考察团	5	宾主就围棋、门球进行交流
1999. 6. 22	法国、江苏女排对抗赛	20	法国队以 3∶1 胜江苏队
1999. 10. 10	美国雷加雪明星篮球队与江苏南钢队对抗赛	20	南钢队以 1 分优势险胜
1999. 10. 22	日本津市网球联盟代表队	5	-
2000. 1. 11	韩国全州跆拳道队	9	-
2000. 4. 29	澳大利亚墨尔本老虎篮球队	22	-
2000. 7. 12	丹麦青年男女羽毛球代表队	15	江苏队展示技高一筹优势
2000. 7. 20	日本美作町日中友好协会代表团	3	-
2000. 8. 13～20	日本广岛中学生男女乒乓球队	6	-
2000. 9. 11	美国雷加雪男子篮球队与浙江万马队对抗赛	20	美国队以 82∶81 险胜万马队
2000. 10. 8	镇江、日本仓敷围棋友好邀请赛	8	仓敷队以 9∶7 获胜
2001. 6. 14	美国全美银星职业男子篮球队与北京首钢队对抗赛	20	美国队以 83∶59 获胜
2001. 7. 21	日本津市围棋访华团	12	-
2001. 7. 24	日本美作町教育委员会课长黑田和则到镇江访问	1	-
2001. 8. 6	日本仓敷市中日友好协会板野到镇江访问	6	-
2001. 8. 14	日本棒球教练铃木到镇江访问	1	-
2001. 10. 1	日本津市文化艺术交流团	12	与市老年乒乓球队进行友谊赛
2001. 10. 23	中国巴西文化经济发展促进会理事长一行	3	就中巴体育文化背景探讨
2002. 1. 22	国际篮球考察团	5	检查第 14 届世界女子篮球锦标赛筹备情况
2002. 9. 13	国际篮球考特莱巴等人	12	考察体育馆及周围环境改造
2002. 8. 15～16	韩国安养少年足球队	20	与镇江队进行两场友谊赛

续表 39-5

时间	来访团队	人数	主要活动内容
2002. 9. 21 ~ 25	阿根廷、古巴、南斯拉夫、立陶宛女子篮球队参加第 14 届世界女子篮球锦标赛	86	–
2003. 10. 28	镇江、益山(韩)羽毛球友谊赛	6	益山队 2∶1 战胜镇江队
2003. 11. 14	韩国益山市南星中学男子排球队	15	与四中进行友谊赛,主队 3∶1 获胜
2004. 5. 8	朝鲜人民军杂技团	30	–
2004. 5. 22	俄罗斯国家体育舞蹈团	25	–
2004. 7. 8	越南河内中国象棋代表团	6	–
2004. 8. 21 ~ 23	日本爱知县青少年围棋代表团	18	–
2004. 10. 29 ~ 31	日本津市网球代表团	12	–
2004. 12. 22 ~ 24	日本津市乒乓球代表团	9	–
2005. 6. 29	中韩国际女子足球邀请赛	20	江苏华泰队 3∶0 胜韩国丽州大学队
2005. 10. 12 ~ 23	韩国、澳大利亚等国的国际奥委会官员到镇江参观访问	7	–

三、援外与外援

1992 年 4 月至 1993 年 4 月,市级机关工会副主席叶纪超赴日本宫城县柴田町执教乒乓球,这是镇江首次派出外援教练。

1995 年 8 月至 1996 年 8 月,市体育运动学校羽毛球教练段金陵赴泰国执教。

1996 年 10 月至 1997 年 11 月,市体委于波赴巴基斯坦,任该国男子排球队主教练。

2002 年,市乒乓球运动学校教练须晓敏赴台湾宜兰县执教少儿乒乓球队。

2003 年,镇江市棒球队在市二中成立,聘请日本籍教练铃木道雄为主教练。

第二章 群众体育

开展体育活动是全市人民自觉要求。学校把体育列为学生必修课,经常开展小型多样的体育竞赛,每年举行一次中小学田径运动会,增强学生体质。职工体育普遍开展,有计划组织各类体育比赛。农村体育在普及基础上开展创建“全国体育先进县”和“省体育先进乡镇”活动。社区体育活动与实施《全民健身计划纲要》紧密结合,加强组织工作和宣传活动,加强全民健身工程点建设;举办元旦、春节、春季长跑活动;重视残疾人体育和民间传统体育,注重形成镇江特色。

第一节 学校体育

一、体育教学

改革开放以后,学校体育教学不断深化改革,贯彻落实国家全日制义务教育阶段和普通高级中学体育课程标准，保证小学1～2年级每周4节体育课，3～6年级及初中每周3节体育课，普通高中每周2节体育课，课程主要内容为田径、球类、体操等。坚持每天两操（早操、课间操），坚持在校学生体育活动不少于1小时。进入21世纪后，全市中小学进一步加强体育教学，初中体育课成绩列入毕业升学总分，给学校体育工作带来生动局面，进一步调动学生上好体育课、参加体育锻炼积极性。

全市体育教学在历次省、全国评比中多次获奖。2001～2005年，主要获奖项目：在省录像体育课评比中，江滨实验小学蒋俊的《快乐藤铃球》获全国一等奖、省一等奖；丹徒冷遹中学苏颂凯、镇江中学袁鸿祥获省一等奖。在江苏体育教师教学能手比赛中，镇江中学袁鸿祥、市三中于骥、中山路小学李国虎、新区丁岗小学吴小平获一等奖。

二、课外体育活动与课余训练

20世纪80年代以后，全市学校一直施行《青少年体育锻炼标准》和冬季三项（跑步、跳绳、踢毽）锻炼作为课外体育活动主要内容。1986～1991年，全市学校贯彻《国家体育锻炼标准》施行面98%以上，及格率92%～96%，优秀率由5%上升到14%。1993～1998年，学校体育工作继续坚持以达标为基础，以体育传统项目建设为龙头，走“体教结合”培养后备人才之路，优秀率16.2%。1998年，句容市学校体育达标工作一次性通过省体委、省教委联合组织的抽查。2001～2005年，全市中小学开展“冬季三项”锻炼，许多中小学做到每个学生人手一绳、人手一毽，以班级为单位进行活动，并开展班际、年级、校际之间竞赛活动。市一中、镇江中学举办“弘扬民族文化、迎接北京奥运”冬锻长跑主题活动，把思想教育和团队精神融入到冬锻活动中。

三、体育传统学校

20世纪80年代后，镇江市部分学校在开展体育活动过程中，逐渐形成校特色，在省、市甚至全国竞赛中具有明显优势，竞赛成绩常名列前茅或夺冠，形成具有传统项目的特色学校。这些学校在推动学校体育活动普及，增强学生体质，提高运动技术水平，为国家培养后备人才方面起到积极作用。

1996年，镇江市八叉巷小学的乒乓球、丹阳里庄中学和后巷小学的篮球、中山路小学的田径、南门小学和第四中学的排球、扬中实验小学的乒乓球成为首批省级体育传统项目学校。1997年，市体委重点扶持一些学校传统体育项目上水平、上规模，镇江市各级体育传统学校保证学生全面发展，建立一支有事业心的师资队伍，在不断提高传统项目运动水平同时，各科教学质量不断提高。2003年，八叉巷小学被国家体育总局、教育部首批授予“国家级体育传统项目”学校。至2005年底，传统项目学校发展到国家级1所、省级11所、市级45所。

2005年镇江市省级体育传统项目学校一览表

表39-6

学　校	项　目	学　校	项　目
镇江市第四中学	排球	镇江市南门小学	排球
镇江市八叉巷小学（国家级）	乒乓球	镇江市中山路小学	羽毛球
镇江市宝盖路小学	乒乓球	丹阳市后巷中心小学	篮球、手球
镇江市红旗小学	棋类	句容市实验小学	乒乓球
镇江市实验小学	游泳	扬中市实验小学	乒乓球
镇江市江滨实小	足球		

四、学校体育竞赛

图 39-3 2005 年,镇江市中学生运动会入场仪式

全市中小学、驻镇高校体育竞赛活跃。各级各类学校在班级、年级、校际之间积极开展小型多样体育竞赛,比赛项目有篮球、排球、足球、田径、乒乓球、拔河、棋类等。全市中小学田径运动会每年举行一次。同时每年还举行篮球、排球、足球、乒乓球等 10 余个单项全市比赛。

1986~1991 年,全市每年 3000 余名中小学生参加各项竞赛,每年还选派 25 个代表队近 400 人参加省青少年 19 个项目比赛。

1992 年,全市小学排球、足球跻身省前列,南门小学在省小男排比赛中将 7 个奖杯捧回 4 个。丹阳云林小学在全国花毽赛中 4 名队员获个人定时 3 项单踢第一、二、四名。

1997 年 7 月,全省少年儿童乒乓球冠军赛在镇江举行,13 支代表队 139 名运动员参与 8 枚金牌角逐。镇江市 15 名选手参赛,获 3 金 2 银 2 铜,以范瑛、胡桃、余竞妍组成的女队夺得金牌;由胡野、郭成、李惠组成的男队获第三名。同年 8 月,江苏省少年乙组"索普杯"足球比赛在镇江举行,全省 10 支队伍 147 名运动员参赛,镇江市代表队在 6 场比赛中 5 胜 1 负列第二名,并获体育道德风尚集体奖。

1998 年 8 月 17 日,全市中学生"李宁杯"足球赛经过 21 天 187 场比赛结束。全市 94 支球队近千名足球爱好者参加,比赛分初中、高中组进行。丹阳"星期天"竞技队和江滨中学分别夺取高、初中组金牌。

2005 年 12 月 24 日,镇江市第六届中小学冬季长跑、跳绳、踢毽三项比赛在大港中学举行。市属中学和各辖市(区)8 支代表队 400 多名学生参赛,丹阳市、扬中市、丹徒区分获团体前三名。

五、学生体质情况

1983 年 12 月,根据教育部、国家体委、卫生部、国家民委联合发出《关于进一步建立健全学生体质健康卡片,进行体质健康调查研究的实施方案》的通知精神,镇江市中小学和驻镇江高校逐步为学生建立健康标准登记卡,每年定期对不同年龄段学生进行身高、体重、胸围、肺活量等项目测试。2000 年,镇江市参与由国家体育总局、教育部、国家计委联合开展的历时 3 年的国民体质监测。2001 年 12 月 31 日,市体育局公布监测结果,镇江市国民体质位于全省平均水平,个别指标略低于全省平均水平,其中青少年、幼儿的体质不容乐观,中学生体形呈细长状态,视力下降较多,3~6岁幼儿平均身高 108.2 厘米,体重 18.1 千克,均低于全省平均值。幼儿因营养不良体重偏低占 49.1%。

2002 年,根据国家体育总局、教育部联合下发的《学生体质健康标准》(试行),全市中小学和驻镇高校积极创造条件,创新教学方法,上好体育课,课余训练与体育竞赛有机结合,增加实施性强的锻炼项目和运动技能项目,开展以班级为单位"达标争先"活动。2005 年,全市开展大、中、小学生体质测试,学生身体素质整体水平有所提高。

2005 年镇江市学生体质状况统计表

表 39-7

年级		样本数(个)		优秀(%)		良(%)		及格(%)		不及格(%)	
		城市	乡村	城市	乡村	城市	乡村	城市	乡村	城市	乡村
小学一年级	男生	4583	4865	4.36	8.67	46.41	51.72	37.79	31.12	11.43	8.49
	女生	4006	4547	4.94	7.35	53.69	54.78	33.95	30.37	7.71	7.50
	总体	8589	9412	4.63	8.03	49.67	53.20	36.00	30.76	9.70	8.01
小学二年级	男生	4637	5192	14.13	21.07	56.70	54.04	25.99	19.61	3.19	5.28
	女生	4127	4880	14.39	15.74	61.40	63.83	22.97	17.50	1.24	2.93
	总体	8764	10072	14.25	18.49	58.91	58.79	24.57	18.59	2.27	4.14
小学三年级	男生	4644	5108	2.54	5.52	23.77	33.75	45.74	41.82	27.95	18.91
	女生	3927	4615	6.39	10.14	49.53	52.65	36.52	30.64	7.56	6.57
	总体	8571	9723	4.31	7.71	35.57	42.72	41.51	36.51	18.61	13.05
小学四年级	男生	4891	5766	4.93	8.57	38.77	43.76	43.69	35.99	12.62	11.69
	女生	4377	4977	15.22	14.43	60.68	59.03	22.34	22.62	1.76	3.92
	总体	9268	10743	9.79	11.28	49.12	50.83	33.61	29.80	7.49	8.09
小学五年级	男生	5304	5861	1.21	2.83	21.46	31.56	48.7	43.68	28.64	21.92
	女生	4637	5528	2.24	4.67	38.95	40.41	40.8	38.46	18.01	16.46
	总体	9941	11389	1.69	3.72	29.61	35.86	45.02	41.14	23.68	19.27
小学六年级	男生	5438	6484	2.61	5.57	32.05	40.35	45.55	38.70	19.79	15.39
	女生	4765	5951	3.08	4.02	47.87	51.81	36.98	33.62	12.07	10.55
	总体	10203	12435	2.83	4.83	39.44	45.83	41.55	36.27	16.18	13.08
小学总体		55336	63774	6.11	8.79	43.37	47.55	37.28	32.48	13.24	11.18
初中一年级	男生	6054	7535	5.57	2.08	28.11	21.29	28.92	33.78	37.40	42.85
	女生	5474	6943	5.97	3.37	38.71	32.78	25.26	35.63	30.05	28.22
	总体	11528	14478	5.76	2.70	33.15	26.80	27.19	34.67	33.91	35.83
初中二年级	男生	6383	8033	5.26	2.98	49.21	37.71	18.50	30.55	27.03	28.77
	女生	5747	7215	7.97	2.90	48.86	37.53	23.94	34.22	19.23	25.35
	总体	12130	15248	6.54	2.94	49.04	37.62	21.08	32.29	23.34	27.15
初中三年级	男生	5721	8086	4.47	2.77	39.33	35.35	29.19	35.51	27.01	26.38
	女生	5035	7776	6.87	2.34	27.83	28.56	36.52	37.46	28.78	31.64
	总体	10756	15862	5.60	2.56	33.94	32.02	32.62	36.46	27.84	28.96
初中总体		34414	45588	5.98	2.73	39.00	32.24	26.73	34.5	28.28	30.54
高中一年级	男生	5939	2111	1.53	0.71	33.39	23.50	44.23	38.28	20.85	37.52
	女生	5862	1756	5.31	1.20	57.45	31.38	25.01	36.05	12.23	31.38
	总体	11801	3867	3.41	0.93	45.34	27.08	34.68	37.26	16.57	34.73

续表 39-7

年级		样本数(个)		优秀(%)		良(%)		及格(%)		不及格(%)	
		城市	乡村	城市	乡村	城市	乡村	城市	乡村	城市	乡村
高中二年级	男生	5237	1927	1.78	1.35	28.74	36.33	49.72	45.51	19.76	16.81
	女生	4862	1358	4.61	1.77	54.13	32.47	32.74	49.78	8.52	15.98
	总体	10099	3285	3.14	1.52	40.96	34.73	41.55	47.28	14.35	16.47
高中三年级	男生	5213	1649	1.13	0.91	25.07	31.29	56.38	53.31	17.42	14.49
	女生	4987	1457	3.31	2.20	53.3	40.36	35.85	41.52	7.54	15.92
	总体	10200	3106	2.20	1.51	38.87	35.54	46.34	47.78	12.59	15.16
高中总体		32100	10258	2.94	1.30	41.91	32.09	40.55	43.65	14.60	22.96
大学一年级	男生	5722	3786	1.66	0.69	32.96	37.76	60.14	48.86	5.24	12.78
	女生	3199	3049	1.38	0.10	40.45	29.65	51.61	52.51	6.56	17.74
	总体	8921	6835	1.56	0.41	35.65	34.09	57.08	50.49	5.72	15.00
大学二年级	男生	4577	3712	1.57	0.62	38.04	37.88	54.95	49.16	5.44	12.34
	女生	2844	2976	1.23	0.81	32.21	36.66	52.60	51.14	13.96	11.39
	总体	7421	6688	1.44	0.7	35.8	37.34	54.05	50.04	8.71	11.92
大学三年级	男生	3227	3369	1.64	1.01	47.72	37.43	49.15	47.88	1.49	13.68
	女生	2119	2715	1.65	0.70	49.98	39.45	47.81	47.55	0.57	12.30
	总体	5346	6084	1.65	0.87	48.62	38.33	48.62	47.73	1.12	13.07
大学四年级	男生	2332	3243	0.86	1.11	33.15	40.95	64.79	43.32	1.20	14.62
	女生	1247	2464	0.40	1.06	27.43	38.03	70.49	46.31	1.68	14.61
	总体	3579	5707	0.70	1.09	31.15	39.69	66.78	44.61	1.37	14.61
大学总体		25267	25314	1.42	0.75	37.8	37.23	55.77	48.38	5.01	13.63

第二节 职工体育

20世纪80年代后,全市机械、冶金、电子、化工、轻工、二轻、邮电、铁路、建工、建材、纺织、供电、金融等行业陆续建立行业体育协会,一些500人以上大中型企业也都建立体协,组织职工常年坚持开展广播操、工间操、开门操,球类、棋类、游泳、跑步等运动,在班组、车间、厂际、行业之间经常开展友谊赛、对抗赛,并组建代表队参加省、市职工运动会。1984年,市总工会举办全市工人运动会,设篮球、排球、足球、乒乓球等6个比赛项目,有11人破6项市纪录。同年11月,组织市代表队参加省第二届工人运动会,比赛总成绩居全省第三位。

1990年3~6月,市体委和总工会在全市开展亚运宣传教育活动,田径、棋类、球类、操类、体育知识竞赛等13项群体活动陆续在全市展开。至9月20日,全市19个系统举办的基层群体活动参加者达18.5万人次。市体委和市总工会抓好各基层单位经常性广播操活动。全市机关、工厂、商店广播操、工间操开展得有声有色。1992年,市体委协同市级机关工委举办首届市级机关运动会,将广播操列入比赛项目,1698名机关干部参加广播操比赛。同年,市总工会承担市级体育竞赛活动19项次,1400多人参赛。全市基层职工运动队1623个,运动员15061人,经常参加体育锻炼的人数达12.6万人，占职工总数31.64%。1993年，举办镇江市第十届运动会。职工部设象棋、乒乓球、篮球、足球等6个项目，全市85个职工代表队711名运动员参赛。1995年，镇江市举办首届体育节。其间，各级机关、各行业系统4000余人参加广播操大汇演。

1997年，市体委与总工会联合发文，积极推广第八套广播体操。市体委连续举办6期领操员培训班，培训150余人。同年，全市举办新广播操表演赛，5000多名职工参加。丹阳市导墅镇、扬中市供电局常年开展广播操、工间操活动，受到省体委表彰。1998年，市总工会组团参加江苏省第十四届运动会，并承办职工部象棋比赛，全市22支代表队66名选手参赛。苏州市、省公安厅、扬中市代表队分获团体前三名，该项目个人比赛的金、银、铜牌分别被徐建秒、童本平(镇江籍)、项阳红夺得。1999年5～10月，镇江市举办第十一届运动会。职工部设篮球、乒乓球、羽毛球、桥牌、象棋、围棋、健美操7项比赛，这次运动会是项目设置最全、参赛人数最多的一次职工体育盛会。

2000年9月，市总工会、市级机关工委共同主办市级机关第三届运动会，设象棋、拔河、乒乓球等12个项目比赛，2000多人参加。2004年，镇江市举办第十二届运动会。市总工会承办乒乓球比赛，大会组委会授予市总工会“最佳赛区”和优秀组织奖。2005年1月，市总工会组织机关干部和基层厂矿单位21个职工方阵，参加全市迎新年万人健身长跑活动。同年，市总工会举办“海德杯”镇江市职工足球比赛。

随着民营、中外合资、外资企业工会组织建立，这些企业体育协会也纷纷建立。职工体协以贴近生产、贴近班组为主，开展多种形式群体活动和竞赛活动，一些大中型企业成立篮球、排球、乒乓球、羽毛球等单项体协。市体育局鼓励和扶持各厂矿企业建立以健身俱乐部为主要形式的职工群体组织。至2005年，全市80%行业、系统建立体协或俱乐部。

第三节　农村体育

农村体育是群众体育最主要的组成部分，尤其民间传统体育在农村历史悠久。随着新农村建设和农民生活水平的提高，农村体育活动十分活跃。一些地方特色的体育项目，如丹阳的篮球、扬中的自行车、句容的武术都得到进一步发展。

一、体育先进县(乡镇)创建

1985年，国家体委颁布全国体育先进县标准。1986年，省体委颁布江苏省体育先进乡镇标准。镇江市在全市农村开展创建活动，农村群众性体育活动开展更加活跃。

1987年，丹阳市成为首批全国体育先进县。1988年和1991年，全市先后两批共有11个乡镇进入省级体育先进乡镇行列。1991年10月，镇江市第一届农民体育协会成立。1994年，全市农村以争创“全国体育先进县”为动力，重点抓好富裕乡镇的群众体育工作。丹阳市承办全国全省农民篮球、乒乓球、棋类比赛。句容市、扬中市争创体育先进县，做到软件不停步，硬件分步实施。丹徒县举办历史上规模最大运动会，全面推动全县农村体育发展。1999年，全市有11个乡镇通过体育先进乡镇验收。

2002年，镇江市积极开展城乡全民健身服务体系“八个一工程”(建立一个健身组织网络，每年举办一次全民健身周活动，建设一个全民健身工程(点)，建设一批晨(晚)练健身点，建设一支社会体育指导员队伍，建设一个国民体质测定站，每年进行一次系列科学健身讲座，形成一个特色体育项目)试点工作。扬中市新坝镇先后举办10项次全镇全民健身活动。句容市东昌镇举办镇首届运动会。同年，扬中新坝镇被国家体育总局评为先进单位。2003年，市体育局投资300万元，新建国家级全民健身工程2个。丹阳市里庄镇自筹资金100万元建成全国首家篮球公园。扬中市新坝镇、丹阳市云阳镇在省全民健身服务体系建设评比中被评为先进单位。扬中市三茅镇、八桥镇、兴隆镇、丹徒区高资镇被评为市级先进单位。

2004年6月12日，镇江市全民健身周开幕式暨“迎十运体育下乡”活动启动仪式在句容茅山老区举行，掀起新一轮农民健身热潮。在启动仪式上，举办国民体质监测、健身咨询讲座、群众健身表演；中国象棋特级大师徐天红应邀在现场与老区农民切磋棋艺；市体育局向茅山老区赠送篮球、乒乓球、羽毛球拍等体育器材和科学健身图书。至2004年底，全市有5个乡镇被评为全国亿万农民健身活动先进乡镇，18个乡镇被评为江苏省亿万农民健身活动先进乡镇。

2005年，为迎接全国第十届运动会在江苏举行，镇江作为分赛区，全市农村开展一系列全民健身活动。丹阳市开展百村千队万人篮球赛，句容市组织万人登茅山，扬中市举行环城火炬接力赛，丹徒区组织万人长跑活动，新区组织“大港风光带健身走”活动，润州区组织武术精英争霸赛。

至2005年底，全市47个乡镇573个行政村建有“万村体育健身工程”，其中二类以上场地208个，占36.7%。农村各种类型体育指导员1972人，晨(晚)练点711个。全市90%以上乡镇成立农民体协，农村各类体育活动呈现空前活跃、蓬勃发展新局面。

镇江市获全国“亿万农民健身活动”先进乡镇称号一览表

表39-8

地区	第三批1996年	第四批1998年	第五批2000年	第六批2002年	第七批2004年
丹阳市	-	陵口镇	-	-	-
扬中市	新坝镇	-	西来桥镇	-	三茅镇
丹徒区	-	-	-	荣炳镇	

镇江市获江苏省“亿万农民健身活动”先进乡镇称号一览表

表39-9

地区	第一批1992年	第三批1996年	第四批1998年	第五批2000年	第六批2002年	第七批2004年
丹阳市	珥陵镇	访仙镇	陵口镇	-	界牌镇	皇塘镇
扬中市	-	新坝镇	兴隆镇	西来桥镇	八桥镇	三茅镇
句容市	下蜀镇	东昌镇	陈武镇	天王镇	-	-
丹徒区	-	-	-	-	荣炳镇	高资镇、宝堰镇
润州区	-	-	-	七里镇	-	-

二、参加省、市体育运动会

1988年4月21～23日，由市体委、农业局等14个单位主办，扬中县政府承办，镇江市第一届农民运动会在扬中举行。192名运动员参加田径、自行车、围棋等7个项目角逐。

1991年10月29～31日，由市体委、农口各部门15个单位主办，镇江市第二届农民运动会在市体育场举行，设田径、篮球、乒乓球、游泳、中国式摔跤、象棋、自行车、太极拳、民兵军事三项等项目，参赛运动员326名。丹阳男女篮球队、田径队，润州中国象棋队，句容武术队的成绩列各比赛项目之首。

1992年5月10～13日，江苏省第二届农民运动会在徐州举行。镇江代表团由61人组成，副市长陈文湘任团长。在9个项目角逐中，镇江代表团获3金2银，其中扬中女队获自行车女子团体总分第一，丹阳队获男女篮球冠军，丹阳、丹徒联合组队获男女乒乓球总分第二名，扬中队获男子自行车总分第二名。镇江市代表团获体育道德风尚奖。

1996 年 5 月，江苏省第三届农民运动会在金坛举行。镇江市代表团参加 7 个项目的角逐，获优秀组织奖，2 支队伍和 8 名运动员获体育道德风尚奖。有 5 个项目 31 人获前 6 名，其中扬中大圣舞龙队获规定动作第一名，自选动作和团体总分第二名；自行车队夺得个人项目 2 枚金牌和团体总分第三名。

2000 年 5 月 5 ~ 11 日，江苏省第四届农民运动会在扬州举行。由 260 名运动员、教练员组成的镇江市代表团，参加田径、武术、军事三项等 12 个项目比赛，是镇江市参加省农运会人数最多、项目最全的一次，获 6 金 25 银 23 铜，并获优秀组织奖。

2003 年 8 月，江苏省健身秧歌比赛在连云港举行。全省 13 个市 19 支代表队参加老、中、青三个组别角逐，镇江派出两支队伍参赛。扬中新坝镇代表队获中年组第一名。

2004 年 5 月，江苏省第五届农民运动会在淮安举行。镇江代表团参加所有 9 个项目比赛，获 5 金 7 银 9 铜，并获优秀组织一等奖。同年，丹阳市云林中心小学花毽队代表江苏省参加全国第五届农民运动会，获男子个人花毽冠军。

第四节　社区体育

随着经济发展和人民生活水平提高，城市街道居委会群众参加体育锻炼的积极性空前高涨，体育活动进入千家万户，镇江市社区体育呈现出可喜局面。

一、社区体育活动

1990 年，镇江市各级体育部门落实国家体委《关于大力推动城市社区体育运动的通知》，加大开展社区体育活动的力度，经常组织送体育进社区等形式多样的体育活动。

1993 年，以“申办奥运”为契机，以小型体育竞赛和群体活动为载体，在社区掀起全民健身热潮，跑步、健步走、太极拳(剑)、气功、羽毛球、乒乓球、健身操、体育舞蹈、象棋等成为社区最常见的体育活动项目。

1999 年 5 月 8 日，京口区四牌楼街道首届社区运动会在江滨小学开幕，四牌楼街道下辖 7 家单位及 21 个居委会近 300 人参加。比赛项目充分体现社区体育活动特色，有象棋、拔河、60 米短跑等竞技性强的项目，也有家庭组合三人赛、保龄球、一分钟投篮等趣味性较强的项目。

2002 年，由市政府主办，市体育局、市体育总会承办的镇江市首届社区运动会历时 3 个月，于 7 月 13 日结束。运动会设 10 个项目，参赛市民来自全市各行业近 2000 人，观众逾万人。全市 8 个街道和新区全部组团参加，大秧歌、门球、木兰扇(剑)、乒乓球、中国象棋、广播操、拔河、健身操、扑克牌等项目集群众性、趣味性、知识性、竞赛性于一体，深受广大市民欢迎。同年，四牌楼街道被评为江苏省体育进社区实验街道；健康路、和平路街道被评为省群众体育先进单位。至 2005 年，四牌楼街道连续举行四届社区运动会，对全市社区体育起到很大促进作用。

二、《全民健身计划纲要》实施

1995 年 6 月，国务院颁布《全民健身计划纲要》，市体委制订《镇江市实施〈全民健身计划纲要〉方案》，组织全市社区居民广泛开展全民健身系列活动：举办为期 8 个月的体育节；召开纪念毛泽东“发展体育运动，增强人民体质”题词 43 周年和全民健身在镇江座谈会；50 多名体育工作者走上街头宣传新中国成立以来第一部体育法，散发近 4000 份体育法宣传提纲。1996 年始，镇江市实施社会体育指导员制度，组织和带领群众积极参加健身活动；指导群众科学健身，提高

图 39-4　2002 年,镇江市首届社区运动会

健身效果。

大力提倡全民健身活动,全市晨(晚)练点进一步增多。市体育局对各晨(晚)练点加强管理,派出社会体育指导员到各点指导开展体育锻炼活动。1997 年 6 月,举办全民健身宣传周,组织多种形式群体活动。市体委在健康路开展晨练一条街活动,300 余名晨练爱好者云集健康路集中演练,分别组织拳、功、操、舞等各具特色活动;举办“商业城杯”千人太极拳表演赛、“迎回归”千人象棋赛等,10 天时间,两万多人参与。《中国体育报》以《高潮迭起、好戏连台》专题报道镇江市全民健身宣传周活动。市体委和市文联组织镇江市专业和业余画家用画笔展示运动之美,举办镇江市首届体育美术作品展览,并有 16 幅作品入选省美术作品展览,其中《赛牦牛》《绿茵场外》分获银奖和铜奖。同年 12 月,市体委获国家体委授予的全民健身宣传周优秀组织奖。

2000 年,全市继续深入贯彻《全民健身计划纲要》,举办第 6 个全民健身宣传周,其间举办 28 项次比赛,4500 多人参与。同年 12 月,市体委再次获国家体育总局授予的全民健身宣传周优秀组织奖。

2002 年,在全市各辖市(区)进行全民健身服务系统“八个一工程”试点,6 个试点单位是:京口区四牌楼街道、润州区七里甸镇、丹徒区高资镇、丹阳市云阳镇、句容市东昌镇、扬中市新坝镇。同年 11 月,市政府组织各辖市(区)文体局领导参观试点单位,并在扬中市召开经验交流会,全面促进全市“八个一工程”建设。

2003 年,全市坚持活动与建设并举,突出抓好群众身边场地、身边组织和身边活动,全面推进城乡“八个一工程”建设。通过预防“非典”,市民健身热情高涨。扬中市新坝镇、京口区四牌楼街道和丹阳市云阳镇被省体育局评为全民健身服务体系“八个一工程”先进单位。同年 12 月,市体育局分别获国家体育总局授予的全民健身周优秀组织奖和省体育局授予的 2002 ~ 2003 年全民健身体系“八个一工程”优秀组织奖。

2004 年,全市开展系列健身活动。市区开展 10 万人健步走活动;京口区四牌楼、健康路、大市口街道分别举办社区运动会;中华路小学、七里甸小学开展“小手拉大手、健康手拉手”生动活泼的健身活动;丹徒区举行大型广场体育表演;扬中市开展国民体质测试。同年,市体育局获江苏省全民健身宣传周暨第二个全民健身日活动优秀组织奖。

2005 年,大市口城市客厅晨练点受到国家体育总局表彰。至年底,全市有晨(晚)练点 788 个。至 2005 年,全市共举办培训班 1520 期,培训各级体育骨干 7. 6 万人,其中被批准授予技术等级的社会体育指导员 2834 人(国家级 10 人、一级 68 人、二级 1025 人、三级 1731 人)。全市有 5 名社会体育指导员受到国家体育总局表彰,12 名社会体育指导员受到省体育局表彰。全市社会体育指导员人数与人口之比为每万人中拥有 10 人,达到创建全国文明城市要求。

图 39-5　镇江市全民健身周期间群体活动(2004～2005 年摄)

三、全民健身工程点建设

根据《全民健身计划纲要》,市体育局把建设全民健身工程点作为一项重要工作,列入年度工作计划。全民健身工程点数量不断增多,为社区居民提供良好健身条件。

1998 年,国家、省、市三级体委投资 16 万元在古城公园兴建全民健身工程,由两片门球场、两套儿童综合健身器材、一条健身路径(单、双杠、肋木、梅花桩、滚筒等)及乒乓球房组成。1999 年,投资 40 多万元,在江滨新村、古运河风光带建成门球场 1 片、羽毛球场 1 片、1000 平方米健身广场 1 片、成人健身路径两条、室内健身房 1 座。

2000 年,国家、省、市体委投资 110 万元,全市建成 5 个全民健身工程、7 个工程点。其中新区港中新村工程(点)建成精品工程,受到省体育局验收小组和广大市民好评。2001 年,全市新增 3 个健身工程、9 个工程点,分别建于高资镇花园小区、丹阳市新桥镇、句容市梅花小区、扬中市体育中心、市区谷阳新村等,总投资 150 万元,其中 80% 来自体育彩票公益金。在建设健身工程中,针对老城区居住密集实际情况,采取化整为零,分散安装器材,方便群众健身。全市 62% 的城市社区建有全民健身工程(点)。

2005 年,新建全民健身工程 2 个、工程点 38 个。至年底,全市有全民健身工程 22 个、工程点

203 个，其中室内外场地 40 余片，健身路径器材 200 多套、3000 件，扩大群众健身场所面积 30 多万平方米，累计投入 1000 多万元。

第五节　残疾人体育

中共十一届三中全会以后，全市各级党委、政府高度重视残疾人事业，关心残疾人身心健康，积极组织残疾人开展体育锻炼，努力提高残疾人健康水平，为更多残疾人平等地参与社会生活奠定基础。镇江市残疾人运动员不畏艰难，顽强拼搏，在国际、国内残疾人运动会上取得优秀成绩。

1993 年，全国第三届残疾人运动会在广州举行。赵斌夺得标枪、铁饼、铅球 3 块金牌，并破 1 项 A3A9 级铅球世界纪录，被评为全国十佳运动员。1994 年 9 月，第六届远东及南太平洋地区残疾人运动会在北京举行。赵斌获铁饼、铅球金牌和标枪铜牌；运动员张志强获 50 米自由泳和 100 米蛙泳两枚银牌、100 米自由泳铜牌。1997 年，国际残疾人综合锦标赛在澳大利亚悉尼举行，赵斌以 33.52 米获男子 A3 级标枪第一名，并获铁饼、铅球第二名，成绩分别为 30.70 米和 10.57 米。1998 年，昆明举行全国残疾人运动会暨远南残疾人运动会选拔赛，赵斌获铅球金牌，张志强获 50 米自由泳银牌。1999 年，在第七届远东及南太平洋地区残疾人运动会上，赵斌获 F18 铅球、铁饼第一名，标枪第二名；张志强获 400 米、100 米自由泳两枚银牌和 200 米自由泳铜牌。同年，省政府给赵斌记一等功 1 次。

2000 年，镇江残疾人体育协会成立，残疾人体育活动迅速发展。镇江特教学校（原聋哑学校）各个年级每周开设 2 ~ 3 节体育课，配有专职体育教师和各种适合残疾儿童锻炼的运动器材；每天坚持 1 ~ 2 小时课外体育活动，因人制宜在校内开展小型体育竞赛和群体活动，使残疾学生在德、智、体方面全面发展。在社会上依托全市社区残疾人协会和福利企业开展健残融合、形式多样的体育活动。同年，第十一届残奥会在澳大利亚悉尼举行。张志强获男子 S6 级 400 米自由泳银牌，省政府给张志强记二等功 1 次。同年，第五届全国残疾人运动会在上海举行，赵斌获 1 枚金牌（铅球）、1 枚铜牌（铁饼）。张志强获 3 枚银牌（50 米、100 米、400 米自由泳）。

2001 年 9 月，举办镇江市首届残疾人运动会。各辖市（区）6 支代表队 150 多名残疾人运动员，参加田径、举重、游泳、乒乓球 4 个大项和 9 个小项角逐。扬中市、句容市、丹阳市分获前三名。同年，全国残疾人运动会暨远南残疾人运动会选拔赛在昆明举行。运动员张志强获 S6 级 100 米、400 米自由泳两枚金牌，并获参加“远南”运动会资格。

2002 年，世界残疾人游泳锦标赛在阿根廷举行，张志强获 400 米自由泳金牌。2003 年，第六届全国残疾人运动会在南京举行，张志强、许娟、冷丽红等 7 人参赛，获 1 枚金牌、3 枚银牌、3 枚铜牌。2004 年，举办镇江市第二届残疾人运动会。

第六节　民间传统体育

镇江民间传统体育历史悠久，种类繁多。随着历史的变迁，有的项目已湮没，但有的项目由于简便易行，仍有广泛的群众基础，流传至今。

一、舞龙灯

镇江在春节、元宵节、庙会和其它喜庆活动中，有舞龙灯助兴的习俗。镇江近郊三山、上党、辛丰一带龙灯较为盛行。镇江龙灯始终讲究“圆熟”，龙体节间不出现棱角，用白布作套，布筒上印有图案。舞龙者以肩、臀、足跟抵地前进，远看好似一条巨龙。春节、元宵节期间，农民舞龙队常到金山公园、大市口城市客厅广场进行表演。

图 39-6 镇江市农民舞龙队在表演(2004 年摄)

二、放风筝

镇江有放风筝民俗，男女老少十分喜爱。每到春季，江边、南山等空旷地带都可见到风筝放飞。种类繁多，一般造型多取决于飞禽走兽，制作工艺精巧，风筝上的绘画图案逼真。

1995 年 4 月 25 日，镇江市首届体育节，在大东滩举办风筝比赛，34 人 49 只风筝参加 6 类 14 项竞赛。参赛的 8 条龙中，最长 80 米，为七里甸镇政府季生保制作。剪子巷幼儿园的风筝别出心裁，洁白的风筝上画了两个小朋友和“1997”字样，题名“盼回归”。丹阳草埝小学的 12 只精心扎制的风筝，其中 5 只蝙蝠组成“五福临门”，还有会眨眼睛的“老虎”和高达两米的“万善塔”等。丹阳队、润州区一队分获团体冠亚军。

三、跳绳

跳绳是一种简便易行的强身健体锻炼方法，也是学校开展“冬锻三项”中的一项主要项目，每年冬季学校跳绳活动开展得轰轰烈烈，班级、年级之间举办团体赛、个人赛。许多中、老年市民也坚持跳绳活动。

四、踢毽子

踢毽子在镇江民间流传甚广，是中小学“冬锻三项”活动内容之一。冬季少年儿童常三五成群地相聚在一起踢毽子取乐、取暖。丹阳市云林镇堪称“花毽之乡”，全镇踢毽了盛行，花样多，技艺娴熟，镇花毽队多次代表市、省参加全省、全国踢毽比赛，取得优秀成绩。1994 年，丹阳云林中心小学花毽队 6 名运动员代表江苏省参加在武汉举行的全国花毽邀请赛，囊括学生组个人全能单踢(盘踢 3 分钟、膝盖踢 2 分钟、跳踢 1 分钟)前 5 名，其中赵玮玮、耿枫分获个人全能单踢冠亚军。1995 年 8 月，全国花毽邀请赛在北京举行，丹阳云林中心小学花毽队 6 名运动员参赛。在 3 分钟盘踢、2 分钟磕踢、1 分钟跳踢三项比赛中，赵玮玮获冠军，前 6 名除第 4 名外全被囊括。史燕萍等 4 人参加集体自选动作花样踢法，以“飞燕、上面、拉弧、过肩”等 20 多种花样，获自选动作第一名。

五、拔河

拔河是群众十分喜爱的运动项目，体现双方集体的力量，可增强职工凝聚力。在历届市级职工、农民、机关运动会上，均将拔河列为比赛项目。

六、放信鸽

镇江信鸽爱好者甚多。1966 年，镇江市成立信鸽协会。2005 年，有会员 300 余人。信鸽协会每年组织会员开展放飞活动，放飞最远距离 2500 公里(至新疆哈密)，并组织会员参加省、全国竞飞活动。镇江重大节庆活动和大型体育赛事上常举行信鸽放飞活动。

七、游泳(冬泳)

长江与京杭大运河在镇江交汇,形成十字水系,市内河渠纵横,为开展游泳活动提供优越条件。农村青少年普遍会游泳,夏季城区各游泳池常爆满。镇江游泳人才辈出,在历次省、全国游泳比赛中都取得优秀成绩。后冬泳在镇江兴起,并成立冬泳俱乐部。坚持冬泳的男女老幼都有,年龄最大的70多岁,最小的10多岁。2005年,市区坚持冬泳的有1000余人。

八、武术

1982年,镇江市成立武术协会,并设立辅导站向广大群众传授技艺。之后,镇江民间武术得到进一步继承和发展,尤以太极拳(剑)广泛流行,城乡各晨(晚)练点每天都可见到许多中老年人在练太极拳(剑)。镇江流传的太极拳主要为陈氏、杨氏24式、42式简化太极拳,动作轻灵,上下相随、平和舒缓,深受广大群众喜爱。此外,也有少数人练少林拳、南拳、花拳等。镇江武林高手在历届江苏省武术竞赛中取得可喜成绩。

九、气功

20世纪80~90年代,镇江出现"气功热",广大群众参加气功锻炼的活动迅速开展。镇江市区传授的功法主要有鹤翔庄气功、香功、大雁功、郭林新气功、空劲功等。1997年,镇江成立市气功协会,市区设有10余个辅导站,辅导员200余人,培训学员万余人。1999年,市体育行政部门加强对气功活动的管理,对气功辅导站清理整顿,全市气功活动健康发展。

2003年,国家体育总局气功管理中心在全国9个省、市试行推广健身气功新功法(易筋经、五禽戏、六字诀、八段锦,简称五六八工程),江苏省是试行省份之一。镇江市区体育场、黄鹤山、火车站、古城公园4个健身气功活动站,有300余人坚持练气功。2004年12月,市体育场健身气功活动站被国家体育总局评为先进站点。

十、钓鱼

随着全市离退休人员增加,个人从事钓鱼活动十分活跃。1984年,镇江成立市钓鱼协会。钓鱼协会成立后,组织会员开展钓鱼技艺交流,举办多种形式钓鱼竞赛。

十一、登山活动

镇江素有"城市山林"之称,市区海拔20~40米的山岭有50余座,海拔40米以上的山体有30余座。城市居民开展登山活动条件有利,市区许多离退休老人每天早晨有登山锻炼习惯。每年重阳节,市老年体协都组织数千名中老年人开展登山活动。镇江东郊圌山滨江而立,山势险峻,海拔258米。大港、大路、姚桥一带的农民把清明节后一天称"黄明节",有踏青登圌山习俗,每年这天有上万男女老少爬圌山。

十二、长跑活动

长跑在镇江有广泛的群众基础,许多市民有长跑锻炼习惯。每年冬季,工厂、学校、部队、机关都有组织地开展长跑活动。1986年起,市体委联合有关单位举办全市元旦或春季大型长跑活动,是每年规模最大的一次群体活动,成为全市传统体育项目。

第三章　竞技体育

镇江竞技体育有较好群众基础，以培养和输送体育后备人才为宗旨，发展训练网络，加强体育中学和运动队培训工作。1983 年后，全市向省优秀运动队或部队体工队输送优秀运动员 136 名，选手中获奥运会奖牌 4 人次、世界冠军 4 人次、亚洲冠军 7 人次。1988 年后，镇江先后被命名为全国重点乒乓球城市、全国象棋之乡、全国篮球城市。

第一节　运动训练

一、训练体制

1. 业余训练　坚持“两严”(严格训练，严格要求)方针和“三从一大”(从难、从严、从实战需要出发，大运动量训练)原则，各个项目配齐教练员，制定系统训练计划，提倡科学训练，重视对运动员心理素质培养。对各基层学校和企事业单位涌现出的体育苗子和人才，一般每天课余、工余时间训练，或每周到市体育场集中训练 2～3 次，并利用寒暑假集中训练。市体委还与学校以联办形式，短期集中训练运动员。对有培养前途的学生，一般推荐到市体育中心业余学校，实行走训，由教练集中训练。

1985 年，全市业余训练人数 541 人。同年，经市政府批准成立市体育中学(南徐中学)，面向全市招收小学毕业生，学制三年，培养具有初中文化程度又具有一定体育特长的体育后备人才。学校隶属市教育局，体育培训工作由市体委负责。体校学生实行“双重学籍”，既可在体校直接毕业升学，不宜继续训练的学生又可调整回原校继续学习。

1987 年 9 月，经江苏省人民政府批准，成立镇江市体育运动学校。1992 年，经市政府批准成立镇江市乒乓球运动学校。乒校成立后，成为国家高水平人才后备基地，先后有 10 人入选国家队和中国香港队。乒校有教练 5 名，其中高级教练 2 名，学员以镇江市中小学生走训为主，也有少量外地学员，平时保持 40 人左右训练规模。1992 年，镇江市有业余体校 5 所，其中市属 1 所，4 县(市)各 1 所；业余训练人数 1450 人，训练项目有田径、游泳、举重、排球、乒乓球、羽毛球、中国象棋等 18 个。

1996 年，制定《镇江市体育竞赛评比办法》。1998 年，制定《镇江市业余运动员竞赛注册管理办法》《镇江市各运动项目评选优秀苗子标准》。同年，经省教委、省体委批准，正式命名南徐中学为江苏省培养足球后备人才重点学校。2003 年，制定《镇江市体育人才奖励办法》《镇江市辖市(区)新增业余训练项目资助办法》。

2005 年，全市业余训练项目新增棒球、手球、散手、艺术体操，参训人数 1100 人。

2. 专业队训练　1984 年 5 月，成立镇江射箭优秀运动队(省队市办)。将有培养前途的运动员集中到运动队学习、训练、生活，配备专职教练员，制定系统训练计划，因人制宜采用不同训练方法，提高运动水平。在教练赵志香培训下，运动队涌现一批优秀射箭运动员，其中 4 名达到国际级运动健将标准，5 名达到国家级运动健将标准。1984～1990 年期间，陆莹华(女)4 次获全国射箭冠军；1990 年在第十一届亚洲射箭锦标赛上获团体第三名。1998 年 10 月，射箭优秀运动队停办。

二、全国重点乒乓球城市

1988 年 3 月，国家体委批准镇江市为全国重点乒乓球城市。1997 年 11 月，国家体委授匾镇江为“全国重点乒乓球单位”。

镇江乒乓球手多次在省内外、国内外大赛中获得好成绩，先后有 9 人入选国家一队或二队，1 人入选中国香港队，另有近 40 人入选省乒乓球队（含省少年体校队）。

镇江乒乓外事活动频繁，曾承办中日、中朝、中法、中芬、中古（古巴）、中苏、中捷等双边友谊赛，多次组队赴日友好城市（津市）进行友谊赛，两次组成“镇江 – 津市”联队赴北京参加中日友好城市乒乓球友谊赛。

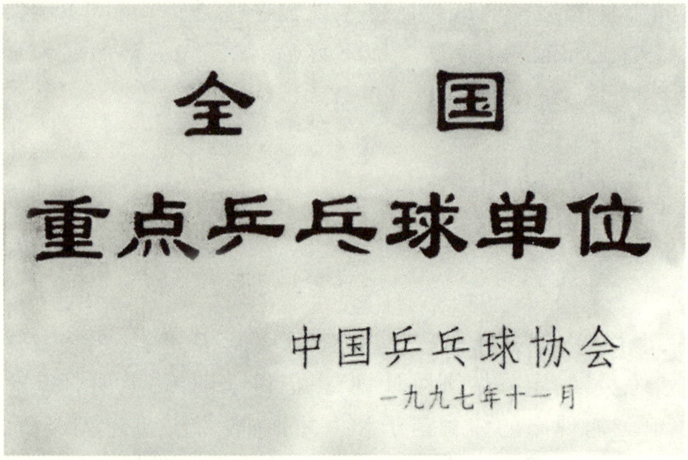

图 39-7　全国重点乒乓球单位奖牌（2005 年摄）

2005 年 1 月，市八叉巷小学被国家体育总局确定为全国重点乒乓球单位之一，授“全国重点乒乓小学”称号。同年 3 月，镇江市乒乓球运动学校被国家体育总局命名为国家高水平体育后备人才基地。至 2005 年底，镇江籍选手在国内外各项比赛中获 150 多个冠军、90 多个亚军、90 多个季军。

三、全国象棋之乡

镇江每年学习象棋的中、小学生都保持在 5 万人以上，培养出象棋国际特级大师张国风，象棋大师李群、童本平、廖二平等中国棋坛高手。1997 年，市区建成高 7 层总面积 1450 平方米的棋院大楼，为棋类爱好者提供良好训练比赛场所。1999 年，国家体育总局授予镇江市“全国象棋之乡”称号，在全国地级市中是第一家，镇江由此获得单独组队参加全国性象棋比赛资格。2003 年 8 月，成立镇江棋院。

图 39-8　2003 年，镇江市承办全国少年象棋比赛

四、全国篮球城市

2000 年 12 月，丹阳市被国家体育总局首批命名为全国篮球城市。丹阳市各个行政村都建有标准的水泥篮球场，丹阳每年都举办“百村千队万人”篮球系列赛及全市中小学生篮球赛，赛事达 2000 多场次，并多次承办全国、国际重要篮球赛事。丹阳篮球运动具有较高水平，2000 年，获全国篮球城市青少年篮球赛（男子）第三名；2002 年，获世界华人篮球邀请赛男子中年组第二名；2004 年，获世界华人篮球邀请赛女子组“45”年龄段冠军；连续四次获江苏省小学生篮球赛冠军，并向江苏省、镇江市培养和输送多名优秀篮球后备人才。

五、体育科研

2005 年 12 月 8 日，镇江市体育科学研究所成立，前身是 1992 年成立的镇江市选才领导小组。2005 年，初步建立运动生理、运动生化、运动康复等数个实验室和国民体育监测中心。体科所积极参与基层选才，对运动员形态机能测试、骨龄检测 2000 余人次，完成血尿常规测试等训练监控 1800 余人次；完成省级课题《扬中市新坝镇农民健身指导站的建立及运行研究》；每年进行万人体质测试活动，指导市民科学健身，为政府决策提供依据。

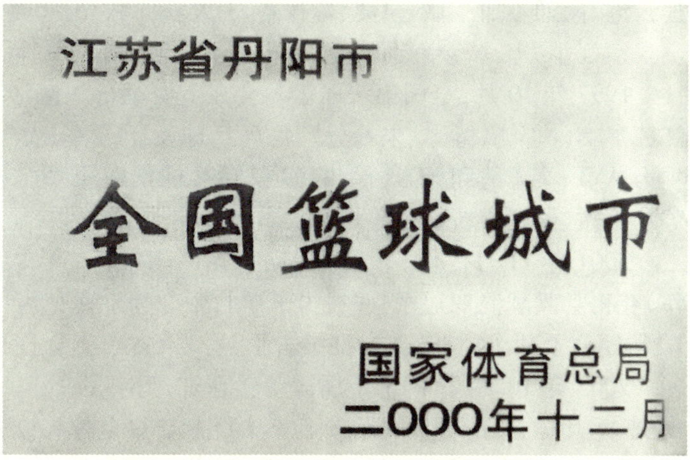

图 39-9　全国篮球城市奖牌(2005 年摄)

第二节　参加省级以上运动会

一、参加江苏省运动会

1990 年 4 ~ 9 月，江苏省第 12 届运动会在南京等地举行。镇江代表团 292 名运动员参加 25 个比赛项目中的 15 个项目的角逐，获金牌 20 枚、银牌 23 枚、铜牌 24 枚，6 人两队破省纪录。市乒乓球队获团体总分和金牌数两个第一。

1994 年 1 ~ 9 月，江苏省第 13 届运动会在无锡等地举行。镇江代表团由教练员、运动员和工作人员 339 人组成。本届运动会设 25 个项目，镇江市参加 14 个项目的角逐，夺得 12 枚金牌、20 枚银牌、18 枚铜牌，总分 493 分。

1998 年 4 ~ 9 月，江苏省第 14 届运动会在南京等地举行。镇江市代表团 160 名运动员参加 9 个项目的角逐，青少年组比赛实现金牌数、总分和获体育道德风尚奖的队数全面超上届。市乒乓球队夺得乒乓球项目全部 14 枚金牌中的 9 枚及 5 枚银牌和 4 枚铜牌，总分 157 分，金牌总数和团体总分列全省第一。

2002 年 5 ~ 10 月，江苏省第 15 届运动会在苏州等地举行。镇江代表团组队参加田径、游泳、排球、足球、乒乓球、羽毛球、网球、射击、射箭、武术、柔道、击剑、举重等 13 个项目的比赛，获金牌 17 枚、银牌 13 枚、铜牌 22 枚，总分 622 分，3 人 5 次打破省田径纪录。

二、参加全国运动会

1991 年 9 月，全国第二届城市运动会在河北唐山举行。应国家体委特邀，镇江首次独立组团参加第二届城运会乒乓球、击剑、射箭 3 个项目比赛。镇江代表团由 35 人组成，其中运动员 20 人。镇江女子击剑队获重剑团体第五名，梁琴获个人第二名；乒乓球队双双进入男女团体第四名，成为乒乓球参赛城市唯一双双进入前六名的城市。在全国 55 个特邀城市中镇江成绩列第 15 位。

1993 年 9 月，全国第七届运动会在北京、成都、秦皇岛 3 个赛区举行。镇江 11 名运动员参加田径、乒乓球、篮球、击剑、射箭项目比赛。镇江籍选手邬娜与队友李菊合作登上乒乓球女双冠军宝座。镇江籍选手梁琴作为省女子击剑队主力队员和队友顽强拼搏，夺得女子重剑团体冠军。

1995 年 10 月，全国第三届城市运动会在南京举行。5 名镇江籍 20 岁以下选手分别代表南京、连云港、南通参加三城会乒乓球比赛,3 人获 5 枚金牌。秦志戬继在男团中夺魁后,又在混双中披金。镇江承办三城会射箭比赛,取得圆满成功,被国家体委评为 1995 年度全国体育竞赛优秀赛区。

1997 年 10 月,全国第八届运动会在上海举行。镇江籍选手邬娜、梁琴等 5 名优秀运动员代表江苏参赛。邬娜、梁琴、朱峰分别是乒乓球女团冠军、女子重剑团体冠军、男子羽毛球团体冠军的主力队员,秦志戬和杨影(徐州籍)获乒乓球混双冠军。省体委给邬娜、梁琴、秦志戬、朱峰各记二等功 1 次,给王伟新记三等功 1 次。

2001 年 11 月,全国第九届运动会在广州举行。代表江苏参赛的镇江籍选手秦志戬与杨影合作,夺得乒乓球混双冠军,并在男子单打中夺得亚军,为江苏夺得 1 金 1 银,省体育局给他记二等功 1 次,团省委授予"江苏新长征突击手"称号,省总工会授予江苏省五一劳动奖章。

2005 年 10 月,全国第十届运动会在江苏南京举行。镇江籍 16 名选手参加 8 个大项比赛,在击剑、乒乓球、射击、排球、跆拳道等项目上夺得金牌 6 枚、银牌 2 枚、铜牌 1 枚。其中王伟新获男子重剑团体和个人冠军,梁琴获女子重剑团体冠军,朱峰获男子羽毛球团体冠军,殷雯获女子射击 10 米气步枪冠军。

三、参加亚洲、世界运动会和锦标赛

1990 年 9 月 22 日～10 月 7 日,第 11 届亚运会在北京举行。镇江籍选手梁琴与队友夺得女子重剑团体金牌,并获个人第三名。市委、市政府分别向梁琴及启蒙教练颁发奖金,团市委授予梁琴"镇江市新长征突击手"称号,市妇联授予梁琴镇江市三八红旗手称号。

1992 年 7 月 24 日～8 月 9 日,第 25 届奥运会在西班牙巴塞罗那举行。丹阳籍选手甄文华参加奥运会铅球项目比赛,名列第 12,成为镇江市继女篮运动员张月琴之后参加奥运会的第二人。

1992 年 11 月,第 11 届亚洲乒乓球锦标赛在印度新德里举行。镇江籍选手邬娜与队友刘国梁合作获混双冠军和女团亚军,并获女单亚军。

1995 年 5 月 1 日～14 日,第 43 届世乒赛在天津举行。邬娜与队友合作获女子双打季军。同年,亚洲象棋锦标赛在新加坡举行,张国凤夺得女子组冠军,晋升为国际特级象棋大师。

1997 年 4 月 25 日～5 月 6 日,第 44 届世乒赛在英国曼彻斯特举行,镇江籍选手邬娜夺得混双冠军、女单季军、女双第五名。

1999 年 8 月,第 45 届世界乒乓球锦标赛在荷兰举行。镇江籍选手秦志戬和杨影合作获混双第三名。

2000 年 9 月,第 27 届奥林匹克运动会在澳大利亚悉尼举行。镇江籍选手梁琴与队友合作夺得女子重剑团体第三名。梁琴被省政府记一等功 1 次,被团省委授予江苏省新长征突击手称号,被省妇联授予江苏省三八红旗手称号。

2001 年 5 月,第 46 届世乒赛在日本大阪举行。镇江籍选手秦志戬和杨影合作夺得混双冠军。同年 9 月,第九届亚洲国际象棋锦标赛在印度新德里举行。镇江籍选手李若凡夺得女子组桂冠,并获得参加 2002 年 11 月在莫斯科举办的世界国际象棋个人赛资格。

2002 年 12 月,第 12 届亚洲象棋锦标赛在马来西亚吉隆坡举行。镇江籍象棋大师张国凤以 6 胜 1 平成绩夺冠,再次被亚洲象棋协会授予象棋国际特级大师称号。

2003 年 7 月,世界杯射击赛在韩国釜山举行。镇江籍选手殷雯代表国家队参赛,在女子步枪 3×20 项目中,以 583 环成绩夺得银牌。殷雯还在女子气步枪 40 发比赛中,以 397 环成绩夺得 1 枚铜牌。

2004 年 3 月,第 47 届世乒赛在卡塔尔多哈举行,拥有镇江籍选手柳絮飞的中国香港女队获得亚军。

1984～2004年镇江籍选手获奥运会奖牌、世界冠军、亚洲冠军一览表

表39-10

时间	奖项名称	获奖人
1984年	洛杉矶奥运会女子篮球赛第三名	张月琴
1986年	第10届亚洲运动会女子篮球冠军	张月琴
1994年	第3届世界杯乒乓球比赛男子团体冠军	秦志戬
1995年	亚洲象棋冠军赛冠军	张国凤
1996年	世界青年羽毛球锦标赛男子单打冠军	朱　峰
1996年	亚洲青年象棋冠军赛冠军	吴文瑾
1997年	第44届世界乒乓球锦标赛混合双打冠军	邬　娜
1999年	亚洲青年象棋冠军赛冠军	吴文瑾
1999年	亚洲击剑锦标赛重剑团体冠军	王伟新
2000年	悉尼奥运会女子重剑团体第三名	梁　琴
2001年	第46届世界乒乓球锦标赛混合双打冠军	秦志戬
2001年	第九届亚洲国际象棋锦标赛女子组冠军	李若凡
2002年	亚洲象棋冠军赛冠军	张国凤
2004年	亚洲杯乒乓球赛女子单打冠军	范　瑛

第三节　体育竞赛

一、市级运动会

1985年5月，举办镇江市第八届运动会，是市管县体制后首次举办的全市大型运动会，四县二区近2000名运动员参加。1989年，举办镇江市第九届运动会，四县二区1700多名运动员参加。1993年4～6月，举办镇江市第十届运动会，设中小学部、中专技校部、职工部，49支运动队进行21项比赛，参赛人数2555人，比九届运动会增加5个项目。

1999年4～10月，举办镇江市第十一届运动会。共设27个比赛项目，3000多名运动员按中小学部、中专技校部、职工部、农民部进行比赛。镇江新区第一次组队参赛。京口区代表团、江海贸易学校分获中小学部、中专技校部总分及金牌数第一，市教委代表团、丹阳市代表团分获职工部、农民部总分第一。

2004年3～10月，举办镇江市第十二届运动会，设青少年部、高校部、职工部、社区部、农民部、老年人部。青少年部设乒乓球、篮球、排球、足球、武术、举重、象棋、围棋、田径、健美操。高校部设篮球、象棋、乒乓球、田径、健美操。职工部设乒乓球、足球、羽毛球、桥牌、象棋、篮球、健美操。社区部设健身秧歌、广播操、拔河、扑克牌、信鸽、家庭趣味田径。老年人部设健身球、门球、钓鱼、太极拳、功夫扇、象棋、围棋、乒乓球。比赛结果总分1～6名为：丹阳、润州、京口、扬中、句容、镇江新区。

二、市最高成绩记录

镇江市运动员刻苦训练，顽强拼搏，在市、省、国家、世界比赛中都取得优秀成绩，多次刷新纪录。

镇江市田径男子成年组最高成绩一览表(截至2005年)

表39-11

项目	成绩	创造者	单位	竞赛名称	时间	地点
100米	10秒78	蒋吉流	丹阳	省第十四届运动会青少部田径预赛	1998年5月	徐州
200米	21秒8	蒋吉流	丹阳	省第十四届运动会田径预赛	1998年5月	徐州
400米	50秒6	许洪翔	京口	省第二届工人运动会	1984年11月	南京
800米	1分58秒	郦　伟	丹阳	省第十二届运动会青少部田径比赛	1990年9月	南京
1500米	4分08秒	张小平	–	省第十届运动会	1982年9月	南京
3000米	9分9秒6	葛宗刚	–	省第五届运动会	1959年5月	南京
5000米	15分12秒8	张顺荣	–	省第九届运动会	1978年9月	南京
10000米	32分24秒9	张顺荣	–	省第九届运动会	1978年9月	南京
20000米	1时11分2秒9	葛志贤	丹阳	市秋季中长跑马拉松比赛	1985年11月	镇江
马拉松(42195米)	2时43分48秒	葛志贤	丹阳	省秋季中长跑马拉松比赛	1985年11月	常熟
110米高栏	14秒8	罗旭亮	–	省第十二届运动会	1990年9月	南京
400米栏	54秒6	蔡镇武	京口	省第十届运动会	1982年9月	南京
4×100米接力	43秒13	–	–	省青少年田径运动会	2001年8月	淮安
4×400米接力	3分25秒6	–	–	省第十届运动会	1982年9月	南京
跳高	2.00米	胡贵枫	京口	省青少年田径比赛	2001年8月	苏州
跳远	7.45米	徐俊杰	丹徒	省第十三届运动会青少年部田径比赛	1994年5月	仪征
三级跳远	14.89米	徐俊杰	丹徒	省第十三届运动会青少年部田径比赛	1994年5月	镇江
撑竿跳高	4.40米	唐启径	京口	地区第七届运动会	1982年5月	镇江
铅球(7.26)公斤	12.56米	原　波	京口	市中小学生田径比赛	1975年4月	镇江
铁饼(2)公斤	44.96米	陈竹英	–	省第十届运动会	1982年9月	南京
标枪(700克)	73.54米	吴守峰	扬中	省青少年田径比赛	1997年8月	徐州
十项全能	4737分	鲍　真	丹阳	地区第七届运动会	1982年4月	镇江
10000米竞走	42分17秒69	张景瑶	丹阳	省第十五届运动会	2002年10月	苏州
20000米竞走	1时35分48秒7	孙　华	扬中	省青少年田径单项赛	1995年11月	南京
20公里竞走	1时26分45秒	葛志贤	丹阳	全国竞走明星邀请赛	1988年	嘉定
30公里竞走	2时16分28秒	葛志贤	丹阳	中国奥运会竞走选拔赛	1988年	兴隆
50公里竞走	4时6分44秒	葛志贤	丹阳	全国第六届运动会	1987年10月	郑州

镇江市田径女子成年组最高成绩一览表(截至2005年)

表39-12

项目	成绩	创造者	单位	竞赛名称	时间	地点
100米	12秒3	金　娟	丹徒	省第十二届运动会青少年部田径比赛	1990年9月	南京
200米	25秒5	章金花	句容	省第十二届运动会青少年部田径比赛	1990年9月	南京
400米	57秒5	章金花	句容	省第十二届运动会青少年部田径比赛	1990年9月	南京

续表 39-12

项目	成绩	创造者	单位	竞赛名称	时间	地点
800 米	2 分 15 秒 7	陈青梅	丹阳	省第九届运动会	1978 年	南京
1500 米	4 分 35 秒 2	赵红燕	句容	省第十三届运动会青少年部田径比赛	1994 年 5 月	仪征
3000 米	9 分 39 秒 4	陈青梅	丹阳	全国田径分区赛	1977 年 5 月	南昌
5000 米	17 分 10 秒 3	陈青梅	丹阳	省第十一届运动会	1986 年 10 月	徐州
100 米栏	14 秒 0	仲　蓉	润州	省第十三届运动会	1994 年 9 月	无锡
400 米栏	1 分 02 秒 63	吴赛男	润州	省 2004 年青少年田径比赛	2004 年 8 月	南通
4×100 米接力	50 秒 4	–	–	省青少年田径比赛	1997 年 8 月	徐州
4×400 米接力	3 分 58 秒 2	蒋丽萍 刘春梅 余晓燕 许秀花	–	省第十二届运动会青少年部田径比赛	1990 年 9 月	南京
跳高	1.67 米	董晨飞	京口	全国第二届中学生田径运动会	1980 年 8 月	太原
跳远	5.94 米	郭翠琴	丹阳	省第十三届运动会青少年部田径比赛	1994 年 5 月	仪征
铅球(4 公斤)	14.36 米	甄文华	丹阳	省第十一届运动会	1986 年 10 月	徐州
铁饼(1 公斤)	46.02 米	蒋群华	丹阳	省第十二届运动会	1990 年 9 月	南京
标枪(600 克)	47.44 米	章　云	丹徒	省第十四届运动会田径预赛	1998 年 5 月	徐州
3000 米竞走	13 分 47 秒	孟爱萍	润州	市中学生田径比赛	1994 年 4 月	镇江
5000 米竞走	21 分 07 秒 88	陈　娇	丹阳	省第十五届运动会	2002 年 10 月	苏州
10000 米竞走	49 分 06 秒 66	姚红光	丹阳	省第十五届运动会	2002 年 10 月	苏州

三、体育道德风尚奖

镇江市体育代表团及各单项运动代表队在历次全国、全省竞赛中赛风赛纪良好，多次受到国家体育总局和省体育局领导的高度赞扬，多次获体育道德风尚奖。

1. 全国体育道德风尚奖　1995 年，在第三届全国城运会上，镇江籍乒乓球裁判员罗中林获体育道德风尚个人奖。2000 年，在第四届全国少儿“创新杯”乒乓球赛上，镇江市少儿乒乓球队获体育道德风尚奖。2002 年，在全国少年女子柔道锦标赛上，镇江籍选手卢慧获体育道德风尚个人奖。2003 年，在全国“伊萨尔杯”少年象棋锦标赛上，镇江代表队获体育道德风尚奖。2004 年，在全国城市定向系列赛上，镇江代表队获体育道德风尚奖。

2. 江苏省体育道德风尚奖　1992 年，在江苏省第十二届运动会上，镇江代表队及乒乓球队、羽毛球队、中国象棋队、击剑队分别获体育道德风尚奖。同年，在江苏省第二届农民运动会上，镇江代表团获体育道德风尚奖。1996 年，在“三维杯”江苏省少儿武术赛上，镇江代表团获体育道德风尚奖，宣志祥获体育道德风尚个人奖。同年，在江苏省第三届农民运动会上，镇江自行车队和扬中大圣舞龙队获体育道德风尚奖，另有 8 人获体育道德风尚个人奖。1997 年，在江苏省青少年儿童乒乓球赛上，镇江代表队获体育道德风尚奖。1998 年，在江苏省第十四届运动会上，青少年部项目比赛镇江代表团及镇江乒乓球队、武术队、索普足球队分别获体育道德风尚奖。1999 年，在江苏省少年儿童乒乓球单项比赛上，镇江代表队获体育道德风尚奖；8 人获体育道德风尚个人奖。2002 年，在江苏省第十五届运动会上，镇江代表团及男子乙组排球队、围棋队、国际象棋队分别获体育道德风尚奖。2005 年，在江苏省“无管杯”无线电测向比赛上，镇江代表队获体育道德风尚奖。

四、承办比赛

镇江邻近南京,水陆交通便捷,经常承办全省、全国、国际体育比赛。

镇江市承办国际级比赛一览表

表 39-13

年度	比赛名称	比赛时间（月、日）	参赛队伍
1994	国际男子排球比赛	4. 17 ~ 24	韩国、澳大利亚、中国、中国青年队
1997	中日友好江苏省·爱知县乒乓球比赛(镇江赛点)	8. 27	日本爱知县乒乓球运动员 19 人与江苏省镇江市乒乓球 16 人进行友好比赛
2000	中澳篮球友谊赛	4. 29 ~ 30	澳大利亚墨尔本老虎队与江苏南钢队各胜一场
2002	第十四届世界女篮锦标赛(9 ~ 12 名)	9. 14 ~ 15	古巴、立陶宛、南斯拉夫、阿根廷

镇江市承办国家级比赛一览表

表 39-14

年度	比赛名称	比赛时间（月、日）	参赛队伍
1993	“新特药杯”中国乒乓球精英赛	3. 10	获得 1993 年男、女单打前八名运动员参加
1995	第三届全国城市运动会射击比赛	10. 10 ~ 16	太原、呼和浩特、长春、福州、济南、南宁、成都、贵阳、拉萨、兰州、西宁、银川、重庆、青岛、大连、湛江、深圳、珠海等 18 支队 88 名运动员参加
1997	全国第十二届“连环杯”少年儿童乒乓球比赛	1. 28 ~ 2. 1	江西省体校、广东中山市体校等 22 个单位 182 名运动员参加
1997	“飞达杯”全国青年篮球比赛第二阶段(丹阳赛区)女子决赛	9. 1 ~ 8	八一、济南部队、黑龙江、辽宁、江苏、上海、广东、哈尔滨等队运动员 97 人参加
1997	“健力宝杯”全国重点乒乓球单位比赛	11. 25 ~ 12. 1	浙江省乒乓球运动学校、镇江市乒乓球运动学校等 25 个单位 229 名运动员参加
1998	1998 - 1999“爱立信杯”中国乒乓球擂台赛(镇江站)	5. 23	刘国梁、王励勤、李菊、杨影
1998	全国第一届“桥协杯”桥牌比赛(总决赛)	11. 12 ~ 23	设公开组和女子组,有 15 支运动队 80 名运动员参加公开赛,有 9 支运动队 47 名运动员参加女子组比赛
1999	“天工杯”全国桥牌等级赛(甲、乙组)	4. 5 ~ 13	参加等级赛男子队有北京科比亚俱乐部、浙江长风队等 15 支运动队 39 名运动员;女子队有广州、江苏扬子江药业集团队等 11 支队 61 名运动员。参加公开组男子乙组的代表队有四川托普集团队、中信队等 19 支队伍 114 名运动员;参加女子乙组的队有甘肃铁一院队、贵州海通证券队等 9 支队伍 52 名运动员
1999	“水利工程杯”全国青年篮球联赛第二阶段(丹阳赛区)男子决赛	6. 3 ~ 12	辽宁营口卷烟厂、山东永安、河南、广东宏远、沈阳军区、南京军区、黄山、八一、深圳润通等 9 支运动队 96 名运动员参加
1999	“赛博电视杯”全国象棋锦标赛	11. 7 ~ 17	湖北、山东、上海等 40 支代表队 138 名运动员参加

续表 39-14

年度	比赛名称	比赛时间（月、日）	参赛队伍
2001	第四届全国老将田径运动会暨国际邀请赛	4.6～8	来自全国18个省、直辖市、自治区及行业体协60多支代表队528名老将运动员参加
2002	“华西村杯”中国乒乓球俱乐部甲A组比赛（第一站）	5.16～19	广东福地、八一工行等28支运动队140名运动员参加
2002	“天工杯”全国青年女子篮球联赛（第二阶段）	6.6～13	参加本次比赛的队有河北、江苏、广东、北京、沈阳部队、四川、北京体育大学和重庆共8支运动队
2002	2002年全国女子足球联赛第二、三阶段比赛	–	北京城建、山西大同、四川剑南春、解放军新科、天津同仁堂、广东海印、河南、上海SVA、江苏、辽宁、大连实德、河北新奥12支代表队250名运动员参加
2003	“伊萨尔杯”2003年全国少年象棋赛	8.2～8	山东青岛、江西宜春等56支代表队690名运动员参加
2003	“江苏大学杯”2003年全国男排锦标赛	8.25～9.5	福建、山东、河北、北京、辽宁、四川、成都军区、复旦大学、湖北、解放军、上海、河南、浙江、广东、北航大学、江苏共16支队伍253名运动员参加
2003	“恒顺醋业杯”2003年全国乒乓球锦标赛	9.23～30	吉林、广东、山东等49支代表队439名运动员参加
2004	全国U19足球（江苏赛区）比赛（句容）	4.20～27	上海申花、江苏舜天等6支运动队132名运动员参加
2004	第一届步步高全国女子排球大奖赛（镇江赛区）	6.3～27	八一、四川、南京部队、浙江4支队伍参加
2004	全国篮球城市青少年篮球比赛（丹阳）	6.5～8	丹阳市、东莞市等14个城市的代表队273名运动员参加
2004	全国青年女子篮球联赛（第二阶段）（丹阳）	6.13～19	辽宁、江苏等8支运动队153名运动员参加
2004	全国城市定向系列赛	11.13～16	南京、苏州、镇江等34支代表队250名运动员参加
2005	全国女足U18联赛（丹阳）	9.2～13	西安、天津、四川、河南等8支运动队210名运动员参加
2005	全国第十届运动会女排比赛（决赛阶段小组赛）	10.12～16	解放军、浙江、辽宁、河南、四川、江苏6支代表队72名运动员参加
2005	全国第十届运动会男篮比赛（9－12名排名赛）	10.20～21	上海、湖北、黑龙江、浙江4支运动队68名运动员参加

第四节　裁判员　教练员

一、裁判员

为适应竞技体育发展需要，镇江市体委每年举办或与有关部门联办各个项目裁判培训班，各个等级裁判员不断增多。

1986～1991年，镇江市培养一批等级裁判员，其中国家级裁判员6项7人，一级裁判员21项58人，二级裁判员近200人，三级裁判员近700人。1994年，经国际乒联考核批准，市乒协裁判委员会主任、华东铝加工厂职工罗中林晋升国际级乒乓球裁判，成为镇江市第一位国际级裁判。

1995～1997年，经省、市体委考核批准，新增一级裁判员31人、二级裁判员98人、三级裁判员158人，充实各级体育竞赛裁判力量。

1998年，市体委进一步深化竞赛裁判制度改革，培训、选拔一批年龄轻、文化层次高、个人素质好的骨干裁判员参加市级以上各项竞赛。制定《镇江市裁判员注册管理办法》，强化对裁判员队伍建设和管理，坚持裁判员不经培训不得上岗，考试不合格不予晋升制度。每项竞赛裁判实施赛前资格审查、赛中考察不合格即辞退、赛后考查的制度。

1999年，全市17人晋升一级裁判员，48人晋升二级裁判员，120人定为三级裁判员，全年有400余人次裁判员参与各项体育竞赛。2001年，有1人晋升亚洲级裁判员（羽毛球），1人晋升国家级裁判员（田径），10人晋升一级裁判员（田径、健美操），17人晋升二级裁判员（篮球、田径、门球）。至2005年底，全市有国际级裁判员5人（乒乓球3人，排球、羽毛球各1人），国家级裁判员17人，一级裁判员197人。

全市裁判员多次应邀参加省级、国家级、国际级大型运动会。2005年，全国第十届运动会，镇江有33名裁判员执裁13个项目比赛，成为镇江历史上参加全国运动会执裁人数最多的一次。

二、教练员

1983年，全市体育系统有教练员43人，之后逐年有所增加，基本维持在50人左右，大都集中在体育学校和驻镇高校内。至1992年，随着经费调整，教练力量有所加强，教练员由上年53人增至72人，教练的专业指导性也随之强化。2005年，全市体育系统有教练员66人。

第四章　体育产业与场地设施

随着社会主义市场经济建立和发展，镇江市体育产业稳步发展，体育彩票和体育用品销售、房屋出租、体育培训、场馆开放、竞赛表演等方面经营业绩喜人。全市体育产业规模壮大，为体育事业发展注入新的活力，有力促进体育场地设施建设。

第一节　体育产业

一、场馆开放和体育市场

镇江发挥体育场馆资源优势，除柔道馆、射击场、射箭场不对外开放外，其他场馆全面对外开放，为广大市民健身、健美、康复、娱乐活动服务。市田径运动场每天上午5～8时、晚间7～9时及篮球场、门球场全天免费开放。市体育馆为全市最大室内运动场所，设有乒乓球活动中心、羽毛球场和配有各种健身器材的健身会所；市属游泳池、室内游泳馆及网球场白天、晚间均对外开放，市民可办月卡或年卡，进场活动。有些场馆在保证运动员训练前提下，也对外开放，综合训练馆每天晚间和节假日对外开放。开放项目有田径、乒乓球、羽毛球、篮球、健美、跆拳道、体育舞蹈、网球、棋牌等。同时市体育系统开拓市场，抓好经营创收，取得良好经济效益和社会效益。

1986～1991年，市体育馆年均体育竞赛不少于100场次，常年举办乒乓球、棋类、武术培训班。利用内场大特点，举办营业性舞厅，吸引广大市民前来健身跳舞，1991年，市体育馆创收64万元。

1993年，市体育系统内22家经济实体实行承包经营。体育馆将卡拉OK厅、台球厅等项目，游泳池分淡季旺季分别承包给职工自主经营，收到明显效果。

1994 年后，市体育馆、市体育场多次邀请国际、国内高水平球队和表演团队到镇江献技，如国家男篮、美国雷加雪全明星男篮、瑞典海勒辛堡足球队，以及海豚表演、俄罗斯冰上芭蕾舞团、朝鲜杂技团等，均取得良好经济收益。

1998 年，制定出台《镇江市体委行政执法责任制实施方案》，市体委对全市体育产业依法加强管理，聘请律师为常年法律顾问。

2000 年，全市基本形成以场馆为依托、以健身为内容的体育市场，各经营项目出现良好势头，体育产业全年创收 400 余万元。

2001 ~ 2005 年，随着全民健身运动蓬勃兴起，健身活动成为时尚，健身消费成为生活必需，全市体育市场不断发育。其中 2004 年，全市市属健身场所创收 380 万元。

二、体育无形资产开发

市体育系统利用体育资产，多形式、多渠道推进体育社会化、市场化进程，取得可喜成绩。

1994 年，镇江市少年棋队得到北方中迅电梯公司资助，每年支付办队经费和以其名义举办棋赛费用各 2 万元。1996 年，镇江市少年足球队与江苏索普集团签订联办协议；市乒乓球运动学校与市中房镇江公司签订联办市少儿乒乓球队协议。

1998 年，市体委与市政建设工程公司签订联办市少年儿童乒乓球队协议。从 1998 年至 2001 年，市少儿乒乓球队以江苏省镇江市市政建设工程总公司名义参加一切比赛，费用由该公司开支。

2002 年，市乒乓球运动学校与江苏恒顺集团签订联办市少儿乒乓球队协议。市少儿乒乓球队冠名恒顺集团少儿乒乓球队，恒顺集团连续 4 年，每年向市少儿乒乓球队捐赠 10 万元，其中 8 万元用于训练，2 万元用于奖励优秀运动员和教练员。

2003 年，通过承办全国乒乓球锦标赛，以比赛冠名、指定产品、广告、票务等形式开发竞赛市场，筹集资金 80 多万元。

2004 年，全国女排大奖赛在镇举行。通过企业赞助、冠名、广告等筹集资金 20 多万元。同年，利用举办镇江市第 12 届运动会契机，通过冠名、内场广告等筹集资金 20 多万元；与恒顺集团联合组团参加在美国克里夫兰举行的国际青少年运动会，与中国移动通信镇江分公司联合组队参加在日本津市举行的“镇江杯”乒乓球赛。

第二节　体育彩票

1992 年起，镇江市在市区销售面值为 1 元的即开型江苏省体育彩券。1993 年，全年销售即开型体育奖券 1100 万元，列全省第九。1998 年，开始采用电脑型和即开型彩票同时销售办法，镇江市为全省 6 个试点城市之一。同年底，镇江销售 380 万元，获省体委授予的“中国体育彩票发行先进单位”称号。2000 年，镇江体育彩票销售额 1.13 亿元，全年利用体育彩票公益金新建和维修体育基础设施数量和规模创历史之最。2001 年，电脑型体育彩票增加新游戏玩法，推动全市体育彩票

图 39-10　1993 年，市体育场销售即开型体育彩票

销售。2002年，第16届世界杯足球赛期间，全市发行世界杯足球彩票。2005年，为扭转全市体育彩票下降趋势，市体育局采取措施，加强站点管理，配备体彩专管员，在原有142个销售点基础上新增118个销售点，做到城乡结合，分布合理。全年电脑体彩销售额大幅增加，突破亿元大关，达1.17亿元，比2004年增长95.63%，增长幅度居全省第二。全年镇江有6位彩民中体彩500万元大奖。

1992～2005年，镇江销售体育彩票6.62亿元，销售中提取公益金6454万元。本着“取之于民，用之于民”原则，体彩公益金主要用于全市体育基础设施建设、全民健身工程、大型体育运动会和体育竞赛等方面。

1992～2005年镇江市体育彩票销售情况一览表

表39-15　　单位：万元

时间	销售总额		市留公益金	销售点(个)	销售额在全省排位
	电脑型	即开型			
1992～1994	-	7252	924	-	9
1996.12～1997.9	-	400	60	-	-
1998	380	1820	400	35	-
1999	2962	1129	580	35	-
2000	9978	1345	1300	78	-
2001	7728	533	720	99	-
2002	7429	152	569	103	10
2003	6986	72	520	103	9
2004	6006	259	500	142	8
2005	11740	-	881	260	8
合计	53209	12962	6454	-	-

第三节　体育场地设施

镇江市重视体育场馆建设，每年投资新建、扩建、改造、维修体育场馆，满足人民群众日益增长的健身需要。2004年，全国体育场地普查资料显示，镇江市有各类体育场馆2106个，主要分布在体育系统、教育系统，少量在工矿系统。

一、镇江市体育馆

体育馆位于健康路1号，1978年建成，占地8820平方米，建筑面积5785平方米，钢筋混凝土结构，顶高14米、长55米、宽45米，有座椅4410个，是镇江市设施较完善的最大室内体育建筑，可供篮球、排球、羽毛球、乒乓球、体操、举重、击剑、武术等项目的比赛、训练及大型群众集会、文体演出用。为适应体育竞赛的需要，镇江市对体育馆曾进行多次改造。1996年，承办“金山之光”艺术节时，投资80万元对体育馆维修。2002年，投资1200万元对体育馆及其周边环境全面改造。体育馆内场由660平方米扩大到880平方米，安装中央空调、大屏幕电子显示屏，更新灯光音响设备，改造主席台和裁判员工作区，体育馆外墙面改造出新，东西两面钢窗换成铝合金窗，正面1000平方米钢窗用玻璃铝塑幕墙装饰更新。体育馆东侧建成3000平方米健身广场。2005年，为承办全国第十届运动会镇江赛区赛事，投资260万元对体育馆设施改造升档，场内装有30个宽带网接口供记者使用，同时实现无线上网，增加双电源供电系统和安全监控系统，改造兴奋剂检测室等。

二、镇江市田径场

市田径运动场解放前为省公共体育场，原跑道周长500米。1957年，改建成400米椭圆形田径足球场，四周无看台。1987年，建成北看台，全长140米，10级台阶，2000个座位，主席台可坐100人，总造价26万元。1988年，为迎接江苏省首届农民运动会在镇江举办，投资12万元整修场地，安装自动喷水设备和地下排水管道，建成长140米8级台阶1500个座位的南看台。1995年，在承办城运会射箭比赛时又将田径场翻修一新，在西侧新建100多米长5层看台，新增3000多个座位。2000年，投资700多万元，将田径场全部改造成塑胶跑道。2001年，新建田径场东看台，新增5700个座位。市田径运动场历经多次改造，成为镇江最大、设施较齐全、能容纳万名观众的体育运动场。

三、镇江市游泳池、游泳馆

1960年，游泳池建成，位于健康路五环俱乐部北侧，长50米、宽20米、8泳道，四周无看台，水深1.45米，内场面积2600平方米，男女更衣室300余平方米。游泳池夏季对市民开放，其余季节对冬泳爱好者开放。游泳池经多次改造出新，其水质、环境及管理服务，堪称全市一流，并获“江苏省先进公共游泳场所”称号。1991年，游泳馆建成，位于游泳池西侧。室内泳池长25米、宽15米，水深1.4米，6泳道，钢架结构，附保温防水层，内场面积520平方米，男女更衣室100余平方米。冬季保持水温28℃、室温30℃，保温、灯光、吸音达到比赛要求。游泳馆常年举办培训班，年平均培训千余人。此外，江苏大学、江苏科技大学、镇江船艇学院、镇江实验小学等单位都有自建游泳池（馆）。市区游泳池（馆）计20余处。

四、镇江市乒乓球训练馆

1992年，为加强全国重点乒乓球城市建设，投资106万元新建乒乓球训练馆，位于市体育馆南侧，总建筑面积1626平方米，共3层，一层为训练大厅，置放25张球台；二层为运动员宿舍；三层为办公室。2001年，乒乓球训练馆的灯光、宿舍、餐厅进行更新，改善学员训练和生活条件。

五、镇江市综合训练馆

1996年，投资近1000万元新建综合训练馆。1997年，竣工后投入使用，总建筑面积2400平方米。一楼供训练篮球、排球、羽毛球、武术等项目；二楼为击剑训练馆。

六、镇江市网球场

1996年，投资近30万元建成一片露天标准网球场，位于田径运动场西侧。内场面积260余平方米，占地面积400余平方米。

七、镇江市射击训练场

20世纪90年代初建成，位于田径运动场南看台南侧。内场面积472平方米，内设5个靶位，为非标准射击场，只供训练用。

八、镇江市射箭训练场

20世纪90年代中期建成，位于田径场南看台南侧、射击场西侧，设有3个靶位。内场面积472平方米。为非标准射箭场，只供训练用。

九、镇江市门球场

1996 年,投资 4 万元在市田径运动场东南侧建一片门球场;1998 年,投资近 10 万元在古城公园新建两片门球场,均免费对外开放。此外,山西省军区镇江干休所、华东石油地质局第六普查大队、华东列电基地等单位都有自建门球场。全市计有门球场 10 余片。

十、镇江市柔道训练房

柔道房位于体育新闻中心发布楼一楼南端,面积 200 平方米,可供 30 名运动员同时进行柔道训练。

十一、镇江市体操训练房和保龄球馆

体操训练房原为镇江解放前所建的健身房,砖木结构。历经 50 余年,房屋破损严重,2002 年拆除。市体育局投资 367.4 万元在原址新建新闻中心发布大楼,建筑面积 2300 平方米,一楼为柔道训练房、华联琴行;二楼为新闻发布大厅(安装有 20 个宽带接口和 15 条电话线,供记者使用)、体彩管理中心;三楼、四楼为市体育局办公用房。

保龄球馆原位于综合训练馆一楼,作为对外营业的健身场所。2002 年,为解决第 14 届世界女篮锦标赛训练用房,投资 74.3 万元将原保龄球馆改建成综合训练馆。

第四节　体育场地普查

1978 年、1983 年、1988 年、1996 年、2004 年国家开展五次体育场地普查。镇江市按照全国统一部署,成立领导小组和普查办公室,通过普查全面掌握各类体育场地情况,为制订体育发展规划,提供重要科学依据。普查表明,随着全市社会经济发展,人民生活水平提高,各类体育场馆数量不断增多,质量不断提高。市区及各辖市新建一批田径场、体育馆、健身房、游泳池、乒乓馆等设施,也存在公共体育场地不足,体育场地结构不尽合理,体育场地发展不平衡等问题。

1983 年,第二次全国体育场地普查,全市有体育场地 1413 个,平均每 0.17 万人有一个场地,人均体育场地面积 0.4 平方米。虽比新中国成立初期有大幅度增长,但体育场地建设投入不足,数量少,质量差,各类场地规模不大。学校体育场地不能满足教学需要,工矿企业体育场地缺乏,广大青少年喜爱的篮球、足球、游泳场(池)更是稀缺。全市体育场地远远不能适应人民群众日益增长健身需求。

(1988 年第三次全国体育场地普查镇江市体育场地资料缺失)

1996 年,第四次全国体育场地普查,镇江市有体育场地 1849 个,占全省体育场地总数的 5.9%,全市体育场地面积 388605 平方米。体育场地数量比 1983 年增加 436 个,场地种类增加,场地质量有所提高。其中体育系统体育场地 35 个,占全市体育场地总数 1.89%;学校系统体育场地 1282 个,占全市体育场地总数 69%,工矿系统体育场地 101 个,占全市体育场地总数 5.46%;其他系统体育场地 37 个,占全市体育场地总数 2.00%。全市体育场地主要分布在大学、中专、中学等学校系统。

2004 年,第五次全国体育场地普查,镇江市各类体育场地总数为 2106 个,其中标准场地 1157 个(体育系统 34 个,占 3%;教育系统 785 个,占 68%;其他系统 238 个,占 29%),非标准场地 949 个。体育场地占地面积 301.52 万平方米,其中标准场地占地面积 269.34 万平方米,非标准场地占地面积 32.18 万平方米。体育场地建筑面积 30.22 万平方米,其中标准场地建筑面积 25.67 万平方米,非标准场地建筑面积 4.55 万平方米。全市人均体育占地面积 1.04 平方米,人均体育场地面

积0.74平方米。与1996年第四次体育场地普查相比,体育场地数量和质量都有较大幅度提升。体育场地增加257个,增长14%,人均体育场地面积增加0.24平方米,增长48%。

全市各级政府在实施城镇规划中新建一批体育场馆,其中市区新建和改造一批场馆,句容市新建田径运动场,扬中市新建体育活动中心,丹阳市新建体育馆。这些新建设施具有承办国际国内体育竞赛条件。全市中小学改善体育设施,市区学校田径场地都有塑胶跑道,不少高校及中小学建有体育馆、游泳池(馆)。不少企业和个人投资新建一批具有时代特色的体育设施。一些宾馆、饭店、会议中心、住宅小区配套建设网球场、游泳池(馆)、乒乓球房、羽毛球场、健身健美房等体育设施。

2004年第五次全国体育场地普查镇江市标准场地一览表

表39-16　　单位:个

场地＼地区	镇江市	丹阳市	句容市	扬中市	丹徒区	京口区	润州区
总　计	1157	548	171	183	71	113	71
体育场	15	6	2	1	3	2	1
体育馆	12	6	1	1	1	2	1
游泳馆	4	1	–	–	–	1	2
跳水馆	–	–	–	–	–	–	–
室内游泳池	5	2	–	–	–	2	1
室外游泳池	10	5	1	2	–	2	–
室内跳水池	–	–	–	–	–	–	–
室外跳水池	–	–	–	–	–	–	–
有固定看台灯光球场	3	3	–	–	–	–	–
综合房馆	10	–	1	3	–	4	2
田径房馆	–	–	–	–	–	–	–
篮球房馆	9	–	1	5	–	2	1
手球房馆	–	–	–	–	–	–	–
体操房馆	2	–	–	–	–	2	–
羽毛球房馆	3	3	–	–	–	–	–
乒乓球房馆	34	14	6	6	–	5	3
武术房馆	–	–	–	–	–	–	–
摔跤柔道房馆	1	–	–	–	–	1	–
举重房馆	–	–	–	–	–	–	–
击剑房馆	–	–	–	–	–	–	–
健身房馆	38	15	3	6	–	10	4
棋牌房馆	51	17	–	27	–	6	1
其他训练房馆	1	1	–	–	–	–	–
划桨训练房馆	–	–	–	–	–	–	–
保龄球房馆	7	–	–	2	–	2	3
台球房馆	22	17	–	4	–	1	–

续表 39-16

场地＼地区	镇江市	丹阳市	句容市	扬中市	丹徒区	京口区	润州区
田径场	28	6	2	5	7	8	–
小运动场	164	72	38	22	8	16	8
手球场	–	–	–	–	–	–	–
足球场	2	–	–	–	2	–	–
室内网球场馆	3	1	–	1	–	–	1
室外网球场馆	5	–	2	–	–	1	2
棒垒球场	–	–	–	–	–	–	–
室内曲棍球场	–	–	–	–	–	–	–
室外曲棍球场	–	–	–	–	–	–	–
室内射击场	1	–	–	–	–	1	–
篮球场	646	352	101	90	38	30	35
排球场	68	23	12	8	12	8	5
门球场	13	4	1	–	–	7	1

第四十卷
社会主义
精神文明建设

卷 目

镇江市在现代化建设过程中,不断加强社会主义精神文明建设,以思想道德建设为主线,结合镇江实际坚持革命传统教育,继承发扬传统美德;以各种形式创建活动为载体,探索新形势下精神文明建设新途径,提高市民文明素质,改善城乡人民群众生活环境,提升城乡文明品位和形象,为物质文明建设提供精神支持和良好社会环境。

1983~1990年为镇江市精神文明建设探索发展阶段。1983年3月,成立“五讲四美三热爱”(讲文明、讲礼貌、讲卫生、讲秩序、讲道德,心灵美、语言美、行为美、环境美,热爱祖国、热爱社会主义、热爱中国共产党)活动委员会,由市委、市政府主要领导任委员会主任、副主任。在全市开展评选“文明岗”“文明户”活动,开展创建文明村(镇)、文明单位活动,开展争做有理想、有道德、有文化、有纪律的社会主义公民的教育活动。期间,镇江市获“江苏省卫生城市”称号,被国务院命名为“国家历史文化名城”。1986年10月,镇江市“五讲四美三热爱”活动委员会并入市委宣传部。

1990~1996年,镇江市精神文明建设逐步完善,规范化发展。1990年6月,恢复镇江市精神文明建设办公室(原名为“五四三”办公室),10月,市政府通过《镇江市文明单位建设和管理暂行办法》。1992年2月,市委、市政府颁布《镇江市1991—1995年社会主义精神文明建设活动规划纲要》。期间,镇江获“江苏省卫生城市”“江苏省城市建设管理优秀城市”“全国双拥模范城”“全国平原绿化先进单位”“全国卫生城市”等称号。

1996~2005年,镇江市精神文明建设深入发展,形成精神文明建设模式。1997年8月,成立镇江市精神文明建设指导委员会(取代镇江市精神文明建设活动委员会),市委宣传部挂“镇江市精神文明建设指导委员会办公室”的牌子。形成以创建文明城市为目标,以人民满意为标准,以营造优美环境、优良秩序、优质服务、优秀文化为重点;以创建文明社区、文明行业、文明村镇、文明单位和各类单项创建工作为基础的工作思路和党委领导、政府负责、部门联动、群众参与、长效管理的工作模式。期间,建成“江苏省文明单位标兵单位”11个,“全国文明单位”(含荣誉奖)11个,“全国文明村、镇”(含荣誉奖)6个,“全国文明行业”3个;获“全国科教兴市先进城市”“中国优秀旅游城市”“江苏省文明城市”“全国创建文明城市工作先进城市”等称号。

第一章 群众性创建文明活动

各类群众性精神文明创建活动,是中共十一届四中全会以后兴起的人民群众移风易俗、改造社会的伟大创造。镇江市1981年开展“五讲四美”活动,1982年开展“全民文明礼貌月”活动,随着精神文明建设活动深入,各地党委和政府总结经验,创造出许多适用于本地区精神文明建设的好形式,从而逐步形成以创建文明单位、文明行业、文明小(社)区、文明村(镇)为全市精神文明建设活动的基本形式。

第一节　“五讲四美三热爱”活动

1981 年 2 月,镇江市积极响应全国总工会、共青团中央等 9 家单位在全国人民特别是青少年中开展“五讲四美”活动的倡议,全市迅速掀起学倡议、见行动热潮。组织以青少年为主的“学雷锋小组”“为您服务队”走向街头、车站、码头、医院、养老院、商店等公共场所,打扫卫生、扶老携幼、义务为他人修理自行车和收音机等。农村青年在团支部组织下修桥铺路,为烈军属、五保户、残疾人挑水洗衣及各类助农活动。“五讲四美”在全市成为时尚,市财贸系统开展“讲优质服务、树文明新风”竞赛活动和评选“文明岗”“文明店”“文明柜组”“文明优质服务员”“五讲四美好青年”等活动。农村针对赌博、封建迷信活动、铺张浪费、女青年婚嫁要彩礼等现象开展“创建文明村镇”“评选文明户、五好户”活动。

镇江从城市抓起带动农村,从清洁卫生搞起,增添必要的公共卫生设施,坚持划区包干责任制,开展爱国卫生运动。先后组织 5 次卫生突击活动,共清除垃圾 4.2 万多吨,疏通阴沟 8400 多米,植树 33.5 万株,绿化造林 126.67 公顷,拆除违章建筑 927 处,加强火车站、沿江码头及园林治理,环境卫生大大改观。1983 年,“五讲四美”活动增加“热爱祖国、热爱社会主义、热爱中国共产党”内容。

第二节　“文明礼貌月”活动

1982 年 3 月,中共镇江地委开展第一个“全民文明礼貌月”活动,全地区 284 万人参加清洁环境的突击劳动,清理卫生死角 8460 多处,清运垃圾 2.85 万多吨,清除城镇露天粪缸 2280 多个,增加各种卫生设施 13400 多个,建成文明街 144 条,文明单位 1400 多个,4500 多个村镇和单位订立文明公约、守则、乡规民约。组织各类“学雷锋小组”“为民服务队”,为 8000 多户鳏寡孤独送温暖,“全民礼貌月”中拾金不昧约 4.3 万人次,全地区好人好事增多,社会风气向更好的方面转化。4 月 1 日,表彰在“全国文明礼貌月”活动中涌现的 171 个先进单位和 719 名先进个人。

1983 年实行市领导县新体制后,2 月 25 日,镇江市委、镇江市政府表彰“五讲四美”活动先进集体 187 个,先进个人 763 个,同时启动第二个“全民文明礼貌月”活动,开展“三优一学”(优美环境、优良秩序、优质服务、学习雷锋和先进人物)竞赛活动。组织赵春娥、蒋筑英、罗健夫、朱伯儒、张海迪事迹报告会,组成 9800 多个学雷锋小组,为困难户、五保户、烈军属、残疾人和老知识分子等做好事 29 万人次。市妇联组织“五讲四美三热爱”报告团,在市、县巡回报告 17 场,听众达 1.4 万多人。4 月 21 日,市委、市政府表彰 1983 年“全民文明礼貌月”活动先进单位 189 个。“五一”前后,制定完善文明公约、乡规民约、各种守则和职业道德规范,深入职业道德教育活动,形成人人讲文明、讲道德新风尚。“七一”前后,开展做“合格党员”“合格干部”“合格团员”“合格工人”的教育活动。在全市共产党员中开展“三对照”(对照新党章、对照入党宣誓、对照先进党员事迹)活动,在广大青年中开展爱国主义教育,组织近现代史、厂史、村史的学习,振奋爱国主义精神,提高思想认识水平和政治觉悟。国庆节前后,深入宣传社会主义法制优越性、建设成就和党的政策的正确性,抓好优质服务竞赛活动和治理“脏、乱、差”工作。9 月 11 日,市“五讲四美三热爱”活动委员会要求抓好六件事:1. 9 月重点抓好职业道德教育,在全市各行各业形成讲职业道德、履行职业职责、严守职业纪律、搞好优质服务的浓厚氛围。2. 大力开展卫生突击活动,从 9 月份起着手国庆、元旦、春节前的卫生周活动,平常要抓好门前“三包”(包卫生、包绿化、包秩序)和城市综合治理工作。3. 10 月份重点开展人民城市人民管的活动,广泛宣传城市管理的四个规定和细则,进行一次检查整顿,采取措施拆除违章建筑,查禁黄色音像、书刊等。4. 继续抓好“十条龙”百家竞赛活动和“十件实事”的实施工作。5. 深入开展军民共建精神文明活动，11月召开军民共建精神文明活动总结表彰大会。6. 元旦、春节前后做好第二个“计划生育宣传月”活动和移风易俗宣传工作，在农村开展“四提倡四反对”教育活动。开好首届镇江市文明单位的命名表彰大会。

1983年底做好精神文明建设的十件实事：1. 改变车站、码头的卫生面貌。2. 搞好主要街道两旁的绿化、美化。3. 整修美化河滨公园。4. 建设东门广场露天花园。5. 建设大市口文明商业区和大西路文明一条街。6. 抓好1、2路公共汽车的乘车秩序和优质服务。7. 严格规范主干路的交通管理。8. 绿化、净化环城公路。9. 抓好城区文明居委会评比试点。10. 抓好郊区文明村评比试点。农村十件实事：1. 农工副全面发展，总收入、对国家贡献、集体积累和社员分配逐年增加。2. 制定科学合理、切实可行的村镇建设规划。3. 加强建房用地管理，煞住乱占滥用耕地歪风。4. 搞好环境卫生，改变村容村貌。5. 搞好村镇植树绿化。6. 保护水源，因地制宜推广应用沼气、太阳能和发展“小风电”。7. 发展文化教育事业，搞好乡村文化中心建设，保护好名胜古迹、革命历史遗迹、有价值的民间建筑。8. 不断改善乡村医疗条件，进行公共设施及配套建设。9. 开展提倡节约，反对大办婚丧事；提倡男女平等，反对歧视妇女儿童和老人；提倡科学，反对迷信活动；提倡健康的文化娱乐活动，反对赌博的“四提倡四反对”活动，建立良好的社会环境。10. 制定乡规民约，搞好计划生育，“五好家庭（文明户）”数（五好是：热爱祖国，热爱集体，热爱社会主义，遵纪守法好；努力生产、工作和学习，完成任务好；实行计划生育、教育子女、勤俭持家好；移风易俗，文明礼貌，清洁卫生好；尊老爱幼，家庭民主和睦，邻里团结互助好）达村镇总户数的30%以上。

1984年2月25日，市委、市政府召开第三个“全民文明礼貌月”活动动员大会，要求以创建文明单位为目标，从解决群众最关心的问题入手，继续治理“脏、乱、差”，倡导创“三优”建文明城市，深入进行集体主义、爱国主义、社会主义、共产主义思想教育，大力提倡为社会、为人民、为集体做好事、办实事的新风尚。

第三节　创建基本形式

一、文明单位创建

“五讲四美三热爱”活动和“全民文明礼貌月”活动，给全市社会主义精神文明建设带来丰硕成果，但市民中流传“雷锋叔叔没户口，三月来了四月走”的议论，更反映广大人民群众对文明礼貌活动常态化、经常化的期盼。1984年在第三个“全民文明礼貌月”活动中，要求“五讲四美三热爱”和“全民文明礼貌月”活动以“创建文明单位”为目标（文明单位含：文明村〈镇〉、文明工厂〈矿〉、文明街道、文明商店、文明学校、文明医院、文明车站〈码头〉、文明宾馆〈餐馆、旅舍〉、文明楼〈院〉、文明居委会等），创建活动涉及全市各行各业。

创建文明单位活动的开展，使“五讲四美三热爱”活动常态化，使“学雷锋树新风”活动深入到工厂、学校、商店、码头及广大村镇。市委、市政府对创建活动定期检查评比和表彰，提高各单位开展创建文明单位活动的积极性。被命名的文明单位在广大人民群众中树立良好形象，得到社会普遍信任和赞许。

1990年10月24日通过的《镇江市文明单位建设和管理暂行办法》（下简称《办法》），定义文明单位是：“精神文明建设和物质文明建设协调发展，经过有关部门考核和群众认可，由县级以上（含县）党政机关命名的先进单位。是同级‘两个文明’建设中的综合性最高荣誉称号。”规定“文明单位分县（局）、市、省三个级别，市级文明单位一般每两年命名一次。”“市、省两级文明单位的产生一般实行‘升级制’，通过条块双重考核，分别从命名已满两年的县（局）、市级文明单位中产生，报请上级审批命名。”“办法”要求“文明单位的评定，要坚持标准、不搞照顾、不搞平衡，要将社会各方面的意见作为评定的参考依据”。“办法”还就文明单位的管理、评定程序、具体标准、文明村标准、整改及取消称号等方面做出了明确规定。“办法”标志镇江创建文明单位活动的法制化、制度化、规范化。

1997 年 3 月 28 日，市委、市政府重新修订《镇江市文明单位管理办法》，并颁布实施。新的“办法”界定文明单位为：“全市党政机关、人民团体、具有独立经济核算和建有中国共产党党委（总支、党支部）的企事业单位、驻镇单位、部队等。”新“办法”将创建文明村镇、文明行业作为独立的创建活动，与文明单位创建分别进行考评与表彰。依照“办法”规定，市委、市政府对市级文明单位每两年进行一次命名表彰。

镇江市获国家级文明单位和精神文明建设先进单位名单：1999 年，江苏恒顺集团有限公司获全国文明单位称号。2003 年，镇江供电公司获全国精神文明建设先进单位荣誉奖。2005 年，镇江供电公司、茅山新四军纪念馆、镇江市计量所获全国文明单位称号；丹阳市国家税务局第一分局、江苏恒顺集团有限公司、中国国电集团公司谏壁发电厂、中国农业银行扬中市支行、镇江百盛商城有限公司、镇江市句容市公路管理处获全国荣誉奖。

1984～2005 年镇江获省、市级文明单位数量统计表

表 40-1

年度	省级（个）	省标兵级（个）	年度	市级（个）
1984～1985	24	–	1984	42
1986～1987	33	–	1985	100
1988～1990	44	–	1986	49
1991～1992	51	–	1987	59
1993～1994	56	–	1988～1989	50
1995～1996	62	–	1990～1991	245
1997～1998	90	–	1992～1993	266
1999～2000	110	7	1994～1995	294
2001～2002	142	11	1996～1997	326
2003～2004	155	11	1998～1999	377
			2000～2001	434
			2002～2003	504
			2004～2005	536

说明：1. 1984～1987 年，市文明单位由镇江市人民政府命名表彰；1988～2005 年由中共镇江市委、镇江市人民政府命名表彰。

2. 1984～1987 年，省文明单位由江苏省人民政府命名表彰；1988～1996 年由中共江苏省委、江苏省人民政府命名表彰；1997～2004 年由江苏省精神文明建设指导委员会命名表彰。

3. 省文明单位标兵由中共江苏省委、江苏省人民政府命名表彰

二、文明户创建

1983 年，市委召开农村思想政治工作会议，传达贯彻全国文明村（镇）座谈会的精神，要求深入抓好“文明村（镇）”创建 和“五好家庭”评选活动。发动广大村民参与“乡规”“民约”“村民守则”的制定活动，解决好赌博，参与封建迷信活动，结婚要彩礼、讲排场、铺张浪费的问题。农村各级团

组织宣传科学、宣传法规、宣传无神论、宣传艰苦奋斗，团干部和团员带头讲文明、树新风，移风易俗，做热爱农村建设现代文明家乡的促进派。各级党委政府抓好典型，推进移风易俗，努力达到“一个先进带全家，一家先进带四邻，几家先进带全村”的要求。全市评选出“五好家庭”2552个，“五好个人”4600多名。期间，部分地区还评选“清洁卫生户”“遵纪守法模范户”“卫生文明户”“科技文化带头户”“文明户”；涌现出丹阳县潭巷村这样的“四无村”（无偷盗、无刑事案件、无赌博、无封建迷信活动）。

1991年，市委、市政府在丹徒县大港镇赵庄村召开评选“文明户”活动管理工作现场经验交流会。1994年，全市90个乡（镇）80%以上的行政村开展“文明户”评选活动，有39886户进入文明户行列。

三、文明村（镇）创建

1983年12月，市委召开全市文明村（镇）建设工作会议，明确文明村（镇），是以社会主义精神文明建设为主要内容，以群众自我教育、自我管理为主要方法，使农村两个文明建设协调发展的先进集体。文明村（镇）建设涵盖思想、文化、民主、道德、经济、村容镇貌建设。全市开展文明村（镇）创建活动的830多个村，创办业余农民学校500多所，有7万多青年农民受到文化、科技和思想教育。1984年9月14～16日，市委在丹阳县召开全市文明村（镇）建设经验交流现场会，参观了新桥、界牌镇和界牌镇的芭山、安乐村。1985年，市委、市政府把1984年度文明村（镇）的评选，纳入市级文明单位的评比表彰系列，评选出9个市级文明村（镇）。

1990年12月11日，市政府颁布《镇江市文明单位建设和管理暂行办法》，确定文明村（镇）创建活动为农村两个文明建设的基本形式。1997年11月24日，市委、市政府下发《关于深入开展创建文明村（镇）工作的实施意见》，要求各县（市）区1997年要有1～2个乡（镇）、3～4个村建成文明村（镇），20世纪末有3～5个乡（镇）和8～10个村建成省级文明村（镇），到2010年力争60%以上的村（镇）建成市级文明村（镇），有一大批村（镇）进入省级文明村（镇）行列。

1998年，市委、市政府命名表彰市级文明镇9个、市级文明村32个。1999年，扬中市新坝镇、丹徒县黄墟镇龙山村获全国文明镇、村称号；全市7个镇5个村获江苏省文明村（镇）称号；20个村（镇）获江苏省创建文明村（镇）工作先进村（镇）荣誉奖。2000年命名表彰市级文明镇13个，市级文明村52个。2001年7月2日，市委、市政府颁布《镇江市文明行业、文明小区和文明村（镇）创建管理办法》，标志全市文明村（镇）创建活动走上体系独立、工作规范、管理制度化的轨道。2002年命名表彰市级文明镇20个，市级文明村66个；句容市茅山镇、丹阳市埤城镇常兴村获全国创建文明工作先进镇、村荣誉奖。2003年，全市有14个镇、31个村获江苏省文明村（镇）称号。2004年，命名表彰市级文明镇23个，市级文明村79个。2005年，扬中市新坝镇、丹阳市新桥镇获全国文明镇称号；丹阳市埤城镇常兴村、句容市茅山镇、丹徒区黄墟镇获全国精神文明建设先进村、镇荣誉奖；全市有20个镇、38个村获江苏省文明村（镇）称号；命名表彰2004～2005年度镇江市文明镇23个、文明村82个。

四、文明行业创建

文明行业创建，是以系统为单位开展的群众性精神文明创建活动。1983年，市委、市政府在第二个“全民文明礼貌月”活动中，要求搞好同行业之间不同层次的对口赛。市直高校和16所中学首先响应，形成教育行业“一条龙”的创文明竞赛活动后，全市迅速发展成为“十条龙”的创文明竞赛活动，行业创文明活动从城市向农村，从教育向文化、卫生、工矿、商业、交通、街道等条口扩展，推动全市“全民文明礼貌月”活动的深入发展。

1991年1月24日，市委下发《关于在市区开展十大窗口行业优质服务竞赛活动的通知》，成立镇江市十大窗口行业优质服务竞赛活动领导小组，在商业、供销、金融、交通、邮电、供电、粮食、市政、卫生、公安等十个“窗口”行业，开展“讲职业道德，树行业新风”为主题的优质服务竞赛，组织500多家单位5万多名职工参加竞赛活动。1992年4月29日授予镇江市公共交通公司等15个单位为镇江市十大窗口行业优质服务竞赛优胜单位，吴高红等95人为镇江市十大窗口行业优质服务标兵。

1997年4月，市委要求市委宣传部、市总工会、市财办、团市委等单位，按照《镇江市1996—2000年社会主义精神文明建设规划纲要》规定的任务，重点培养1～2个文明行业、30个文明窗口、100个优质服务标兵。文明行业的标准为：1. 领导班子坚强有力。2. 职工素质全面提高。3. 行业管理科学有效。4. 生产服务规范有序。5. 工作质量优质高效。6. 综合效益显著增强。1998年10月14日，市委、市政府授予供电系统、市直贸易系统、邮电系统、工商银行系统、工商行政管理系统、农业银行系统、卫生系统和句容市邮电系统、扬中市邮电系统、丹徒县工商行政管理系统等10个“镇江市文明行业”荣誉称号；号召全市各行业，向全国和全省文明行业示范点象山工商所、镇江展销馆等单位学习。1999年，镇江市计量所获全国文明行业称号；8个行业和4个驻镇省属行业被江苏省精神文明建设指导委员会命名表彰为江苏省文明行业。2000年，市委、市政府命名表彰镇江市供电等23个系统为1998～1999年度镇江市文明行业；镇江市直粮食等6个系统为镇江市创建文明行业工作先进行业。

2001年，镇江国税、地税、供电、邮政、气象、出入境检验检疫、地方海事、质量技术监督、电信、商业零售等10个系统，被省委、省政府命名表彰为1999～2000年度江苏省文明行业。

2002年，市委、市政府命名表彰丹阳市卫生等33个系统为2000～2001年度市级文明行业称号，镇江市人民银行等7个系统为创建文明行业工作先进行业。2003年，江苏省丹阳市国税局征收分局获全国创建文明行业工作先进单位荣誉奖；12月19日，镇江市国税、电力、邮政、出入境检验检疫、气象、质量技术监督、电信、交通、镇江中国海事、镇江海关、丹阳市卫生、丹阳市教育、句容市工商银行、句容市工商行政管理、扬中市农业银行、京口区人民法院、扬中市人民法院、丹徒区财政、润州区公安等21个系统，获2001～2002年度江苏省文明行业称号。2004年，市委、市政府命名表彰2002～2003年度镇江市文明行业51个。2005年，镇江市环境保护等25个系统被命名表彰为2003～2004年度江苏省文明行业。

五、文明小（社）区创建

1985年，镇江市开展创“三优”（优美环境、优良秩序、优质服务）竞赛，作为文明小（社）区创建活动基本形式。

镇江市组建8个小（社）区管理委员会，把建成功能齐全、环境优美、秩序井然的文明小（社）区作为建设文明城市的基础单位和创建活动的重要环节。1986年3月27日，市委、市政府对创“三优”、建“文明小（社）区”成绩突出的润州区谏壁镇、京口区京畿路街道办事处、姚一湾居委会、和平路居委会、酒海街居委会进行表彰，并决定每两年对创建效果突出的小（社）区和市级文明单位一同进行表彰。1988年5月25日，丹阳市云阳镇等6个镇和7个居委会，被评为镇江市创建文明小（社）区先进单位。1990年6月6日，句容县下蜀镇等11个镇、8个居委会被评为镇江市创建文明小（社）区先进单位。

1994年2月17日，市委、市政府成立镇江市文明小（社）区建设领导小组，办公室设在市民政局。市政府举办社区工作讲习班，邀请上海、北京等地从事社区工作理论研究和实践活动的9位知名学者和领导讲学，共计150多人参加学习。市委、市政府在全市设定14个示范点，把江滨小区、中华路街道、郊区鲇鱼套村作为联系点，从群众迫切需要解决的问题入手，开展社区服务和社区教育为主要内容的创建文明小（社）区活动。4月1日的《新华日报》、4月4日的《江苏民政简报》和4月9日的《中国社会报》报道镇江市开展创建文明社区、建文明城市活动的信息。香港从事社会工作的专门机构、院校的专家和教师18人组团，考察镇江开展“创文明社区、建文明城市”活动，认为：通过倡建文明社区，用整个社会取得的物质文明、精神文明成果，来创造一个环境整洁、社会安定、风气良好、家庭和睦、邻里互助、人民群众安居乐业的社会，进一步团结广大群众，增强居民对政府的向心力，镇江是一个很好的范例。10月13日，市委、市政府下发《关于进一步开展创建文明社区活动的意见》，规定创建文明社区活动，城市以街道、居民委员会为单位，农村以乡镇、村委会为单位。1994年，全市开展创建文明社区活动的村镇、街道、居民委员会共计185个。

1996年，县（市、区）重点抓小（社）区的便民服务和设施建设。润州区三茅宫小区650平方米的服务大楼竣工，京口区建成各类便民服务设施540个，便民利民网络65个，组织一支4000多人的自愿服务队伍，开展便民服务活动。10月10日，市委、市政府表彰创建文明小（社）区活动成绩突出的16个村镇和10个居民委员会。

1997年6月20日，市委下发《关于开展创建文明小区工作的实施意见》，文明小区考核采取百分制，总分80分以上可获市级文明小（社）区称号；市级文明小（社）区在县级文明小（社）区中产生，每两年评比一次。6月28日，命名镇江市江滨新村、三茅宫小区，丹阳市凤凰新村，扬中市文化新村，句容市葛仙小区为镇江市文明小区示范点。1998年10月14日，市委、市政府命名表彰6个市级文明小区。1999年，省文明委命名表彰丹阳市凤凰小区等8个小区，为1997～1998年度江苏省文明小（社）区。2000年7月6日，市委、市政府命名表彰丹阳市云阳小区等19个小区为镇江市文明小（社）区。2002年，市委、市政府命名丹阳市新民中路等14个社区为镇江市文明社区，扬中市文化新村等20个小区为镇江市文明小区。

2003年7月30日，中国社会出版社出版的《中国社区建设模式研究》（王青山、刘继同编著），介绍镇江市文明小（社）区建设的发展过程，概括为：“以文明社区为目标，以社区服务为宗旨，做好‘五个结合’（社区建设同已开展的精神文明建设活动相结合；同社区治安综合治理相结合；同社会服务、社会保障制度结合；同发展第三产业相结合；同村、居委会的建设相结合），达到‘三个提高’（提高人的素质、提高居民生活质量、提高整个社区的文明程度），做好‘一个协调’（促进社会与经济协调发展，做到社会和谐）”。2004年，市委、市政府命名表彰句容市茅山社区、龙岗小区等54个镇江市文明社区（小区）。2005年，省文明委命名表彰镇江市京口区四牌楼街道江滨新村第一社区等8个2003～2004年度江苏省文明社区。

第二章　思想道德建设

社会主义思想道德建设的基本任务是坚持爱国主义、集体主义、社会主义教育，加强社会公德、职业道德、家庭美德建设。镇江市通过开展学楷模树典范、主题教育、爱国主义教育、大讨论、扫黄打非、广场文化和“三下乡”“五个一工程”等系列活动载体，构筑思想道德教育平台，吸引全市各层次广大群众积极参与，在引导人们树立建设有中国特色社会主义共同理想和正确的世界观、人生观、价值观，提高思想道德和科学文化素质等塑造社会主义新人的工作方面起到积极作用。

第一节　学楷模　树典范活动

1983年，市委召开深入开展向张海迪同志学习动员大会，号召全市广大干部群众向张海迪学习，做有理想、有道德、有文化、守纪律的共产主义新人。市广播电视局3次向全市播放张海迪报告的录音录像，全市收听收看面达90%以上。许多单位组织“我与张海迪比青春”“什么是共产主义人生观”等内容的专题讨论会；团市委组织张海迪先进事迹报告团，结合本地先进人物的事迹，编出4个专题，在全市青年中巡回报告24场，听众达1.5万人。市文化馆举办张海迪事迹图片展览，参观者达4000多人。基层单位结合本单位的好人好事，运用黑板报、厂报、歌咏会等形式宣传张海迪精神，形成多读书、读好书的氛围。学习期间，市区青工中就建有读书小组200多个，形成以张海迪为榜样，对社会尽责尽力、为人民服务，做好本职工作的新时尚。

1985年，市委下发《关于深入开展学习宣传云南前线防御作战英雄模范活动的通知》，要求围绕“英雄的力量源泉从哪里来的”“我向英雄学什么?”“青春应当如何度过”等问题开展学英雄、比贡献活动。市电台、电视台多次播放前线英雄模范的报告录音录象；团市委开展学英雄、守纪律、比贡献的“贡献杯”竞赛活动，和《镇江日报》联合举办“理想之歌”征文比赛活动、开辟《火线英雄》专栏。扬中县委宣传部组织本县七位烈士家属报告团，在全县巡回演讲。丹徒县上党乡编写前线英雄的故事，在纳凉晚会上宣传，并向全县发出学习英雄的倡议书。润州区官塘桥乡开展学本乡烈士胡年喜活动，提出“学英雄之举，创家乡之业”口号。10月，市委宣传部组织为烈属办好事、办实事活动，进一步推动“学英雄、比贡献、尽义务、创效益”活动深入发展。

1990年2月，在全市开展学习镇江市“学雷锋创文明标兵单位”丹阳市蒋墅镇“八姑娘民兵班”和“学雷锋先进个人”朱忠贵的活动，要求把学雷锋、学“八姑娘民兵班”活动同社会主义思想道德教育相结合；同“我为‘八五’争贡献”“科技、质量、品种、效益年”活动相结合，为发展经济多做贡献；同“镇江市文明市民六条要求”教育活动相结合，积极促进社会风气好转；同“学雷锋、树新风”“十大窗口”优质服务竞赛活动相结合，加强职业道德和行风建设，提高服务水平；同学习身边先进人物相结合，推动“学先进、比先进、赶先进”活动深入开展。

1991年8月，市委、市政府作出《关于开展向抗洪牺牲的周宜顺烈士学习活动的决定》(周宜顺，句容县郭庄镇五渚坊村人。1991年6月13日，面对特大山洪威胁，他不顾个人生命安全，冲上西河圩堤，先后7次下水堵塞漏涵，被洪水吞噬而牺牲。7月24日，江苏省人民政府追认其为革命烈士)，要求全市广大干部群众学习他一不怕苦、二不死的大无畏精神和一心为公，视国家和人民利益高于生命的高尚品德。要求各级党组织和各级政府，认真组织好学习活动，激励广大干部群众积极投入到抗洪和恢复生产中去，号召全市人民做好本职工作，为建设镇江、繁荣镇江多作贡献。

1992年3月20日，市委、市政府作出《关于授予朱仁智同志“见义勇为模范”称号的决定》，号召全市广大干部群众学习他在人民生命财产遭受侵害时挺身而出、舍生忘死的大无畏精神。1993年2月24日，丹阳市蒋墅镇“八姑娘民兵班”等48个集体、荆小大等50位个人被授予镇江市学雷锋活动先进集体和先进个人称号。1995年5月3日，于忠泉等10人被授予镇江市十大杰出青年称号。同年，在党员干部中，开展学习孔繁森和林正书活动。

图40-1　镇江市首例捐献造血干细胞的戚熙娟(2003年摄)

1996年，市委作出向马永林、贾又敏、张敏俐学习决定，号召全市干部群众学习马永林(江苏恒顺集团公司董事长兼总经理)艰苦奋斗，励精图治的创业精神；学习贾又敏(镇江日报社会生活部副主任)立足岗位，服务人民的奉献精神；学习张敏俐(江苏丹化集团公司仪表工)爱岗敬业，苦干实干，处处把国家和集体利益放在首位的主人翁思想，在奉献中实现自我价值。市委宣传部组织开展

"王彦波现象"(24岁的陆军船艇学校学员王彦波,在山东莒县汽车站帮一位老大娘取车顶的床板而摔伤,以致下肢终身瘫痪),"王彦波这样做值得吗""能称得上英雄吗"的大讨论,吸引广大市民参与对价值观、人生观的热烈讨论,对新时期如何弘扬雷锋精神起到很好导向作用,使学楷模、树典范活动更加贴近广大市民身边人和事。

1997年10月,全市开展评选文明市民活动,评选出镇江市首届文明市民,周春发、郑金旭、朱同、庄晔、王萍、邵荣英、刘玉喜、张洁、王龙芳、刘晓波等获"镇江市十佳文明市民标兵"称号;周克明、贾又敏、臧桂昌、蒋君辉、马立平、黄涛、杨希生、吴关彤、戴文、张素华等获"优秀文明市民"称号。

2000年7月1日表彰镇江市第二届"十佳文明市民"和"优秀文明市民",王亚东、毛秀娣、刘宗文、李玲、林振扬、张兰石、张玉梅、张金榜、张玲、周素英获"十佳文明市民"称号;陈长荣、李桂芳、张康平、赵学军、黄天成、黄德文、葛小龙、景桂芳、解珊青、薛亚珍获"优秀文明市民"称号。

2002年2月表彰"2001年度精神文明新人新事"和"百佳文明文民",刘希增等100人获"百佳文明市民"称号。2003年3月表彰第二届"百佳文明市民",分5个类别进行表彰:黄振春等30人获"热爱镇江、建设家乡文明市民"称号,张国辉等30人获"爱岗敬业、奋发有为文明市民"称号,汪志刚等10人获"诚信守法、见义勇为文明市民"称号,卢萍等20人获"热爱公益、助人为乐文明市民"称号,陈其昌等10人获"家庭和睦、邻里团结文明市民"称号。2004年8月表彰镇江市第三届"百佳文明市民":严巧兰等20人获"创业创新、开拓进取文明市民"称号,马阿林等20人获"珍爱名城、美化家园文明市民"称号,巢民等20人获"爱岗敬业、奋发作为文明市民"称号,戚熙娟等20人获"热心公益、助人为乐文明市民"称号,郑文卫等20人获"文明守法、弘扬新风文明市民"称号。

第二节　系列主题教育活动

一、"为党增辉、为国分忧、为民造福"主题教育

1990年,市委在全市城乡党员中广泛开展"为党增辉、为国分忧、为民造福"主题教育活动。4～5月进行稳定压倒一切、经济形势、群众观念和反渗透、反"和平演变"等4个方面的教育活动。5月中旬召开"三为"(为党增辉、为国分忧、为民造福)教育汇报交流会,在《镇江日报》开辟"三为"教育活动专栏。7月,市委召开优秀共产党员、先进党组织、优秀党务工作者先进事迹交流表彰大会,组织报告团在全市作巡回报告。9月举办"三为"演讲大会。在全市推荐市水泥厂党委开展"四为""四比四看"(为党旗增光、为国家分忧、为企业献策、为职工解难。比贡献,看"双增双节"成绩;比安全,看安全合格率;比活动,看学雷锋做好事成果;比模范作用,看各类评选中党员所占比例)和镇江客运分公司党委开展"热爱交通、端正行风、立足岗位、从我做起"教育和"共产党员争创先锋车""共产党员争创先锋岗"活动的做法。1991年1月,丹阳市新桥镇党委、镇江市水泥厂党委等39单位,被评为镇江市"三为"教育活动先进单位。

二、"搞好企业争效益,干好本职争贡献"主题教育

1992年3月10日,市委宣传部、市经委、市总工会、团市委联合印发《关于在全市企业职工中开展"搞好企业争效益,干好本职争贡献"主题教育活动的意见》。各企业结合实际,进行改革和扩大开放教育,科学技术是第一生产力的教育,发扬工人主人翁精神的教育。通过群众参与,发布"技术兴厂"科技成果和评比"技术革新能手""文明职工、文明班组、文明岗、文明车间"等多种形式的岗位立功竞赛活动。市委宣传部组织编写"关贸总协定知识""股份制知识""形势和任务"等方面15万多字宣传资料发送基层单位。在镇江市汽车钢圈厂召开文明职工评选活动现场会,推

广市钢圈厂、市焦化厂把评选文明职工同奖金、工资挂钩的做法和经验。以各级职工政校为基地，在企业职工中进行“深化改革、扩大开放、搞好企业、干好本职”的政治轮训。全市开办脱产班644期，半脱产班226期，有10万多名企业职工参加政治轮训，参训率达64%。

三、“塑造名城形象，争做文明市民”主题教育

1994年3月18日，市委下发《关于开展“塑造名城形象，争做文明市民”主题教育活动的意见》，开展文明礼貌、优质服务、遵章守纪、维护市容的教育。在全市“塑造名城形象，争做文明市民”教育活动交流会上，50多个单位代表参观镇江市交通银行、新华书店、京口饭店和工商银行的服务现场。主题教育以《镇江市文明市民读本》为教材，抓思想道德教育，提高市民文明素质。10月，有38个集体和59位个人被评选为“名城塑造者”先进集体和先进个人。在全市开展1994年度“精神文明建设十佳新人新事”评选。每年度一次的精神文明建设新事评选活动，受到省文明委重视，据此每年开展“江苏省精神文明建设十佳新人新事”评选活动。1997年，在全市新闻单位中，开展“塑造新时期新闻工作者新形象”自我教育活动。1998年，在全市企业中开展塑造企业形象活动，要求从理念、行为、视觉识别三个方面，持之以恒塑造企业整体形象，提高企业综合竞争力。

四、“学习‘三个代表’，力争‘两个率先’”主题教育

2003年，全市开展学习“三个代表”，力争“两个率先”主题教育活动。市委宣传部组织开展理论建设“123工程”，即在全市县处级干部中开展学习调研活动，形成一批有创意、有深度、有价值的学习调研成果；组织200场报告会；围绕“两步走发展新战略”“融入‘长三角’新思路”“沿江开发新举措”举办三大论坛，为率先发展提供理论先导和思想动力。主题教育领导小组在全市开展“比学习、比创新、比业绩、比贡献”竞赛活动。在全市选择100个主题教育示范点，其中20个示范点(5个省级经济开发区、5个重点乡镇、7个重点部门、3个重点企业)由市四套班子领导直接联系。各示范点从实际出发，致力于解决发展中的“瓶颈”问题和提高发展效益问题，使主题教育活动成为率先发展的“助推器”。5月30日，金东纸业江苏有限公司等15家单位被表彰为镇江市“率先发展排头兵”单位。新闻媒体开设《率先发展排头兵风采》专栏，介绍15家排头兵事迹，出版《率先发展排头兵》报告文学集。7月，省委宣传部在镇江召开全省“学习‘三个代表’，力争‘两个率先’主题教育工作会议”，参观镇江市主题教育现场和长江路、大市口广场等城市建设项目。

第三节 爱国主义教育活动

1990年3月22日，市委要求使用《热爱社会主义祖国——江苏省职工政校1990—1991年轮训教材》，在全市职工队伍中开展热爱社会主义祖国的主题教育活动，结合职工思想实际，系统地进行爱国主义、社会主义教育。市委宣传部、市计经委、市总工会牵头，市建委、外经贸委等部门组成镇江市职工系统政治轮训指导委员会，负责全市职工轮训。35岁以下青年职工，分配进厂的大中专毕业生和新招收工人为岗位培训和岗前培训重点，优先安排轮训。500人以上企业建立职工政校，小型企业、乡镇企业有条件的自己开办，无条件的在主管局(公司)指导下，采取联办或委托培训办法，对职工进行系统轮训。1990年，全市各基层单位共创办、恢复职工政校296所，轮训职工62126人，占全市企业总人数的25%。系统政治轮训逐渐向乡镇企业和国营场圃延伸。至1991年6月，全市举办职工轮训班2940期，轮训职工21.98万人，全员轮训率达75%。

1992年2月21日，市委、市政府印发《镇江市1991—1995年社会主义精神文明建设活动纲要》，在干部群众中继续深入开展爱国主义、社会主义、集体主义和基本国情的教育。11月9日，市委宣传部、关心下一代工作委员会、高校工委、团市委、市总工会、市妇联、市教育局、文化局共同下

发《关于组织开展“牢记苦难史、投身改革潮”主题教育活动的意见》。通过教育活动，广大干部群众，尤其是青少年了解一百年中镇江市两度沦陷的苦难史，懂得落后就要挨打的深刻道理，增强把经济建设搞上去的紧迫感、责任感。关工委完成《爱国壮举永垂青史——纪念军民抗英斗争150周年宣传提纲》《有关英军侵略镇江150周年和日军侵略镇江55周年的历史背景资料》的编印。1995年1月20日，市委制订《镇江市1995—1997年爱国主义教育实施规划》，要求35岁以下青年，接受系统的国史、国情、国策为主要内容的培训，职工参学率不低于80%，大中小学生参学率不低于98%。全市建设20个市级爱国主义教育基地，形成学校、家庭、社会三位一体的教育格局和良好的社会氛围。1997年1月2日，市委颁布《镇江市1996—2000年社会主义精神文明建设规划纲要》，指出爱国主义教育是全民教育，重点是广大青少年。新闻文化部门，利用载体开展广泛的教育活动。城市的主要街道、中心广场设置爱国主义内容的宣传栏、标语牌。发挥学校主阵地的作用，把爱国主义教育贯穿于教书育人的全过程。8月28日，镇江市烈士陵园等7个市级教育基地，被列入省级爱国主义教育基地。1998年4月，市委宣传部在茅山新四军纪念馆召开全市爱国主义教育经验交流会，组织1.7万人参加《中华人民共和国国旗法》百题知识竞赛活动。1999年，市各新闻媒体组织历时21天的“4.23”采风活动，重温1949年4月22日前后人民解放军推翻国民党反动统治的历史。10月1日，市委、市政府在烈士陵园举行万人升国旗仪式。

2001年7月4日，市委、市政府印发《镇江市社会主义精神文明建设“十五”规划纲要》，全市深入开展爱国主义教育和中国现代史、党史、基本国情、中华民族优秀传统和革命传统教育。10月，市委宣传部、市关工委、党史办编写的《江苏人民革命斗争群英谱——镇江（城区）分卷》出版，全市丛书5卷全部出版（丹阳分卷1998年出版、句容分卷1999年出版、扬中分卷2000年出版、丹徒分卷2001年出版）。2002年7月19日，市委宣传部、镇江电视台联合摄制的《茅山新四军纪念馆》在中央电视台第10套节目中播出。2004年8月9日，市委、市政府印发《镇江市加强和改进未成年人思想道德建设行动计划》，以学校、家庭、社会为重点，实施“学校育人”“团队育人”“家庭育人”“活动育人”“基地育人”“环境育人”6大工程60个工作项目，设立专项资金，用于未成年人思想道德教育重大项目建设。2005年8月，市文明办、文化局、教育局、关工委、团市委组织开展“熔铸中华魂”爱国主义读书活动，为全市中小学生免费放映百部爱国主义教育片。9月6日，市精神文明建设指导委员会确定将日常管理制度和对未成年人思想道德建设项目的考核列入年终目标考核。

2005年镇江市爱国主义基地一览表

表40-2

单位名称	级别	地点
茅山新四军纪念馆	国家级	句容市茅山镇
镇江市烈士陵园	省级	鼓楼岗
镇江博物馆	省级	伯先路45号
焦山古炮台	省级	焦山公园
镇江伯先公园	省级	伯先路13号
梦溪园	省级	梦溪园巷
镇江南山风景名胜区	省级	南山风景区
总前委旧址纪念馆	省级	丹阳市区宝塔弄5号
丹阳革命历史陈列馆	省级	丹阳市画院路36号
句容市博物馆	省级	句容华阳镇人民路68号

续表 40-2

单位名称	级别	地点
韦岗战斗胜利纪念碑	省级	韦岗
镇江市档案局	市级	市政府大院
丹阳新桥镇	市级	丹阳市新桥镇
许杏虎、朱颖烈士纪念馆	市级	丹阳市河阳镇高甸后北洛
工兵红一连	市级	句容小衣庄
茅山风景区	市级	句容市茅山镇
徐明烈士纪念馆	市级	句容市行香中学
句容兆文山烈士陵园	市级	华阳镇西南兆文山
江南抗日义勇军新四军挺进纵队会师合编纪念碑	市级	扬中市八桥镇
扬中新坝镇	市级	扬中市新坝镇
扬中长江大桥	市级	扬中市三茅镇
扬中市国防园	市级	扬中市城东
冷御秋纪念馆	市级	丹徒区黄墟镇
丹徒区黄墟镇龙山村	市级	丹徒区黄墟镇
镇句金丹四县抗敌总会旧址	市级	丹徒区宝堰镇
谏壁发电厂	市级	京口区谏壁镇
镇江大港港区	市级	镇江新区

第四节 “镇江精神”大讨论活动

一、“90 年代镇江精神”大讨论

1992 年 2 月，市委、市政府在全市开展“镇江精神”大讨论活动，加强市民名城意识教育。3 月 21 日，市委宣传部下发《关于开展“90 年代镇江精神”大讨论的意见》。大讨论从 3 月底开始至 6 月底结束。组织各类座谈会 30 余场，举办各种形式主题演讲活动百余场次。3 家市级新闻单位共收到各类讨论稿件 700 多篇，《镇江日报》共编发“大讨论”专栏 30 期，特稿 4 篇，评论 5 篇；镇江人民广播电台利用专题、新闻节目播出稿件 200 多篇；镇江电视台播出“大讨论”特别节目 11 期，专题新闻 24 期，跟踪报道 18 期。市委宣传部和市总工会、团市委、市电视台联合举办全市“90 年代镇江精神”电视演讲比赛，评选出“大讨论”演讲优秀论文 30 多篇。在充分讨论、认知基本一致基础上，提炼形成“团结奋进、顽强崛起、科学文明、强市富民”为“90 年代镇江精神”。

二、“新世纪镇江风采”大讨论

1999 年 10 月，全市开展“新世纪镇江风采”大讨论，大讨论围绕 7 个主题进行：1. 如何抓住机遇，促使镇江经济和社会发展迈上新台阶？2. 如何进一步拉开城市框架，把镇江建成现代化的港口、工贸、旅游、园林城市？3. 如何进一步优化环境、扩大开放，全方位提升城市文明程度，以良好的城市形象跨入新世纪？4. 如何进一步推进港口型经济、规模经济、外向带动和科技兴市发展战略，加快现代化建设步伐？5. 全市应以什么样的时代精神跨入 21 世纪？6. 新形势下如何坚持唯

物论、无神论，崇尚科学，反对迷信？7. 在价值观多元化的市场经济条件下，如何在全社会形成共同理想和精神支柱？10月26日，市委围绕7个主题，召集相关部门和人士进行讨论，部门和基层单位联系实际召开不同形式讨论会。10月29日，省委副书记顾浩批示省委宣传部："镇江市开展的'新世纪镇江风采'大讨论，也是群众性思想政治工作的一种好形式。请注意了解他们讨论的过程，总结他们的做法和经验，并适当作些报道。"大讨论至2000年6月结束。活动期间，组织140场专题座谈会，编印简报8期，各新闻媒体刊播稿件600多篇（条），专版30期，讨论稿230多篇。市总工会组织征文357篇，组织演讲会32场。团市委等部门、系统同时开展"文明职工""十大行业标兵""十佳师德标兵""十佳杰出青年""十佳杰出妇女"等评选和宣传活动。在大讨论基础上，概括出新世纪镇江风采是：锐意进取、顽强拼搏、知难而进、敢于争先。

三、新时期"镇江精神"大讨论

2003年5月22日，市委宣传部印发《关于在全市广泛开展新时期"镇江精神"大讨论活动的意见》。市新闻媒体单位开设专栏、专题、节目吸引社会广泛参与。市理论工作部门和高校组建课题组，开展研讨活动。市委宣传部、市委市政府研究室、社科联共同组成课题组，在全市深入大讨论基础上，积极吸取诸多课题组科研成果，收集主题语30多条。市委、市政府结合专家投票和群众讨论反馈意见，最后确定新时期"镇江精神"的主题语是"创业创新、开放文明、务实诚信"。2005年8月，市委宣传部出版《镇江城市之魂——新时期"镇江精神"文萃》，汇集大讨论中的文件、资料和专家、学者、广大干部群众的优秀文章。

第三章　文明城市创建

1985年8月，镇江市开展"创三优"（优美环境、优良秩序、优质服务）竞赛活动，成立"创三优"竞赛活动指挥部，市长任总指挥，提出"加强城市管理，建设文明城市"的奋斗目标，组织人民群众积极参与创建活动。1993年8月开展创建中山路文明街活动，设办公室与市城管办合署办公；设中山东路、中山西路两个管委会，分别由京口区、润州区组建。1996年开展创建文明城市活动，每个单位围绕实现优美环境、优良秩序、优质服务，推动城市精神文明建设。1999年3月成立镇江市创建文明城市指挥部，市长任总指挥，设环境与设施、市民教育与宣传、社会秩序、卫生与社区、科技教育与文化5个工作小组。5月成立创建国家卫生城市、中国优秀旅游城市、文明城市办公室，设11个专业达标组：1. 爱卫组织管理、单位卫生及除"四害"组，2. 健康教育、食品卫生、公共场所及传染病防治组，3. 基础设施建设组，4. 市容环境卫生组，5. 环境保护组，6. 社会治安秩序组，7. 旅游产业发展组，8. 市民教育组，9. 社会服务组，10. 教科文体事业发展组，11. 文明小区（社区）创建组。市政府同各大单位的领导干部签订《镇江市创建文明城市任务书》，推动创建活动的发展。2002年，镇江市获江苏省文明城市称号和全国创建文明城市工作先进城市荣誉奖；所辖丹阳市、句容市、扬中市也获江苏省文明城市称号。

第一节　"创'三优'建文明城市"活动

1985年5月，江苏省人民政府在全省13个城市，开展以"创三优"竞赛活动。8月，市政府召开城市"创三优"竞赛活动动员大会，坚持"少说空话，多办实事"的原则，依靠人民群众，扎扎实实地把活动抓好，使之经常化、制度化，做到：1. 优美环境，整齐、清洁、美观，实行"门前三包"（包卫生、绿化、秩序)、“门内达标”(达整齐、清洁、美观的标准要求);环境噪音达国家标准;饮食、食品符合《食品卫生法》要求。2. 优良秩序,交通井然有序,社会秩序、社会风气良好。3. 优质服务,讲职业道德,文明礼貌、态度和蔼、坚守岗位、按章办事,全心全意为人民服务。4. 认真开展创文明城市、创文明单位和军民共建活动,主要领导干部,亲自抓“创三优”活动。

1986年元月,市政府颁布《镇江市文明市民六条要求》,召开全市“创三优”竞赛活动大会,要求坚持以法治城,认真执行《关于违反城市管理暂行处理办法》;宣布市政府对“创三优”工作的3条规定:1. 工作不够好的单位,单位领导要向市政府汇报原因。2. 工作差,影响到全市“创三优”的单位,单位领导要向市政府检讨,认真拿出整改措施。3. 问题严重、领导失职的单位,领导做深刻检讨,停发半年奖金,整改好的停发一个季度奖金。3月10日,市政府表彰1985年度“创三优”竞赛活动先进集体56个,先进个人209人。1987年5月,市政府召开1986年度“创三优”先进集体和城镇管理工作会议,要求珍惜国家历史文化名城的荣誉(1986年12月19日国务院批准镇江市为全国第二批历史文化名城),通过各种创建文明活动,营造整洁优美的城市环境,加强对城镇的管理,上下配合、齐抓共管、严加考核,确保建设文明城市的各项工作顺利进行。

1991年11月20日颁布实施《镇江市城市管理暂行规定》,提高依法治理城市的力度。1992年2月21日颁布《镇江市(1991~1995年)社会主义精神文明建设规划纲要》,全市深入开展“创三优”竞赛活动,分市区、县城、集镇三个层次展开。“创三优”竞赛活动由市城管办、市建委牵头,形成全市范围内的竞赛网络,提高全市的“三优”水平。1995年8月8日颁发《镇江市市民守则》,是全市市民遵守的行为准则,是塑造名城形象、争做文明市民、建设现代化港口城市的基本要求。1995年8月9日制定《镇江市市区户外广告标志设施及容貌管理暂行办法》,规定镇江市城市社会管理委员会负责协调户外广告标志设施的综合管理。1996年4月27~29日,江苏省精神文明建设活动委员会对镇江市的“创三优”竞赛活动进行检查初评,肯定镇江市几年开展“创三优”活动的成绩和城市面貌巨大变化。1997年1月14日颁发《镇江市1996—2000年社会主义精神文明建设规划纲要》,把创建全省“创三优”先进城市列为奋斗目标。

第二节　文明风尚建设

一、文化环境净化

1983年,市委、市政府下发《关于加强录像设施使用管理和继续收缴黄色录像带及淫秽书画的意见》,由文化局、公安局牵头,组织对出售录音磁带的国营和个体商户进行逐店检查,收缴黄色手抄本19本,有害人民群众身心健康的录音磁带140盒,不健康的小报9800多份,取缔无证报贩摊16个,审查录像带、片200多部,停业整顿营业性舞厅和录像放映点10余处,加强对广播、电视、报刊、书籍、演出的监督管理。根据《关于加强报刊出版发行管理工作的通知》,文化、工商、公安等部门,清理非法出版物478种共计6973册,非法录音带1.3万盒,录像带101盒。1991年侦破震惊全国的“9·18”非法出版案,打击本地非法出版活动,挖出一个全国性的制黄贩黄特大团伙,为21个省市区的“扫黄打非”提供线索,为全国的“扫黄打非”工作做出贡献。

1993年成立镇江市“扫黄打非”领导小组。1995年破获江苏理工大学副教授陈章跃利用电脑制黄案和姚敏贩黄案,查获下线人员165人,抓获犯罪嫌疑人32名。1999年,全市集中销毁31万多册盗版光盘,7万多册走私盗版书籍和大量用于赌博的游戏机。2004年,中央文明办副主任翟卫华到镇江检查工作,对镇江市的“扫黄打非”工作和网吧专项整治工作给予充分肯定。(参见第三十四卷第十二章文化市场)

二、文化科学活动

1983 年，镇江市加大破除迷信，废除陈规陋习，加强科学文化知识教育的投入和全市的文化网络建设。至年底，全市建成文化中心 56 个，行政村俱乐部 874 个，生产队（村民小组）文化室、图书室 603 个，初步形成以集镇为中心的农村文化网络。农村集镇文化中心成为对广大村民进行科学文化、爱国主义、集体主义、社会主义思想教育和开展文化艺术活动的阵地。扬中县普遍建成文化中心，成为全省首个普及文化中心县。

1994 年，全市有 9 个乡（镇、街道）被评为江苏省群众文化先进单位。随着群众文化活动的日趋活跃，各地各单位利用校园文化、企业文化、家庭文化、广场文化等阵地，举办音乐会、灯会、读书会、知识竞赛、书画展览、歌咏比赛等群众性文化娱乐活动。全市积极开展送文化、科学、卫生“三下乡、常下乡”活动，1998 年送图书 11.4 万多册，送戏 51 场，放映电影 725 场；开展科普活动 16 场次；帮助革命老区乡（镇）建立万册图书馆 3 个。全市深入开展创建文化先进县（市、区）、文化先进乡（镇）活动，全市有 18 个乡（镇）跨进江苏省先进文化乡（镇）的行列。

图 40-2　镇江市委宣传部、市文明办等单位组织开展广场文化活动（2005 年摄）

城乡各地积极开展和推进“知识工程”“一二三”（订一份报、二本杂志、三百册藏书）家庭读书活动。在全市组织“迎接新世纪”和“知我镇江、爱我名城”专题读书知识竞赛。为提高竞赛水平，市委宣传部编印《名城镇江》5000 多册送发基层，1.3 万多人参加读书知识竞赛，年龄最小的 6 岁，最长的 81 岁。2001 年，举办首届镇江市农民艺术节和首届社区文化艺术节，组织文艺演出 30 多场次，举办各类综艺作品展 20 多场（次），参展作品达 1000 多件，参观人数达 24 万人次。开展“欢乐家园”系列广场文化活动 115 场次，观众达 10 多万人次，受到广大市民群众欢迎。

三、“五个一工程”活动

1989 年，中宣部倡导实施“五个一工程”（一本好书、一台好戏、一部优秀影片、一部优秀电视剧、一篇有创见说服力的好文章），镇江市积极组织开展这项活动。在加强思想道德教育过程中，认真贯彻“一手抓整顿，一手抓繁荣”的方针，以群众喜闻乐见的艺术形式和新颖的活动载体，构筑思想道德建设平台。至 2003 年取得全国“五个一工程”奖 1 项，江苏省“五个一工程”奖 15 项。

1994～2003 年镇江市获全国、省“五个一工程”奖作品表

表 40-3

艺术门类	作品名称	作者（选送者）	奖项	时间
扬剧	铁面情	镇江市扬剧团	江苏省“五个一工程”奖	1994 年
图书	世界科技发展史画库	市委宣传部	全国“五个一工程”奖	1997 年
丹剧	大哥你好	丹阳市丹剧团	江苏省“五个一工程”奖	1998 年
歌曲	廉政歌	镇江广播电台	江苏省“五个一工程”奖	1998 年
广播剧	雨过天晴	镇江广播电台	江苏省“五个一工程”奖	1998 年

续表 40-3

艺术门类	作品名称	作者(选送者)	奖项	时间
文章	贸工农一体化经营	京口区委宣传部	江苏省“五个一工程”奖	1998 年
电视片	五十年来鱼水情	市委宣传部	江苏省“五个一工程”奖	2000 年
广播剧	清水永在	市广播电视局	江苏省“五个一工程”奖	2000 年
歌曲	拥抱新世纪	市文化局、电台	江苏省“五个一工程”奖	2000 年
图书	丰子恺漫画品读	苏学文	江苏省“五个一工程”奖	2000 年
文章	新时期思想解放的历史回顾及深刻启示	潘文瑜、张新华	江苏省“五个一工程”奖	2000 年
音乐剧	快乐推销员	市文化局	江苏省“五个一工程”奖	2003 年
电视纪录片	独领风骚——诗人毛泽东	镇江电视台	江苏省“五个一工程”奖	2003 年
图书	镇江文化丛书	市委宣传部	江苏省“五个一工程”奖	2003 年
图书	当代诗书画咏镇江	市委宣传部	江苏省“五个一工程”奖	2003 年
电视连续剧	愿望年代	市广播电视局	江苏省“五个一工程”奖	2003 年

四、精神文明建设新事评选

镇江自 1994 年开展精神文明新事评选,营造健康向上的社会环境。

1994 年度镇江市“工行杯”精神文明建设的“十佳新事”:1. 全市市民送温暖、献爱心,帮助病残弃儿回归社会。2. 全市开展“塑造名城形象、争做文明市民”主题教育活动。3. 集中毁销非法、黄色录像带 4 万多盒。4. 大西路率先实行垃圾袋装化。5. 扬中 27 万人民众志成桥。6. 镇江文物精华首次跨出国门巡展。7. “骆焱精神”奏响时代凯歌。8. 军地双方互办 20 件实事。9. 全市广泛开展创建文明社区活动。10. 镇江有线电视覆盖市区 4 万户居民,镇江文艺台开播。

1995 年度镇江市“电力杯”精神文明建设的“十佳新事”:1. 全市人民积极开展、踊跃参加创建“全国卫生城市”活动。2. 全市广泛开展学习林正书活动。3. 市政府颁布《镇江市市民守则》,要求市民做到“十要、十不要”。4. 镇江市医改运行一年,框架初步形成,全市参保单位达 98. 78%。5. 市领导关心患病大学生瞿佩涛,镇江各界人士捐款献爱心。6. 扬剧《高原血魂——孔繁森》和文艺汇演《清风阵阵》演出成功。7. 成功组织镇江市首届体育节、承办全国第三届城市运动会射箭比赛。8. “六化建”公司两职工为抢救 1 名跌伤驾车人而遭车祸不幸遇难,谱写了舍己救人的精神文明之歌。9. 全市“希望工程”成绩斐然,兴建“希望小学”2 所。10. 镇江市建立慈善基金会,成立慈怀医院。

1996 年度镇江市“天然宝”杯精神文明建设“十佳新事”:1. 组织精神文明建设先进典型宣传,相继推出马永林、贾又敏、张敏俐、樊鸿文等一批先进模范人物和方宏伟爱国拥军先进群体,引起社会强烈反响。2. 镇江汽车钢圈厂“八小伙民兵班”坚持多年为社会做好事,被市委、市政府、军分区授予“学雷锋模范班”荣誉称号。3. 开展送温暖、献爱心“双结双帮”和“一助一结亲”大行动,困难企业职工和特困市民感受到社会主义大家庭的温暖。4. 公安“110”报警服务台开通。5. 市政府颁布《镇江市市区禁放烟花爆竹暂行规定》。6. 为民做好事受伤致残的陆军船艇学校学员王彦波被授予“爱民模范”称号,“王彦波现象”大讨论在全市引起强烈反响。7. 推行社会服务承诺制,首批 13 个部门公布 69 项承诺条款,接受监督,改进政风行风。8. 精神文明建设标志工程《镇江日报》大楼建成启用。镇江加密卫星电视开通,镇江电视台《四季风》列为中央教育电视台固定栏目上卫星播出。镇江有线电视台教育频道和镇江交通文艺电台相继开播。9. 开展青少年读书活动,成功举办镇江市第二届青少年读书节、首届“十佳青年藏书大户”评选。市区团员、青年向茅山老区捐赠书籍22万册,帮助建设村图书室284个。10.“可爱的镇江”系列文艺创作活动全面展开。推出“可爱的镇江”摄影展和“辉煌的八五,争雄的九五”大型图片展。

1999年度精神文明建设“十佳新事”:1. 镇江市被评为“省创建文明城市工作先进城市”“全国环境综合整治优秀城市”,通过“国家卫生城市”省级考核。丹阳市被命名为首批“江苏省文明城市”。有90个单位、32个村镇、12个行业获“江苏省文明单位”“文明村镇”和“创建文明行业工作先进行业”称号。扬中市新坝镇、丹徒县龙山村,镇江市计量所、镇江恒顺集团公司被评为“全国精神文明创建工作先进单位”。丹徒县龙山村作为全国文明村镇代表,以模型形式进京参加国庆50周年成就展。2. 全市各界愤怒声讨以美国为首的北约轰炸中国驻南联盟大使馆暴行;数万市民踊跃参观《许杏虎、朱颖烈士事迹展》《吕岩松南联盟战地影展》。许杏虎、朱颖烈士事迹陈列馆在丹阳建成。3. 举办“镇江解放50周年摄影展”“4. 23”大型群众歌咏大会、国庆升旗仪式、专场文艺演出、大型游园、焰火晚会等“三庆一迎”系列庆祝活动。4.“神州第一蛋”在镇江二十一世纪乐园落成,举行“神州世纪游”开幕式暨2000年庆典活动。5. 狠抓艺术精品生产,音乐作品《江南吟》获国家群星奖银奖,音乐剧《快乐推销员》在第四届江苏音乐舞蹈节上获“优秀剧目”“优秀导演”等7项大奖。句容“中国龙”赴京参加中国首届舞龙赛获金奖。6. 润洲区创办全省首家社区科普学校——黑桥社区科普学校。7. 句容市宝华镇东河道口监护员王祖修,为抢救群众献出宝贵生命,句容市追授王祖修为“优秀共产党员”。8. 深入开展“爱心献功臣”活动,一批为国作出贡献的老功臣、老退伍军人得到帮助。实现“双拥模范城市”三连冠的目标。9. 首次召开科技奖励表彰大会,重奖10项科技项目,再次获“全国科教兴市先进城市”称号。10. 举办“新世纪镇江风采”大讨论,引导干部群众以文明、开放的形象迈向新世纪。

2000年度“交通杯”精神文明建设“十佳新人新事”:1. 市公安局交巡警支队民警孙开泰,三十年如一日为群众排忧解难,把为人民服务落实在平时的一言一行中,履行一名人民警察的职责,被评为镇江市“人民满意的公务员和机关工作人员”。市公安系统开展向孙开泰学习活动。2. 丹阳市卧室用品厂厂长符惠琴,为解决中国西部缺水问题的修井建窑工程捐款万元,被全国妇联授予“助西爱心大使”荣誉称号。3. 丹徒县西麓镇光明村退休教师冯圣文,自费订阅报纸10多种,购置活动器具和图书,办起家庭青少年活动室,义务对青少年进行文化、法律教育,到10多所中小学宣讲法律法规,被称为“普法专业户”。4. 市区第一条园林景观大道长江路拓宽改造一期工程竣工,成为古城镇江的亮点,镇江人有了休闲、观光的“外滩”。5. 具有全省一流水准的集休养、康复、医疗、教育和娱乐于一体的老年服务中心——镇江老年公寓投入使用。6. 在全市青少年中,开展以“面向新世纪、学习新知识、迎接新挑战”为主题的迎接新世纪读书活动。举办全市首届“十佳读书、用书家庭”评比活动。7. 全市广泛开展文明社区(小区)创建活动。京口区率先成立社区党建精神文明建设协调委员会,润州区为城区42名孤寡老人安装求助门铃,丹阳市12个窗口服务行业与小区结成共建对子。全市有17个小区被评为文明小区。8. 镇江国税局四分局“七姐妹爱心小组”,业余时间悉心照顾一名父母双亡的孤儿,在思想、生活、学习上倾注母亲般的关爱。9. 句容市农机学校“莫问谁”群体,长期资助盲人和困难家庭,句容市开展“莫问谁”现象大讨论,掀起学习“莫问谁”群体的热潮。10. 扬中市以绿色环岛、生态农业、管道燃气、污染源集中控制、环境综合整治五大建设工程为载体,实施生态功能区的建设,成为全国首批“国家生态示范区”。

2001年度镇江市精神文明建设新人新事:1.“城市客厅”“珍珠项链”“引资大道”“两路出新”四大城建工程竣工,成为文明城市标志性工程。2. 开展以“清洁城市、清洁家园”为内容的城市环境和秩序综合整治;启动“现代文明市民再教育工程”,开展“争做文明市民,建设美好家园”“交通秩序专项整治”“争做文明青少年”活动和青年志愿者“新世纪文明行动”。3. 与中央电视台联合制作《家园》镇江版“古城话古今”节目;策划承办中央电视台等18家卫视台参加的全国卫视“中国历史文化名城——镇江”电视专题片大赛，提升镇江的知名度。4. 做好西津渡古街保护和修缮，过街石塔、观音洞、救生会等3个项目获联合国教科文组织亚太地区2001年度文化遗产保护优秀奖。5. 举办首届社区艺术节。小丹剧《称婆婆》、小扬剧《吴二赔情》、扬州评话《一笔救灾款》获全国社会文化领域最高艺术奖“群星奖”金奖。6. 实施“百千助才工程”，每年利用福彩基金资助100名特困家庭优秀大学生和1000名高中生，首批发放10万元。江苏长江集团启动500万元助学基金项目。7. 镇江市客运中心推出“雷锋车”，为旅客提供免费服务，全年做好事1300余件，帮助旅客2500人次。8. 扬中市八桥镇万福村从1955年起，向部队输送123名优秀青年，连续47年出兵不断线，无一退兵，被镇江市委、市政府和军分区授予“卫国拥军模范村”称号。9. 丹阳市新桥镇开展创建文明小城镇活动，加快集镇城市化、镇村一体化进程，被命名为首批”全国创建文明小城镇示范点”。10. 镇江国税局稽查局科长邓志祥，在16年税务工作中，主查各类涉税案件400余起，挽回国家税款8000余万元，获江苏省“优秀青年卫士”、省“新长征突击手”、省首届“人民满意公务员”等称号，当选全国十佳“杰出青年卫士”。11. 句容市天王镇涧北村退伍军人李家旺右臂残缺，但他身残志坚，带领乡亲调整农业结构，发展大棚草莓、大棚蔬菜等多种经营，摘掉该村全市最穷的帽子。李家旺一家被评为省、市“五好文明家庭”。12. 润州区黑桥居委会原党支部书记、主任王爱宝，积极探索社区精神文明建设的新途径，筹建全省首家社区科普学校，省、市新闻媒体多次给予报道。

2003年度精神文明建设新人新事：镇江获“全国创建文明城市工作先进城市”和“江苏省文明城市”称号、镇江市港务局刘连平见义勇为、奋力制止歹徒盗窃财物等15件新人新事当选为精神文明建设新人新事。

2004年度精神文明建设“十佳新事”：1. 全市广泛开展新时期“镇江精神”大讨论活动。2. 全市加强和改进未成年人思想道德建设六大工程全面启动。3. 农村开展“双清双美”活动。4. 全市精神文明标志工程取得新进展。5. 全市文化精品生产实现新突破。6. 中央电视台少儿频道在镇江落地、镇江有线数字电视开通。7. “增华阁”系列文化活动成为镇江文化活动品牌。8. “新市民巾帼文明行动”启动。9. 镇江高校百名教授“四上茅山”。10. 京口区加速建设“无村区”。

2005年度精神文明建设新人新事：1. 市慈善总会成立，社会各界踊跃捐款达3392万元。慈善总会对困难群众开展助医、助学等各类救助活动，救助622人，支出资金203.55万元。2. 全市开展“党员进万家”主题实践活动，82867名党员走访困难家庭54677户，帮助解决实际问题12127个，捐款捐物价值达8896万元，结成15958个长期帮扶对子。中央和省级媒体进行专题报道。3. 中央电视台“同一首歌”走进镇江，市委宣传部策划、市广电局承办在丹徒新区举办大型广场演唱会。演唱会突破地方台不能首先转播的惯例，创下镇江举办超大型演出的新记录。4. 推进廉政文化建设，组织《廉歌回荡》歌曲征集大赛、编辑《廉政文化丛书》和廉政文化专场演出等系列活动，着力打造“润廉工程”品牌。5. 开展“新镇江人”系列活动。吸收20万名外来务工人员加入工会、帮助外来务工人员清欠工资、评选“十佳外来文明职工”、建立外来务工人员子女学校、开设人员“流动课堂”等活动，使镇江成为他们的第二故乡。6. “巾帼红丝带”成为“防艾滋病”宣传品牌，开展知识讲座（竞赛）、文艺演出、“社会妈妈”资助艾滋病家庭孤儿等活动，提高全社会对艾滋病的正确认识，活动被称为“镇江模式”在全省推广。7. “康复爱心工程”惠及万余农民。镇江市第一人民院组建“康复爱心工程”医疗服务团，派出党员医护专家近千人次，投入近60万元，为农民提供医疗服务和爱心捐赠，活动惠及全市100多个村镇近3万名农民。8. 茅山新四军纪念馆被列为全国红色旅游景区。9. 京口区通过“创业楷模”“太平卫士”“慈善公民”“京口群贤”等活动，着力培育淳朴厚道、创业创新的新民风，促进市民文明素质的提升。10. 百佳文明润州人进行“文明之旅”考察。由政府财政出资近40万元，组织百名普通百姓到马来西亚、新加坡、中国香港学习考察。

第三节　文明城市创建成效

1999 年 3 月 16 日，市委、市政府印发《关于创建文明城市的实施意见》，提出在世纪末，力争镇江市区及 2 个县级市建成江苏省文明城市，1 个县级市建成全国文明城市；2003 年所有市辖县级市建成江苏省文明城市；2005 年镇江市区和 2 个以上市辖县级市建成“全国文明城市”的目标。把创建国家卫生城市、国家优秀旅游城市、全国园林城市、全国双拥模范城市等，都纳入文明城市创建的总体工作之中。5 月 10 日，市长、创建活动总指挥同各责任部门、单位主要领导签订《镇江市创建文明城市任务书》。7 月 15～18 日，省文明城市检查团对镇江市文明城市创建工作进行全面检查，镇江市被表彰为江苏省创建文明城市工作先进城市，丹阳市被命名为江苏省文明城市。

图 40-3　创建文明城市工作现场会（2002 年摄）

2000 年 4 月 21 日，市委、市政府召开全市创建“中国优秀旅游城市”“国家卫生城市”“文明城市”动员大会，要求把文明城市创建重点放在加强文明社区建设方面，围绕与群众生活相关的居住环境、市容卫生、交通秩序、社会治安、生活服务、市政建设等问题开展专项整治，真正把实惠、方便、安全和文明带给群众，促进社会安定和发展，促进城市文明程度的提高，为建成省级文明城市打下基础。2002 年 4 月，市委、市政府下发《关于深化文明城市创建活动，建成江苏省文明城市的实施意见》，以建设清新秀丽、充满灵气和活力的现代文明城市为目标；以营造优美环境、优良秩序、优质服务、优秀文化为重点；以人民群众满意为标准，以创建文明小区（社区）、文明行业、文明村镇、文明单位和各类单项创建工作为基础，落实长效管理措施，改善城市综合环境，增强城市服务功能，提高市民生活质量，全力打造名城形象，实现 2002 年建成“江苏省文明城市”目标。围绕江苏省文明城市标准 171 项指标，安排 7 个方面的重点工作：1. 优化基础设施，打造生态城市品牌，做好“显山、露水、透绿、现蓝”的文章。2. 提升城市管理水平，净化美化城市环境，努力构建城乡一体化的新格局。3. 广泛开展文明小区（社区）创建，夯实文明城市的基础，认真搞好社区资源整合共享工作，推动社区工作整体水平提升。4. 加强综合治理，创造良好社会环境。5. 大力推进“现代文明市民再教育工程”，提高市民综合素质，以公民道德教育为抓手，以“三德”为主线，分层次抓好多种形式的教育活动。6. 深化文明行业创建营造一流的服务环境，建立健全规范化服务的监督约束机制和评估体系，开展民主评议行风活动，使监督工作经常化、制度化、社会化。7. 加快社会事业发展，实现经济社会共同进步。

同年 10 月，镇江市、丹阳市、句容市、扬中市被命名为江苏省文明城市。镇江市被授予全国创建文明城市工作先进城市荣誉奖。

2004 年 8 月，市委、市政府提出力争跻身首批全国文明城市行列，确保 2007 年建成全国文明城市的目标。8 月 19 日，市委、市政府办公室下发《镇江市创建全国文明城市任务指标分解表》，将争创文明城市的目标要求分解到各具体部门和单位。2005 年 5 月 20 日，市委办、市政府办把市领导督促检查指导工作的项目内容、具体承办单位都详细通知到基层单位，形成创建文明城市工作上下一体化的承包责任制，推动创建文明城市工作深入开展。

——小资料——

[清]周镐·京江二十四景图——岘山策蹇

岘山为南郊诸山之一,山分两峰,东峰较高,名九华山,为城南诸山最高峰。此画系取景于西峰的岘山岭。两峰间有一峡谷山径,系府城通往南乡一带交通要道。古道地处高山峻岭,路陡蜿蜒曲折,经此翻山过岭,行路维艰,尤以雨雪季节,路滑难行。

岘山岭,明代建有岘山庵,庵僧古道喜作善事,率僧众共修此路,改筑成一条石板路的通衢古道,为方便行人,夏施茶、冬施汤、雨施杖、夜施灯。行人过此,莫不称道。老弱妇孺及负重者,骑驴过岭,行人拄拐杖结伴徒步登山,不绝于途。

第四十一卷

社会事务管理

卷 目

中共十一届三中全会后，镇江市民政工作不断改革和创新。

基层政权建设以建立完善城乡基层群众自治组织为重点，城市居委会向社区居委会发展，农村在1983年普遍建立村委会基础上向社区型村委会发展，职能也从单一管理向自我管理、自我服务、自我完善发展。

拥军优属改变传统走访慰问为主方式，注重为部队解决实际困难，注重军地两用人才培养。优抚安置走出从计划安置到多渠道、多门路的货币安置新路子。建立抚恤优待标准自然增长长效机制，保证优抚对象抚恤优待与经济发展同步增长。1993～2005年，镇江军地双方坚持每年互办实事20件，从不间断。至2005年，镇江市连续4次被评为全国双拥模范城市。

婚姻登记工作弱化管理，强化服务，体现民政工作以人为本理念。殡葬改革顺利推进，平坟还田工作快速推进。截至2005年，镇江平迁坟墓80余万座，复耕土地826.67公顷，基本实现可耕地、风景区、城市规划区和主要交通干道两侧300米内以及河流堤坝上无坟头要求。社会团体、非企业事业单位登记工作进入有序管理轨道。2005年底，全市登记注册社会团体733个，民办非企业单位285个。

20世纪80年代中期，镇江步入老龄化社会。1986年，全市60岁以上人口为25.6万人，占总人口10.28%。镇江老龄工作摆上各级政府重要议事日程，镇江市老龄问题委员会、镇江市老年活动中心先后成立，各级政府制定完善老年工作政策、措施，实施老龄工作星光计划，兴办老年保障设施，维护老年人合法权益，开展敬老活动，弘扬传统美德。2005年，全市60岁以上人口40.9万人，占户籍总人口15.5%，其中80岁以上高龄老人5.3万人，占老年人口13%。

改革开放以后，镇江残疾人事业取得历史性发展。1991～2005年，"八五""九五""十五"3个《镇江市残疾人事业计划纲要》顺利实施，残疾人康复、文化体育教育、劳动就业、扶贫和社会保障、残疾预防等领域均取得一定成绩，镇江残疾人生存状况明显改善，残疾人自强不息、对社会参与率和贡献率大幅提高。据全国第二次残疾人抽样调查（2006年4月1日零时），镇江各类残疾人187664人，占全市总人口6.34%。

1991年12月，镇江市关心下一代工作委员会（以下简称市关工委）成立。自此，以老同志（老干部、老战士、老专家、老教师、老模范等"五老"）为主体，在全市范围内关心爱护、教育培养下一代工作有组织有计划逐步推进。1993年8月，市关工委与省关工委联合创办《关心下一代周报》，面向全省发行。1994年4月至1998年2月，全市自上而下关心下一代工作网络逐步形成，农村关心下一代工作向青少年校外辅导教育和农业科技教育延伸。至2005年底，全市关心下一代工作领域逐步向青年职工、青年农民、社会青年和外来务工人员子女扩大，教育内容由思想道德教育领域不断向科普、心理健康教育等领域拓展。

第一章 民政工作

1983年，镇江市民政局内设8个机构，另辖镇江市盲聋哑人协会，承担基层政权建设、优抚安置、拥军优属、救灾救济、社会福利、社团登记、殡葬管理、婚姻登记、地名管理、行政区划调整等管理职能。1989年镇江市盲聋哑人协会交由镇江市残疾人联合会管理。1990年增加民间组织管理职能,设立社团管理科。1997年增加农村社会保险职能。2001年农村社会养老保险职能转给市劳动和社会保障局,增加民办非企业单位登记、抗灾救灾和老龄工作职能。2005年,增设最低生活保障处,负责全市最低生活保障工作。

镇江实行市管县体制后,民政工作不断加强。基层民主政治建设注重健全和完善基层民主管理体系,城乡群众自治组织不断完善和发展。优抚安置各项政策落实兑现,补助优待标准与经济发展同步增长,安置工作从计划安置拓展为多渠道、多形式安置。群众性拥军优属活动扎实开展,镇江连续四次被评为全国双拥模范城市。以人为本,依法管理婚姻登记、殡葬、地名命名、社团登记等社会事务,至2005年全市结婚登记率100%,全市批准登记注册社会团体、民办非企业单位计1018个。

第一节 基层组织建设

一、群众自治组织

1. 村委会 1983年,镇江农村实行政社分开,建立乡镇人民政府,生产大队改为行政村,建立村民委员会(简称村委会,下同),生产队改为村民小组。1985年,全市有1451个村委会。1987年11月24日,《中华人民共和国村民委员会组织法(试行)》(以下简称《村委会组织法》)公布。镇江先后在丹阳市荆林、扬中县八桥、句容县石狮等3个乡镇的48个村进行实施《村委会组织法》试点。1990年2月,镇江市第一届村委会选举全面铺开,全市1413个村委会一次完成选举的有1356个,选举成功率96%,选出村委会主任1324人。

1991年5月,镇江开展"村民自治示范村"活动。1992年、1994年进行村委会第二、三届换届选举,候选人均先由村民会议、村民小组会议推荐,再由村民协商间接提名。1995年6月,中共镇江市委制订《镇江市农村基层组织建设工作三年规划(1995～1997年)》,加强村委会建设,建立健全村民选举制度、村民议事制度、村务公开制度、制定村规民约、健全村民小组。1996年进行村委会第四届换届选举。至1997年,镇江20%以上乡镇达到村民自治示范乡镇、40%以上村达到村民自治示范村标准。

1998年6月,中共镇江市委下发《关于进一步加强我市农村基层民主建设,实行村务公开的意见》,全市村一级组织进一步完善民主选举、民主议事(决策)、村民会议、村务公开、财务管理、民主评议干部、干部离任审计等制度和村民自治章程。同年10月,镇江市进行第五届村委会换届选举,村委会候选人改由选民直接提名。全市1408个村委会有1383个完成选举,选举成功率98.2%,选民参选率97%。新一届村委会成员中,高中以上文化2159人,占44%,比上一届提高11.5%;51岁以上422人,占8.6%,比上一届减少116人;中共党员4174人,占85%,比上一届增加19.86%;妇女835人,占17%,比上一届减少3%;村委会成员4901人,比上一届减少2256人,干部职数减少31.5%。同年,扬中市新坝镇双新村委会、句容市郭庄镇金星村委会、丹阳市界牌镇黑木桥村委会、丹徒县黄墟镇黄墟村委会、京口区谏壁镇粮山村委会、润州区七里甸镇四圩村委会成为省级模范村民委员会,受到江苏省委组织部、江苏省民政厅表彰。润州区被省民政厅命名为江苏省村民自治模范区。至1998年底,镇江村务公开率90%以上,建成村民自治模范乡镇30个,村民自治模范村954个。

2001年5月,进一步推进农村行政体制改革,进行村组合并。按照调优调强、规模适度,地域相邻、整合资源,尊重民意、依法合并,整建制调整原则,重点对1000人、1000亩土地、100万元资产以下村进行合并。全市1411个村委会合并为937个。同年10月,第六届村委会换届选举,仍采用选民直接提名候选人方法。

2004 年 10 月,镇江进行第二轮村组合并,全市村委会合并为 607 个。同年 10 月,第七届村委会换届选举,试行"无候选人直接投票选举"方法,候选人资格条件由村民代表会议讨论决定并张榜公布。全市 607 个村全部进行换届选举,选民参选率 95.58%。新一届村委会成员平均年龄 43.8 岁,高中以上学历占 79%,其中大专以上学历占 18%。

2. 社区居委会　1983 年,镇江市有城区居委会 181 个,其中市区 144 个。至 1985 年 3 月,居委会正、副主任一直实行委派制。1985 年 4 月,居委会正、副主任由委派改为民主选举(间接选举)产生。全市 215 个居委会选出正、副主任 491 人,委员 1813 人,平均年龄 57 岁,比选举前下降 5 岁。居委会办公条件较简陋,1985 年镇江市区 145 个居委会中有 25 个没有办公用房。镇江城区居委会经费由地方财政实行补贴,1985 年前每月 40.7 元/人,1985 年 1 月起调整为每月 70 元/人。居委会主任每月补贴 39.5 元/人,副主任每月补贴 34.5 元/人,退休的居委会正、副主任按任职时间长短每月给予不同补贴。1989 年 5 月起,居委会补贴提高到每月 120 元/人。

1998 年,全市居委会 319 个。1999 年,居委会经费改由各级财政分担,镇江市级财政每年补贴京口、润州两区各 200 万元,其中 100 万元用于居委会干部补贴,其余主要用于片区绿化、环境整治、社区服务中心建设。纯居民的居委会主任每月补贴 600 元,副主任或主任助理 550 元,养老保险和医疗保险经费由市、区政府、街道办事处统筹解决。同年 9 月,市政府下发《关于加强镇江市区居委会建设若干意见》,明确居委会工作职责,将居委会用房纳入小区统一规划建设,建筑面积不少于 30 平方米。

2000 年前,镇江城区居委会一般以 100~600 户组成。2001 年社区体制改革,镇江城区居委会扩为以 1000~2000 户组成。社区居委会设治安保卫、人民调解、民政福利、卫生和计划生育、妇女等工作委员会,另建立社区协商议事会。2002 年,全市居委会 345 个。同年 4 月全市社区居委会进行第二届换届选举,正、副主任直接选举产生。同年,中共镇江市委、市政府下发《关于加强城市社区建设若干意见》,社区居委会要求逐步达到:有健全的组织体系、规范的管理制度、较强的干部队伍、完整的资料台账,有办公活动用房、电话、电视和电脑,有完善的服务项目、专职兼职相结合的服务队伍。每千人社区居委会用房达到建筑面积 85~150 平方米。至 2003 年 7 月,全市社区居委会办公用房超过 90 平方米的有 116 个,平均达 223 平方米。同年,全市居委会调整合并为 202 个。

2004 年,社区居委会按照《江苏省社区档案管理暂行办法》规定,档案管理做到有橱柜、有人管、有制度。同年,镇江建立城市社区居委会工作人员工资稳定增长机制,以 2004 年工资为基数,每两年调整一次;退休的社区居委会工作人员退养金最低为每人每月 400 元,并以此为基数,每两年调整一次。镇江市财政补贴居委会干部工资资金调至 200 万元,超出部分,由市、区两级财政按 1:1 比例分担。同时建立社区居委会工作人员社会保障机制,统一办理基本养老保险,所需经费列入区级财政预算。对参加社会医疗保险的社区居委会工作人员每年每人补贴 800 元,并随工资标准的提高作相应调整,所需经费列入镇江市财政预算。至 2005 年底,镇江设 293 个社区居委会,其中市区 167 个(京口区 83 个、润州区 68 个、丹徒区 5 个、新区 11 个)。

二、示范社区创建

镇江市社区综合建设工作始于 20 世纪 90 年代中期。1994 年 2 月,镇江市文明社区建设领导小组成立。市政府举办社区工作讲习班,对县(市)区分管领导、90 个乡镇长、8 个街道办事处主任和市文明社区建设领导小组成员共 110 多人,进行创建文明社区动员和培训。同年 3 月,在京口区四牌楼街道、谏壁镇,润州区中华路街道、蒋乔镇鲇鱼套村,丹徒县姚桥镇、宝堰镇、高桥镇,丹阳市云阳镇、新桥镇、司徒镇,句容县华阳镇、下蜀镇,扬中县三茅镇、新坝镇等 14 个单位进行创建示范社区试点,9月推广到170个村委会和居委会。10月,中共镇江市委、市政府印发《关于进一步开展创建文明社区活动的意见》,进一步明确文明社区建设的指导思想、基本标准、规划目标、原则与方法、扶持政策、考核评比、组织领导。

2000年8月,镇江市文明社区建设领导小组更名为镇江市社区建设领导小组。同年,市社区建设领导小组下发《关于制定镇江市社区建设发展规划的指导意见》。2002年4月,镇江市四届人大常委会第二十次会议审议"关于加强社区建设议案"的处理意见,决定将此议案交市政府办理。同月,市社区建设领导小组下发《镇江市社区建设领导小组工作职责》和《镇江市社区建设结对共建办法》,明确社区建设领导小组和33个成员单位的工作职责,确定首批34个市级机关部门与江滨新村第一社区等36个社区居委会结对共建。社区居委会办公、活动用房面积不少于220平方米。社区居委会内设办公室、档案微机室、多功能室和社区警务站、社区服务站,统一设置社务公开栏、宣传栏、阅报栏和社区示意图。同年9月,京口区被民政部命名为全国社区建设示范区。11月,市社区建设领导小组制订下发《镇江市城市社区发展规划》,确定社区组织、社区服务、社区治安、社区卫生、社区环境、社区教育、社区文化、社区保障等发展指标。

2003年,镇江市社区建设领导小组下发《关于开展全市社区建设示范活动的意见》。市纪委等第二批76个部门和单位与76个社区结对共建,市民政局、文明办、文化局开展"万家社区图书室援建和万家社区读书活动",援建69个社区图书室。

2004年3月,中共镇江市委、市政府对全市社区建设示范单位、先进集体和先进个人进行表彰。京口区、扬中市、润州区和句容市为示范区(市);京口区四牌楼街道、大市口街道、健康路街道、正东路街道,润州区和平路街道、中华路街道,句容市崇明街道,扬中市三茅镇为示范街道(镇);京口区江滨新村第一社区等28个社区,润州区三元巷等16个社区,丹徒区辛丰村社区,丹阳市凤凰新村等14个社区,句容市西庙等11个社区,扬中市文化新村等12个社区,镇江新区港中新村第一社区为示范社区。2005年11月,民政部社区建设调研组到镇江调研,对镇江社区建设工作经验给予充分肯定。

第二节 优抚安置

一、烈士褒扬

1986年,镇江市烈士陵园创办《北固英烈》报(1993年更名《镇江英烈报》),宣传各个革命时期烈士英雄业绩。1990年,镇江市委党史办和镇江市烈士陵园共同编撰革命烈士传记《北固英烈颂》发行3000册。1995年,镇江市烈士陵园出版《镇江烈士陵园》画册。同年,镇江市烈士陵园与镇江电视台共同制作拍摄《镇江有座小雨花台》资料宣传片。1996年,镇江市烈士陵园与陆军船艇学校电教中心制作拍摄《悠悠北固慰忠烈》资料宣传片。1997年至1998年先后完成赵伯先、黄竞西、夏霖、郭纲琳、巫恒通、王澄、王龙7位烈士传记。1998年,镇江市委党史办与镇江市民政局共同编撰社会主义建设时期烈士传记《丹心碧血》。1999年,烈士陵园举行"万人百歌颂英烈"演唱会和"镇江革命斗争史大型浮雕"落成仪式;建立"许杏虎、朱颖烈士纪念墓碑",举办"许杏虎、朱颖烈士事迹展"。其中"许杏虎、朱颖烈士事迹展"相继在南京、深圳、扬州等地展出,参观人数6万余人。2002年,镇江市烈士陵园编写《纪念镇江抗英保卫战160周年专辑》《辛亥先烈》《忠诚赤子》《北固英烈史迹选编》等书。2004年12月,镇江市烈士陵园开通镇江烈士褒扬教育网,采用互动形式,宣传烈士事迹,弘扬烈士精神。

1983~2005年,全市28人被批准为革命烈士,其中在对越自卫反击战中牺牲有17位。23年来,前往烈士陵园祭扫烈士墓、凭吊革命烈士的各界人士累计125.6万人次。

二、烈士陵园建设

镇江烈士陵园始建于1966年。1990年后，在全市各界人士支持下，陵园得以重建。

革命烈士纪念碑位于陵园中轴线北端。原碑建于1966年12月，1993年4月重建落成。新碑碑身用花岗岩砌就，碑高30米。碑体由三片组成，似三把利剑直刺苍穹，象征革命烈士义薄云天的革命精神。碑体正面镌刻的“革命烈士永垂不朽”八个大字由张爱萍题写。纪念碑前彩色地砖铺筑的广场可容纳万人举行纪念活动。1995年，镇江市烈士陵园被民政部、解放军总政治部命名为全国爱国主义教育基地、全国烈士纪念建筑物管理先进单位。

1998年12月，陵园警世碑竣工，总投资36万元。警世碑由中心碑体和四片墙体组成，耸立于圆形花岗岩广场中央。残缺的墙体寓意国破家亡，墙体正面刻有“1842”“1937”两个镇江人民蒙难的年号。中心碑体似残垣一方，正面镌刻“居安思危”“警钟长鸣”，提醒人们牢记历史，毋忘国耻。背面293字碑文，记载镇江人民被侵略、被屠杀、被奴役的屈辱历史和奋起抗击侵略者的光辉业绩。残缺墙体中裸露出刚劲有力的脊柱骨架，象征中国人民永远不向侵略者屈服的顽强精神。

1999年3月，陵园建成大型浮雕墙。浮雕墙坐落在烈士纪念碑两侧，总长52米，高3.6米，呈八字型，采用樱花红花岗岩制作，充分展现1840年以来无数革命先烈在中国革命历程的不同时期英勇奋斗、前赴后继的光辉形象和崇高精神。

2000年3月，中共镇江市委、市政府决定重建镇江市革命烈士事迹陈列室并更名为镇江烈士纪念馆。新馆建筑面积3200平方米，工程总投资1250万元，其中特别党费60万元，社会捐资380余万元。2001年6月，陵园建成由6尊人像组成并以李超时等烈士为原型的北固英烈群雕。群雕高4.5米，宽3.6米，重约50吨，采用优质樱花红花岗岩雕凿而成。同年，镇江烈士陵园被国务院批准为全国重点烈士纪念建筑物保护单位。

图41-1　烈士陵园全景(2002年摄)

2002年，陵园建成忠烈亭、亭内竖立忠烈祠碑。同年，镇江烈士纪念馆建成开放。纪念馆主要陈列鸦片战争、辛亥革命、党的创建等7个部分史料，展厅融入现代科技的声、光、电控等陈列手段，展出231名镇江籍和牺牲在镇江的外籍烈士事迹及遗物，张爱萍题写馆名。

三、抚恤优待

1. 抚恤优待金

一次性抚恤　1985年10月起，根据民政部和财政部调整一次性抚恤金标准，镇江优抚对象抚恤金标准作出相应调整，其中烈士生前有工资收入的按40个月工资计发；生前无工资收入或低于军队23级正排职干部工资标准的，按23级正排职干部40个月工资计发；因公牺牲军人一次性抚恤金标准为470～700元，病故军人为370～600元。1986年3月起，抚恤金标准因公牺牲军人按生前20个月工资计发，病故军人按生前10个月工资计发(最高不超过3000元)，无工资收入或低工资收入者按军队23级正排职工资计发。2004年10月1日新的《军人抚恤优待条例》颁布后,镇江再次调整一次性抚恤标准,烈士按 80 个月工资计发,因公牺牲按 40 个月工资计发,病故按 20 个月工资计发,月工资或津贴低于正排职少尉军官工资标准的,按照正排职少尉军官工资标准计发。

定期定量抚恤补助(定期抚恤) 1985 年,镇江对无劳动能力或者无固定工资收入不能维持生活的烈士家属、因公牺牲军人家属和病故军人家属的定期定量补助改为定期抚恤,居住城市烈士家属及因公牺牲军人家属每月 35 ~40 元,居住城镇的每月 30 ~35 元,居住农村的 20 ~25 元;居住城市的病故军人家属每月 30 ~35 元,居住城镇的每月 25 ~30 元,居住农村的每月 15 ~20 元。为保障优抚对象抚恤优待与国民经济发展相适应,根据国家和省有关规定,镇江市政府 1988 年印发《镇江市优抚对象抚恤补助优待标准自然增长机制暂行办法》,抚恤补助标准实行自然增长,同年抚恤补助经费一次性增加 240 万元,人均增加 460 元。

伤残抚恤金 原伤残抚恤分为伤残抚恤金和伤残保健金。无工作单位的(在乡)发给伤残抚恤金,有工作单位(在职)或享受离退休待遇的,发给伤残保健金。伤残等级分为四等六级。2004 年,根据新的《军人抚恤优待条例》规定,镇江对退出现役的残疾军人,按照残疾等级享受残疾抚恤金,取消“保健金”和“抚恤金”区别。原在职伤残人员享受国家标准,原在乡伤残人员享受各地自然增长机制标准,并把原来四等六级改为一至十级。

定期定量补助金 定期定量补助金是对未参加工作、年老体弱、丧失劳动能力、生活有困难的复员军人以及带病回乡、不能经常参加生产劳动、生活困难的退伍军人发放的补助金。定补标准随着社会经济发展逐步提高,1985 年为每月 13.52 元,1986 年为每月 16.09 元。1989 年每月提高到 26.48 元,先后为 4560 名在乡老复退军人办理定期定量补助,定补面占总数 70%,定补标准达到部定标准。1994 年定补标准提高到每月 32.7 元。

义务兵家属优待金 1987 年,《镇江市义务兵家属享受优待金的实施细则》出台。镇江城镇户口义务兵家属优待标准:第一年 300 元,第二年 350 元,第三年 400 元,第四年 450 元,第五年起 500 元。1995 年起,城镇户口义务兵家属享受优待金由市、县、区根据当地当年所需优待金总额统一筹集,农村户口义务兵家属享受优待金实行以乡统筹。镇江市政府规定,义务兵家属优待金由地税局与民政局共同负责征收,属纳税人交纳的由市地税局负责征收;市级机关、事业单位及部省属驻镇企事业单位交纳的由市民政局负责征收。征收标准按上年度在册职工每人每年 4 元。镇江城镇户口义务兵家属优待标准为每人每年 500 ~650 元;农村户口义务兵家属优待标准,每人每年按当地一个整劳动力年收入 50% ~70% 优待,有条件的按不低于当地农、工、副收入在内的人均收入水平优待。1995 年,农村优待金兑现率 100%,人均 1160 元。2003 年,镇江农村义务兵家属及重点优抚对象优待金统一纳入农业税支出范围,均由各级财政预算解决。

2. 住房与医疗优待

1999 年,中共镇江市委、市政府制订《爱心献功臣行动方案》,郑重承诺实现优抚对象住房无危破目标,彻底解决“三老”(老烈属、老伤残军人、老复员军人)优抚对象住房难问题,并作为三创全国双拥模范城必达目标。通过民政部门补助、社会各界捐资、责任单位帮助形式,镇江共筹集资金 300 多万元,为 118 户优抚对象解决住房困难。同时,以乡镇敬老院为依托,建立“三老”光荣院 27 个,集中供养 108 名孤寡优抚对象,供养金高于社会“五保”老人 20%。

2000 年 1 月,《镇江市优抚对象医疗保健暂行办法》发布,一般优抚对象医疗费减免补助率达到 40% ~50%,重点对象医疗费减免补助率达到 80% ~100%。8 月,全军首家“优抚对象医疗保健医院”在解放军镇江 359 医院揭牌,镇江市属 7 所地方医院同时挂牌,为优抚对象提供优先、优质、优惠(简称“三优”)医疗服务。2005 年,优抚医疗引入商业住院保险和慈善救助,进一步提高优抚对象医疗水平,实现以门诊“三优”减免为基础、新型合作医疗报销为主体、医疗保险理赔为依托、大病补助为辅助、慈善救助为补充的5个层面保障,基本解决优抚对象医疗难问题。

2001～2005年镇江市抚恤补助费发放情况表

表41-1　单位:万元

类别＼年份	2001	2002	2003	2004	2005	合计
一次性抚恤费	85.10	54.75	54.77	60	82.70	337.32
定期定量抚恤费	218.20	238.75	268.72	302.60	347.10	1375.37

1998～2005年镇江市抚恤优待对象补助一览表

表41-2　单位:元/年·人

类别	抚恤优待对象身份	1998～1999年	2000年	2001年	2002年	2003年	2004年	2005年
在乡老复员军人、带病回乡退伍军人	城镇抗战	2667	3050	3407	4110	5279	7490	7632
	农村抗战	1258	1572	1583	1617	1780	3067	4029
	城镇解放	2334	2668	2981	3597	4619	6741	6869
	农村解放	1101	1376	1385	1418	1558	2831	3760
	城镇建国后	2000	2287	2555	3083	3959	5992	6106
	农村建国后	944	1179	1187	1213	1335	2595	3492
	城镇带病回乡	629	786	792	808	890	1651	3053
	农村带病回乡	-	-	-	-	-	-	1880
“三属”	城镇烈属、牺牲家属	2667	3050	3407	4110	5279	7490	8395
	农村烈属、牺牲家属	2334	2668	2981	3597	4619	6741	7632
	城镇牺牲家属	2667	3050	3407	4110	5279	7490	7632
	城镇病故、农村牺牲家属	2334	2668	2981	3597	4619	6741	6869
	城镇病故家属	2334	2668	2981	3597	4619	6741	6869
	农村病故家属	2000	2287	2555	3083	3959	5992	6106
伤残军人（因战）	1级	6668	7624	8518	10276	13198	16478	16790
	3级	5668	6480	7240	8735	11218	14231	14500
	5级	3667	4193	4685	5652	7259	9737	9922
	6级	2667	3050	3407	4110	5279	7490	7632
	7级	1667	1906	2130	2569	3300	5243	5342
	8级	1000	1144	1278	1541	1980	3745	3816
伤残军人（因公）	1级	6335	7243	8092	9762	12538	15729	16027
	3级	5334	6099	6814	8221	10558	13428	13738
	5级	3334	3812	4259	5138	6599	8988	9158
	6级	2334	2668	2981	3597	4619	6741	6869
	7级	1334	1525	1704	2055	2640	4494	4579
	8级	1000	1144	1278	1541	1980	3745	3816

续表 41-2

类别	抚恤优待对象身份	1998～1999 年	2000 年	2001 年	2002 年	2003 年	2004 年	2005 年
伤残军人（因病）	3 级	5001	5718	6389	7707	9899	12733	12974
	5 级	3001	3431	3833	4624	5939	8239	8395
	6 级	2000	2287	2555	3083	3959	5992	6106
义务兵家属优待金	城镇义务兵家属	–	1213	1215	1511	1670	1850	2450
	农村义务兵家属	–	2820	2874	2920	3438	3659	4479

2005 年镇江市各类优抚对象统计表

表 41-3　　　　单位：人

	伤残人员					享受定期抚恤金人员				享受定期补助人员			合计
	合计	残疾军人	伤残国家机关人员	伤残人民警察	伤残民兵民工	合计	烈士遗属	因公牺牲军人遗属	病故军人遗属	合计	在乡复员军人	带病回乡退伍人员	
丹阳市	476	468	1	4	3	198	111	24	63	891	793	98	1565
句容市	511	504	3	4	–	158	51	70	37	819	568	251	1488
扬中市	189	188	–	–	1	105	91	2	12	302	205	97	596
丹徒区	161	161	–	–	–	81	36	12	33	450	380	70	692
京口区	353	326	21	6	–	18	4	6	8	31	28	3	402
润州区	147	140	2	3	2	32	19	3	10	54	50	4	233
镇江新区	59	58	–	1	–	38	19	5	14	148	113	35	245
合计	1896	1845	27	18	6	630	331	122	177	2695	2137	558	5221

四、拥军优属

20 世纪 80 年代，镇江市广泛开展“争当子弟兵好家长”“争当模范军属”等多种形式拥军优属活动。每年“八一”、春节前夕，镇江各级党委、政府走访慰问驻军、优抚对象，为他们解决实际困难。各种群众性拥军优属组织遍布镇江城乡，形成网络。1985 年，京口区健康路街道山门口居委会被民政部、解放军总政治部授予全国拥军优属先进单位称号。1985～1990 年，全市结成军民共建精神文明对子 184 个、服务小组 1654 个。

1992 年，镇江及所辖县（市）、区成立双拥领导小组及办公室。双拥领导小组在党委、政府和地方部队领导下，负责组织、指导、协调镇江双拥工作。此后，市委、市政府和军分区将创建全国双拥模范城作为双拥工作中心任务，制定下发《关于做好新时期拥军优属工作的若干规定》《镇江市双拥工作规定》等一系列文件，市委常委、副市长与部队建立联系点制度，定点联系驻镇独立团以上部队，市有关部门、单位分别与有关部队结成共建对子，开展共建活动。1993 年起，镇江军地双方每年都以签订责任书形式确定互办 20 件实事。1994 年，镇江首次被评为全国双拥模范城市。驻镇 81032 部队干休所政委林正书被《人民日报》等媒体誉为“军中孔繁森”，武警支队参谋长朱留坤被武警总部授予“无私奉献的好干部”称号。

1996 年起，镇江在市区主干道两侧和主要广场设置永久性双拥标语牌，将每年 1 月和 7 月定为双拥宣传月。同年，镇江电视台和市双拥办联合拍摄争创全国双拥模范城专题电视片《情满名城》。1997 年，镇江再次被评为全国双拥模范城市。京口、润州、镇江新区、丹阳、丹徒、句容 6 个县(市)区全部跨入省级双拥模范城(县)行列。句容市甲山村被省政府、省军区命名为拥军优属模范村；镇江市汽车钢圈厂被评为江苏省拥军优属先进单位；驻镇 37921 部队被评为江苏省拥政爱民先进单位。

1998 年镇江遭遇特大洪水袭击，驻镇解放军和武警官兵严守大堤两个多月，与广大市民一起抗御洪水袭击。市新闻媒体深入抗洪一线报道，将英雄事迹传遍千家万户。1999 年，镇江各地广泛开展"爱心献功臣奉献月"活动，社会各界对"三老"(老烈属、老伤残军人、老复员军人)捐款、捐物、结对帮扶。1999、2002 年，镇江电视台和市双拥办先后拍摄双拥专题电视片《再铸辉煌》《勇攀新高》，受到社会各界好评。2002 年，江苏省委、省政府、省军区授予扬中市八桥镇万福村"心系国防模范村"称号。

至 2005 年，镇江军地双方 13 年中互办实事 260 件。地方投资上亿元，减免各种费用数千万元，为驻军培训各类专业技术人才万余人，安置随军家属千余人，为部队无偿提供用地 133.3 公顷；部队出动官兵 65400 余人次，车辆 6500 余台次，植树 213.3 公顷，建成 3 片"双拥林"，支持地方重点工程建设 100 多项。镇江市连续四次被评为全国双拥模范城市。

五、退伍安置

2000 年以前，依据《中华人民共和国兵役法》和《退伍义务兵安置条例》，镇江城镇户口退役士兵安置由政府统一按系统包干分配，农村户口退役士兵回原籍自主就业。

2001 年始，根据形势变化和政策调整，镇江积极探索城镇退役士兵安置改革办法，大力推进退役士兵自谋职业，逐步由计划安置转向市场化安置。政府通过财政预算和社会统筹等渠道筹措安置保障金，对自谋职业退役士兵给予一次性安置金补助，实施免费技能培训，提供就业帮扶服务。实行市场化安置后，镇江城镇退役士兵自谋职业率逐年提高，2001 年 12.9%，2002 年 29%，2003 年 78%，2004 年 90%，2005 年 95%。1985～2005 年，镇江接收退役士兵 30968 人，其中城镇兵 10936 人(含转业志愿兵、士官)，农村士兵 20032 人。城镇士兵安置率 100%，农村退伍士兵两用人才开发使用率达 90% 以上。

六、军供工作

镇江市军用饮食供应站供水站(简称市军供站)，是市政府支援过往部队的组织机构和战备设施。市军供站在对越自卫反击作战、"八五"裁军分流、驻军调防、部队演练、抗洪救灾和历年新老兵运输保障中圆满完成各项军供保障任务。军供站积极贯彻"平战结合、综合利用"方针，充分利用军供设施，开展生产经营，实现自我供给和军供补贴。

1993 年，镇江市军供站迁址中山东路 1 号。按照民政部统一要求，军供站加强军供正规化建设，1994 年、1999 年、2004 年连续三届被评为全国军供系统正规化建设先进单位，受到民政部和总后勤部表彰。2002 年被评为全国先进军粮供应站。2003 年军供站单位性质由定补转为全额拨款全民事业单位，定编 5 人。

七、军休所工作

随着军队精简整编和干部离退休制度建立，军队离退休干部有计划按批次移交地方政府接收安置。1985 年 7 月，镇江市、句容县军队离休退休干部休养所分别成立。1986 年、1987 年，丹徒县、丹阳市军队离休退休干部休养所相继成立。随着移交干部人数增加，1998 年镇江市区军休所增加到 3 个，即第一休养所、第二休养所、第三休养所。

军休所建设不断加强。基础设施逐步完善，建立老干部活动室、会议室、医务室，保障工作用车。工作人员与休养人员开展“双热爱、双奉献”活动，老干部休养生活丰富多彩，健身娱乐活动常年开展，休养对象以所为家，老有所养，老有所乐。2004 年，丹阳军休所被民政部评为全国先进军休所，镇江市第一、第三军休所被评为省先进军休所。军休干部移交地方后，政治待遇、生活待遇得到落实。1985～2005 年，镇江各级民政部门按政策规定对离休干部生活待遇作出 20 次调整，对退休干部生活待遇作出 15 次调整。按照镇江各地医疗保险规定，同等参加当地基本医疗保险，享受退休公务员医疗补助。执行部队房改政策规定，同步进行军休干部公有住房出售。实行老干部用车交通费补贴。镇江各级政府每逢“八一”和春节重大节日走访慰问军休干部。军休干部热心地方公益事业，积极参与扶贫帮困、关心下一代和社区建设，发挥余热。镇江 6 个军休所均跨入当地精神文明建设先进单位。

军休所成立后，镇江共完成 5 个批次接收安置任务。2005 年起，改革移交安置办法，由批次安置改为年度安置。至 2005 年，镇江市共接收军休干部 353 人，其中离休干部 122 人，退休干部 231 人；军职干部（技术级）3 人，师职干部 64 人，团职干部 198 人，营以下干部 88 人。

第三节　社会团体登记管理

1990 年 2 月，镇江市对之前成立的社会团体清理整顿和复查登记。至年底清理社会团体 643 个，其中市属社团 233 个、县（市）级社团 410 个；对符合注册登记条件的 222 个社会团体给予登记发证。1992 年 4 月，镇江市民政局与市财政局、物价局、税务局联合下发《关于市属社团经费管理暂行规定》，统一社会团体收取会费标准以及经费开支范围。1995～1997 年，市民政局与市审计局联合对 150 余个社会团体进行财务审计，纠正违纪，完善制度，统一经费管理。同年，按照省政府对社会团体清理整顿工作统一部署，镇江对符合保留条件的社团给予核准登记；对重复设立、不起作用或不适应经济社会发展需要社团进行注销、撤销、合并 202 个，其中市属社团注销 50 个、撤销 1 个。

2000 年，镇江市社会团体 251 个，新批准 10 个，注销 51 个。同年认真贯彻中共中央《关于处理对社会有危害的气功组织有关问题的决定》，在全市开展清理工作。通过调查了解，对全市 5 个气功社团组织（市属 2 个）、73 个分支机构（市属 13 个）、36 种功法（市属 4 个）、16 个辅导站（市属 9 个）、198 个练功点（市属 110 个）全部办理注销手续。

2001 年 4 月，按照国务院颁布的《民办非企业单位登记管理暂行条例》，镇江在全市开展民办非企业单位复查登记，年底结束，登记民办非企业单位 35 个，其中市属 20 个。同年 12 月，镇江市委宣传部与市民政局联合下发《关于加强对民间组织的宣传报道管理的通知》，坚决杜绝非法民间组织活动宣传。2003 年 4 月，镇江市民政局研究制定民间组织年度检查、重大活动报告、变更注销、出版物报送、印章管理、档案管理和正常会议等 7 项管理制度，提高民间组织规范化管理水平。全市民间组织年检率 90%，年检合格率 10%。

镇江对有 50 名以上个人会员或 30 家以上单位会员（个人、单位会员混合的，会员总数不得低于 50 人），有规范名称和相应组织机构，有固定场所，有与其业务活动相适应的专职工作人员，有合法资产和经费来源（3 万元以上）的单位或 3 人以上者，书面申请经社会团体登记管理机关审查通过后，批准登记，颁发证书，并向社会公布。至 2005 年底，镇江市批准登记注册社会团体 733 个，其中市属 307 个，辖市（区）426 个。批准登记民办非企业单位 285 个，其中辖市（区）213 个。

1990～2000 年镇江市属社会团体统计表

表 41-4　　单位：个

年份	1990	1991	1992	1993	1994	1995	1996	1997	1998	1999	2000
年末实有数	222	242	259	272	280	288	298	305	283	292	251
当年批准数	–	20	17	13	8	8	10	7	3	9	10
当年注销数	–	–	–	–	–	–	–	–	25	–	51

2001～2005 年镇江市社会团体、民办非企业单位统计表

表 41-5　　单位：个

类别	社会团体									民办非企业单位					
年份	年末实有数	其中		当年批准数	其中		当年注销数	其中		年末实有数	其中		当年批准数	其中	
		市属	辖市（区）		市属	辖市（区）		市属	辖市（区）		市属	辖市（区）		市属	辖市（区）
2001	572	259	313	23	8	15	–	–	–	35	20	15	35	20	15
2002	595	271	324	50	17	33	27	5	22	196	27	169	161	7	154
2003	632	279	353	46	8	38	9	–	9	234	42	192	38	15	23
2004	666	294	372	39	15	24	5	–	5	257	54	203	23	12	11
2005	733	307	426	70	13	57	3	–	3	285	72	213	28	18	10

第四节　婚姻登记和殡葬管理

一、婚姻登记管理

1983 年以后，镇江各级政府和有关部门把宣传新婚姻法纳入普法教育重要内容，通过广播、电视、黑板报、宣传栏等形式广泛宣传。市委宣传部、团市委、市妇联、市司法局等部门在《镇江日报》开辟新婚姻法知识竞赛专栏，各级民政部门每年对婚姻登记员进行业务培训。镇江婚姻登记按照属地管理原则，由区、乡、镇政府和街道办事处办理。凡当事人男年满 22 周岁，女年满 20 周岁，双方均无配偶，没有直系血亲和三代以内旁系血亲关系，持本人户口簿、身份证，到相应婚姻登记机关提出申请，婚姻登记机关审查合格后即予登记。离婚登记，由双方当事人持本人户口簿、身份证、结婚证和双方当事人共同签署的离婚协议书，到相应婚姻登记机关提出申请，婚姻登记机关审查合格后即予登记。

涉外及涉港澳台婚姻登记 1994 年 4 月前由内地居民婚姻登记机构办理，1994 年 4 月后由省辖市民政局集中办理。同年，全市办理结婚登记 19625 对，其中涉外及涉港澳台婚姻登记 16 对。

2003 年 8 月国务院颁布《婚姻登记条例》，镇江内地居民婚姻登记改由县级人民政府民政部门办理。2004 年 1 月起，涉外及涉港澳台婚姻登记改由江苏省民政厅办理。

至 2005 年底，全市各地民政局均设有婚姻登记处，有婚姻登记员 35 人。同年，镇江办理结婚登记 20185 对，其中复婚登记 370 对；办理离婚登记 2899 对。

1989～2005 年镇江市婚姻登记情况表

表 41-6　　单位:对

年份	结婚			离婚	涉外及涉港澳台婚姻
	对数	结婚登记率(%)	复婚		
1989	22184	87.5	47	340	2
1990	22353	91.8	30	301	1
1991	20197	96.5	41	373	1
1992	19064	81	60	449	10
1993	21321	91	53	699	12
1994	19529	83.4	80	807	16
1995	21288	91	262	920	39
1996	23200	98	135	1168	33
1997	22498	96	147	1190	32
1998	21076	90	176	1142	53
1999	19885	100	152	1423	48
2000	19368	100	291	1508	62
2001	18085	97	232	1552	47
2002	19154	100	213	1755	65
2003	19009	100	197	2033	53
2004	20170	100	291	2737	-
2005	19815	100	370	2899	-
合计	348196	-	2777	21296	474

说明:涉外及涉港澳台婚姻登记 2004 年后由省民政厅办理

二、殡葬管理

20 世纪 80 年代,杜绝土葬,实行火化,已成为群众生活习俗。1985 年,镇江市区火化率 98%。为有效解决火化后骨灰存放、安葬问题,在农村兴建骨灰存放室(安息堂)基础上,80 年代中期镇江开始建设公墓、安乐园。1988 年 4 月,市区在官塘桥三里岗火葬场(建于 1965 年)附近配套建立栗子山公墓和栗子山华侨公墓。1989 年 5 月,镇江市殡葬管理所从市区东岳巷迁至三里岗。1991 年 7 月,三里岗新殡仪馆开工建设,1993 年 11 月落成使用。殡仪馆建有停尸间、冷藏间、骨灰存放室、吊唁厅、休息室,内有普通火化炉 4 座,高档拣灰炉 1 座。1994 年 7 月,黄山公墓划归栗子山公墓管理。1995 年,全市实现火化率 97%。

1996 年,镇江平坟还田工作起步。根据省政府统一部署,镇江周密组织、实施平坟还田工作,开展多种形式宣传活动,先行试点,边迁边平边解决存在问题。至 1997 年底,镇江平迁坟头 46.02 万座,复耕土地 333.33 公顷,实现无坟头乡镇 30 个,扬中市实现无坟头目标。全市实现火化率 100%。同年,润州金翔实业有限公司与镇江市殡葬管理所合作,共同投资建成南山塔园,有塔位 41140 只,并建立栗子山安乐园。2000 年,南山塔园公司资产重组,注册成立镇江市福承塔园有限公司。

2001 年 1 月,镇江市殡葬管理所改为镇江市殡葬管理处,下辖殡仪馆、栗子山公墓、福承塔园有限公司,占地 10.67 公顷。栗子山公墓建有 2 万多个不同档次墓穴。2001 年 11 月,镇江成立殡葬管理监察大队,配合乡镇、街道查处殡葬违法违规行为。2000 年至 2001 年 12 月,镇江两次清理整顿殡葬市场。2003 年，全市实现火化率 100%。

2005 年 8 月，镇江市福承塔园有限公司出台具体方案，采取塔位回购、自行转让和权证转股等三种方式，妥善处理南山塔园与客户遗留问题。至 2005 年，镇江平迁坟墓 80 余万座，复耕土地 826.67 公顷，基本实现可耕地、风景区、城市规划区和主要交通干道两侧 300 米内以及河流堤坝上无坟头要求。丹阳市、句容市、扬中市及丹徒区均分别建有殡仪馆和与之相配套的火化设施及骨灰安葬公墓，镇江市区还设有象山乡禹山林园公墓、新区高周湾骨灰堂等，基本满足群众殡葬需求。

1991～2005 年镇江市部分年份火化情况表

表 41-7　　单位：人

项目 / 年份	全市合计			镇江市殡仪馆			丹阳市殡仪馆			句容市殡仪馆			扬中市殡仪馆			丹徒区殡仪馆		
	火化数	当地户口	火化率(%)	火化数	当地户口	火化率(%)	火化数	当地户口	火化率(%)	火化数	当地户口	火化率(%)	火化数	当地户口	火化率(%)	火化数	当地户口	火化率(%)
1991	15697	14180	93.6	3174	2431	100	5284	5176	100	3242	2371	72	2015	1999	100	1982	1982	88.9
1993	15898	15356	93.6	3299	2639	100	5321	5265	100	3000	2020	63	2072	2072	100	2206	3000	91.4
1995	16890	16016	97	3448	2289	100	5439	5775	100	3810	2900	83	2081	2121	100	2112	2931	97
1997	18503	17578	100	3273	3149	100	6076	5568	100	4838	3729	100	2034	2014	100	2282	3118	100
1998	19640	17131	99.8	3419	2531	100	6915	5646	100	4800	3720	100	2137	2116	100	2369	3118	98.6
2001	19471	–	–	2892	–	–	6556	–	–	5160	–	–	2063	–	–	2800	–	–
2002	19466	17578	100	2359	2359	100	6921	6293	100	5155	3607	100	2175	2137	100	2856	2679	100
2003	21185	17039	100	2246	2796	100	7066	6003	100	6563	3173	100	2330	2298	100	2980	2769	100
2004	21165	–	–	2776	–	–	7003	–	–	6239	–	–	2156	–		2982	–	–
2005	21729	–	–	3170	–	–	7383	–	–	5916	–	–	2240	–	–	3020	–	–
合计	189644	114878	–	30056	18194	–	63964	39726	–	48723	21520	–	21303	14757	–	25589	19597	–

第五节　地名工作

一、地名管理

20 世纪 80 年代初期，在地名普查基础上，市、县两级建立完整、规范的地名档案。1982 年设立镇江市地名委员会。1985 年 1 月，根据国务院及省政府有关规定，制定《镇江市地名管理工作实施细则》。1987 年 4 月市地名委员会撤销。同年起，镇江市民政、公安、城建等部门共同对市区道路、街巷、门室标志牌进行全面整顿和更新。

1989 年 5 月，市地名委员会复设。委员会主任由分管副市长担任，下设办公室负责日常事务。同年，地名办公室编修出版《镇江地名简册》。1990 年，开展地名补查和资料更新工作。市区填报地名成果表 4113 份，标绘地名图 15 套，完成文字资料 200 万字。1993 年编绘《镇江市城区地名图》《镇江市市区地名图》。1995 年编绘《镇江市地名图》。同年 10 月颁布《镇江市地名管理办法》。

1996 年，镇江开展道路设标工作，共设牌 95 块，其中国道 39 块、省道 54 块、市道 2 块。1998 年编辑出版《镇江市标准地名实用手册》。1999 年 7 月，镇江颁发《关于市区地名命名更名审批权限程序和统一地名标志设置的意见》，进一步明确市、区两级地名管理部门工作范围和责任、义务。2000 年起，镇江按照国颁标准，开展城市地名标志设置更新工作。2001 年 9 月重新修订《镇江市地名管理办法》,规范地名管理权限、程序、内容、标准等,对地名标志设置及经费筹集市场化作出明确规定。各辖市(区)先后颁布与之相配套管理办法。

至2005年,镇江市区80余条道路更新路牌700余块,新建小区门楼牌设置纳入小区开发综合验收项目。镇江市先后被评为全国国道地名标志设置先进单位和全国地名标志设置工作先进城市。

二、地名命名、更名、注销

改革开放以后,镇江加快城市化发展步伐,市区范围不断扩大,旧城改造日新月异,地名变化频繁。镇江地名命名、更名围绕历史文化名城、黄金十字水道和城市山林等城市特色。主城区路名主要以古地名、古人名命名和更名。如黄七路更名为南徐路,镇焦路更名为东吴路,环城路更名为梦溪路,东门广场更名为梦溪广场。新命名道路有:丹徒路、润州路、朱方路、宗泽路等。主城区以外则主要以山川、河流、居集地和大型建筑命名。如大港经济开发区道路以山和港命名,原丹徒路西段更名为学府路等。1981~2005年,镇江市区共命名、更名265处,其中1994~1997年注销地名23个。

1994~1997年镇江市市区街巷注销一览表

表41-8

年份	名称
1994	小八叉巷、月朗巷、果子巷、王通寺巷、马棚巷、吴先生巷、马三房巷、松盛园巷、松花巷、磨盘巷、浮桥巷、小闸口
1995	丁家巷、中营、马祠巷、三台栈巷、草巷、七星巷
1996	瓦瓷山、九龙巷、共舞台巷
1997	潮水沟北巷、邹家巷

1985~2005年镇江市区道路(街巷)命名(更名)情况表

表41-9

年份	标准地名	位置状况
1985	中山东路(更名)	原中山路,东至环城路,西至电力路、运河路口
	中山西路(更名)	原劳动路,东至电力路,西至朱方路
	梦溪园巷(更名)	原东河边,南至正东路,北至东门坡
1988	京岘山路	西起丹徒路,东转北至外贸库
	黄山支路	东起黄山路,西至纸箱厂
	跑马山路	北起中山西路,南转西至铁路桥口
	招隐山路	东起竹林路,西转南至招隐寺
	宗泽路	西起九里街,东转南至孟家湾
	八角亭路	北起桃花坞路,南至京岘山路
	一泉路	东南起金山西路,西转北至第二水厂
	官塘桥路	北起南门天桥口,南至官塘桥集镇沪宁高速公路引线口
	丁卯桥路	北起青年广场,南转东至长岗
	南徐路(更名)	原黄七公路,东起南门天桥,西至营房街

续表 41-9

年份	标准地名	位置状况
1991	建新路	东起硫酸厂(后门),西至黄山路
	丹徒路	西起梦溪广场,东至谏壁镇越河街
	滨河路	北起中山桥口,南至解放桥口
	石马湾路	北起桃花坞路,南至京岘山路
	小米山路	北起桃花坞路,南至京岘山路
	岗子下路	北起天桥路,南至旗杆村
	马家山路	北起中山西路,南至南站货房
	宝塔路(延伸)	原小闸口、浮桥巷并入宝塔路
	润州山路(延伸)	南起中山西路,北至市二中门口,与黑桥相接
	琴园巷(延伸)	航运新村至西窑一段并入琴园巷
	中华路(延伸)	原缸瓦厂北段并入中华路
1993	临江路	位于大港经济开发区,东起圌山园林场,西至祝赵村
	兴港路	位于大港经济开发区,东起圌山路,西至大港汽渡
	银河路	位于大港经济开发区,东起招庆寺,西至百里村
	金光路	位于大港经济开发区,东起窑头上,西至双堡
	港南路	位于大港经济开发区,东起镇培山,西至纪庄村
	东丰路	位于大港经济开发区,东起赵甸,西至唐家涧
	圌山路	位于大港经济开发区,北起圌山园林场,南至镇培山
	五峰山路	位于大港经济开发区,北起吴家墩,南至唐巷里
	绍隆寺路	位于大港经济开发区,北起殷家,南至小戴家
	烟墩山路	位于大港经济开发区,北起聂家,南至巷岗
	港中路	位于大港经济开发区,北起港口,南至港南路
	通港路	位于大港经济开发区,北起兴港西路,南至葛村
	赵声路	位于大港经济开发区,北起兴港西路,南至港南路
	北山路	位于大港经济开发区,北起岱向桥,南至水牛巷
	青龙山路	位于大港经济开发区,北起祝赵村,南至纪庄村
	东吴路(更名)	原镇焦路,西起解放路,东转北至焦山渡口
1994	头道巷	东起中山西路,西至朱方路
	三官塘巷	北起中山西路,南转西至黄山路
	长江路(更名)	原苏北路,东起解放路口,西至新河路口
	网巾桥(并入)	原马三房巷并入网巾桥
	古更楼巷(并入)	原松花巷、磨盘巷并入古更楼巷

续表 41-9

年份	标准地名	位置状况
1995	经三路	位于丁卯经济开发区,南起纬一路,北至纬四路
	经五路	位于丁卯经济开发区,南起纬一路,北至纬六路
	经七路	位于丁卯经济开发区,南起纬一路,北至运河边
	经八路	位于丁卯经济开发区,南起纬一路,北至纬六路
	经九路	位于丁卯经济开发区,南起纬二路,北至纬六路
	经十路	位于丁卯经济开发区
	经十一路	位于丁卯经济开发区
	经十二路	位于丁卯经济开发区
	经十三路	位于丁卯经济开发区
	经十四路	位于丁卯经济开发区
	经十五路	位于丁卯经济开发区
	经十六路	位于丁卯经济开发区
	纬一路	位于丁卯经济开发区,西起谷阳路,东至经八路
	纬二路	位于丁卯经济开发区,西起经三路,东至经九路
	纬三路	位于丁卯经济开发区,西起谷阳路,东至经九路
	纬四路	位于丁卯经济开发区,西起经三路,东至经九路
	纬五路	位于丁卯经济开发区,西起谷阳路,东至经九路
	纬六路	位于丁卯经济开发区,西起谷阳路,东至经九路
	纬七路	位于丁卯经济开发区
	纬八路	位于丁卯经济开发区
	寿邱街	位于南门大街北端,西起南门大街,北至中山东路
	桃西路	东起桃园新村主干道西端,西转北至金山西路
	中营街(更名)	原中营、马祠巷、丁家巷,北起中山东路,南至正东路
	丁卯桥路(延伸)	原运河路青年广场至周家河桥一段统称丁卯桥路
	运河路(缩短)	原周家河桥至青年广场一段并入丁卯桥路
1996	万古路	大西路东段延伸,西起解放路,东至环城路
	京河路	位于解放路南段东侧,临近京杭古运河畔,原解放路 20 号,西起解放路
	谷阳路	东北起丁卯桥路,西南至官塘桥路(三里岗)
	润州路(更名)	原镇扬公路,南起镇句路,北至镇江渡口

续表 41-9

年份	标准地名	位置状况
1997	江滨路	位于大东造纸厂东侧,南与东吴路和环城路交叉相接,北通大东滩
	港口路	位于大港经济开发区。南起兴港路,北至临江路
	圌中路	位于大港经济开发区。西起港口路,东至港中路
	兴港东路(更名)	位于大港经济开发区。西至港中路,东至圌山路
	兴港西路(更名)	位于大港经济开发区。东至港中路,西至大港汽渡
	朱方路(更名)	南北走向
	谷阳路(北延)	南北走向
	官塘桥路(南延)	南北走向
	健力宝路(更名)	南北走向
	小米山路(延伸)	原小米山路,南起京岘山路,北至桃花坞路口并延伸至宗泽路口
2002	吉祥街	位于镇江新区赵声路西侧,东起赵声路,西至通港路
	江鲜街	位于江南桥北侧,南起江南桥,北至渡口
	学府路(更名)	原丹徒路西段,西起梦溪广场,东至丹徒镇西小桥口
2003	润江路	位于镇江渡口西侧,东起润州路,西至镇江船厂
	韩桥路	位于大港经济开发区,南起烟墩山,北至五峰山
	绍隆寺路	位于大港经济开发区,南起圌山路,北至绍隆寺
	龙泉路	位于大港经济开发区,东起横山路,西至烟墩山路
	金港大道	位于大港经济开发区,东起圌山路,西至通港路
	银山路	位于大港经济开发区,北起临江西路,南至镇大公路
	新竹路	位于大港经济开发区,北起临江西路,南至孩溪路
	粮山路	位于大港经济开发区,北起临江西路,南至镇澄路
	白云路	位于大港经济开发区,北起临江西路,南至镇澄路
	雩山路	位于大港经济开发区,北起临江西路,南至镇澄路
	银溪路	位于大港经济开发区,东起银山路,西至白云路
	孩溪路	位于大港经济开发区,东起银山路,西至雩山路
	南徐大道(更名)	拓宽后的南徐路,东起南门天桥口,西至朱方路
	长江路(更名)	将金山西路(东接新河路、西至润州路)、新河路(东接长江路、西至金山路)更名为长江路(是长江路向西延伸段)
	京口路(更名)	位于京口区政府北侧,原京岘山路,西起学府路,东至宗泽路
	横山路(更名)	位于大港经济开发区,原五峰山路,北起兴港东路,南至港南路
	五峰山路(更名)	位于大港经济开发区,原绍隆寺路,北起兴港东路,南至港南路
	临江东路(更名)	位于大港经济开发区,原临江路,东起烟墩山,西至北山路,更名为临江东路
	临江西路(更名)	位于大港经济开发区,原临江路,东起北山路,西至 6904 油库

续表 41-9

年份	标准地名	位置状况
2004	枫林桥	位于枫林湾小区西南侧，横跨古运河，沟通小区与丁卯桥路
	珍珠路(更名)	原滨河路，北起中山东路，沿运河东南至解放桥口
	梦溪路(更名)	南至南水桥，北至东吴路，原“环城路”更名为“梦溪路”
	古城路	南至桃花坞路，北至东吴路
2005	金桥大道	位于润州路西侧，东至润州路，西至规划中的戴家门路
	黄山南路	位于黄山路西侧，新扩建的南至南徐大道，北至中山西路
	鑫源路	位于江鲜街西侧，东至江鲜街，西至工业用布厂
	金江路	位于江鲜街西侧，南至金水湾大酒店，北至源春肴肉食品厂
	金泉路	位于江鲜街西侧，南至江边大堤，北至长江社区服务中心
	立新路	位于江鲜街西侧，南至江边大堤，北至长江锁业有限公司
	览金桥	位于金桥大道东端，沟通润州路与金桥大道
	览江桥	位于润扬大桥互通东侧、览金桥西侧

1992～2005 年镇江市区建筑物、广场、公园命名(更名)情况表

表 41-10

年份	标准地名	位置状况
1992	梦溪广场(更名)	原东门广场，位于城区东部，正东路、环城路、丹徒路交会处
1995	青年广场	位于天桥路、运河路、丁卯桥路交会处
	宝塔山公园	位于市区东南古运河畔鼎石山
	古城公园	位于花山湾六朝古城墙遗址
1997	孟湖大厦	位于市区电力路小孟湖地段，电力路与新马路交叉口西南侧
	文苑	位于南山风景区
	镇江港龙门港区	位于镇扬汽渡西、六摆渡东
	镇南立交桥	位于润州区官塘桥乡、丹徒县三山乡境内，312 国道、222 省道(镇丹线)和沿江三条干线公路交会处
	镜天园	位于金山风景区百花洲。
1998	兴源大厦	位于中山西路 90 号
	新区广场	位于丁卯开发总公司，东至健力宝路，西至谷阳路
1999	农行大厦(更名)	原名孟湖大厦。因其歇业转向，改为综合大厦
	潮音湖(更名)	原名八公洞水库，位于南山国家森林公园区域内，由 7 个零星连片水面(约 8 公顷)组成
	南山塔园(更名)	原名栗子山安乐园，位于市火化场区域内(栗子山旁)
2000	东海大厦	位于市中山东路 19 号
	京星大厦	位于市解放路 19 号
	尚友大厦	位于市正东路南侧、贺家弄巷口
2001	中房大厦	位于大西路、解放路交叉口

续表 41-10

年份	标准地名	位置状况
2002	镇江电信指挥中心	位于电力路
2003	九洲花园 九洲广场	位于中山桥西北侧，东至镇建公司围墙，西至电力路，南至中山东路，北至家具厂。商住楼命名为“九洲花园”，裙楼广场为“九洲广场”
2004	微夷大厦	位于梦溪路与桃花坞路交叉口
	金汇大厦	位于大市口广场西北侧
	珍珠广场	位于解放路与原滨河路交叉口广场
	大市口广场	位于中山东路与解放路交会处
	春江潮广场	位于长江路与电力路交会处北侧
	东吴广场	位于解放路与东吴路交会处
	健康广场	位于正东路与南门大街交会处
	花山广场	位于梦溪路与花山路交会处
	京口广场	位于学府路与谷阳路交会处
	润州广场	位于朱方路与润州路交会处
	山巷广场	位于大西路与山巷交会处
2005	华星大厦（更名）	原润房大厦，位于中山东路与寿邱街交会处西南侧
	嘉源大厦	位于中山东路与城隍庙街交会处西北侧
	明珠大厦	位于镇江火车站广场对面
	京凌大厦	位于中山东路与青云门交会处东北侧
	镇江新区国际会议中心	位于镇江经济技术开发区大港片区通港路东侧

1991～2005 年镇江市区住宅小区命名情况表

表 41-11

年份	标准地名	位置状况
1991	江滨新村	位于东吴路北侧
	三茅宫新村	位于城区西部镇江汽车站北侧
	花山湾新村	位于城区东部花山湾
	桃花坞新村	位于城区东部桃花坞
1994	凤鸣新村	位于中山西路南侧，东起东岳巷，西至三官塘巷
	广厦新村	位于李家山新村南面
1995	金山新村	位于城区西部新河路北侧，水产养殖场内
	梅樱新村	位于丁卯经济开发区
	杜湖新村	位于丁卯经济开发区
1996	东吴新村	位于东吴路南侧、环城路东侧交叉口
	黄山新村	位于黄山路东侧、建新路南侧，建设村地界
	花园新村	位于小米山路东侧、商业技工学校北面

续表 41-11

年份	标准地名	位置状况
1997	港中新村	位于大港经济开发区。东临港中路，北接圌中路
	江南新村	位于新河路北，新河西岸西
	金江乡（更名）	位于征润洲
1998	谷阳新村	位于丁卯开发总公司谷阳路西南侧安居小区
	华润新村	位于花山路东，妇女儿童活动中心南侧的安居小区
1999	溪园新村	位于天桥路南侧岗子下西园村片区，东至岗子下路，南至市机械中专，西至南站铁路，北至市交警大队
	置业新村	位于市第二化工厂独立地块老北门以北地段，东至花山湾交叉路口，南至万古路，西至 359 医院，北至蓄电池厂
	船院二村	位于象山乡星星村独立地块，丹徒路东侧，南至市第一汽车运输公司，西至市安全局，北至小东庄住宅区
	京东公寓	位于京岘山路颜家门地段（原市化轻公司仓库大院）
2000	索普新村	位于谷阳路以东，西与谷阳新村相接，北至纬三路
	西苑新村	位于市煤球二厂以东，西至市食品公司，北靠镇江南站，南沿朱方路
	周家河新村	位于丁卯桥路以东，南至周家河桥，西至矿机路，北至市中医院
	越河新村	位于谏壁镇越河街，东至谏壁南街河东，南至越河街，西至谏壁西街河西，北至人民桥
	阳光世纪花园	北临长江，南与市江滨新村为邻，东靠虹桥港，西依北固山，
	北湖花园	位于长江路东段南侧，南至会莲庵街，北至河北街，西至虹桥街
	东吴花苑	位于东吴路段，东临象山河，南与第二制药厂相邻，西依江滨新村，北靠虹桥港
	锦绣花苑	位于丁卯桥四明河畔，东临韦家湾，南靠市第三制药厂，西至四明河，北依丁卯桥路
	竹林山庄	位于小米山路，东临原象山茶场小山竹园，南靠京岘山路，西至小米山路，北至焦化厂专用铁路线
	广厦二村	位于汤家湾自然村地段，东南靠铝加工厂厂区，西邻汤家湾，北依广厦新村
	桃花山庄	位于市小米山路东侧，南至焦化厂铁路专用线，北与桃花坞路东端路口相接
2001	润州花园	位于黄山路西南，东至黄山路，南至南徐路，西至华东铝加工厂，北临黄山支路
	朱方花苑	位于朱方路北侧，东至西苑新村，南傍朱方路，西接食品公司西大院，北临火车西站住宅区
	丁卯花园	位于丁卯北侧，东临丁卯桥街道办事处，南至丁卯桥路，西北至丁卯村住宅区
	嘉慧花园	位于丹徒路北侧，东、北与丹徒县医院相联，西至三维电器厂，南至丹徒路居民住宅区
2002	百盛家园	位于李家山路东侧，西至李家山路，北起李家大山幼儿园，南至四建公司综合厂
	瑞泰新城	位于丁卯桥路北侧，东起规划中的新路，西至运河，北起镇江四建公司建筑构件厂，南至丁卯桥路
	嘉怡苑	位于丁卯桥路南侧，东、北至丁卯桥路，西至外贸冷库，南至丁卯桥路 150 米
	怡海家园	位于斜桥街西侧，东起斜桥街。西至双井路，南起磨刀巷，北至大西路
	金田花园	位于丁卯桥路南侧，东起四明河，西至镇江纸浆经营公司，南起钢材市场，北临丁卯桥路
	颐和家园	位于学府路北侧，东、北至宗泽路，西至大禹山，南至学府路

续表 41-11

年份	标准地名	位置状况
2003	阳光世纪花园紫荆苑	位于阳光世纪花园
	阳光世纪花园梧桐苑	位于阳光世纪花园
	阳光世纪花园云杉苑	位于阳光世纪花园
	阳光世纪花园百合苑	位于阳光世纪花园
	阳光世纪花园枫香苑	位于阳光世纪花园
	阳光世纪花园丹桂苑	位于阳光世纪花园
	润南名居苑	位于岗子下路东侧,东临矿机路,西至溪园新村,南至规划中的道路,北临天桥路
	米山人家	位于小米山路东侧,东至焦化厂专用铁路,西至小米山路,南至花山路,北至金象集团氧气厂
	润江家园	位于虹桥港西侧,东至虹桥港,西至江滨新村,南至东吴路,北至长江
	香江花城	位于东吴路东段西侧,东南至东吴路,西至虹桥港,北至江滨路
	江南府邸	位于西荷花塘,东至云台山路,南至车站路,西至和平路,北至长江路
	瑞景山庄	位于京口路中段北侧,东至焦化厂铁路专线,西至京岘山村,南至京口路,北至解放军船艇学院
	丁卯公寓	位于丁卯开发区,东至经九路,西至经八路,南至丁卯桥路,北至纬五路
	康馨家园	位于丁卯桥,东至韦家湾,西至四明河,南至镇大铁路,北至丁卯桥路王魏村
	绿竹苑	位于东吴路西段南侧,东至绿竹巷,西至北固山前峰,南至置业新村,北至甘露苑
2004	经发花苑	位于丁卯开发区,东至经八路,西至经七路,南至纬五路,北至纬六路
	美意家园	位于丁卯开发区,东至丁卯桥路,西至沪宁铁路,南至焦化厂专用铁路,北至周家河
	中山西苑	位于朱方路南侧,东至二道巷,西至跑马山,南至五交化公司宿舍楼,北至牌湾
	京润国际花园	位于四牌楼,东至胭脂巷,西至斜桥街,南至演军巷,北至大西路
	恒华苑	位于丁卯开发区,东至经八路,西至经七路,南至丁卯桥路,北至纬五路
	枫林湾小区	位于丁卯桥路北端东侧,东至粮食三库,西南至古运河,北至镇江发动机厂宿舍
	枫林桥	位于枫林湾小区西南侧,横跨古运河,沟通小区与丁卯桥路
	我家山水小区(更名)	位于大东滩,阳光世纪花园原“丹桂苑”“枫香苑”更名为“我家山水小区”,分6个片区,片区名称分别为:朝日苑、红雨苑、惠风苑、新月苑、瑞雪苑、彩虹苑
	京岘山庄	位于京口路南侧,东至规划中道路,西至京口路,南至京东公寓,北至京口路
	古桥名苑	位于丁卯桥,东至锦绣花苑,西至四明河,南至康馨家园,北至锦绣花苑
	城南映象小区	位于朱方路西侧,东至朱方路,西至镇江市味精厂,南至沪宁铁路,北至润州区政府
	金港家园	位于经济技术开发区大港片区,东至赵声路,西至赵庄大路陈,南至规划中道路,北至东丰路
	康泰花园	位于经济技术开发区丁卯片区,东至丁卯村王家湾,西至古运河,南至镇江市第四建筑工程公司建筑构件厂,北至古运河

续表 41-11

年份	标准地名	位置状况
2004	四季经典小区	位于丁卯桥路北侧，东至经十二路，南至丁卯桥路，西、北至团结河
	光华雅居	位于朱方路南侧，东至朱方路21 9 号住宅区，西至华东有色地质勘察局八一四队，南至跑马山，北至朱方路
	金西花园	位于金山公园南侧，东至金山路，西至原镇江市新生食品厂，南至道路，北至旅游商场
	馨逸家园	位于京口路北侧，东至原京岘山路，西至江苏省镇江监狱，南至原市金属物资回收公司仓库，北至八角亭路
	松盛园	位于江滨路东侧，东、南至江滨新村居民楼，西至江滨路，北至阳光世纪花园紫荆苑
	恒顺翠谷小区	“颐和家园”分片区名。位于学府路北侧，东至镇江二十一世纪乐园，西至规划中道路，南至学府路，北至京岘山
	天和星城	位于南徐大道北侧，东至黄山路，西至黄山园艺场职工宿舍，南至南徐大道，北至南徐路
2005	杏花园	位于岗子下路西侧，东至岗子下路，西至沪宁铁路，南、北至润州区金星社区居民楼
	金樱苑	位于大港经济技术开发区，东至港中路，西至大港中心小学，南至圌中路，北至省糖库。
	凯悦山庄	位于镇江经济技术开发区大港片区，东至赵声路，西至通港路，南至东丰路，北至吉祥街。
	紫荆园、香樟园（“凯悦山庄”分片区）	位于镇江经济技术开发区大港片区，“凯悦山庄”居民小区分二个片区，片区名称分别为：紫荆园（联体别墅片区）、香樟园（单体别墅片区）
	翠堤春晓小区	位于长江路南侧，东、南至运粮河，西至规划中的中山北路，北至长江路
	朗香园	位于长江路南侧，东、南至桃园新村，西至镇江市金山外贸库，北至新建住宅小区
	康佳苑	位于丁卯桥路南侧，东、北至镇江市电工器材厂宿舍，南至镇江市农业气象研究所，西至康馨家园
	镇南新村	位于谏壁镇南，东至小葛村，西至于山街，南至田野，北至运河
	三茅宫北花苑	位于三茅宫北侧，东至头摆渡泵站，西至待开发地块，南至三茅宫小区住宅楼，北至运粮河
	学府康居苑	位于学府路南侧，东、南至京口区新生村，西至恒美嘉园，北至学府路
	金山水岸小区	位于金山公园塔影湖南侧，东、西至桃园新村，南至“朗香园”住宅小区，北至长江路
	清华园	位于天桥支路北侧，东至市建材机械厂，南、西至天桥支路，北至居民楼
	月亮湾雅苑	位于三茅宫小区北侧，东至镇江市江东铸造厂，南至三茅宫小区，西至润州路，北至运粮河
	水木阳光小区	位于学府路南侧（江苏大学校本部正对面），东至京口区丹徒镇东风居委会，南至原市轧钢厂围墙，西至原市电磁线厂围墙，北至学府路
	冯家湾新村	位于李家山新村南侧，润州区七里甸镇曙光村金家湾西侧
	御景华庭	位于御桥路南侧，东至中亚汽车保养公司，西至润州区七里甸镇四圩村风泵厂，南至润州工业建材公司，北至御桥路
	润泉新村	位于江南桥北侧，东至市江南化工厂，西至江鲜街，南至市江南化工厂，北至垃圾填埋场
	京口花园	位于学府路南侧，东、南至古运河，西至“枫林湾”居民小区，北至焦顶山

续表 41-11

年份	标准地名	位置状况
2005	沃得花园	位于丁卯桥路北侧,东至新区广场,西至谷阳路,南至丁卯桥路,北至纬五路
	华都名城	位于黄山南路西侧,东至黄山南路,西至李家山新村,南至南徐路,北至黄山支路
	恒美嘉园	位于学府路南侧,东至京口区新生村,西至焦顶山,南至古运河,北至学府路
	美林湾小区	位于谷阳路东侧,东至镇江双峰医药包装有限公司,西至谷阳路,南至规划中道路,北至谷阳路与镇大铁路交会处
	江南世家	位于丁卯桥路北侧,东至谷阳路,西至瑞泰新城,南至丁卯桥路,北至规划中的丁卯中学
	东城绿洲小区	位于经十二路西侧,东至经十二路,西至京口区新华村蒋家湾,南至古运河,北至京口区新华村庄家湾
	世纪名门小区	位于健力宝路西侧,东至健力宝路,西至丁卯小窑湾村,南至纬五路,北至纬六路

第二章　老龄工作

1985 年 4 月,镇江市人民政府批准成立镇江市老龄问题委员会(下称市老龄委),下设办公室(下称市老龄办),负责日常事务。1986 年 5 月,各辖县(区)相应成立机构。1992 年 7 月,镇江市老年活动中心建立,隶属市老龄办。11 月,成立镇江市老年服务中心,隶属镇江市老年活动中心。1993 年 8 月,镇江市老龄问题委员会更名为镇江市老龄委员会。2002 年 1 月,再次更名为镇江市老龄工作委员会 。镇江各级政府制定完善老年工作政策、措施,加强社区老年福利服务设施建设,维护老年人合法权益,开展敬老活动,弘扬传统美德,老龄化社会问题逐步缓解。2005 年,全市 60 岁以上人口 40.9 万人,占户籍总人口的 15.5%,其中 80 岁以上高龄老人 5.3 万人,占老年人口的 13%。

第一节　老年服务设施

1987 年 8 月,镇江市老年大学成立。办学初期没有专门校舍,仅开办两个专业,招收学员 88 名。1991 年,市政府拨款 30 万元,建成教学楼 741 平方米,专业设置扩展到 13 个,学员突破 500 人。同年 3 月,镇江将老龄事业发展列入《镇江市国民经济和社会发展十年规划纲要》。根据《纲要》,各级政府资助兴办一批老年福利服务设施。1993 年底,镇江有老年福利企事业实体 218 个,其中市直 53 个,县(市)区 165 个;老年服务实体 515 个;农村敬老院 106 所,收养 1884 人;托老所 1 个,收养 14 人;老年病医院 4 所,老年门诊 50 个,老年家庭病床 897 张;老年活动中心(站)399 个;老年婚姻介绍所 3 个。

2000 年,市政府将市老干部活动室划拨给镇江市老年大学,并拨专款装修,校舍面积扩至 2542 平方米。2001 年 6 月,镇江实施老龄工作星光计划。2003 年 9 月,镇江市老年人活动中心改扩建工程竣工,总投资 120 万元,建筑面积 720 平方米,设置图书(电子)阅览室、戏曲票友室、棋牌室、咨询服务室、茶社(聊天室)、老年舞厅、多功能活动室等。至 2004 年底,全市建成“星光老年之家”80 个,总投资 3700 万元,总建筑面积 3 万平方米;其中政府专项资金资助兴建 54 个(京口区 16

个、润州区13个、丹徒区4个、镇江新区管委会1个、丹阳市7个、扬中市6个、句容市7个),投资1707.4万元。至2004年底,市老年大学设置32个专业、83个班级,在校学员2482人。至2005年,累计毕(结)业学员10127人次。各辖市(区)亦相继成立老年大学。

第二节 老年人权益保障

一、老年优待

1988年,镇江对90岁以上老人免费检查身体,对80岁以上老人每月供应粳米标准提高到10公斤。县(市、区)对百岁老人每月发敬老费20元。1991年10月起,镇江对65岁以上老人购买“金山”“北固山”“伯先”三公园门票实行半价优待。1992年5月,半价门票范围扩至市区所有公园。1994年7月,镇江将百岁老人敬老费提至每人每月40元,后又增至100元。1996年,镇江市区各大公园对70岁以上老人免费开放,看病、看电影等实行优先、优质服务。1997年1月起,镇江对符合城市居民最低生活保障线的70岁以上老人,保障标准提高15%。1999年1月起,镇江对60岁以上老人发放《镇江市老人优待证》,截至2000年底,共发放优待证6万余份。2001年2月起,老人凭证可享受入园、乘车、看病等13项优待。2001年,镇江组织开展特困老人生活状况调查,全市7000余名特困老人列入社会救助对象。2004年10月,对符合农村居民最低生活保障条件的农村70岁以上老人保障标准上浮20%;2005年5月,对符合城市居民最低生活保障条件的城区70岁以上老人保障标准上浮15%。

二、老年维权

1988年10月,镇江在丹徒县石马乡开展签订《家庭赡养协议书》试点工作。1990年10月,镇江开展尊老敬老宣传周活动,印发《江苏省保护老年人合法权益条例》11.5万份,市区做到每户1份。1992年后,镇江在多家报刊、广播电台开设老年专栏,加强老年工作宣传,营造维护老年人合法权益良好社会氛围。2003年5月,市老龄办会同市司法局、市公安局发出《关于认真做好老年人权益保障工作的通知》。同年8月,开展《中华人民共和国老年人权益保障法》执法检查。镇江市人大常委会内务司法委员会等六部门,对全市执行《中华人民共和国老年人权益保障法》情况进行调研。2004年12月,镇江市老龄办、市司法局、市公安局联合授予18个单位为老年维权示范岗、19人为老年维权标兵称号。2005年8月,镇江市人大常委会组织人大代表对老年维权工作进行调研;10月召开评议大会,对加强老年人权益保障工作提出评议意见。2005年10月,面向中老年群体的大型网站“镇江重阳网”开通,网站提供包括国内时事、个人建站、医疗保健、网络棋牌、网络交友、家谱建设、网上纪念等老人感兴趣的热点板块,满足不同层次老年人精神生活需要。

第三节 老年活动

1988年,中共镇江市委办公室、市政府办公室转发市老龄委《关于敬老活动的报告》,要求各地、各部门本着实在、俭朴、安全原则,通过多种形式组织好敬老活动。镇江各级政府组织干部、群众在每年重阳节期间开展形式多样走访慰问老年人活动,同时经常开展形式多样、适合老年人的活动,敬老爱老助老传统美德在全市蔚然成风。1990年后,镇江先后组织“万步行”“千名老人看镇江”“千名老人镇江-南京游”“万名老人健步走”“两千老人喜看镇江新面貌”“‘十运’万名老人健步行”等大型户外活动。2000年后相继举办“新世纪之光”“喜迎十六大翰墨颂辉煌”“老年书画作品展”等活动。2003~2005年,每年组织一次大型老年文艺会演。2005年,镇江市教育局在全市中学生中开展敬老征文活动，市级机关工委组织老同志在青少年中开展“讲敬老故事”活动。镇江市老年书画联谊会、镇江市老年医学会、镇江市老年基金会、镇江市离退休教育工作者协会、镇江市离退休科技工作者协会、镇江市老年书画协会等老年自治组织相继成立，发挥丰富老年人生活、服务社会作用。截至2005年，镇江有4人获全国老有所为精英奖、敬老好儿女金榜奖、重视老年工作领导者功勋奖；6人被评为全国孝亲敬老之星；镇江市教育局团委、丹阳市司徒镇被全国敬老主题教育组委会授予优秀组织者称号；有3个单位和3名个人受到江苏省人民政府表彰，29个单位和41名个人受到江苏省老龄委员会表彰；扬中市、丹阳市和京口区被授予老龄工作先进市、区称号。全市市级命名的敬老模范乡镇（街道）8个、敬老模范村10个。

图41-2　慰问百岁老人孙雯英（2005年摄）

2001～2005年镇江市百岁以上老人统计表

表41-12　　单位：人

年份＼地区	合计	丹阳市		句容市		扬中市		丹徒区		京口区		润州区		镇江新区	
		男	女	男	女	男	女	男	女	男	女	男	女	男	女
2001年	30（男6人）	－	12	2	3	3	3	1	4	－	－	－	2	－	－
2002年	37（男6人）	1	12	1	2	1	7	－	5	1	1	1	4	1	－
2003年	38（男4人）	1	11	1	2	－	7	－	4	1	5	1	5	－	－
2004年	40（男8人）	－	15	1	2	1	6	－	2	2	3	4	4	－	－
2005年	54（男11人）	2	19	1	4	2	7	－	4	2	2	4	6	－	1

2005年镇江市百岁老人情况表

表41-13

地区	姓名	性别	出生年月	家庭住址
丹阳市（21人）	唐老四	女	1900.11	埤城镇西巨村138号
	洪老大	女	1900.12	折柳镇曹塘村寺庄
	荆金娣	女	1901.12	皇塘镇南建村杨树塘
	徐朱氏	女	1903.9	横塘镇丰收路402－4
	张小庆	女	1903.4	折柳镇居庄村周塘
	陈秀英	女	1903.6	里庄镇东河祝家村
	贺宝宝	女	1903.11	皇塘镇后阳村蒋巷西组
	刘根娣	女	1903.11	蒋墅镇鹤溪村
	徐锁娣	女	1904.3	界牌镇镇中村9组
	钱双英	女	1904.12	运河镇中心村
	祝胖胖	女	1904.10	里庄镇白庙杨巷村

续表 41-13

地区	姓名	性别	出生年月	家庭住址
丹阳市(21 人)	王珍海	男	1905. 1	云阳镇普善村 9 组西王村
	景鸭子	女	1905. 3	界牌镇大成桥村
	朱玉英	女	1905. 3	后巷镇五星村
	陈广汝	男	1905. 8	后巷镇童永村
	王申娣	女	1905. 8	蒋墅镇鹤溪村北角落 900－3 号
	戎桂娥	女	1905. 9	新桥镇姚家弄
	杜敖英	女	1905. 9	云阳镇普善村 1 组郭介村
	丁书妹	女	1905. 11	横塘镇天元七里村
	姚秀凤	女	1905. 12	界牌镇界牌村
	张老二	女	1905. 12	后巷镇东河村河南张
句容市(5 人)	王中华	女	1902. 6	春城镇何庄村
	张庆英	女	1902. 1	郭庄镇金星村
	马万成	男	1903. 7	下蜀镇六里村
	朱瑞英	女	1905. 2	后白镇李盖村
	杨兰英	女	1905. 7	行香镇前柘溪村
扬中市(9 人)	蒋谭氏	女	1901. 10	三茅镇大众村 3 组
	施光礼	男	1903. 2	西来桥镇福星村 6 组
	邱王氏	女	1903. 3	油坊镇阳太村 9 组
	张卜氏	女	1904. 1	油坊镇中滩村 2 组
	袁钱氏	女	1905. 2	兴隆镇五跃村 5 组
	王张氏	女	1905. 9	油坊镇头墩子村 18 组
	朱郭氏	女	1905. 9	新坝镇永平村 9 组
	黄世通	男	1905. 10	三茅镇江洲社区友谊路
	李蒋氏	女	1905. 12	西来桥镇西来村 21 组
丹徒区(4 人)	赵尹氏	女	1903. 9	大路镇武桥村
	王老大	女	1905. 4	黄墟镇河达村 3 组
	陈柴连	女	1905. 5	江心镇益平村
	王马氏	女	1905. 11	高桥镇安丰村
京口区(4 人)	陈倪氏	女	1903. 4	庙巷 8 幢 405 室
	陈秀英	女	1903. 5	学府路 302 号 4－201 室
	童泉生	男	1903. 11	阳光世纪花园梧桐苑 30 号
	吴士亮	男	1904. 7	府学新村 9－204 室(住扬州)
润州区(10 人)	顾宝庆	男	1901. 8	王家巷 31 号 402 室
	石颜氏	女	1901. 2	桃园新村 57 幢 603 室

续表 41-13

地区	姓名	性别	出生年月	家庭住址
润州区(10人)	蒋玉珍	女	1901.3	蒋乔镇三四墩子
	杨春和	男	1904.7	李家大山三区23号104室
	郑良干	男	1904.5	太平庵11号301室(居无锡)
	朱逸麟	男	1904.11	四摆渡蚕种场宿舍63幢203室
	张桂英	女	1904.4	和平路铁路巷105号
	孙雯英	女	1904.2	中华路大杨家巷3号
	张惠珍	女	1905.4	磨刀巷22号
	陈冯氏	女	1905.11	清真寺街22号
新区(1人)	奚王氏	女	1905	镇江新区港中新村二区5号303室

第三章　残疾人工作

中共十一届三中全会后，残疾人事业迎来发展春天。1979年7月，镇江召开第二次盲人聋哑人代表会议，恢复镇江市盲人聋哑人协会。1984年5月召开镇江市盲人聋哑人协会第三次代表会议，张信澄为协会主席，任期至1989年。1989年6月召开镇江市第一届残疾人代表大会，产生镇江市残疾人联合会第一届理事会。根据市残联章程，每五年召开一次代表大会。1994年11月召开市残联第二次代表大会，2000年9月召开市残联第三次代表大会，至2005年，市残联换届3次。

镇江市残疾人工作组织设有两个常设机构，即残疾人联合会(下称市残联)和政府残疾人工作协调委员会(下称残工委)。1989年后，镇江各辖市(区)陆续建立残联和残工委。1993年9月，政府残工委更名为镇江市人民政府残疾人工作委员会，办公室设在市残联，残联理事长兼办公室主任。1997年起，镇江所有乡镇、街道全部建立残联。全市390个村委会、131个社区居委会和福利企业成立 残疾人协会(小组)，从上到下形成工作网络。镇江市、县两级残联下设盲人协会、聋人协会、肢残人协会、智力残疾人亲友会、精神残疾人亲友会等5个专门协会。2005年市残联编制16人，下设市残疾人康复活动中心、市残疾人用品用具供应服务站、市残疾人劳动服务中心3个直属事业单位。市残联履行“代表、服务、管理”职能，代表残疾人共同利益，直接为残疾人服务，承担政府委托的部分行政职能，发展和管理残疾人事业。

1983年后，镇江残疾人事业取得长足发展。1991～2005年，“八五”“九五”和“十五”3个《镇江市残疾人事业计划纲要》顺利实施，镇江残疾人生存状况明显改善，残疾人康复、教育、劳动就业、社会保障、文化体育等各项权利得到保障和提高，残疾人对社会参与率和贡献率大幅提高。2003年12月，京口、润州两区被命名为全省第一批社区残疾人工作示范区。

据全国第二次残疾人抽样调查(2006年4月1日零时)，镇江有各类残疾187664人，约占全市总人口6.34%，其中视力残疾27886人，占残疾人14.86%；听力残疾45339人，占24.16%；言语残疾2873人，占1.53%；肢体残疾54554人，占29.07%；智力残疾12536人，占6.68%；精神残疾13887人，占7.4%；多重残疾30589人，占16.3%。

第一节 残疾人就业和培训

一、残疾人就业

镇江残疾人劳动就业采取集中与分散相结合，实行优惠与扶持保护措施，形成多渠道、多层次、多形式、就地、就近的就业格局。

1985年，全市有福利企业97家，拥有固定资产2071.67万元，安置残疾人员集中就业4418人。1987年对京口区、丹徒县残疾人抽样调查测算，全市视力、听力、语言、智力、肢体、精神病残疾人约12.86万人，占总人口5.21%。市区90%以上、农村70%左右有劳动能力的残疾人多渠道得到妥善就业安置。1991年底，全市福利企业发展到298家，拥有固定资产1.67亿元，职工总数达21673人，安置残疾人员9758人。1993年，镇江市政府下发《镇江市按比例安排残疾人就业办法》，优扶保障残疾职工稳定就业。全年，镇江在全省首家试行委托地税部门代征残疾人就业保障金。1994年，镇江建立残疾人劳动服务中心，此后6个辖市(区)全部建立残疾人劳动服务所及职介所。全年全市福利企业441家，安置残疾人集中就业11488人。1996年8月，江苏省人民政府授予扬中市为残疾人工作先进市；授予丹徒县残疾人联合会、镇江船山第二水泥厂等5个单位为残疾人工作先进集体。

至1997年，全市近500家福利企业实现18600名残疾人集中就业，在此基础上，市政府加大推行按比例安置残疾人就业工作力度，再次发文完善镇江市按比例安置残疾人就业办法，召开市残疾人分散按比例就业工作会议。全年采取委托地税部门收交和残联收交相结合方法，收交残疾人就业保障金30余万元。1997年5月，镇江市国税局二分局被授予全国助残先进集体称号。1999年，句容市残联按比例就业工作受到中国残联通报表扬。

2000年对719个市以上单位核定残疾人就业比例，除特困、关停企业外，292家达到比例，对372家未达比例单位向地税局移送征收就业保障金通知书，全年收交残疾人就业保障金40万元。2003年对镇江1064家直属企事业单位按比例就业进行核定，在职残疾职工2207人，移交地税代征残疾人就业保障金单位208家。至2005年，市残联走出一条残疾人就业基地建设层次化，内容形式多样化，推荐上岗经常化，维护权益法律化路子。全市17532名有劳动能力及就业要求的残疾人分散在各单位就业，5600名残疾人实现再就业；其中在280个福利企业集中就业残疾人6823人，城镇分散就业1666人，个体自主创业及农村兴业14643人。全市开办盲人保健按摩诊所34个，医疗按摩机构2个，100多名盲人在其中从业。

全市评选出10名优秀残疾人自强模范：市残联副理事长、著名伤残人运动员赵斌，船山矿职工、肢残人运动员张志强，扬中市馥馨花园经理、肢残人徐复兴，江苏华联电力器材厂副厂长、肢残人徐绍荣，镇江市第三职高高级教师、肢残人黄天成，京口实小校外辅导员、全瘫人骆焱，丹徒县西麓个体诊所行医行善的肢残人姜巧林，丹阳市聋哑人、摄影师盛天钟，农民企业家、肢残人王国保，句容市养殖专业户、肢残人梅世勇。至2005年，镇江先后两次举办全市残疾人职业技能比赛，选拔9名残疾人参加省比赛获奖，其中1人获省技术能手称号。扬中肢残人周恒春入选全国比赛，获藤编第四名。

二、残疾人教育和培训

20世纪80年代初，镇江市残疾人教育基础非常薄弱。1985年仅有聋哑学校1所，8个班，在校学生100名，教职员工23人。1986年，镇江制定特殊教育发展规划，要求采取办好一批骨干学校、在普通小学附设特教班、以及随班就读等多种形式，大力发展特殊教育事业，把特殊教育纳入义务教育轨道。至1990年,全市有特教学校5所,31个班级,在校学生380人。

"八五"期间,全市各级政府及其教育行政部门统一规划、统一部署、统一实施、统一检查,探索特殊教育发展新格局,办好一批特殊教育学校。1993年,丹阳市、扬中县、句容县、京口区发展特殊教育成绩突出,被评为全国特教先进县(市、区)。1995年,全市特殊教育学校8所,班级51个,在校学生1244人。特殊教育办学水平和质量得到提高,适龄盲聋哑弱智儿童接受初等教育比例达到91.4%。

"九五"期间,镇江特殊教育全面纳入义务教育轨道,1997年,全市残疾儿童接受初等教育入学率达96.41%,其中市区为97.2%。教育内容设置注重适应各类残疾学生特点和市场需求,开展烹饪、服装设计、裁剪、电脑等职业技能教育与培训,帮助学生在学文化同时掌握职业技能。其间,开办"双拼盲文班",培训155名盲人;组织残疾人工作者及公安等窗口部门相关人员参与省、市组织的聋人手语培训。1998年9月,镇江市特教中心在盲聋哑初等教育基础上,增设聋人高中班(三年制),招收新生6人。1999年12月,市特教中心通过省特殊教育现代化示范学校综合评估验收,被命名为"江苏省特殊教育现代化示范学校"。2000年,全市特殊教育学校7所,在校学生597人,教职工159人,其中专任教师122人;残疾儿童入学率达94%。

图41-3　"生命志愿者"到梦溪特殊教育学校看望智障儿童(2005年摄)

"十五"期间,镇江残疾人教育迈上新台阶。2001年11月,镇江市特教中心作为中国教育学会特教分会与香港英华渔人协会、江苏省教育厅联合举办21世纪中国聋教改革与发展研讨会分会场,接待近百名外省市及港澳台地区有关特教部门领导、专家参观研讨。2003年,江苏省唯一受援项目"中比合作弱智儿童康复中心"在镇江市特教中心挂牌。至2005年,残联采用自办,与劳动、农技等部门联办和委培等方式对残疾人进行职业技能培训,建立固定培训机构12个,其中残联自办8个。开办缝纫裁剪、家电维修、广告设计、电脑操作、盲人按摩、花卉种植、插花等培训140余期,培训残疾人14471人次,培训率达到有劳动能力和需求残疾人的90%。农村4.7万人次残疾人得到种植业、养殖业方面农技培训。镇江市、县两级残联会同劳动部门开办残疾人按摩员培训班十余期,培训近200人;按摩师培训班2期,培训48人。同年,全市有特教学校5所,其中3所被江苏省命名为"现代化示范学校";有学生714人。普校开特教班7个,另有107个随班就读点,有423名残疾学生在读。适龄残疾儿童入学率达96%。2005年,镇江市59名残疾学生考入高等学校深造,其中本科22人,专科37人,政府从残疾人就业保障金中对他们予以奖励和资助。

第二节　残疾人扶贫

镇江市将残疾人扶贫工作纳入政府扶贫攻坚规划,根据残疾人特点,制定年度及五年计划,分解任务与目标,实行责任制。1995年,镇江市20多个部门联合下达对残疾人优惠政策。镇江市残工委制定下发《关于进一步加强扶助贫困残疾人工作的通知》。2000年起,镇江实施"迎幸工程",市残联先后筹资32.28万元,购买银杏树苗33453株,无偿提供给6191户贫困残疾人,帮扶庭院种植，增加收入。全市利用中央1300万元康复扶贫贷款，建立8个康扶基地和12个残疾人扶贫基地，使2309名残疾人家庭就业或得到效益辐射。

2000年后，市残联会同民政部门，对226户贫困残疾人家庭进行危房改造，投入经费113万元，改善他们生活条件。对城市无房残疾人家庭，政府实行廉租房、住房实物配租制。开展适龄失学残疾儿童少年和贫困残疾学生救助活动，落实免费及补助政策，全市700名残儿受助。在“助残日”等残疾人节日，开展“红领巾助残”“爱心启音”“希望工程”“春蕾计划”“春雨行动”等活动募集资金。2003年防“非典”期间，走访慰问残疾人困难家庭500户，发放慰问金15万元。2004年进一步落实残疾人最低生活保障制度，贫困残疾人最低生活保障标准高于健全人低保标准15%。市区1521名、农村5538名残疾人进入低保，基本达到应保尽保。

2005年3月，市政府制定《镇江市市区残疾人优惠扶助办法》，对残疾人招工、就业培训、生活供养、医疗、文化娱乐，无障碍等许多方面给予优惠政策，对符合低保标准残疾人家庭子女就读、残疾考生考大学等均做出新的帮扶规定。中共镇江市委在开展“双帮双学”活动中将贫困残疾人作为重点帮扶对象，对残疾人实行开发式扶贫，60%结对帮扶到户到人。减免税费金额395.2万元，镇江6万贫困残疾人从中受益。1989～2005年镇江累计对残疾人扶贫3.6万人次，扶贫经费1210万元。镇江农村特困残疾人6598人，有6300人得到不同程度扶持，其中4100人生活逐步奔小康，脱贫率65%。

第三节　残疾人康复

镇江逐步形成“政府主导、部门配合、社会参与、共同推进”的社会化残疾人康复机制。

1988～1995年，镇江以解放军三五九医院及京口医院为基地，实施小儿麻痹后遗症矫治手术4698人，有效率达98%。

“九五”期间，市及各县（市、区）残联以文明社区为载体，积极争取卫生、民政等部门支持，加强社区康复窗口建设。1996年，润州区集资建设“区社区康复中心”；扬中市进行融保障性、社会性、有效性为一体的康复试点。1997年，市卫生局、民政局、残联等联合下发《进一步开展社区康复工作的通知》，推广社区康复工作经验，同时举办社区康复培训班。同年，受中国残联委托，镇江市接待印度社区康复代表团访问考察。1999年，丹阳市、句容市被定为省社区康复工作联系县。镇江市弱智儿童康复站被全国残联列为中国比利时合作项目实施点。2000年8月，全省在镇江召开社区康复工作现场会，京口、润州、扬中等辖市（区）被省表彰。至2000年，5年全市累计完成白内障复明手术8698例，肢体残疾矫形手术2950例，肢体康复训练1801人（次），175名聋儿参加语言训练，对260名弱智儿童进行康复训练。其间，解放军三五九医院、京口医院2个单位及3名个人被国务院11个部委联合表彰。市卫生局、市聋儿康复中心及谈祥龄等5名个人分别被评为江苏省先进集体和个人。

“十五”期间，镇江建立社区康复服务网络，市、县两级建指导站7个，技术支援中心11个。全市51个乡镇、街办，建有66个残疾人康复站。社区在册志愿者1万余名。在161名协调员帮助下，6.5万名残疾人得到心理咨询、肢体功能恢复、智力训练等系列服务。2001年，比利时智障康复合作代表团到镇江访问、考察。2002年，解放军三五九医院第三次被评为全国残疾人康复工作先进集体。

1988至2005年，镇江白内障复明手术13235例，其中对贫困盲人免费手术813例，脱盲率93%，脱残率90%。镇江93%的农村残疾人进入新型农村合作医疗保险。省、市两次组织医疗队去丹徒、句容茅山老区上门服务。作为抢救性工程，通过机构与家庭对512名聋儿和122名聋儿家长进行语言培训，聋儿进普通学校的康复率达35.5%；对低视力残疾人配助视器821人，培训家庭成员55人;训练弱智儿童181人;对肢体残疾人康复训练1116人;安装矫形器164人(含普及型假肢装配21条)。镇江建成市及3个县级残疾人用品用具供应站,供应用品57种27950件。全市16380名精神病人中,8900人接受康复医疗训练,其中因贫救助1308人,对他们免费送药品。

第四节　残疾人文化体育活动

镇江残疾人文化体育活动,坚持以普及参与为主,与提高相结合,以特教学校、残疾人集中的福利企业及社区残疾人协会为依托,充分发挥基层残疾人组织作用,开展健残融合、形式多样群众性文体活动,丰富残疾人精神文化生活。镇江残联与文体部门协调,开放场所、设施,实现资源共享,提供特殊服务,帮助残疾人融入。

1989年以后,镇江市残联每4年举办一次残疾人文艺会演,同时积极组织参加江苏省残疾人文艺汇演及书画摄影作品展览。2000年,上海举办全国第五届残运会期间,镇江有12件书画作品参加苏浙沪残疾人美术展。2001年组团参加第五届全国残疾人艺术会演,镇江润州辅读学校表演的卡通小舞剧获金奖,京口区辅读学校演出的群舞获银奖。同年,镇江成立残疾人体育协会。2002年,镇江残疾人有18件作品参加江苏省书画、摄影作品展,获三等奖6件;1件作品获全国残疾人美展三等奖。

至2004年先后举办两届镇江市残疾人运动会。至2005年组团参加一至七届江苏省残运会和一至四届特奥会。参加省级比赛计获97枚金牌、53枚银牌、46枚铜牌。有10名27人次参加全国残运会、特奥会、世界锦标赛。在全国比赛中斩获29金、13银、6铜。著名运动员赵斌、张志强等4人先后入选国家队,参加过七、八、十、十一届残奥会,四~八届远东及南太平洋地区残疾人运动会及田径、游泳、盲人门球、自行车世界锦标赛。在国际比赛中获金牌12枚、银牌12枚、铜牌8枚。

第五节　残疾人基础设施建设和无障碍建设

1989年以后,镇江市将无障碍环境建设列为"文明单位"创建条件之一,在城市改建和建设的所有主干道,建盲道350多公里、各种坡道780个,交通指示灯语音提示全部配套。全市大型广场、公园、医院、商场等公共场所均设有残疾人专用厕所。

1989年,镇江市残疾人康复活动中心大楼开工建设,工程总投资135万元,1993年5月建成投入使用。大楼位于市区中山东路1号,建筑面积1360平方米。

2000年后,残疾人无障碍环境建设进一步改善。镇江电视台开播每周两次手语新闻节目,市区公交车实施语音报站,通讯企业对聋人手机短信优惠收费,邮政部门对盲文刊物免费邮寄。2001～2005年,镇江投入260万元,建成1182平方米镇江市残疾人劳动服务中心。至2005年,镇江6个辖市(区)残联总计筹资594万元,建成总面积3733.7平方米的6个综合服务设施。

第四章　关心下一代工作

1991年12月,镇江市关心下一代工作委员会(下称市关工委)成立,设办公室和学校教育组、企业教育组、失足青年教育组、市老干部革命传统教育报告团。市关工委成立后,即部署建立各级关心下一代组织。到1992年5月底,全市6个县(市)区的关工委都已建立;同年底,镇江有81个乡镇建立关工委，占乡镇总数88%，其中丹阳市和丹徒县乡镇达100%，一些行政村也建立关心下一代工作小组。

1993年，全市关心下一代组织网络建设，重点转向农村行政村和城市街道、居委会。同年，全市8个街道、92个乡镇全部建立关工委；1071个行政村建立关工委小组，占村总数76.7%；219个居委会建立关工委小组，占居委会总数的80%，其中市区156个居委会关工委小组全部建立。同年8月，市关工委与省关工委联合创办《关心下一代周报》，面向全省发行。至2005年底，全市关心下一代组织1572个，其中乡镇、街道关工委87个，村和社区关工委888个（部分自然村、片或小区、楼栋设联络员）、学校关工委221个、国有企事业单位关工委130个、民营企业关工委60个。

老同志是开展关心下一代工作的主要力量。至1993年10月，全市经常参加关心下一代工作老同志6423人。1996年底，增加到14600余名。队伍构成从初期以离退休干部为主，逐步扩展到离退休老同志、老教师、老工人、老科技文艺工作者，以及农村中的老村长、老支书，街道老主任与居委会老大妈等。至2005年底，“五老”队伍增至48616人。

全市涌现出一批先进集体和先进个人。1991～2005年期间，关心下一代周报社、江苏大学关工委和宋亚欣、金树德、颜振东、鲍元瑞、袁萍5人分别获全国关心下一代先进集体和先进个人称号。

第一节　青少年思想道德建设

全市关工委围绕爱祖国、爱人民、爱科学、爱劳动、爱社会主义及遵守社会公德、职业道德、家庭美德，开展形式多样青少年思想道德教育活动。

1992年，市关工委会同有关部门和团体召开以青少年为主要对象的各界纪念北固英烈殉难60周年大会，组织青少年清明期间祭扫烈士陵园。同年，市关工委会同有关部门和高校关工委，在全市青少年中开展“牢记苦难史，投身改革潮”爱国主义主题教育活动。1994年，市关工委联合有关部门举办暑假中小学生故事表演大赛、纪念“一二·九”运动座谈会和老年书法艺术交流会。1995年，市关工委老干部艺术团与大、中、小学师生共同举行6场以纪念抗战胜利50周年为主题的文艺演出；会同镇江日报社举办“寻访抗战史迹——茅山老区行”夏令营，组织24名初中生营员徒步200余里，寻访新四军抗战史迹，磨练生活。

1996年，市关工委配合有关部门在华东船舶工业学院和宝塔路中心小学举办纪念建党75周年和红军长征胜利60周年青少年书画展。同年，各辖市（区）关工委开展“忆历史、讲传统、明使命”教育活动，全市900余名老同志宣讲1565场，受众52万余人次。1997年，市关工委会同有关部门联合举办《香港的历史与发展》大型图片展，巡回展出3个多月，观众7万人次。1999年，市关工委协调有关部门，在市烈士陵园举办千余人参加的纪念镇江解放50周年群众歌咏活动，带动市区8万余人参加“万人百歌颂英烈”宣传教育活动。同年，举行纪念“五四”运动80周年演讲会、座谈会。全市关工委系统参加各种宣讲活动报告员1519人，宣讲3151场，受众81万人次。2000年，市关工委开展“迎接新世纪，提高综合素质，做社会主义合格的建设者和接班人”主题教育活动，全市550名报告员宣讲726场，受众22.2万人次。

2002年，开展以“五小”（小帮手、小标兵、小伙伴、小卫士、小主人）为抓手，学习、宣传、贯彻《公民道德建设实施纲要》，1494名报告员，宣讲1706场，受众162.7万人次。2003年，市关工委进行“体验教育”试点，分别开展“我当一次小交警”“激情体验夏令营”等活动。2005年，纪念抗战胜利60周年，编印各类宣教材料501种、91807份，培训宣讲员769名，宣讲1317场，受教育青少年34.6万余人次。

第二节　青少年法制宣传教育

青少年法制宣传教育主要围绕法律法规知识教育，积极推动全社会保护未成年人权益，预防未成年人犯罪，认真做好失足青少年帮教等方面工作。

1992年，市关工委举办各县(市、区)关工委、市直有关部门及市区街道、居委会、中小学负责人200余人参加的宣传《中华人民共和国未成年人保护法》骨干培训班，京口区、丹徒县、扬中县等相继办班培训宣传骨干。市关工委对市区游戏机室情况组织调研，研究监管对策。1993年，市关工委针对在校生和辍学学生违法犯罪逐年上升势头，形成分析报告，提供中共镇江市委、市政府决策参考。春节前组织老干部、老科技文艺工作者到省第二少管所和省句东劳教所慰问干警，帮教、勉励失足青少年。1994～1997年，市关工委会同市政法、教育部门，在全市青少年学生中开展系统的法制教育。镇江市公、检、法、司部门15名专业人员组成报告团到镇江主城区各校宣讲，至1997年6月，宣讲140场，受众5万余人次。1998年，市关工委将市政法部门编写的《中华人民共和国宪法》《中华人民共和国刑法》等5部法律法规讲稿汇集成册，分发各县(市、区)关工委和市区中学及中专学校作普法宣讲参考教材。市关工委联合有关部门在市少年宫举办“珍爱生命，拒绝毒品——镇江市禁毒展览”，展出31天，接待两万余人。

2001年，市关工委会同有关部门联合发出《关于开展“青少年模拟法庭”活动的意见》。丹徒区各级关工委多年坚持开展法制宣传教育活动，全区25岁以下青少年犯罪率逐年下降，2001年为14人，2002年降为12人，2003年降为6人，2004年实现全区青少年零犯罪。

2005年，市关工委协调有关部门，对“五老”帮教失足青少年工作进行专题调研。至2005年，全市参与帮教工作老同志4182名，组织结对帮教小组1103个，帮教失足青少年980名；帮助575名刑释、解教青年就业；参与禁毒宣传教育1655人，受教育青少年6.9万余人，教育后不吸毒的46人；参与反邪教宣传教育4534人，受教育青少年7.4万余人，改邪归正的153人。

第三节　为青少年办实事

一、组织开展文化活动

1992年，市关工委经过调查论证，建议重建市少儿图书馆。1993年，市关工委倡议并牵头、联合有关部门在市区发起“捐书献爱心”公益活动，收到各界人士和单位捐书1.3万余册、捐款400元，全部捐给京口、润州两区街道办事处和居委会的校外辅导站。1995年，市关工委在全市推广润州区关工委创办青少年图书阅览室的做法和经验，城市社区和农村镇、村广泛建立青少年文化活动阵地。1996年，市图书馆恢复开辟少儿阅览室，后专门辟设少儿图书馆。至1998年3月，全市建立村以上活动室370余个。同年底，扬中市11个镇建立文化活动中心，并向家庭延伸，创办学生家庭小书屋6563个。2001年，市关工委联合市教育局创办市小杜鹃少儿京剧团，著名京剧表演艺术家梅葆玖应邀出席成立大会，并与小演员同台演出。2003年，该团扩建为总团，下辖4个分团，培训小演员增至84名。2004年，市小杜鹃少儿京剧团9名小演员分获全国少儿戏曲小梅花荟萃比赛小梅花奖和第十届全国推广文艺新人大赛少年组戏曲特别大奖、十佳、十优等奖项。2005年，排演折子戏《芦花荡》，获江苏省首届小梅花大奖赛金花奖，并随镇江市青少年文化交流团赴美国坦佩市演出7场；由《白蛇传》改编的折子戏《水斗》，参加市政府主办的中日韩3国文化交流演出。市关工委动员、培训“五老”581名，持证上岗，配合文化部门对全市325家网吧实施义务监督。2005年组织“五老”647名，持证参与对325家网吧和139家电子游戏机室义务监督管理，涌现22

名“全省优秀‘五老’网吧义务监督员”，句容、扬中两市关工委获“全省网吧‘五老’义务监督工作组织奖”。

二、兴教助学

1997 年，市关工委委员、离休干部马立平等 18 人，在市关工委支持和帮助下，创办丹徒县茅山老区兴教助学协会，扶持茅山老区发展教育事业。至 1998 年 2 月，建立两个分会，筹资 56 万元，资助和奖励师生 36 名。至 2000 年底，全市各级关工委发动社会筹资 996.7 万余元，帮助 29203 名特困生解决入学或就读困难。2001 至 2005 年，全市各级关工委筹集资金 2377.38 万元，资助贫困家庭学生 75895 名，帮扶孤、残、障青少年儿童 8245 名。至 2005 年底，丹徒县茅山老区兴教助学协会募集到捐款 311 万余元，资助和奖励丹徒区境内茅山老区贫困学子 3527 名、118.7 万元。

三、建立爱国主义教育基地

1998 年，镇江市关工委倡议在烈士陵园建造警世碑，7 月奠基，12 月建成，成为镇江市永久性爱国主义教育基地。2001 年，市关工委筹资、策划，市民政部门组织实施，建成北固英烈群雕，江苏省委副书记李源潮代表省委出席落成仪式并敬献花篮。2002 年，市关工委在镇江抗英保卫战 160 周年之际，为当年发生激战的镇江十三门旧址筹资新建忠烈亭。警世碑、北固英烈群雕、忠烈亭、镇江烈士纪念馆等一批展示镇江近现代革命史重大事件的标志性建筑相继建成，成为对青少年进行革命斗争史教育的重要基地。

四、科技与创业教育活动

1997～1998 年，市关工委先后推广丹徒县江心乡、丹阳练湖农场、句容市白兔镇、春城乡关工委引导农村青年“学科技、奔小康”经验，配合有关部门举办各种类型科技培训班，促进农业科技推广应用。1998 年，丹阳市、丹徒县分别培训青年农民 3900 人和 3000 人。1999 年，句容市委转发该市关工委《农村青年科技致富工程计划》，以示范户为龙头成立 100 多个专业技术协会，有会员 2300 人；协助举办农技培训班 100 期，使 5000 多名青年农民掌握一、二门实用技术。润州区各乡镇关工委建立 49 个青少年科普教育基地，形成农科所（站）、科技实验基地和中小学“三结合”科普教育模式。丹阳练湖农场关工委老年科技服务队组织指导练湖中心校学生进行种养业试验。2000 年，镇江市关工委倡议并会同有关部门，由 10 位专家、教授组成市科技创新报告团，推动全市青少年开展科普活动。2002 年，镇江市关工委协助江苏大学在金东纸业集团举办国际贸易知识培训班，配合京口区置业集团举办下岗和外来务工青年缝纫培训班。2001～2005 年，全市各级关工委主办或协办科技培训班，培训农村青年 42.91 万人次，参与培训转移农村青年劳动力 8623 人。同时配合有关部门，帮助 129910 名下岗青年再就业。

五、“科技、文化、卫生三下乡”活动

2001～2005 年，市关工委组织协调江苏大学、江苏科技大学、镇江市高等专科学校等高校关工委，每年开展一次“百名教授上茅山（老区行）”“科技、文化、卫生三下乡”系列活动，受到老区人民热烈欢迎。至 2005 年底，参与活动的老教授、老专家、老干部达 830 余人次，资助扶贫助学款 12.6 万元，向老区基层青少年活动室捐赠人文、科技图书（资料）4 万余册（件），无偿提供法律、科技、医疗、企业管理、种植养殖、水利、农产品加工、农机等方面咨询服务 6691 人次，为老区人民义诊和义务体检 1800 余人次，义务修理家电 2647 台，书写春联 7918 副。中央电视台、中央人民广播电台、《中国青年报》对镇江“百名教授上茅山（老区行）”活动均作了报道。2005 年 2 月，该活动被评为镇江市第九届精神文明建设“十佳新事”之一，受到市委、市政府表彰。

六、联合创办市关爱心理咨询中心

针对全市青少年特别是高中生、大学生发生厌学、逃学或自残、自戕等现象，2003 年，镇江市关工委联合市心理学会，义务聘请 16 位资深心理健康教育工作者，创办市关爱心理咨询中心。当年开业 4 个月，接待有心理咨询需求的中小学生及社会人士 20 余人、访谈 40 余次。12 月，该中心在市教育局支持下，举办首期学校心理健康教育骨干培训班，市区各直属中学 26 人参加学习培训。2004 年，市关爱心理咨询中心接待上门、电话求询的青少年及家长和社会人士 436 人，其中学生及家长 240 人；举办心理健康知识讲座、报告会 11 场，听众 2350 余人；举办各类心理健康教育培训班 9 期，全市中学校长在内的 791 名教育工作者接受培训；组织专家教授为市广播电视报《爱心之窗》专栏撰写宣传心理健康教育知识文章 39 篇；加强中心硬件建设，增设 9 个心理测量与治疗项目。同时，市关工委争取市医保协会加盟，形成市关工委主办、市心理学会与市医保协会联办关爱心理咨询中心模式。2005 年，市关爱心理咨询中心接待青少年及家长和社会人士 278 人次，帮助 183 名青少年解决或基本解决诸如厌学、迷恋上网、交友、早恋、师生关系紧张而产生的多种心理障碍。市关工委组织心理学专家、教授到城区 3 所中学举办心理健康讲座，有 770 余名学生听讲。

第四节 关心下一代工作先进村和先进社区

2001 年初，丹徒县关工委在石桥镇（同年合并为姚桥镇）试点，开展创建“五有五好”（有组织、有队伍、有制度、有阵地、有活动，教育扶养子女好、尊敬赡养老人好、遵纪守法好、团结互助好、学科技勤劳诚信好）关心下一代先进村活动；扬中市关工委在八桥镇试点，组建镇、村“五老”工作团、队，开展关心下一代工作。同年底，丹徒县有 32 个村投入创建活动，占全县村总数 20%。2002 年，市关工委在全市推广丹徒区姚桥镇开展“五有五好”活动经验，全市 132 个村开展创建活动。

2002 年上半年，市关工委部署关心下一代工作进社区试点，全市有 13 个社区进行试点工作。2003 年 6 月，市关工委制定“四有四好”标准（有健全领导班子、有热心志愿者队伍、有实用活动阵地、有可行规章制度，教育活动开展好、排忧解难服务好、资源整合共建好、培育特色创新好），规范创建关心下一代工作先进社区活动。同年底，全市首批 25 个社区达标，占全市社区总数 14.7%；同时全市 129 个村被评为“五有五好”先进村，占全市行政村总数 15%。

2004 年，全市有 362 个村和 99 个社区达“五有五好”和“四有四好”基本标准，分别占全市村总数 42% 和社区总数 50%。2005 年，镇江市新创“五有五好”村 229 个，累计 515 个村达“五有五好”基本标准，占全市村总数 60%，其中丹徒区达标村占总数 93.2%。

第五节 《关心下一代周报》创办

一、创办始末

1993 年 4 月，镇江市关工委创办《关心下一代导报》，5 月出版试刊。后根据省新闻出版局意见，与省关工委商定，该报由省关工委与镇江市关工委联合主办，易名《关心下一代周报》（下称《周报》）。7 月，省新闻出版局发文批准，暂出双周刊，四开四版。8 月 11 日，《周报》出版创刊号，全市收订数逾 5 万份，发行量 6.3 万份，出 11 期。

1994 年 1 月 5 日，省委书记陈焕友主持召开书记办公会议，审议办《周报》事宜，形成《纪要》，强调“按照有关规定审批，审批后集中力量办好这一报纸，各市县不要再层层办”。7 月，市编委批复《周报》隶属于市关工委，为全民事业单位，核定人员编制 4 名，人员经费由市财政列支。8 月，经省关工委和镇江市关工委商定，建立周报社管理机构：名誉社长储江，社长、法人代表宋亚欣，总编辑洪蒲生，顾问姚杰。同月，省关工委和镇江市关工委联合向省委宣传部、省新闻出版局报送申请全国统一刊号报告。1995 年 1 月始，《周报》由双周刊改为周刊，全年出版 52 期，发行量 15.2 万份，发行范围扩大到全省。10 月，在全国关心下一代工作第二次表彰大会上，《周报》社被评为“全国关心下一代工作先进集体”。1996 年，《周报》出版 50 期(此后历年相同)，发行量 24.5 万份(其中镇江市 11 万份)。1998 年 6 月，《周报》成立社务委员会，储江任主任，宋亚欣任副主任。同年 6 月 10 日，省关工委在南京召开社务委员会成立暨第一次全体会议，宣布《周报》将由省关工委主办，镇江市关工委协办。随着报纸质量和服务水平不断提高，《周报》在省内发行量不断上升：1998 年 59.6 万份，1999 年 67.9 万份，2000 年 95.6 万份，2001 年增至 99.1 万份。其间，《周报》镇江市发行量保持在 13 万份以上。

2001 年 4 月，《周报》获得国家新闻出版署颁发的国内统一刊号 CN32—0020。4 月 29 日，省关工委发出《关于贯彻落实新闻出版署颁发“国内统一刊号”批复的讨论纪要》，明确《周报》主管、主办单位为江苏省关心下一代工作委员会，由省关工委常务副主任沙人麟兼任社长，原社长宋亚欣改任顾问。社务委员会由储江兼任名誉主任，沙人麟任主任，刘定汉、宋亚欣为副主任。此后，社迁往南京新址办公。12 月 3 日，报社新任社长沙人麟与原任社长宋亚欣共同签署《有关关心下一代周报社社长交接几个问题的商谈纪实》。12 月 17 日，撤销在镇江注册成立的关心下一代周报社。

二、社会活动

1997 年始，《周报》连续 4 年对全省各地经济困难、品学兼优并学有所长的优秀学生发放奖学金。1997～1999 年，每年暑假组织小记者采访和举办夏令营，支出费用近 12 万元。2000 年在盐城市发放 3.92 万元，受奖学生 160 名。报社还拨出专款，组织青少年开展读书活动、知识竞赛、有奖征文、作文邀请赛，举办夏令营和小记者采访团等活动，全面服务青少年，提高他们的综合素质和创新能力。

第四十二卷

民族　宗教

卷 目

镇江是以汉族为主的多民族聚居的城市。

镇江位于长江和大运河交汇处，地理位置优越，水陆交通便捷，商贾往来频繁，战略地位重要。历史上外地一些少数民族民众或逃饥荒，或避战乱，或经商贸易，或驻守防务，逐渐迁入镇江，镇江遂形成为多民族居住地。据史载，东晋官府在京口安置北方侨民22万，超过本地居民，其中不乏少数民族。清乾隆二十八年(1763年)，一批蒙古族、满族人迁入镇江驻防，集中住在旗营内。民国期间，镇江大西路成为商业区。善于经营的回族人在此买房置地，开店经营，形成极具特色的回族居民区。

新中国成立后，特别是改革开放以来，随着大规模开展城市建设，人口迁移日益频繁，镇江民族成分不断增加。1982年第三次全国人口普查，地辖镇江市人口337621人(地、市合并前镇江市人口)，有少数民族16个，人口8403人，占总人口的2.49%。1990年第四次全国人口普查，镇江市总人口258.13万人，有少数民族36个，人口11692人，占总人口的0.45%。2000年第五次全国人口普查，全市总人口284.49万人，有少数民族42个，人口16256人，占总人口的0.57%。至2005年底，镇江少数民族数、少数民族人口数变化不大，少数民族人口占总人口的比例数仍然是0.57%。镇江市少数民族占总人口的比例列全省第二位。

1983年镇江实行市管县体制以后，全市各级民族管理部门积极落实政府颁布的民族工作条例，不断推进民族团结进步事业，促进多民族大团结，少数民族政治地位、生活水平不断提高，共享社会主义大家庭温暖。

镇江是一个多宗教共存之地。佛教、道教、伊斯兰教、基督教、天主教五大宗教齐全。焦山定慧寺、金山江天禅寺名列中国佛教历史悠久寺庙之中。句容宝华山隆昌寺是中国权威的佛教徒受戒场所之一，清顺治年间被佛教冠以“律宗第一山”。到金山参禅悟道，到焦山学习佛法，到宝华山接受戒牒乃是一千多年来中国出家人的一种向往。镇江宗教文化已成为民族文化重要组成部分，特别是佛教、伊斯兰教、道教对镇江的文学、艺术、建筑等历史文化发展做出了积极贡献。

镇江的寺庙道观大多依山临水而建，有着各不相同的建筑风格和各具特色如诗如画的自然风光，具有丰富的历史文化内涵，流传着感人肺腑、千年不衰的神话故事和民间传说，成为宝贵的文化旅游资源。金山江天禅寺、焦山定慧寺、宝华山隆昌寺、茅山道院先后被国务院批准为重点对外开放的寺观。

成立于1981年的镇江市民族宗教事务局为市政府职能部门。实行市管县体制后，市民族宗教事务局为副县(处)级建制，2001年升格为正县(处)级单位，人员编制13人。除负责管理和监督市区民族宗教工作外，对市辖丹阳、句容、扬中三市的民族宗教事务工作负责业务指导。各辖市(区)也建立健全民族宗教事务管理机构，全市51个乡镇、街道配有兼职的民族宗教管理人员。全市民族宗教专职管理人员合计59人，其中市级13人、丹阳5人、句容26人、扬中5人、丹徒4人、京口1人、润州2人、新区3人，另外各镇、街道设兼职管理人员60人。

第一章　民　族

1982年第三次全国人口普查，地辖镇江市有少数民族16个，8403人。2000年第五次全国人口普查，镇江市少数民族数增加到42个，人口增加到16256人（其中市区10831人）。最多的回族9472人（市区8399人），第二位蒙古族1811人（市区1423人）。其他人口在100人以上的有：苗族、土家族、满族、布依族、彝族、拉祜族、侗族、朝鲜族、壮族、维吾尔族；人口在50～99人的有藏族、土族、白族、哈萨克族、纳西族、羌族。

镇江各级人民政府贯彻实施中共中央和国家的民族政策、法规，为少数民族办实事，做好事；化解矛盾，解决一批民族工作疑难问题；以"团结进步，稳定发展"为主题，开展民族团结进步活动；建立扶贫开发责任制，开展农村少数民族脱贫致富工作；加强民族教育，提高少数民族干部素质，努力办好少数民族学校。

第一节　少数民族概况

一、少数民族构成

1982年，镇江市区有16个少数民族、人口8403人。1990年，镇江市有36个少数民族、人口11692人，其中男性5705人，占总数49%；女性5987人，占总数51%；少数民族人口文化程度以受过中等教育为主，受过大专以上高等教育的占6%。2000年，镇江市有42个少数民族、人口16256人，其中男性7629人，比1990年增长33.72%；女性8627人，比1990年增长44%。镇江市区少数民族人口10831人，其中男性5678人；市区少数民族人口中受过中等教育（初、高中、中专）的6501人，受过大专以上高等教育的1611人。

至2005年底，全市少数民族数量、人口数量未进行新统计。根据第五次人口普查统计数据，镇江市少数民族人口总数列全省第六位，但占人口总数比例为全省第二。镇江市是全省民族工作重点城市。

1982年第三次全国人口普查镇江市（地辖镇江市）少数民族人口构成统计表

表42-1

民　族	人　数（人）	民　族	人　数（人）
回　族	7225	黎族	1
蒙古族	985	壮族	24
满　族	129	白族	4
侗　族	4	维吾尔族	1
彝　族	4	布依族	1
藏　族	4	锡伯族	1
苗　族	3	外国人加入中国籍	2
朝鲜族	13	高山族	2

1990年第四次全国人口普查镇江市少数民族人口构成统计表

表42-2　单位：人

民族	人数	民族	人数	民族	人数	民族	人数
回　族	9259	维吾尔族	5	佤　族	2	仫佬族	3
蒙古族	1142	朝鲜族	36	畲　族	18	毛南族	9
满　族	251	侗　族	46	高山族	6	仡佬族	10
壮　族	187	瑶　族	10	水　族	6	锡伯族	6
布依族	179	白　族	24	纳西族	3	阿昌族	1
苗　族	175	哈尼族	6	景颇族	7	京　族	1
土家族	87	傣　族	30	柯尔克孜族	1	独龙族	2
彝　族	84	黎　族	26	土　族	8	未识别民族	1
藏　族	50	傈僳族	3	达斡尔族	5	外国人加入中国籍	3

1990年镇江市少数民族人口文化程度（小学以上）统计表

表42-3　单位：人

文化程度	人数			占少数民族人口的百分比（%）
	男	女	合计	
本科	192	60	252	2.16
大专	272	121	393	3.36
中专	302	198	500	4.28
高中	1050	1022	2072	17.72
初中	2032	1847	3879	33.18
小学	1149	1532	2681	22.93

2000年第五次全国人口普查镇江市少数民族人口情况表

表42-4　单位：人

地区 民族	全市	京口区	润州区	丹徒县	丹阳市	句容市	扬中市
蒙古族	1811	998	344	81	153	43	192
回　族	9472	4393	3771	235	351	44	678
藏　族	95	5	21	14	27	8	20
维吾尔族	136	44	8	13	37	8	26
苗　族	926	155	24	103	258	17	369
彝　族	379	37	22	21	139	18	142
壮　族	374	45	15	22	181	28	83
布依族	424	36	21	45	124	20	178
朝鲜族	234	57	38	15	63	21	40

续表 42-4

民族＼地区	全市	京口区	润州区	丹徒县	丹阳市	句容市	扬中市
满　族	588	303	79	32	83	13	78
侗　族	278	39	5	39	103	19	73
瑶　族	38	11	–	3	12	4	8
白　族	67	14	2	7	26	1	17
土家族	898	125	20	106	380	30	237
哈尼族	28	2	–	2	16	–	8
哈萨克族	53	2	–	2	24	–	25
傣　族	25	7	2	–	4	1	11
黎　族	12	2	–	4	4	–	2
傈僳族	4	–	–	–	3	–	1
佤　族	38	13	5	1	14	5	–
畲　族	9	–	5	4	–	–	–
高山族	11	–	–	5	5	–	1
拉祜族	137	89	1	9	29	1	8
水　族	1	–	–	–	–	–	1
东乡族	3	–	1	–	1	–	1
纳西族	71	1	22	6	20	1	21
景颇族	13	3	7	–	–	2	1
柯尔克孜族	7	1	2	–	2	–	2
土　族	3	–	–	–	1	–	2
达斡尔族	12	8	1	–	3	–	–
仫佬族	12	–	1	3	8	–	–
羌　族	58	11	1	2	29	4	11
布朗族	5	1	–	1	3	–	–
撒拉族	4	–	–	1	2	–	1
毛南族	1	–	–	1	–	–	–
仡佬族	1	–	–	–	1	–	–
锡伯族	4	–	2	1	–	–	1
阿昌族	9	5	–	–	1	1	2
普米族	1	–	–	–	1	–	–
塔吉克族	2	1	–	–	1	–	–
怒 族	2	–	1	–	1	–	–
乌孜别克族	10	1	1	–	6	–	2
合计	16256	6409	4422	778	2116	289	2242

二、分布特点

镇江市少数民族人口分布特点总的是大分散、小集中,即大部分散居住在城乡各地,也有一些少数民族,为便于宗教生活方便,在农村自成村落,在城市自成街巷,逐渐形成大分散、小集中的格局。少数民族人口城市多于农村,城市少数民族人口占少数民族总人口的71%。市区为全市少数民族人口散居最多的地方,2000年占全市少数民族人口的71.41%。全市农村相对集中居住的回民村民小组有三个(句容市边城镇佴池村回民村组、丹徒区世业镇卫星村回民村组、润州区蒋乔镇大桥村回民村组)。京口、润州二区回族过去多聚居在清真寺街、杨家门、山巷、剪子巷、中街、爸爸巷一带;蒙古族、满族过去多聚居在斜桥街、牌坊巷,水陆寺巷、弥陀寺巷、将军巷一带。随着城市建设发展,原聚居在上述区域的少数民族多已散居到全市各新建的居民小区内。

三、风俗习惯

镇江少数民族居民长期处于散居状态,与汉族居民通婚日渐增多,与汉族居民的沟通融合加快,有些风俗习惯已逐步淡化或消失。

镇江有清真饮食习惯的回族、维吾尔族、哈萨克族等10个民族近万人,占全市少数民族人口的61.3%。他们几乎都信奉伊斯兰教,普遍禁食猪肉、动物血、自死动物;宰杀牛、羊、鸡时送到清真寺由阿訇主持宰杀,并念古兰经。回族居民丧事普遍实行土葬,国家尊重回族风俗,专门划拨土地,在市区及辖市(区)建立回民公墓。土葬时,死者要净身清洗,身裹白布,用布绳系至预先挖好的直坑内,上面再用砖砌成长方形坟头。回族居民的服饰平时与汉族居民无区别,但在传统节日开斋节、古尔邦节等重要节庆活动时,男士需头戴白色礼拜帽。

聚居在镇江的蒙古族、满族也是人口较多的少数民族,历史上由于集中住在旗营内,曾保留着浓厚的婚嫁和丧葬风俗,但随着时代发展,原有的风俗习惯均已消失或与汉族风俗同化。

第二节 城市少数民族

镇江少数民族人口百分之七十散居城市。镇江各级民族工作部门认真贯彻国务院《城市民族工作条例》和《江苏省少数民族权益保障条例》(以下简称《条例》),关注城市少数民族群体,妥善处理涉及到少数民族权益方面的矛盾纠纷,依法维护少数民族的合法权益。

推进民族宗教政策、法规的贯彻实施。1993年3月剪子巷清真寺归还镇江市伊斯兰教协会(以下简称“市伊协”)。镇江市区剪子巷清真寺是一座历史悠久的明代建筑,原为城区东部少数民族的宗教活动场所,20世纪50年代由房管部门经管,出租给彩色印刷厂。市委和市政府专门召开常委和副市长联席会议研究,责成有关部门将剪子巷清真寺产权交还市伊协。鉴于1981年镇江市政府划拨的一块0.37公顷回民殡葬用地所剩无几,1995年市人大常委会副主任姜启才、刘承召集市国土管理局等有关部门负责人协调,选定京口区象山乡红旗村王家湾一块0.85公顷山地,将其新辟为回民公墓,于2001年启用。

加强对少数民族流动经商人员的管理和服务。随着改革开放深入,新疆、内蒙、甘肃、云南、贵州等地区少数民族人员进入镇江从事经商活动逐渐增多,高峰时达到5000余名,有时引发民族纠纷。1998年市政府多次召集城管、工商、公安、税务等部门参加协调,对少数民族人员进入镇江从事经营活动进行规范,帮助解决后顾之忧,使他们安心在镇江创业。

推进城区清真网点建设。2000年,市政府多次召集有关部门协调解决清真饮食网点建设和清真食品供应等问题,至2005年底,全市清真饭店、食品店、小吃店、牛肉摊点发展到50余家。新九如饭店(原民族饭店)是镇江一家具有50余年历史的最大清真饭店,1995年被省政府授予民族团结进步先进集体称号。在省、市两级民族宗教部门关心下，2005 年 11 月 26 日北京东来顺连锁店在镇江举行开业庆典及清真标志牌授牌仪式，开业后生意火爆，深得回民欢迎。

认真开展民族工作进社区活动。京口区社区民族工作服务中心于 2001 年 12 月 29 日正式挂牌。服务中心热情为社区少数民族服务，设立下岗再就业登记处、法律援助站、爱心超市、民族文化活动室等，建立健全学习、民族联谊、信息通报、帮困服务、信访接待等制度，在社区营造有利于少数民族创业、就业的良好氛围。京口区把民族工作融入社区建设的成功经验，在 2003 年全省城市民族工作座谈会上进行交流。2005 年 10 月，国家民委副主任周明甫到镇江视察社区民族工作，与社区少数民族居民进行座谈。

提高城区少数民族低保对象生活补助标准。2004 年 11 月，镇江市政府办公室转发市民政局等部门《镇江市城市居民最低生活保障办法实施细则》（镇政办发〔2004〕149 号），规定镇江市城区少数民族低保对象，比非少数民族低保标准上浮 20%。

第三节　农村少数民族扶贫开发

镇江约有 30% 少数民族居民散居或聚居在农村，他们的生活水平明显低于城市和当地汉族居民，困难户和特困户较多。

2001 年 5 月，镇江各级民族工作部门在全市农村开展少数民族情况调查，建立少数民族基础台账，基本摸清全市农村少数民族贫困家庭情况。在此基础上确定一批集体扶贫项目，争取到扶贫基金 26.5 万元，在农村少数民族较为集中的 3 个村组建立省级少数民族扶贫示范基地。丹徒县世业镇卫星村当年出售山鸡 8000 多只，数十户少数民族家庭脱贫。

2003 年，镇江市政府下发《关于加强我市农村少数民族扶贫开发工作意见》，要求各地、各部门结合社会主义新农村建设，大力推进农村少数民族脱贫致富工作。市民族宗教事务局在抓好 3 个原有少数民族扶贫开发基地建设同时，新增丹阳跳板村和句容袁巷的花卉、草坪项目以及丹阳延陵的稻鸭共作项目 3 个市级少数民族扶贫开发基地。

2004 年，镇江开展农村少数民族千户扶贫工程。通过专项拨款建立开发基地、组织社会团体和企事业单位结对帮扶、安排就业等多种形式开展扶贫，当年有 438 名少数民族贫困人员实现脱贫。同年 10 月，市政府出台《镇江市农村居民最低生活保障暂行办法》（镇政发〔2004〕106 号），规定镇江市农村少数民族最低生活保障标准，在农村低保对象生活补助标准的基础上再提高 20%。

为实施全省农村少数民族 3 年（2003～2005 年）脱贫工作目标任务，市政府将农村少数民族扶贫开发工作纳入全市扶贫总体规划。2005 年，市民族宗教事务局先后 3 次召开全市少数民族扶贫工作推进会，到年底全市共建立山鸡、山羊、花卉、草坪、绿色蔬菜、稻鸭共作等 13 个少数民族扶贫开发基地，全市农村年人均收入在 1900 元以下的 258 户、1235 名少数民族居民全面脱贫。

第四节　民族团结进步

中共镇江市委、市政府重视民族团结进步工作，组织开展多种形式的民族团结进步模范创建活动。1992～2005 年期间先后受到国务院表彰的单位 1 个（1994 年）、个人 3 人（1992、2001、2005 年各 1 人）；国家民委、省政府联合或分别表彰的单位 28 个次、个人 83 人次。其中 1994 年第二次全国民族团结进步表彰会上，镇江市交通局被评为民族工作模范单位，受到国务院表彰。

1999年国庆前夕，市民族宗教事务局召开镇江市少数民族庆祝新中国成立50周年联谊会，全市城乡的回族、藏族、白族、壮族等21个少数民族的代表在会上畅谈伟大祖国走过的风雨历程和取得的伟大成就。

纪念《江苏省少数民族权益保障条例》颁布5周年。2001年，镇江开展系列纪念活动：召开少数民族代表与相关部门座谈会、联谊会；市人大常委会领导走进电视台，向全市人民进一步宣传《条例》；开展向少数民族特困户慰问和发放补助金。

2002年8月28日，国家民委、国家经贸委等部门将扬中市敦煌制毯有限公司、丹阳市通泰纺织品有限公司列入"十五"期间第一批全国少数民族特需用品生产企业。扬中市敦煌制毯有限公司生产的"东煌"地毯，年产量达20万平方米，产品销往西藏、新疆、内蒙古、青海等少数民族地区，2004年被镇江市人民政府评为民族团结进步模范单位。丹阳市纺织品有限公司所属的漳绒丝织厂，是国内最大的漳缎生产企业，年生产能力20多万平方米，产品销往内蒙古、辽宁、甘肃、宁夏、新疆等少数民族地区。

开展全市民族工作系列调研。2002年就"农村少数民族干部""城市民族工作""民族教育"等课题进行调研并分别写出书面报告，为上级有关部门决策和镇江民族工作提供可靠数据和资料。同年12月召开镇江市第二届民族团结进步表彰大会，对10个模范单位、20名先进个人进行表彰。

2003年7月13日，镇江市民族团结促进会成立，谈大洋（回族）当选为会长。首批会员58人，团体会员99个。从2005年7月1日起，民族团结促进会资助少数民族贫困家庭（每月每户100元）由起初的8户增加到30户。

2004年，市政府下发《关于开展民族团结进步模范创建活动的意见》，围绕"共同团结奋斗，共同繁荣发展"的时代主题，全面部署创建工作。同年6～7月开展民族团结进步宣传月活动，深入弘扬以爱国主义为核心的中华民族精神，增强各民族之间团结。期间举办民族知识图片展、民族风情美术书法摄影展，召开"以邓小平与民族工作"为主题的座谈会，在大市口城市客厅开展"走进民族大家庭"广场宣传活动，在镇江影剧院举办全市民族大团结文艺会演。《中国民族报》《新华日报》《镇江日报》等新闻媒体对镇江市民族团结进步宣传月活动进行专题报道。2004年12月初，市财政设立10万元少数民族发展补助资金。2005年开始，该款项列入年度财政预算，支持全市少数民族事业发展。

2005年，镇江市政府将深入开展民族团结进步模范创建工作列入全市重点工作目标。市民族宗教事务局以创建工作为载体，把加大对少数民族困难群体的扶持、加快清真食品网点规划建设、加强对外来少数民族同胞的服务管理纳入创建活动，全年召开4次专题会议推进落实。同年10月，国家民委副主任周明甫到镇江视察创建工作，给予高度评价。

第五节 少数民族干部和民族教育

一、少数民族干部

市委、市政府积极制定计划，落实措施，大力培养选拔德才兼备的少数民族干部。1998年底全市少数民族人口中，担任县处级（含离退休）领导职务26人，具有高级职称资格101人。全国先进工作者、全国五一劳动奖章获得者、镇江市人民奖章获得者各1人。全国群众体育工作先进个人1人，省劳动模范2人。1998～2005年，镇江各届人大、政协组成人员中都有回、蒙古、满、壮、高山、布依等少数民族代表，通过选举和民主协商担任代表和委员。山巷清真寺阿訇薛龙和自学成才，专心研究镇江回族历史和人物，2003年被推荐为中国回族学会第三届理事会理事。市人大常委会民宗侨委、市民族宗教事务局、市民族团结促进会每年都举办各类培训班，邀请省有关部门领导和专家到镇江为少数民族干部讲课,选派少数民族干部去外地民族院校短期进修,不断提高他们的政治素质和专业技能,初步改变少数民族干部和专业技术人员偏少、年龄老化的状况。至2005年底,全市县(处)级少数民族干部计15人(含退休)。

镇江市少数民族任省、市第七届～第十届人大代表、政协委员统计表

表42-5　　单位:人

时间	省人大代表	省政协委员	市人大代表	市人大常委	市政协委员	市政协常委
1988～1992(第七届)	3	2	15	–	8	–
1993～1997(第八届)	1	1	12	3	12	1
1998～2002(第九届)	1	–	8	4	11	–
2003～　(第十届)	–	1	4	2	11	1

二、民族教育

镇江市第四次、第五次人口普查资料表明少数民族人口中文化程度以接受中等教育为主,受过高等教育的较少。少数民族文化程度仍普遍低于汉族。镇江市政府重视发展民族教育事业,努力提高少数民族人口素质。至2005年,全市建有两所民族学校。同年丹阳市第六中学开办新疆高中班,招收学生43人,其中维吾尔族31人、哈萨克族11人、蒙古族1人。招收的学员在全省四市内地新疆班两次联考中总体成绩名列前茅。省、市各级民族部门高度关心新疆班师生的学习、生活,多次慰问、捐赠衣物和学习用品,专门开设清真餐厅,保障新疆班的清真饮食。

图42-1　1996年,穆源小学建成具有伊斯兰风格的教学楼

1. 镇江市穆源小学　创办于清光绪三十二年(1906年),由回族著名实业家金恒仁、杨白山等出资,利用杨家门金氏祖居地产建校办学,系江苏省创办最早的一所回民学堂,后更名为私立穆源小学,1956年学校改为公办,政府拨款在原址重建,1984年恢复原校名穆源小学。1996年4月10日,穆源小学隆重举行校庆90周年暨教学楼落成仪式,全国人大常委会副委员长费孝通、孙起孟分别题词祝贺。费孝通题词是:"劫后重建更鲜艳";孙起孟题词是:"科教兴国,重在育人,育人的基础在小学"。穆源校友、镇江籍回族港胞丁法仁卿的子女捐资30万元参与建造的建筑面积1200平方米的一幢教学楼同时落成。2001年,学校被润州区政府命名为镇江市润州区民族学校,2005年被确认为镇江市穆源民族学校,共30个班级,学生1000余名,教职员工87人。学校先后被评为全国学校体育卫生工作先进单位、江苏省现代化教育技术实验学校、镇江市模范学校、镇江市绿色学校,在社会上享有较高的声誉。

2. 镇江市五条街小学　创建于清光绪三十二年(1906年),始称求己学堂。2001年被京口区政府确认为京口区民族学校,2003年更名为镇江市民族实验小学。校园占地0.73公顷,建筑面积7824平方米,建有民族武术馆、古筝室、语音室、微机室、藏书室、校史室,班级21个,学生900余名,其中有回、蒙古、满、维吾尔等少数民族学生231名,约占全校学生总数的25%,在编教师66

人,省特级教师、中学高级教师各 1 人,小学高级教师 35 人。2002 年 11 月,五条街小学与新疆生产建设兵团农 17 师 47 团中学签订“手拉手”活动协议,汉族、维吾尔族各 15 名学生结对“手拉手”,在教师指导下进行书面沟通;实施教师互访,双方互派 2 名有强烈事业心、责任感的教师到对方学校挂职执教;双方校领导利用寒暑假进行互访,增进民族感情,进一步研讨民族教育工作新思路。2004 年 12 月在第四届全国各族青年团结进步表彰大会上,学校作为江苏省唯一的民族教育基层单位,获全国各族青年团结进步奖,受到团中央、国家民委、中青联的联合表彰。

图 42-2 五条街小学民族艺术节(2003 年摄)

第二章 宗 教

镇江是江苏省宗教工作重点城市。佛教、伊斯兰教、基督教、道教、天主教在镇江都有传布。佛教历史有 1800 余年,伊斯兰教 1300 余年,基督教 700 余年,道教 1700 余年,天主教近 400 年。五大宗教对镇江历史文化产生重要影响,尤其佛教以其历史悠久,名刹林立,高僧辈出,在中国佛教界占有重要位置。佛教的建筑、雕塑、绘画艺术和佛事活动成为镇江历史文化的重要组成部分。

1983 年以后,镇江各级政府拨款或社会集资,对重点寺庙、道观、清真寺、教堂进行全面修缮和重建。金山江天禅寺重建大雄宝殿、藏经楼、祖师殿;焦山定慧寺新建山门和万佛塔,重建藏经楼、华严阁,改造浮玉斋;茅山道院印宫进行改造,新建太上老君露天神像;古润礼拜寺迁建到学府路落成;大西路福音堂沿街出新;宝盖路真道堂维修装修后重新开放。丹阳市新建清真寺、天主堂、福音堂;句容市重建清真寺和基督教堂;扬中市重建太平禅寺,新建基督教堂;丹徒区绍隆寺重建大雄宝殿、天王殿。五大宗教寺观、教堂别具一格的建筑风格,具有极高的观赏性,成为镇江亮丽的新景点。随着宗教政策逐步恢复和落实,信教群众和宗教活动场所逐年增多。1991 年,镇江信教群众 6 万余人,活动场所 28 处,宗教教职人员 185 人,宗教团体 11 个;2000 年,镇江信教群众 10 万余人,活动场所 96 处,宗教教职人员 285 人,宗教团体 18 个;2005 年底,全市信教群众有 14 万余人,经政府批准登记的宗教活动场所 118 处(其中佛教 31 处、道教 11 处、伊斯兰教 4 处、基督教 68 处、天主教 4 处),宗教教职人员增加到 380 人(其中佛教 289 人、道教 71 人、伊斯兰教 7 人、基督教 10 人、天主教 3 人),市和辖市(区)两级宗教团体 18 个。至 2005 年恢复重建和新建的宗教活动场所中比较有名的有润州道院、丹阳季子庙、句容葛仙观等。

在历届省政协及镇江市人大、政协组成人员中,均有镇江宗教界代表、委员。全市宗教干部认真学习和贯彻国家的宗教政策,密切联系信教群众,同宗教人士平等协商、合作共事。

镇江市宗教界人士任省、市人大代表、政协委员统计表

表 42-6　　　　单位:人

时　间	省政协委员	省政协常委	市人大代表	市人大常委	市政协委员	市政协常委
1988～1992 年(第七届)	2	1	1	1	4	4
1993～1997 年(第八届)	2	1	3	1	8	4
1998～2002 年(第九届)	2	1	2	–	7	5
2003～　(第十届)	1	–	1	1	5	4

第一节　宗教事务管理

改革开放后,镇江各级宗教部门积极贯彻落实国家制定的宗教政策、法律、法规,依法加强对宗教事务的管理,尊重和保护宗教信仰自由,全市宗教事业健康发展。

1983～1984 年,对新中国成立以来的冤假错案进行复查,对"文化大革命"中宗教人士被查抄的财物予以归还,停发和扣发的生活待遇按规定予以补发。对在职宗教教职人员工资偏低的适当调高(寺庙道观方丈、阿訇、牧师、神甫每人每月 50 元,僧尼、传道、修女每人每月 35 元),并报销医疗费。对流落社会生活无着的宗教教职人员给予临时生活补助(每人每月城市 20～25 元,农村 15～20 元)。对"文化大革命"中被占用的宗教房产,包括佛教 1 处 25 间 554 平方米、伊斯兰教 2 处 14 间 230 平方米、基督教 12 处 30 间 642 平方米,全部归还给各宗教团体。1992 年 4 月 14 日至 21 日,镇江市民族宗教事务局与市公安局、市基督教"两会",对全市 3 县 1 市 2 区基督教情况开展专题调查,后经政府批准开放活动点 11 个,其中市区 2 个、丹阳 4 个、丹徒 3 个、句容 2 个,信徒约 2500 人。未经批准的私设点 68 个,信众约 3000 人左右。私设点涉及到 44 个乡、镇,占全市 91 个乡、镇数的 48%。对不具备条件的私设点,劝阻停止活动;对乱建寺庙道观、假僧、假道、乱做佛事道场等问题私设点予以取缔。至 1994 年底,镇江涉及宗教房产政策的 11 个重要遗留问题获得解决。根据国务院颁布的《宗教活动场所登记条例》,1995 年 2 月,镇江宗教活动场所全面进行登记,至年底,全市准予登记的宗教活动场所 46 处,其中佛教 13 处、道教 2 处、伊斯兰教 3 处、基督教 27 处、天主教 1 处。1996 年 3 月,金山江天禅寺、焦山定慧寺、大西路福音堂及山巷清真寺获得国家宗教事务局统一监制颁发的宗教活动场所登记证书和法人证书。同年 6 月底,全市宗教活动场所登记工作全部结束,依法登记的宗教活动场所 51 处,临时登记的有 26 处,暂缓登记的有 55 处,不予登记的 133 处。

1995 年镇江市依法登记的宗教活动场所一览表

表 42-7

名　称	地　点	教　别
★金山江天禅寺	镇江市长江路	佛教
★焦山定慧寺	镇江市东吴路	佛教
★宝华山隆昌寺	句容市宝华山	佛教
★★绍隆寺	丹徒县五峰山	佛教
崇庆禅院	京口区谏壁镇	佛教
观音禅林	润州区蒋乔镇	佛教
圆通庵	润州区七里甸	佛教

续表 42-7

名　称	地　点	教　别
龙庆寺	丹阳市建山	佛教
古香山寺	丹徒县高资镇	佛教
莲花庵	丹徒县辛丰镇	佛教
心安寺	丹徒县大路镇	佛教
龙兴寺	丹徒县谏壁乡	佛教
普济禅寺	丹徒县高资镇	佛教
★茅山道院	句容市茅山	道教
三茅宫	丹徒县辛丰镇横山凹	道教
★★山巷清真寺	镇江市清真寺街	伊斯兰教
★★丹阳清真寺	丹阳市燕子巷	伊斯兰教
★★句容清真寺	句容市东大街	伊斯兰教
★★大西路福音堂	镇江市大西路	基督教
★★丹阳福音堂	丹阳市老西门大街	基督教
★★句容基督教堂	句容市南大街	基督教
★★天主教堂	丹阳市北环路	天主教

说明:1. 本表登记开放的宗教活动场所,加“★”者为国务院批准开放;加“★★”为省人民政府批准开放;

2. 镇江市依法登记的宗教场所尚有京口区的新民洲、丹徒镇;丹徒区的高桥、江心、世业、石桥、宝堰、上会;丹阳市的新桥、埤城、皇塘、导墅;句容市的下蜀桥头、下蜀黑桥、袁巷、宝华、黄梅莲塘、黄梅王家边、行香、春城涧西、春城史村、陈武、大卓、茅西等 24 处

1997 年进一步加强宗教管理,开展专项治理工作。同年 5 月底拆除 211 处土地庙,取缔 12 处不符合开放条件的庙宇、道观,22 处改作他用,8 处符合开放条件的批准开放。

开展爱国主义教育,重点加强对佛教协会、伊斯兰教协会、基督教协会教育工作。2001 年 4 ~ 12 月,全市先后组织 4 大专题讲座和 6 次集中辅导,邀请市委党校、市司法局专家授课,进一步激发宗教界人士爱国主义热情,坚定独立自主、自办的信心。

2001 年,全市统一制定宗教场所 7 项主要制度(场所组织成员岗位职责制度、会议制度、学习制度、人员管理制度、财务制度、物资管理制度、宗教活动管理制度),作为年检和评比主要内容。同年底市民族宗教事务局组织专门力量对全市宗教活动场所进行年检,历时 50 天,年检审核登记宗教活动场所 96 处,撤销登记 2 处,停止活动 1 处。

2002 年组织学习《江苏省宗教事务条例》。市民族宗教事务局将条例单行本和公告下发到基层宗教活动场点。全市统一制定宣传标语,在影响较大的金山江天禅寺、焦山定慧寺、大西路福音堂等处悬挂横幅;在《镇江日报》开展条例知识竞赛;在电视台开展条例知识大奖赛。同年对全市农村宗教突出问题再次开展专项治理。到 2003 年 10 月底,全市依法取缔乱建的寺庙、寺观 94 处,劝散不具备条件基督教聚会点 199 处,63 名假僧假道受到教育和处理。11 月,省民族宗教工作领导小组到镇江检查验收。

2003 年,镇江各宗教团体换届,实现市级宗教团体领导层新老交替。新一届领导班子成员年龄 40 岁以下的占主体,有两个协会的主要领导为研究生学历。1993 ~ 2004 年,镇江宗教界人士先后有 7 人担任全国、省级爱国宗教团体职务。

镇江宗教界人士担任全国、省级宗教团体职务一览表

表 42-8

姓名(法号)	民族	出生时间	担任职务	任职时间
胡士辉	汉	1926	江苏省基督教协会副会长、省基督教三自爱国运动委员会常委	1992
朱易经	汉	1918	江苏省道教协会会长	1993
茗 山	汉	1913	中国佛教协会副会长、江苏省佛教协会会长	1993、1994
杨世华	汉	1963	中国道教协会常务理事、江苏省道教协会副会长、会长	1993、1999
慈 舟	汉	1914	江苏省佛教协会副会长	1994
马瑞柏	回	1920	江苏省伊斯兰教协会副会长	1994
心 澄	汉	1963	中国佛教协会常务理事 江苏省佛教协会副会长	2002 2004

中共镇江市委、市人大常委会、市政府、市政协领导多次专题听取和研究民族宗教事务工作，2004 年 10 月 30 日，市委、市政府邀请国家宗教局局长叶小文到镇江作“执政能力与宗教工作”专题讲座，整体提升全市县处级以上党政领导对宗教工作的理性思考。同年，焦山定慧寺、大西路福音堂、山巷清真寺，丹阳白龙寺、新桥镇基督教聚会点，句容茅山道院、宝华山隆昌寺，扬中太平禅寺，丹徒绍隆寺，谏壁镇荣庆禅院和润州道院共 11 个寺观教堂受到镇江市民族宗教事务局表彰，被评为镇江市模范宗教活动场所。

2005 年，全市各级共举办条例学习班 19 期，计 1000 余人参加。同年 5 月，市民族宗教事务局与市法制办公室联合举办辖市(区)宗教干部行政执法培训班，94 名宗教干部持证上岗。

第二节 佛 教

一、概况

佛教相传自东汉初期至献帝兴平元年(194 年)传入镇江，在焦山建普济庵(今定慧寺)，随后三国东吴时期(265 ~ 266 年)建甘露寺，东晋时建泽心寺(今金山江天禅寺)。镇江历史上寺庙林立，信徒众多，佛教之盛，闻名遐迩。

镇江寺庙佛事活动频繁，不少佛事活动规模宏大，影响深远。金山江天禅寺主要佛事活动水陆法会是全国首创，仪式隆重而盛大，时间多则 49 天，一般也要 7 天 7 夜，主要内容有诵经设斋、礼佛拜忏和追荐亡灵等。金山江天禅寺这一重大佛事活动，起源于东晋，历经唐、宋、元、明、清各代。20 世纪 30 年代金山江天禅寺水陆法会中断，直到 1988 年恢复。除寺内每年举行 3 ~ 4 次外，慈舟、心澄法师 10 余次率领佛门弟子赴新加坡、日本等国和中国香港、中国台湾等地区启建水陆法会。

镇江佛学院在全国佛学界颇有影响，历史上曾创办过玉山、竹林、焦山、金山四所佛学院，其中守培法师于 1925 年在超岸寺创办的玉山佛学院是镇江市第一所佛学院，累计培养数千名学僧。1994 年 2 月，江苏省宗教事务局根据国家宗教事务局《对佛教、天主教培训班更名请示答复》的精神，决定将金山江天禅寺僧伽培训班更名为镇江金山佛学院。该佛学院是江苏省佛教界创办的一所初级佛学院，学制两年，主要教授基本文史知识和佛教经典及仪轨，每期学员 30 ~ 40 名，至 2005 年培养佛门弟子 400 余名。为恢复宝华山隆昌寺中国佛教传戒道场的历史地位，1998 年 3 月 12 日，中国佛教界第一家培养弟子的律学院在宝华山隆昌寺成立。律学院以教授戒律为主，同时教

授历史、语文、法律、宗教法规、佛教知识等，学制两年，面向省内佛教界招生，院长由金山江天禅寺慈舟方丈兼任。至2005年累计培养僧侣500余名。

镇江佛教界高僧辈出。近代有宗仰、太虚、宗培、霭亭、霞华、智光等法师，当代高僧有茗山、慈舟、心澄等法师。尤其茗山法师为中国佛教界德高望重的著名高僧，知识渊博，佛学造诣精深，在海内外享有盛名，2001年6月1日圆寂，享年88岁。

镇江市佛教协会成立于1957年，以后分别于1980年、1986年、1993年、1997年、2003年换届。1991年，全市有佛教信徒3万余人，活动场所9处，教职人员140人。2000年有佛教信徒4.9万人，活动场所31处，教职人员234人。至2005年底，全市有佛教信徒6万余人，活动场所31处，教职人员289人。

镇江市佛教协会历届代表大会情况表

表42-9

届别	时间	名誉会长	会长
第一届	1957年秋	-	妙华法师
第二届	1980年6月14日	-	茗山法师
第三届	1986年10月	茗山法师	慈舟法师
第四届	1993年9月10日	茗山法师	慈舟法师
第五届	1997年8月12日	茗山法师	慈舟法师
第六届	2003年10月16日	-	心澄法师

二、重点寺庙

1. 江天禅寺　江天禅寺位于镇江金山。建于东晋建武年间，初名泽心寺。南朝、唐朝时称金山寺，后一直通称。清康熙皇帝来金山时，赐名“江天禅寺”。江天禅寺规模宏大，占地40余公顷，共有殿宇房屋500余间，主要建筑有天王殿、大雄宝殿、藏经楼、观音阁、楞枷台、祖师殿、慈寿塔等。江天禅寺历史上多次遭受火劫，尤其是1948年4月6日下午2时发生的大火，寺宇精华大多毁灭，共有大雄宝殿、藏经楼、方丈室、大禅堂、达摩岩、琼花堂、祖师堂、七峰阁等建筑化为灰烬。新中国成立后，几经整修，特别在中共十一届三中全会后，政府拨款资助，国内外僧众、信徒和各方人士随缘乐助，包括大雄宝殿，藏经楼在内的殿堂楼阁次第恢复或重建。“寺裹山”胜景再次显现。

1985年10月6日重建大雄宝殿破土动工，历时5年，1990年10月6日落成。重建的大雄宝殿匾额，由全国政协副主席、中国佛教协会会长赵朴初书写。新大殿比原址后移8米，呈正方形，边长24米，高24.15米，36根柱子落地，总建筑面积800.6平方米。

图42-3　2004年落成的慈舟纪念堂

祖师殿重建工程1993年3月动工，筹集资金162万元，同年12月竣工。重建后的祖师殿、上客堂均为仿古建筑，总面积1800平方米。同时进行的南配殿工程于年内完工，投入资金79万元。

2004 年 11 月 8 日,金山江天禅寺举行慈舟禅师(1914—2003 年)纪念堂落成庆典。纪念堂面积 1280 平方米,展出慈舟生平事迹、对外交往、爱国爱教、五寺之主、寺院建设、弘法利生、示寂入设、生前遗物 8 大部分,图文并茂,现为镇江宗教界人士爱国爱教教育基地。

2005 年,寺内有教职人员 45 人。

2. 定慧寺　定慧寺位于镇江焦山。相传始建于东汉献帝兴平元年(194 年),初名普济庵,元朝易名焦山寺。清康熙南巡游焦山时将其改名为"定慧寺"。定慧寺规模宏大,明代为全盛时期,有殿宇 98 间,和尚 3000 余人,参禅的僧侣达数万人,是中国著名古刹。寺庙占地 38 公顷, 共有殿宇房屋 200 余间,主要建筑有大雄宝殿、天王殿、藏经楼、万佛塔、茗山法师纪念堂等。因楼、亭、阁掩隐在焦山的绿树丛中,不见寺庙,单见青山,有"山裹寺"之誉。

天王殿始建于明宣德年间。因白蚁蛀蚀,梁柱倾斜,于 1983 年拆除重建,1990 年 10 月落成,黄墙红柱,碧瓦铺顶,飞檐斗拱,建筑精巧,屋顶呈双层飞檐飞角式。殿内有金弥勒像、韦驮像和四大天王像,神态多样,造型生动,正面墙上书"风调雨顺、国泰民安","法轮常转、佛日增辉"16 个字。

图 42-4　2002 年落成的定慧寺山门

藏经楼始建于明正统十年(1445 年),清乾隆年间改建为阁,清咸丰十三年(1853 年)阁毁。1990 年 10 月天王殿落成典礼时,藏经楼重建奠基仪式同时进行,于 1994 年破土动工,仿明朝宫廷式样,保持原有建筑风貌。

万佛塔的前身镇寺塔始建于元大德二年(1298 年),明弘治元年(1488 年)毁于倭乱。重建工程于 1998 年 3 月 1 日破土动工,至 1999 年 9 月 11 日落成开光。万佛塔的复建,弥补焦山近 500 多年有寺无塔的缺憾。万佛塔是一座清式江南风格钢筋混凝土结构仿古塔,位于焦山顶峰,塔高 42 米,海拔 70.4 米,建筑面积 583 平方米,塔体七级八面,朱栏碧瓦,飞檐彩绘,上有天宫,下有地宫。塔内设两套楼梯上下分流,外有栏杆相倚。每层回廊四通,八面有景,凭栏远眺,江天景色,尽收眼底。万佛塔塔院设有前后门厅,左右碑廊、厢房。全塔有 28 尊洁白的玉佛,均产自缅甸,一至七层供奉着金光灿灿佛像足在万尊以上,成为信徒朝山拜佛的胜境。

定慧寺山门重建工程于 2001 年动工,2002 年 10 月竣工。新山门建筑总面积 4500 平方米,总投资近 1000 万元,由石牌楼、照壁、吉祥如意桥、山门殿、钟鼓楼、亭桥等建筑组成。与天王殿、大雄宝殿在一条中心轴线上,建筑整体设计精巧,错落有致,与焦山美丽的自然景色浑然一体,相映生辉。

茗山法师圆寂后,镇江市政府在焦山定慧寺修建茗山法师纪念堂。2002 年 6 月 1 日奠基,2004 年 6 月 10 日建成,建筑面积 1088 平方米,由纪念堂、展示厅和影视厅 3 部分组成。展示厅内展出茗山法师 400 余幅珍贵图片资料以及茗山日记、文稿、工作笔记等实物资料 200 多件,现为江苏省佛教徒爱国爱教教育基地。

2005 年,寺内有教职人员 50 人。

3. 隆昌寺　隆昌寺位于句容宝华山。始建于南朝梁天监元年(502 年),高僧宝志结庵于此。明万历三十三年(1605 年),明神宗赐大藏经及"护国圣化隆昌寺"匾额,遂有隆昌之名。清康熙四十二年(1703 年),康熙帝临山改为"慧居寺"。后复用隆昌名至今。寺庙原有殿宇号称九百九十九间半，建筑风格独特。山门朝北，既小且辟，“围着寺庙转，不见有山门；听得念经声，不见有僧人”，号称宝华山第一怪。寺庙占地10余公顷，建筑面积2万多平方米，殿宇房屋400余间，主要殿堂有大雄宝殿、铜殿、无梁殿、戒坛、大悲楼、斋堂、客堂等。隆昌寺修缮工程从1985年2月8日动工，历时6年多，修缮大雄宝殿、方丈楼、藏经楼、大悲楼、楞严堂、东西寮房等397间、7000多平方米，泥塑佛像31尊，修建戒台1座，佛台4座，恢复寺庙的古朴与壮观，为全国最大的佛教律宗道场。

图42-5 隆昌寺全景(2005年摄)

隆昌寺大雄宝殿开阔深远，气势轩昂，从台基到屋脊高31.4米。清乾隆皇帝曾6次到隆昌寺，并题写大雄宝殿匾额“光明法界”。殿内雕梁画栋，金碧辉煌，供奉着释迦牟尼坐莲宝像，佛像高7.84米，仅脸面面积达6.2平方米，气势宏大。佛像两侧站立着24位护法天神，被称为“二十四尊天”。

戒坛堂是隆昌寺放戒仪式的主要场所。戒坛堂高4米，深12米，上有“佛制戒坛”匾额四字。

建于明万历三十三年的铜殿、无梁殿为建筑史上的奇迹。现为江苏省文物保护单位。铜殿高7米，阔4.5米，其梁、栋、栌、窗、瓦等均为铜铸而成，形似楼阁，结构精巧。400多年来，铜殿屡建屡毁，铜质构件已无，内外结构有所改变，后铜殿改成砖木结构。

无梁殿有2座，位于铜殿两侧，单檐歇山式，三间两层楼阁，无梁无柱，长7.6米，宽5.6米，高10.6米，与铜殿同时建造。装饰图案均用砖制成，其造型艺术、砖雕工艺极为精湛，以砖代梁，呈拱券形，与北京北海无梁殿近似。资料显示，明代无梁殿至今存世不多，句容同一处存有双“无梁殿”，这在中国古代建筑史上具有独特的地位。

2005年，寺内有教职人员42人，年收入500多万元。

4. 高崇寺 高崇寺位于镇江南郊九华山西峰。高崇寺始建于唐贞观十三年(640年)。曾有殿堂数百间，后历经沧桑，寺庙几乎尽毁。1985年以来，高崇寺历经5年修建，于2001年夏完工，先后恢复地藏殿、三圣殿、观音殿、玉佛殿、伽蓝殿、十王殿。地藏殿在最高处，黄墙褐瓦，飞檐翘角，雕梁画柱，色彩瑰丽。

图42-6 高崇寺玉佛殿(2005年摄)

5. 绍隆寺 绍隆寺位于丹徒区五峰山。始建于唐朝宝历年间(825年)，重建于宋绍兴年间(1131～1162年)，取金坛绍隆寺废额揭之。1684年康熙南巡时，为寺题“灵觉宝寺”匾额，赐绍隆寺为金山江天禅寺下院。之后，金山退居的老和尚均来此养老，圆寂后，骨灰在此建塔。原有僧塔300余座，几经兴废，现有60余座散布在绍隆寺后的山林中，占地3.33公顷。1981年后，绍隆寺逐步得到恢复和重建，20年来共投入资金3000多万元，

图 42-7　绍隆寺“塔林”(2005 年摄)

主要殿堂有天王殿、法华楼、藏经楼、念佛堂、上客堂、僧房楼、斋堂等,建筑面积 6979 平方米,共有房屋 210 间,占地 31.52 公顷。1999 年 12 月经省宗教事务局评定为江苏省重点寺院。2000 年重建大雄宝殿,长 44 米,宽 33 米,高 27 米,双层飞檐翘角,黄墙碧瓦。绍隆寺供奉有来自西藏的千年观音佛像、五台山的 500 年弥勒塑像。寺院每年举办 2 ~ 3 次法会,法会时间长,参加僧众、信徒有千余人,成为当地的佛事盛典。

6. 太平禅寺　太平禅寺位于扬中市三茅镇双跃村境内。始建于清朝康熙年间,前身为下东岳庙,距今有 300 多年历史。原有大小殿堂百余间,为扬中历史上规模最大的佛教寺院。“文化大革命”期间,该寺遭到严重破坏,仅留有一座后殿。1995 年批准重建东岳庙,定名为太平禅寺,经十余年建设,至 2005 年底基本建成大雄宝殿、天王殿、玉鉴楼、三圣堂、因果房、禅房等,建筑面积 3360 平方米,有殿宇房屋 80 余间,教职人员 16 人,占地 3 公顷,年收入近 200 万元。

图 42-8　太平禅寺庙门(2005 年摄)

三、主要活动

1. 佛事活动　镇江寺庙林立,信徒众多,寺内佛事活动主要是,受戒、参禅、念佛、讲习传经。规模较大的佛事活动,每年都有 2 ~ 3 次。每月农历初一、十五佛教信徒都有到金山江天禅寺、焦山定慧寺烧香拜佛的习俗,人数多时在万人以上。金山江天禅寺新年撞钟活动,每次都吸引上千名各界人士参加。

图 42-9　2005 年金山江天禅寺元旦撞钟

金山江天禅寺水陆法会中断 50 年后于 1988 年 11 月 23 ~ 30 日恢复举行。水陆法会全称是“法界圣凡水陆普渡大斋胜会”,也称“水陆道场”“水陆大会”“水陆会”“水陆斋”“水陆斋仪”“悲济会”等,参加的僧人最多时达千人,一般也有 300 人,手持仪仗的队伍大多数是来自全国甚至国外的信徒。水陆法会道场分为外坛和内坛,以内坛为主。外坛由大坛、华严坛、法华坛、楞严坛、诸经坛和净土坛等6个坛场组成；内坛活动主要有洒净、结界、遣使发符、请上堂、请下堂、供上堂、供下堂、奉浴、授戒、施食、送圣等。法会的高潮是最后一天的“送圣”，由金山江天禅寺方丈主持最隆重的宗教仪式。

图42-10　金山江天禅寺水陆法会(1988年摄)

1989年10月丹徒绍隆寺法华楼建成，全国政协副主席、中国佛教协会会长赵朴初题写“法华楼”匾额，上海、苏州、无锡、常州和镇江等地的四众弟子1000多人举行开光仪式。

1990年10月6日和7日上午，金山江天禅寺和焦山定慧寺分别举行大雄宝殿、天王殿落成典礼和藏经楼奠基、佛像开光仪式，全国诸山长老200多人，港、澳、台和华侨、国外来宾近500人参加，累计有4500人分别参加寺庙庆典法会。

1992年9月10日至10月12日，宝华山隆昌寺举行“三坛大戒”，沙弥戒、比丘戒、菩萨戒的传授。这次传戒，是继1957年传戒后相隔35年的又一次对外传戒，整个戒期25天，受戒的佛教徒来自全国29个省、市、自治区以及美国、日本、越南、新加坡和中国台湾、香港等地区的679名比丘和279名比丘尼。1996年11月、1999年11月、2003年10月，隆昌寺举行“三坛大戒”传授活动，分别有国内外517名、401名、650名新戒弟子参加受戒。

1993年3月4～10日，焦山定慧寺举行祈祷世界和平国泰民安佛七道场，茗山宣讲《妙法莲华经普门品》全文。每天上午9时，四众弟子500余人，云集定慧寺大雄宝殿前，恭聆法音，四众弟子在茗山的带领下为世界和平祈祷。同年7月3日上午，中国佛教协会保存的清乾隆年间龙版大藏经运抵金山江天禅寺，慈舟率百余僧众迎请。该寺原有《大藏经》一部，毁于1948年大火。此次系香港隐林苑住持旭林法师代募人民币30万元捐送《大藏经》一部作为镇寺之宝。全书共5084卷，楠木封皮，宣纸刻印，约重6吨。

图42-11　1992年，隆昌寺受戒仪式

1994年7月26～28日，宝华山隆昌寺举行观世音菩萨开光大典暨传授居士戒活动。开光大典由茗山法师主持。其间茗山和省佛协副会长安上一起主持传授居士戒活动。来自无锡、常州、南京等地诸山长老、居士、四众弟子1000余人参加开光和受戒。

1995年8月14～20日是中国宗教徒祈祷世界和平周。其间，焦山定慧寺和金山江天禅寺分别举办祈祷世界和平法会，纪念全世界反法西斯战争和中国抗日战争胜利50周年。10月25日，焦山定慧寺隆重举行建寺1800周年庆典，来自上海、广东、安徽等省、市诸山各大寺庙的长老大德、僧尼居士云集定慧寺。

1996年4月3日，金山江天禅寺根据汉传佛教仪轨，在妙高台举行授记仪式。临济宗第47世沙门慈舟方丈，选拔镜观（字心澄）、镜澈（字昌如）为嗣后法门人。11月2日宝华山隆昌寺按照汉传佛教规定的佛事活动程序，为慈舟任该寺第20任方丈举行升座仪式，名山大寺方丈、四众弟子等各界人士3000多人参加活动。

1998年5月23～29日，应新加坡佛教总会隆根长老要求，宝华山隆昌寺启建水陆法会，设有七个坛场，由慈舟方丈主持，共有73名僧人参加。

经中国佛教协会和省宗教事务局批准，2001年10月9日，句容宝华山隆昌寺举行“世纪之初”传戒法会，省内诸山长老和来自全国部分省市308名新戒弟子参加，在慈舟法师为首的“三师七尊”的组织指导下，进行为期1个月的佛教基础知识、教规教义、佛教礼仪等方面的学习。

2002年10月18日，宝华山隆昌寺举行建寺1500周年庆典，省、市领导及海内外嘉宾3500余人出席。

2004年11月8日，金山江天禅寺举行方丈升座仪式，中佛协常任理事、省佛协副会长、市佛协会长、焦山定慧寺方丈心澄法师任金山江天禅寺第48代住持，海内外诸山长老及省市有关领导到场祝贺。

2. 佛事交往　改革开放以后，镇江佛教界佛学文化交流日益增多，接待美国、加拿大、新加坡以及中国香港、台湾等地区佛教协会访问团，尤其日本、新加坡、韩国佛教界与镇江寺庙关系密切，佛事交往频繁。茗山、慈舟也多次率团应邀到许多国家和地区讲学、传经。1994年10月22日至11月1日，茗山大师应邀出访斯里兰卡，10月30日受到斯里兰卡总统维杰通加的接见。

茗山、慈舟、心澄法师赴国外及中国港、台地区讲学、启建水陆法会一览表

表42-10

茗山		慈舟、心澄	
时间	地点	时间	地点
1989.8.29～9.12	美国	1989.8.29～9.12	美国
1994.4.26～6.21	中国台湾	1994.8.31～9.23	中国台湾、中国香港
1994.10.22～11.1	斯里兰卡	1995.12.25～1996.1.10	新加坡
1994.12.3～12.12	新加坡	1996.12.15～12.30	新加坡
1994.12.13～12.24	中国香港	1997.12.2～12.11	新加坡
1995.5.26～6.5	日本	1997.12.11～12.20	中国香港
1995.12.18～12.26	新加坡	1998.6.2～6.17	中国香港
1996.9.9～9.13	韩国	1998.12.24～1999.1.8	中国台湾
1996.12.26～1997.1.10	新加坡	2000.6.10～6.20	加拿大
1997.10.21～10.28	日本	2000.12.2～12.12	新加坡
1998.10.2～10.9	中国台湾	-	-
2000.3.20～4.12	新加坡	-	-

金山江天禅寺接待外宾访问一览表

表 42-11

时间	国家	姓名及职务
1987.3.23	柬埔寨	国家元首西哈努克亲王
1992.5.13	朝 鲜	劳动党科教部副部长崔光列
1992.6.9	印 度	印共中央书记马霍特拉
1996.8.26	日 本	奈良市唐招寺园藤征园长老
1998.9.18~24	新加坡	光明山普觉禅寺广声法师
1999.4.8~9	泰 国	诗琳通公主

3. 领导视察 1983~2005年间,党和国家领导人到金山江天禅寺、焦山定慧寺、宝华山隆昌寺视察、指导的先后有全国政协副主席、中国佛教协会会长赵朴初(1987年11月11日、1993年1月28日、1993年3月29日),中共中央总书记、国家主席江泽民(1992年1月22日),中共中央政治局委员、国务委员李铁映(1994年2月20日),国务院总理李鹏(1994年5月21日),中共中央政治局常委、中央纪委书记尉健行(1998年7月6日),全国政协副主席王文元(2001年4月6日)、张思卿(2001年8月31日)、王兆国(2001年9月18日),全国人大常委会副委员长王光英(2001年9月18日)、何鲁丽(2004年1月24日)等。

图 42-12 1992年1月22日,江泽民视察金山江天禅寺

1987年11月11日,全国政协副主席、中国佛教协会会长赵朴初,偕同香港宝莲寺宏勋法师视察句容宝华山隆昌寺,提议同香港佛教界商量,将香港天坛大佛的模像(26米高的五分之一)供奉到宝华山隆昌寺。视察结束前,赵朴初题词:“今日来观,空寂无相,他时瞻礼,万德庄严”,并题写“大雄宝殿”“众山点头”“护国圣化隆昌寺”匾额。1988年10月9日,赵朴初到宝华山隆昌寺参拜,代表中国佛教协会捐赠10万元,题写匾额赞誉隆昌寺为“律宗第一名山”。1989年3月23日,香港天坛大佛模像供奉在宝华山隆昌寺,赵朴初借用苏轼诗句为佛像题词:“稽首天中天,毫光遍大千。八风吹不动,端坐紫金莲。”

1992年1月22日,中共中央总书记、国家主席江泽民视察金山江天禅寺时,勉励大家:“金山寺在世界上很有名气,一定要把寺庙管理好。”

1993年1月28日,全国政协副主席、中国佛教协会会长赵朴初又一次视察宝华山隆昌寺,详细询问隆昌寺1992年受戒情况,要求政府宗教部门和宗教各界朋友,团结合作,共同为隆昌寺的修复与开放做出贡献。同年3月29日,赵朴初再次到镇江,视察金山江天禅寺,填词《渔家傲·参访金山寺》。

4. 公益事业 镇江佛教界积极参加社会公益事业,在创建社会主义和谐社会中发挥重要作用。

火星庙位于市十六中校园后身,占地约1300平方米。为支持镇江教育事业发展,1994年5月

图 42-13 1993 年 3 月 29 日,在金山江天禅寺赵朴初(中)与茗山(右)、慈舟(左)交谈

13 日市佛协决定将火星庙房产无偿赠送给市十六中。1994 年 9 月,镇江市人民政府授予市佛协“尊师重教先进单位”称号。

1995 年,市佛教界为支持丁卯桥路拓宽工程,金山江天禅寺和焦山定慧寺各捐款 1 万元。茗山、慈舟各捐款 1000 元。市慈善基金会成立后,金山江天禅寺、焦山定慧寺各捐 5 万元,茗山、慈舟各捐 1 万元。

1996 年,茗山大师在新加坡举办个人书法展览,将书法作品义卖收入新加坡币 15 万元(约合人民币 80 万元),捐赠给定慧寺新建万佛塔工程。

2003 年 5 月 11 日,市佛协举行抗击“非典”捐赠仪式,市佛协领导班子成员、江天禅寺全体僧众及辖市(区)部分寺庙方丈合计捐款 15.61 万元。

第三节 道 教

一、概况

东汉末年,道教在镇江快速发展,影响广泛。唐肃宗乾元年间(759 ~ 760 年)在镇江城区唐颓山(今京口饭店内)建有万寿宫。元大德五年(1301 年)将万寿宫改建于仙鹤巷。将玄妙观(亦称东观)和道崇观建在今南门大街附近。

镇江道教以茅山道教为中心,向邻近地区延伸,在丹徒、丹阳、扬中以及镇江城区内均建有三茅宫,供奉三茅真君。道教派别很多,茅山是道教上清派的发源地。唐宋时期是茅山道教全盛时期,茅山道教遍及大江南北,影响海内外,成为江南有名的道教圣地。

茅山高道辈出,对道教的发展有很大贡献。东晋道士葛洪(283—343 年)、南朝道士陶弘景(456—536 年),都是茅山著名的道教理论家、医药学家。此外,还有王远知、司马承祯、惠心白、黎遇航等人都是茅山著名道士。尤其黎遇航(1916—2002 年)有“茅山现代宗师”之称,为恢复中国道教协会,弘扬道教文化做出积极贡献。

中共十一届三中全会以后,各级政府多次拨款修建道教殿堂。尤其茅山道院得到全面修复,成为全国首批对外开放的重点道观之一,年接待香客、游客 100 余万人次。茅山道教入围全国十大道教旅游胜地。

1992 年 8 月 8 日,镇江市道教协会成立。1997 年、2003 年进行换届。三届道教协会的名誉会长均是朱易经,会长杨世华。1991 年全市有道教信徒 1.2 万人,活动场所 2 处,教职人员 28 人。2000 年,全市有道教信徒 2.1 万人,活动场所 10 处,教职人员 40 人。至 2005 年底,全市有道教信徒 3.2 万人,活动场所 11 处,教职人员 71 人。

二、重点道观

1. 茅山道院 茅山道院位于句容茅山,始建于西汉,距今近 2000 年。道院规模宏大,最盛时多达 257 处,有房屋 5000 余间,其中以三宫五观(即九霄万福宫、元符万宁宫、崇禧万寿宫,乾元观、玉辰观、白云观、德祐观、仁祐观)最著名。由于历代战乱破坏,仅存九霄万福宫、元符万宁宫(乾元观在金坛市境内)。

九霄万福宫位于大茅峰巅,又称顶宫。创建于汉永平三年(公元60年),再建于元延祐三年(1316年),名圣祐观。明万历二十六年(1598年)改名九霄万福宫。此宫坐北朝南,东西对称,依山借势,层层向上。宫内原有建筑100余间,抗日战争后,残存20余间。1982年开始修复,至1994年修缮灵宫殿、太元宝殿、龙王殿,宝藏殿、飞升台、三天门、仪鹄、迎旭楼和道院经堂等。新建藏经楼、怡云楼、西鹤厅、二圣殿、养真堂、东山门、西山门、龙池、九龙壁等。

图42-14　茅山九霄万福宫(2005年摄)

茅山道教博物馆位于顶宫二圣殿东,为一座仿古楼阁,上下两层。馆内珍藏和陈列大量道教文物和宋徽宗赠给茅山道院第25代道士刘混康的四件珍宝,即刻有“九老仙都君印”篆文的玉印、光润澄澈的玉圭、透明似水晶内有两条游鱼花纹的呵砚、上刻“合明天帝日敕”篆文的玉符,被称为“茅山四宝”。

元符万宁宫坐落在茅山积金峰南,简称印宫。初建于唐,兴盛在宋,解放时仅存少数建筑。1985年起开始逐步修复和重建山门牌楼、睹星门、御碑亭、灵宫殿、万寿台、勉斋道院、太极池,新建老子神像和道教文化长廊。

图42-15　2005年,中国道教界在道祖广场举行的祈祷和平大法会

道祖广场于1997年重建,共分4层,由睹星门、三天门、太极和老君4个广场组成。最底层为睹星门广场,梯形面积,1000平方米,广场中建睹星门,为一石质牌坊,高7.5米,宽21.8米,分左中右三门,门柱为四根青石云头盘龙柱,中间两根为宋代原雕,两侧为元代雕刻。门左右石壁上刻有“第八洞天”和“第一福地”八个蓝色正楷大字,每字约1米见方,苍劲有力,端正清秀,为清代书法家王澍于雍正六年(1728年)所书,具有很高的书法价值,是茅山道院重要的历史文物。

1996年1月28日,国家宗教事务局以国宗〔1996〕1号文,批准茅山道院塑造太上老君露天神像,1998年6月建成,总投资2000万元。老子神像位于积金峰南侧山腰,净高33米,宽12米,重106吨,造型为坐姿,右手执一柄阴阳扇,左手立掌于胸前,神情慈和安详,超然宁静,由226块紫铜板焊接而成。底座下中部石刻“道法自然”四个大字,

2005年,茅山道院有教职人员46人,收入1800万元。道院占地13公顷,有殿宇房屋260余间。

2. 润州道院　润州道院原名三茅宫,坐落镇江西郊蒋乔镇西山。三茅宫始建于隋唐,兴盛于宋代,历史上屡遭兵火毁灭,所剩无几。1999年以来,宫观得到重建,现初具规模。道院占地2公顷,建有石牌坊、三茅大殿、东岳殿、灵宫殿、大仙殿、慈航殿、老君殿、三清殿、迎仙楼、聚仙楼及八卦转运阵等10余座宫殿,重塑近百尊神像。

3. 横山三茅宫　横山三茅宫位于丹徒区辛丰镇横山凹。历史上该宫范围很大,殿宇建筑很多,是镇江近郊历史文化内涵深厚的道教胜地。清乾隆年间,丹徒籍探花王文治为宫题写门楣“三

茅宫”三字，有“小茅山”之称。清康熙、嘉庆年间曾大兴土木，依山势建有阶梯状殿宇，前有戏台，后有梅园，左有桃园，右有花池。清咸丰八年(1858 年)道院在太平天国战火中被毁，光绪十年(1884 年)重建。改革开放以后，道院逐步恢复，重建灵宫殿，太元宝殿、三清殿、玉皇阁、龙王殿、三郎庙、慈航殿、福德宫等 60 余间殿宇，再现旧时格局，1994 年被列为江苏省道教三大圣地之一。

图 42-16　丹阳季子庙(2000 年摄)

4. 季子庙　季子庙位于丹阳市延陵镇九里村，为纪念春秋时期三让王位的季札而建的祠庙建筑群，享有“江南第一庙迹”美称。清代季子庙有九十九间半殿宇，是江浙一带最大的道家祠堂，民间有“上茅山徊九里”的说法。抗日战争中，季子庙毁于战火。1999 年，丹阳九里人民投资600 多万元修复季子庙，重建正殿、戏楼、64 间廊坊、十二生肖殿、阴阳殿、128 尊神像等，修整季子碑亭，该碑现为江苏省文物保护单位。

三、主要活动

1. 宗教活动　道教的宗教活动主要有斋醮(是指道教的祭祷仪式，俗称“道场”)、祈祷、诵经、礼忏等。每逢农历初一、十五和节日，道教信徒均去道观烧香敬神。此外，大型庙会或纪念活动，可以做七天七夜的金箓道场或三天三夜的黄箓道场。

1993 年 7 月 18 日，茅山道院、台湾高雄文化院等 8 家道观在九霄万福宫举行为期三昼夜的“超度抗日战争中南京大屠杀死难同胞黄箓大法会。”

1994 年 11 月 17 日是茅山开山祖师大茅真君成道 2100 周年纪念日，茅山道院举行纪念大典暨庆祝 17 尊神像开光，总共做道场 143 场，来自新加坡、马来西亚、中国香港等国家和地区的道长、香客约万人参加。

1996 年 10 月 28 日至 30 日，茅山道院邀请台北文化三清宫、高雄文化院、桃园明圣道院、水里乡受镇宫、大潭保安宫以及上海白云观、苏州玄妙观、金坛乾元观等 8 所道院共 120 余人，在九霄万福宫联合举行台湾海峡两岸道教界“超度抗日战争中死难的中国同胞黄箓大法会”。江苏省道教协会会长、茅山道院名誉会长朱易经主持法会。

2004 年 10 月 24 日，由茅山道院出资易地重建的句容葛仙观举行落成暨神像开光庆典。新建的葛仙观位于句容城区葛仙湖公园内，仿明清建筑，占地面积 9966 平方米，建筑面积 1588 平方米，观内建有石碑坊、灵宫殿、钟亭、鼓亭、葛仙殿、三茅殿、文昌殿、财神殿等，总投资 1400 万元。

2005 年 8 月 15 日，由中国宗教和平委员会、中国道教协会主办，江苏省道教协会和茅山道院承办的中国道教纪念世界反法西斯战争胜利暨抗日战争胜利 60 周年祈祷和平大法会在茅山元符万宁宫举行，来自中国香港、中国澳门、中国台湾等地区的道教界代表和祖国大陆各地道教信徒 1000 多人出席法会。

2. 道教文化研究　为挖掘中国道教遗产，弘扬中华民族道教文化事业，1992 年 3 月，茅山道院成立茅山道教文化研究室。之后几年，陆续整理出版 10 余本道教文化丛书，其中有《茅山上清派斋醮科仪》《茅山上清派早晚功课》《茅山道教斋醮科仪研究》《茅山道教音乐》等。

2001 年 8 月 25 日至 28 日，中国道教文化研讨会在句容召开。来自新加坡、日本和香港、北京、上海等地的专家、学者、道长 120 余人出席会议，会议收到论文 65 篇。研讨会就道教如何与社会主义相适应，发挥道教文化优势，服务社会等方面达成共识，对 21 世纪道教发展空间，道教人生观、价值观等方面进行研讨。

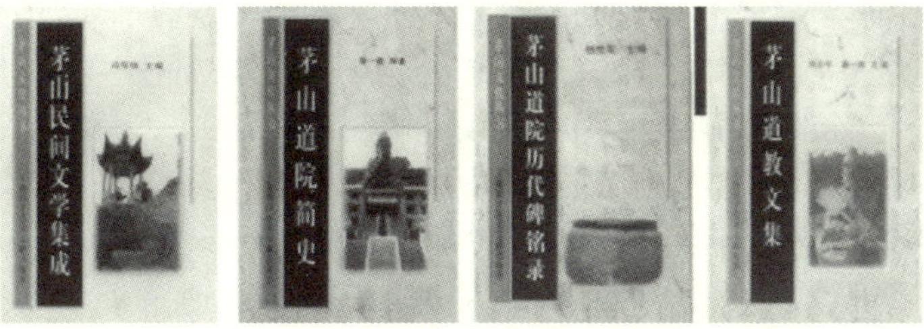

图 42-17　道教文化研究书籍（2005 年摄）

2003 年 3 月 18 日，由中国道协和香港瀛仙馆主办，新加坡和中国台湾、中国香港等地区及内地 8 个道乐团协办的第三届道教音乐汇演在北京民族文化宫举行，茅山道院乐团首次赴京出演。茅山道乐形成于吴越之地，历史悠远且自成体系，兼容唐宋古乐遗韵，并有着鲜明的江南民间音乐特色。

3. 对外交往　1993 年以来，镇江道教界积极开展与港、澳、台地区和海外道教界的联谊交往工作，先后接待外地道教同仁和海外客人 5000 余人次，道教团队 60 多批，并接待国外一些著名学者，如美国夏威夷大学学者苏海涵教授，日本道教学者蜂屋帮夫、麦谷邦、奈良行博等。

图 42-18　2003 年 3 月 18 日，茅山道院乐团在北京演出

镇江道协多次派员参加江苏省道协和中国道协道教文化交流团或单独组团赴香港、台湾等地区以及新加坡、马来西亚进行访问。2000 年 3 月 7 日，新加坡韭菜苞城隍庙和香港瀛仙馆联合主办的第四届道教音乐汇演在新加坡举行，茅山道院道乐团一行 23 人在团长杨世华的率领下应邀参加演出。

4. 公益事业　茅山道院在做好道教活动的同时，利用自身优势，先后开办照相馆、宾馆、饭店、工艺品店等三产，取得良好经济效益。茅山道院积极参加社会公益活动，并专设慈善基金，用于扶贫、帮困及地方建设。1998 ~ 2005 年，茅山道院共向社会捐款 150 余万元。其中 2003 年、2004 年、2005 年向社会捐款分别为 27. 17 万元、24. 40 万元、23. 76 万元。

第四节　伊斯兰教

一、概况

镇江是伊斯兰教传入中国最早的城市之一。从唐代始，阿拉伯的穆斯林，沿着古“丝绸之路”到镇江进行贸易，并传播伊斯兰教。及至宋、元，伊斯兰教在镇江得到广泛传播。据明万历《镇江府志》和清光绪《丹徒县志》记载，唐贞观二年（628 年）伊斯兰教信徒在市内阜民街（今网巾桥一带）建起了清真寺。明万历三十年（1602 年），清真寺移至剪子巷内。清康熙六十一年（1722 年）在南门外大街苗家巷、清道光二年（1822 年）在城西山巷、清同治十三年（1874 年）在牌湾牛皮坡、民国9年(1920年)前后在城西支水巷和大市口剪子巷(清真女寺)、民国19年在新河街等先后建过清真寺。2005年因城建需要在学府路移建古润礼拜寺。

镇江曾是全国印刷出版伊斯兰教书籍三大基地之一。清乾隆至同治年间,山巷清真寺陆续刻印《天方典礼》《归真总义》《回回原来》等20余种伊斯兰教经典。大量的伊斯兰教汉文典籍都是从镇江刻印出去,传播开来,至今全国各大图书馆仍藏有镇江刻印的伊斯兰教经典数以百部。

穆斯林有善于经商传统。镇江穆斯林经营的行业许多成为颇有名气的老字号商店,如涌兴裕铜锡店、光明五金店,春生和、福禄全、老天禄糕点店,如意茶坊、九如餐馆、恒源昌绸布店、谈森和裕酱园。

中共十一届三中全会以后,政府拨款对山巷清真寺进行全面整修,原剪子巷清真寺因建商业步行街迁移到学府路重建古润礼拜寺。现东西两座清真寺,成为镇江穆斯林主要宗教活动场所。

1956年10月16日,镇江召开第一次回民代表会议,成立镇江市回民协会。1989年、1993年、1998年、2003年分别召开第二次、第三次、第四次、第五次伊斯兰教代表会议。1991年全市有伊斯兰教信徒9000余人,活动场所5处,教职人员7人。2000年有伊斯兰教信徒9000余人,活动场所4处,教职人员7人。2005年底,全市有伊斯兰教信徒1万余人,活动场所4处,教职人员7人。

1956年召开的镇江市伊斯兰教协会第一届代表会议选举杨公崖为会长。1989年召开的第二届代表会议选举马瑞柏为会长、杨奇璋为名誉会长。1993年、1998年召开的第三届、第四届代表会议由马瑞柏连任会长。2003年召开的第五届代表会议选举沈成钧为会长,马瑞柏、马宝琅为名誉会长。

二、重点清真寺

图42-19　山巷清真寺大殿(2005年摄)

1. 山巷清真寺　山巷清真寺位于镇江大西路清真寺街84号,建于清康熙年间。清咸丰三年(1853年)毁于太平天国战火,清同治十二年(1873年)重建,民国初期扩建水房等附属建筑物。"文化大革命"中遭破坏,1980年后恢复清真寺原貌,并重建望月楼。占地0.27公顷,大门朝西,南北两侧砌有八字形墙壁,对面是巨大照壁,曾有"敬天爱人"四个大字。寺内有殿房70余间,大殿采用宫殿式拱架结构,面积440平方米,可容纳500人礼拜,屋顶挂有阿拉伯文金字横匾二块,是江苏省清真寺中最大的礼拜大厅。山巷清真寺为市级文物保护单位,2000年分别被评为江苏省和全国模范清真寺。

2. 古润礼拜寺　古润礼拜寺位于学府路,原址在市区剪子巷,因建第一楼街步行街迁移到此。2005年7月18日举行开工仪式(2007年10月28日落成庆典),总投资近1200万元,占地0.31公顷,建筑面积2600平方米,为原寺的2.5倍,规模为全省最大。该寺具有阿拉伯建筑风格,突出民族宗教功能和特点,再现唐初古寺风貌。一号楼为10间自养房,作为临街门面房出租,二号楼为礼拜大殿，三号楼为讲经堂，另有水房、食堂等附属设施。楼顶7个绿色穹顶直指蓝天，象征着伊斯兰教崇尚和平的理念。原剪子巷清真寺的重要文物：唐代伊斯兰玻璃牙刷柄，唐制式古井栏，宋、元时期朝向碑，明朝《古润礼拜寺记》碑刻，清代三次修缮碑均移至新寺收藏。

3. 丹阳清真寺 原清真寺位于丹阳城燕子巷71号，建于清咸丰五年（1855年）。“文化大革命”中被居民占住，1979年清真寺房产归还丹阳市伊协，1993年省民委、丹阳市政府拨款对清真寺修缮，1996年对回民开放。2002年因城市建设拆除，2005年在丹阳城北二环路新建清真寺，占地2000平方米，建筑面积691平方米。一楼为讲经堂，二楼为礼拜堂和水房，三楼为望月楼。

图42-20 新建的古润礼拜寺（2007年摄）

4. 句容清真寺 句容穆斯林大部分是明末清初由安徽寿县、安庆及河南、山东等地迁来，主要定居陈武镇、白兔镇等地，少数居住句容城区。句容清真寺始建于清初，1937年日军占领句容时被毁。抗战胜利后，由回民集资购得城区东大街银行巷一王姓回民房屋改造成清真寺。“文化大革命”期间，清真寺由县房管所代管。中共十一届三中全会以后，清真寺收回，1985年扩建。2003年因城市建设需要，移建清真寺，2004年新寺建成，位于句容城经济开发区西环路，占地0.3公顷，建筑面积2700平方米，礼拜大殿300平方米，可容400人礼拜，另有经堂、水房、办公用房等设施。

三、主要活动

1. 宗教活动 随着城市建设发展，镇江穆斯林居民逐步改变聚居在清真寺附近状况，越来越多地与汉族居民混居在一起。与汉族通婚的穆斯林逐渐受汉族影响，但仍保存一定的宗教色彩。

图42-21 伊斯兰教礼拜活动（2005年摄）

穆斯林及教职人员坚持五大必修功课：念、礼、斋、课、朝。“念”，就是时时念“伊玛尼”四句话（即用阿语念万物非主，唯有安拉，穆罕默德，是安拉的使者）；“礼”，即每天五次礼拜，面向麦加诵经祈祷、跪拜；“斋”，即每个成年男女穆斯林，每年戒斋一个月；“课”，就是将自己积余的存款施舍给生活贫苦的人；“朝”，即朝觐，阿拉伯语称哈吉。按伊斯兰教教规，在身体健康、经济条件许可的情况下，一生须赴麦加一次，完成朝觐功课的穆斯林，可获得哈吉荣誉称号，镇江的穆斯林也不例外。

每年伊斯兰教的开斋节和古尔邦节两大节日，穆斯林放假1天，家家户户置办甜粥和“油香”等民族传统食品。镇江穆斯林和在镇江的阿拉伯国家及中亚地区的穆斯林都沐浴盛装，上寺礼拜，人数在2000人左右，载歌载舞庆贺自己的盛大节日。

2. 社会活动　20 世纪 90 年代以后，镇江市伊协积极与省内外、香港等地的穆斯林开展合作和交流。

1997 年 11 月 18 日至 25 日，江苏省伊协、镇江市伊协在镇江联合举办江苏省首期中青年阿訇培训班，省内 19 座清真寺的 27 名阿訇、海里发（指学员）参加培训，听取省宗教事务局领导、省内伊斯兰教有名的哈吉、南京大学及省委党校教授的讲座。

1998 年 4 月 10 日，省人大常委会副主任柏苏宁一行视察山巷清真寺，了解全市伊斯兰教工作情况，并就《江苏省少数民族权益保障条例》的宣传、贯彻，同市伊协及部分穆斯林交谈。

2000 年 10 月 31 日，香港中国回教协会 60 名穆斯林由李伦杰会长率领，参观访问山巷清真寺，受到市伊协会长马瑞柏的接待。宾主双方就协会建设、清真寺管理等问题进行交流并互赠纪念品。

2002 年 6 月 13 日，由市伊协承办的纪念伊斯兰教传入江苏 1350 周年历史与发展研讨会在镇江召开。国家宗教事务局宗教研究中心主任安保枝、中国伊协副会长刘书祥等 60 多位专家、学者出席会议。

3. 公益事业　镇江伊斯兰教有团结互助、乐施济贫的优良传统，积极服务社会公益事业。镇江伊协内设有“敬恤会”，长期坚持对生活困难户、病残人员及过境困难人员给予捐助。每年斋月期间组织“斋月慈善捐”活动。2004 年，市伊协支援四川金川县维修清真寺 3000 元，敬恤会扶贫 3000 元，向考取中央民族大学贫困生许滕捐款 11200 元，向市慈善总会捐款 5000 元，全年捐款 5 万元。此外，通过《甘肃穆斯林》编辑部发起“1 + 1”教育资助活动，1995 ~ 2005 年共资助 170 名贫困大学生、中小学生完成学业。2001 ~ 2005 年共捐各类善款 34.5 万元。

第五节　基 督 教

一、概况

镇江历史上曾有 12 处教堂，1958 年合并，市区保留教堂两处，即大西路福音堂和西门桥基督教堂（“文化大革命”中被拆）。“文化大革命”期间宗教活动中断，教堂被占用。中共十一届三中全会以后，教堂逐步修复对外开放。1981 年镇江市基督教“三自”爱国运动委员会恢复工作，胡士辉主持工作。1987 年、1992 年、1997 年、2003 年分别召开第四次、第五次、第六次、第七次基督教代表大会，胡士辉连任“三自”爱国运动委员会主席，2003 年尹素华担任镇江市基督教协会会长。

改革开放以来，镇江基督教“两会”（“三自”爱国运动委员会、基督教协会的简称，下同）接待许多国际友人，向他们介绍中国宗教信仰自由政策。镇江市基督教协会加强组织建设，增加宗教活动场所，健全各项管理制度，带领全市基督教徒高举“三自”爱国的旗帜，把镇江的教会治好、养好、传好，受到广大教徒的欢迎。1991 年，全市有基督教信徒 2500 人，活动场所 11 处，教职人员 8 人。2000 年，全市有基督教信徒 2.3 万人，活动场所 50 处，教职人员 5 人。2005 年底，全市有基督教信徒 3.1 万人，活动场所 68 处，教职人员 10 人。

二、重点教堂

1. 大西路福音堂　位于镇江大西路 343 号，是清光绪十五年（1889 年）美国基督教美以美会传教士郎登、库思非所建。福音堂坐南朝北，占地 0.27 公顷，建筑面积 1400 平方米，可容纳800 ~ 1000 人同时礼拜。教堂砖木结构，双坡瓦楞形铁皮屋顶，尖拱形门窗，正立面山墙正中有圆形玫瑰花窗，顶部悬置十字架。教堂内置有讲台和摆放整齐的联椅，供教徒做礼拜之用。临大西路门口砌横额石刻“福音堂”三字。教堂南面建有一幢红青砖间砌的铁皮顶二层楼房，门首横额石刻“崇德学校”四字，墙脚处嵌有一块刻“1918”字样的建筑纪年勒石，该楼为当年基督教会办的学校。2005年，教会自筹经费对教堂和临街围墙和横额全面维修。现为市级文物保护单位。

图42-22 大西路福音堂(2005年摄)

2. 宝盖路真道堂 位于镇江宝盖路127号，由基督教牧师王慕真民国20年(1931年)兴建。教堂迎面墙脚处嵌有一方石刻，中间楷书“真道堂”三字，上款刻“1931年”，落款为“基督教会立”。教堂原为砖木结构，中西混合式建筑，建筑面积400余平方米，坐南朝北。教堂大门面向宝盖路，建筑别具一格，屋顶为中国古典建筑形式的“歇山式”大屋顶，四面出檐、四檐角昂翘飞出，屋面覆盖小瓦，墙体青砖叠砌，门窗皆为西方教堂流行的尖拱形。教堂南端建有讲台，两侧分别为一雕刻圆形石柱装饰，可同时容纳400人左右礼拜。像这样中西混合型风格的教堂，江苏省仅此1处。因教堂年久失修，破损严重，2004年市基督教协会自筹资金34万元，对真道堂进行全面维修，同年12月恢复对外开放，现为市级文物保护单位。

3. 丹阳福音堂 原福音堂民国12年(1923年)建，位于丹阳县城新民中路，1966年因县印刷厂扩建占用。1985年由县印刷厂出资在西门大街重建，建有礼拜堂和附属房舍数间。2005年为满足基督教徒宗教活动的需要，又在城区北二环路建设1座富有西欧特色的教堂，建筑面积1800平方米，大厅可同时容纳800~1000人礼拜。教堂与清真寺一墙之隔，两种不同宗教，不同建筑风格的寺堂和谐共存。

4. 句容基督教堂 基督教清光绪三十四年(1908年)传入句容，有浸信会、长老会等教派在城区东大街、四牌楼及桥头镇等地建教堂传教。1984年落实宗教政策，投资1.8万元，在城区南门大街重建教堂。随着信教群众日渐增多，原教堂已不能满足需要，句容市政府投资500万元，在宁杭公路南门桥附近新建基督教堂，2005年8月奠基动工，占地0.6公顷，建筑面积2158平方米，一楼大厅可容800人礼拜。新教堂通体洁白，为1座典型的哥特式教堂建筑，有牧师1人、执事1人主持日常宗教活动。至2005年底，句容市约有7000余名基督教信徒。

5. 扬中基督教堂 扬中历史上曾在油坊镇建有基督教堂，抗日战争期间毁于战火。1995年登记时有信徒200多人。2001年扬中市基督教“三自”爱国运动委员会自筹资金，在兴隆镇朝霞村238省道旁建中心教堂，于2004年4月竣工，9月20日正式开堂。教堂为欧式建筑，正门为三扇红漆大门，顶端有高耸挺秀的十字架。教堂占地0.27公顷，建筑面积1447平方米，总投资228万元，一楼大厅可容1000人礼拜。教堂另有食堂、自养房等附属设施，还有水池、夜景灯、绿化小区1300平方米，环境幽雅。教堂现有1名长老主持日常宗教活动，每次礼拜活动约有300~400人参加，节庆活动时有700~800人参加，老年人和妇女居多，青年人约占15%。至2005年底，扬中市有基督教徒1600人。

三、主要活动

1. 宗教活动 日常的宗教活动有“主日大礼拜”，内容为唱赞美诗、祷告、查经、讲道 、牧师祝福等，活动还有“祷告会”“见证会”“布道会”“培灵会”等。每年12月25日的圣诞节和每年

图 42-23　基督教圣诞节活动(2005 年摄)

复活节(春分后第一次月圆的礼拜日),教徒都举行隆重的宗教活动,纪念耶稣的降生和复活。镇江大西路福音堂和宝盖路真道堂为市区两所主要基督教堂,每天上午、下午、晚间都开展不同内容的宗教活动,每场人数在 200～300 人左右。

2. 社会活动　1993 年 5 月 18 日至 22 日,市基督教协会举办培灵会,这是解放后镇江基督教举行的第一次培灵会。江苏省基督教"三自"爱国运动委员会副主席韩彼德牧师与会讲道,应邀到江苏访问的台湾国际传道会赖炳炯牧师在会上作美好见证。培灵会共计 5 天 10 场,全市城乡基督教信徒 4000 余人参加。

1995 年 4 月 22 日至 5 月 1 日,受中国基督教"两会"委托,以江苏省基督教协会副会长、牧师胡士辉为团长的基督教访问团一行 6 人,访问设在香港的基督教国际福利组织——香港基督教救世军,参观救世军在香港办的养老院、托儿所、残疾人工厂和中、小学。同年 4 月 25 日以牧师叶维新为团长的台湾中华基督教牧师协会访问团一行 14 人访问镇江。海峡两岸基督教徒同心合意读圣经,唱赞美诗,为祖国统一献上祷告。

1996 年 9 月 22 日,市基督教协会于大西路福音堂举行按立典礼,按立尹素华(女)为牧师、孙兆成为长老。省基督教协会副会长、牧师韩彼德主礼,省基督教协会副会长、牧师林德恩,市基督教协会副会长、牧师赵学谦联合襄礼,对尹素华、孙兆成进行按立考核。

1997 年 2 月 9 日至 11 日,国际华人布道团主席、牧师郑国治夫妇访问镇江,受到基督教"两会"负责人接待。郑国治先后在福音堂作 4 次证道,听众达 2400 多人。

英国新教传教士戴德生(1832～1905 年),是中华基督教内地会创始人。他穿中国服装,用汉语传讲福音,是一位颇具影响并热爱镇江的知名人士。清光绪三十一年(1905 年)离世后和他的妻子一同葬于云台山后山基督教公墓,1958 年墓被毁。1997 年 7 月,戴德生曾孙戴绍曾全家到镇江访问,参观大西路福音堂和镇江博物馆。

1998 年 12 月 10 日,在江苏省第二次宗教界为社会主义两个文明建设服务经验交流会上,镇江基督教"三自"爱国运动委员会和句容市基督教堂牧师赵学谦分别获江苏省宗教界为社会主义两个文明建设服务先进集体、先进个人称号。

2000 年 9 月 23 日,镇江基督教"两会"在大西路福音堂举行中国基督教"三自"爱国运动五十周年庆祝大会,市及各辖市(区)"两会"负责人、教职人员、信徒共 500 余人参加。

2001 年 9 月,镇江基督教"两会"组织全市教牧人员 40 余人,分 5 个专题进行神学思想研讨,对基督教徒的世界观、教会与国家的关系等方面进行学习和研究。

3. 公益事业　镇江基督教协会发扬扶贫济困、助教兴学的优良传统,动员信徒积极参加社会公益事业。在丹阳、扬中开办两所敬老院,收养 30 余名孤寡老人。10 余名信徒参加镇江市妇联组织的"社会妈妈"活动,收养孤儿和帮扶贫困儿童。3 名信徒常年在社会福利院坚持半天义工活动。镇江基督教"两会"每年与市农工民主党联合主办 2～3 次专家义诊活动;与宝塔路街道办事处杨家门社区结队帮扶,联办"爱心超市",动员信徒向超市捐赠物品。2001～2005 年,镇江基督教"两会"累计向灾区群众和贫困学子捐款 25 万元。

第六节　天主教

一、概况

抗日战争胜利后，镇江天主教教务被南京教区接管，在孙家巷10号民房设小堂，为法国神甫负责，镇江天主教徒较长时间只有300～400人。解放后，镇江天主教始由中国神甫接任。1958年，南京教区撤销镇江天主教办事处，之后一直未予恢复，教徒多到南京、扬州、常州等地活动。1985年10月，丹阳县成立天主教爱国会，吴达五任主任。同年镇江有天主教徒80余人。1989年教会换届，吴明坤任主任。1991年有天主教徒580人，同年丹阳新建天主教堂启用，教职人员2人。2000年有天主教徒800余人，活动场所1处，教职人员2人；1998年、2004年换届，吴明坤连任主任。至2005年底，镇江有天主教徒1000余人，教堂1处，活动点3处，教职人员3人。2005年，丹阳天主教堂被评为镇江市模范宗教活动场所。

图42-24　1991年落成的丹阳天主教堂

二、教堂

丹阳天主教堂位于丹阳县城。明万历年间，意大利天主教传教士利玛窦于丹阳县城东河路建天主教堂，共有房屋34间，后有桑园、菜园、小山等1.33多公顷。此堂毁于太平天国战火，光绪十八年（1892年）重建。丹阳天主教堂原属上海教区，后划归南京教区，并管辖扬中、金坛、武进三县教务，堂内常驻1位神甫、2位修女。抗日战争时期，教堂被日军占用，遭受严重破坏，民国29年（1940年）教堂归还教会。

1984年，丹阳天主教堂经江苏省人民政府批准开放。1985年11月落实宗教房产政策，占住天主教堂内居民搬出，省宗教事务局拨款5.5万元，对原教堂进行维修。1986年12月8日举行复堂仪式，恢复正常宗教活动。1989年5月在丹阳市区北环路重建教堂1座，1991年5月12日开堂。丹阳籍台湾神甫吴志德、许洪坤、龚士荣捐款15万元用于建堂。新教堂坐北朝南，为欧洲哥特式建筑风格，高耸塔顶和十字架直指天空，大门钟楼上矗立着圣母玛利亚雕像。教堂占地0.21公顷，建筑面积345平方米，可容纳500人左右进行宗教活动。有神甫1名、修女2名，为镇江市唯一的天主教堂。

三、主要活动

1. 宗教活动　丹阳天主教堂主要宗教活动为每周日上午8:00～9:30弥撒活动，人数100人左右。星期一至星期六7:00～7:30有小弥撒活动，人数50人左右。此外，每年的四大瞻礼（天主教节日在教内俗称瞻礼，主要节日有圣诞节、复活节、降临节、圣母升天节）规模较隆重，早、中、晚都举行弥撒活动，人数400～600人。其他宗教活动有：神甫为男女教徒举行“婚配礼”，为新教徒入教举行“付洗礼”，为临终教友行“终博礼”，为已故教徒举行“追思礼”等。

2. 社会活动　1989年4月6日是天主教徒、丹阳籍爱国老人马相伯诞辰150周年纪念日。丹阳市天主教爱国会邀请台湾台北市丹阳同乡会代表、马相伯的亲属和各界人士共40多人参加纪念活动。1990年7月，台湾大陆朝圣团访问丹阳天主教堂。1992年夏，台湾神甫龚士荣、许洪坤到丹阳访问。

2000年10月3日，中共镇江市委统战部、市民族宗教事务局联合召开宗教界上层人士座谈会。丹阳市天主教爱国会主任吴明坤，丹阳天主教堂修女倪玉琴参加座谈，坚决拥护中国政府10月1日声明，坚决支持中国天主教爱国会、中国天主教主教团的声明，强烈抗议梵蒂冈对在中国犯下严重罪行的120名传教士“册封”为“圣人”的反华行径，坚持发扬爱国爱教精神。

3. 公益事业　历史上天主教常以慈善事业来促进传教。民国时期丹阳天主教建有光明小学，学生大多为教徒子女。抗日战争县城沦陷，学校停办。1948年天主教又兴办相伯农业技术学校，解放后为政府接管。1953年丹阳农校并入苏州、句容农校。

天主教徒徐惊伯，丹阳市大泊镇瓜渚村人，上海市第二医科大学教授。他对家乡充满爱心，将一生积累的大量医学书籍赠送给丹阳市图书馆。1993年向丹阳市天主教爱国会捐赠2万元，至2005年这笔捐款累计向135名儿童发放教育补助费。

第四十三卷

社会保障

卷 目

改革开放以后，镇江经济发展迅速，社会保障工作越来越得到重视。20世纪90年代后，经济改革向纵深发展，企业产业结构调整速度加快，许多国有、集体资产重组，部分企业实行关停并转，企业职工失业、待岗现象出现，大量企业“单位人”向“社会人”转移，社会保障体制改革亦顺应社会发展趋势进一步深化完善。至2005年，由城乡养老保险、职工失业保险、覆盖全民的医疗保险共同组成的社会保障制度已成为镇江市一项基本社会制度。

1983年以前，镇江市城镇职工养老保险实行单位保险，职工离、退休后由所在单位支付其离、退休金。1983年起，养老保险制度逐步改革，最终形成社会统筹和个人账户相结合的制度。1983年首先对企业劳动合同制工人实行统筹；1986～1987年对全民所有制、集体所有制企业固定职工实行统筹；1992年试行农村养老保险，农民养老保险提上议事日程；1994年城镇非公有制人员纳入养老保险范畴并逐步统筹，启动机关、事业单位离、退休职工养老保险改革，2004年实行统筹。20余年养老保险制度改革，先合同制职工后固定职工再其他类型人员，先企业单位后机关、事业单位，先城镇后农村批次推进。至2005年，镇江市城镇职工养老保险破除用人单位所有制界限、劳动者身份界限、用人单位隶属关系界限、实行适用于各类劳动者的统一制度、统一待遇标准、统一保险费率、统一管理、基金调剂使用的基本养老保险制度，养老保险基金收支保持平衡略有结余。全市养老保险参保人员45.56万人；全年社保基金征缴11.42亿元，征缴率94%；发放养老金10.52亿元。

20世纪80年代前，镇江市机关企事业单位实行公费医疗制度，地方财政及企事业单位医疗支出逐年增长，不堪重负；在农村以行政村为单位建立合作医疗，以集体经济为主，为农村居民提供低费医疗保健服务。农村合作医疗由于承包责任制推行，农村公共积累下降，加之管理不得力，逐渐解体并停办。1994年3月，镇江市被国务院列为全国职工医疗保险制度改革试点城市。1994年4月～1997年1月，国务委员彭珮云先后5次率领有关部门负责人到镇江部署、检查、验收、调研、总结职工医疗保险制度改革工作。2000年7月，国务院副总理李岚清在上海主持召开全国城镇职工医疗保险制度和医药卫生体制改革工作会议，推介镇江做法和经验。经过11年实践、探索与创新，至2005年镇江医改取得阶段性成果，基本形成覆盖城乡各类人员，资金来源多渠道，保障形式多元化，保障水平多层次，较为完善的社会医疗保障制度体系，实现从“城镇职工医疗保险”向“全民社会医疗保险”转变，为全国医疗保险制度改革提供多方面经验和借鉴。1994～2004年，医疗费年平均增幅控制在12%左右，比医改前的增幅下降近21个百分点，市直医院净资产年均递增率19.2%，医疗收入年均增长16%，医院净效益年均增长28.8%。镇江医改初步建立起一套具有鲜明特色、多层次、广覆盖、可持续进行的医疗保障体系。群众基本医疗得到保障，对医疗改革满意度不断提高。至2005年，镇江市各类社会医疗保险参保人员212万人，覆盖全市总人口80%；其中城镇基本医疗保险53.05万人，覆盖率97.5%；城乡居民新型合作医疗保险参保138.2万人，覆盖率91.6%；其他保险20万人；医疗救助0.5万人，基本实现1994年医改方案所设定目标。但受农村新型合作医疗筹资水平低及医疗市场化倾向等因素影响，城乡居民就医难、医疗负担加重、因病致贫等问题尚未完全解决。

职工失业保险、工伤保险、女职工生育保险等其他社会保障事业同步发展。2005年，全市失业保险参保39.49万人，征缴失业保险基金1.01亿元；工伤保险参保职工30.2万人，全年征收工伤保险费2972万元，支付工伤待遇金2436万元；生育保险参保女职工21.4万人，征收生育保险费

2260万元,支付生育保险金1149万元。

1983年后,镇江对传统救灾救济方式逐步进行改革,走出一条从扶贫到建立城乡最低生活保障制度的新路子。1983~1996年,全市扶持贫困户8.17万户,筹措扶持资金2234.98万元,有3.37万户、10余万人脱贫。1997年起,镇江建立城乡最低生活保障制度,将保障对象扩展到全社会。截至2005年底,全市城市低保对象4503户、10871人,年支出保障金1218.44万元;农村低保对象9571户、23007人,年发放799万元保障金。农村五保供养从实物供给改为货币供给;从村组供给、分散供养改为县级财政专户供给,有38.98%的五保户在敬老院集中供养。供给水平由1983年年人均100余元,2005年提高到年人均2433.9元(集中供养)和1875.9元(分散供养)。敬老院从初期的简陋居家式建成为庭院式、园林式。社会福利从国家单一举办到鼓励社会兴办,社会救助从强制收容遣送到自愿投站救助,慈善事业从兴起到不断发展,进一步补充完善对社会困难群体、弱势群体的帮助和保障制度。

第一章 养老保险

第一节 城镇企业职工养老保险

1983年前,镇江市城镇国有、集体企业对其离、退休固定职工实行企业养老,退休金由企业支付。1983年,镇江养老保险制度改革启动。同年,镇江市劳动局按照国家政策对企业劳动合同制(以下简称劳合制)工人实行养老保险统筹,规定企业按劳合制工人工资总额的15%,劳合制工人按不超过本人标准工资的3%缴纳退休养老费用。全市劳合制工人养老金由中国人民保险公司镇江分公司(以下简称市人保公司)经办。1984年1月,镇江市劳动局所属市劳动服务公司、市人保公司联合在市劳动路水饺店、省电三处劳动服务公司、镇江火车站铁路服务所3个城镇集体所有制单位试行建立养老保险制度,试行当年3单位投保289人。1985年,镇江市社会养老保险在合同制工人中全面推开。丹阳市推行社会养老保险扩展到临时工、轮换工和城镇集体、乡镇企业职工,全市投保1700余人。

1986~1987年,市政府下发《镇江市国营企业离退休职工养老保险统筹暂行办法》《关于成立镇江市企业离退休职工养老保险统筹委员会的通知》《镇江市国营企业离退休职工养老保险统筹暂行办法实施细则》《关于市属集体企业实行离退休(退职)职工养老保险统筹的通知》等一系列文件。1987年4月起实行离退休(退职)职工养老保险全市统筹,全市冶金、机械等20个部门所属的经济独立核算的全民企业和以全民为主的联营企业,均参加离退休职工养老保险统筹,缴费标准暂按企业工资总额与离退休职工各项费用之和的14.5%计算。同月,组建镇江市社会保险经办机构,承担集体企业固定工和全民、集体、三资合同制职工养老保险,原人保公司经办和筹集的劳合制工人养老金,全部转给市级养老保险机构统筹。后各辖市(区)相继组建社保经办机构。1988年,全市城镇企业职工退休统筹实现全覆盖,合同制工人投保率98.5%。

1989年,参加城镇职工离退休统筹单位838家,其中全民单位463家、集体单位375家;参保职工97370人,其中全民性质12633人、集体性质48850人、离退休职工35887人。同年参加养老保险单位2695家,其中全民单位895家、集体单位1800家;参保职工47705人,其中全民性质26895人、集体性质15113人、其他投保5697人。

1990年,全市退休统筹和养老保险覆盖面拓展,出台"三资"企业中方职工退休养老保险办法,并新辟合同制聘用干部退休养老保险业务。1991年,镇江发生洪涝灾害,市各级社保部门在统筹积累资金中拿出180多万元返还给企业,保证困难企业离退休职工均按时足额领到养老保险金。

1992 年,镇江市以扩面征缴作为推进城镇企业养保增长点。粮食系统 21 家企业实行养老保险基金和退休费全收全支。实行劳合制的市属企业试行固定工离退休费统筹基金与合同制工人养老保险基金“两金”合流,按统一比例提取社保基金。市钛白粉总厂、市外贸冷库等单位推行基本养老保险、企业补充养老保险和个人储蓄性养老保险相结合的制度。煤炭系统职工全部参加养老保险。至 1992 年底,全市参保 25.97 万人。

1993 年 6 月 28 日,镇江市社会保险局成立。按照国家、企业、个人三方合理负担的原则,建立基本养老保险、补充养老保险和个人储蓄性养老保险相结合、缴费实行统一比例的社会养老保险制度,并制定实施细则。参保人员办理职工养老保险手册,作为职工退休时换发退休证和计发养老保险待遇主要依据,推进退休费用由社会统筹向实行全体职工社会养老保险转变。建工系统劳保费原先在建安工程直接费用中提取 3%,由于 20 世纪 90 年代后退休人员超过在职职工 30% 以上,多年劳保费支出为赤字。市社保部门会同相关部门调研后制定《镇江市建筑安装企业劳保基金管理实施细则》,将该行业职工劳保基金管理纳入全市养保统筹,全系统 6000 余人参保。同年办理 8 家企业 2110 名职工的补充养老保险,并试行吸纳部分个体工商户及私营企业参加社会养老保险,形成多种所有制、多层次社保体系。同年底,全市参加社保企业 2966 家,其中全民所有制企业 1495 家,集体所有制企业 1341 家,“三资”企业 130 家,参保职工 28.71 万人,参保率 98%。

1994 年,镇江市深化社保制度改革。推行个体、私营企业职工参加社保,明确个体、私营企业的职工与国有、集体、三资企业职工同享国家规定的养老待遇,做到社保覆盖城镇所有劳动者。进行委托银行代发养老金试点工作,离退休职工在附近储蓄所直接领取养老金。开拓企业补充养老保险渠道,选择一些效益较好的行业或企业参加补充养老保险,基金按银行同期城乡居民储蓄存款利率计息,所得利息分别计入基金。扩大市级统筹范围,同年 7 月拨付 40 万元养老金解决京口区基金不足困难,并纳入市级统筹。1995 年,镇江市调整社保缴费费率,个人缴费从按工资总额的 2% 增加到 4%,企业缴费由 24% 下调到 20%。全年增加离退休人员离退休费 5000 多万元,企业离退休金每月最低 345.05 元。

1996 年,镇江市所辖市(区)社会养老保险全面实现社会统筹。7 月 1 日起,市区企业基本养老保险费缴费比例统一为 30%,企业缴纳 22%,职工个人 8%。同年,镇江市改革企业职工退休待遇计发办法,新办法由社会性养老金、个人账户养老金、调节金 3 部分组成。社会性养老金按本人退休时本省和本市上一年职工月平均工资平均数为基数,缴费年限满 15 年以上的按 25% 计发;缴费年限满 10 年不满 15 年的按 20% 计发;个人账户养老金按本人基本养老金个人账户累计储存额除以 120 按月计发。调节金按职工缴费年限(含视同缴费年限)乘以一定绝对额计发。对基本养老金进行新老办法对比,采取就高不就低原则,48% 的企业离退休人员相应增加养老保险待遇。同年建立基本养老保险社会统筹与个人账户相结合制度,基本养老保险个人账户总比例为 11%,企业划转 3%、个人缴费 8%。

1997 年,镇江制订《基本养老保险覆盖计划》,把与企业建立劳动关系的各类临时工、季节工逐步纳入社保范畴。同时加快推进个体工商户和私营企业参保工作。同年 3 月,市社保部门首次向 30 家企业 3 万余名参保人员发放个人账户对账单,向社会开通个人账户查询电话 5023311。

1998 年建立全国统一的企业职工养老保险制度。6 月对养保制度进行政策性调整:统一企业与职工缴纳基本养老保险费的比例,企业 19%、个人 6%;统一职工养老保险个人账户建账比例,从 7 月 1 日起个人账户建账比例由原来 12% 改为 11%;统一全市企业职工退休计发养老金待遇,使养老金待遇与缴费年限、缴费工资及职工平均工资水平三挂钩。同年拟订《镇江市城镇私营企业、个体工商户养老保险暂行办法》,制定优惠政策吸纳非公人员参保。规定私企缴费比例为 23%,个体工商户为 18%(含个人缴费 6%),低于国有、集体、三资企业 25% 的缴费比例。至 1999 年底,全市参保职工 30.57 万人,比上年增加 3.67 万人。同年实现养老、失业、工伤、生育 4 项社会保险费统一合并征收。

2000 年,市政府出台《关于进一步扩大城镇从业人员基本养老保险覆盖面的意见》,个私企业、劳务用工等 10 种对象纳入社会保险范畴,建立社保扩面征缴长效机制,使养保覆盖面扩大到所有类型的企业和劳动者。对少数企业确无能力按时按标准缴纳社保金的情况,实行由劳动保障部门垫资补发,从而实现市直无拖欠目标。8 月,4 项社会保险费改由地税部门征收,建立税务征收、财政专户管理、劳动部门发放管理体制;9 月,社会保险费由差额缴拨改为全额缴拨,基金实行收支两条线管理,养老金实行社会化发放。同年末,全市建立个人账户 281687 人,建账率 100%,个人账户对账单发放率 97%。全市离退休人员养老金社会化发放率 99%,位列全省第三,其中市直全部委托市商业银行和邮局进行发放。2001 年,全市城镇基本养保实现参保缴费 31.92 万人,参保率 94.8%。市直连续三年实现养保基金当期平衡、有所结余;丹徒区扭转连续 6 年赤字局面。2002 年,市直私个企业从业人员和乡镇企业职工参保成为新增长点。丹阳市率先在全省实行大龄自由职业者参保"前补后移",对企业临时用工增收统筹基金。同年全市养保参保 33.93 万人,其中市直私个企业从业人员参保 11800 人。2003 年,全市参保 38.88 万人,净增 4.95 万人。同年,人事局机关事业社会保险和民政局农村养老保险职能划入市劳动局,组建镇江市社会劳动保险基金管理中心,负责"企保、机保、农保"社会保险基础性、事务性、技术性工作。

2005 年,市政府出台《关于对部分企业中断养老保险缴费的大龄人员补缴养老保险费实行一次性补贴的办法》《关于对未依法参加社会保险的单位征收社会保险统筹费的试行办法》《关于来镇民工参加本市城镇企业职工基本养老保险和工伤保险的实施意见》《关于调整市区劳务派遣企业参保人员缴费比例的通知》等引导、激励政策,促进社会各类人员参保缴费。至 2005 年底,全市养老保险参保 45.56 万人,比 2004 年净增 3.81 万人;征缴基金 11.42 亿元,发放养老金 10.52 亿元,当期结余 8114 万元。市区职工养老保险缴费基数 30512 万元,增长 15.7%;养老保险基金收入 67805 万元,增长 13.4%;养老金支付 64573 万元,增长 12%,当期结余 3232 万元。

1983～2005 年镇江市企业职工养老保险情况表

表 43-1

年份	参保对象	缴费方式及标准	参保单位（个）	参保人数（万人）	征缴基金（万元）	支付离退休人数（万人）	支付离退休费用（万元）	备注
1983	劳动合同制工人	企业按劳动合同制工人工资总额 15% 左右,个人不超过本人标准工资的 3%	全市国有企业	1138 人	–	–	–	保费由市人保公司经办、筹集
1984	试行城镇集体经济企业	参照 1983 年国有企业离、退休职工享受标准	3	1472 人	–	–	–	当年参保 289 人,3 个单位
1985	劳动合同制工人	同 1983 年缴费方式及标准	–	3172 人	–	–	–	当年参保 1700 人
1986	劳动合同制工人	暂按企业工资总额与离退休职工的各项费用之和的 14.5%	全市 20 个工业局	–	–	–	–	–

续表 43-1

年份	参保对象	缴费方式及标准	参保单位（个）	参保人数（万人）	征缴基金（万元）	支付离退休人数（万人）	支付离退休费用（万元）	备注
1987	全市企业	1987 年开始实行企业养老保险社会统筹	–	16. 51	–	–	–	–
1988		1988 年企业退休统筹基本实现全覆盖	–	18. 20	–	–	–	–
1989			–	19. 30	–	–	–	–
1990			–	22. 15	–	–	–	–
1991			–	24. 24	–	–	–	–
1992			–	25. 97	–	–	–	–
1993		1993 年建立“基本养老”保险、“补充养老”保险、“个人储蓄性养老”保险相结合，交费实行统一比例	–	28. 71	–	–	–	–
1994			–	28. 92	–	–	–	–
1995		1995 年个人缴费按工资总额的 2% 增加到 4%，企业缴费由原来的 24% 下调到 20%	–	30. 06	–	–	–	–
1996		1996 年实行“统账结合制度”，缴费比例统一为企业缴纳 22%，个人 8%	–	29. 43	31054	6. 83	27547	–
1997		1997 年企业缴费调整为 19%；个人缴费 6%	–	28. 43	33983	7. 31	33639	–
1998			–	26. 90	37427	7. 54	38712	出现断保停保人员
1999		1999 年实现养老、失业、工伤、生育保费统一合并征收	–	30. 57	47210	8. 19	46233	–
2000			–	31. 35	53545	8. 71	54228	–
2001			–	31. 92	55010	9. 49	60658	–
2002			–	33. 93	67204	10. 29	71433	–
2003			–	38. 88	84279	11. 01	74878	–
2004			–	41. 75	95917	11. 07	93870	–
2005			–	45. 56	114228	11. 76	105159	–

第二节　机关事业单位养老保险

1994 年，机关事业单位社保制度改革，镇江市作为全国试点城市之一全面启动。同年，市政府颁发《镇江市机关事业单位工作人员社会养老保险暂行办法》，机关事业单位养老保险（下称“机保”）归属镇江市人事局管理，遵循“统一方案，统一标准，同步实施”的原则实行改革。单位按工资总额和离退休费用之和的 16% ~26%（双基数、浮动比例）、个人按本人工资总额的 2% 缴纳养老保险费，离退休人员个人不缴费，实行机关事业单位离退休费的社会统筹和差额结算。机关事业单位人员养老保险由财政单位养老制转变为社会化统筹互济制，由国家通包制转变为国家、单位、个人三者共同负担的基金统筹制。同年，市直390家单位、22500名职工和4300名离退休人员按“机保”暂行办法实施，单位参保率90%以上，人员参保率超过95%，收缴养老保险基金820万元，支出离退休费用640万元。1999年，贯彻《社会保险费征缴暂行条例》，调整社会保险费征缴，全年全市2314家单位、94232人参加养老保险，单位和人员参保率均达98%以上。2000年，“机保”以基金征缴工作为重点，截至年底全市2340家机关事业单位、91485人参保，单位和人员参保率分别达99.15%和99.42%。同年出台实施优秀拔尖人才、劳动模范、先进生产者补充养老保险配套办法，为近百名有一定专长和突出贡献的人员开展补充养老保险。2001年，市“机保”参保率实现100%。

2002年，机关事业单位实行改制，一部分事业单位与市财政脱钩成为自筹自支企业，全市机关事业单位参保人员比上年减少0.25万人，下降2.63%。对此镇江市以强化基金结算、审核和征缴工作，清理混岗混编情况为重点，并建立机关、事业单位养老保险个人缴费记录制度，巩固改革成果。同年清欠基金64.7万元，养老保险总收入3.25亿元，总支出3.05亿元，累计结余2.08亿元。2003年，“机保”划归市劳动局。2004年，市政府取消1994年颁发的《镇江市机关事业单位工作人员社会养老保险暂行办法》中关于镇江市机关事业单位养老保险归属镇江市人事局管理和规定的缴费实行“双基数”“浮动比例”办法，改为“单基数”和固定比例，参保单位统一按在职在编人员上年工资总额的24%，个人按本人上年工资总额的6%缴纳养老保险费。2005年，市社保部门将机关事业单位养老、失业、医疗3项保险统一基数、统一口径、统一申报，方便参保单位养老保险基数申报的准确及时。

1995～2005年镇江市机关事业单位人员养老保险情况表

表43-2

年份	参保单位(个)	参保人数(人)	征缴基金(万元)	支付人数(人)	支付费用(万元)
1995	–	–	9525	–	7621
1996	–	–	13856	–	11253
1997	2249	89210	19032	20112	16720
1998	2305	92935	22229	21675	18596
1999	2314	94232	26113	25389	23591
2000	2340	94575	29135	25152	27196
2001	2313	91485	36473	23954	32875
2002	2186	88984	32518	20741	30460
2003	2362	90973	31696	22720	29775
2004	2183	83327	43492	22762	43743
2005	2062	80161	36175	21914	35682

第三节　农村养老保险

1992年，市政府出台《关于在全市开展农村社会养老保险工作的通知》，开展农村社会养老保险工作（以下简称“农保”）。农保资金以个人缴纳为主（缴纳保险人员不分性别、职业，年龄为20

周岁至60周岁,领取养老保险年龄一般在60周岁以后),集体补助为辅,国家予以政策扶持;以自助为主,互济为辅;实行社会养老保险与家庭养老保险相结合,农村务农、务工、经商等各类人员社会养老保险制度一体化方向。同年全市农村参保人员逾10万人,占应参保人员11%,收取养老保险金329万元(1992~2002年镇江市农保归属市民政局,2003年划入市劳动和社会保障局)。

1997年,市政府出台《镇江市农村养老保险暂行办法》。农村养老保险工作围绕“多收、扩面、严管”要求,实行规范化管理和激励措施,推动农村社会养老保险工作开展。全市收取保费2153万元,累计保费收入达7500万元,参保人数17.6万人,参保面18%,出现21个收取保费超百万元乡镇。

至2000年底,全市农保保费收入累计总额9800万元,参保总人数26.31万人,参保覆盖率27%;796人领取养老金,累计发放养老金383万元。同年,新增保费收入390万元,新增参保人数4062人,1229人办理退出农村养老保险手续,发放退保金390.26万元。

2005年,镇江市农村养老保险工作全面提升,各地按《镇江市被征地农民基本生活保障试行办法》要求,全面实行被征地农民基本生活保障安置。70%的土地补偿费人均部分和每人的安置补助费进入被征地农民个人账户,政府财政按照当年依法批准的新征用建设用地面积计算,每亩提取1万元建立统筹账户。被征地农民划分为5个年龄段,分别享受不同基本生活保障待遇。全市农村养老保险实现参保17.48万人,新增5378人,续保4107人。扬中市试行农村养老保险按上年度农民人均纯收入的12%缴纳保险费用。乡镇企业、单位集体参保的,由单位和个人分别按6%的比例缴费。缴费满15年,且男性达60周岁、女性达55周岁的可享受基本养老金待遇。基本养老金待遇由基础养老金和个人账户养老金两部分组成。扬中市试行新办法以后,194家乡镇中小企业的6584人参保。

至2005年底,全市农村社会养老保险参保17.48万人;滚存积累11394.3万元,累计为2493人发放养老金1734万元。

第四节　社保基金监督

镇江市职工养老保险基金成立初期,根据不同所有制单位及不同人员情况,分别由劳动、地税、财政三部门征收,无全市统一基金管理监督机构。2001年10月,镇江市劳动和社会保障局设置社会保险基金监督处。同年,市社保基金监督处采取定人、定时、自查与抽查相结合检查方法,完成2001年全市6431名职工办理补充养老保险情况的检查。

2002年,全市建立社会保险基金监督举报网;建立全市违纪挪用基金资料档案库,集内部监督与社会监督相结合的社保基金监督机制初步形成,督促、协助各单位清理回收被挤占挪用保险基金120万元。同年,全市各级劳动保障部门的纪检组、监察室与基金监督部门通力协作,对119家企业6431名职工年养老保险基金经办情况开展专项检查。市劳动、地税、财政部门联合成立稽查工作督查组,对进行的专项检查再次进行督查。监督检查发现的主要问题有:一、在基金征缴上少报瞒报问题比较突出。二、企业钻优惠政策空子,部分社会保险机构经办人员违规操作,擅自扩大优惠面;一些企业借故不给职工个人缴纳社会养老保险金。三、部分社保基金未按规定单独开设专户核算管理,与其他预算外资金混存在一起。四、部分养老基金开设银行未按照中国人民银行规定的优惠利率计息;市财政为确保养老金发放向银行贷款的利息184.6万元纳入养老金支出,加重基金负担。五、个人账户空账运行,养老金备付能力减弱,全市统筹基金账户存在隐形缺口近14亿元。六、部分经办机构与财政核对调账不及时,未达账项金额大,时间长,基金家底不清。七、部分收入事项核算不规范,收支余亏反映不准确。八、行政经费不足,部分应收款清收不及时;市直1994年在经费支出中支付市妇女儿童活动中心20万元股金,截至2002年9月仍未清收。

2003 年 1 月，镇江市社会保障监督委员会及社保基金专项监督检查工作领导小组成立。此后市直及所辖市（区）均设立基金监督机构，开设 7 个监督举报电话，1 个举报网页。全市社会保险基金行政监督体系和监督举报网络初步建立，形成集举报信、举报电话、网上举报为一体的基金监督通道。同年对 2002 年审计和监督检查中发现的违规问题进行督查。通过督查督办全市以往年度违纪挪用的基金，除润州区因财政困难，有部分需按计划逐步归还外，余均收回。市直建造离退休活动中心借用养老基金 6150 万元、丹阳市建造离退休活动中心借用养老金 620 万元归还到位。与此同时，全市组织 10 个基金稽查组对企业全面稽查。至 2003 年 7 月底，市直共查出少报漏缴基金 1100 多万元。同时，市纪检监察、财政、劳动和社会保障等部门组成联合检查组，对全市农保基金运作管理现状督查，核实弄清农保基金的实有存量，逐个对存款账户盘库核对。2003 年 1 ~ 6 月全市收回到期未收回的农保基金 700 万元。对部分收回确有困难单位，要求各级政府和相关部门按照"哪一级批准，哪一级负责"的规定抓紧清理回收。

2004 年，镇江市社保基金监督工作以监控基金账户为重点，试行基金监督计算机管理，在全省率先制订《社会保险基金适时监管方案》，建立 22 种涵盖 5 大保险 16 个险种的核心数据库指标和社会保障综合评价指标体系。同年，组织部署检查全市各社保基金 136 个银行账户的开设管理情况；各项社保基金的存储运营情况；劳动保障代理机构代收代缴社保基金的收缴结算情况；此前年度社会保障基金被挤占挪用清理回收情况。核实全市社保基金存款，截至 9 月底，各项社会保险资金结存 115880 万元（比上年末增加 17662 万元，增长 18%），预收保险金 4593 万元，暂存 11564 万，3 项共计结存 132037 万元。剔除投资到期已不能收回的资金及需清理的暂付和已使用还未出账的款项计 4867 万元，银行实际存款为 127170 万元。理清不良资产和往来款项，为现场监督确定目标，保证基金安全完整。丹阳市财政局暂借多年的机关事业养老保险资金 980 万元归还到位。9 月，镇江市被省劳动保障厅确定为第二批贯彻落实国家七部委《关于加强社会保障基金监督管理工作的通知》全省 4 个试点城市之一。10 月，镇江市召开第一次全市社保基金监管工作会议，对基金监管工作提出新的部署。同年，全市各级社保基金监督部门与审计、监察部门联合督查，及时跟踪督办纠正。全年共计纠正收回违规存储、借用、挪用基金 1443 万元。

2005 年 1 月，基金监督处、养老处、监察室、社会保险基金管理中心支付科等相关处室组成劳动保障局特殊工种提前退休集体会办小组，具体负责特殊工种提前退休审批工作。对去世离退休职工，主动与财政及民政部门联系，对死亡证明的印制、签发实行全市统一扎口管理，建立社保与殡葬管理部门月度信息交换制度，及时掌握死亡人员信息，防止虚报冒领。2 ~ 3 月，市社保基金监督委员会组织 2004 年度社会保险基金专项检查工作，采取"查制度建立，看财务账本，核银行存单"方法，收集基金报表 48 份、相关资料 63 份，回收往年挤占挪用的社会保险基金。全市养老保险基金年累计清欠 5394 万元，失业保险基金年累计清欠 1072.65 万元。丹阳市清欠成效显著，往年欠款 700 多万元归还到位。句容市采取指纹资格认证，追回冒领基金 6300 元，企业保险金完成清欠目标的 5.7 倍。

第二章　医疗保险

第一节　公费医疗保障

1983 ~ 1994 年，镇江市党政机关和文教卫生等事业单位职工享受公费医疗待遇，企业职工享受劳保医疗，职工直系亲属享受半费医疗；非职工及其他人员医疗费用自理。市卫生局设立公费医疗办公室，负责对市区国家机关、事业单位干部和职工医疗费用报销。1983 年，市区公费医疗费为124.80万元,1985年上升到208.40万元。1986年,医疗费用由全市统管改为门诊费由单位定额包干。1991年7月实施医疗经费由单位、部门“分级管理、定额包干,结余留用,超支自负”的管理办法。同年,市区享受单位239个,总人数3.43万人,全年经费支出788.2万元,较上年递增18.4%,全年经费支出低于1987年至1990年平均年递增24.7%的幅度;年人均费用235.01元,与1990年相比,人均费用增加35.23元,增长17.6%。

1992年,市区(含京口、润州区)享受公费医疗单位241个,享受公费医疗人员34457人,比1991年增加157人。全年支出经费938.8万元,较上年递增19.1%;年人均费用272.46元,较上年递增15.9%。1993年实行“公费医疗支出与享受单位、享受个人挂钩”和“超支自补”规定,下半年企业职工实行大病医疗保险。1994年,市区公费医疗较上年仍超支589万元,人均支出增加167.61元。1994年,镇江市区(不含京口、润州区)享受公费医疗行政事业单位165个,享受公费医疗人数31954人,年支出公费医疗经费1555.6万元,比上年增加589.6万元;人均支出486.82元,比上年增加167.62元,增长52.51%。财政支出1130万元,比上年增加280万元,增长32.94%。1994年前,职工医疗费用年均增长33.4%。

第二节　城镇职工医疗保险

1994年初,国务院选择江苏省镇江市、江西省九江市(以下简称“两江”)为全国职工医疗保障制度改革(简称“医改”)试点城市。4月18日,镇江市职工医改试点工作领导小组成立,制定镇江市第一个政府医改文件《镇江市职工医疗保障制度改革实施方案》呈报省人民政府,转呈国务院。9月1日,镇江市职工医疗保险基金管理中心成立(简称“市医保中心”),负责统一经办全市职工医疗保险业务。9月23日,镇江市职工医疗保险管理委员会成立,委员会下设办公室代表政府负责医改的日常行政管理工作。11月18日,国务院批复镇江市医改方案。1995年1月1日,镇江市医改方案正式实施。

1995年,镇江市按照个人账户与社会统筹互济相结合原则,市、县两级“医保中心”为城镇职工(含退休人员)建立个人医疗账户(以下简称个人账户),基金额按年龄分成两个档次:45岁以上(含45岁)按年工资额的6%;45岁以下按4%将基金划入个人账户,职工个人缴纳的1%部分全部进入个人账户。退休职工按年退休费总额5%建立个人账户。个人账户本金和利息为职工个人所有,可结转使用和依法继承。职工退休后,个人账户资金不再增加,用完后按规定从社会统筹基金中支付。职工调离本市时,结余的个人账户资金可以随同转移或一次性发还本人。个人账户以外的基金作为社会统筹医疗基金,由医保中心统一管理,集中统筹使用;并在统筹基金中提取10%作为风险调节基金,以防突发性、传染性疾病的大面积爆发流行。

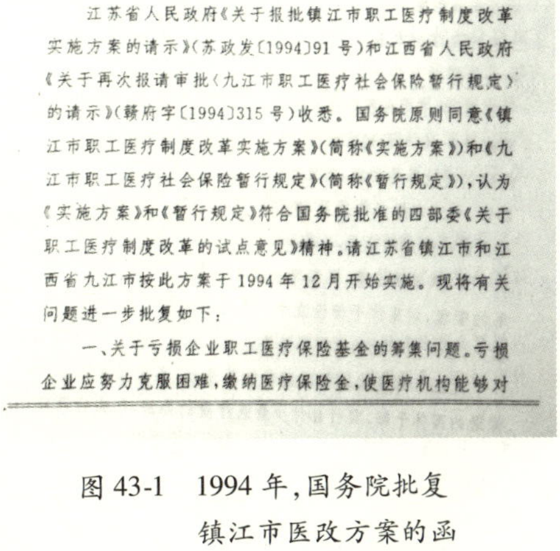
中华人民共和国国务院

国函〔1994〕116号

国务院关于江苏省镇江市、江西省九江市职工医疗保障制度改革试点方案的批复

江苏、江西省人民政府:

江苏省人民政府《关于报批镇江市职工医疗制度改革实施方案的请示》(苏政发〔1994〕91号)和江西省人民政府《关于再次报请审批〈九江市职工医疗社会保险暂行规定〉的请示》(赣府字〔1994〕315号)收悉。国务院原则同意《镇江市职工医疗制度改革实施方案》(简称《实施方案》)和《九江市职工医疗社会保险暂行规定》(简称《暂行规定》),认为《实施方案》和《暂行规定》符合国务院批准的四部委《关于职工医疗制度改革的试点意见》精神。请江苏省镇江市和江西省九江市按此方案于1994年12月开始实施。现将有关问题进一步批复如下:

一、关于亏损企业职工医疗保险基金的筹集问题。亏损企业应努力克服困难,缴纳医疗保险金,使医疗机构能够对

图43-1　1994年,国务院批复镇江市医改方案的函

医疗费用实行国家、企业和个人三方合理负担和医疗费用定额结算给付新办法,建立对医患双方的制约机制。具体操作采取分段累加计算办法:超过本人年工资总额5%以上至5000元部分,个人负担10%;5001元至10000元部分,个人负担8%;10001元以上部分,个人负担2%。

退休人员就诊同样先从个人账户支付，账户用完后直接进入社会统筹，并按在职职工自负比例的一半支付医疗费用。其中离休人员、二等乙级以上伤残军人，患有国家规定的特殊病种（甲类传染病、狂躁型精神病）和实施计划生育手术及其后遗症的职工符合规定的医疗费用由社会医疗统筹基金支付。职工（含退休人员）门诊、住院期间进行心脏彩超、核磁共振、CT（头颅或全身）等单项收费在300元以上（含300元）的特种检查、治疗，其费用个人负担20%，其余由社会统筹医疗基金支付。制订医疗保险基本用药目录，超出目录部分的费用全部由本人自理。

1995年，镇江市区确认318家企事业单位的医疗机构为定点医疗机构，市直8家医院被确认为定点医院。允许参保单位在定点医院范围内为职工确定2~4所医院就诊（专科疾病可以直接到专科医院就诊）。实行定额结算给付办法，按医院的等级和类别分别制定1995年平均门急诊人次、平均住院天数和床日费用定额，作为医保中心与定点医疗机构结算医疗费用的标准。市医保中心研制医疗保险信息管理系统软件和职工医疗保险专用卡，建立市区1700多个单位档案，26.61万名职工个人档案以及各类统计、分析、查询系统，输入284家定点医疗机构和88家银行分理处信息，联网市工商银行进行基金托收工作，联网20家市区医院及2家单位医院。一年中处理近80万人次的医疗费用，市区1558家参保单位19.06万名参保职工凭卡就医，分别占参保单位和职工的91%和73%。

1995年，除离休干部外，市区263196名职工中有86095人全年未使用个人账户，占32.71%。全市职工实际发生医疗费用16791.22万元（含个人自付1215.7万元），比1994年下降15.28%。其中机关事业单位6483.36万元，下降14.97%；企业为10307.86万元，下降15.46%。全市人均医疗费用370.14元，下降15.28%。其中离休干部人均费用2960.23元，下降9.51%；退休职工人均费用701.55元，下降11.80%；在职职工人均费用263.86元，下降17.91%。同年12月卫生部、劳动部和江苏省职工医改领导小组对镇江市医改试点工作进行评估调查。

1996年1月20日~24日，国务委员彭珮云等到镇江对医改试点工作进行检查、验收和总结，认为“镇江医改的第一步目标已经实现；即初步建立新的社会统筹医疗基金与个人账户相结合的职工医疗保险制度；职工基本医疗得到更好的保障；有效遏制了医疗费用过快增长势头。应该继续努力巩固和完善职工医疗保险制度，针对改革过程中暴露出来的问题，认真探索切实可行的解决办法，推动医疗制度改革向纵深发展，为全国提供更多更好的经验”。4月8~12日，国务院办公厅在镇江召开“两江”汇报医改试点工作会议，提出《关于职工医疗保障制度改革扩大试点的意见》，职工医改将从“两江”扩大到全国57个城市。国务委员彭珮云、国务院副秘书长徐志坚、卫生部部长陈敏章、江苏省省长郑斯林等作专题讲话。全国29个省（自治区）、直辖市的574人参加会议。

1996年7月1日起，镇江职工医疗保险政策作部分调整，基本医疗保障水平稳中有升。同年，全市职工实际发生医疗费用23984.05万元（含个人自付2244.80万元），比1994年增长21.02%。其中机关事业单位8601.14万元，增长12.80%；企业15382.91万元，增长26.16%，低于1990年至1994年年递增33.40%的幅度。与上年相比，参保职工患病未就诊率从24.6%下降至16.5%；需住院而未住院率从25%下降至2.12%；医药费用能报未报职工占0.45%，与1995年持平。

1997年，镇江推出“总量控制，定额结算”相结合偿付办法，实现年初确定的总量收支平衡，略有结余目标。同年实行大病统筹，医疗费3万~10万元之间，个人不再负担，单位负担比例从原来的40%降为20%。至年底，镇江市有4027家单位、43.45万名职工参加医疗保险运行，单位和职工参保率分别为95.65%和93.92%。市区参保单位1853家，参保职工25.62万人，单位和职工参保率分别达到95%和95.24%。全市共筹集医保基金23264万元，比上年增长11.09%，到位率93.82%，其中市区实筹基本医保基金14490万元，基金到位率为96.5%。全年筹集大病保险金823万元，其中市区筹集528万元。国家、单位和职工共同缴纳医保费用的筹集机制初步建立，基本保证社会统筹医疗基金与个人账户相结合的医保新制度的正常运行。同年，镇江市区有 30352 名职工个人账户资金全额结余，占参保职工总数的 11.85%；市区职工人均医疗费用 570 元，实际开支水平比 1996 年人均费用 528 元提高 7.95%，低于筹资增长水平。

1995～1997 年，广大职工对个人账户与社会统筹相结合的医保制度逐步适应，对医疗的费用意识、自我积累意识、社会共济意识均有提高。同期，全市医疗业务收入比医改前两年平均下降 15.6%，远低于全省平均增幅和周边城市增幅。

1998 年，成立市医疗保险局，重新调整个人账户资金比例：参保单位和职工个人缴纳的医保基金中划入个人账户的部分，统一下调 1 个百分点。45 岁以上（含 45 岁）职工的个人账户资金从本人上年工资总额的 7% 调整为 6%，44 岁以下（含 44 岁）职工从 5% 调整为 4%，退休人员从 5% 调整为 4%。1999 年 1 月 1 日起，部分医改政策调整：调整缴费比例；离休人员医疗保险实行单独管理；调整划入个人账户的比例；设立统筹基金起付标准，起付标准比例定为本人年工资总额的 8%，退休人员为本人年退休费用的 4%；适当调整运行方式及统筹基金个人支付比例；在市区设立定点药店；设立个人自付医疗费用的最高限额；调整企业下岗职工的缴费基数；纸质职工医疗保险专用卡更换成 IC 卡。1999 年，广州、武汉、拉萨等地近百批 550 人次到镇学习考察医改工作，《解放日报》《健康报》《中国劳动保障报》《瞭望》杂志以及路透社均对镇江医改专题报道。

2000 年 6 月 27 日，国务院副总理李岚清在京主持召开"两江"医改座谈会，镇江市市长周大平、副市长江里程及市社保局局长蔡文俊、卫生局副局长于洪杰等一行赴京参加；7 月 23 日，劳动和社会保障部部长张左己等到镇江调研医改工作；7 月 25～26 日，国务院副总理李岚清在上海主持召开全国城镇职工医疗保险制度和医药卫生体制改革工作会议，镇江市作经验交流发言。同年，镇江市率全国之先实行职工子女及学生住院医疗费用统筹。

2001 年 1 月，镇江市医改政策再作调整，基本医疗保险费改为按在职职工年工资总额，单位缴纳 9%，个人仍为 2%。在完善职工基本养老保险和大病医疗统筹制度基础上，建立公务员医疗补贴、劳动模范和优秀拔尖人才医疗照顾、困难职工医疗救助等补充医疗保险形式。实行离休人员医疗经费集中统筹、职工子女及学生住院医疗费用统筹和离休干部三无遗属医疗保险。部分辖市（区）开展住院医疗保险试点，逐步将医疗保障扩展到城镇职工以外的其他人员。

第三节　社会人员医疗保险

2001 年，镇江市遵循建立社会统筹医疗基金与个人账户相结合的社会保险制度，逐步推行覆盖城镇所有劳动者的职工医疗制度改革目标。12 月，《镇江市社会医疗保险暂行办法》出台，构建 3 个层次、9 种形式的医疗保障体系。2002 年，镇江医保扩大覆盖面，完善社会保障体系，推进医药卫生体制改革。基本医疗保险由城镇职工向社会各类人员覆盖。实行基本医疗保险、社会困难人员的住院医疗保险、离退休人员医疗统筹、职工子女及学生住院医疗费用统筹等多层次的基本医疗保险形式。缴费年限与享受待遇挂钩，实行医保准入制度，建立医保"一站式服务"，方便参保单位和职工。至年底，全市基本医疗保险参保人员 43.39 万人，参保覆盖面 97.2%。其中市区参加住院统筹的职工子女和学生 10.51 万人。

2003 年，镇江医保覆盖面继续扩大，其中基本医疗保险参保 46.37 万人，净增 2.98 万人；住院医疗保险参保 1.2 万人；职工子女及学生住院医疗费用统筹参保 25 万人。新型农村合作医疗建设进展加快，制定《镇江市关于建立新型农村合作医疗制度实施意见》，市财政补助资金 196.9 万元，县级财政补助资金 693.8 万元。全市农村居民参保 109.35 万人，农村人口覆盖率 67.43%，其中新型农村医疗保险参保 50.4 万人，离休人员医疗统筹 4379 人。市财政共为 65 家特困企业的 1.1 万名职工和离退休人员代缴 625 万元的医疗保险费。企业改制过程中职工和离退休人员的医保续接办法得到完善。全年共清欠、补缴、预缴破产、改制企业职工和离退休人员医疗保险费2679万元，120家破产、改制企业的7.5万名职工和离退休人员的医疗保险关系得到接续。全年市区共筹集社会医疗救助基金40.32万元，为1064名城市低保人员实施社会医疗救助，办理住院医疗保险待遇。全市参加各类社会医疗保险的农村居民53.42万人。

2004年，镇江市在全市范围内实行城乡一体化的合作医疗保险制度，推进全市多层次的社会医疗保障制度向纵深发展。全市参加合作医疗保险（以下简称“参合人员”）的城乡居民120.32万人，农村居民覆盖率80.7%；筹集新型农村合作医疗基金5553.04万元。其中个人缴费资金3055.44万元；各级财政补助2497.6万元，占筹资总额的44.97%。全市有31万人次得到医疗费用报销，共报销“参合人员”医疗费2770万元，医疗机构共减免“参合人员”医疗费用510余万元。镇江市合作医疗保险实施范围不局限于农村地区，延伸到城镇居民、职工子女、学生、职工供养的直系亲属等社会各类人群。合作医疗保险纳入整个社会医疗保险体系统一管理、运行，并将原职工子女及学生住院医疗费用统筹纳入合作医疗保险，形成基本医疗保险、住院医疗保险和合作医疗保险三个基本层次。在政策上建立连续参保缴费的激励和约束措施，在待遇上形成“保大顾小”即“缴小钱、保大病”的运行模式，设置多缴费、多保障的灵活政策，同时向享受“低保”的人员和持有市总工会核发的“特困职工证”的职工提供社会医疗救助制度。全年为3818名救助对象办理社会医疗保险参保手续，对困难人员就医实施收费优惠减免。全年医疗救助基金共为困难人员支付医保等费用140.84万元，并为其实行个人自付医疗费用封顶政策；6127名“低保”人员享受免费体检，并为其建立健康和医疗救助档案。

图43-2　2003年，镇江市向低保人员发放住院医保卡

2004年9月20～23日，中国医疗保险制度改革论坛和全国医疗保险制度改革经验交流会在镇江召开，主题为“中国医疗保险制度的完善和可持续发展”，全国人大常委会原副委员长彭珮云、委员乌日图、劳动和社会保障部副部长王东进、江苏省副省长吴瑞林以及部分高校、科研院所的专家学者出席论坛。彭珮云高度评价镇江为中国城镇职工基本医疗保险制度改革做出的贡献。市医保局介绍镇江市医改十年的情况，十年来镇江市参保人员平均个人自付的基本医疗费用约占基本医疗总费用的17%。医疗费年均增幅控制在12%左右，比医改前的增幅下降近21个百分点。初步建立起一套具有鲜明特色、多层次、广覆盖、可持续的医疗保障体系，运作情况稳定、良好。至2004年底，全市累计有125家破产、改制企业通过资产变现清偿、补缴、预缴职工和离退休人员医保费4362万元，接续医保关系；3.07万名破产、改制企业职工身份平稳置换，1.23万名破产、改制企业离退休人员医疗保障进入社会化统筹管理。全市基本医疗保险覆盖人群占全市总人口67.28%，其中市区城镇职工参保率99.8%。

2005年出台《镇江市医疗救助办法》，救助对象扩大到城市低保人员、城市三无人员、特困职工和农村低保人员、农村五保户、在乡精简老职工以及其他城镇困难人员，丹徒区医疗救助工作纳入市区统一管理实施。医疗救助基金以财政预算资金为主，市、区两级财政分别按市本级和辖区总人口2元/人的标准，在每年财政预算中安排专项资金。医疗救助方式有参加社会医疗保险费用的救助、医疗费用减免救助、医疗费用个人负担过重的救助、定期免费体检和建立健康档案等4种。2005年用救助基金为市区4420名救助对象办理社会医疗保险，其中用医疗救助基金为1666人办理住院医疗保险，为1670人（含学生）办理合作医疗保险，为181名“三无”人员办理基本医疗保险。救助对象享受医疗费用政策优惠减免60万元。医疗救助初步实现城乡一体化。完善劳模、拔尖人才补充医疗保险照顾政策，医疗保险照顾对象增加市级及以上有突出贡献的技师（高级技师）。列入政府解困企业的离休人员、军转地离休人员由财政足额代缴，动员单位按规定一次性缴清十年统筹费用，实行社会化管理。镇江市规定企业破产时，必须将变现资产优先清偿和缴纳职工医疗保险费，并一次性为在职职工预缴1～2年医保费，为离退休人员缴纳10年医保费，实现社会化管理。2005年，全市249家破产、改制企业中有170家通过资产变现清偿、补缴、预缴医疗保险费，近6万名职工和离退休人员接续医保关系，其中1.53万名离退休人员进入社会化管理。至2005年，镇江市各类社会医疗保险参保人员212万人，覆盖全市总人口的80%，其中，基本医疗保险53.05万人，覆盖率97.5%；城乡居民新型合作医疗保险参保138.2万人，覆盖率91.6%；其他保险20万人；医疗救助0.5万人。基金收支平衡、略有结余，运行平稳高效。全市医疗保险和风险调节基金累计结存7.37亿元，群众基本医疗得到保障。医疗费用过快增长势头得到遏制，医改前医疗费用年均增幅达33.4%；医改后参保人员医疗费年均下降近21个百分点，市直医院净资产年均递增19.2%，医疗收入年均增长16%，医院净效益年均增长28.8%。基本实现1994年医改方案所设定目标。另一方面，新型农村合作医疗筹资水平不高，资金量有限，使得这一保险体系报销补偿水平低下，农民受益面窄，全市平均报销比例为20.73%。同时由于医疗市场化倾向影响，医疗医药费用上涨过快，城乡居民就医难，医疗医药费负担加重，因病致贫等状况依然存在。

第四节　医保基金

1995年，是实施医改方案的第一年。镇江市成立由市人大常委会、政协和审计、劳动、卫生、财政、工会等部门以及职工代表参加的基金监督委员会，市医保中心在基金的筹集、支出、管理方面全面接受该委员会等多方面监督。收缴的医保基金全部纳入财政管理，实行专户储存，专账记载，专款专用，收支两条线，支出时提出申请由财政批准。同年，全市实筹医保基金18074.66万元，占应筹基金96.88%。其中市区应筹基金12037.8万元，到位率97.69%；所辖市（区）应筹基金6619.73万元，到位率95.40%。除提取管理费外，划入个人账户8784.74万元，占48.60%；建立社会统筹医疗基金8430.25万元（其中提取风险调节基金791.60万元），占49.41%。共支付医疗费用15575.52万元，其中个人账户支付5583.46万元，占35.85%；统筹基金支付9992.06万元，占64.15%。

1996年，全市实筹20941.92万元，占应筹的95.50%，比1995年增长15.86%。其中市区实筹基金13202.22万元，占应筹基金的95.69%；所辖市（区）实筹基金7739.70万元，占应筹基金8132万元的95.18%。1995～1996年，全市个人账户沉淀6642.10万元，统筹超支6489.92万元，两年基金滚动结存152.18万元。市区实筹基金中，提取管理费占2%；划入个人账户占55.00%；社会统筹基金占43.00%。医疗费支出占34.26%；统筹基金支出占65.74%，个人账户沉淀4573.50万元，统筹超支4526.31万元。两年基金滚动结存47.19万元。1997年，全市实筹基金中提取管理费488.08万元，占2.33%；划入个人账户占54.04%；社会统筹基金占43.63%。医疗费支出占36.23%；统筹基金支出占63.77%。

1998年，全市共筹集医保基金25753万元，比上年增长10.1%，其中市区增长7.9%，完成市政府下达的筹资目标。在市区筹集基金中，划入个人账户6481万元，划入统筹基金9725万元；在支出的15200万元医疗费用中，个人账户支出6130.31万元，统筹基金支出9069.69万元；在结余的1006万元基金中，个人账户沉淀350万元，社会统筹结余656万元，实现个人账户与统筹基金双结余。

1999年，市社保局、医保中心强化医保基金管理工作，推广使用与财政部共同研制开发的医疗保险财务软件，医保中心筹集的基金直接进入财政专户后由财政局社保处按照年初确定的总控指标，逐月拨付给医保局。

2000年，镇江医保基金收支平衡，略有结余。全市按"总额控制"支出医疗费25980万元，收支相抵，结余医保基金1865万元，其中市区结余基金1138万元。市区实际参加统筹的离休人员2576人，占离休人员总数96%；筹集医疗经费1600万元全部用于离休人员医疗。

2001年，镇江医保完善医疗费用结算办法，坚持"以收定支、收支平衡、略有结余"和保障职工基本医疗的原则，对一级医疗机构和企事业单位医务室实行"总额控制，超资不补"的结算办法；对二级以上医疗机构实行"总额控制，弹性决算和部分疾病按病种付费相结合"的结算办法。

2002年，镇江市医保费用结算实行刚性总控向弹性结算过渡，对二级以上医院医疗费用实行"总额预算、弹性结算"。全市二级以上定点医疗机构每年的门诊人次和出院人次增幅不超过5%，增幅高于5%的，结算中心对各定点医疗机构的增加工作量同比例扣减，按照修正后的工作量结算。

2003年，镇江市筹集当年基本医疗保险基金4亿元，支出3.85亿元，其中：市区征收2.69亿元，支出2.62亿元，结余707万元。清欠、补缴、预缴医保基金7000万元。

2004年，镇江医保基金运行比较平稳。全市十年累计征缴医疗保险基金36.26亿元。基本医疗保险基金结存3.84亿元，其中个人医疗账户基金沉淀3.83亿元，社会统筹基金结存109万元，建立风险调节基金1.5亿元。市区基本医疗保险基金累计结存2.41亿元，其中个人医疗账户基金沉淀2.4亿元，建立风险调节基金7999万元。

2005年末，全市基本医疗保险基金结余4.84亿元（个人医疗账户沉淀4.72亿元，社会统筹基金结存1259万元），非基本医疗保险基金结余6100万元。建立风险调节基金1.92亿元。市直三区基本医疗保险基金累计结存2.80亿元，其中个人医疗账户沉淀2.78亿元，社会统筹基金结存162万元；非基本医疗保险基金结余1282万元。建立风险调节基金1亿元。

第三章　其他保险

第一节　失业保险

1987年，镇江市开始建立并实施职工待业保险制度。1987～2005年，该项工作经过发放职工待业救济金（1987～1998年），实行失业社会统筹（1999年以后）两个阶段。

1987年11月24日，镇江市下发《镇江市职工待业保险管理暂行办法的通知》，开始建立并实施职工待业保险制度。通知明确规定：凡终止、解除劳动合同的职工，企业辞退职工，企业批准辞职的职工，被除名、开除的职工均可享受待业救济金。对一时无法安置而放长假的职工，仍由企业发放基本生活费，关、停、并、转企业精简的职工，全部领取失业保险金。同时改革待业救济金按月标准工资的75%、50%发放的办法，统一将待业救济金的最低标准提高到每月30元。

1988年，市属681家企业均与市劳动保险部门签订缴纳职工待业保险协议，首批26名待业职工当年享受待业救济金。

1991年，镇江市待业救济金上调到每月41元，市区225人次享受此金，全市待业保险金收缴率98%。

1992 年,《镇江市企业职工待业保险暂行办法》出台,待业保险范围由原来的全民、集体企业扩大到“三资”企业和私营企业,享受救济金的对象扩大到除自动离职以外的所有职工,待业保险救济金的月发放标准提高到 55 元/人(县级市 50 元/人)。工龄在 5 年以上,每满 1 年加发 1 元。发放期限为:工龄满 1 年不满 3 年的发给 6 个月;满 3 年不满 5 年的发给 12 个月;满 5 年及以上的,发给 24 个月。重新就业后再次待业的,发放期限按重新就业后的工作时间计算。待业保险金的筹集标准由标准工资总额的 1% 调整为工资总额的 1%。截至年底,全市有 1809 家企业 35.5 万名职工参加待业保险,比上年增长 20%;享受待业救济金人员比上年增长 5.5 倍。

1993～1995 年,镇江市享受失业救济金人数和发放救济金数额两项指标均处高位运行态势,救济金人数 1993 年 2500 人、1994 年 6148 人、1995 年 10829 人;救济金发放 1993 年 103 万元,是上年的 10 倍;1994 年 116 万元、1995 年 221.3 万元。至 1996 年,镇江市全市职工失业保险参保企业 2490 家,参保职工 23.405 万人,覆盖面 98%,其中市直企业职工参保单位 875 家,参保职工 18.6 万人,覆盖面 99%。筹集失业保险基金 1399.3 万元,市直 903 万元,基金收缴率 99%,为全市近 35000 名失业、下岗职工发放救济金 800 多万元。

1996 年,镇江市机关事业单位社保部门在全省省辖市中率先推行失业保险制度改革。至 1997 年末,全市有 4.5 万名事业单位职工参加失业保险,其中市直 505 家单位、2.4 万名职工参保,19 名失业人员当年按时领到失业救济金。

1999 年,国务院《失业保险条例》颁布后,镇江市失业保险扩面工作全面开展,当年扩面位居全省第三。全市参保人数由上年底 30.3 万人增加到 36.74 万人,净增 6.44 万人。其中市直参保人数由上年底 16.1 万人增加到 18.72 万人,净增 2.62 万人;全市收缴失业保险基金 5014.62 万元,清欠基金 303.97 万元。7 月起,失业保险标准在原有基础上提高 30%。全市失业人员保险待遇最高为 340 元/月,最低为 195 元/月。同年 7 月,江苏省《关于对城镇事业单位全面实施失业保险的通知》下发,市人事部门失业保险业务移交给市劳动部门。

2000 年初,江苏省下发《实行失业保险待遇与缴费适当挂钩的规定》后,镇江市出台《镇江市失业保险规定》,市劳动局下发《镇江市失业保险金申领发放的实施细则》等配套文件,规定从当年 7 月 1 日起实行失业保险待遇与缴费适当挂钩和失业人员住院治疗补助办法。同年,市劳动局制定《关于企业职工下岗有关问题的处理意见》,加快职工下岗保障与失业保障并轨步伐。同年 7 月 19 日,市政府下发《关于社会保险费改由地方税务部门征收的通知》及实施意见,从当年 8 月 1 日起,社会保险费由过去劳动部门征收,改为地税部门统一征收。同年还出台《关于进一步完善全市事业单位失业保险参保工作的意见》,将全市所有事业单位全部纳入失业保险范围。

2001 年 1 月 1 日起,镇江市下岗职工直接进入社会享受失业保险。同年全市失业保险参保职工 39.83 万人(市直参保 194037 人),全年征缴基金 7491.7 万元,清欠失业保险基金 384.49 万元。2002 年,镇江市社保部门加大扩面、征缴、清欠、稽查工作力度,全市失业保险参保累计 380931 人,失业保险基金实际征缴 8123.71 万元,全年清欠 971.61 万元。加大监察力度,对有缴费能力而逾期不缴的企业,移交劳动监察机构查处。对无正当理由未登记的 830 名失业人员暂停发放失业保险金 40.2 万元。

2003 年,镇江市印发《关于镇江市企业经济性裁员的意见》,明确规定“企业一次性裁员超过本企业职工总数的 5% 或 50 人以上的,年度内累计裁员超过本企业职工总数的 10% 或 100 人以上(已进入法定破产程序的企业除外),需经劳动保障行政部门审核后,报同级人民政府批准”,遏制部分企业无序裁员。出台《关于镇江市城镇私营个体经济组织,从业人员参加失业保险的通知》,把新的私营企业、改制企业作为扩面目标,将城镇各类企事业单位及其职工纳入失业保险,有效控制参保人员下滑趋势。出台《关于加强企业欠缴失业保险费清欠工作的通知》,

抓住企业改制、破产、兼并等契机,及时介入欠费企业催缴,取得基金征缴和清欠成效。控制失业保险金支出,允许失业人员灵活就业,可为其办理暂停享受失业保险手续,失业保险金期限予以保留,仍未就业的可申请剩余时间的失业保险金,缓解失业保险金支出的压力;执行失业保险按月申请登记制度,对逾期两个月不去社区服务所登记的5178名失业人员,停发其失业保险金计153万元。用于下岗职工基本生活保障的支出控制在失业保险基金总支出的40%以内,实现当期收支结余。

2004年,镇江市失业保险工作加大基金清欠力度。允许市企业改革资金中对差额部分进行补偿,市镇纺集团、火柴厂、印铁制罐厂等8家破产企业全额还清所欠失业保险费193万元。同年镇江市失业参保39.50万人;失业保险当期总收入8792万元,支出8078万元,收支略有结余;领取失业保险金18489人,比上年下降2927人。市直失业保险基金在调剂一定数额用于解困之后,滚存结余4200余万元。

2005年,镇江市失业保险工作保持平稳运行态势。出台《全额清欠失业保险费的意见》,市直所有破产改制企业失业保险费实现100%清偿,共清欠基金719万元。出台《关于进一步完善全市事业单位失业保险参保工作的意见》,全市事业单位全部纳入失业保险范围,为自谋职业的失业职工一次性发放失业保险金。全市失业保险参保39.49万人,其中市直参保19.82万人;全市征缴失业保险基金1.01亿元,结余1899.55万元,其中市直征缴6644.39万元,结余1590.79万元。

第二节 工伤保险

1993年12月,《镇江市企业职工工伤社会保险暂行办法》(以下简称《工伤办法》)出台,规定工伤保险基金由国家和单位承担,个人不缴纳。职工因工伤达到重伤标准,确诊为职业病,伤残达到评定标准或死亡的,其各项医疗费用由市劳动保险管理处(以下简称劳保处)和企业分别负担60%和40%。未达到重伤标准、伤残标准,其各项医疗费用仍由企业负担。职工因工伤1个治疗期费用总额超过5万元,其超过部分由市劳动局负担30%。工伤社会保险基金按“以支定收,留有储备”的原则,由市劳保处筹集专款专用,工伤社会保险费以企业全部职工工资总额为计提基数,工业、交通、建筑安装企业(含商办和校办工业企业)按0.9%核定费率,按月缴纳,其他企业为6%。1994年起,镇江市严格按照《职工工伤与职业病致残程度鉴定标准》进行工伤保险待遇给付。按照《镇江市企业职工工伤社会保险暂行办法实施细则》补充意见,对参保企业发生轻伤又达不到伤残标准的,每年从上缴的工伤保险费拿出10%返还企业,作为企业轻伤医疗费支付渠道。

1996年,全市参保企业2377家,参保职工27.2万人(其中市区企业1664家,参保职工16.24万人),当年市区发生工伤350人,共支付工伤保险费用153万元。对208家按时足额上缴工伤保险费的企业拨付轻伤医疗费41.53万元,对煤炭系统32名患矽肺病职工分3批进行住院治疗。

1997年,全市参保企业2388家,参保职工26万人(其中市区1086家,参保职工15万人),同年市区发生工伤保险505人次,全市企业共发生工伤事故72起,死亡61人,重伤28人,支付费用350.6万元(其中办理Ⅰ期矽肺406人,支付费用272.56万元),工伤轻伤医疗费包干调节金支付200家,支付费用46万元。1998年,镇江市工伤保险企业参保率99.5%;实收基金529万元,支付工伤费用525万元。同年,全市企业共发生工伤事故53起,死亡46人,重伤22人,直接损失260万元。

1999~2002年,镇江市企业工伤保险平稳运行,工伤保险政策公开、公平、公正得到落实。2003年,镇江市加强工伤保险“两定”工作(工伤认定和劳动鉴定),印发《镇江市因工、因病医疗期管理办法》《镇江市劳动能力鉴定材料预审实施意见》及《镇江市劳动能力鉴定医疗专家库管理办法》,为各级劳动鉴定组织准确地鉴定因工、因病职工的病残程度提供评判依据。全年共做出工伤认定471起,其中市直264起;受理劳动能力鉴定1411人次,其中市直1108人次,分别比上年增长12.5%和11.8%,未发生一起向省级劳动鉴定机构申请最终鉴定的案件。至2003年底,全市工伤保险参保企业2956家,参保职工192112人,实征工伤保险费1251万元,共支付工伤待遇1468万元,当期结余-217万元,历年累计结余1432万元。其中市直参加工伤保险职工116800人,全年实征工伤保险费1008万元,支付工伤待遇1157万元,当期结余-149万元,历年累计结余453万元。

2004年印发《关于贯彻执行〈国务院工伤保险条例〉有关问题的通知》,废除以往规定中和条例相抵触的一切条款,明确新老政策过渡时期15个具体问题的操作办法。出台调整镇江市工伤保险费率的文件,按国家规定征收工伤保险费。由于一批企业改制破产,原沉积在企业的工伤待遇矛盾集中暴露,市劳动保障部门结合镇江实际情况,提出解决"定补、协保"工伤职工补偿问题的具体意见,指导破产改制企业妥善解决旧伤复发及假肢安装费用等问题,推进破产改制工作进行。私营企业和有条件的个体工商户纳入工伤保险覆盖范围。根据条例,个人可直接申请工伤认定,全市工伤认定数量比上年几近翻番,全年共受理劳动能力鉴定1720人次,工伤鉴定986人次,因病鉴定734人次。劳动保障行政受理工伤认定470多起,工伤认定430起,准确率100%,未发生一起行政复议和行政诉讼案件。截至2004年底,全市参加工伤保险职工242942人,实征工伤保险费2197万元,支付工伤待遇1826万元,当期结余371万元,历年累计结余1475万元。

2005年,全市扩大工伤参保覆盖面,工伤保险扩面5.3万多人。对市区8个街道、4个开发区进行检查。共检查单位779家,查出未参保职工15746名,为6229名职工办理参保缴费。同年市工伤保险部门结合镇江实际出台《关于来镇农民工参加本市城镇企业职工基本养老保险和工伤保险的实施意见》《关于协调解决破产关门清算企业工伤人员旧伤复发医疗费报销问题的会议纪要》等规范性补充文件。调整工伤保险定期待遇、工伤职工伤残津贴、生活护理费和供养直系亲属抚恤金标准。至2005年底,全市工伤保险参保职工302170人,市直参保140784人;全年征收工伤保费2972万元,市直1918万元;支付工伤待遇金2436万元,市直1887万元;当期结余536万元;历年累计结余2011万元,市直结余783万元。

第三节 职工生育保险

1993年3月,《镇江市城镇女职工生育费用补偿试行办法》出台,女职工在生育期间的医疗费用实行男女双方各负担一半,以解决企业女职工生育费用负担畸轻畸重的矛盾。1995年,全市参保企业1183家,参保人数90565人,基金收入204万元,基金支出79万元。

1997年,女职工生育社会保险全面展开,句容、丹阳、扬中、丹徒等地推行女职工生育社会保险。女职工生育社会保险按职工工资总额1%征集,同年参保企业1321家,参保职工109120人,实征保险基金488万元,收缴率99.5%,支付保险费用395万元。市区仍实行《镇江市城镇女职工生育费用补偿试行办法》,采取男、女双方单位各负担600元的办法,对女职工生育费用给予补偿。

2000年修订《镇江市城镇女职工生育补偿试行办法》,全市参保企业1564家,参保人数93234人,基金收入565万元,基金支出375万元。2001年7月1日,《镇江市企业职工生育保险暂行办法》颁布实施。

2005年,全市生育保险参保女职工214252人,其中生育女职工2797人,征收生育保险基金2260万元,支付生育保险待遇1149万元,当期结余1111万元,历年累计结余5032万元。市直生育保险参保职工131806人,全年征收生育保险基金1636万元,支付生育保险待遇718万元,当期结余918万元,累计结余3573万元。同时女职工生育医疗费标准提高,具体为三级医院顺产定额标准由 1300 元提高到 1800 元，剖腹产 2500 元提高到 3100 元；二级医院顺产定额标准由 1200 元提高到 1650 元；剖腹产 2400 元提高到 2900 元。

第四章　最低生活保障制度

第一节　城市低保

镇江市区城镇低保工作始于 1996 年。同年 3 月，京口、润州两区开展试点，通过对 18 个居委会 216 户居民的摸底调查，初步确定市区居民最低生活保障线的范围和标准。1997 年 1 月，市政府颁布《镇江市市区城市居民最低生活保障线实施细则》，规定城市居民最低生活保障线自 1997 年 1 月 1 日起施行。市区居民最低生活保障线为月人均 120 元。京口、润州两区享受国家定价粮油供应的非农业户口居民、家庭收入低于最低生活保障线的为保障对象。在职人员家庭（包括离退休人员、下岗待业人员）由所在单位及其主管部门负责保障。非在职人员的家庭和民政救济对象由民政部门负责保障。民政部门保障资金由市、区两级财政各承担 50%。保障对象向所在地居委会提出申请，经街道办事处审核，区民政局批准并报市民政局备案发证后领取最低生活保障金。市区第一批实施最低生活保障线的对象共 249 户、423 人，年补差金额 35.11 万元。

1998 年，城市低保向全市推开。1999 年 7 月，低保标准由每人每月 120 元调整为 156 元。2001 年 9 月，市、区两级财政负担保障资金的比例由 5∶5 调整为 6∶4。2002 年 1 月，再一次提高低保标准，每人每月调整为 180 元。2003 年 1 月 1 日，施行《镇江市城市居民最低生活保障实施办法》。2004 年 7 月，第三次提高低保标准，每人每月调整为 200 元。同年 11 月，市民政局、财政局、劳动和社会保障局等部门联合下发《镇江市城市居民最低生活保障办法实施细则》。2005 年 7 月，第四次提高低保标准，每人每月调整为 230 元。

至 2005 年底，全市有城市低保对象 4634 户、10871 人，同年支出保障金 1218.44 万元。

1997～2005 年镇江市市区城市低保情况表

表 43-3　　　　单位：户、人、元/月人、万元

年份	保障标准	京口区			润州区			镇江新区			丹徒区			合计		
		户数	人数	金额	户数	人数	金额	户数	人数	金额	户数	人数	金额	户数	人数	金额
1997	120	79	132	12.49	170	291	22.62	–	–	–	–	–	–	249	423	35.11
1998	120	98	154	12.8	205	390	29.78	–	–	–	–	–	–	303	544	42.58
1999	156	120	223	22.08	309	655	53.47	–	71	0.44	47	133	3.83	–	1082	79.82
2000	156	–	696	56.96	–	950	68.6	–	110	7.8	–	140	14.64	–	1896	148
2001	156	–	1054	71.1	660	1689	113.6	–	205	14	–	132	18.72	–	3080	217.4
2002	180	656	1623	116.33	926	2410	180.69	138	289	25.75	74	154	17.42	1794	4476	340.2
2003	180	891	2168	184.36	1281	3327	257.99	168	347	29.7	78	162	22.12	2418	6004	494.2
2004	200	1021	2444	240.46	1737	4494	379.7	234	480	44.5	91	178	27.32	3083	7596	692
2005	230	1109	2581	314.42	1961	4946	537.86	256	516	60.48	113	216	35.73	3439	8259	948.5

1998～2005年镇江市各辖市城市低保情况表

表43-4　单位:户、人、元/月人、万元

年份	保障标准	丹阳市			句容市			扬中市			合计		
		户数	人数	金额	户数	人数	金额	户数	人数	金额	户数	人数	金额
1998	120	13	20	0.64	–	–	–	11	19	0.73	24	39	1.37
1999	156	60	101	7.09	–	210	20.92	–	40	4	–	351	32.01
2000	156	91	215	11.11	–	219	23.09	–	41	6	–	475	40.2
2001	156	155	288	24.55	–	394	36.4	–	116	9.8	–	798	70.75
2002	180	194	474	30.25	249	577	43.38	104	277	17.84	547	1328	91.47
2003	180	300	752	59.85	289	700	67.73	298	836	58.2	887	2288	185.78
2004	200	358	888	70.62	316	767	72.79	325	873	90.48	999	2528	233.89
2005	230	444	1064	99.04	353	860	78.99	267	688	91.91	1195	2612	269.94

第二节　农村低保

1997年,丹徒县对313户家庭、809人开展农村最低生活保障制度试点工作,制定《丹徒县实施农村最低生活保障线暂行规定》。1998年,各辖市(区)先后制定农村最低生活保障暂行规定,农村最低生活保障工作全面展开。同年全市有1785户、4856人纳入农村最低生活保障网,支出保障金173.32万元,保障资金由县(市、区)、镇(乡)、村三级按3∶3∶4的比例分担。1999～2003年,农村实行税费改革,农村最低生活保障面仍维持最初水平。

2004年,全市农村最低生活保障资金改为县(市、区)、镇(乡)两级分担,负担比例为6∶4或5∶5。同年10月,《镇江市农村居民最低生活保障暂行办法》出台,规定农村居民最低生活保障标准为每人每年不低于1200元,凡常年居住在镇江市农村、且具有镇江市户口,上年度家庭年人均收入低于户籍所在地辖市(区)当年农村居民最低生活保障标准的农村居民均可提出申请,经村委会核查,张榜公布,乡、镇政府审查,辖市、区民政部门批准后,享受最低生活保障。同年,全市农村居民最低生活保障面扩至4775户、12277人,发放保障金470.86万元。

2005年,京口、润州、镇江新区的农村居民最低生活保障标准调整为每人每年1440元,丹阳市为1404元。各辖市(区)颁布实施细则,农村最低生活保障制度渐趋完善。截至2005年底,有9571户、23007人享受最低生活保障,同年发放保障金799.32万元,被保障对象占农业人口1.45%。

1997～2005年镇江市农村低保情况表

表43-5　单位:人、万元

年份	丹阳市		句容市		扬中市		丹徒区		京口区		润州区		镇江新区		合计	
	人数	金额	人数	金额	人数	金额	人数	金额	人数	金额	人数	金额	人数	金额	人数	金额
1997	–	–	–	–	–	–	809	38.67	–	–	–	–	–	–	809	38.67
1998	1750	83.84	1269	22	735	15.09	814	38.68	7	0.357	281	13.35	–	–	4856	173.32
1999	2263	110.6	1269	51.13	855	39	861	40.66	7	0.357	283	13.35	–	–	5538	255.1
2000	2263	110.6	1315	52.58	1121	50	886	56.26	12	0.897	281	13.35	–	–	5878	283.69

续表 43-5

年份	丹阳市		句容市		扬中市		丹徒区		京口区		润州区		镇江新区		合计	
	人数	金额	人数	金额	人数	金额	人数	金额	人数	金额	人数	金额	人数	金额	人数	金额
2001	2263	110.6	1352	54.77	928	48	960	48.39	18	1.2	281	13.3	–	–	5802	276.26
2002	2263	110.6	1363	55.08	974	57	972	51.13	21	1.5	281	13.3	–	–	5874	288.61
2003	2263	110.6	1909	77.68	790	44.51	1040	55.7	21	1.4	291	13.3	195	14.7	6509	317.89
2004	3300	113	3951	98.96	3318	147.1	1154	81.24	21	1.4	292	13.3	241	15.9	12277	470.86
2005	5673	229.8	8545	224.3	3519	172.9	3853	104.5	129	4.46	942	33.64	346	29.72	23007	799.32

第五章 救灾救济

第一节 灾害救济

1983~2005年，局部性灾害年年发生，全市性大灾、特大灾害共发生11次，其中，洪涝灾害5次，旱灾5次，雪灾1次。

一、洪涝灾害

1983年，镇江市沿江遭遇洪水，长江镇江段最高水位达8.3米。全市农作物受灾面积28.45万亩，成灾面积8.8万亩，成灾人口6.22万人，因灾死亡5人，倒塌损失房屋1.05万间。全市有14个乡重灾。其中丹徒县江心、高桥、姚桥3个乡坍江严重，坍塌土地3580亩。市紧急下拨救灾资金9.4万元，木材100立方米，帮助灾区抢险救灾。

1991年，镇江市遭遇百年不遇特大洪涝灾害。被洪水围困村庄716个，被围困的群众7.7万户、28万人，倒塌民房1.07万户、2万间，损坏民房1.97万户、4.37万间，因灾死亡31人，重伤88人，轻伤78人，农作物被淹69万亩，冲毁鱼池6.9万亩，直接经济损失9.4亿元。省、市紧急下拨救灾资金1224万元，全市捐款658.17万元，帮助灾区恢复生产、生活，重建家园。

1996年夏，全市连遭暴雨，长江水位猛涨，最高达8.59米，长江防汛全线告急。暴雨引发个别河段、围圩破堤，丹徒沿江和句容赤山湖地区内涝严重，市区多处山体滑坡等次生灾害发生。全市受灾人口6万人，因灾死亡3人，伤病384人，倒塌民房0.29万间，损坏民房0.48万间。直接经济损失3.4亿元。全市紧急动员，10万军民日夜守护江堤，参加抗洪救灾人员达14.34万人，投入车船470台（艘），转移灾民2.14万人。市急拨救灾款220万元，市、县调拨各类救灾物资折款1777.3万元，组织灾区民众4.85万人次开展各种生产自救活动，投入达131万元。

1998年，镇江再次遭受长江特大洪涝灾害，全市农作物受灾面积197.96万亩，成灾面积185.4万亩，绝收面积17.46万亩，受灾人口185万人，转移安置灾民1.2万人，倒塌损坏民房0.23万间，直接经济损失4亿元。全市投入救灾资金4175万元，接受捐赠资金790.96万元，捐赠物资折款400.97万元。投放灾民建房资金149万元，建房978间，维修房屋3686间，发放冬令生活补助资金151.5万元。

2003年入梅后，全市连遭特大暴雨袭击，造成全市严重洪涝灾害。7月4日傍晚至5日上午，全市平均降雨量为228毫米，至6日14时，平均降雨量达405.2毫米，超出常年平均梅雨量的53%。全市受灾人口95.15万人，紧急转移安置1.27万人，农作物受灾面积99.79万亩，成灾面积

61.29万亩，绝收面积17.09万亩，倒塌房屋3078间，因灾死亡大牲畜3963头，直接经济损失1.07亿元。各辖市(区)安排救灾资金217.2万元。

二、旱灾

1990年旱灾，全市农作物受灾面积115.4万亩，成灾面积63.3万亩，绝收面积5.4万亩，受灾人口82.95万人，直接经济损失2亿元。市下拨救灾款125万元，组织全市开展救灾捐赠，共募集现金39.98万元，各类衣物4.4万件，粮票4.76万斤。

1994年特大干旱，全市农作物受灾面积136.29万亩，成灾面积71.75万亩，绝收面积29.39万亩，受灾人口86.8万人。市下拨救灾资金220万元，各县(市)调拨资金120万元。

2001年春夏连旱，全市52955个塘坝干涸，21座大中型水库形成死库容，农作物受灾面积106万亩，10.27万人饮水困难，4.66万头大牲畜饮水无保证，直接经济损失0.95亿元。全市各级组织车辆送水，开动一切机灌设备引水，市下拨抗旱救济资金25万元。

2004年严重旱情，全市受灾人口64.69万人，21.42万人饮水困难，农作物受灾面积59.17万亩，成灾面积27.48万亩，绝收面积14.83万亩，直接经济损失2.07亿元。旱情直接影响农村秋种和群众的冬令生活。全市下拨抗旱救灾资金234万元，妥善安排灾民过冬。

2005年严重干旱，全市受灾人口81.43万人，9.78万人饮水困难，紧急转移安置0.44万人，农作物受灾面积113.32万亩，成灾面积58.81万亩，绝收面积5.62万亩，死亡大牲畜570头，直接经济损失3.12亿元。全市投放抗旱接济资金488万元，帮助群众度过灾年。

三、雪灾

1984年连降大雪47小时，市区道路堵塞，部分电话中断，大部分工厂停工。全市农作物受灾面积6.08万亩，因灾死亡5人，受伤43人(市区)，倒塌损坏房屋3365间(市区855间)。全市组织大批人员铲除路面积雪，紧急下拨救灾款65万元，木材50立方米。

1983～2005年镇江市自然灾害救济情况表

表43-6

年份	灾害类别	受灾人口(万人)	因灾死亡人口(人)	因灾受伤人口(人)	倒塌损失房屋(万间)	农作物损失			直接经济损失(亿元)	下拨救灾资金(万元)	下拨救济物资
						受灾面积(万亩)	成灾面积(万亩)	绝收面积(万亩)			
1983	洪涝、坍江	6.2	5	–	1.05	28.45	8.8	–	–	9.4	木材100立方米
1984	暴雪	5.22	5	43	0.34	23.21	6.08	–	–	65	木材50立方米
1985	暴风雨、坍江、冰雹、台风	62.64	6	3	0.87	–	8.56	1.04	–	113	钢材37吨
1986	暴风雨、龙卷风、冰雹	10.68	4	–	0.55	48.3	22.3	–	–	172	–
1987	暴雨、飓风、冰雹	18.5	–	–	–	91	59	–	–	90	–
1988	暴雨、飓风、冰雹	18	1	–	–	4.45	–	–	–	120	–
1989	台风、飓风	102.4	–	–	1.29	1.29	–	–	–	145	–
1990	干旱、暴风雨	82.95	9	271	2.06	115.4	63.3	5.4	2	125	–

续表 43-6

年份	灾害类别	受灾人口(万人)	因灾死亡人口(人)	因灾受伤人口(人)	倒塌损失房屋(万间)	农作物损失			直接经济损失(亿元)	下拨救灾资金(万元)	下拨救济物资
						受灾面积(万亩)	成灾面积(万亩)	绝收面积(万亩)			
1991	洪水、暴风	147.59	31	166	6.37	–	156.93	16.53	9.4	1224 另捐款 658.17	–
1992	暴风雨、干旱	76.99	5	–	0.82	–	60.14	6.71	–	216	–
1993	暴风雨、干旱	–	–	24	2.33	79	–	–	0.09	–	–
1994	干旱、台风、暴风	86.8	2	–	0.21	136.29	71.75	29.39	–	340	–
1995	干旱、洪涝、大风、虫害	37.52	–	–	–	48.16	26.1	4.81	–	250 财政资金 359	–
1996	洪涝、龙卷风、滑坡	6	3	384	0.77	24.18	23.2	3	3.4	228	物资折款 1777.3 万元
1998	洪涝、暴雨、低温、龙卷风	185	–	–	0.23	197.96	185.4	17.46	4	294	物资折款 4175 万元
1999	暴雨、龙卷风、冰雹、台风	64.73	–	–	0.86	60.43	28.35	19.2	0.7	351	–
2000	干旱、台风、虫害	–	–	–	0.21	–	–	–	0.71	–	–
2001	干旱	–	–	–	–	106	–	–	0.95	25	–
2002	洪涝、暴风、虫害	111.92	–	–	0.92	141.59	104	4.76	0.98	386	–
2003	特大暴雨	95.15	–	–	0.31	99.79	61.29	17.09	1.07	217.2	–
2004	干旱、龙卷风	64.69	–	–	–	59.17	27.48	14.83	2.07	234	–
2005	干旱、台风、冰雹	81.43	–	–	0.03	113.32	58.81	5.62	3.12	488	

说明:表格数据为民政部门统计数

第二节 社会救济

中共十一届三中全会后,政府对社会救济制度逐步进行改革:从传统的临时救济、定期定量救济的形式,向扶持贫困户脱贫、建立城乡最低生活保障制度转变。1996 年后,镇江城乡居民逐步纳入城乡养老保险范畴。

一、农村扶贫

农村扶贫工作始于 20 世纪 80 年代初。1986 年,市民政局会同中共镇江市委农工部等 21 个部门下发《关于进一步放宽政策扶持农村贫困户发展生产治穷致富的通知》,之后扶贫工作的扶持形式发生显著变化。对贫困户从资金上扶持,优先供应饲料、种子、化肥,减免医疗费、农业税、学费等。扶持项目从传统的种植、养殖业向加工、运输、服务拓展。在扶持方法上普遍实行干部、党团员、县乡领导与贫困户结对帮扶。1996 年,全市建立农村最低生活保障制度。1983 ~ 1996 年,全市累计扶持贫困户 8.17 万户,脱贫 3.37 万户,投放扶贫资金 2234.98 万元。

图 43-3 给麻风病休养员送去温暖(2005 年摄)

二、城市定期定量救济

1995 年以前对城乡无依无靠、无生活来源的孤老残幼给予定期定量救济,救济标准逐步提高。1996 年,全市建立城市最低生活保障制度,城市定期定量救济对象纳入城市保障网。

三、精简老职工救济

镇江市对 20 世纪 60 年代初精简下放的 289 名老职工按其原月标准工资 40% 给予救济。1981 年起,又对不符合救济条件但无固定收入、生活困难的精简老职工给予定期生活补助,生活在农村的 1379 人每人每月补助 12 元,生活在城镇的 218 人每人每月补助 15 元。1999 年,调整精简老职工生活补助费标准,并建立自然增长机制,规定按上年镇江市在岗职工社会平均工资标准,农村每人每月按 18% 计发补助,城市每人每月按 22% 补助。

1983 ~ 1996 年镇江市扶贫情况表

表 43-7　　单位:户、万元

年份	全市(合计)			市区			丹阳市			句容市			扬中市			丹徒县		
	扶持户数	脱贫户数	扶贫资金	扶持户数	脱贫户数	扶贫资金	扶持户数	脱贫户数	扶贫资金	扶持户数	脱贫户数	扶贫资金	扶持户数	脱贫户数	扶贫资金	扶持户数	脱贫户数	扶贫资金
1983	16058	5082	101.09	60	-	8.4	6686	-	26.55	3629	-	32.69	3435	-	13.56	2248	-	19.89
1984	10187	2955	94.3	103	-	1.13	6554	-	61.61	551	-	8.37	1823	400	13.51	1156	-	9.68
1985	6184	2599	103.22	148	55	3.15	3443	1205	53	987	372	18.3	1017	698	15.95	589	269	12.82
1986	10065	5054	215.19	192	120	8.3	5008	1965	36.35	1047	528	13.17	911	690	109.28	2907	1751	48.09
1987	7564	3320	204.04	35	33	5.11	3218	955	87.92	1620	865	75.5	847	627	11.85	1844	840	24.16
1988	4940	2809	96.78	69	58	1.8	2076	939	37.05	1268	866	37.78	453	279	6.83	1074	667	13.25
1990	3605	1494	74.86	34	42	0.77	1065	507	30.07	1046	433	21	482	151	3.34	978	361	19.68
1991	5753	2363	209.35	340	150	4.1	1074	522	123.88	2382	820	58.6	395	161	17.61	1610	710	5.16
1992	4492	2042	116.78	200	120	3.5	906	496	38.06	1730	920	58	357	106	10.62	1300	400	6
1993	2905	1367	321.1	190	24	15	614	310	79	1060	580	184	164	21	18.9	877	432	24.2
1994	2964	1510	243.96	64	30	9.95	434	261	139.34	1280	684	52.4	286	85	7.71	900	450	34.56
1995	3487	1334	254.05	74	35	1.2	325	201	114	1660	830	75.2	182	50	12.25	1242	218	51.4
1996	3573	1704	207.82	70	35	2.1	768	389	67.72	1650	830	54	185	-	22	900	450	62

第三节 支援外地救灾

1983年后,镇江市多次支援外省、市灾区。1990年,全市开展救灾募集工作,共募集现金39.98万元,衣物4.9万件,粮票4.76万斤;衣物和粮票支援铜山县,现金25万元支援盐城市。1998年8月开展救灾捐赠活动,共接受捐赠款790.96万元,其中定向支援外省91万元;接受捐赠物资折款400.97万元,其中支援江西省九江市88万元物资。2000年,镇江市承担对口支援陕西省洛商地区30万件寒衣被任务,仅用12天募集到42.1万件,其中发往洛商地区32.75万件,发往苏北地区9.35万件。2003年4月为支援全国防治“非典”疫情,全市开展大规模捐赠活动。市民政部门、卫生部门、红十字会和慈善总会共接受社会捐赠款物折合1891.31万元,其中现金1780.26万元。2003年8月在支援连云港市开展的救灾捐赠活动中,共接受社会捐赠192.43万元,其中个人捐款85.16万元,单位捐款107.27万元;支援连云港市100万元。2004年再次募集寒衣被36万件,其中30万件赠予陕西省安康市,6万件支援连云港市。

第四节 农村“五保”和敬老院建设

一、农村“五保”

1983~1987年,镇江市对符合“五保”条件的无依无靠、无生活来源的农村群众,实行集体供给,使其在吃、穿、住、教、葬等方面有基本保障,供给形式为分散供给和集中供给。1983年,全市有“五保”户4239户、4562人;其中老人4066人、残疾人413人、孤儿111人;集中供养69人。供养标准为全年口粮250~315公斤,柴500~750公斤,食油2.5~3公斤,被服费24~35元,零用钱36~60元。郊区有“五保”户147人,供给标准菜区每人每月生活费15~18元;粮区每人每年口粮250~315公斤,食油2.5~3公斤,烧草500~700公斤,零用钱24~60元。“穿”由民政部门和村民委员会共同负担。对生活不能自理的由乡领导登门慰问帮助解决困难。

1988年,制定《镇江市农村“五保”户供养暂行办法》,改变单一的“五保”供养经费筹措渠道,从由村、组负担逐步过渡到乡镇统筹。至1990年底,全市93个乡镇中有87个实行统筹供给。“五保”户供给方式从实物供给过渡到货币供给。1991年,全市“五保”户4950户,其中集中供养1527人,年人均供养金582元;分散供养年人均供养金462.47元。1999年全市“五保”户供养经费全部实现乡镇统筹,有“五保”户4079人,其中集中供养1744人,年人均供养金2050元;分散供养2335人,年人均供养金1400元。2004年,有“五保”户3545户、3670人,其中集中供养1689人,年人均供养金2433.9元;分散供养1981人,年人均供养金1875.9元。

2005年,全市“五保”户供养经费纳入县级财政支出专户,“五保”户供养经费不再由乡镇统筹解决。部分地区实行“五保”户经费社会化发放,“五保”户每年两次到银行直接领取供养金。集中供养的“五保”户供养金由县财政专户直接拨到敬老院。2005年,全市有“五保”户4937人,其中集中供养1908人,年人均供养金2434元;分散供养3029人,年人均供养金1876元。

二、敬老院建设

20世纪80年代初,镇江市仅有1家象山乡敬老院,有2名工作人员,收养1名“五保”老人。1982年起大力创办敬老院,郊区筹集资金41.3万元(国家补贴8.9万元),建起6所敬老院,收养“五保”户87人,每月每人生活费35元,集中供养率59%。1984年,全市共建敬老院54所,其中乡办40所、村办14所;入住老人557人。至1985年底,全市共建敬老院66所,收养“五保”户666

人，集中供养率 12. 14%。80 年代中期至 90 年代末期，年年投入资金，有计划地改、扩建敬老院。之后根据“乡乡建有敬老院，努力提高入院率”的要求，创建敬老院活动在全市形成高潮。1987 年，扬中县在长期的敬老院管理中，总结出“以敬老院为依托，建立乡镇五保服务中心，形成乡、村、组三级管理网络”的经验，得到民政部肯定，并在全国推广。五保服务中心制定敬老院的生活、财务、活动、服务和院民、工作人员、院长等一系列管理制度，将全乡（镇）分散供养的“五保”户纳入管理范围，建立分散“五保”户的供养、健康、生活等档案，并定期上门走访，查看“五保”户的生活状况，了解“五保”政策的落实情况，督促村、组干部加强“五保”工作。至 1988 年底，全市建起 89 个乡镇五保服务中心，农村“五保”户管理工作形成网络化、系列化。1991 年底，全市有敬老院 102 所，收养“五保”户 1527 人，集中供养率 30. 84%。1993 ~ 1994 年，全市开展文明敬老院创建、评选活动，有市级文明敬老院 25 所，占敬老院总数 25%，省级文明敬老院 8 所。1996 年，全市投入 300 万元改善敬老院生活设施，建起图书室、娱乐室、医疗室，大部分敬老院有菜地、鱼池、果园等。2000 年后全市各级政府将敬老院建设纳入当地社会经济发展规划，加大投入，敬老院从居家式向庭院式、园林式发展。2001 年和 2005 年，镇江市农村实行行政体制改革，乡镇开展二轮撤并工作，乡镇敬老院随之撤并。

2005 年，制定《镇江市农村敬老院建设标准和评分细则》，启动农村“五保”户“关爱工程”，计划用 3 年时间，重点改、扩建句容、丹阳敬老院。同年全市共改、扩建敬老院 18 所。至年底，全市有敬老院 67 所，床位 2937 张，共收养 “五保”户 2129 人，集中供养率 38. 98%。

第六章　社会福利

第一节　福利事业

一、福利院

1983 ~ 2005 年，镇江市福利院建设不断得到重视和加强。2005 年末，全市有社会福利院 71 家，其中老年福利院 69 家，床位 2679 张，收养 2036 人。

1. 镇江市社会福利服务中心　原镇江市社会福利院建于 1961 年 9 月，原址位于中山东路 4 号，建筑面积 5017 平方米，为 4 幢旧楼和老式平房组合的居家式收养场所。1983 年收养老人 116 人、孤残儿童 56 人。原镇江市仁济医院建于 1984 年 8 月，原址位于丹徒镇长岗，占地面积 7180 平方米，为一幢三层楼房和部分平房，条件简陋，1983 年收养精神病人 70 人。1997 年由仁济医院（镇江市精神病康复医院）、社会福利院（同挂镇江市儿童福利院牌）合并成立镇江市社会福利服务中心。

镇江市社会福利服务中心位于丁卯经济开发区经八路北首，占地 2. 8 万平方米，建筑面积 1. 3 万平方米，建有老人护理区、儿童护理区、残疾人护理区、办公区和康复中心、会议娱乐中心以及餐厅、洗衣房、浴室、锅炉房等设施，有床位 450 张，总投资 3800 万元，是集养老、康复、医疗为一体的园林式社会福利机构。1998 年，该中心被江苏省民政厅评为江苏省一级福利院，2003 年通过国家 ISO 9000 质量体系论证。镇江市社会福利服务中心供养镇江市区无依无靠、无生活来源、无法维持生活的老人、孤残儿童及精神病人。收养人员经费由国家负担，供养标准：2000 年为每人每月 210 元，2004 年调整到 300 元。2005 年，镇江市社会福利服务中心收养 291 人，其中老人 91 人、孤残儿童 130 人、精神病人 70 人。

2. 丹阳市社会福利院　位于丹阳市镇丹路，建于 2000 年 10 月，为公寓式建筑，建筑面积 3500

平方米，建有居室、医疗室、健身房、阅览室、棋牌室、餐厅、舞厅等，有床位 80 张。2003 年 3 月被江苏省民政厅评为江苏省三级社会福利院。2005 年寄养老人 40 人。

3. 扬中市社会福利院　位于扬中市区永康路 8 号，建于 2001 年 10 月，占地 1 万平方米，总投资 2500 万元，为高档公寓式建筑。居室配有空调、有线电视、呼叫器、独立卫生间。每层楼配有餐厅、活动室、棋牌室、电梯间、公共卫生间。院内设有图书室、健身房、乒乓球室、羽毛球室、医疗室，有床位 106 张。2002 年被江苏省民政厅评为江苏省二级社会福利院。建院 5 年，先后收养老人 610 人、弃婴 9 人。2005 年在床位允许情况下，收养自费入住老人 71 人。

4. 句容市社会福利中心　建于 2002 年 6 月，初期只有 14 间楼房和部分破旧平房，投资仅 50 万元，床位 40 张，收养老人 29 人。2003 年 3 月，中心被江苏省民政厅评为江苏省三级社会福利院。2005 年筹资 920 万元改建。改建后的社会福利中心占地 1700 平方米，建筑面积 3500 平方米，有床位 180 张。同年收养老人 106 人。

二、老年公寓

1. 镇江市老年公寓　位于镇江市社会福利服务中心院内，2000 年 9 月成立，为自收自支事业单位，隶属于镇江市社会福利服务中心。建筑面积 8000 平方米，为公寓式楼房，有单间、标准间 70 间，并配有健身房、阅览室、活动室、医务室，是集养老、康复、医疗、娱乐为一体的养老机构。2005 年，自费入住老人 98 人。

2. 市区民办公助养老　2004 年，镇江市计委、经贸委、民政、公安、财政、教育、劳动和社会保障、环保、国土、建设、卫生、交通、人防、工商、物价、广电、电信等 18 个部门和单位联合发出《关于对发展社会福利事业实行政策扶持的意见》，对为老年人、残疾人、孤残儿童提供养护、托管、康复、服务的社会福利机构实行有线电视初装费减半，排污费暂不征收，人防建设金免收，人防工程易地建设费、绿化费减半，房产、土地、车船暂不征收房产税、城镇土地使用税、车船使用税，兴办老年公寓每张床位政策补助资金 1000 元。优惠政策调动社会兴办养老设施的积极性，至 2005 年，市区新增民办老年公寓 3 家，新增床位 265 张，兑现扶持补助金 2.65 万元，市区老年人床位拥有率 14.8‰，初步缓解市区养老难的社会问题。

第二节　福利生产

1985 年，镇江市区有社会福利企业 18 家，职工 822 人，其中残疾职工 389 人；年产值 328.78 万元，利润 90.37 万元。1992 年 11 月，镇江市福利生产管理办公室成立，隶属镇江市民政局。

2005 年，全市有社会福利企业 280 家，其中市直属 18 家、京口区 17 家、润州区 8 家、丹徒区 43 家、丹阳市 88 家、扬中市 68 家、句容市 25 家、新区 13 家。职工 16187 人，其中残疾职工 6823 人。年产值 41.64 亿元，销售收入 39.09 亿元，利税总额 3.41 亿元。

2005年镇江市福利企业基本情况表

表43-8　　单位:家、人、万元

地区	企业数	职工人数				总产值	销售收入	利税总额	纳税总额	退税总额
		合计			残疾人员					
			生产人员	管理人员						
镇江市	280	16187	13306	2881	6823	416395	390948	34143	16751	12575
市直属	18	738	601	137	310	35669	31881	3085	1606	1135
丹阳市	88	6023	5085	938	2590	103350	106800	7800	3890	3780
句容市	25	1231	992	239	506	73094	72330	3209	2686	1728
扬中市	68	4621	3736	885	1882	134765	116124	13988	5410	3980
丹徒区	43	2368	1906	462	1010	41020	36634	4250	1788	1015
京口区	17	455	375	80	210	5745	5680	349	337	217
润州区	8	200	162	38	85	3890	3509	74	76	76
新　区	13	551	449	102	230	18862	17990	1388	958	644

2005年镇江市直属福利企业基本情况表

表43-9　　单位:人、万元

企业名称	职　工　人　数				总产值	销售收入	利税总额	纳税总额	退税总额
	合计			残疾人员					
		生产人员	管理人员						
镇江市浮玉彩印包装厂	26	22	4	11	952	814	206.1	55	41
镇江市东方电力设备厂	13	10	3	5	580	503	39.7	41.5	20.7
镇江市电冰箱组件厂	92	72	20	37	2595	2527	441	360	248
镇江市霞光灯泡厂	10	6	4	3	45.8	45.8	-1.7	0.9	0.9
镇江市新亚电器厂	21	18	3	9	536.8	536.8	13.4	33.4	10.2
镇江市飞达模塑厂	22	18	4	10	212	224	-0.35	6.6	6.6
镇江市康兴彩印包装厂	15	12	3	8	215	215	23.5	13.5	10.8
镇江市康兴锻压机床厂	33	28	5	14	364.8	364.8	67.2	44.3	8.27
市康兴机电配件总厂北极电信厂	70	57	13	29	2600	2428	323.3	96.1	74.4
镇江市标准件一厂	30	25	5	9	158	158	27.4	12.5	10.3
镇江市丰泽生物工程设备制造厂	24	19	5	10	1000	968.4	519	45.7	39.2
镇江华腾电器总厂	41	32	9	17	1758	1424	259	91	80.5
江苏中电设备制造公司	153	127	26	65	16000	13624	608.6	452.7	300.4
镇江市华立开关设备厂	50	41	9	21	1200	1114	142	64.7	21
镇江市江华电器设备厂	39	30	9	15	3000	2453	220	156	155
镇江新区凤凰碳素材料厂	15	12	3	6	1062	1062	-3.6	17	17
镇江市大港冷拉型钢厂	60	53	7	30	3327	3356	204.3	110	87
镇江润丰变频控制设备厂	24	19	5	11	62.8	52.8	-3.7	5.2	3.7

第三节　福利彩票

镇江市及辖市(区)两级福利彩票发行和销售机构隶属于当地民政部门。1988 年 1 月,镇江市社会福利有奖募捐委员会成立,京口、润州、丹徒、丹阳、句容等地相继成立募委会。同年镇江单一发行即开型彩票。1991 年,镇江市社会福利有奖募捐委员会办公室组建。1994 年,有奖募捐券更名为福利彩票。1999 年增设镇江市福利彩票发行中心,同年 5 月赈灾彩票销售,全市组织销售千万元以上奖组 4 个,共销售彩票 6700 万元。1999 年 12 月彩票监管职能由中国人民银行划转给财政部。2000 年起,彩票公益金和发行费全部纳入财政专户,按"收支两条线"原则,专款专用,财务收支实行专项管理。同年 4 月,镇江开始发行电脑彩票。2001 年 4 月,镇江发行"中华风采"名山大川和"中华风采"扶危济困系列福利彩票,4 个月时间全市销售该系列彩票 75 万元。

2004 年后,形成电脑福利彩票为主、新型网点即开票共同发行的彩票销售格局,同年试点销售"刮刮乐" 即开型彩票。该彩票采用二维条码技术、激光扫描设备进行销售和兑奖,即开即兑,返奖率 65%。到 2005 年电脑福利彩票有"双色球""数字型 3D""乐透型 15 选 5""东方大乐透""传统型七位数"5 种彩票销售。

至 2005 年底,全市建立起完善的市、县二级彩票发行网络,电脑彩票投注点 202 个,销售网点遍布城乡;福利彩票从业人员 400 人。福利彩票累计销售 3.58 亿元,筹集公益金 1.08 亿元。福利彩票工作促进镇江市社会福利事业和社会保障事业发展,资助建设残疾人康复中心、镇江市社会福利院、镇江市老年公寓等一批社会福利设施,开展"百千助才""爱心献万家""星光计划"、福利院慰问、赈灾捐助等活动。累计资助项目 317 个,投入公益金 4695 万元,其中 3205 万元用于 53 个城市福利事业项目,760 万元用于 200 个乡镇福利事业项目,371 万元用于 22 个社区服务项目,166 万元用于 16 个福利企业项目,193 万元用于 27 个其他公益项目。

1988～2005 年镇江市福利彩票销售额及筹集公益金统计表

表 43-10　　　　单位:万元

年度	销售额	筹集公益金	年度	销售额	筹集公益金
1988	182	91	1997	1090	327
1989	118	47	1998	3886	1168
1990	97	31	1999	6266	1880
1991	52	15	2000	3835	1150
1992	198	59	2001	3153	946
1993	1689	506	2002	2924	877
1994	422	127	2003	3032	909
1995	1040	312	2004	2672	801
1996	568	170	2005	4622	1386

第四节　社会救助

1949 年 8 月,镇江市设立收容遣送站。1982 年 5 月,国务院颁布《城市流浪乞讨人员收容遣送办法》，明确收容遣送站主要收容遣送流浪乞讨人员。1990年，国务院下发《关于收容遣送工作改革问题的意见》，明确收容遣送对象扩大到无合法工作、无固定处所、无稳定收入人员。2003年，国务院颁布《城市生活无着的流浪乞讨人员救助管理办法》及其实施细则，对收容遣送工作进行全面改革。同年8月撤销镇江市收容遣送站，成立镇江市城市生活无着流浪乞讨人员救助管理工作协调小组和镇江市救助管理站。改变过去收容遣送中的强制方式，对救助对象给予救助、教育、管理，资助其返乡或护送安置。救助内容包括提供符合食品卫生条件的食物，提供符合基本条件的住处，对突发疾病的人员及时送医院救治，帮助联系亲属。救助期限一般不超过10天。

1983～2003年，全市收容遣送5.4万人次。2004～2005年，全市救助0.21万人次。

1995～2005年镇江市救助（遣送）情况表

表43-11　　单位：人次、万元

年份	1995	1996	1997	1998	1999	2000	2001	2002	2003	2004	2005
救助（遣送）	565	363	2707	1357	1588	4421	11893	11942	5424	421	1724
救助（遣送）支出金额	29.7	40.3	46.8	48.6	70.8	75.8	88.8	86.8	109.9	128.9	135.2

第七章　慈善组织

第一节　镇江市慈善基金会

1996年4月，经中国人民银行江苏省分行批准和江苏省民政厅登记注册，市慈善基金会成立，开始募集到创始基金220万元。之后开展“一助一、结对帮扶”“献出温暖的情、伸出温暖的手”“让我们一同来拯救年轻生命”和“义卖”等活动，2005年10月，市慈善基金会停止注册。至2005年10月，共募集基金338.76万元，其中创始基金220万元，定向捐赠基金33.29万元，非定向捐赠基金85.47万元。十年中，通过助困、助残、助学、助医、救灾，共救助支出101.91万元，其中助困59.6万元、助残1.05万元、助学11.07万元、助医13.69万元，救灾16.5万元。

第二节　镇江市慈善总会

2005年4月1日，经镇江市民政局登记，镇江市慈善总会成立，举办“同在蓝天下”募捐文艺晚会，一次性募集创始基金3000多万元。至2005年底，镇江市慈善总会共募集基金3392万元。

市慈善总会成立后开展多种形式的救助活动，为社会困难群体排忧解难。2005年4月，开展首批困难家庭助困活动，救助困难群众130人，发放救助金50.2万元。7月，开展困难家庭应届高中和大学新生助学活动，共救助贫困生205名，发放救助金47.7万元。12月，开展“百万慈善救助活动”，救助困难群众284人，发放救助金105.5万元。

——小资料——

[清]周镐·京江二十四景图——九华层云

九华，系指南郊的九华山，原为岘山东峰。山势高峻为城南诸山之最。层云朵朵，谷深林密，风景幽绝。山中有明代所建的地藏、幽栖二寺，殿宇丛立，楼阁峥嵘。登山远眺，全城在望，群峰拱列，层峦叠嶂，长江如带，沃野千里，气象万千。山顶有幽栖古道，每届夕阳西下，樵、牧归来，村舍炊烟四起，另有一番情趣。

第四十四卷

居民生活

卷目

1983 年以后，随着改革开放不断深入，社会主义市场经济体制逐步建立，镇江社会经济快速发展，综合实力不断增强，居民收入稳步提高。中共十六大以后，镇江市认真贯彻落实中共十六大提出的全面建设小康社会的奋斗目标，更加注重以人为本、致富为民。2005 年，镇江市全面建设小康社会进程测算表中有关人民生活的指标中城镇居民人均可支配收入 12394 元、农村居民纯收入 5916 元、全市居民恩格尔系数 43.5%。

20 多年来，镇江市城市居民随着经济市场化程度提高以及劳动用工制度、企业改革深化，居民就业多元化结构逐步形成，居民收入结构日趋多样化，城市居民人均可支配收入持续快速增长，物质、精神生活愈加丰富，住房面积不断增大，生存环境日益改善，居民生活水平不断提高。城市居民人均可支配收入始终略高于全省平均水平，省辖市排名在第四到第七之间。1983 ~ 1995 年是居民收入高速增长阶段，其中 1984 年人均收入为 636 元（省平均 626 元），1995 年超过 5000 元，达到 5080 元（省平均 4634 元），比 1984 年增长 7 倍，年均增长 20.8%；1996 ~ 2002 年是居民收入稳步提高阶段，2002 年人均收入为 8202 元（省平均 8178 元）；2003 年以后居民收入逐步迈向小康阶段，2004 年首次突破万元，达到 10858 元（省平均 10482 元）。2005 年，人均收入达到 12394 元（省平均 12319 元）。在加快经济发展和改革开放步伐同时，政府为建设"全面小康社会"努力做好"富民"新文章，相继出台多项增资新政策，同时提高养老金标准、提高最低工资标准、提高失业救济金标准、提高城市最低生活保障标准和扩大"低保"覆盖面，做到应保尽保。2005 年，城镇基本养老保险覆盖面 96.0%，城镇失业保险覆盖面 98.8%，城镇基本医疗保险覆盖面 97.5%，城镇登记失业率 3.50%。

20 多年来，镇江农村经历联产承包责任制和进城务工两大历史性发展变化，伴随农村改革不断深化，农村社会经济全面发展，农村居民收入增长呈现出跳跃性增长的阶段性特征，且每次跳跃性增长都与政策变化有关系。农村居民收入结构发生巨大变化，农业不再成为农村居民的主要收入来源。工资性收入显著增长，更多的农民有机会从事第二、第三产业，促进农民收入持续增长；中央、省出台一系列强农惠农政策，加大对粮食生产扶持力度，减轻农民负担，家庭经营收入快速增长；政策性惠农收入增加，农民转移性收入大幅度增长；农民理财观念增强，财产性收入快速增长；农民现金性收入和生活消费支出中现金支出比重不断提升。农民人均纯收入 1985 年为 560 元（省平均 493 元），列全省第四位；1990 年超过千元达到 1083 元（省平均 884 元），列全省第四位；2005 年 5916 元（省平均 5276 元），列全省第五位。随着农民收入增加，农民生活水平快速提高，恩格尔系数由 1985 年的 53.07% 下降为 2005 年的 42.49%。

随着市场经济体制建立和发展，分配制度发生变革，劳动力、资本、技术、管理等生产要素参与分配，另一方面新分配制度尚未建立完善，城市居民收入差距、城乡居民收入差距不断扩大。2005 年，镇江城市居民高低收入户之比为 10.09∶1，镇江城乡居民收入比为 2.09∶1。

（注："人民生活"数据自 1985 年开始正规化，之前数据大多缺乏可行性或不完整，故时间节点为 1985 年起，涉及数据均为抽样调查数。）

第一章 居民收入

20 多年来,城镇居民收入与农村居民收入不断提高。2005 年,镇江市区城镇居民收入 12394.23 元,位居全省第五位;农村居民人均纯收入达到 5916.36 元,较全省平均水平 5276 元高出 640.36 元。另一方面城乡居民可支配收入差距持续扩大。1985 年,镇江城乡居民收入比为 1.49∶1,1995 年为 1.76∶1,2005 年扩大到 2.09∶1。

第一节 城市居民收入

1983~2005 年,各项改革方案陆续出台,稳步提高城市居民收入水平,拓宽富民渠道,多次出台增资政策、不断提高在职职工最低工资标准和城市低保标准,采取措施确保退休职工养老金按时足额发放,居民收入增长在不同经济时期阶段性特征明显,市区居民收入持续增长,人均可支配收入翻了近四番。2004 年,市区居民人均可支配收入历史性突破万元大关,2005 年达到 12394.23 元,比 1985 年增加 11621.65 元,增长 15.0 倍,年均递增 14.9%。

一、市区居民人均可支配收入

1986~1995 年是居民收入增长较快的十年。1990 年,市区居民人均可支配收入 1588.56 元,比"六五"期末的 1985 年增加 815.98 元,年均递增 15.5%;前五年市区居民人均可支配收入累计为 6445.66 元。1995 年,市区居民人均可支配收入 5140.64 元,比 1990 年增加 3552.08 元,年均递增 26.5%;后五年市区居民人均可支配收入累计为 16837.71 元,比前五年累计额增长 1.6 倍。居民收入增加的主要原因:1988 年中小学教师、技术职称获得者和部分行政、事业单位职工增加工资,一些经营效益比较好的企业单位也调整工资;国家对职工和离退休人员增发物价补贴。20 世纪 90 年代初期,国家经济发展进入快车道,政府出台一系列增资措施,拉动居民可支配收入提高,城市居民收入水平水涨船高。十年间年收入额从近 1 千元级提高到 5 千元级;从增长率看以 1993 年最高,前五年逐年增长率前快后慢,呈现不断走低的"\"曲线。后五年呈现中间高两头低的"∩"曲线。

1996~2000 年,国际、国内宏观经济环境发生较大变化,国企改革攻坚力度加大,各项体制改革措施相继出台,加之内需不足、市场难于启动,一些企业经营管理不善、科学技术落后、产品不适应市场需求等主客观原因,在激烈的市场竞争中生产经营难以为继,关、停、并、转、减员增效产生大量下岗、失业职工,影响市区居民收入提高。2000 年,市区居民人均可支配收入 7169.99 元,比 1995 年增加 2029.35 元,年均递增 6.9%;五年间市区居民人均可支配收入累计为 31383.18 元,比前五年累计额增长 86.4%。这一时期,市区居民人均可支配收入从 5000 元级到 7000 元级连上二个台阶,逐年增长率以 1998 年为最低、前后年份相对较高,呈现中间低两头高的"∪"曲线。

2001~2005 年,市区居民收入水平发生根本性变化。在加快经济发展和改革开放步伐同时,政府为建设"全面小康社会"努力做好"富民"新文章,出台多项增资新政策,提高养老金标准、提高最低工资标准、提高失业救济金标准、提高城市最低生活保障标准和扩大"低保"覆盖面,做到应保尽保;以及加速个体民营经济发展等一系列富民惠民措施,使市民的"钱袋"逐渐鼓胀起来。2005 年,市区居民人均可支配收入 12394.23 元,比 2000 年增加 5224.24 元,年均递增 11.6%;五年间市区居民人均可支配收入累计为 48602.71 元,比"九五"时期累计额增长 54.9%。这一时期,市区居民人均可支配收入从 7 千元级跃升到 1.2 万元级,连上五个台阶,从 2004 年起突破万元大关;从逐年增长率看前慢后快,呈现不断走高的"/"曲线。

二、市区居民收入结构

20多年来,随着市场经济体制深化,非公经济、私营经济发展壮大,加上社会救济制度、保障制度不断完善,城镇居民择业观念转变,就业渠道多元化,市区居民家庭收入结构发生变化,收入来源呈现多元化。工资性收入比重逐步下降,经营净收入、财产性收入、转移性收入成为居民收入新增长点,1985年工资性收入占家庭总收入的87.0%,到2005年下降到58.4%;经营净收入、财产性收入、转移性收入比重不断提高,由1985年的13.0%上升为2005年的41.6%。

1. 工资性收入　20多年来,市区居民家庭总收入中工资性收入的提高成为收入提高的主线。"七五""八五""九五"时期,市区居民人均工资性收入累计额占家庭总收入累计额的比重(即平均比重)分别为79.9%、75.9%和74.1%。随着社会主义市场经济建立,按劳分配与按要素分配相结合的分配方式在理论上的突破,将各种要素引入分配领域,其中资本、管理、技术等参加分配,收入来源渠道增多,工资性收入在总收入中的比重逐渐下降。"十五"时期,市区居民人均工资性收入占家庭总收入的平均比重下降到61.4%。2005年市区居民工资性收入比1985年增长9.5倍,年均增长12.5%,成为拉动收入增长的主动力。

2. 经营净收入　进入21世纪,各级政府高度重视非公经济的发展,出台一系列发展非公经济的优惠政策,对下岗、失业人员从事非公经济给予更大优惠,非公经济取得长足发展。2005年,市区居民人均经营净收入489.35元,比最初的1990年增长18.3倍,年均增长21.8%;"十五"时期市区居民人均经营净收入累计达1400.35元,比"七五"时期增长54.4倍。

3. 财产性收入　随着城市居民收入水平提高,居民家庭财产积累日渐增多,运用家庭拥有的动产(如银行存款、有价证券)、不动产(如房屋、车辆、土地、收藏品等)获得的收入越来越多。2005年市区居民人均财产性收入579.44元,比1988年增长31.3倍。

4. 转移性收入　在社会经济发展基础上,政府加大对居民家庭转移支付力度,适时提高养老金和离退休金标准,改善早期离退休人员收入水平;同时提高失业救济金标准和城市最低生活保障标准,扩大"低保"覆盖面做到应保尽保,给低收入家庭带来实惠。2005年市区居民人均转移性收入4435.62元,比1985年增长39.2倍,年均增长20.3%;其中,2005年市区居民人均养老金和离退休金收入3612.06元,比1985年增长71.4倍,年均增长23.9%。

1985~2005年镇江市市区居民人均收入构成情况一览表

表44-1　　单位:元

年份	人均总收入	工资性收入	经营净收入	财产性收入	转移性收入	其中:养老金或离退休金	人均可支配收入
1985	846.30	735.88	0.00	0.00	110.42	49.90	772.58
1986	1037.76	899.03	0.00	0.00	138.73	71.28	949.38
1987	1213.57	1025.47	0.00	0.00	188.10	106.52	1113.19
1988	1431.61	1157.99	0.00	17.92	255.70	101.66	1318.42
1989	1608.64	1258.52	0.00	23.88	326.24	121.08	1476.11
1990	1736.01	1272.26	25.29	23.62	414.84	172.16	1588.56
1991	1935.80	1416.49	31.00	41.77	446.54	191.90	1747.27
1992	2386.92	1784.41	31.16	60.99	510.36	311.45	2385.64
1993	3306.36	2542.25	21.90	76.79	665.42	472.23	3302.70
1994	4262.20	3277.64	15.55	45.68	923.33	741.87	4261.46

续表 44-1

年份	人均总收入	工资性收入	经营净收入	财产性收入	转移性收入	其中:养老金或离退休金	人均可支配收入
1995	5141.12	3904.15	10.68	88.10	1138.19	926.30	5140.64
1996	5608.21	4337.68	10.78	80.53	1179.22	970.35	5608.20
1997	6082.57	4739.14	21.27	79.00	1243.16	977.24	6015.74
1998	6067.47	4583.00	35.36	194.34	1254.77	1072.97	6019.45
1999	6629.90	4809.97	27.32	83.10	1709.51	1451.05	6569.80
2000	7267.45	4990.60	150.12	46.00	2080.73	1696.08	7169.99
2001	7900.58	5126.33	196.04	41.89	2536.32	1909.64	7697.72
2002	8829.14	5363.00	191.57	177.40	3097.17	2381.87	8201.83
2003	10209.89	6463.42	284.14	180.13	3281.90	2773.36	9450.60
2004	11665.64	7158.32	239.25	408.92	3859.15	3231.22	10858.33
2005	13216.99	7712.58	489.35	579.44	4435.62	3612.06	12394.23

三、市区居民收入差距

1985～1990年,随着经济发展,城市居民收入水平不断提高,不同收入组别居民家庭之间收入差距不大。1990年,高收入户家庭人均可支配收入为2877.18元,比1985年增长1.2倍,年均递增15.9%;低收入户家庭人均可支配收入为883.28元,比1985年增长85.0%,年均递增13.1%。1985～1990年高低收入户收入比(以低收入组收入为1)围绕2.64∶1的平均比率平稳波动。

1991～1997年,高低收入户收入平均比率放大到3.76∶1。至1997年,高收入户家庭人均可支配收入11371.72元,低收入户家庭人均可支配收入3249.96元,均比1991年增长2.9倍,年均递增25.3%,高、低收入居民家庭的收入增长完全同步。1998～2005年,居民收入差距急剧扩大,城市居民贫富差距日益明显,高收入阶层收入水平持续提高,低收入阶层收入增长乏力。高收入阶层构成人员主要有企业主、机关企事业单位高层管理人员及高级技术人员等,电力、电信、金融、保险等垄断行业职工工资收入水平也较高。低收入阶层构成人员主要有部分企业、服务行业职工、下岗失业人员和部分退休人员等。2005年占调查户总数10%的高收入户家庭人均可支配收入为36615.95元,比1985年增加35284.80元,增长26.5倍,年均递增18.4%;比1998年增长2.2倍,年均递增18.1%;占调查户总数10%的低收入户家庭人均可支配收入为3629.15元,比1985年增加3151.80元,增长6.6倍,年均递增10.7%;比1998年增长31.9%,年均递增4.0%。这期间,高收入家庭每增长一个百分点增收114.37元,而低收入家庭每增长一个百分点仅增收27.51元,因此高低收入户收入之比由1998年的4.16∶1扩大到2005年的10.09∶1。1998～2005年,高收入户家庭人均可支配收入累计为183677.75元,占其21年可支配收入总和的73.2%,低收入户家庭人均可支配收入累计为23011.61元,占其21年可支配收入总和的54.4%,这一时期是市区居民分享经济发展成果、收入增长最快的时期,也是导致高低收入悬殊的关键时期,高低收入户收入平均比率进一步放大到7.98∶1。高收入户家庭人均可支配收入21年中累计为250959.08元,而低收入户家庭人均累计仅为42316.64元,高低收入户21年累计收入比(即平均比率)5.93∶1。

1985～2005 年镇江市市区居民高低收入组人均可支配收入比

表 44-2 单位:元

年份	高收入组人均可支配收入	低收入组人均可支配收入	高低组收入之比(以低收入组为 1)
1985	1331.15	477.35	2.79:1
1986	1580.54	631.72	2.50:1
1987	1947.77	749.22	2.60:1
1988	2246.36	919.98	2.44:1
1989	2451.67	1054.96	2.32:1
1990	2877.18	883.28	2.98:1
1991	2931.26	838.44	3.50:1
1992	4667.39	1266.53	3.71:1
1993	6923.16	1770.66	3.91:1
1994	9950.92	2075.65	4.79:1
1995	9471.64	2661.59	3.56:1
1996	9530.57	2725.69	3.50:1
1997	11371.72	3249.96	3.50:1
1998	11436.55	2751.44	4.16:1
1999	13613.16	3050.63	4.46:1
2000	15106.06	2735.39	5.52:1
2001	18254.72	2787.43	6.55:1
2002	26309.52	2390.12	10.01:1
2003	30262.24	2414.28	12.53:1
2004	32079.55	3253.17	9.86:1
2005	36615.95	3629.15	10.09:1

四、镇江市居民人均收入与省平均水平比较

20 多年来,镇江市居民人均收入略高于全省平均水平。1993 年,人均高出全省平均水平 528.93 元;1996 年以后市区居民人均收入与全省平均水平的离差时大时小,在全省平均水平以上呈波浪式增长。

1984～2005 年部分年份镇江市城市居民人均收入在全省名次变化一览表

表 44-3 单位:元

年份	江苏省	镇江市	南京市	无锡市	苏州市	常州市	扬州市	泰州市
1984	626	636⑦	710	786	654	701	681	-
1985	766	835④	823	958	918	889	813	744
1986	910	1026④	988	1088	1087	1089	1021	982
1992	2138	2348⑥	2354	2391	2788	2509	2562	2109
1995	4634	5080⑥	4996	5763	5790	5632	5378	5320
2004	10482	10858④	11602	13588	14451	12867	9851	9695
2005	12319	12394⑤	14997	16005	16276	14589	11739	11122

说明:1. ○内的数据是镇江市当年在全省的排名;2. 1986 年镇江首次超过 1000 元,1992 年超过 2000 元,1995 年超过 5000 元,2004 年超过 10000 元;3. 1983 年缺少资料

第二节　农村居民收入

1983～2005年，镇江市农村居民收入水平高于同期全省平均水平。2005年，镇江农村居民人均纯收入比全省平均水平5276元高640元，位列苏州、无锡、常州、南京之后为全省第五位。

1983～2001年，镇江市农村居民基尼系数在0.25～0.29范围内。随着镇江市农村经济深入发展，收入来源的逐步多元化，农民收入分配的差异逐渐拉大，基尼系数值2001年达0.30，2005年达0.31。农村居民收入差距虽仍然处于较为合理区间，但各年份基尼系数总体由小变大，表明农村居民收入差距在逐渐拉大。

一、农村居民收入状况

改革开放初期，农村家庭联产承包制调动了广大农村居民生产积极性，农村家庭经营收入特别是第一产业收入增长较快。1985～1988年，农村居民人均纯收入增幅在较高状态下运行，增长幅度均超过两位数，1985年，农村居民人均纯收入为560.34元，1988年达962.84元，增幅72%，年均增长19.8%。

1989年后，农用生产资料价格涨幅过大，农业比较利益偏低，造成农村居民增产少增收、甚至不增收。兼之1989年开始对经济秩序、经济环境治理整顿，乡镇企业发展受到影响。非农业生产出现萎缩，农村居民各种劳务性就业机会减少，农村居民从二、三产业得到的现金收入增长较慢，1990年增速为2.8%，1991年为3.3%。同时物价上涨幅度过大，生产费用支出1991年比1989年增长23.3%，而农民家庭经营收入只增长2.3%。1990年随着治理整顿深入，一批经营不善、亏损严重和产品无销路的乡镇企业被淘汰，农村非农产业一度不景气，农村居民收入来源减少。1991年特大洪涝灾害给全市农村经济和农业生产带来严重影响，1991年与1990年相比，除油料产量增加外，其他主要农产品产量均下降，同年农村居民从农业获得持续增收能力下降。1989年农村居民人均纯收入比1988年增长2.6%，1990年比1989年增长9.6%，1991年比1990年增长3.3%，达1118.77元。这三年农村居民现金收入年均增长5.2%，农村居民现金收入占总收入比重由1989年79.8%下降到1991年的77.9%。

1992年后，农村改革以建立社会主义市场经济体制为目标，深化改革、扩大开放；围绕适应市场经济发展建立农业宏观调控体系，理顺价格体系，大幅度提高农产品收购价格，并进一步放开农产品市场；同时乡镇企业高速发展，逐步成为农村居民收入新增长点。在诸多有利因素推动下，镇江市农村居民人均纯收入从1992年1352.8元增加到1996年3522.53元。

1997～2003年，农业、农村经济经历产权制度和市场化改革，粮食市场化改革，取消国家统购。乡镇企业经过改制，大部分由集体转为民营。这一时期农业生产效益下降，家庭经营收入增长缓慢，农产品价格持续回落，尽管农产品总量增加，但增产不增收。1997年，镇江农村居民人均纯收入3854.89元，增长率从1996年22.3%迅速回落到9.4%。2003年，农村居民人均纯收入4733.20元，增长率仅为6.3%，农民收入增幅明显减缓。

2004年，镇江贯彻落实中央"一号文件"精神和省委、省政府一系列扶持"三农"发展政策措施，把增加农民收入放在更加突出位置，提出统筹城乡发展和用区域工业化、城市化和农业产业化的"三化"解决"三农"问题的新思路，突出抓好"推进科教兴农、深化农村改革、调整农业结构、发展民营经济、加快劳务输出"五大工作重点，并按照"多予、少取、放活"的工作方针，大力发展民营经济，提升乡镇企业集约化水平，加大农村劳动力转移力度，农村居民外出劳务收入显著增加；农产品生产全面增产增收，农业出现多年少见的增产、增收好形势；主要农副产品价格较大幅度上调；农村居民因政策性补贴从再分配中得到的转移性收入明显增加。2004年全市农业税降低3个百分点,农业税附加按调整后税额20%计征,农村税费负担减免政策逐步落实到位,农村居民负担大幅度下降。2004年,农村居民人均纯收入5306.49元,比上年增加573.29元,增长12.1%。

2005年,镇江市委、市政府坚持以促进农村居民增收为中心,进一步稳定、完善和强化"一免三补"(免征农业税,种粮农民的直接补贴、良种补贴和农机具购置补贴)等各项支农惠农政策,农村居民人均纯收入达到5916.37元,比上年增加609.88元,增长11.5%。

二、农村居民收入结构

改革开放以后,农村居民收入结构发生巨大变化。农村居民收入不再以农业收入为主,农村居民收入结构逐渐由以农业为主向农业与非农产业并举、非农产业收入趋于强化的方向发展,农村居民收入结构日趋优化。

1985年,农业收入在农村居民纯收入中所占份额超过一半,全市农村居民工资性收入143元,占纯收入25.5%,农村居民人均家庭财产性收入几乎没有或很少。随着农村改革进入全面探索阶段,重视农村产业结构调整,大力扶持新的经济增长点——乡镇企业,多种经营大力发展,同时传统农产品相对富余和农村劳动力的释放直接促进农村非农产业迅速发展和农民收入较快增长。1990年,全市农村居民人均工资性收入395.1元,占纯收入36.5%。

1991年后,乡镇企业通过调整整顿、优化重组,特别是经过产权制度改革,发展走出低谷,农村居民收入增长中非农收入贡献份额持续放大。由1992年632.74元增加到1996年1643.84元。其中1995年,农村居民从乡镇企业得到的收入达1225.34元,约占农村居民收入三分之一。

1995年后,大量劳动力外出经商打工,劳务收入成为农村居民增收主要增长点。1995年,全市农村居民人均工资性收入1273.79元,占纯收入44.2%。1996年,农村居民从农业获得的收入为1338.90元,后7年都没有超过这水平。2000年,全市农村居民人均工资性收入2262.18元,占纯收入56%。而同期农村居民收入中家庭经营收入所占比重总体呈下降趋势,2000年家庭经营收入占39.6%,比1995年下降12.7个百分点。财产性和转移性收入所占比重略有上升,由1995年3.47个百分点上升到2000年的4.49个百分点。

工资性收入逐步成为农村居民增收主要来源,全市农村居民工资收入从1997年人均1942.78元增加到2003年2714.54元,年均增长5.7%。2003年,农民第一产业纯收入1081.88元,占农民人均纯收入比重由1997年的29.6%下降到2003年的22.9%。2004年,政府给予农民种粮补贴,农民种粮积极性提高,获得较好收益,2004年和2005年从种植业获得的收入分别为1490.50元和1591.66元。2005年农业收入在农村居民纯收入中所占份额降至19.9%。工资性收入所占份额2005年达到59.6%,同年全市农村居民人均工资性收入3526.51元。随着农村居民收入逐年增加,农村居民家庭财富愈积愈多,与此相关的农村居民财产性收入也呈逐年上升态势,2005年人均财产性收入62.21元。

1985~2005年镇江市农村居民人均纯收入情况一览表

表44-4 单位:元

年份	人均纯收入	工资性收入	家庭经营收入	财产性收入	转移性收入
1985	560.34	143.00	368.09	0	49.25
1986	705.00	192.94	456.37	0	55.69
1987	796.00	229.00	488.39	0	78.61
1988	962.84	272.72	607.12	0	83.00

续表 44-4

年份	人均纯收入	工资性收入	家庭经营收入	财产性收入	转移性收入
1989	988.07	305.93	587.82	0	94.32
1990	1083.10	395.10	644.64	7.58	35.78
1991	1118.77	469.75	601.66	2.66	44.70
1992	1352.80	570.42	729.81	34.69	17.88
1993	1712.98	881.87	716.30	19.60	95.21
1994	2271.18	1131.29	1060.51	36.56	42.82
1995	2879.30	1273.79	1505.63	36.86	63.02
1996	3522.53	1625.48	1756.60	32.82	107.63
1997	3854.89	1942.78	1747.70	47.48	116.93
1998	3930.54	2140.49	1644.79	35.17	110.09
1999	3958.06	2248.02	1531.42	49.21	129.41
2000	4042.46	2262.18	1598.90	28.33	153.05
2001	4191.17	2262.57	1782.78	20.62	125.20
2002	4452.37	2432.96	1834.26	23.49	161.66
2003	4733.20	2714.54	1843.27	23.79	151.60
2004	5306.49	2962.98	2129.43	23.04	191.04
2005	5916.37	3526.51	2078.13	62.21	249.52

第二章　居民支出

1983～2005年，随着居民收入水平逐年提高，消费环境不断改善，居民家庭消费水平稳步增长，消费结构日趋优化。2005年，镇江市区居民家庭人均消费支出8334.78元，比1985年增加7898.58元，增长10.3倍，年递增率12.9%；农村居民人均生活消费支出4374.32元，是1985年的8.9倍。

第一节　城市居民消费支出

一、市区居民消费支出水平

1983～2005年，城市居民消费水平随着收入水平的变化以及中国经济转型及制度的变革，呈现不同增长特点。

1986～1990年，随着部分商品价格逐步放开，出现物价大幅上涨、通货膨胀经济现象，市区居民消费支出急剧增加。1990年，市区居民人均消费支出1519.00元，比1985年增加782.80元，增长1.1倍，年均递增15.6%；五年间，市区居民平均消费倾向达95.2%（五年人均消费支出累计额占同期人均可支配收入累计额的比重)。这一时期,市区居民人均消费支出年均增加156.56元,五年间仅在1000元级上下水平徘徊;与收入逐年增长率相对应,支出增长率呈现不断走低的“\”曲线。

1991~1995年,随着全国城市经济体制改革深化,经济社会生活的旧分配格局、价格体系被逐步打破,国家、集体、个人三者之间利益分配方式发生变化,市区居民普遍得到实惠,收入处于增长较快时期,消费信心增强。随着市场商品种类日益丰富,市区居民消费支出快速增长。1995年,市区居民人均消费支出4027.16元,比1990年增加2508.16元,增长1.7倍,年均递增21.5%;五年间,市区居民人均消费支出累计为13671.80元,平均消费倾向为81.2%。市区居民人均消费支出年均增加501.63元,五年间从1000元级到4000元级连上三个台阶;与收入增长率相对应,支出增长率呈现中间高两头低的“∩”曲线。

1996~2000年,市区居民收入预期和支出预期发生较大变化,百姓量入为出的消费习惯,影响消费支出增长。一方面,企业改革强调减员增效,结构调整带来磨擦性失业,大批农村剩余劳动力向城市转移加剧城市居民就业困难,居民收入增长趋缓、收入预期走低;另一方面,社会保障体系处于新旧交替时期,居民对新的养老、医疗等保障制度的能力有疑虑,与住房商品化、教育产业化改革“三位一体”,增加个人支出预期。2000年,市区居民人均消费支出为5802.84元,比1995年增加1775.68元,增长44.1%,年均递增7.6%;五年间市区居民人均消费支出累计为24989.04元,平均消费倾向为79.6%。市区居民人均消费支出从4000元级到5000元级上了一个台阶,年均增加355.14元;与收入增长率相对应,支出增长率呈现中间低两头高的“∪”曲线。

2001~2005年,随着市区居民收入水平较快提高和社会保障体系逐步完善,居民消费信心增强、消费能级有所释放和提升。与此同时,住房支出、教育费用等刚性开支明显增加,又因货币工资改革滞后,居民负担相应增加,导致居民消费支出波动增长。2005年,市区居民人均消费支出8334.78元,比2000年增加2531.94元,增长43.6%,年均递增7.5%;五年间,市区居民人均消费支出累计为35218.42元,平均消费倾向为72.5%。市区居民人均消费支出以每年平均增加506.39元的规模攀升,年消费额继续放大,从6000元级到8000元级上三个台阶,从消费支出增长率看呈现波浪式“~”曲线。2005年,市区居民人均家政服务支出23.51元,比2000年增长18.5%;金银珠宝饰品支出27.24元,比2000年增长11.8%;美容费和美容化妆品支出71.96元,比2000年增长58.6%;旅游消费支出131.11元,比2000年增长72.2%。

二、市区居民消费结构

1983~2005年,市区居民生活中食品、衣着、家庭日用品等支出比重下降,居住类支出、医疗保健、教育文化娱乐服务、交通通信等支出比重上升 。

1985~2005年镇江市市区居民人均消费支出构成表

表44-5　　单位:元/人

年份	消费支出									
	总额	食品	衣着	居住	设备用品及服务	医疗保健	交通和通信	教育文化娱乐服务	其他商品和服务	恩格尔系数(%)
1985	736.20	400.48	122.09	37.49	102.89	2.52	10.88	37.98	21.87	54.4
1986	895.32	460.49	148.27	38.47	112.75	2.88	12.34	98.19	21.93	51.4
1987	1051.92	562.31	169.18	50.50	145.29	3.48	14.63	82.18	24.35	53.4

续表 44-5

年份	消费支出									
	总额	食品	衣着	居住	设备用品及服务	医疗保健	交通和通信	教育文化娱乐服务	其他商品和服务	恩格尔系数(%)
1988	1241.52	675.07	219.41	48.53	178.25	3.48	13.70	80.59	22.49	54.4
1989	1431.22	781.80	176.11	55.49	238.32	5.29	14.97	138.15	21.09	54.6
1990	1519.00	839.05	189.66	134.03	161.43	5.47	29.92	128.07	31.37	55.2
1991	1714.54	937.24	219.89	105.40	190.52	11.48	26.65	206.22	17.14	54.7
1992	1985.45	1068.37	273.74	122.21	182.64	18.76	41.52	193.12	85.09	53.8
1993	2624.80	1289.02	420.57	220.87	229.97	17.75	109.44	174.11	163.07	49.1
1994	3319.85	1836.49	448.97	246.17	230.88	35.36	155.30	209.68	157.00	55.3
1995	4027.16	2261.64	576.86	223.77	214.04	47.94	166.61	340.57	195.73	56.2
1996	4529.86	2377.80	641.52	325.91	332.76	77.35	223.71	378.72	172.09	52.5
1997	4853.29	2437.90	692.44	373.40	308.14	102.66	226.27	515.75	196.73	50.2
1998	4701.34	2291.36	495.00	551.12	250.65	91.47	245.34	561.37	215.03	48.7
1999	5101.71	2295.51	537.22	473.90	459.44	175.98	289.75	604.06	265.85	45.0
2000	5802.84	2475.04	578.55	483.85	502.60	257.10	452.98	766.93	285.79	42.7
2001	6235.56	2590.64	554.57	546.05	604.67	295.74	492.41	832.78	318.70	41.5
2002	6304.53	2707.92	533.59	971.60	453.56	187.51	454.92	804.93	190.49	43.0
2003	6969.20	2984.27	619.00	631.26	465.42	324.14	586.79	1111.28	247.04	42.8
2004	7374.35	3254.69	654.26	639.34	422.08	400.91	582.21	1152.81	268.07	44.1
2005	8334.78	3683.86	785.50	905.38	656.82	422.88	589.85	982.55	307.94	44.2

1. 食品类　二十多年来,居民食品类支出逐年增加。2005 年,市区居民人均食品类支出 3683.86 元,比 1985 年增长 8.2 倍。食品消费由量的满足向质的追求发展,主食消费比重下降,副食消费比重上升,肉禽蛋、鱼、鲜奶、鲜果等副食消费量加大。2005 年,居民人均粮食消费量比 1985 年下降 29.4%,肉禽蛋、鱼、鲜奶、鲜果消费量分别增长 46.7%、35.9%、5.4 倍、1.1 倍。随着居民生活节奏加快、餐饮等第三产业的发展,在外用餐被越来越多的居民家庭接受。2005 年,市区居民人均在外用餐支出 678.50 元,比 1985 年增长 18.5 倍。1985～1997 年,市区居民恩格尔系数每年都在 50% 以上,同期市区居民人均食品类支出累计额 15927.66 元,占同期人均消费支出累计额的 53.2%。1998～2005 年,市区居民恩格尔系数在 50%～40% 之间,同期市区居民人均食品类支出累计额 22283.29 元,占人均消费支出累计额 50824.31 元的 43.8%;1998 年,市区居民恩格尔系数首次降至 48.7%,2005 年进一步降至 44.2%,比 1998 年下降 4.5 个百分点,比 1985 年下降 10.2 个百分点。

1985～2005年镇江市市区居民年人均主要食物消费量

表44-6　　　　单位：千克/人

年份	大米、面粉	猪牛羊肉	家禽	鲜蛋	鱼虾	鲜菜	鲜奶	鲜瓜果
1985	98.32	15.81	9.65	9.73	9.20	111.34	4.03	34.09
1986	97.45	16.61	9.03	8.94	10.04	117.02	3.55	37.31
1987	95.58	18.36	7.97	8.64	9.97	111.78	3.58	40.87
1988	104.04	17.50	8.89	8.73	9.91	117.96	3.61	38.59
1989	108.97	19.68	7.67	6.46	10.01	121.49	4.11	37.26
1990	98.34	20.35	5.98	6.02	9.98	119.08	4.11	40.36
1991	94.11	20.50	7.55	8.33	10.22	110.74	3.62	28.08
1992	88.18	19.01	8.51	9.97	11.41	111.73	3.62	44.17
1993	80.65	20.44	8.67	11.08	11.09	103.85	4.55	43.81
1994	89.80	19.76	11.05	11.84	11.07	113.47	3.55	37.94
1995	84.81	20.04	11.49	11.55	12.46	118.13	4.41	43.70
1996	81.85	21.01	9.81	11.45	13.01	114.72	3.67	38.43
1997	80.88	21.42	12.37	13.39	13.75	120.68	4.53	54.20
1998	79.61	20.28	10.74	11.91	13.15	114.92	5.48	51.66
1999	77.08	19.83	10.78	12.51	13.63	114.08	12.12	42.42
2000	62.73	21.74	13.72	12.54	14.06	105.47	17.53	50.23
2001	63.40	21.20	13.56	12.26	15.26	109.99	20.79	59.12
2002	66.33	27.51	16.80	13.08	16.82	117.47	23.76	50.33
2003	63.10	26.25	15.76	11.92	14.79	118.25	24.84	44.44
2004	62.90	24.97	14.66	12.00	14.18	116.72	24.01	49.34
2005	62.75	27.02	15.77	13.18	14.92	118.24	25.82	49.16

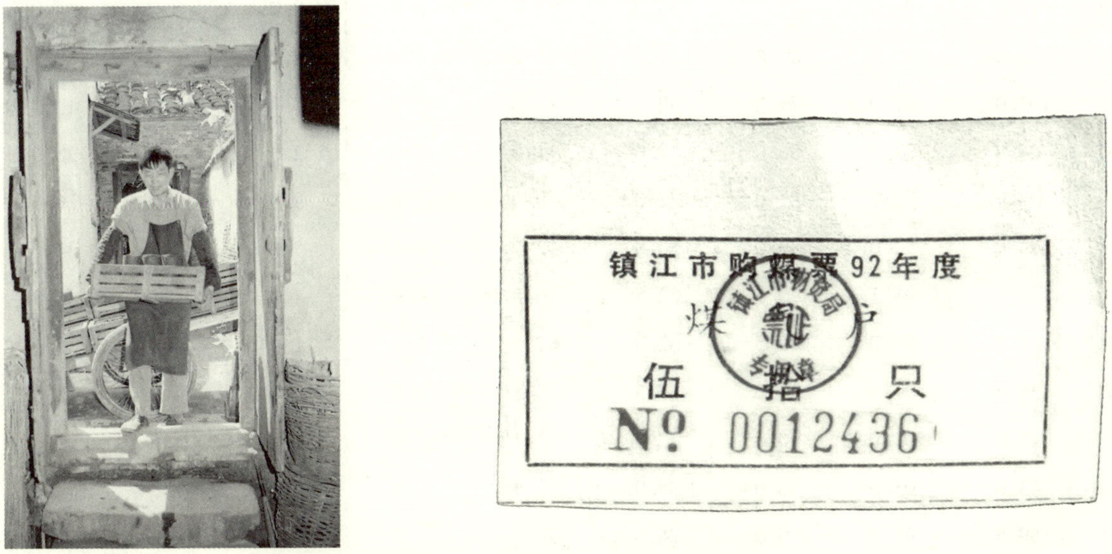

图44-1　送煤和购煤票(1992年摄)

2. 衣着类 市区居民衣着消费由单一、低档向成衣化、时装化、高档化、品牌化发展。衣着面料购买量减少,成衣购买量增加。2005 年,市区居民人均衣着类支出 785.50 元,比 1985 年增长 5.4 倍。尽管市区居民的衣着消费支出大幅增长,但人均衣着类支出占人均消费支出的比重持续下降。1985 ~ 1988 年,衣着消费平均比重达 16.8%;1989 ~ 2000 年,衣着消费的平均比重为 12.6%;2001 ~2005 年,衣着消费的平均比重为 8.9%。市区居民人均衣着类支出占人均消费支出的比重由 1985 年的 16.6%降至 2005 年的 9.4%。

3. 家庭设备用品 20 世纪 80 年代中后期至 90 年代初期,家用电器消费旺盛,居民人均家庭设备用品类支出占人均消费支出的比重一直在 10%以上,1985 至 1991 年居民家庭设备用品类支出平均比重达 13.1%。随着各种家用电器日益饱和,该类支出占人均消费支出比重不断下降,1992 ~2005 年始终维持在 10%以下,最低年份只占 5.3%,平均比重仅为 7.4%。20 多年间,市区居民人均家庭设备用品及服务类支出占人均消费支出的比重由 1985 年的 14.0%降至 2005 年的 7.9%,下降 6.1 个百分点。

1985 ~2005 年镇江市市区居民每百户耐用消费品拥有情况表

表 44-7

年份	彩电（台）	洗衣机（台）	冰箱（台）	淋浴热水器（台）	摩托车/助力车（辆）	家用汽车（辆）	电脑（台）	手机（部）	空调器（台）
1985	4.0	51.0	5.0	0.0	0.0	0.0	0.0	0.0	0.0
1986	16.0	76.0	8.0	0.0	0.0	0.0	0.0	0.0	0.0
1987	22.0	88.0	15.0	0.0	0.0	0.0	0.0	0.0	0.0
1988	31.0	95.0	26.0	0.0	0.0	0.0	0.0	0.0	0.0
1989	46.0	97.0	52.0	0.0	0.0	0.0	0.0	0.0	0.0
1990	52.0	87.0	52.0	0.0	0.0	0.0	0.0	0.0	0.0
1991	63.0	93.0	60.0	0.0	0.0	0.0	0.0	0.0	0.0
1992	67.0	98.0	65.0	15.0	0.0	0.0	0.0	0.0	0.0
1993	70.0	103.0	70.0	22.0	1/0	0.0	0.0	0.0	0.0
1994	95.0	95.0	75.0	35.0	11/0	0.0	0.0	0.0	4.0
1995	98.0	97.0	80.0	37.0	11/0	0.0	0.0	0.0	8.0
1996	102.0	97.0	79.0	39.0	11/0	0.0	0.0	0.0	13.0
1997	105.0	91.0	86.0	50.0	11/0	0.0	2.0	4.0	28.0
1998	98.0	90.0	85.0	47.0	9/0	0.0	3.0	4.0	26.0
1999	109.0	93.0	89.0	56.0	12/0	0.0	5.0	8.0	34.0
2000	123.0	95.5	90.5	62.5	16.5/0	0.0	8.0	35.5	46.5
2001	122.5	94.0	89.5	62.0	17.5/0	0.0	11.0	44.0	52.5
2002	138.5	97.0	94.0	67.5	19/8.5	0.0	23.0	74.0	75.5
2003	141.5	102.0	96.0	72.5	22/12	1.0	30.0	96.5	90.0
2004	143.0	103.5	98.0	75.0	20/15	0.5	34.0	97.5	103.5
2005	159.5	98.5	100.0	74.5	20/34.5	2.0	43.0	119.0	119.0

4. 居住类　1985～1992 年,市区 70% 以上居民住房以福利性公房为主。1985～1992 年,市区居民人均居住类支出累计额 592.12 元,占同期人均消费支出累计额 10575.17 元的平均比重为 5.6% 。1992 年,市区居民人均居住类支出 122.21 元,比 1985 年增长 2.3 倍,年均递增 18.4%;居住类支出占消费支出的比重为 6.2%,比 1985 年上升 1.1 个百分点;1993 年末,市区居民人均住房建筑面积 18.19 平方米,比 1985 年末增加 6.5 平方米,年均增加 0.81 平方米。

1994～2005 年,居民人均住房建筑面积年均增加 0.49 平方米。2005 年末,市区居民人均住房建筑面积 25.7 平方米,比 1994 年末增加 7.16 平方米,61.5% 的家庭人均住房建筑面积在 20 平方米以上,28.5% 的家庭在 30 平方米以上,3% 的家庭拥有 2 套或多套住房。居民对住房的内在质量越来越重视,装修房屋、美化室内环境成为居民消费的时尚。2005 年年底,对现有住房进行过装修的家庭占 60.5%,户均装修费用 16852.50 元。1993～2005 年,市区居民人均居住类支出累计 6592.62 元,占同期人均消费支出 70179.27 元的 9.4%。2005 年,市区居民人均居住类支出 905.38 元,比 1992 年增长 6.4 倍,年均递增 16.7%;居住类支出占消费支出的比重为 10.9%,比 1992 年上升 4.7 个百分点。

1985～2005 年镇江市市区居民人均住房建筑面积

表 44-8　　单位:平方米/人

年份	建筑面积	年份	建筑面积
1985	11.69	1996	18.94
1986	14.42	1997	18.85
1987	14.79	1998	19.59
1988	15.01	1999	20.61
1989	15.24	2000	22.18
1990	16.25	2001	22.76
1991	17.02	2002	22.02
1992	17.42	2003	23.20
1993	18.19	2004	23.40
1994	18.54	2005	25.70
1995	18.90		

5. 医疗保健类　1985～1994 年,镇江市区各单位基本实行公费医疗,居民个人自付医疗费、药品费较少,医疗保健类支出占消费支出的比重很低,除 1994 年为 1.1% 外其他年份都在 1% 以下;十年间人均医疗保健类支出累计额 106.47 元,占同期人均消费支出累计额 16519.82 元的平均比重仅为 0.6%。

图 44-2　2004 年建成的镇江市第一批小高层住宅——怡海家园

1995 年,镇江市率先在全国开始医保制度改革,市区居民个人医疗费、药品费自付比例开始增加,医疗保健类支出占消费支出的比重有所上升,1995～2000 年,市区居民人均医疗保健类支出累计为752.50元,占同期人均消费支出额29016.20元的2.6%。2001~2005年实施新的社会医疗保险办法后,市区居民个人自付医药费支出快速增长;同时,各类医疗保健器材和滋补保健品迅速进入普通居民家庭,医疗保健类支出占消费支出比重明显上升,人均医疗保健类支出累计1631.18元,占同期人均消费支出额35218.42元的4.6%。2005年,市区居民人均医疗保健支出比重为5.1%,比1985年增加4.8个百分点。

6. 交通和通信类 1985~1991年,市区居民交通和通信类消费支出比重在1%~2%之间波动,七年间人均交通和通信类支出累计为123.09元,占同期人均消费累计额8589.72元的1.4%。1992~1999年,市区兴起安装家用电话、购置摩托车热,每百户家庭自费电话拥有量由1992年的6部增加到1999年的76部,增长11.7倍,每百户家庭摩托车拥有量由1993年的1辆增加到1999年的12辆,增长11.0倍,市区居民交通和通信类支出快速增加,1999年与1991年相比增长9.9倍;占消费支出的比重也迅速上升,从1991年的1.6%上升到1999年的5.7%,人均交通和通信类支出累计1457.94元,占同期人均消费累计额31143.46元的4.7%。2000~2005年,市区相继出现购买移动电话、电动助力车热,每百户家庭移动电话拥有量由1999年的8部增加到2000年的71部,一年间增长7.9倍,至2005年达119部比1999年增长13.9倍;每百户家庭电动助力车拥有量由2002年的8.5辆增加到2005年的34.5辆,增长3.1倍;2005年与1999年相比该类支出增长1.0倍;交通和通信支出占消费支出的比重从1999年的5.7%增加至2005年的7.1%,人均交通和通信类支出累计3159.16元,占同期人均消费累计额41021.26元的7.7%。

7. 教育文化娱乐服务类 20多年来,随着市区居民收入水平稳步提高,家庭文娱类耐用消费品不断推陈出新、升级换代,付费有线电视得到迅速推广和普及,特别是1996年国家实行高校"并轨"招生,把自费、公费统一起来,高等教育全面走向市场经济,包括一些初中和全部高中、大学在内的非义务教育收费明显增加,外加旅游、健身等时尚娱乐消费迅速兴起,市区居民教育文化娱乐服务类支出不断增加,教育文化娱乐服务类支出占消费支出的比重持续上升。1985~1996年,教育文化娱乐服务类支出占消费支出的比重除1986年、1991年外均维持在10%以下,12年间,人均教育文化娱乐服务类支出累计额2067.58元,占同期人均消费支出累计额25076.84元的平均比重为8.2%。1997~2005年,教育文化娱乐服务类支出占消费支出的比重由1997年的10.6%上升至2003年最高的15.9%,这期间人均教育文化娱乐服务类支出为7332.46元,占人均消费支出累计额55677.60元的13.2%。2005年,市区居民人均教育文化娱乐服务类支出982.55元,比1985年增长24.9倍,占消费支出的比重为11.8%,比1985年上升6.6个百分点,是上升幅度最大的一类。

图44-3 1993年镇江市举办首届镇江小姐比赛

第二节 农村居民消费支出

20多年来,随着农村居民收入稳步提高,镇江农村居民消费方式和结构呈现消费观念理性化、消费领域扩大化、消费方式多样化及消费层次明朗化等多元化趋势。农村居民生活消费结构逐渐由生存型向享受发展型转变，农村生活方式逐步向城市化转变，消费结构从量的变化向质的提高转变。农村居民用于食品、衣着、住房的消费比重逐渐下降，而把更多的钱投向交通、通讯、文教娱乐用品及服务、医疗保健等享受型消费，消费需求结构呈现多元化。

一、生活消费水平

2005 年，农村居民人均生活消费支出 4374.32 元，是 1985 年的 8.9 倍。其中：食品支出人均 1858.57 元、衣着支出 284.59 元、居住支出 523.48 元、家庭设备用品及服务支出 265.84 元、医疗保健支出 242.93 元、交通通讯支出 466.26 元、文化教育娱乐及服务支出 629.69 元、其他商品和服务支出 102.97 元，分别是 1985 年的 7.1 倍、6.0 倍、4.8 倍、7.7 倍、25.6 倍、131.7 倍、29.3 倍、20.7 倍。

1985～2005 年镇江市农村居民人均生活消费支出情况一览表

表 44-9　　单位：元/人

年份	消费支出								
	总额	食品	衣着	居住	家庭设备用品及服务	医疗保健	交通通讯	文教娱乐及服务	其他商品和服务	恩格尔系数(%)
1985	491.62	260.89	47.34	109.51	34.38	9.50	3.54	21.49	4.97	53.07
1986	702.69	332.31	53.10	226.88	50.26	9.28	5.66	21.80	3.40	47.29
1987	710.69	351.42	49.81	210.49	48.89	14.24	4.20	30.90	0.74	49.45
1988	873.46	405.39	60.29	269.67	74.50	17.14	3.91	40.40	2.16	46.41
1989	1019.63	543.58	69.55	241.90	70.00	25.50	4.50	43.50	21.10	53.31
1990	1019.94	551.96	69.49	241.18	66.96	26.16	4.96	45.27	13.96	54.12
1991	1064.29	563.61	78.57	260.10	64.73	31.00	4.58	48.99	12.71	52.96
1992	1299.07	684.80	94.95	289.71	100.85	32.28	5.57	77.55	13.36	52.71
1993	1590.38	703.29	111.6	232.98	104.82	279.69	32.67	97.92	27.43	44.22
1994	1863.74	970.81	151.44	332.64	117.13	46.15	70.70	147.02	27.84	52.09
1995	2410.32	1265.78	172.73	453.81	134.92	65.89	77.99	182.41	56.79	52.53
1996	2746.31	1378.06	248.00	377.08	185.84	90.66	108.87	296.92	60.88	50.18
1997	2862.05	1480.16	240.28	325.03	153.00	99.07	171.96	313.47	79.08	51.71
1998	2774.00	1365.31	209.08	371.64	147.62	104.65	184.34	313.47	77.89	49.22
1999	2854.65	1199.51	186.68	551.14	167.29	147.02	180.37	350.12	72.52	42.03
2000	3109.59	1269.87	171.44	549.90	147.63	171.92	220.17	457.60	121.06	40.84
2001	2954.45	1284.94	172.20	451.40	128.00	181.07	267.12	383.08	86.64	43.48
2002	3092.13	1303.24	185.99	444.62	135.97	178.02	285.73	445.71	112.85	41.96
2003	3350.95	1337.89	184.09	484.20	180.07	228.61	329.50	538.33	68.26	39.93
2004	3798.39	1696.23	224.71	387.63	234.83	205.49	395.06	574.20	80.24	44.66
2005	4374.33	1859.57	284.59	523.48	265.84	242.93	466.26	629.69	102.97	42.49

二、农村居民消费结构

图 44-4　河边淘米洗菜(1989 年摄)

1983～2005 年,镇江市农村居民消费结构总体不断优化升级,自给自足的消费模式发生根本性变化,农村居民消费与市场的关联愈来愈紧密。1985～1997 年间恩格尔系数有 9 年超过 50%,但呈总体下降的波动态势。恩格尔系数由 1985 年的 53.05% 降至 2005 年的 42.49%。随着农村居民货币收入增加和购买力提高,农村居民商品经济意识增强,从事传统种养业劳动力减少,在消费支出额中,现金支出比重增大。2005 年,镇江农村居民人均生活消费现金支出为 3785.75 元,占生活消费总支出比重为 86.5%,比 1985 年提高 16.9 个百分点。

1. 食品消费　1983～2005 年,农村居民饮食消费结构逐步优化,在外餐饮支出成倍增加,食品消费改变以往数量扩张模式,步入质量全面提高阶段。饮食消费支出结构中,粮食等食物消费量下降,蔬菜及动物性食物消费量逐年增加,食物消费结构由主食型向副食型转变。1985 年,农村人均粮食消费量(原粮)307 公斤,到 2005 年降至 211.06 公斤,下降 31.3%;人均蔬菜消费量 1985 年为 131 公斤,到 2005 年为 152.5 公斤,增长 16.4%;肉类、家禽、蛋类和鱼虾等动物性食物消费量,分别增长 77.6%、3.4 倍、73.25% 和 3.9 倍。水果、奶及奶制品等营养类食品进入农村居民家庭,2005 年农村人均消费水果 9.6 公斤,消费奶及奶制品 7.04 公斤。随着收入稳步增长,与外界沟通交流更加频繁,特别是外出务工人员快速增加,2000 年后农村居民在外饮食支出加速增长,2005 年人均 139.96 元。

1985～2005 年镇江市农村居民家庭人均食物消费量一览表

表 44-10　　　　单位:公斤/人

年份	猪牛羊肉	家禽	蛋类	鱼虾	蔬菜	主食用粮	奶及奶制品	水果
1985	10.85	1.82	4.30	2.42	131.00	307.00	0	2.44
1986	12.87	2.29	5.65	4.32	131.57	326.12	0	3.13
1987	11.40	2.12	5.21	5.45	147.72	334.30	0	3.44
1988	11.26	2.22	5.75	5.20	149.00	334.77	0	2.74
1989	11.60	2.57	7.63	5.85	166.70	358.19	0	3.58
1990	12.70	1.66	6.00	5.58	153.64	304.01	0.01	3.37
1991	13.80	1.77	6.93	5.66	144.57	268.56	0.32	3.43
1992	12.13	2.54	6.69	8.36	170.64	292.71	0.35	4.97
1993	17.37	2.04	6.80	7.50	155.22	296.46	0.15	5.42
1994	13.16	3.15	5.54	7.72	120.12	276.96	0.09	5.63
1995	14.66	3.21	6.80	10.02	153.50	277.18	0.13	7.27
1996	20.45	4.63	5.60	11.90	122.23	275.22	0.15	8.40

续表 44-10

年份	猪牛羊肉	家禽	蛋类	鱼虾	蔬菜	主食用粮	奶及奶制品	水果
1997	17.03	5.37	7.76	9.11	133.18	272.65	0.19	10.69
1998	14.49	5.15	6.44	9.41	111.27	263.11	0.43	8.55
1999	17.19	3.75	5.83	8.47	104.52	246.89	0.74	8.27
2000	17.55	4.35	7.98	7.73	119.43	278.62	0.60	16.09
2001	18.14	5.23	6.37	8.01	128.17	254.83	1.01	23.36
2002	17.60	5.36	5.99	8.59	127.00	259.30	1.35	14.68
2003	16.27	5.56	6.45	9.24	112.40	237.90	2.03	8.72
2004	18.50	5.80	8.28	13.08	161.58	230.79	3.98	9.20
2005	19.27	8.06	7.45	11.78	152.50	211.06	7.04	9.60

2. 衣着消费　农村居民穿着发生巨大变化，衣着消费结构快速升级。1985 年前后，主要购买普通面料和衣着材料，以粗纺棉布为主、有少部分化纤布，且颜色式样单调，衣服和鞋子大部分为自制。之后农村居民衣服色彩由传统单一变化为五彩缤纷，花色品种增加而且质量提高，以保暖为主转变为以时装化、个性化为主。总体上农村居民衣着消费正与城市居民趋同，许多农村青年讲究服装质量讲究色调和款式，穿着观念由以前的结实耐用，向新潮美观时尚、一季多衣发展。2005 年，农村居民购买成衣服装支出占衣着消费支出的 74.1%。

3. 居住消费　住房条件显著改善，住房质量明显提高。农村居民人均生活用房面积由 1985 年的 20.66 平方米增至 2005 年的 43.85 平方米。2005 年，农村居民住房几乎全为钢筋混凝土和砖木结构，其中楼房达 79.6%。农村居民的居住配套设施不断完善。2005 年，全市 44.3% 的农村家庭安装空调，54.7% 使用水冲式厕所，93.1% 用上自来水，50.5% 的家庭使用液化气。农村居民对住房装潢重视，装潢所用材料档次不断提高，部分家庭装修效果不逊于城市居民家庭。

1985～2005 年部分年份镇江市农村居民人均住房面积一览表

表 44-11　　单位：平方米

年份	住房面积	年份	住房面积	年份	住房面积
1985	20.66	1997	37.96	2003	42.72
1991	26.26	1999	40.43	2004	42.89
1994	32.80	2001	40.76	2005	43.85

4. 交通通讯消费　农村居民交通通讯消费支出持续增长，农村道路建设实现村村通公路后，农民在交通工具上投入不断加大。20 世纪 80 年代出行以自行车为主，1985 年农民百户自行车拥有量 106 辆，至 1994 年达最高 218 辆，以后呈下降趋势，之后摩托车进入农家，数量逐年增加，2005 年每百户农村居民拥有摩托车 58 部。通讯现代化程度飞速提高，农村居民经济活动区域扩大，通讯产品及服务价格逐步升温，手机更新换代，家庭固定电话和移动电

图 44-5　20 世纪 80 年代镇江农村的“将军楼”

话拥有量迅猛增加。2005 年,农村居民每百户拥有固定电话 98 部、移动电话 110 部。农村居民话费通讯支出增长很快,2005 年农村居民人均交通和通讯费用支出 466.26 元,是 1993 年的 14 倍。

5. 文化娱乐消费　农村居民由于收入水平不断提高,追求更高层次消费方式,消费领域拓宽。用于娱乐教育文化服务消费支出占生活消费的比重由 1985 年的 1.2% 上升到 2005 年的 12.3%。

6. 耐用消费品　中低档耐用消费品基本普及,高档耐用消费品进入寻常农家。从起初老一代耐用消费品的普及,到摩托车、电冰箱、洗衣机、空调和移动电话逐渐成为生活必需品,抽油烟机、热水器等小家电在农村家庭中也占有一定市场,家用计算机、小汽车等新型耐用消费品进入农村居民家中。2005 年底,平均每百户农村居民家庭拥有彩电 132 台、洗衣机 74 台、电冰箱 55 台、空调 60 台、抽油烟机 20 台、热水器 56 台、家用计算机 9 台、生活用小汽车 3 辆。

1985～2005 年部分年份镇江市农村居民平均百户耐用消费品拥有情况表

表 44-12

年份	彩电(台)	洗衣机(台)	冰箱(台)	摩托车(辆)	电脑(台)	手机(部)	空调(台)
1985	1	2	0	0	0	0	0
1989	5	14	0	0	0	0	0
1990	7	20	1	0	0	0	0
1991	13	28	3	1	0	0	0
1995	29	40	8	10	0	0	1
2000	64	62	25	28	2	15	2
2005	132	74	55	58	9	110	60

7. 生活服务消费　随着收入稳定增加,农村第三产业快速发展,农村居民生活消费中用于在外餐饮、房租水电、交通通讯费、医疗、旅游等各项生活服务消费支出呈现全面快速增长态势。服务性消费比重快速上升,反映出农村居民消费观念的转变和消费方式的进档升级。2005 年,镇江市农村居民生活消费支出中的服务性消费人均支出 1300.48 元,占生活消费的 29.7%,比 1985 年提高 25.9 个百分点。健康意识被越来越多的农村居民所接受,医疗保健支出不断增长,农村医疗普及率不断提高。1985 年,镇江农村居民人均医疗保健支出 9.5 元,占生活消费比重 2%。2005 年,镇江农村居民用于医疗保健服务支出 242.93 元,占生活消费比重 3.5%。

第四十五卷

民俗　方言

卷　目

中共十一届三中全会以后，破除“左”的禁锢，镇江民间健康的传统风俗得到恢复和传承。随着改革开放发展，人们思想和生活各方面被注入新元素、新内容，物质和精神文化生活丰富多彩。春节、端午、中秋等岁时节日传统而隆重，家庭团圆美满幸福为节日重要内涵。情人节、母亲节、植树节、圣诞节等新兴或西式节日逐渐盛行。吃穿住行发生可喜变化，传统饮食习惯得到改善，人们更加注重膳食结构，讲究营养，粗粮和绿色食品受到欢迎。节假日人们更多地走出厨房，去餐馆家庭聚餐和朋友聚会。百姓着装，从单调的灰蓝服装走向五彩缤纷，服装样式、服装品牌发生巨大变化。居民住房不断得到改善，高层楼房、别墅随处可见，且室内装修和居住环境更加环保和现代化。社会生活水平不断提高，节假日延长，给人们提供了越来越多的休闲生活时间，各种文体娱乐休闲活动在镇江百姓中盛行，举家外出旅游成为很多人家每年重要活动安排。

进入21世纪，镇江人传统的勤劳朴实、忠于国家、忠于职守、孝敬父母、尊老爱幼、和睦邻里、夫妇和顺、遵纪守法等古朴淳厚民风得到发扬光大。助人为乐、见义勇为、扶贫助残、捐资公益；见困难就上，见荣誉就让，见先进就学，见后进就帮的新风新事不断涌现；并逐步形成“创业创新、开放文明、务实诚信”的镇江精神。

语言是不断变化着的。镇江方言也处于不断变化之中。新时期随着国家大力推广普通话，基础教育和窗口部门交际用语正加速推广使用普通话的进程，而且水平也有很大提升。随着经济活动的异地交流日益广泛，人员流通地域空前增广，普通话的使用更显示出其独特的优势。由于民工来源的主流来自苏北（特别是淮河流域），所以镇江话中的苏北音成分有所增加。社会用语呈现出混杂现象。人们已经很难找到标准的老派镇江话，不少人对江北调习焉不察，甚至认同而操持江北调。一些文化人和青年人觉得镇江话不好听，更愿意使用普通话，或者一种不太标准的普通话。方言词汇、语法在加速消失，方音也在加速变化，连广播电视的方言节目中也混杂了不纯通语和江北调。

在方言加速向通语靠拢的时候，本卷第二章通过与普通话音系的比较，记录了镇江方音明显的变化，并记录一批生动的镇江方言熟语、语词。

第一章　民俗　民风

20世纪80年代以后，镇江原有的一些旧风俗逐渐消失，新风俗逐渐形成，传统风俗在延绵、衍变，外来风俗陆续为人们接受，守旧、固执，迷信鬼神、算命打卦、赌毒黄等陋习劣俗时有泛起。“五讲（讲文明、讲道德、讲礼貌、讲秩序、讲卫生）四美（心灵美、语言美、行为美、环境美）三热爱（热爱共产党、热爱祖国、热爱社会主义）”等各种社会教育活动的开展，健康向上文体娱乐活动的盛行，对移风易俗产生良好作用，社会风气得到净化，“创业创新、开放文明、务实诚信”的镇江精神逐渐形成。

第一节　岁时习俗

一、农历传统节日

1. 春节　农历正月初一,农历新年,俗称"过年"。这是一年中最隆重、最热闹的传统节日,一般从除夕家家吃年夜饭、看央视春节文艺晚会开始,直到新年钟声敲响、全城燃放鞭炮,跨进农历新年。正月初一早晨,男女老幼皆穿新衣,戴新帽,穿新鞋,表示新的一年开始。早餐喝枣子茶,吃汤圆、年糕,取"早发""团圆""高升"之意。春节期间,年初一至初二,一般不煮生食,均吃隔夜饭,以示"隔年陈",年年有余。春节家家摆设的果品,均取吉祥口彩:糖果为"甜甜蜜蜜",橘子为"走大局""局气"(好运的意思),红枣黑枣为"早(枣)生贵子",花生为"长生果"等。拜年是春节的一项重要活动,初一吃过早饭后,晚辈向长辈拜年,长辈给晚辈馈赠红纸包(压岁钱),民谣:"压岁压岁,长命百岁"。亲朋好友、左邻右舍互相拱手祝福"新年好""身体健康""恭喜发财、万事如意",单位组织团拜。后来发展到电话、短信、电子邮件拜年。年初一期间,忌动刀剪、针线、扫帚,忌打骂小孩,忌发生碎碗破甑,以求新年吉利等。新年扫地,一般由门口向内扫,不倒垃圾,以示聚财。

正月初二,有"出嫁女回娘家"习俗,这天出嫁女夫妻带子女回娘家拜年。

正月初三始,旧有"骑驴上金山"习俗。现有乘车上金山、游三山习俗,或坐飞机、火车、汽车等现代化交通工具到各地旅游,或自驾游,或农家乐,或看电视、上网玩各种游戏,或参加唱歌、唱戏、跳舞、冬泳等各式各样的娱乐,或到农村集镇参加传统的舞狮子、耍龙灯、踩高跷等民俗活动。过年期间,金山等三山风景区举办庙会等多种活动,娱乐项目丰富,游人如织。春节期间,家家走亲访友看望长辈,亲友互请春酒,意在利用年闲,互通往来,联络感情。打小牌(玩麻将)习俗,仍很盛行。

2. 正月初五　俗称财神日,也称破五。民间有"东路招财,西路进宝,南路利市,北路纳珍,中路玄坛"的"五路财神日"传说。天不亮,就有人家燃放鞭炮,争接财神,晚上喝"财神酒"。"破五",即过了初五恢复正常。旧时初五商店开门营业,民间有跳财神、送麒麟等习俗,放鞭炮,说喜话,讨喜钱。现仍一早燃放鞭炮。

3. 元宵节　正月十五为元宵节,又称"上元节"、灯节。正月十一或十三为上灯日,十八为落灯日,镇江有"上灯圆子落灯面"之俗。上灯日,家家食汤圆(元宵);落灯日,家家下面条。元宵节前,多处街头出售各色花灯。所制花灯,有鱼灯、兔灯、龙灯、狮灯、马灯、西瓜灯、花担灯、水漫金山灯、唐僧取经灯等,彩灯大多用彩绢、色纸精扎而成,其中蒋乔嶂山马灯列为非物质文化遗产保护。随着科技发展出现了五彩塑料、电动花灯。元宵节,镇江文艺界举行元宵晚会,公园、商场等多处举办灯谜会;市区夜晚,家家带孩子提灯上街、到大市口广场赛灯,大市口广场成灯的海洋,且有元宵夜放烟花、舞龙舞狮的习俗。

4. 二月二、二月八　二月二,古称"中和节"。季节上,俗称"二月二,龙抬头"。传说冬眠的龙,每年二月二苏醒,以后雨水增多。此时春耕尚未开始,正适宜把女儿接回家住几天,有"二月二,家家接女儿"的民谣。二月八,有"二月八,吃了馄饨病不发"俗谚。"二月二,接女儿""二月八,吃馄饨"两习俗尚存。

5. 寒食节、清明节　清明节,多在公历4月4日或5日。清明前一天,为寒食节;后一天,为黄明节。寒食节,为纪念春秋晋时被误烧死在山西绵山的介子推,晋文公规定每年介子推被烧死当天要严禁烟火,吃寒食。此节人们已逐渐淡忘,但丹徒、丹阳、扬中、镇江新区至今保留门上插柳以纪念介子推的习俗。清明节,为踏青、扫墓日。单位组织祭扫烈士陵墓,缅怀先烈功绩,开展爱国主义教育活动,有些单位也组织集体春游。家庭前往墓地扫墓祭祖,多以鲜花祭祀,也有烧纸钱、纸房等祭祀者。镇江栗子山公墓彼时车流人流涌动,扫墓人20余万,车2余万辆,形成祭扫高峰。

6. 黄明节　清明后一天为黄明节。是日，东郊圌山上有十多万人登山“望绵”、踏青、游玩、会亲、赶集。除镇江东乡民众外，市区、扬中、丹阳、句容、邗江等地群众，或乘船，或坐车，赶来参加。

7. 端午节　农历五月初五为端午节，又称端阳节。传纪念楚爱国诗人屈原投汨罗江，“每至此日，以竹筒贮米，投江祭之。”是日，家家吃粽子，中午食避邪“十二红”：枇杷、红果、拌黄瓜、炝虾子、烧鸭汤、凉粉皮、炒苋菜、红烧黄鱼、红烧肉、咸鸭蛋、炝萝卜和雄黄酒等。端午又是讲卫生之节，时已入夏，民间在门上插艾和菖蒲，午时烧艾熏屋，用雄黄、蒜头、菖蒲根浸酒，洒屋内墙壁，以驱五毒：蝎、蛇、蜈蚣、壁虎、蟾蜍。人们给孩子挂香包、穿老虎衣和肚兜，居室悬挂钟馗像，在小孩额头上用雄黄酒点“王”字，并系五彩百索绳绕手足以避邪驱鬼。明代，镇江“金山竞渡”（即赛龙舟）闻名于世。民国26年（1937年）6月13日，镇江船业同仁在江面表演赛龙舟，观者人山人海，争相观看，结果因栈桥断裂而发生溺水惨案。此后镇江停办龙舟比赛。

图45-1　黄明节登圌（1992年摄）

8. 六月六（天贶节）　“贶”，赐予。陈庆年著《西石城风俗志》载：六月六“不论贫富必出起锦衣百曝之”。镇江俗谚：“六月六，家家晒红绿。”“红绿”指五颜六色的各种衣被。其时刚过梅雨季节进入盛夏，太阳炽热，曝晒衣被，去除潮湿，以防霉蛀。此俗相沿成习，晒衣被，已不限于六月初六。农村有“六月六，晒六谷”之俗。

9. 七夕节　七夕为七月初七，传说织女牛郎聚会之日。时有陈瓜果于庭院，祀牛郎织女、看巧云、搭七巧板、少女穿针向织女乞讨巧织技艺等俗，又称“乞巧节”。丹徒槐荫村、丹阳延陵一带均流传董永、七仙女爱情传说（牛郎织女又一版本），此传说系第一批江苏省非物质文化遗产。20世纪90年代后期，“乞巧节”演变成为中国的“情人节”。

10. 七月半　七月十五，古称“中元节”。“中元节”来历与道教有关。道家有三官，天官、地官、水官，三官的诞辰日分别为农历正月十五、七月十五、十月十五，这三天被称为“上元节”“中元节”“下元节”。中元节，道观做道场。镇江民间则祭祖，有“早清明，晚大冬，七月半等不到中”的民谣，是一年中又一祭祖日。民间流行在沟头路边插棒香、化纸钱，家家在中饭前祭祖烧纸的习俗。

11. 中秋节　八月十五为中秋节，俗称团圆节，与春节、端午节并称传统三大节。此俗始于唐而盛于宋。节前，亲朋互赠月饼等节日礼品，单位发月饼等节日礼品。是日晚上合家吃月饼赏月，有的人家还自做烂面烧饼、米粉圆饼，象征人间团圆。

12. 重阳节　九月初九为重阳节，1989年后成为老人节。重阳节，民间有登高、赏菊，插茱萸、饮菊花酒，吃重阳馒头、米团、糕之俗。镇江老人多登金山、焦山、北固山。“要长寿到南山，寿比南山。”2004年，南山竹林寺设立百寿园后，每到重阳节，众多老人结伴或集体组织到南山爬山登高。每年重阳前后，政府和有关部门负责人均携带礼品到敬老院或孤寡老人家中看望，以及分头到辖区内百岁老人、高龄老人、离退休干部、劳模家中慰问，很多单位组织老人短途旅游、观景、聚餐等。医院义务为老人进行体检。

13. 十月朝　十月初一，即“十月朔”，本地称“十月朝”。是“清明”“中元”以后的又一祭祀节。有上坟、祭祖、焚烧纸糊衣裤鞋帽即送寒衣习俗。是日,家家户户均煮“红豆饭”。食前放一碗于桌上,供苍蝇饱食,据说苍蝇食后即会发痴,来年不再扰害于人。东、西乡则有吃糍粑饭之俗。

14. 冬至　俗称“冬节”“大冬”“小年”。这天要祭祖、吃汤圆,有“大冬大似年,家家吃汤圆”的民谣。从冬至起进入“数九”天,民间有“九九歌”曰:“一九至二九,相逢不出手;三九中心腊,河里冻煞鸭;四九三十六,井上浇蜡烛;五九四十五,穷汉街前舞;六九五十四,蔷薇发嫩刺;七九六十三,行人把衣单;八九七十二,行人摇扇儿;九九八十一,行人汗滴滴。”现冬至日,吃汤圆之俗仍很普遍。镇江民间还流传“冬至水饺夏至面”的习俗。旧时镇江蒙古族与满族每年冬至均大祭一次,祭品用羊,祭祖时必敬佛。

15. 腊八　腊月初八,传说是释迦牟尼成道日,寺院有供腊八粥之俗。每年腊月初八,镇江金山寺的大锅煮腊八粥,供善男信女食用,用以煮粥的甘果种类多,都是上品。善男信女食用后,回赠寺庙香钱。腊八粥有粗细之分,粗腊八粥是以青菜、芋头、豆腐、萝卜、黄豆、花生米、蚕豆、山芋等做成的咸粥,细腊八是以红枣、栗子、莲子等做成的甜粥。现在食腊八粥之俗仍很普遍。

16. 祭灶　农历腊月二十三(官)、二十四(民),俗称小年,有“送灶”之俗,到除夕“接灶”。今大灶已很少,祭灶大都不再,但仍有人在煤气灶头祭灶。之后,随着春运、家家置办年货、慰问联欢活动的开始,商场人头攒动、街头人流涌动,年味越来越浓。农历腊月二十四后家家掸尘、打扫卫生,还有“万人排队到恒顺打酱油”之俗。镇江各地还有流传贴春联,在门楣或窗沿线贴“金挂落”(大红纸彩纸或烫金纸剪刻的吉祥图案),美化环境,营造过年气氛。

17. 除夕　除夕之夜,家家贴春联,门上倒贴“福”字,表示“福”到了。家家准备丰盛的年夜饭,又称团圆饭、守岁酒。除鱼肉鸡鸭外,必有炒豌豆苗,寓来年平安;炒水芹菜,寓“一帆风顺路路通”之意;红烧鱼不动箸,取年年有鱼(余)意;吃汤圆,寓意“团团圆圆”;吃水饺,又叫“弯弯顺”,寓意“万事如意”。20 世纪 90 年代后城里流行全家到酒店吃年夜饭。吃年夜饭时,年长者坐上席,晚辈向长辈敬酒祝福。年夜饭后,全家人围坐电视机前看央视春节文艺晚会节目,等待新年钟声敲响,全城燃放鞭炮(一度曾在市区禁放),迎接新年到来。还有人到金山寺烧香,撞钟祈福。

18. 回民节日　回民有三大节日:圣纪节,亦称圣忌节,冒路德节,日期为伊斯兰教历 3 月 12 日,纪念穆罕默德诞辰和逝世。开斋节,日期为伊斯兰教历 10 月 1 日,每年 9 月把斋,除老弱、幼儿、产妇外均须白天不食不饮,一个月后开斋。古尔邦节,又称宰牲节、忠孝节,日期为伊斯兰教历 12 月 10 日,纪念圣人易卜拉欣。三大节日已发展演变成为回民群众传统节日,节日期间,镇江各清真寺及回民群众举行诵经、赞圣、会餐、盛装会礼等各种庆祝纪念活动。

二、公历新兴节日

1. 元旦　公历 1 月 1 日为元旦。单位挂“庆祝元旦”横幅、灯笼,举办新年音乐会,单位、个人发新年贺卡。金山寺每年 12 月 31 日举行隆重的撞钟祈福迎新年活动,参加的中外游人往往达万人之多。金山撞钟活动包括迎新祈福法会、施放烟花、夜游金山、民间艺术表演、旅游商品展销、游客依次排队援木撞钟祈福平安等。

2. 情人节　2 月 14 日为西方瓦人汀节(情人节)。改革开放后传入中国,逐渐受到中国青年一代欢迎。2 月 14 日前,商家宣传炒作以爱情为主题的商品专卖促销活动,开设通宵有关爱情的娱乐专场会,未婚男青年买鲜花、巧克力等礼品赠送女朋友,婚介所在广场、公园、茶社、酒店等场所组织形式多样相亲活动,以促成青年男女相爱。

3. 妇女节　3 月 8 日为国际劳动妇女节,妇女放假半天。节前,召开纪念会,表彰在工作中成绩优异的妇女。许多单位举办文艺演出、组织外出旅游等活动。商家优惠出售妇女用品,医院为妇女体检,人才市场开设妇女就业专场,市场形成妇女消费高潮。

4. 全民植树节　1979 年,国务院决定每年 3 月 12 日为全民植树节。全市各级党委和政府组织机关干部、当地驻军、厂矿职工、农村群众以及共青团员、中小学生于此日前后开展义务植树、绿化祖国活动。

5. 劳动节　5月1日为国际劳动节。节前，召开纪念会，表彰劳动模范、"五一"奖章（状）获得者。各单位举办文艺演出等各种活动。"五一"假日，适逢春季，外出旅游已成习俗。

6. 青年节　5月4日为中国青年节。召开纪念会，各级团组织举办各种活动，表彰优秀团组织、优秀团员，开展"十佳杰出青年"评选等活动。

7. 护士节　5月12日为护士节。"5.12"国际护士节是为纪念国际医务护理创始人南丁格尔而设定的纪念日。每年国际护士节都有活动主题，镇江也开展授帽仪式、表彰护士、专科护士下社区送健康等活动。

8. 母亲节　5月第2个星期天为母亲节。母亲们在这一天通常会收到孩子们的祝福与礼物，社会上亦开展多种感恩母亲活动。母亲花为萱草花，又叫忘忧草。

9. 儿童节　6月1日为儿童节。各幼儿园、中小学举办庆祝演出活动，团市委表彰"十佳少年"。家长们与孩子一起外出活动，给孩子赠送礼物等。

10. 党的生日　7月1日为中国共产党成立纪念日。各级党组织表彰优秀党组织、优秀党员，举办报告会、革命歌曲演唱会等各种庆祝活动。

11. 建军节　8月1日为中国人民解放军建军节。军地双方开展双拥活动，地方党政领导走访慰问驻镇部队。

12. 教师节　1985年，全国人大常委会决定每年9月10日为中国教师节。每年9月10日前后，镇江各级党政机关和学校均召开庆祝大会和教师座谈会，表彰优秀教师，慰问退休老教师。学生向教师敬赠节日贺卡和鲜花，以表尊师之情。

13. 国庆节　10月1日为国庆节。单位、商店悬挂国旗、横幅、灯笼庆祝，同时举行升国旗、唱国歌等各种庆祝活动。国庆节是一年中又一长假，为市场旺季，同时又处金秋季节，市民外出旅游已成习俗。

14. 圣诞节　12月25日，是基督教、天主教认定的耶稣生日，即"圣诞节"，镇江各教堂举行庆祝活动。20世纪80年代后，市内外资企业注重此节日庆祝活动。90年代后，商家在节前推销圣诞树、圣诞礼品和圣诞晚会大餐。圣诞节期间，镇江市民不少人还向朋友发送节日贺卡或在手机上发送问候短信。家长向孩子送圣诞礼物以表达爱心。

第二节　生活习俗

一、服饰习俗

1. 衣着　20世纪80年代初，男装多为中山装，布料时兴涤卡、的确凉等化纤产品。80年代中后期，西装、夹克衫、羊毛衫等为流行服装，妇女穿女式西装及连衣裙等。面料时兴呢绒毛料。牛仔服、皮装在男女青年中一度风行，唐装与旗袍穿者也众多。面料时兴麻皮棉、真丝和羊绒。旧时"一衣多季"现时衍变为"一季多衣"，每季都有各式时装上市。挑花乡绣为丹徒南乡农村妇女日常服饰。

2. 发式　70～80年代初，男子多兴"小平头""三七开"。女青少年扎辫子，中年以上剪短发。改革开放后，发式繁多，部分男青年留大鬓角、后长发，女青年多烫发，留披肩长发，超自然卷发，部分中青年妇女时兴染金发、棕发，老年人时兴将白发染黑，许多爱美者时兴到美容厅做美容、按摩并美发。每年都有各式发型流行。南乡一带老年妇女，至今仍有盘髻，头包乡花白布，腰系围裙装束习俗。

3. 饰物　80 年代初戴戒指、耳环的人很少。80 年代后，随着人民生活提高，饰物时兴起来，人们佩戴项链、戒指、耳环、耳坠、手镯手链等，饰品材质有金、铂金、银、玉石、水晶、珍珠等。

4. 鞋帽袜　80 年代初时兴解放帽、八角帽、绒线帽。后帽子式样很多，如礼帽、棒球帽、太阳帽。妇女多戴羊毛长围巾、丝巾、纱巾、流苏大披巾。一度时兴塑料凉鞋、解放鞋、人造革皮鞋，80 年代后一般都穿真皮鞋、旅游鞋、胶鞋、皮布鞋、运动鞋、休闲鞋等。女青年喜穿不断更新式样的高跟鞋，夏穿无后绊等各式皮凉鞋，冬穿棉皮靴。男子流行皮凉鞋和皮棉鞋。人们所穿袜子从布袜、尼龙、锦纶袜改为丝袜、球袜、线袜、羊毛袜等，且颜色和图案时有翻新。

二、饮食习俗

图 45-2　吃早茶(2005 年摄)

1. 早茶和主食　镇江人有早上上茶馆喝茶、吃早点之俗，谓之“吃早茶”。点心主要有蟹黄汤包、素包、烧卖等，还有肴肉，并配以姜丝和镇江香醋。镇江人以大米为主食，一日三餐，早晚多吃汤饭或粥，早上也有至面铺下伙面者(即锅盖面)或豆浆油条。中午吃饭，配以烧菜、炒菜和汤。随着生活水平提高，许多人家晚餐也以吃饭吃菜为主，同时玉米、燕麦等多种粗粮和绿色食品亦成为人们的主食品种。到饭店吃饭很普遍，亲朋好友相聚、节日家庭团圆、婚嫁寿庆等多在饭店聚餐。

图 45-3　镇江锅盖面(2005 年摄)

图 45-4　20 世纪 80 年代饭店宴席

2. 菜肴和饮料　镇江民间常吃的菜肴，四季不同，风味各异。传统名菜春季有红烧鲥鱼(20 世纪 90 年代后少有鲥鱼)、清蒸鲫鱼、白汁鮰鱼等。夏季有火腿冬瓜盅、油焖茄子等。秋季有清蒸螃蟹狮子头(肉圆)等。冬季名菜则是拆烩鲢鱼头、红烧羊肉等。镇江东乡一带红烧羊肉尤有名气。民间待客有“五样六盛”之俗，即四菜一汤、汤盛两碗，寓“福禄寿”之意。

镇江位于长江边，鱼类较多，喜食鱼，平时以鳊、鲌、鲤、鲫 4 种鱼为主，婚事食青鱼，取青梅竹马之意。喜庆食鲫鱼，取吉祥如意之意。小孩满月和入学食鲤鱼，取鲤鱼跳龙门之意。新春食鲢鱼，取连年有余之意。婚丧喜庆、新春佳节，主人上菜用长形大船盘装整条鱼，意为“有头有尾”。客不动鱼，意为“年年有余”。此俗今仍沿袭。

镇江人饮茶以绿茶为主，南乡一带多饮红茶。夏季多饮大麦茶、菊花茶等。90 年代起，雪碧、可乐等饮料走进城乡寻常人家。

三、住行习俗

图 45-5　镇江名菜——清炖蟹粉狮子头(2000 年摄)

1. 居住习俗　镇江传统民居以砖瓦平房为主,一般由私人建造。朝向正南为正向,并要求三井(天井、水井、茅缸)俱全。房屋有大小五架梁和大小七架梁之分。如大门对着山顶、旗杆、电杆等,认为不吉,须在大门上框或屋檐下钉一面镜子或八卦图以避邪。大户人家在大门前几米处砌有照壁墙,多进深屋,各天井两侧有厢房,天井前是大门,厅堂后设后门。三进以上的房子,必须旁有小巷(称作火巷)以防火情。贫苦人家多住草房披子或土基墙扎篱笆,置活檐。

20 世纪 70 年代,市镇住房多由单位或房管部门建造出租,式样以混凝土结构的多层楼房为主,各户面积不大。乡村住房,一般由私人自建,多为瓦平房。改革开放后,居民小区兴起,城市兴建中外合璧的商品楼拔地而起,旧貌换新颜。居民小区住房改造,小高层、六、七层居民住宅楼,二、三层别墅房成片开发,水、电(包括电话)、气、网直接进户,民居室厅卫厨俱全。随着农村经济发展,农村出现新型别墅式住宅小区及农民自建的二、三层居住楼房。家居装潢,80 年代房内地面铺塑料地板,墙壁刷白石灰或简易涂料。90 年代后期起,装潢日渐豪华。客厅为上吊顶,下铺地砖、花石子、大理石、花岗岩,卧室地面为木质地板。房间设施,80 年代主要有缝纫机、电风扇、大床、饭桌、大橱、五斗橱、化妆柜等。90 年代有装饰橱、书橱、电视机、洗衣机、冰箱等。进入 21 世纪,代之以组合家具、真皮沙发、席梦思大床、空调、电脑、家庭影院等。家居采用新型环保、节能的建筑装潢材料,悬挂字画、艺术窗帘亦广泛流行。

2. 行旅习俗　改革开放后,脚踏自行车普及很快,人们上班上学多骑自行车。90 年代,骑摩托车者渐多,此后电动自行车大量普及,几乎取代脚踏车,拥有私家小汽车家庭也日渐增多。去外地旅游由坐车船,到渐渐改为海(快艇)陆(高速汽车、火车)空(飞机)综合游,开私家车带全家游等。

四、婚嫁生养习俗

图 45-6　大市口广场举办万人相亲会(2005 年摄)

1. 婚嫁　20 世纪 80 年代初,男女青年或自由恋爱,或由组织介绍相亲,婚礼人为简化,旅行结婚或参加集体婚礼,不办酒宴不收彩礼。80 年代后,流行报刊征婚、婚介所登记征婚。进入 21 世纪后,网上征婚、工青妇或民间团体举办相亲会,渐成时尚。一度流行的简约婚嫁礼仪又趋繁琐,感情与经济条件并立。80 年代三大件嫁妆:电冰箱、电视机、洗衣机;90 年代发展到三金四大件:金戒指、金项链、金耳环和彩电、全自动洗衣机、双门冰箱、录像机。进入21世纪,又增加了金手链、空调、家庭影院,富裕人家甚至以房子、小轿车等作嫁妆。旧时结婚陋习如排八字、童养媳、冲喜、抢亲、抱牌成亲已不复存在,但父母包办子女婚姻所需费用成社会普遍现象。新婚前新床需放置一些吉利好兆头的物品,例如百合、红枣、莲子,意喻百年好合,早生贵子等,"五子登科""子孙桶""小男孩压床""观音送子"等习俗也依然存在,新娘"开脸"则改到美容厅化妆。嫁娶当日,轿车车队迎亲,给门封、换鞋、婚车不走回头路等俗仍存。婚礼婚宴多在饭店举办,贺婚之亲朋好友均赠送礼金。婚礼由专业司仪主持,新娘披白色婚纱,新郎着西装礼服,婚姻承诺、倒香槟、扔花球礼物等西方仪式被越来越多新人接受,同时,拜堂、闹房等中国传统仪式也得到保留。婚礼三拜,新人互拜、拜父母、拜来宾(亲朋好友)。陋俗"闹新娘"时有发生。新婚大喜日,全程录像,制碟片作永久纪念。在农村,在外务工青年回乡度假之机寻找对象,遂形成闪婚新乡俗,婚后多为"候鸟式家庭"。城区大龄未婚、离婚者亦增多,金钱婚姻、"包二奶"现象时有发生。过去,回、汉不通婚,如通婚须汉方改从回俗,现从新人意愿。

2. 生养　70年代末推行晚婚晚育、计划生育,独生子女政策为市民接受。长辈对新生儿百般呵护,孕妇做胎教、剖腹产子成为时尚。产妇生养后有"坐月子"习俗,月子初饮食为红糖糯米粥等,中后期多为鸡汤、鱼汤等荤汤;坐月子有不洗澡洗头、不刷牙梳头、不吃水果及生冷食物、不下冷水等禁忌。婴儿出生后,流行送新衣取代旧时送"百家衣",送营养保健品取代旧时的送"百家饭",以拍摄录像制作碟片取代拍纪念照片,兴起用剪"满月头"时留下胎毛制作"胎毛纪念笔"。"洗三""满月""百禄""抓周"等习俗仍在。生养方面重男轻女观念仍存在,农村较甚,让孕妇做B超,鉴别孩子性别,被卫生部门禁止之事时有发生。

五、寿诞丧葬习俗

1. 寿诞　民间有"五福寿为首"之说,逢十为大生日(虚岁),五十称福寿,六十为大寿,七十是康寿,八十为长寿,八十八称米寿,九十叫高寿,一百岁叫天寿。镇江有"三十不做,四十不发"之说,三十岁没有做生日的,四十得补上。八十以上老人有"做九不做十"之俗,九与久同音,是吉祥象征。子孙为老人过大寿,中面晚酒,寿礼多为高档保健品和品牌新衣服。众亲朋祝寿,回赠寿筷、寿碗、寿桃、寿面(常为一包方便面),受赠者称之"讨老寿"。镇江人尊老敬老,21世纪初即有新规:六十以上(足岁,下同)免费游市内公园,七十免费乘市内公交车,八十享受政府寿金补贴,百岁老人过寿,地方政府相关负责人均登门祝寿,送上花篮和祝寿金以表敬老之意。

2. 丧葬　改革开放后,"厚养薄葬"新风提倡推广。境内禁绝棺木葬,但公墓价格不断上涨,提前为老人买墓穴渐有流行。丧葬礼仪大为简化,孝子拿"哭丧棒"、留"七发",走路低头等习俗已不再。丧事可由"殡葬礼仪专业户"进行一条龙服务:摆灵堂、购孝布、代办花圈、写挽联,联系吹鼓手、丧车、火葬、骨灰存放地,及在"头七"时做完"七期"的仪式等。镇江城内丧服形制:多在左臂衣袖上戴黑臂章,儿女辈在臂章上加钉一小块白布,孙辈加钉一小块红布,重孙辈戴红袖章,平辈、同事、侄甥辈戴黑袖章。参加告别仪式的人戴小白花。

回民归真安俗土葬,戴孝袖章同汉族,送葬人头戴白帽,手拿燃着的芭兰香,不能哭诉,只能饮泣,丧葬礼仪由阿訇主持。

六、社交礼仪习俗

20世纪80年代,家庭有客到访,多奉上茶一杯,随着人们生活水平提高,待客物品逐渐增加瓜果坚果、饮料咖啡等。参加亲朋好友婚丧寿诞必备礼金、慰问金或礼品。参加宴请,坐席有主次之分,主人一般在南向位置作陪,即北席。陪酒晚辈一般在北向位置,即南席,贵宾分坐主人左右。人际交往中,见面多行握手礼;称谓方面,80年代初互相称呼主要为"同志",后逐渐流行"先生""老板""女士""小姐"等称谓,90年代后期"小姐"多指三陪女,不再用于互称。社交场合以职务、学衔、军衔相称也较普遍。

第三节　生产习俗

一、农业习俗

改革开放后农村多余劳力向城市转移，到夏收夏种、秋收秋种回家务农，俗称“过忙”。丹徒南乡上党、上会、西麓、三山、黄墟一带，村民们耕田时唱“耕田嘞嘞”，插秧时唱“插秧山歌”，打麦时唱“打麦号子”，耥草时唱“耥草山歌”，车水时喊“车水号子”……此俗留有耕作文化遗存，其旋律有鲜明的耕作劳动特点，具有镇江“吴头楚尾”文化特征，其音韵、旋律有吴文化的柔美、楚文化的豪放。

二、手工习俗

图 45-7　南乡田歌(2003 年摄)

20 世纪 80 年代初，民间艺人仍沿袭师带徒，“学三年、帮三年”，办请师、谢师酒仍在部分行业传承。随着市场经济不断推进，传统工艺得到重视，民间工艺家带徒取得成效。东乡石桥华山农民用当地熟黄泥捏塑的“太平叫叫”，句容人用当地产的鲜松树树干雕刻而成“茅山喇叭”，扬中人用家乡特产竹削成的竹龙、白蛇、青蛇等绝活，得以传承，且发扬光大。南乡上党(含周边的三山、上会、宝堰、西麓及高桥)农妇有做女红、挑花刺绣之俗，丹徒区政府拨专项经费，专门用于挑花刺绣的研究和抢救。

图 45-8　南乡挑花(2004 年摄)

三、商业习俗

按政府规定，商业部门在春节期间休假三日，但多数大型商业和零售商店为方便顾客，春节照常营业，但提前打烊。改革开放后，个体私营、股份制商店日多。一些商店开张，老板率全体员工在店内供奉的财神像前焚香燃烛，此俗在港澳台商独资企业较为流行。开业日期多选逢“八”(八，谐音发)之日开张。开张之日，商家燃放鞭炮以示庆祝，并有亲朋好友及同行送花篮祝贺。一些大店家还请当地主要领导前来剪彩，请乐队在店门口奏乐、演唱以渲染气氛，并请媒体报道，扩大影响。同行业之间，亦成立行业协会，以确保行业健康、有序发展。

四、其他行业习俗

镇江渔业船民、排筏业、瓦木业、饮服业等行业旧时都有自己的习俗和行话，后多不存，但有的行业忌讳仍沿旧俗。镇江是滨江城市，渔业船民终日与水打交道，俗说“行船走马三分险”，此行业风险大，至今船民渔家仍沿旧俗，讳“翻”，吃鱼不能翻鱼身；称“帆”为“抹儿”；讳“沉”，盛饭称添儿；讳“十四”，因谐音“失事”，称为“大十三”。

第四节 文体娱乐习俗

一、文体习俗

1. 唱田歌、情歌 南乡田歌分布在丹徒南乡，留有耕作文化遗存，其旋律有鲜明的耕作劳动特点，具有镇江地处“吴头楚尾”的文化特征(参见第四十五卷第一章第三节农业习俗)。东乡情歌在丹徒东乡华山已流传1000多年。华山村民喜唱自编爱情歌曲，是我国现存乐府《吴声歌曲》华山畿情歌发源地，系《梁山伯与祝英台》雏形。

2. 街头歌舞 20世纪90年代后，各镇、街办都有歌舞、录像厅，跳交谊舞、“广场舞”、唱卡拉OK，到KTV、练歌房、飚歌城飚歌，看中外影片、电视，成为时尚。中、青、少年爱唱爱跳，老年人爱文娱。江滨新村第一社区退休人员组建的“激情小屋”，近百人每周集体唱歌娱乐活动坚持10年，所在社区被评为全国文化先进社区。不懂歌舞的老年人，时兴到老年大学学艺。重大节日如改革开放三十周年、国庆六十年，市里都组织歌舞大奖赛。许多老人晨练健身操、晚练健身舞，街头大小广场活跃着练各种太极拳、健身舞、健身操项目群体，成为城市一道充满活力的靓景。群众业余合唱团、艺术团活动也很活跃。

二、游艺闲趣习俗

1. 游戏 镇江原有游戏幼童打石球、滚铜板、滚铁环、玩石子、踢毽子、躲猫猫、抖斗嗡、放风筝和吹箫笛、跳牛筋等。清明寒食时，“以彩绳悬树立架”，在郊外荡秋千，名曰“送晦气”，男子有蹴鞠习俗。镇江球类活动硕果累累，乒乓球被列为全市第一运动项目。近40年来出现3位乒乓球世界冠军，镇江被授予全国乒乓球重点城市称号。镇江象棋爱好者遍及城乡街巷，参战者、观看者众多。随着科技进步，一些传统儿童游戏逐渐消失，现代游艺项目逐渐增多，电子游戏、电脑游戏、台球、网吧等进入镇江，供人们娱乐、上网、聊天、交谊。

2. 闲趣 镇江人喜欢养花玩鸟，流传许多有关花神和鸟(鹂)的传说。旧时民间有斗蟋蟀之习，镇江有的茶馆还设有蟋蟀斗场，供人取乐。人们在野外捕捉蟋蟀的同时，对金蛉子、叫油子也一并捕捉，听其或长或短的鸣叫声，领略天然野趣。改革开放后，一度被“左”的思潮封杀的打灯谜、画舫、放风筝、养花养鸟、抖空竹、养宠物等传统文艺娱乐形式逐步恢复流行。花鸟市场几次迁址，每当双休日，便有大批爱玩花鸟的市民纷纷前往，人山人海，好不热闹。许多市民家中亦养起花鸟，各公园则是花鸟世界，呈现百花齐放、百鸟争鸣之景观。

镇江人有“早上皮包水(茶馆喝茶，与亲朋生意人洽谈)，晚上水包皮(洗澡，男性在一起喜谈国事、外面事，女性喜谈家务事)”之习俗。改革开放后，人民生活日益提高，浴缸、淋浴房逐步普及家庭。镇江人专门去浴室泡澡的愈来愈少，取而代之的是泡足、休闲。20世纪90年代后，城乡不少人家饲养犬、猫、鱼、龟等宠物，丰富自己闲暇生活，更让一些“空巢老人”得以消闲添趣。茶楼、棋牌室也是休闲场所。

3. 博彩等 镇江解放后赌毒黄丑恶现象基本被消灭。20世纪80年代后期起，赌毒黄丑恶现象死灰复燃。赌博、卖淫嫖娼、吸毒制毒贩毒案件时有发生，对上述赌毒黄丑恶现象，政府加大打击和帮教力度，对吸毒人员，设立专职“禁毒社工”对其帮教。对公众场所严肃奖惩制度，实行人性化管理，对于以老年人为主体的棋牌室，在室内多贴有“文明娱乐”“以牌会友”“禁止赌博”等标语以示警戒。

三、民间庙会

民间庙会是民俗文化的一个重要组成部分，既是一种宗教活动，又是集市贸易、民间文化娱乐活动。旧时，镇江一年之内的民间庙会活动，多达上百次，几乎月月都有，尤以农历正月到四月最多。解放后，如都天会庙会等大都消亡。尚在活动的庙会仍有几处。

1. 茅山会　每年正月，茅山道观都举行茅山会，烧香者多不胜数，烧香者背写“朝山进香”的黄色布囊从各地上茅山。

2. 黄明节庙会　清明后一天为黄明节。是日，圌山上有十多万人登山“望绵”、踏青、游玩、会亲、赶集；圌山下的集市有二三里长，集市有各式农具、生活用品、针纺织品、各种畜禽、行医卖药、唱戏玩杂耍等。

图 45-9　农村庙会(2005 年摄)

3. 华山庙会　东郊华山庙会，一年 5 次：农历正月十五、二月初八、三月十五、七月十七、十月十五，尤以正月十五开门集热闹。文化站组织舞龙灯、踩高跷、耍狮子、划湖船等民俗活动。

4. 观音会　每到观音出生、得道、涅槃日，即农历二月十九、六月十九、九月十九，善男信女们一早就赶往观音山、观音洞、金山寺等排队朝拜进香。

第二章　方　言

随着语言不断丰富和变化，镇江方言也在不断变化。本章通过与普通话音系比较，记录了镇江方言明显的变化，并记录了一批生动的镇江方言熟语、语词（主要是指镇江老市区范围，有别于吴语系方言）。

说明：1. 本文标音使用国际音标。入声不标调。

2. 本字无法写出，有时用另字加框，并标示字音。如：漫 mõ˦菜。

3. 本字无法写出，有时用□号，并标示字音。

4. 语词适当加简注。有些语词无需注释，则不加注。

5. 部分相关语词适当集中说明，如方位词。

第一节　镇江话音系

声母

p	pʻ	m	f
t	tʻ	l	
ʦ	ʦʻ		s
ʨ	ʨʻ		ɕ
k	kʻ		x
ø			

韵母

ʅ	i	u	y
ɛ	iɛ	uɛ	
a	ia	ua	
ɔ	iɔ		
o			
ɪ	iɪ	uɪ	
ə	iə		
		iĩ	yĩ
ɛ̃	iɛ̃	uɛ̃	
õ			
ɑŋ	iɑŋ	uɑŋ	
ən	uən		
	in		yn
oŋ	ioŋ		
æʔ	iæʔ	uæʔ	
ɑʔ	iɑʔ	uɑʔ	
əʔ	uəʔ		
	iɪʔ		yɪʔ
ɔʔ	iɔʔ		
oʔ			

声调

阴平˨˩ 21　　阳平˧˥ 35　　上声˧˩˧ 313　　去声˥˦ 54　　入声˦ 4

第二节　镇江话与普通话语音的共时比较

一、声母比较

与普通话一致的声母有 p、pʻ、m、f、t、tʻ，例外很少："曝光"、"秘密"中"曝""秘"作 p 声母，

"蝶"作 tʻ 母。

镇江话的 l 母,相当于普通话的 n、l 和 ɽ 母(除去"然热荣染"等字)。从普通话角度看,镇江话 n、l 不分,r、l 不分。"男、篮、肉、漏"同声母。值得注意的是,新派音中"然染燃"从老派音的 ø 声母变为 l 母。

例外是:"仰"的声母是 l。

镇江话的 ts tsʻ s 与普通话的三组声母对应:

镇江话(老派)	镇江话(新派)	普通话	例字
ts　tsʻ　s	ts　tsʻ　s	ts　tsʻ　s	资雌思
ts　tsʻ　s	ts　tsʻ　s	tʂ　tʂʻ　ʂ	知痴诗
ts　tsʻ　s	tɕ　tɕʻ　ɕ	tɕ　tɕʻ　ɕ	姐且写谢

从普通话角度看,镇江话无舌尖后塞擦音和舌尖后擦音声母。

"姐且写谢"这一组字的声母正发生着迅速变化,新派已将舌尖前音成系统地换成舌面音,只是韵母还没有到位,发作 iɪ,但与普通话会合已为期不远。

另外,镇江话中"暑族随随便邪斜"的老派读音,声母是 tsʻ,"纯瑞垂"的声母是 s。不少人读音不稳定。

镇江话的 tɕ tɕʻ ɕ 与普通话的两组声母对应:

镇江话(老派)	镇江话(新派)	普通话	例字
tɕ　tɕʻ　ɕ	ts　tsʻ　s	tʂ　tʂʻ　ʂ	哲彻扇
tɕ　tɕʻ　ɕ	tɕ　tɕʻ　ɕ	tɕ　tɕʻ　ɕ	机期西

"浙江、彻底、电风扇"中的"浙、彻、扇"在新派音中已舌尖化,只是还没有舌尖后化。但是这一组声母字中口语色彩浓的字,如"折头、舌头、沾光"中的"折、舌、沾"则还保存着老派音。

另外,镇江话中的"徐、寻"的声母是 tɕʻ,"肴"的声母是 ɕ。

镇江话的 k kʻ x 与普通话的 k kʻ x tɕ tɕʻ ɕ(部分)对应。"上街去买鞋"中的"街去鞋"三字的声母是 k kʻ x 。"回家",镇江话的口语作"家去"。老派音"家"读作[tɕia˩],新派音则作[ka˩]。从声母的"进步"趋势而言,这是一种逆向运动。这似乎是江北的江淮话的强大影响所致。

另外,镇江话中的"括",声母作 k;"环",声母作 kʻ。

二、韵母比较

普通话的复元音韵母在镇江话中单化:

例字	哀	奥	窝	杯	欧
镇江话	ɛ	ɔ	o	ɪ	ə
普通话	ai	au	uo	ei	ou

齐齿呼、合口呼类推。

镇江人学习普通话应注意把单元音韵母复元音化。

镇江话有鼻化元音韵母 ɛ̃、ɪ̃、õ,与普通话的 an、ian、uan 对应。新派镇江人学习普通话的时候,把 õ 说成 ɛ̃,如"半搬伴拌盘潘判叛满漫瞒馒断段短端锻缎团乱卵暖管观馆官灌冠罐款宽换欢缓涣转撰砖篆专传穿船川串喘钻窜算酸蒜碗丸完玩婉腕皖宛蜿惋豌软";把 ɪ̃ 说作 ɛ̃,如"然染燃沾缠蟾闪扇善"的韵母。

三、声调的变化

镇江话有十三个入声，也有趋向于普通话的细微的变化，如部分 æʔ 韵字变为 əʔ 韵：

老派音 新派音例字

kæʔ kəʔ 割葛鸽胳（胳子窝）合（合朋友、合得来）蛤疙

k·æʔ k·əʔ 渴磕瞌

xæʔ xəʔ 合喝盒阖

镇江话有五个声调，除了入声，其他的四个声调与普通话的调型呈平行关系，只是相对高度有区别：

声调	镇江话	普通话
阴平	低平	高平
阳平	中升	中升
上声	中低中	中低半高
去声	高半降	高降
入声	半高促声	

新派音中部分镇江人能把阴平提高，从而使镇江话更接近普通话。对于大部分镇江人而言，学习普通话，要注意阴平从低平提高到高平，上声要提高后半程，去声要再降低一些。

第三节 镇江方言熟语、语词选

方言词语是方言的一个重要组成部分。随着汉民族共同语的大力推广，方言词语正发生着剧烈的言文分裂，普通话成分强势楔入方言，方言词语不断萎缩，不少曾经活跃在地域语言中的生动词语有泯灭之忧，搜集记录方言词语已刻不容缓。本节对镇江老城区的熟语词、歇后语、儿歌作了部分记录。

一、熟语词（按音序排列）

啊乌一口：全部吞没。

矮不鲁粗：形容矮小。

矮骨灯：形容人的个子矮。

挨（去声）下子：等一会儿。

爱小：爱占小便宜。

昂烟：无明火，但冒烟。

熬：耐。如：~火，耐烧；~饥，耐饿。

熬粥喝汤：喻生活贫苦，食不果腹。

噢五逼六：纠缠索讨。

八更八点：不管多少时间。

八十岁学吹鼓手：晚学。

八折[tɕ iɪʔ]货：次等货色，也指人品。

把得门框儿发狠:对家人发狠(出门却很怯懦)。
把脸:给面子。
把脸不要脸:给面子却不领情。
把屎把尿/端屎端尿:训练婴幼儿大小便。
白脸奸臣,红脸忠臣:饮酒时语。
百禄[lu ˧˥]儿:小儿出生百日。
白口儿:不吃主食,光吃菜。
白而大:免费就食,称“吃～”“吃白大”,简作“～”。
罢了了:算了,回天无术了。
摆不住的蛋:不稳重的人。
败家星(精):败家子。
板板六十四:形容为人做事认真而不通融。
半道数:一知半解,技艺未精。
暴暴儿:历时不久。如,暴冷。
报二嘴儿:未经允许而传话。
抱死柱子:认死理,不变通。
暴腌货:腌制时间不长的鱼肉酱菜等食物。
被炮子儿的:咒人不得好死。
悖腿:腿的动作受限。悖,上声。
悖经/别经:与人强辩。悖,上声。
鼻塌嘴歪:遭抢白,无语可对。
鼻涕拉乎:流涕貌。
逼:旧时夏日将西瓜之类食品吊在井壁,取清凉之效。
碧绿铜青:形容翠绿。
箅子:一种蒸具。
毕剥焦干:形容干燥。
瘪头烂眼
别宝回子:专门寻觅宝物的人。
别别窍:特别的办法。
别兽/日别兽/鹿别兽/别里别兽:性格别扭。
波俏/波波俏俏:小巧玲珑。
波斯献宝:兴冲冲向人炫耀“宝物”。
憋住气了:呼吸暂停,遭抢白而无语貌。
病歪歪:生病貌。
饽[pəʔ]或[p‘əʔ]:加工面点时,洒在案板上防粘的粉。
薄枭枭:不厚实。形容人不厚道则谓“为人枭薄。”
簸[po ˧˥]子:用于扬谷的簸箕。
补丁纳头:形容衣服有许多补丁。
本家:出五服的同宗,一般也指血缘远的同姓。
不低搭[ta ˧˩]:不搭话。
不犯至于:犯不着。

不够塞牙齿缝儿:食物太少。
不惧邪:不惧怕凶邪,特指小孩儿不知道畏惧。
不好弄刮:不便处理。
不来哉:不相往来。
不拢边:不有意经过。
不人不鬼
不上台盘:缺乏教养,经不得世面。
不上相:举止缺乏教养。
不收燥:湿度大,不易干。
不识好歹
不是个省油的灯:易惹是生非。
不是个事:不是解决问题的办法。
不欺不灭:处事公平。
不晓得哪一码对哪一码(打):不知道怎么回事。
不晓得怕惧:小孩儿无知胆大。
不相干:没有关系。

擦黑:黄昏日暮。
才将:刚才。
踩藕:起藕。
菜货:只够用于做菜的禽畜。
鲹鲦儿:一种条状的鱼。
蚕豆儿抱盐豆儿:形容大一点的孩子勉强抱更小的孩子。
嘈心骨辣:胃部不适。
馋猫鼻子尖:对美食嗅觉特别灵敏。
草鸡毛的脾气:易怒性格。
草窝子:芦花编的冬鞋,旧时穷人的“棉鞋”。
草约[yɔ˧]儿:简易的草绳。
[忄斥][ʦ‘əʔ][忄斥]儿:悄悄地。
差一窍/少一窍:形容愚蠢。
插标儿卖
茶酒:旧时职业从事红白事的人。
茶堉[k‘əŋ̊ ˧]:又称茶碱:茶具内的积垢。
茶炉子/茶水炉子:卖开水的店。
茶焐子:给茶壶保温的棉套或棕套。
镲镲儿:小钹。
猜猜儿:猜谜。
扯拿子:顾左右而言他。
辰年到卯年:形容做事拖拉。
成精了:形容精灵有如经修炼已具神通。
成整儿:很久。如:他成整儿不上门了。

城里关外:四处。
秤平斗满:买卖诚信,不缺斤少两。
吃包子:对错误承担全部责任。
吃的灯草灰放的轻巧屁:把重要的事不负责任地作轻描淡写。
吃得碗里,望得锅里:贪婪貌。
吃喝嫖赌:恶习。
吃花生米儿:挨枪子儿。
吃尽天下无敌手:好吃也善吃。
吃里扒外:内外沾光。
吃霉水:遭抢白。
剸[tsʻ ʅ ˥]鱼:去鳞破腹。
尺条儿:尺子/尺条儿抽。
沏[tsʻəʔ]、冰~:温度低,令人不适。/水冷得~手。
赤脚爬天:形容光脚行走,不修边幅貌。
赤头杠脸:形容因劳累、高温或急躁而脸红。
充大好佬:逞能。
舂粉子:旧时用舂臼加工米粉。
抽魂:厌称喊叫。
抽牵/活抽牵:做事不顺,出乖露丑。
丑人好作怪
臭头:不易相处,语出冲人的人。/~脾气。
出被窝气:小儿刚睡醒时的无名火。
出豁子:出事故。
出纰漏:出事故。
杵撞:顶撞。
□[tsʻ õ ˨˩]:临时借钱。
穿钉鞋,杵拐杖:喻办事牢靠。
船舱屋角落:可利用的地方。
闯纰漏:闯祸。
摧[tsʻ uɪ ˦˨]:折断。
春猫腊狗
此刻:现在。
醋瞪:恶嫌不洁。
促刮/促刮痨儿/小尖小促:刁钻爱作弄人。
寸金糖:一种外滚芝麻,内灌香粉,长约一寸的糖制品。
撮起来了:得意貌。歇后语有"小褂儿没得领子,~起来了"。

搭僵:处事不利。
答缸:即搭腔。
打暴/起暴:夏秋日暴风雨。
打秤:(同体积的物体)称重的分量大。

打催牌:催促。

打粗:用于粗活。

打得灯笼找:到处寻找。

打朵儿:含苞待放。

打个关末山:故作遮掩,扯开话题。

打流混事:不务正业,苟且偷生。

打拦头板:迎头阻拦。

打拦停:调和争议。

打抹头:以手掌打后脑勺。

打脑兜子:曲指节打脑袋。

打群架

打廋[sɔ˥]语儿:以手势神态暗语示意。

打手批儿:打手心。

打水撇撇儿:打水漂。

打死盐侉子/打死卖盐的:形容太咸。

打哑谜西:打哑语。

打野:家鸽野外觅食。

打嘴巴子不丢:形容味美可口。

大:时间长,功夫~了;水量大,发~水。

大菜/大菜脚子:一种地产花叶高杆青菜,专供作腌菜。其瘦小者称“大菜脚子”,供烧煮食用,可加酱油调味。

大大:伯父伯母。前字重读,后字轻声;亲昵称呼时,前字重读,后字阳平。

大呆子,二秃子,三尖子:形老大老二较呆木,老三比较聪明甚至刁钻。

大洞宣花:衣服破得厉害。

大椒:辣椒。

大精身子:赤膊。

大门不进,二门不迈

大头朝下:事情过半。

大言责之:厉声责备。

大眼激刮:眼大而未必灵活。

呆巴六猴:呆傻貌。

歹怪:奇怪的是。

代街:旧称钟点工家政服务。

带携:连累。

单门独院

担心(惊)受怕

但(上声)怕:也许。

掸到毛儿斤四两:游戏中,碰到算数。

倒拔蛇:因反悔而逆序处理。

稻瘪子:稻谷灌浆不足,多用作饲料。

倒上桥:(蔬菜)季节末价格反而上涨。

倒头:可憎厌的/~~电脑又作怪了。

得福不觉[kɑʔ]:身在福中不知福。

得罪:致谢。常重叠。

等耳:差不多。

灯草绒:旧称灯芯绒。

嫡板、嫡板二:形容关系特别亲密。

嫡亲、嫡嫡亲(嫡,虚化为副词,有“最”义,可修饰“板、方、圆、滑”等形容词,常写作“滴”或“的”。如滴角斩方/滴圆、滴溜滚圆/滴滑、滑滴滴。)

滴滴波波:特地而小心貌。

地窨子:地窖。旧时庭院无外排水,常以地窨子接雨污水,通过地下渗出。

爹[tɪ˩]爹:祖父。

颠脱[t·əʔ]了:口语称“已走掉了”。

点到为知:稍加点拨,理应明白。

垫(上声)饥:正餐间,以小食免饿。

刁枭(阳平):独一个。

丢了耙儿舞扫帚:小儿顽皮好动,骚扰不停。

钉是钉,铆是铆:做事认真,一板一眼。

定心板意:镇静。

冬寒天

豆角儿:一种油炸茶点。

笃定/笃而定/笃定泰山:有把握貌。

独巧:正好。

独莛儿:单一个,犹“独苗”。

嘟(阳平):因生气而噘嘴不语,如“又~起来了”。

赌东东:犹“赌东道”。

堆肚儿:毛估的体积。

对成数:大致一半。

对头星:对头。

顿不稳:摆放不稳。常形容为人做事不稳重。

趸当:成批量。如:不要零零碎碎地还账,要还就要撞成个~货。

多承:对赠与的致谢。常重叠。

多咱(晚):就是询问“何时”。“咱”是“早晚”的合音,所以也可以缓言“多早晚”,或“多咱晚”。

屙肚:腹泻。

讹缸:讹诈。又作“开讹缸”。

饿死鬼投胎:饥不择食貌。

耳扒儿:扒耳用具。

耳朵根儿软:无主见,容易信从旁人。

二不过三:不仅祸不单行,而且接二连三。

二不干:不相干。

二道毛:女子齐耳短发。实即“耳朵毛”。

二姑娘倒贴:做事不成,反赔本。

二五一凑:凑巧。
二五郎当:吊儿郎当。

发彪劲儿:要蛮貌。
发科:言语举止幽默有趣,令人莞尔。
发劳伤:因积劳而发作的筋骨疼痛。
翻坛儿搂罐儿:形容小儿扰动不宁。搂,搅动。
翻天宫的猴子:形容少儿捣蛋顽皮。
烦神:烦心。
反反正儿:一种二人童戏。
反手:左手。
贩桃干儿:执业无恒。
犯嫌:讨厌。
方/方格愣怔:性格方正,难与接触。
放屁怕伸腰:形容懒惰。
放个响炮仗:作一个干脆漂亮的表态。
飞子:供记数的纸、竹之类制作的标记物。
肥狗胖丫头
坟帽儿:坟头上的多边形土块,象征有人已上坟。
粉嫩/粉秋秋(面秋秋)/粉扑扑
粉团花色:形容气色好。
粉子/圆子粉:糯米粉或大米粉。
封炉子:关闭进风口,并以湿煤封堵煤火,保持余火的厨技。
风一阵,雨一阵:性格不稳定,时好时坏。
缝穷:以替人缝补维生。
福不可享尽
富而好礼:假充斯文貌。富,读作阳平。

生[ka˩]估:性格古怪。
该派:应该。
该应:应该。常用于对坏人得到报应时的赞语:该应!
盖:最好,第一。犹北方话的“盖了帽了”。流行于二十世纪下半叶。
盖一:最好。流行于二十世纪中叶。
干扒湿噎:来不及饮水,急于吞咽。
干飞湿链:自行车上油宜忌。
缸锅腔儿:陶灶。
戆头花子:横蛮乞讨的花子。
高低:反义词连用表示“无论如何”,犹“反正”“好歹”“横竖”。
高肩担子:旧时卖熟食或柴草的一种担子,扁担两头包铜铁而上翘,可挑起较大体积的重物。
高卧隆中:不急不忙,安卧不起。
胳膀肘儿、胳膊肘儿:手肘。
胳儿:腋下挠痒,令人笑而不禁。

胳子窝:腋窝。
根生土长:土生土长。
功夫:时间。例如:此刻没得功夫(现在没有时间)。
公鸡头儿:男孩子。
恭而有礼:穿着周正,举止有礼。
拱头蛆:四处生厌者。
勾搭连环:互相串通,行为不端。
狗忠猫奸
狗屎连稻草:丑类相聚。
孤拐、孤拐子儿:踝骨。
古墈[k‘ən ˧]:积垢。
骨里:实际上。又作“骨子里头”。
故典:典故
刮毒无情
寡话劳神:说废话多,伤耗精神。
拐冬拐冬/拐大拐大[ta]:摇摆蹒跚貌。
灌鼓:讽人喝水多。
桄:桌椅的构件,兼具支撑、装饰作用。
光刀布:旧时理发师用于磨光剃刀的一种布。喻指衣服油腻不洁。光,去声,使动。
光脸:剃须净面。光,去声,使动。
滚钩:一种多钩渔具。
锅边锈:不大方,怯于见人。
过大寿:祝过生日的口头语。

哈(阳平):大大咧咧。
嗨:称人颇有牛气。
迒[xɛ ˨]:拖宕。形容动作迟缓:慢嗨嗨。
毜[xɔ ˨]:油脂变质。
害伢儿/害毛伢儿:妊娠反应。
憨皮臭脸:小儿天真,不惧指责,仍以笑脸相迎。
喊明叫亮:把话挑明了说。
熯[hɛ̃ ˧]饭:干饭稍加水和菜后加热。
汗马雨淋:流汗貌。
嚎丧:厌称大哭。
和气生财
河水煮河鱼:就相关原料加工。
河歪/歪歪儿:河蚌。
黑漆马乌/漆黑马乌:形容黑。漆,一作黢。
黑黢黢[tɕ‘yɪʔ]
吓人道(大)怪:可怕。
恨命穷:拼命进食貌。
横得竹竿进城:讥举止蠢笨,动作不协调。

横了肠子黑了心
红汗淌黑汗流
红烧趴蹄：红烧猪蹄。
红头赤杠：因剧烈动作而脸红脖子粗。
后（阴平）儿个：表示绝无可能。
齁痰：气管中的痰声。特指临终病人的痰声大作。
猴：动词，向上爬。
猴儿痰：心血来潮。如，发～。
猴高爬低：形容小儿活动不停。
胡大一说：瞎说八道。
糊骨子：将碎布袼糊成整张骨子，多用于作鞋。
胡子妈汤：迷迷糊糊。
户儿：对人的藐称，犹“家伙”。
护头：袒护（孩子）。
护短：无原则地袒护。
花头/花头点子：花招，新点子。
花心：特指爱情不专。
花样（头）经：花招。
滑儿抹达/滑几滑儿
滑膛膛、滑滴滴、滑溜溜
话痨：称说话过多者。
换糖：以糖换取废品的小买卖。
荒货店：旧称废品收购店。
黄面子：不给面子。
谎话篓子：惯于说谎的人。
回嘴掉舌：顶嘴。
昏头若冲：昏头昏脑。
煦［xo˩］：蒸。如：～包子。
活做（大头）梦：胡思乱想。
活转军（经）：乱转。
活嚼蛆：胡说八道。
豁嘴儿：唇裂者。
掝［xɔʔ］：掀动。

鸡肚猴肠：器量窄小。
叽咕日咕：叽叽咕咕。
饥一顿，饱一顿
鸡啄米：形容下筷子很急。
急吼吼
急急乎乎/急乎乎
急头杠脸：神色焦急。
寂寂儿：悄悄地

季花鱼:鳜鱼。

家机布:旧时老式织机所纺的土布。

家去[k‘ə]:回家去。老派音“家”作[tɕia ˨˩],新派音“家”作[ka ˨˩]。

家来:回家来。“家”的新老两派读音同前。

家懒外勤

家门不幸

加一奉承

家贼难防

假不楞登:假装正经,人模狗样。

假充大公鸡:假充是个人物。

假麻日鬼:装模装样。

假麻假麻:假装。

假(贾)门假(贾)事(氏):虚应故事。

假邀虚请:虚情假意。邀,这里读作“要”;请,这里读作“情”。

夹叉捋事:形容添乱。

夹层儿:片状物的中间部分。

夹□[təŋ̊ ˦]子:夹袄。

搛:用筷子夹取。

尖头巴拉西:形容为人不厚道。

奸刁滑坏:形容坏人。

湔[tɕiĩ˧˦]身:擦澡。

见面三相:初见面可观察到大概面目。

见眼生勤

见样:每件一样。如,各色水果见样拿一个。

见者有份

犟止:拨正木结构房子。

僵不烂的脾气:性格死板,难以变通。

讲舅舅理:讲蛮理。

焦面:炒麦粉。又称焦屑。

嚼(大头)蛆/活嚼蛆:咒人胡说。

脚麻头儿/脚趾头儿:脚趾头。

脚麻丫儿:脚丫。

脚碰脚:知根知底,关系特别亲近。

搅七拈三:搅着[kɔ ˧˦]。

叫不应:不应答。

叫魂:1. 嘶声喊叫。2. 旧时一种迷信行为。

接下巴言儿:接人话头。

街头儿

结棍:身体结实。

解绷绷儿:一种解多变手结绳网的儿童游戏。

解结:喻指打消矛盾。例如:冤家宜解不宜结,不要闹了,我来给你们~!

借沟出水

借谓:借口说。例如:走萎了,就~要系鞋带儿,在路旁边蹲了下来。

今儿(个):今天。明儿(个):次日。后儿(个):后天。外后儿:今天后的第四天。大后儿:同外后儿。

筋拽拽:有弹力,有筋道。引申指来劲貌。

紧骨肉:清瘦而结实。

精脚/赤脚:光脚。

精光滴滑

精屁股(大)浪当

惊乍乍

九成九:成色高,喻指有把握。

九花(翘)十裂:碎裂貌。

舅舅为大:旧时处分家产,请舅父裁决,尊舅父为最具权威者。

就汤下面:顺便行事。

就一他:也就如此了,算了吧。

居家过日子

局[tɕiɔʔ]:吸牢。如:湿玻璃~住了。

绝八代:詈语。

绝骨灯:詈语。咒人孤独无后。

开讹缸:讹诈。

开黄河:讥遗尿。

开杂货店:喻指芜杂,常指腹中食杂,文章拉杂。

䠢[k'ɛ˦]:(1)倚靠,如,~门框儿。(2)拖延,如,~到下课才交卷。

看米忍饿:舍不得使用已有条件。/有棉袄不穿,冻得发抖,这不是~嘛!

看斜头儿:他人看书,一旁同看。

科:幽默。

磕头虫儿:一种害虫。喻指不停地磕头的人。

锞儿:冥锭。

克几头儿:膝盖。

啃碗边儿:寄食他人。

埥[k'ən˦]:垢。如,老~、古~、牙~、马~、~鱼儿、~□□[tsuæʔ]等。

空头心思

空心大萝卜

空心大老倌:外穿棉衣,里面穿得少。

抠搜鬼:吝啬鬼。

口干:口渴。

枯干黑瘦

苦巴巴/苦歪歪/苦几几:苦相。

苦巴揪脸:苦相。揪,去声,"皱"的音转。

苦因因/苦几几:味苦。

挎[k·ua ˦˥]:搂。

侉子:北方人。如:山东~。

攍[k·uɛ ˨˩]:臂挽篮子、包袱之类东西。

宽汤下面

匡约:估计。

昆棒:结实。

拉倒了:没指望了。

拉四六架:拉架时,偏袒一方。

辣芥末:芥末。只在腊月上市叫卖数日,专用于制风菜。

瘌子:长瘌痢的人。

来拐子:耍花招。

来龙了:开始起劲了。

来屎来尿:大小便失禁。

攋[lɛ ˧˨˧]:拔除。

懒板凳:久坐不去。

懒龙:懒人。

懒抽筋:非常懒惰。

烂面糊:性格温和,不讲原则。

烂污烂糟

朗:摇晃容器,略加涮洗。

浪:晾。

捞草胡子:络腮胡子。

痨病鬼儿:患肺病的人,及类似肺病患者的人。

痨瘟的:厌憎语气。

痨伢:咒称小孩。

老八代:小儿言行老成。

老嘎(卵)湿气:充老而讨厌。

老口:口气老。

老脸皮厚:不知羞耻。

老腔老调:口气老。

老人格丁丁:小儿言行老扎。

老稳:淡定不慌。

老衣老裤:寿衣。

勒憋受:言行别扭。

磊堆/磊里磊堆:行事不利。或指穿着过多,行动不便。

冷几几/冷西西

冷几不登:不动声色,言语幽默。

冷龙:少反应没脾气的人。

离多会少:相见难。

沥水:沥有入声的镇江音和去声的京腔两读。

离汤离水:(“离”作去声)不亲近,保持距离。

力大为王

栗壳色:栗壳般的红棕色。

立时三刻:立刻。

沥子/竹沥子/笊篱

揵[liĩ˨):拣,拾取。

连家店:店铺与住宅相连。

量子:取水小桶。

聊表:略微。例如:我就聊表说两句,做点补充。

亮角:做事爽快漂亮的人。

了吊儿灰:悬挂的灰。简称“了吊儿”。

了戏了:没指望了。

料糖:饴糖。

掠[liɑʔ]:指刮粘稠物,如糨糊/~一沰面糊。

零钱儿:铜制钱。

零升儿米:零买的米。

另打家伙:另起炉灶。

留人想:人去后,令人怀想。

留想头:同上。

六街三市

六六大顺

肉[lɔʔ]踏油:办事马虎。

龙/龙龙:将就凑合。例如:/破房子实在龙不下去了。/过向时搬新家,暂且在老房子里龙龙吧。

芦柴:供作燃料的干芦苇。

乱头神:鲁莽无清头的人。

掳[lo˧˥]掳藤:葎草。喻纠缠者。

锣鼓家伙:成套的锣鼓类乐器。

□膗[luɛ˦ tsʻ uɛ˦]:肥胖难看。

麻得大呢:麻木得很。镇江话里“大”可用作程度副词,义同“很”。

麻了爪了:急得手足无措。

麻天木地:麻木。

麻杌:比“杌子”大的方杌凳。

□[mæʔ]□[tsuæʔ]:蚂蚱。

满[mɛ̃ ˨]:程度副词,表示比较。

漫[mõ ˦]菜:小青菜,有些地方叫鸡毛菜。

墁[mõ ˦]地:以砖瓦铺地。

慢嘿嘿:慢吞吞。

慢症:咒人动作迟慢。如,你急他不急,怕是得了~!

忙得雾起来了:形容很忙。

茅草窠

毛仓纸:冥币。

茅针针:白茅草的花,嫩时可吃。

冒头驴子:冒失的人。

冒汪子:咒人血口喷人,胡说八道。

没得办法道他:无计对付他。

没得好枣儿(果子)吃:没有好结果。

没得牢事做:拒绝请求,不愿参与。

没得清头:行事昏乱。

脢条:里脊肉。

没头苍蝇:形容到处乱撞的人。

没屁眼:不计结果,做缺德事。

没天倒数:举止不知轻重,不计后果。

没牙佬:没有牙齿的老人或幼童。

璺[mən ˧]:陶瓷器上的裂纹。

焖钵:沙锅。

梦神:糊涂人。

梦穴穴:糊涂貌。

眯妈/眯眯妈妈:马马虎虎。眯妈太岁:马虎人。

面/面奶奶:形容粉而软熟,宜于老幼。奶,中平调。

摸摸摸摸:动作慢,不出活。前两个“摸”,音[mo ˩];后两个“摸”,音[mɑʔ]。

沫奶奶:形容泡沫多。奶,中平调。

莫作慌/莫慌/莫忙

木能生火:形容酷热。

木雪雪:形容呆木迟钝。

木渣渣:形容粗砺无味。

木足/木里木足/木里木谷/木头木脑:形容呆木迟钝。

拿魂:绝活,特别吸引人。

拿肩:抓捏肩部肌肉,可解乏,治肩颈不适。

奶奶/娘儿:旧称媳妇、伯母婶母,前者是旁称,后者是称谓。如:二奶奶,指二媳妇;二娘儿则是称呼二伯母或二婶母。奶奶,中平调,与称呼祖母的“奶奶”前字上声后字轻声不同。“娘儿”中的“娘”,中平调。老派音甚至有人失去后鼻韵尾。

难为:致谢,常重叠。犹“劳驾”。

囊包:经不起戏耍,动则啼哭的小孩。

孬:游戏中耍赖反悔。

能豆儿:能干的人。三亩田打了颗~。

能嘎[kæʔ]嘎:形容很能干。

泥[lɪ ˧]照壁墙儿:形容涂抹得一塌糊涂。

粘缠[tɕ·ĩ˦]:纠缠。

粘几几/粘几骨搭

娘娘([niɑŋ ˨˩];或[nia ˨˩]):老派城里人称母亲,周边地区则称姑妈。
牛打汪:喻洗澡时水溅四处。
扭头刮颈:形容行走时头部摇摆,做闺秀样。特指男人的女人腔。
拗筋:性格执拗。

眍[ə ˨˩]斗眼:眍眼睛。如,~会造反。

怕丑:怕难为情。
普[p‘ õ ˥]水:脏衣服不加洗涤剂的第一遍水洗。
蹚[p‘ ɛ̃ ˥]水:涉水。
浜[p‘aŋ ˨˩]:浮。
炮子儿:“被炮子儿”省,咒人挨炮炸死。
畚[p‘ɑʔ]:浮肿。
呗[p‘ɑʔ]:在液面吸水。如,~一口汤。鱼~水。
胚[p‘ɪ ˨˩]料:未成成品的材料。喻指人品。如曰:这个小老弟~坏,是个坏胚。下流胚。
捧得豆儿吵(炒)
碰鼻子拐弯:遇到障碍即转弯。
脾家:脾气。如,脾家坏。
疲而沓痴:疲沓而且漫不经心。
片儿汤:面片汤。喻指骗人花招。
拼拎啪啦西:石头剪子布。

黢黑马乌
起码货:最低标准。
起早摸黑:起得早,忙到黑,说明辛劳。
鞡[tɕ‘ iɑʔ]:卡住。
散[tɕ‘ iɑʔ]:皮肤起翘。
□[tɕ‘ iɑʔ]鳊:一种腹部较宽的鳊鱼。
燅(燖)[tɕ‘iĩ˥]:鸡鸭宰杀后除毛。
前店后作:铺面在前,作坊在后的一种店铺。
敲木鱼儿:常念叨提醒。
巧妈妈养个巧儿子
清汤寡水:汤清而少油盐。“寡”有时讹音[kuɑʔ]。
请教(教,轻声):有礼貌地称呼人。
穷急吼斗:穷而情急貌。
焗[tɕ‘iə ˨˩]:烟熏。
秋乌老妈:丑陋的老妇。
求张告李/求爹爹拜奶奶:四处相求。
趣嘎嘎[kæʔ]:拿乔貌。
去[k‘ə ˥˧]货了:完蛋了。简做“去了”。
缺牙巴:缺门牙的人。
逝[tɕ‘yɪʔ]:靠近接触。如,火星儿~了下子,草就着了。/在耳朵边上~了下子,就晓得了。

绕门经:例行故事,马虎应对。

热吵:热闹。

热吭吭(吭,中平调)

热火火(火,中平调)

热萝卜烫嘴:说话既快又含混不清。

人来疯:小儿言行亢奋,以吸引客人注意。

人五人六:像个人物的模样。

忍心害理:硬着心肠做伤天害理的事。

日鬼:奇怪。

肉、肉里肉头、肉头肉脑:执着不苟。

肉头:执着不苟的人。

肉头脾气:执着不苟的性格。

肉麻当有趣

辱绝:以伤人口吻抢白人。

软熟:软。

撒村/撒村无歹:说粗野下流的话。

塞牙齿缝儿:食物过少。常说成"不够～"。

三根筋绊个头:形容瘦弱。

三教九流一十八个郎的当:各色人等。

桑树枣儿:桑葚。

煞:解除。～馋:解馋。～堦:有效去垢。～心火:去心火。～痒:止痒。

杀胚/杀头的:该杀的。

沙(去声)星:流星。沙疑为吴音"射"之讹,流星速度快如射也。

伤气食坏:伤食。

伤食:因多吃导致消化不良。

上茅厕也有个先来后到:强调按顺序行事。

上气损财:因闹情绪而导致损失。

上头:上面。其他表示方位处所的词语:下头、高头、里头、外头、脚头、底下等。

上扬:向上的坡道。又作"～坡儿"。又,向下的坡道称"下扬""下扬坡儿"。

烧茶煮饭

韶/韶达达/韶刀/韶里韶刀/韶里不刀/索[saʔ]沰[tɑʔ](与"韶刀"阴入对转,重叠形式同前):举止幅度大,言夸而滥。

绍:快。

少豪:出手阔绰,口气嚣张的年轻人。

什[səʔ]呢[lɪ˩]:什么。～样儿:什么样儿。

神气六谷

神三鬼四:民俗敬香时,神享三支香,鬼享四支香。

神头鬼脸

瘆/瘆巴巴:从听觉或视觉令人恶心不适,甚至起鸡皮疙瘩。如,～人。

生成的皮毛长成的骨:习性已形成。

升炉子/着炉子/起炉子:炉子升火。
实故不那个:实在不行。
十不闲儿:旧时修阴沟的一种多用途工具。喻指闲不住的人。
十庙不收:坏得无人收容。
十三个拳头高:形容身材矮小。
事(四)事(四)如意
收之下下:收下(心存感激)。("下下"是吴音"谢谢"音转)
守夜:特指守灵。
寿/寿头/寿头寿脑/寿里不头/寿里寿头:固吝不通融。如:寿脾气。
熟不拘礼
叔占嫂:旧时指寡嫂再嫁给亡夫的弟弟。
竖蜻蜓:打倒立。
甩子:好挥霍出风头的人。又称"甩大料"。
涑[suaŋ 1] 1. 手握容器,用力摇。2. 故意冷落。涑人。
水漫金山:泛滥。
水汪塘儿
顺带:顺手拿。旧时为"顺手牵羊"的行为狡辩称"顺带不为偷"。
顺嘴打哇哇:随口附和他人。
说黄(谎)调白/十翻十调:说谎并狡辩。
说二话:漫不经心地人云亦云。
死摽:紧紧粘附。
死者为大:以逝者为尊。
算盘珠儿:特指脊椎。
算盘珠儿,拨下子动下子(又作:不拨不动)
损德:缺德。

胎嗨:敦厚。

胎里素:自幼不吃荤食。
抬众:抬东西(特指棺木)的工人。
太太:祖母。祖母也称"奶奶"。丹徒东乡"太太"称曾祖母。
搪(阴平)得起:怎么禁得起。如:搪得起三天不吃饭?
汤罐:柴灶两口大锅之间用于烧水的罐状小生铁锅。
堂/若堂/如意若堂/堂几堂儿:自我感觉良好,满不在乎貌。
堂前:客厅。
汤(去声)饭:米饭加水烧煮。如:家去吃烫饭。/到阎老五家吃~(曲指死亡)。
讨喜:招人欢喜。
讨喜宝儿:招人喜欢的小儿。
讨债鬼:厌称淘气的小孩。
天落水:旧时承接的雨水。
田鸡/水鸡:青蛙。
笤帚倒了不扶:形容懒惰。

跳:快火小炒。
跳几跳几:走路一跳一跳,不稳重。
铁栅栏子:“栅栏”音[sa ˨ læʔ]。
听隔壁戏:隔岸观火。
停汤水:煮沸后停止加温,温度已降的水。
挺饱六足:吃饱的样子。
通身/统共/拢共/共总/一起/一塌刮子:总共。如:通身三块钱,也买不了多少。
偷人:(妇女)与人有不正当男女关系。
头动尾巴摇:走路不雅。
头发里生丫杈:形容烦躁。
推板:质量差。
拖鞋靸袜:仪容不整。
脱祸求财

瓦礤儿:碎瓦片。
凹[wa ˦]塘儿
哇[wa ˧˦]酸水:重提当初的施惠。
歪瓜裂萝卜
外加麻油:增加好处。
玩把戏:耍杂技。
玩把戏/玩点子/玩格色/玩滑稽/玩谑档/玩谑子/玩花头/玩花样/玩关末山:耍花招。
晚水苋菜:秋后新一茬苋菜。
汪奶奶下楼:嘲流泪。
亡人牌儿:灵位。
望呆:无目的地朝外望。
味水:味道。如,~不错。特指手段。如,让他尝尝我的~!
温暾[t‘ən ˨]热:温热适宜。
温暾水:温水。也可形容性格温和,不急不忙。
文恭加礼:温文尔雅,恭敬有礼。特指庄重的穿着。
稳笃笃
问客倒茶:不善待客。
窝里鸡:同伙。
窩折[tɕiɪʔ]:用芦苇编制的狭长席子,用于围囤粮食。
吴二逮鬼/吴二不鬼:不三不四。
无里不辜:“无辜”的延展式。如,~地被熊了一顿。
无事忙:无效率地瞎忙。
无事三百里:喜欢到处走动。
忤逆不孝
舞叉:睡相不佳,手脚乱伸。
五郎神:鲁莽的孩子。
恶[wu ˦]嫌:厌恶。

雾躁:湿热难受。

稀(无定字,也可写作:希、西、兮等):有憎厌色彩1、程度副词,如:稀甜的、稀烂的。2、作形容词后缀,如:甜稀稀、脏稀稀、烂稀稀。

嬉大六刚/嬉大流缸:嬉皮笑脸。

洗衣浆裳

细抹:细心。

罅[çia ˦]缝/隙[çi ˩]缝:出现缝隙。

虾蟆乌儿:蝌蚪。

瞎打家伙:忙乱而举止不当。

瞎冒汪子:咒人满口喷血,胡说八道。

瞎闹寿:闹着玩。

瞎说八更天:胡说八道。

下不去/下不来:难堪。

下膪:猪胸腹部肥松的肉。

下床气:小儿乍醒,起身时情绪不佳。又称"出被窝气"。

下路人:镇江以东的江南人。

下绊子:阻碍承重腿发力,使对方跌到。喻指暗中损人。

下手把子:帮手。

下作胚:品质低劣的人。

仙家:原指神仙。特指跛子。

仙人跳:上船的跳板。

嫌虫:讨厌的小东西。实际上是表示对幼儿的喜爱。

贤德标:优秀出众。多昵称可爱的孩子。

闲事佬:悠闲无事之人。

咸鱼淡肉:烧鱼肉的调味原则。

粯[çiɛ̃ ˧]儿:元麦粉,最宜盛夏煮稀粥。

现世宝:出乖弄丑的宝贝。

香的不吃吃臭的:拒绝好言,遭到恶语相加。

巷儿头

像个人灯:人模狗样。

□[çiɔ ˩]:翻页。

邪[ts‘ɪ ˦]猫流狗:有邪气的人。

邪神:蛮不讲理的人。

鞋头脚脑:做鞋子的活。

蟹儿鲊:腌制的小蟹。其味鲜美,可供作佐餐小菜。

秀/秀球:投篮、射门。

心定神安

星宿[çiə ˩]:厌称专门惹是生非的人。

行行儿:正在进行。如:说(唱、玩、写、做…)得~的。

行货:质量差的货物。

兴兜兜:兴致好的样子。

虚:好炫耀,不稳重。

虚子:好炫耀,不稳重的人。

噱子/噱头

□[ɕiɔʔ]:双臂支撑,收腹用力,两腿蹬地,悬身上攀。

暄泡泡:发酵松软。

悬/悬铃巴怪:危险。

雪:程度副词,非常:雪白("雪"从表示比喻的状语用法,虚化为程度副词)、雪亮、雪尖、雪嫩

血乎淋拉:血淋淋。

鸭屁股:旧时男童(特别是"惯宝宝")剃头,后脑勺留的一小撮头发。

牙里不斜:言语讨厌。

伢子:称呼小孩。幼童旧称"小伢儿",俗说"小伢儿生病不装假"。口语泛称小孩子叫"小把戏"。新派称"霞子"(霞,"小伢"的合音),老派视为江北调。

雅赤赤/雅雅尔/赤赤儿/寂寂儿:悄悄地。

雅密西:悄然不为人知。

压[ia˧] 人:气势盖人。

烟巴就脸:泛色多皱的陈旧貌。

盐潮罗纳:返潮不适。

厌:调皮。调皮的孩子:厌虫/厌物渣儿。

佯胡假醉:假装醉酒糊涂。假,讹音"酒"。

洋腔广调:装腔作势。

佯堂若醉:堂,漫不经心貌。

佯西佯西:漫不经心貌。

摇铃晃郎:摇晃不稳。

要不了了:丑得够呛。

爷[yɪ˨]儿:叔父。

夜摸[mɑʔ]子:习惯夜晚活动的人。

夜心里:深夜。

一步三个谎

一步三摇

一大甩

一等一:第一等。

一动儿:动辄。

一复如初:恢复原样。

一家一当:全部家当。

一卦打中:准确预料。

一口清:报账准确爽脆。

一路货:同样的货色。形容同类人,有贬义。

一年到头,二年到梢:全年。

一票货:意类"一路货"。

一翘干:只经一次日晒便干燥爽快。
一推六二五:推脱了事。
一山二水:旧时指一夫二妻。
一时半间:时间短促。
一门心思:专心。
一头心事:心事重重。
一老一实:索性。
一心无二用:专心。
一样:也许。如:~我也去看电影呢。
倚疯作邪:装疯卖傻,捣乱生事。
阴脚寒/阴死鬼:轻易不动声色的人。
蟫鱼儿:书蠹虫。
隐:火熄灭。例如:炉子~得了。
硬僵骨辣/硬倔倔/硬铮铮/硬铮
硬[ən 1]头杵脑:倔脾气。~ 。

硬挣(挣,去声):憋着劲用力。
硬挣(挣,轻声):质地硬挺。
用水:婉指女性清洗下身。
由打/自打:自从。
游魂:厌称游荡无所事事的人。
油儿儿/油儿抹
油瓶倒了不扶:形容懒惰。
有娘养,没娘管
有咬嚼/有嚼头:耐咀嚼。
有准眼:瞄得准。
迂魔:过分认真,迂缓低效的人。
雨搭儿(子):挡雨篷。
园户:自种自销的菜农。(另一种贩菜销售的人叫菜贩子。)
原将:本来。
园田:菜园。
约约伙伙:结成伙。

杂事无功
咂嘴:吃东西时,发出咂吧声,被认为不文雅。
早茶晚酒:礼貌待客的饮食安排。
灶灯:供灶神的鼓形小灯。
灶老爷:灶神。
灶糖:鼓形麦芽糖。供奉灶神,据云可因粘牙,而防止灶神上天乱说。
怎呢:怎么。~办:怎么办。~样儿:怎么样。
毡[tɕiĩ˩]帽头儿:毡帽。
沾粘:沾,音[tɕiĩ˩]。纠缠不去。

斩[tsɛ̃ ˩]肉/斩肉圆儿(子):如:葵花~,螃蟹~。
崭:赞语,犹竖拇指赞“最好”。
占背:驼背。
噇[tsɑŋ ˥]:吃的贬义词。~饭,没好气地呼人吃饭。
胀死不休:贪吃无餍。
找龊[tɕʻiɑʔ]头/起龊头:找麻烦,寻事端。
找张儿:横生事端。
照壁墙儿:占位不妥,障人视线。
折[ɕiɪʔ]耗:损耗。
折[tɕiɪʔ]头/折扣
这边、那边、哪边:表方位。
这块、这块的格,那块、那块的格,哪块、哪块的格:表方位。
这头、那头、哪头:表方位。
真真灼灼:认真貌。
整:方正不苟。如,这个人~得很。
纸扎:用纸糊制供奉神鬼的用品及灯笼等。
中面晚酒:祝寿之日,中午吃寿面,晚设酒宴。
煮夹生饭:做事不熟练,不到位。
煮急火饭:做事准备不充分,仓卒应对。
拽[tsuɛ ˩]:胳膊病残不灵。如,~子:胳膊不便的人。
拽[tsuɛ ˥]/拽得大呢:阔气/阔得很呢。
转军(经)/活转军(经):乱转。
装佯:佯装不知。
奘[tsuɑŋ ˧˩]:粗大。如,这棵树很奘。又形容人的气势大:这家伙有了点钱,就奘起来了。
怍[tsə ˥]/~筋/~筋瓜/~头六怪:倔,固执。
自由作主:径自作主。
昨儿/昨儿个:昨天。
作:举止失当,酝酿事故。如,你作死啊!
作料:做菜的调料,特指下面时的调料。
作阴天:阴天旧伤病作祟。
做大不尊:长辈或有地位的人不自尊。
做格色/做关末/做关末郭道:假做样子,却行事如仪。
做想梦:婴儿梦中哭笑。
嘴呱呱,屎拉拉:批评说话多而不得要领。

二、歇后语

八十岁学吹鼓手,中气不足

吃烧酒打嘴巴子,里外发烧

吊死鬼搽粉,死要脸

甘露寺的廊房，东倒西歪

沟儿匠的家伙，十不全儿

郭呆子帮忙，越帮越忙

郭雀儿登基，快活一时是一时

寡妇死儿子，没指望

关夫子冲盹，梦想荆州

关公卖豆腐，人硬货不硬

棺材里伸手，死要钱

裹脚布当围嘴儿，臭得转过来了

反穿皮马褂，装羊（佯）

豁嘴儿吹喇叭，走气

花子吃死蟹，只只好

帽子（小褂儿）没得边，撮起来了

六指儿抓痒，加一奉承

聋子的耳朵，摆设

两分钱买个（饹）儿，六角铮铮

齉鼻儿吃藕粉，糊到脑子里去了

屁眼里插芦花，假充大公鸡

亲家母拜家堂，多有礼

穷汉买米，一声（身）头（身、生谐音“升”）

三天吃六顿，穷开心

寿星老吃砒霜,活得不耐烦了

塌鼻子戴眼镜儿,摆得一脸的

瘫子掉得井里,捞起来也是坐

脱裤子放屁,多此一举

歪嘴桃子搽粉,趣得一脸的

王胖子跳井,不上不下

十五个吊桶打水,七上八下

小瘌子坐上座,无法(发)无天

小和尚(小瘌子)打伞,无法(发)无天

乡下人不识碎瓷:浑身是病

乡下人挑粪,两头都是死(屎)

哑巴吃饺子,心(肚)里有数

灶老爷上天,照本全奏

坐轿了打滚,不识抬举

周奶奶下祠堂,吵得转过来了

三、儿歌

虫虫虫虫飞,一飞一大堆。

大冬大似年,家家吃汤圆。老师不放学(假),学生不把钱。

哒哒嘟,骑马骑马上丹徒。(丹徒上埠童谣:“哒哒嘟,到丹徒;一二一,到谏壁;一二三,到镇江。”按,丹徒东乡 aŋ/aŋg 不分。)

叮当叮,倒下来,快点儿走开。

鸡毛鸡毛你上墙,我吃猪头你吃羊。

哭哭笑笑，茅厕缸里吹叫叫。(嘲小儿时哭时笑)

某某某(因人而异)的头，像皮球，一脚踢到四牌楼。四牌楼，挂招牌，一挂挂个大妖怪。

牛皮不是吹的，泰山是我堆的，黄河是我尿的。

牵磨带磨，□[taʔ]粑粑，送丈母。丈母丈人不在家，推开门儿看见她：粉团脸，赛桃花；樱桃小口糯米牙；小小脚儿一捺揸。冤家！打顶轿子抬你吧！

望呆望呆，跟我家来。

下雨下雪，冻死老鳖。

正月里卖灶灯，二月里卖花生；三月荸荠，四月雪花梨；五月菖蒲艾，六月大头菜；七月莲蓬藕，八月香橼和佛手；九月卖菊花，十月卖糍粑；冬腊月不得生意做，掰根竹子弹棉花。(市井小生意)

第四十六卷

人　物

卷 目

人物卷由人物传、人物简介、人物表(名录)三部分组成。按照生不立传原则,人物传主要收录1983年至2005年间符合立传条件的去世人物。人物简介主要收录2006年仍健在且符合入志标准的人物。人物表(名录)主要收录符合收录标准的领导人、英烈、劳模等,其中镇江籍国家体育比赛第一名(冠军)人物表参见第三十九卷、百岁老人表参见第四十一卷。记述人物籍贯时,凡是镇江、丹阳、句容、扬中、丹徒人均省去江苏二字,性别凡是女性一律加注,不加注者均为男性;民族不加注者均为汉族。

第一章　人物传

人物传共收录3类119名人物,类下按卒年先后排序。收录范围为在镇老红军及建国前在镇江地区担任中共县级以上职务的领导干部;新中国成立后曾任镇江市(含原镇江地区)正市(师)级以上职务(实职)领导干部;在镇江经济和社会发展中做出重大贡献或起过重要作用并产生社会影响的全国劳模、各界人士和著名能工巧匠、民间艺人;市级以上党政机构作出决定,号召学习的革命烈士;兼顾在全国有重要影响的外地镇江籍人士。

第一节　党政军

嵇　直(1901—1983),参见《镇江市志》“人物卷”。

魏今非(1903—1983),参见《镇江市志》“人物卷”。

王世仁(1907—1983),河南新县人。民国18年(1929年)加入中国共产党。民国21年参加中国工农红军。土地革命战争时期,任中共霍山县委宣传部部长,红四方面军第4军第10师第28团连政治指导员,第10师政治部宣传科科长,第10师第36团政治处主任,西路军指挥部骑兵团政治处主任。参加鄂豫皖苏区和川陕革命根据地历次反“围剿”斗争以及长征。抗日战争时期,任新四军第6支队第8团副营长,第2团营政治教导员,第4师第11旅第32团营长,淮北军区第2军分区县团副团长、团长,淮北军区第2团团长。率团参加“六一”反扫荡、豫皖苏反顽斗争和津浦路破袭战。解放战争时期,任苏中军区第9军分区第7团团长,华东野战军第11纵队特务团团长、炮兵团团长,第三野战军特种兵部队战车团政治委员。参加新安镇、李堡歼灭战,盐南、沭阳河阻击战和淮海战役。中华人民共和国成立后,任华东军区装甲兵战车师副政治委员、政治委员,江苏省军区政治部副主任。1964年晋升为少将军衔。离休后在镇江休养,正军职待遇。获中华人民共和国二级八一勋章、二级独立自由勋章、二级解放勋章。著有《从新疆集训返回

延安》等回忆录。

黎溯岩(1917—1983),江苏泰兴人。民国29年(1940年)入伍,同年加入中国共产党。抗日战争时期,任黄桥行政委员会军事科科员、东台县台北工作委员会书记、区委书记、农抗会会长、宣传部副部长。解放战争时期,任苏北军区保卫干事、副科长、科长。中华人民共和国成立后,任苏南军区政治部保卫部科长、江苏省军区军事检察院检察长,扬州军分区、镇江军分区政治部主任,镇江军分区副政治委员、第二政治委员。立1次三等功。1969年10月在镇江离职休养,副军职待遇。

童炎生(1911—1985),江西安福人。民国19年(1930年)参加中国工农红军。民国22年加入中国共产党。土地革命战争时期,任湘赣边区红军独立第3团排长,湘赣军区敌后挺进大队分队长,茶(陵)攸(县)莲(花)游击队队长。参加中央苏区反"围剿"和湘赣边三年游击战争。抗日战争时期,任新四军第1支队第2团连长、连政治指导员、营政治教导员、团政治处主任,第1师第1旅第4团政治处主任,苏中军区特务第3团政治委员、第1旅政治部主任。参加韦岗战斗和黄桥战役等。在严酷的战斗岁月中,受伤失去右臂。解放战争时期,任苏中军区第1军分区政治部主任、副司令员,苏北军区泰州军分区司令员。中华人民共和国成立后,任苏北军区参谋长,江苏省军区参谋长,江苏省军区副司令员。1955年被授予少将军衔。获三级八一勋章、二级独立自由勋章、一级解放勋章。是中国人民政治协商会议第三、四、五届全国委员会委员。离休后为副兵团职待遇。

董必成(1904—1986),参见《镇江市志》"人物卷"。

陈　光(1914—1986),参见《镇江市志》"人物卷"。

赵建平(1916—1986),参见《镇江市志》"人物卷"。

王镜屏(1899—1988),原名王振铎,湖北黄梅人。王镜屏出身于农民家庭,民国16年(1927年)投身革命,同年2月加入中国共产党。同年正值革命低潮,国民党疯狂迫害镇压革命志士,王因参加革命,家中田产房产均被没收,哥哥被反动派杀害。王镜屏在参加红军之前被捕,遭受严刑拷打,坚持共产党人的凛然正气,出狱后追随革命队伍,民国25年6月参加红军六路游击师当战士,因与组织失去联系较久,民国26年经介绍重新入党。民国26年7月调至新四军四支队教导营,长期从事物资供给方面的工作,经手大额粮款,廉洁奉公,不谋私利。1949年6月至1951年12月,任首任镇江市财政局局长。1952年1月任镇江市政府公产科科长。

赵文豹(1920—1988),参见《镇江市志》"人物卷"。

茅以升(1896—1989),参见《镇江市志》"人物卷"。

陈云阁(1910—1989),参见《镇江市志》“人物卷”。

顾维衡(1913—1989),扬中人。民国27年(1938年)参加革命,民国29年加入中国共产党。抗日战争时期,历任扬中县抗日民主政府六区与二区区长、县民政科科长、武进县县长等职。任职中,积极宣传发动群众,开展敌后游击战,坚持艰苦卓绝的反清乡斗争,为夺取抗日战争的胜利作出了贡献。解放战争时期,历任中共邵伯市委书记、市长,江都县县长,独立团团长、政委等职。民国38年2月,配合解放军主力部队解放扬州,并积极组织发动群众,为中国人民解放军百万雄师横渡长江、推翻国民党反动统治、建立地方人民政权作出了重要贡献。民国38年4月,率地方部队渡过长江,解放与接管丹阳,先后任丹阳县县长和中共丹阳县委副书记。在丹阳工作期间,领导丹阳人民进行土地改革、镇压反革命、“三反”“五反”运动。1952～1953年,先后任镇江市市长、中共镇江市委书记。1954年后,历任沈阳重型机器厂党委第一书记,沈阳市机械局局长,沈阳市轻工局局长、党委书记,沈阳市农机汽车工业局局长、党委书记及中共沈阳市委顾问委员等职。1982年离休后定居镇江。

曾如清(1914—1989),江西吉安人。民国20年(1931年)参加中国工农红军,同年加入中国共产主义青年团,民国21年转入中国共产党。土地革命战争时期,任中华苏维埃临时中央政府教育部巡视员,赣南省苏维埃政府教育部副部长,中共于都县谭头区区委书记兼游击大队政治委员。坚持南方三年游击战争。曾如清在战斗中被俘,被判8年徒刑,关在南昌军人监狱。在监狱中参加秘密党支部,坚持和敌人斗争。抗日战争爆发后,作为政治犯释放出狱后即返回抗日革命队伍。抗日战争时期,任新四军政治部民运部组织科科长,江南指挥部政治部民运科科长,苏北指挥部第1纵队第1团政治处主任,苏中军区第3军分区泰州独立团团长兼政治委员,新四军第1师第1旅第1团政治委员,苏中军区教导第1旅政治部主任,苏浙军区第4纵队政治部主任。参加黄桥战役、车桥战斗等。解放战争时期,任华东野战军第1纵队第1师政治委员,第三野战军第20军第58师师长兼政治委员。参加淮海战役、渡江战役等。1950年,曾如清参加抗美援朝,任志愿军27军副政委、政委,获朝鲜二级国旗勋章。后任江苏省军区第二政治委员,新疆生产建设兵团副政治委员。1955年被授予少将军衔。获二级八一勋章、二级独立自由勋章、一级解放勋章。1988年获一级红星功勋荣誉章。1989年4月27日在南京逝世。

常玉清(1905—1991),河南商城人。民国18年(1929年)年参加中国工农红军,同年加入中国共产党。土地革命战争时期,任商城县游击队分队长,红9军第80团连长兼政治指导员,红四方面军第25军第75师第223团营政治委员,第73师第230团政治委员,红15军团第75师副师长、政治委员。参加创建发展鄂豫皖革命根据地的斗争和多次反“围剿”作战以及长征。抗日战争时期,任八路军第115师第344旅第687团副团长,第344旅政治部副主任,新四军第3师第8旅副旅长,苏北民兵指挥部总指挥,盐阜军分区副司令员。参加淮海战役,组建淮北游击大队等。解放战争时期,任华中野战军第10纵队副司令员,华东野战军第12纵队副司令员,华中军区副参谋长兼后勤司令部司令员,苏北军区副司令员。在苏中七战七捷中,发挥重要作用。粟裕大将给予常

玉清很高评价："……元末明初朱洪武有个大将叫常遇春，打过采石矶。我们在邵伯指挥作战的是10纵队的副司令常玉清，名字差不多。部队与敌人进行了多次白刃肉搏战，经四昼夜的连续激战，敌人终于被我击退"。中华人民共和国成立后，常玉清任江苏省军区第二副司令员。1955年被授予少将军衔。1964年在镇江离职休养，正兵团职待遇。获一级八一勋章、一级独立自由勋章、一级解放勋章。1988年7月被授予一级红星功勋荣誉章。

龙云岫（1909—1991），湖南常宁人。民国24年（1935年）12月参加革命，民国27年6月加入中国共产党，老红军。曾任班长、排长、军需会计、新四军二师东南司令部被服厂厂长，华中军区第三后方医院供给科副科长。解放后历任苏南康复三院供给股长、江苏康复六院供管科长。1957年8月任镇江市精神病院（现镇江市第四人民医院）副院长。

彭　炎（1911—1991），丹阳人。15岁到南京世界书局学徒，后当店员、小学教师。抗日战争爆发后，彭炎等组织丹阳青年流亡服务团，辗转西行南昌。民国26年（1937年）底加入中国共产党，任中共南昌战地工作团第一大队党支部书记、景德镇浮梁中心县委书记兼景德镇市委书记。民国28年初奉命到茅山特委工作，任中共茅山地区特委青年部部长、社会部部长，中共丹阳、金坛、武进县委书记，苏南财经委员会主任，中共西路特委书记兼保安司令部政治委员，中共东路澄锡虞中心县委书记，中共路北特委、工委主任，中共长江工委书记，中共镇丹中心县委书记，中共镇句县委书记，中共苏浙区党委副秘书长，中共高（淳）当（涂）县委书记，中共华中分局江南工委书记。抗战期间，镇江是长江交通线上重要地点。身任长江工委书记的彭炎利用青帮身份掩护，争取和尚洲、世业洲自卫团团长等，在镇江及和尚洲、世业洲、三江营、大桥、嘶马、仙女庙、十二圩等处建立起新四军跨越长江南北秘密交通线。解放战争时期，任山东渤海四地委宣传部副部长，第三野战军随营学校九大队副政治委员，桐柏地区党委城工组组长，桐柏学院副院长。中华人民共和国成立后，任武汉市民政局局长，市政府党组干事会委员，武汉市委统战部副部长兼市政府副秘书长，中国红十字总会副会长兼秘书长。"文化大革命"中遭受冲击。1975年8月，任故宫博物院第一副院长兼党委第二书记。1983年离职休养。著有诗词集《烟波吟稿》。

曾宪贵（1914—1991），四川省达县人。民国22年（1933年）10月参加中国工农红军，民国27年加入中国共产党。在第一次国内革命战争期间，先后任红军战士、副班长、通讯员；抗日战争期间，先后任八路军班长、排长、连长；解放战争期间，先后任中国人民解放军连长、副队长、队长、政治指导员、副教导员。1953年转业到镇江市人民银行任人事股长，曾调任镇江市外贸公司仓库主任，后调回市人民银行任发库主任。1982年12月，离职休养。

管文彬（1906—1992），又名甘佩林，丹阳人。民国15年（1926年）3月加入中国共产主义青年团。民国26年12月参加革命工作，民国28年11月加入中国共产党。抗日战争时期，协助胞兄管文蔚创建抗日自卫总团，积极发动群众，组织和扩充抗日武装力量，粉碎日伪军上百次扫荡，为抗日战争胜利作出积极贡献。此后，历任丹阳抗日自卫总团财经委员会主任、新四军挺进纵队经济委员会主任、苏北行政委员会粮食局局长、江淮银行印钞厂厂长兼党委书记、华中银行一分行行长、华中支前司令部交通部部长、苏北行署交通处处长。新中国成立后，历任农业部计划司、农垦部计划局副局长，国家农垦总局副总局长，国家农垦部财务局局长、党组成员和顾问（副部级）等职。1982年离休。

许　靖（1918—1992），丹阳人。民国27年（1938年）3月参加抗日工作。民国32年3月加入中国共产党。在抗日战争时期，先后任茅山地区抗日自卫团指导员、教导员，丹北县委宣传部部长、青年部部长，丹北抗日自卫团团长，丹北六区股长、区长、区委书记。抗日战争胜利后随新四军北撤，先后任宝应县安丰区区委书记、县委党校副校长、县武装部部长、县委民运部部长。解放后，任苏南行署劳动局办公室主任、江苏省劳动局办公室主任，一九五四年后任江苏省劳动局副局长，镇江行署地委副主任、行署副专员兼计委主任，镇江市政协副主席。1984年9月离职休养。

管文蔚（1903—1993），丹阳人。民国13年（1924年）投身中国共产党领导的学生运动，参加革命工作。民国15年加入中国共产党。民国16年起，历任丹阳县委书记、省委特派员、常州县委书记、苏常特委巡视员、金坛县委书记、无锡中心县委书记。领导了丹阳秋收暴动、天宁寺抗租运动、白塔暴动、西旸暴动。民国19年4月被捕，在狱中坚贞不屈、坚持斗争。

抗日战争时期，管文蔚在家乡成立镇江地区第一个抗日民间武装倪山抗日自卫团。民国27年，任丹阳人民抗日游击纵队司令员、新四军挺进纵队司令员。北渡长江后，任通如靖泰行政公署主任、苏北行政委员会主任兼东台城防指挥部司令员和苏北行政学院院长、苏中行政公署主任兼苏中公学校长。解放战争时期，任中共华中局委员、华中分局委员、华中野战军第11纵队司令员、华中工委常委、苏北兵团华中指挥所司令员兼苏北军区司令员、华东大学校长。解放后任无锡市军事管制委员会主任兼苏南军区司令员、苏南行政公署主任、苏南区党委书记、华东军政委员会委员。江苏建省后，任省委副书记、副省长。中共十一届三中全会后，任中共江苏省委顾问、江苏省第四届政协副主席。中共第十二次全国代表大会代表，全国政协第五、六届常委，全国党史学会顾问。

傅绍甫（1908—1993），安徽金寨人。民国18年（1929年）加入中国共产主义青年团并转入中国共产党。民国19年参加中国工农红军。土地革命战争时期，任红四方面军第73师排长、副连长、连长、连政治指导员，第30军第89师第267团营政治委员。参加了长征。在反刘湘“六路围攻”的万源保卫战中，傅绍甫率265团突击连4连夜袭马鞍山歼敌1个团，突破敌阵地。265团被

总部授予“夜老虎”团称号。抗日战争时期，任新四军教导大队3队政治指导员，新四军第3支队第5团政治处组织股股长、营长、挺进团营长、团参谋长，新四军第7师第58团团长，沿江支队副支队长。他率部在皖中沿江一带坚持敌后游击战争，开展反“扫荡”反“蚕食”斗争，进行大小战斗百余次，毙伤日伪军1000余人。取得磨盘山反顽战斗胜利，歼敌1600余人。沿江支队不断壮大，由初建时的1500多人发展到7000余人。沿江抗日根据地也日渐巩固、扩大。解放战争时期，任山东野战军第7师第21旅副旅长，华东野战军第7纵队第21师参谋长、副师长，第13纵队第39师师长，第3野战军第31军第93师师长。中华人民共和国成立后，任中国人民解放军31军参谋长，中国人民解放军政治师范学校副校长，江苏省军区参谋长、副司令员，江苏生产建设兵团副司令员。1955年被授予少将军衔。1976年5月在镇江离职休养，副兵团职待遇。获二级八一勋章、二级独立自由勋章、一级解放勋章，一级红星功勋荣誉章。

梅嘉生（1913—1993），丹阳人。民国27年（1938年）参加新四军。民国28年加入中国共产党。抗日战争时期，任丹阳游击纵队第3大队大队长，新四军挺进纵队第3团团长，苏皖支队副司令员，新四军教导总队中级干部队队长，新四军第1师第3旅参谋长，苏中军区第2军分区副司令员，苏中公学教育长。直接领导和指挥过多次反“扫荡”，带领部队与日寇和国民党顽固派进行坚决斗争。率部西进津浦路东，经过半年多频繁战斗，取得反顽斗争胜利，打通东西两块根据地联系。在异常复杂情况下，坚决执行上级指示，对南通保安旅全部进行改编。在苏北长江沿岸一带坚持斗争数年，并开辟新区。解放战争时期，任苏中军区副参谋长，第1军分区副司令员，新四军第1师参谋长，华东野战军第4纵队参谋长，第三野战军第23军副军长兼参谋长。参加苏中“七战七捷”、涟水、枣庄、莱芜、孟良崮、鲁南、淮海、渡江和解放上海等战役。中华人民共和国成立后，任驻越南军事顾问团参谋长、第一副团长。参与组织指挥边界、中游、西北、奠边府等多次重大战役，被越南政府授予二级军功勋章。1955年5月调海军工作，任海军航空兵副司令员兼参谋长，同年被授予少将军衔，获二级独立自由勋章、一级解放勋章。1964年任东海舰队副司令员，在此期间参与指挥崇武以东海战。1975年8月任海军副司令员。1988年获中国人民解放军独立功勋荣誉奖章。在上海期间，曾担任上海市第六届政协副主席。

方　敏（1920—1993年），湖北蕲春人。民国27年（1938年）1月入伍，同年5月加入中国共产党。历任师政治部干事、营政治教导员，团政治处主任、政治委员，师政治部主任、政治委员，军政治部主任、副政治委员。任军副政治委员期间，担任中共江苏省委委员、南京市委书记。曾参加胶东保卫战、解放兖州、解放济南、淮海战役、渡江战役、解放上海、解放厦门等战斗。1963年，参加上海虹桥机场扩建工程领导工作。是中国共产党第十次全国代表大会代表。1984年在镇江离职休养，3次被集团军评为先进离休老干部。

管寒涛（1909—1994），又名管文昭，丹阳人。在江苏无锡洛社乡村师范读书时，积极参加声援“五卅”大罢工和“一二·九”学生爱国运动。民国16年（1927年）加入中国共产党。曾任学生会主席、党支部书记，后因发动学生罢课被开除，经党组织安排到北张小学以教书为掩护进行党的秘密工作。

抗日战争爆发，管寒涛协助管文蔚在倪山村成立镇江地区第一个抗日自卫团。民国27年2月成立抗日自卫总团，任政治处副主任。6月，抗日自卫总团改为丹阳抗日游击纵队，任游击纵队第1大队大队长。8月起，历任新四军挺进纵队副参谋长，第2支队司令，新四军挺进纵队江南留守处主任，中心县委统战部部长和武进、丹阳、镇江、锡虞地区专员，丹北地区专员兼保安司令。民国33年底随军南下，参加开辟苏浙地区抗日根据地的斗争，任苏浙行署货管局局长、江南银行副行长。次年10月北撤，任北撤干部第5大队大队长、前站办事处主任、山东省交通总局副局长。解放战争时期，任山东省支前司令部秘书长、第三野战军前方军站部副部长。民国37年1月，任豫、皖、苏第5专区专员。中华人民共和国成立后，任华中贸易总局副经理、中南局驻华东办事处主任、中南军政委员会财政部副部长。1953年调任国家财委基建组副组长，国家计委基本建设局副局长、技术合作局副局长，对外贸易部成套设备局副局长。1958年7月任浙江省工具改革办公室主任、农业厅副厅长。“文化大革命”中遭受迫害，被关押审查6年。1973年，任浙江省基建局副局长、省建设委员会顾问、中共浙江省顾问委员会委员（副省级）。1985年离休。

吴　建（1918—1994），原名吴顺，镇江人。民国24年（1935年）在江苏如皋和灌云地区参加抗日救亡宣传活动。民国26年参加中华民族解放先锋队，民国27年加入中国共产党。担任中共江苏灌云县委组织部长。民国28年8月起先后任山东《大众日报》编委、副总编辑、总编辑、社长，山东《滨海农村报》总编辑，《渤海日报》《大众报》《青岛报》社长、总编辑，山东新华分社社长。新中国建立后，任中共中央华东局宣传部报刊处处长。1954年任中共山东省委副秘书长、秘书长、省委政策研究室主任。1961年11月任中共中央华东局宣传部副部长。1973年5月调任上海人民广播电台党委副书记。1977年12月任中共上海市委宣传部副部长，1984年后，先后兼任上海市精神文明建设活动委员会副主任，上海市思想政治工作研究会副会长、会长。1986年3月任中共上海市顾问委员会委员。1992年12月离休。

彭　灏（1923—1994），江苏建湖人。民国29年（1940年）10月入伍，同年11月加入中国共产党。抗日战争时期，任新四军第5纵队民运队队员，盐阜区盐城县第七区乡党支部书记，第六区区队副政治教导员、政治教导员、区委书记。解放战争时期，任苏北军区第5军分区叶挺县民兵总队总队长，盐城县总队政治处副主任，第5军分区政治部宣传科副科长，教导大队政治教导员，特务第3团政治处主任、副政治委员。中华人民共和国成立后，任苏北军区政治部工作团团长、政治部直属工作部副部长，江苏省军区直属工作政治处主任、政治部直属工作科科长，盐城军分区政治部主任，苏州军分区副政治委员，镇江军分区政治委员。1982年7月在镇江离职休养，副军职待遇。

陈安良(1901—1995),江西兴国人。民国17年(1928年)3月参加苏维埃政府工作,6月由边区游击队编入中国工农红军。民国20年1月加入中国共产党。土地革命战争时期,任苏维埃边区乡长、游击队长,红军补充团分队长、特务连副连长、工兵连连长、骑兵连连长。参加长征。抗日战争时期,任营长、地方游击大队大队长、参谋长、工作队队长。解放战争时期,任教导大队大队长、副团长。建国后,任苏北军区海防团副团长,华东新兵训练第388团团长,江苏省军区训练大队大队长、训练团团长。1963年11月离职休养,享受副军职待遇。

唐廷治(1918—1995),四川巴中人。民国23年(1934年)10月入伍,民国25年5月加入中国共产党。土地革命战争时期,任战士、副班长、班长、排长,医院药物调剂员。参加长征。抗日战争时期,任卫生员、卫生科司药主任,实习医生、区卫生所所长。解放战争时期,任卫生队队长、卫生处主任、卫生处处长。新中国成立后任第二野战军第12军第31师后勤处副处长。1951年3月赴朝参战,获朝鲜民主主义人民共和国三级国旗勋章。回国后,任浙江省军区后勤部卫生处副处长,江苏省军区后勤部卫生处处长、后勤部副部长。1978年7月,任镇江军分区顾问。1980年离职休养,副军职待遇。曾获中华苏维埃共和国红星奖章、三级八一勋章、三级独立自由勋章、二级解放勋章。1988年获二级红星功勋荣誉章。

匡亚明(1906—1996年),丹阳人。民国12年(1923年)入省立第一师范学校就读,民国13年参加革命,因从事革命活动被学校开除,民国25年入上海大学就读,同年8月加入中国共产主义青年团,9月转为中国共产党党员,不久被调离校参加工作。先后任上海沪东、沪西、闸北等区共青团区委书记及中共区委常委,上海总工会秘书长兼宣传部长。无锡中心县委书记及共青团江苏省委巡视员。民国26年以江苏团省委特派员名义领导宜兴秋收起义。后任中共江苏省委徐海蚌特委宣传部长。匡亚明在白区坚持革命活动,先后四次被捕,受尽酷刑而坚贞不屈,1937年被营救出狱。抗日战争和解放战争时期,匡亚明历任中共中央社会部政治研究室副主任、华东局宣传部副部长兼中共中央华东局机关报《大众日报》社长、总编辑等职、中共中央山东分局宣传部长兼政策研究室主任。

新中国成立后,匡亚明历任华东政治研究院党委书记兼院长、中共华东局宣传部常务副部长等职。1955年至1963年任东北人民大学(后更名为吉林大学)常务书记兼校长。1963年起任南京大学党委书记兼校长。“文化大革命”中遭受迫害,1978年复出,担任南京大学党委书记兼校长。1982年起为南京大学名誉校长。1991年被任命为国家古籍整理出版规划小组组长。他对孔子的研究系统而深刻,著有《孔子评传》《求索集》《匡亚明教育文选》等,晚年主持编撰的《中国思想家评传丛书》,被称为“20世纪中国规模最大的思想文化工程”。是第三届全国人大代表,江苏省第五、六届人大常委会副主任。

温友臣(1910—1996),福建长汀人。民国20年(1931年)2月参加地方苏维埃政府工作,同年加入中国共产党。土地革命战争时期,任福建省长汀县长坝苏维埃政府人民代表主任、县游击队分队长,汀东补训师第1团排长、副连长,江西中央政治局通警员,参加了长征。在陕北任延安中央警卫团政治指导员,陕西三元镇前总司令部特务团政治指导员。抗日战争时期,任晋察冀第2军分区卫生部政治指导员、第5团第2营政治教导员、中央巡视团巡视员、晋察冀第2军分区第4团锄奸科科长、供给处政治委员。解放战争时期,任北岳军区第12团政治委员、卫生部副政治委员。中华人民共和国成立后,任蚌埠治淮委员会政治部第一副主任、华东军区工程兵政治部主任、江苏省军区政治部副主任。1965年在镇江离职休养,副军职待遇。

钟国楚(1912—1996),江西兴国人。民国19年(1930年)加入中国共产主义青年团,同年转入中国共产党。土地革命战争时期,任兴国县冷沙区游击连支部书记,中共县委组织部部长,闽赣军区独立第8团副政治委员兼政治处主任。先后参加中央苏区反"围剿"战争和闽赣边三年游击战争。抗日战争时期,任新四军第2支队第3团政治处主任,第2支队政治部组织科科长,第4团政治委员,新四军第6师第16旅第46团政治委员,第16旅代政治委员,第1师16旅旅长,第2师5旅副旅长,苏浙军区苏南第1军分区司令员。参加金坛、黄甲、黄金山等苏南反"清乡"战斗。民国32年,16旅在他和江渭清指挥下,解放高淳安兴、溧桥地区,发起溧高战役,为新四军向南发展提供前进基地,时延安《解放日报》在头版进行报道。解放战争时期,任华中野战军第6师第16旅旅长,华东野战军特种兵纵队参谋长,第6纵队第18师师长,第三野战军第26军副军长。率部参加淮海、渡江、淞沪等重大战役。在"七战七捷"苏中战役中,他率领部队参加宣大攻坚战、分界阻击战等,在黄路遭遇战等战斗歼敌1万余人,改变南线战局。淮海战役中,他率部参加围歼黄伯韬兵团、阻击李延年兵团北援战斗,出色完成任务。中华人民共和国成立后,任中国人民解放军23军军长。1952年率23军参加抗美援朝战争。他指挥23军先后与敌作战109次,歼敌14833人,击落击伤敌机4334架。《人民日报》以《给艾森豪威尔上台的一棍》为题的署名文章,庆贺该军的重大胜利。1956年11月任中国人民志愿军十九兵团参谋长,获朝鲜民主主义人民共和国一级自由独立勋章。归国后,历任27军军长、上海警备区副司令员、安徽省军区第二政治委员、江苏省军区第二政治委员、南京军区顾问。1955年被授予少将军衔。获二级八一勋章、一级独立自由勋章、一级解放勋章。1988年被授予一级红星功勋荣誉章。是中国共产党第九次全国代表大会代表,第四届、五届全国人民代表大会代表。曾任中共江苏省委书记、省人大常委会副主任。

余庆腾(1918—1996),湖南炎陵人。民国21年(1932年)8月参加中国工农红军,11月加入中国共产主义青年团,民国25年10月转为中国共产党党员。土地革命战争时期,任班长、湘南游击队副队长。坚持南方3年游击战争。抗日战争时期,任新四军第1支队第2团第3营第9连副政治指导员,苏南游击队队长,新四军教导总队队长,江北游击纵队政治指导员,县大队长,第7师高干队学员、师部特务连连长,芜东大队大队

长，临江团第3营营长，皖南支队第3团副团长。在皖南事变中，英勇突围，返回部队。解放战争时期，任第7师第20旅参谋处作战股股长、参谋处处长，第6纵队留守处副处长，第17师第50团团长。中华人民共和国成立后，任第71师副参谋长，军事学院学员，军委军校部特校处副处长、步校处副处长，训练总监部院校部步兵预备学校处处长，大巨守备区副司令员、司令员，江苏省淮阴军分区司令员、镇江军分区司令员、扬州军分区司令员，江苏省军区顾问。1982年离职休养。

范导汾（1932—1997），山东寿光人。民国35年（1946年）12月入伍。民国36年7月加入中国共产党。解放战争时期，任山东省渤海第3军分区第16团政治处通讯员、文书。中华人民共和国成立后，任22军65师193团政治处政治教员、3营排长、营部参谋，22军战术射击训练大队学员，第4步兵学校学员，丹徒县兵役局统计科助理员，江苏省军区干部学校军事教员、轮训大队参谋、教导团副股长、第2队副队长，江苏省军区司令部训练处参谋、管理处副处长、作训处副处长，南京军区某守备团团长，江苏省军区某师参谋长、副师长，军事学院高级系学员，镇江军分区副司令员、司令员。1988年离职休养。

段焕竞（1911—1998），湖南茶陵人。民国18年（1929年）加入中国共产主义青年团。民国19年参加中国工农红军。民国21年加入中国共产党。土地革命战争时期，任茶陵县游击队排长，红18师第52团副连长、连长，湘赣军区红5团营长，湘赣游击司令部游击大队参谋长兼第1支队支队长，红5团代团长。他坚持湘赣边区三年游击战争，先后参加虎头山遭遇战、龙口突围战、洲湖镇袭击战等，多次与敌白刃格斗，几次光荣负伤，经受血与火考验。抗日战争时期，任新四军第1支队第2团营长，团参谋长，苏北指挥部第2纵队第6团团长，新四军第1师第2旅副旅长。他参加组织指挥丹阳新丰、句容城、扬中、上党等攻克敌据点战斗，直接组织指挥延陵地区贺甲村战斗，全歼日军守敌160余人，取得新四军战史上有名的“延陵大捷”。解放战争时期，任华中野战军第6纵队副司令员，苏中军区第1军分区司令员，华东野战军第11纵队第31旅旅长、纵队参谋长、副司令员，第三野战军第29军副军长。他率部在通榆线上破坏敌人交通运输线，与敌人展开阻击战，为配合主力部队取得苏中“七战七捷”起到重要作用。任29军副军长后，先后参加过淮海战役、渡江战役、上海战役、福州战役和厦门战役。中华人民共和国成立后，任中国人民解放军军长，江苏省军区副司令员、司令员，南京军区副参谋长、副司令员。1955年被授予少将军衔。获二级八一勋章、二级独立自由勋章、一级解放勋章。1988年被授予中国人民解放军一级红星功勋荣誉章。是第四届全国人民代表大会代表，中国共产党第七次全国代表大会代表。

韦永义（1908—1999），丹阳人。民国26年（1937年）8月参加革命。民国28年5月经陈毅介绍加入中国共产党。抗日战争时期，历任丹阳抗日自卫总团政治处主任，江南抗日义勇军挺进纵队第3支队支队长，新四军挺进纵队第4团团长，镇、丹、武、扬四县抗日总会副主任、丹阳县县长，地委联络部部长，苏南第四行政区专员、保安司令兼第15团团长，苏中第二专署专员，丹北地区司令兼政治委员。他在敌后游击战争中，率部粉碎日伪清乡和扫荡，回击国民党顽固派军队挑衅进攻，为创建和壮大苏南根

据地、扩大人民武装发挥重要作用。解放战争时期，任苏中第2军分区副政治委员、司令员，苏中第二行署专员、第二地委书记，镇江军分区政治委员。率部在苏南、苏中地区进行艰苦卓绝的敌后斗争，坚持和扩大敌后根据地，有力配合解放军在华东正面战场的作战。中华人民共和国成立后，任中共镇江地委书记、军分区政治委员，苏南区党委工业部部长、工会主席，无锡市委书记兼军分区政治委员。1954年至1966年，任中共江苏省委组织部部长、政法部部长、省委常委、省人大秘书长和无锡市委书记、江苏省副省长。“文化大革命”中遭受迫害达8年之久。1977年恢复工作，任省委顾问组组长，省委政法领导小组副组长，省检察院检察长，省第四、五届政协副主席。

陈和发（1915—2001），丹阳市云阳镇横塘人。原名陈和法，出席中国共产党第九届全国代表大会时，改名为陈和发。幼时居家贫困，8岁时即参与农活，曾拜师学木工、竹工、瓦工和弹棉花工等技艺，尤长瓦工。

新中国成立初，陈和发积极投身土地改革运动。1952年春，带领贫下中农办起农业生产互助组，同年参加中国共产党。10月，带领15户组员创办苏南行政公署第一个初级农业生产合作社，被选任社长。该社被中共镇江地委定为镇江地区初级农业社的典型示范社。1953年，被评为苏南劳动模范。至1954年，曾两度为中国人民赴朝慰问团成员，赴朝慰问志愿军官兵。1955年冬，其创办的初级社升格为高级社，续任社长。同年，陈和发事迹被编入镇江地区编印的小学中年级语文教材。1958年，任丹阳县横塘公社副主任。1962年，任横塘大队书记，兼任江苏省政协委员、丹阳县政协委员。1969年4月，选为中国共产党第九届全国代表大会代表，并在大会上当选为中央候补委员。1971年3月至1974年11月，任中共丹阳县委书记、丹阳县革委会主任。后历任江苏省革委会副主任、江苏省副省长、江苏省贫下中农协会主任等职。1980年，调江苏省农林厅工作。在省任职期间，曾受到国务院总理周恩来的接见。

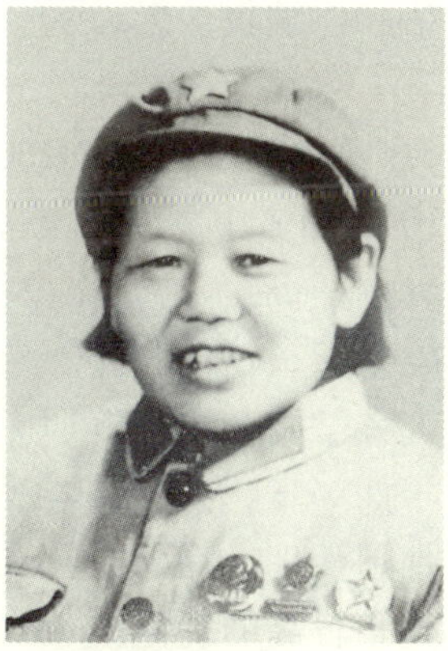

钟建萍（1916—2001），女，四川重化人。民国24年（1935年）1月参加革命，民国26年4月加入中国共产党。土地革命战争时期，任红四方面军财政部、妇女独立团团部、电台3局勤务员，参加长征。到陕北后在延长师范学校一班学习。抗日战争时期，任延安抗日大学分队长、延安中国女子大学特别班学员、延安第1保育院保育员。解放战争时期，任东北民主联军第8师第1招待所、第四野战军第134师家属队政治指导员。建国后，任第四野战军第123师补充团政治指导员，东北军区整训第5团、独立第1团、收容第1团、军马疗养院政治指导员，解放军总后勤部镇江车管学校保育院政治协理员。1982年9月离职休养，正师职待遇。

施光前（1917.12—2002.1），扬中人。青少年时期，追求进步。抗日战争爆发后，投笔从戎。民国27年（1938年）参加抗日活动，历任新四军挺进纵队战地服务团团员，扬中、武进、丹阳等县抗日民主政府科长、区长、副县长等职。民国30年任扬中县抗日民主政府县长兼扬中县独立团团长。在非常艰难时期，组织扬中抗日武装与日军进行艰苦卓绝的斗争，使扬中成为新四军驰骋大江南北的“江心跳板”，为夺取抗日战争胜利建立了不朽功绩。解放战争时期，历任中共华中二地委秘书长、中共镇（江）丹（阳）扬（中）工委副书记、高邮县长兼独立团团长、邗东县县长兼总队

长、江都县总队长等职。1949年4月任镇江南下干部指挥部参谋长。为推翻国民党反动派统治南征北战，多次立功受奖。

中华人民共和国成立后，历任镇江专员公署民政处长兼支前司令部副司令，镇江市副市长、代理市长，江苏省农林厅处长，淮阴专区副专员、专员，盐城专区副专员。尽力为社会主义建设作贡献。“文化大革命”中受冲击，1975年6月恢复工作，调江苏省委工作组接收南京军区江苏生产建设兵团。1975年10月始任江苏省农垦局副局长。1985年10月离休。曾撰写《江洲抗敌记》《重返江洲》《艰难行程》等数十篇革命回忆录。2002年1月在南京病逝。

彭寿生（1912—2003），江西萍乡人。民国20年（1931年）2月参加中国工农红军，民国22年7月加入中国共产党。土地革命战争时期，任江西萍乡县独立团战士、江西分区独立3师班长。坚持南方3年游击战争，抗日战争时期，任新四军第1支队第3连副排长、排长，皖南军部教导营第3队排长、副连长。民国27年，随陈毅、粟裕开辟茅山抗日根据地，任新四军第1支队第2团连长、营长，参加新丰战斗、延陵战斗、陈巷桥战斗。新四军北渡后，任第1师第1旅第2团通信科科长、特务营营长，苏中军区第2军分区兴化县独立团副团长、团长，区独立团团长。在黄桥战斗中负伤失去右臂。解放战争时期，任第1纵队第2师第6团团长，军政大学高干班学员，苏中第9军分区司令部副司令员兼参谋长、司令员。参加宿北战役、苏中战役、孟良崮战役、莱芜战役、鲁南出击战。中华人民共和国成立后，任苏北军区南通军分区司令员，江苏省军区副参谋长。1965年彭寿生在镇江离职休养，副军职待遇。他克服失去右臂的困难，坚持用左手撰写20多万字革命回忆录，汇编为《高山上的火苗》，为党和军队留下珍贵的历史资料。晚年，他不顾年老体弱、身体残疾，到机关、团体、学校、部队、企事业单位去作革命传统报告近百场。

孙秉谦（1931—2003），江苏启东人。1951年12月参加革命，1955年10月加入中国共产党。历任启东县聚南乡第一副乡长、启东县委办公室副主任、启东县希土公社党委书记、启东县委副书记、县委书记、南通地委副书记、行署副专员、镇江市委副书记兼组织部长、镇江市委书记、镇江市人大常委会主任等职。1999年6月退职休养。孙秉谦参加革命工作数十年如一日，为党和人民的事业奋斗不已。从最基层的乡团支部书记一直到担任地、市委书记，在每一个岗位都能兢兢业业、创造性的开展工作，并具有较高的理论政策水平和较强的组织领导能力。善于调查研究，从实际出发提出思路，并敢于超越前人、超越自己，工作富有创新精神。全局观念强，善谋大事，决策果断，能在复杂情况下打开局面。注意体察民情，与人民群众保持密切联系，敢为民讲话，勤为民办事。为人坦诚，作风正派，团结同志。曾当选为中国共产党的第十次、第十三次代表大会代表。担任启东县委副书记、书记期间，领导该县夺得全国粮棉高产县荣誉，先后获得国务院两次嘉奖，并受到周总理亲自表扬。

许　诚（1911—2004），江苏南通人。民国16年（1927年）春参加革命。次年1月加入中国共产党。民国18年10月入伍。土地革命战争时期，任上海沪东区委发行部干事、部长，江苏省委发行部干事。民国21年10月，在上海因叛徒出卖被捕，被判无期徒刑，关押在南京中央军人监狱。民国26年10月，国共合作时作为政治犯释放出狱。抗日战争时期，任新四军第1师第3旅营长，苏北海门县警卫团第3营营长，江苏省海启人民自卫总队副总队长，苏中第2军分区军工科科长，苏中军区总兵站总站长，第3旅第5团第2营营长。参加掘港保卫战、汇龙镇战斗。解放战争时期，任苏中军区司令部人事科科长。苏中复员局队列科科长，华中第7纵队军法官，华中第7纵队兼苏中军区司令部人事科科长，苏中第11纵队政治部组织部副部长，苏北兵团第11纵队后勤部部长，第10兵团第29军后勤部部长，第10兵团后勤部参谋处处长。参加了涟水战役、沭阳阻击战及淮海战役。解放后，任苏中军区政治部组织部副部长、干部管理部副部长，华东军区干部部动员处长，江苏省军区干部部部长，江苏省镇江军分区政治委员。1965年5月离休，正军职待遇。

严维道（1925—2004），江苏如皋人。民国29年（1940年）入伍。民国30年2月加入中国共产党。抗日战争时期，任新四军苏北第1纵队独立支队文书、书记，新四军第1师第1旅第2团团部书记、第1团人事参谋。解放战争时期，任华东第1纵队第1旅第1团轮训队副队长、副作战参谋、教导队队长，华东第1纵队第1师作战参谋、通信科副科长、作战科副科长，第20军第58师作战科副科长、炮兵营营长。中华人民共和国成立后，历任中国人民志愿军第20军第58师炮兵团参谋长、师炮兵室副主任、师炮兵司令部参谋长，第59师炮兵第339团团长，南京军区炮兵第414团团长，炮兵第14团团长，炮兵第9师参谋长，江苏省徐州军分区副司令员，江苏省军区后勤部副部长，江苏省镇江军分区司令员。1983年在镇江离职休养。

张潮夫（1910—2005），湖北大悟人。民国19年（1930年）参加中国工农红军。民国21年加入中国共产党。土地革命战争时期，任红四方面军第9军第25师第74团连长、政治指导员，第27师第79团营政治教导员，第9军政治部保卫局保卫科科长，第25师第73团政治处主任。在随中央红军长征途中，张潮夫在战斗中负伤，同部队失散。他带领红九军医院百余名伤员进入深山同敌人周旋，靠野果、野菜充饥，地洞、树叶御寒。躲过敌人数次搜山，终于找到红军大部队。抗日战争时期，任新四军第3支队第6团营政治教导员，江南指挥部挺进纵队第1团政治处主任，第4团政治委员，第1师第2旅第6团政治委员，苏中军区特务第2团政治委员，苏中军区政治部组织部部长。解放战争时期，任苏中军区第2军分区政治部主任，华中野战军第6纵队第18旅政治部主任，华东野战军第6纵队第18师副政治委员，第三野战军第8兵团后勤部政治委员。先后参加苏北地区鲁西反磨擦战斗、黄桥战斗、郭村战斗、苏中七战七捷、涟水战斗、莱芜战役、孟良崮战役、淮海战役、渡江战役等。中华人民共和国成立后，任第10兵团后勤部政治委员，华东军区第1文化速成中学政治委员，南京军区后勤部副政治委员，江苏省军区副政治委员。1955年被授予少将军衔。获二级八一勋章、二级独立自由勋章、一级解放勋章和一级红星功勋荣誉章。

郭廉高（1939—2005），扬中人。1960年毕业于扬中县中学，同年加入中国共产党。1966年毕业于清华大学自动控制专业，先后在上海业余工业大学、浙江省军区乔司农场、上海异形钢管厂工

作。1978 年 4 月参加参加上海宝山钢铁总厂建设,先后担任宝钢总厂自动化部副部长、党委副书记,宝钢总厂党委组织部副部长兼干部处副处长,宝钢总厂党委委员、组织部部长、宝钢总厂副厂长,宝山钢铁(集团)公司副总经理兼人事部部长,上海宝钢集团公司党委委员、董事、副总经理等职务。1991 年被评为高级政工师,1995 年被评为高级工程师。兼任中国企业集团促进会副会长和上海市人才研究会第三届理事会副会长。

1983 年以后,郭廉高由技术工作转向人事和行政管理工作,结合宝钢实际提出"两个三百"的管理后备干部和技术后备干部的选拔、培养方案;主持制订并实施《宝钢人才发展规划》。他善于学习借鉴国外先进的人事管理经验,连续数年组织实施减员增效工作;主持建立岗效薪级工资分配制度。上海宝钢集团成立后,他稳妥地推进减员分流和再就业,为宝钢的发展作大量艰苦细致的工作。

第二节　科教文卫体

韩天眷(1894—1983),参见《镇江市志》"人物卷"。

钱定华(1917—1983),江苏金坛人。民国 30 年(1941 年)中央大学机械工程系毕业,民国 37 年获美国衣阿华大学机械工程系硕士学位。曾任镇江农机学院(后为江苏工学院)教授、博士生导师,江苏省农机学会副理事长,镇江机械工程学会副理事长。长期从事农业机械的教学和科研工作,曾在美国纽约大学进行钛合金方面的研究,研制成功钛合金真空熔炼炉。修订《辞海》农业分册中的农机部分词条,合著《农业机械理论与计算》。发表《秧苗带土移栽插秧机研究》《轧耙的理论研究及设计》等重要论文。

曹　刍(1895—1984),参见《镇江市志》"人物卷"。

罗君惕(1905—1984),参见《镇江市志》"人物卷"。

顾青虹(1894—1985),参见《镇江市志》"人物卷"。

张泽生(1896—1985),参见《镇江市志》"人物卷"。

蒋逸雪(1902—1985),参见《镇江市志》"人物卷"。

凌馥超(1914—1985),参见《镇江市志》"人物卷"。

吴善芳(1920—1985),参见《镇江市志》"人物卷"。

李仲骥(1926—1985),浙江镇海人,生于镇江。民国 36 年(1947 年)毕业于复旦大学化学系,同年进上海庆成染料公司(上海染化三厂前身)工作,一生致力于染料事业。曾任上海染料化工三厂技术副厂长、总工程师、代理厂长等职。进厂后即初露头角,通过挖潜使硫化元的产量猛增 3 倍,1951 年在《染化月刊》上发表《硫化元生产的商榷》一文。1954 年,首创国内第一个冰染色基凡拉明 B 蓝盐(俗称安安蓝)染料,后在行业内率先使用高压釜成功投产,一年可为国家节约外汇 900 万元。1954 年、1955 年连续 2 次被授予上海市劳动模范称号。1956 年晋升为工程师,3 年内

与其他同事一起研制成化工部下达的盐基品蓝BO、B等9个染料新品种。1961年与染料研究所通力合作研制成中国第一只阳离子染料艳蓝RL,实现工业化生产。同年被评为上海市先进工作者。“文化大革命”期间受冲击下放劳动,在此期间仍旧完成第二代X型阳离子染料的科研并形成系列生产;完成用来冲洗美国彩色胶卷用的合成外偶法成色剂的研制任务;主持N、N一二甲基苯胺代替吡啶制溶蒽素1BC的科研。1979年后,专心致力发展阳离子工业,在他的带领下,第三代M型、第四代SD型阳离子染料陆续问世;产品不断更新换代,质量接近国际水平,艳蓝RL两次获得国家银质奖。1982年编写的《阳离子染料及染料中间体统一检验方法》获国家标准科技成果二等奖,撰写《论阳离子染料及其应用测试》论文。1984年1月在阳离子染料严重积压,厂里发不出工资的情况下,作为总工程师出任代厂长。经过努力,二年后终于使工厂摆脱困境、打开局面。

1954年他提出加入中国共产党申请,1983年被批准入党,在入党志愿书中写道:“我已年近花甲,别无所求,唯一的心愿就是要加入中国共产党,在政治上有所归宿。”1984年被评为上海化工局优秀共产党员。李仲骥逝世后,被化工部追认为全国化工劳动模范,中共上海市委追认其为优秀共产党员。

黄竺如(1901—1986),镇江人。民国10年(1921年)赴日本学医,民国23年受聘担任南通学院医科教授、外科主任,民国24年从事临床。黄到职后,医院特“建筑外科诊察室,另辟消毒间,光线充足,杀菌严密”,让他“尽展其技,以造福地方”。1952年任南通医学院副院长、南通市科协主席等职。1957年任苏州医学院副院长兼南通分部主任。后来,他利用自己是省人大代表和市政协副主席的社会影响,各方呼吁,为恢复和重建南通医学院作出重要贡献。晚年,他患有风湿性心脏病,临终前,他交待子女:“我的心脏病很典型,临床的观察和治疗都很全面,一份完整的教材就缺心脏标本了。在我死后,把我的心脏献给学校,供科研和教学用。”

罗灏白(1927—1986),原名柏年,镇江人。少年家贫,先后做过学徒、职员、中小学教师。十多岁时,即经常在镇江的各种报刊上发表文艺作品。民国36年(1947年),经完常白介绍和镇江朝霞文艺社建立联系,并在朝霞社办的《文艺工作》上发表文章,后又编过报纸副刊,办过刊物。民国37年去上海。上海解放后参加接管工作,并在银行、学校服务。20世纪50年代初期,出版散文集两册。1957年被错划为右派,改正后,1979年调安徽省文联,任《清明》文学杂志编辑、编辑部主任,1984年调安徽文学院从事专业文学创作,1985年加入中国作家协会。1979年后,发表短篇小说及散文数十篇,散文《神灵河》获安徽省散文佳作一等奖,并收入《新文学大系~散文集》,中篇小说有《郁郁芳草》《诸葛黛》等10部,长篇小说有《征雁千里》《被上帝遗弃的女儿》《紫藤园》和《古城丽人》。1986年因脑溢血逝世于合肥。

颜碧丽(1928—1986),女,镇江人。民国31年(1942年)毕业于家乡的弘道中学,后进上海一家电影院做领票员,利用职业之便,偷学表演技艺,刻苦自励,于民国34年走上话剧舞台,在《家》

《满庭芳》《清宫怨》等剧中扮演群众角色，翌年转到电影界，先后在香港大中华、建华影片公司和上海大同电影企业公司的《长相思》《怨偶情深》《二百五小传》等十多部影片中担任角色。1947 年改任场记。新中国成立后，进入上海电影制片厂，1955 年前仍任场记，后在《谁是凶手》《今天我休息》等 6 部影片中任助理导演。1960 年加入中国共产党。1960～1963 年，执教于上海电影专科学校导演系，为培养电影事业的新人尽心尽力。后担任《北国江南》《李善子》等影片的副导演。1965 年任导演，作品有《小足球队》《失去记忆的人》《爱情啊，你姓什么？》《笔中情》等 7 部。其特点是比较细腻，注意刻画人物的个性特征。在她身患绝症的最后几年中，仍坚持参加电视连续剧《结婚进行曲》的改编。曾获全国和上海"三八红旗手"的称号。

刘景韶（1903—1987），参见《镇江市志》"人物卷"。

任瑞华（1912—1988），镇江人。民国 15 年（1926 年）进上海聚兴昌机器厂当学徒，满师后进大康纱厂做修理工。民国 26 年"八·一三"抗战爆发后，随华生电扇厂迁至汉口、宜昌、重庆等地。民国 35 年进中纺机械公司（现中国纺织机械厂）。1952 年，在郝建秀工作法的影响下，创造了任瑞华车床操作法。他将车刀装在车头上，工作物装在刀架下，能七把刀子一次进，将五道工序一次车，装卸容易，节省时间，工作物固定，操作者安全，增加机床使用率，产量提高 5%～15%，解决当时 B22 零件经常脱节的关键问题，也解决了生铁工段使用多刀的困难。1953 年被评为上海市五金工业模范。同年加入中国共产党。1954 年结合科列索夫车刀法，从五道一次车发展到 9 道一次车。1954～1955 年被评为上海市工业劳动模范。1956 年出席全国纺织工业先进生产者代表大会。他的工作法被推广到各省市兄弟厂，在山西经纬厂表演 33 件，提高切削效率 4.3 倍；在天津纺织厂表演 20 件，提高效率 8.5 倍；在青岛纺织厂推广齿轮零件操作技术，提高效率 4 倍。

赵宏弼（1912—1988），参见《镇江市志》"人物卷"。

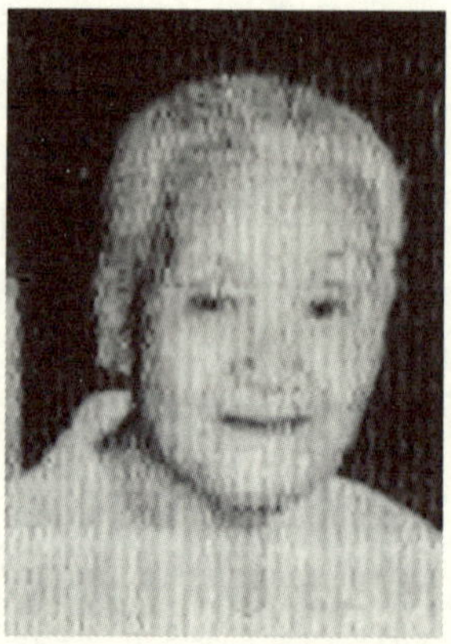

孙绣君（1908—1989），女，又名素琴，丹阳人。民国 16 年（1927 年）毕业于上海爱国女子学校体育专科。民国 28 年从事幼儿教育，1958 年为虹口区西街幼儿园园长。孙克服困难，不断优化幼儿园条件，增加班数，开办幼儿寄宿班，使其成为全区规模最大，条件最好，服务最佳的幼儿园。为指导幼儿游戏，自费学习儿童舞蹈。先后编写《音乐律动和游戏》《幼儿纸工》《幼儿剪窗花》《幼儿玩具》《儿童教育一百例》等教材，参与上海市教育局编写《儿童音乐》一书。

她强调幼儿教育要由浅入深，要多样化，要有系统性。重视幼儿品德的教育和培养，让幼儿在游戏、唱歌、画图中得到全面发展。领导教工做好卫生工作，使西街幼儿园一直保持市卫生先进的荣誉。曾为虹口区第二、三、四届政协委员，被评为上海市"三八红旗手"。

崔东升（1914—1989），江苏仪征人。13 岁赴沪，随父崔少华学香火戏，同年登台唱书头（开场戏）。后拜许家声、陈红桃为师，又向王和平学习京剧武功，13 岁起正式登台扮戏，演花旦兼娃娃

生、后改演武生、小生、红生。17 岁担任排演工作。20 岁改唱小开口，扮演过许多角色，其中济公一角，享有盛名，有“活济公”之称。新中国成立后，参加海清剧团在镇江公演，1950 年与张宝祯组织金星扬剧团(后为镇江市扬剧团)担任业务指导、副团长。曾任市戏曲评弹协会副主任委员、江苏省剧目工作委员会副主任委员。1962 年在扬剧团学馆任教。

崔东升善于说戏、编戏，被称为“戏篓子”。一生共创作、改编、整理出较有影响的扬剧剧目 40 余个。其中《挑女婿》参加 1954 年华东戏曲会演，获文化部奖励，被许多剧种移植上演。所编《解粮官》《借子》参加江苏省第一届戏曲会演分别获优秀剧本奖与剧本奖，他同时获导演奖和演员一等奖。1979 年与郁亦行合作创作《包公自责》，被许多剧团移植，并被河南省改编摄制电影。

徐瑞和(1915—1989)，镇江人。民国 19 年(1930 年)就读上海同德医学院，毕业后任沪南医院助理住院医师。抗日战争期间，参加红十字医疗队辗转各地。先后任贵州省立医院外科主任医师、贵州遵义卫生院和县医院院长，并创建贵州第五区高级医事职业学校。民国 34 年后，筹建江苏省徐州医院、扬州医院，并任院长兼苏北医疗防疫总队队长。在此期间，掩护中共地下党员王聿先安全转移至镇江美国教会医院。民国 37 年，去美国加里福尼亚大学进修。中华人民共和国成立前夕毅然回国。1949 年起先后任上海市卫生局技正，市第一劳工医院、江宁区中心医院、静安区中心医院西院院长，市职业病防治所所长。1950 年秋，他奉命设置白喉病房，为控制白喉流行做了大量工作。他对铅、汞、苯中毒及矽肺等职业病防治进行系统研究，铅中毒研究方面的造诣尤为突出。1963 年调入上海第二医学院后，相继担任卫生学教研室副主任、副教授和教授。

他先后任中华医学会劳动卫生学术委员会委员、市劳动卫生学会副主任委员、世界卫生组织职业卫生合作中心学术顾问、《劳动医学杂志》顾问。他发表专题论文 11 篇，著有《职业性汞中毒》。并参加编写《中国医学百科全书》中有关劳动卫生分册、毒理学分册有机磷药章。编写《卫生学辞典》的劳动生理章，获卫生部 1985 年科技成果奖。

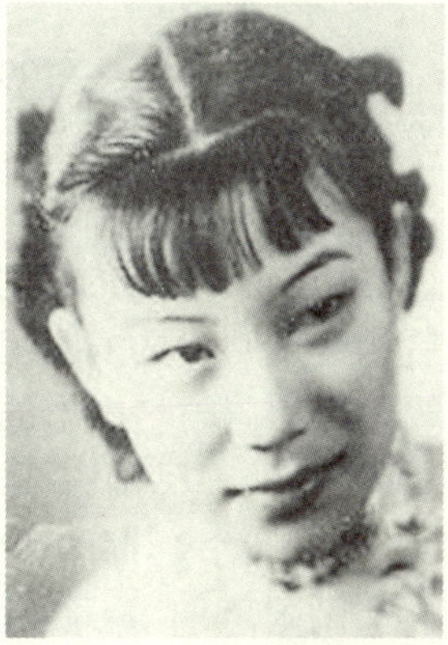

顾兰君(1918—1989)，女，又名顾小蝉，镇江人。20 世纪 30 ~ 40 年代著名电影明星。顾少年时期开始学艺，参加过话剧、歌舞活动，加入歌舞团，与姐姐顾梅君同台演出。民国 20 年(1931 年)起进入影坛。她首次上银幕是在胡蝶主演的《姐妹花》中扮演小丫头。民国 22 年与赵丹等人合演《上海 24 小时》，她扮演纱厂女童工。民国 24 年，在影片《翡翠马》中初展歌喉，上映后轰动一时。后在《金刚钻》《生龙活虎》2 片中任主角。民国 27 年，她与金山、顾而已合作主演古装片《貂蝉》，蜚声影坛，奠定她在影坛的地位。接着又主演《武松与潘金莲》《武则天》《王熙凤大闹宁国府》《葛嫩娘》等影片，演技精湛，与袁美云、陈燕燕、陈云裳并列为当时影坛“四大名旦”。民国 29 年后，主演《刁刘氏》《红线盗盒》《李香君》《贵妇风流》《龙凤花烛》《家》等 10 多部影片。抗日战争胜利后，她到香港“大中华”演出《同病不相怜》。后又回沪为国泰影片公司拍了《假面女郎》《十步芳草》等影片。她演的最后一部电影，是 1953 年由她自费拍摄的《婚姻大事》。该片由秦瘦鸥编剧，徐昌霖导演，演员有童芷苓、陆露明、

朱莎、周伯勋及顾本人。先后演出过50多部影片。

民国37年，顾弃影从商，在自己开设的惠昌水龙带厂任厂长。1954年参加中国民主建国会。1956年带头申请公私合营，受到市民建表彰。她先后当选为静安区政协第三至七届委员。1978年退休后，多次邀请海外文艺界朋友来沪旅游探亲，并同他们一起同台演出。1985年她赴香港探亲访友，实事求是宣传国内形势，团结许多海外人士，为祖国统一事业做了不少工作。晚年，她热心政协工作，积极参政议政。特别是在担任区政协艺术学校校长期间，和同仁一起克服困难，努力办学，先后培养万余名学生。

黄肇兴(1909—1990)，参见《镇江市志》“人物卷”。

宗震名(1909—1990)，参见《镇江市志》“人物卷”。

张丹子(1910—1990)，回族，丹阳人。民国14年(1925年)为上海英文大陆报编辑部练习生。民国15年为《密勒氏评论报》见习记者，与埃德加·斯诺共事。有一天斯诺将自己的1张英文名片交给张丹子和周蔚亭，要求代起中文译名，当时，张丹子对斯诺说：“Snow中文意为‘雪’，从音韵上着眼，实在不够响亮。是否改为音译‘斯诺’，读起来有劲。”斯诺当即点头同意，从此就用“斯诺”中文名字与各方交往。1927年，他在上海开设光艺照相馆。民国17年，被《自由西报》聘为特约摄影记者。1946年7月采访在上海汉口路联合救济总署召开的黄河堵口工程联合会，在会议中拍摄中共代表周恩来面对美蒋代表斥责蒋介石发动内战的珍贵照片。会后受到周恩来接见，并为周恩来拍了1张半身像；3天后又受到周恩来单独接见，并将亲笔签名的照片赠予张丹子。民国36年，担任上海市照相业同业公会常务理事。上海解放后，参加中国民主建国会，先后任市饮食服务公司照相业顾问、市商业二局民建工商联经济咨询委员会委员、上海翻译家协会会员、市旅游学会和协会理事。晚年致力于旅游和翻译工作，编著的《旅游接待英语》丛书，1987年出版后再版3次，印数突破10万册。所译《唐诗英译120首》《李白诗英译100首》，由路易·艾黎作序。学者评论张所译的诗“意美、形美、音美，吟咏起来，抑扬顿挫，朗朗上口”。1990年3月，张将其回忆手稿、发表的文章和周恩来所赠的照片等交给上海市静安区档案馆保存。

解洪元(1915—1990)，乳名小毛，原籍镇江，生于上海。民国4年(1915年)生于上海，14岁在苏州拜京剧演员杨奎官为师，后到上海师从侯国廷学唱申曲。曾深受申曲名角夏福麟熏陶，30年代初在杭嘉湖一带跑码头演出。民国26年回沪上演根据莎士比亚名剧《哈姆雷特》改编的《银宫惨史》，其设计的新腔《太子哭坟》风靡一时。此后相继受聘于文滨剧团、上海沪剧社。民国30年上海沪剧社成立，上演改编自美国同名电影的《魂断蓝桥》，解洪元扮演男主角；之后又排演《上海屋檐下》。民国33年，先后组建“洪元”“中艺”“上艺”等剧团，自编自演《皆曰可杀》《镀金少爷》等反映当时社会生活的新剧目，产生一定影响。民国38年1月被《沪剧周刊》评为“沪剧皇帝”。1950年，他与丁是娥组建“新上艺”，首先进行改制，成为民营公助的沪剧团体。

新中国成立后，他曾先后在《罗汉钱》《雷雨》《蝴蝶夫人》《巧遇记》《芦荡火种》《金沙江畔》和《星星之火》中扮演主要或重要角色。他戏路宽广，不论老少正反角色演得皆得心应手，他根据自己嗓音条件创造的解派唱腔宽洪醇厚、豪放壮美，深受观众喜爱。

他1953年加入民盟，于1952年获第一届全国戏曲观摩演出大会演员二等奖。曾任上海市沪剧改进协会主任委员和上海市影剧工会沪剧分会主席、人民沪剧团副团长。1990年因病逝世。

周志宏（1897—1991），丹徒人。冶金、金属材料专家。民国12年（1923年）毕业于北洋大学。民国13年赴美国学习，先后获卡内基工学院硕士学位和哈佛大学博士学位。民国28年秋，周志宏回国，任南京国民政府兵工署兵工研究委员会助理委员。民国29年出任兵工署下属的上海炼钢厂厂长。民国24年，周志宏被派往欧洲检验进口钢材及考察钢铁工业。“七七事变”发生，他立即返回祖国，受命筹备汉阳铁厂复工。时兵工署在重庆成立材料试验处，他任该处技正（总工程师）兼处长。民国31年，兵工署第28厂成立，周志宏又兼任厂长。他领导研制和生产的合金钢厂的产品不仅解决了兵工生产和民用生产之急需，而且把中国冶金技术的发展推向新阶段。在重庆8年间，周志宏担任重庆大学教授。他重视对青年的教育培养，培养造就出一批冶金专家、学者。民国36年年底，周志宏由重庆到南京，接受交通部聘请，筹备交通部研究所。民国36年，周志宏由南京回到上海。1949～1952年任大同大学教授、机械系主任。1952～1991年任上海交通大学一级教授、机械系主任、冶金系主任、副校长；材料科学及工程研究所所长；上海交通大学分校校长、名誉校长。1955年选聘为中国科学院院士。为中国科学院学部委员，上海金属学会理事长，第二、三届全国人民代表大会代表，第五届全国政协委员、九三学社中央委员，上海市第一至五届人民代表大会代表。

周长期从事物理冶金和钢铁冶炼研究。民国19年，研究成功中国最早的大型铸段件，完成钱塘江大桥桥梁桥座铸造和加工任务。研制坩锅炼钢，冶炼出中国第一批高质量锋钢、冲模钢、磁钢、不锈钢，还自行设计电炉、试制出纯钨钨铁、矽铁等金属材料，是中国工具钢、高速钢和不锈钢的首创者。1949年后，研制少含、不含和铬的滚珠轴承钢。1960年，首先提出氧气顶吹转炉炼钢法，并在工厂生产中得到应用。1978年，推出顶底双吹氧转炉炼钢法。

刘哲民（1908—1992），丹阳人。民国11年（1922年）丹阳务商学校毕业后，在上海永庆钱庄、晋成钱庄、正和银公司任练习生、会计和协理等职。民国25年9月，参与《华美晚报》的经营管理。后兼任《华美周报》经理。抗战期间，资助《大美晚报》宣传抗日。并长期掩护中共地下党员恽逸群利用他担任经理的大昌行进行活动。抗日战争胜利后，他又与柯灵、唐弢、郑振铎、李健吾、周煦良、施蛰存等人先后创办了进步刊物《周报》《文艺复兴》《活时代》三个期刊。创建上海出版公司，任总经理、常务董事、董事长、编委主任等职。在他任职期间，上海出版公司出版了一些重要书稿，如郑振铎主编的《中国历史参考图谱》、方志敏《可爱的中国》手稿、《鲁迅日记》手稿，以及《伟大的艺术传统图录》《梦溪笔谈校证》等。解放战争时期，曾掩护上海学生联合会主席共产党员陈震中居住在他的寓所；上海学生联合会副主席申高山被捕后，经他多方营救后获释。1951年参加民主促进会，先后任民进第四、第八、第九届上海市委委员，第十届民进上海市委顾问。1956年2月以后，先后任新文艺出版社总编室副主任、古典文学出版社经理部副主任、中华书局上海编辑所影印组科员等职。1989年评为编审。1972年退休。退休后，编成《郑振铎书柬》《郑振铎书信集》等书。最后卧病在床时，仍勉力修改其所撰写的《郑振铎书信集·序言》。

曹诒孙(1905—1993),江苏吴江人。民国13年(1924年)毕业于江苏省立第二农业学校蚕科,民国17年毕业于日本鹿儿岛高等农林学校蚕科,民国27年至民国28年在东京高等蚕丝学校研究蚕体病理学。民国18年回国,历任淮阴农校蚕科主任、江苏省蚕丝试验场原种部主任、浙江大学农学院讲师、中央农业实验所技正、江苏省蚕丝试验场场长、江苏省蚕桑专科学校教授、无锡蚕业试验场技师。1949年后任华东蚕业研究所、中国农业科学院蚕业研究所研究员、病理研究室主任,中国蚕学会第一、二届副理事长,第三、四届名誉理事长等职。

从事蚕业科学研究60多年,为中国蚕桑事业特别是蚕病防治、蚕体病理学等倾注毕生精力,为我国家蚕病防治研究的奠基人。专事蚕病学研究,首创配制"防僵粉",创制石灰浆消毒法,试验成功的漂白粉液散卵面消毒法被全国蚕种场采用,研究并应用"灭蚕蝇"药物防治多化性蚕明蝇病,提出的家蚕脓病环境诱发机制创见,纠正传统学说,发展蚕病理论。还与日本宇都宫大学教授合作研究空头性软化病源,为发展蚕病理学作出新贡献。承担《中国农业百科全书·蚕业卷》顾问和蚕病篇主编,单独或合作发表蚕桑生产、蚕病防治技术和蚕病理论等学术论文、报告等20多篇。

顾莲邨(村)(1907—1993)又名汝磦,江苏射阳人。民国26年(1937年)毕业于国立中央大学艺术系,得吕凤子、徐悲鸿、汪采白亲授。民国35年任丹阳正则艺专教授兼训导主任,1983年任正则画院院长。作品多次参加省市展览。1983年在南京江苏省美术馆举办个人书画展,展出作品83幅。后又应邀赴盐城展出。展后将52幅作品编印为《湖海书画》,著有《学生习字帖》《顾莲邨书画集》。曾为中国书法家协会会员、江苏省美协会员、江苏省花鸟画研究会研究员,镇江中泠印社顾问,镇江市政协第六、七届委员会常务委员。

于在春(1909—1993),镇江人。民国21年(1932年)毕业于上海光华大学文学系。先后在江苏淮阴师范、太仓师范、常州中学、南通中学任语文教员。早年从事小说创作,18岁发表短篇小说《冷落》,以后有短篇小说集《翠环》。民国25年起结合教学工作需要,致力于研究语法修辞学,曾与人联合创办《写作与阅读》《文章》两种月刊,还出版了《文字的自由画》《集体习作实践记》等专著。民国31年起,先后担任光华大学、之江大学、复旦大学、上海师专副教授、教授等职。民国34年与郭沫若、陈望道等专家发起成立中国语文学会。新中国成立后,调任南京大学文学院副教授。1955年起在上海新文艺出版社、古典文学出版社、中华书局上海编辑所,先后任编辑、编辑组组长、编审等职。长期致力于语言文字方面的探讨,著作有《标点符号用法比较》《文言散文的普通话翻译》《古诗文的普通话翻译》《国风的普通话翻译》《西湖小品翻译》《聊斋故事选译》《清词百首》等。在中华书局上海编辑所工作时期,曾与他人共同主持编辑《古典文学普及读物》(后改名为《中国古典文学作品选读》)丛书,参加编撰《诗韵新编》等重点书稿。他是上海语文学会会员、上海作家协会会员。1970年3月退休,1981年改为离休。

胡乃钊(1909—1993),丹阳人。民国21年(1932年)北平军医学校大学部药科毕业后在四川卫生材料厂、广西药品化学制造所从事药品检定工作。民国30年，任军医学校教授，讲授卫生化学、药品检定和毒物分析化学。民国35年赴美国麻省理工学院攻读饮食物化学和药品分析化学，同时在麻省药学院进修药物分析。次年回国，任上海国防医学院、中法大学药学专修科副教授。民国38年8月应聘任南京药学专科学校教授。1950年调任上海军医大学药学系教授，创建药物分析化学教研室。曾任中国药品编纂委员会委员、中国药学会上海分会理事。在药品鉴定、卫生化学及毒物分析化学等领域有较深的造诣，所进行的新鲜水果、蔬菜中抗坏血酸含量、碱性含氮毒物快速检验、油浸六六六石膏中丙体异构体含量测定、折光法测定氯化钠含量等研究，均取得成果，发表多篇学术论文。主编《药物分析》《卫生化学》《毒物分析》等教材和专著。1984年主编出版《新编毒物分析》。

殷品之（1914—1993），丹徒人。全国著名老中医，全国唯一的《金匮》博士生导师。享国务院特殊津贴。民国20年（1931年）就读于上海国立医学院。1957年为上海中医学院教授，历任《金匮》教研室主任、国务院学位委员、张仲景国医大学名誉教授。在学院内外享有“活辞典”的美称。曾著有《金匮要略选注》等十部论著，省级以上杂志发表论文20余篇，曾赴日讲学。

汪秋逸（1907—1994），江苏扬州人。早年就读于省立第五师范，学音乐、美术，毕业后任扬州实验小学音乐、美术教师，后入中央大学教育学院艺术科深造，毕业后一直从事音乐教育工作。民国26年（1937年）秋起，先后在郑州扶轮中学、遵义师范学校、贵阳师范学院、国立第十四中学（即中央大学附中）等校工作，在此期间他创作大量的抗战歌曲，代表作有《淡淡江南月》《夜夜梦江南》《烟雨漫江南》，被称为江南三部曲，是抗战歌曲中“开抒情歌曲之先河”的作品。解放后一直在镇江师范学校从事音乐教学，是中国音乐家协会会员，1960年出席中国文联第三届代表大会，同年被选为镇江市文联第三届委员会副主席兼音乐工作委员会主任委员，在镇江音乐界享有很高声誉。

李宗海（1904—1995），字百川，江苏兴化人。由于家庭和环境的熏陶，九岁时就能背古诗百首并能写一手颜体字。18岁拜兴化学者高甘来为师，高对其要求：“诗学杜甫，书学魏碑”，而逐步形成自己的风格。他40岁以前在兴化家乡做私塾教师，40岁后在兴化中学、京江中学（后为镇江第一中学）教语文，后改任教务员，1961年因病提前退休。退休后任镇江多景诗社社长、国画馆教师、中国画院顾问、镇江市书法家协会名誉主席、镇江市文联特约研究员。1984年以一幅行书入选全国第二届书法篆刻展览。1985年被评为全国健康老人。1986年曾在江苏省美术馆和镇江、兴化等地举办个人诗词、书法联展。郑板桥纪念馆、施耐庵纪念馆、蒲松龄纪念馆、黄河碑林、西安碑林、南京雨花台纪念碑等，均有其墨迹，北京中南海也藏有其书法精品。他是中国书法家协会会员、江苏省书法家协会名誉理事、中华诗词学会会员、江苏省诗词学会顾问、江南诗词学会副会长、江苏省楹联学会顾问，美国纽约四海诗社名誉顾问。是《中国名胜楹联大辞典》的编委之一。其撰联之工整、精妙，尤其是嵌名联，堪称一绝，自称“楹联第一，诗词第二，书法第三”。陈大羽则赞之为“江南一老，诗书二妙”。2000年镇江政协文史委编印出版《李宗海先生诗词楹联选》一书。

李天济（1921—1995），曾用笔名高鲁、于刚、光沛，镇江人。“八一三”事变后，投身国民革命军第22集团军战地服务团，从事抗日宣传工作。民国29年（1940年）毕业于四川省立戏剧音乐实验学校。在校期间，创作了长篇报告文学《徐州突围》，在报上连载几近一年。民国30年起，先后在重庆中央青年剧社、民众剧社、中华剧艺社当演员、剧务、剧务科长、演出部主任。民国36年回到上海，曾一度担任上海剧人福利会秘书。同年创作电影剧本《小城之春》，后由费穆导演拍成影片。新中国成立后，相继在中央电影局电影剧本创作所、上海电影剧本创作所、上海电影制片厂任编剧。他精心创作的《今天我休息》，剧中主角民警马天民的形象，血肉饱满，熠熠生辉，至今仍广为传诵。而后，他又陆续写出《爱情啊，你姓什么》《姑娘今年二十八》《逢凶化吉》等电影剧本。

长期以来，他倾心于表演艺术。1949年在影片《乌鸦与麻雀》中饰演国民党军官侯义伯，1957年获文化部优秀影片评奖个人一等奖。以后，在《魔术师的奇遇》《阿Q正传》《八仙的传说》《绝境逢生》等影片中扮演角色，以其夸张的表演和固有的脸型特征，擅演各类反面人物，在观众中颇有影响。在电视剧《围城》中扮演一位老学究。此外他还执导《不夜的村庄》和《抓壮丁》。长篇著述《喜剧电影》是其成果之一，具有一定理论价值和较强实践指导意义。

金秉英（1909—1996）女，北京人。民国20年（1931年）毕业于北平国立女子师范大学国文系。历任北京《世界日报》专栏编辑、记者，北京新闻专科学校国文教师，《上海新闻报》妇女儿童半月刊编辑，新疆迪化省立女子中学教师，哈尔滨市立第三中学、南京晓庄师范等学校教师。民国15年开始发表作品。1964年起定居镇江。1994年加入中国作家协会。著有长篇小说《沾泥絮》、《京华女儿行》《红楼丽影》《蓼莪》，散文《洒泪别家园》《山压蓬莱第一峰》《万叠江山工绝唱》《满眼风光北固楼》《梦溪园与沈括》《山水永结文字缘》《昙花一现的友谊——忆萧红》，中篇小说《八旗人家》等。

张骏祥（1910—1996），镇江人。中国电影、话剧著名导演、剧作家、理论家、事业家。笔名袁俊。清宣统二年（1910年）12月生于镇江。民国16年（1927年）入北师大英文系，翌年转入清华大学西洋文学系学习。民国25年，他公费留学美国耶鲁大学戏剧研究院专修戏剧。民国28年秋回国，任教于江安国立剧专，导演了话剧《蜕变》《以身作则》，创作了《边城故事》《小城故事》。后参加中华剧艺社，导演《边城故事》《北京人》等剧。1945年到上海，先后在中电一厂、二厂编导讽刺喜剧片《还乡日记》《乘龙快婿》。1948年去香港，为永华影片公司导演《火葬》。1949年参加第一次全国文代会。建国后，改编和创作《胜利重逢》（1954）、《鸡毛信》（1954）、《新安江上》（1958）、《六十年代第一春》（1960，集体）；导演《翠岗红旗》（1951）、《淮上人家》（1954）、《燎原》（与顾而已合作）、《白求恩大夫》（1964、编导、剧本和赵拓合作）、《大泽龙蛇》（1982）；编导大型艺术性纪录片《大庆战歌》（1965）。《翠岗红旗》《鸡毛信》获文化部1949～1955年优秀故事影片奖。出版论文集《关于电影的特殊表现手段》。

历任上海电影制片厂副厂长、上海电影制片公司副经理、上海市电影局副局长、局长、文化部电影局副局长、上海电影专科学校校长等职。于1956年加入中国共产党。是全国政协第二、三、四届委员，第五、六届全国人大代表，曾任中国电影家协会副主席、上海电影家协会主席。

杨雪怀(1934—1996)，江苏苏州人。国家二级编剧。1951年参加中国人民解放军，1954年转业，在镇江第六康复医院护士学校任文化教员。在教文化课的同时，坚持业余戏剧创作、演出，常在报刊上发表作品，1960年调入镇江市文联，主管戏剧创作，被选为第三届、第四届市文联委员，戏曲工作者协会主席。二十世纪80年代，任文化局剧目创作室副主任，江苏省剧协理事。

60年代初，执笔创作现代扬剧《红色家谱》，中期执笔创作现代京剧《焦裕禄》，是那一时期在国内较有影响的剧目。

改革开放以来，先后创作《金山情曲》《鳗鱼明星》《潇洒夫妻》等大型现代扬剧，独幕话剧《红萝卜的故事》被编入《1949～1979江苏小戏选》。去世后，市文化局将他的作品选编成20多万字的《金山情曲——杨雪怀剧作选》。

左明生(1918—1997)，镇江人。民国30年(1941年)毕业于西北工学院土木工程系，早年在陇海铁路局、宝天铁路工程局、平汉铁路局任工务员。民国36年起在北洋大学(现天津大学)任教，曾任钢木结构教研室主任、副教授。1958年为鉴定天津解放桥承担能力，制定出全面的检测方案并组织实施，科学地解决解放桥承担允许量从10吨提高到20吨的检测。1959年调郑州大学筹建土建系任系副主任。1963年成立郑州工学院(现郑州工业大学)历任土建系副主任、主任、副教授、教授、硕士研究生导师。1965年为开封化肥厂设计中国第一座钢造粒塔。1976年受新乡1022研究所委托，研究设计80米高铝合金可移式电测桅杆。1985年为解决高桅杆顶升安装时的稳定问题，研创出"定位箍"方法。对"预应力钢压杆"和"填沙钢管柱"进行我国首创性研究取得初步成果。

他对钢结构、塔桅结构、钢混组合结构的研究在全国土木建筑工程界享有很高的声誉。主要论文有《圆形双层悬索钢屋盖结构设计问题》《方钢管混凝土中压短柱承受能力》《侧锚钢—混凝土组合梁实验研究》等。

他是河南省知名爱国民主人士，尽管"文化大革命"时期遭遇不公正待遇，他信念不变。曾任政协河南省委员会第三届委员，第四届常委，第五、六、七届委员会副主席；九三学社中央常委、九三学社河南省委主任委员(九三学社河南省委的主要创始人，名誉主任委员)、第八届全国人大代表。

张君秋(1920—1997)，原名滕家鸣，字玉隐，祖籍丹徒。京剧表演艺术家，四小名旦之一，旦角张派创始人。他自幼家贫，14岁拜李凌枫为师，专攻青衣。民国24年(1935年)，与雷喜福合作在北京吉祥戏院首次登台，以《女起解》唱红。民国25年，北京《立言报》举行公开投票选举，推选"四大童伶"，张君秋与李世芳、毛世来、宋德珠被选中(后世称"四小名旦")。报界评价其"扮相，如窈窕淑女，似梅；唱功，有一条好喉咙，似尚；腔调，婉转多音，似程；做工，稳重大方，似荀"。他的嗓音"娇、媚、脆、

水”，甜润清新，高低随意，舒展自如，梅派的华丽，尚派的刚劲，程派的轻柔，荀派的婉约都被他很好地融合在自己的表演艺术风格之中。后拜王瑶卿为师，并得梅兰芳、程砚秋、尚小云、荀慧生、阎岚秋、朱桂芳等指导。早期演出剧目主要是《祭江》《雷峰塔》《玉堂春》《春秋配》等青衣唱工戏。民国31年自组谦和社挑班。张君秋常与合作的演员有孟小冬、王又宸、谭富英、马连良。民国36年起与马连良、俞振飞在香港演出数年。1951年返京，与马连良、谭富英、裘盛戎组成北京京剧团，合作演出了《龙凤呈祥》《秦香莲》《赵氏孤儿》《状元媒》《望江亭》《西厢记》等。1956年张君秋的北京市京剧三团和马连良京剧团及谭富英、裘盛戎的北京京剧二团合并，组成了阵容强大的北京京剧团。“文化大革命”中，张君秋遭受迫害。“文化大革命”后复出，把主要精力放在京剧教学方面，广收海内外弟子。

张君秋的艺术成就在于几十年不懈的朝夕研磨，博采众长，大胆对京剧唱腔进行改革创新，努力探索。自20世纪40年代后期，张派艺术已初见端倪。至1956年，《望江亭》标志着张派艺术的正式形成。他的《状元媒》《金山寺・断桥・雷峰塔》《刘兰芝》《西厢记》《诗文会》《楚宫恨》《彩楼记》《怜香伴》《春秋配》《女起解・玉堂春》《珍妃》《秋瑾》等，在唱腔艺术上达到完美的程度。京剧音配像的剧目有：《大、探、二》《武家坡》《女起解》《三娘教子》《打渔杀家》《苏武牧羊》《赵氏孤儿》《生死恨》《望江亭》《断桥》《西厢记》《宇宙锋》《秦香莲》等43出。曾任中国人民政治协商会议常务委员会委员、中国文学艺术界联合会副主席，中国戏曲学院副院长，中国戏剧家协会副主席等职。1990年被美国林肯艺术中心和纽约美华艺术协会授予“终身艺术成就奖”和“林肯大学人文学荣誉博士学会”。

吕叔湘（1904—1998），丹阳人。中科院哲学社会科学学部委员、语言学家、教育家。民国15年（1926年）毕业于国立东南大学外语系。民国25年考取江苏省公费赴英国牛津大学人类学系、伦敦大学图书馆学科学习。民国27年回国，先后任云南大学文史系副教授，华西协和大学中国文化研究所研究员，金陵大学中国文化研究所研究员兼中央大学中文系教授以及开明书店编辑等职。

中华人民共和国成立后，历任清华大学中文系教授、中国科学院语言研究所研究员、中国科学院哲学社会科学部学部委员、语言研究所副所长、所长、名誉所长，《中国语文》杂志主编、《现代汉语词典》主编、《汉语大词典》首席顾问，中国语言学会会长。1980年当选为美国语言学会荣誉会员。1986年加入中国共产党。1987年获得香港中文大学荣誉文学博士学位。1994年当选为俄罗斯科学院外籍院士。他是第三、四、五、六、七届全国人大代表，第五届全国人大常委会委员、法制委员会委员，第二、三届全国政协委员。

70多年来，吕叔湘一直致力于语言教学和语言研究，是近代汉语语法研究的开创人。民国31年，商务印书馆出版他的《中国文法要略》，这是中国语法学史上开创性著作之一。新中国成立后，与朱德熙合作撰写《语法修辞讲话》。1955年主编《现代汉语词典》。1980年被推举为中国语言学会会长。1980年，主编的《现代汉语八百词》出版，为我国第一部现代汉语用法词典。同年，他的《汉语语法论文集》《吕叔湘语文论集》出版。1983年，《近代汉语指代词》出版。同年，捐献多年积蓄6万元作为“中国社会科学青年语言学家奖金”。1987年，《汉语语法论文集》获吴玉章首次奖学会评选语言文字学特别奖。

他一直关心语文教学，参与拟订《暂拟汉语教学语法系统》，指导、校订初中《语文》。1979年中学语文教学研究会成立，他被推为会长。一生著作颇丰，出版《文言虚字》《汉语语法分析问题》《中国人学英语》《〈马氏文通〉评述》《汉语句法的灵活性》《中诗英译比录》《语文常谈》等专著和编译20余种,发表论文和其他文章600余篇,有《吕叔湘文集》《吕叔湘全集》。

姚荷生(1915—1998),镇江人。中国共产党党员、中国民主同盟盟员。民国27年(1938年)清华大学生物系毕业,毕业后在西南联合大学工作。民国32年参加云南边疆考察团,出版《水摆夷的故事》,为国内较早介绍西双版纳风光和傣族风习的著作。民国35年任江苏医学院副教授。1947年与清华大学校友创办私立镇江清华中学,任校长。1950年任镇江市人民政府文教局局长,兼市文联主席,1952年底辞职回江苏医学院任教。在此期间,向镇江在沪的藏书家劝募到七万余册图书,恢复伯先公园内的绍宗国学藏书楼,又应市长何冰皓之请,以私人名义创办《大众日报》。后历任南京医学院教授、教务处长、科研处长、副院长,1978年晋升教授。在人类遗传学和历史文化方面论著颇丰。编著的《人类遗传与遗传疾病》获全国优秀科普书籍奖。参译《皮肤纹理学与疾病》,是国内出版这一学科最早著作。改革开放以后,还应约在镇江日报上发表《重游西双版纳》《镇江人物故事》等文章。20世纪50年代出版的《镇江的名胜古迹》,80年代出版的《神州游踪》,对弘扬家乡和祖国历史文化作出贡献。解放初期,他以文名被誉为“镇江的郭沫若”,后又被尊称为“现代徐霞客”。

汪　洋(1916—1998)原名汪蓬龙,原籍浙江萧山,出生于镇江。民国20年(1931年)在江苏省立镇江师范学习,民国23年底到上海中山文化教育馆从事统计绘图工作,民国24年到《申报》图书馆从事绘图工作,同年底进入上海明星影片公司,学习动画并担任美工助理。民国25年秋,参加左翼上海剧人协会和业余实验剧团,专门从事灯光设计。1937年至1938年先后参加上海救亡演剧队和重庆业余剧人协会,从事舞台工作。民国27年初到延安,在文协工作。同年5月参加延安文艺工作第一队,陪同美国海军参赞卡尔逊到敌后视察、体验生活,拍摄大量军民抗日斗争的照片。回到延安后,选出200余幅照片举办展览。毛泽东亲笔为展览题词:“华北还是我们的”。同年11月,到抗日军政大学学习并加入中国共产党。民国28年4月任晋察冀抗大二分校文工团副团长,后继任抗战剧社副社长、社长,他发明制作了便于敌后演出的篷帐舞台,民国35年1月,任张家口人民剧院院长。同年10月组建华北军区政治部电影队并担任队长,创建史无前例的一辆大车上的电影制片厂,制作出《自卫战争新闻第一号》《新闻第三号》等有声纪录片,为此,华北军区为汪洋记大功一次。

1949年4月任北京电影制片厂副厂长。1954年率中国电影实习团赴苏联莫斯科电影制片厂实习,1956年回国,任北影厂厂长。1986年离休后,担任电影《红楼梦》的顾问,与谢铁骊等一起拍摄古典名著电影《红楼梦》。

汪洋是中国文联委员、中国电影家协会理事、常务理事、荣誉理事、中国电影制片人协会顾问等。

戴安邦(1901—1999),丹徒人。中科院院士、化学家。民国18年(1919年)镇江润州中学毕业后,考入南京金陵大学,先学农科后改学化学,民国13年毕业后留校任教,民国17年赴美国哥伦比亚大学深造,民国20年获博士学位,回国后仍任教于金陵大学,民国22年聘为教授。民国21年发起创建中国化学会。1952年任南京大学化学系主任、南京大学配位化学研究所所长、化学工学院名誉院长、中国化学会常务理事、省科协副主席、国务院学位委员会理学学科评议组成员、第

三届全国人大代表、第五、六届全国政协委员、中国民主同盟中央委员。1980年11月，当选为中国科学院化学学部委员。1987年7月，在第25届国际配位化学会上被推为大会主席。1988年7月，被授予中国科学院资深院士称号。他从事化学教学70余年，从1956年起，主持编写《无机化学教程》。他是我国配位化学研究的倡导者和奠基人。1963年在南京大学建立络合物化学研究室，1978年扩建为配位化学研究所，是我国配位化学基础基地。他的“硅酸聚合作用理论”获国家自然科学二等奖。

他出资设立“化学实验优秀奖”“化学实验教学先进奖”，至1999年，前项奖共进行17届评选，有115人获奖，后项奖共进行6届评选，有27人获奖。他的遗言是，“自然而来，尽力尽责，推己及人，心地坦荡，安然而往”。

巫宝三（1905—1999），字味苏，句容人。民国21年（1932年）毕业于清华大学经济系，民国27年获美国哈佛大学经济学硕士学位，1948年获哈佛大学经济学博士学位。先后在南开大学经济学院、北平社会调查所工作，在中央研究院社会科学研究所任助理研究员、副研究员、研究员。新中国成立后任中国科学院社会研究所、经济研究所研究员，其间并任副所长、代理所长和顾问。中国社会科学院研究生院成立后，任该院教授、博士生导师。中华外国经济学说研究会副会长，中国经济思想史学会名誉会长。

主要著作及论文：新中国成立前主要有《中国粮食对外贸易及其地位、趋势及变迁》《农业与经济变动》《中国国民所得，1933》（上下两卷）；建国后主要有《中国近代经济思想与经济政策资料选辑（1840～1864）》《中国经济思想史资料选辑》《中国经济思想史论》《先秦经济思想史》（上下两册）《管子经济思想研究》等。

陶　雄（1911—1999），笔名云天、小捷、音波，镇江人。六岁时随父母迁居北京，民国21年（1932年）毕业于北京师范大学外国文学系。从小爱看京戏，高中时习昆曲，能唱《弹词》《思凡》《游园》等剧。大学时从京剧演员张蕊芳等学会《宇宙锋》《女起解》《玉堂春》等十六出青衣戏，并加入雪社票房。民国25年任南京国立戏剧学校语文课讲师。民国27年在成都加入中华全国文艺界抗敌协会，任成都分会常务理事，负责编辑《西南晚报》的文艺副刊《艺坛》。抗战胜利后，民国35年重返南京，任国立戏剧专科学校副教授。1950年任华东文化部艺术处戏改科科长。1953年任华东戏曲研究院编审室主任。1955年任上海京剧院院长助理、副院长。1958年下团抓《智取威虎山》的创作，自任导演，在原基础上加工修改，参加1964年在北京举行的京剧现代戏观摩演出。1966年完成第三稿演出本后，被江青一伙赶出剧组；“文化大革命”中，以曾经领导《海瑞上疏》创作而获罪，遭受迫害。“文化大革命”开始后，调上海艺术研究所担任顾问、研究员。被以所谓和周信芳“炮制《海瑞上疏》”和“破坏样板戏”的“罪名”重点批判，“文化大革命”后给予平反。他担任过《辞海》《中国大百科全书·戏曲》《中国戏曲曲艺词典》《中国京剧史》编委、副主编、主编和中国剧协上海分会副会长、上海艺术研究所研究员、顾问等职。其作品有小说《天王与小鬼》《伥》，电影剧本《五里雾》《苦海难度》《拾金记》等。编导或参与编写的现代剧目有：《边寨风火》《王二爹接闺女》《甲午海战》《白头吟》《总站之夜》等。出版作品《一定救得了他》《伏虎岗》《访苏演出散记》《黄花集》《红氍毹上》等戏曲、戏剧论著八种。

吴调公(1914—2000),笔名丁谛,镇江人。1956年,参加九三学社;1985年,加入中国共产党。先后任教于江苏省立镇江师范学校、江苏师范学院、南京师范大学,长期从事文艺理论的教学与研究。论著涉及范围颇广,从古代到当代、从作家到作品、从文艺理论到文艺实践、从文学内容到文学形式,均潜心探讨。在文艺理论研究方面,既注意微观,对作品进行具体分析和赏鉴;也注意宏观,主张文艺理论工作者必需沟通古今,综合比较哲学、美学、文学史和批评史、文化史和社会史等多种规律,以突出文学的特定功能,运用系统方法去把握文学整体。强调批评应以鉴赏为基础,理论研究者亦应有一定的创作实践。

18岁起开始发表作品,有散文、小说合集《海市集》、长篇小说《长江的夜潮》、短篇小说集《人生悲喜剧》;中年以来著有《与文艺爱好者谈创作》《谈人物描写》《文学分类的基本知识》《李商隐研究》《神韵论》《司空图评传》,论文集《论文学的真实性和党性》《古代文论今探》《古典文论与审美鉴赏》等。吴是南京师范大学教授、中国作协会员、作协江苏分会顾问、中国古代文学理论研究会理事、中国《文心雕龙》学会理事、江苏省美学学会会长、江苏省诗词协会副会长等。

王筱堂(1918—2000),原名汝杰,江苏扬州人。扬州评话表演艺术家,国家一级演员。9岁即随父王少堂学艺,是王派水浒的第三代传人。从20世纪30年代到90年代初,王筱堂一直活跃在南京、上海及大江南北各地书坛上,擅说《武松》《宋江》《石秀》《卢俊义》四个十回及《后水浒》,继承父王少堂神形兼备、说表细腻、吐字清晰、有声有色的风格。1957年参加江苏省第一届戏曲观摩演出,获优秀表演奖。他还创作并表演以现实生活和革命斗争历史为题材的新书。1990年前后,他口述录音并由他人记录整理出版了记叙其祖父、父亲、自己和女儿四代人在艺术海洋中艰苦探索的《艺海苦航录》一书。1995年口述20万字《后水浒》,使这部长篇书目得以留存,后由中国文联出版社出版。王筱堂从1950年起先后任镇江市戏曲评弹协会主任委员、镇江市曲艺联谊会主任委员,1960年起任镇江市曲艺团副团长、团长、名誉团长,镇江市文联副主席、中国曲艺家协会江苏分会副主席、江苏省文联委员。是镇江市第二届、第七届人民代表,镇江市第二届至第七届政协常委、委员。1980年加入中国共产党。

杨积庆(1926—2000),笔名柳向春,镇江人。1956年华东师范大学中文系毕业后留校任教。1975年调镇江市教育局教学研究室工作,1982年调镇江师专任教,主讲"古代文学"等课程,曾任中文系主任、教授,华东师大古籍研究所兼职研究员。

长期从事中国古典文学教学与科研工作,发表学术论文百余篇,著有《霁山集》(校点)、《吴嘉纪诗笺校》《魏源诗文选》《京口诗话》《晞发集笺注》《石臼集笺校》等,与他人合作整理编著的有《清真词集评》《世说新语校笺》等,晚年又致力于清诗研究并编著《清代诗人年里著作目录索引》,此外还参与《新唐书》《新五代史》的标校以及《中国历代文学作品选》(下编)《中国古典文学参考资料》的编选。主编《江苏艺文志》(镇江卷)、主持校点整理《至顺镇江志》。其中《吴嘉纪诗笺校》曾获1984年江苏省社

会科学优秀成果三等奖和镇江市首次哲学社会科学优秀成果荣誉奖。1985 年获江苏省先进教育工作者称号。

是中国韵文学会理事、江苏省诗词协会理事、镇江市地方志协会副主席、镇江市政协第五、六届委员、第七届常委兼文史资料委员会副主任。

李 彬(1936—2000),丹阳人。1958 年因病辍学于山东艺专音乐系,回乡着手丹剧的音乐建设。在广泛收集整理“啷当说唱”与地方民间音乐的基础上,编写出丹剧基本曲调,为丹剧成为戏曲剧种奠定基础。他还主持啷当训练班的培训工作,为丹剧训练第一代演员和乐队。制定丹剧唱、念音韵表,初步规范丹剧舞台语言。他和其他丹剧工作者一道挖掘整理啷当曲目和进行现代题材的剧目创作,执笔编写《砻糠记》《支农图》《雷电颂》,创作《能不够》《三者之间》《让队长》《特别党员》等近 20 个上演剧目,排演《刘三姐》《欧阳海之歌》等 30 多台戏。在《社长的女儿》《年轻的一代》《江姐》《欧阳海之歌》等戏中,分别扮演社长、林坚、沈养斋、曾武军等角色。

徐惊伯(1908—2001),丹阳人。民国 16 年(1927 年)就读震旦大学,参加爱国学生会,被开除。两年后到比利时鲁文大学勤工俭学。“九·一八”事变后,在布鲁塞尔日本大使馆前示威,遭捕,后经公正律师辩护,续学,以超“洋人”自勉,获奖学金。1936 年获医学博士,破格任鲁文大学癌肿研究院医师、助教。抗日战争爆发后愤然回国,在上海多家医院救护伤兵,直至抗战胜利。1946 获比利时驻华机构资助,赴美进修。解放前夕放弃本雪凡尼亚大学医院挽留,应上海仁济医院邀请回国主持该院深度 X 射线治疗肿瘤工作,获多种表彰。发表《下肢动脉造影术》等 40 余篇论文,著有《心血管造影术》十多部著作。

骆 文(1915—2003),原名骆文宏,句容人。民国 22 年(1933 年)参加中国左翼戏剧家联盟,民国 27 年毕业于南京国立戏剧专科学校。1941 年赴延安,民国 35 年加入中国共产党。曾任延安鲁艺助教,热河军区胜利剧社副社长、冀察热辽鲁艺教务长兼文学系主任,天津文工团团长。1949 年后历任中南文工团团长、中南武汉人民艺术剧院院长、湖北省文联主席、作协湖北分会主席、《长江文艺》主编、《长江》文学丛刊主编。系中国文联第三、四届委员、中国作协第四届理事。主要作品有剧本《疯了的母亲》《湖上曲》《地牢》《牧歌》《矿山的主人》(合著);歌词《纺棉花》《三套黄牛一套马》《歌唱井冈山》;诗集《一颗红心为革命》《露水草》《孔雀松》;散文集《对人的钟爱》《菱花女》《贝多芬只有一个》;长篇小说《桦树皮上的情书》等。

蔡濯堂(1918—2004),散文家、翻译家,笔名思果,另有笔名挫堂,镇江人,天主教徒,方济会第三会会士,有“中国读书人的典范”之誉。他未念完初中就辍学,在银行当练习生,开始学习写作,在中国银行工作十六年。后历任出入口公司及出版社会计、公司秘书、公司董事、《公教报》翻译、工业总会及科学管理协会编辑、《读者文摘》中文版编辑及翻译。抗战时期开始在江西《正气日报》投稿,胜利后曾在上海《申报》《宇宙风》发表文章。著作以散文为主,1979 年获台湾中山文艺散文奖,1996 年获国家文艺奖之翻译奖。历年著有《翻译研究》《翻译新究》《译道探微》《功夫在诗外》,散文创作有《香港之秋》《私念》《沈思录》《思果散文选》《林居笔话》《霜叶乍红时》《晓雾里随笔》、《思果人生小品》《河汉集》《林居笔话》《橡溪杂拾》《远山一抹》等。2000 年出版一本谈保健的书《我 82 岁非常健康》,遗作《迷人的唠叨》。他的中英文修养,全靠自学得来。任职读者文摘中文版编辑，工作是修改翻译家的译稿，因此沉浸在翻译的研究中，磨练出深厚的翻译功夫。他以多年时间译成狄更斯的《大卫64考勃非尔》及克罗宁的《西泰子来华记》，又任香港圣神修院中文教授、在香港中文大学翻译中心任研究员，教授“高级翻译”、香港中文大学校外进修部（现为香港中文大学校外进修学院）高级翻译文学教授等 职。1971年赴美，旅居俄亥俄州辛那提市。1991年在香港中文大学任名誉访问学者。

杨守仁（1912—2005），水稻专家，丹阳人。民国22年（1933年）9月在浙江大学农学院农艺系学习，民国26年7月获学士学位后，任中央农业实验所技术助理员、技佐、技士。在此期间曾兼任湖南省农业改进所衡阳稻场主任等职。民国34年9月任台湾省农业改进所技正兼嘉义支所所长。民国37年1月在美国威斯康星大学研究生院学习，1949年初获硕士学位。1951年初获博士学位。回国后任山东大学农学院教授及山东农学院教授。1953年6月任沈阳农业大学作物栽培学与耕作学专业博士生导师，从事水稻理论、水稻育种的研究工作，沈阳农业大学一级终身教授。他曾用第一代IBM进行博士论文研究。发明“田间试验区估算的新方法”，人称“杨氏公式”，至今美国仍在应用。他是东北三省水稻生产的积极宣传倡导者，是中国水稻高产栽培理论体系的始创者。经过多年长期努力，水稻高产栽培理论研究已提高到一个新水平，且已形成体系。他是籼粳稻杂交育种、水稻理想株型育种、水稻超高产育种新途径的开拓创造者。由他主持的超级稻研究在国内外已引起高度重视，超级稻科研项目列人了国家重大科研项目。1980年开始招收博士生，是我国第一批招收“作物栽培学及耕作学”的博士生导师，发表有关水稻栽培理论、水稻育种、育种新途径的开拓等方面重大学术问题的论文达200余篇，在总结弘扬中国传统种稻经验和开拓水稻新的育种领域籼粳稻杂交育种、理想株型育种中作出创造性的突出贡献，填补这项空白，获国家教委科技进步二等奖和三委一部“六五”重点科技攻关奖等几十项奖励。1998年，获何梁何利科学与技术进步奖。

他主编第一部全国高等学校通用教材《作物栽培学》和《东北水稻栽培》专著，编写《中国水稻栽培学》，还主编《中国大百科》及《中国农百科》有关水稻的内容，并担任世界名著《稻的生物学》的总校译，出版个人学术专著《水稻高产栽培与高产育种论丛》和《水稻专题讨论文集》。80岁高龄时，仍然孜孜不倦，辛勤耕耘，出版《水稻文选》，入辽宁省文化名人丛书之列。

陆九皋（1919—2005），丹徒人。民国33年（1944年）10月参加革命，任孔巷小学校长。北撤后，在地下党领导下，创办小港小学，开展革命工作。民国37年2月参加中国共产党。同年10月，参加由中共镇丹扬工委成立的城工支部在镇江城里做迎接解放军渡江准备工作。新中国成立后，在丹徒县文教科和秘书室工作。1958年参加镇江博物馆的筹备并主持市文物管理委员会办公室工作。1978年任镇江博物馆长，研究馆员，直至1990年离休，任名誉馆长，1992年享受国务院政府特殊津贴。离休后又协助镇博工作数年。

陆九皋从事文物保护和博物馆工作近40年，是镇江文博事业的开拓者、奠基人。“文化大革命”后出任馆长，一心扑向事业，在陆领导下，全馆同志努力投入考古调查、保护文物、征集文物、调查文物点等实践中去。在科研方面,陆九皋对江南古近代史与艺术发展有精深的研究,在省级以上刊物发表50多篇论述文章,主要有:《从夨簋铭文谈太伯仲雍奔吴》《吴文化研究的历史回顾与现状》《宁镇地区最早的历史文献夨簋铭文》《焦山访瘗鹤铭刻石》《焦山瘗鹤铭沉浮记》《京江画派张夕庵的生平和艺术》《可歌可泣的镇江保卫战—纪念鸦片战争镇江军民抗英斗争140周年》等,辑有《陆九皋文博论著选》。陆首先提出了太伯、仲雍奔荆蛮最早到达宁镇地区建立勾吴,宁镇地区是吴国发祥地的观点。在系统论述京江画派方面,使京江画派得到艺术界的赞同。对《瘗鹤铭》刻石的研究见解精辟。以陆为主,镇江博物馆与陕西省博物馆合编两地出土的《唐代金银器》大型图录。1989年4月,陆参加国家文物局组织的中国古代艺术展览学术代表团并担任副团长,赴美国俄亥俄大学举办"天子展览学术讨论会",在会上作《论语玉烛与唐代酒文化》的学术讲演。

历任多届镇江市政协委员、市政协文史资料征集研究委员会副主任、中国博物馆学会理事、江苏省社科联三、四届理事、江苏省博物馆学会副理事长、省吴文化学会理事长等职。

邬华彬(1923—2005),四川涪陵人。民国34年(1945年)9月就读江苏医学院。1951年1月参加工作,1951年5月参加中国人民解放军。1958年加入中国共产党。历任抗美援朝第一医疗团医师,中国人民解放军第八十八医院主治医师,骨科主任,解放军第三五九医院骨科主任、主任医师。曾担任济南军区骨科专业组长,《中华医学会》江苏骨科分会副理事长,小儿麻痹后遗症江苏省指导小组组长,中国小儿残疾人康复协会会长,《中国矫形外科杂志》名誉主编等职。

邬华彬在骨科特别是小儿麻痹后遗症的治疗和矫治工作中作出突出贡献。他的"腹外斜肌远隔移位四头肌"新技术,被国际上誉为"邬氏手术"。发表各类专业著作50余部,在国内著名杂志上发表学术论文60余篇,13次获国家、军队科技进步奖。参加小儿麻痹症矫治推广工作,先后受国家三项康复指导委员会和南京军区委托,举办全国高级人员学习班11期,并受中国残疾人联合会委托,带领国家医疗队先后赴山东、山西、河南、河北、广东、浙江、海南开展儿麻矫治工作,为上万名患者解除病痛,获得国家八部委颁发的先进集体、先进个人称号。

邬华彬被推选担任中国小儿麻痹症研究会会长、中国残疾人康复协会副理事长、中华骨科专业委员会委员、《中华矫形外科》杂志名誉总编、二医大和四医大名誉教授,先后立1次一等功、9次三等功。先后有多项成果获奖。撰写的《重型小儿麻痹后遗症的治疗研究》获国家科技进步三等奖,《腹外斜肌远隔移位治疗膝关节麻痹》获军队科技进步二等奖,《下肢延长术》和《螺旋撑开器矫正麻痹性脊柱侧弯》获军队科技进步三等奖。另有《小儿麻痹后遗症矫形和康复》《新编小儿麻痹后遗症手术治疗》等著作。参编《实用外科学》《实用骨科学》《矫形外科手术》《颈肩腰腿痛学》等。1993被国务院残疾人工作协调委员会评为先进个人,1990年1998年先后被南京军区评为先进个人、优秀党员,1993年获国务院津贴。

郭维庚(1927—2005),字明之,笔名韦根,出生于镇江,原籍安徽亳县。中国民间文艺家协会会员。民国36年(1947年)镇江新苏中学高中毕业,民国38年1月加入中国共产党,不久任镇江水电公司中共地下党支部书记。镇江解放以后,调共青团镇江市委任秘书、宣传部长,又调市委马列主义业余学校任理论教员。1959年调镇江市人委文化处任副处长,翌年兼镇江市文联副主席,在组织搜集抗英斗争故事、挖掘传统剧目、新编现代戏等方面作出了努力。“文化大革命”初，遭到错误批判，20世纪70年代初恢复工作，先在市文工团担任团长，后调文化局担任副局长，1984年调市地方志办公室任副主任，1987年离休。

多年来，结合工作，从事戏剧创作、评论和民间文学的搜集、整理与研究工作。在民间文学方面发表过多篇搜集整理作品。1992年由上海文艺出版社出版的《脸谱故事》一书，收录各类民间故事69篇。在民间文学研究方面，也发表过多篇论文，2002年中国文联出版社出版的《口传文艺研究十人集》收录他有关论文五篇。到市志办工作后，主编出版《镇江要览》一书；还主编《中国歌谣集成·江苏卷》一书，该书获文化部编纂成果奖，2004年完成《采风日记》一书。

曾任中国民间文艺家协会第三届理事会理事，江苏省文联委员、江苏省民间文艺家协会副主席，是全国文联第四届代表大会代表。镇江市政协第三、四、五届常务委员，第六届委员，第五、六届文艺工作组组长。

柳曾符（1932—2005），字申耆，镇江人。国学大师柳诒徵长孙。家学渊源，曾得鲍鼎、沈尹默等书法大家指点。1980年在复旦大学开设书法课程，1992年起，赴日本筑波大学、台湾中央大学、中国文化大学、香港中文大学讲授书法课。书作结体精严、笔意酣畅，自具风貌。作品入选上海书画家扇面展，中国新加坡书展及其它国内外重大书展，并被英国伦敦帝国博物馆收藏。柳注重书法理论研究。日本《新书鉴》杂志于1990年开始连载其书艺研究文章《中国现代书法概论》，出版《大学书法新编》《柳曾符书学论文集》《隶书基础知识》等。柳为中国书法家协会会员、上海市书法家协会理事、中国训诂学会会员、复旦大学中文系教授。

吕同六（1938—2005），丹阳人。1962年毕业于苏联列宁格勒大学意大利语言文学专业，在中国科学院文学研究所西方组，后转入中国社会科学院外国文学研究所，从事意大利文学研究和翻译达40余年，是意大利文学在中国的重要传播者。对意大利中世纪文学和古典文学有精深研究，在现当代文学研究和翻译工作方面贡献尤为突出。历任中国社会科学院外国文学研究所研究员、常务副所长，《外国文学评论》常务副主编，中国国际文化书院院长，全国意大利文学学会会长等。改革开放以后，先后介绍和翻译一百多位意大利小说家、诗人、剧作家、文论家的作品。他主持编辑多套意大利文学和外国文学丛书，出版有《地中海的灵魂》《多元化多声部》《莫拉维亚短篇小说选》等30多种译著。是获得意大利总统颁发的骑士勋章、爵士勋章和科学与文化金质奖章的唯一一位中国学者。

杨图南（1938—2005），福建泉州人。水稻育种专家。1961年毕业于南京农学院（现南京农业大学）农学系遗传育种专业，历任镇江专区农业科学研究所（现江苏丘陵地区镇江农业科学研究所）育种组组长、副所长，1987年晋升为研究员。1988年获“有突出贡献的国家级中青年专家”称号。曾是镇江市第七届政协委员、第九届人大常委会委员，中国共产党十五大代表。

长期从事水稻育种工作，成功培育出早、中、晚、籼、粳、糯水稻新品种、新组合20多个，先后获

各项科技成果奖28项(次)。育成高产糯稻桂花糯,后发展为桂糯系列品种,被国家定为出口糯米的主要品种。“八五”以来,主持江苏省农业科技重大攻关项目“高产多抗杂交籼稻新组合选育”课题,育成一批优良的杂交籼稻新组合,结束江苏杂交籼稻没有自己选育组合的历史。和助手们育成“Ⅱ优129”杂交籼稻新组合,曾轰动省内外,不仅产量比全国大面积应用的“汕优63”增产一成,而且品质、抗性也有明显提高。还育成一批高抗白叶枯病、高产、优质的接班组合,标志着江苏省杂交籼稻的选育步入全国先进行列。据不完全统计,培育的水稻新品种推广面积累计达1亿多亩,为农民增产稻谷累计30多亿公斤,为社会增加经济效益30多亿元。发表论文40余篇。获全国先进工作者、全国归侨侨眷优秀知识分子等称号。

第三节　其　他

杨文淑(1907—1983),女,参见《镇江市志》“人物卷”。

沈雄耿(1907—1984),参见《镇江市志》“人物卷”。

邱维汉(1931—1985),参见《镇江市志》“人物卷”。

钱万青(1909—1988),句容人。15岁进上海小东门龙泉浴室当学徒,民国28年(1939年)当扦脚工。1963年成为上海市第一名扦脚技师。他热爱本职工作,从事扦脚工作六十年,扦脚技术精湛,早在40年代,他的硬中带柔的刀功在同业中崭露头角、成为扦脚能手。解放后,他在技术上精益求精,刻苦钻研,掌握辨别各种足疾,并按不同病情,采取不同方法进行扦治。他还用中药土方配制治疗鸡眼重症的药料,为许多患者根除足疾的痛苦。1962年,上海市第一人民医院增辟扦脚治病专科门诊,每周一、三、五上午特约钱万青门诊治病。每次挂号限额50人,坚持20多年。

王昭华(1900—1988),女,又名换璋,镇江人。因家境贫困,童年辍学。民国37年(1948年)3月迁居上海。1950年后,担任张家宅融和里妇女代表、张家宅妇代会委员、居委会副主任兼妇代会主任。1953年后,连续获市、区军属模范称号。1954年起,先后当选为新成区第一、二、三届人民代表大会代表和静安区第四、五、六届人民代表大会代表以及第五届区政协委员。1955年,被选为市、区妇女联合会执行委员。1958年后,连获全国和市三八红旗手、妇女建设社会主义积极分子等称号。1974年6月加入中国共产党,1986年被评为区优秀党员。

王在解放前支持长子参加革命,解放后又送次子参军。在抗美援朝时,她倡议做军鞋支援前线,并捐献金圈1只。1958年,张家宅街道试点筹建生产福利合作社时,她主动把家中的缝纫机和锅碗等生活用品供给里弄生产组和食堂使用。还腾出房间作为扫盲班、文化站和托儿所的活动场所。后又将小儿子和外孙女送到新疆、云南和黑龙江等地参加社会主义建设。王51岁起参加里弄工作,始终默默地忘我工作,不拿报酬,整天迈着一双小脚,走街穿巷,为居民排忧解难,里弄居民称赞她是“姐妹们的贴心人”。

王宜声(1905—1989),参见《镇江市志》“人物卷”。

费维忠(1971—1993),镇江人。润州区公安分局蒋乔派出所治安联防队员,革命烈士。1971年8月出生在镇江一个农民家庭,1993年3月被派出所招聘为治安联防队员。6月18日凌晨4时30分,费维忠在地区巡逻返回途中,经过蒋乔废品收购站,发现店门口站着几个人,旁边三轮车上放着几块建筑工地用的钢模,形迹可疑。费维忠上前盘查时,这伙人骑上三轮车就逃。费维忠勇猛追上前,一犯罪分子被费抓住时,拔出尖刀对费左胸下部猛捅一刀,后逃跑。费维忠因伤势过重而牺牲。市、区公安机关,经4昼夜奋战,在安徽、丹阳、镇江等地将杀人凶犯王俊廷及其4名同伙犯罪分子抓获归案。1993年7月9日,市委、市政府发出《关于开展向费维忠同志学习活动的决定》,省民政厅批复《追认费维忠同志为革命烈士》,省公安厅授予费维忠“人民群众维护社会治安英雄模范”称号。

林正书(1953—1994),江苏响水人。1972年12月入伍,1975年4月入党。任班长、排长、政治指导员、政治教导员。1991年2月,任某集团军镇江干休所政治委员。1994年6月查出患肝癌,同年12月病逝。林正书在20多年的军旅生涯中,把炽热的爱国之情、报国之志融于国防建设的具体行动中。千里边境线上,他带领战士们披荆斩棘架银线,哪里最艰苦,他就到哪里;哪里最危险,他就出现在哪里。他爱人民,把人民群众视为父母,想群众之所想,急群众之所急,真心实意为群众排忧解难。他公道正派,廉洁无私,体恤下情,关心同志,以其人格的力量带兵,深受战士们爱戴。同样,他深爱自己的妻子、儿子,爱自己的家庭,但在国与家的关系上,他能够舍小家为大家,显示出一个共产党员博大的胸怀。在短暂的一生中,他曾先后11次受嘉奖,立4次三等功、1次二等功,被师评为“优秀共产党员”“学雷锋积极分子”,被集团军树为“指导员标兵”“先进老干部工作者”。他病逝后,集团军党委作出开展向林正书学习的决定,并追记一等功。中央军委命名他为“军中孔繁森”。

夏阿毛(1920—1995),浙江镇海人。原任镇江船务总公司(解放初苏南建华运输公司镇江分公司)轮船驾驶。1950年9月出席全国工农兵劳动模范代表会议,被授予全国劳动模范称号。1951年5月加入中国共产党。

1949年4月23日,在解放军侦察员带领下,他率先驾驶“协平”轮渡江北上迎接解放军。在首批解放军渡过长江解放镇江后,夏阿毛驾驶船只和其他工友们,连续7天7夜运送部队渡江。同年10月,镇江动员一批轮船前往上海支援舟山前线。夏阿毛主动请战,带头驾船为其他5艘轮船引路前往。在抗美援朝时期,带领大家开展劳动竞赛,捐出节约燃料的钱和工作奖金,购买飞机、大炮支援前线。1956年被评为江苏省先进生产者。曾当选为江苏省第一、第三届人大代表。

许杏虎(1968—1999),1968年3月26日出生于丹阳。1980年9月至1986年7月就读于丹阳

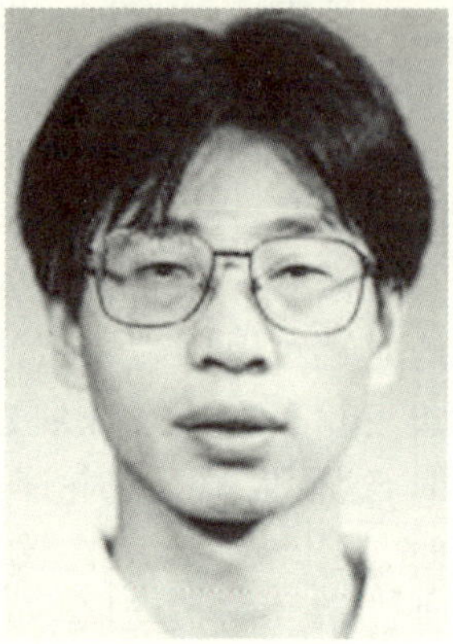

市北陵中学和省丹阳中学。1986 年 7 月考入北京外国语大学东欧语系塞尔维亚语专业。大学四年他认真攻读，不仅熟练掌握塞尔维亚语，而且掌握英语读写能力。他曾任班干部，并被评为一等优秀学生干部。大学毕业后他分配到光明日报国际部。在国内工作期间，他长期从事夜班编辑工作，勤勤恳恳，任劳任怨，谦逊好学，不知疲倦，为光明日报的国际宣传报道作出重要贡献。1995 年 9 月至 1996 年 7 月，他赴南斯拉夫进修塞尔维亚语，1998 年 7 月起受报社委派携妻子朱颖赴南联盟工作。许杏虎赴南后就面临科索沃问题，他深入了解当地情况，认真研究形势，很快就熟悉工作环境并全身心投入报道工作，截至北约对南联盟动武前，发表 90 余篇有关消息和分析文章。1999 年 5 月 8 日凌晨在以美国为首的北约多国部队对中国驻南斯拉夫联盟共和国大使馆的导弹袭击中不幸遇难，以身殉职。后被中宣部、人事部授予“人民的好记者”称号，1999 年 12 月被南联盟授予“南斯拉夫之星”勋章。

茗山法师（1914—2001），法名大鑫，号茗山，俗家姓钱，名延龄，江苏盐城人。他自幼随母信佛，19 岁在建湖县罗汉院剃度出家，民国 22 年（1933 年）到镇江焦山定慧寺受具足戒，于当年秋考入佛学院第一届学习。在佛学院三年毕业，民国 25 年负笈武昌，考入太虚大师所设立的武昌世界佛学苑研究班深造。民国 26 年日本侵华战争开始后，茗山法师先后在湖南南岳、衡阳、耒阳、祁阳、宁乡以及长沙等地，办理佛教会会务，创办佛学讲习所，及出任衡阳、耒阳、宁乡一带的寺院住持。民国 35 年初茗山法师返回焦山定慧寺，担任焦山定慧寺监院，兼佛学院教务主任，主编院刊《中流》月刊。民国 36 年春，茗山法师出席中国佛教会代表大会，当选为中国佛教会理事。1951 年出任定慧寺第 98 代方丈。“文化大革命”期间，茗山被迫离开寺庙，历经坎坷，饱经风霜，在逆境中坚持个人修持，精严戒律。中共十一届三中全会以后，茗山法师回焦山，在定慧寺继续担任方丈，负起修缮定慧寺责任。1980 年冬，茗山当选为中国佛协常务理事。茗山是一位杰出的僧伽教育家，1982 年 6 月，受中国佛教协会会长赵朴初委派，到南京栖霞寺筹办中国佛教协会栖霞山僧伽培训班。1984 年，中国佛学院栖霞山分院正式招生，学制 2 年，赵朴初兼任院长，茗山任第一副院长，主持学院日常工作。栖霞山分院共毕业学僧数百人，为中国佛教界培养一大批佛学人才。1993 年秋，他当选为中国佛教协会副会长。1994 年 6 月，当选为江苏省佛教协会会长。晚年，除担任定慧寺、栖霞寺两大名刹方丈外，还兼任宝华山隆昌寺方丈。1992 年，茗山不顾年迈体弱，9 月 12 日至 10 月 5 日，在隆昌寺恢复中断了 35 年的传戒大典，戒子近千人。茗山佛学造诣高深，精诗文、擅书法，著有《茗山文集》行世。此外还著有《华严经普贤行愿品讲义》《弥勒上生经讲义》等。

茗山法师一生爱国爱教，衷心拥护中国共产党的领导，拥护社会主义制度，与党和政府风雨同舟、荣辱与共，是中国共产党的亲密朋友。他旗帜鲜明地谴责和反对一切打着佛教旗号从事分裂祖国、危害社会、有损宗教的罪恶企图和邪教活动。在对外交往中，他处处维护祖国尊严和国家统一，积极宣传中国外交方针和党的宗教信仰自由政策。在佛学研究上，他努力探索和实践佛教与社会主义社会相适应，提倡“人间佛教”思想，积极挖掘和发挥佛教教义教规中的积极因素，为两个文明建设服务。1981 年应香港圣一法师邀请，赴宝莲寺讲经，成为镇江市落实宗教政策以后第一位出访弘法的佛教界友好使者，积极澄清海外对大陆宗教政策的怀疑。之后多次受中国佛教协会委托，率团出访中国香港、泰国、美国、中国台湾、斯里兰卡、新加坡、日本等国家和地区，为促进我国与境外佛教界和文化界的友好交往作出积极贡献。1989 年随中国佛教协会赴美国弘法团，出席美国三藩市万佛城三坛大戒传戒法会。1994 年春夏间，茗山到台湾讲经、传戒达 53 天。同年 12 月，应邀到新加坡佛教居士林，开讲《阿弥陀经》。1996 年 12 月再次受请在新加坡开讲《华严经》二十余日，引起轰动。

史木金（1923—2002），曾用名史木清，江苏溧阳人。民国 25 年（1936 年）到江苏公路局当工人。民国 27 年 4 月至民国 37 年 8 月，历任国民党军政治部机械厂运输队修理厂技工驾驶员、昆明华兴商行技工领班、国民政府滇缅公路局昆明修理厂技工领班、辎汽十团驾驶兵、兰州二基厂少校技工。1949 年解放后，兰州二基厂改为西北军用汽车修理厂并留用，并于 1950 年加入中国共产党。历任西北军区汽车修理厂技师、中国人民志愿军汽车六团修理连连长，圆满地完成上级赋予的后勤保障运输任务。1958 年 8 月转入江苏省镇江地区汽车公司，任保养厂厂长、技术科长、镇江汽车制造厂技术科长、镇江市公交公司保养厂厂长、支部书记、教育科副科长等职。

史木金 1950 在西北军区汽车修理厂工作时，利用自己的技术专长，积极参加修旧利废和技术革新，利用不同厂牌的废车拼修成为两辆完整的汽车和一辆三吨吊车。并设计汽车洗车台，使汽车冲洗过程全面实现机械化，为此被评为全国工农兵劳动模范，并于 1950 年 11 月出席在北京召开的全国劳动模范大会，被授予全国劳动模范称号。

马长山（1930—2002），江苏淮安人。民国 36 年（1947 年）至民国 38 年 4 月在镇江江边车站、镇江招商局做工。1949 年 6 月至 1959 年 10 月在镇江港务局装卸作业区任工会组长、团支部书记、政治指导员兼党支部书记。1959 年 10 月至 1983 年 12 月任镇江市迎江搬运站站长、象山交通农场场长、市三轮车服务站党支部书记兼站长、市工业设备安装公司副经理、郊区交通科科长。1983 年 12 月至 1990 年 8 月任镇江市润州区交通局副局长。1990 年 9 月退休。

马长山在码头装卸工作中动脑筋想办法，改进装卸方法，提高工作效率。同时紧紧依靠大伙，合理调配人力，促使效率提高。自 1950 年至 1955 年的 6 年中，马长山领导的小组，没发生过一起安全责任事故。1956 年 5 月被授予全国先进生产者称号。在润州区交通局工作时，继续发扬求真务实作风，深入一线，做好调研工作。为执行国家有关法规，规范运输市场作出积极努力。

董剑侠（1913—2003），江苏淮阴人。1949 年起，历任镇江港务管理处码头工人、镇江港务管理处工会副主席（不脱产）、镇江市（县级）总工会副主席（不脱产）。1977 年被授予全国先进生产者称号。中共十一大代表。

新中国成立后，任青年装卸队队长，工作中任劳任怨。“文化大革命”期间，他忍辱负重，坚定信念，即使开他的“批判”会，也要干到离开会还有 10 分钟才收工，会议一结束，他的身影又出现在码头上，哪里任务重，他就出现在哪里。多年来董剑侠几乎没有休息过一天，被誉为“港口铁人”。

慈　舟(1915—2003),俗名史源,法名月济,字培功,江苏兴化人。中国佛教协会咨议委员会副主席、江苏省佛教协会副会长、镇江市佛教协会会长,历任镇江金山江天禅寺、句容宝华山隆昌寺、兴化上方寺住持。

民国16年(1927年)在兴化青龙庵出家,依师祖恒静上人披剃,学习经文。民国23年去宝华山受具足戒。后就读于竹林寺佛学院,次年转焦山佛学院,民国27年参学于金山江天禅寺,民国35年任库房副寺,管理常住事务。1949年挂牌监院,1956年入中国佛学院深造。1985年10月举行方丈升座仪式,慈舟任金山传临济正宗第47世住持。1988年应海外弟子邀请,举行水陆法会。同年赴日本弘法。1994年赴中国台湾、中国香港弘法。1995年携金山寺法务团赴新加坡光明山普觉禅寺举行水陆法会,同年成立金山佛学院。1996年兼任宝华山隆昌律寺住持,并举行盛大的传戒法会。1997年赴新加坡光明山举行禅七法会。慈舟在金山江天禅寺恢复扩建工作中,作出巨大贡献。

第二章　人物简介

人物简介收录2006年在世人物3类100人,按出生年份先后排序。收录范围为在镇江老红军及新中国成立前在镇江地区担任中共县级以上职务的领导干部;获世界体育比赛前三名镇江籍人士;经济、军事、教育、文化、宗教、卫生、侨务等各界镇江籍全国著名人士;著名能工巧匠和民间艺人;镇江籍部省级以上领导干部,中国科学院和中国工程院院士及其他全国著名镇江籍人士。

第一节　党政军

雷昌旺(1923—　),陕西蓝田人。民国25年(1936年)12月参加中国工农红军,历任红军七十三师勤务员,八路军一一五师某部卫生员,新四军某部副班长,某团军医、华东三野某团卫生队长。参加过平型关大战,淮海战役,渡江战役。新中国成立后在第二军医大学习,后任解放军第三野战军某院医务科长。转业后,历任太仓县人民医院院长,镇江专署卫生科副科长、科长,镇江地区血防办主任,镇江专区干部疗养院院长,市第一人民医院副院长、院长、党委书记。1983年离休,享受地市级待遇。

丁石孙(1927—　),镇江人。1950年毕业于清华大学数学系,并留校任教。后任北京大学数学力学系教授,数学系主任。1984年起先后任北京大学校长、国务院学位委员会委员、中国教育国际交流协会副会长、欧美同学会常务副会长和会长、国家自然科学基金委员会数学评审组副组长、中国海外交流协会常务理事、中国高等教育学会常务理事、中国外交学会理事。1996年任民盟中央主席,1998年任全国人大常委会副委员长,2005年为民盟中央名誉主席。

他长期从事数学教学和行政管理工作。专于代数、数论,在代数、数论、应用代数、李代数理论的研究方面取得多项成果。著有《高等代数》《解析几何》《线性移位寄存器序列》《代数学引论》等专著,其中《高等代数》获1987年国家优秀教材一等奖,《代数学引论》获1992年国家优秀教材特等奖。1985年日本创价大学授予名誉博士学位,1988年获美国那不拉斯加大学名誉科学博士。

陆懋曾(1928—　),镇江人。1953年12月加入中国共产党,高级农艺师。1950年毕业于金陵大学农学艺系。1950年3月参加工作。任山东省农业实验所技术员、组长,省农业科学院研究所小麦组组长，山东省农业科学院作物所育种室主任、农业技师，1974年任山东省农业科学院作物所科研室主任、小麦室主任、副总农技师，1979年获全国劳动模范称号。主编《小麦育种和良种繁育》等。1980年任山东省农业科学院副院长、党组成员兼作物研究所所长、高级农艺师，山东省科协副主席。1983年3月任中共山东省委副书记。1988年12月任山东省政协副主席。1993年4月～1998年4月任山东省政协主席。中共第12届中央候补委员，第13届中央委员。

邓鸿勋（1931—　），江苏无锡人。民国36年（1947年）在江苏省昆山中学高中学习时入党，在昆山、无锡等地从事党的地下工作。1949年在江南大学工业管理工程系学习，任系党支部书记。1952年任鞍山钢铁公司经理室秘书兼专家办公室副主任、技术员。1955年任本溪钢铁公司热电站生产技术科科长、副主任、工程师，本溪钢铁公司设计处副处长、研究室副主任、办公室副主任、党支部书记。"文化大革命"中受冲击，下放"五七"干校及江苏省大丰县农村劳动。1972年后任江苏省镇江焦化厂革委会副主任、党委副书记、厂长，江苏省镇江市计委主任，江苏省镇江地区行署经委主任、党组书记。1983年任中共江苏省镇江市委副书记、镇江市市长。1984年任中共江苏省无锡市委书记、无锡市人大常委会主任。1989年任中共江苏省委副书记。1990年6月任中共海南省委书记。1992年4月任中共海南省委书记、海南省人大常委会主任。1993年1月至1994年10月待安排。1994年10月任国务院发展研究中心副主任、党组成员。曾任中国保险发展论坛组委会主席、中国农村劳动力资源开发研究会会长。中共第十三届中央候补委员，第十四届中央委员，第九届全国政协委员。

李岚清（1932—　），镇江人。1952年9月加入中国共产党并参加工作，复旦大学企业管理系毕业，大学文化。1952年至1956年任长春第一汽车制造厂计划科计划员、副科长。1956年至1957年赴苏联莫斯科利哈乔夫汽车厂、高尔基汽车厂实习。1957年至1959年任长春第一汽车制造厂计划处科长并被东北人民大学经济研究所聘为兼职研究员。1959年至1961年任一机部秘书。1961年至1969年任国家经委秘书、企业管理局科长。1969年至1972年下放国家经委"五七"干校劳动。1972年至1978年任第二汽车制造厂计划处副处长、发动机厂党委第一书记。1978年至1981年任第三汽车制造厂建设指挥部副指挥长、重型汽车厂筹备处负责人。1981年至1982年任国家外国投资管理委员会政府贷款办公室负责人。1982年至1983年任对外经济贸易部外资管理局局长。1983年至1986年任天津市副市长兼市委对外经济贸易党工委书记。1986年至1990年任对外经济贸易部副部长、党组副书记。1990年至1992年任对外经济贸易部部长、党组书记，国务院经济贸易办公室副主任。1992年至1993年任中共中央政治局委员，对外经济贸易部部长、党组书记。1993年起任中共中央政治局委员，国务院副总理。1997年起任中共中央政治局常委，国务院副总理。中共第十三届中央候补委员，十四届中央委员、中央政治局委员，十五届中央委员、中央政治局委员、常委。

袁启彤（1932—　），镇江人。民国37年（1948年）在上海参加地下党领导的学生运动。上海解放后随华东野战军南下服务团到福建，参加减租减息、剿匪、反霸、土改运动。1953年加入中国共产党。历任共青团沙县县委副书记、书记，福建省南平专署文化局副局长，中共福建省永安县委副书记、书记，中共福建三明市委书记，中共福州市委副书记、福州市副市长，中共福州市委书记兼市人大常委会主任。1985年7月至1993年9月，任中共福建省委常委。1990年2月至1990年10月，任中共福建省委政法委书记。1990年10月至1993年9月，任中共福建省委副书记、省委政法委书记。1993年1月至1996年10月，任福建省第八届人大常委会副主任。1996年10月至1997年4月，任福建省第八届人大常委会副主任、代理主任。1997年4月至1998年1月，任福建省第八届人大常委会主任（福建省八届人大五次会议补选）。1998年1月至2002年1月，任福建省第九届人大常委会主任。是第八届、九届全国人民代表大会代表，中共十三大代表。著有《求索集》。

王厚德（1933—　），原籍江苏扬州，出生于镇江。1950年参加工作，1951年加入中国共产党。

1950～1953年任共青团镇江市工委、中共镇江市委宣传部干事,同时在中国人民大学计划经济系学习。1953～1954年在北京俄文专修学校留苏预备部学习。1954～1958年在苏联莫斯科普列汉诺夫国民经济学院商业经济系留学。1958年毕业回国到商业部计划局工作。1962年调至全国供销合作总社历任计划局科员、副处长;办公厅副主任、主任;总社副主任、党组成员。1982年任商业部党组成员、办公厅主任。中华全国供销合作总社理事会主任。1983年起任全国人大常委会常务副秘书长、机关党组副书记。1988～1993年任中华全国总工会副主席、书记处书记、党组成员。1993～2003年任第八、九届政协全国委员会常委,社会和法制委员会常务副主任。现任中国商业联合会顾问、对外联络委员会会长,兼任《民主与法制》杂志社社长、总编辑。中国人民大学兼职教授、中国工合国际委员会主席。是中共十三大代表、第六届和七届全国人大代表、第七届全国人大常委会委员。

王幼辉(1934—　),丹阳人。1957年福建农学院毕业,1957年至1967年河北正定县农业局、朱家庄公社技术员。1967年至1971年"文化大革命"中受冲击,下放劳动。1971年至1980年任正定县曲阳桥公社技术员,县农科所技术员、副所长、农艺师。1980年至1981年任正定县科委副主任。1981年至1983年任正定县副县长。1983年至1991任河北省六届、七届人大常委会副主任。1983年任第六届全国政协委员,1988年被选为第七届全国人大代表。1991年至1995年任河北省副省长,省九三学社副主委。1995年至1997年任河北省七届政协副主席,省九三学社副主委。1997年任省政协副主席,省九三学社主委,九三学社中央常委。主要研究水稻栽培,从事麦茬稻及粮棉丰产栽培技术的推广工作,1979年获河北省农业技术干部蹲点一等奖。先后发表《麦茬稻中期控氮方法及效果》《怎样种好麦茬稻》《麦茬水稻直播旱营》及其他科普文章300多篇。著作有《麦茬稻栽培技术》《水稻旱种技术》。主编《河北水稻栽培》。

周坤仁(1937—　),丹阳人。海军上将。1956年1月入伍,1960年5月加入中国共产党。历任海军护卫舰支队护卫舰助理军医、军医、副政委、政委,护卫舰大队副政委、政委,东海舰队政治部干部部副部长,登陆舰支队副政委,潜艇支队政委,东海舰队政治部副主任、主任,海军政治部副主任,东海舰队政委,海军副政委、政委,总后勤部政委。

他是中共第十五届中央委员会委员,第七届、九届、十届全国人民代表大会代表,第十届全国人大常委会委员、法律委员会副主任委员。

唐家璇(1938—　),镇江人。1973年11月加入中国共产党。1955～1958年复旦大学外文系英语专业学习。1958～1962年北京大学东语系日语专业学习。1960年9月参加工作。1962～1964年广播事业局对外部日语组工作。1964～1969年外交部翻译队工作。历任外交部翻译队翻译,中国人民对外友好协会理事,驻日本使馆二等秘书、一等秘书,外交部亚洲司副司长(1985.5～1988.4),驻日本使馆公使衔参赞、公使(1988.4～1991.12)和外交部部长助理(1991.12～1993.3),外交部副部长(1993.3～1998.3)等职。1998年至2000年任外交部部长、党委书记。2000年至2003年3月任外交部部长、党委委员。2003年3月任国务委员。2004年6月出任中国国际关系学会会长。中共第十五届、十六届中央委员。

虞云耀(1941.5—　),丹阳人。哈尔滨军事工程学院二系毕业,大学学历,工程师。1958年9月至1960年8月在清华大学水利系学习。1960年8月至1964年8月在哈尔滨军事工程学院二系学习。1961年加入中国共产党,1964年8月为第二机械工业部第九研究院九所技术员。1976年10月任第二机械工业部政治部宣传部干事。1980年6月任中央组织部组织局干事。1983年8月任中央组织部组织局副处长。1984年12月任中央组织部组织局副局长。1990年2月任中央组织部组织局局长(其间:1993年8月至1994年8月挂职任山东省青岛市委副书记)。1994年11月任中央组织部副部长。2001年7月起至2006年7月历任中央党校副校长、常务副校长(2002年3月明确为正部长级)。2005年12月任全国党建研究会会长。2008年3月任第十一届全国人大华侨委员会副主任委员。中共第十六届中央委员，第十一届全国人大常委会委员。

柳传志（1944—　），镇江人。1966年毕业于西安军事电讯工程学院（现西安电子科技大学前身），高级工程师。曾在国防科工委十院四所和中科院计算机所工作。1984年，柳传志与10名计算所员工以20万元人民币创办中科院计算所新技术发展公司（联想前身）。经过二十年的努力，从小企业成长为国家重点支持的旗舰型企业集团。1986年任总经理，1989年升为总裁，联想集团有限公司董事局主席，兼任中华全国工商业联合会副主席。香港联想于1988年创始时，柳传志成为香港联想主席。1997年北京联想与香港联想合并，柳传志出任联想集团主席。2011年11月2日，担任联想集团名誉董事长及高级顾问。柳传志实现联想控股的企业股份制改造，建立产权机制和激励机制，使一大批年轻人走上第一线领导岗位。将西方现代化的管理理论与中国企业实践相结合，总结并提出“企业管理屋顶图理论”等管理思想，形成系统的以“建班子、定战略、带队伍”为理论核心的联想管理体系。使联想逐步成为一家符合现代企业制度、具有国际竞争力的公司集团。

先后获得第二届全国科技实业家创业奖金奖第一名，全国有突出贡献中青年专家，中国改革风云人物，1995年被评为全国劳动模范，1997年当选为全国工商联副主席，是中共十六大代表，九届、十届全国人大代表。2000年1月被《财富》杂志评选为“亚洲最佳商业人士”，6月被《商业周刊》评选为“亚洲之星”。2001年1月被评为“CCTV年度经济风云人物”，并两次蝉联《北京青年报》第一、第二届“财富年度人物”及中国企业联合会“2000年最优秀企业家”。2001年被美国《时代周刊》评选为“全球25位最有影响力的商界领袖”之一。

魏家福（1950—　），句容人。毕业于武汉理工大学、后在大连海事大学获硕士学位、在天津大学获博士学位。历任中国－坦桑尼亚联合海运公司总经理、中远控股（新加坡）有限公司总裁、天津远洋运输公司总经理、中远散货运输有限公司总经理等职。1998年11月就任中国远洋运输集团总裁。2002年11月，当选为中共中央纪律检查委员会委员。国内外主要社会任职有：中国船东协会会长，中国工业经济联合会主席团主席团成员，中国船东互保协会董事长，美国哈佛商学院亚太地区顾问，巴拿马运河局顾问等。曾获得由《劳氏日报》和《亚洲海运》联合颁发的年度“海运名人大奖”，由美国长滩港授予的“港口领航人”大奖，由中国管理界媒体评选的“最具价值经理人”奖，由巴拿马政府颁发的“巴拿马海运卓越大奖”，由比利时国王授予的“莱奥波德二世国王勋章”。2005年12月，魏家福评为“2005CCTV中国年度经济人物”，并被美国《商务周刊》评选为2005年度全球航运和物流业行业领袖人物。

黄树贤（1954—　），扬中人。1975年9月至1977年10月在南京大学文科班文史哲专业学习。1977年9月加入中国共产党。1977年10月至1978年5月任江苏省扬中县长旺公社文化站代理站长。1978年5月至1982年1月任中共江苏省扬中县委办公室秘书、副主任。1982年1月至1983年9月任江苏省扬中县新坝公社（乡）党委副书记、书记。1983年9月至1984年7月任中共江苏省扬中县委副书记、代县长。1984年7月至1985年1月任中共江苏省扬中县委书记。1985年1月至1989年11月任共青团江苏省委书记。1989年11月至1994年11月任江苏省农垦农工商联合总公司党委副书记兼纪委书记。1994年11月至1995年3月任中共江苏省纪律检查委员会常委。1995年3月至1997年5月任中共江苏省纪委常委、省监察厅副厅长（其间1992年10月至1995年10月在南京大学商学院政治经济学专业研究生课程进修班学习）。1997年5月至2000年12月任中共江苏省纪委副书记、省监察厅厅长。2000年12月至2001年1月任监察部副部长，中共江苏省纪委副书记、省监察厅厅长。2001年1月至2002年11月任监察部副部长。2002年11月后任中央纪委常委，监察部副部长。2003年11月兼任第二十九届奥运会监督委员会主任。

第二节　科教文卫

朱绍文(1915—　),镇江人。先就学于日本,民国27年(1938年)毕业于东京第一高等学校,民国30年东京帝国大学经济学部经济学科毕业后,进入大学研究院研究经济理论史。民国33年5月因宣传抗日救国,被东京宪兵队逮捕,年底获“无罪释放”,民国34年日本东京帝国大学研究院毕业。回国后任上海沪江大学城中商学院、复旦大学经济系经济思想史教授,上海法学院、光华大学等校西洋经济史、工业政策教授。1950年任中国人民银行总行金融研究所专门委员。1978年后任中国社会科学院经济研究所教授、研究员、博士生导师,中华外国经济学说研究会名誉会长,全国《资本论》研究会顾问,全国日本经济学会副会长、顾问,中华日本学会顾问,中国和平统一促进会理事等。曾任七届全国政协委员、中国民主建国会中央常委、中央咨议委员会常委。2006年当选中国社会科学院首批荣誉学部委员。

主要著作及论文:《经典经济学与现代经济学》《人民币的若干理论问题》《日本市场经济与流通》《李斯特生产力理论研究》《南朝鲜外向型经济增长工业化模式分析》《A・斯密与现代中国》《马克思货币理论的基本问题》《日本经济与日本经济学家》《现代经济理论论集》等。

朱良春(1917—　),丹徒人。全国著名中医内科学家,南通市中医院首任院长,享受国务院政府特殊津贴。农工民主党中央委员,政协江苏省常委,南通市政协副主席。早年拜孟河御医世家马惠卿为师。继学于苏州国医专科学校。民国27年(1938年)毕业于上海中国医学院,师事章次公,深得其传。对内科杂病尤其对痹症、肿瘤、脾胃病、肝病、肾病、老年病的诊治有丰富的经验。先后研制“益肾蠲痹丸”“复肝丸”“痛风冲剂”等中药新药,获部、省级科技奖。主要学术著作有《虫类药的应用》《章次公医案》《医学微言》《朱良春用药经验集》《中国百年百名中医临床家・朱良春》《现代中医临床新选》(日文版,合著)等10余部,发表学术论文170余篇。先后应邀赴日本、新加坡、法国、马来西亚等国作学术演讲。现任南通市中医院首席技术顾问、中华中医药学会终身理事,中国癌症研究基金会鲜药研制学术委员会主任委员,南京中医药大学兼职教授,广州中医药大学第二临床医学院及长春中医学院客座教授,中国中医研究院基础理论研究所技术顾问,沪、港、台当代中医技术中心顾问,中国中医药研究促进会常务理事,新加坡中华医学会专家咨询委员、中医教材顾问委员会委员等职。1987年12月国务院批准其为“杰出高级专家”,同年卫生部授予“全国卫生文明建设先进工作者”称号。1990年确认为首批全国继承老中医药专家学术经验导师。1991年享国务院特殊津贴。2003年9月被国家中医药管理局聘为“中西医结合治疗SARS临床研究特别专项”专家顾问。

杨　槱(1917—　),原籍句容市,生于北京。中科院院士、造船设计专家。民国29年(1940年)3月英国格拉斯哥大学造船系毕业,获一等荣誉学士学位。民国29年起任重庆民生机器厂工程师,并先后在重庆商船专科学校、交通大学和同济大学任讲师、副教授和教授。民国33年末至民国35年初参加中国海军造船人员赴美服务团到美国考察学习。民国35年至民国37年年先后在海军江南造船所和海军青岛造船所任工程师和公务课长。民国37年至民国38年任上海海军机械学校教务组长。民国37年9月至民国38年11月任同济大学教授,1949年9月兼造船系系主任。1949年12月~1951年11月任大连造船厂建厂委员会工程师、公务处长。1952年至1954年任大连中苏造船公司(现大连造船厂)副总工程师,渤海造船厂筹备处工程师。1954年夏到1955年2月任大连工学院教授兼造船系主任。1955年2月~1957年8月任交通大学教授、副教务长,上海造船学院(上海交大前身)教授、教务长,1957年9月后至今任上海交通大学教授、副教务长、教务长、造船系主任和船舶与海洋工程研究所所长。1979~1995年任中国海洋工程学会副理事长。1980年12月当选为中国科学院学部委员(院士)。1984年任国务院学位委员会学科评议组成员，船舶工程学科评议组组长。1984～1988年当选为上海市科协副主席。1986～1997年当选为九三学社中央副主席，上海市委员会主任委员。1998年为中科院资深院士。是第五、六届全国人大代表，第八届上海市人大常委，第七、八届全国政协常委，第六、七、八届上海市政协副主席。2002年4月被英国格拉斯哥大学授予荣誉工学博士学位。

他毕生致力于船舶设计，主持过川江客货船和沿海货船"天运"号的设计和建造。主持"瀛州"号巡逻艇、15000吨自卸运煤船、5000吨近洋干货船、35000吨远洋散货船等一系列船舶设计。1960年领导中国第一部《海船稳性规范》的研究和制订工作。1963～1965年指导研究生从事"减摇水舱"的研究并建立我国第一台模型试验设备，研究结果被设计、研究单位广泛采用。二十世纪70年代，他发起研制海洋货船设计计算机集成系统，发表了多篇论文并编写《工程经济在船舶设计中的应用》教材。在船舶发展史研究方面，1958年为中国自然科学史研究所提供"近代和现代中国造船发展史"。1962年发表"中国造船发展简史"，随后发表"秦汉时期的造船业"和有关"泉州宋代海船""蓬莱古船""郑和航海"和"郑和宝船"的论文多篇。并正在研究世界船舶史中的一些问题。

著（或合著）有《船舶静力学》《电子计算机辅助设计》《船舶稳性研究论文集》《散货船设计》等，2005年出版《帆船史》《轮船史》。2006年11月7日在上海院士风采馆举行杨槱九十华诞暨新著《郑和下西 洋史探》首发，2007年出版《话说中国帆船》。

高良润（1918—　），江苏常州人。农机专家。民国28年（1939年）重庆中央大学机械工程系毕业，民国36年获美国明尼苏达大学研究生院科学硕士学位。曾任南京中央大学副教授。新中国成立后，历任南京大学、南京工学院副教授，镇江农业机械学院（后为江苏工学院、江苏理工大学）教授、副院长、排灌机械研究所所长、名誉所长、农业机械工程分院名誉院长、学术委员会副主任委员、学位委员会主任委员、学报编辑委员会主任委员。曾是中国农业机械学会排灌机械学会、中国植保机械学会名誉理事长，中国农业机械学会、中国农业工程学会名誉理事，江苏省农业机械学会副理事长。第六、七届全国政协委员，中国民主同盟第五、六届中央委员、江苏省委员、镇江市副主委。

长期从事农业机械教学和科研工作。主持的科研项目有：植保机械用泵研究，对改进和发展我国植保机械起到导向作用；静电喷雾理论及其测试技术研究、流变热力学在果品保鲜中的应用研究，均为国际上开创性的科研项目，为这些领域新兴学科的理论及其应用奠定了基础。编著大学教材12种，主要如《农业机械学》《特种作物收获机械与畜牧场用的机械》《中国植保机械发展史》等。

束纫秋（1919—　），笔名越薪、言微、荆中棘，丹阳人。民国28年（1939年）投身革命，曾参加上海职工界《职业生活》的编辑工作和文艺创作工作。1949年上海解放后，在中共上海市委宣传部和市委文艺工作部从事宣传、文化、新闻出版等方面工作。1957年6月，调任《新民晚报》党组书记、副总编辑，后任总编辑。1972年调至上海人民出版社《辞海》编辑所（后改为上海辞书出版社）工作，随后任上海市出版局副局长兼该社社长、总编辑，负责《辞海》的修订和出版等事宜，为《辞海》副主编之一。1980年参加《新民晚报》复刊筹备工作。1982年复刊后重任党组书记、总编辑，后任顾问，上海新闻工作者协会副主席、中国晚报工作者协会副会长。著有《蹄下小景》《一笑之余》。1987年经全国新闻高级专业职务资格评审委员会评定为高级编辑。1992年获国务院表彰为有突出贡献的专家学者，享受政府特殊津贴。

颜正华（1920—　），丹阳人。民国23年（1934年）从医，1955年南京中医学院学习，毕业后留校任中药教研组组长，1957年调入北京中医院，先后任副主任、主任。1962年加入中国共产党。1986年任北京中医学院中药研究所名誉所长，并被聘为国务院学位评定委员会药学组成员、国家教委科技委员会药学组成员、中国药典委员会委员、卫生部药品评审委员会委员、北京中医学院中药系主任等职。曾还先后赴朝鲜、日本、柬埔寨等国参加学术交流活动。在南京工作期间，曾编写大学《中药学》教材,为大学开设中药学课程奠定了基础。调北京后,晋升为正教授,培养30余名进修生、硕士、博士学位研究生。主要著作有《临床实用中药学》等三部,论文多篇。

颜德馨(1920—),丹阳人。民国28年(1939年)毕业于上海中国医学院,历任主任医师,上海铁道医院中医教研室主任,兼任上海中药研究院专家委员会委员,《铁道医学》杂志社编委会常委,上海铁道医学会委员会副主任,上海中医学大学、上海师范大学教授。曾任同济大学教授、中医药研究所所长、上海中医药大学博士生导师。从事中医临床、科研、教学工作达40余年,长期开展中医药对血液病、心肾疾病研究,擅长运用活血化瘀疗法治疗疑难杂症。首创"肾病必有瘀,怪病必有瘀和衡法理论",用于临床颇有成果。获国家二等奖。发表论文200余篇,专著有《活血化瘀疗法临床实践》等10余部。多次去美国、加拿大、泰国等多国讲学。他的事迹被上海市卫生局制成传记电视片。从医60年时,时任上海市委书记黄菊曾写信祝贺。

梅 朵(1921—),原名许绥曾,丹阳人。民国35年(1946年)4月参加革命,任《文汇报》文艺副刊《浮世绘》及《演剧周刊》主编。次年《文汇报》被国民党封闭后赴香港,参加香港《文汇报》创办工作,任文艺副刊及《戏剧电影周刊》主编。1949年上海解放后,历任复刊后的《文汇实主义之路》等。1979年后,创办《文汇电影时报》《文汇月刊》,任主编、名誉主编。1981年参与创建中国电影评论学会,任副会长,现任名誉会长。后又参与创建上海电影评论学会,现任会长。曾任中国作家协会理事,现为名誉委员。是上海市文联委员、上海电影家协会主席团委员、《文艺理论研究》杂志编委。半个多世纪以来,先后发表电影评论几百万字,以及《现实主义及其发展》等理论文章。著有《梅朵电影评论集》。

陈玉龙(1921—),著名学者、书法家。民国10年(1921年)出生于镇江。北京大学东方学系教授,北京大学书画协会会长,中国国际书画人才网学术顾问,中国书法家协会会员。20世纪50年代曾兼任北大校长马寅初先生秘书。平生以治史为主,兼攻文学与书法。故其书斋名曰"三苑堂"。主要著作有《汉文化论纲》《中国书法艺术》《天地有正气》等。曾应邀赴日本、美国、泰国、新加坡、马来西亚五国和香港、台湾等地作书法艺术交流活动。博物馆、碑林等重要场所均有收藏;书法作品曾赠送给许多国内外名流及政界显要,如:韩国总统金大中、池田大作等。曾为当代著名书法家舒同先生撰写书法展前言,并参加著名书法家欧阳中石教授所主持的历届书法博士生论文辩会。2002年3月应邀参加北京当代著名学者书法展。

刘厚生(1921—),原籍镇江。导演、戏剧评论家。民国10年(1921年)1月出生于北京,1931年移居上海。1935年受左翼戏剧影响开始热爱话剧。民国26年7月考取南京国立戏剧学校(第三届)导演系,民国27年10月加入中国共产党,民国29年毕业于江安戏剧专科学校,毕业后留校做助教。民国30年2月到重庆参加由熊佛西、张骏祥主持的中央青年剧社。其后在重庆、成都、上海、台湾等地的中电剧团、观众演出公司等话剧团体任演员、剧务、导演等职。民国35年周恩来在观看袁雪芬主演的越剧《凄凉辽宫月》之后,召于伶和他谈话,指示应重视戏曲界工作,并特别指出越剧在群众中的重大影响。民国37年末参加袁雪芬主持的雪声剧团,担任导演并主持剧务部。导演《万里长城》《李师师》等戏,还邀请冼群导演《白娘子》一剧。解放后历任上海军管会文艺处剧艺室副主任、上海市军管会文艺处第一届地方戏剧研究班副主任、华东越剧实验剧团团委会副主任、上海市文化局戏曲改进处副处长、《上海戏剧》副主编、中国戏剧家协会上海分会副主席等职。

陶增骥(1923—),镇江人。民国35年(1946年)毕业于复旦大学。先后任原交通银行、中国人民建设银行拨款科科长、制度科科长,中央财政金融学院、山东财经学院教师,山东大学副教授,财政部财政科学研究所基础理论研究室主任、研究员、博士生导师、学位评定委员会副主席,中国财政学会经济杠杆研究会副总干事兼秘书长,中国管理科学研究院财政经济研究所副所长等职。主要著作有《基本建设财务与信用》《社会主义经济建设与投资》等。

陈宁庆(1923—　),丹阳吕城人。抗战期间,就读于江苏医学院,参加抗日和反内战活动,被开除。民国36年(1947年)7月参军。同年9月,赴北京医学院学习。先后在华北医大、第一军医大担任教学、科研工作,任被授予讲师、教授等职称,并兼任教研室主任,研究所所长等职。长期从事空气生物及预防医学研究。20世纪60年代,筹建中国第一个空气生物学研究室,曾多次到美国等十多个国家参加国际学术会议或学术访问。在国内外杂志发表过论文多篇,曾参加编写《中国医学百科全书》《军事百科全书》中有关生物武器医学预防部分,为中国预防医学作出了积极贡献。

范　用(1923—　),镇江人。民国27年(1938年)开始从事出版工作,辗转武汉、桂林、重庆等地。1939年加入中国共产党。曾任读书出版社桂林、重庆分社经理,人民出版社副社长、副总编辑兼生活·读书·新知三联书店总经理。新中国成立后,历任中宣部出版委员会科长,中央人民政府出版总署出版局副主任,人民出版社副总编辑、副社长,生活·读书·新知三联书店总经理,中国出版工作者协会第一、二届理事。1989年离休。

范用是我国名重一时的出版人,他曾策划出版巴金的《随想录》、陈白尘的《牛棚日记》《傅雷家书》;也是中国著名的杂志人,曾创办《读书》《新华文摘》;著有《我爱穆源》《泥土脚印》《泥土脚印》续编。

戴立信(1924—　),有机化学家,祖籍句容,民国13年(1924年)11月13日出生于北京。民国31年考入沪江大学化学系。民国32年春,他转入内地求学,途经浙江、福建、江西、湖南、广西、贵州诸省而至重庆,最后进入浙江大学学习。浙江大学的四年是他在学术上获益很多的时期。有机化学教授王葆仁先生将他引入了有机化学的殿堂。浙江大学的四年又是他政治上启蒙的四年。在进步同学的带领下他参加了学生运动,使他的科学生涯能更多地和国家的命运结合在一起。民国36年大学毕业后,他曾从事短暂的中学教学工作。民国37年进入位于浦东的第三钢铁厂化验室工作。1950年任驻上海钢铁公司军代表陈展同志的秘书,后去华东矿冶局工作。1953年,他奉命调入中国科学院,并分配到上海有机化学研究所工作,直至今日。他参加黄耀曾领导的金霉素研究工作曾获中国科学院奖励。当时金霉素的绝对构型尚未确定,他曾提出用不对称合成法确定绝对构型的方案。1958年,他担负有机氟化学和有机硼化学等新兴学科的建立。参加硼氢化合物研究和高能燃料研制的组织领导工作。

1962年以后,他重返科研第一线,开始独立研究有机硼化学、通过金属配位作用而实现的高选择性合成反应、不对称合成三方面的研究。1993年当选为中国科学院院士。为中国科学院上海有机化学研究所研究员、学位委员会主任、学术委员会顾问、金属有机化学国家重点实验室学术委员会及生命有机化学国家重点实验室学术委员会委员。担任多所大学客座教授,并为南开大学元素有机化学国家重点实验室学术委员会主任。是上海市化学化工学会名誉理事长。1978年获全国科学大会奖,2001年获上海市科学技术进步奖一等奖(自然科学奖),2001年、2002年二次获中国科学院袁荫刚研究生培养优秀导师奖,2002年获何梁何利奖,2003年获国家自然科学奖二等奖。先后共培养15名博士。(其中四人获中国科学院院长奖学金特别奖)。有译著如《有机化学中的立体化学》等多部,编著《有机化学战略研究调查报告》《有机合成化学进展》等,在国内外重要刊物上发表论文130多篇。

吕鸿声(1926—　),镇江人,家蚕生理病理学家和昆虫病毒分子生物学家。1950年毕业于浙江大学,1956~1960年在前苏联留学,专攻家蚕生化遗传,获博士学位。历任国务院学位委员会学科评议组成员,中国农业科学院学术委员会委员、蚕业研究所所长、植保所昆虫病毒实验室负责人,《蚕业科学》主编,《昆虫学报》《病毒学报》、国际蚕业科学杂志《Sericologia》(巴黎出版)编委。现为研究员,中国农业科学院蚕业研究所博士生导师,浙江大学客座教授。长期从事家蚕个体发育的激素调控、蚕体抗病机理及昆虫病毒分子生物学三个相关领域的开拓性研究。曾获全国科学大会奖、国家科技进步奖等。主编《中国养蚕学》《家蚕遗传育种学》等理论著作,著有《昆虫病毒与昆虫病毒病》《昆虫病毒分子生物学》、《家蚕化性的激素调节机理》（俄文）、《昆虫病理学》《昆虫免疫学原理》《栽桑学原理》等，合著有《病毒与农业》《Progress in Ecdysone Research》（荷兰Elsevier出版）。

茅家琦（1927—　），镇江人。1951年毕业于南京大学后留校工作，南京大学历史系教授、博士生导师，曾任系主任、台湾研究所所长等职。兼职任中国历史学会理事、中国太平天国研究会主席团执行主席、江苏省历史学会会长。现任教育部社会科学委员会委员、中华炎黄文化研究会顾问、全国台湾研究会常委理事、江苏省海峡两岸关系研究会副会长。

1957年在罗尔纲教授著作引导下进行太平天国历史研究。茅家琦利用自己高水准研读外文资料的能力，开始前人从未进行过的工作。成为这一领域的领军人物。他的研究涵盖晚清史、太平天国史、中华民国史、当代台湾史、区域现代化史等领域。著有《太平天国兴亡史》《太平天国对外关系史》《太平天国与列强》《郭著〈太平天国史事日志〉补校》《太平天国通史》《晚清史论》《孙中山评传》《台湾30年（1949～1979）》《80年代的台湾》《台湾经济政策发展轨迹》《李国鼎与台湾财经》《蒋经国的一生和他的思想演变》《百年沧桑—中国国民党史》《长江中下游城市近代化轨迹》。

蔡有龄（1927—　），镇江人。民国36年（1947年）就读于北京大学理学院生物系，北京大学医学院七年制医疗系毕业。历任中国医学科学院皮肤性病研究所广西、广东研究基地负责人、首都医科大学附属朝阳医院皮肤科主任、主任医师、教授。曾担任中华医学会皮肤专科委员会常务委员，中西结合学会北京分会皮肤科委员，卫生部基本药物评审委员会委员，卫生部欧盟合作项目顾问委员会顾问，卫生部远程会诊咨询中心特约医学专家，北京医协知名专家委员会委员，中国保健技术委员会皮肤病学科主任委员，中国环球皮肤病、性病、艾滋病基金会理事，北京性病、艾滋病防治协会常委等职，享受国务院有特殊贡献专家政府津贴。

长期从事皮肤病、皮肤职业病、性病的临床、实验室及流行病学的研究，具有深厚的理论及临床基础，擅长用中医药治疗复发性、巨大型尖锐湿疣、顽固型毛囊炎、红斑结节性皮肤病、带状疱疹、严重性炎性痤疮、酒糟鼻、带状疱疹、牛皮癣等及其他疑难疾病。

张有实（1928—　），镇江人，水文水利、国土整治专家。1951年清华大学水利专业毕业，同年被派往原苏联科学院学习水资源和河流综合开发利用，1956年获苏联技术科学副博士学位，回国后被授予博士学位。先后在中国科学院水工研究室、水利水电科学研究院和中国科学院综合考察委员会工作，曾任中国科学院自然资源综合考察委员会研究员、副主任，黄土高原综合科学考察队队长，中国水土保持学会第一、二届副理事长，联合国教科文组织国际水文计划中国国家委员会副主席。

长期从事水文水利、自然资源、国土整治和地区开发等考察研究。参加黑龙江、蒙宁、四川、东北荒地、西藏、黄土高原等考察队，先后发表论文20多篇，对南水北调、四川丘陵地区水利化方针、呼伦贝尔草原改造、西藏羊卓雍湖开发利用，以及黄土高原地区综合治理开发等提出研究成果。1990年获中国科学院竺可桢野外科学工作奖。主持国家“七五”攻关课题“黄土高原综合治理开发”的考察研究，获1992年中国科学院科技进步一等奖。著有《黄土高原地区综合治理与开发》《黄土高原水土保持理论基础及“治黄方略”》等。

郭孝礼（1928—　），镇江人，中国制冷工程自动化的奠基人和带头人，中国工程设计大师。民国37年（1948年）考入北京大学，次年参军南下，参加渡江战役，立二等功2次。1956年转业后考入西安交通大学，1961年毕业后一直在商业部设计院（后为国内贸易部设计院）工作。曾任商业部设计院副总工程师、教授级高级工程师，全国第七、八届政协委员。

长期从事制冷工程自动化的设计、开发和推广应用，在全国各地直接参与设计和调试自动化制冷工程30多项，设计自动型机器设备20多种、自动控制元件120多种。获全国科学大会奖、国家科技进步三等奖等。是中国制冷工程自动化的奠基人和带头人。

于　漪（1929—　），镇江人，全国特级教师，享受国务院政府特殊津贴，上海市杨浦高级中学名誉校长,女。民国36年(1947年)毕业于省立镇江中学,1951年毕业于复旦大学教育系。先后在华东人民革大工农速成中学、上海市杨浦中学、上海市第二师范学校任教,任首都师范大学、华东师范大学、上海师范大学、上海大学兼职教授。1978年被评为上海市首批语文特级教师,历任中华全国总工会执行委员,上海市第七、八、九届人大委员会委员,教育科学文化卫生委员会副主任委员等. 多次被评为上海市先进教育工作者,上海市劳动模范,上海市三八红旗手,上海市优秀共产党员,全国三八红旗手,全国先进工作者等。曾任国家教委中学语文教材审查委员,中国语言学会理事,全国中学语文教学研究会副理事长和上海市教师学研究会会长等职。

长期从事中学语文教学,提出一系列颇有价值的教学思想,形成独特的教学风格。主要著作有:《于漪文集》《于漪教育文丛》《现代教师学概论》《中学生作文指导》《语文教学谈艺录》等。主编《中学语文备课手册》《高中语文教学指导书》《文学形象词典》等。

庄福龄(1929—　),镇江人,马克思主义哲学史和马克思主义史专家,中国人民大学教授、博士生导师。民国36年毕业于镇江中学,1951年毕业于上海财政经济学院,1955年毕业于中国人民大学哲学研究班。1951年起在上海财政经济大学、中国人民大学任教。兼任北京大学、复旦大学人文社会科学研究基地学术委员、顾问,中国社会科学院马列研究院特聘研究员,马克思主义理论研究和建设工程主要成员和首席专家,中国马克思主义哲学史学会名誉会长等。获国务院政府特殊津贴、吴玉章科研奖、北京市优秀教师等荣誉。

从教50余年,主讲马克思主义哲学原理、原著、马克思主义哲学史、马克思主义史、毛泽东思想和哲学专题等课程,获国家级教学成果奖。主编和参加撰写《马克思主义哲学史》八卷本(获"五个一"工程奖和国家社科优秀成果一等奖,列入中国文库)、《马克思主义史》四卷本(获"五个一"工程奖和国家图书奖提名奖,列入人民文库)、《简明马克思主义史》《毛泽东哲学思想史》三卷本、《中国马克思主义哲学传播史》《毛泽东思想概论》《马克思主义哲学史辞典》等。还有《庄福龄自选集》《马克思主义中国化伟大理论成果》等。其中多项获省、部级奖。

严善明(1929—　),湖北麻城人。1955年毕业于湖南医学院,1967年上海第一学院精神科研究生毕业。镇江精神病院主任医师,先后获市、省、国家级劳动模范,国家有突出贡献的中青年专家。享受国务院特殊津贴。兼任镇江医学会副会长,镇江医学院神经精神病教研室主任、教授。为用锂盐治疗情感性精神病作出贡献。有著述40余篇。其中外文著述10篇发表在美、英和北欧等专业期刊。曾参编《司法精神病学》等四部大型专著。是国内知名精神病专家,曾应邀到瑞士、西德、挪威、瑞典等四国讲学。

在国内外专业刊物上发表论文50篇。1984年被评为有突出贡献的国家级专家,1985年获"五一劳动奖章"。江苏省政协委员,英国《医学科学研究》和《锂》杂志编辑委员。

王　元(1930—　),中科院院士、数学家,祖籍镇江,生于浙江兰溪。1952年毕业于浙江大学数学系,分配到中国科学院数学研究所,曾任研究室主任、所长,所学术委员会主任,中国数学学会理事长,《数学学报》主编,联邦德国《分析》杂志编辑,新加坡世界科学出版社顾问等,中国科学院主席团委员,中国数学奥林匹克委员会主席、研究员,1980年当选为中国科学院学部委员(院士)。享受国务院颁发的政府特殊津贴。

从20世纪50年代起,他在华罗庚教授指导下开始从事数论研究。他首先在中国将筛选法用于哥德巴赫猜想研究,1956年首次证明每一个充分大的偶数都是一个不超过3个素数之积与一个不超过4个素数之积之和。简记为(3,4)。1957年又将结果改进为(2,3)。这是中国学者首次在此研究领域跃居世界领先地位,其成果为国内外有关文献频繁引用。1973年,他与华罗庚教授一起开拓数论在近似分析中应用的研究,证明用分圆域的独立单位系构造高维单位立方体的一致分布点贯的一般定理,提出一个新的多重积分求积公式,被国际学术界称为"华—王方法"。70年代后期对数论在近似分析中的应用做系统总结,产生广泛的国际影响。1979年起又开拓代数解析数论的研究。80 年代将施密特定理推广到任何代数数域,在丢番图不等式组等方面取得先进的研究成果。曾获国家自然科学一等奖、何梁何利奖、华罗庚数学奖、陈嘉庚物质科学奖、吴大猷科学普及金奖,先后发表专著《数论在近似分析中的应用》和《华罗庚》等。

许　鹏(1930—　),句容人。1955 年南京农学院牧草学研究生毕业,同年到新疆工作。历任新疆八一农学院教授、副院长、院长。1987 年 1 月至 2001 年 1 月任新疆维吾尔自治区人大常委会副主任。1991 年 7 月至 2002 年 6 月任新疆科协主席,第七、八、九届全国人大代表,兼任中国草原学会副理事长,现任新疆科协名誉主席,新疆农业大学教授,草业科学博士生导师,新疆草地资源与环境研究所所长。

长期从事草地资源与生态教学、科研工作。参加筹办新疆农业大学草原专业,50 年来培养一批草原本、专科毕业生、硕士研究生和一批中青年教师,并开始培养博士研究生,使草原专业成为自治区重点学科,草地资源生态实验室成为首批自治区重点实验室。主讲草原专业本科生课程《草地调查规划学》,硕士研究生课程《草地类型学》,博士研究生课程《草地资源学》。

王扶林(1931—　),镇江人,中国第一代电视艺术家,中国电视剧制作中心制片人、导演。1955 年,日本商品展览会首次在我国开办,他被委派参加了电视节目的转播工作。1958 年,导演电视报道剧《党救了他》,此后执导电视剧及综合文艺晚会 90 余部(集),如:《真假医生》《合家欢》《娶了个好姑娘》《生活的赞歌》《新的一代》(上下集)、《老会计》《红缨枪》《球迷》《绿林行》《海誓》《火种》《搬家》《笑的晚会》《自豪》《战斗在顶天岭》《南方汽笛》《像他那样生活》《何日彩云归》《没赶上火车的小伙子》《敌营十八年》(9 集)、《卖蟹》《新春乐》(综合文艺晚会)、《赤橙黄绿青蓝紫》(3 集,获《大众电视》"金鹰奖"优秀电视连续剧奖)、《红楼梦》(36 集,获 1987 年全国优秀电视剧"飞天奖"特别奖、本人获全国十佳电视导演之一称号)、《汤显祖与牡丹亭》《庄妃轶事》(10 集,获首届全国优秀录像片二等奖、优秀导演奖)以及《澳门轶事》等。撰写的主要学术文章有:1982 年在《北京广播学院学报》发表《电视剧及其样式》;1982 年在《人民日报》发表《希望有更多更好的电视剧》;1984 ~ 1987 年,发表介绍《红楼梦》创作经验文章若干篇。为中国电视艺术家协会理事。

吕　敏(1931—　),丹阳人,核物理学家。1952 年浙江大学物理系毕业,后到中国科学院近代物理研究所工作。1957 年为在职研究生。1959 年至 1962 年在苏联杜布纳联合核子研究所从事研究工作。1962 年至 1986 年,在新疆国防科工委核试验基地从事核物理诊断技术研究,曾任研究室副主任、研究所副所长、基地科技委主任,全面负责核试验技术工作,并继续从事核物理诊断研究。从 1964 年至 1996 年曾多次参加核试验。1987 年后,调总装备部系统工程研究所,从事抗辐射加固等软科学研究。任国防科工委系统工程研究所研究员、中国核学会副理事长,清华大学兼职教授。1991 年当选为中国科学院院士(学部委员)。

他在核试验物理诊断领域中长期从事系统、开创性工作。他主持建立并不断改进和完善核装置链式反应动力学过程诊断的技术和方法;提出用光纤时空分辨和针孔照相方法测量核反应空间参数分布等重大项目的物理技术方案,提出并组织实施在竖井地下核试验多项目的测试技术方案,均获成功。1964、1965 年立二等功两次,1978 年获全国科学大会先进科技工作者奖,1985 年和 1990 年获国家科技进步奖二等奖各两项,1987 年获国家科技进步奖特等奖,1987 国家自然科学三等奖,1992 年国家科技进步二等奖两项,1997 年、1998 年分获国防科技进步二等奖两项和 1998 年国防科技进步一等奖,1978 年全国科学大会先进科技工作者奖,1964、1965 年立 2 等功两次。

王　越(1932—　),丹阳人,教授,博士后导师,信息与通信系统专家。1950 年入大连理工学院电讯系学习,1956 年毕业于中国人民解放军通信学院。曾任中国兵器工业 206 所所长、北京理工大学校长、北京理工大学名誉校长,兼任国务院学位委员会学科评议组成员、中国兵工学会副理事长、中国电子学会会长、北京市学位委员会副主任、北京市人民政府顾问团成员、国防科工委专家咨询委员会成员等职务。获国家有突出贡献中青年专家、兵器工业功勋奖、全国教育系统劳动模范、全国兵器工业先进工作者称号,享受国务院政府特殊津贴。1991 年 11 月当选中国科学院院士,任中国科学院技术科学部主任。1994 年当选中国工程院院士,任信息与电子工程学部常委。

长期从事电子学与通讯领域的科研工作,先后曾在多项 861、201、301 电子工程系统的试验和生产中任总体主管设计师,在 302 电子工程系统的研制中任主管设计师,在 303 电子系统的研制中任总设计师和行政指挥。,在 306 工程系统的研制中先后任总设计师和行政指挥,在 703 系统的研制中任行政指挥,并取得了一批重大研究成果,提出并建立中国电子对抗系统理论体系。先后获国家科技进步一等奖、部科技进步特等奖、全国科学大会奖、光华基金一等奖等。

周秀骥(1932—　),丹阳人,大气物理学家。1951 年 4 月参加工作,任中国科学院地球物理研究所练习生、技术员,1956 年 9 月破格派往苏联科学院应用地球物理所攻读研究生,1962 年 3 月苏联科学院研究生毕业,获数理科学副博士学位。1964 年先后担任中国共产主义青年团第九届团中央委员,中国科学院大气物理研究所副研究员、研究员、研究室主任、副所长、党委委员、中国共产党中国科学院直属机关党委委员。1984 年调入中国气象科学研究院,任院长、党组书记;中国气象局科技委员会副主任、中国南极研究学术委员会副主任、中国气象学会副理事长。先后担任《大气科学》《气象学报》《应用气象学报》等学报主编。曾长期担任世界气象组织大气科学委员会委员、国际气象与大气物理协会理事会理事、国际大气辐射委员会委员、国际臭氧委员会委员、全球大气观测系统联合科学技术委员会委员等职。1991 年当选为中国科学院院士。1993 年后任中国气象科学研究院名誉院长。曾任第九届全国人大代表、全国人大常务委员会环境与资源保护委员会委员、中国科学院地学部常务委员、国家自然科学基金地球科学部主任、中国气象科学研究院名誉院长、研究员、博士生导师。1988 年获国家有突出贡献的中青年专家称号,享受政府特殊津贴。40 多年来,他先后创建和发展中国云雾物理、大气电学、大气湍流、大气遥感、中尺度大气物理、中层大气物理和大气化学等分支学科,是中国现代大气物理学创建人之一。建立暖云降水起伏增长理论;创建我国大气电学;全面开展大气遥感研究;在大气环境与气候变化相互作用研究中取得新的成果。先后创建和领导研制成中国第一台气象激光雷达和多普勒测风雷达,建成现代化京津冀灾害性天气监测、超短期预报系统以及强风暴实验室。获得国家和部委级重大科学成果奖共 11 项,其中全国科学大会重大成果奖 1 项,国家科技进步一等奖 1 项,科技进步二等奖 1 项,部级科技进步特等奖 1 项,国家自然科学三等、四等奖各 1 项。1996 年获何梁何利奖。主要学术著作《暖云降水物理机制研究》《大气微波辐射及遥感原理》《高等大气物理学》《二维全球动力、辐射和光耦合模式研究》等,学术论文 90 余篇。

吴永乐(1932—　),镇江人。1953 年南京大学地质系毕业。1954 年至 1958 年在冶金部中南勘探公司江西地质分局 201 队工作。1958 年至 1973 年在江西省地质局钨矿大队、科研所、908 大队、909 大队工作。1974 年后,历任省地质局科学研究所副所长、所长,总工程师,教授级高级工程师,第五届、第六届全国人大代表。1983 年 5 月起,先后任政协江西省第五届、第六届、第七届委员会副主席,1988 年 2 月任省政协党组成员。从事地质矿产普查勘探和科学研究时,曾提出“多次成岩、多次成矿”的观点。对江西与燕山期中酸性斑岩有关的铜矿床,提出“多位一体”的成矿模式。参加编写和主编《中国南部脉状黑钨矿床地质与勘探》《1: 100 万福州幅地质图及其说明书》《江西省铜矿地质特征、分布规律及评价准则、找矿方向》《西华山钨矿地质》《江西省 1986—2000 年地质科学发展预测》等专著和论文,其中两篇论文分别在国际学术讨论会上宣读和在国外有关刊物发表。合著有《西华山钨矿地质》。

杨启业(1932—　),镇江人,炼油工艺专家。1957 年毕业于北京石油学院炼制系,分配到北京设计院。自参加工作以来,一直从事炼油设计工作。历任技术员、工程师、副主任工程师、主任工程师、高级工程师、教授级高工、副总工程师。现任中国石化总公司北京设计院高级工程师。1991 年享受国务院政府特殊津贴。1989 年和 1995 年两次被中国石化总化司评为劳动模范。1997 年当选中国工程院院士。长期以来从事炼油设计工作，先后设计、审核82套催化裂化装置，参加提升管催化裂化、大庆常压渣油催化裂化、催化裂解等攻关工作。在催化裂化装置上不断采用新技术、新工艺、新设备，为中国催化裂化技术的提高和发展作出贡献，多次获国家及省部奖励。曾获得国家发明奖2项、科学技术进步奖4项、优秀工程设计奖4项；获中国石化总公司发明奖一等三等各1项、国家、中石化总公司科学技术进步奖一等二等三等8项、优秀工程设计奖6项。发表学术论文多篇。1990年获国家有突出贡献的中青年专家，中国石化总公司有突出贡献的科技和管理专家。

许良中（1932—　），句容人，出生于上海。肿瘤病理学专家，上海医科大学肿瘤医院教授、博士生导师，享受国务院政府特殊津贴。复旦大学附属肿瘤医院荣誉教授。1955年毕业于上海第一医学院。先后留学英国、美国、法国、加拿大等国，从事肿瘤病理学研究。曾任上海医科大学肿瘤医院院长、肿瘤研究所所长。1984年在国内最先报告应用乳腺癌石蜡切片，通过免疫酶标方法测定雌激素受体的方法；同年首次在国际上报告中国人的恶性淋巴瘤的免疫学分型，在国内首先应用AgNOR测定法于穿刺细胞学鉴别恶性淋巴瘤与慢性淋巴结炎。恶性淋巴瘤癌基因及抗癌基因的研究工作处于国内领先地位。兼任《中华肿瘤》《中国癌症》杂志副主编，《中国癌症研究》《实用肿瘤》《癌症》《香港保健》杂志编委等职。系全国肿瘤防治研究领导小组副组长，中华医学会肿瘤学会副主任委员、中国抗癌协会淋巴瘤研究委员会主任委员、中国抗癌协会临床细胞学专业委员会主任委员、上海市抗癌协会副理事长、中华医学会上海肿瘤学会副主任委员、欧洲癌症协会及国际抗癌联盟研究员协会会员。著有《细胞营养与组织培养》《实用肿瘤病理方法学》《乳腺病理学》《现代恶性淋巴瘤病理学》等。

刘楠来（1933—　），丹阳人，海洋法、人权法专家。1955年毕业于东北人民大学法律系，1961年获前苏联莫斯科大学法学副博士学位。回国后在中国科学院哲学社会科学部（现中国社会科学院）法学研究所工作。任中国社会科学院国际法研究中心研究员，全国哲学社会科学规划法学组成员，中国国际法学会副会长，中国国际法年刊主编，中国海洋法学会常务理事（2006年当选中国社会科学院首批荣誉学部委员）。

他专攻国际海洋法和国际人权法的理论和应用研究。1986年参与编写出版中国第一部《国际海洋法》。1984年和1987年分别被聘为《中华人民共和国领海及毗连区法》起草小组成员和全国海洋资源研究开发保护领导小组专家组成员，参加国家海洋立法的起草和海洋管理的咨询，主持《关于加入〈经济、社会和文化权利国际公约〉的研究报告》，参加编写和发表主要著作和译著有《国际法》《发展中国家与人权》《国际海洋法》《国际刑法问题研究》等，合作进行的《人权理论与对策研究》和主持的《关于加入〈公民权利和政治权利国际公约〉问题的研究报告》，分获中国社会科学院第二、三届优秀科研成果奖和1998年度优秀对策研究成果奖。

柳惠图（1933—　），女，镇江人。1958年北京师范大学化学系生化研究班毕业。北京师范大学生物系研究员、博士生导师，教育部细胞增殖及调控生物学重点实验室学术委员会主任，全国细胞生物学会癌细胞生物学专业委员会委员，《细胞生物学》杂志编委。长期致力于细胞生物学教学和细胞增列调控的研究工作。主要是从细胞和分子水平系统深入地研究信使系统（特别是蛋白激酶C及其亚类、钙调素、环核腺苷酸）、癌基因等在细胞增殖调控中的作用及机理等。在非癌基因产物诱导细胞癌变及分子现理方面获得有意义与创新结果，为细胞癌化机理提供新的探讨线索，对揭示癌变机理与临床治疗肿瘤具有重要理论与实践意义。先后承担与主持国家自然科学基金重大项目（子课题负责人）与重点项目、国家自然科学基金和“七五”、“八五”（卫生部）攻关项目等。作为主要作者之一的《几种国产抗癌药物的代谢及细胞动力学研究》获国家教委科技进步一等奖（1986年），《环核腺苷酸在肿瘤细胞信使通路中的作用及癌基因调控的研究》和《采用FRAP技术研究细胞膜分子侧向运动在细胞癌变和逆转中的调控机理》分别获北京市科技进步三等奖（1991年）和二等奖、卫生部科技进步三等奖（1992年）。作为主编人之一的著作《细胞生物学》

(北京师大出版社,1990年)获国家教委高校优秀教材一等奖(1995年),在国内外发表科研论文70余篇。享受国务院政府特殊津贴。

纪金连(1933—　),句容人。1954年毕业于淮南煤矿工业专科学校(现合肥工业大学)选煤专业,分配到北京煤矿设计院,1956年调煤炭工业部选煤设计研究院,教授级高工。组织或参与40多项大中型选煤厂工程设计及数项重大科研项目的研究试验,有些项目填补中国空白。20世纪50年代,首次参加开滦林西和鸡西滴道选煤厂的技术改造设计,同期参加中国第一座自行设计、自制设备、自行施工的大型邯郸选煤厂的设计,为主要设计者之一,为中国选煤厂设计水平的提高和选煤事业的发展奠定基础。60年代中期,支援三线建设,赴贵州六盘水地区主持大型选煤厂的现场设计。主持援阿瓦列斯选煤的设计,该厂一次投产成功,赢得阿国政府称赞。任1.8Mt/a选煤厂定型设计技术负责人,该设计被4座选煤厂采用,1981年获国家优秀设计奖。主持援越鸿基冒溪选煤厂设计;西安煤矿设计院在宁夏太西选煤厂设计中,采用该厂设计,1990年获国家优秀设计金质奖。主要论文《中国大型选煤厂设计》《选煤设计研究的回顾与展望》等。1989年建设部首批授予中国工程设计大师,享受政府特殊津贴。

汪尔康(1933—　),镇江人,电分析化学领军人物。1952年毕业于上海市沪江大学化学系。毕业后分配到长春应用化学研究所工作。1955年选派捷克斯洛伐克科学院学习,1959年获副博士学位。回国后仍在长春应化所供职,1982年为研究员、博士生导师,1992～1996年任所长,并曾兼任国家电化学和光谱分析研究中心主任等职务。1991年当选中科院院士。1993年当选第三世界科学院院士。曾担任《分析化学》主编,RJPAC电分析化学委员会委员,第三世界科学院(化学)院士审查委员会委员、评奖委员会委员,国务院学位委民会化学学科评议组召集人,人事部博士后化学学科评议组召集人,中国分析测试协会副理事长,国家自然科学基金委(环境)分析化学学科基金评审组组长,化学科学部专家咨询委员会委员,中国化学会常务理事,分析化学委员会主任等。

从事分析化学、电分析化学研究达50年,在国内外均有影响。在中国最先用极谱法研究络合物的电极过程和均相动力学。发现铂元素的动力催化波和吸附波,并研究产生波的机理。领导研制中国第一台脉冲极谱仪和新极谱仪。在极谱理论、应用和痕量分析方面都取得一些创造性成果。80年代初率先在我国开展油/水界面电化学、液上色谱电化学研究,首次提出循环电流扫描法研究油/水界面电化学。科研成果有专著、专论、译著31篇/册,应化集刊及长春应化所报告50篇,专利12项。曾多次获得国内外重要奖项。

徐积仁(1933—　),镇江人,光物理专家,中国恢复并发展分子振动结构计算的学术带头人。1955年毕业于北京大学物理系,1956年至1958年留学于前苏联莫斯科物理研究所。1955～1986年在中国科学院物理研究所工作,兼任河北省激光研究所所长,河北大学、中国科技大学研究生院教授,中国光学学会基础光学专业委员会主任,中国物理学会光物理专业委员会主任。在国内首先开展分子振动结构的理论计算,用拉曼光谱研究聚合物的光谱及分子聚合动力学。在国内首先开展激光研究,在研究激光器的物理中发明开关速率达纳米的晶体盒并应用于国防,成为通用的调Q元件。在中国首先开展光学全息术研究。后进行多种课题的激光与物质相互作用研究,包括化学、生物、医学、激光光谱术在化学、分子动力学中的基础及应用研究,新材料的探索、高硬度材料及纳米材料光学性质的研究。在国际上首次研究红外多光子引起的分子可见发光现象及由此引发的新过程,光—声—光效应,发展了CARS术于分子反应动力学的研究。利用红外多光子分离硼同位素,获中国科学院重大科技成果奖。

张宏仁(1934—　),丹阳人。1954年起进入苏联诺伏切尔卡斯克理工学院、第聂伯尔彼得罗夫斯克矿业学院地质系学习。1959年毕业回国后,在云南21地质队任技术员、11地质大队任技术负责人;1962年起在地质部地质矿产司任技术员、工程师、副主任工程师;后在北京水文地质大队任生产组长、副队长。1978年赴莫桑比克任专家组长;1982年任地矿部水文地质工程地质司司长;1984 年起任地矿部总工程师;1986 年任副部长。1993 ~ 1997 年兼任中国地质学会理事长,1996 年任第三十届国际地质大会秘书长。现任全国人大环境资源委员会委员,中国国际减灾十年委员会委员,国际地质大会指导委员会委员,国际地质科学联合会主席、地球科学 EPISODES(SCI)杂志主编,中国徐霞客研究会、中国计算机用户协会名誉理事长等。主要论著有《地下水非稳定流理论的发展和应用》、《地热资源评价中的热力学问题》《中国北方要重视地表水和地下水的科学调度》《九十年代中国的矿产供给与世界经济》《地质工作的风险分析与改革》等,撰有论文《解渗流问题数值方法对比》等数十篇。

谢先德(1934—　),镇江人,地质学家。1952 年入南京大学地质系学习,1954 年赴前苏联学习,1959 年毕业于第聂伯尔彼得罗夫斯克矿业学院。回国后在中国科学院地质研究所和地球化学研究所工作,先后任研究员、副所长、所长等职。1988 年任中国科学院广州分院院长兼广东省科学院院长,继续任中国科学院广州地球化学研究所研究员和博士生导师。在第 15 届国际矿物学大会上被选为 1990 ~ 1994 年国际矿物协会主席。1994 年当选俄罗斯科学院外籍院士,2001 年当选国际欧亚科学院院士。

他是两种硼酸盐新矿物、两种硫酸盐新矿物和一种磷酸盐新矿物的主要发现者和研究者之一。为中国首次地下核试验场区的选定、爆后地质效应综合研究作出贡献,为中国首次地面成坑核试验的效应研究,特别是用微矿物技术来推定地下岩层应力场压力分布取得突破性成果,为防原子工程设计提供关键资料。在中国率先开展动态高压矿物学研究,利用核爆炸和人工化学爆炸的超高压,研究了方解石等矿物的变质特征,取得有实用价值的新成果;首次用陨石作靶样作人工爆炸冲击,取得橄榄石在 0—300 千巴范围内微形变的定量化模式;研究陨石坑中石英单晶颗粒,发表全新的石英形变七阶段模式。近年来,研究在太空中受过强烈撞击的陨石矿物微结构,首次发现一系列新物相和处于非平衡态的新物相组合,提出"击变非平衡态矿物"的新概念,使中国动态高压矿物学研究具有国际先进水平。获国家自然科学奖 2 项、省部级奖 12 项和广东省科学技术突出贡献一等奖。发表《硼酸盐矿物》《硼酸盐矿物物理学》等专著 12 部、论文 210 余篇。

陶玉玲(1934—　),女,镇江人。1949 年入华东军政大学文艺系戏剧队学习。1951 年到华东军区文艺干部训练班学习。1952 年任南京军区前线话剧团演员,演出过《东海最前线》《刘莲英》《霓虹灯下的哨兵》等话剧,获第四届全军文艺会演优秀演员奖。1956 年因在影片《柳堡的故事》中演二妹子出名。1972 年任南通市文工团团长。1975 年任前线话剧团演员队长。其代表作为《霓虹灯下的哨兵》《柳堡的故事》。1978 年任八一电影制片厂演员,参加《二泉映月》《归宿》等影片拍摄。因在电影《任长霞》中扮演任长霞的母亲获第 28 届大众电影百花奖最佳女配角提名。因电视剧《张培英》的表演创作获全军第五届电视剧最佳女演员奖。多次获各种奖励,并于中国电影诞生 90 周年之际获表演艺术成就奖杯。2005 年获中国电影表演学会授予的"百位优秀演员"称号、人事部广电总局授予"有突出贡献电影艺术家"称号。

邵大箴(1934—　),镇江人。1960 年毕业于苏联列宁格勒列宾美术学院。历任中央美术学院教师、美术史系副教授、教授,博士生导师。中国美术家协会书记处书记,兼《美术》月刊主编,《美术研究》《世界美术》杂志主编。出版有《现代派美术浅议》《传统美术与现代派》《欧洲绘画简史》《西方现代美术思潮》《雾里看花—当代中国美术问题》等。主编《外国美术名家传》(与奚静之合作)》《现代艺术辞典》等,《中国大百科全书美术卷》编委副主任。北京大学、北京师范大学兼职教授,清华大学美术学院客座教授,俄国列宾美术学院名誉教授,北京国际双年展策划委员,双年展国际学术研讨会总主持。曾在国内外参加联展和个展。1995 年参加韩国汉城"当代中国画大趋势"展。1996 年在澳大利亚悉尼苏拉艺术中心举办个展,并出版《邵大箴画集》(台湾《山艺术家选集》)。1997 年在法国巴黎芒(Mann)画廊展出 5 幅作品。作品被一些中国及外国收藏家和美术馆收藏。作品曾在《艺术世界》《光明日报》《北京晚报》《美术报》等报刊杂志上发表。

朱传镇(1935—　),镇江人,地震专家。1957年毕业于北京大学力学专业,在中国科学院地球物理研究所工作。1978年起在国家地震局地球物理研究所任研究室主任、副所长。曾任中国地震学会常务理事、亚洲地震委员会(ASC)秘书长、《国际地震动态》主编、《地震》副主编等。现任亚洲地震委员会主席、国际大地测量与地球物理学联合会(IUGG)中国委员会秘书长、中国地震局国际合作司顾问、中国地震局地球物理研究所资深专家、IUGG中国国家代表以及《地震学报》编委等。1992年获国务院政府特殊津贴。

主要从事地震波理论、地震活动性和地震预测等研究,获1978年全国科学大会奖。在国内率先开展微震波谱特征的观测分析,首先提出前兆震群概念,并发展为较有效的中短期地震预报方法。稍后又将熵的原理引进地震学研究,以上成果获1992年国家科技进步二等奖。著有《1976年唐山地震》《唐山大地震震害》等。

白璋华(1935—　),女,镇江人,蒙古族。1953年毕业于苏南卫生学校,1965年毕业于天津市河西业余医学院医疗系,九三学社社员。1953年分配在交通部天津一航局工作,直到1990年退休。1955年被评为天津市劳动模范、1956年被评为交通部先进工作者、同年在中南海怀仁堂受到毛泽东等国家领导人接见。"治疗免疫功能缺乏症的组合物的制造方法"于1992年2月获中国发明专利权。研制成血液灵,被列为国家95计划重点项目。为美国中华医学会会员,传略被入编美国、英国、中国等各国出版的《世界名人录》,被聘为美国中医研究院教授,获中国名医药学研究会会员,又获美国世界传统医学科学院传统医学博士、院士学位。1997年11月20日应中国中医研究院对外国际交际部邀请去新加坡、马来西亚、泰国、香港、澳门访问,出席马来西亚国际传统医学研讨会,受到泰国卫生部领导接见。1999年获诺贝尔国际特别荣誉金奖。曾获香港紫荆花医学会奖,获全球中医师执照,获卫生部全国德艺双馨医护工作者和血液灵验证推荐证书。

林文肖(1935—　),丹阳人。1953年毕业于北京电影学校动画专业,后任上海美术电影制片厂动画设计,先后在《骄傲的将军》《萝卜回来了》《牧笛》《大闹天宫》(上、下集)、《草原英雄小姐妹》《哪吒闹海》等三十余部美术片中担任动画设计。1978年后任导演,曾导演或与他人合作导演《画廊一夜》《雪孩子》《摔香炉》《金猴降妖》《夹子救鹿》《补票》《鹿女》《舒克和贝塔》《自古英雄出少年》等二十余部。其中动画片《雪孩子》于1980年获文化部优秀影片奖;《金猴降妖》(与特伟、严定宪合作)于1985年获广播电影电视部优秀美术片奖、第六届中国电影金鸡奖最佳美术片奖、首届上海文学艺术奖优秀影片奖;《夹子救鹿》于1986年获广播电影电视部优秀影片奖、第二届中国儿童少年电影童牛奖、1987年获印度第五届库培克国际儿童电影节最佳短片金像奖;《鹿女》于1994年获第十四届中国电影金鸡奖最佳美术片奖。此外,还合作撰写专著《动画制作和动画技法》。是中国动画学会理事、国际动画协会(ASIFA)会员。1995年获上海市劳动模范称号。

张振声(1936.9—　),丹徒人。1962年毕业于南京医学院。曾任南京医科大学教授、党委书记兼校长,省政协常委、医卫体育委员会主任等职。主编《耳鼻咽喉科学—头颈外科》等7部专著和教材,发表《鼻咽纤维血管瘤的外科治疗》等30余篇论文,组织编写大专院校教材17本,任编委主任,享受国务院特殊津贴。

刘明春(1936—　),扬中人。1962年毕业于解放军军事工程学院,在国防科委十院十九所(现信息产业部第五十四研究所)工作。历任专业组长、研究室副主任、主任、专业部总工程师、所副总工程师等职,国家重点工程统一测控通信系统总设计师,中国电子学会高级会员。长期从事"两弹一星"试验过程的测控系统研制。1972年起参加国家导弹卫星试验任务十多次,其中1978年、1979年主持建成两套国内精度最高的航天测控系统,1979年总设计研制同步卫星外弹道测量设备,1994年任测控系统总设计师,研制载人飞船测量设备,为神舟飞船的成功试验作出了贡献。获国家科技成果奖、科技进步奖6项,其中1992年主持研制成功的项目获国家科技进步二等奖。

嵇钧生(1936—　),镇江人。先后就读于穆源小学和省镇江中学,1960年毕业于北京清华大学精密仪器系。是中国航空精密机械研究所研究员，北京市政府特殊津贴获得者，主持过十多项科研项目，先后获得全国科学大会奖二项，国家科技进步奖一项，部科技进步一等奖一项，二等奖二项。全国科学大会“先进工作者”。专著有《光学工具技术》《英汉光学学术语释义词典》。参加过《航空工业科技词典》《航空工业大百科全书》的编撰。1999 年编《镇江沦陷记》（张怿伯著），由江苏人民出版社出版发行。2001 年关于其伯父、镇江早期革命家嵇直纪实传奇著作《风雨人生路》由香港文学报社出版。

钱清泉（1936—　），丹阳人，铁道电气化与自动化专家。1960 年唐山铁道学院电机系电力铁道供电专业毕业。后至西南交通大学历任助教、讲师、副教授、教授。1986 年至今任铁道电气化自动化研究所所长。1990～1996 年 10 月任电气工程学院院长。1993 年任博士生导师。1988 年～2001 年任牵引动力国家重点实验室副主任、主任。1997 年 11 月当选为中国工程院院士。

从事铁道电气化与自动化领域的理论研究、科技开发和教学工作。主持研制成功的中国第一套“电气化铁道多微机远动监控系统”打破国外产品垄断地位，多次在国际招标中打败国内外强手连连中标。获四川省科技进步一等奖和国家科技进步三等奖。他主持研制“DWY 牵引供电微机远动系统”获国家科技进步一等奖。并于 1992 年被国家科委批准为《国家级科技成果重点推广计划》。先后主持研制兰武线、石太线、宝中线、成昆线、南昆线等 10 多条电气化远动项目。先后获国家工业新产品三等奖、国家重大技术装备成果三等奖、国家科委科技进步一等奖、铁道部科技进步二、三等奖、中国科协颁发的茅以升科技进步奖、铁道部颁发的詹天佑科技奖及四川省科技进步奖、优秀软件产品奖、科技成果奖。

彭堃墀（1936—　），镇江人，光学专家。1956 年考入四川大学物理系，1961 年分配到山西大学任教至今。1981 年至 1984 年先后于法国国家科学研究中心非线性光学实验室和美国德克斯大学量子光学实验室作访问学者。1985 年任山西大学光电研究所所长，1986 年任教授，1988 年 9 月至 1989 年底于美国加州理工学院量子光学实验室作访问学者，1991 年 8 月至 2000 年 10 月任山西大学校长。1991 年任中国物理学会量子光学专业委员会副主任、山西省物理学会理事长、山西省科协副主席，1995 年任《量子光学学报》主编，2001 年任量子光学与光量子器件国家重点实验室副主任和学术委员会副主任，连续 4 届担任国家自然科学基金委信息科学部光学专家评审组成员和 2 届光学专家评审 2 组组长，2002 年担任“国家基金委信息科学部”第一届专家咨询委员会委员。2003 年 11 月当选中国科学院院士。

从事量子光学和固体激光技术方面的研究和教学工作。他在非经典光场产生与应用研究中，主持研制新的 yap/ktp 激光器系统，首次在同一系统上获得两类不同性质的压缩光场，项目全部技术指标均为目前国际最好水平，主持设计的“全固化单模单频绿光激光器”等研究项目多次获国家和部门大奖。在国内、国际重要学术刊物上发表论文 140 多篇，国际会议特邀报告 6 篇。他致力于高层次人才培养，经过近 20 年建设，山西大学量子光学器件实验室成为国家重点实验室，光学学科成为国家重点学科，为国家培养一批博士和硕士研究生。获国家技术发明二等奖、何梁何利奖、科技进步奖等国家、省部级奖 17 项，获“全国优秀教育工作者”、五一劳动奖章等国家、省以上奖励 11 项。

卞祖善（1936—　），镇江人。1956 年由上海音乐学院附中直升本科指挥系，师从杨嘉仁教授。1961 年以优异成绩毕业后从事乐队指挥至今。中国音乐家协会理事会第四、第五届理事。曾任青岛大学音乐学院院长，中国交响乐团联盟主席，中国音乐家协会交响乐爱好者学会副会长，中国电影音乐学会特约理事。国家一级指挥，享受国务院政府特殊津贴。

40 余年来，他指挥演出《吉赛尔》《天鹅湖》《泪泉》《希尔薇娅》《罗密欧与朱丽叶》和《红色娘子军》《鱼美人》《祝福》《林黛玉》《杨贵妃》等中外芭蕾舞剧；先后在我国首演米雅斯科夫斯基的《第二十七交响曲》、肖斯塔科维奇的《第七交响曲》、格拉祖诺夫的《第五交响曲》、海因里希史韦沙的《历史交响乐组曲》和《东西方交响乐》；他还是 1987、1989、1991“北京交响乐之春”音乐会的指挥者之一,是1993年11月广州“名人名曲荟萃音乐会”的十名指挥者之一,是1995年9月8日“上海交响音乐周”开幕式音乐会的京沪九名指挥者之一;是2005年5月27日中国爱乐乐团成立5周年庆典音乐会的八名指挥者之一。他先后应邀指挥原中央乐团、中国广播交响乐团、中国电影乐团、上海交响乐团、天津交响乐团、河北交响乐团、广州交响乐团、深圳交响乐团、昆明交响乐团、成都爱乐乐团、中国爱乐乐团、陕西省乐团、兰州交响乐团、福建交响乐团、厦门爱乐乐团、江苏交响乐团、浙江交响乐团、山西交响乐团、山东交响乐团、青岛交响乐团、黑龙江交响乐团和武汉乐团举行交响音乐会,均获得成功。他还先后赴美国、英国、苏联、菲律宾、瑞士和越南等国家指挥当地的乐团演出,并先后多次赴中国香港、中国澳门及中国台湾地区演出,他的指挥受到各地热烈赞扬和高度评价。

于　渌(1937—　),镇江人,理论物理学家。现任中科院理论物理研究所研究员,交叉学科理论研究中心主任。1954年毕业于江苏省镇江中学,同年入北京外国语学院留苏预备部学习。1961年毕业于前苏联哈尔科夫大学物理系理论物理专业。回国后在中国科学院物理研究所工作。1979年转中国科学院理论物理研究所。1979～1981年在美国哈佛大学和加州大学圣巴巴拉理论物理研究所作访问学者。1986年,受聘于联合国(意大利)国际理论物理中心,任凝聚态理论部主任。2002年回国工作,任中国科学院交叉学科理论研究中心主任。1990年当选为发展中国家科学院(TWAS)院士;1999年当选为中国科学院院士;2005年当选为美国物理学会会士(Fellow)(2008年2月被授予美国物理协会(AIP)2007年度国际物理学领导才能奖(Tate Medal for Leadership in International Physics))。

主要从事高温超导、强关联电子系统、低维量子系统等方面研究。1963年从理论上预言,在含顺磁杂质的超导体中存在束缚态,推动杂质对超导体影响的实验与理论研究。1973年与郝柏林合作,用骨架图展开方法计算连续相变临界指数,准到小参量 $\varepsilon = 4 - d$(d是空间维数)的三级,是当时国际上最前沿的成果。1981年以来,与苏肇冰合作,发展黄昆教授的品格驰豫理论,用以研究导电高分子中的孤子与极化子激发。1987年获中科院科技进步一等奖。与周光召、苏肇冰等合作,发展闭路格林函数理论,成为处理平衡与非平衡统计体系的统一理论框架。1999年获中科院自然科学一等奖。2000年获国家自然科学二等奖。单独或合作撰写《导电高分子中的孤子与极化子》《相变与临界现象》等10多种著作,在国际重要学术刊物发表论文170多篇,在重要国际学术会议上应邀作专题报告30多次。

杨秉辉(1938—　),镇江人。1957年毕业于镇江市第二中学,1962年7月毕业于上海第一医学院医疗系。1962年9月起,任职于中山医院内科、肝癌研究所及全科(家庭)医学科,历任住院医师、主治医师、主任医师等职。1985年9月起,兼任上海医科大学、复旦大学上海医学院内科学副教授、教授、博士生导师,上海医科大学附属中山医院副院长、复旦大学附属中山医院院长、上海医科大学中山临床医学院院长。是享受国务院津贴专家、人事部“有突出贡献的中青年专家”、卫生部先进工作者、全国优秀医院院长、上海市优秀医院院长、全国先进科普工作者和全国健康教育首席专家。他对肝癌的临床研究、全科医学的发展、现代化医院的建设与管理等诸多领域作出卓有成效贡献。曾先后主编学术著作9部,国家级杂志4种,发表论文150余篇,主编及撰写科普著作40余册,发表科普文章1000余篇。

王礼恒(1938—　),导弹动力技术和航天工程管理专家,丹徒人。1962年毕业于上海交通大学。曾任航空航天部总工程师、副部长,中国航天工业总公司副总经理(国家航天局副局长),中国航天科技集团公司总经理,现任航天集团公司科技委主任、研究员、欧亚科学院院士、国际宇航科学院院士,2003年当选中国工程院院士、主席团成员。任全国政协第九、十届委员。

长期从事导弹动力研究和航天工程管理,先后参加并组织多种型号的海防液体导弹与固体发动机的研究、设计和试验工作,取得多项科研成果;主持我国第一个海防导弹固体发动机的研制,成功用于反舰导弹，取得重大技术跨越；1990年任航空航天部“五星工作组”组长，首次实现了一年发射5颗卫星全部成功；1999～2002年任我国载人航天工程副总指挥，领导和组织试验飞船、运载火箭的研制与试验，完成神舟一号、二号的发射和回收。同时，任集团公司武器装备研制第一责任人，实现国防重点武器装备首飞及试验连续成功，完成新型号立项及重要阶段研制任务，实现五种新型卫星首次发射均获成功；领导和组织完成多项重大航天工程的立项与实施，积极推进航天工程管理创新，为我国航天事业的持续发展作出重大贡献，先后获全国科学大会奖、国家科技进步特等奖2项。

吴宏鑫（1939—　），丹徒人，控制理论与控制工程专家。1965年毕业于清华大学自动控制系，曾经在中国科学院自动化研究所工作。1988年任北京控制工程研究所智能控制和空间机器人研究室主任，现任北京控制工程研究所科技委副主任，中国空间技术研究院研究员、博士生导师。2003年当选中国科学院院士。

主要从事航天和工业领域的自适应控制和智能控制的理论与应用研究，取得系统的、创造性的成就。创立“全系数自适应控制理论和方法”，提出“特征建模理论和方法”“基于对象特征模型描述的黄金分割智能控制方法”“航天器变结构变系数的智能控制方法”“基于智能特征模型的智能控制方法”等，为复杂航天器和工业过程智能控制器的设计开拓新路。还在交会对接、空间站控制及鲁棒控制等方面进行创新研究，其理论方法已应用于神舟飞船返回控制、空间环境模拟器控制、卫星整星瞬变热流控制、铝电解过程控制等九类对象400多个控制系统，特别是在神舟飞船返回再入自适应控制中的成功应用，其控制精度达到世界先进水平。获国家科技进步特等奖1项，部级科技进步一等奖1项、二等奖4项，国家发明三等奖1项，国家发明专利2项，全国优秀科技图书二等奖1项。1992年评为中国航空航天部有突出贡献专家。发表主要论文70多篇、专著1部。

李德仁（1939—　），丹徒人，摄影测量与遥感学家，武汉大学教授、博士生导师，测绘遥感信息工程国家重点实验室主任。先后在国家测绘总局、石家庄水泥制品厂、河北省测绘局、武汉测绘科技大学、武汉大学工作，1991年选为中国科学院院士，1994年当选为中国工程院院士，国际欧亚科学院院士，全国政协委员。曾任武汉测绘科技大学校长，国家有突出贡献的中青年专家。历任中国测绘学会副理事长，中国图象图形学会副理事长，中国地理学会环境遥感分会副理事长，湖北省科协副主席，湖北省测绘学会副理事长，湖北省土地学会名誉会长，武汉欧美同学会会长，武汉留学回国博士联谊会会长，武汉中国光谷首席科学家等职。

20世纪80年代，他主要从事测量误差理论与处理方法研究。1982年，他首创从验后方差估计导出粗差定位的选权迭代法，被国际测量学界称之为“李德仁方法”。1985年，他提出包括误差可发现性和可区分性在内的基于两个多维备选假设的扩展的可靠性理论，科学地“解决了测量学上一个百年来的问题”。该成果获1988年联邦德国摄影测量与遥感学会最佳论文奖——“汉莎航空测量奖”。

90年代，他主要从事以遥感（RS）、全球卫星定位系统（GPS）和地理信息系统（GIS）为代表的空间信息科学与多媒体通讯技术的科研和教学工作，并致力于高新技术的产业化发展。他在高精度摄影测量定位理论与方法、GPS空中三角测量、SPOT卫星片解析处理、数学形态及其在测量数据库中的应用、面向对象的GIS理论技术、影像理解及像片自动解译、多媒体通信等方面都有独到建树，其成果直接推动了技术进步，并已向产业化方向发展。领导研制了吉奥之星GIS系列产品、瑞风可视电话系列产品和立德三S汽车道路测量与导航系统等高科技产品。

他发表论文330余篇，出版专著8部；培养硕士生60多名、博士生80多名。其成果有十余项获得国家及部委级科技进步奖、全国优秀教材奖、全国优秀教学成果奖。并在北京大学、清华大学、浙江大学、同济大学、上海交通大学、华中科技大学、西南交通大学、北方交通大学、四川大学、中国矿业大学、中南工业大学、解放军测绘学院、广西大学、辽宁工程大学、江西地质学院、南京师范大学、山东矿业大学、西安地质学院等校任兼职教授、顾问教授或名誉教授。

他长期活跃在国际舞台上，曾任国际摄影测量与遥感学会（ISPRS）第Ⅲ委员会主席（1988～1992）和第Ⅳ、Ⅵ委员会主席（1992～1996年）。出访五大洲30多个国家和地区，是瑞士苏黎士理工大学（ETH）的客座教授，澳大利亚昆士兰工大（QUT）的客座教授，加拿大卡尔加里大学的客座研究员。

张锁春（1940— ），丹阳人。1963年毕业于上海复旦大学数学系，在第二机械工业部第九研究设计院第九研究所（现北京应用物理与计算数学研究所）工作。1978年考取中国科学院应用数学研究所研究生，3年后获硕士学位留所工作。任微分方程与计算物理研究室主任，中国核学会计算物理学会副秘书长、秘书长。曾从事核武器理论设计中的数值计算。后主要从事生物化学中非线性动力学方面的研究和超新星爆发的数值模拟工作。参加《原子弹、氢弹中的物理、数学、力学问题研究》，获1982年全国自然科学一等奖；饱和与非饱和渗流的计算方法及其在治黄工程中的应用，获1988年中国科学院科技进步三等奖。单独或合作撰写《现代振荡反应的数学理论和数值方法》《计算物理概论》《计算物理学》等。

王　河（1940— ），镇江人，经济法学家。20世纪60年代复旦大学、上海社会科学院法律系毕业，中国人民大学获硕士学位。广东省经济管理研究培训中心主任、中国军事经济学院教授。兼任中国横向经济研究会常务理事，中国国际经济科技法律研究会常务理事，中国法学会香港法研究会理事，中国高等学校知识产权研究会常务理事，中国知识产权研究会广东分会会长等。主要讲授《中国经济法学》《涉外经济法学》等课程。从事中国经济法制和涉外经济法制、中国集团企业群体集约经营管理、中国现代企业制度研究。作为国家项目的负责人，先后承担国家自然科学基金项目"中国技术市场管理研究""中国企业集团集约化经营管理研究"；国家社会科学基金项目、中国法学会"八五"重点项目、国家科委项目以及省、市重点项目12个。主要著作有：《经济法制顾问》《专法制实用手册》《企业管理法制》《大学生法制基础教程》《中国特色的企业集团》《中国科技法学》《中国涉外经济贸易法制管理》《中国经济法学》《港中贸易纠纷案例》《中国经济法教程》《中国联营企业法制管理》等。

盛重庆（1941— ），镇江人。1966～1978年先后在安徽芜湖日报社和贵阳市贵阳电线厂宣传科工作。1978年调江苏南通人民广播电台，历任记者、编辑、评论组组长、新闻部主任、总编室主任。1984年任南通市广播电视局局长。1988年任上海市广播电视局办公室主任。1991年12月任上海电视台台长兼总编辑，1996年兼任上海美术制片厂厂长，1998年被评为高级编辑，1999年任上海东方明珠股份有限公司董事长。曾采写过大量的新闻报导、评论、社论和录音报导。主编过《南通广播电视报》《上海广播电视大事记》《追求与探索》等专业刊物和论文集。发表过《积极探索新的电视宣传管理模式》《一则弘扬主旋律的新闻评论》等文章。曾被评为首届全国电视剧五名荣誉监制之一。社会职务：中国电视艺术家协会副主席、上海电视艺术家协会副主席、上海广播电视学会副会长、上海大学客座教授。是上海市第八、九届政协委员。

赵亚夫（1941— ），江苏常州人，农业专家。1961年宜兴农林学院农学系毕业，在镇江专区农业科学研究所（现江苏丘陵地区镇江农业科学研究所）工作，历任育种、栽培专业组组长、所长、党委书记、研究员等。先后在武进、丹阳、宜兴农村蹲点共七年，在句容农村蹲点八年，赴日本爱知县农业研修、进修三次，到日本学习、考察、交流十五次。是中国共产党十四大代表，镇江市第三、四届人大常委会副主任。现为句容市天王镇戴庄有机农业合作社顾问。

长期从事小麦育种、稻麦栽培、果树蔬菜等专业研究及科研管理工作，完成稻麦栽培新技术、草莓良种引进及其优质高产栽培技术、江苏丘陵地区农业发展技术新途径等15项科研项目，其中有国家、省、部级10项。建设句容白兔农业综合试验示范等基地，积极投身农业科技的推广应用，培育农村致富能手和技术能人，创新农产品产销模式，发展无公害农产品和绿色食品，创建农业科技示范园区，探索丘陵山区农业综合开发新路子，为推动科技兴农、发展现代农业、促进农民增收作出了突出贡献。出版《草莓品种及栽培技术》《无花果栽培新技术》《草莓栽培技术图说》《桃树栽培技术图说》等专著。获全国优秀领导干部、全国引进国外智力先进工作者、全国农村科普工作先进个人、CCTV2007年度三农人物、江苏省科技兴农模范、江苏省道德模范、江苏省高校院所科技人员创新创业先进个人、镇江市知名专家终身荣誉等称号,是镇江市人民奖章获得者。

童自荣(1944—),回族,丹阳人,著名配音表演艺术家。1966年上海戏剧学院表演系毕业后留校工作,1973年进上海电影译制厂任配音演员直至2004年退休;近40年中,为《佐罗》《黑郁金香》《苔丝》《国家利益》《伦敦上空的鹰》《啊,野麦岭》《华丽家族》《虎口脱险》《茜茜公主》《红衣主教》《胜利大逃亡》《铁面人》《砂器》《蒲田进行曲》《机组乘务员》《靡菲斯特》《新干线大爆炸》《追捕》《水晶鞋与玫瑰花》《沉默的人》《莫斯科之恋》《纽约大劫案》《云中漫步》《风尘三千里》《木棉袈裟》《胭脂》《少林寺》《少林小子》《黄河大侠》《大上海1937》《玩具总动员》《西游记》《风云决》等上千部国内外影视片的男主角或配角配音;其中《苔丝》《黑郁金香》、《靡菲斯特》分别于1982、1985年、1988年获文化部或广播电影电视部优秀译制片奖、上海文学艺术奖。

李德毅(1944—),镇江人,中国工程院院士、计算机工程和人工智能专家。1967年毕业于南京工学院无线电工程系,1983年获英国爱丁堡大学计算机工程和人工智能博士学位。现任中国电子学会副理事长、中国人工智能学会副理事长,国家自然科学基金委员会重大项目研究组副组长、重大项目专家组成员,清华大学、国防大学、国防科技大学、中国人民解放军理工大学、哈尔滨工业大学等多所院校兼职教授,中国科学院计算机语言信息工程中心首席科学顾问。1999年当选中国工程院院士。

长期从事计算机工程和人工智能学术研究。在国际上第一次提出控制流—数据流图对方法,1985年获国际IEEE总部授予的计算机和控制类最佳学术成果奖;1999年攻克世界难题三级倒立摆动平衡问题,获世界自动控制联合会(IFAC)杰出论文奖。在数据挖掘和信息安全方面承担多项国家自然科学基金项目、973项目和国防预先研究项目。先后获国际学术成就奖2项、国家和军队科技进步奖15项,其中国家科技进步二等奖1项、三等奖2项,部委级科技进步一等奖3项、二等奖4项。1990年由人事部授予有突出贡献的回国留学人员称号,1992年评为国家有突出贡献的中青年专家。出版英文专著2本,主编技术丛书6本,在国际、国内学术刊物上发表论文170余篇。

孙家广(1946—),镇江人,计算机软件与应用专家。清华大学计算机系教授,博士生导师,十五国家863计划先进制造与自动化技术领域专家委员会主任,国家企业信息化应用支撑软件工程技术研究中心主任,国务院学位委员会委员,中国工程图学学会理事长,国家自然科学基金委员会副主任。1970年毕业于清华大学自控系。1999年当选为中国工程院院士。长期从事计算机图形学、计算机辅助及管理技术与系统的教学和研究开发。负责研制有中国知识产权的计算机辅助设计绘图、三维产品与工程造型及数字建模、集成化以CAD/CAM支撑软件、工程图档电子化管理、企业资源调度和产品数据管理系统等六种大型软件,并在科技成果转化方面取得显著成效。在基于Corba/Web技术的产品数据管理框架,线框、曲面、实体和特征统一表示的产品与工程造型及数字建模算法,多资源、多事件、多进程协同工作环境,产品全局数据模型的中件表示及其转换平台和CAD应用软件二次开发工具等方面有创新。联合申请的"协同几何造型"课题获得美国、法国国家自然科学基金资助。

先后获国家、部委科技进步奖15项;作为第一完成人获国家科技进步二等奖1项、三等奖2项;部委科技进步一等奖1项、一二等奖5项;发表论文128篇,EI收录26篇;作为第一作者著书4部。

荆正华(1946—),丹阳人。1971年毕业于第四军医大。曾任南京市金城医院副主任医师、世界医药研究中心研究员、国际传统医学研究会理事、中华名医协会理事等。

从事中西医结合临床、科研30多年。两次带队到美国参加学术交流并讲座。主持合作完成省重点科研项目"医用多功能电子深点温度精测仪研制课题",并获得"微型单针多点电子温度传感器”专利。为海内外病人针灸治疗6万人次以上，获得好评。台湾陈立夫曾多次来信，两次题词赞许。发表中西医论文、译文150多篇，其中有10篇获国家优秀论文一等奖，国际杰出医学论文奖。还荣获世界名医、中国传统医学名医、中华名医多种证书。其生平事迹被收入《世界名人录》《当代中国科学家与发明家大辞典》等三十多部权威辞书。

殷凯生（1946—　），镇江人。出生于医学世家，主任医师、教授、博导，享受国务院特殊津贴专家，现为南京医科大学第一附属医院（江苏省人民医院）呼吸科主任、呼吸病研究室主任、内科学教研室主任，中华医学会呼吸病学会常委、中国哮喘联盟总负责人之一、江苏省呼吸学会主委、中西医结合学会江苏省呼吸系统分会主委、江苏省呼吸内科专业医疗质控中心主任，《国际呼吸杂志》副总编辑、《中华结核和呼吸杂志》等16本医学杂志的编委/常务编委、中华医学医疗事故鉴定专家、全国新药审评专家、亚太地区呼吸病学会会员、美国胸科医师协会资深会员（FCCP）。

从事临床医疗工作，医德高尚，技术精湛，被江苏省医学会、省电视台和省电台评为“最受患者欢迎的坐堂名医”。多年被评为“先进工作者”。在医疗、教学、科研等方面贡献突出，受到国内外同行的认可。主持和参加国家和部省级研究课题22项，获得国家级优秀图书奖1项、省科技进步二等奖1项、三等奖3项、全军科技进步三等奖1项、中华医学三等奖1项、省级教材奖2项、实用新型专利1项。发表了医学论文428篇，主编专著与教材18部。主持82项国家级新药的Ⅰ期～Ⅳ期临床研究。在2003年抗击“非典”的过程中，临危受命，担任江苏省“防治非典专家组”组长。经他确诊的SARS病例均被病原学检查结果所证实，被中组部评为“全国优秀共产党员”，被卫生部评为“全国卫生系统抗击非典先进个人”，获得省“五一劳动奖章”。

祝世宁（1949—　），镇江人。1981年毕业于淮阴师范专科学校，1988年在南京大学获硕士学位，1996年在南京大学获博士学位。现任南京大学物理系主任，固体微结构物理国家重点实验室副主任，凝聚态物理学科主任（2007年当选中国科学院院士）。

长期从事微结构功能材料研究。在铁电畴工程方面，发现铌酸锂型铁电体电畴反转动力学规律，发展图案极化技术，研制出不同功能的介电体超晶格材料；在微结构晶体功能研究方面，发展非共线准相位匹配技术，并应用于光的非线性弹性散射、增强拉曼散射、非线性切仑科夫辐射和纠缠光研究等；在全固态激光器研究方面，将超晶格材料与全固态激光技术结合，研制光学超晶格多波长激光器和可调谐激光器等。曾获国家自然科学一等奖。

陈　竺（1953—　），祖籍镇江，出生于上海。1970年参加工作，为插队知青，1975年至1977年在江西上饶地区卫校学习，后任该校教师，1978年至1981年在上海第二医学院医疗系一部血液病学专业攻读硕士学位，1984年至1989年任法国第七大学圣·路易医院血液中心实验室外籍住院医师，攻读血液学研究所肿瘤发病基础专业博士学位，后做博士后研究。1989年至1993年任上海第二医科大学附属瑞金医院内科主治医师，上海血液学研究所分子生物学中心实验室主任、研究员，1993年至1995年任上海第二医科大学附属瑞金医院上海血液研究所副所长，1995年当选中国科学院院士，1995年至1998年任上海第二医科大学附属瑞金医院上海血液研究所所长，1998年至2000年任上海第二医科大学附属瑞金医院上海血液研究所所长，卫生部和上海市人类基因组研究重点实验室主任，国家人类基因组南方研究中心主任，1999（2000）年当选为第三世界科学院院士，2000年任中科院副院长，2003年当选为国际科学协作组织主席、美国科学院院士，2005年当选为法国科学院院士（2007年6月29日被任命为中华人民共和国卫生部部长，2007年10月当选为美国医学科学院院士）。

他在血液学、分子生物学等领域有较高造诣，取得突破性成果，是国务院首批有突出贡献科学家津贴享受者。先后获1993年卫生部科学技术进步一等奖，1993年国家教委科技二等奖，1993年国家自然科学奖三等奖，1995年国家科学技术委员会科技进步二等奖，1995年国家教委科技进步一等奖，1996年获何梁何利医学奖，1997年获法国“全国抗癌联盟（法国最大癌症研究基金会）”颁发的“卢瓦兹大奖”,1997 年获意大利政府授予的 Genova 大学荣誉教授称号,1998 年求是科技基金会杰出青年学者奖,1999 年教育部长江学者奖励计划—特聘教授,1999 年教育部长江学者成就奖,2000 年国家自然科学二等奖,2000 年杜邦科技创新奖,2001 年获中华人民共和国科学技术部国家 863 计划先进个人称号,2002 年获得法国政府颁发的“法兰西共和国总统骑士荣誉勋章”。他主编《分子生物学与疾病》《血液细胞图谱》2 本著作,在国内外发表《儿童肿瘤的分子生物学研究进展》等论文 158 篇,其中在国际著名科学刊物发表论文 60 余篇,引证率超过 2000 次。

印　青(1954—　),童年和青少年时期是在镇江度过。总政歌舞团团长,作曲家,中国音乐家协会理事,中国文联第八届全委,全军艺术指导委员会委员,全军高级职称评委会评委,多次在全国、全军各次重大比赛中担任评委、国家一级作曲,获全国中青年德艺双馨艺术家称号。30 多年来,印青创作歌曲、器乐曲、舞蹈(剧),歌剧、音乐剧及影视音乐近千件,是中国当代名副其实的“歌曲之王”。有 300 余件在省以上各类比赛、评比中获奖。其中大型歌剧《党的女儿》音乐(合作)获文华大奖、文华音乐奖。音乐剧《迷人的港湾》获第六届全军文艺汇演音乐一等奖。大型舞剧《妈祖》音乐获全国“菊花杯”舞剧比赛最佳作曲奖及文华奖。歌曲《班长》《潇洒女兵》《中华大家园》《走进新时代》《凝聚》《西部放歌》《祖国、永远祝福你》《永远跟你走》等获全国“五个一工程奖”。其中《走进新时代》《西部放歌》获文华奖和金钟奖。歌曲《母亲河》《采桑小路》《边关军魂》《我相信》获中国广播文艺政府金奖。

其代表作品有:歌曲《走进新时代》《西部放歌》《天路》《世纪春雨》《江山》《望月》《芦花》《在灿烂阳光下》等。

陈履生(1956—　),扬中人。1982 年毕业于南京艺术学院美术系,获学士学位,同时考入该院美术历史及理论专业研究生,1985 年毕业,获硕士学位。在校学习期间两次获得刘海粟奖学金。1985 年分配到人民美术出版社,任古典美术编辑室主任。2002 年调文化部中国画研究院,任研究部主任,研究员。2004 年调中国美术馆,任学术一部主任,《中国美术馆》月刊常务副主编。2010 年调中国国家博物馆,任馆长助理。30 余年来潜心研究美术历史及理论,并从事美术批评、美术创作。获中央美院首届“张安治教授美术史论奖学基金”,获“北京市文联 2001 年文艺评论二等奖”,获文艺报 2005 年“年度理论创新”奖,获第十六届中国新闻奖报纸副刊作品复评暨“2005 全国报纸副刊作品年赛”银奖,获文化部 2006 年优秀专家称号,获第五届北京中青年文艺工作者德艺双馨奖。出版著作(包括编著)50 余种,其中有《新中国美术图史 1949 - 1966》《以“艺术”的名义》、《革命的时代:延安以来的主题创作研究》等;发表各种论文数百篇。先后多次在国内外举办个人画展,出版有个人画集 5 种、文集 2 种。建有私人博物馆“油灯博物馆”。现为中国国家博物馆副馆长,兼任中国美术家协会理事,北京美术家协会副主席,中国汉画学会常务副会长,北京文艺评论家协会副主席,中国美术家协会理论委员会委员,北京美术家协会中国画艺委会副主任,中国艺术视窗网总监,南京艺术学院、深圳大学、吉首大学特聘教授。

包信和(1959—　),扬中人,物理化学家。“文化大革命”后期恢复高考后,在复旦大学化学专业学习,1987 年获复旦大学理学博士学位,后公派到德国学习。1989 ~ 1995 年获洪堡基金资助在德国马普协会柏林 FRITZ - HABER 研究所进行合作研究;1995 年在中科院大连化学物理研究所工作,2000 年任所长。现任中国科学院沈阳分院院长,兼任中国科学技术大学化学物理系主任(2009 年当选为中国科学院院士)。

长期从事表面化学、金属催化材料以及多孔材料等相关的催化基础研究和应用开发工作。发表相关研究论文 160 余篇,其中 Sci 收录 110 篇,申报国家专利 15 件。为“国家重点基础研究规划”(973 项目)天然气、煤层气优化利用的催化基础项目首席科学家、中科院 - 德国马普协会“纳米催化”伙伴研究组中方组长、中科院 - BP“面向未来的清洁能源”项目首席执行官;“Journal of Natural Gas Chemistry”杂志主编,《催化学报》副主编,“Surface Science (Elsevier)”“Catech (Kluwer

Academic)"和"Chinese Journal of Chemistry"等杂志编委;中国化学会常务理事,第九届、第十届全国人大代表。先后获得国家教委自然科学奖、全国留学回国先进个人、1995 年度国家杰出青年基金以及 1996~2000 年度香港求是"杰出青年学者奖",2005 年国家自然科学二等奖。

马伟明(1960—),扬中人,舰船电气工程专家。1978 年 9 月从扬中市第一中学考入海军工程大学,后留校任教。现任海军工程大学教授、博士生导师、电力电子技术应用研究所所长、海军专业技术少将军衔。兼任国家自然科学基金委员会学科评审组成员,《电工技术学报》《电工技工杂志》编委,中国造船学会理事,武汉市科协副主席,武汉造船学会副理事长。2001 年当选为中国工程院院士。

长期致力于独立系统集成化发供电、电力电子、电力系统电磁兼容、舰船综合电力系统技术等领域的研究。创建并发展十二相发电机供电系统的基础理论体系,攻克系统中稳定性预测、固有振荡抑制、复合故障诊断、短路保护等国内外长期未解决关键技术难题,研制出具有国际领先水平的十二相发电机整流供电系统;提出 M 相/N 相双绕组电力集成新原理,研制出交直流双绕组电力集成供电系统,为国际首创;研制成功具有世界先进水平的潜艇 AIP 发供电系统;在独立电力系统电磁传导干扰预测理论和抑制技术上取得重大突破。获 2000 年度国家科技进步一等奖 1 项,国家发明三等奖 2 项,军队科技进步一等奖 2 项、二等奖 4 项,国家专利 4 项,出版专著 2 部。1996 年入选国家百千万人才工程第一、二层次,获"有突出贡献的中青年专家"、第五届中国青年科技奖。1998 年获第三届中国优秀科技青年创业奖。1999 年获第二届求是杰出青年实用工程奖、首届国家十大"杰出专业技术人才"奖章。2001 年获何梁何利基金奖。2002 年获第五届中国青年科学家奖。2002 年当选为中共十六大代表。

格 非(1964—),原名刘勇,丹徒人。1981 年考入华东师范大学中文系,后留校任教。2000 年获文学博士学位,并于同年调入清华大学中文系。现为清华大学中文系教授,博士生导师。主要作品短篇小说《迷舟》《青黄》《戒指花》;中篇小说《相遇》《傻瓜的诗篇》《不过是垃圾》;长篇小说《欲望的旗帜》《人面桃花》《山河入梦》。《人面桃花》获"华语传媒杰出成就奖""21 世纪鼎钧双年文学奖"。作品被译成英、法、意、日等文字在国外出版。1988 年发表的中篇小说《褐色鸟群》更是曾被视为当代中国最玄奥的一篇小说,是人们谈论先锋文学时必提作品。

尹乃菁(1967—),女,祖籍镇江,出生于台湾台北市。台湾电视时事评论员,毕业于台湾辅仁大学大众传播新闻专业,曾任台湾 tvbs 记者、《中国时报》记者、年代新闻台新闻部助理总监,中央电视台中文国际频道(cctv4)"海峡两岸"周六"一周台海热点话题点评"卫星连线以台湾电视时事评论员身份参与点评的台湾佳宾。她性格爽朗,点评时明晰干练,在甜美笑容中对一周台海时事进行点评,将岛内复杂的政治生态在轻松生动的评说中娓娓道来,从容若定,直击要害,受到两岸观众好评,为观众熟知。1988 年随父回镇江探亲,她希望通过媒体增进两岸民众了解。

江 珊(1967—),女,镇江人。1991 年毕业于中央戏剧学院,学士学位,1993 年,她大学毕业才两年就碰上了《过把瘾》剧组招聘,导演赵宝刚慧眼识珠,江珊很顺利地成为女主角杜梅。1996 年,主演黄建新导演的《埋伏》,该片入围柏林影展竞赛;2000 年,主演黄建新导演的《说出你的秘密》,入围中国百花奖;2001 年拍摄柯受良导演的《生死速递》。还主演多部电视剧。成名歌曲《梦里水乡》曾经倾倒无数歌迷,至今传唱。她在《过把瘾》《大宅门》(续集)中的出色表演,标志着一个影视演员的成熟。

谢 兰(1971—),女,镇江人。谢兰 8 岁时被父母送到市体校练体操,11 岁时因受伤放弃,镇江八中初中毕业后,进入浙江滑稽剧团,1992 年考入北京电影学院表演系。先后拍摄主演二十几部影视作品,其中电视连续剧《黄土地、蓝土地》《世纪公民》获"五个一"工程奖,电影《远山姐弟》获 1993 年中国电影华表奖最佳故事片奖、1994 年获日本东京亚广联最佳故事片奖,电影《良心》获 1999 年中国电影华表奖最佳故事片奖,并获"五个一"工程奖和少数民族电影"黑骏马"奖,电影《走过严冬》获2000年中国电影华表奖最佳故事片奖。电影《雪白·血红》获2003年第二十一届大众电视金鹰奖观众喜爱的女演员奖。

第三节 体育及其他

张燮林(1940—),镇江人。18岁时在上海市乒乓球比赛中获男子单打亚军。1960年获运动健将称号。1963年起六次获国家体委颁发的体育运动荣誉奖章。1961年在第26届世界乒乓球锦标赛上,获男子单打第三名。1963年在第27届世界乒乓球锦标赛上,获男子双打冠军(与王志良合作)和男子单打第三名,并是获得男子团体冠军的中国队的主力队员之一。1965年在第28届世界乒乓球锦标赛上,获男子双打冠军(与王志良合作)和混合双打亚军(与林慧卿合作),并是获得男子团体冠军的中国队的主力队员之一。1971年在第31届世界乒乓球锦标赛上,获混合双打冠军(与林慧卿合作)。1972年32岁的张燮林任国家乒乓球女队主教练。1979年获国家级教练称号,同年任中国乒乓球协会副主席。1984年被评为中华人民共和国成立35年来杰出运动员之一。先后培养出童玲、戴丽丽、曹燕华、何智丽、焦志敏、陈静、邓亚萍等一批世界冠军和奥运冠军。并率领女队夺得10次世乒赛"考比伦杯"、3次世界杯女团冠军、2届3次奥运女单、女双金牌,使五星红旗一次次升腾、飘扬;使全国球迷一次次欢呼、击掌。他的名字17次(运动员4次、教练员13次)镌刻在世界冠军杯上。为中国乃至世界乒乓球运动作出杰出贡献,多次受到党和国家各种表彰。1984年参加中央电视台春节联欢晚会与李富荣进行乒乓球表演。1996年被国际乒联授予"优秀教练员特别荣誉奖"。

张燮林虽然身在北京,却十分关心家乡乒乓球运动的发展,兼任镇江市乒乓球协会名誉主席,经常回镇悉心指导,培训乒乓优苗,希望镇江多出几个世界冠军。如今,已退休多年的张燮林,仍在为保持中国乒乓球长盛不衰的地位,为培养世界级乒乓球后备人才,为提高教练队伍贡献出自己一份余热。

林民伋(1942—),镇江人。上海体育运动技术学院田径高级教练员。1973年起任女子短跑组教练,曾经培养了翁佩凤、吴丽萍等优秀运动员。1986年任国家田径集训队女子短跑组教练,该组在第10届亚运会上获女子4×100米接力第一名。后任上海田径队总教练兼田径班主任。

张月琴(1960—),女,丹徒人。原国家女子篮球队著名运动员,国际级运动健将。1975年进入江苏省女子篮球队,次年入选国家队。1982年获第九届亚运会女篮冠军,1983年获世界女篮锦标赛第三名。1984年获全国体育运动一级奖章,全国、江苏省"三八"红旗手、新长征突击手和江苏省首届十佳运动员称号,1986年江苏省政府给记二等功。同年退役,任江苏省体校教练员。

胡雪林(1960—),1989年1月参加公安工作,现任镇江市公安局公交分局副局长兼反扒大队大队长。他对反扒工作挚爱和执着,对扒窃行为和扒窃人员无比痛恨,敬业奉献,勤学苦练,练就一身高超的反扒技艺,成为威震贼群,美名远扬的"反扒能手"。他不畏苦累,不惧危险,始终奋斗在反扒斗争第一线,成为人民生活、社会经济发展的"保护神"。他一身正气、永葆本色,一心一意为百姓。成为立警为公、执法为民的典范。先后立个人一等功、二等功各1次,个人三等功2次;被授予"优秀警官""全国优秀人民警察""全国特级优秀人民警察""全国公安战线二级英雄模范"、江苏省十大爱民标兵、江苏省十大服务公众明星人物等称号,并当选镇江首届"大爱之星"。中央电视台、江苏电视台、人民日报、新华日报、中国法制报、人民公安报、江苏法制报、扬子晚报、人民公安报等媒体先后报道其先进事迹。

赵 斌(1963—),山东龙口人。江苏省第十届政协委员,镇江市残疾人联合会副理事长。6岁时不幸被机器轧去双脚,他坚信"健全人能做到的,我也一定能做到"。1982年他投书国家体委,表示"不做庸碌无用人,努力为国争荣誉"的强烈愿望。1984年在美国第七届国际伤残人奥运会上打破男子 A3 级铁饼世界记录，并获金牌。1985 年团中央授予新长征突击手称号。1986 年第四届远东暨南太平洋地区残疾人运动会上，夺得铅球、铁饼、乒乓球三枚金牌。1987 年在第二届全国伤残人运动会铅球比赛中，以 10.27 米的成绩打破 10.25 米世界记录。同年被评为华东电网十大青年明星。1988 年获第八届国际伤残人奥运会铁饼银牌、铅球铜牌。1989 年在第五届远东暨南太平洋地区残疾人运动会上夺得铅球、铁饼两枚金牌。1991 年被评为全国自立模范。1992 年在全国第三届残疾人运动会上以 11.45 米成绩打破男子铅球 A3A9 级世界记录。1997 年在澳大利亚国际伤残人综合锦标赛上，以 33.52 米的成绩荣获 A3 标枪金牌。并获铁饼、铅球两枚银牌，成绩分别为 30.70 米和 10.57 米。1999 年在第七届远东暨南太平洋地区残疾人运动会上获 F18 铅球、铁饼两枚金牌和标枪铜牌，省政府给记一等功。

梁　琴（1972—　），女，丹徒人。原国家击剑队运动员，江苏省击剑训练中心科长。1983 年入市三中击剑队，1985 年获江苏省击剑锦标赛女子重剑铜牌。1986 年获省第 11 届运动会击剑冠军，1988 年进入省体工队，1989 年在全国击剑锦标赛上夺得女子重剑个人、团体两项冠军。1990 年在第 11 届亚运会重剑团体决赛中，1 人独得 3 分，为中国队夺得冠军，并获个人击剑铜牌。1993 年获第七届全国运动会女子重剑团体冠军。1999 年获世界击剑锦标赛女子重剑亚军和全国击剑锦标赛女团和个人冠军。2000 年获第 27 届奥运会女子重剑团体第三名，被省政府给记一等功，并授予省新长征突击手、省三八红旗手称号。2005 年获全国第十届运动会女子重剑团体冠军。

张志强（1973—　），镇江人。镇江船山石灰石矿工人，残疾人游泳运动员。4 岁时被火车轧去左臂左腿，虽然重度残疾，但喜爱游泳，他自强不息、不畏艰难，坚持训练，游泳水平不断提高。1994 年 9 月代表中国参加第六届远东暨南太平洋地区残疾人运动会，获 50 米自由泳和 100 米蛙泳两枚银牌、100 米自由泳铜牌。1997 年获江苏省残疾人游泳、乒乓球锦标赛男子 S6 级 50 米仰泳及 50 米、100 米自由泳三枚金牌。1999 年在第七届远东暨南太平洋地区残疾人运动会上获 S6 级 400 米、100 米自由泳两枚银牌和 200 米自由泳铜牌。2000 年获第 11 届残奥会 S6 级 400 米自由泳银牌 1 枚，省政府给记二等功。2002 年获世界残疾游泳锦标赛 400 米自由泳金牌，2003 年全国第六届残运会上张志强获 100 米、400 米自由泳银牌，50 米自由泳铜牌。

邬　娜（1974—　），女，镇江人。原国家乒乓球队运动员，国际级运动健将。邬娜 1984 年进入江苏省少年体校，1985 年进入江苏省乒乓球队，1987 年进入国家青少年乒乓球队。为左手横拍快攻型选手。1988 年参加第 40 届日本东京乒乓球公开赛，与日本选手佐藤利香合作获女子双打冠军。1989 年 12 月在印度新德里参加第四届亚洲青少年乒乓球锦标赛获女子团体、女子单打两枚金牌、女子双打银牌。1990 年 2 月正式入选国家乒乓球队。1995 年获第 43 届世界乒乓球锦标赛女双第三名，1997 年获第 44 届世界乒乓球锦标赛混合双打冠军、单打第 3 名。

秦志戬（1976—　），镇江人。原国家乒乓球队运动员，国际级运动健将，国家乒乓球队教练。1983 年 2 月进入镇江市体育馆乒乓球班训练，1987 年 2 月入选省体校，11 岁获得国家一级运动员称号。1989 年 12 月入选省体工队。1990 年 2 月入选国家青年乒乓球队。1993 年入选国家乒乓球队。获第二届、第四届全球青年乒乓球赛男团冠军，1994 年获第三届世界杯乒乓球比赛男团冠军。1999 年 8 月获第 45 届世乒赛混双第 3 名，2001 年 5 月获第 46 届世乒赛混双冠军。2002 年中国公开赛男单亚军，波兰、丹麦公开赛男双冠军；2003 年第 47 届世乒赛男双四强。在 2001 年全国体育局长会议上，秦志戬获国家体育总局颁发的“走在世界冠军前面的人”奖章。2002 年获中国乒乓球建队 50 周年“中国乒乓球运动员贡献奖”。

朱　峰（1978—　），镇江人。原国家羽毛球队运动员。8 岁进入市体育馆学打羽毛球。1990 年首次代表镇江队参加江苏省第 12 届运动会羽毛球比赛，获儿童组冠军。1991 年入选省羽毛球队。1993 年获全国羽毛球比赛第 5 名，并入选中国青少年羽毛球队，1994 年获江苏省第十三届运动会羽毛球比赛青少年组冠军；1995 年 7 月代表南京市参加第三届全国城市运动会羽毛球比赛，4

场15次保持全胜，为南京队夺取团体冠军立下汗马功劳，同年入选国家羽毛球二队。1996年获世界青年羽毛球锦标赛男单冠军和全国青年羽毛球比赛男双冠军和男单亚军。1997年获全国第八届运动会羽毛球比赛团体第2名和男单第5名。1998年获全国青少年羽毛球团体冠军和单打第4名。2001年获第九届全国运动会羽毛球比赛男团冠军。

柳絮飞(1981—)，女，镇江人。中国香港乒乓球队队员。原为市八叉巷小学乒乓班学生，使用直拍快攻结合弧圈型打法。从市乒乓球学校入选江苏省乒乓球队，1999年加盟香港队后，比赛机会增多，球技进步较快，曾获亚洲杯乒乓球赛女单季军、意大利乒乓球赛亚军。2004年在第47届世乒赛女团决赛中，柳絮飞参加的中国香港队获亚军。2005年在第十七届亚洲乒乓球锦标赛上柳絮飞获女团冠军和女单亚军，赛后世界排名上升到女子第12位。

殷　雯(1982—)，女，镇江人。广州军区射击队队员。1995年入选市体校射击队，1998年输送到南京军区射击队，2004年转入广州军区射击队。2002年在全国射击系列赛中获女子10米气步枪金牌。2003年7月在世界杯射击赛韩国釜山站女子气步枪3×20项目中，以583环成绩夺得银牌；在女子气步枪40发项目比赛中，以397环成绩夺得铜牌，两项成绩均达到国际运动健将标准。2005年10月在全国第十届运动会上获女子气步枪40发冠军。

范　瑛(1986—)，女，镇江人。从市八叉巷小学乒乓班毕业后，又推荐到市乒乓球学校训练，为削球旋转型选手，1999年入选国家青年乒乓球队，2000年入选国家乒乓球队。2001年获世界乒乓球俱乐部锦标赛女团冠军，2003年获亚洲杯锦标赛女单冠军。2004年9月获国际乒联职业巡回赛无锡站大奖赛女双亚军和女单季军。同年12月获世界青年乒乓球锦标赛女团冠军、女双亚军和女单季军。

第三章　人物表(名录)

本章收录镇江籍中共领导11人，革命烈士28人，全国劳模和五一劳动奖章获得者78人，享受国务院特殊津贴77人，省级以上见义勇为34人，省级劳模和先进工作者204人。

1983～2005年镇江籍中共中央委员、全国人大常委会委员、全国政协常委、中央纪委常委一览表

表46-1

届　次	姓名	性别	出生年月	任职名称
中共十二届	陆懋曾	男	1928年12月	中央候补委员
中共十三届	李岚清	男	1932年5月	中央候补委员
	陆懋曾	男	1928年12月	中央委员
	邓鸿勋	男	1931年1月	中央候补委员
中共十四届	李岚清	男	1932年5月	中央委员、中央政治局委员
	邓鸿勋	男	1931年1月	中央委员
中共十五届	李岚清	男	1932年5月	中央委员、中央政治局委员、常委
	周坤仁	男	1937年9月	中央委员
	唐家璇	男	1938年1月	中央委员
	陶建幸	男	1953年12月	中央候补委员

续表 46-1

届　次	姓名	性别	出生年月	任职名称
中共十六届	虞云耀	男	1941 年 5 月	中央委员
	唐家璇	男	1938 年 1 月	中央委员
人大七届	王厚德	男	1933 年 10 月	全国人大常委会委员
人大八届、九届	李岚清	男	1932 年 5 月	国务院副总理
人大九届	丁石孙	男	1927 年 9 月	全国人大常委会副委员长
人大十届	周坤仁	男	1937 年 9 月	全国人大常委会委员
人大十届	唐家璇	男	1938 年 1 月	国务委员
政协六届	茅以升	男	1896 年 1 月	全国政协副主席
政协六届	管文蔚	男	1903 年	全国政协常委
政协九届	王厚德	男	1933 年 10 月	全国政协常委
中共十六届、十七届	黄树贤	男	1954 年 9 月	中央纪委委员、常委、副书记

1984～2003 年镇江市革命烈士表

表 46-2

姓　名	性别	出生年月	籍　贯	工作单位或任职	牺牲时间、地点	批准单位
刘正忠	男	1928 年	江苏句容	生产队保管员	1984 年 7 月 16 日,句容	江苏省人民政府
黄青云	男	1961 年	江苏丹徒	中国人民解放军	1984 年 12 月 9 日,老山前线	中国人民解放军总政治部
印红伟	男	1965 年 12 月	江苏扬中	中国人民解放军	1984 年 12 月 10 日,老山前线	中国人民解放军总政治部
周　俊	男	1962 年 1 月	江苏丹徒	中国人民解放军	1984 年 12 月 19 日,老山前线	中国人民解放军总政治部
兰小才	男	1965 年 1 月	江苏扬中	中国人民解放军	1984 年 12 月 21 日,老山前线	中国人民解放军总政治部
陶小龙	男	1964 年 7 月	江苏扬中	中国人民解放军	1984 年 12 月 21 日,老山前线	中国人民解放军总政治部
李洪平	男	1965 年 7 月	江苏丹徒	中国人民解放军	1984 年 12 月 24 日,老山前线	中国人民解放军总政治部
刘木林	男	1961 年 12 月	江苏丹徒	中国人民解放军	1984 年 12 月 24 日,老山前线	中国人民解放军总政治部
孟继龙	男	1964 年 6 月	江苏扬中	中国人民解放军	1985 年 1 月 5 日,老山前线	中国人民解放军总政治部
唐友龙	男	1964 年	江苏扬中	中国人民解放军	1985 年 1 月 15 日,老山前线	中国人民解放军总政治部
孙加荣	男	1962 年	江苏镇江	中国人民解放军	1985 年 1 月 15 日,老山前线	中国人民解放军总政治部
吴昌庆	男	1965 年 4 月	江苏扬中	中国人民解放军	1985 年 1 月 16 日,老山前线	中国人民解放军总政治部
胡年喜	男	1962 年	江苏镇江	中国人民解放军	1985 年 2 月 11 日,老山前线	中国人民解放军总政治部
沈国良	男	1962 年	江苏丹徒	中国人民解放军	1985 年 3 月 2 日,老山前线	中国人民解放军总政治部
张振国	男	1965 年	江苏扬中	中国人民解放军	1985 年 3 月 10 日,老山前线	中国人民解放军总政治部

续表 46-2

姓 名	性别	出生年月	籍 贯	工作单位或任职	牺牲时间、地点	批准单位
荆建平	男	1962 年	江苏丹阳	中国人民解放军	1985 年 10 月，老山前线	中国人民解放军总政治部
仲瑞生	男	1965 年 9 月	江苏丹徒	中国人民解放军	1985 年 12 月 2 日，老山前线	中国人民解放军总政治部
戴振平	男	1965 年	江苏丹徒	中国人民解放军	1986 年 5 月 17 日，老山前线	中国人民解放军总政治部
谭振林	男	1965 年	江苏扬中	盐城边防站	1988 年 3 月 31 日，盐城	中国人民武警减灾部队政治部
周宜顺	男	1949 年	江苏句容	句容葛村乡	1991 年 6 月 12 日，句容	江苏省人民政府
韦志清	男	1935 年	江苏扬中	扬中新坝镇	1991 年 7 月 26 日，扬中	江苏省人民政府
孙瑞林	男	1960 年 12 月	江苏邗江	邗江县公安局刑警队	1992 年 7 月 22 日，镇江	中华人民共和国公安部
孙哲仁	男	1966 年 4 月	江苏丹阳	沈阳空军训练基地二团	1993 年 3 月 17 日，沈阳	沈阳军区空军政治部
费维忠	男	1971 年 8 月	江苏镇江	蒋乔派出所联防中队	1993 年 6 月 18 日，镇江	江苏省人民政府
朱爱忠	男	1956 年 2 月	江苏丹阳	南空航运团	1995 年 5 月 16 日，福建	南京军区空军政治部
徐建刚	男	1976 年	江苏丹徒	镇江合纤厂	1995 年 8 月 19 日，镇江	江苏省人民政府
王祖修	男	1938 年 12 月	江苏句容	句容下蜀火车站	1999 年 12 月 12 日，句容	江苏省人民政府
赵吉仁	男	1957 年 11 月	江苏丹徒	丹徒区丁岗镇	2003 年 7 月 5 日，丹徒区	江苏省人民政府

1984～2005 年镇江市全国劳模一览表

表 46-3

授予时间	姓名	性别	出生年月	民族	籍贯	工作单位
1989 年	王广盛	男	1964 年 2 月	汉族	徐州	镇江市公安局交警支队一中队
1989 年	石 耘	女	1950 年 1 月	汉族	镇江	镇江市大鹏商业总公司
1989 年	杨图南	男	1938 年 11 月	汉族	泉州	江苏丘陵地区农业科学研究所
1989 年	宦继和	男	1949 年 10 月	汉族	镇江	镇江市路面机械总厂矿机分厂
1989 年	李金华	女	1950 年 11 月	汉族	丹阳	丹阳市强华丝织厂
1989 年	谭三林	男	1955 年 3 月	汉族	丹阳	丹阳市行宫乡圩庄村五组
1989 年	郭克生	男	1942 年 6 月	汉族	扬中	扬中县联合乡联合村
1995 年	陈 钧	男	1947 年 7 月	汉族	安徽	江苏理工大学农业机械学院
1995 年	花健武	男	1943 年 12 月	回族	镇江	交通部镇江长江港监局
1995 年	宋勤华	男	1946 年 8 月	汉族	上海	江苏索普集团公司
1995 年	翟万洪	男	1944 年 5 月	汉族	淮安	镇江市市政设施管理处
1995 年	张敏俐	男	1946 年 2 月	汉族	丹阳	江苏丹化集团公司

续表 46-3

授予时间	姓名	性别	出生年月	民族	籍贯	工作单位
1995 年	余锁根	男	1946 年 5 月	汉族	句容	句容市袁巷乡戴庄村
1995 年	徐明法	男	1951 年 10 月	汉族	丹徒	丹徒县荣炳乡凡石桥村
2000 年	万红根	男	1952 年 12 月	汉族	镇江	镇江焦化煤气集团公司
2000 年	王　伟	男	1957 年 5 月	汉族	镇江	江奎集团公司
2000 年	王龙芳	女	1964 年 7 月	汉族	丹徒	镇江江天汽车运输公司
2000 年	袁志诚	男	1945 年 10 月	汉族	丹徒	镇江市第一人民医院
2000 年	丁万万	男	1947 年 9 月	汉族	丹阳	丹阳市地税局
2000 年	方继生	男	1948 年 8 月	汉族	句容	句容市春城乡葡萄协会
2000 年	孔国娣	女	1974 年 4 月	汉族	丹徒	丹徒县三山乡中心校
2005 年	金　燕	女	1967 年 12 月	回族	镇江	镇江市第三中学
2005 年	唐敖齐	男	1945 年 4 月	汉族	丹阳	丹阳新桥镇长春村
2005 年	唐顺平	男	1962 年 11 月	汉族	镇江	镇江市排水管理处
2005 年	许祥生	男	1956 年 7 月	汉族	镇江	镇江市第二人民医院
2005 年	杨修林	男	1957 年 10 月	汉族	句容	句容市大卓镇种桃专业户
2005 年	叶有伟	男	1952 年 6 月	汉族	宁波	江苏恒顺集团有限公司
2005 年	朱秀明	男	1951 年 5 月	汉族	扬中	扬中市供电公司

1985～2004 年镇江市全国五一劳动奖章获得者表

表 46-4

授予时间	姓名	性别	出生年月	民族	籍贯	工作单位
1985 年	严善明	男	1929 年 7 月	汉族	上海	镇江市第四人民医院
1985 年	蔡昌荣	男	1933 年 12 月	汉族	扬州	镇江市第二建筑公司
1985 年	壮逸凤	女	1963 年 7 月	汉族	丹阳	江苏丹阳棉纺织厂
1986 年	宦继和	男	1949 年 10 月	汉族	镇江	镇江矿山机械厂
1986 年	桂波儿	女	1937 年 1 月	汉族	浙江	镇江钛白粉总厂
1986 年	谢保国	男	1934 年 10 月	汉族	句容	句容森林白蚁防治研究所
1987 年	贺光让	男	1933 年 3 月	汉族	湖南	镇江煤矿专用设备厂
1987 年	黄锁春	男	1947 年 2 月	汉族	丹阳	丹阳县烟草公司
1987 年	谢邦良	男	1938 年 3 月	汉族	扬中	扬中县农业银行长旺营业所
1988 年	刘和法	男	1934 年 8 月	汉族	丹徒	华东船舶工业学院
1988 年	徐瑞芝	男	1951 年 7 月	汉族	丹徒	镇江市港务局
1988 年	郭桂荣	女	1959 年 8 月	汉族	邗江	镇江饮服二公司
1990 年	邹国枫	男	1946 年 6 月	汉族	辽宁	句容县矿业局
1990 年	佘正国	男	1946 年 9 月	回族	镇江	镇江市食品厂
1990 年	陈正保	男	1943 年 11 月	汉族	扬中	扬中公路管理站工程队

续表 46-4

授予时间	姓名	性别	出生年月	民族	籍贯	工作单位
1991 年	翟万洪	男	1944 年 5 月	汉族	淮安	镇江排水管理处
1991 年	赵顺才	男	1951 年 2 月	汉族	丹徒	丹徒县文体局
1991 年	李　霖	男	1948 年 7 月	汉族	江浦	句容酒厂
1991 年	徐伟珍	女	1956 年 9 月	汉族	余姚	镇江市计划生育委员会
1991 年	吴丹山	男	1946 年 2 月	汉族	江阴	镇江市地质三队
1992 年	王来生	男	1937 年 2 月	汉族	镇江	江苏工学院
1992 年	赵小梅	女	1945 年 10 月	汉族	丹阳	镇江韦岗铁矿
1992 年	何斯美	女	1935 年 11 月	汉族	四川	镇江蚕研所
1993 年	阮玲娟	女	1954 年 8 月	汉族	绍兴	丹阳丝绸厂
1993 年	徐伟辉	男	1935 年 8 月	汉族	镇江	镇江市京口区实验小学
1993 年	杜正起	男	1948 年 11 月	汉族	镇江	镇江钛白粉总厂
1996 年	陈留庚	男	1961 年 5 月	汉族	丹阳	江苏省丹阳市中学
1996 年	魏庆贵	男	1948 年 9 月	汉族	镇江	丹徒县公路管理站
1996 年	裴冠群	男	1941 年 4 月	汉族	宜兴	华东铝加工厂
1997 年	贾又敏	女	1951 年 6 月	汉族	上海	镇江日报社
1997 年	夏林祥	男	1963 年 2 月	汉族	丹阳	丹徒县汽车配件厂
1997 年	熊晓燕	女	1964 年 7 月	汉族	句容	江苏省金猴机械(集团)公司机械研究所
1998 年	蒋巧娣	女	1958 年 5 月	汉族	扬中	扬中市染织厂
1998 年	宋勤华	男	1946 年 8 月	汉族	上海	江苏索普(集团)有限公司
1998 年	吴汉章	男	1938 年 12 月	汉族	上海	江苏丘陵地区镇江农业科学研究所
1999 年	万红根	男	1952 年 12 月	汉族	镇江	镇江焦化煤气集团
1999 年	王龙芳	女	1964 年 7 月	汉族	丹徒	镇江汽车运输总公司
1999 年	巫朝正	男	1946 年 7 月	汉族	句容	镇江市丹徒县
2001 年	丁志兰	女	1972 年 10 月	汉族	镇江	江苏镇纺集团有限责任公司
2001 年	唐顺平	男	1961 年 7 月	汉族	镇江	镇江市排水管理处
2001 年	蒋成禹	男	1945 年 10 月	汉族	吉林	华东船舶工业学院
2002 年	刘东升	男	1956 年 10 月	汉族	丹阳	丹阳丝绸厂
2002 年	潘建跃	男	1958 年 10 月	汉族	宜兴	镇江市特种合金材料厂
2002 年	徐贵宝	男	1959 年 12 月	汉族	镇江	镇江市市政设施管理处
2003 年	李凤琴	女	1961 年 11 月	汉族	扬中	扬中市人民医院
2003 年	张玉梅	女	1969 年 1 月	汉族	镇江	镇江市社会福利服务中心
2003 年	倪仁杰	男	1951 年 3 月	汉族	浙江	镇江市交通局
2004 年	陈　萍	女	1964 年 12 月	汉族	镇江	镇江市地税局
2004 年	葛世伦	男	1963 年 8 月	汉族	浙江	华东船舶工业学院
2004 年	潘正东	男	1943 年 7 月	汉族	阜宁	镇江液压件总厂

1991～2004年镇江市享受国务院政府特殊津贴专家表

表46-5

姓　名	性别	出生年月	工作单位	获得时间
吴汉章	男	1938年12月	镇江市农业科学研究所	1991
九敦立	男	1937年1月	镇江市政协	1991
高宗英	男	1936年8月	江苏理工大学	1991
何斯美	女	1935年12月	江苏科技大学(农科院蚕研所)	1991
黄宝兰	女	1937年12月	江苏恒顺集团有限公司	1992
李奕仁	男	1944年12月	江苏科技大学(农科院蚕研所)	1992
周铁柱	男	1940年6月	江苏索普(集团)有限公司	1992
蔡惠礼	男	1938年8月	江苏省镇江船厂有限责任公司	1992
周光远	女	1935年8月	镇江大东造纸厂	1992
董国俊	男	1942年5月	镇江飞亚轴承有限公司	1992
黄长樽	男	1936年1月	镇江市轻工机械厂	1992
陈锦城	男	1934年11月	镇江机床公司	1992
严善明	男	1929年7月	镇江市第四人民医院	1992
张百川	男	1932年11月	镇江市煤炭工业总公司	1992
赵亚夫	男	1941年4月	镇江市农业科学研究所	1992
陈协新	男	1937年6月	镇江市农业科学研究所	1992
李录广	男	1942年10月	镇江市自来水公司	1992
孙双全	男	1937年6月	镇江脱粒机厂	1992
张宏春	男	1938年2月	镇江印刷机械厂	1992
欧成忠	男	1929年2月	镇江纸浆厂	1992
苏树鑫	男	1928年10月	镇江蚕种场	1992
黄崇德	男	1934年7月	丹阳市农业局	1992
周传斌	男	1936年1月	丹阳农技推广中心	1992
杨德枢	男	1939年1月	丹阳市柴油机厂	1992
缪振鸿	男	1934年1月	润州区畜牧兽医站	1992
周家荣	男	1943年11月	华东铝加工厂	1992
陈去病	男	1934年6月	江苏大学附属医院	1993
郝允科	男	1943年11月	江苏捷成车载电子信息工程有限公司	1993
黄可威	男	1940年12月	江苏科技大学(农科院蚕研所)	1993
叶夏裕	男	1943年8月	江苏科技大学(农科院蚕研所)	1993
徐翠英	女	1939年1月	镇江合纤厂	1993
刘中沂	男	1932年10月	镇江焦化煤气集团	1993
吴世泰	男	1937年1月	镇江丽华丝织厂	1993
杨兆昇	男	1933年6月	镇江市第一人民医院	1993
袁志诚	男	1945年1月	镇江市第一人民医院	1993
康新民	男	1937年7月	镇江民间文化艺术馆	1993
王学堃	男	1934年12月	镇江市农林局土壤肥料站	1993

续表 46-5

姓 名	性别	出生年月	工作单位	获得时间
施炳健	男	1936 年 12 月	镇江市农业机械技术推广站	1993
张奎凤	男	1919 年 12 月	镇江市农业科学研究所	1993
王欣宁	男	1935 年 3 月	镇江市水产技术推广培训中心	1993
王 政	男	1937 年 4 月	镇江市畜牧兽医站	1993
李可畏	男	1935 年 1 月	江苏大亚集团公司	1993
高从新	男	1937 年 4 月	江苏丹化集团公司	1993
花尚元	男	1946 年 4 月	江苏丹化集团公司	1993
祝凯华	男	1945 年 1 月	句容金猴机械集团公司	1993
刘汉兴	男	1937 年 10 月	镇江雩山水泥有限责任公司	1993
张用信	男	1938 年 11 月	润州区电碳总厂	1993
许一鸣	男	1937 年 6 月	镇江市蔬菜研究所	1993
马道钰	男	1945 年 12 月	镇江市第二轻工机械厂	1994
赵炳生	男	1937 年 12 月	江苏省丹阳师范学校	1994
吴继飞	女	1941 年 10 月	镇江液压件厂有限责任公司	1994
陈树骏	男	1942 年 9 月	镇江江奎集团公司	1994
高一峰	男	1932 年 7 月	镇江市第一人民医院	1995
李三通	男	1944 年 4 月	华东铝加工厂	1995
林 彬	女	1941 年 1 月	镇江市中山路小学	1995
法浩然	男	1943 年 12 月	镇江钛白粉股份有限公司	1995
陈良根	男	1951 年 12 月	镇江市农机推广站	1996
张蓝石	男	1937 年 7 月	江苏大学附属医院	1996
缪南泰	男	1938 年 3 月	镇江大东纸业有限公司	1996
万红根	男	1952 年 12 月	镇江焦化煤气集团	1997
顾兆坤	男	1940 年 10 月	江苏大学附属医院	1997
王长明	男	1946 年 10 月	镇江市第一中学	1997
武三孝	男	1941 年 11 月	镇江市畜牧兽医站	1997
潘以楼	男	1961 年 4 月	镇江市农业科学研究所	1998
钱家华	男	1944 年 1 月	江苏省镇江船厂有限责任公司	1998
郑国强	男	1939 年 9 月	镇江市第一人民医院	1998
韩泰然	男	1938 年 8 月	镇江市第四人民医院	1998
刘德建	男	1953 年 1 月	正茂集团船用柴油机厂	1999
沈铁城	男	1945 年 7 月	江苏大学附属医院	1999
丁观加	男	1937 年 11 月	镇江画院	1999
王强华	女	1945 年 6 月	丹阳农技推广中心	1999

续表 46-5

姓　名	性别	出生年月	工作单位	获得时间
严忠庆	男	1945 年 12 月	镇江金威集团公司	2000
吴福林	男	1940 年 7 月	镇江市体育运动学校	2000
肖梦龙	男	1945 年 10 月	镇江市博物馆	2001
潘建跃	男	1958 年 10 月	镇江市运输管理处	2002
伊　立	男	1966 年 8 月	江苏镇江建科建筑科学研究院有限公司	2004
庄义庆	男	1965 年 4 月	镇江市农业科学研究所	2004

1988～2004 年镇江市获省以上表彰见义勇为人员称号一览表

表 46-6

姓　名	性别	表彰时间	事迹	表彰单位	受表彰名称
江天佑	男	1988	抓获犯罪嫌疑人	江苏省政府	江苏省见义勇为先进分子
岳明雷	男	1988	抓获犯罪嫌疑人	江苏省政府	江苏省见义勇为先进分子
陈凤英	女	1988	抓获犯罪嫌疑人	江苏省政府	江苏省见义勇为先进分子
殷厚成	男	1990	抓获犯罪嫌疑人	江苏省政府	江苏省见义勇为先进分子
黄国祯	男	1990	抓获犯罪嫌疑人	江苏省政府	江苏省见义勇为先进分子
吴金才	男	1990	抓获犯罪嫌疑人	江苏省政府	江苏省见义勇为先进分子
高新大	男	1994	扑救火灾致残	江苏省政府	江苏省见义勇为先进分子
万福生	男	1994	与犯罪嫌疑人搏斗	江苏省政府	江苏省见义勇为先进分子
朱仁智	男	1994	抓获犯罪嫌疑人	江苏省政府	江苏省见义勇为先进分子
李国宁	男	1996	抓获犯罪嫌疑人	江苏省公安厅、省见义勇为基金会	江苏省见义勇为先进个人
许国安	男	1996	抓获犯罪嫌疑人	江苏省公安厅、省见义勇为基金会	江苏省见义勇为先进个人
张金龙	男	1996	抓获犯罪嫌疑人	江苏省公安厅、省见义勇为基金会	江苏省见义勇为先进个人
陆明才	男	1996	勇救落水者	江苏省政府	江苏省见义勇为英雄
朱绪春	男	1996	与犯罪嫌疑人搏斗	江苏省政府	江苏省见义勇为先进分子
张方来	男	1996	扑救火灾	江苏省政府	江苏省见义勇为先进分子
张夕娥	女	1996	扑救火灾	江苏省政府	江苏省见义勇为先进分子
胡有益	男	1998	抓获犯罪嫌疑人	江苏省政府	江苏省见义勇为先进分子
练　国	男	1998	抓获犯罪嫌疑人	江苏省政府	江苏省见义勇为先进分子
杨　勇	男	1998	抓获犯罪嫌疑人	江苏省政府	江苏省见义勇为先进分子
孔庆春	男	1998	勇救溺水者	江苏省政府	江苏省见义勇为先进分子
陈阿申	男	2000	抓获犯罪嫌疑人	江苏省政府	江苏省见义勇为先进分子
李　玲	女	2000	与犯罪分子搏斗	江苏省政府	江苏省见义勇为先进分子
朱　晖	男	2000	与犯罪嫌疑人搏斗	江苏省政府	江苏省见义勇为先进分子
王祖修	男	2001	铁路上救人牺牲	中华见义勇为基金会	全国见义勇为先进分子
钟朝东	男	2001	提供犯罪嫌疑人线索	江苏省公安厅	积极参与严打整治斗争有功群众

续表 46-6

姓　名	性别	表彰时间	事迹	何单位表彰	受表彰名称
刘殿春	男	2001	与犯罪嫌疑人搏斗	江苏省公安厅	积极参与严打整治斗争有功群众
何　俊	男	2001	抓获犯罪嫌疑人	江苏省公安厅	积极参与严打整治斗争有功群众
徐家平	男	2002	抓获犯罪嫌疑人	江苏省公安厅	江苏省见义勇为先进分子
吴运海	男	2002	与犯罪嫌疑人搏斗	江苏省公安厅	江苏省见义勇为先进分子
景俊惠	男	2002	抓获犯罪嫌疑人	江苏省公安厅	江苏省见义勇为先进分子
赵吉仁	男	2004	救溺水者牺牲	江苏省公安厅	江苏省见义勇为英雄
刘连平	男	2004	抓获犯罪嫌疑人	江苏省公安厅	江苏省见义勇为先进分子
宋伟军	男	2004	扑救火灾牺牲	江苏省公安厅	江苏省见义勇为先进分子
谭树达	男	2004	与犯罪嫌疑人搏斗	江苏省公安厅	江苏省见义勇为先进分子

说明：1985 年至 1987 年没有资料保存，1988 年公安局设立见义勇为机构

1985～2001 年镇江市江苏省劳动模范和先进工作(生产)者名录

表 46-7

时　间	人员名录
1985 年	欧成忠、佘正国、傅国珍(女)、赵国荣、张桂兰(女)、贡孝南、陆正明、徐怀国、韦亦荣、严善明、刘鹏山、朱志清、杨凤英(女)、陶兴龙、徐君富、杜华平、孙广学、周汝霖、壮逸凤(女)、谢保国、荆小和、徐翠珍(女)、杨奎生、戴德进、蔡昌荣、许林才、邱维汉、奚彩霞(女)、周文彬、毛冬根、陈俊杰、钱之华、虞炳发、霍义平、黄锁春、王春泉、戴国俊、丁荣秀、凌春华、束德和
1988 年	华瑞玲(女)、曹安萍(女)、戴正林、朱康洋、童本洪、王瑞云(女)、汤幼清、黄锁春、朱友武、谭三林、陈月海、黄月珍(女)、周汉清、王万庆、张双林、徐瑞芝、张荷英(女)、花时新、夏修礼、赵锦成、戴金喜、魏振声、郭桂荣(女)、赵顺才、沈伟、谭士福、张秀风(女)、赵亚夫、李静(女)、凌玲(女)、贾军、李霖、徐明山、陈宝堂、洪正德、陈锦城、蔡美地、朱荣富、成萍(女)、朱明福(女)、薛大林、吴斌荣、周信兰(女)、陈一先(女)、翟万洪、刘和法、徐万川、谢邦良、张绍陆
1991 年	赵小梅(女)、马生荣、葛登宝、严德珍(女)、鲁云珠(女)、戴建华、翟万洪、王广才、余桂玲(女)、魏振声、赵世进、狄盛昌、孙广辉、王来生、王广盛、王厚昌、花健武、林彬(女)、徐伟辉、魏庆贵、王以河、姚福成、陈留庚、阮玲娟(女)、李霖、谌代锦、陈正保、孙茂芝、华瑞玲(女)、张秀琴(女)、徐明法、翟根宝、朱息琴(女)、吴小林、魏锦民、壮捷放、顾纪林、张信才、王纪焱、王绪红(女)、王和才、唐本荣、黄万隆、徐玉楼、朱芸梅、钱在仁、武三孝、靳夕明
1996 年	夏林祥、蒋巧娣(女)、魏建荣、刘小娟(女)、黄孝洪、夏白玉、万永林、王飞霞(女)、孙国宏、徐大网、黄志忠、王康元、邱国金、张玲(女)、陈建鸣(女)、徐翠萍(女)、柯尊仁、吴半彤、叶敬尧、何尔平、戴洪庚、熊晓燕(女)、钱家华、周铁柱、周达子、孙复龙、韦夕瑾(女)、孙玉坤、贾又敏(女)、许祥生、俞禄生、吴汉章、史寿龄、丁根宝、谢小平、黄新宇、孙浚渊、杨桂平(女)、吴丹柯、倪连春、韦福林、徐锁林、张小马、贡承香、于中泉、朱梅华(女)、华瑞玲(女)、李全松、周志明、姜连生、蒋耀坤、马金芳(女)、殷红林、孙美林、陈锁梅(女)、王敬伟
2001 年	钱志平(女)、冷顺康、恽书方、刘东升、钱文霞(女)、耿建军、周俊、周开贵、李凤琴(女)、朱秀明、薛翠娣(女)、苏忠来、赵忠华、马文胜、孙一峰、潘建跃、裔延和、朱学飞、陈兵、周兴东、张骏、刘艳(女)、唐顺平、汤永德、徐贵宝、陈萍(女)、顾灵伟、蒋涌林、叶有伟、毛炳江、何国平、吴昌宗、张禾瑛(女)、张永康、张玉梅(女)、周正春、唐德存、许世明、庄义庆、潘解生、潘跃平、朱长保、戴锁照、赵育林、丁荣汉、许建武、胡小锁、唐敖齐、杜三耈、张德敏、杨修林、纪荣喜、陈庭云、郭道鹏、高益彪、董新建(女)

第四十七卷

辖市（区）概况

卷　目

第一章　丹阳市

第一节　概　况

一、地域人口

丹阳市位于长江下游南岸，江苏省南部，镇江市东部，地跨北纬31°44′～32°09′、东经119°24′～119°54′。南北长44公里，东西宽32.5公里。东邻常州市武进区、新北区，南与金坛市毗邻，西北与丹徒区交界，东北与扬中市隔江相望。全市总面积1047.44平方公里，其中陆地占81.18%，水域占18.82%。

1983年，全市总户数20.88万户，总人口76.36万人，其中男性38.20万人，女性38.16万人；1990年，总户数26.75万户，总人口80.08万人，其中男性40.26万人，女性39.82万人；2002年11月1日零时，总户数28.31万户，总人口87.72万人，其中男性44.23万人，女性43.49万人。2005年，总户数29.89万户，总人口80.30万人，其中男性40.10万人，女性40.20万人。同年，全市出生率8.77‰，死亡率7.29‰，人口自然增长率1.5‰。

二、自然环境

1. 地貌　丹阳地貌西部和北部较高，东部和南部较低，平均海拔7米左右。西部和北部属宁镇丘陵东段及山前岗地，低山、丘陵、岗地、平原和洼地交替分布；东部和南部属太湖平原湖西部分，地形低平。北部低山丘陵岗地呈西北—东南走向，长17公里。主要山峰有水晶山、顶山、帽山、嘉山、七峰山、绣球山、陈山、黄连山等8座。以水晶山主峰海拔166.1米为丹阳市的最高山峰；主要岗地有至德岗、黄连岗、西岗、南岗、北岗等。太湖湖西平原地势平缓，海拔4～8米。

2. 气候　丹阳属北亚热带季风气候区。1986～2005年，年平均日照时数1822.3小时，占可照时数4428.1小时的41%。日照时数最多年份是1992年，为2108.3小时，最少年份是2002年，为1548.3小时；年均总蒸发量1398.5毫米。年蒸发量最大的年份是2004年，为1677.2毫米；最少的年份是1999年，为1132.3毫米。年均气温为15.6℃。年均最高气温出现在2004年，为16.7℃；最低气温出现在1986年，为14.6℃。1月月均气温3.0℃；7月月均气温27.8℃。极端最低气温－12.6℃（1991年12月26日）；极端最高气温39.3℃（2003年8月2日）。

3. 资源　丹阳境内脊椎动物有哺乳类、鸟类、爬行类、两栖类、鱼类；节肢动物有昆虫类、甲壳类、多足类、蜘蛛类。20世纪80年代后，因水环境污染而使沿江所产的鲥鱼、刀鱼、河豚几乎绝迹，丘陵山区獐、獾与平原地区的乌鸦、老鹰等已所见甚少。

丹阳境内植物丰富，植被茂密，植物种类有千余种之多。80年代后，市（县）内大搞植树造林、栽花种草，以及封山育林，植物资源得到保护扩展。

境内水资源丰沛，北有长江夹江，中贯京杭运河，南有丹金溧漕河，西有香草河、简渎河，共有大小河道112条，总长579.19公里。蓄水湖塘10432个，总蓄水量2650万立方米。人工蓄水工程百余个，其中小（一型）水库2座、小（二型）水库8座，蓄水面积55.75平方公里，总库容1340万立方米。地下水储藏量约4亿立方米，可供开采量及补给量较为丰富。

三、建置沿革

丹阳已有6000年的文明史。周显王三十五年（公元前334年）置云阳邑。秦始皇二十六年

(公元前221年)改云阳邑置云阳县,旋又改名曲阿县。新王莽始建国元年(9年)改曲阿为凤美县。东汉初复名曲阿县。吴嘉禾三年(234年)复改曲阿为云阳县。晋太康二年(281年)复为曲阿县。南朝梁天监元年(502年)合曲阿、武进县为兰陵县。隋开皇十五年(595年)改兰陵为曲阿县。唐武德二年(619年),以曲阿县置云州。武德五年改云州为简州。武德八年废简州。天宝元年(742年)改曲阿县为丹阳县,丹阳作为地域名已存在1200余年。

抗日战争期间,中国共产党先后在丹阳铁路以南及周边地区建丹南、镇江、丹阳、镇丹、茅东、金坛、镇句等县;在铁路以北及周边地区先后建丹阳、镇江、山南、山北等县。民国34年(1945年)8月,抗日战争胜利,国民政府复员丹阳后,中国共产党在丹阳铁路以南及周边地区设有茅东、金坛、镇句3县;在铁路以北及周边地区设有丹阳、镇江2县。

1949年4月23日,丹阳县全境解放。1987年12月,丹阳撤县设市,为丹阳市,隶属于江苏省镇江市。

四、人民生活

1. 收入消费　1983年,农村居民人均总收入1210元,人均纯收入353元;城镇在岗职工年均工资692元。1990年,农村居民人均总收入1579元,人均纯收入1141元;城镇在岗职工年平均工资1957元。2000年,农村居民人均总收入5301元,人均纯收入4181元;城镇在岗职工年平均工资9131元。至2005年,农村居民人均总收入增至8298元,人均纯收入增至6258元。在农村居民人均总收入中,劳务收入3593元,家庭经营收入4360元,其他收入345元,分别占43.30%、52.54%和4.16%。同年,城镇在岗职工年平均工资17317元,城镇居民人均可支配收入12847元,比上年的10646元增长20.67%。

农村居民家庭年人均消费支出1983年为350元,1990年为1040元,1995年为2353元,至2000年增至3025元,是1983年的8.64倍。2005年,农村居民家庭年人均消费支出4682元,城镇居民家庭消费支出9168元。在农村居民家庭人均消费支出中,生活费支出的吃、穿、用、住、烧所占比例分别为40.03%、6.66%、38.33%、13.50%和1.47%。在城镇住户人均消费支出中,食品、衣着、家庭设备用品及服务、医疗保健、交通通讯、教育文化娱乐服务、居住、杂项商品与服务分别占33.37%、5.83%、4.86%、5.47%、5.94%、10.57%、9.18%和2.94%。

2. 居住条件　1985年,县内农村人均居住面积18平方米,城市人均居住面积8.1平方米。1995年,农村人均居住面积增至44平方米,城市人均居住面积增至16平方米。2005年,农村人均居住面积50.16平方米,城市人均居住面积26.59平方米。城乡居民饮用自来水和使用卫生设施均100%,使用空调设施分别占75%、50%,使用管道煤气或液化石油气分别占100%、60%。

3. 社会保障　1986年,丹阳开始实行企业职工和失业职工养老保险,1992年,全市实行农民养老保险。1994年改革公费医疗、劳保医疗制度和农村合作医疗制度,实行职工医疗保险和农村合作医疗保险。同时实行企业职工工伤保险,以及企业女职工生育保险。至2005年,全市企事业单位职工养老保险14.39万人,农民养老保险1.58万人,失业职工保险7.1万人,职工医疗保险8.6万人,农村合作医疗保险53.95万人。

1985~2005年,全市集中与分散供养“五保户”1798人次,发放赈灾粮4431吨、救济款1193.13万元,为贫困户改造危房961间,扶持贫困户脱贫2300余户,安置残疾人4330人,安置复员退伍、转业军人9105人,慈善救助15635人、253.93万元。并在全市实行城乡居民最低生活保障制度、失地农民基本生活保障制度。

第二节　城乡建设

一、城镇建设

1. 城市建设　丹阳城区包括老城区和新城区(即经济开发区)。城市建设规划于1982年始编,1989、1995、2002年修编。1983年,老城区改造全面启动。1992年起,城市建设实施旧城改造和新区开发两大战略,并从原来的拉开框架为主转移到大力开展市政工程和公用设施、园林绿化、环境卫生等工程建设,并以建设现代化中等城市为目标,实施老城区片区改造、临街改造和散点改造;又以创建全国和国家卫生城市、全国环境综合整治优秀城市为契机,进一步推进市政工程、公用设施、园林绿化、环境卫生等优化、美化、净化、亮化工程,取得显著成果。至2005年,城市建成区已由1985年的5.67平方公里扩至28.2平方公里,人口达25.38万人。先后新建拓建主次干道90余条,主要桥梁30余座,建成广场13个、公园4个。道路总长度327.56公里,面积434.5平方米,输水、输气、排水管网分别达到320公里、166公里和267.84公里。并完成污水处理一、二期工程,年污水处理量2295万立方米,污水处理率达71%。自来水和燃气普及率分别达100%和96%,路网与排水管道密度每平方公里分别达2.12公里、9.5公里。人均公共绿地7.41平方米,建成区绿化率和绿化覆盖率分别达95%和37%,生活垃圾无害化处理率和粪便处理率分别达69.7%和100%。

图47-1　丹阳城市风光(2005年摄)

江苏省丹阳经济开发区建设于1992年全面启动后,实施"筑巢引凤"、项目推进、兴城促贸三大战略,"用10年时间,建成一个新丹阳"的目标已实现。区域开发面积由原9.3平方公里扩大到51.33平方公里,建成区面积2005年达12.8平方公里,人口达5.33万人,成为丹阳城市初具规模的新区,以及丹阳对外开放"窗口"与新经济增长点。

2. 村镇建设　1983年后,各乡镇编制乡镇和小城镇建设规划,并付诸实施。使农村基础设施持续改善,生产建筑和公用实施大量涌现。至2005年前后,新桥、皇塘镇被确定为全国重点中心镇,新桥、皇塘、延陵、吕城镇被确定为江苏省重点镇,界牌、新桥镇被命名为江苏省新型示范小城镇,新桥镇被授予全国村镇建设文明集镇、江苏省百家名镇,后巷镇被命名为江苏省卫生镇。

图47-2　丹阳城市风光(2005年摄)

与此同时,界牌、新桥、埤城等许多乡镇的中心村建设开始起步,城乡一体化进程加快。2005 年,全市总人口为 80.3 万人,其中城市与小城镇(集镇)人口 26.84 万人,占 33.42%。村镇建成区面积 205.6 平方公里,建设用地面积 336.69 平方公里。公共建筑面积 813.9 万平方米,生产建筑总面积 2723 万平方米。建成自来水厂 27 座,道路 2870 公里,桥梁 1219 座。有线电视入户 15.97 万户,变电容量 53.65 万千伏安,安装电话 26.2 万部,装置路灯 9674 盏,铺设排水管道 735 公里,设置公共厕所 192 座,绿化覆盖面积 1852 万平方米。建成农贸市场 42 个,小商品市场 24 个。建有农房 2681.72 万平方米,其中楼房 2188.37 万平方米,混合结构 2255.68 万平方米,分别占 81.6% 和 84.1%。

二、交通

1984～1985 年先后建成北起万顷乡砖瓦厂,从丁延路支出,南达万顷乡,长 1.2 公里的万顷路;北起新桥镇,衔接访界路,南讫武进县孟城,与镇澄路沟通,长 2.37 公里(境内)的新孟路;北起建山,从胡高路支出,南达前艾春塘,长 4.17 公里的建春路;北起云林丈山村,与三松、建云两路相接,南讫道士庄,长 2.7 公里的云道路;西起吕城镇,与沪宁铁路吕城站、丹吕、横吕两公路衔接,至陆家村出境,东通武进九里,长 1.11 公里(境内)的吕九路;北起漕塘桥,从横吕路支出,南讫折柳,与煤折路相接,长 1.95 公里的折漕路;西起延陵,与丹延、丁延两路衔接,东到云林,与三松、云道两路沟通,长 4.09 公里的延云路。1991、1996 年分别建成 312 国道丹阳段、沪宁高速公路丹阳段。1995、1996、1999、2001 年分别建成省道 338(浏张镇线)、241(大广线)、122(宁小线)、340(张常溧线)丹阳段。1990 年后,市内的市(县)、乡道、村道进行大规模建设,先后新建拓建的市(县)道有丹界、横萧、珥皇、盛里、丹登、丹延、胡后、高吕、运罗、行宝、解高、丹西 12 条,乡(镇)道 27 条,村道 463 条。至 2005 年,全市等级公路通车总里程 918.54 公里,其中国道 78.51 公里,省道 86.15 公里,市(县)乡道 753.88 公里。客运交通站点有丹阳汽车站、丹阳汽车东站、丹阳西门汽车站、丹阳公路客运中心,城乡公交汽车站点 323 个,其中城区公交车站点 73 个。

航道建设于 1990～1997 年对京杭运河丹阳段进行大规模分段整治,并在两岸实施"绿色通道工程",开挖总土方 1308.58 万立方米,栽植银杏、意杨、水杉等 4.4 万株,总投资近 3 亿元。1995 年后对丹金溧漕河、九曲河、香草河、鹤溪河进行疏浚、拓宽,并完成九曲河、南门分洪道和城北分洪道等湖西引排工程,开挖总土方 560 万立方米。此外,还对部分等外级航道进行整治。至 2005 年,全市等级航道除长江外,有京杭运河、丹金溧漕河、九曲河、香草河、鹤溪河等 5 条,等外级航道 37 条,航道总里程 355.38 公里,其中等级航道 119.54 公里,等外级航道 235.84 公里。主要港口有丹阳港,岸线长 1 公里,泊位 14 个;码头 39 个,岸线总长 8.13 公里,泊位 210 个。

铁路建设于 1995 年起先后建成立交道口 24 座,并新建、改造跨京杭运河铁路桥各 1 座。2005 年,沪宁铁路实施铁路电气化工程,丹阳段长 30.5 公里,沿线设丹阳、吕城 2 个车站。

桥梁建设与铁路、公路、航道建设同步。1983～2005 年,市境内建有铁路桥 40 座,公路桥 404 座。

三、电力

1. 发电　1983 年,全县柴油机发电装机容量 3.18 万千瓦,余热发电 7103 小时、1376.71 万千瓦时,沼气发电 4830 千瓦时。1994～1996 年先后建成丹阳龙源热电厂、丹阳协联热电有限公司和丹阳丹皇协联热电厂。至 2005 年,市内拥有地方热电厂 3 个,发电机组 6 台,装机容量 5.4 万千瓦,发电总量 14107 万千瓦时。企业自备发电量 7441 万千瓦时。

2. 变电　1983 年,丹阳境内建有 35 千伏、110 千伏变电所各 2 座。主变总容量 10.09 万千伏安。1984 年起相继建陵口、眭巷、珥陵、界牌、司徒、访仙、皇塘、横塘、里庄等 35 千伏变电所,扩容新建北门、导墅、建山、东门、西门、后巷、河阳、延陵、界牌、吕城等110千伏变电所，新建丹阳、窦庄、金凤220千伏变电所。至2005年，全市有220千伏变电所3个，110千伏变电所16个，35千伏变电所10个，主变总容量162.11万千伏安。

3. 输电　1983年，全县有10千伏输电线路53条、984.9公里，35千伏输电线路13条、181公里，110千伏输电线路2条、41.93公里。之后，供电线路建设加快。至1990年，全市有10千伏供电线路65条、1116公里，35千伏输电线路21条、186公里，110千伏输电线路3条、47公里。1991年起，全市按电网发展规划，大规模进行城网和农网改造，输电线路建设进一步加快。2000年，10千伏输电线路102条、1627公里，35千伏输电线路22条、176公里，110千伏输电线路11条、139公里。至2005年，市内有10千伏输电线路180条、2053公里，35千伏输电线路25条、178.15公里，110千伏输电线路20条、234公里。低压输电线路10031公里。

4. 用电　1983年，县内供电量26295万千瓦时，全社会用电量24180万千瓦时，人均用电量316.66千瓦时。1990年，全市供电量40358万千瓦时，全社会用电量41774万千瓦时，人均用电量为521.65千瓦时。至2000年，全市供电量升至107125万千瓦时，全社会用电量升至115107万千瓦时，人均用电量升至1435.24千瓦时。2005年，全市供电量达258084万千瓦时，全社会用电量达266855万千瓦时，人均用电量3323.23千瓦时，分别比1983年增长7.84倍、10.04倍和9.49倍。在全社会用电量中，农业用电3964万千瓦时，工业用电225947万千瓦时，建筑业用电1109万千瓦时，交通运输、邮电通信业用电579万千瓦时，商业、公共饮食、物资供销、仓储业用电5190万千瓦时，其他事业用电5433万千瓦时，城乡居民生活用电24633万千瓦时。

四、邮电通信

1. 邮政　1983年，县内邮路长413公里，收寄函件274.52万件、包裹10.99万件、汇兑7.84万笔，收订报纸7.48万份、杂志6.06万份，业务总量85.95万元。1990年，邮路长360公里，收寄函件392.11万件、包裹21.89万件、汇兑11.23万笔，收订报纸1547.96万份、杂志66.49万份，业务总量439.36万元。1995年，邮路长763公里，业务总量2018.97万元。2000年，邮路长907公里，业务总量上升至2699.31万元。2005年，邮路长1156.5公里，收寄函件286.69万件、包裹10.91万件、汇兑14.33万笔，收订报纸2324.94万份、杂志99.65万份，特快专递22.26万件。邮政储蓄余额17亿元。

2. 电信　1983年，丹阳建有长途电话电路29路，其中载波电路26路，有线电路3路，电话去话量30万张。市内建有电话杆线50公里，地下电缆15.2皮长公里，电话交换机总容量4700门，固定电话用户1100户。1985年后，电信事业飞速发展。至1995年，长途电话电路增至1681路，其中数字电路512路。建有市话杆线48杆公里，架空明线5对长公里，电缆193皮长公里，地下管道32.9管公里。农村电话光缆总长度437.8公里，光端设备容量1.37万路。实用直达电路3420路。同年，电话交换机总容量7.48万门，固定电话用户4.68万户，移动电话用户0.32万户。电信业务总量7623.21万元。1996～2005年，电信事业发展突飞猛进，长途、市话、农话传输网和移动网、互联网均已覆盖全市，现代通信、信息技术全面应用。2005年，全市有固定电话用户37.55万户，其中农村用户19.66万户，城市用户8.78万户，小灵通用户9.11万户；移动电话用户27.2万户。电话交换机总容量35万门，全市电话普及率46.76号线/百人。国际互联网用户2.92万户。电信业务总量5.29亿元。

五、广播电视

1. 广播　1983年，县内有县人民广播站1个，乡(公社)广播放大站29个。广播线路建有架空明线4条、155.5线对/公里，地下线3条、55线对/公里。共有喇叭10万只。广播节目分传播和自办两种,每天播音5小时左右。1987年4月,县人民广播站改称县广播电台。1988年,市广播电台开设无线广播,频率103.4兆赫。1994年频率改为97.9兆赫,发射机功率由100瓦增至500瓦。全市有广播喇叭17万只,通响率98%。2000年起,在城区主干道和部分乡镇公共场所安置露天调频音箱。广播节目仍分转播与自办,广播时间每天8小时。至2005年,全市有线广播由无线广播替代。

2. 电视　1981年在贤桥新华书店5楼设临时差转台,差转镇江电视台节目,覆盖半径平均6公里。1985年5月建丹阳电视台,发射塔以第三频道发射,覆盖半径平均18公里。1993年建有线电视台。2001年6月,丹阳电视台改称丹阳市电视中心,有线电视台改称有线电视中心。2002年12月,有线电视中心并入电视中心。电视中心设专用口播室3个,播控室1个,编辑室3个,800平方米演播厅1个。另有动画工作站、虚拟演播室、电视直播车等。电视节目分转播与自办两种,自办节目又分自制与购买两类,以自制为主。2004~2005年全面推进电视数字化进程,用户通过接受机收视数字电视,可收60多个电视台节目,荧屏清晰,丹阳市被评为江苏省有线电视示范县(市)。

1991年,丹阳创作的8集电视连续剧《生死斗》先后在江苏电视台和中央电视台播出。1991~2005年,丹阳自制电视节目获全国电视奖10个、江苏省电视奖47个。

第三节　经　济

1983~2005年,丹阳市(县)坚持改革开放,以经济建设为中心,在经济体制改革的同时,实施以农业为基础战略、规模经济战略、外向带动战略、科技兴市战略和流通、融通领域振兴战略,以及不断进行产业结构调整、加大固定资产投资,使全市国民经济始终保持快速、协调、健康发展。1983年,地区生产总值5.63亿元,其中第一产业2.06亿元,第二产业2.93亿元,第三产业0.65亿元。工农业总产值11.48亿元,其中农业产值4.65亿元,工业产值6.83亿元。财政收入8217万元,固定资产投资完成额13253万元。1995年,地区生产总值81.02亿元,其中第一产业12.5亿元,第二产业45.59亿元,第三产业22.94亿元。工农业总产值176.05亿元,其中农业产值22.73亿元,工业产值153.32亿元。财政总收入41141万元,固定资产投资完成额203773万元。2005年,地区生产总值达255.05亿元,其中第一产业15.15亿元,第二产业150.34亿元,第三产业89.56亿元。地区生产总值比1983年增长44.31倍,一、二、三产所占比重由1983年的29.48∶58.97∶11.55调整为5.94∶58.95∶35.11。工农业总产值达560.03亿元,其中农业产值26.37亿元,工业产值533.66亿元。农业、工业总产值分别比1983年增长5.67倍、78.13倍,农业、工业所占比重由1983年的40.51∶59.49调整为4.71∶95.29。财政总收入253590万元,固定资产投资完成额764046万元,分别比1983年增长29.86倍和288.3倍。

1983~2005年丹阳市社会经济主要指标表

表47-1

年份	地区生产总值(亿元)	第一产业(亿元)	第二产业(亿元)	第三产业(亿元)	工业产值(亿元)	农业产值(亿元)	全社会固定资产投资(亿元)	进出口总额(万美元)	实际利用外资数(万美元)	社会消费品零售总额(亿元)	地方财政收入(亿元)	城镇职工年平均工资(元)	农民人均纯收入(元)
1983	5.63	2.06	2.93	0.65	6.83	4.65	1.33	–	–	1.94	0.82	692	353
1984	7.16	2.62	3.71	0.84	8.94	6.21	1.19	–	–	2.23	0.91	888	477
1985	8.85	2.96	4.79	1.10	16.44	4.20	1.95	–	–	2.91	1.15	966	543

续表 47-1

年份	地区生产总值(亿元)	第一产业(亿元)	第二产业(亿元)	第三产业(亿元)	工业产值(亿元)	农业产值(亿元)	全社会固定资产投资(亿元)	进出口总额(万美元)	实际利用外资数(万美元)	社会消费品零售总额(亿元)	地方财政收入(亿元)	城镇职工年平均工资(元)	农民人均纯收入(元)
1986	9.88	3.25	5.10	1.53	19.12	5.03	2.89	-	-	3.35	1.20	1092	701
1987	12.55	4.24	6.47	1.84	26.85	6.33	2.95	-	-	3.92	1.32	1272	744
1988	15.95	5.07	8.59	2.29	36.56	7.75	4.26	-	192	5.12	1.45	1520	1029
1989	16.48	4.85	8.96	2.68	41.72	7.73	3.18	-	480	5.35	1.62	1740	1067
1990	19.32	6.31	10.07	2.93	48.42	9.71	3.35	-	105	5.52	1.72	1957	1141
1991	21.01	6.39	11.53	3.08	49.72	9.59	4.09	-	221	6.52	1.57	2092	1118
1992	30.81	7.26	16.92	6.62	65.64	11.14	8.12	1203	1282	11.41	1.81	2655	1366
1993	44.65	8.23	25.57	10.85	101.76	12.88	13.89	2308	2417	12.48	1.28	3513	1831
1994	62.22	12.00	34.62	15.59	145.49	19.92	14.43	4152	5710	16.08	1.79	4987	2431
1995	81.02	12.50	45.59	22.94	153.32	22.73	20.38	12029	6365	20.28	1.98	5882	3079
1996	100.00	14.00	54.90	31.10	217.16	25.50	17.81	16001	6252	23.52	2.18	6370	3601
1997	110.40	13.03	60.87	36.50	247.58	23.69	20.52	18681	4833	26.15	2.44	7102	4004
1998	120.26	13.04	66.39	40.83	272.63	23.79	22.66	21297	1537	28.22	2.76	7693	4084
1999	129.17	12.59	71.89	44.69	295.27	23.03	23.98	13051	2220	31.07	3.00	8417	4093
2000	138.08	12.81	75.20	50.07	309.82	23.51	28.75	19077	3070	33.93	4.01	9131	4181
2001	148.13	12.92	82.37	52.84	341.19	24.72	32.57	20575	4515	37.06	4.77	10293	4406
2002	162.14	13.43	91.91	56.80	378.58	25.64	39.33	24512	10059	41.24	5.05	11372	4710
2003	182.81	13.10	107.97	61.73	429.95	22.30	45.83	37669	18509	46.01	6.17	13497	5008
2004	211.21	14.53	128.01	68.67	494.25	26.02	58.70	43618	5488	53.79	7.89	15046	5613
2005	255.06	15.15	150.34	89.57	533.66	26.37	76.40	53073	8795	65.37	10.61	17317	6258

说明：工业产值泛指全部工业现价产值，农业产值泛指农林牧渔业现价产值（此类表下同）

一、农业

1. 农业生产 1983 年，县内全面实行家庭联产承包责任制，签订承包合同农户 98.5%，承包年限 15 年。1998 年按照“大稳定、小调整，30 年不变”的中央精神，在全市开展农村土地二轮承包工作，承包土地农户 18.7 万户，占总农户的 94.4%；承包的土地面积 60.57 万亩，占土地总面积的 96.43%。在此期间，农村土地经营使用权流转逐步增多，至 2005 年，全市土地流转涉及的行政村、村民小组和农户分别达 210 余个、1750 个和 5.63 万户。流转土地面积 15 万余亩，占全市耕地面积的 24%。土地流转形式有轮包、转让、出租和互换等。

在农村土地经营使用权改革同时，丹阳进行农业资源开发，不断进行农业结构调整，努力提高农业技术、农业机械、良种繁育与推广、病虫害防治等服务水平，以及推进农业产业化经营，全市传统农业逐步向现代化过渡，农业生产出现前所未有大好形势。全市耕地面积 1983 年为 93.39 万亩，1995 年为 89.99 万亩，2000 年为 83.6 万亩，至 2005 年为 81.66 万亩，比 1983 年减少 12.56%。

农业总产值1983年为4.65亿元，1995年为22.73亿元，2000年为24.72亿元，至2005年达26.37亿元，比1983年增长5.67倍。粮食、油料总产1983年分别为50.39万吨、9608吨，1995年分别为49.16万吨、14635吨，2000年分别为46.1万吨、21067吨，至2005年分别为39.16万吨、19065吨，与1983年相比，粮食总产减少22.3%，油料总产增加1.03倍。生猪年末存栏、水产品产量1983年分别为29.36万头、3050吨，1995年分别为35.77万头、18930吨，2000年分别为28.56万头、25852吨，至2005年分别为28.86万头、30770吨，与1983年相比，生猪年末存栏下降1.7%，水产品增加9.09倍。

2. 林业生产　1993年起，市内实施意杨林与林业产业配套工程，并与平原绿化、农田林网建设和江河堤岸、道路绿化等工程对接，全市林业生产不断取得成果。至2005年，全市林地面积达12.5万亩，其中意杨林面积6.1万亩。绿化覆盖率由1983年的10%升至14.6%。1983、1989年分别被全国绿化委员会、林业部授予全国平原绿化先进县(市)。1991、2000年分别被全国绿化委员会、林业部授予全国绿化先进单位称号。

3. 农田水利　1983年，境内有大小河道110条、603.33公里，其中流域性骨干河道8条、164.95公里；小(一型)、小(二型)水库10座，总库容1340万立方米；机电灌排站626座，有效灌溉面积88.91万亩。1991年，丹阳遭遇百年未遇特大洪涝灾害后，确立"防洪保安为主，洪、涝、旱兼治"治水方针，大规模进行水利工程建设。至2005年，总投入资金6.71亿元，完成湖西引排工程的九曲河和城南、城北分洪道整治及九曲河水利枢纽工程；完成长江堤防达标建设14.66公里，加固培厚防汛河、港堤防167.77公里，新开、拓浚河道58条(次)、358.52公里，加固、翻建通江涵闸40座，新建电灌站70座，新增排涝泵站34座，新增灌排动力8458千瓦，修建涵闸802座，修浚塘坝125座，衬砌输水渠道395.46公里，综合治理标准农田60万亩。总计完成土石方1.63亿立方米。

全市机电排灌1995年有排灌站830座，有效灌溉面积80.77万亩。2000年有排灌站839座，有效灌溉面积78.25万亩。至2005年，全市拥有排灌站773座，有效灌溉面积81.06万亩。同年，节水灌溉面积22.25万亩，除涝面积20.66万亩，水利工程抗洪能力达8.4亿立方米。

4. 农业机械　1983年，县内农业机械总动力23.38万千瓦，机耕面积68.32万亩，占耕地面积的73.16%。1986年政府对农民购买农机实行补贴后，农业综合机械化水平进一步提高，机耕、机开沟、机播、机插秧、机植保、机收等面积逐年扩大。1990年，全市农机总动力28.77万千瓦，机耕面积66.13万亩，机插、机播面积19.52万亩，机植保面积25.18万亩，机收面积2.52万亩，机开沟面积34.46万亩。1995年，农机总动力30.47万千瓦，机耕面积60.16万亩，机插、机播面积18.5万亩，机植保面积44.81万亩，机收面积9.72万亩，机开沟面积46.29万亩。2000年起，农业综合机械化水平继续提高，农机作业由市内向外省市扩展。同年，全市农机总动力39.92万千瓦。2005年，农机总动力达44.93万千瓦，有大中型拖拉机2013台、5.17万千瓦，小型拖拉机4524台、4万千瓦，排灌机械10876台、8.3万千瓦，农用水泵7826台，联合收割机1199台、2.22万千瓦，机动脱粒机37226台，新式机动插秧机236台，灭茬埋青机341台，机引播种机2260台，开沟机2123台，机动喷雾器2341台，农用载重汽车1171辆，农用运输车1471辆。机耕面积62万亩，稻、麦机插、机播面积61.3万亩，机植保面积68.02万亩，稻、麦机收面积83.52万亩，机开沟面积32.49万亩。农机跨区作业从业人数已由2000年的1260人增至2000人，跨区机收作业量由22.79万亩增至77万亩，总收入由923万元增至4000万元。

二、工业

1983年，全县工业总产值6.83亿元，国有(全民)工业2.36亿元，县属集体工业0.95亿元，城镇街道工业0.51亿元，乡镇工业4.68亿元。1985年起，丹阳开始逐步推进工业经济体制改革，在部分企业实行扩大企业自主权、推行厂长负责制，1987年在部分企业试行承包经营责任制，1992

年后在企业内部进行人事、用工、分配三项制度改革,1996 年开始进行企业产权制度改革,实行股份合作制,组建有限责任公司,同时对职工身份进行置换。对于资不抵债、扭亏无望、产品无市场的企业实行依法破产。至 2005 年,市内国有、集体企业共改制 69 家,乡镇企业共改制 863 家,改制面分别为 92% 和 97% 。其中国有、集体企业依法破产 12 家。

丹阳工业经济在治理整顿和体制改革同时,集聚区位优势、资源优势,努力实施规模经济战略,推进各项产业不断“做大做强”,逐步形成一批大企业、大集团、大市场,逐步形成由大型企业、优势企业以及面广量大的小型企业组合而成的规模经济群体结构,还逐步形成以眼镜、金属工具、汽车零配件、木业产业为特色的大集群产业,以及众多乡镇各具特色的工业产业。1985 ~ 2005 年,丹阳工业经济节节攀升,特色经济越做越大。1990 年,全市工业总产值 48.42 亿元,1995 年 153.32 亿元,2000 年 309.82 亿元。2005 年,全市工业总产值达 533.66 亿元,销售收入 423.17 亿元,实现利税 29.43 亿元。工业总产值比 1983 年增长 78.13 倍。工业外贸企业和港澳台资企业已增至 1135 家。

图 47-3　中国丹阳眼镜城(2005 年摄)

眼镜、金属工具、汽摩配件和木业是丹阳支柱产业。2005 年,丹阳眼镜产业销售收入 300 万元以上企业和规模以上企业分别为 642 家和 16 家,镜片产量占国内行业总产量的 70% 左右,占世界总产量的 45% 左右,产值 56 亿元,是全国最大的眼镜生产与出口基地;金属工具产业销售收入 300 万元以上企业和规模以上企业分别为 1048 家和 96 家,产值 111.7 亿元,是亚洲最大的钻头工具生产与出口基地;汽摩配件产业有规模以上企业 92 家,规模以下企业千余家,产品市场覆盖全国和出口 10 余个国家和地区,产值近百亿元;木业产业有规模以上企业 7 家,产值 53.99 亿元,是全国最大的人造板和其他木制品生产基地。

三、商贸　旅游

1. 商贸　1983 年,全县有商业网点 6200 余个,社会消费品零售额 1.94 亿元。1985 年后,商贸流通领域进行全方位改革,商品购销放开,跨地区、跨系统、多渠道、多形式的经营活动使商品市场购销两旺。社会消费品零售额 1990 年为 5.52 亿元,1995 年为 20.28 亿元,2000 年为 33.93 亿元。2005 年,社会消费品零售额 65.37 亿元,是 1983 年的 26.47 倍,有商业网点 2.5 万个,连锁超市 18 家,消费品市场 67 个,其中消费品综合市场 11 个,农贸市场 45 个,工业消费品市场 11 个。地处丹阳火车站南侧的华阳眼镜市场占地面积 3.5 万平方米,经营面积 2.5 万平方米,经营总户数 1500 余户,2005 年商品成交额 9.22 亿元,是亚洲最大的眼镜产品集散地。地处城区城河南路的千家乐市场占地面积 9900 平方米,经营店面 91 间、摊位 919 个,2005 年商品成交额 4.8 亿元。

丹阳对外贸易发展迅猛。1983 年,外贸出口总额 370 万美元,出口商品有纺织、丝绸、土畜、粮油、化工、机械等。1990 年外贸出口总额 3110 万美元,1995 年为 11568 万美元。2000 年,外贸出口总额升至 14213 万美元。2005 年,外贸出口总额达 43478 万美元。出口商品有金属工具、光学制品、车辆及其零部件、服装纺织品、电机与电气设备、木地板、农具、寝具、塑料制品、钢铁等 10 大类上万个品种,出口国家和地区有 80 多个。

2. 旅游　丹阳旅游资源丰富,主要名胜古迹有 60 余处,古文化遗址有凤凰山遗址、城头山遗址、葛城遗址、珥城遗址等多处,主要景区有九里季子庙景区、丹阳南朝陵墓景区、嘉山旅游风景区和万善公园景区等。2001 年起开始编制旅游业规划,并专设市旅游局,加强对旅游资源、市场、行业管理。2005 年,市内设旅行社 9 家、旅游定点宾馆 7 家,接待游客 65 万人次,组团外出旅游 3.9 万人次,全市旅游总收入 13 亿元。

四、财税　金融

1. 财政　1983～2005 年,丹阳地方财政除 1991 年、1992 年外,其他年份均有结余。1983 年,地方财政收入 8217 万元,其中税收 7278 万元;地方财政支出 2351 万元,其中农林水利支出 205 万元,教育支出 770 万元,行政管理支出 351 万元。1985 年后,财政收支均大幅度增加。1995 年,财政总收入 4.11 亿元,财政支出 2.19 亿元;2000 年,财政总收入 7.97 亿元,财政支出 4.59 亿元;2005 年,财政总收入 25.36 亿元,财政支出 15.50 亿元。同年,市财政收入中各项税收占 56.79%;财政支出中,农业、教育、行政管理和城市维护费支出分别占 4.26%、12.46%、8.26% 和 6.33%。

2. 税务　1983 年,丹阳税收总额 7278 万元,其中工商税 5076.9 万元,工商所得税 1684 万元,农业税 419 万元。1990 年,税收总额 19392 万元。1994 年全面改革流转税和企业所得税制,建立国家税收和地方税收体系,分设国家和地方税务机构。1995 年,税收总额 45185 万元,2000 年 63110 万元。2005 年,税收总额 84498 万元,占地方财政总收入的 56.9%;其中增值税 28187 万元,营业税 21066 万元,企业所得税 9627 万元,个人所得税 3797 万元,资源税 515 万元。

3. 银行　1983 年,丹阳县级银行 5 家、信用合作社 1 家。银行存款余额 14884 万元,其中居民储蓄存款 6266 万元,贷款余额 16854 万元。1986 年后,金融管理和贷款管理改革,金融机构增设,金融业务持续上升。1990 年,银行存款余额 82034 万元,其中居民储蓄存款 54157 万元;银行贷款余额 87810 万元,其中工业贷款 25437 万元,农业贷款 2857 万元。1995 年,银行存款余额 342509 万元,其中居民储蓄存款 246617 万元;银行贷款余额 266996 万元,其中工业贷款 54634 万元,农业贷款 6794 万元。2000 年,银行存款余额 822926 万元,其中居民储蓄存款 605038 万元;银行贷款余额 541441 万元,其中工业贷款 119063 万元,农业贷款 19223 万元。2005 年,银行存款余额 1966929 万元,其中城乡居民储蓄存款 1309546 万元;银行贷款余额 135803 万元,其中工业贷款 374086 万元,农业贷款 50294 万元。同年,市级金融机构 27 家,其中银行 9 家,信用合作社 1 家,办事处 1 家。

4. 保险　1985～1995 年,丹阳保险市场经营有保险品种 4 大类。第一类为财产保险,其中有企业(单位)财产、家庭财产、机动车辆、船舶和国内货物运输保险等;第二类是 1992 年开办的涉外财产保险,其中包括汽车、海洋货物运输保险等;第三类是农业保险,其中有三麦、水稻、养牛和场头火灾保险(此险于 1995 年停办);第四类为人寿健康保险,其中有定期和终身寿险,两全、年金、健康和人身意外伤害保险等。

1996 年,企业财产保险附设机器设备损坏、管道爆裂、三停责任和财产盗窃保险。1998 年停办铁路货运保险代理业务,增加汽车消费贷款保险。2001 年增加金锁系列家庭财产保险,附加家安、家顺、家康、家泰等险种。2002 年新添个人贷款抵押房屋综合、金牛投资保障型家庭财产保险。2003 年增加人身意外伤害、附加团体、综合、教师、学生意外伤害保险,以及交通方面的乘客、机动车驾驶员、航空旅客和住宿、旅游、娱乐、出入境人员的意外伤害保险,普通和分红型人寿保险等业务。2005 年,丹阳保险市场经营的险种主要有财产、人寿、责任、信用、保证、健康、农业、人身、养老、医疗、分红、意外伤害、货物运输保险等大类,100 多个险种。承包金额由 1985 年的 100 余万元增至 4586077 万元,赔付金额由 17 万元增至 12375 万元,赔付率 22.59%;有保险公司(营销服务部)13 家,证券公司 2 家,典当 1 家。

五、建筑业

1983年，县内有建筑企业68家，建筑队伍8402人，施工面积43.12万平方米，产值3665万元，利润187.2万元。之后，城乡建设步伐加快，建筑队伍逐步扩大，住宅、公共与生产建筑迅速增多。1990年，建筑企业为46家，建筑队伍8266人，施工面积74.45万平方米，产值13299万元，利润44.1万元。1995年，建筑企业为45家，建筑队伍16534人，施工面积159.81万平方米，产值49283万元，利润1529.6万元；获镇江市优质工程奖6个，省优质工程奖1个，镇江金山杯奖工程3个。2000年，建筑企业58家，建筑队伍20311人，施工面积219.98万平方米；获镇江市优质工程奖10个，省优质工程奖1个，镇江金山杯奖工程17个，省扬子杯奖工程1个。至2005年，全市有建筑企业75家，建筑队伍25173人，施工面积285.24万平方米，产值204777万元，利润3705.56万元；获镇江市优质工程奖13个，省优质工程奖3个，镇江金山杯奖工程13个，省扬子杯奖工程3个。

20世纪70年代，县内建筑企业开始向境外承接工程。80年代起工程量逐步增多。至2005年，在外省市施工产值已达1.2亿元；在国外已拓展至意大利、英国等10余个国家，输出建筑劳务350人次，经营收入368.8万美元。

六、运输业

1983年，全县汽车有客车112辆，货车512辆，特种车26辆，货物拖轮（简称货拖）12艘、1028千瓦，货驳105艘、5658万吨，小马力机动船12艘、480千瓦。公路与水路的客运量（下同）350万人次，货运量505万吨。港口吞吐量103.2万吨。铁路客运量123.72万人次，货运量112.48万吨。1985年后，市（县）内因实现乡乡通公路，水路客运停业。1990年，市内拥有客车930辆，货车1881辆，特种车84辆，货拖17艘、1047.4千瓦，货驳195艘、9680吨，小马力机动船367艘、10260吨。客运量520万人次，货运量1193万吨。丹阳港货物吞吐量84.48万吨。铁路客运量268.7万人次，货运量209.99万吨。之后，运输业进一步发展。1995年，市内拥有客车2570辆，货车3071辆，特种车240辆。客运量839万人次，货运量1227万吨。丹阳港吞吐量71.05万吨。铁路客运量270万人次，货运量129.4万吨。2000年，全市拥有客车4662辆，货车3897辆，特种车139辆，货驳136艘、11761吨，小马力机动船181艘、12577吨。客运量1376万人次，货运量1199万吨。丹阳港货物吞吐量33.4万吨。铁路客运量226.5万人次，货运量145.4万吨。2005年，全市有客车14927辆，货车7284辆，特种车51辆，农用运输车2389辆，摩托车12.45万辆，小马力机动船40艘、6333吨。客运量1557万人次，货运量1181万吨。丹阳港货物吞吐量37.49万吨。铁路客运量263万人次，货运量192万吨。

第四节　社会事业

一、教育

1983年，丹阳有中等专业学校119所（含农业中学），普通中学115所，小学734所，幼儿园735所。在校学生125090人，专任教师6558人。1985年后，先后普及小学、初中教育，发展职业技术教育。1990年有中等专业学校5所，普通中学88所，小学502所，幼儿园635所，电视大学12班，职业中学14所。在校学生109075人，专任教师7305人。1995年有中等专业学校4所，普通中学62所，小学504所，幼儿园799所，电视大学15班，职业中学13所。在校学生112790人，专任教师7408人，小学、初中入学率分别为99.9%、98.1%，巩固率分别为100%、98.2%。不断推进教育现代化工程，至2000年全市29个乡镇及所属学校基本实现教育现代化。同年，市内有中等专业学校

3所,普通中学40所,小学225所,幼儿园48所,电视大学2班,职业中学10所。在校学生126135人,专任教师7609人。2005年有中等专业学校2所,普通中学39所,小学49所,幼儿园44所,职业中学5所,特殊教育学校、九年一贯制学校各1所。在校学生119551人,专任教师7068人。同年,市内有国家级示范高中和重点职业高中各1所,省星级高中7所,省示范初中22所,省实验小学32所,省示范幼儿园15所,省模范学校6所。1997年,丹阳市被评为江苏省教育先进县(市)。

二、科技

1983年,县内有县科技协会、学会7个,乡镇科技协会8个。至1985年,全县有科技人员6655人,其中高级专业技术人员5人。1986年后,市内实施“科技兴市”战略,并出台一系列振兴科技文件。2005年,市内共有市科技协会、学会18个,乡镇科技协会19个,市科技创新服务机构7个。有科技人员63694人,其中正高级36人,副高级2154人,中级13036人;工程技术类28600人,经济类8560人,教育类8271人,卫生类2205人,农技类2134人,会计类5719人,统计类1451人,政工类285人,其他类6469人。在此期间,由于加大科技资金投入,大力提倡科技创新,先后建立省市级科技研发机构178个,获国家科技进步奖5项,国家星火奖3项,省部级科技进步奖92项。科技进步对工业、农业的贡献率分别达49.41%和57.49%。自2001年起,丹阳连续5年被评为全国科技先进县(市)。

三、文化

1983年,全县有文化馆站31个,图书馆1座,剧团、曲艺团3个,业余文艺宣传队394个,影剧院2座,电影放映队67个,有线广播站30个。同年建丹阳正则画院。1983年后,群众文艺蓬勃发展,灿烂的民间文化遗产得到挖掘和整理,历史文物获得保护,文学、书法、美术、音乐、戏剧、舞蹈等活动日益普及,电视、图书、报刊等丰富群众文化生活。1988年完成《民间文学集成》编纂出版,同年1月南朝帝王陵墓石刻11处、26件被列为全国重点文物保护单位。1989年,《丹阳日报》正式出刊。1990年,丹阳电视台开式开播。1995年改建的丹阳革命陈列馆开馆。1996年建成丹阳文化城。1998年成立总前委旧址纪念馆。2002年建丹阳齐梁博物馆。2004年建全国最大的县级丹阳书城。2005年,全市拥有文化馆站15个,图书馆室270个,其中农家书屋220个。藏书85万册。剧团1个,业余文艺队165个,村办俱乐部225个。“送戏下乡”演出场次140场,观众30余万人次。电视与广播中心各1个;电影放映单位24个,座位1.8万个,“送电影下乡”放映场次2860场,观众110余万人。至2005年,各类文学作品获国家和省奖的有470件,其中正则绣《夫人像》获全国民间艺术“山花银奖”。国家、省级非物质文化遗产6项,市级19项。馆藏文物6大类、1118件,民藏文物逾万件;市内有11处、26件全国重点文物保护单位和5处省级文物保护单位,以及5处镇江市文物保护单位、65处丹阳市文物保护单位。

四、卫生

1983年,丹阳有卫生机构113个,其中县级医院3所,公社医院29所,卫生保健所站57个,妇幼保健所1个,卫生防疫站及其他19个。病床1297张。卫生技术人员1560人,其中医生591人。“赤脚医生”1048人。1985年后,改革医疗卫生体制和医疗制度,实行以公有制为主体的多层次办医、市和乡镇分级管理,建立职工医疗保险和农村合作医疗保险制度;进一步加强卫生防疫、医疗护理、医政药政、妇幼保健等工作。2005年,全市有市级医疗卫生单位6个,乡镇医疗卫生单位27个,机关企事业医疗卫生单位181个,社区卫生服务单位147个,个体诊所31个。床位1746张。卫生技术人员3395人,其中医生1379人。霍乱、天花、血吸虫、丝虫病已绝迹,流脑、疟疾、麻疹、百日咳基本消灭,城乡居民健康知晓率和行为形成率均达95%以上。丹阳先后被评为全国妇幼保健工作基本达标县(市)、全国初级卫生保健基本达标县(市)、全国农村自来水普及工作先进单位、全国城市环境综合整治优秀城市、全国卫生先进城市。

五、体育

丹阳是“篮球之乡”、全国篮球城市、全国体育先进县(市)。1983 年,全县农村有标准篮球场 771 片,篮球队 800 余个。1984 年,珥陵农民男子篮球队和里庄农民女子篮球队分别获江苏省农民“丰收杯”篮球赛男女冠军,里庄农民女子篮球队获全国农民“丰收杯”篮球赛第三名。1985 年后,学校和社会体育运动全面开展,球类、田径和花毽等运动在全国和江苏省竞赛中均取得优异成绩。其中,篮球竞赛获省第一名 17 次,第三名 5 次;获全国第二名、第三名分别 1 次、5 次。田径竞赛获省团体第一名 5 次,第二名 3 次;获全国团体第一名 1 次,第二名 3 次,第三名 1 次;个人获省第一名 67 人次,第二名 9 人次,第三名 28 人次;获全国第一、第二、第三、第四、第六名分别 1 人次、3 人次、1 人次、2 人次和 1 人次。学校体育以市第六中学的女子足球和云林中心小学的花毽最为突出。市第六中学女子足球队在 2005 年的上海“闵行杯”中学女足邀请赛和全国中学生女足总决赛中双获冠军,云林中心小学的花毽队在 1990 ~ 2004 年间的全国花毽竞赛中先后获单踢第一名有 8 人次、单踢第二名有 9 人次、单踢第三名有 6 人次,自选动作团体第一名 1 次。

丹阳的全民健身运动于 20 世纪 80 年代初起蓬勃展开,先后举办千人迎春长跑与健步走 10 次,以及健美操、太极拳、健身秧歌、游泳、拔河等多种活动数十次。还举行“全民健身周”“万人健步走”“世界步行日”和“走向十运”等大型体育活动。2005 年,全市参加全民健身体育活动人数达 36.13 万人,占人口总数的 45%。同年,全市有体育馆 4 个,田径场 82 个,游泳池 15 个,篮球场 523 片,足球场 92 个,排球场 105 个,网球、门球场 11 个,乒乓室、台球室 260 个,健身房 25 个,健身点 58 个。

第五节　乡　镇

一、乡镇设置

1983 年 7 ~ 9 月,农村行政管理体制改革,政社分设重新设立乡人民政府。同时,生产大队改为村民委员会,下设村民小组。同年 11 月撤万顷农场建万顷乡。至 12 月底,全县有城镇、河阳、司徒、全州、行宫、松卜、延陵、云林、珥陵、横塘、里庄、导墅、皇塘、蒋墅、吕城、运河、陵口、折柳、窦庄、访仙、界牌、新桥、后巷、埤城、建山、胡桥、大泊、荆林、丹凤、万顷等 1 镇、29 个乡。1985 年 1 月从胡桥、荆林、建山、访仙、陵口 5 个乡划出部分地区,建前艾乡。10 月,司徒、延陵、珥陵、导墅、埤城、吕城、陵口、访仙、界牌、新桥 10 个乡撤乡建镇。时全县设镇 11 个、乡 20 个。

1986 年 8 月撤万顷乡,复名万顷洋农场。9 月,城镇与丹凤乡合并建云阳镇。1988 ~ 1989 年先后撤乡建镇的有后巷、皇塘、松卜、横塘、蒋墅,并将松卜改名为麦溪镇;1990 ~ 2000 年,运河、窦庄、大泊、荆林、里庄、河阳、行宫、云林、折柳、胡桥、全州、建山、前艾也先后撤乡建镇。

2001 年 3 月撤销荆林、大泊、前艾、建山、胡桥、云林 6 个建制镇,荆林、大泊、前艾 3 镇并入云阳镇,建山并入后巷镇,胡桥并入埤城镇,云林、并入珥陵镇。2005 年 11 ~ 12 月,司徒、河阳、全州合并为司徒镇;延陵、麦溪、行宫合并为延陵镇;横塘、云阳合并为云阳镇;导墅、里庄合并为导墅镇;蒋墅、皇塘合并为皇塘镇;折柳、陵口合并为陵口镇;吕城、运河合并为吕城镇;访仙、窦庄合并为访仙镇;其他建制镇不变。2005 年,全市有司徒、延陵、珥陵、导墅、皇塘、吕城、陵口、访仙、新桥、界牌、后巷、埤城、云阳 13 个镇;江苏省丹阳经济开发区(1992 年 5 月设立)和江苏省练湖农场(2005 年由省属农场划归丹阳)各 1 个。下辖村民委员会 225 个,居民委员会 64 个,村民小组 2915 个。总户数 29.89 万户,总人口 80.3 万人。

1985年丹阳县乡镇(场)情况表

表47-2

乡镇(场)	面 积(平方公里)	行政村数(个)	户数(户)	人 口(人)
河 阳	39.62	18	5729	22004
司 徒	41.04	21	6132	23602
全 州	41.00	24	6387	25295
行 宫	33.41	12	6775	25681
麦 溪(松卜)	39.32	19	7525	27079
延 陵	31.80	16	6505	23858
云 林	25.84	12	4435	16587
珥 陵	57.56	25	11323	41392
横 塘	50.50	25	10008	37762
里 庄	35.00	21	6316	22925
导 墅	46.14	23	8410	32655
皇 塘	45.62	20	8106	29133
蒋 墅	34.60	16	6913	24256
吕 城	34.07	17	7874	28359
运 河	33.89	15	6845	26002
陵 口	35.00	20	7864	30040
折 柳	29.50	14	5558	21688
窦 庄	32.00	16	6218	23575
访 仙	43.24	20	9424	35726
界 牌	23.50	13	5107	17796
新 桥	26.22	16	6016	21307
后 巷	30.22	23	5889	21892
埤 城	36.47	23	5897	22098
建 山	33.68	15	4132	16545
胡 桥	38.53	16	5642	22146
前 艾	13.57	8	2927	10862
荆 林	28.04	19	7181	27322
大 泊	36.48	20	6248	23243
练 湖	18.34	13	2424	8069
丹 凤	19.35	11	5405	18159
城 镇	5.67	20	16461	47274
万 顷	9.59	3	1424	5066

2005 年丹阳市乡镇(场、区)情况表

表 47-3

乡镇(场区)	面 积(平方公里)	行政村数(个)	户 数(户)	人 口(人)	财政收入(万元)	地区生产总值(万元)
司 徒	121. 33	24	21985	61655	11044	136662
延 陵	115. 33	25	23573	66483	4670	89407
珥 陵	83. 71	10	18853	52167	3170	66229
导 墅	80. 54	18	17948	51085	8383	132776
皇 塘	80. 53	18	18760	51969	14131	143253
吕 城	67. 93	19	17553	51912	12673	127198
陵 口	64. 46	16	15860	45799	3616	73606
访 仙	73. 80	21	18876	53245	8016	89070
界 牌	23. 71	5	7579	20479	11403	156636
新 桥	26. 13	8	7736	21354	11200	120031
后 巷	63. 86	12	12299	35462	16495	264958
埤 城	73. 22	12	12839	37588	6628	118551
云 阳	103. 23	27	31844	91452	20793	236757
开发区	51. 33	10	22212	81917	47000	153404
练湖农场	18. 33	5	3289	7421	–	45595

二、乡镇选介

1. 司徒镇　位于丹阳市西部。辖村民委员会 24 个,居民委员会 3 个,村民小组 241 个。总面积 121. 33 平方公里,耕地面积 9. 79 万亩。2005 年户数 21985 户,人口 61655 人,从业人员 40832 人。镇政府驻地在司徒集镇光明中路 300 号。

司徒紧邻丹阳城区,沪宁高速公路、312 国道、122 省道、丹西公路、丹伏公路穿境而过,在境内建有沪宁高速公路出入口,交通便捷。

司徒是镇江市、丹阳市新型示范小城镇,江苏省绿化先进镇、文化先进镇。2005 年,地区生产总值 13. 67 亿元,其中第一产业 1. 66 亿元,第二产业 8. 1 亿元,第三产业 3. 91 亿元。财政收入 1. 1 亿元,年末存款余额 4. 26 亿元。农民人均纯收入 4828 元。

该镇地处西部丘陵区,西部为丘陵,东部为平原。主要河流有香草河、新河、乌龙河、永丰河等,库塘有吴塘水库。农机总动力 40138 千瓦,有效灌溉面积 72750 亩。境内盛产稻麦和油料作物,多种经营主要有茶叶、水果、蔬菜和水产。2005 年,粮食总产 3. 58 万吨,油料 3552 吨,肉类 4338 吨,水产品 4966 吨。农业特色规模经济已建成 312 国道沿线的蔬菜、花卉苗木区,西部丘陵果品、茶叶区,东部平原特种水产养殖区,以及丹西公路、沪宁高速公路两侧绵延 10 公里的意杨林带。名优产品有国庆牌油桃、七乡闸无公害大米和三桥蔬菜等。

司徒工业于 20 世纪 60 年代起步,80 年代有长足发展。全镇工业经济形成以眼镜特色产业为龙头,金属制品、轻纺、车圈、化工产业为主体的发展格局。拥有外资企业 15 家,自营出口企业 15 家。建成国内最大的眼镜生产基地,从而使司徒享有全国闻名“眼镜之乡”的美誉。2005 年,全镇有眼镜企业 400 余家,年产各类镜架、镜片逾亿副,并生产电镀、附件等系列配套产品,总产量占全国的1/3。万新、东方、海昌、宇洲、金目等眼镜品牌80%以上畅销东南亚、欧美、中东、非洲等40多个国家和地区,外贸出口交货值5.43亿元。

2005年,司徒公共设施建有汽车站3个,集贸市场5个,供水站3个,科技与服务单位13个,中学3所,小学11所,敬老院3所,医院、卫生院26所。有科技人员1198人,在校学生5790人,教师497人,医生180人,病床124张。有线电视入户率72%。光纤信号覆盖率和电话、自来水普及率均达100%。司徒镇是基本实现教育现代化镇,司徒中学是江苏省现代化示范初中,司徒中心小学是江苏省教育现代化和江苏省实验小学,司徒中心幼儿园是全国德育先进单位,司徒卫生院是江苏省文明单位。司徒镇文化活动开展得有声有色。司徒夕阳红艺术团、固村艺术团和谭巷民间艺术团的文艺演出活跃。

该镇具有5000年人文历史。1976年12月出土的鼎、簋、凤纹尊、盘、瓿等26件青铜器为春秋时期的窖藏物,收藏于镇江市博物馆。白鹤山为三国吴大帝孙权祖父孙钟隐居地,留有"瓜畦志迹、仙院留芳"的佳话。大坟墩为孙权父孙坚墓地,为镇江市重点文物保护单位。

2. 界牌镇　位于丹阳市东北端,东、北濒临长江夹江。辖村民委员会5个,居民委员会3个,村民小组157个。总面积23.71平方公里,耕地面积1.56万亩。2005年,本地居民户数7579户,人口20479人,从业人员21490人。镇政府驻地在界牌集镇界牌路北侧。

122省道、滨江大道贯穿镇域,长江夹江有汽渡与扬中、扬州市通航,交通便利。

该镇是全国小城镇建设试点镇,全国千强镇,全国农村教育综合改革先进镇。2005年地区生产总值15.66亿元,其中第一产业0.26亿元,第二产业10.45亿元,第三产业4.96亿元。财政收入1.14亿元,年末存款余额10.5亿元。农民人均纯收入10260元。

界牌地处沿江圩区,地势低洼平坦。境内有永红河、红旗河、界牌河、武阳河、超瓢港等河道和中小型排灌渠道近30条、50公里;有永红河闸、武阳河闸等大小型电力排灌站50座。2005年,农机总动力5210千瓦,有效灌溉面积1.11万亩。粮食总产8035吨,油料26吨,肉类1481吨,水产品346吨。全镇农业已建成畜牧业区、无公害稻麦种植区、无公害蔬菜种植区、水产养殖区4大功能区。建有无公害蔬菜基地500余亩,水产养殖基地1600余亩。农技推广率100%,良种覆盖率98%。丹阳市荣鑫农牧发展有限公司是省级农业综合开发项目企业,年出栏生猪1.5万头,常年存栏生猪2500多头。

20世纪90年代初,界牌工业已形成汽车灯具、摩托车配件、塑料化工3大特色产业群。到2005年共投入6亿多元,建成工业集聚区16个,总面积3000亩,进区企业300多家,其中外资企业14家。全镇有汽摩配件(灯具)企业1200多家,其中重点骨干企业180家,销售超千万元企业80余家。汽摩配件产业占全镇经济总量的70%以上。塑料化工企业主要生产工业辅助材料,为汽摩配企业配套服务,产品销往国内外。全镇还有路灯生产企业近百家,全年实现工业销售16亿元,占全镇工业总量的25%,产品占全国路灯市场份额70%,被称为"中国路灯之都"。全镇有民营企业370余家,个体工商户3900余家。2005年,全镇工业总产值36.89亿元,外贸出口交货值8352万元。

地处界牌集镇的华东灯具城市场始建于1992年,建筑面积75万平方米,有门市3000余间,年交易额逾30亿元,从业人员5400多人。市场在全国近300个大中城市设立办事处。由于该市场强势发展,物流业迅速崛起,2005年,全镇有货运配载企业50家,每天物流量超过1500吨。

全镇有省级示范幼儿园、省级模范小学、省级示范初中、省级成人教育中心各1所。专任教师215人,在校中小学生2958人。有卫生院1所,社区卫生服务站5所,医护人员98人。全镇有1.5万人参加农村合作医疗保险,参保率98%以上。群众精神文化生活丰富,建有图书馆、电子阅览室。1999年举办界牌镇庆祝中华人民共和国成立五十周年全民运动会,2000年举办界牌镇首届"灯城之光"文化节。

界牌是丹阳知名的“小康镇”,2005 年人均收入超万元,人均住房面积达 50 平方米,自来水入户率、电话普及率达 100%,有线电视覆盖率 96%。

镇内有新四军江南指挥部旧址,为省级文物保护单位、丹阳市爱国主义教育基地。另还有笆斗山革命烈士公墓,建有革命烈士纪念碑和英雄模范纪念碑,是界牌镇爱国主义教育基地。

3. 后巷镇　位于丹阳市东北部。辖村民委员会 12 个,居民委员会 2 个,村民小组 126 个。总面积 63.86 平方公里,耕地 3.87 万亩。2005 年户数 12299 户、人口 35462 人,从业人员 34535 人。镇政府驻地在后巷集镇中心街东侧。

该镇近邻长江夹江,122 省道、镇常公路纵贯镇中,水陆交通便利。

后巷地处沿江圩区与丹北丘陵区地带,东部为圩区,西部为低山丘陵区,自然资源丰富。1985 年,该镇率先在镇江市实现工农业产值亿元镇。2000 年,全镇经济总量跃居镇江市第一位。至 2005 年,先后获得江苏省文明镇、江苏省卫生镇、江苏省文化先进乡镇、江苏省发展乡镇企业先进乡镇等多项荣誉。

2005 年实现地区生产总值 26.5 亿元,其中第一产业 0.4 亿元,第二产业 21.07 亿元,第三产业 5.02 亿元。财政收入 1.65 亿元,年末存款余额 10.1 亿元,农民人均纯收入 6466 元。农业生产比较发达,2005 年农机总动力 2.22 万千瓦,有效灌溉面积 3.75 万亩。粮食总产 1.54 万吨,油料 433 吨,肉类 2004 吨,牛奶 110 吨,水产品 610 吨,蔬菜 1342 吨,生猪出栏 2.42 万头,羊出栏 4472 只。

该镇工业于 20 世纪 60 年代起步,80 年代迅猛发展。2005 年,全镇共有工业企业 1053 家,从业人员 3.13 万人。全镇形成的规模企业有 80 余家,其中销售超 20 亿元的企业 2 家,超亿元的企业 10 家。支柱产业有五金工具、包装印刷、电子通讯、汽车配件 4 大类,享有“中国工具之乡”的美称。后巷是世界上最大的高速钢和麻花钻生产基地,全球最大的安全气囊生产基地、华东最大的电子接插件生产基地。有中国驰名商标、中国名牌商标各 2 个,省高新技术企业 5 家,已获国家专利 26 项,获国家科技成果转化项目的企业 2 家。2005 年,工业销售 63.24 亿元,实现利税 6.35 亿元。出口产品交货值 1.08 亿美元。

全镇有中小学所,幼儿园、托儿所 10 所,职工子弟学校 1 所。在校学生 6430 人,教职工 236 人。建有图书馆、文化站 4 个,体育场馆 1 座,医院 2 所,社区卫生站 13 个,敬老院、福利院 4 家,医护人员 94 人,病床 58 张。全镇参加养老保险 8200 人,参加农村新型合作医疗 28190 人,享受居民最低生活保障 101 人。

后巷历史文化底蕴深厚。1988 年 1 月被国务院列为全国重点文物保护单位的有金王陈南朝佚名陵石刻、烂石弄南朝佚名墓石刻 2 处,市级文物保护单位 3 处。

1983～2005 年丹阳市(县)四套班子领导人名录

表 47-4

市(县)委书记	市(县)人大常委会主任	市(县)长	市(县)政协主席
陈吉高 (1980.9～1984.2)	韩章林 (1981.4～1983.12;1983.12～1984.5 副主任朱树荣主持工作	徐元海 (1981.4～1984.2)	范作好 (1981.4～1982.1;1982.4～1984.5 副主席张一帆主持工作)
徐元海 (1984.2～1987.2)	陈吉高 (1984.5～1987.4)	胡志杰 (1984.2～1990.4)	王延序 (1984.5～1984.12;1985.1～1987.4 副主席娇庆吉主持工作)

续表 47-4

<table>
<tr><th>市(县)委书记</th><th>市(县)人大常委会主任</th><th>市(县)长</th><th>市(县)政协主席</th></tr>
<tr><td>昌万海
(1987.2～1991.1)</td><td>徐元海
(1987.4～1993.2)</td><td>胡志贤
(1990.4～1994.12)</td><td>胡志杰
(1987.4～1988.4)</td></tr>
<tr><td>陈耀南
(1991.1～1994.11)</td><td>葛明
(1993.2～1998.1)</td><td>王润亮
(代，2002.2～2002.12；2003.1～2004.8)</td><td>胡志贤
(1988.4～1990.4)</td></tr>
<tr><td>胡志贤
(1994.11～2000.12)</td><td>胡志贤
(1998.1～2003.1)</td><td>尹名年
(代，1994.12～1995.2；1995.2～2001.2)</td><td>胡志杰
(1990.4～1991.8；1991.8～1993.2 副主席周立诚主持工作)</td></tr>
<tr><td>张庆生
(2000.12～2002.1)</td><td rowspan="4">冷书成
(2003.1～　)</td><td>杨根林
(代，2001.2～2002.1；2002.1～2002.1)</td><td>尹名年
(1993.2～1995.2)</td></tr>
<tr><td rowspan="3">杨根林
(2002.1～　)</td><td rowspan="3">王常生
(代，2004.8～2005.1；2005.1～　)</td><td>贡锦照
(1995.2～2002.1)</td></tr>
<tr><td>贡炳坤
(2002.1～2003.1)</td></tr>
<tr><td>巢纪顺
(2003.1～　)</td></tr>
</table>

第二章　句容市

句容，西汉建县，是江苏省建县 2000 年以上的 13 个古县之一，1995 年撤县设市；句容地处长江三角洲的茅山老区。在改革开放的推动下，句容于 1989 年被评为全国水利建设先进县，1990 年获全国夏季油料生产先进县称号，被国务院表彰为粮食生产先进县，并列为全国首批粮食生产基地县；1995 年进入全国综合实力百强县(市)；1996 年获得全国科技工作先进市；2000 年 12 月创建成中国优秀旅游城市，茅山风景区和宝华山国家森林公园于 2001 年、2003 年先后获得国家 AAAA 级旅游区称号；2003 年获中国草莓之乡、全国民间艺术之乡(少儿故事)、全国幼儿教育先进市称号；2004 年被评为国家级生态示范区；2005 年获中国特色魅力城市 200 强称号。

第一节　概　况

一、地域人口

句容市属丘陵地区，位于江苏省西南部，长江南岸。市境位处北纬 31°37′～32°12′，东经118°57′～119°22′。宁镇山脉、茅山丘陵会合境内，太湖湖西水系和秦淮东支水系的发源地与分水岭。市境东与镇江市丹徒区、常州市的金坛市毗邻，南与溧阳市、溧水县交界，西和西北与南京市江宁区、栖霞区接壤，北与仪征市隔江相望。全市总面积 1387 平方公里。

1983 年，全县共 139576 户，总人口 559241 人；出生 5871 人，出生率 10.55‰；死亡 3189 人，死亡率 5.73‰；人口自然增长率 4.82‰。1990 年，全县年末共 171935 户，总人口 589015 人；出生

9253 人，出生率 15.8‰；死亡 3726 人，死亡率 6.4‰；人口自然增长率 9.4‰。2000 年，全市年末共 207637 户，总人口 595794 人；未落常住户口人员 17084 人；出生 4387 人，出生率 7.4‰；死亡 4280 人，死亡率 7.2‰；人口自然增长率 0.2‰。2005 年，全市年末共 213131 户，总人口 580251 人；未落常住户口人员 12159 人；出生 4182 人，出生率 7.2‰；死亡 2355 人，死亡率 4.1‰；人口自然增长率 3.15‰。

二、自然环境

1. 地貌　句容市境内山丘岗坡起伏，冲谷平原绵延，低山主要分布在境北宁镇山脉和境内茅山丘陵，总面积 32.36 万亩，占句容总面积的 15.64%；丘陵主要处在市境中部共有 1.34 万亩，占句容总面积 0.65%；岗地分布较广，共有 147.48 万亩，占总面积 71.29%；平原主要分布在句容西南秦淮河流域和境北沿江冲积地带，共有 25.70 万亩，占总面积 12.42%。1983 年，句容有耕地 72.69 万亩，2005 年，耕地面积减至 70.48 万亩。句容全境地势高低悬殊，错综复杂，境北、东、南三面环山。全境主体山 10 座，绵连山丘 138 个，山体投影面积 32.36 万亩。有 201 米至 396 米的低山 34 座。400 米以上山体 4 座，宁镇山脉的大华山，黄海高程 444.9 米，为镇江市第一高峰，居江苏省第三高山。境内 200 米至 100 米的丘陵有 35 座，100 米至 50 米的丘陵共 67 座。句容境内的山峰有名的有大茅峰、二茅峰、三茅峰、抱朴峰、白云峰等，均与修道有关。有名的山岗有竹丝岗、赤岗、五里岗、柏岗、骑马岗等，均为交通要隘。

2. 气候　句容属北亚热带中部气候区，具有明显的季风特征，干湿冷暖，四季分明，热量充裕，无霜期长，雨水丰沛，光照充足，气候条件比较优越。据 1971 年至 2000 年气候资料统计，句容常年平均气温 15.2℃，年极端最高气温 37.8℃，年极端最低气温零下 14.6℃，日平均气温高于 10℃的作物生长期平均为 226 天，总积温 4859.6℃，高温年可达 5270℃，无霜期 229 天。句容年降水量 1058.9 毫米，其中梅雨量 220 毫米，占 24%；夏季 497.6 毫米，占 47%；秋季 194 毫米，占 18%；冬季 112.0 毫米，占 11%。句容光照充足，光照常年平均 2033.4 小时，日照百分率 49%，光照的四季分配：春季光照 500.6 小时，占全年 23%；夏季光照为 683.3 小时，占全年 32.9%；秋季光照 515.4 小时，占全年 24%；冬季光照最少，总时数 461 小时，占全年 21%。句容冬季盛行偏北风，春季盛行东风，夏季盛行东南风，秋季盛行东北风。句容常年平均风速为 3.5 米/秒，3 月平均风速 4.2 米/秒，为全年最大。

3. 资源　20 世纪 80 年代至 90 年代，境内动植物受气候和环境制约，野生物减少，养殖、种植生物不断扩大。进入 21 世纪，植被保护逐步恢复，野生动物数量逐渐增多。2005 年底，句容森林覆盖率 25.1%。宝华山自然保护区，面积 2500.05 亩，是江苏省 7 个自然保护区之一，保护区地带性植被保存较好，植物达 500 多种，宝华玉兰是自然保护区内的珍稀树种，属亚热带性植物。宝华山森林公园以宝华山自然保护区为核心，森林公园面积达 2.55 万亩，东西 7.1 公里，南北 4.2 公里。

句容是江苏省重点药材产区。茅山苍术旧时被列为贡品，其他如柴胡、繁阳石脑、灵芝、禹余粮、太保黄精、何首乌、芍药、茅芎、茅香、明党参、太子参等均负盛名。1984 ~ 1986 年对全县中草药资源普查，句容境内野生和家种的中草药共有 754 种，其中植物药 153 科 705 种，动物药 32 科 44 种，矿物药 2 种，其他 3 种。在全国中草药普查方案规定重点调查的 360 种药材中，句容有 157 种，占 44%；江苏省增加重点调查的 35 种药材中，句容有 26 种，占 74%。

境内地表水分属 3 个水系：即秦淮河水系，位于西南部及中部，集水面积 951.31 平方公里，占全市总面积 68.9%；太湖水系，位于市境东部和东北部，集水面积 264.82 平方公里，占全市总面积 19.2%；沿江水系，位于市北的下蜀、宝华两镇，集水面积 162.99 平方公里，占全市总面积 11.9%。正常年景，境内宁镇和茅山山区的年径流约有 1.72 亿立方米，丘陵岗地为 3.23 亿立方米，沿江和赤山湖平原为0.23亿立方米,合计地表径流量为5.18亿立方米,人均占有量869立方米。至2005年,句容中小型水库的总库容量已近3亿立方米,塘坝河沟的水储量1.1亿立方米,地表总蓄水量4亿立方米,基本上做到旱有灌,涝能排,特大干旱还能从秦淮河和长江直接翻水,白兔、茅山两镇部分地段可翻引太湖水系河水。据江苏省水文地质部门对句容地下水勘查分析表明,句容市境内深层地下水资源丰富,主要分布有两个板块:一是宁镇山脉南、北两侧丘陵区的两组岩层断裂带,裂隙水富集;二是东南部的茅山丘陵区有多组断裂构造带,富水性强。至1999年,全市建成35口深井,井深一般为100~200米,日产水量一般为100~500吨。句容县城有古井近百口,一般井深6~10米,直径1~1.5米,日产水量2~5吨。

三、建置沿革

句容,古为扬州之域。秦置江乘县,今句容北部属之。汉置句容县,属丹阳郡。东晋大兴三年(320年)句容琅琊乡、江乘金陵乡立为怀德县。隋废郡置州,句容属扬州。唐武德三年(620年)以句容、延陵二县置茅州;七年茅州废,句容属蒋州。九年句容划归润州。乾元元年(758年)句容属昇州,上元二年(761年)句容复归润州。光启三年(887年)句容重新归昇州管辖,直至唐末。宋天禧二年(1018年)置江宁府,辖句容。南宋建炎三年(1129年)句容属建康府。元代属建康路(集庆路)。明代改集庆路为应天府。清代改应天府为江宁府,句容均属之。太平天国时期句容直属天京。

民国元年(1912年)江宁府改称南京府,辖句容。民国3年(1914年)废府设道,句容属金陵道。民国16年道废,句容直属江苏省政府。

民国27年新四军建立以茅山为中心的苏南抗日根据地,先后成立抗敌总会和抗日民主政府,归属苏南第五行政区专员公署,并先后与邻县地区建立镇句、江句等县。民国32年后改为苏南行政公署。

1949年4月23日句容解放,句容县属苏南行政公署镇江专员公署。1953年起句容县属江苏省镇江专区(镇江地区)。1983年3月1日实行市管县体制,句容县属镇江市。1995年6月句容县撤县建市,句容市属镇江市。

四、人民生活

1. 收入消费 1983年,句容农民人均年纯收入338元,城镇职工年工资人均685元。随着乡镇企业的兴起,农民增加收入。1992年,农民人均年纯收入1011元,城镇职工年平均工资2272元。1993年后,农业产业结构调整,粮食种植面积减少,经济作物种植面积扩大,农业深加工兴起,农民富裕步伐加快。到2000年,农民年纯收入3605元,在岗职工人均工资8364元。21世纪,农民进城务工人数逐步增多,不少人离开句容进入北京、南京、广州、深圳等大城市务工,务工收入成为农民增收主渠道。机关事业及国有企业的职工工资多次调整。到2005年,农民人均年纯收入5405元,在岗职工年人均工资15175元,城镇居民人均可支配收入12152元。

1983年,句容农民家庭每百户耐用消费品拥有量统计:自行车23辆,缝纫机25架,收音机90台,钟17只,手表127只,电视机3台(无彩电),电风扇7台,大型家具27件。1983年,句容县社会消费品零售总额1.27亿元;农村居民人均年消费296元,城镇居民人均年消费559元。

1990年,句容县社会消费品零售总额3.45亿元,人均居民消费794元。

进入2005年,句容城镇居民家庭总支出9547元,其中消费支出8602元,包括:食品3581元,衣着782元,家庭设备用品及服务1196元,交通和通信628元,医疗保健818元,教育文化娱乐服务937元,居住418元,杂项商品和服务241元。2005年农民家庭支出统计,全年总支出5613元,其中家庭经营费用1238元,购买生产用固定资产256元,税费支出7元,生活消费支出3845元,财产性支出 14 元，转移性支出 252 元。百户农民家庭年末耐用品拥有量统计：大型家具 507 件，洗衣机 55 台，电风扇 216 台，电冰箱 43 台，抽油烟机 3 台，微波炉 8 台，热水器 47 台，自行车 128 辆，摩托车 39 辆，电话机 96 部，移动电话 97 部，计算机 1 台，彩色电视机 100 台，黑白电视机 41 台，录放像机 5 台，影碟机 28 台，组合音响 3 台，收录机 16 台，照相机 4 架。

2. 住房　1983 年，句容县住房施工面积 42027 平方米，竣工 39929 平方米。随着农民收入增加，农村建造楼房增多。据 1985 年句容 7178 户农民建房统计，建楼面积 106.7 万平方米，户均建房 149 平方米。

20 世纪 90 年代，句容农村多数农户已建造楼房。1995 年，句容市出台《句容市深化住房制度改革实施方案》，城镇商品房开发拉开序幕，一些乡镇和机关部门自造商品房卖给机关干部。2005 年，句容住宅房屋施工面积 324761 平方米，同年竣工 158199 平方米，住宅商品房销售 102154 平方米；同年，句容市统计局调查 100 户农村住户，人均住房面积 36.64 平方米，其中钢筋混凝土结构面积 26.47 平方米，砖木结构面积 10.17 平方米。

3. 社会保障　1986 年，句容县劳动部门成立职工社会养老保险处，启动合同工社会养老保险工作。1992 年启动农村养老保险工作。1995 年机关事业养老保险启动；劳动部门在同年 1 月出台城镇企业职工工伤、女职工生育两个险种，下半年成立失业保险机构。逐步把企业职工社会养老、失业、工伤、生育等费用负担，由企业转向社会统筹。20 世纪 90 年代后期，企业改制步伐加快，失业人员增多，句容市委、市政府加大失业人员培训和再就业工作，并开展给困难职工送温暖活动。2000 年，养老金征收统一由地税部门征收。同年 8 月，企业离退休人员养老金实施社会化发放。2001 年机关机构改革，原由人事部门、民政部门征收管理的社会养老保险统一划归句容市劳动和社会保障局的社会养老保险处。2001 年开始，句容市逐步将乡镇企业职工、自由职业者和个体工商户纳入社会保险范围；2003 年、2004 年、2005 年，全市新增参保人数分别达 8000 人、6000 人、6013 人。截至 2005 年 12 月底，句容市参加企业养老保险职工 4 万人，参加机关事业养老保险 1.56 万人，参加农村社会养老保险 8.62 万人。2005 年，企业养老金基金实征 7357 万元，支出 6614 万元，滚存结余 3857 万元；机关事业养老金实征 8411 万元，支出 8404 万元，滚存结余 2330 万元；农村养老金基金实征 96 万元，支出 58 万元，滚存结余 242 万元；失业保险基金实征 733 万元，支出 715 万元，滚存结余 821 万元。

第二节　城乡建设

改革开放以后，特别是句容 1995 年撤县设市后，城乡建设进入快速发展阶段，尤其开展创建省级卫生城市、文明城市、中国优秀旅游城市、全国卫生城市后，句容城乡建设面貌日新月异。

一、城镇建设

1. 市区建设

1983 年完成县城总体规划，县城建设规模扩大。至 1985 年，城区建成面积达 3.6 平方公里，有房屋 85 万平方米。常住人口 2.6 万人。随着改革开放，社会经济快速发展，至 1990 年，县城人口规模突破 3 万人。1991 年扩大城区发展，环城乡并入华阳镇。1992 年成立句容经济开发区。1993 年，县城主干道华阳东路、华阳西路、西环路、崇明路相继建成，华阳住宅小区、羊角山住宅小区初具规模，县水厂 2 万吨扩建工程如期完工。1994 年，县城新建玉清西路和北环路、河滨北路，整治建设路和中大街，加强城市环境、卫生和秩序监管。1995 年在撤县设市的推动下，总建筑面积 10397 平方米、高 12 层的句容宾馆建成使用。1996 年完成西关改造一期工程，全市新增绿化面积 5 万平方米，总投入 1200 万元、高 12 层的建行综合楼建成使用。1997 年开展创建省级卫生城市，建成句容城北垃圾填埋场,市容市貌显著改观,一举建成省级卫生城市。1998 年,华阳南路改造一期工程完工,共拆迁 712 户 2082 人,拆迁房屋 5.7 万平方米,长 620 米、宽 54 米一期道路铺设绿岛、路灯、排水等配套工程完工;在路西开发 5 万平方米的商住楼,在路东兴建 3.5 万平方米集绿化、美化、亮化、休闲娱乐于一体的新世纪广场。1999 年建成 5.1 万平方米的住宅小区——梅花小区,实施华阳南路二期工程、华阳东路拓展工程,实施老城区改造二期工程。2001 年 10 月,句容第二自来水厂一期工程完工,日供水能力 5 万吨。2002 年建成占地 60 亩的玉清广场。2003 年,华阳书院异地新建完工。2004 年对城区 10 万米下水道进行大面积疏浚,葛仙观重建工程完工。2005 年投资 1.5 亿元,对市区人民路、宁杭路、建设路等 10 条城市主干道进行出新改造。至 2005 年年底,重建大圣塔、三台阁工程完工,建设和开发占地 300 亩的城市主题公园——葛仙湖公园,并免费对外开放;投资 6900 万元建成污水处理厂一期工程,使城市的承载能力和服务功能有较大增强;句容市区建成城区已达 12.6 平方公里,城市人口增加到 13.7 万人。

图 47-4　句容污水处理厂(2005 年摄)

2. 小城镇建设

句容撤县设市后,小城镇建设进入快速发展阶段。

以工兴镇　20 世纪 80 年代,乡镇工业兴起,乡镇政府所在地,兴办一批工业企业,商业、服务业也逐步兴旺起来。1993 年开始,郭庄乡引进一批台资企业,创立台资工业园区,郭庄集镇建设注入活力,相继建成两个商场群,集镇建成区达 1 平方公里。宝华镇在和平村列入省级开发区后,1996 年将集镇及政府所在地从武圣庵移入开发区。2002 年,句容市委、市政府要求各镇搞工业园区,各镇都在集镇边建成工业园区和服务区,扩大集镇建成区。

以商兴镇　天王镇、下蜀镇都是古老集镇,是句容南北两个农副产品集散地,特别是天王镇,周边与溧阳、溧水等县 8 个乡镇接壤,该镇率先在全县建成农贸市场、天鹅小商品市场、粮食批发市场,建成农民商业街,建成区 1.1 平方公里。1995 年被省及镇江市定为小城镇建设试点乡镇之一。进入 21 世纪随着个体私营商业、服务业快速发展,城市商业连锁店拓展到农村集镇,网吧等城市兴起不久的服务业也出现在农村集镇。

沿路兴镇　下蜀、黄梅、后白、天王等乡镇,利用交通便利,兴建商业网点,建设一批基础设施项目。白兔镇原集镇不在省道旁,后也沿省道旁兴建一批商业服务设施,扩大镇区面积。

旅游兴镇　茅山镇利用茅山旅游特色,大力整治环境,兴建餐饮、旅游商品市场等服务设施,在科学规划的前提下,形成千米长的南街和一条商业街,铺设黑色路面,安装高压路灯。

二、交通建设

1. 公路建设

20 世纪 80 年代中期至 1995 年,主要是国道建设。1996 ~ 2005 年,句容新改建公路项目 171 个,总里程 888.26 公里,累计完成投资 15.59 亿元。截至 2005 年底,句容全市公路通车总里程 1923.60 公里,其中高速公路 27.10 公里,一级公路 50.70 公里,二级公路 197.80 公里,三级公路 67.90 公里,四级公路 571.90 公里,公路密度达 1.41 公里/平方公里,全市基本实现市到镇通二级公路,镇到镇通三级公路,镇到村通四级水泥路的目标。

国道 沪宁高速公路句容境内长27.10公里，2005年底拓宽为八车道。宁常高速公路、宁杭高速公路句容段，2005年完成征地拆迁工作，进入全面施工阶段，句容市第一条公路隧道——宁常高速公路茅山隧道于2005年底全面贯通。104国道句容段，1988～1990年完成104国道句容段拓宽改造工程，按超二级标准，路面宽9米。312国道句容段，全长21.24公里，二级公路，沥青混凝土路面宽9米，1988年开工建设，1990年完工；2005年9月完成拓宽改造工程，路面拓宽至四车道。

省道 宁小线(S122)，境内长30.86公里，宁小线新塘至三里井路段原为宁杭国道。1998年改建成沥青混凝土路面；北环线1996年新建，丹句线原为三级公路，1991年完成二级公路标准。扬句线(S243)，原为镇句公路，句容境内长26.46公里。1983～1986年，对东门至五里墩先后两次改造，达到二级公路标准。1995年，陈武至五里墩段扩建为一级公路，2000年因1995年施工质量差又进行改建，达到优良标准。张常溧线(S340)，原为常溧线。句容境内长16.85公里，原为三级公路，1992～1993年完成改建工程，路宽12米，水泥混凝土路面，1994年12月验收为优良。龙铜线(S337)，境内长5.62公里，原汤龙公路，2002年规划重建，2005年完工，路面宽17米，沥青路面。

县道 市县道共203.91公里。宁茅公路2002年扩建为二级公路，沥青路面。镇荣线句容段，2000年建原丹句线立交互通式桥，新线境内长3公里，二级公路，路面为沥青混凝土，宽12米。句茅线，2002年新建的二级公路，长21.91公里。句蜀线，2000年11月句蜀路新线二级公路开工，全线二级路17.63公里，三级路12.31公里。西环线，长2.9公里，1993年建成水泥路面，宽14米，后又改建为沥青混凝土路面。石裔线，1961年开始兴建，至2002年，大部路段改造为三级公路，黑色路面。

乡道 截至2005年12月底，乡道总长623.31公里。2003～2005年完成省为农民办实事之一的农村道路改造工程，新增323.46公里。

村道 村道多数由原专用线、机耕大道在21世纪后省下达的通达工程中改建、新建而成。至2005年，村道总长923.32公里。

2. 港口建设

句容是江苏省唯一一个城区不通航、不通铁路的城市。县境北临长江，拥有长江岸线3.65公里，内河船道大道河长4.8公里。大道河句容港始建于1978年，共设码头泊位50个，最大靠泊能力3000吨线。1996年自筹资金300多万元，兴建首座千吨级外江码头。2004年投资20余万元新建千吨级内河码头1座，港口年吞吐能力达150万吨。京阳水泥厂自用码头位于大道河港东南约3公里长江南岸，有3万吨级散装水泥码头和5000吨辅助码头各1座。同年，建华管桩公司自建5000吨级自备码头1座。

3. 铁路建设

沪宁铁路句容段长17.8公里，境内有桥头、下蜀两个四等火车站和石榴园乘降所。1995年开始列车提速，到2002年10月21日，已第四次提速。为保证快速列车的安全行驶，所有平交道口，一律改为立交桥，句容桥头站跨铁路、公路和便民河立交桥长达368.6米，下蜀除原道口改成人行立交天桥；新句蜀线在下蜀镇西新建跨铁路立交桥。

三、电力

1983年，句容北门变电所增加31500千伏安主变压器1台，同年底，句容全县380/220伏配电线路达4004公里。全县用电量7894.0万千瓦时，人均用电141.17千瓦。1985年，句容县售电量首次突破1亿千瓦时，达10569万千瓦时。1987年6月110千伏韦句线建成投运。1989年3月，35千伏茅山变电所建成投运。同年11月，行香乡建成镇江市第一个用电标准乡。1993年3月5日，220千伏句容变电所破土动工，同年，全县供电量达22134万千瓦时。1996年底，总投资1848

万元的110千伏后白变电所投入运行。1998年底,句容实施农网改造,经过近4年的努力,句容369个行政村的村级电网全部改造完成。农村电价4年先后降7次,共减轻农民负担2777.1万元。1999~2003年,句容电网总投入3.84亿元。到2005年底,句容拥有35千伏以上变电所25座,其中220千伏变电所1座,110千伏变电所5座,35千伏变电所19座;拥有9条110千伏线路90.21千米,32条35千伏线路261.67千米,95条10千伏1858.09千米,全市拥有配电变压器2802台。同年,句容全社会用电量为103747万千瓦时,首次突破10亿千瓦时,其中工业用电81451万千瓦时,城乡居民用电12739万千瓦时,年底用户达204838户,用户用电设备容量达1772336千瓦。

四、邮电通信

1983年,句容县拥有邮电所33个,邮路总长2173千米,长途电话电路20路,电报电路2路,市话交换机总容量1000门,农村电话总机30部,邮电计费业务总量100万元。1991年10~12月,沪宁光缆句容段27.3千米埋设任务完成;同年12月22日,市话S-1240、4000门程控电话交换机及句容至下蜀光缆传输系统开通。1992年10月,县900兆移动电话先后开通A、B网。1993年1月16日,数字和汉字兼容的无线寻呼系统开通;同年12月,市话S-1240程控电话交换机扩容2000门,至1994年4月,市话又增容6000门,使市话总机容量达1.2万门。1994年10月,全县农村电话实现程控化,传输光缆化。1995年增开县境东片7个局所环形汽车邮路,东昌镇建成全省第6个电话小康镇。1997年8月26日,投资1.12亿元的21层句容邮电大厦建成并交付使用,这是句容第一座超20层写字楼。1998年,邮政、电信分营。同年,全市邮政各营业网点建成电子化支局,邮政储蓄实现全国联网;电信京沪一级光缆由城区民主巷老局搬至开发区新局,宁苏光缆、丹句光缆和沪宁光缆改成管道方式,增强光缆网络的安全性。2000年,电信公司在句容市区商业街南一路进行交换机试点安装、调试,标志着宽带上网正式登陆句容;同年5月建成全省第16个电话市;同年11月,邮政汇兑业务实现电子化,并实现全国联网。2001年,电信公司建成覆盖句容的3个传输SDH环路,建成句容第一个宽带上网小区(商业街南一路);同年,移动通信与电信分营,句容移动通信公司投资1000万元,建成华阳西路2200平方米的移动通信综合楼和传输网络。2003年,电信华为08商务交换机建成使用。小灵通项目建设获得成功。2004年,电信公司完成一期机房整治工作,逐步实现机房无人值守和网络集中监控。同年12月,邮政储蓄全国统一版本正式上线,并实现邮政储蓄、电子汇兑两网互通。到2004年底,移动通信公司共建成46个基站,网络容量达18万户,使无线信号覆盖句容全市地域的99.8%。2005年,句容有电信分公司1个,邮政局1个,邮政支局所30个,电信营业所25个,年末电信固定电话用户16.2万户,其中城市固定电话4.13万户;年末小灵通用户3.4万户;年末计算机互联网用户7860户,移动电话12.9万户。到2005年底,联通句容分公司、网通句容分公司都在实施固定电话和互联网的基础设施建设。

五、广播电视

1983年,句容有县广播站1个,乡镇放大站22个,通广播行政村348个、村民小组1500个,广播传输线里程1152千米。其中县到乡镇207千米。1984年,句容新建高98.3米的铁塔,安装300瓦彩色电视发射机,首次向全县播出中央电视台第一套节目。1986年建立地面卫星接收站和微波装置。1989年8月22日,镇江市县微波网开通,句容台28频道用以转播镇江台和上海台电视节目。1990年1月,句容县政府集资13万元,购进18频道、发射功率1000瓦的电视发射机一部,用于恢复转播南京台节目。到1990年底,句容电视转播台拥有3个频道,电视发射机总功率达2350瓦。1991年6月1日,句容县广播站改为句容人民广播电台。1992年11月开通调频广播。1994

年建成有线电视台，当年县城有线电视用户2000多户。1995年投资240万元，开设电视自办节目，9月18日对全市播出句容新闻。1996年下半年，有线电视台传输网向乡镇延伸。1999年，句容光缆电视信号实现全市乡镇电视信号联网；句容电台购置全固态立体调频广播发射机，实现广播发射设备的全固态化。2000年，句容电台节目的制作播出实现半数字化。2002年，句容开展广播电视村村通活动。2003年创建电视小康镇。2004年，句容广电局在城区安装音柱124只；投资4000多万元的广电楼封顶，与南京广电网络公司合作，引进南京的数字信源，并在网内试播；截至2004年底，句容市153个村委会，村村通有线电视，自然村通达率97%。2005年，句容广播电台自制节目每周播出58.5小时，转播节目每周播出20小时；电视台转播节目31套，电视台自办节目3套，电视平均每周播出154小时，电视台自制节目每周播出28小时，广播电视从业人员147人，年末有线电视用户10.2万户，其中城区2.3万户，农村7.9万户，有线电视门槛入户率69.9%。

第三节　经　济

20世纪80年代，句容农业在联产承包责任制落实的推动下，粮食产量取得突破性飞跃。林、牧、渔、副业也得到较快发展。工业经济重点抓乡镇工业，成为句容经济的“半壁江山”。在工农业发展的推动下，商贸业也兴旺起来。1983年，句容实现地区生产总值27580万元，其中第一产业15425万元，占55.9%；第二产业7384万元，占26.8%；第三产业4771万元，占17.3%。1990年，句容实现地区生产总值89382万元，其中第一产业37652万元，占42.1%；第二产业36768万元，占41.1%；第三产业14962万元，至1995年句容撤县设市，全年实现地区生产总值422047万元，其中第一产业95021万元，占22.5%；第二产业217385万元，占51.5%；第三产业109641万元，占26%。

1997年，句容市委、市政府抓住撤县设市的动力，农业大搞产业结构调整，工商业企业进行产权制度改革，第三产业提出以旅游业为龙头的振兴计划，并全力贯彻江苏省委提出的外资内资两个轮子一起转的经济发展战略，招商引资进入攻坚阶段，经济发展步入快车道。到2000年，句容市实现地区生产总值613074万元，其中第一产业85419万元，占13.9%；第二产业327207万元，占53.4%；第三产业200448万元，占32.7%。

进入21世纪，句容市委、市政府以科学发展观为指导，大力改善投资的硬软环境，全力抓招商引资工作。自2000年起，连续5年实际利用外资名列镇江市各辖市（区）之首。连续两年名列江苏省县级县市实际利用外资第8名。句容经济中，工业经济这个“软肋”得到改善，旅游经济有明显起色，成为句容的特色经济。2005年，句容市实现地区生产总值106.06亿元，其中第一产业11.24亿元，占10.6%；第二产业61.65亿元，占58.1%；第三产业33.17亿元，占31.3%。

1983～2005年句容市社会经济主要指标表

表47-5

年份	地区生产总值（亿元）	第一产业（亿元）	第二产业（亿元）	第三产业（亿元）	工业产值（亿元）	农业产值（亿元）	全社会固定资产投资（亿元）	进出口总额（万美元）	实际利用外资数（万美元）	社会消费品零售总额（亿元）	地方财政收入（亿元）	城镇职工年平均工资（元）	农民人均纯收入（元）
1983	2.76	1.54	0.74	0.48	1.69	2.65	0.36	–	–	1.27	0.19	685	338
1984	3.53	1.90	1.02	0.61	2.15	3.28	0.64	–	–	1.50	0.21	993	–
1985	4.22	2.25	1.31	0.67	3.93	3.28	0.83	–	–	1.82	0.25	926	507
1986	5.14	2.54	1.77	0.83	5.97	3.73	1.06	–	–	2.13	0.28	1105	611

续表 47-5

年份	地区生产总值(亿元)	第一产业(亿元)	第二产业(亿元)	第三产业(亿元)	工业产值(亿元)	农业产值(亿元)	全社会固定资产投资(亿元)	进出口总额(万美元)	实际利用外资数(万美元)	社会消费品零售总额(亿元)	地方财政收入(亿元)	城镇职工年平均工资(元)	农民人均纯收入(元)
1987	6. 03	2. 74	2. 24	1. 05	8. 78	4. 33	1. 17	–	8	2. 60	0. 32	1151	648
1988	7. 16	2. 94	2. 96	1. 26	12. 93	4. 85	1. 64	–	–	3. 33	0. 37	1375	714
1989	7. 66	2. 98	3. 31	1. 37	14. 62	5. 00	1. 28	–	–	3. 51	0. 38	1611	750
1990	8. 94	3. 77	3. 68	1. 50	17. 16	6. 05	1. 30	–	–	3. 45	0. 42	1852	869
1991	10. 31	3. 79	4. 59	1. 93	20. 48	6. 31	1. 94	–	172	3. 65	0. 36	1893	876
1992	14. 01	4. 35	6. 95	2. 72	31. 82	7. 69	2. 73	573	952	4. 56	0. 49	2272	1011
1993	22. 91	5. 44	12. 73	4. 74	56. 67	10. 19	8. 88	1953	1782	7. 05	0. 38	2915	1233
1994	31. 63	7. 00	17. 14	7. 49	85. 97	14. 85	8. 95	2594	2091	9. 53	0. 54	4219	1848
1995	42. 20	9. 50	21. 74	10. 96	109. 72	18. 79	7. 61	645	2010	11. 57	0. 61	5273	2413
1996	50. 14	10. 16	26. 18	13. 80	143. 33	19. 57	13. 60	1672	7174	13. 69	0. 87	5800	3134
1997	51. 01	8. 43	27. 13	15. 45	149. 03	15. 34	18. 43	16388	8002	14. 78	1. 01	6267	3389
1998	54. 07	8. 53	28. 47	17. 07	149. 91	15. 61	11. 29	7773	8509	15. 85	1. 07	7046	3490
1999	57. 25	8. 49	30. 22	18. 53	138. 62	15. 58	17. 28	3420	750	16. 69	1. 22	7747	3496
2000	61. 31	8. 54	32. 72	20. 05	137. 88	15. 70	15. 59	5245	1515	17. 20	1. 68	8364	3605
2001	67. 72	8. 87	36. 55	22. 30	149. 24	16. 31	18. 77	6050	4638	19. 06	2. 03	9117	3839
2002	69. 46	9. 17	36. 01	24. 28	141. 15	16. 81	24. 61	5977	10592	20. 90	2. 09	10034	4063
2003	79. 44	9. 13	42. 80	27. 51	165. 63	15. 85	29. 59	8870	21094	23. 25	2. 54	11675	4321
2004	89. 96	11. 24	49. 81	28. 91	209. 39	19. 26	38. 34	19039	13255	26. 91	3. 31	12781	4844
2005	106. 06	11. 24	61. 65	33. 17	224. 21	19. 44	51. 37	27470	11794	31. 00	4. 20	15157	5405

一、农业

1. 种植业

1979 年,句容县出现 300 多个生产队联产计酬。到 1983 年,全县有 12 万多农户承包耕地 72.6 万亩,约占总耕地面积 99%。同年全县粮食总产 33.24 万吨,平均亩产 338.50 公斤。1984 年,句容县粮食总产超历史最高水平,达 34.85 万吨。1990 年,句容粮食生产跨入全国先进行列。1991 年,句容遭受特大洪涝灾害,全县军民团结抗洪,重栽水稻 17 万亩,全县粮食总产 313167 万吨,比 1990 年减产 8.9%。1993 年后,种植业一方面推广栽培新技术,同时在种植业内部进行结构调整,扩大油菜、棉花、草莓、牧草、草皮等经济作物种植,缩小粮食生产面积。进入 21 世纪后,中央对提高农民种粮积极性采取一系列的扶助政策,从 2005 年开始,免收农业税,并给农民种粮实行直补政策。2005 年,句容市农作物总播种面积 112.13 万亩,其中粮食大豆面积 61.31 万亩,单产 385 公斤,总产 236249 吨。

2. 林牧渔副业

1983 年,句容全县承包山林 16.41 万亩,占集体宜林面积 82.5%;承包水面 8.39 万亩,占可养水面的 78%。同年,句容全县蚕茧 173 吨,茶叶 691 吨,果类产量 636 吨,造林面积 0.75 万亩,零星植树 168.7 万株,饲养生猪 30.25 万头,当年出栏 15.51 万头,年末大牲畜 1.59 万头,水产品 3200

吨。20世纪90年代中期开始，句容扩大葡萄、桃、板栗等经济作物面积，发挥句容丘陵山区地多的优势，在林、茶、果上做文章。1997年，袁巷乡获“全国庭院经济高效农业示范乡”称号。春城乡的方继生葡萄闻名省内外，方继生创办的丁庄葡萄经纪人协会，首开江苏省农民经纪人协会先河。大卓镇、后白镇的千亩桃园，形成规模效益。白兔、行香等乡镇在发展大棚草莓的基础上，又发展葡萄。2005年10月13日，中共中央总书记、国家主席、中央军委主席胡锦涛视察白兔镇张小虎葡萄园。在农业产业结构调整中，袁巷乡的余锁根、春城镇的方继生、大卓镇的杨修林先后获全国劳动模范称号。2005年，句容市实现农业总产值(现行价)19.44亿元，其中林、牧、渔、服务业共计6.82亿元，占农业总产值的35.1%。

3. 水利 农机

水利 句容市主要水利基础设施建设，是在20世纪60、70年代完成的。1991年春夏间，句容发生特大洪水，县内65个村庄被淹，2.70万多农户房屋进水，7.7万人被迫撤离，倒塌房屋1.03万间，死亡17人，34万亩农作物被淹，直接经济损失达3.04亿元。句容河整治工程被省列为“八五”水利重点项目，江苏省、镇江市和句容共投资7158万元，完成句容河整治和赤山闸翻建新建工程，中央电视台《新闻联播》作过报道。1998年发生的长江特大洪水，又一次被句容军民团结拼搏的精神所征服。为提高江堤防洪标准，江苏省、镇江市及句容市共投入资金1385万元，于1999年6月，完成5.7千米江堤达标工程。

农机 1983年，句容全县农业机械总动力17.36万千瓦，其中排灌动力91776千瓦，大中型拖拉机257台，手扶拖拉机4972台，农用水泵6628台。20世纪90年代后，特别是90年代后期，国家对农户购买大型农机实行补贴政策，调动农民购买大型农机具的积极性。到2005年，句容全市农机总动力39.5万千瓦，高性能联合收割机153台，排灌、植保、耕作、清淤、粮食烘干、蔬果保鲜、茶叶杀青等几十种机械装备都有快速增长。到2005年底，句容市机耕水平由1995年的74%增至98%，稻麦机械收割率由1995年12%增至65%，水稻机械化作业面积已占全市水稻总面积的15%，农机综合作业水平达76%，句容市农机协会将全市松散型机手组成20多个跨区作业队，实行跨区作业。

二、工业

1982年，中共中央关于城市体制改革决定发表后，工业改革起步。1983年，句容县全民工矿企业37家，县属集体工矿企业25家，乡镇办工业企业238家，村办企业653家，全年实现工业总产值1.69亿元。1984年，中共中央发出“关于开创社队企业新局面”的指示，工业开始加快发展步伐。原为生产水泥、砖瓦等建材为主体的乡镇工业，扩展至服装、工艺品、化工医药等外贸出口产品。到1990年涌现一批骨干企业。有年产500万元以上企业22家，产值2.1亿元，职工8545人，占全县乡镇企业总产值的23.18%，产值100万元以上的村114个，产值1000万元以上的工业企业7家。县属工业也加快发展步伐。1991年，全民企业和县属集体企业188家。全年工业产值20.48亿元。句容工程机械厂生产的金猴牌翻斗车先后获江苏省优质产品和建设部优质产品称号；句容县地毯厂生产的手工丝织地毯，获第一届西班牙国际家具装饰博览会金质奖。

1992年设立句容经济开发区，1993年12月经省批准为省级经济开发区，句容经济开发区由城区(县城)块和宝华镇块组成。引进外资与创办合资、独资企业，县乡镇工业局首先引进香港、台湾等地商人创办巨星鞋厂、遮光网厂等10多家合资企业。郭庄镇在招商引资中走在全县其他乡镇的前头，在该镇金星村建成台资企业集中区，成为当时全国有名的陶瓷娃娃生产基地。1997年投资2.6亿美元，全国建材最大的台资项目京阳水泥公司建成投产，年产156万吨水泥熟料。2000年，句容市定报工业企业实现增加值20.6亿元，实现销售67.7亿元，利税3.17亿元。工业用电3.21亿千瓦时，全年新办三资企业32家，实际利用外资1515万美元；在引进外资的同时，句容市着手产权制度改革,大力发展民营经济。到2000年,全市工业企业完成改制486家,市属企业改制面达78.8%,乡镇企业改制基本结束。工业企业民营化达80%,全市实现利税4400万元,亏损额下降41%,全年有4个新产品被省认定为高新技术产品,新产品率达16%。

进入21世纪,随着中国加入WTO(世界贸易组织),句容工业以项目为龙头,坚定不移地走工业强市之路。开展"句容现象""句容精神"大讨论,使全市上下形成良好的招商引资氛围。句容经济开发区大力加强园区建设。各镇也设置工业集中区。1995~2004年底,句容市新批外资企业项目460个,实现合同利用外资15.1亿美元,实际利用外资5.6亿美元。已初步形成电子、高档自行车、玩具、建材等产业链,办成的相关外资企业超过100家,益进光电、久正光电等一批高科技企业落户句容,成为句容外资工作的新亮点。句容经济开发区10多年累计投入基础建设资金8亿多元,实际利用外资到2004年底达2.66亿美元,引进三资企业108家,新办内资企业346家。2005年,句容经济开发区(城区块)实有工业企业196家,工人4474人。2005年,句容市实现工业增加值57.35亿元,其中:规模以上工业企业完成工业增加值48.17亿元;实现销售收入163.68亿元;实现利税总额10.92亿元;全市工业用电8.15亿千瓦时,全年工业投入34.12亿元,增长30.1%,新认定镇江市级以上高新技术企业11家,高新技术产品20个。

三、商贸　旅游

1. 商贸　1983年,句容县有商业机构1992个,其中全民商业零售74个,集体商业零售791个,个体商业零售945个;商业人员7686人,其中全民商业647人,集体商业2420人,个体商业1055人。1983年社会商品零售总额1.27亿元。20世纪80年代末至90年代中期,由于"双轨制"(计划定价与市场定价)的原因,物资局、商业局、粮食局、供销社等国营及县属集体商贸部门,经济处在快速扩张阶段。1994年9月,句容县供销总社被国内贸易部授予全国供销系统"百强县社"称号。1995年,句容市社会消费品零售额达11.57亿元,其中商贸系统零售总额6.99亿元。随着市场经济的发展,价格上"双轨制"退出市场,原来靠计划物资及国家定价即吃国家政策饭的国有商贸部门,失去原来的竞争优势,1997年亚洲金融风暴后,物资局、商业局、粮食局、供销社等传统商贸部门开始改制。同时,句容个私经济进入快速扩张期,除烟草、盐务、药品等专营外,一般商品零售个私企业开始占领市场。1998年,原商业局职工黄金利筹资开办句容第一家私营大型超市——便民超市。句容市流通领域的企业改制到2003年已全部结束,供销系统内22个基层社进行改制,1877名职工实现身份置换,758名职工依法签定劳动合同,参加社会保险。粮食系统34个基层企业改制,1457名职工身份得到置换,占总数的62.7%。物资、商业49家流通企业改制工作取得成效。省内外知名商贸企业如苏果超市、苏宁电器也在2003年至2005年进入句容市场。2005年,全市完成社会消费品零售总额31亿元。

图47-5　十月的茅山九霄万福宫(2003年摄)

2. 旅游　句容历史文化悠久,旅游资源丰富。境内茅山,被道家誉为"第八洞天、第一福地",是道教上清派的发祥地;茅山是全国六大山地抗日根据地之一。句容宝华山,被佛教列为律宗第一名山。1985年,新四军茅山陈列馆落成开馆。1988年,全国政协副主席、中国佛教协会会长赵朴初,担任宝华山隆昌寺修复委员会名誉主任。

1994 年 9 月，句容着手对丰富的旅游资源进行规划和开发，1996 年在市委、市政府实施“政府主导型”的大旅游格局下，成立市宗教旅游局。1998 年，句容市委、市政府明确提出，把旅游业作为第三产业的“龙头”来抓，拟定创建中国优秀旅游城市规划，2001 年获中国优秀旅游城市称号。同年，茅山风景区被批准为 AAAA 级旅游区。2003 年，宝华山国家森林公园又成功跻身国家 AAAA 级旅游区。2005 年有“江南小九寨沟”之誉的瓦屋山被批准为省级风景名胜区。2005 年，句容有旅行社 5 家，旅游星级宾馆 4 家，旅游定点单位 17 家，开发形成“茅山”牌老鹅、“老方葡萄”“云兔”牌草莓等 70 多种旅游商品。全年接待游客 245 万人次，旅游总收入 12.64 亿元。

四、财税　金融

1. 财税　1983 年，国营企业实行利改税。同年，句容县完成财政收入 1848 万元，其中各项税收 1802 万元；完成财政支出 1873 万元。1985 年 6 月，农业税改折征代金，由征粮为主，改为按粮食“倒三七”比例折征代金。到 1985 年底，句容纳税登记企业 4382 家，全县工商税收 2162.5 万元，占当年县财政收入 84.6%。1994 年，财税体制进行重大改革，分别设立国税、地税机构。1995 年，国税完成 9295.7 万元，地税第一年单独运行完成 1823 万元，全市完成财政收入 13116 万元，财政支出完成 11045 万元。句容撤县设市后，将培植财源作为工作的出发点和落脚点，千方百计做大财政“蛋糕”。扶持企业创新机制，巩固基础财源，加大招商引资力度，努力增加新财源，市财政自 2000 年起，每年支付外资企业贷款贴息 300 多万元。税务部门加强税收征管，依法严厉打击各种偷税、骗税、逃税和抗税行为，改善征管环境。2001 年，句容全面启动农村税费改革，将村级三项资金集中到县级财政发放。同年 4 月，市级行政事业单位全面实行“票款分离”，强化预算外资金管理。2004 年对镇级财政体制进行调整，在保留原分税制财政体制框架的基础上，对镇级实行统一的财政体制。2005 年，句容市完成国税收入 41622 万元，地税收入 34255 万元。实现财政总收入 100010 万元，其中一般预算收入 42008 万元，财政支出完成 87840 万元。

2. 银行　1983 年，句容有人民银行、农业银行及信用合作社，建行与财政局合署。同年，金融机构各项贷款 13140 万元，年末银行各项存款余额 8853 万元，全年现金收入 20322 万元，现金支出 22457 万元。1984 年 4 月成立中国工商银行句容县支行，人民银行行使中央银行管理职能。同年 11 月，建行从县财政局分出。1988 年 4 月成立中国银行句容县支行。1991 年，银行各项存款余额 46594.6 万元，银行各项贷款 61149.5 万元；现金收入 98560 万元，现金支出 103533.4 万元。1996 年 10 月，中国农业发展银行句容市支行成立。2005 年，人民币各项存款余额 772132 万元，各项贷款 413203 万元，银行现金收入 2468750 万元，银行现金支出 2536415 万元，现金收支轧差投放 67665 万元，外汇各项存款 1541 万美元，外汇各项贷款 8020 万美元。

3. 保险　1983 年，句容仅有中国人民保险公司句容县支公司。同年完成保费收入 46.8 万元，赔保支出 18.1 万元，主要经营企业财保、交通运输工具险、船舶险、家庭财产险等 4 个项目。1991 年，句容发生特大洪涝灾害，保险公司深入灾区，做好理赔工作。全年理赔支出 601.6 万元。1995 年 2 月，句容人寿保险代理处成立。同年，句容两家保险企业推广农业险、独生子女父母养老金保险等新险种，1995 年开办的新老险种达 22 个，全年保费收入 2005.6 万元。进入 21 世纪，保险市场竞争激烈，太平洋保险有限公司财保、人寿保都在句容设立分支机构，国内还有一些保险企业也先后在句容开拓市场。2005 年，句容保险企业各种保费收入 20013 万元，其中财产险 3884 万元，人寿险 16129 万元；赔款和给付共 4521 万元，其中财产险 2963 万元，人寿险 1558 万元。

五、建筑业

1983 年，句容建筑业产值 4322 万元，占社会总产值比重 8.2%，建筑收入 1122 万元，占国民收入比重4.5%。1985年,全县有县属建筑公司5个,乡办建筑安装公司1个,乡镇建筑站22个,村队办建筑组132个,共有技术工人1.64万人。

20世纪90年代,句容县政府加强对建筑市场的管理,制定《句容县建筑市场管理暂行条例》。对到外省市和出国的建筑企业,句容市成立建筑基地管理处,1995年,句容市被北京市建委定为北京建筑劳务基地市。1995年,句容市第二建筑公司承担21层句容邮电大厦建设,并跻身全国同行500强;同年,句容实现建安产值3.8亿元,施工面积63万平方米,新开工面积26万平方米,竣工面积27万平方米,常年施工人数1.2万人,其中驻外地施工8000人,向国外输送劳务14人;1995年获省优工程1项,省辖市优工程7项。全年完成建筑业增加值14023万元,全员劳动生产率28373元/人。

1996~2000年,句容有四级以上资质等级建筑企业62家,企业总投资额3.8亿元,企业资本金1.6亿元,机械设备总台数4676台套,总功率29501.7千瓦,各类职称人员1848人,各类持证上岗人员3147人,年完成建筑产值7亿多元,年平均施工人数2.2万人,有1.4万人分布在全国11个大中城市承接建筑工程,其中南京市场有6000多人。承建的南京地理研究所26号住宅楼,被建设部评为部优工程。2000年,句容市全年完成建筑业增加值20.02亿元,共承接施工项目336个,竣工212个。全市房屋施工面积73.67万平方米,竣工面积47.51万平方米。

2001年后,随着房地产业的快速发展,建安市场也出现新问题,特别是拖欠农民工工资问题突出。2004~2005年,句容市组织大规模清理拖欠农民工工资和工程款调查督查活动,累计兑付农民工工资630万元,清理拖欠工程款总额4439.5万元。市建设局组织安全施工检查,并在建筑工地开展创建文明工地活动。2005年,全市完成建筑业增加值3.72亿元,施工面积179万平方米,竣工面积116万平方米。

六、运输业

1. 客运

公路客运　1983年,句容公路客运单位有江苏省第21车队和国营的句容汽车站,以及县属集体性质的句容县客运公司。同年,句容汽车站新建候车厅960平方米,售票厅425平方米,业务楼1100平方米,停车场2970平方米。另有52个不同等级的车站。1985年开办客运线路34条,每天发车102班次。句容县客运公司1985年有客车45辆,职工386人,营运线路23条,跨县境4条,每日发车64班次,总营运线路里程498千米。同年建成候车室480平方米,售票处246平方米,停车场800平方米,下设自办站4个,代办站46个。1985年,旅客运输量527万人,比1983年减少167万人次。随着个体经营的中巴车快速进入客运市场,到1988年,句容汽车站和句容客运公司的旅客运输量只有376万人次,比1983年减少318万人次,降幅达45.8%。更多客源被个体经营户拉走。1997年,句容市客运公司开通城市公共汽车,抢占城内公交运输市场。句容汽车站、江苏省第21车队改制成江天汽运集团句容分公司,发挥优势,增加长途线路,并成立小汽车出租公司,参与句容小汽车出租市场竞争。2001年,句容市客运公司改制为句容市华通客运有限公司。到2005年,该公司拥有固定资产5100万元,各类中高档营运车350辆,开通市际、省际客运线路36条,农公线16条,公交线路14条,营运总里程达11756千米;江天汽运集团句容分公司,2005年拥有大中型客车105辆,夏利出租车105辆,省际、市际客运线路60多条,日发班次370班,日发旅客3000多人次。2005年,句容全市从事客运车辆共1563辆,其中公司客运1106辆,公交客运61辆,出租客运382辆,旅游客运14辆。

铁路客运　1983年,县内有下蜀、桥头两个车站,下蜀站有两对慢车停靠,桥头车站多一对快车停靠,年发送旅客20万人次左右。2002年仅桥头火车站办理客运,5列普快列车停靠;年发送旅客7万余人。

2. 货运

公路货运　1983年,句容县有省21汽车队、句容汽车运输公司、天王运输公司、下蜀运输公司、宝华运输站、亭子运输社、城镇运输社等7个省、县属货运专业企业,另有环城、葛村、大卓、东昌等4个乡镇属汽车队;县属企业、部门也有一些汽车队。1983年,句容共有载货汽车502辆,共2510吨位。全年公路货运54万吨。1985年,拖拉机参加运输增多,在全县保有6157辆中,有4649辆办有营运执照搞运输,占全县拖拉机总数78%。1992年以后,运输市场开放,个体户货运增多,市场竞争激烈,每吨公里货运价从0.45元下跌至竞价0.10元/吨公里,形成超低价倾销,促使货车超载普遍,货运专业单位大部分先后停业或缩减,并将车辆承包租赁给个人,参与竞争行列,超高、超宽、超载习以为常,超载100%也不为奇,造成交通事故剧增。各级政府多次开展超载超重车辆治理。2005年,全市有普通载货汽车2923辆,其他汽车3580辆,拖拉机1421辆,挂车93辆。全年公路货运687万吨,其中个体492万吨。

水路货运　句容水路货运全部是长江货运。1983年有货运企业1家,即句容县航运公司,有机动船10艘,货驳112艘,总吨位5559吨,全年货运量32万吨。1989年达到50.1万吨;周转量超1亿吨公里。1990年后运量渐少,1995年至1999年间每年经营亏损在百万元左右。2000年后出现好转。2005年,全市水路货运129万吨,周转量18735万吨公里。

铁路货运　1983年,境内下蜀、桥头两个火车站货物发送262784吨,到达量100101吨。2002年,桥头站停办货运;下蜀站年发运货物300余吨,到达货物4.5万吨。

第四节　社会事业

一、教育

1983年,全县有学校919所,其中中学56所,小学679所;在校学生106040人,其中中学生27633人,小学生65925人;教职员工5013人,其中中学1701人,小学2758人。1985年,中共中央《关于教育体制改革的决定》发表后,句容县政府制定《乡镇教育办公室职责条例》和《村委会办学职责》,全县实行"三级办学,二级管理""乡办乡管、县办县管"的教育管理体制。1986年《中华人民共和国义务教育法》颁布,基础教育步入依法治教的轨道。1996年"双基"教育达标工作代表苏中地区顺利通过国家教委组织的检查督导团考核验收。1997年被省政府评为"基础教育先进市"。20世纪90年代后,中等教育结构调整步伐加快,职业教育迅速发展。到1998年,职业学校9所,在校学生1800人。2002年,句容在全省率先完成农村中小学危房改造任务,被评为首批"省农村小学危房改造先进市";2003年提前2年全面完成中小学布局调整"十五"规划。同年获"全国幼儿教育先进市"称号。2004年,"三新一亮"(课桌新、板凳新、讲台新、电灯亮)工程通过省级验收。2005年完成省"六有"(有整洁的校园、有冷热饮用水、有满足师生需要的卫生食堂、有安全的宿舍、有水冲式厕所、寄宿生一人有一张床位)工程和"校校通"(教育信息化)工程;同年,句容市学校总数为118所,其中高中3所,初中19所,职中3所,小学59所,幼儿园39所;班级总数1750个,其中高中179个,初中450个,职中128个,小学709个,幼儿园284个;当年毕业学生22167人,其中高中2846人,初中10408人,职中1463人,小学7450人;当年招生17636人,其中高中3453人,初中7391人,职中3000人,小学3792人;有教职员工5533人,专任教师4074人,其中高初中1871人,职校215人,小学1602人,幼儿园386人。

二、科技

1978年9月恢复句容县科学技术委员会。1979年,句容县科学技术协会恢复活动。1983

年全县有754人评定技术职称。1989年,句容县委、县政府制定《关于依靠科技进步振兴句容经济的决定》,确立“科学兴县”的战略方针。1992~1994年,科技进步对国内生产总值的贡献份额由前三年的11.7%增长到46.3%。1996年,句容被国家科委评为全国科技工作先进市。1997年10月,句容综合试验基地被省科技厅定为省级农业综合试验示范基地。1998年10月成立句容市信息中心。2000年6月成立句容市生产力促进中心。2004年9月成立知识产权局,当年接受申请专利144件,授权专利32件。2005年,全市国家“火炬计划”项目4项,“星火计划”1项,中小型企业新基金项目1项;省级高新技术产品6个,省级鉴定验收科技成果15项;省级“火炬计划”4项、“星火计划”1项,科技改革项目1项,农业科技成果示范推广计划1项;专利申请312件,授予专利80件。

三、文化

1983年,句容县各个乡镇均设有文化站。到1985年,乡镇都建立文化中心。县有文化馆、图书馆、新华书店和档案馆以及黄梅戏剧团1个(1985年4月停止演出,人员精简,保留建制,剧团名存实亡)。1985年,全县有影剧场所27所,座位24417个;馆藏文物和标本656件;古建筑有茅山道院、隆昌寺、铜殿、无梁殿等,古遗址有城头山遗址等27处;古墓葬中汉代墓居多;古碑刻有南朝梁萧绩墓石刻和隆昌寺、茅山道院碑刻及华阳洞宋明代摩崖石刻20余处。1995年句容撤县设市后,文化事业进入快速发展期,市区群众文化、广场文化、节庆文化特点鲜明。1996年出台《句容市文化市场管理办法》,成立文化市场管理稽查队。1998年在东昌青山村考古发现距今2亿3千万年前的鱼类化石。1999年在春城放牛山发掘出土距今30万年前的旧石器60余件。2003年,句容市被文化部授予全国民间艺术之乡。2005年,句容西周土墩墓群被评为“2005年中国十大考古成果新发现”;同年,句容有文化馆1个,文化站16个;图书馆1个,藏书10万册;博物馆1个,文物藏品2000件,其中一级品4件;新华书店1个,门市部9个;电影放映单位3个,影剧院2个,电影放映机27部,观众8万人次。

四、卫生

1983年,全县有卫生机构69个,其中县级1个,乡镇级22个;有床位984张,其中县级230张,乡镇级547张;有卫生技术人员1032人. 其中医生390人。1984年成立句容县中医院。1985年成立皮肤病防治所。1988年起在全县实行儿童计划免疫保偿制度。1995年开始,句容市进行机关事业单位、城镇职工医疗保险制度改革。1997年,建成省卫生城市。1999年,句容市政府批转《句容市区域卫生规划》,城区以市人民医院、中医院和疾病预防控制中心(下称疾控中心)、妇幼保健院为重点,农村以4个中心卫生院和6个边缘卫生院为重点,加大投入,改造医护用房,增添螺旋CT等一大批先进医疗设备和常规设施;同年,句容市政府出台《句容市农民合作医疗保险暂行办法》,开始推行农民合作医疗保险制度。2002年,市疾控中心分成卫生监督所和疾控中心。2003年,句容市上下齐心协力,成功预防非典型肺炎的传播。2004年开始创建国家级卫生城市,农村则开展“清除垃圾、清除污染,美化环境、美化家园”等为主题的环境卫生整治活动。到2005年底创建国家卫生城市已取得阶段性成果。2005年,全市有卫生机构33个,其中医院6个,12月以前有镇卫生院16个,采供血机构1个,妇幼保健院1个,疾病控制中心1个,中等职业卫生技术学校1个,其他卫生事业机构7个;床位1122张,其中医院537张,镇卫生院559张,妇幼保健院26张;卫生技术人员2106人,其中医生746人。

五、体育

1983年4月,句容县第一届运动会成功举办,有956名运动员参赛,22人38次打破21项县记录,8 人 10 次平 7 项县纪录。学校中小学体育施行《国家体育锻炼标准》,同年达标率65.8%,1985 年增加到 85.9%。1985 年,句容县中小学有兼职体育教师 380 人,裁判员 99 名;县内有不规范的田径场 18 个,篮球场 160 个,水泥排球场 4 片,旱冰场 1 座。1988 年,县运动员赵素青(女)参加全国首届农民运动会武术比赛,获铜牌 1 枚。1990 年,县中学生田径代表队参加省比赛获金牌 2 枚,铜牌 1 枚;同年 6 月 22 日,句容县游泳池建成对外开放(2005 年 4 月游泳馆撤除)。1995 年,句容撤县设市后,以实施《全民健身计划纲要》为重点,从普及入手,抓提高,促发展,群众性体育活动蓬勃兴起,5 个镇步入省级体育先进镇行列,下蜀、东昌等镇被评为全国"亿万农民全民健身运动"先进单位。全市成立 9 个单项和综合性体育协会,三级以上体育指导员 205 人,市区晨晚练点 70 个。2002 年投资 1700 万元在全省县级市中率先建成占地面积 60 亩的万人看台体育场,场内拥有国家标准 400 米塑胶跑道和喷淋设备完备的足球场;同年 10 月 23 日,句容市第五届运动会开幕,共有 70 个代表团,3600 名运动员参加 10 个项目比赛。2005 年,句容市实验小学成为省教育厅命名的省级体育传统项目(乒乓球)学校。

第五节　乡　镇

一、乡镇设置

1983 年,句容县设有黄梅、环城、石狮、下蜀、宝华、亭子、陈武、东昌、白兔、行香、春城、三岔、二圣、郭庄、葛村、后白、天王、磨盘、袁巷、春城、茅山、茅西等 22 个乡和 1 个镇(城镇)。1985 年 12 月,下蜀、白兔、天王、茅山等 4 个乡撤乡设镇。1989 年,城镇更名华阳镇,1991 年,原环城乡并入华阳镇。1992 年,句容县设立经济技术开发区,1993 年 12 月被批准为省级经济开发区。1992 年、1993 年,东昌、后白、郭庄、黄梅、葛村等乡先后撤乡设镇。1999 年,袁巷、二圣、宝华、春城、石狮、陈武、大卓、行香、茅西等 9 个乡撤乡设镇。2001 年,石狮镇并入华阳镇,亭子乡并入下蜀镇,磨盘乡并入天王镇,茅西镇并入后白镇,三岔乡并入二圣镇。2003 年,东昌镇与陈武镇合并为边城镇。2005 年 8 月,袁巷镇并入天王镇;12 月,二圣镇并入后白镇,大卓镇并入黄梅镇,行香镇并入白兔镇,葛村镇并入郭庄镇,春城镇并入茅山镇。至 2005 年 12 月 31 日,句容市有华阳、黄梅、下蜀、宝华、边城、白兔、后白、郭庄、天王、茅山等 10 个镇,1 个省级经济开发区。

1983 年句容县乡镇情况表

表 47-6

乡镇	面　积（平方公里）	居委会（个）	行政村（个）	人　口（万 人）	户数（户）	财政收入（万元）	工农业总产值（万元）
环城	68.40	–	24	3.30	8508	0.46	1652
石狮	52.10	–	17	2.63	6840	9.42	1677
黄梅	59.30	1	17	2.52	6493	11.10	1451
大卓	74.80	–	15	2.92	7297	10.55	1382
亭子	63.10	–	10	1.07	2582	13.57	683
宝华	70.20	–	15	2.53	6186	9.80	1815
下蜀	58.90	2	17	3.37	8702	11.69	1795
东昌	52.00	–	13	1.83	4592	18.17	1198
陈武	58.30	–	15	2.41	6223	3.8	1321
白兔	45.50	–	15	1.91	4811	10.15	1214

续表 47-6

乡镇	面　积（平方公里）	居委会（个）	行政村（个）	人　口（万 人）	户数（户）	财政收入（万元）	工农业总产值(万元)
行香	70.90	–	21	2.77	6842	12.25	1431
二圣	54.00	–	17	2.40	5871	6.09	1415
三岔	27.40	–	9	1.37	3569	7.62	749
郭庄	65.90	–	22	3.45	8877	6.00	1939
葛村	69.20	–	18	3.14	8002	23.06	1564
后白	39.50	–	12	1.88	4711	8.37	1248
天王	69.60	–	21	3.22	8248	6.59	1572
袁巷	52.00	–	14	1.66	4069	3.38	821
茅山	32.20	1	8	1.37	3348	0.72	629
城镇	3.60	10	–	2.29	5798	–	389
春城	93.60	–	23	3.40	8439	3.10	1852
茅西	43.10	–	12	1.75	4665	17.80	823
磨盘	55.10	–	14	1.99	5129	2.64	881

2005 年句容市乡镇(开发区)情况表

表 47-7

乡镇	面　积（平方公里）	居委会（个）	行政村（个）	人　口（万 人）	户数（户）	财政收入（万元）	工农业总产值(万元)
华阳	116.00	14	14	19.43	–	10370	75870
黄梅	125.30	2	14	4.48	15710	6918	56280
下蜀	122.00	2	10	4.04	16553	9365	75262
白兔	115.50	2	15	4.07	15133	4727	60498
边城	109.00	2	14	3.63	13531	5548	70191
茅山	119.80	2	14	4.85	17653	3675	62668
后白	150.04	2	22	6.35	21194	5422	80532
郭庄	134.96	2	21	6.55	22671	2698	77629
天王	191.90	2	20	6.82	24528	4600	89492
宝华	100.00	0	9	2.34	7308	5003	40566
开发区	22.00	5	2	1.92	–	–	36527

二、乡镇选介

1. 下蜀镇　位于句容市北端。2005 年,全镇总面积 122 平方公里,耕地面积 3.51 万亩,有效灌溉面积 2.25 万亩,农业机械化总动力 63590 千瓦;辖 10 个行政村、2 个居委会;乡镇总户数 16563 户,40357 人,其中外来人口 5860 人,乡镇从业人员 18390 人。

下蜀镇交通便利,区位资源优势明显。312 国道、沪宁铁路、宁镇公路横贯东西,句蜀路南北贯通。境内有铁路下蜀货运站、桥头客运站;还有句容港是唯一有长江黄金水道岸线的镇。该镇被列入临港工业集中区规划内,境内有3.5公里长江深水岸线。矿产中下蜀粘土储量达10亿吨以上,石灰石储量2亿吨,大理石、花岗石、白云石、石膏储量1亿吨。

下蜀经济发达,工业经济发展迅速,是句容的建材基地。20世纪80年代以大理石、白水泥著名。1996年,香港京阳实业有限公司独资2.6亿美元,创办京阳水泥有限公司,在长江边建造万吨级码头。2002年10月由香港汤始有限公司投资2620万美元,兴办江苏建华管桩有限公司。下蜀镇贯彻句容市政府沿江开发的战略,兴办沿江工业园区,吸纳一批企业落户。2005年,下蜀经济总收入22.58亿元,其中出售产品收入20.48亿元;农民人均纯收入5730元;完成地区生产总值75262万元,其中第一产业7906万元,第二产业52457万元,第三产业14899万元;粮食播种面积3.75万亩,粮食总产13398吨;全镇有企业387个,其中工业企业382个,企业从业人员13344人;当年实际利用外资1987万美元,固定资产投资完成25514万元;同年完成财政总收入9365万元,其中预算内收入8102万元,位列句容市各镇之首。

2. 茅山镇　位于句容市东南。2005年12月31日,茅山镇有行政村14个,居委会2个,乡镇行政区域面积119.8平方公里,耕地面积6.79万亩,有效灌溉面积5万亩,农业机械化总动力36889千瓦;乡镇总户数17653户,总人口48474人,其中外来人口913人,乡镇从业人员22685人。

茅山镇是国家AAAA级旅游区——茅山旅游风景区的所在地,旅游经济颇有特色。该镇坚持保护与开发并重,突出景区开发与基础设施建设,精品战略与精品景点的培育,整合旅游资源,使旅游业发展保持良好势头。2003年投资300万元建成喜客泉景点,2004年起组织实施二茅峰、三茅峰和华阳洞三大景区的开发和建设。2005年已完成华阳洞开发一期工程。实施旅游配套开发,2003～2005年实际完成1.3亿元投资。加大对旅游管理,实施"一票通"制度,提高旅游综合收入。2004年,纯门票收入达1400万元。

茅山镇坚持科学发展,以旅游为主导,一、二、三产业全面、协调、可持续发展。先后被授予全国重点中心镇、全国创建文明镇工作先进单位、国家AAAA级旅游区、全国爱国主义教育示范基地、江苏省新型示范小城镇、江苏省卫生镇、江苏省文明镇、江苏省环境与经济发展镇等称号。2005年,茅山镇(含原春城镇)完成经济总收入157534万元,其中出售产品收入109877万元;实现地区生产总值62668万元,其中第一产业11648万元,第二产业37203万元,第三产业13817万元;粮食播种面积7.73万亩,粮食总产25905吨;实有企业268家,其中工业企业252家,从业人员8253人;当年实际利用外资2272万美元,出口产品交货额9902万元;财政总收入3675万元,预算内收入1902万元。农民年人均纯收入5366元。

1983～2005年句容市(县)四套班子领导人名录

表47-8

市(县)委书记	市(县)人大常委会主任	市(县)长	市(县)政协主席
许锦波 (1982.8～1984.2)	戴扣庚 (1980.12～1984.5)	汪天恒 (1980.12～1984.1)	阎发学 (1980.12～1986.4)
叶正和 (1984.2～1985.8)	侯春林 (1984.5～1987.4)	方之焯 (代,1984.1～1984.5; 1984.5～1985.3)	朱华福 (1986.4～1987.4)
陈文湘 (1985.8～1988.3)	朱华福 (1987.4～1990.4)	贡家荣 (代,1985.3～1985.5; 1985.5～1988.3)	罗荣根 (1987.4～1990.4)
贡家荣 (1988.3～1992.4)	贡家荣 (1990.4～1992.4;1992.4～1993.2,副主任严幼斋主持工作)	罗荣根 (代,1988.3～1988.4; 1988.4～1992.4)	颜振东 (1990.4～1998.1)

续表 47-8

市(县)委书记	市(县)人大常委会主任	市(县)长	市(县)政协主席
罗荣根 (1992.4~1995.2)	罗荣根 (1993.2~1995.3)	朱金贵 (代,1992.4 ~ 1993.2; 1993.2~1997.11)	蒋国星 (1998.1~2000.1)
郭礼荣 (1995.2~1997.11)	郭礼荣 (1995.3~1998.1)	蒋国星 (代,1997.11 ~ 1998.1; 1998.1~2002.1)	章壮金 (2000.1~2000.5)
朱金贵 (1997.11~2000.12)	严幼斋 (1998.1~2000.1)	冯士超 (2002.1~2002.12)	王远根 (2001.1~　)
魏国强 (2000.12~2002.1)	朱金贵 (2000.1~2001.1)	李亚平 (代,2002.12 ~ 2003.1; 2003.1~2005.6)	
蒋国星 (2002.1~2004.12)	金昌来 (2001.1~　)	尹卫东 (代,2005.9~　)	
李亚平 (2004.12~　)			

第三章　扬中市

第一节　概　况

一、地域人口

扬中系长江冲积土形成的沙洲,位于北纬 32°00′~32°19′,东径 119°42′~119°58′。全市总面积 332 平方公里,其中陆地面积 228.7 平方公里,长江水域 104 平方公里。东北与泰兴、江都、邗江隔江相望,西南与丹阳、武进、丹徒三县(区)依水相连。

1985 年,全县总户数 77660 户,总人口 26.0794 万人,其中男性 12.9018 万人,女性 13.1776 万人,人口密度每平方公里 786 人,人口出生率 10.3‰,人口自然增长率 3.2‰;1990 年,全县总人口达 27.2709 万人,其中男性 13.6060 万人,女性 13.6649 万人,居民户数 9.1425 万户。2000 年,扬中市人口数 27.5207 万人,男性 13.6953 万人,女性 13.8254 万人,居民户数 10.6683 万户;2005 年,全市总人口数达 27.2814 万人,男性 13.5090 万人,女性 13.7724 万人,居民总户数 11.0477 万户。

二、自然环境

1. 地貌　扬中市由长江主航道南侧的雷公岛、太平洲、西沙、中心沙等 4 个沙洲组成,为长江三角洲冲积平原的一部分。市境呈西北-东南走向,南北长约 40 公里,东南宽 3 公里~10 公里,平均宽约 7 公里,海拔 4~4.5 米,相对高度 1 米。全境土壤系泥沙沉积而成,土体纵剖面有层次不同的沙黏夹层和砂粒含量,土壤可分为 2 个土类、2 个亚类、7 个土属、16 个土种。

2. 气候　扬中地处北亚热带南部季风气候区,年平均气温 15.1°C,年平均降水量 1000 毫米左右,降水多集中在 6~7 月,占全市降水量的 56% 左右,常年日照时数为 2135 小时,年无霜期长,一般为 227 天。

3. 资源　扬中水产资源丰富,盛产鱼类。其中以刀鱼、鲥鱼、河豚"扬中三鲜"最为有名。清蒸鲥鱼,佐以扬中特产燕竹笋,味道尤为鲜美。河豚,是一种海产低层回游性鱼类,每年春季来长江下游产卵,虽有毒,但味道之鲜美却在一般鱼之上,民间有“拼死吃河豚”之说。芦、柳、竹资源丰富,被誉为扬中“三宝”。树竹芦柳,美化环境,调节气候。

三、建置沿革

扬中成洲千年,建置百年。清末,有大小沙洲58个,统称太平洲。清光绪三十年(1904年),太平洲独立建置,名太平厅。宣统三年(1911年)改名太平县。民国3年(1914年)改名扬中县,县治三茅宫。1949年4月22日,扬中解放,成立扬中县人民政府,隶属镇江专区。1983年3月1日起市管县体制后,改属镇江市。1985年,扬中县辖6镇6乡,1个国营农场,185个行政村。1994年5月19日,国务院批准扬中撤县设市,辖11镇,1个省级经济开发区。2001年辖镇由原来的11个调整为6个,行政村由173个合并为128个。2005年,辖镇撤并为5个,1个省级经济开发区,行政村由128个合并为77个。

四、人民生活

1. 收入消费　随着扬中市经济快速持续发展,人民生活逐年提高。1985年,扬中县城镇职工年平均工资932元,农民人均纯收入654元,城乡居民储蓄存款余额6275万元;1990年,全县城镇职工年平均工资1881元,农民人均纯收入达1198元,城乡居民储蓄存款余额34121万元;2000年,以上三项指标分别达9323元、4616元、354196万元,城乡居民人均储蓄余额12870元;2005年,扬中市在岗职工平均工资17189元,农村居民人均纯收入6880元,城镇居民人均可支配支出14534元,城镇居民人均生活消费支出8600元,农村居民人均生活消费支出4573元,城乡居民储蓄存款余额674117万元,人均储蓄存款余额达24728元。

2. 居住条件　1983年,扬中农村上洲多为五架梁瓦房,下洲多为七架梁瓦房,楼房仅占4%,城镇居民一般为五架梁砖瓦平房。从1986年起,扬中通过政府投资、单位集资建房、商品房开发财政补贴购房、廉租房、经济适用房建设以及拆迁安置等渠道,先后建成扬中新村、江州新村、柳竹新村、文化新村等住宅小区。2000年后,商品房开发呈规模化和高档化趋势。2005年,全市城区住宅小区45个,集镇住宅小区30个,条件好的居民一般农村有别墅,城区、集镇有套房。2005年,扬中市人均居住面积47.8平方米,其中农村人均居住面积55平方米。

3. 社会保障　1992年,全县开展农村社会养老保险工作。1987年,扬中改革公费医疗。1995年,扬中成为全国医疗改革试点市。2006年5月,扬中市建立财政投入、集体扶助、个人出资相结合的新型农村基本养老保险制度。至2005年,全市城镇职工基本养老保险参保人数3.53万人,覆盖面98%,城镇企业职工基本医疗保险参保人数3.94万人,覆盖面97.5%,失业保险参保人数3.6万人,覆盖面100%;城镇最低生活保障人数688人,农村最低生活保障人数3519人,发放最低生活保障经费共计240万元。

第二节　城乡建设

一、城镇建设

1. 城市建设　从1982年4月开始,扬中首次编制《扬中县城总体规划》,1985年经镇江市人民政府批准颁布,勾画出城区发展总的轮廓。在《扬中县城总体规划》两次修编实施的基础上,经过20多年的建设,先后改建、新建高级、次高级道路以及普通道路55条,桥梁27座;新建广场7个、公园3座,各类农贸市场3个,住宅小区19个,供水、排水、供电、燃气、通讯、广播、电视等设施

图 47-6　扬中城市鸟瞰图(2005 年摄)

配套,文化、教育、卫生、体育、商业、金融业等公共设施已初具现代化规模。随着城市范围不断扩大,各主街道两旁一幢幢高楼大厦相继矗立,江洲路的扬中商城,前进路的通达商厦,扬子中路的税务大楼、建行大楼、农行大楼、扬中大厦,中电大道的行政中心大楼等高层建筑。根据水上花园城市的要求,逐步形成以道路为主的绿化网,采用四带式绿化的扬子中路、翠竹路、环城北路等和三茅大港、明珠湾风光带的建成,使城市市容市貌大为改观。至 2005 年底,城市建成区绿地面积达 5010 亩,建成区绿化覆盖率 38.4%。

2. 村镇建设　1987 年,扬中城乡建设委员会对村镇规划进行第一轮修编,1990 年县政府完成乡(镇)域、集镇规划审批。联合镇将 266 个自然埭规划为 41 个居民区,占地面积由原来的 6367 亩减少到 1651 亩,复垦土地近 4000 亩。1994 年,市政府对村镇规划进行第二轮修编,规划区总面积 219.4 平方公里。2004 年,经济开发区调整至沿江工业集中区,原开发区地域划归三茅镇。1986 年以来,集镇基础设施、公共建筑、生产设施建设都有较快发展,5 个主要集镇即新坝集镇、兴隆集镇、油坊集镇、八桥集镇和西来桥集镇,建成区面积由 1.28 平方公里发展到 2005 年 9.5 平方公里,是 1986 年的 7.42 倍,5 个主要集镇相继建成江苏省新型示范小城镇、江苏省卫生镇。

图 47-7　扬中市新农村建设(2005 年摄)

二、交通

1983 年后,扬中市公路网基本形成,陆运更为方便。1986 年,扬中交通已经初具外接干线内联城乡的功能,新建、改建境内 10 多条公路。至 1991 年累计投资 5600 万元,在完成 S218 省道“三茅 - 栏杆桥”“三茅 - 八桥”两条主干公路油路工程后,相继完成长旺、何丰、油坊、永胜、庆丰等 9 条支线公路拓宽改建暨沥青表面处理工程。从“八五规划”开始,采取逐年投资,分期实施的办法改建全长 20.975 公里的扬中大道,并与大桥接线、北环线、三二线连成一体。第一座跨江大桥扬中长江大桥于 1994 年 10 月 6 日建成通车。2003 年 10 月 28 日,最具地域特色的农村公路环岛公路建成通车。2005 年,全市公路里程达 750 公里。从“七五”规划开始到“十五”规划期间,扬中共投资 1000 余万元,加强对航道的疏浚、整治和渠化,拆违清障改建碍航桥梁,改善和新增航道 50 多公里。1995 年起沿江港口装卸码头发展迅速,到 2005 年底全市拥有港口码头 32 座,吊机 48 台。

三、邮电通信

随着经济的发展和人民生活水平的提高,邮政业务量急剧增加。1984 年发行报纸 338 种,刊物 1278 种,期发数 7.46 万余份。1991 年,扬中县邮电局首次开办特快专递业务,年末实现业务收入 14.48 万元;征订报纸 7396680 份,杂志 490103 份,实现业务收入 10.98 万元。2005 年,函件业务量 61.03 万件,包裹业务量 5.7 万件,邮电业务总收入 2.3 亿元;速递业务量 13.3 万件;报刊累计数达 1.12 亿份;邮政储蓄年末余额达 8.41 亿元。扬中是全国首批"电话小康市",1995 年,数字移动电话系统投入运营,2003 年扬中移动用户达 72563 户,移动电话普及率达 88.8 部/百人,2005 年底,全市移动电话用户数达 10 万户,固定电话用户 10.2 万户,电话普及率达 314 部/百人,宽带上网用户 1 万户。

四、电力

随着工农业发展,扬中市城乡用电量逐步上升,进入用电标准村和农村电气化建设时期,电网建设和改造步伐加快。1982 年架设三茅至新坝 35KV 线路 6.2 公里,并建成新坝变电所。1986 年 3 月从杭州汽轮厂购进发电机组。1987 年 12 月底,扬中县第一热电厂投产发电,实现村村通电。1987 年 3 月,扬中县筹建第二热电厂,一期工程安装 6000 千瓦发电机组 1 台,1989 年 8 月并网发电。1993 年 12 月,二期工程 1 台 1.5 万千瓦机组建成投产。2002 年 3 月,企业改制更名为扬中市华太热电有限公司。截至 2005 年底,扬中电网已拥有 10 千伏线路 63 条、615.84 公里,配电变压器 2044 发容量 36.02 万千伏・安,35 千伏线路 22 条、68.40 公里,35 千伏变电所 9 座,变压器 16 台,10.09 万千伏・安;110 千伏线路 6 条、66.60 公里,1104 伏变电所 3 座,变压器 6 台,20.75 万千伏・安;220 千伏普庆变电二期工程所于年底建成投运。当年,全社会用电量达到 4.97 亿千瓦时,其中工业用电 3.37 亿千瓦时。

五、广播电视

1. 广播网络　1983 年起,扬中县广播事业局对县至各公社的广播专线分批进行更新改造,至 1990 年,县、乡(镇)、村用于基层广播事业建设的资金达 36.5 万元,改造广播主干线 52 线公里,喇叭入户率从 1989 年的 64.6% 提高到 85.5%,行政村通广播率 100%。2003 ~ 2005 年底,全市各行政村广播机房经改造升级,全部达到部颁甲级标准,并利用有线电视网络中广播调频信号控制扩音机,实现自动开关。

2. 无线、有线电视　1983 年 11 月,扬中县电视转播台从泰州电视台接受江苏、上海电视台微波信号供转播;1986 年 10 月建成首座卫星地面接受站,接受中央一、二套节目供转播;1996 年底通过镇江市市县微波网从丹阳电视台送上海电视台信号。自 2002 年 7 月起,广电技术中心大楼电视机房起用,央视一套、省台一套电视信号采自省有线骨干网。1994 年 6 月,扬中有线电视建设采用国际通行的 FTF 模式,1996 年 4 月至 1998 年,市镇光纤大联网建设工程启动,总投资 220.75 多万元,架设光缆 44.8 杆公里,453 芯公里。2001 ~2005 年,扬中有线电视在城区及周边扩大网络覆盖范围,共布放电缆 191.2 公里,架设光缆 42.4 公里,508.8 芯公里,新设杆路 3.8 公里,完成道路管网 51 孔公里,小区管网 43.7 孔公里。

第三节　经　济

1983 年,扬中地区生产总值 1.98 亿元,其中第一产业 0.45 亿元,第二产业 1.22 亿元,第三产业 0.30 亿元,地方财政收入 2542 万元。1990 年,地区生产总值 8.17 亿元,其中第一产业 1.27 亿元,第二产业 5.54 亿元,第三产业 1.36 亿元,人均地区生产总值 3013 元,农业产值 2.57 亿元,工业产值 18.85 亿元。地方财政收入 0.60 亿元,年末从业人员 17.17 万人,全社会固定资产投资 2.44 亿元。2005 年,地区生产总值 108.09 亿元,人均地区生产总值 3.47 万元,其中第一产业 3.66 亿元,第二产业 66.57 亿元,第三产业 37.86 亿元,农业产值 6.46 亿元,工业产值 220.75 亿元,财政总收入 11.90 亿元,全社会固定资产投资 38.50 亿元。

1983～2005 年扬中市社会经济主要指标表

表 47-9

年　份	地区生产总值(亿元)	第一产业(亿元)	第二产业(亿元)	第三产业(亿元)	工业产值(亿元)	农业产值(亿元)	全社会固定资产投资(亿元)	进出口总额(万美元)	实际利用外资数(万美元)	社会消费品零售总额(亿元)	地方财政收入(亿元)	城镇职工年平均工资(元)	农民人均纯收入(元)
1983	1.98	0.45	1.22	0.30	1.72	1.92	0.37	–	–	0.71	0.25	677	–
1984	2.51	0.61	1.51	0.39	2.31	2.51	0.54	–	–	0.80	0.28	846	–
1985	3.46	0.64	2.34	0.48	5.92	1.01	1.02	–	–	0.96	0.38	932	654
1986	4.23	0.87	2.78	0.58	7.72	1.39	1.12	–	–	1.07	0.41	1090	843
1987	5.43	1.04	3.61	0.78	10.70	1.82	1.56	–	55	1.45	0.46	1240	1078
1988	7.39	1.24	5.10	1.05	14.95	2.16	2.14	–	28	2.05	0.51	1505	1269
1989	7.74	1.07	5.56	1.11	17.27	2.18	2.02	–	13	2.24	0.56	1699	1198
1990	8.17	1.27	5.54	1.36	18.85	2.57	2.44	–	4	2.43	0.60	1881	1354
1991	9.51	1.29	6.77	1.46	22.72	2.72	3.48	–	72	3.00	0.61	2063	1503
1992	13.18	1.66	8.48	3.05	29.66	3.30	4.58	442	152	3.58	0.73	2408	1970
1993	19.01	2.17	12.52	4.33	45.93	4.37	8.33	702	877	4.73	0.47	3012	2367
1994	28.72	2.90	19.06	6.76	66.46	6.18	10.15	1405	1707	6.01	0.60	4394	2908
1995	38.65	3.57	24.95	10.13	77.34	7.48	12.16	2722	2010	8.04	0.79	5260	3459
1996	45.27	3.88	28.75	12.64	100.60	8.35	12.40	5593	4970	9.94	1.01	6212	4166
1997	46.33	3.32	29.21	13.80	88.70	7.69	15.07	8700	1401	11.35	1.19	6756	4444
1998	50.40	3.46	30.54	16.39	95.59	7.96	14.41	11630	2502	12.37	1.38	7354	4509
1999	53.45	3.52	31.94	17.99	99.56	8.26	13.29	3659	1442	13.17	1.62	8458	4522
2000	56.84	3.60	33.87	19.37	104.72	8.46	18.68	6193	1617	14.16	2.07	9323	4616
2001	60.15	3.78	35.22	21.15	100.71	8.82	22.14	8596	2194	15.36	2.50	10403	4860
2002	65.77	3.92	38.60	23.25	114.90	9.09	27.29	9057	7792	17.27	2.64	11566	5157
2003	75.08	2.88	46.03	26.17	136.93	5.39	29.02	8839	13797	19.18	3.07	13122	5487
2004	88.66	3.55	54.25	30.86	176.43	6.25	29.97	11652	10053	22.25	3.80	15204	6160
2005	108.09	3.66	66.57	37.86	220.75	6.46	38.50	13234	5992	29.93	4.56	17189	6880

一、农业

1. 农业生产　扬中地处北亚热带南部季风气候区,境内气候湿润,土地肥沃,适合于多种植物生长,土地利用率达 98% 以上,粮食复种指数为 1.8,林木覆盖率 13.45%。1981～1984 年对全县土地资源普查结果,扬中县土地总面积为 213.16 平方公里(折合 31.97 万亩),耕地面积 20.21 万亩,占土地总面积的 63.22%,水面 4.18 万亩,渔业养殖面积 2.5 万亩。1986 年,扬中恢复传统耕作制度,全面实行夏、秋两熟制,夏熟作物以“三麦”为主,其次为油菜、蚕豆、秧草;秋熟作物中,水田栽种水稻,旱地种植大豆、山芋等。2004 年,农技部门倡导农户广泛使用机械插秧，恢复翻耕方式种植小麦。2005年底，全市粮食种植面积27.77万亩，粮食总产89377吨；油料总产0.15万吨；生猪出栏量9.13万头，家禽出栏量76.10万只，禽蛋产量2691吨，水产品产量0.39万吨。

2. 林业生产　扬中陆地面积228平方公里。1986～2005年，林业用地面积平均3.06万亩，占陆地面积8.96%，其中林地2.52万亩，未成林地5370亩，苗圃地75亩。扬中林木树有近80个科，200个品种，素有沿江植树造林、抗风挡浪的经验和传统。堤外江滩种植杨树、柳树、杞柳等品种；堤内区域营造生态防护林，以意杨、银杏等落叶树为主，混交林比例30%～40%。至2005年，扬中市建成高标准农田16.29万亩，农田林网率达到97.8%，沟、路、河、渠绿化率均达100%。

3. 农田水利　1983年，扬中县政府按照农田水利建设标准开展建设，形成河、港、沟、渠布局合理，引排畅通的排灌水系，达到旱涝保收、稳产高产的农田水利建设要求。至2005年，扬中增开一级排灌沟、渠196条169.36公里，修建配套涵闸建筑物1231座，整治村前埭后老河沟3436条，新建U型固定渠道55.27公里。新建、改造一步出江排涝站62座130台套，装机容量8888千瓦，设计排涝流量134.36立方米/秒；新建、改造沿港排涝站89座121台套，装机容量2914.5千瓦，设计排涝流量42.49立方米/秒。截至2005年，扬中市有通江节制闸15座，江堤涵闸224座，河港涵洞554座。水利工程设施抗灾能力达到：防洪，历史最高水位、十级台风保安全；排涝，日雨200毫米排出不成灾；防渍，控制地下水位1米以下；抗旱，百日无雨，长江最低水位保灌溉。建成吨粮田12.21万亩，改造中低产田3.97万亩。

4. 农业机械　20世纪80年代至90年代前期，扬中县农机部门配合农田耕作方式变革，大力发展大中型、高性能、多功能复式机械，提高套配率，1999年和2003年两次掀起购置农机具热潮。扬中是江苏省首批农业生产机械化示范县（市）之一。20世纪80年代，农田机电排灌率达100%，稻麦田耕翻基本实现机械化。1986年，植保机械化率达25%，1995年达100%。2005年，机械植保面积达80%，收获机械化率达96%，基本实现收割、脱粒一体化。1983～2005年，机械总动力增长率约16.6%，至2005年末，扬中市农机总动力12.87万千瓦时；有大型拖拉机345台，小型拖拉机945台。

二、工业

1983～2005年，扬中工业经济走过一条企业从数量扩张到规模扩张，产品从单一传统到系统集群化，生产方式从劳动密集型转向科技密集型的发展之路，先后经过"经营机制转换"和"产权制度改革"，组建企业集团，培植经济支柱。1996年，扬中工业总产值达100.60亿元，工业增加值30.54亿元，利税6.43亿元。30强企业实现产值33.4亿元，销售24.3亿元，利税3.5亿元，分别占全市经济总量的36.7%、37.4%、53.8%。到2005年，工业企业实现产值220.75亿元，实现销售收入174.3亿元，利税16.7亿元，工业增加值54.1亿元；30家企业产值超亿元，有21家销售收入超亿元。30强企业实现销售收入95.8亿元，利税9.98亿元。

三、商业

20世纪80年代，扬中商业发展迅速，商业网点、从业人员大增，商品日益丰富，高档商品普及城乡，票证逐步取消，市场繁荣兴旺。1983年，全县社会商品零售总额7120万元。1984年，全县个体工商户累计为4371户，从业人员7076人，其中工业、手工业1629户3335人，运输业626户883人，商业1297户1631人，饮食业97户443人，服务业197户259人，修理业311户385人，建筑业14户140人，是个体经济发展史上第一个高峰。1988年，扬中商业销售总额突破11849万元，实现利润总额385.1万元。1993年元旦，扬中时称"镇江第一店"的通达商厦开业。至1995年末，商业系统下属企业由1986年的13个增加到28个,实现销售总额78170万元,考核利润1543.43万元。2001年推行商业企业产权制度改革,实行“企业产权,职工身份”双置换改革,先后整体出售企业8家,歇业清算企业8家,重组托管企业4家,租赁结合企业3家,依法破产企业1家。至2002年底,除通达商厦外,所有企业与“国营国有”脱钩,改制面达98%,累计盘活存量资产8000万元,清偿各类债务1.3亿元。至2005年,全市拥有各类商品交易市场20家,当年成交额达18.54亿元。全市私营企业2308家,从业人数60150人,注册资本102.64亿元,个体工商户5884户,从业人数7028人,注册资本7.56亿元。

四、财税 金融

1. 财政 1982~1985年,扬中县财政实行收支挂钩,确定比例,全额分成,一定4年,1985年财政收入达3749.6万元。1983年,以打击经济领域违法犯罪活动为中心,开展大规模的以国营企业和行政事业单位为主的税收、财务、物价大检查,共检查96户,查出违纪金额24.96万元。1985年继续开展税收、财务、物资、物价大检查,查出违纪金额211.78万元。20世纪90年代后,扬中市财政体制实行“收入递增包干到分税制”的变革,“分税制”改革以来,扬中财政连续13年未出现赤字,2005年完成财政总收入11.9亿元,财政支出7.04亿元,其中医疗卫生支出0.29亿元,教育支出0.96亿元,社会保障补助支出0.07亿元。

2. 税务 1983年1月1日,扬中县开征增值税和国家能源交通重点建设基金,并对有盈余的国营企业开征所得税。同年10月开征建筑税。至1984年9月,根据国家第二步利改税办法,全国有21个税种,扬中县共开征产品税、增值税、营业税、工商所得税、屠宰税、建筑税、奖金税、国营企业所得税8种,另征集国家能源交通重点建设基金。1980~2005年,扬中市(县)的税务制度历经两次改革。第一次改革重点为利改税,到1988年底,全国工商税收共设22个税种,扬中实际征收7个税种。1993年末,全国工商税收共设32个税种,扬中实际征收21个税种。1994年进行第二次税收改革,实行新税制,共有5大类18个税种,到2005年,全税收收入达10.22亿元。

3. 金融 扬中金融业与扬中经济一起实现跨越式发展。1953年6月,农村合作信用社成立。1956年8月中国农业银行扬中县支行成立。1978年4月,中国人民建设银行镇江支行扬中办事处设立,1984年3月改设为中国人民建设银行扬中支行。1984年12月,中国人民保险公司扬中县支公司成立,当年投保718户,承保金额18369.1万元,收保险费42.5万元。同期设立中国银行扬中办事处,1987年1月改设为中国银行扬中支行。1985年1月成立中国工商银行扬中县支行,与人行合署办公,1987年1月正式分设。1994年7月成立中国农业发展银行扬中市支行。1996年8月,扬中农村信用社与农行脱钩,10月扬中农业发展银行与农行脱钩。1998年8月,中国太平洋保险公司镇江分公司扬中办事处成立(2002年改为支公司)。2000年2月,华泰证券在扬中设立经营部,同年南京证券进入扬中。2000年后,扬中保险业快速发展,平安保险公司、天安保险公司、新华保险公司相继在扬中设立分公司或经营部。2004年,中国银行和建设银行开始股份制改革,2005年,工商银行启动股份制改革,同年末,全市金融机构人民币各项存款余额为105.57亿元,各项贷款余额为55.19亿元。全市保险机构10家,全年保费收入达2.96亿元,其中财产保险收入0.43亿元,人身险收入2.53亿元。

五、建筑业

1978年改革开放后,扬中县以经济建设为中心,建筑业得到蓬勃发展,建筑队伍由小到大,建筑技术由凭传统经验到采用现代科学技术,建筑设备由手工工具向机械化迈进,施工基本实现垂直卷扬化,水平运输车子化,并逐步配置振动机、磨石子机、弯曲机、调直机、切割机等。至2005年,扬中市共有建筑企业35家,从业人员6898人,其中各类工程技术人员980人,建筑业产值55740.9万元,其中建筑工程53149.8万元,装修装饰工程2591.1万元,房屋建筑施工面积1316536平方米;全市获省级优质工程15项,建筑面积12989平方米,镇江市优质工程53项,建筑面积269833平方米,扬中市优质工程305项,建筑面积1033714平方米,创江苏省级文明工地29个,市级文明工地65个。施工企业共死亡31人,重伤46人。

六、运输业

水上客、货运输是扬中20世纪90年代前的主体市场和主流载体,但最终被快捷的公路运输所取代。2005年,全市小客渡关停合并后仅保留6处客运渡口,年客流量下降至21万人;水路货运现仅存1家水运企业,新置货船1拖9驳1980千瓦5040吨位,专门从事煤炭运输。公路基础设施的投入和建设带动运输事业发展,2005年,全市营运客车472辆,客运量676万人次,客运周转量29066万人公里,社会营运性货车817辆,3151吨位,年运货量293万吨,货物周转量127773万吨公里。

第四节　社会事业

一、教育

1983年,扬中县拥有小学169所,在校学生26817人;初中27所,高中9所,在校学生14996人。1983～1995年,全县进行教育改革,全力普及九年义务教育,并以课堂教学为重点,着力提高教学质量。1991年上半年,全县11个乡镇均通过省政府组织的"普九"验收。1995～1997年,扬中市投资近3500万元,易地新建市职业中学。1997年起的5年内,全市投入近4亿元,征地千余亩,进行校舍校园"达标"建设。2000年,扬中市改革师范院校毕业生就业分配制度,实行"综合考核,双向选择,竞争上岗,择优聘用"就业制度。2002年,扬中教育系统实现电子化办公和数字化管理。2003年,扬中实施城乡之间中小学教师的有序流动,以优化师资配置,促进城乡教育均衡发展。同年9月,联合、丰裕、开发区等11所中心幼儿园和江洲新村幼儿园调整为全民事业单位,独立建制。2004年8月,永胜中学整建制并入八桥中学;兴隆、八桥两所中学的高中部,也分别于1999年和2007年撤销,中小学全面进入全国第8次基础教育课程改革,开发校本课程,中学进行学生"自主、合作、探究"学习等教改实验。2005年,全市拥有普通高校1所,在校学生969人;中学14所;职业中学1所;小学21所,在校学生15826人;特殊教育学校1所;幼儿园18所;在职教职工3516人。

二、科技

改革开放以后,扬中县科研队伍日益壮大,1985年科技人员达1050人。20世纪90年代开始,扬中市科技进入全面发展时期,2004年10月,扬中市成为镇江市唯一的"全国科技进步示范市"。2005年,扬中市成为全省"生态农业市""国家火炬计划扬中电力电器产业基地",高新技术产业发展主体及总量不断壮大;认定国家级重点高新技术企业3家,省级高新技术企业3家,市级高新技术企业6家;通过省级新产品鉴定35项;承担国家级火炬计划8项,其中重点火炬计划2项,省级火炬计划18项,国家级星火计划4项,省级星火计划5项,全年申请专利462项,其中发明专利25项,授权200项。

三、文化

改革开放以来,扬中市对文体设施的投入逐年加大,率先在全省普及乡镇文化中心,建成镇级万册图书馆,市文化馆、图书馆、影视中心等标志性工程的一批文化重点设施,建成村级"农家书

图 47-8　油灯博物馆展厅一角(2005 年摄)

屋”26 家。2001 年 11 月 26 日,扬中市老干部合唱团成立,每年深入全市社区、镇村、工厂、企业演出 40 多场次。1986～2005 年,扬中县(市)举办各类群众业余文艺汇演、调演及比赛 27 次,自 2001 年起,每年举办一届农民艺术节和社区文化艺术节,活动项目有专场文艺演出、民间文艺形式广场表演、体育健身健美表演、农民家庭才艺大赛、歌会、舞会等。扬中市文博事业稳步发展,在全市文物普查基础上,对部分重点文物进行抢救性保护,涌现出油灯博物馆、竹艺陈列馆、民族乐器馆等主题展馆,其中收藏大量有价值文物。至 2005 年底,全市有广播电台、电视台各 1 座,广播电视覆盖率 100%,城乡联网率 100%。市图书馆 1 座,藏书量 20.93 万册。

四、卫生

1983 年,全市卫生机构 36 个,床位 518 张。卫技人员 530 人,其中医生 233 人。改革开放以来,扬中市农村卫生、预防保健、公共卫生和中医事业得到长足发展,医疗设备逐步更新,拥有螺旋 CT 机、数字 X 光摄影系统(CR)、1000mA 数字化胃肠 X 光机等现代化大中型医疗器械、检验、检测设备。2005 年,新坝镇建成镇江市首家国家卫生镇。至 2005 年底,全市拥有各类卫生机构 47 个,其中社区卫生服务中心 6 个,社区卫生服务站 60 个,床位 583 张;卫技人员 1429 名,医生 648 人,注册护士 352 人。疾病防治成效明显,连续 33 年未发生血吸虫病急性感染,儿童计划免疫“四苗”覆盖率稳定在 98% 以上,婴幼儿死亡率为 10‰以下,产妇住院分娩率 100%,死亡率符合初保要求;当年完成艾滋病监测 8029 人,发现和管治传染性肺结核病 293 例,灭螺面积达 410 万平方米。

五、体育

20 世纪 80 年代以来,扬中体育事业发展迅速,体育市场形成以房屋租赁、场馆经营、竞赛培训、体育彩票销售等产业。截至 2005 年,全市有晨(晚)练点 100 多个,体育健身人口达 40%,群众性体育活动开展如火如荼,共举办大小赛事和活动 600 多次,参与人数达 10 余万人。扬中市先后举办全国青少年曲棍球锦标赛、“西门控杯”第二届全国象棋冠军赛、中国扬中“通达杯”国际乒乓球对抗赛、江苏省第五届农民运动会自行车比赛等多项全国和省级体育赛事。全市竞技体育水平稳步提高,田径项目团体总分连续 14 年在省级田径比赛中位于甲级队行列,并 5 次进入团体前 10 名。2005 年,扬中市获全国全民健身周活动先进单位。

第五节　乡　镇

一、乡镇设置

1983 年 3 月 1 日起扬中县实行市管县体制,改属镇江市。1985 年,扬中县辖 6 镇 6 乡,1 个国营农场,185 个行政村。1994 年 5 月 19 日,国务院批准扬中撤县设市,辖 11 镇,1 个省级经济开发区。2001 年辖镇由原来的 11 个调整为 6 个,行政村由 173 个合并为 128 个。2005 年,辖镇撤并为

5镇、1个省级经济开发区,行政村由128个合并为86个。

1983年扬中县乡镇(场)情况表

表47-10

乡镇	面积(平方公里)	行政村数(个)	人口(人)	户数(户)	产值(万元)
新坝镇	30.18	19	29714	7990	3022.79
联合乡	21.65	14	22277	6410	3268.20
丰裕乡	21.23	14	19380	5506	2563.28
三茅镇	4.43	5	17555	6042	1267.22
三茅乡	27.45	26	29185	8504	3195.84
三跃乡	13.46	16	22084	6149	2235.05
兴隆镇	13.58	11	15843	4545	2706.44
长旺乡	16.09	12	17326	4764	2664.49
永胜乡	16.51	14	17868	5068	2213.02
油坊镇	29.52	23	31906	8835	3943.18
八桥镇	18.39	13	19243	5196	2605.32
西来桥镇	18.83	11	18138	5004	1627.15
县良种场	3.66	–	164	53	–

2005年扬中市乡镇(开发区)情况表

表47-11

乡镇	面积(平方公里)	行政村数(个)	人口(人)	户数(户)	产值(万元)
新坝镇	48.00	16	47519	19275	275620
三茅镇	120.74	34	131314	54141	251539
油坊镇	45.73	16	43224	17050	84828
八桥镇	55.60	12	33562	13423	67554
西来桥镇	16.10	6	17205	6588	25633
开发区	14.64	2	6899	2449	15674

二、乡镇选介

1. 三茅镇　位于扬中市中北部地区。辖行政村34个,居民(社区)委员会12个,总人口13.13万人,从业人员4.22万人,面积120.74平方公里,耕地9.71万亩。镇政府设在城区文化北路。

三茅镇是茅山道教茅氏三兄弟(或其信徒)来扬中建三茅宫而得名,东、北濒临长江主航道,与江都、泰州、泰兴隔江相望,西、南侧隔夹江与镇江新区、姚桥镇相对。

三茅镇内营房港、联丰港、三茅大港、三跃巷、兴隆港等骨干河港水系畅通,可提供水路运输,营房港、扬子河电站等大小机电排灌站100余座为镇内农田旱涝保收提供保障。2001年,三茅镇政府开始创新农业多种经营模式,2003年经省政府批准,在沿江滩涂采取“高围网、低筑坝、深挖塘”方式,开发兴建集观光、休闲、娱乐和垂钓为一体的生态养殖基地。2005年,三茅镇粮食产量

2.96万吨,油料产量423吨,农机总动力4.84万千瓦。20世纪70年代,三茅镇"金木石(玉)、芦柳竹"制品享誉海内外。2002年,三茅镇盘活存量资产累计1.08亿元,自营出口额350万美元,形成电子电器、塑料化工、轻工服装、消防器材、电信器材等十大支柱产业,生产方式由劳动密集型向集约型转变。其中杜邦变压器、盛大电器、环保设备、电热元器件、消防电子报警器、微型轴承等30多个品种。达到国际先进水平。辖区内有美国、英国、新加坡、芬兰、韩国等国家和中国香港、中国台湾地区合资、独资企业。至2005年,三茅镇有各类企业384家,职工1.84万人,完成工业总产值57.14亿元,地区生产总值25.15亿元。

1993年,三茅镇政府突出发展服务业,并作为社会经济发展和招商引资的突破口。1995~2005年十余年间,服务业发展迅猛,产值逐年提高,其中2002~2005年产值分别为4.83亿元、5.53亿元、6.43亿元和7.13亿元,全镇有商业经营734户,从业人员2130户,拥有餐饮、批发零售、运输、食宿、理发、美容、洗浴、歌舞厅、摄影、文印、修理、家政服务及咨询、中介、代理等综合服务经营项目。

2. 新坝镇 位于扬中西北部。辖行政村16个,新坝、公信居民委员会2个,总人口4.76万人,从业人员2.27万人,面积48平方公里,耕地5.89万亩。新坝镇是省30家重点中心镇之一,先后获"全国文明镇""国家卫生镇""江苏省最佳人居环境奖"等称号。

新坝镇东与三茅镇毗邻,南、西、北三面环江,历史上以农业为主,副业为辅。20世纪50年代,工业崛起,产值占扬中各镇产量的前列。

2005年,新坝镇地区生产总值27.56亿元,其中第一产业0.64亿元,第二产业18.37亿元,第三产业8.55亿元。

进入21世纪,新坝镇工业和社会事业迅猛发展,耕地逐年锐减,但农业种植技术逐年提升,不断改进耕作方法,粮食产量仍处平稳状态。2002年,新坝镇引进"日本稻鸭共作技术"。2003年,农业服务中心和镇水农站开展稻鱼共作试验并取得成功,2004年在镇域和扬中市全面推广。2005年,镇农业服务中心种植的"金缘洋"和镇水农站生产的"水鑫"品牌大米,一并获得国家无公害大米认证,全年粮食产量1.76万吨,油料产量654吨,农机总动力2.25万千瓦。新坝镇蔬菜种植面积一般稳定在2100亩,复种面积近5000亩,2005年各种蔬菜产量1.22万吨,被国家认定为无公害食品产地。

1990~1995年,新坝镇党委和政府对工业产品结构和资产进行调整和重组。企业产权制度改革和资产重组之后,培植长江集团、华鹏集团、华威集团等一批成套电气生产基地,工程电器、硅材料、职业装、钎焊材料等支柱产业壮大,形成地方特色产业。2003年,镇政府投资21亿元,建设占地3.23平方公里高新科技工业园区,与韩国合资创建的现代重工等16家企业相继落户园区。2005年,新坝镇有各类企业84家,职工1.66万人,工业总产值达65.10亿元。

1983年,新坝镇服务业主要集中在商业合作社和供销社。1989年新建农贸市场,占地3200平方米。1993~1994年新建大兴商场、富豪大酒店、三丰大酒店,建筑面积分别为2000平方米、7800平方米和5200平方米。2003年新建新坝集贸市场,占地11万平方米,设摊位488个,累计年交易额7200万元。2005年,新坝镇有集市贸易市场4个,个体工商户876户。

1983～2005 年扬中市(县)四套班子领导人名录

表 47-12

市(县)委书记	市(县)人大常委会主任	市(县)长	市(县)政协主席
孙国柱 (1980.12～1983.8)	孙国柱 (1981.5～1983.11)	朱鹏飞 (1981.5～1984.2)	王笃义 (1984.5～1990.4)
叶正和 (1983.8～1984.1)	朱鹏飞 (1984.5～1985.4)	黄树贤 (代,1984.2～1984.4)	张达明 (1990.4～2000.12)
沙荣盛 (1984.1～1984.7)	周秀德 (1987.5～1988.5)	朱新富 (1984.5～1987.2)	孙金林 (2001.1～)
黄树贤 (1984.7～1985.2)	王家骏 (1988.3～1989.10)	胡志贤 (代, 1987.3 ～ 1987.4; 1987.5～1988.3)	
周秀德 (1985.2～1987.10)	康正平 (1989.12～1992.7)	陆朝银 (代, 1988.3 ～ 1988.5; 1988.5～1996.12)	
王家骏 (1988.5～1989.10)	瞿彩云 (1993.2～1997.2)	孙金林 (1996.12～2002.12)	
康正平 (1990.4～1992.7)	陆朝银 (1997.2～)	陈晨 (代, 2002.12 ～ 2003.1; 2003.1～　)	
张学东 (1992.7～1994.11)			
蒋定之 (1994.11～1996.12)			
陆朝银 (1996.12～2000.12)			
薛强波 (2000.12～2002.12)			
宦祥保 (2002.12～2004.8)			
李国忠 (2004.5～2004.12)			
王守和 (2004.12～)			

第四章　丹 徒 区

第一节　概　况

一、地域人口

丹徒区位于长江下游南岸、江苏省西南部镇江境内,北纬 31°49′～32°16′、东径 119°15′～119°45′。东邻扬中市,东南及南连丹阳市、常州市金坛市,西接句容市,西北、东北分别与扬州市仪征市、邗江区隔江相望。境内世业、江心两洲四面环江,高桥镇三面临水、北与扬州市邗江区相连。

1983 年辖乡 19 个,总面积 868 平方公里。1992 年 10 月,大港镇划出,单列为镇江市经济技术开发区大港地区管理委员会。2005 年 12 月，姚桥、大路、丁岗三镇划归京口区（委托镇江新区代管）。同年，丹徒区辖 7 个镇、112 个村民委员会、2085 个村民小组。总面积 611 平方公里，其中耕地面积 41.4 万亩。

1983 年，丹徒县有 51.17 万人，人口密度为 530 人/平方公里。1992 年、1997 年，因行政区划调整，部分乡镇划出，人口相应减少。1993 年，总人口减为 425424 人。1998 年始，丹徒县人口连续 7 年出现负增长。至 2005 年，全区总人口 27.04 万人，人口自然增长率 1.26‰，人口密度为 456 人/平方公里。

2000 年，全区有回族、蒙古族、满族、布依族、高山族、土家族、苗族、侗族、壮族、白族、彝族、藏族、维吾尔族、朝鲜族、瑶族、哈尼族、傣族、傈僳族、畲族、拉祜族、水族、土族、毛南族、仡佬族、锡伯族、阿昌族、塔吉克族、鄂温克族等 28 个少数民族 758 人，占总人口的 2.0‰。世业镇卫星村第 9 村民小组是全县唯一的回族村民小组。

1983～2005 年丹徒区部分年份行政区划、人口变化情况表

表 47-13

年份	面积（平方公里）	耕地（万亩）	乡镇（公社）数	行政村（个）	总人口（万人）		
					合计	男	女
1983	868	55.25	19	289	51.17	25.18	25.99
1990	828.44	54.23	19	296	46.56	23.14	23.42
1993	828.44	51.3	18	277	42.54	21.23	21.31
1997	788.5	54.41	17	259	38.13	18.96	19.17
2000	810	54.29	17	259	36.75	18.40	18.35
2005	611	41.4	7	112	27.04	13.47	13.57

二、自然环境

1. 地貌　全境西南高，东北低。南有茅山余脉，丘陵岗地较多；中为宁镇山脉，贯穿东西，岗峦向两侧延伸；北枕长江，沿江圩区坦荡低平；运河入境南去，长江经北侧东流；全区海拔 2.5 米～349.7 米。十里长山主峰高 347.9 米，是境内最高山峰。双顶山、天王山、巢凰山、香山、五州山分布在高资镇境内，其中天王山主峰高 306.6 米，巢凰山主峰高 287.9 米。

全区（县）土壤低山区主要有黄沙土、粗骨土和棕色石灰土；丘陵区以马肝土、黄土为主；洮滆平原区大多为黄泥土和马肝土；沿江圩区分布黄沙土、漏沙土和夹沙土。

2. 气候　丹徒属北亚热带南部气候区，具有季风性较明显，过渡性突出，变异性显著，温暖湿润，四季分明，热量充裕，雨水充沛，光照充足，无霜期长等特征。境内年均气温 15.7℃。月均最高气温为 7 月 27.7℃、最低为 1 月 2.9℃，极端最高气温 39.5℃（2001 年 7 月 2 日），极端最低气温 -11℃（1991 年 12 月 30 日）。年均总日照 2032.5 小时，日照率 46%。年均无霜期 228 天，年均降雨量 1093.7 毫米，年均降雨日（大于 0.1 毫米）117 天。

3. 资源　京杭运河流经区内 11.8 公里。境内太平河东段、北段计 21.8 公里。困山，长 17.3 公里。沙腰河全长 13.8 公里。中心河在境内长 16.5 公里。通济河境内长 20.7 公里。胜利河在境内长 7.1 公里。境内还有横塘湖、三岔湖、澄湘湖、洋湖、刘庄湖，石头湖、上下湖、里湖等，总面积 6274.5 亩。有中小水库 33 座，总集水面积 91.12 平方公里，总库容量 4727.14 万立方米，灌溉 6.29 万亩农田。

丹徒境内树木有松、柏、桑、樟、楸、柳、榆、栎、橹、冬青、香椿、椈栎、棕榈、杨骨、乌柏、枫杨等 60

余个品种。20世纪90年代初被林业部评定为全国宜林荒山和平原绿化双达标县。野生药材有丹桂、桔梗、夏枯草、丹参、益母草等170余种。野生动物陆地有野兔、水獭、野鸡等，水域有各类鱼、虾、蟹等。境内长江还有中华鲟、白鳍豚、刀鱼、鲥鱼、河豚等珍贵水生动物。

丹徒境内已查明的矿床有115处，其中中型矿床11处。探明的矿产有石灰石、大理石、花岗石、方解石、沸石、钾长石、珍珠岩、膨润土、耐火粘土，金、铜、铁、磷、岩盐等矿产20多种，探明储量石灰石2.116亿吨、白云石1.032亿吨、煤2543万吨、铁1710万吨、膨润土220万吨、盐矿11亿多吨。

三、建置沿革

丹徒历史悠久，最早称“宜”，是3000多年前周康王封给宜侯的领地。春秋时属吴国，为“朱方之县”。吴亡属越，越亡属楚，更名谷阳。秦时属会稽郡。秦始皇三十七年（公元前210年），改名丹徒。三国吴嘉禾三年（234年）改名武进。西晋太康三年（282年）复名丹徒。隋开皇九年（589年）废丹徒入延陵。唐高祖武德三年（620年）复名丹徒，后历朝均名丹徒。民国17年（1928年）七月，改名为镇江。1949年解放后，划城区为镇江市，农村为丹徒县。1958年3月，丹徒撤县并入镇江市。1962年3月市、县分置。新中国成立后，丹徒隶属镇江地区（专区）。1983年市管县，丹徒属镇江市。中共丹徒县委、丹徒县人民政府驻镇江市城区。1993年，丹徒规划建设丹徒新城。2002年4月，丹徒撤县建区。

四、人民生活

1. 收入消费 1983年，丹徒县农村居民人均纯收入368元，人均生活消费支出328元。随着乡镇工业兴起，非农收入增加，农村居民生活摆脱贫困，转向温饱。1990年，全县农民人均纯收入975元，在岗职工年人均工资1766元，年末城乡居民人均储蓄549元。1995年，农民人均纯收入2684元，城镇职工年人均工资5178元。2005年，农村居民年人均纯收入5437元；每百户家庭拥有电视机152台、洗衣机78台、电冰箱54台、电话机和移动电话机196部、空调47台、电脑10台。人均生活消费支出4434.7元，其中食品、衣着和居住支出2704元，医疗保健、教育娱乐和交通通讯支出1337元，分别占全部支出的60.97%、占30.15%。全区城镇在岗职工年平均工资17138元，城镇居民年人均可支配收入11866元。

2. 居住条件 1983年，丹徒县城镇居民大多居住在镇江市区内；农民人均住房面积15.6平方米，以砖木结构平房为主。20世纪80年代中后期始，随着农民收入的不断增加，一幢幢宽敞明亮的钢筋混凝土结构的楼房拔地而起。2000年后，农民居住注重讲究环境和质量，别墅式住房增多。2005年，全区居民人均住房面积40.4平方米。

3. 社会保障 1985年起，丹徒县推行养老保险费用社会统筹，并实行职工失业保险制度。1992年8月推行农村社会养老保险。1994年1月实行工伤保险。1995年7月推行生育保险。至2005年，全区959个企业3.33万职工参加企业职工基本养老保险、工伤保险和生育保险，参保率92%；450个单位3万名职工参加失业保险；17958人参加农村社会养老保险。

1986年实行公费医疗制度。1994年改革公费医疗、劳保医疗制度和农村合作医疗制度。至2005年，603个单位4.07万名职工参加职工医疗保险，参保率97.6%；86.24%的农民参保农村新型合作医疗保险。

1986～2005年，全区共发放赈灾粮568.54万公斤、赈灾救济款5068.79万元，扶持帮助5790户贫困户脱贫，优抚对象抚恤定补标准自然增长、经费足额发放。城乡居民最低生活保障应保尽保，2005年共向2.7万名退休人员、失业人员和失地农民发放保障金1.3亿元。

第二节 城乡建设

一、城镇建设

1. 城市建设 2002年以前丹徒县与镇江市区同城。1998年2月,位于西麓乡的丹徒新城总体规划经镇江市政府批准,总规划面积19.8平方公里,分三期建设,由行政中心、居住、商贸、科教文卫、高新技术产业、休闲旅游等功能区组成,绿化、道路和各类建筑各占1/3。2002年10月,丹徒区级机关搬迁到丹徒新城;到年底,公共交通、邮电通讯、有线电视和互联网相继开通。到2005年末,丹徒新城建成区面积10平方公里,建成道路21条53.27公里;建成绿化面积132.07万平方米,其中新区人民广场27万平方米,城市绿化率达40%以上。丹徒新城自来水管网与镇江市金西水厂对接,110千伏谷阳变电所投入运行,天然气管道铺设到位,污水处理厂建成。开通公交线路4条,停靠站点32对;新城客运中心运营。建成瑞丹花苑、永安新城等住宅小区21个,住房136.98万平方米,居住人口0.5万人。

图47-9 丹徒新城(2005年摄)

2. 村镇建设 1983年,丹徒县集镇建成区总面积53平方公里,集镇人口9万人。1991年,各乡镇集镇建设总体规划完成,建成区总面积拓展14.5平方公里。1993年,姚桥镇投资1576.1万元,依托老集镇,按“三横三竖(道路)”格局,开发建设0.11平方公里新镇区。1995年10月,县政府印发《关于加快全县农村城镇化建设的决定》。1996年在全县开展“圌山杯”小城镇建设竞赛活动,新建各类建筑7.1万平方米。1999年,黄墟镇被评为省级示范小城镇;高资镇被评为市级示范小城镇;辛丰镇、高资镇和宝堰镇被列为全省加快建设的重点中心镇。2001年3月,区划调整后,全县17个乡镇合并为7个镇。到2005年底,全区7个镇集镇建成区面积36平方公里,集镇人口13.5万人。

二、交通

1983年,丹徒县境内有国、省道干线公路7条91.01公里,县、乡支线公路11条57.13公里;内河干线航道1条,支线航道16条,通航里程78.3公里。1985年10月,大港－高桥汽渡通航。1988年11月,江心－谏壁汽渡通航。1992年2月,世业－镇江汽渡通航。1996年,建成沪宁高速公路丹徒段17.25公里、沿江公路丹徒段17.5公里、葛(村)丹(阳)线11.4公里。1999年9月,位于三山的镇南立交桥建成,成为沟通312国道、222省道(镇丹线)和沿江公路的交通枢纽,是镇江市最大的公路互通式立交桥。2001年4月,整治后的京杭运河丹徒段航道被评为全国内河第一条“国家级文明样板航道”。2002年底,镇(江)荣(炳)公路全线贯通,总投资1.5亿元,分3期建成,总里程36.96公里。2003年,农村公路改建水泥路工程启动。2005年,312国道丹徒段拓宽工程完成。至2005年末,境内新建和改拓建国道、省道9条,区、镇道61条,村道310条,专用公路15条,全区公路总里程1149.42公里;整治干、支线航道10条,通航总里程159.34公里;新建和改拓公路桥梁71座、农桥229座;新建和改拓货运港口18个。2005年,港口年吞吐量351万吨。

三、电力

1. 发电 1983年部分县属企业自备柴油发电机组发电,至1986年自备柴油发电机组14台套4588千瓦;县化肥厂和县水泥厂利用企业生产余热发电,有余热发电机组2台3750千瓦。至1987年自备柴油发电机组达260台套1.35万千瓦。1990年后自备柴油发电机组和小水电机组停用。1992年11月,江苏电力(香港)有限公司、镇江市能源开发总公司、江苏省电力工业局和江苏省国际信托投资公司合资,在高资镇建设江苏省镇江发电有限公司,分三期建成13.5万千瓦机组2台、14万千瓦机组2台和60万千瓦机组2台。1996年,丹徒县经济技术开发区经济发展总公司、丹徒县三电发展公司、中国长江动力(集团)公司和力丰上市(比利时)有限公司合作,在高资镇筹建镇江长虹热电有限公司。2002年5月,江苏电力建设第三工程公司购买镇江长虹热电有限公司62%股份,企业更名为镇江宏顺热电有限公司,建成75吨/小时循环硫化床锅炉2台、1.5万千瓦汽轮发电机组2台。至2005年末,2个发电公司共发电168.49亿千瓦时。

2. 变电 1983年,丹徒县有110千伏石桥变电所和辛丰、上会、宝堰、高资、三山和大路35千伏变电所。1985年8月,110千伏高桥变电所建成,主要供高桥乡和江心乡用电。1993年10月,35千伏丁岗变电所建成。1998年,35千伏黄墟变电所和中天变电所建成。至2000年8月新建成35千伏驸马变电所和110千伏宝堰变电所。至2005年末,全区有110千伏变电所6座,变压器9台、容量24.45万千伏安;35千伏变电所11座,变压器14台、容量12.38万千伏安。

3. 输电 1983年有35千伏输电线路9条176公里、10千伏配电线路26条482公里。1992年9月18日,江心乡治坍村架设10千伏线路1.5公里和50千伏安变压器1台,全县最后一个无电村通电。1996年,全县投入2200多万元改造农村配电网络,新建和改建农村低压配电线路2150公里,建配电房361座。年底丹徒成为国家级"用电标准化和农村电气化县"。到2000年8月,丹徒县农网建设和改造工程竣工,新建和改造276个村(含集镇)10千伏及以下线路2024公里,新增和调配变压器908台,容量9.49万千伏安,完成13万农户接户线改造和一户一表工程。2005年末,全区有110千伏输电线路4条26.93公里;35千伏输电线路29条266.42公里;10千伏输电线路95条1261.44公里,配电变压器2535台、容量26.79万千伏安;0.4千伏及以下低压线路长5993公里。

4. 用电 1983年,丹徒县执行计划用电,全年用电量1.48亿千瓦时。1990年后供电好转,工业用电始终占主导地位,城乡居民用电逐年上升。至2000年8月,供电质量提高,农民用电负担降低。2005年,全区用电量9.39亿千瓦时,其中工业、农业和城乡居民生活用电分别占总电量的81.80%、3.20%和9.23%。

四、邮电通信

1. 邮政 1983年,丹徒县有邮政支局13个、邮电所7个、邮电代办所2个,由镇江市邮电局统一代管。1998年10月实施邮电分营,成立邮政丹徒分局和电信丹徒分局。至2005年末,邮政丹徒分局辖支局19个、邮政所2个、邮政代办点20个;分局至乡镇邮政支局(所)邮路21条,基层投递路段85条5100余公里。全年收寄、投递各类函件52万余件、包裹件24.98万件,投递报刊1924万份,办理汇票业务20.12万张、集邮业务9万枚,年末邮政储蓄余额6.46亿元。

2. 电信 1983~1985年,全县农村电话木杆杆路全部更新为水泥杆路,电缆总长增至142皮长公里,杆路515杆公里,明线线条1334对公里;电话交换机总容量2460门,用户1395户。1992年9月18日,高资支局开通程控电话。到1993年底,全县乡镇全部实现电话程控自动化、传输数字化。1995年投入4000多万元,改善通信基础设施,光缆达166皮长公里,对称电缆达1470皮长公里,基本淘汰农村电话线路设备中的明线;电话扩容1.78万门,农村电话普及率每百人4.86部,基本实现村村通电话。1999年经江苏省邮电管理局验收,丹徒县成为江苏省电话先进县。2000年,辛丰村成为全县首个“移动电话村”。2002年8月21日零时起,丹徒区固定电话并入镇江市区电话营业区。2003年6月推出无线市话(俗称“小灵通”)业务,到年底建“小灵通”基站510多个,“小灵通”用户1.01万个。至2005年,全区有电信营业网点22个,区内农话杆线总长2996.78公里,光缆1723.03皮长公里,通信管道总长134.102公里;程控电话交换机总容量21万余门,有固定电话用户158609户、移动电话用户7.6万余户、宽带网用户1.23万户,全年电信业务收入8367.34万元。

五、广播电视

1. 广播 1983年,丹徒县广播事业局下设丹徒县人民广播站,各乡镇设广播放大站,89582户农户接通广播。11月,省广播电视厅批准建立调频广播转播台。1985年底购进50瓦立体声调频广播发射机1台。1987年7月设立丹徒人民广播电台,50瓦调频广播开播。1991年扩建成300瓦立体声调频电台,频率102.2兆赫。至1992年底,县至乡镇广播专线129杆公里,乡镇至村510杆公里;有入户喇叭9.78万只,入户率66.02%,通播率100%,通响率98.24%。1993年11月18日起,丹徒人民广播电台实行直播,12月10日播音时间增至13小时。1995年,大路镇自办广播节目“大路之声”,在参加省广播电视厅组织的好新闻、好节目评选中获二等奖。2000年,丹徒人民广播电台编发专题节目328档,新闻8200篇(则);7月,自行录制的广播剧《走过去,前面是个天》获中国广播电视学会文艺研究会二等奖和全国市(地、州、盟)文艺节目二等奖,次年1月16日在中央人民广播电台播出。2005年,丹徒人民广播电台制作、播出专题节目1300档、2500多分钟;播出新闻300多档、4500多则。

2. 电视 1983年,全县有电视机约3000台,1985年增至13657台,其中彩色电视机约710台。1991年上半年,丹徒县广电局购进一套电视拍摄、制作和编辑设备,6、7月间拍摄全县抗洪救灾场景,制作成电视专题片《百年一遇》,在全县播出。1992年1月1日,荣炳乡建成县内首个电视差转台。1993年12月10日,丹徒县广播电视局摄制的电视新闻片《诗人闻捷的故乡为诗人诞辰70周年举行隆重的纪念活动》在中央电视台一套《文化园林》栏目播出。1994年3月14日,丹徒电视台建立,1995年12月28日正式开播,每天播出8小时30分钟。1994年9月,辛丰镇在县内第一个开通有线电视。1997年制订《丹徒县有线电视网总体规划》,5月与中国电子总公司江苏分公司签订合作建设丹徒有线电视网协议书,到年底10个乡镇开通有线电视,用户2000户。同年,丹徒电视台制作电视片《江海潮》,反映丹徒县历史文化、农业科技、人物和民间工艺等;9月,该节目在美洲东方台播出。1998年9月22日,县广播电视光纤网与省市联网,可传送有线电视节目增至27套。到2000年底新架设光纤60千米,除江中3个乡镇外,其余乡镇实现有线电视联网,全县有线电视用户1.05万户。2001年,丹徒县广播电视局与中国铁通公司共同组建江苏兰丹网络技术有限公司,负责开发建设丹徒有线电视;2004年初,丹徒县广电局实行独立经营。2005年,丹徒电视台制作和播放电视专题片70多档、700多分钟,播出新闻240多档、2000多则。全区通有线电视行政村108个,占总数的89%;有线电视用户3万多户,入户率25%。

第三节 经 济

历史上丹徒县是个农业大县,直到20世纪80年代前期,工业经济总量规模较小,1983年地区生产总值24850万元,其中第一产业10574万元,第二产业9265万元,第三产业5011万元。

1987年后，全县通过稳定农业生产，加速发展工业，大幅提升第三产业，经济持续高效增长，总量快速增加。1992年后，全县实施“工业强县战略”，扩大对外开放，广泛吸纳外资和民资，加强规模企业培植，鼓励扶持个体私营经济，全县形成机械、建材、化工、电子等支柱工业产业。同年，全县地区生产总值突破10亿元，第二产业占比是第一产业占比的2倍。2005年，全区地区生产总值76.29亿元；工农业生产总值208.88亿元，其中工业生产总值196.94亿元，农业生产总值11.94亿元；财政总收入8亿元；职工年均工资17138元；农民年人均纯收入5437元；社会商品零售总额15.23亿元。1986～2005年，全区实际利用外资及港澳台资3.4476亿美元。

1983～2005年丹徒区社会经济主要指标表

表47-14

年　份	地区生产总值(亿元)	第一产业(亿元)	第二产业(亿元)	第三产业(亿元)	工业产值(亿元)	农业产值(亿元)	全社会固定资产投资(亿元)	进出口总额(万美元)	实际利用外资数(万美元)	社会消费品零售总额(亿元)	地方财政收入(亿元)	城镇职工年平均工资(元)	农民人均纯收入(元)
1983	2.49	1.06	0.93	0.50	1.84	2.18	0.53	–	–	0.97	0.26	660	–
1984	3.34	1.40	1.26	0.68	2.48	2.94	0.58	–	–	1.24	0.27	953	–
1985	3.84	1.46	1.68	0.70	5.01	2.01	0.81	–	–	1.42	0.32	900	512
1986	4.55	1.69	1.93	0.93	6.31	2.44	1.04	–	–	1.72	0.35	1085	635
1987	5.42	1.83	2.45	1.14	8.76	2.75	1.18	–	–	1.98	0.39	1160	729
1988	6.69	2.01	3.28	1.40	12.75	3.39	1.38	–	–	2.86	0.46	1482	798
1989	7.30	2.12	3.70	1.48	14.29	3.63	1.71	–	–	2.67	0.48	1576	849
1990	7.92	2.55	3.86	1.51	16.46	4.38	1.84	–	19	3.06	0.51	1766	975
1991	9.02	2.50	4.64	1.87	18.37	4.37	2.27	–	42	3.47	0.44	1882	986
1992	11.79	3.11	6.17	2.51	24.62	5.40	3.26	413	210	4.06	0.55	2413	1217
1993	18.28	4.24	10.00	4.04	42.24	7.33	5.25	724	524	5.21	0.37	3101	1502
1994	29.48	6.48	16.34	6.66	65.10	12.70	6.12	870	1018	6.69	0.55	4254	2020
1995	37.71	6.71	20.88	10.12	67.85	12.03	6.81	1592	1031	8.00	0.67	5178	2684
1996	41.87	6.89	22.65	12.33	105.27	12.29	7.85	2493	1810	9.32	0.97	6028	3161
1997	41.22	5.52	23.04	12.66	105.30	10.22	8.29	4338	2314	9.87	1.00	6679	3520
1998	44.04	5.72	24.49	13.83	110.22	10.70	10.02	9928	2534	10.81	1.08	7309	3640
1999	43.97	5.78	24.02	14.17	124.60	10.85	11.93	6129	1171	11.50	1.12	8039	3642
2000	46.98	5.89	25.79	15.30	126.27	10.92	14.34	6716	1216	12.43	1.58	8774	3694
2001	51.47	6.16	28.46	16.85	139.50	11.41	17.18	6971	1696	13.45	1.84	9503	3873
2002	56.70	6.38	31.79	18.53	161.39	11.79	21.37	7325	4600	14.74	1.91	10413	4098
2003	63.86	5.83	37.02	21.01	180.23	9.99	25.88	7370	3314	16.37	2.24	13110	4354
2004	75.25	6.20	43.88	25.17	204.00	11.49	34.79	7999	5931	13.22	2.90	15169	4876
2005	76.29	5.18	45.79	25.32	196.94	11.94	48.01	11665	7046	15.23	4.07	17138	5437

一、农业

1. 种植业 1983年,丹徒县有耕地55.25亿亩,人均耕地1.18亩;粮食总产229300吨,棉花总产3140吨,油料总产3630吨。农业总产值2.18亿元,占工农业总产值的54.23%。1988年11个国营农场实行场长责任制下的各种经营承包制。1990年,粮食单产336千克/亩、总产26.27亿吨,油料单产109千克/亩、总产9666吨,人均粮食564.6千克,均创历史新高,交售商品粮6.52亿吨,被国务院授予"粮食生产先进县",被省政府授予"粮食高产县"。2004年1月,中央取消农业税和农产品特产税,种粮有补贴,农民种田积极性提高。2005年,全区免征农业税1175亿元,发放粮食、良种和农机补贴683亿元;粮食种植面积46.20亿亩,粮食总产168291吨;油料种植面积14.59亿亩,油料总产量1.57亿吨;农业总产值11.94亿元。

2. 林牧渔副业 1983年,全县桑园面积6375亩、产茧4737担,茶园1.25亿亩、产茶4004担,出栏生猪13.28亿头、羊1.72亿只,淡水养殖面积1.40亿亩、水产品产量1400吨;多种经营产值10701.14亿元。1991年成为全省山羊、水产品和产茧生产基地,龙山养殖公司形成全国最大的温室养鳗基地。1994年出现纯收入超亿元的农业企业和种养殖专业大户527个、产值超亿元的种养殖专业户3600户、具有特色的种养殖专业村37个。2001年起,蔬菜、茶叶、水产和畜禽成为全县多种经营的主产品,花卉、苗木、奶牛、食用菌等产业蓬勃发展,形成镇江广东温氏畜牧有限公司、镇江市丹徒区正东生态农业发展中心等规模农业龙头企业。2005年,全区有桑园3180亿亩、产茧160吨,茶园8700亩、产茶280吨,出栏生猪12.85亿头、羊2.71亿只,家禽297.56亿羽、产禽蛋4486吨,淡水养殖面积6.44亿亩、水产品产量12701吨。多种经营产值82854亿元,是1983年的7.74倍,占农业总产值的69.40%。

3. 水利 农机 农业生产条件得到改善,农田水利建设进展顺利。1986年冬、1990年冬分两段拓浚太平河19.5公里。1991年冬,拓浚捆山河17.34公里、与丹阳市共同拓浚通济河浚官舍涵至堰坡桥段5.64公里。1992年实施凡石桥围圩除涝工程。1994年建设张寺渡槽工程。1995年拓浚整治京杭运河辛丰段。1998~2000年实施长江整治和长江堤防达标建设工程。至2005年,全区先后整治长江丹徒段坍岸24处,新建加固护岸28.2公里,实施洪期应急抢护工程22处17.1公里,新建和改建堤岸通江涵闸142座,实施江洲堤护坡31.2公里,122.05公里江、洲、港堤达到省防洪标准;除险加固中小型水库90余座(次),33座水库达部颁标准;疏浚各类河道64条(次)、238.19公里,新建和改扩造机电排灌站37座(次);治理岗冲5个1.61亿亩,新建和改建田间水系7.8亿亩。累计投入水利建设经费1.71亿元、劳动力185亿余个,完成土石方1.39亿立方米。全区有机电排灌站438座,装机1642台套3.06千瓦,有效灌溉面积33.1亿亩,有效灌溉率84.2%。

2005年末,全区拥有农业机械总动力19.78亿千瓦;耕作机械有大中型拖拉机533台、小型拖拉机2183台、配带机引犁1910台、旋耕机2217台、机引条播机770台(其中高性能免少耕条播机172台)、灭茬免耕机1659台、开沟机1239台;排灌机械总动力9630台、6.51亿千瓦,农用水泵8786台;收获机械有联合收割机325台、6658千瓦,其中自走式机220台(含高性能机械90台),油菜收割机31台、1085千瓦;植保机械有机动喷雾(粉)器434台;农田基本建设机械有推土机38台、挖掘机7台、装载机22台。

二、工业

1983年,丹徒县有工业企业415家,其中全民企业44家、集体企业371家。完成工业总产值1.84亿元,以机械加工、初级建材、化工、食品、皮革、缝纫和纺织等行业为主。1988年有乡镇工业企业5204家,实现总产值9.1亿元,占全县工业总产值的77.8%。1990年,全县工业企业4704家,完成工业总产值16.46亿元,初步形成以机械、轻纺、建材、化工、采矿、电子等行业为骨干,门类较齐全、产品结构合理的工业生产体系，主要门类28个，产品1300多个。1994年，企业推行产权制度改革。到年底，全县组建企业集团4个、股份有限责任公司13个、股份合作企业201个，对349个小微亏企业实行产权转让、公有民营、联营、兼并等形式的改制。1995年，县委、县政府制订个体私营经济发展规划，出台支持个体私营经济发展的若干措施，到年底私营企业发展到266个，注册资本4387.5万元，从业人员3703人。1997年，县委、县政府制定《关于鼓励发展开放型经济奖励办法》，加大招商引资力度，全县中外合资企业、中外合作经营企业、外商独资企业（简称三资企业）快速发展。到年底累计兴办三资企业157个，实际利用外资2314万美元；到境外兴办企业和窗口6个。2000年，全县工业发展成为以建材、化工、轻纺、机械和食品为主，涉及众多门类，有工业企业4259家，实现工业总产值126.27亿元。进入21世纪，丹徒重点引进和培养机电、精细化工、汽车制造等产业，加强能源、原材料等基础工业。2005年，全区有工业企业4785个，全区实现工业总产值196.94亿元。其中年销售收入500万元以上的规模企业209个。国有工业企业产值比重从1983年的31.91%降至3.69%，集体企业产值比重从1983年的68.09%降至12.17%，而其他经济类型企业所占份额达84.14%。高新技术行业的产品产量大幅增长，其中汽车4251辆、轴承4.82亿套、塑料制品1.22万吨、甲醛12.01万吨、化纤浆粕1.76万吨、石油沥青2.97万吨、合成氨1.83万吨、岩盐31.67万吨、食醋5.05万吨、水泥199.20万吨、皮鞋131.27万双、服装277.80万件、电子元件2449.40万件。高新技术产品年销售收入16亿元。形成汽车及汽车零部件、石油化工、机械电子、新型建材、服装纺织等支柱产业和高新技术产业，有工业企业2071家。

三、商贸　旅游

1. 商贸　1983年，全县社会商品零售总额0.97亿元，商业机构1530个、饮食业机构294个、服务业机构738个。20世纪80年代中后期，联营和个体商业迅速发展。1990年，全县个体有证商业户零售额1.1亿元，占全社会商品零售总额的30.56%，农村集市贸易成交额7235万元。1993年实现销售13.4亿元、利税2200万元。1995年，农村集贸市场繁荣活跃，全年集市贸易成交额4.25亿元。2005年，全区全社会消费品零售总额15.23亿元。全区商贸流通业中，有国有和国有控股企业、集体企业和有限责任公司354家，江苏铭基商贸城、太平洋商贸中心、丹徒新城宝堰大酒店等是重点商贸企业。有农村集贸市场35个，集市贸易成交额23.58亿元。私营、个体工商户6169户，从业人员15845人，个体零售额5.69亿元。

2. 旅游　丹徒是吴文化的重要发祥地之一，旅游资源丰富，有圌山风景区、十里长山、横山凹三茅宫、古香山寺、断山墩商周文化遗址、冷遹故居、殷氏六房、成化古井、四县（镇、句、金、丹）抗敌总会（新四军司令部）革命旧址等。1994年，横山凹三茅宫被列为江苏省三大道教圣地之一。1998年底，镇江市政府把圌山和十里长山列为风景保护区。1999年12月，绍隆禅院被江苏省佛教协会定为全省20个重点寺庙之一。2001年，丹徒县修缮冷遹故居，启动圌山风景区保护和高资镇美人谷森林公园开发建设，江心洲“欢乐农家游”接待游客。2002年，镇江市政府决定开发世业洲。

图47-10　世业洲全貌（2005年摄）

2004年10月,世业洲润扬大桥公园建成。2005年,全区有国内旅行社3家,涉外旅游饭店2家。1993~2005年共接待游客250.5万人次,旅游收入889.8万元。

四、财税　金融

1. 财税　1983年,县财政收入2628.90万元,其中工商各税收入2371.6万元,农业税收入163.5万元;财政支出1566.70万元,其中文教卫生事业费705.2万元,支农支出315.7万元,抚恤和社会救济143.2万元。1990年,县财政收入5117.4万元,其中工商税收4650.2万元;财政支出4455万元。1995年执行以分税制为核心的新财政体制,县财政收入1.29亿元,其中国税收入8254万元,地税收入2904万元;财政支出1.04亿元。2000年,县财政总收入2.77亿元,财政支出2.24亿元。2005年,全区免征农业税、农林特产税,财政总收入8.00亿元,其中地方财政一般预算收入4.07亿元,财政收入中增值税和消费税收入2.95亿元;财政支出6.20亿元,其中教育事业费1.29亿元、文体广播事业费1320万元、卫生经费1578万元,文教卫生事业费占全部支出的25.48%;行政管理经费1.34亿元,公检法司支出3778万元;农、林、水利和气象支出3950万元;抚恤和社会福利救济支出1122万元。

2. 金融　1983年末,中国农业银行丹徒支行(含丹徒县农村信用合作联社)存款8252.01万元、贷款4932.58万元;中国人民银行丹徒县支行存款2576.0万元、贷款5358.7万元。1984年1月,中国工商银行丹徒县支行成立。1989年5月,中国银行丹徒支行成立。1990年6月,中国人民银行丹徒支行行使国家赋予的中央银行县级支行职能。1992年11月,信达城市信用社试营业。到1992年末,全县有各类各级金融储蓄网点238个,干部职工929人;各项存款余额6.76亿元,各项贷款6.57亿元。1995年,居民储蓄存款成为银行资金来源的主渠道。同年末,全县各项存款余额15.997亿元,其中储蓄存款10.645亿元,占全部存款的66.54%;各项贷款14.643亿元。1996年,丹徒县农村信用合作联社与中国农业银行丹徒支行分设;10月增设中国农业发展银行丹徒县支行。2000年末,全县金融机构各项存款余额35.13亿元,各项贷款余额26.48亿元。到2005年末,全区有各类各级金融机构6个,营业网点21个;各项存款余额46.4亿元,各项贷款余额32.03亿元。

3. 保险　1980年11月,中国人民银行丹徒县支行设保险股对外办理全县保险业务。1985年2月升格为中国人民保险公司丹徒县支公司,在中国农业银行丹徒支行各营业所设代理处19个。1988年4月在荣炳乡建立第一个保险服务所。1990年,保险业务发展到17个主要险种,保险费收入543.10万元,其中汽车险收入172.70万元、养老金险收入102.90万元;理赔支出191.50万元,其中汽车险支出100.20万元。至1994年底,除江心、世业外的各乡镇建立保险服务所,配保险员25人。1996年,中国人民保险总公司财产、人寿保险分设经营。2000年,全县保费收入4840万元,其中财产保险保费1725万元、人寿保险保费3115万元;理赔支出1836万元。2003年初,人寿丹徒支公司并入中国人寿保险股份有限公司镇江市分公司。2005年,中国人民财产保险股份有限公司镇江市丹徒支公司实现保费收入1650万元,各类赔案3361件,赔款支出1760万元。

五、运输业

1983年,全县有各类交通运输工具5225辆(艘),其中汽车仅524辆。全年交通运输货运量91.02万吨、货运周转量7261.58万吨公里;集体所有制交通单位客运量71.76万人次,客运周转量499.63万人公里。1986年,个体运输专业户出现,全年运输旅客5.6万人次,货运720.8万吨。1988年4月,丹徒县客运服务公司组建。1990年,全县客运周转量3078万人公里,货物周转量15211万吨公里,港口货物吞吐量113万吨。1992年末,各乡镇驻镇江运输装卸公司(站)16个,从业人员3700多人,年劳务收入800余万元。1995年,全县公路货运经营户2576户,有货运汽车

871 辆 3216 吨位。“九五”期间,交通基础建设步伐加快,运输能力增强。2000 年,全县客运周转量 21016.7 万人公里,货运周转量 32611.4 万吨公里,港口货物吞吐量 151.6 万吨。2005 年,全区有各类交通运输车辆 5.68 万辆,其中汽车 6812 辆;全区交通运输货运量 862 万吨、货运周转量 56164 万吨公里;客运量 442 万人次、客运周转量 16229 万人公里;全年交通运输业完成增加值 8.23 亿元。

六、建筑业

1983 年,丹徒县有县建筑安装工程公司和县第二建筑工程公司 2 个县属建筑企业,有乡镇建筑站 19 个;全年建筑业实现产值 3799.79 万元。1990 年有县、乡镇、村级建筑企业 31 个,职工 1.8 万人,实现产值 1.23 亿元。1992 年底,县内有房地产开发公司 24 个、分公司 3 个;县属公司经营市场主要在镇江市区,有的进入上海、海南海口、广西北海、广东惠州等全国大中城市房地产市场。1995 年,全县完成建筑安装总产值 2.75 亿元,建筑竣工面积 36.93 万平方米。1995 年 5 月,丹徒县建筑安装工程总公司承接津巴布韦国家医院建筑工程,造价 250 万美元。2000 年,全县完成建筑安装总产值 4.52 亿元,建筑面积 64.17 万平方米,其中丹徒新城房地产开工面积 15.8 万平方米;竣工面积 44.51 万平方米,其中丹徒新城房地产竣工面积 12.5 万平方米。2005 年有建筑企业 64 个,其中有资质等级建筑企业 42 个;建筑施工人员 9262 人,其中工程技术人员 1727 人;全年完成建筑面积 834.93 万平方米,实现建筑业总产值 7.6 亿元,是 1983 年的 20 倍。

第四节　社会事业

一、教育

1983 年,丹徒县有中学 68 所,其中高级中学 7 所,在校中学生 25022 人,教职工 1612 人;小学 487 所,在校学生 52964 人,教职工 1978 人;幼儿园 9 所、独立幼儿班 375 个,在园幼儿 16043 人,教职工 518 人;全县成人业余中学有专任教师 11 人、兼任教师 284 人,在校生 9394 人;成人业余初等学校有兼任教师 346 人,在校生 4032 人;县教师进修学校有教职工 40 人,在校学生 346 人。1986 年,全县学龄儿童入学率 98.32%。1988 年,黄墟和高桥首先实施初等(六年制)义务教育。1990 年,全县乡镇均普及六年制义务教育。1994 年,全县实施九年制义务教育。1995 年,全县基本实施九年制义务教育和基本扫除青壮年文盲工作通过省级验收;谏壁马湾小学被评为“江苏省模范学校”,大港中学通过“江苏省重点高级中学”验收,三山高级职业中学成为江苏省重点职业中学;同年 8 月,由新加坡华人支显宗捐资 310 万元,新建上党镇支显宗中学和支显宗小学。1996 年,全县开始实施教育现代化工程,优化配置教育资源,到年底撤并中小学 22 所。1999 年,全县高中教育普及率达 89.8%,提前实现普及高中教育目标;高资镇被评为省级教育现代化先进镇。进入 21 世纪,素质教育被列为教育教学工作的重点。姚桥中心小学实验研究珠心算 10 年,多次获全国性速算比赛团体冠军。2003 年总投资 1.2 亿元,占地 250 亩的江苏省大港中学新校区建成启用,2005 年有教职员工 205 人,中学生 51 班 2402 人。2005 年,全区有幼儿园 15 所、村办幼儿班 83 个,在园幼儿 5141 人,幼儿入园率 95%;小学 16 所,在校学生 21384 人,学龄儿童入学率 100%;初级中学 14 所,在校学生 16144 人,初中入学率 100%,初中毕业生升学率超 98%;普通高中 4 所,在校学生 6048 人;职业高中 4 所,在校学生 5155 人;镇江高专电视大学丹徒分校在校学生 194 人;有市级示范村(厂)成人学校 5 所,社区教育学习中心 1 个,各镇成人教育中心校培训农村各类从业人员 6.3 万人次;3316 人次参加成人高等教育自学考试。

二、科技

1983年,全县有县属科研机构2个,县级科技学会、协会8个,公社科技协会和乡专业技术协会5个;有各类专业技术人员885人。1985年评出乡镇技术员519人。同年,全县有自然科技人员4313人,社会科技人员317人。1990年起"科教兴县"战略开始实施,同年筹集38万元,设立县科技发展基金。1992年,各乡镇配备科技助理,全县科技管理网络形成。1994年在工业、农业和卫生系统选拔34人,承担25项科技项目的研究和开发,建立学术(技术)带头人后备队伍。1995年,丹徒县被国家科委评为"全国科技工作先进县";1996年3月被评为全国科技实力百强县。1997年所有乡镇都建成江苏省科技工作先进乡镇;同年8月经省科委批准,丹徒县辛丰星火技术密集区建立。1999年,镇江中建轴承有限公司和镇江市电工器材厂被认定为省级高新技术企业;丹徒县成为首批省科普示范县。2001年,江苏稳润光电有限公司ERP系统被列为省制造业信息化示范工程,18个企业列入镇江市"百企创新工程"。2001年、2003年连续两次通过全国科技进步县区考核。2004年,丹徒区成为镇江市首个国家科普示范区。2005年有各类科研机构101个,科研服务机构59个,科技协会及学术团体46个;有各类科技人员17358人,其中高级职称413人、中级职称4288人。1983~2005年累计申报科技项目1741项,其中国家级科技项目38项、省级267项;组织实施各类科技项目540个;研制开发工业新产品800余个,其中国家级新产品22个、省级203个;申请专利414件,专利授权338件,实施专利项目113项。

三、文化

1983年,丹徒县有文化馆1座,县图书馆1座(藏书4.5万册),各乡镇有文化站,村办俱乐部179个;有专业剧团1个;电影放映单位57个,其中电影放映队39个,4个乡镇有影剧院。1988年,民间文学工作者搜集整理民间传说111篇,诗歌、歌谣66首,故事121篇,共77万字。1992年2月县邑风物丛书《丹徒》由江苏人民出版社出版,发行4.34万册。1993年9月,《丹徒县志》由江苏科学技术出版社出版;同年起,县志办逐年编纂出版地情资料综合年刊《丹徒年鉴》。1995年9月21日在由江苏省吴歌学会举办的首届"万川杯"江浙沪吴歌大赛中,三山乡女歌手孙阿英被评为"山歌女王"。1998年12月,上党被江苏省文化厅命名为江苏省民间艺术之乡。1996年在江苏省"江都杯"扬剧名票大赛中,高资镇文化站长吴宝成获十佳名票榜首。2000年5月19日,县文体局组织创作、排演的小扬剧《吴二赔情》,被文化部选调北京长安大剧院作首场演出,后又到北京印钞厂和郊区门头沟巡演,《人民日报》《中国文化报》《北京晚报》《新华日报》等10余种报刊专题报道,中央电视台播放6次。2001年,小扬剧《吴二赔情》和世业镇文化站长施德玉表演的扬州评话《一笔救灾款》同获全国第十一届"群星奖"金奖。2002年10月分别在镇江大市口广场和镇江体育馆举办大型文艺晚会《丹徒之歌》和《托起辉煌》。2004年首次与中央电视台合作,在丹徒新城人民广场举办《少儿频道走进我家——中国动画走近孩子》大型文艺演出。2005年10月,中央电视台"同一首歌"在丹徒新城人民广场唱响。同年底,区文化馆有10多个活动室,区图书馆藏书6.9万册;有江苏省民间艺术之乡1个、省级文化先进乡镇2个,7个镇均有文化活动中心;88个行政村建有文化活动室78个、农家书屋20个、农民文化公园105处;全区有省级文物保护单位4个,市级文物保护单位6个,县(区)级文物保护单位3家,共发掘收藏文物452件,其中国家一级文物18件;有省级非物质文化遗产4件、市级3件。1983~2005年编著出版著作88部;创作的各类文艺作品中,有4803件在市级以上发表、展览、演出,622件在省级以上发表、展览、演出。

四、卫生

1983 年，丹徒县有卫生机构 81 个，其中医院、卫生院 23 所，卫生机构床位 887 张，卫技人员 905 人；291 个生产大队配有“赤脚医生”622 人。1990 年，4 所中心卫生院和 7 所乡镇卫生院被评为标准化卫生院。1994 年 12 月经省卫生厅和省中医管理局批准，江苏省中西医结合肾病研究中心在丹徒县中西医结合肾病医院成立，朱辟疆兼任主任。1997 年，丹徒县先后被评为“省牙病防治工作先进县”“省消灭麻风病达标县”“省消灭血丝虫病达标县”“省农村初级卫生保健合格县”和“江苏省爱婴县”。1999 年，全县 208 个村级卫生室合格率达 100%，其中甲级卫生室 179 个。2000 年，黄墟镇建成省级卫生镇，辛丰村和龙山村成为省级卫生村；高资镇和姚桥镇通过市级卫生镇考核验收。2003 年下半年，丹徒区推行新型农村合作医疗保险，到年底，13.1 万农民参保，参保率 44.1%。2005 年有区级医疗卫生机构 8 个、乡镇医疗机构 15 个，床位 691 张，卫技人员 867 人，其中医师 358 人。73 个社区卫生服务站中 58 个通过标准化验收，取得执业许可证。全区计划生育率 99.9%；孕产妇和儿童系统管理率分别为 95%、96%；儿童计划免疫覆盖率 98.7%。新型农村合作医疗参保 24.3 万人，参保率 86.2%。

五、体育

境内体育活动盛行，县、乡镇老年体育协会、钓鱼协会、棋类协会、信鸽协会等业余体育社团常年活动。1983～1998 年，全县中、小学生田径运动会每年举办一届（1999 年后改为每两年举办一次）。1987 年在丹徒县体校建成标准田径场，占地 27 亩。1990 年在第 11 届亚运会重剑团体决赛中，县籍运动员梁琴独得 3 分，为中国队夺得冠军立大功，并获女子个人铜牌。1998 年 8 月组建县女子足球队，招收学员 16 名；1999 年 7 月代表镇江市参加省少儿女子足球比赛，勇夺冠军。2000 年起实施《全民健身计划纲要》，开展“万人健身活动”。2003 年 9 月，残疾人运动员冷丽红、凌元生入选省队，参加全国第六届残疾人运动会；同年 12 月，县文体局陆文林被国家体育总局评为全国优秀社会体育指导员。至 2005 年，全区有青少年业余体校 1 所，体育馆 1 座；有健身工程 31 个、健身点 63 个；全区中小学校有 200 米跑道田径场 4 个、400 米跑道田径场 4 个、篮球场 81 个、足球场 4 个。培养与输送出张月琴（篮球）、梁琴（击剑）、刘小旺（划船）、王芳（射箭）等国家运动员和省、市运动员 72 名，县级运动员在省级以上获得各类奖项 51 人次。

第五节　乡　镇

一、乡镇设置

1983 年底，丹徒县辖姚桥、石桥、大路、高桥、大港、丁岗、江心、谏壁、辛丰、黄墟、三山、西麓、上党、上会、宝堰、荣炳、石马、高资、世业等 19 个乡。1987 年 4 月，辛丰、宝堰、上党、大港、高资、姚桥撤乡建镇。1989 年 3 月，大路、高桥、丁岗、上会撤乡建镇。1992 年 10 月，大港镇划出，单列为镇江市经济技术开发区大港地区管理委员会。1995 年 12 月，黄墟、石桥撤乡建镇。1997 年 7 月，谏壁乡合并给京口区谏壁镇。1999 年 12 月，荣炳、三山、西麓、世业撤乡建镇。2000 年 6 月，江心撤乡建镇。2001 年 3 月，高资镇、石马乡合为高资镇，姚桥镇、石桥镇合为姚桥镇，西麓镇、三山镇合为谷阳镇。2002 年 4 月，丹徒撤县建区，辖 14 个镇。2005 年 12 月，上党镇、上会镇合为上党镇，宝堰镇、荣炳镇合为宝堰镇，辛丰镇、黄墟镇合为辛丰镇，江心镇、高桥镇合为高桥镇；丁岗镇、大路镇、姚桥镇划归镇江市京口区管辖。至此，丹徒区辖 7 个镇。

1983年丹徒县乡镇情况表

表47-15

乡镇	面积(平方公里)	行政村数(个)	户数(户)	人口(人)
姚桥	28.70	20	8349	29719
石桥	27.18	17	6204	22855
大路	50.00	22	9987	36255
高桥	26.27	11	6938	24871
大港	41.68	17	8557	30749
丁岗	41.60	19	7749	28789
江心	13.46	4	2786	10258
谏壁	22.17	11	4171	16018
辛丰	51.70	22	9111	33561
黄墟	40.20	15	5976	22844
三山	37.20	15	6459	24574
西麓	29.00	10	3492	14432
上党	71.66	22	7662	31460
上会	56.40	18	6931	27864
宝堰	40.19	15	7204	26602
荣炳	45.00	14	5563	22072
石马	52.30	11	5484	21833
高资	51.00	14	7193	26947
世业	44.00	10	3602	14762

2005年丹徒区乡镇情况表

表47-16

乡镇	面积（平方公里）	行政村数/居委会数	户数（户）	人口（人）	财政收入（万元）	地区生产总值（万元）
高桥	42.60	9/2	10765	27697	3275	33265
辛丰	90.90	18/2	20354	52364	8209	168800
谷阳	82.96	10/5	13829	38294	8409	76600
上党	128.26	18/2	18197	52665	2887	98200
宝堰	40.19	6/1	9938	24876	1779	32000
高资	100.52	12/1	16254	40670	8415	88200
世业	44.00	5	4442	14029	881	19900

说明:表格内不含荣炳盐资源区、江心洲生态农业园区的资料

二、乡镇选介

1. 辛丰镇　位于区境东南。民国时期和解放初期均置乡,1987年撤乡建镇。2005年面积

90.9 平方公里，耕地 5.04 万亩，集镇面积 2.9 平方公里，辖 18 个行政村、2 个居委会，总户数 20354 户，年末总人口 52364 人。

2005 年，地区生产总值 16.88 亿元，其中农业增加值 4700 万元，工业增加值 7 亿元，第三产业增加值 1.5 亿元，全口径财政收入 8209 万元。农民人均收入 6728 元，职工人均收入 8900 元。人均住房面积：农民 45 平方米、集镇居民 35 平方米。人均储蓄 6343 元。

2005 年，农业总产值 6840 亿元。生产粮食 16890 吨，油料 451 吨，蔬菜 5730 吨，水产品 1193 吨，果品 66 吨，出栏生猪 1.30 万头、羊 1420 万只、家禽 23.1 万羽。有工业企业 673 家，其中年销售超亿元企业 4 家、超千万元企业 22 家、超 500 万元企业 13 家；完成工业总产值 41.37 亿元，销售收入 18.09 亿元，实现利税 8094 万元。

镇政府驻地辛丰集镇，民国前称新丰镇。相传秦末汉初，即有原韩国赵侯辛翼卜居于此。东晋大兴四年（321 年）建成新丰塘。唐时已有集市，以酿酒著名，李白留诗“南国新丰酒，东山小妓歌”“多沽新丰酒，满载越溪船”，可见当时酒已远销浙江。清以后为丹徒县八大集镇之一，素有“水陆码头”之称。镇（江）黄（墟）公路旁经东侧，京杭运河纵贯镇中，河上有明万历年间建的马公桥（后改名辛丰桥），是区内最大的古代桥梁。

2. 高资镇　高资清末设乡，民国初建镇，解放后设高资区。1957 年撤区为乡。1987 年 5 月，高资撤乡建镇。2001 年 1 月，石马乡并入高资镇。

该镇位于区境西部，全境总面积 100.52 平方公里。其中耕地 2.89 万亩。2005 年辖村委会 12 个，集镇居委会 1 个，村民小组 224 个，总户数 16245 户，总人口 40670 人。2005 年完成地区生产总值 8.82 亿元，财政收入 8415 万元。镇政府设高资集镇。

2005 年，全镇稳产高产农田占耕地面积 67%。农机总动力 2.91 万千瓦。粮食总产 7213 吨、油料总产 1997 吨、水产品总产 2560 吨、蔬菜总产 7856 吨、果品总产 728 吨、茶叶总产 460.8 担、出栏禽畜 19.28 万头（羽），农业总产值 1.5167 亿元，其中多种经营产值 1.1611 亿元。全镇林木覆盖率达到 23%，被林业部评为绿化工作先进镇。

2005 年，全镇有工业企业 456 家，年产值超亿元企业 3 家、超 5000 万元企业 4 家、超 1000 万元企业 6 家。江苏北固集团年产值 1.12 亿元，成为集科、工、贸为一体的省级企业集团、国家二级企业。全镇有外资和港澳台资独资和合资企业 2 家，有自营出口企业 4 家，年外贸出口额 2098 万元。2005 年有职工 4293 人。

2005 年有商场、超市、专卖店及零售商业店铺 1147 个。在高资、石马集镇建农贸市场 2 个 3230 平方米。全镇商贸从业人员 2560 人，社会商品零售额 1.24 亿万元。

沪宁铁路高资货运站，年货运量 10 余万吨；312 国道穿越境中，先后改造和整修通村道路 32 条 92.8 公里，全镇实现村村通混凝土路。

该镇 1992 年被评为省科技工作先进镇。2005 年有初级中学 2 所、小学 4 所、中心幼儿园 2 所、村幼儿园 8 所，先后投入 2438 万元，新建中小学教学楼 29958 平方米，教师安居楼 4608 平方米；有职业学校 1 所、成人教育中心校 1 所。有文化中心 1 个、影剧院 1 座，有卫生院 2 所，村、企卫生室 5 个，医卫人员 84 人，病床 60 张。全镇参加农村合作医疗保险 33186 人。

2005 年，全镇农民人均纯收入 6021 元，位列全区第一；农民人均住房 42.5 平方米，电话入户率 31%，有线电视入户率 24%，自来水普及率 78%。五保老人集体供养率、低保领取率 100%。人口出生率 6.9‰，计划生育率 100%，人口自然增长率 4.24‰。

高资镇是重点侨乡，有旅居日本、新加坡、马来西亚、美国等国家华侨和中国香港同胞 121 户 568 人。1986 年以后，旅居海外侨胞先后为修路、办学、通水通电捐款 2586 万元。

1983~2005年丹徒区(县)四套班子领导人名录

表47-17

<table>
<tr><th>区(县)委书记</th><th>区(县)人大常委会主任</th><th>区(县)长</th><th>区(县)政协主席</th></tr>
<tr><td>蒋惠中
(1983.1~1985.8)</td><td>侍秀
(1981.8~1984.4)</td><td>蒋惠中
(1983.1~1984.1)</td><td>杜显举
(1981.4~1984.4)</td></tr>
<tr><td>徐鸣
(1985.8~1991.1)</td><td>蒋惠中
(1984.4~1990.4)</td><td>谢元德
(代，1984.1 ~ 1984.4；1984.4~1989.1)</td><td>陈志良
(1984.4~1985.5)</td></tr>
<tr><td>吴树南
(1991.1~1992.12)</td><td>徐鸣(1990.4~1991.2)</td><td>巫朝正
(代，1989.1 ~ 1990.4；1990.4~1992.12)</td><td>蒋振谷
(1986~1991.4)</td></tr>
<tr><td>巫朝正
(1992.12~1999.3)</td><td>蒋振谷
(1991.4~1997.3)</td><td>郭礼荣
(代，1992.12 ~ 1993.2；1993.3~1995.3)</td><td>刘崇宽
(1991.4~1993.2)</td></tr>
<tr><td>张庆生
(1999.3~2000.12)</td><td>巫朝正
(1997.3~1998.1)</td><td>郜志坚
(1995.3~1998.10)</td><td>巫朝正
(1993.2~1995.8)</td></tr>
<tr><td>李茂川
(2000.12~2003.3)</td><td>胡锡忠
(1998.1~2003.1)</td><td>张庆生
(代，1998.10 ~ 1999.3；1999.3~1999.6)</td><td>姚瑞宽
(1995.8~2001.1)</td></tr>
<tr><td rowspan="3">张洪水
(2003.3~　)</td><td rowspan="3">张锦荣
(2003.1~　)</td><td>冯士超
(代，1999.6 ~ 2000.1；2000.1~2002.1)</td><td rowspan="3">龚玉华
(2001.1~　)</td></tr>
<tr><td>岳卫平
(代,2004.8~2005.7)</td></tr>
<tr><td>丁憬
(代,2005.7~　)</td></tr>
</table>

第五章　京口区

第一节　概　况

一、地域人口

京口区位于长江下游南岸,江苏省东部,镇江市中心城区偏东北部。地处东经119°26′~119°38′,北纬32°10′~32°15′。北濒长江,西以古运河为界与润州区隔河相望,东南与镇江新区连接,西南与丹徒区接壤。全区总面积118平方公里,其中陆地占83%,水域占17%。

1983年,全区总户数81695户,总人口269231人,其中男148126人,女121105人。1990年,总户数113690户,总人口326970人,其中男178140人,女148830人。1993年,总户数为87276户,总人口为255316人,其中男135979人,女119337人。2000年,总户数108319户,总人口329300人,其中男172115人,女157185人。2005年,总户数115400户,总人口348483人,其中男181842人,女166641人,自然增长率2.80‰。

二、自然环境

1. 地貌 京口地貌为东南高、西北低、中间及沿江地带地势平坦、岗坡丘陵穿插其间。除新民洲为江中边滩外,其他基本上形成丘陵岗坡地为主的地貌特征,此外断续分布一系列东北—西南走向侵蚀残丘。地势大致分为三级,第三级为120~140米的剥蚀面,有禹山、雩山、宋陵(松林)山、龙王山、白兔山(横山凹);第二级为50~60米基座阶地,有象山、京岘山、北固山、焦山、鼎石山、卧龙山、粮(梁)山、合山等;最低一级为黄土堆积阶地,高20米~30米。沿江低地由近代长江泥沙淤积而成,并以黄棕土壤为主,岗地以黄土为主,平原以潜育型水稻土为主。

2. 气候 京口区热量丰富,无霜期常年为229天,年日照时数2152小时,年日照率为46%。常年平均气温15.4°C。历年最高气温大于30°C的日数65.6天。极端最高气温41.1°C(1934年7月13日)。极端最低气温-12.9°C(1933年1月27日)。1993~2005年,全区冬季气候偏暖,盛夏一般不太热。梅期少雨。

3. 资源 区境内有鸟、鱼、爬行、哺乳、两栖类动物资源。其中长江鱼类有13目、25科、90多种。鲥鱼、鲥鱼、鳗鱼、鮰鱼、河豚是国内名贵品种。人工饲养水产有青、草、鲢、鲤、鳊、鲫鱼及虾、蟹、鳝、鳖、蚌等。区内有鸟类32科,122种。共青团农场常年有18种鸟类定居,其他野生动物21科。节肢动物有螳螂、甲壳、多足类及蜘蛛、蝉类昆虫。白鳍豚、中华鲟等为珍贵稀有生物,为国家一级保护动物。

区域内植物资源丰富,有各类树木80余科,500余种。自然植被以落叶阔叶树为主,其中有麻栎、枹树、黄连木、山槐、枫杨等。黑松、杉木、泡桐等为引进树种。药用植物资源有700余种。

三、建置沿革

1952年1月,镇江市始设北固、红旗、金山、郊区等4个市辖区。1953~1980年撤区改街道和城市人民公社代行市辖区职权。1981年3月恢复市辖区建置。1983年3月实行市管县行政体制,镇江升格为省辖市。同年8月31日,合并金山、北固2区,设置镇江市城区,次年改称京口区。1992年11月调整京口、润州两区部分区划,以城区古运河为界,北起平政桥,南至周家河桥,运河以东为京口区。至2005年底,京口区管辖大市口、四牌楼、正东路、健康路4个街道,象山乡、谏壁镇、丹徒镇3个乡镇和京口科技工业园、共青团农场及京露茶场,共10个村、56个社区。

四、人民生活

1. 收入消费 1984年,京口区城市居民人均年收入679.2元,其中职工工资收入597.6元;实际支出616.8元,其中生活费支出590.4元。1990年,职工年平均工资收入2116元,城市居民家庭人均生活费收入1558.56元,人均生活费支出1519元。1993年,城镇居民可支配收入3383元,农村居民人均纯收入1682元。2000年,城镇居民可支配收入7385元,农村居民人均纯收入4032元。2005年,城镇居民人均可支配收入12766元,农民人均纯收入6372元,分别比1993年增长277.4%和278.8%。

2. 居住条件 1989年,城区居民人均住房面积6.3平方米。1993年,城区人均居住面积12.82平方米,农村人均住房面积29.2平方米。1995年,城区人均居住面积14.28平方米,农村人均住房面积33.1平方米。2005年,城镇人均住房建筑面积26.5平方米,农村人均住房面积49.9平方米。

3. 社会保障 1983年以后,京口区对无生活来源的老弱病残和困难居民实施定期或临时救助、补助、安置就业等。1992~1995年,全区有17家福利企业先后安置423名“四残”人员就业。

1995～1996年,有24户、34名社会定期救济户;3所敬老院长期供养27人,人均月生活费124元。1997年支付企业养老保险金1090万元、丧葬抚恤费47.5万元、遗属生活救济费3万元,拨付工伤保险伤残补助费2万元。2000年安置630名下岗、失业人员再就业。2000～2001年发放社会救济保障金103.5万元,扩面增收社会养老保险金465万元。2004～2005年征收企业养老保险费6235万元,征收失业保险基金641.21万元。2005年为2710人次发放最低生活保障资金318.8万元,建立2.5万多名农村集体组织成员人口数据库,发放被征地农民基本生活保障金1232万元。全区635家单位20257人参加基本医疗保险,新型农村合作医疗参保率92.4%。建成6个残疾人社区康复站,通过省"十五"残疾人康复工作考核验收。

第二节 城乡建设

一、城镇建设

1. 城乡规划 1983～1991年,区城建环保局协助市城乡规划部门编制辖区内城市规划。1992年11月,市区区划调整后,实施"城乡一体化"发展战略,确定"一体两翼,交叉推进,中间突破,东西呼应"总体思路。1993年在中科院南京地理与湖泊研究所指导下,编制《京口区城乡一体化发展规划》(1992～2010年全区经济和社会事业发展战略目标),10月审查定稿,1995年10月由中国科学技术大学出版社出版发行。

1994年,全区编制《乡镇总体规划》和28个村(自然村)控制性详细规划。1995年10月,市政府批准汝山乡及丹徒、谏壁镇集镇总体规划。1999年3月编制京口区《1999～2013年乡镇规划》。2004年11月编制完成《京口区无村区发展规划》,建设2万平方米的 长江村农民公寓片区。2005年规划共青团农场村庄布局,发放报勘67份,面积7267平方米。

2. 城镇保洁管理 1990～1997年,全区先后聘请街巷清扫保洁人员312名,公厕、垃圾箱管护员424名,组成完善的街巷保洁队伍。1998年在健康路街道尚友片区街巷清扫保洁机制改革试点,形成全覆盖、全天候、长效性街巷保洁机制。2001年,区城管局对大市口街道原民办清扫员妥善清理后,通过市劳动就业中心聘用89名下岗职工实施街巷清扫保洁"三位一体"(清扫、清运、上门收集)。2002年4月1日在全区4个街道全面推行"三位一体"模式,268名街巷清扫保洁员通过"六统一"(招聘、培训、服装标志、工资待遇、工作要求、考核管理)上岗作业。2003～2005年,全区城乡街巷、村组清扫保洁实施专业化运作,规范化管理。

3. 创建文明示范路 1986年7月20日,京口区成立创文明路领导小组,创建大西路、解放路、中山路3条文明路,公布《镇江市文明路标准》。1987年8月18日,区委、区政府命名大西路、解放路、中山路为文明路:双井路、健康路、新河路、镇焦路(今东吴路)为卫生路。1992年1月1日始按照《镇江市城市管理暂行规定》,实行城市道路综合治理目标管理和"条包块管",开展军民、警民、厂街"共建"文明路、卫生路活动。1994年9月5日决定创建解放路为区级文明路。1995年11月市爱卫会、市社管会联合检查验收,市政府命名解放路为市级文明示范路。2005年,京口区创建斜桥街、南门大街南段为城管文明示范路。

4. 农村"双清双美" 1997年6月,京口区根据镇江市《关于清理整顿城郊结合部露天粪缸(坑)的通告》,全区清理整顿2012个露天粪缸(坑),其中销毁714个,移位399个,改造新建899个,整治古运河、虹桥港、米山水沟、华诚沟4条河沟。1998年,加大城郊结合部改造工程力度,对山坡河道进行改造,各乡镇、村组相继建立专职清扫保洁队伍。2000年始开展创建卫生村活动。2003年4月,京口区在全市率先成立农村清扫保洁中心,并在象山乡开展试点,将城郊结合部清扫保洁纳入街巷清扫保洁考核范围,先后招聘象山乡范围内征地后无业人员,按"六统一"对象山乡环境卫生按照主城区要求进行清扫保洁。2004 年在全区农村推行“双清双美”（清洁城市、清洁家园，美化环境、美化家园）活动。2005 年，镇场圃（园区）所属农村先后新建封闭垃圾箱 52 个，改建 43 个，新建半封闭垃圾箱 106 个，配备清扫保洁人员 175 名。新建“三格式”无害化户厕和卫生户厕 898 户，学府路社区和粮山村等 7 个行政村实施综合整治。

二、交通

1. 道路建设　1983～1992 年京口区为镇江市主城区期间，先后协助市属城建、交通部门拓宽改造中山东路、中山西路、电力路、迎江路、黄山南路、桃花坞路、塔山路等 20 多条道路，并改造街巷 200 多条。1992 年 11 月区划调整后，1993～2001 年拓宽改造解放路、南门大街、斜桥街、长江路、正东路等 10 多条主干道及宗泽路、湖西路、焦西路、丹徒路（学府路）、上隍路、江滨路等 50 多条城乡公路。其中 2002 年首开市场化运作建设城市道路，拓宽改造学府路，被评为“市政示范工程”。至 2005 年底投资 50 多亿元，建成禹山路、谏辛路、经十二路、纬七路、谷阳路、京口路等 20 多条道路，以及使桃花坞路、东吴路、正东路、梦溪路整治出新。2005 年，全区有乡村道路 26 条，总长 53.42 公里。

2. 桥梁建设　2004 年，全区有公路桥梁 13 座，总长 1873.7 千米。其中跨苏南运河分别为谏壁节制闸桥、船闸 1、2 桥、越河桥、沿江（省 338 道）桥、莺歌桥、燕舞桥 7 座及跨古运河平政桥、上隍桥等 6 座。2005 年在兴建江滨大道东延工程时，建成长 60 米、宽 33.6 米的沧浪桥。

三、广播电视

1992 年，郊区到乡镇有线广播杆线 19 千米，乡镇到村杆线 52 千米。1994 年 3 月成立京口区人民广播电台，下辖乡镇广电站。1995 年 5 月建成汝山乡有线电视网络，成为镇江市第一家验收合格的乡镇电视网。1998 年 10 月与京口电台联网，通视率 100%，入户率 80%，安装用户 2000 户。1998 年，区域内有线电视实现市、区、乡（镇）三级联网，传输 32 套广电节目。2001 年 9 月成立旅游经济开发区广电服务中心。2003 年 7 月创办《京口电子日报》。2003 年 12 月，区广电服务中心整建制划归区有线电视台管理，旅游经济开发区广电服务中心更名为京口区广播电视网络技术中心。2005 年，区域内广电综合覆盖率 100%，年公共广电节目 4562 小时。

第三节　经　济

1983 年，区属企业主要是原社办和为居民服务的服务业。1991 年 3 月，京口区提出“贸易兴区”发展战略，大力发展第三产业，决定让出位于市中心的区机关大楼兴办华联商厦。1992 年 11 月，区委、区政府根据区划调整后的新情况，确立城乡一体化发展战略。编制《京口区城乡一体化发展规划（1992～2010）》，决定成立京口区经济技术开发区。“九五”期间，全区地区生产总值由 1995 年的 9.53 亿元增长到 2000 年的 16.13 亿元，按可比价年均增长 10.2%；人均地区生产总值从 11209 元增加到 18178 元，年均增长 6%。2000 年，全区财政收入首次突破亿元，达到 1.02 亿元，年均增长 12.1%。一、二、三产业比重“九五”末为 3.6∶37.4∶59。“十五”期末，地区生产总值达 36.17 亿元，按可比价年均增长 18%；人均地区生产总值达到 3.83 万元，年均增长 16.1%。全口径财政总收入达 10 亿元。2005 年，全区地区生产总值一、二、三产业比重分别达 1.9∶52.2∶45.9。民营企业增至 1250 家，个体工商户 1 万多户。

1993～2005年京口区社会经济主要指标表

表47-18

年份	地区生产总值(亿元)	第一产业(亿元)	第二产业(亿元)	第三产业(亿元)	工业产值(亿元)	农业产值(亿元)	全社会固定资产投资(亿元)	进出口总额(万美元)	实际利用外资数(万美元)	社会消费品零售总额(亿元)	地方财政收入(亿元)	城镇职工年平均工资(元)	农民人均纯收入(元)
1993	5.54	0.21	2.16	3.17	10.61	0.42	–	–	782	17.22	0.19	2951	1682
1994	8.18	0.32	3.52	4.35	16.09	0.62	3.32	–	759	18.68	0.23	3907	2102
1995	9.53	0.41	3.20	5.93	14.41	0.77	2.47	–	256	20.38	0.35	5299	2647
1996	11.16	0.47	3.89	6.80	20.96	0.92	2.54	–	509	22.46	0.37	6304	3318
1997	12.14	0.48	4.56	7.10	18.87	0.98	2.87	–	628	24.26	0.35	5770	3700
1998	13.15	0.51	4.95	7.69	23.54	1.02	2.95	–	983	26.85	0.42	7306	3886
1999	13.83	0.52	5.36	7.95	27.99	1.04	3.25	–	1045	30.08	0.48	7935	3953
2000	16.13	0.54	6.57	9.02	21.32	1.06	3.67	2073	1001	33.47	0.59	8558	4032
2001	18.84	0.55	8.05	10.23	23.98	1.06	4.10	2230	1350	36.15	0.68	9409	4234
2002	22.07	0.59	9.87	11.61	29.06	1.10	6.01	4949	2441	38.68	0.87	11058	4470
2003	25.90	0.63	12.10	13.17	36.34	1.15	11.02	7461	4439	43.63	1.45	12953	5080
2004	30.42	0.65	14.83	14.94	61.40	1.23	13.82	17997	5046	49.87	3.52	15318	5705
2005	36.17	0.70	18.39	17.08	74.44	1.35	19.30	17355	3847	57.45	4.87	17708	6372

说明:1. 工业产值泛指全部工业现价产值,农业产值泛指农林牧渔业现价产值;

2. 1983～1992年数据因统计口径纳入市区范畴无法区分,故不收入

一、农业

1992年,全区农业总产值3178.9万元,农村人均收入1126元;农业人口7.5万人,其中劳动力1.95万名;耕地面积2.47万亩,其中粮田1.15万亩,菜田1032亩,林、茶、果、竹园地5765亩,人均耕地面积0.5亩;水面3280亩,其中精养水面1926亩。有长江堤岸27公里。1993～1995年,全区完成农业总产值1.81亿元,生产粮食1.6万吨,油料1257吨,上市蔬菜7.44万吨,出栏生猪5.47万头,家禽7.75万羽,禽蛋1.39万吨,水产品2630吨,果品9600吨,茶叶70.25吨。1998年,京口高科技农业示范园确定为市级高科技农业示范园。2002年12月,瑞京农业科技园建成。“十五”期间,京口区实施特色农业区发展战略,形成具有特色的城郊型农业。先后建成粮改菜基地、花卉苗木基地和有机稻米基地。粮经比为12∶88;新建千头猪场、万羽绿壳蛋鸡场各1个及30万羽肉鸡养殖场。2005年,全区实现农业总产值13485万元,农民人均收入6372元,粮食总产量7225吨,油料882吨,出栏生猪1.8万头,家禽60万羽,农业机械总动力5.7万千瓦,机械化作业率81%。

二、工业

1983年,全区有集体所有制工业企业36家。1984年初,镇江钢锉工具厂等7家企业划归京口区。1987年4月,风动工具厂LS－4Z11－ZG型自动关闭式气动螺丝刀通过省级鉴定,为区首个通过省级鉴定的国内首创产品。1990年,风动工具LSN系列气动螺丝刀获省首届先进适用科技成果

新产品展销会金奖。1992年11月，区划调整后乡村企业划入，形成全区多元化工业系统。1994年，全区有各类工业企业664家，职工13217名，实现工业总产值近16亿元。1995年8月2日，区生资公司企业体制改革，组建天生集团有限责任公司，属全市首家。2000年，全区完成工业增加值4.6亿元，产销率95%。其中，定报工业企业增加值2.5亿元，销售8.5亿元，占区工业经济总量分别达46.9%和45.2%。"十五"期间完成企业改制284家，改制面94.8%，盘活存量资产5.5亿元，置换职工身份5530人。2005年，全区实现工业增加值17.62亿元，占地区生产总值的48.7%，工业销售78.2亿元，工业税收3.1亿元，占全区财政收入的31%，销售超亿元企业10家，其中中盛粮油等3家企业进入全市工业50强。

三、商贸　旅游

1. 商贸　1984年先后成立镇江市第二饮食服务公司和镇江市第二糖业烟酒公司，有网点246个，占城区商业网点51.78%。其中，全民所有制54个、大集体164个、城镇集体28个；饮食业69个、理发业29个、浴室业10个、旅馆业27个、综合服务业1个、水炉业28个、食品杂货零售业82个。用房面积3.3万平方米，其中营业面积2.9万平方米。年营业收入1802.30万元，利润67.34万元。1987年成立京口区商业总公司。当年营业收入2575.26万元，利润35.90万元。2005年，区商业总公司有网点110家，职工1798名。年营业收入29000万元，利润150.20万元。

2. 旅游　1983～2005年，京口区未设旅游机构，由政府办公室兼管旅游接待事宜。1984～1996年先后接待武汉江汉区、扬州广陵区、南京秦淮区、南京建邺区、徐州云龙区、上海普陀区、宁波江曙区等20多个省、市区市辖区友好旅游团1500多人次旅游访问，并建立友好县（市）区交流、合作。

1983～1991年，京口区有风景名胜旅游景点10多处。1992年区划调整后划出金山风景名胜旅游资源多处。1993～2005年，市、区两级政府投资10多亿元着力打造以"京口三山"和长、古江河真山真水特质景区，建成50多万平方公里山水一体的"一湾"（北固湾）、"两带"（滨江、古运河风光带）"两湖"（金山湖、焦山湖）"三山"为主体，包括古城公园在内的优秀旅游景点30多处。

四、财税　金融

1. 财政

1983年，京口区财政收入257.7万元。1990年为1161.8万元，年均增长25.02%。1984～1990年，各项财政支出为4864.53万元，7年平均增长23.33%。1991年遭受洪涝灾害，财政收入同比有所减少。1993年，区财政收入超常增长，增幅达178.38%。"八五"期间，财政收入从1042.6万元增加至5747万元，5年实现财政收入翻两番。其间加大财政改革力度，试行机关单位财政经费脱钩压缩开支，减少财政赤字。1993年始实现建区10年来首次收支平衡。"九五"期间，全区财政收入由6344万元上升为10201万元，年均增长12.29%，财政收入首次超亿元。1998年始，区财政实现净结余。2001年，财政总收入12174万元，财政支出9165万元。2005年，财政收入首次突破10亿元，达到101428万元，5年平均增长53.16%。财政支出上升为28769万元，5年平均增长27.56%。

2. 税务

国税　1983年，市税务第三分局负责京口区240家企业，588家街道企业、178家大中小学校办企业、5家私营企业，2315户个体工商户及京口闸、五条街等20个农贸市场税务征收。1984年对安置待业青年、福利工厂新办集体企业实行减征、免征所得税。1992年11月区划调整后，全区3965家（户）企业税收由市税务局第三、第五分局管理。1995年1月3日，京口区国税由市国税第三、第五分局征收。2003年，市国税局机构调整，市国税第一分局负责区域范围内2585家企业、

3200余户个体户及专业市场国税征收。2005年,国税一分局负责区域范围内6000余家(户)企业、个体户的国税征收。

地税　1985年,京口闸农贸市场建成后,由市税三分局负责征管服务。1991年3月结合街道财政体制改革试点,大市口街道成立税务所,负责街道范围内企业、营企和个体工商户税收征管服务。1992年,市税三分局地税收入130.01万元,基金收入194.27万元。1994年实行征管、稽查分离模式。1995年实施征收、管理、稽查3分离。1999年建立"以计算机网络为依托,以纳税人自行纳税和优质服务为基础,集中征收,重点稽查"新的征管模式。2003年6月,税收管理除涉外企业和金融业按条管理外,其他纳税人实行按区域属地管理。即京口区由地税二分局管辖。2005年地税二分局设立纳税评估科,评估入库税款1002万元。2005年,地税收入72147.29万元,10年平均增幅32.5%。

3. 金融

1983年,城区建立时未设区属银行、金库。1985年,镇江市城区信用社(以下简称区信用社)建立并开业,为区属企事业单位和个体工商户服务,开展居民储蓄、企事业存款、结算及对有关企业、个体工商户投放信贷等业务。1985~1989年,股金总额69万元。1997年12月,区信用社在大西路、中山西路设立分理处,解放路设立储蓄所等服务窗口。1992年10月28日,市政府决定京口区建立金库,同时建立京口农业银行。1993年8月8日,农业银行京口营业部开业。1993年7月,镇江市城东信用社开业。嗣后城区信用社、城东信用社与镇江市各信用社合并,成立镇江市商业银行,后升格为江苏银行镇江支行。1993年,农行京口支行开业,区政府和市农行分别下达存款任务,行政、业务归市农行管理。

五、建筑业

1984年8月,区内建筑工程处有9个工程队,合并成立镇江市第五建筑工程公司(以下简称"五公司")。1986年底保留五公司名称,分别建立京口建筑工程公司、京口建筑二公司、京口建筑工程处3家企业。1989年,全区有各类建筑企业25家,职工1500多人。1992年成立京口区建筑安装总公司,下设第一、二、六、七、八分公司和直属、京江、盛达公司。1992年底,全区有25家建筑施工企业,职工3500多名,施工机械94台,固定资产100多万元。完成施工产值1.37亿元,竣工工程59个,面积11.89万平方米。1997年建安企业减为12家。2003年后,各建安单位改制为有限责任公司,走市场化发展道路。2005年,全区有三级建筑及装饰企业22家,其中施工总承包企业3家,专业承包及装饰单位19家。完成建安工作量73950平方米,总造价19.5亿元。

六、运输业

1. 公路运输

区属运输企业　1983年9月,原北固、金山等4个土方队和搬运站合并而成区装卸运输公司,下辖4个队,有板车800多辆,职工1000多人(含退休退养人员)。1984年,公司营业额712.89万元,利润14.67万元。1992年,全区6家运输企业,有汽车20多辆(部分挂靠车辆),挖掘机、装载机各1台,职工1000多名。1993~2003年,区域内交通运输业逐步进入市场化轨道,区属运输原本属劳动密集型企业,在激烈的市场竞争中逐步退出运输市场而萎缩、关闭。2005年,乡镇(场圃)交通运输企业改制为私人所有。

省干线　1992年,京口区有两条省干线。一为338省道京口段,起点丹徒镇。2005年,境内全长30公里,全线为二级公路,双向6车道,通向常州。二为238省道(过境线),境内长40公里,双向8车道,通往扬中。此外,有县乡公路11条,总长58公里。

农村公路　1998年底,区内有4个行政村不通公路。1999年修建8公里四级乡村公路,同年底,实现村村通公路。2003 年 4 月开展农村公路现状及建设规划调查,以 3 年时间改造村路 36 公里。2005 年,全区改建 26 条不同等级农村公路,总里程 55.62 公里。

客运站 区内有镇江南门(快)客站,位于解放路 25 号。面积 400 多平方米,属交通部二级汽车客运站,设施齐全,微机联网售票、检票,自动化播音系统、危检仪等设施,主要开行沪宁高速及跨省市际公路客运、辖市(区)、乡镇短途农班线客运。2005 年,日发车 600 余班,日均发运旅客 6000 多人次。

2. 水上运输

汽渡 1983 年,谏壁汽渡连接谏壁镇和丹徒县江心洲,站台在苏南运河入江口东岸,每小时往返 1 班。1998 年兴建谏壁二线船闸,拆迁至 006 乡道孩溪线江边复建汽渡码头。仍由谏壁通往江心洲。1999 年通航,1 艘 4 车渡。不久改为 1 艘 8 车渡。至 2005 年未改。

航道码头 1958 年,苏南运河京口段自谏壁西街癞鼋墩长江口起,至谏壁与辛丰交界,全长 12.34 公里。1976 年 2 月至 1980 年 11 月,按照标准对江口段运河整治,新辟 2.494 公里江口段运河,兴建通航 2×1000 吨级船舶三级船闸 1 座。1997 年 1 月,江口段航道实施完善工程,包括驳岸维修、护坡、小挡墙和锚地工程等,9 月竣工。1998 年,省建委批复谏壁船闸东、两闸纵轴线 80 米处新建二线船闸。1999 年 6 月开工,2001 年底竣工,投资 16208.62 万元。1976~2005 年,一、二线船闸共开放 26 万多闸次,船舶和货物通过量分别提高 23 倍和 24 倍,闸次优良率 100%。

1983~2005 年,苏南运河京口段航道,设有航行和信号标志 13 座。区航道内有码头 3 座:谏壁港、东陶码头、船闸远调站码头。

第四节 社会事业

一、教育

1. 学前教育 1983 年,区内有解放路、宝塔路等 19 所幼儿园,34 个班,入园幼儿 4572 人,教职员工 205 人。1991 年,辖区有机关、部队和企事业单位幼儿园 280 所,3 个班以上的 80 多所,在园幼儿 5000 多人,教职员 1500 多人。1993 年,全区城乡有幼儿园 54 所(含公、民、厂矿企事业单位办),244 个班级,入园幼儿 8990 人。农村幼儿入园率 85.9%。2005 年,全区注册幼儿园为 29 所,建成 10 所省级示范性幼儿园、5 所省现代化幼儿园,9 所市一类幼儿园。

2. 小学教育 1983 年,全区有小学 45 所,在校学生 18890 人,教师 819 人。1992 年,21 所小学划归润州区,划入 29 所农村小学。1993 年,全区有小学 47 所,483 个班级,在校生 19519 人。1997 年 9 月,丹徒县谏壁乡 6 所小学划归谏壁镇。1998 年,丁卯、马家山、仇村 3 所小学划归镇江新区。2002~2003 年城乡小学再次调整。2004 年,全区有小学 23 所,在校生 2.15 万人,144 个班级,教职工 1198 人。学校占地面积 8.6 万平方米,建筑面积 105989 平方米。2005 年,小学调整为

图 47-11 2004 年,公推公选中山路小学校长

22 所,其中省实验小学 8 所;在校学生 2.12 万人。

3. 普通中学教育 1992 年 11 月区划调整后,镇江九中、十中、汝山中学、丹徒中学、渣泽中学划归京口区,共青团农场中学、谏壁发电厂中学、省电力建设三公司子弟中学亦归京口区代管。全区有 78 个班级,其中初中 66 个班,高中 12 个班,在校学生 3512 人,教职员工 282 人。1998 年,渣泽中学撤销,华电三处职工子弟学校撤销中学部。全区 6 所中学,初中 56 个班,在校生 2374 名;高中 18 个班,在校生 978 名。2001 年 9 月,汝山中学与丹徒中学合并,迁入原汝山中学校址;区职教中心迁丹徒中学校址,隶属镇江市第十中学。2001 年,全区普通高中 16 个班,学生 740 名;职业高中 9 个班,学生 285 人;初中 71 个班,学生 3226 人。2005 年,第九中学被评为省三星级普通高中;全区有 3 所初中,其中 1 所单独初中、2 所省教育现代化示范初中。

4. 职业教育 1984 年,谏壁发电厂中学招收电气化专业职高 1 个班,47 名学生,学制 3 年。1985 ~ 1986 年,市十中两届招收造纸专业职高班 95 人。1993 年,区计经委与汝山中学联办京口职业教育培训中心。1994 年招收机电、财会专业职高班各 1 个。1996 年起先后与省劳动经济学校、省冶金经济管理学校、省司法警官学校联合办学,开设机电、财会电算化、园林与经济管理、服装等 10 个专业,学生千余人。区劳动局与丹徒中学联办技工部,开设化工、服装等专业。2002 年与江苏信息职业技术学院联办 3 年和 5 年制大专班各 1 个,向全省招生 100 人。2005 年招收机电、化工等 8 个专业,946 名学生。

5. 成人教育 1984 年 11 月,京口区建立职工教育委员会,下设办公室(下简称区职教办)。1988 年 2 月建立区成人教育培训中心,建立职工教育学校,有管理人员 21 人。1989 年区职教办开办补习班,2291 人次参加学习(其中高考补习班 969 人次),其他培训 15865 人次。1992 年增加农村扫除青壮年文盲任务,开展农业实用技术培训和农村富余劳动力转移培训。1993 ~ 1995 年以岗位培训为重点,参加培训 16465 人次。2001 年起在健康路盛达新村居委会开展社区教育的试点工作。2004 年,全区 2 个乡镇全部通过教育现代化验收。2005 年,全区劳动力转移培训 3030 人。

二、科技

1984 年,全区有科技人员 840 人,其中有技术职称 203 人。1989 年有各类专业人员 2000 多人,其中获得各级技术职称 1914 名。1990 ~ 1992 年入选省、市指导性科技立项 11 个。1993 年配备科技副区长,4 个乡镇及科技工业区成立科委,配备科技副乡(镇)长。1994 年,京口区首次通过科技部科技进步达标考核。"九五"期间,全区实施科技项目 274 项,其中国家"星火"计划、新品及重点成果推广计划 4 项,省级"火炬""星火"计划及新产品计划 33 项。京口农科园被认定省级高科技农业示范园。2005 年,全区申请专利 203 件,授权(公开)专利 98 件、有 7 家省级高新技术企业,高新技术产品销售收入 11 亿元,通过科技部科技进步达标考核,连续 5 次被评为江苏省科技进步先进区。

三、文化

1. 文化馆 1984 年 6 月成立区文化馆,6 年多因馆址无着,活动不能正常开展。1993 年在谏壁公园内建成区文化馆。1994 ~ 2005 年开办文学、艺术、绘画、表演等培训班 50 多期,培养各类文艺骨干 1000 多人次。

2. 文学艺术 2003 年,京口区成立文学艺术界联合会(以下简称"区文联")。有区作家、书画家、摄影家、戏曲艺术家、音乐舞蹈家 5 个协会和镇江"八坤"艺术沙龙。2003 ~ 2005 年全区新增各类协会会员 200 多名,其中国家级会员 1 名、高级美术师 1 名。

2003 年,京口区作家协会(以下简称区作协)成立。2004 ~ 2005 年组织文学讲座 8 次。2005 年,区作协多次组织会员参加省、市作协培训、采风等创作活动 20 多项,先后创作并出版一批优秀文学作品。如《春风又绿江南》《高地上的灿烂》《情絮无涯》《静坐斜阳读风景》《万里澄澈》《心声》等小说、散文、诗歌200多种。王海燕《绿色回眸》散文集获全国女青年创作奖。

2003年，区摄影家协会成立。《关注》《亲》《蹉跎岁月》等获省、市级优秀作品奖。2004年，区摄影协会选送150多幅作品参加市第四届社区艺术节和第三届农民艺术摄影展，90多幅作品获奖。2005年，区摄影家协会举办京口区“主人翁风采”摄影展，50多名会员350多幅作品参展。

图47-12　镇江市京口区文化馆(2005年摄)

3. 图书馆　1991年前，京口区未设立图书馆，部分区属小学设图书报刊阅览室。1992年，镇江市第九、第十、丹徒、汝山等8所中学始有学校图书馆。2005年，全区有中学图书馆3家，藏书总量10万多册。同年，京口区投资3500万元，启动文化馆、文化市场、美术馆、社区图书馆等10个文化项目建设。其中在学府路和谷阳路交会处，兴建京口文化广场，占地3.5万平方米；在江滨新村兴建社区图书馆，建筑面积406平方米，藏书3万多册。

四、卫生

1983年9月，区卫生局成立，下辖区人民医院及3个门诊部。1984年，全区卫生机构39个；卫生技术人员224人，其中医生130人；床位120张。1992年11月区划调整，下辖区人民医院和谏壁、丹徒、汝山、象山4所乡镇卫生院、区卫生防疫站、区妇幼保健所。2003年11月，卫生体制改革，卫生防疫站、京口血防所、结核病防治所撤销，组建区卫生监督所、区疾控中心。2005年9月，区人民医院、妇幼保健所、4所乡镇卫生院和镇江第四人民医院(部分)，分别改制为6个街道、乡镇社区卫生服务中心。12月建成疾控检验中心、电子卫生信息中心、体检中心、突发公共卫生应急指挥中心等。同年，全区有健康路、谏壁镇社区卫生服务中心、场圃医卫所等7家医疗单位及区疾控中心、卫生监督所、妇幼保健所3家卫生防保单位。医卫技术人员477名，其中医生255人；病床199张。有村级卫生室10个，全科医生8名，非全科医师4名。城乡有个体诊所28家，医务人员42名，其中执业医师25名，助理执业医师12名。

图47-13　健康路社区卫生服务中心　(2005年摄)

五、体育

1983～1987年，区体育工作以青少年为重点，兼顾职工体育、老年人体育、社区体育等群众性体育活动，办好传统学校，为国家和省、市乒乓球、田径、游泳、排球、足球、棋类等运动培养、输送优秀苗子和体育人才。1988年10月,国家乒乓球队4名教练到八叉巷小学技术辅导。国家体委副主任、中国乒乓球协会主席徐寅生视察八叉巷小学,并题词“中国乒坛的希望”。1996年,全区体育活动根据《中华人民共和国体育法》《全民健身计划纲要》规定每年6月举行“全民健身月”和“全民健身周”活动。1997~2004年,京口区结合校园体育、城乡社区体育运动器械、场地,晨、晚练活动点建设,先后安装运动器械500多套(件)。2005年2月,八叉巷小学被国家体育总局乒羽管理中心确定为全国重点乒乓单位之一,并授予国家级乒乓球传统项目学校称号。同年,全区另有省级传统项目学校4所,市级6所,区级2所。20多年来,京口区传统项目学校为国家和省、市培养、输送一批优秀体育苗子,涌现出如邬娜、秦志戬、陈晴等国家级运动员和世界乒乓球冠、亚军。

第五节 乡镇(街道)

一、乡镇(街道)设置

1983年8月,全区辖正东路、大市口、四牌楼、健康路、宝塔路、中华路、京畿路、和平路等8个街道,下辖156个居委会。加上水上人口共有居民82979户、274268人。1992年11月区划调整后,京口区辖正东路、健康路、大市口、四牌楼4个街道及象山、汝山、丹徒、谏壁4个乡镇和润露(不久改称京露)茶叶试验场、国营江苏省共青团农场(代管,2001年11月划入),89个居委会、33个村委会。1993年2月,区委、区政府决定在京岘山东南麓建立京口经济技术开发区,设立管委会(乡镇级)。1997年9月撤销丹徒县谏壁乡,除孩溪、新竹、甸上3村划归大港镇外,其余9个行政村划入谏壁镇。1995年6月,京口经济技术开发区更名市旅游经济开发区,同时将谏壁镇李华村划入,设立京口科技工业园区。2001年6月,汝山乡与丹徒镇合并称丹徒镇。同年9月,将110个居委会调整为55个社区(居委会)。2002年8月,京口区被民政部命名为首批“全国社区建设示范区”。2003年12月将旅游经济开发区李华村划出,单独设立京口科技工业园区。原属村、居分别划归丹徒镇和象山乡,撤销市旅游经济开发区。至2005年底,京口区辖大市口、四牌楼、正东路、健康路4个街道,象山、谏壁、丹徒3个乡镇和京口科技工业园、共青团农场及京露茶场,共10个村民委员会、56个社区居委会。

2001年京口区乡镇(街道、开发区)情况表

表47-19

乡镇(街道)	面积(平方公里)	村(居委会)(个)	人口/户数(人/户)	财政收入(万元)	地区生产总值(亿元)
谏壁镇	31.89	9村12居	37654/15757	1745.50	1.711
丹徒镇	16.60	4村2居	10967/4467	1001.91	0.7182
象山乡	13.50	5村2居	9239/4087	2115.18	1.7606
共青团农场	22.50	1村	1668/783	–	0.065
正东路街道	4.00	11居	65209/14127	–	0.508
健康路街道	3.80	15居	73942/23946	–	0.582
大市口街道	4.00	17居	64040/22628	–	–
四牌楼街道	3.50	12居	59119/19125	–	–
旅游开发区	12.00	7村3居	8951/3601	–	1.4870

2005 年京口区乡镇(街道、工业园)情况表

表 47-20

乡镇(街道)	面积(平方公里)	行政村数(个)	人口/户数(人/户)	财政收入(万元)	地区生产总值(亿元)
谏壁镇	31.89	4 村 8 居	34643/14598	4725	6.65
丹徒镇	14.60	2 村 4 居	14303/5797	24481.69	1.76
象山乡	24.98	2 村 15 居	16199/7340	13800	6.15
共青团农场	22.50	1 村	1501/695	–	0.11
正东路街道	4	11 居	81275/15781	–	1.03
健康路街道	4 .50	15 居	70714/25178	–	1.62
大市口街道	4	17 居	65965/23992	–	–
四牌楼街道	3.50	12 居	62390/21614	–	0.95
科技工业园	–	1 村	1493/405	–	3.3

注:京露茶场后改制,保留建制

二、乡镇选介

谏壁镇位处京口区东部,为省政府确定的重点发展中心镇之一。全镇总面积 31.89 平方公里,耕地 8925 亩,辖 4 个行政村、8 个居委会,境内有谏壁发电厂等部、省、市、区属企事业单位 100 多家,镇大铁路、镇大公路、镇澄公路及沿江公路(338 省道)穿越镇区,苏南运河与长江京口段“黄金十字水道”在西街癞鼋墩交汇。2003 年获镇江市“开放型经济工作先进集体”“国土绿化先进单位”等称号,2004 年通过市“双清双美”示范镇(村)验收,被授予全市“社会治安安全乡镇”。2005 年被市委、市政府授予“人才工作十佳乡镇”“敬老模范乡镇”“农民增收先进乡镇”“民营经济服务先进集体”“全市工业经济先进集体”“国土绿化先进单位”等 10 多项称号。2005 年,全镇总户数 14598 户,总人口 34643 人,实现地区生产总值 6.65 亿元。

1992 年有电灌站 15 座,总动力 780 千瓦,渠道 25 公里。引排河 8 条,塘坝 58 座。2000 年,谏壁镇定位城郊型农业,发展林(苗)木基地 300 亩,名、特、优果品基地 50 亩,蔬菜基地 500 亩,水产养殖基地 195 亩。2005 年生产油料 650 吨,蔬菜 1 万多吨,水产 445 吨,鲜果 20 吨,生猪 1.2 万头,鸡 12 万羽,食用菌 50 吨。全年农民人均收入 6400 元。

谏壁镇是镇江市工业重镇,境内有以谏壁发电厂、江苏电力建设三公司、江苏索普集团、中盛粮油、金益集团、金河纸业、鸿泰钢铁等为主体的大、中型企业数 10 家,形成粮油加工、钢铁制作、服装加工、电子电器、化工生产 5 大支柱产业。至 2005 年底有外商独资、合资企业 5 家;拥有年销售超亿元企业 4 家,其中超 10 亿元企业 3 家。全镇工业销售收入 34.98 亿元,销售额 500 万元以上企业 16 家;有职工 2225 人,销售收入 33.81 亿元。私营企业 85 家,利税 3852 万元;个体工商户 1500 户,从业人员 8000 多人,为全市经济发展十强乡镇之一。

2005 年,全镇有三产企业 85 家,形成以雩山街、越河街和中盛仓储物流中心为主体的“二街一中心”。实现三产营业收入 8.85 亿元,利税 4500 万元。全年开工建设商业、住宅用房 1.4 万平方米。完成社会消费品零售总额 5310 万元,同比增长 17.2%。投资 1500 万元的上海农工商超市对外营业,投资 3000 万元的白云宾馆开工建设。

2005 年,镇内有市第十中学,新校区建成后,有 42 个班级、2000 多名学生、126 名教师,其中,高级教师 21 人,研究生学历 5 人,市、区学科带头人、骨干教师 9 人。2005 年通过省级示范初中和省级“双高普九”检查验收。谏壁中心小学有 33 个教学班,下辖雩北、焦湾 2 所村小,在编教师 90 人,先后被评为“江苏省科技教育特色学校”“市电化教育先进学校”“京口区模范学校”。中心幼儿园 1 所,教师 17 人,大专以上学历占 52%,2000 年通过一类园验收。2003 年,镇成人教育中心通过省级成教中心校验收。镇内有江苏省交通技师学院、丹徒区谏壁高级中学。

2005 年 9 月,谏壁镇医院改制为社区卫生服务中心,同时与“江大附院”联合成为“江大附院”分院。中心占地 5138 平方米,建筑面积 8600 平方米,医疗用房 6200 平方米。有职工 89 名,其中医技人员 78 人,副主任医师 2 人、中级职称 15 人、医师 25 人、护士 23 人。设有内、外、骨、妇、儿、中医、口腔、五官、预防、保健、康复中心等临床科室和肛肠专科及疼痛专科,床位 90 张。下属 4 个社区卫生服务站。2005 年,全镇参保 6680 人,应保参保率 95%。

1983~2004 年,全镇投入文化经费 1535 万元,建成谏壁公园、谏壁镇文化中心等 10 多个文化阵地。1996 年,谏壁镇跨入江苏省先进文化乡镇行列。2003 年 3 月投资 600 多万元在镇文化中心原址新建区文化馆,占地 5000 平方米,建筑面积 2480 平方米。2005 年有有线电视用户 5600 余户,实现村村通、组组通。

1983~2005 年京口区四套班子领导人名录

表 47-21

<table>
<tr><th>区委书记</th><th>区人大常委会主任</th><th>区　长</th><th>区政协主席</th></tr>
<tr><td>孙国柱
(1983.8~1985.10)</td><td>孙国柱
(1984.5~1985.2)</td><td>林存德
(区政府负责人,1983.8~1984.4)</td><td>杨胜
(1984.5~1993.2)</td></tr>
<tr><td>毛善复
(1985.10~1989.8)</td><td>毛善复
(1985.5~1989.8)</td><td>戚中立
(1984.4~1990.3)</td><td>姜辉
(1993.2~1996.2)</td></tr>
<tr><td>戚中立
(1989.11~1991.10)</td><td>戚中立
(1989.11~1991.10)</td><td>江里程
(代,1990.3~1990.5;1990.5~1993.2)</td><td>张朝爱
(1996.2~2001.1)</td></tr>
<tr><td>张克敏
(1991.10~1993.2)</td><td>张克敏
(1991.10~1993.2)</td><td>贺华平
(1993.2~1996.2)</td><td rowspan="5">贾国祥
(2001.01~　)</td></tr>
<tr><td>江里程
(1993.2~1997.5)</td><td>江里程
(1993.2~1996.3)</td><td>孙纪英(女)
(1996.2~2000.12)</td></tr>
<tr><td>秦光华
(1997.5~2001.3)</td><td>陈怀定
(1996.3~2001.1)</td><td>沈柯章
(2001.1~2001.3)</td></tr>
<tr><td>宦祥保
(2001.3~2002.12)</td><td rowspan="2">戴锦美(女)
(2001.1~　)</td><td>刘国荣
(代,2001.8~2002.1;2002.1~2002.11)</td></tr>
<tr><td>冯士超
(2002.12~　)</td><td>童国祥
(代,2002.11~2003.1;2003.1~　)</td></tr>
</table>

第六章　润州区

第一节　概　况

一、地域人口

润州区是镇江市市辖区,位于长江下游南岸,古运河以西,地处镇江市区西南部,地跨北纬 32°

01′～32°13′，东经 119°18′～119°28′之间。区境东以古运河为界，与京口区毗邻；东南部分地段与镇江新区连接；北濒长江，与扬州市邗江区隔江相望；西南与丹徒区接壤。2005 年，全区总面积 132.68 平方公里，有耕地 2.82 万亩，茶园 2940 亩，果园 6600 亩，另有淡水养殖 1.14 万亩，长江捕捞水域 33 万亩。

1983 年，润州区建区，全区总户数 3.59 万户，总人口 12.01 万人，其中男性 5.83 万人，女性 6.18 万人。1992 年，镇江市区划调整，润州区由原来的郊区转变为亦城亦郊，户籍、人口大增。同年全区总户数 7.73 万户，总人口 20.96 万人，其中男性 10.46 万人，女性 10.50 万人。2005 年，全区总户数 9.62 万户，总人口 23.94 万人，其中男性 12.26 万人，女性 11.68 万，人口自然增长率 1.45‰。

二、自然环境

1. 地貌　润州区位于长江、运河交汇处，属宁、镇、扬丘陵区和长江冲积平原区，地势西高东低，南高北低。区境内丘陵地区分布的山地自西向东为五州山（海拔 306 米）、十里长山（海拔 349 米）、九华山（海拔 185 米）、黄山（海拔 155 米）、磨笄山（海拔 100 米）、观音山（海拔 111 米）等。中部城区多为波状坡岗地，有金山、云台山，以及宝盖山、跑马山等低矮山丘。征润洲、牌湾、鲇鱼套、小码头一带滨江沙洲由长江淤泥沉积而成，地形平坦宽阔。

土壤类型分为水稻土、潮土、黄壤土和石灰岩土。低山以黄棕壤为主，岗地以黄土为主，平原以潜育型水稻土为主，沿江冲积平原分布灰潮土，城镇附近有部分菜园土。

2. 气候　润州区属北亚热带南部季风气候区，具有明显的季风性、过渡性气候特点。春秋两季短，为季风转换季节，冬夏两季长，夏季炎热多雨，冬季寒冷干燥。由于大气环流的影响，形成干、湿、冷、暖四季分明的气候。

1986～2005 年年平均气温 15.9℃，年平均气温最高的是 1994 年，为 16.8℃；最低的是 1986 年，为 15.2℃。年平均降水量 1081.29 毫米。年平均降水量最大的是 1991 年，为 1919.90 毫米；最小的是 1994 年，为 543.60 毫米。年平均日照时数 2011.36 小时，日照率 45%。年日照时数最多的是 1988 年，为 2231.80 小时；最少的是 1999 年，为 1689.70 小时。2005 年年平均气温为 16.2℃，年最高温度为 37℃（8 月 11 日），年最低温度为 －6.8℃（1 月 1 日）。年降水量只有 801.3 毫米。6 月 26 日入梅，29 日出梅，梅雨量 53 毫米。

3. 资源　润州区水资源丰富，北有长江，东有古运河，西有运粮河，南有周家河、四明河等。2005 年，全区有大、中、小沟渠 499 条共 192 公里，有小型水库 6 座，水闸、滚水坝 18 座，农田灌溉渠道 718 条 201 公里。

润州区矿产资源以非金属矿产为主，主要有石灰岩、白云岩、硅石、建筑石料及有色金属铜、铅、锌、钼、钨等。境内韦岗铁矿为中型矽卡岩型矿床，储量达 2000 余万吨，以磁铁矿为主，平均品位在 40% 以上，埋于地表及浅部，与铁伴生的铜、硫、钛、镍等可综合利用。船山石灰石矿是江苏省最大的石灰石矿，储量巨大，氧化钙含量 54.9%，为优质炼钢溶剂。

润州区生物资源丰富。植物主要有常绿树种如雪松、侧柏、广玉兰、女贞等；落叶树种有腊梅、白杨、银杏、水杉、槐等；药用植物有枸杞、黄芪、何首乌、龙胆草、车前草等；经济作物有茶树、果树、桑树、竹林等。2005 年，全区有林地面积 2.93 万亩。动物有哺乳类犬、猫、狐、鼠等，鸟类有麻雀、喜鹊、乌鸦等 100 多种；家禽类有鸡、鸭、鹅、鹌鹑、家鸽等；爬行类有蛇、蜥蜴、壁虎、龟、鳖等；昆虫类有蟋蟀、金龟子、天牛、蝉等。境内长江鱼类有 13 目 25 科 90 多种，其中鲥、鲥、鳗、河豚等为名贵水产，20 世纪 80 年代后，有些因水环境污染已很少见。

三、建置沿革

润州区境夏商时属九州之扬州，西周称“宜”，春秋时名朱方，属吴国。吴亡属越，越亡属楚，更名谷阳。秦时置谷阳县，属会稽郡。秦始皇三十七年(公元前210年)，命赭衣囚徒三千，凿京岘山修筑驰道，改谷阳为丹徒。三国吴嘉禾三年(234年)，改名武进县。西晋太康二年(公元281年)，复名丹徒县。南朝时称南徐。隋开皇十五年(595年)，改南徐为润州，润州由此得名。

1949年4月，镇江解放后，郊区和城区为镇江市，余为丹徒县。同年6月建立镇江市城郊区，后经多次变更。1983年9月建立县级建制的镇江市郊区人民政府，辖7乡1镇。1984年10月更名为镇江市润州区人民政府，辖7乡2镇。1992年11月，镇江市区划重新调整，以古运河为界，古运河东为京口区，古运河西为润州区，辖2乡3镇4街道2场圃1个民营经济开发区。2005年，区辖1镇4街道3场圃和1个民营经济发展管理委员会。

四、人民生活

1. 收入消费　1983年，农村人均年收入340元，城镇职工年平均工资704元。1992年，农村人均年收入1305元，城镇职工年平均工资2394元。1998～2002年，城乡居民收入逐年提高，全区农村人均年收入从1998年的3647元上升为2002年的4270元；在岗职工人均工资从1998年的7213元上升为2002年的12059元。2005年，在岗职工人均工资18538元，城镇居民人均可支配收入12146元，农村人均收入6147元。

1983年，镇江市郊区15户人均支出抽样调查，全年人均生活消费品支出374.5元。1985年，全区农业居民人均消费支出527元，非农业居民人均消费支出683元。1990年，全区农业居民人均消费支出908元，非农业居民人均消费支出1017元。2005年，全区农村居民人均生活消费支出4884元，城市居民人均生活消费支出8418元，恩格尔系数43.3%。

2. 居住条件　1985年，区内农村居民人均居住面积20.66平方米，城市居民人均住房建筑面积11.69平方米。1995年，农村人均居住面积增至31.69平方米，城市人均住房建筑面积增至18.9平方米。2005年，全区农村居民人均住房面积46.4平方米，城市居民人均住房建筑面积25.2平方米。农村居民百户家庭拥有电话238部，拥有电视机142台；城市居民百户家庭拥有电话251.4部，拥有电视机160.3台，拥有电脑42.1台。城市、农村居民饮用自来水和使用卫生设施均100%，普遍使用管道天燃气和液化石油气。

3. 社会保障　1986年建立润州区社会劳动保险管理处，开始实行企业职工养老保险。1987年设立待业保险基金，开始实行企业职工失业保险。1992年建立润州区农村社会保险事业管理处，全面启动农村社会养老保险工作。1996年，全区实行城市居民最低生活保障制度，首批170户298人享受城市居民最低生活保障，月人均120元。1998年开始执行农村居民最低生活保障制度，首批123户281人享受农村最低生活保障，月人均90元。2001年开始实行城镇企业职工生育保险。

2005年，全区以养老保险、医疗保险、失业保险、最低生活保障、生育保险、工伤保险等为主要内容的多种类、多层次社会保障体系平稳运行。全区305家养老保险参保企业的9336名职工全部参加养老保险。离退休职工全部按时足额领取养老金，养老保险的社会化发放程度达到100%。农村合作医疗保险3.05万人，新型农村合作医疗覆盖率85%。建立失地农民基本生活保障制度。社会福利、救灾扶贫、社会优抚、社会供养、社会安置、慈善救济等为全区城乡居民构筑一个健全的社会保障体系。

第二节　城乡建设

一、城镇建设

自1983年润州建区至1992年镇江市区划调整前，润州区为镇江主城区的郊区，城镇建设主要以城郊结合部、乡镇集镇、行政村、自然村组的规划和建设为重点。1992年镇江市区划调整后，城镇建设大力实施城乡一体化发展战略，并逐步向城市化目标迈进。

1983～2005年，润州区先后编制城区、村镇总体规划。1987年，全区9个乡镇中，有8个乡镇拥有自己的集镇，总规划面积12.4平方公里，基本建成新型小城镇。同时建立规划审批制度，完善全区总体规划，分别规划以三茅宫为中心的全区政治、经济文化区，以七里甸镇政府为中心的集镇规划区，以镇扬路和金山西路范围内地段为中心的风光旅游区，以镇句路两侧为中心的乡镇企业用地区等4个片区。2001年始，引导运用社会投资进行城乡基础设施建设，实施“三年大变样”“四年新提升”城市建设战略，一批批重大城建项目相继建成。镇宝路（引资大道）、长江路、南徐大道、润州广场、山巷广场等城区主干道和广场的新建和改造，构成润州亮丽的风景线。

历年来，润州区结合镇江市创建全国卫生城市、国家园林城市、全国优秀旅游城市和全国文明城市，进一步推进基础设施、园林绿化、“双清双美”等工程，加强城市管理，全面开展街巷整治，实施老小区改造、道路拓宽、河道疏浚、路灯安装等改造亮化工程，城乡建设面貌焕然一新。至2005年，全区村镇共有道路337.30公里（其中沥青或混凝土路面175.08公里），桥梁35座，路灯1100盏，自来水管道76公里、自来水普及率84.34%，集镇有排水管道8.9公里。2005年，全社会固定资产投资完成16.01亿元，房地产投资完成2.76亿元。全区完成造林面积945亩，城区新增绿地面积108亩。区内饮用水水源水质达标率100%，烟尘控制区覆盖率100%，城市污水处理率75.9%，城区生活垃圾处理率100%。

二、城市管理

1. 环境卫生管理　1983～2005年，全区加强环境卫生管理，建立长效管理机制，抓主、次干道和城郊结合部、街道、生活小区清扫保洁，垃圾清运，垃圾房（箱）、果壳箱、公厕管护，改造露天粪坑，实施老小区环境综合整治，加强环卫基础设施建设，改善全区环境卫生面貌。1992年区划调整后，全区实行主干道每天两大扫，常小扫，民办清扫员负责街巷清扫保洁，使街巷道路、下水道畅通，路面整洁。1995年，润州区在中华路街道办事处同德里片区实施垃圾袋装化试点工作，取得成功经验，在全区推广。1999年制定《关于城郊结合部环境卫生长效管理工作的实施意见》，实施城郊结合部环境卫生管理体制改革，实行“统分结合，分级管理”的三级管理体制，对城郊结合部道路、山坡河道、农夹区等区域环境卫生实行长效管理。2000年投入经费100万元，实施广东山庄、黄山新村等老小区整治改造工程。2005年，全区50条主次干道全面实行20小时保洁制，日清扫面积达100万平方米。

2. 市容市貌管理　1983～2005年，全区加强市容市貌管理，开展市容环境综合整治，推进乡镇小城镇建设，强化城市管理行政执法。根据各时期工作职责，拆除违法建设，狠抓临时占道经营管理，清理乱堆乱放、乱贴乱画、乱钉乱挂，治理“老军医”等城市“牛皮癣”，清除户外广告，实施亮光工程，使润州区环境面貌焕然一新。1988年，全区实行“门前三包”（包卫生、包秩序、包绿化）责任制管理办法。1998年，实行城市建设和城市管理体制改革，按照属地管理原则，强化街道办事处基础作用，扩大街道办事处城市综合管理权限，充分发挥居委会作为城市管理支撑点作用，强化社区自治管理。2000 年,全区加强占道经营管理,组建队伍,统一调度,统一发证,强化依法行政,落实行政执法责任制。实行集中与分散相结合,查纠与处罚相结合,短期突击与常抓不懈相结合的办法,拆除违章占道亭棚,取缔违章占道经营点,取缔路边洗车点,整治占道经营秩序。2005 年按照绿化、美化、彩化、亮化要求,抓主要干道市容包装和灯光配置,加强户外广告管理,清除小广告 4 万余处。开展 7 次大规模市容市貌综合整洁行动,解决群众反映强烈的重点、难点问题,全区城市面貌明显改善。

3. 创建卫生城市　1987 年围绕镇江市创建全国卫生城市、国家卫生城市目标,开展创建卫生城市活动,提升城市管理水平和形象。当年开展"创三优,建文明"(创造优美环境,建立优良秩序,搞好优质服务,建设文明单位)活动。1989～1990 年围绕热爱名城、建设名城、为名城增光主题,开展市容环境卫生宣传,抓乡镇环境卫生和市容市貌管理,顺利通过全省卫生城市检查。1995 年,润州区大力开展创建全国卫生城市活动。同年,镇江市荣膺全国卫生城市、全国城市环境综合整治先进城市。1998 年,实行区级机关与街道乡镇创卫挂钩制度,解决创卫难点,同年,镇江市顺利通过灭鼠先进城市的复查验收,并成功创建中国优秀旅游城市。2003 年围绕镇江市争创"沪宁线上城市管理最好的城市"的目标,开展环境建设年和创十佳环境卫生路段、十佳清扫保洁员、百佳文明卫生户活动,完成镇江市创建国家卫生城市检查考核任务。

三、交通

1. 陆路　1989 年,312 国道宁镇公路润州段建成通车。1991 年 312 国道镇常公路润州段建成通车。1995 年起,先后改建一批标准高、生态型的城市进出口道路,提升润州区形象和品位。1999 年,全区农村公路基本实现村村通。至 2005 年,穿越润州区境内的国家公路干线有沪宁高速公路、镇溧高速公路、312 国道、243 省道、338 省道。区域内的县(乡)公路有:001 县道(镇江外环线),润州区境内长 5.7 公里;102 县道(镇江至荣炳),润州区境内长 1.53 公里;104 县道(四摆渡至戴家门),润州区境内长 2.7 公里。乡道有:002 乡道(乔家门至长山灌渠),全长 1.52 公里;003 乡道(官塘桥至驸马庄),全长 4.25 公里。区域内主要城市道路有引资大道(又称官塘桥路)、南徐大道(原名黄七路)、润州路(原名镇扬路)、朱方路、檀山路、金桥大道(原名跃进路)。辖区内农村公路有 89 条,总里程 138.02 公里,其中一级公路 15.70 公里,二级公路 7.99 公里,三级公路 2.43 公里,四级公路 103.82 公里,等外公路 8.08 公里。

境内桥梁有 312 国道 4 座、243 省道 3 座,338 省道 5 座,001 县道 3 座,农村公路桥梁 16 座。另有润扬长江公路大桥,大桥北接扬州市邗江区,南连润州,润州区境内有南汊悬索桥、南接线及南接线延伸段三个工程部分,以及一个互通——镇江西(金桥大道)互通。

2. 水路　境内长江段是唯一的黄金航道,属长江镇扬河段,位于世业洲右汊及左右汊汇流段。润州区长江岸线为镇江市桩号 CS8 +966～CS21 +000,近 12 公里。20 世纪 80 年代实施镇扬河段河道整治工程,缓解坍江趋势。90 年代以后,随着润州区沿江经济带快速发展,众多码头、工厂迁建于该段岸线中,各企业都相继实施护岸工程。至 2005 年,该段江岸保持基本稳定。

区内有两个长江渡口:镇扬汽渡和龙门港区轮渡。镇扬汽渡位于润州区金山西侧润州路北端,1978 年建成通航。该汽渡是江苏省规划建设省内跨长江的主要汽渡之一。龙门港区轮渡原在长江路镇江老港区内。2001 年 1 月由于镇江港区淤积日趋严重,轮渡迁至润州区龙门港区。但因客流量太少,2001 年 11 月 1 日起,龙门港区轮渡废止,镇江长江轮渡的历史终结。

润州区有 12 公里长江岸线,处于世业洲右汊凹岸与左右汊汇流区,均为优良的深水岸线。随着区沿江经济带快速发展,该段岸线内兴建多座码头工程,码头泊位 20 座,其中,5 万吨级码头泊位 3 座。

四、广播电视

1. 广播

有线广播　1988 年 10 月 1 日，润州区人民广播站开播。信号传输采用铜芯实线 8 芯和 6 芯广播电缆，区站使用全固态 550 瓦扩音机 2 台，节目制作有国家广电部定点厂家生产的台式双轨录音机 5 台。1987～1992 年间，全区农村有广播喇叭 1.57 万只，广播入户通响率达 62%。1993 年以后，因城市化进程步伐加快，对有线广播信号杆线拆迁频繁，严重影响到有线广播信号正常传输。1995 年，乡镇广播电视站划归乡镇管理，农村有线广播逐渐萎缩。

调频广播　1993 年 8 月 1 日，润州人民广播电台试播，调频广播频率为 100.3 兆赫。当年 11 月 15 日正式开播，成为继无锡郊区人民广播电台之后的全省第二家城市郊区广播电台。1998 年起，电台播出系统全部采用数字化编辑，达到全天候自动化播出。2002 年利用镇江市广电大楼铁塔重建区电台发射系统，使用全固态调频发射机，发射功率 1200 瓦，用光缆传送信号至市广电大楼发射，有效改善覆盖面。2003 年购置 1 台 2000 瓦发射机为备份机，确保调频广播优质安全播出。

广播节目　区广播站成立后，除每天早、晚固定时间转播中央人民广播电台新闻节目外，自办新闻、天气预报、科普、少儿、计划生育、报刊文摘、生活类、娱乐类等节目，每天早、中、晚三次播出，全天播出时间约 9 小时。1993 年 8 月调频广播开通后，区电台在全市县级广播电台中首家开办了主持人直播节目，并采用大板块的形式，以全方位、快节奏、大容量向听众传递信息，每天播出时间 12 小时。1999 年起，区电台加大节目容量，每天播出时间 17 小时。

2. 有线电视

1994 年 12 月，润州区有线电视台成立。1995 年开发有线电视。由于区境属半城半郊，镇江市有线电视网已辐射到润州区所辖城区范围，区有线电视网主要是在市网辐射下延伸，重点向郊区农村发展。同年首批开通七里甸镇的光明村、一泉村、金山村有线电视，有线电视用户达 2000 余户。1998 年，区广播电视台建立有线电视机房，形成润州区的电视网络，新增电视摄像机、编辑线、调制器、卫星接收器等设备，不定期播出电视专题节目。同时，有线电视网络逐步以光缆取代同轴电缆，有效改善有线电视信号传输质量。2005 年更新设施设备，全区有线电视用户发展到 1.8 万余户。

第三节　经　济

1983～2005 年，润州区坚持改革开放，发扬“团结实干、自加压力、甘于奉献、奋勇争先”的润州精神，将润州区现代化建设事业推向一个新的高度。23 年来，国民经济实现快速增长，综合实力逐步增强，全区农业经济健康发展，工业生产势头强劲，三产服务业方兴未艾，人民生活蒸蒸日上。2005 年，地区生产总值 30.12 亿元，是 1983 年的 37 倍，一、二、三产之比由 1985 年的 25.87∶51∶23.13，调整为 2005 年的 3.42∶37.58∶59，产业结构更趋合理；地方财政总收入 7.34 亿元，农民人均纯收入 6147 元，职工年平均工资 18538 元。

1993～2005年润州区社会经济主要指标表

表47-22

年　份	地区生产总值(亿元)	第一产业(亿元)	第二产业(亿元)	第三产业(亿元)	工业产值(亿元)	农业产值(亿元)	全社会固定资产投资(亿元)	进出口总额(万美元)	实际利用外资数(万美元)	社会消费品零售总额(亿元)	地方财政收入(亿元)	城镇职工年平均工资(元)	农民人均纯收入(元)
1993	5. 47	0. 52	3. 12	1. 84	14. 61	0. 82	–	–	603	6. 29	0. 20	2998	1710
1994	8. 38	0. 78	4. 39	3. 21	19. 46	1. 33	2. 66	–	502	7. 91	0. 22	4382	2266
1995	9. 49	0. 77	4. 87	3. 85	17. 09	1. 49	2. 77	–	405	9. 97	0. 26	5450	2770
1996	11. 14	0. 82	5. 31	5. 01	20. 86	1. 61	2. 03	–	302	11. 78	0. 31	6540	3209
1997	12. 10	0. 67	5. 64	5. 80	20. 58	1. 29	2. 14	–	507	12. 62	0. 33	6080	3494
1998	12. 81	0. 68	5. 72	6. 42	20. 97	1. 31	2. 09	–	613	13. 31	0. 35	7213	3647
1999	13. 76	0. 72	5. 97	7. 08	20. 72	1. 39	2. 95	–	603	14. 31	0. 41	8485	3740
2000	14. 91	0. 82	6. 22	7. 87	22. 48	1. 47	3. 80	–	304	15. 54	0. 51	9000	3834
2001	16. 63	0. 85	6. 53	9. 25	24. 43	1. 55	3. 82	–	1011	16. 81	0. 60	9941	4060
2002	18. 60	0. 91	7. 10	10. 59	25. 14	1. 66	5. 30	0. 17	1510	18. 85	0. 77	12059	4270
2003	21. 40	0. 94	7. 97	12. 49	29. 90	1. 75	9. 38	1. 86	3505	21. 24	1. 33	13106	4889
2004	25. 90	0. 91	9. 35	15. 64	38. 94	1. 97	10. 08	2. 40	2031	24. 26	2. 76	15680	5508
2005	30. 12	1. 03	11. 32	17. 77	51. 68	2. 04	14. 85	3. 22	2769	30. 25	3. 68	18538	6147

说明:1. 工业产值泛指全部工业现价产值,农业产值泛指农林牧渔业现价产值;

2. 1983～1992年数据因统计口径纳入市区范畴无法区分故不收入

一、农业

1. 农业生产　1983年建区后,坚持“服务城市,富裕农村”工作方针,大力发展郊区农业生产,围绕保障城市蔬菜、副食品和名优特产品供应,重点发展无公害蔬菜、应时鲜果、优质茶叶等6个特色主导产业。1983年,农业总产值2812万元。1985～1987年,全区缩减夏小麦4800亩,扩种油菜,调减棉花7000亩,改种蔬菜。1990年,全区建成蔬菜、水产、生猪、禽、蛋、果、茶生产商品基地120多个,扶持和发展一大批种植、养殖专业大户。全区经济作物占种植业比重达62%以上。全区蔬菜种植面积4. 03万亩,总产量7. 50万吨。1992年,全区粮食和蔬菜副食品生产实行放开生产、放开经营重大改革,实现由计划经济向市场经济平稳过渡,调整产业结构,引导农民走向市场,扩大油料、玉米、蔬菜、果品、茶叶、食用菌种植和水产品养殖,加速特种蔬菜、食用菌、茶叶、水产、奶制品、家禽产销一体化“六条龙”建设进程。1997年全面实施“菜篮子”工程,全年蔬菜上市量首次突破百万担大关。

2004年调整农业发展思路,由城郊型农业向都市型农业转变,围绕农业增效、农民增收,大力发展都市农业,拨入专项资金313万元,用于农村经济发展。2005年按照建设都市农业新兴区要求,大力发展精品高效农业、绿色生态农业、观光休闲农业,全区调减粮食面积900多亩,名优蔬菜、优质果品、无性系良种茶、特种水产推广面积分别达80%、65%、29%、30%以上。同年开发农业项目27个,无公害农产品12个,7个农产品在省以上评比中获奖,无公害农产品面积达7545亩,实现农业总产值2. 04亿元。

2. 菜篮子工程　1983～1990 年，全区蔬菜以青菜、大白菜、花叶大菜、五缨白泡子萝卜、诸葛菜、癞猴子南瓜等大宗蔬菜为主，有 13 大类 141 个品种，全市蔬菜供应量 70% 由润州区供应。“七五”计划期间，全区粮改菜 4000 亩。1990 年，蔬菜种植面积 1.6 万亩，总产量 7.50 万吨，比 1986 年增长 60%。

1992 年，全区实行蔬菜放开生产、放开经营重大改革。蔬菜上市质量提高，老大粗品种减少，鲜、嫩、新品种增多，全区蔬菜总产 4.31 万吨。1995 年，全区新建蔬菜中棚 330 亩，改造老菜田 1640 亩，发展特种蔬菜基地 612 亩。建立省蔬菜新品种引进技术示范园，同年启动无公害蔬菜等 4 个项目。1997 年，全区蔬菜总面积 7626 亩，其中特种蔬菜面积达到 2000 亩，七里甸镇农业科学试验场和市蔬菜研究所分别建成镇江市首家蔬菜科技示范园和无公害蔬菜园艺场。1998～2002 年，七里甸蔬菜科技示范园投资 100 多万元，新建高标准多功能连栋大棚 2000 平方米，从国外引进优良蔬菜品种 13 个。蒋乔蔬菜科技示范园投入 50 多万元，建成连栋大棚 7000 平方米，用于优质南瓜、樱桃、番茄以及特种蔬菜生产，亩产效益达 15 万元，高于普通大棚生产 45%。

2003 年，金江蔬菜科技园蔬菜新品种获省第三届园艺博览会一等奖。2004 年，全区蔬菜生产形成“润绿”“万祥”等特色蔬菜品牌。全区增加蔬菜面积 830 亩，其中名优精细品种推广面积占 80% 左右，是全市平均水平 4.5 倍。2005 年承担农业部“江苏省蔬菜种子种苗繁育中心”项目启动，总投资 375 万元。引进优质资源 100 多个，辣椒品种 40 多个；黄瓜、小白菜、豇豆等新品种 50 多个。同年，由市蔬菜研究所承担的“镇豇一号豇豆、镇研八号、镇研六号辣椒品种”“蔬菜新品种引进与选育”“镇江市主栽品种提纯复壮”项目，通过江苏省新品种审定。2005 年在江苏省第四届园艺博览会上，润绿小白菜、日本超级大蒜和贝贝南瓜分别获得 2 个一等奖和 1 个三等奖。

3. 茶业　果品　润州区的茶叶生产 1983 年主要分布在象山园艺场、小米山、五州山、驸马庄等丘陵岗地。1985 年，五洲山茶场的二级烘青、象山茶场的一级炒青和“镇江金山翠芽”获省、部优质产品，成为全省全国名茶。1990 年建成 300 亩以上茶叶生产基地 2 个，全区茶园面积 2880 亩，总产 205 吨。同年，五洲山茶场的“镇江金山翠芽”登上全国名茶榜。20 世纪 90 年代后期，全区各茶叶生产企业以市场为导向，及时调整产品结构，发展名特优新品种，以数量型转为质量效益型，全区茶叶产量大减，品质提升。继“镇江金山翠芽”茶后，又研制“惊春灵芽”茶、“五峰迎春”茶等地方名茶。1997 年，镇江市五洲山茶场选送的五洲牌“镇江金山翠芽”以总分 95.48 登全国第二届“中茶杯”名优茶评比特等奖榜首。同年，五洲山茶叶基地被列为国家农业综合开发项目。2001 年，“五洲”牌“镇江金山翠芽”在中国国际农业博览会上被认定为名牌农产品，“镇江金山翠芽”“惊春灵芽”在全国“中茶杯”茶叶评比中获一等奖，在第四届国际名茶评比中获得金奖。2003 年在中日韩国际茶文化交流会上，“彭公”“镇江金山翠芽”“五峰迎春”茶叶获茶王赛金奖。2005 年，“惊春灵芽”“南山滴翠”被评为镇江市知名商标。在全省茶叶生产企业中，润州区 5 家主要茶叶生产企业首批通过“QS”市场准入质量安全认证，五峰茶场“彭公”“镇江金山翠芽”“五峰迎春”茶叶获绿色食品认定，部分茶园首批通过有机茶认证。同年，全区茶园面积 3158 亩，其中良种茶面积 800 亩，年产茶叶 58 吨。

图 47-14　镇江生态有机茶基地(2005 年摄)

果品生产主要以桃子、梨子、葡萄为主,其余有农户少量栽培的草莓、柿子、枇杷、枣、杏、核桃、石榴、无花果、板栗等。1987 年,全区果园面积 7281 亩,鲜果总产量 1208.9 吨。其中,桃树栽培面积 2346 亩,占果树总面积的 54.8%,产量 928 吨,占鲜果总产量的 76.8%;梨树种植 1161 亩,占果树面积 27.1%,产量 215.7 吨;葡萄种植 557 亩,产量 200 吨。1990 年,果园面积 2580 亩,总产量 956 吨,产量比上年增长 12.27%。2004 年,嶂山千亩果品基地新品种果树进入挂果期,年产优质果品 300 吨。全区在果品品种上大力推广藤稔葡萄、湖景蜜露水蜜桃等优良品种,形成"润丰""嶂山"等果品品牌。"嶂山"牌白花水蜜桃获省第二届"神园杯"果品评比金奖。2004 年,七里甸镇的"润丰"牌优质葡萄连续 5 年获得省优质果品奖。2005 年,润州区优质果品种植面积占 65%,优质果率 86%。"嶂山"牌水蜜桃被评为镇江市知名产品,500 亩无公害桃生产基地获得省级认定。在江苏省首届"葡萄协会杯"评比中,润州区选送的葡萄获 3 个银奖。

4. 畜牧业　1983 年相继承担国家"星火"计划项目,承办农牧业国际交流会等。中国第一头试管奶牛在润州区驸马庄奶牛场产生,体重 48 公斤,这是引进国外冷冻胚胎移植试验成功的第一头联邦德国纯种母犊。1985 年,生猪饲养量 6.58 万头,年末圈存量 3.15 万头;家禽饲养量 62.27 万羽,年末实有数 24.84 万羽;奶牛(不含市牛奶公司)存栏量 273 头,年产鲜奶 450 吨。1990 年,开发 300 多亩人工草地,饲养 110 多头丹麦奶牛,在市 17 个点供应鲜奶。同年新建成饲养 10 头以上奶牛生产基地 2 个,年出栏 200 头生猪基地 11 个,年出栏 1 万只肉禽生产基地 3 个,5 万只蛋禽基地 1 个。2005 年,全年出栏生猪 4 万头,出栏家禽 52 万羽。

5. 水产业　润州区北临长江,水产资源丰富。1983～1984 年重点发展人工养殖,投资 137 万元,在建立 1037 亩基地的基础上,开发芦滩围网固堤纳苗养鱼。1985～1986 年利用废田、废沟新开挖精养鱼池 7000 亩,全区养殖面积达 1.3 万亩,其中精养池面积达 8100 亩。全区建立 50 亩以上的商品鱼成片基地 30 多个,渔业生产由过去的长江捕捞为主,逐步发展到养殖为主、养捕结合。1990～1992 年,全区渔业生产保持稳定发展,建成鳗鱼基地 1 个,年上市鲜鱼稳定在 3000 吨左右。1997 年,全区养殖水面 8843 亩,其中精养面积 5516 亩,特种水产 2000 亩。特种水产品养殖甲鱼、螃蟹、罗氏沼虾、草胡子鲶等,养殖技术进一步提高,养殖规模进一步扩大。全年上市水产品 3253 吨。2001 年起,每年实行长江春季禁渔制度。润州区长江捕捞水口 25.58 平方公里,集中生活在金江村、长江村、立新社区、金泉社区、谏壁社区的 2500 名渔民中,有 1400 多人从事渔业生产。每年 4～6 月,全区 300 多条船进港,3000 多张网上岸。通过每年 3 个月的长江禁渔,使长江渔业资源得到保护,渔业生产秩序得到改善。2004 年,金江水产养殖场成功争创市级渔业科技示范园,是镇江市五大商品鱼生产基地之一和江苏省无公害水产品生产基地。2005 年,"长江滩地无公害中华绒螯蟹生态养殖与产业化关键技术开发"项目获得省海洋与渔业局批准,项目总投资 40 万元。2005 年,全区上市水产品 3564 吨。

6. 绿化造林　1983 年润州区建区后,逐步加大成片造林、新建林网、四旁绿化等绿化造林工作力度。1987 年起,区政府制定和落实党政领导绿化工程项目。1990 年,润州区被省政府指定提前 1 年建成平原绿化达标县(区)之一。1991 年通过省政府平原绿化达标验收,同年被评为全国平原绿化先进区。2000 年起实施润扬大桥、意杨林产业基地等造林工程。2005 年申报 2.16 万亩公益林,占林业用地总面积 53.9%。辖区范围内共有国家级控制点 12 个,省级加密点 23 个。林地面积为 2.93 万亩。全区完成成片造林面积 945 亩,四旁义务植树 8.8 万株,新建和完善农田林网 3500 亩,全面实施"绿色倍增"计划,重点实施润扬大桥生态景观工程、绿色富民工程、兴林抑螺工程等 5 大工程建设。

二、工业

1983 年,全区有乡镇工业企业 241 家,企业人数 1.86 万人,工业产值达 9797.92 万元,完成利税1537.07万元，全员劳动生产率4985元。1987年，润州区工业企业激增至567家，其中乡镇工业169家，村(队)办工业398家，工业总产值57389.04万元。有冶金、化学、机械、建材、纺织、食品、成衣、电气器材、皮革、塑料、造纸等12个工业门类。

1990年有外贸产品生产企业22家，其中年交易额在100万元以上的企业7家。出口产品有9个门类，30多个品种，主要有无纺布、工艺鞋、羽绒制品、化工颜料、服装等，全年外贸收购额达3028万元。1992年，全区有独立核算企业455家，在职职工3.3万人，固定资产原值2.5亿元、净值1.4亿元。年底新开工项目182项，技改投资2.14亿元。制定《关于在全区部分工业企业中破三铁、立三制，促发展的实施意见》，推动全区工业企业劳动人事制度的改革。进一步完善企业厂长负责制，加快企业劳动、工资改革，有4个单位进行全员劳动合同制试点，30个单位实行工效挂钩。

1994年，产权制度改革取得重大突破，全区共有424家企业进行规范化改制，占企业总数的95.3%。其中股份制企业68家，总股本金6067.6万元，吸收个人股1164.2万元，风险抵押承包企业152家，收取风险抵押金462.5万元，公有民营、租赁企业145家，年收取租金410.4万元，收取租赁风险抵押金230.8万元，挂靠企业20家，收取抵押金14.4万元，注销假集体企业13家。以乡镇为主体的全区工业结构调整的力度进一步加大，组建镇江飞黄集团、镇江振兴集团、镇江神虎集团、镇江顺达集团、镇江金水集团等9家市级集团企业，初步形成一批具备较强实力的规模企业。

1999年新批“三资”企业7家，增资项目3个，协议利用外资2068万美元，实际利用外资603万美元。自营出口总额达到935万美元。2001年，重点培植的10家规模骨干企业完成销售收入2.35亿元，实现利税2600万元，规模骨干企业经济总量占全区工业总量的比重达25.5%。全年引进项目44个，有12个投资在500万以上的重点项目竣工投产，新增销售收入0.71亿元。全年实施技改项目86个，完成技改投入1.39亿元，比上年增长47%。有7家企业通过ISO 9000国际质量体系论证。2004年完成16家企业改制，公开转让国有资产6075万元，划转集体债务3519万元，盘活存量资产5000万元，吸纳增量投入4000万元。

2005年，工业经济向集约、集聚方向发展，全力推进大项目建设。成功引进总投资3000万美元的怀特驱动、金太阳二期和近1亿美元的电光源项目，实际利用外资2769万美元，自营出口2.2亿美元；全年实现工业总产值51.68亿元，销售收入50.05亿元、利税3亿元。全区定报企业累计84家，其中销售超亿元、5000万元、3000万元的企业分别达4家、13家和14家，定报工业增加值6.5亿元、销售收入23.3亿元、利税1.7亿元，分别增长37%、52%、34.9%，增幅均列全市第一。实施工业技改项目92项，完成投资18亿元。

三、商贸流通

润州区1986年商业网点85个，商品营业额1.3亿元，其中社会商品零售总额8719万元。“七五”期间，共投入资金2000余万元，兴建西郊宾馆、鹤林饭店、百花洲宾馆、金山旅游商场等一批档次较高的生活服务项目。1990年，全区商业、物资、供销以及饮食业共完成营业额2.20亿元，其中社会商品零售额1.36亿元，分别比1986年增长69%和55.4%。

1992年，所有商业零售企业实行劳动、工资、用工、经营“四放开”改革，全年营收总额4.14亿元。1994年，全区投入累计超过4000万元，新建小商品世界、家禽批发市场、木材市场、开发区蔬菜批发市场以及七里甸镇光明村城西小商品市场等，总面积5.66万平方米，全年集贸市场成交额3.3亿元。1995年建成金山、金星、李家大山等6个集贸市场，新增市场使用面积1.5万平方米、摊位2700个。1999年投入688万元，新建花鸟苗木市场等3个专业市场，改、扩建金星等3个农贸市场，全区各类市场达到34个，总营业面积近6万平方米，市场成交额达25亿元。

2000年新建广大家具市场、南徐路摩配市场、红太阳装饰材料市场3个。2001年新增投入1800万元，新扩建市场2个，全区有各类市场38个，年交易额达23亿元，其中年交易额超亿元的有4个。

2005年投资32亿元,加速发展大物流、大市场,金太阳二期、镇江国际工业品城、望京天地、镇江装饰城、农副产品批发市场等一批大项目相继开工,金太阳一期、跑马山家具港成功开业。长江新天地、长江渔港、兴润贵府大酒店等餐饮休闲项目全力推进。全年社会消费品零售总额30.25亿元。

四、财政　税务

1. 财政　1983年前,郊区财政由镇江市财政局统一管理。1984年建立区一级财政和乡镇一级财政管理体制。同年,财政收入1021万元,其中各项税收992万元;财政支出506万元,其中农林水畜牧事业费108万元,文教科卫事业费165万元,行政管理费91万元。1987年,财政收入1776万元,财政支出663万元。1992年,财政收入3131万元,财政支出1510万元。1997年,财政收入6480万元,财政支出4206万元。2000年后,财政收入和支出逐年大幅增长。2001年,财政总收入首次突破亿元大关,达1.04亿元,财政支出8133万元。2005年,财政总收入7.34亿元,其中各项税收7.19亿元;财政支出2.23亿元,其中农业支出1099万元,教育事业费5050万元,科技三项经费392万元。

2. 税务　润州区的税收征管工作在区划调整后至1994年底,统一由镇江市税务四分局负责。自1995年1月始,润州区的国税、地税征管工作分别由镇江市国税四分局和镇江市地税润州分局承担。1995年,国税征收总额3120万元,地税征收总额1340万元。2000年,国税4992万元,地税2960万元。2005年,国税1.56亿元,地税3.9亿元。

五、建筑业 房地产业

1986年前,全区有70多家村办建筑企业,大多是从事民房建造、修理的小型集体所有制企业。1992年区划调整后,全区共有集体性质建筑安装企业44家。2004年,全区建筑企业改革全面完成。2005年,全区有资质的施工企业25家,建筑业完成施工产值3.2亿元,施工面积31万平方米。

润州区从20世纪80年代开始兴建房地产业,1987年分别成立房屋开发公司、乡镇开发公司、土地开发公司。参加开发建设花山湾居民区、桃花坞、绿竹巷以及三茅宫小区,共计竣工面积15万平方米。1991年,润州区投资300余万元,开始兴建三茅宫中心区,参与开发南门大街拓宽工程。1998年,全区房地产业开工面积16万平方米,竣工14万平方米。三茅宫小区被市政府确定为经济适用房开发基地。1999年,房地产业快速发展,全年开工面积20万平方米,竣工16.2万平方米。2000年,房地产开工面积18万平方米,竣工面积13万平方米。2001年,房地产重点建设开发三茅宫新村、润州花园、江南新村、北湖花园、岗子下等片区,全年投入1.74亿元,实现开工面积16万平方米,竣工面积12万平方米,实际缴纳税金900万元。2005年,房地产新开工面积10万平方米,竣工面积7万平方米。

六、运输业

润州区建区后,交通事业发展加快,区内陆路运输占主导地位,货运物资从农副产品、农用物资转为建材和工业产品等。

1984年,运输市场实行放开,个体运输业全面发展,货运物资从农副产品、农用物资转为建材和工业产品等。货物运输量53.52万吨,货物周转量1070万吨公里。全区有集体、个体和厂矿载货汽车449辆,手扶拖拉机644辆。1994年完成交通营运额3300万元,实现货运量101.29万吨,周转量2025万吨公里。2000年,货物运输量130万吨,货物周转量2350万吨公里。同年办理道路运输经营许可证和道路运输证,审验651辆,1905.2吨位。2005年实行规费集中征收,办理汽车审验1285辆,“五小”车辆证件231辆,计163.5个吨位。全年增加汽车运力98辆,计362个吨位。运输市场行业管理覆盖面达98%以上,“两证”审验率100%。运输业总产值1.08亿元。

第四节　社会事业

一、教育

1983年,润州区有中学17所,小学84所,幼儿园35所。1984年,中等职业技术教育起步,开设职业高中6个班,学生290人。1985年有中学19所,学生6128人,教职工472人;小学77所,学生16698人,教职工684人;幼儿园57所,入园幼儿2903人,教职工134人。1985~1987年,各个乡镇均建立成人教育中心校。1992年10月镇江市区划调整,同年底有中学8所,小学56所,幼儿园57所;在校中小学生17137人,在园幼儿4840人,中小学教职工1200人。1994年5月,全区通过江苏省基本普及九年义务教育、基本扫除青壮年文盲的考核验收;10月,省政府发文宣布润州区“两基”合格。2005年全区有中小学校27所,其中小学22所,初中2所,九年一贯制学校1所,完中1所,职业高中1所。在校中小学生20360人,教职工1385人。有幼儿园41所,在园幼儿5020人,教职工419人。同年,全区拥有国家级绿色学校1所,省级绿色学校1所,国家标准省级重点职业中学1所,省级实验小学4所,省级示范初中2所,省级现代化示范幼儿园2所,省级模范学校1所,省级科技特色学校3所,市级模范学校4所,市教育信息化先进学校5所。

二、科技

1987年,全区有各类科技人员484人,其中本科生69人,大专生118人。在良种培育、作物栽培管理和新技术应用等方面,承担国家、省、市科研项目20多个。1992年完成“星火”计划、“火炬”计划、重点科技项目和新技术推广项目26个,引进各类人才120多名,为720名专业人员评定技术职称。1993年加快“科技兴区”步伐,组织申报市级以上19项科技计划项目,其中国家级火炬计划项目1项,省级项目9项。1995年组织实施各类科技项目56项,其中国际科技合作项目6项,省级“火炬”计划1项,“星火”计划2项,市级以上新产品16项。1997年被国家科委命名为全国科技工作先进区,七里甸镇、蒋乔镇、官塘桥乡被评为省科技工作先进乡镇。1999年,全区形成60人的学术技术带头人后备队伍,科技进步对工业、农业的贡献份额分别达到46%和53%。2001年建成农业科技示范园省级1个、市级1个、区级6个;新建高新技术企业1家,新创高新技术产品5个。2005年争创全国科技进步先进区再次成功,新认定省市级高新技术企业5家、省市级高新技术产品12个,申请省市级科技攻关计划8项、省级“火炬”计划5项、国家级“火炬”计划2项,获国家发明专利1项。

三、文化

1983年6月在市文化馆剧场举办区农民业余文艺会演,各代表队选调40多个自编的具有浓厚乡土气息的节目参加。1984年后,全区9个乡(镇)文艺活动蓬勃开展,七里甸乡每年举办业余文艺会演。1985年有4个乡镇成立文化中心,共有活动场所2500平方米,图书12000册,4座影剧院。1987年,蒋乔镇搜集整理民间故事234篇,民歌73首,谚语330条,编纂成《润州区蒋乔乡民间文艺资料集》,其中部分内容汇编入《中国民间文学三套集成(江苏卷镇江分册)》。1992年区划调整后的5个乡镇、4个街道都建有文化站。1993年举行“纪念毛泽东同志诞辰100周年”歌曲演唱会,以及建区10周年"润州在崛起"文艺会演。1995年举办"区划调整三年大变样"文艺会演,出版《润州区志》。1997年开展"迎香港回归,展润州风采"系列活动。1998年12月举办纪念改革开放20年"走向春天"文艺会演。1999年为庆祝中华人民共和国成立50周年和迎接澳门回归,举办"万人齐唱颂祖国"群众歌咏大会、百年梦圆大型文艺演出等。2002年组织开展"首届农民艺术节""润州区文化艺术周"等活动。2003年举行"放飞润州"文艺演出及"相聚润州"庆祝建区20周年大型文艺晚会。2005年举办"家在润州"社区艺术节,各镇、街道开展形式多样文化活动。

四、卫生

1983年成立润州区爱国卫生运动委员会。1986年以治脏为突破口,大搞文明卫生运动,开展群众性灭鼠活动。1984年后,加强农村改水工作,至1986年完成农村13000人的饮用自来水任务。1987年,全区下辖卫生机构12个,企事业单位医务室28个。卫生技术人员316人,其中医生154人;床位250张。有村卫生室66个,实行合作医疗制度。1991年,全区共有卫生机构14个,其中乡镇卫生院9所,区级卫生机构3个,局属医疗机构2个,病床位240张,各类医务人员370名,其中主治医师职称以上27人;农村中有卫生室54个,其中甲级卫生室44个,有乡村保健人员96人。1993年投入210万元建成3856平方米的区人民医院综合门诊楼,当年血防查螺、灭螺共投入1.3万个工日,完成灭螺土方20714立方米。1995年成立全市第一家慈怀医院,区计划生育指导站建成并投入使用。1996年"初级保健"通过省评审,通过"全国灭鼠先进城市"复查和"灭蝇先进城市"认定,建成七里甸镇、蒋乔镇两个计生服务站。1997年4月组织干部群众及驻区部队200余名官兵共3700余人,在七里河河段7000余米长的河道边开展灭螺达标会战。1999年,农村初级卫生保健通过市级考评验收,查灭螺1117万平方米。2001年创建社区计生服务中心,建成20个社区建设示范点,新建成市民求助中心。2002年率先在全市完成4家医院产权制度改革,共吸纳民资450万元。2003年建立疾病控制和卫生监督新体系,成立润州区卫生服务中心,高标准兴建红光、桃园两个社区卫生站。2005年改扩建7个社区卫生服务中心和6个社区卫生服务站,率先在全市通过"省级社区卫生服务先进区"评估;开展农村改水改厕,新增自来水受益人口2600人,新增无害化户厕2013户;全区参加农村合作医疗保险3万余人。同年,全区卫生机构94个;卫生技术人员378人,其中医生220人;床位226张。

五、体育

1983年10月成立区体育运动委员会。1985年举办首届职工篮球、乒乓球和棋类比赛。1986年11月和1987年10月,七里甸乡和象山乡分别举办首届农民运动会。1987年5月举办润州区首届家庭运动会,9月成立中华体育协会润州区总会,同时相继成立篮球、乒乓球、足球、棋类等协会。1989年举行润州区首届运动会。1992年举办区第二届运动会,承办第六届全国城区棋类邀请赛。1995年举办润州区第三届运动会。1999年,宝盖路中心小学获全国体育先进学校称号。2001年,蒋乔中心校被授予全国群众体育先进单位。2002年建成全市规模最大,占地3500平方米,建筑面积1350平方米的一泉村农民文体活动中心。2004年参加镇江市第12届运动会,总分位列全市第二。2005年全民健身周活动期间,举办"润州杯"华东武术精英争霸赛,9月举办首届"润州杯"乒乓球比赛,组织参加十运会镇江市火炬传递起跑仪式和"走向十运"万名老人健步行等活动。全区新增3个全民健身工程点。同年,宝塔路街道被评为全国群众体育先进单位、江苏省全民健身服务体系"八个一工程"先进单位,七里甸镇被评为镇江市全民健身服务体系"八个一工程"先进单位。

第五节　乡镇(街道)

一、乡镇(街道)设置

1983年6月建立镇江市郊区人民政府。同年9月撤社建乡镇。1984年10月,郊区政府更名为镇江市润州区人民政府,管辖象山乡、七里甸乡、渔业乡、蒋乔乡、官塘桥乡、汝山乡、丹徒乡和谏壁镇、韦岗镇7乡2镇,以及黄山园艺场、象山园艺场、水产养殖场3个国营场圃,同时代管江苏省国营共青团农场。1987年12月,七里甸、蒋乔撤乡建镇。

1992年11月,市区区划重新调整,以古运河为界,以西为润州区。润州区辖宝塔路、中华路、京畿路、和平路4个街道,七里甸镇、蒋乔镇、韦岗镇、官塘桥乡、渔业乡5个乡镇和水产养殖试验场、黄山园艺良种试验场2个场圃。

2001年3月撤销韦岗镇并入蒋乔镇,撤销金江乡并入和平路街道,撤销官塘桥乡设立官塘桥镇。同年8月全区90个居委会调整为56个社区居委会。

2005年12月撤销蒋乔镇、官塘桥镇,合并设立新的蒋乔镇;撤销七里甸镇,设立七里甸街道办事处;撤销中华路街道、京畿路街道,合并成立金山街道。至此润州区辖1个镇、4个街道、3个场圃,1个开发区。即:蒋乔镇、七里甸街道、宝塔路街道、和平路街道、金山街道、黄山园艺良种场、水产养殖试验场、润州茶场(1997年9月由丹徒区划入)、润州民营经济发展管理委员会(1993年12月设立);下辖村民委员会15个,社区居委会68个,村民小组291个。

2001年润州区乡镇(街道)情况表

表47-23

乡镇	面积(平方公里)	行政村、社区居委会数(个)	人口/户数(人/户)	财政收入(万元)	地区生产总值(万元)
宝塔路街道	5.80	18	81003/27207	–	6780
中华路街道	0.59	5	17355/7051	–	5800
京畿路街道	0.87	6	17178/6571	–	4200
和平路街道	23	25	57052/21157	–	39390
七里甸镇	20.20	13	21752/9591	2157	100120
蒋乔镇	48.80	10	24669/9819	879	36082
官塘桥镇	22.40	5	9685/4052	472	18176

2005年润州区乡镇(街道、民发委)情况表

表47-24

乡镇	面积(平方公里)	行政村、社区居委会数(个)	人口/户数(人/户)	财政收入(亿元)	地区生产总值(亿元)
蒋乔镇	48.70	12	32421/10594	1.01	3.45
七里甸街道	29.60	14	34774/11245	1.47	6.30
宝塔路街道	5.60	18	81658/31038	–	–
和平路街道	23.80(水面93.56)	25	65309/25423	0.06	–
金山街道	1.46	11	34790/14757	–	–
民发委	4.24	3	3335/961	–	–

二、乡镇(街道)选介

1. 蒋乔镇　位于润州区西南部,东、西、南三面属宁镇山脉丘陵地带,地势南高北低,起伏不平。西南有飞地——韦岗村。2005 年辖村民委员会 8 个,社区居委会 4 个。总面积 48.7 平方公里,耕地 7920 亩。居民户数 10594 户,人口 32421 人。

蒋乔镇东、南、西三面与丹徒区谷阳镇、高资镇接壤,北与长江相傍。润扬大桥南桥头堡、京沪铁路、沪宁高速公路、312 国道、338 省道、243 省道及谷阳路穿过其境,扬溧高速、沪宁高速在境内均建有出入口。

20 世纪 80 年代前,蒋乔镇农业以粮、棉为主,之后山区种粮,圩区逐步改棉为蔬菜。90 年代后,围绕稳定发展农业,调整优化发展工业,大力发展三产,提高全镇人民收入的发展思路和目标,全力推进经济快速发展。2005 年,全镇地区生产总值 3.45 亿元,其中农业增加值 1750 万元,工业增加值 1.83 亿元,第三产业增加值 650 万元,财政收入 1.01 亿元,农民人均收入 6220 元。

蒋乔镇资源较为丰富,基本形成以无公害蔬菜、果品、特种水产为主,粮油生产为辅的区域生产格局。境内有友谊水库、长山湾水库、东山水库、六道涵水库、嶂山水库,库容总蓄水量 20 万立方;有五星河、团结河、檀山河、嶂山河。2005 年,粮食总产 1656 吨,油料 314 吨;蔬菜上市 3.04 万吨,果品 644 吨,水产品 1905 吨。

蒋乔工业起步于 20 世纪 70 年代,陆续创办砖瓦厂、采石场、水泥厂、塑料厂、服装厂、五金厂、鞋楦厂。1990 年有企业 66 家,初轧厂、水泥厂、沪镇联营公司、铝门窗厂、砖瓦厂、板焊厂、润州第二化工厂、嶂山羽绒厂是区、镇骨干规模企业。到 2001 年,镇、村办企业全部改制,90% 的企业直接由集体转为民营,少数企业改为股份制企业或有限责任公司。2005 年,全镇有工业企业 158 家,实现工业销售 8.15 亿元,利税 3906 万元,自营出口 610 万美元。

2005 年,蒋乔镇有中学 1 所、小学 2 所、幼儿园 3 所,教职工 141 人,在校中小学生 1814 人,入园幼儿 253 人,是江苏省基础教育先进镇。有镇级卫生院 2 所,医护人员 51 人。居民人均居住面积 50 平方米,自来水入户率 94%,电话普及率 100%,有线电视覆盖率 90%。群众文化活动丰富,有镇文化活动中心和占地 3500 平方米的嶂山文体活动中心。

辖域内有国家级风景名胜区国家森林公园南山风景区,省级风景名胜区五州山,市级旅游规划区十里长山和高骊山。有莲花洞、陈家团山、松子头、大花山、枕山、蒋家门木鱼墩等古人类遗址,有明代嘉靖年间大学士杨一清墓。境内的韦岗战斗胜利纪念碑是镇江市爱国主义教育基地。

2. 七里甸街道　位于润州区中部。2005 年辖村民委员会 5 个,社区居委会 9 个。总面积 29.60 平方公里,耕地 3450 亩。有居民 11245 户、34774 人,其中非农业人口 10500 人。街道办事处驻地七里甸营房街。

七里甸街道北依长江。境内有国家级风景名胜区国家森林公园南山风景区,江苏省级风景名胜区五州山,有润州道院(三茅宫道院,镇江市道教协会所在地)。312 国道和润扬长江公路大桥在该街道有接口,镇江港、镇江火车站分别位于该街道的西部和中部,是进出镇江的西大门。

七里甸街道在 1986 年即成为润州区的第一个亿元乡。2005 年,街道地区生产总值 6.3 亿元,财政收入 1.47 亿元,居民人均年收入 7078 元,被市委、市政府评为全市十强乡镇,成为名符其实的"润州第一镇"。

该街道多种经营生产比较发达。有 3 家茶场,茶园面积 467 亩,茶叶年产值 1000 万元,知名品牌有金山翠芽、五峰迎春、惊春灵芽、一泉春芽等。水产养殖是传统的副业,尤其是特种养殖的面积逐年增加,品种有青虾、鳖、螃蟹等,在全市率先成功放养彩虹鲷和江黄颡,共有养殖面积 500 亩。果品生产以五州山村的葡萄和曙光村的油桃为最,葡萄面积 200 亩,品种有巨峰、藤稔、京亚、美人指、里扎吗特、高妻等。曙光村的油桃品种有瑞光 3 号、瑞光 5 号、红宝石等品种,种植面积 167 亩。

无公害蔬菜生产主要集中在农科站，每年为市民提供应时蔬菜 1800 万公斤。2005 年实现农业总产值 5400 万元。

七里甸工业起步于 20 世纪 50～60 年代，80 年代有长足发展。20 世纪初，工业生产产业链初具规模，村级经济形成征润洲塑料密封件、光华锅炉、金星电子等特色产业群。江苏柳工年销售 1 亿元，镇江凯天工艺品有限公司、镇江力凡胶囊有限公司年销售超 5000 万元，镇江减速机厂等 3 家企业销售超 3000 万元。2005 年，工业销售 17.75 亿元，利税 9305 万元，工业技改投入 2.2 亿元，合同利用外资 2870 万美元，实际利用外资 1413 万美元，自营出口 1250 万美元。

2005 年，七里甸有被认定的省、市级高新技术企业 4 家，高新技术产品 7 项，农业科技示范园（区）2 个。申报的火炬计划项目 2 项，科技攻关项目 1 项，科技协作签约 10 多项，科技人才承担项目 20 项。有中学 1 所、小学 5 所，在校中小学生 3904 人，中小学教师 160 名。有文体活动中心 2 个，文化信息资源共享工程 2 处。落实全民健身点（工程）3 个，晨、晚练点 6 处。有卫生服务站 4 个，城乡居民办理合作医疗保险 7200 多人。

1983～2005 年润州区四套班子领导人名录

表 47-25

<table>
<tr><th>区委书记</th><th>区人大常委会主任</th><th>区长</th><th>区政协主席</th></tr>
<tr><td>钱永桢
（1983.8～1985.4）</td><td>于英泉
（1984.5～1985.5）</td><td>昌万海
（1983.8～1985.4）</td><td>孙纪英
（女，1993.2～1996.2）</td></tr>
<tr><td>昌万海
（1985.4～1987.2）</td><td>昌万海
（1985.4～1987.2）</td><td>赵腊根
（1985.4～1992.5）</td><td>费恒贵
（1996.2～2003.1）</td></tr>
<tr><td>陈耀南
（1987.2～1991.1）</td><td>陈耀南
（1987.2～1991.1）</td><td>王林
（1992.5～1995.7）</td><td rowspan="8">倪惠民
（2003.1～　）</td></tr>
<tr><td>钟习军
（1991.1～1992.5）</td><td>徐峰
（1991.3～1992.3）</td><td>周梅生
（代，1995.7～1996.3；1996.3～1998.5）</td></tr>
<tr><td>赵腊根
（1992.5～1996.2）</td><td>赵腊根
（1992.3～1996.1）</td><td>张甫雄
（1998.5～2001.1）</td></tr>
<tr><td>贺华平
（1996.2～1998.5）</td><td>赵道本
（1996.1～2001.1）</td><td>胡宗元
（2001.1～2002.1）</td></tr>
<tr><td>周梅生
（1998.5～2001.1）</td><td>王仁进
（2001.1～2003.1）</td><td>王常生
（2002.1～2004.8）</td></tr>
<tr><td>张甫雄
（2001.1～2004.8）</td><td>张甫雄
（2003.1～2004.8）</td><td>李卫平
（2004.8～2004.12）</td></tr>
<tr><td>王润亮
（2004.8～2004.12）</td><td rowspan="2">王惠亮
（2004.12～　）</td><td rowspan="2">庄兆林
（2004.12～　）</td></tr>
<tr><td>李卫平
（2004.12～　）</td></tr>
</table>

——小资料——

[清]周镐·京江二十四景图——五州积雪

五州，系指京口城西的五州山，山名源出南朝梁武帝驾幸京口，见此山势高耸，有五峰，气势雄伟，因九州之地，宋得其五，并作有诗句“望幸倾五州”之意，山遂名五州山。

西晋永熙(290年)，山中建有因胜寺，至清道光，已有1500多年历史。寺附近尚有“翠岩室”的小庙，门对千悬岩千尺井，石桥分水松竹间，溪流曲径，景色优美。山上有老人峰、天鹅洞，山巅观日、卧云二亭，为观日出奇景，仰望蓝天白云的好地方。此为周镐所绘京江二十四景最后一幅，并有题跋：“道光壬寅春月，笠农二先生雅正”，意此画为道光二十二年(1842年)元月绘赠赵笠农先生而作。

第四十八卷

专　记

卷 目

中共中央总书记胡锦涛在镇江

2005年，在中共十六届五中全会胜利闭幕，“神六”飞船成功发射之后，由江苏承办的全国十运会在南京开幕。中共中央总书记、国家主席、中央军委主席胡锦涛亲临盛会开幕式，与7400万江苏儿女共同度过这一难忘的夜晚，并不顾劳累，深入江苏城乡进行视察调研。

2005年10月13日下午，在省委书记李源潮、省长梁保华陪同下，总书记胡锦涛在镇江先后考察镇江农科所农业综合开发(句容)科技实验园、港南花苑拆迁安置小区、镇江江奎集团等。考察中，他深入企业车间和田间地头，走进城市社区和百姓中间，关注民生，体察民情，倾听民声。“必须坚持发展为了人民、发展依靠人民、发展成果由人民共享，不断实现好、维护好、发展好最广大人民的根本利益。科学发展是为了人民，以人为本，就是以人民群众为本。”总书记深情的话语深深地烙在镇江人民的心坎上，为镇江上下科学规划未来，同心同德实现“十一五”时期的发展目标增添了强大的精神动力。

“用你的好做法和好经验，带动周围乡亲共同致富”

如何加快农业科技创新，更快更好地致富农民，是总书记胡锦涛考察的一大重点。江南乡村，稻黄果熟，到处洋溢着收获的喜悦。10月13日下午，胡锦涛一行来到镇江农科所农业综合开发(句容)科技实验园。园区占地面积500亩，以公司加农户等运作方式，先后带动了句容、茅山老区建成5000亩优质果品基地和5000亩出口创汇农业基地，帮助农民每年增加收入3000万元。收获时节的果园里果香四溢，抬眼望去，只见黄澄澄、沉甸甸的柿子挂满枝头。园区地头展牌上“做给农民看，带着农民干，帮助农民销，实现农民富”几句话十分醒目。园区负责人向总书记汇报，园区先后引进156个品种，选出28个品种，引进技术36项，研究完成新技术25项，受到农民们普遍欢迎。听到这些，胡锦涛十分高兴。勉励他们多引进、筛选和培育出更多的新品种，为致富农民搞好科技服务。胡锦涛还饶有兴致地走进一片柿林，察看新培育的品种“苹果柿子”。

“总书记，摘一个您尝尝!”

胡锦涛笑着接过柿子，边端详，边询问市场价格高不高，每亩的产量有多少，成本投入有多大，市场销路好不好。当他得知这些新品种现在仅仅只销往南京、常州、镇江等城市时，亲切地鼓励他们进一步加大开发的力度。

随后，胡锦涛又来到唐庄“张小虎葡萄园”。43岁的张小虎种植了7.8亩“美人指”新品种葡萄。在张小虎引导下，总书记一行走进葡萄园。只见一串串晶莹如玛瑙般葡萄悬空高挂，十分诱人。胡锦涛在田头高兴地与他攀谈起来。“经营几年啦?”“四年。”“每亩收入有多少?”“亩产能收2000到2500斤，市场可销售20000到25000元，净收入达到每亩1.5万元以上。”“这是欧亚品种，是经过农科所培育后传给我们的。它的特点就是外形美观，口感好，宾馆、饭店、超市都向我们订货，销售供不应求。”张小虎快人快语。“看来你是皇帝的女儿不愁嫁，这说明还是搞优良品种的好。”总书记风趣的话语，引来了周围一片欢快的笑声。张小虎自豪地告诉总书记，2004年家庭收入仅此一项就达到15万元左右。现在他正申请自己的商标，今后还要把自己的产品销往全国。现在储存碰到难题，2005年打算新建冷藏库。“关键是要有规模，一家一户搞冷库成本太高，上了规模就能降低成本。”“你们觉得希望政府帮助做什么?”胡锦涛问。“政府对我们帮助很大，财政上提供贴息贷款，还多次组织专家下来进行技术指导。”张小虎说：“有可能的话希望出国进行交流。我们园区已有5个种植能手到日本等国家考察过，他们给我们带回来不少技术信息和种植经验。”

胡锦涛问道，你们有没有成立合作社或协会？当地负责同志说，句容已成立了草莓、葡萄协会等32个专业化合作协会。胡锦涛赞许地说，成立协会很好，一方面可以通过科技协会，为农户提供科技服务；另一方面农户也可以进行市场信息交流、搞好营销和资金服务。离开葡萄园前，总书记嘱咐张小虎："希望你用好的做法、好的经验带动周围乡亲共同致富。""请总书记放心，我一定努力去做。"张小虎向总书记保证。

"要扎实推进社会主义新农村建设"

建设社会主义新农村，是五中全会提出的重要战略目标之一。镇江市推行"工业向园区集中、人口向城市集中、住宅向社区集中"的"三集中"，对建设社会主义新农村进行积极而有益的探索。实践表明，这是积极构建资源节约型经济体系和资源节约型社会的有效途径，也向人们展示了建设社会主义新农村的未来发展方向。

镇江港南花苑拆迁安置小区就是"三集中"成功实践的一个范例。港南花苑小区占地24公顷，规划面积30万平方米，是镇江新区建设的3个拆迁农民的优惠价商品房小区之一，建成商品房54栋，有17个村1448拆迁安置户入住。

这些拆迁户安置得怎样，生产生活和就业状况如何？总书记胡锦涛对此牵挂切切。

58岁的仲小桃原先是镇江新区大港镇华阳村的农民，2003年新区因道路建设，将他家的5亩责任田和住房有偿征用拆迁，改变了他的命运。10月13日下午4点多钟，在港南花苑小区当保安的仲小桃还在上班，镇党委书记贺宏福找到他，要他马上就回家，说有重要客人要来。回家的路上仲小桃还思忖着：以前市委书记史和平到家里来过，了解被征地后的生产生活情况，这次恐怕会是省级领导来了。下午5点06分，总书记胡锦涛的车队到达港南花苑5幢仲小桃家的楼下。总书记下车后，环顾了小区的整体环境，并问陪同的市委书记史和平，小区房价是多少。当他得知卖给农民的房价只有每平方米1000元左右时，称赞道："这个小区建得好！房价也比较适中，拆迁农民能买得起。"一旁的省委书记李源潮向总书记汇报：镇江港南花苑小区的做法比较好。江苏在推行"三集中"过程中，有一些群众理解、适应还需要一个过程。总书记说道，有一个过程是正常的。地方党委、政府一方面要引导农民转变观念，另一方面，要切实关心解决好他们的生产生活困难。

下午5点10分，总书记胡锦涛来到港南花苑安置小区仲小桃家。陪同的省、市领导有李源潮、梁保华、史和平、许津荣等。总书记的到来，让仲小桃的家里立刻充满了欢声笑语。走进仲小桃家，胡锦涛亲切地与他们一家人围坐在沙发上，和蔼地询问拆迁安置和生活就业情况，亲热地唠起家常。

图48-1　2005年10月13日，胡锦涛（右二）与仲小桃一家亲切交谈

仲小桃告诉总书记，征地补偿费得了21万元。现在的住房140平方米，三室两厅，还买了一个14平方米的车库，共花了15万元。过去自己有5亩承包地，现在都被开发区征用。市里执行"以土地换社保"的政策，一家人的生活也得到了安置，儿子媳妇每月是120元，一家人对这样的安置很满意。

"你儿子找到工作了吗？""他在镇上开了皮鞋店，是前店后厂。一年能赚8万元左右。我也在小区做保安。"胡锦涛笑着说："你有手艺，还会经营。

儿子媳妇经营得不错，你也享福了。”“这要感谢党的政策好！”仲小桃10岁的孙女也高兴地紧挨着总书记身边。胡锦涛低下头问她：“上几年级？”“四年级。”“上学远不远？”“不远，5分钟。”“以前见过这位爷爷吗？”一旁有人问。“见过，在电视上。”纯真的话语引来大家的一片笑声。

走出仲小桃的家门，已是薄暮时分。闻讯总书记来到小区，早已等候路边的社区农民纷纷涌来，一见到总书记自发报以热烈的掌声。

“总书记好！”“总书记好！”大家表达着对总书记的爱戴之情。上车后，总书记打开车窗探出身子向热情的人们频频挥手问好。

“提高自主研发能力，不断提升企业的核心竞争力”

企业是自主创新和科技投入的主体，而创新则是企业发展的动力之源。总书记胡锦涛每到一地，都鼓励企业立足自主创新。他说，要把提高自主创新能力作为调整经济结构、转变经济增长方式的中心环节，摆到更加突出的地位。

镇江江奎集团，是多元化资本构成的集科工贸为一体的集团公司，生产的DVD电视一体机、液晶电视和数码相机等产品，畅销全球70多个国家。

10月13日傍晚，已是暮色初降，江奎集团世纪数码液晶有限公司厂房内依然灯火通明。装配线上，工人们正埋头忙碌，一台台数码液晶电视机在流水线上装配、调试、检验……17点48分，几辆考斯特面包车在车间门口停下，在此等候的江奎集团董事长王伟等企业负责人迎上前去。总书记胡锦涛身着普通的夹克衫，健步走下车来。

“胡总书记好！”王伟已是第二次与总书记见面。2004年“五一”节，他作为全省十个全国劳动模范代表之一曾在南京参加过与总书记的座谈。

走进产品展示大厅，总书记看到江奎集团与美国微软公司合作的数码液晶电视机，非常感兴趣：“你们和美国微软公司是在哪个方面进行技术合作的？”“微软为什么会选择和你们合作？”“在这个产品里，微软提供了什么？要不要付费？”“你们自己有什么核心技术？”“通过和微软的合作，你们得到了什么？”……总书记问得十分仔细。当得知江奎在这一合作中，已申请了5个发明专利和一个软件著作权，同时正在申报另外6个发明专利时，总书记肯定地说：“局部拥有自主知识产权也是好的。”

来到生产车间，总书记一边参观，一边和王伟交流：“你这20英寸的液晶屏产地是哪里？价格多少？液晶电视机中的进口件要多少钱？国产件多少钱？占多少比例？销售价多少？”王伟一一作了解答。总书记甚至问到了近年来国内一直争论不下的数字高清电视的标准问题：“你赞成哪种标准？”王伟提出了自己的观点。总书记进一步问：“为什么？说说理由看。”

“短短的二十多分钟，胡总书记一直在和我交谈，不断提问题、算经济账。他提出了很多关于DVD及目前电视机产业的高新技术、知识产权、产品成本、未来发展、技术合作等方面的问题，问得很细、很专业。我感觉，作为日理万机的党和国家最高领导人，他对电子行业也非常了解。有些问题是他在了解情况，有些问题是他在验证，还有些则是在考我。总书记非常睿智，知识面很广。”王伟这样回忆着当时的感受。江奎集团党委书记黄君励回忆起当时的情景仍兴奋不已：“原定总书记在我们江奎的时间是20分钟，可他意犹未尽，一直在提问、在交谈，视察时间比原来延长了4分钟。这给我们留下了深刻印象，让人永生难忘。”

在电视机组装流水线，总书记在一块挂着“本月最佳员工”标牌的岗位前停下了脚步。这位忙碌着的员工叫蒋晨欣。总书记亲切地问道：“进厂多长时间了？”激动的小蒋回答，她进厂才一年多。总书记说：“进厂一年多就被评上最佳员工，很不简单嘛。”随后与小蒋亲切握手。这名2004年才从电子工业学校毕业的年仅20岁的姑娘，在和总书记握手之后，激动得不知道说什么才好。“事后工间休息时，周围的同事都跑过来跟我握手。我赶紧给爸爸打了个电话，告诉他我和总书记握手啦!”小蒋激动地表示,今后将更加努力地工作,不辜负总书记的鼓励。

18点12分,总书记结束对江奎的视察,准备乘车离去。此时正是下班时间,数百名江奎员工自发地涌到路边夹道欢送。大家按捺不住激动的心情,“总书记好!”“总书记好!”的声音此起彼伏。总书记健步走到职工们面前,主动伸出手去:“耽误大家下班了吧?”他的双手与工人们的双手紧紧握在了一起。大家不敢相信:平时只能在电视里见到的党和国家最高领导人,如今已真真切切地来到了面前。总书记上了面包车,汽车缓缓启动,工人们用掌声为他送行。总书记又特意打开车窗,再次向沸腾的人群挥手致意……

[转自《镇江年鉴》(2006)]

镇江市人民政府为民办实事

一、概况

镇江市人民政府从1983年起每年都针对全市百姓生活中迫切需要解决的困难和问题,为人民群众办实事。1987年4月和1988年3月市政府印发《为城乡人民办实事的决定》。市政府每年就为民办实事项目广泛听取市民意见,经人民代表和政协委员讨论确定后,由市政府办公室分解成若干小项,落实到政府有关部门,并定期检查工作进度,督促各项实事完成。一般每年至少安排10件实事,部分年份20件。截至2005年底共为民办实事274件。大件里面有小件,实际超千件。内容涉及城市建设、市政公用、园林绿化、道路交通、环境保护、文教卫生、水利建设、广电通信、社会事业和菜篮子工程等。

城市建设是每年为民办实事的重点工作。道路拓宽建设工程面广量大,旨在改善交通状况,拉大城市框架。主要包括:中山路、解放路、长江路、学府路、官塘桥路、丁卯桥路的拓宽改造,镇大公路、镇南立交、解放路南段高架桥、扬中长江大桥、丹西公路、句陈公路、南徐大道、滨江大道、扬中大道、檀山路、宗泽路、跑马山路、禹山北路的建设。

文教卫生、社会公益事业是每年必办的为民项目,包括建设青年宫、革命历史博物馆、图书馆二期、丹阳文化城,文化宫、革命历史纪念馆、纪念碑等文化设施建设;新建教育设施有特教中心、职教中心、大港中学、江滨中学、镇江十中、丹阳实验中学、句容高级中学等;卫生设施有镇江中医院、妇幼保健大楼、扬中人民医院、丹阳人民医院病房大楼、句容人民医院门急诊大楼等;社会公益设施有市老年活动中心、老干部活动中心、丹阳老年公寓、句容社会福利中心等。

广场、公园、市政建设、环境治理是重要民心工程。建设项目有丹阳人民广场、句容新世纪广场,市区大市口、花山湾、润州、京口、山巷等广场。改造扩建金山、焦山、北固山公园,建设宝塔山、谏壁公园、南山风景区、古运河风光带。自来水厂建设,公交车辆更新,街巷道路改造,城区水、电、气改造建设等。23年间,全市共新建拓宽马路35条,新扩建改造农贸市场6个,约1.3万平方米;新增市区绿地76公顷,绿化覆盖率2005年达到38.6%;街巷改造526条,约22.88万平方米;新增公共汽车770辆、出租汽车1254辆,新辟公交线路39条,优化公交线路55条;市区新增路灯28719盏,新增管道煤气用户7万多户;新建农村自来水厂38个。

人民群众住房问题是每年必办实事。1986~2005年,市政府共建设经济适用房(含解困房、安居工程)233.7万平方米。市财政于2003~2005年拨付廉租住房保障专项资金340万元,解决最低收入家庭住房583户次。改造治理市区危房,累计投资3590万元,完成1270处,23.5万平方米。

解决下岗失业人员及农村富余劳动力就业问题是每年为民办实事的重要内容。免费举办各类职业培训班，举办专场招聘会，为下岗人员和农民工提供就业帮助。2003～2005 年，市政府安排新增就业 7.2 万人（其中下岗失业人员再就业 6.03 万人），转移农村劳动力 13.05 万人。

在办实事的过程中，市政府讲诚信、求实效，除因计划调整、项目较大，有些领域的项目是多次立项等原因确需跨年度实施外，一般都力争当年完成，当年见效。关系城乡人民生产和生活中存在的实际问题，通盘考虑，专题研究提出方案，逐步解决。因当时条件不成熟，难以办到的事，一方面向群众作出解释，另一方面创造条件去办。

二、为民办实事项目汇总

1983 年

1. 基本完成城镇总体规划、村镇控制性规划的编制和修订工作。2. 抓好道路、桥梁的建设，发展城乡公共交通。3. 推进市区煤气工程建设进度。4. 新建、改造城市上、下水设施，逐步改善城镇和农村饮水条件。5. 搞好园林建设，完成南郊风景区的规划和修缮工作。6. 加强城镇管理，处理违章建筑，搞好环境保护。7. 发展住宅和其他设施建设。8. 提高蔬菜和其他副食品的生产与供应。9. 多种渠道解决待业青年的劳动就业问题。10. 增加社员收入，搞好扶贫工作。

1984 年

1. 改善居住条件，年内竣工 25 万平方米。2. 发展城乡道路建设，重点翻建镇焦路、金山西路、一泉路等。3. 发展城乡自来水事业，改善人民的饮水条件，市区增加民用自来水户 2000 户。4. 城市煤气工程的竣工投产，年内使 8000 户居民用上煤气。5. 加强环境建设，抓好 27 项废气治理项目和 41 个单位的消烟除尘工作。6. 兴建一批文化、卫生、体育设施。7. 改善蔬菜、副食品的供应。8. 调整和建设好农贸市场，增设商业网点 50 个，发展个体商业，方便人民生活。9. 多种渠道安排待业人员就业，全市安置待业人员 5500 名。10. 建立镇江人民广播电台，5 月开播。年内新增 1 个电视频道，为自办电视新闻节目创造条件。

1985 年

1. 完成城镇住宅建设 22 万平方米，其中市区 19 万平方米。2. 完成中山东路和镇焦路两条主干道的拓宽工程，续建镇焦路、黄山路，拓宽劳动路西段，新建中山桥。3. 增加市区公共汽车 11 辆。4. 市第三水厂正式投产供水。5. 城市管道煤气用户总数达 9000 户。新、扩建街道和居委会托儿所 10 所。6. 完成农房建设 140 万平方米。7. 完成 9 条农村公路接通任务，重点抓好茅山地区的公路建设。8. 修建农村简易候车棚 66 个。9. 完成 14 座村镇自来水厂和 10 座压力罐式供水设备，增加农村自来水用户 15 万人。新建沼气池 5000 只，改造老池 2000 只，维修病池 1500 只。10. 新办乡镇文化中心 6 个。11. 新办乡村敬老院 66 所。12. 新办乡镇社会福利工厂 23 家。

1986 年

1. 完成中山西路拓宽工程、临街兴建 10 幢大楼，完成苏北路路面翻建和运河路拓宽改造。2. 完成南郊风景区一期工程 9 个景点的建设，完成焦山公园西区规划，进行小码头宋代古街的修复工作，完成焦山公园渡口候船室建设，重点搞好城郊和生活小区的绿化工作。3. 市区住宅开工 40 万平方米，竣工 20 万平方米，市财政拨款 100 万元建设教师宿舍。4. 市区增设南水桥等五个专业、综合贸易市场，新增商业网点 30 个，大西路（宝塔路至迎江路）建成商业街，改为机动车辆单行道。5. 建设和改造自来水供水管道，治理镇焦路积水区，管道煤气新增用户 2000 户，新增公交汽车 16 辆，新建、翻建 40 座公共厕所，增设 2 个垃圾中转场。6. 建成花山湾电影院、医学院附院门诊楼和镇江师范教学楼，复建人民电影院。7. 宁杭公路镇江段的改造，镇句、镇澄路的改建扩建以及扬中三茅至八桥公路的拓宽，修建茅山地区公路 39.5 千米，建成镇江长途汽车站。8. 建好乡（镇）汽车站，建成 10 个渡口候船室。9. 城镇住宅竣工 4 万平方米，逐步解决农民“建房难”的问题。10. 扬中县基本普及饮用自来水,新建6个乡的自来水厂、站。11. 新办敬老院15所,乡镇社会福利企业14个。12. 新办乡(镇)文化中心7个。

1987年

1. 拓宽中山东路,完善运河南路。2. 进行中山路临街建设。3. 开展市区住宅建设及观音桥巷、贺家弄等片区住宅的续建与改造。4. 完成第三水厂二期扩建工程的前期工作,建造桃花坞自来水增压站,市区新增自来水用户600户。5. 新增公共汽车、出租汽车各10辆,新建、翻建公共厕所20座,增设垃圾中转场1座。6. 完善、配套李家大山、桃园、桃花坞、太古山等小区的环卫设施。7. 完善、配套南山风景名胜保护区已动工的6个景点,修建北固山大门,改造上下山道路,维修小码头古街昭关石塔、待渡亭、圈门和焦山抗英炮台、碑林等,整修古街道路,城市绿化覆盖率增加1%~2%。8. 基本建成大西路无黑烟一条街、桃园新村无黑烟居住区和健康路、正东路、四牌楼、大市口四个无黑烟控制区。9. 建成中医院病房楼,增设5个街道文化站,完成市县之间广播电视多功能微波传送网。10. 完善和建设一批商业服务设施。11. 新建县乡公路7条61千米,建成扬中县三茅至八桥公路,建成宁镇公路镇江时界山至唐驾庄8千米混凝土路。12. 新建丹阳界牌至扬中轮船港汽渡。13. 新建农村汽车站3个,候船室3个。14. 铺设润州区丹徒镇主街道沥青路面和人行道。15. 新建埤城、延陵、下蜀、郭庄、宝堰、驸马庄6个乡镇自来水厂。16. 建设20个社会保障体系和10个乡镇敬老院。17. 新建乡镇成人教育中心17个。18. 全市发展农用电话1100部,增加部分中继电路,县县实现自动拨号或半自动拨号。19. 发展文化活动点,全市一半乡镇形成乡镇、行政村、自然村及个体文化户的文化网络。20. 建成15个文明卫生城镇,建成5个消灭血吸虫达标乡镇。

1988年

1. 建成牌湾、五条街、七里甸、九里街、南门大街、黄山路6个农贸市场。2. 续建跑马山立交桥,抓好新河西岸路面改造,做好拓宽改造电力路的各项准备,完成中山路铁道口到新马路的交叉口路段拓宽改造工程。3. 修建市区15条街巷路面以及23军、24军干休所道路路面。4. 新建翻建10座厕所,增设2个垃圾中转场,增添200只垃圾箱。5. 增加10辆公共汽车,新辟火车站至南郊的公交线路。6. 筹建北固山多景楼,修缮小码头古街道。7. 住宅开工40万平方米,竣工20万平方米。新建江滨新村三期工程,继续抓好贺家弄、中营、斜桥街、水陆寺巷等片区的续建和改造。8. 中山路临街的6幢高层建筑基本竣工,复建大市口副食品商场、大市口中心肉店、五条街中心菜场和万祥副食品商店等一批商业网点,建设五化交商场、镇江饭店、友谊大楼、人民电影院、图书馆阅览楼。加快工人文化宫施工进度,开工建设青年宫。9. 建成桃花坞自来水增压站,建设第三水厂二期工程,做好谏壁水厂的筹建工作。10. 发展县城和农村集镇建设,新建5个村镇自来水厂,增加10万受益人口。

1989年

1. 新增一批农贸市场、小商品市场、浴室、粮店等商业服务设施。2. 完成电力路拓宽工程,修建天桥路,改造市区15条街巷路面,整治和平路排水系统。3. 中山路临街开工新建中国银行营业楼,建成京口商场、京口医院门诊楼、新华书店、工商银行营业楼,修建市人民法庭、丹徒县人民法庭。4. 基本完成金山水厂三期扩建工程,新增日供水能力5万立方米。5. 完成城市煤气储配站和管网施工图设计以及储配站基础工程。6. 市区购置公共汽车10辆,新建丁卯桥、金山2个停车场。7. 翻建公共厕所10座,改造垃圾箱300只。8. 修复北固公园试剑石、凤凰池,完成焦山碑林二期整修工程和焦山别峰庵的配套建设。9. 完成上铁水泥厂、镇江水泥厂、镇江化工厂、镇江纸浆厂和甘露浴室5个污染源的限期治理。10. 完成抗震加固面积2500平方米。11. 建设通讯枢纽楼,新建市内电话四分局。12. 建成世业洲汽渡和高资铁路、公路立交工程。13. 新建县乡公路8条33千米。14. 新建蒋乔、石马、三山、袁巷、导墅5个乡镇自来水厂,农村饮用自来水增加10

万人。

1990 年

1. 完成铸造焦煤气配套工程，确保年底通气，市区煤气用户增加到 2 万户，做好石油液化气供应站建设的前期准备。2. 完成金山水厂新增日供水 5 万立方米的管网配套。铺设桃花坞水库唧站至江苏工学院的输水管道。3. 完善天桥路，拓宽花山路口，完成 50 条街巷道路的维修改造。4. 初步治理镇句路、超岸寺巷等积水区。5. 翻建改造市区危房 2 万平方米。6. 建设江滨新村和花山湾菜场，增设 2 个粮店，筹建中泉浴室。7. 新建江滨中学，完成江滨小学的扩建工程，加快红旗小学的扩建改造。8. 治理炉窑灶 652 只，抓好谏壁发电厂静电除尘、搪瓷厂和大兴、健康浴室等单位的烟尘治理。9. 新增城市绿地 12 公顷，新建鼎石山、谏壁公园，建设滨河路、金山西路、镇扬路绿化带。10. 在河滨公园改建老年活动室，开办老年购物商店，筹建老年活动中心，建成老年大学教学楼。

1991 年

1. 完成宝塔山路改造工程，拓宽南门大街北段，完善市区主干道两侧行道板的铺设，改造街巷道路 50 条。2. 治理危房和抗震加固各 1 万平方米，年内竣工商品房 20 万平方米。3. 发展煤气用户 5000 户，建成 200 立方米液化气站，改造五条街、下河头两个垃圾中转场，新建、翻建 20 座公共厕所。4. 完成市制革厂、市味精厂发酵车间、市有线电厂喷漆车间的搬迁，完成市色织总厂印染废水处理、市农药厂包装车间粉尘治理，落实镇江第二化工厂的搬迁方案，督促和帮助润州区完成黄山水泥厂立窑烟尘治理。5. 建设北固山公园西环路，开发塔影湖，着手建设鼎石山、谏壁、磨笄山公园，市区新增公共绿地 7. 3 公顷。6. 筹建南门大街小商品市场，扩建京口闸农贸市场，建成七里甸农贸市场，建成中泉浴室。7. 建成市第四人民医院妇产科大楼、图书馆阅览楼，初步建成广播电视中心大楼。8. 新建江滨中学和市乒乓球训练房。9. 建成市区电话四分局，新增市话 2000 门，建成邮电通讯枢纽楼，安装程控交换机 5000 门，改造镇焦路和城中四片供电设施。10. 筹建市革命历史博物馆，重建市革命烈士纪念碑，着手迁建市殡仪馆。

1992 年

1. 拓宽解放路（大市口至解放桥段）和宝塔路北路，新建解放桥，改造黄山西路和 50 条街巷道路。2. 完成中山桥至解放桥段古运河整治工程。开发金山西区，复建芙蓉楼，恢复天下第一泉活泉水。建成北固山西环路和江边景点。续建鼎石山、磨笄山和谏壁公园。市区新增公共绿地 12. 1 公顷。3. 疏浚二道沟，建成二道沟铁路涵洞。加固运粮河堤，建设平政桥闸站桥“三位一体”工程。改造桃园、农药厂两座泵站。4. 完成金山、焦山、北固山、阳彭山等 8 处斜坡地质灾害一期治理工程，治理云台山滑坡。5. 新建一座垃圾填埋场，搬迁京口闸垃圾粪便中转场，更新安装两条城市道路路灯。6. 建设金西水厂一期工程。建成丁卯公交停车场，购置 15 辆公交车辆。7. 改造焦化厂 1 号焦炉，提高管道煤气供应能力。扩大民用固硫型煤生产，开发工业用固硫型煤。8. 治理危房 1 万平方米，抗震加固 1 万平方米。竣工房屋 20 万平方米，建成南门大街招商市场和沿街网点，完成 3000 平方米平战结合的地下人防工程。9. 发展镇江经济技术开发区道路、供电、邮电、供水、排水、集中供热等基础设施建设，220 千伏丁卯变电所和 1 万平方米标准厂房。10. 完成大东滩 150 万方填土任务，造地 66. 67 公顷。

1993 年

1. 拓宽解放路北段，完成解放桥拓宽改造工程，整修运河路解放桥至中山桥段路面和市区街巷道路 2 万平方米。2. 完成金西水厂一期工程建设，形成供水 2. 5 万立方米的生产能力。农村新建和扩建 6 座乡镇自来水厂，增加受益人口 10 万人。3. 完成焦化厂一号焦炉改建。发展管道煤气用户 8000 户。完善李家大山和江滨新村三期管网配套并通气。4. 新建李家大山、三茅宫 2 个垃圾中转场。5. 市区竣工住宅 25 万平方米，成片治理危房 5 万平方米，零星治理危房 1 万平方米,抗震加固1万平方米。修建地下人防工程1万平方米。解决市区住房困难户1000户。建成市老年公寓。6. 完成市区古运河中山桥至平政桥段二期清淤、护坡整治工程,基本建成解放桥至中山桥段古运河风光带。7. 综合治理云台山等山体滑坡,提高抗灾能力。8. 市区新增绿地10. 5公顷,其中公共绿地5. 5公顷,绿化覆盖率达24%。9. 进行金山西区二期工程,完成塔影湖清淤、石驳工程,建设百花洲景点。10. 新建三茅宫和北门电话分局。全市程控电话增容4. 7万门,长话增容5000线,建设镇江至扬中微波传输系统,新建高桥、辛丰、宝塔、西麓4个程控电话模块局。新增农村程控电话8500门,新放装市区电话用户1万户、农村1000户。

1994年

1. 完成解放路北段、南门大街南段和斜桥街拓宽工程,实现当年拆迁、当年建设、当年通车。2. 翻建运河路解放桥至中山桥路面,完成2万平方米街巷路面改造、维修15. 5万平方米。3. 金西水厂一期工程提前部分供水。4. 完成古运河整治二期工程和城东垃圾无害化处理填埋场一期工程。5. 治理云台山等滑坡地段,改造危房和空斗墙房屋7. 3万平方米。6. 发展管道煤气用户8600户,液化气用户4000户。7. 复建和修缮北固山部分景点。8. 完成古运河风光带和三国城、"吴王花园"一期工程。9. 丹阳市拓宽南环路等5条主干道,句容县建成西环路等3条县城主干道,扬中县建成扬子路等10条道路。10. 建设一批县、乡(镇)水厂和扬中建新村、润州驸马庄村、丹阳新桥村等现代化试点村庄。

1995年

1. 实施丁卯桥路4840米拓宽改造工程,并建成通车。拓宽建成镇澄路一期工程,改造市区街巷道路5000米。2. 建成公交后方基地,改善公共交通条件。完成金西水厂自动化设备安装和通往镇江经济开发区主输水管道。3. 建成城东垃圾填埋场并达到全国卫生城市标准;改造公共厕所25座。建成桃花坞、酒海街、李家大山垃圾中转站。4. 完成焦化煤气集团六号焦炉的建设。发展液化气用户,完善管道煤气接配液化气工程。新发展燃气用户1万户。城市燃气气化率达80%。5. 建成百花洲景区二期工程和焦山过江游览索道。美化古运河风光带,完成古运河整治三期A段清淤石驳工程。完成宝塔山公园(中日友谊梅樱园)二期工程建设。6. 新增公共绿地而积12万平方米,人均公共绿地面积达4平方米,建成区绿化覆盖率达25%。实施染料厂、第二化工厂搬迁,改造谏壁发电厂5号机组除尘装置。加快建设城市污水截流工程,铺设污水截流过江管道,建成征润洲污水处理中试场。7. 规划筹建体育中心,开工建设职教中心。兴建社会福利院。建成市科技中心、艺术中心和特教中心。8. 改善市民居住条件,市区建成住宅25万平方米。改造加固危房和空斗墙住宅房屋2万平方米,基本完成市区人均居住面积4平方米以下的解困任务。9. 基本完成邮政枢纽工程建设。建成220千伏句容变、110千伏大港变等一批输变电工程,建设市区110千伏变电所,完善全市电网网架,市区配网改造10至15个台片,提高供受电能力。10. 大力发展农村改水事业,新建、扩建、改造乡镇自来水厂6座,村镇饮用自来水人口增加10万人,普及率达53%。

1996年

1. 建成与沪宁高速公路接线的谷阳路和大东新路,改建镇句路及二道沟排水设施。2. 进行城市污水截流工程建设,东部系统基本完成。3. 搬迁第二化工厂、精细化工厂三分厂硝基苯胺车间,实施镇江水泥厂和纸浆厂的污染治理工程。4. 建成安居工程6. 4万平方米、解困房及其他住宅10万平方米,治理危房1万平方米,抗震加固房屋1万平方米。5. 京口闸的桥、闸、站三位一体改造工程开工。6. 新增管道煤气、液化管道气用户8842户。新建2座、扩建和改建4座乡镇自来水厂。7. 扩建丁卯公交停车场,增加14条公交营运线,新增12台公交车辆。8. 配套完善金山西区景点建设,续建古城公园、宝塔山公园、谏壁公园和焦山白鹤园,新增公共绿地9. 4万平方米,实施古运河三期B段整治。9. 建成京口闸、谏壁2个农贸市场,规划开工建设五条街、江滨新村、黄山、宝塔路、包家湾、解放桥巷等6个农贸市场,重点建设建筑装饰材料、浆纸、服装鞋帽3个大规模批发交易市场。10. 完成职教中心一期工程建设。实现镇江有线电视与二区和四县(市)县城及部分乡镇的联网,开办电视教育频道和镇江交通广播电台。建成市体育综合训练馆和网球场,建成报社综合楼和社会福利院。

1997 年

1. 完成谷阳路南、北延伸段和镇句路牌湾至七里甸广场段拓宽改造工程。开工建设跃进路拓宽改造工程。2. 完成整治二道沟排水系统。着手进行桃园小区排水系统改造。3. 改造街巷道路3. 3 万平方米。改造公厕 38 座。更新公交车 14 辆。新增管道燃气用户 6018 户。4. 开工建设金西水厂二期工程,实施丹阳自来水引水工程,扩建和改建乡镇水厂 8 座,农村自来水受益人口新增40 万人。5. 建设国家安居工程丁卯建设区 10 万平方米起步区,竣工 5 万平方米,并完成相应的绿地面积和小学等配套设施建设。治理零星危旧房 1 万平方米。抗震加固房屋 1. 42 万平方米。6. 完成市区有线电视网东段改造工程和县(市)区广播电视传输建盖网率达 25%。完成市职教中心二期工程。7. 完成京口闸水利枢纽主体工程和谏壁闸除险加固工程。苏南运河镇江段整治工程 10 月底竣工通航。整治古运河三期 B 段,完成 74 万立方米土方和全部挡土墙土方任务。8. 改造新河西岸路、马家山路、润州山路、太古山路、医政路、跑马山支路、城隍庙街。完成长江新客运站的配套设施和道路改造。9. 建设包家湾、四牌楼、太古山、黄山、五条街、江滨新村等农贸市场。10. 安置城镇就业 1. 3 万人,登记失业率控制在 2. 5% 以内。实施再就业工程,全年安置下岗职工1. 75 万人,分流安置率达到 68. 5%。安置失业职工 2400 人,失业职工二次就业率达到 64. 98%。

1998 年

1. 实施长江节点整治和江堤达标工程,完成扬中小决港、孟家港、世业洲等 9 个节点的长江节点整治任务,完成江堤达标 62 千米、总土方量 564 万立方米。2. 建成新区广场(一期)工程 5. 8 万平方米公共绿地和梦溪广场西南侧 0. 2 万平方米公共绿地。完成南山风景区、国家森林公园景区建设年度任务。续建黄鹤山公园、谏壁公园二期、古运河风光带 2. 5 万平方米绿地建设。3. 完成正东路拓宽、朱方路拓宽二期工程。完成街巷改造 1. 5 万平方米、下水道改造 1237 米。竣工通车和平路、车站路、金山路、新河路。完成民主街、民主泵房管线拆迁、水管铺设和路面处理。用压缩式垃圾车替代桃园和润州山的垃圾中转站。4. 镇南立交桥完成项目总工作量的 63%。谏壁复线船闸完成部分征地拆迁。完成禄口机场路五里墩至铃塘段新建工程及镇荣公路二期工程。5. 建成金河纸业有限公司的污水处理站工程。完成古运河三期 C 段整治工程。续建污水截流工程,完成工作量 2874 万元,建成虹桥港和南水桥泵站。6. 金西水厂二期主体工程完成厂区桩基和出厂管道,完成桃花坞水库唧站扩容工程,新建、改建乡镇自来水厂 4 座。7. 完成城市煤气扩容改造工程,新发展煤气用户 5120 户、液化气用户 3074 户。建成丁卯新区 10 万立方米液化气空混配套供气工程。8. 竣工安居房 6 万平方米,零星危房治理 80 处共 1. 2 万平方米,抗震加固房屋10180 平方米。9. 安置下岗职工 2. 7 万人,全年培训下岗待业职工 9157 人,多渠道安置城镇失业人员 10337 人。10. 完成市图书馆二期工程和市职教中心三期图书馆、教学辅楼工程。广播电视光缆传输网建设实现省、市、县全部开通,县乡之间联网的乡镇达 56 个,联网率达 62%。

1999 年

1. 完成江堤达标 201. 4 千米,共完成土方 919 万立方米、护坡 83 千米。改建和加固小型涵闸255 座。完成国家和省下达的长江镇扬河段二期整治、扬中河段节点控制和湖西引排工程年度任务。2. 拓宽改造南门外大街,实施长江路拓宽改造一期工程,建成跑马山铁路隧道及接线工程,改建运河路,完成宝盖路、大西路等大修工程,改造街巷道路 1. 5 万平方米。3. 新建江滨公园一期 1 万平方米公共绿地。续建古运河风光带,完成二期 C 段整治。新建梦溪广场西南侧二期公共绿地 2500 平方米和宝盖山二期 1 万平方米公共绿地。4. 完成虹桥港闸(站)建设,虹桥港整治河道土方工程、护底、护坡工程完成大半。新建江南新村排涝泵站,续建头摆渡泵站,完成民主泵站前期工程。整治江滨一村、李家山三区等11个易涝地区。5. 续建污水截流工程,完善征润洲污水处理中试场工程,开工建设解放路、平政桥泵站和部分管网工程。着手进行粪便处理场建设,江滨垃圾中转站基本完成,桃花坞垃圾中转站完成规划设计和施工图主体设计,做好城东垃圾填埋场二期工程前期准备工作。6. 镇大公路建设完成投资11050万元,完成大港至扬中一级公路建设,建成镇南立交桥。完成新客运中心站施工图设计、招投标工作。完成长航客运码头接线工程。7. 竣工商品房35万平方米,建设经济适用房42万平方米。治理危房2万平方米,改造空斗墙房屋1万平方米。8. 完成金西水厂二期主体工程和部分管道、设备安装。完成建设镇江新区10万吨水厂的前期工作,完成丁卯万吨水库唧站年度任务。完善丁卯空混工程管网配套。9. 建成三茅宫、桃园新村农贸市场。10. 完成省下达的5项血防灭螺重点工程和句容便民河血防综合治理一期工程。新建索普学校。

2000年

1. 进行长江整治、江堤达标工程建设,完成九曲河、虹桥港河道整治。重建丹徒闸,建造古运河丹徒南闸。全面解决丘陵山区严重缺水村饮水困难. 2. 按园林路标准实施长江路拓宽改造一期工程。实施江滨大道、铁城路等改造工程。大修伯先路、大西路西段。向北延伸谷阳北路,拓宽改造镇澄线谷阳路口至江工段。竣工投运客运中心站一期工程。3. 完成金西水厂二期工程。实施桃园小区排水管网改造二期工程,整治头道沟、绿竹巷等排水沟。建造大东雨水泵站。4. 开工建设大市口公共绿地,完成江滨绿化带、焦东公共绿地的建设,续建古运河风光带和南山森林公园。改造完善河滨公园。5. 完成农村电网的改造与建设。加快城市电网建设,建成大市口110千伏输变电所。6. 改造街巷道路2万平方米,对市区危桥进行加固维修。治理危房1. 5万平方米,抗震加固房屋1万平方米。7. 完善环卫基础设施,实施城东垃圾填埋场二期工程,续建粪便处理场。8. 新建、扩建、改造校舍20万平方米,改造扩建八叉巷小学、中华路小学。9. 提高"菜篮子"建设水平,进行防虫网覆盖栽培和"放心菜"挂牌直销工作,确保"放心菜"占蔬菜上市总量的86%。加强生猪定点屠宰管理工作,确保市民吃上"放心肉"。10. 建立健全社区服务网络,60%以上的街道建立社区服务中心,50%的居委会建立社区服务站。建成市老年公寓二期工程。

2001年

1. 整治桃园小区、小荷花塘、桃花坞等低洼积水区。2. 开工建设城东垃圾填埋场二期工程。3. 开展镇江船厂的搬迁。4. 消灭无路灯片区,完成市区部分道路路灯改造。5. 改造街巷道路1万平方米。治理危房2万平方米,抗震加固1万平方米。6. 完成整治古运河四期B段工程,续建古运河风光带。7. 实施长江干堤加固工程,完成长江镇扬河段和畅洲口门控制工程。开工建设九曲河水利枢纽。8. 实施城市电网改造与建设,新建110千伏化工、汝山、云台3个输变电工程,完善西区电网。9. 开工建设谏辛公路谏壁段。10. 实施长江路拓宽改造二期工程,串联金山、焦山、北固山景区。11. 整治沪宁高速公路进城道路,完成谷阳北路延伸段工程,拓宽镇宝路进城段。

2002年

1. 完成长江路拓宽改造三期工程。2. 实施南徐路拓宽改造工程。3. 开工建设解放路南段高架桥工程。4. 整治出新中山西路、解放路北段、电力路等城市主干道。5. 完成大西路(宝塔路—伯先路段)街景改造和实施西荷花塘片区改造。6. 实施沪宁铁路三号线镇江段迁建工程。7. 完成镇江船厂搬迁。8. 启动城市防洪外线工程。9. 改造风车山路、润州山路等街巷道路1万平方米,治理危房1. 5万平方米。10. 整治孔家巷小学、花山湾和李家山低洼积水区。11. 开工建设10万吨污水处理厂。12. 续建城东垃圾填埋场二期工程。13. 完成谏辛公路拓宽改造。14. 开工建设人防指挥中心。15. 改造镇江市体育馆,建设镇江博物馆新展厅,建成革命烈士纪念馆。16. 改造金山公园大门,整治南山风景区道路。

2003年

1. 新建跑马山路、檀山路、谷阳新城西环路北段,形成城西发展轴。2. 新建经十二路,形成城东发展轴。3. 拓宽东吴路(解放路口—九里街),新建禹山北路、谷阳北路接线,形成城市二环线,完善沿江发展轴。4. 新建铁城路、黄山南路、京岘山路,拓宽改造润州路、环城路、山巷、宝安新街,完善主城内部路网系统。5. 整治出新丁卯桥路、朱方路、东吴路北段(九里街—焦山)、桃花坞路。6. 完成三茅宫绿地广场、山巷绿地广场、花山湾街头绿地、东吴路街头绿地。7. 实施中华路、和平路、荣庆里3个片区的更新改造。8. 完成街巷改造1万平方米,危房改造、抗震加固工程2万平方米。9. 完成三茅宫、江滨新村等低洼积水区整治。10. 建设经济适用房5万平方米。11. 加快上隍货站建设和铁路三线搬迁。12. 完成污水处理厂、垃圾填埋场、人防指挥中心主体工程。13. 完成解放路南段高架、学府路拓宽改造、大西路更新改造工程。14. 建设和畅洲口门控制工程、城区防洪墙工程,整治黎明河、光明河,美化亮化古运河。15. 开工建设广电中心主楼,建成镇江博物馆新展厅。16. 建成并启用新的就业和社保服务中心,新增就业岗位1.5万个。17. 新建王家巷、天桥农贸市场,改建南门大街、花山湾农贸市场和花鸟市场。18. 建设市农产品质量安全检测中心,继续实施“肉菜粮放心工程”。

2004 年

1. 新增城镇就业2. 2万人,本市农村劳动力转移6万人。2. 完成农村“五件实事”年度目标,推进城乡共同发展。3. 提高征地补偿标准,进行被征地农民基本生活保障制度试点,保障农民合法权益。4. 建成主城区防洪墙,整治团结河,提高城市防洪排涝能力。5. 建成10万平方米经济适用房,廉租房补贴受益面扩大50%,缓解市区特困户住房困难。6. 拆除沪宁铁路城区南货场至西货场老支线,畅通城市主干道。7. 市区新增60辆公交车,新开通和优化5~7条公交线路。8. 改造市区街巷和危房各1万平方米,整治小圩子路、黎明河和孩儿河沿线等积水区。9. 完善社区基础设施建设,市区示范社区达标率和安全小区创建率达到70%以上。10. 新建3个城区农贸市场,方便市民生活。11. 新增蔬菜基地133. 33公顷,丰富市民“菜篮子”。12. 完成市一中新校区一期工程和镇江中学的扩建。13. 发展体育设施建设,完成市体育中心立项和规划设计工作。14. 建成正东路健康广场,开工建设市疾病预防控制中心和市传染病防治医院,实施特困职工医疗救助。15. 完成市广电中心一期土建工程,开通市区数字电视。

2005 年

1. 推进富民工程,全年实际新增城镇就业2. 4万人,转移农村劳动力6. 2万人。2. 全面完成农村“五件实事”(大病保险、农村改水、农村草危房改造、农村公路、农村税费改革)。完成农村改水扫尾工作,农村自来水人口普及率98%;农村新型合作医疗覆盖率达91. 6%;全部免征农业税;建设农村公路720千米;投入资金2090万元,完成农村草危房改造任务。3. 实施农村居民最低生活保障制度,新增农村低保对象4957户、11304人。4. 整治主城区积水区,完成张王庙沟、江滨新村九组、车站西一村、绿竹巷等积水区整治工程和象山桥一村3—6幢、岗子下54号排水及八角亭明沟整治。5. 改善人居环境,完成10个老小区55万平方米改造,完成97条街巷改造任务。6. 治理象山危岩崩塌、焦山边坡、北固山滑坡;跑马山滑坡治理完成搬迁和土方工程。7. 推进天然气工程建设,转换天然气用户12万户。8. 推进治安防控体系建设,全市103个老住宅小区全部完成技术防范设施改造;所有中学和中心小学建成警务站(室)。9. 实施食品安全工程,建设“放心粮站”40家,在市区58家连锁超市实施“放心菜、放心肉”工程。10. 市区新增公交车63辆,新开通公交线路3条,调整优化线路6条,新建公交站棚37座。11. 完成艾滋病防治采供血机构两个1%检测任务,全部落实免费检测治疗工作,完成1239例传染性肺结核全程督导治疗和管理任务。完成12项省级重点灭螺工程,灭螺2186平方米。12. 市儿童医院12月28日挂牌。13. 新建实验初级中学,解决黄山南路周边地区“入学难”问题。14. 市钛白粉厂11月30日停产关闭,新厂在镇江新区建成投产;上铁水泥厂12月7日与上海铁路局签订停产拆除协议。15. 元旦正式开通“中国镇江”门户网站;免费开通5万户实名制电子信箱;正式运行网上行政审批系统。

古运河综合整治

一、古运河河道整治

镇江古运河，是京杭大运河江南段北端的起点，始凿于秦，成河于隋，代有兴废，迄今2200余载。秦始皇三十七年(公元前210年)，"始皇东游观地势，云此有天子气，使赭衣徒三千人，凿湖中长冈使断，因改为丹徒，令水北注江也"(源自[刘宋]山谦之《南徐州记》)，运河遂成江南运河入江主道，奠定水运枢纽地位，镇江始得丹徒之名。东汉建安年间，孙权设京口港。此后，隋炀帝着手开凿大运河，隋大业六年(610年)"敕穿江南河"，全长达2700公里的大运河即告通航，这条河道勾连起海河、黄河、淮河、长江、钱塘江五大水系，是在秦代丹徒水道基础上，加以疏浚拓宽，自此这条河道成为沟通南北的交通动脉。镇江运河宽约十余丈，自京口至余杭800里。唐润州刺史齐澣开凿江北瓜州伊娄河，南北大渡口遂由丹徒移至润州，即大京口；北宋复开新河，明代部分改道，人称小京口。清末民初，水道渐淤，大京口于19世纪30年代淤平，河身之上筑成中华路。镇江大运河由唐代以前若干河段、北宋新河及元末明初绕城运河串联而成。现存镇江古运河，专指由长江入口平政桥至谏壁三叉河口全长16.69公里的原镇江大运河的部分河段(平政桥至周家河口5.6公里，为上段；周家河口至丹徒闸为中段；丹徒闸至谏壁三汊河口为下段)，其中平政桥至南水桥，长4.15公里，系元末明初修筑的环城运河段。大运河、长江十字黄金水道交汇，曾带来镇江历史上的繁荣，至今仍是镇江的城市名片。隋唐至清末，镇江一直是南北漕运咽喉，成为通商大埠。清人查慎行诗云"舳舻转粟三千里，灯火沿流一万家"，古运河畔，胜迹尤多。这条看遍两岸千年繁华变迁的河流，曾经载运着各方商贾云集镇江，也曾挑起镇江城区防洪排涝的重担。

镇江古运河是镇江城区引排水的主要河道，1949年中华人民共和国成立后，古运河多次疏浚，1955年3月进行清障，1960年初步疏浚，1965年12月，市政府成立"镇江市老运河整治工程指挥部"，由镇江航道段、省交通厅维修队、市建设局组成工作班子，负责勘测、设计、施工。工程由平政桥至塔山长5.12公里，工程分三期施工，共完成土方24.97万立方米，耗资136.2万元。1966～1967年、1971～1973年等又多次拓浚这段节节淤塞、引排不畅的河道。经整治的河道，京口闸至新西门桥，河底高程0米，底宽8米，边坡平政桥至京口闸段为1∶1.6～1∶1.8，其余为1∶2左右。在高程4.7～5.4米以下块石护坡到河底，部分地段做块石驳岸，为防止河坡坍塌，隔一段距离做护槛一道，一直到20世纪70年代初，仍承担着航运的任务。由于经费困难等原因，计划在1971～1973年拓浚工程后实施第三期拓浚工程，未能实施。后来由于城市发展，人口增加，沿河两岸基本被建房占用，树木稀少，水土流失，加之近百年来长江主航道的北移导致镇江长江段江岸淤积扩展，致使河床普遍淤高2～3米，引排水困难，运河淤塞严重，水位低下。1980年11月，自谏壁西侧另辟通江入口后，这段大运河就改称古运河，这段运河的航运功能也逐渐消失。后又因两侧不断排入的生活、工业污水，水体水质日趋恶劣，水体遭受污染，昔日风光无限的古运河成一泓死水，被称为横亘城中心的一条"黑臭河流"。

1991年，江苏地区遭遇罕见的特大洪涝灾害袭击，从6月30日～7月11日的12天内镇江市平均雨量达1050毫米，为同期多年平均值的4.45倍。由于连续暴雨，境内河、湖、库水位居高不下，又逢长江洪水压境(大通流量63800立方米/秒)和淮水南泄(淮河入江流量11000立方米/秒)，运河排洪受阻，给工农业生产和居民生活造成很大损失。同年12月，镇江市成立整治古运河工程指挥部，着手实施古运河上段整治工程，时任市长钱永波亲任总指挥，市政协主席黄选能任常务副总指挥。整治目标是将城区内古运河建成一条集城市防洪、环保、休憩、游览为一体的风光带。整治工程共分四期施工。第一期为中山桥至解放桥，第二期为平政桥至中山桥，第三期解放桥至塔山桥，第四期为塔山桥至周家河口。

1992 年 1 月 6 日，古运河整治工程动工。由中山桥至解放桥全面疏浚，主要靠发动全市干部职工义务劳动及以资代劳完成。一期工程由全市各单位共同参与，多是人工劳动。作为 1992 年市重点水利工程之一的整治古运河一期工程，历时 8 个半月，共挖运土方 18 万立方米，驳岸石方 3 万立方米，浇铺混凝土 570 立方米。采用两级平台与两级挡土墙的工程措施，整治后的河道河底宽 8 米，河口宽 38 米，过水面积增加 50%，绿地面积增加 3 万多平方米。二期工程（平政桥至中山桥）长 1.71 公里。河床平均淤积达 2 ~3 米，弯道多、桥梁多（五桥一闸），两岸居民密集，违章建筑多，地质条件差，施工作业面狭小。指挥部总结一期工程经验教训，提前拆除迎江桥至新西门桥段两岸危及施工安全和障碍行洪的房屋等建筑物，变人工疏浚为挖泥船疏浚。除局部驳岸工程因中华支路、宝塔北路等未拆迁影响施工外，二期主体工程于 1993 年 6 月底完成，拆迁 5700 平方米，河道疏浚和扩宽土方近 10 万立方米，新建浆砌块石挡土墙石方 8500 立方米，栏杆 500 多米。三期工程从解放桥至塔山桥，长 1940 米，共拆迁约 3 万平方米，拆迁量较大，当时市财力有困难，故将其分为 A、B、C 三段先后实施。三期 A 段工程自解放桥至虎踞桥，全长 580 米，1995 年 10 月 28 日开工，1996 年 12 月 15 日竣工。三期 A 段工程共完成土方 8.96 万立方米、石方 7267 立方米、混凝土方 1785 立方米，拆迁面积 9500 平方米。整治后的古运河上挡墙开口平均宽 42 米，下挡土墙宽 27 米。工程采取毛石混凝土浇筑挡土墙基础工程方案，遏止河坡滑动现象。在施工中因地制宜，因树制宜，采取措施保护沿河大树和沿河人防设施。在治理虎踞桥西、运河路边的滑坡中，采取灌注桩抗滑工程措施完成 55 米的滑坡治理。整治后的古运河上挡墙开口平均宽 42 米，下挡土墙宽 27 米。1997 年的三期 B 段（虎踞桥至南水桥）长 420 米，拆迁约 2 万平方米。工程采取排水、局部治理流沙夹层及淤泥等工程措施防止塌方。1999 年完成的三期 C 段（南水桥至塔山桥）长 940 米，拆迁 1.06 万平方米，工程投资 1000 万元。工程指挥部与规划设计部门、资助方华东船舶学院的工程技术人员会商确定河道线型，精选施工方案，严格监理施工，整治后挡墙线型优美，被评为市优质工程。同年完成京口闸的滑坡治理。2000 年实施四期工程（塔山桥至周家河口），改善宝塔山公园及特教中心的周边环境。次年完成老干部活动中心前的滑坡治理。2001 年四期 B 段工程的竣工，标志着老城区段 5.6 公里整治全线结束。历时 10 年（1992 ~2001），完成城区段 5.6 公里的河道整治。10 年的整治工程共完成河道拓浚土方 76.8 万立方米、浆砌块石挡土墙石方 7.65 万立方米、浇筑混凝土 0.37 万立方米。沿河共拆迁房屋面积 4.6 万平方米，安置居民 500 户，拆除 3 个阻水码头，改建 2 个取水泵站。在整治的基础上，逐步进行绿化、美化工程。经整治建设后的古运河上段，河道行洪能力大为提高，城中十里运河，已成十里画廊，水质渐清，鱼群屡现。京口闸、丹徒闸扼守通江口门。古运河成为集防洪排涝、生态环保、文化旅游功能于一体的风光带。

二、古运河风光带建设

在河道整治取得一定成果后，风光带建设开始。1996 年 3 月，市政府审定《镇江市古运河风光带规划》，明确古运河风光带的功能为水利、环保、休憩、游览，要求将绿化建设和景点建设相结合。经过多年建设，两岸 20 多万平方米的公共绿地让昔日的一泓死水变为镇江古城的一条青青玉带，宝塔山公园、河滨公园、珍珠广场、寄奴居、中山桥吴家门绿岛、滨河路绿带、解放桥及京河路绿地、宜亭、虎踞桥等景点缀列其间。1995 年在京口闸古运河西岸建设古运河风光带景点式网点房，使农贸市场入室经营。

古运河丰富的历史文化资源是风光带建设的文化基础。整治中先后发现宋代古井，在西门桥至迎江桥间的黄花亭段发掘出近百件文物，反映当年运河两岸商业和生活的繁荣，也展现出历史上对运河的多次整治和疏浚。《中国文物报》头版报道，市整治古运河指挥部在发掘文物之地立碑纪念。风光带建设中,建设寄奴居、鹤林女神像等文化景点。市古运河管理处与市政协文史委合编《岁月沧桑古运河》一书,对古运河的历史文化和整治成就进行较系统的整理和总结。

宝塔山公园是镇江与日本友好城市交流为主题的公园。1991 年园林部门着手初建,1993 年日本友人开始种植樱花;1995 年,宝塔山公园二期工程作为古运河风光带建设的重点工程,被列为市政府当年为民办实事项目;其后不断续建完善,2001 年进行大规模扩建,面积由 3.8 公倾扩展到 5 公顷。梅樱园系公园主园之一,梅花、樱花分别代表中日两国的民族精神。河滨公园始建于 1938 年,由著名造园专家陈植设计,后进行多次修缮。2000 年改造河滨公园,改造后的河滨公园淡雅轻灵、精致秀气,与河西岸的"寄奴居"仿古建筑隔河辉映。该园地处闹市区,一直免费开放,游人密度很高。中山桥至南水桥的风光带精品示范段建设前后历时 4 年。其中两个绿化项目分别是市政府 1997、1998 年十大绿化工程之一。中山桥至解放桥风光带精品段竣工被评为 1999 年镇江市十件大事之一。中山桥头、市运管处侧及京口饭店河边公共绿地实施认建认养,探索出一条利用社会力量建绿护绿之路。2001 年,风光带特教中心道路工程竣工,彻底解决该中心入口通道狭窄易堵塞的问题。

2002 年 6 月,市政府调整古运河管理体制,将古运河划归市水利部门管理后,古运河整治持续推进。2002 年 9 月实施并完成新西门桥至虎踞桥段灯光配套工程,在各具特色的河段采取相应的夜景照明设计,突出沿河桥、亭和房屋建筑等景点的特色,灯光临流、波光倒影。2003 年,实施古运河已整治段完善提高工程,整修出新和增设部分景点配套设施,突出中山桥、解放桥及节点的灯光夜景,并进行河道疏浚。2005 年,投资 546 万元,将古运河与市区南北主干道解放路交叉处的原市民健身广场改建成"珍珠广场",这是镇江市纪念美国友人、诺贝尔文学奖获得者赛珍珠系列活动内容之一。

三、古运河闸站工程建设

1. 京口闸水利枢纽工程　原京口闸始建于 1958 年。1996 年,市政府将京口闸的桥、闸、站三位一体改造工程列入为民办实事项目。1996 年 10 月 18 日开工,2001 年 5 月 9 日竣工,总投资 2519.26 万元。新建的京口闸水利枢纽工程由节制闸、灌排两用潜水泵及管理辅助设施等组成,节制闸为单孔,净宽 8.4 米,闸底板高程 -1.15 米。节制闸为钢结构闸门。泵站装机两台套,装机容量 2×155 千瓦。新建公路桥 1 座。厂房地面以上建筑为 5 层。节制闸设计过水流量 80 立方米/秒,泵站设计流量 2×3 立方米/秒。工程具有防洪、排涝、冲污等多种功能。

2. 丹徒闸、丹徒南闸工程　原丹徒闸位于镇江市京口区丹徒镇的丹徒河与古运河"丁"字型交汇处,始建于 1934 年,1936 建成运行。新中国建立后经历过 4 次大修加固,运行至 1997 年达 60 余年。1997 年,经鉴定为"严重病险水闸"。市委、市政府决定在原址翻建丹徒闸,并在其南侧的古运河上新建丹徒南闸工程。工程由两座孔宽 8 米的节制闸组成,丹徒闸上建宽 20 米的公路桥 1 座,总投资 1890.17 万元。2000 年 9 月开工,2001 年底主体工程基本结束。两座水闸,净宽均为 8 米,设计排洪流量 200 立方米/秒。新建两闸共用厂房 1 座 720 平方米,配置 100KVA 变压器 1 台

图 48-2　2001 年建成的京口闸水利枢纽工程

及低压配电柜1组;新建管理房750平方米,总宽3.5米的人行便桥1座,绿化场地7000平方米。该项目的实施,将丁卯经济开发区纳入城区防洪,使东城区洪水一步出江,扩大城区防洪的范围,提高城市防洪标准,通过与京口闸联合调度,有效控制古运河水位,改善水质。

四、古运河长效管理

1995年镇江市政府颁发《镇江市古运河风光带管理规定(暂行)》,规定古运河风光带系古运河长江入口平政桥至谏壁三叉河口,全长16.69公里的河道,两侧河岸上沿宽度各不小于40米的地域以及规划控制范围。该规定此后于1999年、2003年修订。风光带长效管理主要包括绿化养护、卫生保洁、水体水质调控和执法管理。京口闸、丹徒闸、丹徒南闸等通江闸站的相继建成,古运河通过闸站联合调控,保持合适的景观水位,特别是改善古运河水质。制定科学的古运河城区段调控水位、水质实施细则,配备古运河水位数据遥测系统,通过科学调控,古运河水质得到大幅改善,丰水期可达三至四类。综合运用工程措施和非工程措施,将集中整治与长效管理相结合,通过卫生保洁、绿化管养、漂浮物打捞、河道疏浚、生物治污、水政执法保障、对外沟通协作、加强宣传教育等多种办法来改进长效管理效果。增配30名下岗再就业职工,严格对照《城市水利风光带管理手册》,实行定岗定责。对中山桥至南水桥闹市段实行重点管养,对新建成的珍珠广场实行高标准管理。经常性地疏浚河道,避免河床淤积,增强防洪排涝能力,促进水质改善。

但是,古运河水环境改善仍存在不足:水变清作为一项系统工程,尚未根本解决,成为古运河管理的难点。城区生活污水尚未完全截流,传统的雨污合流制使得雨污水极易漫溢河中;新区段尚存在工业排污现象。古运河风光带部分地段因经费等限制,管养保洁标准还不够高。城市水利部门继续推进河道整治,配合有关部门加强污水处理、工业排污控制工作。

镇江沿江开发

一、镇江沿江开发历史

镇江市濒临长江,自古就是长江下游重要的港口城市。1970~1985年在谏壁和高资港区先后新建煤炭、成品油、石灰石进出口的货主专用码头泊位10个。20世纪80年代开始,实施大港一、二期工程和老港区进港航道改造工程,"七五"期末,大港一期顺利建成投产,新增港口吞吐能力236万吨,二期工程开始建设。随着港口建设加快,运输能力不断提高,镇江的港口优势进一步提升,港口对经济的带动作用进一步加大,为沿江开发打下基础。

"八五"期间,镇江开始注重依托港口优势,加快发展港口型工业经济。1992年,依托大港港区成立镇江大港经济技术开发区。1993年,依托高资港区成立丹徒经济开发区。同年,经市十届人大一次会议通过的"八五"计划调整报告提出,"八五"发展的思路是"依托大上海,发展大工业,建设大交通,加快大开发,重振大商埠,搞活大流通,形成镇江市沿江经济技术开发带,形成更大规模发展外向型经济的新格局,形成建材、重化工、造纸、船舶等工业基地。",这是镇江市明确提出沿江开发的最早雏形。

"九五"计划正式将港口型经济战略作为"九五"期间四大发展战略(港口型经济、外向带动、规模经济、科教兴市)之第一位,提出"以港口为依托,加快发展港口型经济",实施"沿江开发,加强沿江产业带建设",要"利用港口优势,加快生产力布局调整,调整工业结构,重点发展沿江化工、造纸、建材、船舶等大运量、大耗水、大进大出的工业项目”。镇江的沿江开发初现成效,依托长江岸线资源,先后引进金东、奇美、国亨、李长荣化工、京阳水泥等一批大型的大进大出外资项目,初现沿江经济特色。1996 年,市政府以镇政发(1996)259 号文下发《关于印发〈镇江市长江岸线规划使用管理暂行规定〉的通知》,建立由市计委牵头,市交通、港务、水利、规划、国土、环保、消防、渔政、海事、长江航道等 10 个部门共同参加的协调会议制度,对项目单位申请使用岸线进行综合评估,保证岸线资源的科学合理利用。2000 年,化工、造纸、建材、铝及铝加工四大产业的总量是 1995 年的 1.76 倍,全市工业总产值 854.3 亿元,是 1983 年的 19.6 倍。镇江港口货物吞吐量由 1983 年的 890 万吨增加到 2000 年的 2996 万吨。

“十五”时期,镇江市继续将港口型经济战略作为全市经济发展的五大战略之一(科技兴市战略、港口型经济战略、双轮驱动战略、城市化战略、环境优化战略),新一轮沿江开发开始实施。

二、实施新一轮沿江开发

2002 年,江苏省委、省政府发起沿江开发,开始编制《江苏省沿江开发总体规划》。镇江市在全省率先启动新一轮沿江开发。

1. 编制规划　2003 年 4 月 26 日,镇江市委、市政府正式发文批准执行《镇江市沿江产业带规划》。规划提出,要打造沿江现代制造业高地、现代物流高地、高新技术产业高地和特色旅游、特色农业,构筑沿江和沿沪宁高速公路镇江支线的“T”型产业布局。通过 5～8 年的努力,使沿江产业带成为“吸纳辐射最快、引领潮流最新的先行发展带,成为资本集聚迅速、技术装备一流的资金技术密集带,成为园区发展层次最高和产业集聚程度明显的特色产业带,成为集约化经营水平和产出效益最优的高效经济带,成为治污水平最好和可持续发展能力最强的生态工业带”,到 2010 年,基本形成基础产业与高新技术产业并举、现代制造业与现代服务业并举的产业发展格局,努力把沿江产业带建设成为全市承接国际资本和产业转移的新平台,上海经济圈及江苏长江经济带中苏南地区加工制造、仓储、贸易的重要基地;南京到苏州高新技术产业带上的重要节点;带动全市经济跨越发展的龙头经济带。

市相关部门先后编制《镇江市现代物流业发展规划》《镇江市长江岸线开发利用规划》《镇江市现代制造业四大优势产业和六大基地发展规划》《镇江市高新技术产业发展规划》《镇江市特色农业规划》等系列沿江开发配套规划,各辖市(区)编制各自沿江开发规划。

2003 年 4 月 28 日,市委、市政府召开全市加快沿江产业带建设动员会,市委、市政府下发《中共镇江市委镇江市人民政府关于加快实施〈沿江产业带规划〉的意见》,并下发规划重点任务分解意见。2003 年 5 月,镇江市委、市政府成立全市沿江产业带规划建设领导小组,领导小组下设办公室(下称沿江办),挂靠在市发展计划委员会,全面负责全市沿江开发的推进协调工作。各辖市(区)也成立相应的组织机构。2003 年,市政府出台《关于进一步加快我市省、市级经济开发区发展的意见》《关于加快沿江开发人才队伍建设的若干意见》。市人事局还编制《沿江产业人才引进目录》等。2004 年初,市沿江办编制完成《镇江市沿江开发详细规划》。2005 年,编制《镇江市沿江产业空间布局规划》。

2. 推进实施　重点加快沿江道路、港口、能源等基础设施建设。江苏省重点工程大港三期工程经过前后 10 年的论证,2003 年正式开工建设,总投资 14 亿元以上。截至 2005 年底,建成龙门港区万吨级公用码头和镇江电厂、金海宏业等一批万吨级企业专用码头,开工建设中盛工业园区、扬中兴隆港、金海岸等一批万吨级公用和专用码头。2005 年,镇江港口货物吞吐量达 6001 万吨,其中,外贸运量 1012.30 万吨,集装箱量 17.77 万标箱。港口码头泊位 230 个,其中万吨级以上泊位 23 个。建成镇江电子口岸一、二期工程,2005 年 9 月投入试运行,开办网上申报、受理、审批办结业务和集装箱数据交换监控。建成沪宁高速、312 国道镇江段拓宽改造、润扬长江大桥、扬中夹江二桥等一批重点工程，开工建设镇溧高速、镇江至禄口机场高等级公路、镇江港口快速通道等一批交通重大工程，城际轨道、镇江到泰州过江通道等一批前期项目得到较快推进。完成谏壁发电厂2×30万KW机组改造、镇江电厂二期、三期和上党500KV输变电工程等一批重大能源项目建设，句容蓄能电站等项目快速推进。在园区建设方面，以5个省级开发区为龙头的各类园区纷纷开展园区二次规划，加快以水、电、气、路等为重点的基础设施建设，仅镇江新区2002~2005年期间累计基础设施投入就达到25亿元，超过前10年的投资总和。

自2003年开始，市沿江办每年对各开发区下达沿江开发年度任务指标，指标包括开发区地区生产总值、地方一般预算收入、实际利用外资额和出口额等4项，年底报市目标管理办公室统一考核。

2003年，镇江市金秋经贸洽谈会上进行沿江开发重大项目发布活动。2004年，市政府在深圳开展沿江开发重大项目专场招商活动。镇江市还参加江苏省在境外的一系列有关沿江开发的招商活动。市政府先后组织镇江电视台、镇江日报等市内新闻媒体，对沿江开发进行全面宣传报道，并邀请、配合江苏卫视、《新华日报》《扬子晚报》《重庆商报》等市外新闻媒体专题报道。2003年6月，市沿江产业带建设领导小组办公室开始不定期编发《沿江开发简报》，宣传报道全市沿江开发的最新进展，到2004年底，共发简报10期。制作全市沿江开发的宣传光盘和大型沙盘，在招商活动期间宣传展示。

新一轮沿江开发实施后，市政府加强岸线的使用管理工作。2005年1月，市政府出台《镇江市长江岸线开发利用总体规划》，按照“深水深用、浅水浅用、集约开发、近远期协调”的原则，对全市岸线统一规划布局。市岸线利用协调小组在岸线管理中强化规划的约束作用，加强对岸线使用申请的审核把关。开展部分岸线利用调整和清理，如将原布局于扬中主江深水岸线的部分项目调整到扬中夹江；叠加使用过江通道岸线，将通往世业洲过江电缆迁建到润扬大桥保护区范围内；开展大港三期工程范围内砂石码头的清理整治，查处扬中夹江非法码头建设和龙门港区非法填江行为，拆除丹徒夹江非法码头等。

沪宁高速公路镇江段建设和扩建

一、沪宁高速公路镇江段建设

江苏省委、省政府1991年决定，修建上海—南京的高速公路——沪宁高速公路。沪宁高速公路是国家“八五”重点建设工程，是江苏省委、省政府摆在那一时期第一位的“重中之重”工程。沪宁高速公路连接上海、苏州、无锡、常州、镇江、南京6个大中城市，是规划中的上海至成都国道主干线的一部分，是江苏省“四纵四横”公路主骨架中的“横四”。

沪宁高速公路全长274公里，江苏境内248.6公里，上海境内25.4公里。镇江段全长81.52公里，其中主线长71.28公里，支线（一级汽车专用线）长10.25公里。里程居沿线6个城市之首，占整个江苏段的1/3。沿线途经丹阳、丹徒、句容、润州。跨越沪宁铁路和京杭大运河等4条主要通航河流，与312国道等6条主要公路相交。在镇江官塘桥、丹阳大泊、句容陈武、丹徒上党设置4处互通式立交。在丹阳窦庄、丹徒仙人山设置两个服务区；在镇江支线与主线交会处设置三层式大型交通枢纽。

镇江市成立以市政府一把手为组长（历任市长钱永波、方之焯、周大平先后担任组长）的镇江市高速公路领导小组，负责工程的组织领导、重大方案决策和总体协调；成立了以分管副市长许晓霞为指挥、市交通局局长查伟强、副局长李壮云、卢听六及杨再春等为副指挥的镇江市高速公路建设指挥部,负责工程建设的具体实施和管理,李壮云任常务副指挥。

1992年6月14日,国务院副总理邹家华、交通部部长黄镇东、江苏省委书记陈焕友等为沪宁高速公路奠基。市委、市政府统一思想,果断决策,按照初步设计超前开展征地拆迁工作,确定高速公路征地拆迁工作由沿线地方政府和市供电、邮电、广播等部门实行经费、任务、工期总承包,制定下达《征地拆迁承包办法》。市政府与各(县)市区政府及市供电局、邮电局、广播电视局签订《征地拆迁目标管理责任书》。沪宁高速公路丹阳段34.29公里,由于该市提前完成征地226.67公顷,拆迁房屋2.4万平方米的任务,使原定1993年开工的计划提前100天。沪宁高速公路镇江段征地拆迁工作自1992年6月开始到10月底完成,征用土地1000公顷,拆迁房屋8万平方米,迁移杆线600多道。1992年12月2日,在丹阳市胡桥乡后王村举行开工典礼,江苏省副省长季允石、省交通厅厅长徐华强、镇江市委书记钱永波、代市长方之焯等有关领导参加奠基揭幕式,沪宁高速公路镇江段正式开工建设。

沪宁高速公路工程浩大,资金缺口也较大。镇江经济基础差,筹资难度大。经市政府同意,从1992年6月1日起对社会机动车辆征收高速公路建设补偿费和交通基础设施建设费。1993年、1994年向市各银行贷款。1995年采取收集社会零散资金,直接向城镇居民借款的方法筹资。1992~1996年,镇江累计筹资1.53亿元人民币。

1996年8月28日,沪宁高速公路镇江管理处成立,负责沪宁高速公路镇江段内通行费征收、路政管理、道路养护和为过往车辆及旅客提供休息、餐饮和加油服务,下辖镇江市、丹阳市、丹徒区、句容市4个收费站和仙人山、窦庄两个服务区。

1996年9月15日,沪宁高速公路建成通车,工程总投资15亿元人民币,主要由江苏省交通厅筹措。沪宁高速公路镇江段由江苏省交通规划设计院、交通部第二公路勘察设计院设计。按照省高速公路指挥部实行业主委托监理的原则,镇江市高速公路建设指挥部组建5个工程监理组对工程施工全过程、全方位、全天候监理。交通部第二公路工程局、交通部第一公路工程公司、江苏省交通工程总公司、镇江市路桥工程公司等18家主要施工企业参加施工。完成主要工程量:路基土石方1280万立方米;路面工程5个层次总工程量1017万平方米;桥梁122座,总长度7公里多,其中跨京杭大运河和沪宁铁路高架桥长1345米,是沪宁高速公路全线第二大桥梁。设置涵洞320道,通道105道。主要技术标准:高速公路,全立交、全封闭、双向4车道(预留6车道);设计车速为120公里/小时;路基顶宽为26米(支线为23米);路面结构为沥青混凝土路面;桥梁设计荷载汽—超20,挂—120。沪宁高速公路镇江段64项单项工程、477项分部工程、2513项分项工程全部达到国优标准,优良品率为100%。特别是沥青路面平整度,平均值达到0.66毫米的"精品"标准。

图48-3 沪宁高速公路镇江段互通立交(2005年摄)

1997年11月28日,沪宁高速公路镇江段在国家竣工验收中,以路面质量总评比全线第二的好成绩一次性通过验收,首创道路工程、交通工程、服务设施、收费设施、通讯设施、环境工程一次性建成营运。

沪宁高速公路镇江段的4个互通立交,均建有配套接线工程,谷阳路、葛丹线、镇荣线、镇句线4条一级或二级公路，构筑镇江城区、港区、经济开发区以及4个（县）市紧密相连的现代化公路网，形成以高速公路为主骨架，以长江、京杭大运河和沪宁铁路为依托的公、铁、水、空的综合交通新格局；缩短镇江与上海浦东及苏南各市间的距离，提高镇江在以浦东开发区为龙头的沿江经济带发展大格局的地位；改善镇江市的外部环境，为呼应浦东，实施"以港兴市"战略创造机遇，对发展镇江经济，提供优越条件。

二、沪宁高速公路镇江段扩建

沪宁高速公路建成通车后，车流量不断增大，进入21世纪后，当初设计的日通过量6.4万辆，有的路段已不能保证畅通。2003年上半年，省政府决定对沪宁高速公路江苏段进行拓宽改造。镇江段扩建工程为主线72.275公里，总投资22亿元，由江苏宁沪高速公路股份有限公司筹集（含国内银行贷款）。工程于2003年11月开工，2005年10月1日提前建成通车。

沪宁高速公路镇江段扩建工程采用"两侧拼接为主，局部分离"的设计方案，将原4车道扩建为设计行车时速120公里、双向8车道高速公路。扩建后的整体路基宽42.5米（每侧加宽8.25米）；分离式路基宽53米（13.5米+26米+13.5米）。路面采用改性沥青混凝土。设计使用年限15年。桥涵设计荷载为汽—超20，挂—120。沿线扩建句容互通、丹徒枢纽、镇江枢纽、丹阳互通4座，新增建丹阳河阳互通1座；扩建窦庄服务区、仙人山服务区。

沪宁高速公路镇江段扩建工程完成主要工程量：征用土地229.442公顷，拆除房屋61013.27平方米，软基处理150.93万延米，路基挖方288万立方米，路基填方544万立方米，涵洞257道，通道102道，拼接主线桥梁59座5042.44延米，拆除上跨桥36座，新建上跨桥31座，摊铺沥青路面284万平方米，绿化142.6万平方米。

镇江市负责镇江段扩建工程建设的征地拆迁、建设管理和地方保障工作。成立沪宁高速公路镇江段扩建工程建设指挥部，相关辖市、区成立相应的扩建工程建设指挥部。沪宁高速公路镇江段扩建工程，主体设计单位有交通部第二公路勘察设计研究所、江苏省交通规划设计院、西安公路研究所、北京市泰克公路科学技术研究所4家。施工单位主要有东盟营造工程有限公司、江苏省交通工程总公司、路桥集团二公司等21家单位。监理主要有镇江市润通交通工程监理咨询有限公司、江苏伟兴工程咨询有限公司等4家单位。

2003年7月，市扩建工程指挥部与所辖二市一区签订征地拆迁包干协议，由各辖市（区）负责具体的征地拆迁。8月15日，沪宁高速公路镇江段扩建工程进入征地拆迁实施阶段，9月14日，镇江境内近72公里的征地拆迁工作提前完成，共完成征地230.59公顷；房屋拆迁63537.57平方米；三杆迁移513道。

2003年9月14日率先完成省扩建工程指挥部下达的征地拆迁目标任务；2003年唯一在扩建工程开局之年完成省扩建工程指挥部下达年度建设目标；2004年2月29日，镇江段率先完成软基处理第一阶段施工；2004年1月12日，镇江段句容吴岗人行天桥拆除，开江苏段上跨桥拆除先河；2004年6月14日，江苏段首座上跨桥丹阳大泊跨线桥全幅合龙；2004年7月18日，镇江段率先完成第二阶段软基处理；2004年10月25日，镇江段率先提前67天完成年度建设计划，路基施工提前完成；2005年6月26日，镇江段路面8标段率先完成南北幅路面施工，成为江苏段8车道贯通的首个标段；2005年6月28日，镇江段南幅路面率先完工；2005年9月6日，镇江段率先实现全线贯通。

沪宁高速公路镇江段扩建工程共有70个单项工程、377个分部工程、4201个分项工程，工程质量优良率100%。市扩建工程指挥部按交通部部颁标准验收，综合评分为98.5分。

铁路三线迁建

一、铁路三线迁建工作的由来

1. 沪宁铁路镇江段三线的历史 铁路三线全称是沪宁铁路镇江段三线，是指从镇江南站经西站至六摆渡的这段老沪宁铁路段，始建于1905年，1908年建成投运。原为单轨，镇江解放后多次进行改造。1978年复线工程竣工及镇江新客站投入使用后，沪宁铁路在镇江市内的运输线路改线，原镇江南站、西站的性质和功能都发生根本性的改变，南站改为货运编组站，原南站与西站之间的正线改作货运支线，西站至六摆渡之间的正线封存停用。铁路三线总长17.318千米，其中正线7.495千米，站线9.823千米。整个线路范围内设有南站、西站和江边小码头3个货场。这条"百年铁路"曾对镇江乃至苏北的国民经济和社会发展作出过不可磨灭的贡献。但是，随着经济和社会发展，这条"百年铁路"逐渐成为制约镇江城市发展的一个"结"，给人民生活、交通造成很多不便，降低城市的环境质量及品位。

铁路三线在市区范围内距离较长，且在小码头、车站路、牌湾、中山路等多处设有水平交叉道口，严重影响市民的通行和工作生活。仅在小码头铁道口，由于火车长时间挡道，就发生过产妇看到医院却进不了产房以致婴儿产在路上，初中生因急着上学翻越隔栏而跌破脾脏等事件，就连"119""110""120"等车辆也被阻。由于铁路、货场的特殊性，铁路三线市区段沿线周围地区成为市区"脏、乱、差"最为集中、环境问题最为突出的区域之一，特别是南货场的煤场地处城市上风向，加之南站与西场之间长距离、频繁的往返调车作业，造成城市粉尘、噪音等大量增加，直接影响城市环境。

2. 迁建沪宁铁路镇江段三线方案形成过程 1998年，市政府要求市计委拿出迁建沪宁铁路镇江段三线的方案，市计委多次牵头与市有关部门及南京铁路分局、铁路镇江站商讨，形成初步方案。2001年3月，周大平、陈文湘等代表分别在全国人大九届四次会议和省人大九届四次会议上提出建议案，要求实施迁建沪宁铁路镇江段三线。市计委提出迁建沪宁铁路镇江段三线与盘活镇大铁路相结合的具体实施方案，得到市、省、国务院各级领导的同意和支持。

二、铁路三线迁建的具体内容

铁路三线迁建以镇江市所属"镇大铁路南站至上隍站可用资产"与"沪宁铁路三线镇江段土地资产"置换（划拨），镇江市将镇大铁路全线的实物资产（含土地）无偿划拨给上海铁路局；上海铁路局将搬迁后的镇江西站和货场及铁路三线的土地无偿划拨给镇江市。

总投资约1.5亿元（不含土地）。新建上隍、大港两个货场；改造南门货场；整修镇大铁路线；拆除镇江西站和货场及沪宁铁路镇江段三线。项目实施中，镇江市主要的责任：征用土地28公顷，无偿交给国铁建设上隍、大港货场两个货场；接通上隍、大港两个货场的"四通"——通水、通电、通路、通信；提供修建货场填方所需土源或挖方出土堆场；处理镇江地方铁路公司（下称地铁公司）人员和债务；减免项目实施中涉及镇江市的有关税费等。上海铁路局主要负责货场搬迁项目的建设。上海铁路局将原镇江西站、货场及铁路三线的土地无偿划拨镇江市，由镇江市土地收储中心收储，约37.93公顷，其中货场约25.27公顷。

三、铁路三线迁建效果

1. 社会效益　消除城市交通拥堵的瓶颈，有利于城市总体规划顺利实施。由于铁路穿越城区，给城市的规划建设带来困难和矛盾，难以实施规划中的“南北通畅”“东西贯通”的道路交通网络，近10条城市主次干道成为“断头路”，小码头、车站路、牌湾、中山路等铁道口处每天都会数次堵塞。通过拆除市区内的铁路三线道口、铁路等，彻底消除铁路严重分割城市的状况，城市交通明显改善，长江路改造三期工程、中山西路延伸工程等城市建设规划项目得以顺利实施。

改善城市人居环境。南货场、江边货场主要以散货为主，其中以煤炭、黄沙居多，粉尘污染严重；加之货场间频繁的调车作业，机车的轰鸣，噪音扰民严重。拆除西货场和江边货场，改造南门货场，消除铁路及货场运行所带来的粉尘、噪音污染。居民小区改造、城市绿化、卫生清洁等工作能有效开展。

优化镇江综合交通布局，有利于发挥港口优势。镇江市工业企业主要位于城市东部，城市东部也是物流的主要集散区，整合镇大地方铁路，新建地处城市东部的上隍和大港货场，凸显国铁与镇江大港直接连接的铁水联运综合交通优势，货运方便快捷，减少处于东部工业区内的主要骨干企业的货物运输费用，降低企业经营成本。有利于促进现代物流业的发展，对于发挥港口优势，改善投资环境，提高城市竞争力也具有重要意义。

2. 经济收益　实施“铁路三线”项目的土地预期收益将多于已支出资金。国铁交给镇江市“铁路三线”土地37.93公顷。根据市规划部门土地开发利用红线及“镇政发〔2005〕59号”《关于公布镇江市市区土地基准地价的通知》测算，土地预期总收益达3.03亿元，比实际及预期支出2.05亿元多约0.9亿元。

化解地铁公司高额债务，彻底解决地铁公司长期亏损问题。地铁公司设计年运输能力为300万吨，但实际最高年运量仅68万吨，最低年运量23万吨。由于运力严重不足等诸多问题，投运后，一直处于亏损状态，每年应付银行利息、经营亏损合计高达2000万元。截至2003年6月末，地铁公司资不抵债，总债务2.5亿元，其中本金1.4亿元，利息1.1亿元；总资产只有1.9亿元。通过“铁路三线”项目的实施，化解地铁公司高额债务，解决地铁公司长期亏损的问题。据统计，镇江市实际偿还债务10988万元（含镇江港口有限责任公司债务2500万元、镇江商业银行1450万元），占总债务的43.9%。豁免债务额约1.4亿元，占总债务的56.1%。

附：镇大铁路

镇大铁路是为完善提高大港地区货物集、疏、运能力，改善投资环境，吸引外商投资，推动镇江市对外开放和促进沪宁铁路货物分流而筹建的地方铁路。镇大铁路把国铁和大港港区连接起来，形成镇江铁、公、水综合运输格局，是江苏省内建设的首条地方铁路，全长24.9千米，总投资1.25亿元。

镇大铁路西从沪宁铁路镇江南站出岔接轨，向东沿丁卯开发区南翼跨越京杭大运河，穿过谏壁镇和化工区，横贯大港经济开发区进入大港港区码头。沿线经过京口、润州、丹徒3个区，正线长24.9千米，设镇南交接站、谏壁站、大港站等车站，并出岔接入10条厂矿企业铁路专用线、2个货场。镇大铁路自1995年12月开通后，货源主要为水泥熟料、化肥、磷肥、钢材、矿石等。

其中：镇南交接站，负责与国铁镇江站、国铁南京站车辆段的技术交接，是镇大铁路的编组场，车站有4股道、预留1股道。接有生资、交易中心、木材公司3条专用线；谏壁站是镇大铁路的中间站，车站有3股道，接有谏壁货场（东碳公司）专用线和规划中的索普921工程专用线；大港站负责大港地区铁路货物的到达与发送业务。车站有3股道，预留2股道，在通向大港港区的线路上接有道达尔、扬子沥青2条专用线。另有金东135、美国粘土公司2条专用线。

该铁路线按地方铁路三线(路基为二级)设计,限制坡度为千分之十二,曲线半径最小为250米,使用蒸汽机车,牵引定数为1250~1600吨。主要工程量:路基土石方165万立方米,运河特大桥1座934米,中桥8座550延长米,小桥涵108座1409延长米,改移电力、通信、广播杆线131处,拆迁房屋8340平方米,征地89.87公顷,设计运量300万吨。

图48-4　1992年6月18日,镇大铁路一期工程通车

镇大铁路工程从1988年开始筹备提出可行性调查报告,于1988年7月经可行性研究论证后,由省计经委批准立项;1989年8月初步设计方案得到省建委批准;1990年6月经招标、议标后正式破土动工;工程施工采取“分段实施,逐步收益”的办法,1992年6月18日实现一期工程通车试运营;1995年12月18日,全线建成通车,并与南京铁路分局联合经营。1995年完成货物运输1668车9.97万吨。

镇江市政府专门成立镇江地方铁路公司(市地铁公司)负责镇大铁路营运。公司设运输处(调度室)负责全线生产指挥。由调度室根据货运意图编制行车命令下达至各站行车室。调车作业采取调度命令方法,通过电话单一指挥,人工联络。1998年元月起,市地铁公司按照“自主经营、自负盈亏、自我约束、自我发展”要求,开始正式运营。镇大铁路设计年运输能力为300万吨,但正式运行后实际最高年运量仅68万吨,最低23万吨。由于运量严重不足,投运后一直亏损,每年应付银行利息、经营亏损合计高达2000万元,职工每月仅有300元生活费。

润扬长江公路大桥工程建设

润扬长江公路大桥是中国“十五”计划期间建成的一座最大的现代化组合型桥梁,连接镇江、扬州两座历史文化名城,联通京沪、宁通、沪宁、宁杭四条高速公路,并为国道主干线沪蓉、京沪高速公路增添一条快速过江通道。

1998年3月,国家计委批复镇江扬州长江公路大桥项目建议书。2000年3月2日,国务院总理办公会议讨论通过《镇江扬州长江公路大桥工程可行性研究报告》;10月13日,国家计委以计投资〔2000〕1674号文批准镇江扬州长江公路大桥开工报告,并正式确定桥名为润扬长江公路大桥。润,指“润州”(镇江古称润州);扬,指扬州。10月20日,时任中共中央总书记、国家主席、中央军委主席江泽民参加润扬大桥的开工典礼,题写桥名,并挥锹为大桥奠基。2004年6月1日全线贯通。2005年4月30日,润扬长江公路大桥建成,在长江北岸扬州境内的森林公园举行通车仪式,中共中央政治局常委、全国人大常委会委员长吴邦国为大桥通车剪彩。2005年5月至年底,每月通过量272907辆。

一、润扬大桥概况

润扬大桥是国内第一座由悬索桥与斜拉桥组合而成的特大型公路桥梁,由北接线、北接线高架桥、北引桥、北汊斜拉桥、世业洲高架桥、南汊悬索桥、南引桥、南接线、南接线延伸段9个部分组

图 48-5　润扬大桥远景(2005 年摄)

成,全长 35.66 公里,南延伸段 12 公里。南汊悬索塔高 215 米,主跨 1490 米,比江阴长江公路大桥长 105 米,为当时"中国第一";与世界其他同类型桥梁相比,仅次于日本的明石海峡大桥(1991 米)和丹麦的大贝特东大桥(1624 米),列世界第三(建成时的排名)。北汊采用 176 + 406 + 176 米的三跨双塔双索面钢箱梁斜拉桥。世业洲高架桥长 1414 米、为预应力钢筋混凝土连续箱梁桥。全线采用双向六车道高速公路标准,设计行车时速 100 公里,南接线部分采用双向四车道高速公路标准,设计时速为 120 公里。大桥通航净空高,悬索桥为 50 米,斜拉桥为 18 米,悬索桥下可通行 5 万吨级散装货轮。大桥工程在镇江境内全长 21.749 公里,占项目总长的 61%,其中主桥在镇江境内 3.841 公里,占主桥总长的 74%。大桥抗震烈度 7 度,设计基准风速为 29.1 米/秒,颤振检验风速高达 54 米/秒。

润扬大桥横跨镇江、扬州两市 4 个县(区)8 个乡镇,其中镇江市两县(区)6 个乡镇。润扬大桥工程共征用土地 414.03 公顷,镇江市指挥部负责征地 273.13 公顷,拆迁房屋 108987 平方米。大桥共设有 6 个互通,镇江境内建有世业洲互通、镇江西(金桥大道)互通、丹徒开发区(312 国道)互通、镇江南(上党)互通。

二、项目筹备

改革开放以后,镇扬两地交往增加,车流量急剧上升。镇扬汽渡不能满足交通需要,每逢大风、下雪,特别是大雾等不良气候时,过江的车队排队候渡直到镇江三茅宫以南。

为改变镇江、扬州之间的交通不适应经济社会发展的现状,1986 年江苏省交通厅组织以铁道部第二勘察设计院为主,包括交通、水利、地质等部门在内的多个设计、科研单位进行江苏省第二过江通道的规划勘察,并于 1989 年 6 月完成规划报告,提出镇江扬州之间跨江大桥的建设问题。1992 年 11 月开始,江苏省政府有关部门以及镇江、扬州两市政府,委托江苏省交通规划设计院牵头负责大桥建设的前期工作。

工程预可行性报告第一版于 1993 年 6 月由江苏省交通规划设计院编制完成,预选世业洲、金山、五峰山 3 个桥位。大桥穿越长江生态敏感地带(桥位附近有水源保护地、长江镇扬段珍稀水生保护动物活动频繁区域等),接线又是填方路基,特别是南接线,沿线城镇多,人口密度大,占用土地多,以及从城市建设发展和环境影响等诸多方面考虑,桥址选定在世业洲和渡口附近,再进行研究选择。1996 年 7 月又由江苏省交通规划设计院、江苏史伟高工程咨询有限公司,在预选可行性研究报告的基础上,补充开展工作,再次提交的研究报告,重点推荐世业洲和渡口桥位。

工程可行性研究工作由江苏省交通规划设计院为主进行,中交公路规划设计院参与研究工作,于 1998 年 7 月完成并提交研究报告。本阶段桥位研究的重点放在预可行性研究阶段的世业洲桥位与渡口桥位,相应的专题研究与试验工作,也主要是针对此桥位进行。工程可行性研究主要开展包括河床河势、工程地质、地震、通航、气象环境等 16 个专题的研究,最后大桥桥址选择在世业洲上的桥址。

桥位由于距上游的镇江龙门港规划第三作业区约 2000 米,距下游的镇江市船舶工业区 500

米，为避免江中设过多桥墩引起河床过大的冲刷和改变江水流向，影响港口、码头的正常使用，同时考虑航道条件、河床断面形态及主要桥墩设置等，根据前述桥型方案构思的基本原则，并结合桥位地形、地质、河势、水文、航运等条件，南汊构思了以大跨径跨越江面的悬索桥和斜拉桥为主要的两种桥型方案，北汊构思了大跨径斜拉桥和连续刚构两种桥型方案。由于桥位处南北两汊斜交角40度，南汊主桥和北汊主桥应与水流方向基本正交，并应位于直线段，世业洲上两汊之间必须设平曲线。因此，大桥桥型最终定于南汊为跨悬索桥，北汊为大跨径斜拉桥，世业洲上为高架桥连接南北两汊大桥。

三、大桥建设资金

交通部和江苏省政府通过协调报国家计委批准项目总投资58.1亿元（南接线延伸段工程、世业洲互通工程、大桥景观工程为省计委批准实施）。工程采用《工程预可行性报告》中的国内筹资方案，总投资58.1亿元，其中资本金24.4亿元，由江苏省用省公路建设资金投入14.7亿元，交通部用车辆购置税交通专项资金安排3.3亿元（部、省占资本金的73.8%），镇江市政府出资3.2亿元（占资本金的13.1%），扬州市政府出资3.2亿元（占资本金的13.1%，后转让给江苏交通产业集团公司，2004年，江苏交通产业集团并入江苏交通控股有限公司），其余33.7亿元使用银行贷款解决。

在资金管理方面，一是由项目法人单位的资金管理，二是由施工承包人的建设资金管理。为加强建设资金的管理，以防挪用，结合润扬大桥工程实际，指挥部采用委托银行监管的办法，即“指定开户、专户储存、专款专用、银行监督”的办法加强管理。工程建设结束后，通过国家审计，没有发现大的问题。镇江市指挥部所属的南接线，一次性通过审计，资金使用基本符合规定要求。

四、大桥建设技术保障

2000年9月，江苏省人民政府和交通部以苏政发〔2000〕111号文发出《关于润扬大桥聘请技术顾问和组建技术专家的通知》，由江苏省政府和交通部共同聘请以两院院士为主的大桥技术顾问，并聘请工程技术专家组建润扬大桥技术专家组。

润扬大桥技术专家组技术顾问名单

表48-1

姓　名	所属单位	职务（职称）
李国豪	同济大学	中国科学院院士、中国工程院院士
项海帆	同济大学	中国工程院院士
陈　新	铁道部大桥局	中国工程院院士
刘济舟	交通部	中国工程院院士
梁应辰	交通部	中国工程院院士
周君亮	江苏省水利厅	中国工程院院士
孙　钧	同济大学	中国工程院院士
曾　威	交通部公路科学研究所	研究员
钱冬生	西南交通大学	教授
戴　竞	中交公路规划设计院	教授级高工

技术专家组成员21人。其中，组长2人，分别是交通部原副部长胡希捷、交通部副部长冯正霖；副组长2人，分别是交通部总工程师凤懋润、曹右安。

润扬大桥技术专家组其他成员名单

表 48-2

姓　名	所在单位	职务(职称)
杨盛福	交通部	专家委员会副主任
邹觉新	交通部	专家委员会副主任
张之强	交通部	公路司原司长
王　玉	交通部	公路司副司长
李悟洲	交通部	水运司巡视员
郑皆连	广西壮族自治区交通厅	副厅长、工程院院士
谢世楞	中交第一航务工程勘察设计院	副总工程师、工程院院士
周世忠	江苏省交通厅	副厅长
经德良	湖北省交通厅	原总工程师
王建瑶	中交公路规划设计院	教授级高工
李守善	山东省交通厅	总工程师、设计大师
万珊珊	山东省交通厅	教授级高工
陈德荣	交通部公路科学研究所	研究员
林荣有	广东省公路工程总公司	总工程师
孔繁瑞	中国路桥集团公司	顾问、教授级高工
胡明义	中国路桥集团一公局	副总工程师
陈申奇	中国路桥集团二公局	高工

根据大桥建设的需要，对施工中的重大技术方案、关键技术难题、质量控制标准、科研课题、新技术、新工艺、新材料运用等开展技术咨询。建设期间，共召开 3 次技术顾问会议和 6 次技术专家组会议。

润扬大桥主要设立科研项目 27 项，涉及土木工程、金属结构、机电控制、管理工程等多个领域，其中有 11 项达到国际领先水平或国际先进水平，有 3 项达到国内领先水平，有 9 项成果已应用于工程建设。大桥北锚地下连续墙，号称“神州第一锚”，悬索桥北塔钢箱整体吊装，堪称“长江第一吊”，号称“神州第一吊”，悬索桥桥塔高 215 米(当时称为最高的塔)。此外，“冻结排桩”铸“南锚”，双层环氧沥青钢桥面铺装技术，悬索桥钢箱梁吊装专用设备——跨缆吊机等技术，在国内外都具有领先水平。

五、建设管理体制

江苏省人民政府和交通部建立部省联席会议制度，专门协调大桥建设工作。省交通厅成立润扬大桥现场指挥部具体负责大桥建设和协调工作。交通厅副巡视员吴胜东任大桥现场总指挥。大桥的跨江大桥主体工程，由公路二局、二航局、中铁十九局和省交通工程总公司等单位承建。镇江、扬州两市成立大桥指挥部，交通部门具体负责南北接线工程。镇江市大桥指挥部由黄宝荣任总指挥(2002 年前是原常务副市长刘永忠)，周社(2003 年前是倪仁杰)、许巧生、丁锋等为副总指挥，丁锋主持指挥部日常工作，主要负责南接线工程以及大桥建设的征地拆迁，群众疏导，宣传教育，建设环境等工作。南接线主体工程由南京市交通工程总公司、省交通工程总公司、公路二局承建。

扬中长江公路大桥工程建设

扬中，古称太平洲，位于镇江市东北部的扬子江段，由长江主航道以南的雷公岛、太平洲、西沙、中心沙 4 个岛屿组成，其中太平洲为主岛。总面积 332 平方公里，陆地面积 228 平方公里。扬中长江公路大桥（下简称扬中大桥）建成以前，扬中对外交通主要依靠渡船，是镇江市唯一没有对外连接公路桥的县。1990 年，扬中县决定自主建设跨越长江的扬中大桥。1991 年完成立项审批和可行性研究，1992 年 6 月开工，1994 年 8 月 11 日顺利合拢，10 月 6 日竣工通车，并借大桥庆典之际，举办经贸联谊活动，共签订外资项目 26 个，内资项目 34 个，总金额达 11. 14 亿元。扬中长江公路大桥完工历时 2 年 5 个月，工程总投资 1. 52 亿元。1995 年初，国务院副总理李岚清题写桥名“扬中长江大桥”。

一、1994 年以前扬中对外交通

图 48-6　1994 年建成的扬中长江公路大桥

自古以来扬中四面环江，渡口是出入县境的唯一通道，民国时期扬中有渡口 50 余处，其中较大的有栏杆桥、沙家港、东新港等，其余主要是凭滩设置，随潮而渡，辰开酉归，客聚开船，人走无存，无房舍，无避雨之建筑。且港口无人管理，多为土匪恶霸把持，渡运市场零乱无序。解放以后，政府开展渡运整顿和安全管理，保证渡运安全。1960 年，扬中栏杆桥至丹徒新港汽渡码头动工兴建，可以每航次载渡一辆汽车，但汽车上下渡船要靠 10 多人搭起两块又大又重的跳板。80 年代末，扬中渡口船舶全部实现钢质化，船舶具备现代化操纵系统，为全天候安全航行提供可靠的保证。随着改革开放的深入和经济的加快发展，渡运已远远不能适应人民群众对交通的需要，遇到大风、大雾、大雪等恶劣天气，经常被迫停航，加之夜不通航，全县人民对建桥的呼声越来越高。

二、扬中大桥建设决策过程

1989 年 4 月，扬中县第十届人民代表大会第三次会议上许多代表都发出建造大桥的呼声。1990 年 4 月，扬中县第十一届人民代表大会第一次会议和政协第四届第一次会议，部分县人大代表和政协委员再次提出《架设一座扬中至丹徒江上公路大桥或隧道的建议》，9 月 8 日，扬中县委以扬发〔90〕21 号文件决定：“八五”期间，将依靠自己的实力，建成扬中长江大桥，同时成立扬中长江大桥筹建委员会和大桥办公室，筹委会由县长陆朝银任主任，大桥办公室负责大桥筹建的日常工作。

三、大桥建设的项目论证和审批

1990 年 9 月 18 日，与交通部第二公路勘察设计院签订委托预可行性研究和可行性研究的协议。几个月后,《扬中夹(长)江大桥预可行性研究报告》完成。1991 年 1 月 23 日,省建委主持召开大桥设计审定会,通过设计审定报告,批准《扬中夹(长)江大桥预可行性研究报告》。1991 年 6 月 18 日,江苏省计经委以苏计经〔91〕404 号文件批准立项,9 月以苏计经〔91〕24 号发文,正式批准《扬中夹(长)江大桥预可行性研究报告》,完成大桥工程立项审批工作。1991 年 11 月,扬中县召开常委会,同意项目由铁道部大桥工程局勘察设计院设计;通过公开招标,工程由铁道部大桥工程局中标。

四、大桥建设的资金筹集

1990 年,扬中县工农业总产值为 18.4 亿元,年财政收入达亿元,居民个人储蓄为 3.14 亿元。而大桥预算为 8000 万元。县计划从 4 个渠道解决资金:全县人民捐资,机关、企事业单位和个人捐资,银行贷款,争取上级补助。1990 年全县召开了第一次捐款动员会,单位和个人集资组织了 3 次:一是 1991 年开展了单位捐资,二是 1993 年开展了职工个人捐资,三是向客货运输车辆预收过桥费和加收汽渡费。4 年有 82543 人次给大桥捐款,累计收到各类捐助 2501.29 万元,集资 3894.48 万元,最多的一笔是 10.8 万元。省交通厅拨款 200 万元,省财政厅支持 100 万元,市交通局拨款 100 万元。此外,镇江市级机关、银行、驻镇部队等都开展捐款活动。

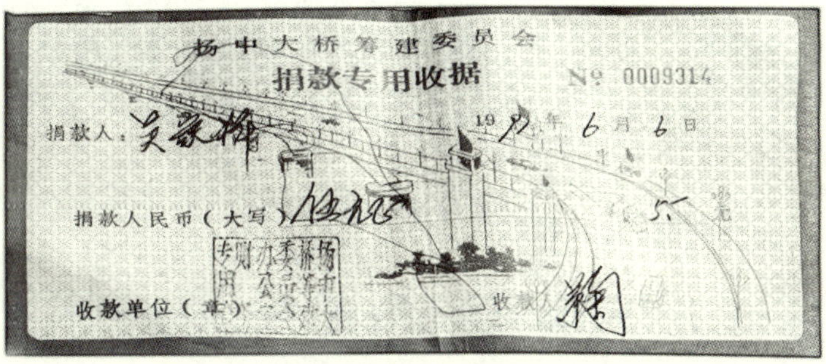

图 48-7 个人捐资专用收据(1997 年摄)

五、扬中大桥桥位及主要概况

交通部第二公路勘察设计院提供选择的桥位有栏杆桥、沙家港和头墩子 3 处。其中栏杆桥桥位地处夹江弯道头部,江岸线顺直,河床宽坦、稳定,桥全长 1170 米,主桥 720 米,接线公路南 650 米,北 4730 米,需占用水田 8.77 公顷、旱地 0.88 公顷、鱼塘 0.62 公顷,约完成土方 8.8 万立方米,需拆迁楼房 782 平方米、平房 3550 平方米,搬迁电杆 83 根,新建涵洞 23 道。地质条件较好,基岩埋藏浅,南岸岩层埋深 27 ~ 30 米,北岸 50 米左右。大桥建成后,从县城到镇江市 47.3 公里,到常州市 90 公里。对外通往条件好,接线距离短,估算造价 6000 万元左右。另外,沙家港桥位估算造价 7300 万元左右,头墩子桥位估算 8000 万元左右。经过综合论证,最终确定桥位在栏杆桥汽渡下游方向 300 米处。

扬中大桥为混凝土连续箱梁及简支 T 梁混合结构,桥宽 15 米,设三车道,其中车道 13 米,两边人行道各 1 米,桥长 1170 米,宽 15.4 米,大桥高度按三级航道标准实施,5 个航道孔,共 30 孔,通航高度为 20 年以遇最高水位净空 10 米,主桥为 50 米 + 80 米 + 100 米 + 80 米 + 50 米预应力混凝土连续箱梁,5 孔 1 联,以直径 11.2 米的沉井支撑,设计抗震强度为 7 级,实际桥梁总投资为 1 亿元。大桥两岸接线工程全长为 7.598 米,工程总造价为 5144.7 万元,与大桥主体工程同步实施,1993 年 4 月开工,1994 年 9 月竣工,其中:大桥扬中岸接线工程东起明珠广场,止于大桥 0#桥台,长 5.272 公里;大桥镇江岸接线起于大桥 30#桥台,止于大路镇许家弄,全长 2.326 公里,大桥两端接线道路部分总投资为 0.52 亿元。

六、扬中大桥工程质量

《扬中大桥建设预可行性研究报告》由交通部第二公路勘察设计院制作，由铁道部大桥工程局勘察设计院设计，施工也由铁道部大桥工程局承担。聘请上海同济大学土木工程学院专家、学者组成专家顾问组，由国家级桥梁专家、土木工程学院院长范立础教授及陈庆国教授挂帅。聘请铁道部科研院吴亮明、赵启文挂帅成立工程监理科，负责大桥工程质量的监理工作。施工单位建立工班自检（互检）、工程队工程师质检、指挥部工程师质检“三级质检制”体系。大桥工程所用主要材料钢材、水泥必须有出厂合格证，并进行力学试验，符合要求方能使用，砂石材料必须经试验人员检验后方能使用。在整体工程各大阶段，狠抓沉井基础、钻孔桩基础、T 型梁制作、连续箱梁悬浇等关键工程。加强对水下工程的监理；一是把好钻孔质量，在灌注水下砼前严格检查泥浆比重、黏度、含水量沙率、孔底沉淀厚度及孔底标高等；二是把好钢筋笼制作和下放质量；三是在灌注混凝土时监理人员实行旁站，及时掌握了解水下砼的灌注情况。大桥的测试由同济大学桥梁工程系于 1995 年 7 月 24 日至 26 日测试，经对各项测试数据整理、分析、计算，证明大桥具有足够的安全、抗弯刚度，质量可靠。

七、扬中大桥的管理经营

扬中长江大桥建成通车后，扬中市政府以“扬政发〔1994〕86 号”文批准成立扬中长江大桥管理处，为正局级事业单位，隶属扬中市人民政府。考虑到建设资金的偿还问题，原扬中大桥公司仍予保留。1994 年 10 月 28 日，江苏省人民政府以“苏政发〔1994〕70 号”文批复同意设立扬中大桥收费站，属临时性事业单位。扬中长江大桥管理处、扬中大桥收费站、扬中大桥公司三块牌子一套班子，除设办公室、企管科、收费科、派出所等 6 个职能科室以外，下设广告公司、装潢公司、出租汽车公司、水泥制品厂、土石方公司等 7 家企业。扬中长江大桥管理处与马来西亚怡保工程集团成立扬中长江大桥有限公司，合作经营扬中长江大桥，合作期限为 25 年，马方一次性出资 800 多万美元，马方占 51% 股份，中方占 49% 股份。

大桥竣工通车当年，扬中县实现撤县建市，名列全国首批 80 个小康县中第 51 位，全市新批“三资”企业达 43 家，总投资 5365 万美元，合同利用外资 3817 万美元，实际利用外资 1628 万美元。通车第二年，1995 年国民生产总值达 40 亿元，增长 39%，实际利用外资 2010 万美元，自营出口达 2722 万美元，是 1993 年的 3 倍以上，跻身全国综合实力百强县，新坝镇成为中国乡镇之星；1996 年国民生产总值达 45.3 亿元，增长 12.5%，实际利用外资 3030 万美元，增长 51%，中荷合资总投资达 2.1 亿美元的中压开关柜项目落户扬中。

镇江市农村公路建设纪略

中国共产党第十六次全国代表大会提出要全面建设小康社会，而农村、农业和农民“三农”问题是全面建设小康社会的关键。农村公路对方便农民出行、发展农业和促进农村经济发展有着重要作用，是农村建设小康社会的基础性、先导性工程。2003 年，镇江市五届人民代表大会一次会议有 122 名人大代表联名提出“修建乡村道路，解决部分乡村交通难”建议，被镇江市人民代表大会列为议案，并经五届人大常委会一次会议作出决议。

2003 年 4 月，江苏省召开农村公路建设布置会议，并下发《江苏省农村公路现状及建设规划情况调查技术方案》。镇江开展全市农村公路现状及建设规划调查，结果显示，镇江农村公路总量偏小、等级偏低，与农村经济发展和农民需求相比，道路通达率和等级化率明显不能满足农村经济社会发展需要。在此基础上制定镇江农村公路建设规划，计划用3年时间建设改造农村公路1822公里，实现县通乡二级化、乡通乡三级化、乡通村四级化，所有行政村通上公路。全市农村公路建设与全市农村社会经济发展相适应，与村镇总体规划相协调，与区域干线公路网相衔接。按照水、田、林、路综合治理，立体开发的思路，遵循充分利用老路、少占农田耕地、保护生态环境、避免重复建设。

2003年6月，镇江市人民政府成立由市长许津荣任组长的农村5件实事领导小组，下设农村公路建设办公室，由市政府分管副秘书长任主任，市交通局长为副主任，市发改委及规划、财政等部门一把手为成员。镇江市交通局成立农村公路建设管理办公室，具体负责全市农村公路建设的指导、协调和管理工作。随后各辖市（区）、乡（镇）、村都迅速成立由党、政主要负责人挂帅的农村公路建设工作班子，全市构建市、县、乡、村四级农村公路建设组织网络。

全市3年建设改造农村公路1800多公里，需要资金总量为12.43亿元。省政府在农村公路建设政策上，只对苏中、苏北补贴，由于镇江地处苏南，所以全市除句容茅山老区享受省补贴外，其余均靠各级地方自筹资金。全市农村公路建设资金缺口近9亿元。市委、市政府提出运用土地市场化运作，筹集市级补助资金，其余由各级地方自行筹集配套资金。市本级由市政府划拨土地，由交通部门以项目化土地运作方式，筹集市级补助资金1.87亿元，制订县通乡30万元/公里、乡通乡15万元/公里、乡通行政村10万元/公里的补助标准，对除茅山老区以外的农村公路建设补助。

2003年以后，全市开展数次大规模集中宣传，在镇江电视台黄金时段的《金山聚焦》栏目、《镇江日报》《京江晚报》等头版头条连续报道，宣传农村公路建设情况及农村公路建设给社会、经济及生活方式带来的变化。

市农村公路建设办公室先后制定和出台《镇江市农村公路建设管理实施细则》《镇江市农村公路施工管理指导意见》《镇江市农村公路建设招投标管理办法》等一系列规定、办法和意见，指导和管理全市农村公路的建设。在全市农村公路建设中，严格实施招投标制度，按照省、市《实施细则》严格控制施工单位资质，资质条件不具备的不准参与施工；实行开工报批制度，加强规范化操作，开工报告审批前，由农路办人员到现场对开工项目进行核实，开工条件不完备的坚决不准开工；实行透明施工，每个在建项目都必须设立公示牌，向沿线群众公示工程建设主要技术标准及设计、监理、施工、建设、主管单位，设立举报电话，接受社会各界监督。

交通部门全过程管理质量。严格原材料检测制度。全市累计检测296批次，钻芯取样1490个，芯样优良率达到96%。严格巡查制度。对每个项目从开工到建成，派专人、专车、专门检测机构，实施不间断、不定期的质量检查，发现问题立即通报处理，责令整改。执行三次拨付补助资金政策，开工拨付50%，主体工程完工拨付30%，通过验收拨付剩余的20%。有一环不达标，不拨付剩余补助资金。针对辖市（区）及乡镇工程技术人员欠缺和技术不过硬的实际，先后两次组织技术培训和讲座，请监理公司高级工程师对基层技术人员进行技术培训。召开质量现场会，将质量工作中好的经验和做法在全市推广。严格验收标准。路肩、绿化不合格的项目不予竣工验收，不拨付补助资金。2004、2005年度全省农村公路质量综合评比中，镇江市连续两年获得全省质量一等奖。

农村公路建设和农村客运班车的通达，改善全市农民出行条件，改善农村交通环境和农业经济投资环境，对农村经济社会发展和农民致富产生极大的推动作用。地处镇江市沿江“金三角”的丹阳市后巷镇，曾与日本某株式会社洽谈汽车专用汽囊生产项目的引进，考察后由于交通条件不便，一直无法正式签约。随着农村公路的建设，交通条件得到改善，2005年与外商签下1亿美元的投资协议，首期引资达3000万美元。句容市由于地处丘陵山区，交通不便利，直接制约经济发展，农村公路建设后，为句容市有机农产品的外运提供便捷和保障，省有机农业示范园句容市瓦屋山，对 8 个有机农业种养区进行开发，带动瓦屋山生态旅游发展，仅 2004 年到瓦屋山的游客就增至 20 万人。句容市葡萄种植户方继生带领全村 200 多户农民种植葡萄，过去由于道路不便，许多葡萄来不及上市就烂在地里，2005 年农村公路建好后，村民们仅用 40 天，一个季节的葡萄就全部外销出去，还吸引南京、无锡等地游客旅游观光。

截至 2006 年，全市共完成农村公路建设改造 2143.36 公里，其中县通乡公路 108.87 公里，乡通乡公路 369.77 公里，乡通行政村公路 1665.52 公里，超计划完成三年建设任务。全市 7 个辖市（区），66 个乡镇、938 个行政村，建成 600 多条不同等级的农村公路，实现所有行政村通公路，全市有 97% 的行政村通客运班车。

“金山之光”艺术节

“金山之光”艺术节自 1992 ~ 1996 年，共举办 3 届，每 2 年一届。艺术节以文艺为媒，开展经贸合作和科技洽谈。

一、首届“金山之光”艺术节

1992 年 10 月 8 ~ 15 日，镇江市举办首届金山之光艺术节。10 多位国务院有关部门领导和 100 多位省政府、省经贸委等有关部门负责人，以及清华大学、北京大学等 73 所高等院校和科技单位的代表参加艺术节。中共海南省委及香港庄士集团等 30 多个部门和单位送来花篮。来自泰国、英国、法国、澳大利亚、伊朗、日本、新加坡、瑞典、俄罗斯、韩国、智利、巴布亚 - 新几内亚、德国、印度尼西亚、加拿大和中国台湾、中国香港、中国澳门等 20 个国家和地区的 700 多名宾客及来自祖国大陆的 880 多名客商、833 名专家学者参加了艺术节。艺术节期间，成交内贸商品 29.7 亿元，洽谈成功 198 个利用外资项目，签订 468 项科技合作项目。

1. 文化艺术活动　金山之光艺术节文艺活动是镇江市历年来规模最大的综合性文艺活动。艺术节期间，市艺术节组委会成立艺术处，组织一系列内容丰富、艺术品位持久、具有浓郁地方特色、主题鲜明的文艺活动。东方歌舞团、乌克兰芭蕾舞团等 5 个国内外享有声誉的文艺团体及市内专业剧团参加演出，赵忠祥、刘璐、王刚等 10 名著名演员、主持人参加开幕式、闭幕式文艺晚会。举办镇江风情美术、书法、摄影展览，博物馆馆藏镇江名人书画等 7 个展览，以及电影展映，书市和群众文艺录像比赛及调演活动。参加演出的专业剧团 10 个，演出 33 场次，观众达 6 万人次；各种展览共展出作品 400 余幅，参观人数达 5000 多人次，电影映出新片 24 部，放映 723 场次，观众达 12 万人次；新华书店组织 32 家出版社，近 120 万元的图书上市。制作发行节徽、纪念章、节旗和宣传品，发行报刊《金山之光》。市总工会和园林局在金山公园举办大型灯展活动。

“金山之光”艺术节节徽和节歌经专家评审，选用市人民电影院冯爱民设计节徽图案和陈茉玲作曲的节歌《金山之光传友谊》。节徽图案为红底白色，由“金山”二字的拼音字母首写“JS”组成，形似“如意”；图中的“J”由细到粗，形成具有节奏感流动波浪线，似飘动的艺术彩带，也代表孕育镇江经济和文化的长江和大运河，“S”外形形成腊梅花。三个花瓣象征“三山”，整个图案是有向上向外引升趋势，表示镇江的经济和文化事业蓬勃发展。节歌歌词简洁明了，格调清新，曲调将流行歌曲与民族音乐融为一体。流畅优美，明朗高雅，具有较为鲜明的民族风格、时代特色和地方色彩。体现艺术节“繁荣、文明、奋进”的宗旨。

文化艺术活动开幕式文艺晚会，10 月 8 日晚上在市体育馆举行。开幕式文艺晚会节日创作编导由镇江市艺术工作者与上海歌舞剧院、上海电视剧制作中心和前线歌舞团专家联手完成。由市

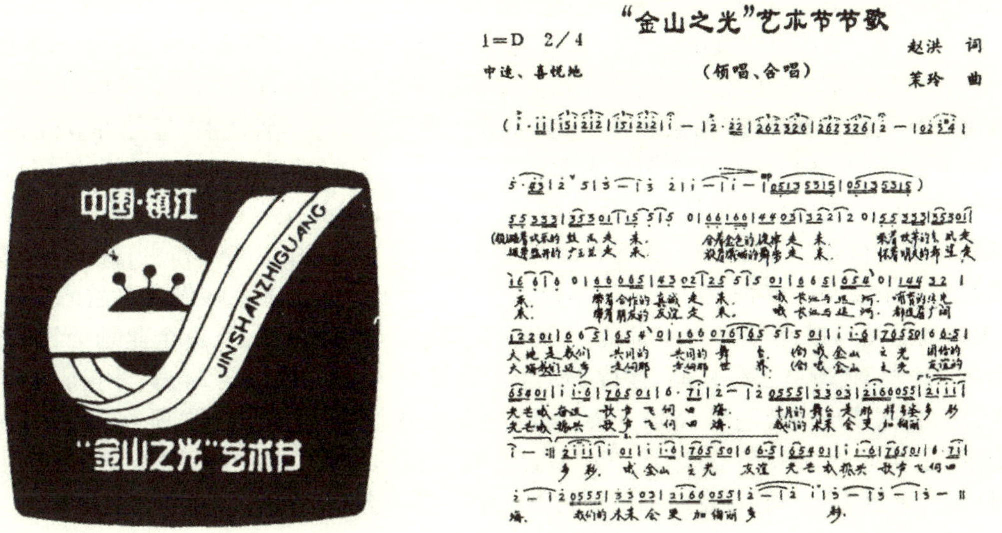

图 48-8 “金山之光”艺术节节歌和节徽(1992 年摄)

群艺馆具体承担。全市 500 余名群众演员参加演出,著名节目主持人王刚和王静主持晚会。节目共分“序曲”“金山迎嘉宾”“江河润土”“乡土风情”“三山春意”“同沐金山光”余 5 个部分共 17 个音乐舞蹈节目。整台晚会以镇江民间歌舞为主,借助舞美、灯光新技术,展现镇江悠久的历史,绚丽多彩的风土人情和日益发展的社会新貌。闭幕式晚会于 10 月 15 日晚在市体育馆举行,由市歌舞团承办,邀请南京军区前线歌舞团、南京公安金盾军乐团同台演出,邀请著名节目主持人赵忠祥、刘璐,著名歌星韦唯、解晓东、江涛、李红霞等,著名笑星李金斗、陈涌泉、句号等参加。

10 月 7 日 ~9 日,东方歌舞团在镇江影剧院献演 4 场。著名演员远征、李玲玉、张强、訾莎莉随团献演。12 ~15 日,乌克兰芭蕾舞团在镇江影剧院上演三场芭蕾舞精品,这是第一次来镇江演出的外国专业剧团。9 ~11 日,上海市歌舞团在工人影剧院演出大型舞蹈《金舞银饰》。13 ~15 日,新疆军区歌舞团在工人影剧院演出 3 场音乐舞蹈节目。18 ~20 日,安徽省黄梅戏剧院由著名演员马兰领衔在工人影剧院演出新编古装剧《红楼梦》。市扬剧团、市越剧团分别在新华影剧院上演新编古装扬剧《铁面情》和新编古装越剧《宫闱春歌念》《御扇春梦》和越剧流派、折子戏专场等。市曲艺团在河滨公园和部分厂矿演出苏州评弹和扬州评话等。

10 月 9 ~25 日,市群艺馆、美协、书协、影协联合举办镇江风情美术、书法摄影精品展,展览从送展的 400 余件作品中,选出 100 件精品展出。镇江博物馆举办《镇江历代名人书画展》共展出宋至近代的 46 位镇江画家的 155 幅作品。镇江中国画院在该院举办《中外水墨画邀请展》共邀请日本、澳大利亚、中国香港、中国台湾等国家和地区及国内名画家 40 幅作品参展。9 月 28 日 ~10 月 4 日,由市电影公司承办,市区各影院举办电影新片展,共映张艺谋、巩俐等专题片及其他新片 24 部。9 月 27 日 ~10 月 10 日,市新华书店举办第二届书市;10 月 9 ~15 日,镇江革命历史博物馆举办雨花石、微雕展览;市职工钱币协会在工人文化宫举办古钱币展览。

9 月下旬,市文化局举办全市群众文艺录像比赛。参赛的市直单位及辖县(市、区)近 20 个单位 70 个节目,作品有小品、曲艺、舞蹈、声乐、器乐、戏剧等,共选出 14 个节目为表演一、二、三等奖。14 个节目为创作二、三等奖。

艺术节期间,市总工会和园林局联合主办大型灯会在金山公园举行。以金山寺为大观,25 组组灯生地出水,亭亭玉立;千盏气氛灯飞林穿径,目不暇接;万盏彩灯裹山包寺。整个金山湖光山色,气势恢宏。灯会不仅展示镇江人传统的灯花,还引进山西阳泉及苏州的灯彩。灯会多以民间故事、科技、舞蹈、体育等为题材,构思精巧别致,人物栩栩如生,动物惟妙惟肖。其中,反映镇江建设成就的组灯，尤其辉煌夺目。灯会期间，观众达10万人次。

2. 经贸活动 镇江市以金山之光艺术节为媒介，于10月8～15日举行'92中国镇江对外经贸洽谈会。主要会场设在镇江一泉宾馆。到会外商达500人，来自日本、美国、英国、法国、德国、独联体、香港、澳门、台湾等18个国家和地区，其中港台客商近2/3。省政府，经贸部亚洲司、部分进出口总公司的领导与各口岸外贸公司代表260人也参会。会前排出对外拟合资合作项目126个，可洽谈项目150个，拟国标经济技术合作项目60个，并编印中英文出口商品目录。外资外经项目目录与简介，落实可供出口成交。供货的商品达5亿元。组织由县市区和主管部门组成的经贸组、由市县外贸企业与三资企业组成的贸易洽谈组，向国内外发出1500多份客户邀请信，经贸洽谈会设置出口商品交易馆，按镇江出口商品大类及县(市)区外贸企业，三资企业划分设有23个摊位，展出700个品种2000多件样品，接待373个中外客户，其中40%为县客户，外贸成交额达2.89亿元，签订自营出口成交合同额1539.7万美元。利用外资项目洽谈的客户项目357个，总投资达12.51亿美元，合同外资3.75亿美元，其中签订合同章程的项目198个，合同外资1.54亿美元，签订可行性报告项目17个，签订意向书的项目160个。洽谈会期间举办海外企业合作项目签订合同的4个，签订合作意向书的7个，立项的项目9个。

1992中国镇江"金山之光"艺术节期间，镇江市举办内贸商品交易会。总成交金额29.7亿元。是计划成交额的近5倍。其中交进4.2亿元，交出25.5亿元。交出商品中现货达12.2亿元，占交出总额的47.8%，期货13.3亿元，占交出总额的52.2%。地产品成交19.2亿元，占交出总额的75.3%。新产品成交额5.4亿元。29个内贸分团中成交额在1亿以上的有11个分团。成交额超过历届商品交易会。交易会参展品种达3000多个系列，11000多个花色品种，可供资源总额达34亿元，其中名特优新产品有800多种系列，应邀到会宾客880余人，超过原计划76%。四县(市)区累计到会客商达4145人，其中句容分团到会客商多达897人。丹徒到会客商多达710人。市直各分团累计到会客商达4658人，其中商业分团到会592人，物资分团到会475人，轻工分团到会310人，纺工分团到会378人，参加本次商品交易会的内宾来自全国30个省(直辖市)，来宾中厅、局级以上或和相当厅局以上的全国知名的大型企业集团的厂长(经理)等有50余人，其中包括友好城市宝鸡、万县、本溪等市有关领导。

3. 科技活动 10月8～10日举办1992中国镇江科技恳谈会。恳谈会期间，全市组织29个恳谈分团，向国内外有关单位和专家发出750份邀请，来宾人数达869人，其中副局级、高级职称以上专家657人。举行新闻发布会6场，学术讲座10场，参加人数1500人以上。全市共有322个企事业单位近5000人次参加洽谈活动，共洽谈650个项目，签订正式项目合同468次，其中科技合计项目协议(合同)389项。市政府与清华大学长期科技合作协议79项，此外还签订意向性协议165项。据对793个成交项目的统计，如果实施后将投入34369.5万元资金，市医药系统与国家医药局签订投资2900万元的红霉素高产菌种科技项目，竣工后可使该系统红霉素产量从40吨到100吨。市建材系统年产100万平方米纸面石膏板项目将投入资金7000万元。据150个项目统计达产后预计年利税36654.51万元。另据35个科技转让项目统计，平均技术转让费达10.6万元。科技合作从国内走向国际，恳谈会共邀请美国、瑞典、日本、中国香港、中国台湾、新加坡等国家和地区的各种科技专家15人。洽谈7个对外科技合作项目，正式签约6项。其中有镇江船厂与新加坡AQM有限公司签订"AQM"全回转气渡项目、镇江锚链厂和美国苏美达国际有限公司签订"计算机辅助设计船体"项目，镇江丽华丝织厂与香港南翘通惠羊绒纱远东有限公司签订羊绒编丝交织项目。

二、第二届"金山之光"艺术节

1994年10月8～12日，镇江市举办第二届"金山之光"艺术节。来自美国、日本、德国、英国等

27个国家和地区的808名外商、6266名国内客商以及632名科技界人士组成的37个团组参加活动。其中,美国客商58名,德国、韩国、意大利、加拿大、法国、英国、澳大利亚等国客商174名。以市长博伊达·康迪为团长的美国阿罕布拉市政府及经贸合作代表团11人参加艺术节。项目洽谈内容从经贸扩展到科技、农业、经济协作等领域。

1. 文化活动 10月8日下午3时,艺术节开幕仪式在金山公园举行。承担开幕式活动的市群艺馆组织全市30多个单位、1680多人的群众演出队伍,将开幕式和群众文艺表演、游园活动结合起来。4000多名中外宾客参加游园活动。群众文艺工作者在金山公园和一泉公园内6个点表演民间民俗文艺节目,游园活动持续3天。

艺术节大型文艺晚会分别于10月8日和9日晚在市体育馆举行。本着弘扬民间文化和镇江地方特色,没有外请编导和明星,市歌舞团、市群艺馆和市演出公司等单位自编自演一台反映镇江地方特色的大型歌舞《江河潮》,展现镇江历史文化名城的多彩形象。10月10日晚,西藏自治区拉萨市歌舞团在市体育馆表演藏族风情特色的歌舞节目。浙江小百花越剧团10月8~10日在镇江影剧院由茅威涛领衔主演获奖剧目《西厢记》。市电影公司在各影剧院举办中外优秀影片展映;镇江革命历史博物馆和镇江中国画院分别举办镇江籍名人书画展、中国山水画展;镇江博物馆举办文物展;市新华书店举办的'94镇江书市;市图书馆举办"爱中华、爱名城、读书奋进"演讲比赛等。

2. 内外贸易 艺术节期间成交商品63.48亿元,其中交出61.2亿元,交进2.28亿元;交出商品中地产品成交57.04亿元,占交出商品总额的93.3%,其中新产品成交12.03亿元,占交出总额的19.66%;现货38.4亿元,占成交总额的60.5%,期货25.08亿元,占成交总额的39.5%;外贸成交额2.56亿美元,折合人民币22.4亿元,占交出总额的36.6%。与外商签订合作项目324个,其中签订意向书211项,总投资5.63亿美元,协议外资3.98亿美元;签订可行性报告35项,总投资1.94亿美元,协议外资1.28亿美元;签订合同78项,总投资1.97亿美元,合同外资1.05亿美元。这些项目中总投资在500万~1000万美元项目有16个,1000万美元以上的33个。丹阳钢铁厂与新加坡BP公司签订年产15万吨炼铸钢项目,总投资7500万美元,协议外资3800万美元。外商占大股和中方以实物出资的项目较多,独资项目有22个,总投资752.87万美元,平均每个项目利用外资占总投资比例为60%。谈成土地批租项目8个,协议外资金额3421万美元。签订对外承包工程和劳务合作项目17个,协议合同金额1.233亿美元,协议外派劳务785人。

3. 科技合作 艺术节活动中,签订科技合作项目协议432项,其中合同298项,长期合作协议22项,意向性协议112项。在正式签约的合同中,有36项国际科技合作项目。项目技术含量大,有相当比例的高新技术项目,投产后可成为镇江市新的经济增长点。丹徒县"高性能电热管"项目,将替代进口,批量生产后,年产值可达2000万元,利税500万元。镇江汉奎电子有限公司与电子工业部28所签订"汽车电子导向系统"项目、镇江船舶电器厂与上海交通大学签订"KJDK1200灭菌型静电空气净化机"项目。

4. 农业招商 在科工农贸洽谈会上,农业科研院所发布86条推广应用的科研成果;生产、加工单位发布47条需要引进的农业科研成果。会议期间签订30项科技成果推广应用和科技服务项目合作协议书,签订农副业基地开发和农副产品加工的合资合作项目26个,总投资2416万美元,协议利用外资1287万美元。12个项目签订正式合同,总投资540万美元,协议利用外资354.7万美元,签订意向书14项,总投资1875.35万美元,协议利用外资932.35万美元。

5. 科技协作恳谈会 继1991、1992两届科技协作恳谈会后,艺术节期间,召开第三次科技协作恳谈会,市政府聘请14位国内知名专家学者为镇江市政府科技顾问。全市各县(市)区和市直主管局(公司)组成27个恳谈分团。应邀到镇江参加恳谈活动的国内外来宾632人。80

名外宾,来自美国、德国、俄罗斯等12个国家和地区。国内来宾中高级专家467人,占国内来宾总数的84.6%。恳谈会期间签订各类科技协作合同和协议432项,其中国际科技协作项目54项。按协作性质分,其中“四技”合同(技术转让、技术开发、技术服务、技术咨询)298项;长期科技协作协议22项;科技协作意向性协议112项。其中高新技术协作项目102项,占“四技”合同总数的34%。恳谈会期间共举办各种学术报告会24场,出席报告会的科技人员达1780人次。10月10日,市委、市人大、市政府、市政协的领导参加高新技术协作项目集中签约仪式。签约项目有:镇江搪瓷厂和德国施密特·安培工业窑炉有限公司协作的“机械涂搪瓷釉配方研究”;镇江船舶螺旋桨厂与俄罗斯推进器科研和生产公司(BEUT)协作的“螺旋桨设计制造技术合作”;镇江冶炼厂和化工部北京橡胶研究设计总院协作的“镍盐型粘接剂RN型系列”;镇江林业机械厂和东南大学计算机中心协作的“林业机械CAD系统研究”;镇江汉奎电子有限公司和法国—意大利汤姆森电子集团协作的“引进光盘驱动器技术”项目;镇江印刷机械厂和德国威尔纳·里其乐公司协作的“铸造生产自动化技术”项目;华东铝加工厂和美国美航科技公司协作的“引进布洛克铸铝技术”项目等。

三、第三届“金山之光”艺术节

1996年10月8~12日,举办中国镇江第三届“金山之光”艺术节。其间分别举行新闻发布会、开幕式暨文艺晚会和商品交易会开馆式以及科技恳谈会等系列活动。参加艺术节的中外客商和科技、新闻、艺术界人士近6000名,其中国外客商641名,科技界人士506名。客商中有日本三菱商社、韩国现代集团、美国嘉吉公司和埃默生公司、台湾国乔公司和奇美公司等国际知名大公司、大财团。著名肝胆外科专家吴孟超、上海交通大学副校长李润培等几十名著名专家、教授参加艺术节,是历届艺术节科技界高层次来宾最多的一次。

1. 贸易、科技活动　该届艺术节外商投资领域扩大,投资方式更为灵活,独资项目增多,外方出资比例增大。签订利用外资项目223个,总投资9.83亿美元,协议外资7.26亿美元。其中签订合同项目87个,总投资4.04亿美元,协议利用外资3.14亿美元;签订可行性报告项目17个,总投资5797万美元,协议利用外资3545万美元;签订意向书项目119个,总投资5.21亿美元,协议利用外资3.77亿美元。223个项目中,总投资在1000万美元以上项目21个,总投资6.93亿美元,协议利用外资5.26亿美元。其中签订合同项目5个,总投资3.17亿美元,协议利用外资1.65亿美元。落实一批大项目,如总投资1800万美元的中压开关柜、总投资2800万美元的热电项目等。投资倾向于基础设施建设和农业开发项目。市自来水公司与加拿大怡东集团有限公司合作投资1179万美元建设金西水厂二期工程、镇江港务局与香港和记黄埔有限公司投资2000万美元建大港7号集装箱泊位、镇江能源开发公司与香港江苏电力有限公司投资8000万美元建设12.5万千瓦电厂、市公路管理处与香港路劲基建有限公司投资4500万美元改造沿江葛丹线公路等。项目引进改变外资以加工业为主、低水平重复的状况,向有利于支柱产业、骨干行业和名牌产品,有利于优势企业调高、调大、调优,有利于规模经济形成的方向转化。

国内合资合作地域广泛,规模增大。签订国内合资合作项目合同126个,总投资12.01亿元,协议利用外地资金6.52亿元。总投资1000万元以上项目37个,协议利用外地资金5.43亿元,占总额83.3%。126个合同项目中,包括争取国家专项18个,取得国家专项资金2.22亿元。加强与国内各地横向联合,利用上海资金、技术、人才优势,实行优势互补。还把触角伸向中西部地区,充分利用中西部地区资源等优势,谈成一批合作项目。

贸易方面成交商品总额31.6亿元,其中交出29.5亿元。现货22.1亿元,占总额70%;新产品成交5.53亿元,占总额17.5%;地产品成交27.95亿元,占总额88.46%;外贸成交1.18亿美元,占总额31%。展馆直销25万元。艺术节期间举办第三届秋季商品交易会,宣传镇江品牌,了解市场需求,把握产品结构调整方向。

艺术节期间举办第四届科技协作恳谈会,签订科技合作项目338个,组织学术报告会20多场。化工规划设计总院总工程师陆鑫珠等国内外知名专家作专题报告,反映国内外最新科技动态和产品的发展动向,对镇江市精细化工、造纸业、新材料和机械工业的发展提出许多意见和建议。

2. 文化活动 艺术节开幕式大型文艺晚会由市艺术剧院担纲主演,10月8日在市体育馆举行。主要节目有喜庆锣鼓《狮舞龙腾》、儿歌表演《从清纯中走来》、大型歌舞《托起明天的太阳》,舞蹈《京江鼓女》,服饰表演《汉风唐韵》等10多个富有镇江特色的节目。著名歌唱家李光曦、董文华,相声演员响铃、白话,江苏电视台主持人李慧萍应邀参加晚会。

10月4~12日在镇江商业城举办《可爱的镇江》摄影艺术展,参观人数超过10万人。80件展出艺术品,是从600余件送展作品中精选的,是镇江市专业和业余摄影家,展示家乡近年建设成果、自然风貌、人生百态、民族风情的精彩瞬间。陈亮的《盛况》获"镇江商业城杯",王国平的《美丽的金山夜》获"恒顺杯",孙闯的《婚礼在镇江举行》获"镇江大酒店杯",宋建设的《又将高楼平地起》获"英特商情杯"。

10月10日,"金秋盛会"群众文艺调演在驻镇部队前进礼堂举行。以"歌颂可爱的家乡—镇江"为主题,一批具有乡土气息的音乐、舞蹈、戏剧小品、曲艺节目受到观众欢迎。话剧小品《代笔》、扬州评话《梦丽娜的梦》、舞蹈《双推车》《可爱的家乡》《黄河怒》《我们是黄河泰山》、戏剧小品《情结》获一等奖,丹徒县代表队获优秀组织辅导奖。

市民间文艺资料库、市群艺馆、市民间文艺家协会等单位承办"镇江民间一绝"表演赛。丹阳、扬中、句容、丹徒、润州、京口均组队参赛。徐龙泉(剪纸)、沈建国(面塑)、葛风才(定车书法)、邵同义(瓷刻)、张松林(口技)、常筝(巨笛)、张铜初(烙铁画)等32人获优秀绝技奖。

清理整顿供销社社员股金与企业集资

20世纪90年代初,经济过热,镇江市区一些部门和企业集资兑付中的突出问题逐步显现。1998~1999年间,市区先后妥善处理解决市物资集团、德辉广场等单位集资兑付,使7亿多元集资款得以消化。2000年初,市区多数吸股和集资企业经营不景气、筹资难度大、压缩消化社员股金和企业集资进程缓慢,市委、市政府决定"停止吸纳、承诺兑付、降低利率、先本后息",并确定"谁集资、谁负责;谁用钱、谁还债"的集资兑付基本原则,制定对重病住院、残疾人、特困群众等给予优先兑付的措施。

2000年3月21~22日,市区一些群众就集资问题上访,随后有一些上访群众聚集在南门天桥下堵塞铁路交通干线,致使铁路运行中断数小时,大量群众现场围观,造成较大社会影响。事件发生后,省、市领导到现场处置,发表电视讲话,宣传政策,正面引导,稳定大局,并迅速成立镇江市清理整顿供销社社员股金和企业集资领导小组,设立市清资办为处理专项事务日常工作机构。市清资办由市政府分管副秘书长牵头,市计委、财政局等部门抽调工作人员组成,办公室设在市计委。市清资办成立后,在摸清底数基础上,经审核和审计确认,市区吸股和集资涉及京口区、润州区、新区、市供销社和原市贸易局等5个部门,共41家单位,需清欠的股金和集资本金272335万元、利息29083万元,本息总额301418万元。

从2000年3月20日起对市区供销社社员股金和企业集资进行清理整顿,至2006年11月30日,市区5大部门累计兑付社员股金和企业集资本息299776万元,占本息总额的99.46%。兑付社员股金和企业集资的资金来源为:第一,企业自筹。7年中,5大部门及相关单位通过资产变现、经营收益、清收债权等办法，千方百计自筹兑付资金154012万元，占兑付总额的51.37%。第二，财政借款。在兑付过程中，市财政抵押借款累计80182万元，占兑付总额的26.75%。第三，特殊政策扶持。在集资兑付过程中，镇江市委、市政府依法以土地市场化运作，对京口、润州两区的筹资兑付给予扶持。2002～2006年，两区政府通过这一特殊政策扶持筹集的兑付资金17903万元，占兑付总额的5.97%。第四，优惠政策返还。按照镇政办发〔2000〕59号文件，7年中，市区5大部门通过优惠政策累计获得返还资金35241万元，占兑付总额的11.76%。

（参考资料依据：1. 清理整顿供销社社员股金和企业集资工作总结；2. 镇江市人民政府《关于表彰清理整顿供销社社员股金和企业集资工作先进集体和先进个人的决定》。）

镇江名特产之镇江“三怪”

一、肴肉不当菜

列镇江著名的地方土特产“三怪”之首，曾获全国饮食业优质产品、“中华名小吃”称号，特点是香酥鲜嫩，肥而不腻，选用上好仔猪前蹄，加适量硝、食盐等佐料，用传统工艺腌制，1周后再经烹饪调制而成，是镇江人宴会上做冷盘的必备菜肴。民间一直有“肴肉不当菜”的习俗，这也是“镇江三怪”之一。据《清稗类钞》载：“镇江人之啜茶也，必佐以肴，肴即馔也。凡馔皆可曰肴，而此特假之以为专名。肴以猪豚为之，先数月，渍以盐，使其味略咸，色白如水晶，切之以块，于茗饮时佐之，甚可口，不觉其有脂肪也。”传说古时候，镇江城外有爿夫妻店，男的主菜上酒，女的管账收钱。一年临近春节一日，夫妻俩上街买菜，男的买了4只前猪蹄，打算腌后送给丈人下酒，女的则给老母买了京果粉之类糕点，顺便买点硝给老父制爆竹用。过了几日，女的晨起收拾东西动身回娘家时，找来找去找不到那包硝。丈夫悉知，连喊不好，说是第二天已让他当盐腌了猪蹄子。夫妻俩懊恼不已，扔又舍不得扔，索性将用硝腌制过的猪蹄用水清洗干净放进锅里煨，准备自己吃。煨了几个时辰，到开早市时，门前茶客都被煨熟的猪蹄肉香味吸引而来。恰巧这当口，从门外走进一个白胡须长者，点名就要吃锅里的肉。店主男人说：“老人家，那是硝过的肉，不能当菜的。”老者非常固执，男人见拗不过他，只得切了一盘端上来，怕有腥气味，还特意倒了一碟香醋，配上一碟辣姜丝。老者眉开眼笑，边喝茶边蘸醋就着姜丝不一会就把一盘肉啖个精光。老者丢下银子，吃罢出门，心满意足地倒骑着毛驴赶路去了。传说，这老者便是八仙之一的张果老，从蓬莱仙境赴瑶池蟠桃盛会路过镇江，被一阵香味所吸引，故翩然降下云头，下凡人间一尝为快。从此镇江便传下了硝肉的加工方法，留下喝早茶吃硝肉的习俗。久而久之，受镇江方言影响，硝肉一词念着传着，便念成了“肴肉”。如今，制作肴肉已得到科学的食用配方代替用硝腌制肴肉工艺，但人们依然可以品尝到保持传统工艺风味的镇江肴肉。在众多制作镇江肴肉的店家中，最正宗的当数百年老店“宴春”酒楼制作的镇江肴肉，后起之秀源春牌肴肉也以质好味正广受欢迎。

二、香醋摆不坏

香醋，是镇江传统的名特产品。它与中国其他地方生产的醋不同，色、香、酸、醇、浓俱全，尝一口，酸而味鲜，香而微甜，而且不涩，存放愈久味道愈醇，不会变质。曾有一位杭州老人留一瓶镇江香醋长达26年，经测试，香醋各项指标均无改变，醋香依然，醋味更加醇厚。“香醋摆不坏”遂成镇江的“一怪”。《中国医学大典》称“醋，以江苏镇江为最佳”。相传镇江香醋与杜康酿酒有关。当年，杜康发明酿酒术后举家迁徙镇江，在城西外开了爿前店后作的小糟坊，儿子黑塔帮助父亲酿酒,还养了匹黑马。一天,黑塔干完活计,一口气喝了好几斤米酒,便醉醺醺地来到马房睡起觉来。夜半时分黑塔被雷声惊醒,迷糊中见有一白发老翁站在面前,笑眯眯地指着屋内的一口缸对他说:“黑塔,你酿的调味琼浆已经21天,酉时便可食用,切记。”黑塔正待发问究竟,却早不见老者踪影。正在纳闷的黑塔自问,这大缸中明明是喂马用的酒糟,只不过是加了几桶水而已,哪会变成调味琼浆?半信半疑的黑塔只等酉时一过,从酒槽缸中舀上一瓢就喝了起来。果然,口感香喷喷、酸溜溜、甜滋滋,顿时满口生津。杜康闻讯赶来也觉得十分神奇,琢磨许久豁然开朗:“二十一日酉时,加起来就是个‘醋’字,白发老翁所说琼浆莫不就是醋吧!”于是,杜康父子按照老翁的指点,在酒槽里加水发酵,酿成镇江香醋。江苏恒顺醋业股份有限公司是镇江醋产业的龙头企业,企业始创于1840年清道光年间,为“中华老字号”企业。作为中国四大名醋之一,恒顺香醋采用优质糯米为原料,历经“制酒、制醅、淋醋”三大过程,大小40多道工序。其独特的固态分层发酵工艺已被列入首批国家级非物质文化遗产保护名录。恒顺香醋广销全国和世界50多个国家(地区),并供应中国驻外160多个国家的200多个使(领)馆。恒顺产品先后5次获国际金奖、3次蝉联国家质量金奖,是国家地理标志产品、中国名牌产品。

三、面锅里面煮锅盖

锅盖面是镇江饮食技艺中的一项创造,也是镇江家喻户晓的面食。做法简单:将面粉揉好后擀成薄片,再用刀细切,与锅盖一起下锅煮熟,捞起放入调好佐料的碗里即可。锅盖漂荡在面汤上,汤溢不出来,还透气,因此煮出来的面条口感极好。

和面的特点是软硬恰当,面的柔韧性好,老少咸宜。锅盖面,用的面条是“跳面”。所谓“跳面”,就是把和揉成的面团放在案板上,由操作人员坐在竹杠一端,另一端固定在案板上,既上下颠跳,又似舞蹈,似杂技,反复挤压成薄薄的面皮,用刀切成面条,这种面条有毛孔,卤汁易入味,吃在嘴里耐嚼有劲,味道独具。传说清朝年间,乾隆皇帝下江南,慕名寻至镇江城外名气最大的张嫂子面店,兴许是来得太早,张嫂子下面的活计还未准备好。哪知乾隆等不及,多次遣太监来催。张嫂子手忙脚乱之中竟误将灶头上汤罐的木质小盖子撂进面锅里。水开了,张嫂子加进两瓢冷水养一养面,水再次滚沸起来后把面条捞进碗里。吃惯山珍海味的乾隆对这碗面赞不绝口,意犹未尽地踱进厨房看个究竟。忽然间,乾隆像发现什么似的惊叫道:“难怪这面条这么好吃哩,原来是把锅盖放进面锅里煮的!”从此,镇江张嫂子面锅里煮锅盖,很快传遍大街小巷,镇江人早餐常吃的锅盖面工艺流传至今。锅盖面的口味好还在于用来调面的汤料。镇江面馆很多,竞争强,因此,各家面馆都积极研制有自己风味的调料秘方。如今,经营镇江锅盖面的面店已有千家之多,较有名气的要数邵顺兴锅盖面店、镇南面馆、大西路老赵面店等。

镇江市农村8个调研示范镇农民收入情况调查(节选)(2003年)

一、农民收入的基本情况

各镇紧紧围绕农民增收这个主题,充分利用各自的资源优势、区位优势,采取拓宽农民增收渠道和减轻农民负担有机结合等各种措施,努力增加农民收入。从总体来看,8个镇的农民收入较上一年均有不同幅度的增长,具体情况见下表:

2003 年镇江市农村 8 个调研示范镇农民收入情况调查表

表 48-3

乡镇	人均纯收入					增幅	
	总额(元)	位次	其中			%	位次
			一产(%)	二产(%)	三产(%)		
茅山	4036	6	15.2	74.1	10.5	8	1
行香	3800	8	50	30	20	持平	8
新坝	6941	2	25	46.7	28.3	6.5	3
界牌	8100	1	15	85		6.6	2
后巷	4980	3	26	62	12	6.4	4
辛丰	4027	7	16.9	59.1	24	5.1	7
谏壁	4305	5	35	65		5.5	6
七里	4380	4	29.3	31.7	39	5.7	5

经济发展质量的快慢、高低,对农民收入的多少、结构构成起决定作用。农民人均纯收入最高的丹阳界牌镇,已高达 8100 元,比上年净增 500 元;其次是扬中的新坝镇,达 6941 元,比上年净增 423 元;而最低的句容行香镇,人均纯收入只有 3800 元,只相当于界牌的 46%、新坝的 55%。即使是在同一乡镇,由于村级经济基础的不平衡性,农民收入的差距也很大。比如丹阳后巷的朝阳村,农民以种田为主,人均收入仅为 2535 元;而同处一个镇的前巷村,绝大部分农民在村办"天工集团"上班,人均收入达到 9001 元,两村的人均收入差距达 6466 元。再从农民人均纯收入的增幅来看,以发展旅游和特色农业见长的句容茅山镇,增幅达 8%;依次是界牌镇 6.6%、新坝镇 6.5%、后巷镇 6.4%、七里镇 5.7%、谏壁镇 5.5%、辛丰镇 5.1%,而仍以常规农业为主的行香镇,农民收入勉强持平。

二、农民收入的构成和来源分析

来自第一产业的收入有所减少。第一产业主要以粮油生产为主。稻谷收购价格由 2001 年的 0.6 元/斤下降到 2002 年的 0.52 元/斤,虽然总产略有增加,但收入仍然减少。例如行香镇由于总体限于常规农业,主要依靠粮油种植,部分农民收入减少,全镇农民人均收入只有 3800 元,不仅在 8 个镇中收入最低,而且低于全市平均农民收入 651 元。

来自特色农业的比重明显增加。润州区七里甸镇坚持"一增、两园、三区域"战略方针,科学布局,合理调整,面向市场,打响品牌,增产增收,持续发展。新引进了绿农 2 号黄瓜、都灵塔番茄、阿华番茄、萨罗番茄、851777 番茄、菊苣、美人指葡萄、源东大白桃、黑白花奶牛等一大批新品种,在增加的农民收入中,有一半以上来自于特色农业。茅山镇以有机农业、观光农业、生态农业为主线,积极调整农业种植业结构,全年累计调整经济作物面积 9000 亩,其中应市鲜果 3000 亩,花卉苗木 2000 亩,水芹 500 亩,中草药 200 亩,经济林 1000 亩,粮经比例 46∶54,人均增收 33 元。

来自建筑业、工业等第二产业的收入大幅提高。在农民人均纯收入前三名之中,丹阳的界牌镇有 85% 的农民从事非农产业。丹阳后巷镇近年来以转移农村剩余劳动力为重点,积极实施农民"职工化"工程,到上年底进入镇村企业和民营企业的人数已达 11978 人,占农村劳动力的 65.5%,另有 1.5% 的农民自办企业,家庭年人均收入在 2 万元以上。扬中新坝镇的工业经济高开高走,工资收入显著增加。2002 年全镇工业经济实现产值 333680 万元,销售 253209 万元,利税 29581 万元，工业增加值 89051 万元，分别比上年增长 13.52%、14.76%、14.27%、14.61%。全口径工业增加值中的工资总额 14381 万元，人均工资 3240 元，同比增长 225 元，增长 7.4%。

来自商业、运输业、服务业等第三产业的收入稳步增长。茅山镇合理组织剩余劳动力外出务工，全年有 1200 多农民走出家门，外出务工人数比上年增加 420 人，由此增加收入 252 万元，人均增收 181 元。后巷镇从事商业、运输业、服务业等第三产业的人数已达 1830 人，2002 年全镇第三产业的人均收入比上年增加 80 元。地处城郊结合部的谏壁镇逐步引导农民向集镇转移，向二、三产转移，利用谏辛公路通车的机会，建成了商贸一条街，解决 800 人的就业问题。新建和扩建了木材市场、小商品市场、水果批发市场、农贸市场、蔬菜批发市场、家禽交易市场等，提供了 1000 多名剩余劳力的就业机会。

三、影响农民增收的主要制约因素

农民增收难已是不争的事实，产生这一问题的原因是多方面的，既有宏观政策和政府扶持的因素，也有市场调节制约的因素，更有农业生产本身存在的问题。综合 8 个镇反映的情况，主要制约因素有这样几个方面。

1. 粮价的持续下跌，是农业增产不增收的主要成因　粮食市场放开后，粮食价格一路低开低走，直接减少了农民的收入。以界牌镇为例，2002 年全镇秋粮大面积丰收，亩产稻谷超 1300 斤，但与 2001 年相比，收购价从 0.6 元/斤降至 0.52 元/斤，亩减效益 104 元，三麦也是种得越多，亏得越多，2002 年上半年每亩亏损达 50 元，加之成本价格的上调，种粮大户、纯农户收入大幅锐减。辛丰镇 2002 年粮食总产量比上年增 482 吨，但受价格影响却减收 94 万元，农民人均纯收入减 36.8 元；茅山镇 2001 年粮食总产量 433 万斤，2002 年增加到 493 万公斤，但却减收 47 万元。粮价的下跌、粮食生产的种多亏多现象使农民种粮积极性受到严重挫伤，很多地方出现抛荒现象，有的则干脆将土地以极低的价格向外租赁。

2. 城乡一体化发展水平不同，直接拉开了农民收入的差距　农民来自于非农产业的收入，在其收入构成中占有相当的份额。因此，城乡一体化协调发展，依托二、三产业支持一产，为更多的农民提供就业岗位是帮助农民增收的良策。但各地城乡一体化发展水平不同，区域性发展的不平衡，使得不同地区的农民收入也不尽相同。如地处沿江的界牌镇人均收入高达 8100 元，而地处茅山老区的行香、茅山两镇，收入仅为 3800 元和 4036 元。即使是在同一地区，同为后巷镇的前巷、朝阳两个村，前者多在镇办企业上班，收入高达 9000 多元，后者以种田为主，人均收入仅为 2535 元。因此，二、三产业能否迅速发展，直接决定了农民收入的多少和增幅的快慢。

3. 农业投入不足，尤其是投向和投入方式不利于农民增收　对农业的投入从总量上看，明显不足，难以见效。投入方式和投向亦不利于促进农民增收。大部分资金均投向示范园区建设，有些园区起到了示范带动作用，有的耗资巨大，对农民却起不了示范带动作用，效益上甚至亏本。如果将对农业补贴方式改为直接补到农业生产者手中，则会有利于农户的增收和生产投入。

4. 私个经济发展不快，吸纳农村剩余劳动力的能力不强，农民增加收入的通道不畅　农民增收的主要来源在外出务工，但相对而言，一方面有相当多的农民要找活干，一方面乡镇企业却因生产不景气而关门或裁员，加之农产品项目化运作、产业化经营的“蛋糕”难以做大，不能更多提供可供安置的岗位。因此，要增加农民收入，必须加快私营个体经济的发展步伐。

（镇江市政府研究室　顾大福　刘卫华　黄炜斌）

镇江市滩涂开发现状及对策建议(节选)(2004年)

一、我市滩涂的现状和特点

我市毗邻长江,辖市区中有诸多乡镇临江而设,七个江中洲地沿水域依次分布。沿江岸线上起句容市宝华大道河口,下至扬中市西来桥末段,全长111公里,约占全省长江总岸线的20%,长江水域面积约为110平方公里,具有得天独厚的长江渔业和滩涂资源。据统计,目前全市江滩面积为10万亩(现仍不断在增加),可开发面积8万亩,已开发面积4万亩,尚有4万亩的江滩有待开发。(主要分布在扬中市、丹徒区、润州区、京口区、镇江新区的沿江乡镇等沿江地区),其中开发成精养池塘的养殖面积为2.5万亩,长江围栏(即低坝、高栏)养殖面积1.5万亩。

滩涂开发的现状:各级政府把滩涂开发作为发展经济的新增长点,在政策上加大对江滩资源开发合理利用的扶持和优惠。在"谁投资、谁开发、谁受益"的号召和经济利益驱动下,滩涂经济得到长足发展,滩涂效益逐步"浮出江面"。润州区的3600亩焦西滩被4家单位抢开一空。扬中市提出做活水文章,开发利用二万亩江滩资源,发展长江名贵鱼类的养殖,近五年已开发江滩3250亩,建设渔业基地7个。扬中市于忠泉个人投资300多万元开发了1000亩的江滩,建成了扬中江洲养殖有限公司;扬中环太集团投资600万将200亩滩涂养殖园改造成功能齐全、设施完备、具有现代气派的"渔家乐园",成为观光渔业中的一个代表作。在滩涂开发中,扬中近两年先后有80多家企业和个人瞄准水体农业的发展前景,以长江名贵鱼类培养、江鲜生态养殖和观光渔业为中心,在滩涂产业上累计投入5000多万元,开发滩涂面积9450亩,占可开发面积的55%。已形成的沿江滩涂产业链,每年带来直接经济效益1.5亿元。

滩涂的主要特点:由于境内长江复杂而多样的河道,造就了众多沙洲江滩,滩涂资源丰富,开发条件优于邻近沿江的其他各个城市。沿江滩涂除沙滩淤地外,均为黄土台地,土质坚硬并有基岩露头,不易冲刷,因而岸线变动不大。而江中洲地和沿岸淤滩地段则易受上游来水和潮汐涨落影响而呈不断变化状态,坍江时有发生,滩涂面积得不到保证,给开发利用带来一定的难度。沿江滩涂大部分处在平均潮水位2.67米以上,一小部分处于低潮水位以下,适合于进行多种开发。由于沿线水面受污染不大,适宜于围养各种长江鱼类,特别是名贵鱼种;又因潮水变化不大,可以进行围垦改造和复垦,变滩为地,种植各种经济作物和林木;沿江七个江中沙洲均可大面积扩栽芦苇,湿地土壤也适宜于芦苇的快速生长。

二、滩涂开发中存在的主要问题

省政府《关于加快沿海滩涂开发的通知》(苏政发〔1996〕5号)文件下发后,我市加快了沿江滩涂的开发步伐,也取得了一些成绩,但与培育全市新的增长点的要求相比,仍存在很多问题。主要表现在:第一,投入不足。政府在滩涂开发上投入不足,是导致滩涂开发长期处于断裂洼地的一个主要原因。滩涂开发的投资周期长、风险大、回报率短期内难以显现的特点,使得各类投资主体一般不敢对滩涂进行大的投入。而政府在这期间,又没有很好的进行较大数量的财政投入,发挥政策性投资的示范、引导作用,使得滩涂开发在政府财政和多种资本两个层面上难以得到有效投入。投入的不足已是一个显性化的问题。第二,机制不活。滩涂开发难有大的作为,一个很大的制约因素是机制不活。表现为:在投资模式上,只有单一的政府投资;在开发投放机制上,一直因循着只讲投入不问产出的传统无偿投入机制；在经营方式上，集中表现为“国家出钱，农民种田”的传统模式；在运作方式上，表现为低效能的人力劳作方式。这些传统的缺乏内在活力的机制，严重制约了滩涂开发的发展，使其难有大的作为。创新机制，开创“政府引导、多元投资、有偿使用、企业经营、滚动发展”的良性投资开发新路子已是当前必须要解决的首要问题。第三，管理不顺。由于滩涂是一个多部门、多学科的产业，隶属关系复杂，部门推诿扯皮现象较多，管理上缺乏行之有效的制度和措施，存在无序开发、多头开发、各自为政的现象。省委省政府 1999 年颁布了《江苏省滩涂开发利用管理办法》，但至今尚没有实施办法或细则出台，从上到下管理和执法机构尚未健全。第四，规划不明。迄今为止，仍没有形成一个立足长远和永续利用的、能够保证统一组织实施的、权威的宏观开发规划，在开发实践中更没有形成一个区域内合理分工、功能互补的生产布局，导致盲目混乱、高耗低效开发问题日趋严重。第五，权属不清。由于历史沿袭，江滩权属仍有多种情况存在，严重影响合理开发利用。相当一部分江滩使用权不明确，有部门单位、村组集体和个人占用的，还有“无主滩”，尤其是部分沿江村组至今仍然拥有滩涂的使用权，给大面积连线开发带来了诸多矛盾。第六，效益低下。滩涂开发中条块分离、部门分割、地区分割现象严重，存在较大的盲目性和盲动性，结合开发利用配套技术滞后，开发层次较低，科技含量不高，利用方式单一，多数为粗放型经营，规模不大，效益不高，且在发展方向上没有明确定位。

（镇江市政府研究室　刘卫华）

镇江市房地产业的情况调查及对策建议（节选）（2005 年）

一、基本状况

1. 开发企业和投资额增长迅猛。据统计，近几年来，房地产投资主体发生变化和易位，由政府单一投资向国有、民营、外资等多元化投资方向发展，众多外地实力雄厚的开发商纷纷抢滩镇江，市区城郊结合部已几无空置地块。截至 2005 年底，全市房地产开发企业由 2001 年的 116 家激增到 247 家，其中一级资质企业 2 家，二级资质企业 38 家，三级资质企业 207 家。开发企业中，市区（含京口区、润州区、丹徒区、镇江新区，下同）有 154 家，注册资金 30 亿元，从业人员达 3092 人，具有中级以上职称的专业技术人员 2037 人。在市区开发企业中，外地企业 71 家，占市区企业总数的 36.8%，注册资金 10.8 亿，占市区企业总注册资本的 45.4%。房地产市场的升温，外地房地产企业的进入，使房地产开发投资由 2001 年的 8.7 亿元增加到 2004 年的 42.2 亿元，呈大幅攀升之势。2005 年，市区房地产开发投资完成 46.8 亿元，同比增长 10.9%；商品住宅施工面积 346.2 万平方米，同比增长 27.4%；商品住宅竣工面积 155.4 万平方米，同比增长 59.4%；商品住宅销售面积 110.5 万平方米，同比增长 40.1%；商品住宅销售额 23.8 亿元，同比增长 78.9%。

2. 市场结构基本合理。一是供求总量基本平衡。2001 年至 2005 年，市区商品住宅竣工面积分别为 41.87、55.01、59.19、97.5、155.4 万平方米，增幅分别为 -31%、31.38%、7.6%、64.7%、59.4%；销售面积分别为 36.47、52.87、66.26、78.9、110.5 万平方米，增幅分别为 -26.96%、44.97%、25.33%、19.1%、40.1%。供求总量基本平衡，且 2002 年、2003 年两年销售面积增幅均高于竣工面积增幅。二是空置率大幅下降。据统计，2001 年至 2003 年，全市商品房空置面积从 44.73 万平方米降至 35.49 万平方米，空置率从 15.13% 降至 11.19%，其中商品住宅空置面积从 33.06 万平方米降至 23.63 万平方米，空置率从 12.61% 降至 8.96%。2004 年在竣工面积增加 83

万平方米的情况下，空置面积仅增加8万平方米，商品房和商品住宅空置率均控制在正常、合理的区间内。三是价格平稳上升。据统计，2001—2005年，市区商品住宅平均价格分别为1647元/平方米、1913元/平方米、2193元/平方米、2748元/平方米、2736元/平方米，低于南京、常州等周边地区，是沪宁线上房价最低的城市。商品住宅价格与我市经济发展水平基本相适应。

3. 建设和销售持续两旺。受城市建设加快、拆迁量猛增、投资量加大的影响，我市房地产市场近几年一直呈现出持续增长的势头。一方面，商品房供给逐年增加，2005年住宅新开工面积、竣工面积和在建面积分别是2000年的1.63倍、2.13倍、3.22倍；另一方面，商品房销售持续放量，其中2003年商品房销售面积达66.26万平方米，2004年达78.9万平方米，2005年首次突破100万平方米，达110.5万平方米。

4. 开发品位提升，知名度明显扩大。近几年房地产开发理念发生重大变化，小区建筑风格和环境景观档次迅速提升，"阳光世纪花园"最早给市民带来别墅生活的感受，"我家山水"叠加别墅也使市民以公寓投入获得别墅的享受，"春江华庭"、"怡海家园"实现了居住空间的空中延伸，"恒顺翠谷"推出全装修的新创举，"恒美嘉园"成为首座国家康居示范工程小区，群雄争霸的兴旺景象成为我市房地产发展的真实写照。小区配套也日渐细化，智能化成为众多楼盘开发的首选配置，中心活动广场、会馆、健身场地、超市、社区服务中心、幼儿园、小学、网球场等设施也同步进入小区。镇江的房地产也得到了全省乃至全国房地产行业的关注。由恒顺公司开发的"恒美嘉园"通过国家方案评审，成为我市首个创建国家康居示范工程小区；荣信房地产开发公司开发建设的"米山人家"被省建设厅列为创建节能示范小区，"恒美嘉园"、"米山人家"、"香江花城"、"江南·颐和家园"、"彩虹城"、"幸福城"等六项目获得省建设厅"江苏省优秀住宅"奖；正在开发建筑面积66万平方米的镇江首个超大规模楼盘"维科·江山名洲"，被建设部指定为人居环境金牌试点项目。

5. 经济适用房建设同步顺利推进。为有效保证城建重点工程建设中拆迁户的住房需求，化解拆迁难矛盾，我市于2003年启动了经济适用房(拆迁定建房)建设，总规划建筑面积为25.4万平方米，其中，2003年为5.9万平方米，2004年为4.6万平方米，2005年规划建设15万平方米。目前已竣工交付5.4万平方米(932套)，已安置城建重点工程拆迁户777户。正在建设的经济适用房建筑面积约4.6万平方米。

二、基本估价

2000年以来，我市房地产业进入腾飞阶段，发展势头相当迅猛。从规模上、总量上、对财政的贡献份额和土地升值的带动等多个层面分析，其已成为我市诸多产业中的支柱产业，并日渐显现出领头羊的作用。房地产业的发展，也使镇江的城市形象日臻秀美，城市功能日趋完善，投资环境日渐改善，在改变镇江的整体形象上，房地产业功不可没。正确地估价我市房地产业的发展状况，使政府的决策行为更加符合实际，不仅有利于促进房地产业的跨越发展，而且也对房地产业进一步推动经济社会的发展具有重要的意义。

1. 房地产业已成为促进GDP增长的主力板块。(1) 就全市而言，2001年至2004年，全市的GDP分别为502.66亿元、560.90亿元、641.05亿元、781.16亿元，平均增幅达15.83%；固定资产投资分别为150.87亿元、185.54亿元、237.28亿元、320.52亿元，平均增幅达28.55%；而房地产投资分别达14.94亿元、19.79亿元、32.29亿元、39.17亿元，平均增幅达37.87%。全市房地产投资平均增幅高于GDP22个百分点、高于固定资产投资9个百分点。据统计部门资料，2004年，全市房地产业实现增加值31.63亿元，比上年增长8.3%，占全市GDP总额的4.05%，对经济增长的贡献率为2.18%，拉动经济增长0.4个百分点。2005年上半年，全市房地产业实现增加值14.69亿元，比上年同期增长4.3%，占GDP比重3.34%，对经济增长的贡献率为1.74%，拉动经济增长0.16个百分点。(2) 就市区而言，2001年至2004年市区的GDP分别为220.26亿元、246.45亿元、283.28亿元、353.13亿元，平均增幅达17.04%；固定资产投资分别为77.39亿元、94.31亿元、132.84亿元、193.82亿元，平均增幅达35.80%；而房地产投资分别达9.37亿元、13.16亿元、22.10亿元、24.16亿元，平均增幅达37.13%。市区房地产投资平均增幅高于GDP20个百分点、固定资产投资1个百分点。

2. 房地产业是财政一般预算收入的重要增长源。就全市而言，房地产业的财政一般预算收入四年分别为20.52亿元、23.01亿元、28.60亿元、35.90亿元，平均增幅达20.50%；而涉房税收分别为2.82亿元、4.29亿元、6.18亿元、9.99亿元，年均增幅52.44%，高于GDP37个百分点、财政一般预算收入32个百分点。就市区而言，财政一般预算收入分别为11.63亿元、13.23亿元、16.82亿元、20.90亿元，平均增幅达21.58%。

3. 拉动地方税收高幅增长。这主要从四个层面上分析：(1)是涉房税收占了营业税的大半壁江山。2001年以来，我市涉房营业税（含建筑业营业税、销售不动产营业税）呈逐年快速攀升态势，其所占营业税比例也逐年攀升，2001年为27.11%，2002年为40.11%，至2003年后超过50%，占据营业税的大半壁“江山”。2001年至2004年全市涉房税收分别为11352万元、22737万元、39048万元、49992万元，平均增幅达51.55%，高于GDP35个百分点、财政一般预算收入30个百分点。(2)是涉房税收已成为地方一级财政收入的重要来源。全市涉房税收占财政一般预算收入比重从2001年的13.77%上升到2004年的27.83%；就市区而言，涉房税收收入占财政一般预算收入比重从2001年的15.60%上升到2004年的30.15%。(3)是涉房税收占地方税收比重越来越大。涉房营业税、土地增值税2001年不足地方税总量的10%，经过连年攀升，至2004年已达到29.41%，若再加上涉房企业（个人）所得税，城市建设维护税、印花税等，大约占地方税收总额的45%左右，涉房税收已占地方税收的近半壁“江山”。(4)是涉房税收增幅远远大于其他税种。2001~2004年间，我市营业税的增幅分别为35.36%、33.05%、24.01%，平均增幅30.81%；我市地方税的增幅分别为17.7%、25.9%、25.5%，平均增幅23.03%；涉房营业税的增幅分别为100.29%、71.74%、28.03%，平均增幅66.69%；涉房土地增值税的增幅分别为74.36%、866.18%、378.08%，平均增幅439.54%。涉房税收的高幅增长拉动了我市营业税、地方税收的大幅攀升，成为我市地方税收的第一大税源，房地产业的发展速度直接关系着我市地方税收的增长幅度。

4. 土地出让的收益支撑了各项改革、建设工作。2001年来，我市大力度地推进了城市建设，框架逐步拉开，旧城得以改造，道路一扩再扩，城市面貌焕然一新。同时，实现了玻璃厂、华东铝加工厂、前进化工厂等污染企业的搬迁，特别是维科集团与江苏省纺织集团强强联手运作的我市纺工企业“退城进区”项目，投资8个多亿收购象山片区的纺工6个企业，迁建镇江纺织工业新区，按照现代企业制度对企业进行脱胎换骨式的改造，给镇江再建了一个纺织产业。集资兑付、破产企业的职工安置、95%以上的企业改制等工作也顺利完成。所有这一切工作的顺利推进，除了政府的强势推进和有效组织、群众的积极配合与大力支持外，依靠土地市场化运作而取得的巨大收益是一个最为关键的资金保障基础。2001年至2004年，市区房地产土地交易量分别为1163.26亩、2686.97亩、2962.48亩、7244.68亩，4年累计14057.39亩；土地出让金收益分别为58163.58万元、182871万元、213506.7万元、352302.02万元，4年累计81.63亿元，年平均增幅达82.29%。土地上的增量收入，为我市的城市建设、国有企业改制、集资兑付等提供了重要保障，保证了全市社会经济的稳定快速发展。

5. 土地资产成倍增值。由于房地产业的发展，使我市的土地价格由2001年的平均每亩30多万元，上升到现在的100万元，最高地价已达到每亩472万元，城市土地资产增值超过3倍。大港地区和丹徒新区由原来每亩不足10万元的协议价上升到现在的每亩均价40万元，最高达到每亩60多万元。镇江东郊经十二路两侧土地原来无人问津，而2004年5月，该地区住宅用地已狂升至

87万元;东郊一块千亩住宅建设用地2001年时仅10.5万元/亩,2003年底已迅速升至74万元/亩。

6. 带动了相关行业的快速发展。房地产业作为国民经济的重要行业,与建筑业、建材业、装潢业、中介服务业、冶金、机械、电子等50多个行业具有较高的关联度。有数据显示,住宅建设投资通过消耗上游行业产品,如水泥、建材、钢材等,对经济的拉动系数为1.95左右;同时对下游行业产品如家具、家电等消费市场的带动系数为1.3—1.4;更为重要的是,房地产业有效促进了相关行业的科技进步和住宅产品、金融产品等相关产品的创新与进步。按住宅消费的带动系数为1.34计算,2001年—2005年我市商品住宅销售额分别为:4.62亿元、8.05亿元、12.08亿元、13.3亿元、23.8亿元,带动的社会商品整体销售额分别为6.2亿元、10.8亿元、16.2亿元、17.8亿元、31.9亿元。全市建筑业、装潢业由于受到房地产业快速发展的辐射,得到了长足的发展,建筑业总产值、建筑装潢业总产值每年平均增长率分别为24.1%和109%;其中市区分别为32.6%和107.7%。全市建筑、装修从业人员数量由2001年的64525人,迅速增长到2004年底的97105人,增长了50%,净增加就业3.25万人,年均增长17%左右。

7. 居民居住条件得到改善。近几年以来,我市不断加大基础设施和房地产投资建设力度,大力发展房地产业,使城镇住宅建设速度和质量得到很大提高。特别是进入新世纪以来,房地产业进入了快速发展阶段。据统计:主城区2001年1季度至2005年1季度房地产立项总投资额、房地产立项总面积分别是209.71亿元和1185.17万平方米,与上世纪相比,呈强劲上升趋势。截至2004年全市人均住房建筑面积25.09平方米,户均成套数0.77,住房自有率达87%,均比过去有较大幅度上升,实现了从"居者有其屋"到"居者优其屋"的飞跃。在住宅区建设中,注重以科学为引导,提高住宅的功能质量,重点在小区规划、室内设计、施工以及物业管理等各个环节加以引导,开发运用一批新技术、新工艺、新材料、新产品,使房屋的安全性、耐久性、舒适性等诸功能不断提高。涌现出一批在规划、功能、质量、环境、管理等方面有一定水平的住宅小区,如香江花城、恒美嘉园、米山人家、我家山水、江山名洲等品牌项目,居民的居住质量和生活条件明显提高。与居民居住环境息息相关的物业管理工作也有了长足进步,目前全市共有物业管理企业127家,从业人员2894人,成立业主委员会136个,托管住宅项目211个,1126.2万平方米。其中5万平方米以上住宅小区113个,806.1万平方米,为业主提供包括房屋维修、设施设备维修养护、安全防范、卫生保洁、绿化养护、特约代办等一系列家政服务。

三、主要问题

我市房地产业虽然发展态势良好,在国家宏观调控和抑制房价政策出台的形势下,仍表现为稳中有升的趋势,但也存在着一些值得关注的问题。

第一,土地市场"熊市"初现,买方市场逐渐形成。与前一段时期的多家公司竞拍一块土地的火爆场面相比,去年以来土地竞拍成交量逐渐下滑,且多次出现流标。2004年1期和2005年1、2、3期土地公开交易中,有4块地块因无人问津而流标,多宗土地只有1~2家参与单位,且竞争性很小,加价一两次即成交。与前两年平均溢出底价30%以上(最高溢出底价达166%)的土地市场红火形势无法相比,土地市场渐入低谷已是一个不争的事实。主要原因是前期土地投放量过大。据统计,2004年度商品房施工面积321万平方米,竣工面积122.5万平方米,销售面积92.7万平方米,而2004年已上市成交的土地项目总建筑面积已达521.7408万平方米,剔除大港片区和丹徒新区因素,仍有292.5918万平方米,加上前几年已成交的地块有的尚处在规划设计和建设初期,未进入市场销售的商品房建筑面积达到400万平方米以上(不含私自增加容积率的),全市未来已形成了建设450万平方米商品房的能力。如果按每年销售100万平方米商品房的能力计算,全市从现在开始停止供地,商品房至少可满足4年多的市场需求。

第二，投资公司土地项目化运作举步维艰，亏损已呈不可逆转趋势。随着形势的不断变化，土地项目化运作发生了变化。一方面项目投资不断扩大，项目上马密集，资金链紧绷；另一方面，土地前期开发、征地拆迁补偿成本迅速成倍增加，尤其是拆迁难度加大，项目运作周期加长，财务成本也在增加。注入土地上市公开交易后，土地出让金扣除运转成本，已是所剩无几，有的甚至出现亏损，有的运作成本远远高于上市前的市场评估价。国土部门从确保政府利益出发，为收回成本，按实际发生成本，加少量地租（政府收益）安排上市，结果造成地价过高，上市后无人问津。这种现象已在各大投资公司不同程度出现，且承担的项目越多，潜在亏损就越大，与筹集集资兑付资金一样，需通过不断注入土地来维持。随着土地宏观调控的力度加大，用于房地产开发的土地不可能占用大量农转非计划指标，一旦没有土地注入或注入土地不够还贷，政府又将重新背上沉重债务负担。

第三，市政基础设施配套严重不足，导致土地公开交易地块失去吸引力。随着土地供应量的增加，市区中心地段可供的土地已越来越少，房地产开发用地已逐步向城郊延伸。但同时带来的问题是城郊的市政基础设施配套差，尤其是下水及排污设施管网不贯通以及片区污水处理设施不到位。如常州高宏公司中标的团结河东地块、徐州华厦公司中标的轧钢厂地块以及新南徐路地块等等，污水没地方排放，竞得了土地，却需花费大量投入自行配套管网，既浪费资源，又加大了开发成本，提高了房价。由于涉及市政配套布局问题，该问题一时间难以解决，已严重抑制投资者的信心。

第四，房地产交易税收制度弊端日渐显现，亟待调整和改革。从税种上看，直接对房地产开发企业征收的税种就达8项，另外在房地产交易中，卖方要征营业税及其附加、所得税、土地增值税、印花税；买方要征契税、印花税。房产出租要征房产税、营业税及其附加、所得税、土地增值税等等。税种繁杂，计算程序相当复杂。从税基上看，房产税和城镇土地使用税征收范围仅限于城市、县城、建制镇、工矿区。随着经济的发展，非课税区非农用目的的开发大量增加，导致大量耕地被占用，目前的征税范围不利于严格耕地保护制度的实施。从税率上看，税负较重，二手房交易中单位售房或个人转让高档住宅及非住宅要缴纳营业税及其附加6%，印花税0.05%，合计6.05%；此外，如有所得和增值，还须缴纳所得税和土地增值税。房产出租税率达18%以上。据测算，非住宅出租税率最高可达30%。过重的税负使得许多房地产交易行为转入地下，逃避管理，反而导致税收流失。从征税行为上看，交叉和重复征税较多，对于房地产转让，同一标的交易的双方都要课税，卖方征收营业税，买方征收契税，是双重征税。另外买方既征收契税，又征收印花税；卖方既征所得税，又征增值税，属税种交叉，重复征税。从流通环节上看，忽视了占有、使用环节的税收，对于私有住宅，自用不征税，出租课以重税。非住宅自用只征房产税，出租则要征房产税、营业税及其附加、所得税、土地增值税等，税赋成倍增加。流通环节税赋繁重，占用、使用环节的税收尚未受到重视。

第五，房地产规模不大，与苏南板块的身份不相对应。自2001年以来，我市房地产业发展的大多数指标均落后于常州市和扬州市，与处于苏北地区的泰州市基本持平。其原因，主要是我市的大多数开发企业普遍资质较低，实力较弱，在目前拍卖供地的情况下难以承担较大规模的开发项目。企业的经营理念、管理水平和融资能力不高，品牌意识、服务意识和营销策划意识还不强，住宅生产集约化程度低，产品科技含量还有待提高。从外部环境上看，也存在很多问题：一是城市的规划滞后于房地产业的发展，在一定时期内还难以形成规模开发、合理布局的局面；二是由于房地产开发的土地在挂牌拍卖时部分存在“生地”现象，拆迁上难度很大，使土地实际交付的时间大大滞后；三是贷款支持力度欠强，影响了房地产市场的做大做强；四是房地产开发涉及多个部门、单位，前期报批手续繁杂，少数单位乱收费的现象依然存在。

第六，商品房价格体系和供应结构不尽合理。目前高档住宅和价位较高的住宅商品房基本能满足供应,但低价房、经济适用房少,廉租住房实物配租少,导致一些低收入的拆迁户买不起房、租不起房。在商品房供应结构上,开发公司往往注重大面积、大户型的住宅房开发,100—120 平方米面积的户型占 24%,120—150 平方米面积的户型占 37%,150 平方米以上面积的户型占 16%,而 80 平方米以下的小户型住房,供应严重不足,难以满足因城市改造而产生的大量安置性需求。中、低价普通商品房和经济适用房供应严重不足,是我市房地产市场结构性矛盾的一个主要成因和外在表现。

(镇江市房地产调研课题组)

镇江市城乡人口老龄化基本情况调查分析

2005 年,市老龄工作部门围绕老年人养老、医疗、精神文化生活等基本情况,在全市选择 10 个镇 2 个街道,随机抽取 3959 个样本(老年人)进行问卷调查,其中,城市 1731 人,农村 2228 人。现对调查情况做如下分析:

1. 人口老龄化的同时,老年人口逐渐高龄化。与 1990 年相比,老年人死亡率下降 4‰,80 岁以上高龄老人死亡率则下降 17.1‰。高龄老人增长明显快于老年人总体增幅。全市现有 60 岁以上老年人口 45 万人,占总人口 15.2%。其中,65 岁以上 31 万人,占总人口 10.5%;80 岁以上 5.71 万人,占老年人口 12.7%。老年人口比重大大超过“在总人口中 60 岁以上人口达 10% 或 65 岁以上人口达 7% 以上”的老龄化国际标准。

2. 老年人家庭“空巢”化严重,独居率上升。2003 年末,户均人口 2.7 人,子女与老人分居现象普遍。老年家庭“空巢”率 54.0%,老年人丧偶率 23.4%,独居率 14.8%。独居率比 3 年前上升 3.2%。仅市区就有“空巢”老人 4.3 万人,其中独居老人 1.1 万人。农村老人“空巢”率高达 57.1%,独居率 16.0%。

3. 农村人口老龄化发展快、人数多、比重大。截至 2004 年底,全市农村老年人口 31.1 万人,占老年人口总数 78%。

4. 老年人口迅速增加,少儿人口急剧减少,人口老龄化发展态势严峻。全国 1% 人口抽样调查表明,“十五”期间,全市新增老年人口 10.1 万人,老年人比重上升 3 个百分点,分别比前 10 年(1990 ~ 2000 年)多增加 2.5 万人和 1.2 个百分点;14 岁以下少儿人口减少 8.4 万人,比重下降 3.5 个百分点,人数比前 10 年多减少 2.4 万人,比重接近前 10 年的降幅。2005 年,全市 14 岁以下人口降至 39 万人,比重降至 13.2%,首次低于老年人口。2004 年,首度出现人口负增长,标志着镇江市人口老龄化转入快速发展时期。预计到 2010 年,全市老年人口总数将达 58.0 万人,约占总人口 19.4%。再过 30 年,老年人总数将越过 100 万人,约占总人口 1/3,其中 80 岁以上高龄老人将超过 14 万人。

5. 老年人精神文化生活缺乏,群体健康水平不高。老年人对晚年生活感觉“轻松愉快”和“充实”的分别为 22.9% 和 5.37%,59.6% 感到“平淡”,还有 12.1% 感觉“累”。老年人文化生活内容,“看电视听广播”38.2%,“打牌下棋”20.3%,“参加体育锻炼”16.6%,“读书看报”13.7%。农村老年人文化生活更为缺乏,43.4% 以“看电视听广播”为主,17.2% 则以“打牌下棋”为主。

随着老年期延长,老年群体健康水平逐渐下降。在接受调查的 3959 名老年人中身体健康的 965 人,占全部调查对象 24.4%。75.6% 老年人患有一种或多种慢性疾病,其中,同时患有两种以上慢性疾病的 1064 人,占 26.9%。老年人病残率是全体人群的 3.6 倍,其中,21% 生活轻度不能自理,6%中度不能自理,2.5%完全不能自理。老年人的心理健康也不容乐观,42.9%有孤独寂寞感,其中12%经常发生。9.2%有明显抑郁症状,28.5%时常感到抑郁。

6. 老年人收入不高,社会保障压力增大。老年人个人月收入(包括折合收入。下同)200元以内者46.9%,其中53.6%的农村老人月收入不超过100元。老年人家庭人均月收入450元以内的占57.2%。其中,农村老人家庭人均月收入200元以内占24.9%,200元~450元占37.2%。2005年与2001年相比,全市养老金发放总额净增4.51亿元。2005年,退休人员医疗费总额2.05亿元,比2001年净增7691.27万元。

(摘自《镇江社会科学》2005年第6期)

关于大韩民国临时政府与镇江的研究

"大韩民国临时政府"是朝鲜爱国志士在日本1910年并吞朝鲜后,为了探寻新的抗日救国之路,开展反对殖民统治的斗争,于1919年4月11日在中国上海宣布成立的反日权力机构。临时政府成立后,除了在朝鲜国内秘密策动反侵略斗争外,还在中国、日本组织一次又一次的暗杀日本军政要员活动。1932年4月29日,日军在上海虹口公园举行阅兵仪式时,韩国爱国志士在会场内投弹袭击,炸死炸伤多名日本军政大员。这一暗杀事件后,日本军国主义者进行了疯狂的报复,大肆搜捕韩国爱国志士,想摧毁临时政府。在此种情况下,大韩民国临时政府已无法在上海立足,被迫迁往杭州。1935年10月,又决定迁往镇江,临时政府成员分批由杭抵镇。1937年11月由镇江迁往湖南省长沙市。

大韩民国临时政府曾驻镇江的这段史实,在上海人民出版社1992年出版的沐涛著的《大韩民国临时政府在中国》一书作了记述。但是,大韩民国临时政府迁驻镇江期间曾住在哪里,书中没有明确记载。随着大韩民国临时政府在中国活动的史实披露,对临时政府曾驻镇江,也引起镇江文史学者的兴趣,纷纷对临时政府在镇江的住所、活动进行了调查、考证,取得一定成果,初步弄清了住所等情况。1998年初,本办邀请有关学者进行学术会商,交流研究成果,取得了共识。

临时政府驻镇江的时间大家比较一致,即1935年10月至1936年2月,前后历时5个月。根据近几年镇江市学者研究、查证,大韩民国临时政府迁至镇江后,曾住在3个地方:

1. 水陆寺巷公益里。当时此处较为僻静,一条里弄内仅此一户,房屋有三进两厢计11间,并与当时的江苏省政府相距仅百米,易于联系,受到庇护。据文史学者杨瑞彬调查,当年在19路军中任职(一说在浙江海盐保安司令部任职)的军官蒋本志,曾奉命陪同临时政府中的成员一起抵镇,后住在这里。另一位文史学者李植中在调查中,曾走访抗战前曾任职镇江商团和省保安处的尤燮方先生,据尤回忆,大韩民国临时政府确在公益里住过,省保安处处长项致庄还密派6名带短枪的便衣卫兵同住保护。

2. 水陆寺巷东的江苏旅社。江苏旅社当时为省府接洽公务场所,临时政府金九等住该处。文史学者杨瑞彬走访了当年的抗日救亡演出队队员刘志奇,刘志奇回忆说,曾到江苏旅社内,亲眼看到过金九住在里面。金九戴的拿破仑帽子。

3. 大爸爸巷1号。此处在大市口北侧,为一座二层楼建筑,单门独户,房屋宽敞。据文史学者杨瑞彬从其兄杨瑞麟处听到,他当年为县长张鹏开车,曾奉命到大爸爸巷1号去送过东西,该处大门紧闭,门卫森严。他听县政府政务警长透露,此处住的高丽人,与外界不甚交往,此情亦不准泄露。

上述3处，临时政府成员可能先后住过，也可能分散居住。3处中仅大爸爸巷1号遗址尚在。

在查证临时政府驻镇期间住所的同时，文史学者们还从搜集的材料中发现在大韩民国临时政府迁驻镇江前后，韩国临时政府成员曾多次来镇从事抗日救亡爱国活动。目前查证的有二次。

一次是在1925年冬，安东晚、朴炳疆来镇。镇江抗日救援会负责人、穆源小学董事长杨公崖安排他们住在该校，并举办抗日演讲会，请他们发表演讲。朴炳疆临别时，还在该校书写"革命尚未成功，同志仍需努力"对联一副。这副对联现在镇江博物馆内。

一次是在1936年夏，临时政府负责人之一金九又来镇江演讲。这次是镇江抗日宣传救亡演出队邀请金九到穆源小学演讲的。演讲在该校大礼堂举行，杨公崖、刘志奇等演出队全体成员，还有部分教师、学生及商界进步人士近400人参加，当时座无虚席，连室外都站满了人。演讲后，金九坐人力车而去。当年在该校读五年级的李植中记得演讲人穿中装绸衫，一口流利汉语，演讲的题目是"朝鲜亡国惨状"。后来，他的老师沙名鹿与李植中谈及此事，告诉李，演讲的人是韩国临时政府负责人之一，姓金。

当年，韩国临时政府成员在镇江市从事演讲活动的学校——穆源小学至今仍在。校园内建于1936年的一座校友立的建校30周年纪念塔尚存。

在调查、考证大韩民国临时政府曾驻镇江、临时政府成员曾到镇江活动这一史实的过程中，镇江文史界又发现一件韩国志士在镇江境内活动的史实。1932年后，由国民党支持举办的培训韩国爱国志士的"朝鲜革命干部训练班"曾一度由南京迁往句容茅山。茅山作为训练基地培训了多批韩国籍爱国志士，被派往中国各地、朝鲜和日本从事各类抗日工作。茅山对培训韩国爱国志士从事抗日爱国活动是作出贡献的。

（镇江市地方志办公室）

第四十九卷
前志拾遗
勘误　卷目

卷 目

第一章　前志拾遗

第一节　人物拾遗

谈金福(1898—1925),镇江人。味香居清真馆职工。民国14年(1925年)五卅惨案中在上海南京路被英国巡捕枪杀牺牲,时年27岁。

可　成(1889—1932),法名大枭,镇江人。12岁在本乡灵鹫寺剃度出家,16岁在句容宝华山依浩净和尚受具足戒。民国元年(1912年)往镇江金山江天禅寺参学5年,民国5年到南京香林寺受法。次年上海玉佛寺住持宏法圆寂,经常州天宁寺冶开和南京香林寺济南等名宿推荐,由可成法师继任住持。时玉佛移在麦根路租民屋藏供。可成即发起募缘重建新寺,募得槟榔路基地11余亩,于民国7年动工。可成躬亲主持,于民国17年建成。因可成继承临济宗脉,故定名为玉佛禅寺。时可成还兼主南京香林寺和杭州护国寺。民国18年,可成与上海缁素名流发起成立中国佛教会及上海佛教会。同年4月,在上海觉园举行中国佛教会成立大会,可成被选为执行委员,6月又在静安寺成立上海佛教会,被选为常委。民国21年6月,因病去世。

刘定之(1888—1964),字春泉,句容人。15岁到苏州拜师学裱画,25岁在苏州城内宫巷开设裱画店"晋宜斋装池"。民国23年(1934年)在上海开设"刘定之装池"。1951年参加上海市装裱业同业公会。1960年进上海博物馆文物修复工场裱画组任技术顾问。刘定之擅长配料,具有丰富的装裱经验。开设的裱画店,一是注重搜罗有技术特长的一流裱画师傅,如周桂生、邹瑞卿、窦翔云、洪秋生、杨文彬等,因而裱画质量高;二是注意搜集有年代的古锦和轴头等装裱原料,为装裱名贵书画提供了物质基础;三是本人在配料上有独到之处,使名画更显光彩;四是他与收藏家、书画家有广泛联系,得到吴湖帆等名画家的相互推荐,因而声誉大振。国家博物馆、书画收藏家的珍贵书画如需装裱,非刘定之莫属。如上海博物馆的唐孙位《高逸图卷》、宋梁楷《八高僧故事卷》、宋李嵩《西湖图卷》,北京故宫博物院的宋张择端《清明上河图卷》等都是刘定之装池所装裱。除书画装裱、配料外,刘能鉴别书画真伪,断定年代,辨别好坏,所以他还兼营书画买卖。

赵启騄(1894—1964),字次骅,大港镇人。13岁被赵蓉曾纳为弟子,师生情同父子。16岁考入南京陆师学堂,是年参加同盟会;继入武汉第二陆军预备学校及保定军官学校深造,与叶挺友善。毕业后去广州寻找叶挺,经介绍任大元帅府参谋,后调黄埔某师任参谋长,与吴玉章、周恩来、叶剑英等来往甚密。熊克武任四川讨贼军总司令时,在刘伯承部任参谋长。民国15年(1926年),任粤军第三师师参谋长,参加北伐。民国20年12月,任江苏省政府民政厅厅长。"一二·八"事变后,曾与黄炎培等倡组江苏省各县救国自卫委员会,遭蒋介石嫉恨。后赵在镇江开办酱园、药店;在上海设协成、协记商号,经营证券交易;在大港办崇曾小学并兼任校长。西安事变后,顾祝同任西北行营主任,聘赵任中将参谋长。在此期

间,与中共驻西安机构接触较多,因与刘伯承有旧,对中共方面多有协助,为蒋介石发觉,革其职而终未再用。抗战初闲居西安,因生活困难去四川与友人在垫江创办农场。抗战胜利后回上海,读书自遣并尽力做迎接解放的工作。民国37年冬,借口去西安为母安葬未回。西安解放前夕,拒绝赵龙文等人要他同往台湾的劝说。解放后,刘伯承邀其去京或入川,又因病未能如约。1964年,将其在镇江的房地产(原为英国领事馆)、碑帖、图书和一对齐白石的大刻章全部赠送给镇江市博物馆。历任全国政协第二、第三届委员,1964年6月17日病逝于北京,安葬于八宝山革命公墓。《人民日报》为之发讣告,刘伯承为治丧委员会成员。

陶祖荫(1902—1967),镇江人。民国3年(1914年),就读于北平公立第四中学。民国8年,考入北平国立医学专门学校。民国12年毕业后,在苏州博习医院和镇江弘仁医院任医师。民国16年,被聘为金坛县公立医院院长兼医务主任,工作2年余,声誉良好,离开时当地人依依不舍。民国19年,进南京中央医院任内科住院医师、总医师,民国22年升内科主治医师。民国27年,在上海慕尔鸣路(今茂名北路)开业行医,其间曾在上海南洋医院、大公医院担任内科主治医师,直至上海解放。1949年11月,任上海市第二劳工医院内科代主任,1950年,当选为新成区人民代表。1952年,进入国家医院工作,被市卫生局审核评定为一等三级卫生专业技术人员。1953年6月,任内科主任。1956年2月,加入中国共产党。1957年1月,调至第一劳工医院(1958年改为江宁区中心医院,1960年为静安区中心医院)任内科主任。先后被选为江宁区和静安区人民代表。陶行医40余年,擅长普内科,通晓英、德语,医德医风优良,对病人态度和蔼,并耐心解答病人提出的问题,认真检查病因,研究治疗方案。在担任内科主任时,处处以身作则,团结全科人员完成繁重的医疗任务。1957年后,他患帕金森氏症,手脚震颤,仍以极大的毅力坚持工作。为发展内科业务,积极支持选送高年资医师去外院进修,并逐步建立血液内科、神经内科、肺内科等专科。

郭瀛州(1908—1966),又名郭宗儒,扬中人。因家乡灾荒,18岁只身来到上海。后在西姚家弄、阜民路一带以摆书摊为生。抗战期间曾在雷云轩烟杂店谋生。

20世纪30年代上海滩曾流行茴香豆,此豆韧而不坚,软而不涩,但掌握其烧煮技艺者屈指可数。郭瀛州另辟蹊径,在煤球炉上做试验,从选豆到煮豆,从用料到配方,经过反复摸索与实践,终于掌握了烧煮技术,成功地试制出比茴香豆略为坚韧的五香豆。由于这种豆的用料是以糖精、食盐、奶油、香精等配制而成,故名"老城隍庙冰糖奶油五香豆"。民国28年(1939年)9月,由于生意兴隆,郭将原来的"霄云轩"旱烟店改名为"兴隆郭记号",做五香豆生意。在经营上,他实行零售兼批发,差人每天用自行车送公园、下戏馆、跑车站、上轮渡,甚至通过列车员在火车上推销,颇受各地旅客欢迎。民国34年始,在城隍庙先后出现了"陆记""吴记""王记""陈记"等近10家专营或兼营奶油五香豆摊位,包装、商品和标识都相似,为使消费者能辨别商标真伪,郭瀛州遂向工商管理部门办理商标注册登记。1951年正式启用新商标,并更改包装规格,生意愈益兴隆。1956年,"兴隆郭记号"商店与工场参加公私合营,城隍庙内近10个五香豆摊贩也被吸收进商店,扩大门面。20世纪60年代以来,奶油五香豆还被列为特供商品,深受国内外友人和社会名流青睐。

吴景崧(1906—1967),笔名杜若等,丹徒人。中学时代投入学生运动。客居上海,复旦大学毕业后考进商务印书馆,任《东方杂志》编辑。民国21年(1932年)后,任《申报》"自由谈"编辑,《申报月刊》编辑。人称他"是脚踏实地的实干家,才华横溢的文章快手"。抗战爆发后,孤岛时期他参加翻译斯诺著《西行漫记》;主编《上海周报》。抗战胜利后,他主编大型的《中国建设》月刊,并主持世界知识社的工作。新中国成立后,任上海市新闻出版处副处长。1951 年调北京在世界知识社任副总编辑,主持图书的编辑工作。长期主管期刊,坚持下厂看校样,业余时间,笔耕不止。1966 年参加中国共产党,全国政协第三、四届委员。1967 年 11 月 24 日“文化大革命”中受迫害身亡。“文化大革命”后平反,恢复名誉。

沈孟先(1906—1970),又名沈孟仙,字广连,镇江人。民国 9 年(1920 年)9 月,入英商华洋德律风公司工作。民国 10 年 9 月加入中国社会主义青年团,后因参加罢工被公司开除。民国 13 年考入上海邮局为拣信生。同年转为中共党员。民国 14 年 8 月与地下党支部一起,发动职工举行要求改善待遇、成立工会的罢工斗争。罢工胜利后,成立邮务公会,当选为执行委员。民国 15 和 16 年,发动邮局职工参加上海工人三次武装起义。在第三次起义中,沈指挥邮工在天通庵火车站攻打北洋军阀的队伍,取得胜利。民国 17 年,任中共地下闸北区委常委。民国 24 年进中国红十字会第一医院工作。民国 37 年被国民党政府逮捕,获释后撤往皖北解放区。上海解放后,任上海市工会联合会宣传部副部长、第四人民医院院长、五十八中学副校长。

殷炳海(1914—1975),镇江人。15 岁在苏州学裱画,拜窦道元为师。一生从事裱画行业,裱画技能高超,为书画收藏家所器重。解放前,曾在上海刘定之开设的“晋宜斋”、华启明开设的“时古斋”帮工。解放后参加卢湾区裱画小组、上海裱画生产合作社,1960 年进上海博物馆。

殷炳海装裱大量古代书画,是有名的“画郎中”,抢救不少珍贵文物。吴湖帆、孙煜峰、孙伯渊、钱镜塘、刘靖基等著名书画收藏家所藏书画,大部由他装裱。在上海博物馆文物修复工场,他的才能得到充分施展,国家一级文物的五代徐熙《雪竹图轴》、元末明初朱元璋《军令状卷》、明唐寅《牡丹仕女图轴》等,入藏时疲破不堪,经过他的精心装裱,使古画恢复原貌。陈道复的《花寺中堂》,由于年代久远,千疮百孔,霉烂不堪,纸质熟而厚,在常人眼里难以修补,同行高手也感到棘手。殷炳海不畏艰难,接受这幅画的装裱,选配补托画芯纸,修补破洞,染色修补洞口,为保护古画作出贡献。

赛珍珠(1892—1973),本名珀尔·布克(Pearl Sydenstricker Buck)。赛珍珠出生于弗吉尼亚州西部,4 个月后,随传教士父母赛兆祥和卡洛琳来到中国。先后在淮安(清江浦)、镇江、苏州、南京、庐山等地生活和工作近 40 年,其中在镇江生活 10 余年(镇江赛珍珠旧居为江苏省文物保护单位),经历了她人生的早期岁月,因此称镇江是她的“中国故乡”。她童年的大部分时光都在镇江度过,在学会汉语和习惯中国风俗后,母亲才教她英语。从幼年起,她就在鼓励声中开始写作。在她的一生中,赛珍珠创作了超过 100 部文学作品,其中最著名的是《大地》。她作品的题材包括小说、短篇故事、剧本和儿童故事。1932 年小说《大地》(The Good Earth)获得普利策小说奖;1938 年获诺贝尔文学奖。她是唯一同时获得普利策奖和诺贝尔奖的女作家,作品流传语种最多的美国作家。

聂传贤(1907—1981),镇江人。民国 27 年(1938 年)毕业于上海震旦大学医学院。曾任广慈医院眼科医师、主任,震旦大学医学院眼科教授。1950 年,他响应人民政府的号召,参与组织并带领震旦医学院师生赴上海市郊为人民解放军防治血吸虫病。1951 年,他带头参加上海第二批抗美援朝医疗队,担任第四大队大队长,领导全体医疗队员胜利完成救治任务。1951 年 10 月,聂传贤积极投入收回教育主权、争取震旦大学新生的斗争,并担任震旦医学院副院长,领导师生对旧的教育制度进行改革。1952年，他积极参加上海第二医学院的筹建工作，被任命为教务长，为争取教师到校专任与建立教学秩序做了大量工作。1955年以后，历任医疗系第二主任、医师进修部主任、医学院副院长、学院顾问、院务委员会副主任委员等职，为教师队伍建设、学科建设和教学建设作了大量工作。

聂传贤于眼科深有造诣。20世纪40年代，开展眼外伤球内异物吸出术，成功施行鼻泪道吻合手术，改进视网膜剥离、睑外翻等手术，研制眼内异物定位仪。合编《眼科学》教材，发表《关于泪囊手术之商讨》《用植皮手术矫治结痂性睑外翻之探讨》等论文。曾任中华医学会眼科学会副主任委员，中华医学会上海分会副会长、眼科学会副主任委员、亚非眼科学会第一届理事。1950年被评为上海市劳动模范。

戴伯韬（1907—1981），号白桃，丹阳人。中国近现代教育家。民国17年（1928年）毕业于南京晓庄学校，曾在无锡民众教育学院、惠山实验小学任教。民国20年到上海，编辑《儿童》《师范》《生活教育》杂志和《儿童科学丛书》。抗战后，参与发起成立"抗战教育研究会"，任常务理事，在武汉、重庆主编《战时教育》杂志，民国30年到苏北抗日革命根据地，历任中共华中局宣传部国民教育科科长、盐阜行政公署文教处处长、地委宣传部副部长、苏北行政委员会委员兼第一厅厅长、苏皖边区政府教育厅副厅长、山东省人民政府教育厅厅长，华东局宣传部教育科科长，上海市军事管制委员会文教管制委员会副主任兼上海市政府教育处处长、上海市人民委员会委员兼教育局局长。1949年出席中国人民政治协商会议第一次全体会议。中华人民共和国成立后，任华东文化教育委员会委员、上海市文化教育委员会副主任、人民教育出版社副社长兼总编辑。为第三届全国人民代表大会代表，中国人民政治协商会议第一、五届全国委员会委员，中国共产党第八届代表大会代表，中国教育学会副会长、全国教育学研究会理事长。他长期致力于教育管理、教育理论研究和中、小学教材建设，主张编写教材要贯彻社会主义思想，密切结合实际，吸收先进科学成果，经受教学实践检验，以赶上世界先进水平；主张建立一支强大的教材建设队伍。著有《小学教师工作手册》《陶行知生平及其学说》等，编有少年儿童科普读物多种，主持编辑全国通用中小学教材两套。论著辑为《戴伯韬教育文选》。

1950～1982年镇江地区获全国劳动模范和先进生产（工作）者称号简表

表49-1

姓名	性别	民族	出生年月	荣誉称号	获得荣誉称号时间	获得荣誉称号时	
						所在单位	职务或工种
夏阿毛	男	汉	1920.10	全国劳动模范	1950年	苏南建华运输公司镇江分公司	轮船驾驶
史木金	男	汉	1923	全国劳动模范	1950年	西北军区后勤部军用汽车修理厂	技师
马长山	男	汉	1930.5	全国先进生产者	1956年	镇江市搬运公司东区十小队	党支部书记
王峰明	男	汉	1925.2	全国先进生产者	1956年	公路工程总局设计局第三分局	测工
祁春岚	女	汉	1928.11	全国先进生产者	1956年	镇江市百货一店	营业员
陈光裕	男	汉	1905	全国先进生产者	1956、1959年	省锡镇公路运输局镇江管理处	驾驶员
邱春垣	男	汉	1928.1	全国先进生产者	1956年	第三公路工程局第四工程队	工人

续表 49-1

姓名	性别	民族	出生年月	荣誉称号	获得荣誉称号时间	获得荣誉称号时	
						所在单位	职务或工种
姜同喻	男	汉	1917.4	全国先进生产者	1956 年	江苏医学院	副教授
蒋汝清	男	汉	1925	全国先进生产者	1956 年	镇江地区养路段宜兴工区	养路工
梁顺清	男	汉	1908.11	全国先进生产者	1956 年	江苏丹阳纱厂	车间主任
魏文虎	男	汉	1931	全国先进生产者	1956 年	国营练湖农场	机耕队长
孙兆丰	男	汉	1933.10	全国先进生产者	1956 年	扬中县支行八桥营业所	副主任
孙连根	男	汉	1931.3	全国先进生产者	1956 年	丹徒县宝堰供销社	经理
韦恩广	男	汉	1935.12	全国先进生产者	1959 年	镇江钢铁厂	炉长
汤乾齐	男	汉	1936.10	全国先进生产者	1959 年	镇江专区地质局第一地质队	助理技术员
许荣庆	男	汉	1938	全国先进工作者	1960 年	南京化工学院	实验室副主任
朱养荣	男	汉	1924	全国先进工作者	1960 年	镇江专区医院	副院长
金素贤	女	汉	1937	全国先进工作者	1960 年	辽宁鞍山市曙光小学	教师
胡　赓	男	汉	1926	全国先进工作者	1960 年	金坛县中学	校长
过旭敏	女	汉	1934.1	全国先进工作者	1960 年	镇江师范附属小学	教师
邵邦凤	女	汉	1939	全国先进工作者	1960 年	句容县桥头幼儿园	主任
张玉兰	女	汉	1938	全国先进工作者	1960 年	南京市农业专科学校	教师
何宇文	男	汉	1931.11	全国先进工作者	1960 年	丹徒县姚桥农业中学	副校长
董剑侠	男	汉	1913	全国先进生产者	1977 年	镇江港务处装卸队	队长

第二节　重要经济数据拾遗

1949～1982 年镇江市主要经济社会发展数据

表 49-2

项目 年份	年末总人口（万人）	地区生产总值（亿元）				农林牧渔业总产值（万元）	粮食产量（万吨）	工业总产值（万元）	全社会固定资产投资（万元）	财政总收入（万元）	社会消费品零售总额（万元）	金融机构存款余额（万元）
			第一产业	第二产业	第三产业							
1949	149.79	1.62	1.03	0.12	0.47	13556	32.55	2237	45	102	5458	38
1950	149.45	1.88	1.17	0.18	0.52	15837	40.01	3280	420	1670	6168	185
1951	149.32	2.17	1.34	0.24	0.59	17699	49.06	4432	610	2291	7142	655
1952	150.94	2.45	1.49	0.32	0.64	19135	54.64	6487	950	2783	7821	972
1953	154.31	2.69	1.54	0.38	0.77	20140	54.86	7945	1459	3070	9613	1036
1954	157.85	2.65	1.51	0.36	0.78	21567	51.05	7587	1025	3136	9918	1341
1955	161.38	2.74	1.60	0.41	0.73	22296	54.91	7803	1358	3068	9500	2641
1956	162.50	2.97	1.68	0.53	0.76	22774	54.22	10530	1542	3142	10045	1573
1957	166.26	3.18	1.85	0.57	0.76	21171	53.37	12343	2240	3521	10295	1740
1958	167.18	3.53	1.84	0.87	0.83	20448	51.22	18926	4250	6901	11438	2714

续表 49-2

项目 年份	年末总人口（万人）	地区生产总值(亿元)				农林牧渔业总产值（万元）	粮食产量（万吨）	工业总产值（万元）	全社会固定资产投资（万元）	财政总收入（万元）	社会消费品零售总额（万元）	金融机构存款余额（万元）
			第一产业	第二产业	第三产业							
1959	166.73	3.56	1.40	1.24	0.92	16072	39.40	26381	6895	6982	12977	3819
1960	165.82	3.63	1.29	1.45	0.89	14546	37.28	28590	9852	10222	12822	4273
1961	166.81	3.06	1.21	0.99	0.86	14156	37.09	20189	5289	6028	12613	4078
1962	172.53	3.10	1.42	0.80	0.88	16784	46.21	16614	3256	3958	13231	3774
1963	178.01	3.35	1.78	0.76	0.80	20995	64.14	16389	2985	4202	12218	4151
1964	183.48	3.65	1.86	0.95	0.83	22747	67.80	20990	3012	4882	12975	6088
1965	188.48	4.42	2.20	1.27	0.95	28028	78.44	26693	6058	5942	15078	6599
1966	193.50	5.02	2.40	1.66	0.96	30775	80.32	33414	8963	6406	15556	7133
1967	197.80	5.09	2.39	1.65	1.05	30217	76.86	33664	7645	5334	17319	7043
1968	202.76	4.88	2.37	1.58	0.93	30008	75.70	32588	8874	4517	15727	9784
1969	206.91	5.44	2.40	1.97	1.06	30565	75.89	41045	9612	6509	18211	10015
1970	212.89	6.23	2.41	2.74	1.08	31952	77.71	57017	14255	8898	18970	10856
1971	216.88	7.23	2.64	3.38	1.21	36382	95.37	73948	12314	10349	21647	12902
1972	219.90	7.76	2.65	3.81	1.29	37776	87.28	82662	15288	12104	23570	12110
1973	222.54	8.59	2.89	4.33	1.37	40331	95.05	95233	15023	13285	25530	14339
1974	225.25	8.60	2.98	4.10	1.52	43558	94.78	89806	15131	13803	28807	16505
1975	227.53	9.11	2.56	4.92	1.63	41393	81.82	109271	16258	15344	31656	18918
1976	229.32	10.03	2.83	5.54	1.66	50272	94.29	125436	18140	17130	32825	19935
1977	231.36	10.54	2.42	6.44	1.69	53644	77.00	147124	19284	20154	34024	20964
1978	233.90	12.18	3.06	7.36	1.76	59383	98.90	166702	24656	21924	36260	25191
1979	235.36	13.41	3.43	7.93	2.04	64943	105.58	185466	38396	21313	45221	26826
1980	236.91	14.94	3.65	8.99	2.30	73368	97.70	218959	52402	22897	56026	42188
1981	239.30	16.45	3.86	9.99	2.60	92847	96.96	231508	37646	24048	61918	53995
1982	242.77	18.09	4.40	10.69	3.00	101621	108.53	250977	47942	27800	67444	67457

说明：此表依据市统计局《镇江六十年》提供，按现辖市（区）口径数据统计，下同

1949～1982 年镇江市市区主要经济社会发展数据

表 49-3

项目 年份	年末总人口（万人）	地区生产总值(亿元)				农林牧渔业总产值（万元）	粮食产量（万吨）	工业总产值（万元）	全社会固定资产投资（万元）	财政总收入（万元）	社会消费品零售总额（万元）	金融机构存款余额（万元）
			第一产业	第二产业	第三产业							
1949	52.75	0.58	0.21	0.04	0.33	3565	8.15	1247	14	102	3606	34
1950	51.66	0.68	0.26	0.06	0.35	4421	10.22	1865	129	541	3874	138
1951	51.03	0.75	0.29	0.08	0.39	4891	11.35	2340	199	792	4304	493
1952	51.49	0.80	0.32	0.10	0.38	4887	12.73	3505	335	980	4178	692
1953	51.94	0.91	0.31	0.14	0.46	5340	12.53	4561	595	1131	5126	706
1954	53.48	0.90	0.29	0.16	0.45	5309	11.74	4826	418	1154	5098	796

续表 49-3

项目／年份	年末总人口（万人）	地区生产总值（亿元）				农林牧渔业总产值（万元）	粮食产量（万吨）	工业总产值（万元）	全社会固定资产投资（万元）	财政总收入（万元）	社会消费品零售总额（万元）	金融机构存款余额（万元）
			第一产业	第二产业	第三产业							
1955	54.06	0.93	0.32	0.19	0.43	5652	13.25	4862	536	1251	4881	1151
1956	54.29	1.03	0.28	0.28	0.47	5185	11.44	6464	603	1400	5537	967
1957	56.16	1.00	0.24	0.29	0.47	4869	11.15	7699	699	1516	5600	976
1958	56.64	1.22	0.23	0.47	0.51	4592	11.39	12292	2257	4217	6238	1589
1959	58.70	1.49	0.20	0.69	0.60	3701	13.17	17849	3095	3491	7707	2495
1960	58.62	1.65	0.20	0.87	0.58	3659	9.32	18933	5404	7772	7459	2888
1961	58.50	1.39	0.20	0.59	0.60	3532	8.82	13524	2399	4310	8089	2379
1962	60.03	1.27	0.23	0.46	0.58	4370	10.48	10533	1150	2206	7911	2421
1963	61.53	1.20	0.29	0.42	0.50	5450	15.24	10151	1029	2272	6756	2218
1964	63.32	1.40	0.30	0.59	0.51	5810	16.07	14006	1635	2793	7022	3111
1965	65.44	1.72	0.36	0.80	0.56	6761	17.59	18152	3878	3628	7776	3909
1966	66.53	2.05	0.40	1.09	0.55	7428	19.04	23946	5242	4104	7762	4534
1967	67.54	2.10	0.40	1.10	0.61	7379	18.52	24905	3072	3185	8750	4300
1968	69.03	1.91	0.40	0.97	0.54	7351	18.38	22992	4172	2389	8075	5706
1969	69.46	2.25	0.40	1.24	0.61	7419	18.40	28981	4965	3859	9211	5653
1970	71.01	2.91	0.41	1.86	0.65	7432	17.56	42779	7214	5497	9931	6893
1971	72.38	3.63	0.53	2.39	0.71	8983	23.18	57481	5351	7016	11137	7665
1972	73.44	3.93	0.51	2.67	0.75	9217	20.67	63464	7858	8313	11813	7474
1973	74.67	4.34	0.57	2.98	0.80	9905	22.52	71915	7285	8983	12875	8429
1974	75.55	4.14	0.55	2.69	0.90	10893	22.22	65743	6972	9209	14969	11011
1975	76.49	4.69	0.50	3.24	0.94	10524	19.63	80662	6955	10138	15876	12659
1976	77.40	5.06	0.55	3.55	0.96	12119	22.83	90784	8382	11142	16581	13636
1977	78.30	5.44	0.44	4.00	1.00	12292	17.49	103741	9155	12961	17582	14157
1978	79.78	6.31	0.57	4.68	1.06	14557	22.38	118898	13156	14219	18946	15696
1979	81.54	6.79	0.59	5.02	1.18	15732	22.72	131127	25260	13822	22487	17192
1980	82.50	7.43	0.81	5.32	1.31	18218	21.86	145861	37080	14577	27898	30855
1981	83.74	8.29	0.92	5.87	1.50	22841	21.51	150404	20311	14461	30912	37726
1982	85.15	9.22	1.02	6.44	1.75	24123	24.06	161473	28395	16730	32895	48351

第二章 前志勘误

《镇江市志》(1993 版)勘误

表 49-4

《镇江市志》上册

页	行数	原文	更正
2	15	全国重点开放寺庙	全国重点开放寺庙宫观
2	倒 1	座标	坐标
10	倒 15	普济寺	普济庵
11	倒 13	建增华阁于读书台右	宋《全芳备祖》为“招华阁”
13	9	瓜州镇	瓜洲镇
13	14	镇江郡守知府	镇江知府
20		朝庭	朝廷
27	4	“宣传赤化,鼓动阶级斗争”	与页 394 不一致
27	倒 8	柳健	柳建(字健行)
34	4	2 时起火	2 时半起火
40	11	京砚	京岘
50	7	风石阁赞	凤石图赞
50	7	镇江儒学复田记	镇江路儒学复田
50	7	镇江路学丁亥记实	镇江路丁亥纪实
60	倒 13	邗江县虹桥	邗江县红桥
64	倒 10	赵启禄	赵启騄
70	倒 16	直至 1979 年各校先后恢复校名	直至 1979 年各校先后恢复校名或改名中学
82	12	白暨豚	白鱀豚
86	倒 7	寺庙和道观	寺庙和宫观
94	18	市民盟委员、高级农艺师严忠婉	省政协委员、市民盟盟员、高级农艺师严忠婉
95	14	座落	坐落
97	15	逻辑协会	逻辑学会
126	7	五洲山	五州山
157	1	丁家埧	丁家坝
179	倒 1(2 处)	白暨豚	白鱀豚
183	10	三丫菜	三叶草

续表 49-4

页	行数	原文	更正
192	14	自咸丰三年(1853 年)至同治三年(1864 年)的 12 年间,太平军和清军在境内及其附近战斗不断,人口大半流亡。据《[光绪]丹徒县志》记载,咸丰八年丹徒有 331624 人,到同治六年只有 107611 人。	据《[光绪]丹徒县志》记载,咸丰八年丹徒县人丁 331624 丁(原文为丁,记述疑有误)。咸丰十年至同治五年因太平军和清军在境内及其附近战斗不断,人口大半流亡在外,无人口数据。战后居民渐次返回,于同治六年恢复户口编册,当年丹徒县人丁 107611 丁,同治八年增加至 110943 丁,光绪元年增加至 123653 丁。
221	倒 5	主持静岩	主持静严
249	图标倒第 2 大行	胡熔	胡镕
265	7	钱瑟之	钱璱之
315	6	卢润州	卢润洲
316	11	柳健	柳建
317	倒 6	朴炳江	朴炳疆
357	15	镇江红十字分会	世界红卍字会镇江分会
375	倒 8	蒲干	蒲圩
379	倒 5	教顶山	焦顶山
379	倒 4	太阳山	太古山
402	12	京儿路派出所	京畿路派出所
413	倒 5	了望台	瞭望台
415	1	了望员	瞭望员
429	倒 15	签定	签订
437	15	排岗村	牌岗村
448	8	兴太码头	兴泰码头
451	情况表 6	包裴尔夫妇	包斐尔夫妇
510	倒 19	夫学院	工学院
521	倒 12	天主街	人民街
525	倒 5	天主街	人民街
526	倒 2	磨盘州	磨盘洲
529	图倒 3	五风口	五凤口
532	倒 2	民国 2 年,集资创办的"广利"人力车行成立	1883 年外国商人经营人力车短途运客。按光绪九年四月二十一日《申报》:"镇江亦有东洋车在彼行驰,土人从未经见,多以为怪然,辘辘双轮,驰行无碍,亦一快事也。"五月十九日:"镇江向止有小车载人运货,某西商购得东洋车 10 辆,先在城外试用,每辆每日出租价百文,但除洋场外,路不平正,故难乘坐者不乏其人。"

续表 49-4

页	行数	原文	更正
535	倒 2	征润州	征润洲
536	10	纸桨厂	纸浆厂
585	倒 4	文化大命革	文化大革命
589	表 4	美孚洋行	美孚火油公司
589	倒 7	税务公馆	税务司公馆
589	倒 7	世界红卍字会江苏省会	世界红卍字会江苏省会、世界红卍字会镇江分会
595	4	螺旋浆	螺旋桨
614	倒 1	法海和尚掘土得金	裴头陀开山得金
615	2	浙江的高明寺	邗江县的高旻寺
629	5	护国圣华隆昌寺	护国圣化隆昌寺
630	10	吏部郎宫	吏部郎中
631	13	肖娴	萧娴
633	8	京几岭	京畿岭
634	倒 5	元霄	元宵
696	12	1982 年 7 月 1 日《中华人民共和国经济合同法》正式颁布施行	1981 年 12 月 13 日《中华人民共和国经济合同法》正式颁布
753	倒 3	粘土	黏土
755	12	粘土砖	黏土砖
819	10	菜籽稭	菜籽秸
824	4	镇江最先使用铅印的是清宣统二年(1910 年)开业的大成书局印刷公司	《中国印刷近代史》第三章载“镇江内地会印刷所 1887 年 设”
825	15	上腊	上蜡
833	倒 9	蔑刀	篾刀
847	图倒 3	汽车蓬布	汽车篷布
850	倒 5	陈醋在南洋劝业会上荣获金牌	陈醋在南洋劝业会上获金牌奖
851	倒 2	宣统二年(1910 年),香醋在南洋劝业会大赛上荣获金牌后	宣统元年(1909 年)香醋获钦命江苏省巡抚部二等奖
863	图倒 1－3	润洲(4 处)	润州
893	倒 9	中医药专家叶桔泉	中医药专家叶橘泉
894	13	康熙五十年,运河总督陈鹏年	康熙六十年河道总督

《镇江市志》下册

页	行数	原文	更正
彩页 4	图 3	镇江高等师范专科学校	镇江师范专科学校
彩页 15	图 2	纸桨厂	纸浆厂

续表 49-4

页	行数	原文	更正
907	9	到1985年，仅保留镇高、镇霍、镇新线	1984年，镇江停开到霍桥的班船
915	倒6	山字型	山字形
915	17	3048平方尺（约合283平方米）	3048平方英尺（约合283平方米）
932	倒2	江苏水利工程学院	江苏水利工程学校
945	一览表3	西霸	西坝
945	一览表5	氾水	汜水
946	倒4	京儿路	京畿路
949	16	光绪二十年，镇江海关发行以金山慈寿塔为图案的“商埠邮票”	邮票为镇江工部局发行
949	倒9	京儿路支局	京畿路支局
952	倒16	京儿路	京畿路
969	倒9	粘重	黏重
971	倒6	导士	导墅
971	倒6	丹风	丹凤
985	6	磨箕山	磨笄山
996	倒8	麦楷	麦秸
1005	9	古称“徒阳运河”	清代称“徒阳运河”
1009	9	垦植	垦殖
1025	13	排劳	排涝
1039	14	玛脑	玛瑙
1039	倒1	承榄	承揽
1059	倒15	华勇兴（2处）	华涌兴（2处）
1059	倒15	勇兴裕（2处）	涌兴裕（2处）
1059	倒12	勇泰昌	涌泰昌
1063	11	京儿路	京畿路
1063	倒10	瓜州	瓜洲
1064	倒5	苞菜	包菜
1068	倒8	肖家饺面店	萧家饺面店
1069	15	三义栈	三益栈
1072	倒9	粘糯	黏糯
1075	倒7	位于日新街戥儿巷内	位于戥儿巷内
1083	2	竹蔑业	竹篾业
1094	一览表倒3	新民州	新民洲
1131	6	梳蓖	梳篦
1173	10	嘉庆《丹徒志》	嘉庆《丹徒县志》

续表 49-4

页	行数	原文	更正
1178	6	在22个州铸“会昌开元”	在22个州铸“开元通宝”
1237	倒5	光绪十年(1884),美国基督教会在镇江开办崇德、崇真小学,女子学塾(此女塾后逐步发展为崇实女子中学)	此说不确。1884年3月,偌冰心在镇江租界内南马路银山门浸会堂地创办镇江女子学塾
1240	6	刘子羽出任镇江府太守兼沿江安抚使	刘子羽知镇江府兼沿江安抚使
1240	12	提学御史肖鸣凤	提学御史萧鸣凤
1240	倒10	太常寺卿	太常少卿
1240	14	镇江高等师范专科学校	镇江师范专科学校
1240	倒5	城南寿丘山	城东寿丘山
1240	倒4	镇江知县	丹徒知县
1241	14	《古文辨析》等书	《古文》等书
1245	一览表7	马蓬伯	马逢伯
1245	一览表7	京几岭	京畿岭
1245	一览表11	邹宣瑾	邹宜瑾
1248	一览表5	附马庄	驸马庄
1252	7	镇江女学堂	镇江女子学堂
1252	10	王素义	王素意
1252	图注字	古楼岗	鼓楼岗
1256	概况表1	创办年月1982	创办年月1892
1266	1	镇江最早的高等学校是成立于民国23年9月1日的江苏省立医政学院	镇江最早的高等学校为江苏省银行和江苏省农业银行合办的江苏银行专科学校,民国26年(1937年)6月1日报请省政府及教育部核准成立,校址在登云山
1280	倒10	负负	负责
1311	4	南郊增华阁	招华阁(按,宋元方志)
1311	倒6	一阙	一阕
1313	倒16	畸型	畸形
1313	倒14	赵醉候	赵醉侯
1314	倒5	中泠诗钞	中泠诗草
1314	倒5	民初诗人赵醉候著有《醉候诗集》	民初诗人赵醉侯著有《醉侯诗集》
1314	倒2	邱东平	丘东平
1315	倒7	秋月明	明月心
1315	倒2	句吴亭	向吴亭
1316	4	船泊瓜洲	泊船瓜洲

续表 49-4

页	行数	原文	更正
1317	倒 7	山僧走尘	山僧越尘
1317	倒 6	民国 赵声	清 赵舒翘
1317	倒 4	难寻	懒寻
1318	倒 8	绕山	缭山
1318	倒 8	“云霞出没”	“云霞出没”句后漏“星辰往复”
1319	5	兾	冀
1319	5	“自笔藏为图”	“自笔藏为图”句前漏“余今来也，岁时在其间。”
1319	倒 3	宏治	弘治
1321	10	娄子光	娄子匡
1322	12	拆脍鲢子头	拆烩鲢子头
1326	4	邑人王进珊、阎哲吾、杨公崖	王进珊（南通掘港人）、阎哲吾（江都人）、杨公崖（邑人）
1336	10	流传有序	流传有绪
1337	倒 8	桔乡帆影	橘乡帆影
1338	图片	苏涧宽所书条幅	苏涧宽所书楹联石刻
1338	图片	楹联上、下联印反了	“左”应为上联居右
1338	图片注字	栋宇目孙吴	栋宇自孙吴
1340	4	中泠诗钞	中泠诗草
1340	5	啸叶庵词集	歗叶盦词集
1340	15	《醉候诗集》	《醉侯诗集》
1340	17	邱东平	丘东平
1340	10	菑播巢论文	菑畬橅论文
1343	10	小学唱歌一集 叶玉森编 20 年代前后	小学唱歌初集，叶中泠（即叶玉森）编，1906 小学唱歌一集，叶玉森编，20 年代前后 小学唱歌二集，叶玉森编，1906 女子新唱歌，叶中泠编，1907
1360	6	陈柼禧	陈檀禧
1353	10	邮刘宰《漫塘集》	见刘宰《漫塘集》
1359	倒 20	《东书堂贴》	《东书堂帖》
1355	13	韦桩	韦椿
1363	8	何鹏宵	何鹏霄
1370	11	蕉山六上人	焦山六上人
1371	8	《梅溪试贴》	《梅溪试帖》
1372	4	《楹联剩话》	《自怡轩楹联剩话》
1376	15	《纳庵骈体文存》	《讷庵骈体文存》

续表 49-4

页	行数	原文	更正
1378	19	《养拙斋印谱》	《养拙斋印存》
1381	2	《盋山旧稿》	《盋山旧稿》
1382	倒 15	《殷墟埋契考》	《殷墟貍契考》
1383	倒 6	陈邦贤著作	《自勉斋随笔》(世界书局 1947)
1384	5	林熔	林镕
1390	1	《寒芋词》	《寒竽词》
1392	12	戴镏铃	戴镏龄
1392	3	姚荷生著作	缺《神州游踪》(江苏人民出版社,1988)
1397	5	明宰相杨一清	明吏部尚书兼武英殿大学士杨一清
1398	10	赵氏佳城	赵氏隹城
1398	7	肖道生	萧道生
1398	11	隐青	影青
1401	6	宜侯夨?	宜侯夨簋
1402	3	赵氏佳城	赵氏隹城
1402	倒 10	辛亥烈士赵声伯先之墓	大烈士赵伯先之墓
1405	5	范承衡	范承衔
1405	12	建安杨棨	蜨庵杨棨
1406	倒 13	“米哈拉布”(意译为“祭坛”)	“米哈拉布”(意译为“窑殿”)
1405	倒 4	茅山九霄宫天罐铭碑	茅山九霄宫天鑪碑记
1407	倒 14	南航北架	南航北驾
1408	2	赛珍珠童年时代	赛珍珠青少年时代
1408	16	广东肇庆地区	广东广州、肇庆两地
1409	倒 15	西津古渡图	《西津晓渡》图
1409	倒 4	郡守王事圣	知府王事圣
1412	倒 3	剌刀	刺刀
1414	倒 4	美国著名女作家赛珍珠曾在此楼学习、居住过	赛珍珠没有在这里居住、学习的记载
1415	1	欧州	欧洲
1416	3	中华民国二十一年二月立	中华民国二十二年二月建立
1416	倒 2	如雾亦如电	如露亦如电
1417	10	陆小波、胡建春	陆小波、胡健春
1417	10	李根源书	李根源题书
1417	10	卢润州	卢润洲
1417	16	笑虎崖	笑啼岩
1417	16	李宁紊	李宁斋

续表 49-4

页	行数	原文	更正
1417	18	钓鲜处	钓鲈处
1418	倒 13	《□唐故陇西李君墓志铭》	《维唐故陇西李君墓志铭并序》
1418	倒 14	《大港税总领文卿赵使君寿祠记》	《蠲大港税总领文卿赵使君寿祠记》
1418	倒 12	《鹤林寺免佃山记》	《鹤林寺免田租小记》
1418	倒 13	园悟	圜悟
1418	倒 7	约会唐荆川于焦山	约会唐荆川到此
1418	倒 1	河南总督张井	江南河道总督张井
1419	16	呜呼有吴延陵君子	乌乎有吴延陵君子
1419	18	润洲	润州
1419	22	淮东总管兼润州刺史吴琚	淮东总领兼沿海制置使
1419	倒 9	1958 年,大殿及附属建筑全毁	大殿及附属建筑毁于“文化大革命”后期和 20 世纪 80 年代初
1419	倒 7	两侧浮雕飞鹤	两侧浮刻飞鹤、祥云
1419	倒 7	碑下部分磨灭	碑中、下部分磨灭
1420	15	丸雄	丸熊
1420	18	上款纵刻楷书“重建竹林寺记”	题目纵刻楷书“重建竹林寺记”
1420	18	雍正十一年春始逢政建之	雍正十一年春始奉改建之
1420	19	落款为“吴郡谢淞洲书”	“李士芳镌”,落款为“内务府总管、钦差督理淮安宿迁等处关政兼仓厂税抽事务、广宁年希尧撰,吴郡谢淞洲书,李士芳镌”
1420	22	象山渡口驻焦山作	象山渡江驻焦山
1420	倒 7	上款刻“光绪丙午十月朔湘郡八龄童子李远安”	上款“光绪丙午十月朔”　下款“湘乡八龄童子李远安”
1421	11	甘冽	甘洌
1421	倒 4	至正十年岁次庚寅春良日里巷口正卿立	至正十年岁次庚寅仲春良日里巷□正卿置
1422	倒 15	清冽甘芳	清洌甘芳
1422	倒 15	级以修绠玉液琼浆	级以脩绠玉液璚浆
1427	21	鸟龟山	乌龟山
1430	11	阴刻隶书“丹徒右尉”	阴刻篆书“丹徒右尉”
1434	倒 11	宏治末	弘治末
1435	10	兼葭	蒹葭
1435	12	兼葭	蒹葭
1435	12	兼葭	蒹葭
1435	倒 6	研丽	妍丽
1435	倒 5	研丽	妍丽
1436	倒 12	山绕翁城	山绕瓮城
1436	倒 12	京儿晓发	京畿晓发

续表 49-4

页	行数	原文	更正
1436	倒 11	五洲积雪	五州积雪
1436	倒 10	蓉楼花雨	蓉楼话雨
1436	倒 10	海门泛舟	海门泛月
1437	6	肖梁《瘗鹤铭》	萧梁《瘗鹤铭》
1437	倒 8	纪振钢	纪振纲
1438	1	帆和浆	帆和桨
1438	6	周恩来总理任命	周恩来总理签发
1438	10	杨端年	杨瑞年
1440	10	唐竺	唐兰
1442	倒 15	镇江太守王安礼	润州知州王安礼
1446	1	线以上文物	县以上
1446	一览表第 12	吕锡候	吕锡侯
1448	续表第 13	听郦山房	听鹂山房
1449	7	青去门	青云门
1459	2	翁有成字志县	翁有成字志吾
1459	5	号君斋	号艮斋
1462	倒 4	二月二日上巳日	二月二、三月三(上巳日)
1482	一览表第 14	民锋通讯社	民铎通讯社
1484	9	停刊时间不详	1949 年 4 月
1484	10	主编凌永乐	主编凌永乐、江行
1484	10	社址在镇江双井路《江苏建报》社内	社址原在双井路 45 号《江苏建报》社内,后迁新马路 13 号
1487	一览表倒 1	《江苏新闻》创刊年月 1938. 3	《江苏新闻》创刊年月 1948. 3
1488	倒 1	新扯	新址
1508	统计表下第 2	清光绪十年又有美教会人士在宝盖山开办妇幼医院	清光绪十四年(1888 年),美以美会贺路绥医师(Dr. Lucy Hoag)在宝盖山松树湾设妇幼医院
1510	倒 16	袁圣称	袁桂生
1525	3	何絮	何絜
1547	7	普济寺	普济庵
1548	倒 5	普济寺	普济庵
1549	倒 2	米芾山水	米家山水(或米家山)
1551	倒 8	神词	神祠
1552	倒 2	茅山宗祠	茅山宗
1553	倒 17	阿拉伯人、波斯人、大食人统称“回回”	波斯人、大食(阿拉伯)人统称“回回”

续表 49-4

页	行数	原文	更正
1553	倒 9	领会教义及活动不同	在对教义的领会及宗教活动形式上有所不同
1553	倒 8	但两派都遵奉《古兰经》	两派都遵奉《古兰经》和《圣训》
1555	3	《天方至圣实录》	《天方至圣实录年谱》
1555	4	清真寺大学	清真大学
1555	7	有国外穆斯林到此参拜	有国外穆斯林到此参观学习
1559	倒 9	赵彦称	赵彦偁
1562	倒 7	代汇澡东	会澡东
1564	倒 16	农历十月初一为下元节，俗称“十月朝”	农历十月初一为十月朝，又称十月朔（十月十五为下元节）
1567	4	烫饭	汤饭（泡饭）
1567	8	折烩	拆烩
1567	10	蒌蒿苔儿	蒌蒿薹儿
1567	11	螺丝头	螺蛳头
1577	1	结合部	接合部
1596	16	桔	橘
1602	16	蒌蒿苔儿	蒌蒿薹儿
1603	12	鼠负	鼠妇
1612	7	增华阁	招华阁
1614	12	座标	坐标
1621	倒 3	总裁纪昀	总纂官之一纪昀
1622	倒 13	邂风馆	避风馆
1624	倒 15	蒋宝素生年 1794	1795
1624	倒 14	越人仲景	秦越人、张仲景
1624	倒 2	蓬莱	蓬莱
1626	倒 7	王仁堪（1850—1896）	王仁堪（1848—1893）
1630	倒 3	禀贡生	廪贡生
1635	倒 10	冯煦，丹徒人	冯煦金坛人，寄居宝应外祖父家
1649	倒 16	扬效颜	杨效颜
1651	6	云苏	云书
1654	倒 6	清皇宝	清皇室
1655	倒 13	朱古薇	朱古微
1655	倒 1	倾襄	倾囊
1658	倒 13	民建江苏省工委主任委员	民建江苏省委主任委员
1658	倒 12	吕俊	吕濬
1662	6	求已学堂	求己学堂

续表 49-4

页	行数	原文	更正
1664	10	三义栈	三益栈
1664	倒 16	美籍学者见德士	美籍学者贝德士(Miner Searle Bates)
1664	倒 9	字润州	字润洲
1666	6	卫戍司令	卫戍司令
1671	1	丁瑗	丁瑗
1672	倒 15	镇江商会会长	镇江商会主席
1673	倒 13	大厦大学	大夏大学
1675	倒 15	巳未星期演说会	己未星期演说会(1919 年岁次己未)
1679	倒 14	稽直	嵇直
1683	倒 8	嵇直	嵇直(1901 ~ 1983),原名嵇元茂,号泽全,曾用名栾宝亭,原籍扬州,生于镇江
1685	7	曹刍 镇江人	曹刍,江都县城(今扬州市区)人
1685	16	《小学教育理论与实际》	《小学教育的理论与实际》
1687	4	五峰口	五凤口
1693	7	沧浪	沧浪
1712	倒 11	徐绍祯	徐绍桢
1715	14	曹琨	曹锟
1715	15	曹琨	曹锟
1715	15	渣泽	渣滓
1717	倒 19	摧残	摧折
1721	3	新中国成立后曾任国务院高等教育部长、中共中央党校副校长,	新中国成立后曾任团中央书记处书记、清华大学校长、高等教育部部长、天津市委书记、国家科委常务副主任、教育部部长、中共中央党校第一副校长
1759	倒 4	沧桑	沧桑
1760	13	江苏镇江府事合口口德模撰并书	江苏镇江府事合肥蒯德模撰并书
1761	倒 10	沧于夷	沧于夷
1763	13	德竣	德峻
1773	2	京几岭	京畿岭
1781	14	清延	清廷
1794	倒 11	撰搞人	撰稿人

第三章　前志卷目

第二节　消防设施
第三节　火灾预防
第四节　火灾施救
第六章　打击刑事犯罪
第一节　概况
第二节　“严打”斗争
第七章　政治保卫
第一节　镇压反革命
第二节　取缔反动会道门
第三节　监督改造“四类分子”
第八章　经济文化保卫
第一节　基层保卫组织
第二节　内部治安管理
第九章　司法行政
第一节　机构
第二节　律师
第三节　公证
第四节　人民调解
第五节　法制宣传
第六节　监狱　看守所

第十五卷　民　政
概　述
第一章　基层政权建设
第一节　解放前基层政权建设
第二节　解放后基层政权建设
第三节　群众自治组织
第二章　优抚安置
第一节　褒扬先烈
第二节　抚恤
第三节　拥军优属
第四节　接收安置
第五节　表彰先进
第三章　救灾　救济　扶贫
第一节　灾害救济
第二节　支援外地救灾
第三节　社会救济
第四节　农村“五保”
第五节　农村扶贫
第四章　收容改造
第一节　收容遣送
第二节　游民改造
第五章　社会福利
第一节　福利事业
第二节　福利生产
第三节　残疾人工作
第六章　婚姻管理
第一节　贯彻婚姻法
第二节　婚姻登记
第七章　殡葬改革
第一节　推行火化
第二节　殡葬设施
第八章　地名工作
第一节　地名普查
第二节　地名管理
附:镇江具有历史特点的地名
第九章　信访工作
第一节　机构沿革
第二节　接待处理

第十六卷　人　事
概　述
第一章　编制管理
第一节　机构　编制
第二节　精简整编
第二章　干部队伍
第一节　干部来源
第二节　干部结构
第二章　干部管理
第一节　干部培训
第二节　干部调配
第三节　行政任免
第四节　行政奖惩
第五节　干部的离休、退休和退职
第四章　专业技术人员管理
第一节　引进、聘用人才
第二节　职称评定
第三节　优惠待遇
第四节　支边出国
第五章　工资　福利
第一节　工资
第二节　福利
解放后部分年份镇江市区国家干部基本情况表

第二十一卷　房地产
概　述
第一章　产权监理
第一节　地籍整理
第二节　登记发证
第三节　房屋普查
第四节　资料建档
第二章　地产
第一节　地价
第二节　征用
第三章　房产
第一节　私房
第二节　公房
第四章　住宅建设
第一节　建房
第二节　住宅小区选介
第三节　住宅商品化

第二十二卷　建筑业
概　述
第一章　建筑
第一节　古代建筑
第二节　近代建筑
第三节　当代建筑
第二章　勘察设计
第一节　工程地质勘察
第二节　建筑设计
第三章　施工技术
第一节　基础工程
第二节　主体结构工程
第三节　屋面结构及防水工程
第四节　装饰工程
第五节　砼和钢筋砼工程
第六节　滑模施工
第七节　吊装与安装
第四章　建筑队伍
第一节　设计队伍
第二节　施工队伍
第五章　管理
第一节　行政管理
第二节　施工管理
第三节　计划、统计、财务管理
第四节　经营管理与改革
解放后各时期市直施工企业工作量统计表
1985年市区及驻镇主要施工企业一览表

第二十三卷　风景名胜　旅游
概　述
第一章　“三山”风景名胜区
第一节　金山
第二节　焦山
第三节　北固山
第二章　南郊风景名胜区
第一节　招隐寺
第二节　竹林寺
第三节　鹤林寺
第四节　南郊诸山
第三章　茅山风景名胜区
第一节　概貌
第二节　名胜古迹
第三节　革命史迹
第四章　宝华山风景名胜区
第一节　概貌
第二节　名胜古迹
第五章　圌山风景名胜区
第一节　概貌
第二节　名胜古迹
第六章　其他园林名胜
第一节　伯先公园
第二节　河滨公园
第三节　梦溪园
第四节　西津渡古街
第五节　鼎石山
第六节　湮没的园林
第七章　旅游事业
第一节　旅游机构
第二节　旅游项目
第三节　旅游服务设施
第二十四卷　经济综情
第一章　经济发展概况
第一节　解放前的经济发展
第二节　解放后的经济发展
第二章　经济结构

附　录

卷　目

一、重要文件选录

国务院关于江苏省改革地市体制调整行政区划的批复

（国函〔1983〕1号）

江苏省人民政府：

你省关于改革地市体制调整行政区划的报告及补充报告收悉。同意你省：

……

二、撤销镇江地区行政公署，将原镇江地区的高淳、溧水二县划归南京市；宜兴县划归无锡市；武进、金坛、溧阳三县划归常州市；丹徒、丹阳、扬中、句容四县划归镇江市。镇江市改由省管辖。

……

中华人民共和国国务院

一九八三年一月十八日

国务院批转建设部、文化部关于请公布第二批国家历史文化名城名单报告的通知

（国发〔1986〕104号）

各省、自治区、直辖市人民政府，国务院各部委、各直属机构：

国务院同意建设部、文化部《关于请公布第二批国家历史文化名城名单的报告》，现转发给你们，请研究执行。各地区、各部门要按照《中华人民共和国文物保护法》、《国务院批转国家建委等部门〈关于保护我国历史文化名城的请示〉的通知》（国发〔1982〕26号）的要求，切实做好历史文化名城的保护、建设和管理工作。

一九八六年十二月八日

附：第二批国家历史文化名城名单（三十八个）

上海	天津	沈阳	武汉	南昌	重庆	保定	平遥
喀什	镇江	常熟	徐州	淮安	宁波	歙县	寿县
亳州	福州	漳州	济南	安阳	南阳	商丘（县）	襄樊
潮州	阆中	宜宾	自贡	镇远	丽江	日喀则	韩城
榆林	武威	张掖	敦煌	银川	呼和浩特		

附：第二批国家历史文化名城简介

……

镇江

春秋时称朱方、谷阳，秦称丹徒，三国时孙权筑京城后称京口，北宋始称镇江，为府治。沿长江有著名的京口三山，金山有金山寺、慈寿塔、“天下第一泉”等；焦山有定慧寺和“瘗鹤铭”等著名碑刻；北固山有甘露寺及宋铸铁塔等，南朝梁武帝称之为“天下第一江山”。市内文物古迹有元代石塔，石塔附近还保

持着古街道风貌，还有清代的抗英炮台和纪念辛亥革命先烈的伯先公园，南郊风景区有招隐寺等。

国务院关于镇江港对外国籍船舶开放的批复

（国函〔1986〕181号）

江苏省人民政府、交通部：

你们《关于镇江港对外国籍船舶开放的请示》收悉。现批复如下：

一、同意镇江港对外国籍船舶开放，并设立口岸检查检验和管理机构。

二、同意增加口岸检查检验和管理人员编制三百六十二人。办公、生活用房所需七百二十五万元投资（包括海员俱乐部），由国家补助二百五十万元，划拨给地方统筹安排使用，不足部分全部由江苏省解决。开办费由地方解决。

三、对外开放前，由国务院口岸领导小组办公室负责组织验收，合格后由交通部正式对外公布。

四、其他有关具体事项，由国务院口岸领导小组和劳动人事部联合行文通知。

一九八六年十二月八日

国务院关于扩大沿海经济开放区范围的通知

（国发〔1988〕21号）

各省、自治区、直辖市人民政府，国务院各部委、各直属机构：

为了贯彻实施沿海地区经济发展战略，充分发挥沿海地区的优势，积极发展外向型经济，促进我国的社会主义现代化建设，国务院决定适当扩大沿海经济开放区，现将扩大的范围通知如下：

江苏省：

……

镇江市及所辖的丹徒、丹阳、扬中、句容县；

……《中共中央、国务院关于批转〈长江、珠江三角洲和闽南厦漳泉三角地区座谈会纪要〉的通知》（中发〔1985〕3号）中规定的各项政策，适用于上述地区。

一九八八年三月十八日

国务院关于江苏省撤销丹阳县设立丹阳市的批复

（国函〔1987〕201号）

江苏省人民政府：

你省一九八七年九月十一日《关于撤销丹阳县设立丹阳市的请示》收悉。同意撤销丹阳县，设立丹阳市（县级），由省直辖，以原丹阳县的行政区域为丹阳市的行政区域。

一九八七年十二月十五日

江苏省人民政府关于调整镇江市市区及丹徒县行政区划的批复

（苏政复〔1992〕25 号 1992 年 8 月 17 日）

镇江市人民政府：

1992 年 7 月 4 日及 7 月 24 日请示悉。经研究，同意你市市区及丹徒县行政区划作如下调整：

一、将丹徒县大港镇划归京口区。

二、将京口区所辖的中华路、和平路、京畿路、宝塔路 4 个街道办事处划归润州区；将润州区所辖的象山、汝山、丹徒、谏壁 4 个乡镇划归京口区。

区划调整涉及人员、机构等问题，务必做好工作，妥善安排。

此复。

中共镇江市委 镇江市人民政府关于进一步简政放权的意见

（镇发〔1992〕54 号 1992 年 8 月 18 日）

建立社会主义市场经济体制，必须进一步转变政府职能，当务之急是进一步简政放权，扩大基层的管理权限。按照微观放开、宏观调控的要求，现对进一步简政放权提出如下意见：

一、简化审批手续，加快办事节奏

1. 各县（市）区享受市级项目审批权限。属市权限范围内的基建、技改、外资、市政建设等项目，由各县（市）区审批，分别报市计委、经委备案。环保、工商登记等相关权力配套下放。市直企业五百万美元以下的合资项目的立项、可行性论证和合同章程的初审，由主管局（公司）协助企业组织实施；五百万元以下的生产基建、技改项目由企业组织论证，主管局（公司）审批，分别报市计委、经委备案。

2. 属市权限范围内的市直企业的内资项目，由市计委和市经委负责，成立项目投资服务公司，对审批手续实行“一条龙”有偿服务，经与有关部门协调，分别由市计委和市经委盖章后即可组织实施。

3. 属市权限范围内的利用外资项目，由市外商投资委员会负责，成立镇江市外商投资服务公司，对“三资”企业的审批手续实行“一条龙”配套有偿服务，由外资委盖章后即可组织实施。

4. 市对县（市）区实行一年一次性下达征地控制指标（同时下达复垦指标），扩大委托审批。

5. 简化出国审批手续。对公派出国人员，按干部管理权限实行分级政审，三年内再次出国可以免审（因犯错误或特殊情况需要重审的，由市各主管部门、县（市）区确定报审）。党政干部出国由市政府办公室扎口管理，财政局掌握的出国用汇指标主要负责党政干部的出国用汇，企业人员的出国外汇指标由企业自行解决，市外汇管理局给予办理。属市权限范围内的经贸团（组）出访，市政府委托市经贸委负责办理政审、批复等手续。

6. 市区迁入人口，根据省下达指标，由市计委分解下达，各有关部门负责具体审批。市农转非人口，在各县（市）区计划指标内的，由县（市）区主管部门审定，市主管部门办理审批手续。县（市）区经济技术开发区和一些重大项目用于征地的“农转非”审批权，委托县（区）办理。

7. 进一步下放开办企业审批权。市各主管局（公司）的下属单位开办商贸企业，包括商业、物资、饮食、服务等，由各主管局（公司）审批；各主管局（公司）直接开办的商贸企业由市计委会同市财办审批；市区新建批发市场，由市财办审批；凡5000平方米以上的网点建设由市财办和市建委牵头，实行会办制度。开办其它企业的审批，按镇政发〔1992〕127号文件执行。

8. 扩大县（市）区减免税审批权。凡营业税5000元以下、所得税2万元以下，产品税、增值税5万元以下，以及新产品、民政福利企业、“三废”利用和小学校办企业等有关减免税，均由各县（市）税务部门审批，减免税总量报市税务局备案。

二、进一步落实企业自主权

9. 保证企业投资决策权。凡属市权限范围内的企业投资，包括基建、技改、利用外资等，其项目可行性及项目论证由企业自行决定，按本意见第2条、第3条规定办理报批手续。企业用贷款进行的基建、技改项目，投产后还贷有困难的，给予减免税照顾。

10. 扩大企业用工自主权。企业按照面向社会、公开招收、全面考核、择优录用的原则，自主决定招工时间、条件、方式和数量。在招收地区、男女比例方面，由市劳务市场与企业商定。企业招用人员的就业前培训计划和形式，由企业自主确定。市区内职工调动权全部下放给企业，由企业与企业自行联系办理。企业分配、劳动、干部三项制度改革由企业自行组织实施，实行岗位技能工资制和全员劳动合同制的企业，按隶属关系报本地劳动部门审批。技校毕业生和职高毕业生，全部进入劳务市场双向选择，同等条件下优先招收。企业技师的评聘不受指标限制，劳动部门只掌握标准。企业有权按国家规定辞退职工。

11. 下放干部人事管理权，行政副厂级人事权按照镇发〔92〕32号文件规定，全部放到企业。组织人事部门制定企业干部聘任制和聘用制实施意见，推行比较规范的企业领导干部聘任制和聘用制。到企业工作的不包分配大中专毕业生，实行“双向选择”，市人事部门不再下达分配计划。企业从外地自主引进的人才，工资待遇由企业自主决定。

12. 放宽工资奖金分配权。进一步完善工效挂钩办法，企业职工的工资、奖金、补贴以及其他工资性收入，纳入工资基数，实行总挂总提，同时大力推行复合指标挂钩办法。企业在工资总额的增长幅度低于利税增长幅度，职工实际平均工资增长幅度低于劳动生产率增长幅度的前提下，核定其增长比例，实行上不封顶，下不保底。允许企业从新增利润中拿出5－10%作为奖金来源，奖励企业有功人员，不计入企业奖金税。企业负责人的奖罚审批和企业干部管理权限相一致。市属自收自支实行企业化管理的事业单位，工资奖金的分配标准，按企业劳动工资管理体制确定。

13. 放开产品定价权。企业生产价格决策，以企业为主，价格形式以市场调节价为主。企业生产的日用工业消费品和生产资料，除国务院、省物价部门管理价格的产品外，其它产品价格全部放开，由企业根据市场供求关系自主定价销售。对外贸易工贸商定价权和新产品试销定价权交企业自主行使。放宽对物资经营企业外购外销和经营环节的限制，允许企业根据合理流向、合理渠道、合理环节，自主经营，自主定价。凡经市经委、科委确认的新产品，生产企业可确定试销价格，报市物价部门备案。

14. 确保企业生产计划权。企业有权按照上级年度计划，根据市场需求自行编制生产经营计划。月度计划的考核，由各主管局（公司）负责，大力压缩各类繁杂的经济报表。改进对企业生产实行增限停的管理工作，着重控制产品无销路、严重压库的企业。对企业完成综合经济指标情况，由市主管部门进行考核，每半年考核一次。对完成任务的，给予奖励；完不成任务的，按规定扣发厂长工资奖金。

15. 积极争取企业经营出口权。凡具备条件的企业有关部门要积极向上争取，尽快让其自主经营。大力推行外贸进出口代理制和联合、联营、设立分支机构等灵活变通办法。用足用好进出口权，使更多的企业进入国际市场。

16. 改善对企业的管理。市各综合部门和工业主管部门要切实转变作风,改革过去集中统一的管理方式和工作方式,主要是做好本行业的规划、协调、服务和监督工作。今后审计部门在企业组织好内审的基础上,要重点审那些虚盈实亏、不提少提、没有处理好三者利益的企业。凡当年审计过的企事业单位不再安排财务、税务检查的抽查,各主管部门为提高企业职工素质而举办的各种专业培训班,应坚持按需培训,统筹安排,自愿参加,不得强求企业派人参加。

三、开展“全面放开经营”的试点,增强企业经营机制改革的力度

17. 选择若干生产经营好、领导班子强的工商企业进行“全面放开经营”的试点。主管局(公司)对试点企业有行业管理、服务和归口统计的任务,不再承担经济责任。企业的生产经营活动由企业自主确定,不再报批。政府各有关部门主要是依法对企业进行宏观管理和监督。今后,市政府对试点企业所在主管局的考核,剔除试点企业指标影响的因素;对试点企业除国家和省有统一规定的外,不再进行一般经济活动的检查评比。

18. 允许企业自主选择承包经营责任制、股份制、放开经营、投入产出总承包等生产经营形式,适合哪种搞哪种。各企业今年内搞好方案,明年开始施行。有关部门要尊重企业的选择,积极做好服务工作。

四、扩大部分乡村管理权限

19. 对丹阳市界牌、新桥、后巷、珥陵、吕城、皇塘、访仙,扬中县新坝、丰裕、联合、长旺、油坊,丹徒县辛丰、高资、大港、上会,句容县下蜀、宝华、后白,润州区七里甸、象山、蒋乔、谏壁等23个乡镇扩大经济管理权限,享有县级项目审批、工业小区规划审批和工业小区内土地征用等权力。1000万美元以下的合资、合作项目建议书、可行性研究报告,由乡镇人民政府审批,报市、县(市)区有关部门备案;300万元以下的内资项目,由乡镇人民政府审批;乡镇工业小区可比照市、县开发区的有关优惠政策执行;允许跨地区、跨乡镇办厂经商,谁投资、谁受益。

20. 赋予市批准的农业现代化试点村县级经济管理权限。村办企业投资300万元以下的新项目、科技成果应用项目和技改项目,由村自主决策,报县级有关部门备案;投资300万元以上的重点项目报县级有关部门审批。中外合资企业或需要省级以上审批的项目,由市、县有关部门协同企业办理报批手续,允许试点村发行企业内部债券,搞房地产开发,多渠道筹集生产资金。

五、扩大开发区管委会、企业化管理单位和机关部门干部人事管理权

21. 扩大对经济技术开发区的机构编制和人事管理权限。市经济技术开发区管委会内设机构和干部调配,由管委会负责审批。管委会有权招聘一般工作人员。

22. 放宽对实行企业化管理的事业单位的机构编制管理。实行企业化管理的事业单位可实行“弹性编制”和“效益浮动编制”,内设机构由本单位按实际情况确定,报主管部门和编制部门备案;单位有权在人员编制和职数限额内委任或聘用干部,聘任各类专业专业技术人员。

23. 允许党政机关干部辞职、留职停薪。留职停薪人员的人事关系转市人才服务中心,保留原干部身份,留职停薪期满后进入人才市场实行双向选择。党政机关有权根据有关规定辞退不符合条件或不接受合理安排的工作人员。党政机关减少工作人员后,可提取缺额人员工资总量的百分之四十至五十作为在职工作人员的奖励。实行下管一级的干部管理体制,党政机关正科级干部,由主管部门党组(党委)决定任免,报组织部门备案。

以上意见,各地、各部门必须认真执行。市经济综合部门和主管部门都要结合实际,制定本部门、本单位进一步简政放权的具体配套措施。对治理整顿以来所发的文件或规定进行认真清理,凡与本意见有抵触的按本意见执行;凡已明确规定下放给基层的权力,任何部门、任何单位不得截留,不得制定与本意见有悖的其他规定。各级纪检、监察部门对本意见的执行情况负责检查督促。

江苏省人民政府关于设立镇江经济开发区等五个省级开发区的批复（摘要）

（苏政复〔1993〕52 号 1993 年 10 月 16 日）

镇江、扬州、盐城、徐州、淮阴市人民政府：

镇政发〔1993〕85 号、扬政发〔1993〕80 号、盐政发〔1993〕98 号、徐政报〔1993〕45 号、淮政发〔1993〕105 号文件收悉。根据中共中央中发〔1993〕6 号和国务院国发〔1993〕33 号文件精神，按照加强统筹规划，合理布局，注重经济效益和社会效益的原则，结合各开发区开发建设的实际进展情况，经省政府研究，同意设立江苏省镇江经济开发区、扬州经济开发区、盐城经济开发区、徐州经济开发区、淮阴经济开发区，并享受省级开发区的有关政策。

上述各开发区的总体规划面积和范围如下：

江苏省镇江经济开发区：规划面积 8.73 平方公里，范围为东起三环路，西至二环路，南起镇大铁路，北至古运河和东起绍隆寺路，西至通港路，南起银河路，北至兴港路。其中起步区面积为 4.93平方公里。

市委农工部、研究室、市乡工局、市体改委关于农村产权制度改革的若干意见

（镇发〔1994〕31 号批转 1994 年 5 月 12 日）

去年以来，市委、市政府先后发了〔1993〕41 号和 54 号文件，对指导以股份合作制、公有民营为重点的农村产权制度改革起了重要的作用。目前改革正在进一步深化和发展，在实践中出现了一些新的情况和问题需要解决。为了更好地指导和推动农村产权制度改革取得突破性的进展，按照“整体推进、重点突破、逐步规范、全盘搞活”的要求，提出如下意见：

一、产权制度改革的目标和形式

第一条　产权制度改革的目标是：通过推行多种形式的产权制度改革，逐步使企业资产商品化、产权多元化、机构规范化、经营多样化、管理科学化，使企业机制更加适应社会主义市场经济的要求，促进多种经济成份并存互补、共同发展，逐步建立现代企业制度。

第二条　产权制度改革目前可采取以下几种形式，逐步完善，逐步规范。

第一种：股份经营。这是产权制度改革的重点内容，目前主要形式应为股份合作制、有限责任公司、股份有限公司等。

第二种：公有民营。主要是通过租赁、租售结合或先租后售等形式，将集体企业交给个体或私人经营，实行风险抵押。公有民营不仅可在“小、微、亏”企业普遍实行，而且也可在其他企业推行。

第三种：拍卖兼并。通过拍卖兼并将企业产权出售给各种所有制的法人或个人。

第四种：中外合营。多数中外合资企业就是比较规范的股份合作企业。

其他：在大力推行上述产权制度改革形式的同时，鼓励有利于企业增强活力，有利于生产力发展的各种产权经营形式。

二、积极推行和完善股份合作制

第三条 股份合作制企业在总体上可采取增量扩股和存量转让两大类。由三户以上农民组成的股份合作企业，要大力提倡，并鼓励上规模，上水平。

第四条 增量扩股。对新上项目、新办企业都应搞增量股份，特别注意吸收一些大企业或有实力的企业入股。老企业改制中，还可以通过存量配股，吸引增量，并从实际需要出发，决定基本股的配股比例。配股引股不搞人人均等，可根据贡献多少、责任大小等因素确定。

第五条 存量转让。主要是将企业的资产通过评估后，进行转让。其转让范围，可以是企业职工和经营者，也可以是法人和其他自然人，更要吸引外资进行转让。转让比例从实际出发，可以部分或全部转让。资产转让，不仅是工业企业，也可以扩展到一、三产业；不仅生产性企业可转让，基础设施和可用资源也可转让。效益好的企业存量转让，应由购买者以现金一次性支付，微、亏企业转让，可以实行分期付款，但应实行财产抵押或担保，并进行司法公证。

第六条 为使企业个人股适当向少数人集中，以加大经营者的责任，要注意吸引既有经营能力，又有经济实力的个人投股和买股。各地可根据实际情况，将企业主要经营骨干持股占总股本金比例提高到30% –40%，有些企业还可以加大比例。

第七条 老企业改制为股份合作制的，不设企业股。不设企业股的相应份额，可以转化为职工基本股，实行增量配股；也可以作股转让。国家减免税部分量化折股后，可按照减免税的不同构成，确定其股权归属。

第八条 股份合作制企业实行股东会、董事会、监事会和经营层组成的领导管理体制。厂长（经理）由董事会聘任，可以内部聘用，也可以公开招聘。中小型企业的经营者，持有一定比例个人股、且素质较好，董事长与厂长（经理）可以由其兼任。乡（村）有股权代表，分别由乡镇实业总公司和村合作经济组织委派。

第九条 股份企业内可以实行承包经营，企业经营者由对乡、村承包改为对企业董事会承包。如经营者投股不多的，应缴纳一定风险抵押金，实行风险抵押承包。主要承包指标应包括：销售收入、利税总额、技改投入、股本增值以及应交规费等。

第十条 建立健全股东（代表）大会和监事会制度。在规模较大的企业中，必须设监事会，改制企业中的党组织、职代会可以委派代表进入企业监事会，通过监事会发挥党组织保证监督和职代会民主管理作用。在规模较小的企业中，可设一名监事，执行监督职能。

第十一条 股东入股（个人股）的股份应由可以退股逐步向不退股过渡；股份收益应由保息分红向无息分红过渡。企业分配要与企业经营状况挂钩，实行同股同利，上不封顶，下不保底。股利分配要先审计，后分配，实际分红比例由董事会决定。企业亏损，不得计息分红。

三、公司制企业的设立

第十二条 选择乡（镇）、村企业中具有一定规模、符合法定条件的企业或条件成熟的股份合作制企业进行公司制改制，建立有限责任公司或股份有限公司

第十三条 建立有限责任公司、股份有限公司要按照《公司法》规定制定公司章程，组建董事会，明确各方权、责、利。

第十四条 可以有限责任公司或股份有限公司为核心，通过参股、控股、兼并等形式，组建企业集团。村级经济比较发达的地方，可通过建立有限责任公司或股份有限公司，实行村级经济股份化组合、企业化管理。

四、完善小微亏企业的改革办法

第十五条 对“小、微、亏”企业，要积极推行以资产使用权有偿转让或租赁为特征的公有民营，既盘活存量资产，又为企业产权制度改革奠定基础。

第十六条 公有民营要实行公开招标竞争，根据企业实际，合理确定租金标底，可以包死，也

可以按一定幅度逐年递增,中标者原则上应一次付清租金,实行风险抵押,承担租赁资产的风险责任,签定承租合同,并经司法部门公证。

第十七条 公有民营企业要妥善处理好原有职工安置。原有职工原则上应由承租人接收,重新签定用工合同。租赁期间,承租人可根据劳动部门有关规定和用工合同,行使用工自主权,但要保证原有职工队伍的稳定,对确因优化组合下岗的人员应由租赁方妥善做好安置工作。承租期间,承租人自主用工的合同期要与租赁期同步。

第十八条 承租人在租赁期内,享有集体资产的经营自主权、收益分配权,任何单位和个人不得侵犯公有民营企业的正当权利。同时,承租者必须依法经营,保证集体资产安全、完整。各项提留提全、留足。承租期满后重新审计资产。要鼓励承租者增加投入,上技改项目或扩展新项目,技改和新上项目增加的利润归承租者自由支配;租赁期满后,这部分投入仍归承租者所有,在财产处理上,可吸收作股份,可搞成一厂两制,也可由承租者自己处理。公有民营企业,可以采取租售结合或赎买的办法,将原资产转让给承租者。

第十九条 乡镇行政组织、企业主管部门和银行、税务等有关部门,应像对待其它集体企业一样,为公有民营企业提供必要的指导和服务,促使其健康发展。

五、加强企业资产的管理和经营

第二十条 把好企业清产核资和资产评估关。资产评估是企业产权制度改革的关键环节,直接关系到资产所有者和经营者、使用者的合法权益,凡是进行兼并、联营、租赁、转让、拍卖、股份合作、中外合资等产权制度改革的企业,都必须进行清产核资和资产评估。

1. 对企业固定资产原则上应实行重置价评估,不能以帐面作价,以防止集体资产流失,重置价评估中要注意实物资产适用性原则。公有民营企业资产评估,承租者不能参与,以防止人情评估,影响竞争招标的公平。

2. 合理处置债权债务。评估中必须如实搞清债权债务关系。核销集体所有制企业的债权,报废资产,都必须报乡(镇)实业总公司或下设的资产管理部门审批。企业产权改革之前的债权,要限定有关人员,限期包干回收。债务尽可能通过协商后折股处理,不能折股的应由原资产所有者负责偿还。对资不抵债的企业,可采取:(1) 逐年冲抵。债务先挂账,由资产所有者从租赁金、转让费和收取的其他费用中逐年冲抵。(2) 减费补偿。根据资不抵债数额多少,乡镇给于若干年减免部分规定的收费。(3) 先租后转。即先租赁后转让。金融部门要积极参与产权改革,采取多种形式,帮助企业解决好债权债务。

3. 做好无形资产的评估。对企业技术开发、创新创优、商标名牌等无形资产要认真评估,量化入股。无形资产评估要根据形成时实际成本和具有的获利能力,实事求是评估。

4. 土地使用权评估。企业产权制度改革,可采取租赁或收取使用费办法,有偿使用土地,租赁和使用费的标准可由乡(镇)村根据所处地段和土地等级合理确定。企业要求土地使用权连同地面建筑物一起转让,或以土地使用权作价入股,也可允许。其土地资产的评估按规定实施,土地使用权转让应履行正常手续,并由有权部门鉴证。土地使用权转让费用较大,可以分期付款,或经集体股扩股形式分期摊入。

5. 评估程序和手续要简化,收费要合理。评估工作可由乡镇组织班子评估和县(市)区会计师、审计师事务所评估结合进行。当前要抓紧培训乡镇资产评估人员,使他们尽快熟悉业务,提高水平。

第二十一条 加强存量折股转让资金的回收和管理。企业资产存量转让部分、公有民营的承租金以及集体企业资产拍卖回收的资金,是集体经济生产性资金的积累,必须上交乡镇、村合作经济组织或代表合作经济组织的管理部门,这些资金必须用于对企业的生产性投入,不得用于消费性开支。投资的方式,可以投股参股方式进行,也可通过银行委托放贷,有偿使用,滚动增值。

第二十二条　建立乡镇集体资产管理机构。

1. 为了适应集体企业产权制度改革后的新情况,利于政府职能转变,各乡镇可以在乡镇实业总公司领导下,建立集体资产管理办公室和集体资产经营公司。

2. 乡镇集体资产管理办公室主要职责是对集体资产进行财务管理、监督。在管理体制上,实行乡、村分级管理。乡镇集体资产管理办公室的具体工作是:对乡(镇)办集体企业建立财务档案和帐册,加强对集体股资产的管理;在产权改革中负责资产评估、产权转让等各项工作;对转制企业的应缴费、金,应提基金及股权流转等进行管理;对各种形式的转制企业进行财务审计;对村办企业集体资产管理进行指导与监督。

3. 各乡镇应积极创造条件,建立集体资产经营公司。集体资产经营公司是乡(镇)集体资产的法定代表人,承担乡(镇)资产经营风险和保值、增值责任。征得资产管理部门的同意,负责集体股资产的调度、流转、优化配置,以及集体资产的日常经营和投资;负责外部资金参股、募集、借贷、融通等各项工作。

第二十三条　为促进产权交易行为的公开、公平、优化,提高资源配置效益,各地可根据产权交易活动的需要,建立中介性的产权交易机构。今后有关产权交易活动,可以委托产权交易机构办理。产权交易机构主要任务,是为乡镇企事业单位和个人的资产有偿转让、产权变动、设备调剂提供咨询和信息服务,组织日常产权交易活动,办理交易手续,以及协同有关部门负责企业破产、兼并、股份企业的终止清算等有关方面的工作。

六、建立健全社会保障体系

第二十四条　企业改制后,应妥善安排好各类人员的生活保障。一是确保退休职工、残疾人员的生活费用;二是对在岗老职工,可以在企业工作的应尽量留在企业;三是其他人员可以分流的,应稳妥地做好分流工作。鼓励企业改制后的富余人员从事第三产业和其他经营活动,工商部门在申领营业执照时给予方便和照顾。

第二十五条　改制后的企业,要继续做好在职职工退休、养老和医疗等保险。可以将企业中存量资产划出一部分,以股权或出售资产的现金收入等形式,交由相应的社会保险组织持有,这部分资产的转让收入和投资收益专项用于企业职工的社会保险费支出。还要做好企业待业保险、工伤事故保险工作,建立健全社会综合保险体制。

七、切实加强对产权制度改革的领导

第二十六条　健全组织,加强领导。各乡镇均应建立在党委、政府领导下的产权制度改革领导小组,组长要由乡镇党政主要领导担任,成员由乡镇经管站、工业公司、财税、金融、工商等部门的领导组成,以统一抓好产权制度改革的领导工作。

第二十七条　加强指导,多路探索。市、县(市)区和乡镇领导都要亲自实践,参与改革,总结经验,以点带面。要坚持从实际出发,既注意改革的循序渐进,又不失时机地在重点环节上取得突破。要加强指导,多路探索。集中力量,分工负责,落实责任,加强培训,并组织检查指导,做到改革一个,成功一个,保证改革工作的进度和质量.产权制度改革的形式要因地、因厂制宜,不搞一刀切,但都要坚持改革的目标和方向,有利于生产力的发展。

第二十八条　加强协调,搞好配套。产权制度改革工作,牵涉到各个方面,必须互相配合,逐步完善和配套。税务、工商、金融、司法等部门要认真研究产权改革后的新情况、新问题、主动服务,帮助和指导企业组织正常生产,健全财务制度,加强管理,增强后劲,不断提高经济效益,为建立社会主义市场经济条件下更富活力的乡镇企业新机制,促进乡镇工业又快又好地发展作出各自的努力。

江苏省人民政府关于撤销扬中县设立扬中市的通知

（苏政发〔1994〕56号 1994年7月5日）

镇江市人民政府：

经国务院批准，同意撤销扬中县，设立扬中市（县级），以原扬中县的行政区域为扬中市的行政区域，仍由镇江市管辖，实行计划单列。

国务院关于江苏省镇江市、江西省九江市职工医疗保障制度改革方案的批复

（国函〔1994〕116号 1994年11月18日）

江苏、江西省人民政府：

江苏省人民政府《关于报批镇江市职工医疗制度改革实施方案的请示》（苏政发〔1994〕91号）和江西省人民政府《关于再次报请审批〈九江市职工医疗社会保险暂行规定〉的请示》（赣府字〔1994〕315号）收悉。国务院原则同意《镇江市职工医疗制度改革实施方案》（简称《实施方案》）和《九江市职工医疗社会保险暂行规定》（简称《暂行规定》），认为《实施方案》和《暂行规定》符合国务院批准的四部委《关于职工医疗制度改革的试点意见》精神。请江苏省镇江市和江西省九江市按此方案于1994年12月开始实施。现将有关问题进一步批复如下：

一、关于亏损企业职工医疗保险基金的筹集问题。亏损企业应努力克服困难，缴纳医疗保险金，使医疗机构能够对这些企业的职工继续提供医疗服务，不致影响社会的稳定。亏损企业参加医疗保险后，可以使职工的医疗保障社会化，实际上会减轻企业的负担。亏损企业筹集医疗保险基金的具体办法可在试点过程中探索。

二、关于私营企业职工参加职工医疗保险的问题。考虑到私营企业情况比较复杂，可以先进行试点。

三、国务院重申职工医疗保障制度改革实行属地原则。所有中央部属和省属企、事业单位都必须参加所在地的职工医疗保障制度改革试点，执行当地统一的缴费标准及有关政策规定。

四、关于个人医疗帐户问题。考虑到45岁以上的职工患病较多，但他们过去没有医疗帐户的积累，应在职工医疗保障制度改革的初期，对他们有所照顾，因此，原则同意镇江市、九江市提出的意见，单位缴纳的医疗保险费中，计入个人医疗帐户的部分，可按职工年龄确定不同的比例。

五、同意镇江市、九江市为切实加强对离休干部医疗费用的管理，对离休干部设立个人医疗费用台帐或个人医疗帐户，但一般不缴纳医疗保险费。

九江市对解放战争时期参加革命的、享受副地级以下待遇的离休干部，实行自付少量医疗费的办法，已实行两年多，且已为这些离休干部所接受，可以继续试行。

六、关于职工供养的直系亲属的医疗保障问题。考虑到这个问题比较复杂，需作进一步研究。因此，暂不纳入职工医疗保障制度改革试点范围。各企、事业单位可按现行办法执行。

七、原则同意镇江市、九江市提出的建立对医患双方制约机制的意见。为保证职工医疗保障制度改革的顺利进行，必须切实搞好医疗单位内部的管理改革，既要最大限度地减少浪费，又要认

真改善医疗服务,提高医疗质量。

八、医疗单位属于社会公益事业单位,应由当地政府规划、建设。医疗单位的基本建设及大型医疗设备的购置、维修要纳入同级政府的基本建设计划和财政预算,统筹安排。当地政府还要帮助医疗单位逐步解决合理补偿问题,实行医疗服务和销售药品收入分别管理、分开核算,使它们不仅能维持正常的运行,还能不断得到发展。

九、同意镇江市、九江市在职工医疗保障制度改革试点工作中,采取不同的领导管理体制,以便通过实践总结经验。

十、要加强医疗保险基金的管理。医疗保险基金要纳入财政预算管理,建立分级管理责任制,完善财务、会计、审计和预、决算审批制度,切实保证基金的合理使用,防止挪用。一旦出现问题,应该按有关规定严肃处理。管理费应该力求节约。管理费的提取比例不超过实际收取的医疗保险基金的2%。

职工医疗保障制度改革涉及广大职工的切身利益,政策性强,难度大。希望你们继续努力,精心组织实施。要认真做好宣传教育工作,发动和依靠广大干部群众不断克服改革进程中的困难,做好试点工作,为下一步全面开展职工医疗保障制度的改革提供经验。

附件:1. 镇江市职工医疗制度改革实施方案

2. 九江市职工医疗社会保险暂行规定

江苏省人民政府关于镇江市城市总体规划修编方案的批复

(苏政复〔1994〕81号 1994年12月27日)

镇江市人民政府:

你市1993年12月22日《关于报批〈镇江市城市总体规划〉(修编方案)的请示》(镇政发〔1993〕325号)悉。经研究,现批复如下:

一、原则同意你市上报的《镇江市城市总体规划(修编方案)》。

二、城市性质:国家历史文化名城,长江下游重要的港口、工贸、风景旅游城市。

三、城市规模:近期(2000年)主城区人口按50万人规划,远期(2010年)按65万人规划。主城区建设用地近期(2000年)控制在50平方公里内,远期(2010年)控制在68平方公里内。

四、规划区范围包括主城区、大港区、高资区及丹徒县的石马、上党、西麓、三山、辛丰、黄墟、丁岗、姚桥、大路等乡镇,面积为724.9平方公里。

五、镇江市中心城区由主城区、大港区和高资区组成,面积259.5平方公里。主城与两区之间以绿化和农业用地相隔,以快速交通干道相连,形成"沿江发展、相连不相接"的布局。

主城由老城、丁卯、谏壁、官塘、蒋乔五个组团组成。组团间利用自然山体和绿地分隔,充分体现"城市山林"的特色。

六、加强主城出入口的交通配套设施建设,协调好对外交通和城市交通的相互关系。城市道路的重要交通结点,要预留建设立交的用地。要调整和加大市区道路网的密度,缓解城市主干道的交通负荷。

七、镇江港是全国主要枢纽港之一,要按照现代化港口群体建设的要求,逐步完善。由于长江水势变化的客观情况,应积极开辟高资、龙门新港,为加快镇江经济发展和逐步转移老港功能创造条件。

八、镇江市是国家历史文化名城,应重视对历史文化遗迹的保护。要明确保护范围,制订保护利用措施。对已确定的五个重点保护区,要尽快制定详细规划。对严重影响景点环境的工厂,应积极创造条件尽早搬迁。

九、加强环境保护,切实改善生态环境。特别要重视长江供水水源的保护,严格控制市区地下水开采。对规划中确定搬迁的有污染的工厂,必须在规划期内分期分批迁出,以提高城市环境质量。

要搞好城市绿化建设,完善城市绿地系统,提高绿化覆盖率。远期开发利用征润洲,要注意生态环境建设。

十、要严格按照批准的城市总体规划修编方案,组织实施,并抓紧编制分区规划、详细规划、深化各项专业规划。

江苏省人民政府关于撤销句容县设立句容市的通知

(苏政发〔1995〕68 号 1995 年 6 月 12 日)

镇江市人民政府:

经国务院批准,同意撤销句容县,设立句容市(县级),以原句容县的行政区域为句容市的行政区域,仍由镇江市管辖,实行计划单列。

省政府关于同意部分调整镇江市京口区润州区与丹徒县行政区划的批复

(苏政复〔1997〕54 号 1997 年 5 月 4 日)

镇江市人民政府:

你市《关于镇江市部分区划调整的请示》(镇政发〔1996〕331 号)及《关于镇江市部分区划调整的补充请示》(镇政发〔1997〕84 号)悉。现批复如下:

(一)撤销丹徒县谏壁乡,将其原辖区域划归京口区谏壁镇管辖,实行镇管村体制。

(二)将丹徒县丁岗镇的魏家墩、段家、巷岗、唐巷、厚角、部家等 6 个村和大路镇的勤廉、勤余 2 个村划归大港镇管辖。

(三)将丹徒县三山乡的平山、秀山、大山等 3 个村划归润州区官塘桥乡管辖。

(四)将润州区官塘桥乡的驸马庄村、缪家甸村、蒋乔镇的诈输村及马山村的大地巷村民小组划归丹徒县西麓乡管辖。

区划调整涉及人员、经费等问题,务必认真做好工作,妥善处理,以维护安定团结,促进经济建设和各项社会事业更好地发展。

(注:根据镇政发〔1997〕205 号文件调整实施。)

至年底,全市共有 97 个乡镇(街办),其中街办 8 个,乡 26 个,镇 63 个。丹阳市辖 25 个镇,4 个乡;句容市辖 10 个镇,12 个乡;扬中市辖 11 个镇;丹徒县辖 11 个镇,6 个乡;京口区辖 3 个镇,2 个乡,4 个街道办事处;润州区辖 3 个镇,2 个乡,4 个街道办事处。镇江丁卯经济开发区辖 5 个村,大港经济开发区辖 1 个镇。

为适应全市经济发展的需要,经省政府批准,对丹徒、京口、润州三县区的行政区划进行小范围的调整：撤销丹徒县谏壁乡并将该乡除孩溪、新竹、甸上3村外其余的村划归京口区谏壁镇；丹徒县谏壁乡的孩溪、新竹、甸上3个村和丁岗镇的魏家墩、段家、巷岗、唐巷、厚角、部家等6个村，以及大路镇的勤廉、勤余2个村划归大港镇；丹徒县三山乡的平山、秀山、大山3个村划归润州区官塘桥乡，丹徒县茶场划归润州区管辖；润州区官塘桥乡的驸马庄村、缪家甸村和蒋乔镇诈输村以及马山村的大地巷村民小组划归丹徒西麓乡。润州区渔业乡更名为金江乡。

中共镇江市委关于进一步加快发展个体私营经济的决定

（镇发〔1998〕15号 1998年2月27日）

各县（市）区委和人民政府，市委各部委办，市各委办局，军分区，各人民团体，各直属单位、驻镇单位：

为鼓励和引导个体私营经济快速、健康发展，根据十五大精神和镇江实际，现决定采取以下措施：

一、牢固确立个体、私营经济在我市经济发展中的地位

1. 个体私营经济是我国社会主义市场经济的重要组成部分。发展个体私营经济是调整和完善所有制结构、推动社会生产力发展的重要内容，是我市发展经济，促进就业的内在要求，也是我市经济发展新的增长点。

2. 坚持"三个有利于"标准，进一步解放思想、更新观念、放开手脚、积极扶持、加强引导，因地制宜地大力推进个体、私营经济发展，提高其在国民经济中的比重，形成多种所有制经济平等竞争、共同发展的新格局。各级党委和政府要加强对个体、私营经济工作的组织和领导，协调解决发展中的重大问题，把发展个体、私营经济纳入地方经济发展的总体规划，并作为干部政绩考核的重要内容。

二、进一步简化个体、私营企业审批、登记、管理程序

3. 放开工商注册登记，取消"企业性质"一栏，按企业资本组织形式进行登记，对注册资金30万元以上（含30万元）的企业，允许冠以市级名称。

4. 申办私营企业的，只要具备基本开业条件，雇工人数不足8人或注册资金未达到规定标准的，可先予以登记注册核发执照，然后在6个月内补足人数和注册资金。

5. 国有、集体企业和事业单位下岗、待岗人员申办个体、私营企业的，可到工商行政管理机关领取临时营业执照，一年内可以减半缴纳工商管理费。凡下岗职工申请在集贸市场经营的，各主办单位要优先安排摊位。

6. 及时为个体、私营企业办理税务登记，允许私营企业使用无经济性质的通用发票，允许个体大户使用大额发票。

7. 从事应税劳务和商业经营的个体工商户其月营业额未达到起征点的，可免征增值税。

8. 个体工商户和私营企业所得税前工资费用列支标准：个体工商户的工资费用扣除标准为每人每月500元，从业人员工资费用扣除标准为每人每月400元；私营企业职工工资费用扣除标准最高限额为每人每月660元。

9. 各有关部门对申办个体、私营企业，必须在接到申请后十日内办理完毕；国家法律、法规和省政府规章规定的须由专业主管部门核发许可证或专项审批的，在接到申请后三十日内作出答复，逾期即视为同意。

10. 对个体、私营企业因生产经营需要使用土地、租赁房屋、安装水电及通讯设施等及时安排，并按国有、集体单位标准收费。国土、交通、邮电、供电等部门及时做好各类新建企业、市场的配套服务工作。

11. 鼓励私营企业从事道路、桥梁、供水、排污、仓储、市场等公共基础设施和农业项目的投资开发与管理。

三、大力培植个体、私营企业上规模、上档次、上水平

12. 允许有能力的私营企业通过资产控股、技术入股、兼并、租赁、购买、承包、领办等多种形式,利用国有集体企业的闲置资产扩充自己的经济实力。对一些经营状况差的中小国有企业或集体企业,在保证公有资产保值增值的前提下,可通过租赁、承包、委托经营等方式改组为公有民营企业,经有关部门批准后,也可通过拍卖、作价入股、整体出让等形式实行民有私营。在混合经济中,允许个体、私营经济成份占有控股权。

13. 完善社会保障体系,逐步把养老、失业、工伤、医疗等社会保险的覆盖面扩大到个体、私营企业。凡镇江市范围内的个体工商户、私营企业主和从业人员,都应依法参加社会养老保险。其缴费基数和缴费比例按当地规定执行,由企业、个人双方合理负担。参加社会养老保险的个体、私营企业从业人员,享受养老保险的待遇与国有、集体企业职工相同。个体、私营企业从业人员在国有、集体企业之间相互流动时,只要连续缴纳养老保险费,缴费年限连续计算,并依照国家有关规定,退休后按月领取养老保险金。

14. 鼓励国有、集体企业中有技术特长的下岗干部、职工到个体、私营企业就业,可在三年内保留其人事或劳动关系,其工资和其他待遇由本人与企业协商确定,只要继续缴纳养老、失业等社会保险费,工龄及缴费年限连续计算。

15. 支持个体工商户、私营企业通过人才市场和劳动力市场招聘人才,依法享有用人自主权,可自行确定企业内部机构设置。对需要招聘专业技术人员和管理人员的,市、县(市)区劳动、人才服务中心必须及时帮助办理招聘、录用手续。

16. 大中专毕业生到个体工商户、私营企业就业的,可到户籍或用人单位所在地人事部门的人才服务中心办理人事代理手续,并托管其档案。

17. 鼓励外地个体工商户或私营企业主在镇江市区(含开发区)范围内兴办企业,年纳税额10万元以上并有固定住所的,经审核,可以批准投资者或配偶、子女1人城市户口(蓝印)。

四、大力促进个体、私营企业外向发展,开拓国际市场

18. 鼓励和引导个体工商户、私营企业大胆从境外引进资金、技术和先进的管理方法。支持私营企业兴办中外合资、合作企业。鼓励其到海外经商办企业,开拓国际市场,参与国际竞争。

19. 个体工商户、私营企业从业人员出国(境)或赴特区洽谈业务、建厂办店、开展技术交流等,经市工商局或工商联审核,由公安、外事部门按有关规定及时办理手续。

20. 支持和帮助私营企业发展外向型经济。外贸部门积极为其沟通涉外经贸业务渠道,组织参加各种交易会和洽谈会,帮助有条件的私营企业申报进出口经营权、外经权,积极推荐、培训外经贸人才,对出口有潜力、有竞争力的商品在许可证和配额上予以支持。

五、大力鼓励个体、私营经济走科技发展之路,以科技进步推动企业发展

21. 鼓励和支持科技人员兴办私营科技企业。合伙或个人申办私营科技企业,其注册资金可适当放宽,经过评估,可以用技术抵充不超过20%的注册资金。

22. 私营科技企业可以承担市级技术开发和新产品试制项目。私营科技企业在承担科技任务、接受委托科研项目、申请科研成果鉴定、申请科技贷款和技术改造项目贷款、高新技术企业认定、保护知识产权等方面,享受与国有科技企业同等待遇。

23. 鼓励个体工商户、私营企业加大科技投入,引进高科技人才和先进技术,更新技术装备,提高支柱产品创新能力和产品科技含量。支持个体、私营经济从业人员创办和发展高新技术企业、

科技咨询企业。科委、财政局可用科技三项经费支持私营科技企业进行项目开发,所投入的资金可作为国家资本的投入。

24. 私营科技企业进行技术转让,以及在转让过程中发生的与技术转让有关的技术咨询、技术服务、技术培训的所得,年净收入在30万元以下的,暂免征收企业所得税;超过30万元的部分,依法征收企业所得税。

25. 企事业单位的专业技术人员,经单位批准,可利用业余时间从事科技开发、信息咨询服务或到私营企业兼职。市、县(市)区人事部门要将个体工商户、私营企业的专业技术人员纳入正常的专业技术职务评聘范围;技术工人可通过职业培训参加工人技术等级考评,所评任职资格,聘任(用)单位应予承认。

六、鼓励私营企业进镇江经济技术开发区

26. 进入开发区的私营企业享受进区"三资"企业的优惠政策和待遇。开发区的私营企业在市区设立的非独立核算分支机构(营业部、门市部、经营部),同样享受开发区的优惠政策。

27. 开发区的部门对进区私营企业的申请和要求,只要是授权范围内的,15日以内作出审批或答复。遇特殊情况,随时办理。

七、按公平、公正的原则,认真解决个体、私营经济生产经营中的实际问题

28. 根据个体工商户、私营企业的生产、经营情况,督促、帮助其建帐建制。私营企业只要财务制度健全、会计核算规范、具有一定规模,就可认定为一般纳税人。

29. 金融部门应运用金融杠杆,积极支持个体、私营企业的发展。充分发挥金融部门信息快捷及服务网络健全的优势,为个体私营企业提供结算服务、信息服务,帮助个体、私营企业分析市场、测算经济效益,管好用好资金。

30. 金融部门要安排一定的信贷规模支持个体、私营经济的发展。允许个体工商户、私营企业依法用固定资产、土地使用权、有价证券和无形资产等抵押、质押,取得贷款。

31. 个体工商户、私营企业生产经营用地要符合土地利用规划和当地城乡建设规划的要求,按照土地管理有关规定,可以通过出让或租赁等方式,依法取得合法的土地使用权,领取土地使用权证,涉及土地的各项费用享有与国有、集体企业同等待遇。鼓励机关、团体、企事业单位将闲置场地、房屋等,按规定办理相应手续后出租、转让给个体工商户、私营企业使用。鼓励工业企业用闲置厂房开办各类市场,吸引个体工商户、私营企业进场经营。

32. 供应个体工商户、私营企业生产经营的水、电、气,与国有、集体企业执行统一的价格。

33. 坚决制止对个体工商户、私营企业乱收费、乱罚款、乱集资、乱摊派,要制定合理的收费项目和标准,由物价部门向社会公布或制定年度收费指南,超出收费项目和收费标准的,个体工商户、私营企业有权拒付,并可据此向有关部门举报。

八、积极引导,保障个体、私营经济健康发展

34. 有条件的私营企业可按法律、法规和章程的要求,建立党、团、工会和妇联组织,并充分发挥其作用。

35. 劳动行政部门要打破在劳动管理和服务上的所有制界限,加强对个体、私营企业的劳动管理和服务工作,切实维护个体工商户、私营企业从业人员的合法权益。

36. 进一步加强和完善对个体、私营经济的统计,使之纳入整个国民经济的统计范围。

镇江市人民政府关于城市建设和城市管理体制改革的意见

（镇政发〔1998〕169 号 1998 年 7 月 13 日）

各县（市）区人民政府，镇江新区管委会，市各委办局，各直属单位、驻镇单位：

改革开放以来，我市城市建设、城市管理工作取得了显著成绩，城市现代化水平不断提高，但是城市建设和城市管理工作还没有完全摆脱计划经济体制的束缚。为适应社会主义市场经济的要求，全面推进城市建设和管理工作的社会化、市场化进程，逐步建立充满生机和活力的体制与机制，为建设现代化城市服务，实施改革，势在必行。现就城市建设和城市管理体制改革提出如下意见：

一、国有企业改革问题

（一）国有企业实行政企分开，打破经营的行政垄断，走向市场、参与竞争。国有中型以上企业实行规范的公司制改造；小企业采取改组、联合、兼并、租赁、承包经营、股份制合作、出售等方式，进一步放开搞活。

（二）积极推进建筑安装企业改革。以骨干企业为龙头，以资本为纽带，以资产重组、股份合作等形式，调整全市建筑安装企业的所有制结构和企业组织结构。以市属建筑安装企事业单位为基础，组建镇江市建筑控股（集团）有限公司，实施总承包与专业分包相结合的集团经营战略，参与国内外建筑安装市场的竞争。挂靠在国有企业的私人“包工头”，要规范为名副其实的私营建筑安装企业。

（三）积极推进市政公用企业改革。给排水（含自来水公司、排水公司、污水截流工程）、供气、市政工程、公交等企业，可改为国有独资公司或改组为多元投资的有限责任公司、股份有限公司。

二、事业单位推行企业化管理问题

（四）改革环境卫生事业管理体制。环境卫生事业全面推行市场化运作。城市干道、街巷、小区的清扫保洁，垃圾的运输、中转、填埋处理以及垃圾房（箱）、公厕的管护等，全部以公开招标方式选取作业队伍，建立量化考核体系，以经济杠杆确保作业质量。现有环卫专业队伍组成若干作业队伍参与市场竞争。

（五）公园、风景区逐步实行承包、租赁、联营等多种企业化管理形式的改革，具备条件的可对经营权公开招租、拍卖。公园、风景区内经营网点、游乐设施一律公开招租。

将城市绿化建、管、养推向市场，按地区、等级、类别核定费用，公开招标作业队伍或定额承包、市场化运作。新建苗木生产、经营基地，实行企业化管理。

成立“三山”风景名胜区管理处，对金山、焦山、北固山统一实施规划、建设、管理，为创建国家级风景名胜区创造条件。

（六）城市道路、桥梁、路灯等市政设施管理养护采取定额补贴、以管保养、以创促养、共管共护的办法，形成自我补偿、自我完善、自我发展的机制。

（七）直管公房的房管处（所）实行事业单位企业化管理，并积极创造条件，逐步向物业管理企业过渡。

（八）人防工程及设施，坚持“平战结合”。除指挥、通信设施外，逐步进入市场化运作，使其维护与发展步入良性循环的轨道。

三、工程建设市场化问题

（九）全面放开规划设计、建筑设计市场。在城市总体规划、分区规划和控制性详细规划指导下,全面放开规划设计、建筑设计市场,对片区、单体建筑、公共绿地的规划设计、建筑设计方案向全社会公开招标,实现多方案竞选。

(十) 全面推行工程竞争性招投标。市区范围内所有城市建设工程(包括房屋、装饰装修、市政道路、园林绿化、技改、扩建、水利、交通等),必须通过招投标发包。国家、集体投资和中外合资中方控股企业的建设项目一律公开招标。

建立和完善全市统一的建设工程招投标有形市场,由市招标办公室统一扎口管理。要进一步健全“评委库”制度,涉及特种工程(如交通、水利工程)的招投标,可根据行业管理部门的要求,邀请专家组成评标组,进入招投标有形市场进行招标。

(十一) 全面推行工程建设监理制度。强化监理单位的资质管理,完善建设监理法规,积极推进工程建设项目监理招标制,规范建设监理合同,提高工程质量。

四、投资多元化问题

(十二) 强化行政性收费的力度。涉及城市建设、管理的行政性收费由财政部门集中收取,增强政府集中财力办大事的能力。城市建设配套费、土地使用费 ·律不减免。

(十三) 依法采取协议、招标、拍卖的形式供应国有土地。对道路拓宽后临街居住房改为经营用房,或临街破墙开店,以及以生产、经营、旅游为主要目的企事业单位用地,实行土地年租金征收制度。

(十四) 大力推行市政公用设施的有偿使用。建立和完善城市排水设施有偿使用费、环卫设施有偿使用费、污水处理费征管体系。

(十五) 开辟资金筹集渠道。拍卖户外广告权、城市出租车和客运三轮车营运权、城市道路、广场、桥梁、公园、公用建筑物等冠名权、城市机动车辆增量牌照、城市客运营运线路及风景区内水面游览项目经营权。

(十六) 拓宽城市建设投融资渠道。采取存量转股、增量吸股、先租后股、租售结合等形式盘活存量资产。大胆采用项目融资、建设——经营——转让、转让——经营——转让、资产收益抵押等投融资方式,引导中外企业投资建设城市基础设施。通过与上市公司合作、股份制改造、拍卖转让经营权、利用国外政府贷款和世界银行贷款等方式,加快融资步伐。按照“谁投资,谁经营,谁受益”的原则,运用更加灵活的政策广泛吸纳各方面资金。

(十七) 提高政府城建资金使用效率和效益。城建固定资产投资逐步从政府拨款改为对生产性、经营性、收费性建设项目实行贷款。

五、住房制度改革、房地产市场问题

(十八) 加快住房制度改革。按照国家和省的部署,停止福利性分房,全面实行住房货币化分配。放开住房二级市场,疏通房地产交易渠道,促进住房消费。

(十九) 加强房地产综合开发的计划、规划、建设和验收的管理。严格控制房地产开发总量。严格控制 1 万平方米以下房地产开发建设项目和零星建设。对房地产开发项目实行公开招标。积极推进房地产熟地开发。大力扶持房地产开发骨干企业,取消房地产四级资质(含四级)以下开发企业在市区的开发资格。

(二十) 城市房屋拆迁创造条件,逐步实行货币化安置。因建设需要拆迁房屋及其附属物的,按其合法面积、自然状况及所处区位,一次性付给安置费,由被拆迁户自行安置。

(二十一) 积极稳妥地推进物业管理。住宅小区逐步推行物业管理公司的专业化管理。理顺行政管理与物业管理的关系,正确处理物业管理与街办、市政、园林、环卫、供水、供电、供气、邮电、有线电视等部门的关系。建立住房售后维修基金制度。引进竞争机制,由业主委员会对物业管理公司实行公开招标,择优选用。今后新建小区,必须坚持统一规划、合理布局、综合开发、配套建设,为开展物业管理奠定基础。

六、城市管理问题

（二十二）在坚持集中统一的前提下，按照“属地管理”的原则，强化区政府城市管理职能。明确区政府在本级行政区域内城市管理的主体地位。强化街办基础作用，扩大街办城市综合管理权限，通过市、区有关部门的委托授权，使街办在辖区内行使部分执法权。充分发挥居委会作为城市管理支撑点的作用，强化社区的自治管理。各居委会增设1名主任助理职位，从下岗人员中择优聘用，负责社区市容环境卫生管理。街办城管科与经济实体脱钩、与创收任务分开，现有编制内管理人员费用由财政分级包干。

镇江市新区行政区域内的城市管理工作按“属地管理”原则，以新区管委会管理为主。市职能部门委托授权新区管委会行使部分行政执法权。

（二十三）强化城市管理综合执法力度。城市管理执法工作要建立以专业执法为基础、综合执法为主体的新机制。将“镇江市城市管理综合执法稽查支队”改组为“镇江市城市管理监察支队”，下设京口区、润州区城管监察大队。从市公安巡警支队、交警支队及工商、卫生等部门和区城管局共抽调50人组成，由市城管委统一组织指挥，抽调人员经费在原单位开支，人员一年一轮换。

（二十四）市容环境卫生工作实行一票否决权制度。区、街、居委会要狠抓块上的卫生达标。单位要狠抓本系统各单位卫生达标。对市容环境卫生较差的，给予黄牌警告或下达行政监察建议书；正式检查三次不达标的，主管领导给予戒勉；年度卫生考核不达标或没有完成城市管理任务的，实行一票否决，取消单位除经济工作外的一切评先评优资格，撤消已有荣誉称号，并取消单位年终目标考核奖评奖资格和单位主要领导评先评优资格；连续三年卫生不达标的单位，主要领导主动辞职。

七、劳动人事制度改革问题

（二十五）建立干部能上能下、能进能出、能官能民的机制。今年下半年开始，城建城管系统行政机关科及科以下干部职位，逐步实行竞争上岗、双向选择和聘任制，对落聘人员进行集中待岗培训后分流。

（二十六）事业单位以事定岗、以岗定员、减员增效，实行全员聘用合同制度和专业技术职称、工人技术等级“评聘分开”制度，竞争上岗、择优聘用，富余人员下岗分流。

（二十七）生产经营性、社会服务性单位要精简内设机构、压缩非生产经营和非社会服务人员，重新定岗定员，实行一人多岗、一岗多职。

（二十八）建立和完善激励机制、奖惩机制、淘汰机制，建立待岗制度、内退制度、干部交流制度和内部考评与社会测评相结合的督励制度。

中共镇江市委关于切实做好国有企业下岗职工基本生活保障和再就业工作的若干意见

（镇发〔1998〕89号 1998年8月31日）

各县（市）区委和人民政府，镇江新区，市委和市政府各部委办局，军分区，各人民团体，各直属单位、驻镇单位：

为切实做好国有企业下岗职工的基本生活保障，全面实施再就业工程，根据党中央、国务院及省委、省政府的要求，结合我市近年来的实际，提出以下若干意见：

一、规范职工下岗程序，建立职工下岗申报备案制度

企业在安排职工下岗时，要妥善处理好改革的力度、发展的速度和社会可承受程度之间的

关系。

1. 控制下岗职工总量,建立企业职工下岗的申报制度。企业安排职工下岗,必须提前向劳动行政部门申报下岗人数,超过职工人数 10% 以上及累计年下岗超过 50 人以上的,须经企业主管部门审核,向同级政府报告批准后实施。

2. 规范职工下岗程序,企业拟定职工下岗方案时,必须同时提出下岗职工基本生活保障和再就业的措施,并充分听取职代会意见。

3. 除享受解困金的企业外,其他企业对特殊群体应采取相应的保护措施,即①夫妻双方在同一企业不得同时安排下岗;②家庭人均月收入在 120 元以下的一般不安排下岗;③现役军人家属、烈属、市级以上劳动模范、残疾人和因工伤残六级以上的要尽量避免下岗。

二、建立再就业服务中心

4. 凡是有下岗职工的国有企业,都必须建立再就业服务中心。

再就业服务中心的任务是:第一,向下岗职工发放基本生活费;第二,按规定缴纳下岗职工养老、失业和医疗保险等费用;第三,对下岗职工进行培训,提供就业指导,帮助他们实现再就业。

5. 再就业服务中心要配备懂业务、有较强事业心和责任心的专职人员,一般从企业劳资、工会干部中选派,下岗职工在 50 人以上的选派 3 ~ 5 人,50 人以下选派 2 ~ 3 人,在企业负责人的领导下开展工作。

6. 进入再就业服务中心的对象:主要是实行劳动合同制以前参加工作的国有企业的正式职工(不含从农村招收的临时合同工),因企业生产经营等原因而下岗但尚未与企业解除劳动关系,没有在社会上找到其他工作的人员。合同期未满而下岗的也要进入再就业服务中心。

三、国有企业下岗职工基本生活保障

7. 企业下岗职工基本生活费的资金(含缴纳社会保险的费用)来源原则上按下列办法解决:

① 对经济效益较好的企业,因产品结构调整实行的减员增效或企业在改革中裁减的人员,其下岗职工的基本生活费和社会保险费由企业自行解决;

② 对生产正常的亏损企业,其下岗职工的基本生活费和社会保险费,以企业自筹为主、有条件的行业统筹为辅解决;

③ 对经政府认定的半停产企业,其下岗职工的基本生活费和社会保险费,原则上由政府、企业、社会各承担三分之一;

④ 对经政府认定的连续三个月以上未支付职工生活费的停产企业和已列入破产行列、正在清算期间的企业,其下岗职工的基本生活费和社会保险费,由政府和社会共同解决;

⑤ 再就业服务中心的管理费用和工作人员的工资、福利等,按上述渠道分别由企业和政府列支,一律不得在保障下岗职工基本生活的资金中列支。

8. 下岗职工进入再就业服务中心的期限一般不超过三年,其基本生活费标准不低于失业救济金标准(150 元/人/月),基本生活费必须及时足额的发放到下岗职工手中,同时按规定缴纳养老、医疗、失业保险。

9. 再就业服务中心应与进入中心的下岗职工签订托管协议,托管三年后仍未就业的下岗职工,应与企业解除劳动关系,可转入到失业保险范围,按规定享受不超过两年的失业救济金。失业救济期满仍未就业的,进入当地最低生活保障制度范围,按规定申请领取城市居民最低生活保障金。

10. 要与建立社会主义市场经济体制和现代企业制度的要求相适应,所有企业(包括个体工商户、私营企业等非国有企业)以及外商投资企业的中方职工中推行和深化养老、医疗、失业等社会保险制度及住房制度的改革,建立健全社会保障体系,为劳动力资源的合理配置和正常流动创造条件。

（1）下岗职工无论以何种方式实现再就业或不再就业，过去的连续工龄和养老保险缴费年限与以后的缴费年限合并计算，达到法定退休年龄时，按规定享受相应的养老保险待遇。

（2）下岗职工分流安置和再就业后，在原企业的住房，已按房改政策购买的，应根据有关规定明确个人和原企业的产权关系；未购买的，可以继续租用，租金标准按当地政府规定执行。

（3）对特困下岗职工子女就学，应凭《特困证》减免学杂费。

四、拓宽下岗职工再就业的渠道

11. 下岗职工再就业必须坚持企业安置、行业调剂、社会帮助、职工自谋职业相结合的原则，充分发挥政府、企业、劳动者和社会各方面的积极性，实行劳动者自主择业、市场调节就业、政府促进就业的方针。

12. 把发展经济和提供就业机会结合起来，重视发展劳动密集型企业和第三产业，增加新的就业岗位，新建、扩建企业招工时按不低于30%的比例招用下岗职工；各类工交企业新增就业岗位按不低于20%的比例招收下岗职工；商业、服务业招收职工，应按不低于20%—30%的比例招收下岗职工。

13. 对适销对路、生命力较强、市场前景较好的产品，在政策、资金上重点予以扶持，相应扩大生产规模，增强产品竞争力，培植一批适应市场需要的骨干企业，增加就业总量。

14. 对经济效益较差的企业和半停产企业采取必要的政策、资金扶持，这些企业要盘活资产存量，积极主动地投靠正在谋求新的发展的大企业、强企业，采取参股联合、租赁经营等方式使企业恢复生产，分流下岗职工。

15. 对已无转机希望的停产企业，实行“退二进三”或“退二进一”的活动，通过开辟第三产业和开发农业资源，增加新的就业岗位，还可以“局部搞活”，采取多种方式，如一人或数人带头，带动一批人再就业，一加一批，可以是私营、合伙经营、股份制经营等，也可采取向原企业租赁等方式创办新的企业，积极吸纳下岗职工。

16. 应积极创造条件，建设再就业基地，新开办的集贸市场和早、夜市摊位，应按不低于30%的比例吸纳下岗职工，还可开办下岗职工各类自立市场，用于安排下岗职工中的特困群体和特殊群体。

17. 积极发展劳服企业、社会服务业，吸纳下岗职工再就业，其安置下岗职工的比例应不低于60%。大力发展“三资”企业、私营企业、乡镇企业、旅游服务业和开发性农业项目，优先招用下岗职工。

18. 积极启动城市基础设施建设和房地产建设，开辟城市市容和环境卫生管理、物业管理、环境保护的就业岗位，优先安置下岗职工。

19. 积极鼓励和支持下岗职工自谋职业和组织起来就业，重点扶持一批创业带头人，带领一批下岗职工自谋职业。

20. 规范使用外来劳动力的行为，清退各单位不合理使用的外来劳动力，腾出岗位安置下岗职工。

21. 组织下岗职工开展企业外、行业外、市外、省外、境外劳务输出，分流安置下岗职工。

22. 持《就业登记证》的下岗职工可享受以下优惠政策：

① 免费参加市、区劳动部门所属职业介绍服务机构组织的各项招聘洽谈；

② 免费享受各级就业管理服务机构提供的职业咨询、职业指导、求职登记和职业介绍等就业服务，各级就业管理服务机构优先帮助推荐就业，优先吸收参加转业转岗培训。

五、加强劳动用工管理

23. 各类用工单位招用职工，必须通过劳动力市场面向社会公开招收，招工简章未经劳动就业管理机构审查批准，任何单位不得发布招工（招聘）广告。凡经批准招工的用人单位，都必须在招工后一个月内到劳动就业管理机构办理用工手续,未经审批和未按规定程序办理用工手续的,一律作为非法用工。

24. 用人单位招收新工,无论是从城镇招收,还是农村招收;无论是长期用工,还是临时性、季节性用工,一律实行劳动合同制,按照使用时间的长短,可分为长期、中期和短期的劳动合同制,试用期按使用时间的长短,最长不超过六个月、最短不少于一个月,依法签订劳动合同实行同工同酬,及时足额缴纳养老、失业、医疗等社会保险。

25. 规范使用外来劳动力的行为:

(1) 各类用人单位使用的外来劳动力,必须严格执行劳动行政部门制定的分类管理的规定,经劳动行政部门批准后,用人单位方可按规定程序招收录用,并办理有关手续。

(2) 凡申请使用外来劳动力的单位,应先到劳动力市场公开招收下岗职工,确实招收不足的方可招用外来劳动力。

(3) "两停"企业和下岗职工超过在职职工总数10%的企业,不得使用外来劳动力。

(4) 经批准使用的外来劳动力,用工单位除按有关规定交纳管理费以外,还要按省政府有关规定标准缴纳就业调节金。

(5) 用人单位必须为批准使用的外来劳动力,按规定及时、足额缴纳养老、医疗、失业、工伤等社会保险,并实行同工同酬。

(6) 非劳动部门办的职业介绍机构,均不得向用人单位擅自介绍外来劳动力。

(7) 用人单位使用的B类和A类工种及以外的外来劳动力,必须按使用外来劳动力1∶1、1∶0.4的比例招收下岗职工。

(8) 凡违反国家、省有关规定使用外来劳动力的,要限期清退、逾期仍未清退的,劳动行政部门将依法律、法规、规章予以处罚。

26. 城镇各类用人单位,一般不得招用退休职工,凡招用退休职工的单位,必须按1∶1的比例招收下岗职工。

六、规范用人单位使用下岗职工的行为

27. 凡招收下岗职工的用人单位不得歧视下岗职工。社会各方面都要理解、尊重下岗职工,多为他们排忧解难,增强他们走上新岗位的信心。

28. 各用人单位招用的下岗职工,与原单位保留劳动关系的,用人单位与下岗职工必须依法签订劳务合同,明确双方的权利和义务。劳务合同依法订立,即具有法律约束力,当事人必须履行劳务合同规定的义务,在合同期内,不得违约随意辞退下岗职工。

七、下岗职工再就业的有关鼓励政策

29. 鼓励企业安置下岗职工。

(1) 新办企业安置下岗职工和其它富余职工及社会失业人员,达到全部从业人员总数60%以上(含60%)的,可由劳动部门认定为劳动就业服务企业,经税务部门批准,可免征所得税二年;免税期满后,当年新安置失业人员和其他企业下岗职工占企业原从业人员总数30%的,减半征收所得税二年。

(2) 以吸纳下岗职工为主的劳服企业资金确有困难的,经劳动部门会同财政部门审批后,从失业保险基金中给予资金支持或贷款贴息。各商业银行每年应安排一定的贷款规模,专项用于支持劳服企业的发展。

(3) 企业安置失业人员及其它企业下岗职工达到企业职工总数10%的,经劳动部门认定,税务部门逐年审批,三年内每年减征所得税16.6%,超过10%,每增加5个百分点,三年内每年再减征所得税8.3%。对上述企业的营业税,根据其吸纳安置下岗职工的情况,按不超过50%的比例由财政予以返还,安置失业人员和其它企业下岗职工达到从业人员总数60%,退还50%;不到60%

的，按比例递减。

（4）凡用人单位招收外单位下岗职工，并签订二年以上劳动合同的。可按每人1000元的标准由原单位一次性拨给用人单位下岗职工再就业补助费。“两停”企业的下岗职工和特困的下岗职工的再就业补助费从再就业基金中拨付。

（5）收购、兼并国有企业的单位，接收安置原企业的全部职工，其优惠办法按市政府有关规定执行。接受破产企业职工的单位，可按每人不低于本市上年社会平均工资三倍的标准实行“带资再就业”。

30. 鼓励下岗职工自谋职业和组织起来就业

（1）特别困难的失业、下岗职工进入政府专辟的场地从事个体经营，凭《就业登记证》到工商部门优先办理《营业执照》，并加盖“自谋职业”章，经县（市）以上地方税务局审批，自开业之日起一年内免征营业税、所得税和工商行政管理费等其它各类行政性收费。

（2）下岗职工成立的从事社区服务的生产自救性劳动组织及社会服务等非正规性就业的劳动组织，经劳动部门认定，税务部门核准，自成立之日起，三年内免征营业税、职工个人所得税和其它各类行政性收费。

（3）下岗职工自愿进入各类市场（摊点）从事临时经营的，可凭《就业登记证》到工商部门领取《临时营业执照》，加盖“自谋职业”章，凭证免缴一半摊位费、免缴管理费、治安费、卫生费等各种行政性收费，经营期间仍享受下岗职工待遇。

（4）下岗职工个人经营或合伙兴办企业，帐证制度健全，能如实提供纳税资料；从事工业生产年销售额达到36万元，商品流通年应税销售额达到180万元，可优先审批为增值税一般纳税人，进项税额允许抵扣。

（5）下岗职工从事农业生产的（含种植业、养殖业、林业、牧业等），销售自产的农业产品可免征增值税。

（6）对解除劳动合同、自谋职业的下岗职工，劳动部门可为其代存代管档案，代收代交各类社会保险金，代调档案工资。到县（市）、区属以上单位就业的，可办理流动手续，凡按规定缴纳各类社会保险金的，连续计算投保年限，到达法定退休年龄时享受退休待遇。

31. 鼓励下岗职工参加转岗、转业培训

（1）企业应根据实际用工的需要，对下岗职工开展免费的转业、转岗培训，其培训费用原则上由企业支付；确有困难的，经市解困与再就业工作领导小组办公室批准，可在再就业基金中给予适当补助。

（2）下岗职工可享受一次免费参加各级劳动就业培训中心举办的转岗、转业培训。

（3）特困下岗职工参加各级劳动就业培训中心举办的转岗、转业培训，全免培训费。

（4）企业开发新的就业岗位，应首先安置本企业经培训合格的下岗职工；新、扩建企业招用新职工应优先录用经培训合格的下岗职工。

八、加强劳动力市场建设

32. 进一步建立统一开放、竞争有序的劳动力市场。各级劳动行政部门应建立下岗职工专项劳动力市场，坚持星期日照常服务制度，免费提供岗位信息和中介服务，加强扶持区、街道就业服务机构建设，使就业服务不断向区、街道延伸，对用工单位实行“空岗报告”制度和用人登记制度。

33. 统一管理下岗职工职业指导和培训。市解困与再就业工作领导小组办公室负责制定指导计划，统筹安排和组织下岗职工转岗、转业培训，突出培训的实用性和有效性，提高下岗职工的再就业能力。根据国家有关规定，实行劳动预备制度，对城镇未能升学的初、高中毕业生进行1—3年的职业技术培训。

34. 全市各级各类培训机构，应在市解困与再就业工作领导小组办公室的统一组织协调下，开展下岗职工技能培训工作。参加培训的下岗职工经市职业技能鉴定中心考核鉴定合格的，由劳动部门发给《技术等级证书》或《职业技术培训结业证书》，各类职业介绍机构应优先介绍其就业。

九、建立再就业基金

35. 为促进下岗职工再就业，各级政府必须建立再就业基金，坚持专款专用，任何人、任何单位都不得挪作他用。具体办法另行制定。

36. 再就业基金的筹集渠道。保障企业下岗职工基本生活的资金（含缴纳的社会保险费用）应坚持政府、社会、企业共同负担，量力而行，尽力而为的精神，原则上实行“三三制”的办法解决，即政府财政预算承担三分之一、企业承担三分之一、社会承担三分之一（包括从失业保险基金中调剂）。财政承担和社会筹集的资金，由财政部门按专项资金管理。资金的安排由解困与再就业工作领导小组办公室研究提出意见，然后由财政部门统一拨付。

十、建立工作目标责任制

37. 企业责任

（1）加强再就业服务中心管理，按规定做好下岗职工托管、发放《就业登记证》、发放基本生活费、缴纳各类社会保险金，及时报送下岗职工再就业情况月报表；

（2）对下岗职工开展职业指导和转业、转岗培训，认真做好下岗职工的思想教育工作，及时反映职工的合理要求；

（3）加强与市及行业劳动力市场的联系，定期向下岗职工公布就业信息，积极组织开展劳务输出和企业间、行业间余缺调剂；

（4）积极创造条件兴办劳服企业和第三产业，组织下岗职工开展生产自救、自谋职业和劳务输出等。当年下岗职工再就业率应达60%以上。

38. 企业主管部门（集团公司）责任。

（1）督促所属企业建立再就业服务中心，履行好三项职能，并检查监督其再就业基金的使用情况；

（2）建立和完善本行业劳动力市场，帮助企业疏通分流渠道，开展调剂安置等工作；

（3）制定并下达所属企业的下岗职工分流安置和再就业年度指标及奖惩办法，严格检查考核；

（4）认真组织和指导企业开展下岗职工职业指导，统筹安排本行业下岗职工的转业、转岗培训工作；

（5）按时向市解困与再就业工作领导小组办公室报送本行业下岗职工再就业情况月报表。

十一、进一步加强领导

39. 各地都要将下岗职工的基本生活保障和再就业工作列为“一把手”工程，党政一把手都要把这项工作作为头等大事来抓，层层签订目标责任状，并纳入到各级党委政府政绩考核的重要内容。建立和完善奖惩制度，市党政机关目标管理办公室将对各地区、各部门进行严格的监督和考核。

40. 大力开展宣传教育工作，推动全市下岗职工再就业工作的开展。各级党委、政府要加大宣传力度，通过多种形式，大力宣传党和政府关于再就业工作的方针、政策及其重要意义，进一步扩大社会影响，营造关心帮助下岗职工再就业的社会氛围。报纸、电台、电视台等新闻媒介，要加强舆论引导，深入开展广泛性、系列性、深层次的宣传活动。各有关部门和单位，也要根据各自的职能，确定不同的宣传重点和形式，积极做好下岗职工的思想教育工作，引导下岗职工正确对待当前遇到的困难，树立正确的竞争就业观念，振奋精神，自立自强，走出困境，谋求发展。

十二、县(市)区城镇集体所有制企业,参照本意见执行。

十三、本意见自发布之日起执行。本市过去有关规定与本意见不一致的,一律以本意见为准。

十四、本意见由市劳动局负责应用解释。

镇江市中小企业振兴纲要(2001~2005)

(镇发〔2001〕13号 2001年2月15日)

为扶持和促进各类中小企业健康发展,充分发挥中小企业在保持经济增长、吸纳职工就业、推动技术创新、增加财政收入等方面的重要作用,根据国家有关文件精神,结合本市实际,特制定《镇江市中小企业振兴纲要(2001~2005)》。

第一章　指导思想、工作方针及目标

第一条　中小企业在全市社会经济发展中具有不可替代的地位和作用,振兴和发展中小企业是全市社会经济发展的一项重大任务。全市中小企业工作要以党的十五大和十五届四中全会精神为指针,以制度创新、技术创新为动力,以调整经济结构、转换经营机制、加快技术进步、强化企业管理、提高运行质态为重点,合理规划,分类指导,积极扶持,优化服务,着力营造良好的市场环境、社会环境和法律环境,鼓励和支持各类经济成分的中小企业健康发展,逐步形成中小企业高成长、低退出的机制,振兴中小企业,发展地方经济。

第二条　全市中小企业工作的基本方针是:坚持大力改造传统企业与加快催生高新企业相结合,坚持增强企业自我发展能力与加强社会扶持相结合,坚持择优扶强与淘汰落后相结合,努力实现中小企业的可持续发展。

第三条　"十五"期间,全市中小企业发展的工作目标是:通过3至5年的努力,在全市形成一批机制灵活、技术先进、管理有序、效益明显的中小企业群体,成为全市经济发展的基本力量。重点在以下几个方面取得突破:

——企业数量较快增长。营造宽松发展环境,扶持促进企业发展,使全市中小企业的数量平均每年新增15%以上,新增就业岗位10%,新增财政收入12%,成为吸纳人员就业的主要渠道,财政收入的基本来源。

——发展速度显著加快。努力提高中小企业的市场竞争能力,使企业生产经营保持持续增长,经济指标水平不断提高,实现的工业增加值、销售、出口、利税、利润平均每年增长15%以上。

——运行质量不断改善。不断加强中小企业经营管理,使企业的产品质量、生产成本、资金占用、劳动效率、产销比率等经济技术指标水平高于全省平均水平,企业亏损面和亏损额逐年下降,"十五"期末企业亏损面控制在20%左右。

——战略调整基本完成。积极推进两大战略调整,使90%的中小企业的公有资本实现有序退出,大力发展多元化的混合型经济,不断优化企业所有制结构、组织结构、技术结构和市场结构。

——技术创新步伐加快。以技术改造和技术开发为抓手,大力发展多样化特色经济,每年新增项目投入达到20%以上,培育和塑造一批具有核心竞争力的"科技强人"和一批市场覆盖率高的"小型巨人"。

——发展环境不断优化。深化经济体制改革,加快政府职能转变,建立统一的中小企业改革与发展的组织协调体系,完善政策扶持体系,构筑社会服务体系,发展社会保障体系,形成中小企业健康发展的社会环境。

第二章　大力推进结构调整

第四条　明确企业发展导向。组织经济综合部门按照国家有关产业政策规定,结合本市实

际，定期编制产业目录，制定产业政策，明确中小企业进入领域，合理资金投向，优化产业结构。

第五条　加大分类调整力度。通过技术、资金、政策等杠杆作用，优先发展科技型、知识型、环保型中小企业；大力发展都市吸劳型、专业特色型、协作配套型、出口创汇型中小企业；鼓励发展旅游服务型、社区配套型、物贸流通型、资源综合利用型中小企业；限制发展高能耗、高污染的中小企业。畅通退出通道，不断淘汰落后生产能力。

第六条　培育小型巨人企业。在全市选择百户产品具有地方特色、市场容量较大、盈利水平较高的成长型中小企业进行培育，进一步提高质量，扩大规模，发挥比较优势，使它们成为“产销过亿元，利税上千万，利润超百万”的小型巨人企业，引导企业向“专、精、特、新”的方向发展。

第七条　组织开展协作配套。实施“百户小伙伴培育工程”，引导中小企业围绕重点企业集团发展规划和发展战略，通过技术革新和技术改造，不断改进技术装备，开发上道、下游产品，为大企业生产提供协作配套，在产业链的形成中获取发展机会。

第三章　不断深化企业改革

第八条　大力发展股份经济。加快中小企业公有资本退出，采取增资、合股、出让等多种形式，大力发展股份经济，不断优化企业股权结构，逐步形成经营层控股、经营者持大股、职工自愿入股、国内外投资者多元投股参股的混合型产权结构，推动企业深化内部配套改革，促进企业转机建制。

第九条　推动企业资产重组。支持和推动中小企业采取兼并联合、靠大靠外、存量置换、退二进三等办法，活化存量，集聚增量，优化配置。鼓励企业实施“走出去”战略，依靠自身人才、技术、管理、品牌等优势，跨国家、跨地区、跨行业进行重组联合，扩大生产规模，增加市场份额。

第十条　加快培育上市企业。选择一批市场优势明显、经营主业突出、发展前景良好、成长性较强的中小型高科技企业进行改组改造，完善法人治理结构，积极创造条件，支持企业到海内外市场上市发行股票，提高直接融资能力。

第十一条　积极发展私营经济。对符合国家产业政策、允许其他资本进入的产业或领域，大力吸引和鼓励民间资本以合伙制、股份合作制、独资、特许经营等多种形式进行投资建设，鼓励和支持运用民间资本创立和发展各类中小企业。

第十二条　发展产权市场交易。不断健全和完善产权交易市场，完善管理办法，规范交易行为，降低交易成本，支持和鼓励中小企业通过产权交易市场，进行股权有序流动，不断优化资源配置。

第四章　推动企业技术进步

第十三条　加大政府财政资助。对符合产业政策、重点支持鼓励的中小企业，特别是进入电子信息、生物化学、新型材料、环境保护、机电一体等领域的中小企业，在产品开发、项目引进、技术改造等方面给予政策扶持。全市科技三项费用、财政贴息资金、技改贴息资金等专项资金，每年安排一定比例专项用于中小企业技术创新和技术改造。

第十四条　建立企业信息网络。加强中小企业信息基础建设，整合利用现有资源，充分运用计算机和现代网络技术，建立中小企业信息网站，形成中小企业统一的信息网络体系，定期发布新技术、新产品、新工艺、新材料等市场最新信息，积极推介科研成果，为中小企业实现资源共享，开展电子商务，实现虚拟经营创造条件。

第十五条　创办公共试验基地。采取政府支持，社会各界共同出资的办法，组建若干开放式公共实验室、试验室、检测室，为中小企业技术开发、产品研制、产品检测等提供专业服务。组织大中型企业开放技术中心、研发中心，利用自身的人才、技术、设备等优势，为中小企业提供技术支持和相关服务。

第十六条　办好企业科技园区。充分发挥现有工业园区优势，创立中小企业科技园区，为中小企业产品研制、技术开发提供场所，增强园区的带动、辐射功能。支持发展各类高新技术孵化器，促进中小企业科技成果转化，推动企业技术升级和产业转型。积极推动中小企业与各高等院校、科研机构的协作联合，使中小企业成为科研成果和高新技术转化的重要基地。

第十七条　发展创业投资机构。明确创业投资政策，改善创业投资环境，引导和鼓励各类专业投资机构、民间投资机构设立各种风险投资公司，为全市中小型高新技术企业或高新技术产业化企业提供资本投入。

第五章　改进企业经营管理

第十八条　加强企业制度建设。组织和引导中小企业建立健全与市场经济接轨的各项内部运行制度，加强企业质量、资金、成本、核算管理，不断完善定额、计量、统计等管理基础工作，降低经营成本，提高运营效率，规范企业行为。

第十九条　积极培育企业文化。引导和推动中小企业根据自身实际，确立新型经营理念，培育企业团队精神，美化绿化作业环境，优化生产现场管理，培育一批制度规范健全，企业形象良好，具有个性特色文化的示范企业，不断提高中小企业的知名度、认同度和美誉度。

第二十条　推行物料招标采购。组建企业物资招标采购市场，建立内联外通的物资价格信息网络，拓宽物资采购渠道，为中小企业进行公开招标采购，规范采购行为创造条件。各级政府在每年的政府采购计划中，优先安排一定的比例，面向中小企业进行招标采购，加大政府采购对中小企业的支持力度。

第二十一条　开展管理咨询诊断。鼓励和支持具有管理经验的专家学者设立企业诊所，开展管理咨询服务，为中小企业制定发展战略、整改管理薄弱环节提供辅导帮助。大力推广现代管理技术、方法和手段，加速中小企业管理创新，提高现代科学管理水平。

第二十二条　组建营销联盟机构。利用本市各级驻外机构，采用合股经营方式，组建地方产品专业营销机构，通过代理、加盟、联销、分销、代销等多种形式，变一点一品、一人一品、多人一品为一点多品、一人多品和多人多品销售，改进企业营销方式，拓宽产品销售渠道。

第六章　加快企业人才开发

第二十三条　创办中小企业学院。充分发挥本市高教和社会教育资源较多的优势，采取投资参股、联合办学等方式，创办镇江市中小企业学院，编制专业教材，开展学历教育，建立中小企业人才培养和开发的专业基地，为中小企业培育经营管理、财务会计、外经外贸、金融法律等方面的专门人才。

第二十四条　建立执业培训制度。组织政府部门和专业培训机构，制定培训计划，开展系统执业应用培训，帮助中小企业业主及经营管理人员，掌握法律法规政策，了解岗位必备知识，提高企业经营管理能力和水平。

第二十五条　培育职业经理队伍。组建中小企业经理人才测评与推荐中心，制定培育措施，加大人才储备，完善竞争激励机制，建设一支市场化的职业经理人队伍，逐步实现中小企业经营者的市场化配置。

第二十六条　广泛引进专业人才。积极开展海内外人才招聘活动，帮助中小企业引进生产经营、技术进步、管理创新等所需要的各类人才。改革中小企业的人事档案、继续教育、技师考评、劳务中介、职称申报及出国出境等管理制度和管理办法，优化人才工作环境。

第七章　构建社会服务体系

第二十七条　构建社会服务体系。按照政府主导、资源整合、公益服务、规范运作的思路，以市中小企业服务中心为核心，连结相关服务机构，以公益性服务为主体，商业性服务为补充，构建为中小企业提供资金融通、技术创新、人才开发、市场拓展和创业辅导等服务的综合性、网络化的社会服务体系。

第二十八条　建立信用担保制度。按照“扶助性资金，市场化运作，绩优者扶持，法制化管理”的思路，采取多元募集资金的办法，积极发展信用担保机构，完善风险分担及补偿机制，规范担保行为,扩大担保规模,增加投保品种,提高担保能力。

第二十九条 创办专业育成基地。利用企业闲置厂房和生产设备,建立中小企业创业投资育成基地,组织下岗职工围绕专业协作配套进厂创业生产。

第三十条 组建企业辅导团队。从政府各部门及离退休厂长(经理)中聘请熟悉政策法规及有实际操作经验的有关人员,组建镇江市中小企业辅导团,为中小企业的创立及正常的生产经营活动等提供相关资料,开展政策咨询、经营诊断和各项辅导服务。

第三十一条 举办专项服务活动。由市中小企业服务中心牵头,联合相关服务机构,定期举办"中小企业活动周",围绕中小企业改革发展过程中的重点、难点问题,提供政策咨询、经营诊断、管理辅导和创业支持等相关服务。

第八章 优化社会发展环境

第三十二条 建立统一协调体系。成立由经济、财政、科技、银行、税务、工商、劳动、国土等相关部门的主要领导组成的镇江市中小企业发展协调委员会,作为市委、市政府推进中小企业改革与发展的议事机构,负责全市中小企业改革与发展工作的统筹规划和政策协调。设立市中小企业局,与市经委合署办公,作为市中小企业发展协调委员会的日常办事机构,负责研究制定全市中小企业中长期发展规划和发展政策;组织对中小企业的综合统计、评价分析和发展预测;监督检查相关条例、政策和法律法规的贯彻落实情况;推动中小企业对外合作和中小企业间的相互合作,维持企业间的公平竞争秩序,促进中小企业整体健康发展。成立镇江市中小企业发展促进会,作为中小企业民间联合组织,加强政府、企业及服务机构之间的协调合作,宣传中小企业发展的各项政策,反映中小企业的意愿和需求,维护和体现中小企业的合法权益。

第三十三条 简化登记审批手续。取消企业前置审批手续(有特别规定的除外),降低中小企业设立的工商登记、行业准入、税收、劳动、保险等门槛,简化企业设立程序和审批手续,对创办中小企业者实行"一站式"并联审批,一次性办理完创办企业所必需的审批监管手续。充分利用网络技术,探索实施网上登记,形成宽松的市场准入机制。

第三十四条 加大资金支持力度。鼓励和支持股份制银行、商业合作银行、城乡合作金融机构等,以中小企业为主要服务对象,建立面向中小企业发放贷款的激励和约束机制,简化审贷手续,完善授信制度,放大贷款规模,切实加大对中小企业的资金支持力度。

第三十五条 设立专项发展基金。运用政府财政预算安排的专项资金、中小企业产权出让所得、中小企业每年上缴税金的提取、社会捐赠及其他资金,设立中小企业发展基金,专项用于中小企业结构调整、改制、改组、技术进步以及中介机构的扶助支持。

第三十六条 完善社会保障体系。组织中小企业依法参加各项社会保险,保护职工的合法权益。进一步巩固和完善职工失业、养老、工伤、女工生育、医疗保险制度改革成果,扩大参保面,提高收缴率,为中小企业结构调整、深化改革提供有力的后援保证。

第三十七条 依法保护合法权益。认真检查和清理现行的行政法规,不断完善推动和促进中小企业改革与发展的配套政策,依法保护中小企业合法权益,保护知识产权,打击假冒伪劣,反对不正当竞争,创造有利于各种经济成分中小企业成长的公平竞争的社会环境。

第三十八条 切实减轻企业负担。转变政府职能,加快简政放权,改进管理方式,强化指导服务,不断改善企业发展环境。建立中小企业收费项目、收费标准检查制度,对涉及中小企业的各项收费项目、检查评比活动实行扎口管理,切实减轻企业负担。

第三十九条 建立信用评价制度。建立健全中小企业信用管理制度,逐步建立中小企业信用记录、数据分析和资信档案的信息网络,实施信用制度推广工程,明确信用评价标准,强化社会监督管理,组织和引导中小企业进一步增强信用观念,提高中小企业的市场竞争力。

第四十条 建立统计分析制度。建立中小企业统计评价分析制度,加强对中小企业生产经营状况的动态分析和监测;编辑出版《镇江市中小企业发展白皮书》,及时反映中小企业的经营业绩,准确把握中小企业的发展趋势,不断提高中小企业应对市场、参与竞争的能力和水平。

关于农村税费改革工作的实施意见

(镇发〔2001〕24 号 2001 年 3 月 22 日)

根据《中共中央、国务院关于进行农村税费改革试点工作通知》(中发〔2000〕7 号)和省委、省政府《关于农村税费改革工作的实施意见》(苏发〔2001〕6 号)精神,市委、市政府决定,2001 年在全市全面推行农村税费改革。现提出以下实施意见:

一、农村税费改革工作的指导思想、目标任务和基本原则

农村税费改革工作指导思想是:全面贯彻党中央、国务院和省委、省政府关于进行农村税费改革工作的方针、政策,根据发展社会主义市场经济和推进农村民主法制建设的要求,规范农村税费制度,从根本上治理对农民的各种乱收费、乱集资和摊派,切实减轻农民负担,调动和保护农民生产积极性,加强农村基层组织建设,促进农村经济发展和农村社会长期稳定。

农村税费改革工作的目标任务是:对现行农村税费征收管理制度全面进行调整,理顺和规范国家、集体、农民三者之间的分配关系,建立起与社会主义市场经济体制相适应的农村分配制度。

农村税费改革工作要遵循以下基本原则:

(一)从轻确定农民负担,并保持长期稳定。根据农民的承受能力,从轻确定农民负担。新的农民负担水平一经正式确定,要保持长期稳定。对面向农民的收费项目和标准进行全面清理、重新核定,坚持取消对农民的各种乱收费,保护农民的合法权益。

(二)保证乡镇政府和村级组织正常运转。在保证农民负担有明显减轻的前提下,兼顾各方面的承受能力,采取综合措施,使乡镇政府和村级组织能够正常运转。

(三)建立科学规范的分配制度,采取简便易行的征收方式。实行以农业税为主的税收方式,把农民负担纳入规范化、法制化管理的轨道。采取符合农民意愿,能够为农民所接受的税收征收办法,便于基层操作和群众监督。

(四)实施综合配套改革。农村税费改革后,乡村两级收入减少,必须统筹安排,配套改革,搞好乡镇行政区划调整和行政村合并,精简乡镇机构,妥善安置分流人员,压缩村组干部,调整支出结构,完善县乡财政体制,实行财政转移支付。

二、农村税费改革的主要内容和政策规定

(一)取消乡统筹费。原由乡统筹费开支的乡村两级九年制义务教育、计划生育、优抚和民兵训练支出,改由各级政府通过财政预算解决。修建乡村道路所需资金不再固定向农民收取。县城通往乡镇的乡级道路建设所需资金由政府负责安排。乡镇通往行政村的村级道路建设所需资金列入村级一事一议筹资范围,乡镇政府适当补助。农村卫生医疗事业逐步实行有偿服务,政府适当补助。

(二)取消农村教育集资等专门面向农民的行政事业性收费和政府性基金、集资。农村中小学危房改造所需资金由财政预算安排。

(三)取消屠宰税。停止以各种形式征收屠宰税,对原来以屠宰税附征的收费项目进行清理、规范。

(四)取消统一规定的劳动积累工和义务工(简称“两工”)。考虑到目前一些地方基础设施建

设任务较重的实际情况,以县(市)区为单位,可以采取分年取消的办法,但不能超过3年。在分年取消期内,农民实际承担的“两工”以2000年为基数,每年递减20%,以资代劳相应减少,并严格执行有关规定。从2004年起,全市一律取消统一规定的劳动积累工和义务工。

(五)调整农业税政策。农业税按照计税面积、农作物常年产量、规定税率和计税价格依法征收。计税面积以农民二轮土地承包面积为依据确定。二轮土地承包后新开垦增加的耕地和实有面积显著大于二轮承包面积的,根据总体稳定、个别调整的原则,经过村内多数群众同意后可重新丈量核实,对计税面积进行必要的调整。对二轮承包后因建设占用、灾害损毁等减少的耕地,也要根据实际情况进行调整。计税面积调整结果要向村民公布,接受群众监督。村组机动田和国有农场等其他单位和个人从事农业生产的,计税面积为实际用于农业生产的耕地。计税常年产量按1998年前5年平均产量据实核定,以乡镇为单位计算,分别不同土地类型和生产条件,就低不就高,防止高估。对大棚等设施农业,可以按照产量和受益情况,适当提高农业税计税常年产量。农业税的税率,全市执行7%。国有农场、部队、学校等单位的农业税税率另行规定。农业税的计税价格,全市统一按每公斤原粮1.10元执行,从2001年起3年内不变。农业税继续实行社会减免、因灾减免政策,社会减免比例为7%,由乡镇人民政府掌握;因灾减免比例为5%,由县(市)区人民政府掌握,合计减免比例为12%。

(六)调整农业特产税政策。按照农业税和农业特产税不重复征收的原则,对在非农业税计税土地上生产的农业特产品继续征收农业特产税。对农业特产税征收品目进行简并,农业特产税税率执行8%。农业特产税实行据实征收,也可以实行定产征收或查账征收。为方便征管,对零星种植的农业特产品只征收农业税,不征收农业特产税。对果树、茶叶等集中种植的农业特产品,也可以折算征收农业税。沿江不承包耕地的专业渔民,对其渔获产品征收农业特产税及其附加,并执行村内公益事业一事一议筹资筹劳的规定。

(七)改革村提留使用办法。原来规定的村提留费一律取消。村干部报酬、五保户供养、办公经费,除由集体经营收入开支外,采用新的农业税附加、农业特产税附加方式统一收取,附加比例按农业税、农业特产税正税的20%执行。国有农场、部队等征收的农业税、农业特产税不收取附加。经济条件好、村级开支有保障的县(市)区,也可以不征收农业税附加和农业特产税附加。用农业税附加、农业特产税附加方式收取的村提留属于集体资金,实行乡管村用,由乡镇经营管理部门监督使用。

(八)村内一事一议筹资筹劳。农村税费改革后,村内进行农田水利建设、修建村级道路、农村改水、血防等集体生产公益事业所需资金和劳务,实行一事一议。每年年初由村民委员会提出方案,由村民大会或村民代表大会讨论通过,报乡镇政府审批确定。对村内一事一议筹资筹劳实行上限控制。以村为单位人均每年筹资不得超过25元。“两工”取消后,每个劳力每年筹劳不得超过8个工日,并不得强行以资代劳。遇到抗洪抢险等紧急任务,经县(市)区以上人民政府批准,可临时动用农村劳动力。除此以外,均不得无偿动用农村劳动力。

(九)继续实行公平负担政策。农村税费改革后,原由乡村集体经营收入负担村提留和乡统筹费的地方,有条件的地方可以继续保持不变,农业税、农业特产税及其附加都要据实落实到农户,依法计征。村内一事一议筹资要实行公平负担办法,收入高的农户可以在平均额3倍以内,分别不同收入水平相应多负担一部分筹资,收入低的农户少负担或不负担筹资。对于承包土地较多的纯农户、种粮大户,因税费改革后加重负担的,要通过农业税社会减免等途径落实税费减免政策。对于不承包土地或只承包口粮田的务工经商农户和养殖专业户,按照权利与义务对等原则,经过村民民主讨论决定,并报乡镇政府批准,在原乡统筹费和新的农业税附加负担水平内,即每人每年50元以内,由村委会向其收取一定数额的资金,用于村内集体公益事业。对农业税、农业特产税和历年的村提留乡统筹费的农户尾欠款,要按政策予以清理核实,制定归还计划,对困难农户予以减免。

（十）继续实行以工补农、以工建农政策。农村税费改革后，继续实行以工补农、以工建农的政策，要认真执行苏发〔1998〕10号、〔1986〕22号和镇发〔1989〕32号文件精神，足额收取以工补农和以工建农资金。建农、补农资金与公平负担不重复征收，但就高不就低。该资金由农村集体经济组织负责征收管理，专项用于农业投入。

三、农村税费改革的有关配套措施

农村税费改革是规范农村分配制度的一项重大改革，必须采取综合配套措施予以推进，保证改革成功。农村税费改革后，随着农民负担的减轻，乡村两级收入减少较多。解决这个问题，不能再向农民打主意，而要着力于精简机构，压缩人员，削减开支，调整财政支出，实行财政转移支付。

（一）规范涉农收费管理。在农村税费改革中，对涉及农民的各项行政事业性收费进行清理，取消一批收费项目，降低一批收费标准，对有关收费项目进行公示。今后，各县（市）区和市各部门不得以任何理由擅自出台涉及农民负担的行政事业性收费、集资项目。对农村中的畜禽防疫、农机作业等经营服务性收费，由各级政府组织物价、农业、财政等部门进行整顿和规范，加强监管，禁止强行服务、随意提高收费标准和搭车收费。在农民建房、婚姻登记、子女上学等管理过程中，除规定的收费项目外，任何部门和单位不得搭车收取任何费用，违者要严肃查处。

（二）精简乡镇机构，压缩人员。全市的乡镇机构改革工作，要按照省委、省政府的要求和市委、市政府的统一部署进行。同时要积极推进乡镇事业单位改革，全市乡镇事业单位人员编制精简30%。乡镇政府要切实转变职能，坚持量入为出，勤俭办事，节省开支。

（三）精简和优化教师队伍，合理配置教育资源，保障义务教育经费投入。研究制定科学合理的农村中小学教职工与学生人数比例或教职工与班级数比例，并据此核定中小学教职工编制，严格按编制配备教职工，清退不合格人员和代课教师，对超编人员进行转岗分流。按照合理规模、提高质量的原则，对农村中小学抓紧进行布局调整。实行农村中小学教师工资县（市）区统一发放，建立工资专户，确保定编教师工资按国家规定标准及时足额发放。对农村中小学危房改造、校舍建设等资金，也要切实安排好。

（四）改革和完善县乡财政体制，实行财政转移支付。按照分税制财政体制的要求，明确划分县、乡事权和财权。各县（市）区要根据苏政发〔2001〕3号文件《关于调整分税制财政管理体制的通知》的精神，对乡镇财政体制进行调整，重新核定收支基数。农村税费改革后新增的农业税和今后农业税、农业特产税增收部分全部留给乡镇财政。农村九年制义务教育经费实行县（市）区统筹的，可以从乡镇农业税中划出一部分用于统筹。农村税费改革后乡镇财力和村级经费缺口，在各地精简机构和人员、压缩开支、自我消化的基础上，通过中央、省和市、县（市）区四级财政转移支付来帮助解决。为支持各地的农村税费改革工作，市财政从2001年起安排一部分资金，重点对京口、润州两区和茅山老区乡镇及西来桥镇实行转移支付。中央、省和市三级的财政转移支付必须全部用于补助乡村两级。各县（市）区也要尽力加大财政转移支付力度，保障乡村两级正常运转。

（五）通过多种途径，保障村级必要的经费开支。农业税附加、农业特产税附加全部用于村级开支。积极推行村干部交叉任职，组干部尽量由村干部兼任。每个村享受定额补贴的村干部人员不得超过3～4人，补贴标准一般为本村农民前3年平均收入的1.5倍。目前低于这一标准的，维持现有水平不变；高于这一标准并由农民直接负担的，要适当调减；不是由农民直接负担的，经乡镇政府批准，也可以保持不变。对于原村组干部离岗后的基本保障也须考虑。取消村级招待费，节省办公经费，订阅报刊经费每村每年不得超过2000元。保证主要党报党刊的订阅。要按省、市统一部署，加快行政村合并工作，以减少村干部人数和支出。在此基础上，仍有缺口的，可从以下几个方面解决：乡镇从农业税、农业特产税收入中划出10%用于对困难村的补助；中央、省和市三级财政转移支付中,必须划出不低于15%的资金用于补助村级开支;有条件的县(市)区也要在财政转移支付中进行适当补助;对"五保户"负担较重的村,由乡镇承担部分"五保户"抚养任务。要努力发展村级集体经济,开发水面、荒山、荒滩、荒地等水土资源,加强村级经营性资产的管理,提高营运效益,增加村级收入。

(六)加强农业税收的征收管理。农村税费改革后,农业税收征管任务加重。各地各有关部门要严格贯彻执行有关法律、法规和农村税费改革政策,对农业税、农业特产税及其附加实行依法计征,按政策减免。根据本市的实际情况,农业税、农业特产税及其附加一律实行代金制,征收现金,由财政部门负责征收,也可以委托粮食部门在收购粮食、结算粮款时代扣代缴。在农业税、农业特产税及其附加的征收方式上,要采取符合农村实际、农民愿意接受的方式。农业税及其附加可以按夏秋两季征收,也可以一季征收。农业特产税可以按农业特产品的一个生产周期征收,也可以对单位面积的农业特产品实行按年征收。要加强农业税、农业特产税税收的宣传,增强广大农民群众的纳税意识。强化农业税、农业特产税征收使用管理,加强税收队伍建设,确保农业税收征好、管好、用好。

(七)妥善处理乡村债务。乡村债务产生的原因比较复杂,这个问题不是农村税费改革带来的,原则上应与农村税费改革分开处理。除农业综合开发等农民直接得益的生产性项目所形成的债务外,乡村兴办企业、弥补开支缺口所形成的债务由乡村负责偿还,一律不得转嫁分摊给农户承担。当前,要采取切实措施,防止产生新的不良债务。

(八)建立健全农民负担监督管理机制。加强对分年取消期内的"两工"使用监管,保证逐年减轻、以资代劳符合规定。规范村内一事一议筹资筹劳的办法,加强监管,防止成为新的乱收费口子。继续抓好对向农村中小学生乱收费、报刊摊派以及各种要求农民出钱出物的达标升级活动的专项治理。坚决取消不利于控制和减轻农民负担的各项考核制度和考核指标。建立农民负担监督管理责任制度,严肃查处各种违法违纪行为。

四、加强对农村税费改革的组织领导

根据中央和省委、省政府关于加快农村税费改革的指示精神,市委、市政府决定,2001年全市全面推行农村税费改革,在夏收前将新的农业税、农业特产税及其附加的征收任务落实到农户。各地要按照这一要求,抓紧做好各项工作,按照上级的政策规定及工作部署,在充分调查研究、广泛听取意见的基础上,制定改革实施方案,进行全面动员、部署,将改革方案按时落实到村组、农户,并抓好有关措施的配套、完善。

农村税费改革作为涉及生产关系和上层建筑的一项重大改革,事关全市广大农民群众的切身利益,也关系乡村两级组织的正常运转;同时,这项改革又是在过去问题积累较多、矛盾较深的情况下进行的,精简机构、压缩人员等许多问题解决起来要有一个过程,情况比较复杂。必须充分估计推进过程中的工作难度。各级党委、政府要切实加强对农村税费改革工作的领导,党政一把手要亲自抓,成立专门的领导小组及其办事机构,认真组织,周密部署,统筹安排,将各项政策措施落到实处。对改革中出现的问题,要认真调查研究,妥善协调处理。出现重大问题,要及时向市委、市政府作出报告。

市各有关部门要带头贯彻落实农村税费改革的政策规定,积极参与、支持和配合搞好这项工作,推进相关配套改革,形成合力,保证农村税费改革的顺利进行。要认真做好农村税费改革涉及的有关法规、规章的修改工作,按规定程序提请修订。

认真做好农村税费改革的宣传和干部培训工作。要采取多种形式,向社会特别是广大农民进行深入细致的宣传,让群众认识理解这项改革的意义,了解和掌握改革的政策规定,使这项改革得到社会各方面的理解和支持。对各级干部要分级进行培训,使他们吃透精神,掌握政策,严格按政策办事,推动农村税费改革的顺利进行。

省政府关于同意镇江市区际行政区域界线协议书的批复

苏政复〔2002〕11 号

镇江市人民政府：

你市《关于报批区际行政区域界线协议书的请示》（镇政发〔2002〕10 号）收悉。省政府同意你市境内毗邻区联合勘定的京口区——润州区区际行政区域界线协议书。请你们按照协议书的条款，依法管理好边界，保持边界地区的社会稳定，促进经济发展。

特此批复。

二〇〇二年一月二十日

省政府关于撤销丹徒县设立镇江市丹徒区的通知

苏政发〔2002〕55 号

各市、县人民政府，省各委、办、厅、局、省各直属单位：

经国务院批准，撤销丹徒县，设立镇江市丹徒区，以原丹徒县的行政区域为丹徒区的行政区域。区人民政府驻谷阳镇。

丹徒区的各类机构要按照“精简、效能”的原则设置，所需人员编制和经费由镇江市自行解决。在行政区划调整中，镇江市要切实加强领导，精心组织，周密部署，统筹安排，做好干部群众的思想工作，确保当地社会稳定和行政区划调整工作的顺利进行。

二〇〇二年四月二十日

省政府关于镇江市城市总体规划的批复

苏政复〔2005〕23 号

镇江市人民政府：

你市《关于报批〈镇江市城市总体规划（2002－2020 年）〉的请示》（镇政发〔2003〕291 号）收悉。经研究，现批复如下：

一、原则同意你市上报的《镇江市城市总体规划（2002－2020 年）》。

二、经建设部、国家发展和改革委员会、国土资源部核定，你市城市规划建成区实际居住人口规模到 2005 年控制在 80 万人左右，到 2020 年控制在 105 万人左右；城市规划建成区建设用地规模到 2005 年控制在 88 平方公里以内，到 2020 年控制在 115.5 平方公里以内。

三、城市规划区范围为市区行政区划范围，总面积约 1082 平方公里。

四、你市要以城镇体系规划为依据，逐步调整完善市域空间布局。按照集聚发展、集约经营的原则，引导二三产业和城乡居民点空间合理整合，加强各类空间资源开发利用和保护的规划管治与协调，统筹安排各类区域基础设施和公共设施的布局，促进共建共享。

五、城市近期重点岩浆发展，扩充东西两翼，适度向南发展，完善主城框架。城市总体结构逐步优化为“一城两翼”，即主城、东翼和西翼。主城与两翼之间以生态绿地、防护绿地相隔，以快速路、主干道相连。旧城区要严格控制开发强度，优化产业结构和用地布局结构，改善城市环境，完善城市功能。城市新区应注重开发时序，集约利用土地资源，提高城市土地利用的综合效益。

六、完善城市基础设施布局。积极发展公共交通，建立以公共交通为主、多种交通方式有机结合的综合交通体系。加强城市防灾设施和灾害监测预警系统建设，建立和完善城市综合防灾体系，不断提高城市防灾能力。

七、根据城市总体规划要求，合理开发利用长江岸线。优化临江产业空间布局，合理安排、统筹协调生活、旅游、港口、物流、制造业等岸线功能布局和沿江基础设施，保障长江岸线和沿江土地资源的可持续利用。

八、加强历史文化名城地方特色和历史风貌的保护工作。抓紧编制西津渡、伯先路、大龙王巷等历史街区的详细规划，保护历史街区传统风貌的完整性。依法加强对各级文物保护单位和风景名胜资源的保护，合理划定保护范围，明确保护措施。

九、依据城市总体规划，抓紧编制控制性详细规划，深化和完善相应专业规划，对城市规划区范围内的各类建设依法实行统一管理，切实保障规划的实施。

二〇〇五年四月二十一日

省政府关于同意调整句容市部分行政区划的批复

苏政复〔2005〕59 号

镇江市人民政府：

你市《关于撤销句容市袁巷镇并入天王镇的请示》（镇府发〔2005〕67 号）悉。经研究，批复如下：

同意将句容市袁巷镇与天王镇合并设立天王镇，镇政府驻天王。行政区划调整后，天王镇行政区划面积 192.9 平方公里，人口 7.25 万，辖 2 个居委会、20 个村委会。

行政区划调整工作政策性强，请你市切实加强领导，精心组织，周密部署，确保社会稳定。

二〇〇五年八月五日

省政府关于同意镇江市部分行政区划的批复

苏政复〔2005〕88 号

镇江市人民政府：

你市《关于将丹徒区大路镇划归京口区管辖的请示》（镇府发苏政复〔2005〕92 号）悉。经研究，批复如下：

同意将镇江市丹徒区大路镇划归京口区管辖。行政区划调整后，京口区行政区域面积 260.56 平方公里，人口 52.02 万，辖 6 个街道办事处、5 个镇、1 个乡；丹徒区行政区域面积 667.13 平方公里，人口 31.22 万，辖 12 个镇。

行政区划调整工作政策性强，请你市切实加强领导，精心组织，周密部署，确保社会稳定。

二〇〇五年九月三十日

二、修志文件选录

镇江市人民政府关于进一步加强地方志编纂工作的通知

（镇政发〔2006〕22 号）

各辖市、区人民政府，镇江新区管委会，市各委办局，市各直属单位、企事业单位：

根据国务院办公厅《关于进一步加强地方志编纂工作的通知》、中国地方志指导小组《关于地方志编纂工作的规定》和《省政府办公厅关于做好新一轮地方志编纂工作的通知》（苏政办发〔2005〕84 号）文件精神，为进一步加强对地方志工作的领导，切实做好全市第二轮地方志编纂工作，现就有关事项通知如下：

一、提高认识，认真做好第二轮地方志编纂工作

地方志编纂工作是社会主义精神文明建设和先进文化建设的重要组成部分，是承上启下、继往开来、服务当代、有益后世的事业。市政府决定从 2006 年起开展第二轮地方志编纂工作。这对于全面反映全市改革开放和现代化建设成就，充分发挥地方志存史、资政、教化的积极作用，推进全市文化建设，为富民强市和“两个率先”服务，具有重要意义。各地、各部门要从实践“三个代表”重要思想、贯彻落实科学发展观的高度，充分认识做好第二轮地方志编纂工作的重要意义，进一步增强责任感和使命感，认真贯彻镇江市第二轮地方志编纂工作规划，抓紧抓好第二轮地方志编纂工作。

二、加强领导，健全地方志工作网络

地方志编纂工作实行“党委领导、政府主持”的领导体制。《镇江市志（1983 年～2005 年）》的编纂，在市委、市政府和市地方志编纂委员会领导下，由市史志办公室组织实施。承担市志编纂任务的各有关部门和单位，主要领导为第一责任人，分管领导为直接责任人，要认真履行领导职责，对这项工作做到有布置、有检查、有考核，并提供必要的人、财、物等保证。要成立分志编纂委员会和编辑室，几个单位合修一部分志的，由市史志办明确牵头单位，协商联合成立编纂委员会和编辑室。各辖市、区和各部门亦要健全地方志工作网络，明确分管领导和承办工作人员，乡镇街道及企事业单位要有专人负责或兼管地方志、年鉴等日常编纂工作。

三、规范志书编纂工作程序，努力提高修志质量

要认真贯彻执行市政府办《关于进一步做好乡镇志等各类专志编纂出版工作的通知》（镇政办发〔2000〕21 号），规范各类专志编纂工作运行程序。市直各部门、各单位开展志书编纂工作，须向镇江市史志办公室申报立项；各辖市区所属乡镇村、部门单位开展编纂工作，须向所在辖市、区史志办公室申报立项。志书编纂出版要牢固树立“千秋大业，质量第一”的观念，建立实行承编责任制、质量控制体系和规范的操作程序。要严格审查验收制度，未经评审批准的志书不得出版，坚决杜绝不合格志书出版。各地各部门要按照市史志办制定的实施细则、编纂标准、质量要求认真把握编纂工作的每个环节，确保志书政治观点正确，体例结构合理，内容全面系统，资料翔实可靠，文辞流畅精炼，行文规范统一，努力提高志书的学术水平和文化价值、社会价值、存史价值。

四、改革创新，努力拓宽地方志工作新领域

要改革创新，继续做好年鉴、地情丛书等编纂工作，拓宽地方志工作领域。年鉴编纂工作要认真总结经验，提高质量，缩短出版周期，更好地为现实服务。尚未编纂年鉴的辖市，要积极创造条件开展有关工作。要积极开发地方特色文化，组织编写各类丛书，同时加强宣传和服务工作，为各级领导和社会各界提供地情信息服务，让社会各界了解地方志，用好地方志，推动经济社会事业发展。要注意吸纳最新科研成果，采用现代科技手段，推进地方志工作信息化建设。

五、加强队伍建设，落实修志经费

各地各部门要重视抓好修志人员队伍建设。注意选配好主编，并选聘一些具有较高政治素质和业务能力、熟悉本地区（行业、专业）发展情况、文字基本功比较扎实的同志充实到修志队伍中来，还可聘用一定数量的兼职人员和离退休人员参与地方志编纂工作。要采取多种形式，加强修志队伍的培训工作，提高修志人员政治素质和业务水平。要确保编纂经费及时到位，修志工作是政府行为，要做到“官书”“官修”。各地要把修志工作的正常经费和出书经费纳入财政预算，市直各承编单位要积极筹措经费，保证修志工作需要。要保障修志人员正常办公的必要条件，积极创造条件，采用现代化办公设备开展编纂工作，以保证修志工作的效率和质量。

镇江市人民政府

二〇〇六年三月一日

镇江市人民政府办公室转发市史志办《镇江市第二轮地方志编纂工作规划》的通知

（镇政办发〔2006〕32号）

各辖市、区人民政府，镇江新区管委会，市各委办局，各直属单位、企事业单位：

现将市史志办拟定的《镇江市第二轮地方志编纂工作规划》印发给你们，请认真组织实施。

镇江市政府办公室

二〇〇六年三月七日

镇江市第二轮地方志编纂工作规划

根据国务院办公厅《关于进一步加强地方志编纂工作的通知》、中国地方志指导小组《关于地方志编纂工作的规定》和《省政府办公厅关于做好新一轮地方志编纂工作的通知》（苏政办发〔2005〕84号）文件精神，镇江市于2006年启动第二轮地方志编纂工作，现就该项工作制定规划如下：

一、指导思想和原则要求

第二轮编修地方志工作坚持以马列主义、毛泽东思想、邓小平理论和“三个代表”重要思想为指导，坚持解放思想、实事求是、与时俱进的思想路线和科学发展观，运用辩证唯物主义和历史唯物主义的观点和方法，全面真实地反映志书断限内镇江自然和社会的历史与现状。

志书编纂要切实做到观点正确、体例科学、结构合理、资料翔实、内容真实，具有鲜明的时代特点和地方特色，达到思想性、科学性和资料性相统一，真正把志书编成“经世致用”之作，更好地为全市社会主义物质文明、政治文明和精神文明建设服务。

志书编纂出版要牢固树立“千秋大业，质量第一”的观念。增强精品意识，严格遵守党和国家有关民族、宗教、统战、涉外、保密等方面的政策和法律法规。

志书编纂要坚持继承与创新统一的原则。在继承地方志优良传统基础上，要坚持与时俱进，在地方志工作方法、体例结构、表现形式等方面积极创新，注意吸纳最新科研成果，采用现代科技手段，努力提高志书的学术水平和文化价值。

二、主要任务

镇江市第二轮地方志编纂工作的主要任务是：编修市、辖市（区）二级志书，有条件的地区或部门可编修乡镇志、部门志及其他专志。

镇江市和辖市（区）的第二轮修志，时间上限原则上与首届志书的下限衔接，镇江市第二轮修志上限定为1983年，即镇江市升格为省辖市起，各辖市、区亦可根据本地实际情况对上限进行适当调整。全市志书下限原则上统一为2005年。

志书书名统一定为《×××志（××××年～××××年）》，如《镇江市志（1983年～2005年）》。

第二轮编修的《镇江市志》，字数控制在250～300万字左右；第二轮编修的辖市、区志字数控制在100～200万字之间。

三、工作步骤

第二轮编修志书工作应分阶段有序进行，市、辖市（区）第二轮修志要在4～5年内完成，即2010年底前全面完成两级修志任务。要充分运用计算机等现代科学技术手段，加强管理，提高工作效率，确保工作进度和质量。

准备培训阶段——2006年上半年，主要任务：制定方案，落实任务分工，组建队伍，拟定篇目，开展业务培训等。

收集资料阶段——2006年7月至2007年6月，主要任务：按篇目及分工广泛收集文字、图片、音像等资料，对资料进行系统整理、考订，并形成汇编（附软盘）报送市史志办。

编写初稿阶段——2007年7月至2008年12月，主要任务：编写第二轮修志初稿，并进行认真的自审、复审和修改，在此基础上形成送审稿（附软盘）并报送市史志办。

总纂阶段——2009年1月至2010年6月，主要任务：市、辖市（区）志办组织力量对全志初稿进行总纂和评审。市、辖市（区）二级志书总纂稿实行二审制度。一审由同级史志办主持，组织本地领导、专家和修志人员对志稿进行自审；二审由同级地方志编纂委员会主持，会同上级史志办、省地方志评审小组及有关领导、专家对志稿进行会审。

验收出版阶段——2010年下半年，主要任务：在评审修改基础上，报省地方志验收小组验收，验收合格，由同级政府批准出版，并将批准文件报省地方志办公室备案。二级志书一律采用16开精装本，并出版电子版。出版阶段要认真做好校对、装帧设计、印刷等后期工作，确保出优志、良志。

四、组织领导

第二轮编修志书工作实行“党委领导、政府主持”的领导体制，由地方志编纂委员会及其办事机构组织实施。

做好第二轮编修志书工作的关键在于各级党委和政府对修志工作有充分的认识和足够的重视，以对时代负责，对历史负责的高度责任感，切实加强领导。要充分发挥地方志编纂委员会的作用，充实加强编委会领导力量，落实编委分工责任制。修志工作要纳入各地经济社会发展计划和各级政府目标管理工作中，确保修志工作“五到位”，即领导到位、机构到位、经费到位、队伍到位、条件到位。

要进一步加强市、辖市（区）地方志办力量，注意选配好主编，选聘具有较高政治素质和业务水平的人才充实专业队伍，充分发挥政府专职修志机构对第二轮修志工作的规划、组织、协调和指导作用。各级史志专职机构要重视做好编纂业务培训和理论研讨工作，制定科学、规范、切实可行的编修审稿工作程序，切实加强业务指导，努力提高编修工作质量。

市、辖市（区）各部委办局及其他承担修志任务的单位，应明确分管修志工作的领导和职能部门，负责领导协调本部门（单位）修志工作，选调高素质人才担任分志主编，并配备专（兼）职工作人员，及时完成工作任务。由几个部门联合成志的，由牵头部门负责，做好协调工作或成立协作修志机构，分工负责，完成好编纂任务。

要充分动员和发挥社会各方面力量，吸收各行业的老领导、行家及专家学者参与第二轮编志工作，可以采取签订编志责任状，在单位内外招聘修志人员等方法，做到专业部门与社会力量相结合，确保志书质量。

市、辖市（区）地方志办公室的修志经费和志书出版经费，分别列入财政预算，并要及时、足额到位。要切实解决好人员待遇、办公用房、办公条件等实际问题，为第二轮志书编纂工作的顺利开展提供保障。市志各承编单位的修志经费，按各单位原经费渠道解决。

附件1：《镇江市志（1983－2005年）》编纂实施方案（略）

关于做好《镇江市志（1983～2005年）》人物卷编撰工作的通知

（镇史志〔2007〕1号）

各辖市、区史志办，各《镇江市志》承编单位：

《镇江市志（1983～2005年）》人物卷是志书的重要组成部分，为了做好人物卷的编撰工作，确保人物卷的编撰质量，特通知如下：

一、范围

凡1983年～2005年间，在镇江政治、经济、教育、文化、社会等领域中做出重大贡献、或起过作用并产生重要影响的人士；全国有影响的在外地镇江籍人士；上轮修志漏记人物。

入卷人物收录地域范围为镇江市及所辖市（区），以市区为主。

二、标准

人物卷的记述分人物传、人物简介、人物表。

（一）人物传

根据中国地方志编纂工作规定，遵循“生不立传”的原则，凡符合下列标准并在1983年～2005年期间去世的人物予以立传：

1. 老红军及中华人民共和国成立前在镇江地区担任中共县级以上职务的领导干部。（军分区　老干部局）

2. 建国后曾任镇江市（含原镇江地区）正市（师）级以上职务（实职）的领导干部。（市委、人大、政府、政协、军分区）

3. 由市级以上党政机构做出决定，号召学习的革命烈士。（民政局）

4. 全国劳动模范。（总工会）

5. 经济、军事、教育、文化、宗教、卫生、侨务等各界全国著名人士（含港澳台侨）。（各单位）

6. 著名的能工巧匠和民间艺人。（文化局等）

7. 外地镇江籍人中部、省级以上领导干部，中国科学院院士、中国工程院院士和全国著名人士。（史志办）

8. 其他。

（二）人物简介

符合下列标准的在世人物：

1. 老红军及中华人民共和国成立前在镇江地区担任中共县级以上职务的领导干部。（军分区、老干部局）

2. 获世界比赛前三名的体育人士。（体育局）

3. 经济、军事、教育、文化、宗教、卫生、侨务等各界全国著名人士（含港澳台侨）。（各单位）

4. 著名的能工巧匠和民间艺人。（文化局等）

5. 外地镇江籍人中部、省级以上领导干部，中国科学院院士、中国工程院院士和全国著名人士。（史志办）

6. 其他。

（三）人物表

根据不同内容分别设置不同的表格，由各相关单位填写。

1. 镇江籍中共中央委员、全国人大常委、全国政协常委、中央纪委常委。

2. 1983 年（1990 年）～2005 年期间批准的革命烈士。

3. 全国劳动模范、"五一"劳动奖章获得者。

4. 镇江籍获国家比赛第一名（含团体主力）的体育界人士。

5. 享受国务院政府特殊津贴的专家。

6. 正高级专业技术职称获得者。

7. 全国、省见义勇为先进个人。

8. 镇江市人民奖章获得者。

9. 部、省劳动模范。

10. 其他。

三、撰写要求

选送入卷人物，须市史志办审定后由有关单位撰写。

1. 字数：人物传原则上为一人一传，篇幅为 1500 字左右；人物简介，原则上为一人一简介，篇幅为 400 字左右。均需提供 2 寸免冠正面照片 2 张。

2. 要素齐全，主体突出。基本要素：姓名、字号、别名、性别、籍贯、民族、出生年月（生卒年月）、学历、政治面貌、职务、职称、学术情况、主要工作经历、主要贡献和影响等。要突出记述人物最有光彩的事迹，通过典型事迹写出人物的个性、特征和精神风貌，力求语言生动、精炼。

四、报送时间

2007 年 4 月底前，各单位报送入卷人物传、人物简介名单。

附：入卷人物报送表（略）

镇江市史志办公室

2007 年 1 月 24 日

《镇江市志（1983～2005 年）》书目备选资料征集标准

1983 年 1 月 1 日至 2005 年 12 月 31 日期间，镇江市各单位、个人及在外地工作的镇江籍人士所发表出版的书籍、论文、作品，包括外籍作者论及镇江的论著，符合下列标准，经核选后其目录收入志书：

1. 国内出版社公开出版的书籍（含著作、编著、译著）。

2. 在国内省级以上公开发行的刊物上发表并获省一等奖、国家二等奖以上的论文、作品。

3. 在国内省级以上学术研讨会上交流、收入正式出版论文集并获省一等奖、国家二等奖以上的论文。

4. 在国外正式发表出版的书籍、论文、作品。

凡报送的书籍、论文、作品目录，需提供原件两份及获奖证书复印件一份，如果不能提供原件，需提供两份原件的封面、版权页和目录的复印件。

——小资料——

［清］周镐·京江二十四景图——城南赛社

城南赛社，题材取自清代风靡镇江的都天庙会。都天庙位于古城南门外的鼎石山（今名宝塔山）下，古运河之畔，为纪念唐代忠臣、睢阳令张巡而设，后人感其恩德，香火不绝，每年四月，古运河中舟辑衔连，桅杆如林，人们从陆路、水路争相前来举行祭祀活动，城乡各业齐出动，各置工艺珍宝参加游行，斗艳争奇，是日“肆不市货，行人塞途”，盛况空前，轰动大江南北。

后 记

《镇江市志(1983～2005)》(以下简称《镇江市志》)编纂工作在中共镇江市委、市人民政府领导下,由市史志办公室组织实施。整体工作于2005年初开始组织准备,2006年3月正式启动,2007年12月全面展开,至2014年8月正式出版。先后历时八个春秋,终成这一浩繁工程。

市志编纂经组织发动、资料征编、志稿编纂和审改、验收、付印4个阶段。

2005年3月至2006年6月,为组织发动阶段。这期间,市委、市政府调整了市地方志编纂委员会,编制了《镇江市地方志编纂规划》,下发了《关于进一步加强地方志编纂工作的通知》,组成编纂工作班子,召开了全市地方志工作会议,并将市志编纂经费列入财政年度预算,编纂工作做到“领导、机构、人员、经费和办公条件”五落实;市史志办公室拟定了《镇江市志》编纂实施方案和《镇江市志》篇目,并在广泛征求意见的基础上反复进行研讨修订。

2006年6月～2007年12月,为市志资料征编和初稿编纂阶段。在这阶段首先是下达各部门、单位和辖市(区)资料征编工作任务,举办市地方志修志业务培训班,下发《镇江市志资料征集与整理提要》和《镇江市志》行文通则,以及有关资料调查表;此后通过召开阶段性、行业性资料征编推进会、专题调研会、业务交流会和以会代训等方式,使承编单位的资料征编和初稿编纂工作做到既确保进度要求,又保证编纂质量。2007年12月28日,邀请省志办及兄弟县市专家对市志篇目进行论证,听取多方意见加以完善。至2007年12月,全市建立修志机构的部门、单位115家(含辖市、区),总人数387人,其中部门、单位318人,辖市(区)69人;共组织召开各类推进会36次,专题研讨会3次;完成资料征集2.41亿字,其中市属部门、单位1.61亿字,辖市(区)8052万字;完成资料长篇总字数4880万字,填写资料调查表2760张,征集图照860余帧。

2008年1月至2013年6月,为市志汇总编纂阶段。这阶段历经初稿报送、反馈补充修改、志稿分纂、志稿总纂、初审、复审、终审的过程。志稿分纂于2010年3月起步,所采取的方法是先由编辑修改调整,然后集体审研,提出修改意见,最后改写定篇。2011年4月,邀请省市专家对市志《工业》卷进行点评和研讨。11月,召开由省地方志组织专家学者出席的市志篇目论证会。年末,《镇江市志》分纂完成。志稿总纂于2012年1月启动。按照初审意见,全面审视志稿质量情况,制定《镇江市志》总纂工作实施方案,明确总纂指导思想、总纂任务和做法,以及总纂工作程序。按《实施方案》要求调整编纂班子,成立总纂工作组。总纂分两个阶段,2012年1～10月为总纂第一阶段,此阶段为分工编辑阶段。2012年11～12月为总纂第二阶段,此阶段着重交叉编辑审稿。志稿总纂的做法先是分3个总纂小组按卷分别统稿,后是由总纂组长将全志合成统稿。按照中国地方志指导小组颁发的《地方志书质量规定》逐卷、逐章、逐节过堂,校核资料,优化篇目,规范记述,笔削文辞,统一文风。对不符合要求的卷、章、节,进行修订或推倒改写;对资料性不足的志稿,补差补缺;对彰显地方特色的志卷,在框架结构、内容记述及其资料性等方面,下大力气进行修订,特别是充实了文化与社会部类各章节资料信息量。至2012年10月,市志总纂告竣。2012年12月通过初审。初审后的市志总纂稿分设48卷(部分)、274章、1067节,总字数501.5万字。2013年2月,总纂稿分别印发给13个综合部门、重点单位和91个承编部门征求意见。2013年4月17日,镇江市史志办公室召开《镇江市志》复审会议，省市7位专家学者分别对复审稿提出了复审意见，通过了复审。

2013年4月，按照志稿复审会提出的评审意见，进一步优化篇目结构，优化内容记述，加强全志的资料性，以及数据校核与有关重复交叉内容的处理。通过对志稿精心打磨，细心雕琢，至2013年6月，完成《镇江市志》终审送审稿。终审送审稿由总述、史事纪略、大事记、分志、专记和附录6大部分组成，分志编排以自然、经济、政治、文化、社会为序；分设49卷、275章、1065节，使用图照近454帧，统计表839个。

2013年8月26日，江苏省地方志办公室在镇江召开《镇江市志》终审稿座谈会，听取编纂情况汇报。2013年10月18日，由江苏省地方志办公室组织召开《镇江市志》志稿终审会。出席这次终审会的有江苏省地方志办公室主任方未艾，镇江市委常委、常务副市长张洪水，江苏省地方志办公室副主任蔡金良，镇江市政协副秘书长、办公室主任陈泰龙，原镇江市委副秘书长、市委研究室主任毛生海，江苏省社科院历史所副所长、研究员王健，江苏省社科院世界经济研究所所长、研究员张远鹏，原江苏大学人文社会科学院院长、副教授笪远毅，原江苏省地方志办公室编纂处处长、研究室主任吴福林，方志出版社综合编辑部主任、副编审李江等领导、专家、学者。终审会对《镇江市志》志稿作出高度评价，同时也提出了进一步修改的意见。

2013年10月~2014年12月，为志稿审改、验收、付印阶段。志稿审改原则上按江苏省地方志办公室所提出的修改意见执行，全志数据由市统计局审定，篇目结构、内容记述、资料运用、语言文字和所设图照、统计表由责任编辑全面审核，最后由主编逐卷审定。2013年12月起，呈送江苏省地方志办公室验收。2014年4月，江苏省地方志下发同意出版的批复。2014年6月，经中共镇江市委、市人民政府批准出版。

新修《镇江市志》由总述、史事纪略、大事记、分志、专记和附录6大部分组成，专志编排以自然、经济、政治、文化、社会为序，分设49卷、283章、1126节，使用图照525帧（人物85帧），补白图照24帧，统计表845个。版面总字数536万字，分装四册。

修志过程中，江苏省地方志办公室主任方未艾、副主任蔡金良悉心指导；中共镇江市委书记杨省世和镇江市人民政府市长朱晓明亲自为新修市志作序；得到了史和平、许津荣、张敬华、刘捍东、李国忠、徐郭平、陈照煌、秦景安、张洪水、冯士超等市领导的大力支持；市属各部门、单位和辖市（区），做到紧密配合，提供了大量资料，同时还受到社会各界人士与市档案局、统计局、历史文化名城研究会的热忱关心。在《镇江市志(1983~2005)》付印出版之际，表示衷心感谢，并恳请读者对市志内的疏误予以指正。

镇江市史志办公室
2014年8月

索 引

说 明

一、本志索引分主题索引、表格索引和人名索引等三类。

二、各类索引标引词按汉语拼音音序排列；第一字相同，按第二字排列，依次类推。标引词后的阿拉伯数字表示该词内容所在页码；标引词后第二个页码起，表示该词参见内容所在位置。

三、标引词中市机构、单位名称前一般不加“镇江市”或“市”。部分标引词后用括号注明其时间、区域等内容范围。表格索引未括注时间的，其时间范围均表示1983~2005年。人名索引涉及外国人的，用括号注明其国籍。

四、卷和章的名称用黑体字标明。

主题索引

A

B

C

D

E

F

H

J

K

M

R

W

X

Y

Z

表格索引

A

B

C

D

E

F

G

H

J

K

L

M

N

P

Q

R

S

T

W

X

Y

Z

人名索引

A

B

C

D

F

G

Z